今注本二十四史

隋書

一六

傳〔七〕

唐 魏徵等 撰

馬俊民 張玉興 主持校注

中国社会科学出版社

隋書　卷七七

列傳第四十二

隱逸

自肇有書契，綿歷百王，雖時有盛衰，未嘗無隱逸之士。故《易》稱“遁世無悶”，[1]又曰“不事王侯”；[2]《詩》云“皎皎白駒，在彼空谷”；[3]《禮》云“儒有上不臣天子，下不事王侯”；[4]《語》曰“舉逸民，天下之人歸心焉”。[5]雖出處殊途，語默異用，各言其志，皆君子之道也。

［1］遁世無悶：語出《易·乾卦》。大意爲：逃遁避世，雖逢無道，心無所悶。

［2］不事王侯：語出《易·蠱卦》。

［3］皎皎白駒，在彼空谷：語出《詩·小雅·白駒》。

［4］儒有上不臣天子，下不事王侯：語出《禮記·儒行》。原文爲：“儒有上不臣天子，下不事諸侯。”

［5］舉逸民，天下之人歸心焉：語出《論語·堯曰》。原文爲：“舉逸民，天下之民歸心焉。”

洪崖兆其始，[1]箕山扇其風，[2]七人作乎周年，[3]四皓光乎漢日。[4]魏、晋以降，其流逾廣。其大者則輕天下，細萬物，其小者則安苦節，甘賤貧。或與世同塵，隨波瀾以俱逝，或違時矯俗，望江湖而獨往。狎玩魚鳥，左右琴書，拾遺粒而織落毛，飲石泉而蔭松柏。放情宇宙之外，自足懷抱之中，然皆欣欣於獨善，鮮汲汲於兼濟。而受命哲王，守文令主，莫不束帛交馳，蒲輪結轍，奔走巖谷，唯恐不逮者，何哉？以其道雖未弘，志不可奪，縱無舟檝之功，終有賢貞之操。足以立懦夫之志，息貪競之風，與夫苟得之徒，不可同年共日。所謂“無用以爲用，無爲而無不爲”者也。[5]故叙其人，列其行，以備《隱逸篇》云。

[1]洪崖：傳説爲黄帝臣子伶倫的仙號。

[2]箕山：此指傳説中的隱士許由。相傳堯讓以天下，不受，隱居於潁水之陽箕山之下。事參《莊子·逍遥游》。

[3]七人：指古代天子的七位諍臣。參《孝經·諫諍》。

[4]四皓：指秦末隱居商山的東園公、角里先生（甪，一作角）、綺里季、夏黄公。四人鬚眉皆白，故稱“商山四皓”。漢高祖召，不應。後高祖欲廢太子，吕后用張良計，迎四皓，使輔太子，高祖以太子羽翼已成，乃消除改立太子之意。事見《史記》卷五五《留侯世家》、《漢書》卷四〇《張良傳》。

[5]無用以爲用，無爲而無不爲：語出老子《道德經·無用》：“故有之以爲利，無之以爲用。”及《道德經·爲政》：“道常無爲而無不爲。”

李士謙

李士謙，[1]字子約，趙郡平棘人也。[2]髫齔喪父，事母以孝聞。母曾嘔吐，疑爲中毒，因跪而嘗之。伯父魏岐州刺史瑒，[3]深所嗟尚，每稱曰："此兒吾家之顔子也。"[4]年十二，魏廣平王贊辟開府參軍事。[5]後丁母憂，[6]居喪骨立。有姊適宋氏，不勝哀而死。士謙服闋，捨宅爲伽藍，[7]脱身而出。詣學請業，研精不倦，遂博覽群籍，兼善天文術數。齊吏部尚書辛術召署員外郎，[8]趙郡王叡舉德行，[9]皆稱疾不就。和士開亦重其名，[10]將諷朝廷，擢爲國子祭酒。[11]士謙知而固辭，得免。隋有天下，畢志不仕。

[1]李士謙：人名。《北史》卷三三有附傳。

[2]趙郡：治所在今河北趙縣。　平棘：縣名。治所在今河北趙縣。

[3]魏：即北魏（386—557），亦稱後魏。初都平城（今山西大同市東北），公元494年遷都洛陽（今河南洛陽市東北白馬寺東）。公元534年分裂爲東魏和西魏兩個政權。東魏（534—550）都於鄴（今河北臨漳縣西南鄴鎮東），西魏（535—557）都於長安（今陝西西安市西北郊）。　岐州：治所在今陝西鳳翔縣東南。　瑒：人名。即李瑒。北魏人，官至鎮遠將軍、岐州刺史。《魏書》卷五三、《北史》卷三三有附傳。

[4]顔子：即春秋時顔回，孔子弟子之一，以德行著稱。

[5]廣平王贊：北魏孝武帝兄子元贊。事見《魏書》卷五《高宗文成帝紀》。　開府參軍事：官名。北魏王府屬官，佐掌府事。

[6]丁母憂：遭逢母親喪事。古代喪服禮制規定，父母死後，

子女須守喪，三年内不得做官、婚娶、赴宴、應考、舉樂，等等。

[7]伽藍：梵文僧伽藍摩譯音，意爲衆園或僧院，即僧衆居住的庭園。後因稱佛寺爲伽藍。

[8]齊：即北齊（550—577），或稱高齊，都鄴（今河北臨漳縣西南鄴鎮東）。　吏部尚書：官名。尚書省下轄六部之一吏部的長官。掌全國文職官員銓選、考課等政令，統吏部、主爵、司勳、考功四曹。北齊正三品。　辛術：人名。北齊天保年間任吏部尚書。傳見《北齊書》卷三八，《北史》卷五〇有附傳。　員外郎：此指正員以外的郎官意。

[9]趙郡王叡：即高叡，北齊神武帝高歡之侄。《北齊書》卷一三、《北史》卷五一有附傳。

[10]和士開：人名。因與北齊武成帝高湛胡皇后有奸情，北齊後主高緯武平元年（570）封淮陽王，除尚書令、録尚書事。

[11]國子祭酒：官名。國子寺主官，掌中央官學及儒學訓導之政。北齊從三品。

自以少孤，未嘗飲酒食肉，口無殺害之言。至於親賓來萃，輒陳罇俎，對之危坐，終日不倦。李氏宗黨豪盛，每至春秋二社，[1]必高會極歡，無不沉醉諠亂。嘗集士謙所，盛饌盈前，而先爲設黍，謂群從曰："孔子稱黍爲五穀之長，荀卿亦云食先黍稷，[2]古人所尚，容可違乎？"少長肅然，不敢弛惰，退而相謂曰："既見君子，方覺吾徒之不德也。"士謙聞而自責曰："何乃爲人所疏，頓至於此！"

[1]春秋二社：古代於春耕前及秋收後祭祀土神，謂之春社和秋社。

［2］荀卿：即荀子。傳見《史記》卷七四。

家富於財，躬處節儉，每以振施爲務。州里有喪事不辦者，士謙輒奔走赴之，隨乏供濟。有兄弟分財不均，至相鬩訟，士謙聞而出財，補其少者，令與多者相埒。兄弟愧懼，更相推讓，卒爲善士。有牛犯其田者，士謙牽置涼處飼之，過於本主。望見盜刈其禾黍者，默而避之。其家僮嘗執盜粟者，士謙慰諭之曰："窮困所致，義無相責。"遽令放之。其奴嘗與鄉人董震因醉角力，[1]震扼其喉，斃於手下。震惶懼請罪，士謙謂之曰："卿本無殺心，何爲相謝！然可遠去，無爲吏之所拘。"性寬厚，皆此類也。

［1］董震：人名。其他事迹不詳。

其後出粟數千石，以貸鄉人，值年穀不登，債家無以償，皆來致謝。士謙曰："吾家餘粟，本圖振贍，豈求利哉！"於是悉召債家，爲設酒食，對之燔契，曰："債了矣，幸勿爲念也。"各令罷去。明年大熟，債家爭來償謙，謙拒之，一無所受。他年又大飢，多有死者，士謙罄竭家資，爲之糜粥，賴以全活者將萬計。收埋骸骨，所見無遺。至春，又出糧種，分給貧乏。趙郡農民德之，撫其子孫曰："此乃李參軍遺惠也。"[1]或謂士謙曰："子多陰德。"士謙曰："所謂陰德者何？猶耳鳴，己獨聞之，人無知者。今吾所作，吾子皆知，何陰德之有！"

[1]李參軍：李士謙曾任魏廣平王贊開府參軍事，此以官名。

士謙善談玄理，嘗有一客在坐，不信佛家應報之義，以爲外典無聞焉。[1]士謙喻之曰：“積善餘慶，積惡餘殃，高門待封，掃墓望喪，豈非休咎之應邪？佛經云輪轉五道，[2]無復窮已，此則賈誼所言‘千變萬化，未始有極，忽然爲人’之謂也。[3]佛道未東，而賢者已知其然矣。至若鯀爲黄熊，[4]杜宇爲鶗鴂，[5]褒君爲龍，[6]牛哀爲獸，[7]君子爲鵠，小人爲猿，[8]彭生爲豕，[9]如意爲犬，[10]黄母爲黿，[11]宣武爲鼈，[12]鄧艾爲牛，[13]徐伯爲魚，[14]鈴下爲烏，書生爲蛇，[15]羊祜前身李氏之子，[16]此非佛家變受異形之謂邪？”客曰：“邢子才云，[17]豈有松柏後身化爲樗櫟！僕以爲然。”士謙曰：“此不類之談也。變化皆由心而作，木豈有心乎？”客又問三教優劣，士謙曰：“佛，日也；道，月也；儒，五星也。”客亦不能難而止。

[1]外典：佛教徒稱佛家以外的典籍爲外典。

[2]輪轉五道：劉宋三藏法師求那拔陀羅譯有《佛説輪轉五道罪福報應經》。

[3]千變萬化，未始有極，忽然爲人：語出《史記》卷八四、《漢書》卷四八《賈誼傳》。

[4]鯀爲黄熊：相傳夏禹之父鯀被堯殺死於羽山，神化爲黄熊。詳見《左傳》昭公七年。

[5]杜宇：號“望帝”，傳説爲古蜀國國王，死後魂化爲鳥，

名“杜鵑”。 鶗（tí）鴂（jué）：杜鵑鳥。

［6］褒君爲龍：相傳夏朝末年，褒人之神化爲二龍，居於夏宮。詳見《國語·鄭語》。

［7］牛哀爲獸：公牛哀，魯國人（一説韓國人），病七日化爲虎，噬其兄。見《淮南子·俶真訓》。按，“獸”即“虎”，避唐諱改。

［8］君子爲鵠，小人爲猿：傅雲龍《隋書考證》釋此兩句云：“《抱朴子》：‘周穆王南徵，一軍盡化，君子爲猿鶴，小人爲沙蟲。’與此小異。”

［9］彭生爲豕：彭生，春秋時齊國力士，齊襄公使之殺衛惠公。齊侯一次見大豕，隨從的人説是公子彭生。詳見《左傳》莊公八年。

［10］如意爲犬：西漢吕后一次忽見一物如蒼犬，占者以爲是漢趙隱王如意作祟。典出《漢書》卷九《吕后紀》。

［11］黄母爲黿：典出晋人干寶《搜神記》卷一四：“漢靈帝時，江夏黄氏之母浴，伏盤水中，久而不起，變爲黿矣。”

［12］宣武爲鼈：相傳蜀帝爲鼈，《華陽國志·序志》：“荆人鱉靈死，屍化西上，後爲蜀帝。”宣武，即楚宣武帝桓温。其子桓玄建立桓楚後，追尊爲宣武皇帝。桓温曾伐蜀國。按，“鼈”殿本、庫本作“黽”

［13］鄧艾爲牛：《三國志》卷二八《魏書·鄧艾傳》載：鄧艾少孤，太祖破荆州，徙汝南，爲農民養犢。

［14］徐伯爲魚：《史記·河渠書》載：天子以爲然，令齊人水工徐伯表，悉發卒數萬人穿漕渠，三歲而通。

［15］鈴下爲烏，書生爲蛇：典出《搜神記》卷三“管輅論怪”。

［16］羊祜前身李氏之子：典出《晋書》卷三四《羊祜傳》。羊祜爲魏晋時著名大臣。按，“氏”字汲古閣本、中華本同，殿本、庫本作“家”。

[17]邢子才：人名。即邢卲，字子才。北魏至北齊時人，以文學知名，官至中書監。傳見《北齊書》卷三六，《北史》卷四三有附傳。

士謙平生時爲詠懷詩，[1]輒毀棄其本，不以示人。又嘗論刑罰，遺文不具，其略曰：[2]“帝王制法，沿革不同，自可損益，無爲頓改。今之贓重者死，是酷而不懲也。語曰：‘人不畏死，不可以死恐之。’[3]愚謂此罪宜從肉刑，刖其一趾，再犯者斷其右腕。流刑刖去右手三指，又犯者下其腕。小盜宜黥，又犯則落其所用三指，又不悛下其腕，無不止也。無賴之人，竄之邊裔，職爲亂階，適所以召戎矣，非求治之道也。博弈淫游，盜之萌也，禁而不止，黥之則可。”有識者頗以爲得治體。

[1]時：汲古閣本、中華本同，《北史》卷三三《李士謙傳》作“時時”，殿本、庫本則作“喜”。

[2]遺文不具，其略曰：中華本、《北史·李士謙傳》同，汲古閣本作“遺文不具載，其略曰”，殿本、庫本則爲“遺文不具載略曰”。

[3]人不畏死，不可以死恐之：語出《道德經·制惑》，原文爲：“民不畏死，奈何以死懼之。”

開皇八年，[1]終於家，時年六十六。趙郡士女聞之，莫不流涕曰：“我曹不死，而令李參軍死乎！”會葬者萬餘人。鄉人李景伯等以士謙道著丘園，[2]條其行狀，詣尚書省請先生之謚，[3]事寢不行，遂相與樹碑於墓。

[1]開皇：隋文帝楊堅年號（581—600）。

[2]李景伯：人名。事迹不詳。

[3]尚書省：官署名。隋三省之一，掌政令執行。　謚：上古有號無謚，周初始制謚法，秦始皇廢不用，自漢初恢復。帝王、貴族、大臣死後，據其生前事迹依謚法給予稱號。

其妻范陽盧氏，亦有婦德，及夫終後，所有賻贈，一無所受，謂州里父老曰："參軍平生好施，今雖殞殁，安可奪其志哉！"於是散粟五百石以賑窮乏。

崔廓 子賾

崔廓，[1]字士玄，博陵安平人也。[2]父子元，[3]齊燕州司馬。[4]廓少孤貧而母賤，由是不爲邦族所齒。初爲里佐，屢逢屈辱，於是感激，逃入山中。遂博覽書籍，多所通涉，山東學者皆宗之。既還鄉里，不應辟命。與趙郡李士謙爲忘言之友，[5]每相往來，時稱崔、李。及士謙死，廓哭之慟，爲之作傳，輸之秘府。[6]士謙妻盧氏寡居，每有家事，輒令人諮廓取定。郭嘗著論，言刑名之理，其義甚精，文多不載。大業中，終于家，時年八十。有子曰賾。

[1]崔廓：人名。傳另見《北史》卷八八。

[2]博陵：郡名。治所在今河北安平縣。　安平：縣名。治所

在今河北安平縣。

[3]子元：人名。即崔子元。北齊任燕州司馬。事亦見《北史·崔廓傳》。

[4]燕州：北齊時治所在今河北涿鹿縣西南。按，本書《地理志上》"涿郡"條："懷戎，後齊置北燕州。"　司馬：官名。州屬官，紀綱衆務，通判列曹。北齊三等上州，從四品上；三等中州，第五品上；三等下州，從五品上。

[5]言：底本原作"年"，中華本作"言"。其校勘記云："'言'原作'年'，據《北史·崔廓傳》及《御覽》五〇六改。崔廓與李士謙年齡相差不大，説不上是'忘年之友'，應是'忘言之友'。《莊子·外物》：'言者所以在意，得意而忘言。'此處'忘言'是説兩人友誼之深。"本書中華書局新修訂本校勘記補充宋本《册府元龜》《隋書詳節》二例亦爲"言"。所考是，今據改。

[6]秘府：禁中藏圖書秘記之所。

賾，字祖濬，七歲能屬文，[1]容貌短小，有口才。開皇初，秦孝王薦之，[2]射策高第，詔與諸儒定禮樂，授校書郎。[3]尋轉協律郎，[4]太常卿蘇威雅重之。[5]母憂去職，性至孝，水漿不入口者五日。徵爲河南、豫章二王侍讀，[6]每更日來往二王之第。及河南爲晋王，轉記室參軍，[7]自此去豫章。王重之不已，遺賾書曰：

[1]屬（zhǔ）文：撰著文辭。

[2]秦孝王：此指隋文帝楊堅第三子楊俊。傳見本書卷四五、《北史》卷七一。

[3]校書郎：官名。隋秘書省置校書郎十二人，煬帝增至四十員，掌校讎典籍。隋初爲正九品上，煬帝降爲從九品。

[4]協律郎：官名。隋太常寺有協律郎，二員，掌舉麾節樂，

調和律吕，監試樂人典課。正八品上。

[5]太常卿：官名。太常寺長官，掌國家禮樂，郊廟社稷祭祀等事，總轄郊社、太廟等十一署。置一員，正三品。　蘇威：人名。傳見本書卷四一，《北史》卷六三有附傳。

[6]河南：即河南王，隋煬帝長子楊昭開皇十七年封河南王。傳見本書卷五九、《北史》卷七一。　豫章：即豫章王，隋煬帝第二子楊暕。傳見本書卷五九、《北史》卷七一。　侍讀：官名。隋諸王府屬官有侍讀、侍講，掌陪侍府主讀書論學或授書講學。品秩不詳。

[7]記室參軍：官名。隋王府、總管府均設有記室，掌章表書記文檄。品秩不詳。

昔漢氏西京，[1]梁王建國，[2]平臺、東苑，[3]慕義如林。馬卿辭武騎之官，[4]枚乘罷弘農之守。[5]每覽史傳，嘗切怪之，何乃脱略官榮，棲遲藩邸？[6]以今望古，方知雅志。彼二子者，豈徒然哉！

[1]西京：指西漢都城長安，此指西漢時期。

[2]梁王：漢文帝子梁孝王劉武。傳見《漢書》卷四七。

[3]平臺：古臺名。在今河南商丘市東北，漢梁孝王築。　東苑：苑名。《漢書·梁孝王劉武傳》載："孝王築東苑，方三百餘里，廣睢陽城七十里，大治宫室，爲復道，自宫連屬於平臺三十餘里。"

[4]馬卿：即司馬相如，字長卿。孝景帝時辭武騎常侍，從梁孝王劉武游。傳見《史記》卷一一七、《漢書》卷五七。

[5]枚乘：人名。漢景帝屬枚乘爲弘農都尉，枚乘稱病去官，從梁孝王游。傳見《漢書》卷五一。　弘農：郡名。治所在今河南靈寳市東南。

［6］棲遲：滯留。

足下博聞强記，鉤深致遠，視漢臣之三篋，[1]似涉蒙山，[2]對梁相之五車，[3]若吞雲夢。[4]吾兄欽賢重士，敬愛忘疲，先築郭隗之宫，[5]常置穆生之醴。[6]今者重開土宇，更誓山河，地方七百，牢籠曲阜，[7]城兼七十，包舉臨淄，[8]大啓南陽，[9]方開東閣。[10]想得奉飛蓋，曳長裾，藉玳筵，躡珠履，歌山桂之偃蹇，[11]賦池竹之檀欒。[12]其崇貴也如彼，其風流也如此，幸甚幸甚，何樂如之！高視上京，有懷德祖，[13]才謝天人，多慚子建，[14]書不盡意，寧俟繁辭。

［1］漢臣之三篋：西漢時張安世博學，有世書三箱，唯有張安世識之。典出《漢書》卷五九《張安世傳》。

［2］蒙山：在今山東蒙陰縣西南。

［3］梁相之五車：典出《莊子·天下》："惠施多方，其書五車。"惠施，曾在梁國爲相。

［4］雲夢：古藪澤名。在今湖北江陵以東，江漢之間。

［5］郭隗：人名。燕昭王招賢，爲郭隗改築宫而師事之。事見《史記》卷三四《燕召公世家》。

［6］穆生：人名。漢楚元王劉交敬禮穆生，常爲設醴。事見《漢書》卷三六《楚元王傳》。

［7］曲阜：地名。在今山東曲阜市，春秋時魯國國都，此代指魯地。

［8］臨淄：地名。在今山東淄博市東北，春秋時齊國國都，此代指齊地。

［9］大啓南陽：此喻指重開封地。典出《左傳》僖公二十五

年，晋文公重耳始啓南陽之地。

［10］東閤：喻指招致款待賢士之所。典出《漢書》卷五八《公孫弘傳》："（弘）數年至宰相封侯，於是起客館，開東閤以延賢人。"

［11］偃蹇：高聳貌。

［12］檀欒：秀美貌。

［13］德祖：指楊脩，字德祖。傳見《後漢書》卷五四。

［14］子建：指曹植，字子建。傳見《三國志》卷一九。

賾答曰：

一昨伏奉教書，榮晛非恒，心靈自失。若乃理高《象》《繫》，管輅思而不解，[1]事富《山海》，郭璞注而未詳。[2]至於五色相宣，八音繁會，鳳鳴不足喻，龍章莫之比。吴札之論《周頌》，[3]詎盡揄揚，郢客之奏《陽春》，[4]誰堪赴節！伏惟令王殿下，稟潤天潢，承輝日觀，雅道貴於東平，[5]文藝高於北海。[6]漢則馬遷、蕭望，[7]晋則裴楷、張華，[8]鷄樹騰聲，鵷池播美，望我清塵，悠然路絶。

［1］管輅：人名。三國魏術士。傳見《三國志》卷二九。

［2］郭璞：人名。兩晋時人，曾爲《山海經》做注。傳見《晋書》卷七二。

［3］吴札：春秋時吴公子季札，以博聞著稱。　《周頌》：《詩經》篇章之一。

［4］郢客：指屈原。　《陽春》：古代歌曲《陽春白雪》。

［5］東平：指東漢光武帝劉秀之子東平王劉蒼，曾主持修禮樂、定制度。傳見《後漢書》卷四二。

[6]北海：指漢末文學家孔融，曾任北海相，人稱孔北海。傳見《後漢書》卷七〇。

[7]馬遷：即司馬遷。傳見《史記》卷一三〇、《漢書》卷六二。　蕭望：即漢代名儒蕭望之。傳見《漢書》卷七八。

[8]裴楷：人名。曹魏及西晉時名士。《晉書》卷三五有附傳。　張華：人名。曹魏及西晉著名文學家。傳見《晉書》卷三六。

祖濬燕南贅客，河朔惰游，本無意於希顏，[1]豈有心於慕藺![2]未嘗聚螢映雪，懸頭刺股，讀《論》唯取一篇，披《莊》不過盈尺。復况桑榆漸暮，藜藿屢空，[3]舉燭無成，穿楊盡棄。但以燕求馬首，[4]薛養鷄鳴，[5]謬齒鴻儀，虚班驥皂。挾太山而超北海，[6]比報德而非難，堙崐崘以爲池，[7]匹酬恩而反易。忽屬周桐錫瑞，唐水承家，門有將相，樹宜桃李。真龍將下，誰好有名，濫吹先逃，何須别聽!但慈旨抑揚，損上益下，江海所以稱王，丘陵爲之不逮。曹植儻預聞高論，則不隕令名，楊脩若切在下風，亦詎虧淳德。無任荷戴之至，謹奉啓以聞。

[1]顔：指孔子弟子顔回。此喻指安貧樂道。

[2]藺：指藺相如，此喻指建功立業。傳見《史記》卷八一。

[3]藜藿：粗劣飯菜。

[4]燕求馬首：戰國時郭隗以重金購馬首諷燕昭王納賢。典出《戰國策・燕策一》。

[5]薛養鷄鳴：戰國時孟嘗君田文封於薛，其蓄養之門人有鷄鳴狗盜者。事見《史記》卷七五《孟嘗君列傳》。

[6]太山：即泰山，在今山東泰安市境内。

［7］崐崘：指崑崙山，在今新疆與西藏之間。

豫章得書，賚米五十石，并衣服錢帛。

時晋邸文翰，多成其手。王入東宫，除太子齋帥，[1]俄遷舍人。[2]及元德太子薨，[3]以疾歸于家。後徵授起居舍人。[4]

［1］除：拜官、授職。　太子齋帥：官名。隋東宫門下坊有齋帥局，設太子齋帥四人，掌凡大祭祀、湯沐、灑掃、鋪陳之事。正七品下。按，“帥”字底本原作“師”，殿本、庫本同，然汲古閣本、中華本作“帥”。檢本書《百官志下》，隋東宫太子府置齋帥局，無“太子齋師”一職，今據改。

［2］舍人：官名。即太子舍人，隋東宫典書坊置八人，掌令書表啓之事。從六品下。

［3］元德太子：即隋煬帝長子楊昭。傳見本書卷五九、《北史》卷七一。

［4］起居舍人：官名。掌起居注，記録皇帝言行以備修史。從六品。

大業四年，從駕汾陽宫，[1]次河陽鎮。[2]藍田令王曇於藍田山得一玉人，[3]長三尺四寸，著大領衣，冠幘，奏之。詔問群臣，莫有識者，蹟答曰：“謹按漢文已前，[4]未有冠幘，即是文帝以來所制作也。臣見魏大司農盧元明撰《嵩高山廟記》云：[5]‘有神人，以玉爲形，像長數寸，或出或隱，出則令世延長。’伏惟陛下應天順民，定鼎嵩、雒，岳神自見，臣敢稱慶。”因再拜，百官畢賀，天子大悦，賜縑二百匹。從駕登太行山，[6]詔問賾曰："何處有羊腸坂？"[7]賾對曰："臣按《漢書·地理志》，上黨壺關縣有羊腸坂。"[8]帝曰："不是。"又答曰："臣按皇甫士安撰《地書》云：'太原北九十里有羊腸坂。'"[9]帝曰："是也。"因謂牛弘曰：[10]"崔祖濬所謂問一知二。"

[1]汾陽宫：宫名。煬帝大業四年（608）建，舊址在今山西寧武縣西南管涔山上。

[2]河陽鎮：地名。在今河北孟州市西南。

[3]藍田：縣名。治所在今陝西藍田縣。　王曇：人名。隋時任藍田令，其他事迹不詳。

[4]漢文：漢文帝劉恒。紀見《史記》卷一〇、《漢書》卷四。

[5]大司農：官名。北魏司農寺長官，掌錢穀、金帛及諸貨幣收儲支調。太和初爲二品上，後爲三品。　盧元明：人名。北魏時人。《魏書》卷四七、《北史》卷三〇有附傳。

[6]太行山：綿亘今山西、河南、河北三省界。

[7]羊腸坂：古坂道名。縈曲如羊腸，故名。一在今山西壺關縣東南，一在今山西晋城市南。

[8]上黨：郡名。治所在今山西長治市。　壺關：縣名。治所在今山西壺關縣東南。

[9]皇甫士安：人名。即皇甫謐。字士安，曹魏晋初人。傳見《晋書》卷五一。　太原：郡名。治所在今山西太原市。

[10]牛弘：人名。傳見本書卷四九、《北史》卷七二。

五年，受詔與諸儒撰《區宇圖志》二百五十卷，奏之。帝不善之，更令虞世基、許善心衍爲六百卷。[1]以父憂去職，[2]尋起令視事。遼東之役，[3]授鷹揚長史，[4]

置遼東郡縣名，皆𬤇之議也。奉詔作《東征記》。九年，除越王長史。[5]于時山東盜賊蜂起，[6]帝令撫慰高陽、襄國，[7]歸首者八百餘人。十二年，從駕江都。[8]宇文化及之弑帝也，[9]引爲著作郎，[10]稱疾不起。在路發疾，卒於彭城，[11]時年六十九。

[1]虞世基：人名。傳見本書卷六七、《北史》卷八三。　許善心：人名。傳見本書卷五八、《北史》卷八三。

[2]父憂：遭逢父親喪事。亦稱“丁父艱”。參前“丁母憂”條。

[3]遼東：地區名。泛指遼水以東地區。因高麗國位於遼東，故此“遼東之役”指隋征伐高麗之事。

[4]鷹揚長史：官名。隋文帝初，置左右衛等衛府，各領軍坊、鄉團，以統軍卒。後改置驃騎將軍府，府設長史，爲幕僚之長。煬帝大業三年改驃騎府爲鷹揚府，長史職能依舊。正七品。

[5]越王：即楊侗，元德太子楊昭次子，封越王。傳見本書卷五九、《北史》卷七一。　長史：官名。此爲王府佐官，總管府事。親王府長史爲從四品。

[6]山東：地區名。戰國秦漢時期，通稱華山或崤山以東爲山東。函括今河北、河南、山東等省。魏晋南北朝隋唐時期亦稱太行山以東地區爲山東。此處代指北齊所轄地區。

[7]高陽：郡名。治所在今河北定州市。　襄國：郡名。治所在今河北邢臺市。

[8]江都：郡名。治所在今江蘇揚州市。

[9]宇文化及：人名。傳見本書卷八五，《北史》卷九七有附傳。

[10]著作郎：官名。隋秘書省著作曹長官，置二員。掌碑志、祝文、祭文修撰之事。隋初爲從五品，大業三年升爲正五品，後又

降爲從五品。

[11]彭城：郡名。治所在今江蘇徐州市。

賾與洛陽元善、河東柳䛒、太原王劭、吴興姚察、琅邪諸葛潁、信都劉焯、河間劉炫相善，[1]每因休假，清談竟日。所著詞賦碑誌十餘萬言，撰《治聞志》七卷，《八代四科志》三十卷，未及施行，江都傾覆，咸爲煨燼。

[1]洛陽：郡名。治所在今河南洛陽市。　元善：人名。傳見本書卷七五、《北史》卷一六有附傳。　河東：郡名。治所在今山西永濟市西南。　柳䛒：人名。傳見本書卷五八、《北史》卷八三。　王劭：人名。傳見本書卷六九，《北史》卷三五有附傳。按，"劭"字底本原作"邵"，他本均作"劭"，今據改。　吴興：郡名。治所在今浙江湖州市南。　姚察：人名。南朝陳時官至吏部尚書，入隋歷官秘書丞、太子内舍人，博學多聞，於當時禮樂制度多有議定。傳見《陳書》卷二七、《南史》卷六九。　琅邪：郡名。治所在今山東臨沂市西。　諸葛潁：人名。傳見本書卷七六、《北史》卷八三。　信都：郡名。治所在今河北冀州市。　劉焯：人名。傳見本書卷七五、《北史》卷八二。　河間：郡名。治所在今河北河間市。　劉炫：人名。傳見本書卷七五、《北史》卷八二。

徐則

徐則，[1]東海郯人也。[2]幼沈静，寡嗜欲。受業於周弘正，[3]善三玄，精於議論，聲擅都邑，則歎曰："名者實之賓，吾其爲賓乎！"遂懷棲隱之操，杖策入縉雲山。[4]後學數百人，苦請教授，則謝而遣之。不娶妻，常服巾褐。陳太建時，[5]應召來憩於至真觀。[6]期月，又辭入天台山，[7]因絶穀養性，所資唯松术而已，[8]雖隆冬沍寒，不服綿絮。太傅徐陵爲之刊山立頌。[9]

[1]徐則：人名。傳另見《北史》卷八八。

[2]東海：郡名。秦置，治所在今山東郯城縣北，南朝宋移治今山東蒼山縣南，後廢。按，此言郡望以舊郡名。　郯（tán）：縣名。治所在今山東郯城縣北。

[3]周弘正：人名。南朝梁、陳時碩學名儒。傳見《陳書》卷二四，《南史》卷三四有附傳。

[4]縉雲山：今浙江縉雲縣東北仙都山。

[5]陳：即南朝陳（557—589），都建康（今江蘇南京市）。太建：南朝陳宣帝陳頊年號（569—582）。

[6]至真觀：道觀名。具體所指不詳。

[7]天台山：在今浙江天台縣北。

[8]术（zhú）：草名。根莖可入藥，傳云餌术黄精，可令人久壽。按，"术"字底本原作"水"。中華本《北史·徐則傳》改作"术"，其校勘記云："諸本'术'訛作'水'，據《通志》卷一七八《徐則傳》改。'飡松餌术'，見下文。"所言是，今據改。下文出現此字時徑改。

[9]太傅：官名。三師之一。名爲訓導之官，與天子坐而論道，實無具體職權。多贈與德高望重的元老大臣爲榮譽銜。南朝陳第一品。按，據《陳書》《南史》本傳所載，徐陵未曾擔任"太傅"，所任爲"太子少傅"。　徐陵：人名。南朝梁、陳時人，陳後主陳叔寶即位，任太子少傅。傳見《陳書》卷二六，《南史》卷六二有附傳。

初在縉雲山，太極真人徐君降之曰：[1]“汝年出八十，當爲王者師，然後得道也。”晋王廣鎮揚州，[2]知其名，手書召之曰：“夫道得衆妙，法體自然，包涵二儀，混成萬物，人能弘道，道不虚行。先生履德養空，宗玄齊物，深明義味，曉達法門。悦性沖玄，怡神虚白，餐松餌术，棲息煙霞。望赤城而待風雲，[3]游玉堂而駕龍鳳，[4]雖復藏名台岳，[5]猶且騰實江淮，[6]藉甚嘉猷，有勞寤寐。欽承素道，久積虚襟，側席幽人，夢想巖穴。霜風已冷，海氣將寒，偃息茂林，道體休悆。[7]昔商山四皓，輕舉漢庭，淮南八公，[8]來儀藩邸。古今雖異，山谷不殊，市朝之隱，前賢已説，導凡述聖，非先生而誰！故遣使人，往彼延請，想無勞束帶，[9]賁然來思，不待蒲輪，[10]去彼空谷。希能屈己，竚望披雲。”則謂門人曰：“吾今年八十一，王來召我，徐君之旨，信而有徵。”於是遂詣揚州。

[1]徐君：即徐來勒。

[2]晋王廣：即楊廣，時爲晋王。紀見本書卷三、四，《北史》卷一二。　揚州：治所在今江蘇揚州市。

[3]赤城：山名。在今浙江天台縣北，爲天台山南門。

[4]玉堂：此指神仙居所。

[5]台岳：指天台山。

[6]江淮：指長江和淮河流域地區。

[7]悆：音 yù。

[8]淮南八公：指漢淮南王劉安八位門客：蘇非、李尚、左吴、田由、雷被、毛周、伍被、晋昌，稱爲“八公”。

[9]帶：汲古閣本、殿本、庫本作“帛”，中華本同底本。中

華書局新修訂本改作“帛”，其校勘記云：“原作‘帶’，據至順本、汲本改。按，《北史》卷八八《隱逸·徐則傳》、《册府》卷八二二《總録部·尚黄老》亦作‘帛’。”

[10]蒲輪：用蒲草裹輪的車子，古代常用於封禪或迎接賢士。

晋王將請受道法，則辭以時日不便。其後夕中，命侍者取香火，如平常朝禮之儀。至于五更而死，支體柔弱如生，停留數旬，顔色無變。晋王下書曰：“天台真隱東海徐先生，虚確居宗，沖玄成德，齊物處外，檢行安身。草褐蒲衣，餐松餌术，棲隱靈岳，五十餘年。卓矣仙才，飄然勝氣，千尋萬頃，莫測其涯。寡人欽承道風，久餐德素，頻遣使乎，遠此延屈，冀得虔受上法，式建良緣。至止甫爾，未淹旬日，厭塵羽化，反真靈府。[1]身體柔軟，顔色不變，經方所謂屍解地仙者哉！誠復師禮未申，而心許有在，雖忘怛化，[2]猶愴于懷，喪事所資，隨須供給。霓裳羽蓋，既且騰云，空椁餘衣，詎藉墳壟！但杖舄猶存，示同俗法，宜遣使人，送還天台定葬。”

[1]靈府：靈臺，神仙居所。

[2]怛（dá）化：人死。

是時自江都至於天台，在道多見則徒步，云得放還。至其舊居，取經書道法分遺弟子，仍令净掃一房，曰：“若有客至，宜延之於此。”然後跨石梁而去，不知所之。須臾，屍柩至，方知其靈化。時年八十二。晋王聞而益異之，賵物千段，遣畫工圖其狀貌，令柳䛒爲之讚曰："可道非道，常道無名。上德不德，至德無盈。玄風扇矣，而有先生。夙鍊金液，怡神玉清。石髓方軟，雲丹欲成。言追葛稚，[1]將侶茅嬴。[2]我王遥屬，爰感靈誠。柱下暫啓，[3]河上沉精。[4]留符告信，化杖飛聲。永思靈迹，曷用攄情？時披素繪，如臨赤城。"

[1]葛稚：人名。東晋方士葛洪，字稚川。傳見《晋書》卷七二。

[2]茅嬴：指西漢時道教茅山派創始人茅盈。

[3]柱下：相傳老子曾爲周柱下史，後以"柱下"代稱老子或《道德經》。

[4]河上：指漢時道家河上公，姓名不詳。

時有建安宋玉泉、會稽孔道茂、丹陽王遠知等，[1]亦行辟穀，以松术自給，皆爲煬帝所重。

[1]建安：郡名。治所在今福建福州市。　宋玉泉：人名。隋時隱士，具體事迹不詳。　會稽：郡名。治所在今浙江紹興市。孔道茂：人名。隋時隱士，具體事迹不詳。　丹陽：郡名。治所在今江蘇南京市。　王遠知：人名。隋時隱士，具體事迹不詳。

張文詡

張文詡，[1]河東人也。父琚，[2]開皇中爲洹水令，[3]以清正聞。有書數千卷，教訓子侄，皆以明經自達。文詡博覽文籍，特精《三禮》，其《周易》《詩》《書》及《春秋三傳》，並皆通習。每好鄭玄注解，[4]以爲通博，其諸儒異説，亦皆詳究焉。高祖引致天下名儒碩學之士，其房暉遠、張仲讓、孔籠之徒，[5]並延之於博士之位。文詡時游太學，[6]暉遠等莫不推伏之，學内翕然，咸共宗仰。其門生多詣文詡，請質凝滯，文詡輒博引證據，辨説無窮，唯其所擇。治書侍御史皇甫誕一時朝彦，[7]恒執弟子之禮。適至南臺，[8]遽飾所乘馬，就學邀屈。文詡每牽馬步進，意在不因人以自致也。右僕射蘇威聞其名而召之，[9]與語，大悦，勸令從官。文詡意不在仕，固辭焉。

[1]張文詡：人名。傳另見《北史》卷八八。

[2]琚：人名。即張琚。事另見《北史·張文詡傳》。

[3]洹水：縣名。治所在今河北魏縣西南。

[4]鄭玄：人名。東漢經學家，嘗遍注群經。傳見《後漢書》卷三五。

[5]房暉遠：人名。傳見本書卷七五、《北史》卷八二。 張仲讓：人名。隋時人，具體事迹不詳。 孔籠：人名。隋時人，具體事迹不詳。

[6]太學：學校名。爲隋中央僅次於國子學的學府。置博士、助教各五人，學生三百六十人。隋初隸國子寺，後有變化。

[7]治書侍御史：官名。隋御史臺副長官，實主臺務，並佐御史大夫掌彈劾百官。初爲從五品下，煬帝大業三年升爲正五品，五年又降爲從五品。 皇甫誕：人名。傳見本書卷七一，《北史》卷七〇有附傳。生平亦可見《皇甫誕墓碑》〔北京圖書館金石組編：《北京圖書館藏中國歷代石刻拓本匯編》（11），中州古籍出版社

1989年版，第117頁〕。

［8］南臺：指御史臺，因在宫闕西南，故稱。

［9］右僕射：官名。隋於尚書省置左、右僕射各一人爲副貳，地位僅次於長官尚書令。但因隋代尚書令不常置，僕射則成爲尚書省的實際長官，是宰相之職。從二品。

仁壽末，[1]學廢，文詡策杖而歸，灌園爲業。州郡頻舉，皆不應命。事母以孝聞。每以德化人，鄉黨頗移風俗。嘗有人夜中竊刈其麥者，見而避之，盜因感悟，棄麥而謝。文詡慰諭之，自誓不言，固令持去。經數年，盜者向鄉人説之，始爲遠近所悉。鄰家築墻，心有不直，文詡因毁舊堵以應之。文詡嘗有腰疾，會醫者自言善禁，文詡令禁之，遂爲刃所傷，至於頓伏床枕。醫者叩頭請罪，文詡遽遣之，因爲其隱，謂妻子曰："吾昨風眩，落坑所致。"其掩人之短，皆此類也。州縣以其貧素，將加振贍，輒辭不受。每閑居無事，從容長歎曰："老冉冉而將至，恐修名之不立！"以如意擊几，皆有處所，時人方之閔子騫、原憲焉。[2]終於家，年四十。鄉人爲立碑頌，號曰張先生。

［1］仁壽：隋文帝楊堅年號（601—604）。

［2］閔子騫：人名。孔子弟子閔損，字子騫。事見《史記》卷六七《仲尼弟子列傳》。　原憲：人名。孔子弟子，字子思。事見《史記·仲尼弟子列傳》。

史臣曰：古之所謂隱逸者，非伏其身而不見也，非閉其言而不出也，非藏其智而不發也。蓋以恬淡爲心，不皦不昧，安時處順，與物無私者也。士謙等忘懷纓冕，畢志丘園，隱不違親，貞不絕俗，不教而勸，虛往實歸，愛之如父母，懷之如親戚，非有自然之純德，其孰能至於斯乎？然士謙聞譽不喜，文詡見傷無慍，徐則志在沉冥，不可親疏，莫能貴賤，皆抱樸之士矣。崔廓感於屈辱，遂以肥遯見稱，祖濬文籍之美，足以克隆先構，父子雖動靜殊方，其於成名一也，美哉！

隋書　卷七八

列傳第四十三

藝術

夫陰陽所以正時日，順氣序者也；卜筮所以決嫌疑，定猶豫者也；醫巫所以禦妖邪，養性命者也；音律所以和人神，節哀樂者也；相術所以辯貴賤，明分理者也；技巧所以利器用，濟艱難者也。此皆聖人無心，因民設教，救恤灾患，禁止淫邪。自三、五哲王，[1]其所由來久矣。[2]

［1］三、五：指三皇五帝。
［2］久：汲古閣本、庫本、中華本同，殿本作“者”。

然昔之言陰陽者，則有箕子、裨竈、梓慎、子韋；[1]曉音律者，則師曠、師摯、伯牙、杜夔；[2]叙卜筮，則史扁、史蘇、嚴君平、司馬季主；[3]論相術，則内史叔服、姑布子卿、唐舉、許負；[4]語醫，則文摯、扁鵲、季咸、華陀；[5]其巧思，則奚仲、墨翟、張平子、馬德衡。[6]凡此諸君者，仰觀俯察，探賾索隱，咸詣幽微，思侔造化，通靈入妙，殊才絶技。或弘道以濟時，或隱身以利物，深不可測，固無得而稱焉。近古涉乎斯術者，鮮有存夫貞一，多肆其淫僻，厚誣天道。或變亂陰陽，曲成君欲，或假託神怪，熒惑民心。遂令時俗妖訛，不獲返其真性，身罹灾毒，莫得壽終而死。藝成而下，意在兹乎？

[1]箕子：人名。殷商時人。事見《史記》卷三八《宋微子世家》。　裨竈：人名。春秋時鄭國人。事見《左傳》襄公二十八年至昭公十八年。　梓愼：人名。春秋時魯國人。事見《左傳》昭公七年至昭公二十四年。　子韋：人名。春秋時宋國司星。事見《史記·宋微子世家》。

[2]師曠：人名。春秋時晋國樂師。事見《史記》卷三九《晋世家》。　師摯：人名。春秋時魯國太師，相傳東周末年，正樂廢弛，師摯識關雎之聲，首理其亂。　伯牙：人名。春秋時晋國上大夫，著名琴師。事見《吕氏春秋·本味》。　杜夔：人名。漢末三國曹魏時人，擅長音律，魏文帝時爲太樂令、協律都尉。傳見《三國志》卷二九。

[3]史扁：人名。傳爲周文王時卜者。事略見《文選》卷二五《重贈盧諶》引《六韜》。　史蘇：人名。春秋時晋國大夫。事見《左傳》僖公十五年。　嚴君平：人名。一名莊君平，西漢末年人，好黄老之學，嘗隱居於成都，以卜筮爲業。事見《漢書》卷七二《王貢兩龔鮑傳》。　司馬季主：人名。西漢初年楚國人，好黄老之學，通《易經》。事見《史記》卷一二七《日者列傳》。

[4]内史叔服：人名。春秋時周大夫。事見《左傳》文公元

年。　姑布子卿：人名。春秋時趙國人。事見《史記》卷四三《趙世家》及《荀子·非相》。　唐舉：人名。戰國時梁國人。事略見《荀子·非相》。　許負：人名。漢代善相老嫗，曾相周亞夫。事略見《史記》卷五七《絳侯周勃世家》。

［5］文摯：人名。戰國時宋國名醫。事見《吕氏春秋·至忠》。　扁鵲：人名。春秋戰國時神醫。傳見《史記》卷一〇五。　季咸：人名。古代傳説中的神巫。事見《莊子·應帝王》。　華陀：人名。東漢末年著名醫學家。傳見《三國志》卷二九。

［6］奚仲：人名。相傳爲夏朝車正，爲車的創造者。事略見《左傳》定公元年。　墨翟：人名。即墨子，戰國初人，精通手工技藝。其事迹存於《荀子》《韓非子》《莊子》《吕氏春秋》《淮南子》《墨子》等書。　張平子：人名。即張衡，東漢著名天文學家、文學家，相傳渾天儀、地動儀爲其發明。傳見《後漢書》卷五九。　馬德衡：人名。即馬鈞，東漢末曹魏時人，發明龍骨水車。事見《三國志》卷二九《魏書·杜夔傳》。

歷觀經史百家之言，無不存夫藝術，或叙其玄妙，或記其迂誕，非徒用廣異聞，將以明乎勸戒。是以後來作者，或相祖述，[1]故今亦採其尤著者，列爲《藝術篇》云。

［1］或：《北史》卷八九《藝術傳上》作“咸”。

庾季才 子質

庾季才，[1]字叔奕，新野人也。[2]八世祖滔，[3]隨晋元帝過江，[4]官至散騎常侍，[5]封遂昌侯，[6]因家于南郡江陵縣。[7]祖詵,[8]梁處士,[9]與宗人易齊名。[10]父曼倩,[11]光禄卿。[12]季才幼穎悟，八歲誦《尚書》，十二通《周易》，好占玄象。居喪以孝聞。梁廬陵王績辟荆州主簿,[13]湘東王繹重其術藝,[14]引授外兵參軍。[15]西臺建,[16]累遷中書郎,[17]領太史,[18]封宜昌縣伯。[19]季才固辭太史，元帝曰:[20]"漢司馬遷歷世尸掌,[21]魏高堂隆猶領此職,[22]不無前例，卿何憚焉。"帝亦頗明星曆，因共仰觀，從容謂季才曰:"朕猶慮禍起蕭墻，何方可息?"季才曰:"頃天象告變，秦將入郢,[23]陛下宜留重臣，作鎮荆陜,[24]整旆還都，以避其患。假令羯寇侵蹙，止失荆湘,[25]在於社稷，可得無慮。必久停留，恐非天意也。"帝初然之，後與吏部尚書宗懔等議,[26]乃止。俄而江陵陷滅，竟如其言。

[1]庾季才：人名。傳另見《北史》卷八九。

[2]新野：郡名。治所在今河南新野縣。

[3]滔：人名。即庾滔。事亦見《北史·庾季才傳》。

[4]晋元帝：東晋元帝司馬睿。紀見《晋書》卷六。

[5]散騎常侍：官名。掌侍從規諫，選任甚重，與侍中相當。東晋第三品。

[6]遂昌侯：爵名。全稱爲遂昌縣侯，晋十五等爵的第十等。第三品。

[7]南郡：南朝梁時治所在今湖北江陵縣。　江陵：縣名。梁元帝在此即位稱帝，後爲梁都城。治所在今湖北荆州市。

[8]詵：人名。即庾詵。南朝梁處士。傳見《梁書》卷五一、《南史》卷七六。

[9]梁：即南朝梁（502—557），或稱蕭梁，都建康（今江蘇

南京市）。

［10］易：人名。即庾易。南朝齊高士。傳見《南齊書》卷五四、《南史》卷五〇。

［11］曼倩：人名。即庾曼倩。南朝梁時任諮議參軍。《梁書》卷五一、《南史》卷七六有附傳。

［12］光禄卿：官名。掌宫殿門户，統守宫、黄門、華林園、暴室等令。南朝梁官品第十一班。

［13］廬陵王績：據《梁書》卷二九、《南史》卷五三《高祖三王傳》載：梁高祖蕭衍有八子，第四子蕭績封南康簡王，未曾封廬陵王，封廬陵王的是第五子蕭續。且兩書均載蕭續大同三年（537）出任荆州刺史，蕭績則無荆州任職履歷。故此“績”應爲“續”之訛。　荆州：治所在今湖北江陵縣。　主簿：官名。州府屬官，掌省屬文書之事。南朝梁位不登二品者第七班。

［14］湘東王：爵名。南朝梁元帝蕭繹稱帝之前的封爵名，全稱是湘東郡王，爲梁十五等爵的第一等。　繹：人名。即梁元帝蕭繹。紀見《梁書》卷五、《南史》卷八。

［15］外兵參軍：官名。王府諸幕府僚屬之一，掌兵事。南朝梁品秩依府主地位不同而異。

［16］西臺：官署名。中書省的别稱。

［17］中書郎：官名。即中書侍郎，南朝梁中書省設四人，佐監、令掌出内帝命，功高者一人，主省内事。南朝梁官品第九班。

［18］太史：官署名。南朝梁隸屬太常寺，設令、丞，掌三辰時日，祥瑞妖灾。

［19］宜昌縣伯：爵名。南朝梁十五等爵的第八等。

［20］元帝：即南朝梁元帝蕭繹。

［21］司馬遷：人名。西漢史官，著有《史記》。傳見《史記》卷一三〇、《漢書》卷六二。　尸掌：《北史》卷八九、《通志》卷一八三《庾季才傳》作“居掌”。按，“尸掌”古文中常用作貶義，如言“尸掌不專”，以“尸掌”形容太史令，與元帝本意不合，當

據《北史》作“居掌”。

[22]高堂隆：人名。三國曹魏時爲侍中、太史令。傳見《三國志》卷二五。

[23]秦將入郢：秦指西方，郢指南方，此意指西方軍隊將占領南方土地。

[24]荆陜：州名。即荆州，治所在今湖北江陵縣。梁以荆州在西，如周之分陜，故名。

[25]荆湘：地域名。相當於今長江中游江漢、洞庭湖平原一帶。

[26]吏部尚書：官名。尚書省下轄六部之一吏部的長官。掌全國文職官員銓選、考課等政令。南朝梁官品第十四班。　宗懔：人名。南朝梁元帝時任吏部尚書，後江陵陷，入於西魏。傳見《北史》卷七〇，《梁書》卷四一有附傳。

周太祖一見季才，[1]深加優禮，令參掌太史。[2]每有征討，恒預侍從。賜宅一區，水田十頃，并奴婢牛羊什物等，謂季才曰：“卿是南人，未安北土，故有此賜者，欲絶卿南望之心。宜盡誠事我，當以富貴相答。”初，郢都之陷也，[3]衣冠士人多没爲賤。季才散所賜物，購求親故。文帝問：“何能若此？”季才曰：“僕聞魏克襄陽，[4]先昭異度，[5]晋平建業，[6]喜得士衡。[7]伐國求賢，古之道也。今郢都覆敗，君信有罪，搢紳何咎，[8]皆爲賤隸！鄙人羈旅，不敢獻言，誠切哀之，故贖購耳。”太祖乃悟曰：“吾之過也。微君遂失天下之望！”因出令免梁俘爲奴婢者數千口。

[1]周太祖：北周太祖宇文泰。紀見《周書》卷一、《北史》卷九。

［2］參掌：官制用語。指除本官職責之外，奉皇帝特敕兼管他職事務。

［3］郢都：此指江陵，其地爲春秋時楚國都城，故稱。

［4］襄陽：地名。三國時劉表都城，在今湖北襄樊市。

［5］異度：人名。漢末謀士蒯越，字異度，荆州劉表逝世後，與劉琮一起投降曹操。事見《後漢書》卷七四下《劉表傳》。

［6］建業：地名。三國吴都城，治所在今江蘇南京市。

［7］士衡：人名。西晋著名文學家陸機，字士衡，初仕孫吴，吴亡入晋。傳見《晋書》卷五四。

［8］搢：中華本同，汲古閣本、殿本、庫本作“縉”。

武成二年，[1]與王褒、庾信同補麟趾學士。[2]累遷稍伯大夫、車騎大將軍、儀同三司。[3]其後大冢宰宇文護執政，[4]謂季才曰：“比日天道，有何徵祥？”季才對曰：“荷恩深厚，若不盡言，便同木石。頃上台有變，[5]不利宰輔，公宜歸政天子，請老私門。此則自享期頤，而受旦、奭之美，[6]子孫藩屏，終保維城之固。不然者，非復所知。”護沈吟久之，謂季才曰：“吾本意如此，但辭未獲免耳。公既王官，可依朝例，無煩別參寡人也。”自是漸疏，不復別見。及護滅之後，閲其書記，武帝親自臨檢，[7]有假託符命，妄造異端者，皆致誅戮。唯得季才書兩紙，盛言緯候灾祥，宜反政歸權。帝謂少宗伯斛斯徵曰：[8]“庾季才至誠謹慤，甚得人臣之禮。”因賜粟三百石，帛二百段。遷太史中大夫，[9]詔撰《靈臺秘苑》，加上儀同，[10]封臨潁伯，[11]邑六百户。[12]宣帝嗣位，[13]加驃騎大將軍、開府儀同三司，[14]增邑三百户。

［1］武成：北周明帝宇文毓年號（559—560）。

［2］王褒：人名。南北朝時著名文學家。初仕蕭梁，梁爲西魏所滅，遂由南入北。傳見《周書》卷四一、《北史》卷八三。　庾信：人名。南北朝時著名文學家，宫體詩代表人物，初仕蕭梁，梁爲西魏所滅，遂由南入北。傳見《周書》卷四一、《北史》卷八三。　補：官制用語。調選官吏補充某職官之缺位。　麟趾學士：官名。即麟趾殿學士。北周明帝即位後，集公卿以下有文學者八十餘人，入值宫内麟趾殿，掌著述、勘校經史、考校圖籍，稱爲麟趾殿學士。屬臨時差遣之職，品秩不固定。

［3］稍伯大夫：官名。北周地官府有稍伯中大夫，正五命；小稍伯下大夫，正四命（參見王仲犖《北周六典》卷三《地官府第八》，中華書局1979年版，第96頁）。　車騎大將軍：軍號名。儀同府長官軍號，以車騎將軍中資深者爲車騎大將軍。金印紫綬。典京師兵衛，掌宫衛。北周爲九命。　儀同三司：官名。亦簡稱儀同。周武帝建德四年（575）改稱儀同大將軍。屬勳官。北周府兵制中儀同府的長官均加此勳官名，可開府置官屬。九命。（參見王仲犖《北周六典》卷九《勳官第二十》，第578頁；谷霽光《府兵制度考釋》，上海人民出版社1962年版，第51頁）

［4］大冢宰：官名。全稱爲大冢宰卿。西魏恭帝三年（556）仿《周禮》建六官，置大冢宰卿一人，北周爲正七命，是天官冢宰府最高長官。掌邦治，以建邦之六典佐皇帝治邦國。北周沿置，然其權力却因人而異，若有“五府總於天官”之命，則稱冢宰，能總攝百官，實爲大權在握之宰輔；若無此命，稱太宰，與五卿並列，僅統本府官。　宇文護：人名。西魏權臣宇文泰之侄，北周建立，宇文護專政。傳見《周書》卷一一，《北史》卷五七有附傳。

［5］上台：星名。在文昌星之南。

［6］旦、奭：指周公旦與召公奭。

［7］武帝：北周武帝宇文邕。紀見《周書》卷五、六，《北史》卷一〇。

［8］少宗伯：官名。北周掌五禮之禁令與其用等，辨廟祧之昭穆，辨吉凶之五服，車旗宫室之禁。掌四時祭祀之序事與其禮。凡國之大禮，佐大宗伯；凡小禮，掌事如大宗伯之儀。正六命。（參見王仲犖《北周六典》卷四《春官府第九》，第155頁）　斛斯徵：人名。北周宣帝時官任大宗伯卿。傳見《周書》卷二六，《北史》卷四九有附傳。

［9］太史中大夫：官名。北周春官府設一人，掌曆家之法。正五命。（參見王仲犖《北周六典》卷四《春官府第九》，第260頁）

［10］上儀同：勳官名。全稱爲上儀同大將軍。北周武帝置。位在儀同大將軍上，授予有軍勳的功臣及其子弟，無具體職掌。九命。

［11］臨潁伯：爵名。全稱爲臨潁縣伯，北周十一等爵的第九等。正七命。

［12］邑：也稱食邑、封邑。是古代君王封賜給有爵位之人的一種食禄制度，受封者可徵收封地内的民户租税充作食禄。魏晉以後，食邑分爲虚封和實封兩類：虚封一般僅冠以“邑”或“食邑”之名，這衹是一種榮譽性加銜，受封者並不能獲得實際的食禄收入；而實封一般須冠以“真食”“食實封”等名，受封者可真正獲得食禄收入。

［13］宣帝：北周宣帝宇文贇。紀見《周書》卷七、《北史》卷一〇。

［14］驃騎大將軍：官名。屬軍號官。北周府兵制中二十四軍的每軍長官均帶此軍號。九命。　開府儀同三司：官名。亦簡稱開府，周武帝建德四年改稱開府儀同大將軍。屬勳官。北周府兵制中二十四軍的每軍長官均加此勳官名，可開府置官屬。九命。

及高祖爲丞相，[1]嘗夜召季才而問曰：“吾以庸虚，受兹顧命，天時人事，卿以爲何如？”季才曰：“天道精微，難可意察，切以人事卜之，符兆已定。季才縱言不可，公豈復得爲箕、潁之事乎？”[2]高祖默然久之，因舉首曰：“吾今譬猶騎獸，誠不得下矣。”因賜雜彩五十匹，絹二百段，曰：“愧公此意，宜善爲思之。”大定元年正月，[3]季才言曰：“今月戊戌平旦，青氣如樓闕，見於國城之上，俄而變紫，逆風西行。《氣經》云：[4]‘天不能無雲而雨，皇王不能無氣而立。’今王氣已見，須即應之。二月日出卯入酉，居天之正位，謂之二八之門。日者，人君之象，人君正位，[5]宜用二月。其月十三日甲子，甲爲六甲之始，子爲十二辰之初，甲數九，子數又九，九爲天數。其日即是驚蟄，陽氣壯發之時。昔周武王以二月甲子定天下，享年八百，漢高帝以二月甲午即帝位，[6]享年四百，故知甲子、甲午爲得天數。今二月甲子，[7]宜應天受命。”上從之。

[1]高祖：隋文帝楊堅的廟號。紀見本書卷一、二，《北史》卷一一。　丞相：官名。此爲“左大丞相”或“大丞相”簡稱。北周静帝大象二年（580）置左、右大丞相，以宗室親王宇文贊爲右大丞相，但僅有虚名；以外戚楊堅爲左大丞相，總攬朝政。旋又去左右之號，獨以楊堅爲大丞相。實爲控制北周朝廷的權臣。

[2]箕、潁：指箕山和潁水。相傳堯時，賢者許由曾隱居箕山之下、潁水之陽。後因以“箕潁”指隱居者或隱居之地。

[3]大定：北周静帝宇文闡年號（581）。

[4]《氣經》：書名。所指不明。本書《經籍志三》載有《雜望氣經》八卷，爲天文曆法之書。

[5]正：汲古閣本、中華本同，殿本、庫本作“即”。

[6]漢高帝：漢高祖劉邦。紀見《史記》卷八、《漢書》卷一。

[7]甲子：汲古閣本、中華本同，殿本、庫本作“甲午”。按，《北史》卷八九《庾季才傳》作“甲子”。據文意，作“甲子”是。

開皇元年，[1]授通直散騎常侍。[2]高祖將遷都，夜與高熲、蘇威二人定議，[3]季才旦而奏曰：“臣仰觀玄象，俯察圖記，龜兆允襲，必有遷都。且堯都平陽，[4]舜都冀土，是知帝王居止，世代不同。且漢營此城，經今將八百歲，水皆鹹鹵，不甚宜人。願陛下協天人之心，爲遷徙之計。”高祖愕然，謂熲等曰：“是何神也！”遂發詔施行，賜絹三百段，馬兩匹，進爵爲公。謂季才曰：“朕自今已後，信有天道矣。”於是令季才與其子質撰《垂象》《地形》等志。[5]上謂季才曰：“天地秘奥，推測多途，執見不同，或致差舛。朕不欲外人干預此事，故使公父子共爲之也。”及書成奏之，賜米千石，絹六百段。

[1]開皇：隋文帝楊堅年號（581—600）。

[2]通直散騎常侍：官名。隋門下省置四人，掌侍從規諫。正四品。

[3]高熲：人名。傳見本書卷四一、《北史》卷七二。　蘇威：人名。傳見本書卷四一，《北史》卷六三有附傳。

[4]平陽：地名。在今山西太原市。

[5]質：人名。即庾質。本卷、《北史》卷八九有附傳。

九年，[1]出爲均州刺史。[2]策書始降，將就藩，時議以季才術藝精通，有詔還委舊任。季才以年老，頻表去職，每降優旨不許。會張冑玄曆行，[3]及袁充言日景長。[4]上以問季才，季才因言充謬。上大怒，由是免職，給半禄歸第。所有祥異，常使人就家訪焉。仁壽三年卒，[5]時年八十八。

［1］九年：底本、汲古閣本、殿本、庫本作“九月”。按，中華本及《北史》卷八九《庾季才傳》作“九年”。作“九年”是，據改。

［2］均州：開皇初以豐州改置，大業初廢，治所在今湖北丹江口市西北。

［3］張冑玄：人名。傳見本卷、《北史》卷八九。

［4］袁充：人名。傳見本書卷六九、《北史》卷七四。

［5］仁壽：隋文帝楊堅年號（601—604）。

季才局量寬弘，術業優博，篤於信義，志好賓游。常吉日良辰，與琅琊王褒、彭城劉瑴、河東裴政及宗人信等，[1]爲文酒之會。次有劉臻、明克讓、柳䛒之徒，[2]雖爲後進，亦申游款。撰《靈臺秘苑》一百二十卷，[3]《垂象志》一百四十二卷，[4]《地形志》八十七卷，[5]並行於世。

［1］琅琊：郡名。亦作“琅邪”，治所在今山東臨沂市西。　彭城：郡名。治所在今江蘇徐州市。　劉瑴：人名。南朝梁時官至國子祭酒，後江陵陷，入西魏。《梁書》卷四一、《南史》卷五〇有附傳。　河東：郡名。治所在今山西永濟市西南。　裴政：人名。傳見本書卷六六、《北史》卷七七。　宗人信：即前文所言“庾信”。按，錢大昕《廿二史考異》云：前稱“庾信”，後又稱“宗人信”，與例未安。

[2]劉臻：人名。傳見本書卷七六、《北史》卷八三。事亦見《大隋故儀同三司饒陽縣開國伯劉府君（大臻）墓誌》（載劉文《陝西新見隋朝墓誌》一八，三秦出版社2018年版）。　明克讓：人名。傳見本書卷五八、《北史》卷八三。事亦見《大隋儀同三司太子内舍人歷城侯明府君墓誌銘序》（載劉文《陝西新見隋朝墓誌》一六）。　柳䛒：人名。傳見本書卷五八、《北史》卷八三。

[3]一百二十卷：本書《經籍志三》載爲“一百一十五卷”，然本書《天文志中》、《舊唐書·經籍志下》、《新唐書·藝文志三》均載爲“一百二十卷”。

[4]《垂象志》一百四十二卷：本書《經籍志三》有“《垂象志》一百四十八卷”，不載撰者。

[5]八十七卷：本書《經籍志三》載庾季才所撰《地形志》有兩本，一爲八十七卷，一爲八十卷。

庾質，字行脩，少而明敏，早有志尚。八歲誦梁世祖《玄覽》《言志》等十賦，[1]拜童子郎。[2]仕周齊煬王記室。[3]開皇元年，除奉朝請，[4]歷鄢陵令，[5]遷隴州司馬。[6]大業初，授太史令。[7]操履貞慤，立言忠鯁，每有灾異，必指事面陳。而煬帝性多忌刻，[8]齊王暕亦被猜嫌。[9]質子儉時爲齊王屬，[10]帝謂質曰：“汝不能一心事我，乃使兒事齊王，何向背如此邪？”質曰：“臣事陛下，子事齊王，實是一心，不敢有二。”帝怒不解，由是出爲合水令。[11]

[1]《玄覽》：汲古閣本、中華本同，殿本、庫本作《玄象》。

[2]童子郎：漢魏時授予通曉儒經年幼者之稱號，南朝沿用。

[3]齊煬王：北周宇文憲。傳見《周書》卷一二、《北史》卷

五八。　記室：官名。全稱爲總管府記室參軍事，北周王府、總管府均設有記室，掌章表書記文檄。品秩不詳。

［4］除：拜官、授職。　奉朝請：官名。原指兩漢達官顯貴定期朝見皇帝的一種政治優待。東晋獨立爲官，亦作加官。南朝列爲散騎（集書）省屬官，安置閑散。北魏亦爲閑散官。北齊改爲職事官，掌獻納諫諍，隸集書省。從七品。

［5］鄢陵：縣名。治所在今河南鄢陵縣西北。

［6］隴州：治所在今陝西隴縣。　司馬：官名。隋州僚屬之一，開皇三年改治中爲司馬，名義上紀綱衆務，通判列曹，實無具體職任。上州正五品，中州從五品，下州正六品。

［7］太史令：官名。隋初於秘書省置太史曹，掌天文曆法之事。煬帝改爲太史監，長官爲令。隋初爲從七品下，大業三年（607）進爲從五品。

［8］煬帝：楊廣的謚號。紀見本書卷三、四，《北史》卷一二。

［9］齊王暕：隋煬帝楊廣第二子楊暕，封齊王。傳見本書卷五九、《北史》卷七一。

［10］儉：人名。即庾儉。事見《北史》卷八九《庾質傳》。

［11］合水：縣名。開皇十六年置，治所在今甘肅慶陽市。

八年，帝親伐遼東，［1］徵詣行在所。至臨渝謁見，［2］帝謂質曰："朕承先旨，親事高麗，［3］度其土地人民，纔當我一郡，卿以爲剋不？"質對曰："以臣管窺，伐之可剋，切有愚見，不願陛下親行。"帝作色曰："朕今總兵至此，豈可未見賊而自退也？"質又曰："陛下若行，慮損軍威。臣猶願安駕住此，命驍將勇士指授規模，倍道兼行，出其不意。事宜在速，緩必無功。"帝不悦曰："汝既難行，可住此也。"及師還，授太史令。九年，復征高麗，又問質曰："今段復何如？"對曰："臣實愚迷，猶執前見。陛下若親動萬乘，糜費實多。"帝怒曰："我自行尚不能剋，直遣人去，豈有成功也！"帝遂行。既而禮部尚書楊玄感據黎陽反，[4]兵部侍郎斛斯政奔高麗，[5]帝大懼，遽而西還，謂質曰："卿前不許我行，當爲此耳。今者玄感其成事乎？"質曰："玄感地勢雖隆，德望非素，因百姓之勞苦，冀僥倖而成功。今天下一家，未易可動。"帝曰："熒惑入斗如何？"[6]對曰："斗，楚之分，玄感之所封也。今火色衰謝，終必無成。"

[1]遼東：地區名。泛指遼水以東地區。因高麗國位於遼東，故此指隋征伐高麗之事。

[2]臨渝：此指臨渝宫，在今河北撫寧縣東北。

[3]高麗：古國名。此時亦稱高句麗。故地在今朝鮮半島北部。傳見本書卷八一、《北史》卷九四、《舊唐書》卷一九九上、《新唐書》卷二二〇。

[4]禮部尚書：官名。尚書省所轄六部之一禮部的長官，掌禮儀、祭祀、宴享等政令，總判禮部、祠部、主客、膳部四曹。置一員，正三品。　楊玄感：人名。傳見本書卷七〇，《北史》卷四一有附傳。　黎陽：此指黎陽倉。在今河南浚縣西南。

[5]兵部侍郎：官名。隋文帝時於兵部四曹之一兵部曹置兵部侍郎一員，爲該曹長官，正六品。煬帝大業三年諸曹侍郎並改稱"郎"，又始置"侍郎"，爲尚書省下轄六部之副長官。此後，兵部侍郎纔成爲兵部副長官，協助長官兵部尚書掌全國軍衛武官選授之政令等。正四品。　斛斯政：人名。傳見本書卷七〇，《北史》卷四九有附傳。

[6]熒惑入斗：古人認爲預示"國敗，君亡"（參本書《天文

志》)。熒惑，古指火星。因隱現不定，令人迷惑，故名。斗，星名。即斗宿，有星六顆。在北斗星以南，形似斗，故稱。

十年，帝自西京將往東都，[1]質諫曰："比歲伐遼，民實勞敝，陛下宜鎮撫關内，[2]使百姓畢力歸農。三五年間，令四海少得豐實，然後巡省，於事爲宜。陛下思之。"帝不悦，質辭疾不從。帝聞之，怒，遣使馳傳，鎖質詣行在所。至東都，詔令下獄，竟死獄中。

[1]西京：此指隋都城長安，在今陝西西安市及其南郊。　東都：指洛陽。舊址在今河南洛陽市。

[2]關内：地區名。與"關中"意同。秦至唐時稱函谷或潼關以西、隴坂以東、終南山以北爲關中。

子儉，亦傳父業，兼有學識。仕歷襄武令、元德太子學士、齊王屬。[1]義寧初，[2]爲太史令，時有盧太翼、耿詢，並以星曆知名。

[1]襄武：縣名。治所在今甘肅隴西縣東南。　元德太子：指隋煬帝長子楊昭。傳見本書卷五九、《北史》卷七一。　太子學士：官名。亦即東宫學士，職掌東宫典禮、編纂、撰述等事，爲文學侍從之官。品秩不詳。

[2]義寧：隋恭帝楊侑年號（617—618）。

盧太翼

盧太翼，[1]字協昭，河間人也，[2]本姓章仇氏。七歲詣學，日誦數千言，州里號曰神童。及長，閑居味道，不求榮利。博綜群書，爰及佛道，皆得其精微。尤善占候、算曆之術。[3] 隱於白鹿山，[4] 數年徙居林慮山茱萸峒。[5] 請業者自遠而至，初無所拒，後憚其煩，逃於五臺山。[6] 地多藥物，與弟子數人廬於岩下，蕭然絶世，以爲神仙可致。皇太子勇聞而召之，[7] 太翼知太子必不爲嗣，謂所親曰："吾拘逼而來，不知所稅駕也！"及太子廢，坐法當死，高祖惜其才而不害，配爲官奴。久之，乃釋。其後目盲，以手摸書而知其字。仁壽末，高祖將避暑仁壽宮，[8] 太翼固諫不納，至于再三。太翼曰："臣愚豈敢飾詞，但恐是行鑾輿不反。"高祖大怒，繫之長安獄，期還而斬之。高祖至宮寢疾，臨崩，謂皇太子曰：[9] "章仇翼，非常人也，前後言事，未嘗不中。吾來日道當不反，今果至此，爾宜釋之。"

[1] 盧太翼：人名。傳另見《北史》卷八九。

[2] 河間：郡名。治所在今河北河間市。

[3] 占候：觀測天象變化以附會人事、預測吉凶。

[4] 白鹿山：在今河南獲嘉縣北。

[5] 林慮山：在今河南林州市西。

[6] 五臺山：今山西五臺縣西北五臺山。

[7] 皇太子勇：即隋文帝長子楊勇。傳見本書卷四五、《北史》卷七一。

[8] 仁壽宮：宮殿名。在今陝西麟游縣西天臺山上，冠山構殿，絶壑爲池。因其凉爽宜人，故爲消夏離宮。

[9] 皇太子：此指楊廣，後來的煬帝。

及煬帝即位，漢王諒反，[1]帝以問之。答曰："上稽玄象，下參人事，何所能爲?"未幾，諒果敗。帝常從容言及天下氏族，謂太翼曰："卿姓章仇，四岳之胄，與盧同源。"於是賜姓爲盧氏。大業九年，從駕至遼東，太翼言於帝曰："黎陽有兵氣。"後數日而玄感反書聞，帝甚異之，數加賞賜。太翼所言天文之事，不可稱數，關諸秘密，世莫得聞。後數載，卒於雒陽。

[1]漢王諒：隋文帝楊堅第五子楊諒，開皇元年封漢王。傳見本書卷四五、《北史》卷七一。

耿詢

耿詢，[1]字敦信，丹楊人也。[2]滑稽辯給，伎巧絶人。陳後主之世，[3]以客從東衡州刺史王勇於嶺南。[4]勇卒，詢不歸，遂與諸越相結，皆得其歡心。會郡俚反叛，推詢爲主。柱國王世積討禽之，[5]罪當誅。自言有巧思，世積釋之，以爲家奴。久之，見其故人高智寶以玄象直太史，[6]詢從之受天文算術。詢創意造渾天儀，不假人力，以水轉之，施於闇室中，使智寶外候天時，合如符契。世積知而奏之，高祖配詢爲官奴，給使太史局。後賜蜀王秀，[7]從往益州，[8]秀甚信之。及秀廢，復當誅，何稠言於高祖曰：[9]"耿詢之巧，思若有神，臣誠爲朝廷惜之。"上於是特原其罪。詢作馬上刻漏，[10]世稱其妙。

[1]耿詢：人名。傳另見《北史》卷八九。

[2]丹楊：郡名。即“丹陽”，治所在今江蘇南京市。

[3]陳後主：指南朝陳後主陳叔寶。紀見《陳書》卷六、《南史》卷一〇。

[4]東衡州：南朝陳時治所在今廣東韶關市南武水西。　王勇：人名。南朝陳大將，隋滅陳之際，爲東衡州刺史，都督衡、廣、交等二十四州軍事，平越中郎將。《陳書》卷一四有附傳。　嶺南：地區名。亦稱嶺外、嶺表。泛指五嶺以南地區，相當於今廣東、廣西兩省及越南北部一帶。

[5]柱國：官名。隋文帝因改北周十一等勳官之制形成十一等散實官，用以酬勤勞，無實際職掌。柱國爲第二等，可開府置僚佐。正二品。　王世積：人名。傳見本書卷四〇，《北史》卷六八有附傳。　禽：通“擒”。本卷下同。

[6]高智寶：人名。隋時任太史丞，事亦見本書卷六九及《北史》卷七四《袁充傳》、《册府元龜》卷九〇八《總録部·工巧》等。

[7]蜀王秀：隋文帝楊堅第四子楊秀，封蜀王。傳見本書卷四五、《北史》卷七一。

[8]益州：治所在今四川成都市。

[9]何稠：人名。傳見本書卷六八、《北史》卷九〇。

[10]刻漏：古計時器。

煬帝即位，進欹器，帝善之，放爲良民。歲餘，授右尚方署監事。[1]七年，車駕東征，詢上書曰：“遼東不可討，師必無功。”帝大怒，命左右斬之，何稠苦諫得免。及平壤之敗，[2]帝以詢言爲中，以詢守太史丞。[3]宇文化及弑逆之後，[4]從至黎陽，謂其妻曰：“近觀人事，遠察天文，宇文必敗，李氏當王，吾知所歸矣。”詢欲去之，爲化及所殺。著《鳥情占》一卷，行於世。

［1］右尚方署監事：官名。隋初太府寺領左右尚方等屬，各置令四人，煬帝大業五年分太府爲少府監，左右尚方署改隸少府，掌宫廷器物製造等事。尚方署令，正八品。

［2］平壤：地名。平壤城，爲隋時古高句麗國都城，舊址在今朝鮮平壤市大同江南岸。

［3］守：官制用語。指低官階署理高官階官職。　太史丞：官名。隋太史局（煬帝改爲太史監）次官，初置二人，煬帝大業三年減爲一人。正九品。

［4］宇文化及：人名。傳見本書卷八五，《北史》卷七九有附傳。

韋鼎

韋鼎，[1]字超盛，京兆杜陵人也。[2]高祖玄，[3]隱於商山，[4]因而歸宋。[5]祖叡，[6]梁開府儀同三司。父正，[7]黄門侍郎。[8]鼎少通侻，[9]博涉經史，明陰陽逆刺，尤善相術。仕梁，起家湘東王法曹參軍。[10]遭父憂，[11]水漿不入口者五日，哀毁過禮，殆將滅性。服闋，爲邵陵王主簿，[12]侯景之亂，[13]鼎兄昂卒於京城，[14]鼎負屍出，寄于中興寺。[15]求棺無所得，鼎哀憤慟哭，忽見江中有物，流至鼎所，鼎切異之。往見，乃新棺也，因以充殮。元帝聞之，以爲精誠所感。侯景平，司徒王僧辯以爲户曹屬，[16]歷太尉掾、大司馬從事、中書侍郎。[17]

［1］韋鼎：人名。《南史》卷五八有附傳。

［2］京兆：郡名。治所在今陝西西安市西北。　杜陵：縣名。治所在今陝西西安市長安區西北。

［3］玄：人名。即韋玄。具體事迹不詳。

［4］商山：在今陝西商洛市商州區東南。

［5］宋：即南朝宋（420—479），都建康（今江蘇南京市）。

［6］叡：人名。即韋叡。歷仕南朝宋、齊、梁三朝，開府儀同三司爲其贈官。傳見《梁書》卷一二、《南史》卷五八。

［7］正：人名。即韋正。南朝梁歷官給事黄門侍郎。《梁書》卷一二、《南史》卷五八有附傳。

［8］黄門侍郎：官名。隋初於門下省置給事黄門侍郎四員，爲門下省的次官，協助長官納言掌封駁制敕，參議政令的制定，正四品上。煬帝大業三年去"給事"之名，但稱"黄門侍郎"，並減置二員，正四品。《梁書·韋正傳》《南史·韋正傳》皆作"給事黄門侍郎"。

［9］侻：中華本同，汲古閣本、殿本、庫本作"脱"。

［10］起家：官制用語。從家中徵召出來，始授以官職。　法曹參軍：官名。南朝梁諸公王府皆置法曹，主刑法事，長官爲參軍事。

［11］父憂：遭逢父親喪事，亦稱"丁父艱"。古代喪服禮制規定，父母死後，子女須守喪，三年内不得做官、婚娶、赴宴、應考、舉樂，等等。

［12］邵陵王：南朝梁蕭綸封爵名，全稱是邵陵郡王。爲梁十五等爵的第一等。傳見《梁書》卷二九、《南史》卷五三。　主簿：官名。此爲王府屬官，掌省屬文書之事。南朝梁官品第五班。

［13］侯景之亂：南朝梁武帝末年東魏降將侯景發動的一場叛亂，歷時五年（548—552）。侯景，人名。傳見《梁書》卷五六、《南史》卷八〇。

［14］昂：人名。即韋昂。具體事迹不詳。　京城：《南史·韋鼎傳》作"京口"。據上下文，作"京城"是。

[15]中興寺：寺名。位於南朝都城建康（今江蘇南京市）。晋時，比丘竺法義入寂，弟子於墓所構舍宇，久之竟成佛寺。劉宋孝武帝孝建（454—456）年中，賜名中興寺。於大明至泰始（457—471）之世，爲建康之首刹。南朝梁時亦興盛。

[16]司徒：官名。三公之一。南朝梁官品第十八班。　王僧辯：人名。南朝梁大將，梁元帝蕭繹即位，進授司徒。傳見《梁書》卷四五，《南史》卷六三有附傳。　户曹屬：官名。此爲司徒府屬官。梁時諸公及位從開府者，皆開府置僚屬，有掾屬從事中郎、列曹參軍等職。司徒屬，南朝梁官品第八班。

[17]太尉掾：官名。此爲太尉府屬官，參上條“户曹屬”注。皇弟皇子公府掾屬，南朝梁官品第八班。　大司馬從事：官名。此爲大司馬府屬官，參上條“户曹屬”注。皇弟皇子公府從事中郎，南朝梁官品第九班。　中書侍郎：官名。梁中書省設四人，佐監、令掌出内帝命，功高者一人，主省内事。南朝梁官品第九班。

陳武帝在南徐州，[1]鼎望氣知其當王，遂寄孥焉。因謂陳武帝曰：“明年有大臣誅死，後四歲，梁其代終，天之曆數當歸舜後。昔周滅殷氏，封嬀滿于宛丘，[2]其裔子孫因爲陳氏。僕觀明公天縱神武，繼絶統者，無乃是乎！”武帝陰有圖僧辯意，聞其言，大喜，因而定策。及受禪，拜黄門侍郎，俄遷司農卿、司徒右長史、貞威將軍，[3]領安右晋安王長史、行府國事，[4]轉廷尉卿。[5]太建中，[6]爲聘周主使，加散騎常侍。[7]尋爲秘書監、宣遠將軍，[8]轉臨海王長史，[9]行吴興郡事。[10]入爲太府卿。[11]至德初，[12]鼎盡質貨田宅，寓居僧寺。友人大匠卿毛彪問其故，[13]答曰：“江東王氣盡於此矣。[14]吾與爾當葬長安。期運將及，故破産耳。”

［1］陳武帝：南朝陳開國皇帝陳霸先。紀見《陳書》卷一、二，《南史》卷九。　南徐州：南朝陳時治所在今江蘇鎮江市。

［2］媯滿：人名。事見《史記》卷三六《陳杞世家》。按，《南史》作"媯汭"，據《史記·陳杞世家》載："陳胡公滿者，虞帝舜之後也。昔舜爲庶人時，堯妻之二女，居于媯汭，其後因爲氏姓，姓媯氏。"　宛丘：地名。在今河南淮陽縣東南。

［3］司農卿：官名。掌農功倉廩。南朝陳官品第三品。　司徒右長史：官名。陳司徒府置左右長史，總理府事。南朝陳官品第十班。　貞威將軍：官名。屬武官。南朝陳擬七品。

［4］安右晋安王：南朝陳文帝陳蒨第六子陳伯恭。傳見《陳書》卷二八、《南史》卷六五。按，檢《陳書》《南史》本傳及《陳書》卷六《後主紀》載，陳伯恭曾任"安前將軍""安南將軍"及"鎮右將軍"，未任"安右將軍"，此恐誤。　行：官制用語。指官闕未補，暫由他官兼攝其事。漢朝用此制較普遍，後朝也沿襲。唐時其義有不同。

［5］廷尉卿：官名。掌審獄定刑名，决疑案。南朝陳官品第三品。

［6］太建：南朝陳宣帝陳頊年號（569—582）。

［7］散騎常侍：官名。南朝陳集書省長官。掌侍從皇帝左右，獻納得失；省諸奏聞文書，意異者，隨事爲駁；常侍高功者一人爲祭酒，掌糾劾禁令。第三品。

［8］秘書監：官名。陳秘書省長官，掌國之圖書典籍。南朝陳官品第四品。　宣遠將軍：官名。屬武官。南朝陳官品若單作，減刺史一階；若有將軍，減將軍一階。

［9］臨海王：南朝陳廢帝陳伯宗，光大二年（568）廢爲臨海王。紀見《陳書》卷四、《南史》卷九。

［10］吴興：郡名。南朝陳時治所在今浙江湖州市南。

［11］太府卿：官名。掌金帛府帑。統左右藏令、上庫丞，掌太倉、南北市令。南朝陳正三品。

［12］至德：南朝陳後主陳叔寶年號（583—586）。

［13］大匠卿：官名。匠作寺長官，掌宫廟土木之功及道旁植樹。南朝陳正三品。　毛彪：人名。事迹不詳。

［14］江東：泛指長江下游以東地區。

初，鼎之聘周也，嘗與高祖相遇，鼎謂高祖曰："觀公容貌，故非常人，而神監深遠，亦非群賢所逮也。不久必大貴，貴則天下一家，歲一周天，老夫當委質。公相不可言，願深自愛。"及陳平，上馳召之，授上儀同三司，[1]待遇甚厚。上每與公王宴賞，鼎恒預焉。高祖嘗從容謂之曰："韋世康與公相去遠近？"[2]鼎對曰："臣宗族分派，南北孤絶，自生以來，未嘗訪問。"帝曰："公百世卿族，何得爾也。"乃命官給酒肴，遣世康與鼎還杜陵，樂飲十餘日。鼎乃考校昭穆，[3]自楚太傅孟以下二十餘世，[4]作《韋氏譜》七卷。時蘭陵公主寡，[5]上爲之求夫，選親衛柳述及蕭瑒等以示於鼎。[6]鼎曰："瑒當封侯，而無貴妻之相，述亦通顯，而守位不終。"上曰："位由我耳。"遂以主降述。上又問鼎："諸兒誰得嗣？"答曰："至尊、皇后所最愛者，即當與之，非臣敢預知也。"上笑曰："不肯顯言乎？"

［1］上儀同三司：官名。亦簡稱上儀同。隋文帝因改北周十一等勳官之制形成十一等散實官，用以酬勤勞，無實際職掌。上儀同三司是第七等，可開府置僚佐。從四品上。

［2］韋世康：人名。傳見本書卷四七，《北史》卷六四有附傳。

［3］昭穆：古代宗法制度中，宗廟或宗廟中神主的排列次序，始祖居中，以下父子（祖、父）遞爲昭穆，左爲昭，右爲穆。此指宗族關係。

［4］楚太傅孟：即韋孟，曾任楚元王太傅。事見《漢書》卷七三《韋賢傳》。

［5］蘭陵公主：隋文帝楊堅第五女。傳見本書卷八〇、《北史》卷九一。

［6］親衛：官名。隋中央左右衛各統親衛，掌從侍衛。　柳述：人名。本書卷四七、《北史》卷六四有附傳。　蕭瑒：人名。梁明帝蕭巋之子，隋煬帝蕭皇后之弟，其墓誌出土於洛陽（參見李春敏《隋蕭瑒墓誌考》，《考古與文物》1996 年第 1 期）。

開皇十二年，[1]除光州刺史，[2]以仁義教導，務弘清静。州中有土豪，外修邊幅，而内行不軌，常爲劫盜。鼎於都會時謂之曰："卿是好人，那忽作賊？"因條其徒黨謀議逗留，其人驚懼，即自首伏。又有人客游，通主家之妾，及其還去，妾盜珍物，於夜亡，[3]尋於草中爲人所殺。主家知客與妾通，因告客殺之。縣司鞫問，具得姦狀，因斷客死。獄成，上於鼎，鼎覽之曰："此客實姦，而殺非也。乃某寺僧詃妾盜物，令奴殺之，贓在某處。"即放此客，遣掩僧，並獲贓物。自是部内肅然不言，咸稱其有神，道無拾遺。尋追入京，以年老多病，累加優賜。頃之，卒，年七十九。

［1］十二年：各本均同，《南史》卷五八《韋鼎傳》、《通志》卷一四五《韋鼎》作"十三年"。

［2］光州：治所在今河南光山縣。

［3］於夜亡：汲古閣本、中華本同，殿本、庫本及《南史·韋鼎傳》作“於夜逃亡”。

來和

來和，[1]字弘順，京兆長安人也。少好相術，所言多驗。大冢宰宇文護引之左右，由是出入公卿之門。初爲夏官府下士，[2]累遷少卜上士，[3]賜爵安定鄉男。[4]遷畿伯下大夫，[5]進封洹水縣男。[6]

［1］來和：人名。傳另見《北史》卷八九。

［2］夏官府：官署名。長官爲大司馬卿，北周掌邦政，征伐敵國及四時治兵講武皆由其主持，大祭祀則掌宿衛，廟社則奉羊牲。下士：此所指不詳。

［3］少卜上士：官名。協助太卜掌國之卜祀。北周正三命。

［4］安定鄉男：爵名。北周十一等爵的第十一等。品秩不詳。（參見王仲犖《北周六典》卷八《封爵第十九》，第557頁）

［5］畿伯下大夫：官名。北周以王畿千里之外爲畿，立畿伯之官，使各掌其畿之政令戒禁。正四命。（參見王仲犖《北周六典》卷三《地官府第八》，第98頁）

［6］洹水縣男：爵名。北周十一等爵的第十等。正五命。（參見王仲犖《北周六典》卷八《封爵第十九》，第556頁）

高祖微時，來詣和相，和待人去，謂高祖曰：“公當王有四海。”及爲丞相，拜儀同，[1]既受禪，進爵爲子。[2]開皇末，和上表自陳曰：

[1]儀同：官名。北周府兵制中儀同府長官加此名，爲散實官。九命。

[2]子：爵名。全稱爲洹水縣子。隋九等爵的第八等。正四品下。

臣早奉龍顔，自周代天和三年已來，[1]數蒙陛下顧問，當時具言至尊膺圖受命，光宅區宇。此乃天授，非由人事所及。臣無勞效，坐致五品，二十餘年。臣是何人，敢不慚懼！愚臣不任區區之至，謹録陛下龍潛之時，臣有所言一得，書之秘府，死無所恨。

[1]天和：北周武帝宇文邕年號（566—572）。

昔陛下在周，嘗與永富公竇榮定語臣曰：[1]“我聞有行聲，即識其人。”臣當時即言公眼如曙星，無所不照，當王有天下，願忍誅殺。建德四年五月，[2]周武帝在雲陽宫，[3]謂臣曰：“諸公皆汝所識，隋公相禄何如？”[4]臣報武帝曰：“隋公止是守節人，可鎮一方。若爲將領，陳無不破。”臣即於宫東南奏聞。陛下謂臣，此語不忘。明年，烏丸軌言於武帝曰：[5]“隋公非人臣。”帝尋以問臣，臣知帝有疑，臣詭報曰：“是節臣，更無異相。”于時王誼、梁彦光等知臣此語。[6]大象二年五月，[7]至尊從永巷東門入，[8]臣在永巷門東，北面立，陛下問臣曰：“我無灾障不？”臣奏陛下曰：“公骨法氣色相應，天命已有付屬。”未幾，遂總百揆。

［1］永富公：爵名。全稱爲永富縣公。北周命數不詳，王仲犖認爲“非正九命則當是九命爾”（參見王仲犖《北周六典》卷八《封爵第十九》，第548頁）。按，本書卷一《高祖紀上》開皇元年十一月載爲“永昌郡公”，《北史》卷一一《隋文帝紀》作“永富郡公”，本書及《北史》之《竇榮定傳》均作“永富縣公”。從本書《竇榮定傳》其前後爵位變化判斷，似“永富縣公”確。　竇榮定：人名。傳見本書卷三九，《北史》卷六一有附傳。

［2］建德：北周武帝宇文邕年號（572—578）。

［3］雲陽宮：宮名。在今陝西淳化縣西北甘泉山上。

［4］隋公：即隋國公，楊堅在北周所襲爵，此以爵代名。

［5］烏丸軌：人名。即北周名將王軌，烏丸爲其所改鮮卑姓。北周官至上大將軍，封郯國公。周宣帝即位不久被殺。傳見《周書》卷四〇、《北史》卷六二。生平亦可見《梁彦光墓誌》（載劉文《陝西新見隋朝墓誌》一四）。

［6］王誼：人名。傳見本書卷四〇，《北史》卷六一有附傳。　梁彦光：人名。傳見《北史》卷八六。

［7］大象：北周静帝宇文闡年號（579—580）。

［8］永巷：北周宫中長巷。

上覽之大悦，進位開府，賜物五百段，米三百石，地十頃。

和同郡韓則，[1]嘗詣和相，和謂之曰：“後四五當得大官。”人初不知所謂。則至開皇十五年五月而終，人問其故，和曰：“十五年爲三五，加以五月爲四五。大官，椁也。”和言多此類。著《相經》四十卷。

[1]韓則：人名。事迹不詳。

道士張賓、焦子順、雁門人董子華，[1]此三人，當高祖龍潛時，並私謂高祖曰："公當爲天子，善自愛。"及踐阼，以賓爲華州刺史，[2]子順爲開府，子華爲上儀同。

[1]張賓：人名。北周道士，隋朝建立任華州刺史，制定張賓曆，開皇四年頒行。事略見本書《律曆志中》。　焦子順：人名。隋代道士，隋朝建立授開府柱國，辭不受，於五通觀修行，號焦天師。事見《唐會要》卷五〇《尊崇道教·五通觀》。　雁門：郡名。隋大業三年改代州置。治所在今山西代縣。按，底本、汲古閣本、殿本、庫本原作"應門"，中華本作"雁門"，其校勘記云："據《通志》一八三改。"今據改。　董子華：人名。北周、隋時道士，其他事迹不詳。

[2]華州：治所在今陝西華縣。

蕭吉

蕭吉，[1]字文休，梁武帝兄長沙宣武王懿之孫也。[2]博學多通，尤精陰陽算術。江陵陷，遂歸于周，[3]爲儀同。宣帝時，吉以朝政日亂，上書切諫。帝不納。及隋受禪，進上儀同，以本官太常考定古今陰陽書。[4]

[1]蕭吉：人名。傳另見《北史》卷八九。

[2]梁武帝：指南朝梁武帝蕭衍。紀見《梁書》卷一至三，《南史》卷六、七。　長沙宣武王懿：即蕭懿。天監元年（502）

追封長沙郡王，謚曰宣武。事見《梁書》卷二三《長沙嗣王業傳》，傳見《南史》卷五一。

［3］周：中華書局新修訂本校勘記云："'周'，《北史》卷八九《藝術上·蕭吉傳》、《通志》卷一八三《藝術·蕭吉傳》作'魏'。按，陷江陵在西魏恭帝元年，三年，恭帝禪位宇文覺後，始改國號爲周。"所考是，《北史》所載更確。

［4］太常：官屬名。即太常寺，掌宗廟郊社禮樂事。

吉性孤峭，不與公卿相沉浮，又與楊素不協，[1]由是擯落於世，鬱鬱不得志。見上好徵祥之説，欲乾没自進，[2]遂矯其迹爲悦媚焉。開皇十四年上書曰："今年歲在甲寅，十一月朔旦，以辛酉爲冬至。來年乙卯，正月朔旦，[3]以庚申爲元日，冬至之日，即在朔旦。《樂汁圖徵》云：'天元十一月朔旦冬至，[4]聖王受享祚。'今聖主在位，居天元之首，而朔旦冬至，此慶一也。辛酉之日，即是至尊本命，辛德在丙，此十一月建丙子。酉德在寅，正月建寅爲本命，與月德合，而居元朔之首，此慶二也。庚申之日，即是行年，乙德在庚，卯德在申，來年乙卯，是行年與歲合德，而在元旦之朝，此慶三也。《陰陽書》云：'年命與歲月合德者，必有福慶。'《洪範傳》云：'歲之朝，月之朝，日之朝，主王者。'經書並謂三長應之者，延年福吉。况乃甲寅蔀首，[5]十一月陽之始，朔旦冬至，是聖王上元。正月是正陽之月，歲之首，月之先。朔旦是歲歲之元，月之朝，日之先，嘉辰之會。而本命爲九元之先，行年爲三長之首，並與歲月合德。所以《靈寶經》云：'角音龍精，其祚日强。’來歲年命納音俱角，曆之與經，如合符契。又甲寅、乙卯，天地合也，甲寅之年，以辛酉冬至，來年乙卯，以甲子夏至。冬至陽始，郊天之日，即是至尊本命，此慶四也。夏至陰始，祀地之辰，即是皇后本命，此慶五也。至尊德並乾之覆育，皇后仁同地之載養，所以二儀元氣，並會本辰。”上覽之大悦，賜物五百段。

[1]楊素：人名。傳見本書卷四八，《北史》卷四一有附傳。

[2]乾没：投機圖利。

[3]朔旦：舊曆每月初一，亦專指正月初一。

[4]天元：周曆建子，以今十一月爲正月。後世以周曆得天之正道，謂之“天元”。

[5]蔀：汲古閣本、中華本同，殿本、庫本作‘部’。

房陵王時爲太子，[1]言東宫多鬼魅，鼠妖數見。上令吉詣東宫，禳邪氣。於宣慈殿設神坐，[2]有迴風從艮地鬼門來，掃太子坐。吉以桃湯葦火驅逐之，風出宫門而止。又謝土，於未地設壇，爲四門，置五帝坐。于時至寒，有蝦蟇從西南來，入人門，升赤帝坐，還從人門而出。行數步，忽然不見。上大異之，賞賜優洽。又上言太子當不安位，時上陰欲廢立，得其言是之。由此每被顧問。

[1]房陵王：隋文帝楊堅長子楊勇。傳見本書卷四五、《北史》卷七一。

[2]宣慈殿：此爲隋東宫主殿。

及獻皇后崩，[1]上令吉卜擇葬所，吉歷筮山原，至一處，云“卜年二千，卜世二百”，具圖而奏之。上曰：“吉凶由人，不在於地。高緯父葬，[2]豈不卜乎？國尋滅亡。正如我家墓田，若云不吉，朕不當爲天子；若云不凶，我弟不當戰没。”然竟從吉言。吉表曰：“去月十六日，皇后山陵西北，鷄未鳴前，有黑雲方圓五六百步，從地屬天。東南又有旌旗車馬帳幕，布滿七八里，并有人往來檢校，部伍甚整，日出乃滅，同見者十餘人。謹案《葬書》云：[3]‘氣王與姓相生，大吉。’今黑氣當冬王，與姓相生，是大吉利，子孫無疆之候也。”上大悦。其後上將親臨發殯，吉復奏上曰：“至尊本命辛酉，今歲斗魁及天罡，臨卯酉，謹按《陰陽書》，不得臨喪。”上不納。退而告族人蕭平仲曰：[4]“皇太子遣宇文左率深謝余云：[5]‘公前稱我當爲太子，竟有其驗，終不忘也。今卜山陵，務令我早立。我立之後，當以富貴相報。’吾記之曰：‘後四載，太子御天下。’今山陵氣應，上又臨喪，兆益見矣。且太子得政，隋其亡乎！當有真人出治之矣。吾前紿云卜年二千者，是三十字也；卜世二百者，取三十二運也。吾言信矣，汝其誌之。”

[1]獻皇后：隋文帝文獻皇后，名獨孤伽羅。傳見本書卷三六、《北史》卷一四。

[2]高緯：人名。北齊後主。紀見《北齊書》卷八、《北史》卷八。

[3]《葬書》：舊題晋人郭璞撰，然《四庫全書》總纂官紀昀《葬書提要》認爲乃僞托之書。又檢今本《葬書》未載此句。

[4]蕭平仲：人名。事迹不詳。

[5]宇文左率：此指宇文述。楊廣爲太子，宇文述任太子左衛率。傳見本書卷六一、《北史》卷七九。

及煬帝嗣位，拜太府少卿，[1]加位開府。嘗行經華陰，[2]見楊素冢上有白氣屬天，密言於帝。帝問其故，吉曰："其候素家當有兵禍，滅門之象。改葬者，庶可免乎！"帝後從容謂楊玄感曰："公家宜早改葬。"玄感亦微知其故，以爲吉祥，託以遼東未滅，不遑私門之事。未幾而玄感以反族滅，帝彌信之。後歲餘，卒官。著《金海》三十卷，《相經要録》一卷，[3]《宅經》八卷，《葬經》六卷，《樂譜》二十卷及《帝王養生方》二卷，[4]《相手版要決》一卷，《太一立成》一卷，並行於世。

[1]太府少卿：官名。太府寺副長官，協助長官太府卿掌管倉儲出納及所轄各署事。隋初置一員，正四品上。煬帝增置二員，改從四品。

[2]華陰：縣名。隋治所在今陝西華陰市。

[3]一卷：本書《經籍志三》載："《相經要録》二卷，蕭吉撰。"

[4]《樂譜》二十：中華本同，汲古閣本、殿本、庫本作"《樂譜》十二"。按，本書《經籍志一》載蕭吉撰有《樂論》一卷，《樂譜集》二十卷。　《帝王養生方》：本書《經籍志三》作《帝王養生要方》。

時有楊伯醜、臨孝恭、劉祐，[1]俱以陰陽術數知名。

[1]楊伯醜：人名。傳見本卷、《北史》卷八九。 臨孝恭：人名。傳見本卷、《北史》卷八九。 劉祐：人名。傳見本卷、《北史》卷八九。

楊伯醜

楊伯醜，馮翊武鄉人也。[1]好讀《易》，隱於華山。[2]開皇初，被徵入朝，見公卿不爲禮，無貴賤皆汝之。人不能測也。高祖召與語，竟無所答。上賜之衣服，至朝堂，捨之而去。於是被髮陽狂，游行市里，形體垢穢，未嘗櫛沐。嘗有張永樂者，[3]賣卜京師，伯醜每從之游。永樂爲卦有不能決者，伯醜輒爲分析爻象，[4]尋幽入微。永樂嗟服，自以爲非所及也。

[1]馮翊：郡名。治所在今陝西大荔縣。 武鄉：縣名。治所在今陝西大荔縣。

[2]華山：在今陝西華陰市南。

[3]張永樂：人名。隋時卜者。

[4]爻象：《周易》中六爻相交成卦所表現的物象。

伯醜亦開肆賣卜。有人嘗失子，就伯醜筮者。卦成，伯醜曰："汝子在懷遠坊南門道東北壁上，[1]有青裙女子抱之，可往取也。"如言果得。或者有金數兩，夫妻共藏之，於後失金，其夫意妻有異志，將逐之。其妻稱冤，以詣伯醜，爲筮之曰："金在矣。"悉呼其家人，指一人曰："可取金來！"其人赧然，應聲而取之。道士韋知常詣伯醜問吉凶，[2]伯醜曰："汝勿東北行，必不得已，當早還。不然者，楊素斬汝頭。"未幾，上令知常事漢王諒。俄而上崩，諒舉兵反，知常逃歸京師。知常先與楊素有隙，及素平并州，[3]先訪知常，將斬之，賴此獲免。又人有失馬，來詣伯醜卜者。時伯醜爲皇太子所召，在塗遇之，立爲作卦，卦成，曰："我不遑爲卿占之，卿且向西市東壁門南第三店，爲我買魚作膾，當得馬矣。"其人如此言，須臾，有一人牽所失馬而至，遂擒之。崖州嘗獻徑寸珠，[4]其使者陰易之，上心疑焉，召伯醜令筮。伯醜曰："有物出自水中，質圓而色光，是大珠也。今爲人所隱。"具言隱者姓名容狀。上如言簿責之，果得本珠。上奇之，賜帛二十匹。國子祭酒何妥嘗詣之論《易》，[5]聞妥之言，倏然而笑曰：[6]"何用鄭玄、王弼之言乎！"久之，微有辯答，所說辭義，皆異先儒之旨，而思理玄妙，故論者以爲天然獨得，非常人所及也。竟以壽終。

[1]懷遠坊：隋國都大興城諸坊之一。

[2]道士韋知常：《北史》卷八九《楊伯醜傳》作"將軍許知常"。韋知常，人名。事亦見《北史·楊伯醜傳》。

[3]并州：治所在今山西太原市西南古城營。

[4]崖州：治所在今海南儋州市西北。

[5]國子祭酒：官名。爲國子寺長官，掌中央官學及儒學訓導之政。初隸太常寺，統國子、太學、四門、書算學。開皇十三年不隸太常寺，改爲國子學長官。仁壽元年罷，惟置太學，以博士領

之。大業三年改置國子監，依舊置祭酒爲長官。從三品。　何妥：人名。傳見本書卷七五、《北史》卷八二。

［6］倏然：各本均同，然《北史·楊伯醜傳》作“悠爾”。李慈銘《隋書札記》云：“‘悠’同‘攸’。”

臨孝恭

臨孝恭，京兆人也。明天文、算術，高祖甚親遇之。每言灾祥之事，未嘗不中，上因令考定陰陽。官至上儀同。著《欹器圖》三卷，《地動銅儀經》一卷，《九宫五墓》一卷，《遁甲月令》十卷，[1]《元辰經》十卷，《元辰厄》一百九卷，《百怪書》十八卷，《禄命書》二十卷，《九宫龜經》一百一十卷，《太一式經》三十卷，《孔子馬頭易卜書》一卷，並行於世。

［1］《遁甲月令》：《北史》卷八九《臨孝恭傳》作“《遁甲録》”。又，本書《經籍志三》録有臨孝恭撰《遁甲立成法》一卷、《陰遁甲用局法》一卷。

劉祐

劉祐，滎陽人也。[1]開皇初，爲大都督，[2]封索盧縣公。[3]其所占候，合如符契，高祖甚親之。初與張賓、劉暉、馬顯定曆。[4]後奉詔撰兵書十卷，名曰《金韜》，上善之。復著《陰策》二十卷，《觀臺飛候》六卷，《玄象要記》五卷，《律曆術文》一卷，《婚姻志》三卷，《産乳志》二卷，《式經》四卷，《四時立成法》一卷，《安曆志》十二卷，《歸正易》十卷，並行於世。

[1]滎陽：郡名。治所在今河南滎陽市東北。

[2]大都督：官名。隋文帝時期有兩類大都督：一是在府兵系統中實際領兵、有固定職掌的團級軍官，隋煬帝大業三年改稱校尉；一是十一等散實官中的第九等，用以酬勤勞，無實際職掌，煬帝大業三年罷廢。兩類大都督均爲正六品上。

[3]索盧縣公：爵名。隋九等爵的第五等。從一品。

[4]劉暉：人名。隋初爲儀同、太史令，曾參與定曆。按，"暉"，底本、汲古閣本、殿本、庫本作"輝"。據本書《律曆志》、卷四一《高熲傳》，當作"暉"。　馬顯：人名。北周任太史上士，撰《丙寅元曆》《漏經》，隋初亦奉命定曆，事略見本書《律曆志》。

張胄玄

張胄玄，[1]渤海蓨人也。[2]博學多通，尤精術數。冀州刺史趙煚薦之，[3]高祖徵授雲騎尉，[4]直太史，[5]參議律曆事。時輩多出其下，由是太史令劉暉等甚忌之。然暉言多不中，胄玄所推步甚精密，上異之。令楊素與術數人立議六十一事，皆舊法久難通者，令暉與胄玄等辯析之。暉杜口一無所答，胄玄通者五十四焉。由是擢拜員外散騎侍郎，[6]兼太史令，[7]賜物千段，暉及黨與八人皆斥逐之。改定新曆，言前曆差一日，内史通事顏敏楚上言曰：[8]"漢時落下閎改《顓頊曆》作《太初曆》，[9]云後當差一日。八百年當有聖者定之。計今相去七百一十年，術者舉其成數，聖者之謂，其在今乎!”上大悦，漸見親用。

[1]張胄玄：人名。傳另見《北史》卷八九。

[2]渤海：郡名。治所在今山東陽信縣西南。　蓨（tiáo）：縣名。治所在今河北景縣南。

[3]冀州：治所在今河北冀州市。　趙煚（jiǒng）：人名。傳見本書卷四六、《北史》卷七五。

[4]雲騎尉：官名。隋開皇三年於吏部别置朝議等八郎、旅騎等八尉，上階爲郎，下階爲尉。散官番直，常出使監檢。雲騎尉爲正九品下。

[5]直：官制用語。一般以他官臨時差遣處理本署事務。

[6]員外散騎侍郎：官名。屬散官，隋門下省置六人，掌部從朝直，並出使勞問。正五品。

[7]兼：官制用語。假職未真授之稱。

[8]内史通事：官名。此指隋初内史省屬官通事舍人，職掌導引宫臣辭見、承旨傳宣之事。從六品。按，本書《律曆志中》作“通事舍人”，《唐六典》卷一《尚書都省·主事》載其曾任“内史主事”。　顔敏楚：人名。北齊顔之推之子，文學名士。按，當作“顔慜楚”，錢大昕《廿二史考異》云：“‘敏’當作‘慜’，即‘愍’字。”

[9]落下閎：人名。西漢天文學家，造《太初曆》、渾天儀等。事略見《漢書·律曆志上》、本書《律曆志》等。

胄玄所爲曆法，與古不同者有三事：

其一，宋祖沖之於歲周之末，[1]創設差分，冬至漸移，不循舊軌。每四十六年，却差一度。至梁虞劆曆法，嫌沖之所差太多，因以一百八十六年冬至移一度。

胄玄以此二術，年限懸隔，追檢古注，所失極多，遂折中兩家，以爲度法。冬至所宿，歲別漸移，八十三年却行一度，則上合堯時，日永星火，[3]次符漢曆，宿起牛初。[4]明其前後，並皆密當。

[1]祖沖之：人名。南朝宋、齊時期的天文學家、數學家。傳見《南齊書》卷五二、《南史》卷七二。

[2]虞劆：人名。據本書《天文志上》載，南朝梁大同十年曾任太史令，事迹不詳。

[3]日永星火：意思是夏至日，火星可見，是仲夏之節氣。語出《尚書·堯典》："日永，星火，以正仲夏。"

[4]宿起牛初：曆法上將冬至點定在牽牛初度，此時冬至點離牛宿距星的赤道宿度不到一度。

其二，周馬顯造《丙寅元曆》，有陰陽轉法，加減章分，進退蝕餘，[1]乃推定日，創開此數。當時術者，多不能曉。張賓因而用之，莫能考正。胄玄以爲加時先後，逐氣參差，就月爲斷，於理未可。乃因二十四氣列其盈縮所出，[2]實由日行遲則月逐日易及，令合朔加時早，日行速則月逐日少遲，令合朔加時晚。檢前代加時早晚，以爲損益之率。日行自秋分已後至春分，其勢速，計一百八十二日而行一百八十度。自春分已後至秋分，日行遲，計一百八十二日而行一百七十六度。[3]每氣之下，即其率也。

[1]餘：中華本及《北史》卷八九《張胄玄傳》同，汲古閣

本、殿本、庫本作“食”。

［2］二十四氣：即今二十四節氣。

［3］一百八十二日：底本原作“二百八十二日”，據汲古閣本、殿本、庫本、中華本改。

其三，自古諸曆，朔望值交，不問内外，入限便食。張賓立法，創有外限，應食不食，猶未能明。胄玄以日行黄道，[1]歲一周天，月行月道，[2]二十七日有餘一周天。月道交絡黄道，每行黄道内十三日有奇而出，又行黄道外十三日有奇而入，終而復始，月經黄道，謂之交，朔望去交前後各十五度已下，即爲當食。若月行内道，則在黄道之北，食多有驗。月行外道，在黄道之南也，雖遇正交，無由掩映，食多不驗。遂因前法，别立定限，隨交遠近，逐氣求差，損益食分，事皆明著。

［1］黄道：地球運行軌道與天球的交界面。從地球看，太陽似乎沿着黄道運行。

［2］月道：亦稱“白道”，月亮環繞地球作橢圓運動的軌道。按，月道，中華本及《北史》卷八九《張胄玄傳》同，汲古閣本、殿本、庫本作“日道”，誤。

其超古獨異者有七事：

其一，古曆五星行度皆守恒率，[1]見伏盈縮，悉無格准。胄玄推之，各得其真率，合見之數，與古不同。其差多者，至加減三十許日。即如熒惑平見在雨水氣，即均加二十九日，見在小雪氣，則均減二十五日。加減平見，以爲定見。諸星各有盈縮之數，皆如此例，但差數不同。特其積候所知，[2]時人不能原其意旨。

［1］曆：底本作“歷”，據文意改爲“曆”。　五星：指水、木、金、火、土五大行星。

［2］積候：觀察天象。

其二，[1]辰星舊率，[2]一終再見，凡諸古曆，皆以爲然，應見不見，人未能測。胄玄積候，知辰星一終之中，有時一見，及同類感召，相隨而出。即如辰星平晨見在雨水氣者，應見即不見，若平晨見在啓蟄氣者，[3]去日十八度外，三十六度内，晨有木火土金一星者，亦相隨見。

［1］其二：“其”字原缺，據《北史》卷八九《張胄玄傳》及上下文文意補。

［2］辰星：指水星。

［3］平晨：汲古閣本、中華本同，殿本、庫本作“不晨”。據上文及《北史·張胄玄傳》當爲“平晨”。

其三，古曆步術，[1]行有定限，自見已後，依率而推。進退之期，莫知多少。胄玄積候，知五星遲速留退真數皆與古法不同，多者至差八十餘日，留迴所在亦差八十餘度。即如熒惑前疾初見在立冬初，則二百五十日行一百七十七度，定見在夏至初，則一百七十日行九十二度。追步天驗，今古皆密。

［1］步：指天文、曆法方面的推測計算。

其四，古曆食分，依平即用，推驗多少，實數罕符。胄玄積候，知月從木、火、土、金四星行有向背。月向四星即速，背之則遲，皆十五度外，乃循本率。遂於交分，限其多少。

其五，古曆加時，朔望同術。胄玄積候，知日食所在，隨方改變，傍正高下，每處不同。交有淺深，遲速亦異，約時立差，皆會天象。

其六，古曆交分即爲食數，去交十四度者食一分，去交十三度食二分，去交十度食三分。每近一度，食益一分，當交即食既。其應少反多，應多反少，自古諸曆，未悉其原。胄玄積候，知當交之中，月掩日不能畢盡，其食反少，去交五六時，月在日内，掩日便盡，故食乃既。自此已後，更遠者其食又少。交之前後在冬至皆爾。若近夏至，其率又差。所立食分，最爲詳密。

其七，古曆二分，晝夜皆等。胄玄積候，知其有差，春秋二分，晝多夜漏半刻，皆由日行遲疾盈縮使其然也。

凡此胄玄獨得於心，論者服其精密。大業中卒官。

許智藏

許智藏，［1］高陽人也。［2］祖道幼，［3］嘗以母疾，遂覽醫方，因而究極，世號名醫。誡其諸子曰：“爲人子者，嘗膳視藥，不知方術，豈謂孝乎？”由是世相傳授。仕梁，官至員外散騎侍郎。父景，[4]武陵王諮議參軍。[5]

［1］許智藏：人名。傳另見《北史》卷九〇。

［2］高陽：郡名。治所在今河北高陽縣。

［3］道幼：人名。事另見《北史·許智藏傳》。

［4］景：人名。即許景。事另見《北史·許智藏傳》。

［5］武陵王：即蕭紀，梁武帝蕭衍第八子，武帝死後於成都自立爲帝。傳見《梁書》卷五五、《南史》卷五三。　諮議參軍：官名。王公軍府屬官，掌顧問詔對。皇弟皇子府諮議參軍，南朝梁官品第九班。

智藏少以醫術自達，仕陳爲散騎侍郎。[1]及陳滅，高祖以爲員外散騎侍郎，使詣揚州。[2]會秦孝王俊有疾，[3]上馳召之。俊夜中夢其亡妃崔氏泣曰：“本來相迎，如聞許智藏將至，其人若到，當必相苦，爲之奈何？”明夜，俊又夢崔氏曰：“妾得計矣，當入靈府中以避之。”及智藏至，爲俊診脉，曰：“疾已入心，郎當發癎，不可救也。”果如言，俊數日而薨。上奇其妙，賚物百段。煬帝即位，智藏時致仕于家，[4]帝每有所苦，輒令中使就詢訪，或以轝迎入殿，扶登御床。智藏爲方奏之，用無不效。年八十，卒于家。

［1］散騎侍郎：官名。屬散官，掌勸諫獻納。南朝陳第五品。

［2］揚州：治所在今江蘇揚州市。

［3］秦孝王俊：即隋文帝第三子，謚秦孝王。傳見本書卷四五、《北史》卷七一。

[4]致仕：官制用語。辭官退休。

宗人許澄，[1]亦以醫術顯。父奭，[2]仕梁太常丞、中軍長史。[3]隨柳仲禮入長安，[4]與姚僧垣齊名，[5]拜上儀同三司。澄有學識，傳父業，尤盡其妙。歷尚藥典御、諫議大夫，[6]封賀川縣伯。父子俱以藝術名重於周、隋二代。史失事，故附見云。

[1]許澄：人名。事另見《北史》卷九〇《許智藏傳》。

[2]奭：人名。即許奭。事亦見《北史·許智藏傳》。

[3]太常丞：官名。太常寺次官，佐卿掌宗廟郊社禮樂事。南朝梁官品第五班。　中軍長史：官名。軍府佐官，總管府事。領護軍府長史，南朝梁官品第六班。

[4]柳仲禮：人名。南朝梁大將，大寶元年（550）爲西魏大將楊忠所敗，入長安。《梁書》卷四三、《南史》卷三八有附傳。

[5]姚僧垣：人名。南北朝時名醫，初爲南朝梁宫廷御醫，江陵之戰後入西魏。傳見《周書》卷四七、《北史》卷九〇。按，“垣”原作“坦”，據《周書》《北史》改。

[6]尚藥典御：官名。隋初，門下省統尚藥等六局，以典御領之，煬帝以之隸殿内省，並改爲奉御。掌宫廷醫藥與疾病治療。正六品下。　諫議大夫：官名。隋初門下省置七人，掌顧問應對，煬帝廢。從四品。

萬寶常 王令言

萬寶常，[1]不知何許人也。父大通，[2]從梁將王琳歸于齊。[3]後復謀還江南，事泄，伏誅。由是寶常被配爲樂户，[4]因而妙達鍾律，遍工八音。造玉磬以獻于齊。又嘗與人方食，論及聲調。時無樂器，寶常因取前食器及雜物，以箸扣之，品其高下，宫商畢備，諧於絲竹，大爲時人所賞。然歷周洎隋，俱不得調。

［1］萬寶常：人名。傳另見《北史》卷九〇。

［2］大通：人名。即萬大通。事亦見《北史·萬寶常傳》。

［3］王琳：人名。南北朝時梁、北齊大將。傳見《北齊書》卷三二、《南史》卷六四。

［4］樂户：南北朝雜户之一。爲供奉皇室音樂之人家，地位較低微。

開皇初，沛國公鄭譯等定樂，[1]初爲黄鍾調。[2]寶常雖爲伶人，譯等每召與議，然言多不用。後譯樂成奏之，上召寶常，問其可不，寶常曰："此亡國之音，豈陛下之所宜聞！"上不悦。寶常因極言樂聲哀怨淫放，非雅正之音，請以水尺爲律，[3]以調樂器。上從之。

［1］沛國公：爵名。隋九等爵的第三等。從一品。　鄭譯：人名。北周時任内史下大夫，周宣帝病死，與劉昉矯詔引楊堅輔政，後任楊堅丞相府長史，入隋官至岐州刺史。傳見本書卷三八、《周書》卷三五，《北史》卷三五有附傳。

［2］黄鍾調：郭沫若云："據《音樂志》乃黄鐘宫調之意，宋以後人宫調稱宫，宫調以外之調稱調，隋唐代人不如是。"（郭沫若：《隋代大音樂家萬寶常》，載《歷史人物》，人民文學出版社 1979 年版，第 136 頁）

［3］水尺：萬寶常制律所用尺度。一説爲寶常所創。參本書

《律曆志》。

寶常奉詔，遂造諸樂器，其聲率下鄭譯調二律。並撰《樂譜》六十四卷，具論八音旋相爲宫之法，改絃移柱之變。爲八十四調，一百四十四律，變化終於一千八百聲。[1]時人以《周禮》有旋宫之義，自漢、魏已來，知音者皆不能通，見寶常特創其事，皆哂之。至是，試令爲之，應手成曲，無所凝滯，見者莫不嗟異。於是損益樂器，不可勝紀，其聲雅淡，不爲時人所好，太常善聲者多排毁之。

[1]一千八百聲：《北史》卷九〇《萬寶常傳》同。郭沫若認爲當作“一千八聲”，郭氏云：“‘一百四十四律，變化終於一千八聲’，這是説萬寶常把十二律更細分成十二倍，故爲一百四十四律（12 × 12 = 144），因而八十四調也成爲十二倍的一千八聲（84 × 12 = 1008）。”（郭沫若：《隋代大音樂家萬寶常》，第136、159頁）郭氏所證是。

又太子洗馬蘇夔以鍾律自命，[1]尤忌寶常。夔父威，方用事，凡言樂者皆附之，而短寶常。數詣公卿怨望，蘇威因詰寶常所爲何所傳受。有一沙門謂寶常曰：“上雅好符瑞，有言徵祥者，上皆悦之。先生當言就胡僧受學，云是佛家菩薩所傳音律，則上必悦。先生所爲，可以行矣。”寶常然之，遂如其言以答威。威怒曰：“胡僧所傳，乃是四夷之樂，[2]非中國所宜行也。”其事竟寢。寶常嘗聽太常所奏樂，泫然而泣。人問其故，寶常曰：

"樂聲淫厲而哀，天下不久相殺將盡。"時四海全盛，聞其言者皆謂爲不然。大業之末，其言卒驗。

[1]太子洗馬：官名。職掌東宫圖書經籍、釋典講經之事。太子不軌則行規諫之責。從五品上。　蘇夔：人名。本書卷四一、《北史》卷六三有附傳。

[2]四夷：古代華夏族對四方少數民族的統稱。

寶常貧無子，其妻因其卧疾，遂竊其資物而逃。寶常飢餒，無人贍遺，竟餓而死。將死也，取其所著書而焚之，曰："何用此爲?"見者於火中探得數卷，見行於世，時論哀之。

開皇之世，有鄭譯、何妥、盧賁、蘇夔、蕭吉，並討論墳籍，[1]撰著樂書，皆爲當世所用。至於天然識樂，不及寶常遠矣。安馬駒、曹妙達、王長通、郭令樂等，[2]能造曲，爲一時之妙，又習鄭聲，[3]而寶常所爲，皆歸於雅。此輩雖公議不附寶常，然皆心服，謂以爲神。

[1]盧賁：人名。傳見本書卷三八，《北史》卷三〇有附傳。

[2]安馬駒：人名。北齊、隋時樂人，北齊時曾因善樂，後主高緯授其開府，爲世人所譏諷。事略見本書《音樂志中》。　曹妙達：人名。北齊、隋時樂人，北齊後主高緯曾封其爲王。事略見《北史》卷九二《恩倖傳》。　王長通：人名。北齊、隋、唐初樂人，北齊年十四五並假節通州刺史。事略見《北齊書》卷五〇、《北史》卷九二《恩倖傳》。　郭令樂：人名。北齊、隋時樂人。按，本書《音樂志下》作"郭金樂"。

[3]鄭聲：原指春秋戰國時鄭國之樂。因與孔子等提倡的雅樂不同，故受儒家排斥。此後，凡與雅樂相背者，甚至一般的民間音樂，均被崇“雅”黜“俗”者斥爲“鄭聲”。

時有樂人王令言，[1]亦妙達音律。大業末，煬帝將幸江都，[2]令言之子嘗從，於户外彈胡琵琶，作翻調《安公子曲》。令言時卧室中，聞之大驚，蹶然而起曰："變，變！"急呼其子曰："此曲興自早晚？"其子對曰："頃來有之。"令言遂歔欷流涕，謂其子曰："汝慎無從行，帝必不反。"子問其故，令言曰："此曲宫聲往而不反，宫者君也，吾所以知之。"帝竟被殺於江都。[3]

[1]王令言：人名。《北史》卷九〇有附傳。

[2]江都：郡名。治所在今江蘇揚州市。

[3]竟：底本原缺，據汲古閣本、殿本、庫本、中華本及《北史·王令言傳》補。

史臣曰：陰陽卜祝之事，聖人之教在焉，雖不可以專行，亦不可得而廢也。人能弘道，則博利時俗，行非其義，則咎悔及身，故昔之君子所以戒乎妄作。今韋、來之骨法氣色，庾、張之推步盈虚，雖落下、高堂、許負、朱建，[1]不能尚也。伯醜龜策，近知鬼神之情，耿詢渾儀，不差辰象之度，寶常聲律，動應宫商之和，雖不足遠擬古人，皆一時之妙也。許氏之運鍼石，世載可稱，蕭吉之言陰陽，近於誣誕矣。

[1]落下：此指西漢天文學家落下閎。　高堂：此指三國曹魏太史令高堂隆。　許負：人名。此指漢代善相老嫗。　朱建：此當指三國魏時相士朱建平。傳見《三國志》卷二九。

隋書　卷七九

列傳第四十四

外戚

歷觀前代外戚之家，乘母后之權以取高位厚秩者多矣，然而鮮有克終之美，必罹顛覆之患，何哉？皆由乎無德而尊，不知紀極，忽於滿盈之戒，罔念高危之咎，故鬼瞰其室，憂必及之。夫其誠著艱難，功宣社稷，不以謙沖自牧，未免顛蹶之禍，而況道不足以濟時，仁不足以利物，自矜於己，以富貴驕人者乎？此吕、霍、上官、閻、梁、竇、鄧所以繼踵而亡滅者也。[1]

[1]吕：指漢高祖吕皇后外戚。　霍：指漢宣帝霍皇后外戚。　上官：指漢昭帝上官皇后外戚。　閻：指東漢安帝閻皇后外戚。　梁：指東漢順帝梁皇后外戚。　竇：指東漢桓帝竇皇后外戚。　鄧：指東漢桓帝鄧皇后外戚。

昔文皇潛躍之際，[1]獻后便相推轂，[2]煬帝大横方兆，[3]蕭妃密勿經綸，[4]是以恩禮綢繆，始終不易。然内外親戚，莫預朝權，昆弟在位，亦無殊寵。至於居擅玉堂，家稱金穴，[5]暉光戚里，熏灼四方，將三司以比儀，[6]命五侯而同拜者，[7]終始一代，寂無聞焉。考之前王，可謂矯其弊矣。故雖時經擾攘，無有陷於不義，市朝遷貿，而皆得以保全。比夫憑藉寵私，階緣恩澤，乘其非據，旋就顛隕者，豈可同日而言哉！此所謂愛之以禮，能改覆車。輒叙其事，爲《外戚傳》云。

[1]文皇：隋文帝楊堅。紀見本書卷一、二，《北史》卷一一。

[2]獻后：隋文帝文獻皇后，名獨孤伽羅。傳見本書卷三六、《北史》卷一四。

[3]煬帝：隋煬帝楊廣。紀見本書卷三、四，《北史》卷一二。

[4]蕭妃：隋煬帝蕭皇后。傳見本書卷三六、《北史》卷一四。

[5]穴：底本、汲古閣本、殿本、庫本作“宂”。中華本及《北史》卷八〇《外戚傳》作“穴”。按，“宂”爲“冗”古字，無“金冗”一説。金穴，意指豪富之家，與本文意相同。今據改。

[6]三司：三公，古代中央三種最高官銜合稱。

[7]五侯：指公、侯、伯、子、男五種爵名。

高祖外家吕氏

高祖外家吕氏，其族蓋微，平齊之後，[1]求訪不知所在。至開皇初，[2]濟南郡上言，[3]有男子吕永吉，[4]自稱有姑字苦桃，爲楊忠妻。[5]勘驗知是舅子，始追贈外祖雙周爲上柱國、太尉、八州諸軍事、青州刺史，[6]封齊郡公,[7]謚曰敬,[8]外祖母姚氏爲齊敬公夫人。詔並改葬，於齊州立廟,[9]置守冢十家。以永吉襲爵，留在京師。大業中,[10]授上黨郡太守,[11]性識庸劣，職務不理。後去官，不知所終。

[1]齊：即北齊（550—577），或稱高齊，都鄴（今河北臨漳縣西南鄴鎮東）。

[2]開皇：隋文帝楊堅年號（581—600）。按，據《吕道貴墓誌》（載王其禕、周曉薇《隋代墓誌銘彙考》一一六，綫裝書局2007年版）"宣政二年，蒙補濟南郡太守"，則濟南郡上言應在北周末期。

[3]濟南郡：治所在今山東濟南市。

[4]吕永吉：人名。事亦見《北史》卷八〇《隋文帝外家吕氏傳》。

[5]忠：底本原缺，殿本、庫本作"諱"。中華本作"忠"，其校勘記云："'忠'原爲空格，各本多作'諱'，今補'忠'字。"今據補。

[6]雙周：人名。即吕雙周。事亦見《北史·隋文帝外家吕氏傳》。　上柱國：官名。贈官。從一品。　太尉：官名。三公之一。正一品。此爲贈官。　青州：治所在今山東青州市。

[7]齊郡公：爵名。隋九等爵的第四等。從一品。

[8]謚：上古有號無謚，周初始制謚法，秦始皇廢不用，自漢初恢復。帝王、貴族、大臣死後，據其生前事迹依謚法給予稱號。

[9]齊州：治所在今山東濟南市。

[10]大業：隋煬帝楊廣年號（605—618）。

[11]上黨郡：治所在今山西黎城縣南。

永吉從父道貴,[1]性尤頑騃，言詞鄙陋。初自鄉里徵入長安，[2]上見之悲泣。道貴略無戚容，但連呼高祖名，云："種末定不可偷，大似苦桃姊。"是後數犯忌諱，動致違忤，上甚耻之。乃命高熲厚加供給，[3]不許接對朝士。拜上儀同三司，[4]出爲濟南太守，令即之任，斷其入朝。道貴還至本郡，高自崇重，每與人言，自稱皇舅。數將儀衛出入閭里，從故人游宴，官民咸苦之。後郡廢，終於家，子孫無聞焉。

[1]道貴：人名。即吕道貴。生平見《吕道貴墓誌》。

[2]長安：此指隋文帝所建的大興城，又稱"西京"。在今陝西西安市及其南郊。

[3]高熲：人名。傳見本書卷四一、《北史》卷七二。

[4]上儀同三司：據《吕道貴墓誌》，開皇四年加儀同三司，墓誌標題亦爲"儀同三司濟南郡守吕道貴墓銘"，則所任授爲"儀同三司"。隋文帝因改北周十一等勳官之制形成十一等散實官，用以酬勤勞，無實際職掌。儀同三司是第八等，可開府置僚佐。正五品上。

獨孤羅 弟陁

獨孤羅，[1]字羅仁，雲中人也。[2]父信，[3]初仕魏爲荆州刺史。[4]武帝之入關也，[5]信棄父母妻子西歸長安，歷職顯貴，羅由是遂爲高氏所囚。[6]信後仕周爲大司馬。[7]及信爲宇文護所誅，[8]羅始見釋，寓居中山，孤貧無以自給。齊將獨孤永業以宗族之故，[9]見而哀之，爲買田宅，遺以資畜。初，信入關之後，復娶二妻，郭氏生子六人，善、穆、藏、順、陁、整，[10]崔氏生獻皇后。及齊亡，高祖爲定州總管，[11]獻皇后遣人尋羅，得之，相見悲不自勝，侍御者皆泣。於是厚遺車馬財物。未幾，周武帝以羅功臣子，久淪異域，徵拜楚安郡太守。[12]以疾去官，歸于京師。[13]諸弟見羅少長貧賤，每輕侮之，不以兄禮事也。然性長者，亦不與諸弟校競長短，后由是重之。

[1]獨孤羅：人名。《北史》卷六一有附傳。生平亦可見《獨孤羅墓誌》（載王其禕、周曉薇《隋代墓誌銘彙考》一七六）。

[2]雲中：郡名。漢初治所在今内蒙古托克托縣東北，漢末移治今山西原平市西南。按，此處因言杜氏郡望，故沿用漢郡名，隋時無雲中郡。

[3]信：人名。即獨孤信。北周八柱國之一。傳見《周書》卷一六、《北史》卷六一。

[4]魏：即北魏（386—557），亦稱後魏。初都平城（今山西大同市東北），公元494年遷都洛陽（今河南洛陽市東北白馬寺東）。公元534年分裂爲東魏和西魏兩個政權。東魏（534—550）都於鄴（今河北臨漳縣西南鄴鎮東），西魏（535—557）都於長安（今陝西西安市西北郊）。　荆州：北魏有二荆州，一俗稱西荆州，初治上洛縣（今陝西商洛市），太和中移治穰縣（今河南鄧州市）；二是太和十八年（494）置，治山北縣（今河南魯山縣東）。檢《周書·獨孤信傳》任荆州刺史在建明（530—531）以後，故此荆州爲前者。

[5]武帝：即魏孝武帝元脩，永熙三年（534）率衆入關投奔宇文泰。紀見《魏書》卷一一、《北史》卷五。

[6]高氏：此指東魏權臣高歡。

[7]周：即北周（557—581），都長安（今陝西西安市西北）。

大司馬：官名。此是北周大司馬卿的簡稱。西魏恭帝三年（556）仿《周禮》建六官，置大司馬卿爲夏官府最高長官。掌邦政，征伐敵國及四時治兵講武皆由其主持，大祭祀則掌宿衛，廟社則奉羊牲。北周正七命。

［8］宇文護：人名。西魏權臣宇文泰之侄。北周建立，宇文護專政。傳見《周書》卷一一，《北史》卷五七有附傳。

［9］獨孤永業：人名。北齊將領，封臨川王，後降北周。傳見《北齊書》卷四一、《北史》卷五三。

［10］善：人名。即獨孤善。周文帝時因獨孤信軍功封魏寧縣公，周武帝時任龍州刺史，隋時官至柱國。　穆：人名。即獨孤穆。周文帝時因獨孤信軍功封必要縣侯。　藏：人名。即獨孤藏。周文帝時因獨孤信軍功封義寧縣侯。　順：人名。即獨孤順。周文帝時因獨孤信軍功封武成縣侯。　陁：人名。即獨孤陁。本卷、《北史》卷六一有附傳。按，陁，底本原作“陀”，汲古閣本、中華本作“陁”，殿本、庫本二者並用，《北史》卷六一《獨孤陁傳》作“陁”。本卷統一作“陁”。　整：人名。即獨孤整。事見本卷及《北史・獨孤陁傳》。

［11］定州：治所在今河北定州市。　總管：官名。東魏孝敬帝武定六年（548）始置。西魏也置。北周明帝武成元年（559）正式改都督諸州軍事爲總管，總管之設乃成定制。北周之制，總管加使持節諸軍事。總管或單任，然多兼帶刺史。故總管職權雖以軍事爲主，實際是一地區若干州、防（鎮）的最高軍政長官。

［12］楚安郡：西魏所置廣安郡，避楊廣諱改。治所在今甘肅漳縣西南。

［13］京師：此指北周都城長安。

及高祖爲丞相，[1]拜儀同，[2]常置左右。既受禪，下詔追贈羅父信官爵曰：“褒德累行，往代通規，追遠慎終，前王盛典。故柱國信，[3]風宇高曠，獨秀生民，睿哲居宗，清獻映世。[4]宏謀長策，道著於弼諧，緯義經仁，事深於拯濟。方當宣風廊廟，亮采台階，而運屬艱危，功高弗賞，眷言令範，事切於心。今景運初開，椒闈肅建，載懷塗山之義，無忘褒、紀之典。可贈太師、上柱國、冀定等十州刺史、趙國公，[5]邑萬户。”[6]其諸弟以羅母没齊，先無夫人之號，不當承襲。上以問后，后曰：“羅誠嫡長，不可誣也。”於是襲爵趙國公。以其弟善爲河内郡公，[7]穆爲金泉縣公，[8]藏爲武平縣公，陁爲武喜縣公，整爲千牛備身。[9]擢拜羅爲左領左右將軍，[10]尋遷左衛將軍，[11]前後賞賜不可勝計。久而出爲凉州總管，[12]進位上柱國。仁壽中，[13]徵拜左武衛大將軍。[14]煬帝嗣位，改封蜀國公。未幾，卒官，謚曰恭。[15]

[1]丞相：官名。此爲“左大丞相”或“大丞相”簡稱。北周静帝大象二年（580）置左、右大丞相，以宗室親王宇文贇爲右大丞相，但僅有虚名；以外戚楊堅爲左大丞相，總攬朝政。旋又去左右之號，獨以楊堅爲大丞相。實爲控制北周朝廷的權臣。

[2]儀同：官名。據《獨孤羅墓誌》全稱是“儀同大將軍”。周武帝建德四年改“儀同三司”爲“儀同大將軍”，用以酬勤勞，無實際職權，可開府置官屬。九命。

[3]柱國：官名。全稱爲柱國大將軍。北魏太武帝置，以爲開國元勳長孫嵩的加官。孝莊帝因尒朱榮有擁立之功，特置以授之，位在丞相上。西魏文帝以宇文泰有中興之功，又置此官授之。後凡屬功參佐命、望實俱重的，也得居之。自大統十六年（550）以前任此官的名義上有八人。北周武帝增置上柱國等官，並以上柱國大

將軍爲勳官之首。柱國大將軍次之，正九命。

［4］獻：中華本同，汲古閣本、殿本、庫本及《周書》卷一六《獨孤信傳》作“猷”，中華書局新修訂本改作“猷”並出校勘記。

［5］太師：官名。贈官。正一品。　上柱國：官名。隋文帝因改北周十一等勳官之制形成十一等散實官，用以酬勤勞，無實際職掌。柱國爲第二等，可開府置僚佐。從一品。　冀：州名。治所在今河北冀州市。　定：州名。治所在今河北定州市。　趙國公：爵名。隋九等爵的第三等。從一品。

［6］邑：也稱食邑、封邑。是古代君王封賜給有爵位之人的一種食禄制度，受封者可徵收封地内的民户租税充作食禄。魏晋以後，食邑分爲虚封和實封兩類：虚封一般僅冠以“邑”或“食邑”之名，這衹是一種榮譽性加銜，受封者並不能獲得實際的食禄收入；而實封一般須冠以“真食”“食實封”等名，受封者可真正獲得食禄收入。

［7］郡公：爵名。隋九等爵的第三等。從一品。

［8］縣公：爵名。隋九等爵的第五等。從一品。

［9］千牛備身：官名。隋初於左右領左右府置千牛備身十二人，掌供御弓箭，執千牛御刀侍衛皇帝左右，正六品下。煬帝大業三年改左右領左右府爲左右備身府，千牛備身則改名爲千牛左右，其職掌未變，員額增至十六人。正六品。

［10］左領左右將軍：官名。隋中央十二衛有左右領左右府，各置將軍二人，掌侍衛左右，供御備仗。從三品。

［11］左衛將軍：官名。隋文帝設左、右衛，掌宫掖禁禦，督攝仗衛。左衛將軍爲左衛屬官。從三品。

［12］凉州：治所在今甘肅武威市。按，汲古閣本、中華本同底本，殿本、庫本作“梁州”。檢本書《高祖紀》開皇十七年五月亦遣獨孤羅爲凉州總管。殿本、庫本誤。

［13］仁壽：隋文帝楊堅年號（601—604）。

［14］左武衛大將軍：官名。隋文帝設左武衛，置左武衛大將軍

一人爲其首，掌領外軍宿衛宫禁。正三品。

[15]卒官：據《獨孤羅墓誌》，其卒於開皇十九年二月六日，仁壽之前已去世。　諡曰恭：據《獨孤羅墓誌》諡曰“德”。

子纂嗣，仕至河陽郡尉。[1]纂弟武都，[2]大業末，亦爲河陽郡尉。[3]庶長子開遠，[4]宇文化及之弒逆也，[5]裴虔通率賊入成象殿，[6]宿衛兵士皆從逆，開遠時爲千牛，[7]與獨孤盛力戰於閤下，[8]爲賊所執，賊義而捨之。

[1]河陽：地名。在今河南孟州市西南。　郡尉：官名。按，汲古閣本、殿本、庫本、中華本皆同，《北史》卷六一《獨孤羅傳》作“都尉”。《通鑑》卷一八四《隋紀》義寧元年九月胡三省注云：“河陽非郡也。隋制，舊有兵處，州刺史帶諸軍事以統之。煬帝罷州置郡，别置都尉領兵，與郡不相知。‘郡尉’當作‘都尉’。”此説是，故此當作“都尉”。都尉，官名。大業三年，煬帝罷州置郡，郡置太守。並於諸郡别置都尉，正四品；副都尉，正五品。專掌軍事，與郡太守互不統轄。

[2]武都：人名。即獨孤武都。義寧二年（618）正月降於李密，後降王世充，因謀叛歸唐，爲王世充所殺。事亦見《北史·獨孤羅傳》。

[3]郡尉：汲古閣本、殿本、庫本、中華本，及本書卷五、《北史》卷一二《恭帝紀》皆同。然《北史》卷六一作“都尉”。“都尉”考據見前。

[4]開遠：人名。即獨孤開遠。隋煬帝時授朝散大夫、左千牛，入唐貞觀十四年授左衛將軍。其生平可見《獨孤開遠墓誌》（載孫蘭風、胡海帆主編《隋唐五代墓誌匯編》陝西卷第一册，天津古籍出版社 1992 年版，第 12 頁）。

[5]宇文化及：人名。傳見本書卷八五，《北史》卷七九有

附傳。

[6]裴虔通：人名。傳見本書卷八五，《北史》卷七九有附傳。　成象殿：江都宫中的宫殿名。

[7]千牛：官名。千牛左右，注見上文“千牛備身”條。

[8]獨孤盛：人名。傳見本書卷七一，《北史》卷七三有附傳。

善後官至柱國卒。子覽嗣，[1]仕至左候衛將軍，[2]大業末卒。

[1]覽：人名。即獨孤覽。隋時官至左候衛將軍，其他事迹不詳。

[2]左候衛將軍：官名。隋文帝時設左右武候，置大將軍各一人爲長官。掌皇帝車駕出，先驅後殿，晝夜巡察，執捕奸非，烽候道路等；巡狩時則掌營禁。煬帝大業三年改左右武候名左右候衛，爲十二衛之一。左候衛將軍是左候衛大將軍的副貳。從三品。

獨孤陁，字黎邪。仕周胥附上士，[1]坐父徙蜀郡十餘年。宇文護被誅，始歸長安。高祖受禪，拜上開府、右領左右將軍。[2]久之，出爲郢州刺史，[3]進位上大將軍，[4]累轉延州刺史。[5]

[1]胥附上士：官名。執掌不詳。北周正三命。（參見王仲犖《北周六典》卷七《六官餘録第十三》，中華書局 1979 年版，第 512 頁）

[2]上開府：官名。全稱是上開府儀同三司。隋文帝因改北周十一等勳官之制形成十一等散實官，用以酬勤勞，無實際職掌。上開府爲第五等，可開府置僚佐。從三品。　右領左右將軍：官名。

隋中央十二衛有左右領左右府，各置將軍二人，掌侍衛左右，供御備仗。從三品。

[3]郢州：治所在今湖北武漢市。

[4]上大將軍：官名。隋文帝因改北周十一等勳官之制形成十一等散實官，用以酬勤勞，無實際職掌。上大將軍是第三等，可開府置僚佐。從二品。

[5]延州：治所在今陜西延安市東北。

好左道。其妻母先事猫鬼，[1]因轉入其家。上微聞而不之信也。會獻皇后及楊素妻鄭氏俱有疾，[2]召醫者視之，皆曰："此猫鬼疾也。"上以陁后之異母弟，陁妻楊素之異母妹，由是意陁所爲，陰令其兄穆以情喻之。上又避左右諷陁，陁言無有。上不悦，左轉遷州刺史。[3]出怨言。上令左僕射高熲、納言蘇威、大理正皇甫孝緒、大理丞楊遠等雜治之。[4]陁婢徐阿尼言，[5]本從陁母家來，常事猫鬼。每以子日夜祀之。言子者鼠也。其猫鬼每殺人者，所死家財物潛移於畜猫鬼家。陁嘗從家中索酒，其妻曰："無錢可酤。"陁因謂阿尼曰："可令猫鬼向越公家，[6]使我足錢也。"阿尼便呪之歸。數日，猫鬼向素家。十一年，[7]上初從并州還，[8]陁於園中謂阿尼曰："可令猫鬼向皇后所，使多賜吾物。"阿尼復呪之，遂入宫中。楊遠乃於門下外省遣阿尼呼猫鬼。[9]阿尼於是夜中置香粥一盆，以匙扣而呼之曰："猫女可來，無住宫中。"久之，阿尼色正青，若被牽曳者，云猫鬼已至。上以其事下公卿，奇章公牛弘曰：[10]"妖由人興，殺其人可以絶矣。"上令以犢車載陁夫妻，將賜死於其家。陁弟司勳侍中整詣闕求哀，[11]於是免陁死，除名爲民，以其妻楊氏爲尼。先是，有人訟其母爲人猫鬼所殺者，上以爲妖妄，怒而遣之。及此，詔誅被訟行猫鬼家。陁未幾而卒。

［1］妻母：中華本校勘記云："《北史·獨孤陁傳》作'其外祖母高氏'。"中華書局新修訂本校勘記補充云："《御覽》卷七三五《方術部一六·厭蠱》引《隋書》、《册府》卷九二一《總録部·妖妄》、《通志》卷一六五《外戚·獨孤羅傳附獨孤陀傳》作'外祖母高氏'。"

［2］楊素：人名。傳見本書卷四八，《北史》卷四一有附傳。 鄭氏：楊素妻鄭祁耶，生平見《大隋越國夫人鄭（祁耶）氏墓誌》（孫蘭風、胡海帆主編《隋唐五代墓誌匯編》陝西卷第三册，第6頁）。

［3］遷州：治所在今湖北房縣。

［4］左僕射：官名。隋尚書省置左、右僕射各一人，地位僅次於尚書令。由於隋尚書令不常置，僕射成爲尚書省實際長官，是宰相之職。從二品。 納言：官名。門下省長官，職掌封駁制敕，並參與軍國大政决策等，居宰相之職。置二員，正三品。 蘇威：人名。傳見本書卷四一，《北史》卷六三有附傳。 大理正：官名。掌參議刑獄，評議科條，通判大理寺事務。正六品。 皇甫孝緒：人名。隋文帝時任大理正，其他事迹不詳。 大理丞：官名。大理寺屬官，隋初置二人，僅掌寺務。煬帝改爲勾檢官，置六人，始分判獄事，據罪情以定刑之輕重。正七品下。 楊遠：人名。隋文帝時爲大理丞，能承順帝旨。事略見本書《刑法志》。

［5］徐阿尼：人名。事迹不詳。

［6］越公：此指楊素。

［7］十一年：檢本書卷二《高祖紀下》及《北史》卷一一《隋

文帝紀》開皇十年“二月庚申，幸并州。夏四月辛酉，至自并州”，十一年無幸并州記載。此“十一年”恐爲“十年”之誤。

[8]并州：治所在今山西太原市西南古城營。

[9]門下外省：官署名。北魏置，爲門下省設在宫外的衙署，被廢之帝、王多死於此。隋朝建立的禁省制度，在禁中設立已經屬於外廷的中書、門下兩省的内省。於是，中書、門下都有了内省、外省之分，兩省官員具有了内外朝官的雙重身份。

[10]奇章公：爵名。全稱爲奇章郡公。隋九等爵的第四等。牛弘：人名。傳見本書卷四九、《北史》卷七二。

[11]司勳侍中：《通鑑》卷一七八《隋紀》開皇十八年二月條載：“陁弟司勳侍郎整詣闕求哀。”胡三省注云：“司勳侍郎屬吏部尚書。”檢本書《百官志》隋代無“司勳侍中”。此誤，當爲“司勳侍郎”。司勳侍郎，官名。隋文帝置，煬帝改爲司勳郎，掌校訂勳績及授予勳官告身等事。從五品上。

煬帝即位，追念舅氏，聽以禮葬，乃下詔曰：“外氏衰禍，獨孤陁不幸早世，遷卜有期。言念渭陽之情，[1]追懷傷切，宜加禮命，允備哀榮。可贈正議大夫。”[2]帝意猶不已，復下詔曰：“舅氏之尊，戚屬斯重，而降年弗永，凋落相繼。緬惟先往，宜崇徽秩。復贈銀青光禄大夫。”[3]有二子：延福、延壽。[4]

[1]渭陽之情：典出《詩·秦風·渭陽》：“送我舅氏，曰至渭陽。”後以“渭陽”表舅甥之情誼。

[2]正議大夫：官名。贈官。正四品。

[3]銀青光禄大夫：官名。贈官。隋初爲正三品，煬帝大業三年降爲從三品。

[4]延福：人名。即獨孤延福。事迹不詳。　延壽：人名。即

獨孤延壽。事迹不詳。

陁弟整，官至幽州刺史，[1]大業初卒，贈金紫光禄大夫、平鄉侯。[2]

[1]幽州：治所在今北京城西南。

[2]金紫光禄大夫：官名。贈官。隋初爲從二品，煬帝大業三年降爲正三品。

蕭巋

蕭巋，[1]字仁遠，梁昭明太子統之孫也。[2]父詧，[3]初封岳陽王，[4]鎮襄陽。[5]侯景之亂，[6]其兄河東王譽與其叔父湘東王繹不協，[7]爲繹所害。及繹嗣立，詧稱藩于西魏，乞師請討繹。周太祖以詧爲梁主，[8]遣柱國于謹等率騎五萬襲繹，[9]滅之。詧遂都江陵，[10]有荆郡、其西平州，[11]延袤三百里之地，稱皇帝於其國，車服節文一同王者。仍置江陵總管，以兵戍之。詧薨，巋嗣位，年號天保。[12]巋俊辯有才學，兼好内典。周武帝平齊之後，巋來賀，帝享之甚歡。親彈琵琶，令巋起舞，巋曰："陛下親御五絃，臣敢不同百獸！"[13]

[1]蕭巋：人名。《周書》卷四八有附傳。

[2]昭明太子統：南朝梁武帝蕭衍長子蕭統，謚號"昭明"。傳見《梁書》卷八、《南史》卷五三。

[3]詧：人名。即蕭詧。南朝後梁國（555—587）的第一代君

主，都於江陵（今湖北荆州市），臣屬西魏、北周，受封爲梁王。傳見《周書》卷四八、《北史》卷九三。

［4］岳陽王：爵名。南朝梁十五等爵的第一等。第十八班。

［5］襄陽：郡名。治所在今湖北襄樊市襄陽區。

［6］侯景之亂：南朝梁武帝末年東魏降將侯景發動的一場叛亂，歷時五年（548—552）。侯景，人名。傳見《梁書》卷五六、《南史》卷八〇。

［7］河東王譽：南朝梁河東王蕭譽。傳見《梁書》卷五五，《南史》卷五三有附傳。　湘東王：爵名。南朝梁元帝蕭繹稱帝之前的封爵名，全稱是湘東郡王。爲梁十五等爵的第一等。　繹：人名。即梁元帝蕭繹。紀見《梁書》卷五、《南史》卷八。

［8］周太祖：北周太祖宇文泰。紀見《周書》卷一、《北史》卷九。

［9］于謹：人名。北周武帝時官居太傅，爵封燕國公，爲北周八柱國之一。傳見《周書》卷一五，《北史》卷二三有附傳。

［10］江陵：地名。梁元帝在此即位稱帝，後爲梁都城。治所在今湖北荆州市。

［11］荆郡：《通鑑》卷一六五《梁紀》承聖三年十二月載："魏立梁王詧爲梁主，資以荆州之地，延袤三百里。"又《周書·蕭詧傳》載："及江陵平，太祖立詧爲梁主，居江陵東城，資以江陵一州之地。"檢本書《地理志》《通典·州郡典》南北朝時無荆郡之設，此當爲"荆州"之誤。　平州：北周置，治所在今湖北當陽市。

［12］天保：南朝後梁明帝蕭巋年號（562—585）。

［13］陛下親御五絃，臣敢不同百獸：比喻音樂和諧之音感動百獸相率起舞。典出《尚書·舜典》：夔擊石爲樂，百獸率舞。又漢時桓寬《鹽鐵論·相刺》載："師曠鼓琴，百獸率舞。"

高祖受禪，恩禮彌厚，遣使賜金五百兩，銀千兩，布帛萬匹，馬五百匹。巋來朝，上甚敬焉，詔巋位在王公之上。巋被服端麗，進退閑雅，天子矚目，百僚傾慕。賞賜以億計。月餘歸藩，帝親餞於滻水之上。[1]後備禮納其女爲晋王妃，[2]又欲以其子瑒尚蘭陵公主。[3]由是漸見親待。獻皇后言於上曰："梁主通家，腹心所寄，何勞猜防也。"上然之，於是罷江陵總管，巋專制其國。歲餘，巋又來朝，賜縑萬匹，珍玩稱是。及還，上親執手曰："梁主久滯荆楚，未復舊都，故鄉之念，良軫懷抱。朕當振旅長江，相送旋反耳。"巋拜謝而去。其年五月，寢疾，臨終上表曰："臣以庸暗，曲荷天慈，寵冠外藩，恩逾連山，爰及子女，尚主婚王。每願躬擐甲胄，身先士卒，掃蕩逋寇，上報明時。而攝生乖舛，遽罹痾疾，屬纊在辰，[4]顧陰待謝。長違聖世，感戀嗚咽，遺嗣孤藐，特乞降慈。伏願聖躬與山岳同固，皇基等天日俱永，臣雖九泉，實無遺恨。"并獻所服金裝劍，上覽而嗟悼焉。巋在位二十三年，年四十四薨，梁之臣子謚曰孝明皇帝，廟號世宗。子琮嗣。巋著《孝經》《周易義記》及《大小乘幽微》十四卷，行於世。

[1]滻水：一作"産水"，今陝西灞河支流滻河。

[2]晋王妃：隋煬帝楊廣蕭皇后，時楊廣爲晋王。傳見本書卷三六、《北史》卷一四。

[3]瑒：人名。即蕭瑒。梁明帝蕭巋之子，隋煬帝蕭皇后之弟，其墓誌出土於洛陽（參見李春敏《隋蕭瑒墓誌考》，《考古與文物》1996年第1期）。　蘭陵公主：隋文帝楊堅第五女。傳見本書卷八

○、《北史》卷九一。

［4］屬纊：臨終。

琮，字温文，性寬仁，有大度，倜儻不羈，博學有文義。兼善弓馬，遣人伏地著帖，[1]琮馳馬射之，十發十中，持帖者亦不懼。初封東陽王，尋立爲梁太子。及嗣位，上賜璽書曰："負荷堂構，其事甚重，雖窮憂勞，常須自力。輯諧内外，親任才良，聿遵世業，是所望也。彼之疆守，咫尺陳人，水潦之時，特宜警備。陳氏比日雖復朝聘相尋，疆埸之間猶未清肅，唯當恃我必不可干，勿得輕人而不設備。朕與梁國，積世相知，重以親姻，情義彌厚。江陵之地，朝寄非輕，爲國爲民，深宜抑割，恒加饘粥，以禮自存。"又賜梁之大臣璽書，誡勉之。時琮年號廣運，[2]有識者曰："運之爲字，軍走也，吾君將奔走乎？"

［1］帖：底本原缺，據汲古閣本、殿本、庫本、中華本補。

［2］廣運：南朝後梁莒公蕭琮年號（586—587）。

其年，琮遣大將軍戚昕以舟師襲陳公安，[1]不克而還。徵琮叔父岑入朝，[2]拜爲大將軍，[3]封懷義公，因留不遣。復置江陵總管以監之。琮所署大將軍許世武密以城召陳將宜黄侯陳紀，[4]謀洩，琮誅之。後二歲，上徵琮入朝，率其臣下二百餘人朝于京師，江陵父老莫不隕涕相謂曰："吾君其不反矣！"上以琮來朝，遣武鄉公崔弘度將兵戍之。[5]軍至都州，[6]琮叔父巖及弟瓛等懼弘度掩襲之，[7]遂引陳人至城下，虜居民而叛，於是廢梁國。上遣左僕射高熲安集之，曲赦江陵死罪，[8]給民復十年。梁二主各給守墓十户。拜琮爲柱國，賜爵莒國公。

［1］大將軍：此爲領軍將領的通稱。　戚昕：人名。此爲南朝後梁大將，具體事迹不詳。按，《通鑑》卷一七六《陳紀》長城公禎明二年條載，隋開皇八年十二月大舉伐陳時，陳將有名"戚昕"者，不知是否即此人。　公安：縣名。治所在今湖北公安縣西。

［2］岑：人名。即蕭岑。蕭詧第八子，蕭琮即位因望高又不法，被隋文帝徵入朝。《周書》卷四八有附傳。

［3］大將軍：官名。隋文帝因改北周十一等勳官之制形成十一等散實官，用以酬勤勞，無實際職掌。大將軍爲第四等，可開府置僚佐。正三品。

［4］許世武：人名。南朝後梁大將，蕭巋八年曾與陳將章昭達作戰，其他事迹不詳。　宜黄侯：爵名。陳十二等爵的第六等。　陳紀：人名。出身陳宗室，爵封宜黄縣侯，南陳末年官任荆州刺史，奉命鎮守長江上游要地公安，隋開皇九年正月楊素擊破吕仲肅後，懼而退逃。傳見《陳書》卷一五、《南史》卷六五。據《通鑑》卷一七六《陳紀》至德四年十月條載："梁大將軍許世武密以城召荆州刺史宜黄侯慧紀……慧紀，高祖之從孫也。"又《通鑑》卷一七四《陳紀》太建十二年八月條胡三省注："陳紀，即陳慧紀。"若此"陳紀"即"陳慧紀"。

［5］武鄉公：爵名。全稱爲武鄉郡公。隋九等爵的第四等。從一品。　崔弘度：人名。傳見本書卷七四，《北史》卷三二有附傳。

［6］鄀州：治所在今湖北荆門市西北。

［7］巖：人名。即蕭巖。南朝後梁皇帝蕭琮的叔父。《周書》卷四八、《北史》卷九三有附傳。　瓛：人名。《周書》卷四八有附傳。

［8］曲赦：猶特赦。不普赦天下，而獨赦江陵，故曰曲赦。

煬帝嗣位，以皇后之故，甚見親重。拜内史令，[1]改封梁公。[2]琮之宗族，緦麻以上，並隨才擢用，於是諸蕭昆弟布列朝廷。琮性澹雅，不以職務自嬰，退朝縱酒而已。内史令楊約與琮同列，[3]帝令約宣旨誡勵，約復以私情喻之。琮答曰："琮若復事事，則何異於公哉！"約笑而退。約兄素，時爲尚書令，[4]見琮嫁從父妹於鉗耳氏，[5]因謂琮曰："公，帝王之族，望高戚美，何乃適妹鉗耳氏乎？"琮曰："前已嫁妹於侯莫陳氏，[6]此復何疑！"素曰："鉗耳，羌也，侯莫陳，虜也，何得相比！"素意以虜優羌劣。琮曰："以羌異虜，未之前聞。"素慚而止。琮雖羈旅，見北間豪貴，無所降下。嘗與賀若弼深相友善，[7]弼既被誅，復有童謡曰："蕭蕭亦復起。"帝由是忌之，遂廢於家，未幾而卒。贈左光禄大夫。[8]子鉉，[9]襄城通守。[10]復以琮弟子鉅爲梁公。

［1］内史令：官名。内史省長官，掌皇帝詔令出納宣行，居宰相之職。隋初内史省置監、令各一人，尋廢監，置令二人。正三品。

［2］梁公：爵名。全稱爲梁國公。隋九等爵的第三等。

［3］楊約：人名。本書卷四八、《北史》卷四一有附傳。

［4］尚書令：官名。尚書省長官，爲宰相之職。置一員，正二品。但隋因其位高權重，不常置。

［5］鉗耳：古代關西複姓。

［6］侯莫陳氏：北朝時期鮮卑族姓之一，後改爲陳氏。

［7］賀若弼：人名。傳見本書卷五二，《北史》卷六八有附傳。

［8］左光禄大夫：官名。贈官。隋文帝時左、右光禄大夫皆正二品；煬帝大業三年定令，“左”爲正二品，“右”爲從二品。

［9］鉉：人名。即蕭鉉。隋煬帝時爲襄城通守，其他事迹不詳。

［10］襄城：郡名。治所在今河南襄城縣。　通守：官名。煬帝於郡守下置通守一人，地位僅次於郡守，協掌本郡政務。品秩不詳。

鉅小名藏，煬帝甚昵之，以爲千牛，與宇文皛出入宫掖，[1]伺察内外。帝每有游宴，鉅未嘗不從焉，遂於宫中多行淫穢。江都之變，[2]爲宇文化及所殺。

［1］宇文皛：人名。隋初大將宇文慶之孫。事見本書卷五〇《宇文慶傳》。

［2］江都之變：大業十四年三月，禁軍將領宇文化及等於江都（今江蘇揚州市）發動兵變，縊殺隋煬帝。

瓛字欽文，少聰敏，解屬文。[1]在梁爲荆州刺史，頗有能名。崔弘度以兵至鄀州，瓛懼，與其叔父巖奔于陳。陳主以爲侍中、安東將軍、吴州刺史，[2]甚得物情，三吴父老皆曰：“吾君子也。”及陳亡，吴人推瓛爲主。吴人見梁武、簡文及督、歸等兄弟並第三而踐尊位，[3]瓛自以歸之第三子也，深自矜負。有謝異者，[4]頗知廢興，梁、陳之際，言無不驗，江南人甚敬信之。[5]及陳主被擒，異奔於瓛，由是益爲衆所歸。褒國公宇文述以兵討之，[6]瓛遣王裒守吴州，[7]自將拒述。述遣兵别道襲吴州，裒懼，衣道士服，棄城而遁。瓛衆聞之，悉無鬬志，與述一戰而敗。瓛將左右數人逃于太湖，匿於民家，爲人所執，送於述所，斬之長安，時年二十一。

[1]屬（zhǔ）文：撰著文辭。

[2]陳主：此指陳後主陳叔寶。紀見《陳書》卷六、《南史》卷一〇。　侍中：官名。門下省官員，掌機要，儼如宰輔。南朝陳第三品。　安東將軍：官名。屬武官。南朝陳擬三品。　吴州：南朝陳時治所在今江蘇蘇州市。

[3]梁武：指南朝梁武帝蕭衍。紀見《梁書》卷一至三，《南史》卷六、七。　簡文：指南朝梁簡文帝蕭綱。紀見《梁書》卷四、《南史》卷八。

[4]謝異：人名。南朝陳術士。事迹不詳。

[5]江南：地區名。泛指長江以南地區。

[6]宇文述：人名。傳見本書卷六一、《北史》卷七九。

[7]王哀：人名。南朝陳大將。事迹不詳。《通鑑》卷一七七《隋紀》開皇九年二月條作“王褒”。

弟璟，爲朝請大夫、尚衣奉御。[1]瑒，歷衛尉卿、秘書監、陶丘侯。[2]瑀，歷内史侍郎、河池太守。[3]

[1]朝請大夫：官名。屬散官，隋煬帝大業三年置。正五品。　尚衣奉御：官名。隋初設御府局，煬帝改爲尚衣局，設奉御二人，掌供皇帝冕服及朝會設案等。正五品。

[2]衛尉卿：官名。衛尉寺長官。掌軍器、儀杖、帳幕等，總判本寺諸署事務。置一員。隋初爲正三品，煬帝大業三年降爲從三品。　秘書監：官名。爲秘書省的長官，置一員，掌圖書經籍、天文曆法之事，統領著作、太史二曹。隋初爲正三品，煬帝大業三年降爲從三品，後又改稱爲秘書令。　陶丘侯：爵名。全稱爲陶丘縣

侯。隋九等爵的第六等。

［3］内史侍郎：官名。隋内史省副長官，佐宰相之職的本省長官内史監、令處理政務。初設四員，正四品下；大業三年減爲二員，正四品。　河池：郡名。治所在今甘肅徽縣西。

史臣曰：三、五哲王，防深慮遠，舅甥之國，罕執鈞衡，母后之家，無聞傾敗。爰及漢、晋，顛覆繼軌，皆由乎進不以禮，故其斃亦速。若使獨孤權侔吕、霍，必敗於仁壽之前，蕭氏勢均梁、竇，豈全於大業之後！今或不隕舊基，或更隆先構，豈非處之以道，不預權寵之所致乎！

隋書　卷八〇

列傳第四十五

列女

自昔貞專淑媛，布在方策者多矣。婦人之德，雖在於温柔，立節垂名，咸資於貞烈。温柔，仁之本也；貞烈，義之資也。非温柔無以成其仁，非貞烈無以顯其義。是以詩書所記，風俗所在，圖像丹青，流聲竹素，莫不守約以居正，殺身以成仁者也。若文伯、王陵之母，[1]白公、杞植之妻，[2]魯之義姑，[3]梁之高行，[4]衛君靈主之妾，[5]夏侯文寧之女，[6]或抱信以含貞，或蹈忠而踐義，不以存亡易心，不以盛衰改節，其修名彰於既往，徽音傳於不朽，不亦休乎！或有王公大人之妃偶，肆情於淫僻之俗，雖衣繡衣，食珍膳，坐金屋，乘玉輦，不入彤管之書，不霑良史之筆，將草木以俱落，與麋鹿而同死，可勝道哉！永言載思，實庶姬之恥也。觀夫今之静女，各勵松筠之操，甘於玉折而蘭摧，足以無絶今古。故述其雅志，以纂前代之列女云。

[1]文伯、王陵之母：文伯之母指魯定公時大夫公甫文伯之母。事見《史記》卷七六《平原君虞卿列傳》及《禮記·檀弓》。王陵之母爲使王陵能安心事漢王劉邦，爲項羽扣留後自刎而死。事見《漢書》卷四〇《王陵傳》。

[2]白公、杞植之妻：白公之妻指春秋時楚國白公勝之妻。事見劉向《列女傳·楚白貞姬》。杞植之妻指春秋時齊國大夫杞梁（名植或殖）之妻，或云孟姜。事見劉向《列女傳·齊杞梁妻》。

[3]魯之義姑：春秋時期，齊國攻打魯國，一婦人棄子携侄而逃，齊軍感義，退兵而回。事見劉向《列女傳·魯義姑姊》。

[4]梁之高行：春秋時梁國之寡婦高行，貞專精純。事見劉向《列女傳·梁寡高行》。

[5]衛君靈主之妾：春秋時衛靈王之傅妾，事見劉向《列女傳》卷四《衛宗二順》。按，"靈主"，《北史》卷九一《列女傳》作"靈王"。據劉向《列女傳　衛宗二順》："衛宗二順者，衛宗室靈王之夫人及其傅妾也。"故"靈主"當作"靈王"。

[6]夏侯文寧之女：三國時曹爽從弟文叔之妻。事見《三國志》卷九《魏書·曹爽傳》裴松之注引皇甫謐《列女傳》。

蘭陵公主

蘭陵公主，[1]字阿五，高祖第五女也。[2]美姿儀，性婉順，好讀書，高祖於諸女中特所鍾愛。初嫁儀同王奉孝，[3]卒，適河東柳述，[4]時年十八。諸姊並驕貴，[5]主獨折節遵於婦道，事舅姑甚謹，遇有疾病，必親奉湯藥。高祖聞之大悦。由是述漸見寵遇。

［1］蘭陵公主：傳另見《北史》卷九一。

［2］高祖：隋文帝楊堅的廟號。紀見本書卷一、二，《北史》卷一一。

［3］儀同：官名。全稱是儀同三司。隋文帝因改北周十一等勳官之制形成十一等散實官，用以酬勤勞，無實際職掌。儀同三司是第八等，可開府置僚佐。正五品上。　王奉孝：人名。北周、隋大臣王誼之子，早卒，事迹不詳。

［4］河東：郡名。治所在今山西永濟市西南。　柳述：人名。本書卷四七、《北史》卷六四有附傳。

［5］貴：中華本同，汲古閣本、殿本、庫本及《北史·蘭陵公主傳》作“踞”。

初，晋王廣欲以主配其妃弟蕭瑒，[1]高祖初許之，後遂適述，晋王因不悦。及述用事，彌惡之。高祖既崩，述徙嶺表。煬帝令主與述離絶，將改嫁之。公主以死自誓，不復朝謁，上表請免主號，與述同徙。帝大怒曰：“天下豈無男子，欲與述同徙耶?”主曰：“先帝以妾適于柳家，今其有罪，妾當從坐，不願陛下屈法申恩。”帝不從，主憂憤而卒，時年三十二。臨終上表曰：“昔共姜自誓，[2]著美前詩，鄎嬀不言，[3]傳芳往誥。妾雖負罪，竊慕古人。生既不得從夫，死乞葬於柳氏。”帝覽之愈怒，竟不哭，乃葬主於洪瀆川，資送甚薄。朝野傷之。

［1］晋王廣：隋煬帝楊廣，時爲晋王。紀見本書卷三、四，《北史》卷一二。　妃：此指蕭妃，煬帝蕭皇后。傳見本書卷三六、《北史》卷一四。　蕭瑒：人名。梁明帝蕭巋之子，隋煬帝蕭皇后

之弟。其墓誌出土於洛陽（參見李春敏《隋蕭瑒墓誌考》,《考古與文物》1996年第1期）。

［2］共姜：周時衛世子共伯之妻，共伯早亡，共姜未改嫁。

［3］鄎嬀：人名。春秋時鄎侯夫人。楚文王滅鄎國，掠歸，生堵敖即成王。傳其因國亡夫死之痛，不與文王語。

南陽公主

南陽公主者，煬帝之長女也。美風儀，有志節，造次必以禮。年十四，嫁於許國公宇文述子士及，[1]以謹肅聞。及述病且卒，主親調飲食，手自奉上，世以此稱之。

［1］許國公：爵名。隋九等爵的第三等。從一品。　宇文述：人名。傳見本書卷六一、《北史》卷七九。　士及：人名。即宇文士及。隋任鴻臚少卿，後入唐，貞觀中官至中書令。傳見《舊唐書》卷六三、《新唐書》卷一〇〇。按，據《馬夫人（稱心）墓誌銘》：南陽公主出嫁許門時間在"開皇十九年"（參見王其禕、周曉薇《隋代墓誌銘彙考》四一七，綫裝書局2007年版）。

及宇文化及殺逆，[1]主隨至聊城，[2]而化及爲竇建德所敗，[3]士及自濟北西歸大唐。[4]時隋代衣冠並在其所，建德引見之，莫不惶懼失常，唯主神色自若。建德與語，主自陳國破家亡，不能報怨雪耻，淚下盈襟，聲辭不輟，情理切至。建德及觀聽者莫不爲之動容隕涕，咸肅然敬異焉。及建德誅化及，時主有一子，名禪師，[5]年且十歲。建德遣武賁郎將於士澄謂主曰：[6]"宇文化及躬行殺逆，人神所不容。今將族滅其家，公主之子，法當從坐，若不能割愛，亦聽留之。”主泣曰：“武賁既是隋室貴臣，此事何須見問！”建德竟殺之。主尋請建德削髮爲尼。

[1]宇文化及：人名。傳見本書卷八五、《北史》卷七九。

[2]聊城：地名。在今山東聊城市。

[3]竇建德：人名。隋末反隋主力之一。唐武德元年（618）於河北稱帝建立夏國。傳見《舊唐書》卷五四、《新唐書》卷八五。

[4]濟北：泛指濟水以北。

[5]禪師：人名。即宇文禪師。早卒。

[6]武賁郎將：官名。隋煬帝大業三年（607）改革官制，於十二衛每衛置護軍四人，掌武將軍，尋又改護軍爲武賁郎將。正四品。　於士澄：人名。隋煬帝時爲上儀同、虎賁郎將。

及建德敗，將歸西京，[1]復與士及遇於東都之下，[2]主不與相見。士及就之，立於户外，請復爲夫妻。主拒之曰：“我與君讎家。今恨不能手刃君者，但謀逆之日，察君不預知耳。”因與告絶，訶令速去。士及固請之，主怒曰：“必欲就死，可相見也。”士及見其言切，知不可屈，乃拜辭而去。

[1]西京：此指都城長安。

[2]東都：指洛陽。舊址在今河南洛陽市。

襄城王恪妃

襄城王恪妃者，[1]河東柳氏女也。父旦，[2]循州刺史。[3]妃姿儀端麗，年十餘，以良家子合法相，[4]娉以爲妃。未幾而恪被廢，妃修婦道，事之愈敬。煬帝嗣位，恪復徙邊，帝令使者殺之於道。恪與辭訣，妃曰："若王死，妾誓不獨生。"於是相對慟哭。恪既死，棺斂訖，妃謂使者曰："妾誓與楊氏同穴。若身死之後得不別埋，君之惠也。"遂撫棺號慟，自經而卒。見者莫不爲之涕流。

[1]襄城王恪：即隋文帝長子楊勇之子楊恪。開皇十六年（596）封襄城王，大業元年爲隋煬帝所殺。

[2]旦：人名。即柳旦。隋時任循州刺史，其他事迹不詳。

[3]循州：治所在今廣東惠州市惠陽區東北。

[4]法相：古代皇室選擇嬪妃、宮女所規定的標準相貌。

華陽王楷妃

華陽王楷妃者，[1]河南元氏之女也。[2]父巖，[3]性明敏，有氣幹。仁壽中，[4]爲黄門侍郎，[5]封龍涸縣公。[6]煬帝嗣位，坐與柳述連事，除名爲民，徙南海。[7]後會赦，還長安。有人譖巖逃歸，收而殺之。妃有姿色，性婉順，初以選爲妃。未幾而楷被幽廢，妃事楷逾謹，每見楷有憂懼之色，輒陳義理以慰諭之，楷甚敬焉。及江都之亂，[8]楷遇宇文化及之逆，以妃賜其黨元武達。[9]武達初以宗族之禮，置之别舍，後因醉而逼之。妃自誓不屈，武達怒，撻之百餘，辭色彌厲。因取甓自毁其面，血淚交下，武達釋之。妃謂其徒曰："我不能早死，致令將見侵辱，我之罪也。”因不食而卒。

［1］華陽王楷：隋文帝之孫楊楷，開皇十年封華陽王。

［2］河南：郡名。治所在今河南洛陽市。

［3］巖：人名。即元巖。隋文帝末年官任給事黄門侍郎，深受文帝寵信；隋煬帝奪位時被執下獄，煬帝即位後被除名流徙南海，終被收殺。事亦見本書卷三六《宣華夫人陳氏傳》、卷四七《柳述傳》等。按，此元巖與本書卷六二、《北史》卷七五《元巖傳》所載之元巖，並非同一人。

［4］仁壽：隋文帝楊堅年號（601—604）。

［5］黄門侍郎：官名。隋初於門下省置給事黄門侍郎四員，爲門下省的次官，協助長官納言掌封駁制敕，參議政令的制定。正四品上。煬帝大業三年去“給事”之名，但稱“黄門侍郎”，並減置二員。正四品。

［6］龍涸縣公：爵名。隋九等爵的第五等。從一品。

［7］南海：地名。在今廣東廣州市。

［8］江都之亂：大業十四年三月，禁軍將領宇文化及等於江都（今江蘇揚州市）發動兵變，縊殺隋煬帝。

［9］元武達：人名。隋末爲禁軍校衛，參與縊殺隋煬帝的江都宫變，武德二年爲竇建德所殺。

譙國夫人

譙國夫人者，[1]高凉冼氏之女也。[2]世爲南越首領，[3]跨據山洞，部落十餘萬家。夫人幼賢明，多籌略，在父母家，撫循部衆，能行軍用師，壓服諸越。每勸親族爲善，由是信義結於本鄉。越人之俗，好相攻擊，夫人兄南梁州刺史挺，[4]恃其富强，侵掠傍郡，嶺表苦之。夫人多所規諫，由是怨隙止息，海南儋耳歸附者千餘洞。[5]梁大同初，[6]羅州刺史馮融聞夫人有志行，[7]爲其子高凉太守寶娉以爲妻。[8]融本北燕苗裔，[9]初，馮弘之投高麗也，[10]遣融大父業以三百人浮海歸宋，[11]因留于新會。[12]自業及融，三世爲守牧，他鄉羈旅，號令不行。至是，夫人誡約本宗，使從民禮。每共寶參决辭訟，首領有犯法者，雖是親族，無所舍縱。自此政令有序，人莫敢違。

[1]譙國夫人：傳另見《北史》卷九一。

[2]高凉：郡名。治所在今廣東陽江市西。

[3]南越：地名。亦作“南粤”，在今廣東、廣西一帶。

[4]南梁州：南朝梁有三個南梁州：一是以北梁州改名，治所在西城縣（今陜西安康市西北），西魏廢帝元年（552）改置東梁州；二是天監八年（509）置，治所在北巴西郡（今四川閬中市）；三是治所在南安縣（今四川劍閣縣）。後兩條可能性較大。　挺：人名。即洗挺。南朝梁時任南梁州刺史，其他事迹不詳。

[5]海南：史籍中不見嶺南曾設海南郡記載，此處之意有兩種可能：其一，泛指南方海濱地區。若此，則標點當爲“海南儋耳”。其二，爲“南海郡”之誤。據《通典》及本書《地理志》，秦漢置南海郡，治所在今廣東廣州市，隋開皇九年廢。南海、儋耳爲兩郡，均在嶺南地區，二者並列關係，如此標點爲“南海、儋耳”。第二種可能性較大。　儋耳：郡名。治所在海南儋州市西北。　洞：南方邊遠地區各少數民族的聚居處。

[6]梁：即南朝梁（502—557），或稱蕭梁，都建康（今江蘇南京市）。　大同：南朝梁武帝蕭衍年號（535—546）。

[7]羅州：南朝梁時治所在今廣東化州市。　馮融：人名。事亦見《北史·譙國夫人傳》，其他事迹不詳。

[8]寶：人名。即馮寶。事亦見《北史·譙國夫人傳》，其他事迹不詳。

[9]北燕：十六國時期北燕（407—436）。

[10]馮弘：人名。十六國時期北燕君主。《魏書》卷九七、《北史》卷九三有附傳。　高麗：古國名。此時亦稱高句麗。故地在今朝鮮半島北部。傳見本書卷八一、《北史》卷九四、《舊唐書》卷一九九上、《新唐書》卷二二〇。

[11]業：人名。即馮業。北燕苗裔，南朝宋時爲羅州刺史。　宋：此指南朝宋（420—479），都建康（今江蘇南京市）。

[12]新會：郡名。南朝宋時治所在今廣東江門市新會區。

遇侯景反，[1]廣州都督蕭勃徵兵援臺。[2]高州刺史李遷仕據大皋口，[3]遣召寶。寶欲往，夫人止之曰："刺史無故不合召太守，必欲詐君共爲反耳。"寶曰："何以知之？"夫人曰："刺史被召援臺，乃稱有疾，鑄兵聚衆，而後喚君。今者若往，必留質，追君兵衆。此意可見，願且無行，以觀其勢。"數日，遷仕果反，遣主帥杜平虜率兵入灨石。[4]寶知之，遽告，夫人曰："平虜，驍將也，領兵入灨石，即與官兵相拒，勢未得還。遷仕在州，無能爲也。若君自往，必有戰鬬。宜遣使詐之，卑辭厚禮，云：'身未敢出，欲遣婦往參。'彼聞之喜，必無防慮。於是我將千餘人，步擔雜物，唱言輸賧，得至栅下，賊必可圖。"寶從之，遷仕果大喜，覘夫人衆皆擔物，不設備。夫人擊之，大捷。遷仕遂走，保于寧都。[5]夫人總兵與長城侯陳霸先會于灨石。[6]還謂寶曰：

"陳都督大可畏，極得衆心。我觀此人必能平賊，君宜厚資之。"

[1]侯景反：南朝梁武帝末年東魏降將侯景發動反叛，歷時五年（548—552）。侯景，人名。傳見《梁書》卷五六、《南史》卷八〇。

[2]廣州：南朝梁時治所在今廣東廣州市。　都督：官名。全稱爲都督諸州軍事，爲地方軍政長官，南朝梁時任刺史者加都督比單任刺史高一品。按，本書《地理志下》載："南海郡，舊置廣州，梁、陳並置都督府。"然，《南史》卷五一《蕭勃傳》祇載其任"廣州刺史"，不載"都督"。據《梁書》卷四《簡文帝紀》、《南史》卷八《梁簡文帝紀》載：太清三年秋七月，陳霸先迎定州刺史蕭勃爲廣州刺史。又《梁書》卷五《元帝紀》："十二月壬辰，以定州刺史蕭勃爲鎮南將軍、廣州刺史。"亦祇載其任刺史。　蕭勃：人名。南朝梁武帝之侄，封曲江鄉侯，太寶初年任廣州刺史。《南史》卷五一有附傳。

[3]高州：南朝梁時治所在今江西崇仁縣西南。　李遷仕：人名。南朝梁、陳時任高州刺史，大寶二年（551）爲陳將杜僧明擒斬。　大皋口：地名。在今江西吉安縣南。

[4]杜平虜：人名。李遷仕屬將，其他事迹不詳。　灨石：地名。在今贛州市與萬安縣之間贛江中。

[5]寧都：縣名。南朝梁時治所在今江西寧都縣北。

[6]長城侯：爵名。梁十五等爵的第十等。　陳霸先：人名。南朝陳開國皇帝。紀見《陳書》卷一、二，《南史》卷九。

及寶卒，嶺表大亂，夫人懷集百越，[1]數州晏然。至陳永定二年，[2]其子僕年九歲，[3]遣帥諸首領朝于丹陽，[4]起家拜陽春郡守。[5]後廣州刺史歐陽紇謀反，[6]召僕至高安，[7]誘與爲亂。僕遣使歸告夫人，夫人曰："我爲忠貞，經今兩代，不能惜汝，輒負國家。"遂發兵拒境，帥百越酋長迎章昭達。[8]内外逼之，紇徒潰散。僕以夫人之功，封信都侯，[9]加平越中郎將，[10]轉石龍太守。[11]詔使持節册夫人爲中郎將、石龍太夫人，[12]賫繡幰油絡駟馬安車一乘，給鼓吹一部，并麾幢旌節，其鹵簿一如刺史之儀。至德中，[13]僕卒。後遇陳國亡，嶺南未有所附，數郡共奉夫人，號爲聖母，保境安民。

[1]百越：亦作"百粵"，中國古代南方越人的總稱。分布於今浙、閩、粵、桂等地，因部落衆多，故總稱百越。

[2]永定：南朝陳武帝陳霸先年號（557—559）。

[3]僕：人名。即馮僕。事另見《北史》卷九一《譙國夫人傳》。

[4]丹陽：郡名。在今江蘇南京市。

[5]起家：官制用語。從家中徵召出來，始授以官職。　陽春：南朝陳郡名。治所在今廣東陽春市。

[6]歐陽紇：人名。南朝陳時任廣州刺史、都督交廣等十九州諸軍事，太建元年（569）拒徵入朝，謀反伏誅。傳見《陳書》卷九，《南史》卷六六有附傳。

[7]高安：各本均同。《北史·譙國夫人傳》作"南海"，《通鑑》卷一七〇《陳紀》太建二年正月亦載："歐陽紇召陽春太守馮僕至南海，誘與同反。"又本書《地理志下》載："南海郡，舊置廣州。""九真郡……隆安，舊曰高安，開皇十八年改名。"隆安縣治地在今越南清化省清化東南。歐陽紇以廣州刺史反，故召馮僕至"南海"更合理。

[8]章昭達：人名。南朝梁、陳大將。歐陽紇反，章昭達都督

諸軍討平，以功進車騎大將軍，進位司空。傳見《陳書》卷一一、《南史》卷六六。

［9］信都侯：爵名。南朝陳十二等爵的第六等。第三品。

［10］平越中郎將：官名。晋武帝始置，理廣州，主南越。南朝陳品秩不詳。

［11］石龍：州名。南朝陳時治所在今廣東化州市。

［12］使持節：漢朝官員奉使外出時，或由皇帝授予節杖，以提高其威權。魏、晋以後，凡重要軍事長官出征或出鎮時，加使持節，可誅殺二千石以下官員。皇帝派遣大臣出巡或祭吊等事時，也使持節，以表示權力和尊崇。　石龍太夫人：婦人封君號。秦漢以來婦人始有封君之號，然唐代以前史籍缺載，此石龍太夫人品秩不詳。按，《通鑑》卷一七〇《陳紀》太建二年正月同本書，然《北史·譙國夫人傳》及《通典》卷三四《職官十六·后妃》作"高凉郡太夫人"。中華書局新修訂本疑此有脱文，校勘記云："疑本書及《北史》各有奪文。《通志》卷一八五《列女·譙國夫人洗氏傳》作'詔使持節册夫人爲高凉郡中郎將石龍太夫人'。"

［13］至德：南朝陳後主陳叔寶年號（583—586）。

高祖遣總管韋洸安撫嶺外，[1]陳將徐璒以南康拒守。[2]洸至嶺下，逡巡不敢進。初，夫人以扶南犀杖獻于陳主，[3]至此，晋王廣遣陳主遺夫人書，諭以國亡，令其歸化，并以犀杖及兵符爲信，夫人見杖，驗知陳亡，集首領數千，盡日慟哭。遣其孫魂帥衆迎洸，[4]入至廣州，嶺南悉定。表魂爲儀同三司，册夫人爲宋康郡夫人。

［1］總管：官名。全稱是總管刺史加使持節。總管的統轄範圍

可達數州至十餘州，成一軍政管轄區。隋文帝在并、益、荆、揚四州置大總管，其餘州置總管。總管分上、中、下三等，品秩爲流内視從二品、正三品、從三品。　韋洸：人名。本書卷四七、《北史》卷六四有附傳。

[2]徐璒：人名。南朝陳末年官任豫章太守，隋開皇九年平陳後時降時叛，韋洸遣部將吕昂、馮世基率兵擊破之。事亦見本書卷四〇《王世積傳》、卷六六《柳莊傳》。　南康：縣名。治所在今江西南康市西南。

[3]扶南：古國名。在今柬埔寨境内。公元一世紀建國，七世紀中葉爲真臘所滅。

[4]魂：人名。即馮魂。其他事迹不詳。

未幾，番禺人王仲宣反，[1]首領皆應之，圍洸於州城，進兵屯衡嶺。[2]夫人遣孫暄帥師救洸。[3]暄與逆黨陳佛智素相友善，[4]故遲留不進。夫人知之，大怒，遣使執暄，繫於州獄。又遣孫盎出討佛智，[5]戰剋，斬之。進兵至南海，與鹿愿軍會，[6]共敗仲宣。夫人親被甲，乘介馬，張錦傘，領彀騎，衛詔使裴矩巡撫諸州，[7]其蒼梧首領陳坦、岡州馮岑翁、梁化鄧馬頭、藤州李光略、羅州龐靖等皆來參謁。[8]還令統其部落，嶺表遂定。高祖異之，拜盎爲高州刺史，仍赦出暄，拜羅州刺史。追贈寶爲廣州總管、譙國公，[9]册夫人爲譙國夫人。以宋康邑迴授僕妾冼氏。[10]仍開譙國夫人幕府，置長史以下官屬，[11]給印章，聽發部落六州兵馬，若有機急，便宜行事。降敕書曰："朕撫育蒼生，情均父母，欲使率土清净，兆庶安樂。而王仲宣等輒相聚結，擾亂彼民，所以遣往誅翦，爲百姓除害。夫人情在奉國，深識正理，遂令孫盎斬獲佛智，竟破群賊，甚有大功。今賜夫人物五千段。暄不進愆，誠合罪責，以夫人立此誠效，故特原免。夫人宜訓導子孫，敦崇禮教，遵奉朝化，以副朕心。”皇后以首飾及宴服一襲賜之，夫人並盛於金篋，并梁、陳賜物各藏于一庫。每歲時大會，皆陳于庭，以示子孫，曰：“汝等宜盡赤心向天子。我事三代主，唯用一好心。今賜物具存，[12]此忠孝之報也，願汝皆思念之。”

［1］番禺：縣名。隋開皇九年平陳後分南海縣置，尋又廢入南海縣。治所在今廣東廣州市番禺區。　王仲宣：人名。南陳末年嶺南地區的夷人酋長。隋開皇九年平陳後仍聚衆反抗隋朝的統治，發兵圍攻廣州，韋洸戰死，其後被多路隋軍擊敗潰散。事亦見本書卷六五《慕容三藏傳》、卷六七《裴矩傳》，《陳書》卷一四《王勇傳》。

［2］衡嶺：衡山。

［3］暄：人名。即馮暄。譙國夫人冼氏之孫，隋時任羅州刺史，唐武德六年以高州首領反。事亦見《北史》卷九一《譙國夫人傳》。

［4］陳佛智：人名。具體事迹不詳。

［5］盎：人名。即馮盎。事亦見《北史·譙國夫人傳》。

［6］鹿愿：人名。隋朝將領。平陳之後，與裴矩、譙國夫人共同平定王仲宣叛亂，隋煬帝大業五年，爲黔安夷帥向思多所殺。事亦見本書卷六四《王辯傳》、卷六五《周法尚傳》。

［7］裴矩：人名。傳見本書卷六七、《舊唐書》卷六三、《新唐書》卷一〇〇，《北史》卷三八有附傳。

［8］蒼梧：地名。在今湖南南部、廣東西北部及廣西東北部廣

大地區。　陳坦：人名。具體事迹不詳。　岡州：治所在今廣東江門市新會區。　馮岑翁：人名。具體事迹不詳。　梁化：郡名。隋初有兩梁化：一是南朝梁大同八年（542）置，治所在梁化縣（今廣西鹿寨縣北）；二是南朝梁置，治所在懷安縣（今廣東惠東縣西北）。　鄧馬頭：人名。具體事迹不詳。　藤州：隋開皇中以石州改名，治所在今廣西藤縣東北。　李光略：人名。具體事迹不詳。　龐靖：人名。具體事迹不詳。

[9]譙國公：爵名。隋九等爵的第三等。從一品。

[10]宋康：縣名。治所在今廣東陽江市西。

[11]長史：官名。此爲譙國夫人府佐官，總管府事。

[12]具：中華本同，汲古閣本、殿本、庫本作"俱"。

時番州總管趙訥貪虐，[1]諸俚獠多有亡叛。夫人遣長史張融上封事，[2]論安撫之宜，并言訥罪狀，不可以招懷遠人。上遣推訥，得其贓賄，竟致於法。降敕委夫人招慰亡叛。夫人親載詔書，自稱使者，歷十餘州，宣述上意，諭諸俚獠，所至皆降。高祖嘉之，賜夫人臨振縣湯沐邑一千五百户。[3]贈僕爲崖州總管、平原郡公。[4]仁壽初，卒，賻物一千段，謚爲誠敬夫人。[5]

[1]番州：隋仁壽元年改廣州置，治所在今廣東廣州市。　趙訥：人名。隋文帝時任番州總管，貪贓獲罪，其他事迹不詳。

[2]張融：人名。隋文帝時任譙國夫人府長史，其他事迹不詳。

[3]臨振：縣名。治所在今海南三亞市西北。　湯沐邑：指國君、皇后、公主等收取賦税的私邑。也稱食邑、封邑。是古代君王封賜給有爵位之人的一種食禄制度，受封者可徵收封地内的民户租税充作食禄。魏晋以後，食邑分爲虚封和實封兩類：虚封一般僅冠

以“邑”或“食邑”之名，這衹是一種榮譽性加銜，受封者並不能獲得實際的食禄收入；而實封一般須冠以“真食”“食實封”等名，受封者可真正獲得食禄收入。

[4]崖州：治所在今海南儋州市西北。　平原郡公：爵名。隋九等爵的第四等。從一品。

[5]謚：上古有號無謚，周初始制謚法，秦始皇廢不用，自漢初恢復。帝王、貴族、大臣死後，據其生前事迹依謚法給予稱號。

鄭善果母

鄭善果母者，[1]清河崔氏之女也。[2]年十三，出適鄭誠，[3]生善果。而誠討尉迥，[4]力戰死于陣。母年二十而寡，父彦穆欲奪其志，[5]母抱善果謂彦穆曰：“婦人無再見男子之義。且鄭君雖死，[6]幸有此兒。棄兒爲不慈，背死爲無禮。寧當割耳截髮以明素心。違禮滅慈，非敢聞命。”善果以父死王事，年數歲，拜使持節、大將軍，[7]襲爵開封縣公，邑一千户。開皇初，[8]進封武德郡公。年十四，授沂州刺史，[9]轉景州刺史，[10]尋爲魯郡太守。[11]

[1]鄭善果：人名。隋唐時人。隋煬帝時爲大理卿，唐貞觀初卒於江州刺史任。傳見《舊唐書》卷六二、《新唐書》卷一〇〇。

[2]清河：郡名。治所在今河北清河縣西北。

[3]鄭誠：人名。北周大將軍，封開封縣公。事略見《新唐書·鄭善果傳》。

[4]尉迥：人名。即尉遲迥。北周太祖宇文泰之甥，周宣帝時任大前疑、相州總管。傳見《周書》卷二一、《北史》卷六二。

[5]彦穆：人名。即崔彦穆。歷官西魏、北周。楊堅輔政從討司馬消難。傳見《周書》卷三六、《北史》卷六七。

[6]鄭：汲古閣本、中華本同，殿本、庫本作“郡”，誤。

[7]大將軍：官名。隋文帝因改北周十一等勳官之制形成十一等散實官，用以酬勤勞，無實際職掌。大將軍爲第四等，可開府置僚佐。正三品。

[8]開皇：隋文帝楊堅年號（581—600）。

[9]沂州：治所在今山東臨沂市。

[10]景州：據本書《地理志中》河間郡載：“長蘆，開皇初置，并立漳河郡，郡尋廢。十六年置景州，大業初州廢。”長蘆縣，治所在今河北滄州市西。

[11]魯郡：隋煬帝改魯州置，治所在今山東兖州市。

母性賢明，有節操，博涉書史，通曉治方。每善果出聽事，母恒坐胡床，於鄣後察之。聞其剖斷合理，歸則大悦，即賜之坐，相對談笑。若行事不允，或妄瞋怒，母乃還堂，蒙被而泣，終日不食。善果伏於床前，亦不敢起。母方起謂之曰：“吾非怒汝，乃愧汝家耳。吾爲汝家婦，獲奉灑掃，如汝先君，忠勤之士也，在官清恪，未嘗問私，以身徇國，繼之以死，吾亦望汝副其此心。汝既年小而孤，吾寡婦耳，有慈無威，使汝不知禮訓，何可負荷忠臣之業乎？汝自童子承襲茅土，[1]位至方伯，[2]豈汝身致之邪？安可不思此事而妄加瞋怒，心緣驕樂，墮於公政！内則墜爾家風，或亡失官爵，外則虧天子之法，以取罪戾。吾死之日，亦何面目見汝先人於地下乎？”

［1］茅土：指王侯的封爵。

［2］方伯：商、周時期地方諸侯之長，後泛指地方長官。按，《北史》卷九一《鄭善果母傳》作“方嶽”。

母恒自紡績，夜分而寐。善果曰：“兒封侯開國，位居三品，秩俸幸足，母何自勤如是邪?”答曰：“嗚呼！汝年已長，吾謂汝知天下之理，今聞此言，故猶未也。至於公事，何由濟乎？今此秩俸，乃是天子報爾先人之徇命也。當須散贍六姻，[1]爲先君之惠妻子，奈何獨擅其利，以爲富貴哉！又絲枲紡織，婦人之務，上自王后，下至大夫士妻，各有所製。若墮業者，是爲驕逸。吾雖不知禮，其可自敗名乎?”自初寡，便不御脂粉，常服大練。性又節儉，非祭祀賓客之事，酒肉不妄陳於前。静室端居，未嘗輒出門閣。内外姻戚有吉凶事，但厚加贈遺，皆不詣其家。非自手作及莊園禄賜所得，雖親族禮遺，悉不許入門。

［1］六姻：六親。

善果歷任州郡，唯内自出饌，於衙中食之，公廨所供，皆不許受，悉用修治廨宇及分給僚佐。善果亦由此克己，號爲清吏。煬帝遣御史大夫張衡勞之，[1]考爲天下最。徵授光禄卿。[2]其母卒後，善果爲大理卿，[3]漸驕恣，清公平允遂不如疇昔焉。

［1］御史大夫：官名。御史臺長官，職掌國家刑憲典章之政令，

司彈劾糾察百官等。置一員。其品級，隋大業五年（按，此據本書《百官志下》，而《唐六典》卷一三《御史臺》爲“大業八年”）前是從三品，此年降爲正四品。　張衡：人名。傳見本書卷五六、《北史》卷七四。

[2]光禄卿：官名。爲光禄寺長官。掌祭祀、朝會、宴饗之供設，政令仰承禮部。隋初爲正三品，煬帝降爲從三品。

[3]大理卿：官名。大理寺長官。掌審獄定刑名，决疑案。置一員，正三品。

孝女王舜

孝女王舜者，[1]趙郡王子春之女也。[2]子春與從兄長忻不協，[3]屬齊滅之際，[4]長忻與其妻同謀殺子春。舜時年七歲，有二妹，粲年五歲，[5]璠年二歲，[6]並孤苦，寄食親戚。舜撫育二妹，恩義甚篤。而舜陰有復讎之心，長忻殊不爲備。姊妹俱長，親戚欲嫁之，輒拒不從。乃密謂其二妹曰：“我無兄弟，致使父讎不復。吾輩雖是女子，何用生爲？我欲共汝報復，汝意如何？”二妹皆垂泣曰：“唯姊所命。”是夜，姊妹各持刀踰墻而入，手殺長忻夫妻，以告父墓。因詣縣請罪，姊妹争爲謀首，州縣不能决。高祖聞而嘉歎，特原其罪。

[1]王舜：人名。傳另見《北史》卷九一。

[2]趙郡：治所在今河北趙縣。　王子春：人名。事亦見《北史·孝女王舜傳》。其他事迹不詳。

[3]長忻：人名。即王長忻。事亦見《北史·孝女王舜傳》。其他事迹不詳。

［4］齊：即北齊（550—577），都鄴（今河北臨漳縣西南鄴鎮東）。

［5］粲：人名。即王粲。事亦見《北史·孝女王舜傳》。其他事迹不詳。

［6］璠：人名。即王璠。事亦見《北史·孝女王舜傳》。其他事迹不詳。

韓覬妻

韓覬妻者，[1]洛陽于氏女也，字茂德，父實，[2]周大左輔。[3]于氏年十四，適于覬。雖生長膏腴，家門鼎盛，而動遵禮度，躬自儉約，宗黨敬之。年十八，覬從軍戰没，于氏哀毁骨立，慟感行路。每至朝夕奠祭，皆手自捧持。及免喪，其父以其幼少無子，將嫁之。誓無異志。復令家人敦喻，于氏晝夜涕泣，截髪自誓。其父喟然傷感，遂不奪其志焉。因養夫之孽子世隆爲嗣，[4]身自撫育，愛同己生，訓導有方，卒能成立。自孀居已後，唯時或歸寧，至於親族之家，絶不來往。有尊卑就省謁者，送迎皆不出户庭。蔬食布衣，不聽聲樂，以此終身。高祖聞而嘉歎，下詔褒美，表其門閭，長安中號爲節婦闕。終于家，年七十二。

［1］韓覬妻：傳另見《北史》卷九一。

［2］實：人名。即于寔。北周八柱國于謹之子。《周書》卷一五、《北史》卷二三有附傳。按，《北史·韓覬妻傳》爲“寔”。“實”爲“寔”之誤（參見王化昆《〈隋書〉勘誤四則》，《中國史研究》2002年第3期）。

[3]周：即北周（557—581），都長安（今陝西西安市西北）。大左輔：官名。北周宣帝大成元年（579）置四輔官（大前疑、大右弼、大左輔、大後丞），爲主要執政大臣，大左輔爲其中之一。

[4]孽子：庶子，非正妻所生之子。按，殿本、庫本、中華本同，汲古閣本作“弟子”，又中華書局新修訂本校勘記指出“《御覽》卷四三九《人事部八〇·貞女上》引《隋書》亦作‘弟子’”。世隆：人名。即韓世隆。事迹不詳。

陸讓母

陸讓母者，[1]上黨馮氏女也。[2]性仁愛，有母儀，讓即其孽子也。仁壽中，爲番州刺史，數有聚斂，贓貨狼籍，爲司馬所奏。[3]上遣使按之皆驗，於是囚詣長安，親臨問。讓稱冤，上復令治書侍御史撫按之，[4]狀不易前。乃命公卿百僚議之，咸曰“讓罪當死”。詔可其奏。

[1]陸讓母：傳另見《北史》卷九一。

[2]上黨：郡名。治所在今山西長治市。

[3]司馬：官名。隋州僚屬之一，開皇三年改治中爲司馬，名義上紀綱衆務，通判列曹，實無具體職任。上州正五品，中州從五品，下州正六品。

[4]治書侍御史：官名。隋御史臺副長官，實主臺務，並佐御史大夫掌彈劾百官。初爲從五品下，煬帝大業三年升爲正五品，五年又降爲從五品。

讓將就刑，馮氏蓬頭垢面詣朝堂數讓曰：“無汗馬之勞，致位刺史，不能盡誠奉國，以答鴻恩，而反違犯憲章，贓貨狼籍。若言司馬誣汝，百姓百官不應亦皆誣汝。若言至尊不憐愍汝，何故治書覆汝？豈誠臣？豈孝子？不誠不孝，何以爲人！”於是流涕嗚咽，親持盂粥勸讓令食。既而上表求哀，詞情甚切，上愍然爲之改容。獻皇后甚奇其意，[1]致請於上。治書侍御史柳彧進曰：[2]“馮氏母德之至，有感行路。如或殺之，何以爲勸？”上於是集京城士庶於朱雀門，[3]遣舍人宣詔曰：[4]“馮氏以嫡母之德，足爲世范，慈愛之道，義感人神，特宜矜免，用奬風俗。讓可減死，除名爲民。”復下詔曰：“馮氏體備仁慈，夙閑禮度。孽讓非其所生，往犯憲章，宜從極法。躬自詣闕，爲之請命，匍匐頓顙。朕哀其義，特免死辜。使天下婦人皆如馮者，豈不閨門雍睦，風俗和平！朕每嘉歎不能已。宜摽揚優賞，[5]用章有德。可賜物五百段。”集諸命婦，與馮相識，以寵異之。

[1]獻皇后：隋文帝文獻皇后，名獨孤伽羅。傳見本書卷三六、《北史》卷一四。

[2]柳彧：人名。傳見本書卷六二、《北史》卷七七。

[3]朱雀門：隋都城長安大興皇城正南門。

[4]舍人：官名。此或指通事舍人，隋初爲内史省屬官，職掌導引宫臣辭見，承旨傳宣之事。從六品上。煬帝大業三年改名通事謁者，隸謁者臺，品秩不變。

[5]摽：汲古閣本、中華本同底本，殿本、庫本作“標”。

劉昶女

劉昶女者，[1]河南長孫氏之婦也。昶在周，尚公主，官至柱國、彭國公，[2]數爲將帥，位望隆顯。與高祖有舊。及受禪，甚親任，歷左武衛大將軍、慶州總管。[3]其子居士，[4]爲太子千牛備身，[5]聚徒任俠，不遵法度，數得罪。上以昶故，每輒原之。居士轉恣，每大言曰："男兒要當辮頭反縛，籧篨上作獠儛。"[6]取公卿子弟膂力雄健者，輒將至家，以車輪括其頸而棒之。殆死能不屈者，稱爲壯士，釋而與交。黨與三百人，其趫捷者號爲餓鶻隊，武力者號爲蓬轉隊。每韝鷹紲犬，[7]連騎道中，歐擊路人，多所侵奪。長安市里無貴賤，見之者皆辟易，至於公卿妃主，莫敢與校者。其女則居士之姊也，每垂泣誨之，殷勤懇惻。居士不改，至破家産。昶年老，奉養甚薄。其女時寡居，哀昶如此，每歸寧于家，躬勤紡績，以致其甘脆。

[1]劉昶：人名。北周時尚周文帝女西河長公主，大象中位柱國。《北史》卷六五有附傳。

[2]柱國：官名。全稱爲柱國大將軍。北魏太武帝置，以爲開國元勳長孫嵩的加官。孝莊帝因尒朱榮有擁立之功，特置以授之，位在丞相上。西魏文帝以宇文泰有中興之功，又置此官授之。後凡屬功參佐命、望實俱重的，也得居之。自大統十六年（550）以前任此官的名義上有八人。北周武帝增置上柱國等官，並以上柱國大將軍爲勳官之首。柱國大將軍次之，正九命。　彭國公：爵名。北周十一等爵的第四等。正九命。

［3］左武衛大將軍：官名。隋文帝設左武衛，置左武衛大將軍一人爲其首。掌領外軍宿衛宫禁。正三品。　慶州：治所在今甘肅慶陽市。

［4］居士：人名。即劉居士。隋上柱國彭公劉昶之子，任太子千牛備身，後因犯法被誅。事略見《通鑑》卷一七八《隋紀》開皇十七年及《北史》卷九一《劉昶女傳》。

［5］太子千牛備身：官名。隋東宫左右内率府置八人，掌執千牛刀宿衛侍從太子。正七品下。隋煬帝大業三年改稱爲司仗左右。

［6］籧篨：粗竹席。

［7］韝（gōu）鷹紲犬：指臂套上蹲着鷹，手里牽着狗。借指紈袴子弟放浪游樂的生活。

有人告居士與其徒游長安城，登故未央殿基，[1]南向坐，前後列隊，意有不遜，每相約曰：“當爲一死耳。”又時有人言居士遣使引突厥令南寇，[2]當於京師應之。上謂昶曰：[3]“今日之事，當復如何?”昶猶恃舊恩，不自引咎，直前曰：[4]“黑白在于至尊。”上大怒，下昶獄，捕居士黨與，治之甚急。憲司又奏昶事母不孝。[5]其女知昶必不免，不食者數日，每親調飲食，手自捧持，詣大理餉其父。[6]見獄卒，長跪以進，歔欷嗚咽，見者傷之。居士坐斬，昶竟賜死于家。詔百僚臨視。時其女絶而復蘇者數矣，公卿慰諭之。其女言父無罪，坐子以及於禍。詞情哀切，人皆不忍聞見。遂布衣蔬食以終其身。上聞而歎曰：“吾聞衰門之女，興門之男，固不虚也!”

［1］未央殿：宫殿名。漢未央宫，漢高帝七年建。故址在今陝

西西安市西北長安故城内西北隅。

[2]突厥：古族名、國名。廣義包括突厥、鐵勒諸部落，狹義專指突厥。公元六世紀時游牧於金山（今阿爾泰山）以南，因金山形似兜鍪，俗稱“突厥”，遂以名部落。西魏廢帝元年，土門自號伊利可汗，建立突厥汗國，樹庭於鬱督軍山（今杭愛山東段，鄂爾渾河左岸）。隋開皇二年西面可汗達頭與大可汗沙鉢略不睦，分裂爲西突厥、東突厥兩個汗國。傳見本書卷八四、《周書》卷五〇、《北史》卷九九、《舊唐書》卷一九四、《新唐書》卷二一五。

[3]上：汲古閣本、中華本同底本，殿本、庫本作“帝”。

[4]前：汲古閣本、中華本同底本，殿本、庫本作“答”。

[5]憲司：魏晋以來對御史的通稱。

[6]大理：官署名。即大理寺，掌審獄定刑名，決疑案。

鍾士雄母

鍾士雄母者，[1]臨賀蔣氏女也。[2]士雄仕陳爲伏波將軍。[3]陳主以士雄嶺南酋帥，慮其反覆，每質蔣氏於都下。及晋王廣平江南，[4]以士雄在嶺表，欲以恩義致之，遣蔣氏歸臨賀。既而同郡虞子茂、鍾文華等作亂，[5]舉兵攻城，遣人召士雄，士雄將應之。蔣氏謂士雄曰：“我前在揚都，[6]備嘗辛苦。今逢聖化，母子聚集，没身不能上報，焉得爲逆哉！汝若禽獸其心，背德忘義者，我當自殺於汝前。”士雄於是遂止。蔣氏復爲書與子茂等，諭以禍福。子茂不從，尋爲官軍所敗。上聞蔣氏，甚異之，封爲安樂縣君。[7]

[1]鍾士雄母：傳另見《北史》卷九一。

［2］臨賀：郡名。治所在今廣西賀州市東南。

［3］陳：即南朝陳（557—589），都建康（今江蘇南京市）。伏波將軍：官名。屬武官。南朝陳擬八品。

［4］江南：地區名。泛指長江以南地區。

［5］虞子茂：人名。其他事迹不詳。　鍾文華：人名。其他事迹不詳。

［6］揚都：地名。南北朝時建康别稱，治所在今江蘇南京市。

［7］安樂縣君：婦人封君號。唐制五品以上母妻爲縣君。

時尹州寡婦胡氏者，[1]不知何氏妻也，甚有志節，爲邦族所重。當江南之亂，諷諭宗黨，皆守險不從叛逆，封爲密陵郡君。[2]

［1］尹州：開皇中以南定州改名，治所在今廣西貴港市東南。

［2］密陵郡君：婦人封君號。唐制四品以上母妻爲郡君。

孝婦覃氏

孝婦覃氏者，上郡鍾氏婦也。[1]與其夫相見未幾而夫死，時年十八。事後姑以孝聞。數年之間，姑及伯叔皆相繼而死，覃氏家貧，無以葬。於是躬自節儉，晝夜紡績，稸財十年，[2]而葬八喪，爲州里所敬，上聞而賜米百石，表其門閭。

［1］上郡：治所在今陝西富縣。

［2］稸：汲古閣本、中華本作“蓄”，殿本、庫本同底本。

元務光母

元務光母者，[1]范陽盧氏女也。[2]少好讀書，造次以禮。盛年寡居，諸子幼弱，家貧不能就學，盧氏每親自教授，勖以義方，世以此稱之。仁壽末，漢王諒舉兵反，[3]遣將綦良往山東略地。[4]良以務光爲記室。[5]及良敗，慈州刺史上官政簿籍務光之家，[6]見盧氏，悦而逼之，盧氏以死自誓。政爲人凶悍，怒甚，以燭燒其身。盧氏執志彌固，竟不屈節。

[1]元務光母：傳亦見《北史》卷九一。

[2]范陽：郡名。治所在今河北涿州市。

[3]漢王諒：即隋文帝楊堅第五子楊諒，開皇元年封漢王。傳見本書卷四五、《北史》卷七一。

[4]綦良：人名。漢王楊諒部將。事略見本書卷六三《史祥傳》、《通鑑》卷一八〇《隋紀》高祖仁壽四年。

[5]記室：官名。隋王府、總管府均設有記室，掌章表書記文檄。品秩不詳。

[6]慈州：治所在今河北磁縣。按，據本書《地理志中》魏郡滏陽條："後周置，開皇十年置慈州，大業初州廢。"　上官政：人名。隋仁壽末爲慈州刺史，煬帝即位坐事貶嶺南。《金石録》卷三有"隋西平太守上官政墓誌（大業六年三月）"，則其官終西平太守。其事略見本書卷四〇《元胄傳》、卷五六《薛胄傳》。

裴倫妻

裴倫妻，[1]河東柳氏女也，少有風訓。大業末，[2]倫爲渭源令。[3]屬薛舉之亂，[4]縣城爲賊所陷，倫遇害。柳時年四十，有二女及兒婦三人，皆有美色。柳氏謂之曰："我輩遭逢禍亂，汝父已死，我自念不能全汝。我門風有素，義不受辱於群賊，我將與汝等同死，如何？"其女等皆垂泣曰："唯母所命。"柳氏遂自投于井，其女及婦相繼而下，皆重死於井中。

[1]裴倫妻：人名。傳另見《北史》卷九一。

[2]大業：隋煬帝楊廣年號（605—618）。

[3]渭源：縣名。治所在今甘肅渭源縣東北渭河北岸。

[4]薛舉：人名。隋煬帝時任金城校尉，大業十三年四月舉兵反隋，自稱西秦霸王，建元"秦興"。傳見《舊唐書》卷五五、《新唐書》卷八六。

趙元楷妻

趙元楷妻者，[1]清河崔氏之女也。父儦，[2]在《文學傳》。家有素範，子女皆遵禮度。元楷父爲僕射，[3]家富於財，重其門望，厚禮以聘之。元楷甚敬崔氏，雖在宴私，不妄言笑，進止容服，動合禮儀。

[1]趙元楷：人名。事見本書卷四六、《北史》卷七五《趙芬傳》。

[2]儦：人名。即崔儦。傳見本書卷七六，《北史》卷二四有附傳。

[3]元楷父：即趙芬，開皇初拜尚書左僕射。傳見本書卷四六、《北史》卷七五。　僕射：官名。隋尚書省置左、右僕射各一人，

地位僅次於尚書令。由於隋尚書令不常置，僕射成爲尚書省實際長官，是宰相之職。從二品。

化及之反也，元楷隨至河北，[1]將歸長安。至滏口，[2]遇盜攻掠，元楷僅以身免。崔氏爲賊所拘，賊請以爲妻，崔氏謂賊曰："我士大夫女，爲僕射子妻，今日破亡，自可即死。遣爲賊婦，終必不能。"群賊毁裂其衣，形體悉露，縛於牀簀之上，將淩之。崔氏懼爲所辱，詐之曰："今力已屈，當聽處分，不敢相違，請解縛。"賊遽釋之。崔因著衣，取賊佩刀，倚樹而立曰："欲殺我，任加刀鋸。若覓死，可來相逼！"賊大怒，亂射殺之。元楷後得殺妻者，支解之，以祭崔氏之柩。

[1]河北：泛指黄河以北地區。

[2]滏口：地名。"太行八陘"之一，在今河北磁縣西北、武安市南石鼓山。

史臣曰：夫稱婦人之德，皆以柔順爲先，斯乃舉其中庸，未臻其極者也。至於明識遠圖，貞心峻節，[1]志不可奪，唯義所在，考之圖史，亦何世而無哉！蘭陵主質邁寒松，南陽主心逾匪石，洗媪、孝女之忠壯，崔、馮二母之誠懇，足使義勇慚其志烈，蘭玉謝其貞芳。襄城、華陽之妃，裴倫、元楷之婦，時逢艱阻，事乖好合，甘心同穴，顛沛靡它，志勵冰霜，言逾皎日，雖《詩》詠共姜之自誓，[2]《傳》述伯姬之守死，[3]其將復何以加焉！

［1］貞：中華本同底本，汲古閣本、殿本、庫本作“真”。

［2］共姜之自誓：典出《詩·鄘風·柏舟序》：“柏舟，共姜自誓也。”

［3］伯姬之守死：典出《穀梁傳》襄公三十年：五月，宋國宫殿失火，伯姬不避禍被焚死。伯姬，春秋魯宣公之女，宋共公夫人，亦稱共姬、恭伯姬。

隋書　卷八一

列傳第四十六

東夷

高麗

高麗之先，[1]出自夫餘。[2]夫餘王嘗得河伯女，[3]因閉於室內，爲日光隨而照之，感而遂孕，生一大卵，有一男子破殼而出，[4]名曰朱蒙。[5]夫餘之臣以朱蒙非人所生，咸請殺之，王不聽。及壯，因從獵，所獲居多，又請殺之。其母以告朱蒙，朱蒙棄夫餘東南走。遇一大水，深不可越。朱蒙曰："我是河伯外孫，日之子也。今有難，而追兵且及，如何得渡?"[6]於是魚鱉積而成橋，朱蒙遂渡。追騎不得濟而還。

[1]高麗：古國名。亦稱高句麗、高句驪。漢魏南北朝至隋唐時位於今朝鮮半島北部及遼河以東一帶。傳亦見《後漢書》卷八五、《三國志》卷三〇、《魏書》卷一〇〇、《周書》卷四九、《北

史》卷九四、《舊唐書》卷一九九上、《新唐書》卷二二〇。

[2]夫餘：古族名、國名。亦作扶餘、鳧臾。兩漢時位於今松花江中游平原一帶，以今吉林農安縣爲中心，南迄今遼寧北境，北臨今黑龍江，東接挹婁，西接鮮卑。魏晋南北朝時屢遭鮮卑慕容氏、高句麗、勿吉等族國侵襲，勢力漸衰，居民分散遷徙。傳見《後漢書》卷八五、《三國志》卷三〇、《晋書》卷九七。

[3]河伯：古代傳説中的河神。

[4]㲉（què）：卵殼。按，“㲉”字底本、殿本、庫本皆同，中華本作“殼”。

[5]朱蒙：人名。相傳爲高麗國的始祖。事亦見《魏書·高句麗傳》《周書·高麗傳》《北史·高麗傳》等。

[6]如何得渡：“渡”字底本原作“度”，殿本、庫本與底本同，今據中華本改。按，下文凡“度”字改作“渡”者皆同，不再出注。

朱蒙建國，自號高句麗，以高爲氏。朱蒙死，子閭達嗣。[1]至其孫莫來興兵，[2]遂并夫餘。至裔孫位宫，[3]以魏正始中入寇西安平，[4]毌丘儉拒破之。[5]位宫玄孫之子曰釗，[6]爲慕容氏所破，[7]遂入丸都，[8]焚其宫室，大掠而還。釗後爲百濟所殺。[9]其曾孫璉，[10]遣使後魏。[11]璉六世孫湯，[12]在周遣使朝貢，[13]武帝拜湯上開府、遼東郡公、遼東王。[14]高祖受禪，[15]湯復遣使詣闕，[16]進授大將軍，[17]改封高麗王。歲遣使朝貢不絶。

[1]閭達：人名。漢時高句麗國王。事亦見《魏書》卷一〇〇《高句麗傳》、《北史》卷九四《高麗傳》。

[2]莫來：人名。漢時高句麗國王。事亦見《魏書·高句麗

傳》、《周書》卷四九《高麗傳》、《北史·高麗傳》。

［3］位宮：人名。三國時高句麗國王。事亦見《三國志》卷二八《魏書·毌丘儉傳》、卷三〇《魏書·高句麗傳》，《魏書·高句麗傳》，《北史·高麗傳》等。

［4］正始：三國魏齊王曹芳年號（240—249）。　西安平：縣名。三國魏時治所在今遼寧寬甸滿族自治縣南鴨綠江北岸。

［5］毌（guàn）丘儉：人名。三國時魏將。齊王曹芳正始年間官任幽州刺史，因當時高句麗屢侵邊境，遂率軍萬人東討，結果大破高句麗，致使其國王位宮逃奔買溝。傳見《三國志》卷二八。

［6］釗：人名。十六國時高句麗國王。事亦見《晋書》卷一〇九《慕容皝載記》、《魏書》卷九五《慕容元真傳》及卷一〇〇《高句麗傳》、《北史》卷九三《慕容皝傳》及卷九四《高麗傳》等。按，"釗"底本原作"昭列帝"，殿本、庫本、中華本與底本同。考《魏書·高句麗傳》載："其（位宮）玄孫乙弗利，利子釗，烈帝時與慕容氏相攻擊。建國四年，慕容元真率衆伐之……遂入丸都，釗單馬奔竄。元真掘釗父墓……焚其宮室，毁丸都城而還。……釗後爲百濟所殺。"《北史·高麗傳》所載略同。由此可知，"昭"當是"釗"之音誤，"列帝"係因《魏書》"烈帝"而錯衍，今據以改删"昭列帝"作"釗"。下文"釗"字亦同此而改。（參見唐華全《中華書局點校本〈隋書〉質疑二十九則》，《河北師範大學學報》2012 年第 1 期）

［7］慕容氏：十六國時前燕、後燕、西燕、南燕四國王室的姓氏。此指前燕君主慕容皝。載記見《晋書》卷一〇九，《魏書》卷九五、《北史》卷九三有附傳。

［8］丸都：城名。故址在今吉林集安市西北。公元 209 年高句麗自國内城移都於此，至 427 年又自此遷都平壤。

［9］百濟：古國名。故地在今朝鮮半島西南部。相傳公元前 18 年由朱蒙子温祚創立，都於今漢江南岸慰禮城。公元四世紀後逐漸强大，與高句麗、新羅鼎足争雄。傳見本卷、《魏書》卷一〇〇、

《周書》卷四九、《北史》卷九四、《舊唐書》卷一九九上、《新唐書》卷二二〇。

［10］璉：人名。北魏時高句麗國王。事亦見《魏書》卷七下《高祖紀下》及卷一〇〇《高句麗傳》、《周書·高麗傳》、《北史》卷四〇《程駿傳》及卷九四《高麗傳》等。

［11］遣使後魏："遣"字底本、中華本皆同，殿本、庫本作"通"。後魏，又稱北魏，或單稱魏（386—557）。初都平城（今山西大同市東北），公元494年遷都洛陽（今河南洛陽市東北白馬寺東）。公元534年分裂爲東魏和西魏兩個政權。東魏（534—550）都於鄴（今河北臨漳縣西南鄴鎮東），西魏（535—557）都於長安（今陝西西安市西北郊）。

［12］湯：人名。即高湯。北朝末期至隋初高麗國王。事亦見《北齊書》卷五《廢帝紀》、《周書·高麗傳》、《北史》卷七《齊廢帝紀》及卷九四《高麗傳》等。按，"湯"字各本皆同，但本書卷一《高祖紀上》及卷二《高祖紀下》、《北史》卷一一《隋文帝紀》作"陽"，疑訛。

［13］周：即北周（557—581），都於長安（今陝西西安市西北郊）。

［14］武帝：即北周武帝宇文邕。紀見《周書》卷五、六，《北史》卷一〇。　上開府：官名。全稱是上開府儀同大將軍。北周武帝建德四年（575）始置，爲北周十一等勳官的第五等，可開府置官屬。九命。　遼東郡公：爵名。北周時爲十一等爵的第五等。正九命。

［15］高祖：隋文帝楊堅的廟號。紀見本書卷一、二，《北史》卷一一。　受禪：中國古代王朝更迭時，新皇帝承受舊皇帝讓給的帝位，即稱受禪。此指楊堅於公元581年廢北周静帝，即位稱皇帝，正式建立隋王朝。

［16］復：底本、庫本、中華本皆同，但殿本作"後"，疑訛。　詣闕：此指赴朝廷拜謁皇帝。按，"闕"字底本原作"關"，當

訛，今據殿本、庫本、中華本及《北史·高麗傳》改。

[17]大將軍：官名。隋文帝因改北周十一等勳官之制形成十一等散實官，用以酬勤勞，無實際職掌。大將軍是第四等，可開府置僚佐。正三品。

其國東西二千里，南北千餘里。都於平壤城，[1]亦曰長安城，東西六里，隨山屈曲，南臨浿水。[2]復有國内城、漢城，[3]並其都會之所，其國中呼爲“三京”。與新羅每相侵奪，[4]戰争不息。官有太大兄，次大兄，次小兄，次對盧，[5]次意侯奢，[6]次烏拙，次太大使者，次大使者，次小使者，次褥奢，次翳屬，次仙人，凡十二等。復有内評、外評、五部褥薩。人皆皮冠，使人加插鳥羽。[7]貴者冠用紫羅，飾以金銀。服大袖衫，大口褲，素皮帶，黄革履。婦人裙襦加襈。[8]兵器與中國略同。每春秋校獵，王親臨之。人税布五匹，穀五石。游人則三年一税，[9]十人共細布一匹。租户一石，次七斗，下五斗。[10]反逆者縛之於柱，爇而斬之，[11]籍没其家。盜則償十倍。用刑既峻，罕有犯者。樂有五弦、琴、箏、篳篥、横吹、簫、鼓之屬，[12]吹蘆以和曲。[13]每年初，聚戲於浿水之上，王乘腰輿，[14]列羽儀以觀之。事畢，王以衣服入水，分左右爲二部，以水石相濺擲，喧呼馳逐，再三而止。俗好蹲踞，潔净自喜，以趨走爲敬，[15]拜則曳一脚，立各反拱，行必摇手。[16]性多詭伏。[17]父子同川而浴，共室而寢。婦人淫奔，[18]俗多游女。有婚嫁者，取男女相悦，然即爲之，男家送猪酒而已，無財聘之禮。或有受財者，人共耻之。死者殯於屋内，經三年，擇吉日而葬。居父母及夫之喪，服皆三年，[19]兄弟三月。初終哭泣，葬則鼓舞作樂以送之。[20]埋訖，悉取死者生時服玩車馬置於墓側，會葬者争取而去。敬鬼神，多淫祠。[21]

[1]平壤城：城名。亦稱長安城。故址在今朝鮮平壤。公元427年高麗自丸都城遷都於此。

[2]浿水：古水名。即今朝鮮大同江。

[3]國内城：城名。故址在今吉林集安市東。公元3年高句麗在此建都，至209年移都於丸都城。國内、丸都兩城相距甚近，古時或視同一地。　漢城：城名。故址在今朝鮮信川一帶。

[4]新羅：古國名。亦稱斯羅。故地在今朝鮮半島東南部，本辰韓十二國中之斯盧國。相傳公元前57年由朴赫居世所建，都於金城（今韓國慶州）。公元四世紀後逐漸强大，與高麗、百濟鼎足争雄。傳見本卷、《梁書》卷五四、《北史》卷九四、《舊唐書》卷一九九上、《新唐書》卷二二〇等。

[5]對盧：《周書》卷四九、《北史》卷九四《高麗傳》所載高麗十二等官中無“對盧”，但有“大對盧”，位列“太大兄”之上，並稱“其大對盧，則以强弱相陵奪而自爲之，不由王之署置也”。

[6]意俟奢：各本皆同，但《周書·高麗傳》作“意俟奢”，《北史·高麗傳》作“竟侯奢”。

[7]使人：各本皆同，但《北史·高麗傳》作“士人”，《周書·高麗傳》作“有官品者”。

[8]裙襦：由裙子和短襖組成的套裝。　襈：衣服的緣邊裝飾。

[9]游人：指無産業的流民。

[10]次七斗，下五斗：此處“次”“下”是指按家庭貧富程度所劃分的户等，即次等户、下等户。

[11]爇（ruò）：焚燒，烘烤。

［12］五弦：古樂器名。即五弦琵琶。屬撥弦樂器，隋唐時極爲流行。　篳篥：古樂器名。亦作觱篥。屬簧管樂器，以竹爲管，管口插有蘆製哨子，有九孔。本出西域龜兹，後傳入内地，隋唐時甚爲流行。　横吹：古樂器名。即今七孔横笛。與古笛之直吹者相對而言，故名横吹。

［13］蘆：此指蘆笳。古樂器名。屬簧管樂器，以蘆葉爲管，管口有哨簧，管面有音孔，下端範銅爲喇叭嘴狀，吹時用指啓閉音孔，以調音節。隋唐時在北方少數民族及高麗等國中甚爲流行。

［14］腰輿：古時用人手挽抬的一種便輿。因高僅及腰，故名。

［15］趨走：古時一種拜謁之禮。即小步疾行，以示莊敬。

［16］摇手：各本皆同，但《北史·高麗傳》作"插手"。

［17］詭伏：即奸詐而隱藏不露。

［18］淫奔：古時指男女私相奔就，自行結合。多指女方往就男方。

［19］服：此指服喪期。

［20］鼓舞：即擊鼓跳舞。

［21］淫祠：古時指不合禮制而設置的祠廟。

開皇初，[1]頻有使入朝。及平陳之後，[2]湯大懼，治兵積穀，爲守拒之策。十七年，[3]上賜湯璽書曰：[4]

［1］開皇：隋文帝楊堅年號（581—600）。

［2］陳：即南朝陳（557—589），都於建康（今江蘇南京市）。

［3］十七年："十七"底本、庫本、中華本及《北史》卷九四《高麗傳》皆同，但殿本作"七十"，誤倒。又按，本書卷二《高祖紀下》及《北史》卷一一《隋文帝紀》均載隋文帝開皇九年初平陳，開皇十年七月高麗王高陽（"陽"疑爲"湯"之訛，參見前注）卒，因而隋文帝不可能在其人已亡之後的開皇十七年仍賜湯璽

書。再以情理推之，隋開皇九年平陳後，高麗王湯懼怕隋朝威勢，遂治兵積穀爲守拒之策，而隋文帝得知高麗有此背離之舉後，理當快速做出反應警告之，絶不會拖延八年而遲至開皇十七年纔賜湯璽書警告之。故疑此處“十七年”當是“十年”之衍誤，抑或是“十年七月”之脱誤。（參見唐華全《〈隋書〉勘誤18則》，《南昌航空大學學報》2012年第2期）

［4］璽書：皇帝的詔書。

朕受天命，愛育率土，［1］委王海隅，宣揚朝化，欲使圓首方足各遂其心。［2］王每遣使人，歲常朝貢，雖稱藩附，誠節未盡。王既人臣，須同朕德，而乃驅逼靺鞨，［3］固禁契丹。［4］諸藩頓顙，［5］爲我臣妾，［6］忿善人之慕義，何毒害之情深乎？太府工人，［7］其數不少，王必須之，自可聞奏。昔年潛行財貨，利動小人，私將弩手逃竄下國。［8］豈非修理兵器，意欲不臧，［9］恐有外聞，故爲盜竊？時命使者，撫慰王藩，本欲問彼人情，教彼政術。王乃坐之空館，嚴加防守，使其閉目塞耳，永無聞見。有何陰惡，［10］弗欲人知，禁制官司，［11］畏其訪察？又數遣馬騎，殺害邊人，屢騁姦謀，動作邪説，心在不賓。［12］

［1］率土：語出《詩·小雅·北山》：“率土之濱，莫非王臣。”後因以“率土”指境域之内或普天下之民衆。

［2］圓首方足：喻指人衆、人類。

［3］靺鞨：古族名。周時稱肅慎，漢魏時稱挹婁，南北朝時稱勿吉，隋唐時稱靺鞨。分布在今松花江、牡丹江流域及黑龍江下游，東至日本海。部落衆多，互不統屬。傳見本卷、《北史》卷九

四、《舊唐書》卷一九九下、《新唐書》卷二一九。

[4]契丹：古族名。源出東胡。南北朝至隋唐時分布在今遼河上游及内蒙古西拉木倫河一帶。傳見本書卷八四、《魏書》卷一〇〇、《北史》卷九四、《舊唐書》卷一九九下、《新唐書》卷二一九。

[5]頓顙：即屈膝下拜，以額角觸地。多表示請罪或投降。

[6]臣妾：古時對奴隸的稱謂，男曰臣，女曰妾。後亦泛指統治者所役使的民衆和藩屬。

[7]太府：官署名。即太府寺。爲隋九寺之一，掌管全國財貨、廪藏、貿易及工程製造等事務，政令仰承尚書省户部。隋初統領左藏、左尚方、内尚方、右尚方、司染、右藏、黄藏、掌冶、甄官等署；隋煬帝大業三年（607）從中析置少府監，分其工程製造之職，本寺但領京都五市、平準、左右藏等八署。長官爲太府卿，次官爲太府少卿，屬官有丞、主簿等。

[8]下國：即藩國，小國。此指高麗國。

[9]不臧：不善，不良。

[10]陰惡：即陰謀；掩藏的惡事惡行。

[11]官司：此指隋朝派往高麗的使者官員。

[12]不賓：不臣服，不歸順。

朕於蒼生悉如赤子，賜王土宇，授王官爵，深恩殊澤，彰著遐邇。[1]王專懷不信，恒自猜疑，常遣使人密覘消息，純臣之義豈若是也？[2]蓋當由朕訓導不明，王之愆違，[3]一已寬恕，今日以後，[4]必須改革。守藩臣之節，奉朝正之典，自化爾藩，勿忤他國，則長享富貴，實稱朕心。彼之一方，雖地狹人少，然普天之下，皆爲朕臣。今若黜王，不可虚置，終須更選官屬，就彼安撫。王若洒心易行，[5]率由憲章，[6]即是朕之良臣，何勞别遣才彦也？[7]昔帝王作法，仁信爲先，有善必賞，有惡必罰，四海之内，具聞朕旨。王若無罪，朕忽加兵，自餘藩國謂朕何也！王必虚心納朕此意，慎勿疑惑，更懷異圖。

[1]遐邇：即遠近之地。

[2]純臣：忠純篤實之臣。

[3]愆違：過失，罪過。

[4]今日以後："以"字底本、中華本皆同，殿本、庫本作"已"，二字相通。

[5]洒（xǐ）心：意謂蕩滌心中的雜念，徹底悔改。洒，同"洗"。

[6]憲章：指朝廷的法度典章。

[7]才彦：才子賢士。此指取代高麗王湯的賢能之人。

往者陳叔寶代在江陰，[1]殘害人庶，驚動我烽候，[2]抄掠我邊境。朕前後誡敕，經歷十年，彼則恃長江之外，聚一隅之衆，惛狂驕傲，不從朕言。故命將出師，除彼凶逆，來往不盈旬月，[3]兵騎不過數千。歷代逋寇，[4]一朝清蕩，遐邇乂安，[5]人神胥悦。聞王歎恨，獨致悲傷，黜陟幽明，[6]有司是職，[7]罪王不爲陳滅，賞王不爲陳存，樂禍好亂，何爲爾也？王謂遼水之廣何如長江？[8]高麗之人多少陳國？朕若不存含育，[9]責王前愆，命一將軍，何待多力！殷勤曉示，許王自新耳。宜得朕懷，自求多福。

[1]陳叔寶：人名。即南朝陳末代皇帝。紀見《陳書》卷六、《南史》卷一〇。　江陰：地區名。亦稱江外、江表、江南。泛指長江以南地區。

[2]烽候：古代設在邊境地帶用以瞭望和傳遞敵情的烽火臺。

[3]來往：底本、中華本皆同，殿本、庫本作“往來”。

[4]逋寇：即逃寇，流寇。此指南朝陳。

[5]乂安：太平，安定。

[6]黜陟幽明：黜退昏愚的官員而晋升賢明的官員。

[7]有司：此指朝廷中主管賞罰黜陟的部門和官員。

[8]遼水：古水名。即今遼寧境内的遼河。

[9]含育：包容化育。

湯得書惶恐，將奉表陳謝，會病卒。子元嗣立。[1]高祖使使拜元爲上開府儀同三司，[2]襲爵遼東郡公，[3]賜衣一襲。元奉表謝恩，并賀祥瑞，因請封王。高祖優册元爲王。

[1]元：人名。即高元。隋中後期高麗國王。事亦見本書卷二《高祖紀下》、卷三《煬帝紀上》、卷四《煬帝紀下》，《北史》卷一一《隋文帝紀》、卷一二《隋煬帝紀》、卷九四《高麗傳》等。

[2]上開府儀同三司：官名。亦簡稱“上開府”。爲隋十一等散實官的第五等，可開府置僚佐。從三品。按，中華本在“上開府”和“儀同三司”中間標有頓號，斷爲兩個官名，實誤（參見唐華全《中華書局點校本〈隋書〉質疑二十九則》）。

[3]遼東郡公：爵名。爲隋九等爵的第四等。從一品。

明年，元率靺鞨之衆萬餘騎寇遼西，[1]營州總管韋沖擊走之。[2]高祖聞而大怒，命漢王諒爲元帥，[3]總水陸討之，下詔黜其爵位。時饋運不繼，六軍乏食，[4]師出臨渝關，[5]復遇疾疫，王師不振。及次遼水，元亦惶懼，遣使謝罪，上表稱“遼東糞土臣元”云云。[6]上於是罷兵，待之如初，元亦歲遣朝貢。

[1]遼西：地區名。指今遼寧省遼河以西之地。

[2]營州：隋初置總管府，煬帝大業初府廢。治所在今遼寧朝陽市。　總管：官名。全稱是總管刺史加使持節。北周始置諸州總管，隋承繼，又有增置。總管的統轄範圍可達數州至十餘州，實爲一軍政轄區的最高長官。隋文帝在并、益、荆、揚四州置大總管，其餘州置總管。總管分上、中、下三等，品秩分别爲流内視從二品、視正三品、視從三品。　韋沖：人名。本書卷四七、《北史》卷六四有附傳。

[3]漢王諒：即隋文帝第五子楊諒。傳見本書卷四五、《北史》卷七一。　元帥：此指行軍元帥。隋時出征軍的統帥名。根據需要臨時差遣任命，事罷則廢。

[4]六軍：本指周天子所統領的六軍之師。後因以爲國家軍隊的統稱。　乏食：“乏”字底本、殿本、中華本及《北史》卷九四《高麗傳》皆同，但庫本作“之”，當訛。

[5]臨渝關：關隘名。亦稱渝關、臨閭關、臨榆關。隋開皇三年築，爲東北邊防重鎮。故址在今河北撫寧縣東北榆關鎮；一説故址即今河北秦皇島市東山海關。

[6]遼東：地區名。泛指今遼河以東地區。隋時高麗國在遼東，故亦代指高麗。　糞土：比喻鄙賤下劣的事物或人物。此處用作自貶之詞。

煬帝嗣位，[1]天下全盛，高昌王、突厥啓人可汗並親詣闕貢獻，[2]於是徵元入朝。元懼，藩禮頗闕。大業七年，[3]帝將討元之罪，車駕度遼水，上營於遼東城，[4]分道出師，各頓兵於其城下。高麗率兵出拒，戰多不利，於是皆嬰城固守。帝令諸軍攻之，又敕諸將："高麗若降者，即宜撫納，不得縱兵。"城將陷，賊輒言請降，諸將奉旨不敢赴機，[5]先令馳奏。比報至，賊守禦亦備，隨出拒戰。如此者再三，帝不悟。由是食盡師老，轉輸不繼，諸軍多敗績，於是班師。是行也，唯於遼水西拔賊武厲邏，[6]置遼東郡及通定鎮而還。[7]

[1]煬帝：即隋煬帝楊廣。紀見本書卷三、四，《北史》卷一二。

[2]高昌：古國名。故地在今新疆吐魯番市東，本漢時車師前部之地。隋時其國王姓麴氏，臣服於隋朝。傳見本書卷八三、《魏書》卷一〇一、《周書》卷五〇、《北史》卷九七、《舊唐書》卷一九八、《新唐書》卷二二一上。　突厥：古族名、國名。公元六世紀初興起於今阿爾泰山西南麓，552 年在今鄂爾渾河流域建立突厥汗國，此後其勢力擴展至大漠南北，横跨蒙古高原，隋開皇二年分裂爲東、西兩部。傳見本書卷八四、《周書》卷五〇、《北史》卷九九、《舊唐書》卷一九四、《新唐書》卷二一五。　啓人可汗："人"應作"民"，唐人避諱改。啓民可汗是隋時東突厥的可汗，名染干。事亦見本書卷八四、《北史》卷九九《突厥傳》等。

[3]大業：隋煬帝楊廣年號（605—618）。

[4]遼東城：城名。故址在今遼寧遼陽市。

[5]赴機：投入戰鬭，參與戰事。

[6]武厲邏：隋時高麗國軍鎮名。故址在今遼寧新民市東北。

[7]遼東郡：治所在今遼寧新民市東北。　通定鎮：軍鎮名。故址在今遼寧瀋陽市。

九年，帝復親征之，乃敕諸軍以便宜從事。[1]諸將分道攻城，賊勢日蹙。會楊玄感作亂，[2]反書至，帝大懼，即日六軍並還。兵部侍郎斛斯政亡入高麗，[3]高麗具知事實，悉鋭來追，殿軍多敗。[4]十年，又發天下兵，會盜賊蜂起，人多流亡，所在阻絶，軍多失期。[5]至遼水，高麗亦困弊，遣使乞降，囚送斛斯政以贖罪。帝許之，頓於懷遠鎮，[6]受其降款。仍以俘囚軍實歸。[7]至京師，以高麗使者親告於太廟，[8]因拘留之。仍徵元入朝，元竟不至。帝敕諸軍嚴裝，更圖後舉，會天下大亂，遂不克復行。

［1］便宜從事：亦作“便宜行事”。古代重要軍政長官出征、出使或出鎮時，由皇帝授予的一種職權特令。即可斟酌情勢，不拘規制條文，不須請示，自行處理前方軍政事務。

［2］楊玄感：人名。傳見本書卷七〇，《北史》卷四一有附傳。

［3］兵部侍郎：官名。隋初於尚書省兵部下轄四曹之一兵部曹置兵部侍郎二人，爲該曹長官，掌武官勳禄品級、軍籍及軍隊調遣等政令。正六品上，開皇三年升爲從五品。隋煬帝大業三年改諸曹侍郎爲“郎”，而又於尚書省所轄六部各置“侍郎”一人，爲六部之次官，協助六部尚書掌理六部政務。正四品。此後，兵部侍郎就成爲兵部的副長官，而原兵部侍郎則改稱爲兵曹郎。　斛斯政：人名。傳見本書卷七〇，《北史》卷四九有附傳。

［4］殿軍：指行軍時走在最後的部隊。

［5］失期：未能按照規定的期限行動。

［6］懷遠鎮：鎮、城名。故址在今遼寧遼陽縣西北。隋煬帝三征高麗時常駐蹕於此。

［7］軍實：泛指軍用器械和糧餉。亦特指戰爭所獲得的俘虜和

財物等戰果。

[8]親告：指古代天子親自祭告天地或祖先。　太廟：古代帝王供奉和祭祀祖先的宗廟。

百濟

百濟之先，出自高麗國。[1]其國王有一侍婢，忽懷孕，王欲殺之。婢云："有物狀如鷄子，來感於我，故有娠也。"王捨之。後遂生一男，棄之厠溷，[2]久而不死，以爲神，命養之，名曰東明。[3]及長，高麗王忌之，東明懼，逃至淹水，[4]夫餘人共奉之。東明之後，有仇台者，[5]篤於仁信，始立其國于帶方故地。[6]漢遼東太守公孫度以女妻之，[7]漸以昌盛，爲東夷强國。[8]初以百家濟海，因號百濟。歷十餘代，代臣中國，前史載之詳矣。開皇初，其王餘昌遣使貢方物，[9]拜昌爲上開府、帶方郡公、百濟王。[10]

[1]高麗國：各本皆同，但《北史》卷九四《百濟傳》作"索離國"。中華本校勘記指出："索"當是"櫜"之訛，"櫜"音"高"，"櫜離"即"高麗"也。

[2]厠溷（hùn）：即厠所。

[3]東明：人名。傳説爲夫餘始祖。事亦見《後漢書》卷八五《夫餘傳》、《三國志》卷三〇《魏書·夫餘傳》注引《魏略》、《梁書》卷五四《高句驪傳》、《北史·百濟傳》。

[4]淹水：古水名。《北史·百濟傳》作"淹滯水"，《後漢書·夫餘傳》作"掩淲水"，李賢注："今高麗中有蓋斯水，疑此水是也。"約當今遼河上游之東遼河。

［5］仇台：人名。亦作“尉仇台”。漢末夫餘王，百濟奉其爲始祖。事亦見《後漢書·夫餘傳》、《三國志·魏書·夫餘傳》、《周書》卷四九《百濟傳》、《北史·百濟傳》等。

［6］帶方：郡名。東漢獻帝時公孫康分樂浪郡南部置。治所在今朝鮮鳳山附近。轄境約當今朝鮮黄海南道、黄海北道一帶。

［7］遼東：郡名。東漢時治所在今遼寧遼陽市。　公孫度：人名。東漢獻帝時官任遼東郡太守，以武力攻城略地，成爲遼東地區的割據統治者。傳見《三國志》卷八。

［8］東夷：古代對中國東部各少數民族及各鄰國的統稱。

［9］餘昌：人名。全稱“扶餘昌”。北朝末至隋前期百濟國王。事亦見本書卷一《高祖紀上》、《北齊書》卷八《後主紀》、《周書·百濟傳》、《北史》卷八《齊後主紀》及卷九四《百濟傳》等。

［10］帶方郡公：爵名。爲隋九等爵的第四等。從一品。

其國東西四百五十里，南北九百餘里，南接新羅，[1]北拒高麗。其都曰居拔城。[2]官有十六品：長曰左平，[3]次大率，[4]次恩率，次德率，[5]次杆率，[6]次奈率，次將德，服紫帶；次施德，皂帶；次固德，赤帶；次李德，[7]青帶；次對德以下，皆黄帶；次文督，[8]次武督，次佐軍，次振武，次剋虞，皆用白帶。其冠制並同，唯奈率以上飾以銀花。長史三年一交代。[9]畿内爲五部，[10]部有五巷，士人居焉。五方各有方領一人，[11]方佐貳之。[12]方有十郡，郡有將。其人雜有新羅、高麗、倭等，[13]亦有中國人。其衣服與高麗略同。婦人不加粉黛，女辮髪垂後，[14]已出嫁則分爲兩道，盤於頭上。俗尚騎射，讀書史，能吏事，亦知醫藥、蓍龜、占相之術。[15]以兩手據地爲敬。有僧尼，多寺塔。有鼓角、箜篌、箏、竽、箎、笛之樂，[16]投壺、圍棋、樗蒱、握槊、弄珠之戲。[17]行宋《元嘉曆》，[18]以建寅月爲歲首。[19]國中大姓有八族，沙氏、燕氏、劦氏、解氏、貞氏、國氏、木氏、苩氏。[20]婚娶之禮，略同於華。[21]喪制如高麗。有五穀、牛、猪、鷄，多不火食。[22]厥田下濕，[23]人皆山居。有巨栗。[24]每以四仲之月，[25]王祭天及五帝之神。[26]立其始祖仇台廟於國城，歲四祠之。國西南人島居者十五所，皆有城邑。

[1]南接新羅：《周書》卷四九《百濟傳》、《北史》卷九四《百濟傳》均作"東極新羅"。

[2]居拔城：城名。亦稱固麻城。南北朝至隋時百濟都於此。故址在今韓國公州西南。

[3]左平：各本皆同，《周書·百濟傳》《北史·百濟傳》亦同，但《通典》卷一八五《邊防典一·東夷上·百濟》作"左率"。

[4]大率：各本皆同，但《周書·百濟傳》、《北史·百濟傳》、《通典》卷一八五《邊防典一·東夷上·百濟》均作"達率"。

[5]次德率：底本、中華本皆同，殿本、庫本脱"次"字。

[6]杆率：底本、中華本及《北史·百濟傳》皆同，但殿本、庫本作"杆率"，《周書·百濟傳》、《通典》卷一八五《邊防典一·東夷上·百濟》又作"扞率"。

[7]李德：各本皆同，但《周書·百濟傳》、《北史·百濟傳》、《通典》卷一八五《邊防典一·東夷上·百濟》均作"季德"。

[8]皆黄帶；次文督：《周書·百濟傳》、《北史·百濟傳》、《通典》卷一八五《邊防典一·東夷上·百濟》均載"皆黄帶"在"文督"之下。

[9]長史：各本皆同，但《北史·百濟傳》作"長吏"。按，

長史是百濟依中國古代官制而置的國王之僚佐官，長吏則泛指各級官員，而據上下文意，此處應以“長吏”爲是，泛指上列百濟十六品官。

［10］畿内：古時指都城及其周圍一帶的地區。

［11］方領：百濟在其東、西、南、北、中五方轄境所置的各方軍政長官，以大率（或作達率）充任之。

［12］方佐：百濟在其五方轄境所置的各方軍政副長官，輔佐方領統率一方。　貳之：“貳”字底本、中華本皆同，殿本、庫本作“二”。

［13］倭：中國古代對日本人及其國家的稱呼。傳見本卷、《後漢書》卷八五、《三國志》卷三〇、《晋書》卷九七、《宋書》卷九七、《梁書》卷五四、《南史》卷七九、《北史》卷九四、《舊唐書》卷一九九上、《新唐書》卷二二〇等。按，“倭”字底本原作“俀”，殿本、庫本與底本同，中華本改作“倭”，其校勘記云：“古從‘委’和從‘妥’的字，有時可以通用。如‘桵’或作‘楼’，‘緌’或作‘綏’。‘俀’應是‘倭’字的别體。本書《煬帝紀上》作‘倭’。本卷和他處作‘俀’者，今一律改爲‘倭’。”今從改。下同。

［14］女辮髮垂後：底本、中華本及《北史·百濟傳》皆同，殿本、庫本脱“女”字。

［15］蓍龜：古時用蓍草與龜甲預測凶吉禍福的一種占卜術。　占相：古時通過觀察某些自然現象或人的面貌、氣色等以推斷吉凶禍福的一種相術。

［16］箜篌：古樂器名。屬撥弦樂器，有豎式和卧式兩種。　箎（chí）：古樂器名。亦作“篪”。爲一種竹製的管樂器，像笛，有八孔，横吹。

［17］投壺：古代宴會中舉行的一種娱樂游戲。賓主依次用矢投向盛酒的壺口，以投中多少决定勝負，負者飲酒。　樗（chū）蒱：亦作樗蒲、摴蒱。古代一種賭博游戲，盛行於漢魏時期。博具

有子，有馬，有五木（骰子）等。人執六馬，用五木擲采；采有十種，以盧、雉、犢、白爲貴采，餘爲雜采。貴采得連擲、打馬、過關，雜采則否。　握槊：古代一種賭博游戲。相傳由天竺傳入，盛行於南北朝，後演變爲雙陸之戲。其法是設局如棋盤，左右各有六路；馬作椎形，黑白各十五枚。兩人相博，以骰子擲采行馬，白馬從左到右，黑馬反之，先出完者獲勝。　弄珠：亦稱弄丸、跳丸。古代一種民間雜技。表演者兩手玩弄許多個彈珠，上下拋接，不使其落地。

[18]宋：即南朝宋（420—479），都於建康（今江蘇南京市）。《元嘉曆》：南朝宋國子博士何承天所創制的一部曆法，頒行於宋文帝元嘉二十二年（445）。

[19]建寅月：即夏曆正月。

[20]劦（lí）氏："劦"字各本皆同，《北史·百濟傳》亦同，但《通典》卷一八五《邊防典一·東夷上·百濟》作"刕"。　貞氏："貞"字各本皆同，但《北史·百濟傳》、《通典》卷一八五《邊防典一·東夷上·百濟》均作"真"。　苩（bó）氏："苩"字底本原作"苗"，殿本、庫本及《北史·百濟傳》與底本同，中華本據《通典》卷一八五《邊防典一·東夷上·百濟》改作"苩"，應是，今從改。

[21]華：即"華夏"的簡稱。指中國。

[22]火食：吃熟食。

[23]厥田下濕：此句底本、中華本皆同，殿本、庫本脱"濕"字。

[24]有巨栗："栗"字底本原作"粟"，當訛，今據殿本、庫本、中華本及《北史·百濟傳》改。

[25]四仲之月：指農曆四季中每季的第二個月，即仲春二月、仲夏五月、仲秋八月、仲冬十一月。

[26]五帝：此指東、西、南、北、中五方之天帝。

平陳之歲，有一戰船漂至海東聃牟羅國，[1]其船得還，經于百濟，昌資送之甚厚，并遣使奉表賀平陳。高祖善之，下詔曰："百濟王既聞平陳，遠令奉表，往復至難，若逢風浪，便致傷損。百濟王心迹淳至，朕已委知。[2]相去雖遠，事同言面，何必數遣使來相體悉。[3]自今以後，不須年别入貢，[4]朕亦不遣使往，王宜知之。"使者舞蹈而去。[5]

[1]聃牟羅國：古國名。亦作躭牟羅國、聃羅國。故地在今韓國濟州島。

[2]朕已委知："委"字底本、殿本、中華本皆同，庫本作"悉"。

[3]體悉：意謂體念而知其衷曲。

[4]年别：即每年、每歲。

[5]舞蹈：古代臣下朝見帝王時表達敬意或頌揚的一種禮節。

開皇十八年，昌使其長史王辯那來獻方物，[1]屬興遼東之役，[2]遣使奉表，請爲軍導。帝下詔曰："往歲爲高麗不供職貢，[3]無人臣禮，故命將討之。高元君臣恐懼，畏服歸罪，朕已赦之，不可致伐。"厚其使而遣之。高麗頗知其事，以兵侵掠其境。

[1]王辯那：人名。隋文帝時爲百濟國王扶餘昌屬下長史之官，開皇十八年奉使入隋進獻方物。事亦見《北史》卷九四《百濟傳》。

[2]遼東之役：此指隋開皇十八年漢王楊諒統軍征討高麗之戰。

[3]職貢：古代指藩屬或外國向朝廷按時納貢。

昌死，子餘宣立，[1]死，子餘璋立。[2]

[1]餘宣：人名。全稱“扶餘宣”。隋中期百濟國王。事亦見《欽定滿洲源流考》卷三《部族三·百濟》。

[2]餘璋：人名。全稱“扶餘璋”。隋後期至唐初百濟國王。事亦見《北史》卷九四《百濟傳》、《舊唐書》卷三《太宗紀下》及卷一九九上《百濟傳》、《新唐書》卷二二〇《百濟傳》等。按，《北史·百濟傳》載稱：“餘昌死，子餘璋立。”中間無餘宣一代，疑有脱誤。

大業三年，璋遣使者燕文進朝貢。[1]其年，又遣使者王孝鄰入獻，[2]請討高麗。煬帝許之，令覘高麗動静。然璋内與高麗通和，挾詐以窺中國。七年，帝親征高麗，璋使其臣國智牟來請軍期。[3]帝大悦，厚加賞錫，[4]遣尚書起部郎席律詣百濟，[5]與相知。明年，六軍度遼，璋亦嚴兵於境，聲言助軍，實持兩端。[6]尋與新羅有隙，[7]每相戰争。十年，復遣使朝貢。後天下亂，使命遂絶。

[1]燕文進：人名。隋時百濟國人，隋煬帝大業三年奉使入隋朝貢。事亦見《北史》卷九四《百濟傳》。

[2]王孝鄰：人名。隋時百濟國人，隋煬帝大業三年奉使入隋進獻方物，並請求隋朝出兵征討高麗，煬帝許之。事亦見《北史·百濟傳》。

[3]國智牟：人名。隋時百濟國大臣，隋煬帝大業七年奉使入隋請告攻打高麗的軍期，煬帝悦而賞之。事亦見《北史·百濟傳》。

［4］賞錫：即賞賜。錫，通“賜”。

［5］尚書起部郎：官名。隋初於尚書省工部下轄四曹之一工部曹置工部侍郎二人爲該曹長官，掌百工徒役、土木營造之政令。正六品上，開皇三年升爲從五品。隋煬帝大業三年改諸曹侍郎爲“郎”，而又於尚書省所轄六部各置“侍郎”一人爲六部之次官。此後，工部侍郎就成爲工部的副長官，正四品；而原工部侍郎則改稱爲“起部郎”，以别於六部侍郎之名，從五品。　席律：人名。隋煬帝大業七年官任尚書起部郎，奉使百濟通告攻打高麗的軍期，並約請百濟助攻。事亦見《北史·百濟傳》。

［6］持兩端：意謂態度猶豫不決，懷有二心。

［7］隙：嫌隙；怨恨。

其南海行三月，有聃牟羅國，南北千餘里，東西數百里，土多獐鹿，附庸於百濟。百濟自西行三日，至貊國云。[1]

［1］貊國：漢時對高句麗國的别稱。此指高麗。按，“貊國”底本、中華本皆同，殿本、庫本作“貊”，脱“國”字。

新羅

新羅國，在高麗東南，居漢時樂浪之地，[1]或稱斯羅。[2]魏將毌丘儉討高麗，破之，奔沃沮。[3]其後復歸故國，留者遂爲新羅焉。故其人雜有華夏、高麗、百濟之屬，兼有沃沮、不耐、韓、獩之地。[4]其王本百濟人，自海逃入新羅，遂王其國。傳祚至金真平，[5]開皇十四年，遣使貢方物。高祖拜真平爲上開府、樂浪郡公、新羅王。[6]其先附庸於百濟，後因百濟征高麗，高麗人不堪戎役，相率歸之，遂致强盛，因襲百濟附庸於迦羅國。[7]

[1]樂浪：郡名。漢武帝元封三年（前108）置。治所在今朝鮮平壤市南。

[2]斯羅：各本皆同，《北史》卷九四《新羅傳》作“斯盧”。

[3]沃沮：古國名。漢魏時位於今朝鮮半島東北部一帶，後屬高句麗。傳見《後漢書》卷八五、《三國志》卷三〇。

[4]不耐：縣名。漢時爲樂浪郡東部都尉的治所，故地在今朝鮮德源、永興一帶。　韓：古國名。漢魏時位於今朝鮮半島南部，包括馬韓、辰韓、弁辰（亦稱弁韓）三部，各有若干屬國，統稱爲“三韓”。後分屬百濟、新羅。傳見《後漢書》卷八五、《三國志》卷三〇、《晋書》卷九七。　獩：古國名。正作“濊”。漢魏時位於今朝鮮東部一帶，北接高句麗、沃沮，南接辰韓，東至大海，西至樂浪郡。後分屬高句麗、新羅。傳見《後漢書》卷八五、《三國志》卷三〇。

[5]傳祚：即傳位，傳國。　金真平：人名。隋至唐初新羅國王。事亦見《北史·新羅傳》、《舊唐書》卷一《高祖紀》及卷一九九上《新羅傳》、《新唐書》卷二二〇《新羅傳》等。

[6]樂浪郡公：爵名。爲隋九等爵的第四等。從一品。

[7]因襲百濟附庸於迦羅國：中華本校勘記稱：“《通典》一八五作‘因襲加羅、任那諸國滅之’。據《三國史記》，有金官、古寧諸加邪國，均爲新羅所併，疑‘於’字是‘諸’字之訛。”當從之。迦羅國，古國名。故地約在今韓國南部沿海一帶。

其官有十七等：其一曰伊罰干，[1]貴如相國；[2]次伊尺干，次迎干，次破彌干，次大阿尺干，[3]次阿尺干，次乙吉干，次沙咄干，次及伏干，次大奈摩干，次奈摩，[4]次大舍，次小舍，次吉土，[5]次大烏，次小烏，次造位。[6]外有郡縣。其文字、甲兵同於中國。選人壯健者悉入軍，烽、戍、邏俱有屯管部伍。[7]風俗、刑政、衣服，略與高麗、百濟同。每正月旦相賀，[8]王設宴會，班賚群官。[9]其日拜日月神。至八月十五日，設樂，令官人射，賞以馬布。其有大事，則聚群官詳議而定之。服色尚素。婦人辮髮繞頭，[10]以雜彩及珠爲飾。婚嫁之禮，唯酒食而已，輕重隨貧富。新婚之夕，女先拜舅姑，[11]次即拜夫。[12]死有棺斂，葬起墳陵。王及父母妻子喪，持服一年。田甚良沃，水陸兼種。其五穀、果菜、鳥獸、物産，略與華同。大業以來，歲遣朝貢。新羅地多山險，雖與百濟構隙，[13]百濟亦不能圖之。

[1]伊罰干："干"字底本、中華本及《北史》卷九四《新羅傳》皆同，但殿本、庫本作"千"，下列各官名之"干"字殿本、庫本亦均作"千"，疑訛；又《通典》卷一八五《邊防典一·東夷上·新羅》作"于"，下列各官名之"干"字《通典》亦均作"于"，疑訛。

[2]相國：官名。春秋戰國時始置，爲百官之長。秦漢以後時置時廢，權力則因時因人而異。後亦用爲宰相的尊稱。

[3]大阿尺干："阿"字各本皆同，《北史·新羅傳》亦同，但《通典》卷一八五《邊防典一·東夷上·新羅》作"河"，又下"阿尺干"之"阿"字《通典》亦作"河"，疑訛。

[4]奈摩：《通典》卷一八五《邊防典一·東夷上·新羅》無"奈摩"，並稱新羅"官有十六等"，與本傳及《北史·新羅傳》所載有異。

［5］吉士：各本皆同，《通典》卷一八五《邊防典一·東夷上·新羅》亦同，但中華本校勘記稱“《三國史記》三八作‘吉士’”，而《北史·新羅傳》亦作“吉士”。

［6］造位：各本皆同，《北史·新羅傳》亦同，但《通典》卷一八五《邊防典一·東夷上·新羅》作“達位”。

［7］烽：古代設在邊境地帶用以瞭望和傳遞敵情的烽火臺。　戍：古代在邊境地帶設置的邊防軍事據點。　邏：古代在邊境地帶設置的巡邏哨卡。　屯管部伍：“管”字各本皆同，但《北史·新羅傳》、《通典》卷一八五《邊防典一·東夷上·新羅》均作“營”，當是。

［8］正月旦：即正月初一。按，“正月旦”各本皆同，但《北史·新羅傳》作“月旦”，疑有脱誤。

［9］班賚：頒賜；分賞。

［10］辮髪繞頭：“頭”字各本皆同，但《北史·新羅傳》作“頸”，疑訛。

［11］舅姑：古時婦女對夫之父母的稱謂。俗稱公婆。

［12］次即拜夫：《北史·新羅傳》“夫”上有“大兄”。

［13］構隙：結怨、結仇。

靺鞨

靺鞨，在高麗之北，邑落俱有酋長，[1]不相總一。[2]凡有七種：其一號粟末部，[3]與高麗相接，勝兵數千，多驍武，每寇高麗中。其二曰伯咄部，[4]在粟末之北，勝兵七千。其三曰安車骨部，[5]在伯咄東北。其四曰拂涅部，在伯咄東。其五曰號室部，在拂涅東。其六曰黑水部，在安車骨西北。其七曰白山部，[6]在粟末東南。

勝兵並不過三千，而黑水部尤爲勁健。自拂涅以東，矢皆石鏃，[7]即古之肅慎氏也。[8]所居多依山水，渠帥曰大莫弗瞞咄，[9]東夷中爲强國。有徒太山者，[10]俗甚敬畏，上有熊羆豹狼，皆不害人，人亦不敢殺。地卑濕，築土如堤，鑿穴以居，開口向上，以梯出入。相與偶耕，[11]土多粟、麥、穄。水氣鹹，生鹽於木皮之上。其畜多豬。嚼米爲酒，飲之亦醉。婦人服布，男子衣豬狗皮。俗以溺洗手面，[12]於諸夷最爲不絜。其俗淫而妒，其妻外淫，人有告其夫者，夫輒殺妻，殺而後悔，必殺告者，由是姦淫之事終不發揚。人皆射獵爲業，角弓長三尺，箭長尺有二寸。常以七八月造毒藥，傅矢以射禽獸，中者立死。

[1]酋長：古代對少數民族部落首領的稱謂。

[2]總一：統一。

[3]粟末：底本原作"栗末"，殿本、庫本與底本同，中華本據《册府元龜》卷九五六《外臣部·種族》、《新唐書》卷二一九《黑水靺鞨傳》及《渤海傳》、《通鑑》卷一八九《唐紀》武德四年胡三省注改作"粟末"，《北史》卷九四《勿吉傳》亦作"粟末"，今從中華本及《北史》改。下同。

[4]伯咄：各本皆同，《北史·勿吉傳》亦同，但《新唐書·黑水靺鞨傳》、《册府元龜》卷九五六《外臣部·種族》均作"汨咄"。

[5]安車骨：各本皆同，《北史·勿吉傳》及《册府元龜》卷九五六《外臣部·種族》亦同，但《新唐書·黑水靺鞨傳》作"安居骨"。

[6]白山：底本、庫本、中華本皆同，《北史·勿吉傳》《新唐

書·黑水靺鞨傳》及《册府元龜》卷九五六《外臣部·種族》亦同，但殿本作“白水”，當誤。

[7]石鏃：石製的箭頭。

[8]肅慎氏：古族名。即肅慎。亦作息慎、稷慎。商周時分布在今長白山以北至黑龍江中下游一帶，東濱大海。秦漢以後的挹婁、勿吉、靺鞨、女真等族都與其有淵源關係。傳見《晋書》卷九七。

[9]渠帥：古代對少數民族部落首領或武裝反叛者首領的稱謂。

[10]徒太山：亦稱太白山。即今吉林東部的長白山。按，“徒太山”各本皆同，《魏書》卷一〇〇《勿吉傳》亦同，但《北史·勿吉傳》作“從太山”，疑訛。

[11]偶耕：兩人協力耕作土地。

[12]溺（niào）：即尿、小便。

開皇初，相率遣使貢獻。高祖詔其使曰：“朕聞彼土人庶多能勇捷，今來相見，實副朕懷。朕視爾等如子，爾等宜敬朕如父。”對曰：“臣等僻處一方，道路悠遠，聞内國有聖人，[1]故來朝拜。既蒙勞賜，親奉聖顔，下情不勝歡喜，願得長爲奴僕也。”其國西北與契丹相接，每相劫掠。後因其使來，高祖誡之曰：“我憐念契丹與爾無異，宜各守土境，豈不安樂？何爲輒相攻擊，甚乖我意！”使者謝罪。高祖因厚勞之，令宴飲於前。使者與其徒皆起舞，其曲折多戰鬬之容。[2]上顧謂侍臣曰：“天地間乃有此物，常作用兵意，何其甚也！”然其國與隋懸隔，[3]唯粟末、白山爲近。

[1]内國：即中國。隋人因避諱隋文帝父楊忠之名而改稱“内

國”。

［2］曲折：指歌舞的曲調譜式及内容情節。

［3］懸隔：相隔很遠；相差很大。

煬帝初與高麗戰，頻敗其衆，渠帥度地稽率其部來降。[1]拜爲右光禄大夫，[2]居之柳城，[3]與邊人來往。悦中國風俗，請被冠帶，帝嘉之，賜以錦綺而褒寵之。及遼東之役，度地稽率其徒以從，每有戰功，賞賜優厚。十三年，從帝幸江都，[4]尋放歸柳城。在塗遇李密之亂，[5]密遣兵邀之，[6]前後十餘戰，僅而得免。至高陽，[7]復没於王須拔。[8]未幾，遁歸羅藝。[9]

［1］度地稽：人名。亦作“突地稽”。隋至唐初靺鞨部落首領。隋煬帝大業初率部降隋内遷，隨後部從煬帝征伐高麗，又扈從煬帝巡游江都。隋末大亂時率部北歸，途中與李密、王須拔等部農民軍發生戰鬬，多敗績，遂逃奔涿郡歸附羅藝，後隨羅藝歸降唐朝。唐初以戰功官至右衛將軍，爵封耆國公。事亦見《北史》卷九四《勿吉傳》、《舊唐書》卷一九九下《靺鞨傳》、《新唐書》卷一一〇《李謹行傳》及卷二一九《契丹傳》等。

［2］右光禄大夫：官名。屬散實官。隋初爲正二品，隋煬帝大業三年降爲從二品。

［3］柳城：縣名。治所在今遼寧朝陽市。

［4］江都：郡名。治所在今江蘇揚州市。

［5］李密：人名。傳見本書卷七〇、《北史》卷六〇、《舊唐書》卷五三、《新唐書》卷八四。

［6］邀：阻攔，攔擊。

［7］高陽：郡名。治所在今河北定州市。

[8]王須拔：人名。隋末河北農民軍的首領之一，曾占據高陽郡，擁衆數萬人，後率兵攻打幽州，戰死。事亦見本書卷四《煬帝紀下》、《北史》卷一二《隋煬帝紀》及卷九四《勿吉傳》、《舊唐書》卷五四《竇建德傳》及卷一八五上《張允濟傳》、《新唐書》卷一《高祖紀》及卷八五《竇建德傳》等。

[9]羅藝：人名。隋煬帝大業中以軍功官至虎賁郎將，督軍於北平郡。隋末大亂時以武力占據涿郡及附近郡縣，自稱幽州總管。唐高祖武德三年（620）歸降唐朝，封爲燕王，後謀反被誅。傳見《舊唐書》卷五六、《新唐書》卷九二。

流求國

流求國，[1]居海島之中，當建安郡東，[2]水行五日而至。土多山洞。其王姓歡斯氏，名渴剌兜，[3]不知其由來有國代數也。彼土人呼之爲可老羊，妻曰多拔荼。[4]所居曰波羅檀洞，塹栅三重，環以流水，樹棘爲藩。王所居舍，其大一十六間，雕刻禽獸。多鬭鏤樹，似橘而葉密，條纖如髮，然下垂。國有四五帥，統諸洞，洞有小王。往往有村，村有鳥了帥，[5]並以善戰者爲之，自相樹立，理一村之事。男女皆以白紵繩纏髮，從項後盤繞至額。其男子用鳥羽爲冠，裝以珠貝，飾以赤毛，形製不同。婦人以羅紋白布爲帽，[6]其形正方。織鬭鏤皮并雜色紵及雜毛以爲衣，製裁不一。綴毛垂螺爲飾，雜色相間，下垂小貝，其聲如珮。綴璫施釧，懸珠於頸。織藤爲笠，飾以毛羽。有刀、矟、弓、箭、劍、鈹之屬。[7]其處少鐵，刃皆薄小，多以骨角輔助之。編紵爲甲，或用熊豹皮。王乘木獸，[8]令左右輿之而行，[9]導從不過數十人。[10]小王乘机，[11]鏤爲獸形。國人好相攻擊，人皆驍健善走，難死而耐創。諸洞各爲部隊，不相救助。兩陣相當，勇者三五人出前跳噪，交言相罵，因相擊射。如其不勝，一軍皆走，遣人致謝，即共和解。收取鬬死者，共聚而食之，仍以髑髏將向王所。[12]王則賜之以冠，使爲隊帥。無賦斂，有事則均税。用刑亦無常准，皆臨事科決。[13]犯罪皆斷於鳥了帥；不伏，則上請於王，王令臣下共議定之。獄無枷鎖，唯用繩縛。決死刑以鐵錐，大如箸，長尺餘，鑽頂而殺之。輕罪用杖。俗無文字，望月虧盈以紀時節，候草藥枯以爲年歲。[14]

[1]流求國：即今臺灣。漢魏時稱東鯷、夷洲，隋時始稱流求。傳亦見《北史》卷九四。

[2]建安郡：治所在今福建福州市。

[3]渴剌兜：人名。姓歡斯氏。隋時流求國王，當地土語稱之爲“可老羊”。事亦見本書卷六四《陳稜傳》、《北史》卷七八《陳稜傳》及卷九四《流求傳》。按，“剌”字底本、中華本及《北史·流求傳》皆同，但殿本、庫本作“刺”，當訛。

[4]多拔荼：隋時流求王之妻的土語稱謂。按，“荼”字各本皆同，但《北史·流求傳》作“茶”，疑訛。

[5]鳥了帥：隋時流求國村一級基層組織的首領，以善戰者充任。

[6]羅紋：迴旋的花紋或水紋圖案。

[7]矟（shuò）：古兵器名。即長矛。　鈹（pī）：古兵器名。形狀如刀，兩邊有刃。

[8]木獸：即木虎。唐人因避諱“虎”字而改作“獸”。另，

下文“獸形”之“獸”亦同。

[9]輿：即抬，扛。

[10]數十人：各本皆同，《北史·流求傳》作“十數人”。

[11]机：即坐榻。

[12]髑（dú）髏：死人的頭骨。

[13]科决：審理判决。

[14]候草藥枯以爲年歲：此句各本皆同，但文義艱澀費解。考《北史·流求傳》作“草木榮枯以爲年歲”，文義較明，故疑此處“藥”字當是“榮”之訛（參見唐華全《〈隋書〉勘誤18則》）。

人深目長鼻，頗類於胡，[1]亦有小慧。無君臣上下之節，拜伏之禮。父子同床而寢。男子拔去髭鬢，身上有毛之處皆亦除去。婦人以墨黥手，[2]爲蟲蛇之文。嫁娶以酒肴珠貝爲娉，[3]或男女相悦，便相匹偶。婦人產乳，[4]必食子衣，[5]產後以火自炙，令汗出，五日便平復。以木槽中暴海水爲鹽，[6]木汁爲酢，[7]釀米麵爲酒，其味甚薄。食皆用手。偶得異味，先進尊者。凡有宴會，執酒者必待呼名而後飲。上王酒者，亦呼王名。銜杯共飲，頗同突厥。歌呼蹋蹄，[8]一人唱，衆皆和，音頗哀怨。扶女子上膊，摇手而舞。其死者氣將絶，舉至庭，親賓哭泣相弔。浴其屍，以布帛纏之，裹以葦草，親土而殯，上不起墳。子爲父者，[9]數月不食肉。南境風俗少異，人有死者，邑里共食之。

[1]胡：古代泛指北方和西方的少數民族或外國人。

[2]黥：在人身上刺字或刺畫各種圖紋。

[3]娉：底本、中華本皆同，殿本、庫本作“聘”，二字相通。

[4]産乳：即分娩，生子。

[5]子衣：即胎盤。亦稱胎衣或胞衣。

[6]暴（pù）：同“曝”。即曬，曬乾。

[7]酢（cù）：同“醋”。

[8]蹋蹄：亦作“踏蹄”。即歌舞時以足踏地爲節拍。

[9]子爲父者：此指子爲亡父服喪守孝。

有熊羆豺狼，尤多猪鷄，無牛羊驢馬。厥田良沃，先以火燒而引水灌之。持一插，[1]以石爲刃，長尺餘，闊數寸，而墾之。土宜稻、粱、床、黍、麻、豆、赤豆、胡豆、黑豆等，[2]木有楓、栝、樟、松、楩、楠、杉、梓，[3]竹、籐、果、藥同於江表，風土氣候與嶺南相類。

[1]插：同“鍤”。農具名。即鍬。

[2]粱：底本、庫本、中華本皆同，但殿本作“梁”，當訛。床（méi）：穀物名。即穈子。亦稱穄子。按，“床”字各本皆同，但《北史》卷九四《流求傳》作“禾”。　胡豆、黑豆：各本皆同，但《北史·流求傳》作“胡黑豆”，疑有脱誤。

[3]栝（kuò）：木名。即今檜樹。　楩（pián）：木名。即今黄楩樹。　杉：各本皆同，但《北史·流求傳》作“枌”。

俗事山海之神，祭以酒肴，鬬戰殺人，便將所殺人祭其神。或依茂樹起小屋，或懸髑髏於樹上，以箭射之，或累石繫幡以爲神主。王之所居，壁下多聚髑髏以爲佳。人間門户上必安獸頭骨角。

大業元年，海師何蠻等，[1]每春秋二時，天清風静，東望依希，似有煙霧之氣，亦不知幾千里。三年，煬帝令羽騎尉朱寬入海求訪異俗，[2]何蠻言之，遂與蠻俱往，因到流求國。言不相通，掠一人而返。明年，帝復令寬慰撫之，流求不從，寬取其布甲而還。時倭國使來朝，見之曰："此夷邪久國人所用也。"[3]帝遣武賁郎將陳稜、朝請大夫張鎮州，[4]率兵自義安浮海擊之。[5]至高華嶼，[6]又東行二日至鼊鼊嶼，[7]又一日便至流求。初，稜將南方諸國人從軍，有昆侖人頗解其語，[8]遣人慰諭之，流求不從，拒逆官軍。稜擊走之，進至其都，頻戰皆敗，焚其宮室，虜其男女數千人，載軍實而還。自爾遂絶。

[1]海師：指熟悉海上航道、能駕駛海船的人。　何蠻：人名。隋煬帝大業元年爲海師，曾東向瞭望見有烟霧之氣，遂於大業三年引導羽騎尉朱寬入海求訪異俗，終於到達流求。事亦見《北史》卷九四《流求傳》。

[2]羽騎尉：官名。隋文帝開皇六年於尚書省吏部別置羽騎等八尉，爲散官番直，無具體職掌，常出使監檢。從九品下。隋煬帝大業三年罷廢。　朱寬：人名。隋煬帝大業三年官任羽騎尉，奉命入海求訪異俗，在海師何蠻的引導下到達流求。翌年又奉煬帝之命出使流求招安，但流求王並不順從。事亦見本書卷三《煬帝紀上》、《北史》卷一二《隋煬帝紀》及卷九四《流求傳》。

[3]夷邪久國：古代日本人對流求國的稱謂。按，"夷邪久"各本皆同，但《北史·流求傳》作"夷邪夕"，疑訛。

[4]武賁郎將：官名。隋煬帝大業三年於十二衛每衛置護軍四人，爲各衛將軍之副貳，尋又改稱護軍爲武賁郎將。正四品。　陳稜：人名。傳見本書卷六四、《北史》卷七八。　朝請大夫：官名。

隋煬帝大業三年始置，屬散實官。正五品。　張鎮州：人名。隋煬帝大業六年官任朝請大夫，奉詔協同武賁郎將陳稜率兵渡海攻打流求，結果大破流求國，滿載而歸。事亦見本書卷三《煬帝紀上》及卷四《煬帝紀下》、《北史》卷一二《隋煬帝紀》及卷九四《流求傳》、《舊唐書》卷五六《蕭銑傳》及卷六〇《河間王孝恭傳》、《新唐書》卷七八《河間王孝恭傳》及卷八七《蕭銑傳》等。

[5]義安：郡名。治所在今廣東潮州市。

[6]高華嶼：島嶼名。在今澎湖列島西南。

[7]鼊（gōu）鼊（bì）嶼：島嶼名。即今澎湖島。

[8]昆侖：古代泛稱今中印半島南部、南洋諸島以及東非之人爲昆侖。

倭國

倭國，在百濟、新羅東南，水陸三千里，於大海之中依山島而居。魏時，譯通中國。[1]三十餘國，皆自稱王。[2]夷人不知里數，但計以日。其國境東西五月行，南北三月行，各至於海。其地勢東高西下。都於邪靡堆，[3]則《魏志》所謂邪馬臺者也。[4]古云去樂浪郡境及帶方郡並一萬二千里，在會稽之東，[5]與儋耳相近。[6]漢光武時，[7]遣使入朝，自稱大夫。安帝時，[8]又遣使朝貢，謂之倭奴國。桓、靈之間，[9]其國大亂，遞相攻伐，歷年無主。有女子名卑彌呼，[10]能以鬼道惑衆，於是國人共立爲王。有男弟，佐卑彌理國。其王有侍婢千人，罕有見其面者，唯有男子二人給王飲食，通傳言語。其王有宮室樓觀，城柵皆持兵守衛，爲法甚嚴。自魏至于齊、梁，[11]代與中國相通。

［1］譯通：即通好，交往。

［2］皆自稱王："王"字各本皆同，但《北史》卷九四《倭傳》作"子"。

［3］邪靡堆：城名。亦稱邪馬臺。隋時倭國都城。故址在今日本奈良；一説在今日本北九州。按，"邪靡堆"各本皆同，但《北史·倭傳》作"邪摩堆"。

［4］《魏志》：此指《三國志》卷三〇《魏書·倭傳》。

［5］會稽：郡名。漢時治所在今浙江紹興市。

［6］儋耳：古代傳説中的北方國名。即《山海經·大荒北經》所載："有儋耳之國，任姓，禺號子，食穀。"

［7］漢光武：即東漢開國皇帝光武帝劉秀。紀見《後漢書》卷一。

［8］安帝：即東漢安帝劉祜。紀見《後漢書》卷五。

［9］桓：指東漢桓帝劉志。紀見《後漢書》卷七。　靈：指東漢靈帝劉宏。紀見《後漢書》卷八。

［10］卑彌呼：人名。漢末三國時倭國女王。事亦見《後漢書》卷八五、《三國志》卷三〇、《梁書》卷五四、《北史》卷九四《倭傳》及《晋書》卷九七《倭人傳》。

［11］齊：即南朝齊（479—502），都於建康（今江蘇南京市）。　梁：即南朝梁（502—557）。都於建康（今江蘇南京市）。

開皇二十年，倭王姓阿每，字多利思比孤，[1]號阿輩鷄彌，遣使詣闕。上令所司訪其風俗。[2]使者言倭王以天爲兄，以日爲弟，天未明時出聽政，[3]跏趺坐，[4]日出便停理務，云委我弟。高祖曰："此太無義理。"於是訓令改之。王妻號鷄彌，後宫有女六七百人。名太子爲利歌彌多弗利。無城郭。内官有十二等：一曰大德，次小德，次大仁，次小仁，次大義，次小義，次大禮，次小禮，次大智，次小智，次大信，次小信，員無定數。有軍尼一百二十人，猶中國牧宰。[5]八十户置一伊尼翼，如今里長也。[6]十伊尼翼屬一軍尼。其服飾，男子衣裙襦，其袖微小；履如屨形，[7]漆其上，繫之於脚。人庶多跣足。不得用金銀爲飾。故時衣横幅，[8]結束相連而無縫。頭亦無冠，但垂髮於兩耳上。至隋，其王始制冠，以錦彩爲之，以金銀鏤花爲飾。婦人束髮於後，亦衣裙襦，裳皆有襈。[9]攕竹爲梳。[10]編草爲薦，[11]雜皮爲表，緣以文皮。[12]有弓、矢、刀、矟、弩、䂎、斧，[13]漆皮爲甲，骨爲矢鏑。[14]雖有兵，無征戰。其王朝會，必陳設儀仗，奏其國樂。户可十萬。

[1]多利思比孤：人名。姓阿每，號阿輩雞彌。隋時倭國王。事亦見《北史》卷九四《倭傳》、《新唐書》卷二二〇《日本傳》。按，“比”底本原作“北”，殿本、庫本與底本同，中華本據《北史·倭國傳》、《通典》卷一八五《邊防典一·東夷上·倭》、《通鑑》卷一八一《隋紀》大業四年條改作“比”，今從改。下同。

[2]所司：即有司。指主管的官員。

[3]天未明時：各本皆同，但《北史·倭傳》作“天明時”，疑有脱誤。

[4]跏趺坐：佛教中修禪者的坐法。若兩足交叉置於左右股上，稱“全跏趺坐”；若單以左足押在右股上，或單以右足押在左股上，稱“半跏趺坐”。據佛經説，跏趺坐可以減少雜念，集中思想。後亦泛指静坐、端坐。

[5]牧宰：泛指地方州縣長官。州長官稱牧，縣長官稱宰。

[6]里長：鄉官名。隋文帝開皇九年制以民百家爲里，每里置

里長一人，掌按比户口、督課農桑、檢查非違、催徵賦役等事務。一般由縣司選里中年長持重、清平强幹者充任，屬流外吏職。

[7]屨：單底鞋。

[8]横幅：横過來的整幅布帛。

[9]裳：古代稱下身穿的衣裙，男女皆服。亦泛指衣服。

[10]攕：削。

[11]薦：墊席，墊褥。

[12]文皮：有文彩的獸皮。

[13]穳（zuàn）：古兵器名。即小矛，形如戟。

[14]矢鏑：箭頭。

其俗殺人强盗及姦皆死，盗者計贓酬物，[1]無財者没身爲奴。自餘輕重，或流或杖。每訊究獄訟，不承引者，[2]以木壓膝，或張强弓，以弦鋸其項。或置小石於沸湯中，令所競者探之，[3]云理曲者即手爛。或置蛇瓮中，令取之，云曲者即螫手矣。人頗恬静，罕争訟，少盗賊。樂有五弦、琴、笛。男女多黥臂點面文身，[4]没水捕魚。無文字，唯刻木結繩。[5]敬佛法，於百濟求得佛經，始有文字。知卜筮，[6]尤信巫覡。[7]每至正月一日，必射戲飲酒，其餘節略與華同。好棋博、握槊、樗蒲之戲。氣候温暖，草木冬青。土地膏腴，水多陸少。以小環挂鸕鷀項，[8]令入水捕魚，日得百餘頭。俗無盤俎，[9]藉以槲葉，[10]食用手餔之。性質直，有雅風。女多男少，婚嫁不取同姓，男女相悦者即爲婚。婦入夫家，必先跨犬，[11]乃與夫相見。婦人不淫妒。死者斂以棺槨，親賓就屍歌舞，妻子兄弟以白布製服。貴人三年殯於外，庶人卜日而瘞。[12]及葬，置屍船上，陸地牽之，或以小輿。有阿蘇山，[13]其石無故火起接天者，俗以爲異，因行禱祭。有如意寶珠，其色青，大如鷄卵，夜則有光，云魚眼精也。[14]新羅、百濟皆以倭爲大國，多珍物，並敬仰之，恒通使往來。

［1］酬物：賠償財物。

［2］承引：招認罪行。

［3］所競者：争訟抗辯之人。

［4］黥面：在臉上刺字或刺畫各種圖紋。　文身：在身體上刺畫有色的花紋或圖案。

［5］刻木結繩：文字創製之前，人們在木板上刻劃圖形符號或在繩上繫大小結以記事。

［6］卜筮：古時預測吉凶，用龜甲稱卜，用蓍草稱筮，合稱卜筮。

［7］巫覡：古時稱女巫爲巫、男巫爲覡，合稱巫覡。後亦泛指以裝神弄鬼替人祈禱爲職業的巫師。

［8］鸕鷀：水鳥名。俗稱魚鷹、水老鴉。羽毛黑色，有緑色光澤，頷下有小喉囊，嘴長，上嘴尖端有鈎，善潛水捕食魚類。漁人常馴養之以捕魚。

［9］盤俎：盛放食物的盤子和切肉用的砧板。

［10］藉以檞葉："檞"字各本皆同，但《北史》卷九四《倭傳》作"槲"。按，檞即松樠，其葉細如針，難以盛食物；槲即柞櫟，其葉大呈倒卵形，可用以盛食物。另，岑仲勉亦校正稱："此即槲類，非《康熙字典》所云松樠。"（岑仲勉：《隋書求是》，中華書局2004年版，第123頁）故此處"檞"字應是"槲"之訛。

［11］必先跨犬："犬"字各本皆同，但《北史·倭傳》作"火"。

[12]瘞（yì）：埋葬。

[13]阿蘇山：在今日本九州中部。爲世界著名火山群之一，有火山錐五座，統稱“阿蘇五岳”。

[14]魚眼精：“精”字各本皆同，但《北史·倭傳》作“睛”，二字相通。

大業三年，其王多利思比孤遣使朝貢。使者曰：“聞海西菩薩天子重興佛法，[1]故遣朝拜，兼沙門數十人來學佛法。”[2]其國書曰“日出處天子致書日没處天子無恙”云云。帝覽之不悦，謂鴻臚卿曰：[3]“蠻夷書有無禮者，[4]勿復以聞。”明年，上遣文林郎裴清使於倭國。[5]度百濟，行至竹島，[6]南望聃羅國，經都斯麻國，[7]迥在大海中。[8]又東至一支國，[9]又至竹斯國。[10]又東至秦王國，[11]其人同於華夏，以爲夷洲，[12]疑不能明也。又經十餘國，達於海岸。自竹斯國以東，皆附庸於倭。倭王遣小德阿輩臺，[13]從數百人，設儀仗，鳴鼓角來迎。後十日，又遣大禮哥多毗，[14]從二百餘騎郊勞。[15]既至彼都，[16]其王與清相見，[17]大悦，曰：“我聞海西有大隋，禮義之國，故遣朝貢。我夷人，僻在海隅，不聞禮義，是以稽留境内，不即相見。今故清道飾館，以待大使，冀聞大國惟新之化。”[18]清答曰：“皇帝德並二儀，[19]澤流四海，以王慕化，[20]故遣行人來此宣諭。”[21]既而引清就館。其後清遣人謂其王曰：“朝命既達，請即戒塗。”[22]於是設宴享以遣清，復令使者隨清來貢方物。此後遂絶。

［1］海西菩薩天子：古代日本人對隋朝皇帝的敬稱。此指隋煬帝。

［2］沙門：梵語的音譯，或譯作“娑門”“桑門”“喪門”等。一説“沙門”等詞並非直接譯自梵語，而是吐火羅語的音譯。原爲古印度反婆羅門教思潮各個派别出家者的通稱，佛教盛行後專指佛教僧侣。

［3］鴻臚卿：官名。爲鴻臚寺的長官，置一員，掌册封諸藩、接待外使及喪葬禮儀等事務。開皇三年曾廢鴻臚寺，將其職掌歸入太常寺，開皇十二年又復置。隋初爲正三品，隋煬帝大業三年降爲從三品。

［4］蠻夷：古代對四方邊遠地區少數民族及外國的泛稱。此指倭國。

［5］文林郎：官名。隋文帝開皇六年於尚書省吏部置文林郎，爲散官番直，無具體職掌，常出使監檢。從九品上。隋煬帝大業三年罷吏部文林郎，而又取其名於秘書省另置文林郎二十人，掌撰録文史，檢討舊事。從八品。　裴清：人名。本名裴世清，唐人因避李世民之諱而省“世”字。隋煬帝大業四年裴清官任文林郎，奉命渡海出使倭國，受到倭國君臣的隆重接待，順利完成使命，從而使隋朝與倭國的關係更加密切。事亦見《北史》卷九四《倭傳》、《新唐書・宰相世系表一上》。按，“裴”字底本、中華本皆同，《北史・倭傳》亦同，但殿本、庫本作“斐”，當訛。

［6］竹島：島嶼名。約當今韓國巨濟島。

［7］都斯麻國：古國名。故地在今日本對馬島。

［8］迥：指歷時長久。亦指距離遥遠。

［9］一支國：古國名。故地在今日本壹岐島。

［10］竹斯國：古國名。故地約在今日本福岡一帶。

［11］秦王國：古國名。故地約在今日本北九州一帶。

［12］夷洲：漢魏時稱今臺灣爲夷洲。

［13］阿輩臺：人名。隋時倭國大臣，官任小德，爲倭國十二等

官的第二等。曾於隋大業四年奉倭王之命到海岸迎接隋朝使者裴清，禮儀甚隆。事亦見《北史・倭傳》。

[14]哥多毗：人名。隋時倭國大臣，官任大禮，爲倭國十二等官的第七等。曾於隋大業四年奉倭王之命到倭國都城郊外迎接慰勞隋朝使者裴清。事亦見《北史・倭傳》。

[15]郊勞：到都城郊外迎接並慰勞使者。

[16]既至彼都："都"字底本、中華本及《北史・倭傳》皆同，但殿本、庫本作"部"，當訛。

[17]其王與清相見：此句《北史・倭傳》載作"其王與世清來貢方物"，下接"此後遂絶"，而無"相見"以下諸文，顯有脱誤。

[18]惟新：更新，革新。

[19]二儀：指天地。亦指日月。

[20]慕化：向慕歸化。

[21]行人：本爲周代掌管朝覲聘問的職官名，後因以爲出訪使者的通稱。

[22]戒塗：出發；準備上路。此指準備返回隋朝。

史臣曰：廣谷大川異制，人生其間異俗，嗜欲不同，言語不通，聖人因時設教，所以達其志而通其俗也。九夷所居，[1]與中夏懸隔，[2]然天性柔順，無獷暴之風，雖綿邈山海，[3]而易以道御。夏、殷之代，[4]時或來王。[5]暨箕子避地朝鮮，[6]始有八條之禁，[7]疏而不漏，簡而可久，化之所感，千載不絶。今遼東諸國，或衣服參冠冕之容，[8]或飲食有俎豆之器，[9]好尚經術，[10]愛樂文史，游學於京都者，往來繼路，或亡没不歸。非先哲之遺風，[11]其孰能致於斯也？故孔子曰："言忠信，行篤敬，雖蠻貊之邦行矣。”[12]誠哉斯言。其俗之可采者，豈徒楛矢之貢而已乎？[13]自高祖撫有周餘，[14]惠此中國，開皇之末，方事遼左，[15]天時不利，師遂無功。二代承基，[16]志包宇宙，頻踐三韓之域，[17]屢發千鈞之弩。小國懼亡，敢同困獸，兵連不戢，[18]四海騷然，遂以土崩，喪身滅國。兵志有之曰：“務廣德者昌，務廣地者亡。”[19]然遼東之地，不列於郡縣久矣。諸國朝正奉貢，無闕於歲時，二代震而矜之，[20]以爲人莫若已，不能懷以文德，遽動干戈。内恃富强，外思廣地，以驕取怨，以怒興師。若此而不亡，自古未之聞也。[21]然則四夷之戒，[22]安可不深念哉！

[1]九夷：古代稱東方的九種民族。此處借指本卷所述的高麗、百濟、新羅、靺鞨、流求、倭國等東夷諸族國。

[2]中夏：原指中原地區，後亦泛指華夏、中國。

[3]綿邈：遼遠，遥遠。

[4]殷：本爲古都邑名。在今河南安陽市小屯村。後世因商王盤庚遷都於殷，遂以“殷”代稱商朝。

[5]來王：指古代諸侯及四方族國定期朝覲天子。

[6]箕子：商代貴族，紂王的諸父。因封於箕（今山西太谷縣東北），子爵，故稱箕子。商末時官太師，曾勸諫紂王，紂王怒，囚禁之。周武王滅商後被釋放，分封於朝鮮。事見《史記》卷三《殷本紀》、卷四《周本紀》、卷三八《宋微子世家》等。　朝鮮：古族名、國名。商周時位居今朝鮮半島北部地帶。漢武帝時國滅，於其地置真番、臨屯、樂浪、玄菟四郡。傳見《史記》卷一一五、《漢書》卷九五。

[7]八條之禁：相傳周初箕子封於朝鮮時，教其民以禮義田蠶，

又制八條之禁以治其民。但此八條之禁已無備載，唯《漢書·地理志下》載有其中三條，即相殺者以當時償殺；相傷者以穀償；相盜者男没入爲其家奴，女子爲婢，欲自贖者，人五十萬。

［8］冠冕：古代帝王、官員所戴的帽子。此處特指中原漢人的服飾。

［9］俎豆：古代祭祀、宴饗時盛食物用的兩種禮器。此處特指中原漢人的飲食習俗和祭祀禮儀。

［10］經術：指中國古代儒家的經典和學術。

［11］先哲：先世的聖賢哲人。

［12］蠻貊：古代稱南方和北方的少數民族。亦泛指四方部族。按，文中所引孔子之語，見《論語·衛靈公》。

［13］楛（hù）矢之貢：語出《國語·魯語下》："肅慎氏貢楛矢石砮，其長尺有咫。先王欲昭其令德之致遠也，以示後人，使永監焉，故銘其栝曰'肅慎氏之貢矢'。"後因以"楛矢之貢"泛指東北藩屬的貢物。

［14］周餘：此指承繼北周之後的統治政權。

［15］遼左：即遼東地區的别稱。

［16］二代：此指隋朝第二代統治者，即隋煬帝。

［17］三韓：指漢魏時期位於今朝鮮半島南部的馬韓、辰韓、弁辰（亦稱弁韓）三個古國。參見前注"韓"。後亦借指朝鮮半島之地域。

［18］不戢：不止；不盡。

［19］務廣德者昌，務廣地者亡：語出古兵書《黄石公三略》卷下，原文作："務廣地者荒，務廣德者强。"

［20］震而矜之：亦省作"震矜"。語出《公羊傳》僖公九年："葵丘之會，桓公震而矜之，叛者九國。震之者何？猶曰振振然。矜之者何？猶曰莫若我也。"後因以"震而矜之"或"震矜"用爲洋洋自得之意。

［21］未之聞：底本、中華本皆同，但殿本、庫本作"未聞

之"，誤倒。

［22］四夷之戒：此指隋煬帝攻伐四方少數民族及鄰國的歷史鑒戒。

隋書　卷八二

列傳第四十七

南蠻

南蠻雜類，與華人錯居，曰蜒，曰獽，曰俚，曰獠，曰㐌，[1]俱無君長，隨山洞而居，古先所謂百越是也。[2]其俗斷髮文身，好相攻討，浸以微弱，稍屬於中國，皆列爲郡縣，同之齊人，[3]不復詳載。大業中，[4]南荒朝貢者十餘國，其事迹多湮滅而無聞。今所存録，四國而已。

[1]㐌：音 yí。

[2]百越：亦作“百粤”，中國古代南方越人的總稱。分布於今浙、閩、粤、桂等地，因部落衆多，故總稱百越。

[3]齊人：平民。

[4]大業：隋煬帝楊廣年號（605—618）。

林邑

林邑之先,[1]因漢末交阯女子徵側之亂,[2]内縣功曹子區連殺縣令,[3]自號爲王。無子，其甥范熊代立,[4]死，子逸立。[5]日南人范文因亂爲逸僕隸,[6]遂教之築宮室，造器械。逸甚信任，使文將兵，極得衆心。文因間其子弟，或奔或徙。及逸死，國無嗣，文自立爲王。其後范佛爲晋揚威將軍戴桓所破。[7]宋交州刺史檀和之將兵擊之,[8]深入其境。至梁、陳,[9]亦通使往來。

[1]林邑：古國名。故地在今越南廣南省一帶。

[2]交阯：郡名。亦稱“交趾”，西漢時治所在今越南河内市西北。　徵側：人名。漢光武帝劉秀建武十六年（40）二月反，十九年四月兵敗被斬。參《後漢書》卷一下《光武帝紀下》。

[3]内縣：據《晋書》卷九七、《梁書》卷五四、《南史》卷七八《林邑傳》載：林邑本漢日南郡象林縣，後漢末，縣功曹姓區，有子名連，殺縣令自立爲王。故此“内縣”當指漢象林縣。象林縣，治所在今越南承天順化省廣田縣東湘江與浦江合流處。　功曹：官名。東漢縣屬吏，掌一縣考功選署事宜。品秩不詳。　區連：人名。林邑國第一任王。事略見《後漢書》卷八六《南蠻西南夷列傳》、《晋書·林邑傳》、《梁書·林邑傳》、《南史·林邑傳》。按，《後漢書·南蠻西南夷列傳》作“區憐”，《梁書·林邑傳》作“區達”。

[4]范熊：人名。林邑國王。事略見《晋書·林邑傳》《梁書·林邑傳》《南史·林邑傳》。

[5]逸：人名。即范逸。林邑國王。事略見《晋書·林邑傳》《梁書·林邑傳》《南史·林邑傳》。

[6]日南：郡名。西漢時治所在今越南廣治省甘露河與廣治河合流處。　范文：人名。林邑國王。事略見《南史·林邑傳》。　僕隸：奴僕。

[7]范佛：人名。林邑國王。事略見《南史·林邑傳》。　揚威將軍：官名。《晋書·職官志》未載，據《宋書·百官志》云三國魏始置，爲諸將軍之一，掌領兵。品秩不詳。　戴桓：人名。晋時人，具體事迹不詳。

[8]宋：即南朝宋（420—479），都建康（今江蘇南京市）。　齊：即南朝齊（479—502），或稱蕭齊，都建康（今江蘇南京市）。　交州：南朝宋時治所在今越南北寧省仙游東。　檀和之：人名。南朝劉宋將領，元嘉二十三年（446）率軍攻打林邑。事見《宋書》卷九七《林邑國傳》、《南齊書》卷五八《東南夷傳》。

[9]梁：即南朝梁（502—557），或稱蕭梁，都建康（今江蘇南京市）。　陳：即南朝陳（557—589），都建康（今江蘇南京市）。

其國延袤數千里，土多香木金寶，物産大抵與交阯同。以塼爲城，蜃灰塗之，東向户。尊官有二：其一曰西那婆帝，其二曰薩婆地歌。其屬官三等：其一曰倫多姓，次歌倫致帝，次乙他伽蘭。[1]外官分爲二百餘部。其長官曰弗羅，次曰可輪，如牧宰之差也。王戴金花冠，形如章甫，[2]衣朝霞布，珠璣瓔珞，足躡革履，時復錦袍。[3]良家子侍衛者二百許人，皆執金裝刀。[4]有弓、箭、刀、槊，以竹爲弩，傅毒於矢。樂有琴、笛、琵琶、五弦，頗與中國同。每擊鼓以警衆，吹蠡以即戎。

［1］乙他伽蘭：中華書局新修訂本校勘記云："'乙他伽蘭'，《北史》卷九五《林邑傳》、《通典》卷一八八《邊防四·林邑》、《御覽》卷七八六《四夷部七·林邑國》、《寰宇記》卷一七六《四夷五·林邑國》、《通志》卷一九八《四夷五·林邑》作'乙地伽蘭'。"

［2］章甫：殷商時期一種冠名。

［3］復：中華書局新修訂本校勘記云："《北史》卷九五《林邑傳》、《御覽》卷七八六《四夷部七·林邑國》、《册府》卷九五九《外臣部·土風》作'服'。"

［4］皆執金裝刀：《北史》卷九五《林邑傳》"刀"作"兵"，中華本《北史》校勘記云："《隋書》'兵'作'刀'，從上讀。按疑'裝'下脱'刀'字。"

其人深目高鼻，髮拳色黑。俗皆徒跣，以幅布纏身。冬月衣袍。婦人椎髻。施椰葉席。每有婚媾，令媒者齎金銀釧、酒二壺、魚數頭至女家。於是擇日，夫家會親賓，歌儛相對。女家請一婆羅門，［1］送女至男家，壻盥手，因牽女授之。王死七日而葬，有官者三日，庶人一日。皆以函盛屍，鼓儛導從，輿至水次，積薪焚之。收其餘骨，王則内金罌中，沉之於海，有官者以銅罌，沉之於海口；庶人以瓦，送之於江。男女皆截髮，隨喪至水次，［2］盡哀而止，歸則不哭。每七日，然香散花，復哭，盡哀而止。盡七七而罷，至百日、三年，亦如之。人皆奉佛，文字同於天竺。［3］

［1］婆羅門：印度古宗教。梵文譯音，意爲"净行""净裔"，以崇奉婆羅賀摩而得名。亦是古印度種姓制度中最高級的世襲祭司

貴族。

[2]喪：《北史》卷九五《林邑傳》作“哭”。

[3]天竺：古國名。指今印度、巴基斯坦、孟加拉一帶。

高祖既平陳,[1]乃遣使獻方物，其後朝貢遂絶。[2]時天下無事，群臣言林邑多奇寶者。仁壽末,[3]上遣大將軍劉方爲驩州道行軍總管,[4]率欽州刺史寧長真、驩州刺史李暈、開府秦雄，步騎萬餘及犯罪者數千人擊之。[5]其王梵志率其徒乘巨象而戰,[6]方軍不利。方於是多掘小坑，草覆其上，因以兵挑之。梵志悉衆而陣，方與戰，僞北，梵志逐之，至坑所，其衆多陷，轉相驚駭，軍遂亂。方縱兵擊之，大破之。頻戰輒敗，遂棄城而走。方入其都，獲其廟主十八枚,[7]皆鑄金爲之，蓋其有國十八葉矣。方班師，梵志復其故地，遣使謝罪，於是朝貢不絶。

[1]高祖：隋文帝楊堅的廟號。紀見本書卷一、二，《北史》卷一一。

[2]朝貢：古時謂藩屬國或外國使臣入朝，貢獻本地産物。

[3]仁壽：隋文帝楊堅年號（601—604）。

[4]大將軍：官名。隋文帝因改北周十一等勳官之制形成十一等散實官，用以酬勤勞，無實際職掌。大將軍爲第四等，可開府置僚佐。正三品。　劉方：人名。傳見本書卷五三、《北史》卷七三。　驩州道：特區名。即以驩州爲中心設置的特區。隋朝在戰爭中於地方設置的特區，稱“道”。驩州，隋開皇十八年（598）以德州改名，大業三年置日南郡，治所在今越南義安省榮市。　行軍總管：出征軍統帥名。北周至隋時所置的統領某部或某路出征軍隊的

軍事長官。根據需要其上還可置行軍元帥以統轄全局。屬臨時差遣任命之職，事罷則廢。

［5］欽州：隋開皇十八年以安州改名，治所在今廣西欽州市東北欽江西北岸。　寧長真：人名。廣南西路欽州人，俚僚酋帥，開皇末襲父寧猛力職任欽州刺史，因征林邑軍功授上開府儀同三司。　李暈：人名。隋文帝仁壽末年任驩州刺史。事亦見本書《劉方傳》。　開府：官名。全稱是開府儀同三司。隋文帝因改北周十一等勳官之制形成十一等散實官，用以酬勤勞，無實際職掌。開府是第六等，可開府置僚佐。正四品。按，本書及《北史·劉方傳》作"上開府"。　秦雄：人名。隋文帝仁壽末年爲開府。事亦見本書《劉方傳》。

［6］梵志：人名。林邑王范梵志。事亦見《北史》卷九五《林邑傳》。

［7］廟主：指宗廟中的牌位。

赤土

赤土國，[1]扶南之别種也。[2]在南海中，[3]水行百餘日而達所都。土色多赤，因以爲號。東波羅剌國，[4]西婆羅娑國，[5]南訶羅旦國，[6]北拒大海，地方數千里。其王姓瞿曇氏，[7]名利富多塞，不知有國近遠。稱其父釋王位出家爲道，傳位於利富多塞，在位十六年矣。有三妻，並鄰國王之女也。居僧祇城，[8]有門三重，相去各百許步。每門圖畫飛仙、仙人、菩薩之像，縣金花鈴毦，婦女數十人，或奏樂，或捧金花。又飾四婦人，容飾如佛塔邊金剛力士之狀，夾門而立。門外者持兵仗，門内者執白拂。夾道垂素網，綴花。王宫諸屋悉是重閣，北户，北面而坐。坐三重之榻。衣朝霞布，冠金花冠，垂雜寶瓔珞。四女子立侍，左右兵衛百餘人。王榻後作一木龕，以金銀五香木雜鈿之。龕後懸一金光焰，夾榻又樹二金鏡，鏡前並陳金甕，甕前各有金香爐。當前置一金伏牛，牛前樹壹寶蓋，蓋左右皆有寶扇。婆羅門等數百人，東西重行，相向而坐。其官有薩陀迦羅一人，陀拏達义二人，迦利蜜迦三人，共掌政事；俱羅末帝一人，掌刑法。每城置那邪迦一人，鉢帝十人。

[1]赤土國：古國名。故地説法不一。一説在今泰國湄南河流域，一説在泰國宋卡、北大年一帶，又一説在馬來西亞吉打一帶。還有人認爲在馬來半島中南部吉蘭丹、丁加奴、彭亨州一帶，或説在印度尼西亞蘇門答臘。

[2]扶南：古國名。故地中心在今柬埔寨境内，公元一世紀建國，七世紀中葉爲真臘所滅。傳見《梁書》卷五四。

[3]南海：泛指南方之海。

[4]波羅剌國：古國名。故地一説在今婆羅洲加里曼群島，一説在蘇門答臘東北岸的佩雷拉克。

[5]婆羅娑國：古國名。故地在今蘇門答臘島西岸之巴魯斯。

[6]訶羅旦國：古國名。故地在今蘇門答臘島南部。

[7]瞿曇氏：印度婆羅門種姓氏族名稱之一，亦譯作“喬達摩”。

[8]僧祇城：地名。故地在今泰國宋卡。

其俗等皆穿耳剪髮，[1]無跪拜之禮。以香油塗身。其俗敬佛，尤重婆羅門。婦人作髻於項後。男女通以朝霞、朝雲雜色布爲衣。豪富之室，恣意華靡，唯金鎖非王賜不得服用。每婚嫁，擇吉日，女家先期五日，作樂飲酒，父執女手以授婿，七日乃配焉。既娶則分財别居，唯幼子與父同居。父母兄弟死則剔髮素服，就水上構竹木爲棚，棚内積薪，以屍置上。燒香建幡，吹蠡擊鼓以送之，縱火焚薪，遂落於水。貴賤皆同。唯國王燒訖，收灰貯以金瓶，藏於廟屋。冬夏常温，雨多霽少，種植無時，特宜稻、穄、白豆、黑麻，[2]自餘物産，多同於交阯。以甘蔗作酒，雜以紫瓜根。酒色黄赤，味亦香美。亦名椰漿爲酒。[3]

[1]等：中華書局新修訂本校勘記云："《北史》卷九五《赤土傳》、《通典》卷一八八《邊防四·赤土》、《御覽》卷七八七《四夷部八·赤土》引《隋書》、《寰宇記》卷一七七《四夷六·赤土國》、《册府》卷九六〇《外臣部·土風》、《通志》卷一九八《四夷五·赤土》俱無'等'字，疑衍。"

[2]穄（jì）：又名糜子，一種不黏黍類。

[3]名：中華書局新修訂本改作"以"，其校勘記云："'以'，原作'名'，據《北史》卷九五《赤土傳》、《通志》卷一九八《四夷五·赤土》、《册府》卷九六〇《外臣部·土風》改。"

煬帝即位，[1]募能通絶域者。大業三年，[2]屯田主事常駿、虞部主事王君政等請使赤土。[3]帝大悦，賜駿等帛各百匹，時服一襲而遣。齎物五千段，以賜赤土王。其年十月，駿等自南海郡乘舟，晝夜二旬，每值便風。至焦石山而過，[4]東南泊陵伽鉢拔多洲，[5]西與林邑相對，上有神祠焉。又南行，至師子石，[6]自是島嶼連接。

又行二三日，西望見狼牙須國之山，[7]於是南達鷄籠島，[8]至於赤土之界。

[1]煬帝：隋煬帝楊廣。紀見本書卷三、四，《北史》卷一二。

[2]大業三年：關於煬帝遣常駿等出使赤土的時間，《北史》卷九五《赤土傳》、《通典》卷一八八《邊防典四・赤土》，以及《册府元龜》卷六六二《奉使部・絶域》皆記此時間在“大業三年”。然，本書《煬帝紀》、《北史・隋煬帝紀》、《通鑑》卷一八一《隋紀》記載爲“大業四年三月”。考據本書和《北史・隋煬帝紀》，知煬帝命常駿出使赤土起因，是該國在“大業四年三月壬戌”遣使貢方物。而且《册府元龜》卷九七〇《外臣部・朝貢三》也載赤土第一次朝貢是在“大業四年三月”。因此，煬帝命常駿出使赤土不可能在“大業三年”。另細讀上述載此事於“大業三年”的各種資料，當出同一史源，轉録或簡縮本書《赤土傳》，而且時間籠統，無有月、日。總之，煬帝命常駿出使赤土應在“大業四年三月丙寅”，而爲利用南海信風，同年十月纔從南海郡起航並到達。

[3]屯田主事：吏名。尚書省工部屯田曹内設屯田主事，爲流外吏職。　常駿：人名。隋煬帝時任屯田主事，出使赤土國，其他事迹不詳。《新唐書・藝文志二》載有常駿撰《赤土國記》二卷。　虞部主事：吏名。尚書省工部虞部曹内設屯田主事，爲流外吏職。　王君政：人名。隋煬帝時出使赤土國，其他事迹不詳。

[4]焦石山：地名。故地一説在今越南中部海岸之外，一説爲峴港角，一説爲占婆島。

[5]陵伽鉢拔多洲：地名。故地在今越南中部沿岸一帶。

[6]師子石：地名。故地在今越南東南部海岸之外，或指卡特維克群島中一島。

[7]狼牙須國：古國名。故地在今泰國南部馬來半島西部。《梁書》卷五四作“狼牙脩國”。

［8］鷄籠島：地名。故地在馬來半島東岸之外，泰國春蓬海岸之外的鷄籠島。

其王遣婆羅門鳩摩羅以舶三十艘來迎，[1]吹蠡擊鼓，以樂隋使，進金鎖以纜駿船。月餘，至其都，王遣其子那邪迦請與駿等禮見。先遣人送金盤，貯香花并鏡鑷，金合二枚，貯香油，金瓶八枚，[2]貯香水，白疊布四條，以擬供使者盥洗。其日未時，那邪迦又將象二頭，持孔雀蓋以迎使人，并致金花、金盤以藉詔函。男女百人奏蠡鼓，婆羅門二人導路，至王宮。駿等奉詔書上閣，王以下皆坐。宣詔訖，引駿等坐，奏天竺樂。事畢，駿等還館，又遣婆羅門就館送食，以草葉爲盤，其大方丈。因謂駿曰："今是大國中人，非復赤土國矣。飲食疏薄，願爲大國意而食之。"後數日，請駿等入宴，儀衛導從如初見之禮。王前設兩床，床上并設草葉盤，方一丈五尺，上有黄白紫赤四色之餅，牛、羊、魚、鼈、猪、蝳蝐之肉百餘品。延駿升床，從者坐於地席，各以金鐘置酒，女樂迭奏，禮遺甚厚。

［1］鳩摩羅：人名。事迹不詳。　三十：《北史》卷九五《赤土傳》作"三百"。

［2］金瓶八枚："瓶"，底本原作"瓵"，據汲古閣本、殿本、庫本、中華本改。又，"八枚"，《北史·赤土傳》作"二枚"。

尋遣那邪迦隨駿貢方物，并獻金芙蓉冠、龍腦香。以鑄金爲多羅葉，隱起成文以爲表，金函封之，令婆羅門以香花奏蠡鼓而送之。既入海，見緑魚群飛水上。浮海十餘日，至林邑東南，並山而行。其海水闊千餘步，色黄氣腥，舟行一日不絶，云是大魚糞也。循海北岸，達于交趾。駿以六年春與那邪迦於弘農謁，[1]帝大悦，賜駿等物二百段，俱授秉義尉，[2]那邪迦等官賞各有差。

[1]六年春：《北史》卷九五《赤土傳》、《通典》卷一八八《邊防四·赤土》均同，然本書卷三《煬帝紀上》、《北史》卷一二《隋煬帝紀》、《册府元龜》卷九七〇《外臣部·朝貢三》記爲"大業五年二月"，時間有異。從本書《煬帝紀》前後行文可知，赤土國此次貢方物正是常駿"大業四年"出使的回訪，若從利用南海信風冬去春回的往來時間推算，當在大業五年春。而且，本書《煬帝紀》載大業五年正月煬帝自東都還京師，二月戊戌在閿鄉，三天後即"辛丑"那邪迦有可能在閿鄉附近的弘農貢方物並朝見煬帝。而大業六年三月煬帝下江都後，至同年六月未至弘農，故那邪迦難有該年"春"貢方物並朝見煬帝於弘農的可能。由此可斷，赤土國王子那邪迦隨常駿第二次朝貢並在弘農朝謁煬帝的時間，當以"大業五年二月"爲確，記"大業六年春"誤。"大業六年"赤土國第三次朝貢，但在該年"六月"，此本書《煬帝紀》和《册府元龜》卷九七〇《外臣部·朝貢三》均有記録。　弘農：郡名。治所在今河南靈寶市。

[2]秉義尉：《北史》卷九五《林邑傳》作"執戟都尉"，其中華本校勘記云："《隋書》作'秉義尉'。按《北史》《隋書》例諱'秉'字（避李昞名），《隋書·百官志下》言煬帝置九大夫、八尉，其中有'守義尉'，當即'秉義尉'。《隋書·赤土傳》或是因舊史原文，或是後人回改。"所言是，此當即"守義尉"。守義尉，官名。屬武散官。從八品。

真臘

真臘國，[1]在林邑西南，本扶南之屬國也。去日南郡舟行六十日而至，[2]南接車渠國，[3]西有朱江國。[4]其王姓刹利氏，[5]名質多斯那。自其祖漸已强盛，至質多斯那，遂兼扶南而有之。死，子伊奢那先代立。居伊奢那城，[6]郭下二萬餘家。城中有一大堂，是王聽政之所。總大城三十，城有數千家，各有部帥，官名與林邑同。

［1］真臘：古國名。故地在今柬埔寨。

［2］至：底本原缺，據中華書局新修訂本補，其校勘記云："'至'字原闕，據《北史》卷九五《真臘傳》、《通典》卷一八八《邊防四・真臘》、《寰宇記》卷一七七《四夷六・真臘國》、《通志》卷一九八《四夷五・真臘》補。"

［3］車渠國：古國名。在今泰國境内猜也（Chaiya）。

［4］朱江國：古國名。又稱突羅朱，在今緬甸境内的古驃國，中心在今卑謬一帶。

［5］刹利氏：印度四種姓之一，亦作刹帝利。

［6］伊奢那城：地名。此以王名字作都城名，故地在今柬埔寨斯頓仙河西岸。

其王三日一聽朝，坐五香七寶床，上施寶帳。其帳以文木爲竿，象牙、金鈿爲壁，狀如小屋，懸金光焰，有同於赤土。前有金香爐，[1]二人侍側。王着朝霞古貝，[2]瞞絡腰腹，下垂至脛，頭戴金寶花冠，被真珠瓔珞，足履革屣，耳懸金璫。常服白疊，以象牙爲屩。若露髮，則不加瓔珞。臣人服製，[3]大抵相類。有五大臣，一曰孤落支，二曰高相憑，[4]三曰婆何多陵，四曰舍摩陵，五曰髯多婁，[5]及諸小臣。朝於王者，輒以階下三稽首。王喚上階，則跪，以兩手抱膊，遶王環坐。議政事訖，跪伏而去。階庭門閣，侍衛有千餘人，被甲持仗。其國與參半、朱江二國和親，[6]數與林邑、陀桓二國戰爭。[7]其人行止皆持甲仗，若有征伐，因而用之。

[1]金香爐：《北史》卷九五《真臘傳》作“金香”，《通志》卷一九八作“金香案”。

[2]古貝：《北史·真臘傳》與本傳同，然其校勘記云：“《通志》作‘吉貝’。按《梁書》卷五四《林邑》《婆利》《狼牙脩》《干陁利》《丹丹》等國都見‘吉貝’。《宋書》卷九七《呵羅單國》見‘古貝’。俞正燮《癸巳類稿》卷七《吉貝木棉字義》，以爲‘吉貝’佛經多作‘劫貝’，認爲作‘吉’是。”

[3]臣人：《北史·真臘傳》、《通志》卷一九八《四夷五·真臘》作“臣下”。

[4]高相憑：《北史·真臘傳》、《通志》卷一九八《四夷五·真臘》作“相高憑”。

[5]髯多婁：《北史·真臘傳》、《通志》卷一九八《四夷五·真臘》作“髯羅婁”。

[6]參半：古國名。爲真臘屬國，故地在今泰國東南部尖竹汶一帶。

[7]陀桓：古國名。又稱陀洹，故地一説在今緬甸南部土瓦；一説在今泰國南部。

其俗，非王正妻子，不得爲嗣。王初立之日，所有兄弟並刑殘之，或去一指，或劓其鼻，別處供給，不得仕進。人形小而色黑。婦人亦有白者。悉拳髮垂耳，性氣捷勁。居處器物，頗類赤土。以右手爲净，左手爲穢。每旦澡洗，以楊枝净齒，讀誦經咒。又澡洒乃食，食罷還用楊枝净齒，又讀經咒。飲食多蘇酪、沙糖、秔粟、米餅。欲食之時，先取雜肉羹與餅相和，手擩而食。娶妻者，唯送衣一具，[1]擇日遣媒人迎婦。男女二家各八日不出，晝夜燃燈不息。男婚禮畢，即與父母分財别居。父母死，小兒未婚者，[2]以餘財與之。若婚畢，財物入官。其喪葬，兒女皆七日不食，剔髮而哭，[3]僧尼、道士、親故皆來聚會，音樂送之。以五香木燒屍，收灰以金銀瓶盛，送于大水之内。貧者或用瓦，而以彩色畫之。亦有不焚，送屍山中，任野獸食者。

[1]唯送衣一具：《北史》卷九五《真臘傳》作“唯送女人女”，中華本《北史》校勘記云：“疑是‘唯送女人衣’之訛。”

[2]小兒：汲古閣本、中華本及《北史·真臘傳》同，殿本、庫本爲“如有”。

[3]哭：《北史·真臘傳》作“喪”。

其國北多山阜，南有水澤，地氣尤熱，無霜雪，饒瘴癘毒蠚。土宜粱稻，少黍粟，果菜與日南、九真相類。[1]異者有婆那娑樹，無花，葉似柿，實似冬瓜；菴羅樹，花葉似棗，實似李；毗野樹，花似木瓜，葉似杏，實似楮；婆田羅樹，花葉實並似棗而小異；歌畢佗樹，花似林檎，葉似榆而厚大，實似李，其大如升。自餘多同九真。海中有魚名建同，四足，無鱗，其鼻如象，吸水上噴，高五六十尺。有浮胡魚，其形似鮰，[2]嘴如鸚鵡，有八足。多大魚，半身出水，望之如山。

[1]九真：郡名。治所在今越南清化省清化。

[2]鮰：汲古閣本、中華本同，殿本、庫本作“鮔”。

每五六月中，毒氣流行，即以白豬、白牛、白羊於城西門外祠之。不然者，五穀不登，六畜多死，人衆疾疫。近都有陵伽鉢婆山，[1]上有神祠，每以兵五千人守衛之。城東有神名婆多利，祭用人肉。其王年別殺人，以夜祀禱，亦有守衛者千人。其敬鬼如此。多奉佛法，尤信道士，佛及道士並立像於館。

[1]陵伽鉢婆山：故地在柬埔寨境内，伊奢那城附近。

大業十三年，[1]遣使貢獻，帝禮之甚厚，其後亦絶。

[1]十三年：汲古閣本、殿本、庫本均同，中華本及《北史》卷九五《真臘傳》爲“十二年”。檢本書卷四、《北史》卷一二《隋煬帝紀》，真臘進方物在大業十二年二月。故此“十三年”誤，當爲“十二年”。

婆利

婆利國，[1]自交阯浮海，南過赤土、丹丹，[2]乃至其國。國界東西四月行，南北四十五日行。王姓刹利邪伽，名護濫那婆。官曰獨訶邪拏，次曰獨訶氏拏。國人善投輪刀，其大如鏡，中有竅，外鋒如鋸，遠以投人，無不中。其餘兵器，與中國略同。俗類真臘，物産同於林邑。其殺人及盜，截其手，姦者鎖其足，期年而止。祭祀必以月晦，盤貯酒肴，浮之流水。每十一月，必設大祭。海出珊瑚。有鳥名舍利，解人語。大業十二年，遣使朝貢，後遂絶。

［1］婆利國：古國名。故地在今印度尼西亞境内。一説在今爪洼東面巴厘島；一説在今加里曼丹島上。

［2］丹丹：古國名。又作“單單”“單呾”，故地在今馬來西亞吉蘭丹一帶。傳見《梁書》卷五四。

于時南荒有丹丹、盤盤二國，[1]亦來貢方物，其風俗物産，大抵相類云。

［1］盤盤：古國名。故地在今馬來半島克拉地峽一帶，一説在泰國萬倫灣一帶。傳見《梁書》卷五四，事亦見《太平御覽》卷七八七《四夷部》引《梁書》。

史臣曰：《禮》云：“南方曰蠻，有不火食者矣。”[1]《書》稱：“蠻夷猾夏。”[2]《詩》曰：“蠢爾蠻荆。”[3]種類實繁，代爲紛梗。自秦并二楚，[4]漢平百越，地窮丹徼，景極日南，水陸可居，咸爲郡縣。暨乎境分吴、蜀，[5]時經晋、宋，道有污隆，服叛不一。高祖受命，克平九宇。煬帝纂業，威加八荒。甘心遠夷，志求珍異，故師出於流求，兵加於林邑，威振殊俗，過於秦、漢遠矣。雖有荒外之功，無救域中之敗，《傳》曰："非聖人，外寧必内憂。"[6]誠哉斯言也！

[1]南方曰蠻，有不火食者矣：語出《禮記·王制》，原文爲："南方曰蠻，雕題交趾，有不火食者矣。"

[2]蠻夷猾夏：語出《尚書·舜典》。

[3]蠢爾蠻荆：語出《詩·小雅·采芑》。

[4]二楚：中華書局新修訂本校勘記云："'二'，《北史》卷九五'論曰'作'三'。按，三楚指東楚、西楚、南楚，説見《史記》卷一二九《貨殖列傳》，當以'三楚'是。"

[5]吴：三國時期吴國（222—280），都建鄴（今江蘇南京市）。 蜀：三國時期蜀國（221—263），都益州（今四川成都市）。

[6]非聖人，外寧必内憂：語出《左傳》成公十六年，原文爲："惟聖人能外内無患。自非聖人，外寧必有内憂。"

隋書　卷八三

列傳第四十八

西域

漢氏初開西域，有三十六國，其後分立五十五王，[1]置校尉、都護以撫納之。[2]王莽簒位，西域遂絶。[3]至於後漢，班超所通者五十餘國，西至西海，東西四萬里，皆來朝貢，復置都護、校尉以相統攝。[4]其後或絶或通，漢朝以爲勞弊中國，其官時廢時置。[5]暨魏、晋之後，互相吞滅，[6]不可詳焉。

［1］“漢氏初開西域”至“五十五王”：出自《漢書》卷九六《西域傳上》：“西域以孝武時始通，本三十六國，其後稍分至五十餘。”

［2］校尉：官名。指戊己校尉。漢元帝初元元年（前48）初置，駐地爲車師前王庭交河城。　都護：官名。指西域都護。漢宣帝地節二年（前68）始建“都護”之號，神爵二年（前60）立府施政，治烏壘城。

［3］王莽簒位，西域遂絶：西漢末，王莽簒位後，遣使至西域，

盡改其王爲侯。始建國五年（13），以莽積失恩信，焉耆先畔，殺都護但欽。天鳳三年（16），莽遣大使五威將王駿、西域都護李崇將戊己校尉出西域，諸國皆郊迎貢獻。因前殺都護但欽事，駿欲襲之，命佐帥何封、戊己校尉郭欽别將。焉耆詐降，伏兵擊駿等，皆死。欽、封後到，襲擊老弱，從車師還入塞。西域自此絶。王莽，字巨君，魏郡元城（今河北大名縣東）人。傳見《漢書》卷九九。

［4］“至於後漢”至“以相統攝”：據《後漢書》卷八八《西域傳》，永元六年（94），班超擊破焉耆，於是西域五十餘國悉納質内屬。而條支、安息諸國至於海瀕四萬里外，皆重譯貢獻。九年，班超遣其掾甘英出使大秦，臨西海而還。班超，字仲升，扶風安陵（今陝西咸陽市）人。傳見《後漢書》卷四七。西海，指今地中海。

［5］“其後或通或絶”至“時廢時置”：《後漢書·西域傳》稱：“自建武至於延光，西域三絶三通。”中國，即中原王朝。

［6］魏、晋之後，互相吞滅：指曹魏以降西域南北道緑洲大國割據稱霸的局面，蓋當時中原或河西政權其實無力控制西域。

煬帝時，遣侍御史韋節、司隸從事杜行滿使於西蕃諸國。[1]至罽賓，[2]得碼碯杯；王舍城，[3]得佛經；史國，[4]得十舞女、師子皮、火鼠毛而還。[5]帝復令聞喜公裴矩於武威、張掖間往來以引致之。[6]其有君長者四十四國。矩因其使者入朝，啗以厚利，令其轉相諷諭。大業年中，相率而來朝者三十餘國，帝因置西域校尉以應接之。[7]尋屬中國大亂，朝貢遂絶。然事多亡失，今所存録者，二十國焉。

［1］侍御史韋節、司隸從事杜行滿：韋節、杜行滿二人奉煬帝

命出使西域，除到達罽賓、王舍城和史國外，還可能抵達康國、悒呾國和安國三國。杜行滿曾抵達安國本傳有明確記載，《通典》卷一九三《邊防·西戎五》所存韋節《西蕃記》佚文表明韋節曾身臨康國、挹怛國。二人啓程的時間，一説於大業元年（605）。（參見長澤和俊《韋節、杜行滿の西使》，載《シルクロード史研究》，載國書刊行會 1979 年版，第 481—488 頁）另説當在大業三年之後，蓋司隸臺始置於大業三年四月。又，韋節著有《西蕃記》。本書《經籍志二》載："《諸藩國記》十七卷。"韋節進《西蕃記》的年代最早應在大業五年。今全書已佚，僅《通典》卷一九三《邊防·西戎五》收有若干斷簡殘句。

［2］罽賓：古國名。應即迦濕彌羅。蓋本傳僅稱漕國爲"漢時罽賓國也"，未必指隋代罽賓爲曹國。《舊唐書》卷一九八《西戎傳》"罽賓條"載："隋煬帝時，引致西域，前後至者三十餘國，唯罽賓不至。"而漕國曾於大業年間朝隋，知隋人心目中罽賓與漕國有别。《大唐西域記》卷三注迦濕彌羅曰："舊曰罽賓，訛也。"舊，應指隋代。

［3］王舍城：佛教所謂第一次結集之地，即《大唐西域記》卷九所見曷羅闍姞利呬城（參見季羡林等《大唐西域記校注》，中華書局 1985 年版）。

［4］史國：位於今烏兹别克斯坦撒馬爾罕南。

［5］舞女：一説可能是以胡騰舞、胡旋舞著稱的粟特舞女。火鼠毛：一説是石綿，火浣布的原料。

［6］裴矩：人名。傳見本書卷六七。　武威：郡名。治所在今甘肅武威市。　張掖：郡名。治所在今甘肅張掖市。

［7］西域校尉：官名。其設置的具體年代不詳，但很可能是較早負責應接西域使臣的職官。大概由於其職能不久劃歸了"四方館"中的"西戎使者"，這一職官存在的時間很短，以致其詳情在今天無從探究。《通典》卷一九一《邊防·西戎三》作"西戎校尉"。

吐谷渾

吐谷渾，[1]本遼西鮮卑徒河涉歸子也。[2]初，涉歸有二子，庶長曰吐谷渾，少曰若洛廆。[3]涉歸死，若洛廆代統部落，是爲慕容氏。吐谷渾與若洛廆不協，遂西度隴，止于甘松之南，洮水之西，南極白蘭山，數千里之地，其後遂以吐谷渾爲國氏焉。[4]當魏、周之際，始稱可汗。[5]都伏俟城，[6]在青海西十五里。[7]有城郭而不居，隨逐水草。官有王公、僕射、尚書、郎中、將軍。其主以皁爲帽，妻戴金花。其器械衣服略與中國同。其王公貴人多戴羃䍦，婦人裙襦辮髮，綴以珠貝。國無常税。殺人及盗馬者死，餘坐則徵物以贖罪。風俗頗同突厥。[8]喪有服制，葬訖而除。性皆貪忍。有大麥、粟、豆。青海周迴千餘里，中有小山，其俗至冬輒放牝馬於其上，言得龍種。吐谷渾嘗得波斯草馬，[9]放入海，因生驄駒，能日行千里，故時稱青海驄焉。多氂牛，饒銅、鐵、朱砂。地兼鄯善、且末。[10]西北有流沙數百里，夏有熱風，傷斃行旅。風之將至，老駝預知之，則引項而鳴，聚立，以口鼻埋沙中。人見則知之，以氈擁蔽口鼻而避其患。

[1]吐谷渾：人名。魏晋時東部鮮卑首領。涉歸子，慕容廆庶兄。晋武帝太康四年（283），廆嗣位，與廆不協，率部西遷陰山。永嘉之亂，始度隴而西。其後子孫據有西零以西甘松之界，極乎白蘭數千里。置官屬，統治當地羌人、氐人。後人建吐谷渾國奉爲

始祖。

［2］遼西：指今遼河以西。《北史》卷九六作“遼東”。　鮮卑：古族名。傳見《後漢書》卷九〇、《三國志》卷三〇、《宋書》卷九七。　徒河：縣名。治所在今遼寧錦州市。　涉歸：人名。即慕容涉歸。慕容鮮卑之首領。

［3］若洛廆：人名。又作慕容廆。慕容鮮卑之首領。

［4］“遂西度隴”至“以吐谷渾爲國氏焉”：指吐谷渾率部西遷後，據有今甘肅、青海、四川交界的大部地區，並在此建國，號吐谷渾。

［5］可汗：古代柔然、吐谷渾、突厥、回紇、蒙古等族最高統治者的稱號。

［6］伏俟城：城名。在今青海共和縣西北。西魏大統六年（540），吐谷渾夸吕可汗始建都於此。隋大業五年，於此置西海郡。

［7］青海：即今青海湖。

［8］突厥：古族名、國名。廣義包括突厥、鐵勒諸部落，狹義專指突厥。公元六世紀時游牧於金山（今阿爾泰山）以南，因金山形似兜鍪，俗稱“突厥”，遂以名部落。西魏廢帝元年（552），土門自號伊利可汗，建立突厥汗國，樹庭於鬱督軍山（今杭愛山東段，鄂爾渾河左岸）。隋開皇二年西面可汗達頭與大可汗沙鉢略不睦，分裂爲西突厥、東突厥兩個汗國。傳見本書卷八四、《周書》卷五〇、《北史》卷九九、《舊唐書》卷一九四、《新唐書》卷二一五。

［9］波斯：古國名。指薩珊王朝時期的古伊朗。公元三世紀初阿爾希達爾建立，都於宿利城（今伊拉克巴格達附近）。公元七世紀中爲大食（阿拉伯帝國）所滅。

［10］鄯善：西域古國名。本名樓蘭，西漢元鳳四年（前77）改名鄯善，屬西域都護府。都城在扜泥城（今新疆若羌縣東北羅布泊西岸）。北周時爲吐谷渾所滅。　且末：西域古國名。屬西域都護府。都城在且末城（今新疆且末縣城西南）。東漢初爲鄯善所併。

尋復立。北魏末，爲吐谷渾所併。

其主呂夸，[1]在周數爲邊寇，及開皇初，以兵侵弘州。[2]高祖以弘州地曠人梗，因而廢之。遣上柱國元諧率步騎數萬擊之。[3]賊悉發國中兵，自曼頭至於樹敦，[4]甲騎不絶。其所署河西總管、定城王鍾利房及其太子可博汗，[5]前後來拒戰。諧頻擊破之，俘斬甚衆。呂夸大懼，率其親兵遠遁。其名王十三人，各率部落而降。上以其高寧王移兹裒素得衆心，[6]拜爲大將軍，封河南王，以統降衆，自餘官賞各有差。未幾，復來寇邊，旭州刺史皮子信出兵拒戰，[7]爲賊所敗，子信死之。汶州總管梁遠以鋭卒擊之，[8]斬千餘級，奔退。俄而入寇廓州，[9]州兵擊走之。

[1]呂夸：人名。又作夸呂。隋時吐谷渾首領。

[2]弘州：北周建德六年（577）於廣川防置，治所在今甘肅碌曲縣西南。隋初廢。開皇十八年復置，治所在弘化縣（今甘肅慶陽市北）。大業初廢。

[3]元諧：人名。傳見本書卷四〇。

[4]曼頭：城名。在今青海共和縣西南。　樹敦：城名。在今青海共和縣東。

[5]鍾利房：人名。生平不詳。　可博汗：人名。生平不詳。

[6]移兹裒：人名。隋文帝曾封其爲河南王。

[7]皮子信：人名。琅邪下邳（今江蘇睢寧縣）人。事見《北史》卷五三《皮景和傳》。

[8]梁遠：人名。爵封濟北郡公。

[9]廓州：治所在今青海貴德縣南。

呂夸在位百年，屢因喜怒廢其太子而殺之。其後太子懼見廢辱，遂謀執呂夸而降，請兵於邊吏。秦州總管、河間王弘請將兵應之，[1]上不許。太子謀洩，爲其父所殺，復立其少子嵬王訶爲太子。[2]疊州刺史杜粲請因其釁而討之，[3]上又不許。六年，嵬王訶復懼其父誅之，謀率部落萬五千人户將歸國，遣使詣闕，請兵迎接。上謂侍臣曰："渾賊風俗，特異人倫，父既不慈，子復不孝。朕以德訓人，何有成其惡逆也！吾當教之以義方耳。"乃謂使者曰："朕受命於天，撫育四海，望使一切生人皆以仁義相向。況父子天性，何得不相親愛也！吐谷渾主既是嵬王之父，嵬王是吐谷渾主太子，父有不是，子須陳諫。若諫而不從，當令近臣親戚内外諷諭。必不可，泣涕而道之。人皆有情，必當感悟。不可潛謀非法，受不孝之名。溥天之下，皆是朕臣妾，各爲善事，即稱朕心。嵬王既有好意，欲來投朕，朕唯教嵬王爲臣子之法，不可遠遣兵馬，助爲惡事。"嵬王乃止。八年，其名王拓拔木彌請以千餘家歸化。[4]上曰："溥天之下，皆曰朕臣，雖復荒遐，未識風教，朕之撫育，俱以仁孝爲本。渾賊惽狂，妻子懷怖，並思歸化，自救危亡。然叛夫背父，不可收納。又其本意，正自避死，若今遣拒，又復不仁。若更有意信，但宜慰撫，任其自拔，不須出兵馬應接之。其妹夫及甥欲來，亦任其意，不勞勸誘也。"是歲河南王移兹裒死，高祖令其弟樹歸襲統其衆。[5]平陳之後，呂夸大懼，遁逃保險，不敢爲寇。

[1]弘：人名。即楊弘。傳見本書卷四三。
[2]嵬王訶：吐谷渾王子。餘不詳。
[3]杜粲：人名。生平不詳。
[4]拓拔木彌：人名。生平不詳。
[5]樹歸：人名。生平不詳。

十一年，吕夸卒，子伏立。[1]使其兄子無素奉表稱藩，[2]并獻方物，請以女備後庭。上謂滕王曰：[3]"此非至誠，但急計耳。"乃謂無素曰："朕知渾主欲令女事朕，若依來請，他國聞之，便當相學。一許一塞，是謂不平。若並許之，又非好法。朕情存安養，欲令遂性，豈可聚斂子女以實後宫乎?"竟不許。十二年，遣刑部尚書宇文弢撫慰之。[4]十六年，以光化公主妻伏，[5]伏上表稱公主爲天后，上不許。

[1]伏：人名。吕夸子，吐谷渾王。
[2]無素：人名。吐谷渾宗室，開皇十一年赴隋進貢。
[3]滕王：即滕穆王楊瓚。傳見本書卷四四。
[4]宇文弢：人名。傳見本書卷五六。
[5]光化公主：隋宗室女。餘不詳。

明年，其國大亂，國人殺伏，立其弟伏允爲主。[1]使使陳廢立之事，并謝專命之罪，且請依俗尚主，上從之。自是朝貢歲至，而常訪國家消息，上甚惡之。

[1]伏允：人名。又作允伏，吐谷渾王。餘不詳。

煬帝即位，伏允遣其子順來朝。[1]時鐵勒犯塞，[2]帝遣將軍馮孝慈出敦煌以禦之，[3]孝慈戰不利。鐵勒遣使謝罪，請降，帝遣黄門侍郎裴矩慰撫之，諷令擊吐谷渾以自効。鐵勒許諾，即勒兵襲吐谷渾，大敗之。伏允東走，保西平境。[4]帝復令觀王雄出澆河、許公宇文述出西平以掩之，[5]大破其衆。伏允遁逃，部落來降者十萬餘口，六畜三十餘萬。述追之急，伏允懼，南遁於山谷間。其故地皆空，自西平臨羌城以西，[6]且末以東，祁連以南，雪山以北，東西四千里，南北二千里，皆爲隋有。置郡縣鎮戍，發天下輕罪徙居之。於是留順不之遣。伏允無以自資，率其徒數千騎客於党項。[7]帝立順爲主，送出玉門，[8]令統餘衆，以其大寶王尼洛周爲輔。[9]至西平，其部下殺洛周，順不果入而還。大業末，[10]天下亂，伏允復其故地，屢寇河右，[11]郡縣不能禦焉。

[1]順：人名。吐谷渾王子。餘不詳。

[2]鐵勒：古族名。又作敕勒、赤勒、高車、狄歷。其先爲匈奴之苗裔丁零，部族甚多。傳見本書卷八四。

[3]馮孝慈：人名。隋朝將領。數有征討，有名於世。事見本書卷六四《王辯傳》。

[4]西平：郡名。隋大業初改鄯州置，治所在湟水縣（今青海樂都縣）。

[5]觀王雄：即觀德王楊雄。傳見本書卷四三。　澆河：郡名。治所在河津縣（今青海貴德縣）。　宇文述：人名。傳見本書卷

六一。

［6］臨羌城：城名。在今青海湟源縣城關鎮尕莊村的南古城。

［7］党項：古族名。傳見本卷後。

［8］玉門：關名。在今甘肅敦煌市西北。

［9］尼洛周：人名。生平不詳。

［10］大業：隋煬帝楊廣年號（605—618）。

［11］河右：地區名。即河西。指今甘肅、青海黄河以西地區。

党項

党項羌者，三苗之後也。其種有宕昌、白狼，皆自稱獼猴種。東接臨洮、西平，[1]西拒葉護，[2]南北數千里，處山谷間。每姓别爲部落，大者五千餘騎，小者千餘騎。織犛牛尾及羖攊毛以爲屋。[3]服裘褐，披氈以爲上飾。俗尚武力，無法令，各爲生業，有戰陣則相屯聚。無徭賦，不相往來。牧養犛牛、羊、猪以供食，不知稼穡。其俗淫穢蒸報，於諸夷中最爲甚。無文字，但候草木以記歲時。三年一聚會，殺牛羊以祭天。人年八十以上死者，以爲令終，親戚不哭。少而死者，則云大枉，共悲哭之。有琵琶、横吹，擊缶爲節。

［1］臨洮：郡名。北魏時治龍城縣，在今甘肅卓尼縣東北飛地洮水東岸新堡附近。

［2］葉護：突厥官名。代指突厥。《通鑑》卷一七六胡三省注云：“突厥子弟曰特勒，大臣曰葉護、曰屈律啜、曰阿波、曰俟利發、曰吐屯、曰俟斤、曰閻洪達、曰頡利發、曰達干，皆達官也。”

［3］羖（gǔ）攊（lì）：山羊。

魏、周之際，數來擾邊。高祖爲丞相時，中原多故，因此大爲寇掠。蔣公梁睿既平王謙，[1]請因還師以討之，高祖不許。開皇四年，有千餘家歸化。五年，拓拔寧叢等各率衆詣旭州内附，[2]授大將軍，其部下各有差。十六年，復寇會州，[3]詔發隴西兵以討之，大破其衆。又相率請降，願爲臣妾，遣子弟入朝謝罪。高祖謂之曰："還語爾父兄，人生須有定居，養老長幼。而乃乍還乍走，不羞鄉里邪！"自是朝貢不絶。

[1]梁睿：人名。歷官西魏、北周、隋。傳見本書卷三七。　王謙：人名。北周末起兵反叛，後被梁睿鎮壓。傳見《周書》卷二一。

[2]拓拔寧叢：人名。生平不詳。　旭州：治所在通義郡金城縣（今甘肅碌曲縣東）。大業初廢。

[3]會州：隋時治汶山縣（今四川汶川縣威州鎮）。

高昌

高昌國者，則漢車師前王庭也，[1]去敦煌十三日行。其境東西三百里，南北五百里，四面多大山。昔漢武帝遣兵西討，[2]師旅頓敝，其中尤困者因住焉。其地有漢時高昌壘，[3]故以爲國號。初，蠕蠕立闞伯周爲高昌王。[4]伯周死，子義成立，[5]爲從兄首歸所殺。[6]首歸自立爲高昌王，又爲高車阿伏至羅所殺。[7]以敦煌人張孟明爲主。[8]孟明爲國人所殺，更以馬儒爲王，[9]以鞏顧、麴嘉二人爲左右長史。[10]儒又通使後魏，[11]請内屬。内屬人皆戀土，不願東遷，相與殺儒，立嘉爲王。嘉字靈鳳，金城榆中人，既立，又臣于茹茹。及茹茹主爲高車所殺，嘉又臣于高車。屬焉耆爲挹怛所破，[12]衆不能自統，請主於嘉。嘉遣其第二子爲焉耆主，由是始大，益爲國人所服。嘉死，子堅立。[13]

[1]高昌國者，則漢車師前王庭也：此説不確。漢車師前王庭爲交河城，而非高昌。高昌前身爲車師前國高昌壁。詳見《漢書》卷九六《西域傳下》。車師，古國名。一名姑師國。漢西域三十六國之一。都城在交河城（今新疆吐魯番市西北）。後分爲車師前國與車師後國，皆屬西域都護。

[2]漢武帝：即劉徹的謚號。紀見《史記》卷一二、《漢書》卷六。

[3]高昌壘：亦作高昌壁、高昌城。在今新疆吐魯番市東高昌故城。西漢時爲車師都尉、戊己校尉治所。東漢置戊己校尉於此。十六國前凉爲高昌郡治。北魏爲高昌國都。

[4]蠕蠕：古族名。即柔然。又作芮芮、茹茹。主要游牧於今蒙古國鄂爾渾河流域。後爲突厥所滅。傳見北史卷九八。　闞伯周：人名。高昌國王。蠕蠕"以闞伯周爲高昌王"，此據《北史》卷九八《高昌傳》。其事《通鑑》卷一二九《宋紀》繫於和平元年(460)。

[5]義成：人名。高昌王。餘不詳。

[6]首歸：人名。高昌王。餘不詳。

[7]高車：古族名。此處指原來役屬於蠕蠕的高車副伏羅部。該部於公元487年自漠北西遷，占領了准格爾盆地一帶。　阿伏至羅：人名。高車王。事見北史卷九八《高車傳》。

[8]以敦煌人張孟明爲主：北魏太和十五年（491)，高車副伏

羅部控制了高昌，殺死其王闞首歸，另立敦煌人張孟明爲王。

［9］馬儒：人名。高昌王。餘不詳。

［10］鞏顧：人名。高昌大臣。餘不詳。《北史·高昌傳》作“鞏顧禮”。　麴嘉：人名。金城榆中（今甘肅榆中縣）人。高昌國麴氏王朝的創建者。

［11］後魏：即北魏（386—557），亦單稱魏。初都平城（今山西大同市東北），公元494年遷都洛陽（今河南洛陽市東北白馬寺東）。公元534年分裂爲東魏和西魏兩個政權。東魏（534—550）都於鄴（今河北臨漳縣西南鄴鎮東），西魏（535—557）都於長安（今陝西西安市西北郊）。

［12］焉耆：古國名。傳見本卷後。　挹怛：古國名。傳見本卷後。

［13］嘉死，子堅立：《魏書》卷一〇《孝莊帝紀》載，建義元年（528）六月癸卯，“以高昌王世子光爲平西將軍、瓜州刺史，襲爵泰臨縣開國伯、高昌王”，知麴嘉死後，子麴光繼之。麴堅之立，在麴光之後。麴堅即位，一般認爲在531年。

其都城周迴一千八百四十步，[1]於坐室畫魯哀公問政於孔子之像。[2]國内有城十八。[3]官有令尹一人，次公二人，次左右衛，次八長史，次五將軍，次八司馬，次侍郎、校郎、主簿、從事、省事。大事决之於王，小事長子及公評斷，不立文記。[4]男子胡服，婦人裙襦，頭上作髻。其風俗政令與華夏略同。地多石磧，氣候温暖，穀麥再熟，宜蠶，多五果。有草名爲羊刺，[5]其上生蜜，而味甚佳。出赤鹽如朱，白鹽如玉。多蒲陶酒。俗事天神，兼信佛法。國中羊馬牧於隱僻之處，以避外寇，非貴人不知其所。北有赤石山，[6]山北七十里有貪污山，[7]夏有積雪。此山之北，鐵勒界也。[8]從武威西北，[9]有捷路，度沙磧千餘里，四面茫然，無有蹊徑。欲往者，尋有人畜骸骨而去。路中或聞歌哭之聲，行人尋之，多致亡失，蓋魑魅魍魎也。故商客往來，多取伊吾路。[10]

［1］都城：位於今吐魯番市東南三堡鄉哈喇和卓村的高昌故城（參見王炳華《吐魯番的古代文明》，新疆人民出版社 1989 年版，第 105、106 頁；侯燦《吐魯番學與吐魯番考古研究概述》，《高昌樓蘭研究論集》，新疆人民出版社 1990 年版，第 189 頁）。

［2］魯哀公問政於孔子：事見《史記》卷四七《孔子世家》、《荀子·哀公》、《説苑·政理》等。曹魏以後，釋奠學禮以孔子、顏回爲先聖、先師，廟堂畫孔子及衆弟子像。高昌都城坐室畫像與中原釋奠先聖、先師像不同，更注重孔子與政治的關係。

［3］有城十八：十八，《魏書》卷一〇二、《北史》卷九七《西域傳》作“八”，《周書》卷五〇《高昌傳》作“一十六”，《舊唐書》卷一九八、《新唐書》卷二二一《高昌傳》作“二十一”。按，此城數不同，係不同時期其實力的發展變化。

［4］“官有令尹一人”至“不立文記”：詳見《周書·高昌傳》。

［5］羊刺：一般説是駱駝刺一類的植物。

［6］赤石山：吐魯番盆地北緣的小山脉。

［7］貪污山：即今新疆中部天山東支博格達山。宋刻本作“貪汙山”，中華本據本書卷八四《突厥傳》、《北史·西域傳》、《通典》卷一九一改爲“貪汗山”。

［8］鐵勒：族名。又作敕勒、赤勒等。其先爲匈奴之苗裔丁零，部族甚多。傳見本書卷八四、《北史》卷九九。

［9］武威：此處應爲“敦煌”之誤。

[10]伊吾路：指自敦煌伊吾去往高昌之路。本書卷六三《劉權傳》載，“大業五年，從征吐谷渾，權率衆出伊吾道”。又，《周書·高昌傳》載，“自燉煌向其國……多取伊吾路云”。

開皇十年，突厥破其四城，[1]有二千人來歸中國。堅死，子伯雅立。[2]其大母本突厥可汗女，[3]其父死，突厥令依其俗，伯雅不從者久之。突厥逼之，不得已而從。

[1]突厥：此處指阿波系西突厥（參見吴玉貴《突厥汗國與隋唐關係史研究》，中國社會科學出版社1998年版，第38—78頁）。

[2]伯雅：人名。即高昌王麴伯雅。

[3]大母：麴伯雅之祖母，原爲麴寶茂之妻。麴寶茂死，麴乾固曾妻之；乾固死，突厥又逼麴伯雅妻之（參見馮承鈞《高昌事輯》，《西域南海史地考證論著彙輯》，中華書局香港分局1976年版，第48—83頁）。本書《突厥傳》：“父兄死，子弟妻其群母及嫂。”

煬帝嗣位，引致諸蕃。大業四年，遣使貢獻，帝待其使甚厚。明年，伯雅來朝。[1]因從擊高麗，[2]還尚宗女華容公主。[3]八年冬歸蕃，下令國中曰：“夫經國字人，以保存爲貴，寧邦緝政，以全濟爲大。先者以國處邊荒，境連猛狄，同人無咎，被髮左衽。今大隋統御，宇宙平一，普天率土，莫不齊向。孤既沐浴和風，庶均大化，其庶人以上皆宜解辮削衽。”帝聞而甚善之，下詔曰：“彰德嘉善，聖哲所隆，顯誠遂良，典謨貽則。光禄大夫、弁國公、高昌王伯雅識量經遠，器懷温裕，丹款夙著，亮節遐宣。本自諸華，[4]歷祚西壤，昔因多難，淪迫獯戎，數窮毁冕，翦爲胡服。自我皇隋平一宇宙，化偃九圍，[5]德加四表。伯雅踰沙忘阻，奉賮來庭，觀禮容於舊章，慕威儀之盛典。於是襲纓解辮，削衽曳裾，[6]變夷從夏，義光前載。可賜衣冠之具，仍班製造之式。并遣使人部領將送。被以采章，復見車服之美，棄彼氈毳，還爲冠帶之國。”然伯雅先臣鐵勒，而鐵勒恒遣重臣在高昌國，有商胡往來者，則税之送於鐵勒。[7]雖有此令取悦中華，然竟畏鐵勒而不敢改也。自是歲令使人貢其方物。

[1]伯雅來朝：此爲麴伯雅首次朝隋。據本書卷三《煬帝紀上》，大業五年六月，“壬子，高昌王麴伯雅來朝，伊吾吐屯設等獻西域數千里之地，上大悦。……宴高昌王、（伊吾）吐屯設於殿上，以寵異之。其蠻夷陪列者三十餘國”。其年九月，麴伯雅隨煬帝返回長安。同年，麴伯雅返回高昌，留子文泰於東都爲質。

[2]從擊高麗：指麴伯雅第二次來朝事。大業七年五月，麴伯雅偕西突厥處羅可汗經武威入隋。高麗，國名。又作高句麗。傳見本書卷八一。

[3]尚宗女華容公主：《元和郡縣圖志》卷四〇《隴右道下·西州》云：“伯雅來朝，隋煬帝以宇文氏女玉波爲華容公主妻之。”

[4]本自諸華：此指麴氏原爲榆中漢族世家。

[5]九圍：即九州。隋於開皇九年滅陳，統一全國，結束了長期以來南北對峙的局面。

[6]襲纓解辮，削衽曳裾：即改變胡服髮式，變胡爲漢。這一變革不僅表明高昌要加入以隋爲中心的禮儀秩序，也意味着脱離突厥、鐵勒等游牧部族的羈絆，因而遭到鐵勒的反對及阻撓，不能真

正實施。

[7]有商胡往來者，則税之送於鐵勒：當時鐵勒人雄踞高昌以北，所以麴伯雅臣服鐵勒，向鐵勒交納絲路貿易上的税收。徵税是游牧部族對西域緑洲國家的統治方式。

康國

康國者，康居之後也。[1]遷徙無常，不恒故地，然自漢以來相承不絶。其王本姓温，月氏人也。[2]舊居祁連山北昭武城，[3]因被匈奴所破，西踰葱嶺，[4]遂有其國。支庶各分王，故康國左右諸國並以昭武爲姓，示不忘本也。王字代失畢，[5]爲人寬厚，甚得衆心。其妻突厥達度可汗女也。[6]都於薩寶水上阿禄迪城。[7]城多衆居。大臣三人共掌國事。其王索髮，[8]冠七寶金花，衣綾羅錦繡白疊。其妻有髻，幪以皂巾。丈夫翦髮錦袍。名爲强國，而西域諸國多歸之。米國、史國、曹國、何國、安國、小安國、那色波國、烏那曷國、穆國皆歸附之。[9]有胡律，[10]置於祆祠，決罰則取而斷之。重罪者族，次重者死，賊盜截其足。

[1]康居：漢西域國名。在今哈薩克斯坦巴爾喀什湖和咸海之間。東界烏孫，西達奄蔡，南接大月氏，東南臨大宛。都於卑闐城（今烏兹别克斯坦塔什干一帶）。

[2]月氏：一作月支。秦漢之際，游牧於敦煌、祁連間。西漢文帝時，月氏爲匈奴所逐，大部西徙至今伊犁河流域及其以西一帶，稱爲大月氏。少數没有西遷的入南山（今祁連山），與羌人雜居，稱爲小月氏。

［3］舊居祁連山北昭武城：近人多斥爲無稽之談。月氏舊居，據《漢書》卷九六《西域傳上》，在“敦煌、祁連間”。漢代敦煌指今祁連山，祁連指今天山。而據《漢書·地理志下》，昭武縣屬張掖郡，位於今祁連山北，蓋隋時已稱今祁連山爲祁連山。又，《晋書·地理志》，昭武縣在西晋時避文帝諱已易名爲臨澤縣。由此可見，隋人不可能也毫無必要把這個久已湮滅無聞的古縣名硬加到索格底亞那諸王頭上。换言之，傳文稱康國等國國王爲月氏人，均姓昭武，並溯源於昭武城必有依據，很可能得諸當時來華的昭武姓國人。

［4］葱嶺：古山名。古代對今帕米爾高原及昆侖山、喀喇昆侖山西部諸山的統稱。

［5］代失畢：《北史》卷九七《康國傳》作“世夫畢”。“代”乃避唐諱改，“失”“夫”形近易訛。

［6］達度可汗：西突厥可汗。餘不詳。

［7］阿禄迪城：應即《魏書》卷一〇二《康國傳》所見悉萬斤國王治“悉萬斤城”，該傳所載悉萬斤城去迷密國王治里數與本傳所載康國王治去米國王治里數相同可以爲證。其城位於今撒馬爾罕東北。

［8］索髪：一説其王本應剪髪，服屬突厥後始從其俗而索髪。

［9］米國：西域古國名。又作彌末。在今烏兹别克斯坦撒馬爾罕東南米馬巴扎爾。一説在撒馬爾罕西南。　史國：西域古國名。又名佉沙國、羯霜那國。古昭武諸國之一。都城在乞史城（今烏兹别克斯坦撒馬爾罕南沙赫里夏勃兹）。　曹國：古昭武諸國之一。都城在今烏兹别克斯坦撒馬爾罕西北伊什特汗。　何國：西域古國名。今地不詳。　安國：西域古國名。一般認爲位於今布哈拉。“安”一般認爲是“安息”的省略，蓋據本傳，安國被認爲漢代安息國的後身。　小安國：西域古國名。位於那密水之北。　那色波國：西域古國名。即今烏兹别克斯坦布哈拉東南卡爾希。　烏那曷國：西域古國名。今地不詳。　穆國：西域古國名。今地不詳。

[10]胡律：《大慈恩寺三藏法師傳》卷二有關於颯秣建國即康國胡律施行情況的記載："王及百姓不信佛法，以事火爲道。有寺兩所，迥無僧居，客僧投者，諸胡以火燒逐，不許停住。法師初至，王接猶慢。經宿之後，爲説人、天因果，讚佛功德，恭敬福利，王歡喜請受齋戒，遂至殷重。所從二小師往寺禮拜，諸胡還以火燒逐。"

人皆深目高鼻，多鬚髯。善於商賈，諸夷交易多湊其國。有大小鼓、琵琶、五絃、箜篌、笛。[1]婚姻喪制與突厥同。國立祖廟，以六月祭之，[2]諸國皆來助祭。俗奉佛，爲胡書。氣候温，宜五穀，勤修園蔬，樹木滋茂。出馬、駝、騾、驢、封牛、黄金、鐃沙、賉香、阿薩那香、瑟瑟、麞皮、氍毹、錦疊。多蒲陶酒，富家或致千石，連年不敗。

大業中，始遣使貢方物，後遂絶焉。

[1]有大小鼓、琵琶、五絃、箜篌、笛：《通典》卷一九三《邊防·西戎五》引韋節《西蕃記》云："其人好音聲。"本書《音樂志下》："康國，起自周武帝娉北狄爲后，得其所獲西戎伎，因其聲。歌曲有戢殿農和正，舞曲有賀蘭鉢鼻始、末奚波地、農惠鉢鼻始、前拔地惠地等四曲。樂器有笛、正鼓、加鼓、銅拔等四種，爲一部。工七人。"

[2]國立祖廟，以六月祭之：或與康國以六月一日爲歲首有關。《通典》卷一九三《邊防·西戎五》引韋節《西蕃記》："（康國）以六月一日爲歲首，至此日，王及人庶並服新衣，剪髮鬚。在國城東林下七日馬射，至欲罷日，置一金錢於帖上，射中者則得一日爲王。"《唐會要》卷一〇〇《波斯國傳》："俗事天地日月水火諸神。

西域諸胡事火祆者，皆詣波斯受法焉。……以六月一日爲歲首。”

安國

安國，漢時安息國也。[1]王姓昭武氏，與康國王同族，字設力登。[2]妻，康國王女也。[3]都在那密水南，[4]城有五重，環以流水。宮殿皆爲平頭。[5]王坐金駝座，高七八尺。每聽政，與妻相對，大臣三人評理國事。風俗同於康國，唯妻其姊妹，及母子遞相禽獸，[6]此爲異也。煬帝即位之後，遣司隸從事杜行滿使於西域，至其國，得五色鹽而返。[7]

[1]漢時安息國：這似乎表明安息曾一度占領阿姆河右岸的布哈拉地區。然而這亦可能是隋人稱該地爲“安國”而產生的誤解。又，《册府元龜》卷五六〇《國史·地理》載，貞元十七年(801)，賈耽上“海内華夷圖及古今郡國縣道四夷述表”曰：“前《西戎志》以安國爲安息，今則改入康居。凡諸舛謬，悉從釐正。”可見唐人已知其誤。

[2]設力登：人名。康國王。餘不詳。

[3]妻，康國王女：安國王娶康國王女，可視爲昭武姓王室内部的聯姻。

[4]那密水：古河名。即今塔吉克斯坦及烏兹别克斯坦境内之澤拉夫善河。

[5]宮殿皆爲平頭：據今片治肯特古城及其他遺址，可證當時其地流行平頂建築。

[6]妻其姊妹，及母子遞相禽獸：指祆教的近親結婚習俗。

[7]五色鹽：含各種化學成分的鹽類。

國之西百餘里有畢國,[1]可千餘家。[2]其國無君長,[3]安國統之。大業五年,遣使貢獻,後遂絶焉。[4]

[1]百餘里:自畢國去安國王治的行程。按,安國王治是計算去畢國、烏那曷國、穆國乃至波斯國行程的基準點。　畢國:西域古國名。位於那密水南,今烏兹别克斯坦西境。

[2]千餘家:盡爲商販,行商中國及海外(裏海沿岸)。

[3]無君長:反映了該國獨特的行政體制,實際上是商民自治的"自由市"。

[4]後遂絶焉:不確。據本書卷四《煬帝紀下》,安國於大業十一年正月甲午朔遣使朝貢。

石國

石國,[1]居於藥殺水,[2]都城方十餘里。其王姓石,名涅。[3]國城之東南立屋,置座於中,正月六日、七月十五日以王父母燒餘之骨,金甕盛之,置于牀上,巡遶而行,散以花香雜果,王率臣下設祭焉。禮終,王與夫人出就别帳,臣下以次列坐,享宴而罷。有粟麥,多良馬。其俗善戰,曾貳於突厥,射匱可汗興兵滅之,[4]令特勤甸職攝其國事。[5]南去鏺汗六百里,[6]東南去瓜州六千里。[7]

甸職以大業五年遣使朝貢,其後不復至。[8]

[1]石國:西域古國名。昭武九姓之一。北魏時稱者舌,隋唐時始稱石國,亦作赭支、柘支、柘折、赭時。故地在今烏兹别克斯坦塔什干一帶。國王石姓,治柘折城。俗信祆教。民以農爲主,兼

營畜牧。

［2］藥殺水：古水名。又稱叶河、叶叶河、忽章河、忽禪河、忽氈河、霍闌没輦、忽牽河、火站河。即今中亞錫爾河。

［3］涅：即石國王石涅。餘不詳。

［4］射匱可汗：西突厥可汗。達度可汗之孫。本書卷六七《裴矩傳》載：大業十一年，"射匱可汗遣其猶子，率西蕃諸胡朝貢，詔矩醼接之"。

［5］特勤：官稱號。此爲突厥語的音譯，以稱可汗的子弟。位在叶護、設之下。勤，底本、宋刻遞修本、殿本作"勒"，今從中華本改。　甸職：人名。突厥特勤。餘不詳。

［6］六百里：石國王治赴鏺汗國王治的行程。據下文可知此"六百里"應爲"五百里"之訛。

［7］瓜州：北魏置，治敦煌（今甘肅敦煌市西南）。據《元和郡縣圖志》卷四〇《隴右道下》，隋大業三年改爲敦煌郡。由此可見，本傳以瓜州爲基準的里程記載均依據大業三年前的資料。

［8］甸職以大業五年遣使朝貢，其後不復至：此則不見於本書本紀。按，射匱因受處羅可汗的擠迫而西遷錫爾河流域，石國遂滅。

女國

女國，在葱嶺之南，其國代以女爲王。王姓蘇毗，字末羯，[1]在位二十年。女王之夫，號曰金聚，不知政事。國内丈夫唯以征伐爲務。山上爲城，方五六里，人有萬家。王居九層之樓，侍女數百人，五日一聽朝。復有小女王，共知國政。

［1］末羯：人名。即蘇毗末羯。女國王。餘不詳。

其俗貴婦人，[1]輕丈夫，而性不妬忌。男女皆以彩色塗面，一日之中，或數度變改之。人皆被髮，以皮爲鞋，課税無常。氣候多寒，以射獵爲業。出鍮石、朱砂、麝香、犛牛、駿馬、蜀馬。尤多鹽，恒將鹽向天竺興販，其利數倍。亦數與天竺及党項戰争。其女王死，國中則厚斂金錢，求死者族中之賢女二人，一爲女王，次爲小王。貴人死，剥取皮，以金屑和骨肉置於瓶内而埋之。經一年，又以其皮内於鐵器埋之。俗事阿脩羅神，[2]又有樹神，歲初以人祭，或用獼猴。祭畢，入山祝之，有一鳥如雌雉，來集掌上，破其腹而視之，有粟則年豐，沙石則有灾，謂之鳥卜。

開皇六年，遣使朝貢，其後遂絶。

[1]其俗貴婦人：底本、宋刻本、殿本無“貴”字，據中華本補。

[2]阿脩羅神：原爲古印度神話中的一種惡神。後爲佛教之神。

焉耆

焉耆國，都白山之南七十里，[1]漢時舊國也。其王姓龍，字突騎。[2]都城方二里。[3]國内有九城，勝兵千餘人。國無綱維。其俗奉佛書，類婆羅門。[4]婚姻之禮有同華夏。死者焚之，持服七日。男子剪髮。有魚鹽蒲葦之利。東去高昌九百里，[5]西去龜兹九百里，[6]皆沙磧。東南去瓜州二千二百里。[7]大業中，遣使貢方物。[8]

［1］白山：即天山。　七十里：自焉耆國王治至白山的行程。

［2］王姓龍，字突騎：龍，焉耆王族之姓。突騎，係《舊唐書》卷一九四《突厥傳下》所見西突厥十姓之一“突騎施”。説明其時焉耆已爲突厥所統。

［3］二：殿本作“三”。

［4］婆羅門：此處指佛教徒。

［5］九百里：自焉耆國王治至高昌的行程。按，據《漢書》卷九六《西域傳下》，焉耆國王治至車師前國王治交河城 835 里，又據《元和郡縣圖志》卷四〇《隴右道・西州》，交河城至高昌 80 里，知“九百里”乃經由交河城的行程，不過約數。

［6］龜茲：西域古國名。傳見本卷後。　九百里：自焉耆國王治至龜茲國王治的行程。按，據《漢書・西域傳》，自焉耆國王治員渠城經尉犁國王治赴烏壘城行程 400 里，自烏壘城赴龜茲國王治延城 350 里。兩者之和僅 750 里。

［7］二千二百里：自焉耆國王治赴瓜州的行程，亦即焉耆國王治去高昌 900 里與高昌去敦煌 1300 里之和。

［8］大業中，遣使貢方物：據本書卷四《煬帝紀下》，焉耆國於大業十一年正月甲午朔遣使朝貢。

龜兹

龜兹國，都白山之南百七十里，[1]漢時舊國也。其王姓白，[2]字蘇尼咥。都城方六里。勝兵者數千。俗殺人者死，劫賊斷其一臂，并刖一足。[3]俗與焉耆同。[4]王頭繫綵帶，垂之於後，坐金師子座。土多稻、粟、菽、麥，饒銅、鐵、鉛、麖皮、氍毹、鐃沙、鹽緑、雌黄、胡粉、安息香、良馬、封牛。東去焉耆九百里，南去于闐千四百里，[5]西去疏勒千五百里，[6]西北去突厥牙六百餘里，[7]東南去瓜州三千一百里。[8]大業中，遣使貢方物。[9]

[1]白山：此處特指阿羯田山。在今新疆庫車縣北。

[2]白：龜兹王族之姓。最早見於《後漢書》卷四七《班超傳》。

[3]刖：古時酷刑。即砍足。

[4]俗：此指男子剪髮。

[5]于闐：西域古國名。傳見本卷後。

[6]疏勒：西域古國名。傳見本卷後。

[7]突厥牙：指突厥的都城。本書卷八四《西突厥傳》："處羅可汗居無恒處，然多在烏孫故地。復立二小可汗，分統所部。一在石國北，以制諸胡國。一居龜兹北，其地名應娑。"《新唐書》卷二一五《西突厥傳》稱，唐高宗顯慶二年（657），"蘇定方擊賀魯別帳鼠尼施于鷹娑川"。可知此處"突厥牙"即位於應娑或鷹娑川，在大裕勒都斯河谷。賀魯別帳，類似處羅所設"小可汗"。據研究，大裕勒都斯河谷也是達度可汗、射匱可汗的基地。

[8]東南去瓜州：底本、殿本作"東去南瓜州"。

[9]大業中，遣使貢方物：據本書卷四《煬帝紀下》，龜兹國於大業十一年正月甲午朔遣使朝貢。

疏勒

疏勒國，都白山南百餘里，漢時舊國也。其王字阿彌厥，[1]手足皆六指。產子非六指者，即不育。都城方五里。國内有大城十二，小城數十，勝兵者二千人。王戴金師子冠。土多稻、粟、麻、麥、銅、鐵、錦、雌黄，每歲常供送於突厥。[2]南有黄河，西帶葱嶺，東去龜兹千五百里，西去鏺汗國千里，南去朱俱波八九百里，[3]東北去突厥牙千餘里，東南去瓜州四千六百里。大業中，遣使貢方物。[4]

[1]阿彌厥：人名。疏勒國王。餘不詳。

[2]每歲常供送於突厥：即向突厥交納貢税。收取貢税是塞北游牧政權統治西域諸國的典型方式。

[3]朱俱波：西域古國名。又作朱居槃、朱俱槃。在今新疆叶城縣西南棋盤鄉。《新唐書》卷二二一《西域傳》："朱俱波亦名朱俱槃，漢子合國也。并有西夜、蒲犂、依耐、得若四種地，直于闐西千里，葱嶺北三百里，西距喝盤陀，北九百里屬疏勒，南三千里女國也。"後徙都今叶城縣。即漢代子合國之後身。

[4]大業中，遣使貢方物：本書卷四《煬帝紀下》載，大業十一年春正月甲午朔，疏勒遣使朝貢。

于闐

于闐國，都葱嶺之北二百餘里。其王姓王，字卑示閉練。[1]都城方八九里。國中大城有五，小城數十，勝兵者數千人。俗奉佛，尤多僧尼，王每持齋戒。城南五十里有贊摩寺者，[2]云是羅漢比丘比盧旃所造，[3]石上有辟支佛徒跣之迹。[4]于闐西五百里有比摩寺，[5]云是老子化胡成佛之所。[6]俗無禮義，多賊盜淫縱。王錦帽，金鼠冠，妻戴金花。其王髮不令人見。俗云，若見王髮，年必儉。土多麻、麥、粟、稻、五果，多園林，山多美玉。東去鄯善千五百里，南去女國三千里，西去朱俱波千里，北去龜兹千四百里，東北去瓜州二千八百里。大業中，頻遣使朝貢。[7]

[1]卑示閉練：人名。即王卑示閉練。于闐國王。餘不詳。

[2]贊摩寺：佛寺名。在今新疆和田縣南。

[3]比丘比盧旃：佛教僧名。餘不詳。

[4]辟支佛：佛教術語。又譯作辟支、辟支迦佛。全稱爲辟支迦佛陀。意譯爲緣覺、獨覺。與“聲聞”合稱“二乘”，與“聲聞”“菩薩”合稱“三乘”。

[5]比摩寺：佛寺名。在今新疆和田縣。

[6]老子化胡成佛：除本傳外，類似記載也見於《世説新語·文學篇》注、《魏書·釋老志》及本書《經籍志》。

[7]大業中，頻遣使朝貢：本書卷四《煬帝紀下》，僅載有于闐國大業十一年正月甲午朔遣使朝貢。

鏺汗

鏺汗國，都葱嶺之西五百餘里，[1]古渠搜國也。[2]王姓昭武，字阿利柒。[3]都城方四里。勝兵數千人。王坐金羊牀，妻戴金花。俗多朱砂、金、鐵。東去疏勒千里，西去蘇對沙那國五百里，[4]西北去石國五百里，東北去突厥牙二千餘里，東去瓜州五千五百里。大業中，遣使貢方物。[5]

[1]五百餘里：自鏺汗國王治至葱嶺的行程。按，鏺汗國王治

是計算去石國、蘇對沙那、米國、史國、康國、曹國、何國乃至小安國行程的基準點。

［2］古渠搜國：《史記正義》引《西域圖記》云："鉢汗，古渠搜也。"（見《玉海·地理·異域國書》）這與本傳記載相符，但不能看作本傳取材《西域圖記》的證據，蓋鏺汗前身爲渠搜有可能是當時流行的一種説法。

［3］阿利柒：人名。即昭武阿利柒。鏺汗國王。餘不詳。

［4］蘇對沙那國：即東曹國。都城在今塔吉克斯坦杜尚别北烏拉秋别。

［5］大業中，遣使貢方物：本書卷四《煬帝紀下》載，沛汗於大業十一年正月甲午朔遣使朝貢。沛汗，應即鏺汗。

吐火羅

吐火羅國，都葱嶺西五百里，與挹怛雜居。[1]都城方二里。勝兵者十萬人，皆習戰。其俗奉佛。兄弟同一妻，迭寢焉，每一人入房，户外挂其衣以爲志。生子屬其長兄。[2]其山穴中有神馬，每歲牧牝馬於穴所，必産名駒。南去漕國千七百里，[3]東去瓜州五千八百里。大業中，遣使朝貢。[4]

［1］與挹怛雜居：挹怛部落原游牧於塞北，西遷後以吐火羅斯坦爲統治中心，此時其政權爲突厥、波斯聯盟所破，餘衆乃與土著雜居。

［2］"兄弟同一妻"至"生子屬其長兄"：據《慧超往五天竺國傳》，"其吐火羅國，乃至罽賓國、犯引國、謝𫗧國等，兄弟十人、五人、三人、兩人共娶一妻，不許各娶一婦，恐破家計"。由

此可知此風流行甚廣，而其成因主要是經濟的，即所謂“恐破家計”。

[3]漕國：西域古國名。傳見本卷後。

[4]大業中，遣使朝貢：據本書卷四《煬帝紀下》，吐火羅國於大業十一年正月甲午朔遣使朝貢。

挹怛

挹怛國，都烏滸水南二百餘里，[1]大月氏之種類也。[2]勝兵者五六千人。俗善戰。先時國亂，突厥遣通設字詰强領其國。[3]都城方十餘里。多寺塔，皆飾以金。兄弟同妻。婦人有一夫者，冠一角帽，夫兄弟多者，依其數爲角。[4]南去漕國千五百里，[5]東去瓜州六千五百里。大業中，遣使貢方物。[6]

[1]烏滸水：即今中亞阿姆河。

[2]大月氏之種類：已知挹怛與大月氏並無關係，但因爲挹怛人自塞北西遷中亞後，統治中心便移至吐火羅斯坦，該處自東漢以來曾先後在貴霜和寄多羅貴霜的統治之下，而中國對貴霜和寄多羅貴霜一直如《後漢書》卷八八《西域傳》所言“本其故號”，稱之爲“大月氏”，故本傳誤以爲挹怛是“大月氏之種類”。《周書》卷五〇《異域傳下》和本卷所述皆爲挹怛定都阿姆河以南後的情況，故有可能以爲挹怛人從來就定居該處。

[3]詰强：人名。生平不詳。

[4]“兄弟同妻”至“依其數爲角”：據《魏書》卷一〇二《西域傳》“嚈噠條”原文，挹怛人最初並無一妻多夫之俗。而據本傳有關吐火羅人婚俗的記載，可知挹怛人染有此風當係進入中亞

後受土著影響所致。

[5]南去漕國千五百里：底本無“去”字，據宋刻本、殿本、中華本補。

[6]大業中，遣使貢方物：此則不見於本書本紀。

米國

米國，都那密水西，舊康居之地也。無王。其城主姓昭武，康國王之支庶，字閉拙。[1]都城方二里。勝兵數百人。西北去康國百里，東去蘇對沙那國五百里，西南去史國二百里，東去瓜州六千四百里。大業中，頻貢方物。[2]

[1]閉拙：人名。即昭武閉拙。米國之城主。餘不詳。

[2]大業中，頻貢方物：此則不見於本書本紀。

史國

史國，都獨莫水南十里，[1]舊康居之地也。[2]其王姓昭武，字逖遮，[3]亦康國王之支庶也。都城方二里。勝兵千餘人。俗同康國。北去康國二百四十里，南去吐火羅五百里，西去那色波國二百里，東北去米國二百里，東去瓜州六千五百里。大業中，遣使貢方物。[4]

[1]獨莫水：河名。在今烏兹別克斯坦薩赫里薩布兹及卡爾希一帶。

［2］舊康居之地：史國之前身可能是《漢書》卷九六《西域傳上》所載康居五小國之一蘇巔國。

［3］逖遮：人名。即昭武逖遮。史國王，餘不詳。

［4］大業中，遣使貢方物：此則不見於本書本紀。

曹國

曹國，都那蜜水南數里，舊是康居之地也。國無主，康國王令子烏建領之。[1]都城方三里。勝兵千餘人。國中有得悉神，[2]自西海以東諸國並敬事之。[3]其神有金人焉，金破羅闊丈有五尺，[4]高下相稱。每日以駝五頭、馬十匹、羊一百口祭之，常有千人食之不盡。東南去康國百里，西去何國百五十里，東去瓜州六千六百里。大業中，遣使貢方物。[5]

［1］烏建：人名。康國王子。餘不詳。

［2］得悉神：祆教之女神，司星辰雨水。

［3］西海：指地中海。

［4］金破羅：飲酒器。

［5］大業中，遣使貢方物：據本書卷四《煬帝紀下》，曹國於大業十年七月乙卯、十一年正月甲午朔來朝貢。

何國

何國，都那蜜水南數里，舊是康居之地也。[1]其王姓昭武，亦康國王之族類，字敦。[2]都城方二里。勝兵千人。其王坐金羊座。東去曹國百五十里，西去小安國三百里，東去瓜州六千七百五十里。大業中，遣使貢方物。[3]

［1］舊是康居之地：何國之前身可能是《漢書》卷九六《西域傳上》所載康居五小國之一附墨國。

［2］敦：人名。即昭武敦。何國王。餘不詳。

［3］大業中，遣使貢方物：據本書卷四《煬帝紀下》，何國於大業十一年正月甲午朔遣使朝貢。

烏那曷

烏那曷國，都烏滸水西，舊安息之地也。[1]王姓昭武，亦康國種類，字佛食。[2]都城方二里。勝兵數百人。王坐金羊座。東北去安國四百里，西北去穆國二百餘里，東去瓜州七千五百里。大業中，遣使貢方物。[3]

［1］安息之地：烏那曷國在阿姆河南，可能一度是安息屬土。

［2］佛食：人名。即昭武佛食。烏那曷王。餘不詳。

［3］大業中，遣使貢方物：據本書卷四《煬帝紀下》，烏那曷於大業十一年正月甲午朔遣使朝貢。

穆國

穆國，都烏滸河之西，亦安息之故地，與烏那曷爲鄰。其王姓昭武，亦康國王之種類也，字阿濫密。[1]都城方三里。勝兵二千人。東北去安國五百里，東去烏那曷二百餘里，西去波斯國四千餘里，東去瓜州七千七百里。大業中，遣使貢方物。[2]

[1]濫密：人名。即昭武阿濫密。穆國王。餘不詳。

[2]大業中，遣使貢方物：據本書卷四《煬帝紀下》，穆國於大業十一年正月甲午朔遣使朝貢。

波斯

波斯國，都達曷水之西蘇藺城即條支之故地也。[1]其王字庫薩和。[2]都城方十餘里。勝兵二萬餘人，乘象而戰。國無死刑，或斷手刖足，没家財，或剃去其鬚，或繫排於項，以爲標異。人年三歲已上，出口錢四文。妻其姊妹。[3]人死者，棄屍于山，[4]持服一月。王著金花冠，坐金師子座，傅金屑於鬚上以爲飾。衣錦袍，加瓔珞於其上。土多良馬，大驢，師子，白象，大鳥卵，真珠，頗黎，獸魄，[5]珊瑚，瑠璃，碼碯，水精，瑟瑟，呼洛羯，[6]吕騰，火齊，金剛，金，銀，鍮石，[7]銅，鑌鐵，錫，錦疊，細布，氍氀，毾㲪，護那，[8]越諸布，[9]檀，金縷織成，赤麖皮，朱沙，[10]水銀，薰陸、[11]鬱金、蘇合、青木等諸香，胡椒，畢撥，[12]石蜜，半蜜，千年棗，附子，訶黎勒，[13]無食子，鹽緑，雌黄。突厥不能至其國，亦羈縻之。波斯每遣使貢獻。西去海數百里，[14]東去穆國四千餘里，西北去拂菻四千五百里，[15]東去瓜州萬一千七百里。

煬帝遣雲騎尉李昱使通波斯，[16]尋遣使隨昱貢方物。[17]

［1］達曷水：指底格里斯河。　蘇藺城：城名。在今伊拉克巴格達南。　條支：西亞古國名。亦稱塞琉西王國、塞琉古王國。

［2］庫薩和：人名。薩珊波斯國王。餘不詳。

［3］妻其姊妹：指祆教主張的近親結婚。

［4］棄屍于山：指波斯祆教徒特有的葬俗，即天葬。

［5］獸魄：《漢書》卷九六《西域傳上》作“虎魄”，避唐諱改。

［6］呼洛羯：一説即硼砂。

［7］鍮石：底本原作“瑜石”，據宋刻本、殿本、中華本改。

［8］護那：一種織物。

［9］越諾：指錦緞。

［10］朱沙：殿本、中華本作“朱砂”。

［11］薰陸：《魏略》本傳作“熏陸”。

［12］畢撥：即蓽撥。胡椒的一種。

［13］訶黎勒：一種果樹。

［14］海：指地中海。

［15］拂菻：指東羅馬。

［16］煬帝遣雲騎尉李昱使通波斯：李昱應先隨杜行滿抵達安國，復自安國往赴波斯。

［17］遣使隨昱貢方物：不見於本書本紀。

漕國

漕國，在葱嶺之北，[1]漢時罽賓國也。[2]其王姓昭武，字順達，[3]康國王之宗族。都城方四里。勝兵者萬餘人。國法嚴整，殺人及賊盜皆死。其俗淫祠。葱嶺山有順天神者，[4]儀制極華，金銀鍱爲屋，以銀爲地，祠者日有千餘人。祠前有一魚脊骨，其孔中通，馬騎出入。國王戴金魚頭冠，坐金馬座。土多稻、粟、豆、麥；饒象，馬，封牛，金，銀，鑌鐵，氍毹，朱砂，[5]青黛，[6]安息、青木等香，石蜜，半蜜，黑鹽，阿魏，[7]没藥，[8]白附子。北去帆延七百里，[9]東去劫國六百里，[10]東北去瓜州六千六百里。大業中，遣使貢方物。[11]

[1]在葱嶺之北：《通典》卷一九二《邊防·西戎四》："至隋時，謂之漕國，在葱嶺之西南。"《新唐書》卷二二一本傳"罽賓條"亦稱："罽賓，隋漕國也，居葱嶺南。"按，《通典·邊防八·西戎四》所記最爲確切。葱嶺，此處指興都庫什山。

[2]漢時罽賓國：漢代罽賓國在喀布爾河中下游，故隋人將迦畢試稱爲罽賓，不確。這是時人爲漢代罽賓位置迷惑所致。

[3]順達：人名。即昭武順達。漕國王。餘不詳。

[4]順天神：應即《大唐西域記》卷一二"漕矩吒國條"所見"蒭那天神"，婆羅門教天神之一。"順"與"蒭那"爲同名異譯。

[5]朱砂：宋刻本作"朱沙"。

[6]青黛：即靛青。用於婦女化妝。

[7]阿魏：一種樹脂。

[8]没藥：底本、宋刻本、殿本無"没"字，據中華本補。没藥，一種樹脂。古埃及人用於尸體防腐的香料。

[9]帆延：西域古國名。一般認爲即巴米揚，都羅爛城（今阿富汗喀布爾市西）。

[10]東去劫國六百里：東去，底本作"東北"，殿本作"東北去"，宋刻本、中華本作"東去"，據宋刻本、中華本改。劫國，《通典》卷一九三《邊防·西戎五》："劫國，隋時聞焉，在葱嶺中，西與南俱與賒彌國界接，西北至挹怛國，去長安萬二千里。有户數

萬。氣候熱，有稻、麥、粟、豆、羊、馬。出洛沙、青黛。婚姻同突厥。死亡棄於山。”所記應是本傳所見劫國。

[11]大業中，遣使貢方物：此則不見於本書本紀。

附國

附國者，蜀郡西北二千餘里，[1]即漢之西南夷也。[2]有嘉良夷，[3]即其東部，所居種姓自相率領，土俗與附國同，言語少殊，不相統一。其人並無姓氏。附國王字宜繒。[4]其國南北八百里，東南千五百里，[5]無城柵，近川谷，傍山險。俗好復讎，故壘石爲礫而居，以避其患。其礫高至十餘丈，下至五六丈，每級丈餘，以木隔之。基方三四步，礫上方二三步，狀似浮圖。[6]於下級開小門，從内上通，夜必關閉，以防賊盜。國有二萬餘家，號令自王出。嘉良夷政令繫之酋帥，重罪者死，輕刑罰牛。

[1]蜀郡：治所在今四川成都市。

[2]西南夷：對漢時分布於今甘肅南部、四川西部、南部及雲南、貴州一帶少數民族的總稱。主要有夜郎、靡莫、滇、邛都、巂、昆明、筰都、徙、白馬等。

[3]嘉良夷：西南夷之一支，在其東部。

[4]宜繒：人名。附國王。餘不詳。

[5]東南：殿本作“東西”。

[6]浮圖：即佛塔。

人皆輕捷，便於擊劍。漆皮爲牟甲，弓長六尺，以竹爲弦。妻其群母及嫂，兒弟死，父兄亦納其妻。好歌儛，鼓簧，吹長笛。有死者，無服制，置屍高牀之上，沐浴衣服，被以牟甲，覆以獸皮。子孫不哭，帶甲儛劍而呼云：[1]“我父爲鬼所取，我欲報寃殺鬼。”自餘親戚哭三聲而止。婦人哭，必以兩手掩面。死家殺牛，親屬以猪酒相遺，共飲噉而瘞之。死後十年而大葬，其葬必集親賓，殺馬動至數十匹。立其祖父神而事之。其俗以皮爲帽，形圓如鉢，或帶羃䍦。衣多毛毼皮裘，全剥牛脚皮爲靴。項繫鐵鎖，手貫鐵釧。王與酋帥，金爲首飾，胸前懸一金花，徑三寸。其土高，氣候凉，多風少雨。土宜小麥、青穄。[2]山出金、銀、多白雉。水有嘉魚，長四尺而鱗細。

嘉良有水，闊六七十丈，附國有水，闊百餘丈，並南流，用皮爲舟而濟。

[1]帶：宋刻本作“戴”。

[2]青穄：北史卷九七《西域傳》作“青稞”。

大業四年，其王遣使素福等八人入朝。[1]明年，又遣其弟子宜林率嘉良夷六十人朝貢。[2]欲獻良馬，以路險不通，請開山道以修職貢。[3]煬帝以勞人不許。

[1]素福：人名。附國使隋使者。餘不詳。

[2]宜林：人名。附國王室。餘不詳。

[3]職貢：殿本作“貢職”。

附國南有薄緣夷，[1]風俗亦同。西有女國。其東北連山，緜亘數千里，接於党項。往往有羌：大、小左封，昔衛，葛延，白狗，向人，望族，林臺，春桑，利豆，迷桑，婢藥，大硤，白蘭，叱利摸徒，[2]那鄂，當迷，渠步，桑悟，千碉，並在深山窮谷，無大君長。其風俗略同於党項，或役屬吐谷渾，或附附國。

大業中，來朝貢。緣西南邊置諸道總管，以遥管之。

［1］薄緣夷：西藏古代族部名。薄緣，約在今西藏昌都地區南部。

［2］叱利摸徒：底本、宋刻本、殿本作“北利摸徒”，據中華本改。

史臣曰：自古開遠夷，通絶域，必因宏放之主，皆起好事之臣。張騫鑿空於前，[1]班超投筆於後，[2]或結之以重寶，或懾之以利劍，投軀萬死之地，以要一旦之功，皆由主尚來遠之名，臣殉輕生之節。是知上之所好，下必有甚者也。煬帝規摹宏侈，掩吞秦、漢，裴矩方進《西域圖記》以蕩其心，[3]故萬乘親出玉門關，[4]置伊吾、且末，[5]而關右暨於流沙，[6]騷然無聊生矣。若使北狄無虞，[7]東夷告捷，[8]必將修輪臺之戍，[9]築烏壘之城，[10]求大秦之明珠，[11]致條支之鳥卵，[12]往來轉輸，將何以堪其敝哉！古者哲王之制，方五千里，務安諸夏，不事要荒。豈威不能加，德不能被？蓋不以四夷勞中國，不以無用害有用也。是以秦戍五嶺，[13]漢事三邊，[14]或道殣相望，或户口減半。隋室恃其强盛，亦狼狽於青海。[15]此皆一人失其道，故億兆罹其毒。若深思即叙之義，固辭都護之請，返其千里之馬，不求白狼之貢，[16]則七戎九夷，候風重譯，雖無遼東之捷，[17]豈及江都之禍乎！[18]

［1］張騫鑿空：指公元前138年張騫奉命出使大月氏，約其共同夾攻匈奴。自長安出隴西，經葱嶺，至大宛、康居、大月支、大夏等地。至公元前126年歸國，前後歷時十三年。這次出使加强了中原與西域以及漢朝和中亞各地的聯繫，奠定了絲綢之路的開闢，具有劃時代的歷史意義，故曰鑿空。張騫，人名。傳見《漢書》卷六一。

［2］班超投筆：此指東漢時期班超投筆從戎事。他曾在西域活動三十餘年，平定五十餘國，維護了中央政府在西域地區的有效統治。班超，人名。傳見《後漢書》卷四七。

［3］《西域圖記》：本書《經籍志二》載，"《隋西域圖》三卷，裴矩撰"。書成於大業二年。文字之外還有圖。書已佚失，序文保存在本書卷六七《裴矩傳》，佚文散見於《通典》《太平寰宇記》《玉海》《史記正義》等書。一般認爲《西域圖記》是本傳重要資料來源之一，但無確證。

［4］萬乘親出玉門關：指大業五年，煬帝親征吐谷渾，歸途在燕支山接見西域諸國使節。此行僅抵張掖，未出玉門關。玉門關，西漢武帝置，在今甘肅敦煌市西北小方盤城。因古代西域玉石皆經此輸入，故名。爲漢時通往西域的重要門户。

［5］伊吾：郡名。隋大業六年置，治所在新伊吾（今新疆哈密市）。據本書卷三《煬帝紀上》，大業五年四月壬寅，伊吾"遣使來朝"，同年六月壬子伊吾設再次朝隋，獻"西域數千里之地"。丙辰，煬帝"宴高昌王、（伊吾）吐屯設於殿上"。然所謂獻地之

類不過是象徵性舉動，於是有薛世雄平定伊吾之役。據本書卷六五《薛世雄傳》，大業六年“以世雄爲玉門道行軍大將，與突厥啓民可汗連兵擊伊吾。師次玉門，啓民可汗背約，兵不至，世雄孤軍度磧。伊吾初謂隋軍不能至，皆不設備，及聞世雄兵已度磧，大懼，請降，詣軍門上牛酒。世雄遂於漢舊伊吾城東築城，號新伊吾，留銀青光禄大夫王威，以甲卒千餘人戍之而還”。伊吾郡之設，當在此役之後。　且末：郡名。隋大業五年置，治所在且末城（今新疆且末縣城西南）。據本卷《吐谷渾傳》，煬帝於大業五年平定吐谷渾後，“自西平臨羌城以西，且末以東，祁連以南，雪山以北，東西四千里，南北二千里，皆爲隋有”。於是，如本書《地理志上》所言：“更置四郡。……東西九千三百里，南北萬四千八百一十五里，東南皆至於海，西至且末，北至五原，隋氏之盛，極於此也”。其中，“且末郡置在古且末城。有且末水、薩毗澤。統縣二”。按，隋置鄯善、且末、伊吾等郡，衹是屯戍而已。隋末戰亂，西域諸郡皆廢。

［6］關右：地區名。即關西。漢、唐時泛指函谷關或潼關以西地區。　流沙：一般泛指中國西北方之沙漠地區而言。或指今新疆境内白龍堆沙漠一帶。此處極言偏遠之地。

［7］北狄：即北方少數民族，此指北方邊境。

［8］東夷：指高句麗。煬帝於大業八年、九年、十一年曾三次遠征，均以失敗告終。

［9］輪臺：西域古國名。一作侖頭。國都在今新疆輪臺縣南柯龍克沁遺址。西漢武帝時爲貳師將軍李廣利所滅。此處借指西域。輪，宋刻本作“一”。

［10］烏壘：漢西域國名。都城在烏壘城（今新疆輪臺縣東北小野云溝附近）。後爲西漢所滅。爲西域都護府治。此處借指西域。

［11］大秦之明珠：據《後漢書》卷八八《西域傳》載，“（大秦）土多金銀奇寶，有夜光璧、明月珠”。大秦，指羅馬帝國。

［12］條支之鳥卵：據《史記》卷一二三《大宛列傳》載，

“（條支）有大鳥，卵如甕”。條支，指塞琉古朝叙利亞王國。

［13］秦戍五嶺：《史記》卷六《秦始皇本紀》載，三十三年“以適遣戍”。《史記集解》引徐廣餘曰：“五十萬人守五嶺。”《史記正義》引《廣州記》云：“五嶺者，大庾、始安、臨賀、揭楊、桂陽。”又引《輿地志》云：“一曰臺嶺、亦名塞上，今名大庾；二曰騎田；三曰都龐；四曰萌諸；五曰越嶺。”

［14］漢事三邊：《史記·律書》：“高祖有天下，三邊外畔。”三邊，指東邊朝鮮、南邊南越、北邊匈奴。武帝即位，於元朔二年（前127）開始征伐匈奴，元鼎六年（前111）平南越，元封三年（前108）定朝鮮。

［15］狼狽於青海：指大業五年煬帝親征吐谷渾事。青海，底本、宋刻本、殿本作“清海”，據中華本改。

［16］白狼之貢：據《國語·周語上》，穆王將征犬戎，祭公謀父諫，“王不聽，遂征之，得四白狼、四白鹿以歸。自是荒服者不至”。韋注：“白狼、白鹿，犬戎所貢。”又注：“穆王責犬戎以非禮，暴兵露師，傷威毀信，故荒服者不至。”

［17］遼東：地區名。泛指遼河以東。此處指大業年間遠征高句麗事。

［18］江都之禍：指江都（今江蘇揚州市）兵變、煬帝被殺事，見本書卷四《煬帝紀下》。

隋書　卷八四

列傳第四十九

北狄

突厥

突厥之先，平凉雜胡也，[1]姓阿史那氏。[2]後魏太武滅沮渠氏，[3]阿史那以五百家奔茹茹，[4]世居金山，[5]工於鐵作。金山狀如兜鍪，[6]俗呼兜鍪爲“突厥”，因以爲號。或云，其先國於西海之上，[7]爲鄰國所滅，男女無少長盡殺之。至一兒，不忍殺，刖足斷臂，[8]棄於大澤中。有一牝狼，[9]每啣肉至其所，此兒因食之，得以不死。其後遂與狼交，狼有孕焉。彼鄰國者，復令人殺此兒，而狼在其側。使者將殺之，其狼若爲神所憑，欻然至於海東，止於山上。其山在高昌西北，[10]下有洞穴，狼入其中，遇得平壤茂草，地方二百餘里。其後狼生十男，其一姓阿史那氏，最賢，遂爲君長。故牙門建狼頭纛，[11]示不忘本也。

[1]平涼：郡名。治所在今甘肅平涼市西北。　雜胡：胡人的泛稱。

[2]阿史那氏：薛宗正考突厥的父系遠祖阿史那氏本爲 SaKa－Tigrahauda 的一支，原居西海之右，東遷漠北而爲漢、魏之呼揭、呼得。與 Dil（狄、丁零）部落進行了初步的結合，衍生出另一系始祖阿史德氏。二氏結爲姻親，繁衍胤裔。（參見薛宗正《突厥史》，中國社會科學出版社 1992 年版，第 45 頁）

[3]後魏：即北魏（386—557），亦單稱魏。初都平城（今山西大同市東北），公元 494 年遷都洛陽（今河南洛陽市東北白馬寺東）。公元 534 年分裂爲東魏和西魏兩個政權。東魏（534—550）都於鄴（今河北臨漳縣西南鄴鎮東），西魏（535—557）都於長安（今陝西西安市西北郊）。　太武：北魏皇帝拓跋燾的謚號。紀見《魏書》卷四、《北史》卷二。　沮渠氏：複姓。原爲匈奴所置官名，爲匈奴語音譯，亦譯作且渠。分置左、右，由四貴姓中的須卜氏（一譯作卜氏）充任。後成爲盧水胡姓氏。或說沮渠氏源於月氏，後與河西各族雜處，稱盧水胡。十六國時期匈奴左沮渠後裔沮渠蒙遜建立北涼。此處沮渠氏即代指北涼。北涼（397—439），都姑臧（即今甘肅武威市）。北魏太延五年（439）太武帝發兵滅北涼。

[4]茹茹：古族名。亦稱蠕蠕、芮芮、柔然。本爲東胡族的一支，初屬鮮卑拓拔部。南北朝時逐漸强大，西魏廢帝時爲突厥所滅。傳見《魏書》卷一〇三、《北史》卷九八。

[5]金山：地名。即今阿爾泰山。

[6]兜鍪（móu）：古代戰士戴的頭盔。

[7]西海：所指因時而異。先秦史籍所載西海泛指西方海域，確址未詳。或指今咸海或裏海，或指今波斯灣、紅海、阿拉伯海及印度洋西北部。西漢時亦指今青海省青海湖，東漢時又指今內蒙古

居延海爲西海。此外，今新疆博斯騰湖、今地中海亦在史籍中被稱爲西海。

[8]刖：古代的一種酷刑，砍掉脚或脚趾。

[9]牝狼：即母狼。

[10]高昌：城名。在今新疆吐魯番市高昌廢址。

[11]牙門：古時駐軍，主帥或主將帳前樹牙旗以爲軍門，稱“牙門”。　狼頭纛（dào）：用狼頭作標志的大旗。

有阿賢設者，[1]率部落出於穴中，世臣茹茹。至大葉護，[2]種類漸强。當後魏之末，有伊利可汗，[3]以兵擊鐵勒，[4]大敗之，降五萬餘家，遂求婚於茹茹。茹茹主阿那瓌大怒，[5]遣使罵之。伊利斬其使，率衆襲茹茹，破之。卒，弟逸可汗立，[6]又破茹茹。病且卒，捨其子攝圖，[7]立其弟俟斗，[8]稱爲木杆可汗。[9]木杆勇而多智，遂擊茹茹，滅之。西破挹怛，[10]東走契丹，[11]北方戎狄悉歸之，抗衡中夏。後與西魏師入侵東魏，至于太原。[12]

[1]阿賢設：人名。其事略見《周書》卷五〇、《北史》卷九九《突厥傳》。

[2]大葉護：突厥首領爵號。其名吐務，具有誕生、復興之意。其事略見《新唐書》卷二一五《突厥傳》。

[3]伊利可汗：原稱土門，突厥語意萬人長，其本名可能是布民（參見薛宗正《突厥史》，第86頁）。其事略見《周書》卷五〇、《北史》卷九九《突厥傳》。

[4]鐵勒：古族名。漢時稱丁零，北魏時稱敕勒或鐵勒。隋時鐵勒各部分布於東至獨洛河（今土拉河）以北、西至西海（今裏

海）的廣大地區，分屬東、西突厥。其漠北十五部以薛延陀與回紇爲最著。傳另見《北史》卷九九。

［5］阿那瓌：蠕蠕首領之號。其事略見《魏書》卷一〇三、《北史》卷九八《蠕蠕傳》。

［6］弟逸可汗立：《周書·突厥傳》記："子科羅立，科羅號乙息記可汗。"《北史·突厥傳》作"弟阿逸可汗立"。該卷中華本校勘記考："逸可汗、乙息記可汗當是一人，而作'子'作'弟'不同。"薛宗正認爲，乙息記可汗意爲第二可汗，阿逸可汗意爲月可汗，説明此人爲大汗的副座，國之儲君。關於伊利可汗與阿逸可汗之間是父子還是兄弟關係，史籍中存在不同説法，學者也各有意見。（參見薛宗正《突厥史》，第89頁）

［7］攝圖：人名。即後文的沙鉢略可汗。

［8］俟斗：《周書·突厥傳》《北史·突厥傳》皆作"俟斤"。薛宗正以爲"俟斤"爲異姓突厥酋長所任之低爵，阿史那汗胄無任此職者。俟斗，亦即燕都，具有神聖之意，應以俟斗爲是（參見薛宗正《突厥史》，第92頁）。俟斗事另見《周書·突厥傳》《北史·突厥傳》。

［9］木杆可汗：《周書·突厥傳》作"木汗可汗"，另《北史》卷一四《武成皇后阿史那氏傳》宋殘本作"木杅可汗"，《周書》卷九《武帝阿史那皇后傳》中華本校勘記認爲此乃因譯音無定字所造成。木杆，突厥首領之號，意即偉大的。據《藝文類聚》卷七六《京師突厥寺碑》所記，其汗號全稱爲突厥大伊尼溫木汗（杆）可汗，意即采邑掌權者，偉大的可汗。（參見薛宗正《突厥史》，第92頁）

［10］挹（yì）怛（dá）：古國名。初名滑國，姓嚈噠，後裔以姓爲國號，亦譯爲"挹闐""厭怛""嚈噠"。屬大月氏後裔，亦有説爲高車之別種，或説爲車師別種、乙弗鮮卑及匈奴與大月氏混血而成等。其源出於塞北。自金山而南，在于闐之西。風俗與突厥略同，自北魏開始，向中原王朝納貢。傳見《梁書》卷五四、《南

史》卷七九，事亦見《新唐書》卷二二一下《吐火羅傳》。

[11]契丹：古族名。源於東胡。居今遼河上游西拉木倫河一帶，以游牧爲生。北魏時，自號契丹。傳見《舊唐書》卷一九九下。

[12]太原：地名。在今寧夏固原市、甘肅平凉市一帶。

其俗畜牧爲事，隨逐水草，不恒厥處。穹廬氈帳，[1]被髮左衽，[2]食肉飲酪，身衣裘褐，[3]賤老貴壯，官有葉護，[4]次設，次特勤，[5]次俟利發，[6]次吐屯發，[7]下至小官，凡二十八等，皆世爲之。[8]有角弓、鳴鏑、甲、矟、刀、劍。[9]善騎射，性殘忍。無文字，刻木爲契。候月將滿，輒爲寇抄。謀反叛殺人者皆死，[10]淫者，割勢而腰斬之。[11]鬬傷人目者償之以女，無女則輸婦財，折支體者輸馬，[12]盗者則償贓十倍。[13]有死者，停屍帳中，家人親屬多殺牛馬而祭之，[14]遶帳號呼，以刀剺面，血淚交下，七度而止。於是擇日置屍馬上而焚之，取灰而葬。表木爲塋，立屋其中，圖畫死者形儀及其生時所經戰陣之狀。嘗殺一人，則立一石，有至千百者。父兄死，子弟妻其群母及嫂。五月中，多殺羊馬以祭天。男子好樗蒲，[15]女子踏鞠，[16]飲馬酪取醉，歌呼相對。敬鬼神，信巫覡，重兵死而耻病終，大抵與匈奴同俗。[17]

[1]穹廬：古代游牧民族居住的氈帳。顔師古曰："穹廬，旃帳也。其形穹隆，故曰穹廬。"　氈帳：用加工羊毛或其他動物毛而成的塊片狀材料製成的帳幕。

［2］左衽：中國古代某些少數民族的服裝，前襟向左掩，異於中原一帶的右衽。

［3］裘褐：粗陋衣服。

［4］葉護：突厥官號。是一種名高位尊的顯爵，相當於小可汗，原出伊蘭語王稱。突厥初代君主“大業護”即用此號。後世則常以王弟授此方面之任。亦有不少可汗以此爵名加入汗號系列。（參見薛宗正《突厥史》，第120頁）

［5］次設，次特勤：諸本脱“次設”，據中華本《北史》卷九九《突厥傳》校勘記改。又《周書》卷五〇《突厥傳》中華本校勘記云：“諸本‘特勤’作‘特勒’。近人考證，‘特勒’皆‘特勤’之訛。”今據改。以下皆從改，不另出注。設，突厥官號。爲突厥、回紇等汗國官名，多由可汗子弟擔任，地位次於葉護，統領部落和兵馬。特勤，突厥官號。漢朝時譯爲狄銀、的斤、惕紂等。爲突厥、回紇等汗國官名。多由可汗子弟擔任，地位僅次於葉護和設，衹統部落，不領兵馬。

［6］俟利發：突厥官號。古代柔然、特勒、突厥、回紇皆以此爲官名。又作頡利伐、俟利弗、俟列發、希利發等。始自柔然，由王族兄弟擔任，爲掌一方軍政之親王。突厥時，位在特勤之下，有方面大權，並參預評議國事。

［7］吐屯發：突厥官號。亦稱吐屯。由阿史那氏的成員出任，由可汗派遣，常駐屬國、屬部，負責監督行政和徵收賦税，職位不高，實權較大。世襲，無員限。學者認爲突厥吐屯乃是古匈奴僮僕都尉制度的繼承和發展，類似於秦派往各郡國的御史，主要是爲了監視異姓突厥，加强阿史那氏統治，維繫汗國統一。（參見薛宗正《突厥史》，第122頁）

［8］“下至小官”至“皆世爲之”：關於突厥的職官等級，《通典》卷一九七《突厥上》記：“其子弟謂之特勤，别部領兵者謂之設，其大官屈律啜、次阿波、次頡利發、次吐屯、次俟斤。”卷一九九《突厥下》叙西突厥官制則曰：“其官有葉護、有設、有特勤，

常以可汗子弟及宗族爲之。又有乙斤、屈利啜、閻洪達、頡利發、吐屯、俟斤等官，皆代襲其位。”可補本卷之闕。

[9]角弓：以獸角爲飾的硬弓。　鳴鏑：即響箭。矢發射時有聲，故稱。　矟：古代兵器，長矛。

[10]謀反叛殺人者皆死：此句“謀反叛”三字不通，《周書·突厥傳》作：“反叛、殺人及姦人之婦、盜馬絆者，皆死。”《北史·突厥傳》亦同，或疑“謀”爲衍字。

[11]勢：男性生殖器。

[12]無女則輸婦財，折支體者輸馬：此句《北史·突厥傳》中華本校勘記以爲：“《通典》《通志》‘財’作‘損’，屬下讀，疑是。”

[13]十倍：《周書·突厥傳》“十”後有“餘”字。

[14]牛：《周書·突厥傳》、《北史·突厥傳》、《通典》卷一九七《邊防十三·突厥上》、《通志》卷二〇〇《突厥》均作“羊”。又後文亦稱“羊馬”，應從改。

[15]樗蒲：古代的一種博戲。後世亦以指賭博。

[16]踏鞠：亦作“蹹踘”“蹹鞠”“蹋鞠”“蹋踘”。古代一種用於習武、健身和娛樂的踢球運動。

[17]匈奴：古族名。亦稱胡，公元前三世紀前後興起於大漠南北，西漢時常南下侵擾中原，武帝後勢力逐漸衰落。傳見《史記》卷一一〇、《漢書》卷九四、《後漢書》卷一一九。

木杆在位二十年，卒，[1]復捨其子大邏便而立其弟，[2]是爲佗鉢可汗。[3]佗鉢以攝圖爲爾伏可汗，[4]統其東面，又以其弟褥但可汗子爲步離可汗，[5]居西方。時佗鉢控弦數十萬，中國憚之，周、齊爭結姻好，[6]傾府藏以事之。佗鉢益驕，每謂其下曰：“我在南兩兒常孝順，何患貧也！”齊有沙門惠琳，[7]被掠入突厥中，因謂佗鉢曰："齊國富强者，爲有佛法耳。"遂説以因緣果報之事。佗鉢聞而信之，建一伽藍，[8]遣使聘于齊氏，求《净名》《涅槃》《華嚴》等經，[9]并《十誦律》。[10]佗鉢亦躬自齋戒，遶塔行道，恨不生内地。在位十年，病且卒，謂其子菴羅曰：[11]"吾聞親莫過於父子。吾兄不親其子，委地於我。我死，汝當避大邏便也。"及佗鉢卒，[12]國中將立大邏便，以其母賤，衆不服。菴羅母貴，[13]突厥素重之。攝圖最後至，謂國中曰："若立菴羅者，我當率兄弟以事之；如立大邏便，我必守境，利刃長矛以相待矣。"攝圖長而且雄，國人皆憚，莫敢拒者。竟立菴羅爲嗣。大邏便不得立，心不服菴羅，每遣人罵辱之。菴羅不能制，因以國讓攝圖。國中相與議曰："四可汗之子，攝圖最賢。"因迎立之，號伊利俱盧設莫何始波羅可汗，[14]一號沙鉢略。[15]治都斤山。[16]菴羅降居獨洛水，[17]稱第二可汗。[18]大邏便乃請沙鉢略曰："我與爾俱可汗子，各承父後。爾今極尊，我獨無位，何也？"沙鉢略患之，以爲阿波可汗，[19]還領所部。

[1]木杆在位二十年，卒：據《北史》卷九九《突厥傳》木杆可汗卒於北周武帝天和四年（569）。

[2]大邏便：突厥首領之官號。《通典》卷一九七《邊防·突厥上》記突厥官號時曰："肥麤者謂之大羅便。大羅便，酒器也。似角而麤短，體貌似之，故以爲號。此官特貴，惟其子弟爲之。"大邏便即後文的阿波可汗。其事另見本書卷一《高祖紀上》、《北史·突厥傳》、《新唐書》卷二一五下《突厥傳》。

[3]佗鉢可汗：佗，《周書》卷五〇《突厥傳》、《北史·突厥

傳》作“他”。其事略見《周書·突厥傳》《北史·突厥傳》。薛宗正考佗鉢可汗即木杆時代之東面可汗阿史那庫頭，亦稱控地頭可汗或地頭可汗（參見薛宗正《突厥史》，第134—135頁）。

[4]爾伏可汗：爾伏，突厥首領名號。此指小可汗，爲大可汗的同胞兄弟或嫡親子侄，各領部曲，出鎮一方，世襲其采邑。

[5]褥但可汗：突厥首領名號，其事不詳。《通典》卷一九七《邊防十三·突厥上》、《太平寰宇記》卷一九四《突厥上》作“但耨可汗”。 步離可汗：突厥首領名號。亦可與褥但連稱爲褥但步離。薛宗正考褥但步離與新、舊《唐書》所載西面可汗室點密爲同一人，但也有一些學者秉持不同的觀點（參見薛宗正《突厥史》，第114—116頁）。步離可汗事另見《北史》卷一一《隋文帝紀》。

[6]周：即北周（557—581），都長安（今陝西西安市）。齊：即北齊（550—577），都鄴（今河北臨漳縣西南鄴鎮東）。

[7]惠琳：人名。北齊時人。其事不詳。

[8]伽藍：梵語僧伽藍摩譯音的略稱。意爲衆園或僧院，即僧衆居住的庭園。後因稱佛寺爲伽藍。

[9]《净名》：佛經名。即《維摩詰所説經》，亦稱《維摩詰經》《不可思議解脱經》。該經所記爲維摩詰與釋迦使者文殊師利等反復論説佛性之語，如以天女散花證佛經有無等。有三國吴支謙及唐玄奘的譯本，其中以十六國後秦鳩摩羅什譯本較爲通行。《涅槃》：佛經名。即《涅槃經》。分大、小乘兩類，譯本很多。《華嚴》：佛經名。即《華嚴經》。全稱爲《大方廣佛華嚴經》，或稱《大方廣佛會經》，亦稱《雜華經》。爲印度大成有宗和唐華嚴宗的重要經典，亦爲法相宗、天臺宗、禪宗和日本蓮宗所尊奉。

[10]《十誦律》：佛教戒律書。又稱《薩婆多部十誦律》。後秦弗若多羅和鳩摩羅什等譯，六十一卷，收在《大正藏》第二十三册。

[11]菴羅：人名。羅，《北史·突厥傳》、《通鑑》卷一七五《陳紀》太建十三年十二月庚子條、《册府元龜》卷九六七《外臣

部》均作“邏”。蓋因譯音無定字。

［12］佗鉢卒：據《通鑑》卷一七五陳宣帝太建十三年十二月庚子條所記，佗鉢卒於開皇元年（581）。

［13］母：《北史·突厥傳》作“賓”。

［14］莫何始波羅：學者認爲“莫何”（bagha）是古代北方諸族都接受的重要尊貴美稱，可能來自古伊朗語的 bagapuhr，原意指神之子，與華夏之天子相對應，甚至與“天子”一詞有着共同的淵源，這個名號後來經歷了貶值過程，被北方諸族用於指稱部落酋長。但也經常用作可汗號的一個重要部分，有時甚至取代可汗號的其他部分。（參看 Sanping Chen，Son of Heaven and Son of God：interactions among Ancient Asiatic Cultures regarding Sacral Kingship and Theophoric Names，in：*Joural of the Royal Asiatic Society*，*Series*3，*Vol*. 12，*no*. 3（002），*PP*. 289－325；羅新《中古北族名號研究》，北京大學出版社 2009 年版，第 7 頁）始波羅，《通典》卷一九七《邊防·突厥上》曰：“其勇健者謂之始波羅。”

［15］沙鉢略：學者考“沙鉢略”即始波羅異譯（參見岑仲勉《突厥集史》，中華書局 1958 年版，第 508 頁）。故後文沙鉢略給隋文帝信書“始波羅”，隋文帝回信書“沙鉢略”。

［16］都斤山：《周書·突厥傳》作“於都斤”。岑仲勉認爲應依《周書》，修史者殆誤以爲虛字而刪去（參見岑仲勉《突厥集史》，第 505 頁）。於都斤，山名。又名鬱督軍山、乞督軍山、尉都犍山、烏德犍山等，即今蒙古杭愛山。

［17］獨洛水：河名。即今蒙古境内土拉河。

［18］第二：《北史·突厥傳》作“第三”。薛宗正以爲應依《北史》，《隋書》所記誤（參見薛宗正《突厥史》，第 118 頁）。

［19］阿波可汗：突厥首領之號。見前注“大邏便”條。

沙鉢略勇而得衆，北夷皆歸附之。及高祖受禪，[1]

待之甚薄，北夷大怨。會營州刺史高寶寧作亂，[2]沙鉢略與之合軍，攻陷臨渝鎮。[3]上敕緣邊修保鄣，[4]峻長城，以備之，仍命重將出鎮幽、并。[5]沙鉢略妻，宇文氏之女，曰千金公主，[6]自傷宗祀絶滅，每懷復隋之志，日夜言之於沙鉢略。由是悉衆爲寇，控弦之士四十萬。上令柱國馮昱屯乙弗泊，[7]蘭州總管叱李長乂守臨洮，[8]上柱國李崇屯幽州，[9]達奚長儒據周槃，[10]皆爲虜所敗。於是縱兵自木硤、石門兩道來寇，[11]武威、天水、安定、金城、上郡、弘化、延安六畜咸盡。[12]天子震怒，下詔曰：

[1]高祖：隋文帝楊堅的廟號。紀見本書卷一、二，《北史》卷一一。

[2]營州：治所在今遼寧朝陽市。隋大業初廢。　高寶寧：人名。後主武平末爲營州刺史，高昭義即皇帝位後，署寶寧爲丞相。其事略見《北齊書》卷一二《范陽王紹義傳》，《周書》卷六《武帝紀下》、卷二一《尉遲迥傳》等。

[3]臨渝鎮：地名。在今河北撫寧縣東榆關鎮（一説即今河北山海關）。

[4]保鄣：即保障。特指供防禦戍守的軍事建築物。

[5]幽：州名。治所在今北京城西南。　并：州名。隋開皇三年置，治所在今山西太原市西南。大業三年（607）改爲太原郡。

[6]千金公主：北周趙王宇文招之女。其事另見《周書》卷七《宣帝紀》、卷五〇《突厥傳》。

[7]柱國：官名。隋文帝因改北周之制形成十一等散實官，以酬勤勞。柱國是第二等，開府置府佐。正二品。　馮昱：人名。開皇時期著名邊將。事見本書卷五三、《北史》卷七三《達奚長儒

傳》。　乙弗泊：地名。據《通鑑》卷一七五《陳紀》太建十四年十二月條胡三省注："乙弗泊當在鄯州之西。"岑仲勉以爲無據（參見岑仲勉《突厥集史》，第506頁）。

［8］蘭州：隋開皇六年置，大業三年罷州，爲金城郡。治所在今甘肅蘭州市。　總管：官名。領一州或數州、十數州軍政，刺史以下官得承制補授。其品秩分三等，上總管視從二品，中總管視正三品，下總管視從三品。邊鎮大州或置大總管。　叱李長乂：人名。開皇二年六月被任命爲蘭州總管。乂，中華本作"叉"。　臨洮：郡名。治所在今甘肅岷縣。

［9］上柱國：官名。位散實官第一等，開府置僚屬。從一品。　李崇：人名。北周、隋時人。本書卷三七、《北史》卷五九有附傳。

［10］達奚長儒：人名。北周、隋時人。傳見本書卷五三、《北史》卷七三。　周槃：城名。約在今甘肅慶陽市。

［11］木硤：地名。即木硤關。在今寧夏固原市西南。　石門：地名。在今寧夏固原市西北。

［12］武威：郡名。治所在今甘肅武威市。隋開皇三年廢。　天水：郡名。治所在今甘肅天水市。隋開皇三年廢。　安定：郡名。治所在今甘肅涇川縣北涇河北岸。隋開皇三年廢。　金城：郡名。治所在今甘肅蘭州市西北黄河南岸。隋開皇三年廢。　上郡：治所在今陝西富縣。隋開皇三年廢，大業三年復置。　弘化：郡名。治所在今甘肅慶陽市。隋開皇三年廢，大業三年復置。　延安：郡名。治所在今陝西延安市城東延河東岸。隋開皇三年廢，大業三年復置。

往者魏道衰弊，禍難相尋，周、齊抗衡，分割諸夏。突厥之虜，俱通二國。周人東慮，恐齊好之深，齊氏西虞，懼周交之厚。謂虜意輕重，[1]國逐安危，[2]非徒竝有大敵之憂，思減一邊之防。竭生民之力，[3]供其來往，傾府庫之財，棄於沙漠，華夏之地，實爲勞擾。猶復劫剥烽戍，殺害吏民，無歲月而不有也。惡積禍盈，非止今日。

[1]謂虜意輕重：《北史》卷九九《突厥傳》“謂”前有“各”字。

[2]逐：《北史·突厥傳》、《通鑑》卷一七五《陳紀》太建十三年十二月庚子條、《册府元龜》卷九八四《外臣部》均作“遂”。

[3]民：《北史·突厥傳》作“靈”。

朕受天明命，子育萬方，愍臣下之勞，[1]除既往之弊。以爲厚斂兆庶，多惠豺狼，未嘗感恩，資而爲賊，違天地之意，非帝王之道。節之以禮，不爲虚費，省徭薄賦，國用有餘。因入賊之物，[2]加賜將士，息道路之民，[3]務於耕織。清邊制勝，成策在心。凶醜愚闇，未知深旨，將大定之日，比戰國之時，乘昔世之驕，結今時之恨。[4]近者盡其巢窟，[5]俱犯北邊，朕布置軍旅，所在邀截，望其深入，一舉滅之。而遠鎮偏師，逢而摧翦，未及南上，遽已奔北。應弦染鍔，[6]過半不歸。且彼渠帥，[7]其數凡五，昆季争長，父叔相猜，外示彌縫，[8]内乖心腹，世行暴虐，家法殘忍。東夷諸國，[9]盡挾私仇，西戎群長，[10]皆有宿怨。突厥之北，契丹之徒。[11]切齒磨牙。[12]常伺其便。[13]達頭前攻酒泉，[14]其後于闐、波斯、挹怛三國一時即叛。[15]沙鉢略近趣周槃，其部内薄孤、東紇羅尋亦翻動。[16]往年利察大爲高麗、靺鞨所破，[17]娑毗設又爲紇支可汗所殺。[18]與其爲鄰，皆願誅剿。[19]部落之下，盡異純民，千種萬類，仇敵怨偶，泣血拊心，[20]銜悲積恨。[21]圓首方足，[22]皆人類也。有一於此，更切朕懷。

［1］下：庫本、中華本作“庶”。

［2］因：《北史》卷九九《突厥傳》作“回”。

［3］道路之民：《北史·突厥傳》作“在路之人”。

［4］恨：《册府元龜》卷九八四《外臣部·征討》作“憾”。

［5］窟：《册府元龜》卷九八四《外臣部·征討》作“穴”。

［6］應弦：隨着弓弦的聲音而倒下。形容射箭技藝高超。　染鍔：指以血塗刀劍之刃。表示殺敵制勝。鍔，刀劍的刃。

［7］渠帥：首領，部落酋長。

［8］彌縫：設法遮掩以免暴露。

［9］東夷：古代對中國中原以東各族的統稱。主要居於黄河下游地區。

［10］西戎：古代西北戎族的總稱。最早分布在黄河上游及甘肅西北部，以後逐漸東遷。

［11］契丹：《北史·突厥傳》作“契骨”。岑仲勉以爲“契丹不居突厥北，契骨即堅昆，作‘契骨’者是”（岑仲勉《突厥集史》，第507頁）。

［12］切齒磨牙：齒相磨切，伺機攫食。形容極端痛恨和凶狠的樣子。

［13］便：《北史·突厥傳》作“後”。

［14］達頭：突厥首領之號。沙鉢略從父，名玷厥。　酒泉：郡名。治所在今甘肅酒泉市。隋開皇三年廢。

［15］其後于闐、波斯、挹怛三國一時即叛：《北史·突厥傳》無“其後”二字，又“挹怛”作“揖怛”。于闐，古西域國名。漢

時統治西域，在今新疆和田縣境内。西漢通西域後，屬西域都護。東漢廣德爲王時，擊敗莎車，勢力强大。和帝永元六年（94）隨班超聯合其他諸國擊敗焉耆。漢魏之際，併戎盧、扜彌、渠勒、皮山等國。西晋封其王爲晋守侍中大都尉。南北朝時，與内地各王朝保持密切關係。波斯，古西域國名。漢時稱安息，隋唐稱波斯，亦作波剌斯，今伊朗。都蘇藺城，故址在今底格里斯河西岸。以祆教爲國教。

［16］薄孤：人名。其事不詳。　束紇羅：人名。其事不詳。束，《北史·突厥傳》作“東”。

［17］利察：人名。其事不詳。庫本、中華本皆作“利稽察”。　高麗：古國名。亦稱高句麗。相傳爲朱蒙所建，都平壤。故地在今朝鮮半島北部。公元四世紀後强大，與新羅、百濟鼎足争雄。傳見本書卷八一、《周書》卷四九、《北史》卷九四、《舊唐書》卷一九九上、《新唐書》卷二二〇。　靺鞨：古族名。周時稱肅慎，漢魏時稱挹婁，北魏時稱勿吉，隋唐時稱靺鞨，五代時稱女真。分布在松花江、牡丹江流域及黑龍江下游，東至日本海。南北朝時曾入貢。傳見本書卷八一、《舊唐書》卷一九九下、《新唐書》卷二一九。

［18］娑毗設：人名。其事不詳。“娑”字《北史·突厥傳》作“沙”，《册府元龜》卷九八四《外臣部》作“婆”。　紇支可汗：突厥首領之號。其事不詳。

［19］諫剿：庫本、中華本作“誅剿”。《北史·突厥傳》亦同。

［20］拊心：拍胸。表示哀痛或悲憤。

［21］恨：《册府元龜》卷九八四《外臣部·征討》作“憾”。

［22］圓首方足：人首形圓，人足形方，用以代指人。

彼地咎徵祆作，[1]年將一紀，[2]乃獸爲人語，人作神言，云其國亡，訖而不見。每冬雷震，觸地火生。種類資給。惟藉水草。去歲四時，竟無雨雪，川枯蝗暴，卉木燒盡，[3]饑疫死亡，人畜相半。舊居之所，赤地無依，遷徙漠南，[4]偷存晷刻。[5]斯蓋上天所忿，驅就齊斧，[6]幽明合契。[7]今也其時。故選將治兵，贏糧聚甲，[8]義士奮發，壯夫肆憤，願取名王之首，思撻單于之背，[9]雲歸霧集，不可數也。東極滄海，西盡流沙，縱百勝之兵，橫萬里之衆，亘朔野之追躡，[10]望天崖而一掃。此則王恢所説，[11]其猶射癰，[12]何敵能當，何遠不服！

[1]咎徵：過失的報應，災禍的應驗。　祆：中華本作“妖”。《北史》卷九九《突厥傳》亦作“妖”。

[2]年將一紀：《北史·突厥傳》作“將年一紀”，應誤。

[3]卉：《册府元龜》卷九八四《外臣部》作“草”。

[4]漠南：指蒙古高原大沙漠以南的地區。

[5]晷刻：指日晷與刻漏，皆爲古代的計時工具。

[6]齊斧：借指象徵帝王權力的黄鉞。

[7]幽明合契：人與鬼神相一致。

[8]贏糧：充足的糧食。

[9]單于：匈奴最高首領稱號。全稱爲撑犁孤塗單于。匈奴語，“撑犁”爲“天”，“孤塗”爲“子”，“單于”爲“廣大”之意。兩晋時期，入居内地之匈奴、鮮卑、羯、氐、羌等北方和西方少數民族首領多自稱或被中原王朝封爲“大單于”。

[10]之：《册府元龜》卷九八四《外臣部》作“而”。

[11]王恢：人名。西漢時人。其事略見《史記》卷一〇八《韓長孺列傳》、《漢書》卷五二《韓安國傳》。

[12]癰（yōng）：禍患。射癰之説見於《漢書·韓安國傳》王恢對武帝言：“今以中國之盛，萬倍之資，遣百分之一以攻匈奴，

譬猶以强弩射且潰之癰也，必不留行矣。”

但皇王舊迹，北止幽都，[1]荒遐之表，文軌所棄。[2]得其地不可而居，[3]得其民不忍皆殺，無勞兵革，遠規溟海。[4]諸將今行，義兼含育，有降者納，有違者死。異域殊方，被其擁抑，[5]放聽復舊。廣闢邊境，嚴治關塞，使其不敢南望，永服威刑。卧鼓息烽，暫勞終逸，制御夷狄，義在斯乎！何用侍子之朝，[6]寧勞渭橋之拜。[7]普告海内，知朕意焉。

[1]幽都：北方之地。《尚書·堯典》曰：“申命和叔宅朔方，曰幽都。”

[2]文軌：文字和車軌。古代以同文軌爲國家統一的標志。

[3]而：庫本作“以”。

[4]溟海：指沙漠。

[5]擁：《册府元龜》卷九八五《外臣部·征討》作“擁”。

[6]侍子：古代屬國之王或諸侯遣子入朝陪侍天子，學習文化，所遣之子稱侍子。

[7]渭橋：漢唐時代長安附近渭水上的橋梁，共有東、中、西三座。

於是以河間王弘，[1]上柱國豆盧勣、竇榮定、左僕射高熲、右僕射虞慶則並爲元帥，[2]出塞擊之。沙鉢略率阿波、貪汗二可汗等來拒戰，[3]皆敗走遁去。時虜饑甚，不能得食，於是粉骨爲糧，又多災疫，死者極衆。

[1]河間王：爵名。隋九等爵的第一等。正一品。　弘：人名。

即楊弘。傳見本書卷四三、《北史》卷七一。

［2］豆盧勣：人名。傳見本書卷三九，《北史》卷六八有附傳。　竇榮定：人名。傳見本書卷三九，《北史》卷六一有附傳。　左僕射：官名。全稱爲尚書左僕射。尚書省屬官，隋罷録尚書，又常缺令，僕射成爲正宰相，與門下、内史省長官共秉國政。開皇三年令左僕射掌判吏、禮、兵三部事，兼糾彈御史所糾不當者。從二品。　高熲：人名。傳見本書卷四一、《北史》卷七二。　右僕射：官名。全稱爲尚書右僕射。尚書省屬官，隋罷録尚書，又常缺令，僕射成爲正宰相，與門下、内史省長官共秉國政。右僕射掌判都官、度支、工部三部事，兼糾彈御使所糾不當者，兼知用度。視從二品。　虞慶則：人名。傳見本書卷四〇、《北史》卷七三。　元帥：官名。全稱爲行軍元帥。隋沿北周而置，爲臨時設置的最高統兵官，統一道或數道行軍總管，兵停則罷，多以親王或重臣爲之。

［3］貪汗：突厥首領之號。即貪汗可汗。其事略見下文。

既而沙鉢略以阿波驍悍，忌之，因其先歸，[1]襲擊其部，大破之，殺阿波之母。阿波還無所歸，西奔達頭可汗。達頭者，名玷厥，沙鉢略之從父也，舊爲西面可汗。既而大怒，遣阿波率兵而東，其部落歸之者將十萬騎，遂與沙鉢略相攻。又有貪汗可汗，素睦於阿波，沙鉢略奪其衆而廢之，貪汗亡奔達頭。沙鉢略從弟地勤察别統部落，[2]與沙鉢略有隙，復以衆叛歸阿波。連兵不已，各遣使詣闕，請和求援，上皆不許。

［1］因其先歸：岑仲勉以爲："文有'其'字，則是阿波先歸，顧同書五一《長孫晟傳》又云，'乃掩北牙，儘獲其衆，而殺其母，阿波還無所歸'，是沙鉢略比阿波先歸也。《通鑑》一七五無

'其'字，衹云'因先歸'，殆見本不誤。按沙鉢略敗於四月中旬，阿波敗於五月末，《通鑑》所書，合乎事理，'其'字衍文也。"（岑仲勉：《突厥集史》，第 508 頁）

［2］地勤察：岑仲勉認爲"地勤"殆"特勤"異譯，蓋以"特勤"兼爲"察"（即設），故名（參見岑仲勉《突厥集史》，第 508 頁）。韓儒林也認爲"地勤"是"特勤"的異譯，但以爲"察"爲人名而非官職（參見韓儒林《穹廬集——元史及西北民族史研究》，上海人民出版社 1982 年版，第 318 頁）。薛宗正則認爲應從《北史》卷九九《突厥傳》作"地勒察"（參見薛宗正《突厥史》，第 153 頁）。

會千金公主上書，請爲一子之例。高祖遣開府徐平和使於沙鉢略。[1] 晋王廣時鎮并州，[2] 請因其釁而乘之，上不許。沙鉢略遣使致書曰："辰年九月十日，[3] 從天生大突厥天下賢聖天子、伊利俱盧設莫何始波羅可汗致書大隋皇帝：使人開府徐平和至，辱告言語，具聞也。皇帝是婦父，即是翁，此是女夫，即是兒例。兩境雖殊，情義是一。今重疊親舊，子子孫孫，乃至萬世不斷，上天爲證，終不違負。此國所有羊馬，都是皇帝畜生，彼有繒綵，都是此物，彼此有何異也！"高祖報書曰："大隋天子貽書大突厥乙利俱盧設莫何沙鉢略可汗：得書，知大有好心向此也。既是沙鉢略婦翁，今日看沙鉢略共兒子不異。既以親舊厚意，常使之外，今特別遣大臣虞慶則往彼看女，復看沙鉢略也。"沙鉢略陳兵，列其寶物，坐見慶則，稱病不能起，且曰："我父伯以來，[4] 不向人拜。"慶則責而喻之。千金公主私謂慶則曰："可汗豺狼性，過與争，將齧人。”長孫晟説諭之，[5]攝圖辭屈，乃頓顙跪受璽書，[6]以戴於首。既而大慚，其群下因相聚慟哭。慶則又遣稱臣，沙鉢略謂其屬曰：“何名爲臣?”報曰：“隋國稱臣，猶此稱奴耳。”沙鉢略曰：“得作大隋天子奴，虞僕射之力也。”贈慶則馬千匹，并以從妹妻之。

[1]開府：官名。即開府儀同三司。隋置爲散官名號。初爲正四品上，大業三年改爲從一品，位次王、公。　徐平和：人名。其事不詳。

[2]廣：人名。即隋煬帝。紀見本書卷三、四，《北史》卷一二。

[3]辰年：據《通鑑》，該年爲開皇四年，干支爲甲辰。

[4]父伯：《北史》卷九九《突厥傳》作“伯父”，《通鑑》卷一七六《陳紀》至德二年九月甲戌條作“諸父”，《通志》卷二〇〇《四夷傳第七》作“祖父”。關於突厥的世系，史料記載有不同的説法，主要焦點集中在伊利可汗與阿逸可汗究竟是父子關係還是兄弟關係，若依《周書》卷五〇《突厥傳》所記爲父子關係，則伊利可汗爲沙鉢略祖父，“祖父”之説似可成立。若從《北史·突厥傳》之説，則兩人爲兄弟關係，突厥伊利可汗爲沙鉢略伯父，傳其弟阿逸可汗爲沙鉢略父，阿逸可汗傳其弟木杆可汗爲沙鉢略叔父，木杆可汗傳其弟佗鉢可汗，亦爲沙鉢略叔父，如此，則“諸父”“父伯”“伯父”之説似更近實。

[5]長孫晟：人名。本書卷五一、《北史》卷二二有附傳。

[6]頓顙：屈膝下拜，以額角觸地。多表示請罪或投降。

時沙鉢略既爲達頭所困，又東畏契丹，遣使告急，請將部落度漠南，寄居白道川内，[1]有詔許之。詔晋王廣以兵援之，給以衣食，賜以車服、鼓吹。[2]沙鉢略因西擊阿波，破擒之。[3]而阿拔國部落乘虚掠其妻子。[4]官軍爲擊阿拔，敗之，所獲悉與沙鉢略。沙鉢略大喜，乃立約，以磧爲界，[5]因上表曰：

[1]白道川：地名。在今内蒙古呼和浩特市東南二十家子古城以北。

[2]鼓吹：演奏樂曲的樂隊。

[3]沙鉢略因西擊阿波，破擒之：此句《通鑑考異》卷八認爲"隋《突厥傳》前云沙鉢略西擊阿波，破擒之。後又云處羅侯生擒阿波。《長孫晟傳》曰：'處羅侯因晟奏曰："阿波爲天所滅，與五六千騎在山谷間。伏聽詔旨，當取之以獻。"'按前云沙鉢略破擒之，'擒'衍字耳"。顧炎武《日知録》卷二六《隋書》條下則以爲"此必一事而誤重書爲二事也"（顧炎武著，陳垣校注：《日知録校注》，安徽大學出版社 2007 年版，第 1458 頁）。岑仲勉以爲"然既擒而釋之，而復叛，非必無之事，存疑可也。至《晟傳》所載，許是未擒之前之請命；本傳所載，許是既擒已後之請命，無妨並存"（岑仲勉：《突厥集史》，第 509 頁）。

[4]阿拔國：古部落名。亦稱"阿跋""阿跌""訶咥"，爲鐵勒之别部，原游牧於阿得水（今伏爾加河）旁，屬突厥，後東遷屬薛延陀。唐貞觀二十年（646）滅薛延陀，以其地爲鷄田州，隸燕然都護府。其事略見《舊唐書》卷一九九下《鐵勒傳》、《新唐書》卷二一七《回鶻傳》。

[5]磧（qì）：沙漠。

大突厥伊利俱盧設始波羅莫何可汗臣攝圖言：[1]大

使尚書右僕射虞慶則至，伏奉詔書，兼宣慈旨，仰惟恩信之著，逾久愈明，徒知負荷，不能答謝。伏惟大隋皇帝之有四海，上契天心，下順民望，二儀之所覆載，[2]七曜之所照臨，[3]莫不委質來賓，[4]回首面内。[5]實萬世之一聖，千年之一期，求之古昔，未始聞也。

[1]伊利俱盧設始波羅莫何可汗：前文所記乃“伊利俱盧設莫何始波羅可汗”，其稱號文字順序稍有差别。

[2]二儀：指天地或日月。　覆載：覆蓋與承載。謂覆育包容。

[3]七曜：指日、月和金、木、水、火、土五星。

[4]委質：放下禮物。古代卑幼往見尊長，不敢行賓主授受之禮，把禮物放在地上，然後退出。後引申爲臣服、歸附。

[5]回首：歸順。

突厥自天置以來，五十餘載，保有沙漠，自王蕃隅。地過萬里，士馬億數，恒力兼戎夷，抗禮華夏，在於北狄，[1]莫與爲大。頃者氣候清和，風雲順序，意以華夏其有大聖興焉。況今被霑德義，仁化所及，禮讓之風，自朝滿野。竊以天無二日，土無二王，伏惟大隋皇帝，真皇帝也。豈敢阻兵恃險，偷竊名號，今便感慕淳風，歸心有道，屈膝稽顙，[2]永爲藩附。雖復南瞻魏闕，[3]山川悠遠，北面之禮，[4]不敢廢失。當令侍子入朝，[5]神馬歲貢，朝夕恭承，唯命是視。至於削衽解辮，[6]革音從律，[7]習俗已久，未能改變。闔國同心，無不銜荷，[8]不任下情欣慕之至。謹遣第七兒臣窟含真等奉表以聞。[9]

[1]北狄：《北史》卷九九《突厥傳》作“戎狄”。

[2]稽顙：古代一種跪拜禮，屈膝下拜，以額觸地。顙，額頭，腦門。

[3]魏闕：古代宮門外兩邊高聳的樓觀。樓觀下常爲懸布法令之所。亦借指朝廷。

[4]北面：面向北。古禮，臣拜君、卑幼拜尊長，皆面向北行禮，因而居臣下、晚輩之位曰“北面”。此處指臣服於人。

[5]令：中華本校勘記：“‘令’原作‘今’，據《北史·突厥傳》改。”今從改。

[6]削衽解辮：意謂改用漢人服飾，以示歸誠。削衽，去除左衽。古代某些少數民族衣襟向左掩，有別於中原服裝的右衽。解辮，解散髮辮。舊時少數民族多結髮辮。

[7]革音：典出《詩·魯頌·泮水》：“翩彼飛鴞，集于泮林，食我桑黮，懷我好音。”鄭玄箋曰：“言鴞恒惡鳴，今來止於泮水之木上，食其桑黮。爲此之故，故改其鳴，歸就我以善音。喻人感於恩則化也。”後用“泮林革音”比喻在好的影響感化下而改變舊習性。

[8]銜荷：感恩戴德。

[9]窟含真：人名。其事不詳。中華本校勘記曰：“本書《高祖紀》作‘庫合真’。”

高祖下詔曰：“沙鉢略稱雄漠北，多歷世年，百蠻之大，[1]莫過於此。往雖與和，猶是二國，今作君臣，便成一體。情深義厚，朕甚嘉之。荷天之休，海外有截，[2]豈朕薄德所能致此！已敕有司肅告郊廟，[3]宜普頒天下，[4]咸使知聞。”自是詔答諸事並不稱其名以異之。其妻可賀敦周千金公主，[5]賜姓楊氏，編之屬籍，[6]改封大義公主。策拜窟含真爲柱國，封安國公，宴於内殿，引見皇后，賞勞甚厚。沙鉢略大悦，於是歲時貢獻不絶。

[1]百蠻：原用以指南方少數民族，後亦用以代指其他少數民族。

[2]有截：齊一貌，整齊貌。有，助詞。

[3]郊廟：古帝王祭天地的郊宫和祭祖先的宗廟。

[4]普頒：《北史》卷九九《突厥傳》作“傳播”。

[5]可賀敦：亦稱可敦。意爲皇后。漢譯合敦、哈敦、合屯、恪尊、可孫等。鮮卑、柔然、突厥、回紇、吐谷渾、蒙古等游牧民族可汗妻的稱號。相當於匈奴的閼氏。

[6]屬籍：宗室譜籍。

七年正月，沙鉢略遣其子入貢方物，因請獵於恒、代之間，[1]又許之，仍遣人賜其酒食。沙鉢略率部落再拜受賜。沙鉢略一日手殺鹿十八頭，齎尾舌以獻。還至紫河鎮，[2]其牙帳爲火所燒，[3]沙鉢略惡之，月餘而卒。上爲廢朝三日，遣太常弔祭焉。[4]贈物五千段。

[1]恒：州名。治所在今河北正定縣。　代：州名。隋開皇五年以肆州改名。治所在今山西代縣。大業初改爲雁門郡。

[2]紫河鎮：地名。確址不詳。據《太平寰宇記》卷四九《河東道十》雲中縣條記：“《郡國志》：雲中郡有紫河鎮，界内有金河水。”金河即今大黑河，源出内蒙古察哈爾右翼中旗西北陰山，西南流經呼和浩特市南，至托克托縣南入黄河。推測紫河鎮應在托克托縣附近。

［3］牙帳：將帥所居的營帳。前建牙旗，故名。

［4］太常：官名。全稱爲太常卿。太常寺長官，掌國家禮樂、郊廟、社稷、祭祀等事。員一人，正三品。

初，攝圖以其子雍虞閭性愞，[1]遺令立其弟葉護處羅侯；[2]雍虞閭遣使迎處羅侯，將立之。處羅侯曰："我突厥自木扞可汗以來，多以弟代兄，以庶奪嫡，失先祖之法，不相敬畏。汝當嗣位，我不憚拜汝也。"雍虞閭又遣使謂處羅侯曰："叔與我父，共根連體，我是枝葉。寧有我作主，令根本反同枝葉，令叔父之尊下我卑稚！又亡父之命，其可廢乎！願叔勿疑。"相讓者五六，處羅侯竟立，是爲葉護可汗。[3]以雍虞閭爲葉護。遣使上表言狀，上賜之鼓吹幡旗。[4]

［1］雍虞閭：人名。史籍中亦稱雍閭，即後來的都藍可汗。

［2］處羅侯：人名。即葉護可汗。

［3］處羅侯竟立，是爲葉護可汗：本書卷五一《長孫晟傳》記此事曰："七年，攝圖死，遣晟持節拜其弟處羅侯爲莫何可汗，以其子爲葉護可汗。"《北史》卷二二《長孫晟傳》所記同。兩處所記可汗名號不同。《通鑑》卷一七六《陳紀》禎明元年二月條則記："處羅侯竟立，爲莫何可汗，以雍虞閭爲葉護。"《北史》卷二二中華本校勘記、卷九九中華本校勘記均認爲："處羅侯未爲可汗前即是葉護，既立爲可汗，乃稱葉護可汗，此作'莫何'，當是各有省略。雍虞閭接任葉護，'可汗'二字疑爲衍文。"薛宗正認爲處羅侯汗號爲莫何，雍虞閭汗號爲葉護（參見薛宗正《突厥史》，第159頁）。

［4］幡旗：旗幟。

處羅侯長頤僂背，[1]眉目踈朗，勇而有謀，以隋所賜旗鼓西征阿波。敵人以爲得隋兵所助，多來降附，遂生擒阿波。既而上書請阿波死生之命，上下其議。左僕射高熲進曰："骨肉相殘，教之蠹也。存養以示寬大。"上曰："善。"熲因奉觴進曰："自軒轅以來，[2]獯粥多爲邊患。[3]今遠窮北海，[4]皆爲臣妾，此之盛事，振古未聞，臣敢再拜上壽。"

［1］頤：面頰和下巴的統稱。　僂背：弓着背。

［2］軒轅：傳説中的古代帝王黄帝的名字。

［3］獯粥：亦作"獯鬻"。中國古代北方少數民族名。夏商時稱獯鬻，周時稱獫狁，秦漢稱匈奴。

［4］北海：其地有幾處：一指今中亞裹海，一指今俄羅斯貝加爾湖，一指哈薩克斯坦巴爾喀什湖。此處應指貝加爾湖。

其後處羅侯又西征，中流矢而卒。[1]其衆奉雍虞閭爲主，是爲頡伽施多那都藍可汗。雍虞閭遣使詣闕，賜物三千段。每歲遣使朝貢。時有流人楊欽亡入突厥中，[2]謬云彭國公劉昶與宇文氏謀反，[3]令大義公主發兵擾邊。都藍執欽以聞，并貢葧布、魚膠。[4]其弟欽羽設部落强盛，[5]都藍忌而擊之，斬首於陣。其年，遣其母弟褥但特勤獻于闐玉杖，[6]上拜褥但爲柱國、康國公。明年，突厥部落大人相率遣使貢馬萬匹，羊二萬口，駝、牛各五百頭。尋遣使請緣邊置市，[7]與中國貿易，詔許之。

[1]中流矢而卒：關於處羅侯西征而卒之事，岑仲勉認爲處羅侯乃西征波斯而卒，其年應在公元588年前後（參見岑仲勉《突厥集史》，第511頁）。薛宗正不同意這種看法，認爲其目標是達頭而非波斯（參見薛宗正《突厥史》，第161頁）。

[2]楊欽：人名。據本書卷五一《長孫晟傳》，楊欽逃入突厥事在開皇十三年。其事略見本書《長孫晟傳》。

[3]彭國公：爵名。隋初九等爵的第三等。從一品。　劉昶：人名。其事略見本書卷八〇、《北史》卷九一《劉昶女傳》。　宇文氏：即劉昶妻。其事不詳。

[4]葧布：應爲布之一種。葧，《北史》卷九九《突厥傳》作"勃"。　魚膠：用魚類的鰾或鱗、骨、皮等熬製而成的膠。黏性强。

[5]欽羽：人名。其事不詳。

[6]褥但：人名。其事不詳。

[7]市：即互市。

平陳之後，[1]上以陳叔寶屏風賜大義公主，[2]主心恒不平，因書屏風爲詩，敘陳亡自寄。其辭曰："盛衰等朝暮，世道若浮萍。榮華實難守，池臺終自平。富貴今何在？空事寫丹青。盃酒恒無樂，弦歌詎有聲！余本皇家子，飄流入虜廷。一朝覩成敗，懷抱忽縱横。古來共如此，非我獨申名。唯有《明君曲》，[3]偏傷遠嫁情。"上聞而惡之，禮賜益薄。公主復與西面突厥泥利可汗連結，[4]上恐其爲變，將圖之。會主與所從胡私通，因發其事，下詔廢黜之。恐都藍不從，遣奇章公牛弘將美妓四人以啗之。[5]時沙鉢略子曰染干，[6]號突利可汗，居北方，遣使求婚。上令裴矩謂之曰：[7]“當殺大義主者，方許婚。”突利以爲然，[8]復譖之，都藍因發怒，遂殺公主於帳。都藍與達頭可汗有隙，[9]數相征伐，上和解之，各引兵而去。

［1］陳：即南朝陳（557—589），都建康（今江蘇南京市）。

［2］陳叔寶：人名。即南朝陳後主。紀見《陳書》卷六、《南史》卷一〇。

［3］《明君曲》：《北史》卷九九《突厥傳》作《昭君曲》，兩者所指同，《明君曲》乃西晋時避司馬昭諱而改。此曲是根據東漢元帝時王昭君出塞一事而作。任半塘《唐聲詩》格調考曰：“王昭君，本漢曲，晋以後爲舞曲及琴曲。入唐爲吴聲歌曲，玄宗開元間入法曲。”（任半塘：《唐聲詩》下編，上海古籍出版社1982年版，第187頁）

［4］泥利：突厥首領之號。其事略見本卷及《北史·突厥傳》。

［5］奇章公：爵名。全稱爲奇章郡公。隋九等爵的第四等。從一品。

［6］時沙鉢略子曰染干：此句，岑仲勉認爲：“《通典》一九七作‘沙鉢略之弟處羅侯之子染干’，《隋傳》殆有脱文。”（岑仲勉：《突厥集史》，第512頁）染干，突厥首領之號。

［7］裴矩：人名。傳見本書卷六七、《舊唐書》卷六三、《新唐書》卷一〇〇，《北史》卷三八有附傳。

［8］突利：“利”原作“厥”。中華本校勘記據《北史·突厥傳》、《册府元龜》卷九七八改。今從改。

［9］達頭：《北史·突厥傳》作“突利”。岑仲勉考依本書《長孫晟傳》，“突利”乃“達頭”之誤（參見岑仲勉《突厥集史》，第512頁）。另據本書卷四六《長孫平傳》記：“突厥達頭可汗與都藍可汗相攻，各遣使請援。上使平持節宣諭，令其和解。”則此處爲

"達頭"甚明。

十七年，突利遣使來逆女，上舍之太常，[1]教習六禮，[2]妻以宗女安義公主。[3]上欲離間北夷，故特厚其禮，遣牛弘、蘇威、斛律孝卿相繼爲使，[4]突厥前後遣使入朝三百七十輩。突利本居北方，以尚主之故，南徙度斤舊鎮，[5]錫賚優厚。雍虞閭怒曰："我，大可汗也，[6]反不如染干！"於是朝貢遂絶，數爲邊患。十八年，詔蜀王秀出靈州道以擊之。[7]明年又遣漢王諒爲元帥，[8]左僕射高熲率將軍王謽、上柱國趙仲卿並出朔州道，[9]右僕射楊素率柱國李徹、韓僧壽出靈州，[10]上柱國燕榮出幽州，[11]以擊之。雍虞閭與玷厥舉兵攻染干，盡殺其兄弟子姪，遂度河，入蔚州。[12]染干夜以五騎與隋使長孫晟歸朝。上令染干與雍虞閭使者因頭特勤相辯詰，[13]染干辭直，上乃厚待之。雍虞閭弟都速六棄其妻子，[14]與突利歸朝，上嘉之。敕染干與都速六摴蒲，稍稍輸以寶物，用慰其心。

[1]太常：官署名。即太常寺。爲管理郊廟、禮樂、祭祀的事務機關，政令仰承尚書省禮部。

[2]六禮：古代確立婚姻過程中的六種禮儀，即納采、問名、納吉、納徵、請期、親迎。

[3]安義公主：隋宗室女。其事略見本書卷五一《長孫晟傳》。

[4]蘇威：人名。傳見本書卷四一，《北史》卷六三有附傳。斛律孝卿：人名。北齊、北周、隋時人。《北齊書》卷二〇、《北史》卷五三有附傳。

［5］度斤：《通鑑》卷一七八《隋紀》開皇十七年條胡三省注曰："度斤舊鎮，蓋即都斤山。突厥沙鉢略舊所居也。"

［6］大可汗：突厥首領之號。突厥建國以後確定其首領稱可汗，並存在大小可汗采邑分國制度。大可汗亦稱中面可汗，是阿史那家族的家長，也是突厥汗國的國君，具有至高無上的權力，其位同天子，小可汗即是諸侯。大可汗登位必須舉行隆重的拜天授權儀式，建牙於都斤山。（參見薛宗正《突厥史》，第109—111頁）

［7］秀：人名。即楊秀。傳見本書卷四五、《北史》卷七一。　靈州：治所在今寧夏靈武市西南。

［8］諒：人名。即楊諒。傳見本書卷四五、《北史》卷七一。

［9］王詧（chá）：人名。隋時人。《北史》卷九九《突厥傳》作"王察"，其事不詳。　趙仲卿：人名。傳見本書卷七四，《北史》卷六九有附傳。　朔州：治所在今山西朔州市。大業初改置代郡，尋改爲馬邑郡。

［10］楊素：人名。傳見本書卷四八，《北史》卷四一有附傳。　李徹：人名。傳見本書卷五四，《北史》卷六六有附傳。　韓僧壽：人名。隋時人。其事另見本書卷一《高祖紀上》。

［11］燕榮：人名。傳見本書卷七四、《北史》卷八七。　幽州：治所在今北京城西南。

［12］蔚州：治所在今山西靈丘縣。隋大業初廢。

［13］因頭：人名。其事不詳。

［14］都速六：人名。其事不詳。

夏六月，高熲、楊素擊玷厥，大破之。拜染干爲意利珍豆啓民可汗，華言"意智健"也。啓民上表謝恩曰："臣既蒙豎立，復改官名，昔日姦心，今悉除去，奉事至尊，不敢違法。"上於朔州築大利城以居之。[1]是時安義主已卒，[2]上以宗女義成公主妻之，[3]部落歸者甚衆。雍虞閭又擊之，上復令入塞。雍虞閭侵掠不已，遷於河南，[4]在夏、勝二州之間，[5]發徒掘塹數百里，東西拒河，盡爲啓民畜牧之地。於是遣越國公楊素出靈州，行軍總管韓僧壽出慶州，[6]太平公史萬歲出燕州，[7]大將軍姚辯出河州，[8]以擊都藍。

[1]大利城：地名。即定襄城，在今内蒙古和林格爾縣西北土城子。

[2]安義主：《北史》卷九九《突厥傳》作“安義公主”，疑此處漏“公”字。

[3]義成公主：《北史·突厥傳》作“義城公主”，隋宗室女稱號。其入突厥事略見本書卷四七《柳謇之傳》、卷六五《李景傳》、卷八五《宇文化及傳》。

[4]河南：地區名。通常指黄河以南地區。

[5]夏：州名。治所在今陝西靖邊縣東北白城子。隋大業三年改爲朔方郡。　勝：州名。隋開皇二十年置，治所在今内蒙古准格爾旗東北黄河南岸十二連城。大業三年改爲榆林郡，後廢。

[6]行軍總管：官名。隋沿襲北周而置，本爲臨時設置，隋則逐漸過渡爲地方行政長官，或掌一道軍政，或領數道。又有大總管、總管之分。　慶州：治所在今甘肅慶陽市。隋大業三年改爲弘化郡。

[7]太平公：爵名。全稱爲太平縣公。隋九等爵的第五等。從一品。　史萬歲：人名。傳見本書卷五三、《北史》卷七三。　燕州：治所在今陝西扶風縣，後廢。

[8]大將軍：官名。爲勳官十一等之第四等，煬帝大業初時廢。　姚辯：人名。其事略見本書卷二《高祖紀下》、卷三《煬帝紀上》。　河州：治所在今甘肅臨夏市西南。隋大業三年改爲枹罕郡。

師未出塞，而都藍爲其麾下所殺，達頭自立爲步迦可汗，[1]其國大亂。遣太平公史萬歲以朔州擊之，遇達頭於大斤山，[2]虜不戰而遁，追斬首虜二千餘人。晋王廣出靈州，達頭遁逃而去。尋遣其弟子俟利伐從磧東攻啓民。[3]上又發兵助啓民守要路，俟利伐退走入磧。啓民上表陳謝曰："大隋聖人莫緣可汗，[4]憐養百姓，如天無不覆也，如地無不載也。諸姓蒙威恩，赤心歸服，並將部落歸投聖人可汗來也。或南入長城，或住白道，[5]人民羊馬，遍滿山谷。染干譬如枯木重起枝葉，枯骨重生皮肉，千萬世長與大隋典羊馬也。"

[1]步迦：突厥首領之號。意爲天智，衹有中面大可汗可加此尊號。

[2]大斤山：又作秦山。即今内蒙古黄河東北大青山。

[3]弟子俟利伐：《北史》卷九九《突厥傳》作"子侯利伐"，岑仲勉認爲"侯"當爲"俟"之誤（參見岑仲勉《突厥集史》，第513頁）。俟利伐，人名。其事不詳。

[4]莫緣可汗：此乃啓民可汗對隋文帝的可汗尊號。"莫緣"是突厥從柔然繼承來的稱號，其意究竟爲何，目前仍存在争議（參見吴玉貴《突厥汗國與隋唐關係史研究》，中國社會科學出版社1998年版，第148—150頁）。

[5]白道：地名。在今内蒙古呼和浩特市西北，爲河套東北地區通往陰山以北的交通要道。

仁壽元年，[1]代州總管韓洪爲虜所敗於恒安，[2]廢爲庶人。詔楊素爲雲州道行軍元帥，[3]率啓民北征。斛薛等諸姓初附于啓民，[4]至是而叛。素軍河北，值突厥阿勿思力俟斤等南度，[5]掠啓民男女六千口、雜畜二十餘萬而去。素率上大將軍梁默輕騎追之，[6]轉戰六十餘里，大破俟斤，悉得人畜以歸啓民。素又遣柱國張定和、領軍大將軍劉昇别路邀擊，[7]並多斬獲而還。兵既度河，賊復掠啓民部落，素率驃騎范貴於窟結谷東南奮擊，[8]復破之，追奔八十餘里。是歲，泥利可汗及葉護俱被鐵勒所敗。步迦尋亦大亂，奚、霫五部内徙，[9]步迦奔吐谷渾。[10]啓民遂有其衆，歲遣朝貢。

[1]仁壽：隋文帝楊堅年號（601—604）。

[2]總管：官名。領一州或數州、十數州軍政，刺史以下官得承制補授。其品秩分三等，上總管視從二品，中總管視正三品，下總管視從三品。邊鎮大州或置大總管。　韓洪：人名。隋時人。《北史》卷六八有附傳。　恒安：地名。即恒安鎮，在今山西大同市。

[3]雲州：隋開皇五年置，治所在今内蒙古和林格爾旗西北土城子。大業元年廢。

[4]斛薛：部落名。鐵勒之一部。一作“斛薩”，始爲兩姓，後乃合爲一部。先屬突厥，後屬薛延陀。貞觀二十年，唐滅薛延陀，斛薛部内屬，唐以其地爲高闕州，隸燕然都護府。其事略見《舊唐書》卷一九九下《鐵勒傳》、《新唐書》卷二一七上《回鶻傳》。

[5]阿勿思力：人名。其事不詳。　俟斤：古代北方民族官號。原爲部落首領之稱，可能含有“智慧”的意思。“俟”之讀音仍未確定。始見於南北朝漢文史籍。韓儒林認爲此名最初由鮮卑、蠕蠕傳授而來。至隋唐，鐵勒諸部首領皆稱俟斤，西突厥五弩畢首領亦號俟斤。契丹先稱俟斤，後改爲夷離堇，女真亦稱移里堇（參見韓儒林《穹廬集——元史及西北民族史研究》，第316頁）。

［6］上大將軍：官名。隋置爲從二品散實官，大業三年罷。底本原脱“大”字，據中華本補。　梁默：人名。本書卷四〇有附傳。

［7］張定和：人名。傳見本書卷六四、《北史》卷七八。　領軍大將軍：官名。史載不詳。據本書《百官志下》、《通典》卷二八《職官十・左右領軍衛》載隋文帝朝“左右領軍府，各掌十二軍籍帳、差科、辭訟之事。不置將軍。唯有長史、司馬”等。然據本傳及本書卷一《高祖紀上》可推知最遲仁壽初年左右領軍府已各置領軍大將軍。　劉昇：人名。隋時曾任左武衛大將軍、領軍大將軍。其事略見本書卷四五《秦孝王俊傳》。

［8］驃騎：官名。全稱爲驃騎將軍，驃亦作票，爲高級武官稱號。隋因襲北周府兵制，改開府府爲驃騎府，置驃騎將軍爲其長官，分駐各地，統領府軍，分屬十二府大將軍。大業三年隨府名變更而改名鷹揚郎將。正四品上。　范貴：人名。隋時著名將領，數從征討。其事略見本書卷六四《王辯傳》。　窟結谷：地名。未詳何處。

［9］奚：古族名。分布在今内蒙古西拉木倫河流域。南北朝時稱庫莫奚，隋唐時稱奚，以游牧爲生，後漸與契丹人同化。傳見本卷、《魏書》卷一〇〇、《北史》卷九四、《舊唐書》卷一九九下、《新唐書》卷二一九。　霫：古族名。隋唐時在今西拉木倫河以北，以射獵爲生，風俗與契丹略同。傳見《舊唐書》卷一九九下。　徙：中華本校勘記曰：“‘徙’，原作‘從’，據《北史・突厥傳》改。”今從改。

［10］吐谷（yù）渾：古族名。屬鮮卑族的一支，本居遼東，後遷至甘肅、青海一帶居住。傳見本書卷八三、《晋書》卷九七、《宋書》卷九六、《魏書》卷一〇一、《周書》卷五〇、《北史》卷九六。

大業三年四月，[1]煬帝幸榆林，[2]啓民及義成公主來朝行宫，前後獻馬三千匹。帝大悦，賜物萬二千段。[3]啓民上表曰："已前聖人先帝莫緣可汗存在之日，憐臣，賜臣安義公主，種種無少短。臣種末爲聖人先帝憐養，臣兄弟妬惡，相共殺臣，臣當時無處去，向上看只見天，下看只見地，實憶聖人先帝言語，投命去來。聖人先帝見臣，大憐臣，死命養活，勝於往前，遣臣作大可汗坐著也。其突厥百姓，死者以外，還聚作百姓也。至尊今還如聖人先帝，捉天下四方坐也。[4]還養活臣及突厥百姓，實無少短。臣今憶想聖人及至尊養活事，具奏不可盡，並至尊聖心裏在。臣今非是舊日邊地突厥可汗，臣即是至尊臣民，至尊憐臣時，乞依大國服飾法用，一同華夏。臣今率部落，敢以上聞伏願天慈不違所請。"[5]表奏，帝下其議，公卿請依所奏。帝以爲不可，乃下詔曰："先王建國，夷夏殊風，君子教民，不求變俗。斷髮文身，[6]咸安其性，旃裘卉服，[7]各尚所宜，因而利之，其道弘矣。何必化諸削衽，縻以長纓，[8]豈遂性之至理，非包含之遠度。衣服不同，既辨要荒之叙，庶類區别，彌見天地之情。"仍璽書答啓民，[9]以爲磧北未静，猶須征戰，但使好心孝順，何必改變衣服也。

[1]大業：隋煬帝楊廣年號（605—618）。按，據本書卷三《煬帝紀上》隋煬帝大業三年六月戊子幸榆林郡，丁酉啓民可汗來朝。

[2]榆林：郡名。隋大業三年改勝州置，治所在今内蒙古准格爾旗東北黄河南岸十二連城。

[3]賜物萬二千段：《册府元龜》卷九七四《外臣部》作“賜帛二千段”。

[4]捉：《北史》卷九九《突厥傳》作“於”。

[5]敢以上聞伏願天慈不違所請：據本書卷三《煬帝紀上》，大業三年秋七月辛亥，啓民可汗上表請變服，襲冠帶。

[6]斷髮文身：古代吴越一帶風俗，截短頭髮，身刺花紋，以避水中蛟龍之害。

[7]旃（zhān）裘：古代北方游牧民族用獸毛等製成的衣服。卉服：用絺葛做的衣服。《尚書·禹貢》：“島夷卉服。”

[8]長纓：古時繫帽的長絲帶。此代指漢人服飾。

[9]璽書：原指用泥封加印的文書，秦代以後專指皇帝的詔書。

帝法駕御千人大帳，享啓民及其部落酋長三千五百人，賜物二十萬段，其下各有差。復下詔曰：“德合天地，覆載所以弗遺，功格區宇，聲教所以咸洎。至於梯山航海，[1]請受正朔，襲冠解辮，同彼臣民。是故王會納貢，[2]義彰前册，呼韓入臣，[3]待以殊禮。突厥意利珍豆啓民可汗志懷沈毅，[4]世修藩職。往者挺身違難，拔足歸仁，先朝嘉此款誠，授以徽號。資其甲兵之衆，收其破滅之餘，復祀於既亡之國，繼絶於不存之地。斯固施均亭育，[5]澤漸要荒者矣。朕以薄德，祇奉靈命，思播遠猷，光融令緒，是以親巡朔野，撫寧藩服。啓民深委誠心，入奉朝覲，率其種落，拜首軒墀，[6]言念丹款，[7]良以嘉尚。[8]宜隆榮數，式優恒典。可賜路車、乘馬、鼓吹、幡旗，[9]贊拜不名，位在諸侯王上。”帝親巡雲内，[10]泝金河而東北，幸啓民所居。啓民奉觴上壽，跪伏甚恭。帝大悦，賦詩曰：“鹿塞鴻旗駐，[11]龍庭翠輦迴。[12]氈帳望風舉，穹廬向日開。呼韓頓顙至，屠耆接踵來。[13]索辮擎羶肉，韋韝獻酒杯。何如漢天子，空上單于臺。"[14]帝賜啓民及主金甕各一，[15]及衣服被褥錦綵，特勤以下各有差。

[1]梯山航海：登山渡海。謂長途跋涉。

[2]王會：西周武王時，遠國入朝，太史寫成《王會篇》，現存於《逸周書》中。後多用指古代諸侯、四夷或藩屬朝貢天子的聚會。

[3]呼韓：即呼韓邪單于。西漢匈奴單于，姓攣提氏，名稽侯狦。漢宣帝時立爲單于，甘露元年（前53）爲其兄郅支單于所敗，第二年率部南遷依附於漢朝，稱南匈奴。竟寧元年（前33），再次入朝，並請以後宫王嬙爲閼氏。其事略見《漢書》卷九四《匈奴傳》。

[4]豆：原作"竇"，岑仲勉考據上文及《文館詞林》卷六六四改（參見岑仲勉《突厥集史》，第515頁）。從改。

[5]亭育：養育，撫育。亭，當讀爲"成"。

[6]軒墀：殿堂前的臺階，借指朝廷。

[7]丹款：赤誠的心。

[8]以：庫本作"足"。

[9]路車：即輅車。古代天子或諸侯貴族所乘的車。　乘馬：指四匹馬。《詩·大雅·崧高》："路車乘馬，我圖爾居。"

[10]雲内：縣名。隋開皇初以雲中縣改名，治所在今山西大同市。

[11]鹿塞：指邊塞。

[12]龍庭：匈奴單于祭天地鬼神之所。此借指匈奴和其他少數民族國家。

[13]屠耆：匈奴官名。全稱爲屠耆王。屠耆爲匈奴語"賢"之意。屠耆王爲單于之下的最高官職，分左、右，以單于子弟充

任。一般統轄萬餘騎，各有分地。單于居中，左右屠耆王分居東西方。匈奴尚左，常以太子爲左屠耆王。

［14］單于臺：地名。在今内蒙古呼和浩特市西。

［15］金甕：金製的盛酒器。

先是，高麗私通使啓民所，啓民推誠奉國，不敢隱境外之交。是日，將高麗使人見，敕令牛弘宣旨謂之曰："朕以啓民誠心奉國，故親至其所。明年當往涿郡。[1]爾還日，語高麗王知，宜早來朝，勿自疑懼。存育之禮，當同於啓民。如或不朝，必將啓民巡行彼土。"使人甚懼。啓民仍扈從入塞，至定襄，[2]詔令歸藩。

［1］涿郡：隋大業三年改幽州置，治所在今北京城西南。

［2］定襄：郡名。治所在今内蒙古和林格爾旗西北土城子，後廢。

明年，朝於東都，[1]禮賜益厚。是歲，疾終，上爲之廢朝三日，立其子咄吉世，[2]是爲始畢可汗。[3]表請尚公主，詔從其俗。十一年，來朝於東都。其年，車駕避暑汾陽宫，[4]八月，始畢率其種落入寇，圍帝於雁門。詔諸郡發兵赴行在所，援軍方至，始畢引去。由是朝貢遂絶。明年復寇馬邑，唐公以兵擊走之。[5]

［1］東都：地名。即洛陽，治所在今河南洛陽市。

［2］咄吉世：人名。薛宗正認爲"世"應爲"設"的異譯（參見薛宗正《突厥史》，第198頁）。其事見《舊唐書》卷一九四上、《新唐書》卷二一五上《突厥傳上》。

［3］始畢：突厥首領之號。

［4］汾陽宫：宫名。隋大業四年建，故址在今山西寧武縣西南管涔山上。

［5］唐公：唐高祖李淵。紀見《舊唐書》卷一、《新唐書》卷一。

隋末亂離，中國人歸之者無數，遂大强盛，勢陵中夏。迎蕭皇后，[1]置於定襄。薛舉、竇建德、王世充、劉武周、梁師都、李軌、高開道之徒，[2]雖僭尊號，皆北面稱臣，受其可汗之號。使者往來，相望於道也。

［1］蕭皇后：隋煬帝皇后。傳見本書卷三六、《北史》卷一四。

［2］薛舉：人名。隋煬帝時任金城校尉，大業十三年四月舉兵反隋，自稱西秦霸王，建元“秦興”。傳見《舊唐書》卷五五、《新唐書》卷八六。　竇建德：人名。隋末反隋主力之一，唐武德元年（618）於河北稱帝建立夏國。傳見《舊唐書》卷五四、《新唐書》卷八五。　王世充：人名。傳見本書卷八五、《北史》卷七九、《舊唐書》卷五四、《新唐書》卷八五。　劉武周：人名。隋末群雄之一，以馬邑爲中心，依附突厥，圖謀帝業。傳見《舊唐書》卷五五、《新唐書》卷八六。　梁師都：人名。仕隋爲鷹揚郎將，大業十三年殺郡丞起兵反隋。傳見《舊唐書》卷五六、《新唐書》卷八七。　李軌：人名。隋末涼州土豪，起兵反隋稱帝，後敗於唐軍。傳見《舊唐書》卷五五、《新唐書》卷八六。　高開道：人名。隋、唐時人。傳見《舊唐書》卷五五、《新唐書》卷八六。

西突厥

西突厥者，木杆可汗之子大邏便也。與沙鉢略有隙，因分爲二，漸以强盛。東拒都斤，西越金山，龜兹、鐵勒、伊吾及西域諸胡悉附之。[1]大邏便爲處羅侯所執，其國立鞅素特勤之子，[2]是爲泥利可汗。卒，子達漫立，[3]號泥撅處羅可汗。[4]其母向氏，本中國人，生達漫而泥利卒，向氏又嫁其弟婆實特勤。[5]開皇末，[6]婆實共向氏入朝，遇達頭亂，遂留京師，每舍之鴻臚寺。[7]處羅可汗居無恒處，然多在烏孫故地。[8]復立二小可汗，[9]分統所部。一在石國北，[10]以制諸胡國。一居龜兹北，其地名應娑。[11]官有俟發、閻洪達，[12]以評議國事，自餘與東國同。每五月八日，相聚祭神，歲遣重臣向其先世所居之窟致祭焉。

[1]龜兹：古西域國名。一作鳩兹、丘兹等。西漢時王治延城，在今新疆庫車縣一帶。自西漢以來與中原常有往來。傳見本書卷八三、《漢書》卷九六下、《後漢書》卷八八、《晋書》卷九七、《梁書》卷五四、《魏書》卷一〇二、《周書》卷五〇、《北史》卷九七。　伊吾：國名。原爲古西域地名。始稱伊吾廬，爲内地通往西域的門户，即今新疆哈密市一帶。地肥饒，宜五穀、桑麻、葡萄。南北朝時，西凉殘部唐契爲伊吾王，屬柔然。

[2]鞅素：突厥人名。其事不詳。

[3]達漫：突厥人名。其事不詳。

[4]泥撅處羅：突厥語 Nurkurkara 的音譯。

[5]婆實：突厥人名。其事不詳。

[6]開皇：隋文帝楊堅年號（581—600）。

[7]鴻臚寺：官署名。職掌外國少數民族賓客接待、朝會及吉凶禮儀，兼管佛道寺觀。下設典客、司儀、崇玄三署。開皇三年省併入太常寺，十二年復置。大業三年少卿增爲二員，改典客署爲典

蕃署，另别置四方館，接待各方國使者，管理互市事務，名義上隸本寺。

[8]烏孫：古族名、國名。王稱昆彌，治赤谷城（今新疆溫宿北天山中）。分布在今伊犁河到天山一帶。一般認爲其先民係古代堅昆人從葉尼塞河流域南下的一支。原游牧於敦煌、祁連間，西漢初爲大月氏所破，部落歸服匈奴。匈奴老上單于時，烏孫王借匈奴兵，迫大月氏南徙，據有其地，自立爲國。自西漢開始與中原有密切往來。傳見《漢書》卷九六下、《魏書》卷一〇二、《北史》卷九七。

[9]小可汗：突厥建國後實行大、小可汗制。小可汗爲大可汗的同胞兄弟或嫡親子侄，各領部曲，出鎮一方，世襲其采邑。

[10]石國：古國名。昭武九姓之一。北魏時稱者舌，隋唐時始稱石國，亦作赭支、柘支、柘折、赭時。故地在今烏兹别克斯坦塔什干一帶。傳見本書卷八三。

[11]應娑：地名。薛宗正考應娑即鷹娑川，今大裕勒都斯河（參見薛宗正《突厥史》，第278頁）。娑，庫本作“婆”。

[12]俟發：突厥官號。西突厥處羅可汗置，負責評議國事。閻洪達：突厥官號。西突厥處羅可汗置，負責評議國事。

當大業初，處羅可汗撫御無道，其國多叛，與鐵勒屢相攻，大爲鐵勒所敗。時黄門侍郎裴矩在敦煌引致西域，[1]聞國亂，復知處羅思其母氏，因奏之。煬帝遣司朝謁者崔君肅齎書慰諭之。[2]處羅甚踞，受詔不肯起。君肅謂處羅曰：“突厥本一國也，中分爲二，自相仇敵。每歲交兵，積數十年而莫能相滅者，明知啓民與處羅國其勢敵耳。今啓民舉其部落，兵且百萬，入臣天子，甚有丹誠者，何也？但以切恨可汗而不能獨制，故卑事天子以借漢兵，連二大國，欲滅可汗耳。百官兆庶咸請許之，天子弗違，師出有日矣。顧可汗母向氏，本中國人，歸在京師，處于賓館。聞天子之詔，懼可汗之滅，旦夕守闕，哭泣悲哀。是以天子憐焉，爲其輟策。向夫人又匍匐謝罪，因請發使以召可汗，令入内屬，乞加恩禮，同於啓民。天子從之，故遣使到此。可汗若稱藩拜詔，國乃永安，而母得延壽；不然者，則向夫人爲誑天子，必當取戮而傳首虜庭。發大隋之兵，資北蕃之衆，左提右挈，以擊可汗，死亡則無日矣。奈何惜兩拜之禮，剿慈母之命，吝一句稱臣，喪匈奴國也！”處羅聞之，矍然而起，流涕再拜，跪受詔書。君肅又説處羅曰：“啓民内附，先帝嘉之，賞賜極厚，故致兵强國富。今可汗後附，與之争寵，須深結於天子，自表至誠。既以道遠，未得朝覲，宜立一功，以明臣節。”處羅曰：“如何？”君肅曰：“吐谷渾者，啓民少子莫賀咄設之母家也。[3]今天子又以義成公主妻於啓民，啓民畏天子之威而與之絶。吐谷渾亦因憾漢故，職貢不修。可汗若請誅之，天子必許。漢擊其内，可汗攻其外，破之必矣。然後身自入朝，道路無阻，因見老母，不亦可乎？”處羅大喜，遂遣使朝貢。

［1］黄門侍郎：官名。全稱爲給事黄門侍郎。爲侍中省或門下省次官，地位頗重。大業三年去“給事”，置爲門下省次官。正四品上。　敦煌：郡名。隋開皇三年廢，大業三年復置。治所在今甘肅敦煌市西。

［2］司朝謁者：官名。隋大業三年增謁者臺後置，爲謁者臺大

夫副職。其職任包括受詔勞問，出使慰撫，持節察授及受冤枉而申奏；駕出，對御史引駕。從五品。　崔君肅：人名。曾參與隋征高麗戰役，擔任隋右翊衛大將軍來護兒長史。其事略見本書卷六四《來護兒傳》、卷六五《周法尚傳》，《舊唐書》卷五四《竇建德傳》。

[3]莫賀咄：突厥人名。即後來的頡利可汗。其事略見《舊唐書》卷一九四上《突厥傳上》。

帝將西狩，六年，遣侍御史韋節召處羅，[1]令與車駕會於大斗拔谷。[2]其國人不從，處羅謝使者，辭以佗故。帝大怒，無如之何。適會其酋長射匱遣使來求婚，[3]裴矩因奏曰："處羅不朝，恃强大耳。臣請以計弱之，分裂其國，即易制也。射匱者，都六之子，[4]達頭之孫，世爲可汗，君臨西面。今聞其失職，附隸於處羅，故遣使來，以結援耳。願厚禮其使，拜爲大可汗，則突厥勢分，兩從我矣。"帝曰："公言是也。"因遣裴矩朝夕至館，微諷諭之。帝於仁風殿召其使者，[5]言處羅不順之意，稱射匱有好心，吾將立爲大可汗，令發兵誅處羅，然後當爲婚也。帝取桃竹白羽箭二枚以賜射匱，[6]因謂之曰："此事宜速，使疾如箭也。"使者返，路經處羅，處羅愛箭，將留之，使者譎而得免。射匱聞而大喜，興兵襲處羅，處羅大敗，棄妻子，將左右數千騎東走。在路又被劫掠，遁於高昌東，保時羅漫山。[7]高昌王麴伯雅上狀，[8]帝遣裴矩將向氏親要左右，馳至玉門關晋昌城。[9]矩遣向氏使詣處羅所，諭朝廷弘養之義，丁寧曉諭之，遂入朝，然每有怏怏之色。

［1］侍御史：官名。亦簡稱御史、侍御。爲御史臺屬官，由吏部選用，入直禁中。從七品。大業三年罷直宿之制，唯掌侍從糾察，資位稍减，正七品。　韋節：人名。其事另見本書卷八三《西域傳》、卷八五《王充傳》。

［2］大斗拔谷：地名。一作達斗拔谷、大斗谷。即今甘肅民樂縣東南甘肅、青海二省交界處扁都口隘路。中華本校勘記曰："'斗'原作'升'，據《北史·突厥傳》及本書《煬帝紀》上、又《楊玄感傳》改。"今從改。

［3］射匱：突厥首領之號。其事另見本書卷六七《虞世基傳》、卷八三《石國傳》，《舊唐書》卷一九四下《突厥傳下》。

［4］都六：亦作咄六，其是否爲可汗，史無明文。如是，吴玉貴考應在仁壽三年至大業初年（參見吴玉貴《西突厥新考——兼論〈隋書〉與〈通典〉、兩〈唐書〉之"西突厥"》，《西北民族研究》1988年第1期）。

［5］仁風殿：殿名。確址不詳。

［6］桃竹：即桃枝竹，爲竹之一種，主要生長在江南地區。　二枚：庫本、中華本皆作"一枝"。

［7］時羅漫山：亦譯"折羅漫山"。即今新疆境内天山山脈。

［8］麴伯雅：人名。隋時高昌國國君。隋煬帝大業年間遣使朝貢，曾跟隨隋煬帝征伐高麗。尚宗女華容公主。其事另見本書卷三《煬帝紀上》、卷四一《蘇夔傳》、卷六七《裴矩傳》，《舊唐書》卷一九八《高昌傳》。

［9］玉門關：地名。在今甘肅敦煌市西北小方盤城。　晋昌城：地名。確址不詳。

以七年冬，處羅朝於臨朔宫，[1]帝享之。處羅稽首謝曰："臣總西面諸蕃，不得早來朝拜，今參見遲晚，罪責極深，臣心裏悚懼，不能道盡。”帝曰：“往者與突厥相侵擾，不得安居。今四海既清，與一家無異，朕皆欲存養，使遂性靈。譬如天上止有一箇日照臨，莫不寧帖；[2]若有兩箇三箇日，萬物何以得安？比者亦知處羅總攝事繁，不得早來相見。今日見處羅，懷抱豁然歡喜，處羅亦當豁然，不煩在意。”明年元會，[3]處羅上壽曰：“自天以下，地以上，日月所照，唯有聖人可汗。今是大日，願聖人可汗千歲萬歲常如今日也。”詔留其累弱萬餘口，令其弟達度闕牧畜會寧郡。[4]

[1]臨朔宫：宫名。在今北京市附近。

[2]寧帖：安定，平静。

[3]元會：皇帝於元旦朝會群臣稱正會，也稱元會。始於漢。魏晋以降因之。

[4]達度闕：人名。亦作“闕達度設”“闕達度闕設”“達度闕”“達度闕”等，可能是同名異譯。後自稱闕可汗，唐被册封爲吐烏過拔闕可汗（參見吴玉貴《突厥汗國與隋唐關係史研究》，第72、73頁）。其事略見本書卷六七《裴矩傳》、《北史》卷九九《突厥傳》、《舊唐書》卷五五《李軌傳》、《新唐書》卷二一五下《突厥傳下》等。　會寧郡：治所在今甘肅靖遠縣。

處羅從征高麗，賜號爲曷薩那可汗，[1]賞賜甚厚。十年正月，以信義公主嫁焉，[2]賜錦綵袍千具，綵萬匹。帝將復其故地，以遼東之役，[3]故未遑也。每從巡幸。江都之亂，[4]隨化及至河北。[5]化及將敗，奔歸京師，爲北蕃突厥所害。

[1]曷薩那可汗：中華本校勘記云："《通鑑》煬帝大業八年作'曷娑那可汗'。《通鑑考異》：'唐《李軌傳》作"曷娑那可汗"，今從《隋書》。'是司馬光所見《隋書》與今本不同。"

[2]信義公主：隋宗室女。其事另見本書卷四《煬帝紀下》、《北史》卷一二《隋煬帝紀》。

[3]遼東：郡名。隋大業八年置，治所在今遼寧新民市東北遼浜塔。

[4]江都：郡名。隋大業初以揚州改置，治所在今江蘇揚州市。

[5]化及：人名。即宇文化及。傳見本書卷八五、《北史》卷七九。　河北：泛指黃河以北地區。

鐵勒

鐵勒之先，匈奴之苗裔也，種類最多。自西海之東，[1]依據山谷，往往不絶。獨洛河北有僕骨、同羅、韋紇、拔也古、覆羅並號俟斤，[2]蒙陳、吐如紇、斯結、渾、斛薛等諸姓，[3]勝兵可二萬。伊吾以西，焉耆之北，[4]傍白山，[5]則有契弊、薄落職、乙咥、蘇婆、那曷、烏讙、紇骨、也咥、於尼讙等，[6]勝兵可二萬。金山西南有薛延陀、咥勒兒、十槃、達契等，[7]一萬餘兵。康國北，[8]傍阿得水，[9]則有訶咥、曷䫻、撥忽、比千、具海、曷比悉、何嵯蘇、拔也未渴達等，[10]有三萬許兵。得嶷海東西有蘇路羯、三索咽、蔑促、隆忽等諸姓，[11]八千餘。拂菻東則有恩屈、阿蘭、北褥九離、伏嗢昏等，[12]近二萬人。北海南則都波等。[13]雖姓氏各别，總謂爲鐵勒。並無君長，分屬東、西兩突厥。居無恒所，隨水草流移。人性凶忍，善於騎射，貪婪尤甚，以寇抄爲生。近西邊者，頗爲藝植，多牛羊而少馬。自突厥有國，東西征討，皆資其用，以制北荒。

[1]西海：可能是今裏海東之鹹海（參見段連勤《丁零、高車與鐵勒》，上海人民出版社 1988 年版，第 327 頁）。

[2]僕骨：部落名。鐵勒之一部，又稱僕固、僕古。游牧於土拉河北，先後屬突厥汗國和薛延陀汗國。唐滅薛延陀，以其地置金微州，隸燕然都護府。回紇汗國建立後，仍屬之。　同羅：部落名。鐵勒之一部，又作東紇羅。游牧於土拉河北，先後屬突厥汗國和薛延陀汗國。唐滅薛延陀，以其地置龜林都督府，隸燕然都護府。天寶初，首領阿布思率萬餘帳入塞。後復遷回漠北，爲回紇所破，並爲外九部之一。　韋紇：部落名。鐵勒之一部，即南北朝時高車袁紇部，維吾爾族先祖。原游牧於土拉河北。開皇初鐵勒爲隋所破，諸部分散，屬西突厥。後反叛西突厥，遷居今色楞格河一帶。　拔也古：部落名。鐵勒之一部，又稱拔野古、拔野固、拔曳固、拔也固、勃曳固。地近黑龍江，與靺鞨爲鄰。先後屬突厥汗國和薛延陀汗國。唐初内附，以其地置幽陵都督府。唐爲回紇所破，並爲其外九部之一。　覆羅：部落名。鐵勒之一部。《北史》卷九九《鐵勒傳》無“覆”字。岑仲勉考其可能是本書《高車傳》中的副伏羅氏，或是副伏羅部之伏羅，或是本書卷五一《長孫晟傳》中所提到的伏利具（參見岑仲勉《突厥集史》，第 664 頁）。

[3]蒙陳：部落名。鐵勒之一部。游牧於土拉河北。　吐如紇：部落名。鐵勒之一部。游牧於土拉河北。　斯結：部落名。鐵勒之一部，又稱思結。游牧於土拉河北，先後屬突厥汗國和薛延陀汗國。唐滅薛延陀，以其地爲盧山都督府，隸燕然都護府。　渾：部落名。鐵勒之一部，在鐵勒諸部中，地處最南。先後屬突厥汗國和

薛延陀汗國。唐滅薛延陀後，以其地置皋蘭都督府。後屬回紇汗國。

［4］焉耆：西域國名。又作烏耆、烏纏、阿耆尼。國都在今新疆焉耆縣西南四十里城子舊城。初屬匈奴，西漢屬西域都護府，漢末又屬匈奴。東漢班超破匈奴，又内屬。唐初附西突厥。

［5］白山：即今新疆天山山脈中段之薩阿爾明山。

［6］契弊：部落名。鐵勒之一部，又作契弊、契苾羽。游牧於今新疆焉耆西北。始屬突厥，隋初反叛西突厥，自立爲可汗，高昌、焉耆、伊吾皆服屬之。貞觀六年，臣服於唐，居於今甘肅張掖、武威一帶。後轉徙至今蒙古國杭愛山一帶，唐以其地爲賀蘭都督府，隸燕然都護府。　薄落職：部落名。鐵勒之一部，游牧於今新疆焉耆西北。　乙咥：部落名。鐵勒之一部，游牧於今新疆焉耆西北。　蘇婆：部落名。鐵勒之一部，游牧於今新疆焉耆西北。　那曷：部落名。鐵勒之一部，游牧於今新疆焉耆西北。　烏讙：部落名。鐵勒之一部，又稱烏護、烏鶻、烏骨。游牧於今新疆吐魯番東南以北山中。先後屬突厥、西突厥，後西遷至錫爾河下游。中華本校勘記曰："《北史·鐵勒傳》作'烏護'。"　紇骨：古族名。最早稱堅昆、鬲昆、隔昆。居匈奴之北，在今葉尼塞河上游。漢初被匈奴冒頓單于征服，受其統治。其民生活以游牧兼狩獵爲主，多貂，有好馬。魏晋南北朝時稱紇骨、契骨、結骨等，爲鮮卑或高車或鐵勒部之一。公元六世紀中葉，臣服於突厥。　也咥（dié）：部落名。鐵勒之一部。　於尼讙：部落名。鐵勒之一部。中華本校勘記曰："《北史·鐵勒傳》作'於尼護'。"

［7］薛延陀：古族名、國名。鐵勒之一部。原分薛部與延陀部，後薛爲延陀所滅，二部合併。游牧於今阿爾泰山西南，役屬於突厥。隋開皇時，突厥分裂，屬西突厥。後反叛西突厥獨立。唐建牙於今蒙古國杭愛山，後爲唐所破，在其地設六府、七州，隸燕然都護府。　咥勒兒：部落名。鐵勒之一部。　十槃：部落名。鐵勒之一部。　達契：部落名。鐵勒之一部，亦稱達奚。其先祖即北魏達

奚部。隋時游牧於今阿爾泰山西南。唐移往安西都護府境内。

［8］康國：古國名。昭武九姓之一。北魏時稱悉萬斤，唐時始稱康國，又作颯秣建、薩末鞬。故地在今烏兹别克斯坦撒馬爾罕一帶。其俗信祆教，雜以佛教。唐以其地爲康居都督府，授其王都督之職。後爲大食征服。

［9］阿得水：河名。有説爲今錫爾河，亦有説爲今伏爾加河（參見岑仲勉《突厥集史》，第668頁）。

［10］訶（hē）咥：古部族名。鐵勒之一部，又作阿跌。原游牧於今伏爾加河旁，屬突厥，後東遷屬薛延陀。唐滅薛延陀，以其地爲鷄田州，隸燕然都護府。　曷巀：部落名。鐵勒之一部。史籍失考。中華本校勘記曰："《北史·鐵勒傳》作'曷截'。"　撥忽：部落名。鐵勒之一部。史籍失考。　比千：部落名。鐵勒之一部。史籍失考。《北史·鐵勒傳》作"比干"。　具海：部落名。鐵勒之一部。史籍失考。　曷比悉：部落名。鐵勒之一部。史籍失考。　何嵯蘇：部落名。鐵勒之一部。史籍失考。　拔也未渴達：部落名，鐵勒之一部。史籍失考。中華本校勘記曰："《北史·鐵勒傳》作'拔也末謁達'。"

［11］得嶷海：有説爲今之烏拉爾河，亦有説爲今之裏海（參見岑仲勉《突厥集史》，第671頁）。　蘇路羯：部落名。鐵勒之一部。史籍失考。　三索咽：部落名。鐵勒之一部。史籍失考。　蔑促：部落名。鐵勒之一部。史籍失考。中華本校勘記曰："《北史·鐵勒傳》作'篾促'。"　隆忽：部落名。鐵勒之一部。史籍失考。中華本校勘記曰："《北史·鐵勒傳》作'薩忽'。"

［12］拂菻（lǐn）：古國名。魏晋南北朝時稱大秦、普嵐、伏盧尼，唐始稱拂菻。又作拂臨或拂懔。指東羅馬帝國及其所屬西亞地中海沿岸一帶。大約在今土耳其地區。　恩屈：部落名。鐵勒之一部。　阿蘭：中亞古族名。游牧於黑海北部直至多瑙河一帶。　北褥九離：部落名。褥，《通典》卷一九九《邊防十五·北狄六·突厥下》作"振"。有學者認爲其即烏拉山一帶之Baskhir，今匈牙

利人之祖先；亦有認爲是突厥的一支（參見岑仲勉《突厥集史》，第675、676頁）。 伏嗢昏：部落名。鐵勒之一部。史籍失考。

［13］都波：部落名。鐵勒之一部，亦稱都播。游牧於今俄羅斯貝加爾湖南。内分爲三部又稱爲木馬三突厥。曾通使於唐。

開皇末，晋王廣北征，納啓民，[1]大破步迦可汗，鐵勒於是分散。大業元年，突厥處羅可汗擊鐵勒諸部，厚税斂其物，又猜忌薛延陁等，恐爲變，遂集其魁帥數百人，盡誅之。由是一時反叛，拒處羅，遂立俟利發俟斤契弊歌楞爲易勿真莫何可汗，[2]居貪汙山。[3]復立薛延陀内俟斤，字也咥，爲小可汗。[4]處羅可汗既敗，莫何可汗始大。莫何勇毅絶倫，甚得衆心，爲鄰國所憚，伊吾、高昌、焉耆諸國悉附之。

［1］啓民：中華本校勘記曰："原脱'啓'字，據《北史·鐵勒傳》補。"今從補。

［2］俟利發俟斤契弊歌楞爲易勿真莫何可汗：鐵勒首領之號。楞，本書卷六一《宇文述傳》作"稜"，《通典》卷一九九《邊防十五·突厥下》無"勿"字，《舊唐書》卷一九九下《鐵勒傳》作"共推契苾哥楞爲易勿真莫賀可汗"。岑仲勉認爲"契苾""莫賀"皆爲異譯（參見岑仲勉《突厥集史》，第677頁）。

［3］貪汙山：本書卷八三《高昌傳》記："（高昌）北有赤石山，山北七十里有貪汙山。"即今吐魯番市北天山山脈東段之博格達山。

［4］復立薛延陀内俟斤，字也咥，爲小可汗：此句《北史》卷九九《鐵勒傳》作"復立薛延陁内俟斤子也咥爲小可汗。"《舊唐書》卷一九九下《鐵勒傳》作："又以薛延陀乙失鉢爲也咥小可

汗”，則也咥亦可能是其可汗號。又“也咥”，《新唐書》卷二一七下《回鶻傳》作“野咥”。

其俗大抵與突厥同，唯丈夫婚畢，便就妻家，待産乳男女，然後歸舍，死者埋殯之，此其異也。大業三年，遣使貢方物，自是不絶云。

奚

奚本曰庫莫奚，[1]東部胡之種也。[2]爲慕容氏所破，[3]遺落者竄匿松漠之間。[4]其俗甚爲不潔，而善射獵，好爲寇鈔。初臣於突厥，後稍强盛，分爲五部：“一曰辱紇王，[5]二曰莫賀弗，[6]三曰契箇，[7]四曰木昆，[8]五曰室得。[9]每部俟斤一人爲其帥。隨逐水草，頗同突厥。有阿會氏，[10]五部中爲盛，諸部皆歸之。每與契丹相攻擊，虜獲財畜，因而得賞。死者以葦薄裹屍，懸之樹上。自突厥稱藩之後，亦遣使入朝，或通或絶，最爲無信。大業時，歲遣使貢方物。

[1]庫莫奚：意爲沙土、沙粒、細沙。可能是因庫莫奚人住地多沙漠（參見白鳥庫吉著，方壯猷譯《東胡民族考》下編，商務印書館1934年版，第88頁）。何光嶽則認爲庫莫是枯漠的異譯，實古漢語乾枯的沙漠的意思，即戈壁的景觀。奚是夏禹的後裔奚仲，奚人爲奚仲之後。庫莫奚意爲居於沙漠之奚人。（參見何光嶽《東胡源流史》，江西教育出版社2004年版，第306頁）

[2]東部胡：即鮮卑宇文部。

［3］慕容氏：指慕容皝。西晋十六國時人。載記見《晋書》卷一〇九。

［4］松漠：中華本標點作"松、漠"。按，松漠常聯稱，《魏書》卷二《太祖紀》記拓跋珪於登國二年（387）十二月，"巡松漠，還幸牛川"。《魏書》卷一〇〇《契丹傳》亦記契丹與庫莫奚"俱竄於松漠之間"，因此，松漠之間不應有頓號。對於松漠之地，學者有不同看法。金毓黻認爲庫莫奚人居住的西拉木倫河和老哈河流域在古代多松林，且北連大漠，所以有松漠之稱（參見金毓黻《東北通史》，重慶五十年代出版社 1943 年版，第 254 頁）。馮繼欽則認爲松指松山，亦稱平地松林，指今河北省圍場縣以北至内蒙古自治區克什克騰旗西南數百里之地；漠指松山以西的戈壁沙漠（參見馮繼欽《北朝時期的庫莫奚族》，《求是學刊》1987 年第 5 期）。還有學者認爲松漠是指西拉木倫河上游的松林地帶及老哈河兩岸的科爾沁沙漠地帶（參見孫進己、馮永謙等主編《東北歷史地理》第 2 卷，黑龍江人民出版社 1989 年版）。

［5］辱紇王：王，庫本作"玉"，《周書》卷四九《庫莫奚傳》、《北史》卷九四《奚傳》、《通典》卷二〇〇《北狄七・庫莫奚》作"主"。或以"主"爲確。辱紇主，部落名。奚之一部。又《通鑑》卷一九九《唐紀》貞觀二十二年條胡三省注曰："奚、契丹酋領皆稱爲辱紇主。"

［6］莫賀弗：部落名。奚之一部。又《通鑑》卷一三五《齊紀》建元元年條胡三省注曰："契丹酋帥曰莫賀弗。"所以莫賀弗也是契丹首領的稱呼。

［7］契箇：部落名。奚之一部。史籍失考。

［8］木昆：部落名。奚之一部。史籍失考。

［9］室得：部落名。奚之一部。史籍失考。

［10］阿會氏：奚部落姓。史籍失考。

契丹　室韋

契丹之先，與庫莫奚異種而同類，並爲慕容氏所破，俱竄於松漠之間。其後稍大，居黄龍之北數百里。[1]其俗頗與靺鞨同。好爲寇盜。父母死而悲哭者，以爲不壯，但以其屍置於山樹之上，經三年之後，乃收其骨而焚之。因酹而祝曰："冬月時，向陽食。若我射獵時，使我多得猪鹿。"其無禮頑嚚，於諸夷最甚。

[1]黄龍：城名。亦稱龍城、和龍城、龍都。即今遼寧朝陽縣。

當後魏時，爲高麗所侵，部落萬餘口求内附，止于白貔河。[1]其後爲突厥所逼，又以萬家寄於高麗。開皇四年，率諸莫賀弗來謁。五年悉其衆款塞，高祖納之，聽居其故地。六年，其諸部相攻擊，久不止，又與突厥相侵，高祖使使責讓之。其國遣使詣闕，頓顙謝罪。其後契丹别部出伏等背高麗，[2]率衆内附。高祖納之，安置於渴奚那頡之北。[3]開皇末，其别部四千餘家背突厥來降。上方與突厥和好，重失遠人之心，悉令給糧還本，勑突厥撫納之。固辭不去。部落漸衆，遂北徙逐水草，當遼西正北二百里，[4]依託紇臣水而居。[5]東西亘五百里，南北三百里，分爲十部。兵多者三千，少者千餘，逐寒暑，隨水草畜牧。有征伐，則酋帥相與議之，興兵動衆合符契。突厥沙鉢略可汗遣吐屯潘垤統之。[6]

[1]白貔河：《魏書》卷一〇〇、《北史》卷九四《契丹傳》作

“白狼水”。《水經注》卷一四《大遼水》亦記黃龍城附近有白狼水。可證本書所記有誤。白狼水，又作白狼川、白狼河。即今遼寧大凌河。

［2］出伏：部落名。契丹别部。

［3］渴奚那頡：地名。確址不詳。奚，庫本作“溪”。

［4］遼西：區域名。泛指今遼寧遼河以西大凌河流域及其以南、河北遷西與樂亭縣以東地區。

［5］託紇臣水：即土河，亦稱土護真水、吐護真河。即今内蒙古西拉木倫河支流老哈河。

［6］潘垤（dié）：人名。其事不詳。

室韋，[1]契丹之類也。其南者爲契丹，在北者號室韋，分爲五部，不相總一，所謂南室韋、北室韋、鉢室韋、深末怛室韋、大室韋。並無君長，人民貧弱，突厥常以三吐屯總領之。

［1］室韋：古族名。亦作失韋。一説是鮮卑的同名異譯。源出東胡。爲北魏至唐、遼時居今内蒙古呼倫貝爾市及其周圍地區原始部落的統稱。南北朝時分爲五部。隋唐時分爲三十餘部，其中之一部蒙兀室韋，即爲蒙古部的先世。傳另見《魏書》卷一〇〇、《北史》卷九四。中華本校勘記曰：“‘室韋’原缺，據《北史·室韋傳》補。”

南室韋在契丹北三千里，土地卑濕，至夏則移向西北貸勃、欠對二山，[1]多草木，饒禽獸，[2]又多蚊蚋，人皆巢居，以避其患。漸分爲二十五部，每部有餘莫弗瞞咄，猶酋長也。死則子弟代立，嗣絶則擇賢豪而立之。

其俗丈夫皆被髮，婦人槃髮，衣服與契丹同。乘牛車，籧篨爲屋，[3]如突厥氈車之狀。度水則束薪爲栰，或以皮爲舟者。馬則織草爲韉，[4]結繩爲轡。寢則屈爲屋，以籧篨覆上，移則載行。以猪皮爲席，編木爲藉。[5]婦女皆抱膝而坐。氣候多寒，田收甚薄，無羊，少馬，多猪牛。造酒食噉，[6]與靺鞨同俗。婚嫁之法，二家相許，壻輒盜婦將去，然後送牛馬爲聘，更將歸家。待有娠，乃相隨還舍。婦人不再嫁，以爲死人之妻難以共居。部落共爲大棚，人死則置屍其上。居喪三年，年唯四哭。其國無鐵，取給於高麗。多貂。

[1]西：《北史》卷九四《室韋傳》無此字。　貸勃、欠對：山名。學者對此二山多有推定。丁謙認爲貸勃山爲厄爾伯山，欠對山爲斡特該山（參見丁謙《魏書各外國傳地理考證》，北京圖書館出版社2008年版，第10頁）。屠寄認爲貸勃山爲達巴庫山，即今大興安嶺，欠對山爲今伊勒呼里山（參見屠寄《黑龍江輿圖説》，黑龍江教育出版社2014年版，第16—17頁）。張錫彤等認爲貸勃山爲特爾莫山，欠對山爲甫喀山（參見張錫彤等《〈中國歷史地圖集〉釋文彙編·東北卷》，中央民族學院出版社1988年版，第127頁）。王德厚認爲貸勃山爲今老頭山，欠對山爲今大青山（參見王德厚《室韋地理考補》，《北方文物》1989年第1期）。王頲認爲貸勃山爲今達布德爾山（參見王頲《室韋的族源和各部方位》，《中國蒙古史學會論文選集（1983年）》，内蒙古人民出版社1987年版，第128—138頁）。

[2]饒：多，衆多。

[3]籧（qú）篨（chú）：用葦或竹編成的粗席。

[4]韉：鞍墊。

［5］藉（jiè）：以物襯墊。

［6］噉：食、吃。

南室韋北行十一日至北室韋，分爲九部落，繞吐紇山而居。[1]其部落渠帥號乞引莫賀咄，每部有莫何弗三人以貳之。氣候最寒，雪深没馬。冬則入山，居土穴中，牛畜多凍死。饒麞鹿，射獵爲務，食肉衣皮。鑿冰，没水中而網射魚鼈。地多積雪，懼陷坑穽，騎木而行。俗皆捕貂爲業，冠以狐貉，[2]衣以魚皮。又北行千里，至鉢室韋，依胡布山而住，[3]人衆多北室韋，不知爲幾部落。用樺皮蓋屋，其餘同北室韋。

［1］吐紇山：關於此山的推定也存在多種説法，丁謙認爲是諾敏河南的土庫爾山（參見丁謙《魏書各外國傳地理考證》，第10頁），張錫彤等人認爲是在小興安嶺北端（參見張錫彤等《〈中國歷史地圖集〉釋文彙編·東北卷》，第54、55頁），王德厚認爲是大興安嶺東側的古利牙山（即大吉魯契那山）（參見王德厚《室韋地理考補》，第71—76頁）。張久和則認爲應是今伊勒呼里山（參見張久和《室韋地理再考辨》，《中國邊疆史地研究》1998年第1期，第89—100頁）。

［2］貉（hé）：《北史》卷九四《室韋傳》作“貂”。

［3］胡布山：關於此山，學者大致有兩種不同的方位判斷，一種認爲在今俄羅斯謝列姆札河或結雅河上游以南，或布列河以南。其中屠寄和張博泉等人都認爲是雅瑪嶺（參見屠寄《黑龍江輿圖説》，第17頁；張博泉、蘇金源、董玉英《東北歷代疆域史》，吉林人民出版社1987年版，第73頁），張錫彤等人認爲是札格德山（參見張錫彤等《〈中國歷史地圖集〉釋文彙編·東北卷》，第127

頁），干志耿、孫秀仁認爲是布列亞山（參見干志耿、孫秀仁《黑龍江古代民族史綱》，黑龍江人民出版社 1987 年版，第 218 頁）。另一種認爲在嫩江的發源處附近。其中，丁謙認爲是在格爾布爾山（參見丁謙《魏書各外國傳地理考證》，第 11 頁），吴廷燮和金毓黻認爲是在伊勒呼里山（參見吴廷燮《室韋考略》，《四存月刊》第 14 期，1922 年 10 月；金毓黻《東北通史》，第 26 頁）。

從鉢室韋西南四日行，至深末怛室韋，因水爲號也。[1]冬月穴居，以避太陰之氣。又西北數千里，至大室韋，徑路險阻，語言不通。尤多貂及青鼠。[2]

[1]水：即深末怛水。大多數學者認爲即今俄羅斯境内的謝列姆札河，亦有學者認爲應是今額爾古納河東岸支流激流河流域（參見張久和《室韋地理再考辨》，《中國邊疆史地研究》1998 年第 1 期）。

[2]青鼠：即灰鼠。

北室韋時遣使貢獻，餘無至者。

史臣曰：四夷之爲中國患也久矣，北狄尤甚焉。種落實繁，迭雄邊塞，年代遐邈，[1]非一時也。五帝之世，則有獯粥焉；其在三代，則獫狁焉；[2]逮乎兩漢，則匈奴焉；當塗、典午，[3]則烏丸、鮮卑焉；[4]後魏及周，則蠕蠕、突厥焉。此其酋豪，相繼互爲君長者也。皆以畜牧爲業，侵鈔爲資，倏來忽往，雲飛鳥集。智謀之士，議和親於廟堂之上，折衝之臣，[5]論奮擊於塞垣之下。[6]然事無恒規，權無定勢，親疏因其强弱，服叛在其盛衰。衰則款塞頓顙，盛則彎弓寇掠，屈申異態，强弱相反。正朔所不及，冠帶所不加，唯利是視，不顧盟誓。至於莫相救讓，驕黠憑陵，[7]和親約結之謀，行師用兵之事，前史論之備矣，故不詳而究焉。及蠕蠕衰微，突厥始大，至於木扞，遂雄朔野。東極東胡舊境，西盡烏孫之地，彎弓數十萬，列處於代、陰，[8]南向以臨周、齊。二國莫之能抗，争請盟好，求結和親。乃與周合從，終亡齊國。高祖遷鼎，厥徒孔熾，[9]負其衆力，將蹈秦郊。[10]内自相圖，遂以乖亂，達頭可汗遠遁，啓民願保塞下。於是推亡固存，返其舊地，助討餘燼，部衆遂强。卒於仁壽，不侵不叛，暨乎始畢，未虧臣禮。煬帝撫之非道，始有雁門之圍。俄屬群盗並興，於此寖以雄盛，豪傑雖建名號，莫不請好息民。於是分置官司，總統中國，子女玉帛，相繼於道，使者之車，往來結轍。[11]自古蕃夷驕僭，未有若斯之甚也。及聖哲膺期，掃除氛祲，暗於時變，猶懷旅拒，率其群醜，屢隳亭鄣，[12]殘毁我雲、代，[13]摇蕩我太原，[14]肆掠於涇陽，[15]飲馬於渭汭。[16]聖上奇謀潛運，[17]神機密動，遂使百世不羈之虜一舉而滅，瀚海、龍庭之地畫爲九州，[18]幽都窮髮之民隸於編户。[19]實帝皇所不及，[20]書契所未聞。由此言之，雖天道有盛衰，亦人事之工拙也。加以爲而弗恃，有而弗居，[21]類天地之含容，同陰陽之化育，斯乃大道之行也，固無得而稱焉。

[1]遐邈：久遠，久長。

[2]獫狁：古族名。亦作“玁狁”。居於周之西北，爲周之勁

敵，與薰育爲同族。玁狁之稱見於周懿王至宣王之間，以厲王、宣王時侵擾最甚。

［3］當塗：三國魏的代稱。　典午："司馬"的隱語。《三國志》卷四二《蜀書·譙周傳》："周語次，因書版示立曰：'典午忽兮，月酉没兮。'典午者，謂司馬也；月酉者，謂八月也。至八月而文王果崩。"晋帝姓司馬氏，後因以"典午"指晋朝。

［4］烏丸：古族名。一作烏桓。東胡之一支。漢初東胡被匈奴襲破後，部分餘衆退保烏桓山（在今内蒙古阿魯科爾沁旗北境大興安嶺山脈南端）。漢武帝時置烏桓校尉，東漢初復置護烏桓校尉於上谷郡寧城。東漢末，曹操遷其衆於幽、并。其人悉入中原，漸與漢族相融合。其事略見《漢書》卷九四《匈奴傳》、《後漢書》卷九〇《烏桓傳》。　鮮卑：古族名。東胡之一支。漢初各部均受匈奴統治。漢武帝破匈奴東部地區，部分鮮卑南下至西拉木倫河流域烏桓故地。兩晋南北朝時，其分支段慕容、乞伏等部，曾先後在東北、華北、西北建立政權。原居今内蒙古呼倫貝爾市的拓拔鮮卑建立北魏王朝，統一北方。隋唐時，逐漸與漢族融合。傳見《後漢書》卷九〇、《三國志》卷三〇、《宋書》卷九六、《魏書》卷九九等。

［5］折衝：交涉、談判。

［6］塞垣：本指漢代爲抵禦鮮卑所設的邊塞。後亦指長城，邊關城墻。

［7］憑陵：侵犯，欺侮。

［8］陰：山名。即今内蒙古陰山山脈。

［9］孔熾：非常猖獗和囂張。

［10］秦郊：意指逼近都城。

［11］結轍：轍迹交錯。謂車輛往來不絶。

［12］隳：毁壞。　亭鄣：古代邊塞要地設置的堡壘。

［13］雲：地名。唐武德四年置雲州，治所在今内蒙古和林格爾縣西北土城子，貞觀二十年改置雲州都督府。　代：地名。治所在

今山西代縣。

［14］太原：府名。唐開元十一年（723）以并州改置，治所在今山西太原市西南東城角。

［15］涇陽：縣名。唐治所在今陝西涇陽縣。

［16］渭汭（ruì）：地名。其地有二處：一在今陝西華陰縣市北，即渭河入黄河處；一在今陝西高陵縣南，即涇水入渭河之口。

［17］聖上：《北史》卷九九作“太宗文皇帝”，可知此所指爲唐太宗李世民。紀見《舊唐書》卷二、三，《新唐書》卷二。

［18］瀚海：指沙漠。

［19］窮髮：極北不毛之地。

［20］帝皇：三皇與五帝的合稱。

［21］加以爲而弗恃，有而弗居：典出《老子道德經》第二章：“萬物作而弗始也，爲而弗恃也，成功而弗居也。夫唯弗居，是以不去。”

隋書　卷八五

列傳第五十

夫肖形天地，[1]人稱最靈，以其知父子之道，識君臣之義，異夫禽獸者也。傳曰："人生在三，事之如一。"[2]然則君臣父子，其道不殊，父不可以不父，子不可以不子，君不可以不君，臣不可以不臣。故曰君猶天也，天可讎乎！是以有罪歸刑，見危授命，[3]竭忠貞以立節，不臨難而苟免。故聞其風者，懷夫慷慨，千載之後，莫不願以爲臣。此其所以生榮死哀，取貴前哲者矣。至於委質策名，代卿世禄，出受心膂之寄，[4]人參帷幄之謀，身處機衡，肆趙高之姦宄，[5]世荷權寵，行王莽之桀逆，[6]生靈之所讎疾，犬豕不食其餘。雖薦社污宫，彰必誅之釁，斲棺焚骨，明篡殺之咎，可以懲夫既往，未足深誡將來。昔孔子修《春秋》，而亂臣賊子知懼，抑使之求名不得，欲蓋而彰者也。今故正其罪名，以冠於篇首，庶後之君子，見作者之意焉。

[1]肖：汲古閣本、殿本、庫本、中華本同，宋殘本作"宵"。

[2]人生在三，事之如一：語出《國語·晋語一》："'民生於三，事之如一。'父生之，師教之，君食之。非父不生，非食不長，

非教不知，生之族也，故一事之，唯其所在，則致死焉。”韋昭注：“三，君、父、師也。”後以“在三”爲禮敬君、父、師的典故。

［3］授：殿本、庫本、中華本同，宋殘本、汲古閣本作“受”。

［4］膂：汲古閣本、殿本、庫本、中華本同，宋殘本作“旅”。

［5］趙高：人名。趙高殺秦二世立子嬰爲秦王。事見《史記》卷六《秦始皇本紀》。

［6］王莽：人名。西漢末年以外戚專掌朝政。傳見《漢書》卷九九。

宇文化及　弟智及

宇文化及，[1]左翊衛大將軍述之子也。[2]性凶險，不循法度，好乘肥挾彈，馳鶩道中，由是長安謂之輕薄公子。[3]煬帝爲太子時，[4]常領千牛，[5]出入卧内。累遷至太子僕。[6]數以受納貨賄，再三免官。太子嬖昵之，俄而復職。又以其弟士及尚南陽公主。[7]化及由此益驕，處公卿間，言辭不遜，多所陵轢。見人子女、狗馬、珍玩，必請託求之。常與屠販者游，以規其利。

［1］宇文化及：人名。傳另見《北史》卷七九。

［2］左翊衛大將軍：官名。隋初中央軍事機關十二衛有左右衛，大業三年（607）改爲左右翊衛，各置大將軍一人，掌宫掖禁禦，督攝仗衛。正三品。　述：人名。即宇文述。傳見本書卷六一、《北史》卷七九。

［3］長安：地名。隋都城所在地，在今陝西西安市西北。

［4］煬帝：即隋煬帝楊廣。紀見本書卷三、四，《北史》卷一二。

［5］千牛：官名。即千牛左右。隋初於左右領左右府置千牛備身十二人，掌供御弓箭，執千牛御刀侍衛皇帝左右。正六品下。煬帝大業三年改左右領左右府爲左右備身府，千牛備身則改名爲千牛左右，其職掌未變，員額增至十六人。正六品。

［6］太子僕：官名。隋東宫設太子僕一人，掌皇族親疏、車輿騎乘，領廄牧署令。從四品上。

［7］士及：人名。即宇文士及。隋任鴻臚少卿，後入唐，貞觀中官至中書令。傳見《舊唐書》卷六三、《新唐書》卷一〇〇。南陽公主：隋煬帝楊廣長女。傳見本書卷八〇、《北史》卷九一。

煬帝即位，拜太僕少卿，[1]益恃舊恩，貪冒尤甚。大業初，[2]煬帝幸榆林，[3]化及與弟智及違禁與突厥交市。[4]帝大怒，囚之數月，還至青門外，[5]欲斬之而後入城，解衣辮髮，以公主故，久之乃釋，并智及並賜述爲奴。述薨後，煬帝追憶之，遂起化及爲右屯衛將軍，[6]智及爲將作少監。[7]

［1］太僕少卿：官名。隋太僕寺副長官，協助長官太僕卿掌國家廄牧、車輿等事務。隋初置一員，尋又加置一員，正四品上；煬帝大業三年定置二員，降爲從四品。

［2］大業：隋煬帝楊廣年號（605—618）。

［3］榆林：郡名。治所在今内蒙古准格爾旗東北十二連城。

［4］智及：人名。即宇文智及。本卷及《北史》卷七九有附傳。　突厥：古族名、國名。廣義包括突厥、鐵勒諸部落，狹義專指突厥。公元六世紀時游牧於金山（今阿爾泰山）以南，因金山形似兜鍪，俗稱“突厥”，遂以名部落。西魏廢帝元年（552），土門自號伊利可汗，建立突厥汗國。隋開皇二年（582）西面可汗達頭與大可汗沙鉢略不睦，分裂爲西突厥、東突厥兩個汗國。傳見本書

卷八四、《北史》卷九九、《舊唐書》卷一九四、《新唐書》卷二一五。

[5]青門：京城東門。

[6]右屯衛將軍：官名。隋文帝置左右領軍府，各掌十二軍籍帳、差科、詞訟之事，不置將軍。煬帝大業三年改左右領軍府爲左右屯衛，所統軍士名御林。並各置大將軍一人，正三品；將軍各二人，從三品。

[7]將作少監：官名。隋文帝開皇二十年改將作寺爲將作監，初加副監，亦稱將作少監。佐長官將作大監領左、右校及甄官署，掌營繕宫室、宗廟、城門、東宫、王府、中央官署及京都其他土木工程。正五品。

是時李密據洛口，[1]煬帝懼，留淮左，[2]不敢還都。從駕驍果多關中人，[3]久客羈旅，見帝無西意，謀欲叛歸。時武賁郎將司馬德戡總領驍果，[4]屯於東城，風聞兵士欲叛，未之審，遣校尉元武達陰問驍果，[5]知其情，因謀構逆。共所善武賁郎將元禮、直閣裴虔通互相扇惑曰：[6]"今聞陛下欲築宫丹楊，[7]勢不還矣。所部驍果莫不思歸，人人耦語，並謀逃去。我欲言之，陛下性忌，惡聞兵走，即恐先事見誅。今知而不言，其後事發，又當族滅我矣。進退爲戮，將如之何?"虔通曰："上實爾，誠爲公憂之。"德戡謂兩人曰："我聞關中陷没，李孝常以華陰叛，[8]陛下收其二弟，將盡殺之。吾等家屬在西，安得無此慮也!"虔通曰："我子弟已壯，誠不自保，正恐旦暮及誅，計無所出。"德戡曰："同相憂，當共爲計取。驍果若走，可與俱去。"虔通等曰："誠如公言，求生之計，無以易此。"因遞相招誘。又轉告内史舍人元敏、鷹揚郎將孟秉，[9]符璽郎李覆、牛方裕，[10]直長許弘仁、薛良，[11]城門郎唐奉義、醫正張愷等，[12]日夜聚博，約爲刎頸之交，情相款昵，言無迴避，於座中輒論叛計，並相然許。時李孝質在禁，[13]令驍果守之，中外交通，所謀益急。趙行樞者，[14]樂人之子，家産巨萬，先交智及，勳侍楊士覽者，[15]宇文甥，二人同告智及。智及素狂悖，[16]聞之喜，即共見德戡，期以三月十五日舉兵同叛，[17]劫十二衛武馬，虜掠居人財物，結黨西歸。智及曰："不然。當今天實喪隋，英雄並起，同心叛者已數萬人，因行大事，此帝王業也。"德戡然之。行樞、薛良請以化及爲主，相約既定，方告化及。化及性本駑怯，初聞大懼，色動流汗，久之乃定。

[1]李密：人名。傳見本書卷七〇、《舊唐書》卷五三、《新唐書》卷八四，《北史》卷六〇有附傳。　洛口：地名。在今河南鞏義市東北。

[2]淮左：淮河以東地區。

[3]驍果：軍士名。募民爲之。以折衝、果毅、武勇、雄武等郎將領之；武勇郎將爲副長官，主掌宿衛。上屬於左右備身府。關中：地區名。與"關內"意同。秦至唐時稱函谷或潼關以西、隴坂以東、終南山以北爲關中。

[4]武賁郎將：官名。隋煬帝大業三年改革官制，於十二衛每衛置護軍四人，掌貳將軍，尋又改護軍爲武賁郎將。正四品。　司馬德戡：人名。傳見本卷及《北史》卷七九。

[5]校尉：官名。隋府兵鷹揚府之下設團，其長官爲校尉。正六品。　元武達：人名。隋末爲禁軍校衛，參與縊殺隋煬帝的江都宫變，武德二年（619）爲竇建德所殺。

[6]元禮：人名。隋末爲虎賁郎將，參與縊殺隋煬帝的江都宫變，貞觀二年（628），唐太宗將其除名配流嶺南。事略見《通鑑》卷一八五《唐紀》武德元年三月條。　直閣：官名。即監門直閣，爲禁衛軍指揮機構左右監門府的軍官。大業三年置。正五品。　裴虔通：人名。傳見本卷及《北史》卷七九。

[7]丹楊：郡名。即丹陽，治所在今江蘇南京市。

[8]李孝常：人名。大業末爲華陰縣令，武德初以迎接唐軍功，封義安王。事見《北史》卷七五《李圓通傳》。

[9]内史舍人：官名。爲内史省的屬官，掌參議表章，草擬詔敕。隋初置八人，正六品上，開皇三年升爲從五品。煬帝大業三年減置四人，大業末改内史省爲内書省，内史舍人遂改稱爲内書舍人。　元敏：人名。《北史》卷七五有附傳。　鷹揚郎將：官名。隋文帝初，置左右衛等衛府，各領軍坊、鄉團，以統軍卒。後改置驃騎將軍府，每府置驃騎、車騎二將軍，上轄於衛府大將軍，下設大都督、帥都督、都督領兵。煬帝大業三年改驃騎府爲鷹揚府，改驃騎將軍爲鷹揚郎將，職能依舊。正五品。　孟秉：人名。亦作“孟景”，隋末爲禁軍鷹揚郎將，參與縊殺隋煬帝的江都宫變，武德二年爲竇建德所殺。事亦見本書卷四《煬帝紀下》、《北史》卷七九《宇文化及傳》、《通鑑》卷一八五《唐紀》武德元年三月條等。按，本書卷四《煬帝紀下》“孟景”，中華本校勘記云：“‘景’應作‘秉’。唐人諱‘昞’，因‘秉’‘昞’同音，遂改‘秉’爲‘景’。”

[10]符璽郎：官名。隋初門下省置符璽局，長官爲監，置二員，掌天子印璽之用。正六品下。煬帝大業三年改爲郎，亦置二員，從六品。　李覆：人名。隋末任符璽郎，其他事迹不詳。　牛方裕：人名。牛弘次子。事見本書卷四九、《北史》卷七二《牛弘傳》。

[11]直長：官名。《通鑑》卷一八五《唐紀》武德元年三月條胡三省注云：“隋初，門下省統城門、尚食、尚藥、符璽、御府、

殿内等六局，各有直長。煬帝以城門、尚食、尚藥、御府等五局隸殿内省。”另，隋於左右監門府也置直長，爲宿衛武官。正七品。 許弘仁：人名。隋末爲監門直長，參與縊殺隋煬帝的江都宫變，武德二年爲竇建德所殺。事見《通鑑》卷一八五《唐紀》。 薛良：人名。隋末爲監門直長，參與縊殺隋煬帝的江都宫變，力主推宇文化及爲首。入唐曾任絳州刺史，貞觀二年，唐太宗將其除名配流嶺南。按，本書卷四《煬帝紀下》、《北史》卷七九《宇文化及傳》作“薛世良”，羅振玉《隋書斠議》云：“此避唐太宗諱省‘世’字。”

［12］城門郎：官名。煬帝大業三年改門下省城門局校尉而置。掌京城、皇城、宫殿諸門啓閉等事。從六品。 唐奉義：人名。隋末爲城門郎，參與縊殺隋煬帝的江都宫變，入唐曾任廣州都督府長史，貞觀二年，唐太宗將其除名配流嶺南。按，“唐奉義”各本皆同，但《北史》卷八三《許善心傳》作“唐奉議”，當訛。 醫正：官名。煬帝大業三年始置。爲太常寺太醫署屬官。掌醫療疾病。 張愷：人名。隋末爲醫正，參與縊殺隋煬帝的江都宫變，後隨宇文化及北上魏縣，謀叛被誅。

［13］李孝質：人名。爲李孝常之弟。其他事迹不詳。

［14］趙行樞：人名。事見《北史》卷七九《宇文述傳》。

［15］勳侍：官名。隋煬帝改左右衛爲左右翊衛，領親、勳、武三衛，又改三衛爲三侍。非翊衛府皆無三侍。品秩不詳。 楊士覽：人名。宇文智及外甥，隋末爲勳侍，參與縊殺隋煬帝的江都宫變，武德二年爲竇建德所殺。

［16］悖：宋殘本作“勃”。

［17］三：殿本、庫本作“二”，宋殘本、汲古閣本、中華本同底本，《通鑑》卷一八五《唐紀》武德元年三月條亦云：“德戡等期以三月望日結黨西遁。”故作“三月”是。

義寧二年三月一日，[1]德戡欲宣言告衆，恐以人心未一，更思譎詐以脅驍果，謂許弘仁、張愷曰："君是良醫，國家任使，出言惑衆，衆必信。君可入備身府，[2]告識者，言陛下聞説驍果欲叛，多醖毒酒，因享會盡鴆殺之，獨與南人留此。"弘仁等宣布此言，驍果聞之，遞相告語，謀叛逾急。德戡知計既行，遂以十日總召故人，諭以所爲。衆皆伏曰："唯將軍命!"其夜，奉義主閉城門，乃與虔通相知，諸門皆不下鑰。至夜三更，德戡於東城内集兵，得數萬人，舉火與城外相應。帝聞有聲，問是何事。虔通僞曰："草坊被燒，外人救火，故諠囂耳。"中外隔絶，帝以爲然。孟秉、智及於城外得千餘人，劫候衛武賁馮普樂，[3]共布兵分捉郭下街巷。至五更中，德戡授虔通兵，以换諸門衛士。虔通因自開門，領數百騎，至成象殿，[4]殺將軍獨孤盛。[5]武賁郎將元禮遂引兵進，宿衛者皆走。虔通進兵，排左閤，馳入永巷，問："陛下安在?"有美人出，方指云："在西閤。"從往執帝。帝謂虔通曰："卿非我故人乎!何恨而反?"虔通曰："臣不敢反，但將士思歸，奉陛下還京師耳。"帝曰："與汝歸。"虔通因勒兵守之。

[1]義寧：隋恭帝楊侑年號（617—618）。

[2]備身府：官署名。煬帝改左右領左右府爲左右備身府。

[3]候衛武賁：官名。即候衛虎賁郎將。隋文帝時設左右武候，掌皇帝車駕出，先驅後殿，晝夜巡察，執捕奸非，烽候道路等；巡狩時則掌營禁。煬帝大業三年改名左右候衛。虎賁郎將，正四品。馮普樂：人名。隋末爲虎賁郎將，其他事迹不詳。

[4]成象殿：江都宫中的宫殿名。

[5]將軍：官名。獨孤盛時任右屯衛將軍。隋文帝置左右領軍府，各掌十二軍籍帳、差科、詞訟之事，不置將軍。煬帝大業三年改左右領軍府爲左右屯衛，所統軍士名御林。並各置大將軍一人，正三品；將軍各二人，從三品。　獨孤盛：人名。傳見本書卷七一，《北史》卷七三有附傳。

至旦，孟秉以甲騎迎化及。化及未知事果，戰慄不能言，人有來謁之者，但低頭據鞍，答云“罪過”。時士及在公主第，弗之知也。智及遣家僮莊桃樹就第殺之，[1]桃樹不忍，執詣智及，久之乃見釋。化及至城門，德戡迎謁，引入朝堂，號爲丞相。[2]令將帝出江都門以示群賊，[3]因復將入。遣令狐行達弑帝於宫中，[4]又執朝臣不同己者數十人及諸外戚，無少長害之，唯留秦孝王子浩，[5]立以爲帝。

[1]莊桃樹：人名。其他事迹不詳。

[2]丞相：此爲宇文化及所設僞官。

[3]江都門：此江都宫宫門。

[4]令狐行達：人名。隋末爲校尉，其他事迹不詳。

[5]秦孝王：即隋文帝楊堅第三子楊俊。傳見本書卷四五、《北史》卷七一。　浩：人名。即楊俊長子楊浩。傳見本書卷四五、《北史》卷七一。

十餘日，奪江都人舟檝，[1]從水路西歸。至顯福宫，[2]宿公麥孟才、折衝郎將沈光等謀擊化及，[3]反爲所害。化及於是入據六宫，其自奉養，一如煬帝故事。每於帳中南面端坐，人有白事者，默然不對。下牙時，[4]方收取啓狀，共奉義、方裕、良、愷等參決之。行至徐州，[5]水路不通，復奪人車牛，得二千兩，並載宮人珍寶。其戈甲戎器，悉令軍士負之。道遠疲極，三軍始怨。德戡失望，竊謂行樞曰："君大謬誤我。當今撥亂，必藉英賢，化及庸暗，群小在側，事將必敗，當若之何？"行樞曰："在我等爾，廢之何難！"因共李本、宇文導師、尹正卿等謀，[6]以後軍萬餘兵襲殺化及，更立德戡爲主。弘仁知之，密告化及，盡收捕德戡及其支黨十餘人，皆殺之。引兵向東郡，[7]通守王軌以城降之。[8]

[1]江都：郡名。治所在今江蘇揚州市。

[2]顯福宫：宫名。江都城中宫殿名。

[3]宿公：爵名。全稱爲宿國公。隋九等爵的第三等。從一品。　麥孟才：人名。《北史》卷七八有附傳。　折衝郎將：官名。煬帝大業三年置，爲左右備身府屬官。掌領驍果禁軍。正四品。　沈光：人名。傳見本書卷六四、《北史》卷七八。

[4]下牙：扎營。

[5]徐州：治所在今江蘇徐州市。

[6]李本：人名。其他事迹不詳。　宇文導師：人名。其他事迹不詳。　尹正卿：人名。其他事迹不詳。

[7]東郡：治所在今河南滑縣東。

[8]通守：官名。煬帝於郡守下置通守一人，地位僅次於郡守，協掌本郡政務。品秩不詳。　王軌：人名。事見本書卷五四、《北史》卷六二《王長述傳》。

元文都推越王侗爲主，[1]拜李密爲太尉，[2]令擊化及。密遣徐勣據黎陽倉。[3]化及度河，[4]保黎陽縣，[5]分兵圍勣。密壁清淇，[6]與勣以烽火相應。化及每攻倉，密輒引兵救之。化及數戰不利，其將軍于弘達爲密所禽，[7]送於侗所，鑊烹之。化及糧盡，度永濟渠，[8]與密決戰於童山，[9]遂入汲郡求軍糧，[10]又遣使拷掠東郡吏民，以責米粟。王軌怨之，以城歸於李密。化及大懼，自汲郡將率衆圖以北諸州。其將陳智略率嶺南驍果萬餘人，[11]張童兒率江東驍果數千人，[12]皆叛歸李密。化及尚有衆二萬，北走魏縣。[13]張愷等與其將陳伯謀去之，[14]事覺，爲化及所殺。腹心稍盡，兵勢日蹙，兄弟更無它計，但相聚酣宴，奏女樂。醉後，因尤智及曰："我初不知，由汝爲計，强來立我。今所向無成，士馬日散，負殺主之名，天下所不納。今者滅族，豈不由汝乎？"持其兩子而泣。智及怒曰："事捷之日，都不賜尤，及其將敗，乃欲歸罪。何不殺我以降建德？"[15]兄弟數相鬭鬩，言無長幼，醒而復飲，以此爲恒。其衆多亡，自知必敗，化及歎曰："人生故當死，豈不一日爲帝乎？"於是鴆殺浩，僭皇帝位於魏縣，國號許，建元爲天壽，[16]署置百官。

[1]元文都：人名。傳見本書卷七一，《北史》卷一七有附傳。越王侗：隋煬帝之孫，元德太子楊昭次子。傳見本書卷五九、《北史》卷七一。

[2]太尉：官名。隋三公之一。隋初參議國家大事，置府僚，但不久就省除府及僚佐，成了榮譽性質的頭銜。正一品。

[3]徐勣：人名。即徐世勣。唐賜李姓，亦稱李勣，隋末唐初

名將。傳見《舊唐書》卷六七、《新唐書》卷九三。　黎陽倉：倉名。在今河南浚縣西南。

［4］度：通“渡”。本卷下同。

［5］黎陽縣：治所在今河南浚縣東。

［6］清淇：縣名。治所在今河南浚縣東。

［7］于弘達：人名。隋末任將軍，參與宇文化及將軍宮變，其他事迹不詳。　禽：通“擒”。本卷下同。

［8］永濟渠：渠名。隋大業四年開鑿，從今河南武陟縣南，經河南、河北、山東、天津等地至北京，長一千多公里。

［9］童山：在今河南浚縣西南。

［10］汲郡：治所在今河南淇縣東南。

［11］陳智略：人名。本嶺南豪族，應募爲隋煬帝驍果軍將領，宇文化及弒殺隋煬帝北上途中，陳智略投降瓦崗軍。瓦崗軍敗時又投降王世充，武德三年降唐。　嶺南：地區名。亦稱嶺外、嶺表。泛指五嶺以南地區，相當於今廣東、廣西兩省及越南北部一帶。

［12］張童兒：人名。隋煬帝驍果軍將領，宇文化及弒殺隋煬帝北上途中投降瓦崗軍，後又降王世充。武德三年兵敗被斬於洛陽。按，《北史》卷七九《宇文化及傳》與《王世充傳》同。然《舊唐書》卷五三《李密傳》、卷五四《王世充傳》，《新唐書》卷八四《李密傳》、卷八五《王世充傳》均作“張童仁”。　江東：泛指長江下游以東地區。

［13］魏縣：治所在今河北大名縣西南。

［14］陳伯：人名。宇文化及屬將，其他事迹不詳。

［15］建德：人名。即竇建德。隋末反隋主力之一，唐武德元年於河北稱帝建立夏國。傳見《舊唐書》卷五四、《新唐書》卷八五。

［16］天壽：宇文化及僞年號（618—619）。

攻元寶藏於魏州，[1]四旬不剋，反爲所敗，亡失千餘人。乃東北趣聊城，[2]將招携海曲諸賊。時遣士及徇濟北，[3]求饋餉。大唐遣淮安王神通安撫山東，[4]并招化及。化及不從，神通進兵圍之，十餘日不剋而退。竇建德悉衆攻之。先是，齊州賊帥王薄聞其多寶物，[5]詐來投附。化及信之，與共居守。至是，薄引建德入城，生禽化及，悉虜其衆。先執智及、元武達、孟秉、楊士覽、許弘仁，皆斬之。乃以轞車載化及之河間，[6]數以殺君之罪，并二子承基、承趾皆斬之，[7]傳首於突厥義成公主，[8]梟於虜庭。士及自濟北西歸長安。

[1]元寶藏：人名。隋武陽郡丞，大業十三年九月投降李密，李密封以上柱國、武陽公、魏州總管，武德二年降唐。事亦見本書卷七三《魏德深傳》，《通鑑》卷一八四、卷一八七等。　魏州：煬帝改魏州爲武陽郡，此用舊名。治所在今河北大名縣。

[2]聊城：地名。在今山東聊城市。

[3]濟北：泛指濟水以北。

[4]神通：人名。即李神通。傳見《舊唐書》卷六〇、《新唐書》卷七八。　山東：地區名。戰國、秦、漢時代，通稱華山或崤山以東爲山東。函括今河北、河南、山東等省。魏晋南北朝隋唐時期亦稱太行山以東地區爲山東。此處代指北齊所轄地區。

[5]齊州：治所在今山東濟南市。　王薄：人名。隋末山東農民起義軍領導者之一，大業七年以長白山（今山東鄒平縣南）爲據點起兵反隋，活動於今山東中部一帶。後爲隋將張須陁所敗，武德二年降唐任齊州總管。（參見漆俠《隋末農民起義》，上海人民出版社1954年版；王永興《隋末農民戰争史料彙編》，中華書局1980年版；陶懋炳《王薄事迹考》，《湖南師範學院學報》1982年第2期）

［6］河間：郡名。治所在今河北河間市。按，《北史》卷七九《宇文化及傳》作“大陸縣城下”。

［7］承基：人名。即宇文承基，宇文化及之子。具體事迹不詳。

承趾：人名。即宇文承趾，宇文化及之子。具體事迹不詳。

［8］義成公主：隋宗室女，開皇十九年出嫁突厥啓民可汗。啓民死，繼爲處羅、頡利可汗妻。隋亡，數請頡利出兵攻唐，爲隋報仇。頡利敗時被殺。參見本書卷八四、《新唐書》卷二一五《突厥傳》。按，“成”各本均同。然本書卷四《煬帝紀下》爲“義城公主”，中華本校勘記云：“本書中多作‘義成公主’。‘城’‘成’二字有時通用。”

智及幼頑凶，好與人群鬬，所共游處，皆不逞之徒，相聚鬬鷄，習放鷹狗。初以父功，賜爵濮陽郡公。[1]蒸淫醜穢，無所不爲。其妻長孫，妒而告述，述雖爲隱，而大忿之，纖芥之愆，必加鞭箠。弟士及恃尚主，又輕忽之。唯化及每事營護，父再三欲殺，輒救免之，由是頗相親昵。遂勸化及遣人入蕃，私爲交易。事發，當誅，述獨證智及罪惡，而爲化及請命。帝因兩釋。述將死，抗表言其凶勃，必且破家。帝後思述，授智及將作少監。

［1］濮陽郡公：爵名。隋九等爵的第四等。從一品。

其江都殺逆之事，[1]智及之謀也。化及爲丞相，以爲左僕射，[2]領十二衛大將軍。[3]化及僭號，封齊王。[4]竇建德破聊城，獲而斬之，并其黨十餘人，皆暴屍梟首。

［1］江都殺逆：指大業十四年三月，禁軍將領宇文化及縊殺隋煬帝的江都宫變。

［2］左僕射：官名。此爲宇文化及所設之僞官。按，《通鑑》卷一八五《唐紀》武德元年三月條同，《北史》卷七九《宇文智及傳》作“右僕射”。

［3］十二衛大將軍：官名。隋中央禁軍設十二衛，每衛設大將軍一人，總領府事。此爲宇文化及所設之僞官。

［4］齊王：爵名。隋九等爵的第一等。正一品。此爲宇文化及所封僞爵。

司馬德戡

司馬德戡，扶風雍人也。[1]父元謙，[2]仕周爲都督。[3]德戡幼孤，以屠豕自給。有桑門釋粲，[4]通德戡母和氏，[5]遂撫教之，因解書計。開皇中，[6]爲侍官，[7]漸遷至大都督。[8]從楊素出討漢王諒，[9]充内營左右，[10]進止便僻，俊辯多姦計，素大善之。以勳授儀同三司。[11]大業三年，爲鷹揚郎將。從討遼左，[12]進位正議大夫，[13]遷武賁郎將。煬帝甚昵之。

［1］扶風：郡名。治所在今陝西鳳翔縣。　雍：縣名。治所在今陝西西安市。

［2］元謙：人名。即司馬元謙。北周時任都督，其他事迹不詳。

［3］周：即北周（557—581），都長安（今陝西西安市西北）。　都督：官名。北周實行府兵制，大都督統團，帥都督統旅，都督爲隊官。七命。

［4］釋粲：人名。事迹不詳。

［5］和氏：《北史》卷七九《司馬德戡傳》作“娥氏”。

［6］開皇：隋文帝楊堅年號（581—600）。

［7］侍官：此指宫廷中輪番宿衛的軍士。按，“官”底本、宋殘本、汲古閣本、殿本、庫本原作“宫”，中華本作“官”，其校勘記云：“‘官’原作‘宫’，據《北史》本傳改。”今據改。

［8］大都督：官名。隋文帝時期有兩類大都督：一是在府兵系統中實際領兵、有固定職掌的團級軍官，隋煬帝大業三年改稱校尉；二是十一等散實官中的第九等，用以酬勤勞，無實際職掌，煬帝大業三年罷廢。兩類大都督均爲正六品上。

［9］楊素：人名。傳見本書卷四八，《北史》卷四一有附傳。漢王諒：隋文帝楊堅第五子楊諒，開皇元年封漢王。傳見本書卷四五、《北史》卷七一。

［10］内營左右：官名。此爲軍隊之内營使職名。

［11］儀同三司：官名。亦簡稱儀同。隋文帝因改北周十一等勳官之制形成十一等散實官，用以酬勤勞，無實際職掌。儀同三司是第八等，可開府置僚佐。正五品上。

［12］遼左：地區名。遼東的别稱。泛指今遼河以東地區。另，舊也稱今遼寧省一帶爲遼左。

［13］正議大夫：官名。屬散官，隋煬帝大業三年置。正四品。

從至江都，領左右備身驍果萬人，[1]營於城内。因隋末大亂，乃率驍果謀反，語在化及事中。既獲煬帝，與其黨孟秉等推化及爲丞相。化及首封德戡爲温國公，邑三千户，[2]加光禄大夫，[3]仍統本兵。化及意甚忌之。後數日，化及署諸將，分配士卒，乃以德戡爲禮部尚書，[4]外示美遷，實奪其兵也。由是憤怨，所獲賞物皆賂於智及，智及爲之言。行至徐州，捨舟登陸，令德戡將後軍，乃與趙行樞、李本、尹正卿、宇文導師等謀襲化及，遣人使于孟海公，[5]結爲外助。遷延未發，以待使報。許弘仁、張愷知之，以告化及，因遣其弟士及陽爲游獵，至于後軍。德戡不知事露，出營參謁，因命執之，并其黨與。化及責之曰："與公戮力共定海内，出於萬死。今始事成，願得同守富貴，公又何爲反也？"德戡曰："本殺昏主，苦其毒害。推立足下，而又甚之。逼於物情，不獲已也。"化及不對，命送幕下，[6]縊而殺之，時年三十九。

[1]左右備身：官署名。即左右備身府，煬帝改左右領左右府置。

[2]邑：也稱食邑、封邑。是古代君王封賜給有爵位之人的一種食禄制度，受封者可徵收封地内的民户租税充作食禄。魏晋以後，食邑分爲虚封和實封兩類：虚封一般僅冠以"邑"或"食邑"之名，這祇是一種榮譽性加銜，受封者並不能獲得實際的食禄收入；而實封一般須冠以"真食""食實封"等名，受封者可真正獲得食禄收入。

[3]光禄大夫：官名。屬散實官，煬帝大業三年廢特進，改置光禄大夫等九大夫。從一品。

[4]禮部尚書：官名。尚書省所轄六部之一禮部的長官，掌禮儀、祭祀、宴享等政令，總判禮部、祠部、主客、膳部四曹。置一員，正三品。此爲宇文化及所設僞官。

[5]孟海公：人名。隋末農民起義軍領導者，大業九年起事，主要活動於曹、戴二州地區，後爲李世民所敗，武德四年斬於長安。（參見王永興《隋末農民戰爭史料彙編》）

[6]命送幕下：殿本、庫本同底本。汲古閣本、中華本及《北史》卷七九《司馬德戡傳》"命送"後有一"至"字。

裴虔通

裴虔通，河東人也。[1]初，煬帝爲晋王，以親信從，稍遷至監門校尉。[2]煬帝即位，擢舊左右，授宣惠尉，[3]遷監門直閣。累從征役，至通議大夫。[4]與司馬德戡同謀作亂，先開宫門，騎至成象殿，殺將軍獨孤盛，擒帝于西閣。化及以虔通爲光禄大夫、莒國公。化及引兵之北也，令鎮徐州。化及敗後，歸於大唐，即授徐州總管，[5]轉辰州刺史，[6]封長蛇男。[7]尋以隋朝殺逆之罪，除名，徙於嶺表而死。

[1]河東：郡名。治所在今山西永濟市西南。

[2]監門校尉：官名。隋中央左右監門府，掌宫殿門禁及守衛事，設左右監門校尉三十人。正六品。

[3]宣惠尉：官名。屬武散官。正七品。

[4]通議大夫：官名。屬散官，隋煬帝大業三年置。從四品。

[5]總管：官名。隋及唐初於諸州設總管府，長官爲總管，總領一州或數州軍政事務，爲地方高級軍政長官。

[6]辰州：隋開皇九年改武州置，大業初改爲沅陵郡，唐武德三年復爲辰州，治所在今湖南沅陵縣。

[7]長蛇男：爵名。全稱爲長蛇縣男，唐九等爵的第九等。從五品上。

王充

王充，[1]字行滿，本西域人也。[2]祖支頹耨，[3]徙居新豐。[4]頽穆死，其妻少寡，與儀同王粲野合，[5]生子曰瓊，[6]粲遂納之以爲小妻。其父收幼孤，[7]隨母嫁粲，粲愛而養之，因姓王氏，官至懷、汴二州長史。[8]充捲髮豺聲，沉猜多詭詐，頗窺書傳，尤好兵法，曉龜策推步盈虛，然未嘗爲人言也。

[1]王充：人名。此即王世充，避唐諱省“世”字。傳另見《北史》卷七九、《舊唐書》卷五四、《新唐書》卷八五。

[2]西域：地區名。漢以後對玉門關（今甘肅敦煌市西北）以西地區的總稱。狹義專指葱嶺以東、玉門關以西地區。

[3]支頽穆：人名。事迹不詳。按，“穆”字《舊唐書》卷五四、《新唐書》卷八五作“耨”。

[4]新豐：縣名。治所在今陝西西安市臨潼區東北。

[5]儀同：官名。此指不詳。　王粲：人名。事亦見新、舊《唐書·王世充傳》。

[6]瓊：人名。即王瓊。事迹不詳。

[7]收：人名。即王收。事亦見新、舊《唐書·王世充傳》。

[8]懷：州名。治所在今河南沁陽市。　汴：州名。治所在今河南開封市西北。　長史：官名。此爲州府上佐之一，佐理一州事務，開皇三年改别駕爲長史。上州正五品，中州從五品，下州正六品。

開皇中，爲左翊衛，[1]後以軍功拜儀同，[2]授兵部員外。[3]善敷奏，明習法律，而舞弄文墨，高下其心。或有駁難之者，充利口飾非，辭義鋒起，衆雖知其不可而莫能屈，稱爲明辯。煬帝時，累遷至江都郡丞。[4]時帝數幸江都，充善候人主顔色，阿諛順旨，每入言事，帝善之。又以郡丞領江都宫監,[5]乃雕飾池臺，陰奏遠方珍物以媚於帝，由是益昵之。

[1]左翊衛：官名。隋中央左右衛下領親衛，置開府，有左翊衛。品秩不詳。

[2]儀同：官名。全稱是儀同三司。隋文帝因改北周十一等勳官之制形成十一等散實官，用以酬勤勞，無實際職掌。儀同三司是第八等，可開府置僚佐。正五品上。

[3]兵部員外：官名。即兵部員外郎。開皇六年，尚書省二十四司各置員外郎一人，掌曹之籍帳，侍郎闕，則理其曹事。品秩不詳。

[4]郡丞：官名。隋煬帝大業三年復改州爲郡，併州長史、司馬之職，置贊治（唐人諱稱贊務）一人，爲郡太守之副貳，尋又改贊治稱爲郡丞。郡丞爲郡屬官之首，爲太守之貳，通判郡事。上郡從七品，中郡正八品，下郡從八品。

[5]江都宫監：官名。隋煬帝大業初於各離宫皆置宫監，亦稱“監”，掌理行宫諸事務。上宫監爲正五品，中宫監爲從五品，下宫監爲正七品。按，宫，底本原作“官”，他本及《北史》卷七九《王世充傳》均作“宫”。今據改。

大業八年，隋始亂，充内懷徼倖，卑身禮士，陰結豪俊，多收衆心。江淮間人素輕悍,[1]又屬盗賊群起，人多犯法，有繫獄抵罪者，充皆枉法出之，以樹私恩。及楊玄感反,[2]吴人朱爕、晋陵人管崇起兵江南以應之,[3]自稱將軍，擁衆十餘萬。帝遣將軍吐萬緒、魚俱羅討之,[4]不能剋。充募江都萬餘人，擊頻破之。每有剋捷，必歸功於下，所獲軍實，皆推與士卒，身無所受。由此人争爲用，功最居多。

[1]江淮：指長江和淮河流域地區。

[2]楊玄感：人名。傳見本書卷七〇，《北史》卷四一有附傳。

[3]吴人：即吴郡人。吴郡，今江蘇蘇州市。　朱燮：人名。大業九年八月聚衆起兵反隋，有衆十餘萬。後爲王世充所敗，戰死。事略見本書卷四《煬帝紀下》、卷六四《魚俱羅傳》、卷六五《吐萬緒傳》等。　晋陵：郡名。煬帝改常州置，治所在今江蘇常州市。　管崇：人名。大業九年八月聚衆起兵反隋，有衆十餘萬。後爲王世充所敗，戰死。事略見本書《煬帝紀下》《魚俱羅傳》《吐萬緒傳》等。

[4]吐萬緒：人名。傳見本書卷六五、《北史》卷七八。　魚俱羅：人名。傳見本書卷六四、《北史》卷七八。

十年，齊郡賊帥孟讓自長白山寇掠諸郡，[1]至盱眙，[2]有衆十餘萬。充以兵拒之，而羸師示弱，保都梁山，[3]爲五栅，相持不戰。後因其懈弛，出兵奮擊，大破之，乘勝盡滅賊，讓以數十騎遁去，斬首萬人，六畜、軍資莫不盡獲。帝以充有將帥才略，始遣領兵，討諸小盜，所向皆破之。然性矯僞，詐爲善，能自勤苦，以求聲譽。十一年，突厥圍帝於雁門，[4]充盡發江都人，將往赴難。在軍中，反首垢面，悲泣無度，曉夜不解甲，藉草而卧。帝聞之，以爲愛己，益信任之。

[1]齊郡：煬帝改齊州置，治所在今山東濟南市。　孟讓：人名。隋末山東農民起義軍領導者之一。曾任隋齊郡主簿，大業九年起兵反隋，後爲隋將王世充擊敗，投奔瓦崗軍，被封齊郡公。瓦崗

軍爲王世充所敗，孟讓去向不明。（參見漆俠《隋末農民起義》、王永興《隋末農民戰爭史料彙編》）　長白山：今山東鄒平縣西南會仙山。

[2]盱眙：縣名。治所在今江蘇盱眙縣東北。

[3]都梁山：即今江蘇盱眙縣東南都梁山。

[4]雁門：郡名。隋大業三年改代州置。治所在今山西代縣。

十二年，遷爲江都通守。[1]時厭次之格謙爲盜數年，[2]兵十餘萬，在豆子䴚中。[3]充帥師破斬之，威振群賊。又擊盧明月，[4]破之於南陽，[5]斬首數萬，虜獲極多。後還江都，帝大悦，自執杯酒以賜之。時充又知帝好内，乃言江淮良家有美女，並願備後庭，無由自進。帝逾喜，因密令閲視諸女，[6]姿質端麗合法相者，取正庫及應入京物以娉納之。所用不可勝計，帳上云敕别用，不顯其實。有合意者，則厚賞充；或不中者，又以賚之。後令以船送東京，而道路賊起，使者苦役，於淮泗中沉船溺之者，前後十數。或有發露，充爲秘之，又遽簡閲以供進。是後益見親昵。

[1]通守：官名。煬帝於郡守下置通守一人，地位僅次於郡守，協掌本郡政務。品秩不詳。

[2]厭次：縣名。開皇十六年置，治所在今山東惠民縣東南。　之：殿本、庫本同底本，汲古閣本、中華本、《舊唐書》卷五四及《北史》卷七九《王世充傳》作“人”。　格謙：人名。隋末渤海厭次人。大業九年，以豆子䴚爲據點起兵反隋，有衆十餘萬人，自稱燕王，大業十二年爲隋將王世充攻殺。

[3]豆子䴚（gǎng）：地名。在今山東惠民縣北。

［4］盧明月：人名。隋末涿郡人，農民起義軍領導者，大業十三年隊伍一度發展至四十萬人，自稱“無上王”，後爲南陽通守王世充斬殺。事略見《舊唐書》卷六八《秦叔寶傳》、《新唐書》卷八五《王世充傳》、《通鑑》卷一八二等。另參見漆俠《隋末農民起義》、王永興《隋末農民戰争史料彙編》。

［5］南陽：地名。在今河南南陽市。

［6］因密令閲視諸女：宋殘本、汲古閣本“令”後有“充”字。

遇李密攻陷興洛倉，［1］進逼東都，［2］官軍數却。光禄大夫裴仁基以武牢降于密，［3］帝惡之，大發兵，將討焉。發中詔遣充爲將軍，於洛口以拒密，前後百餘戰，互有勝負。充乃引軍度洛水，逼倉城。李密與戰，充敗績，赴水溺死者萬餘人。時天寒大雪，兵士既度水，衣皆霑濕，在道凍死者又數萬人，比至河陽，［4］纔以千數。充自繫獄請罪，越王侗遣使赦之，召令還都。收合亡散，復得萬餘人，屯於含嘉城中，［5］不敢復出。

［1］興洛倉：倉廪名。因其地處洛水入黄河口，又名“洛口倉”。在今河南鞏義市東南。隋煬帝大業二年置，倉城周圍二十餘里，有窖三千個，每窖儲糧八百石。

［2］東都：此指洛陽。舊址在今河南洛陽市。

［3］裴仁基：人名。傳見本書卷七〇、《北史》卷三八。　武牢：即虎牢關，唐避“虎”諱改。在今河南滎陽市西北。

［4］河陽：縣名。在今河南孟州市西南。

［5］含嘉城：在今河南洛陽城區東北。按，“嘉”底本、汲古閣本、殿本、庫本作“喜”。中華本作“嘉”，中華本校勘記云：

"'嘉'原作'喜'，據《北史》本傳、本書《元文都傳》、《通鑑》武德元年改。"所言是，又新、舊《唐書·王世充傳》亦爲"嘉"。今據改。

宇文化及殺帝於江都，充與太府卿元文都、將軍皇甫無逸、右司郎盧楚奉侗爲主。[1]侗以充爲吏部尚書，[2]封鄭國公。及侗取元文都、盧楚之謀，拜李密爲太尉、尚書令，[3]密遂稱臣，復以兵拒化及於黎陽，遣使告捷。衆皆悦，充獨謂其麾下諸將曰："文都之輩，刀筆吏耳。吾觀其勢，必爲李密所擒。且吾軍人每與密戰，殺其父兄子弟，前後已多，一旦爲之下，吾屬無類矣。"出此言以激怒其衆。文都知而大懼，與楚等謀，將因充入内，伏甲而殺之。期有日矣，將軍段達遣其女婿張志以楚謀告之。[4]充夜勒兵圍宫城，將軍費曜、田世闍等與戰於東太陽門外。[5]曜軍敗，充遂攻門而入，無逸以單騎遁走。獲楚，殺之。時宫門尚閉，充令扣門言於侗曰："元文都等欲執皇帝降于李密，段達知而以告臣。臣非敢謀反，誅反者耳。"文都聞變入，奉侗於乾陽殿，[6]陳兵衛之。令將帥乘城以拒難，兵敗，又獲文都殺之。侗命開門以納充，充悉遣人代宿衛者，乃入謁，頓首流涕而言曰："文都等無狀，謀相屠害，事急爲此，不敢背國。"侗與之盟。充尋遣韋節等諷侗，[7]令拜爲尚書左僕射、總督内外諸軍事。又授其兄惲爲内史令，[8]入居禁中。

[1]太府卿：官名。爲太府寺的長官，置一員，掌庫儲出納事

務，兼掌百工技巧及官府手工業；煬帝大業初分出其兼掌職事，另置爲少府監。隋初爲正三品，煬帝時降爲從三品。　將軍：官名。據本書卷七一《皇甫無逸傳》此全稱爲右武衛將軍，左右武衛府的軍官，輔助長官左右武衛大將軍領外軍宿衛。從三品。　皇甫無逸：人名。隋任右武衛將軍，後降唐。傳見《舊唐書》卷六二、《新唐書》卷九一，本書卷七一有附傳。　右司郎：官名。煬帝大業三年，於尚書都司始置左、右司郎各一人。爲尚書左右丞之副貳，掌駁正違失，署覆文書及知省内宿直等事。從五品上。　盧楚：人名。傳見本書卷七一、《北史》卷八五。

[2]吏部尚書：官名。隋尚書省下轄六部之一吏部的長官，正三品。此爲越王侗所授僞官。

[3]尚書令：官名。隋爲尚書省長官。正二品。此爲越王侗所授僞官。

[4]將軍：官名。據本卷《段達傳》全稱爲左翊衛將軍。隋初中央軍事機關十二衛有左右衛，大業三年改爲左右翊衛，各置大將軍一人，將軍二人。掌宫掖禁禦，督攝仗衛。從三品。　段達：人名。傳見本卷及《北史》卷七九。　張志：人名。具體事迹不詳。

[5]費曜：人名。隋末爲將軍，隸屬於右武衛大將軍皇甫無逸。　田世闍：人名。隋末爲將軍，隸屬於右武衛大將軍皇甫無逸。按，《舊唐書》卷五四《王世充傳》、《新唐書》卷八五《王世充傳》、《通鑑》卷一八五《唐紀》武德元年七月均載爲“田闍”。當避唐諱省“世”字。　東太陽門：東都宫城東門。

[6]乾陽殿：隋洛陽宫正殿。隋人杜寶《大業雜記》云：“乾陽門東西亦軒廊周市，門内一百二十步，有乾陽殿，殿基高九尺，從地至鴟尾二百七十尺。”

[7]韋節：人名。隋煬帝時任侍御史，後投靠王世充任太尉府長史。武德四年，李世民平王世充，將其囚送長安。

[8]惲：人名。即王惲，亦名王世惲，王世充之兄。王世充稱帝建鄭後，封齊王，授尚書令。武德四年，李世民平王世充，其與

王世充一起被仇家所殺。按，《北史》卷七九《王世充傳》同，然《通鑑》卷一八五《唐紀》武德元年七月條與新、舊《唐書·王世充傳》皆作“世惲”。　內史令：官名。隋內史省長官。正三品。此爲越王侗所授僞官。

未幾，李密破化及還，其勁兵良馬多戰死，士卒皆倦。充欲乘其敝而擊之，恐人不一，乃假託鬼神，言夢見周公，[1]乃立祠於洛水之上，遣巫宣言周公欲令僕射急討李密，當有大功，不則兵皆疫死。充兵多楚人，俗信妖妄，故出此言以惑之。衆皆請戰。充簡練精勇，得二萬餘人，馬千餘，[2]還營於洛水南。密軍偃師北山上。[3]時密新得志於化及，有輕充之心，不設壁壘。充夜遣二百餘騎潛入北山，伏溪谷中，令軍秣馬蓐食。既而宵濟，人奔馬馳，遲明而薄密。密出兵應之，陣未成列而兩軍合戰，其伏兵蔽山而上，潛登北原，乘高下馳，壓密營。營中亂，無能拒者，即入縱火。密軍大驚而潰，降其將張童兒、陳智略，進下偃師。

[1]周公：指西周周公旦。詳見《史記》卷三三《魯周公世家》。

[2]千餘：《通鑑》卷一八六《唐紀》武德元年九月條、《舊唐書》卷五四《王世充傳》、《新唐書》卷八五《王世充傳》皆載爲“二千餘匹”。

[3]偃師：縣名。治所在今河南偃師市東。

初，充兄偉及子玄應隨化及至東郡，[1]密得而囚之於城中，至是，盡獲之。又執密長史邴元真妻子、司馬鄭虔象之母及諸將子弟，[2]皆撫慰之，各令潛呼其父兄。兵次洛口，邴元真、鄭虔象等舉倉城以應之。密以數十騎遁逸，充悉收其衆。而東盡于海，南至于江，悉來歸附。充又令韋節諷侗，拜爲太尉，署置官屬，以尚書省爲其府。尋自稱鄭王。遣其將高略帥師攻壽安，[3]不利而旋。又帥師攻圍穀州，[4]三日而退。明年，自稱相國，受九錫備物，[5]是後不朝侗矣。

[1]偉：人名。即王偉，王世充之兄。王世充稱帝後封楚王、太保。武德四年，李世民平王世充，被俘獲送往長安，在遷往蜀地途中謀叛，被殺。按，《北史》卷七九《王世充傳》同，然《通鑑》卷一八五《唐紀》武德元年七月條、《舊唐書》卷五四《王世充傳》、《新唐書》卷八五《王世充傳》皆作“世偉”。　玄應：人名。王世充之子，世充稱帝後立爲太子。武德四年，李世民平王世充，被俘獲送往長安，在遷往蜀地途中謀叛，被殺。

[2]長史：官名。此爲李密所置官職。按，當爲“左長史”。　邴元真：人名。隋東郡人。曾爲縣吏，與翟讓一起參加瓦崗軍，擔任掌書記。李密爲魏公，翟讓推薦爲長史。後投降王世充。事略見《通鑑》卷一八六《唐紀》武德元年九月條。　司馬：官名。此爲李密所置官職。　鄭虔象：人名。隋末人。爲李密右司馬，後以偃師城降王世充。事亦見《北史·王世充傳》，《舊唐書》卷五三《李密傳》、卷五四《王世充傳》，《新唐書》卷八四《李密傳》、卷八五《王世充傳》，《通鑑》卷一八六《唐紀》武德元年九月條等。按，《通鑑》卷一八三《隋紀》義寧元年《考異》云：“《隋》《唐書》皆作‘虔象’，唯《壺關録》作‘乾象’。”

[3]高略：人名。王世充屬將，事迹不詳。按，中華書局新修

訂本校勘記云："'高略'，《册府》卷三五七《將帥部·立功》作'高毗'。《新唐書》卷一〇九《崔義玄傳》、《通鑑》卷一八七《唐紀三》高祖武德二年亦載王世充將高毗攻河内郡事，可參見。"高略或即高毗。　壽安：縣名。治所在今河南宜陽縣東。

[4]穀州：治所在今河南新安縣東。

[5]九錫（cì）：傳説古代帝王尊禮大臣所給的九種器物。不同典籍記九錫名目大同小異，包括車馬、衣服、樂則、朱户、納陛、虎賁、宫矢、鈇鉞、秬鬯等。王莽代漢建新前，先加九錫，此後掌政大臣奪取政權、建立新王朝前，都加九錫，成爲例行公事。

有道士桓法嗣者，[1]自言解圖讖，充昵之。法嗣乃以《孔子閉房記》，畫作丈夫持一干以驅羊。法嗣云："楊，隋姓也。干一者，王字也。居羊後，明相國代隋爲帝也。"又取莊子《人間世》《德充符》二篇上之，法嗣釋曰："上篇言世，下篇言充，此即相國名矣。明當德被人間，而應符命爲天子也。"充大悦曰："此天命也。"再拜受之。即以法嗣爲諫議大夫。[2]充又羅取雜鳥，書帛繫其頸，自言符命而散放之。或有彈射得鳥而來獻者，亦拜官爵。既而廢侗於别宫，僭即皇帝位，建元曰開明，[3]國號鄭。

[1]桓法嗣：人名。東都洛陽的道士。事亦見《北史》卷七九《王世充傳》，其他事迹不詳。

[2]諫議大夫：官名。隋初門下省置七人，掌顧問應對，煬帝廢。從四品。此爲王世充所設之僞官。

[3]開明：王世充年號（619—621）。

大唐遣秦王率衆圍之，[1]充頻出兵，戰輒不利，都外諸城相繼降款。充窘迫，遣使請救於竇建德，建德率精兵援之。師至武牢，爲秦王所破，禽建德以詣城下。充將潰圍而出，諸將莫有應之者，自知潛竄無所，於是出降。至長安，爲讎人獨孤脩德所殺。[2]

[1]秦王：此指後來的唐太宗李世民。紀見《舊唐書》卷二、三，《新唐書》卷二。

[2]獨孤修德：人名。唐任定州刺史，其父獨孤機被王世充所殺，故此言“讎人”。獨孤修德因殺王世充被免官。按，《舊唐書》卷五四《王世充傳》作“獨孤修”，《新唐書》卷八五《王世充傳》及《通鑑》卷一八九《唐紀》武德四年七月條載爲“獨孤修德”，《考異》曰：“《舊傳》作‘獨孤修’，今從《河洛記》。”

段達

段達，武威姑臧人也。[1]父嚴，[2]周朔州刺史。達在周，年始三歲，襲爵襄垣縣公。[3]及長，身長八尺，美鬚髯，便弓馬。高祖爲丞相，[4]以大都督領親信兵，常置左右。及踐阼，爲左直齋，[5]累遷車騎將軍，[6]兼晋王參軍。[7]高智惠、李積等之作亂也，[8]達率衆一萬擊定方、滁二州，[9]賜縑千段，遷進儀同。[10]又破汪文進等於宣州，[11]加開府，[12]賜奴婢五十口，縣絹四千段。仁壽初，[13]太子左衛副率。[14]

[1]武威：郡名。治所在今甘肅武威市。　姑臧：縣名。治所

在今甘肅武威市。

［2］嚴：人名。即段嚴。北周任朔州刺史，其他事迹不詳。　朔州：治所在今山西朔州市。

［3］襄垣縣公：爵名。北周命數不詳。王仲犖認爲“非正九命則當是九命爾”（參見王仲犖《北周六典》卷八《封爵第十九》，中華書局 1979 年版，第 548 頁）。

［4］高祖：隋文帝楊堅的廟號。紀見本書卷一、二，《北史》卷一一。　丞相：官名。此爲“左大丞相”或“大丞相”簡稱。北周静帝大象二年（580）置左、右大丞相，以宗室親王宇文贇爲右大丞相，但僅有虚名；以外戚楊堅爲左大丞相，總攬朝政。旋又去左右之號，獨以楊堅爲大丞相。實爲控制北周朝廷的權臣。

［5］左直齋：官名。隋中央左右衛各置直齋十五人，並掌宿衛侍從。太子東宫左右衛、左右宗衛亦設直齋。中央左右衛直齋爲從五品，太子直齋爲從六品。煬帝大業三年罷。後煬帝改左右領左右府爲左右備身府，又設直齋二人，以貳備身郎將。正四品。

［6］車騎將軍：官名。隋初爲府兵制中統領驃騎府兵的軍事副長官，正五品上。煬帝大業三年改驃騎府爲鷹揚府，車騎將軍遂改稱鷹揚副郎將，大業五年又改稱鷹擊郎將，降爲從五品。

［7］兼：官制用語。假職未真授之稱。　晋王參軍：官名。隋公王府、總管府皆置諸曹，長官爲參軍事。親王府諸曹參軍爲正七品上。

［8］高智惠：人名。亦稱“高智慧”，隋開皇十年十一月舉兵反，後被鎮壓遭誅。事略見本書卷二《高祖紀下》、《通鑑》卷一七七《隋紀》開皇十年十一月條。　李積：人名。事迹不詳。

［9］方：州名。治所在今江蘇南京市六合區。　滁：州名。治所在今安徽滁州市。

［10］儀同：《北史》卷七九《段達傳》作“上儀同”。

［11］汪文進：人名。隋時人。開皇十年聚衆叛亂，占據東陽，自稱天子，署置百官，楊素率軍討平之。事略見本書卷二《高祖紀

下》、卷六四《來護兒傳》等。　宣州：治所在今安徽宣城市宣州區。

[12]開府：官名。全稱是開府儀同三司。隋文帝因改北周十一等勳官之制形成十一等散實官，用以酬勤勞，無實際職掌。開府是第六等，可開府置僚佐。正四品。

[13]仁壽：隋文帝楊堅年號（601—604）。

[14]太子左衛副率：官名。太子東宮左右衛各設率一人，副率二人，掌宮中禁衛。從四品。

大業初，以蕃邸之舊，拜左翊衛將軍。征吐谷渾，[1]進位金紫光禄大夫。[2]帝征遼東，百姓苦役，平原郝孝德、清河張金稱等並聚衆爲群盗，[3]攻陷城邑，郡縣不能禦。帝令達擊之，數爲金稱等所挫，亡失甚多。諸賊輕之，號爲段姥。後用鄃令楊善會之計，[4]更與賊戰，方致剋捷。還京師，以公事坐免。

[1]吐谷（yù）渾：古族名。本遼東鮮卑之種，姓慕容氏，西晋時西遷至群羌故地，北朝至隋唐時期游牧於今青海北部和新疆東南部地區。傳見本書卷八三、《晋書》卷九七、《魏書》卷一〇一、《周書》卷五〇、《北史》卷九六、《舊唐書》卷一九八、《新唐書》卷二二一上。

[2]金紫光禄大夫：官名。屬散實官。隋文帝置特進、左右光禄大夫等，以加文武官之有德聲者，並不理事。因其金印紫綬，故名。隋初爲從二品，煬帝大業三年降爲正三品。

[3]平原：郡名。治所在今山東陵縣。　郝孝德：人名。隋末農民起義軍領導者之一。大業九年聚衆反隋，後投靠瓦崗軍，封平原公。事亦見本書卷七一《張須陁傳》、《舊唐書》卷五五《劉黑闥傳》、《新唐書》卷九三《李勣傳》等。按，底本原作“祁孝

德”，各本均同。但本書卷六四《王辯傳》、卷七〇《李密傳》、卷七一《張須陁傳》，《北史》卷六〇《李密傳》，《舊唐書》卷五三《李密傳》、卷五五《劉黑闥傳》，《新唐書》卷八四《李密傳》、卷八六《劉黑闥傳》均載隋末農民起義軍有平原“郝孝德”。故此“祁”當爲“郝”之訛，今據改。　張金稱：人名。隋末山東農民起義軍領導者之一。大業七年聚衆起義，十三年爲隋將楊義臣擊敗。事見本書卷四《煬帝紀下》、《新唐書》卷八五《竇建德傳》、《通鑑》卷一八一等。另參見漆俠《隋末農民起義》、王永興《隋末農民戰争史料彙編》。

[4]鄃：縣名。治所在今山東夏津縣。　楊善會：人名。傳見本書卷七一、《北史》卷八五。

明年，帝征遼東，以達留守涿郡。[1]俄復拜左翊衛將軍。高陽魏刀兒聚衆十餘萬，[2]自號歷山飛，寇掠燕、趙。[3]達率涿郡通守郭絢擊敗之。[4]于時盜賊既多，官軍惡戰，達不能因機決勝，唯持重自守，頓兵饋糧，多無剋獲，時皆謂之爲怯懦。

[1]涿郡：治所在今北京城西南。

[2]高陽：郡名。治所在今河北高陽縣南。　魏刀兒：人名。隋末河北農民起義軍領導者，綽號“歷山飛”。大業十一年起義，活動於冀州、定州之間，一度有衆十餘萬人。武德元年爲竇建德所殺。參見漆俠《隋末農民起義》、王永興《隋末農民戰争史料彙編》。

[3]燕、趙：此指戰國時期燕國和趙國地區，約在今河北北部及山西西部一帶。

[4]郭絢：人名。傳見本書卷七三，《北史》卷八六有附傳。

十二年，帝幸江都宫，詔達與太府卿元文都留守東都。李密據洛口，縱兵侵掠城下，達與監門郎將龐玉、武牙郎將霍舉率内兵出禦之。[1]頗有功，遷左驍衛大將軍。[2]王充之敗也，密復進據北芒，[3]來至上春門，[4]達與判左丞郭大懿、尚書韋津出兵拒之。[5]達見賊盜，不陣而走，爲密所乘，軍大潰，津没於陣。由是賊勢日盛。

[1]監門郎將：官名。隋中央左右監門府，掌宫殿門禁及守衛事，各設郎將二人。正四品下。按，《北史》卷七九《段達傳》記載同，然本書卷六三《衛玄傳》、卷七一《堯君素傳》，《北史》卷七六《衛玄傳》、卷八五《堯君素傳》均言“監門直閣”。　龐玉：人名。隋末任監門直閣、銀青光禄大夫，随王世充攻李密，王世充敗，率萬餘騎降唐，官至監門大將軍。事亦可見其子龐立墓誌（載劉文《陝西新見隋朝墓誌》四三《大隋左親侍龐府君之墓誌銘并序》，三秦出版社 2018 年版）。　武牙郎將：官名。煬帝大業三年十二衛護軍改爲武賁郎將後置，爲武賁郎將副貳。從四品。按，《舊唐書》卷五三《李密傳》作“虎賁郎將”。　霍舉：人名。據《舊唐書·李密傳》此役霍舉戰敗被殺，其他事迹不詳。

[2]左驍衛大將軍：官名。當是“左驍騎衛大將軍”脱文。隋文帝開皇十八年置備身府，煬帝即位改左右備身府爲左右驍騎衛府。左驍騎衛大將軍是左驍騎衛的最高將領。職掌宿衛。置一員，正三品。按，《唐故奉車都尉姑臧段君（瑋）墓誌銘并序》載其祖段達“隋右驍衛大將軍、襄垣縣公”（《千唐誌齋藏誌》二六四，文物出版社 1984 年版）。

[3]北芒：即北芒山，亦稱北邙山或邙山。在今河南洛陽市北。

[4]上春門：東都洛陽城東面三門，北曰上春門。

[5]判：官制用語。以本官署理他官之職事，稱判某職或判某

職事。　左丞：官名。即尚書左丞，爲尚書省屬官，與尚書右丞分掌尚書都省事務，糾駁諸司文案。隋初爲從四品下，煬帝大業三年升爲正四品。按，本書卷五九《越王侗傳》、《北史》卷七一《越王侗傳》、《通鑑》卷一八五《唐紀》武德元年五月條均載“郭文懿爲内史侍郎”，内史侍郎爲越王侗所授官職，此“判左丞”或爲隋煬帝所授。　郭大懿：人名。越王侗即位後，任爲内史侍郎。按，郭大懿，宋本、汲古閣本、殿本、庫本均同，中華本作“郭文懿”，其校勘記云：“‘文’原作‘大’，據本書《越王侗傳》、《通鑑》武德元年改。”今據改。　尚書：官名。據本書卷四七《韋壽傳》及《北史》卷六四《韋孝寬傳》爲“民部尚書”。隋沿北魏、北齊置度支尚書，開皇三年改稱民部尚書，是尚書省下轄六部之一民部的長官。職掌全國土地、户口、賦税、錢糧之政令。置一員，正三品。　韋津：人名。事見本書《韋壽傳》、《北史·韋孝寬傳》、《舊唐書》卷九二《韋安石傳》、《新唐書》卷一二二《韋安石傳》。

及帝崩於江都，達與元文都等推越王侗爲主，署開府儀同三司，兼納言，[1]封陳國公。元文都等謀誅王充也，達陰告充，爲之内應。及事發，越王侗執文都於充，充甚德於達，特見崇重。既破李密，達等勸越王加充九錫備物，尋諷令禪讓。充僭尊號，以達爲司徒。[2]及東都平，坐誅，妻子籍没。[3]

[1]納言：官名。隋爲門下省長官，正三品。此爲越王侗所授僞官。

[2]司徒：官名。隋爲三公之一，無實權。此爲王世充所授僞官。

[3]籍没：中國古代刑罰之一，没收財物人口入官。

史臣曰：化及庸懦下才，負恩累葉，王充斗筲小器，遭逢時幸，俱蒙獎擢，禮越舊臣。既屬崩剥之期，不能致身竭命，乃因利乘便，先圖干紀，率群不逞，職爲亂階，拔本塞源，裂冠毁冕。或躬爲戎首，或親行鴆毒，釁深指鹿，事切食蹯，天地所不容，人神所同憤。故梟獍凶魁，相尋葅戮，蛇豕醜類，繼踵誅夷，快忠義於當年，垂炯戒於來葉。嗚呼，爲人臣者可不殷鑒哉！可不殷鑒哉！

今注本二十四史

隋書

一五

傳〔六〕

唐 魏徵等 撰

馬俊民 張玉興 主持校注

中国社会科学出版社

隋書　卷六八

列傳第三十三

宇文愷

宇文愷,[1]字安樂，杞國公忻之弟也。[2]在周,[3]以功臣子，年三歲，賜爵雙泉伯,[4]七歲，進封安平郡公,[5]邑二千户。[6]愷少有器局。家世武將，諸兄並以弓馬自達，愷獨好學，博覽書記，解屬文，多伎藝，號爲名父公子。[7]初爲千牛,[8]累遷御正中大夫、儀同三司。[9]

[1]宇文愷：人名。《北史》卷六〇有附傳。

[2]杞國公：爵名。隋九等爵的第三等。從一品。　忻：人名。即宇文忻。傳見本書卷四〇,《北史》卷六〇有附傳。

[3]周：即北周（557—581），都長安（今陝西西安市西北）。

[4]雙泉伯：爵名。全稱爲雙泉縣伯，北周十一等爵的第九等。正七命。（參見王仲犖《北周六典》卷八《封爵第十九》，中華書局1979年版，第554頁）

[5]安平郡公：爵名。北周十一等爵的第五等。正九命。（參

見王仲舉《北周六典》卷八《封爵第十九》，中華書局 1979 年版，第 542 頁）按，《北史》本傳爲“安平公”，蓋省“郡”字。

[6]邑：也稱食邑、封邑。是古代君王封賜給有爵位之人的一種食禄制度，受封者可徵收封地内的民户租税充作食禄。魏晋以後，食邑分爲虚封和實封兩類：虚封一般僅冠以“邑”或“食邑”之名，這祇是一種榮譽性加銜，受封者並不能獲得實際的食禄收入；而實封一般須冠以“真食”“食實封”等名，受封者可真正獲得食禄收入。

[7]名父公子：謂父有盛名。《北史·宇文愷傳》作“名公子”。

[8]千牛：官名。“千牛備身”省稱，掌執千牛御刀，侍從皇帝左右。北周仿襲北魏、北齊之制，但其隸屬、命品未詳。

[9]御正中大夫：官名。西魏恭帝三年（556）仿《周禮》建六官，天官冢宰府有御正中大夫。職掌侍帝左右，草擬詔誥文册，凡諸刑罰爵賞，爰及軍國大事等，皆需參議。北周初沿之，正五命。周明帝武成元年（559）又增置御正上大夫四人爲該曹長官，御正中大夫則退居副貳。正六命。（參見王仲犖《北周六典》卷二《天官府第七》，第 53 頁）　儀同三司：官名。亦簡稱儀同。周武帝建德四年（575）改稱儀同大將軍。屬勳官。北周府兵制中儀同府的長官均加此勳官名，可開府置官屬。九命。（參見王仲犖《北周六典》卷九《勳官第二十》，第 578 頁；谷霽光《府兵制度考釋》，上海人民出版社 1962 年版，第 51 頁）

高祖爲丞相，[1]加上開府、匠師中大夫。[2]及踐阼，誅宇文氏，愷初亦在殺中，以其與周本别，兄忻有功於國，使人馳赦之，僅而得免。後拜營宗廟副監、太子左庶子。[3]廟成，别封甑山縣公，[4]邑千户。及遷都，上以愷有巧思，詔領營新都副監。高熲雖總大綱，[5]凡所規畫，皆出於愷。後决渭水達河，[6]以通運漕，[7]詔愷總督其事。後拜萊州刺史，[8]甚有能名。兄忻被誅，除名於家，久不得調。會朝廷以魯班故道久絶不行，[9]令愷修復之。既而上建仁壽宫，[10]訪可任者，右僕射楊素言愷有巧思，[11]上然之，於是檢校將作大匠。[12]歲餘，拜仁壽宫監，[13]授儀同三司，[14]尋爲將作少監。[15]文獻皇后崩，[16]愷與楊素營山陵事，上善之，復爵安平郡公，邑千户。

［1］高祖：隋文帝楊堅廟號。紀見本書卷一、二，《北史》卷一一。　丞相：官名。此爲“左大丞相”或“大丞相”簡稱。北周静帝大象二年（580）置左、右大丞相，以宗室親王宇文贊爲右大丞相，但僅有虚名；以外戚楊堅爲左大丞相，總攬朝政。旋又去左右之號，獨以楊堅爲大丞相。實爲控制北周朝廷的權臣。

［2］上開府：官名。全稱是上開府儀同大將軍。北周建德四年改開府儀同三司爲開府儀同大將軍，仍增置上開府儀同大將軍。用以酬勤勞，無實際職權。爲十一等勳官的第五等，可開府置官屬。九命。　匠師中大夫：官名。北周冬官府設匠師中大夫一人，掌城郭宫室之制，及諸器物度量。正五命。按，此句本無“匠師”二字。《北史》卷六〇《宇文愷傳》載爲：“加上開府，匠師中大夫。”中華本《北史》校勘記云：“諸本‘匠師’作‘近師’，《通志》卷一六一《宇文愷傳》作‘進師’，《隋書》卷六八《宇文愷傳》無此兩字。按《通典》卷三九《後周官品》，中大夫無‘近師’‘進師’，而有‘匠師’。‘近’乃‘匠’之訛，‘進’又‘近’之謁。今據改。《隋書》單作‘中大夫’，顯脱兩字。”所考甚有理，加之宇文愷所擅長宫室營造者，亦爲匠師中大夫之職掌。今從《北史》，“中大夫”前增“匠師”二字，並據此點讀。

［3］營宗廟副監：官名。隋凡營建宗廟、都城則設立監、副監，屬臨時差遣之職，事罷則省。下文“營新都副監”“營東都副監”同，不再出注。　太子左庶子：官名。東宫門下坊長官，置二員，掌侍從贊相，駁正啓奏，制比門下省納言。正四品上。

［4］甑山縣公：爵名。隋九等爵的第五等。從一品。

［5］高熲：人名。傳見本書卷四一、《北史》卷七二。

［6］渭水：今黄河中游支流渭河。　河：此指黄河。

［7］運漕：運糧的水路。

［8］萊州：治所在今山東萊州市。

［9］魯班故道：具體位置因史料缺乏暫不可考。

［10］仁壽宫：宫殿名。位今陝西麟游縣西天台山上，冠山構殿，絶壑爲池。因其涼爽宜人，故爲消夏離宫。

［11］右僕射：官名。隋尚書省置左右僕射各一人，地位僅次於尚書令。由於隋尚書令不常置，僕射成爲尚書省實際長官，是宰相之職。從二品。　楊素：人名。傳見本書卷四八，《北史》卷四一有附傳。

［12］檢校：官制用語。初謂代理，隋及唐初皆有。尚未實授其官，但已掌其職事，代理、代辦之意。　將作大匠：官名。隋初仿北齊設將作寺，長官爲將作大匠，職掌國家土木工程修建之政令。從三品。

［13］仁壽宫監：官名。隋代離宫置宫監爲長官，掌理行宫諸事務。煬帝大業初上宫監爲正五品，中宫監爲從五品，下宫監爲正七品。

［14］儀同三司：官名。亦簡稱儀同。隋文帝因改北周十一等勳官之制形成十一等散實官，用以酬勤勞，無實際職掌。儀同三司是第八等，可開府置僚佐。正五品上。

［15］將作少監：官名。隋文帝開皇二十年（600）改將作寺名“將作監”，初加副監，亦稱將作少監。佐長官將作大監領左、右校及甄官署，掌營繕宫室、宗廟、城門、東宫、王府、中央官署及京

都其他土木工程。正五品。

［16］文獻皇后：隋文帝皇后，名獨孤伽羅。傳見本書卷三六、《北史》卷一四。

煬帝即位，[1]遷都洛陽，[2]以愷爲營東都副監，尋遷將作大匠。愷揣帝心在宏侈，於是東京制度，窮極壯麗。帝大悦之，進位開府，[3]拜工部尚書。[4]及長城之役，[5]詔愷規度之。[6]時帝北巡，欲誇戎狄，令愷爲大帳，其下坐數千人。帝大悦，賜物千段。又造觀風行殿，上容侍衛者數百人，離合爲之，下施輪軸，推移倏忽，有若神功。戎狄見之，莫不驚駭。帝彌悦焉，前後賞賚，不可勝紀。

［1］煬帝：楊廣的謚號。紀見本書卷三、四，《北史》卷一二。

［2］洛陽：地名。在今河南洛陽市。

［3］開府：官名。全稱是開府儀同三司。隋文帝因改北周十一等勳官之制形成十一等散實官，用以酬勤勞，無實際職掌。開府是第六等，可開府置僚佐。正四品。

［4］工部尚書：官名。隋文帝開皇二年始置，掌全國百工、屯田、山澤之政令，統工部、屯田、虞部、水部四曹。置一員，正三品。

［5］長城之役：本書《煬帝紀》及《北史·隋煬帝紀》長城之役及做大帳在大業三年（607），拜工部尚書在大業四年三月，與此不符（參見羅振玉《隋書斠議》，書目文獻出版社 1996 年版，第 43 頁）。

［6］規度：規則法度。

自永嘉之亂，[1]明堂廢絶，[2]隋有天下，將復古制，議者紛然，皆不能决。愷博考群籍，[3]奏《明堂議表》曰：

[1]永嘉：西晋懷帝司馬熾年號（307—313）。

[2]明堂：帝王宣明政教的地方。凡朝會、祭祀、慶賞、選士、養老、教學等大典，都在此舉行。

[3]愷博考群籍：底本、殿本、中華本前皆未有主語，宋刻遞修本、汲古閣本、庫本前有一“愷”字。又《北史》卷六〇《宇文愷傳》亦有“愷”字，據補。

臣聞在天成象，房心爲布政之宫；[1]在地成形，丙午居正陽之位。[2]觀雲告月，順生殺之序；五室九宫，[3]統人神之際。金口木舌，[4]發令兆民；玉瓚黄琮，[5]式嚴宗祀。何嘗不矜莊扆宁，[6]盡妙思於規摹，凝晬冕旒，[7]致子來於矩矱。[8]

[1]房心：指二十八宿中房宿與心宿。　宫：此指古代劃分星空的區域，參《史記·天官書》。

[2]丙午：此指以天干地支表方位。　正陽：指南方。

[3]五室：古人明堂内設置的木室、火室、金室、水室、土室。　九宫：指八卦離、艮、兑、乾、巽、震、坤、坎八個方位，稱爲八宫，加上中央，合稱九宫。

[4]金口木舌：原指木鐸，後借喻爲宣揚聖人教導的話。

[5]玉瓚黄琮：瓚、琮均爲古代禮器，此泛指祭祀用的所有禮器。

[6]矜莊：嚴肅莊敬。　扆宁：指御座。

[7]冕旒：本指大夫以上禮冠，此代指皇帝。

[8]子來：指民心歸附。　矩矱（yuē）：規矩法度。

伏惟皇帝陛下，提衡握契，御辯乘乾，[1]咸五登三，[2]復上皇之化，[3]流凶去暴，丕下武之緒。[4]用百姓之異心，驅一代以同域，康哉康哉，民無能而名矣。故使天符地寶，吐醴飛甘，造物資生，澄源反朴。九圍清謐，[5]四表削平，[6]襲我衣冠，齊其文軌。[7]茫茫上玄，陳珪璧之敬；[8]肅肅清廟，感霜露之誠。正金奏《九韶》《六莖》之樂，[9]定石渠五官、三雍之禮。[10]乃卜瀍西，爰謀洛食，[11]辨方面勢，仰稟神謀，敷土濬川，[12]爲民立極。兼聿遵先言，表置明堂，爰詔下臣，占星揆日。於是採崧山之秘簡，[13]披汶水之靈圖，[14]訪通議於殘亡，購《冬官》於散逸。[15]總集衆論，勒成一家。昔張衡渾象，[16]以三分爲一度，裴秀輿地，[17]以二寸爲千里。臣之此圖，用一分爲一尺，推而演之，冀輪奂有序。而經構之旨，[18]議者殊途，或以綺井爲重屋，[19]或以圓楣爲隆棟，[20]各以臆説，事不經見。今録其疑難，爲之通釋，皆出證據，以相發明。議曰：

[1]御辯：駕馭世變。辯，通“變”。　乘乾：登基爲帝。

[2]咸：通“減”，不亞於。底本、汲古閣本、庫本、殿本均同，宋刻遞修本、中華本作“減”。　五：五帝。上古傳説中的五位帝王。説法不一。　三：三皇。遠古傳説中的三位帝王。所指説法不一。

[3]上皇：指上古帝王。

［4］丕：奉。　下武：亦指後武，指周武王，後喻指有聖德能繼先王功業的人。

［5］九圍：九州。

［6］四表：四方極遠之地，泛指天下。

［7］文軌：原指文字和軌道，古代作爲國家統一的標志。

［8］珪璧：兩種玉器，此泛指祭祀所用的玉器。

［9］金：八音（金、石、土、革、絲、木、匏、竹）之一。《九韶》《六莖》：皆古樂名。相傳分别爲舜、顓頊所作。

［10］石渠：即石渠閣，西漢皇室藏書之處。　五官：指分司天、地、神、民、類物等五種神靈官職，此指祭祀五種官職之禮。　三雍：漢時對辟雍、明堂、靈臺三宫的總稱。

［11］乃卜瀍西，爰謀洛食：典出《尚書·洛誥》："我乃卜澗水東、瀍水西，惟洛食；我又卜瀍水東，亦惟洛食。"洛食，原指周公營東都所卜地，得洛之吉兆，引申爲定都。

［12］濬（jùn）川：疏通河道。

［13］秘簡：奥秘典册。

［14］靈圖：指傳説中黄帝時期的明堂圖。典出《史記》卷一二《孝武本紀》："上欲治明堂奉高旁，未曉其制度。濟南人公王帶上黄帝時明堂圖……於是上令奉高作明堂汶上，如帶圖。"

［15］《冬官》：此指《周禮·冬官考工記》。

［16］張衡：人名。東漢天文學家、文學家。傳見《後漢書》卷五九。　渾象：又稱渾天儀，爲張衡所造的一種天文儀器。

［17］裴秀：人名。曹魏、西晋時人，古代著名地圖學家。傳見《晋書》卷三五。　輿地：地圖，此指裴秀作《禹貢地域圖》。

［18］經構：營造。

［19］綺井：飾以彩紋圖案的天花板。形似井口圍欄，故稱。　重屋：重檐之屋。

［20］圓楣：圓形的房屋次梁。　隆棟：高大棟梁。

臣愷謹案《淮南子》曰：[1]“昔者神農之治天下也，甘雨以時，五穀蕃植，春生夏長，秋收冬藏，月省時考，終歲獻貢，以時嘗穀，祀于明堂。明堂之制，有盖而無四方，風雨不能襲，燥濕不能傷，遷延而入之。”[2]臣愷以爲上古朴略，創立典刑。《尚書帝命驗》曰：[3]“帝者承天立五府，以尊天重象。赤曰文祖，[4]黄曰神斗，[5]白曰顯紀，[6]黑曰玄矩，[7]蒼曰靈府。”[8]注云：[9]“唐、虞之天府，夏之世室，殷之重屋，周之明堂，皆同矣。”《尸子》曰：[10]“有虞氏曰總章。”[11]《周官·考工記》曰：“夏后氏世室，堂脩二七，博四脩一。”[12]注云：“脩，南北之深也。夏度以步，今堂脩十四步，其博益以四分脩之一，則明堂博十七步半也。”[13]臣愷按，三王之世，夏最爲古，從質尚文，理應漸就寬大，何因夏室乃大殷堂？相形爲論，理恐不爾。《記》云“堂脩七，博四脩一”，[14]若夏度以步，則應脩七步。注云“今堂脩十四步”，乃是增益《記》文。殷、周二堂獨無加字，便是其義，類例不同。山東《禮》本輒加二七之字，何得殷無加尋之文，周闕增筵之義？研覈其趣，或是不然。讎校古書，[15]並無二字，此乃桑間俗儒信情加減。《黄圖議》云：[16]“夏后氏益其堂之大一百四十四尺，周人明堂以爲兩杼間。”[17]馬宫之言，[18]止論堂之一面，據此爲準，則三代堂基並方，得爲上圓之制。諸書所説，並云下方，鄭注《周官》，獨爲此義，非直與古違異，亦乃乖背禮文。尋文求理，深恐未愜。

［1］《淮南子》：又稱《淮南鴻烈》，爲西漢淮南王劉安召集門人編寫的一部論文集。全書内容龐雜，糅合道、陰陽、墨、法及一部分儒家思想而成。

［2］“昔者神農”至“遷延而入之”：語出《淮南子》卷九《主術訓》，此略有删改。

［3］《尚書帝命驗》：漢代經師所造的一部《尚書》緯書，有鄭玄、宋均注。

［4］文祖：相傳爲唐堯所立五府中的南向室名，是赤帝赤熛怒所居之廟，取“火精乃光明文章之祖”之意，故稱“文祖”。周時稱作“明堂”。

［5］神斗：相傳爲唐堯所立五府中的中央室名，是黄帝含樞紐所居之廟，取“土精乃澄静四行之主”之意，故稱“神斗”（斗即主）。周時稱作“太室”。

［6］顯紀：相傳爲唐堯所立五府中的西向室名，是白帝白招拒所居之廟，取“金精斷割萬物成”之意，故稱“顯紀”（即斷成之法）。周時稱作“總章”。

［7］玄矩：相傳爲唐堯所立五府中的北向室名，是黑帝汁光紀所居之廟，取“水精玄昧能權輕重”之意，故稱“玄矩”。周時稱作“玄堂”。

［8］靈府：相傳爲唐堯所立五府中的東向室名，是蒼帝（亦稱青帝）靈威仰所居之廟，故稱“靈府”。周時稱作“青陽”。

［9］注：即鄭玄注。

［10］《尸子》：先秦雜家著作，據《漢書·藝文志》班固云：尸子，名佼，魯國人。

［11］有虞氏曰總章：語出《尸子·君治》。總章，相傳爲舜的明堂之名。後亦用作明堂的西向室之名，取“西方總成萬物而章明之”之意。

［12］夏后氏世室，堂脩二七，博四脩一：語出《周禮·考工記·匠人》。夏后氏，亦稱“夏氏”“夏后”。指禹受舜禪而建立的

夏王朝。世室，夏朝的宗廟之名。或説是夏朝的明堂之名。脩，長、長度。博，寬度。按，《周禮》原文作“廣”，避隋諱改，下同。參中華本校勘記。又本書卷四九《牛弘傳》所引《周官·考工記》亦作“廣”。

［13］“脩，南北之深也”至“十七步半也”：此爲鄭玄注，本卷後文所云《考工記》之注均同此。今，《周禮》原作“令”，本文下同。參中華本校勘記。

［14］博四脩一：中華本校勘記云：“原脱‘一’字，據《考功記》補，‘堂脩七’是宇文愷據古本修改後的引文。”今從。

［15］讎（chóu）：校勘、校對。

［16］《黄圖議》：西漢經學家馬宫爲《黄圖》所作之議。《黄圖》，亦稱《三輔黄圖》，西漢時修撰的一部專記三輔宫觀、陵廟、明堂、辟雍、郊畤等事的圖書。

［17］杼（zhù）：通“序”，墻。

［18］馬宫：人名。傳見《漢書》卷八一。

《尸子》曰：“殷人陽館。”[1]《考工記》曰：“殷人重屋，[2]堂脩七尋，[3]堂崇三尺，四阿重屋。”[4]注云：“其脩七尋，五丈六尺，放夏、周則其博九尋，七丈二尺。”又曰：“周人明堂，度九尺之筵，[5]東西九筵。南北七筵。堂崇一筵。五室，凡室二筵。”[6]《禮記·明堂位》曰：“天子之廟，複廟重檐。”[7]鄭注云：“複廟，重屋也。”注《玉藻》云：[8]“天子廟及露寢，[9]皆如明堂制。”《禮圖》云：[10]“於内室之上，起通天之觀，觀八十一尺，得宫之數，[11]其聲濁，君之象也。”《大戴禮》曰：[12]“明堂者，古有之。凡九室，一室有四户八牖。以茅蓋，上圓下方，外水曰璧雝。[13]赤綴户，白綴牖。

堂高三尺，東西九仞，南北七筵。其宫方三百步。凡人民疾，六畜疫，五穀灾，生於天道不順。天道不順，生於明堂不飾。故有天灾，則飾明堂。”《周書·明堂》曰：[14]“堂方百一十二尺，高四尺，階博六尺三寸。[15]室居内，方百尺，室内方六十尺。户高八尺，博四尺。”《作洛》曰：[16]“明堂、太廟、露寢，咸有四阿，重亢重廊。”[17]孔氏注云：[18]“重亢，累棟；重廊，累屋也。”[19]《禮圖》曰：“秦明堂九室十二階，各有所居。”《吕氏春秋》曰：[20]“有十二堂。”與《月令》同，[21]並不論尺丈。臣愷案，十二階雖不與《禮》合，一月一階，非無理思。

[1]殷人陽館：語出《尸子·君治》。陽館，殷商天子聽政之所。

[2]重屋：重檐之屋。亦爲商代天子用以宣明政教的大廳堂之名，或説是商代的王宫正堂。

[3]尋：古代長度單位。多以八尺爲尋，亦有以七尺或六尺爲尋者。

[4]四阿：指屋宇四邊的檐溜，可使水從四面流下。

[5]度：測量。　筵：席位，座位。古代常以筵度堂，每筵多爲一丈，亦有每筵爲九尺者。

[6]凡室二筵：底本原脱“室”字，中華本校勘記云：“原脱‘室’字，據《册府》五八四補。”又《北史》卷六〇《宇文愷傳》亦有“室”字。今從補。

[7]天子之廟，複廟重檐：語出《禮記·明堂位》，原句爲：“太廟，天子明堂。……複廟重檐。”廟，此指太廟，古代帝王的祖廟。複廟，古稱具有雙重椽、棟、軒版、垂檐等建築結構的廟堂爲

複廟。重檐，兩層屋檐。古明堂皆在外檐下壁復安板檐，以避風雨灑壁。

［8］《玉藻》：《禮記》的篇名。

［9］露寢：亦稱“路寢”。古代帝王、諸侯治事宴享的正廳堂。

［10］《禮圖》：《三禮圖》的簡稱。東漢鄭玄、阮諶等人所撰的一部圖解“三禮”的著作。

［11］宮：此指以宮爲主調式。

［12］《大戴禮》：即《大戴禮記》，相傳爲西漢時戴德選編。本書《經籍志一》載有《大戴禮記》十三卷，漢信都王太傅戴德撰。

［13］璧雝：即辟雍，本爲西周天子所設的大學，校址呈圓形，圍以水池，前門外有便橋。後世多沿周制建辟雍，均爲教學以及行鄉飲、大射或祭祀之禮的地方。此處指仿周制在明堂外圍所建的水池，形如璧圓，以象徵天，水左旋流動，以象徵教化流行。《北史》卷六〇《宇文愷傳》作“璧雍”。

［14］《周書·明堂》：《周書》之《明堂篇》。《周書》爲今傳本《逸周書》的原名或簡稱。全書共有《克殷》《明堂》《月令》《作洛》等七十篇及序一篇，多數出於戰國時儒者搜集或摹擬周代誥誓訓命之作，爲儒家重要典籍之一。據《逸周書》之《序》云：“周公將致政成王，朝諸侯於明堂，作《明堂》。”

［15］階：指明堂有九個臺階，分布於四旁門堂及太室中，用以通往上層圓屋。

［16］《作洛》：《周書》之《作洛篇》。據《逸周書》之《序》云：“周公既誅三監，乃述武王之志，建都伊洛，作《作洛》。”

［17］重亢：重叠的房屋正梁。此指重屋的上下兩棟。　重廊：亦作重郎。重屋。

［18］孔氏：此指晋代經學家孔晁，《逸周書》的注者。事見《晋書》卷四七《傅玄傳》。

［19］重亢，累棟；重廊，累屋也：此句中華本標點作“重亢累

棟，重廊累屋也”。

［20］《吕氏春秋》：戰國末秦相吕不韋集合門客共同編寫的一部雜家著作。全書分爲十二紀、八覽、六論，共一百六十篇。内容以儒、道思想爲主，兼及名、法、墨、農、陰陽等家之言。

［21］《月令》：《周書》之《月令篇》。據《逸周書》之《序》云：“周公制十二月賦政之法，作《月令》。”

《黄圖》曰：“堂方百四十四尺，法坤之策也，[1]方象地。屋圓楣徑二百一十六尺，法乾之策也，[2]圓象天。室九宫，[3]法九州。[4]太室方六丈，法陰之變數。[5]十二堂法十二月，三十六户法極陰之變數，[6]七十二牖法五行所行日數。[7]八達象八風，[8]法八卦。[9]通天臺徑九尺，[10]法乾以九覆六。[11]高八十一尺，法黄鍾九九之數。[12]二十八柱象二十八宿。[13]堂高三尺，土階三等，法三統。[14]堂四向五色，[15]法四時五行。殿門去殿七十二步，法五行所行。門堂長四丈，[16]取太室三之二。垣高無蔽目之照，[17]牖六尺，其外倍之。殿垣方，在水内，法地陰也。水四周於外，象四海，圓法陽也。水闊二十四丈，象二十四氣。[18]水内徑三丈，應《覲禮經》。”[19]武帝元封二年，[20]立明堂汶上，[21]無室。其外略依此制。《泰山通議》今亡，[22]不可得而辨也。

［1］坤之策：推演《坤》卦六爻所得策數。《周易》用九，用六。《坤》用老陰六，故每爻六揲，每揲四策，六爻共得一百四十四策。

［2］乾之策：推演《乾》卦六爻所得策數。《乾》爻皆爲老陽，其數爲九，故每爻九揲，每揲四策，共得二百一十六策。乾策與坤

策相配，總爲三百六十策，以象天地迴圈一年的日數。

［3］室：此指明堂之九室。按，室，各本均同，唯中華本據《册府元龜》卷五八四《掌禮部·奏議》補入一“太”字，作“太室”。然檢宋本及四庫本《册府元龜》原文均無“太”字。又檢《北史》卷六〇《宇文愷傳》及《玉海》卷九五《郊祀·明堂》亦無“太”字。本卷所引《大戴禮》：“明堂者，古有之。凡九室，一室有四户八牖。”及本書卷四九《牛弘傳》“明堂議”云：“（明堂）九室以象州。”則知此“室九宫”所指爲明堂之九室，而非指“太室”。

［4］九州：古代分中國爲九州。説法不一：《尚書·禹貢》作冀、兗、青、徐、揚、荆、豫、梁、雍；《爾雅·釋地》有幽、營州而無青、梁州；《周禮·夏官·職方》有幽、并州而無徐、梁州。後以“九州”泛指天下或全中國。

［5］陰之變數：據《周易》老陰之數爲六，陰之變數。

［6］三十六户：明堂九室，一室有四户，共三十六户。

［7］七十二牖：明堂九室，一室有八牖，共七十二牖。　五行所行日數：五行指水、火、木、金、土，各主七十二日，合爲一年三百六十七。按，行，《北史·宇文愷傳》作“得”。

［8］八達：此指明堂外面向八方的八牖（窗），象徵八卦。八風：指八方之風，具體所指文獻記載説法不一。東漢許慎《説文解字·風部》云：“風，八風也。東方曰明庶風，東南曰清明風，南方曰景風，西南曰涼風，西方曰閶闔風，西北曰不周風，北方曰廣莫風，東北曰融風。”

［9］八卦：《周易》中乾、坤、震、巽、坎、離、艮、兑八卦，相傳爲伏羲氏所作。

［10］通天臺：亦稱“通天觀”或“通天屋”，明堂上面一層的圓形九室之屋。

［11］乾以九覆六：《周易》以九爲老陽，以六爲老陰，九、六爲陰陽轉換之臨界。覆，反也。

［12］黄鍾：古樂律名。爲十二律中的第一律。律長九寸，九九相乘，可變生八十一宫聲之數。黄鍾是音之本，今所謂的標準音。自黄鍾而始，愈上音愈高，愈下音愈低，故又稱爲“清濁之衷”。

［13］二十八宿：古天文學家把周天黄道（太陽和月亮所經天區）之恒星分成二十八個星座，稱爲二十八宿。

［14］三統：指夏、商、周三代的正朔，亦稱“三正”。夏正建寅（正月）爲人統，象徵人始成立之端；商正建丑（十二月）爲地統，象徵地始化之端；周正建子（十一月）爲天統，象徵天始施之端。

［15］四向五色：四個方向，加上中間，各用一色，東青、南赤、西白、北黑、中黄。

［16］門堂：指明堂四門門塾之堂。明堂有四門，每門内外左右共四塾。古時太學即有設在各門堂中者。

［17］垣：墻。

［18］二十四氣：二十四節氣。

［19］《覲禮經》：指《儀禮·覲禮篇》。

［20］武帝：即西漢武帝劉徹。紀見《漢書》卷六。　元封：漢武帝劉徹年號（前110—前105）。

［21］立明堂汶上：事見《史記》卷一二《孝武本紀》：“上令奉高作明堂汶上。”

［22］《泰山通議》：書名。不詳。

元始四年八月，[1]起明堂、辟雍長安城南門，制度如儀。一殿，垣四面，門八觀，水外周，堤壤高四尺和會築作三旬。[2]五年正月六日辛未，始郊太祖高皇帝以配天。[3]二十二日丁亥，宗祀孝文皇帝於明堂以配上帝，[4]及先賢、百辟、卿士有益者，[5]於是秩而祭之。親扶三老五更，[6]袒而割牲，跪而進之。因班時令，宣恩澤。諸侯王、宗室、四夷君長、匈奴、西國侍子，悉奉貢助祭。

[1]元始：漢平帝劉衎年號（1—5）。

[2]堤壤高四尺和會築作三旬：此句疑有脱漏。四尺，《北史》卷六〇《宇文愷傳》作“四方”。中華本《北史》校勘記云：“《隋書》‘方’作‘尺’。按作‘尺’，則‘和會’語意不完。疑作‘方’是，‘高’下有脱文。”又李慈銘《隋書札記》云：“‘四尺’，《北史》作‘四方’。疑《北史》衍‘四尺’二字，《隋書》衍‘四方’二字。當是‘堤壤高四尺’爲一句，‘四方和會’作一句。”又中華書局新修訂本本書標點作“水外周堤，壤高四尺，和會築作三旬”。並出校勘記云：“‘尺’，《北史》卷六〇《宇文貴傳附宇文愷傳》、《册府》卷五八四《掌禮部·奏議》、《通志》卷一六一《宇文愷傳》作‘方’。按，‘四方和會’文意較長。如依諸書，則‘壤高’下應有奪文。”和會，會合，同時進行。

[3]太祖高皇帝：即漢高祖劉邦。紀見《史記》卷八、《漢書》卷一。　配天：古代帝王祭祀時以先祖配祭。

[4]宗祀：專指對祖宗的祭祀。亦泛指各種祭祀。　孝文皇帝：即漢文帝劉恒。紀見《史記》卷一〇、《漢書》卷四。

[5]百辟：諸侯。

[6]三老五更：古代設置的兩個養老之位，掌宣德教。三老與五更各置一人，皆以年老退休且明世事的三公任之。天子則以父禮事三老，以兄禮事五更，皆尊養於國子學或太學中，用以示天下之孝悌。

《禮圖》曰：“建武三十年作明堂，[1]明堂上圓下方，上圓法天，下方法地，十二堂法日辰，九室法九州。室八牖，八九七十二，法一時之王。[2]室有二户，二九十八户，法土王十八日。[3]内堂正壇高三尺，土階三等。"胡伯始注《漢官》云：[4]"古清廟盖以茅，[5]今盖以瓦，瓦下藉茅，以存古制。"《東京賦》曰：[6]"乃營三宫，[7]布政頒常。複廟重屋，八達九房。造舟清池，惟水泱泱。"薛綜注云：[8]"複重廇覆，[9]謂屋平覆重棟也。"《續漢書·祭祀志》云：[10]"明帝永平二年，[11]祀五帝於明堂，五帝坐各處其方，[12]黄帝在未，皆如南郊之位。[13]光武位在青帝之南，少退西面，各一犢，奏樂如南郊。"臣愷按《詩》云，《我將》祀文王於明堂，[14]"我將我享，維牛維羊"。據此則備太牢之祭。[15]今云一犢，恐與古殊。

[1]建武：東漢光武帝劉秀年號（25—56）。

[2]一時之王：五行之水、火、木、金、土，各主七十二日。

[3]土王：土氣旺盛。　日：底本原作"目"，他本及《北史》卷六〇《宇文愷傳》均作"日"，今據改。

[4]胡伯始：人名。即胡廣，字伯始。傳見《後漢書》卷四四。　《漢官》：東漢應劭所撰，介紹漢代禮儀、典章制度的書。本書《經籍志二》載有應劭所撰《漢官》五卷，《漢官儀》十卷。

[5]清廟：太廟、宗廟的别稱。

[6]《東京賦》：東漢張衡所作。《文選》卷三收録。

[7]三宫：指明堂、辟雍、靈臺。

[8]薛綜：人名。傳見《三國志》卷五三。

[9]複重廇覆：廇，《北史·宇文愷傳》作"廟"。按，李慈銘《隋書札記》云："此引薛綜注有誤，今《文選》本不如此。"又李慈銘《北史札記》此句下又云："薛綜注作'複廟，重複也。重屋，重棟也'。此文錯訛不可解。"

［10］《續漢書·祭祀志》：今本《後漢書·祭祀志》。此處引文出自《後漢書·祭祀志中·明堂》。

［11］明帝：即東漢明帝劉莊。紀見《後漢書》卷二。　永平：東漢明帝劉莊年號（58—75）。

［12］五帝坐各處其方：此句《後漢書·祭祀志中》作“五帝坐位堂上，各處其方”。

［13］南郊：此指古代於冬至日至南郊圜丘祭祀天之禮儀，又稱郊天。

［14］《我將》：出自《詩·周頌·清廟之什》。

［15］太牢：古代祭祀最隆重的禮儀，牛、羊、豕三牲俱備謂之太牢。

自晋以前，未有鴟尾，［1］其圓墻璧水，［2］一依本圖。《晋起居注》裴頠議曰：［3］“尊祖配天，其義明著，廟宇之制，理據未分。直可爲一殿，以崇嚴祀，［4］其餘雜碎，一皆除之。”臣愷案：“天垂象，聖人則之。”［5］辟雍之星，既有圖狀，晋堂方構，不合天文。既闕重樓，又無璧水，空堂乖五室之義，直殿違九階之文。非古欺天，一何過甚！

［1］鴟（chī）尾：古代宫殿屋脊正脊兩端裝飾性構件，外形略如鴟尾，因稱。鴟，《北史》卷六〇《宇文愷傳》作“鵄”，二者同字異體。

［2］圓墻：《北史·宇文愷傳》作“門墻”，《册府元龜》卷五八四《掌禮部·奏議》作“垣墻”。

［3］《晋起居注》：本書《經籍志二》載有《晋起居注》三百一十七卷，南朝宋北徐州主簿劉道會撰。又有《晋咸和起居注》十六卷，李軌撰。　裴頠：人名。西晋人，裴秀之子，官至尚書左僕

射。《晋書》卷三五有附傳。

[4]嚴祀：本書卷四九《牛弘傳》所引此文作“嚴父之祀”。

[5]天垂象，聖人則之：語出《易·繫辭上》。原文作：“天生神物，聖人則之；天地變化，聖人效之；天垂象，見吉凶，聖人象之；河出圖，洛出書，聖人則之。”《後漢書·天文志》《晋書·職官志》所引均作“天垂象，聖人則之”。此沿用。

後魏於北臺城南造圓墻，[1]在璧水外，門在水内迴立，不與墻相連。其堂上九室，三三相重，不依古制，室間通巷，違舛處多。其室皆用墼累，[2]極成褊陋。後魏《樂志》曰：“孝昌二年立明堂，議者或言九室，或言五室，詔斷從五室。後元叉執政，復改爲九室，遭亂不成。”[3]

[1]後魏於北臺城南造圓墻：後魏，即北魏（386—557），亦單稱魏。初都平城（今山西大同市東北），公元494年遷都洛陽（今河南洛陽市東北白馬寺東）。公元534年分裂爲東魏和西魏兩個政權。東魏（534—550）都於鄴（今河北臨漳縣西南鄴鎮東），西魏（535—557）都於長安（今陝西西安市西北郊）。北臺，北魏初期都平城，後遷都於洛陽，在平城之南，故稱平城爲北臺。按，中華本《北史》卷六〇《宇文愷傳》校勘記云：“李慈銘云：‘“造”下當有脱文。’按《魏書》卷七下《高祖紀》太和十年九月，‘詔起明堂辟雍’。此明堂當在平城，即所謂‘北臺’。疑此脱‘明堂’等字。”可作一説。

[2]墼（jī）：磚，亦指以泥土與碳屑摶成的圓塊。

[3]“後魏《樂志》”至“遭亂不成”：中華本《北史·宇文愷傳》校勘記云：“按《魏書》卷一〇八之二《禮志》二云：‘初，世宗永平、延昌中，欲建明堂，而議者或云五室，或云九室，頻屬

年饑，遂寢。至是（熙平二年）復議之，詔從五室。及元叉執政，遂改營九室。值世亂不成。’這裏《樂志》當爲《禮志》之誤，‘孝昌’當爲‘延昌’之誤。元叉死於孝昌元年，安得至二年後尚執政？顯誤。”當從。延昌，北魏宣武帝元恪年號（512—515）。元叉，人名。北魏宗室，魏孝明帝元詡正光元年（520）發動政變，把持朝政。傳見《魏書》卷一六、《北史》卷一六。按，底本原作“元乂”，中華本及《北史·宇文愷傳》作“元叉”。今據《魏書·元叉傳》改。

《宋起居注》曰：[1]“孝武帝大明五年立明堂，[2]其墻宇規範，擬則太廟，唯十二間，以應期數。依漢《汶上圖儀》，[3]設五帝位。太祖文皇帝對饗，[4]鼎俎簠簋，一依廟禮。”梁武即位之後，[5]移宋時太極殿以爲明堂。[6]無室，十二間。《禮疑議》云：[7]“祭用純漆俎瓦樽，文於郊，質於廟。止一獻，用清酒。”平陳之後，[8]臣得目觀，遂量步數，記其尺丈。猶見基内有焚燒殘柱，毁斫之餘，入地一丈，儼然如舊。柱下以樟木爲跗，[9]長丈餘，闊四尺許，兩兩相並。瓦安數重。宫城處所，乃在郭内。雖湫隘卑陋，未合規摹，祖宗之靈，得崇嚴祀。周、齊二代，[10]闕而不修，大饗之典，[11]於焉靡托。

[1]《宋起居注》：此指南朝宋孝武帝劉駿大明起居注。本書《經籍志二》載有《宋大明起居注》十五卷，已亡佚。

[2]孝武帝：南朝宋孝武帝劉駿。紀見《宋書》卷六、《南史》卷二。　大明：南朝宋孝武帝劉駿年號（457—464）。

[3]《汶上圖儀》：《史記》卷一二《孝武本紀》載：武帝元封

二年立明堂汶上，所用之圖儀。

［4］太祖文皇帝：南朝宋文帝劉義隆。紀見《宋書》卷五、《南史》卷二。

［5］梁武：南朝梁武帝蕭衍。紀見《梁書》卷一至三，《南史》卷六至七。

［6］太極殿：南朝宋皇宫正殿。

［7］《禮疑議》：書名。不詳。

［8］陳：即南朝陳（557—589），都建康（今江蘇南京市）。

［9］跗：物體足部。

［10］齊：即北齊（550—577），或稱高齊，都鄴（今河北臨漳縣西南鄴鎮東）。

［11］大饗：遍祭五方天帝之禮。

自古《明堂圖》惟有二本，一是宗周，[1]劉熙、阮諶、劉昌宗等作，[2]三圖略同。一是後漢建武三十年作，《禮圖》有本，不詳撰人。臣遠尋經傳，傍求子史，研究衆説，總撰今圖。其樣以木爲之，下爲方堂，堂有五室，上爲圓觀，觀有四門。

［1］宗周：以周代爲本。

［2］劉熙：人名。東漢經學家、訓詁家，著有《釋名》一書。　阮諶：人名。本書《經籍志一》載有《三禮圖》九卷，鄭玄及後漢侍中阮諶撰。　劉昌宗：人名。東晋時人，本書《經籍志一》載有其著《禮音》三卷。

帝可其奏。會遼東之役，[1]事不果行。以度遼之功，進位金紫光禄大夫。[2]其年卒官，時年五十八。帝甚惜之。謚曰康。撰《東都圖記》二十卷、《明堂圖議》二卷、《釋疑》一卷，見行於世。子儒童，[3]游騎尉。[4]少子温，[5]起部承務郎。[6]

[1]遼東：地區名。泛指遼水以東地區。因高麗國位於遼東，故此遼東之役指隋征伐高麗之事。

[2]金紫光禄大夫：官名。屬散實官。隋文帝置特進、左右光禄大夫等，以加文武官之有德聲者，並不理事。因其金印紫綬，故名。隋初爲從二品，煬帝大業三年降爲正三品。

[3]儒童：人名。即宇文儒童。事亦見《北史》卷六〇《宇文愷傳》。

[4]游騎尉：官名。隋開皇三年於吏部别置朝議等八郎，旅騎等八尉，上階爲郎，下階爲尉。散官番直，常出使監檢。游騎尉爲從七品下。煬帝大業三年罷廢。

[5]温：人名。即宇文温。事亦見《北史·宇文愷傳》。

[6]起部承務郎：官名。煬帝改尚書省工部爲起部，掌宗廟宫室營造，置承務郎一人，同員外之職。品秩不詳。

閻毗

閻毗，[1]榆林盛樂人也。[2]祖進，[3]魏本郡太守。父慶，[4]周上柱國、寧州總管。[5]毗七歲，襲爵石保縣公，邑千户。及長，儀貌矜嚴，頗好經史。受《漢書》於蕭該，[6]略通大旨。能篆書，工草隸，尤善畫，爲當時之妙。周武帝見而悦之，[7]命尚清都公主。[8]宣帝即位，[9]拜儀同三司，[10]授千牛左右。[11]

[1]閻毗：人名。《北史》卷六一有附傳。

[2]榆林：地名。隋開皇七年置榆林縣，大業三年改勝州爲榆林郡，治所在今内蒙古准格爾旗東北。　盛樂：郡名。治所在今山西文水縣東。按，據《周書》卷二〇、《北史》卷六一《閻慶傳》載："曾祖善，仕魏，歷龍驤將軍、雲州鎮將，因家于雲州之盛樂郡。"魏之雲州，治所亦在今山西文水縣東，故"榆林"與"盛樂"二地區域不合，"雲州"似更合理。

[3]進：人名。即閻進。北魏正光年間（520—525），以軍功拜盛樂郡守。事略見《周書》卷二〇、《北史》卷六一《閻慶傳》。

[4]慶：人名。即閻慶。傳見《周書》卷二〇、《北史》卷六一。

[5]上柱國：官名。北周武帝建德四年始置，爲十一等勳官的第一等，可開府置官屬。正九命。　寧州：北周時治所在今甘肅寧縣。　總管：官名。北周之制，總管加使持節諸軍事。總管或單任，然多兼帶刺史。故總管職權雖以軍事爲主，實際是一地區若干州、防（鎮）的最高軍政長官。按，《周書》《北史》本傳衹載任寧州刺史，未載任總管。

[6]蕭該：人名。傳見本書卷七五、《北史》卷八二。

[7]周武帝：北周皇帝宇文邕謚號。紀見《周書》卷五、六，《北史》卷一〇。

[8]清都公主：周武帝宇文邕女，事迹不詳。

[9]宣帝：北周皇帝宇文贇謚號。紀見《周書》卷七、《北史》卷一〇。

[10]儀同三司：官名。亦簡稱儀同，周武帝建德四年改稱儀同大將軍。屬勳官。北周府兵制中儀同府的長官均加此勳官名，可開府置官屬。九命。（參見王仲犖《北周六典》卷九《勳官第二十》，第578頁；谷霽光《府兵制度考釋》，第51頁）

[11]千牛左右：官名。隋初於左右領左右府置千牛備身十二人，掌供御弓箭，執千牛御刀侍衛皇帝左右。正六品下。煬帝大業

三年改左右領左右府爲左右備身府，千牛備身則改名爲千牛左右，其職掌未變，員額增至十六人。正六品。

高祖受禪，以技藝侍東宫，數以琱麗之物取悦於皇太子，[1]由是甚見親待，每稱之於上。尋拜車騎，[2]宿衛東宫。上嘗遣高熲大閲於龍臺澤，[3]諸軍部伍多不齊整，唯毗一軍，法制肅然。熲言之於上，特蒙賜帛。俄兼太子宗衛率長史，[4]尋加上儀同。[5]太子服玩之物，多毗所爲。及太子廢，毗坐杖一百，與妻子俱配爲官奴婢。後二歲，放免爲民。

[1]琱（diāo）麗：裝飾華麗。　皇太子：此指隋文帝長子楊勇，開皇元年立爲太子。傳見本書卷四五、《北史》卷七一。

[2]車騎：官名。車騎將軍的省稱。隋初爲府兵制中統領驃騎府兵的軍事副長官。正五品上。煬帝大業三年改驃騎府爲鷹揚府，車騎將軍遂改稱鷹揚副郎將，大業五年又改稱鷹擊郎將。從五品。

[3]龍臺澤：地名。據《元和郡縣圖志》“龍臺澤”在鄠縣東北三十里，周迴二十五里。

[4]兼：官制用語。假職未真授之稱。　太子宗衛率長史：官名。太子十率有左右宗衛率，掌以宗人侍衛。長史爲府屬官，掌理率府事。從七品上。

[5]上儀同：官名。全稱是上儀同三司。隋文帝因改北周十一等勳官之制形成十一等散實官，用以酬勤勞，無實際職掌。上儀同三司是第七等，可開府置僚佐。從四品上。

煬帝嗣位，盛修軍器，[1]以毗性巧，諳練舊事，詔典其職。尋授朝請郎。[2]毗立議，輦輅車輿，多所增損，語在《輿服志》。[3]擢拜起部郎。[4]

[1]盛修軍器：中華本《北史》卷四九《閻毗傳》校勘記云："《通志》'軍'作'車'，《隋書》作'軍'。按下文所議都是輦輅制度，無一語及於軍器。《隋書·禮儀志》五云：'大業元年更製車輿'，'詔尚書令楚國公楊素……朝請郎閻毗等詳議奏决，於是審擇前朝故事，定其取捨'。本傳下文言毗'練習舊事'，即是説毗熟習先朝輿服制度。作'車'爲是。"所考甚是，今從。此"軍"當改爲"車"。

[2]朝請郎：官名。隋文帝開皇六年於尚書省吏部别置朝請等八郎，爲散官番直，無具體職掌，常出使監檢。正七品上。煬帝大業三年罷廢。

[3]語在《輿服志》：檢本書並無《輿服志》，其語在《禮儀志五》。

[4]起部郎：官名。隋煬帝改尚書工部侍郎爲起部郎，掌貳尚書之職。正六品。

帝嘗大備法駕，[1]嫌屬車太多，[2]顧謂毗曰："開皇之日，屬車十有二乘，於事亦得。今八十一乘，以牛駕車，不足以益文物。[3]朕欲減之，從何爲可?"毗對曰："臣初定數，共宇文愷參詳故實，據漢胡伯始、蔡邕等議，[4]屬車八十一乘，此起於秦，遂爲後式。故張衡賦云'屬車九九'是也。[5]次及法駕，三分減一，爲三十六乘，此漢制也。又據宋孝建時，[6]有司奏議，晋遷江左，[7]惟設五乘，尚書令、建平王宏曰：[8]'八十一乘，議兼九國，三十六乘，無所準憑。江左五乘，儉不中禮。但帝王文物，旂旒之數，爰及冕玉，皆同十二。今宜準此，設十二乘。'[9]開皇平陳，因以爲法。今憲章往古，大駕依秦，法駕依漢，小駕依宋，以爲差等。"帝曰："何用秦法乎？大駕宜三十六，法駕宜用十二，小駕除之。"毗研精故事，皆此類也。

[1]法駕：天子車駕的一種。天子出行，鹵簿分大駕、法駕、小駕三種，其儀衛之繁簡各有不同。參本書《禮儀志五》。

[2]屬車：亦稱副車，天子出行時侍從車。

[3]文物：指禮樂制度。

[4]蔡邕：人名。東漢著名文學家、書法家，師從胡廣，撰有《獨斷》一書，萬餘字，記述漢代，兼述漢以前有關禮制、車服、帝系等内容。傳見《後漢書》卷六〇下。

[5]屬車九九：語見張衡《東京賦》。

[6]孝建：南朝宋孝武帝劉駿年號（454—456）

[7]江左：地區名。亦稱江東，泛指長江下游以東地區。

[8]尚書令：官名。掌尚書省内各朝事。南朝宋三品。　建平王宏：南朝宋建平宣簡王劉宏。傳見《宋書》卷七二、《南史》卷一四。

[9]"八十一乘"至"設十二乘"：語出《宋書·禮志五》，原文爲："八十一乘，義兼九國，三十六乘無所准，並不出經典。自邕、廣傳説，又是從官所乘，非帝者副車正數。江左五乘，儉不中禮。案《周官》云：'上公九命，貳車九乘。侯伯七命，車七乘。子男五命，車五乘。'然則帝王十二乘。"旂（qí）旒（liú），指天子所用旌旗。冕玉，冕前後所垂白玉珠，十有二旒。

長城之役，毗總其事。及帝有事恒岳，[1]詔毗營立壇場。[2]尋轉殿内丞，[3]從幸張掖郡。[4]高昌王朝于行所，[5]詔毗持節迎勞，[6]遂將護入東都。尋以母憂去職。[7]未期，起令視事。將興遼東之役，自洛口開渠，[8]達於涿郡，[9]以通運漕。毗督其役。明年，兼領右翊衛長史，[10]營建臨朔宫。[11]及征遼東，以本官領武賁郎將，[12]典宿衛。時衆軍圍遼東城，帝令毗詣城下宣諭，賊弓弩亂發，所乘馬中流矢，毗顏色不變，辭氣抑揚，卒事而去。尋拜朝請大夫，[13]遷殿内少監，[14]又領將作少監事。後復從帝征遼東，會楊玄感作逆，[15]帝班師，兵部侍郎斛斯政奔遼東，[16]帝令毗率騎二千追之，不及。政據高麗栢崖城，[17]毗攻之二日，有詔徵還。從至高陽，[18]暴卒，時年五十。帝甚悼惜之，贈殿内監。[19]

［1］恒岳：北岳恒山，在今河北境内。

［2］壇場：古代設壇來舉行祭祀、盟會、拜將等大典的場所。

［3］殿内丞：官名。煬帝大業三年設殿内省，屬官有殿内丞，設一人，掌諸供奉。從五品。

［4］張掖郡：治所在今甘肅張掖市。

［5］高昌王：據本書卷三《煬帝紀上》此指高昌王麴伯雅。公元601至613年在位，後因政變失位，公元620至623年復位。事見本書卷八三、《舊唐書》卷一九八、《新唐書》卷二二一上《高昌傳》。

［6］持節：漢朝官員奉使外出時，由皇帝授予節杖，以提高其威權。魏、晋以後，凡重要軍事長官出征或出鎮時，加使持節，可誅殺二千石以下官員。皇帝派遣大臣出巡或祭吊等事時，也使持節，以表示權力和尊崇。

［7］母憂：遭逢母親喪事。古代喪服禮制規定，父母死後，子女須守喪，三年内不得做官、婚娶、赴宴、應考、舉樂，等等。

［8］洛口：地名。在今河南鞏義市東北。

［9］涿郡：治所在今北京城西南。

［10］領：此指地位較高的官員兼理較低職位。　右翊衛長史：官名。隋初左右衛府設長史一人掌理府事。正七品上。煬帝大業三年改左右衛爲左右翊衛，右衛長史遂改稱右翊衛長史。從五品。

［11］臨朔宫：宫名。隋代薊城行宫。在今北京市區西南。

［12］武賁郎將：官名。隋煬帝大業三年改革官制，於十二衛每衛置護軍四人，掌副貳將軍，尋又改護軍爲武賁郎將。正四品。

［13］朝請大夫：官名。屬散官，隋煬帝大業三年置。正五品。

［14］殿内少監：官名。隋煬帝大業三年設殿内省，次官爲監，置一員，掌諸供奉。從四品。

［15］楊玄感：人名。傳見本書卷七〇，《北史》卷四一有附傳。

［16］兵部侍郎：官名。隋文帝時於兵部四曹之一兵部曹置兵部侍郎一員，爲該曹長官。正六品。煬帝大業三年諸曹侍郎並改稱“郎”，又始置侍郎，爲尚書省下轄六部之副長官。此後，兵部侍郎纔成爲兵部副長官，協助長官兵部尚書掌全國軍衛武官選授之政令等。正四品。　斛斯政：人名。傳見本書卷七〇，《北史》卷四九有附傳。

［17］高麗：古國名。此時亦稱高句麗。故地在今朝鮮半島北部。傳見本書卷八一、《北史》卷九四、《舊唐書》卷一九九上、《新唐書》卷二二〇。　栢崖城：地名。不詳。

［18］高陽：郡名。治所在今河北高陽縣東。《北史》卷六一《閻毗傳》作“高陽郡”。

［19］殿内監：官名。此爲贈官。正四品。

何稠

何稠，[1]字桂林，國子祭酒妥之兄子也。[2]父通，[3]

善斲玉。[4]稠性絶巧，有智思，用意精微。年十餘歲，遇江陵陷，[5]隨妥入長安。仕周御飾下士。[6]

[1]何稠：人名。傳另見《北史》卷九〇。

[2]國子祭酒：官名。爲國子寺長官，掌中央官學及儒學訓導之政。初隸太常寺，統國子、太學、四門、書算學。開皇十三年不隸太常寺，改爲國子學長官。仁壽元年（601）罷，惟置太學，以博士領之。大業三年改置國子監依舊置祭酒爲長官。從三品。　妥：人名。即何妥。傳見本書卷七五、《北史》卷八二。

[3]通：人名。即何通。事另見《北史・何稠傳》。

[4]斲（zhuó）：即斬。按，《北史・何稠傳》作“琢”。

[5]江陵：縣名。梁元帝在此即位稱帝，後爲梁都城。治所在今湖北荆州市。

[6]御飾下士：官名。掌皇帝首飾。北周正一命。（參見王仲犖《北周六典》卷七《六官餘録第十三》，第495頁）

及高祖爲丞相，召補參軍，[1]兼掌細作署。[2]開皇初，授都督，[3]累遷御府監，[4]歷太府丞。[5]稠博覽古圖，多識舊物。波斯嘗獻金緜錦袍，[6]組織殊麗。上命稠爲之。稠錦既成，逾所獻者，上甚悦。時中國久絶瑠璃之作，[7]匠人無敢厝意，[8]稠以緑瓷爲之，與真不異。尋加員外散騎侍郎。[9]

[1]補：官制用語。調選官吏補充某職官之缺位。　參軍：官名。此指“丞相府參軍事”。北周丞相府設十八曹參軍事，分掌各曹事務，此不知確指何曹。正四命。

[2]細作署：官署名。北周掌製宫室精巧器物之作坊。

[3]都督：官名。隋文帝時主要有三種都督：一爲在府兵系統中實際領兵，有固定職掌的隊級軍官，煬帝大業三年改稱隊正，其官品爲正七品下。二爲第十一等散實官，用以酬勤勞，無實際職掌，其官品亦爲正七品下。三爲臨時差遣之職，即在戰事發生時，由皇帝臨時任命朝臣軍將爲都督，領兵出征，戰事結束即撤罷，無常設官員，其地位視本官而定。文中當指前兩種都督。

[4]御府監：官名。隋初門下省設御府局，長官爲監，煬帝大業三年改爲尚衣局，長官爲奉御，掌供皇帝冕服及朝會設案等。隋初爲正六品下，大業三年升爲正五品。

[5]太府丞：官名。隋太府寺設屬官丞六人，掌判本寺内部日常公務。從六品下。

[6]波斯：古國名。伊朗的古稱。　緜：中華書局新修訂本校勘記云："'緜'，《北史》卷九〇《藝術下·何稠傳》、《册府》卷九〇八《總録部·工巧》作'綫'。蓋因字形相近而誤'綫'爲'綿'，又涉'綿''緜'相通而作'緜'。《梁書》卷五四《諸夷·西北諸戎·波斯傳》'埒著金綫錦袍'可證。"

[7]瑠：宋刻遞修本、中華本與底本同，汲古閣本、殿本、庫本作"琉"。

[8]厝（cuò）意：注意、關心。

[9]員外散騎侍郎：官名。屬散官，隋門下省置六人，掌部從朝直，並出使勞問。正五品。

開皇末，桂州俚李光仕聚衆爲亂，[1]詔稠召募討之。師次衡嶺，[2]遣使者諭其渠帥洞主莫崇解兵降款。[3]桂州長史王文同鎖崇以詣稠所。[4]稠詐宣言曰："州縣不能綏養，致邊民擾叛，非崇之罪也。"乃命釋之，引崇共坐，并從者四人，爲設酒食而遣之。崇大悦，歸洞不設備。稠至五更，掩入其洞，悉發俚兵，以臨餘賊。象州逆帥杜條遼、羅州逆帥龐靖等相繼降款。[5]分遣建州開府梁昵討叛夷羅壽，[6]羅州刺史馮暄討賊帥李大檀，[7]並平之，傳首軍門。承制署首領爲州縣官而還，衆皆悦服。有欽州刺史甯猛力，[8]帥衆迎軍。初，猛力倔强山洞，欲圖爲逆，至是惶懼，請身入朝。稠以其疾篤，因示無猜貳，遂放還州，與之約曰："八九月間，可詣京師相見。"稠還奏狀，上意不懌。其年十月，猛力卒，上謂稠曰："汝前不將猛力來，今竟死矣。"稠曰："猛力共臣爲約，假令身死，當遣子入侍。越人性直，其子必來。"初，猛力臨終，誡其子長真曰："我與大使爲約，不可失信於國士。汝葬我訖，即宜上路。"長真如言入朝，上大悦曰："何稠著信蠻夷，乃至於此。"以勳授開府。

[1]桂州：治所在今廣西柳州市東南。　俚（lǐ）：古代南方族名。　李光仕：人名。隋開皇十七年聚衆反，爲上柱國王世積、桂州總管周法尚平定。事亦見本書卷二《高祖紀下》、卷六五《周法尚傳》，《通鑑》卷一七八《隋紀》開皇十七年二月條。

[2]衡嶺：衡山，在今湖南境内。

[3]渠帥：部落首領。　洞主：古代南方少數民族首領。　莫崇：人名。事亦見《北史》卷九〇《何稠傳》、《通鑑》卷一七八《隋紀》開皇十七年二月條。

[4]長史：官名。此爲州府上佐之一，佐理一州事務，開皇三年改别駕爲長史。上州正五品，中州從五品，下州正六品。按，本書及《北史》卷八七《王文同傳》載開皇中任"桂州司馬"。　王文同：人名。傳見本書卷七四、《北史》卷八七。

[5]象州：治所在今廣西象州縣。　杜條遼：人名。事亦見

《北史·何稠傳》、《太平御覽》卷三二四《兵部·招降》、《册府元龜》卷三六五《將帥部·機略》。　羅州：治所在今廣東化州市。　寵靖：人名。事亦見《北史·何稠傳》、《太平御覽》卷三二四《兵部·招降》、《册府元龜》卷三六五《將帥部·機略》。

[6]建州：治所在今廣東郁南縣。　梁昵：人名。事亦見《北史·何稠傳》、《册府元龜》卷三五七《將帥部·立功》。　羅壽：人名。事亦見《北史·何稠傳》、《册府元龜》卷三五七《將帥部·立功》。

[7]馮暄：人名。譙國夫人冼氏之孫，隋任羅州刺史，唐武德六年以高州首領反。事略見本書卷八〇、《北史》卷九一《譙國夫人傳》。　李大檀：人名。事亦見《北史·何稠傳》。

[8]欽州：治所在今廣西欽州市東北。　甯猛力：人名。南朝陳末至隋時嶺南俚獠部族的首領，隋滅陳後拜安州刺史。事亦見本書卷五六《令狐熙傳》、《北史》卷六七《令狐熙傳》及卷九〇《何稠傳》、《新唐書》卷二二二下《南平獠傳》、《通鑑》卷一七八《隋紀》開皇十七年二月條。

仁壽初，[1]文獻皇后崩，與宇文愷參典山陵制度。[2]稠性少言，善候上旨，由是漸見親昵。及上疾篤，謂稠曰：“汝既曾葬皇后，今我方死，宜好安置。屬此何益，但不能忘懷耳。魂其有知，當相見於地下。”上因攬太子頸謂曰：[3]“何稠用心，我付以後事，動静當共平章。”[4]

[1]仁壽：隋文帝楊堅年號（601—604）。

[2]山陵：皇帝或皇后的陵墓。

[3]太子：此指楊廣。

[4]平章：商酌。

大業初，煬帝將幸揚州，[1]謂稠曰："今天下大定，朕承洪業，服章文物，[2]闕略猶多。卿可討閱圖籍，營造輿服羽儀，送至江都也。"[3]其日，拜太府少卿。[4]稠於是營黄麾三萬六千人仗，及車輿輦輅、皇后鹵簿、百官儀服，[5]依期而就，送于江都。所役工十萬餘人，用金銀錢物鉅億計。帝使兵部侍郎明雅、選部郎薛邁等勾覈之，[6]數年方竟，毫釐無舛。稠參會今古，多所改創。魏、晋以來，皮弁有纓而無笄導。[7]稠曰："此古田獵之服也。今服以入朝，宜變其制。"故弁施象牙簪導，自稠始也。又從省之服，初無佩綬，稠曰："此乃晦朔小朝之服。安有人臣謁帝而去印綬，兼無佩玉之節乎?"乃加獸頭小綬及佩一隻。舊制，五輅於轅上起箱，[8]天子與參乘同在箱内。稠曰："君臣同所，過爲相逼。"乃廣爲盤輿，别搆欄楯，侍臣立於其中。於内復起須彌平坐，天子獨居其上。自餘麾幢文物，增損極多，事見《威儀志》。[9]帝復令稠造戎車萬乘，鈎陳八百連，帝善之，以稠守太府卿。[10]後三歲，兼領少府監。[11]

[1]揚州：治所在今江蘇揚州市。

[2]服章文物：服飾及禮樂制度。

[3]江都：郡名。治所在今江蘇揚州市。

[4]太府少卿：官名。太府寺副長官，協助長官太府卿掌管倉儲出納及所轄各署事。隋初置一員，正四品上。煬帝增置二員，改從四品。

[5]鹵簿：出行時的儀仗隊。

［6］明雅：人名。大業時任兵部侍郎，從征吐谷渾，征伐高句麗時以罪廢。事略見本書卷六五《趙才傳》、卷七〇《斛斯政傳》。 選部郎：官名。隋煬帝改尚書省吏部曹爲選部，改吏部曹侍郎爲選部郎。正六品。 薛邁：人名。薛道衡兄薛温之子，大業中爲刑部、選部二侍郎。事見本書卷五七、《北史》卷三六《薛道衡傳》。 覈：《北史》卷九〇《何稠傳》作“覆”。

［7］笄導：簪導，一種用以束髮的首飾。

［8］五輅：帝王所乘五種車，玉輅、金輅、象輅、革輅、木輅。

［9］事見《威儀志》：本書無《威儀志》，事在《禮儀志五》。

［10］守：官制用語。指低官階署理高官階官職。 太府卿：官名。爲太府寺的長官，置一員，掌庫儲出納事務，兼掌百工技巧及官府手工業；煬帝大業初分出其兼掌職事，另置爲少府監。隋初爲正三品，煬帝時降爲從三品。

［11］少府監：官名。煬帝大業三年，分太府寺爲少府監，置監一人，統左尚、右尚、内尚、司織、司染、鎧甲、弓弩、掌冶等署。從三品。

遼東之役，攝右屯衛將軍，[1]領御營弩手三萬人。[2]時工部尚書宇文愷造遼水橋不成，師不得濟，右屯衛大將軍麥鐵杖因而遇害。[3]帝遣稠造橋，二日而就。初，稠制行殿及六合城，[4]至是，帝於遼左與賊相對，夜中施之。其城周迴八里，城及女垣合高十仞，[5]上布甲士，立仗建旗。四隅置闕，面别一觀，觀下三門，遲明而畢。高麗望見，謂若神功。是歲，加金紫光禄大夫。明年，攝左屯衛將軍，[6]從至遼左。

［1］攝：官制用語。以本官代理或兼理他官之職事。 右屯衛

將軍：官名。隋文帝置左右領軍府，各掌十二軍籍帳、差科、詞訟之事，不置將軍。煬帝大業三年改左右領軍府爲左右屯衛，所統軍士名御林。並各置大將軍一人，正三品；將軍各二人，從三品。

[2]御營：帝王出巡或親征時駐蹕的營帳。

[3]右屯衛大將軍：官名。右屯衛最高長官，參“右屯衛將軍”條。正三品。按，“右”《通鑑》卷一八一《隋紀》大業八年二月條作“左”，但本書卷四及《北史》卷一二《隋煬帝紀》與本傳同。　麥鐵杖：人名。傳見本書卷六四、《北史》卷七八。

[4]行殿：可移動的宮殿。　六合城：一種行軍所用的活動木城。

[5]女垣：城墻上砌有射擊小孔的小墻。

[6]左屯衛將軍：參“右屯衛將軍”條。

十二年，加右光禄大夫，[1]從幸江都。遇宇文化及作亂，[2]以爲工部尚書。化及敗，陷于竇建德，[3]建德復以爲工部尚書、舒國公。建德敗，歸于大唐，授將作少匠，[4]卒。

[1]右光禄大夫：官名。屬散實官。隋文帝置特進、左右光禄大夫等，以加文武官之有德聲者，並不理事。隋文帝時左、右光禄大夫皆正二品，煬帝大業三年定令，“左”爲正二品，“右”爲從二品。

[2]宇文化及：人名。傳見本書卷八五，《北史》卷七九有附傳。

[3]竇建德：人名。隋末反隋主力之一，唐武德元年於河北稱帝建立夏國。傳見《舊唐書》卷五四、《新唐書》卷八五。

[4]將作少匠：官名。即隋之將作少監。按，《北史》卷九〇《何稠傳》作“少府監”。

開皇時，有劉龍者，[1]河間人也。[2]性强明，有巧思。齊後主知之，[3]令修三爵臺，甚稱旨，因而歷職通顯。及高祖踐阼，大見親委，拜右衛將軍，[4]兼將作大匠。遷都之始，與高熲參掌制度，[5]代號爲能。

［1］劉龍：人名。事亦見《北史》卷九〇《何稠傳》。

［2］河間：郡名。治所在今河北河間市。

［3］齊後主：北齊後主高緯。紀見《北齊書》卷八、《北史》卷八。

［4］右衛將軍：官名。隋中央十二衛有左右衛，掌宫掖禁衛，督仗儀衛，設大將軍一人，將軍二人。從三品。

［5］參掌：官制用語。指除本官職責之外，奉皇帝特敕掌管他職事務。

大業時，有黄亘者，[1]不知何許人也，及其弟衮，[2]俱巧思絶人。煬帝每令其兄弟直少府將作。于時改創多務，亘、衮每參典其事。凡有所爲，何稠先令亘、衮立樣，當時工人皆稱其善，莫能有所損益。亘官至朝散大夫，[3]衮官至散騎侍郎。[4]

［1］黄亘：人名。事亦見《北史》卷九〇《何稠傳》。

［2］衮：人名。即黄衮。事亦見《北史·何稠傳》。

［3］朝散大夫：官名。屬散實官。隋文帝置，正四品，煬帝改爲從五品。

［4］散騎侍郎：官名。文散官，屬門下省，掌值朝陪從。正五品上。

史臣曰：宇文愷學藝兼該，思理通贍，[1]規矩之妙，參蹤班、爾，[2]當時制度，咸取則焉。其起仁壽宮，營建洛邑，要求時幸，窮侈極麗，使文皇失德，煬帝亡身，危亂之源，抑亦此之由。至於考覽書傳，定《明堂圖》，雖意過其通，有足觀者。毗、稠巧思過人，頗習舊事，稽前王之采章，[3]成二代之文物。雖失之於華盛，亦有可傳於後焉。

[1]通贍：謂學識通達而豐富。

[2]參蹤：謂不相上下。　班、爾：指中國古代兩位能工巧匠魯班（公輸般）與王爾。

[3]采章：彩色花紋，多指有彩紋的旌旗、車輿、服飾等。

隋書　卷六九

列傳第三十四

王劭

王劭,[1]字君懋，太原晉陽人也。[2]父松年,[3]齊通直散騎侍郎。[4]劭少沈默，好讀書。弱冠，齊尚書僕射魏收辟參開府軍事,[5]累遷太子舍人,[6]待詔文林館。[7]時祖孝徵、魏收、陽休之等嘗論古事,[8]有所遺忘，討閱不能得，因呼劭問之。劭具論所出，取書驗之，一無舛誤。自是大爲時人所許，稱其博物。後遷中書舍人。[9]齊滅，入周,[10]不得調。

［1］王劭：人名。《北史》卷三五有附傳。

［2］太原：郡名。治所在今山西太原市。　晉陽：縣名。治所在今山西太原市。

［3］松年：人名。即王松年。北齊時人，官至散騎常侍兼御史中丞。傳見《北齊書》卷三五，《北史》卷三五有附傳。

［4］齊：即北齊（550—577），或稱高齊，都鄴（今河北臨漳縣西南鄴鎮東）。　通直散騎侍郎：官名。北齊集書省設六人，掌

諷議左右，從容獻納，不典事。從五品上。

［5］尚書僕射：官名。北齊尚書省置左右僕射各一人，地位僅次於尚書令，左僕射領殿中、主客諸曹。二品。按，檢《北齊書》卷三七、《北史》卷五六《魏收傳》載：魏收北齊任尚書右僕射，死後贈尚書左僕射。　魏收：人名。北齊河清二年（563）始兼任尚書右僕射。傳見《北齊書》卷三七、《北史》卷五六。　參開府軍事：官名。即開府參軍事。北齊官制加開府者置長史以下官，諸開府列曹參軍。從六品。

［6］太子舍人：官名。東宮典書坊之屬官，置二十八員，掌令書表啓之事。從六品下。

［7］文林館：官署名。又稱修文令曹，北齊武平四年（573）設，置學士，掌撰述及校理典籍，並訓生徒。文學之士入館者，謂待詔文林館。

［8］祖孝徵：人名。即祖珽，字孝徵，北齊著名學者，官至尚書左僕射。傳見《北齊書》卷三九，《北史》卷四七有附傳。　陽休之：人名。北齊著名學者，官至和州刺史。傳見《北齊書》卷四二，《北史》卷四七有附傳。

［9］中書舍人：官名。北齊中書省之舍人省屬官。置十人，掌署敕行下，宣旨勞問。正六品上。

［10］周：即北周（557—581），都長安（今陝西西安市西北）。

高祖受禪，[1]授著作佐郎。[2]以母憂去職，[3]在家著《齊書》。時制禁私撰史，爲内史侍郎李元操所奏。[4]上怒，遣使收其書，覽而悦之。於是起爲員外散騎侍郎，[5]修起居注。[6]劭以古有鑽燧改火之義，近代廢絶，於是上表請變火，曰：“臣謹案《周官》：‘四時變火，以救時疾。’[7]明火不數變，時疾必興。聖人作法，豈徒然也！在晋時，有以洛陽火度江者，代代事之，相續不滅，火色變青。昔師曠食飯，[8]云是勞薪所爨。晉平公使視之，[9]果然車輞。[10]今温酒及炙肉，用石炭、柴火、竹火、草火、麻荄火，氣味各不同。以此推之，新火舊火，理應有異。伏願遠遵先聖，於五時取五木以變火，[11]用功甚少，救益方大。縱使百姓習久，未能頓同，尚食内厨及東宫諸主食厨，[12]不可不依古法。”上從之。劭又言上有龍顔戴干之表，[13]指示群臣。上大悦，賜物數百段。拜著作郎。[14]劭上表言符命曰：

[1]高祖：隋文帝楊堅廟號。紀見本書卷一、二，《北史》卷一一。

[2]著作佐郎：官名。隋秘書省著作曹副長官，設八人，協助郎掌碑志、祝文、祭文修撰之事。正七品下。

[3]母憂：遭逢母親喪事。古代喪服禮制規定，父母死後，子女須守喪，三年内不得做官、婚娶、赴宴、應考、舉樂，等等。

[4]内史侍郎：官名。隋内史省副長官，佐宰相之職的本省長官内史監、令處理政務。初設四員，正四品下；大業三年（607）減爲二員。正四品。　李元操：人名。即李孝貞，字元操。傳見本書卷五七，《北史》卷三三有附傳。

[5]員外散騎侍郎：官名。屬散官，隋門下省置六人，掌部從朝直，並出使勞問。正五品。

[6]起居注：皇帝的言行録。魏晉以後設官專修，凡與皇帝有關的朝廷大事皆按日記載，以供國史修撰所據。

[7]四時變火，以救時疾：語出《周禮·夏官·司爟》：“司爟掌行火之政令，四時變國火，以救時疾。”按，中華本此標點未加引號。

[8]師曠：春秋時晉國樂師。事見《史記》卷三九《晉世家》。

［9］晋平公：春秋時晋國平公彪。事見《史記·晋世家》。

［10］車輞：車輪外框。

［11］五時：立春、立夏、先秋十八日、立秋、立冬五個時令。　五木：五種取火木材。

［12］尚食：官署名。隋初門下省設尚食局，煬帝以之隸殿内省，長官爲奉御。掌帝王膳食等事務。　主：殿本、庫本、中華本同，宋刻遞修本、汲古閣本及《北史》卷三五《王劭傳》作“王”。

［13］戴干：一種奇異的相貌，指頭部有肉突起如干戈對立，如龍之貌。

［14］著作郎：官名。隋秘書省著作曹長官，置二員。掌碑志、祝文、祭文修撰之事。隋初爲從五品，大業三年升爲正五品，後又降爲從五品。

昔周保定二年，[1]歲在壬午，五月五日，青州黄河變清，[2]十里鏡徹，齊氏以爲己瑞，改元曰河清。[3]是月，至尊以大興公始作隋州刺史，[4]歷年二十，隋果大興。臣謹案《易坤靈圖》曰：[5]“聖人受命，瑞先見於河。河者最濁，未能清也。”竊以靈貺休祥，理無虚發，河清啓聖，實屬大隋。午爲鶉火，[6]以明火德，[7]仲夏火王，亦明火德。月五日五，合天數地數，既得受命之辰，允當先見之兆。

［1］保定：北周武帝宇文邕年號（561—565）。

［2］青州：北周時治所在今山東青州市。

［3］河清：北齊武成帝高湛年號（562—565）。

［4］大興公：爵名。北周十一等爵的第四等。正九命。　隋州：

西魏廢帝三年（554）改并州置，北周沿之。治所在今湖北隨州市。按，《北史》卷三五《王劭傳》作“隨州”。魏本隨州，因北周、北齊動蕩不安，隋文帝去“辵”作“隋”，以“辵”訓“走”故。

[5]《易坤靈圖》：亦稱《坤靈圖》或《易緯坤靈圖》，西漢末緯書《易緯》中一篇，有鄭玄注。《易緯》爲漢儒解釋《易經》系列叢書，含《乾鑿度》《乾坤鑿度》《稽覽圖》《辨終備》《通卦驗》《乾元序制記》《是類謀》《坤靈圖》八篇。

[6]午：古人以十二地支指示方位，午爲正南。　鶉火：星次名。南方有井、鬼、柳、星、張、翼、軫七宿，首位者稱鶉首，中部者（柳、星、張）稱鶉火，末尾者稱鶉尾。

[7]火德：五德之一，以五行中火來附會王朝曆運。按五行之理，南方主火。

開皇初，[1]邵州人楊令悊近河，[2]得青石圖一，紫石圖一，皆隱起成文，有至尊名，下云：“八方天心。”永州又得石圖，[3]剖爲兩段，有楊樹之形，黄根紫葉。汝水得神龜，[4]腹下有文曰：“天卜楊興。”安邑掘地，[5]得古鐵版，文曰：“皇始天年，賚楊鐵券，王興。”同州得石龜，[6]文曰：“天子延千年，大吉。”臣以前之三石，不異龍圖。[7]何以用石？石體久固，義與上名符合。龜腹七字，何以著龜？龜亦久固，兼是神靈之物。孔子歎河不出圖，洛不出書，[8]今於大隋聖世，圖書屢出。

[1]開皇：隋文帝楊堅年號（581—600）。

[2]邵州：治所在今山西垣曲縣東南。　楊令悊：人名。名亦見《北史》卷三五《王劭傳》，事迹不詳。

[3]永州：治所在今湖南永州市。

[4]汝水：古水名。源出河南魯山縣大盂山，流經寶豐、襄城、郾城、上蔡、汝南，注入淮河。

[5]安邑：縣名。隋以南安邑縣改名，治所在今山西運城市東北安邑。

[6]同州：治所在今陝西大荔縣。

[7]龍圖：指河圖，儒家關於《周易》卦形來源的傳説。

[8]河不出圖，洛不出書：指“河圖洛書”傳説。《易·繫辭上》云：“河出圖，洛出書，聖人則之。”

建德六年，[1]亳州大周村有龍鬬，[2]白者勝，黑者死。大象元年夏，[3]熒陽汴水北有龍鬬，[4]初見白氣屬天，自東方歷陽武而來。[5]及至，白龍也，長十許丈。有黑龍乘雲而至，兩相薄，乍合乍離，自午至申，白龍升天，黑龍墜地。謹案：龍，君象也。前鬬於亳州周村者，蓋象至尊以龍鬬之歲爲亳州總管，[6]遂代周有天下。後鬬於熒陽者，“熒”字三火，明火德之盛也。白龍從東方來，歷陽武者，蓋象至尊將登帝位，從東第入自崇陽門也。[7]西北升天者，當乾位天門。[8]《坤靈圖》曰：“聖人殺龍。”龍不可得而殺，皆盛氣也。又曰：“泰姓商名宮，[9]黄色，長八尺，六十世，河龍以正月辰見，白龍與五黑龍鬬，白龍陵，故泰人有命。”謹案：此言皆爲大隋而發也。聖人殺龍者，前後龍死是也。姓商者，皇家於五姓爲商也。[10]名宮者，武元皇帝諱於五聲爲宮。[11]黄色者，隋色尚黄。長八尺者，武元皇帝身長八尺。河龍以正月辰見者，泰正月卦，龍見之所，於京師爲辰地。白龍與黑龍鬬者，亳州熒陽龍鬬是也。勝龍所以白者，楊姓納音爲商，至尊又辛酉歲生，位皆在西方，西方色白也。死龍所以黑者，周色黑。所以稱五者，周閔、明、武、宣、靖凡五帝。[12]趙、陳、代、越、當五王，[13]一時伏法，亦當五數。白龍陵者，陵猶勝也。鄭玄説："陵當爲除。"凡鬬能去敵曰除。臣以泰人有命者，泰之爲言通也，大也，明其人道通德大，有天命也。《乾鑿度》曰：[14]"泰表戴干。"鄭玄注云：[15]"表者，人形體之彰識也。干，盾也。泰人之表戴干。"臣伏見至尊有戴干之表，益知泰人之表不爽毫氂。《坤靈圖》所云，字字皆驗。《緯書》又稱"漢四百年"，[16]終如其言，則知六十世亦必然矣。昔宗周卜世三十，[17]今則倍之。

[1]建德：北周武帝宇文邕年號（572—578）。

[2]亳州：治所在今安徽亳州市。

[3]大象：北周静帝宇文闡年號（579—580）。

[4]滎陽：縣名。即滎陽，治所在今河南滎陽市東北。 汴：古水名。即今河南滎陽市西南索河。

[5]陽武：縣名。治所在今河南原陽縣東南。

[6]總管：官名。東魏孝静武定六年（548）始置。西魏也置。北周明帝武成元年（559）正式改都督諸州軍事爲總管，總管之設乃成定制。北周之制，總管加使持節諸軍事。總管或單任，然多兼帶刺史。故總管職權雖以軍事爲主，實際是一地區若干州、防（鎮）的最高軍政長官。

[7]崇陽門：北周宫城之東門。

[8]乾位：指乾卦所象徵的方位，西北方。

[9]泰：卦名。《周易》六十四卦之一。《易・泰卦》云：

“《象》曰：天地交，泰。”

［10］五姓：古時術士按宮、商、角、徵、羽將姓氏加以分類，稱爲“五姓”。

［11］武元皇帝：楊堅追尊其父楊忠的帝號。傳見《周書》卷一九。　五聲：指宮、商、角、徵、羽五音。

［12］周閔：北周閔帝宇文覺。紀見《周書》卷三、《北史》卷九。　明：北周明帝宇文毓。紀見《周書》卷四、《北史》卷九。　武：北周武帝宇文邕。紀見《周書》卷五、六，《北史》卷一〇。　宣：北周宣帝宇文贇。紀見《周書》卷七、《北史》卷一〇。　靖：北周静帝宇文闡。紀見《周書》卷八、《北史》卷一〇。

［13］趙：指北周趙僭王宇文招。傳見《周書》卷一三、《北史》卷五八。　陳：指北周陳惑王宇文純。傳見《周書》卷一三、《北史》卷五八。　代：指北周代奰王宇文達。傳見《周書》卷一三、《北史》卷五八。　越：指北周越野王宇文盛。傳見《周書》卷一三、《北史》卷五八。　當：中華本作“滕”，校勘記云：“‘滕’原作‘當’，據《北史·王慧龍傳附王劭傳》改。按：周宣帝大象二年秋冬，趙王招、陳王純、代王達、越王盛、滕王逌五人先後被殺。‘當’字當是‘滕’字之訛，今改正。”所考是，此當改爲“滕”。滕，北周滕聞王宇文逌。傳見《周書》卷一三、《北史》卷五八。

［14］《乾鑿度》：亦稱《周易乾鑿度》或《易緯乾鑿度》，西漢末緯書《易緯》中一篇，有鄭玄注。

［15］鄭玄：人名。東漢經學家，嘗遍注群經。傳見《後漢書》卷三五。

［16］《緯書》：漢代依托儒家經義宣揚符籙瑞應占驗之書，相對於經書，故爲緯書。《易》《書》《詩》《禮》《樂》《春秋》及《孝經》均有緯書，合稱“七緯”。

［17］宗周：指周王朝，因其乃所封諸侯國之宗主國，故稱。

按，宋刻遞修本、汲古閣本、中華本及《北史》卷三五《王劭傳》同，殿本、庫本作“周宗”。

《稽覽圖》云：[1]“太平時，陰陽和合，風雨咸同，海内不偏，地有阻險，故風有遲疾。雖太平之政，猶有不能均同，唯平均乃不鳴條，故欲風於亳。亳者，陳留也。”謹案：此言蓋明至尊者爲陳留公世子，[2]亳州總管，遂受天命，海内均同，不偏不黨，以成太平之風化也。在大統十六年，[3]武元皇帝改封陳留公。是時齊國有《祕記》云：[4]“天王陳留入并州。”[5]齊王高洋爲是誅陳留王彭樂。[6]其後武元皇帝果將兵入并州。周武帝時，望氣者云亳州有天子氣，於是殺亳州刺史紇豆陵恭，[7]至尊代爲之。又陳留老子祠有枯柏，世傳云老子將度世，云待枯柏生東南枝迴指，當有聖人出，吾道復行。至齊，枯柏從下生枝，東南上指。夜有三童子相與歌曰：“老子廟前古枯樹，東南狀如傘，聖主從此去。”及至尊牧亳州，親至祠樹之下。自是柏枝迴抱，其枯枝，漸指西北，道教果行。校考衆事，太平主出於亳州陳留之地，皆如所言。《稽覽圖》又云：“治道得，則陰物變爲陽物。”鄭玄注云：“葱變爲韭亦是。”謹案：自六年以來，遠近山石，多變爲玉，石爲陰，玉爲陽。又左衛園中葱皆變爲韭。

［1］《稽覽圖》：亦稱《易稽覽圖》或《易緯稽覽圖》，西漢末緯書《易緯》中一篇，有鄭玄注。

［2］陳留公：爵名。全稱爲陳留郡公，西魏十一等爵的第三等。

正九命。按，此指隋文帝楊堅父楊忠。　世子：天子或諸侯王嫡長子。

［3］大統：西魏文帝元寶炬年號（535—551）。

［4］《祕記》：又稱《讖記》，占驗術數、預言未來的書籍。類似於口頭流傳的謠言讖語，如形諸文字則稱爲《祕記》。

［5］并州：北齊時治所在今山西太原市西南。

［6］高洋：人名。即北齊文宣帝。紀見《北齊書》卷四、《北史》卷七。　陳留王：爵名。北齊十五等爵的第一等。正一品。彭樂：人名。東魏、北齊大將，高洋即位，封陳留王，不久因謀反被殺。傳見《北史》卷五三。

［7］紇豆陵恭：人名。即竇恭，北魏官至大將軍、亳州刺史。事見《北史》卷六一《竇熾傳》。

上覽之大悦，賜物五百段。未幾，劭復上書曰：

《易乾鑿度》曰：[1]“隨上六，拘係之，乃從維之，王用享于西山。[2]隨者二月卦，陽德施行，藩決難解，萬物隨陽而出。故上六欲九五拘係之，[3]維持之，明被陽化而陰隨從之也。”《易稽覽圖》：“坤六月，有子女，任政，一年，傳爲復。五月貧之從東北來立，大起土邑，西北地動星墜，陽衛。屯十一月神人從中山出，趙地動。北方三十日，千里馬數至。”謹案：凡此《易》緯所言，皆是大隋符命。隨者二月之卦，明大隋以二月即皇帝位也。陽德施行者，明楊氏之德教施行於天下也。藩決難解者，明當時藩鄣皆是通決，險難皆解散也。萬物隨陽而出者，明天地間萬物盡隨楊氏而出見也。上六欲九五拘係之者，五爲王，六爲宗廟，明宗廟神靈欲令登九五之位，帝王拘民以禮，係民以義也。

“拘民以禮”，“係民以義”，此二句亦是《乾鑿度》之言。維持之者，明能以綱維持正天下也。被陽化而欲陰隨之者，明陰類被服楊氏之風化，莫不隨從。陰謂臣下也。王用享于西山者，蓋明至尊常以歲二月幸西山仁壽宮也。[4]凡四稱隨，三稱陽，欲美隋楊，丁寧之至也。坤六月者，坤位在未，六月建未，言至尊以六月生也。有子女任政者，言樂平公主是皇帝子女，[5]而爲周后，任理内政也。一年傳爲復者，復是坤之一世卦，陽氣初起，言周宣帝崩後一年，傳位與楊氏也。五月貧之從東北來立者，“貧之”當爲“真人”，字之誤也。言周宣帝以五月崩，真人革命，當在此時。至尊謙讓而逆天意，故逾年乃立。昔爲定州總管，[6]在京師東北，本而言之，故曰真人從東北來立。大起土邑者，大起即大興，言營大興城邑也。[7]西北地動星墜者，蓋天意去周授隋，故變動也。陽衛者，言楊氏得天衛助。屯十一月神人從中山出者，此卦動而大亨作，故至尊以十一月被授亳州總管，將從中山而出也。[8]趙地動者，中山爲趙地，以神人將去，故變動也。北方三十日者，蓋至尊從北方將往亳州之時，停留三十日也。千里馬者，蓋至尊舊所乘騧騮馬也。屯卦震下坎上，[9]震於馬作足，坎於馬爲美脊，是故騧騮馬脊有肉鞍，行則先作弄四足也。數至者，言曆數至也。

[1]《易乾鑿度》：亦稱《乾鑿度》或《易緯乾鑿度》，西漢末緯書《易緯》中一篇，有鄭玄注。

[2]“隨上六”至“享于西山”：語出《易·隨卦》“上六”。

上六，《易》卦在第六位的陰爻叫“上六”。

［3］九五：《易》卦爻位名。九，謂陽爻；五，第五爻，指卦象自下而上第五位。

［4］西山：在今陝西麟游縣境内，因在長安西，故名。　仁壽宫：宫殿名。在今陝西麟游縣西天台山上；冠山構殿，絶壑爲池。因其凉爽宜人，故爲消夏離宫。

［5］樂平公主：隋文帝楊堅長女楊麗華，爲北周宣宗皇后，開皇六年封爲樂平公主。傳見《周書》卷九、《北史》卷一四。

［6］定州：北周時治所在今河北定州市。

［7］大興城：城名。在今陝西西安市及南郊。隋文帝即位後所營置的新城。

［8］中山：郡名。治所在今河北定州市。按，此用南北朝舊郡名，隋開皇初廢。

［9］震下坎上：語出《易·屯卦》。

《河圖帝通紀》曰：[1]“形瑞出，變矩衡。赤應隨，協靈皇。”《河圖皇參持》曰：[2]“皇辟出，承元訖。道無爲，治率。被遂矩，戲作術。開皇色，握神日。投輔提，象不絶。立皇後，翼不格。道終始，德優劣。帝任政，河曲出。[3]叶輔嬉，[4]爛可述。”謹案：凡此《河圖》所言，亦是大隋符命。形瑞出、變矩衡者，矩，法也，衡，北斗星名，所謂璿璣玉衡者也。大隋受命，形兆之瑞始出，天象則爲之變動。北斗主天之法度，故曰矩衡。《易》緯“伏戲，矩衡神”，[5]鄭玄注亦以爲法玉衡之神。與此《河圖》矩衡義同。赤應隋者，言赤帝降精，感應而生隋也。故隋以火德爲赤帝天子。叶靈皇者，叶，合也，言大隋德合上靈天皇大帝也。又年號開皇，與《靈寶經》之開皇年相合，[6]故曰叶靈皇。皇辟出者，皇，大也，辟，君也，大君出，蓋謂至尊受命出爲天子也。承元訖者，言承周天元終訖之運也。道無爲、治率者，治下脱一字，言大道無爲，治定天下率從。被遂矩、戲作術者，矩，法也。昔遂皇握機矩，伏戲作八卦之術，[7]言大隋被服三皇之法術也。[8]遂皇機矩，語見《易》緯。開皇色者，言開皇年易服色也。握神日者，握持群神，明照如日也。又開皇以來日漸長，亦其義。投輔提者，言投授政事於輔佐，使之提挈也。象不絶者，法象不廢絶也。立皇後、翼不格者，格，至也，言本立太子以爲皇家後嗣，而其輔翼之人不能至於善也。道終始、德優劣者，言前東宫道終而德劣，今皇太子道始而德優也。帝任政、河曲出者，言皇帝親任政事，而邵州河濱得石圖也。叶輔嬉、爛可述者，叶，合也，嬉，興也，言群臣合心輔佐，以興政治，爛然可紀述也。所以於《皇参持》《帝通紀》二篇陳大隋符命者，明皇道帝德，盡在隋也。

[1]《河圖帝通紀》：漢代讖緯之書《河圖》（又稱《河圖緯》）篇目之一。

[2]《河圖皇参持》：漢代讖緯之書《河圖》篇目之一。

[3]曲：《北史》卷三五《王劭傳》作“典”。下文“河曲出者”亦作“典”。

[4]叶：宋刻遞修本、汲古閣本、殿本、庫本同，中華本作“協”。傅雲龍《隋書考證》云：“監本‘叶’作‘協’，按下文‘叶靈皇者，叶，合也’。又曰：‘與《靈寶經》之開皇年相合，故

曰叶靈皇。'今改叶。"

[5]伏戲：即伏羲，傳説中三皇之一。

[6]《靈寶經》：道教經書之一。《靈寶經》有古今之别。古之《靈寶經》即《靈寶五符經》，又叫《五符經》；今之《靈寶經》即《靈寶無量度人上品妙經》，也叫《度人經》。

[7]八卦：《周易》中乾、坤、震、巽、坎、離、艮、兑八卦，相傳爲伏羲氏所作。

[8]三皇：遠古傳説中的三位帝王。所指説法不一。

上大悦，以劭爲至誠，寵錫日隆。時有人於黄鳳泉浴，[1]得二白石，頗有文理，遂附致其文以爲字，復言有諸物象而上奏曰："其大玉有日月星辰，八卦五岳，[2]及二麟雙鳳，青龍朱雀，騶虞玄武，各當其方位。又有五行、十日、十二辰之名，[3]凡二十七字，又有'天門地户人門鬼門閉'九字。又有却非及二鳥，[4]其鳥皆人面，則《抱朴子》所謂'千秋萬歲'也。[5]其小玉亦有五嶽、却非、虯、犀之象。[6]二玉俱有仙人玉女乘雲控鶴之象。别有異狀諸神，不可盡識，蓋是風伯、雨師、山精、海若之類。又有天皇大帝、皇帝及四帝坐，鉤陳、北斗、三公、天將軍、土司空、老人、天倉、南河、北河、五星、二十八宿，凡四十五宫。[7]諸字本無行伍，然往往偶對。於大玉則有皇帝姓名，並臨南面，與日字正鼎足。復有老人星，蓋明南面象日而長壽也。皇后二字在西，上有月形，蓋明象月也。於次玉則皇帝名與九千字次比，兩'楊'字與'萬年'字次比，'隋'與'吉'字正並，蓋明長久吉慶也。"劭復迴互其字，作詩二百八十篇奏之。上以爲誠，賜帛千匹。劭於是採民間歌謡，引圖書讖緯，依約符命，捃摭佛經，撰爲《皇隋靈感誌》，[8]合三十卷，奏之。上令宣示天下。劭集諸州朝集使，[9]洗手焚香，閉目而讀之，曲折其聲，有如哥詠。經涉旬朔，遍而後罷。上益喜，賞賜優洽。

[1]黄鳳泉：地名。不詳。

[2]五岳：中國五大名山的總稱。古書中記述略有不同。

[3]五行：指水、火、木、金、土。　十日：指甲、乙、丙、丁、戊、己、庚、辛、壬、癸十干。　十二辰：子、丑、寅、卯、辰、巳、午、未、申、酉、戌、亥十二支。

[4]却非：鳳鳥。

[5]千秋萬歲：典出東晋葛洪《抱朴子·對俗》："千歲之鳥，萬歲之禽，皆人面而鳥身，壽亦如其名。"

[6]蚪：殿本、汲古閣本同，宋刻遞修本、庫本、中華本作"虯"。按，"虯"指古代一種龍，與文意同，"蚪"與"虯"字形相近，底本當誤。

[7]宫：古代天空所劃分的區域，參《史記·天官書》。殿本、庫本及汲古閣本同，宋刻遞修本、中華本及《北史》卷三五《王劭傳》作"官"。

[8]《皇隋靈感誌》：底本原作《開皇隋靈感誌》，據宋刻遞修本、汲古閣本、殿本、中華本及《北史·王劭傳》删。

[9]朝集使：隋天下州郡每年派遣進京報告州郡政務治理狀況之使臣，稱爲朝集使。

仁壽中，[1]文獻皇后崩，[2]劭復上言曰："佛説人應生天上，及上品上生無量壽國之時，天佛放大光明，以香花妓樂來迎之。如來以明星出時入涅槃。[3]伏惟大行皇后聖德仁慈，[4]福善禎符，備諸秘記，皆云是妙善菩薩。臣謹案：八月二十二日，仁壽宮内再雨金銀之花。二十三日，大寶殿後夜有神光。[5]二十四日卯時，永安宮北有自然種種音樂，[6]震滿虛空。至夜五更中，奄然如寐，便即升遐，與經文所説，事皆符驗。臣又以愚意思之，皇后遷化，不在仁壽、大興宮者，蓋避至尊常居正處也。在永安宮者，象京師之永安門，平生所出入也。后升遐後二日，苑内夜有鍾聲三百餘處，此則生天之應顯然也。”上覽而且悲且喜。

[1]仁壽：隋文帝楊堅年號（601—604）。

[2]文獻皇后：隋文帝皇后，名獨孤伽羅。傳見本書卷三六、《北史》卷一四。

[3]如來：梵語意譯，佛的别稱。　明星：指啓明星，即金星。

[4]大行：古指剛死而尚未定謚號的皇帝、皇后。

[5]大寶殿：宮殿名。仁壽宮内寢殿，在今陝西麟游縣西。

[6]永安宮：宮殿名。隋爲皇后居所，此指不詳。

時蜀王秀以罪廢，[1]上顧謂劭曰：“嗟乎！吾有五子，三子不才。”劭進曰：“自古聖帝明王，皆不能移不肖之子。黄帝有二十五子，同姓者二，餘各異德。堯十子，舜九子，皆不肖。夏有五觀，[2]周有三監。”[3]上然其言。其後上夢欲上高山而不能得，崔彭捧脚，[4]李盛扶肘得上，[5]因謂彭曰：“死生當與爾俱。”劭曰：“此夢大吉。上高山者，明高崇大安，永如山也。彭猶彭祖，李猶李老，二人扶侍，實爲長壽之徵。”上聞之，喜見容色。其年，上崩。未幾，崔彭亦卒。

［1］蜀王秀：隋文帝楊堅第四子楊秀，封蜀王。傳見本書卷四五、《北史》卷七一。

［2］五觀：夏帝太康有五昆弟，號爲“五觀”。

［3］三監：指周武王滅商後，以商舊都封給紂子武庚，並以殷都以東爲衛，由武王弟管叔監之；殷都以西爲鄘，由武王弟蔡叔監之；殷都以北爲邶，由武王弟霍叔監之。總稱“三監”。

［4］崔彭：人名。傳見本書卷五四，《北史》卷三二有附傳。

［5］李盛：人名。事亦見《北史》卷三五《王劭傳》、《册府元龜》卷四八〇《臺省部·姦邪》，具體事迹不詳。

煬帝嗣位，[1]漢王諒作亂，[2]帝不忍加誅。劭上書曰：“臣聞黄帝滅炎，[3]蓋云母弟，周公誅管，[4]信亦天倫。叔向戮叔魚，[5]仲尼謂之遺直，石碏殺石厚，[6]丘明以爲大義。[7]此皆經籍明文，帝王常法。今陛下置此逆賊，度越前聖，含弘寬大，未有以謝天下。謹案賊諒毒被生民者也。是知古者同德則同姓，異德則異姓，故黄帝有二十五子，其得姓者十有四人，唯青陽、夷鼓，[8]與黄帝同爲姬姓。諒既自絶，請改其氏。”劭以此求媚，帝依違不從。遷秘書少監，[9]數載，卒官。

［1］煬帝：楊廣的謚號。紀見本書卷三、四，《北史》卷一二。

［2］漢王諒：隋文帝楊堅第五子楊諒。傳見本書卷四五、《北史》卷七一。

[3]炎：指炎帝，傳説中的古帝王，號神農氏。

[4]周公誅管：典出《史記》卷三三《魯周公世家》。周成王年少，周公旦攝行國政，管叔與其弟與武庚叛亂，周公旦伐誅之。

[5]叔向戮叔魚：典出《左傳》昭公十四年。春秋時晋國羊鮒（即羊舌鮒）貪贓枉法爲仇家所殺，其異母胞兄叔向（即羊舌肸）時做大夫，以爲羊鮒之罪當戮屍棄市，以明國法。

[6]石碏殺石厚：典出《左傳》隱公四年。隱公四年秋，石碏殺其子石厚於陳。

[7]丘明：人名。春秋時左丘明，相傳爲《春秋左氏傳》撰者。

[8]青陽、夷鼓：相傳爲黄帝二子，《國語·晋語四》載："黄帝之子二十五人。其同姓者，二人而已，唯青陽與夷鼓，皆爲己姓。"

[9]秘書少監：官名。隋煬帝大業三年於秘書省置少監一人，佐監掌國之圖書典籍。從四品。

劭在著作，將二十年，專典國史，撰《隋書》八十卷。多録口敕，[1]又採迂怪不經之語及委巷之言，以類相從，爲其題目，辭義繁雜，無足稱者，遂使隋代文武名臣列將善惡之迹，堙没無聞。初撰《齊誌》，爲編年體二十卷，[2]復爲《齊書》，紀傳一百卷，及《平賊記》三卷。或文詞鄙野，或不軌不物，駭人視聽，大爲有識所嗤鄙。然其採擿經史謬誤，爲《讀書記》三十卷，時人服其精博。爰自志學，暨乎暮齒，篤好經史，遺落世事。用思既專，性頗怳忽，每至對食，[3]閉目凝思，盤中之肉，輒爲僕從所噉。劭弗之覺，唯責肉少，數罰厨人。厨人以情白劭，劭依前閉目，伺而獲之，厨人方免答辱。其專固如此。

[1]口敕：指帝王的口頭詔令。

[2]二十卷：本書《經籍志二》載有王劭撰《齊誌》十卷。

[3]對食：共同進餐。

袁充

袁充，[1]字德符，本陳郡陽夏人也。[2]其後寓居丹楊。[3]祖昂，[4]父君正，[5]俱爲梁侍中。[6]充少警悟，年十餘歲，其父黨至門，時冬初，充尚衣葛衫。客戲充曰："袁郎子絺兮綌兮，[7]淒其以風。"充應聲答曰："唯絺與綌，服之無斁。"[8]以是大見嗟賞。仕陳，年十七，爲秘書郎。[9]歷太子舍人、晋安王文學、吏部侍郎、散騎常侍。[10]

[1]袁充：人名。傳另見《北史》卷七四。

[2]陳郡：治所在今河南淮陽縣。按，陳郡開皇初廢，此用南北朝舊郡言籍貫。　陽夏：縣名。治所在今河南太康縣。

[3]丹楊：郡名。治所在今江蘇南京市。

[4]昂：人名。即袁昂。南朝梁時位至特進、侍中。傳見《梁書》卷三一，《南史》卷二六有附傳。

[5]君正：人名。即袁君正。卒於侯景之亂時。《梁書》卷三一、《南史》卷二六有附傳。

[6]梁：即南朝梁（502—557），都建康（今江蘇南京市）。侍中：官名。爲門下省長官，置四人，掌侍從贊相，獻納諫正，糾駁制敕，監製御藥，是宰相之職。第十二班。按，《梁書》及《南

史》均未載袁君正任梁侍中事。

[7]絺（chī）兮綌（xì）兮：絺綌，葛衣。

[8]唯絺與綌，服之無斁：典出《詩·周南·葛覃》："爲絺爲綌，服之無斁。"斁（yì），厭棄。

[9]秘書郎：官名。秘書省屬官，多以貴游子弟爲之。南朝陳品秩不詳。

[10]太子舍人：官名。太子東宫屬官，設十六人，掌文記。南朝陳第七品。　晋安王：南朝陳文帝陳蒨第六子陳伯恭。傳見《陳書》卷二八、《南史》卷六五。　文學：官名。王府屬官，掌王府内經籍圖書之事，修撰文章，並奉侍諸王問對。南朝陳皇弟皇子府文學第七品。　吏部侍郎：官名。佐吏部尚書掌選舉事。南朝陳第四品。　散騎常侍：官名。南朝陳集書省長官。掌侍從皇帝左右，獻納得失；省諸奏聞文書，異議者，隨事爲駁；常侍高功者一人爲祭酒，掌糾劾禁令。第三品。

及陳滅，歸國，歷蒙、鄜二州司馬。[1]充性好道術，頗解占候，[2]由是領太史令。[3]時上將廢皇太子，正窮治東宫官屬，充見上雅信符應，因希旨進曰：[4]"比觀玄象，皇太子當廢。"上然之。充復表奏，隋興已後，日景漸長，曰："開皇元年，冬至日影一丈二尺七寸二分，自爾漸短。至十七年，冬至影一丈二尺六寸三分。四年冬至，在洛陽測影，一丈二尺八寸八分。二年，夏至影一尺四寸八分，自爾漸短。至十六年，夏至影一尺四寸五分。《周官》以土圭之法正日至之影，尺有五寸。[5]鄭玄云：'冬至之影一丈三尺。'今十六年夏至之影，短於舊影五分，十七年冬至之影，短於舊影三寸七分。日去極近則影短而日長，去極遠則影長而日短，行内道則去極近，外道則去極遠。《堯典》云：‘日短，星昴，以正仲冬。’[6]據昴星昏中，則知堯時仲冬，日在須女十度。[7]以曆數推之，開皇已來冬至，日在斗十一度，與唐堯之代去極並近。謹案《春秋元命包》云：[8]‘日月出内道，璇璣得常，天帝崇靈，聖王祖功。’[9]京房《別對》曰：[10]‘太平日行上道，升平行次道，霸世行下道。’[11]伏惟大隋啓運，上感乾元，影短日長，振古未之有也。”上大悦，告天下。將作役功，因加程課，丁匠苦之。

[1]蒙：州名。治所在今河南南召縣東南。　鄜：州名。隋初治所在今陝西黄陵縣西南，大業三年移治今陝西富縣。　司馬：官名。隋州僚屬之一，開皇三年改治中爲司馬，名義上紀綱衆務，通判列曹，實無具體職任。上州正五品，中州從五品，下州正六品。

[2]占候：觀測天象變化以附會人事，預測吉凶。

[3]太史令：官名。隋初於秘書省置太史曹，掌天文曆法之事。煬帝改爲太史監，長官爲令。隋初爲從七品下，大業三年進爲從五品。

[4]希旨：亦稱“希指”，迎合在上者意願。

[5]以土圭之法正日至之影，尺有五寸：語出《周禮·司徒》：“以土圭之法測土深，正日景，以求地中。……日至之景尺有五寸，謂之地中。”按，此句宋刻遞修本、汲古閣本、殿本、中華本作“《周官》以土圭之法正日影，日至之影尺有五寸”。

[6]日短，星昴，以正仲冬：語出《尚書·堯典》。

[7]須女：星宿名。二十八宿之一，北方玄武七宿的第三宿。有星四顆，位於織女星之南。

[8]《春秋元命包》：亦作《春秋元命苞》或《元命苞》，爲西

漢末期《春秋》緯書之一，今已亡佚，衹有幾張殘圖。

[9]祖：本書《天文志上》作“初”，《北史》卷七四《袁充傳》作“相”。

[10]京房：人名。西漢學者，開創京氏易學。傳見《漢書》卷七五。　《别對》：京房所撰文章之一，今已亡佚。

[11]世：本書《天文志上》及《通鑑》卷一七九《隋紀》開皇二十年十二月條作“代”，當爲後人避唐諱改。

仁壽初，充言上本命與陰陽律吕合者六十餘條而奏之，因上表曰：“皇帝載誕之初，非止神光瑞氣，嘉祥應感，至於本命行年，生月生日，並與天地日月、陰陽律吕運轉相符，表裏合會。此誕聖之異，寶曆之元。今與物更新，改年仁壽。歲月日子，還共誕聖之時並同，明合天地之心，得仁壽之理。故知洪基長算，永永無窮。”上大悦，賞賜優崇，儕輩莫之比。

仁壽四年甲子歲，煬帝初即位，充及太史丞高智寶奏言：[1]“去歲冬至，日景逾長，今歲皇帝即位，與堯受命年合。昔唐堯受命四十九年，到上元第一紀甲子，[2]天正十一月庚戌冬至，[3]陛下即位，其年即當上元第一紀甲子，天正十一月庚戌冬至，正與唐堯同。自放勳以來，[4]凡經八上元，其間緜代，未有仁壽甲子之合。謹案：第一紀甲子，太一在一宫，[5]天目居武德，[6]陰陽曆數並得符同。唐堯丙辰生，丙子年受命，止命三五，[7]未若己丑甲子，支干並當六合。[8]允一元三統之期，[9]合五紀九章之會，[10]共帝堯同其數，與皇唐比其蹤。信所謂皇哉唐哉，唐哉皇哉者矣。”仍諷齊王暕率百官拜表奉賀。[11]其後熒惑守太微者數旬，[12]于時繕治宫室，征役繁重，充上表稱“陛下修德，熒惑退舍”。百僚畢賀。帝大喜，前後賞賜將萬計。時軍國多務，充候帝意欲有所爲，便奏稱天文見象，須有改作，以是取媚於上。

[1]太史丞：官名。隋太史局（煬帝改爲太史監）次官，初置二人，煬帝大業三年減爲一人。正九品。　高智寶：人名。隋任太史丞。事亦見本書卷七八《耿詢傳》、《北史》卷八九《耿詢傳》、《册府元龜》卷九〇八《總録部·工巧》等。

[2]上元第一紀甲子：古以六十年爲一甲子，陰陽五行家以三個甲子共一百八十年爲一周，稱其中的第一個甲子爲“上元”。

[3]天正：西周曆以農曆十一月即冬至所在之月爲歲首，古人以爲得天之正，故稱。

[4]放勳：帝堯。《尚書·堯典》：“曰若稽古，帝堯曰放勳。”

[5]太一：星名。帝星，又名北極二。因離北極星較近，隋唐以前文獻多指北極星。　宫：古代劃分天空之區域，曆法上將周天三百六十度劃分爲十二宫，即三十度爲一宫。

[6]天目：據《晋書·天文志》：“輿鬼五星，天目也。”即二十八宿南方七宿之鬼宿。

[7]命：汲古閣本、殿本、庫本同，宋刻遞修本、中華本及《北史》卷七四《袁充傳》作“合”。

[8]六合：陰陽家以月建與日辰的地支相合爲吉日，即子與丑合，寅與亥合，卯與戌合，辰與酉合，巳與申合，午與未合，總稱六合。

[9]一元：事物起始。　三統：指夏、商、周三代的正朔。一曰天統，謂周十一月建子爲正，天始施之端也。二曰地統，謂殷以十二月建丑爲正，地始化之端也。三曰人統，謂夏以十三月建寅爲

正，人始成立之端也。

[10]五紀九章：典出《尚書·洪範》。五紀，指歲、月、日、星辰、曆數。九章，即九疇，九者各有一章，乃天之常道。

[11]齊王暕：隋煬帝楊廣第二子楊暕，封齊王。傳見本書卷五九、《北史》卷七一。

[12]熒惑守太微：古人認爲“熒惑爲賊，爲亂入宫，宫中不安”（參本書《天文志》）。熒惑，火星别名，因隱現不定，令人迷惑，故名。太微，星官名。即太微垣。在北斗之南，軫宿和翼宿之北。

大業六年，[1]遷内史舍人。[2]從征遼東，[3]拜朝請大夫、秘書少監。[4]其後天下亂，帝初罹雁門之厄，[5]又盜賊益起，帝心不自安。充復假托天文，上表陳嘉瑞，以媚於上曰：

[1]大業：隋煬帝楊廣年號（605—618）。

[2]内史舍人：官名。爲内史省的屬官，掌參議表章，草擬詔敕。隋初置八人，正六品上，開皇三年升爲從五品。煬帝大業三年減置四人，大業末改内史省爲内書省，内史舍人遂改稱爲内書舍人。

[3]遼東：地區名。泛指遼水以東地區。因高麗國位於遼東，故此指隋征伐高麗之事。

[4]朝請大夫：官名。屬散官，隋煬帝大業三年置。正五品。

[5]雁門：郡名。隋大業三年改代州置。治所在今山西代縣。

臣聞皇天輔德，皇天福謙，七政斯齊，[1]三辰告應。[2]伏惟陛下握録圖而馭黔首，提萬善而化八紘，以百姓爲心，匪以一人受慶，先天罔違所欲，後天必奉其時。是以初膺寶曆，正當上元之紀，乾之初九，又與天命符會。斯則聖人冥契，故能動合天經。謹按去年已來，玄象星瑞，毫釐無爽，謹録尤異，上天降祥、破突厥等狀七事：[3]

[1]七政：一指日、月及金、木、水、火、土五星；一指春、秋、冬、夏、天文、地理、人文。

[2]三辰：指日、月、星。

[3]突厥：古族名、國名。廣義包括突厥、鐵勒諸部落，狹義專指突厥。公元六世紀時游牧於金山（今阿爾泰山）以南，因金山形似兜鍪，俗稱“突厥”，遂以名部落。西魏廢帝元年，土門自號伊利可汗，建立突厥汗國，樹庭於鬱督軍山（今杭愛山東段，鄂爾渾河左岸）。隋開皇二年西面可汗達頭與大可汗沙鉢略不睦，分裂爲西突厥、東突厥兩個汗國。傳見本書卷八四、《周書》卷五〇、《北史》卷九九、《舊唐書》卷一九四、《新唐書》卷二一五。

其一，去八月二十八日夜，大流星如斗，[1]出王良北，[2]正落突厥營，聲如崩墻。其二，八月二十九日夜，復有大流星如斗，出羽林，[3]向北流，正當北方。依占，頻二夜流星墜賊所，賊必敗散。其三，九月四日夜，頻有兩星大如斗，出北斗魁，[4]向東北流。依占，北斗主殺伐，賊必敗。其四，歲星主福德，[5]頻行京、都二處分野。依占，國家之福。其五，七月内，熒惑守羽林，[6]九月七日已退舍。依占，不出三日，賊必敗散。其六，去年十一月二十日夜，有流星赤如火，從東北向西南，落賊帥盧明月營，[7]破其檣車。[8]其七，十二月十五日夜，通漢鎮北有赤氣亘北方，[9]突厥將亡之應也。

依勘《城録》，河南洛陽並當甲子，與乾元初九爻及上元甲子符合。此是福地，永無所慮。旋觀往政，側聞前古，彼則異時間出，今則一朝總萃。豈非天贊有道，助殲凶孽，方清九夷於東獩，[10]沉五狄於北溟，[11]告成岱岳，[12]無爲汾水。[13]

[1]流星：古代認爲流星出現是變亂的徵兆。

[2]王良：星名。《史記·天官書》："漢中四星，曰天駟，旁一星，曰王良。"

[3]羽林：星名。《史記·天官書》："北宫玄武，虚、危……其南有衆星，曰羽林天軍。"

[4]斗魁：指北斗七星之第一至第四星，即樞、璿、璣、權。《史記·天官書》："在斗魁中，貴人之牢。"

[5]歲星：木星。古人以木星約十二年運行一周天，其軌道與黄道相近，因將周天分爲十二分，稱十二次。木星每年行經一次，即以其所在星次來紀年，故稱歲星。

[6]熒惑守羽林：古人以爲預示"衛兵反"（參本書《天文志》）。

[7]盧明月：人名。隋末農民起義軍領導者，大業十三年隊伍一度發展至四十萬人，自稱"無上王"，後爲南陽通守王世充斬殺。事見《舊唐書》卷六八《秦叔寶傳》，《新唐書》卷八五《王世充傳》，《通鑑》卷一八二、一八三等。另參見漆俠《隋末農民起義》，上海人民出版社 1954 年版；王永興《隋末農民戰爭史料彙編》，中華書局 1980 年版。

[8]橦車：古代戰争中的衝鋒車。按，中華書局新修訂本校勘記云："'橦'，至順本作'撞'。本書卷四《煬帝紀下》：'有大流星如斛，墜明月營，破其衝車。'卷二一《天文志下》：'大流星如斛，墜賊盧明月營，破其衝輣，壓殺十餘人。'"

[9]通漢鎮：隋於北部邊境所置的軍事據點。具體地址待考。

[10]九夷：古代稱東方九種少數民族，亦代指其地。《後漢書》卷八五《東夷傳》："夷有九種。曰：畎夷、于夷、方夷、黄夷、白夷、赤夷、玄夷、風夷、陽夷。" 東獩（huì）：指東方雜草叢生、無人煙之地。

[11]五狄：古代對北方五種少數民族的合稱。 北溟：亦作"北冥"，古人意識中北方最遠的大海。

[12]岱岳：指泰山。在今山東泰安市。

[13]汾水：汾河，源出山西寧武縣管涔山，至河津市西入黄河。

書奏，帝大悦，超拜秘書令，[1]親待逾昵。帝每欲征討，充皆預知之，乃假託星象，獎成帝意，在位者皆切患之。宇文化及殺逆之際，[2]并誅充，時年七十五。

[1]秘書令：官名。隋初秘書省長官爲監，煬帝改爲令，掌國之圖書典籍。隋初爲正三品，大業三年降爲從三品。

[2]宇文化及：人名。傳見本書卷八五，《北史》卷七九有附傳。

史臣曰：王劭爰自幼童，迄乎白首，好學不倦，究極群書。搢紳洽聞之士，無不推其博物。雅好著述，久在史官，既撰《齊書》，兼修隋典。好詭怪之説，尚委巷之談，文詞鄙穢，體統繁雜。直愧南、董，[1]才無遷、固，[2]徒煩翰墨，不足觀採。袁充少在江左，[3]初以警晤見稱，[4]委質隋朝，更以玄象自命。並要求時幸，干進務入。劭經營符瑞，雜以妖訛，充變動星占，謬增晷景。厚誣天道，亂常侮衆，刑兹勿捨，其在斯乎！且劭爲河朔清流，[5]充乃江南望族，乾没榮利，得不以道，頹其家聲，良可歎息。

[1]南、董：指春秋時期齊國史官南史與晋國史官董狐。二人皆以直筆不諱著稱。

[2]遷、固：遷，指史家司馬遷。詳見《史記》卷一三〇《太史公自序》，傳見《漢書》卷六二。固，指史家班固。傳見《後漢書》卷四〇。

[3]江左：地區名。亦稱江東，泛指長江下游以東地區。

[4]晤：宋刻遞修本、汲古閣本同，殿本、庫本、中華本作“悟”。

[5]河朔：泛指黄河以北地區。　清流：指德行高潔負有名望的士人。

隋書　卷七〇

列傳第三十五

楊玄感

楊玄感，[1]司徒素之子也。[2]體貌雄偉，美鬚髯。少時晚成，人多謂之癡，其父每謂所親曰："此兒不癡也。"及長，好讀書，便騎射。以父軍功，位至柱國，[3]與其父俱爲第二品，朝會則齊列。[4]其後高祖命玄感降一等，[5]玄感拜謝曰："不意陛下寵臣之甚，許以公廷獲展私敬。"初拜郢州刺史，[6]到官，潛布耳目，察長吏能不。其有善政及贓污者，纖介必知之，往往發其事，莫敢欺隱。吏民敬服，皆稱其能。後轉宋州刺史，[7]父憂去職。[8]歲餘，起拜鴻臚卿，[9]襲爵楚國公，[10]遷禮部尚書。[11]性雖驕倨，而愛重文學，四海知名之士多趍其門。[12]

[1]楊玄感：人名。《北史》卷四一有附傳。

[2]司徒：官名。隋三公之一，隋初依舊制，各置府僚，參議

國家大事。但不久就省去府及僚佐，置三公則坐於尚書都省，從而失去實權。正一品。　素：人名。即楊素。傳見本書卷四八，《北史》卷四一有附傳。

[3]柱國：官名。隋文帝因改北周之制形成十一等散實官，以酬勤勞。柱國是第二等，開府置府佐。正二品。

[4]朝會：諸侯或丞屬參見天子。

[5]高祖：隋文帝楊堅廟號。紀見本書卷一、二，《北史》卷一一。

[6]鄧州：治所在今湖北武漢市。

[7]宋州：隋時有兩宋州，一是開皇十六年（596）置，治所在今河南商丘市，大業初改爲梁郡；一是北周以潼州改名，開皇十八年廢，治所在今安徽泗縣。此時間不明，不知所指。

[8]父憂：遭逢父親喪事，亦稱“丁父艱”。古代喪服禮制規定，父母死後，子女須守喪，三年內不得做官、婚娶、赴宴、應考、舉樂，等等。

[9]鴻臚卿：官名。鴻臚寺長官，掌册封諸藩、接待外使及凶儀等事。開皇三年曾廢鴻臚寺，將其職能歸入太常寺；開皇十二年又恢復。卿置一員，隋初爲正三品，煬帝降爲從三品。

[10]楚國公：爵名。隋九等爵的第三等。從一品。

[11]禮部尚書：官名。尚書省所轄六部之一禮部的長官，掌禮儀、祭祀、宴享等政令，總判禮部、祠部、主客、膳部四曹。置一員，正三品。

[12]趍：宋刻遞修本、汲古閣本、殿本、庫本、中華本作“趨”。下同。

自以累世尊顯，有盛名於天下，在朝文武多是父之將吏，復見朝綱漸紊，帝又猜忌日甚，[1]內不自安，遂與諸弟潛謀廢帝，立秦王浩。[2]及從征吐谷渾，[3]還至大斗拔谷，[4]時從官狼狽，玄感欲襲擊行宫。其叔慎謂玄感曰："士心尚一，國未有釁，[5]不可圖也。"玄感乃止。時帝好征伐，玄感欲立威名，陰求將領。謂兵部尚書段文振曰：[6]"玄感世荷國恩，寵踰涯分，自非立效邊裔，何以塞責！若方隅有風塵之警，庶得執鞭行陣，少展絲髮之功。明公兵革是司，敢布心腹。"文振因言於帝，帝嘉之，顧謂群臣曰："將門必有將，相門必有相，故不虚也。"於是賚物千段，禮遇益隆，頗預朝政。

[1]帝：此指隋煬帝楊廣。紀見本書卷三、四，《北史》卷一二。

[2]秦王：爵名。隋九等爵的第一等。從一品。　浩：人名。即楊浩。隋文帝第三子秦孝王楊俊長子。本書卷四五、《北史》卷七一有附傳。

[3]吐谷（yù）渾：古族名。本遼東鮮卑之種，姓慕容氏，西晋時西遷至群羌故地，北朝至隋唐時期游牧於今青海北部和新疆東南部地區。傳見本書卷八三、《晋書》卷九七、《魏書》卷一〇一、《周書》卷五〇、《北史》卷九六、《舊唐書》卷一九八、《新唐書》卷二二一上。

[4]大斗拔谷：地名。又作"達斗拔谷""大斗谷"。即今甘肅民樂縣東南扁都口。因位祁連山東段，自古爲青海湟中和甘肅河西走廊間交通捷徑。

[5]釁：過失、罪過。

[6]兵部尚書：官名。隋尚書省下轄六部之一兵部的長官。掌全國軍衛武官選授之政令，統兵部、職方、駕部、庫部四曹。置一員，正三品。　段文振：人名。傳見本書卷六〇、《北史》卷七六。

帝征遼東，[1]命玄感於黎陽督運。[2]于時百姓苦役，天下思亂，玄感遂與武賁郎將王仲伯、汲郡贊治趙懷義等謀議，[3]欲令帝所軍衆飢餒，每爲逗遛，不時進發。帝遲之，遣使者逼促，玄感揚言曰："水路多盜賊，不可前後而發。"其弟武賁郎將玄縱、鷹揚郎將萬碩並從幸遼東，[4]玄感潛遣人召之。時將軍來護兒以舟師自東萊將入海，[5]趣平壤城，[6]軍未發。玄感無以動衆，乃遣家奴僞爲使者，從東方來，謬稱護兒失軍期而反。玄感遂入黎陽縣，閉城，大索男夫。於是取帆布爲牟甲，署官屬，皆準開皇之舊。移書傍郡，以討護兒爲名，各令發兵，會於倉所。以東光縣尉元務本爲黎州刺史，[7]趙懷義爲衛州刺史，[8]河内郡主簿唐禕爲懷州刺史。[9]有衆且一萬，將襲雒陽。[10]唐禕至河内，馳往東都告之。越王侗、民部尚書樊子蓋等大懼，[11]勒兵備禦。脩武縣民相率守臨清關，[12]玄感不得濟，遂於汲郡南渡河，從亂者如市。數日，屯兵上春門，[13]衆至十餘萬。子蓋令河南贊治裴弘策拒之，[14]弘策戰敗。瀍、洛父老競致牛酒。[15]玄感屯兵尚書省，[16]每誓衆曰："我身爲上柱國，[17]家累鉅萬金，至於富貴，無所求也。今者不顧破家滅族者，但爲天下解倒懸之急，救黎元之命耳。"衆皆悦，詣轅門請自效者，[18]日有數千。與樊子蓋書曰：

［1］遼東：地區名。泛指遼水以東地區。因高麗國位於遼東，故此指隋征伐高麗之事。

［2］黎陽：此指黎陽倉。在今河南浚縣西南。

［3］武賁郎將：官名。隋煬帝大業三年（607）改革官制，於

十二衛每衛置護軍四人，掌副貳將軍，尋又改護軍爲武賁郎將。正四品。　王仲伯：人名。隋光禄大夫王仁恭兄子，參與楊玄感起兵反隋，楊玄感失敗後與李密投奔郝孝德，未得重用，潛歸天水，後不知所終。事亦見《通鑑》卷一八二《隋紀》大業九年條、《册府元龜》卷九四九《總録部·亡命》。　汲郡：大業初改衛州置，治所在今河南淇縣東。　贊治：官名。據本書《百官志下》，煬帝改州爲郡，郡置太守；罷長史、司馬，置贊治一人以貳之，協助郡守處理一郡事務。品級隨郡等級不同，從從四品至正六品不等。　趙懷義：人名。曾參與謀議事亦見《北史》卷四一《楊玄感傳》、《通鑑》卷一八二《隋紀》大業九年條，其他事迹不詳。

［4］玄縱：人名。即楊玄縱。楊素之子、楊玄感之弟，隋文帝時封淮南郡公。隋煬帝征遼東，隸屬於盧龍道軍副梁文謙麾下，玄感起兵，逃歸玄感，後兵敗被殺。　鷹揚郎將：官名。隋文帝初，置左右衛等衛府，各領軍坊、鄉團，以統軍卒。後改置驃騎將軍府，每府置驃騎、車騎二將軍，上轄於衛府大將軍，下設大都督、帥都督、都督領兵。煬帝大業三年改驃騎府爲鷹揚府，改驃騎將軍爲鷹揚郎將，職能依舊。正五品。　萬碩：人名。即楊萬碩。楊素之子、楊玄感之弟，從隋煬帝征遼東。玄感起兵逃歸，至高陽傳舍，爲監事許華所執，斬於涿郡。事亦見本書卷四八、《北史》卷四一《楊素傳》。按，萬碩，諸本均同，然本書《楊素傳》、《北史·楊玄感傳》及《通鑑》均作“萬石”，唯此作“萬碩”，恐誤。

［5］來護兒：人名。傳見本書卷六四、《北史》卷七六。　東萊：郡名。治所在今山東龍口市東。

［6］平壤城：地名。爲隋時古高句麗國都城，舊址在今朝鮮平壤市大同江南岸。

［7］東光：縣名。治所在今河北東光縣。　縣尉：官名。隋縣佐官之一，總判縣曹事務。從九品。　元務本：人名。具體事迹不詳，後爲陳稜所斬。事亦見本書卷六四《陳稜傳》。　黎州：黎陽縣舊治黎州，此恢復開皇州制。

［8］衛州：大業初改爲汲郡，此復故名。

［9］河内：郡名。治所在今河南沁陽市。　郡主簿：官名。隋初沿舊制地方設郡，郡置主簿，掌本官署監印，檢核文書簿籍，勾稽缺失等事。京兆郡主簿爲流内視正九品，其餘諸郡主簿爲流内視從九品。開皇三年廢郡，郡主簿亦罷。隋煬帝大業三年又廢州置郡，改州主簿爲郡主簿，掌同隋初之制。京兆、河南二郡主簿爲流内視正八品，其餘諸郡主簿爲流内視從八品。　唐禕：人名。事亦見《北史·楊玄感傳》、《通鑑》卷一八二《隋紀》，具體事迹不詳。　懷州：大業初改爲河内郡，此復故名。

［10］雒陽：地名。在今河南洛陽市。

［11］越王侗：隋煬帝之孫，元德太子楊昭次子楊侗，封越王。傳見本書卷五九、《北史》卷七一。　民部尚書：官名。隋沿北魏、北齊置度支尚書，開皇三年改稱民部尚書，是尚書省下轄六部之一民部的長官。職掌全國土地、户口、賦税、錢糧之政令。置一員，正三品。　樊子盖：人名。傳見本書卷六三、《北史》卷七六。按，盖，殿本、庫本與底本同，宋刻遞修本、汲古閣本、中華本作“蓋”。下同。

［12］脩武縣：治所在今河南脩武縣。　臨清關：地名。在今河南新鄉市東北古黄河北岸。

［13］上春門：東都洛陽城東面三門，北曰上春門。

［14］河南：郡名。此爲煬帝改豫州所置，治所在今河南洛陽市。　裴弘策：人名。大業九年擔任河南贊治，兵敗楊玄感，被樊子盖處死。

［15］瀍（chán）、洛：瀍，即瀍河。源出洛陽西北，東南流入洛河。洛，即洛河。

［16］尚書省：官署名。隋三省之一，掌政令執行。按，《通鑑》卷一八二《隋紀》大業九年六月“玄感屯上春門”條《考異》曰：“《玄感傳》云：‘屯兵上春門。’……又，尚書省在宣仁門内，玄感不容至此。”所言有理。

[17]上柱國：官名。隋文帝因改北周十一等勳官之制形成十一等散實官，用以酬勤勞，無實際職掌。上柱國爲第一等，可開府置僚佐。從一品。

[18]轅門：領軍將帥的營門。

夫建忠立義，事有多途，見機而作，蓋非一揆。昔伊尹放太甲於桐宮，[1]霍光廢劉賀於昌邑，[2]此並公度内，不能一二披陳。

[1]昔伊尹放太甲於桐宮：典出《左傳》襄公二十一年。伊尹，商初名臣，輔助商湯滅夏。詳見《史記》卷三《殷本紀》。太甲，商湯之孫。詳見《史記·殷本紀》。

[2]霍光廢劉賀於昌邑：典出《漢書》卷六八《霍光傳》。霍光，人名。西漢權臣，歷漢武帝、漢昭帝、漢宣帝三朝，官至大司馬、大將軍。執政期間，曾輔政漢昭帝，主持廢立荒淫無道的昌邑王劉賀，擁立漢宣帝，功勳卓著。傳見《漢書》卷六八。劉賀，人名。事略見《漢書》卷六三《昌邑哀王劉髆傳》。

高祖文皇帝誕膺天命，[1]造兹區宇，在琁璣以齊七政，[2]握金鏡以馭六龍，[3]無爲而至化流，垂拱而天下治。今上纂承寶曆，宜固洪基，乃自絶於天，殄民敗德。頻年肆眚，盜賊於是滋多，所在脩治，民力爲之凋盡。荒淫酒色，子女必被其侵，躭玩鷹犬，禽獸皆離其毒。朋黨相扇，貨賄公行，納邪佞之言，杜正直之口。加以轉輸不息，徭役無期，士卒填溝壑，骸骨蔽原野。黄河之北，則千里無煙，江淮之間，[4]則鞠爲茂草。

[1]高祖文皇帝：即隋文帝楊堅。

[2]琁璣：即璇璣，此喻指權柄、帝位。按，殿本、庫本作"旋璣"，宋刻遞修本、汲古閣本、中華本同底本。　七政：一指日、月及金、木、水、火、土五星；一指春、秋、冬、夏、天文、地理、人文。

[3]金鏡：原指銅鏡，此喻指顯明的正道。　六龍：指《易·乾卦》之六爻。《易·乾卦》云："時乘六龍以御天。"孔穎達疏："乾元乃統天之義，言乾之爲德，以依時乘駕六爻之陽氣，以控御於天體。"

[4]江淮：指長江和淮河流域地區。

玄感世荷國恩，位居上將，先公奉遺詔曰："好子孫爲我輔弼之，惡子孫爲我屏黜之。"所以上稟先旨，下順民心，廢此淫昏，更立明哲。四海同心，九州響應，士卒用命，如赴私讎，民庶相趍，義形公道。天意人事，較然可知。公獨守孤城，勢何支久！願以黔黎在念，社稷爲心，勿拘小禮，自貽伊戚。[1]誰謂國家，一旦至此，執筆潸泫，言無所具。

遂進逼都城。

[1]自貽伊戚：語出《詩·小雅·小明》："心之憂矣，自詒伊戚。"後遂以"伊戚"指煩惱、憂患。

刑部尚書衛玄，[1]率衆數萬，自關中來援東都。[2]以步騎二萬渡瀍、澗挑戰，[3]玄感僞北。玄逐之，伏兵發，前軍盡没。後數日，玄復與玄感戰，兵始合，玄感詐令人大呼曰："官軍已得玄感矣。"玄軍稍怠，玄感與數千騎乘之，於是大潰，擁八千人而去。玄感驍勇多力，每戰親運長矛，身先士卒，喑嗚叱吒，所當者莫不震懾。論者方之項羽。[4]又善撫馭，士樂致死，由是戰無不捷。玄軍日蹙，糧又盡，乃悉衆決戰，陣於北邙，[5]一日之間，戰十餘合。玄感弟玄挺中流矢而斃，[6]玄感稍却。樊子蓋復遣兵攻尚書省，又殺數百人。

[1]刑部尚書：官名。尚書省刑部長官。職掌刑法、徒隸、勾覆及關禁之政，總判刑部、都官、比部、司門四司之事。置一員，正三品。　衛玄：人名。傳見本書卷六三、《北史》卷七六。

[2]關中：地區名。與"關内"意同。秦至唐時稱函谷或潼關以西、隴坂以東、終南山以北爲關中。

[3]澗：水名。源出河南新安縣南白石山，匯洛水入於黄河。

[4]項羽：人名。紀見《史記》卷七，傳見《漢書》卷三一。

[5]北邙：即北邙山，亦稱北芒山或邙山，在今河南洛陽市北。按，本書《衛玄傳》及《北史·衛玄傳》均作"北芒"。

[6]玄挺：人名。即楊玄挺。本楊素之子，出嗣楊素之弟楊約，隋文帝時拜儀同三司，與楊玄感一起起兵，卒於流矢。

帝遣武賁郎將陳稜攻元務本於黎陽，[1]武衛將軍屈突通屯河陽，[2]左翊衛大將軍宇文述發兵繼進，[3]右驍衛大將軍來護兒復來赴援。[4]玄感請計於前民部尚書李子雄，[5]子雄曰："屈突通曉習兵事，若一渡河，則勝負難決，不如分兵拒之。通不能濟，則樊、衛失援。"玄感然之，將拒通。子蓋知其謀，數擊其營，玄感不果進。通遂濟河，軍於破陵。[6]玄感爲兩軍，西抗衛玄，東拒屈突通。子蓋復出兵，於是大戰，玄感軍頻北。復請計於子雄，子雄曰："東都援軍益至，我師屢敗，不可久留。不如直入關中，開永豐倉以賑貧乏，[7]三輔可指麾而定。[8]據有府庫，東面而争天下，此亦霸王之業。"會華陰諸楊請爲鄉導，[9]玄感遂釋洛陽，西圖關中，宣言曰："我已破東都，取關西矣。"

[1]陳稜：人名。傳見本書卷六四、《北史》卷七八。

[2]武衛將軍：本書卷六一及《北史》卷七九《宇文述傳》同。然本書卷四《煬帝紀下》及《北史》卷一二《隋煬帝紀》大業九年作"左候衛將軍"。《通鑑》卷一八二《隋紀》大業九年六月條作"右候衛將軍"。三者所記各不相同。又檢《舊唐書》卷五九《屈突通傳》：開皇中，"擢爲右武候車騎將軍……大業中，累轉左驍衛大將軍"。《新唐書》卷八九《屈突通傳》：開皇中，"擢左武衛將軍……大業中，與宇文述共破楊玄感，以功遷左驍衛大將軍"。《北史》卷七一《庶人諒傳》："會文帝崩，使車騎屈突通徵之。"本書《百官志》有"左右武衛將軍"，無"武衛將軍"，此誤。但各書所記各不同，何者爲是，尚不能定論。　屈突通：人名。隋唐名將，參與鎮壓楊玄感叛亂及隋末農民起義，後降唐，爲貞觀時凌煙閣二十四功臣之一。傳見《舊唐書》卷五九、《新唐書》卷八九。　河陽：地名。在今河南孟州市西。

[3]左翊衛大將軍：官名。隋初中央軍事機關十二衛有左右衛，大業三年改爲左右翊衛，各置大將軍一人，掌宫掖禁禦，督攝仗衛。正三品。　宇文述：人名。傳見本書卷六一、《北史》卷七九。

[4]右驍衛大將軍：官名。右驍騎衛府最高長官，職掌宿衛。正三品。

[5]李子雄：人名。傳見本卷及《北史》卷七四。按，《北史·李雄傳》作"李雄"。

[6]破陵：地名。在今河南孟津縣東。

[7]永豐倉：倉名。在今陝西華陰市東北渭河入黄河口。

[8]三輔：泛指京畿附近地區。

[9]華陰：縣名。隋時治所在今陝西華陰市。　諸楊：指楊玄感宗黨。

宇文述等諸軍躡之。至弘農宫，[1]父老遮説玄感曰："宫城空虚，又多積粟，攻之易下。進可絶敵人之食，退可割宜陽之地。"[2]玄感以爲然，留攻之。三日城不下，追兵遂至。玄感西至閿鄉，[3]上槃豆，[4]布陣亘五十里，與官軍且戰且行，一日三敗。復陣於董杜原，[5]諸軍擊之，玄感大敗，獨與十餘騎竄林木間，將奔上洛。[6]追騎至，玄感叱之，皆懼而反走。至葭蘆戍，[7]玄感窘迫，獨與弟積善步行。[8]自知不免，謂積善曰："事敗矣。我不能受人戮辱，汝可殺我。"積善抽刀斫殺之，因自刺，不死，爲追兵所執，與玄感首俱送行在所，磔其屍於東都市三日，復臠而焚之。餘黨悉平。其弟玄獎爲義陽太守，[9]將歸玄感，爲郡丞周琁玉所殺。[10]玄蹤弟萬碩，自帝所逃歸，至高陽，[11]止傳舍，監事許華與郡兵執之，[12]斬於涿郡。[13]萬碩弟民行，[14]官至朝請大夫，[15]斬於長安。並具梟磔。公卿請改玄感姓爲梟氏，詔可之。

[1]弘農宫：宫名。隋大業初置，在今河南陝縣城内。

[2]宜陽：縣名。治所在今河南宜陽縣。

[3]閿鄉：地名，亦作"閺鄉"。治所在今河南靈寶市西北。按，《通鑑》卷一八二《隋紀》大業九年七月條作"閺"。

［4］槃豆：《通鑑》卷一八二《隋紀》大業九年七月條胡三省注云“即西魏將于謹所攻拔盤豆也”，檢《通鑑》卷一五七《梁紀》大同元年八月條胡三省注“恒農湖城、閿鄉之西有皇天原，原西有盤豆城”，故此槃豆約在今河南靈寶市西。

［5］董杜原：地名。在今河南靈寶市西北。

［6］上洛：縣名。治所在今陝西商洛市。

［7］葭蘆戍：地名。在今河南盧氏縣西。

［8］積善：人名。即楊積善。楊素之子、楊玄感之弟，隋文帝朝爲上儀同，煬帝朝任朝散大夫。從楊玄感起兵，兵敗被執，大業九年十二月車裂於東都洛陽。事亦見本書卷四《煬帝紀下》。

［9］玄獎：人名。即楊玄獎。楊素之子、楊玄感之弟，隋文帝朝封清河郡公、上儀同。事亦見本書卷四八、《北史》卷四一《楊素傳》。　義陽：郡名。隋煬帝改義州置，治所在今河南信陽市。

［10］郡丞：官名。煬帝大業三年復改州爲郡，併州長史、司馬之職，置贊治（唐人諱稱贊務）一人，爲郡太守之副貳，尋又改贊治稱爲郡丞，爲郡屬官之首，通判郡事。上郡從七品，中郡正八品，下郡從八品。　周琁玉：人名。其他事迹不詳。《通鑑》卷一八二《隋紀》大業九年七月條作“周旋玉”。

［11］高陽：縣名。治所在今河北高陽縣東舊城。

［12］監事：官名。此爲管理傳舍低級官員。　許華：人名。其他事迹不詳。

［13］涿郡：治所在今北京城西南。

［14］民行：人名。即楊民行。楊素之子、楊玄感之弟。按，本書《楊素傳》、《北史》卷四一《楊玄感傳》及《通鑑》卷一八二《隋紀》大業九年八月條作“仁行”。此當後人避唐諱所改。

［15］朝請大夫：官名。屬散官，隋煬帝大業三年置。正五品。

初，玄感圍東都也，梁郡人韓相國舉兵應之，[1]玄感以爲河南道元帥。[2]旬月間，衆十餘萬，攻剽郡縣。至于襄城，[3]遇玄感敗，兵漸潰散，爲吏所執，傳首東都。

[1]梁郡：隋煬帝改宋州置，治所在今河南商丘市。　韓相國：人名。事亦見《通鑑》卷一八二《隋紀》大業九年七月條。

[2]河南道：特區名。即在黄河中下游以南設置的特區。隋朝在戰争中於地方置特區，範圍可包括若干州，稱“道”。　元帥：使職名。隋於戰争時期所設一道之最高統帥，此爲楊玄感所置。

[3]襄城：縣名。治所在今河南襄城縣。

李子雄

李子雄，渤海蓨人也。[1]祖伯賁，[2]魏諫議大夫。[3]父桃枝，[4]東平太守，[5]與鄉人高仲密同歸於周，[6]官至冀州刺史。[7]子雄少慷慨，有壯志，弱冠從周武帝平齊，[8]以功授帥都督。[9]

[1]渤海：郡名。治所在今山東陽信縣西南。　蓨（tiáo）：縣名。治所在今河北景縣南。

[2]伯賁：《北史》卷七四《李雄傳》載子雄父爲“李棠”，又《周書》卷四六、《北史》卷八五《李棠傳》云：棠父元胄，祖伯貴。與此傳所記不符。

[3]諫議大夫：官名。掌顧問應對。北魏初爲正四品，後降爲從四品。

[4]桃枝：人名。《北史·李雄傳》載其父爲“李棠”。

[5]東平：郡名。治所在今河南范縣東南。

[6]高仲密：人名。即高慎。《北齊書》卷二一、《北史》卷三一有附傳。　周：即北周（557—581），都長安（今陝西西安市西北）。

[7]冀州：治所在今河北冀州市。

[8]周武帝：北周皇帝宇文邕謚號。紀見《周書》卷五、六，《北史》卷一〇。　齊：即北齊（550—577），或稱高齊，都鄴（今河北臨漳縣西南鄴鎮東）。

[9]帥都督：官名。屬勳官。北周府兵制中每隊的長官均加此勳官名。七命。

高祖作相，從韋孝寬破尉迥於相州，[1]拜上開府，[2]賜爵建昌縣公。[3]高祖受禪，爲驃騎將軍。[4]伐陳之役，[5]以功進位大將軍，[6]歷郴、江二州刺史，[7]並有能名。仁壽中，[8]坐事免。

[1]韋孝寬：人名。北朝名將，歷北魏、西魏、北周。傳見《周書》卷三一、《北史》卷六四。　尉迥：人名。即尉遲迥，北周太祖宇文泰之甥，周宣帝時任大前疑、相州總管。傳見《周書》卷二一、《北史》卷六二。　相州：治所在今河北臨漳縣西南。

[2]上開府：官名。全稱是上開府儀同大將軍。北周建德四年（575）改開府儀同三司爲開府儀同大將軍，仍增置上開府儀同大將軍。用以酬勤勞，無實際職權。爲十一等勳官的第五等，可開府置官屬。九命。

[3]建昌縣公：爵名。北周命數不詳，王仲犖認爲“非正九命則當是九命爾”（參見王仲犖《北周六典》卷八《封爵第十九》，中華書局1979年版，第548頁）。

[4]驃騎將軍：官名。隋文帝初置左右衛等衛府，各領軍坊、鄉團，以統軍卒。後改置驃騎將軍府，每府置驃騎、車騎二將軍，

上轄於衛府大將軍。正四品上。煬帝大業三年改驃騎府爲鷹揚府，改驃騎將軍爲鷹揚郎將，職能依舊。降爲正五品。

[5]陳：即南朝陳（557—589），都建康（今江蘇南京市）。

[6]大將軍：官名。隋文帝因改北周十一等勳官之制形成十一等散實官，用以酬勤勞，無實際職掌。大將軍爲第四等，可開府置僚佐。正三品。

[7]郴：州名。治所在今湖南郴州市。　江：州名。治所在今江西九江市。

[8]仁壽：隋文帝楊堅年號（601—604）。

漢王諒之作亂也，[1]煬帝將發幽州兵以討之。[2]時竇抗爲幽州總管，[3]帝恐其有二心，問可任者於楊素。素進子雄，授大將軍，[4]拜廣州刺史，[5]馳至幽州，止傳舍，召募得千餘人。抗恃素貴，不時相見。子雄遣人諭之。後二日，抗從鐵騎二千，來詣子雄所。子雄伏甲，請與相見，因禽抗。[6]遂發幽州兵步騎三萬，自井陘以討諒。[7]時諒遣大將軍劉建略地燕、趙，[8]正攻井陘，相遇於抱犢山下，[9]力戰，破之。遷幽州總管，尋徵拜民部尚書。

[1]漢王諒：即隋文帝楊堅第五子楊諒。開皇元年封漢王。傳見本書卷四五、《北史》卷七一。

[2]幽州：治所在今北京城西南。

[3]竇抗：人名。隋文帝朝襲爵陳國公，任幽州總管，煬帝即位，被免去官爵。與唐高祖李淵爲姻親，入唐位列宰相。《舊唐書》卷六一、《新唐書》卷九五有附傳。　總管：官名。全稱是總管刺史加使持節。總管的統轄範圍可達數州至十餘州，成一軍政管轄

區。隋文帝在并、益、荆、揚四州置大總管，其餘州置總管。總管分上、中、下三等，品秩爲流内視從二品、正三品、從三品。

[4]大將軍：殿本、庫本、中華本同，宋刻遞修本、汲古閣本及《北史》卷七四《李雄傳》均作“上大將軍”。按，本卷前文已云李子雄因伐陳之功，進位大將軍，則此進授“上大將軍”更合理。

[5]廣州：宋刻遞修本、汲古閣本、殿本、庫本同，中華本作“廉州”，其校勘記云：“原作‘廣州’，據《北史·李雄傳》改。按：本書《地理志》中趙郡稾城縣條：‘〔開皇〕十年置廉州，十八年改爲稾城縣，大業初州廢。’廉州距幽州較近，而廣州則距幽州甚遠。作廉州，是。”所考甚確，《北史·李雄傳》亦作廉州。當改作廉州。廉州，治所在今河北稾城市西南。

[6]禽：通“擒”。

[7]井陘：關名。又名土門關。在今河北井陘縣西北井陘山上。

[8]劉建：人名。漢王楊諒部將，隨楊諒反，後爲周羅周羅睺擊敗梟首。事亦略見本書卷七〇《裴仁基傳》及《劉德墓誌》（載王其禕、周曉薇《隋代墓誌銘彙考》三四九，綫裝書局2007年版）。　燕、趙：此指戰國時期燕國和趙國地區，約在今河北北部及山西西部一帶。

[9]抱犢山：隋時有兩抱犢山，一在今山西壺關縣東南，一在今河北鹿泉市西。據文意此應爲後者。

子雄明辯有器幹，帝甚任之。新羅嘗遣使朝貢，[1]子雄至朝堂與語，因問其冠制所由。其使者曰：“皮弁遺象。[2]安有大國君子而不識皮弁也！”子雄因曰：“中國無禮，求諸四夷。”[3]使者曰：“自至已來，此言之外，未見無禮。”憲司以子雄失詞，[4]奏劾其事，竟坐免。

[1]新羅：朝鮮半島古國。傳見本書卷八一。　朝貢：古時藩屬國或外國使臣入朝，貢獻方物。

[2]皮弁遺象：皮弁遺留之形狀。皮弁，古冠名。《周禮・夏官・弁師》："王之皮弁，會五采玉璂，象邸，玉笄。"

[3]中國無禮，求諸四夷：意出《漢書・藝文志》："仲尼有言：'禮失而求諸野。'"

[4]憲司：魏晉以來對御史的通稱。

俄而復職，從幸江都。[1]帝以仗衛不整，顧子雄部伍之。子雄立指麾，六軍肅然。帝大悦曰："公真武候才也。"[2]尋轉右武候大將軍，[3]後坐事除名。遼東之役，帝令從軍自效，因從來護兒自東平將指滄海。[4]會楊玄感反於黎陽，帝疑之，詔鎖子雄送行在所。子雄殺使者，亡歸玄感。玄感每請計於子雄，語在《玄感傳》。及玄感敗，伏誅，籍没其家。[5]

[1]江都：郡名。治所在今江蘇揚州市。

[2]武候：此爲武候大將軍的省稱。主掌皇帝出巡負責保衛。

[3]右武候大將軍：官名。隋初置左右武候府，掌皇帝出宫巡狩時的先驅後殿、晝夜警備等軍務。右武候大將軍是右武候府的長官。置一員，正三品。煬帝大業三年改左右武候府爲左右候衛，右武候大將軍遂改稱右候衛大將軍。

[4]東平：中華書局新修訂本本書校勘記云："'東平'，本卷上文《楊玄感傳》、本書卷六四《來護兒傳》、《北史》卷七四《李雄傳》作'東萊'。按，東萊臨海，故自東萊能'將指滄海'，疑作'東平'誤。"

[5]籍没：古代刑罰之一，没收財物人口入官。

趙元淑

趙元淑，[1]父世模，[2]初事高寶寧，[3]後以衆歸周，授上開府，寓居京兆之雲陽。[4]高祖踐阼，恒典宿衛。後從晋王伐陳，[5]先鋒遇賊，力戰而死。朝廷以其身死王事，以元淑襲父本官，賜物二千段。[6]

[1]趙元淑：人名。《北史》卷四一有附傳。按，宋刻遞修本、中華本前有"博陵"二字，底本、汲古閣本、殿本、庫本均無。檢《北史·趙元淑傳》載其爲"博陵人"，其父趙世摸（模）墓誌載爲"金城郡人"。又《册府元龜》卷一三〇《帝王部·延賞》"趙元淑"條亦未載籍貫。

[2]世模：人名。即趙世模。高寶寧親信大將之一。事見本書卷三九《陰壽傳》、《册府元龜》卷四二五《將帥部·死事》。生平亦見《趙世摸（模）墓誌》（載王其禕、周曉薇《隋代墓誌銘彙考》一〇八）。

[3]高寶寧：人名。亦作"高保寧"。高寶寧本北齊大將，鎮守營州。北齊滅亡後，依附突厥，爲北周、隋初邊疆主要威脅之一。傳見《北齊書》卷四一，《北史》卷五三有附傳。

[4]京兆：郡名。治所在今陝西西安市西北。　雲陽：縣名。治所在今陝西涇陽縣西北。

[5]後從：殿本、庫本作"追同"，宋刻遞修本、汲古閣本、中華本及《册府元龜》卷一三〇《帝王部·延賞》"趙元淑"條亦作"後從"。　晋王：此指楊廣。

[6]二千：諸本均作"二千"，唯《北史·趙元淑傳》作"三千"。

元淑性疏誕，[1]不治産業，家徒壁立。後數歲，授驃騎將軍，將之官，無以自給。時長安富人宗連，[2]家累千金，仕周爲三原令。[3]有季女，慧而有色，連獨奇之，每求賢夫，聞元淑如是，請與相見。連有風儀，美談笑，元淑亦異之。及至其家，服玩居處擬於將相。酒酣，奏女樂，元淑所未見也。元淑辭出，連曰："公子有暇，可復來也。"後數日，復造之，宴樂更侈。如此者再三，因謂元淑曰："知公子素貧，老夫當相濟。"因問元淑所須，盡買與之。臨别，元淑再拜致謝，連復拜曰："鄙人竊不自量，敬慕公子。今有一女，願爲箕帚妾，[4]公子意何如？"元淑感愧，遂娉爲妻。連復送奴婢二十口、良馬十餘匹，加以縑帛錦綺及金寶珍玩。元淑遂爲富人。

[1]誕：宋刻遞修本、汲古閣本、中華本同，殿本、庫本作"宕"。

[2]宗連：人名。事亦見《北史·趙元淑傳》、《册府元龜》卷八五三《總録部·姻好》。其他事迹不詳。

[3]三原：縣名。治所在今陝西三原縣北。

[4]箕帚：本意爲以箕帚掃除，操持家務。此喻指妻妾。

及煬帝嗣位，漢王諒作亂，元淑從楊素擊平之。以功進位柱國，[1]拜德州刺史，[2]尋轉潁川太守，[3]並有威惠。因入朝，會司農不時納諸郡租穀，[4]元淑奏之。帝謂元淑曰："如卿意者，幾日當了？"元淑曰："如臣意不過十日。"帝即日拜元淑爲司農卿，[5]納天下租，如言而了。帝悦焉。

[1]柱國：官名。隋文帝因改北周十一等勳官之制形成十一等散實官，用以酬勤勞，無實際職掌。柱國爲第二等，可開府置僚佐。正二品。

[2]德州：治所在今山東陵縣。

[3]潁川：郡名。治所在今河南許昌市。

[4]司農：官署名。指司農寺。掌倉儲委積，供給京都百官禄廪及朝會、祭祀供御所需之事務。

[5]司農卿：官名。爲司農寺長官。掌倉儲委積之政，統領太倉等署。隋初爲正三品，煬帝降爲從三品。

禮部尚書楊玄感潛有異志，以元淑可與共亂，遂與結交，多遺金寶。遼東之役，領將軍、典宿衛，加授光禄大夫，[1]封葛公。[2]明年，帝復征高麗，以元淑鎮臨渝。[3]及玄感作亂，其弟玄縱自帝所逃歸，路經臨渝。元淑出其小妻魏氏見玄縱，對宴極歡，因與通謀，並授玄縱賂遺。及玄感敗，人有告其事者，帝以屬吏。元淑言與玄感結婚，所得金寶則爲財娉，實無他故。魏氏復言初不受金。帝親臨問，卒無異辭。帝大怒，謂侍臣曰："此則反狀，何勞重問！"元淑及魏氏俱斬於涿郡，籍没其家。

[1]光禄大夫：官名。屬散實官。煬帝大業三年廢特進，改置光禄大夫等九大夫。從一品。

[2]葛公：汲古閣本、殿本、庫本、中華本同，宋刻遞修本、本書卷四《煬帝紀下》、《北史》卷四一《楊玄感附趙元淑傳》均作"葛國公"。中華書局新修訂本亦作"葛國公"並出校勘記。

[3]臨渝：此指臨渝關。一説在今河北撫寧縣東榆關站，一説在今河北山海關。

斛斯政

河南斛斯政，[1]祖椿，[2]魏太保、尚書令、常山文宣王。[3]父恢，[4]散騎常侍、新蔡郡公。[5]政明悟有器幹，初爲親衛，[6]後以軍功授儀同，[7]甚爲楊素所禮。大業中，爲尚書兵曹郎。[8]政有風神，每奏事，未嘗不稱旨。煬帝悦之，漸見委信。楊玄感兄弟俱與之交。

[1]斛斯政：人名。《北史》卷四九有附傳。

[2]椿：人名。即斛斯椿，北魏大臣。傳見《魏書》卷八〇、《北史》卷四九。

[3]太保：官名。三公之一，位高無實權。正一品。　尚書令：官名。北魏初不常置，亦不掌實際政務。孝文帝改制後，尚書省權任頗重，以録尚書爲長官，尚書令爲副貳。兼掌監察百官，皆爲宰相。北魏初爲從一品上，太和中爲二品。　常山文宣王：《北史·斛斯椿傳》載其封“常山郡王”，謚號“文宣”。

[4]恢：人名。即斛斯恢，斛斯椿第二子。事見《北史·斛斯春傳》。

[5]散騎常侍：官名。爲門下省屬官，置四員，掌陪從朝直，獻納得失，實則爲閑散虚職，多用作加官。從三品。煬帝大業三年罷廢。　新蔡郡公：爵名。隋九等爵的第四等。從一品。

[6]親衛：官名。隋中央左右衛各統親衛，掌從侍衛。

[7]儀同：官名。全稱是儀同三司。隋文帝因改北周十一等勳官之制形成十一等散實官，用以酬勤勞，無實際職掌。儀同三司是

第八等，可開府置僚佐。正五品上。

[8]尚書兵曹郎：官名。隋煬帝改尚書省兵曹侍郎爲兵曹郎，輔兵部尚書掌全國軍衛武官選授之政令。正六品。

遼東之役，兵部尚書段文振卒，侍郎明雅復以罪廢，[1]帝彌屬意。尋遷兵部侍郎。于時外事四夷，軍國多務，政處斷辯速，稱爲幹理。玄感之反也，政與通謀。及玄縱等亡歸，亦政之計也。帝在遼東，將班師，窮治玄縱黨與。内不自安，遂亡奔高麗。明年，帝復東征，高麗請降，求執送政。帝許之，遂鎖政而還。至京師，以政告廟，左翊衛大將軍宇文述奏曰："斛斯政之罪，天地所不容，人神所同忿。若同常刑，賊臣逆子何以懲肅？請變常法。"帝許之。於是將政出金光門，[2]縛政於柱，公卿百僚並親擊射，臠割其肉，多有噉者。噉後烹煮，收其餘骨，焚而揚之。

[1]侍郎：官名。此指兵部侍郎，隋文帝時於兵部四曹之一兵部曹置兵部侍郎一員，爲該曹長官。正六品。煬帝大業三年諸曹侍郎並改稱"郎"，又始置"侍郎"，爲尚書省下轄六部之副長官。此後，兵部侍郎纔成爲兵部副長官。協助長官兵部尚書掌全國軍衛武官選授之政令等。正四品。　明雅：人名。事略見本書卷六五《趙才傳》、卷六八《何稠傳》。

[2]金光門：隋大興城西面三門之中門。

劉元進

餘杭劉元進，[1]少好任俠，[2]爲州里所宗。兩手各長尺餘，臂垂過膝。

［1］餘杭：郡名。治所在今浙江杭州市。　劉元進：人名。《北史》卷四一有附傳。

［2］任俠：以權威、武力、財務等幫扶弱小之士。

煬帝興遼東之役，百姓騷動，元進自以相表非常，陰有異志，遂聚衆，合亡命。會帝復征遼東，徵兵吴、會，[1]士卒皆相謂曰："去年吾輩父兄從帝征者，當全盛之時，猶死亡太半，骸骨不歸；今天下已罷敝，是行也，吾屬其無遺類矣。"於是多有亡散，郡縣捕之急。既而楊玄感起於黎陽，元進知天下思亂，於是舉兵應之。三吴苦役者莫不響至，旬月衆至數萬。將渡江，而玄感敗。吴郡朱燮、晋陵管崇亦舉兵，[2]有衆七萬，共迎元進，奉以爲主。據吴郡，稱天子，燮、崇俱爲僕射，[3]署置百官。毗陵、東陽、會稽、建安豪傑多執長吏以應之。[4]

［1］吴、會：指吴郡和會稽郡所在地區，大約在今太湖流域、錢塘江以東地區，以及福建部分地區。

［2］吴郡：治所在今江蘇蘇州市。　朱燮：人名。大業九年八月聚衆起兵反隋，有衆十餘萬。後爲王世充所敗，戰死。事略見本書卷四《煬帝紀下》、卷六四《魚俱羅傳》、卷六五《吐萬緒傳》。晋陵：郡名。煬帝改常州置，治所在今江蘇常州市。　管崇：人名。大業九年八月聚衆起兵反隋，有衆十餘萬。後爲王世充所敗，戰死。事略見本書《煬帝紀下》《魚俱羅傳》《吐萬緒傳》。

［3］僕射：官名。此爲劉元進仿隋官制所設之官。

［4］毗陵：郡名。治所在今江蘇常州市。　東陽：郡名。治所在今浙江金華市。　會稽：郡名。治所在今浙江紹興市。　建安：郡名。治所在今福建福州市。

帝令將軍吐萬緒、光禄大夫魚俱羅率兵討焉。[1]元進西屯茅浦，[2]以抗官軍，頻戰互有勝負。元進保曲阿，[3]與朱爕、管崇合軍，衆至十萬。緒進軍逼之。相持百餘日，爲緒所敗，保於黄山。[4]緒復破之，爕戰死，元進引趣建安，休兵養士。二將亦以師老，頓軍自守。俄而二將俱得罪，帝令江都郡丞王世充發淮南兵擊之。[5]

［1］吐萬緒：人名。傳見本書卷六五、《北史》卷七八。　魚俱羅：人名。傳見本書卷六四、《北史》卷七八。

［2］茅浦：地名。在今江蘇丹陽市東北。

［3］元進保曲阿：殿本、庫本同，宋刻遞修本、汲古閣本、中華本“保”前有“退”字。曲阿，縣名。治所在今江蘇丹陽市。

［4］黄山：一名筆格山，在今江蘇蘇州市西南。

［5］王世充：人名。傳見本書卷八五、《北史》卷七九、《舊唐書》卷五四、《新唐書》卷八五。

有大流星墜於江都，[1]未及地而南逝，磨拂竹木皆有聲，至吴郡而落于地。元進惡之，令掘地，入二丈，得一石，徑丈餘。後數日，失石所在。世充既渡江，元進將兵拒戰，殺千餘人，世充窘急，退保延陵栅。[2]元進遣兵，人各持茅，因風縱火。世充大懼，將棄營而遁。遇反風，火轉，元進之衆懼燒而退。世充簡鋭卒掩擊，大破之，殺傷太半，自是頻戰輒敗。元進謂管崇曰："事急矣，當以死决之。"於是出挑戰，俱爲世充所殺。其衆悉降，世充坑之於黄亭澗，[3]死者三萬人。[4]其餘黨往往保險爲盗。其後董道冲、沈法興、李子通等乘此而起，[5]戰争不息，逮於隋亡。

[1]流星：古代認爲流星出現是變亂的徵兆。

[2]延陵栅：指在延陵所結之栅。延陵，縣名。治所在今江蘇鎮江市。

[3]黄亭澗：地名。在今江蘇蘇州市附近。

[4]死者三萬人：《通鑑》卷一八二《隋紀》大業九年十二月條《考異》曰："《略記》：'阬其衆二十餘萬於黄亭澗，澗長數里，深闊數丈，積屍與之平。'《雜記》：'世充貪而無信，利在子女資財，並阬所首八千餘人於黄山之下。'今從《隋書》。"

[5]董道冲：人名。隋末農民起義軍領導者。事亦見《北史》卷四一《楊玄感傳》、《太平寰宇記》卷一一二《鄂州》、《册府元龜》卷三五七《將帥部·立功》、釋道世《法苑珠林》卷二一《敬佛篇·觀佛部》。　沈法興：人名。隋任吴興郡守，義寧二年（618）起兵，自稱梁王，唐武德三年（620）爲李子通擊敗，投江而死。傳見《舊唐書》卷五六、《新唐書》卷八七。　李子通：人名。隋末農民起義軍領導者之一，大業十一年自稱楚王，主要活動於江淮地區，武德五年兵敗被殺。傳見《舊唐書》卷五六、《新唐書》卷八七。

李密

李密，[1]字法主，真鄉公衍之從孫也。[2]祖耀，[3]周邢國公。[4]父寬，[5]驍勇善戰，幹略過人，自周及隋，數經將領，至柱國、蒲山郡公，[6]號爲名將。密多籌算，才兼文武，志氣雄遠，常以濟物爲己任。

[1]李密：人名。傳另見《舊唐書》卷五三、《新唐書》卷八四，《北史》卷六〇有附傳。生平亦可見《李密墓誌》（載孫蘭風、胡海帆主編《隋唐五代墓誌匯編》河南卷第一册，天津古籍出版社1992年版）。

[2]真鄉公：爵名。全稱爲真鄉郡公，北周十一等爵的第五等。正九命。　衍：人名。即李衍。北周封真鄉公，開皇初爲安州總管。傳見本書卷五四。

[3]耀：人名。即李耀。事略見《周書》卷一五、《北史》卷六〇《李弼傳》。按，"耀"字各本及《周書·李弼傳》均同，然《北史·李弼傳》作"曜"。中華本《周書》疑"耀"當作"曜"，其校勘記云："李曜見《舊唐書》卷五三、《新唐書》卷八四《李密傳》，《文苑英華》卷九四八魏徵撰《李密墓誌銘》。祇有本書卷七〇《李密傳》、《唐書》卷七二上《宰相世系表》作'耀'。疑作'曜''暉'是。"又新出其女李麗儀墓誌亦載"父曜"（參見《崔仲方妻李麗儀誌》，載王其禕、周曉薇《隋代墓誌銘彙考》〇三五）。則作"曜"可能性更大。

[4]邢國公：《新唐書·李密傳》同，然《舊唐書·李密傳》及《李密墓誌》均作"魏國公"。

[5]寬：人名。即李寬。襲爵蒲山公。事略見《周書》卷一五、《北史》卷六〇《李弼傳》。

[6]蒲山郡公：爵名。隋九等爵的第四等。從一品。

開皇中，襲父爵蒲山公，乃散家産，賙贍親故，養客禮賢，無所愛惜。與楊玄感爲刎頸之交。後更折節，下帷耽學，尤好兵書，誦皆在口。師事國子助教包愷，[1]受《史記》《漢書》，勵精忘倦，愷門徒皆出其下。大業初，授親衛大都督，[2]非其所好，稱疾而歸。

[1]國子助教：官名。隋國子學設助教，初爲五人，後改爲一人，講授五經等課業。從七品。　包愷：人名。傳見本書卷七五、《北史》卷八二。

[2]親衛大都督：《新唐書》卷八四《李密傳》作“左親衛府大都督”，然《舊唐書》卷五三《李密傳》、《通鑑》卷一八六《隋紀》大業九年四月條、《李密墓誌》均作“左親侍”。此恐爲“左親侍”之誤。左親侍，官署名。爲翊衛所轄三侍之一，統内軍鷹揚府宿衛。

及楊玄感在黎陽，有逆謀，陰遣家僮至京師召密，令與弟玄挺等同赴黎陽。玄感舉兵而密至，玄感大喜，以爲謀主。玄感謀計於密，密曰：“愚有三計，惟公所擇。今天子出征，遠在遼外，地去幽州，懸隔千里。南有巨海之限，北有胡戎之患，中間一道，理極艱危。今公擁兵，出其不意，長驅入薊，[1]直扼其喉。前有高麗，退無歸路，不過旬月，齎糧必盡。舉麾一召，其衆自降，不戰而禽，此計之上也。又關中四塞，天府之國，有衛文昇，[2]不足爲意。今宜率衆，經城勿攻，輕齎鼓行，務早西入。天子雖還，失其襟帶，據險臨之，故當必剋，萬全之勢，此計之中也。若隨近逐便，先向東都，唐禕告之，理當固守。引兵攻戰，必延歲月，勝負殊未可知，此計之下也。”玄感曰：“不然。公之下計，乃上策矣。今百官家口並在東都，若不取之，安能動物？且經城不拔，何以示威？”密計遂不行。

[1]薊：地名。指今北京城西南地區。

[2]衛文昇：人名。即衛玄，字文昇。傳見本書卷六三、《北史》卷七六。

玄感既至東都，皆捷，自謂天下響應，功在朝夕。及獲韋福嗣，[1]又委以腹心，是以軍旅之事，不專歸密。福嗣既非同謀，因戰被執，每設籌畫，皆持兩端。後使作檄文，福嗣固辭不肯。密揣知其情，因謂玄感曰：“福嗣元非同盟，實懷觀望。明公初起大事，[2]而姦人在側，聽其是非，必爲所誤矣。請斬謝衆，方可安輯。”玄感曰：“何至於此！”密知言之不用，退謂所親曰：“楚公好反而不欲勝，如何？吾屬今爲虜矣！”後玄感將西入，福嗣竟亡歸東都。

[1]韋福嗣：人名。韋世康次子，官至内史舍人，楊玄感之亂，從衛玄戰於洛陽城北，兵敗被擒。後因爲楊玄感作檄文，被隋煬帝車裂而死。事見《北史》卷六四《韋世康傳》。

[2]明公：對有地位者的尊稱。

時李子雄勸玄感速稱尊號，玄感以問於密。密曰：“昔陳勝自欲稱王，[1]張耳諫而被外，[2]魏武將求九錫，[3]荀彧止而見疏。[4]今者密欲正言，還恐追蹤二子，阿諛順意，又非密之本圖。何者？兵起已來，雖復頻捷，至於郡縣，未有從者。東都守禦尚强，天下救兵益至，公當身先士衆，早定關中。乃欲急自尊崇，何示不廣也！”玄感笑而止。

［1］陳勝：人名。即陳涉，秦末農民起義領導者之一。《史記》卷四八有《陳涉世家》，傳見《漢書》卷三一。

［2］張耳：人名。西漢開國功臣之一，封趙王。傳見《史記》卷八九、《漢書》卷三二。

［3］魏武：指魏武帝曹操。紀見《三國志》卷一。　九錫（cì）：傳説古代帝王尊禮大臣所給的九種器物。不同典籍記九錫名目大同小異，包括車馬、衣服、樂則、朱户、納陛、虎賁、宫矢、鈇鉞、秬鬯等。王莽代漢建新前，先加九錫，此後掌政大臣奪取政權、建立新王朝前，都加九錫，成爲例行公事。

［4］荀彧：人名。東漢末著名謀臣，輔佐曹操統一北方。傳見《後漢書》卷七〇、《三國志》卷一〇。

及宇文述、來護兒等軍且至，玄感謂密曰：“計將安出？”密曰：“元弘嗣統强兵於隴右，[1]今可揚言其反，遣使迎公，因此入關，可得紿衆。”玄感遂以密謀，號令其衆，因引西入。至陜縣，[2]欲圍弘農宫，密諫之曰：“公今詐衆入西，軍事在速，況乃追兵將至，安可稽留！若前不得據關，退無所守，大衆一散，何以自全？”玄感不從，遂圍之，三日攻不能拔，方引而西。至於閿鄉，追兵遂及。

［1］元弘嗣：人名。傳見本書卷七四、《北史》卷八七。

［2］陜縣：治所在今河南陜縣。

玄感敗，密間行入關，與玄感從叔詢相隨，[1]匿於馮翊詢妻之舍。[2]尋爲鄰人所告，遂捕獲，囚於京兆獄。是時煬帝在高陽，與其黨俱送帝所。在途謂其徒曰："吾等之命，同於朝露，若至高陽，必爲葅醢。今道中猶可爲計，安得行就鼎鑊，不規逃避也？"衆咸然之。其徒多有金，密令出示使者曰："吾等死日，此金並留付公，幸用相瘞。其餘即皆報德。"使者利其金，遂相然許。及出關外，防禁漸弛，密請通市酒食，每讌飲喧嘩竟夕，使者不以爲意。行次邯鄲，[3]夜宿村中，密等七人皆穿墻而遁，與王仲伯亡抵平原賊帥郝孝德。[4]孝德不甚禮之，備遭饑饉，至削樹皮而食。仲伯潛歸天水，[5]密詣淮陽，[6]舍於村中，變姓名稱劉智遠，聚徒教授。經數月，密鬱鬱不得志，爲五言詩曰："金風蕩初節，玉露凋晚林。此夕窮塗士，空軫鬱陶心。眺聽良多感，慷慨獨霑襟。霑襟何所爲？悵然懷古意。秦俗猶未平，漢道將何冀！樊噲市井徒，[7]蕭何刀筆吏。[8]一朝時運合，萬古傳名器。寄言世上雄，虛生真可愧。"詩成而泣下數行。時人有怪之者，以告太守趙他。[9]縣捕之，密乃亡去，抵其妹夫雍丘令丘君明。[10]後君明從子懷義以告，[11]帝令捕密，密得遁去，君明竟坐死。

[1]詢：人名。即楊詢。事亦見《北史》卷六〇《李密傳》、《册府元龜》卷九四九《總録部·亡命》。具體事迹不詳。

[2]馮翊：縣名。治所在今陝西大荔縣。

[3]邯鄲：縣名。治所在今河北邯鄲市西南。

［4］平原：郡名。治所在今山東平原縣西南。　郝孝德：人名。隋末農民起義軍領導者之一，大業九年聚衆反隋，後投靠瓦崗軍，封平原公。事亦見本書卷七一《張須陁傳》、《舊唐書》卷五五《劉黑闥傳》、《新唐書》卷九三《李勣傳》。

［5］天水：郡名。治所在今甘肅天水市。

［6］淮陽：郡名。治所在今河南淮陽縣。

［7］樊噲市井徒：典出《史記》卷九五、《漢書》卷四一《樊噲傳》。樊噲與劉邦起義前，在市井屠狗爲生。

［8］蕭何刀筆吏：典出《史記》卷五三、《漢書》卷三九《蕭何傳》。蕭何與劉邦起義前，曾任沛縣功曹掾。

［9］趙他：人名。隋末任淮陽郡太守，其他事迹不詳。事亦見《北史·李密傳》、《新唐書》卷八四《李密傳》、《通鑑》卷一八三《隋紀》大業十二年十月條、《册府元龜》卷九四九《總録部·亡命》。按，"他"字新、舊《唐書·李密傳》作"佗"。

［10］雍丘：縣名。治所在今河南杞縣。　丘君明：人名。隋末任雍丘縣令，其他事迹不詳。事亦見《北史·李密傳》、《新唐書·李密傳》、《通鑑》卷一八三《隋紀》大業十二年十月條、《册府元龜》卷九四九《總録部·亡命》。

［11］懷義：人名。事迹不詳。事亦見《北史·李密傳》、《通鑑》卷一八三《隋紀》大業十二年十月條、《册府元龜》卷九四九《總録部·亡命》。

會東郡賊帥翟讓聚黨萬餘人，[1]密歸之，其中有知密是玄感亡將，潛勸讓害之。密大懼，乃因王伯當以策干讓。[2]讓遣説諸小賊，所至輒降下，讓始敬焉，召與計事。密謂讓曰："今兵衆既多，糧無所出，若曠日持久，則人馬困敝，大敵一臨，死亡無日。未若直趣滎陽，[3]休兵館穀，待士馬肥充，然可與人争利。"讓從之，於是破金堤關，[4]掠滎陽諸縣，城堡多下之。滎陽太守郇王慶及通守張須陁以兵討讓。[5]讓數爲須陁所敗，聞其來，大懼，將遠避之。密曰："須陁勇而無謀，兵又驟勝，既驕且狠，可一戰而禽。公但列陣以待，保爲公破之。"讓不得已，勒兵將戰，密分兵千餘人於林木間設伏。讓與戰不利，軍稍却，密發伏自後掩之，須陁衆潰。與讓合擊，大破之，遂斬須陁於陣。讓於是令密建牙，[6]别統所部。

[1]東郡：治所在今河南滑縣東。　翟讓：人名。隋末瓦崗軍早期領導人之一，大業十三年被李密殺害。事亦見本書卷四《煬帝紀下》、卷七一《馮慈明傳》《張須陁傳》，《新唐書》卷九三《李勣傳》。

[2]王伯當：人名。隋末瓦崗軍早期領導者翟讓之學生，李密殺翟讓後，與徐世勣分領翟讓舊部。李密敗後，隨密入關，不久反唐被殺。事亦見《北史》卷六〇、《舊唐書》卷五三、《新唐書》卷八四《李密傳》。

[3]滎陽：郡名。煬帝改鄭州置，治所在今河南鄭州市。

[4]金堤關：地名。亦作金隄關。在今河南滎陽市東北古黄河南岸。按，堤，新、舊《唐書·李密傳》及《通鑑》卷一八三《隋紀》大業十二年十月條均作"隄"，《通鑑》胡三省注云："金隄關，當在滎陽界，以漢金隄名之。"

[5]郇王慶：即楊慶，襲父爵爲郇王。本書卷四三、《北史》卷七一有附傳。　通守：官名。煬帝於郡守下置通守一人，地位僅次於郡守，協掌本郡政務。品秩不詳。　張須陁：人名。傳見本書卷七一、《北史》卷八五。按，"陁"底本與汲古閣本、殿本、庫本原作"陀"，宋刻遞修本、中華本作"陁"。檢《北史·李密

傳》，新、舊《唐書·李密傳》，本書《張須陁傳》及《北史·張須陁傳》均作“陁”。今據改。

［6］建牙：即樹立軍旗，此意指别置軍幕。牙指軍旗。

密復説讓曰：“昏主蒙塵，播揚吴、越，蝟毛競起，海内飢荒。明公以英桀之才，而統驍雄之旅，宜當廓清天下，誅剪群凶，豈可求食草間，常爲小盗而已！今東都士庶，中外離心，留守諸官，政令不一，明公親率大衆，直掩興洛倉，[1]發粟以賑窮乏，遠近孰不歸附！百萬之衆，一朝可集，先發制人，此機不可失也。”讓曰：“僕起隴畝之間，望不至此。必如所圖，請君先發，僕領諸軍，便爲後殿。得倉之日，當别議之。”密與讓領精兵七千人，以大業十三年春，出陽城，[2]北踰方山，[3]自羅口襲興洛倉，[4]破之。開倉恣民所取，老弱繦負，道路不絶。

［1］興洛倉：倉廪名。因其地處洛水入黄口，又名洛口倉。在今河南鞏義市東南。隋大業二年置，倉城周圍二十餘里，有窖三千個，每窖儲糧八百石。

［2］陽城：縣名。治所在今河南登封市東南。

［3］方山：在今河南登封市東北。

［4］羅口：長羅川口。在今河南鞏義市西南。

越王侗武賁郎將劉長恭率步騎二萬五千討密，[1]密一戰破之，長恭僅以身免。讓於是推密爲主。密城洛口周迴四十里以居之。房彦藻説下豫州，[2]東都大懼。讓上密號爲魏公。密初辭不受，諸將等固請，乃從之。設壇場，即位，稱元年，置官屬，以房彦藻爲左長史，邴元真右長史，[3]楊德方左司馬，[4]鄭德韜右司馬。[5]拜讓司徒，[6]封東郡公。[7]其將帥封拜各有差。長白山賊孟讓掠東郡，[8]燒豐都市而歸。[9]密攻下鞏縣，[10]獲縣長柴孝和，[11]拜爲護軍。[12]武賁郎將裴仁基以武牢歸密，[13]因遣仁基與孟讓率兵二萬餘人襲迴洛倉，[14]破之，燒天津橋，[15]遂縱兵大掠。東都出兵乘之，仁基等大敗，僅以身免。密復親率兵三萬逼東都，將軍段達、武賁郎將高毗、劉長恭等出兵七萬拒之，[16]戰於故都，官軍敗走，密復下迴洛倉而據之。俄而德韜、德方俱死，復以鄭頲爲左司馬，[17]鄭虔象爲右司馬。[18]

[1]劉長恭：人名。隋朝將領，隋末爲武賁郎將，義寧二年正月，隨王世充攻打李密，戰死。事亦見本書卷四《煬帝紀下》、卷五《恭帝紀》，《北史》卷一二《隋煬帝紀》、卷六〇《李密傳》，《舊唐書》卷五三《李密傳》，《新唐書》卷八四《李密傳》。

[2]房彦藻：人名。隋時人，曾任宋城縣尉，參加過楊玄感反隋，隨李密一起加入瓦崗軍。李密稱魏公，以房彦藻爲元帥左長史。武德元年被殺於衛州。事亦見《北史·李密傳》，新、舊《唐書·李密傳》。　豫州：治所在今河南洛陽市。按，大業三年煬帝改豫州爲河南郡，此時當未回改。

[3]邴元真：人名。隋時人，曾爲縣吏，與翟讓一起參加瓦崗軍，擔任掌書記。李密爲魏公，翟讓推薦爲長史。事略見《通鑑》卷一八六《唐紀》武德元年。　右長史：官名。此爲李密所置官職。

[4]楊德方：人名。具體事迹不詳，大業十三年四月戰死於洛陽。事亦見《北史·李密傳》、《新唐書·李密傳》、《通鑑》卷一

八三《隋紀》大業十二年。　左司馬：官名。此爲李密所置官職。

［5］鄭德韜：人名。具體事迹不詳，大業十三年四月戰死於洛陽。事亦見《北史·李密傳》，新、舊《唐書·李密傳》，《通鑑》卷一八三《隋紀》大業十二年。

［6］司徒：官名。此爲李密所置官職。

［7］東郡公：爵名。此爲李密所封爵名。

［8］長白山：在今山東鄒平縣西南會仙山。　孟讓：人名。隋末山東農民起義軍領導者之一。曾任隋齊郡主簿，大業九年起兵反隋，後爲隋將王世充擊敗，投奔瓦崗軍，被封齊郡公。瓦崗軍爲王世充所敗，孟讓去向不明。（參見漆俠《隋末農民起義》，上海人民出版社1954年版；王永興《隋末農民戰争史料彙編》，中華書局1980年版）　東郡：中華本作“東都”，其校勘記云：“原作‘東郡’，據本書《煬帝紀》下、《御覽》一〇七改。”是。另據《通鑑》卷一八三《隋紀》義宁元年三月條，此當改爲“東都”。

［9］豐都市：洛陽城東市。在今河南洛陽市東。

［10］鞏縣：治所在今河南鞏義市。

［11］柴孝和：人名。隋末任鞏縣縣令，大業十三年二月投降李密，得到重用，曾勸李密先攻取長安。事亦見《北史·李密傳》，新、舊《唐書·李密傳》。

［12］護軍：官名。煬帝改護軍爲武賁郎將。

［13］裴仁基：人名。傳見本卷、《北史》卷三八。　武牢：即虎牢關。在今河南滎陽市西北。武，唐避“虎”諱改。

［14］迴洛倉：倉名。隋大業二年置，在今河南洛陽市隋洛陽故城北七里。

［15］天津橋：指隋洛陽城皇城正南洛水上之橋，在今河南洛陽市舊城西南。

［16］段達：人名。傳見本書卷八五、《北史》卷七九。　高毗：人名。隋朝將領，隨王世充鎮壓農民起義，具體事迹不詳。事略見本書卷四《煬帝紀下》、《北史》卷一二《隋煬帝紀》、《舊唐

書·李密傳》、《通鑑》卷一八七《唐紀》武德二年等。

[17]鄭頲：人名。隋末任監察御史，大業十三年投降李密，後又以偃師降王世充，王世充稱帝，任御史大夫。事亦見《北史·李密傳》，新、舊《唐書·李密傳》，《舊唐書》卷七一《魏徵傳》。

[18]鄭虔象：人名。隋末爲李密右司馬，後以偃師城降王世充。事亦見《北史》卷七九《王世充傳》，《舊唐書》卷五三《李密傳》、卷五四《王世充傳》，《新唐書》卷八四《李密傳》、卷八五《王世充傳》。按，《通鑑》卷一八三《考異》云："《隋》《唐書》皆作'虔象'，唯《壺關録》作'乾象'。"

柴孝和説密曰："秦地阻山帶河，西楚背之而亡，[1]漢高都之而霸。[2]如愚意者，令仁基守迴洛，翟讓守洛口，明公親簡精鋭，西襲長安，百姓孰不郊迎，必當有征無戰。既剋京邑，業固兵强，方更長驅崤、函，[3]掃蕩京、洛，傳檄指撝，天下可定。但今英雄競起，實恐他人我先，一朝失之，噬臍何及！"[4]密曰："君之所圖，僕亦思之久矣，誠爲上策。但昏主尚在，從兵猶衆，我之所部，並山東人，[5]既見未下洛陽，何肯相隨西入！諸將出於群盜，留之各競雌雄。若然者，殆將敗矣。"孝和曰："誠如公言，非所及也。大軍既未可西出，請間行觀隙。"密從之。孝和與數十騎至陜縣，山賊歸之者萬餘人。密時兵鋒甚鋭，每入苑，與官軍連戰。會密爲流矢所中，卧於營内，後數日，東都出兵擊之，密衆大潰，棄迴洛倉，歸洛口。孝和之衆聞密退，各分散而去。孝和輕騎歸密。

[1]西楚：此指西楚霸王項羽。紀見《史記》卷七。

［2］漢高：指漢高祖劉邦。紀見《史記》卷八、《漢書》卷一。

［3］崤、函：崤山和函谷並稱。

［4］噬臍：自囓腹臍，喻指追悔莫及。

［5］山東：地區名。戰國、秦、漢時代，通稱華山或崤山以東爲山東。函括今河北、河南、山東等省。魏晋南北朝隋唐時期亦稱太行山以東地區爲山東。

帝遣王世充率江淮勁卒五萬來討密，密逆拒之，戰不利。柴孝和溺死於洛水，密甚傷之。世充營於洛西，與密相拒百餘日。武陽郡丞元寶藏、黎陽賊帥李文相、洹水賊帥張昇、清河賊帥趙君德、平原賊帥郝孝德並歸於密，[1]共襲破黎陽倉，據之。周法明舉江、黄之地以附密，[2]齊郡賊帥徐圓朗、任城大俠徐師仁、淮陽太守趙他等前後款附，[3]以千百數。

［1］武陽郡：煬帝改魏州置，治所在今河北大名縣。　元寶藏：人名。隋武陽郡丞，大業十三年九月投降李密，李密封以上柱國、武陽公、魏州總管，武德二年降唐。事亦見本書卷七三《魏德深傳》、卷八五《宇文化及傳》。　李文相：人名。號李商胡，隋末農民起義領導者之一，聚衆五千餘人，活動範圍以河陽中潬城爲中心。事亦見《通鑑》卷一八八。　洹水：縣名。治所在今河北魏縣西南。　張昇：人名。隋末農民起義軍領導者之一，具體事迹不詳。　清河：郡名。煬帝改貝州置，治所在今河北清河縣西北。　趙君德：人名。隋末農民起義軍領導者之一，具體事迹不詳。事亦見《舊唐書》卷五三、《新唐書》卷八四《李密傳》。

［2］周法明：人名。隋任真定縣令，隋末襲據黄州，先降李密，武德四年以所據四州降唐，封黄州總管。事略見《通鑑》卷一八九、一九〇等。正史無傳。

[3]齊郡：煬帝改齊州置，治所在今山東濟南市。　徐圓朗：人名。隋大業十三年，徐圓朗以兗州爲中心聚衆反隋，擁兵二萬餘人。同年依附李密瓦崗軍，武德元年李密敗，又降王世充。傳見《舊唐書》卷五五、《新唐書》卷八六。　任城：縣名。治所在今山東濟寧市。　徐師仁：人名。隋末農民起義軍領導者，具體事迹不詳。事亦見《北史》卷六〇《李密傳》，新、舊《唐書·李密傳》。

翟讓所部王儒信勸讓爲大冢宰，[1]總統衆務，以奪密權。讓兄寬復謂讓曰：[2]"天子止可自作，安得與人？汝若不能作，我當爲之。"密聞其言，有圖讓之計。會世充列陣而至，讓出拒之，爲世充所擊退者數百步。密與單雄信等率精鋭赴之，[3]世充敗走。讓欲乘勝進破其營，會日暮，密固止之。明日，讓與數百人至密所，欲爲宴樂。密具饌以待之，其所將左右，各分令就食。諸門並設備，讓不之覺也。密引讓入坐，有好弓，出示讓，遂令讓射。讓引滿將發，密遣壯士蔡建自後斬之，[4]殞於床下。遂殺其兄寬及王儒信，并其從者亦有死焉。讓所部將徐世勣，[5]爲亂兵所斫中，重瘡，密遽止之，僅而得免。單雄信等皆叩頭求哀，密並釋而慰諭之。於是率左右數百人詣讓本營。王伯當、邴元真、單雄信等入營，告以殺讓之意，衆無敢動者。乃令徐世勣、單雄信、王伯當分統其衆。

[1]王儒信：人名。翟讓之司馬，被李密殺害，其他事迹不詳。事亦見《北史》卷六〇、《舊唐書》卷五三、《新唐書》卷八四《李密傳》。　大冢宰：官名。本爲《周禮》所置天官府長官，此

爲農民起義軍所設。

［2］寬：人名。即翟寬。瓦崗軍早期領導者翟讓之兄，李密封其爲柱國、滎陽公，後爲李密所殺。事亦見《北史·李密傳》，新、舊《唐書·李密傳》。按，新、舊《唐書·李密傳》亦作“寬”。然《通鑑》卷一八四《隋紀》義寧元年十一月條載“讓兄柱國滎陽公弘”，其《考異》云：“《河洛記》作‘洪’。今從《蒲山公傳》。”

［3］單雄信：人名。隋末唐初人，瓦崗軍著名將領，後降王世充。王世充被李世民擊敗，單雄信亦被殺。事見新、舊《唐書·李密傳》。

［4］蔡建：人名。事迹不詳。按，中華本校勘記云：“《通鑑》隋義寧二年作‘蔡建德’。”檢《通鑑》卷一八四《隋紀》義寧元年十一月戊午條有“蔡建德”。

［5］徐世勣：人名。亦稱李勣或李世勣，隋末唐初名將。傳見《舊唐書》卷六七、《新唐書》卷九三。

未幾，世充夜襲倉城，密逆拒破之，斬武賁郎將費青奴。[1]世充復移營洛北，南對鞏縣，其後遂於洛水造浮橋，悉衆以擊密。密與千騎拒之，不利而退。世充因薄其城下，[2]密簡鋭卒數百人，分爲三隊出擊之。官軍稍却，自相陷溺，死者數萬人，武賁郎將楊威、王辨、霍世舉、劉長恭、梁德重、董智通等諸將率皆没于陣。[3]世充僅而獲免，不敢還東都，遂走河陽。其夜雨雪尺餘，衆隨之者，死亡殆盡。密於是修金墉故城居之，[4]衆三十餘萬。復來攻上春門，留守韋津出拒戰，[5]密擊敗之，執津於陣。其黨勸密即尊號，密不許。及義師圍東都，[6]密出軍争之，交綏而退。

[1]費青奴：人名。隋末任武賁郎將，曾鎮壓吕明星農民起義，義寧元年十二月戰死。事亦見本書卷四、《北史》卷一二《隋煬帝紀》。

[2]薄：逼近、靠近。

[3]楊威：人名。隋朝將領，隋末爲武賁郎將，義寧二年正月，隨王世充攻打李密，戰死。事亦見本書卷五《恭帝紀》、《北史》卷一二《隋恭帝紀》、《舊唐書》卷五三《李密傳》。　王辯：人名。隋朝將領，隋末爲武賁郎將，義寧二年正月，隨王世充攻打李密，戰死。事亦見本書《恭帝紀》、《北史·隋恭帝紀》、《舊唐書·李密傳》。按，“辯”字底本原作“辨”，其他史料均作“辯”。　霍世舉：人名。隋朝將領，隋末爲武賁郎將，義寧二年正月，隨王世充攻打李密，戰死。事亦見《北史》卷六〇《李密傳》、卷七九《王世充傳》，《舊唐書·李密傳》。按，《舊唐書·李密傳》作“霍舉”，當避唐諱所改。　梁德重：人名。隋朝將領，隋末爲武賁郎將，義寧二年正月，隨王世充攻打李密，戰死。事亦見本書《恭帝紀》、《北史·隋恭帝紀》、《北史·李密傳》、《舊唐書·李密傳》。按，本書《恭帝紀》《北史·隋恭帝紀》《舊唐書·李密傳》《册府元龜》作“梁德”。　董智通：人名。隋朝將領，隋末爲武賁郎將，義寧二年正月，隨王世充攻打李密，戰死。事亦見本書《恭帝紀》、《北史·隋恭帝紀》、《舊唐書·李密傳》。

[4]金墉故城：三國魏明帝時建，在今河南洛陽市東北。

[5]留守：使職名。古代帝王出巡或出征時，常在京師、陪都設留守，以親王或重丞爲之。　韋津：人名。事見《北史》卷六四《韋孝寬傳》。

[6]義師：指唐高祖李淵的部隊。

俄而宇文化及殺逆，[1]率衆自江都北指黎陽，兵十餘萬。密乃自率步騎二萬拒之。會越王侗稱尊號，遣使者授密太尉、尚書令、東南道大行臺、行軍元帥、魏國公，[2]令先平化及，然後入朝輔政。密遣使報謝焉。化及與密相遇，密知其軍少食，利在急戰，故不與交鋒，又遏其歸路，使不得西。密遣徐世勣守倉城，化及攻之，不能下。密與化及隔水而語，密數之曰："卿本匈奴皂隸破野頭耳，[3]父兄子弟並受隋室厚恩，富貴累世，至妻公主，光榮隆顯，舉朝莫二。荷國士之遇者，當須國士報之，豈容主上失德，不能死諫，反因衆叛，躬行殺虐，誅及子孫，傍立支庶，擅自尊崇，欲規篡奪，污辱妃后，枉害無辜？不追諸葛瞻之忠誠，[4]乃爲霍禹之惡逆。[5]天地所不容，人神所莫祐。擁逼良善，將欲何之！今若速來歸我，尚可得全後嗣。"化及默然，俯視良久，乃瞋目大言曰："共你論相殺事，何須作書語邪？"[6]密謂從者曰："化及庸懦如此，忽欲圖爲帝王，斯乃趙高、聖公之流，[7]吾當折杖驅之耳。"

[1]宇文化及：人名。傳見本書卷八五，《北史》卷七九有附傳。

[2]太尉：官名。隋三公之一。此爲越王侗所授官職。　東南道大行臺：官名。此指東南道行臺尚書令，隋朝在道設行臺尚書省，簡稱行臺，是中央最高行政機關尚書省的派出機構。長官稱行臺尚書令，執掌道區域的大權。流内視正二品。此爲越王侗所封之官。　行軍元帥：出征軍的統帥名。根據需要臨時任命，事罷則廢。此爲越王侗所授官職。

[3]匈奴：中國古代北方少數民族之一。　破野頭：古鮮卑族

三字姓，宇文氏本姓破野頭，後改。

[4]諸葛瞻：人名。三國時諸葛亮之子，蜀國亡，瞻死之。事略見《三國志》卷三五《蜀書·諸葛亮傳》。

[5]霍禹：人名。霍光之子，漢宣帝親政，禹謀爲大逆，遂以滅族。事見《漢書》卷六八《霍光傳》。

[6]書語：書傳中之語，常含有引經據典、咬文嚼字之意。

[7]趙高：人名。趙高殺秦二世立子嬰爲秦王。事見《史記》卷六《秦始皇本紀》。　聖公：指漢末劉玄，字聖公，亦稱更始皇帝。傳見《後漢書》卷一一。

化及盛修攻具，以逼黎陽倉城，密領輕騎五百馳赴之。倉城兵又出相應，焚其攻具，經夜火不滅。密知化及糧且盡，因僞與和，以敝其衆。化及不之悟，大喜，恣其兵食，冀密饋之。會密下有人獲罪，亡投化及，具言密情，化及大怒。其食又盡，乃度永濟渠，[1]與密戰于童山之下，[2]自辰達酉。密爲流矢所中，頓於汲縣。[3]化及掠汲郡，北趣魏縣，[4]其將陳智略、張童仁等所部兵歸于密者，[5]前後相繼。初，化及以輜重留於東郡，遣其所署刑部尚書王軌守之。[6]至是，軌舉郡降密，以軌爲滑州總管。[7]密引兵而西，遣記室參軍李儉朝於東都，[8]執殺煬帝人于弘達以獻越王侗。[9]侗以儉爲司農少卿，[10]使之反命，召密入朝。密至温縣，[11]聞世充已殺元文都、盧楚等，[12]乃歸金墉。

[1]永濟渠：隋大業四年開鑿，從今河南武陟縣南，經河南、河北、山東、天津等地至北京，長一千多公里。

[2]童山：在今河南浚縣西南。

[3]汲縣：治所在今河南衛輝市。

[4]魏縣：治所在今河北大名縣西南。

[5]陳智略：人名。本嶺南豪族，應募爲隋煬帝驍果軍將領，宇文化及弑殺隋煬帝北上途中，陳智略投降瓦崗軍。瓦崗軍敗時又投降王世充，武德三年降唐。　張童仁：人名。隋煬帝驍果軍將領，宇文化及弑殺隋煬帝北上途中投降瓦崗軍，後又降王世充。武德三年兵敗被斬於洛陽。按，本書卷八五及《北史》卷七九《宇文化及傳》與《王世充傳》作“張童兒”。

[6]王軌：人名。傳見《北史》卷六二。

[7]滑州：治所在今河南滑縣東。按，據本書《地理志》開皇十六年改杞州置，大業三年改爲東郡，此或沿用舊名。

[8]記室參軍：官名。隋王府、總管府均設有記室，掌章表書記文檄。此爲李密元帥府所置官職。　李儉：人名。隋末任李密元帥府記室參軍，其他事迹不詳。按，《全隋文》卷一九《爲越王侗别與李密書》作“司農卿”。

[9]于弘達：人名。隋末任將軍，參與宇文化及將軍宫變，其他事迹不詳。

[10]司農少卿：官名。此爲越王侗所授官職。

[11]温縣：治所在今河南温縣西南。

[12]元文都：人名。傳見本書卷七一。　盧楚：人名。傳見本書卷七一、《北史》卷八五。

世充既得擅權，乃厚賜將士，繕治器械，人心漸鋭。然密兵少衣，世充乏食，乃請交易。密初難之，邴元真等各求私利，遞來勸密，密遂許焉。初，東都絶糧，人歸密者，日有數百。至此，得食，而降人益少，密方悔而止。密雖據倉，無府庫，兵數戰不獲賞，又厚撫初附之兵，於是衆心漸怨。時遣邴元真守興洛倉。元真起自微賤，性又貪鄙，宇文温疾之，[1]每謂密曰："不殺元真，公難未已。"密不答，而元真知之，陰謀叛密。揚慶聞而告密，[2]密固疑焉。會世充悉衆來决戰，密留王伯當守金墉，自引精兵就偃師，[3]北阻邙山以待之。[4]世充軍至，令數百騎度御河，密遣裴行儼率衆逆之。[5]會日暮，暫交而退，行儼、孫長樂、程齩金等驍將十數人皆遇重瘡，[6]密甚惡之。世充夜潛濟師，詰朝而陣，密方覺之，狼狽出戰，於是敗績，與萬餘人馳向洛口。世充夜圍偃師，守將鄭頲爲其部下所翻，以城降世充。密將入洛口倉城，元真已遣人潛引世充矣。密陰知之而不發其事，因與衆謀，待世充之兵半濟洛水，然後擊之。及世充軍至，密候騎不時覺，比將出戰，世充軍悉已濟矣。密自度不能支，引騎而遁。元真竟以城降於世充。

[1]宇文温：人名。事迹不詳。

[2]揚慶：人名。事迹不詳。

[3]偃師：縣名。治所在今河南偃師市東。

[4]邙山：亦稱北芒山，在今河南洛陽市北。按，汲古閣本、殿本、庫本作"邛山"，宋刻遞修本、中華本與底本同。

[5]裴行儼：人名。裴仁基之子，驍勇善戰，李密封爲上柱國、絳國公。事略見本卷《裴仁基傳》。

[6]孫長樂：人名。隋末瓦崗軍將領，具體事迹不詳。　程齩金：人名。即程知節，隋末瓦崗軍將領，後降唐，唐太宗李世民凌煙閣二十四功臣之一。傳見《舊唐書》卷六八、《新唐書》卷九〇。

密衆漸離，將如黎陽。人或謂密曰："殺翟讓之際，徐世勣幾至於死。今瘡猶未復，其心安可保乎？"密乃止。時王伯當棄金墉，保河陽，密以輕騎自武牢度河以歸之，謂伯當曰："兵敗矣！久苦諸君，我今自刎，請以謝衆。"衆皆泣，莫能仰視。密復曰："諸君幸不相棄，當共歸關中。密身雖愧無功，諸君必保富貴。"其府掾柳爕對曰：[1]"昔盆子歸漢，[2]尚食均輸，明公與長安宗族有疇昔之遇，雖不陪起義，然而阻東都，斷隋歸路，使唐國不戰而據京師，此亦公之功也。"衆咸曰："然。"密遂歸大唐，封邢國公，[3]拜光禄卿。[4]

[1]府掾：王公府之僚屬。　柳爕：人名。具體事迹不詳。按，《新唐書》卷八四《李密傳》作"柳奭"，誤。

[2]盆子：人名。即劉盆子，西漢末年赤眉軍領袖。傳見《後漢書》卷一一。

[3]邢國公：爵名。唐九等爵的第三等。從一品。

[4]光禄卿：官名。隋唐光禄寺長官，掌祭祀及朝會宴享酒食等供設。從三品。

裴仁基

河東裴仁基，[1]字德本。祖伯鳳，[2]周汾州刺史。[3]父定，[4]上儀同。[5]仁基少驍武，便弓馬。開皇初，爲親衛。平陳之役，先登陷陣，拜儀同，賜物千段。以本官領漢王諒府親信。煬帝嗣位，諒舉兵作亂，仁基苦諫。諒大怒，囚之於獄。及諒敗，帝嘉之，超拜護軍。數歲，改授武賁郎將，從將軍李景討叛蠻向思多於黔安，[6]以功進位銀青光禄大夫，[7]賜奴婢百口，絹五百匹。擊吐谷渾於張掖，[8]破之，加授金紫光禄大夫。[9]斬獲寇掠靺鞨，[10]拜左光禄大夫。[11]從征高麗，進位光禄大夫。[12]

[1]河東：郡名。治所在今山西永濟市西南

[2]伯鳳：人名。即裴伯鳳。具體事迹不詳。

[3]汾州：治所在今山西隰縣。

[4]定：人名。即裴定。具體事迹不詳。

[5]上儀同：勳官名。全稱爲上儀同大將軍。北周武帝置。位在儀同大將軍上，授予有軍勳的功臣及其子弟，無具體職掌。九命。

[6]李景：人名。傳見本書卷六五、《北史》卷七六。　向思多：人名。黔安夷酋帥，隋煬帝大業五年反，被隋將周法尚擊破。　黔安：郡名。煬帝改黔州置，治所在今重慶彭水苗族土家族自治縣。

[7]銀青光禄大夫：官名。屬散實官。隋文帝置特進、左右光禄大夫等，以加文武官之有德聲者，並不理事。隋初爲正三品，煬帝大業三年降爲從三品。

[8]張掖：郡名。隋大業三年改甘州置。治所大約在今甘肅張掖市。

[9]金紫光禄大夫：官名。屬散實官。隋文帝置特進、左右光禄大夫等，以加文武官之有德聲者，並不理事。因其金印紫綬，故名。隋初爲從二品，煬帝大業三年降爲正三品。

[10]靺鞨：古族名。西漢以前稱肅慎，東漢稱挹婁，南北朝以來稱勿吉，隋唐稱靺鞨。所處東至日本海，西接突厥，南界高麗，北臨室韋。大體以今吉林松花江流域爲中心，分布在東至俄羅斯濱

海邊疆區，北至黑龍江、烏蘇里江的廣大地區。分數十部，互不統一，社會發展不平衡。傳見本書卷八一、《北史》卷九四、《舊唐書》卷一九九下、《新唐書》卷二一九。

[11]左光禄大夫：官名。屬散實官。隋文帝置特進、左右光禄大夫等，以加文武官之有德聲者，並不理事。隋文帝時左、右光禄大夫皆正二品，煬帝大業三年定令，“左”爲正二品，“右”爲從二品。

[12]光禄大夫：官名。屬散實官。煬帝大業三年廢特進，改置光禄大夫等九大夫。從一品。

帝幸江都，李密據洛口，令仁基爲河南道討捕大使，[1]據武牢以拒密。及滎陽通守張須陁爲密所殺，仁基悉收其衆，每與密戰，多所斬獲。時隋大亂，有功者不録。仁基見强寇在前，士卒勞敝，所得軍資，即用分賞。監軍御史蕭懷静每抑止之，[2]衆咸怨怒。懷静又陰持仁基長短，欲有所奏劾。仁基懼，遂殺懷静，以其衆歸密。密以爲河東郡公。其子行儼，驍勇善戰，密復以爲絳郡公，甚相委昵。

[1]河南道：地區名。即在黄河中下游以南設置的特區。隋朝在戰争中於地方置特區，範圍可包括若干州，稱“道”。　討捕大使：使職名。爲臨時差遣追捕盜賊之使職，事後即廢。

[2]監軍御史：使職名。監督軍隊將帥官員，爲臨時性差遣，隋多以御史爲之。　蕭懷静：人名。具體事迹不詳。

王世充以東都食盡，悉衆詣偃師與密決戰。密問計於諸將，仁基對曰：“世充盡鋭而至，洛下必虚，可分兵守其要路，令不得東。簡精兵三萬，傍河西出，以逼東都。世充却還，我且按甲，世充重出，我又逼之。如此則此有餘力，彼勞奔命，兵法所謂‘彼出我歸，彼歸我出，數戰以疲之，多方以誤之’者也。”[1]密曰：“公知其一，不知其二。東都兵馬有三不可當：器械精，一也；決計而來，二也；食盡求鬭，三也。我按甲蓄力，以觀其敝，彼求鬭不得，欲走無路，不過十日，世充之首可懸於麾下。”

[1]“彼出我歸”至“多方以誤之”：語出《左傳》昭公三十年，原文爲：“彼出則歸，彼歸則出，楚必道敝。亟肄以罷之，多方以誤之。”

單雄信等諸將輕世充，皆請戰，仁基苦争不得。密難違諸將之言，戰遂大敗，仁基爲世充所虜。世充以其父子並驍鋭，深禮之，以兄女妻行儼。及僭尊號，署仁基爲禮部尚書，行儼爲左輔大將軍。[1]行儼每有攻戰，所當皆披靡，號爲“萬人敵”。世充憚其威名，頗加猜防。仁基知其意，不自安，遂與世充所署尚書左丞宇文儒童、尚食直長陳謙、秘書丞崔德本等謀反。[2]令陳謙於上食之際，持匕首以劫世充，行儼以兵應於階下，指麾事定，然後出越王侗以輔之。事臨發，將軍張童仁知其謀而告之，俱爲世充所殺。

[1]左輔大將軍：官名。此爲王世充所授之僞官，統兵將領。

[2]尚書左丞：官名。職掌佐尚書令、尚書僕射理尚書省政事。

從四品。此爲王世充所授之僞官。　宇文儒童：人名。宇文愷之子。事見本書卷六八、《北史》卷六〇《宇文愷傳》。　尚食直長：官名。隋初，門下省設尚食局，煬帝以之隸殿内省，佐長官爲奉御，掌帝王膳食等事務。正七品。此爲王世充所授之僞官。　陳謙：人名。具體事迹不詳。　秘書丞：官名。秘書省副長官，置一員，佐秘書監掌圖書經籍、天文曆法之事。正五品。此爲王世充所授之僞官。　崔德本：人名。王世充屬爲散騎常侍，謀反被殺。

史臣曰：古先帝王之興也，非夫至德深仁格於天地，有豐功博利，弘濟艱難，不然，則其道無由矣。自周邦不競，隋運將隆，武元、高祖並著大功於王室，[1]平南國，摧東夏，總百揆，定三方，然後變謳歌，遷寶鼎。于時匈奴驕倨，[2]勾吴不朝，[3]既争長於黄池，[4]亦飲馬於清渭。[5]高祖内綏外禦，日不暇給，委心膂於俊傑，寄折衝於爪牙，文武争馳，群策畢舉。服猾夏之虜，掃黄旗之寇，峻五岳以作鎮，環四海以爲池，厚澤被於域中，餘威震於殊俗。

[1]武元：指隋文帝父楊忠，開皇元年追尊爲武元皇帝，廟號太祖。傳見《周書》卷一九。

[2]匈奴：北方古民族，此指北方突厥族。

[3]勾吴：指勾踐之越國與吴國，此喻指南方政權。

[4]争長於黄池：典出公元前482年吴王夫差與晋定公、魯哀公等會盟於黄池，史稱"黄池之會"。黄池，一名黄亭，在今河南封丘縣西南。

[5]飲馬於清渭：因渭水靠近長安，此以飲馬於渭喻指威脅中央政權。渭，指渭水，今黄河中游支流渭河。

煬帝蒙故業，踐丕基，阻伊、洛而固崤、函，[1]跨兩都而總萬國。矜曆數之在己，忽王業之艱難，不務以道恤人，將以申威海外。運拒諫之智，騁飾非之辯，恥轍迹之未遠，忘德義之不修。於是鑿通渠，開馳道，樹以柳杞，隱以金椎。[2]西出玉門，[3]東踰碣石，[4]塹山堙谷，[5]浮河達海。民力凋盡，徭戍無期，率土之心，鳥驚魚潰。方西規奄蔡，[6]南討流求，[7]親總八狄之師，屢踐三韓之域。自以威行萬物，顧指無違，又躬爲長君，功高曩列，寵不假於外戚，權不逮於群下，足以轥轢軒、唐，[8]奄吞周、漢，子孫萬代，人莫能窺，振古以來，一君而已。遂乃外疏猛士，内忌忠良，耻有盜竊之聲，惡聞喪亂之事。出師命將，不料衆寡，兵少力屈者，以畏懦受顯誅，竭誠克勝者，以功高蒙隱戮。或斃鋒刃之下，或殞鴆毒之中。賞不可以有功求，刑不可以無罪免，畏首畏尾，進退維谷。彼山東之群盜，多出厮役之中，無尺土之資，十家之産，豈有陳涉亡秦之志，張角亂漢之謀哉！[9]皆苦於上欲無厭，下不堪命，飢寒交切，救死萑蒲。[10]莫識旌旗什伍之容，安知行師用兵之勢！但人自爲戰，衆怒難犯，故攻無完城，野無横陣，星離棋布，以千百數。豪傑因其機以動之，乘其勢而用之，雖有勇敢之士，明智之將，連踵覆没，莫之能禦。煬帝魂褫氣懾，望絶兩京，謀竄身於江湖，襲永嘉之舊迹。[11]既而禍生轂下，釁起舟中，思早告而莫追，唯請死而獲可。身棄南巢之野，首懸白旗之上，子孫剿絶，宗廟爲墟。

［1］伊、洛：指伊河與洛河。

［2］金槌：鐵鑄捶擊具，此意指武力。

［3］玉門：指玉門關，在今甘肅敦煌市西北。

［4］碣石：山名。在今河北昌黎縣北。

［5］塹：挖掘。

［6］奄蔡：古族名。一作闔蘇。東漢時部分西遷至今伏爾加河、頓河下游。

［7］流求：今臺灣。按，宋刻遞修本同，汲古閣本、殿本、庫本作“琉球”。

［8］轥（lìn）轢（lì）：超過。

［9］張角：人名。漢末黄巾起義軍領袖。

［10］雚（huán）蒲：蘆葦與蒲草。按，“雚”字宋刻遞修本同，汲古閣本、殿本、庫本、中華本作“萑”。

［11］永嘉之舊迹：指西晋懷帝永嘉年間發生永嘉之亂，導致西晋滅亡。

夫以開皇之初，比於大業之盛，度土地之廣狹，料户口之衆寡，算甲兵之多少，校倉廩之虚實，九鼎之譬鴻毛，未喻輕重，培塿之方嵩岱，曾何等級！論地險則遼隧未擬於長江，語人謀則勾麗不侔於陳國。[1]高祖掃江南以清六合，煬帝事遼東而喪天下。其故何哉？所爲之迹同，所用之心異也。高祖北却强胡，南并百越，十有餘載，戎車屢動，民亦勞止，不爲無事。然其動也，思以安之；其勞也，思以逸之。是以民致時雍，師無怨讟，誠在於愛利，故其興也勃焉。煬帝嗣承平之基，守已安之業，[2]肆其淫放，虐用其民，視億兆如草芥，顧群臣如寇讎，勞近以事遠，求名而喪實。兵纏魏闕，[3]

阽危弗圖，圍解雁門，慢游不息。天奪之魄，人益其灾，群盗並興，百殃俱起，自絶民神之望，故其亡也忽焉。訊之古老，考其行事，此高祖之所由興，而煬帝之所以滅者也。可不謂然乎！其隋之得失存亡，大較與秦相類。始皇并吞六國，[4]高祖統一九州，二世虐用威刑，[5]煬帝肆行猜毒，皆禍起於群盗，而身殞於匹夫。原始要終，若合符契矣。

[1]勾麗：高句麗或高麗。

[2]守：汲古閣本、殿本、庫本作"席"，宋刻遞修本、中華本與底本同。

[3]魏闕：古代宫門外兩邊高聳的樓觀，此意指朝廷。

[4]始皇：即秦始皇嬴政。紀見《史記》卷六。　六國：指戰國時期齊、楚、燕、韓、趙、魏六國。

[5]二世：秦二世胡亥。事略見《史記·始皇本紀》。

玄感宰相之子，荷國重恩，君之失得，[1]當竭股肱。未議致身，先圖問鼎，遂假伊、霍之事，[2]將肆莽、卓之心。[3]人神同疾，敗不旋踵，兄弟就葅醢之誅，先人受焚如之酷，不亦甚乎！李密遭會風雲，奪其鱗翼，思封函谷，將割鴻溝。期月之間，衆數十萬，破化及，摧世充，聲動四方，威行萬里。雖運乖天眷，事屈興王，而義協人謀，雄名克振，壯矣！然志性輕狡，終致顛覆，其度長挈大，抑陳、項之季孟歟？[4]

[1]得：宋刻遞修本、中華本作"德"，汲古閣本、殿本、庫

本與底本同。

［2］伊、霍：指商代伊尹與漢代霍光。

［3］莽、卓：西漢末王莽與東漢末董卓。

［4］陳、項：指秦末陳勝與項羽。

隋書　卷七一

列傳第三十六

誠節

《易》稱："聖人大寶曰位，何以守位？曰仁。"[1]又云："立人之道曰仁與義。"[2]然則士之立身成名，在乎仁義而已。故仁道不遠，則殺身以成仁；義重於生，則捐生而取義。是以龍逢投軀於夏癸，[3]比干竭節於商辛，[4]申蒯斷臂於齊莊，[5]弘演納肝於衛懿。[6]爰逮漢之紀信、欒布，[7]晋之向雄、嵇紹，[8]凡在立名之士，莫不庶幾焉。至於臨難忘身，見危授命，雖斯文不墜，而行之蓋寡，固知士之所重，信在兹乎！非夫内懷鐵石之心，外負淩霜之節，孰能安之若命，赴蹈如歸者也。皇甫誕等，[9]當擾攘之際，踐必死之機，白刃臨頸，確乎不拔，可謂歲寒貞柏，疾風勁草，千載之後，懔懔如生。豈獨聞彼伯夷，[10]懦夫立志，亦冀將來君子，有所庶幾。故掇採所聞，爲《誠節傳》。

［1］“聖人大寶”至“曰仁”：語出《易·繫辭下》。

［2］立人之道曰仁與義：語出《易·説卦》。立人，立身做人。

［3］龍逢：人名。即關龍逢，因諫爲夏桀所殺。　夏癸：即夏桀。名履癸，夏末代君王。詳見《史記》卷二《夏本紀》。

［4］比干：商紂王叔父，因屢次勸諫，被商紂王剖心而死。　商辛：即商紂王，號帝辛。詳見《史記》卷三《殷本紀》。

［5］申蒯：人名。春秋時崔杼弑齊莊公，申蒯斷臂入崔杼宅爲之報仇。事見《劉向新序》。　齊莊：春秋時期齊莊公。事略見《左傳》襄公十九年至襄公二十五年。

［6］弘演：人名。春秋時，衛國爲狄所滅，衛懿公爲狄所食，惟有肝在。衛國大夫弘演前往收尸，遂剖腹納衛懿公肝而死，後以之爲忠臣典範。　衛懿：即春秋時期衛懿公。

［7］紀信：人名。因貌似劉邦，代劉邦向西楚詐降，爲項羽所殺。事見《史記》卷七《項羽本紀》、《漢書》卷三一《項籍傳》。　欒布：人名。漢初任梁國大夫，梁王彭越謀反被誅，欒布冒死哭祭，爲漢高祖所重。傳見《史記》卷一〇〇、《漢書》卷三七。

［8］向雄：人名。向雄曾入獄，鍾會從獄中辟其爲都官從事，後鍾會叛逆被誅，向雄將其殯殮。傳見《晋書》卷四八。　嵇紹：人名。晋八王之亂時，嵇紹保護晋惠帝而死。傳見《晋書》卷八九。

［9］皇甫誕：人名。傳見本卷及《北史》卷七〇。生平亦可見《皇甫誕墓碑》〔北京圖書館金石組編《北京圖書館藏中國歷代石刻拓本匯編》(11)，中州古籍出版社1989年版，第117頁〕。

［10］伯夷：人名。商臣，周滅商，因耻食周粟，餓死首陽山。傳見《史記》卷六一。

劉弘

劉弘，[1]字仲遠，彭城叢亭里人，[2]魏太常卿芳之孫也。[3]少好學，有行檢，重節概。仕齊行臺郎中，[4]襄城、沛郡、穀陽三郡太守，[5]西楚州刺史。[6]及齊亡，周武帝以爲本郡太守。[7]尉迥之亂也，[8]遣其將席毗掠徐、兗。[9]弘勒兵拒之，以功授儀同、永昌太守、齊州長史。[10]志在立功，不安佐職。平陳之役，表請從軍，以行軍長史從總管吐萬緒度江。[11]以功加上儀同，[12]封濩澤縣公，[13]拜泉州刺史。[14]

[1]劉弘：人名。傳另見《北史》卷八五。

[2]彭城：郡名。治所在今江蘇徐州市。　叢亭里：地名。相傳爲劉氏宗族故里。

[3]魏：即北魏（386—557）。初都平城（今山西大同市東北），公元494年遷都洛陽（今河南洛陽市東北白馬寺東）。公元534年分裂爲東魏和西魏兩個政權。東魏（534—550）都於鄴（今河北臨漳縣西南鄴鎮東），西魏（535—557）都於長安（今陝西西安市西北郊）。　太常卿：官名。掌邦國禮樂，郊廟祭祀等。北魏官品第三品。　芳：人名。即劉芳，北魏大臣。傳見《魏書》卷五五、《北史》卷四二。

[4]齊：即北齊（550—577），或稱高齊，都鄴（今河北臨漳縣西南鄴鎮東）。　行臺：魏晋南北朝時期尚書臺（省）臨時在外所設的分支機構。“臺”指中央尚書省，出征時於其駐地設立代表中央的臨時機構稱行臺，又稱行尚書臺或行臺省。若任職者權位特重，稱大行臺。北魏、北齊時設置漸多，成爲地方最高行政機構。　郎中：官名。行臺郎中隨權制而置員，職掌同尚書省列曹郎中。北齊品秩不詳。

[5]襄城：郡名。治所在今河南襄城市。　沛郡：治所在今江蘇沛縣。　穀陽：郡名。治所在今安徽固鎮縣西北。

[6]西楚州：郡名。治所在今安徽鳳陽縣東北。

[7]周武帝：北周皇帝宇文邕謚號。紀見《周書》卷五、六，《北史》卷一〇。

[8]尉迥：人名。即尉遲迥，北周太祖宇文泰之甥，周宣帝時任大前疑、相州總管。傳見《周書》卷二一、《北史》卷六二。

[9]席毗：人名。亦稱席毗羅，原爲北齊將領後降北周，任北周徐州總管司録，據兖州，響應尉遲迥起兵反楊堅。兵敗後被于仲文斬殺。事略見本書卷五〇、《北史》卷一〇〇《李禮成傳》，《通鑑》卷一七四《陳紀》太建十二年。　徐、兖：地區名。大約在今江蘇北部、山東南部地區。

[10]儀同：官名。全稱是儀同三司。隋文帝因改北周十一等勳官之制形成十一等散實官，用以酬勤勞，無實際職掌。儀同三司是第八等，可開府置僚佐。正五品上。　永昌：郡名。治所在今四川宣漢縣東北。　齊州：治所在今山東濟南市。　長史：官名。此爲州府上佐之一，佐理一州事務，開皇三年（583）改别駕爲長史。上州正五品，中州從五品、下州正六品。

[11]行軍長史：北周至隋時出征軍統帥屬下的幕府僚佐官，位居幕府内衆幕僚之首，掌領幕府行政事務。屬臨時差遣任命之職，事罷則廢。　總管：官名。全稱爲行軍總管。北周至隋時所置的統領某部或某路出征軍隊的軍事長官。根據需要其上還可置行軍元帥以統轄全局。屬臨時差遣任命之職，事罷則廢。　吐萬緒：人名。傳見本書卷六五、《北史》卷七八。

[12]上儀同：官名。全稱爲上儀同三司。隋文帝因改北周十一等勳官之制形成十一等散實官，用以酬勤勞，無實際職掌。上儀同三司是第七等，可開府置僚佐。從四品上。

[13]濩澤縣公：爵名。隋九等爵的第五等。從一品。

[14]泉州：治所在今福建福州市。

會高智慧作亂，[1]以兵攻州，弘城守百餘日，救兵不至。前後出戰，死亡太半，糧盡無所食，與士卒數百人煮犀甲腰帶，及剥樹皮而食之，一無離叛。賊知其飢餓，欲降之，弘抗節彌厲。賊悉衆來攻，城陷，爲賊所害。上聞而嘉歎者久之，賜物二千段。子長信，[2]襲其官爵。

[1]高智慧：人名。越州會稽人，隋開皇十年十一月舉兵反，後被鎮壓遭誅。事略見據本書卷二《高祖紀下》、卷三八《劉昉傳》，《通鑑》卷一七七《隋紀》開皇十年十一月條。

[2]長信：人名。即劉長信。具體事迹不詳。

皇甫誕 子無逸

皇甫誕，字玄慮，[1]安定烏氏人也。[2]祖和，[3]魏膠州刺史。[4]父璠，[5]周隋州刺史。[6]誕少剛毅，有器局。周畢王引爲倉曹參軍。[7]高祖受禪，[8]爲兵部侍郎。[9]數年，出爲魯州長史。[10]開皇中，[11]復入爲比部、刑部二曹侍郎，[12]俱有能名。遷治書侍御史，[13]朝臣無不肅憚。上以百姓多流亡，令誕爲河南道大使以檢括之。[14]及還，奏事稱旨，上甚悦，令判大理少卿。[15]明年，遷尚書右丞，[16]俄以母憂去職。[17]未期，起令視事。尋轉尚書左丞。

[1]玄慮：中華本校勘記云："洪頤煊《諸史考異》：《皇甫誕碑》作'字玄憲'。"

[2]安定：郡名。治所在今甘肅涇川縣北。　烏氏：縣名。治

所在今甘肅涇川縣北。

［3］和：人名。即皇甫和。事略見《周書》卷三九、《北史》卷七〇《皇甫璠傳》。

［4］膠州：治所在今山東諸城市。

［5］璠：人名。即皇甫璠。傳見《周書》卷三九、《北史》卷七〇。

［6］周：即北周（557—581），都長安（今陝西西安市西北）。　隋州：北周時治所在今河北隨州市。按，《周書》及《北史·皇甫璠傳》作“隨州”。考魏本隨州，因北周、北齊動蕩不安，隋文帝去“辵”作“隋”，以“辵”訓“走”故。

［7］周畢王：即北周畢剌王宇文賢。傳見《周書》卷一三、《北史》卷五八。　倉曹參軍：官名。王府屬官，爲諸曹參軍之一，掌倉儲事。其品秩依府主地位不同而異，從五品至九品不等。

［8］高祖：隋文帝楊堅的廟號。紀見本書卷一、二，《北史》卷一一。

［9］兵部侍郎：官名。隋文帝時於兵部四曹之一兵部曹置兵部侍郎一員，爲該曹長官。正六品上。煬帝大業三年（607）諸曹侍郎並改稱“郎”，又始置“侍郎”，爲尚書省下轄六部之副長官。此後，兵部侍郎纔成爲兵部副長官。協助長官兵部尚書掌全國軍衛武官選授之政令等。正四品。

［10］魯州：治所在今河南魯山縣。

［11］開皇：隋文帝楊堅年號（581—600）。

［12］比部：官名。即比部侍郎。隋尚書省都官曹（後改刑部）比部的長官，置一員，掌中央財務審計。隋初爲正六品上，開皇三年升爲從五品。煬帝大業三年改諸曹侍郎爲郎，比部侍郎遂改稱比部郎。　刑部：官名。即刑部侍郎。隋尚書省都官曹（後改刑部）刑部的長官，置一員，掌刑法、獄訟之事。隋初爲正六品上，開皇三年升爲從五品。煬帝大業三年改諸曹侍郎爲郎，刑部侍郎改爲憲部郎。

[13]治書侍御史：官名。隋御史臺副長官，實主臺務，並佐御史大夫掌彈劾百官。初爲從五品下，煬帝大業三年升爲正五品，五年又降爲從五品。

[14]河南道：特區名。在黄河中下游以南設置的特區。隋朝在戰争中於地方置特區，範圍可包括若干州，稱“道”。　大使：使職名。爲臨時差遣巡察地方政刑苛弊之使職，事後即罷。

[15]大理少卿：官名。隋大理寺副長官，協助大理卿掌刑獄之事。正四品。

[16]尚書右丞：官名。爲尚書省屬官，與尚書左丞對置，各一人，分掌尚書都省事務，糾駁諸司文案，總判兵、刑、工三部之事。隋初爲從四品下，煬帝大業三年升爲正四品。

[17]母憂：遭逢母親喪事。古代喪服禮制規定，父母死後，子女須守喪，三年内不得做官、婚娶、赴宴、應考、舉樂，等等。

時漢王諒爲并州總管，[1]朝廷盛選僚佐，前後長史、司馬，[2]皆一時名士。上以誕公方著稱，拜并州總管司馬，總府政事，一以諮之，諒甚敬焉。及煬帝即位，徵諒入朝，諒用諮議王頍之謀，[3]發兵作亂。誕數諫止，諒不納。誕因流涕曰：“竊料大王兵資，無敵京師者，加以君臣位定，逆順勢殊，士馬雖精，難以取勝。願王奉詔入朝，守臣子之節，必有松、喬之壽，[4]累代之榮。如更遷延，陷身叛逆，一掛刑書，爲布衣黔首不可得也。[5]願察區區之心，思萬全之計，敢以死請。”諒怒而囚之。及楊素將至，[6]諒屯清源以拒之。[7]諒主簿豆盧毓出誕於獄，[8]相與協謀，閉城拒諒。諒襲擊破之，並抗節而遇害。帝以誕亡身徇國，嘉悼者久之，下詔曰：“褒顯名節，有國通規，加等飾終，抑惟令典。并州總管司馬皇甫誕，性理淹通，志懷審正，效官贊務，聲績克宣。值狂悖構禍，凶威孔熾，確殉單誠，不從妖逆。雖幽縶寇手，而雅志彌厲，遂潛與義徒據城抗拒。衆寡不敵，奄致非命。可贈柱國，[9]封弘義公，[10]謚曰明。”子無逸嗣。[11]

[1]漢王諒：即隋文帝楊堅第五子楊諒，開皇元年封漢王。傳見本書卷四五、《北史》卷七一。　并州：治所在今山西太原市西南。　總管：官名。全稱是總管刺史加使持節。北周置諸州總管，隋承繼，又有增置。總管的統轄範圍可達數州至十餘州，成一軍政管轄區。隋文帝在并、益、荆、揚四州置大總管，其餘州置總管。總管分上、中、下三等，品秩爲流内視從二品、正三品、從三品。

[2]長史：官名。全稱爲并州大總管府長史。爲諸州總管府的上佐官，位居府中總管之下衆屬官之首，輔助總管統領府中政務。其品階史無明載，但隋代諸州總管府和諸州府均分爲上、中、下三等，三等州長史的品階分别爲正五品上、從五品上、正六品上，故三等總管府長史的品階亦當與三等州長史略同。而益州爲大總管府，其長史更應高於上州長史，當在正五品上以上。　司馬：官名。全稱爲并州大總管府司馬。爲諸州總管府的上佐官，協助總管統領府中軍務。其品階史無明載，但隋代諸州總管府和諸州府均分爲上、中、下三等，三等州司馬的品階分别爲正五品下、從五品下、正六品下，故三等總管府司馬的品階亦當與三等州司馬略同。而并州爲大總管府，其司馬更應高於上州司馬，當在正五品下以上。

[3]諮議：官名。即諮議參軍，王公軍府屬官。掌顧問詔對。從六品。　王頍：宋刻遞修本、汲古閣本、殿本、庫本與底本同，中華本作“王頍”。中華本校勘記云：“‘頍’原作‘頍’，據本書《王頍傳》及《北史·皇甫誕傳》改。”檢本書卷七六《王頍傳》、

《北史》卷八四《王頍傳》及卷七〇《皇甫誕傳》，此當改作“王頍”。

[4]松、喬：傳説中仙人赤松子與王子喬。

[5]布衣黔首：指平民、普通人。

[6]楊素：人名。傳見本書卷四八，《北史》卷四一有附傳。

[7]清源：縣名。治所在今山西清徐縣。

[8]主簿：官名。中央及地方行政系統中均置，掌勾檢稽失，檢核文書等。此指并州總管府主簿。　豆盧毓：人名。隋初大將豆盧勣次子。本書卷三九、《北史》卷六八有附傳。

[9]柱國：官名。贈官。正二品。

[10]弘義公：爵名。全稱爲弘義郡公。隋九等爵的第四等。從一品。

[11]無逸：人名。即皇甫無逸。本卷、《北史》卷七〇有附傳。

無逸尋爲淯陽太守，[1]政甚有聲。《大業令》行，[2]舊爵例除，以無逸誠義之後，賜爵平輿侯。[3]入爲刑部侍郎，守右武衛將軍。[4]

[1]淯陽：郡名。治所在今河南南召縣東南。

[2]《大業令》：指大業三年所頒布的律令。　大業：隋煬帝楊廣年號（605—618）。

[3]平輿侯：爵名。隋九等爵的第六等。正二品。

[4]守：官制用語。指低官階署理高官階官職。　右武衛將軍：官名。左右武衛府的軍官，輔助長官左右武衛大將軍領外軍宿衛。從三品。

初，漢王諒之反也，州縣莫不響應，有嵐州司馬陶模、繁時令敬釗，[1]並抗節不從。

[1]嵐州：隋時治所不清，唐時治所在今山西嵐縣北嵐城。按，嵐州，屬樓煩之地。本書《地理志》載，大業四年方置樓煩郡，管下秀容縣舊置肆州，開皇十八年置忻州，大業初廢。未載嵐州建置。　陶模：人名。傳見本卷。　繁時：縣名。治所在今山西繁峙縣東北。　敬釗：人名。傳見本卷。

陶模

陶模，京兆人也。[1]性明敏，有器幹。仁壽初，[2]爲嵐州司馬。諒既作亂，刺史喬鍾葵發兵將赴逆，[3]模拒之曰："漢王所圖不軌，公荷國厚恩，致位方伯，[4]謂當竭誠效命以答慈造，豈有大行皇帝梓宫未掩，[5]翻爲厲階！"鍾葵失色曰："司馬反邪？"臨之以兵，辭氣不撓，葵義而釋之。軍吏進曰："若不斬模，何以壓衆心？"於是囚之於獄，悉掠取資財，分賜黨與。及諒平，煬帝嘉之，拜開府，[6]授大興令。[7]楊玄感之反也，[8]率兵從衛玄擊之，[9]以功進位銀青光禄大夫，[10]卒官。

[1]京兆：郡名。治所在今陝西西安市西北。

[2]仁壽：隋文帝楊堅年號（601—604）。

[3]喬鍾葵：人名。仁壽年間爲嵐州刺史，隨楊諒起兵反。事略見本書卷四五《庶人諒傳》、《北史》卷七〇《陶世模傳》。

[4]方伯：喻指商周時期一方諸侯之長，後泛指地方長官。

[5]大行皇帝：指剛死尚未定謚號的皇帝。　梓宫：皇帝所用梓木製的棺材。

[6]開府：官名。全稱是開府儀同三司。隋文帝因改北周十一等勳官之制形成十一等散實官，用以酬勤勞，無實際職掌。開府是第六等，可開府置僚佐。正四品。

[7]大興：縣名。治所在今陝西西安市。

[8]楊玄感：人名。傳見本書卷七〇、《北史》卷四一。

[9]衛玄：人名。傳見本書卷六三、《北史》卷七六。

[10]銀青光禄大夫：官名。屬散實官。隋文帝置特進、左右光禄大夫等，以加文武官之有德聲者，並不理事。隋初爲正三品，煬帝大業三年降爲從三品。

敬釗

敬釗字積善，河東蒲坂人也。[1]父元約，[2]周布憲中大夫。[3]釗仁壽中爲繁畤令，甚有能名。及賊至，力戰城陷。賊帥墨弼掠其資產而臨之以兵，[4]釗辭氣不撓。弼義而止之，執送於僞將喬鍾葵所。鍾葵釋之，署爲代州總管司馬，[5]釗正色拒之，至於再三。鍾葵忿然曰："受官則可，不然當斬！"釗答曰："忝爲縣宰，遭逢逆亂，進不能保境，退不能死節，爲辱已多，何乃復以僞官相迫也？死生唯命，餘非所聞。"鍾葵怒甚，熟視釗曰："卿不畏死邪？"復將殺之。會楊義臣軍至，[6]鍾葵遽出戰，因而大敗，釗遂得免。大業三年，[7]煬帝避暑汾陽宮，[8]代州長史柳銓、司馬崔寶山上其狀，[9]付有司將加褒賞，會世基奏格而止。[10]後遷朝邑令，[11]未幾，終。

[1]河東：郡名。治所在今山西永濟市西南。　蒲坂：縣名。治所在今山西永濟市西南蒲州鎮。

[2]元約：人名。即敬元約。事略見《周書》卷三五《敬珍傳》。

[3]布憲中大夫：官名。佐秋官府大小司寇，掌憲邦之刑禁。北周正五命。

[4]墨弼：人名。僅此一見，事迹不詳。

[5]代州：治所在今山西代縣。

[6]楊義臣：人名。即尉遲義臣。傳見本書卷六三、《北史》卷七三。

[7]大業三年：諸本皆同。然本書卷三《煬帝紀上》載：大業四年夏四月丙午"起汾陽宫"，此"大業三年"恐有誤。

[8]汾陽宫：宫名。煬帝大業四年建，舊址在今山西寧武縣西南管涔山上。

[9]柳銓：人名。僅此一見，事迹不詳。　崔寶山：人名。僅此一見，事迹不詳。

[10]世基：人名。即虞世基。傳見本書卷六七、《北史》卷八三。按，殿本、庫本同，宋刻遞修本、汲古閣本、中華本即作"虞世基"。

[11]朝邑：縣名。治所在今陝西大荔縣東南朝邑鎮。

游元

游元，[1]字楚客，廣平任人，[2]魏五更明根之玄孫也。[3]父寶藏，[4]位至太守。元少聰敏，年十六，齊司徒徐顯秀引爲參軍事。[5]周武帝平齊之後，歷壽春令、譙州司馬，[6]俱有能名。開皇中，爲殿内侍御史。[7]晋王廣爲揚州總管，[8]以元爲法曹參軍，[9]父憂去職。[10]後爲内直監。[11]

[1]游元：人名。傳另見《北史》卷八五。

[2]廣平：郡名。治所在今河北鷄澤縣東南。　任：中華本校勘記云："'任'下原衍'城'字。按：《漢書·地理志下》，廣平國有任縣。至北魏，仍設此縣。《魏書·游明根傳》（元是明根代玄孫）也作'廣平任人'。今據删。"今從改。任，縣名。治所在今河北任縣東北。

[3]五更：古鄉官名。用以安置年老致仕官員，天子以父兄之禮養之。　明根：人名。即游明根。北魏孝文帝時游明根年邁表請致仕，孝文帝以爲五更，行禮辟雍。傳見《魏書》卷五五，《北史》卷三四有附傳。

[4]寶藏：人名。即游寶藏。事迹不詳。

[5]司徒：官名。三公之一。北齊正一品。　徐顯秀：人名。名穎，北齊任太尉、尚書令，封武安王。（參見山西省考古研究所、太原市文物考古研究所《太原北齊徐顯秀墓發掘簡報》，《文物》2003年第10期）

[6]壽春：縣名。治所在今安徽壽縣東南。　譙州：北周有二譙州，一是東魏武定七年（549）以西徐州改名，治所在今安徽蒙城縣，隋大業初廢；一是東魏以南譙州改名，治所在今安徽滁州市，隋開皇初改爲滁州。

[7]殿内侍御史：官名。掌糾彈殿廷儀式與百官朝班。正八品下。

[8]晋王廣：即楊廣，時爲晋王。紀見本書卷三、四，《北史》卷一二。　揚州：治所在今江蘇揚州市。

[9]法曹參軍：官名。隋公王府、總管府皆置法曹，主刑法事，長官爲參軍事。正七品上。

[10]父憂：遭逢父親喪事。亦稱"丁父艱"，參前"母

憂”條。

［11］内直監：官名。即太子内直監。東宫内直局長官，掌符璽、傘扇、几案、衣服之事。正六品下。

煬帝嗣位，遷尚書度支郎。[1]遼東之役，[2]領左驍衛長史，[3]爲盖牟道監軍，[4]拜朝請大夫，[5]兼治書侍御史。[6]宇文述等九軍敗績，[7]帝令元按其獄。述時貴倖，其子士及又尚南陽公主，[8]勢傾朝廷。遣家僮造元，有所請屬。元不之見。他日，數述曰：“公地屬親賢，腹心是寄，當咎身責己，以勸事君，乃遣人相造，欲何所道?”按之愈急，仍以狀劾之。帝嘉其公正，賜朝服一襲。

［1］尚書度支郎：官名。隋尚書度支曹有度支侍郎一人，煬帝改爲郎，掌判天下租賦多寡、物産豐約及收支出納之事。正六品。

［2］遼東：地區名。泛指遼水以東地區。因高麗國位於遼東，故此“遼東之役”指隋征伐高麗之事。

［3］左驍衛長史：官名。左驍衛府佐官之首，掌判府事。正七品。

［4］盖牟道：特區名。以盖牟城爲中心設置的特區。盖牟城爲古高句麗所屬一城池。舊址一説在遼寧撫順市賓館山上，一説在瀋陽南相屯塔山上。隋朝在戰争中於地方置特區，範圍可包括若干州，稱“道”。　監軍：使職名。監督軍隊將帥官員，爲臨時性差遣，隋多以御史爲之。

［5］朝請大夫：官名。屬散官，隋煬帝大業三年置。正五品。

［6］兼：官制用語。假職未真授之稱。

［7］宇文述：人名。傳見本書卷六一、《北史》卷七九。

[8]士及：人名。即宇文士及，隋任鴻臚少卿，後入唐，貞觀中官至中書令。傳見《舊唐書》卷六三、《新唐書》卷一〇〇。南陽公主：隋煬帝長女。傳見本書卷八〇、《北史》卷九一。

九年，奉使於黎陽督運，[1]楊玄感作逆，乃謂元曰："獨夫肆虐，天下士大夫肝腦塗地，加以陷身絶域之所，軍糧斷絶，此亦天亡之時也。我今親率義兵，以誅無道，卿意如何?"元正色答曰："尊公荷國寵靈，功參佐命，高官重禄，近古莫儔，公之弟兄，青紫交映，當謂竭誠盡節，上答鴻恩。豈意墳土未乾，親圖反噬，深爲明公不取，願思禍福之端。僕有死而已，不敢聞命。"玄感怒而囚之，屢脅以兵，竟不屈節，於是害之。帝甚嘉歎，贈銀青光禄大夫，賜縑五百匹。拜其子仁宗爲正議大夫、弋陽郡通守。[2]

[1]黎陽：此指黎陽倉。在今河南浚縣西南。

[2]仁宗：人名。即游仁宗。事亦見《北史》卷八五《游元傳》，具體事迹不詳。　正議大夫：官名。屬散官，隋煬帝大業三年置。正四品。　弋陽：郡名。治所在今河南潢川縣。　通守：官名。煬帝於郡守下置通守一人，地位僅次於郡守，協掌本郡政務。品秩不詳。

馮慈明

馮慈明，[1]字無佚，信都長樂人也。[2]父子琮，[3]仕齊官至尚書右僕射。[4]慈明在齊，以戚屬之故，年十四，爲淮陽王開府參軍事。[5]尋補司州主簿，[6]進除中書舍人。[7]周武平齊，授帥都督。[8]高祖受禪，開三府官，[9]除司空司倉參軍事。[10]累遷行臺禮部侍郎。[11]晉王廣爲并州總管，盛選僚屬，以慈明爲司士。[12]後歷吏部員外郎，[13]兼内史舍人。[14]

[1]馮慈明：人名。《北史》卷五五有附傳。

[2]信都長樂：《北齊書》卷四〇及《北史》卷五五《馮子琮傳》載其父馮子琮爲"長樂信都人"。檢《魏書·地形志上》：長樂郡漢高帝置，爲信都郡，晉改。魏時長樂郡領信都縣。又本書《地理志中》：信都郡，舊置冀州，開皇初長樂郡廢，信都郡領長樂縣。故二者所指實爲一地，無論信都、長樂治所都在今河北冀州市。

[3]子琮：人名。即馮子琮。北齊時人。傳見《北齊書》卷四〇、《北史》卷五五。

[4]尚書右僕射：官名。尚書省副長官，與長官尚書令同爲宰相。北齊從二品。

[5]淮陽王：即和士開。傳見《北齊書》卷五〇、《北史》卷九二。　開府參軍事：官名。北齊官制加開府者置長史以下官，諸開府列曹參軍。北齊從六品。

[6]補：官制用語。調選官吏補充某職官之缺位。　司州主簿：官名。北齊都城鄴所在地稱司州（治所在今河北臨漳縣西南），此爲司州府的屬官，掌本州府監印，檢核文書簿籍，勾稽缺失等事。北齊流内視從七品。

[7]除：官制用語。拜官、授職。　中書舍人：官名。爲中書省之舍人省屬官。置十人，掌署敕行下，宣旨勞問。北齊正六品上。

[8]帥都督：官名。屬勳官。北周府兵制中每隊的長官均加此

勳官名。七命。

[9]三府：即太尉、司徒、司空府。

[10]司空司倉參軍事：官名。即司空府司倉參軍事，掌府財政、經濟事務。從六品。

[11]行臺禮部侍郎：官名。隋朝在“道”設“行臺尚書省”，簡稱行臺，是中央最高行政機關尚書省的派出機構。禮部侍郎掌禮儀、祭祀、宴享等事務。視正六品。

[12]司士：官名。全稱爲并州總管府司士參軍，爲州士曹行參軍。隋開皇三年改稱司士行參軍，煬帝大業三年改爲司士行書佐。掌津梁、舟車、舍宅、百工衆藝之事。上州士曹行參軍正八品上，中州從八品上，下州正九品上。

[13]吏部員外郎：官名。開皇六年，尚書省二十四司各置員外郎一人，掌曹之籍帳，侍郎闕，則理其曹事。煬帝大業三年廢，後各司置承務郎一員行其職。品秩不詳。

[14]内史舍人：官名。爲内史省的屬官，掌參議表章，草擬詔敕。隋初置八人，正六品上，開皇三年升爲從五品。煬帝大業三年減置四人，大業末改内史省爲内書省，内史舍人遂改稱爲内書舍人。

煬帝即位，以母憂去職。帝以慈明始事藩邸，後更在臺，意甚銜之，至是謫爲伊吾鎮副。[1]未之官，轉交阯郡丞。[2]大業九年，被徵入朝。時兵部侍郎斛斯政亡奔高麗，[3]帝見慈明，深慰勉之。俄拜尚書兵曹郎，[4]加位朝請大夫。十三年，攝江都郡丞事。[5]

[1]伊吾：地名。在今新疆哈密市。　鎮副：官名。隋於軍事據點設置鎮，分上、中、下三等，長官爲鎮將，副官稱鎮副，掌捍禦防守。上鎮從五品，中鎮正六品，下鎮從六品。

[2]交阯：郡名。亦稱“交趾”。治所在今越南河内市。　郡丞：官名。隋煬帝大業三年復改州爲郡，併州長史、司馬之職，置贊治（唐諱稱贊務）一人，爲郡太守之副貳，尋又改贊治爲郡丞。郡丞爲郡屬官之首，通判郡事。上郡從七品，中郡正八品，下郡從八品。

[3]斛斯政：人名。傳見本書卷七〇，《北史》卷四九有附傳。　高麗：古國名。此時亦稱高句麗。故地在今朝鮮半島北部。傳見本書卷八一、《北史》卷九四、《舊唐書》卷一九九上、《新唐書》卷二二〇。

[4]尚書兵曹郎：官名。隋煬帝改尚書省兵曹侍郎爲兵曹郎，輔兵部尚書掌全國軍衛武官選授之政令。正六品。

[5]江都：郡名。治所在今江蘇揚州市。

李密之逼東都也，[1]詔令慈明安集瀍、洛，[2]追兵擊密。至鄢陵，[3]爲密黨崔樞所執。[4]密延慈明於坐，勞苦之，因而謂曰：“隋祚已盡，區宇沸騰，吾躬率義兵，所向無敵，東都危急，計日將下。今欲率四方之衆，問罪於江都，卿以爲何如？”慈明答曰：“慈明直道事人，有死而已，不義之言，非所敢對。”密不悦，冀其後改，厚加禮焉。慈明潛使人奉表江都，及致書東都留守，論賊形勢。密知其狀，又義而釋之。出至營門，賊帥翟讓怒曰：[5]“爾爲使人，爲我所執，魏公相待至厚，[6]曾無感戴，寧有畏乎？”慈明勃然曰：“天子使我來，正欲除爾輩，不圖爲賊黨所獲。我豈從汝求活耶？欲殺但殺，何須罵詈！”因謂群賊曰：“汝等本無惡心，因飢饉逐食至此。官軍且至，早爲身計。”讓益怒，於是亂刀斬之。時年六十八。梁郡通守楊汪上狀，[7]帝歎惜之，贈銀青光禄大夫。拜其二子惇、怦俱爲尚書承務郎。[8]王充推越王侗爲主，[9]重贈柱國、户部尚書、昌黎郡公，[10]謚曰壯武。

［1］李密：人名。傳見本書卷七〇、《舊唐書》卷五三、《新唐書》卷八四，《北史》卷六〇有附傳。　東都：此指洛陽，舊址在今河南洛陽市。

［2］瀍（chán）、洛：瀍河和洛河。

［3］鄢陵：縣名。治所在今河南鄢陵縣西北。

［4］崔樞：人名。隋末唐初人，後降王世充任洧州刺史，武德元年（618）降唐。

［5］翟讓：人名。隋末農民起義瓦崗軍早期領導人之一，大業十三年被李密殺害。事亦見本書卷四《煬帝紀下》、卷七一《馮慈明傳》《張須陁傳》，《新唐書》卷九三《李勣傳》。

［6］魏公：指李密。

［7］梁郡：煬帝大業三年改宋州置，治所在今河南商丘市。　楊汪：人名。傳見本書卷五六、《北史》卷七四。

［8］惇、怦：皆人名。事俱不詳。　尚書承務郎：官名。煬帝大業三年廢尚書員外郎，置承務郎，掌同員外之職，即掌曹之籍帳。品秩不詳。

［9］王充：人名。即王世充，避唐諱省“世”字。傳見本書卷八五、《北史》卷七九、《舊唐書》卷五四、《新唐書》卷八五。　越王侗：隋煬帝之孫、元德太子楊昭次子楊侗，封越王。本書卷五九、《北史》卷七一有附傳。

［10］户部尚書：官名。贈官。正三品。　昌黎郡公：爵名。隋九等爵的第三等。從一品。

長子忱，[1]先在東都，王充破李密，忱亦在軍中，遂遣奴負父屍柩詣東都，身不自送。未幾，又盛花燭納室。時論醜之。

[1]忱：人名。即馮忱。事見《北史》卷五五《馮慈明傳》。另據其妻墓誌，馮忱在隋官司儀丞。參《隋司儀丞馮丞故夫人叱李墓誌銘》（載王其禕、周曉薇《隋代墓誌銘彙考》四九三，綫裝書局2007年版）。

張須陁

張須陁，[1]弘農閿鄉人也。[2]性剛烈，有勇略。弱冠從史萬歲討西爨，[3]以功授儀同，賜物三百段。煬帝嗣位，漢王諒作亂并州，從楊素擊平之，加開府。大業中，爲齊郡丞。[4]會興遼東之役，百姓失業，又屬歲饑，穀米踴貴，須陁將開倉賑給，官屬咸曰："須待詔敕，不可擅與。"須陁曰："今帝在遠，遣使往來，必淹歲序。百姓有倒懸之急，如待報至，當委溝壑矣。吾若以此獲罪，死無所恨。"先開倉而後上狀，帝知之而不責也。

[1]張須陁：人名。傳另見《北史》卷八五。

[2]弘農：郡名。治所在今河南靈寶市。　閿鄉：縣名。治所在今河南靈寶市西北。

[3]史萬歲：人名。傳見本書卷五三、《北史》卷七三。　西爨：古族名。生活在今雲南東部地區。

[4]齊郡：隋煬帝改齊州置，治所在今山東濟南市。

明年，賊帥王薄聚結亡命數萬人，[1]寇掠郡境。官軍擊之，多不利。須陁發兵拒之，薄遂引軍南，轉掠魯郡。[2]須陁躡之，及于岱山之下。[3]薄恃驟勝，不設備。須陁選精鋭，出其不意擊之，薄衆大潰，因乘勝斬首數千級。薄收合亡散，得萬餘人，將北度河。須陁追之，至臨邑，[4]復破之，斬五千餘級，獲六畜萬計。時天下承平日久，多不習兵，須陁獨勇決善戰。又長於撫馭，得士卒心，論者號爲名將。薄復北戰，連豆子䴚賊孫宣雅、石秖闍、郝孝德等衆十餘萬攻章丘。[5]須陁遣舟師斷其津濟，[6]親率馬步二萬襲擊，大破之，賊徒散走。既至津梁，復爲舟師所拒，前後狼狽，獲其家累輜重不可勝計，露布以聞。[7]帝大悅，優詔褒揚，[8]令使者圖畫其形容而奏之。

[1]王薄：人名。隋末山東農民起義軍領導者之一，大業七年以長白山（今山東鄒平縣南）爲據點起兵反隋，活動於今山東中部一帶。後爲隋將張須陁所敗，武德二年降唐任齊州總管。（參見漆俠《隋末農民起義》，上海人民出版社 1954 年版；王永興《隋末農民戰爭史料彙編》，中華書局 1980 年版；陶懋炳《王薄事迹考》，《湖南師院學報》1981 年第 2 期）

[2]魯郡：隋煬帝改魯州置，治所在今山東兖州市。

[3]岱山：一作岱岳，即今山東泰山。

[4]臨邑：縣名。治所在今山東濟陽縣西南。

[5]豆子䴚（gǎng）：地名。在今山東商河縣、惠民縣北。 孫宣雅：人名。隋末渤海人，大業九年於豆子䴚起兵反隋，一度有衆十餘萬，主要活動於河北地區，後不知所終。 石秖闍：人名。隋末農民起義軍領導者之一，具體事迹不詳。 郝孝德：人名。隋

末農民起義軍領導者之一，大業九年聚衆反隋，後投靠瓦崗軍，封平原公。事亦見《舊唐書》卷五五《劉黑闥傳》、《新唐書》卷九三《李勣傳》。 章丘：縣名。治所在今山東章丘市西北。

[6]津濟：渡口。

[7]露布：用以告捷的軍旅文書。

[8]優詔：古代帝王用於獎掖慰勉臣下的文書。

其年，賊裴長才、石子河等衆二萬，[1]奄至城下，縱兵大掠。須陁未暇集兵，親率五騎與戰。賊競赴之，圍百餘重，身中數瘡，[2]勇氣彌厲。會城中兵至，賊稍却，須陁督軍復戰，長才敗走。後數旬，賊帥秦君弘、郭方預等合軍圍北海，[3]兵鋒甚鋭，須陁謂官屬曰："賊自恃强，謂我不能救，吾今速去，破之必矣。"於是簡精兵，倍道而進，賊果無備，擊大破之，斬數萬級，獲輜重三千兩。司隸刺史裴操之上狀，[4]帝遣使勞問之。

[1]裴長才：人名。隋末農民起義軍領導者，具體事迹不詳。 石子河：人名。隋末農民起義軍領導者，具體事迹不詳。

[2]瘡：宋刻遞修本、汲古閣本、殿本、庫本與底本同，中華本作"創"。

[3]秦君弘：人名。隋末農民起義軍領導者，具體事迹不詳。 郭方預：人名。隋末農民起義軍領導者，具體事迹不詳。 北海：縣名。治所在今山東濰坊市。

[4]司隸刺史：官名。隋煬帝大業三年始置，爲司隸臺的屬官，置十四人，掌巡察畿外。正六品。 裴操之：人名。隋末任司隸刺史，具體事迹不詳。

十年，賊左孝友衆將十萬，[1]屯於蹲狗山。[2]須陁列八風營以逼之，[3]復分兵扼其要害。孝友窘迫，面縛來降。其黨解象、王良、鄭大彪、李晼等衆各萬計，[4]須陁悉討平之，威振東夏。[5]以功遷齊郡通守，領河南道十二郡黜陟討捕大使。[6]俄而，賊盧明月衆十餘萬，[7]將寇河北，[8]次祝阿，[9]須陁邀擊，殺數千人。賊吕明星、帥仁泰、霍小漢等衆各萬餘，[10]擾濟北，[11]須陁進軍擊走之。

[1]左孝友：人名。隋末齊郡農民起義領導者，爲隋將張須陁討平。

[2]蹲狗山：地名。在今山東濟南附近，確址不詳。

[3]八風營：八風指東、東南、南、西南、西、西北、北、東北八個不同方嚮之風，此或指八個不同方嚮設營圍之。

[4]解象：人名。隋末齊郡農民起義領導者，具體事迹不詳。　王良：人名。隋末齊郡農民起義領導者，具體事迹不詳。　鄭大彪：人名。隋末齊郡農民起義領導者，具體事迹不詳。　李晼：人名。隋末齊郡農民起義領導者，具體事迹不詳。按，晼，宋刻遞修本、《北史》卷八五《張須陁傳》作“脘”。

[5]東夏：泛指古代中國東部。

[6]黜陟討捕大使：使職名。兼黜陟使、討捕使職權於一身，爲臨時差遣巡察地方政刑苛弊及追捕盜賊之使職，事後即罷。

[7]盧明月：人名。隋末農民起義軍領導者，大業十三年隊伍一度發展至四十萬人，自稱“無上王”，後爲南陽通守王世充斬殺。事略見《舊唐書》卷六八《秦叔寶傳》，《新唐書》卷八五《王世充傳》，《通鑑》卷一八二、一八三等。另參見漆俠《隋末農民起義》、王永興《隋末農民戰争史料彙編》。

[8]河北：泛指黄河以北。

[9]祝阿：縣名。治所在今山東禹城市西南。

[10]吕明星：人名。隋末農民起義軍領導者。按，本書卷四《煬帝紀下》、《北史》卷一二《隋煬帝紀》均載：大業九年冬十月丁丑“賊帥吕明星率衆數千圍東郡，武賁郎將費青奴擊斬之”。若此，此處“大業十年”記載或有誤。故《通鑑》卷一八二《隋紀》大業九年十月丁丑條改爲“擊破之”。不知何者爲確。　帥仁泰：人名。隋末農民起義軍領導者，具體事迹不詳。　霍小漢：人名。隋末農民起義軍領導者，具體事迹不詳。

[11]濟北：泛指濟水以北。

尋將兵拒東郡賊翟讓，[1]前後三十餘戰，每破走之。轉滎陽通守。[2]時李密説讓取洛口倉，[3]讓憚須陁，不敢進。密勸之，讓遂與密率兵逼滎陽，須陁拒之。讓懼而退，須陁乘之，逐北十餘里。時李密先伏數千人於林木間，邀擊須陁軍，遂敗績。密與讓合軍圍之，須陁潰圍輒出，左右不能盡出，須陁躍馬入救之。來往數四，衆皆敗散，乃仰天曰：“兵敗如此，何面見天子乎？”乃下馬戰死。時年五十二。其所部兵，晝夜號哭，數日不止。越王侗遣左光禄大夫裴仁基，[4]招撫其衆，移鎮武牢。[5]帝令其子元備總父兵，[6]元備時在齊郡，遇賊，竟不果行。

[1]東郡：治所在今河南滑縣東。

[2]滎陽：郡名。煬帝改鄭州置，治所在今河南鄭州市。

[3]洛口倉：倉廩名。因其地處洛水入黄口故名，又名興洛倉。在今河南鞏義市東南。隋大業二年置，倉城周圍二十餘里，有窖三

千個，每窖儲糧八百石。

［4］左光禄大夫：官名。屬散實官。隋文帝置特進、左右光禄大夫等，以加文武官之有德聲者，並不理事。隋文帝時左、右光禄大夫皆正二品，煬帝大業三年定令，“左”爲正二品，“右”爲從二品。　裴仁基：人名。傳見本書卷七〇、《北史》卷三八。

［5］武牢：虎牢關，唐避“虎”諱改。在今河南滎陽市西北。

［6］元備：人名。即張元備，張須陁之子。具體事迹不詳。

楊善會

楊善會，[1]字敬仁，弘農華陰人也。[2]父初，[3]官至毗陵太守。[4]善會，大業中爲鄃令，[5]以清正聞。俄而山東飢饉，百姓相聚爲盜，善會以左右數百人逐捕之，往皆克捷。其後賊帥張金稱衆數萬，[6]屯于縣界，屠城剽邑，郡縣莫能禦。善會率勵所領，[7]與賊搏戰，或日有數合，每挫其鋒。煬帝遣將軍段達來討金稱，[8]善會進計於達，達不能用，軍竟敗焉。達深謝善會。後復與賊戰，進止一以謀之，於是大克。金稱復引渤海賊孫宣雅、高士達等衆數十萬，[9]破黎陽而還，軍鋒甚盛。善會以勁兵千人邀擊，破之，擢拜朝請大夫、清河郡丞。[10]金稱稍更屯聚，以輕兵掠冠氏。[11]善會與平原通守楊元弘步騎數萬衆，[12]襲其本營。武賁郎將王辯軍亦至，[13]金稱釋冠氏來援，因與辯戰，不利，善會選精鋭五百赴之，所當皆靡，辯軍復振。賊退守本營，諸軍各還。

[1]楊善會：人名。傳另見《北史》卷八五。

[2]華陰：縣名。隋時治所在今陝西華陰市。

[3]初：人名。即楊初。隋時人，具體事迹不詳。

[4]毗陵：郡名。隋煬帝大業三年改常州置，治所在今江蘇常州市。

[5]鄃：縣名。治所在今山東夏津縣。

[6]張金稱：人名。隋末山東農民起義軍領導者之一，大業七年聚衆起義，十三年爲隋將楊義臣擊敗。事見本書卷四《煬帝紀下》，《新唐書》卷八五《竇建德傳》，《通鑑》卷一八一、一八二、一八三等。另參見漆俠《隋末農民起義》、王永興《隋末農民戰争史料彙編》。

[7]率勵：亦作"率厲"，率領督促。

[8]段達：人名。傳見本書卷八五、《北史》卷七九。

[9]渤海：古郡名。治所在今山東陽信縣西南。　孫宣雅：人名。隋末渤海人，大業九年於豆子䴚起兵反隋，一度有衆十餘萬，主要活動於河北地區，後不知所終。　高士達：人名。隋末渤海人，大業七年於清河境内起義，有衆數萬人，自稱東海公，大業十二年爲隋將楊義臣擊敗被殺。

[10]清河：郡名。隋煬帝大業三年改貝州置，治所在今河北清河縣西北。

[11]冠氏：縣名。治所在今山東冠縣。

[12]平原：縣名。治所在今山東平原縣西南。　楊元弘：人名。隋末任平原通守，具體事迹不詳。

[13]武賁郎將：官名。隋煬帝大業三年改革官制，於十二衛每衛置護軍四人，掌貳將軍，尋又改護軍爲武賁郎將。正四品。　王辯：人名。傳見本書卷六四、《北史》卷七八。

于時山東思亂，從盜如市，郡縣微弱，陷没相繼。

能抗賊者，唯善會而已。前後七百餘陣，未嘗負敗，每恨衆寡懸殊，未能滅賊。會太僕楊義臣討金稱，[1]復爲賊所敗，退保臨清。[2]取善會之策，頻與決戰，賊乃退走。乘勝遂破其營，盡俘其衆。金稱將數百人遁逃，後歸漳南，[3]招集餘黨。善會追捕斬之，傳首行在所。帝賜以尚方甲稍弓劍，進拜清河通守。其年，從楊義臣斬漳南賊帥高士達，傳首江都宫，[4]帝下詔褒揚之。

[1]太僕：官名。據本書卷六三《楊義臣傳》即太僕卿。隋太僕寺長官，置一員，掌國家廄牧、車輿等事務。隋初爲正三品，煬帝大業三年降爲從三品。

[2]臨清：縣名。治所在今河北臨西縣西。

[3]漳南：縣名。治所在今河北故城縣東北。

[4]江都宫：宫名。隋煬帝置。在今江蘇揚州市西。

士達所部將竇建德，[1]自號長樂王，來攻信都。臨清賊王安阻兵數千，[2]與建德相影響。善會襲安斬之。建德既下信都，復擾清河，善會逆拒之，反爲所敗，嬰城固守。賊圍之四旬，城陷，爲賊所執。建德釋而禮之，用爲貝州刺史。[3]善會罵之曰："老賊何敢擬議國士！恨吾力劣，不能擒汝等。我豈是汝屠酤兒輩，敢欲更相吏邪？"臨之以兵，辭氣不撓。建德猶欲活之，爲其部下所請，又知終不爲己用，於是害之。清河士庶，莫不傷痛焉。

[1]竇建德：人名。隋末反隋主力之一，唐武德元年於河北稱

帝建立夏國。傳見《舊唐書》卷五四、《新唐書》卷八五。

［2］王安：人名。隋末臨清人，農民起義軍領導者之一，具體事迹不詳。

［3］貝州：傅雲龍《隋書考證》云："按地理志無貝州，爾清河郡注後周置貝州。時建德政陷清河，故欲用善會爲貝州史也。"據此，貝州治時爲清河郡。

獨孤盛

獨孤盛，[1]上柱國楷之弟也。[2]性剛烈，有膽氣。煬帝在藩，盛以左右從，累遷爲車騎將軍。[3]及帝嗣位，以藩邸之舊，漸見親待，累轉爲右屯衛將軍。[4]宇文化及之作亂也，[5]裴虔通引兵至成象殿，[6]宿衛者皆釋仗而走。盛謂虔通曰："何物兵？形勢太異也！"虔通曰："事勢已然，不預將軍事。將軍慎無動。"盛大罵曰："老賊是何物語！"不及被甲，與左右十餘人逆拒之，爲亂兵所殺。越王侗稱制，贈光禄大夫、紀國公，[7]謚曰武節。

［1］獨孤盛：人名。《北史》卷七三有附傳。

［2］上柱國：官名。隋文帝因改北周十一等勳官之制形成十一等散實官，用以酬勤勞，無實際職掌。柱國爲第二等，可開府置僚佐。從一品。　楷：人名。即獨孤楷。傳見本書卷五五、《北史》卷七三。

［3］車騎將軍：官名。隋初爲府兵制中統領驃騎府兵的軍事副長官。正五品上。煬帝大業三年改驃騎府爲鷹揚府，車騎將軍遂改稱鷹揚副郎將，大業五年又改稱鷹擊郎將。降爲從五品。

［4］右屯衛將軍：官名。隋文帝置左右領軍府，各掌十二軍籍帳、差科、詞訟之事，不置將軍。煬帝大業三年改左右領軍府爲左右屯衛，所統軍士名御林。並各置大將軍一人，正三品；將軍各二人，從三品。

［5］宇文化及：人名。傳見本書卷八五，《北史》卷七九有附傳。

［6］裴虔通：人名。傳見本書卷八五，《北史》卷七九有附傳。　成象殿：江都宫中的宫殿名。

［7］光禄大夫：官名。贈官。從一品。　紀國公：爵名。隋九等爵的第三等。從一品。

元文都

元文都，[1]洵陽公孝矩之兄子也。[2]父孝則，[3]周小冢宰、江陵總管。[4]文都性鯁直，明辯有器幹。仕周爲右侍上士。[5]開皇初，授内史舍人，歷庫部、考功二曹郎，[6]俱有能名。擢爲尚書左丞，轉太府少卿。[7]煬帝嗣位，轉司農少卿、司隸大夫，[8]尋拜御史大夫，[9]坐事免。未幾，授太府卿，[10]帝漸任之，甚有當時之譽。

［1］元文都：人名。《北史》卷一七有附傳。

［2］洵陽公：爵名。隋九等爵的第三等。從一品。據本書卷五〇《元孝矩傳》爲“洵陽郡公”。　孝矩：人名。即元孝矩。傳見本書卷五〇。

［3］孝則：人名。即元孝則。北周末官至大司徒。《北史》卷一七有附傳。按，《北史》載元文都父名“則，字孝規”。

［4］小冢宰：官名。全稱爲小冢宰上大夫，爲天官府大冢宰卿

之下屬，置兩員。北周正六命。

[5]右侍上士：官名。北周天官府置左、右侍上士，掌御寢南門之左右。正三命。

[6]庫部：官名。即庫部侍郎。尚書省兵部所轄四曹之一庫部曹長官，置一員，掌軍器裝備及儀仗等政。隋初爲正六品上，開皇三年升爲從五品。煬帝大業三年改諸曹侍郎爲郎，庫部侍郎遂改稱庫部郎。　考功：官名。即考功侍郎。隋尚書省吏部考功曹長官，置一員，掌全國文武官員的考課和生平事迹。隋初爲正六品上，開皇三年升爲從五品。煬帝大業三年改諸曹侍郎爲郎，考功侍郎遂改稱考功郎。

[7]太府少卿：官名。太府寺副長官，協助長官太府卿掌管倉儲出納及所轄各署事。隋初置一員，正四品上。煬帝增置二員，改從四品。

[8]司農少卿：官名。隋司農寺置少卿一人，佐司農卿處理政事。正四品。　司隸大夫：官名。隋煬帝大業三年始置司隸臺，長官爲大夫，置一人，掌諸巡察。正四品。

[9]御史大夫：官名。御史臺長官，職掌國家刑憲典章之政令，司彈劾糾察百官等。置一員。其品級，隋大業五年（此據本書《百官志下》，《唐六典》卷一三《御史臺》爲“大業八年”）前是從三品，此年降爲正四品。

[10]太府卿：官名。太府寺長官，掌庫儲出納。在大業三年（此據本書《百官志下》和《通鑑》卷一八〇《隋紀》；《唐六典》卷二二《少府監》、《通典》卷二七《少府監》爲“大業五年”）從太府寺分出少府監前，還兼管百工技巧、官府手工業。置一員。大業四年前爲正三品，此後降爲從三品。

大業十三年，[1]帝幸江都宫，詔文都與段達、皇甫無逸、韋津等同爲東都留守。[2]及帝崩，文都與達、津等共推越王侗爲帝。侗署文都爲内史令、開府儀同三司、光禄大夫、左驍衛大將軍、攝右翊衛將軍、魯國公。[3]既而宇文化及立秦王浩爲帝，[4]擁兵至彭城，所在響震。文都諷侗遣使通於李密。密於是請降，因授官爵，禮其使甚厚。王充不悦，因與文都有隙。文都知之，陰有誅充之計。侗復以文都領御史大夫，充固執而止。

[1]大業十三年：檢本書卷四《煬帝紀下》大業十二年七月："甲子，幸江都宫，以越王侗、光禄大夫段達、太府卿元文都、檢校民部尚書韋津、右武衛將軍皇甫無逸、右司郎盧楚等總留後事。"又《北史》卷一二《隋煬帝紀》及《通鑑》所載均同。故此"大業十三年"應為"大業十二年"之誤。

[2]韋津：人名。事見本書卷四七《韋壽傳》、《北史》卷六四《韋孝寬傳》。　東都留守：使職名。古代帝王出巡或出征時，常在京師、陪都設留守，以親王或重丞爲之。

[3]内史令：官名。内史省長官，掌皇帝詔令出納宣行，居宰相之職。隋初内史省置監、令各一人，尋廢監，置令二人。正三品。　左驍衛大將軍：官名。當是"左驍騎衛大將軍"脱文。隋文帝開皇十八年置備身府，煬帝即位改左右備身府爲左右驍騎衛府。左驍騎衛大將軍是左驍騎衛的最高將領。職掌宿衛，置一員，正三品。　右翊衛將軍：隋煬帝大業三年改左右衛爲左右翊衛，職掌未變。故右衛將軍改名右翊衛將軍，是右翊衛大將軍部下，置兩員，從三品。

[4]秦王：爵名。隋九等爵的第一等。從一品。　浩：人名。隋文帝第三子秦孝王楊俊長子楊浩。本書卷四五、《北史》卷七一有附傳。

盧楚説文都曰：[1]"王充外軍一將耳，本非留守之徒，何得預吾事！且洛口之敗，罪不容誅，今者敢懷跋扈，宰制時政，此而不除，方爲國患。”文都然之，遂懷奏入殿。事臨發，有人以告充。充時在朝堂，懼而馳還含嘉城，[2]謀作亂。文都頻遣呼之，充稱疾不赴。至夜作亂，攻東太陽門而入，[3]拜於紫微觀下。[4]侗遣人謂之曰："何爲者？"充曰："元文都、盧楚謀相殺害，請斬文都，歸罪司寇。"侗見兵勢漸盛，度終不免，謂文都曰："公見王將軍也。"[5]文都遷延而泣，侗遣其署將軍黄桃樹執文都以出。[6]文都顧謂侗曰："臣今朝亡，陛下亦當夕及。"侗慟哭而遣之，左右莫不憫默。出至興教門，[7]充令左右亂斬之，諸子並見害。

[1]盧楚：人名。傳見本卷及《北史》卷八五。

[2]含嘉城：在今河南洛陽城區東北。

[3]東太陽門：東都宫城東門。

[4]紫微觀：指宫殿門闕。

[5]公見王將軍也：宋刻遞修本、汲古閣本、殿本、庫本、中華本"公"字下有一"自"。

[6]黄桃樹：人名。具體事迹不詳。

[7]興教門：東都皇宫南面三門，左曰興教。

盧楚

盧楚，[1]涿郡范陽人也。[2]祖景祚，[3]魏司空掾。[4]楚少有才學，鯁急口吃，言語澀難。大業中，爲尚書右司郎，[5]當朝正色，甚爲公卿所憚。及帝幸江都，東都官僚多不奉法，楚每存糾舉，無所迴避。

[1]盧楚：人名。傳另見《北史》卷八五。

[2]涿郡：治所在今北京城西南。　范陽：郡名。治所在今河北涿州市。

[3]景祚：人名。即盧景祚。北魏時任司空府屬官，具體事迹不詳。

[4]司空掾：司空府屬官。

[5]尚書右司郎：官名。隋煬帝大業三年，於尚書都司始置左右司郎各一人。爲尚書左右丞之副貳，掌駁正違失，署覆文書及知省内宿直等事。从五品上。

越王侗稱尊號，以楚爲内史令、左備身將軍、攝尚書左丞、右光禄大夫，封涿郡公，[1]與元文都等同心勠力以輔幼主。及王充作亂，兵攻太陽門，武衛將軍皇甫無逸斬關逃難，呼楚同去。楚謂之曰："僕與元公有約，若社稷有難，誓以俱死，今捨去不義。"及兵入，楚匿於太官署，[2]賊黨執之，送於充所。充奮袂令斬之，於是鋒刃交下，肢體糜碎。

[1]左備身將軍：官名。煬帝大業三年改領左右府爲左右備身府，左備身將軍爲左備身府長官。

[2]太官署：官署名。隸屬光禄寺，掌供祠宴、朝會膳食。

劉子翊

劉子翊，[1]彭城叢亭里人也。父遍，[2]齊徐州司馬。[3]子翊少好學，頗解屬文，[4]性剛謇，有吏幹。仕齊殿中將軍。[5]開皇初，爲南和丞，[6]累轉秦州司法參軍事。[7]十八年，入考功，[8]尚書右僕射楊素見而異之，奏爲侍御史。[9]時永寧令李公孝四歲喪母，[10]九歲外繼，其後父更別娶後妻，至是而亡。河間劉炫以無撫育之恩，[11]議不解任。子翊駁之曰：

[1]劉子翊：人名。傳另見《北史》卷八五。

[2]遍：人名。即劉遍。北齊時任徐州司馬，具體事迹不詳。

[3]徐州：治所在今江蘇徐州市。

[4]屬（zhǔ）文：撰著文辭。

[5]殿中將軍：官名。掌殿内宿衛。北齊正八品上。

[6]南和丞：官名。全稱爲南和縣丞，爲一縣通判官，佐縣令長處理政務。上縣從八品，中縣正九品，下縣從九品。

[7]秦州：治所在今甘肅天水市。　司法參軍事：官名。掌一州司法審判事務。上州從七品，中州正八品，下州從八品。

[8]考功：官署名。尚書省吏部曹有考功司。

[9]侍御史：官名。隋御史臺設侍御史八人，掌糾彈百僚，推按獄訟。從七品。

[10]永寧：縣名。治所在今廣東電白縣東北。　李公孝：人名。隋時任永寧縣令，具體事迹不詳。

[11]河間：郡名。治所在今河北河間市。　劉炫：人名。傳見本書卷七五、《北史》卷八二。

《傳》云：“繼母如母，與母同也。”[1]當以配父之尊，居母之位，齊杖之制，皆如親母。又“爲人後者，爲其父母期”。[2]報期者，[3]自以本生，非殊親之與繼也。

父雖自處傍尊之地，於子之情，猶須隆其本重。是以令云：[4]“爲人後者，爲其父母並解官，申其心喪。[5]父卒母嫁，爲父後者雖不服，亦申心喪。其繼母嫁不解官。”此專據嫁者生文耳。將知繼母在父之室，則制同親母。若謂非有撫育之恩，同之行路，何服之有乎？服既有之，心喪焉可獨異？三省令旨，[6]其義甚明。今言令許不解，何其甚謬！且後人者爲其父母期，未有變隔以親、繼，[7]親、繼既等，[8]故知心喪不殊。《服問》云：[9]“母出，[10]則爲繼母之黨服。”豈不以出母族絶，推而遠之，繼母配父，引而親之乎？子思曰：[11]“爲伋也妻，是爲白也母。不爲伋也妻，是不爲白也母。”[12]定知服以名重，[13]情因父親，所以聖人敦之以孝慈，弘之以名義。[14]是使子以名服，同之親母，繼以義報，等之己生。

[1]繼母如母，與母同也：語出《儀禮·喪禮》。原文爲：“繼母如母。傳曰：繼母何以如母？繼母之配父與因母同。故孝子不敢殊也。”

[2]爲人後者，爲其父母期：語出《儀禮·喪禮》。原文爲：“爲人後者，爲其父母報。”

[3]報：《册府元龜》卷五八四《掌禮部·奏議》及《北史》卷八五《劉子翊傳》作“服”。中華本《北史》校勘記云：“《儀禮·喪禮》原文云：‘爲人後者，爲其父母報。’疑此當作‘爲人後者，爲其父母報，報期者’。”可作一説。

[4]令：此指隋唐時期法律形式（律、令、格、式）之一，《唐六典》云：“令以設範立制。”

[5]心喪：指無喪服或釋服後之懷念，如守喪。

［6］三省：指隋代中央尚書、中書、門下三省。

［7］親、繼：此指親母與繼母。中華本此標點作“親繼”。

［8］繼：《册府元龜》卷五八四《掌禮部·奏議》無此字。

［9］《服問》：《禮記》篇名之一。

［10］出：指被休。

［11］子思：即孔子弟子原憲，字子思。事見《史記》卷六七《仲尼弟子列傳》。

［12］“爲伋也妻”至“是不爲白也母”：典出《禮記·檀弓》。伋，人名。孔子嫡孫孔伋，字子思。白，人名。孔子曾孫孔白，字子上。

［13］定：《册府元龜》卷五八四《掌禮部·奏議》作“實”。名：名義。

［14］弘：《册府元龜》卷五八四《掌禮部·奏議》作“和”。

如謂繼母之來，在子出之後，[1]制有淺深者，考之經傳，未見其文。譬出後之人，所後者初亡，後之者始至，此復可以無撫育之恩而不服重乎？[2]昔長沙人王毖，[3]漢末爲上計詣京師，[4]既而吴、魏隔絶，[5]毖於内國更娶，[6]生子昌。[7]毖死後爲東平相，[8]始知吴之母亡，便情繫居重，不攝職事。于時議者，不以爲非。然則繼母之與前母，於情無别。若要以撫育始生服制，王昌復何足云乎？又晋鎮南將軍羊祜無子，[9]取弟子伊爲子。[10]祜薨，伊不服重，祜妻表聞，伊辭曰：“伯生存養己，伊不敢違。然無父命，故還本生。”尚書彭權議：[11]“子之出養，必由父命，無命而出，是爲叛子。”於是下詔從之。然則心服之制，[12]不得緣恩而生也。

［1］子出：指過繼給他人做兒子。

［2］復：《册府元龜》卷五八四《掌禮部·奏議》作“後”。《北史》卷八五《劉子翊傳》原作“後”，中華本據《隋書》改爲“復”。　服重：指父母喪之孝服。

［3］長沙：郡名。治所在今湖南長沙市。　王毖：人名。東漢三國時人，三國魏任給事黄門侍郎，事略見《晋書·禮志中》、《通典》卷八九《禮·後妻子爲前母服議》。

［4］上計：秦漢時地方官於年終將境内户口、賦税、盗賊、獄訟等項編造計簿，遣吏逐級上報，奏呈朝廷，借資考績。

［5］吴：此指三國吴國屬地。　魏：此指三國魏國屬地。

［6］内國：指中原地區。按，内國即中國，隋避“忠”諱改。《册府元龜》卷五八四《掌禮部·奏議》作“同國”。

［7］昌：人名。即王昌。事亦見《晋書·禮志中》、《通典》卷八九《禮·後妻子爲前母服議》。

［8］東平：地名。此指東平國，西漢置，西晋移治今山東東平縣西北。　相：漢晋時期王國最高行政長官，相當於郡太守。

［9］鎮南將軍：官名。西晋四鎮將軍之一，置一人。第二品。羊祜：人名。魏晋時著名大臣。傳見《晋書》卷三四。

［10］伊：人名。即羊伊，羊祜前母兄羊發次子。事略見《晋書·羊祜傳》。

［11］彭權：人名。據《通典》卷二一《職官·侍中》載：“晋武帝時，彭權爲侍中。”按，底本原作“彭禮”，宋刻遞修本、汲古閣本、中華本、《北史·劉子翊傳》及《册府元龜》卷五八四《掌禮部·奏議》作“彭權”。今據改。

［12］心服：服心喪，指不穿孝服而内心哀悼。

論云：“禮者稱情而立文，［1］仗義而設教。”［2］還以此義，諭彼之情。稱情者，稱如母之情，仗義者，仗爲子之義。名義分定，[3]然後能尊父順名，崇禮篤敬。苟以母養之恩始成母子，則恩由彼至，[4]服自己來，則慈母如母，[5]何得待父命？又云："繼母、慈母，本實路人，臨己養己，同之骨血。"若如斯言，子不由父，縱有恩育，得如母乎？其慈、繼雖在三年之下，而居齊期之上，禮有倫例，服以稱情。繼母本以名服，豈藉恩之厚薄也。至於兄弟之子猶子也，私昵之心實殊，禮服之制無二。彼言"以"輕"如"重，自以不同。此謂如重之辭，即同重法，若使輕重不等，何得爲"如"？律云"准枉法"者，但准其罪，"以枉法論"者，即同真法。律以弊刑，禮以設教，"准"者准擬之名，"以"者即真之稱。"如""以"二字，義用不殊，禮律兩文，所防是一。將此明彼，足見其義，取譬伐柯，[6]何遠之有。

[1]立文：制定禮儀文字。

[2]設教：實施教化。

[3]名義：《北史》卷八五《劉子翊傳》無此二字。

[4]至：《册府元龜》卷五八四《掌禮部·奏議》作"主"。

[5]慈母：古稱撫育自己成長之庶母。

[6]伐柯：指取法於人之意。典出《詩·豳風·伐柯》。

又論云："取子爲後者，將以供承祧廟，[1]奉養已身，不得使宗子歸其故宅，[2]以子道事本父之後妻也。"然本父後妻，因父而得母稱，若如來旨，本父亦可無心喪乎？何直父之後妻。論又云："《禮》言舊君，[3]其尊豈復君乎？已去其位，非復純臣，須言'舊'以殊之。

别有所重，非復純孝，[4]故言‘其’已見之。[5]目以其父之文，是名異也。”此又非通論。何以言之？“其”“舊”訓殊，所用亦别，“舊”者易新之稱，“其”者因彼之辭，安得以相類哉？至如《禮》云：“其父析薪，其子不克負荷。”[6]《傳》云：“衛雖小，其君在焉。”[7]若其父而有異，其君復有異乎？斯不然矣，斯不然矣。

[1]祧廟：祖廟。

[2]宗子：指宗法制度中繼承人，一般爲嫡長子。

[3]《禮》：指《儀禮》《周禮》《禮記》三書合稱。

[4]純：《册府元龜》卷五八四《掌禮部·奏議》作“己”。

[5]已：《册府元龜》卷五八四《掌禮部·奏議》作“以”。

[6]其父析薪，其子不克負荷：此句喻指子承父業。

[7]衛雖小，其君在焉：語出《左傳》定公九年。

今炫敢違禮乖令，侮聖干法，使出後之子，無情於本生，名義之分，有虧於風俗。徇飾非於明世，[1]强媒櫱於禮經，[2]雖欲揚己露才，不覺言之傷理。

[1]徇：《册府元龜》卷五八四《掌禮部·奏議》作“狥”。中華本《北史·劉子翊傳》校勘記云：“《通志》卷一六六《劉子翊傳》‘徇’作‘苟’，疑是。”　世：《册府元龜》卷五八四《掌禮部·奏議》作“時”。

[2]媒櫱：亦作“媒孽”，原指酒母，後喻指誣陷。　禮經：講禮節之經典，常指《儀禮》而言。

事奏，竟從子翊之議。

仁壽中，爲新豐令，[1]有能名。大業三年，除大理正，[2]甚有當時之譽。擢授治書侍御史，每朝廷疑議，子翊爲之辯析，多出衆人意表。從幸江都。值天下大亂，帝猶不悟，子翊因侍切諫，由是忤旨，令子翊爲丹陽留守。[3]尋遣於上江督運，[4]爲賊吴棊子所虜。[5]子翊説之，因以衆首。[6]復遣領首賊清江。[7]遇煬帝被殺，賊知而告之。子翊弗信，斬所言者。賊又欲請以爲主，子翊不從。群賊執子翊至臨川城下，[8]使告城中，云“帝已崩”。子翊反其言，於是見害，時年七十。

[1]新豐：縣名。治所在今陝西臨潼縣東北。

[2]大理正：官名。掌參議刑獄，評議科條，通判大理寺事務。正六品。

[3]丹陽：郡名。治所在今江蘇南京市。

[4]上江：今安徽省舊時别稱，長江由安徽流入江蘇，江蘇稱下江，安徽爲上江。

[5]吴棊子：人名。具體事迹不詳。

[6]首：《北史》卷八五《劉子翊傳》作“降”。參李慈銘《隋書札記》。

[7]領首賊清江：《北史·劉子翊傳》作“首領賊渡江”。參李慈銘《隋書札記》。

[8]臨川：縣名。治所在今江西撫州市臨川區西。

堯君素

堯君素，[1]魏郡湯陰人也。[2]煬帝爲晋王時，君素以左右從。及嗣位，累遷鷹擊郎將。[3]大業之末，盜賊蜂起，人多流亡，君素所部獨全。後從驍衛大將軍屈突通拒義兵於河東。[4]俄而通引兵南遁，以君素有膽略，署領河東通守。義師遣將吕紹宗、韋義節等攻之，[5]不剋。

［1］堯君素：人名。傳另見《北史》卷八五。

［2］魏郡：治所在今河南安陽市。　湯陰：縣名。治所在今河南湯陰縣西南。

［3］鷹擊郎將：官名。隋煬帝改中央十二衛車騎將軍爲鷹揚副郎將，大業五年又改爲鷹擊郎將。從五品。《北史·堯君素傳》、《通鑑》卷一八四《隋紀》義寧元年九月條、《册府元龜》卷三七三《將帥部·忠第四》作“鷹揚郎將”。

［4］屈突通：人名。隋唐名將，參與鎮壓楊玄感叛亂及隋末農民起義，後降唐，爲貞觀時凌煙閣二十四功臣之一。傳見《舊唐書》卷五九、《新唐書》卷八九。

［5］吕紹宗：人名。唐初大將，具體事迹不詳。　韋義節：人名。唐初曾任吏部侍郎，後爲虞州刺史，率部擊堯君素於蒲州，攻之不克，爲獨孤懷恩所代。

及通軍敗，至城下呼之。君素見通，歔欷流涕，悲不自勝，左右皆哽咽，通亦泣下霑衿，[1]因謂君素曰：“吾軍已敗，義旗所指，莫不響應。事勢如此，卿當早降，以取富貴。”君素答曰：“公當爪牙之寄，爲國大臣，主上委公以關中，代王付公以社稷，[2]國祚隆替，懸之於公。奈何不思報效，以至於此。縱不能遠慚主上，公所乘馬，即代王所賜也，公何面目乘之哉！”通曰：“吁！君素，我力屈而來。”君素曰：“方今力猶未屈，何用多言。”通慚而退。時圍甚急，行李斷絶，君素乃爲木鵝，置表於頸，具論事勢，浮之黄河，沿流而下。河陽守者得之，[3]達于東都。越王侗見而歎息，於是承制拜君素爲金紫光禄大夫，[4]密遣行人勞苦之。監門直閣龐玉、武衛將軍皇甫無逸前後自東都歸義，[5]俱造城下，爲陳利害。大唐又賜金券，[6]待以不死。君素卒無降心。其妻又至城下謂之曰："隋室已亡，天命有屬，君何自苦，身取禍敗。"君素曰："天下事非婦人所知。"引弓射之，應弦而倒。

[1]衿：宋刻遞修本、中華本與底本同，汲古閣本、殿本、庫本、《北史》卷八五《堯君素傳》及《册府元龜》卷三七三《將帥部·忠第四》作"襟"。

[2]代王：即隋恭帝楊侑。紀見本書卷五、《北史》卷一二。

[3]河陽：地名。在今河南孟津縣東。

[4]金紫光禄大夫：官名。屬散實官。隋文帝置特進、左右光禄大夫等，以加文武官之有德聲者，並不理事。因其金印紫綬，故名。隋初爲從二品，煬帝大業三年降爲正三品。

[5]監門直閣：官名。隋設左右監門衛，掌門禁與守衛之事，煬帝於左右監門府各置直閣六人。正五品。　龐玉：人名。隋末任監門直閣、銀青光禄大夫，隨王世充攻李密，王世充敗，率萬餘騎降唐，官至監門大將軍。事亦可見其子龐立墓誌（載劉文《陝西新見隋朝墓誌》四三《大隋左親侍龐府君之墓誌銘并序》，三秦出版社2018年版）。

[6]金券：鐵券的美稱，帝王賜於臣下免死的信物。

君素亦知事必不濟，然要在守死不易，每言及國家，未嘗不歔欷。嘗謂將士曰："吾是藩邸舊臣，累蒙獎擢，至於大義，不得不死。今穀支數年，食盡此穀，足知天下之事。必若隋室傾敗，天命有歸，吾當斷頭以付諸君也。”時百姓苦隋日久，及逢義舉，人有息肩之望。然君素善於統領，下不能叛。歲餘，頗得外生口，城中微知江都傾覆。又糧食乏絶，人不聊生，男女相食，衆心離駭。白虹降於府門，[1]兵器之端，夜皆光見。月餘，君素爲左右所害。

[1]白虹：此指月光通過空中小水滴時所形成的白色弧形光帶。古天文以白虹主兵，有流血事發生。

陳孝意

河東陳孝意，[1]少有志尚，弱冠，以貞介知名。大業初，爲魯郡司法書佐，[2]郡内號爲廉平。太守蘇威嘗欲殺一囚，[3]孝意固諫，至於再三，威不許。孝意因解衣，請先受死。良久，威意乃解，謝而遣之，漸加禮敬。及威爲納言，奏孝意爲侍御史。後以父憂去職，居喪過禮，有白鹿馴擾其廬，時人以爲孝感之應。未期，起授雁門郡丞。[4]在郡菜食齋居，朝夕哀臨，每一發聲，未嘗不絶倒，柴毁骨立，見者哀之。于時政刑日紊，長吏多贓污，孝意清節彌厲，發姦擿伏，動若有神，吏民稱之。

[1]陳孝意：人名。傳另見《北史》卷八五。
[2]司法書佐：官名。煬帝改州諸曹參軍事爲郡書佐，司法書

佐即州司法參軍事，掌一郡司法事務。視從八品至視從九品。

［3］蘇威：人名。傳見本書卷四一，《北史》卷六三有附傳。

［4］雁門：郡名。隋煬帝大業三年改代州置，治所在今山西代縣西北。

煬帝幸江都，馬邑劉武周殺太守王仁恭，[1]舉兵作亂。孝意率兵與武賁郎將王智辯討之，[2]戰於下館城，[3]反爲所敗。武周遂轉攻傍郡，百姓凶凶，將懷叛逆。前郡丞楊長仁、雁門令王確等，[4]並桀黠，爲無賴所歸，謀應武周。孝意陰知之，族滅其家，郡中戰慄，莫敢異志。俄而武周引兵來攻，孝意拒之，每致克捷。但孤城獨守，外無聲援，孝意執志，誓以必死。每遣使江都，道路隔絶，竟無報命。孝意亦知帝必不反，每每旦暮向詔敕庫俯伏流涕，悲動左右。圍城百餘日，糧盡，爲校尉張倫所殺，[5]以城歸武周。

［1］馬邑：郡名。治所在今山西朔州市。　劉武周：人名。隋末群雄之一，以馬邑爲中心，依附突厥，圖謀帝業。傳見《舊唐書》卷五五、《新唐書》卷八六。　王仁恭：人名。傳見本書卷六五、《北史》卷七八。

［2］王智辯：人名。隋末爲虎賁郎將，大業十三年二月爲劉武周擊敗斬殺。

［3］下館城：亦名陰館城，古城在今山西代縣西北。

［4］王確：人名。隋末爲雁門縣令，具體事迹不詳。

［5］校尉：官名。隋鷹揚府之下設團，長官稱校尉。正六品。　張倫：人名。隋末爲鷹揚府校尉，具體事迹不詳。《北史》卷八五《陳孝意傳》作“張世倫”。

張季珣

京兆張季珣，[1]父祥，少爲高祖所知，其後引爲丞相參軍事。開皇中，累遷并州司馬。仁壽末，漢王諒舉兵反，遣其將劉建略地燕、趙。[2]至井陘，[3]祥勒兵拒守，建攻之，復縱火燒其郭下。祥見百姓驚駭，其城側有西王母廟，祥登城望之再拜，號泣而言曰："百姓何罪，致此焚燒！神其有靈，可降雨相救。"言訖，廟上雲起，須臾驟雨，其火遂滅。士卒感其至誠，莫不用命。城圍月餘，李雄援軍至，[4]賊遂退走。以功授開府，歷汝州刺史、靈武太守，[5]入爲都水監，[6]卒官。

[1]張季珣：人名。傳另見《北史》卷八五。

[2]劉建：人名。漢王楊諒部將，隨楊諒反，後爲周羅睺擊敗梟首。事亦略見本書卷七〇《裴仁基傳》及《劉德墓誌》（載王其禕、周曉薇《隋代墓誌銘彙考》三四九）。 燕、趙：此指戰國時期燕國和趙國地區，約在今河北北部及山西西部一帶。

[3]井陘：關名。又名土門關。在今河北井陘縣西北井陘山上。

[4]李雄：即本書所載李子雄，《北史》亦稱李雄。傳見本書卷七〇、《北史》卷七四。

[5]汝州：隋大業二年改伊州置，治所在今河南汝州市東。靈武：郡名。隋大業三年置，治所在今寧夏靈武市西南。

[6]都水監：官名。仁壽改都水臺爲監，長官亦稱都水監，掌川澤、津梁、陂池之政。從五品。

季珣少慷慨，有志節。大業末，爲鷹擊郎將，[1]其府據箕山爲固，[2]與洛口連接。及李密、翟讓攻陷倉城，遣人呼之。季珣罵密極口，密怒，遣兵攻之，連年不能克。時密衆數十萬在其城下，季珣四面阻絶，所領不過數百人，而執志彌固，誓以必死。經三年，[3]資用盡，樵蘇無所得，撤屋而爨，[4]人皆穴處，季珣撫巡之，一無離叛。糧盡，士卒羸病不能拒戰，遂爲所陷。季珣坐聽事，顔色自若，密遣兵禽送之。群賊曳季珣令拜密，季珣曰："吾雖爲敗軍之將，猶是天子爪牙之臣，何容拜賊也！"密壯而釋之。翟讓從之求金不得，遂殺之，時年二十八。

[1]鷹擊郎將：《北史》卷八五《張季珣傳》作"鷹揚郎將"。

[2]箕山：約在今河南登封市東南。

[3]三年：《通鑑》卷一八四《隋紀》義寧元年九月條引《河洛記》云：自三月至九月。《考異》曰："按密明年已降唐，安得三年攻守箕山之事。"

[4]爨：音 cuàn。

其弟仲琰，[1]大業末爲上洛令。[2]及義兵起，率吏人城守，部下殺之以歸義。仲琰弟琮，[3]爲千牛左右，[4]宇文化及之亂遇害。季珣家素忠烈，兄弟俱死國難，論者賢之。

[1]仲琰：人名。即張仲琰。《北史》卷八五有附傳。

[2]上洛：縣名。治所在今陝西商洛市商州區。

[3]琮：人名。即張琮。《北史》卷八五有附傳。《北史》作

"張幼琮"。

［4］千牛左右：官名。隋初於左右領左右府置千牛備身十二人，掌供御弓箭，執千牛御刀侍衛皇帝左右。正六品下。煬帝大業三年改左右領左右府爲左右備身府，千牛備身則改名爲千牛左右，其職掌未變，員額增至十六人。正六品。

松贇

北海松贇，[1]性剛烈，重名義，爲石門府隊正。[2]大業末，有賊楊厚擁徒作亂，[3]來攻北海縣，贇從郡兵討之。贇輕騎覘賊，爲厚所獲，厚令贇謂城中云，郡兵已破，宜早歸降。贇僞許之。既至城下，大呼曰："我是松贇，爲官軍覘賊，邂逅被執，非力屈也。今官軍大來，並已至矣，賊徒寡弱，旦暮擒剪，不足爲憂。"賊以刀築贇口，引之而去，毆擊交下。贇駡厚曰："老賊何敢致辱賢良，禍自及也！"言未卒，賊已斬斷其腰。城中望之，莫不流涕扼腕，鋭氣益倍。北海卒完。煬帝遣户曹郎郭子賤討厚，[4]破之，以贇亡身殉節，嗟悼不已，上表奏之。優詔褒揚，贈朝散大夫、本郡通守。[5]

［1］松贇：人名。傳另見《北史》卷八五。《北史》作"杜松贇"。

［2］石門府隊正：官名。隋府兵一隊之長官。從九品。

［3］楊厚：人名。事亦見《北史·杜松贇傳》。

［4］户曹郎：官名。隋煬帝改尚書省户曹侍郎爲户曹郎，掌全國户口等事。正六品。　郭子賤：人名。具體事迹不詳。

［5］朝散大夫：官名。贈官。正四品，煬帝改爲從五品。

史臣曰：古人以天下至大，方身則小，生爲重矣，比義則輕。然則死有重於太山，[1]生以理全者也，[2]生有輕於鴻毛，死與義合者也。然死不可追，生無再得，故處不失節，所以爲難矣。楊諒、玄感、李密反形已成，凶威方熾，皇甫誕、游元、馮慈明臨危不顧，視死如歸，可謂勇於蹈義矣。獨孤盛、元文都、盧楚、堯君素豈不知天之所廢，人不能興，甘就菹醢之誅，[3]以徇忠貞之節。雖功未存於社稷，力無救於顛危，然視彼苟免之徒，貫三光而洞九泉矣。須陁、善會有温序之風，子翊、松贇蹈解楊之烈。國家昏亂有忠臣，誠哉斯言也。

[1]太山：泰山。

[2]生以理全：生與義理相合。

[3]菹（zū）醢（hǎi）：把人剁爲肉醬的酷刑。

隋書　卷七二

列傳第三十七

孝義

《孝經》云："夫孝，天之經也，地之義也，人之行也。"[1]《論語》云："君子務本，本立而道生。孝悌也者，其爲仁之本與！"[2]《吕覽》云："夫孝，三皇、五帝之本務，萬事之綱紀也。執一術而百善至，百邪去，天下順者，其唯孝乎！"[3]然則孝之爲德至矣，其爲道遠矣，其化人深矣。故聖帝明王行之於四海，則與天地合其德，與日月齊其明。諸侯卿大夫行之於國家，則永保其宗社，長守其禄位。匹夫匹婦行之於閭閻，[4]則播徽烈於當年，揚休名於千載。此皆資純至以感物，故聖哲之所重。

[1]"夫孝"至"人之行也"：語出《孝經·三才章》。

[2]"君子務本"至"仁之本與"：語出《論語·學而》。

[3]"夫孝"至"其唯孝乎"：語出《吕氏春秋·孝行》。三

皇，遠古傳説中的三位帝王。所指説法不一。五帝，上古傳説中的五位帝王。説法不一。

[4]閭閻：泛指民間。

田翼、郎方貴等，[1]闕稽古之學，無俊偉之才，並能任其自然，情無矯飾。篤於天性，勤其四體，竭股肱之力，盡愛敬之心，自足膝下之歡，忘懷軒冕之貴。不言之化，人神通感。雖或位登台輔，爵列王侯，禄積萬鍾，馬踰千駟，死之日，曾不得與斯人之徒隸齒。孝之大也，不其然乎！故述其所行，爲《孝義傳》。

[1]田翼：人名。傳另見《北史》卷八四。　郎方貴：人名。傳見本書本卷及《北史》卷八五。

陸彦師

陸彦師，[1]字雲房，魏郡臨漳人。[2]祖希道，[3]魏定州刺史。[4]父子彰，[5]中書監。[6]彦師少有行檢，爲邦族所稱。長而好學，解屬文。[7]魏襄城王元旭引爲參軍事。[8]以父艱去職，[9]哀毀殆不勝喪。與兄卬廬於墓次，[10]負土成墳。公卿重之，多就墓側存問，晦朔之際，車馬不絶。

[1]陸彦師：人名。《北史》卷二八有附傳。

[2]魏郡：治所在今河北臨漳縣西南。　臨漳：縣名。治所在今河北臨漳縣西南。

［3］希道：人名。即陸希道，北魏人。官至涇州刺史，贈定州刺史。《魏書》卷四〇、《北史》卷二八有附傳。

［4］魏：即北魏（386—557）。初都平城（今山西大同市東北），公元494年遷都洛陽（今河南洛陽市東北白馬寺東）。公元534年分裂爲東魏和西魏兩個政權。東魏（534—550）都於鄴（今河北臨漳縣西南鄴鎮東），西魏（535—557）都於長安（今陝西西安市西北郊）。　定州：治所在今河北定州市。

［5］子彰：人名。即陸子彰，官至中書監。《魏書》卷四〇、《北史》卷二八有附傳。

［6］中書監：官名。掌撰詔命，典作文書，記會時事。東魏從二品。

［7］屬（zhǔ）文：撰著文辭。

［8］襄城王：據《魏書》卷一九下《景穆十二王列傳》全稱爲襄城郡王。　元旭：人名。東魏宗室，武帝末年位大司馬。事見《魏書·景穆十二王列傳》。　參軍事：官名。全稱爲襄城郡王府參軍事，王府屬官。魏官品第七品。

［9］父艱：遭逢父親喪事。古代喪服禮制規定，父母死後，子女須守喪，三年内不得做官、婚娶、赴宴、應考、舉樂，等等。

［10］卬：人名。即陸卬。傳見《北齊書》卷三五，《北史》卷二八有附傳。

齊文宣聞而嘉歎，[1]旌表其閭，號其所住爲孝終里。中書令河間邢卲表薦之，[2]未報，彭城王浟爲司州牧，[3]召補主簿。[4]後歷中外府東閣祭酒。[5]兄卬當襲父始平侯，[6]以彦師昆弟中最幼，表讓封焉。彦師固辭而止。時稱友悌孝義，總萃一門。遷中書舍人，[7]尋轉通直散騎侍郎。[8]每陳使至，必令高選主客，彦師所接對者，前後六輩。歷中書、黄門侍郎，[9]以不阿宦者，遇讒，出爲中山太守,[10]有惠政。數年，徵爲吏部郎中。[11]周武平齊,[12]授載師下大夫。[13]宣帝時,[14]轉少納言,[15]賜爵臨水縣男,[16]奉使幽、薊。[17]

[1]齊文宣：北齊文宣帝高洋。紀見《北齊書》卷四、《北史》卷七。

[2]中書令：官名。北齊中書省設監、令各一人，管司王言，及司進御之音樂。正三品。　河間：郡名。治所在今河北河間市。　邢卲：人名。字子才，北魏至北齊時人。以文學知名，官至中書監。傳見《北齊書》卷三六，《北史》卷四三有附傳。《北齊書》《北史》本傳載爲"中書監"，未載"中書令"。

[3]彭城王：爵名。北齊十五等爵的第一等。正一品。　浟：人名。即高浟，北齊高祖高歡第五子。傳見《北齊書》卷一〇、《北史》卷五一。另有墓誌出土（見葉煒、劉秀峰《墨香閣藏北朝墓誌》，上海古籍出版社2016年版，第250頁）。　司州牧：官名。京都鄴城所在地司州最高行政長官，因其地位有別於諸州刺史，故特稱"牧"，例由宗室諸王任之。北齊爲從二品。

[4]補：官制用語。調選官吏補充某職官之缺位。　主簿：官名。北齊都城鄴所在地稱司州（治所在今河北臨漳縣西南），此爲司州府的屬官，掌本州府監印，檢核文書簿籍，勾稽缺失等事。北齊流内視從七品。

[5]中外府：官署名。北齊爲"都督中外諸軍事府"簡稱。　東閤祭酒：官名。北齊三師、二大、三公等府均置東、西閤祭酒，掌接對賢良，導引賓客。北齊正七品。

[6]始平侯：爵名。北齊十五等爵的第七等。從二品。

[7]中書舍人：官名。爲中書省之舍人省屬官。置十人，掌署敕行下，宣旨勞問。北齊正六品上。

[8]通直散騎侍郎：官名。北齊集書省設六人，掌諷議左右，

從容獻納，不典事。北齊從五品上。

[9]中書黄門侍郎："中書侍郎"與"黄門侍郎"二職官名，中華本"中書"與"黄門"之間未加點讀。中書侍郎，官名。北齊中書省設侍郎四人，佐監、令管司王言。北齊從四品上。黄門侍郎，官名。即給事黄門侍郎。北齊門下省設六人，與侍中同掌獻納諫正及司進御之職。北齊正四品上。

[10]中山：郡名。治所在今河北定州市。

[11]吏部郎中：官名。北齊尚書省吏部曹設郎中二人，掌褒崇、選補等事。北齊正四品上。

[12]周武：即北周武帝宇文邕。紀見《周書》卷五、六，《北史》卷一〇。　齊：即北齊（550—577），或稱高齊，都鄴（今河北臨漳縣西南鄴鎮東）。

[13]載師下大夫：官名。掌任土之法，辨夫家田里之數，會六畜車乘之稽，審賦役斂弛之節，制畿疆修廣之域，頒施會之要，審牧産之政。北周正四命。（參見王仲犖《北周六典》卷三《地官府第八》，中華書局1979年版，第100頁）

[14]宣帝：即北周宣帝宇文贇。紀見《周書》卷七、《北史》卷一〇。

[15]少納言：官名。即納言少大夫，掌貳納言中大夫之政，侍從皇帝左右。北周正四命。（參見王仲犖《北周六典》卷二《天官府第七》，第60頁）

[16]臨水縣男：爵名。北周十一等爵的第十等。正五命。（參見王仲犖《北周六典》卷八《封爵第十九》，第556頁）

[17]幽、薊：幽州（治所在今北京城西南）和薊州（治所在今北京城西南）地區。

俄而高祖爲丞相，[1]彦師遇疾，請假還鄴。[2]尉迥將爲亂，[3]彦師微知之，遂委妻子，潛歸長安。[4]高祖嘉之，授内史下大夫，[5]拜上儀同。[6]高祖受禪，拜尚書左丞，[7]進爵爲子。[8]彦師素多病，未幾，以務劇疾動，乞解所職，有詔聽以本官就第。歲餘，轉吏部侍郎。[9]隋承周制，官無清濁，[10]彦師在職，凡所任人，頗甄别於士庶，論者美之。後復以病出爲汾州刺史，[11]卒官。

[1]高祖：隋文帝楊堅廟號。紀見本書卷一、二，《北史》卷一一。　丞相：官名。此爲“左大丞相”或“大丞相”簡稱。北周静帝大象二年（580）置左、右大丞相，以宗室親王宇文贊爲右大丞相，但僅有虚名；以外戚楊堅爲左大丞相，總攬朝政。旋又去左右之號，獨以楊堅爲大丞相。實爲控制北周朝廷的權臣。

[2]鄴：地名。在今河北臨漳縣西南鄴鎮東。

[3]尉迥：人名。尉遲迥，北周太祖宇文泰之甥，周宣帝時任大前疑、相州總管。傳見《周書》卷二一、《北史》卷六二。

[4]長安：地名，北周都城所在地。在今陝西西安市西北郊。

[5]内史下大夫：官名。全稱爲小内史下大夫，亦簡稱小内史。北周初爲春官府内史曹的次官，周宣帝大象元年增置内史上大夫爲該曹長官，原長官内史中大夫退居副貳，小内史下大夫遂退爲屬官。其職掌是協助該曹長官撰寫皇帝詔令，參議刑罰爵賞及軍國大事，並修撰國史及起居注。北周置二員，正四命。（參見王仲犖《北周六典》卷四《春官府第九》，第174頁）

[6]上儀同：勳官名。全稱爲上儀同大將軍。北周武帝置。位在儀同大將軍上，授予有軍勳的功臣及其子弟，無具體職掌。九命。

[7]尚書左丞：官名。職掌佐尚書令、尚書僕射理尚書省政事。從四品。

[8]子：爵名。隋九等爵的第八等。正四品下。

[9]吏部侍郎：官名。隋文帝時於吏部四曹之一吏部曹置吏部

侍郎一員，爲該曹長官。正六品上。煬帝大業三年諸曹侍郎並改稱“郎”，又始置“侍郎”，爲尚書省下轄六部之副長官。正四品。此後，吏部侍郎纔成爲吏部副長官，協助長官吏部尚書掌全國文職官員銓選等政令。

[10]清濁：指清官與濁官。魏晋以來，職官有清濁之分：凡職閑位高且升遷迅捷之官，謂之“清官”；凡職冗位卑且升遷遲緩之官，則謂之“濁官”。清官衹能由高門士族擔任，而寒門庶族則衹能擔任濁官，兩者區分甚嚴。南北朝後期至隋唐時，統治者力圖打破這種士庶清濁之别，而士族則極力維護之。

[11]汾州：治所在今陝西宜川縣東北。

田德懋

田德懋，[1]觀國公仁恭之子也。[2]少以孝友著名。開皇初，[3]以父軍功賜爵平原郡公，[4]授太子千牛備身。[5]丁父艱，哀毁骨立，廬於墓側，負土成墳。上聞而嘉之，遣員外散騎侍郎元志就弔焉。[6]復降璽書曰：“皇帝謝田德懋。知在窮疾，哀毁過禮，倚廬墓所，負土成墳。朕孝理天下，思弘名教，復與汝通家，情義素重，有聞孝感，嘉歎兼深。春日暄和，氣力何似？宜自抑割，以禮自存也。”并賜縑二百匹，米百石。復下詔表其門閭。後歷太子舍人、義州司馬。[7]大業中，[8]爲給事郎、尚書駕部郎，[9]卒官。

[1]田德懋：人名。《北史》卷六五有附傳。

[2]觀國公：爵名。隋九等爵的第三等。從一品。　仁恭：人名。即田仁恭。傳見本書卷五四，《北史》卷六五有附傳。

[3]開皇：隋文帝楊堅年號（581—600）。

[4]平原郡公：爵名。隋九等爵的第四等。從一品。

[5]太子千牛備身：官名。隋東宫左右内率府置八人，掌執千牛刀宿衛侍從太子。正七品下。隋煬帝大業三年改稱爲司仗左右。

[6]員外散騎侍郎：官名。屬散官，隋門下省置六人，掌部從朝直，並出使勞問。正五品上。　元志：人名。具體事迹不詳。

[7]太子舍人：官名。隋東宫典書坊置八人，掌令書表啓之事。從六品下。　義州：隋大業二年改中州置，治所在今河南信陽市。　司馬：官名。隋州僚屬之一，開皇三年改治中爲司馬，名義上紀綱衆務，通判列曹，實無具體職任。上州正五品，中州從五品，下州正六品。

[8]大業：隋煬帝楊廣年號（605—618）。

[9]給事郎：官名。隋文帝開皇六年於尚書省吏部置給事郎，爲散官番直，無具體職掌。正八品上。煬帝大業三年罷吏部給事郎，而取其名於門下省另置給事郎四人，位在黄門侍郎之下，掌省讀奏案。從五品。此爲後者。　尚書駕部郎：官名。隋尚書省兵部駕部曹長官，隋初爲駕部侍郎，大業三年改爲駕部郎，掌車乘、廐牧馬政及傳驛之政。正六品。

薛濬

薛濬，[1]字道賾，刑部尚書、内陽公胄之從祖弟也。[2]父琰，[3]周渭南太守。[4]濬少喪父，早孤，養母以孝聞。幼好學，有志行，尋師於長安。時初平江陵，[5]何妥歸國，[6]見而異之，授以經業。周天和中，[7]襲爵虞城侯，[8]歷納言上士、新豐令。[9]

[1]薛濬：人名。《北史》卷三六有附傳。

[2]刑部尚書：官名。隋初沿置都官尚書，開皇三年改爲刑部尚書，是尚書省下轄六部之一刑部的長官。職掌刑法、徒隸、勾覆及關禁之政，總判刑部、都官、比部、司門四司之事。置一員，正三品。　内陽公：爵名。全稱爲内陽郡公。隋九等爵的第四等。胄：人名。即薛胄。傳見本書卷五六，《北史》卷三六有附傳。

[3]琰：人名。即薛琰，北周任渭南太守。事亦見《北史·薛濬傳》。

[4]渭南：郡名。治所在今陝西渭南市東南。

[5]江陵：縣名。治所在今湖北荆州市。梁元帝在此即位稱帝，後爲梁都城。

[6]何妥：人名。傳見本書卷七五、《北史》卷八二。

[7]天和：北周武帝宇文邕年號（566—572）。

[8]虞城侯：爵名。全稱爲虞城縣侯。北周十一等爵的第七等。

[9]納言上士：官名。周武帝保定四年（564）改天官府御伯曹爲納言曹，置納言上士爲該曹屬官，掌駁正制敕。北周正三命。（參見王仲犖《北周六典》卷二《天官府第七》，第60頁）　新豐：縣名。治所在今陝西西安市臨潼區東北。

開皇初，擢拜尚書虞部侍郎，[1]尋轉考功侍郎。[2]帝聞濬事母至孝，以其母老，賜輿服机杖，四時珍味，當時榮之。後其母疾，濬貌甚憂瘁，親故弗之識也。暨丁母艱，詔鴻臚監護喪事，[3]歸葬夏陽。[4]于時隆冬極寒，濬衰絰徒跣，[5]冒犯霜雪，自京及鄉，五百餘里，足凍墮指，瘡血流離，朝野爲之傷痛。州里賵助，一無所受。尋起令視事，濬屢陳誠款，請終喪制，優詔不許。[6]及至京，上見其毁瘠過甚，爲之改容，顧謂群臣曰："吾見薛濬哀毁，不覺悲感傷懷。"嗟異久之。濬竟不勝喪，病且卒。其弟謨時爲晋王府兵曹參軍事，[7]在揚州，[8]濬遺書與謨曰：

[1]虞部侍郎：官名。爲尚書省工部所轄四曹之一虞部曹的長官，置一員，掌山澤苑囿、京城街巷種植、百官時蔬薪炭供給與畋獵等政令，實則閑簡無事。隋初爲正六品上，開皇三年升爲從五品。煬帝大業三年改諸曹侍郎爲郎，虞部侍郎遂改稱虞部郎。

[2]考功侍郎：官名。隋尚書省吏部考功曹長官，置一員，掌全國文武官員的考課和生平事迹。隋初爲正六品上，開皇三年升爲從五品。煬帝大業三年改諸曹侍郎爲郎，考功侍郎遂改稱考功郎。

[3]鴻臚：官署名。指鴻臚寺。掌諸蕃册封、外使接待、凶儀喪葬等事。

[4]夏陽：縣名。治所在今陝西韓城市南。按，隋時無夏陽縣，此似指西魏故地。

[5]衰（cuī）絰（dié）：此指穿喪服。古人喪服胸前當心處綴有長六寸廣四寸的麻布，謂之衰；圍在頭上的散麻繩爲首絰，纏在腰間的爲腰絰。故以衰、絰代指喪服。

[6]優詔：古代帝王用於奬掖慰勉臣下之文書。

[7]謨：人名。即薛謨。開皇時爲楊廣晋王府兵曹參軍事，其他事迹不詳。　晋王：此指楊廣。　兵曹參軍事：官名。隋公王府、總管府皆置兵曹，掌本署武官考課、簿籍及儀衛等事。第七品。

[8]揚州：治所在今江蘇揚州市。

吾以不造，幼丁艱酷，窮游約處，屢絶簞瓢。晚生早孤，不聞《詩》《禮》，賴奉先人貽厥之訓，獲稟母氏聖善之規，負笈裹糧，不憚艱遠，從師就業，欲罷不能。砥行厲心，困而彌篤，服膺教義，爰至長成。自釋耒登朝，于兹二十三年矣。雖官非聞達，而禄喜逮親，庶保期頤，得終色養。何圖精誠無感，禍酷荐臻，兄弟俱被奪情，苫廬靡申哀訴。是用扣心泣血，賈氣摧魂者也。既而瘡巨釁深，不勝荼毒，啓手啓足，幸及全歸。使夫死而有知，得從先人於地下矣，豈非至願哉。但念爾伶俜孤宦，遠在邊服，顧此恨恨，如何可言。適已有書，冀得與汝面訣，忍死待汝，已歷一旬。汝既未來，便成今古，緬然永别，爲恨何言。勉之哉，勉之哉！

書成而絶，[1]時年四十二。有司以聞，高祖爲之屑涕，降使賫册書弔祭曰："皇帝咨故考功侍郎薛濬：於戲！惟爾操履貞和，器業詳敏，允膺列宿，勤謇克彰。及遘私艱，奄從毁滅。嘉爾誠孝，感于朕懷，奠酹有加，抑惟朝典。故遣使人，指申往命，魂而有靈，歆兹榮渥。嗚呼哀哉！"

[1]書成而絶：底本脱"而絶"二字，據中華本補。

濬性清儉，死之日，家無遺資。濬初爲童兒時，與宗中諸兒游戲于澗濱。見一黄蛇有角及足，召群兒共視，了無見者。濬以爲不祥，歸大憂悴。母逼而問之，濬以實對。時有胡僧詣宅乞食，濬母怖而告之，僧曰："此乃兒之吉應。且是兒也，早有名位，然壽不過六七耳。"言終而出，忽然不見，時咸異之。既而終於四十二，六七之言，於是驗矣。子乾福，[1]武安郡司倉書佐。[2]

[1]乾福：人名。即薛乾福。事亦見《北史》卷三六《薛濬傳》。

[2]武安：郡名。隋大業三年以洺州改置，治所在今河北永年縣東南。　司倉書佐：官名。煬帝改州諸曹參軍事爲郡書佐，司倉書佐即州司倉參軍事，掌公廨、度量、庖厨、倉庫、租賦、徵收、田園、市肆之事。視從八品至視從九品。

王頒

王頒，[1]字景彦，太原祁人也。[2]祖神念，[3]梁左衛將軍。[4]父僧辯，[5]太尉。[6]頒少倜儻，有文武幹局。其父平侯景，[7]留頒質於荆州，[8]遇元帝爲周師所陷，[9]頒因入關。聞其父爲陳武帝所殺，[10]號慟而絶，食頃乃蘇，哭泣不絶聲，毁瘠骨立。至服闋，常布衣蔬食，藉稾而卧。周明帝嘉之，[11]召授左侍上士，[12]累遷漢中太守，[13]尋拜儀同三司。[14]

[1]王頒：人名。傳另見《北史》卷八四。

[2]太原：郡名。治所在今山西太原市。　祁：縣名。治所在今山西祁縣東南。

[3]神念：人名。即王神念，南朝梁人。傳見《梁書》卷三九、《南史》卷六三。

[4]梁：即南朝梁（502—557），或稱蕭梁，都建康（今江蘇南京市）。　左衛將軍：官名。領宿衛營兵，禁衛宫庭。南朝梁官品十二班。按，《梁書·王神念傳》《南史·王神念傳》作“右衛

將軍”。

［5］僧辯：人名。即王僧辯，南朝梁大將。傳見《梁書》卷四五，《南史》卷六三有附傳。

［6］太尉：官名。三公之一，爲榮銜，無實權。南朝梁官品十八班。

［7］侯景：人名。原爲東魏將領，後降南朝梁，後發動歷時五年叛亂。傳見《梁書》卷五六、《南史》卷八〇。

［8］荆州：治所在今湖北江陵縣。

［9］元帝：南朝梁元帝蕭繹。紀見《梁書》卷五、《南史》卷八。

［10］陳武帝：南朝陳建立者陳霸先。紀見《陳書》卷一、二，《南史》卷九。

［11］周明帝：北周明帝宇文毓。紀見《周書》卷四、《北史》卷九。

［12］左侍上士：官名。北周天官府設左右上士，協助左右中侍掌御寢之禁。正三命。（參見王仲犖《北周六典》卷二《天官府第七》，第 50 頁）

［13］漢中：郡名。治所在今陝西南鄭縣。

［14］儀同三司：官名。亦簡稱儀同。周武帝建德四年（575）改稱儀同大將軍。屬勳官。北周府兵制中儀同府的長官均加此勳官名，可開府置官屬。北周九命。（參見王仲犖《北周六典》卷九《勳官第二十》，第 578 頁；谷霽光《府兵制度考釋》，上海人民出版社 1962 年版，第 51 頁）

開皇初，以平蠻功，加開府，[1]封蛇丘縣公。[2]獻取陳之策，上覽而異之，召與相見，言畢而歔欷，上爲之改容。及大舉伐陳，頒自請行，率徒數百人，從韓擒先鋒夜濟。[3]力戰被傷，恐不堪復鬬，悲感嗚咽。夜中因睡，夢有人授藥，比寤而瘡不痛，時人以爲孝感。及陳滅，頒密召父時士卒，得千餘人，對之涕泣。其間壯士或問頒曰：[4]“郎君來破陳國，滅其社稷，讎恥已雪，而悲哀不止者，將爲霸先早死，不得手刃之邪？請發其丘壟，斲櫬焚骨，[5]亦可申孝心矣。”頒頓顙陳謝，額盡流血，答之曰：“其爲帝王，墳塋甚大，恐一宵發掘，不及其屍，更至明朝，事乃彰露，若之何？”諸人請具鍫插，一旦皆萃。於是夜發其陵，剖棺，見陳武帝鬚並不落，其本皆出自骨中。頒遂焚骨取灰，投水而飲之。既而自縛，歸罪於晋王。王表其狀，高祖曰：“朕以義平陳，王頒所爲，亦孝義之道也，朕何忍罪之！”[6]舍而不問。有司録其戰功，將加柱國，[7]賜物五千段，頒固辭曰：“臣緣國威靈，得雪怨恥，本心徇私，非是爲國，所加官賞，終不敢當。”高祖從之。拜代州刺史，[8]甚有惠政。母憂去職。[9]後爲齊州刺史，[10]卒官，時年五十二。弟頍，[11]見《文學傳》。

[1]開府：官名。全稱是開府儀同三司。隋文帝因改北周十一等勳官之制形成十一等散實官，用以酬勤勞，無實際職掌。開府是第六等，可開府置僚佐。正四品上。

[2]蛇丘縣公：爵名。隋九等爵的第五等。

[3]韓擒：人名。即韓擒虎，避唐諱省“虎”字。傳見本書卷五二，《北史》卷六八有附傳。

[4]壯：宋刻遞修本、汲古閣本、中華本同，殿本、庫本作“將”。

[5]櫬（chèn）：棺材。

[6]忍：宋刻遞修本、中華本同，汲古閣本、殿本、庫本作“可”。

[7]柱國：官名。隋文帝因改北周十一等勳官之制形成十一等散實官，用以酬勤勞，無實際職掌。柱國爲第二等，可開府置僚佐。正二品。

[8]代州：治所在今山西代縣。

[9]母憂：遭逢母親喪事。亦稱“丁母憂”，參前“父艱”條。

[10]齊州：治所在今山東濟南市。

[11]熲：人名。即王熲。傳見本書卷七六。

楊慶

楊慶，[1]字伯悦，河間人也。祖玄，[2]父剛，[3]並以至孝知名。慶美姿儀，性辯慧。年十六，齊國子博士徐遵明見而異之。[4]及長，頗涉書記。年二十五，郡察孝廉，以侍養不行。其母有疾，不解襟帶者七旬。及居母憂，哀毁骨立，負土成墳。齊文宣帝表其門閭，賜帛三十匹，緜十屯，粟五十石。高祖受禪，屢加褒賞，擢授儀同三司，版授平陽太守。[5]年八十五，終於家。

[1]楊慶：人名。傳另見《北史》卷八四。

[2]玄：人名。即楊玄。具體事迹不詳。

[3]剛：人名。即楊剛。具體事迹不詳。

[4]國子博士：官名。北齊國子寺所轄國子學教官，置五人，掌以儒經教授國子學生，國有疑事則掌承問對。正五品。　徐遵明：人名。北齊人，與北魏大儒同名，具體事迹不詳。

[5]版授：授予官職。此指對老年人封授榮譽性的虚銜，這是

隋朝表示尊老的一種制度。　平陽：郡名。治所在今山西臨汾市。

郭儁

郭儁，字弘乂，太原文水人也。[1]家門雍睦，七葉共居，犬豕同乳，烏鵲通巢，時人以爲義感之應。州縣上其事，上遣平昌公宇文弼詣其家勞問之。[2]治書御史柳彧巡省河北，[3]表其門閭。漢王諒爲并州總管，[4]聞而嘉歎，賜兄弟二十餘人衣各一襲。

［1］文水：縣名。治所在今山西文水縣東。

［2］宇文弼：人名。隋煬帝時官至禮部尚書。傳見本書卷五六、《北史》卷七五。

［3］治書御史：官名。即治書侍御史，隋御史臺副長官，實主臺務，並佐御史大夫掌彈劾百官。初爲從五品，煬帝大業三年升爲正五品，五年又降爲從五品。按，據本書《百官志》御史臺設治書侍御史二人，無治書御史。又本書及《北史》卷七七《柳彧傳》均載其在文帝時曾任治書侍御史。故此漏一“侍”字。　柳彧：人名。傳見本書卷六二、《北史》卷七七。　河北：此泛指黄河以北地區。

［4］漢王諒：即隋文帝楊堅第五子楊諒，開皇元年封漢王。傳見本書卷四五、《北史》卷七一。　并州：治所在今山西太原市西南古城營。　總管：官名。全稱是總管刺史加使持節。總管的統轄範圍可達數州至十餘州，成一軍政管轄區。隋文帝在并、益、荆、揚四州置大總管，其餘州置總管。總管分上、中、下三等，品秩爲流内視從二品、正三品、從三品。

田翼

田翼，[1]不知何許人也。性至孝，養母以孝聞。其後母卧疾歲餘，翼親易燥濕，母食則食，母不食則不食。母患暴痢，翼謂中毒，遂親嘗惡。及母終，翼一慟而絶，其妻亦不勝哀而死，鄉人厚共葬之。

[1]田翼：人名。傳另見《北史》卷八四。

紐回

紐回，[1]字孝政，河東安邑人也。[2]性至孝，周武成中，[3]父母喪，廬於墓側，負土成墳。廬前生麻一株，高丈許，圍之合拱，枝葉鬱茂，冬夏恒青。有烏棲其上，回舉聲哭，烏即悲鳴，時人異之。周武帝表其閭，擢授甘棠令。[4]開皇初卒。子士雄，[5]少質直孝友，喪父，復廬於墓側，負土成墳。其庭前有一槐樹，先甚鬱茂，及士雄居喪，樹遂枯死。服闋還宅，死樹復榮。高祖聞之，歎其父子至孝，下詔褒揚，號其所居爲累德里。

[1]紐回：人名。傳另見《北史》卷八四。按，《北史》作“紐因”。

[2]河東：郡名。治所在今山西永濟市西南。　安邑：縣名。治所在今山西夏縣西北禹王城。

[3]武成：北周明帝宇文毓年號（559—560）。

[4]甘棠：縣名。治所在今河南宜陽縣東。

[5]士雄：人名。即紐士雄。《北史》卷八四有附傳。

劉士儁

劉士儁，[1]彭城人也。[2]性至孝，丁母喪，絶而復蘇者數矣。勺飲不入口者七日，廬於墓側，負土成墳，列植松柏。狐狼馴擾，爲之取食。高祖受禪，表其門閭。

[1]劉士儁：人名。傳另見《北史》卷八四。士，《北史》作“仕”。

[2]彭城：郡名。治所在今江蘇徐州市。

郎方貴

郎方貴，[1]淮南人也。[2]少有志尚，與從父弟雙貴同居。[3]開皇中，方貴嘗因出行遇雨，淮水泛長，於津所寄渡，船人怒之，撾方貴臂折。至家，其弟雙貴驚問所由，方貴具言之。雙貴恚恨，遂向津毆擊船人致死。守津者執送之縣官，案問其狀，以方貴爲首，當死，雙貴從坐，當流。兄弟二人争爲首坐，縣司不能斷，送詣州。兄弟各引咎，州不能定，二人争欲赴水而死。州狀以聞，上聞而異之，特原其罪，表其門閭，賜物百段，後爲州主簿。[4]

[1]郎方貴：人名。傳另見《北史》卷八五。

[2]淮南：郡名。治所在今安徽壽縣。

[3]雙貴：人名。即郎雙貴。事亦見《北史·郎方貴傳》。

[4]州主簿：官名。爲諸州府的佐官，掌州府監印，檢核文書簿籍，勾稽缺失等事。雍州主簿爲流内視正八品，其餘諸州主簿爲流内視從八品。

翟普林

翟普林，[1]楚丘人也。[2]性仁孝，事親以孝聞。州郡辟命，皆固辭不就，躬耕色養，鄉鄰謂爲楚丘先生。後父母疾，親易燥濕，不解衣者七旬。大業初，父母俱終，哀毀殆將滅性。廬於墓側，負土爲墳，盛冬不衣繒絮，唯著單縗而已。家有一烏犬，隨其在墓，若普林哀臨，犬亦悲號，見者嗟異焉。有二鵲巢其廬前柏樹，每入其廬，馴狎無所驚懼。大業中，司隸巡察，[3]奏其孝感，擢授孝陽令。[4]

[1]翟普林：人名。傳見《北史》卷八四。

[2]楚丘：縣名。治所在今山東曹縣東南。

[3]司隸：隋煬帝大業三年增置司隸臺，掌巡察。有大夫一人，正四品；别駕二人，從五品。及丞、主簿、録事等官員。後又罷司隸臺，留司隸從事之名，不爲常員，臨時選京官清明者權攝以行。

[4]孝陽：縣名。北魏置，治所在今河南商丘市西北。

李德饒

李德饒，[1]趙郡柏人人也。[2]祖徹，[3]魏尚書右丞。[4]

父純，[5]開皇中爲介州長史。[6]德饒少聰敏好學，有至性，宗黨咸敬之。弱冠爲校書郎，[7]仍直内史省，[8]參掌文翰。[9]轉監察御史，[10]糾正不避貴戚。大業三年，遷司隸從事，[11]每巡四方，理雪冤枉，褒揚孝悌。雖位秩未通，其德行爲當時所重。凡與交結，皆海内髦彦。[12]性至孝，父母寢疾，輒終日不食，十旬不解衣。及丁憂，水漿不入口五日，哀慟歐血數升。及送葬之日，會仲冬積雪，行四十餘里，單縗徒跣，號踴幾絶。會葬者千餘人，莫不爲之流涕。後甘露降於庭樹，有鳩巢其廬。納言楊達巡省河北，[13]詣其廬弔慰之，因改所居村名孝敬村，里爲和順里。後爲金河長，[14]未之官，值群盗蜂起，賊帥格謙、孫宣雅等十餘頭，[15]聚衆於渤海。[16]時有敕許其歸首，謙等懼不敢降，以德饒信行有聞，遣使奏曰："若使德饒來者，即相率歸首。"帝於是遣德饒往渤海慰諭諸賊。行至冠氏，[17]會他盗攻陷縣城，德饒見害。

[1]李德饒：人名。《北史》卷三三有附傳。

[2]趙郡：治所在今河北趙縣。　柏人：縣名。治所在今河北隆堯縣西北。

[3]徹：人名。即李徹。事亦見《北史》卷三三《李璨傳》。

[4]尚書右丞：官名。尚書省設左右丞，分管諸曹，尚書右丞掌駕部、虞曹、屯田、起部、都兵、比部、水部、膳部、倉部、金部、庫部十一曹。東魏從四品。按，《北史》卷三三載："（李）徹仕齊，位尚書左丞。"

[5]純：人名。即李純。事亦見《北史·李璨傳》。

[6]介州：治所在山西介休市東南。　長史：官名。此爲州府上佐之一，佐理一州事務，開皇三年改别駕爲長史。上州正五品，中州從五品，下州正六品。

[7]校書郎：官名。隋秘書省置校書郎十二人，煬帝增至四十人，掌校讎典籍。隋初爲正九品，煬帝降爲從九品。

[8]直：官制用語。一般以他官臨時差遣處理本署事務。　内史省：官署名。隋避諱改中書省爲内史省，爲三省之一，置監、令各一員，尋廢監，置令二員爲長官。下置侍郎、舍人等官員。掌皇帝詔令出納宣行，爲機要之司。

[9]參掌：官制用語。指除本官職責之外，奉皇帝特敕掌管他職事務。

[10]監察御史：官名。隋御史臺設監察御史十二人，掌巡按州縣，巡察館驛、監軍及出使等。隋初爲從八品，後升爲從七品。

[11]司隸從事：官名。隋罷司隸臺，留司隸從事之名，不爲常員，臨時選京官清明者權攝以行。無固定品秩。

[12]髦（máo）彦：指賢士、俊才。

[13]納言：官名。門下省長官，職掌封駁制敕，並參與軍國大政決策等，居宰相之職。置二員，正三品。　楊達：人名。本書卷四三、《北史》卷六八有附傳。

[14]金河：縣名。隋開皇十八年以陽壽縣改名，治所在今内蒙古托克托縣境。

[15]格謙：人名。隋末渤海厭次人，大業九年，以豆子䴚（今山東惠民縣北）爲據點起兵反隋，有衆十餘萬人，自稱燕王，大業十二年爲隋將王世充攻殺。　孫宣雅：人名。隋末渤海人，大業九年於豆子䴚起兵反隋，一度有衆十餘萬，主要活動於河北地區，後不知所終。

[16]渤海：郡名。治所在今山東陽信縣西南。

[17]冠氏：縣名。治所在今山東冠縣。

其弟德佋，[1]性重然諾。大業末，爲離石郡司法書佐，[2]太守楊子崇特禮之。[3]及義兵起，子崇遇害，棄尸城下，德佋赴哭盡哀，收瘞之。至介休，[4]詣義師，請葬子崇。大將軍嘉之，因贈子崇官，令德佋爲使者，往離石禮葬子崇焉。

[1]德佋：人名。即李德佋。《北史》卷三三有附傳。

[2]離石：郡名。治所在今山西吕梁市離石區。　司法書佐：官名。煬帝改州諸曹參軍事爲郡書佐，司法書佐即州司法參軍事，掌一郡司法事務。視從八品至視從九品。

[3]楊子崇：人名。傳見本書卷四三、《北史》卷七一。

[4]介休：縣名。治所在今山西介休市。

華秋

華秋，[1]汲郡臨河人也。[2]幼喪父，事母以孝聞。家貧，傭賃爲養。其母遇患，秋容貌毁悴，鬚鬢頓改，州里咸嗟異之。及母終之後，遂絶櫛沐，髮盡秃落。廬於墓側，負土成墳，有人欲助之者，秋輒拜而止之。

[1]華秋：人名。傳另見《北史》卷八四。

[2]汲郡：治所在今河南淇縣東南。　臨河：縣名。治所在今河南浚縣東北。

大業初，調狐皮，郡縣大獵。有一兔，人逐之，奔入秋廬中，匿秋膝下。獵人至廬所，異而免之。自爾此兔常宿廬中，馴其左右。郡縣嘉其孝感，具以狀聞。煬帝降使勞問，表其門閭。後群盜起，常往來廬之左右，咸相誡曰：“勿犯孝子。”鄉人賴秋而全者甚衆。

徐孝肅

徐孝肅，[1]汲郡人也。宗族數千家，多以豪侈相尚，唯孝肅性儉約，事親以孝聞。雖在幼齒，宗黨間每有争訟，皆至孝肅所平論之，爲孝肅所短者，無不引咎而退。孝肅早孤，不識父，及長，問其母父狀，因求畫工，圖其形像，構廟置之而定省焉，朔望享祭。養母至孝，數十年，家人未見其有忿恚之色。及母老疾，孝肅親易燥濕，憂悴數年，見者無不悲悼。母終，孝肅茹蔬飲水，盛冬單縗，毁瘠骨立。祖父母、父母墓皆負土成墳，廬於墓所四十餘載，被髮徒跣，遂以身終。

[1]徐孝肅：人名。傳另見《北史》卷八四。

其弟德備，[1]聰敏，通涉五經，河朔間稱爲儒者。[2]德備終，子處默又廬於墓側，[3]弈葉稱孝焉。

[1]德備：人名。即徐德備。事另見《北史》卷八四《徐孝肅傳》。

[2]河朔：泛指黄河以北地區。

[3]處默：人名。即徐處默。事亦見《北史・徐孝肅傳》。

史臣曰：昔者弘愛敬之理，必籍王公大人，近古敦孝友之情，多茅屋之下。而彦師、道賾，或家傳纓冕，或身誓山河，遂乃負土成墳，致毀滅性。雖乖先王之制，[1]亦觀過以知仁矣。郎貴昆弟，争死而身全，田翼夫妻，俱喪而名立，德饒仁懷群盗，侶義感興王，[2]亦足稱也。紐回、劉儁之倫，翟林、華秋之輩，或茂草嘉樹榮枯於庭宇，或走獸翔禽馴狎於廬墓，非夫孝悌之至，通於神明者乎！

[1]先王之制：汲古閣本、殿本、庫本、中華本同，宋刻遞修本及《北史》卷八四《孝行》“論曰”均作“先王之典制”。

[2]侶義感興王：宋刻遞修本、中華本前有“德”字。

隋書　卷七三

列傳第三十八

循吏

古之善牧人者，養之以仁，使之以義，教之以禮，隨其所便而處之，因其所欲而與之，從其所好而勸之。如父母之愛子，如兄之愛弟，聞其飢寒爲之哀，見其勞苦爲之悲，故人敬而悦之，愛而親之。若子産之理鄭國，[1]子賤之居單父，[2]賈琮之牧冀州，[3]文翁之爲蜀郡，[4]皆可以恤其灾患，導以忠厚，因而利之，惠而不費。其暉映千祀，聲芳不絶，夫何爲哉？用此道也。然則五帝、三王不易人而化，[5]皆在所由化之而已。故有無能之吏，無不可化之人。

[1]子産：人名。春秋時鄭國大臣，執政期間曾進行一系列改革，促進了鄭國社會經濟的發展。事見《史記》卷四二《鄭世家》。　鄭國：西周宣王弟鄭桓公的封國，初都今陝西華縣，西周末東遷至今河南新鄭市。公元前 375 年爲韓國所滅。

［2］子賤：人名。孔子弟子宓不齊，字子賤，擔任單父宰令，賢能，民不忍欺。事略見《史記》卷六七《仲尼弟子列傳》。　單父：地名。在今山東單縣南。

［3］賈琮：人名。東漢末爲冀州刺史，爲政清廉。傳見《後漢書》卷三一。　冀州：治所初在高邑縣（今河北柏鄉縣北），後移至鄴縣（今河北臨漳縣西南鄴鎮東）。

［4］文翁：人名。漢景帝時蜀地郡守，治理地方卓然有聲。傳見《漢書》卷八九。　蜀郡：治所在今四川成都市。

［5］五帝：上古傳説中的五位帝王。説法不一。　三王：指夏、商、周三代之君。説法不一：一説夏禹、商湯、周武王；一説夏禹、商湯、周文王。

高祖膺運撫圖，[1]除凶静亂，日旰忘食，思邁前王。然不敦詩書，不尚道德，專任法令，嚴察臨下。吏存苟免，罕聞寬惠，乘時射利者，多以一切求名。暨煬帝嗣興，[2]志存遠略，車轍馬迹，將遍天下，綱紀弛紊，四維不張。其或善於侵漁，强於剥割，絶億兆之命，遂一人之求者，謂之奉公，即時升擢。其或顧名節，存綱紀，抑奪攘之心，以從百姓之欲者，則謂之附下，旋及誅夷。夫吏之侵漁，得其所欲，雖重其禁，猶或爲之。吏之清平，失其所欲，雖崇其賞，猶或不爲。況於上賞其姦，下得其欲，求其廉潔，不亦難乎！彦光等立嚴察之朝，[3]屬昏狂之主，執心平允，終行仁恕，餘風遺愛，没而不忘，寬惠之音，足以傳於來葉。故列其行事，以繫《循吏》之篇爾。

［1］高祖：隋文帝楊堅廟號。紀見本書卷一、二，《北史》卷

一一。

［2］煬帝：隋楊廣的謚號。紀見本書卷三、四，《北史》卷一二。

［3］彦光：人名。即梁彦光。傳見本卷、《北史》卷八六。生平亦可見《隋故使持節柱國相州刺史華陽襄公梁（彦光）史君墓誌銘》（載劉文《陝西新見隋朝墓誌》一四，三秦出版社 2018 年版）。

梁彦光

梁彦光，字脩芝，[1]安定烏氏人也。[2]祖茂，[3]魏秦、華二州刺史。[4]父顯，[5]周荆州刺史。[6]彦光少岐嶷，有至性，其父每謂所親曰："此兒有風骨，當興吾宗。"七歲時，父遇篤疾，醫云餌五石可愈。時求紫石英不得。彦光憂瘁不知所爲，忽於園中見一物，彦光所不識，怪而持歸，即紫石英也。親屬咸異之，以爲至孝所感。

［1］芝：宋刻遞修本、汲古閣本、中華本與《北史》卷八六《梁彦光傳》同底本，殿本、庫本作"之"。據《梁彦光墓誌》："公諱脩芝，字彦光。"中華書局新修訂本校勘記指出此點，則梁彦光以字行，正史名、字顛倒。

［2］安定：郡名。治所在今甘肅涇川縣北。　烏氏：縣名。治所在今甘肅涇川縣東北。

［3］茂：人名。即梁茂。事亦見《北史·梁彦光傳》。按，據《梁彦光墓誌》梁茂乃"曾祖"，祖爲梁育。

［4］魏：即北魏（386—557），亦稱後魏。初都平城（今山西大同市東北），公元 494 年遷都洛陽（今河南洛陽市東北白馬寺

東）。公元534年分裂爲東魏和西魏兩個政權。東魏（534—550）都於鄴（今河北臨漳縣西南鄴鎮東），西魏（535—557）都於長安（今陝西西安市西北郊）。　秦：州名。治所在今甘肅天水市。　華：州名。北魏有二華州：一是皇興二年（468）置，治所在定安縣（今甘肅寧縣）；二是太和十一年（487）置，治所在李潤堡（今陝西蒲城縣東北），永平三年（510）移治華陰縣（今陝西大荔縣）。按，據《梁彦光墓誌》曾祖梁茂任“秦州刺史”，祖梁育任“華州刺史”。疑正史誤將曾祖梁茂與祖梁育二事合一。

[5]顯：人名。即梁顯。事亦見《北史·梁彦光傳》。

[6]周：即北周（557—581），都長安（今陝西西安市西北）。　荆州：治所在今河南鄧州市。

魏大統末，[1]入太學，[2]略涉經史，有規檢，造次必以禮。解褐秘書郎，[3]時年十七。周受禪，遷舍人上士。[4]武帝時，[5]累遷小馭下大夫。[6]母憂去職，[7]毁瘁過禮。未幾，起令視事，帝見其毁甚，嗟歎久之，頻蒙慰諭。後轉小内史下大夫。[8]建德中，[9]爲御正下大夫。[10]從帝平齊，[11]以功授開府、陽城縣公，[12]邑千户。[13]宣帝即位，[14]拜華州刺史，[15]進封華陽郡公，[16]增邑五百户，以陽城公轉封一子。尋進位上大將軍，[17]遷御正上大夫。[18]俄拜柱國、青州刺史，[19]屬帝崩，不之官。

[1]大統：西魏文帝元寶炬年號（535—551）。

[2]太學：學校名。屬官學。周朝置，爲王公貴族子弟學府，名大學。漢武帝時興太學，以博士爲師，傳授儒家經典。東漢、三國魏沿置。西晋置國子學，習慣稱太學。東晋置，又别立國子學。南朝宋稱太學爲四學館，齊太學廢置不常，梁太學分五個學館，陳

承梁制。北魏、北齊太學與國子學並置，但地位低於後者。北周置太學，不置國子學。此爲西魏官學。

［3］秘書郎：官名。掌國之圖書典籍。北魏正七品上。

［4］舍人上士：官名。掌平宮中之政，分其財守，以法掌其出入。掌米粟之出入，辨其物，歲終則會計其政。北周正三命。（參見王仲犖《北周六典》卷三《地官府第八》，中華書局1979年版，第138頁）

［5］武帝：北周皇帝宇文邕謚號。紀見《周書》卷五、六，《北史》卷一〇。

［6］小馭下大夫：官名。北周佐大馭中大夫掌馭王路，以祀及犯軷。正四命。（參見王仲犖《北周六典》卷五《夏官府第十》，第380頁）

［7］母憂：遭逢母親喪事。古代喪服禮制規定，父母死後，子女須守喪，三年内不得做官、婚娶、赴宴、應考、舉樂，等等。

［8］小内史下大夫：官名。亦簡稱小内史。北周初爲春官府内史曹的次官，周宣帝大象元年增置内史上大夫爲該曹長官，原長官内史中大夫退居副貳，小内史下大夫遂退爲屬官。其職掌是協助該曹長官撰寫皇帝詔令，參議刑罰爵賞及軍國大事，並修撰國史及起居注。置二員，正四命。（參見王仲犖《北周六典》卷四《春官府第九》，第174頁）

［9］建德：北周武帝宇文邕年號（572—578）。

［10］御正下大夫：官名。全稱爲小御正下大夫，西魏恭帝三年（556）仿《周禮》建六官，隸天官冢宰府。掌草擬詔告文册，侍帝左右，凡軍國大事，均需參議。北周沿之。正四命。（參見王仲犖《北周六典》卷二《天官府第七》，第53頁）

［11］齊：即北齊（550—577），或稱高齊，都鄴（今河北臨漳縣西南鄴鎮東）。

［12］開府：官名。全稱爲開府儀同三司，北周武帝建德四年改稱開府儀同大將軍，屬勳官。北周府兵制中二十四軍的每軍長官均

加此勳官名，可開府置官屬。北周九命。　陽城縣公：爵名。北周命數不詳，王仲犖認爲“非正九命則當是九命爾”（參見王仲犖《北周六典》卷八《封爵第十九》，第548頁）。

[13]邑：也稱食邑、封邑。是古代君王封賜給有爵位之人的一種食禄制度，受封者可徵收封地内的民户租税充作食禄。魏晋以後，食邑分爲虚封和實封兩類：虚封一般僅冠以“邑”或“食邑”之名，這衹是一種榮譽性加銜，受封者並不能獲得實際的食禄收入；而實封一般須冠以“真食”“食實封”等名，受封者可真正獲得食禄收入。

[14]宣帝：北周宣帝宇文贇。紀見《周書》卷七、《北史》卷一〇。

[15]華州：北周時治所在今陝西華縣。

[16]華陽郡公：爵名。北周十一等爵的第五等。正九命。（參見王仲犖《北周六典》卷八《封爵第十九》，第542頁）

[17]上大將軍：官名。北周武帝建德四年始置，爲十一等勳官的第三等，可開府置官屬。北周正九命。

[18]御正上大夫：官名。西魏恭帝三年仿《周禮》建六官，天官冢宰府有御正中大夫，正五命；小御正下大夫，正四命。職掌草擬詔册文誥，近侍樞機。凡諸刑罰爵賞，以及軍國大事，皆須參議。北周沿之。周明帝武成元年（559）以御正任總絲綸，更崇其秩爲上大夫，號爲大御正。正六命。（參見王仲犖《北周六典》卷二《天官府第七》，第53頁）

[19]柱國：官名。全稱爲柱國大將軍。北魏太武帝始置柱國，以爲開國元勳長孫嵩的加官。北魏末孝莊帝以尒朱榮有擁立之功，又特置此官以授之，位在丞相之上。西魏文帝以宇文泰有中興之功，亦置此官授之。後凡屬功参佐命、望實俱重的大臣，也得居之。至西魏大統十六年以前，任此官者名義上有八人，但宗室元欣有其名而無實權，宇文泰爲最高統帥，其他六個柱國則分掌禁旅，各轄二大將軍，爲府兵系統的最高長官。大統十六年以後，功臣位

至柱國者愈多，遂成爲散秩，無所統御。至北周武帝時，又增置上柱國等官，形成十一等勳官之制。柱國大將軍則是十一等勳官的第二等，可開府置官屬。正九命。　青州：北周時治所在今山東青州市。

及高祖受禪，以爲岐州刺史，[1]兼領岐州宫監，[2]增邑五百户，通前二千户。甚有惠政，嘉禾連理，出於州境。開皇二年，上幸岐州，悦其能，乃下詔曰："賞以勸善，義兼訓物。彦光操履平直，識用凝遠，布政岐下，威惠在人，廉慎之譽，聞於天下。三載之後，自當遷陟，恐其匱乏，且宜旌善。可賜粟五百斛，物三百段，御傘一枚，庶使有感朕心，日增其美。四海之内，凡曰官人，慕高山而仰止，聞清風而自勵。"未幾，又賜錢五萬。

[1]岐州：北周時治所在今陝西鳳翔縣東南。

[2]兼：官制用語。假職未真授之稱。　宫監：官名。隋代離宫置宫監爲長官，掌理行宫諸事務。煬帝大業初上宫監爲正五品，中宫監爲從五品，下宫監爲正七品。

後數歲，轉相州刺史。[1]彦光前在岐州，其俗頗質，以静鎮之，合境大化，奏課連最，爲天下第一。及居相部，如岐州法。鄴都雜俗，[2]人多變詐，爲之作歌，稱其不能理化。上聞而譴之，竟坐免。歲餘，拜趙州刺史，[3]彦光言於上曰："臣前待罪相州，百姓呼爲戴帽餳。[4]臣自分廢黜，無復衣冠之望，不謂天恩復垂收採。

請復爲相州，改弦易調，庶有以變其風俗，上答隆恩。”上從之，復爲相州刺史。豪猾者聞彦光自請而來，莫不嗤笑。彦光下車，發擿姦隱，有若神明，於是狡猾之徒，莫不潛竄，合境大駭。

[1]相州：治所在今河北臨漳縣西南。

[2]鄴都：相州治地舊爲鄴城，爲北齊都城，故稱“鄴都”。

[3]趙州：治所在今河北隆堯縣東。

[4]戴帽餳（táng）：謂戴帽如人，然柔軟如糖。喻指軟弱無能。

初，齊亡後，衣冠士人多遷關内，唯技巧、商販及樂户之家移實州郭。由是人情險詖，妄起風謡，訴訟官人，萬端千變。彦光欲革其弊，乃用秩俸之物，招致山東大儒，[1]每鄉立學，非聖哲之書不得教授。常以季月召集之，親臨策試。有勤學異等、聰令有聞者，升堂設饌，其餘並坐廊下。有好諍訟、惰業無成者，坐之庭中，設以草具。及大比當舉，行賓貢之禮，[2]又於郊外祖道，[3]并以財物資之。於是人皆克勵，風俗大改。有滏陽人焦通，[4]性酗酒，事親禮闕，爲從弟所訟。彦光弗之罪，將至州學，令觀於孔子廟。于時廟中有韓伯瑜，[5]母杖不痛，哀母力弱，對母悲泣之像，通遂感悟，既悲且愧，若無自容。彦光訓諭而遣之。後改過勵行，卒爲善士。以德化人，皆此類也。吏人感悦，略無諍訟。後數歲，卒官，時年六十。贈冀、定、青、瀛四州刺史，謚曰襄。[6]子文謙嗣。[7]

［1］山東：地區名。戰國、秦、漢時代，通稱華山或崤山以東爲山東。函括今河北、河南、山東等省。魏晋南北朝隋唐時期亦稱太行山以東地區爲山東。

［2］大比當舉，行賓貢之禮：大比，宋刻遞修本、中華本及《北史》卷八六《梁彦光傳》作“大成”。中華本標點作“及大成，當舉行賓貢之禮”，此據中華書局新修訂本改。

［3］祖道：爲出行者祭祀路神，宴飲餞行。

［4］滏陽：縣名。治所在今河北磁縣。　焦通：人名。事亦見《北史·梁彦光傳》，其他事迹不詳。

［5］韓伯瑜：人名。漢代有名孝子，有“伯瑜泣杖”典故流傳。事見劉向《説苑·建本》。

［6］謚：上古有號無謚，周初始制謚法，秦始皇廢不用，自漢初恢復。帝王、貴族、大臣死後，據其生前事迹依謚法給予稱號。

［7］文謙：人名。即梁文謙。《北史》卷八六有附傳。

文謙弘雅有父風，以上柱國嫡子，[1]例授儀同。[2]開皇十五年，拜上州刺史。[3]煬帝即位，轉饒州刺史。[4]歲餘，爲鄱陽太守，[5]稱爲天下之最。徵拜户部侍郎。[6]遼東之役，[7]領武賁郎將，[8]尋以本官兼檢校太府、衛尉二少卿。[9]明年，又領武賁郎將，爲盧龍道軍副。[10]會楊玄感作亂，[11]其弟武賁郎將玄縱先隸文謙，[12]玄感反問未至而玄縱逃走，文謙不之覺，坐是配防桂林而卒，[13]時年五十六。

［1］上柱國：官名。隋文帝因改北周十一等勳官之制形成十一等散實官，用以酬勤勞，無實際職掌。柱國爲第二等，可開府置僚

佐。從一品。

［2］儀同：官名。全稱是儀同三司。隋文帝因改北周十一等勳官之制形成十一等散實官，用以酬勤勞，無實際職掌。儀同三司是第八等，可開府置僚佐。正五品上。

［3］上州：治所在今湖北鄖西縣西北。

［4］饒州：治所在今江西鄱陽縣。

［5］鄱陽：隋煬帝大業三年（607）改饒州置。

［6］户部侍郎：官名。隋煬帝大業三年置民部侍郎，佐尚書掌全國土地、户口、賦税等事。唐高宗時避李世民諱，將民部改爲户部。正四品。

［7］遼東：地區名。泛指遼水以東地區。因高麗國位於遼東，故此“遼東之役”指隋征伐高麗之事。

［8］武賁郎將：官名。隋煬帝大業三年改革官制，於十二衛每衛置護軍四人，掌貳將軍，尋又改護軍爲武賁郎將。正四品。

［9］檢校：官制用語。初謂代理，隋及唐初皆有。即尚未實授其官，但已掌其職事，即代理、代辦之意。　太府：官名。即太府少卿。太府寺副長官，協助長官太府卿掌管倉儲出納及所轄各署事。隋初置一員，正四品上。煬帝增置二員，改從四品。　衛尉：官名。即衛尉少卿。衛尉寺次官，佐衛尉卿掌供宫廷、祭祀、朝會之儀仗帷幕，通判本寺事務。隋初置一人，正四品；煬帝時置二人，從四品。

［10］盧龍道：特區名。即以盧龍縣（治所在今河北盧龍縣）爲中心設置的特區。隋朝在戰爭中於地方設置的特區，稱“道”。　軍副：出征軍副統帥。根據需要臨時任命，事罷則廢。

［11］楊玄感：人名。傳見本書卷七〇，《北史》卷四一有附傳。

［12］玄縱：人名。即楊玄縱，楊素之子、楊玄感之弟，隋文帝時封淮南郡公。隋煬帝征遼東，隸屬於盧龍道軍副梁文謙麾下，玄感起兵，逃歸玄感，後兵敗被殺。

[13]配防：發配罪人戍邊。　桂林：地名。泛指今廣西東北部一帶。

少子文讓，[1]初封陽城縣公，[2]後爲鷹揚郎將。[3]從衛玄擊楊玄感於東都，[4]力戰而死，贈通議大夫。[5]

[1]文讓：人名。即梁文讓。《北史》卷八六有附傳。

[2]陽城縣公：爵名。隋九等爵的第五等。從一品。

[3]鷹揚郎將：官名。隋文帝初，置左右衛等衛府，各領軍坊、鄉團，以統軍卒。後改置驃騎將軍府，每府置驃騎、車騎二將軍，上轄於衛府大將軍，下設大都督、帥都督、都督領兵。煬帝大業三年改驃騎府爲鷹揚府，改驃騎將軍爲鷹揚郎將，職能依舊。正五品。

[4]衛玄：人名。傳見本書卷六三、《北史》卷七六。　東都：此指洛陽，舊址在今河南洛陽市。

[5]通議大夫：官名。贈官。從四品。

樊叔略

樊叔略，[1]陳留人也。[2]父歡，[3]仕魏爲南兖州刺史、阿陽侯。[4]屬高氏專權，將謀興復之計，爲高氏所誅。叔略時在髫齓，遂被腐刑，給使殿省。身長九尺，志氣不凡，頗爲高氏所忌。内不自安，遂奔關西。[5]周太祖見而器之，[6]引置左右。尋授都督，[7]襲爵爲侯。大冢宰宇文護執政，[8]引爲中尉。[9]叔略多計數，曉習時事，護漸委信之，兼督内外。累遷驃騎大將軍、開府儀同三司。[10]護誅後，齊王憲引爲園苑監。[11]時憲素有吞關東之志，[12]叔略因事數進兵謀，憲甚奇之。

[1]樊叔略：人名。傳另見《北史》卷八六。

[2]陳留：縣名。治所在今河南開封市東南。

[3]歡：人名。即樊歡。事亦見《北史·樊叔略傳》。按，“歡”字《北史·樊叔略傳》作“觀”。

[4]南兖州：北魏州名。治所在今安徽亳州市。　阿陽侯：汲古閣本、殿本、庫本、中華本同，宋刻遞修本、《北史·樊叔略傳》作“河陽侯”。

[5]關西：此指函谷關以西，西魏、北周統治區。

[6]周太祖：北周太祖宇文泰。紀見《周書》卷一、二，《北史》卷九。

[7]都督：官名。屬武散官，以酬勳勞。北周七命。

[8]大冢宰：官名。全稱爲大冢宰卿。西魏恭帝三年仿《周禮》建六官，置大冢宰卿一人，北周正七命，爲天官冢宰府最高長官。掌邦治，以建邦之六典佐皇帝治邦國。北周沿置，然其權力却因人而異，若有“五府總於天官”之命，則稱冢宰，能總攝百官，實爲大權在握之宰輔；若無此命，即稱太宰，與五卿並列，僅統本府官。　宇文護：人名。西魏權臣宇文泰之侄，北周建立，宇文護專政。傳見《周書》卷一一，《北史》卷五七有附傳。

[9]中尉：官名。北魏王、公府皆置中尉，主盜賊。正八品。

[10]驃騎大將軍：官名。屬軍號官。北周府兵制中二十四軍的每軍長官均帶此軍號。九命。　開府儀同三司：官名。亦簡稱開府，見前注。

[11]齊王憲：北周宇文泰第五子宇文憲，封齊王。傳見《周書》卷一二、《北史》卷五八。　園苑監：官名。北周掌管宫苑修葺、種蒔之事。品秩不詳。

[12]關東：此指函谷關以東北齊地區。

建德五年，從武帝伐齊，叔略部率精鋭，每戰身先士卒。以功加上開府，[1]進封清鄉縣公，邑千四百户。拜汴州刺史，[2]號爲明決。宣帝時，於洛陽營建東京，[3]以叔略有巧思，拜營構監，[4]宫室制度，皆叔略所定。功未就而帝崩。尉迥之亂，[5]高祖令叔略鎮大梁。[6]迥將宇文威來寇，[7]叔略擊走之。以功拜大將軍，[8]復爲汴州刺史。

[1]上開府：官名。全稱是上開府儀同大將軍。北周建德四年改開府儀同三司爲開府儀同大將軍，仍增置上開府儀同大將軍。用以酬勤勞，無實際職權。爲十一等勳官的第五等，可開府置官屬。九命。

[2]汴州：北周時治所在今河南開封市西北。

[3]洛陽：地名。北周時治所在今河南洛陽市。

[4]營構監：使職名。北周主管東都營造，以他官兼領，不常設。

[5]尉迥：人名。即尉遲迥，北周太祖宇文泰之甥，周宣帝時任大前疑、相州總管。傳見《周書》卷二一、《北史》卷六二。

[6]大梁：地名。在今河南開封市。

[7]宇文威：人名。北周末年任儀同。事略見本書卷六〇《于仲文傳》、《通鑑》卷一七四《陳紀》宣帝太建十二年。

[8]大將軍：官名。爲北周十一等勳官的第四等，可開府置官屬，以酬勳勞，無實際職掌。正九命。

高祖受禪，加位上大將軍，進爵安定郡公。[1]在州數年，甚有聲譽。鄴都俗薄，號曰難化，朝廷以叔略所在著稱，遷相州刺史，政爲當時第一。上降璽書褒美之，賜物三百段，粟五百石，班示天下。百姓爲之語曰："智無窮，清鄉公。上下正，樊安定。"徵拜司農卿，[2]吏人莫不流涕，相與立碑頌其德政。自爲司農，凡種植，叔略别爲條制，皆出人意表。朝廷有疑滯，公卿所未能决者，叔略輒爲評理。雖無學術，有所依據，然師心獨見，闇與理合。甚爲上所親委，高熲、楊素亦禮遇之。[3]叔略雖爲司農，往往參督九卿事。[4]性頗豪侈，每食必方丈，備水陸。十四年，從祠太山，[5]行至洛陽，上令録囚徒。具狀將奏，晨起，至獄門，於馬上暴卒，時年五十九。上悼惜久之。贈亳州刺史，[6]謚曰襄。

[1]安定郡公：爵名。隋九等爵的第四等。從一品。

[2]司農卿：官名。司農寺最高長官，掌倉儲委積，供給京都百官禄廪及朝會、祭祀供御所需之事務。正三品。

[3]高熲：人名。傳見本書卷四一、《北史》卷七二。　楊素：人名。傳見本書卷四八，《北史》卷四一有附傳。

[4]九卿：隋中央太常、光禄、衛尉、宗正、太僕、大理、鴻臚、司農、太府九卿。

[5]太山：即泰山，在今山東泰安市境内。

[6]亳州：治所在今安徽亳州市。

趙軌

趙軌，[1]河南洛陽人也。父肅，[2]魏廷尉卿。[3]軌少好學，有行檢。周蔡王引爲記室，[4]以清苦聞。遷衛州治中。[5]

[1]趙軌：人名。《北史》卷七〇有附傳。

[2]肅：人名。即趙肅。傳見《周書》卷三七、《北史》卷七〇。

[3]廷尉卿：官名。爲六卿之一，掌刑罰獄訟。北魏太和初爲二品上，後改爲正三品。

[4]周蔡王：周武帝子宇文兑，建德六年封蔡王。　記室：官名。全稱爲總管府記室參軍事，北周王府、總管府均設有記室，掌章表書記文檄。品秩不詳。

[5]衛州：北周時治所在今河南淇縣。　治中：官名。北周州佐官之一，主衆曹文書。正八命州四命，正七命州三命，正六命州二命。

高祖受禪，轉齊州别駕，[1]有能名。其東鄰有桑，葚落其家，軌遣人悉拾還其主，誡其諸子曰："吾非以此求名，意者非機杼之物，不願侵人。汝等宜以爲誡。"在州四年，考績連最。持節使者郃陽公梁子恭狀上，[2]高祖嘉之，賜物三百段，米三百石，徵軌入朝。父老相送者，各揮涕曰："别駕在官，水火不與百姓交，是以不敢以壺酒相送。公清若水，請酌一杯水奉餞。"軌授而飲之。既至京師，詔與奇章公牛弘撰定律令格式。[3]

[1]齊州：治所在今山東濟南市。　别駕：官名。州府上佐之一，隋開皇三年（583）改爲長史。上州正五品，中州從五品，下州正六品。

[2]持節使者：漢朝官員奉使外出時，或由皇帝授予節杖，以

提高其威權。此後皇帝派遣大臣出巡或祭吊等事時，也使持節，以表示權力和尊崇。　梁子恭：人名。正史無傳。

[3]奇章公：爵名。全稱爲奇章郡公，隋九等爵的第四等。　牛弘：人名。傳見本書卷四九、《北史》卷七二。

時衛王爽爲原州總管，[1]上見爽年少，以軌所在有聲，授原州總管司馬。[2]在道夜行，其左右馬逸入田中，暴人禾。軌駐馬待明，訪禾主酬直而去。原州人吏聞之，莫不改操。後數年，遷硤州刺史，[3]撫緝萌夷，[4]甚有恩惠。尋轉壽州總管長史。[5]芍陂舊有五門堰，[6]蕪穢不修。軌於是勸課人吏，更開三十六門，灌田五千餘頃，人賴其利。秩滿歸鄉里，卒于家，時年六十二。子弘安、弘智，並知名。[7]

[1]衛王爽：即衛昭王爽，隋文帝楊堅弟楊爽。傳見本書卷四四、《北史》卷七一。　原州：治所在今寧夏固原縣。　總管：官名。全稱是總管刺史加使持節。總管的統轄範圍可達數州至十餘州，成一軍政管轄區。隋文帝在并、益、荆、揚四州置大總管，其餘州置總管。總管分上、中、下三等，品秩爲流内視從二品、正三品、從三品。

[2]總管司馬：官名。爲諸州總管府的上佐官，協助總管統領府中軍務。其品階史無明載，但隋代諸州總管府和諸州府均分爲上、中、下三等，三等州司馬的品階分别爲正五品下、從五品下、正六品下，故三等總管府司馬的品階亦當與三等州司馬略同。

[3]硤州：治所在今湖北宜昌市西北。《北史》卷七〇《趙軌傳》載爲“檢校硤州刺史”。

[4]萌：亦作“氓”或“甿”，指百姓。

[5]壽州：治所在今安徽壽縣。　總管長史：官名。爲諸州總管府的上佐官，位居府中總管之下衆屬官之首，輔助總管統領府中政務。其品階史無明載，但隋代諸州總管府和諸州府均分爲上、中、下三等，三等州長史的品階分别爲正五品上、從五品上、正六品上，故三等總管府長史的品階亦當與三等州長史略同。

[6]芍陂：又名龍泉陂，古代淮河流域著名的水利工程，在今安徽壽縣南。

[7]弘安：人名。即趙弘安，唐初曾任國子祭酒。事略見《舊唐書》卷一八八、《新唐書》卷一〇六《趙弘智傳》。　弘智：人名。即趙弘智，隋大業中任司隸從事，入唐官至國子祭酒。傳見《舊唐書》卷一八八、《新唐書》卷一〇六。

房恭懿

房恭懿，[1]字慎言，河南洛陽人也。父謨，[2]齊吏部尚書。[3]恭懿性沉深，有局量，達於從政。仕齊，釋褐開府參軍事，[4]歷平恩令、濟陰守，[5]並有能名。會齊亡，不得調。尉迥之亂，恭懿預焉，迥敗，廢于家。

[1]房恭懿：人名。《北史》卷五五有附傳。

[2]謨：人名。即房謨。北齊時爲侍中、兼吏部尚書。傳見《北史》卷五五。

[3]吏部尚書：官名。北齊尚書省下轄六部之一吏部的長官。掌全國文職官員銓選、考課等政令。置一員，正三品。

[4]釋褐：官制用語。亦稱解褐。脱去平民衣服而換上官服，喻指始任官職。　開府參軍事：官名。北齊官制加開府者置長史以下官，諸開府列曹參軍。從六品。

[5]平恩：縣名。治所在今河北曲周縣東南。　濟陰：郡名。

治所在今山東定陶縣西北。　守：《北史·房恭懿傳》作“太守”。

開皇初，吏部尚書蘇威薦之，[1]授新豐令，[2]政爲三輔之最。[3]上聞而嘉之，賜物四百段，恭懿以所得賜分給窮乏。未幾，復賜米三百石，恭懿又以賑貧人。上聞而止之。時雍州諸縣令每朔朝謁，[4]上見恭懿，必呼至榻前，訪以理人之術。蘇威重薦之，超授澤州司馬，[5]有異績，賜物百段，良馬一匹。

[1]蘇威：人名。傳見本書卷四一，《北史》卷六三有附傳。

[2]新豐：縣名。治所在今陝西西安市臨潼區東北。

[3]三輔：泛指京畿附近地區。

[4]雍州：隋京都長安所在地，治所在今陝西西安市。

[5]澤州：隋開皇初以建州改名，治所在今山西晋城市東北。　司馬：官名。隋州僚屬之一，開皇三年改治中爲司馬，名義上紀綱衆務，通判列曹，實無具體職任。上州正五品、中州從五品、下州正六品。

遷德州司馬，[1]在職歲餘，盧愷復奏恭懿政爲天下之最。[2]上甚異之，復賜百段，因謂諸州朝集使曰：[3]“如房恭懿志存體國，愛養我百姓，此乃上天宗廟之所祐助，豈朕寡薄能致之乎！朕即拜爲刺史。豈止爲一州而已，當今天下模範之，卿等宜師學也。”上又曰：“房恭懿所在之處，百姓視之如父母。朕若置之而不賞，上天宗廟其當責我。内外官人宜知我意。”於是下詔曰：“德州司馬房恭懿出宰百里，毗贊二籓，善政能官，標映倫伍。班條按部，實允僉屬，委以方岳，聲實俱美。可使持節海州諸軍事、海州刺史。”[4]未幾，會國子博士何妥奏恭懿尉迥之黨，[5]不當仕進，威、愷二人朋黨，曲相薦舉。上大怒，恭懿竟得罪，配防嶺南。[6]未幾，徵還京師，行至洪州，[7]遇患卒。論者于今冤之。

[1]德州：治所在今山東陵縣。

[2]盧愷：人名。傳見本書卷五六，《北史》卷三〇有附傳。

[3]朝集使：隋各州郡每年派遣進京報告州郡政務治理狀況的使臣，稱爲朝集使。

[4]使持節海州諸軍事：漢朝官員奉使外出時，或由皇帝授予節杖，以提高其威權。魏、晋以後，凡重要軍事長官出征或出鎮時，加使持節，可誅殺二千石以下官員。皇帝派遣大臣出巡或祭吊等事時，也使持節，以表示權力和尊崇。隋時刺史等地方官員唯加號“使持節”，方可總一州軍務。海州，治所在今江蘇連雲港市西南海州區。

[5]國子博士：官名。爲國子學教官，掌以儒經教授國子學生，國有疑事則掌承問對。隋初置五人，正五品上。仁壽元年（601）隨國子學罷廢；煬帝大業初復置一人，正五品。　何妥：人名。傳見本書卷七五、《北史》卷八二。

[6]嶺南：地區名。亦稱嶺外、嶺表。泛指五嶺以南地區，相當於今廣東、廣西兩省及越南北部一帶。

[7]洪州：治所在今江西南昌市。

公孫景茂

公孫景茂，[1]字元蔚，河間阜城人也。[2]容貌魁梧，少好學，博涉經史。在魏，察孝廉，射策甲科，[3]爲襄城王長史，[4]兼行參軍。[5]遷太常博士，[6]多所損益，時人稱爲書庫。後歷高唐令、大理正，[7]俱有能名。及齊滅，周武帝聞而召見，與語器之，授濟北太守。[8]以母憂去職。

[1]公孫景茂：人名。傳另見《北史》卷八六。

[2]河間：郡名。治所在今河北河間市。　阜城：縣名。治所在今河北阜城縣。

[3]射策：此泛指應試。

[4]襄城王：北魏襄城郡王元旭。事見《魏書》卷一九下《景穆十二王列傳》。　長史：官名。王府佐官，總管府事。北魏郡王府長史第八品。

[5]行參軍：官名。北魏王府佐官。第八品。

[6]太常博士：官名。掌辨五禮志儀式，大祭祀時贊導禮儀，擬議王公及以應追謚者。東魏從七品。

[7]高唐：縣名。東魏時治所在今山東高唐縣。　大理正：官名。北齊改廷尉爲大理寺，掌决刑獄，正爲屬官之一。北齊正六品下。

[8]濟北：郡名。治所在今山東茌平縣（參見王仲犖《北周地理志》，中華書局1980年版，第749頁）。

開皇初，詔徵入朝，訪以政術，拜汝南太守。[1]郡廢，轉曹州司馬。[2]在職數年，以老病乞骸骨，優詔不許。[3]俄遷息州刺史，[4]法令清静，德化大行。時屬平陳之役，征人在路，有疾病者，景茂撤減俸禄，爲饘粥湯藥，[5]分賑濟之，賴全活者以千數。上聞而嘉之，詔宣告天下。十五年，上幸洛陽，景茂謁見，時年七十七。上命升殿坐，問其年幾。景茂以實對。上哀其老，嗟歎久之。景茂再拜曰：“吕望八十而遇文王，[6]臣踰七十而逢陛下。”上甚悦，賜物三百段。詔曰：“景茂修身潔己，耆宿不虧，作牧化人，聲績顯著。年終考校，獨爲稱首，宜升戎秩，兼進藩條。可上儀同三司，[7]伊州刺史。”[8]

[1]汝南：郡名。治所在今河南汝南縣。

[2]曹州：治所在今山東曹縣西北。

[3]優詔：古代帝王用於獎掖慰勉臣下之文書。

[4]息州：治所在今河南息縣。

[5]饘（zhān）粥：稀飯。

[6]吕望：人名。太公望吕尚。詳見《史記》卷三二《齊太公世家》。　文王：周文王。紀見《史記》卷四《周本紀》。

[7]上儀同三司：官名。亦簡稱上儀同。隋文帝因改北周十一等勳官之制形成十一等散實官，用以酬勤勞，無實際職掌。上儀同三司是第七等，可開府置僚佐。從四品上。

[8]伊州：隋開皇初改和州置，治所初在伏流縣（今河南嵩縣東北），四年移治乘休縣（今河南汝州市東）。

明年，以疾徵，吏人號泣於道。及疾愈，復乞骸骨，又不許，轉道州刺史。[1]悉以秩俸買牛犢鷄豬，散惠孤弱不自存者。好單騎巡人，家至户入，閲視百姓産業。有修理者，於都會時乃褒揚稱述。如有過惡，隨即訓導，而不彰也。由是人行義讓，有無均通，男子相助耕耘，婦人相從紡績。大村或數百户，皆如一家之務。

其後請致事，上優詔聽之。

［1］道州：治所在今河南漯河市郾城區。

仁壽中，[1]上明公楊紀出使河北，[2]見景茂神力不衰，還以狀奏。於是就拜淄州刺史，[3]賜以馬轝，[4]便道之官。前後歷職，皆有德政，論者稱爲良牧。大業初卒官，[5]年八十七。謚曰康。身死之日，諸州人吏赴喪者數千人，或不及葬，皆望墳慟哭，野祭而去。

［1］仁壽：隋文帝楊堅年號（601—604）。

［2］上明公：爵名。全稱爲上明郡公，隋九等爵的第四等。楊紀：人名。本書卷四八、《北史》卷四一有附傳。

［3］淄州：治所在今山東淄博市西南。

［4］轝（yú）：同“輿”。

［5］大業：隋煬帝楊廣年號（605—618）。

辛公義

辛公義，[1]隴西狄道人也。[2]祖徽，[3]魏徐州刺史。[4]父季慶，[5]青州刺史。公義早孤，爲母氏所養，親授書傳。周天和中，[6]選良家子任太學生，以勤苦著稱。武帝時，召入露門學，[7]令受道義。每月集御前令與大儒講論，數被嗟異，時輩慕之。建德初，授宣納中士。[8]從平齊，累遷掌治上士、掃寇將軍。[9]

［1］辛公義：人名。傳另見《北史》卷八六。

［2］隴西：郡名。治所在今甘肅隴西縣東南。　狄道：縣名。治所在今甘肅臨洮縣。

［3］徽：人名。即辛徽，北魏人。事亦見《北史・辛公義傳》《新唐書・宰相世系表三上》，其他事迹不詳。

［4］徐州：治所在今江蘇徐州市。

［5］季慶：人名。事亦見《北史・辛公義傳》《新唐書・宰相世系表三上》，其他事迹不詳。

［6］天和：北周武帝宇文邕年號（566—572）。

［7］露門學：北周天和二年置學，置生七十二人，教授貴族子弟。

［8］宣納中士：官名。職掌不詳。北周正二命（參見王仲犖《北周六典》卷七《六官餘録第十三》，第495頁）。

［9］掌治上士：官名。職掌不詳。北周正三命（參見王仲犖《北周六典》卷七《六官餘録第十三》，第497頁）。按，中華本《北史・辛公義傳》校勘記云："《隋書》卷七三、《通志》卷一七〇《辛公義傳》同。按《通典》卷三九《後周官品》無掌治上士。正三命有掌次上士。《北史》例諱'治'字，'治'或是'次'之訛。"　掃寇將軍：官名。屬勳官，以酬勳勞，無實際職掌。北周二命。

高祖作相，[1]授内史上士，[2]參掌機要。[3]開皇元年，除主客侍郎，[4]攝内史舍人事，[5]賜爵安陽縣男，[6]邑二百户。每陳使來朝，常奉詔接宴。轉駕部侍郎，[7]使往江陵安輯邊境。[8]七年，使勾檢諸馬牧，[9]所獲十餘萬匹。高祖喜曰："唯我公義，奉國罄心。"

［1］相：據本書卷一《高祖紀上》爲"左大丞相"。北魏孝莊

帝永安元年（528）始置大丞相，永安三年廢。北周静帝大象二年（580）又置左、右大丞相。以宇文贊爲右大丞相，但僅有虚名；以楊堅爲左大丞相，總攬朝政。旋去左右之號，獨以楊堅爲大丞相。實爲控制朝廷的權臣。

［2］内史上士：官名。全稱是小内史上士，北周爲春官府内史曹的屬官，掌草擬皇帝詔令，參修國志及起居注。置二員，正三命。（參見王仲犖《北周六典》卷四《春官府第九》，第174頁）

［3］參掌：官制用語。指除本官職責之外，奉皇帝特敕掌管他職事務。

［4］除：官制用語。拜官、授職。　主客侍郎：官名。隋尚書省禮部主客曹長官，掌前朝皇室後裔及外蕃朝覲之政。正六品。

［5］攝：官制用語。以本官代理或兼理他官之職事。　内史舍人：官名。爲内史省的屬官，掌參議表章，草擬詔敕。隋初置八人，正六品上，開皇三年升爲從五品。煬帝大業三年減置四人，大業末改内史省爲内書省，内史舍人遂改稱爲内書舍人。

［6］安陽縣男：爵名。隋九等爵的第九等。正五品上。

［7］駕部侍郎：官名。隋尚書省兵部駕部曹長官，大業三年改爲駕部郎，掌車乘、厩牧馬政及傳驛之政。正六品。

［8］江陵：縣名。梁元帝在此即位稱帝，後爲梁都城。治所在今湖北荆州市。

［9］勾檢：考劾檢查。　馬牧：牧苑、牧場。

從軍平陳，以功除岷州刺史。[1]土俗畏病，若一人有疾，即合家避之，父子夫妻不相看養，孝義道絶，由是病者多死。公義患之，欲變其俗。因分遣官人巡檢部内，凡有疾病，皆以床輿來，安置聽事。暑月疫時，病人或至數百，廳廊悉滿。公義親設一榻，獨坐其間，終日連夕，對之理事。所得秩俸，盡用市藥，爲迎醫療之，躬勸其飲食，於是悉差，方召其親戚而諭之曰："死生由命，不關相着。前汝棄之，所以死耳。今我聚病者，坐卧其間，若言相染，那得不死，病兒復差！[2]汝等勿復信之。"諸病家子孫慚謝而去。後人有遇病者，争就使君，其家無親屬，因留養之。[3]始相慈愛，此風遂革，合境之内呼爲慈母。

[1]岷州：治所在今甘肅岷縣。

[2]兒：《北史》卷八六《辛公義傳》校勘記云："《通志》卷一七〇《辛公義傳》'兒'作'既'。李慈銘云：疑當作'見'，即'現'字。"《北史》校勘記亦可用於此處。

[3]其家無親屬，因留養之：李慈銘《隋書札記》云："慈銘按《北史》作'其家親屬，固留養之'，於上下文詞氣爲順。"又《册府元龜》卷六七五《牧守部·仁惠》作"其家親屬因留養之"。

後遷牟州刺史，[1]下車，先至獄中，因露坐牢側，[2]親自驗問。十餘日間，決斷咸盡，方還大廳。受領新訟，皆不立文案，遣當直佐僚一人，[3]側坐訊問。事若不盡，應須禁者，公義即宿廳事，終不還閤。人或諫之曰："此事有程，使君何自苦也！"答曰："刺史無德可以導人，尚令百姓係於囹圄，豈有禁人在獄而心自安乎？"罪人聞之，咸自款服。後有欲諍訟者，其鄉閭父老遽相曉曰："此蓋小事，何忍勤勞使君。"訟者多兩讓而止。時山東霖雨，自陳、汝至于滄海，[4]皆苦水灾。境内犬牙，獨無所損。山出黄銀，獲之以獻。詔水部郎婁崱就公義禱焉。[5]乃聞空中有金石絲竹之響。

[1]牟州：治所在今山東萊州市。

[2]因：諸本均作"囙"，中華本改作"因"，其校勘記云："'因'原作'囙'，據《北史》本傳及《御覽》六三九、又八一二改。"今從改。

[3]一：宋刻遞修本、中華本、《北史》卷八六《柳儉傳》、《册府元龜》卷六七六《牧守部·教化》及卷六九〇《牧守部·强明》均同，汲古閣本、殿本、庫本及《太平御覽》卷六三九《刑罰部五·聽訟》作"二"。

[4]陳：州名。治所在今河南淮陽縣。　汝：州名。治所在今河南汝州市。

[5]水部郎：官名。隋初尚書省水部曹置侍郎一人，大業三年改水部郎。掌天下水利工程及河運、漁捕、碾磑之政。正六品。婁㫬：人名。隋文帝朝任水部郎。其他事迹不詳。

仁壽元年，追充揚州道黜陟大使。[1]豫章王暕恐其部内官僚犯法，[2]未入州境，預令屬公義。公義答曰："奉詔不敢有私。"及至揚州，[3]皆無所縱捨，暕銜之。及煬帝即位，揚州長史王弘入爲黄門侍郎，[4]因言公義之短，竟去官。吏人守闕訴冤，相繼不絶。後數歲，帝悟，除内史侍郎。[5]丁母憂。未幾，起爲司隸大夫，[6]檢校右禦衛武賁郎將。[7]從征至柳城郡卒，[8]時年六十二。子融。

[1]揚州道：特區名。即以揚州爲中心設置的特區。隋爲方便地方巡察，於地方所置之特區，範圍大小不一，可包括若干州，稱"道"。　黜陟大使：使職名。爲臨時差遣巡察地方政刑苛弊之使

職，事後則罷。

[2]豫章王暕：隋煬帝楊廣第二子楊暕。傳見本書卷五九、《北史》卷七一。

[3]揚州：治所在今江蘇揚州市。

[4]王弘：人名。其任黄門侍郎事亦見本書卷三《煬帝紀上》及卷四四《楊綸傳》。　黄門侍郎：官名。隋初於門下省置給事黄門侍郎四員，爲門下省的次官，協助長官納言掌封駁制敕，參議政令的制定。正四品上。煬帝大業三年去“給事”之名，但稱“黄門侍郎”，並減置二員。正四品。

[5]内史侍郎：官名。隋内史省副長官，佐宰相之職的本省長官内史監、令處理政務。初設四員，正四品下；大業三年減爲二員，正四品。

[6]司隸大夫：官名。隋煬帝大業三年始置司隸臺，長官爲大夫，置一人，掌諸巡察。正四品。

[7]右禦衛：中央十二衛之一，隋煬帝大業三年增置。　武賁郎將：官名。隋煬帝大業三年改革官制，於十二衛每衛置護軍四人，掌貳將軍，尋又改護軍爲武賁郎將。正四品。

[8]柳城郡：治所在今遼寧朝陽市。

柳儉

柳儉，[1]字道約，河東解人也。[2]祖元璋，[3]魏司州大中正，[4]相、華二州刺史。父裕，[5]周聞喜令。[6]儉有局量，立行清苦，爲州里所敬，雖至親昵，無敢狎侮。周代歷宣納上士、畿伯大夫。[7]

[1]柳儉：人名。傳另見《北史》卷八六。

[2]河東：郡名。治所在今山西永濟市西南。　解：縣名。治

所在今山西臨猗縣臨晋鎮東南。

［3］元璋：人名。即柳元璋，北魏人。事亦見《北史·柳儉傳》。

［4］司州：北魏以司州統轄京畿諸郡。太和十七年遷都洛陽，改洛州爲司州，東魏遷都鄴，改相州爲司州。　大中正：官名。北魏沿襲魏晋以來的九品中正制，於地方各州郡置中正官，大州則稱爲“大中正”，以籍屬本郡且才業並重的京官兼任，職掌本郡内選舉事務，評品人才優劣，爲吏部選授官員提供參考依據。北魏視第五品。

［5］裕：人名。即柳裕，北周人。事亦見《北史·柳儉傳》。

［6］聞喜：縣名。北周時治所在今山西新絳縣西南。

［7］宣納上士：官名。職掌不詳。北周正三命。（參見王仲犖《北周六典》卷七《六官餘録第十三》，第495頁）　畿伯大夫：官名。全稱爲畿伯中大夫，北周以王畿千里之外爲畿，設畿伯掌其畿政令禁戒。正五命。（參見王仲犖《北周六典》卷三《地官府第八》，第97頁）

及高祖受禪，擢拜水部侍郎，封率道縣伯。[1]未幾，出爲廣漢太守，[2]甚有能名。俄而郡廢。時高祖初有天下，勵精思政，妙簡良能出爲牧宰，以儉仁明著稱，擢拜蓬州刺史。[3]獄訟者庭遣，不爲文書，約束佐史，從容而已。獄無繫囚。蜀王秀時鎮益州，[4]列上其事，遷邛州刺史。[5]在職十餘年，萌夷悦服。蜀王秀之得罪也，儉坐與交通，免職。及還鄉里，乘弊車羸馬，妻子衣食不贍，見者咸歎服焉。

［1］率道縣伯：爵名。隋九等爵的第七等。正三品。

［2］廣漢：郡名。治所在今四川廣漢市。

［3］蓬州：治所在今四川營山縣東北。

［4］蜀王秀：隋文帝楊堅第四子楊秀，封蜀王。傳見本書卷四五、《北史》卷七一。　益州：治所在今四川成都市。

［5］邛州：治所在今四川邛崍市東南。

煬帝嗣位，徵之。于時以功臣任職，牧州領郡者，並帶戎資，[1]唯儉自良吏。[2]帝嘉其績用，特授朝散大夫，[3]拜弘化太守，[4]賜物一百段而遣之。儉清節逾勵。大業五年入朝，郡國畢集，帝謂納言蘇威、吏部尚書牛弘曰："其中清名天下第一者爲誰？"威等以儉對。帝又問其次，威以涿郡丞郭絢、潁川郡丞敬肅等二人對。[5]帝賜儉帛二百匹，絢、肅各一百匹。[6]令天下朝集使送至郡邸，以旌異焉。論者美之。及大業末，盜賊蜂起，數被攻逼。儉撫結人夷，卒無離叛，竟以保全。及義兵至長安，[7]尊立恭帝，[8]儉與留守李粲縞素於州，[9]南向慟哭。既而歸京師，相國賜儉物三百段，[10]就拜上大將軍。歲餘，卒于家，時年八十九。

［1］戎資：軍用物資。

［2］自：汲古閣本、殿本、庫本同，宋刻遞修本、中華本及《北史》卷八六《柳儉傳》作"起自"。

［3］朝散大夫：官名。屬散實官。隋文帝置，正四品下，煬帝改爲從五品。

［4］弘化：郡名。隋大業三年改慶州置，治所在今甘肅慶陽市。

［5］涿郡：治所在今北京城西南。　郡丞：官名。隋煬帝大業三年復改州爲郡，併州長史、司馬之職，置贊治（唐人諱稱贊務）一人，爲郡太守之副貳，尋又改贊治稱爲郡丞。郡丞爲郡屬官之

首，通判郡事。上郡從七品，中郡正八品，下郡從八品。　郭絢：人名。《北史》卷八六有附傳。　潁川：郡名。隋大業三年改許州置，治所在今河南許昌市。　敬肅：人名。《北史》卷八六有附傳。

[6]絢：諸本原作"約"，據上文此指郭絢。據改。

[7]長安：地名。隋都城所在地，在今陝西西安市西北。

[8]恭帝：即隋恭帝楊侑。隋煬帝之孫，元德太子楊昭第三子，李淵攻占長安後立爲帝。紀見本書卷五、《北史》卷一二。

[9]留守：使職名。古代帝王出巡或出征時，常在京師、陪都設留守，以親王或重丞爲之。　李粲：人名。本姓丙氏，隋大業中曾任屯衛大將軍，入唐賜姓李，官至宰相。事見《舊唐書》卷九八《李元紘傳》。

[10]相國：此指唐高祖李淵，義寧元年（617）隋恭帝即位封爲大丞相。紀見《舊唐書》卷一、《新唐書》卷一。

郭絢

郭絢，河東安邑人也。[1]家素寒微。初爲尚書令史，[2]後以軍功拜儀同，歷數州司馬、長史，皆有能名。大業初，刑部尚書宇文弼巡省河北，[3]引絢爲副。煬帝將有事於遼東，以涿郡爲衝要，訪可任者。聞絢有幹局，拜涿郡丞，[4]吏人悦服。數載，遷爲通守，[5]兼領留守。[6]及山東盜賊起，絢逐捕之，多所剋獲。時諸郡無復完者，唯涿郡獨全。後將兵擊竇建德於河間，[7]戰死，人吏哭之，數月不息。

[1]安邑：縣名。治所在今山西夏縣西北禹王城。

[2]尚書令史：吏職名。隋尚書省低級吏員，掌文書案牘等事。

［3］刑部尚書：官名。隋初沿置都官尚書，開皇三年改爲刑部尚書，是尚書省下轄六部之一刑部的長官。職掌刑法、徒隸、勾覆及關禁之政，總判刑部、都官、比部、司門四司之事。置一員，正三品。 宇文弼：人名。傳見本書卷五六、《北史》卷七五。

［4］郡丞：《北史》卷八六本傳作“贊務”。據《隋志》及《通典》卷三三《總論郡佐》，煬帝大業三年改州爲郡，罷長史、司馬，置贊治一人以貳之，後又改爲丞。唐避高宗李治諱，亦改爲“贊務”。此言大業初，何者爲確尚不可考。

［5］通守：官名。隋煬帝於郡守下置通守一人，地位僅次於郡守，協掌本郡政務。品秩不詳。

［6］兼領：官制用語。假職未真授之稱。

［7］竇建德：人名。隋末反隋主力之一，唐武德元年（618）於河北稱帝建立夏國。傳見《舊唐書》卷五四、《新唐書》卷八五。

敬肅

敬肅，字弘儉，河東蒲坂人也。[1]少以貞介知名，釋褐州主簿。[2]開皇初，爲安陵令，[3]有能名，擢拜秦州司馬，轉豳州長史。[4]仁壽中，爲衛州司馬，俱有異績。煬帝嗣位，遷潁川郡丞。大業五年，朝東都，帝令司隸大夫薛道衡爲天下群官之狀。[5]道衡狀稱肅曰：“心如鐵石，老而彌篤。”時左翊衛大將軍宇文述當塗用事，[6]其邑在潁川，每有書屬肅。肅未嘗開封，輒令使者持去。述賓客有放縱者，以法繩之，無所寬貸。由是述銜之。八年，朝於涿郡，帝以其年老有治名，將擢爲太守者數矣，輒爲述所毀，不行。大業末，乞骸骨，優詔許之。

去官之日，家無餘財。歲餘，終于家，時年八十。

[1]蒲坂：縣名。治所在今山西永濟市西南。

[2]州主簿：官名。爲諸州府的佐官，掌州府監印，檢核文書簿籍，勾稽缺失等事。雍州主簿爲流内視正八品，其餘諸州主簿爲流内視從八品。

[3]安陵：縣名。治所在今河北吴橋縣東北。

[4]豳州：治所在今陝西彬縣。按，《北史》卷八六《敬肅傳》作“幽州”。中華書局新修訂本校勘記云：“下文稱‘仁壽中，爲衛州司馬’，知事在文帝仁壽前。本書卷二九《地理志上·北地郡》‘後魏置豳州，西魏改爲寧州。大業初復曰豳州’。是隋大業前無豳州。當從《北史》作‘幽州’，作‘豳州’誤。”當從改。

[5]薛道衡：人名。傳見本書卷五七，《北史》卷三六有附傳。

[6]左翊衛大將軍：官名。隋初中央軍事機關十二衛有左右衛，大業三年改爲左右翊衛，各置大將軍一人，掌宫掖禁禦，督攝仗衛。正三品。　宇文述：人名。傳見本書卷六一、《北史》卷七九。

劉曠

劉曠，[1]不知何許人也。性謹厚，每以誠恕應物。開皇初，爲平鄉令，[2]單騎之官。人有諍訟者，輒丁寧曉以義理，不加繩劾，各自引咎而去。所得俸禄，賑施窮乏。百姓感其德化，更相篤勵，曰：“有君如此，何得爲非！”在職七年，風教大洽，獄中無繫囚，争訟絶息，囹圄盡皆生草，庭可張羅。及去官，吏人無少長，號泣於路，將送數百里不絶。遷爲臨潁令，[3]清名善政，爲天下第一。尚書左僕射高熲言其狀，[4]上召之，及引見，勞之曰：“天下縣令固多矣，卿能獨異於衆，良足美也！”顧謂侍臣曰：“若不殊獎，何以爲勸！”於是下優詔，擢拜莒州刺史。[5]

[1]劉曠：人名。傳另見《北史》卷八六。

[2]平鄉：縣名。治所在今河北平鄉縣西南。

[3]臨潁：縣名。治所在今河南臨潁縣。

[4]尚書左僕射：官名。隋尚書省置左右僕射各一人，地位僅次於尚書令。由於隋尚書令不常置，僕射成爲尚書省實際長官，是宰相之職。從二品。

[5]莒州：治所在今山東沂水縣。

王伽

王伽，[1]河間章武人也。[2]開皇末，爲齊州行參軍，[3]初無足稱。後被州使送流囚李參等七十餘人詣京師。[4]時制，流人並枷鎖傳送。伽行次滎陽，[5]哀其辛苦，悉呼而謂之曰：“卿輩既犯國刑，虧損名教，身嬰縲紲，此其職也。今復重勞援卒，豈獨不愧於心哉！”參等辭謝。伽曰：“汝等雖犯憲法，枷鎖亦大辛苦。吾欲與汝等脱去，行至京師總集，能不違期不？”皆拜謝曰：“必不敢違。”伽於是悉脱其枷，停援卒，與期曰：“某日當至京師，如致前却，吾當爲汝受死。”舍之而去。流人咸悦，依期而至，一無離叛。上聞而驚異之，召見與語，稱善久之。於是悉召流人，并令攜負妻子俱入，賜宴於殿庭而赦之。乃下詔曰：“凡在有生，含靈禀性，咸知好惡，並識是非。若臨以至誠，明加勸導，則俗必從化，人皆遷善。往以海内亂離，德教廢絶，官人無慈愛之心，兆庶懷姦詐之意，所以獄訟不息，澆薄難治。[6]朕受命上天，安養萬姓，思遵聖法，[7]以德化人，朝夕孜孜，意在於此。而伽深識朕意，誠心宣導。參等感悟，自赴憲司。明是率土之人非爲難教，良是官人不加曉示，[8]致令陷罪，無由自新。若使官盡王伽之儔，人皆李參之輩，刑厝不用，其何遠哉！”於是擢伽爲雍令，[9]政有能名。

[1]王伽：人名。傳另見《北史》卷八六。

[2]章武：縣名。治所在今河北黄驊市西北。

[3]行參軍：官名。此爲州府屬官，隋代州府設户、兵等曹參軍事，法、士曹等行參軍，及行參軍等佐官。上州諸曹行參軍事正八品，中州諸曹行參軍從八品，下州諸曹行參軍事及上州行參軍正九品，下州行參軍從九品。《北史·王伽傳》作“參軍”。

[4]李參：人名。具體事迹不詳。

[5]滎陽：郡名。煬帝改鄭州置，治所在今河南鄭州市。

[6]澆薄：指社會風氣浮薄。

[7]遵：諸本同，《北史·王伽傳》作“導”。

[8]曉示：汲古閣本、殿本、庫本、中華本同，宋刻遞修本、《北史·王伽傳》作“示曉”。

[9]雍。縣名。治所在今陝西鳳翔縣。

魏德深

魏德深，[1]本鉅鹿人也。[2]祖沖，[3]仕周爲刑部大夫,[4]建州刺史,[5]因家弘農。[6]父毗,[7]鬱林令。[8]德深初爲文帝挽郎,[9]後歷馮翊書佐、武陽司户書佐,[10]以能遷貴鄉長。[11]爲政清净，不嚴而治。

[1]魏德深：人名。傳另見《北史》卷八六。

[2]鉅鹿：郡名。秦時治鉅鹿縣（今河北平鄉縣西南），東漢移治癭陶縣（今河北寧晋縣西南），北魏永安中郡分爲二，一屬殷州（今寧晋縣西），北齊廢；一屬定州（今河北定州市），隋初廢。

[3]沖：人名。即魏沖。事亦見《北史·魏德深傳》。

[4]刑部大夫：官名。北周秋官府有刑部中大夫，掌五刑之政，附萬民之罪。正五命。（參見王仲犖《北周六典》卷六《秋官府第十一》，第408頁）

[5]建州：北周時治所在今山西晋城市東北。

[6]弘農：郡名。治所在今河南靈寶市。

[7]毗：人名。即魏毗。事亦見《北史·魏德深傳》。

[8]鬱林：縣名。治所在今廣西貴港市東南。

[9]挽郎：出殯時牽引靈柩唱輓歌之人。

[10]馮翊：郡名。治所在今陝西大荔縣。　武陽：郡名。煬帝改魏州置，治所在今河北大名縣。　書佐：官名。煬帝改州諸曹參軍事爲郡書佐。視從八品至視從九品。　司户書佐：官名。司户書佐即州司户參軍事，掌一郡户口、民政等事務。視從八品至視從九品。

[11]貴鄉：縣名。治所在今河北大名縣北。

會與遼東之役，徵税百端，使人往來，責成郡縣。于時王綱弛紊，吏多贓賄，所在徵斂，下不堪命。唯德深一縣，有無相通，不竭其力，所求皆給，百姓不擾，稱爲大治。于時盜賊群起，武陽諸城多被淪陷，唯貴鄉獨全。郡丞元寶藏受詔逐捕盜賊，[1]每戰不利，則器械必盡，輒徵發於人，動以軍法從事，如此者數矣。其鄰城營造，皆聚於聽事，吏人遞相督責，晝夜喧囂，猶不能濟。德深各問其所欲任，隨便修營，官府寂然，恒若無事。唯約束長吏，所修不須過勝餘縣，使百姓勞苦。然在下各自竭心，常爲諸縣之最。

[1]元寶藏：人名。隋武陽郡丞，大業十三年九月投降李密，李密封以上柱國、武陽公、魏州總管，武德二年降唐。事亦見本書卷八五《宇文化及傳》，《通鑑》卷一八四、卷一八七等。

尋轉館陶長，[1]貴鄉吏人聞之，相與言及其事，皆歔欷流涕，語不成聲。及將赴任，傾城送之，號泣之聲，道路不絶。既至館陶，闔境老幼皆如見其父母。有猾人員外郎趙君實，[2]與郡丞元寶藏深相交結，前後令長未有不受其指麾者。自德深至縣，君實屏處於室，未嘗輒敢出門。逃竄之徒，歸來如市。貴鄉父老冒涉艱險，詣闕請留德深，有詔許之。館陶父老復詣郡相訟，以貴鄉文書爲詐。郡不能決。會持節使者韋霽、杜整等至，[3]兩縣詣使訟之，乃斷從貴鄉。貴鄉吏人歌呼滿道，互相稱慶。館陶衆庶合境悲哭，因而居住者數百家。

[1]館陶：縣名。治所在今河北館陶縣。

[2]趙君實：人名。事亦見《北史》卷八六《魏德深傳》，其

他事迹不詳。

[3]持節使者：漢朝官員奉使外出時，或由皇帝授予節杖，以提高其威權。魏、晋以後，凡重要軍事長官出征或出鎮時，加使持節，可誅殺二千石以下官員。皇帝派遣大臣出巡或祭吊等事時也使持節，以表示權力和尊崇。　韋霽：人名。隋煬帝時任太常少卿，大業十三年爲河北大使，巡查郡縣。後王世充稱帝，出任左（右）僕射。　杜整：人名。事亦見《北史·魏德深傳》，其他事迹不詳。

寶藏深害其能。會越王侗徵兵於郡，[1]寶藏遂令德深率兵千人赴東都。俄而寶藏以武陽歸李密。[2]德深所領，皆武陽人也，以本土從賊，念其親戚，輒出都門東向慟哭而反。人或謂之曰：“李密兵馬近在金墉，[3]去此二十餘里。汝必欲歸，誰能相禁，何爲自苦如此！”其人皆垂泣曰：“我與魏明府同來，[4]不忍棄去，豈以道路艱難乎！”其得人心如此。後與賊戰，没於陣，貴鄉、館陶人庶至今懷之。

[1]越王侗：隋煬帝之孫，元德太子楊昭次子楊侗，封越王。本書卷五九、《北史》卷七一有附傳。

[2]李密：人名。傳見本書卷七〇、《舊唐書》卷五三、《新唐書》卷八四，《北史》卷六〇有附傳。

[3]金墉：城名。三國魏明帝時建，在今河南洛陽市東北。

[4]明府：魏晋以來對牧守令長的尊稱。

時有櫟陽令渤海高世衡、蕭令彭城劉高、城皋令弘農劉熾，[1]俱有恩惠。大業之末，長史多贓污，衡、高及熾清節逾厲，風教大洽，獄無繫囚，爲吏人所稱。

[1]櫟陽：縣名。治所在今陝西西安市臨潼區東北。　渤海：郡名。治所在今山東陽信縣。　高世衡：人名。隋末任櫟陽縣令，其他事迹不詳。　蕭：縣名。治所在今安徽蕭縣西北。　彭城：郡名。治所在今江蘇徐州市。　劉高：人名。隋末任蕭縣令，其他事迹不詳。　城皋：縣名。亦名“成皋”，治所在今河南滎陽市西北。　劉熾：人名。隋末任蕭城皋縣令，其他事迹不詳。

史臣曰：古語云，善爲水者，引之使平，善化人者，撫之使静。水平則無損於堤防，人静則不犯於憲章。然則易俗移風，服教從義，不資於明察，必藉於循良者也。彦光等皆内懷直道，至誠待物，故得所居而化，所去見思。至於景茂之遏惡揚善，公義之撫視疾病，劉曠之化行所部，德深之愛結人心，雖信臣、杜詩、鄭渾、朱邑，[1]不能繼也。《詩》云：“愷悌君子，人之父母。”[2]豈徒言哉！恭懿所在尤異，屢簡帝心，追既往之一眚，遂流亡於道路，惜乎！柳儉去官，妻子不贍，趙軌秩滿，酌水餞離，清矣！

[1]信臣：人名。即召信臣。西漢末任南陽太守，治民名臣。傳見《漢書》卷八九。　杜詩：人名。東漢光武帝時任南陽太守，賢能惠政，南陽百姓稱“前有召父，後有杜母”。傳見《後漢書》卷三一。　鄭渾：人名。三國曹魏時先後任陽平、沛郡、山陽、魏郡太守，皆有能名，魏明帝曹叡曾下詔旌表。傳見《三國志》卷一六。　朱邑：人名。西漢人，爲人公正廉潔，從鄉嗇夫直至太守皆有惠政。傳見《漢書》卷八九。

[2]愷悌君子，人之父母：語出《詩・大雅・泂酌》，原句爲

“豈弟君子，民之父母”。豈弟（愷悌），和樂平易之意。此避唐太宗李世民諱改“民”爲“人”。

隋書　卷七四

列傳第三十九

酷吏

夫爲國之體有四焉：一曰仁義，二曰禮制，三曰法令，四曰刑罰。仁義禮制，政之本也，法令刑罰，政之末也。無本不立，無末不成。然教化遠而刑罰近，可以助化而不可以專行，可以立威而不可以繁用。《老子》曰："其政察察，其人缺缺。"[1]又曰："法令滋章，盜賊多有。"[2]然則令之煩苛，吏之嚴酷，不能致理，百代可知。考覽前載，有時而用之矣。昔秦任獄吏，赭衣滿道。[3]漢革其風，矯枉過正。禁網疏闊，遂漏吞舟，大姦巨猾，犯義侵禮。故剛克之吏，摧拉凶邪，一切禁姦，以救時弊，雖垂教義，或有所取焉。

[1]其政察察，其人缺缺：語出《老子·第五十八章》。察察，苛察、煩細。缺缺，疏薄。

[2]法令滋章，盜賊多有：語出《老子·第五十七章》。

[3]赭衣：古代囚衣，此代指囚犯、罪人。

高祖膺期，[1]平一江左，[2]四海九州，[3]服教從義。至於威行郡國，力折公侯，乘傳賦人，[4]探丸斫吏者，[5]所在蔑聞焉。無曩時之弊，亦已明矣。士文等功不足紀，[6]才行無聞，遭遇時來，叨竊非據，肆其褊性，多行無禮，君子小人，咸罹其毒。凡厥所莅，莫不懍然。居其下者，視之如蛇虺，過其境者，逃之如寇讎。與人之恩，心非好善，加人之罪，事非疾惡。其所笞辱，多在無辜，察其所爲，豺狼之不若也。無禁姦除猾之志，肆殘虐幼賤之心，君子惡之，故編爲《酷吏傳》也。

[1]高祖：隋文帝楊堅的廟號。紀見本書卷一、二，《北史》卷一一。

[2]江左：地區名。亦稱江東，此泛指長江下游以東、以南地區。

[3]四海九州：泛指全中國。

[4]乘傳賦人：乘坐驛車徵收賦稅。

[5]探丸斫吏：漢長安中游俠受賄替人殺官吏報仇。典出《漢書》卷九〇《尹賞傳》。

[6]士文：人名。即厙狄士文。傳見本卷，《北齊書》卷一五、《北史》卷五四有附傳。

厙狄士文

厙狄士文，代人也。[1]祖干，[2]齊左丞相。[3]父敬，[4]武衛將軍、肆州刺史。[5]士文性孤直，雖鄰里至親莫與通狎。少讀書。在齊襲封章武郡王，[6]官至領軍將軍。[7]周武帝平齊，[8]山東衣冠多迎周師，[9]唯士文閉門自守。帝奇之，授開府儀同三司、隨州刺史。[10]

［1］代：此指十六國時期鮮卑族拓跋部所建立的代國屬地，在今内蒙古中部、山西北部地區。

［2］干：人名。即厙狄干。鮮卑族。北齊天保初以佐命功封章武郡王，轉太宰。傳見《北齊書》卷一五、《北史》卷五四。

［3］齊：即北齊（550—577），或稱高齊，都鄴（今河北臨漳縣西南鄴鎮東）。　左丞相：官名。北齊乾明中置丞相，清河中分爲左右，開府置府僚。品秩不詳。按，《北齊書》卷一五、《北史》卷五四《厙狄干傳》未載其任左丞相事。

［4］敬：人名。北齊時卒於儀同三司。事見本卷、《北齊書·厙狄干傳》、《北史·厙狄干傳》。按，據《北齊書·厙狄干傳》載："子敬伏。"《北史·厙狄干傳》則載："子伏敬。"

［5］武衛將軍：官名。北齊左右衛府設二人，掌宿衛，主禁兵。從三品。　肆州：北魏置，北齊沿用，隋初改爲代州，治所在今山西忻州市。

［6］章武郡王：爵名。北齊十五等爵的第二等。正一品。

［7］領軍將軍：官名。北齊領軍府有將軍一人，掌禁衛宫掖。從二品。

［8］周武帝：北周皇帝宇文邕的謚號。紀見《周書》卷五、六，《北史》卷一〇。

［9］山東：地區名。戰國、秦、漢時代，通稱華山或崤山以東爲山東。函括今河北、河南、山東等省。魏晋南北朝隋唐時期亦稱太行山以東地區爲山東。此處代指北齊所轄地區。　衣冠：此代指士人。

［10］開府儀同三司：官名。亦簡稱開府，周武帝建德四年

(575) 改稱開府儀同大將軍。屬勳官。北周府兵制中二十四軍的每軍長官均加此勳官名，可開府置官屬。九命。　隨州：治所在今湖北隨州市。

高祖受禪，加上開府，[1]封湖陂縣子，[2]尋拜貝州刺史。[3]性清苦，不受公料，家無餘財。其子常噉官厨餅，士文枷之於獄累日，杖之一百，[4]步送還京。僮隸無敢出門，[5]所買鹽菜，必於外境。凡有出入，皆封署其門，親舊絶迹，慶弔不通。法令嚴肅，吏人股戰，道不拾遺。有細過，必深文陷害。嘗入朝，遇上置酒高會，賜公卿入左藏，[6]任取多少。人皆極重，士文獨口銜絹一匹，兩手各持一匹。上問其故，士文曰："臣口手俱滿，餘無所須。"上異之，别加賞物，勞而遣之。

[1]上開府：官名。全稱是上開府儀同三司。隋文帝因改北周十一等勳官之制形成十一等散實官，用以酬勤勞，無實際職掌。上開府爲第五等，可開府置僚佐。從三品。

[2]湖陂縣子：爵名。隋九等爵的第八等。正四品下。

[3]貝州：治所在今河北清河縣西北。

[4]一百：宋刻遞修本、汲古閣本、殿本、中華本與底本同，庫本作"二百"。又《北齊書》卷一五、《北史》卷五四《厙狄士文傳》亦作"二百"。

[5]僮：宋刻遞修本、中華本與底本同，汲古閣本、殿本、庫本作"僕"，另《北齊書·厙狄士文傳》《北史·厙狄士文傳》亦作"僮"。

[6]左藏：官署名。北齊國庫之一，屬太府寺，置令，掌庫藏錢物布帛。

士文至州，發擿姦隱，長吏尺布升粟之贓，無所寬貸。得千餘人而表之，[1]上悉配防嶺南，[2]親戚相送，哭泣之聲遍於州境。至嶺南，遇瘴癘死者十八九，於是父母妻子唯哭士文。士文聞之，令人捕捉，撾捶盈前，而哭者彌甚。有京兆韋焜爲貝州司馬，[3]河東趙達爲清河令，[4]二人並苛刻，唯長史有惠政。時人爲之語曰："刺史羅刹政，[5]司馬蝮蛇瞋，長史含笑判，清河生喫人。"上聞而歎曰："士文之暴，過於猛獸。"竟坐免。

［1］表：殿本、庫本同，宋刻遞修本、汲古閣本、中華本作"奏"。

［2］嶺南：地區名。亦稱嶺外、嶺表。泛指五嶺以南地區，相當於今廣東、廣西兩省及越南北部一帶。

［3］京兆：郡名。治所在今陝西西安市西北。　韋焜：人名。隋時任户部郎、貝州司馬等職。　司馬：官名。隋州僚屬之一，開皇三年（583）改治中爲司馬，名義上紀綱衆務，通判列曹，實無具體職任。上州正五品、中州從五品、下州正六品。

［4］河東：郡名。治所在今山西永濟市西南。　趙達：人名。隋時任清河縣令，其他事迹不詳。　清河：縣名。治所在今河北清河縣西北。

［5］羅刹：梵語惡鬼之意。

未幾，以爲雍州長史，[1]士文謂人曰："我向法深，不能窺候要貴，必死此官矣。"及下車，執法嚴正，不避貴戚，賓客莫敢至門，人多怨望。士文從父妹爲齊氏嬪，有色，齊滅之後，賜薛國公長孫覽爲妾。[2]覽妻鄭氏性妒，譖之於文獻后，[3]后令覽離絶。士文耻之，不與相見。後應州刺史唐君明居母憂，[4]娉以爲妻，由是士文、君明並爲御史所劾。士文性剛，在獄數日，憤恚而死。家無餘財，有子三人，朝夕不繼，親友無内之者。

[1]雍州：隋京都長安所在地，治所在今陝西西安市。　長史：官名。此爲州府上佐之一，佐理一州事務，開皇三年改別駕爲長史。上州正五品，中州從五品，下州正六品。

[2]薛國公：爵名。隋九等爵的第三等。從一品。　長孫覽：人名。傳見本書卷五一，《北史》卷二二有附傳。

[3]文獻后：隋文帝皇后，名獨孤伽羅。傳見本書卷三六、《北史》卷一四。

[4]應州：治所在今湖北廣水市。　唐君明：人名。事亦見本書卷六二《柳彧傳》、《北齊書》卷一五《厙狄士文傳》。　母憂：遭逢母親喪事。古代喪服禮制規定，父母死後，子女須守喪，三年内不得做官、婚娶、赴宴、應考、舉樂，等等。

田式

田式，[1]字顯標，馮翊下邽人也。[2]祖安興，[3]父長樂，[4]仕魏，[5]俱爲本郡太守。式性剛果，多武藝，拳勇絶人。周明帝時，[6]年十八，授都督，[7]領鄉兵。[8]後數載，拜渭南太守，[9]政尚嚴猛，吏人重足而立，無敢違法者。遷本郡太守，親故屏迹，請托不行。武帝聞而善之，[10]進位儀同三司，[11]賜爵信都縣公，[12]擢拜延州刺史。[13]從帝平齊，以功加上開府，徙爲建州刺史，[14]改封梁泉縣公。

［1］田式：人名。傳另見《北史》卷八七。

［2］馮翊：郡名。治所在今陝西大荔縣。　下邽：縣名。治所在今陝西渭南市北。

［3］安興：人名。即田安興。事亦見《北史・田式傳》。

［4］長樂：人名。即田長樂。事亦見《北史・田式傳》。

［5］魏：即北魏（386—557），亦稱後魏。初都平城（今山西大同市東北），公元 494 年遷都洛陽（今河南洛陽市東北白馬寺東）。公元 534 年分裂爲東魏和西魏兩個政權。東魏（534—550）都於鄴（今河北臨漳縣西南鄴鎮東），西魏（535—557）都於長安（今陝西西安市西北郊）。

［6］周明帝：北周明帝宇文毓。紀見《周書》卷四、《北史》卷九。

［7］都督：官名。北周實行府兵制，大都督統團，帥都督統旅，都督爲隊官。七命。

［8］鄉兵：北周地方武裝，由帥都督或都督統領，居於本鄉。

［9］渭南：郡名。治所在今陝西渭南市東南。

［10］武帝：即北周武帝宇文邕。

［11］儀同三司：官名。亦簡稱儀同。周武帝建德四年改稱儀同大將軍。屬勳官。北周府兵制中儀同府的長官均加此勳官名，可開府置官屬。九命。（參見王仲犖《北周六典》卷九《勳官第二十》，中華書局 1979 年版，第 578 頁；谷霽光《府兵制度考釋》，上海人民出版社 1962 年版，第 51 頁）

［12］信都縣公：爵名。北周命數不詳，王仲犖認爲“非正九命則當是九命爾”（參見王仲犖《北周六典》卷八《封爵第十九》，第 548 頁）。

［13］延州：治所在今陝西延安市城東延河東岸。

[14]建州：治所在今山西絳縣東南。按，底本原作"庭州"，中華本校勘記云："'建'原作'庭'，據《北史》本傳改，北周無庭州，唐貞觀中始設置。"今從改。

高祖總百揆，[1]尉迥作亂鄴城，[2]從韋孝寬擊之。[3]以功拜大將軍，[4]進爵武山郡公。[5]及受禪，拜襄州總管，[6]專以立威爲務。每視事于外，必盛氣以待其下，官屬股慄，無敢仰視。有犯禁者，雖至親昵，無所容貸。其女婿京兆杜寧，[7]自長安省之，式誡寧無出外。寧久之不得還，竊上北樓，以暢羈思。式知之，笞寧五十。其所愛奴，嘗詣式白事，有蟲上其衣衿，揮袖拂去之。式以爲慢己，立榜殺之。或僚吏姦贓，部内劫盜者，無問輕重，悉禁地牢中，寢處糞穢，令其苦毒，自非身死，終不得出。每赦書到州，式未暇讀，先召獄卒，殺重囚，然後宣示百姓。其刻暴如此。

[1]百揆：百官。

[2]尉迥：人名。即尉遲迥。北周太祖宇文泰之甥，周宣帝時任大前疑、相州總管。傳見《周書》卷二一、《北史》卷六二。　鄴城：地名。北齊都城鄴所在地，在今河北臨漳縣西南鄴鎮東。

[3]韋孝寬：人名。西魏、北周名將。傳見《周書》卷三一、《北史》卷六四。

[4]大將軍：官名。爲北周十一等勳官的第四等，可開府置官屬，以酬勳勞，無實際職掌。正九命。

[5]武山郡公：爵名。北周十一等爵的第五等。正九命。（參見王仲犖《北周六典》卷八《封爵第十九》，第542頁）

[6]襄州：治所在今湖北襄樊市。　總管：官名。全稱是總管

刺史加使持節。統轄範圍可達數州至十餘州，成一軍政管轄區。隋文帝在并、益、荆、揚四州置大總管，其餘州置總管。總管分上、中、下三等，品秩爲流内視從二品、正三品、從三品。

[7]杜寧：人名。事迹不詳。

由是爲上所譴，除名爲百姓。式慚恚不食，妻子至其所，輒怒，唯侍僮二人給使左右。從家中索椒，欲以自殺，家人不與。陰遣所侍僮詣市買毒藥，妻子又奪而棄之。式恚卧。其子信時爲儀同，[1]至式前流涕曰："大人既是朝廷舊臣，又無大過。比見公卿放辱者多矣，旋復升用，大人何能久乎？乃至於此！"式欻然而起，抽刀斫信，[2]信遽走避之，刃中於閾。上知之，以式爲罪己之深，復其官爵。尋拜廣州總管，[3]卒官。

[1]信：人名。即田信。隋時爲儀同，具體事迹不詳。　儀同：官名。全稱是儀同三司。隋文帝因改北周十一等勳官之制形成十一等散實官，用以酬勤勞，無實際職掌。儀同三司是第八等，可開府置僚佐。正五品上。

[2]斫：宋刻遞修本、汲古閣本、中華本同，殿本、庫本作"斫"。

[3]廣州：治所在今廣東廣州市。

燕榮

燕榮，[1]字貴公，華陰弘農人也。[2]父偘，[3]周大將軍。榮性剛嚴，有武藝。仕周爲内侍上士。[4]從武帝伐齊，以功授開府儀同三司，封高邑縣公。

[1]燕榮：人名。傳另見《北史》卷八七。

[2]華陰弘農人也：《北史》卷八七本傳記載與此同，中華本《北史》校勘記云："張森楷云：'華陰未嘗爲郡，弘農安得屬之？此疑誤倒。'按《魏書·地形志下》華州華山郡華陰縣注云：'前漢屬京兆，後漢、晋屬恒農（即弘農）。'稱'弘農華陰人'是沿襲漢、晋舊望。張説是。"據校勘記此當爲"弘農華陰人"。弘農，郡名。治所在今河南靈寶市。華陰，縣名。治所在今陝西華陰市。

[3]侃（kǎn）：人名。即燕侃。名僅見於此，具體事迹不詳。

[4]内侍上士：北周無内侍上士一職。此爲隋諱"中"，改"中"爲"内"，此當爲中侍上士。中侍上士，官名。北周置左、右中侍上士，掌御寢之禁。正三命。

高祖受禪，進位大將軍，封落叢郡公，[1]拜晋州刺史。[2]從河間王弘擊突厥，[3]以功拜上柱國，[4]遷青州總管。[5]榮在州，選絶有力者爲伍伯，[6]吏人過之者，必加詰問，輒楚撻之，創多見骨。姦盜屏迹，境内肅然。他州縣人行經其界者，畏若寇讎，不敢休息。上甚善之。後因入朝覲，特加勞勉。榮以母老，請每歲入朝，上許之。及辭，上賜宴于内殿，詔王公作詩以餞之。伐陳之役，[7]以爲行軍總管，[8]率水軍自東萊傍海，[9]入太湖，取吴郡。[10]既破丹陽，[11]吴人共立蕭瓛爲主，[12]阻兵於晋陵，[13]爲宇文述所敗，[14]退保包山。[15]榮率精甲五千躡之，瓛敗走，爲榮所執，晋陵、會稽悉平。[16]檢校揚州總管。[17]尋徵爲右武候將軍。[18]突厥寇邊，以爲行軍總管，屯幽州。[19]母憂去職。明年，起爲幽州總管。

［1］落叢郡公：爵名。隋九等爵的第四等。從一品。

［2］晋州：治所在今山西臨汾市。

［3］河間王：爵名，全稱爲河間郡王。　弘：人名。即楊弘。傳見本書卷四三、《北史》卷七一。　突厥：古族名、國名。廣義包括突厥、鐵勒諸部落，狹義專指突厥。公元六世紀時游牧於金山（今阿爾泰山）以南，因金山形似兜鍪，俗稱“突厥”，遂以名部落。西魏廢帝元年（552），土門自號伊利可汗，建立突厥汗國。後分裂爲西突厥、東突厥兩個汗國。傳見本書卷八四、《北史》卷九九、《舊唐書》卷一九四、《新唐書》卷二一五。

［4］上柱國：官名。隋文帝因改北周之制形成十一等散實官，以酬勤勞。上柱國是第一等，開府置府佐。從一品。

［5］青州：治所在今山東青州市。

［6］伍伯：役卒名。其職掌多爲執杖行刑，開路引導。

［7］陳：即南朝陳（557—589），都建康（今江蘇南京市）。

［8］行軍總管：出征軍統帥名。北周至隋時所置的統領某部或某路出征軍隊的軍事長官。根據需要其上還可置行軍元帥以統轄全局。屬臨時差遣任命之職，事罷則廢。

［9］東萊：郡名。治所在今山東萊州市。

［10］吴郡：治所在今江蘇蘇州市。

［11］丹陽：郡名。治所在今江蘇南京市。

［12］蕭瓛：人名。本書卷七九、《北史》卷九三、《周書》卷四八有附傳。

［13］晋陵：郡名。治所在今江蘇常州市。

［14］宇文述：人名。傳見本書卷六一、《北史》卷七九。

［15］包山：一作苞山，又名洞庭山。今江蘇蘇州市吴中區西南太湖中洞庭西山。

［16］會稽：郡名。治所在今浙江紹興市。

［17］檢校：官制用語。初謂代理，隋及唐初皆有。即尚未實授其官，但已掌其職事。中唐以後檢校含意有變。　揚州：治所在今

江蘇揚州市。

［18］右武候將軍：官名。隋中央十二衛之左、右武候衛各置大將軍一人、將軍二人，掌車駕出，先驅後殿，晝夜巡察，執捕奸非，烽候道路，水草所置。巡狩師田，則掌其營禁。武候將軍，從三品。

［19］幽州：治所在今北京城西南。

榮性嚴酷，有威容，長史見者，莫不惶懼自失。范陽盧氏，[1]代爲著姓，榮皆署爲吏卒以屈辱之。鞭笞左右，動至千數，流血盈前，飲噉自若。嘗按部，道次見叢荆，堪爲笞棰，命取之，輒以試人。人或自陳無咎，榮曰："後若有罪，當免爾。"及後犯細過，將撾之，人曰："前日被杖，使君許有罪宥之。"榮曰："無過尚爾，況有過邪！"榜棰如舊。榮每巡省管内，聞官人及百姓妻女有美色，輒舍其室而淫之。貪暴放縱日甚。是時元弘嗣被除爲幽州長史，[2]懼爲榮所辱，固辭。上知之，敕榮曰："弘嗣杖十已上罪，皆須奏聞。"榮忿曰："豎子何敢弄我！"於是遣弘嗣監納倉粟，颺得一糠一秕，輒罰之。每笞雖不滿十，然一日之中，或至三數。如是歷年，怨隙日構，榮遂收付獄，禁絶其糧。弘嗣飢餒，抽衣絮，雜水咽之。其妻詣闕稱冤，上遣考功侍郎劉士龍馳驛鞫問。[3]奏榮虐毒非虚，又贓穢狼籍，遂徵還京師，賜死。先是，榮家寢室無故有蛆數斛，從地墳出。未幾，榮死於蛆出之處。有子詢。[4]

［1］范陽：郡名。治所在今河北涿州市。

[2]元弘嗣：人名。傳見本卷、《北史》卷八七。　除：官制用語。拜官、授職。

[3]考功侍郎：官名。隋尚書省吏部考功曹長官，置一員，掌全國文武官員的考課和生平事迹。隋初爲正六品上，開皇三年升爲從五品。煬帝大業三年（607）改諸曹侍郎爲郎，考功侍郎遂改稱考功郎。　劉士龍：人名。弘農人，隋開皇中爲考功侍郎，大業八年以尚書右丞爲撫慰使，因事被斬。事略見《通鑑》卷一八一《隋紀》大業八年條。

[4]詢：人名。事迹不詳。

趙仲卿

趙仲卿，[1]天水隴西人也。[2]父剛，[3]周大將軍。仲卿性粗暴，有膂力，周齊王憲甚禮之。[4]從擊齊，攻臨秦、統戎、威遠、伏龍、張壁等五城，[5]盡平之。又擊齊將段孝先於姚襄城，[6]苦戰連日，破之。以功授大都督，[7]尋典宿衛。平齊之役，以功遷上儀同，[8]兼趙郡太守。[9]入爲畿伯中大夫。[10]王謙作亂，[11]仲卿使在利州，[12]即與總管豆盧勣發兵拒守。[13]爲謙所攻，仲卿督兵出戰，前後一十七陣。及謙平，進位大將軍，封長垣縣公，邑千户。[14]

[1]趙仲卿：人名。《北史》卷六九有附傳。

[2]天水隴西人：中華書局新修訂本校勘記云："天水、隴西同爲隋郡，不得並稱。《元和姓纂》卷七天水西縣爲趙姓郡望。《新唐書》卷七三下《宰相世系表三下》，趙氏出自瀛姓，'世居隴西天水西縣'。《北史》卷六九《趙文表傳》'其先天水西人也'。

‘隴’字當衍。參見《隋書求是》卷四六。又，《隋書詳節》卷一九《趙仲卿傳》云‘天水人也’，無‘隴西’二字。”故此當爲“天水西人”。天水西，縣名。治所在今甘肅天水市。

［3］剛：人名。即趙剛。北周爵至浮陽郡公。傳見《周書》卷三三、《北史》卷六九。按，“剛”底本原作“綱”，據《周書·趙剛傳》《北史·趙剛傳》改。

［4］齊王憲：北周宇文泰第五子宇文憲，封齊王。傳見《周書》卷一二、《北史》卷五八。

［5］臨秦：地名。約在今山西北部。　統戎：地名。約在今山西北部。　威遠：地名。約在今山西右玉縣。　伏龍：地名。約在今山西河津市西北。　張壁：地名。約在今山西介休市東南。

［6］段孝先：人名。即段韶，字孝先，北齊開國功臣。《北齊書》卷一六、《北史》卷五四有附傳。　姚襄城：地名。在今山西吉縣。

［7］大都督：官名。西魏實行府兵制，以都督中外爲最高統帥，下有六柱國及十二大將軍均稱大都督。北周武成初改都督爲總管。後爲北周十一等勳官的第九等，北周府兵制中每團的長官均加此勳官名。八命。（參見王仲犖《北周六典》卷九《勳官第二十》，第580頁）

［8］上儀同：勳官名。全稱爲上儀同大將軍。北周武帝置。位在儀同大將軍上，授予有軍勳的功臣及其子弟，無具體職掌。九命。

［9］兼：官制用語。假職未真授之稱。　趙郡：治所在今河北趙縣。

［10］畿伯中大夫：官名。北周以王畿千里之外爲畿，立畿伯之官，使各掌其畿之政令戒禁。正五命。（參見王仲犖《北周六典》卷三《地官府第八》，第97頁）

［11］王謙：人名。北周柱國大將軍，因反對楊堅輔政，兵敗被殺。傳見《周書》卷二一，《北史》卷六〇有附傳。

[12]利州：治所在今四川廣元市。

[13]豆盧勣：人名。傳見本書卷三九，《北史》卷六八有附傳。

[14]邑：也稱食邑、封邑。是古代君王封賜給有爵位之人的一種食禄制度，受封者可徵收封地内的民户租税充作食禄。魏晋以後，食邑分爲虚封和實封兩類：虚封一般僅冠以“邑”或“食邑”之名，這衹是一種榮譽性加銜，受封者並不能獲得實際的食禄收入；而實封一般須冠以“真食”“食實封”等名，受封者可真正獲得食禄收入。

高祖受禪，進爵河北郡公。開皇三年，[1]突厥犯塞，以行軍總管從河間王弘出賀蘭山。[2]仲卿别道俱進，無虜而還。復鎮平凉，[3]尋拜石州刺史。[4]法令嚴猛，纖微之失，無所容捨，鞭笞長吏，輒至二百。官人戰慄，無敢違犯，盜賊屏息，皆稱其能。遷兖州刺史，[5]未之官，拜朔州總管。[6]于時塞北盛興屯田，仲卿總統之。微有不理者，仲卿輒召主掌，撻其胸背，或解衣倒曳於荆棘中。時人謂之猛獸。事多克濟，由是收穫歲廣，邊戍無餽運之憂。

[1]開皇：隋文帝楊堅年號（581—600）。

[2]賀蘭山：即今寧夏賀蘭山。

[3]平凉：地名。治所在今甘肅平凉市。

[4]石州：治所在今山西吕梁市離石區。

[5]兖州：治所在今山東兖州市。

[6]朔州：治所在今山西朔州市。

會突厥啓民可汗求婚於國，[1]上許之。仲卿因是間其骨肉，遂相攻擊。十七年，啓民窘迫，與隋使長孫晟投通漢鎮。[2]仲卿率騎千餘馳援之，達頭不敢逼。[3]潛遣人誘致啓民所部，至者二萬餘家。其年，從高熲指白道以擊達頭。[4]仲卿率兵三千爲前鋒，至族蠡山，[5]與虜相遇，交戰七日，大破之。追奔至乞伏泊，[6]復破之，虜千餘口，雜畜萬計。突厥悉衆而至，仲卿爲方陣，四面拒戰。經五日，會高熲大兵至，合擊之，虜乃敗走。追度白道，踰秦山七百餘里。[7]時突厥降者萬餘家，上命仲卿處之恒安。[8]以功進位上柱國，賜物三千段。朝廷慮達頭掩襲啓民，令仲卿屯兵二萬以備之，代州總管韓洪、永康公李藥王、蔚州刺史劉隆等，[9]將步騎一萬鎮恒安。達頭騎十萬來寇，韓洪軍大敗，仲卿自樂寧鎮邀擊，[10]斬首虜千餘級。明年，督役築金河、定襄二城，[11]以居啓民。時有表言仲卿酷暴者，上令御史王偉按之，[12]並實，惜其功不罪也。因勞之曰："知公清正，爲下所惡。"賜物五百段。仲卿益恣，由是免官。

[1]啓民可汗：東突厥可汗，名染干，全稱爲意利珍豆啓民可汗，開皇十七年隋文帝册突利可汗爲啓民可汗。事略見本書卷八四、《北史》卷九九《突厥傳》。

[2]長孫晟：人名。本書卷五一、《北史》卷二二有附傳。通漢鎮：隋於北部邊境所置之軍事據點。具體地址待考。

[3]達頭：突厥族首領，名玷厥。事略見本書卷八四、《北史》卷九九《突厥傳》。

[4]高熲：人名。傳見本書卷四一、《北史》卷七二。　白道：

地名。爲河套東北地區通往陰山的交通要道，在今内蒙古呼和浩特市東北。

[5]族蠡山：在今山西右玉縣北。

[6]乞伏泊：地名。今内蒙古察哈爾右翼前旗東北黄旗海。按，泊，宋刻遞修本、中華本《北史》卷六九《趙仲卿傳》作“泊”。

[7]秦山：今内蒙古黄河東北大青山。

[8]恒安：地名。恒安鎮，在今山西大同市。

[9]代州：治所在今山西代縣。　韓洪：人名。本書卷五二、《北史》卷六八有附傳。　李藥王：人名。即唐初名將李靖之兄李端，藥王乃其字。事亦見本書卷五三《史萬歲傳》、《新唐書·宰相世系表二上》及《新唐書》卷九三《李靖傳》等。　蔚州：治所在今山西靈丘縣。　劉隆：人名。事亦見本書《韓洪傳》。

[10]樂寧鎮：確址待考。魏嵩山《中國歷史地名大辭典》云“疑在今和林格爾縣與察哈爾右翼前旗之間”（第316頁）。

[11]金河：地名。約在今内蒙古托克托縣境。　定襄：地名。約在今内蒙古和林格爾縣西北土城子。

[12]御史：官名。隋御史臺官員，此具體所指不明。　王偉：人名。事迹不詳。

仁壽中，[1]檢校司農卿。[2]蜀王秀之得罪，[3]奉詔往益州窮按之。[4]秀賓客經過之處，仲卿必深文致法，州縣長吏坐者太半。上以爲能，賞婢奴五十口，黄金二百兩，米粟五千石，奇寶雜物稱是。煬帝嗣位，[5]判兵部、工部二曹尚書事。[6]其年，卒，時年六十四。謚曰肅。[7]贈物五百段。子弘嗣。[8]

[1]仁壽：隋文帝楊堅年號（601—604）。

[2]司農卿：官名。司農寺最高長官，掌倉儲委積，供給京都

百官禄廩及朝會、祭祀供御所需之事務。正三品。

[3]蜀王秀：隋文帝楊堅第四子楊秀，封蜀王。傳見本書卷四五、《北史》卷七一。

[4]益州：治所在今四川成都市。

[5]煬帝：隋煬帝楊廣。紀見本書卷三、四，《北史》卷一二。

[6]判：官制用語。以本官署理他官之職事，稱判某職或判某職事。始於北齊。唐以後意有變化。　兵部：官名。即兵部尚書。隋尚書省下轄六部之一兵部的長官。掌全國軍衛武官選授之政令，統兵部、職方、駕部、庫部四曹。置一員，正三品。　工部：官名。即工部尚書。隋文帝開皇二年始置，掌全國百工、屯田、山澤之政令，統工部、屯田、虞部、水部四曹。置一員，正三品。

[7]謚：上古有號無謚，周初始制謚法，秦始皇廢不用，自漢初恢復。帝王、貴族、大臣死後，據其生前事迹依謚法給予稱號。

[8]弘：人名。事迹不詳。《北史》卷六九本傳作“世弘”。

崔弘度

崔弘度，[1]字摩訶衍，博陵安平人也。[2]祖楷，[3]魏司空。[4]父説，[5]周敷州刺史。[6]弘度膂力絶人，儀貌魁岸，鬚面甚偉。性嚴酷。年十七，周大冢宰宇文護引爲親信。[7]尋授都督，累轉大都督。時護子中山公訓爲蒲州刺史，[8]令弘度從焉。嘗與訓登樓，至上層，去地四五丈，俯臨之，訓曰：“可畏也。”弘度曰：“此何足畏！”欻然擲下，[9]至地無損傷。訓以其拳捷，大奇之。後以戰勳，授儀同。從武帝滅齊，進位上開府，鄴縣公，賜物三千段，粟麥三千石，奴婢百口，雜畜千計。尋從汝南公宇文神舉破盧昌期於范陽。[10]

［1］崔弘度：人名。《北史》卷三二有附傳。

［2］博陵：郡名。治所在今河北安平縣。　安平：縣名。治所在今河北安平縣。

［3］楷：人名。即崔楷。北魏孝昌初任殷州刺史。《魏書》卷五六、《北史》卷三二有附傳。

［4］司空：官名。北魏三公之一，位高，但無實職。正一品。按，檢《魏書·崔楷傳》與《北史·崔楷傳》其任職與贈官並無司空一職。

［5］説：人名。即崔説。本名崔士約，北周授大將軍，封安平縣公。《北史》卷三二有附傳。

［6］敷州：西魏改北華州置，治所在今陕西黄陵縣。

［7］大冢宰：官名。全稱爲大冢宰卿。西魏恭帝三年（556）仿《周禮》建六官，置大冢宰卿一人，北周爲正七命，爲天官冢宰府最高長官。掌邦治，以建邦之六典佐皇帝治邦國。北周沿置，然其權力却因人而異，若有“五府總於天官”之命，則稱冢宰，能總攝百官，實爲大權在握之宰輔；若無此命，即稱太宰，與五卿並列，僅統本府官。　宇文護：人名。西魏權臣宇文泰之侄。北周建立，宇文護專政。傳見《周書》卷一一，《北史》卷五七有附傳。

［8］中山公：爵名。全稱是中山郡公。北周爲十一等爵的第五等。正九命。　訓：人名。即宇文護第二子宇文訓。事略見《周書》卷五《武帝紀上》及卷一一《晋蕩公護傳》、《北史》卷一〇《周武帝紀》及卷五七《宇文護傳》等。　蒲州：治所在今山西永濟市西南。

［9］欻（xū）：忽然。

［10］宇文神舉：人名。北周宗室，北周武帝建德五年從帝伐齊，攻克并州後被任爲并州刺史。傳見《周書》卷四〇、《北史》卷五七。　盧昌期：人名。北周宣政元年（578）六月據范陽反，

不久被宇文神舉討平。

宣帝嗣位，[1]從鄖國公韋孝寬經略淮南。[2]弘度與化政公宇文忻、司水賀婁子幹至肥口，[3]陳將潘琛率兵數千來拒戰，[4]隔水而陣。忻遣弘度諭以禍福，琛至夕而遁。進攻壽陽，[5]降陳守將吴文立，[6]弘度功最。[7]以前後勳，進位上大將軍，[8]襲父爵安平縣公。及尉迥作亂，以弘度爲行軍總管，從韋孝寬討之。弘度募長安驍雄數百人爲别隊，所當無不披靡。弘度妹先適迥子爲妻，及破鄴城，迥窘迫升樓，弘度直上龍尾追之。迥彎弓將射弘度，弘度脱兜鍪謂迥曰："相識不？今日各圖國事，不得顧私。以親戚之情，謹遏亂兵，不許侵辱。[9]事勢如此，早爲身計，何所待也？"迥擲弓於地，罵大丞相極口而自殺。[10]弘度顧其弟弘昇曰：[11]"汝可取迥頭。"弘昇遂斬之，進位上柱國。時行軍總管例封國公，弘度不時殺迥，致縱惡言，由是降爵一等，爲武鄉郡公。

[1]宣帝：北周宣帝宇文贇。紀見《周書》卷七、《北史》卷一〇。

[2]鄖國公：爵名。北周十一等爵的第四等。正九命。　淮南：此泛指淮河以南，長江以北地區。

[3]化政公：爵名。全稱爲化政郡公。　宇文忻：人名。傳見本書卷四〇，《北史》卷六〇有附傳。　司水：本書卷五三《賀婁子幹傳》載："周武帝時，釋褐司水上士……累遷小司水。"《北史》卷七三《賀婁子幹傳》載："累遷少司水。"則此應爲司水上士或小司水，爲冬官府司水曹的屬官，掌判本曹日常事務。正四命。（參見王仲犖《北周六典》卷七《冬官府第十二》，第483頁）　賀婁

子幹：人名。傳見本書卷五三、《北史》卷七三。　肥口：肥水入淮河之口，在今安徽壽縣境内。

［4］潘琛：人名。事迹不詳。

［5］壽陽：縣名。南朝陳時治所在今安徽壽縣。

［6］吴文立：人名。南朝陳人，時任刺史據守壽陽。

［7］功：底本原作“攻”，據汲古閣本、殿本、庫本、中華本改。

［8］上大將軍：官名。北周武帝建德四年（575）始置，爲十一等勳官的第三等，可開府置官屬。北周正九命。

［9］辱：殿本、庫本作“奪”，宋刻遞修本、汲古閣本、中華本與底本同。

［10］大丞相：官名。北周静帝大象二年（580）置左、右大丞相。以宇文贊爲右大丞相，但僅有虚名；以楊堅爲左大丞相，總攬朝政。旋去左右之號，獨以楊堅爲大丞相。實爲控制朝廷的權臣。此代指楊堅。

［11］弘昇：人名。即崔弘昇。事亦見《北史》卷三二《崔弘度傳》。

開皇初，突厥入寇，弘度以行軍總管出原州以拒之。[1]虜退，弘度進屯靈武。[2]月餘而還，拜華州刺史。[3]納其妹爲秦孝王妃。[4]尋遷襄州總管。弘度素貴，御下嚴急，動行捶罰，吏人讋氣，聞其聲，莫不戰慄。所在之處，令行禁止，盗賊屏迹。梁王蕭琮來朝，[5]上以弘度爲江陵總管，[6]鎮荆州。[7]弘度未至，而琮叔父巖擁居人以叛，[8]弘度追之不及。陳人憚弘度，亦不敢窺荆州。平陳之役，以行軍總管從秦孝王出襄陽道。及陳平，賜物五千段。高智慧等作亂，[9]復以行軍總管出泉門道，[10]隸於楊素。[11]弘度與素，品同而年長，素每屈下之，一旦隸素，意甚不平，素言多不用。素亦優容之。及還，檢校原州事，仍領行軍總管以備胡，無虜而還，上甚禮之，復以其弟弘昇女爲河南王妃。[12]

[1]原州：治所在今宁夏固原市。

[2]靈武：地名。在今寧夏靈武市西南。

[3]華州：治所在今陝西華縣。

[4]秦孝王：隋文帝楊堅第三子秦孝王楊俊。傳見本書卷四五、《北史》卷七一。

[5]梁王：各本均同，中華書局新修訂改作“梁主”，並出校勘記詳考。當從。 蕭琮：人名。南朝梁後主。本書卷七九、《周書》卷四八有附傳。

[6]江陵：縣名。治所在今湖北荆州市。西魏、北周在此置總管府，隋初沿置。

[7]荆州：治所在今湖北江陵縣。

[8]巖：人名。即蕭巖。南朝後梁皇帝蕭琮的叔父。《周書》卷四八、《北史》卷九三有附傳。

[9]高智慧：人名。隋開皇十年十一月舉兵反，後被鎮壓遭誅。事略見本書卷二《高祖紀下》、卷三八《劉昉傳》、《通鑑》卷一七七《隋紀》開皇十年十一月條。按，“慧”宋刻遞修本、底本原作“惠”，汲古閣本、殿本、庫本、中華本作“慧”。今據改。

[10]泉門道：特區名。泉門道即以泉門爲中心設置的特區。隋朝在戰爭中於地方設置的特區，稱“道”。

[11]楊素：人名。傳見本書卷四八，《北史》卷四一有附傳。

[12]河南王：隋煬帝長子楊昭，開皇十七年封河南王。傳見本書卷五九、《北史》卷七一。

仁壽中，檢校太府卿。[1]自以一門二妃，無所降下，每誡其僚吏曰："人當誠恕，無得欺誑。"皆曰："諾。"後嘗食鼈，侍者八九人，弘度一一問之曰："鼈美乎？"人懼之，皆云："鼈美。"弘度大罵曰："傭奴何敢誑我？汝初未食鼈，安知其美？"俱杖八十。官屬百工見之者，莫不流汗，無敢欺隱。時有屈突蓋爲武候驃騎，[2]亦嚴刻，長安爲之語曰："寧飲三升酢，不見崔弘度。寧茹三升艾，不逢屈突蓋。"然弘度理家如官，子弟斑白，動行捶楚，閨門整肅，爲當時所稱。未幾，秦王妃以罪誅，河南王妃復被廢黜。弘度憂恚，謝病於家，諸弟乃與之別居，彌不得志。

[1]太府卿：官名。爲太府寺的長官，置一員，掌庫儲出納事務，兼掌百工技巧及官府手工業。煬帝大業初分出其兼掌職事，另置爲少府監。隋初爲正三品，煬帝時降爲從三品。

[2]屈突蓋：人名。隋唐名將屈突通之弟，隋文帝朝曾任長安令。　武候驃騎：官名。左右武候府驃騎將軍。隋文帝時中央置左右衛等衛府，各領軍坊、鄉團，以統軍卒。後改置驃騎將軍府，每府置驃騎、車騎二將軍，上轄於衛府大將軍。正四品。

煬帝即位，河南王爲太子，帝將復立崔妃，遣中使就第宣旨。[1]使者詣弘昇家，弘度不之知也。使者返，帝曰："弘度有何言？"使者曰："弘度稱有疾不起。"帝默然，其事竟寢。弘度憂憤，未幾，卒。

[1]中使：宮中派出之使，多指宦官。

弘昇，字上客，在周爲右侍上士。[1]尉迥作亂相州，[2]與兄弘度擊之，以功拜上儀同。尋加上開府，封黄臺縣侯，[3]邑八百户。高祖受禪，進爵爲公，授驃騎將軍。[4]宿衛十餘年，以勳舊遷慈州刺史。[5]數歲，轉鄭州刺史。[6]後以戚屬之故，待遇愈隆，遷襄州總管。及河南王妃罪廢，弘昇亦免官。

[1]右侍上士：官名。北周天官府置左、右侍上士，掌御寢南門之左右。正三命。

[2]相州：治所在今河北臨漳縣西南。

[3]黄臺縣侯：爵名。北周十一等爵的第七等。正八命。

[4]驃騎將軍：隋文帝初，置左右衛等衛府，各領軍坊、鄉團，以統軍卒。後改置驃騎將軍府，每府置驃騎、車騎二將軍，上轄於衛府大將軍。正四品上。煬帝大業三年改驃騎府爲鷹揚府，改驃騎將軍爲鷹揚郎將，職能依舊。降爲正五品。

[5]慈州：治所在今河北磁縣。按，據本書《地理志中》“魏郡滏陽”條：“後周置，開皇十年置慈州，大業初州廢。”

[6]鄭州：治所在今河南滎陽市西北。

煬帝即位，歷冀州刺史、信都太守，[1]進位金紫光禄大夫，[2]轉涿郡太守。[3]遼東之役，檢校左武衛大將軍事，[4]指平壤。[5]與宇文述等同敗績，奔還，發病而卒，時年六十。

[1]冀州：治所在今河北冀州市。　信都：郡名。大業三年改冀州置。

[2]金紫光禄大夫：官名。屬散實官。隋文帝置特進、左右光

禄大夫等，以加文武官之有德聲者，並不理事。因其金印紫綬，故名。隋初爲從二品，煬帝大業三年降爲正三品。

［3］涿郡：治所在今北京城西南。

［4］左武衛大將軍：官名。隋文帝設左武衛，置左武衛大將軍一人爲其首。掌領外軍宿衛宫禁。正三品。

［5］平壤：地名。平壤城，爲隋時古高句麗國都城，舊址在今朝鮮平壤市大同江南岸。

元弘嗣

元弘嗣，[1]河南洛陽人也。[2]祖剛，[3]魏漁陽王。父經，[4]周漁陽郡公。弘嗣少襲爵，十八爲左親衛。[5]開皇九年，從晋王平陳，[6]以功授上儀同。十四年，除觀州總管長史，[7]在州專以嚴峻任事，吏人多怨之。二十年，轉幽州總管長史。于時燕榮爲總管，肆虐於弘嗣，每被笞辱。弘嗣心不伏，榮遂禁弘嗣於獄，將殺之。及榮誅死，弘嗣爲政，酷又甚之。每推鞫囚徒，多以酢灌鼻，或椓弋其下竅，無敢隱情，姦僞屏息。仁壽末，授木工監，[8]修營東都。

［1］元弘嗣：人名。傳另見《北史》卷八七。

［2］河南：郡名。治所在今河南洛陽市。　洛陽：縣名。治所在今河南洛陽市。

［3］剛：人名。即元剛。北魏封漁陽王，具體事迹不詳。

［4］經：人名。即元經。北周封漁陽郡公，具體事迹不詳。

［5］左親衛：官名。隋中央左右衛各統親衛，掌從侍衛。

［6］晋王：即楊廣，時爲晋王。

[7]觀州：隋開皇九年置，大業初廢，治所在今河北東光縣。總管長史：官名。爲諸州總管府的上佐官，位居府中總管之下衆屬官之首，輔助總管統領府中政務。其品階史無明載，但隋代諸州總管府和諸州府均分爲上、中、下三等，三等州長史的品階分别爲正五品上、從五品上、正六品上，故三等總管府長史的品階亦當與三等州長史略同。按，《北史·元弘嗣傳》爲“觀州長史”。

[8]木工監：官名。掌木工之事。隋凡營建宗廟、都城則設立監、副監，事省則罷。

大業初，[1]煬帝潛有取遼東之意，遣弘嗣往東萊海口監造船。諸州役丁苦其捶楚，官人督役，晝夜立於水中，略不敢息，自腰以下，無不生蛆，死者十三四。尋遷黄門侍郎，[2]轉殿内少監。[3]遼東之役，進位金紫光禄大夫。明年，帝復征遼東，會奴賊寇隴右，[4]詔弘嗣擊之。及玄感作亂，[5]逼東都，弘嗣屯兵安定。[6]或告之謀應玄感者，代王侑遣使執之，[7]送行在所。以無反形當釋，帝疑不解，除名，徙日南，[8]道死，時年四十九。有子仁觀。[9]

[1]大業：隋煬帝楊廣年號（605—618）。

[2]黄門侍郎：官名。隋初於門下省置給事黄門侍郎四員，爲門下省的次官，協助長官納言掌封駁制敕，參議政令的制定。正四品上。煬帝大業三年去給事之名，但稱黄門侍郎，並减置二員，正四品。

[3]殿内少監：官名。隋煬帝大業三年設殿内省，次官爲監，置一員，掌諸供奉。從四品。

[4]隴右：泛指隴山以西地區。大約在今六盤山以西、黄河以

東一帶。

［5］玄感：人名。即楊玄感。傳見本書卷七〇，《北史》卷四一有附傳。

［6］安定：縣名。治所在今甘肅涇川縣北。

［7］代王侑：隋煬帝之孫，元德太子楊昭第三子楊侑，後李淵攻占長安立爲帝。紀見本書卷五、《北史》卷一二。按，底本原作“諱”，今據《北史》卷八七《元弘嗣傳》改。

［8］日南：郡名。隋大業三年以驩州改名，治所在今越南義安省榮市。

［9］仁觀：人名。即元仁觀。事迹不詳。

王文同

王文同，京兆頻陽人也。[1]性明辯，有幹用。開皇中，以軍功拜儀同，尋授桂州司馬。[2]煬帝嗣位，徵爲光禄少卿，[3]以忤旨，出爲恒山郡丞。[4]有一人豪猾，每持長吏長短，前後守令咸憚之。文同下車，聞其名，召而數之。因令左右刻木爲大橛，埋之於庭，出尺餘，四角各埋小橛。令其人踣心於木橛上，縛四支於小橛，以棒歐其背，應時潰爛。郡中大駭，吏人相視懾氣。

［1］頻陽：縣名。治所在今陝西富平縣。按，底本及宋刻遞修本、汲古閣本、殿本、庫本原作“潁陽”，中華本及《北史》卷八七《王文同傳》作“頻陽”。檢《隋書·地理志中》“潁陽”屬河南郡。又《漢書·地理志上》《續漢書·郡國志一》載：左馮翊郡（治所在今陝西西安市西北，後屬京兆郡）有頻陽縣。此乃沿襲漢、晋舊望。故“潁”爲“頻”之誤，今據改。

[2]桂州：治所在今廣西桂林市東南。

[3]光禄少卿：官名。隋光禄寺副長官，隋初設一人，煬帝時設二人，佐光禄卿掌祭祀及朝會、宴享、酒食等供設。隋初爲正四品上，煬帝改爲從四品。

[4]恒山：郡名。隋大業三年改恒州置，治所在今河北正定縣南。　郡丞：官名。隋煬帝大業三年復改州爲郡，併州長史、司馬之職，置贊治（唐人諱稱贊務）一人，爲郡太守之副貳，尋又改贊治爲郡丞。郡丞爲郡屬官之首，爲太守之貳，通判郡事。上郡從七品，中郡正八品，下郡從八品。

及帝征遼東，令文同巡察河北諸郡。[1]文同見沙門齋戒菜食者，以爲妖妄，皆收繫獄。比至河間，[2]召諸郡官人，小有遲違者，輒皆覆面於地而箠殺之。求沙門相聚講論，及長老共爲佛會者數百人，[3]文同以爲聚結惑衆，盡斬之。又悉裸僧尼，驗有淫狀非童男女者數千人，復將殺之。郡中士女號哭於路，諸郡驚駭，各奏其事。帝聞而大怒，遣使者達奚善意馳鎖之，[4]斬於河間，以謝百姓，讎人剖其棺，臠其肉而噉之，斯須咸盡。

[1]河北：此泛指黄河以北地區。

[2]河間：郡名。治所在今河北河間市。

[3]長老：此爲僧人尊稱。

[4]達奚善意：人名。隋末任河南令，其他事迹不詳。

史臣曰：御之良者，不在於煩策，政之善者，無取於嚴刑。故雖寬猛相資，德刑互設，然不嚴而化，前哲所重。士文等運屬欽明，時無桀黠，未閑道德，實懷殘忍。賊人肌體，同諸木石，輕人性命，甚於芻狗。[1]長惡不悛，鮮有不及，故或身嬰罪戮，或憂恚顛隕。凡百君子，以爲有天道焉。嗚呼！後來之士，立身從政，縱不能爲子高門以待封，其可令母掃墓而望喪乎？

[1]芻（chú）狗：古代祭祀時用草扎成的狗。

隋書　卷七五

列傳第四十

儒林

儒之爲教大矣，其利物博矣！篤父子，正君臣，尚忠節，重仁義，貴廉讓，賤貪鄙，開政化之本源，鑿生民之耳目，百王損益，一以貫之。雖世或污隆，而斯文不墜，經邦致治，非一時也。涉其流者，無禄而富，懷其道者，無位而尊。故仲尼頓挫於魯君，[1]孟軻抑揚於齊后，[2]荀卿見珍於彊楚，[3]叔孫取貴於隆漢。[4]其餘處環堵以驕富貴，[5]安陋巷而輕王公者，可勝數哉！

[1]仲尼頓挫於魯君：孔子在魯國不受重用。仲尼，即孔子。

[2]孟軻抑揚於齊后：孟子離開齊國後聲名纔得以顯赫。孟軻，即孟子。

[3]荀卿見珍於彊楚：荀子爲楚國所重用。荀卿，即荀子。楚，指春秋戰國時期楚國，都郢（今湖北江陵縣）。

[4]叔孫取貴於隆漢：即叔孫通，漢初名臣，與儒生共立漢代朝儀典章。傳見《史記》卷九九、《漢書》卷四三。

［5］環堵：形容狹小、簡陋居室。堵，長一丈，高一丈。

自晋室分崩，中原喪亂，五胡交争，[1]經籍道盡。魏氏發迹代陰，[2]經營河朔，[3]得之馬上，兹道未弘。暨夫太和之後，[4]盛修文教，搢紳碩學，濟濟盈朝，縫掖巨儒，[5]往往傑出，其雅誥奥義，宋及齊、梁不能尚也。[6]南北所治，章句好尚，互有不同。江左《周易》則王輔嗣，[7]《尚書》則孔安國，[8]《左傳》則杜元凱。[9]河、洛《左傳》則服子慎，[10]《尚書》《周易》則鄭康成。[11]《詩》則並主於毛公，[12]《禮》則同遵於鄭氏。[13]大抵南人約簡，得其英華，北學深蕪，窮其枝葉。考其終始，要其會歸，其立身成名，殊方同致矣。

［1］五胡：十六國時期匈奴、鮮卑、羯、氐、羌等北方少數民族。

［2］魏：即北魏（386—557），亦稱後魏。初都平城（今山西大同市東北），公元 494 年遷都洛陽（今河南洛陽市東北白馬寺東）。公元 534 年分裂爲東魏和西魏兩個政權。東魏（534—550）都於鄴（今河北臨漳縣西南鄴鎮東），西魏（535—557）都於長安（今陝西西安市西北郊）。　代陰：地區名。古代國屬地，泛指今山西北部、河北西北部、内蒙古中部一帶。

［3］河朔：泛指黄河以北地區。

［4］太和：北魏孝文帝元宏年號（477—499）。

［5］縫掖：亦作“縫腋”，指大袖單衣，古儒者所服。

［6］宋：即南朝宋（420—479），都建康（今江蘇南京市）。　齊：即南朝齊（479—502），都建康（今江蘇南京市）。　梁：即南朝梁（502—557），都建康（今江蘇南京市）。

［7］江左：地區名。亦稱江東，泛指長江下游以東地區。　王輔嗣：人名。王弼，字輔嗣，曹魏時期著名經學家，著有《周易注》《周易略例》等。傳見《三國志》卷二八。

［8］孔安國：人名。西漢經學家，著有《古文尚書》。傳見《漢書》卷八八。

［9］杜元凱：人名。即杜預，字元凱，曹魏、西晋人，著有《春秋左氏經傳集解》及《春秋釋例》。傳見《晋書》卷三四。

［10］河、洛：此指黄河與洛水之間地區。　服子慎：人名。即服虔，字子慎，著有《春秋左氏解誼》等。傳見《後漢書》卷七九下。

［11］鄭康成：人名。即鄭玄，字康成，東漢末年經學家。傳見《後漢書》卷三五。

［12］毛公：指漢初授《詩》學者大毛公、小毛公，三國吴人陸璣認爲是毛亨及毛萇。

［13］鄭氏：即鄭康成。

爰自漢、魏，碩學多清通，逮乎近古，巨儒必鄙俗。文、武不墜，弘之在人，豈獨愚蔽於當今，而皆明哲於往昔？在乎用與不用，知與不知耳。然曩之弼諧庶績，必舉德於鴻儒，近代左右邦家，咸取士於刀筆。縱有學優入室，勤踰刺股，名高海内，擢第甲科，若命偶時來，未有望於青紫，或數將運舛，必委棄於草澤。然則古之學者，禄在其中，今之學者，困於貧賤。明達之人，志識之士，安肯滯於所習，以求貧賤者哉？此所以儒罕通人，學多鄙俗者也。昔齊列康莊之第，[1]多士如林，燕起碣石之宫，[2]群英自遠。是知俗易風移，必由上之所好，非夫聖明御世，亦無以振斯頽俗矣。

[1]康莊之第：典出《史記》卷七四《孟子荀卿列傳》。齊王爲淳于髡等有學之士，“開第康莊之衢，高門大屋，尊寵之”。

[2]碣石之宫：典出《史記·孟子荀卿列傳》：“（周衍）如燕，昭王擁彗先驅，請列弟子之座而受業，築碣石宫，身親往師之。”

自正朔不一，將三百年，師説紛綸，無所取正。高祖膺期纂曆，[1]平一寰宇，頓天網以掩之，賁旌帛以禮之，設好爵以縻之，於是四海九州强學待問之士，靡不畢集焉。天子乃整萬乘，率百僚，遵問道之儀，觀釋奠之禮。博士罄懸河之辯，侍中竭重席之奥，考正亡逸，研覈異同，積滯群疑，涣然冰釋。於是超擢奇儁，厚賞諸儒，京邑達乎四方，[2]皆啓黌校。[3]齊、魯、趙、魏，[4]學者尤多，負笈追師，不遠千里，講誦之聲，道路不絶。中州儒雅之盛，[5]自漢、魏以來，一時而已。及高祖暮年，精華稍竭，不悦儒術，專尚刑名，執政之徒，咸非篤好。既仁壽間，[6]遂廢天下之學，唯存國子一所，[7]弟子七十二人。

[1]高祖：隋文帝楊堅的廟號。紀見本書卷一、二，《北史》卷一一。

[2]乎：殿本、庫本作“于”，宋刻遞修本、汲古閣本、中華本與底本同。

[3]黌（hóng）：古代學校。

[4]齊：此指春秋戰國時齊國故地，今泰山以北黄河流域與膠東半島地區。　魯：此指春秋戰國時魯國故地，今山東兖州東南至江蘇沛縣、安徽泗縣一帶。　趙：此指戰國時趙國故地，今山西中

部、陝西東北及河北西南地區。　魏：此指戰國時魏國故地。都城在今河北趙縣西北。

[5]中州：指中原地區。

[6]仁壽：隋文帝楊堅年號（601—604）。

[7]國子：指國子學，爲隋文帝時中央最高學府。初隸國子寺，置博士、助教各五人。後隸國子監，置博士、助教各一人。學生無常員。

煬帝即位，[1]復開庠序，國子郡縣之學，盛於開皇之初。[2]徵辟儒生，遠近畢至，使相與講論得失於東都之下，[3]納言定其差次，一以聞奏焉。于時舊儒多已凋亡，二劉拔萃出類，學通南北，博極今古，後生鑽仰，莫之能測。所製諸經義疏，搢紳咸師宗之。既而外事四夷，戎馬不息，師徒怠散，盜賊群起，禮義不足以防君子，刑罰不足以威小人，空有建學之名，而無弘道之實。其風漸墜，以至滅亡，方領矩步之徒，亦多轉死溝壑。凡有經籍，自此皆湮没於煨塵矣。遂使後進之士不復聞《詩》《書》之言，皆懷攘奪之心，[4]相與陷於不義。《傳》曰："學者將植，不學者將落。"[5]然則盛衰是繫，興亡攸在，有國有家者可不慎歟！諸儒有身没道存，遺風可想，皆採其餘論，綴之於此篇云。

[1]煬帝：楊廣的謚號。紀見本書卷三、四，《北史》卷一二。

[2]開皇：隋文帝楊堅年號（581—600）。

[3]東都：此指洛陽，舊址在今河南洛陽市。

[4]奪：底本原作"寇"。中華本校勘記云："'奪'各本作'寇'，宋小字本作'敚'。'敚'即'奪'古字。今據改。"今

從改。

[5]學者將植，不學者將落：語出《左傳》昭公十八年。原文作："夫學，殖也，不學將落，原氏其亡乎！"殖，生長之意。按，傅雲龍《隋書考證》指出"植"《左傳》爲"殖"。

元善

元善，[1]河南雒陽人也。[2]祖叉，[3]魏侍中。[4]父羅，[5]初爲梁州刺史，[6]及叉被誅，奔於梁，官至征北大將軍、青冀二州刺史。[7]善少隨父至江南，性好學，遂通涉五經，尤明《左氏傳》。及侯景之亂，[8]善歸於周。[9]武帝甚禮之，[10]以爲太子宮尹，[11]賜爵江陽縣公。[12]每執經以授太子。

[1]元善：人名。《北史》卷一六有附傳。

[2]河南：郡名。治所在今河南洛陽市。　雒陽：縣名。即洛陽，治所在今河南洛陽市。

[3]叉：人名。即元叉，北魏宗室，魏孝明帝元詡正光元年（520）發動政變，把持朝政。《魏書》卷一六、《北史》卷一六有附傳。

[4]侍中：官名。掌侍從左右，盡規獻納，糾正違闕，兼與諸公論國政，呼爲小宰相。北魏正三品。

[5]羅：人名。即元羅。《魏書》卷一六、《北史》卷一六有附傳。按，據《魏書》及《北史》之《元羅傳》，元羅乃元叉之弟，非爲父子，此處記載恐有誤。又《北史·元叉傳》載："叉子舒。"中華本校勘記云："《魏書》'舒'作'稚'。按《墓誌集釋·元叉墓誌》（圖版七八）云：'息穎，字稚舒。'其人蓋以字行，《北史》

避‘稚’字，單稱‘舒’（唐時‘稚’與‘治’同音，犯唐高宗李治諱，故《北史》避‘稚’字）。”

［6］梁州：南朝梁時治所在今甘肅西和縣西南。

［7］征北大將軍：官名。南朝梁爲將軍之名。第二十三班。 青：州名。南朝梁時治所在今四川眉山市。 冀：州名。南朝梁僑置州，治所在今山東濟南市。

［8］侯景之亂：南朝梁武帝末年東魏降將侯景發動的一場叛亂，歷時五年（548—552）。侯景，人名。傳見《梁書》卷五六、《南史》卷八〇。

［9］周：即北周（557—581），都長安（今陝西西安市西北）。

［10］武帝：北周皇帝宇文邕的謚號。紀見《周書》卷五、六，《北史》卷一〇。

［11］太子宫尹：官名。北周置太子宫尹下大夫，蓋隋之太子詹事之職，掌東宫之政。正四命。（參見王仲犖《北周六典》卷八《東宫官署第十八》，中華書局1979年版，第532頁）

［12］江陽縣公：爵名。北周命數不詳，王仲犖認爲“非正九命則當是九命爾”（參見王仲犖《北周六典》卷八《封爵第十九》，第548頁）。

開皇初，拜内史侍郎，[1]上每望之曰：“人倫儀表也。”凡有敷奏，詞氣抑揚，觀者屬目。陳使袁雅來聘，[2]上令善就館受書，雅出門不拜。善論舊事有拜之儀，雅不能對，遂拜，成禮而去。後遷國子祭酒。[3]上嘗親臨釋奠，命善講《孝經》。於是敷陳義理，兼之以諷諫。上大悦曰：“聞江陽之説，更起朕心。”賫絹百匹，衣一襲。

[1]内史侍郎：官名。隋内史省副長官，佐宰相之職的本省長官内史監、令處理政務。初設四員，正四品下。大業三年（607）減爲二員。正四品。

[2]陳：即南朝陳（557—589），都建康（今江蘇南京市）。袁雅：人名。南朝陳任散騎常侍，開皇八年正月出使隋朝。

[3]國子祭酒：官名。爲國子寺長官，掌中央官學及儒學訓導之政。初隸太常寺，統國子、太學、四門、書算學。隋開皇十三年不隸太常寺，改爲國子學長官。仁壽元年罷，惟置太學，以博士領之。大業三年改置國子監依舊置祭酒爲長官。從三品。

善之通博，在何妥之下，[1]然以風流醖藉，[2]俯仰可觀，音韻清朗，聽者忘倦，由是爲後進所歸。妥每懷不平，心欲屈善。因善講《春秋》，初發題，諸儒畢集。善私謂妥曰："名望已定，幸無相苦。"妥然之。及就講肆，妥遂引古今滯義以難，善多不能對。善深銜之，二人由是有隙。善以高熲有宰相之具，[3]嘗言於上曰："楊素粗疏，[4]蘇威怯愞，[5]元胄、元旻，[6]正似鴨耳。可以付社稷者，唯獨高熲。"上初然之，及熲得罪，上以善之言爲熲游説，深責望之。善憂懼，先患消渴，[7]於是疾動而卒，時年六十。

[1]何妥：人名。傳見本卷、《北史》卷八二。

[2]醖藉：寬和有涵容。

[3]高熲：人名。傳見本書卷四一、《北史》卷七二。

[4]楊素：人名。傳見本書卷四八，《北史》卷四一有附傳。

[5]蘇威：人名。傳見本書卷四一，《北史》卷六三有附傳。

[6]元胄：人名。傳見本書卷四〇、《北史》卷七三。　元旻：

人名。曾任左衛大將軍、五原公。與王世積交好，王世積因事被誅，元旻受牽連被免官。事見本書卷四〇《王世積傳》、卷四五《房陵王勇傳》。

［7］消渴：中醫學病名。其症狀口渴、善飢、尿多、消瘦，包括今糖尿病、尿崩症等。

辛彦之

辛彦之，［1］隴西狄道人也。［2］祖世叙，［3］魏凉州刺史。［4］父靈輔，［5］周渭州刺史。［6］彦之九歲而孤，不交非類，博涉經史，與天水牛弘同志好學。［7］後入關，遂家京兆。［8］周太祖見而器之，［9］引爲中外府禮曹，［10］賜以衣馬珠玉。時國家草創，百度伊始，朝貴多出武人，修定儀注，唯彦之而已。尋拜中書侍郎。［11］及周閔帝受禪，［12］彦之與少宗伯盧辯專掌儀制。［13］明、武時，［14］歷職典祀、太祝、樂部、御正四曹大夫，［15］開府儀同三司。［16］奉使迎突厥皇后還，［17］賚馬二百匹，賜爵龍門縣公，邑千户。［18］尋進爵五原郡公，［19］加邑千户。宣帝即位，［20］拜少宗伯。

［1］辛彦之：人名。傳另見《北史》卷八二。

［2］隴西：郡名。治所在今甘肅隴西縣東南。　狄道：縣名。治所在今甘肅臨洮縣。

［3］世叙：人名。即辛世叙。北魏人，具體事迹不詳。

［4］凉州：北魏時治所在今甘肅武威市。

［5］靈輔：人名。即辛靈輔，北周時人，具體事迹不詳。輔，《北史·辛彦之傳》作“補”。

［6］渭州：北周時治所在今甘肅隴西縣東南。

［7］天水：郡名。治所在今甘肅天水市。　牛弘：人名。傳見本書卷四九、《北史》卷七二。

［8］京兆：郡名。治所在今陝西西安市西北。

［9］周太祖：北周太祖宇文泰。紀見《周書》卷一、《北史》卷九。

［10］中外府禮曹：官名。全稱爲都督中外諸軍事府禮曹參軍事，爲宇文泰中外府屬僚佐之一。

［11］中書侍郎：官名。西魏恭帝三年（556）正月仿《周禮》置六官，春官府置小内史下大夫，比中書侍郎之任。此當爲西魏改制前官職。

［12］周閔帝：北周閔帝宇文覺。紀見《周書》卷三、《北史》卷九。

［13］少宗伯：官名。掌五禮之禁令與其用等，辨廟祧之昭穆，辨吉凶之五服，車旗宫室之禁。掌四時祭祀之序事與其禮。凡國之大禮，左大宗伯。凡小禮，掌事如大宗伯之儀。北周正六命。（參見王仲犖《北周六典》卷四《春官府第九》，第155頁）　盧辯：人名。西魏時官至尚書右僕射，爲當時碩儒，北周明帝時進位大將軍。傳見《周書》卷二四，《北史》卷三〇有附傳。

［14］明：北周明帝宇文毓。紀見《周書》卷四、《北史》卷九。　武：北周武帝宇文邕。

［15］典祀：官名。即典祀大夫。春官府有典祀中大夫，掌外祀之兆守，皆有域，掌其禁令。若以時祭祀，則帥其屬而修除。北周正五命。（參見王仲犖《北周六典》卷四《春官府第九》，第169頁）　太祝：官名。即太祝大夫。春官府有太祝下大夫，掌六祝之辭，以事鬼神祇，祈福祥，求永貞。掌六祈以同鬼神祇，作六辭以通上下親疏遠近。辨六號，辨九祭，辨九拜，以享右祭祀。北周正四命。（參見王仲犖《北周六典》卷四《春官府第九》，第303頁）　樂部：官名。即樂部大夫。春官府有樂部中大夫，掌成均之法，

以治建國之學政，而合國之子弟焉。凡有道者有德者，使教焉。以樂德教國子，以樂語教國子，以樂舞教國子。以六律六同五聲八音六舞大合樂，以致鬼神祇。以和邦國，以諧萬民，以安賓客，以説遠人，以作動物，乃分樂而序之，以祭，以享，以祀。北周正五命。（參見王仲犖《北周六典》卷四《春官府第九》，第 268 頁）

御正：官名。即御正大夫。西魏恭帝三年仿《周禮》建六官，天官冢宰府有御正中大夫。正五命；小御正下大夫，正四命等。職掌草擬詔册文誥，近侍樞機。凡諸刑罰爵賞，以及軍國大事，皆須參議。北周沿之。周明帝武成元年（559）以御正任總絲綸，更崇其秩爲上大夫，號爲大御正。正六命。按，御正大夫，《北史·辛彦之傳》同，然北周無此官職，此爲御正上大夫、御正中大夫、小御正下大夫三者之一。

[16]開府儀同三司：官名。亦簡稱開府，周武帝建德四年（575）改稱開府儀同大將軍。屬勳官。北周府兵制中二十四軍的每軍長官均加此勳官名，可開府置官屬。九命。

[17]突厥皇后：北周武帝皇后阿史那氏。傳見《周書》卷九、《北史》卷一四。

[18]邑：也稱食邑、封邑。是古代君王封賜給有爵位之人的一種食禄制度，受封者可徵收封地内的民户租税充作食禄。魏晋以後，食邑分爲虚封和實封兩類：虚封一般僅冠以“邑”或“食邑”之名，這衹是一種榮譽性加銜，受封者並不能獲得實際的食禄收入；而實封一般須冠以“真食”“食實封”等名，受封者可真正獲得食禄收入。

[19]五原郡公：爵名。北周十一等爵的第五等。正九命。（參見王仲犖《北周六典》卷八《封爵第十九》，第 542 頁）

[20]宣帝：北周宣帝宇文贇。紀見《周書》卷七、《北史》卷一〇。

高祖受禪，除太常少卿，[1]改封任城郡公，[2]進位上開府。[3]尋轉國子祭酒。歲餘，拜禮部尚書，[4]與秘書監牛弘撰《新禮》。[5]吴興沈重名爲碩學，[6]高祖嘗令彦之與重論議，重不能抗，於是避席而謝曰："辛君所謂金城湯池，無可攻之勢。"高祖大悦。後拜隨州刺史。[7]于時州牧多貢珍玩，唯彦之所貢，並供祭之物。高祖善之，顧謂朝臣曰："人安得無學！彦之所貢，稽古之力也。"遷潞州刺史，[8]前後俱有惠政。彦之又崇信佛道，於城内立浮圖二所，並十五層。開皇十一年，州人張元暴死，[9]數日乃蘇，云游天上，見新構一堂，制極崇麗。元問其故，人云潞州刺史辛彦之有功德，造此堂以待之。彦之聞而不悦。其年卒官。謚曰宣。[10]彦之撰《墳典》一部，《六官》一部，《祝文》一部，《禮要》一部，《新禮》一部，《五經異義》一部，並行於世。有子仲龕，[11]官至猗氏令。[12]

[1]除：官制用語。拜官、授職。　太常少卿：官名。輔太常卿掌宗廟郊社禮樂、郊廟社稷祭祀等事務，通判寺事。隋初置一員，正四品上；煬帝大業三年增置二員，降爲從四品。

[2]任城郡公：爵名。隋九等爵的第四等。從一品。

[3]上開府：官名。全稱是上開府儀同三司。隋文帝因改北周十一等勳官之制形成十一等散實官，用以酬勤勞，無實際職掌。上開府爲第五等，可開府置僚佐。從三品。

[4]禮部尚書：官名。尚書省所轄六部之一禮部的長官，掌禮儀、祭祀、宴享等政令，總判禮部、祠部、主客、膳部四曹。置一員，正三品。

[5]秘書監：官名。爲秘書省的長官，置一員，掌圖書經籍、

天文曆法之事，統領著作、太史二曹。隋初爲正三品，煬帝大業三年降爲從三品，後又改稱爲秘書令。

［6］吴興：郡名。治所在今浙江湖州市南。　沈重：人名。南朝梁、北周、隋著名儒學大家。傳見《周書》卷四五、《北史》卷八二。

［7］隨州：治所在今湖北隨州市。

［8］潞州：治所在今山西長治市北古驛。按，底本、汲古閣本、殿本、庫本作“洛州”，宋刻遞修本、中華本作“潞州”。據《北史》卷八二《辛彦之傳》及後文文意，此當爲“潞州”，今據改。

［9］張元：人名。事迹不詳。

［10］謚：上古有號無謚，周初始制謚法，秦始皇廢不用，自漢初恢復。帝王、貴族、大臣死後，據其生前事迹依謚法給予稱號。

［11］仲龕：人名。隋時官任猗氏縣令，其他事迹不詳。

［12］猗氏：縣名。治所在今山西臨猗縣。

何妥

何妥，字栖鳳，[1]西城人也。[2]父細胡，[3]通商入蜀，[4]遂家郫縣，[5]事梁武陵王紀，[6]主知金帛，因致巨富，號爲西州大賈。

［1］栖鳳：汲古閣本、殿本、庫本作“棲鳳”，宋刻遞修本、中華本及《北史》卷八二《何妥傳》與底本同。

［2］西城：地名。在今新疆和田縣境。按，“城”各本均同，中華本《北史·何妥傳》校勘記云：“《通志》卷一七四《何妥傳》‘城’作‘域’。按，何妥先世當爲西域何國人，疑《通志》是。”此備一説。

［3］細胡：人名。即何細胡。事亦見《北史·何妥傳》。按，

《北史·何妥傳》及《通志》卷一七四《儒林·何妥傳》作“細脚胡”。

[4]蜀：地名。今四川成都平原一帶。

[5]郫縣：治所在今四川郫縣。

[6]武陵王紀：人名。即蕭紀。梁武帝蕭衍第八子，武帝死後於成都自立爲帝。傳見《梁書》卷五五、《南史》卷五三。

妥少機警，八歲游國子學，助教顧良戲之曰：[1]“汝既姓何，是荷葉之荷，爲是河水之河？”應聲答曰：“先生姓顧，是眷顧之顧，是新故之故？”衆咸異之。十七，以技巧事湘東王，[2]後知其聰明，召爲誦書左右。[3]時蘭陵蕭眘亦有俊才，[4]住青楊巷，[5]妥住白楊頭，[6]時人爲之語曰：“世有兩俊，白楊何妥，青楊蕭眘。”其見美如此。江陵陷，[7]周武帝尤重之，授太學博士。[8]宣帝初欲立五后，以問儒者辛彦之，對曰：“后與天子匹體齊尊，不宜有五。”妥駁曰：“帝嚳四妃，[9]舜又二妃，亦何常數？”由是封襄城縣伯。[10]

[1]助教：官名。國子助教，南朝梁設十人，掌以經術教授生徒。第二班。　顧良：人名。南朝梁時人，具體事迹不詳。

[2]湘東王：爵名。南朝梁元帝蕭繹稱帝之前的封爵名，全稱是湘東郡王。爲梁十五等爵的第一等。此代指蕭繹其人。紀見《梁書》卷五、《南史》卷八。

[3]誦書左右：官名。南朝梁公王府屬官。職掌及品秩不詳。

[4]蘭陵：郡名。治所在今山東棗莊市西南。　蕭眘：人名。南朝梁時人，具體事迹不詳。

[5]青楊巷：地名。在今湖北荆州市。

[6]白楊頭：地名。在今湖北荆州市。

[7]江陵：地名。梁元帝在此即位稱帝，後爲梁都城。治所在今湖北荆州市。

[8]太學博士：官名。北周太學博士下大夫，設六人，掌以經術教授生徒。正四命。

[9]帝嚳：傳説中的古帝名，高辛氏。詳見《史記》卷一《五帝本紀》。

[10]襄城縣伯：爵名。北周十一等爵的第九等。正七命。按，《北史》卷八二《何妥傳》爲“襄城縣男”。

高祖受禪，除國子博士，[1]加通直散騎常侍，[2]進爵爲公。妥性勁急，有口才，好是非人物。時納言蘇威嘗言於上曰：[3]“臣先人每誡臣云，唯讀《孝經》一卷，足可立身治國，何用多爲！”上亦然之。妥進曰：“蘇威所學，非止《孝經》。厥父若信有此言，威不從訓，[4]是其不孝。若無此言，面欺陛下，是其不誠。不誠不孝，何以事君！且夫子有云：‘不讀《詩》無以言，不讀《禮》無以立。’[5]豈容蘇綽教子獨反聖人之訓乎？”[6]威時兼領五職，上甚親重之，妥因奏威不可信任。又以掌天文律度，皆不稱職，妥又上八事以諫：

[1]國子博士：官名。爲國子學教官，掌以儒經教授國子學生，國有疑事則掌承問對。隋初置五人，正五品上，仁壽元年隨國子學罷廢；煬帝大業初復置一人，正五品。

[2]通直散騎常侍：官名。隋門下省置四人，掌侍從規諫。正四品。

[3]納言：官名。門下省長官，職掌封駁制敕，並參與軍國大

政决策等，居宰相之職。置二員，正三品。　嘗：他本均同，唯殿本作“當”。

[4]從：他本均同，唯殿本作“是”。

[5]不讀《詩》無以言，不讀《禮》無以立：語出《論語·季氏》。

[6]蘇綽：人名。西魏大統十年（544）授大行臺度支尚書。傳見《周書》卷二三、《北史》卷六三。

其一事曰：臣聞知人則哲，惟帝難之。孔子曰："舉直錯諸枉則民服，舉枉錯諸直則民不服。"[1]由此言之，政之治亂，必慎所舉，故進賢受上賞，蔽賢蒙顯戮。察今之舉人，良異于此，無論諂直，莫擇賢愚。心欲崇高，則起家喉舌之任；[2]意須抑屈，必白首郎署之官。人之不服，實由於此。臣聞爵人於朝，與士共之，刑人於市，與衆棄之。伏見留心獄訟，愛人如子，每應决獄，無不詢訪群公，刑之不濫，君之明也。刑既如此，爵亦宜然。若有懋功簡在帝心者，便可擢用。自斯以降，若選重官，必須參以衆議，勿信一人之舉；則上不偏私，下無怨望。

[1]舉直錯諸枉則民服，舉枉錯諸直則民不服：語出《論語·爲政》。

[2]起家：官制用語。從家中徵召出來，始授以官職。

其二事曰：孔子云："是察阿黨，則罪無掩蔽。"[1]又曰："君子周而不比，小人比而不周。"[2]所謂比者，即阿黨也。謂心之所愛，既已光華榮顯，猶加提挈；心之所惡，既已沈滯屈辱，薄言必怒。提挈既成，必相掩蔽，則欺上之心生矣；屈辱既加，則有怨恨，謗讟之言出矣。伏願廣加逖訪，勿使朋黨路開，威恩自任。有國之患，莫大於此。

[1]是察阿黨，則罪無掩蔽：語出《禮記·月令》。原句爲："是察阿黨，則罪無有掩蔽。"

[2]君子周而不比，小人比而不周：語出《論語·爲政》。

其三事曰：臣聞舜舉十六族，所謂八元、八愷也。[1]計其賢明，理優今日，猶復擇才授任，不相侵濫，故得四門雍穆，庶績咸熙。今官員極多，用人甚少，有一人身上乃兼數職，爲是國無人也？爲是人不善也？今萬乘大國，髦彦不少，縱有明哲，無由自達。東方朔言曰："尊之則爲將，卑之則爲虜。"[2]斯言信矣。今當官之人，不度德量力，既無吕望、傅説之能，[3]自負傅岩、滋水之氣，[4]不慮憂深責重，[5]唯畏總領不多，安斯寵任，輕彼權軸，好致顛蹶，實此之由。《易》曰："鼎折足，覆公餗，其形渥，凶。"[6]言不勝其任也。臣聞窮力舉重，不能爲用。伏願更任賢良，分才參掌，使各行有餘力，則庶事康哉。

[1]八元、八愷：相傳高辛氏（帝嚳）有才子八人，稱爲八元；高陽氏（顓頊）有才子八人，稱爲八愷。後用以稱頌有才德的人。典出《左傳》文公十八年。

［2］尊之則爲將，卑之則爲虜：語出《漢書》卷六五《東方朔傳》。

［3］吕望：人名。太公望吕尚，佐周武王滅商。詳見《史記》卷三二《齊太公世家》。　傅説：人名。殷商五丁時期賢相。事見《史記》卷三《殷本紀》。

［4］傅岩：地名。相傳爲傅説版築之處。　滋水：即滋泉，在渭水流域。據《吕氏春秋·僅聽》："太公釣於滋泉，遭紂之世也，故文王得之而王。"《北史》卷八二《何妥傳》作"渭水"。

［5］慮：宋刻遞修本、汲古閣本、中華本同，殿本、庫本作"應"。

［6］鼎折足，覆公餗，其形渥，凶：語出《易·鼎》。

其四事曰：臣聞《禮》云："析言破律，亂名改作，執左道以亂政者，殺。"[1]孔子曰："仍舊貫，何必改作。"[2]伏見比年以來，改作者多矣。至如范威漏刻，[3]十載不成；趙翊尺稱，[4]七年方决。公孫濟迂誕醫方，[5]費逾巨萬；徐道慶迴互子午，[6]縻耗飲食。常明破律，[7]多歷歲時；王渥亂名，[8]曾無紀極。張山居未知星位，[9]前已蹂藉太常；[10]曹魏祖不識北辰，[11]今復轔轢太史。[12]莫不用其短見，便自夸毗，邀射名譽，厚相誣罔。請今日已後，有如此者，若其言不驗，必加重罰，庶令有所畏忌，不敢輕奏狂簡。

［1］"析言破律"至"亂政者，殺"：語出《禮記·王制》。

［2］仍舊貫，何必改作：語出《論語·先進》。原文爲："魯人爲長府，閔子騫曰：'仍舊貫，如之何？何必改作？'子曰：'夫人不言，言必有中。'"

[3]范威：人名。隋時人，具體事迹不詳。

[4]趙翊：人名。隋時人，具體事迹不詳。

[5]公孫濟：人名。隋時人，具體事迹不詳。

[6]徐道慶：人名。隋時人，具體事迹不詳。

[7]常明：人名。隋時人，具體事迹不詳。

[8]王渥：人名。隋時人，具體事迹不詳。

[9]張山居：人名。隋時人，具體事迹不詳。

[10]太常：官屬名。即太常寺，掌宗廟郊社禮樂事。

[11]曹魏祖：人名。隋時人，具體事迹不詳。　北辰：北極星。

[12]轔轢：欺淩。　太史：官署名。隋初於秘書省置太史曹，掌天文曆法之事，煬帝改爲太史監。

其餘文多不載。時蘇威權兼數司，先嘗隱武功，故妥言自負傅巖、滋水之氣，以此激上。書奏，威大銜之。十二年，[1]威定考文學，又與妥更相訶詆。威勃然曰："無何妥，不慮無博士！"妥應聲曰："無蘇威，亦何憂無執事！"由是與威有隙。[2]其後上令妥考定鍾律，妥又上表曰：

[1]十二年：按，《北史》卷八二、《通志》卷一七四《何妥傳》作"二年"。檢本書卷二《高祖紀下》、卷四一《蘇威傳》"威兼領五職"時在開皇初，未幾即除。又本卷後云："其後上令妥考定鐘律……是後恩禮漸薄。六年，出爲龍州刺史。……以疾請還，詔許之。復知學事。時上方使蘇夔在太常，參議鐘律。夔有所建議，朝士多從之，妥獨不同，每言夔之短。"檢本書《音樂志》：開皇二年，隋文帝命"國子博士何妥"與太常卿牛弘、國子祭酒辛彦之等議正樂，而蘇夔參議鐘律亦在開皇九年平陳之前。故此"十

二年”有誤，當以《北史》爲準。

［2］與：底本原闕，據宋刻遞修本、中華本補。

臣聞明則有禮樂，幽則有鬼神，然則動天地，感鬼神，莫近於禮樂。又云樂至則無怨，禮至則不争，揖讓而治天下者，禮樂之謂也。臣聞樂有二，一曰姦聲，二曰正聲。夫姦聲感人而逆氣應之，逆氣成象而淫樂興焉。正聲感人，而順氣應之，順氣成象，而和樂興焉。[1]故樂行而倫清，耳目聰明，血氣和平，移風易俗，天下皆寧。孔子曰：“放鄭聲，遠佞人。”[2]故鄭、衛、宋、趙之聲出，[3]内則發疾，外則傷人。是以宫亂則荒，其君驕；商亂則陂，其官壞；角亂則憂，其人怨；徵亂則哀，其事勤；羽亂則危，其財匱。五者皆亂，則國亡無日矣。

［1］“夫姦聲感人”至“而和樂興焉”：語出《禮記·樂記》。此句底本原爲：“夫姦聲感人而逆氣應之，順氣成象。”中華本據《册府元龜》卷五六八補。今從。

［2］放鄭聲，遠佞人：語出《論語·衛靈公》。

［3］鄭、衛、宋、趙：指先秦時期鄭國、衛國、宋國、趙國所轄地區。

魏文侯問子夏曰：[1]“吾端冕而聽古樂則欲寐，聽鄭、衛之音而不知倦，何也？”子夏對曰：“夫古樂者，始奏以文，復亂以武，修身及家，平均天下。鄭、衛之音者，姦聲以亂，溺而不止，優雜子女，[2]不知父子。

今君所問者樂也，所愛者音也。夫樂之與音，相近而不同，爲人君者，謹審其好惡。”案聖人之作樂也，非止苟悦耳目而已矣。欲使在宗廟之内，君臣同聽之則莫不和敬；在鄉里之内，長幼同聽之則莫不和順；在閨門之内，父子同聽之則莫不和親。此先王立樂之方也。故知聲而不知音者，禽獸是也，知音而不知樂者，衆庶是也。故黄鍾大吕，[3]弦歌干戚，[4]僮子皆能舞之。能知樂者，其唯君子！不知聲者，不可與言音，不知音者，不可與言樂，知樂則幾於道矣。紂爲無道，太師抱樂器以奔周。[5]晋君德薄，師曠固惜清徵。[6]

[1]魏文侯：戰國時魏國文侯都。事見《史記》卷四四《魏世家》。　子夏：人名。孔子弟子卜商，字子夏。事見《史記》卷六七《仲尼弟子列傳》。

[2]優：汲古閣本同，宋刻遞修本、殿本、庫本、中華本及《北史》卷八二《何妥傳》均作“獶”。

[3]黄鍾大吕：中國古代古典音樂分陰、陽各六律，黄鍾爲陽律第一、大吕爲陽律第四。

[4]弦歌：依琴瑟而詠歌。　干戚：亦作“干鏚”，盾與斧，舞者所執之具。

[5]太師：古代樂官之長。

[6]師曠：人名。春秋時晋國樂師。事見《史記》卷三九《晋世家》。

上古之時，未有音樂，鼓腹擊壤，[1]樂在其間。《易》曰：“先王作樂崇德，殷薦之上帝，以配祖考。”[2]至于黄帝作《咸池》，[3]顓頊作《六莖》，[4]帝嚳作《五英》，堯作《大章》，[5]舜作《大韶》，禹作《大夏》，[6]湯作《大濩》，[7]武王作《大武》，[8]從夏以來，年代久遠，唯有名字，其聲不可得聞。自殷至周，備于《詩》《頌》。故自聖賢已下，多習樂者，至如伏羲減瑟，[9]文王足琴，[10]仲尼擊磬，子路鼓瑟，[11]漢高擊筑，[12]元帝吹簫。[13]

[1]鼓腹擊壤：意指拍擊肚子或土壤以尋樂。典出《莊子·馬蹄》："夫赫胥氏之時，民居不知所爲，行不知所之，含哺而熙，鼓腹而游。"及《藝文類聚》卷一一引晋皇甫謐《帝王世紀》云："堯之世，天下大和，百姓無事，有五十老人擊壤於道。"

[2]"先王作樂"至"以配祖考"：語出《易·豫卦》。

[3]黄帝：古帝名。號軒轅氏。詳見《史記》卷一《五帝本紀》。

[4]顓頊：古帝名。號高陽氏。詳見《史記·五帝本紀》。

[5]堯：傳説中的古帝陶唐氏之號。詳見《史記·五帝本紀》。

[6]禹：古帝名。詳見《史記》卷二《夏本紀》。

[7]湯：人名。商開國之君成湯。詳見《史記》卷三《殷本紀》。

[8]武王：周武王姬發。詳見《史記》卷四《周本紀》。

[9]伏羲：傳説中三皇之一，傳其作八卦。事見《史記·五帝本紀》。

[10]文王：周文王。詳見《史記·周本紀》。

[11]子路：人名。孔子弟子之一。事見《史記》卷六七《仲尼弟子列傳》。

[12]漢高：漢高祖劉邦。紀見《史記》卷八、《漢書》卷一。

[13]元帝：漢元帝劉奭。紀見《漢書》卷九。

漢高祖之初，叔孫通因秦樂人制宗廟之樂。迎神于廟門，奏《嘉至》之樂，[1]猶古降神之樂也。皇帝入廟門，奏《永至》之樂，以爲行步之節，猶《采薺》《肆夏》也。[2]乾豆上薦，奏登歌之樂，猶古清廟之歌也。登歌再終，奏《休成》之樂，美神饗也。皇帝就東廂坐定，奏《永安》之樂，美禮成也。其《休成》《永至》二曲，叔孫通所制也。漢高祖廟奏《武德》《文始》《五行》之舞。當春秋時，陳公子完奔齊，[3]陳是舜後，故齊有《韶》樂，孔子在齊聞《韶》，三月不知肉味是也。秦始皇滅齊，[4]得齊《韶》樂。漢高祖滅秦，《韶》傳於漢，高祖改名《文始》，以示不相襲也。《五行舞》者，本周《大武》樂也，始皇改曰《五行》。及于孝文，復作四時之舞，以示天下安和，四時順也。孝景采《武德舞》以爲《昭德》，[5]孝宣又采《昭德》以爲《盛德》，[6]雖變其名，大抵皆因秦舊事。至於魏、晋，皆用古樂。魏之三祖，[7]並制樂辭。自永嘉播越，[8]五都傾蕩，樂聲南度，是以大備江東。[9]宋、齊已來，至于梁代，所行樂事，猶皆傳古，三雍四始，實稱大盛。及侯景篡逆，樂師分散，其四舞、三調，悉度僞齊。[10]齊氏雖知傳受，得曲而不用之於宗廟朝廷也。

[1]迎神于廟門，奏《嘉至》之樂：底本此句前有“迎神于道門奏嘉至之樂”十字，據宋刻遞修本、中華本及《北史》卷八二《何妥傳》删。按，中華書局新修訂本對此做了考證，其校勘記云：“《漢書》卷二二《禮樂志》：‘大祝迎神于廟門，奏《嘉至》，猶古降神之樂也。’《御覽》卷五六六《樂部四・歷代樂》引《漢書》、《册府》卷五六五《掌禮部作樂》同。”

[2]猶《采薺》：宋刻遞修本、中華本及《北史·何妥傳》“猶”下有一“古”字。

[3]陳：春秋時諸侯國名。在今河南淮陽及安徽亳州一帶。公子完：即陳厲公之子，齊桓公十四年（前672），爲避陳宣公迫害，携帶家眷投奔齊國。事見《史記》卷三六《陳杞世家》。

[4]秦始皇：秦朝建立者嬴政。紀見《史記》卷六。

[5]孝景：漢景帝劉啓。紀見《漢書》卷五。

[6]孝宣：漢宣帝劉詢。紀見《漢書》卷八。

[7]魏之三祖：指建安文學代表作家曹操、曹丕、曹植。

[8]永嘉播越：永嘉五年，匈奴攻陷洛陽，擄走懷帝，東晋南遷。永嘉，西晋懷帝司馬熾年號（307—313）。

[9]江東：泛指長江下游以東地區。

[10]僞齊：此指北齊（550—577），都鄴（今河北臨漳縣西南鄴鎮東）。

臣少好音律，留意管絃，年雖耆老，頗皆記憶。及東土剋定，樂人悉返，訪其逗遛，果云是梁人所教。今三調、四舞並皆有手，雖不能精熟，亦頗具雅聲。若令教習傳授，庶得流傳古樂。然後取其會歸，撮其指要，因循損益，更制嘉名。歌盛德於當今，傳雅正於來葉，豈不美歟！謹具録三調、四舞曲名，[1]又製歌辭如別。其有聲曲流宕，不可以陳於殿庭者，亦悉附之於後。

[1]舞：宋刻遞修本、汲古閣本、中華本同，殿本、庫本誤作“五”。

書奏，別敕太常取妥節度。於是作清、平、瑟三調聲，又作八佾《鞞》《鐸》《巾》《拂》四舞。先是，太常所傳宗廟雅樂，數十年唯作大吕，廢黄鍾。妥又以深乖古意，乃奏請用黄鍾。詔下公卿議，從之。

俄而妥子蔚爲秘書郎，[1]有罪當刑，上哀之，減死論。是後恩禮漸薄。六年，出爲龍州刺史。[2]時有負笈游學者，妥皆爲講説教授之。爲《刺史箴》，勒于州門外。在職三年，以疾請還，詔許之。復知學事。時上方使蘇夔在太常，[3]參議鍾律。夔有所建議，朝士多從之，妥獨不同，每言夔之短。高祖下其議，朝臣多排妥。妥復上封事，指陳得失，大抵論時政損益，并指斥當世朋黨。於是蘇威及吏部尚書盧愷、侍郎薛道衡等皆坐得罪。[4]除伊州刺史，[5]不行，尋爲國子祭酒。卒官。謚曰肅。撰《周易講疏》十三卷，《孝經義疏》三卷，[6]《莊子義疏》四卷，及與沈重等撰《三十六科鬼神感應等大義》九卷，《封禪書》一卷，《樂要》一卷，文集十卷，並行於世。

[1]蔚：人名。即何蔚。事亦見《北史》卷八二《何妥傳》。秘書郎：官名。隋秘書省置郎四人，掌四部圖書之事。隋初爲正七品下，大業三年升爲從五品。

[2]龍州：治所在今四川平武縣東南。

[3]蘇夔：人名。本書卷四一、《北史》卷六三有附傳。

[4]吏部尚書：官名。尚書省下轄六部之一吏部的長官。掌全國文職官員銓選、考課等政令，統吏部、主爵、司勳、考功四曹。置一員，正三品。　盧愷：人名。傳見本書卷五六，《北史》卷三〇有附傳。　侍郎：官名。即吏部侍郎。隋文帝時於吏部四曹之一

吏部曹置吏部侍郎一員，爲該曹長官，正六品上。煬帝大業三年諸曹侍郎並改稱“郎”，又始置“侍郎”，爲尚書省下轄六部之副長官，正四品。此後，吏部侍郎纔成爲吏部副長官。協助長官吏部尚書掌全國文職官員銓選等政令。　薛道衡：人名。傳見本書卷五七，《北史》卷三六有附傳。

[5]伊州：隋開皇初改和州置，治所初在伏流縣（今河南嵩縣東北），四年移治乘休縣（今河南汝州市東），後又移治南汝原縣（今汝州市）。

[6]三：《北史·何妥傳》作“二”。

蕭該

蘭陵蕭該者，[1]梁鄱陽王恢之孫也。[2]少封攸侯。[3]梁荆州陷，[4]與何妥同至長安。性篤學，《詩》《書》《春秋》《禮記》並通大義，尤精《漢書》，甚爲貴游所禮。開皇初，賜爵山陰縣公，[5]拜國子博士。奉詔書與妥正定經史，然各執所見，遞相是非，久而不能就，上譴而罷之。該後撰《漢書》及《文選》音義，[6]咸爲當時所貴。

[1]蕭該：人名。《北史》卷八二有附傳。

[2]鄱陽王：爵名。南朝梁十八班。　恢：人名。即蕭恢。南朝梁太祖蕭順之第九子。傳見《梁書》卷二二、《南史》卷五二。

[3]攸侯：爵名。南朝梁十五等爵的第十等。

[4]荆州：南朝梁時治所在今湖北江陵縣。

[5]山陰縣公：爵名。隋九等爵的第五等。從一品。

[6]《漢書》及《文選》音義：中華本此標點爲《漢書》及

《文選音義》，中華本《北史·蕭該傳》同。檢本書《經籍志二》及《經籍志四》載：蕭該撰《漢書音義》十二卷及《文選音》三卷。又《舊唐書·經籍志》及《新唐書·藝文志》均載：蕭該撰《漢書音》十二卷，《文選音》十卷。故可知，此“音義”爲《漢書》與《文選》所共用，中華本標點不確。

包愷

東海包愷，[1]字和樂。其兄愉，[2]明《五經》，愷悉傳其業。又從王仲通受《史記》《漢書》，[3]尤稱精究。大業中，爲國子助教。于時《漢書》學者，以蕭、包二人爲宗匠。聚徒教授，著録者數千人。卒，門人爲起墳立碣焉。

［1］東海：郡名。秦置，治所在今山東郯城縣北，南朝宋移治今山東蒼山縣南，後廢。按，此言郡望以舊郡名。　包愷：人名。《北史》卷八二有附傳。生平亦可見《包愷墓誌》（載劉文《陝西新見隋朝墓誌》五〇，三秦出版社 2018 年版）。

［2］愉：人名。即包愉。具體事迹不詳。

［3］王仲通：人名。具體事迹不詳。

房暉遠

房暉遠，[1]字崇儒，恒山真定人也。[2]世傳儒學。暉遠幼有志行，治《三禮》《春秋三傳》《詩》《書》《周易》，兼善圖緯，恒以教授爲務。遠方負笈而從者，動以千計。齊南陽王綽爲定州刺史，[3]聞其名，召爲博士。周武帝平齊，搜訪儒俊，暉遠首應辟命，授小學下士。[4]

[1]房暉遠：人名。傳另見《北史》卷八二。

[2]恒山：郡名。治所在今河北正定縣南。　真定：縣名。治所在今河北正定縣南。

[3]南陽王：爵名。北齊十五等爵的第一等。正一品。　綽：人名。即高綽。北齊武成帝高湛長子，河清三年（564）封南陽王。傳見《北齊書》卷一二、《北史》卷五二。　定州：治所在今河北定州市。

[4]小學下士：官名。王仲犖疑即小學助教下士。小學助教中士正二命，小學下士命數不詳。（參見王仲犖《北周六典》卷四《春官府第九》，第288頁）

及高祖受禪，遷太常博士。[1]太常卿牛弘每稱爲五經庫。[2]吏部尚書韋世康薦之，[3]爲太學博士。尋與沛公鄭譯修正樂章。[4]丁母憂，[5]解任。後數歲，授殄寇將軍，[6]復爲太常博士。未幾，擢爲國子博士。會上令國子生通一經者，並悉薦舉，將擢用之。既策問訖，博士不能時定臧否。祭酒元善怪問之，暉遠曰："江南、河北，義例不同，博士不能遍涉。學生皆持其所短，[7]稱己所長，博士各各自疑，所以久而不決也。"祭酒因令暉遠考定之，暉遠覽筆便下，初無疑滯。或有不服者，暉遠問其所傳義疏，輒爲始末誦之，然後出其所短，自是無敢飾非者。所試四五百人，數日便決，諸儒莫不推其通博，皆自以爲不能測也。尋奉詔預修令式。高祖嘗謂群臣曰："自古天子有女樂乎？"楊素以下莫知所出，遂言無女樂。暉遠進曰："臣聞'窈窕淑女，鍾鼓樂之'，[8]此即王者房中之樂，著於《雅頌》，不得言無。"高祖大悦。仁壽中，卒官，時年七十二。朝廷嗟惜焉，賵賻甚厚，[9]贈員外散騎常侍。[10]

[1]太常博士：官名。掌辨五禮儀式，大祭祀時贊導禮儀，擬議王公及三品以上官謚號。置四員，從七品下。

[2]太常卿：官名。太常寺長官，掌國家禮樂、郊廟社稷祭祀等事，總轄郊社、太廟等十一署。置一員，正三品。

[3]韋世康：人名。傳見本書卷四七，《北史》卷六四有附傳。

[4]沛公：爵名。全稱爲沛國公，隋九等爵的第三等。從一品。鄭譯：人名。北周時任内史下大夫，後任楊堅丞相府長史，入隋官至岐州刺史。傳見本書卷三八，《周書》卷三五、《北史》卷三五有附傳。

[5]丁母憂：遭逢母親喪事。古代喪服禮制規定，父母死後，子女須守喪，三年内不得做官、婚娶、赴宴、應考、舉樂，等等。

[6]殄寇將軍：官名。屬武散官。正九品上。

[7]持：底本原作"恃"，他本均作"持"。又《册府元龜》卷六〇一《學校部·辯博》、卷六四三《貢舉部·考試》亦作"持"。今據改。

[8]窈窕淑女，鍾鼓樂之：語出《詩·國風·關雎》。

[9]賵（fèng）賻（fù）：因助辦喪事而以財物相贈。

[10]員外散騎常侍：官名。贈官。正五品。

馬光

馬光，[1]字榮伯，武安人也。[2]少好學，從師數十年，晝夜不息，圖書讖緯，莫不畢覽，尤明《三禮》，爲儒者所宗。開皇初，高祖徵山東義學之士，[3]光與張仲讓、孔籠、竇士榮、張黑奴、劉祖仁等俱至，[4]並授太學博士，時人號爲六儒。然皆鄙野無儀範，朝廷不之貴也。士榮尋病死。仲讓未幾告歸鄉里，著書十卷，自云此書若奏，我必爲宰相。又數言玄象事。州縣列上其狀，竟坐誅。孔籠、張黑奴、劉祖仁未幾亦被譴去。唯光獨存。

[1]馬光：人名。傳另見《北史》卷八二。

[2]武安：縣名。治所在今河北武安市西南。

[3]山東：地區名。戰國、秦、漢時代，通稱華山或崤山以東爲山東。函括今河北、河南、山東等省。魏晉南北朝隋唐時期亦稱太行山以東地區爲山東。　義學：講求經義之學。

[4]張仲讓：人名。隋時人，具體事迹不詳。　孔籠：人名。隋時人，具體事迹不詳。　竇士榮：人名。隋時人，具體事迹不詳。　張黑奴：人名。隋時人，具體事迹不詳。　劉祖仁：人名。隋時人，具體事迹不詳。

嘗因釋奠，高祖親幸國子學，王公以下畢集。光升座講禮，啓發章門。已而諸儒生以次論難者十餘人，皆當時碩學，光剖析疑滯，雖辭非俊辨，而理義弘贍，論者莫測其淺深，咸共推服，上嘉而勞焉。山東《三禮》學者，自熊安生後，[1]唯宗光一人。初，教授瀛、博間，[2]門徒千數，至是多負笈從入長安。後數年，丁母憂歸鄉里，遂有終焉之志。以疾卒於家，時年七十三。

［1］熊安生：人名。北朝經學家，歷官北齊、北周。傳見《周書》卷四五、《北史》卷八二。

［2］瀛：州名。治所在今河北河間市。　博：州名。治所在今山東聊城市東北。

劉焯

劉焯，[1]字士元，信都昌亭人也。[2]父洽，[3]郡功曹。[4]焯犀額龜背，望高視遠，聰敏沈深，弱不好弄。少與河間劉炫結盟爲友，[5]同受《詩》於同郡劉軌思，[6]受《左傳》於廣平郭懋當，[7]問《禮》於阜城熊安生，[8]皆不卒業而去。武强交津橋劉智海家素多墳籍，[9]焯與炫就之讀書，向經十載，雖衣食不繼，晏如也。遂以儒學知名，爲州博士。[10]刺史趙煚引爲從事，[11]舉秀才，[12]射策甲科。與著作郎王劭同應國史，[13]兼參議律曆，[14]仍直門下省，[15]以待顧問。

［1］劉焯：人名。傳另見《北史》卷八二。

［2］信都：郡名。治所在今河北冀州市。　昌亭：縣名。據本書《地理志中》"信都郡"條載：開皇十六年分武强縣置昌亭縣。故治所在今河北武强縣附近。

［3］洽：人名。即劉洽。亦見《北史·劉焯傳》。

［4］郡功曹：郡屬官。掌官吏考課、學校、貢舉等事。視從八品至視從九品。

［5］河間：郡名。治所在今河北河間市。　劉炫：人名。傳見本卷、《北史》卷八二。

［6］受：底本、宋刻遞修本、汲古閣本、殿本原作"授"，中

華本改作“受”，其校勘記云：“‘受’原作‘授’，據《北史》本傳改。”檢《北齊書》卷四四《劉軌思傳》，軌思北齊天統（565—569）中已任國子博士。故此當爲問學之意，“受”是，今據改。　郡：汲古閣本、殿本、庫本作“鄉”，宋刻遞修本、中華本與底本同。　劉軌思：人名。北齊天統年間任國子博士，精於《詩》學。傳見《北齊書》卷四四、《北史》卷八一。

[7]廣平：郡名。治所在今河北鷄澤縣東南。　郭懋當：人名。具體事迹不詳。按，“當”宋刻遞修本同，汲古閣本、殿本、庫本作“常”。又《北史·劉焯傳》作“嘗”，中華本《北史》斷句爲，“受《左傳》於廣平郭懋，嘗問《禮》於阜城熊安生”。又，中華書局新修訂本本書據至順本等改作“常”，校勘記云：“《北史》卷八二《儒林下·劉焯傳》、《册府》卷八一一《總録部·遊學》、《通志》卷一七四《儒林·劉焯傳》、《隋書詳節》卷一九《劉焯傳》作‘郭懋嘗’。按，‘常’通‘嘗’，‘當’或涉與‘嘗’形近而誤。”

[8]阜城：縣名。治所在今河北阜城縣。

[9]武强：縣名。治所在今河北武强縣。　交津橋：地名。即交津口，在今河北武强縣南。　劉智海：人名。具體事迹不詳。

[10]州博士：官名。隋州有經學博士，不常置，掌以經術教授生徒。品秩不詳。

[11]趙煚（jiǒng）：人名。傳見本書卷四六、《北史》卷七五。　從事：州府屬官。此具體所指不明。

[12]秀才：本意指優秀人才，漢武帝始定爲選舉科目。三國魏州舉秀才，晋朝沿之，南北朝略同。時秀才之選最爲重要，多以此出任要職。此爲隋選舉科目名。

[13]著作郎：官名。隋秘書省著作曹長官，置二員。掌碑志、祝文、祭文修撰之事。隋初爲從五品，大業三年升爲正五品，後又降爲從五品。　王劭：人名。傳見本書卷六九，《北史》卷三五有附傳。　應：汲古閣本、殿本、庫本同，宋刻遞修本、中華本作

"修"。

［14］兼：官制用語。假職未真授之稱。

［15］直：官制用語。一般以他官臨時差遣處理本署事務。　門下省：官署名。與尚書、中書合稱三省，掌封駁制詔章表，隋代長官爲納言。

俄除員外將軍。[1]後與諸儒於秘書省考定群言。[2]因假還鄉里，縣令韋之業引爲功曹。[3]尋復入京，與左僕射楊素、吏部尚書牛弘、國子祭酒蘇威、國子祭酒元善、博士蕭該、何妥、太學博士房暉遠、崔崇德、晋王文學崔賾等於國子共論古今滯義、前賢所不通者。[4]每升座，論難鋒起，皆不能屈，楊素等莫不服其精博。六年，運洛陽《石經》至京師，文字磨滅，莫能知者，奉敕與劉炫等考定。

［1］員外將軍：官名。南北朝時期爲殿中員外將軍的省稱，隋爲殿内員外將軍的省稱，即正員之外添授的殿中將軍。隋於左右衛各置員外將軍三十員，從八品下，職掌同殿内將軍。文帝開皇六年罷。

［2］秘書省：官署名。掌四部圖書之校勘、繕録、整理與收藏事宜，領著作與太史二曹，長官爲秘書監。

［3］韋之業：人名。隋初任武强縣令，其他事迹不詳。　功曹：官名。縣屬官，屬流外官，爲縣令長自辟署。

［4］左僕射：官名。隋尚書省置左右僕射各一人，地位僅次於尚書令。由於隋尚書令不常置，僕射成爲尚書省實際長官，是宰相之職。從二品。　崔崇德：人名。隋開皇初任太學博士，其他事迹不詳。　晋王文學：官名。隋諸公王府置文學二人，掌校讎典籍，

侍從文章。親王府文學爲從六品上。　崔賾：人名。本書卷七七、《北史》卷八八有附傳。

後因國子釋奠，與炫二人論義，深挫諸儒，咸懷妒恨，遂爲飛章所謗，[1]除名爲民。於是優游鄉里，專以教授著述爲務，孜孜不倦。賈、馬、王、鄭所傳章句，[2]多所是非。《九章算術》《周髀》《七曜曆書》十餘部，推步日月之經，量度山海之術，莫不覈其根本，窮其秘奧。著《稽極》十卷、《曆書》十卷、《五經述議》，並行於世。劉炫聰明博學，名亞於焯，故時人稱二劉焉。天下名儒後進，質疑受業，不遠千里而至者，不可勝數。論者以爲數百年已來，博學通儒，無能出其右者。然懷抱不曠，又嗇於財，不行束脩者，未嘗有所教誨，時人以此少之。廢太子勇聞而召之，[3]未及進謁，詔令事蜀王，[4]非其好也，久之不至。王聞而大怒，遣人枷送於蜀，配之軍防。其後典校書籍。王以罪廢，焯又與諸儒修定禮律，除雲騎尉。[5]

[1]飛章：報告急事或急變之奏章。

[2]賈、馬、王、鄭：指賈逵、馬融、王肅、鄭玄。

[3]廢太子勇：指隋文帝長子楊勇，隋文帝即位立爲太子，開皇二十年廢爲庶人，故稱"廢太子"。傳見本書卷四五、《北史》卷七一。

[4]蜀王：此指隋文帝楊堅第四子楊秀，封蜀王。傳見本書卷四五、《北史》卷七一。

[5]雲騎尉：官名。隋開皇三年於吏部別置朝議等八郎、旅騎等八尉，上階爲郎，下階爲尉。散官番直，常出使監檢。正九

品下。

煬帝即位，遷太學博士，俄以疾去職。數年，復被徵以待顧問，因上所著《曆書》，與太史令張胄玄多不同，[1]被駁不用。大業六年卒，[2]時年六十七。劉炫爲之請謚，朝廷不許。

[1]太史令：官名。隋初秘書省置太史曹，煬帝改爲太史監，長官爲令，置二人，掌天文曆法之事。隋初爲從七品，煬帝進爲從五品。　張胄玄：人名。傳見本書卷七八、《北史》卷八九。

[2]六年：本書《律曆志下》載："至大業四年劉焯卒後，乃敢改法。"言劉焯卒於大業四年。

劉炫

劉炫，字光伯，河間景城人也。[1]少以聰敏見稱，與信都劉焯閉户讀書，十年不出。炫眸子精明，視日不眩，强記默識，莫與爲儔。左畫方，右畫圓，口誦，目數，耳聽，五事同舉，無有遺失。周武帝平齊，瀛州刺史宇文亢引爲户曹從事。[2]後刺史李繪署禮曹從事，[3]以吏幹知名。

[1]景城：縣名。治所在今河北滄州市西景城村。

[2]宇文亢：人名。北周時爲瀛州刺史，其他事迹不詳。　户曹從事：官名。州府屬官，長官所自辟，掌一州户口、籍帳、婚嫁等事。北周品秩不詳。

[3]李繪：人名。北周時爲瀛州刺史，其他事迹不詳。　禮曹

從事：官名。州府屬官，長官所自辟，掌一州禮儀教化等事。北周品秩不詳。

歲餘，奉敕與著作郎王劭同修國史。俄直門下省，以待顧問。又與諸術者修天文律曆，兼於内史省考定群言，[1]内史令博陵李德林甚禮之。[2]炫雖遍直三省，竟不得官，爲縣司責其賦役。兹自陳於内史，[3]内史送詣吏部，[4]吏部尚書韋世康問其所能。[5]炫自爲狀曰："《周禮》《禮記》《毛詩》《尚書》《公羊》《左傳》《孝經》《論語》孔、鄭、王、何、服、杜等注，[6]凡十三家，雖義有精粗，並堪講授。《周易》《儀禮》《穀梁》，用功差少。史子文集，嘉言美事，咸誦於心。天文律曆，窮覈微妙。至於公私文翰，未嘗假手。"吏部竟不詳試，然在朝知名之士十餘人，保明炫所陳不謬，於是除殿内將軍。[7]

[1]内史省：官署名。隋避諱改中書省爲内史省，爲三省之一，置監、令各一員，尋廢監，置令二員爲長官。下置侍郎、舍人等官員。掌皇帝詔令出納宣行，爲機要之司。

[2]内史令：官名。内史省長官，掌皇帝詔令出納宣行，居宰相之職。正三品。　博陵：郡名。治所在今河北安平縣。　李德林：人名。傳見本書卷四二、《北史》卷七二。

[3]兹：汲古閣本同，宋刻遞修本、殿本、庫本、中華本及《北史》卷八二《劉炫傳》作"炫"。

[4]吏部：官署名。隋爲尚書省六部之首。下統吏部、主爵、司勳、考功曹（司）。以吏部尚書爲長官。掌全國文職官員銓選、勳封、考課之政。

［5］韋世康：人名。傳見本書卷四七，《北史》卷六四有附傳。按，“康”底本原作“惠”，宋刻遞修本、汲古閣本、中華本作“康”。檢《北史·劉炫傳》亦作“康”。又隋任吏部尚書者無“韋世惠”，底本誤。今據改。

［6］孔、鄭、王、何、服、杜：指孔安國、鄭玄、王弼、何晏、服虔、杜預。

［7］殿内將軍：官名。隋初左右衛有員外將軍十五人，同掌宫掖禁禦，都攝仗衛。正八品。開皇三年罷。

時牛弘奏請購求天下遺逸之書，炫遂僞造書百餘卷，題爲《連山易》《魯史記》等，録上送官，取稟而去。[1]後有人訟之，經赦免死，坐除名，歸于家，以教授爲務。太子勇聞而召之，既至京師，敕令事蜀王秀，遷延不往。蜀王大怒，枷送益州。[2]既而配爲帳内，每使執杖爲門衛。俄而釋之，典校書史。炫因擬屈原《卜居》，爲《筮塗》以自寄。及蜀王廢，與諸儒修定《五禮》，授旅騎尉。[3]

［1］稟：宋刻遞修本、汲古閣本、殿本、庫本、中華本及《北史》卷八二《劉炫傳》均作“賞”。底本誤。

［2］益州：治所在今四川成都市。

［3］旅騎尉：官名。隋開皇三年於吏部别置朝議等八郎、旅騎等八尉，上階爲郎，下階爲尉。散官番直，常出使監檢。旅騎尉爲從八品下。

吏部尚書牛弘建議，以爲禮諸侯絶傍期，[1]大夫降一等。[2]今之上柱國，[3]雖不同古諸侯，比大夫可也，官在第二品，宜降傍親一等。議者多以爲然。炫駁之曰："古之仕者，宗一人而已，庶子不得進。由是先王重適，其宗子有分禄之義。[4]族人與宗子雖疏遠，猶服縗三月，良由受其恩也。今之仕者，位以才升，不限適庶，與古既異，何降之有。今之貴者，多忽近親，若或降之，民德之疏，自此始矣。"遂寢其事。

[1]傍期：爲旁系親屬服喪。

[2]大夫：古職官名。周代在國君下有公卿、大夫、士三等。

[3]上柱國：官名。隋文帝因改北周十一等勳官之制形成十一等散實官，用以酬勤勞，無實際職掌。柱國爲第二等，可開府置僚佐。從一品。

[4]宗子：古代宗法制度中大宗的嫡長子。

開皇二十年，[1]廢國子、四門及州縣學，[2]唯置太學博士二人，[3]學生七十二人。[4]炫上表言學校不宜廢，情理甚切，高祖不納。開皇之末，國家殷盛，朝野皆以遼東爲意。[5]炫以爲遼東不可伐，作《撫夷論》以諷焉，當時莫有悟者。及大業之季，三征不克，炫言方驗。

[1]開皇二十年：檢本書卷二《高祖紀下》及《百官志下》，廢學時間在"仁壽元年"，此誤。

[2]廢國子、四門及州縣學：中華本標點爲"廢國子四門及州縣學"。據本書《百官志下》國子寺統國子、太學、四門及書算學。故"國子""四門"間當用頓號。國子，指國子學，是隋最高學府。初隸國子寺，置博士、助教各五人。後隸國子監，置博士、助教各一人。學生無常員。四門，即四門學，隋國家中央第三級學

府。置博士、助教，學生數及隸屬皆同太學。州縣學，隋官府在州、縣所辦的地方學校。

[3]唯置太學博士二人：《北史》卷八二《劉炫傳》記載與此同，然檢本書《百官志下》載："（仁壽元年）罷國子學，唯立太學一所，置博士五人。"

[4]七十二人：《北史·劉炫傳》及本書《百官志下》記載均爲"七十二人"。檢本書卷二《高祖紀下》載："（仁壽元年）國子學唯留學生七十人，太學、四門及州縣學並廢。……秋七月戊戌，改國子爲太學。"

[5]遼東：地區名。指遼水以東地區，此指高麗國。

煬帝即位，牛弘引炫修律令。高祖之世，以刀筆吏類多小人，[1]年久長姦，勢使然也。又以風俗陵遲，婦人無節。於是立格，[2]州縣佐史，[3]三年而代之，九品妻無得再醮。炫著論以爲不可，弘竟從之。諸郡置學官，及流外給廪，[4]皆發自於炫。弘嘗從容問炫曰："案《周禮》士多而府史少，今令史百倍於前，判官減則不濟，其故何也？"炫對曰："古人委任責成，歲終考其殿最，案不重校，文不繁悉，府史之任，掌要目而已。今之文簿，恒慮覆治，[5]鍛煉若其不密，萬里追證百年舊案，故諺云：'老吏抱案死'。古今不同，若此之相懸也，事繁政弊，職此之由。"弘又問："魏、齊之時，令史從容而已，今則不遑寧舍，其事何由？"炫對曰："齊氏立州不過數十，三府行臺，遞相統領，文書行下，不過十條。今州三百，其繁一也。往者州唯置綱紀，郡置守丞，縣唯令而已。其所具僚，則長官自辟，受詔赴任，每州不過數十。今則不然，大小之官，悉由吏部，纖介之迹，皆屬考功，其繁二也。省官不如省事，省事不如清心。官事不省而望從容，其可得乎?”弘甚善其言而不能用。納言楊達舉炫博學有文章，[6]射策高第，除太學博士。歲餘，以品卑去任，還至長平，[7]奉敕追詣行在所。或言其無行，帝遂罷之，歸于河間。

[1]刀筆吏：掌文案的胥吏。

[2]格：法式，百官有司所常行之事。

[3]佐史：此指州縣流外官與胥吏的統稱。

[4]流外：指流外官。南北朝隋唐時期對九品以下官員的通稱。與一品至九品的流内官相對而言。流外官本身也有九等品級，經考銓後，可遞升入流成爲流内官，稱爲“入流”。凡京師及地方官署的吏員，多以流外官充任。

[5]覆治：再次審理。按，《北史》卷八二《劉炫傳》作“勘覆”。

[6]楊達：人名。本書卷四三、《北史》卷六八有附傳。

[7]長平：郡名。治所在今山西晋城市東北高都鎮。

于時群盗蜂起，穀食踊貴，經籍道息，教授不行。炫與妻子相去百里，聲問斷絶，鬱鬱不得志，乃自爲贊曰：

通人司馬相如、揚子雲、馬季長、鄭康成等，[1]皆自叙風徽，傳芳來葉。余豈敢仰均先達，貽笑從昆。[2]徒以日迫桑榆，大命將近，故友飄零，門徒雨散，溘死朝露，埋魂朔野，親故莫照其心，後人不見其迹，殆及餘喘，薄言胸臆，貽及行邁，傳示州里，使夫將來俊哲知余鄙志耳。

［1］通人：學識淵博通達之人。　司馬相如：人名。西漢文學家。傳見《史記》卷一一七、《漢書》卷五七。　揚子雲：人名。即揚雄，字子雲，漢賦四大家之一。傳見《漢書》卷八七。　馬季長：人名。即馬融，字季長，東漢經學家。傳見《後漢書》卷六〇上。

［2］從：汲古閣本、中華本同，宋刻遞修本、殿本、庫本作"後"。《北史》卷八二《劉炫傳》、《册府元龜》卷九〇九《總録部·窮愁》亦作"後"。李慈銘《隋書札記》指出："從當作後。"後昆指後嗣、子孫，作"後"是。

余從綰髪以來，迄於白首，嬰孩爲慈親所恕，棰楚未嘗加，從學爲明師所矜，榎楚弗之及。[1]暨乎敦叙邦族，交結等夷，重物輕身，先人後己。昔在幼弱，樂參長者，爰及耆艾，數接後生。學則服而不厭，誨則勞而不倦，幽情寡適，心事方違。内省生平，顧循終始，其大幸有四，其深恨有一。

［1］榎（jiǎ）楚：以榎木荆條所製刑具，用以笞打。

性本愚蔽，家業貧窶，爲父兄所饒，[1]厠縉紳之末，遂得博覽典誥，窺涉今古，小善著於丘園，虚名聞於邦國，其幸一也。

［1］饒：相容、饒恕。

隱顯人間，沈浮世俗，數忝徒勞之職，久執城旦之書，[1]名不挂於白簡，[2]事不染於丹筆，[3]立身立行，慚恧實多，啓手啓足，庶幾可免，其幸二也。

[1]城旦：古代一種築城四年的勞役。此泛指刑罰。

[2]白簡：古代彈劾官員的奏章。

[3]丹筆：指史筆。

以此庸虛，屢動神眷，以此卑賤，每升天府，[1]齊鑣驥騄，[2]比翼鵷鴻，[3]整緗素於鳳池，[4]記言動於麟閣，[5]參謁宰輔，造請群公，厚禮殊恩，增榮改價，其幸三也。

[1]天府：指朝廷。

[2]驥騄：良馬，此喻指朝臣。

[3]鵷鴻：鵷雛、鴻雁飛行有序，此喻指朝官班行。

[4]鳳池：鳳凰池，原指禁苑中池沼。魏晋南北朝時於禁中設中書省掌管機要，接近皇帝，故又稱中書省爲“鳳凰池”。

[5]麟閣：指麒麟閣，漢代用以藏秘書、處賢才。

晝漏方盡，大耋已嗟，退反初服，歸骸故里，玩文史以怡神，閲魚鳥以散慮，觀省野物，登臨園沼，緩步代車，無罪爲貴，其幸四也。

仰休明之盛世，慨道教之陵遲，蹈先儒之逸軌，傷群言之蕪穢，馳騖墳典，釐改僻謬，修撰始畢，圖事適成，天違人願，途不我與。世路未夷，學校盡廢，道不備於當時，業不傳於身後。銜恨泉壤，實在兹乎？其深恨一也。

時在郡城，糧餉斷絶，其門人多隨盜賊，哀炫窮乏，詣郡城下索炫，郡官乃出炫與之。炫爲賊所將，過城下堡。未幾，賊爲官軍所破，炫飢餓無所依，復投縣城。長吏意炫與賊相知，恐爲後變，遂閉門不納。是時夜冰寒，因此凍餒而死，時年六十八。其後門人謚曰宣德先生。

炫性躁競，頗俳諧，多自矜伐，好輕侮當世，爲執政所醜，由是官塗不遂。著《論語述議》十卷，《春秋攻昧》十卷，《五經正名》十二卷，《孝經述議》五卷，《春秋述議》四十卷，《尚書述議》二十卷，《毛詩述議》四十卷，《注詩序》一卷，[1]《算術》一卷，並行於世。

[1]《注詩序》：中華本《北史》卷八二本傳標點爲“注《詩序》”。

褚輝

吴郡褚輝，[1]字高明，以《三禮》學稱於江南。煬帝時，徵天下儒術之士，悉集内史省，相次講論。輝博辯，無能屈者，由是擢爲太學博士。撰《禮疏》一百卷。

[1]吴郡：治所在今江蘇蘇州市。　褚輝：人名。《北史》卷

八二有附傳。

顧彪

餘杭顧彪，[1]字仲文，明《尚書》《春秋》。煬帝時爲秘書學士，[2]撰《古文尚書疏》二十卷。

[1]餘杭：郡名。治所在今浙江杭州市。　顧彪：人名。《北史》卷八二有附傳。

[2]秘書學士：此指秘書省撰述人員。屬流外官，品秩不詳。

魯世達

餘杭魯世達，[1]煬帝時爲國子助教，撰《毛詩章句義疏》四十一卷，[2]行於世。

[1]魯世達：人名。《北史》卷八二有附傳。

[2]四十一：汲古閣本、殿本、庫本與底本同，宋刻遞修本、中華本作“四十二”。檢《北史·魯世達傳》作“四十二”，本書《經籍志一》載爲“四十”。

張沖

吴郡張沖，[1]字叔玄。仕陳爲左中郎將，[2]非其好也，乃覃思經典，撰《春秋義略》，異於杜氏七十餘事，《喪服義》三卷，《孝經義》三卷，《論語義》十卷，

《前漢音義》十二卷。官至漢王侍讀。[3]

[1]張沖：人名。《北史》卷八二有附傳。按，“沖”字底本、宋刻遞修本、汲古閣本原作“仲”，殿本改作“沖”，殿本《考證》云：“監本‘沖’俱訛‘仲’，惟目録作‘沖’，《北史》本傳亦作‘沖’，《唐書·藝文志》載張沖《春秋左氏義略》三十卷，亦與本傳合。本書《經籍志》載《春秋義略》三十卷，注‘陳右軍將軍張沖撰’，本傳載沖仕陳爲左中郎將，官秩不符，或歷官不備載耳。本書《潘徽傳》受書於張沖，俱作‘沖’。又南齊張沖字思約，亦吴郡人，官至征虜將軍，封定襄侯，又一張沖也。”今據改。

[2]左中郎將：官名。南朝陳設有左右中郎將，職掌侍衛左右，爲皇帝之近衛侍從武官。第五品。按，本書《經籍志一》載：“《春秋義略》三十卷，陳右軍將軍張沖撰。”載其官職爲“右軍將軍”。

[3]漢王侍讀：官名。隋諸王府屬官有侍讀、侍講。品秩不詳。

王孝籍

平原王孝籍，[1]少好學，博覽群言，遍治五經，頗有文翰。與河間劉炫同志友善。開皇中，召入秘書，助王劭修國史。劭不之禮，在省多年，而不免輸税。孝籍鬱鬱不得志，奏記於吏部尚書牛弘曰：

[1]平原：郡名。治所在今山東平原縣西南。　王孝籍：人名。《北史》卷八二有附傳。

竊以毒螫瘠膚，[1]則申旦不寐，飢寒切體，亦卒歲無聊。何則？痛苦難以安，貧窮易爲蹙。况懷抱之内，水火鑠脂膏，腠理之間，風霜侵骨髓，安可齰舌緘脣，[2]吞聲飲氣，惡呻吟之響，忍酸辛之酷哉！伏惟明尚書公動哀矜之色，開寬裕之懷，咳唾足以活枯鱗，吹嘘可用飛窮羽。芬椒蘭之氣，暖布帛之詞，許小人之請，聞大君之聽。雖復山川不遠，鬼神在兹，信而有徵，言無不履，猶恐拯溺遲於援手，救經緩於扶足。待越人之舟楫，[3]求魯匠之雲梯，[4]則必懸於槁樹之枝，没於深淵之底矣。

[1]瘮（cǎn）：痛，惨痛。

[2]齰（zé）：咬嚙。

[3]越人之舟楫：指古越族人生於水澤之國，善於操縱舟楫。

[4]魯匠之雲梯：春秋時魯國工匠公輸班爲楚國造雲梯之械攻宋國。典出《墨子·公輸》。

夫以一介貧人，七年直省，課役不免，慶賞不霑，賣貢禹之田，供釋之之費，有弱子之累，乏强兄之産。加以老母在堂，[1]光陰遲暮，寒暑違闕，關山超遠，齧臂爲期，前塗逾邈，倚閭之望，朝夕已勤。謝相如之病，[2]無官可以免；發梅福之狂，[3]非仙所能避。愁疾甚乎厲鬼，人生異夫金石。營魂且散，恐筮予無徵，齎恨入冥，則虚緣恩顧，此乃王稽所以致言，應侯爲之不樂也。潛鬢髮之内，居眉睫之間，子野未曾聞，[4]離朱所不見，[5]沈淪東觀，[6]留滯南史，[7]終無薦引，永同埋殯。三世不移，雖由寂寞，十年不調，實乏知己。

[1]加：底本、汲古閣本作“叨”，宋刻遞修本、殿本、庫本、中華本作“加”。此作“加”意思更通，據改。

[2]相如：人名。即西漢文學家司馬相如，史載其稱病閑居，不慕官爵。

[3]梅福：人名。西漢經學家，王莽篡政，遁避塵世，傳以爲仙。傳見《漢書》卷六七。

[4]子野：春秋時期晋國樂師師曠，字子野。

[5]離朱：即離婁，傳説爲黄帝時視力特别强的人。

[6]東觀：原指東漢洛陽南宫内觀，爲皇室藏書及國史修撰之所。此代指史館。

[7]南史：原指春秋時齊國史官，此代指自己所任史官。

夫不世出者，聖明之君也，不萬一者，誠賢之臣也。以夫不世出而逢不萬一，此小人所以爲明尚書幸也。坐人物之源，運銓衡之柄，反披狐白，[1]不好緇衣，此小人爲明尚書不取也。昔荆玉未剖，刖卞和之足，[2]百里未用，[3]碎禽息之首。[4]居得言之地，有能用之資，增耳目之明，無手足之蹩，憚而弗爲，孰知其解！夫官或不稱其能，士或未申其屈，一夫竊議，語流天下。勞不見圖，安能無望！儻病未及死，狂還克念，汗窮愁之簡，屬離憂之詞，記志於前修，[5]通心於來哲，使千載之下，哀其不遇，追咎執事，有點清塵，則不肖之軀，死生爲累，小人之罪，方且未刊。[6]願少加憐愍，留心無忽！

[1]反披狐白：典出《漢書》卷八一《匡衡傳》：“夫富貴在身而列士不譽，是有狐白之裘而反衣之也。”比喻華而不實。

［2］卞和：人名。春秋時楚人。傳其得玉璞，獻於楚厲王及楚武王，被指欺詐，刖其雙足。文王即位，抱璞哭於荆山下，文王使人琢璞，得寶玉，名爲“和氏璧”。

［3］百里：人名。即百里奚，春秋時秦國繆公大臣。

［4］禽息：人名。春秋時秦國大夫，推薦百里奚給秦繆公，而秦繆公不用。待秦繆公出行，禽息擋車用頭擊闌，腦漿外溢。繆公感悟而用百里奚，秦遂大化。

［5］記：汲古閣本、殿本、庫本、中華本同，宋刻遞修本、《北史》卷八二《王孝籍傳》作“託”。

［6］刊：《北史·王孝籍傳》作“刑”。

弘亦知其有學業，而竟不得調。後歸鄉里，以教授爲業，終于家。注《尚書》及《詩》，遭亂零落。

史臣曰：古語云：“容體不足觀，勇力不足恃，族姓不足道，先祖不足稱。然而顯聞四方，流聲後胤者，其唯學乎？”[1]信哉斯言也。暉遠、榮伯之徒，篤志不倦，自求諸己，遂能聞道下風，稱珍席上。或聚徒千百，或服冕乘軒，見重明時，實惟稽古之力也。江陽從容雅望，風韻閑遠，清談高論，籍甚當年；彦之敦經悦史，砥身礪行，志存典制，動蹈規矩；何妥通涉俊爽，神情警悟，雅有口才，兼擅詞筆，然訐以爲直，失儒者之風焉；劉焯道冠縉紳，數窮天象，既精且博，洞幽究微，鉤深致遠，源流不測，數百年來，斯人而已；劉炫學實通儒，才堪成務，九流七略，無不該覽，雖探賾索隱，不逮於焯，裁成義説，文雅過之。並道亞生知，時不我與，或纔登於下士，或餒棄於溝壑，惜矣。子夏有言：“死生有命，富貴在天。”[2]天之所與者聰明，所不與者貴仕，上聖且猶不免，焯、炫其如命何！

[1]“容體不足觀”至“其唯學乎”：王肅所注《孔子家語》卷二《致思》有其言：“其容體不足觀也，其勇力不足憚也，其先祖不足稱也，其族姓不足道也，終而有大名以顯聞四方，流聲後裔者，豈非學之效也？”

[2]死生有命，富貴在天：語出《論語·顏淵》。

隋書　卷七六

列傳第四十一

文學

《易》曰："觀乎天文，以察時變，觀乎人文，以化成天下。"[1]《傳》曰："言，身之文也，言而不文，行之不遠。"[2]故堯曰則天，[3]表文明之稱；周云盛德，著焕乎之美。然則文之爲用，其大矣哉！上所以敷德教於下，下所以達情志於上，大則經緯天地，作訓垂範，次則風謡歌頌，匡主和民。或離讒放逐之臣，塗窮後門之士，[4]道轗軻而未遇，志鬱抑而不申，憤激委約之中，飛文魏闕之下，[5]奮迅泥滓，自致青雲，振沈溺於一朝，流風聲於千載，往往而有。是以凡百君子，莫不用心焉。

[1]"觀乎天文"至"以化成天下"：語出《易·上經·賁》。意思是觀察天道運行，可以看到時令變化；注重人間倫理道德，就可以教化天下。

[2]言，身之文也，言而不文，行之不遠：語出《左傳》僖公二十四年，介之推曰："言，身之文也。身將隱，焉用文之？是求顯也。"原文無"言而不文，行之不遠"。

[3]堯：傳説中的古帝陶唐氏之號。詳見《史記》卷一《五帝本紀》。　則天：以天爲法。

[4]後門：此指寒微門第。

[5]魏闕：宫門外高聳之樓觀，因常爲懸布法令之所，亦借指朝廷。

自漢、魏以來，迄乎晋、宋，[1]其體屢變，前哲論之詳矣。暨永明、天監之際，[2]太和、天保之間，[3]洛陽、江左，[4]文雅尤盛。于時作者，濟陽江淹、吴郡沈約、樂安任昉、濟陰温子昇、河間邢子才、鉅鹿魏伯起等，[5]並學窮書圃，思極人文，縟彩鬱於雲霞，逸響振於金石。英華秀發，波瀾浩蕩，筆有餘力，詞無竭源。方諸張、蔡、曹、王，[6]亦各一時之選也。聞其風者，聲馳景慕。然彼此好尚，互有異同。江左宫商發越，貴於清綺，河朔詞義貞剛，[7]重乎氣質。氣質則理勝其詞，清綺則文過其意，理深者便於時用，文華者宜於詠歌，此其南北詞人得失之大較也。若能掇彼清音，簡兹累句，各去所短，合其兩長，則文質斌斌，盡善盡美矣。梁自大同之後，[8]雅道淪缺，漸乖典則，争馳新巧。簡文、湘東，[9]啓其淫放，徐陵、庾信，[10]分路揚鑣。其意淺而繁，其文匿而彩，詞尚輕險，情多哀思。格以延陵之聽，[11]蓋亦亡國之音乎！周氏吞併梁、荆，[12]此風扇於關右，[13]狂簡斐然成俗，流宕忘反，無所取裁。

［1］宋：即南朝宋（420—479），都建康（今江蘇南京市）。

［2］永明：南朝齊武帝蕭賾年號（483—493）。　天監：南朝梁武帝蕭衍年號（502—519）。

［3］太和：北魏孝文帝元宏年號（477—499）。　天保：北齊文宣帝高洋年號（550—559）。

［4］洛陽：此泛指以洛陽爲中心的北方地區。　江左：地區名。亦稱江東，泛指長江下游以東地區。

［5］濟陽：郡名。治所在今河南蘭考縣東北。　江淹：人名。南朝著名辭賦大家，歷仕南朝宋、齊、梁三朝。傳見《梁書》卷一四、《南史》卷五九。　吴郡：治所在今江蘇蘇州市。　沈約：人名。南朝梁人。著有《宋書》，文學史上“竟陵八友”之一。傳見《梁書》卷一三、《南史》卷五七。　樂安：郡名。東漢時治所在今山東鄒平縣東北，南朝宋移治今山東廣饒縣北。　任昉：人名。南朝文學家，文學史上“竟陵八友”之一。傳見《梁書》卷一四、《南史》卷五九。　濟陰：郡名。治所在今山東定陶縣西北。　温子昇：人名。北魏、東魏時著名文學家，北地三才之一。傳見《魏書》卷八五、《北史》卷八三。　河間：郡名。治所在今河北河間市。　邢子才：人名。即邢卲，北魏至北齊時人，以文學知名，官至中書監。傳見《北齊書》卷三六，《北史》卷四三有附傳。　鉅鹿：郡名。秦時治所在鉅鹿縣（今河北平鄉縣西南），東漢移治癭陶縣（今河北寧晋縣西南），北魏永安中郡分爲二，一屬殷州（治所在今寧晋縣西），北齊廢；一屬定州（治所在今河北定州市），隋初廢。　魏伯起：人名。即魏收，字伯起。北齊文宣帝天保初年官任中書令，博學多識，通曉經史文章，對國典朝儀多有議定。傳見《北齊書》卷三七、《北史》卷五六。

［6］張、蔡、曹、王：指張衡、蔡邕、曹操、王粲。張衡，人名。東漢著名天文學家、文學家。傳見《後漢書》卷五九。蔡邕，人名。東漢著名文學家、書法家，師從胡廣，撰有《獨斷》一書，萬餘字，記述漢代，兼述漢以前有關禮制、車服、帝系等内容。傳

見《後漢書》卷六〇下。曹操，人名。即魏武帝。紀見《三國志》卷一。王粲，人名。東漢末著名文學家，“建安七子”之一。傳見《三國志》卷二一。

[7]河朔：泛指黄河以北地區。

[8]梁：即南朝梁（502—557），或稱蕭梁，都建康（今江蘇南京市）。　大同：南朝梁武帝蕭衍年號（535—546）。

[9]簡文：指南朝梁簡文帝蕭綱。紀見《梁書》卷四、《南史》卷八。　湘東：指南朝梁元帝蕭繹，曾爲湘東王。紀見《梁書》卷五、《南史》卷八。

[10]徐陵：人名。南朝梁、陳時人，宫體詩代表人物，與庾信齊名，並稱“徐庾”。傳見《陳書》卷二六，《南史》卷六二有附傳。　庾信：人名。南北朝時著名文學家，宫體詩代表人物，初仕蕭梁，後梁爲西魏所滅，遂由南入北。傳見《周書》卷四一、《北史》卷八三。

[11]延陵：指春秋時吴國季札。事見《史記》卷三一《吴太伯世家》。

[12]周：即北周（557—581），亦稱後周，都長安（今陝西西安市西北）。　梁、荆：泛指古九州之梁州、荆州地區。

[13]關右：指潼關以西地區。

高祖初統萬機，[1]每念斲彫爲樸，發號施令，咸去浮華。然時俗詞藻，猶多淫麗，故憲臺執法，[2]屢飛霜簡。[3]煬帝初習藝文，[4]有非輕側之論，暨乎即位，一變其風。其《與越公書》《建東都詔》《冬至受朝詩》及《擬飲馬長城窟》，並存雅體，歸於典制。雖意在驕淫，而詞無浮蕩，故當時綴文之士，遂得依而取正焉。所謂能言者未必能行，蓋亦君子不以人廢言也。

［1］高祖：隋文帝楊堅的廟號。紀見本書卷一、二，《北史》卷一一。

［2］憲臺：漢御史府，後漢改稱憲臺，後爲同類機構及御史官職之通稱。

［3］霜簡：御史彈劾大臣的奏章。

［4］煬帝：隋楊廣的謚號。紀見本書卷三、四，《北史》卷一二。

爰自東帝歸秦，[1]逮乎青盖入洛，[2]四隩咸息，[3]九州攸同，[4]江、漢英靈，[5]燕、趙奇俊，[6]並該天網之中，俱爲大國之寶。言刈其楚，片善無遺，潤木圓流，不能十數，才之難也，不其然乎！時之文人，見稱當世，則范陽盧思道、安平李德林、河東薛道衡、趙郡李元操、鉅鹿魏澹、會稽虞世基、河東柳䛒、高陽許善心等，[7]或鷹揚河朔，或獨步漢南，[8]俱騁龍光，並驅雲路，各有本傳，論而叙之。其潘徽、萬壽之徒，[9]或學優而不切，或才高而無貴仕，其位可得而卑，其名不可堙没，今總之於此，爲《文學傳》云。

［1］東帝歸秦：指北周武帝建德六年（577）滅北齊，統一北方。

［2］青盖入洛：指北周大象二年（580）楊堅討平尉遲迥之叛。“盖”宋刻遞修本、汲古閣本、殿本、庫本、中華本皆作“蓋”。

［3］息：古同“暨”。宋刻遞修本、汲古閣本、殿本、庫本與底本同，中華本作“暨”。

［4］九州：此泛指天下。

［5］江、漢：泛指長江及漢水流域附近地區。

［6］燕、趙：泛指戰國時燕國和趙國所在地區，約在今河北北

部、山西西部一帶。

［7］范陽：郡名。治所在今河北涿州市。　盧思道：人名。傳見本書卷五七，《北史》卷三〇有附傳。　安平：郡名。治所在今山西沁水縣東北。　李德林：人名。傳見本書卷四二、《北史》卷七二。　河東：郡名。治所在今山西永濟市西南。　薛道衡：人名。傳見本書卷五七，《北史》卷三六有附傳。　趙郡：治所在今河北趙縣。　李元操：人名。即李孝貞，字元操。傳見本書卷五七，《北史》卷三三有附傳。　魏澹：人名。傳見本書卷五八，《北史》卷五六有附傳。　會稽：郡名。治所在今浙江紹興市。虞世基：人名。傳見本書卷六七、《北史》卷八三。　柳䛒：人名。傳見本書卷五八、《北史》卷八三。　高陽：郡名。治所在今河北蠡縣南。　許善心：人名。傳見本書卷五八、《北史》卷八三。

［8］漢南：泛指漢水以南地區。

［9］潘徽：人名。傳見本卷、《北史》卷八三。　萬壽：人名。即孫萬壽。傳見本卷，《北史》卷八一有附傳。

劉臻

劉臻，[1]字宣摯，沛國相人也。[2]父顯，[3]梁尋陽太守。[4]臻年十八，舉秀才，[5]爲邵陵王東閣祭酒。[6]元帝時，[7]遷中書舍人。[8]江陵陷没，[9]復歸蕭詧，[10]以爲中書侍郎。[11]周冢宰宇文護辟爲中外府記室，[12]軍書羽檄，多成其手。後爲露門學士，[13]授大都督，[14]封饒陽縣子，[15]歷藍田令、畿伯下大夫。[16]

［1］劉臻：人名。傳另見《北史》卷八三。生平亦可見《大隋故儀同三司饒陽縣開國伯劉府君（大臻）墓誌》（載劉文《陝西新

見隋朝墓誌》一八，三秦出版社2018年版）。據墓誌“君諱大臻”。

［2］沛國：郡名。治所在今安徽濉溪縣西北。　相：縣名。治所在今安徽濉溪縣西北。

［3］顯：人名。即劉顯。南朝梁官至中書侍郎。傳見《梁書》卷四〇，《南史》卷五〇有附傳。

［4］尋陽：郡名。治所在今江西九江市西南。

［5］秀才：本意指優秀人才。漢武帝始定爲選舉科目，三國魏州舉秀才，晋朝沿之，南北朝略同。時秀才之選最爲重要，多以此出任要職。此爲隋選舉科目名。

［6］邵陵王：南朝梁蕭綸封爵名，全稱是邵陵郡王。爲梁十五等爵的第一等。蕭綸傳見《梁書》卷二九、《南史》卷五三。　東閣祭酒：官名。南朝梁公府以上皆置東閣祭酒、西閣祭酒及主閣内事，掌接對賢良，引導賓客。皇弟皇子府品秩三班。

［7］元帝：南朝梁元帝蕭繹。

［8］中書舍人：官名。掌詔誥兼呈奏之事。南朝梁官品第四班。按，《劉大臻墓誌》作“内書舍人”，避隋諱改。

［9］江陵：縣名。梁元帝在此即位稱帝，後爲梁都城。治所在今湖北荆州市。

［10］蕭詧：人名。南朝後梁（555—587）的第一代君主，都於江陵（今湖北荆州市），臣屬西魏、北周，受封爲梁王。傳見《周書》卷四八、《北史》卷九三。

［11］中書侍郎：官名。南朝梁中書省設四人，佐監、令掌出内帝命，功高者一人，主省内事。南朝梁官品第九班。按，《劉大臻墓誌》作“内書郎”。

［12］冢宰：官名。全稱爲大冢宰卿。西魏恭帝三年（556）仿《周禮》建六官，置大冢宰卿一人，正七命，爲天官冢宰府最高長官。掌邦治，以建邦之六典佐皇帝治邦國。北周沿置，然其權力却因人而異，若有“五府總於天官”之命，則稱冢宰，能總攝百官，實爲大權在握之宰輔；若無此命，即稱太宰，與五卿並列，僅統本

府官。　宇文護：人名。西魏權臣宇文泰之侄，北周建立，宇文護專政。傳見《周書》卷一一，《北史》卷五七有附傳。　中外府記室：官名。全稱爲都督中外諸軍事府記室參軍事。周武帝保定元年（561），以大冢宰宇文護爲都督中外諸軍事，開府置官屬，府名簡稱“中外府”，此爲宇文護控制北周朝政的權力機構。至建德元年，周武帝誅殺宇文護，親總朝政，中外府則廢。中外府記室參軍事，即爲宇文護中外府所屬列曹參軍之一，掌判府内章表書記之事務。北周正四命。

[13]露門學士：北周有露門學，教授皇太子及貴族子弟，學士爲其教授人員。按，《劉大臻墓誌》作“虎門學士”。露門學士爲唐人避虎門學士諱所改。

[14]大都督：官名。西魏行府兵制，以都督中外爲最高統帥，下有六柱國及十二大將軍均稱大都督。北周武成初改都督爲總管。後爲北周十一等勳官的第九等，北周府兵制中每團的長官均加此勳官名。八命。（參見王仲犖《北周六典》卷九《勳官第二十》，中華書局 1979 年版，第 580 頁）

[15]饒陽縣子：爵名。北周十一等爵的第九等。正六命。

[16]藍田：縣名。治所在今陝西藍田縣。　畿伯下大夫：官名。北周以王畿千里之外爲畿，立畿伯之官，使各掌其畿之政令戒禁。正四命。（參見王仲犖《北周六典》卷三《地官府第八》，第 98 頁）按，《劉大臻墓誌》載：大象初爲畿伯大夫，稍遷稍伯下大夫。

高祖受禪，[1]進位儀同三司。[2]左僕射高熲之伐陳也，[3]以臻隨軍，典文翰，進爵爲伯。[4]皇太子勇引爲學士，[5]甚褻狎之。臻無吏幹，又性恍惚，耽悦經史，終日覃思，至於世事，多所遺忘。有劉訥者，[6]亦任儀同，俱爲太子學士，情好甚密。臻住城南，訥住城東，臻嘗欲尋訥，謂從者曰：“汝知劉儀同家乎？”從者不知尋訥，謂臻還家，答曰：“知。”於是引之而去，既扣門，臻尚未悟，謂至訥家。乃據桉大呼曰：[7]“劉儀同可出矣。”其子迎門，臻驚曰：“此汝亦來耶？”其子答曰：“此是大人家。”於是顧盼，久之乃悟，[8]叱從者曰：“汝大無意，吾欲造劉訥耳。”性好噉蜆，以音同父諱，呼爲扁螺。其疏放多此類也。精於兩《漢書》，時人稱爲漢聖。開皇十八年卒，年七十二。[9]有集十卷行於世。

［1］受：底本作“授”，他本均作“受”，據文意改。

［2］儀同三司：官名。亦簡稱儀同。隋文帝因改北周十一等勳官之制形成十一等散實官，用以酬勤勞，無實際職掌。儀同三司是第八等，可開府置僚佐。正五品上。

［3］左僕射：官名。隋尚書省置左右僕射各一人，地位僅次於尚書令。由於隋尚書令不常置，僕射成爲尚書省實際長官，是宰相之職。從二品。　高熲：人名。傳見本書卷四一、《北史》卷七二。　陳：即南朝陳（557—589），都建康（今江蘇南京市）。

［4］伯：爵名。隋九等爵的第三等。正三品。

［5］皇太子勇：即隋文帝長子楊勇。傳見本書卷四五、《北史》卷七一。

［6］劉訥：人名。事亦見《北史》卷八三《劉臻傳》。

［7］桉：汲古閣本同，殿本、庫本作“案”，宋刻遞修本、中華本及《北史·劉臻傳》作“鞍”。據文意作“鞍”是。

［8］乃悟：底本“乃悟”後原有“此”字，爲衍文，他本均無，今删。

［9］開皇十八年卒，年七十二：《劉大臻墓誌》載其卒於開皇十六年三月廿五日，春秋七十三。

王頍

王頍，[1]字景文，齊州刺史頒之弟也。[2]年數歲，值江陵陷，隨諸兄入關。少好游俠，年二十，尚不知書。爲其兄顒所責怒，[3]於是感激，始讀《孝經》《論語》，晝夜不倦。遂讀《左傳》《禮》《易》《詩》《書》，乃歎曰："書無不可讀者！"勤學累載，遂遍通五經，究其旨趣，大爲儒者所稱。解綴文，善談論。年二十二，[4]周武帝引爲露門學士。[5]每有疑決，[6]多頍所爲。而頍性識甄明，精力不倦，好讀諸子，偏記異書，當代稱爲博物。又曉兵法，益有縱横之志，每歎不逢時，常以將相自許。

[1]王頍：人名。《北史》卷八四有附傳。

[2]齊州：治所在今山東濟南市。　頒：人名。傳見本書卷七二、《北史》卷八四。

[3]顒：人名。即王顒。事迹不詳。

[4]二十二：《北史·王頍傳》作"三十"。

[5]周武帝：北周皇帝宇文邕的謚號。紀見《周書》卷五、六，《北史》卷一〇。

[6]疑：中華本及《北史·王頍傳》與底本同，宋刻遞修本、汲古閣本、殿本、庫本作"議"。

開皇五年，[1]授著作佐郎。[2]尋令於國子講授。[3]會高祖親臨釋奠，國子祭酒元善講《孝經》，頍與相論難，詞義鋒起，善往往見屈。高祖大奇之，起授國子博士。[4]後坐事解職，配防嶺南。[5]數載，授漢王諒府諮議參軍，[6]王甚禮之。時諒見房陵及秦、蜀二王相次廢黜，[7]潛有異志。頍遂陰勸諒繕治兵甲。及高祖崩，諒遂舉兵反，多頍之計也。頍後數進奇策，諒不能用。楊素至蒿澤，[8]將戰，頍謂其子曰："氣候殊不佳，兵必敗。汝可隨從我。"既而兵敗，頍將歸突厥，[9]至山中，徑路斷絶，知必不免，謂其子曰："吾之計數，不減楊素，但坐言不見從，遂至於此。不能坐受擒執，以成豎子名也。吾死之後，汝慎勿過親故。"於是自殺，瘞之石窟中。其子數日不得食，遂過其故人，竟爲所擒。楊素求頍屍，得之，斬首，梟於太原。[10]時年五十四。撰《五經大義》三十卷，有集十卷，[11]並因兵亂，無復存者。

[1]開皇：隋文帝楊堅年號（581—600）。

[2]著作佐郎：官名。隋秘書省著作曹副長官，設八人，協助郎掌碑志、祝文、祭文修撰之事。正七品下。

[3]國子：指國子學。爲隋國家中央最高學府。置博士、助教各五人，學生一百四十人。隋初隸國子寺。後有變化。

[4]起：諸本皆同。中華本作"超"，其校勘記云："'超'原作'起'，據《北史》本傳及《御覽》二三六改。"據文意作"超"是。　國子博士：官名。爲國子學教官，掌以儒經教授國子學生，國有疑事則掌承問對。隋初置五人，正五品上，仁壽元年（601）隨國子學罷廢；煬帝大業初復置一人，正五品。

[5]配防：發配罪人戍邊。　嶺南：泛指五嶺以南地區，約在今廣東、廣西兩省地區。

[6]漢王諒：隋文帝楊堅第五子楊諒，開皇元年封漢王。傳見

本書卷四五、《北史》卷七一。　諮議參軍：官名。王公軍府屬官。掌顧問詔對。從六品。

[7]房陵：此指隋文帝楊堅長子房陵王楊勇。傳見本書卷四五、《北史》卷七一。　秦：此指隋文帝楊堅第三子秦孝王楊俊。傳見本書卷四五、《北史》卷七一。　蜀：此指隋文帝楊堅第四子蜀王楊秀。傳見本書卷四五、《北史》卷七一。

[8]楊素：人名。傳見本書卷四八，《北史》卷四一有附傳。　蒿澤：地名。事迹不詳。

[9]突厥：古族名、國名。廣義包括突厥、鐵勒諸部落，狹義專指突厥。公元六世紀時游牧於金山（今阿爾泰山）以南，因金山形似兜鍪，俗稱"突厥"，遂以名部落。西魏廢帝元年（552），土門自號伊利可汗，建立突厥汗國。後分裂爲西突厥、東突厥兩個汗國。傳見本書卷八四、《北史》卷九九、《舊唐書》卷一九四、《新唐書》卷二一五。

[10]太原：地名。在今山西太原市。

[11]十卷：《北史》卷八四《王頍傳》作"二十卷"。

崔儦

崔儦，[1]字岐叔，清河武城人也。[2]祖休，[3]魏青州刺史。[4]父仲文，[5]齊高陽太守。[6]世爲著姓。儦年十六，太守請爲功曹，[7]不就。少與范陽盧思道、隴西辛德源同志友善。[8]每以讀書爲務，負恃才地，忽略世人。大署其户曰："不讀五千卷書者，無得入此室。"數年之間，遂博覽群言，多所通涉。解屬文，[9]在齊舉秀才，爲員外散騎侍郎，[10]遷殿中侍御史。[11]尋與熊安生、馬敬德等議五禮，[12]兼修律令。尋兼散騎侍郎，[13]聘于陳。

使還，待詔文林館。[14]歷殿中、膳部、員外三曹郎中。[15]儦與頓丘李若俱見稱重，[16]時人爲之語曰：“京師灼灼，崔儦、李若。”齊亡，歸鄉里，仕郡爲功曹，州補主簿。[17]

[1]崔儦：人名。《北史》卷二四有附傳。

[2]清河：郡名。治所在今河北清河縣西北。　武城：縣名。治所在今河北清河縣東北。

[3]休：人名。即崔休。北魏孝明帝時任青州刺史。傳見《魏書》卷六九，《北史》卷二四有附傳。

[4]青州：治所在今山東青州市。

[5]仲文：人名。即崔仲文。事見《北史》卷二四《崔贍傳》。

[6]齊：即北齊（550—577），或稱高齊，都鄴（今河北臨漳縣西南鄴鎮東）。按，《北齊書》卷二三《崔贍傳》載爲“魏高陽太守”，《北史》未載其曾任太守事。

[7]功曹：官名。功曹參軍，北齊郡諸僚佐之一，掌選署功勞。視從八品。

[8]隴西：郡名。治所在今甘肅隴西縣東南。　辛德源：人名。傳見本書卷五八，《北史》卷五〇有附傳。

[9]屬（zhǔ）文：撰著文辭。

[10]員外散騎侍郎：官名。北齊集書省屬官，置一百二十人，掌侍從諷諫，獻納得失，實則爲閑散虛職，多用作加官。正七品上。

[11]殿中侍御史：官名。北齊置十二人，掌殿内禁衛内事。第八品。

[12]熊安生：人名。北朝經學家，歷官北齊、北周。傳見《周書》卷四五、《北史》卷八二。　馬敬德：人名。北齊後主時爲國子祭酒。傳見《北齊書》卷四四、《北史》卷八一。　五禮：指吉

禮、凶禮、軍禮、賓禮、嘉禮。

[13]兼：官制用語。假職未真授之稱。　散騎侍郎：官名。北齊屬散官，掌勸諫獻納。第五品。

[14]文林館：官署名。又稱修文令曹，北齊武平四年（573）設，置學士，掌撰述及校理典籍，並訓生徒。文學之士入館者，謂待詔文林館。

[15]殿中：官名。即殿中郎中。北齊尚書省殿中曹設郎中一人，掌駕行百官留守名帳，宫殿禁衛，供御衣倉等事。　膳部：官名。即膳部郎中。北齊尚書省膳部曹設郎中一人，掌侍官百司禮食肴饌等事。　員外：據本書《百官志中》及《通典》卷二二《職官・歷代郎官》載：北齊尚書省置二十八曹，凡三十郎中，並無員外郎中。《通典・歷代郎官》云："北齊唯置郎中。"又《北史・崔儦傳》衹言"歷尚書郎"，未詳何曹。待考。又本書中華書局新修訂本標點作"殿中、膳部員外，三曹郎中"，似文意更順。

[16]頓丘：郡名。治所在今河南清豐縣。　李若：人名。歷北齊、北周，隋開皇中任秦王府諮議。事見《北史》卷四三《李庶傳》。

[17]補：官制用語。調選官吏補充某職官之缺位。　主簿：官名。北周各州置主簿，爲州佐官之一，掌官署監印，檢核文書簿籍，勾稽缺失等事。"命品未詳"（參見王仲犖《北周六典》卷一〇《州牧刺史第二十六》，第652頁），但隋初雍州主簿爲流内視正八品，其餘諸州主簿爲流内視從八品，可作參考。

開皇四年，徵授給事郎，[1]尋兼内史舍人。[2]後數年，兼通直散騎侍郎，[3]聘于陳，還授員外散騎侍郎。[4]越國公楊素時方貴倖，[5]重儦門地，爲子玄縱娶其女爲妻。[6]聘禮甚厚。親迎之始，公卿滿座，素令騎迎儦，儦故敝其衣冠，騎驢而至。素推令上座，儦有輕素之色，禮甚倨，言又不遜。素忿然，拂衣而起，竟罷座。後數日，儦方來謝，素待之如初。仁壽中，[7]卒於京師，時年七十二。子世濟。[8]

[1]給事郎：官名。隋文帝開皇六年於尚書省吏部置給事郎，爲散官番直，無具體職掌。正八品上。煬帝大業三年（607）罷吏部給事郎，而取其名於門下省另置給事郎四人，位在黄門侍郎之下，掌省讀奏案。從五品。此當爲吏部給事郎。

[2]内史舍人：官名。爲内史省的屬官，掌参議表章，草擬詔敕。隋初置八人，正六品上，開皇三年升爲從五品。煬帝大業三年減置四人，大業末改内史省爲内書省，内史舍人遂改稱爲内書舍人。

[3]通直散騎侍郎：官名。隋初屬門下省，掌規諫，侍從皇帝左右備顧問，不典事。從五品。煬帝大業三年罷。

[4]員外散騎侍郎：官名。屬散官，隋門下省置六人，掌部從朝直，並出使勞問。正五品。

[5]越國公：爵名。隋九等爵的第三等。從一品。

[6]玄縱：人名。即楊玄縱。楊素之子，楊玄感之弟，隋文帝時封淮南郡公。隋煬帝征遼東，隸屬於盧龍道軍副梁文謙麾下，玄感起兵，逃歸玄感，後兵敗被殺。

[7]仁壽：隋文帝楊堅年號（601—604）。

[8]世濟：人名。即崔世濟。事迹不詳。

諸葛潁

諸葛潁，[1]字漢，丹陽建康人也。[2]祖銓，[3]梁零陵太守。[4]父規，[5]義陽太守。[6]潁年八歲，能屬文。起家梁邵陵王參軍事，[7]轉記室。[8]侯景之亂，[9]奔齊，待詔文林館。歷太學博士、太子舍人。[10]周武平齊，不得調，杜門不出者十餘年。習《周易》、圖緯、《倉》《雅》《莊子》，[11]頗得其要。

[1]諸葛潁：人名。傳另見《北史》卷八三。按，底本原作“穎”，他本均作“潁”，據改。

[2]丹陽：郡名。治所在今江蘇南京市。

[3]銓：人名。即諸葛銓。南朝梁時任零陵太守，其他事迹不詳。

[4]零陵：郡名。治所在今湖南永州市。

[5]規：人名。即諸葛規。隋時任義陽太守，其他事迹不詳。

[6]義陽：郡名。治所在今河南信陽市。

[7]起家：官制用語。從家中徵召出來，始授以官職。

[8]記室：官名。王府屬官，掌章表書記文檄。南朝梁官品第四班。

[9]侯景之亂：南朝梁武帝末年東魏降將侯景發動的一場叛亂，歷時五年（548—552）。侯景，人名。傳見《梁書》卷五六、《南史》卷八〇。

[10]太學博士：官名。北齊國子寺設太學博士十人，掌以經術教授生徒。從七品。　太子舍人：官名。北齊東宮典書坊之屬官，置二十八員，掌令書表啓之事。從六品下。

[11]《莊子》：汲古閣本、殿本、庫本與底本同，宋刻遞修本、中華本、《北史·諸葛潁傳》作“《莊》《老》”。

清辯有俊才，晋王廣素聞其名，[1]引爲參軍事，轉記室。及王爲太子，除藥藏監。[2]煬帝即位，遷著作郎，[3]甚見親倖。出入卧内，帝每賜之曲宴，輒與皇后嬪御連席共榻。潁因間隙，多所譖毁，是以時人謂之"冶葛"。[4]後録恩舊，授朝散大夫。[5]帝常賜潁詩，其卒章曰："參翰長洲苑，[6]侍講肅成門。[7]名理窮研覈，英華恣討論。實録資平允，傳芳導後昆。"其見待遇如此。後征吐谷渾，[8]加正議大夫。[9]後從駕北巡，卒於道，年七十七。潁性褊急，與柳䛒每相忿鬩，帝屢責怒之而猶不止，於後帝亦薄之。有集二十卷，撰《鑾駕北巡記》三卷，《幸江都道里記》一卷，《洛陽古今記》一卷，《馬名録》二卷，並行於世。有子嘉會。[10]

[1]晋王廣：即隋煬帝楊廣。

[2]除：官制用語。拜官、授職。　藥藏監：官名。隋太子門下坊設藥藏局，置監二人，掌製劑醫藥之事。正七品。按，殿本、庫本作"藏藥監"，誤。

[3]著作郎：官名。隋秘書省著作曹長官，置二員。掌碑志、祝文、祭文修撰之事。隋初爲從五品，大業三年升爲正五品，後又降爲從五品。

[4]冶葛：按，底本原作"治葛"，汲古閣本、殿本、庫本同底本。宋刻遞修本、中華本及《北史》卷八三《諸葛潁傳》作"冶葛"。"冶葛"即野葛，一種毒草，亦喻指狠毒之人。今據改。

[5]朝散大夫：官名。屬散實官。隋文帝置，正四品，煬帝改爲從五品。按，中華本、《北史·諸葛潁傳》與底本同，宋刻遞修本、汲古閣本、殿本、庫本作"朝請大夫"。

[6]長洲苑：古苑名。春秋時吴王闔閭游獵處。此喻指宫苑。

[7]肅成門：典出《三國志》卷二《魏書·文帝紀》"又使諸儒撰集經傳"條裴松之注引三國魏人王沈《魏書》云："帝初在東

宫……集諸儒於肅城門内，講論大義。”後以“肅成門”喻指太子講學處。

[8]吐谷（yù）渾：古族名。本遼東鮮卑之種，姓慕容氏，西晋時西遷至群羌故地，北朝至隋唐時期游牧於今青海北部和新疆東南部地區。傳見本書卷八三、《晋書》卷九七、《魏書》卷一〇一、《周書》卷五〇、《北史》卷九六、《舊唐書》卷一九八、《新唐書》卷二二一上。

[9]正議大夫：官名。屬散官，隋煬帝大業三年置。正四品。

[10]嘉會：人名。即諸葛嘉會。事迹不詳。

孫萬壽

孫萬壽，[1]字仙期，信都武强人也。[2]祖寶，[3]魏散騎常侍。[4]父靈暉，[5]齊國子博士。萬壽年十四，就阜城熊安生受五經，[6]略通大義，兼博涉子史。善屬文，美談笑，博陵李德林見而奇之。[7]在齊，年十七，奉朝請。[8]

[1]孫萬壽：人名。《北史》卷八一有附傳。

[2]信都：郡名。治所在今河北冀州市。　武强：縣名。治所在今河北武强縣。

[3]寶：人名。即孫寶。北魏時任散騎常侍，其他事迹不詳。

[4]散騎常侍：北魏官名。掌諷議左右，從容獻納，兼以出入王命。初爲二品下，後爲從三品。

[5]靈暉：人名。即孫靈暉。傳見《北齊書》卷四四，《北史》卷八一有附傳。

[6]阜城：縣名。治所在今河北阜城縣。

[7]博陵：郡名。治所在今河北安平縣。

[8]奉朝請：官名。原指兩漢達官顯貴定期朝見皇帝的一種政治優待。東晋獨立爲官，亦作加官。南朝列爲散騎（集書）省屬官，安置閑散。北魏亦爲閑散官。北齊改爲職事官，掌獻納諫諍，隸集書省。從七品。

高祖受禪，滕穆王引爲文學，[1]坐衣冠不整，配防江南。[2]行軍總管宇文述召典軍書。[3]萬壽本自書生，從容文雅，一旦從軍，鬱鬱不得志，爲五言詩贈京邑知友曰：

[1]滕穆王：隋文帝楊堅同母弟楊瓚。傳見本書卷四四、《北史》卷七一。　文學：官名。此指王府文學。爲諸王府的屬官，掌王府内經籍圖書之事，修撰文章，並奉侍諸王問對。北齊正六品上。

[2]江南：地區名。泛指長江以南地區。

[3]行軍總管：出征軍統帥名。北周至隋時所置的統領某部或某路出征軍隊的軍事長官。根據需要其上還可置行軍元帥以統轄全局。屬臨時差遣任命之職，事罷則廢。　宇文述：人名。傳見本書卷六一、《北史》卷七九。

賈誼長沙國，[1]屈平湘水濱。[2]江南瘴癘地，從來三逐臣。[3]粤余非巧宦，少小拙謀身。欲飛無假翼，思鳴不值晨。如何載筆士，翻作負戈人！飄飄如木偶，棄置同芻狗。[4]失路乃西浮，非狂亦東走。晚歲出函關，[5]方春度京口。[6]石城臨獸據，[7]天津望牛斗。[8]牛斗盛妖氛，梟獍已成群。郗超初入幕，[9]王粲始從軍。[10]裹糧楚山際，[11]被甲吴江濆。[12]吴江一浩蕩，楚山何糾紛。驚波上濺日，喬木下臨雲。擊越恒資辯，喻蜀幾飛文。魯連唯救患，[13]吾彦不争勳。[14]羈游歲月久，歸思常搔首。非關不樹萱，豈爲無杯酒！數載辭鄉縣，三秋别親友。壯志後風雲，衰鬢先蒲柳。

[1]賈誼長沙國：西漢時期賈誼爲孝文帝疏離，外任長沙王太傅。

[2]屈平湘水濱：戰國時期屈原爲楚頃襄王放逐於湘水之濱。

[3]三：宋刻遞修本、汲古閣本、殿本、庫本、中華本均作“多”。

[4]芻（chú）狗：古代祭祀時用草扎成的狗。

[5]函關：函谷關，在今河南靈寶市境内。

[6]京口：地名。在今江蘇鎮江市。

[7]石城：即今江蘇南京市西清涼山。因江流緊逼山麓，山壁受江水冲刷近乎垂直，崖石暴露在外而得名。一説自江北而來，山皆無石，至此山始有石，故名。因山上有城（即石頭城），又名石城山。六朝時爲都城建康江防要地。

[8]天津望牛斗：典出《晋書》卷三六《張華傳》：傳説吴滅晋興之際，牛斗間常有紫氣。天津，指銀河。牛斗，指牛宿和斗宿。

[9]郗超：人名。東晋時桓温辟爲征西大將軍掾。《晋書》卷六七有附傳。

[10]王粲：人名。“建安七子”之一，曾隨曹操東征孫吴，撰有《從軍詩》。

[11]楚山：在今湖北襄樊市南。

[12]吴江：吴淞江，在今江蘇南部及上海市境。

[13]魯連：人名。戰國後期齊國人魯仲連，一生不任官，好爲

人排憂解難。傳見《史記》卷八三。

[14]吾彦：人名。三國時吴國將領，吴王歸晋，官至大長秋。傳見《晋書》卷五七。

心緒亂如絲，空懷疇昔時。昔時游帝里，弱歲逢知己。旅食南館中，飛蓋西園裏。河間本好書，[1]東平唯愛士。[2]英辯接天人，清言洞名理。鳳池時寓直，[3]麟閣常游止。[4]勝地盛賓僚，麗景相携招。舟汎昆明水，[5]騎指渭津橋。[6]祓除臨灞岸，供帳出東郊。宜城醖始熟，[7]陽翟曲新調。[8]繞樹烏啼夜，雊麥雉飛朝。細塵梁下落，長袖掌中嬌。歡娱三樂至，懷抱百憂銷。夢想猶如昨，尋思久寂寥。一朝牽世網，萬里逐波潮。迴輪常自轉，懸旆不堪摇。登高視衿帶，鄉關白雲外。迴首望孤城，愁人益不平。華亭宵鶴唳，幽谷早鶯鳴。斷絶心難續，惝怳魂屢驚。群紀通家好，鄒魯故鄉情。若值南飛雁，時能訪死生。

[1]河間：指漢河間獻王劉德。傳見《漢書》卷五三。

[2]東平：指漢東平王劉蒼。傳見《後漢書》卷四二。

[3]鳳池：鳳凰池，本指禁苑中池沼。魏晋南北朝時於禁苑中設中書省，掌管機要，後又指中書省爲“鳳凰池”。

[4]麟閣：指麒麟閣，漢代用以藏秘書、處賢才。

[5]昆明水：指漢代宫中昆明池。

[6]渭津：漢都城長安外，在今陝西咸陽市東北聶家溝南渭河上。

[7]宜城：地名。在今四川雙流縣東南宜城山下。

[8]陽翟：地名。治所在今河南禹州市。

此詩至京，盛爲當時之所吟誦，天下好事者多書壁而玩之。

後歸鄉里，十餘年不得調。仁壽初，徵拜豫章王長史，[1]非其好也。王轉封于齊，即爲齊王文學。當時諸王官屬多被夷滅，由是彌不自安，因謝病免。久之，授大理司直，[2]卒於官，時年五十二。有集十卷行於世。

[1]豫章王：隋煬帝楊廣第二子楊暕。傳見本書卷五九、《北史》卷七一。　長史：官名。王府佐官，總管府事。親王府長史爲從四品。

[2]大理司直：官名。大理寺屬官，掌出使推覆刑獄之事，本寺疑獄亦參議之。從五品。

王貞

王貞，[1]字孝逸，梁郡陳留人也。[2]少聰敏，七歲好學，善《毛詩》《禮記》《左氏傳》《周易》，諸子百家，無不畢覽。善屬文詞，不治産業，每以諷讀爲娱。開皇初，汴州刺史樊叔略引爲主簿。[3]後舉秀才，授縣尉，[4]非其好也，謝病于家。

[1]王貞：人名。傳另見《北史》卷八三。

[2]梁郡：治所在今河南商丘市南。按，底本原作“梁都”，他本及《北史·王貞傳》均作“梁郡”，據改。　陳留：縣名。治所在今河南開封市東南。

[3]汴州：治所在今河南開封市西北。　樊叔略：人名。傳見本書卷七三、《北史》卷八六。　主簿：官名。爲諸州府的佐官，掌州府監印，檢核文書簿籍，勾稽缺失等事。雍州主簿爲流内視正八品，其餘諸州主簿爲流内視從八品。

[4]縣尉：官名。縣級行政機構中屬官之一，掌一縣庶務。從九品。

煬帝即位，齊王暕鎮江都，[1]聞其名，以書召之曰：

夫山藏美玉，光照廊廡之間，地蘊神劍，氣浮星漢之表。是知毛遂穎脱，[2]義感平原，[3]孫慧文詞，[4]來迂東海。[5]顧循寡薄，有懷髦彦，籍甚清風，爲日久矣，未獲披覿，良深佇遲。比高天流火，[6]早應凉飈，[7]陵雲仙掌，方承清露，想攝衛攸宜，與時休適。前園後圃，從容丘壑之情；左琴右書，蕭散煙霞之外。茂陵謝病，[8]非無《封禪》之文；彭澤遺榮，[9]先有《歸來》之作。優游儒雅，何樂如之！

[1]齊王暕：隋煬帝楊廣第二子楊暕。　江都：郡名。在今江蘇揚州市。

[2]毛遂穎脱：即毛遂自薦典故，典出《史記》卷七六《平原君虞卿列傳》。

[3]平原：指平原君趙勝。傳見《史記》卷七六。

[4]孫慧：人名。亦作孫惠，西晋時，孫惠曾爲東海王司馬越撰書檄，皆有文采。傳見《晋書》卷七一。

[5]迂：中華書局新修訂本校勘記云：“‘迂’，南監本、北監本、汲本、殿本作‘遷’，宋甲本、至順本、《册府》卷二九一《宗室部·禮士》作‘于’，《隋書詳節》卷二〇《王貞傳》作

‘干’。按，孫慧即孫惠。《晋書》卷七一《孫惠傳》云：‘後東海王越舉兵下邳，惠乃詭稱南嶽逸士秦祕之，以書干越。’疑作‘干’是。‘于’‘迁’涉形近而訛，‘遷’從‘迁’誤。”

[6]高天流火：天空高朗，火星（即心宿）西降，指秋日來臨。

[7]飇：中華本作“飆”，宋刻遞修本、汲古閣本、殿本、庫本與底本同。

[8]茂陵：指西漢文學家司馬相如。史載其不慕官爵，稱病閑居，家居茂陵，後亦以茂陵指代司馬相如。傳見《史記》卷一一七、《漢書》卷五七。

[9]彭澤：東晋陶潛曾爲彭澤令，因以“彭澤”借指陶潛。傳見《晋書》卷九四。

余屬當藩屏，宣條揚越，[1]坐棠聽訟，事絶詠歌，攀桂摛詞，眷言高遯。至於揚旌北渚，飛蓋西園，託乘乏應、劉，[2]置醴闕申、穆，[3]背淮之賓，徒聞其語，趨燕之客，罕值其人。卿道冠鷹揚，聲高鳳舉，儒墨泉海，詞章苑囿，棲遲衡泌，懷寶迷邦，徇兹獨善，良以於邑。今遣行人，具宣往意，側望起予，甚於飢渴，想便輕舉，副此虚心。無信投石之談，[4]空慕鑿坏之逸，[5]書不盡言，更慚詞費。

[1]揚越：中國古越族的一支，以居古揚州地得名。後稱其地爲揚越。

[2]應、劉：漢末建安文人應瑒與劉楨。

[3]申、穆：指西漢楚元王劉交中大夫申公與穆生。事見《史記》卷五〇《楚元王世家》、《漢書》卷三六《楚元王傳》。

[4]投石：指軍中習武練功之事。
[5]鑿坏：指隱居不仕。

及貞至，王以客禮待之，朝夕遣問安不。又索文集，貞啓謝曰：

屬賀德仁宣教，須少來所有拙文。昔公旦之才藝，能事鬼神，夫子之文章，性與天道，雅志傳於游、夏，[1]餘波鼓於屈、宋，[2]雕龍之迹，具在風騷，而前賢後聖，代相師祖。賞逐時移，出門分路，變清音於正始，體高致於元康，咸言坐握蛇珠，誰許獨爲麟角。

[1]游、夏：子游（言偃）與子夏（卜商）的並稱。
[2]屈、宋：戰國時楚辭賦家屈原與宋玉。

孝逸生於戰争之季，[1]長於風塵之世，學無半古，才不逮人。往屬休明，寸陰已昃，雖居可封之屋，每懷貧賤之恥。適鄢郢而迷塗，[2]入邯鄲而失步，[3]歸來反覆，心灰遂寒。豈謂横議過實，虚塵睿覽，枉高車以載鱁，費明珠以彈雀。遂得裹糧三月，重高門之餘地，背淮千里，望章臺之後塵。與懸黎而並肆，將駿驥而同皂，終朝擊缶，匪黄鍾之所諧，日暮却行，何前人之能及！顧想平生，觸塗多感，但以積年沈痼，遺忘日久，拙思所存，纔成三十三卷。仰而不至，方見學仙之遠，窺而不睹，始知游聖之難。咫尺天人，周章不暇，怖甚真龍之降，慚過白豕之歸，伏紙陳情，形神悚越。

［1］孝逸：錢大昕《廿二史考異》卷三四《隋書二》云："貞與齊王啓，不稱名而稱字者，避隋廟諱，以字行也。隋文帝祖名禎。"

［2］鄢郢：指楚都。春秋時楚文王定都於郢，惠王之初曾遷都於鄢，仍號郢。治所在今湖北宜城市南。

［3］邯鄲：戰國時趙國都城。治所在今河北邯鄲市。

齊王覽所上集，善之，賜良馬四匹。貞復上《江都賦》，王賜錢十萬貫，馬二匹。未幾，以疾甚還鄉里，終于家。

虞綽 辛大德

虞綽，[1]字士裕，會稽餘姚人也。[2]父孝曾，[3]陳始興王諮議。[4]綽身長八尺，姿儀甚偉，博學有俊才，尤工草隸。陳左衛將軍傅縡，[5]有盛名於世，見綽詞賦，歎謂人曰："虞郎之文，無以尚也！"仕陳爲太學博士，遷永陽王記室。

［1］虞綽：人名。傳另見《北史》卷八三。

［2］餘姚：縣名。治所在今浙江餘姚市。

［3］孝曾：人名。南朝陳時任王府諮議參軍，其他事迹不詳。

［4］始興王：爵名。全稱是始興郡王，南朝陳陳伯茂封爵。傳見《陳書》卷二八、《南史》卷六五。

［5］左衛將軍：官名。掌領宿衛營兵，禁衛宫廷。南朝陳第五品。　傅縡：人名。南朝陳人，陳後主時任秘書監、右衛將軍兼中書通事舍人。傳見《陳書》卷三〇、《南史》卷六九。

及陳亡，晋王廣引爲學士。大業初，[1]轉爲秘書學士，[2]奉詔與秘書郎虞世南、著作佐郎庾自直等撰《長洲玉鏡》等書十餘部。[3]綽所筆削，帝未嘗不稱善，而官竟不遷。初爲校書郎，[4]以藩邸左右，加宣惠尉。[5]遷著作佐郎，與虞世南、庾自直、蔡允恭等四人常居禁中，[6]以文翰待詔，恩盼隆洽。

[1]大業：隋煬帝楊廣年號（605—618）。

[2]秘書學士：此指秘書省撰述人員。屬流外官，品秩不詳。

[3]秘書郎：官名。隋秘書省置郎四人，掌四部圖書之事。隋初爲正七品下，大業三年升爲從五品。　虞世南：人名。唐太宗李世民淩煙閣二十四功臣之一。傳見《舊唐書》卷七二、《新唐書》卷一〇二。　庾自直：人名。傳見本卷、《北史》卷八三。

[4]校書郎：官名。隋秘書省置校書郎十二人，煬帝增至四十人，掌校讎典籍。隋初爲正九品，煬帝降爲從九品。

[5]宣惠尉：官名。屬武散官。正七品。

[6]蔡允恭：人名。隋末唐初人，善文學，貞觀年間曾爲弘文館大學士。傳見《舊唐書》卷一九〇上、《新唐書》卷二〇一。

從征遼東，[1]帝舍臨海頓，[2]見大鳥，異之，詔綽爲銘。其辭曰：

維大業八年，歲在壬申，夏四月丙子，皇帝底定遼碣，班師振旅，龍駕南轅，鑾旗西邁，[3]行宮次于柳城縣之臨海頓焉。[4]山川明秀，實仙都也。旌門外設，[5]款跨重阜，帳殿周施，降望大壑。息清蹕，下輕輿，警百靈，綏萬福，踐素砂，步碧沚。同軒皇之襄野，[6]邁漢宗於河上，[7]想汾射以開襟，[8]望蓬瀛而載佇。[9]窅然齊肅，藐屬殊庭，兼以聖德遐宣，息别風與淮雨，休符潛感，表重潤於夷波。璧日曬光，卿雲舒采，六合開朗，十洲澄鏡。少選之間，倏焉靈感，忽有祥禽，皎同鶴鷺，出自霄漢，翻然雙下。高逾一丈，長乃盈尋，靡霜暉於羽翮，激丹華於觜距。鸞翔鳳跱，鵠起鴻騫，或蹶或啄，載飛載止，徘徊馴擾，咫尺乘輿。不藉揮琴，非因拊石，樂我君德，是用來儀。斯固類仙人之騏驥，冠羽族之宗長，西王青鳥，[10]東海赤雁，豈可同年而語哉！竊以銘基華岳，[11]事乖靈異，紀迹鄒山，[12]義非盡美，猶方册不泯，遺文可觀。況盛德成功，若斯懿鑠，[13]懷真味道，加此感通，不鐫名山，安用銘異！臣拜稽首，敢勒銘云：

[1]遼東：地區名。泛指遼水以東地區。因高麗國位於遼東，故此指隋征伐高麗之事。

[2]臨海頓：地名。一名望海頓，在今遼寧朝陽市東南。

[3]鸞旗西邁：底本“旗”下原有“遷”字，他本均無，今删。

[4]柳城縣：治所在今年遼寧朝陽市。

[5]旌：宋刻遞修本、汲古閣本、中華本同底本，殿本、庫本作“旗”。

[6]同軒皇之襄野：相傳皇帝軒轅氏行於襄野迷路，問路於牧馬童子。典出《莊子·徐無鬼》。

[7]邁漢宗於河上：漢武帝曾多次東巡至海。詳見《漢書》卷六《武帝紀》。

[8]汾射：指隱士。典出《莊子·逍遥游》。

[9]蓬瀛：指蓬萊與瀛州，相傳爲仙人居所，亦泛指仙境。

[10]西王青鳥：相傳爲西王母取食傳信的神鳥。

[11]華岳：山名。即西岳華山，在今陝西華陰市南。

[12]鄒山：即鄒嶧山，在今山東鄒城市東南。秦始皇二十八年（前219）東巡時在此刻石記功。

[13]懿鑠：美盛。

來蘇興怨，帝自東征，言復禹績，乃御軒營。六師薄伐，[1]三韓肅清，[2]龔行天罰，赫赫明明。文德上暢，靈武外薄，車徒不擾，苛慝靡作。凱歌載路，成功允鑠，反旆還軒，遵林並壑。停輿海澨，駐蹕巖阯，窅想遐凝，藐屬千里。金臺銀闕，雲浮岳峙，有感斯應，靈禽效祉。飛來清漢，俱集華泉，好音玉響，皓質水鮮。狎仁馴德，習習翩翩，絶迹無泯，於萬斯年。

[1]六師：原指西周時期天子所統六軍，後代指天子軍隊。

[2]三韓：漢時朝鮮南部有馬韓、辰韓、弁辰（三國稱弁韓），合稱三韓。後用以指代其地。

帝覽而善之，命有司勒於海上。以度遼功，授建節尉。[1]

[1]建節尉：官名。屬武散官。正六品。

綽恃才任氣，無所降下。著作郎諸葛潁以學業倖於帝，綽每輕侮之，由是有隙。帝嘗問綽於潁，潁曰：

“虞綽粗人也。”帝頷之。時禮部尚書楊玄感稱爲貴倨，[1]虚襟禮之，與結布衣之友。綽數從之游。其族人虞世南誡之曰：“上性猜忌，而君過厚玄感。若與絶交者，帝知君改悔，可以無咎；不然，終當見禍。”綽不從。尋有告綽以禁内兵書借玄感，帝甚銜之。及玄感敗後，籍没其家，[2]妓妾並入宫。帝因問之，玄感平常時與何人交往，其妾以虞綽對。帝令大理卿鄭善果窮治其事，[3]綽曰：“羈旅薄游，與玄感文酒談款，實無他謀。”帝怒不解，徙綽且末。[4]綽至長安而亡，[5]吏逮之急，於是潛度江，變姓名，自稱吴卓。[6]游東陽，[7]抵信安令天水辛大德，[8]大德舍之。歲餘，綽與人争田相訟，有識綽者而告，竟爲吏所執，坐斬江都，[9]時年五十四。所有詞賦，並行於世。

[1]禮部尚書：官名。尚書省所轄六部之一禮部的長官，掌禮儀、祭祀、宴享等政令，總判禮部、祠部、主客、膳部四曹。置一員，正三品。

[2]籍没：中國古代刑罰之一，没收財物人口入官。

[3]大理卿：官名。大理寺長官。掌審獄定刑名，决疑案。置一員，正三品。　鄭善果：人名。隋唐時人，隋煬帝時爲大理卿，唐貞觀初卒於江州刺史任。傳見《舊唐書》卷六二、《新唐書》卷一〇〇。

[4]且末：郡名。治所一説在今新疆且末縣城西南附近，一説在今且末縣城。

[5]長安：地名。治所在今陝西西安市。

[6]卓：宋刻遞修本、汲古閣本、中華本與底本同，殿本、庫本作“章”。按，“卓”乃“綽”去部首而來，似更合理。

［7］東陽：郡名。治所在今浙江金華市。

［8］信安：縣名。治所在今浙江衢州市南。　天水：郡名。治所在今甘肅天水市。　辛大德：人名。本卷有附傳，事亦見《北史》卷八三《虞綽傳》。

［9］江都：郡名。治所在今江蘇揚州市。

大德爲令，誅翦群盜，甚得民和。與綽俱爲使者所執，其妻泣曰："每諫君無匿學士，今日之事，豈不哀哉！"大德笑曰："我本圖脱長者，反爲人告之，吾罪也。當死以謝綽。"會有詔，死罪得以擊賊自效。信安吏民詣使者叩頭曰："辛君人命所懸，辛君若去，亦無信安矣。"使者留之以討賊。帝怒，斬使者，大德獲全。

王胄

王胄，[1]字承基，琅邪臨沂人也。[2]祖筠，[3]梁太子詹事。[4]父祥，[5]陳黄門侍郎。[6]胄少有逸才，仕陳，起家鄱陽王法曹參軍，[7]歷太子舍人、東陽王文學。

［1］王胄：人名。傳另見《北史》卷八三。

［2］琅邪：郡名。治所在今山東臨沂市西。　臨沂：縣名。治所在今山東臨沂市。

［3］筠：人名。即王筠。南朝梁簡文帝時任太子詹士。傳見《梁書》卷三三，《南史》卷二二有附傳。

［4］太子詹事：官名。太子詹事府長官，統領東宫三寺、十率府之政。第三品。

［5］祥：人名。即王祥。事見《南史·王筠傳》。

[6]黄門侍郎：官名。掌侍從，擯相威儀，盡規獻納，糾正違闕。南朝陳第四品。

[7]法曹參軍：官名。陳諸公王府皆置法曹，主刑法事，長官爲參軍事。南朝陳第八品。

及陳滅，晋王廣引爲學士。[1]仁壽末，從劉方擊林邑，[2]以功授帥都督。[3]大業初，爲著作佐郎，以文詞爲煬帝所重。帝常自東都還京師，[4]賜天下大酺，因爲五言詩，詔胄和之。其詞曰："河洛稱朝市，[5]崤函實奥區。[6]周營曲阜作，[7]漢建奉春謨。[8]大君苞二代，皇居盛兩都。招摇正東指，天駟廼西驅。展軨齊玉軑，式道耀金吾。千門駐罕畢，[9]四達儼車徒。是節春之暮，神皋華實敷。皇情感時物，睿思屬枌榆。詔問百年老，恩隆五日酺。小人荷鎔鑄，何由答大鑪。"帝覽而善之，因謂侍臣曰："氣高致遠，歸之於胄；詞清體潤，其在世基；意密理新，推庾自直。過此者，未可以言詩也。"帝所有篇什，多令繼和。與虞綽齊名，同志友善，于時後進之士咸以二人爲准的。從征遼東，進授朝散大夫。

[1]廣：底本原作"羆"，殿本、庫本與底本同，宋刻遞修本作"諱"，汲古閣本作"□"，小注云："宋本諱"，中華本作"廣"。按，隋滅陳時，封晋王者爲楊廣，今據中華本改。

[2]劉方：人名。傳見本書卷五三、《北史》卷七三。　林邑：郡名。隋大業三年改冲州置，治所在今越南廣南省維川縣南。

[3]帥都督：官名。隋文帝因改北周十一等勳官之制形成十一等散實官，用以酬勤勞，無實際職掌。帥都督爲第十等。從六品上。煬帝大業三年罷。

［4］東都：此指洛陽，舊址在今河南洛陽市。

［5］朝市：争名於朝，争利於市，此借指争名争利之所。

［6］崤函：崤山與函谷關並稱。　奥區：本意爲深奥區域，因關中險固，故被視爲天下深奥之區。

［7］周營曲阜作：此指西周都城營建依靠的是曲阜公周公旦的才略。曲阜，指曲阜公周公旦。詳見《史記》卷三三《魯周公世家》。

［8］漢建奉春謨：此指西漢建都長安乃奉春君婁敬首謀。奉春，指奉春君婁敬（一作劉敬），西漢初齊國盧人，漢高祖劉邦賜姓劉，稱劉敬。傳見《史記》卷九九、《漢書》卷四三。

［9］蹕（bì）：古代帝王的一種儀仗。

胄性疏率不倫，自恃才大，[1]鬱鬱於薄宦，每負氣陵傲，忽略時人。爲諸葛潁所嫉，屢譖之於帝，帝愛其才而不罪。禮部尚書楊玄感虚襟與交，數游其第。及玄感敗，與虞綽俱徙邊。胄遂亡匿，潛還江左，爲吏所捕，坐誅，時年五十六。所著詞賦，多行於世。

胄兄眘，字元恭，博學多通。少有盛名於江左。仕陳，歷太子洗馬、中舍人。[1]陳亡，與胄俱爲學士。煬帝即位，授秘書郎，卒官。

［1］自恃才大：汲古閣本、殿本、庫本、中華本同，宋刻遞修本及《北史》卷八三《王胄傳》作“自恃才伐”。中華書局新修訂本校勘記云：“《册府》卷四七八《臺省部·簡傲》作‘恃才自伐’，疑是。”

［2］太子洗馬：官名。職掌東宫圖書經籍、釋典講經之事。太子不軌則行規諫之責。南朝陳第六品。　中舍人：官名。即太子中

舍人。綜典東宫奏事文書之事，功高者一人，與中庶子祭酒共掌其坊之政令。南朝陳第五品。

庾自直

庾自直，潁川人也。[1]父持，[2]陳羽林監。[3]自直少好學，沉静寡欲。仕陳，歷豫章王府外兵參軍、宣惠記室。[4]陳亡，入關，不得調。晋王廣聞之，引爲學士。大業初，授著作佐郎。自直解屬文，於五言詩尤善。性恭慎，不妄交游，特爲帝所愛。帝有篇章，必先示自直，令其詆訶。自直所難，帝輒改之，或至於再三，俟其稱善，然後方出。其見親禮如此。後以本官知起居舍人事。[5]化及作逆，[6]以之北上，自載露車中，感激發病卒。有文集十卷行於世。

[1]潁川：郡名。治所在今河南許昌市。

[2]持：人名。即庾持。官至太中大夫。傳見《陳書》卷三四，《南史》卷七三有附傳。

[3]羽林監：官名。掌分司禁城，侍從左右。南朝陳第七品。

[4]外兵參軍：官名。南朝陳王府諸幕府僚屬之一，掌兵事。品秩依府主地位不同在五品至九品之間。　宣惠記室：官名。南朝陳宣惠將軍府記室，掌章表書記文檄。《北史》卷八三本傳無“宣惠”二字。

[5]知起居舍人事：執掌起居舍人事。起居舍人，官名。掌起居注，記録皇帝言行以備修史。從六品。

[6]化及：人名。即宇文化及。傳見本書卷八五，《北史》卷七九有附傳。

潘徽

潘徽，[1]字伯彦，吴郡人也。性聰敏，少受《禮》於鄭灼，[2]受《毛詩》於施公，[3]受《書》於張沖，[4]講《莊》《老》於張譏，[5]並通大義。尤精三史。善屬文，能持論。陳尚書令江總引致文儒之士，[6]徽一詣總，總甚敬之。釋褐新蔡王國侍郎，[7]選爲客館令。[8]

[1]潘徽：人名。傳另見《北史》卷八三。

[2]鄭灼：人名。歷仕南朝梁、陳，南朝陳時爲國子博士。傳見《陳書》卷三三、《南史》卷七一。

[3]施公：人名。事迹不詳。

[4]張沖：人名。傳見本書卷七五，《北史》卷八二有附傳。

[5]張譏：人名。歷南朝梁、陳、隋，陳後主時爲國子博士、東宫學士。傳見《陳書》卷三三、《南史》卷七一。

[6]尚書令：官名。尚書省長官，陳時政令機要在中書、門下，尚書令但聽命受事而已。第一品。　江總：人名。南朝陳後主時官至尚書令。傳見《陳書》卷二七，《南史》卷三六有附傳。

[7]釋褐：官制用語。亦稱解褐。脱去平民衣服而换上官服，喻指始任官職。　王國侍郎：官名。陳諸王國均置侍郎，在府之日唯賓游宴賞，時復循參，更無餘事。南朝陳第九品。

[8]客館令：官名。負責四方賓客如見時居所安排與管理。南朝陳品秩不詳。

隋遣魏澹聘于陳，陳人使徽接對之。澹將反命，爲启於陳主曰："敬奉弘慈，曲垂餞送。"徽以爲"伏奉"

爲重，“敬奉”爲輕，却其啓而不奏。[1]澮立議曰：“《曲禮》注曰：‘禮主於敬。’[2]《詩》曰：‘維桑與梓，必恭敬止。’[3]《孝經》曰：‘宗廟致敬。’[4]又云：‘不敬其親，謂之悖禮。’[5]孔子敬天之怒，成湯聖敬日躋。[6]宗廟極重，上天極高，父極尊，君極貴，四者咸同一敬，五經未有異文，不知以敬爲輕，竟何所據？”徽難之曰：“向所論敬字，本不全以爲輕，但施用處殊，義成通別。《禮》主於敬，此是通言，猶如男子‘冠而字之’，注云‘成人敬其名也’。[7]《春秋》有冀缺，夫妻亦云‘相敬’。既於子則有敬名之義，在夫亦有敬妻之説，此可復並謂極重乎？至若‘敬謝諸公’，[8]固非尊地，‘公子敬愛’，止施賓友，‘敬問’‘敬報’，彌見雷同，‘敬聽’‘敬酬’，何關貴隔！當知敬之爲義，雖是不輕，但敬之於語，則有時混漫。今云‘敬奉’，所以成疑。聊舉一隅，未爲深據。”澮不能對，遂從而改焉。

[1]奏：宋刻遞修本、汲古閣本、中華本同底本，殿本、庫本作“奉”。

[2]禮主於敬：語出《禮記·曲禮上》：“《曲禮》曰：‘毋不敬。’注云：‘禮主於敬。’”

[3]維桑與梓，必恭敬止：語出《詩·小雅·小弁》。

[4]宗廟致敬：語出《孝經·感應章》。

[5]不敬其親，謂之悖禮：語出《孝經·聖治章》：“不敬其親而敬他人者，謂之悖禮。”

[6]成湯：商湯。詳見《史記》卷三《殷本紀》。

[7]“冠而字之”至“敬其名也”：語出《禮記·郊特牲》。

[8]敬謝諸公：底本、汲古閣本、殿本、庫本缺“敬”字。據

宋刻遞修本、中華本及《北史》卷八三《潘徽傳》補。

及陳滅，爲州博士，[1]秦孝王俊聞其名，召爲學士。嘗從俊朝京師，在塗，令徽於馬上爲賦，行一驛而成，名曰《述思賦》。[2]俊覽而善之。復令爲《萬字文》，并遣撰集字書，名爲《韻纂》。徽爲序曰：

[1]州博士：官名。隋州有經學博士，不常置，掌以經術教授生徒。品秩不詳。

[2]《述思賦》：汲古閣本、殿本、庫本同，宋刻遞修本、中華本及《北史》卷八三《潘徽傳》作"《述恩賦》"。

文字之來尚矣。初則羲皇出震，[1]觀象緯以法天，次則史頡佐軒，[2]察蹄迹而取地。於是八卦爰始，[3]爻文斯作，[4]繩用既息，墳籍生焉。至如龍策授河，龜威出洛，[5]緑綈白檢，述勛、華之運，[6]金繩玉字，表殷、夏之符，銜甲示於姬壇，[7]吐卷徵於孔室，莫不理包遠邇，迹會幽明，仰協神功，俯照人事。其制作也如彼，其祥瑞也如此，故能宣流萬代，正名百物，爲生民之耳目，作後王之模範，頌美形容，垂芬篆素。

[1]羲皇：傳説中三皇之一伏羲氏。詳見《史記》卷一《五帝本紀》。　震：指東方，《易·説卦》："萬物出乎震。震，東方也。"

[2]頡：人名。即倉頡。相傳爲黄帝軒轅氏的史官，創造了漢字。

[3]八卦：《周易》中乾、坤、震、巽、坎、離、艮、兑八卦，相傳爲伏羲氏所作。

［4］爻文斯作：汲古閣本、殿本、庫本、中華本同，宋刻遞修本作“六爻斯作”。

［5］龍策授河，龜威出洛：指河圖洛書的傳説。

［6］勛：指放勛，傳説中的聖王堯，《尚書·堯典》：“帝堯曰放勛。”　華：指重華，傳説中的聖王舜，《尚書·舜典》：“帝舜曰重華。”

［7］衜：宋刻遞修本、中華本與底本同，汲古閣本、殿本、庫本作“卸”。據語意當爲“衜”。

暨大隋之受命也，追蹤三、五，[1]並曜參辰，外振武功，内修文德。飛英聲而勒嵩、岱，[2]彰大定而銘鍾鼎。春干秋羽，盛禮樂於膠庠，省俗觀風，採歌謡於唐、衛。[3]我秦王殿下，降靈霄極，稟秀天機，質潤珪璋，文兼黼黻。楚詩早習，頗屬懷於言志，沛《易》先通，每留神於索隱。尊儒好古，三雍之對已遒，[4]博物多能，百家之工彌洽。遨游必名教，漁獵唯圖史。加以降情引汲，擇善芻微，築館招賢，攀枝佇異。剖連城於井里，賁束帛於丘園，薄技無遺，片言便賞。所以人加脂粉，物競琢磨，俱報稻粱，各施鳴吠。

［1］三、五：指三皇五帝。

［2］嵩：山名。在今河南登封市北。　岱：山名。即泰山，在今山東泰安市。

［3］唐：西周諸侯國名。周成王封其弟叔虞於唐，約在今山西翼城縣。　衛：西周諸侯國名。周成王封其弟叔康於衛，初建都於朝歌（今河南淇縣）。

［4］三雍：一名三雍宫，漢代辟雍、明堂、靈臺總稱，常作爲

對策内容。

于時歲次鶉火，[1]月躔夷則，[2]驂駕務隙，靈光意静。前臨竹沼，却倚桂巖，泉石瑩仁智之心，煙霞發文彩之致，賓僚霧集，教義風靡。乃討論群藝，商略衆書，以爲小學之家，尤多舛雜，雖復周禮、漢律，務在貫通，而巧説邪辭，遞生同異。且文訛篆隸，音謬楚、夏，《三蒼》《急就》之流，微存章句，《説文》《字林》之屬，唯別體形。至於尋聲推韻，良爲疑混，酌古會今，未臻功要。未有李登《聲類》、吕静《韻集》，[3]始判清濁，纔分宮羽，而全無引據，過傷淺局，詩賦所須，卒難爲用。遂躬紆睿旨，摽摘是非，撮舉宏綱，裁斷篇部，總會舊轍，創立新意，聲别相從，即隨注釋。詳之詁訓，證以經史，備包《騷》《雅》，博牽子集，汗簡云畢，題爲《韻纂》，凡三十卷，勒成一家。方可藏彼名山，副諸石室，見群玉之爲淺，鄙懸金之不定。爰命末學，製其都序。徽業術已寡，思理彌殫，心若死灰，文慚生氣。徒以犬馬識養，飛走懷仁，敢執顛沛之辭，遂操狂簡之筆。而齊、魯富經學，[4]楚、鄭多良士，[5]西河之彦，[6]幸不誚於索居，東里之才，[7]請能加於潤色。

[1]歲次鶉火：古天象之一，亦作"歲在鶉火"，指歲星（木星）位於鶉火（二十八宿之柳、星、張三宿）的位置。

[2]月躔夷則：夷則爲古十二律之一，與一年十二月之七月相對。此句意指七月月亮運行黄道之時。

[3]李登：人名。北魏時任左校令。其他事迹不詳。　呂静：人名。晋時任安復令。其他事迹不詳。

[4]齊、魯：泛指春秋戰國時期齊國和魯國所在地區，約在今山東境内。

[5]楚、鄭：泛指春秋戰國時期楚國與鄭國所在地區，約在今湖南、湖北、河南一帶。

[6]西河：地名。戰國時魏國境内黄河附近地區，據《史記》卷六七《仲尼弟子列傳》載："子夏居西河教授。"

[7]東里：地名。春秋時鄭國大夫子産所居地，在今河南新鄭市城内。

未幾，俊薨，晋王廣復引爲揚州博士，令與諸儒撰《江都集禮》一部。復令徽作序曰：

禮之爲用至矣。大與天地同節，明與日月齊照，源開三本，體合四端。巢居穴處之前，即萌其理，龜文鳥迹以後，稍顯其事。雖情存簡易，意非玉帛，而夏造殷因，可得知也。至如秩宗三禮之職，[1]司徒五禮之官，[2]邦國以和，人神惟敬，道德仁義，非此莫成，進退俯仰，去兹安適！若璽印塗，猶防止水，豈直譬彼耕耨，均斯粉澤而已哉！

[1]秩宗：上古官名。掌宗廟祭祀的官職。　三禮：古代祭祀天、地、宗廟之禮。

[2]司徒：上古官名。傳爲少昊始置，《周禮》爲地官大司徒，掌國家土地與人民教化。　五禮：指吉禮、凶禮、軍禮、賓禮、嘉禮。

自世屬坑焚，時移漢、魏，叔孫通之碩解，[1]高堂隆之博識，[2]專門者霧集，制作者風馳，節文頗備，枝條互起。皇帝負扆垂旒，辨方正位，纂勛、華之曆象，綴文、武之憲章。[3]車書之所會通，觸境斯應，雲雨之所霑潤，無思不韙。東探石簣之符，[4]西蠹羽陵之策，[5]鳴鑾太室，[6]偃伯靈臺，[7]樂備五常，禮兼八代。

[1]叔孫通：人名。漢初名臣，與儒生共立漢代朝儀典章。傳見《史記》卷九九、《漢書》卷四三。

[2]高堂隆：人名。三國曹魏時爲侍中、太史令。傳見《三國志》卷二五。

[3]文、武：指西周文王與武王。詳見《史記》卷四《周本紀》。

[4]石簣：以石頭做的筐。

[5]羽陵：相傳爲古代貯藏秘籍之處。

[6]太室：太廟中央之室，亦指太廟。

[7]偃伯：亦稱“偃霸”，指休戰。　靈臺：宮臺名。天子皆有靈臺，用以觀祲象，察氣之妖祥。

上柱國、太尉、揚州總管、晋王握珪璋之寶，[1]履神明之德，隆化讚傑，藏用顯仁。地居周、邵，[2]業冠河、楚，允文允武，多才多藝。戎衣而籠關塞，朝服而掃江湖，收杞梓之才，闢康莊之館。加以佃漁六學，網羅百氏，繼稷下之絶軌，[3]弘泗上之淪風，[4]賾無隱而不探，事有難而必綜。至於采標緑錯，華垂丹篆，刑名長短，儒、墨是非，書圃翰林之域，理窟談叢之内，謁者所求之餘，侍醫所校之逸，莫不澄涇辨渭，拾珠棄蚌。

以爲質文遞改，損益不同，《明堂》《曲臺》之記，南宮、東觀之説，[5]鄭、王、徐、賀之答，[6]崔、譙、何、庾之論，[7]簡牒雖盈，菁華蓋鮮。乃以宣條暇日，聽訟餘晨，娱情窺寶之鄉，凝相觀濤之岸，總括油素，躬披緗縹，芟蕪刈楚，振領提綱，去其繁雜，撮其指要，勒成一家，名曰《江都集禮》。凡十二帙，一百二十卷，取方月數，用比星周，軍國之義存焉，人倫之紀備矣。昔者黽、蒙令后，[8]睢、涣名藩，[9]誠復出警入蹕，擬乘輿之制度，建䡴載旗，用天子之禮樂。求諸述作，未聞兹典。方可韜之頍水，副彼名山，見刻石之非工，嗤懸金之已陋。是知《沛王通論》，不獨擅於前修，《寧朔新書》，更追慚於往册。徽幸棲仁岳，忝游聖海，謬承恩奬，敢叙該博之致云。

[1]上柱國：官名。隋文帝因改北周十一等勳官之制形成十一等散實官，用以酬勤勞，無實際職掌。柱國爲第二等，可開府置僚佐。從一品。　太尉：官名。三公之一，隋初參議國家大事，置府僚，但不久就省除府及僚佐，成了榮譽性質的頭銜。正一品。　揚州：隋開皇九年改吴州爲揚州，治所在今江蘇揚州市。　總管：官名。全稱是總管刺史加使持節。總管的統轄範圍可達數州至十餘州，成一軍政管轄區。隋文帝在并、益、荆、揚四州置大總管，其餘州置總管。總管分上、中、下三等，品秩爲流内視從二品、正三品、從三品。

[2]周、邵：指西周時期周公旦和召公奭，兩人分陝而治，此代指其地。

[3]稷下：指戰國時齊都城臨淄西門稷門附近地區。齊威王、宣王曾在此建學宫，後成爲各學派活動中心。

[4]泗上：泛指泗水北岸地區。春秋時孔子曾在此講學，後用指學術之鄉。

[5]南宫：宫名。位於東漢都城洛陽。　東觀：東漢洛陽南宫内觀，爲皇室藏書及國史修撰之所。

[6]鄭、王、徐、賀：似指鄭玄、王肅、徐遵明、賀瑒或賀琛。

[7]崔、譙、何、庾：似指崔寔、譙周、何稠、庾信。

[8]龜、蒙：指龜山與蒙山，均在山東境内。《詩·魯頌·閟宫》："奄有龜蒙。"

[9]睢、涣：泛指睢水與涣水所在地區，二水古址在今河南境内。

煬帝嗣位，詔徽與著作佐郎陸從典、太常博士褚亮、歐陽詢等助越公楊素撰《魏書》，[1]會素薨而止。授京兆郡博士。楊玄感兄弟甚重之，數相來往。及玄感敗，凡交關多罹其患。徽以玄感故人，爲帝所不悦，有司希旨，[2]出徽爲西海郡威定縣主簿。[3]意甚不平，行至隴西，[4]發病卒。

[1]陸從典：人名。歷南朝陳、隋，卒於隋末散亂。《陳書》卷三〇、《南史》卷四八有附傳。　太常博士：官名。掌辨五禮之儀式，大祭祀時贊導禮儀，擬議王公及三品以上官謚號。置四員，從七品下。　褚亮：人名。隋煬帝時官任太常博士，通曉禮儀制度。傳見《舊唐書》卷七二、《新唐書》卷一〇二。　歐陽詢：人名。隋及唐初著名書法家、文學家。傳見《舊唐書》卷一八九上、《新唐書》卷一九八。

[2]希旨：亦稱"希指"，迎合在上者意願。

[3]西海：郡名。隋大業五年置，治所在今青海共和縣。　威定：縣名。隋大業五年置，治所在今青海共和縣西北、青海湖以西

一帶。　縣主簿：官名。掌勾稽簿籍，糾正縣内非違。視從九品。

［4］隴西：郡名。治所在今甘肅隴西縣。

杜正玄 弟正藏

杜正玄，[1]字慎徽，其先本京兆人，[2]八世祖曼，[3]爲石趙從事中郎，[4]因家於鄴。自曼至正玄，世以文學相授。正玄尤聰敏，博涉多通。兄弟數人，俱未弱冠，並以文章才辯籍甚三河之間。[5]開皇末，舉秀才，尚書試方略，正玄應對如響，下筆成章。僕射楊素負才傲物，正玄抗辭酬對，無所屈撓，素甚不悦。久之，會林邑獻白鸚鵡，素促召正玄，使者相望。及至，即令作賦。正玄倉卒之際，援筆立成。素見文不加點，始異之。因令更擬諸雜文筆十餘條，又皆立成，而辭理華贍，素乃嘆曰："此真秀才，吾不及也！"授晋王行參軍，[6]轉豫章王記室，卒官。弟正藏。

［1］杜正玄：人名。《北史》卷二六有附傳。

［2］京兆：郡名。治所在今陝西西安市西北。

［3］曼：人名。即杜曼。事迹不詳。

［4］石趙：十六國時期後趙政權（319—351），都襄國（今河北邢臺市），後遷鄴（今河北臨漳縣西南鄴鎮東）。　從事中郎：官名。魏晋南北朝時期王公府均設從事中郎，主吏事。後趙官品不詳。

［5］三河：漢以河内、河東、河南三郡爲三河，在今河南洛陽黄河南北一帶。

［6］行參軍：官名。隋諸王府置法、田、水、鎧、士等曹有行

參軍六人，執掌隨曹而異。親王府正八品。

杜正藏，[1]字爲善，尤好學，善屬文。弱冠舉秀才，授純州行參軍，[2]歷下邑正。[3]大業中，學業該通，應詔舉秀才，兄弟三人俱以文章一時詣闕，論者榮之。著碑誄銘頌詩賦百餘篇。又著《文章體式》，大爲後進所寶，時人號爲文軌，乃至海外高麗、百濟，[4]亦共傳習，稱爲《杜家新書》。

[1]杜正藏：人名。《北史》卷二六有附傳。

[2]純州：治所在今河南桐柏縣東。

[3]下邑：縣名。治所在今河南夏邑縣。　正：官名。即縣正。縣屬吏之一，職掌不詳。

[4]高麗：古國名。此時亦稱高句麗。故地在今朝鮮半島北部。傳見本書卷八一、《北史》卷九四、《舊唐書》卷一九九上、《新唐書》卷二二〇。　百濟：古國名。故地在今朝鮮半島西南部。傳見本書卷八一、《北史》卷九四、《舊唐書》卷一九九上、《新唐書》卷二二〇。

常得志

京兆常得志，[1]博學善屬文，官至秦王記室。及王薨，過故宮，爲五言詩，辭理悲壯，甚爲時人所重。復爲《兄弟論》，義理可稱。

[1]常得志：人名。《北史》卷八三有附傳。

尹式

河間尹式，[1]博學解屬文，少有令問。仁壽中，官至漢王記室，王甚重之，及漢王敗，式自殺。其族人正卿、彦卿俱有儁才，[2]名顯於世。

[1]尹式：人名。《北史》卷八三有附傳。

[2]正卿：人名。即尹正卿。隋大業十三年宇文化及江都宮變時有名尹正卿者，不知是否此人，其他事迹不詳。　彦卿：人名。即尹彦卿。事迹不詳。

劉善經

河間劉善經，[1]博物洽聞，尤善詞筆。歷仕著作佐郎、太子舍人。著《酬德傳》三十卷，《諸劉譜》三十卷，《四聲指歸》一卷，行於世。

[1]劉善經：人名。《北史》卷八三有附傳。

祖君彦

范陽祖君彦，[1]齊尚書僕射孝徵之子也。[2]容貌短小，言辭訥澀，有才學。大業末，官至東平郡書佐。[3]郡陷於翟讓，[4]因爲李密所得。[5]密甚禮之，署爲記室，軍書羽檄，皆成於其手。及密敗，爲王世充所殺。[6]

［1］祖君彦：人名。《北史》卷四七有附傳。

［2］尚書僕射：官名。北齊尚書省置左右僕射各一人，地位僅次於尚書令，左僕射領殿中、主客諸曹。二品。按，《北齊書》卷三九《祖珽傳》、《北史·祖珽傳》爲“尚書左僕射”。　孝徵：人名。即祖珽，字孝徵，北齊著名學者，官至尚書左僕射。傳見《北齊書》卷三九，《北史》卷四七有附傳。按，諸本原作“孝微”，據《北齊書》《北史》本傳改。

［3］東平：郡名。隋大業初改鄆州置，治所在今山東鄆城縣東。　書佐：官名。煬帝改州諸曹參軍事爲郡書佐。視從八品至視從九品。

［4］翟讓：人名。隋末農民起義瓦崗軍早期領導人之一，大業十三年被李密殺害。事亦見本書卷四《煬帝紀下》、卷七一《馮慈明傳》《張須陀傳》，《新唐書》卷九三《李勣傳》等。

［5］李密：人名。傳見本書卷七〇、《舊唐書》卷五三、《新唐書》卷八四，《北史》卷六〇有附傳。

［6］王世充：人名。傳見本書卷八五、《北史》卷七九、《舊唐書》卷五四、《新唐書》卷八五。

孔德紹

會稽孔德紹，[1]有清才，官至景城縣丞。[2]竇建德稱王，[3]署爲中書令，[4]專典書檄。及建德敗，伏誅。

［1］孔德紹：人名。《北史》卷八三有附傳。

［2］景城：縣名。治所在今河北滄州市西景城。　縣丞：官名。縣主要僚佐之一，掌通判縣事。依縣等第高低從從七品至從九品不等。

［3］竇建德：人名。隋末反隋主力之一，唐武德元年（618）

於河北稱帝建立夏國。傳見《舊唐書》卷五四、《新唐書》卷八五。

[4]中書令：官名。此爲竇建德所置官。

劉斌

南陽劉斌,[1]頗有詞藻，官至信都郡司功書佐。[2]竇建德署爲中書舍人。建德敗，復爲劉闥中書侍郎,[3]與劉闥亡歸突厥，不知所終。

[1]南陽：郡名。治所在今河南南陽市。　劉斌：人名。《北史》卷八三有附傳。

[2]司功書佐：官名。隋煬帝改州諸曹參軍事爲郡書佐，司功書佐即州功曹參軍事。掌官吏考課、學校、貢舉等事。視從八品至視從九品。

[3]劉闥：人名。即劉黑闥。初依附竇建德，竇建德敗後，召集其舊部再次起兵，自稱漢東王，建元天造，後爲李建成所敗。傳見《舊唐書》卷五五、《新唐書》卷八六。　中書侍郎：官名。此爲劉黑闥所置官。

史臣曰：魏文有言“古今文人，類不護細行，鮮能以名節自立”,[1]信矣！王胄、虞綽之輩，崔儦、孝逸之倫，或矜氣負才，遺落世事，或學優命薄，調高位下，心鬱抑而孤憤，志盤桓而不定，嘯傲當世，脱略公卿。是知跅弛見遺，嫉邪忤物，不獨漢陽趙壹、平原禰衡而已。[2]故多離咎悔，鮮克有終。然其學涉稽古，文詞辨麗，並鄧林之一枝，崐山之片玉矣。有隋總一寰宇，得人爲盛，秀異之貢，不過十數。正玄昆季三人預焉，華萼相耀，亦爲難兄弟矣。

［1］魏文：即魏文帝曹丕。紀見《三國志》卷二。　“古今文人”至“名節自立”：語出《三國志》卷二一《魏書·王衛二劉傅傳》魏文帝與元城令吴質書。

［2］漢陽：郡名。東漢永平十七年（74）以天水郡改名。治所在今甘肅甘谷縣東。　趙壹：人名。本名趙懿，避司馬懿諱改，東漢文學家。傳見《後漢書》卷八〇下。　平原：郡名。治所在今山東平原縣西南。　禰衡：人名。東漢末年名士。傳見《後漢書》卷八〇下。

今注本二十四史

隋書

一

紀〔一〕

唐　魏徵等　撰

馬俊民　張玉興　主持校注

中国社会科学出版社

圖書在版編目（CIP）數據

隋書／馬俊民，張玉興主持校注．—北京：中國社會科學出版社，2020.7
（今注本二十四史）
ISBN 978-7-5203-5021-1

Ⅰ.①隋…　Ⅱ.①馬…　②張…　Ⅲ.①中國歷史—隋代—紀傳體
②《隋書》—注釋　Ⅳ.①K241.042

中國版本圖書館 CIP 數據核字（2019）第 200646 號

出 版 人　趙劍英
項目統籌　王　茵
責任編輯　李凱凱　王仁霞　張　潛　楊　康
特約編輯　王思桐　郝輝輝　崔芝妹
責任校對　韓國茹　徐林平　劉艷强
封面設計　蔡易達
責任印製　王　超

出　版	中國社會科學出版社		
社　址	北京鼓樓西大街甲 158 號	郵　編	100720
網　址	http://www.csspw.cn		
發行部	010-84083685	門市部	010-84029450
經　銷	新華書店及其他書店	印刷裝訂	三河弘翰印務有限公司
版　次	2020 年 7 月第 1 版	印　次	2020 年 7 月第 1 次印刷
開　本	1/16	成品尺寸	228mm×152mm
印　張	327.25	字　數	3979 千字
定　價	1310.00 元（全 16 册）		

《今注本二十四史》編纂委員會

《今注本二十四史》編輯部

《今注本二十四史·隋書》項目組

主　持　人　馬俊民　張玉興

成　　　員（按姓氏筆畫排列）

王榮彬　付　莉　吕宗力　余太山　馬俊民　唐華全

陳久金　張玉興　張　葳　曾貽芬　蘇　木

《今注本二十四史》出版説明

二十四史，是中國古代二十四部史書的統稱，包括《史記》《漢書》《後漢書》《三國志》《晋書》《宋書》《南齊書》《梁書》《陳書》《南史》《魏書》《北齊書》《周書》《北史》《隋書》《舊唐書》《新唐書》《舊五代史》《新五代史》《宋史》《遼史》《金史》《元史》和《明史》。其成書時間自公元前二世紀下半葉至十八世紀中葉，前後相距約兩千年，總卷帙（不含複卷）達3213卷，共4000餘萬字。它們采用本紀、列傳、表、志等形式，構成了一個完整地記述清朝以前中國古代社會的著作體系。二十四史上起傳説時代的黄帝，下迄明朝滅亡，包容了我國古代的政治、軍事、經濟、思想、文化、天文、地理、民風、民俗等廣闊的社會内容，形成了一套展現中華民族起源和發展的最重要的核心典籍，被後人稱爲“正史”。世界上没有任何一個國家有如此内容涵蓋宏富、時間接續綿延、體例基本統一的歷史記載。

共同的歷史文化是一個民族賴以整體維繫的基本條件之一。而對歷史著作的不斷整合和續修，顯然有利於促進國家的統一、民族的團結、社會的進步。從《史記》到《明史》，不同地位、不同民族的史家和政治家，以同一體例連續不斷地編纂我們祖國發展演進的歷史，本質上反映了我國人民尋求構建多民族國家共同歷史的强烈願望。歷史上隨時把正史歸爲“三史”“十三史”“十七史”“廿一史”“廿二史”“廿四史”，不僅反映了人們對正史的認同，更重要的是反映了對共同歷史文化的認同，即民族的認同。而對正史進行大規模的整理，在另一個層面上，更有利於妥善保存民族文化遺産，豐富民族文化内涵，陶鑄民族文化精神，從而强化民族的尊嚴與自信心，提升國家的榮譽和國人對國家的歸屬感。

對二十四史進行整理，在此次之前規模較大的有三次。第一次是清朝乾隆年間，其成果是殿本；第二次是二十世紀三十年代張元濟先生組織的整理，其成果是百衲本；第三次即毛澤東同志倡議，由中華書局出面進行的整理，其成果是中華書局標點本。這一次是由張政烺先生等史學家倡議，由中華文化促進會主持編纂的今注，其成果是《今注本二十四史》。應當充分地注意到，這四次整理的發動，都有與其所處時代社會歷史息息相關的背景。乾隆朝的武英殿大量刊刻文化典籍，尤其是對二十四史的選本、校勘都經“欽定”，絶不是僅僅要製造盛世氣象；張元濟先生奔走於國難深重的二十世紀初的中國，“當中華文化存亡絶續之交”，有更深刻的原動力；毛澤東同志指示標點正史，倡議於中華人民共和國成立、百廢待舉之初；而我們如今正在進行的今注，則發軔於改革開放、萬象更新之時。這絶不是歷史的偶然。可以説，每每針對二十四史的重大舉措，都是應社會對具有主體性的統一的歷史文化需求而展開的。

當今世界，文化的融合過程逐漸加快，在共生的基礎上融合，在融合中保持共生，互補互融直至趨一。因此，各種文化都面臨着選擇。面臨選擇，充分展示本民族的歷史文化是學者們義不容辭的職責。而作爲歷史文化直接守護者的歷史學者，有責任爲世界提供對本民族歷史文化文本的正確詮釋，有責任努力爲民衆争取對民族歷史文化解讀的話語權。

《今注本二十四史》1994 年 8 月由中華人民共和國文化部批准立項，2005 年被中華人民共和國新聞出版總署列入“十一五”期間（2006—2010）“國家重點圖書出版規劃”。自 1994 年起，迄今已經進行了二十餘年。

《今注本二十四史》總編纂張政烺先生爲本書做了奠基性的工作。在他學術生命的最後時期，不僅親自審訂了最初的《今注本二十四史編纂總則》，還逐一遴選了各史主編。

《今注本二十四史》編纂委員會主要由各史主編與相關同仁組成。張政烺先生逝世後，根據多位主編的建議，我們陸續邀請了何玆全、林甘泉、伍傑、陳高華、陳祖武、卜憲群、趙劍英七位編委成立領導小組，全面指導編纂出版工作。他們爲本項目的編纂出版，付出了大量心血與智慧，没有他們的支持，本項目難以玉成。

本項目動員了全國三十餘所科研機構和高等學府的中

國古史專家共襄其事。全書設總編纂一人，執行總編纂二人，各史設主編一人或二人；某些特殊的“志（書）”如律曆、天文、五行（靈徵）等歸類單列，各設主編一人。各史主編自選作者，全書作者總計約三百人。多年來，他們薄利求義、任勞任怨、兢兢翼翼，惟敬業畢功是務，繼承和發揚了我國史學家捨身務實的優良傳統，爲本書的完成做出了不可磨滅的貢獻！

本項目啓動之初，老一輩的歷史學家王玉哲、王毓銓、陳可畏、張博泉、萬繩楠、楊志玖、楊翼驤、漆俠、薄樹人、韓國磐等先生不僅從道義上給予全力支援，而且主動承擔各史（志）主編。何茲全、林甘泉先生更是不厭其煩，爲編纂工作提出具體建議，爲項目立項奔走呼籲。執行總編纂賴長揚先生鞠躬盡瘁，承擔了大量繁雜的組織工作。現在，雖然以上先生已經辭世，但他們學術生涯的最後抉擇所表現出的對民族、對國家的崇高責任感，永遠值得我們銘記和學習！

本項目自動議始就得到了中華文化促進會及社會各界的回應與傾力支持。中華文化促進會主席王石先生、副主席段先念先生及前任領導人蕭秧先生在本項目立項、推動、經費籌措等方面辛勤奔走，起到了關鍵作用。

香港企業家黄丕通、劉國平先生在項目前期曾給予慷慨資助。

國家出版基金與中國社會科學院也給予本項目一定的出版資助。

四川省出版集團及巴蜀書社曾在編纂和出版方面起了重要的推動作用，已出版今注本《三國志》《梁書》。

《今注本二十四史》編纂出版工作，自 1994 年立項以來，一波三折、幾經沉浮。2017 年深圳華僑城集團予以鼎力襄助，全面解決了編纂出版經費拮据的問題，編纂出版工作方步入正軌。在此，編委會全體成員向深圳華僑城集團謹表達深深敬意和感謝！

鑒古知今，學史明智。中國社會科學出版社歷來重視歷史學及中國古代典籍的整理與出版工作，爲本項目組織專門團隊，秉持專業、嚴謹、高效的原則，爲項目整體的最終出版提供了重要保障。中國社會科學出版社將與各相關單位通力協作，努力將《今注本二十四史》打造成一部具有思想穿透力與廣泛影響力的精品力作，從而爲講好中國歷史、推動中國歷史研究做出貢獻。

謹以本書紀念爲弘揚中華文化而做出貢獻的歷史學家們！
謹以本書感謝爲傳承中華文化而支援和幫助我們的人們！

《今注本二十四史》編纂委員會
中國社會科學出版社
2020 年 6 月

凡　例

《今注本二十四史》在編纂過程中一共産生了四個總體規範性質的文件。這就是:《今注本二十四史編纂總則》(1995 年, 2005 年 4 月修改, 2017 年 8 月修訂)、《關於〈編纂總則〉的修改和補充意見》(2006 年 3 月)、《關於編纂工作若干問題的决定》(2007 年 1 月)、《關於〈今注本二十四史編纂總則〉幾點重要的補充説明》(2017 年 10 月)。它們確定了全書編纂的目的、特點及其具體操作規則。綜其要概述如下。

本書的基本特點是史家注史。工作主要集中在三個方面: 版本的改誤糾謬; 史實的正義疏通; 史料的補充增益。由各史主編撰寫《前言》, 扼要介紹該史所涉及的時代背景、作者生平、寫作過程、著作特點、史料價值、在史學史上的地位和研究概況。

本書的學術目標有兩個。一個是通過校勘, 得到一套善本；一個是通過今注，得到一套最佳的注釋本。即完成由史家校勘並加以注釋的二十四史的新校勘新注釋本。它從史家的角度出發，集數百年以來學界的研究成果，采取有圖有文的注釋形式，力圖以新的角度、新的內容、新的形式，爲二十四史創造出一整套代表當代學術水準的、權威的現代善本。

一　校勘

1. 底本：原則上以商務印書館百衲本爲底本；因百衲本並非善本的另行確定底本。

2. 校勘：充分吸收包括中華書局標點本在內的前人的校勘成果，全面參校，以形成一個全新的校勘本。

各史采用的底本和參校本，在各史序言中寫出全稱和簡稱。整套書統一規定的簡稱有六個：武英殿本簡稱“殿本”；國子監本，相應簡稱“南監本”“北監本”；毛氏汲古閣本簡稱“汲古閣本”；同治五書局本簡稱“局本”；商務印書館百衲本簡稱“百衲本”。

校勘成果反映在原文中，即依據有充分把握的校勘結果，將底本中的衍、脱、誤、倒之處全部改正；刊正底本的理由，全部在相應注釋中加以説明。對無十分把握之處，不改原文，衹出校勘記質疑。

采用中華書局標點本爲工作本的史書，不録入原校勘記。直接吸收其校勘成果者則加以説明，對其提出商榷者在相應注釋中加以辨證。

二　注釋

1. 對有古注並已與原書集合行世的前四史，原則上保留古注，視同原文並加注。

2. 注釋程度：以幫助具有大專文化水準以上的讀者讀懂爲限；以給研究者提供簡要索引爲限。注文力求做到：準確、質樸、簡練、嚴謹、規範。

3. 出注（除一些專志外）以卷（篇）爲單位。即對應當加注者，在每卷（篇）第一次出現時加注。此後即使該卷（篇）中再出現，如意義完全等同者，不再加注；而在别卷（篇）再出現時，仍另行加注。有多卷的同類志書出注時視爲同卷，即同類志書對應當加注者在首次出現時加注，其後再現如意義完全等同，亦不再加注。

4. 注釋範圍：冷僻的字音、字義、詞義，成語典故；不易理解的名物制度、地名、人名、别號、謚號、廟號；有争議或原作記述有歧誤的史實等。

（1）字音、字義、詞義的注釋衹限於生僻字、異體字、避諱字、破讀和易生歧義及晦澀難懂的語辭。對多音字，在文中必讀某音的，以漢語拼音出注。避諱字的注文應説明避諱原因，原文原則上不改，出注。字音標注采用漢語拼音。

（2）對原文中的古體、通假、異體字的處理：古體、通假字不作改動，對其中罕見或疑難者，在注中説明其今體或正體字。全書原文和古注保留異體字，今注除人名、地名、書名和職官（署）名之外，原則上不使用異體字。

（3）成語典故，出注衹限於冷僻的成語典故，注文僅簡單説明成語典故來源、内容和意義。常見的詞語一般不出注，包括常見的古漢語虚詞與實詞，但某些不注會産生歧義者除外。

（4）人名、别號、謚號等，凡係本部書中没有專傳（或紀）的人物一般出注説明係何時、何地之人，姓、氏、名、字一般不出注，有特殊來源者，可出注。常見的歷史人物名號與某些不注無礙於全文理解者不必出注；對暫不可考者則説明未詳。

（5）地名注釋：一般僅注明今地；如須説明沿革方可解讀者，則簡述其沿革。本史有《地理志》者，地名出注從簡；若古今地名相同，所治地區大致相同者，則不出注。

（6）官名、官署名及職官制度和爵位制度名稱出注，遵循以下三個原則：常見者（如丞相、太尉、太守、縣令等），若其意義與通常理解無顯著變化，一般不出注；不常見者（如太阿、决曹、次等司等），應説明品秩、職掌範圍，需叙述沿革等方能理解原文意義者，則説明沿革變化、上下級關係、置廢時間；若本史有相應專志者，此類出注即從簡略；無相應專志者，可稍詳盡。

（7）原文與史實不符處，前後文不符處，則予以辯明。考證力求言之有據，簡明扼要。

（8）紀、傳注文以疏通原文爲目的，一般不采取補注、匯注形式。力求不枝不蔓，緊扣原文。各志（書）注文可采取補注、匯注形式，以求内容豐富、全面。

（9）對有争議的問題，客觀公允地羅列諸説，反映歧見；同時指出帶傾向性的意見。盡量不作價值評論性質的分析。

（10）今注出注各有重點："紀"（"世家""載記"）着重歷史事件；"傳"着重人物事迹及人際關係；"志"着重制度内容及沿革；"表"着重疏理時序。除《史記》外，注文内容貫徹詳本朝略前代的原則。

（11）注釋以段爲單位，統一順次編碼。出注（校）標碼與注文標碼一致，均采用［1］［2］［3］標示。

校注側重學術性，努力吸收前人的研究成果，尤其是現代學者的研究成果，充分準確地反映當代二十四史學術研究現狀；爲相關專業的學者提供足資利用的準確原文和内容索引，亦爲一般文史讀者搭建起提高水準的階梯。

《今注本二十四史》編纂委員會

2017 年 10 月

目　録

卷三一　志第二十六

卷三二　志第二十七

卷三三　志第二十八

卷三四　志第二十九

卷三五　志第三十

卷三六　列傳第一

卷三七　列傳第二

卷三八　列傳第三

卷三九　列傳第四

卷四〇　列傳第五

卷四一　列傳第六

卷四二　列傳第七

卷四三　列傳第八

卷四四　列傳第九

卷四五　列傳第十

卷四六　列傳第十一

卷四七　列傳第十二

卷四八　列傳第十三

卷四九　列傳第十四

卷五〇　列傳第十五

卷五一　列傳第十六

卷五二　列傳第十七

卷五三　列傳第十八

卷五四　列傳第十九

卷五五　列傳第二十

卷五六　列傳第二十一

卷五七　列傳第二十二

卷五八　列傳第二十三

卷五九　列傳第二十四

卷六〇　列傳第二十五

卷六一　列傳第二十六

卷六二　列傳第二十七

卷六三　列傳第二十八

卷六四　列傳第二十九

卷六五　列傳第三十

卷六六　列傳第三十一

卷六七　列傳第三十二

卷六八　列傳第三十三

卷六九　列傳第三十四

卷七〇　列傳第三十五

卷七一　列傳第三十六

卷七四　列傳第三十九

酷吏

卷七五　列傳第四十

儒林

卷七七　列傳第四十二

卷七八　列傳第四十三

卷七九　列傳第四十四

外戚

卷八〇　列傳第四十五

列女

卷八五　列傳第五十

前　言

張玉興

一　《隋書》涉及的時代背景

《隋書》凡八十五卷，主要記載隋文帝開皇元年（581）至隋恭帝義寧二年（618）約三十八年間的歷史。公元581年二月，楊堅以北周外戚的身份奪取政權，建立隋朝。隋朝統治時間較爲短暫，僅歷三帝，其中隋文帝楊堅年號開皇（581—600）與仁壽（601—604），隋煬帝楊廣年號大業（605—618），隋恭帝楊侑年號義寧（617—618），至公元618年五月爲唐朝取代。隋朝的統治範圍有一個逐漸擴大的過程，開皇初主要是長江以北的原北周、北齊統治地區，開皇七年滅後梁、九年平陳，將疆域擴大到長江以南的廣大區域。隋煬帝大業初，又南征林邑、西定吐谷渾，統治範圍達於極盛。據本書《地理志》載：大業五年（609），隋朝疆域“東西九千三百里，南北萬四千八百一十五里。東南皆至海，西至且末（今新疆且末縣），北至五原（今内蒙古包頭市西北）。隋氏之盛，極於此也”。①

有隋一代存續時間雖然不長，但其歷史地位却不容忽視，一方面它結束了西晋末年以來近三個世紀的分裂局面，重新建立起大一統的政權。另一方面，隋代統治者進行的一系列改革與開創，承前啓後，爲大唐盛世的到來做出了鋪墊。西晋末年爆發的“八王之亂”斷送了司馬氏的統一成果，隨着匈奴、羯、氐、羌、鮮卑等少數民族内遷，北方黄河流域的廣大地區成爲各民族逐鹿的戰場。西晋滅亡後的一個半世紀内，黄河流域陷入一種無序的政治狀態。與此同時，南遷的西晋宗族及高門士族，立足於江南，建立東晋政權，中國大地進入南北政權對峙時期。此後，北方在鮮卑族建立的北魏政權努力之下，先後克柔然，滅夏、西秦、北燕、北凉等政權，於公元439年結束了黄河流域各政權紛争的局面，完成北方的區域統一。北魏孝文帝以統一爲大業，在位時期進行漢化改革，將都城從平城（今山西大同市）遷到中原核心區的洛陽，從而將版圖南推到秦嶺、淮河一綫。但遺憾的是，統一的好勢頭很快被内亂所終止，不久北魏分裂爲東魏與西魏，東魏被北齊取代，西魏被北周取代。反觀南朝諸政權力量更弱，無論是東晋還是宋、齊、梁、陳等朝代，在門閥士族政治等因素的影響下，整個社會的活力不足，導致南方的綜合實力越來越弱，在南

---

① 《隋書》卷二九《地理志上》。

北對峙中基本上處於步步退却的態勢，最終偏安於江南一隅，更别提擔當統一的重任。儘管在南北朝後期，東魏一度獲得對長江中下游江北地區的控制權，北周也於公元577年滅北齊，但是彼時南北政權無論哪一方均無實現統一的實力。隋朝建立後，對内進行政治經濟改革，對外解決北方突厥的威脅，爲消滅南方的陳朝做好了準備。開皇八年（588）三月，隋文帝楊堅發布討陳詔書，十一月隋朝投入90總管約52萬大軍南下，一路勢如破竹，第二年正月攻克陳都城建康，俘虜陳後主陳叔寶，至此，南北方歷經近三百年的分裂再次得以統一。隋平陳後，得州三十，郡一百，縣四百。[①] 隋又將陳朝皇室百官以及江南士族高門北遷，特别是開皇十年以高智慧爲代表的江南豪族大姓的反叛遭到鎮壓後，江南再也難以形成强有力的割據勢力，統一大勢不可逆轉。隋朝的統一，開啓隋唐王朝三百餘年的中央集權統治，漢魏以來的華夏文化傳統，也在經歷南北朝的曲折發展後重顯生機。

隋朝建立後，隋文帝改革中央官制，創立三省六部制，爲此後歷代王朝所沿用；改革地方行政制度，變州、郡、縣三級制爲州（郡）縣二級制，將地方官吏任免權收歸中央，廢除地方長官自辟僚屬制度，加强地方控制；廢除魏晋以來的九品中正制度，通過分科考試的方法選拔人才，隋煬帝在此基礎上增設進士科，從而創立影響中國1300餘年的科舉制度；重新頒布均田法令，通過大

① 《資治通鑑》卷一七七《隋紀一》開皇九年二月條。

索貌閲和輸籍定樣，嚴格清查國家人口，改革賦役制度，保證國家財政收入；修訂《開皇律》，減輕刑罰；改革府兵制，建立起兵農合一的國家軍事力量。這些改革措施大部分爲唐朝所繼承。通過改革，隋朝的國力在短期内達到了一個很高的水平。例如户口方面，隋文帝“受周禪”時僅有户559萬、口2909604，至隋煬帝大業五年迅速增長到約907萬户、4600餘萬口，兩相比較著籍人口增長了十餘倍。又社會財富也在急速增長，史料記載隋朝各地倉庫無不充盈，西京的太倉、東都的含嘉倉以及諸轉運倉，儲藏的穀物少則幾百萬石，多至千萬石。兩京、太原國庫儲藏的絹帛也各有數千萬匹。直到唐朝貞觀十一年（637），侍御史馬周在給唐太宗的奏疏中還提到：“（隋）西京府庫亦爲國家（指唐朝）之用，至今未盡。”①

然而，隋朝强盛的外表下也隱藏着巨大的危機，最終導致隋朝短暫而亡，其中最大的問題在於統治基礎過於狹窄。隋朝延續西魏北周以來“關中本位政策”，政權基礎是出身於關隴地區的軍事貴族集團，即陳寅恪先生所概括的“宇文泰當日融冶關隴胡漢民族之有武力才智者”。②“關中本位政策”在分裂時期，對於凝合胡漢各族勢力，形成强有力的軍事集團一致對外具有重要作用，北周和隋朝亦靠此先後消滅了北齊與陳朝。然而隋朝自南北統一後，政權的性質已由地方割據政權上升爲全國性的中

① （唐）吴兢：《貞觀政要》卷六《論奢政》，上海古籍出版社2016年版。

② 陳寅恪：《唐代政治史述論稿》上篇，上海古籍出版社1997年版。

央政權，統治基礎本應隨之擴大，但是隋朝統治者没有因勢利導，而是繼續沿用“關中本位政策”，敵視原北齊地區的山東士人和陳朝的江南士人。政權的相對封閉使得隋朝統治基礎較爲薄弱，抵禦風險的能力不强。加上隋煬帝楊廣統治期間，驕奢淫逸、好大喜功、濫用民力，他營建東都，開鑿大運河，大修長城，巡幸江都，接二連三地發動征伐高句麗的戰争，弄得天怒人怨，激化了國内矛盾，導致大規模的農民起義爆發，在内外因的共同作用下，强大的隋朝在短暫統一後遂很快土崩瓦解。

二　《隋書》成書經過及作者概況

《隋書》由本紀、列傳和志三部分構成。其中本紀五卷，包含隋文帝楊堅與隋煬帝楊廣各二卷，隋恭帝楊侑一卷。列傳五十卷，其中后妃、文四子、煬三子各一卷；宗室、將相、大臣傳三十三卷；類傳十卷，即誠節、孝義、循吏、酷吏、儒林、文學、隱逸、藝術、外戚、列女各一卷；周邊四裔少數民族及外國東夷、南蠻、西域、北狄各一卷。志三十卷，包含《禮儀志》七卷、《音樂志》三卷、《律曆志》三卷、《天文志》三卷、《五行志》二卷、《食貨志》一卷、《刑法志》一卷、《百官志》三卷、《地理志》三卷、《經籍志》四卷。紀傳題魏徵等撰，先於志修成頒行。志爲《五代史志》，題長孫無忌等撰，記載梁、陳、北齊、北周、隋五代的相關制度，最初别行，後因記述以隋代爲主，遂附於《隋書》刊行。

先談紀傳部分的撰修。唐初，爲總結歷史經驗教訓，武德四年（621），秘書丞令狐德棻以“近已以來，多無正史”，[1] 向唐高祖李淵建言撰修梁、陳、北魏、北齊、北周、隋等前代史。次年，唐高祖下詔命着手編纂，令中書令封德彝、中書舍人顔師古負責撰修隋史，此次修撰歷時數年，但最終未能成書。[2]

唐太宗貞觀三年（629），第二次重修五代史，由房玄齡、魏徵“總監”，魏徵還親自主持《隋書》編纂。據《唐會要》載：“貞觀三年，於中書置秘書内省，以修五代史。”[3] 但未列撰修者姓名。《舊唐書》的《令狐德棻傳》和《魏徵傳》列舉了主要編撰人員。《令狐德棻傳》云：“乃令德棻與秘書郎岑文本修周史，中書舍人李百藥修齊史，著作郎姚思廉修梁、陳史，秘書監魏徵修隋史，與尚書左僕射房玄齡總監諸代史。衆議以魏史既有魏收、魏澹二家，已爲詳備，遂不復修。德棻又奏引殿中侍御史崔仁師佐修周史，德棻仍總知類會梁、陳、齊、隋諸史。”[4]《魏徵傳》説：“有詔遣令狐德棻、岑文本撰周史，孔穎達、許敬宗撰隋史，姚思廉撰梁、陳史，李百藥撰齊史。徵受詔總加撰定，多所損益，務存簡正。隋史序論，皆徵所作，梁、陳、齊各爲總論，時稱良史。”[5] 由此可知，除房玄齡“總監”、令狐德棻“總知”諸史之功外，《隋書》出力最多的是魏徵、孔穎達、許敬宗三人。《隋書》紀傳

① 《舊唐書》卷七三《令狐德棻傳》，中華書局點校本 1975 年版。

② 《唐會要》卷六三《修前代史》，中華書局 1955 年版。

③ 《唐會要》卷六三《修前代史》。

④ 《舊唐書》卷七三《令狐德棻傳》。

⑤ 《舊唐書》卷七一《魏徵傳》。

叙述多出自孔、許二人之手，最終經魏徵“損益”“撰定”，魏徵親撰序一十四篇，論五十三篇。

魏徵，字玄成，唐代鉅鹿（今河北鉅鹿縣）人。[①] 祖父魏産和父親魏長賢都有志於修史，其族兄魏收和魏澹是前代知名史家。魏徵年輕時參加隋末瓦崗軍起義，後隨李密降唐。初爲太子李建成洗馬，數勸太子防備秦王李世民奪嫡。太宗即位，不計前嫌加以重用。魏徵前後所諫二百餘事，幾乎全爲太宗采納，君臣二人納諫與進諫的故事亦成爲千古佳談。貞觀二年（628），魏徵以秘書監參議朝政，“以喪亂之後，典章紛雜，奏引學者校定四部書”。[②] 又佐房玄齡主持編撰五代史。貞觀十年完成。貞觀中期，太宗日漸驕奢，怠於政事。魏徵連上《十思疏》《十漸不克終疏》，提醒太宗居安思危，以終善道。貞觀十六年，魏徵因病卒官，太宗痛哭，對侍臣説：“以人爲鏡，可以明得失。……今魏徵殂逝，遂亡一鏡矣！”[③] 魏徵言論多見於《貞觀政要》。

孔穎達，字沖遠，唐冀州衡水（今河北衡水市）人，爲唐初經學大家。隋大業初，舉明經高第，授河内郡博士。入唐後，先後任國子博士、給事中、太子右庶子、國子祭酒等職。貞觀十七年（643）致仕，二十二年卒。曾與顔師古等撰《五經正義》，該書成爲科舉取士教科書。《舊唐書》卷七三、《新唐書》卷一九八《儒學上》有傳。

---

① 《貞觀政要》卷二《任賢》。又《舊唐書》卷七一《魏徵傳》作“鉅鹿曲城人”，《新唐書》卷九七《魏徵傳》作“魏州曲城人”。

② 《舊唐書》卷七一《魏徵傳》。

③ 《舊唐書》卷七一《魏徵傳》。

許敬宗，字延族，唐杭州新城（今浙江富陽市）人。隋大業中舉秀才，後參加瓦崗軍。武德初，爲李世民秦王府十八學士之一。貞觀時，歷著作郎、中書舍人、給事中、太子右庶子、檢校中書侍郎等，監修國史，參撰《武德實録》《貞觀實録》。高宗時，爲禮部尚書。因擁立武則天爲皇后之功，顯慶二年（657）拜侍中。次年，升中書令，進爵高陽郡公。龍朔三年（663），册拜太子少師，同東西臺三品，仍監修國史。咸亨三年（672）卒，年八十一。許敬宗監修國史，愛恨由己，虚美隱惡，又删改高祖、太宗兩朝《實録》，爲史家所詬。《舊唐書》卷八二、《新唐書》卷二二三上《奸臣上》有傳。

除了上述三人，劉知幾《史通·外篇·古今正史》云："皇家貞觀初敕中書侍郎顔師古、給事中孔穎達共撰成《隋書》五十五卷。"[①] 黄永年先生認爲當是包括了第一次武德時撰修人員而言，第二次修成的《隋書》裏不會没有第一次顔師古及封德彝修成的篇卷。[②] 又據史料記載，敬播[③]、李延壽[④]、趙弘智[⑤]等人也曾參與了具體的修撰工

① （唐）劉知幾撰，趙吕甫校注《史通新校注》，重慶出版社 1990 年版。

② 參黄永年《〈隋書〉説略》，載《經史説略·二十五史説略》，北京燕山出版社 2002 年版。

③ 《舊唐書》卷一八九上《儒林·敬播傳》："有詔詣秘書内省佐顔師古、孔穎達修隋史。"

④ （唐）李延壽：《北史》卷一〇〇《序傳》："延壽與敬播俱在中書侍郎顔師古、給事中孔穎達下删削。"中華書局點校本 1974 年版。亦見《舊唐書》卷一八九上《敬播傳》。

⑤ 《舊唐書》卷一八八《孝友·趙弘智傳》："又預修《六代史》。"

作。則撰寫者又有顔師古、孔穎達、封德彝、敬播、李延壽、趙弘智等人。

貞觀十年（636），《隋書》紀傳與陳、梁、北齊、北周四史同時完成，合稱“五代史”。這件大事在《舊唐書》卷三《太宗紀下》和卷七三《令狐德棻傳》裏均有記載。《唐會要·修前代史》詳記説：“貞觀十年正月二十日，尚書左僕射房玄齡、侍中魏徵、散騎常侍姚思廉、太子右庶子李百藥、孔穎達、禮部侍郎令狐德棻、中書侍郎岑文本、中書舍人許敬宗等撰成周、隋、梁、陳、齊五代史上之，進階頒賜有差。”①

“五代史”修成之初，尚未有志。貞觀十五年，唐太宗下詔續修五代史志。參修者據《隋書》所附北宋天聖二年（1024）官刻跋語載：“左僕射于志寧、太史令李淳風、著作郎韋安仁、符璽郎李延壽同修《五代史志》。”又小注云“《經籍志》四卷，獨云侍中、鄭國公魏徵撰”。②此時魏徵雖已去世，《經籍志》所用或爲魏徵成稿。除跋語所列諸人外，《史通·外篇·古今正史》還載：“其先撰史人，惟令狐德棻重預其事。”《舊唐書》卷七三《李延壽傳》載：“受詔與著作佐郎敬播同修《五代史志》。”李延壽《北史·序傳》載：“（貞觀）十七年，尚書右僕射褚遂良時以諫議大夫奉敕修《隋書》十志。”知參與編修者應當還有令狐德棻、敬播、褚遂良三人。

---

① 《唐會要》卷六三《修前代史》。

② 《隋書·宋天聖二年隋書刊本原跋》，中華書局 1975 年版。

《五代史志》最初由令狐德棻監修,[①] 永徽三年(652)以後改由長孫無忌,歷時十五年,至高宗顯慶元年(656)始成。《舊唐書》卷四《高宗紀上》載:顯慶元年"五月己卯,太尉長孫無忌進史官所撰梁、陳、周、齊、隋五代史志"。《唐會要·修前代史》亦云史官所修而"太尉無忌進之"。長孫無忌很可能衹是以官高而領銜進上,未必參與實際撰寫工作。[②]

《五代史志》修成後,由於《梁書》《陳書》等已經單行,加上敘事又以隋代爲主,便把它編入五代史最後一部《隋書》中,亦稱《隋志》。《五代史志》編入《隋書》後,最初還有"别行"一説,《史通·外篇·古今正史》云:"(《五代史志》)篇第雖編入《隋書》,其實别行,俗呼爲'五代史志'。"但是"别行"的時間應該不會太長,唐玄宗開元時期整比圖籍時,已載《隋書》爲八十五卷,已無《五代史志》"别行"之説了。[③]

《隋書》是第一部真正意義上的官修正史。按照官修史書慣例,如果參與者一人以上,一般衹題最主要的一人,或爲主撰人,或爲監修者,也可能是進上人。如《隋書》題名,《舊唐書·經籍志》題"魏徵等撰"[④]。《新唐書·藝文志》則題"(令狐德棻)《隋書》八十五卷,

① 《舊唐書》卷七三《令狐德棻傳》載:"永徽元年……監修國史及《五代史志》。"

② 參黄永年《〈隋書〉説略》。

③ 謝保成:《隋唐五代史學》,商務印書館2007年版,第37頁。

④ 《舊唐書》卷四六《經籍志上》。

《志》三十卷”。[1] 而《宋史·藝文志》又説：“顔師古《隋書》八十五卷。”[2] 但與其他正史相比，《隋書》的紀傳和志的情況較爲特殊，故歷代諸本多是紀傳和志分題。如北宋天聖二年（1024）官刻《隋書》，“從衆本所載”，紀傳部分題魏徵撰，志題長孫無忌撰。[3] 今存宋刻遞修本紀傳部分題“特進臣魏徵上”，志部分則題“太尉揚州都督監修國史上柱國趙國公臣長孫無忌等奉敕撰”。[4] 現存諸本多采用這種方式。

三　《隋書》史料價值與史學成就評介

《隋書》史料價值與史學成就主要表現在以下幾個方面：

（一）《隋書》是現存記載隋代史事唯一重要且完善的文獻。

隋代歷史短暫，經隋末農民戰争以及江都宫變，圖籍損毁嚴重。《隋書·百官志》“序”云：“（煬帝）南征不復，朝廷播遷，圖籍注記，多從散逸。今之存録者，不能詳備焉。”[5]《史通·外篇·古今正史》也説：“隋史當開皇、仁壽時，王劭爲書八十卷，以類相從，定其篇目，至於編年、紀傳，並闕其體。煬帝世，惟有王胄等所修《大業起居注》。及江都之禍，仍多散逸。”因此，能够流傳下

① 《新唐書》卷五八《藝文志二》。

② 《宋史》卷二〇三《藝文志二》。

③ 《隋書·宋天聖二年隋書刊本原跋》。

④ 《中華再造善本·隋書》，北京圖書館出版社 2006 年版。

⑤ 《隋書》卷二六《百官志上》。

來的隋史文獻非常少。唐初所修《隋書》就顯得尤爲重要。北宋司馬光編修《資治通鑑》，隋代部分就幾乎全以《隋書》爲依據。儘管此後，繼修隋史者不乏其人，如唐高宗時敬播的《隋略》、張大素的《隋書》，唐玄宗時吴兢的《隋史》等，但大都没有流傳下來。雖然今天還能見到部分隋人詩文或碑刻墓誌，但史料都過於零散，其價值遠不能和《隋書》比擬。因此研究隋史，《隋書》的地位當居所有史料之首。

（二）《隋書》保存了大量珍貴資料，史料價值高。

《隋書》修撰時間距離隋亡時間較近，加上人物采訪成爲史料的一大來源，因此史料真實性較高。魏徵説："隋家舊史，遺落甚多。比其撰録，皆是采訪。或是其子孫自通家參校，三人所傳者，從二人爲實。"[①] 但采訪是有條件的。唐初距離隋代較近，修史時許多舊人還健在。這些人大多從隋代過來，耳聞目睹，有的甚至是事件的親歷者，他們的口述能够彌補文獻的不足。如隋唐名醫孫思邈，歷北周、隋、唐，"話周、齊間事，歷歷如眼見。……魏徵等受詔修齊、梁、陳、周、隋五代史，恐有遺漏，屢訪之，思邈口以傳授，有如目睹"。[②] 因此，修撰者令狐德棻在上表中説："當今耳目猶接，尚有可憑，如更數十年後，恐事迹湮没。"[③] 的確如此。隨着時間推移，一旦這些人相繼故去，相關歷史也將隨之淹没。《隋書》價值之一就是最

---

① （唐）王方慶：《魏鄭公諫録》卷四《對隋大業起居注》，四庫全書本。

② 《舊唐書》卷一九一《孫思邈傳》。

③ 《舊唐書》卷七三《令狐德棻傳》。

大限度將這些口述史料保存下來，這也是此後其他相關文獻無法超越的。此外，作爲《隋書》主編的魏徵，爲人正直，加上參修者多爲當朝名士，也對“直書其事”起了一定保障。

因此，《隋書》保存了大量珍貴史料。如本紀中保存了大量詔令原文，是研究制度史以及文學史的重要資料。列傳中珍貴史料也比比皆是，如卷四九《牛弘傳》全文刊載其《請開獻書之路表》，敘述了歷代書籍流傳散亡情況，爲文獻學研究者必讀之文。卷五一《長孫晟傳》中記載隋與突厥交涉往來歷史，反映了雙方的實力消長。卷七〇《李密傳》記載隋末農民大起義史實，對於研究隋末歷史十分重要，兩《唐書·李密傳》唐以前部分就幾乎全部照搬《隋書》。卷七八《藝術傳》中《臨孝恭傳》記載的《欹器圖》《地動銅儀經》，《張胄玄傳》記載其精密天文推算的結果，爲古代科技史研究重要史料。卷八一《東夷·流求國傳》及卷六四《陳稜傳》記載臺灣居民社會組織、經濟生活以及與大陸聯繫狀况等，是研究中古時期大陸與臺灣之間聯繫的主要參考資料。卷八三《西域傳》第一次記載昭武九姓諸國，爲研究西域歷史提供了新的資料。至於《五代史志》就更多了，有些僅見於《隋書》，如《刑法志》中保存的《隋律》，是現存最早的一部古代法典；《食貨志》中記載的北齊、北周、隋的均田法令；等等。

（三）以史爲鑒的歷史觀。

“以史爲鑒，可以知興替”，唐太宗李世民君臣有着清醒的歷史意識。唐初統治者親眼目睹隋代滅亡，總結隋代興亡的經驗教訓，就成爲唐太宗君臣“以史爲鑒”的首要內容。唐太宗在恩奬《五代史》修撰者的詔書中如是說：“將欲覽前王之得失，爲在身之龜鏡。”① 這其中的“前王”，最重要者莫過於隋文帝楊堅和隋煬帝楊廣了。魏徵也曾提醒唐太宗：“愿當今之動静，必思隋氏以爲殷鑒，則存亡治亂，可得而知。”② 因此，魏徵在主持編撰《隋書》的過程中，始終秉持以隋爲鑒的修史宗旨，特别是體現在魏徵親自撰寫的史論中。主要有以下幾個方面：

首先，總結隋代興亡的經驗教訓。《隋書》對於隋文帝評價，采用一分爲二的方法。認爲文帝移遷周鼎、一統宇内功績，“考之前王，足以參蹤盛烈”③。其原因“誠在於愛利”，即使戎車屢動，也是“思以安之”，民衆勞苦，“思以逸之”，因此能够“其興也勃焉”。④這是統治者需要學習的地方。但《隋書》也不忘提醒統治者，即使在太平盛世，也要居安思危。隋二世而亡，禍亂之兆文帝時已顯現。《高祖紀下》“史臣曰”：文帝“無寬仁之度，有刻薄之資”，“稽其亂亡之兆，起自高祖，成於煬帝，所由來遠矣，非一朝一夕”。⑤ 提醒唐太宗即使在太平盛世也勿要“處安忘危、處治忘亂”。

對於隋朝滅亡的原因，《隋書》認爲主要在於煬帝

① 《册府元龜》卷五五四《國史部·恩奬》，中華書局1960年版。
② 《貞觀政要》卷八《刑法》。
③ 《隋書》卷二《高祖紀下》“史臣曰”。
④ 《隋書》卷七〇“史臣曰”。
⑤ 《隋書》卷二《高祖紀下》“史臣曰”。

“自絶民神之望”①，把亡國之君的作爲當做“史鑒”的重要内容。《煬帝紀》以及其他一些傳中對煬帝荒淫殘暴、大興土木、窮兵黷武，進行大肆鞭撻。將隋亡之過歸於煬帝失政，如卷五《恭帝紀》“史臣曰”：“一人失德，四海土崩。”卷八三《西域傳》“史臣曰”：“此皆一人失其道，故億兆罹其毒。”魏徵甚至認爲此亘古未有：“自肇有書契以迄于兹，宇宙崩離，生靈塗炭，喪身滅國，未有若斯之甚也。”②

其次，重視民衆在歷史發展中的作用。唐太宗就曾説過：“爲君之道，必須先存百姓。若損百姓以奉其身，猶割脛以啖腹，腹飽而身斃。”③ 而隋煬帝就是一個很好的反面例子。《隋書》大量記載隋煬帝每次較大規模的徭役、兵役，所動用的民力，以及死亡情況，記載之詳盡，在正史中亦不多見。例如《隋書·食貨志》記載煬帝時，營建東都洛陽，役使民夫二百萬人，死者十四五；北築長城，役使百萬，死者過半；開鑿大運河，役使百萬，以致男丁不供，徵調婦女服役。④ 勞役過重，嚴重破壞國家的農業生産，也是隋末農民大起義的一大誘因。

唐初君臣目睹農民起義推翻隋王朝的經過，對於民衆在改朝换代中的作用也有清醒認識。因此，《隋書》以大量的筆墨記載了民衆反隋鬥争的情況，這其中有專傳的就有楊玄感、李密等人。據學者統計，《隋書》五十五卷紀

① 《隋書》卷七〇“史臣曰”。

② 《隋書》卷四《煬帝紀下》“史臣曰”。

③ 《貞觀政要》卷一《君道》。

④ 《隋書》卷二四《食貨志》。

傳中，記載民衆反隋鬥争或武裝起義的就達二十多卷。在《食貨志》和《五行志》裏面也有農民起義的記載。特别是《高祖紀》與《煬帝紀》中，從開皇十年開始，十七年、二十年、仁壽二年到大業六年、七年，特别是大業九年以後，幾乎每月都有各種形式民衆鬥争的記載。①

再次，注意君臣關係，從諫如流。魏徵與李世民進諫與納諫的故事在歷史中傳爲美談。對於煬帝，魏徵曾評價説："隋主雖有俊才，無人君之量。恃才傲物，所以至於滅亡。"② 在《隋書》中魏徵也一再提醒統治者要以隋爲鑒，注意君臣關係，他説："大厦云構，非一木之枝；帝王之功，非一士之略。長短殊用，大小異宜，榕棁棟梁，莫可棄也。"③ 要發揮各種人才的智慧和作用，而不是像隋文帝一樣大殺朝臣，使得"其草創元勳及有功諸將，誅夷罪退，罕有存者"④。統治者要注意納諫，從諫如流，不要像隋煬帝一樣"除諫官以掩其過"，以至於"普天之下，莫匪仇讎，左右之人，皆爲敵國"⑤。

最後，統治者要提倡節儉、禁止奢靡，要寬刑薄賦、與民休息，要遠佞臣、近賢良、任用賢能等仁政愛民的思想在《隋書》中也都有反映。

（四）《隋書》編撰體例詳贍、叙事簡練、文筆嚴净。

《隋書》歷經二次修撰，準備周期較長，且參與者皆

① 謝保成：《隋唐五代史學》，第 42 頁。

② 《魏鄭公諫録》卷四《對隋主博物有才》。

③ 《隋書》卷六六"史臣曰"。

④ 《隋書》卷二《高祖紀下》。

⑤ 《隋書》卷四《煬帝紀下》"史臣曰"。

當時之名士，因此編撰水平很高。這首先表現在體例詳贍上。清人李慈銘在比較唐以前“八書二史”後説：“南、北《史》多以一家合傳，意重譜系，致時代不分，先後失序，故八書必不可少。而八書中尤要者以宋、隋兩書，次則《魏書》《南齊書》《梁書》。蓋五書皆詳贍有體例，符璽刊落較多也。”[①] 認爲《隋書》不僅體例詳贍，在“八書二史”中也是編撰較好的。今試舉列傳爲例。

《隋書》包括本紀、列傳、志三大部分，其中以列傳分量最重，占全書總卷數的近五分之三。在這五十卷列傳中，分類較細，體例嚴明。大體可以分爲以下幾個類型[②]：

一是將相大臣和其他重要人物傳，此包括卷三七到四二，卷四六到五八，卷六〇到七〇，共三十卷，可以説這是列傳主體。

二是類傳，按照人物特點，以類編排，每類中包含若干人。這部分包括誠節、孝義、循吏、酷吏、儒林、文學、隱逸、藝術、外戚、列女等傳，從卷七一至八〇，共十卷。

三是皇帝親屬列傳。包括卷三六《后妃傳》、卷四五《文四子傳》、卷五九《煬三子傳》，還有卷四三和卷四四楊氏親王列傳。

四是少數民族及外國列傳，包括東夷、南蠻、西域、北狄四傳，此記載周邊兄弟民族或外國大體狀況，非爲個人立傳。

---

① （清）李慈銘：《越縵堂日記》第五册“丙寅八月初五日辛卯”，廣陵書社影印手稿本。

② 此參黄永年《〈隋書〉説略》。

五是弑逆人物傳，包括宇文化及、司馬德戡、王世充等人，他們或弑殺煬帝，或弑殺煬帝繼任者，舊時都算弑逆，爲統治者所不耻，被貶到全書末尾。

從中可以看出《隋書》列傳的編排是下了很大功夫的，研究者對其檢索與利用也是十分方便。

其次，《隋書》叙事之簡練、文筆之嚴净也爲歷代史家所稱道。清代史家趙翼對此評價云："《隋書》最爲簡練，蓋當時作史者皆唐初名臣，且書成進御，故文筆嚴净如此。南、北《史》雖工，然生色處多在瑣言碎事，至據事直書，以一語括數語，則尚不及也。"[①]《隋書》的修撰者諸如魏徵、孔穎達等大都是飽學之士，文學功底深厚，精於文章之道。因此《隋書》不僅在叙事上層次清晰、簡嚴完善，而且文字的運用也是字斟句酌。特别是魏徵所撰序論，引經據典，博古論今。例如卷四《煬帝紀下》"史臣曰"中描寫煬帝衆叛親離，就用"普天之下，莫匪仇讎，左右之人，皆爲敵國。……億兆靡感恩之士，九牧無勤王之師"等句，對仗工整，語義恰當。隨後引用《尚書》中"天作孽，猶可違，自作孽，不可逭"，對其所作所爲進行評價，可謂恰如其分。再如卷七一《誠節傳》序中，對於忠節的内涵，魏徵寫到"仁道不遠，則殺身以成仁；義重於生，則捐生而取義"。並列舉歷史上著名典故，"龍逢投軀於夏癸，比干竭節於商辛，申蒯斷臂於齊莊，弘演納肝於衛懿"。也是對仗工整，十分精彩。再如傳記中對於人物描寫也是十分到位，如卷八五《宇文化及傳》

---

① （清）趙翼：《陔餘叢考》卷七《隋書》，中華書局2012年版。

中云：“（化及）性凶險，不循法度，好乘肥挾彈，馳騖道中，由是長安謂之輕薄公子。”短短數語，一個危險的紈絝子弟形象躍然紙上。此類例子極多，不可備舉。

（五）最具特色的《隋志》。

《隋書》十志包括禮儀、音樂、律曆、天文、五行、食貨、刑法、百官、地理、經籍十目。分别按照梁、陳、北齊、北周、隋的次序來講述相關制度的沿革演變，有些還追述至漢魏。其中叙事以隋代爲主。儘管十志僅有三十卷，衹占全書的三分之一强，但其分量和紀傳幾乎相當。以中華書局點校本爲例，全書共一千九百頁，紀傳部分衹有九百頁，而志却達一千多頁。

《隋志》雖出於衆人之手，但各志的撰寫者都是學有專長，如《禮儀志》以當時大儒牛弘所撰《朝儀記》爲底本；《經籍志》用的是魏徵原稿，魏徵曾在武德末和貞觀初兩次進行大規模的圖籍搜求和整理工作，對於經籍情況的了解當時無出其右者；天文、律曆、五行三志由李淳風撰寫，李淳風“深明星曆，善於著述”①，是當時數一數二的天文曆法學家。因此，各位作者能够各盡其才，保證了《隋志》的高質量。同時，《隋志》在編纂體例上也是十分合理，在總結前代的基礎上，十志内容基本奠定了此後“正史”中史志的規模。因此，《隋志》的史學成就對後世影響很大，爲歷代研究者所重視。宋代鄭樵在《通志·藝文略三·隋》中就説：“《隋志》極有倫類，而本末兼明，

---

① 《舊唐書》卷七〇《房玄齡傳》。

惟《晋志》可以無憾，遷、固以來皆不及也。”①

《隋志》的史料價值具體體現在各志中，此按《隋書》目次要而述之。

《禮儀志》卷數最多、份量最重，詳細記載了五代郊天、祀地、祭廟等禮儀，其中對於車輿及服飾制度的記載，可與考古資料相印證，是研究中古時期物質文化史的重要史料。

《音樂志》記載了各地及國内豐富的音樂和舞蹈史料，其中包括皇家祭祀時所用各種樂器的形制，逐一介紹煬帝所定九部樂的源流、樂曲和樂器，以及南北朝時期名爲“百戲”的各種雜技表演等。

《律曆志》《天文志》《五行志》三者均爲太史令李淳風所撰，其中記載了大量“天人感應”迷信内容，但也不乏科技史研究的珍貴史料。如《律曆志》記載漢魏以來度量衡變遷的情況，祖冲之對圓周率的研究，歷代的立法及推算方法，張子信和劉綽對“日行盈縮”規律的探討等。《天文志》詳細記載當時所知的星座和天象，並記述了我國古代的種種天文理論以及渾天儀、渾天象等天文儀器的製作方法。《五行志》記載了當時大量的天災人禍，是研究古代灾荒史的很好史料。

《食貨志》系統記録了南北朝至隋土地、户籍、賦役、貨幣等制度的情況，如均田制、租庸調制，是經濟史研究的重要史料。由於南北朝諸史衹有《魏書》有《食貨志》，因此《隋書·食貨志》的記載就更加爲研究者所重視。

---

① （宋）鄭樵撰，王樹民點校：《通志二十略》，中華書局 1995 年版。

《刑法志》記載南北朝以來法律制度、律書的編撰與執行情況，並詳細記載其篇目和死、流、徒、杖、笞五等刑罰的輕重類别，並且唐代以前歷朝刑律的資料原本均已散佚，《刑法志》中保存相關史料對於法制史研究來説就顯得格外珍貴。

《百官志》詳細記載了五代史中文武職官及職掌，以及封爵、班品等情况，特别是對隋文帝及煬帝對官制的改革記載更詳，連最後設置掌領驍果的武職也一一講到了，從中可窺見唐代官制的淵源。官制是我們閱讀史料和研究歷史的基礎，其重要性不需多講。

《地理志》以隋煬帝大業五年（609）的版圖爲準，按照隋的郡縣逐一敘述，並在郡縣下記注北魏和梁以來的沿革，其内容包括建制沿革、郡縣户口、山川河渠、風俗物産等，是歷史地理研究的重要史料。

《經籍志》是《漢書·藝文志》之後我國紀傳體史書上出現的第二個圖書目録，總結了漢至隋間各種學術源流以及圖籍的保存和散佚情況。首創經、史、子、集四部分類法，是研究目録學史、學術史的重要史料。此後很多圖書在流傳過程中陸續亡佚，不依靠《經籍志》，可能連書名也無從知曉。

然金無足赤，對於《隋書》的缺陷，歷代學者也多有指陳，主要集中在以下幾個方面：

其一，史料仍有缺略。

就隋代歷史研究而言，《隋書》史料雖已較爲詳實，然仍有缺略不足之處。例如卷五三卷末所載馮昱、王檦、李充、楊武通、陳永貴、房兆等人，“俱爲邊將，名顯當時”，記載較爲簡略，原因在於“史失其事”。卷六四卷末所載鹿愿、范貴、馮孝慈等，“俱爲將帥，數從征討，並有名於世。然事皆亡失，故史官無所述焉”。卷六六《高構傳》所載：豆盧寔、裴術、士燮、東方舉、皇甫聿道、劉士龍、房山基、裴鏡民、韋焜、韓則等人，“此等事行遺闕，皆有吏幹，爲當時所稱”。卷七八《藝術傳》所載許奭與許澄“父子俱以藝術名重於周、隋二代。史失事，故附見云”。因此，柴德賡先生在《史籍舉要·隋書》中説“足見《隋書》史料亦有缺憾”。[①] 此外，還有一些人在當時影響較大，然《隋書》隻字未提者，如佛教天臺宗的開創祖師智顗和尚，著名書法家智永禪師等。又如隋末農民起義蜂起，重要的領導人物亦不少，像李密、竇建德、劉黑闥等。但能够被專門立傳的，也衹有魏徵舊主李密一人，多數人名字或事迹僅見於《煬帝紀》，甚至不載。

其二，存在曲筆回護之處。

唐初修史，在唐太宗和魏徵等人的努力之下，儘量做到“善惡必書”“無所忌憚”。[②] 相比於其他正史，《隋書》曲筆回護之處還是比較少的。如虞世南在貞觀初已是重臣，但其兄《虞世基傳》據筆直書，載其罪惡時，絲毫不加掩飾。但由於時代所限，修史者也逃脱不了歷史局限性，出於某些政治因素或人情關係，《隋書》還是存在一些隱諱之處。例如隋文帝篡奪北周政權，殺周静帝，本紀記載却是三讓而受，似乎天下歸德如此；隋煬帝弑殺文帝

① 柴德賡：《史籍舉要》，北京出版社 2002 年版，第 127 頁。

② 《貞觀政要》卷七《文史》。

登上帝位，本紀所載文帝却是因病壽寢正終，並且在遺詔中説：“今惡子孫已經爲百姓黜屏，好子孫足堪負荷大業。”① 這恐怕是害怕後人拿隋帝所爲與李淵奪取隋恭帝政權，李世民殺兄逼父奪取帝位進行類比，其曲筆隱諱之原因與李世民删改《起居注》《實録》同出一轍。故《隋書》修成後不久，杜寶在其所撰《大業雜記·序》中就説：“貞觀修史未盡實録，故爲此書，以彌縫缺漏。”② 再如，房玄齡父親房彦謙，在隋官微職卑，所任不過州司馬、縣令一類的小官，一生又無重大事迹可記，衹因兒子做了宰相，又總監修史，便破格收入，並且篇幅還不算短。以致劉知幾對此評價説：“至於朝廷貴臣，必父祖有傳，考其行事，皆子孫所爲。”③ 其他諸如長孫皇后之父長孫晟，被描寫成隋代第一外交家；李密曾爲魏徵故主，《李密傳》不載其叛唐之事；《誠節傳》所載十六人，僅有一人爲抵抗唐軍義士；等等，均爲曲諱所致，不再備舉。

其三，前後呼應稍有不足。

《隋書》成於衆手，並且紀傳與志分爲兩次修撰，因此有些地方記載前後呼應不足，並有訛誤之處。例如卷一《文帝紀上》所載“善相者趙昭”，而卷七八《藝術傳》却作“來和”；再如本紀所載煬帝遣常駿等出使赤土的時間在“大業四年”，但卷八二《南蠻·赤土傳》却記在“大業三年”。紀傳與志呼應失當亦是問題之一，如卷三八

① 《隋書》卷二《高祖紀下》。

② （宋）陳振孫撰，徐曉鑾、顧美華點校：《直齋書録解題》卷五《雜史類·大業雜記》，上海古籍出版社2015年版。

③ （唐）劉知幾撰，趙吕甫校注：《史通新校注》卷七《内篇·曲筆》。

《鄭譯傳》、卷四九《牛弘傳》、卷六六《裴政傳》都提到討論音樂之事，云語在《音律志》或事在《音律志》，但《隋書》衹有《音樂志》或《律曆志》。卷六八《閻毗傳》討論車輿，云語在《輿服志》，卷六八《何稠傳》記大業初年營造輿服羽儀，説事在《威儀志》。但《隋書》没有這兩志，上述内容均收入《禮儀志》中。當然，《隋書》卷帙浩繁，且出於衆手，其抵牾之處在所難免，我們也不必過於苛求古人。

四　《隋書》版本流傳及考證校釋情况

《隋書》是唐初官修史書中質量較高的一部，加上《五代史志》的編入，爲歷代統治者和研究者所重視。唐代科舉考試重經史，玄宗時劉秩在《舉人條例》中就説："其史書……李延壽《南史》爲一史，《北史》爲一史。……習《北史》者，通《後魏》《隋書》志。"① 可知《隋志》在當時已成爲國家舉人的法定教材。但是由於原始史料不足和官修史書的通病，《隋書》頒行後不久，出現不少重修之作。

據《舊唐書·經籍志》與《新唐書·藝文志》記載，唐高宗時張大素撰《隋書》三十二卷、吕才撰《隋紀》二十卷、敬播撰《隋略》二十卷。唐玄宗時吴兢又"以梁、陳、齊、周、隋五代史繁雜，乃别撰……《隋史》二十卷"。② 衹是這些書都没有流傳下來。又有唐代杜寶撰《大

---

① （唐）杜佑撰：《通典》卷一七《選舉五·雜議論中》，中華書局1988年版。

② 《舊唐書》卷一〇二《吴兢傳》。

業雜記》十卷。以編年體例記載隋仁壽四年（604）煬帝繼位到武德四年（621）王世充降唐一段時間史事。[①] 整體看，這些續作水平都在《隋書》之下。

已知《隋書》最早刻本是北宋天聖二年（1024）本，但原本今已失傳，僅存跋文，中華書局校點本出版時附於書末。目前所見最早刻本是南宋初期刊南宋前期修的宋刻遞修本，亦稱宋刻小字殘本，現存六十五卷，二〇〇六年"中華再造善本叢書"影印。又有南宋中期建刊十行本，亦稱宋刻中字本，現存三部殘本，合計不過八卷。臺灣"中央圖書館"藏兩種，一種卷十，另一種卷九與卷十一，中國國家圖書館現存五卷（卷二四、卷二五、卷四八至五〇），二〇〇三年"中華再造善本叢書"影印出版。[②] 元代版本現存主要有兩種：一是大德（1297—1307）時饒州路刻十行本，元代後期在此版基礎上，又有覆刻元大德饒州路刊本，元大德饒州路刊版、元後期覆饒州路版混配版兩種。[③] 大德饒州路刊版後入明南京國子監，遞修至萬曆年間。民國二十四年商務印書館在張元濟先生主持下編印了一部彙集各種舊刻本影印的"百衲本二十四史"，其中《隋書》即據此影印，百衲本亦是今注本《隋書》的工作底本。二是至順（1330—1333）時瑞州路儒學刊九行本。此兩種元版傳世均不止一部。瑞州路刊版入明亦有遞修。

---

① 按，此書宋代以後逐漸散佚，後人加以輯補，今存一卷。

② 以上宋刻本情況介紹參［日］尾崎康著，喬秀岩、王鏗編譯《正史宋元版之研究》，中華書局2018年版，第527—533頁。

③ ［日］尾崎康著，喬秀岩、王鏗編譯：《正史宋元版之研究》，第538—547頁。

明代版本主要有三種：萬曆二十二（1598）至二十三年南京國子監刻明清遞修本；萬曆二十六年北京國子監刻本；崇禎八年（1635）毛晋汲古閣刻本，此本以南監本爲底本，並通校宋本。清代刻本較多，較重要者：一是乾隆時武英殿所刻《二十四史》中《隋書》（亦簡稱殿本）。武英殿本以北監本爲底本，“此外完書備校者有南監本、汲古閣本。他本殘缺，亦可參校者，宋本外有兩舊本”。[①] 後據武英殿本，又有光緒年間同文書局影印本、光緒年間五洲同文書局影印本、光緒年間上海圖書集成印書局鉛印本、光緒年間竹簡齋影印武英殿本、光緒年間上海間史齋石印本、民國年間上海涵芬樓影印武英殿本，[②] 以及中華書局《四庫備要》排印本等；二是四庫全書本（簡稱庫本）；三是同治年間淮南書局刻本，附有清薛壽等考異；四是清同治八年嶺南葄古堂刻本。民國時期重要者有民國二十四年上海開明書店影印《二十五史》中的《隋書》。二十世紀六十年代，中華書局陸續出版點校本“二十四史”，簡稱中華本，《隋書》於一九七三年出版。中華本《隋書》除了利用宋元本互校外，也參校其他明清刻本及《通典》《太平御覽》《册府元龜》《資治通鑑》等傳世文獻。[③] 中華本質量較高，問世後成爲文史工作者較常用的本子，近年中華書局又組織力量對中華本做了新修訂。[④]

---

① 武英殿本《隋書》後附校刊官張映斗語。

② 《中國古籍總目》（史部）第一册，中華書局、上海古籍出版社2009年版，第12頁。

③ 《隋書》“出版説明”，中華書局1973年版。

④ 《隋書》（修訂本），吴玉貴、孟憲實主持修訂，中華書局2019年版。

《隋書》頒行之後，不斷有學者進行校勘與考證。北宋司馬光撰《通鑑考異》對《隋書》的某些内容有所辨證。這其中用力最多還當數清代學者，我們今天所能看到的清人有關此方面的著述也較多。《隋書》無表，清代學者補之者有三種：萬斯同撰《隋諸王世表》一卷；《隋將相大臣年表》一卷；黄大華《隋唐之際月表》一卷，此表自大業七年（611）至貞觀二年（628），按月臚列起兵者興亡。[①] 校勘考證方面：薛壽《隋書考異》一卷（附淮南書局本每卷後），楊守敬《隋書地理志考證附補遺》共十卷，章宗源、姚振宗分别撰有《隋書經籍志考證》十三卷和五十二卷，張鵬一撰《隋書經籍志補》二卷。[②] 又有丁謙《隋書四夷傳地理考證》一卷[③]。趙翼《陔餘叢考》《廿二史劄記》[④]，王鳴盛《十七史商榷》[⑤]，錢大昕《廿二史考異》[⑥] 等有關《隋書》部分。此外還有李慈銘《越縵堂讀史劄記》中的《隋書劄記》一卷，傅雲龍《武英殿本二十三史考證》中的《隋書考證》一卷，羅振玉《五史斠議》之《隋書》部分[⑦]。牛運震《讀史糾謬》[⑧] 十五卷，其中第十四卷載有《隋書糾謬》。汪曰楨《二十四史月日

---

① 俱見《二十五史補編》第四册，開明書店 1936 年版。

② 此幾種俱見《二十五史補編》第四册。

③ 張舜徽主編《二十五史三編》（第 5 册），岳麓書社 1994 年版。

④ 中華書局 1984 年版，王樹民點校本。

⑤ 上海書店出版社 2005 年版，黄曙輝點校本。

⑥ 上海古籍出版社 2004 年版，方詩銘、周殿傑點校本。

⑦ 以上三種載於徐蜀選編《二十四史訂補》（八），書目文獻出版社 1996 年版。

⑧ 齊魯書社 1989 年版，李念孔點校本。

考》（第四册）[1] 之《隋書》部分。或校勘訛誤、或辨證史實，成績顯著，影響較大。乾隆四年刊刻的武英殿本，書後附有考證，亦爲清代《隋書》校勘的一大成果。

近現代以來對《隋書》校勘考證重要者：一是民國時期張元濟先生主持編印“百衲本二十四史”時所做校勘記中的《隋書》部分，後經王紹曾等先生整理形成《百衲本二十四史校勘記·隋書校勘記》[2]。張先生還從校勘記中選取部分内容，撰成164篇短文，輯成《校史隨筆》[3]。其中《隋書》部分有四篇，分别是“元大德九路刊本”“監本訛字”“特勤特勒”“鳰衣”。二是岑仲勉先生的《隋書求是》一書[4]。據岑先生自序，該書作於二十世紀三四十年代，仿司馬光《通鑑考異》而作。全書對《隋書》考訂和校勘非常精細，除卷三六《后妃傳》之外，各卷均有訂正校勘。此外，岑先生還利用碑誌等史料，將《隋書》中没有傳的人物做成小傳，有扈志、莊元始、豆盧寔、姚辯、元亶、范汝英、段濟幾人，附於書後，參考價值亦不小。三是中華書局校點本《隋書》及其校勘記。中華本《隋書》共六册，初稿由汪紹楹先生點校，因汪先生逝世，後經陰法魯先生全部覆閲改定。中華本在前人基礎上，首先用現代標點對全書重新整理，方便今天閲讀。其次是校勘，據出版説明云：中華本主要用宋小字本和兩種元刻本互校，參校其他刻本和《通典》《太平御覽》《册府元龜》

① 北京圖書館出版社2005年版。

② 商務印書館2001年版。

③ 上海古籍出版社1998年版。

④ 中華書局2004年版。

《資治通鑑》等史料，擇善而從。同時，吸收了前人對《隋書》的一些研究成果，如前文所説錢大昕、李慈銘、岑仲勉等的已有成果。從每卷末校勘記來看，中華本對南北朝其他正史，如《南史》《北史》《魏書》等的參考亦較多。但是限於篇幅，中華本所出的校勘記相對較少，有些内容徑改，没有校記，也有些訛誤的地方没有進行校勘。然瑕不掩瑜，近年，吴玉貴、孟憲實二位先生主持，在原點校本的基礎上做了全面修訂，據吴先生介紹："原點校本校勘記八百零三條，修訂本校勘記兩千三百八十八條，其中删去原校勘記八十三條，新增一千六百六十六條；保留的七百多條校勘記，大多經過充實和改寫。標點方面改動五百多處，糾正了原點校本的一些斷句錯誤。"①從而大大提高了中華書局本的學術質量，可以説，中華書局點校本是目前已出版《隋書》中質量最高的本子。

今人研究隋代歷史以及相關人物的論文著作亦不少，其中不乏專題研究《隋書》史學思想或史料價值或對《隋書》校勘補訂的文章。重要者有黄永年《〈隋書〉説略》、《唐史史料學》中的《隋書》部分，謝保成《隋唐五代史學》第二章②，吴楓《隋唐歷史文獻集釋》③中《隋書》部分，瞿林東《略論〈隋書〉的史論》④，汪受寬《〈隋

---

① 《吴玉貴談〈隋書〉的編纂、點校與修訂》，《上海書評》2019 年 2 月 24 日。

② 厦門大學出版社 1995 年版，商務印書館 2007 版。

③ 中州古籍出版社 1987 年版。

④ 《歷史研究》1979 年第 8 期。

書〉曲筆論》[1]，仲偉烈《隋書帝紀箋注稿》[2]，等等。此外，對歷代史學名著進行評論也會涉及《隋書》者，此類成果水平高低各異，數量也較多，不再羅列。校勘補訂重要者有許福謙《南北朝八書二史疑年録》[3] 中《隋書》部分、牛繼清《〈隋書〉時誤補校》[4]、韓昇《隋史考證九則》[5]、侯旭東《〈隋書〉標點勘誤及校勘補遺》[6]、邢東升《〈隋書〉煬帝本紀疑誤舉例》[7]、施和金《〈隋書地理志〉考辯釋例》[8]、熊清元《〈隋書·百官志上〉點校匡補》[9]、孫煒冉《〈隋書·高麗傳〉勘誤一則》[10]、龍坡濤《〈隋書〉疑誤辨析》[11]、日本學者興膳宏與川合康三合撰的《隋書經籍志詳考》[12] 等。其他成果可參考本書所列參考文獻。

五　今注本《隋書》的主要工作

今注本《隋書》是《今注本二十四史》大型系列叢書之一。根據編輯委員會《〈今注本廿四史〉編纂總則》及其《補充規定》的相關要求，課題組成員齊心合力，集數

---

① 《蘭州大學學報》1988 年第 1 期。
② 台灣新文豐出版股份有限公司 2004 年版。
③ 北京出版社、文津出版社 2003 年版。
④ 《文史》第 50 期。
⑤ 《厦門大學學報》1999 年第 1 期。
⑥ 《中國史研究》2001 年第 1 期、第 2 期。
⑦ 《學海》2010 年第 6 期。
⑧ 《華中師範學院學報》1982 年第 1 期。
⑨ 《黄岡師範學院學報》2000 年第 2 期。
⑩ 《中國史研究》2016 年第 3 期。
⑪ 《集美大學學報》2017 年第 4 期。
⑫ 汲古書院 1995 年版。

年之功完成書稿。在注釋《隋書》的工作中，突出“史家校注史書”的基本原則，在充分吸收前人研究成果的基礎上，利用史學工作者特有的視覺和專業知識，對紀、志、傳中的年代、人物、典制和紀事等方面的問題，辨證史實，糾謬正誤。並在一定程度上補充史料、注釋文本，力爭形成一套代表當代研究水平的新注本《隋書》。故此，今注本《隋書》工作重點主要有以下幾個方面：一是校勘正誤、二是注釋文本、三是補充史實。

（一）校勘正誤。

《隋書》在編撰和流傳過程中，由於種種原因，書中存在不少訛誤。歷代學者對此做過大量校勘正誤工作，如前文所舉武英殿本、百衲本、中華本等數次整理工作中，都做了不少糾謬工作。特別是中華本集前人研究之大成，並對全書進行分段、標點、校勘，糾正了大量訛誤，是現存各本中質量最高者。但終因篇幅浩大，難以畢其功於一役，其中誤點、誤校、漏校現象仍有存在，涉及時間、人名、地名、官職、標點等方面，課題組成員已有部分相關成果發表①。茲舉數例略加說明。

1. 時間誤校正。如《隋書》卷二《高祖紀下》載：開皇十三年“冬十月乙卯，上柱國、華陽郡公梁彥光卒”。

① 馬俊民：《中華書局校點本〈隋書〉質疑二十二則》，載《中國古代社會高層論壇論文集：紀念鄭天挺先生誕辰一百一十周年》，中華書局2011年版；張葳：《〈隋書〉標點校考勘誤及補遺二十則》，《古籍整理研究學刊》2011年第5期；唐華全：《〈隋書〉勘誤18則》，《南昌航空大學學報》2012年第2期；唐華全：《中華書局校點本〈隋書〉質疑二十九則》，《河北師範大學學報》2012年第1期。

此“冬十月乙卯”爲“冬十一月乙卯”之訛。卷二五《刑法志》載：“（開皇）十六年，有司奏合川倉粟少七千石，命斛律孝卿鞠問其事。”此“開皇十六年”當爲“開皇十五年”。卷六六《柳莊傳》載：開皇“十一年，徐澄等反於江南”。此“十一年”應爲“九年”之誤。卷六七《裴矩傳》：“大業三年，帝有事於恒岳，咸來助祭。”“大業三年”應爲“大業四年”。卷八二《南蠻傳》載：“大業三年，屯田主事常駿、虞部主事王君政等請使赤土。”此“大業三年”應爲“大業四年”之誤。等等。

2. 人名誤校正。如卷六《禮儀志一》載：南朝陳北郊祭祀，“以皇妣昭后配”。此“昭后”當爲“安后”之誤。卷七《禮儀志二》載：梁武帝即位後，追尊“皇妣爲德皇后”。此“德皇后”應爲“獻皇后”之誤。卷二四《食貨志》載：“廢帝乾明中，尚書左丞蘇珍芝，議修石鼈等屯，歲收數萬石。”此“蘇珍芝”爲“蘇珍之”之誤。卷七八《庾季才傳》載：“梁廬陵王績辟荆州主簿。”此“績”應爲“續”之誤等。

3. 地名誤校正。卷三《煬帝上》載：大業三年春正月“丙子，長星竟天，出於東壁，二旬而止。是月，武陽郡上言，河水清”。“武陽郡”作“魏州”更合理。卷三七《梁睿傳》載：“自盧、戎以來，軍糧需給，過此即于蠻夷徵税，以供兵馬。”此“盧”爲“瀘”之誤。卷五二《賀若弼傳》載：開皇九年大舉伐陳，“先是，弼請緣江防人每交代之際，必集歷陽”。此“歷陽”爲“廣陵”之誤。卷八〇《譙國夫人傳》：“後廣州刺史歐陽紇謀反，召（馮）僕至高安，誘與爲亂。”此“高安”應爲“南海”

之誤等。

4．官職誤校正。《隋書》卷三《煬帝紀上》載：大業元年“三月丁未，詔尚書令楊素、納言楊達、將作大匠宇文愷營建東京”。此“將作大匠”當作“匠作大監”。同卷大業五年五月丙戌，“帝分命内史元壽南屯金山”。此“内史”爲“内史令”之脱文。又卷五四《李徹傳》載：“李徹字廣達，朔方巖緑人也。父和，開皇初爲柱國。”此“柱國”當是“上柱國”之脱文。卷七九《獨孤陁傳》載：“陁弟司勳侍中整詣闕求哀。”此“司勳侍中”應爲“司勳侍郎”之誤等。

5．中華本標點校勘。中華本《隋書》卷一〇《禮儀志五》載梁初輦制云：“後帝令上可加笨輦，形如犢車。”此條標點應作“後帝令上可加笨，輦形如犢車”。卷一一《禮儀志六》載南朝梁服制，“尚書，祕書著作郎，太子中舍人……朝服，進賢一梁冠，腰劍”。此處“尚書，祕書著作郎”標點應作“尚書、祕書、著作郎”。卷一二《禮儀志七》載後周警衛之制，“左右宫伯……行則夾路車左右。中侍，掌御寢之禁……”。此條標點應爲“左右宫伯……行則夾路車。左右中侍，掌御寢之禁……”。卷七五《蕭該傳》：“該後撰《漢書》及《文選音義》”，蕭該撰有《漢書音》及《文選音》，此處書名標點爲“《漢書》及《文選》音義”更恰當。等等。

6．版本校勘，包括不同版本的對校正誤等。如《隋書》卷一〇《禮儀志五》載煬帝革輅之制云：“三品以下，并乘革輅。”此“以下”應爲“以上”之誤。卷二六《百官志上》載：南朝梁天監年間以“議曹郎孔休源”爲建康獄正。此“議曹郎”應爲“儀曹郎”之誤。又卷四〇《宇文忻傳》載其祖父爲“莫豆于”，當爲“莫豆干”之誤。又卷四九《牛弘傳》載明堂奏議云：“丈八之室，神位有三，加以簠簋邊豆，牛羊之俎。”此“邊”當是“籩”之訛。又卷五八《魏澹傳》載：“高祖以魏收所撰書，褒貶失實，平繪爲《中興書》，事不倫序，詔澹別成《魏史》。”“平繪”爲“宋繪”之訛等。

（二）注釋文本。

根據《〈今注本二十四史〉編纂總則》的要求，《今注本二十四史》面向具有大專文化水準以上者。爲方便讀者比較容易地讀懂文獻，今注《隋書》對書中出現的人名、地名、職官、官署名等均做了注釋，此可參見凡例。此外，還對書中晦澀難懂的文字、詞語、典故，以及古文獻引文進行注釋。具體包括以下幾個方面：

1．注釋人物。凡《隋書》每卷中第一次出現的人名一律出注。《隋書》有傳人物而不在本卷中出現者注明其人本傳卷次。《隋書》無傳而他史有傳者，簡約交代爲何時人，具體詳見傳記所在的史書名和卷次。二十四史無傳者，祇簡略交代其生卒年、主要事迹同時盡可能注明資料來源。人物確實不可考者，出注説明事迹未詳。

2．注釋官職。隋代的職官制度較爲複雜，有官、吏、職、爵以及加銜等區别。職事官注明職掌、品秩；散官注明階品，並分清散實官與散號官的不同；封爵中親王不注，郡王以下注等第、品級；贈官祇注品級，不注職掌等。職官注釋時以本書《百官志》爲主，同時參考張政烺《中國古代職官大辭典》和吕宗力《中國歷代官制大辭典》

（修訂版）。

3. 注釋地名。地名注釋從簡不從繁，《隋書》中出現的地名均出注，但一般僅注出今地名，對理解原文有必要時可略述其沿革，但衹到本朝爲止。確不可考的地名，出注未詳。今地名以 2005 年《中華人民共和國行政區劃簡册》爲準，以後變動者，不做改動。

4. 注釋朝代、年號、帝號。每卷第一次出現朝代、年號、帝號均出注。南北朝各朝代如宋、齊、梁、陳、北魏、東魏、西魏、北齊、北周等均應出注，要素須包括起止年代、都城所在。所有的年號，包括隋代開皇、仁壽、大業等年號均出注，注明年號屬何帝以及相應的西元年。帝號注明對應皇帝及其本紀所在的史書及卷數。

5. 注釋疑難字、讀音。詞語的注釋，凡屬純文學性質者，施注從嚴；凡涉典章名物者，施注從寬。特別生僻字需加現代讀音。

6. 注釋典故。古人撰文善於用典，中古時期更甚。今注對於書中所用典故，包括書中收録的奏議文章，盡可能地指明典出何處，有必要者略加解釋。但是古代典故涉及面太寬，儘管課題組盡最大努力去查找典故出處和含義，但是仍有少數典故待考，以俟高明。

7. 古籍引文注明出處。《隋書》中出現的引文，一般查找原文出處，並施注。引文文字與原文略有差異而不失原意的可直接在引文上加引號，但差異較大則出注説明其差異。

（三）補充史實。

《隋書》在史料方面仍有不足，許多重要人物無傳或事迹記載十分簡略。今注本《隋書》將盡可能利用出土的敦煌吐魯番文書、碑刻墓誌等新資料，補充相關史實。例如，有些人物《隋書》未立傳，事迹也較爲簡略，甚至人名僅出現一次，近年出土其人墓誌可補其生平，如薛舒、李晃、張壽、高虬、姬威、范安貴、趙世模、姚辯、高熲第三子高表仁、吕道貴、獨孤開遠、楊素妻鄭祁耶等人墓誌。又《隋書》有傳，出土墓誌可與相證者，如李密、滕王楊瓚長子楊詵、楊异、宇文述、劉仁恩、陰壽、蘇孝慈、明克讓、梁彦光、包愷、劉臻、獨孤羅等人墓誌。我們把這些《隋書》中記載的人物有墓誌者，在注文中做了一個簡略的資料索引，供讀者參考。但補充史實盡量恰如其分，遵循兩個基本原則：一是所補充的材料必須有利於辨證史實，二是所補充的材料以能説明問題爲限，盡量以文獻索引的形式出現。

六　今注本《隋書》注釋分工情況

馬俊民（天津師範大學）　卷一至六、卷二八、卷四一至四五。初稿完成後，修訂工作由張玉興負責。

張玉興（天津師範大學）　卷一〇至一二、卷二五、卷六六至八〇、卷八二、卷八五。

唐華全（天津師範大學）　卷八、卷九、卷二四、卷四六至五八、卷八一。

張葳（天津師範大學）　卷七、卷二六、卷二七、卷三六至四〇、卷八四。

付莉（天津師範大學）　卷五九至六五。

蘇木（中央音樂學院）　卷一三至一五。

王榮彬（民盟中央辦公室）　卷一六至一八。

陳久金（中國科學院自然科學史研究所）　卷一九至二一。

吕宗力（香港科技大學）　卷二二、卷二三。

《今注本二十四史》編委會　卷二九至三一。

曾貽芬（北京師範大學）　卷三二至三五。

余太山（中國社會科學院歷史研究所）　卷八三。

例　言

一、本書以商務印書館影印百衲本爲工作底本（唯《天文志》與《經籍志》以中華書局點校本爲工作底本），以中華書局點校本爲對校本，必要時取中華再造善本宋刻遞修本、中華再造善本宋殘本、明毛氏汲古閣本、清武英殿本、文淵閣四庫全書本、中華書局點校本新修訂本與之通校，擇善而從。百衲本本書稱“底本”，中華書局點校本簡稱“中華本”，中華再造善本宋刻遞修本簡稱“宋刻遞修本”，中華再造善本宋殘本簡稱“宋殘本”，明毛氏汲古閣本簡稱“汲古閣本”，清武英殿本簡稱“殿本”，文淵閣四庫全書本簡稱“庫本”，中華書局點校本新修訂本簡稱“中華書局新修訂本”，校勘中充分吸收了中華本的校勘成果，但凡有疑、誤者則出校注考辨。

二、除版本校勘之外，本書還參校了南北朝諸正史、兩《唐書》和《通鑑》的相關部分；政書、類書、總集、别集、新舊出土文物中與隋代歷史及人物有關的内容，本書亦有取資；古今有關《隋書》的校勘成果，本書盡可能搜羅汲取，並在校注中注明所自。以上這些，所涉著作、文章甚多，俱見本書所附《主要參考文獻》，此不贅述。

三、對底本的標點和分段，大體參考中華本。凡中華本中標點斷句有誤者，則出校記辨證。凡中華本中分段不妥者，則直接另行分段，不出校記。分段的標準是：本紀突出編年性質；志以事類劃分；傳以事件發生、發展的基本綫索和邏輯層次劃分。

四、本書以卷爲單元校注。同一單元中，出注條目及注釋内容全同者，不重出；不同單元中則不避重，以省讀者翻檢之勞。

五、文字有異體，字形有新舊。本書文字，正文字體悉依底本，有新舊字形之别者，則依新字形。異體字一般改爲正體字，但若改用正體字易生歧異者則不改。校注引用文獻皆依據所引版本，若所引版本是簡體，則徑改爲繁體。校注中之叙述語則用正體新字形。

六、避諱字的處理，凡屬缺筆、添筆的避諱字，直接改用正體字，不出校記。天干中的“丙”字，唐人諱改爲“景”，此一律回改，僅在本書第一次出現時出校記加以説明。底本有直據隋朝國史而於楊忠、楊廣之名以“諱”字代之者，此一律回改，並出校記加以説明。其他避諱字，一般不改，僅出校注説明。底本原文之誤字，凡有根有據、確鑿不易者，本書改正，並出校記加以説明，否則僅出校而不改原文。

七、根據《〈今注本二十四史〉編纂手册》的要求，本書對原文中的生僻字和多音字，必要時以漢語拼音進行注音。凡義項是釋義兼注音的，拼音在正常行文中用圓括號標識，如：牢犴（àn）：監獄。義項是兩字以上釋義兼注音的，拼音按每字標識，如：閼（yān）氏（zhī）：漢代匈奴單于、諸王妻的統稱。凡義項是單獨注音的，則不用圓括號，徑用“音某某”的形式注音，如：憮：音 wǔ。義項是兩字以上單獨注音的，字音之間空一個字母格，如：蚳蝝：音 chí yuán。

八、本書於正文中之地名，一般僅注出今地名，但對理解原文有必要時則略述其沿革，到本朝爲止。南北朝的地名注釋中儘量體現所在朝代，並注出今地名，不詳者則盡量注出隋代治所所在地。南北朝以前的地名無必要時原則上不出注。凡屬一名多地時（如南朝有三個汝南郡，北朝先後有三個渤海郡），一般衹注與原文相對應的今地名。封爵中的地名不出注。今地名“某某省”之“省”字，若不産生歧義者一律不用。地名主要參考魏嵩山《中國歷史地名大辭典》（廣東教育出版社 1995 年版）、史爲樂《中國歷史地名大辭典》（中國社會科學出版社 2017 年增訂版），凡引用者不再注明出處。今地名以 2005 年《中華人民共和國行政區劃簡册》爲準。

九、本書於正文中之人物，采用索引的形式進行注釋，以備檢索而避繁冗。凡《隋書》有傳而不在本傳中出現的人物皆注明其本傳卷次，《隋書》無傳而他史有傳者，需簡約交代此人爲何時人，具體詳見本傳所在的史書名和卷次。二十四史無傳者，可以祇簡略交代其生卒年、主要事迹同時注明資料來源。人物確實不可考者，可出注説明未詳。出注人物有墓誌碑刻等金石材料可資參考時，則儘量注出加以利用，但須遵循補史原則，不得枝蔓。《隋書》人物的姓、氏、名、字一般不出注，但有特殊來源者如改姓、賜姓、異讀等情況可出注。常見歷史人物名號可視爲一般詞語不出注，如黄帝、伊尹、霍光、王羲之等，但若本人在本卷中有特殊意涵者，可以適當出注。

十、本書於正文中出現的職事官皆注明其職掌、品秩，必要時可注明其員額，但紀、傳中出現的常見職官如刺史、太守、縣令等不出注。散官注明品階，並分清散實官與散號官之别。封爵中親王不注，郡王以下注明等第和品級。贈官衹注品級，不注職掌。非隋朝的官爵名在注中體現出具體朝代，南北朝特别是梁、陳、北齊、北周的官名出注，南北朝以前的官爵名無必要可不注。凡屬泛稱性質的官名均不施注。若官制有變化時，應施注的官名可簡述其沿革，但僅至本朝爲限，以後的變化則不涉及，以免枝蔓。官名主要參考張政烺《中國古代職官大辭典》（河南人民出版社 1990 年版）、吕宗力《中國歷代官制大辭典》（修訂版）（商務印書館 2015 年版）。

十一、本書於正文中所涉南北朝各朝代名均出注，要素包括起止公元年、都城所在，公元年一般放在括號内，南北朝以前的朝代名則不出注。正文中出現的所有年號，包括隋代開皇、仁壽、大業等年號，均在每單元第一次出現時出注，皆注明年號屬何帝以及相應的公元年，公元年放在括號内。注文中的皇帝稱謂均采用當代史學界通行的稱呼。

十二、《隋書》中的引文一般查找原文出處，凡文字與原文略有差異而不失原意者可直接在引文上加引號，但差異較大者則不在引文上加引號，並出注説明其差異。校注中引用政書、地理書、筆記雜著等古籍類文獻，凡在本書所附《主要參考文獻》中已規定版本的，引用時一般不再注明版本而衹注書名、卷次、篇名和頁碼，但在校勘考證等行文中必要時仍需注明版本，若能用簡稱則用簡稱；凡在《主要參考文獻》中未規定版本的，引用時除注書名、卷次、篇名之外，還須注明版本。凡引用古今研究成果，無論著作、論文，均注明出處。

主要參考文獻

漢·司馬遷:《史記》(修訂本),中華書局 2013 年版。
漢·班固:《漢書》,中華書局 1962 年版。
南朝宋·范曄:《後漢書》,中華書局 1965 年版。
晋·陳壽:《三國志》,中華書局 1959 年版。
唐·房玄齡:《晋書》,中華書局 1974 年版。
南朝梁·沈約:《宋書》(修訂本),中華書局 2018 年版。
南朝梁·蕭子顯:《南齊書》(修訂本),中華書局 2017 年版。
唐·姚思廉:《梁書》,中華書局 1973 年版。
唐·姚思廉:《陳書》,中華書局 1972 年版。
北齊·魏收:《魏書》(修訂本),中華書局 2017 年版。
唐·李百藥:《北齊書》,中華書局 1972 年版。
唐·令狐德棻:《周書》,中華書局 1971 年版。
唐·李延壽:《南史》,中華書局 1975 年版。
唐·李延壽:《北史》,中華書局 1974 年版。
五代·劉昫:《舊唐書》,中華書局 1975 年版。
宋·歐陽修、宋祁:《新唐書》,中華書局 1975 年版。

元·脱脱等:《宋史》,中華書局 1977 年版。
宋·司馬光:《資治通鑑》(簡稱《通鑑》),中華書局 1956 年版。
清·阮元校刻:《十三經注疏》,中華書局 1980 年版。

春秋·晏嬰:《晏子春秋》,《景印文淵閣四庫全書》本,臺灣商務印書館 1986 年版。
戰國·吕不韋撰,王利器注:《吕氏春秋注疏》,巴蜀書社 2002 年版。
戰國·甘公、石申撰:《星經》,中華書局 1985 年版。
漢·蔡邕:《獨斷》,《景印文淵閣四庫全書》本,臺灣商務印書館 1986 年版。
漢·河上公:《老子注》,《景印文淵閣四庫全書》本,臺灣商務印書館 1986 年版。
漢·賈誼:《新書》,《景印文淵閣四庫全書》本,臺灣商務印書館 1986 年版。
漢·劉向:《新序》,《景印文淵閣四庫全書》本,臺灣商務印書館 1986 年版。
漢·劉向:《戰國策》,上海古籍出版社 1985 年版。
漢·王充:《論衡》,上海人民出版社 1974 年版。
漢·劉安撰,何寧集釋:《淮南子集釋》,中華書局 1998 年版。
漢·桓譚:《新輯本桓譚新論》,中華書局 2009 年版。
漢·王逸:《楚辭章句》,上海古籍出版社 2017 年版。
漢·黄石公:《黄石公三略》,《景印文淵閣四庫全書》本,臺灣商務印書館 1986 年版。
漢·無名氏撰,黄堋輯:《春秋緯》,上海古籍出版社 1993 年版。
三國魏·王肅:《孔子家語》,《景印文淵閣四庫全書》本,臺灣商務印書館 1986 年版。
晋·常璩:《華陽國志》,巴蜀書社 1985 年版。
晋·皇甫謐撰,徐宗元輯:《帝王世紀輯存》,中華書局 1964 年版。

晉·王嘉:《拾遺記》, 中華書局 1981 年版。
南朝宋·劉義慶撰, 徐震堮注:《世説新語校箋》, 中華書局 1984 年版。
南朝梁·吴均:《續齊諧記》,《景印文淵閣四庫全書》本, 臺灣商務印書館 1986 年版。
南朝梁·蕭統:《昭明文選》, 中華書局 1977 年版。
南朝梁·劉勰撰, 黄叔琳校注:《文心雕龍校注》, 中華書局 2008 年版。
南朝梁·釋僧祐:《弘明集》, 上海古籍出版社 1994 年版。
南朝梁·釋僧祐:《出三藏記集》, 中華書局 2013 年版。
南朝梁·釋慧皎:《高僧傳》, 中華書局 1992 年版。
北魏·酈道元著, 陳橋驛校證:《水經注校證》, 中華書局 2013 年版。
北魏·楊衒之撰, 范祥雍校注:《洛陽伽藍記校注》, 上海古籍出版社 1978 年版。
北齊·顔之推撰, 王利器集解:《顔氏家訓集解》, 上海古籍出版社 1980 年版。
唐·李林甫等撰:《唐六典》, 中華書局 1992 年版。
唐·杜佑:《通典》, 中華書局 1988 年版。
唐·林寶:《元和姓纂》, 中華書局 1994 年版。
唐·李吉甫:《元和郡縣圖志》, 中華書局 1983 年版。
唐·虞世南:《北堂書鈔》, 學苑出版社 2015 年版。
唐·歐陽詢:《藝文類聚》, 上海古籍出版社 1998 年版。
唐·徐堅:《初學記》, 中華書局 2004 年版。
唐·陸德明撰, 張一弓點校:《經典釋文》, 上海古籍出版社 2012 年版。
唐·許敬宗編, 羅國威整理:《日藏弘仁本文館詞林校證》, 中華書局 2001 年版。
唐·韋述、杜寶撰, 辛德勇輯:《兩京新記輯校·大業雜記輯校》,

三秦出版社 2006 年版。

唐・張鷟撰，趙守儼點校：《朝野僉載》，中華書局 2005 年版。

唐・鄭處誨撰，田延柱點校：《明皇雜録》，中華書局 1994 年版。

唐・趙蕤撰，梁運華校注：《長短經》，中華書局 2017 年版。

唐・李匡乂撰，吴企明點校：《資暇集》，中華書局 2012 年版。

唐・封演撰，趙貞信校注：《封氏聞見記校注》，中華書局 2005 年版。

唐・吴兢撰，裴汝誠等譯注：《貞觀政要譯注》，上海古籍出版社 2016 年版。

唐・劉知幾著，浦起龍釋：《史通通釋》，上海古籍出版社 1978 年版。

唐・張彦遠：《歷代名畫記》，浙江人民美術出版社 2011 年版。

唐・劉徽注，唐・李淳風注釋：《九章算術》，中華書局 1985 年版。

唐・瞿曇悉達：《開元占經》，九州出版社 2012 年版。

唐・李淳風：《乙巳占》，上海古籍出版社 1995 年版。

唐・釋慧琳：《一切經音義》，上海古籍出版社 1988 年版。

唐・釋慧立：《大慈恩寺三藏法師傳》，中華書局 1983 年版。

唐・釋智昇撰，富世平點校：《開元釋教録》，中華書局 2018 年版。

唐・釋道宣：《廣弘明集》，上海古籍出版社 1994 年版。

唐・釋道世：《法苑珠林》，中華書局 2003 年版。

宋・王欽若等：《册府元龜》，中華書局 1960 年版。

宋・李昉等：《太平御覽》，中華書局 1985 年版。

宋・李昉等：《太平廣記》，中華書局 1961 年版。

宋・李昉等：《文苑英華》，中華書局 1966 年版。

宋・樂史：《太平寰宇記》，中華書局 2007 年版。

宋・王溥：《唐會要》，中華書局 1955 年版。

宋・鄭樵：《通志》，中華書局 1987 年版。

宋・馬端臨：《文獻通考》，中華書局 2011 年版。

宋・王應麟：《玉海》，廣陵書社 2007 年版。

宋・孫逢吉：《職官分紀》，中華書局 1988 年版。
宋・洪邁：《容齋隨筆》，中華書局 2013 年版。
宋・李如篪：《東園叢説》，中華書局 1985 年版。
宋・郭茂倩：《樂府詩集》，中華書局 1979 年版。
宋・王應麟：《困學紀聞》，上海古籍出版社 2008 年版。
宋・王應麟：《漢藝文志考證》，中華書局 2011 年版。
宋・張君房輯：《雲笈七籤》，齊魯書社 1988 年版。
宋・趙明誠：《金石録校證》，廣西師範大學出版社 2005 年版。
宋・朱翌：《猗覺寮雜記》，《景印文淵閣四庫全書》本，臺灣商務印書館 1986 年版。
宋・周應和：《景定建康志》，南京出版社 2009 年版。
宋・王堯臣等：《崇文總目》，《宋元明清書目題跋叢刊》，中華書局 2006 年版。
宋・陳揆等：《中興館閣書目輯考》，《宋元明清書目題跋叢刊》，中華書局 2006 年版。
宋・陳振孫撰，徐曉鑾、顧美華點校：《直齋書録解題》，上海古籍出版社 2015 年版。
宋・晁公武撰，孫猛校證：《郡齋讀書志校證》，上海古籍出版社 2011 年版。
宋・章如愚：《群書考索》，書目文獻出版社 1992 年版。
明・梅鼎祚：《梁文紀》，《景印文淵閣四庫全書》本，臺灣商務印書館 1986 年版。
明・王圻著，王思義編集：《三才圖會》，上海古籍出版社 1988 年版。
明・胡我琨：《錢通》，《景印文淵閣四庫全書》本，臺灣商務印書館 1986 年版。
明・陳第：《世善堂藏書目録》，書目文獻出版社 1994 年版。
明・楊士奇等：《文淵閣書目》，《宋元明清書目題跋叢刊》，中華書局 2006 年版。

清・孫星衍等輯:《漢官六種》，中華書局1990年版。
清・顧祖禹:《讀史方輿紀要》，中華書局2005年版。
清・張敦頤:《六朝事迹編類》，上海古籍出版社1995年版。
清・嚴可均輯:《全上古三代秦漢三國六朝文》，中華書局1958年版。
清・董誥等編:《全唐文》，中華書局1983年版。
清・張玉書:《佩文韻府》，上海古籍出版社1983年版。
清・金鶚:《求古録禮説》，皇清經解續編本。
清・倪濤:《六藝之一録》，《景印文淵閣四庫全書》本，臺灣商務印書館1986年版。
清・秦蕙田:《五禮通考》，《景印文淵閣四庫全書》本，臺灣商務印書館1986年版。
清・王念孫:《廣雅疏證》，《四部備要》本，中華書局1936年版。
清・朱彝尊:《經義考》，中華書局1998年版。
清・朱駿聲:《説文通訓定聲》，中華書局1984年版。
清・郝懿行:《竹書紀年校證》，《郝懿行全集》本，齊魯書社2010年版。
清・郭慶藩:《莊子集釋》，中華書局1961年版。
清・汪繼培輯，朱海雷撰:《尸子譯注》，上海古籍出版社2006年版。
清・阮元:《疇人傳》，中華書局叢書集成本。
清・顧炎武撰，于杰點校:《歷代宅京記》，中華書局1984年版。
清・《欽定滿洲源流考》，《景印文淵閣四庫全書》本，臺灣商務印書館1986年版。
清・顧張思編:《土風録》，清嘉慶刻本。
清・顧炎武著，黄汝成集釋:《日知録集釋》，上海古籍出版社2006年版。
清・王鳴盛:《十七史商榷》，上海書店2005年版。
清・趙翼撰，王樹民校證:《廿二史劄記校證》，中華書局1984

年版。
清・趙翼:《陔餘叢考》,中華書局 2012 年版。
清・錢大昕:《廿二史考異》,上海古籍出版社 2004 年版。
清・錢大昕:《十駕齋養新録》,商務印書館 1935 年版。
清・段玉裁:《説文解字注》,上海古籍出版社 1981 年版。
清・王先謙:《釋名疏證補》,中華書局 2008 年版。
清・俞樾等:《古書疑義舉例五種》,中華書局 1956 年版。
清・王懋竑:《讀書記疑》,《續修四庫全書》本。
清・章學誠:《校讎通義》,《叢書集成初編》本。
清・杭世駿:《諸史然疑》,《叢書集成初編》本。
清・張熷:《讀史舉正》,《叢書集成初編》本。
清・永瑢:《四庫全書總目》,中華書局 1965 年版。
清・邵懿辰撰,邵章續録:《增訂四庫簡明目録標注》,上海古籍出版社 1979 年版。
清・張之洞撰,范希曾補正:《書目答問補正》,上海古籍出版社 1983 年版。
清・丁國鈞:《補晋書藝文志》,中華書局二十五史補編 1998 年版。
清・萬斯同:《隋諸王世表》,《二十五史補編》本,北京圖書館出版社 2005 年版。
清・萬斯同:《隋將相大臣年表》,《二十五史補編》本,北京圖書館出版社 2005 年版。
清・黄大華:《隋唐之際月表》,《二十五史補編》本,北京圖書館出版社 2005 年版。
清・楊守敬:《隋書地理志考證》,《二十五史補編》本,北京圖書館出版社 2005 年版。
清・張鵬一:《隋書經籍志補》,《二十五史補編》本,北京圖書館出版社 2005 年版。
清・章宗源:《隋書經籍志考證》,《二十五史補編》本,北京圖書館出版社 2005 年版。

清·姚振宗:《隋書經籍志考證》,《二十五史補編》本,北京圖書館出版社 2005 年版。

清·丁謙:《隋書四夷傳地理考證》,《二十五史三編》本,岳麓書社 1994 年版。

清·胡孔福:《南北朝僑置州郡考》,徐蜀編《二十四史訂補》(第 7 册),書目文獻出版社 1996 年版。

清·吴廷燮:《東西魏北齊周隋方鎮年表》,遼海書社 1936 年版。

清·牛運震:《讀史糾謬》,齊魯書社 1989 年版。

清·傅雲龍:《隋書考證》,徐蜀編《二十四史訂補》(第 8 册),書目文獻出版社 1996 年版。

清·李慈銘:《隋書札記》,徐蜀編《二十四史訂補》(第 8 册),書目文獻出版社 1996 年版。

清·李慈銘:《北史札記》,《二十五史三編》本,岳麓書社 1994 年版。

清·周嘉猷:《南北史年表》,《二十五史補編》本,北京圖書館出版社 2005 年版。

清·周嘉猷:《南北史帝王世系表》,《二十五史補編》本,北京圖書館出版社 2005 年版。

清·周嘉猷:《南北史世系表》,《二十五史補編》本,北京圖書館出版社 2005 年版。

清·徐崇:《補南北史藝文志》,《二十五史補編》本,北京圖書館出版社 2005 年版。

清·徐文範:《東晋南北朝輿地表》,《二十五史補編》本,北京圖書館出版社 2005 年版。

清·汪士鐸:《南北史補志》,《二十五史補編》本,北京圖書館出版社 2005 年版。

清·汪士鐸:《南北史志未刊稿》,《二十五史補編》本,北京圖書館出版社 2005 年版。

羅振玉:《隋書斠議》,徐蜀編《二十四史訂補》(第 8 册),書目文獻出版社 1996 年版。
張元濟：《百衲本二十四史校勘記·隋書校勘記》，商務印書館 2001 年版。
顧實：《漢書藝文志講疏》，商務印書館 1947 年版。
張元濟：《校史隨筆》，上海古籍出版社 1998 年版。
岑仲勉：《隋書求是》，中華書局 2004 年版。
吕思勉：《吕思勉讀史札記》，上海古籍出版社 2005 年版。
陳垣：《二十史朔閏表》，中華書局 1962 年版。
陳垣：《史諱舉例》，上海書店出版社 1997 年版。
陳垣：《通鑑胡注表微》，科學出版社 1958 年版。
仲偉烈注：《隋書帝紀箋注稿》，臺灣新文豐出版股份有限公司 2004 年版。
許福謙：《南北朝八書二史疑年録》，北京出版社、文津出版社 2003 年版。
牛繼清、張林祥：《十七史疑年録》，黄山書社 2007 年版。
［日］藤原佐世：《日本國見在書目録》，叢書集成初編本，中華書局 1991 年版。
［日］興膳宏、川合康三：《隋書經籍志詳考》，汲古書院 1995 年版。
黄永年：《隋書説略》，《二十五史説略》，燕山出版社 2002 年版。
黄永年：《唐史史料學》，上海書店出版社 2002 年版。
吴楓：《隋唐歷史文獻集釋》，中州古籍出版社 1987 年版。
謝保成：《隋唐五代史學》，商務印書館 2007 年版。
黄懷信、張懋鎔、田旭東：《逸周書彙校集注》，上海古籍出版社 2007 年版。
袁珂：《山海經校譯》，上海古籍出版社 1985 年版。
徐元誥：《國語集解》，中華書局 2002 年版。
陳立：《白虎通疏證》，中華書局 1994 年版。
［日］安居香山、中村璋八：《緯書集成》，河北人民出版社 1994 年版。

上海古籍出版社編：《漢魏六朝筆記小説大觀》，上海古籍出版社1999年版。
上海古籍出版社編：《隋唐五代筆記小説大觀》，上海古籍出版社2000年版。
韓理洲輯校：《全隋文補遺》，三秦出版社2004年版。
吴剛主編：《全唐文補遺》（第3輯），三秦出版社1996年版。
趙萬里：《漢魏南北朝墓誌集釋》，廣西師範大學出版社2008年版。
毛遠明：《漢魏六朝碑刻校注》，綫裝書局2008年版。
羅新、葉煒：《新出魏晋南北朝墓誌疏證》（修訂本），中華書局2016年版。
趙超：《漢魏南北朝墓誌彙編》，天津古籍出版社2008年版。
葉煒、劉秀峰：《墨香閣藏北朝墓誌》，上海古籍出版社2016年版。
王連龍：《新見北朝墓誌集釋》，中國書籍出版社2013年版。
王其禕、周曉薇：《隋代墓誌銘彙考》，綫裝書局2007年版。
劉文：《陝西新見隋朝墓誌》，三秦出版社2018年版。
國家圖書館善本金石組編：《歷代石刻史料彙編》，北京圖書館出版社2000年版。
北京圖書館金石組編：《北京圖書館藏中國歷代石刻拓本匯編》，中州古籍出版社1989年版。
孫蘭風、胡海帆主編：《隋唐五代墓誌匯編》，天津古籍出版社1992年版。
河南省文物研究所、河南省洛陽地區文管處：《千唐誌齋藏誌》，文物出版社1984年版。
周紹良：《唐代墓誌彙編》，上海古籍出版社1992年版。
周紹良、趙超：《唐代墓誌彙編續集》，上海古籍出版社2001年版。
趙力光主編：《西安碑林博物館新藏墓誌彙編》，綫裝書局2007年版。
趙力光主編：《西安碑林博物館新藏墓誌續編》，陝西師範大學出版社2014年版。

趙君平、趙文成：《秦晋豫新出墓誌搜佚》，國家圖書館出版社2011年版。
齊運通：《洛陽新獲七朝墓誌》，中華書局2012年版。
胡戟、榮新江：《大唐西市博物館藏墓誌》，北京大學出版社2012年版。
趙君平、趙文成：《秦晋豫新出墓誌搜佚續編》，國家圖書館出版社2015年版。
［日］梶山智史：《北朝隋代墓誌所載總合目録》，汲古書院2013年版。
周曉薇、王其禕：《片石千秋：隋代墓誌銘與隋代歷史文化》，科學出版社2014年版。
馬衡：《凡將齋金石叢稿》，中華書局1977年版。
《辭源》（合訂本），商務印書館1988年版。
《漢語大詞典》，上海辭書出版社2011年版。
上海圖書館編：《中國叢書綜録》，上海古籍出版社1986年版。
楊志玖、吴楓主編：《中國歷史大辭典》（隋唐五代卷），上海辭書出版社1995年版。
吕宗力：《中國歷代官制大辭典》（修訂版），商務印書館2015年版。
張政烺主編：《中國古代職官大辭典》，河南人民出版社1990年版。
王仲犖：《北周六典》，中華書局1979年版。
王仲犖：《北周地理志》，中華書局1980年版。
中華人民共和國民政部編：《中華人民共和國行政區劃簡册》，中國地圖出版社2005年版。
譚其驤：《中國歷史地圖集》，中國地圖出版社1982年版。
史爲樂：《中國歷史地名大辭典》，中國社會科學出版社2017年版。
魏嵩山：《中國歷史地名大辭典》，廣東教育出版社1995年版。
戴均良等主編：《中國古今地名大詞典》，上海辭書出版社2005年版。

臧勵龢等:《中國古今地名大辭典》，商務印書館 1982 年版。
馮承鈞原編、陸峻嶺增訂:《西域地名》，中華書局 1980 年第 2 版。
施和金:《中國行政區劃通史》(隋代卷)，復旦大學出版社 2009 年版。
陳寅恪:《隋唐制度淵源略論稿》，中華書局 1963 年版。
萬繩楠整理:《陳寅恪魏晋南北朝史講演録》，黄山書社 1987 年版。
王永興:《陳寅恪先生史學述論稿》，北京大學出版社 1998 年版。
韓國磐:《隋朝史略》，上海人民出版社 1954 年版。
金寶祥:《隋史新探》，蘭州大學出版社 1989 年版。
胡戟:《隋煬帝新傳》，上海人民出版社 1995 年版。
翦伯讚、鄭天挺:《中國通史參考資料》(四)，中華書局 1983 年版。
王永興:《隋末農民戰争史料彙編》，中華書局 1980 年版。
王國維:《觀堂集林》，河北教育出版社 2003 年版。
任半塘:《唐聲詩》，上海古籍出版社 1982 年版。
劉起釪:《尚書學史》，中華書局 1996 年版。
劉世珩:《南朝寺考》，新文豐出版社 1976 年版。
唐長孺:《山居存稿》，中華書局 1989 年版。
周一良:《魏晋南北朝史札記》(訂補本)，中華書局 2015 年版。
沈家本:《瀋寄簃先生遺書》，中國書店 1982 年版。
沈家本:《歷代刑法考》，商務印書館 2011 年版。
高其邁:《隋唐刑法志注釋》，法律出版社 1987 年版。
陳戍國:《魏晋南北朝禮制研究》，湖南教育出版社 1995 年版。
谷霽光:《府兵制度考釋》，上海人民出版社 1962 年版。
張金龍:《魏晋南北朝禁衛武官制度研究》，中華書局 2004 年版。
[日] 池田温著，龔澤銑譯:《中國古代籍帳研究》，中華書局 1984 年版。
閻步克:《服周之冕——〈周禮〉六冕禮制的興衰變異》，中華書局 2009 年版。

周峰:《中國古代服裝參考資料》,北京燕山出版社 1987 年版。
吴承洛:《中國度量衡史》,商務印書館 1984 年版。
國家計量總局等編:《中國古代度量衡圖集》,文物出版社 1981 年版。
陳遵嬀:《中國天文學史》,上海人民出版社 1980 年版。
薄樹人:《中國天文學史》,文津出版社 1996 年版。
李約瑟:《中國科學技術史·天文卷》,科學出版社 1975 年版。
鄭文光、席澤宗:《中國歷史上的宇宙理論》人民出版社 1975 年版。
潘鼐:《中國恒星觀測史》,學林出版社 1989 年版。
王應偉:《中國古曆通解》,遼寧教育出版社 1998 年版。
陳美東:《古曆新探》,遼寧教育出版社 1995 年版。
陳美東:《中國科學技術史天文學卷》,科學出版社 1997 年版。
[日] 藪内清著,杜石然譯:《中國的天文曆法》,北京大學出版社 2017 年版。
錢寶琮:《中國數學史》,科學出版社 1992 年版。
吉聯抗:《樂記》,音樂出版社 1958 年版。
張星烺主編:《中西交通史料彙編》(第一册),中華書局 1977 年版。
張博泉、蘇金源、董玉英:《東北歷代疆域史》,吉林人民出版社 1987 年版。
[日] 白鳥庫吉著,方壯猷譯:《東胡民族考》,商務印書館 1934 年版。
何光嶽:《東胡源流史》,江西教育出版社 2004 年版。
金毓黻:《東北通史》,五十年代出版社 1943 年版。
張錫彤等著:《〈中國歷史地圖集〉釋文彙編·東北卷》,中央民族學院出版社 1988 年版。
孫進己等主編:《東北歷史地理》,黑龍江人民出版社 1989 年版。
屠寄:《黑龍江輿圖説》,上海古籍出版社 1995 年版。

干志耿、孫秀仁：《黑龍江古代民族史綱》，黑龍江人民出版社1987年版。
姚薇元：《北朝胡姓考》，科學出版社1958年版。
羅新：《中古北族名號研究》，北京大學出版社2009年版。
吴玉貴：《突厥汗國與隋唐關係史研究》，中國社會科學出版社1998年版。
段連勤：《丁零、高車與鐵勒》，上海人民出版社1988年版。
韓儒林：《穹廬集——元史及西北民族史研究》，上海人民出版社1982年版。
薛宗正：《突厥史》，中國社會科學出版社1992年版。
余太山：《兩漢魏晋南北朝與西域關係史研究》，中國社會科學出版社1995年版。
余太山：《兩漢魏晋南北朝正史西域傳研究》，中華書局2003年版。
余太山：《兩漢魏晋南北朝正史西域傳要注》，中華書局2005年版。
季羨林等：《大唐西域記校注》，中華書局1985年版。
［日］長澤和俊：《韋節、杜行滿の西使》，《シルクロード史研究》，國書刊行會1979年版。
孫曉主編：《大越史記全書》，西南師範大學出版社2016年版。

吴廷燮：《室韋考略》，《四存月載》1922年第14期。
［日］賓板橋：《李氏之興與一首讖謡》，《美國東方學會學報》1941年第4期。
［日］藪内清：《中國天文學における五星運動論》，《東方學報（京都）》1956年第26册。
錢寶琮：《蓋天説源流考》，《科學史集刊》1958年第1期。
瞿林東：《略談〈隋書〉的史論》，《歷史研究》1979年第8期。
陳碧笙：《〈隋書〉赤土國究在何處》，《中國史研究》1980年第4期。
陳垣：《〈隋書·百官志〉後周禄秩解》，《陳垣史源學雜文》，人民出版社 1980 年版。
施和金：《〈隋書地理志〉考辯釋例》，《華中師範學院學報》1982 年第 1 期。
施和金：《隋唐〈地理志〉湖北地理誤述考訂》，《江漢論壇》1982 年第 11 期。
施和金：《隋唐〈地理志〉廣西地理誤述考訂》，《學術論壇》1982 年第 5 期。
施和金：《隋唐〈地理志〉陝西地理誤述考訂》，《人文雜志》1982 年第 3 期。
瞿林東：《〈隋書〉訂誤（二則）》，《古籍整理出版情況簡報》1982 年第 7 期。
劉金沂：《隋唐曆法中入交定日數的幾何解釋》，《自然科學史研究》1983 年第 4 期。
石微：《隋越王侗封王年考》，《松遼學刊》1983 年第 Z1 期。
王頲：《室韋的族源和各部方位》，載《中國蒙古史學會論文選集》（1983 年），内蒙古人民出版社 1987 年版。
易民：《〈隋書〉考異摘要》，《文史》第 22 輯。
管學成、王興吉：《簡論標點本〈二十四史〉等古籍中科學家傳的誤斷與錯訛》，《古籍論叢》第 2 輯，福建人民出版社 1985 年版。
劉金沂：《麟德曆行星運動計算法》，《自然科學史研究》1985 年第 2 期。
榮孟源：《隋曆校記》，《中華文史論叢》1985 年第 3 輯。
張國剛：《〈隋書〉、兩〈唐書〉"百（職）官志"校讀拾零》，《南開學報》1985 年第 2 期。
羅新本：《〈宋書〉〈隋書〉勘誤兩則》，《中國史研究》1985 年第 3 期。
施和金：《楊守敬〈隋書地理志〉考證訂補》，《南京師大學報》1985 年第 3 期。

畢于潔：《王重民先生〈隋志〉批札輯録》，《文獻》1986年第1期。
韋建培：《〈隋書〉標點一誤》，《陜西師大學報》1986年第1期。
李慶：《〈隋書·經籍志〉標點勘誤》，《古籍整理與研究》1986年第1期。
彭益林：《〈隋書·天文志〉脱文拾補》，《古籍整理出版情況簡報》1986年第12期。
陶廣峰：《隋文獻獨孤皇后存年考辨》，《史學月刊》1987年第5期。
馮繼欽：《北朝時期的庫莫奚族》，《求是學刊》1987年第5期。
吴玉貴：《西突厥新考——兼論〈隋書〉與〈通典〉、兩〈唐書〉之"西突厥"》，《西北民族研究》1988年第1期。
李國祥、彭益林：《〈隋書·天文志〉斠證》，《古籍整理與研究》1988年第4期。
汪受寬：《〈隋書〉曲筆論》，《蘭州大學學報》1988年第1期。
王德厚：《室韋地理考補》，《北方文物》1989年第1期。
顧吉辰：《〈隋書刑法志〉考異》，《歷史文獻研究》（北京新三輯），北京燕山出版社1992年版。
金祖孟：《我國測影驗氣的歷史發展》，《華東師範大學學報（自然科學版）》1992年第1期。
郭黎安：《〈隋書·地理志〉所載舊置郡縣考》（秦雍部分），《學海》1992年第4期。
凍國棟：《讀〈隋書〉劄記二則》，《魏晋南北朝隋唐史資料》第12期，武漢大學出版社1993年版。
鄧小軍：《〈隋書〉不載王通考》，《四川師範大學學報》1994年第3期。
王榮彬：《劉焯〈皇極曆〉插值法的構建原理》，《自然科學史研究》1994年第4期。
劉鈍：《〈皇極曆〉中等間距二次插值方法術文釋義及其物理意義》，《自然科學史研究》1994年第4期。
王榮彬：《中國古代曆法推没滅術意義探秘》，《自然科學史研究》1995年第3期。

田廷柱：《〈通鑑·隋紀〉正誤二則》，《史學月刊》1995 年第 3 期。
米慶餘：《〈隋書·流求傳〉辨析》，《歷史研究》1995 年第 6 期。
寧志新：《隋朝“行軍元帥”考》，《河北師院學報》1996 年第 3 期。
劉次沅：《〈隋書·天文志〉天象記録選注》，《陝西天文臺臺刊》1996 年 6 月。
張久和：《室韋地理再考辨》，《中國邊疆史地研究》1998 年第 1 期。
關立言：《春秋日食三十七事考》，《史學月刊》1998 年第 2 期。
王化鈺：《〈春秋經〉〈傳〉日月食考》，《吉林大學社會科學學報》1998 年第 2 期。
朱聖鍾：《〈隋書·地理志〉勘誤一則》，《中國歷史地理論叢》1998 年第 4 期。
郭黎安：《〈隋書·地理志〉所載舊置郡縣考》（梁益部分），《歷史地理》1999 年第 15 輯。
楊昶：《讀〈隋書〉劄記》，《歷史文獻研究》總第 18 輯，華中師範大學出版社 1999 年版。
韓昇：《隋史考證九則》，《厦門大學學報》1999 年第 1 期。
楊昶：《讀〈隋書〉札記》，《歷史文獻學研究》總第 18 輯，華中師範大學出版社 1999 年版。
韓昇：《〈隋書·倭國傳〉考釋》，《中華文史論叢》總第 61 輯，上海古籍出版社 2000 年版。
牛繼清、張林祥：《〈隋書〉時誤補校》，《文史》第 50 期，中華書局 2000 年版。
熊清元：《〈隋書·百官志上〉點校匡補》，《黄岡師範學院學報》2000 年第 2 期。
［日］大橋由紀夫：《没日滅日起源考》，《自然科學史研究》2000 年第 3 期。
侯旭東：《〈隋書〉標點勘誤及校勘補遺五則》，《中國史研究》2001 年第 1 期。

侯旭東：《〈隋書〉標點勘誤及校勘補遺四則》，《中國史研究》2001 年第 2 期。
閻希娟：《〈隋書〉中有關長城修建地點糾謬》，《陝西師範大學學報》2001 年第 2 期。
郭黎安：《〈隋書·地理志〉所載舊置郡縣考》（豫兖部分），《歷史地理》2002 年第 18 輯。
王化昆：《〈隋書〉勘誤四則》，《中國史研究》2002 年第 3 期。
魏斌：《關於周隋之際的洛陽經營》，《魏晋南北朝隋唐史資料》第 20 輯，武漢大學出版社 2003 年版。
郭林生：《〈隋書·李德林傳〉開皇元年史事淺證》，《河南科技大學學報》2003 第 4 期。
［日］佐口透：《〈隋書·鐵勒傳〉箋注》，載［日］内田吟風等著、余大鈞譯《北方民族史與蒙古史譯文集》，雲南人民出版社 2003 年版。
［日］護雅夫：《〈隋書·西突厥傳〉箋注》，載［日］内田吟風等著、余大鈞譯《北方民族史與蒙古史譯文集》，雲南人民出版社 2003 年版。
貢鳳娟：《關於〈隋書〉所記“蘇威事迹”若干史料辨析》，《阜陽師範學院學報》2004 年第 3 期。
么振華：《〈隋書〉辨誤一則》，《中國史研究》2004 年第 4 期。
沈宏格：《獨孤皇后與隋廢易太子事件》，《思茅師範高等專科學校學報》2005 年第 1 期。
曲安京：《爲什麽計算没日與滅日》，《自然科學史研究》2005 年第 2 期。
閻步克：《宗經、復古與尊君、實用——中古〈周禮〉六冕制度的興衰變異》，《北京大學學報》2006 年第 1 期。
許雲和：《〈隋書·禮儀志〉正誤一則》，《中國史研究》2006 年第 2 期。
鄒建達：《〈隋書〉紀年辯證一則》，《雲南師範大學學報》2006 年第 6 期。

王興文：《〈隋書·劉焯傳〉卒年記載有誤》，《温州師範學院學報》2006 年第 6 期。
唐燮軍：《〈隋書·天文志·五代災變應〉勘誤》，《古籍整理研究學刊》2007 年第 6 期。
［日］須原祥二著，趙權利譯：《〈隋書·倭國傳〉小考》，《唐都學刊》2008 年第 4 期。
吴炯炯：《〈隋書·百官志〉正誤一則》，《中國典籍與文化》2009 年第 1 期。
蘇小華：《〈隋書〉所記楊堅史事辨析》，《求索》2010 年第 3 期。
邢東升：《〈隋書〉煬帝本紀疑誤舉例》，《學海》2010 年第 6 期。
許雲和：《〈隋書·音樂志〉斷句商榷一例》，《中國史研究》2011 年第 3 期。
張葳：《〈隋書〉標點校考勘誤及補遺二十則》，《古籍整理研究學刊》2011 年第 5 期。
杜永清等：《"東後魏尺"考》，《物理通報》2011 年第 8 期。
唐華全：《中華書局點校本〈隋書〉質疑二十九則》，《河北師範大學學報》2012 年第 1 期。
［日］山寺三知：《〈隋書·音樂志〉標點瑣議》，《文化藝術研究》2012 年第 1 期。
唐華全：《〈隋書〉勘誤 18 則》，《南昌航空大學學報》2012 年第 2 期。
沈禎雲：《隋朝皮子信開皇初年任職考》，《敦煌學輯刊》2012 年第 3 期。
華林甫：《論楊守敬考證〈隋書·地理志〉的成就與不足》，《江漢論壇》2012 年第 7 期。
劉嘯：《隋代三省長官及六部尚書補考》，《文史》2013 年第 2 輯。
冀英俊：《〈隋書〉校正兩則》，《中國史研究》2014 年第 2 期。
張寸：《〈隋書·李穆傳〉中的幾個問題》，《黑龍江史志》2015 年第 1 期。
張勇盛：《〈隋書·食貨志〉勘誤二則》，《江海學刊》2015 年第 2 期。

李兆宇：《楊堅代周立隋史事考辨》，《渭南師範學院學報》2015 年第 2 期。
方祥：《關於〈隋書·元胄傳〉中世系錯誤的淺析》，《黑龍江史志》2015 年第 3 期。
彭麗華：《〈隋書·百官志〉勘誤一則》，《中國史研究》2015 年第 4 期。
周晟：《〈隋書·裴矩傳〉校正一則》，《江海學刊》2015 年第 4 期。
顏世明：《〈隋書·地理志〉鳴沙縣更名敦煌縣時間勘誤》，《江海學刊》2016 年第 2 期。
衣撫生：《〈晋書〉〈隋書〉〈宋史〉天文志勘誤一則》，《中國史研究》2016 年第 2 期。
孫煒冉：《〈隋書·高麗傳〉勘誤一則》，《中國史研究》2016 年第 3 期。
宋神秘：《隋朝“日長影短”探析》，《科學技術哲學研究》2016 年第 3 期。
龍坡濤：《〈隋書〉疑誤辨析》，《集美大學學報》2017 年第 4 期。
張宗友：《〈隋志〉“但録題及言”釋評辨正》，《中華文史論叢》2017 年第 4 期。
孫振田：《〈隋書·經籍志〉標點考校二則》，《四川圖書館學報》2018 年第 1 期。
趙杰：《隋朝大業三年榆林至紫河長城位置考》，《内蒙古社會科學》（漢文版）2018 年第 3 期。
陳長琦、張彩雲：《岑仲勉與〈隋書〉的校勘和訂補》，《史學月刊》2018 年第 3 期。

隋書　卷一

帝紀第一

高祖上

高祖文皇帝，[1]姓楊氏，諱堅，[2]弘農郡華陰人也。[3]漢太尉震八代孫鉉，[4]仕燕爲北平太守。[5]鉉生元壽，[6]後魏代爲武川鎮司馬，[7]子孫因家焉。元壽生太原太守惠嘏，[8]嘏生平原太守烈，[9]烈生寧遠將軍禎，[10]禎生忠，[11]忠即皇考也。皇考從周太祖起義關西，[12]賜姓普六茹氏，[13]位至柱國、大司空、隋國公。[14]薨，贈太保，[15]謚曰桓。[16]

[1]高祖：隋文帝楊堅的廟號。帝王死後，在太廟立室奉祀，並追尊某祖某宗的名號，稱廟號。　文皇帝：楊堅的謚號。紀另見本書卷二、《北史》卷一一。

[2]諱：指對君主、尊長輩的名字避開不直稱，或於人死後書其名，名前稱諱，以示尊敬。此指後者。

[3]弘農郡：西漢置，治所在弘農縣，即今河南靈寶市北。隋開皇三年（583）廢弘農郡，大業三年（607）復置，治所尋移至

今河南靈寶市。　華陰：縣名。西漢置，治所在今陝西華陰市東南。隋大業五年將治所移至今華陰市。按，關於楊堅的真實籍貫家世，史學界頗有質疑。（參見陳寅恪《唐代政治史述論稿》，上海古籍出版社 1982 年版，第 16 頁；陳寅恪《魏晋南北朝史講演録》，黄山書社 1987 年版，第 288 頁）

［4］太尉震：即楊震，東漢安帝時擔任太尉。傳見《後漢書》卷五四。　代：中華本校勘記云："'代'應作'世'，唐人諱改。按本書中'世''代'雜出，其他避諱字也有類似情況，當是唐時修史非出於一人之手，前後並不一致，而後人校史時又有回改。以後凡遇有這種避諱情況，衹在某一避諱字第一次出現時出校記。"　鉉：人名。即楊鉉。名亦見《新唐書·宰相世系表》。

［5］燕：即北燕（407—436），十六國之一，漢人馮跋所建。按，十六國時期有前燕（337—370）、後燕（384—407）、西燕（384—394）、南燕（398—410）、北燕五個朝代，根據這些政權滅亡的時間前後和被哪個政權所滅，以及鉉子元壽在後魏任官的情況推斷，此"燕"似指北燕。　北平：郡名。治所在今河北遵化市東。

［6］元壽：人名。楊隋先祖，其他事迹不詳。

［7］後魏：即北魏（386—557），亦單稱魏。初都平城（今山西大同市東北），公元 494 年遷都洛陽（今河南洛陽市東北白馬寺東）。公元 534 年分裂爲東魏和西魏兩個政權。東魏（534—550）都於鄴（今河北臨漳縣西南鄴鎮東），西魏（535—557）都於長安（今陝西西安市西北郊）。　武川鎮：北魏六鎮之一。在今内蒙古武川縣西烏蘭不浪東土城子。（參見陳寅恪《魏晋南北朝史講演録》第 268 頁；唐長孺《魏晋南北朝史三論》，武漢大學出版社 1993 年版，第 191 頁）

［8］太原：郡名。指太原郡，治所在今山西太原市西南古城營。　惠嘏：人名。事另見《北史·隋文帝紀》《新唐書·宰相世系表》。

［9］平原太守：《北史·隋文帝紀》同，《周書》卷一九《楊忠傳》作“太原郡守”。平原，郡名。北魏曾前後置兩個平原郡：一治所在今甘肅平涼市東涇水南岸，隋開皇三年廢；一北魏太和十一年置，治所在今山東聊城市東北，隋開皇初廢。 烈：人名。即楊烈。事另見《北史·隋文帝紀》《周書·楊忠傳》。

［10］寧遠將軍：官名。魏晉南北朝因事因人而置各類名號的將軍，其數繁多，因稱雜號將軍。其數各有差，官品也高下不同。南北朝時雜號將軍多爲加官散官，並不領兵征討。此寧遠將軍爲北魏雜號將軍之一，位五品上。按，《北史·隋文帝紀》同，《周書·楊忠傳》作“建遠將軍”。 禎：人名。即楊禎。事另見《北史·隋文帝紀》《周書·楊忠傳》。

［11］忠：人名。即楊忠，隋文帝楊堅之父。傳見《周書》卷一九。事另見《北史·隋文帝紀》。

［12］周太祖：即宇文泰。“太祖”是他死後北周閔帝受禪稱帝後追尊的廟號。紀見《周書》卷一、二，《北史》卷九。 關西：地區名。秦、漢、唐時泛指故函谷關（今河南靈寶市東北）或今潼關以西地區。

［13］普六茹氏：鮮卑族複姓。按，“宇文泰改賜部下鮮卑姓”事，參見陳寅恪《唐代政治史述論稿》上篇；《魏晋南北朝史講演録》，第308頁。

［14］柱國：勳官名。全稱爲柱國大將軍。北魏太武帝置，以爲開國元勳長孫嵩的加官。孝莊帝因尒朱榮有擁立之功，特置以授之，位在丞相上。西魏文帝以宇文泰有中興之功，又置此官授之。後凡屬功參佐命，望實俱重的，也得居之。自大統十六年（550）以前任此官的名義上有八人。北周武帝增置上柱國等官，並以上柱國大將軍爲勳官之首。柱國大將軍次之，正九命。 大司空：官名。北周大司空卿的簡稱。西魏恭帝三年（556）仿《周禮》建六官，置大司空卿爲冬官府最高長官。“掌邦事，以五材九範之徒佐皇帝富邦國；大祭司則灑掃；廟社四望，則奉豕牲”。置一員。正

七命。北周同。　隋國公：爵名。北周十一等爵的第四等。正九命。（參見王仲犖《北周六典》卷八《封爵第十九》，中華書局1979年版，第538頁。另，後凡西魏、北周官爵注釋，多參閱本書，不再一一説明）按，"隋國公"應爲"隨國公"。楊堅在北周本襲封隨國公，其稱帝後國號稱"隨"。因北周、北齊動蕩不安，故去"辶"作"隋"，以"辶"訓"走"故。

[15]太保：官名。北周三公之一。正九命。此爲贈官。

[16]謚：上古有號無謚，周初始制謚法，秦始皇廢而不用，自漢初恢復。即帝王、貴族、大臣死後，據其生前事迹依謚法給予稱號。

皇妣吕氏，[1]以大統七年六月癸丑夜生高祖於馮翊般若寺，[2]紫氣充庭。有尼來自河東，[3]謂皇妣曰："此兒所從來甚異，不可於俗間處之。"尼將高祖舍於别館，躬自撫養。皇妣嘗抱高祖，忽見頭上角出，遍體鱗起。皇妣大駭，墜高祖於地。尼自外入見曰："已驚我兒，致令晚得天下。"爲人龍顔，[4]額上有五柱入頂，[5]目光外射，有文在手曰"王"。長上短下，沈深嚴重。初入太學，[6]雖至親昵不敢狎也。

[1]吕氏：字苦桃。楊堅之母。其家族情况參見本書卷七九《高祖外家吕氏傳》。

[2]大統：西魏文帝元寶炬年號（535—551）。　馮翊：郡名。三國魏以左馮翊改置，治所在臨晋縣（今陝西大荔縣），北魏移置高陸縣（今陝西高陵縣），後廢。隋大業三年復置，治所在馮翊縣（今陝西大荔縣）。

[3]河東：地區名。因在黄河以東而得名。戰國、秦、漢指今

山西西南部。唐以後泛指今山西省。

[4]龍顔：宋刻遞修本、汲古閣本、中華本同底本。然殿本、庫本以及《北史》卷一一《隋文帝紀》、《册府元龜》卷四四《帝王部·奇表》皆爲“龍頷”。

[5]五柱：宋刻遞修本、汲古閣本、中華本同底本，《北史·隋文帝紀》也同。但殿本、庫本皆爲“玉柱”。按，關於楊堅“生時靈異”的記載，岑仲勉有考論（參見岑仲勉《隋書求是》，中華書局2004年版，第1頁）。

[6]太學：學校名。屬官學。周朝置，爲王公貴族子弟學府，名大學。漢武帝時興太學，以博士爲師，傳授儒家經典。東漢、三國魏沿置。西晋置國子學，習慣稱太學。東晋置，又别立國子學。南朝宋稱太學爲四學館，齊太學廢置不常，梁太學分五個學館，陳承梁制。北魏、北齊太學與國子學並置，但地位低於後者。北周置太學，不置國子學。此指北周的太學。

年十四，京兆尹薛善辟爲功曹。[1]十五，以太祖勳授散騎常侍、車騎大將軍、儀同三司，[2]封成紀縣公。[3]十六，遷驃騎大將軍，[4]加開府。[5]周太祖見而歎曰：“此兒風骨，不似代間人。”[6]明帝即位，[7]授右小宫伯，[8]進封大興郡公。[9]帝嘗遣善相者趙昭視之，[10]昭詭對曰：“不過作柱國耳。”既而陰謂高祖曰：“公當爲天下君，必大誅殺而後定。善記鄙言。”

[1]京兆尹：官名。爲京城長安所在地京兆郡長官。北周爲八命。　薛善：人名。北周宇文護當政時期，與宇文護親善，授京兆尹。傳見《周書》卷三五，《北史》卷三六有附傳。　辟：一種選官制度，也稱“辟召”“徵辟”。即皇帝以敕令選用官員，以及公府、大將軍和州郡長官選用屬吏。三國兩晋南北朝沿置。　功曹：

官名。全稱功曹史。漢朝郡縣置，職掌人事，並參政務。魏晉南北朝沿置。此指北周郡功曹。

[2]太祖：此指楊忠。“太祖”是其子楊堅稱帝後追尊的廟號。　散騎常侍：散官名。北周爲加官，不理事，唯假章綬禄賜班位而已。　車騎大將軍：軍號名。儀同府長官軍號，以車騎將軍中資深者爲車騎大將軍。金印紫綬。典京師兵衛，掌宫衛。北周爲九命。　儀同三司：勳官名。北周府兵制中儀同府長官加此勳官名，不掌具體事務。九命。（參見王仲犖《北周六典》卷九《勳官第二十》，第578頁；谷霽光《府兵制度考釋》，上海人民出版社1962年版，第51頁）

[3]縣公：爵名。爲北周十一等爵的第六等。“命數未詳，非正九命則當是九命”（參見王仲犖《北周六典》卷八《封爵第十九》，第548頁）。

[4]驃騎大將軍：軍號名。北周府兵制中二十四軍每一軍的長官軍號爲驃騎大將軍。北周爲九命。

[5]開府：勳官名。即開府儀同三司。北周府兵制中二十四軍每一軍長官加此勳官名。北周爲九命。

[6]不似代間人：《北史》卷一一《隋文帝紀》作“非世間人”。按，此文中之“代”當爲“世”字，是避唐太宗李世民諱而改。

[7]明帝：北周皇帝宇文毓的謚號。紀見《周書》卷四、《北史》卷九。

[8]右小宫伯：官名。全稱爲右小宫伯下大夫。西魏恭帝三年置，北周沿之。爲天官府宫伯司次官，分置左、右。協助左右宫伯中大夫掌管宫廷侍衛，輪番在宫内執勤及臨朝或出行時警衛。正四命。

[9]大興郡公：爵名。爲北周十一等爵的第五等。正九命。

[10]趙昭：人名。事迹未詳。按，《太平御覽》卷七三〇《方術部一一·相中》引《隋書》作“趙照”，《北史·隋文帝紀》載

此爲“來和”。考本書卷七八《來和傳》、《北史》卷八九《來和傳》、《通鑑》卷一七二《陳紀》宣帝太建七年，雖皆載來和爲楊堅相面事而未載趙昭事，但觀《通鑑》載來和建議楊堅“願忍誅殺”，《北史·隋文帝紀》載來和建議的却是“必大誅殺而後定”，兩者截然相反，而後者又和本書此處所載趙昭的建議相同。故此處取趙昭名。

武帝即位，[1]遷左小宫伯。出爲隋州刺史，[2]進位大將軍。[3]後徵還，遇皇妣寢疾三年，晝夜不離左右，代稱純孝。宇文護執政，[4]尤忌高祖，屢將害焉，大將軍侯伏侯壽等匡護得免。[5]其後襲爵隋國公。武帝娉高祖長女爲皇太子妃，[6]益加禮重。齊王憲言於帝曰：[7]“普六茹堅相貌非常，臣每見之，不覺自失。恐非人下，請早除之。”帝曰：“此止可爲將耳。”内史王軌驟言於帝曰：[8]“皇太子非社稷主，[9]普六茹堅貌有反相。”帝不悦，曰：“必天命有在，將若之何！”[10]高祖甚懼，深自晦匿。

[1]武帝：北周皇帝宇文邕的謚號。紀見《周書》卷五、六，《北史》卷一〇。

[2]隋州：即隨州。西魏廢帝三年（554）改并州置，北周沿之。治所在今湖北隨州市。

[3]大將軍：勳官名。爲北周十一等勳官的第四等，可開府置官屬，以酬勤勞，無實際職掌。正九命。

[4]宇文護：人名。西魏權臣宇文泰之侄，北周建立，宇文護專政。傳見《周書》卷一一，《北史》卷五七有附傳。

[5]侯伏侯壽：人名。本姓侯，侯伏侯氏爲西魏文帝所賜的鮮

卑族姓。參見《周書》卷二九、《北史》卷六六《侯植傳》。中華本校勘記云："《周書·侯植傳》、又《武帝紀》作'侯伏侯萬壽'。按：書中一部分人名往往有省一字的，以後凡遇有這種情況，衹在某一人名第一次出現時出校記。"

[6]皇太子妃：指周宣帝皇后楊麗華。傳見《周書》卷九、《北史》卷一四。

[7]憲：人名，即北周宇文憲。傳見《周書》卷一二、《北史》卷五八。

[8]内史：官名。此北周官名的簡稱。西魏、北周内史官署屬春官府，初以内史中大夫爲長官。後周宣帝大象元年（579）改置内史上大夫爲長官。掌詔書撰寫，參議刑罰爵賞及軍國大事，並修撰國志及起居注。内史中大夫正五命，内史上大夫正六命。

[9]皇太子：指北周宇文贇。紀見《周書》卷七、《北史》卷一〇。

[10]必天命有在，將若之何：《北史》卷一一《隋文帝紀》意同此。然《通鑑》卷一七二《陳紀》太建七年載周武帝聽齊王憲之言後，"亦疑之，以問來和"云云，與此意有不同。

建德中，[1]率水軍三萬，破齊師於河橋。[2]明年，從帝平齊，[3]進位柱國。宇文憲破齊任城王高湝於冀州，[4]除定州總管。[5]先是，定州城西門久閉不行，齊文宣帝時，[6]或請開之，以便行路。帝不許，曰："當有聖人來啓之。"及高祖至而開焉，莫不驚異。尋轉亳州總管。[7]宣帝即位，[8]以后父徵拜上柱國、大司馬。[9]

[1]建德：北周武帝宇文邕年號（572—578）。

[2]齊：即北齊（550—577），都於鄴（今河北臨漳縣西南）。河橋：橋名。此指西晉杜預於富平津所建之橋，在今河南孟津縣

東、孟州市西南黄河上。北魏、東魏先後築河陽三城於橋北、橋南及河中洲上，爲洛陽外圍戍守要地。

[3]帝：此指北周武帝宇文邕。

[4]高湝（jiē）：人名。北齊神武帝高歡第十子。武平七年(576)，與廣寧王高孝衍於冀州招募兵士，抵擋北周軍隊進攻，兵敗被俘，死於長安。傳見《北齊書》卷一〇、《北史》卷五一。冀州：治所在今河北冀州市。

[5]定州：治所在今河北定州市。　總管：官名。東魏孝敬帝武定六年（548）始置。西魏亦置。北周明帝武成元年（559）正式改都督諸州軍事爲總管，總管之設乃成定制。北周之制，總管加使持節諸軍事。總管或單任，然多兼帶刺史。故總管職權雖以軍事爲主，實際是一地區若干州、防（鎮）的最高軍政長官。

[6]齊文宣帝：即北齊皇帝高洋。紀見《北齊書》卷四、《北史》卷七。

[7]亳州：北周末改南兖州置。治所在今安徽亳州市。

[8]宣帝：北周皇帝宇文贇的謚號。

[9]上柱國：勳官名。北周爲正九命。　大司馬：官名。此爲北周大司馬卿的簡稱。西魏恭帝三年仿《周禮》建六官，置大司馬卿爲夏官府最高長官。掌邦政，征伐敵國及四時治兵講武皆由其主持，大祭祀則掌宿衛，廟社則奉羊牲。置一員。正七命。北周沿之。

大象初，[1]遷大後丞、右司武，[2]俄轉大前疑。[3]每巡幸，恒委居守。時帝爲《刑經聖制》，[4]其法深刻。高祖以法令滋章，非興化之道，切諫，不納。高祖位望益隆，帝頗以爲忌。帝有四幸姬，[5]並爲皇后，諸家争寵，數相毁譖。帝每忿怒，謂后曰："必族滅爾家！"因召高祖，命左右曰："若色動，即殺之。"高祖既至，容色自若，乃止。

［1］大象：北周静帝宇文闡年號（579—580）。

［2］大後丞：官名。北周宣帝大成元年（579）置四輔官（大前疑、大右弼、大左輔、大後丞），爲主要執政大臣，大後丞爲其中之一。　右司武：官名。此是北周右司武上大夫的簡稱。周武帝宣政元年（578）置左、右司武上大夫，總掌宿衛軍事。正六命。按，據開皇十四年《王臺墓誌》，王臺北周大象元年任左司武中録，墓誌云“聖上時領左司武大將軍，特垂識任”，與此“右司武”記載有異（參見王其禕、周曉薇《隋代墓誌銘彙考》一三三，綫裝書局2007年版）。

［3］大前疑：官名。北周宣帝大成元年置四輔官（大前疑、大右弼、大左輔、大後丞），爲主要執政大臣，大前疑爲其中之一。

［4］《刑經聖制》：法典名。北周宣帝大象元年頒行。法令嚴峻。

［5］四幸姬：指周宣帝同時設立的四位皇后：朱皇后名滿月、陳皇后名月儀、元皇后名樂尚、尉遲皇后名熾繁。傳見《周書》卷九、《北史》卷一四。

大象二年五月，以高祖爲揚州總管，[1]將發，暴有足疾，不果行。乙未，[2]帝崩。時静帝幼冲，[3]未能親理政事。内史上大夫鄭譯、御正大夫劉昉以高祖皇后之父，[4]衆望所歸，遂矯詔引高祖入總朝政，[5]都督内外諸軍事。[6]周氏諸王在藩者，高祖悉恐其生變，稱趙王招將嫁女於突厥爲詞以徵之。[7]丁未，發喪。庚戌，周帝拜高祖假黄鉞、左大丞相，[8]百官總己而聽焉。以正陽宫爲丞相府，[9]以鄭譯爲長史，[10]劉昉爲司馬，[11]具置僚佐。[12]宣帝時，刑政苛酷，群心崩駭，莫有固志。至是，高祖大崇惠政，法令清簡，躬履節儉，天下悦之。

[1]揚州：北周治所在今安徽壽縣。

[2]乙未：關於此時間，史書記載不一。《周書》卷七《宣帝紀》載："乙未，帝不豫""己酉，大漸""是日，帝崩於天德殿"。同書卷八《静帝紀》和《北史》卷一〇《周宣帝紀》《周静帝紀》、卷一一《隋文帝紀》所載時間同。另，《南史》卷一〇《陳宣帝紀》也載"己酉，周宣帝崩"。《通鑑》卷一七四《陳紀》太建十四年取《隋書》"乙未"説，並附《考異》。

[3]静帝：北周皇帝宇文闡的謚號。紀見《周書》卷八、《北史》卷一〇。

[4]鄭譯：人名。周宣帝時，鄭譯以恩舊之故，授内史上大夫，任遇甚重，參議機密。傳見本書卷三八，《周書》卷三五、《北史》卷三五有附傳。　御正大夫：官名。西魏恭帝三年仿《周禮》建六官，天官冢宰府有御正中大夫，正五命；小御正下大夫，正四命。職掌草擬詔册文誥，近侍樞機。凡諸刑罰爵賞，以及軍國大事，皆須參議。北周沿之。周明帝武成元年以御正任總絲綸，更崇其秩爲上大夫，號爲大御正。正六命。按，此"御正大夫"殿本、庫本、中華本同；《北史·隋文帝紀》亦同。但北周無此官名，僅有御正上大夫、御正中大夫、小御正下大夫之稱。考本書卷三八《劉昉傳》、《北史》卷七四《劉昉傳》、《通鑑》卷一七四《陳紀》太建十四年皆載劉昉時爲小御正，即小御正下大夫。當以此爲確。　劉昉：人名。傳見本書卷三八、《北史》卷七四。

[5]詔：初意爲上告於下的文書。秦始皇統一天下，始定天子稱皇帝，其令爲詔。此後，即作爲皇帝專用文書之一。後世皆因之。亦稱詔書、詔旨、詔命等。

[6]都督内外諸軍事：官名。北周置，原稱都督中外諸軍事，

爲避楊堅父諱而改。魏黄初三年（222）始置此官，及曹真任此職時其成爲全國最高軍事統帥。魏晋南北朝時，僅特殊權臣就任，不常置。

［7］招：人名。即宇文招，北周太祖宇文泰之子，建德三年，進爵爲趙王。傳見《周書》卷一三、《北史》卷五八。　突厥：古族名、國名。廣義包括突厥、鐵勒諸部落，狹義專指突厥。公元六世紀時游牧於金山（今阿爾泰山）以南，因金山形似兜鍪，俗稱“突厥”，遂以名部落。西魏廢帝元年，土門自號伊利可汗，建立突厥汗國，後分裂爲西突厥、東突厥兩個汗國。傳見本書卷八四、《北史》卷九九、《舊唐書》卷一九四、《新唐書》卷二一五《突厥傳》。

［8］假黄鉞：黄鉞即飾以黄金的鉞，本用於皇帝儀仗。三國時特賜出征重臣，以示威重，令其專主征伐。其後相沿爲成制。晋和南朝宋、齊以及北齊、北周也有此制。　左大丞相：官名。北魏孝莊帝永安元年（528）始置大丞相，永安三年廢。北周静帝大象二年又置左、右大丞相。以宇文贇爲右大丞相，但僅有虚名；以楊堅爲左大丞相，總攬朝政。旋去左右之號，獨以楊堅爲大丞相。實爲控制朝廷的權臣。

［9］正陽宫：宫殿名。北周大象元年宣帝傳位於静帝，静帝所居稱正陽宫。宣帝死後，静帝入居天臺，廢正陽宫，而其變爲楊堅的丞相府。　丞相府：官署名。實應稱左大丞相府。爲楊堅掌控北周軍政大權的機構。府中官員衆多。

［10］長史：官名。此爲北周丞相府的官員名，全稱是大丞相府長史。爲府中大丞相下衆官員之首。

［11］司馬：官名。此爲北周丞相府的官員名，全稱是大丞相府司馬。

［12］僚佐：長官部下所屬官吏。

六月，趙王招、陳王純、越王盛、代王達、滕王逌並至于長安。[1]相州總管尉遲迥自以重臣宿將，[2]志不能平，遂舉兵東夏。[3]趙、魏之士，[4]從者若流，旬日之間，衆至十餘萬。又宇文冑以滎州，[5]石愻以建州，[6]席毗以沛郡，[7]毗弟叉羅以兖州，[8]皆應於迥。迥遣子質於陳請援。[9]高祖命上柱國、鄖國公韋孝寬討之。[10]雍州牧畢王賢及趙、陳等五王，[11]以天下之望歸於高祖，因謀作亂。高祖執賢斬之，寢趙王等之罪，因詔五王劍履上殿，[12]入朝不趨，[13]用安其心。

[1]純：人名。即宇文純，北周太祖宇文泰之子，建德三年，進爵爲陳王。傳見《周書》卷一三、《北史》卷五八。　盛：人名。即宇文盛，北周太祖宇文泰之子，天和中，進爵爲越王。傳見《周書》卷一三、《北史》卷五八。按，底本作“達”，《北史》卷一一中華本校勘記云：“諸本誤作‘越王達、代王盛’，據《隋書》及本書卷五八《文帝十三王傳》改。”檢《周書》卷一三《文閔明武宣諸子傳》，盛封越野王、達封代奰王。今據改。　達：人名。即宇文達，北周太祖宇文泰之子，建德三年，進爵爲代王。傳見《周書》卷一三、《北史》卷五八。按，底本作“盛”，今據中華本改。　逌（yōu）：人名。即宇文逌，北周太祖宇文泰之子，建德三年，進爵爲滕王。傳見《周書》卷一三、《北史》卷五八。　長安：北周都城。在今陝西西安市西北郊。

[2]相州：北魏天興四年（401）分冀州置相州，治鄴縣（今河北臨漳縣西南鄴鎮）。東魏天平元年（534）改爲司州。北周建德六年復名相州，大象二年移治安陽城（今河南安陽市西南）。　尉遲迥：人名。北周太祖宇文泰之甥，周宣帝時任大前疑、相州總管。楊堅輔政，懼爲所圖，遂起兵反抗。傳見《周書》卷二一、

《北史》卷六二。

[3]東夏：地區名。泛指中國東部。

[4]趙、魏：地區名。泛指戰國時趙國、魏國所轄區域。

[5]宇文胄：人名。北周太祖宇文泰長兄之孫，大象末年，任滎州刺史，舉兵聲援尉遲迥，後爲楊素所敗。《周書》卷一〇、《北史》卷五七有附傳。　滎州：北周以北豫州改置，治所在今河南滎陽市西北汜水鎮。

[6]石愻（xùn）：人名。北周隋初人，其他事迹不詳。　建州：西魏置，北周治所在今山西絳縣東南。

[7]席毗：人名。按，各本均同。《北史》卷一一《隋文帝紀》、卷六二《尉遲迥傳》亦同。中華本校勘記云："本書《李禮成傳》作'席毗羅'。"本書卷六〇《于仲文傳》、《北史》卷二三《于仲文傳》、卷一〇〇《李禮成傳》，以及《通鑑》卷一七四《陳紀》太建十二年均作"席毗羅"。再觀其弟名"叉羅"，故"席毗羅"確。席毗羅，原爲北齊將領，後降北周，任北周徐州總管司録，據兖州，響應尉遲迥起兵反楊堅。兵敗後被于仲文斬殺。　沛郡：北周治所在今江蘇沛縣。

[8]乂羅：人名。名另見《北史·隋文帝紀》。按，殿本、庫本同底本，但宋刻遞修本、汲古閣本、中華本和《北史·隋文帝紀》爲"叉羅"。　兖州：北周治所在今山東兖州市。按，《通鑑》卷一七四《陳紀》太建十二年載"席毗羅據兖州"，而不載席乂羅據兖州。

[9]陳：即南朝陳（557—589），都於建康（今江蘇南京市）。

[10]韋孝寬：人名。西魏、北周名將，西魏時韋孝寬指揮玉壁之戰粉粹了東魏高歡進攻，西魏實力得以壯大，北周時又數獻平齊之策，多被采納，因功官至大司空、上柱國，封鄖國公。傳見《周書》卷三一、《北史》卷六四。

[11]雍州：北周治所在今陝西西安市西北郊。　牧：官名。京都所在州的長官，北周爲九命。　畢王賢：即宇文賢。北周明帝之

子，建德三年進封畢王，周宣帝大象初年出任雍州牧。傳見《周書》卷一三、《北史》卷五八。

[12]劍履上殿：古代帝王賜給大臣的一種特殊禮遇，受賜者可以佩劍穿履朝見皇帝。

[13]入朝不趨：古代帝王賜給大臣的一種特殊禮遇，受賜者朝見皇帝可不用小步快走。趨，小步快走。

七月，陳將陳紀、蕭摩訶等寇廣陵，[1]吴州總管于顗轉擊破之。[2]廣陵人杜喬生聚衆反，[3]刺史元義討平之。[4]韋孝寬破尉遲迥於相州，傳首闕下，[5]餘黨悉平。初，迥之亂也，鄖州總管司馬消難據州響應，[6]淮南州縣多同之。[7]命襄州總管王誼討之，[8]消難奔陳。[9]荆、郢群蠻乘釁作亂，[10]命亳州總管賀若誼討平之。[11]先是，上柱國王謙爲益州總管，[12]既見幼主在位，政由高祖，遂起巴、蜀之衆，[13]以匡復爲辭。高祖方以東夏、山南爲事，[14]未遑致討。謙進兵屯劍閣，[15]陷始州。[16]至是，乃命行軍元帥、上柱國梁睿討平之，[17]傳首闕下。巴、蜀阻險，人好爲亂，於是更開平道，毁劍閣之路，立銘垂誡焉。[18]五王陰謀滋甚，高祖齎酒肴以造趙王第，欲觀所爲。趙王伏甲以宴高祖，高祖幾危，賴元胄以濟，[19]語在《胄傳》。於是誅趙王招、越王盛。[20]

[1]陳紀：人名。據《通鑑》卷一七四《陳紀》太建十二年八月條胡三省注："陳紀，即陳慧紀。"陳慧紀，南朝陳高祖陳霸先之從孫，太建十年（578）爲持節、緣江都督，兖州刺史。傳見《陳書》卷一五、《南史》卷六五。　蕭摩訶：人名。南朝陳大將，輔佐陳後主登基有功，加爲侍中、驃騎大將軍、綏建郡公。後降隋。

傳見《陳書》卷三一、《南史》卷六七。　廣陵：郡名。北周治所在今江蘇揚州市西北蜀崗上。

［2］吴州：北周大象中以南兖州改名，治所在今江蘇揚州市西北。　于顗：人名。本書卷六〇、《北史》卷二三有附傳。按，關於陳紀等攻廣陵一事，《通鑑》卷一七四《陳紀》記於太建十二年（即大象二年）八月。

［3］杜喬生：人名。事迹不詳。

［4］元義：人名。事迹不詳。

［5］韋孝寬破尉遲迥於相州，傳首闕下：《周書》卷八《静帝紀》、《北史》卷一一《隋文帝紀》、《通鑑》卷一七四《陳紀》太建十二年，皆載韋孝寬破尉遲迥在該年八月，而尉遲迥死於此月庚午日。再從前引《周書》《通鑑》和本書皆載尉遲迥起兵於是年六月，而《周書》卷二一和《北史》卷六二《尉遲迥傳》以及前引《通鑑》，又皆載"迥自起兵至敗，六十八日"。推算其亡也當在八月。故本書將此事記於"七月"條下欠妥，當載於"八月"條中。另，《周書》卷二一和《北史》卷六二之《尉遲迥傳》以及前引《通鑑》，皆載尉遲迥兵敗後是"自殺"，《北史·隋文帝紀》爲"斬之"。"自殺"確，本書此處籠統。

［6］鄖州：北周置。按，《通鑑》卷一七四《陳紀》太建十二年七月條胡三省關於"鄖州"有注，可參。觀注，鄖州治所似在今湖北京山縣一帶。　司馬消難：人名。初仕北齊，官至北豫州刺史，後被猜忌迫害舉州降周，歷遷大後丞，出爲鄖州總管。傳見《周書》卷二一，《北史》卷五四有附傳。

［7］淮南：地區名。泛指淮河以南。

［8］襄州：北周治所在今湖北襄樊市襄陽區。　王誼：人名。傳見本書卷四〇，《北史》卷六一有附傳。

［9］消難奔陳：據《周書·静帝紀》、《陳書》卷五和《南史》卷一〇之《宣帝紀》皆載司馬消難降陳在該年八月；《通鑑》卷一七四《陳紀》太建十二年條記，其降陳在七月底（癸丑），而受陳

官爵在八月己未。

［10］荆：州名。即荆州，北周治所在今湖北江陵縣。　郢：州名。即郢州，北周治所在今湖北鍾祥市。　群蠻：泛指古代南方各少數民族。漢至南北朝時，主要分布在長江和淮河流域的廣大地區。種類繁多，有五溪蠻、宜都蠻、豫州蠻、荆州蠻、西陽蠻等。無統一語言，居住在深山峽谷之中。主要從事農業生産，手工業也較發達。參見《魏書》卷一〇一和《北史》卷九五之《蠻傳》、《南史》卷七九《諸蠻傳》。按，《周書·静帝紀》載“豫州、荆州、襄州三總管内諸蠻”。《通鑑》卷一七四《陳紀》太建十二年載“豫、荆、襄州蠻”。與本書此處所記稍有不同。

［11］賀若誼：人名。傳見本書卷三九，《北史》卷六八有附傳。按，據《通鑑》卷一七四《陳紀》太建十二年條記諸蠻（《通鑑》稱“巴蠻”）反在該年七月，王誼平定之在該年八月。

［12］王謙：人名。西魏時以父功，累遷驃騎大將軍、開府，後以隨征吐谷渾及東征軍功，進上柱國、益州總管。傳見《周書》卷二一、《北史》卷六〇。　益州：北周治所在今四川成都市。

［13］巴、蜀：據《通鑑》卷一七四《陳紀》太建十二年八月條胡三省注：“此巴、蜀，謂漢巴郡、蜀郡大界。”即泛指今四川地區。

［14］山南：地區名。按，據前文，此似泛指鄖州總管司馬消難以及反叛的荆、郢群蠻所控制的地區。

［15］劍閣：關名。即今四川劍門關。

［16］始州：西魏以安州改名，北周時治所在今四川劍閣縣。

［17］行軍元帥：官名。北周出征軍的統帥名。根據需要臨時任命，事罷則廢。　梁睿：人名。傳見本書卷三七，《周書》卷一七、《北史》卷五九有附傳。按，據《周書·静帝紀》、《通鑑》卷一七四《陳紀》太建十二年載，王謙反楊堅在該年八月，而被平定在該年十月。此均記在“七月”不妥。

［18］更開平道，毁劍閣之路，立銘垂誡焉：《北史·隋文帝

紀》載此事於“八月”。

[19]元胄：人名。傳見本書卷四〇、《北史》卷七三。

[20]誅趙王招、越王盛：趙王伏甲欲殺楊堅及楊堅殺趙王等的時間，《通鑑》卷一七四《陳紀》太建十二年記載同本書，而《北史·隋文帝紀》載此事於“六月”。

九月，以世子勇爲洛州總管、東京小冢宰。[1]壬子，周帝詔曰：“假黄鉞、使持節、左大丞相、都督内外諸軍事、上柱國、大冢宰、隋國公堅，[2]感山河之靈，應星辰之氣，道高雅俗，德協幽顯。釋巾登仕，搢紳傾屬，開物成務，朝野承風。受詔先皇，弼諧寡薄，合天地而生萬物，順陰陽而撫四夷。近者内有艱虞，外聞妖寇，以鷹鸇之志，運帷帳之謀，行兩觀之誅，[3]掃萬里之外。遐邇清肅，實所賴焉。四海之廣，百官之富，俱稟大訓，咸餐至道。治定功成，棟梁斯托，神猷盛德，莫二於時。可授大丞相，[4]罷左、右丞相之官，餘如故。”

[1]世子：帝王和諸侯所生的嫡長子。　勇：人名。即楊勇。傳見本書卷四五、《北史》卷七一。　洛州：北魏改司州置。北周置總管府，治所在今河南洛陽市東北。　東京：此指洛陽。　小冢宰：官名。全稱爲小冢宰上大夫，爲天官府大冢宰卿之下屬。置兩員，北周正六命。按，岑仲勉指出：“九月，以世子勇爲洛州總管、東京小冢宰。《周書》卷八作大定元年正月丙戌，似以《隋書》爲可信。”（岑仲勉：《隋書求是》，第4頁）另，檢《通鑑》卷一七四《陳紀》列此事於太建十二年（即大象二年）九月庚戌。

[2]使持節：漢朝官員奉使外出時，或由皇帝授予節杖，以提

高其威權。魏、晋以後，凡重要軍事長官出征或出鎮時，加使持節，可誅殺二千石以下官員。皇帝派遣大臣出巡或祭吊等事時，也使持節，以表示權力和尊崇。　大冢宰：官名。全稱大冢宰卿。西魏恭帝三年仿《周禮》建六官，置大冢宰卿一人，北周爲正七命，爲天官冢宰府最高長官。掌邦治，以建邦之六典佐皇帝治邦國。北周沿置，然其權力却因人而異，若有“五府總於天官”之命，則稱冢宰，能總攝百官，實爲大權在握之宰輔；若無此命，即稱太宰，與五卿並列，僅統本府官。

[3]兩觀之誅：典出春秋時孔子鉄少正卯於兩觀之下，後多指爲國家安定而對亂臣賊子所施行的必要殺戮。兩觀，宫殿外的兩座高臺，用以標表宫門。一説是宫殿外懸挂法令之處，兩臺並列，故稱兩觀。

[4]大丞相：官名。北周置，參前“左大丞相”注。

冬十月壬申，詔贈高祖曾祖烈爲柱國、太保、都督徐兗等十州諸軍事、徐州刺史、隋國公，謚曰康；祖禎爲柱國、太傅、都督陝蒲等十三州諸軍事、同州刺史、隋國公，[1]謚曰獻；考忠爲上柱國、太師、大冢宰、都督冀定等十三州諸軍事、雍州牧。[2]誅陳王純。[3]癸酉，上柱國、鄖國公韋孝寬卒。[4]

[1]太傅：贈官。北周爲正九命。　同州：治所在今陝西大荔縣。

[2]太師：贈官。北周爲正九命。

[3]誅陳王純：據《周書》卷八《静帝紀》、《北史》卷一一《隋文帝紀》載，誅陳王純是在“壬戌”日。

[4]鄖國公韋孝寬卒：《周書》卷八和《北史》卷一〇《静帝紀》、《通鑑》卷一七四《陳紀》太建十二年皆載，韋孝寬死於該

年十一月丁未。另，《北史》卷六四《韋孝寬傳》也記其死於十一月。

十一月辛未，[1]誅代王達、滕王逌。

[1]十一月辛未：岑仲勉指出，《周書》卷八《静帝紀》作"大象二年十二月辛未"。是年十一月癸未朔，月内無辛未，本書此條，蓋誤與下文十二月甲子條相倒錯，同時復誤繫十一月於辛未之上。另，《北史》卷一〇《周静帝紀》和《通鑑》卷一七四《陳紀》太建十二年載此事的時間同《周書》，確；《北史》卷一一《隋文帝紀》同本書，也誤。

十二月甲子，周帝詔曰：

天大地大，合其德者聖人；一陰一陽，調其氣者上宰。[1]所以降神載挺，[2]陶鑄群生，代蒼蒼之工，[3]成巍巍之業。假黄鉞、使持節、大丞相、都督内外諸軍事、上柱國、大冢宰、隋國公，應百代之期，當千齡之運，家隆台鼎之盛，門有翊贊之勤。心同伊尹，必致堯、舜，情類孔丘，憲章文武。爰初入仕，風流映世，公卿仰其軌物，搢紳謂爲師表。入處禁闈，出居藩政，芳猷茂績，問望彌遠。往平東夏，人情未安，燕南趙北，[4]實爲天府，擁節杖旄，任當連率。[5]柔之以德，導之以禮，畏之若神，仰之若日，芳風美迹，歌頌獨存。淮海榛蕪，[6]多歷年代，作鎮南鄙，[7]選衆惟賢，威震殊俗，化行黔首。任掌鈞陳，[8]職司邦政，國之大事，朝寄更深，鑾駕巡游，留臺務廣。[9]周公陝西之任，[10]僅可爲倫，漢臣關内之重，[11]未足相況。

[1]上宰：此意是上天、上帝。

[2]降神：神靈降臨意，語出《詩·大雅·崧高》。

[3]蒼蒼：此指天。

[4]燕南趙北：地區名。此泛指戰國時燕國南部趙國北部一帶。

[5]連率：統帥、盟主。

[6]淮海：地區名。泛指古淮水以南，約當今江蘇、安徽中部一帶。

[7]鄙：邊邑。

[8]鈎陳：星名。在紫微垣内，最近北極。也以指稱後宫。本文意是後者。

[9]留臺：留守朝廷理政之意。兩晋與南北朝時，稱朝廷禁省爲臺。

[10]周公陝西之任：此意是指周公攝政輔成王。詳見《史記》卷三三《魯周公世家》。

[11]漢臣關内之重：此意是指蕭何坐鎮關中助劉邦争奪天下。詳見《史記》卷五三《蕭相國世家》。漢臣，指西漢蕭何。

及天崩地坼，先帝升遐，朕以眇年，奄經荼毒，親受顧命，保乂皇家。姦人乘隙，潛圖宗社，[1]無君之意已成，竊發之期有日。英規潛運，大略川迴，匡國庇人，罪人斯得。兩河遘亂，[2]三魏稱兵，[3]半天之下，洶洶鼎沸。祖宗之基已危，[4]生人之命將殆。[5]安陸作釁，[6]南通吴、越，[7]蜂飛蠆聚，[8]江、漢騷然。[9]巴、蜀鴟張，[10]翻將問鼎，秦塗更阻，[11]漢門重閉。[12]畫籌帷帳，建出師車，諸將禀其謀，壯士感其義，不違時日，咸得清蕩。九功遠被，[13]七德允諧，[14]百僚師師，[15]四門穆穆。[16]光景照臨之地，風雲去來之所，允武允文，幽明同德，驟山驟水，[17]遐邇歸心。使朕繼踵上皇，無爲以治，聲高宇宙，道格天壤。伊尹輔殷，霍光佐漢，[18]方之蔑如也。

[1]宗社：宗廟和社稷。古時用作國家的代稱。

[2]兩河遘亂：此指相州總管尉遲迥之叛。兩河，戰國秦漢時黄河自今河南武陟縣以下東北流，經山東西北部折北至今河北滄縣東北入海，略呈南北流向，與其中游即今晋、陝間北南流向的一段東西相對，合稱兩河。《爾雅·釋地》："兩河間曰冀州。"指此。

[3]三魏：十六國時以魏郡（治所在今河北臨漳縣西南）、陽平郡（治所在今河北大名縣東北）、廣平郡（治所在今河北曲周縣東北）及其所轄地區爲三魏。一説西漢置魏郡，後分魏郡置東、西部都尉，故稱三魏。

[4]危：底本作"慮"，汲古閣本、殿本、庫本、中華本皆爲"危"。"慮"於本句中意不貼切。

[5]人：中華本校勘記云："'人'應作'民'，唐人諱改。"殆：底本作"怠"，汲古閣本、殿本、庫本、中華本皆爲"殆"。"怠"於本句語義不夠貼切。

[6]安陸作亹：此指鄖州總管司馬消難之叛。安陸，郡名。南朝宋孝建元年（454）分江夏郡置。治所在今湖北安陸市。

[7]吴、越：此泛指古代吴國、越國地區，即今江蘇、浙江一帶。

[8]蠆：音 chài。昆蟲名。蝎子一類的毒蟲。

[9]江、漢：本文是泛指長江漢水一帶。

[10]巴、蜀鴟張：此指益州總管王謙之叛。

[11]秦：因今陝西省是秦朝的發源地，故習慣稱陝西爲秦。本

文泛指這一地區。

[12]漢：此泛指三國蜀漢所在地四川一帶。

[13]九功：語出《尚書·大禹謨》"九功惟叙"。《疏》："養民者使水、火、金、木、土、穀六事惟當修治之；正身之德、利民之用、厚民之生，此三事惟當諧和之。"九功意辦好這"九事"。

[14]七德：一指武功的七種德行。《左傳》宣公十二年："夫武，禁暴、戢兵、保大、定功、安民、和衆、豐財者也。"二指文治的七種德行。《國語·周語中》："尊貴、明賢、庸勳、長老、愛親、禮新、親舊。"

[15]百僚師師：意百官相互師法。語出《尚書·皋陶謨》。

[16]四門穆穆：意四方之門肅静、恭謹。語出《尚書·堯典》。

[17]騾山騾水：喻以懷恩惠而歸心切，雖道路綿長，山水重覆亦急往趨之也。

[18]霍光：人名。西漢權臣，歷漢武帝、漢昭帝、漢宣帝三朝，官至大司馬、大將軍。執政期間，曾輔政漢昭帝，主持廢去荒淫無道的昌邑王劉賀，擁立漢宣帝，功勳卓著。傳見《漢書》卷六八。

昔營丘、曲阜，[1]地多諸國，重耳、小白，[2]錫用殊禮。蕭何優贊拜之儀，[3]番君越公侯之爵。[4]姬、劉以降，[5]代有令謨，宜崇典禮，憲章自昔。可授相國，[6]總百揆，[7]去都督内外諸軍事、大冢宰之號，進公爵爲王，以隋州之崇業，[8]鄖州之安陸、城陽，[9]温州之宜人，[10]應州之平靖、上明，[11]順州之淮南，[12]士州之永川，[13]昌州之廣昌、安昌，[14]申州之義陽、淮安，[15]息州之新蔡、建安，[16]豫州之汝南、臨潁、廣寧、初安，[17]蔡州之蔡陽,[18]郢州之漢東二十郡爲隋國。[19]劍履上殿，入朝不趨，贊拜不名,[20]備九錫之禮,[21]加璽綬、遠游冠、相國印、緑綟綬,[22]位在諸侯王上。隋國置丞相已下，一依舊式。

[1]營丘：地名。在今山東淄博市臨淄區北（一説在今山東昌樂縣東南），以營丘山而得名。周武王封吕尚於齊，建都於此。　曲阜：地名。此指曲阜邑。在今山東曲阜市東北古城。西周至戰國魯國建都於此。

[2]重耳：人名。即春秋時晋文公。詳見《史記》卷三九《晋世家》。　小白：人名。即春秋時齊桓公。詳見《史記》卷三二《齊太公世家》。

[3]贊拜之儀：臣子朝見君王，司儀宣讀行禮的儀式。

[4]番君：指中國西部及西南部少數民族的國君。

[5]姬、劉：此指周朝、漢朝。

[6]相國：官名。初爲春秋戰國時期對輔政大臣的尊稱。後漸成爲官稱，爲百官之長，與丞相略同而位稍尊。秦不置。漢魏晋南北朝不常置，位尊於丞相，職權品秩略同，非尋常人臣之位。

[7]百揆：百官。

[8]崇業：郡名。《通鑑》卷一七一《陳紀》太建四年三月條胡三省注云：“崇業……按《隋書・帝紀》，隨州有崇業郡，而《志》不載。”北周治所不詳。

[9]鄖州：據《通鑑》卷一七四《陳紀》太建十二年七月丁未條胡三省注云：“周蓋因古國名（鄖子國）置鄖州於沔陽也。”若此，其治所在今湖北仙桃市西南沔城。　安陸：郡名。治所在今湖北安陸市。　城陽：郡名。治所在今湖北應城市。

[10]温州：治所在今湖北京山縣。　宜人：郡名。本書《地理志下》載：“土山，梁曰龍巢，置土州、東西二永寧、真陽三郡，

及置石武縣。後周廢三郡爲齊郡，改龍巢曰左陽……開皇初郡廢。十八年改……石武爲宜人。”北周宜人治所不詳。

[11]應州：治所在今湖北廣水市。　平靖：郡名。南朝梁置。治所在今湖北廣水市西北。　上明：郡名。治所在今湖北省隨州市東北。

[12]順州：治所在今湖北隨州市北。　淮南：郡名。東晋咸和初僑置淮南郡於丹陽郡于湖縣，即今安徽當塗縣。

[13]士州：治所不詳。按，各本均同。然《通鑑》卷一七四《陳紀》太建十二年十二月條胡三省注爲“土州”（南朝梁置，治所在今湖北隨州市東北。隋廢）。　永川：郡名。治所不詳。

[14]昌州：治所不詳。　廣昌：郡名。治所在今湖北棗陽市。　安昌：郡名。治所在今湖北武漢市黄陂區。

[15]申州：北周改南司州置。治所在今河南信陽市。　義陽：郡名。北周治所在今河南信陽市南。　淮安：郡名。北周治所在今河南信陽市西北。

[16]息州：北周宣政元年（578）改東豫州置，治所在今河南息縣。　新蔡：州名。北齊置。北周治所在今河南息縣東北。　建安：郡名。北周治所不詳。

[17]豫州：北周治所在今河南汝南縣。　汝南：郡名。北周治所在今河南汝南縣。　臨潁：郡名。北齊改潁川郡置。北周治所在今河南臨潁縣西北。　廣寧：郡名。北齊改新蔡郡置。北周治所在今河南新蔡縣。　初安：郡名。南朝宋置。北周治所在今河南確山縣西南。

[18]蔡州：西魏廢帝三年改南雍州置。北周治所在今湖北棗陽市西南。　蔡陽：郡名。南朝齊置。北周治所在今湖北棗陽市西南蔡陽鎮。

[19]鄀州：西魏大統十七年置，北周治所在今湖北鍾祥市。　漢東：郡名。此西魏隨州之改名。治所在今湖北隨州市。　隋國：此是楊堅在北周時的封國名。

［20］贊拜不名：臣子朝見君王行贊拜禮時無需通報自己的姓名。這是對權臣的一種特殊優待。

［21］九錫（cì）：傳説古代帝王尊禮大臣所給的九種器物。不同典籍記九錫名目大同小異，包括車馬、衣服、樂則、朱户、納陛、虎賁、宮矢、鈇鉞、秬鬯等。王莽代“漢”建“新”前，先加九錫，此後掌政大臣奪取政權、建立新王朝前，都加九錫，成爲例行公事。

［22］璽綬：代指印璽。璽，印章。古代尊卑通用。秦漢以後，惟皇帝印稱璽。綬，繫官印的絲帶。　遠游冠：冠名。諸王所服。漢以後歷代沿用，至元代始廢。　緑綟（lì）綬：深緑色的絲帶，用來繫印環。古代用不同顏色的絲帶標識官員的身份和等級。相國金印緑綟綬。

高祖再讓，不許。乃受王爵、十郡而已。詔進皇祖、考爵並爲王，夫人爲王妃。辛巳，司馬消難以陳師寇江州，[1]刺史成休寧擊却之。[2]

［1］江州：北周治所在今江西九江市。

［2］成休寧：人名。北周任江州刺史、隋封成陽郡公。事略見《唐贈荆州刺史成公（知禮）神道碑》（《全唐文》卷一九四）。

大定元年春二月壬子，[1]令曰：“已前賜姓，皆復其舊。”是日，周帝詔曰：“伊、周作輔，[2]不辭殊禮之錫，桓、文爲霸，[3]允應異物之典，所以表格天之勳，彰不代之業。相國隋王，前加典策，式昭大禮，固守謙光，絲言未綍。[4]宜申顯命，一如往旨。王功必先人，賞存後己，退讓爲本，誠乖朕意。宜命百辟，盡詣王宫，衆心克感，必令允納。如有表奏，勿復通聞。”癸丑，文武百官詣閤敦勸，高祖乃受。[5]

[1]大定：北周静帝宇文闡年號（581）。

[2]伊：指商湯輔臣伊尹。　周：指周成王輔臣周公旦。

[3]桓：指春秋時齊桓公。　文：指春秋時晋文公。

[4]絲言未綍（fú）：前詔書旨意没全部落實。絲，意帝王詔書；綍，大繩索。語出《禮記·緇衣》“王言如絲，其出如綸。王言如綸，其出如綍”。

[5]高祖乃受：《北史》卷一一《隋文帝紀》、《通鑑》卷一七五《陳紀》太建十三年皆記於該年二月甲寅，楊堅始受“相國、百揆、九錫”。

甲寅，策曰：

咨爾假黄鉞、使持節、大丞相、都督内外諸軍事、上柱國、大冢宰、隋王：天覆地載，藉人事以財成；日往月來，由王道而盈昃。[1]五氣陶鑄，[2]萬物流形。誰代上玄之工，斯則大聖而已。曰惟先正，[3]翊亮皇朝。種德積善，載誕上相。[4]精采不代，風骨異人。匡國濟時，除凶撥亂。百神奉職，萬國宅心。殷相以先知悟人，[5]周輔乃弘道於代，[6]方斯蔑如也。今將授王典禮，其敬聽朕命：

[1]王道：其一，語出《尚書·洪範》，謂先王所行之正道。其二，語出《孟子·梁惠王上》，儒家稱以仁義治天下，與“霸道”相對。　盈昃（zè）：指日月圓滿或虧缺。

[2]五氣：五行之氣，五方之氣。

［3］先正：原義爲先代之臣，後多用以指前代的賢人。語出《尚書·説命下》。

［4］上相：對宰相的尊稱。

［5］殷相：指商湯輔臣伊尹。

［6］周輔：指周成王輔臣周公旦。

朕以不德，早承丕緒，上靈降禍，夙遭愍凶。妖醜覬覦，密圖社稷，宫省之内，疑慮驚心。公受命先皇，志在匡弼，輯諧内外，潛運機衡，姦人懾憚，謀用丕顯，俾贅旒之危，爲太山之固。是公重造皇室，作霸之基也。伊我祖、考之代，任寄已深，入掌禁兵，外司藩政，文經武略，久播朝野。戎軒大舉，長驅晋、魏，[1]平陽震熊羆之勢，[2]冀部耀貔豹之威。[3]初平東夏，人情未一。叢臺之北，[4]易水之南，[5]西距井陘，[6]東至滄海，比數千里，舉袂如帷。委以連城，[7]建旌杖節，教因其俗，刑用輕典，如泥從印，猶草隨風。此又公之功也。吴越不賓，多歷年代，淮海之外，時非國有。爰整其旅，出鎮於亳，[8]武以威物，文以懷遠。群盜自奔，外户不閉，人黎慕義，襁負而歸。自北之風，化行南國。此又公之功也。宣帝御宇，任重宗臣，[9]入典八屯，[10]外司九伐。[11]禁衛勤巡警之務，治兵得蒐狩之禮。[12]此又公之功也。鑾駕游幸，頻委留臺，文武注意，軍國諮禀。萬事咸理，反顧無憂。此又公之功也。朕在諒闇，[13]公實總己。磐石之宗，姦回者衆，招引無賴，連結群小。往者國衰甫爾，[14]已創陰謀，積惡數旬，昆吾方稔。[15]泣誅磬甸，[16]宗廟以寧。此又公之功也。尉迥猖狂，[17]稱兵鄴邑，[18]欲長戟而指北闕，[19]强弩而圍南斗，[20]憑陵三魏之間，震驚九州之半，[21]聚徒百萬，悉成蛇豕，淇水、洹水，[22]一飲而竭。人之死生，翻繫凶豎，壽之長短，不由司命。公乃戒彼鷹揚，[23]出車練卒，誓蒼兕於河朔，[24]建瓴水於東山。[25]口授兵書，手畫行陣，量敵制勝，指日剋期。諸將遵其成旨，壯士感其大義，輕死忘生，轉鬬千里，旗鼓奮發，如火燎毛。玄黄變漳河之水，[26]京觀比爵臺之峻。[27]百城氛祲，一旦廓清。此又公之功也。青土連率，[28]跨據東秦，[29]藉負海之饒，倚連山之險，望三輔而將逐鹿，[30]指六國而願連鷄。[31]風雨之兵，助鬼爲虐。本根既拔，枝葉自殞，屈法申恩，示以大信。此又公之功也。申部殘賊，[32]充斥一隅，蠅飛蟻聚，攻州略地。播以玄澤，迷更知反，服而捨之，無費遺鏃。此又公之功也。宇文胄親則宗枝，外藩巖邑，影響鄴賊，[33]有同就燥。迫脅吏人，叛换城戍。偏師討蹙，遂入網羅，束之武牢，[34]有同囹圄，事窮將軍，如伏國刑。此又公之功也。檀讓、席毗，[35]擁衆河外。[36]陳、韓、梁、鄭、宋、衛、鄒、魯，[37]村落成梟獍之墟，人庶爲豺狼之餌。强以陵弱，大則吞小，城有晝閉，巷無行人。授律出師，隨機掃定，讓既授首，毗亦梟懸。[38]此又公之功也。司馬消難與國親姻，作鎮安陸，性多嗜欲，意好貪聚。屬城子女，劫掠靡餘，部人貨財，多少具罄。擅誅刺舉之使，[39]專殺儀台之臣。[40]懼罪畏威，動而内奰。[41]蠶食郡縣，鴆毒華夷，聞有王師，自投南裔。帝唐崇山之罰，[42]僅可方此，大漢流禦之刑，[43]是亦相匹。逋逃入藪，荆、郢用安。此又公之功也。王謙在蜀，翻爲厲階，閉劍閣之門，塞靈關之宇，[44]自謂五丁復起，[45]萬夫莫向。分閫推轂，[46]曾不逾時，風馳席卷，一舉大定，擒斬兇惡，掃地無遺。此又公之功也。陳頊因循僞業，[47]自擅金陵，[48]屢遣醜徒，越趄江北。[49]公指麾藩鎮，無不摧殄。方置文深之柱，[50]非止尉佗之拜。[51]此又公之功也。

[1]晉、魏：州名。晉，南朝梁改豫州置，治所在今安徽潛山縣。魏，治所在今河北大名縣東北。此是泛指這一帶地區。

[2]平陽：郡名。北周治所在今山西臨汾市。

[3]冀部：指冀州。

[4]叢臺：在今河北邯鄲市舊縣城東北隅。相傳戰國趙武靈王所築。

[5]易水：即今中易水（瀑河）。源出今河北易縣西南，東流經定興縣南，又東南至雄縣。

[6]井陘：關名，又名土門關。在今河北井陘縣西北井陘山上。

[7]連城：語出《史記》卷一一二《平津侯主父偃列傳》："今諸侯連城，地方千里。"

[8]亳：指亳州。

[9]宗臣：與君主同宗之臣。語出《國語·魯語下》。

[10]八屯：宫苑四周所設的八衛所。《文選》張衡《西京賦》："尉衛八屯，警夜巡晝。"

[11]九伐：制裁諸侯違犯王命行爲的九種辦法。語出《周禮·夏官·大司馬》。

[12]蒐狩：蒐，檢閱、閱兵。狩，狩田，古代冬季練兵打獵。語出《周禮·夏官·大司馬》。

［13］諒闇：也作亮陰、梁暗、涼陰。一説爲天子、諸侯居喪之稱；一説爲居喪之所，即凶廬。此指前意。

［14］衰：李慈銘《隋書札記》云："'衰'爲'哀'之誤字"。另參中華本《隋書》（修訂本）卷一校勘記［一七］。

［15］昆吾：此指昆吾之君。昆吾爲夏、商間部落。己姓。初封地在今河南濮陽市。夏衰，昆吾爲夏伯，遷於舊許（今河南許昌市）。後爲商湯所滅。本文以昆吾之君喻北周宗室中反楊堅的趙王招、越王盛等人。

［16］磬甸：指犯有死罪的貴族和顯宦。語出《禮記·文王世子》："公族其有死罪，則磬於甸人。"

［17］尉迥：中華本校勘記云："即尉遲迥。"

［18］鄴邑：城名。北周相州總管治所。大象二年相州總管尉遲迥起兵討楊堅時，鄴邑在今河北臨漳縣西南鄴鎮東；兵敗，城被焚毁，鄴邑移至今河南安陽市。

［19］北闕：宫禁或朝廷的别稱。

［20］南斗：星名。即斗宿，有星六顆。在北斗星以南，形似斗，故稱。此借指北周南部地區。

［21］九州：含義有二：一指傳説中的中國古代地理區劃名。起於春秋戰國，説法不一。《尚書·禹貢》作冀、豫、雍、揚、兖、徐、涼、青、荆。《爾雅·釋地》有幽、營州而無青、梁州；《周禮·夏官·職方》有幽、并州而無徐、梁州。後以"九州"泛指全中國。二指大九州。戰國齊人鄒衍的一種地理學説：以爲中國爲赤縣神州，在其外又有如赤縣神州者九，以别於神州内的九州。按，本文指前一含意。

［22］淇水：即今河南淇河。　洹水：即今河南北部安陽河。

［23］鷹揚：鷹之奮揚。喻威武或大展雄才。《詩·大雅·大明》："維師尚父，時維鷹揚。"

［24］蒼兕（sì）：傳説中的水獸名。此借指水軍。　河朔：此泛指黄河以北地區。

［25］瓴水：高屋建瓴意。形容居高臨下之形勢。　東山：即山東。戰國、秦、漢時代，通稱華山或崤山以東爲山東。

［26］玄黄：黑色與黄色。《易·坤卦》："夫玄黄者，天地之雜也，天玄而地黄。"後因以玄黄指天地。　漳河：亦名漳水，源出今山西長子縣西，東流穿過太行山至河北臨漳縣北，下游歷代屢有變遷，今已非故道。

［27］京觀：古代戰争中，勝者爲了炫耀武功，收集敵人尸首，封土而成的高冢。　爵臺：即銅雀臺。爵，通"雀"。

［28］青土：指古九州之一青州一帶。《尚書·禹貢》："海岱惟青州。"《周禮·職方》："正東曰青州。"海指渤海，岱即泰山。

［29］東秦：戰國時秦昭王曾稱西帝，齊湣王曾稱東帝，兩國皆以其富强而東西並立，後因稱齊國或齊地爲"東秦"。

［30］三輔：西漢治理京畿地區的三个職官的合稱。亦指其所轄地區。本文指北周京城長安及附近地區。

［31］六國：指戰國時位於函谷關以東的齊、楚、燕、韓、趙、魏。　連鷄：縛在一起的鷄。此指聯盟。

［32］申：古地名。故地在今河南信陽市南。

［33］鄴賊：指尉遲迥。

［34］武牢：中華本校勘記云："'武'應作'虎'，唐人諱改。"虎牢，地名。在今河南滎陽縣西北汜水鎮西。相傳周穆王獲虎爲押畜於此，故名。

［35］檀讓：人名。亦稱獨孤讓。北周末爲尉遲迥部下，並隨其起兵反楊堅。兵敗後被于仲文擒送京師。事略見本書卷六〇《于仲文傳》、《北史》卷六二《尉遲迥傳》以及《王幹墓誌》（見羅新、葉煒《新出魏晉南北朝墓誌疏證》一七〇，中華書局2016年版）。

［36］河外：黄河自龍門至華陰，自北而南，晋都於絳，故春秋晋人稱河西與河南爲河外。本文則泛指檀讓、席毗羅曾控制的兖州（治所在今山東兖州市）、曹州（治所在今山東曹縣西北）、亳州（治所在今安徽亳州市）等地區。

[37]陳、韓、梁、鄭、宋、衛、鄒、魯：這些均是春秋時的國名。本文以這些國所在地，泛指檀讓、席毗羅曾控制的地區。

[38]梟懸：斬首懸掛示衆。

[39]刺舉之使：中央派出的檢舉奸惡、舉薦有功的官員。

[40]儀台之臣：指諫諍之臣。

[41]奰：音 bèi。此是“奰匿”意，即激憤而作亂。

[42]帝唐：指唐堯。　崇山：相傳舜放驩兜之處。孔穎達疏：“蓋在衡嶺之南也。”據王夫之《孟子稗疏》、王鳴盛《蛾術編》卷四六，當在唐驩州境内，泗城之南（今廣西淩雲縣和西林縣一帶）。

[43]流禦：古代一種刑罰，把罪人流放到邊地守禦。

[44]靈關：關名。在今四川蘆山縣西北。

[45]五丁：神話傳説中的五個力士。

[46]分閫：指出任將帥或封疆大吏。　推轂：推車前進。古代帝王任命將帥時的隆重禮遇。

[47]陳頊：人名。即南朝陳宣帝。紀見《陳書》卷五、《南史》卷一〇。

[48]金陵：戰國楚築金陵城於今江蘇南京市清凉山上，後人以金陵作爲今南京市的别稱。

[49]江北：指長江下游以北的地區。

[50]文深之柱：東漢馬援在交趾立的銅柱。中華本校勘記云：“‘深’應作‘淵’，唐人諱改。馬援字文淵，立銅柱事見《後漢書》本傳。”

[51]尉佗：即趙佗。曾任秦南海郡尉故稱。傳見《史記》卷一一三、《漢書》卷九五。

公有濟天下之勤，重之以明德，[1]始於辟命，屈己登庸。素業清徽，聲掩廊廟，[2]雄規神略，氣蓋朝野。序百揆而穆四門，[3]恥一匡之舉九合。[4]尊賢崇德，尚齒貴功，録舊旌善，興亡繼絶。[5]寬猛相濟，彝倫攸叙，[6]敦睦帝親，崇奬王室。星象不拆，[7]陰陽自調，[8]玄冥、祝融，[9]如奉太公之召；[10]雨師、風伯，[11]似應成王之宰。[12]祥風嘉氣，觸石摇林，瑞獸異禽，游園鳴閣。至功至德，可大可久，盡品物之和，究杳冥之極。

[1]明德：光明之德，美德。語出《逸周書·本典》。

[2]廊廟：古代帝王和大臣議論政事處，後因此稱朝廷爲廊廟。廊，指殿四周的廊；廟，太廟。

[3]穆四門：即“四門穆穆”。

[4]一匡：使得到匡正。　九合：多次會盟。《論語·憲問》：“桓公九合諸侯，不以兵車，管仲之力也。”

[5]興亡繼絶：同“興滅繼絶”。古指復興衰敗滅亡之諸侯國和貴族世家。《論語·堯曰》：“興滅國，繼絶世，舉逸民。”

[6]彝倫：常理，常道。《尚書·洪範》：“王乃言曰：‘嗚呼，箕子！惟天陰騭下民，相協厥居，我不知其彝倫攸叙。’”

[7]星象：指星體的明暗及位置等現象。古人據以占測人事的吉凶禍福。

[8]陰陽：古代指天地間化生萬物的二氣，即宇宙間貫通物質和人事的兩大對立面。並認爲陰陽和而萬物得其所。

[9]玄冥：傳説中的神名。有三種説法：一是水神或雨師，二是冬神，三是北方之神。　祝融：一説爲傳説中的古帝。一説爲傳説中的神名，一是帝嚳時的火官，後尊爲火神；一是南方之神，南海之神。

[10]太公：此指西周太公望，吕尚。詳見《史記》卷三二《齊太公世家》。

[11]雨師：神話中的雨神。　風伯：神話中的風神。

[12]成王：此指西周成王。詳見《史記》卷四《周本紀》。

宰：官名。《周禮》記周王朝有冢宰、大宰、小宰、宰夫、内宰、里宰。春秋時卿大夫的家臣和采邑的長官，也都稱宰。後世也以宰泛稱官吏。這裏爲第二種含義。

朕又聞之，昔者明王設官胙土，[1]營丘四履，[2]得征五侯，[3]參墟寵章，[4]異其禮物。[5]故藩屏作固，垂拱責成，[6]沈默巖廊，[7]不下堂席。公道高往烈，[8]賞薄前王。朕以眇身，託于兆人之上，求諸故實，甚用懼焉。往加大典，憲章在昔。[9]謙以自牧，[10]未應朝禮。日月不居，便已隔歲。時談物議，其謂朕何！今進授相國總百揆，以申州之義陽等二十郡爲隋國。今命使持節、太傅、上柱國、杞國公椿，[11]大宗伯、大將軍、金城公趙煚，[12]授相國印綬。相國禮絶百辟，任總群官，舊職常典，宜與事革。昔堯臣太尉，舜佐司空，姬旦相周，[13]霍光輔漢，不居藩國，唯在天朝。其以相國總百揆，去衆號焉。上所假節、大丞相、大冢宰印綬。[14]

[1]胙土：指帝王將土地賜封功臣宗室，以酬其勳勞。

[2]四履：四境的界限。語本《左傳》僖公四年："五侯九伯，女實征之，以夾輔周室。賜我先君履：東至于海，西至于河，南至于穆陵，北至于無棣。"

[3]五侯：公、侯、伯、子、男五等諸侯。

[4]參墟：亦作"參虚"。參星的分野。當在今山西、河南一帶。《左傳》昭公十五年："唐叔受之，以處參虚。"　寵章：高官顯爵的章服。按，此指周武王封唐叔於參墟地區以夾輔王室。

[5]禮物：典禮文物。

[6]垂拱：垂衣拱手。喻不親理事務。《尚書·武成》："惇信明

義，崇德報功，垂拱而天下治。”

［7］巖廊：也作“巖郎”。高峻的廊廡。借指朝廷。

［8］往烈：往昔的功業，先前的功績。

［9］憲章：典章制度。

［10］自牧：自我修養。語出《易·謙》：“謙謙君子，卑以自牧。”

［11］椿：人名。即宇文椿，北周宗室大臣。《周書》卷一〇有附傳。

［12］大宗伯：官名。全稱爲大宗伯卿。西魏恭帝三年仿《周禮》建六官，置大宗伯卿一人，爲春官宗伯府最高長官。掌邦禮，以佐皇帝和邦國。北周正七命。　金城公：爵名。全稱爲金城郡公。北周十一等爵的第五等。正九命。　趙煚：人名。傳見本書卷四六、《北史》卷七五。

［13］姬旦：即“周公”。

［14］假節：指前楊堅所受的“假黄鉞、使持節”。

又加九錫，其敬聽朕後命。以公執律脩德，慎獄恤刑，爲其訓範，人無異志，是用錫公大輅、戎輅各一，[1]玄牡二駟。公勤心地利，所寶人天，崇本務農，公私殷阜，是用錫公衮冕之服，[2]赤舄副焉。[3]公樂以移風，雅以變俗，遐邇胥悦，天地咸和，是用錫公軒懸之樂，[4]六佾之舞。[5]公仁風德教，覃及海隅，荒忽幽遐，迴首内向，是用錫公朱户以居。公水鏡人倫，銓衡庶職，能官流詠，遺賢必舉，是用錫公納陛以登。[6]公執鈞於内，正性率下，犯義無禮，罔不屏黜，是用錫公武賁之士三百人。[7]公元本闕。是用錫公鈇鉞各一。[8]公威嚴夏日，精厲秋霜，猾夏必誅，顧眄天壤，掃清姦宄，折衡無外，是用錫公彤弓一、彤矢百，盧弓十、盧矢千。[9]惟公孝通神明，肅恭祀典，尊嚴如在，情切幽明，是用錫公秬鬯一卣，[10]珪瓚副焉。[11]隋國置丞相以下，一遵舊式。往欽哉！其敬循往策，祗服大典，簡恤爾庶功，對揚我太祖之休命。[12]

[1]大輅：《周禮·春官·巾車》載：王有五輅：玉輅、金輅、象輅、革輅、木輅。大輅爲輅之最大者，故知大輅即玉輅。是古時天子所乘之車。　戎輅：兵車。

[2]衮冕：戴冕加穿衮衣，天子、上公皆有之。衮即衮衣，又稱衮服，爲古代帝王及上公繡龍的禮服。冕，古代帝王、諸侯、卿大夫所戴的禮帽。

[3]舄（xì）：古代一種以木爲復底的鞋。《詩·大雅·韓奕》："玄衮赤舄。"

[4]軒懸：也作"軒縣"。古代諸侯陳列樂器去南面而三面懸挂。《周禮·春官·小胥》："正樂縣之位，王宫縣，諸侯軒縣。"宫縣，四面懸。

[5]六佾：周諸侯所用樂舞的格局：六列，每列六人，共三十六人；或云每列八人，六列共四十八人。

[6]納陛：古代帝王賜給有殊勳的諸侯或大臣的"九錫"之一。

[7]武賁：中華本校勘記云："'武'應作'虎'，唐人諱改。"虎賁，勇士之稱。

[8]鈇鉞：斫刀和大斧。此象徵帝王賜予的專征專殺之權。《禮記·王制》："諸侯賜弓矢，然後征。賜鈇鉞，然後殺。"

[9]彤弓一、彤矢百：彤弓、彤矢爲朱漆弓、箭。　盧弓十、盧矢千：盧弓、盧矢爲黑色弓箭。這些是古代天子用以賜有功的諸侯或大臣使專征伐權的象徵。《尚書·文侯之命》："用賚爾秬鬯一

卣，彤弓一、彤矢百，盧弓一、盧矢百。”

[10]秬（jù）鬯（chàng）：古代以黑黍和鬱金香草釀造的酒，用於祭祀降神及賞賜有功的諸侯。《尚書・洛誥》：“伻來毖殷，乃命寧予以秬鬯二卣。”　卣：音 yǒu。古代一種中型酒樽，青銅製，一般爲橢圓形，大腹，斂口，圈足，有蓋與提梁，多用作禮器，盛行於商和西周。

[11]珪瓚：玉柄的酒器。《逸周書・王會》：“珪瓚次之。”

[12]太祖：此指北周皇帝宇文泰。紀見《周書》卷一、《北史》卷九。

於是建臺置官。[1]

[1]臺：此作官署的名稱。

丙辰，[1]詔王冕十有二旒，[2]建天子旌旗，出警入蹕，[3]乘金根車，[4]駕六馬，備五時副車，[5]置旄頭雲罕，[6]樂舞八佾，[7]設鍾虡宮懸。[8]王妃爲王后，長子爲太子。前後三讓，乃受。

[1]丙辰：原爲“景辰”。按，因“丙”“昺”同音，本書避唐高祖父李昺諱，天干“丙”改爲“景”字。後凡天干中的景字一律回改，不再出注。

[2]旒：音 liú。同“鎏”。冕冠前後懸垂的玉串。《禮記・玉藻》：“天子玉藻，十有二旒。”

[3]出警入蹕（bì）：帝王出入時警戒清道，禁止行人。

[4]金根車：以黃金爲飾的根車。帝王所乘。

[5]五時：指立春、立夏、大暑、立秋、立冬。　副車：皇帝侍從車輛。

[6]旄頭雲罕：旄頭，古代皇帝儀仗中一種擔任先驅的騎兵。"罕"，底本作"罕"，殿本作"罕"、庫本作"旱"，中華本作"罕"。"罕"字確，其他皆因字形相近而訛。雲罕，也作"雲罕"，天子出行時爲前導之旌旗。

[7]八佾：也作"八溢""八羽"。古代天子用的一種樂舞。縱横都是八人，共六十四人。佾，舞列。

[8]鍾虡（jù）：飾以猛獸形象的懸樂鐘的格架。　宫懸：通"宫縣"。古時鐘磬等樂器懸掛於架上，懸掛的形式根據身份地位不同而異，帝王懸掛四面，象徵宫室四面的墻壁，故名宫懸。《周禮·春官·小胥》："正樂縣之位，王宫縣。"

俄而周帝以衆望有歸，乃下詔曰："元氣肇闢，樹之以君，有命不恒，所輔惟德。天心人事，選賢與能，盡四海而樂推，非一人而獨有。周德將盡，妖孽遞生，骨肉多虞，藩維構釁，[1]影響同惡，過半區宇，或小或大，圖帝圖王，則我祖宗之業，不絶如線。相國隋王，睿聖自天，英華獨秀，刑法與禮儀同運，文德共武功俱遠。愛萬物其如己，任兆庶以爲憂。手運璣衡，[2]躬命將士，芟夷姦宄，[3]刷蕩氛祲，[4]化通冠帶，[5]威震幽遐。虞舜之大功二十，未足相比，姬發之合位三五，[6]豈可足論。況木行已謝，[7]火運既興，[8]河、洛出革命之符，[9]星辰表代終之象。[10]煙雲改色，笙簧變音，獄訟咸歸，謳歌盡至。[11]且天地合德，日月貞明，[12]故以稱大爲王，照臨下土。朕雖寡昧，未達變通，幽顯之情，皎然易識。今便祗順天命，出遜别宫，禪位於隋，一依唐、虞、漢、魏故事。"[13]高祖三讓，不許。遣兼太傅、上柱國、杞國公椿奉册曰：[14]

［1］藩維：《詩・大雅・板》："价人維藩，大師維垣。" 後以"藩維" 指藩國。

［2］璣衡：北斗七星的泛稱。此含"神機妙算" 意。

［3］芟夷：鏟除，削平。

［4］氛祲：指預示災禍的雲氣。

［5］冠帶：本指服制，引申爲禮儀、教化。

［6］姬發：人名。即周武王。詳見《史記》卷四《周本紀》。三五：指三所五位。《詩・大雅・大明》："燮伐大商。" 東漢鄭玄箋："協和伐殷之事，謂合位三五也。" 孔穎達疏："言正合會天道於五位三所而用之。歲、日、月、辰、星五者各有位，謂之五位。星、日、辰在北，歲在南，月在東，居三處，故言三所。"

［7］木行：五行説中的木德。

［8］火運：指應五行中火德而昌的帝運。

［9］河、洛出革命之符：即"河圖洛書"。古代儒家關於《周易》卦形來源及《尚書・洪範》"九疇" 創作過程的傳説。《易・繫辭上》："河出圖，洛出書，聖人則之。" 河，黄河。洛，洛水。據漢儒孔安國、劉歆等解説：伏羲時有龍馬出於黄河，馬背有旋毛如星點，稱作龍圖。伏羲取法以畫八卦生蓍法。夏禹治水時有神龜出於洛水，背上有裂紋，紋如文字，禹取法而作《尚書・洪範》"九疇"。古代認爲出現"河圖洛書" 是帝王聖者受命之祥瑞。

［10］星辰表代終之象：古人據星象，即星體的明暗及位置等現象來占測人事的吉凶禍福。此句云"周" 亡"隋" 興在天象上已經顯示出來了。

［11］獄訟咸歸，謳歌盡至：此喻天下歸心於楊堅。語出《史記》卷一《五帝本紀》："獄訟者不之丹朱而之舜，謳歌者不謳歌丹朱而謳歌舜。"

［12］貞明：日月能固守其運行規律而常明。《易・繫辭下》："日月之道，貞明者也。"

[13]唐、虞、漢、魏故事：指唐堯禪位於虞舜，漢獻帝禪位於曹丕。

[14]册：古代帝王用於册立、封贈的詔書。

咨爾相國隋王：粤若上古之初，爰啓清濁，[1]降符授聖，爲天下君。事上帝而理兆人，[2]和百靈而利萬物，[3]非以區宇之富，未以宸極爲尊。[4]大庭、軒轅以前，[5]驪連、赫胥之日，[6]咸以無爲無欲，不將不迎。遐哉！其詳不可聞已。厥有載籍，遺文可觀。聖莫逾於堯，美未過於舜。堯得太尉，已作運衡之篇。[7]舜遇司空，便叙精華之竭。[8]彼褰裳脱屣，[9]貳宫設饗，百辟歸禹，若帝之初。斯蓋上則天時，不敢不授，下祗天命，不可不受。湯代於夏，武革於殷，干戈揖讓，雖復異揆，[10]應天順人，其道靡異。自漢迄晋，有魏至周，[11]天曆逐獄訟之歸，神鼎隨謳歌之去。[12]道高者稱帝，禄盡者不王，[13]與夫文祖、神宗，[14]無以别也。

[1]清濁：清氣與濁氣。引申以喻天地陰陽二氣。清輕的陽氣上爲天，濁重的陰氣下爲地。

[2]兆人：《北史》卷一一《隋文帝紀》爲“兆庶”。

[3]百靈：各種神靈。

[4]宸極：即北極星。借指帝王。

[5]大庭：傳説上古帝王名。一説是神農氏的别號。　軒轅：傳説古代帝王黄帝的名字。

[6]驪連：傳説遠古的帝號。　赫胥：即赫胥氏。傳説中的帝王名。

[7]運衡：即運轉的玉衡星。此句意指堯禪讓於舜。衡，即玉

衡，北斗中星，主迴轉。

［8］精華：指精神元氣。此句意指舜禪讓於禹。

［9］褰裳：謂帝王讓位。典出《竹書紀年》卷上："精華已竭，褰裳去之。"

［10］揆：道理、準則。

［11］魏：即後魏。　周：即北周（557—581），都長安（今陝西西安市西北郊）。

［12］天曆逐獄訟之歸，神鼎隨謳歌之去：此喻指天下歸心於楊堅。

［13］禄：《北史·隋文帝紀》同底本。殿本、庫本、中華本爲"録"。按，"禄"通"録"。

［14］文祖：指帝堯始祖之廟。　神宗：古代指堯廟。一説指堯太祖文祖之宗廟。

周德將盡，禍難頻興，宗戚姦回，[1]咸將竊發。顧瞻宫闕，將圖宗社，藩維連率，[2]逆亂相尋。摇蕩三方，不合如礪，蛇行鳥攫，投足無所。王受天明命，叡德在躬，救頽運之艱，匡墜地之業，拯大川之溺，[3]撲燎原之火，除群凶於城社，[4]廓妖氛於遠服，[5]至德合於造化，神用洽於天壤。八極九野，[6]萬方四裔，圓首方足，[7]罔不樂推。往歲長星夜掃，[8]經天晝見，八風比夏后之作，[9]五緯同漢帝之聚，[10]除舊之徵，昭然在上。近者赤雀降祉，[11]玄龜效靈，鍾石變音，蛟魚出穴，布新之貺，焕焉在下。九區歸往，[12]百靈協贊，[13]人神屬望，我不獨知。仰祗皇靈，俯順人願，今敬以帝位禪於爾躬。[14]天祚告窮，天禄永終。於戲！王宜允執厥和，[15]儀刑典訓，升圓丘而敬蒼昊，[16]御皇極而撫黔黎，[17]副率土之心，恢無疆之祚，可不盛歟！

［1］宗戚：泛稱皇室親族。

［2］藩維：按，底本作"籓維"。但宋刻遞修本、汲古閣本、殿本、庫本、中華本以及《北史》卷一一《隋文帝紀》皆作"藩維"。"藩""籓"雖在"藩籬"一詞中可通用，但在"藩維"詞中不可，故改爲"藩維"。

［3］拯：他本均同，然《北史·隋文帝紀》作"援"。

［4］城社：城池和祭地神的土壇。代指城鎮。

［5］遠服：指王畿以外的地方。

［6］八極：八方極遠之地。　九野：九州的土地。

［7］圓首方足：指人類。

［8］長星：古星名。類似彗星，有長尾形光芒。

［9］八風：此指"八音"，即中國古代對樂器的統稱，通常爲金、石、絲、竹、匏、土、革、木八種不同質材所製。　夏后：指禹受舜禪而建立的夏王朝。

［10］五緯：金、木、水、火、土五星。

［11］赤雀：傳説中的瑞鳥。

［12］九區：此指"九州"，借以指華夏大地。

［13］百靈：各種神靈。

［14］今敬以帝位禪於爾躬：殿本、庫本、中華本皆同底本，《北史·隋文帝紀》無"今"字。

［15］允執厥和：中華本校勘記云："'和'應作'中'，語出僞《古文尚書·大禹謨》。隋人諱'忠'，'中'與'忠'同音，因改'中'爲'和'。"

［16］圓丘：古代祭天的圓形高壇。

［17］皇極：此指皇位。

遣大宗伯、大將軍、金城公趙煚奉皇帝璽紱，[1]百官勸進。高祖乃受焉。

[1]皇帝璽：周制，皇帝八璽。詳參《通鑑》卷一七五《陳紀》太建十三年二月條胡三省注。

開皇元年二月甲子，[1]上自相府常服入宫，備禮即皇帝位於臨光殿。設壇於南郊，遣使柴燎告天。[2]是日，告廟，大赦，改元。[3]京師慶雲見。[4]易周氏官儀，[5]依漢、魏之舊。以柱國、相國司馬、渤海郡公高熲爲尚書左僕射兼納言，[6]相國司録、沁源縣公虞慶則爲内史監兼吏部尚書，[7]相國内郎、咸安縣男李德林爲内史令，[8]上開府、漢安縣公韋世康爲禮部尚書，[9]上開府、義寧縣公元暉爲都官尚書，[10]開府、民部尚書、昌國縣公元巖爲兵部尚書，[11]上儀同、司宗長孫毗爲工部尚書，[12]上儀同、司會楊尚希爲度支尚書，[13]上柱國、雍州牧、邗國公楊惠爲左衛大將軍。[14]乙丑，追尊皇考爲武元皇帝，[15]廟號太祖，皇妣爲元明皇后。[16]遣八使巡省風俗。[17]丙寅，修廟社。[18]立王后獨孤氏爲皇后，[19]王太子勇爲皇太子。[20]丁卯，以大將軍、金城郡公趙煚爲尚書右僕射，[21]上開府、濟陽侯伊婁彦恭爲左武候大將軍。[22]己巳，以周帝爲介國公，[23]邑五千户，[24]爲隋室賓。[25]旌旗車服禮樂，一如其舊。上書不爲表，[26]答表不稱詔。周氏諸王，盡降爲公。[27]辛未，以皇弟同安郡公爽爲雍州牧。[28]乙亥，封皇弟邵國公慧爲滕王，[29]同安公爽爲衛王；皇子雁門公廣爲晋王，[30]俊爲秦王，[31]

秀爲越王，[32]諒爲漢王。[33]以上柱國、并州總管、申國公李穆爲太師，[34]上柱國、鄧國公竇熾爲太傅，[35]上柱國、幽州總管、任國公于翼爲太尉，[36]觀國公田仁恭爲太子太師，[37]武德郡公柳敏爲太子太保，[38]濟南郡公孫恕爲太子少傅，[39]開府蘇威爲太子少保。[40]丁丑，以晋王廣爲并州總管，[41]以陳留郡公楊智積爲蔡王，[42]興城郡公楊静爲道王。[43]戊寅，以官牛五千頭分賜貧人。

［1］開皇：隋文帝楊堅年號（581—600）。

［2］柴燎告天：古代祭祀之一，燒柴祭告上天。

［3］大赦，改元：岑仲勉《隋書求是》卷一《高祖上》云："《文館詞林》卷六六八目録載文帝登祚改元大赦詔一首，但其文已佚。"

［4］慶雲：五色雲。古人以爲喜慶、吉祥之氣。

［5］官儀：官府的禮儀。此指宇文泰命蘇綽等依《周禮》所訂的六官制（參見《通鑑》卷一七五《陳紀》太建十三年二月條）。

［6］柱國：官名。隋文帝因改後周之制形成十一等散實官，以酬勤勞。柱國是第二等，開府置府佐。正二品。　相國司馬：官名。北周相國府屬官。　高熲：人名。傳見本書卷四一、《北史》卷七二。　尚書左僕射：官名。秦、西漢置尚書僕射，爲尚書令副貳，是低級官。東漢爲尚書臺次官，職權益重。獻帝時分置左、右。魏、晋置爲尚書省次官，輔助尚書令執行政務，參議大政等。南朝尚書令爲宰相之任，不親庶務，尚書省日常政務常由僕射主持。梁、陳常缺尚書令，僕射實成省的主官，位列宰相。北朝亦位列宰相，然録尚書、尚書令常置，故其地位稍遜南朝。隋朝罷録尚書，又常缺令，僕射成爲正宰相，與門下、内史省長官共秉國政。左僕射掌判吏、禮、兵三部事，兼糾彈御使所糾不當者。從二品。　納言：官名。門下省長官，職掌封駁制敕，並參與軍國大政決策

等，居宰相之職。置二員，正三品。

[7]相國司録：官名。北周大丞相府重要僚屬之一，總録一府之事。位在長史、司馬下。　虞慶則：人名。傳見本書卷四〇、《北史》卷七三。　内史監：官名。内史省長官，掌皇帝詔令出納宣行，居宰相之職。隋初内史省置監、令各一人，尋廢監，置令二人，正三品。按，隋“廢監，置令二人”的具體時間史籍闕如。考本書卷一《高祖紀上》、《北史》卷一一《隋文帝紀》、《通鑑》卷一七五《陳紀》太建十三年及卷一七六《陳紀》至德二年同載：虞慶則於開皇元年二月甲子任内史監兼吏部尚書，開皇四年四月庚子“以吏部尚書虞慶則爲尚書右僕射”。再考本書《高祖紀上》、《通鑑》卷一七五同記開皇三年八月壬午出原州道擊胡（突厥）的虞慶則仍是内史監，而且直到開皇四年四月庚子爲右僕射，其間不見史籍再記某人任内史監。由此可斷隋廢内史監當在開皇三年八月壬午至開皇四年四月庚子間。或即在“開皇四年四月庚子”；正因爲廢了此官，爲使虞慶則依然爲相，纔“以吏部尚書虞慶則爲尚書右僕射”，這又恰好接替老病的趙芬之相位。　吏部尚書：官名。尚書省下轄六部之一吏部的長官。掌全國文職官員銓選、考課等政令。置一員，正三品。

[8]相國内郎：官名。北周相國府屬官。　縣男：爵名。北周十一等爵的第十等。正五命。　李德林：人名。傳見本書卷四二、《北史》卷七二。　内史令：官名。隋朝内史省長官，掌皇帝詔令出納宣行，居宰相之職。置二員，正三品。

[9]上開府：官名。全稱是上開府儀同大將軍。北周建德四年改開府儀同三司爲開府儀同大將軍，仍增置上開府儀同大將軍。用以酬勤勞，無實際職權。爲十一等勳官的第五等，可開府置官屬。九命。　韋世康：人名。傳見本書卷四七，《北史》卷六四有附傳。　禮部尚書：官名。尚書省下轄六部之一禮部的長官。掌禮儀、祭祀、宴享等政令，總判禮部、祠部、主客、膳部四曹。置一員，正三品。

［10］元暉：人名。傳見本書卷四六，《北史》卷一五有附傳。　都官尚書：官名。隋初沿置都官尚書，開皇三年改爲刑部尚書，是尚書省下轄六部之一刑部的長官。職掌刑法、徒隸、勾覆及關禁之政，總判刑部、都官、比部、司門四司之事。置一員，正三品。

［11］民部尚書：中華本校勘記云："本書《元巖傳》作'民部中大夫'。隋人諱'忠'，改'中大夫'爲'尚書'。"另按，《北史》爲"户部尚書"。唐貞觀二十三年改"民部"爲"户部"，這是誤改北周官名爲唐官名。民部中大夫，官名。西魏置，北周沿用爲地官府屬官。掌承司徒教，以籍帳之法，贊計人民之多寡。正五命。　元巖：人名。傳見本書卷六二、《北史》卷七五。　兵部尚書：官名。隋尚書省下轄六部之一兵部的長官。掌全國軍衛武官選授之政令，統兵部、職方、駕部、庫部四曹。置一員，正三品。

［12］上儀同：勳官名。全稱爲上儀同大將軍。北周武帝置。位在儀同大將軍上，授予有軍勳的功臣及其子弟，無具體職掌。九命。　司宗：官名。全稱爲司宗中大夫。周武帝保定四年（564）改禮部爲司宗時，由禮部中大夫改爲此名。仍屬春官府。　長孫毗：人名。事亦見本書卷一、《北史·隋文帝紀》、《册府元龜》卷一五〇《帝王部·惠民第二》。　工部尚書：官名。尚書省下轄六部之一工部的長官。掌全國百工、屯田、山澤之政令，統工部、屯田、虞部、水部四曹。置一員。正三品。

［13］司會：官名。全稱爲司會中大夫。北周天官府司會司的長官。主管全國財政收支計劃。置一員，正五命。　楊尚希：人名。傳見本書卷四六、《北史》卷七五。　度支尚書：官名。隋沿北魏、北齊置度支尚書，開皇三年改稱民部尚書，是尚書省下轄六部之一民部的長官。職掌全國土地、户口、賦税、錢糧之政令。置一員，正三品。

［14］楊惠：人名。即楊雄，本名惠，隋文帝楊堅之侄。傳見本書卷四三，《北史》卷六八有附傳。　左衛大將軍：官名。隋文帝設左右衛，各置大將軍一人，掌宫掖禁禦，督攝仗衛。正三品。

［15］武元皇帝：楊堅追尊其父楊忠的帝號。傳見《周書》卷一九。

［16］元明皇后：楊堅追尊其母吕苦桃的后號。吕苦桃事迹略見本書卷七九《高祖外家吕氏傳》。

［17］使：使職，即臨時差遣處理某項事務者爲“使”，事後即罷。

［18］廟社：宗廟和社稷。

［19］獨孤氏：即隋文帝獨孤皇后。傳見本書卷三六、《北史》卷一四。

［20］勇：人名。即隋文帝楊堅長子楊勇。傳見本書卷四五、《北史》卷七一。

［21］尚書右僕射：官名。隋尚書省置左、右僕射各一人，地位僅次於尚書令。由於隋代尚書令不常置，僕射成爲尚書省實際長官，是宰相之職。從二品。

［22］侯：爵名。隋九等爵的第六等。正二品。　伊婁彦恭：人名。中華本校勘記云“即伊婁謙”。傳見本書卷五四、《北史》卷七五。　左武候大將軍：官名。隋文帝設左、右武候衛，各置大將軍一人，主掌皇帝出巡負責保衛。正三品。按，《北史》作“右武候大將軍”，誤。

［23］周帝：指周静帝。

［24］邑：也稱食邑、封邑。是古代君王封賜給有爵位之人的一種食禄制度，受封者可徵收封地内的民户租税充作食禄。魏晋以後，食邑分爲虚封和實封兩類：虚封一般僅冠以“邑”或“食邑”之名，這衹是一種榮譽性加銜，受封者並不能獲得實際的食禄收入；而實封一般須冠以“真實食”“食實封”等名，受封者可真正獲得食禄收入。

［25］賓：賓客。以客禮相待。

［26］表：奏章的一種。上奏章給皇帝，多用於陳請謝賀啓奏。

［27］公：爵名。隋“公”分“國公”“郡公”“縣公”三級。

國公和開國郡公、開國縣公皆爲從一品。

［28］爽：人名。即楊爽。傳見本書卷四四、《北史》卷七一。中華本《周書》卷一九校勘記指出，楊爽又稱楊明達、楊達。

［29］慧：人名。即楊慧，又名楊瓚。傳見本書卷四四、《北史》卷七一。

［30］廣：人名。即楊廣。紀見本書卷三、四，《北史》卷一二。

［31］俊：人名。即楊俊。傳見本書卷四五、《北史》卷七一。

［32］秀：人名。即楊秀。傳見本書卷四五、《北史》卷七一。

［33］諒：人名。即楊諒。傳見本書卷四五、《北史》卷七一。

［34］李穆：人名。傳見本書卷三七、《周書》卷三〇，《北史》卷五九有附傳。　太師：官名。隋三師之首。名爲訓導之官，與天子坐而論道，實無具體職權。多贈與德高望重的元老大臣爲榮譽銜，無其人則缺。正一品。

［35］竇熾：人名。北周大臣，柱國大將軍。傳見《周書》卷三〇、《北史》卷六一。　太傅：官名。隋三師之一。名爲訓導之官，與天子坐而論道，實無具體職權。多贈與德高望重的元老大臣爲榮譽銜，無其人則缺。正一品。

［36］幽州：治薊縣（今北京城西南）。　總管：官名。北周置諸州總管，隋承繼，又有增置。總管全稱是總管刺史加使持節。總管的統轄範圍，可達數州至十餘州，成一軍政管轄區。隋文帝在并、益、荆、揚四州置大總管，其餘州置總管。總管分上、中、下三等，品秩爲流内視從二品、正三品、從三品。　于翼：人名。北周武帝建德四年位居柱國，官任安州總管，奉詔統率數萬大軍東伐北齊，克齊十九城而還。傳見《周書》卷三〇，《北史》卷二三有附傳。　太尉：官名。隋三公之一。隋初參議國家大事，置府僚，但不久就省除府及僚佐，成了榮譽性質的頭銜。正一品。

［37］田仁恭：人名。傳見本書卷五四，《北史》卷六五有附傳。　太子太師：官名。東宫三師之首。掌教諭太子。正二品。

［38］柳敏：人名。傳見本書卷四七、《北史》卷六七。　太子

太保：官名。東宫三師之一。掌教諭太子。正二品。

[39]孫恕：人名。北周曾任司宗一職。事略見《周書》卷三四《裴寬傳》。　太子少傅：官名。東宫三少之一。掌輔導太子，多爲安置退免大臣的閑職或用作加官、贈官，無官署。正三品。

[40]蘇威：人名。傳見本書卷四一，《北史》卷六三有附傳。　太子少保：官名。東宫三少之一。掌輔導太子，多爲安置退免大臣的閑職或用作加官、贈官，無官署。正三品。

[41]并州：治所在今山西太原市西南古城營。

[42]楊智積：人名。傳見本書卷四四，《北史》卷七一有附傳。

[43]楊静：人名。傳見本書卷四四。

二月辛巳，[1]高平獲赤雀，太原獲蒼烏，[2]長安獲白雀，[3]各一。宣仁門槐樹連理，衆枝内附。壬午，白狼國獻方物。[4]甲申，太白晝見。[5]乙酉，又晝見。以上柱國元景山爲安州總管。[6]丁亥，詔犬馬器玩口味不得獻上。戊子，弛山澤之禁。以上開府、當亭縣公賀若弼爲楚州總管，[7]和州刺史、新義縣公韓擒爲廬州總管。[8]己丑，盩厔縣獻連理樹，[9]植之宫庭。辛卯，以上柱國、神武郡公竇毅爲定州總管。[10]戊戌，以太子少保蘇威兼納言、吏部尚書，[11]餘官如故。庚子，詔曰："自古帝王受終革代，建侯錫爵，多與運遷。朕應籙受圖，[12]君臨海内，載懷沿革，事有不同。然則前帝後王，俱在兼濟，立功立事，爵賞仍行。苟利於時，其致一揆，何謂物我之異，無計今古之殊。其前代品爵，悉可依舊。"丁未，梁主蕭巋使其太宰蕭巖、司空劉義來賀。[13]

[1]二月：宋刻遞修本、汲古閣本、殿本、庫本、中華本均作

"三月"。《册府元龜》卷二一亦作"三月"。底本誤。

［2］高平：郡名。治所在今山西晋城市東北。　蒼烏：傳説中的瑞鳥。

［3］白雀：白色的雀。古時爲祥瑞。

［4］白狼國：西南部族名。參《後漢書》卷五六《种暠傳》。

［5］太白晝見：據本書《天文志下》載，此天象是"爲臣强，爲政革"的徵兆。太白，星名，即金星。又名啓明、長庚。

［6］元景山：人名。傳見本書卷三九，《北史》卷一八有附傳。　安州：治所在今湖北安陸市。

［7］賀若弼：人名。傳見本書卷五二，《北史》卷六八有附傳。　楚州：《通鑑》卷一七五《陳紀》太建十三年載"賀若弼爲吴州總管，鎮廣陵"，並附《考異》。岑仲勉亦指出"楚當爲吴"（岑仲勉：《隋書求是》，第5頁）。吴州，治所在今江蘇揚州市。

［8］韓擒：中華本校勘記指出："應作'韓擒虎'，唐人避諱，省'虎'字。"傳見本書卷五二，《北史》卷六八有附傳。　廬州：隋開皇初改合州置，治所在今安徽合肥市。

［9］盩厔縣：治所在今陝西周至縣。

［10］竇毅：人名。北周官至大柱國、大司馬。《周書》卷三〇、《北史》卷六一有附傳。

［11］吏部尚書：《北史》卷一一《隋文帝紀》同。但《通鑑》卷一七五《陳紀》太建十三年該條"吏部"作"度支"，《通鑑》確。關於此，中華本《北史》卷一一校勘記有考，可參。

［12］應籙（lù）：順應符命。古時以此爲帝王之兆。　受圖：《尚書中候》載，河伯曾以河圖授大禹。後因稱帝王受命登位爲"受圖"。

［13］梁：即後梁（555—587），都於江陵（今湖北江陵縣）。　蕭巋：人名。傳見本書卷七九，《周書》卷四八、《北史》卷九三有附傳。　太宰：官名。晋初避司馬師諱，以周官太宰名代太師，位上公。東晋不常授人。南朝沿置。此爲南朝後梁官職。　蕭

巖：人名。南朝後梁皇帝蕭琮的叔父。《周書》卷四八、《北史》卷九三有附傳。　司空：官名。三公之一。魏晋南北朝爲名譽宰相，多爲大臣加官，位居一品（梁十八班）無實際職掌。此爲南朝後梁官職。　劉義：人名。具體事迹不詳。

四月辛巳，大赦。壬午，太白、歲星晝見。[1]戊戌，太常散樂並放爲百姓。[2]禁雜樂百戲。[3]辛丑，陳散騎常侍韋鼎、兼通直散騎常侍王瑳來聘于周，[4]至而上已受禪，致之介國。[5]是月，發稽胡修築長城，[6]二旬而罷。

[1]太白、歲星晝見：本書《天文志下》載"歲星晝見"，無"太白"。這是"大臣强，有逆謀，王者不安"的徵兆，預示劉昉等反伏誅。

[2]太常：官署名。掌國家禮樂，郊廟社稷祭祀等事。隋初總轄郊社、太廟、諸陵、太祝、衣冠、太樂、清商、鼓吹、太醫、太卜、廩犧等署，煬帝大業三年廢太祝、衣冠、清商署。　散樂：古代樂舞名。原指周代民間樂舞。南北朝後，成爲"百戲"的同義語。此指從事散樂的藝人。

[3]雜樂：不純正的音樂。　百戲：古代樂舞雜技的總稱。

[4]散騎常侍：官名。南朝陳集書省長官。掌侍從皇帝左右，獻納得失，省諸奏聞文書，意異者，隨事爲駁。常侍高功者一人爲祭酒，掌糾劾禁令。南朝陳第三品。　韋鼎：人名。傳見本書卷七八，《南史》卷五八有附傳。　通直散騎常侍：官名。晋泰始十年（274）武帝使員外散騎常侍二人與散騎常侍通員當值，故名。爲皇帝親近顧問，清要顯職。南朝屬集書省，多用衰老人士，其官漸低，常爲加官。陳四品。　王瑳（cuō）：人名。南朝陳後主時爲通直散騎常侍。傳見《南史》卷七七。

[5]介國：北周静帝宇文闡退位後被封爲介國公，此爲其封國。

［6］稽胡：古族名。又名步落稽。匈奴的别種，或云山戎或赤狄之後。時居今山西吕梁市離石區以西和今甘肅涇川縣以東一帶的山谷間。傳見《周書》卷四九、《北史》卷九六。

五月戊子，[1]封邗國公楊雄爲廣平王，[2]永康郡公楊弘爲河間王。[3]辛未，介國公薨，上舉哀於朝堂，以其族人洛嗣焉。[4]

［1］五月戊子：中華本校勘記云："《北史·隋本紀》上作'戊午'。此月己酉朔，有戊午，無戊子。"另按，《通鑑》卷一七五《陳紀》太建十三年也作"戊午"。

［2］邗（hán）國公：爵名。國公是隋九等爵的第三等。從一品。邗，汲古閣本、庫本同，中華本本書及《北史》均同。宋刻遞修本、殿本作"邘"，《通鑑》卷一七五《陳紀》太建十三年同。《通鑑》胡三省注云："'邘'當作'邗'。" 廣平王：爵名。全稱是"廣平郡王"。"郡王"是隋九等爵的第二等。從一品。

［3］楊弘：人名。傳見本書卷四三、《北史》卷七一。

［4］洛：人名。即宇文洛，北周虞國公宇文仲之孫。事見《周書》卷一〇、《北史》卷五七《宇文興傳》。

六月癸未，詔以初受天命，赤雀降祥，五德相生，[1]赤爲火色，其郊及社、廟，[2]依服冕之儀，[3]而朝會之服，旗幟、犧牲，盡令尚赤。戎服以黄。

［1］五德相生：秦漢方士以金、木、水、火、土五行相生相克的道理來附會王朝的命運，稱五德。劉向《三統曆》以秦爲水德，稱漢以火德王。

［2］郊：古帝王祭祀天地。冬至祭天於南郊，夏至瘞地於北郊。

社：古代謂土地神。　廟：此指舊時供祀先祖神位的屋舍。

[3]服冕之儀：詳參《通鑑》卷一七五《陳紀》太建十三年六月條胡三省注。

秋七月乙卯，上始服黄，百寮畢賀。庚午，靺鞨酋長貢方物。[1]

[1]靺鞨：古族名。西漢以前稱肅慎，東漢稱挹婁，南北朝以來稱勿吉，隋唐稱靺鞨。所處東至日本海，西接突厥，南界高麗，北臨室韋。大體以今吉林松花江流域爲中心，分布在東至俄羅斯濱海邊疆區，北至黑龍江、烏蘇里江的廣大地區。傳見本書卷八一、《北史》卷九四、《舊唐書》卷一九九、《新唐書》卷二一九。

八月壬午，廢東京官。突厥阿波可汗遣使貢方物。[1]甲午，遣行軍元帥樂安公元諧擊吐谷渾於青海，[2]破而降之。

[1]阿波可汗：突厥可汗名。事見本書卷八四、《北史》卷九九《突厥傳》。可汗，又作"可寒"。古代鮮卑、柔然、突厥、回紇、蒙古等民族中最高統治者的稱號。

[2]行軍元帥：出征軍的統帥名。根據需要臨時任命，事罷則廢。　樂安公：爵名。全稱爲樂安郡公。郡公是隋九等爵的第四等。從一品。　元諧：人名。傳見本書卷四〇、《北史》卷七三。　吐谷（yù）渾：古族名。本遼東鮮卑之種，姓慕容氏。其先居於徒河之青山（今遼寧義縣境内），西晋時其一部長吐谷渾率部衆西遷，附陰山而居。永嘉末又西行，建國於群羌之故城（今青海北部和新疆東南部）。逐水草而居，風俗頗同突厥。傳見本書卷八三、《北史》卷九六、《舊唐書》卷一九八、《新唐書》卷二二一。　青

海：湖名。又稱西海、僊海、鮮水海。即今青海湖。

九月戊申，戰亡之家，遣使賑給。[1]庚午，陳將周羅睺攻陷胡墅，[2]蕭摩訶寇江北。[3]辛未，以越王秀爲益州總管，改封爲蜀王。壬申，以上柱國、薛國公長孫覽，[4]上柱國、宋安公元景山並爲行軍元帥，[5]以伐陳，仍命尚書左僕射高熲節度諸軍。突厥沙鉢略可汗遣使貢方物。[6]是月，行五銖錢。[7]

[1]遣使賑給：岑仲勉於《隋書求是》卷一引《廣弘明集》補此内容，可參。

[2]周羅睺（hóu）：人名。傳見本書卷六五、《北史》卷七六。　胡墅：地名。《通鑑》卷一七五《陳紀》太建十三年九月條胡三省注云："胡墅在大江北岸，對石頭城。"若此，胡墅似即"胡墅城"，在今江蘇南京市六合區東長江北岸。

[3]蕭摩訶：人名。南朝陳名將。開皇九年降隋，官任開府儀同三司。傳見《陳書》卷三一、《南史》卷六七。

[4]上柱國：官名。隋文帝因改後周之制形成十一等散實官，以酬勤勞。上柱國是第一等，開府置府佐。從一品。　長孫覽：人名。傳見本書卷五一。

[5]宋安公：爵名。全稱宋安郡公。

[6]沙鉢略：攝圖之號。傳見本書卷八四、《北史》卷九九。

[7]五銖錢：隋文帝爲改周、齊錢幣混亂而鑄造的新錢。詳見本書《食貨志》。

冬十月乙酉，百濟王扶餘昌遣使來賀，[1]授昌上開府儀同三司、帶方郡公。[2]戊子，行新律。[3]壬辰，行幸岐州。[4]

[1]百濟：古國名。故地在今朝鮮半島西南部。傳見本書卷八一、《北史》卷九四。　扶餘昌：人名。事見本書卷八一、《周書》卷四九、《北史》卷九四《百濟傳》。

[2]上開府儀同三司：官名。位散實官第五等。從三品。按，中華本標點爲“授昌上開府、儀同三司、帶方郡公。”斷句有誤。因上開府儀同三司是隋的一個散實官名，中間不應加頓號。若理解爲上開府儀同三司和儀同三司兩個散實官名的簡稱，前者位散實官第五等，從三品，後者位第八等，正五品，同時加在一人身上不可能。中華書局修訂本《隋書》已校證，然未出校勘記。

[3]新律：即《開皇律》。詳見本書《刑法志》。

[4]岐州：治所在今陝西鳳翔縣。

十一月乙卯，以永昌郡公竇榮定爲右武候大將軍。[1]丁卯，遣兼散騎侍郎鄭撝使於陳。[2]己巳，有流星，聲如隤墻，光燭于地。[3]

[1]永昌郡公：各本均同。中華本校勘記云：“本書《竇榮定傳》作‘永富縣公’，又《來和傳》作‘永富公’。”又，《北史》卷一一《隋文帝紀》作“永富郡公”；卷八九《來和傳》也作“永富公”。從本書卷三九《竇榮定傳》看其前後爵位變化，似“永富縣公”確。　竇榮定：人名。傳見本書卷三九，《北史》卷六一有附傳。　右武候大將軍：官名。隋初置左右武候府，掌皇帝出宮巡狩時的先驅後殿、晝夜警備等軍務。右武候大將軍，是右武候府的長官，置一員，正三品。

[2]散騎侍郎：官名。隋屬門下省，掌值朝陪從。正五品上。　鄭撝：人名。事另見《北史·隋文帝紀》。

［3］有流星，聲如隤墻，光燭于地：此天象是隋平陳天下一統的象徵。據本書《天文志下》載：“流星有光有聲，名曰天保，所墜國安有喜。”

十二月戊寅，以申州刺史尒朱敞爲金州總管。[1]甲申，以禮部尚書韋世康爲吏部尚書。己丑，以柱國元衮爲廓州總管，[2]興勢郡公衛玄爲淮州總管。[3]庚子，至自岐州。壬寅，高麗王高陽遣使朝貢，[4]授陽大將軍、遼東郡公。[5]太子太保柳敏卒。

［1］申州：治所在今河南信陽市。　尒朱敞：人名。傳見本書卷五五，《北史》卷四八有附傳。事也可見前引《尒朱敞誌》。　金州：治所在今陝西安康市西北漢江北岸。

［2］柱國：官名。隋文帝因改後周之制形成十一等散實官，以酬勤勞。柱國是第二等，開府置府佐。正二品。　元衮：人名。其他事迹不詳。　廓州：治所在今青海貴德縣。

［3］衛玄：人名。傳見本書卷六三、《北史》卷七六。　淮州：治所在今河南泌陽縣。

［4］高麗：古國名。此時亦稱高句麗。故地在今朝鮮半島北部。傳見本書卷八一、《北史》卷九四、《舊唐書》卷一九九、《新唐書》卷二二〇。　高陽：人名。各本與《北史》卷一一《隋文帝紀》皆同。但《北史》卷一一中華本校勘記指出：“本書卷九四、《隋書》卷八一、《周書》卷四九《高麗傳》都作‘高湯’，作‘陽’疑誤。”再考《陳書》卷三《世祖紀》、《南史》卷九《陳高祖紀》及《册府元龜》卷九六三《外臣部·封册》載高麗王名也皆作“湯”，可斷“陽”因字形相近而訛。

［5］大將軍：官名。隋文帝因改後周之制形成十一等散實官，以酬勤勞。大將軍是第四等，開府置府佐。正三品。

二年春正月癸丑，幸上柱國王誼第。庚申，幸安成長公主第。[1]陳宣帝殂，[2]子叔寶立。[3]辛酉，置河北道行臺尚書省於并州，[4]以晋王廣爲尚書令。[5]置河南道行臺尚書省於洛州，[6]以秦王俊爲尚書令。置西南道行臺尚書省於益州，[7]以蜀王秀爲尚書令。戊辰，陳遣使請和，歸我胡墅。辛未，高麗、百濟並遣使貢方物。甲戌，詔舉賢良。[8]

[1]安成長公主：《隋書求是》卷一《高祖紀》云：《續僧傳》一一《慧海傳》作城安，惟《兩京新記》三載有“成安公主”。則作“成”者是。又云：“本卷三年六月‘乙未，幸安成長公主第’，三九《竇榮定傳》：‘其妻則高祖姊安成長公主也’，《隋書》均不作成安。”再檢《北史》卷六一《竇榮定傳》，《册府元龜》卷一一三《帝王部·巡幸》、卷三〇三《外戚部·褒寵》、卷三〇五《外戚部·儒學》亦皆作“安成長公主”。綜觀多數文獻所載，似“安成長公主”確。

[2]陳宣帝：即南朝陳第四位皇帝陳頊。紀見《陳書》卷五、《南史》卷一〇。

[3]叔寶：人名。即陳叔寶，南朝陳後主。紀見《陳書》卷六、《南史》卷一〇。

[4]河北道：特區名。即在黄河中下游以北設置的特區。隋朝在統一戰争中，於地方置特區，範圍可包括若干州，稱“道”。行臺尚書省：官署名。行臺名始於魏晋。臺指臺閣，在地方代表朝廷行尚書省職權。本掌軍務，北齊以來兼掌民政。隋文帝初於諸道設置行臺尚書省，掌地方軍政。長官爲行臺尚書令，視正二品。

[5]尚書令：官名。此是行臺尚書令，爲行臺尚書省長官。視正二品。

［6］河南道：特區名。即在黄河中下游以南設置的特區。　洛州：治所在今河南洛陽市東北。

［7］西南道：特區名。即在西南地區設置的特區。　益州：治所在今四川成都市。

［8］賢良：選舉科目。始於漢文帝前二年（前178），雖非歲舉，但兩漢諸帝屢頒詔令諸侯王、公卿、守相察舉。三國亦置，非常制。西晋初亦有之，也視爲制科，出身頗重，皆須策對。十六國後趙將其和秀才等並列爲定科。南朝未見。北周有，雖非常科，但時頗重其選。隋沿此制。按，《隋書求是》卷一《高祖紀》引《文館詞林》六九一隋文帝令山東三十四州刺史舉人敕，並考此敕和紀中所書内容“似即一事”。“惟此敕限於山東三十四州，果同一事，則本紀所書，於事實不盡符。”

二月己丑，詔高熲等班師。庚寅，以晋王廣爲左武衛大將軍，[1]秦王俊爲右武衛大將軍，[2]餘官並如故。辛卯，幸趙國公獨孤陁第。[3]庚子，京師雨土。

［1］左武衛大將軍：官名。隋文帝設左武衛，置左武衛大將軍一人爲其首。掌領外軍宿衛宫禁。正三品。

［2］右武衛大將軍：官名。隋文帝設右武衛，置右武衛大將軍一人爲其首。掌領外軍宿衛宫禁。正三品。

［3］獨孤陁：人名。傳見本書卷七九、《北史》卷六一。按，底本、宋刻遞修本、中華本作“陀”，汲古閣本作“陁”，殿本、庫本二者並用，《北史》卷六一本傳作“陁”。本書統一作“陁”。

三月戊申，開渠，引杜陽水於三時原。[1]

［1］杜陽水：河名，在今陝西扶風縣、武功縣境。　三時

(zhì) 原：地名。亦稱周原，故址在今陝西咸陽市西。

四月丁丑，以寧州刺史竇榮定爲左武候大將軍。[1]庚寅，大將軍韓僧壽破突厥於鷄頭山，[2]上柱國李充破突厥於河北山。[3]

[1]寧州：治所在今甘肅寧縣。　左武候大將軍：本書卷三九《竇榮定傳》載："高祖受禪……以長公主之故，尋拜右武候大將軍。……以佐命功，拜上柱國、寧州刺史。未幾，復爲右武候大將軍。"本傳未載竇榮定曾任左武候大將軍。《北史》卷六一《竇榮定傳》亦未載任左武候大將軍。又檢本卷載：開皇元年二月丁卯伊婁謙（彦恭）拜左武候大將軍。《北史》卷一一《隋文帝紀》雖載伊婁謙任右武候大將軍，但"右"實爲"左"之誤，中華本《北史》校勘記已指出。檢本書卷五四、《北史》卷七五《伊婁謙傳》：高祖受禪，伊婁謙拜左武候大將軍，"數年，出爲澤州刺史"。若此數年爲"二年"以上，則竇榮定不大可能在開皇二年四月任左武候大將軍，因隋武候衛左、右各置一員。故此"左武候大將軍"恐爲"右武候大將軍"之訛。

[2]韓僧壽：人名。本書卷五二、《北史》卷六八有附傳。　鷄頭山：一名笄頭山、崆峒山、牽屯山、簿洛山。在今寧夏隆德縣東。

[3]李充：人名。傳見本書卷五三。　河北山：即今内蒙古狼山與陰山的合稱。

五月戊申，以上柱國、開府長孫平爲度支尚書。[1]己酉，旱，上親省囚徒。其日大雨。己未，高寶寧寇平州，[2]突厥入長城。庚申，以豫州刺史皇甫績爲都官尚書。[3]壬戌，太尉、任國公于翼薨。[4]甲子，改傳國璽曰

“受命璽”。

[1]開府：官名。即開府儀同三司。隋文帝因改後周之制形成十一等散實官，以酬勤勞。開府是第六等，開府置府佐。正四品。　長孫平：人名。傳見本書卷四六，《北史》卷二二有附傳。

[2]高寶寧：人名。亦作“高保寧”。本北齊大將，鎮守營州。北齊滅亡後，依附突厥，爲北周、隋初邊疆主要威脅之一。傳見《北齊書》卷四一、《北史》卷五三。　平州：治所在今河北盧龍縣北。

[3]豫州：治所在今河南汝南縣。　皇甫績：人名。傳見本書卷三八、《北史》卷七四。

[4]壬戌，太尉、任國公于翼薨：關於于翼死的時間，《通鑑》卷一七五《陳紀》太建十四年所記同此。但《北史》卷一一《隋文帝紀》載於開皇三年五月癸卯。同書卷二三《于翼傳》也載其死於開皇三年。《周書》卷三〇《于翼傳》記開皇“三年五月薨”。

六月壬午，以太府卿蘇孝慈爲兵部尚書，[1]雍州牧、衛王爽爲原州總管。[2]甲申，使使弔於陳國。乙酉，上柱國李充破突厥於馬邑。[3]戊子，以上柱國叱李長义爲蘭州總管。[4]辛卯，以上開府尒朱敞爲徐州總管。[5]

[1]太府卿：官名。太府寺長官，掌庫儲出納。在大業三年（此據本書《百官志下》和《通鑑》卷一八〇《隋紀》；《唐六典》卷二二《少府監》、《通典》卷二七《少府監》則爲“大業五年”）從太府寺分出少府監前，還兼管百工技巧、官府手工業。置一員。大業四年前正三品，此年降爲從三品。按，據本書卷四六本傳云：“高祖受禪……拜太府卿。……俄遷大司農，歲餘，拜兵部尚書。”又《蘇孝慈墓誌》也説：“開皇元年，詔授太府卿。其年，改封澤

州安平郡開國公，旋轉司農卿。”則蘇孝慈當由司農卿遷兵部尚書，非太府卿。　蘇孝慈：人名。傳見本書卷四六、《北史》卷七五。有墓誌出土（見王其禕、周曉薇《隋代墓誌銘彙考》二一八《蘇孝慈墓誌》）。

[2]原州：治所在今寧夏固原市。按，岑仲勉云：“‘原’，應作‘涼’。”並於同書牧守表一二二原州條詳考。（岑仲勉：《隋書求是》，第7、206頁）可參。

[3]馬邑：地名。在今山西朔州市。

[4]叱李長乂：人名。亦稱“比列長乂”“叱列長乂”，北齊、隋初人。《北史》卷五三有附傳。按，底本、宋刻遞修本、汲古閣本、殿本、庫本皆爲“叱李長乂”，中華本爲“叱李長叉”。岑仲勉云：“《北齊書》八天統五年二月，詔侍中叱列長文使於周，殆即其人，叉字易訛也。”並於同書牧守表一〇〇信州條有詳考。（岑仲勉：《隋書求是》，第7、187頁）又，中華本《北齊書》卷八《後主紀》校勘記據《馮忱妻叱李綱子墓誌》載：“祖長叉，齊侍中、許昌王”，改“長文”爲“長叉”。是則作“叉”是。　蘭州：治所在今甘肅蘭州市。

[5]徐州：治所在今江蘇徐州市。按，岑仲勉云：“敞係自金州總管轉官。”（岑仲勉：《隋書求是》，第7頁）

丙申，詔曰：“朕祗奉上玄，君臨萬國，屬生人之敝，處前代之宫。常以爲作之者勞，居之者逸，改創之事，心未遑也。而王公大臣陳謀獻策，咸云羲、農以降，[1]至于姬、劉，[2]有當代而屢遷，無革命而不徙。曹、馬之後，[3]時見因循，乃末代之宴安，非往聖之宏義。此城從漢，彫殘日久，屢爲戰場，舊經喪亂。今之宫室，事近權宜，又非謀筮從龜，[4]瞻星揆日，不足建皇王之邑，合大衆所聚。論變通之數，具幽顯之情，同心固請，詞情深切。然則京師百官之府，四海歸向，非朕一人之所獨有。苟利於物，其可違乎！且殷之五遷，恐人盡死，[5]是則以吉凶之土，制長短之命。謀新去故，如農望秋，雖暫劬勞，其究安宅。今區宇寧一，陰陽順序，安安以遷，勿懷胥怨。龍首山川原秀麗，[6]卉物滋阜，卜食相土，宜建都邑，定鼎之基永固，無窮之業在斯。公私府宅，規模遠近，營構資費，隨事條奏。”仍詔左僕射高熲、將作大匠劉龍、鉅鹿郡公賀婁子幹、太府少卿高龍义等創造新都。[7]

[1]羲：古代傳説三皇之一伏羲氏的略稱。　農：指神農氏，傳説中的太古帝王名。始教民爲耒耜，務農業。又傳他曾嘗百草，發現藥材，教人治病。

[2]姬：此是周朝的代稱。周人爲姬姓，故以之相代。　劉：此是漢朝的代稱。漢朝爲劉姓，故以之相代。

[3]曹：此是三國曹魏的代稱。魏是曹姓所建，故以之相代。　馬：此是晋朝的代稱。晋是司馬氏所建，故將司馬簡略爲“馬”，並以之相代。

[4]謀筮從龜：問卜。

[5]恐人盡死：《北史》卷一一《隋文帝紀》爲“恐人盡怨”。

[6]龍首山：一名龍首原。在今陝西西安市舊城北。起於渭水南岸漢長安故址，止於樊川，長六十餘里。首高約二十丈，尾高五六丈。

[7]將作大匠：官名。隋初仿北齊設匠作寺，長官爲匠作大將。職掌國家土木工程修建之政令。置一員，從三品。　劉龍：人名。傳見本書卷六八，《北史》卷五三有附傳。　賀婁子幹：人名。傳見本書卷五三、《北史》卷七三。　太府少卿：官名。太府寺副長

官。太府少卿協助本司長官太府卿掌管倉儲出納及所轄各署事。隋初置一員，正四品上。煬帝增置二員，改從四品。　高龍义：人名。隋時官任判太府少卿、副將作大匠、檢校營造事，有墓誌出土（參見王其禕、周曉薇《隋代墓誌銘彙考》一八九《高虬墓誌》）。按，底本、宋刻遞修本、汲古閣本、殿本、庫本等卷一《高祖上》和底本、殿本卷四五《房陵王勇傳》，以及《通志》卷一八《文帝》、《升菴集》卷五〇《以佛書命名》皆作“高龍义”。又庫本本書卷四五、《北史》卷七一《楊勇傳》和《隋文紀》卷一《罪元旻等詔》皆作“高龍叉”，庫本《通鑑》卷一七九開皇二年十月條和《册府元龜》卷一三《帝王部·都邑》又作“高龍乂”。中華本《北史》卷一一《隋文帝紀》、《北史》卷七一《楊勇傳》，中華本《通鑑》卷一七九開皇二十年十月條作“高龍叉”。“叉”“义”“乂”“又”，字形相近，然據出土《高虬墓誌》“諱虬，字龍叉”，則作“叉”是。

秋八月癸巳，以左武候大將軍竇榮定爲秦州總管。[1]

[1]秦州：治所在今甘肅天水市。

十月癸酉，皇太子勇屯兵咸陽，以備胡。[1]庚寅，上疾愈，享百寮於觀德殿。賜錢帛，皆任其自取，盡力而出。辛卯，以營新都副監賀婁子幹爲工部尚書。[2]

[1]皇太子勇屯兵咸陽，以備胡：《通鑑》卷一七五《陳紀》太建十四年十月條胡三省注云：“咸陽在長安西北，隔渭水耳。屯兵於此以備突厥，蓋其兵勢强盛，欲窺長安。”

[2]營新都副監：使銜名。《通鑑》卷一七五《陳紀》太建十

四年六月條胡三省注云："監者，監領營新都事。"

十一月丙午，高麗遣使獻方物。

十二月辛未，上講武於後園。甲戌，上柱國竇毅卒。丙子，名新都曰大興城。[1]乙酉，遣沁源公虞慶則屯弘化，[2]備胡。突厥寇周槃，[3]行軍總管達奚長儒擊之，[4]爲虜所敗。丙戌，賜國子生經明者束帛。[5]丁亥，親録囚徒。

[1]大興城：城名。在今陝西西安市。

[2]沁源公：《通鑑》卷一七五《陳紀》太建十四年十二月條同此。胡三省還注云沁源縣公。但《北史》卷一一《隋文帝紀》爲彭城公。檢本書卷四〇、《北史》卷七三《虞慶則傳》，知虞慶則在北周朝已襲爵沁源縣公。隋開皇元年晋封彭城郡公。故本書此和前引《通鑑》云沁源公皆誤，當爲彭城郡公。

[3]周槃（pán）：地名。確址待考。《通鑑》卷一七五《陳紀》太建十四年十二月條胡三省注云周槃亦當在弘化縣界。即今甘肅慶陽市界。

[4]行軍總管：官名。北周置。戰時臨時任命大臣爲之，統兵出征，事迄即罷。在重大軍事行動中，隸屬於行軍元帥。隋沿置。達奚長儒：人名。傳見本書卷五三、《北史》卷七三。

[5]國子生：隋初立國子學，隸屬於國子寺，置博士、助教各五人；後隸國子監，置博士、助教各一人。學生無常員。此國子生即指國子學中的學生。

三年春正月庚子，將入新都，大赦天下。禁大刀長矟。癸亥，高麗遣使來朝。

二月己巳朔，日有蝕之。壬申，宴北道勳人。癸酉，陳遣兼散騎常侍賀徹、兼通直散騎常侍蕭褒來聘。[1]突厥寇邊。甲戌，涇陽獲毛龜。[2]癸未，以左衛大將軍李禮成爲右武衛大將軍。[3]

[1]賀徹：人名。南朝陳大臣。事見《陳書》卷三四《徐伯陽傳》，本書卷五七、《北史》卷三〇《盧昌衡傳》。　蕭褒：人名。南朝陳大臣。事另見《江西通志》卷四九《選舉》。

[2]涇陽：地名。在今陝西涇陽縣西北。　毛龜：南朝梁任昉《述異記》卷上："龜，千年生毛。龜，壽五千年，謂之神龜，萬年曰靈龜。"後因以毛龜爲長壽的象徵。

[3]李禮成：人名。傳見本書卷五〇，《北史》卷一〇〇有附傳。

三月丁未，上柱國、鮮虞縣公謝慶恩卒。[1]己酉，以上柱國達奚長儒爲蘭州總管。[2]丙辰，雨，常服入新都。[3]京師醴泉出。[4]丁巳，詔購求遺書於天下。庚申，宴百寮，班賜各有差。癸亥，城榆關。[5]

[1]謝慶恩：人名。事見本書卷五四、《北史》卷六五《田仁恭傳》。

[2]蘭州：岑仲勉云："蘭，疑作寧，説見牧守表二三一寧州。"（岑仲勉：《隋書求是》，第7、268頁）

[3]"丙辰"至"入新都"：本書《食貨志》載"開皇三年正月，帝入新宫"。時間與此有異。《通鑑》卷一七五《陳紀》至德元年三月條《考異》指出此，而從《帝紀》。

[4]京師醴泉出：古人據天人感應論，以爲這是祥瑞。《禮

記・禮運》:“故天降膏露，地出醴泉。”醴泉，甜美的泉水。

[5]榆關：關名。一稱榆林關。地北近榆林，即漢之榆溪塞，故得名。

夏四月己巳，上柱國、建平郡公于義卒。[1]庚午，吐谷渾寇臨洮，[2]洮州刺史皮子信死之。[3]辛未，高麗遣使來朝。壬申，以尚書右僕射趙煚兼内史令。[4]丁丑，以滕王瓚爲雍州牧。[5]己卯，衛王爽破突厥於白道。[6]庚辰，行軍總管陰壽破高寶寧於黄龍。[7]甲申，旱，上親祈雨師於國城之西南。[8]丙戌，詔天下勸學行禮。以濟北郡公梁遠爲汶州總管。[9]己丑，陳郢州城主張子譏遣使請降，[10]上以和好，不納。辛卯，遣兼散騎常侍薛舒、兼通直散騎常侍王劭使於陳。[11]癸巳，上親雩。[12]甲午，突厥遣使來朝。

[1]于義：人名。傳見本書卷三九，《北史》卷二三有附傳。

[2]臨洮：地名。在今甘肅岷縣。

[3]洮州：治所在今甘肅臨潭縣。按，各本及《北史》卷一一《隋文帝紀》皆同底本爲“洮州”。但岑仲勉云：“洮，當作旭。”並有詳考。(岑仲勉：《隋書求是》，第8、157頁）另，中華本校勘記引《隋書求是》後也有考，認爲這裏的“洮州”也可能是宋人避諱改的。　皮子信：人名。北周、隋初人。事見《北齊書》卷四一、《北史》卷五三《皮景和傳》。

[4]趙煚（jiǒng）：各本及《北史・隋文帝紀》、《通鑑》卷一七五《陳紀》至德元年四月條皆同底本爲“趙煚”。但岑仲勉云：“煚，乃芬訛。”並有考。（岑仲勉：《隋書求是》，第8、273頁）此説是。可參馬俊民《補〈隋書・宰相表〉兼論隋政權核心構成

特徵演變及影響》（《中國社會歷史評論》第五卷，2007年）。

［5］瓚：人名。即楊慧。

［6］白道：地名。在今内蒙古呼和浩特市西北。爲河套東北地區通往陰山以北的交通要道。

［7］陰壽：人名。傳見本書卷三九、《北史》卷七三。生平亦可見《陰壽墓誌》（參見王其褘、周曉薇《隋代墓誌銘彙考》〇二七）。　黄龍：邊塞名。在今遼寧開原市西北。

［8］祈：汲古閣本、殿本、庫本同底本。但宋刻遞修本、中華本和《北史·隋文帝紀》爲"祀"。　雨師：古代傳説中司雨的神。

［9］梁遠：人名。隋初曾破吐谷渾，殺其名王。事另見本書卷八三《吐谷渾傳》。　汶州：治所在今四川茂縣西北。

［10］郢州：治所在今湖北武漢市武昌區。　城主：官名。南北朝時期城的主將，主管防衛等軍政事務。　張子譏：人名。南朝陳將領。事另見《通鑑》卷一七五《陳紀》太建十三年四月。

［11］散騎常侍：官名。隋屬門下省，掌值朝陪從。從三品。　薛舒：人名。北周、隋初人。事略載於《北史》卷三六《薛憕傳》。其墓誌2011年初出土於西安南郊少陵原畔（參見王其褘、周曉薇《西安新出隋代聘陳使主〈薛舒墓誌〉考證》，《陝西歷史博物館館刊》第20輯，2013年）。　通直散騎常侍：官名。隋屬門下省，掌值朝陪從。正四品。　王劭：人名。傳見本書卷六九，《北史》卷三五有附傳。

［12］雩（yú）：古代爲祈雨而舉行的祭祀。

五月癸卯，行軍總管李晃破突厥於摩那渡口。[1]甲辰，高麗遣使來朝。乙巳，梁太子蕭琮來賀遷都。[2]丁未，靺鞨貢方物。戊申，幽州總管陰壽卒。辛酉，有事於方澤。[3]壬戌，行軍元帥竇榮定破突厥及吐谷渾於凉州。[4]丙寅，赦黄龍死罪已下。

[1]李晃：人名。隋開皇二年任渭州刺史。其墓誌見《全唐文補遺》（第3輯，三秦出版社1996年版，第318頁）。　摩那渡口：地名。於今何地不詳。

[2]蕭琮（cóng）：人名。本書卷七九、《北史》卷九三、《周書》卷四八有附傳。

[3]方澤：即方丘。古代夏至祭地祇的方壇。因爲壇設於澤中，故稱。《通鑑》卷一七五《陳紀》至德元年五月條胡三省云："隋爲方丘於宫城之北十四里。"

[4]凉州：治所在今甘肅武威市。

六月庚午，以衛王爽子集爲遂安郡王。[1]戊寅，突厥遣使請和。庚辰，行軍總管梁遠破吐谷渾於爾汗山，[2]斬其名王。[3]壬申，[4]以晋州刺史燕榮爲青州總管。[5]己丑，以河間王弘爲寧州總管。乙未，幸安成長公主第。

[1]集：人名。即楊集。本書卷四四、《北史》卷七一有附傳。

[2]爾汗山：地名。於今何地不詳。

[3]名王：少數部族諸王中名位尊貴者，以别諸小王。

[4]壬申：岑仲勉指出"壬申誤"（岑仲勉：《隋書求是》，第8、186頁）。中華本校勘記云："六月丁卯朔，壬申（初六）應在戊寅（十二日）前，紀文當有訛誤或顛倒。"

[5]晋州：治所在今山西臨汾市。　燕榮：人名。傳見本書卷七四、《北史》卷八七。　青州：治所在今山東青州市。

秋七月辛丑，以豫州刺史周摇爲幽州總管。[1]壬戌，詔曰："行仁蹈義，名教所先，厲俗敦風，宜見褒獎。往者山東、河表，[2]經此妖亂，孤城遠守，多不自全。濟陰太守杜猷身陷賊徒，[3]命懸寇手。郡省事范臺玫傾產營護，[4]免其戮辱。眷言誠節，實有可嘉，宜超恒賞，用明沮勸。臺玫可大都督、假湘州刺史。"[5]丁卯，日有蝕之。[6]

[1]豫州刺史：《通鑑》卷一七五《陳紀》至德元年七月條同。但岑仲勉指出："五五本傳作豫州總管。"並做考證以釋歧異之因。（岑仲勉：《隋書求是》，第8、298頁）可參。

[2]河表：地區的泛稱。中原以黄河以南爲河外，亦曰"河表"。河，此指黄河。表，外邊、外面。

[3]濟陰：郡名。治所在今山東曹縣西北。　杜猷：人名。事亦見本書卷一《高祖紀上》、《北史》卷一一《隋文帝紀》。

[4]郡省事：吏名。州郡長官屬吏。西晋司隸校尉有之，東晋罷。南朝及北齊復置爲州刺史、郡太守屬吏。隋朝也置，地位較前爲重，可超遷頗高職位。　范臺玫：人名。事亦見《册府元龜》卷一三八《帝王部·旌表二》。

[5]大都督：官名。隋文帝因改後周之制形成十一等散實官，以酬勤勞。大都督是第九等。正六品上。　假：即攝，暫時攝理其職事。另，未經上命真授，暫時攝理其事或承制板授，亦稱假。湘州：治所在今湖南長沙市。按，岑仲勉質疑云："湘，相訛。"並考。（岑仲勉：《隋書求是》，第8、202頁）

[6]丁卯，日有蝕之：《通鑑》卷一七五《陳紀》至德元年八月條《考異》指出此"曆差"。中華本校勘記也云："丁卯，日有蝕之。"按，此指開皇三年七月丁卯。《通鑑》卷一七五《陳紀》載陳後主至德元年八月丁卯朔有日蝕。陳至德元年即隋開皇三年。當時曆法記載，日蝕多在朔日。隋曆後陳曆一日，致以八月朔爲七

月晦。

八月丁丑，靺鞨貢方物。己卯，以右武衛大將軍李禮成爲襄州總管。[1]壬午，遣尚書左僕射高熲出寧州道，[2]内史監虞慶則出原州道，[3]並爲行軍元帥，以擊胡。[4]戊子，上有事於太社。[5]

[1]襄州：治所在今湖北襄樊市襄陽區。

[2]寧州道：特區名。即在寧州（治所在今甘肅寧縣）一帶設置的特區。隋朝在統一戰争中，於地方置特區，範圍可包括若干州，稱“道”。

[3]原州道：特區名。即在原州（治所在今寧夏固原市）一帶設置的特區。

[4]胡：此指突厥。（參《通鑑》卷一七五《陳紀》至德元年八月條）

[5]太社：古代天子爲群姓祈福、報功而設立的祭祀土神、穀神的場所。

九月壬子，幸城東，觀稼穀。癸丑，大赦天下。

冬十月甲戌，廢河南道行臺省，[1]以秦王俊爲秦州總管。

[1]行臺省：即行臺尚書省的簡稱。

十一月己酉，發使巡省風俗，因下詔曰：“朕君臨區宇，深思治術，欲使生人從化，以德代刑，求草萊之善，旌閭里之行。民間情僞，咸欲備聞。已詔使人，所在賑恤，揚鑣分路，將遍四海，必令爲朕耳目。如有文武才用，未爲時知，宜以禮發遣，朕將銓擢。其有志節高妙，越等超倫，亦仰使人就加旌異，令一行一善獎勸於人。遠近官司，遐邇風俗，巨細必紀，還日奏聞。庶使不出户庭，坐知萬里。”庚辰，陳遣散騎常侍周墳、通直散騎常侍袁彦來聘。[1]陳主知上之貌異世人，使彦畫像持去。甲午，罷天下諸郡。[2]

[1]周墳：人名。南朝陳後主時人。事亦見本書《天文志上》。　袁彦：人名。南朝陳後主時人。事另亦見《南史》卷一〇《陳宣帝紀》。

[2]“庚辰”至“罷天下諸郡”：本書中華書局修訂本校勘記云：“‘庚辰’前疑脱‘十二月’。按十一月丙申朔，無庚辰。十二月乙丑朔，庚辰爲十六日，其後之甲午爲三十日。《册府》卷一四二《帝王部·和好》正繫此事於十二月。”所考是。

閏十二月乙卯，遣兼散騎常侍曹令則、通直散騎常侍魏澹使於陳。[1]戊午，以上柱國竇榮定爲右武衛大將軍，刑部尚書蘇威爲民部尚書。[2]

[1]曹令則：人名。事亦見《通鑑》卷一七五《陳紀》至德元年十二月。按，底本原作“唐”，宋刻遞修本、汲古閣本、殿本、庫本、中華本及《通鑑》均作“曹”，據改。　魏澹：人名。傳見本書卷五八，《北史》卷五六有附傳。

[2]刑部尚書：官名。見前注“都官尚書”條。　民部尚書：官名。隋沿北魏、北齊置度支尚書，開皇三年改稱民部尚書，是尚書省下轄六部之一民部的長官。職掌全國土地、户口、賦税、錢糧

之政令。置一員，正三品。

四年春正月甲子，日有蝕之。己巳，有事於太廟。辛未，有事於南郊。[1]壬申，梁主蕭巋來朝。甲戌，大射於北苑，十日而罷。壬午，齊州水。[2]辛卯，渝州獲獸似麋，[3]一角同蹄。壬辰，班新曆。

[1]南郊：古代天子在京都南面的郊外築圜丘以祭天。古帝王冬至祭天於南郊。

[2]齊州：治所在今山東濟南市。

[3]渝州：治所在今重慶市。

二月乙巳，上餞梁主於霸上。[1]丁未，靺鞨貢方物。突厥蘇尼部男女萬餘人來降。庚戌，幸隴州。[2]突厥可汗阿史那玷率其屬來降。[3]

[1]霸上：地名。又稱霸頭。在今陝西西安市東白鹿原北首。

[2]隴州：治所在今陝西隴縣。

[3]突厥可汗阿史那玷：諸本皆同。但《北史》卷一一《隋文帝紀》記突厥可汗姓名作“阿史那玷厥”。檢《通鑑》卷一七六《陳紀》至德二年二月條作“突厥達頭可汗請降於隋”。而《考異》引“《隋書紀》云：‘突厥可汗阿史那玷厥帥其屬來降。’”由此可知，胡三省所見版本的《隋書》記該可汗的姓名是“阿史那玷厥”。另《通鑑》記此人即“達頭可汗”，再檢本書卷八四、《北史》卷九四《突厥傳》和《通典》卷一九七《邊防·突厥》皆記達頭可汗名“玷厥”。由此可知，“阿史那玷”脱“厥”字。阿史那玷厥，人名。事見本書卷八四、《北史》卷九四《突厥傳》。

夏四月己亥，敕總管、刺史父母及子年十五已上，不得將之官。庚子，以吏部尚書虞慶則爲尚書右僕射，瀛州刺史楊尚希爲兵部尚書，[1]毛州刺史劉仁恩爲刑部尚書。[2]甲辰，以上柱國叱李長乂爲信州總管。[3]丁未，宴突厥、高麗、吐谷渾使者於大興殿。丁巳，以上大將軍賀婁子幹爲榆關總管。[4]

[1]瀛州：治所在今河北河間市。

[2]毛州：治所在今河北館陶縣。　劉仁恩：人名。本書卷四六、《北史》卷七五有附傳。事又見《劉仁恩墓誌》（參見胡戟、榮新江《大唐西市博物館藏墓誌》一七，北京大學出版社 2012 年版，第 36 頁）。

[3]信州：治所在今重慶奉節縣東白帝城。

[4]上大將軍：官名。隋文帝因改後周之制形成十一等散實官，以酬勤勞。上大將軍是第三等，開府置府佐。從二品。

五月癸酉，契丹主莫賀弗遣使請降，[1]拜大將軍。丙子，以柱國馮昱爲汾州總管。[2]乙酉，以汴州刺史吕仲泉爲延州總管。[3]

[1]契丹：古部族名。語意爲鑌鐵或刀劍之意。其源出於東胡，爲鮮卑的一支。北朝時游牧於西拉木倫河、老哈河一帶。北朝末年逐漸强盛，分爲十部。　莫賀弗：人名。詳見本書卷八四和《北史》卷九四《契丹傳》。

[2]馮昱：人名。傳見本書卷五三、《北史》卷七三。　汾州：治所在今山西汾陽市。

[3]汴州：治所在今河南開封市西北。　吕仲泉：人名。其他

事迹不詳。 延州：治所在今陝西延安市東北。

六月庚子，降囚徒。[1]乙巳，以鴻臚卿乙弗寔爲翼州總管，[2]上柱國豆盧勣爲夏州總管。[3]壬子，開渠，自渭達河，[4]以通運漕。戊午，秦王俊來朝。

[1]降：降宥，减罪寬宥。

[2]鴻臚卿：官名。鴻臚寺長官，掌册封諸藩、接待外使及凶儀等事。開皇三年曾廢鴻臚寺，將其職能歸入太常寺；開皇十二年又恢復。卿置一員，隋初正三品，煬帝降爲從三品。 乙弗寔：人名。事亦見《周書》卷七《宣帝紀》。 翼州：治所在今四川茂縣北叠溪南。按，中華本同底本，汲古閣本、殿本、庫本爲"冀州"。岑仲勉指出冀州爲翼州之訛（岑仲勉：《隋書求是》，第8頁）。

[3]豆盧勣：人名。傳見本書卷三九，《北史》卷六八有附傳。 夏州：治所在今陝西靖邊縣東北白城子。

[4]渭：指陝西渭水。 河：指黄河。

秋七月丙寅，陳遣兼散騎常侍謝泉、兼通直散騎常侍賀德基來聘。[1]

[1]謝泉：人名。南朝陳人，以才學見稱。事見本書卷四七《柳肅傳》。 賀德基：人名。曾任南朝陳祠部郎，以儒學著名於世。傳見《陳書》卷三三、《南史》卷七一。

八月甲午，遣十使巡省天下。戊戌，衛王爽來朝。是日，以秦王俊納妃，宴百寮，班賜各有差。壬寅，上柱國、太傅、鄧國公竇熾薨。丁未，宴秦王官屬，賜物各有差。壬子，享陳使。乙卯，陳將夏侯苗請降，[1]上以通和，不納。

[1]夏侯苗：人名。南朝陳將。事另見《通鑑》卷一七六《陳紀》至德二年。

九月甲子，幸襄國公主第。[1]乙丑，幸霸水，[2]觀漕渠，賜督役者帛各有差。己巳，上親録囚徒。庚午，契丹内附。甲戌，駕幸洛陽，[3]關内飢也。[4]癸未，太白晝見。

[1]襄國公主：隋文帝之女，事略見本書卷五四《李衍傳》。

[2]霸水：河名。又作“灞水”。即今陝西渭河支流灞河。

[3]洛陽：城名。又作“雒陽”。故城有二：一在今河南洛陽市東白馬寺東二里洛河北岸。原爲周成王營建雒邑的成周城，戰國時因位於雒水之北改稱雒陽。三國魏自以爲土德，水得土而活，土得水而柔，去隹加水，改爲“洛”字，稱洛陽。先後爲東周、東漢、三國魏、西晋、北魏都城。另一爲隋煬帝大業初建，以爲東京。在前故城西十八里，即在今洛陽市。此指前者。

[4]關内飢：岑仲勉補史云：“飢之原因，以旱爲主，是歲天旱，見《續僧傳》二一《靈藏傳》。”（岑仲勉：《隋書求是》，第8頁）

冬十一月壬戌，遣兼散騎常侍薛道衡、通直散騎常侍豆盧寔使於陳。[1]癸亥，以榆關總管賀婁子幹爲雲州總管。[2]

[1]薛道衡：人名。傳見本書卷五七，《北史》卷三六有附傳。豆盧寔：人名。傳見《北史》卷七七。按，岑仲勉補史云：芒洛

冢墓遺文續補有豆盧寔志，記載“與史合”。又，岑仲勉引《文館詞林》卷六六四載文帝安邊詔，認爲“開南中是三、四年事，此爲開闢西南重要故實之一，故補入之”（岑仲勉：《隋書求是》，第8、9頁）。

［2］雲州：治所在今内蒙古和林格爾縣西北土城子。按，本書《地理志上》載：“（榆林郡金河縣）開皇三年置……榆關總管。五年改置雲州總管。”《地理志中》亦載：“定襄郡，開皇五年置雲州總管府。”然此處記開皇四年十一月即以賀婁子幹爲雲州總管，比前兩條所記時間早一年。

五年春正月戊辰，詔行新禮。[1]

［1］新禮：據本書卷四九《牛弘傳》、《通鑑》卷一七六《陳紀》至德三年條，知此新禮是開皇三年命牛弘修的百卷五禮。

三月戊午，以尚書左僕射高熲爲左領軍大將軍，上柱國宇文忻爲右領軍大將軍。[1]

［1］左領軍大將軍：官名。正三品。按，本書《百官志下》、《通典》卷二八《職官十・左右領軍衛》載隋文帝朝，“左右領軍府，各掌十二軍籍帳、差科、辭訟之事。不置將軍。唯有長史、司馬”等。然據此和《通鑑》卷一七六《陳紀》至德三年三月條，可推知最遲開皇五年三月戊午左右領軍府已各置領軍大將軍。　宇文忻：人名。傳見本書卷四〇，《北史》卷六〇有附傳。　右領軍大將軍：官名。隋右領軍府長官。正三品。

夏四月甲午，契丹主多彌遣使貢方物。[1]壬寅，上柱國王誼謀反，伏誅。乙巳，詔徵山東馬榮伯等六儒。[2]戊申，車駕至自洛陽。

[1]多彌：人名。契丹族首領。事另見《册府元龜》卷九七〇《外臣部·朝貢三》。

[2]馬榮伯：人名。即馬光。傳見本書卷七五、《北史》卷八二。

五月甲申，詔置義倉。[1]梁主蕭巋殂，其太子琮嗣立。遣上大將軍元契使于突厥阿波可汗。[2]

[1]義倉：古代置於民間的公共糧倉。因設於鄉社，故又名社倉。詳見本書卷四六《長孫平傳》。

[2]元契：人名。北周任開府儀同三司，入隋爲大將軍、行軍總管，隨宇文述擊陳吴州刺史蕭瓛。

秋七月庚申，陳遣兼散騎常侍王話、兼通直散騎常侍阮卓來聘。[1]丁丑，以上柱國宇文慶爲凉州總管。[2]壬午，突厥沙鉢略上表稱臣。

[1]王話：人名。南朝陳人。事另見《南史》卷七二《阮卓傳》。　阮卓：人名。南朝陳人。傳見《陳書》卷三四、《南史》卷七二。

[2]宇文慶：人名。傳見本書卷五〇，《北史》卷五七有附傳。

八月丙戌，沙鉢略可汗遣子庫合真特勤來朝。[1]甲辰，河南諸州水，[2]遣民部尚書邳國公蘇威賑給之。戊申，有流星數百，四散而下。[3]己酉，幸栗園。[4]

[1]庫合真：人名。事見本書卷八四《突厥傳》。按，《通鑑》卷一七六《陳紀》至德三年七月條《考異》指出：庫合真，"《隋書·突厥傳》作'窟含真'，今從《帝紀》"。 特勤：底本、宋刻遞修本、汲古閣本、殿本、庫本皆爲"特勒"。據《闕特勤碑》當爲"特勤"。參錢大昕《十駕齋養新録》卷六《特勤當從石刻》。特勤是突厥、回紇官名，以可汗子弟及宗室充任。後"特勒"徑改爲"特勤"，不再出注。

[2]河：此指黄河。

[3]有流星數百，四散而下：據本書《天文志下》載，這是"庶人流移之象"。預示平陳後江南士人遷移入京師的徵兆。

[4]栗園：地名。栗園有多處：一在今河南安陽市東北；一在今河北固安縣；一在今北京市廣寧門外。另，胡三省於《通鑑》卷一七七《隋紀》開皇十一年八月條注云："栗園在長安南。"考本書多處記載隋文帝來往於長安和栗園之間。如開皇十一年載文帝："八月壬申（二十三），幸栗園。""乙亥（二十六），至自栗園。"在當時交通工具條件下，能在短短四天兩次來往長安、栗園，可推斷栗園必距長安不遠。若此，此處栗園的地理方位，當是胡三省所注的，即在今西安市南。

九月丁巳，至自栗園。乙丑，改鮑陂曰杜陂，[1]霸水爲滋水。陳將湛文徹寇和州，[2]儀同三司費寶首獲之。[3]丙子，遣兼散騎常侍李若、兼通直散騎常侍崔君贍使於陳。[4]

[1]鮑陂（bēi）：池塘湖泊名。在今陝西西安市長安區東南。陂，池塘湖泊。

[2]湛文徹：人名。南朝陳人，具體事迹不詳。 和州：治所

在今安徽和縣。

[3]儀同三司：官名。隋文帝因改後周之制形成十一等散實官，以酬勤勞。儀同三司是第八等。正五品。　費寶首：人名。隋時人，具體事迹不詳。

[4]李若：人名。隋開皇中爲秦王府咨議參軍。《北史》卷四三有附傳。　崔君贍：人名。隋時人，具體事迹不詳。

冬十月壬辰，以上柱國楊素爲信州總管，[1]朔州總管吐萬緒爲徐州總管。[2]

[1]楊素：人名。傳見本書卷四八，《北史》卷四一有附傳。

[2]朔州：治所在今山西朔州市。　吐萬緒：人名。傳見本書卷六五、《北史》卷七八。

十一月甲子，以上大將軍源雄爲朔州總管。[1]丁卯，晋王廣來朝。

[1]源雄：人名。傳見本書卷三九，《北史》卷二八有附傳。　朔州：岑仲勉認爲："朔州" 爲 "壽州" 之訛，並考（岑仲勉：《隋書求是》，第9頁）。

十二月丁未，降囚徒。戊申，以上柱國達奚長儒爲夏州總管。[1]

[1]以上柱國達奚長儒爲夏州總管：岑仲勉認爲："此與三九《豆盧勣傳》頗有衝突。"（岑仲勉：《隋書求是》，第9頁）

六年春正月甲子，党項羌内附。[1]庚午，班曆於突厥。[2]辛未，以柱國韋洸爲安州總管。[3]壬申，遣民部尚書蘇威巡省山東。

[1]党項羌：古部族名。又名党項。爲羌的一支，三苗之後。其活動範圍，東接臨洮（今甘肅岷縣）、西平（今青海西寧市），西拒葉護（指西突厥），南至舂桑、迷桑（今青海果洛境内），北聯吐谷渾（在今青海及四川松潘縣），南北數千里，處山谷間。每姓别爲部落，有戰則團聚。傳見本書卷八三、《北史》卷九六。

[2]班曆：亦作“班歷”。頒布曆書。

[3]韋洸：人名。本書卷四七、《北史》卷六四有附傳。

二月乙酉，山南荆、淅七州水，[1]遣前工部尚書長孫毗賑恤之。丙戌，制刺史上佐每歲暮更入朝，[2]上考課。[3]丁亥，發丁男十一萬修築長城，二旬而罷。乙未，以上柱國崔弘度爲襄州總管。[4]庚子，大赦天下。

[1]荆：州名。指荆州。治所在今湖北江陵縣。　淅：州名。治所在今河南西峽縣北。宋刻遞修本、汲古閣本、殿本、庫本同底本，但中華本作“淅州”。岑仲勉指出：衲本、清補本均作浙州。又“浙”應作“淅”，“蓋自六朝迄唐，從扌、從木之字，往往混用，未得爲誤”（岑仲勉：《隋書求是》，第10、237頁）。後文“淅”字不再出注説明。

[2]制：本意爲制度、法式、命令。秦始皇統一六國後定爲皇帝命令文告之一種，又稱制書。漢朝及以後王朝因之。

[3]考課：按一定標準考核官吏優劣，分别等差，决定升降賞罰。

［4］崔弘度：人名。傳見本書卷七四，《北史》卷三二有附傳。

三月己未，洛陽男子高德上書，[1]請上爲太上皇，傳位皇太子。上曰："朕承天命，撫育蒼生，日旰孜孜，猶恐不逮。豈學近代帝王，事不師古，傳位於子，自求逸樂者哉！"癸亥，突厥沙鉢略遣使貢方物。

［1］高德：人名。事迹未詳。

夏四月己亥，陳遣兼散騎常侍周磻、兼通直散騎常侍江椿來聘。[1]

［1］周磻：人名。南朝陳曾任松陽令，事亦見《陳書》卷二九《毛喜傳》、《通鑑》卷一七六《陳紀》至德二年四月。　江椿：人名。南朝陳歷太子庶子、尚書左丞。事略見《陳書》卷三四《江德藻傳》。

秋七月辛亥，河南諸州水。乙丑，京師雨毛，如馬鬉尾，長者二尺餘，短者六七寸。

八月辛卯，關内七州旱，[1]免其賦稅。遣散騎常侍裴豪、兼通直散騎常侍劉顗聘于陳。[2]戊申，上柱國、太師、申國公李穆薨。

［1］關内：地區名。秦至唐時稱函谷或潼關以西、隴坂以東、終南山以北爲關内。按，岑仲勉補史云："是年旱，亦見《續僧傳》八《曇延傳》。"（岑仲勉：《隋書求是》，第9頁）

［2］裴豪：人名。隋時人，具體事迹不詳。按，《北史》卷一

一《隋文帝紀》作“裴世豪”。蓋避唐諱省“世”字。　劉顗：人名。隋時人，具體事迹不詳。按，《北齊書》卷四七《文苑序》載有“前司空功曹參軍劉顗”。

閏月己酉，以河州刺史段文振爲蘭州總管。[1]丁卯，皇太子鎮洛陽。辛未，晋王廣、秦王俊並來朝。丙子，上柱國、郕國公梁士彦，[2]上柱國、杞國公宇文忻，柱國、舒國公劉昉，以謀反伏誅。上柱國、許國公宇文善坐事除名。[3]

[1]河州：治所在今甘肅臨夏市西南。　段文振：人名。傳見本書卷六〇、《北史》卷七六。

[2]梁士彦：人名。傳見本書卷四〇、《周書》卷三一、《北史》卷七三。

[3]宇文善：人名。事見本書卷四〇《宇文忻傳》，《北史》卷六〇有附傳。

九月辛巳，上素服御射殿，詔百寮射，賜梁士彦三家資物。丙戌，上柱國、宋安郡公元景山卒。庚子，以上柱國李詢爲隰州總管。[1]辛丑，詔大象已來死事之家，咸令賑恤。

[1]李詢：人名。本書卷三七、《北史》卷五九有附傳。　隰（xí）州：治所在今山西隰縣。

冬十月己酉，以河北道行臺尚書令、并州總管、晋王廣爲雍州牧，餘官如故；兵部尚書楊尚希爲禮部尚書。癸丑，置山南道行臺尚書省於襄州，[1]以秦王俊爲尚書令。丙辰，以芳州刺史駱平難爲疊州刺史，[2]衡州總管周法尚爲黄州總管。[3]甲子，甘露降于華林園。

[1]山南道：特區名。在長安南山（今陝西終南山）以南設置的特區。

[2]芳州：治所在今四川九寨溝、松潘縣之間一帶。　駱平難：人名。隋時人，具體事迹不詳。　疊州：治所在今甘肅迭部縣境。　刺史：岑仲勉云："儻依《地理志》，則疊州此時應稱總管。"（岑仲勉：《隋書求是》，第9頁）

[3]衡州：治所在今湖北麻城市西南。按，岑仲勉認爲：此"衡州"是後改名"崇州"之衡州（岑仲勉：《隋書求是》，第9、297頁）。　周法尚：人名。傳見本書卷六五、《北史》卷七六。　黄州：治所在今湖北武漢市新洲區。

七年春正月癸巳，有事于太廟。乙未，制諸州歲貢三人。[1]

[1]歲貢：貢士之法，即由諸侯國或地方州郡每年向朝廷選送人才。

二月丁巳，祀朝日于東郊。己巳，陳遣兼散騎常侍王亨、兼通直散騎常侍王眘來聘。[1]壬申，車駕幸醴泉宫。是月，發丁男十萬餘修築長城，二旬而罷。

[1]王亨：人名。南朝陳人，具體事迹不詳。　王眘（shèn）：人名。事見本書卷七六《王胄傳》，《北史》卷八三有附傳。

夏四月己酉，幸晋王第。庚戌，於揚州開山陽瀆，[1]以通運漕。突厥沙鉢略可汗卒，其子雍虞閭嗣立，[2]是爲都藍可汗。癸亥，頒青龍符於東方總管、刺史，[3]西方以騶虞，[4]南方以朱雀，[5]北方以玄武。[6]甲戌，遣兼散騎常侍楊同、兼通直散騎常侍崔儦使于陳。[7]以民部尚書蘇威爲吏部尚書。

[1]揚州：治所在今安徽壽縣。　山陽瀆：運河名。北起山陽縣（今江蘇淮安市），東南流經射陽湖，南至江都東，西經揚州南入長江。一説乃循邗溝故道而擴大之。

[2]其子雍虞閭嗣立：中華本校勘記指出："本書《長孫晟傳》、又《突厥傳》，雍虞閭讓可汗位於其叔父處羅侯，處羅侯卒，雍虞閭纔嗣立。紀傳互異。"另，《北史》卷一一《隋文帝紀》在開皇七年四月條僅載沙鉢略可汗卒，不載雍虞閭嗣立事。《通鑑》卷一七六《陳紀》禎明元年（即開皇七年）四月條所記同本書《長孫晟傳》和《突厥傳》。雍虞閭，人名。事見本書卷八四、《北史》卷九九《突厥傳》。

[3]青龍符：隋、唐時頒發給東方諸州的一種飾有青龍圖形的傳信符。詳見《新唐書·車服志》。符，古代國君傳達命令和徵調兵將的憑證，用金、玉、銅、竹、木製成。分左右兩半，右半在朝廷，左半在外官或兵將之手。國君有事，使節持半符至，外官或兵將合符以驗真假。青龍，即蒼龍。四靈（蒼龍、白虎、朱雀、玄武）之一。古時以爲祥瑞之物。

[4]騶（qū）虞：傳説中的義獸名，四靈之一，即白虎，黑文，不食生物，有至信之德則應之。此文中的騶虞是"騶虞符"的省稱，騶虞符即一種飾有騶虞圖形的傳信符。按，中華本校勘記指出："'騶虞'應作'白虎'。唐人諱'虎'，此處用'騶虞'代

‘白虎’。”

[5]朱雀：古代傳説中的祥瑞動物，四靈之一。此文中的朱雀是“朱雀符”的省稱。朱雀符即一種飾有朱雀圖形的傳信符。

[6]玄武：古代傳説中的祥瑞動物，四靈之一。其形爲龜，或龜蛇合體。位在北方，故曰玄。身有鱗甲，故曰武。此文中的玄武是“玄武符”的省稱。玄武符即一種飾有玄武圖形的傳信符。

[7]楊同：人名。事亦見《通鑑》卷一七六《陳紀》至德二年四月。　崔儦（biāo）：人名。傳見本書卷七六，《北史》卷二四有附傳。

五月乙亥朔，日有蝕之。己卯，雨石于武安、滏陽間十餘里。[1]

[1]武安：縣名。治所在今河北武安市。　滏陽：縣名。治所在今河北磁縣。

秋七月己丑，衛王爽薨，上發喪於門下外省。[1]

[1]門下外省：官署名。北魏置，爲門下省設在宮外的衙署，被廢之帝、王多死於此。隋朝建立的禁省制度，即在禁中設立已經屬於外廷的中書、門下兩省的内省。於是，中書、門下都有了内省、外省之分，兩省官員具有了内外朝官的雙重身份。

八月丙午，以懷州刺史源雄爲朔州總管。[1]庚申，梁主蕭琮來朝。

[1]懷州：治所在今河南沁陽市。

九月乙酉，梁安平王蕭巖掠於其國以奔陳。辛卯，廢梁國，曲赦江陵。[1]以梁主蕭琮爲柱國，封莒國公。

[1]曲赦：猶特赦。不普赦天下，而獨赦江陵，故曰曲赦。

冬十月庚申，行幸同州，以先帝所居，降囚徒。癸亥，幸蒲州。[1]丙寅，宴父老，上極歡，曰："此間人物，衣服鮮麗，容止閑雅，良由仕宦之鄉，陶染成俗也。"

[1]蒲州：治所在今山西永濟市西南蒲州鎮。

十一月甲午，幸馮翊，親祠故社。父老對詔失旨，上大怒，免其縣官而去。戊戌，至自馮翊。[1]

[1]至自馮翊：岑仲勉指出："七年十一月戊戌至自馮翊。此下殆奪文。《文館詞林》六七〇有大赦詔文云：'自開皇七年十二月一日已前，犯罪之徒，宜依前件。'"（岑仲勉：《隋書求是》，第9頁）

隋書　卷二

帝紀第二

高祖下

八年春正月乙亥，陳遣散騎常侍袁雅、兼通直散騎常侍周止水來聘。[1]

［1］陳：即南朝陳（557—589），都於建康城（今江蘇南京市）。　散騎常侍：官名。南朝陳集書省長官。掌侍從皇帝左右，獻納得失；省諸奏聞文書，意異者，隨事爲駁；常侍高功者一人爲祭酒，掌糾劾禁令。第三品。　袁雅：人名。南朝陳時人，出使事亦見本書卷七五《元善傳》。　通直散騎常侍：官名。晋泰始十年（274）武帝使員外散騎常侍二人與散騎常侍通員當值，故名。爲皇帝親近顧問，清要顯職。南朝屬集書省，多用衰老人士，其官漸低，常爲加官。南朝陳爲四品。　周止水：人名。南朝陳時人，具體事迹不詳。

二月庚子，鎮星入東井。[1]辛酉，陳人寇硤州。[2]

[1]鎮星入東井：鎮星即土星。中國古代以爲土星每二十八年運行一周天，好像每年坐鎮二十八宿中的一宿，故名。東井即井宿，二十八宿之一。因在玉井之東，故稱。據本書《天文志下》載，此天象"利以稱兵"，是大舉伐陳並克之的徵兆。

[2]硤州：一作"峽州"。治所在今湖北宜昌市西北。

三月辛未，上柱國、隴西郡公李詢卒。[1]壬申，以成州刺史姜須達爲會州總管。[2]甲戌，遣兼散騎常侍程尚賢、兼通直散騎常侍韋惲使于陳。[3]戊寅，詔曰：[4]

[1]上柱國：官名。隋文帝因改後周之制形成十一等散實官，以酬勤勞。上柱國是第一等，開府置府佐。從一品。　郡公：爵名。隋九等爵的第四等，從一品。　李詢：人名。本書卷三七、《北史》卷五九有附傳。

[2]成州：治所在今甘肅西和縣西南。　姜須達：人名。隋任成州刺史，其他事迹不詳。　會州：治所在今四川茂縣西北。　總管：官名。北周置諸州總管，隋承繼，又有增置。總管全稱是總管刺史加使持節。總管的統轄範圍，可達數州至十餘州，成一軍政管轄區。隋文帝在并、益、荆、揚四州置大總管，其餘州置總管。總管分上、中、下三等，品秩爲流内視從二品、正三品、從三品。

[3]程尚賢：人名。隋時人，其他事迹不詳。　韋惲：人名。隋時人，其他事迹不詳。

[4]詔：初意爲上告於下的文書。秦始皇統一天下，始定天子稱皇帝，其令爲詔。此後，即作爲皇帝專用於命令的文書之一。後世皆因之。亦稱詔書、詔旨、詔命等。

昔有苗不賓，[1]唐堯薄伐，[2]孫皓僭虐，[3]晉武行誅。[4]有陳竊據江表，[5]逆天暴物。朕初受命，陳頊尚存，[6]思欲教之以道，不以龔行爲令，[7]往來修睦，望其遷善。時日無幾，釁惡已聞。厚納叛亡，侵犯城戍，勾吴、閩越，[8]肆厥殘忍。于時王師大舉，將一車書，陳頊反地收兵，深懷震懼，責躬請約，俄而致殞。矜其喪禍，仍詔班師。

[1]有苗：古部族名。亦稱三苗。堯、舜、禹時代中國南方較强大的部族，傳説舜時被遷到三危（古代西部邊疆山名）。

[2]唐堯：傳説中的古帝陶唐氏之號。詳見《史記》卷一《五帝本紀》。

[3]孫皓：人名。三國吴末代皇帝。傳見《三國志》卷四八。

[4]晋武：西晋武帝司馬炎的帝號。紀見《晋書》卷三。

[5]江表：江外。指長江以南的地區。

[6]陳頊：人名。即南朝陳宣帝。紀見《陳書》卷五、《南史》卷一〇。

[7]龔行：奉行，恭敬。

[8]勾吴：原意爲西周至春秋的勾吴國。此泛指今江蘇一帶。閩越：地區名。泛指今福建一帶。古爲閩越族所居。

叔寶承風，[1]因求繼好，載佇克念，共敦行李。每見珪璪入朝，[2]輶軒出使，[3]何嘗不殷勤曉喻，戒以惟新。而狼子之心，出而彌野。威侮五行，怠棄三正，[4]誅翦骨肉，夷滅才良。據手掌之地，恣溪壑之險，劫奪閭閻，資産俱竭，驅蹙内外，勞役弗已。徵責女子，擅造宫室，日增月益，止足無期，帷薄嬪嬙，有逾萬數。寶衣玉食，窮奢極侈，淫聲樂飲，俾晝作夜。斬直言之客，滅無罪之家，剖人之肝，分人之血。欺天造惡，祭鬼求恩，歌儛衢路，酣醉宫閫。盛粉黛而執干戈，曳羅綺而呼警蹕，躍馬振策，從旦至昏，無所經營，馳走不息。負甲持仗，隨逐徒行，追而不及，即加罪譴。自古昏亂，罕或能比。介士武夫，飢寒力役，筋髓罄於土木，性命俟於溝渠。君子潛逃，小人得志，家家隱殺戮，各各任聚斂。天灾地孽，物怪人妖，衣冠鉗口，道路以目。傾心翹足，誓告於我，日月以冀，文奏相尋。重以背德違言，摇蕩疆埸，巴峽之下，[5]海澨已西，[6]江北、江南，[7]爲鬼爲蜮。死隴窮發掘之酷，生居極攘奪之苦。抄掠人畜，斷截樵蘇，市井不立，農事廢寢。歷陽、廣陵，[8]窺覦相繼，或謀圖城邑，或劫剥吏人，晝伏夜游，鼠竄狗盗。彼則羸兵敝卒，來必就擒，此則重門設險，有勞藩捍。天之所覆，無非朕臣，每關聽覽，有懷傷惻。有梁之國，[9]我南藩也，其君入朝，潛相招誘，不顧朕恩。士女深迫脅之悲，城府致空虚之歎。非直朕居人上，懷此無忘，既而百辟屢以爲言，兆庶不堪其請，豈容對而不誅，忍而不救！

[1]叔寶：人名。即南朝陳後主陳叔寶。紀見《陳書》卷六、《南史》卷一〇。

[2]珪璪（zǎo）：珪，瑞玉。常作祭祀、朝聘之用。璪，古代王冠前下垂的裝飾，用彩色絲綫串玉而成，狀如水藻。

[3]輶（yóu）軒：古代使臣乘坐的一種輕車。

[4]威侮五行，怠棄三正：語出《尚書·甘誓》："有扈氏威侮五行，怠棄三正。"孔穎達疏："五行，水、火、金、木、土也。"中國古代稱構成各種物質的五種元素，古人常以此説明宇宙萬物的

起源和變化。三正，指夏正建寅，殷正建丑，周正建子，合稱三正。一説指天、地、人之正道。

[5]巴峽：即今重慶奉節縣長江瞿塘峽和巫山縣長江巫峽。

[6]海澨（shì）：海濱。

[7]江北、江南：此“江”指長江。

[8]歷陽：郡名。治所在今安徽和縣。　廣陵：郡名。治所在今江蘇揚州市西北蜀崗上。

[9]梁：即後梁（555—587），都江陵（今湖北江陵縣）。

近日秋始，謀欲弔人。益部樓船，[1]盡令東騖，便有神龍數十，騰躍江流，引伐罪之師，向金陵之路，[2]船住則龍止，船行則龍去，四日之内，三軍皆睹，豈非蒼旻愛人，幽明展事，降神先路，協贊軍威！以上天之靈，助戡定之力，便可出師授律，應機誅殄，在斯舉也，永清吴、越。[3]其將士糧仗，水陸資須，期會進止，一准别敕。[4]

[1]益部：此指益州。治所在今四川成都市。

[2]金陵：戰國楚築金陵城於今江蘇南京市清凉山上，後人用金陵作爲今南京市的别稱。

[3]吴、越：此用春秋戰國時的吴、越之地指當時的陳國領土。

[4]敕：文書名。下行文書之一，始用於漢朝。凡官長告誡僚屬，尊長告諭子孫均稱敕。南北朝以後，則成爲皇帝專用的命令文書之一。

秋八月丁未，河北諸州飢，遣吏部尚書蘇威賑恤之。[1]

[1]吏部尚書：官名。尚書省下轄六部之一吏部的長官。掌全國文職官員銓選、考課等政令。置一員，正三品。　蘇威：人名。傳見本書卷四一，《北史》卷六三有附傳。

九月丁丑，宴南征諸將，頒賜各有差。癸巳，嘉州言龍見。[1]

[1]嘉州：治所在今四川樂山市。

冬十月己亥，太白出西方。[1]己未，置淮南行臺省於壽春，[2]以晋王廣爲尚書令。[3]辛酉，陳遣兼散騎常侍王琬、兼通直散騎常侍許善心來聘，[4]拘留不遣。甲子，將伐陳，有事於太廟。[5]命晋王廣、秦王俊、清河公楊素並爲行軍元帥，[6]以伐陳。於是晋王廣出六合，[7]秦王俊出襄陽，[8]清河公楊素出信州，[9]荆州刺史劉仁恩出江陵，[10]宜陽公王世積出蘄春，[11]新義公韓擒虎出廬江，[12]襄邑公賀若弼出吴州，[13]落叢公燕榮出東海，[14]合總管九十，兵五十一萬八千，皆受晋王節度。東接滄海，[15]西拒巴、蜀，[16]旌旗舟楫，横亘數千里。曲赦陳國。[17]有星孛于牽牛。[18]

[1]太白出西方：太白即金星，又名啓明、長庚。按，本書《天文志中》記載此天象云："其出西方，失行，夷狄敗。"

[2]淮南：地區名。泛指淮河以南。　行臺省：官署名。全稱行臺尚書省，簡稱行省或行臺。始於魏晋。臺指臺閣，在地方代表朝廷行尚書省職權。本掌軍務，北齊以來兼掌民政。隋文帝初於諸道設置行臺尚書省，掌所轄區的地方軍政。　壽春：縣名。治所在

今安徽壽縣東南。

［3］廣：人名。即楊廣。紀見本書卷三、四，《北史》卷一二。　尚書令：官名。此指行臺尚書令。爲行臺尚書省長官，掌行臺所轄區的地方軍政。流内視正二品。

［4］王琬：人名。南朝陳人，其他事迹不詳。　許善心：人名。傳見本書卷五八、《北史》卷八三。

［5］太廟：帝王的祖廟。

［6］俊：人名。即楊俊。傳見本書卷四五、《北史》卷七一。　清河公：爵名。全稱清河郡公。爲隋九等爵的第四等。從一品。　楊素：人名。傳見本書卷四八，《北史》卷四一有附傳。　行軍元帥：出征軍的統帥名。根據需要臨時任命，事罷則廢。

［7］六合：郡名。治所在今江蘇南京市六合區。

［8］襄陽：郡名。治所在今湖北襄樊市。

［9］信州：治所在今重慶奉節縣東白帝城。按，《北史》卷一一《隋文帝紀》同。《通鑑》卷一七六《陳紀》禎明二年云“永安”。永安爲郡名，亦是縣名。治所和信州同。故三書所指地點不悖。

［10］荆州：治所在今湖北江陵縣。　劉仁恩：人名。本書卷四六、《北史》卷七五有附傳。又見《劉仁恩墓誌》（參見胡戟、榮新江《大唐西市博物館藏墓誌》一七，北京大學出版社 2012 年版，第 36 頁）。　江陵：縣名。治所在今湖北江陵縣。

［11］宜陽公：爵名。全稱宜陽郡公。　王世積：人名。傳見本書卷四〇，《北史》卷六八有附傳。　蘄春：郡名。治所在今湖北蘄春縣西南。

［12］新義公：爵名。全稱新義郡公。　韓擒虎：人名。傳見本書卷五二，《北史》卷六八有附傳。　廬江：據《通鑑》卷一七六《陳紀》禎明二年十月條胡三省注：“廬州治廬江。”廬州乃隋開皇初改合州置，治所在今安徽合肥市。故知廬江是縣名，即治此地。

［13］襄邑公：爵名。全稱襄邑郡公。　賀若弼：人名。傳見本

書卷五二，《北史》卷六八有附傳。　吴州：治所在今江蘇揚州市西北。

［14］落叢公：爵名。全稱落叢郡公。　燕榮：人名。傳見本書卷七四、《北史》卷八七。　東海：郡名。治所在今江蘇鎮江市。

［15］滄海：中國古代對東海的别稱。

［16］巴、蜀：泛指今四川地區。

［17］曲赦：猶特赦。不普赦天下，而獨赦某一特定對象，故曰曲赦。

［18］有星孛于牽牛：據本書《天文志下》載，此事發生在十月甲子，故此處脱“甲子”日。牽牛，星宿名。又據《天文志》載，這是陳國滅亡的徵兆。

十一月丁卯，車駕餞師。詔購陳叔寶位上柱國、萬户公。[1]乙亥，行幸定城，[2]陳師誓衆。丙子，幸河東。[3]

［1］萬户公：即食邑萬户的公爵。

［2］定城：城名。在今陝西華陰市東，去潼關三十里，夾道各一城。

［3］河東：地區名。因在黄河以東而得名。戰國、秦、漢指今山西省西南部，唐以後泛指今山西全省。

十二月庚子，至自河東。

九年春正月己巳，白虹夾日。[1]辛未，賀若弼拔陳京口，韓擒虎拔陳南豫州。[2]癸酉，以尚書右僕射虞慶則爲右衛大將軍。[3]丙子，賀若弼敗陳師於蔣山，獲其將蕭摩訶。[4]韓擒虎進師入建鄴，[5]獲其將任蠻奴，[6]獲陳主叔寶。陳國平，合州三十，[7]郡一百，縣四百。癸巳，遣使持節巡撫之。[8]

［1］白虹夾日：本書《天文志下》載此天象是“陳有背主”“人主無德者亡”的徵兆。預示陳朝滅亡。白虹，日月周圍的白色暈圈。

［2］辛未，賀若弼拔陳京口，韓擒虎拔陳南豫州：據《陳書》卷六《後主紀》、《通鑑》卷一七七《隋紀》開皇九年、《南史》卷一〇《陳後主紀》載，賀若弼拔陳京口在庚午，辛未是韓擒虎拔陳南豫州日。本書此處把兩事均記在辛未，欠準確。京口，即京口城，在今江蘇鎮江市。南豫州，治所在今安徽當塗縣。

［3］尚書右僕射：官名。隋尚書省置左、右僕射各一人，地位僅次於尚書令。由於隋代尚書令不常置，僕射便成爲尚書省實際長官，是宰相之職。從二品。　虞慶則：人名。傳見本書卷四〇、《北史》卷七三。　右衛大將軍：官名。隋文帝設左、右衛，各置大將軍一人，掌宮掖禁禦，督攝仗衛。右衛大將軍爲右衛長官。正三品。

［4］丙子，賀若弼敗陳師於蔣山，獲其將蕭摩訶：本書此處記丙子（十二日），賀若弼敗陳師於蔣山，獲其將蕭摩訶，《北史》卷一一《隋文帝紀》同。但《陳書》卷六《後主紀》、《通鑑》卷一七七《隋紀》開皇九年均記爲甲申（二十日）。另，《南史·陳後主紀》載辛巳（十七日）賀若弼進軍鍾山（即蔣山），也在丙子後五日。蔣山，即今江蘇南京市中山門外鍾山。蕭摩訶，人名。南朝陳大將，輔佐陳後主登基有功，加爲侍中、驃騎大將軍、綏建郡公。後降隋。傳見《陳書》卷三一、《南史》卷六七。

［5］建鄴：縣名。治所在今江蘇南京市。

［6］任蠻奴：人名。南朝陳時任吴興内史。傳見《陳書》卷三一。按，中華本校勘記指出，任蠻奴即任忠。隋人諱“忠”，改稱

他的小字。

[7]州三十：《通鑑》卷一七七《隋紀》開皇九年條記載同。中華本校勘記云："州三十，應作'州四十'。《殿本考證》'《北史》作"州四十"。以《地理志》證之，《北史》是也。志言陳氏荆、揚之域，州四十二，郡一百九，縣四百三十八。紀言州四十，郡一百，縣四百，皆舉其大數耳。'"

[8]使：使職。即臨時差遣處理某項事務者，事後即罷。　節：符節。古代使臣所持以作憑證，多以羽、旄牛尾編製。

二月乙未，廢淮南行臺省。丙申，制五百家爲鄉，[1]正一人；[2]百家爲里，[3]長一人。[4]丁酉，以襄州總管韋世康爲安州總管。[5]

[1]制：本意爲制度、法式、命令。秦始皇統一六國後定爲皇帝命令文告的一種，又稱制書。後世因之。　鄉：基層行政區劃名。後指縣以下的基層行政單位。

[2]正：此指鄉正。鄉官名。隋初采蘇威建議設立，以理一鄉詞訟糾紛。開皇十年（590）罷。

[3]里：基層行政區劃名，爲鄉以下的基層行政單位。

[4]長：此指里長。鄉官名。理一里之事。

[5]襄州：治所在今湖北襄樊市襄陽區。　韋世康：人名。傳見本書卷四七，《北史》卷六四有附傳。　安州：治所在今廣西欽州市東北欽江西北岸。按，岑仲勉指出，本紀此文中襄州總管，"據四七本傳，襄州乃其前罷之官"，"非由襄州遝轉安州，本紀蓋追書其前官也"（岑仲勉：《隋書求是》，中華書局2004年版，第9、304頁）。

夏四月己亥，幸驪山，[1]親勞旋師。乙巳，三軍凱入，獻俘於太廟。拜晋王廣爲太尉。[2]庚戌，上御廣陽門，[3]宴將士，頒賜各有差。辛亥，大赦天下。[4]己未，以陳都官尚書孔範，[5]散騎常侍王瑳、王儀，[6]御史中丞沈觀等，[7]邪佞於其主，以致亡滅，皆投之邊裔。辛酉，以信州總管楊素爲荆州總管，吏部侍郎宇文弼爲刑部尚書，[8]宗正少卿楊异爲工部尚書。[9]壬戌，詔曰：[10]

[1]驪山：在今陝西西安市臨潼區西南。

[2]太尉：官名。隋三公之一。隋初參議國家大事，置府僚，但不久就省除府及僚佐，成了榮譽性質的頭銜。正一品。

[3]廣陽門：大興宫城正南門。按，《通鑑》卷一七七《隋紀》開皇九年、《北史》卷一一《隋文帝紀》也爲廣陽門，但本書《食貨志》記"朱雀門"（大興皇城正南門）。

[4]大赦天下：岑仲勉指出《文館詞林》卷六六九載有大赦詔文。

[5]都官尚書：官名。南朝宋始置都官尚書，領有都官曹。職掌軍事、刑獄。斷理京師及畿外違法事，齊、梁、陳因之。　孔範：人名。南朝陳大臣，入隋爲隋文帝流之遠裔。傳見《南史》卷七七。

[6]王瑳：人名。南朝陳大臣，入隋爲隋文帝流之遠裔，事見《南史》卷七七。　王儀：人名。南朝陳大臣，入隋爲隋文帝流之遠裔。事見《南史·孔範傳》。

[7]御史中丞：官名。東漢時有御史中丞，爲御史臺主。蜀、吴、晋和南北朝沿置。東漢至南北朝，中丞威權日重，或專道或專席，糾察皇太子以下百官。南朝陳爲三品。　沈觀：人名。南朝陳大臣，入隋爲隋文帝流之遠裔。事見《南史·孔範傳》。

[8]吏部侍郎：官名。隋文帝時於吏部四曹之一吏部曹置吏部侍郎一員，爲該曹長官。正六品。煬帝大業三年（607）諸曹侍郎

並改稱“郎”，又始置侍郎，爲尚書省下轄六部之副長官。正四品。此後，吏部侍郎纔成爲吏部副長官，協助長官吏部尚書掌全國文職官員銓選等政令。　宇文弼（bì）：人名。傳見本書卷五六、《北史》卷七五。　刑部尚書：官名。隋初沿置都官尚書，開皇三年改爲刑部尚書，是尚書省下轄六部之一刑部的長官。職掌刑法、徒隸、勾覆及關禁之政，總判刑部、都官、比部、司門四司之事。置一員，正三品。

［9］宗正少卿：官名。亦稱宗正寺少卿。爲宗正寺次官，協助長官宗正卿掌管皇室宗族屬籍，並通判本寺事。隋初正四品，煬帝降爲從四品。　楊异：人名。傳見本書卷四六，《北史》卷四一有附傳。其有墓誌出土（見王其禕、周曉薇《隋代墓誌銘彙考》二〇三《楊异暨妻穆氏誌》，綫裝書局2007年版）。　工部尚書：官名。尚書省下轄六部之一工部的長官。掌全國百工、屯田、山澤之政令，統工部、屯田、虞部、水部四曹。隋文帝開皇二年始置。正三品。

［10］詔曰：岑仲勉云，《文館詞林》六六四載文帝安邊詔，觀其文義，亦平陳後不久所下，可補史之闕文（岑仲勉：《隋書求是》，第9頁）。

往以吴、越之野，群黎塗炭，干戈方用，積習未寧。今率土大同，含生遂性，太平之法，方可流行。凡我臣僚，澡身浴德，開通耳目，宜從兹始。喪亂已來，緬將十載，君無君德，臣失臣道，父有不慈，子有不孝，兄弟之情或薄，夫婦之義或違，長幼失序，尊卑錯亂。朕爲帝王，志存愛養，時有臻道，不敢寧息。内外職位，遐邇黎人，家家自修，人人克念，使不軌不法，蕩然俱盡。兵可立威，不可不戢，刑可助化，不可專行。禁衛九重之餘，鎮守四方之外，戎旅軍器，皆宜停罷。伐路既夷，[1]群方無事，武力之子，俱可學文，人間甲仗，悉皆除毀。有功之臣，降情文藝，家門子姪，各守一經，[2]令海內翕然，高山仰止。京邑庠序，[3]爰及州縣，生徒受業，升進於朝，未有灼然明經高第。[4]此則教訓不篤，考課未精，明勸所由，隆兹儒訓。官府從宦，丘園素士，心迹相表，寬弘爲念，勿爲跼促，乖我皇猷。

[1]伐路既夷：底本、汲古閣本、殿本、庫本皆作“伐路既夷”。但宋刻遞修本、中華本作“代路既夷”，《通鑑》卷一七七《隋紀》開皇九年四月條作“世路既夷”。考世路猶世道，指社會狀況。伐路、代路無解。疑唐人諱李世民之“世”字而改“代”，又因字形相近而訛成“伐”。總之，《通鑑》“世路既夷”確。另，夷爲太平、平静意。

[2]經：此指儒家的經典。

[3]庠（xiáng）序：古代的地方學校。後亦泛稱學校。

[4]明經：古代選舉科目之一。明經，即通曉經學。漢代始以明經取士。魏晋以來，行九品中正之法，明經含義則指德行高遠，明於經國之道。隋爲選士科舉科目之一。

朕君臨區宇，於兹九載，開直言之路，披不諱之心，形於顔色，勞於興寢。自頃逞藝論功，昌言乃衆，推誠切諫，其事甚疏。公卿士庶，非所望也，各啓至誠，匡兹不逮。見善必進，有才必舉，無或噤默，退有後言。頒告天下，咸悉此意。

閏月甲子，以安州總管韋世康爲信州總管。丁丑，頒木魚符於總管、刺史，[1]雌一雄一。[2]己卯，以吏部尚書蘇威爲尚書右僕射。

［1］木魚符：即木質魚形符節。符，古代國君傳達命令和徵調兵將的憑證，用金、玉、銅、竹、木製成。上刻文字，分左右兩半，右半在朝廷，左半在外官或兵將之手。國君有事，使節持半符至，外官或兵將合符以驗真假。

［2］雌一雄一：《太平御覽》卷五九八《符》，《册府元龜》卷六〇《帝王部·立制度》，《通志》卷一八《文帝》、卷五六《職官略·郡太守》皆爲“雌一雄一”。然《北史》卷一一《文帝》、中華本《通典》卷三三《職官十五·郡太守》均爲“雌一雄三”。中華本《通典》校勘記云：“‘三’原訛作‘二’，據《北史·隋本紀上》，北宋本（《通典》）改。按：《隋書·高祖紀下》作‘一’，恐非。”

六月乙丑，以荆州總管楊素爲納言。[1]丁丑，[2]以吏部侍郎盧愷爲禮部尚書。[3]

［1］納言：官名。門下省長官，職掌封駁制敕，並參與軍國大政決策等，居宰相之職。置二員，正三品。

［2］丁丑：《北史》卷一一《隋文帝紀》爲“丁卯”。

［3］盧愷：人名。傳見本書卷五六，《北史》卷三〇有附傳。禮部尚書：官名。尚書省下轄六部之一禮部的長官。掌禮儀、祭祀、宴享等政令，總判禮部、祠部、主客、膳部四曹。置一員，正三品。

時朝野物議，咸願登封。[1]秋七月丙午，詔曰：“豈可命一將軍，除一小國，遐邇注意，便謂太平。以薄德而封名山，用虛言而干上帝，非朕攸聞。而今以後，言及封禪，宜即禁絶。”

[1]登封：登山封禪。指古帝王登泰山祭天祭地。

八月壬戌，以廣平王雄爲司空。[1]

[1]廣平王：爵名。全稱爲廣平郡王。郡王是隋九等爵的第二等。從一品。　雄：人名。即楊雄。本名惠，隋文帝楊堅之侄。傳見本書卷四三，《北史》卷六八有附傳。　司空：官名。隋三公之一。隋初參議國家大事，置府僚，但不久就省除府及僚佐，成了榮譽性質的頭銜。正一品。

冬十一月壬辰，考使定州刺史豆盧通等上表，[1]請封禪，上不許。庚子，以右衛大將軍虞慶則爲右武候大將軍，[2]右領軍將軍李安爲右領軍大將軍。[3]甲寅，降囚徒。

[1]考使：當是考課官吏的使職。考，是依據一定標準對文武百官功過、善惡的考察。使爲使職，即臨時差遣處理某項事務者爲使，事後即罷。　定州：治所在今河北定州市。　豆盧通：人名。本書卷三九、《北史》卷六八有附傳。

[2]右武候大將軍：官名。隋初置左右武候府，掌皇帝出宫巡狩時的先驅後殿、晝夜警備等軍務。右武候大將軍，是右武候府的長官。置一員，正三品。

[3]右領軍將軍李安爲右領軍大將軍：右領軍大將軍爲右領軍

府長官，右領軍將軍爲其屬下。前者爲正三品，後者爲從三品。按，本書《百官志下》、《通典》卷二八《職官十·左右領軍衛》載隋文帝朝，“左右領軍府，各掌十二軍籍帳、差科、辭訟之事。不置將軍。唯有長史、司馬”等。然據本書卷一、《通鑑》卷一七六《陳紀》至德三年三月條，可推知最遲開皇三年三月戊午左右領軍府已各置領軍大將軍。　李安：人名。傳見本書卷五〇、《北史》卷七五。

十二月甲子，詔曰：“朕祗承天命，清蕩萬方。百王衰敝之後，兆庶澆浮之日，聖人遺訓，掃地俱盡，制禮作樂，今也其時。朕情存古樂，深思雅道。鄭、衛淫聲，[1]魚龍雜戲，[2]樂府之内，[3]盡以除之。今欲更調律吕，[4]改張琴瑟。[5]且妙術精微，非因教習，工人代掌，止傳糟粕，不足達神明之德，論天地之和。區域之間，奇才異議，天知神授，何代無哉！蓋晦迹於非時，俟昌言於所好，宜可搜訪，速以奏聞，庶睹一藝之能，共就九成之業。”仍詔太常牛弘、通直散騎常侍許善心、秘書丞姚察、通直郎虞世基等議定作樂。[6]己巳，以黄州總管周法尚爲永州總管。[7]

[1]鄭、衛淫聲：指春秋戰國時的鄭國與衛國的詩歌、音樂。古人認爲鄭、衛之俗輕靡淫逸，因稱鄭、衛兩國的詩歌、音樂爲鄭、衛淫聲。

[2]魚龍雜戲：亦作“魚龍百戲”，或省作“魚龍戲”。古代百戲雜耍節目。

[3]樂府：初指古代主管音樂的樂府官署所采製的詩歌，後將魏晋至唐可以入樂的詩歌，以及仿樂府古題的作品統稱樂府。

[4]律吕：古代校正樂律的器具。用竹管或金屬管製成，共十二管，管徑相等，以管的長短來確定音的不同高度。從低音管算起，成奇數的六个管叫做律，成偶數的六个管叫做吕，合稱律吕。後亦用以指樂律或音律。

[5]琴瑟：指琴瑟之聲，古人以之爲雅樂正聲。

[6]太常牛弘：《北史》卷一一《隋文帝紀》爲“太常卿牛弘”。又據本書卷四九《牛弘傳》，知太常牛弘乃太常卿牛弘之脱文。太常卿，官名。爲太常寺長官。掌宗廟郊社禮樂等，總判所屬各署事。正三品。牛弘，人名。傳見本書卷四九、《北史》卷七二。　秘書丞：官名。爲職掌國家圖書館兼檔案館之秘書省屬官，掌秘書省日常事務。正五品。　姚察：人名。南朝陳時官至吏部尚書，入隋歷官秘書丞、太子内舍人，博學多聞，於當時禮樂制度多有議定。傳見《陳書》卷二七、《南史》卷六九。　通直郎：《北史·隋文帝紀》、《通鑑》卷一七七《隋紀》開皇九年十二月條同。但《通鑑》該條胡三省指出：“按煬帝始置通直郎，從六品，屬謁者臺。《虞世基傳》云，以通直郎直内史省，其通直散騎侍郎歟?”煬帝所置謁者臺屬官通直郎，職掌出使。通直散騎侍郎，隋初屬門下省，掌部從朝直。從五品。煬帝大業三年罷。　虞世基：人名。傳見本書卷六七、《北史》卷八三。

[7]黄州：治所在今湖北武漢市新洲區。　周法尚：人名。傳見本書卷六五、《北史》卷七六。　永州：治所在今湖南永州市。按，岑仲勉指出：“據六五本傳，法尚係自黄州先轉鄂州刺史，乃改永州。”（岑仲勉：《隋書求是》，第10頁）

十年春正月乙未，以皇孫昭爲河南王，[1]楷爲華陽王。[2]

[1]昭：人名。即隋煬帝長子楊昭。傳見本書卷五九、《北史》

卷七一。河南王：全稱爲河南郡王。

[2]楷：人名。即楊楷。華陽王：全稱爲華陽郡王。

二月庚申，幸并州。[1]

[1]并州：治所在今山西太原市西南古城營。

夏四月辛酉，至自并州。

五月乙未，詔曰："魏末喪亂，[1]宇縣瓜分，役車歲動，[2]未遑休息。兵士軍人，權置坊府，[3]南征北伐，居處無定。家無完堵，地罕包桑，[4]恒爲流寓之人，竟無鄉里之號。朕甚愍之。凡是軍人，可悉屬州縣，墾田籍帳，[5]一與民同。[6]軍府統領，[7]宜依舊式。[8]罷山東河南及北方緣邊之地新置軍府。"[9]

[1]魏：即後魏，又稱北魏（386—557）。初都平城（今山西大同市東北），公元494年遷都洛陽（今河南洛陽市東北白馬寺東）。公元534年分裂爲東魏和西魏兩個政權。東魏（534—550）都於鄴（今河北臨漳縣西南鄴鎮東），西魏（535—557）都於長安（今陝西西安市西北郊）。

[2]役車：供役之車。

[3]坊府：兵制。北魏末年，六軍宿衛禁旅分爲六坊，稱"六坊"。北齊因之，亦稱"六府"，或合稱"坊府"。

[4]包桑：叢生的桑根，指久居民户。《通鑑》卷一七七《隋紀》開皇十年五月條胡三省注："包桑多根，植桑至於根多，民安其居之驗。"

[5]籍帳：登記户口、田地、賦税等的簿册。

[6]一與民同：《北史》卷一一《隋文帝紀》載爲“一同編户”。

[7]軍府：地方長官帶將軍號統兵、開府置屬官之謂。魏晋以來，由於戰事頻繁，各地設有軍府，總理軍務。初，軍府與州郡並立，實行軍、民分治。東晋、南北朝時，軍府逐漸取代州郡成爲地方政權。此軍府，具體指隋之驃騎府。西魏、北周實行府兵制，全國置二十四軍，各置開府府。隋初改爲驃騎府，爲府兵一級統領機構，分設各地，統領府兵。

[8]式：古代法律形式之一。東漢創制朝議，廣陳刑政，朝廷多遵用之，以爲故事。但這是一種成例，屬習慣法。魏晋時將前代事例編纂成文，作爲百官有司行事準則，具有行政法規性質。南朝稱“簿狀”，北朝稱爲“式”。

[9]山東：地區名。戰國、秦、漢時代，通稱華山或崤山以東爲山東。　河南：地區名。指黄河以南。

六月辛酉，制人年五十，免役收庸。[1]癸亥，以靈州總管王世積爲荆州總管，[2]浙州刺史元胄爲靈州總管。[3]

[1]役：力役，役作之事。　庸：用實物折力役之法。隋、唐時賦役法規定，成丁者每年服役二十日，若不服役則每日須納絹數尺，謂之“庸”。

[2]靈州：治所在今寧夏靈武市西南。按，岑仲勉指出，“據四○本傳，‘靈’似‘蘄’之訛”（岑仲勉：《隋書求是》，第10、313頁）。蘄州，治所在今湖北蘄春縣北。

[3]元胄：人名。傳見本書卷四○、《北史》卷七三。

秋七月癸卯，以納言楊素爲内史令。[1]庚戌，上親録囚徒。辛亥，高麗遼東郡公高陽卒。[2]壬子，吐谷渾遣使來朝。[3]

[1]内史令：官名。内史省長官，掌皇帝詔令出納宣行，居宰相之職。正三品。

[2]高麗：古國名。此時亦稱高句麗。故地在今朝鮮半島北部。傳見本書卷八一、《北史》卷九四、《舊唐書》卷一九九、《新唐書》卷二二〇。　高陽：人名。按，諸本和《北史》卷一一《隋文帝紀》皆同。但《北史》卷一一中華本校勘記指出："按本書卷九四、《隋書》卷八一、《周書》卷四九《高麗傳》都作'高湯'，作'陽'疑誤。"

[3]吐谷（yù）渾：古族名。本遼東鮮卑之種，姓慕容氏。其先居於徒河之青山（今遼寧義縣境内），西晋時其一部長吐谷渾率部衆西遷，附陰山而居。永嘉末又西行，建國於群羌之故城（今青海北部和新疆東南部）。逐水草而居，風俗頗同突厥。傳見本書卷八三、《北史》卷九六、《舊唐書》卷一九八、《新唐書》卷二二一。

八月壬申，遣柱國、襄陽郡公韋洸，[1]上開府、東萊郡公王景，[2]並持節巡撫嶺南，[3]百越皆服。[4]

[1]柱國：官名。隋文帝因改後周之制形成十一等散實官，以酬勤勞。柱國是第二等，開府置府佐。正二品。　韋洸：人名。本書卷四七、《北史》卷六四有附傳。

[2]上開府：官名。全稱爲上開府儀同三司。位散實官第五等。從三品。　王景：人名。按，岑仲勉考證：此上開府、東萊郡公王景和同書開皇十八年十二月條所載任城郡公王景，二者應爲兩人（岑仲勉：《隋書求是》，第210頁）。

[3]嶺南：地區名。一作嶺外、嶺表。泛指五嶺以南地區，相當於今廣東、廣西兩省及越南北部一帶。

[4]百越：中國古代南方越人的總稱。分布在今浙、閩、粵、桂等地，因部落衆多，故總稱百越。按，岑仲勉於此月補李德林所撰的"爲太祖武元皇帝行幸四處立寺建碑詔"（岑仲勉：《隋書求是》，第10—11頁）。

冬十月甲子，頒木魚符於京師官五品已上。戊辰，以永州總管周法尚爲桂州總管。[1]

[1]永州：岑仲勉指出："此爲零陵之永州（治所在今湖南永州市），非九年廢入純州之永州（治所在今河南信陽市北長臺關西）。"（岑仲勉：《隋書求是》，第11、146頁）　桂州：治所在今廣西桂林市。按，岑仲勉於此月補李德林所撰的"解免石孝義、常明、馬仲任等官爵敕"（岑仲勉：《隋書求是》，第11頁）。

十一月辛卯，幸國學，[1]頒賜各有差。丙午，契丹遣使朝貢。[2]辛丑，[3]有事於南郊。[4]是月，婺州人汪文進、會稽人高智慧、蘇州人沈玄懀皆舉兵反，[5]自稱天子，署置百官。樂安蔡道人、蔣山李稜、饒州吴代華、永嘉沈孝澈、泉州王國慶、餘杭楊寶英、交趾李春等皆自稱大都督，[6]攻陷州縣。詔上柱國、内史令、越國公楊素討平之。[7]

[1]國學：泛指京師官學。隋有國子學、太學、四門學等。

[2]契丹：古部族名。語意爲鑌鐵或刀劍之意。其族源出於東胡，爲鮮卑之一支。北朝時游牧於西拉木倫河、老哈河一帶。北朝

末年逐漸强盛，分爲十部。傳見本書卷八四、《北史》卷九四。　朝貢：古時謂藩屬國或外國使臣入朝，貢獻本地産物。

［3］辛丑：中華本校勘記云："此月乙酉朔，辛丑（十七日）應在丙午（二十二日）前。紀文當有訛誤或顛倒。"

［4］有事於南郊：《通鑑》卷一七七《隋紀》開皇十年十一月條胡三省注："隋南郊爲壇於國之南，太陽門外道西一里，去宫十里。壇高七尺，廣四丈。孟春上辛，祠所感帝赤熛怒於其上，以太祖武元皇帝配。"

［5］婺州：治所在今浙江金華市。　汪文進：人名。隋時婺州人，開皇十年聚衆叛亂，占據東陽，自稱天子，署置百官，楊素率軍討平之。事見本書卷四八《楊素傳》、卷六四《來護兒傳》。　會稽：縣名。治所在今浙江紹興市。　高智慧：人名。越州會稽人，開皇十年十一月舉兵反，後被鎮壓遭誅。事略見本書卷三《煬帝紀上》、卷六四《劉昉傳》、《通鑑》卷一七七《隋紀》開皇十年十一月條。　蘇州：治所在今江蘇蘇州市。　沈玄懀（wèi）：人名。隋時蘇州吴縣人，開皇十年聚衆叛亂，以兵圍攻蘇州，楊素率軍擊破之。事見本書《楊素傳》、卷六四《魚俱羅傳》。

［6］樂安：據《通鑑》卷一七七《隋紀》開皇十年十一月條胡三省注：此樂安"蓋台州之樂安"。若此，樂安乃縣名，治所在今浙江仙居縣。　蔡道人：人名。隋時臨海縣人，開皇十年聚衆叛亂，後歸附汪文進，楊素率軍討平之。事亦見《北史》卷一一《隋文帝紀》及卷四一《楊素傳》。　蔣山：即今江蘇南京市中山門外鍾山。　李稜：人名。隋時江南蔣山人，開皇十年聚衆叛亂，楊素率軍討平之。事亦見本書卷六四《麥鐵杖傳》及《北史》卷四一《楊素傳》、卷七八《麥鐵杖傳》。按，宋刻遞修本、汲古閣本、殿本、庫本、中華本同底本。《通鑑》作"李棱"。　饒州：治所在今江西鄱陽縣。　吴代華：人名。隋時人，其他事迹不詳。按，諸本皆同。《北史》卷一一《隋文帝紀》、《通鑑》卷一七七《隋紀》開皇十年十一月條均爲"吴世華"。似唐人諱李世民之

“世”字而改爲“代”。　永嘉：縣名。治所在今浙江温州市。　沈孝澈：人名。隋時人，其他事迹不詳。按，“澈”，中華本同底本。但宋刻遞修本、汲古閣本、殿本、庫本皆爲“徹”；《北史·隋文帝紀》、《通鑑》卷一七七《隋紀》開皇十年十一月條也均如此。　泉州：治所在今福建福州市。　王國慶：人名。隋泉州人，南安豪族。事見本書《楊素傳》。　餘杭：據《通鑑》卷一七七《隋紀》開皇十年十一月條胡三省注：“餘杭郡，平陳置杭州。”杭州治所初在今浙江杭州市餘杭區西南餘杭鎮，後移至今杭州市。　楊寶英：人名。隋餘杭人，其他事迹不詳。　交趾：據《通鑑》卷一七七《隋紀》開皇十年十一月條胡三省注：“交趾郡，舊曰交州。”東漢治所在今越南河北省仙游縣東。隋初廢，大業初復置，治所移至今越南河内市。　李春：人名。隋交阯人，其他事迹不詳。　大都督：此大都督是借前朝官用作反隋各支力量的領袖名，難明其具體職掌。

[7]國公：爵名。隋九等爵的第三等。從一品。

十一年春正月丁酉，以平陳所得古器多爲妖變，[1]悉命毁之。辛丑，高麗遣使朝貢。丙午，皇太子妃元氏薨，[2]上舉哀於文思殿。

[1]妖變：指反常、怪異的現象或事物。

[2]元氏：事見本書卷四五《房陵王勇傳》、卷五〇《元孝矩傳》。

二月戊午，吐谷渾遣使貢方物。以大將軍蘇孝慈爲工部尚書。[1]丙子，以臨潁令劉曠治術尤異，[2]擢爲莒州刺史。[3]己卯，突厥遣使獻七寶碗。[4]辛巳晦，日有蝕之。

［1］大將軍：官名。隋文帝因改北周十一等勳官之制形成十一等散實官，用以酬勤勞，無實際職掌。大將軍爲十一等散實官的第四等，司開府置僚佐。正三品。　蘇孝慈：人名。傳見本書卷四六、《北史》卷七五。有墓誌出土（見王其禕、周曉薇《隋代墓誌銘彙考》二一八《蘇孝慈墓誌》）。按，岑仲勉指出："按孝慈碑云：'十二年，授工部尚書，其年授大將軍。'與紀後先差一年。"（岑仲勉：《隋書求是》，第12頁）

［2］臨潁："潁"，殿本、庫本、中華本均爲"潁"；《北史》卷一一《隋文帝紀》、《通鑑》卷一七七《隋紀》開皇十一年二月條亦爲"潁"。似"潁"爲"潁"形近而訛。臨潁，縣名。治所在今河南臨潁縣西北。　劉曠：人名。事略見《通鑑》卷一七七《隋紀》開皇十一年二月條。

［3］莒州：治所在今山東沂水縣。

［4］突厥：古族名、國名。廣義包括突厥、鐵勒諸部落，狹義專指突厥。公元六世紀時游牧於金山（今阿爾泰山）以南，因金山形似兜鍪，俗稱"突厥"，遂以名部落。西魏廢帝元年（552），土門自號伊利可汗，建立突厥汗國，後分裂爲西突厥、東突厥兩個汗國。傳見本書卷八四、《北史》卷九九、《舊唐書》卷一九四、《新唐書》卷二一五。

三月壬午，遣通事舍人若干治使于吐谷渾。[1]癸未，以幽州總管周搖爲壽州總管，[2]朔州總管吐萬緒爲夏州總管。[3]

［1］通事舍人：官名。隋初置爲内史省屬官，職掌承旨傳宣之事。從六品。煬帝大業三年改名通事謁者，隸謁者臺。從六品。　若干治：人名。隋時人，其他事迹不詳。

[2]幽州：治所在今天津市薊縣。　周摇：人名。傳見本書卷五五、《北史》卷七三。　壽州：治所在今安徽壽縣。

[3]朔州：治所在今山西朔州市。　吐萬緒：人名。傳見本書卷六五、《北史》卷七八。　夏州：治所在今陝西靖邊縣東北白城子。按，岑仲勉云："朔應作徐，夏州字亦有疑問。"（岑仲勉：《隋書求是》，第12頁）

夏四月戊午，突厥雍虞閭可汗遣其特勤來朝。[1]

[1]雍虞閭：人名。事見本書卷八四、《北史》卷九九《突厥傳》。　可汗：又作"可寒"。古代鮮卑、柔然、突厥、回紇、蒙古等民族中最高統治者的稱號。　特勤：諸本皆爲特勒。據《闕特勤碑》當爲"特勤"。參錢大昕《十駕齋養新録》卷六《特勤當從石刻》。特勤是突厥、回紇官名，以可汗子弟及宗室充任。

五月甲子，[1]高麗遣使貢方物。癸卯，詔百官悉詣朝堂上封事。[2]乙巳，以右衛將軍元旻爲左衛大將軍。[3]

[1]五月甲子：中華本校勘記云："此月壬午朔，無甲子。日干有誤。"

[2]封事：密封的奏章。古時臣下上書奏事，防有泄漏，用皂囊封緘，故稱。

[3]右衛將軍：官名。隋文帝設左、右衛，掌宫掖禁禦，督攝仗衛。右衛將軍爲右衛屬官。從三品。　元旻（mín）：人名。事見本書卷四五《房陵王勇傳》、《通鑑》卷一七九《隋紀》開皇二十年。　左衛大將軍：官名。隋文帝設左右衛，各置大將軍一人，掌宫掖禁禦，督攝仗衛。左衛大將軍爲左衛長官。正三品。

秋七月己丑，以柱國杜彦爲洪州總管。[1]

[1]杜彦：人名。傳見本書卷五五、《北史》卷七三。 洪州：治所在今江西南昌市。

八月壬申，幸栗園。滕王瓚薨。[1]乙亥，至自栗園。上柱國、沛國公鄭譯卒。[2]

[1]瓚（zàn）：人名。又名楊慧。傳見本書卷四四、《北史》卷七一。

[2]鄭譯：人名。傳見本書卷三八，《周書》卷三五、《北史》卷三五有附傳。

十二月丙辰，靺鞨遣使貢方物。[1]

[1]靺鞨：古族名。西漢以前稱肅慎，東漢稱挹婁，南北朝以來稱勿吉，隋唐稱靺鞨。所處東至日本海，西接突厥，南界高麗，北臨室韋。大體以今吉林松花江流域爲中心，分布在東至俄羅斯濱海邊疆區，北至黑龍江、烏蘇里江的廣大地區。分數十部，互不統一，社會發展不平衡。傳見本書卷八一、《北史》卷九四、《舊唐書》卷一九九、《新唐書》卷二一九。

十二年春正月壬子，以蘇州刺史皇甫績爲信州總管，[1]宣州刺史席代雅爲廣州總管。[2]

[1]皇甫績：人名。傳見本書卷三八、《北史》卷七四。按，岑仲勉云："績殆授官未行。"（岑仲勉：《隋書求是》，第12頁）

[2]宣州：治所在今安徽宣城市。　席代雅：人名。按，岑仲勉云："代雅即世雅（《周書》四四），亦單作雅（《北史》六六）。"（岑仲勉：《隋書求是》，第12頁）這是《隋書》避李世民之諱而改"世"爲"代"。　廣州：治所原在今廣東廣州市，開皇十二年移至今廣東韶關市，開皇末又移回今廣州市。

二月己巳，[1]以蜀王秀爲内史令，[2]兼右領軍大將軍，漢王諒爲雍州牧、右衛大將軍。[3]

[1]中華書局新修訂本校勘記云："是月丁丑朔，無己巳。疑繫日有誤。"

[2]秀：人名。即楊秀。傳見本書卷四五、《北史》卷七一。

[3]諒：人名。即楊諒。傳見本書卷四五、《北史》卷七一。　雍州：都城長安所在地。治所在今陝西西安市西北郊。　牧：官名。所在州的長官。從二品。

夏四月辛卯，以壽州總管周摇爲襄州總管。

五月辛亥，廣州總管席代雅卒。

秋七月乙巳，尚書右僕射、邳國公蘇威，禮部尚書、容城縣侯盧愷，[1]並坐事除名。壬戌，幸昆明池，[2]其日還宫。己巳，有事於太廟。壬申晦，日有蝕之。

[1]容城縣侯：爵名。隋九等爵的第六等。正二品。

[2]昆明池：漢武帝元狩三年（前120）於長安西南郊所鑿，以習水戰。池周圍四十里，廣三百三十二頃。

八月甲戌，制天下死罪，諸州不得便決，皆令大理覆治。[1]乙亥，幸龍首池。[2]癸巳，制宿衛者不得輒離所守。丁酉，上柱國、夏州總管、楚國公豆盧勣卒。[3]戊戌，上親録囚徒。

[1]大理：官署名。全稱爲大理寺。北齊始置，爲國家最高審判機構。掌决正刑獄，定刑名，並審覈諸州刑獄。

[2]龍首池：湖名。在今陝西西安市城東北。

[3]豆盧勣卒：岑仲勉云："勣卒之年分，與三九本傳不符。"（岑仲勉：《隋書求是》，第13頁）認爲傳中有舛誤。按，傳云勣卒於開皇十年。豆盧勣，人名。傳見本書卷三九，《北史》卷六八有附傳。

九月丁未，以工部尚書楊异爲吴州總管。

冬十月丁丑，以遂安王集爲衛王。[1]壬午，有事于太廟。至太祖神主前，[2]上流涕嗚咽，悲不自勝。

[1]遂安王：爵名。全稱爲遂安郡王。　集：人名。即楊集。傳見本書卷四四，《北史》卷七一有附傳。

[2]太祖：此是隋文帝楊堅父楊忠的廟號。帝王死後，在太廟立室奉祀，並追尊某祖某宗的名號，稱廟號。楊忠傳見《周書》卷一九，另參見《北史》卷一一《隋文帝紀》。

十一月辛亥，有事於南郊。壬子，宴百寮，頒賜各有差。己未，上柱國、新義郡公韓擒虎卒。庚申，以豫州刺史權武爲潭州總管。[1]甲子，百寮大射於武德殿。[2]

[1]豫州：治所在今河南汝南縣。　權武：人名。傳見本書卷

六五、《北史》卷七八。　潭州：治所在今湖南長沙市。

［2］大射：爲祭祀擇士而舉行的射禮。　武德殿：宫殿名。是長安大興宫城内諸殿之一。位於大興宫東側，與東宫相鄰。在今陝西西安市城區北部。

十二月癸酉，突厥遣使來朝。乙酉，以上柱國、内史令楊素爲尚書右僕射。己酉，吐谷渾、靺鞨並遣使貢方物。

十三年春正月乙巳，上柱國、郇國公韓達業卒。[1]丙午，契丹、奚、霫、室韋並遣使貢方物。[2]壬子，親祀感帝。[3]己未，以信州總管韋世康爲吏部尚書。壬戌，行幸岐州。[4]

［1］韓達業：宋刻遞修本、汲古閣本、殿本同底本。但庫本爲韓逮業，《北史》卷一一《隋文帝紀》爲韓建業。岑仲勉考證後指出："達"爲"建"之訛（岑仲勉：《隋書求是》，第13頁）。本書中華本校勘記也指出此點。另，"逮"亦屬因字形相近而訛。韓建業，人名。傳見《北史》卷五三。

［2］奚：古部族名。南北朝時稱庫莫奚，隋時簡稱奚。源於東胡。東臨契丹，西接突厥，南至白狼河（今遼寧大凌河），北臨霫，活動於饒樂水（今内蒙古西拉木倫河）流域。逐水草畜牧生活。傳見本書卷八四、《北史》卷九四、《舊唐書》卷一九九下、《新唐書》卷二一九。　霫（xí）：古部族名。隋時居潢水（今西拉木倫河）以北，烏羅渾南，相當於今大興安嶺中段山區。以射獵爲生，風俗與契丹略同。傳見《舊唐書》卷一九九下。　室韋：古部族名。或作失韋。與契丹同類，屬東胡族系統。隋時分爲五部，互不統屬，主要分布於今嫩江流域及黑龍江沿岸地區。北部多以狩獵爲生，南部開始農耕生活。傳見本書卷八四、《北史》卷九四、《舊

唐書》卷一九九下、《新唐書》卷二一九。

[3]感帝：亦作“感生帝”“感生”。古代認爲王者之先祖皆感太微五帝之精以生。因稱其祖所感生之帝爲感生帝。

[4]岐州：治所在今陝西鳳翔縣。按，宋刻遞修本、汲古閣本、殿本同底本作“歧州”。但庫本、中華本爲“岐州”。檢《北史·隋文帝紀》、《通鑑》卷一七八《隋紀》開皇十三年正月條皆爲岐州。考隋有岐州而無歧州，“歧”是因字形相近而訛。又，後凡屬此徑改，不再出注。

二月丙子，詔營仁壽宫。[1]丁亥，[2]至自岐州。戊子，宴考使於嘉則殿。[3]己卯，立皇孫暕爲豫章王。[4]戊子，晋州刺史、南陽郡公賈悉達，[5]隰州總管、撫寧郡公韓延等，[6]以賄伏誅。己丑，制坐事去官者，配流一年。[7]丁酉，制私家不得隱藏緯候圖讖。[8]

[1]仁壽宫：宫殿名。在今陝西麟游縣西天臺山上，冠山構殿，絶壑爲池。因其涼爽宜人，故爲消夏離宫。

[2]丁亥：《北史》卷一一《隋文帝紀》、《通鑑》卷一七八《隋紀》開皇十三年二月條皆爲“丁亥”日。但中華本校勘記云：“此月辛未朔，丁亥（十七日）、戊子（十八日）不應在己卯（九日）前，紀文當有訛誤或顛倒。”岑仲勉認爲，丁亥、戊子“殆丁丑、戊寅之訛”（岑仲勉：《隋書求是》，第13頁）。

[3]戊子，宴考使於嘉則殿：此條記事中“戊子”日可疑處除前注[2]指出的外，另，記二月戊子日事，此處記一條，己卯日後又記戊子日事，有違《本紀》記事章法。再者，檢《北史·隋文帝紀》、《通鑑》卷一七八《隋紀》開皇十三年二月皆未載此。嘉則殿，宫殿名。位於大興宫，爲隋代藏書之所。

[4]暕（jiǎn）：人名。即楊暕。傳見本書卷五九、《北史》卷

七一。　豫章王：爵名。全稱爲豫章郡王。

[5]晉州：治所在今山西臨汾市。　賈悉達：人名。隋時人，其他事迹不詳。

[6]隰（xí）州：治所在今山西隰縣。　韓延：人名。事略見本書卷三九《元景山傳》。

[7]配流：刑罰名。隋律五刑之二。即流放遠處並服勞役的刑罰。輕重分三等。按，《北史·隋文帝紀》作“配防”。考本書《刑法志》與《通典》卷一六四《刑制中》：開皇十三年“改徒及流並爲配防”。故此“配防”當更準確。

[8]緯候：緯書與《尚書中候》的合稱。亦爲緯書的通稱。　圖讖：古代方士或儒生編造的關於帝王受命徵驗一類的書，多爲隱語、預言。

夏四月癸未，制戰亡之家，給復一年。

五月癸亥，詔人間有撰集國史、臧否人物者，皆令禁絶。

秋七月戊申，靺鞨遣使貢方物。壬子，左衛大將軍、雲州總管、鉅鹿郡公賀婁子幹卒。[1]丁巳，幸昆明池。戊辰晦，日有蝕之。

[1]雲州：治所在今内蒙古和林格爾縣西北土城子。　賀婁子幹：人名。傳見本書卷五三、《北史》卷七三。

九月丙辰，降囚徒。庚申，以邵國公楊綸爲滕王。[1]乙丑，以柱國杜彦爲雲州總管。

[1]楊綸：人名。隋文帝楊堅同母弟滕穆王楊瓚之子。本書卷

四四、《北史》卷七一有附傳。

冬十月乙卯，[1]上柱國、華陽郡公梁彥先卒。[2]

[1]冬十月乙卯：中華本校勘記云："此月戊辰朔，無乙卯。日干有誤。"岑仲勉認爲"乙卯"是"己卯"之訛（岑仲勉：《隋書求是》，第13頁）。檢《北史》卷一一《隋文帝紀》載此事時間爲冬十一月乙卯。本月丁酉朔，乙卯爲十九日。或本書冬十月乙卯乃冬十一月乙卯之訛。

[2]梁彥先：諸本皆同。岑仲勉指出"彥先應正作彥光"，並考（岑仲勉：《隋書求是》，第13、203頁）。中華本校勘記也指出此點。梁彥光，人名。傳見本書卷七三、《北史》卷八六。生平亦可見《梁彥光墓誌》（劉文：《陝西新見隋朝墓誌》一四，三秦出版社2018年版）。

十四年夏四月乙丑，詔曰："在昔聖人，作樂崇德，移風易俗，於斯爲大。自晋氏播遷，兵戈不息，雅樂流散，[1]年代已多，四方未一，無由辨正。賴上天鑒臨，明神降福，拯兹塗炭，安息蒼生，天下大同，歸於治理，遺文舊物，皆爲國有。比命所司，總令研究，正樂雅聲，[2]詳考已訖，宜即施用，見行者停。人間音樂，流僻日久，棄其舊體，競造繁聲，浮宕不歸，遂以成俗。宜加禁約，務存其本。"

[1]雅樂：古代帝王祭祀天地、祖先及朝賀、宴饗時所用的舞樂。周代用爲宗廟之樂的六舞，儒家認爲其音樂中正和平，歌詞典雅純正，奉之爲雅樂的典範。歷代帝王都循例製作雅樂，以歌頌本

朝功德。

[2]正樂雅聲：正樂、雅聲，皆指雅正的音樂，亦即雅樂。

五月辛酉，京師地震。關内諸州旱。[1]

[1]關内：地區名。秦至唐時稱函谷關或潼關以西、隴坂以東、終南山以北爲關内。

六月丁卯，詔省府州縣，皆給公廨田，[1]不得治生，與人争利。

[1]公廨田：國家分給各級官府的官田，借民佃種，收租以供官府公用。

秋七月乙未，以邳國公蘇威爲納言。

八月辛未，關中大旱，[1]人飢。上率户口就食於洛陽。[2]

[1]關中：地區名。此與前"關内"意同。

[2]洛陽：城名。在今河南洛陽市。

九月己未，[1]以齊州刺史樊子蓋爲循州總管。[2]丁巳，以基州刺史崔仲方爲會州總管。[3]

[1]九月己未：中華本校勘記云："此月壬辰朔，己未（二十八日）應在丁巳（二十六日）後，紀文當有訛誤或顛倒。"岑仲勉認爲"己未"是"乙未"之訛（岑仲勉：《隋書求是》，第13頁）。

[2]齊州：治所在今山東濟南市。　樊子蓋：人名。傳見本書卷六三、《北史》卷七六。　循州：治所在今廣東惠州市惠陽區東北。

[3]基州：治所在今湖北鍾祥市南。　會州：治所在今四川茂縣西北。

冬閏十月甲寅，詔曰："齊、梁、陳往皆創業一方，[1]綿歷年代。既宗祀廢絶，[2]祭奠無主，興言矜念，良以愴然。莒國公蕭琮及高仁英、陳叔寶等，[3]宜令以時修其祭祀。所須器物，有司給之。"乙卯，制外官九品已上，[4]父母及子年十五已上，不得將之官。

[1]齊：即南朝齊（479—502），都建康（今江蘇南京市）。梁：即南朝梁（502—557），都建康（今江蘇南京市）。

[2]宗祀：對祖宗的祭祀。

[3]蕭琮（cóng）：人名。後梁末帝。本書卷七九、《周書》卷四八、《北史》卷九三有附傳。　高仁英：人名。北齊後主。傳見《北齊書》卷一二、《北史》卷五二。

[4]外官：此指地方官。與京官相對。

十一月壬戌，制州縣佐吏，[1]三年一代，不得重任。癸未，有星孛于角亢。[2]

[1]佐吏：指古代地方長官的僚屬。

[2]有星孛于角亢：據本書《天文志》載，此天象是虞慶則伏法、高熲除名的徵兆。角亢，角宿與亢宿的並稱。即二十八宿中東方蒼龍七宿中的第一、第二宿，舊傳均爲壽星。按，《北史》卷一

一《隋文帝紀》同。但本書《天文志下》載“有彗星孛于虚危及奎婁”，即有“角亢”與“虚危”之異。

十二月乙未，東巡狩。

十五年春正月壬戌，車駕次齊州，親問疾苦。丙寅，旅王符山。[1]庚午，上以歲旱，祠太山，[2]以謝愆咎。大赦天下。[3]

［1］王符山：據《魏書·地形志中》載：泰山郡所屬奉高縣境有王符山，當在今山東境内。

［2］太山：即今山東泰山。

［3］大赦天下：岑仲勉指出：“《文館詞林》六六六目録載文帝拜東岳大赦詔一首，但其文已逸。”（岑仲勉：《隋書求是》，第14頁）

二月丙辰，收天下兵器，敢有私造者，坐之。關中、緣邊，不在其例。丁巳，上柱國、蔣國公梁睿卒。[1]

［1］梁睿：人名。傳見本書卷三七，《北史》卷五九有附傳。

三月己未，至自東巡狩。[1]望祭五岳海瀆。[2]丁亥，幸仁壽宫。營州總管韋藝卒。[3]

［1］巡狩：亦作巡守。天子出行，視察邦國州郡。

［2］望祭：遥望而祭。也特稱祭山川。　五岳：中國五大名山的總稱。　海瀆：泛稱江海。

［3］營州：治所在今遼寧朝陽市。　韋藝：人名。本書卷四七、

《北史》卷六四有附傳。

夏四月己丑朔，大赦天下。甲辰，以趙州刺史楊達爲工部尚書。[1]丁未，以開府儀同三司韋冲爲營州總管。[2]

[1]趙州：治所在今河北隆堯縣東。　楊達：人名。本書卷四三、《北史》卷六八有附傳。

[2]開府儀同三司：官名。隋文帝因改後周之制形成十一等散實官，以酬勤勞。開府是第六等，開府置府佐。正四品。　韋冲：人名。本書卷四七、《北史》卷六四有附傳。

五月癸酉，吐谷渾遣使朝貢。丁亥，制京官五品已上，佩銅魚符。[1]

[1]銅魚符：即銅質魚形符節。古代官員用以證明身份和徵調兵將的憑證。

六月戊子，詔鑿底柱。[1]庚寅，相州刺史豆盧通貢綾文布，[2]命焚之於朝堂。乙未，林邑遣使來貢方物。[3]辛丑，詔名山大川未在祀典者，悉祠之。

[1]底柱：山名。即底柱山、砥柱山，又名三門山。在今河南三門峽市東北黄河中。

[2]相州：治所在今河南安陽市。　綾文布：即今花隕布，隋文帝視爲奢侈之物。

[3]林邑：古國名。故地在今越南中部。傳見本書卷八二、

《北史》卷九五。

秋七月乙丑，晋王廣獻毛龜。[1]甲戌，遣邳國公蘇威巡省江南。[2]戊寅，至自仁壽宫。辛巳，制九品已上官，以理去職者，聽並執笏。[3]

［1］晋王廣：底本作“晋王諱”，殿本和中華本皆作“晋王廣”，汲古閣本作“□”，注云“廣，宋本諱”。岑仲勉指出：本書某些行文著“諱”字以避諱楊廣名，“殆抄録舊文而未盡削者歟”（岑仲勉：《隋書求是》，第14頁）。此後，凡再同此者徑改，不再出注。　毛龜：南朝梁任昉《述異記》卷上：“龜，千年生毛。龜，壽五千年，謂之神龜，萬年曰靈龜。”後因以毛龜爲長壽的象徵。

［2］江南：此“江”指長江。

［3］笏：古代臣朝見君時所執的狹長板子。用玉、象牙、竹木製成。也叫手板。後世唯品官執之。

冬十月戊子，以吏部尚書韋世康爲荆州總管。

十一月辛酉，幸温湯。[1]乙丑，至自温湯。

［1］温湯：即今陝西西安市臨潼區東南驪山北麓華清池。

十二月戊子，敕盗邊糧一升已上皆斬，並籍没其家。[1]己丑，詔文武官以四考交代。[2]

［1］籍没：没收財物入官。

［2］考：古代每年依據一定標準對文武百官功過、善惡的考察，以作爲獎懲的根據。

十六年春正月丁亥，[1]以皇孫裕爲平原王，[2]筠爲安成王，[3]嶷爲安平王，[4]恪爲襄城王，[5]該爲高陽王，[6]韶爲建安王，[7]煚爲潁川王。[8]

[1]正月丁亥：《通鑑》卷一七八《隋紀》開皇十六年條同。中華本校勘記云："此月甲寅朔，無丁亥。按：《北史·隋本紀》上作'二月丁亥'。二月甲申朔，丁亥爲四日，日序合。"

[2]裕：人名。即楊裕。事見本書卷四五、《北史》卷七一《房陵王勇傳》。　平原王：爵名。全稱爲平原郡王。

[3]筠：人名。即楊筠。事見本書及《北史》之《房陵王勇傳》。　安成王：爵名。全稱爲安成郡王。

[4]嶷：人名。即楊嶷。事見本書及《北史》之《房陵王勇傳》。　安平王：爵名。全稱爲安平郡王。

[5]恪：人名。即楊恪。事見本書及《北史》之《房陵王勇傳》。　襄城王：爵名。全稱爲襄城郡王。

[6]該：人名。即楊該。事見本書及《北史》之《房陵王勇傳》。　高陽王：爵名。全稱爲高陽郡王。

[7]韶：人名。即楊韶。事見本書及《北史》之《房陵王勇傳》。　建安王：爵名。全稱爲建安郡王。

[8]煚（jiǒng）：人名。即楊煚。事見本書及《北史》之《房陵王勇傳》。　潁川王：爵名。全稱爲潁川郡王。

夏五月丁巳，以懷州刺史龐晃爲夏州總管，[1]蔡陽縣公姚辯爲靈州總管。[2]

[1]夏五月丁巳，以懷州刺史龐晃爲夏州總管：岑仲勉指出："此事紀、傳多所衝突。"（岑仲勉：《隋書求是》，第14頁）懷州，治所在今河南沁陽市。龐晃，人名。傳見本書卷五〇、《北史》卷

七五。

［2］蔡陽縣公：爵名。隋時爲九等爵的第五等。從一品。按，據《姚辯墓誌》：姚辯北周以功授安養縣開國子，開皇元年進爵爲公，大業二年進爵蔡陽郡開國公，則此開皇十六年，其爵應爲安養縣開國公，非蔡陽縣公（參見王其禕、周曉薇《隋代墓誌銘彙考》三四〇）。　姚辯：人名。隋大業七年官至左屯衛將軍。按，岑仲勉指出，本書此人，有的記爲姚辯，有的記爲姚辨，"辯、辨字通也"（岑仲勉：《隋書求是》，第14頁）。墓誌見《隋墓誌銘彙考》三四〇《姚辯墓誌》。

六月甲午，制工商不得進仕。并州大蝗。辛丑，詔九品已上妻、五品已上妾，夫亡不得改嫁。

秋八月丙戌，詔決死罪者，三奏而後行刑。[1]

［1］詔決死罪者，三奏而後行刑：《通鑑》卷一七八《隋紀》開皇十六年八月條《考異》云："《刑法志》在十五年，今從《帝紀》。"三奏，死罪報皇帝批准的法律程序，即須經過三次報皇帝批准纔算最後決定。此示慎刑。

冬十月己丑，幸長春宫。[1]

［1］長春宫：宫殿名。在今陝西大荔縣東南朝邑鎮西北。

十一月壬子，至自長春宫。

十七年春二月癸未，太平公史萬歲擊西寧羌，[1]平之。庚寅，幸仁壽宫。庚子，上柱國王世積討桂州賊李光仕，[2]平之。壬寅，河東王昭納妃，[3]宴群臣，頒賜各有差。

[1]太平公：爵名。據本書卷五三《史萬歲傳》當是太平縣公。　史萬歲：人名。傳見本書卷五三、《北史》卷七三。　西寧羌：諸本皆同，《通鑑》卷一七八《隋紀》開皇十七年二月條爲“南寧羌”。《北史》卷一一《隋文帝紀》爲“伐西寧”。《北史》中華本該條校勘記指出此歧異後説：“胡注云：‘南寧之地，漢屬牂柯，蜀漢屬南中，晋屬寧州，梁爲南寧州。其後爲爨氏所據。西爨，蠻也，非羌也。《通鑑》因《隋紀》成文。’按本書卷七三、《隋書》卷五三《史萬歲傳》但云萬歲擊南寧夷爨翫，不云擊西寧羌。”故此或爲“南寧羌”。

[2]上柱國：《北史》卷一一《隋文帝紀》、卷七六《周法尚傳》及《通鑑》卷一七八《隋紀》開皇十七年二月條記載均同。然考本書卷四〇及《北史》卷六八《王世積傳》皆云，王世積討李光仕時官柱國，因討平之功進位上柱國。　李光仕：人名。桂州俚帥，開皇十七年聚衆反。事見本書卷六五《周法尚傳》、《通鑑》卷一七八《隋紀》開皇十七年二月條。

[3]河東王：岑仲勉指出：“河東王”乃“河南王”之訛，並考（岑仲勉：《隋書求是》，第14頁）。

三月丙辰，詔曰：“分職設官，共理時務，班位高下，[1]各有等差。若所在官人不相敬憚，多自寬縱，事難克舉。諸有殿失，雖備科條，[2]或據律乃輕，論情則重，不即決罪，無以懲肅。其諸司論屬官，若有愆犯，聽於律外斟酌決杖。”辛酉，上親録囚徒。癸亥，上柱國、彭國公劉昶以罪伏誅。[3]庚午，遣治書侍御史柳彧、皇甫誕巡省河南、河北。[4]

[1]班位：職官爵位，朝班位次。

[2]科條：法律、法令條文。

[3]劉昶：人名。北周時尚周文帝女西河長公主，大象中位柱國。《北史》卷六五有附傳。

[4]治書侍御史：官名。或説西漢宣帝時令侍御史二人治書（管理圖籍文書），遂有其名。東漢爲御史臺屬官。隋朝以御史大夫爲御史臺長官，治書侍御史爲次官，實主臺務，佐御史大夫監察彈劾百官。從五品下。　柳彧：人名。傳見本書卷六二、《北史》卷七七。　皇甫誕：人名。傳見本書卷七一，《北史》卷七〇有附傳。生平亦可見《皇甫誕墓碑》〔北京圖書館金石組編：《北京圖書館藏中國歷代石刻拓本匯編》（11），中州古籍出版社 1989 年版，第 117 頁〕。

夏四月戊寅，頒新曆。[1]壬午，詔曰："周曆告終，[2]群凶作亂，釁起蕃服，毒被生人。朕受命上玄，廓清區宇，聖靈垂祐，文武同心。申明公穆、鄖襄公孝寬、廣平王雄、蔣國公睿、楚國公勣、齊國公熲、越國公素、魯國公慶則、新寧公長义、宜陽公世積、趙國公羅雲、隴西公詢、廣業公景、真昌公振、沛國公譯、項城公子相、鉅鹿公子幹等，[3]登庸納揆之時，[4]草昧經綸之日，[5]丹誠大節，心盡帝圖，茂績殊勳，力宣王府。宜弘其門緒，與國同休。其世子世孫未經州任者，宜量才升用，庶享榮位，世禄無窮。"

[1]新曆：此新曆爲張胄玄改定（參見本書卷七八《張胄玄傳》、《通鑑》卷一七八《隋紀》開皇十七年）。

[2]周曆：周，指北周。曆，曆運。指帝業。

［3］穆：人名。即李穆。傳見本書卷三七、《周書》卷三〇，《北史》卷五九有附傳。　孝寬：人名。即韋孝寬。西魏、北周名將。西魏時指揮玉壁之戰粉粹了東魏高歡進攻，西魏實力得以壯大，北周時又數獻平齊之策，多被采納，因功官至大司空、上柱國，封鄖國公。傳見《周書》卷三一、《北史》卷六四。　雄：人名。即楊雄。本名惠，隋文帝楊堅之侄。傳見本書卷四三，《北史》卷六八有附傳。　睿：人名。即梁睿。傳見本書卷三七，《周書》卷一七、《北史》卷五九有附傳。　勣：人名。即豆盧勣。傳見本書卷三九，《北史》卷六八有附傳。　熲：人名。即高熲。傳見本書卷四一、《北史》卷七二。　素：人名。即楊素。傳見本書卷四八，《北史》卷四一有附傳。　慶則：人名。即虞慶則。傳見本書卷四〇、《北史》卷七三。　長乂：人名。即叱李長叉。事見《北齊書》卷二〇《叱列平傳》、《北史》卷五三有附傳。按，底本、宋刻遞修本、汲古閣本、殿本、庫本皆爲“長乂”，中華本爲“長叉”。岑仲勉云：“《北齊書》八天統五年二月，詔侍中叱列長文使於周，殆即其人，叉字易訛也。”並於同書《牧守表》一〇〇信州條有考。（岑仲勉：《隋書求是》，第7、187頁）中華本《北齊書》卷八《後主紀》校勘記據《馮忱妻叱李綱子墓誌》載：“祖長叉，齊侍中、許昌王”，改“長文”爲“長叉”。是則作“叉”是。又，“叱李”又作“叱列”，拓拔氏複姓，此異是因漢譯不同。　世積：人名。即王世積。　羅雲：人名。即陰壽，字羅雲。傳見本書卷三九、《北史》卷七三。生平亦可見《陰壽墓誌》（參見王其禕、周曉薇《隋代墓誌銘彙考》〇二七）。　詢：人名。即李詢。　景：人名。所指不詳。　振：人名。所指不詳。　譯：人名。指鄭譯。　子相：人名。指王韶，字子相。傳見本書卷六二、《北史》卷七五。　子幹：人名。指賀婁子幹。

［4］登庸：指登帝位。　納揆：任用百官。

［5］草昧：創始，草創。　經綸：整理絲縷、理出絲緒和編絲成繩，統稱經綸。引申爲籌劃治理國家大事。

五月，[1]宴百僚於玉女泉，[2]頒賜各有差。己巳，蜀王秀來朝。高麗遣使貢方物。甲戌，以左衛將軍獨孤羅雲爲凉州總管。[3]

[1]五月：中華書局新修訂本校勘記云："'五月'下疑脱紀日。《北史》卷一一《隋本紀上》、《册府》卷七九《帝王部·慶賜》、卷一〇九《帝王部·宴享》繫此事於庚申（十四日）。"當從。

[2]玉女泉：泉名。一在今山東泰山頂，又名聖母池；一在今湖北應城市西南，又名玉女湯；一在今四川綿陽市西郊；一在今陝西麟游縣南。此玉女泉應在麟游縣境。

[3]左衛將軍：官名。隋文帝設左、右衛，掌宫掖禁禦，督攝仗衛。左衛將軍爲左衛屬官。從三品。　獨孤羅雲：人名。按，殿本、庫本同底本。中華本校勘記云："獨孤羅字羅仁。此處舉名當稱獨孤羅，舉字當稱獨孤羅仁。紀作獨孤羅雲，乃因上文'趙國公羅雲'（陰壽字羅雲）而衍一'雲'字，或誤改'仁'爲'雲'（獨孤羅也曾封趙國公）。"檢本書卷七九、《北史》卷六一《獨孤羅傳》，知獨孤羅不僅曾封趙國公，也官任左衛將軍和凉州總管；再檢本書卷三九和《北史》卷七三《陰壽傳》，知陰壽雖曾封趙國公但未任過左衛將軍和凉州總管。故判此"獨孤羅雲"當是"獨孤羅"之訛。獨孤羅開皇時官至使持節、總管凉甘瓜三州諸軍事、凉州刺史。生平亦可見《獨孤羅墓誌》（參見王其禕、周曉薇《隋代墓誌銘彙考》一七六）。

閏月己卯，群鹿入殿門，馴擾侍衛之内。

秋七月丁丑，桂州人李代賢反，[1]遣右武候大將軍虞慶則討平之。丁亥，上柱國、并州總管秦王俊坐事免，以王就第。戊戌，突厥遣使貢方物。

[1]李代賢：人名。《北史》卷一一《隋文帝紀》、《通鑑》卷一七八《隋紀》開皇十七年皆爲李世賢。岑仲勉指出：李代賢“即六五《權武傳》之李世賢，四〇《虞慶則傳》之李賢”（岑仲勉：《隋書求是》，第15頁）。中華本校勘記也云：“應作‘李世賢’，唐人諱改。書中或省稱‘李賢’。”事見本書卷六五《權武傳》、卷四〇《虞慶則傳》。

八月丁卯，荆州總管、上庸郡公韋世康卒。

九月甲申，至自仁壽宫。庚寅，上謂侍臣曰：“禮主於敬，皆當盡心。黍稷非馨，貴在祗肅。廟庭設樂，本以迎神，齋祭之日，觸目多感。當此之際，何可爲心！在路奏樂，禮未爲允。群公卿士，宜更詳之。”

冬十月丁未，頒銅獸符於驃騎、車騎府。[1]戊申，道王静薨。[2]庚午，詔曰：“五帝異樂，三王殊禮，皆隨事而有損益，因情而立節文。仰惟祭享宗廟，瞻敬如在，罔極之感，情深兹日。而禮畢升路，鼓吹發音，[3]還入宫門，金石振響。斯則哀樂同日，心事相違，情所不安，理實未允。宜改兹往式，用弘禮教。自今已後，享廟日不須備鼓吹，殿庭勿設樂懸。”[4]辛未，京師大索。

[1]銅獸符：中華本校勘記云：“應作‘銅虎符’。”唐人避李虎諱改。銅虎符是發兵所用的銅製虎形兵符。分兩半，右半留中，左半授與統兵將帥。調兵時由使臣持符驗合，方可發兵。　驃騎：官署名。此指驃騎府。西魏、北周實行府兵制，全國置二十四軍，各置開府府。隋初改爲驃騎府，爲一級府兵指揮機構，分設各地，

統領府兵。　車騎府：官署名。西魏、北周實行府兵制，二十四軍各置開府府，其下設儀同府。隋初改儀同府爲車騎府，爲一級府兵指揮機構，分設各地，統領府兵。

[2]静：人名。即楊静。傳見本書卷四四。

[3]鼓吹：即鼓吹樂。古代的一種器樂合奏曲。

[4]樂懸：鐘磬之樂。

十一月丁亥，突厥遣使來朝。

十二月壬子，上柱國、右武候大將軍、魯國公虞慶則以罪伏誅。

十八年春正月辛丑，詔曰："吴、越之人，往承弊俗，所在之處，私造大船，因相聚結，致有侵害。其江南諸州，人間有船長三丈已上，悉括入官。"

二月甲辰，幸仁壽宫。乙巳，以漢王諒爲行軍元帥，水陸三十萬伐高麗。

三月乙亥，以柱國杜彦爲朔州總管。

夏四月癸卯，以蔣州刺史郭衍爲洪州總管。[1]

[1]蔣州：治石頭城（今江蘇南京市清涼山）。　郭衍：人名。傳見本書卷六一、《北史》卷七四。

五月辛亥，[1]詔畜猫鬼、蠱毒、厭魅、野道之家，[2]投於四裔。[3]

[1]五月辛亥：諸本及《北史》卷一一《隋文帝紀》亦同。中華本校勘記云："此月辛未朔，無辛亥。日干有誤。"檢《通鑑》卷一七八《隋紀》開皇十八年條爲夏四月辛亥。考四月辛丑朔，有辛

亥日。似《通鑑》所記時間確。又，中華書局新修訂本校勘記據本書《地理志下·揚州》條載江南有五月五日聚百種蟲以畜蠱之俗，而是年五月五日爲乙亥，推測“辛亥”或爲“乙亥”之誤。亦可備一説。

［2］猫鬼：古代行巫術者畜養的猫。謂有鬼物附着其身，可以咒語驅使害人，因稱。　蠱毒、厭魅：“蠱”“厭”，宋刻遞修本、汲古閣本同，然殿本、庫本、中華本，以及《北史·隋文帝紀》、《通鑑》卷一七八《隋紀》開皇十八年條皆爲“蠱”“厭”。作“蠱”“厭”是。蠱毒，蠱蟲之毒。江南諸郡往往畜蠱，“其法以五月五日聚百種蟲，大者至蛇，小者至蝨，合置器中，令自相啖，餘一種存者留之，蛇則曰蛇蠱，蝨則曰蝨蠱，行以殺人。因食入人腹之内，食其五藏，死則其産移入蠱主之家”（參見本書《地理志下》揚州條）。厭魅，亦作厭媚。用迷信方法祈禱鬼神以迷惑或傷害别人。　野道：邪道。

［3］四裔：語出《尚書·舜典》，指幽州、崇山、三危、羽山四個邊遠地區。本文泛指四方邊遠之地。按，此詔因獨孤陁所發。詳見本書卷七九《獨孤陁傳》、《通鑑》卷一七八《隋紀》開皇十八年。

六月丙寅，下詔黜高麗王高元官爵。[1]

［1］高元：人名。事詳見本書卷八一、《北史》卷九四《高麗傳》。

秋七月壬申，詔以河南八州水，[1]免其課役。丙子，詔京官五品已上，總管、刺史，以志行修謹、清平幹濟二科舉人。

[1]河：指黄河。

九月己丑，漢王諒師遇疾疫而旋，死者十八九。[1]庚寅，敕舍客無公驗者，[2]坐及刺史、縣令。辛卯，至自仁壽宫。

[1]死者十八九：《通鑑》卷一七八《隋紀》開皇十八年條同，但《北史》卷一一《隋文帝紀》云“死者十二三”。

[2]公驗：官府開具的證件。

冬十一月甲戌，上親録囚徒。癸未，有事於南郊。

十二月庚子，上柱國、夏州總管、任城郡公王景以罪伏誅。[1]是月，[2]自京師至仁壽宫，置行宫十有二所。[3]

[1]王景：人名。《北史》卷六五有附傳。

[2]是月：《北史》卷一一《隋文帝紀》云“是歲”。

[3]置行宫十有二所：《通鑑》卷一七八《隋紀》開皇十八年條同，《北史·隋文帝紀》云“置行宫十所”。

十九年春正月癸酉，大赦天下。[1]戊寅，大射武德殿，宴賜百官。

[1]大赦天下：《文館詞林》卷六七〇載此大赦詔文。

二月己亥，晋王廣來朝。辛丑，以并州總管長史宇文弼爲朔州總管。[1]甲寅，幸仁壽宫。

[1]總管長史：官名。總管府僚屬之首。北周置總管府，爲地方最高軍政機構。隋初因之。

夏四月丁酉，突厥利可汗内附。[1]達頭可汗犯塞，[2]遣行軍總管史萬歲擊破之。[3]

[1]利可汗：據本書卷八四和《北史》卷九九《突厥傳》，以及《通鑑》卷一七八《隋紀》開皇十九年，這裏"利"上脱"突"字。錢大昕《廿二史考異》卷三三云："'利可汗'當作'突利可汗'，史脱'突'字。"突利可汗是東突厥染干之號。詳見本書卷八四、《北史》卷九九《突厥傳》。

[2]達頭可汗：西突厥可汗，名玷厥。詳見本書卷八四、《北史》卷九九、《新唐書》卷二一五。

[3]行軍總管：官名。北周置。戰時臨時任命大臣爲之，統兵出征，事迄即罷。隋初沿置。但以後漸漸過渡爲地方軍政長官。

六月丁酉，以豫章王暕爲内史令。

秋八月癸卯，上柱國、尚書左僕射、齊國公高熲坐事免。[1]辛亥，上柱國、皖城郡公張威卒。[2]甲寅，上柱國、城陽郡公李徹卒。[3]

[1]尚書左僕射：官名。隋尚書省置左右僕射各一人，地位僅次於尚書令。由於隋代尚書令不常置，僕射成爲尚書省實際長官，是宰相之職。從二品。

[2]張威：人名。傳見本書卷五五、《北史》卷七三。

[3]李徹：人名。傳見本書卷五四，《北史》卷六六有附傳。

九月乙丑，以太常卿牛弘爲吏部尚書。

冬十月甲午，以突厥利可汗爲啓人可汗，[1]築大利城處其部落。[2]庚子，以朔州總管宇文弼爲代州總管。[3]

[1]利可汗：即突利可汗。　啓人可汗：中華本校勘記云："應作'啓民可汗'，唐人諱改。"

[2]大利城：城名。《通鑑》卷一七八《隋紀》開皇十九年十月條胡三省注："大利城，在雲内縣東北。"雲内縣治所在今山西大同市。

[3]代州：治所在今山西代縣。

十二月乙未，突厥都藍可汗爲部下所殺。[1]丁丑，[2]星隕於勃海。[3]

[1]都藍可汗：東突厥可汗雍虞閭之號。詳見本書卷八四、《北史》卷九九《突厥傳》。

[2]丁丑：據陳垣《二十史朔閏表》，本月"壬辰朔"，乙未是四日，無丁丑日。又據本書《天文志下》載："十九年十二月乙未，星隕於渤海。"《北史》卷一一《隋文帝紀》有乙未日無丁丑日。故"丁丑"似是衍文。

[3]星隕於勃海：據本書《天文志下》載，此天象是"陽失其位，灾害之萌也"，或"大人憂"的徵兆。勃海，即今渤海。

二十年春正月辛酉朔，上在仁壽宮。突厥、高麗、契丹並遣使貢方物。癸亥，以代州總管宇文弼爲吴州總管。

二月己巳，以上柱國崔弘度爲原州總管。[1]丁丑，無雲而雷。

［1］崔弘度：人名。傳見本書卷七四，《北史》卷三二有附傳。　原州：治所在今寧夏固原市。

三月辛卯，[1]熙州人李英林反，[2]遣行軍總管張衡討平之。[3]

［1］三月辛卯：《北史》卷一一《隋文帝紀》記載同。《通鑑》卷一七八《隋紀》開皇二十年則將李英林反記於二月，三月辛卯爲討平日。

［2］熙州：治所在今安徽潛山縣。　李英林：人名。事見本書卷五六《張衡傳》。

［3］張衡：人名。傳見本書卷五六、《北史》卷七四。

夏四月壬戌，突厥犯塞，以晋王廣爲行軍元帥，擊破之。[1]乙亥，天有聲如瀉水，自南而北。

［1］擊破之：《北史》卷一一《隋文帝紀》同。但本書卷三和《北史》卷一二《隋煬帝紀》皆載“無虜而還”。《通鑑》卷一七八《隋紀》開皇二十年四月條《考異》對此歧異有考釋，可參。

六月丁丑，秦王俊薨。

秋八月，老人星見。[1]

［1］老人星：亦省稱“老人”。南部天空一顆光度較亮的二等星。古人認爲它象徵長壽，故又名“壽星”。《史記·天官書》云：

"老人見，治安；不見，兵起。"

九月丁未，至自仁壽宫。癸丑，吴州總管楊异卒。

冬十月己未，太白晝見。[1]乙丑，皇太子勇及諸子並廢爲庶人。[2]殺柱國、太平縣公史萬歲。己巳，殺左衛大將軍、五原郡公元旻。

[1]太白晝見：太白指太白星。按，據本書《天文志下》載，此天象是"大臣强，爲革政，爲易王"的徵象。預示楊素蠱惑文帝和獨孤后廢皇太子勇。

[2]勇：人名。即楊勇。傳見本書卷四五、《北史》卷七一。

十一月戊子，天下地震，京師大風雪。以晋王廣爲皇太子。

十二月戊午，詔東宫官屬不得稱臣於皇太子。[1]辛巳，詔曰："佛法深妙，道教虚融，咸降大慈，濟度群品，凡在含識，皆蒙覆護。所以雕鑄靈相，圖寫真形，率土瞻仰，用申誠敬。其五岳四鎮，節宣雲雨，江、河、淮、海，浸潤區域，並生養萬物，利益兆人，故建廟立祀，以時恭敬。敢有毁壞偷盗佛及天尊像，岳、鎮、海、瀆神形者，[2]以不道論。[3]沙門壞佛像，道士壞天尊者，以惡逆論。"[4]

[1]東宫官屬：輔翼、訓諭、侍從皇太子及擔任太子宫内各項職務官員的統稱。

[2]佛及天尊像，岳、鎮、海、瀆：詮釋詳見《通鑑》卷一七八《隋紀》開皇二十年十二月條胡三省注。

［3］不道：隋律“十惡”罪中五曰不道。

［4］惡逆：隋律“十惡”罪中四曰惡逆。

仁壽元年春正月乙酉朔，[1]大赦，[2]改元。以尚書右僕射楊素爲尚書左僕射，納言蘇威爲尚書右僕射。丁酉，徙河南王昭爲晋王。突厥寇恒安，[3]遣柱國韓洪擊之，[4]官軍敗績。以晋王昭爲内史令。辛丑，詔曰：“君子立身，雖云百行，唯誠與孝最爲其首。故投主殉節，自古稱難，殞身王事，禮加二等。而代俗之徒，[5]不達大義，至於致命戎旅，不入兆域，虧孝子之意，傷人臣之心。興言念此，每深愍歎！且入廟祭祀，並不廢闕，何止墳塋，獨在其外？自今已後，戰亡之徒，宜入墓域。”

［1］仁壽：隋文帝楊堅年號（601—604）。

［2］大赦：岑仲勉指出“《文館詞林》六六八目録載文帝改元大赦詔一首，但其文已佚”（岑仲勉：《隋書求是》，第15頁）。

［3］恒安：地名。即恒安鎮。在今山西大同市。

［4］韓洪：人名。本書卷五二、《北史》卷六八有附傳。

［5］代俗：《北史》卷一一《隋文帝紀》作“世俗”，知“代”乃避唐諱改。

二月乙卯朔，日有蝕之。辛巳，以上柱國獨孤楷爲原州總管。[1]

［1］獨孤楷：人名。傳見本書卷五五、《北史》卷七三。

三月壬辰，以豫章王暕爲揚州總管。[1]

[1]揚州：治所在今江蘇揚州市。

夏四月，以浙州刺史蘇孝慈爲洪州總管。

五月己丑，突厥男女九萬口來降。壬辰，驟雨震雷，大風拔木，宜君湫水，[1]移於始平。[2]

[1]宜君：縣名。治所在今陝西宜君縣西南玉華村。

[2]始平：縣名。治所在今陝西興平市東南南佐村。

六月癸丑，洪州總管蘇孝慈卒。乙卯，遣十六使巡省風俗。乙丑，詔曰："儒學之道，訓教生人，識父子君臣之義，知尊卑長幼之序，升之於朝，任之以職，故能贊理時務，弘益風範。朕撫臨天下，思弘德教，延集學徒，崇建庠序，開進仕之路，佇賢雋之人。而國學胄子，垂將千數，州縣諸生，咸亦不少。徒有名録，空度歲時，未有德爲代範，才任國用。良由設學之理，多而未精。今宜簡省，明加獎勵。"於是國子學唯留學生七十人，[1]太學、四門及州縣學並廢。[2]其日，頒舍利於諸州。[3]

[1]國子學：爲隋國家中央最高學府。置博士、助教各五人，學生一百四十人。隋初隸國子寺。後有變化。

[2]太學：爲隋國家中央僅次於國子學的學府。置博士、助教各五人，學生三百六十人。隋初隸國子寺，後有變化。　四門：爲

隋國家中央第三級學府。置博士、助教，學生數及隸屬皆同太學。　州縣學：即隋官府在州、縣所辦的地方學校。

[3]頒舍利於諸州：《廣弘明集》卷一九載六月乙丑日“立舍利塔詔”。

秋七月戊戌，改國子爲太學。

九月癸未，以柱國杜彦爲雲州總管。

十一月己丑，有事於南郊。壬辰，以資州刺史衛玄爲遂州總管。[1]

[1]資州：治所在今四川資中縣北。　衛玄：人名。傳見本書卷六三、《北史》卷七六。　遂州：治所在今四川遂寧市。

二年春二月辛亥，以荆州刺史侯莫陳潁爲桂州總管，[1]宗正楊祀爲荆州總管。[2]

[1]荆州：殿本同底本，但宋刻遞修本、汲古閣本、庫本、中華本作“刑州”。岑仲勉認爲“荆乃刑訛”，並考（岑仲勉：《隋書求是》，第16、204頁）。刑州確。刑州，治所在今河北邢臺市。　侯莫陳潁：人名。傳見本書卷五五，《北史》卷六〇有附傳。按，潁亦作穎，宋刻遞修本、中華本作穎。

[2]宗正：據本書卷四八《楊文紀傳》當爲宗正卿。宗正卿，官名。是宗正寺長官。掌皇族外戚屬籍及公主邑司名帳。隋初正三品，煬帝改從三品。　楊祀：岑仲勉指出：“祀爲紀訛，其全名曰文紀。”並考。（岑仲勉：《隋書求是》，第16頁、229頁）楊文紀，人名。本書卷四八、《北史》卷四一有附傳。

三月己亥，幸仁壽宫。壬寅，以齊州刺史張喬爲潭州總管。[1]

[1]張喬：岑仲勉指出：張喬乃張奫訛（岑仲勉：《隋書求是》，第16頁）。張奫，人名。傳見本書卷六四、《北史》卷七八。

夏四月庚戌，岐、雍二州地震。

秋七月丙戌，詔内外官各舉所知。戊子，以原州總管獨孤楷爲益州總管。[1]

[1]益州：治所在今四川成都市。

八月己巳，皇后獨孤氏崩。[1]

[1]皇后獨孤氏：即隋文帝文獻皇后獨孤伽羅。傳見本書卷三六、《北史》卷一四。

九月丙戌，至自仁壽宫。壬辰，河南、北諸州大水，遣工部尚書楊達賑恤之。乙未，上柱國、襄州總管、金水郡公周摇卒。[1]隴西地震。[2]

[1]金水郡公：岑仲勉指出："據本傳摇初封金水郡公，後徙封濟北郡公，紀稱金水，書法不合。"（岑仲勉：《隋書求是》，第304頁）

[2]隴西：地區名。泛指隴山以西，約相當於今甘肅隴山以西、黄河以東地帶。

冬十月壬子，曲赦益州管内。癸丑，以工部尚書楊達爲納言。

閏月甲申，詔尚書左僕射楊素與諸術者刊定陰陽舛謬。[1]己丑，詔曰："禮之爲用，時義大矣。黄琮蒼璧，[2]降天地之神，粢盛牲食，[3]展宗廟之敬，正父子君臣之序，明婚姻喪紀之節。故道德仁義，非禮不成，安上治人，莫善於禮。自區宇亂離，綿歷年代，王道衰而變風作，[4]微言絶而大義乖，[5]與代推移，其弊日甚。至於四時郊祀之節文，[6]五服麻葛之隆殺，[7]是非異説，踳駁殊塗，致使聖教凋訛，輕重無准。朕祗承天命，撫臨生人，當洗滌之時，屬干戈之代，克定禍亂，先運武功，刪正彝典，日不暇給。今四海乂安，五戎勿用，理宜弘風訓俗，導德齊禮，綴往聖之舊章，興先王之茂則。尚書左僕射、越國公楊素，尚書右僕射、邳國公蘇威，吏部尚書、奇章公牛弘，内史侍郎薛道衡，[8]秘書丞許善心，内史舍人虞世基，[9]著作郎王劭，[10]或任居端揆，博達古今，或器推令望，學綜經史，委以裁緝，實允僉議。可並修定五禮。"[11]壬寅，葬獻皇后於太陵。[12]

[1]術者：此指儒生中講陰陽灾異的一派人。

[2]黄琮：瑞玉。方柱形，中有圓孔。用爲禮器、贄品、符節等。《周禮·春官·大宗伯》："以玉作六器，以禮天地四方。……以黄琮禮地。"　蒼璧：玉器名。扁平、圓形、中心有孔。邊闊大於孔徑。古代貴族用作朝聘、祭祀、喪葬時的禮器，也作佩帶的裝飾。《周禮·春官·大宗伯》載："以玉作六器，以禮天地四方。……以蒼璧禮天。"

［3］粢盛：古代盛在祭器内以供祭祀的穀物。　牲食：古代祭祀時用家畜所做的飯食。

［4］王道衰而變風作：語出《詩大序》："至于王道衰，禮儀廢，政教失，國異政，家殊俗，而變風變雅作矣。"唐孔穎達疏："王道衰，諸侯有變風；王道盛，諸侯有正風。"王道，儒家提出的一種以仁義治天下的政治主張。與霸道相對。變風，指《詩經》"國風"中邶至豳等十三國的作品。正風，指《詩經》國風中的《周南》《召南》。

［5］微言絶而大義乖：語出漢劉歆《移書讓太常博士》："及夫子没而微言絶，七十子卒而大義乖。"微言，精深微妙的言辭；大義，正道、大道理。

［6］郊祀：古代於郊外祭祀天地，南郊祭天，北郊祭地。

［7］五服：古代以親疏爲差等的五種喪服。即斬衰、齊衰、大功、小功、緦麻。

［8］内史侍郎：官名。内史省副長官。隋文帝時内史省置四員，正四品。煬帝大業三年定令，減爲二員。　薛道衡：人名。傳見本書卷五七，《北史》卷三六有附傳。

［9］内史舍人：官名。内史省屬官。隋初正六品，開皇三年加爲從五品。

［10］著作郎：官名。爲秘書省著作曹長官。隋初從五品，大業三年升正五品，後又降爲從五品。　王劭：人名。傳見本書卷六九，《北史》卷三五有附傳。

［11］修定五禮：本書載修定五禮一事在己丑日，《北史》卷一一《隋文帝紀》同。但《通鑑》卷一七九《隋紀》仁壽二年閏十月條將此事記在甲申日，也未載"甲申，詔尚書左僕射楊素與諸術者刊定陰陽舛謬"。陳寅恪頗疑《通鑑》所記有脱誤（陳寅恪：《隋唐制度淵源略論稿》，中華書局 1963 年版，第 15 頁）。五禮，古代的五種禮制。即吉禮、凶禮、軍禮、賓禮、嘉禮。

［12］獻皇后：即文帝獨孤皇后的謚號。按，獻皇后，《北史·

隋文帝紀》同。但本書卷三六和《北史》卷一四《文獻獨孤皇后傳》及《通鑑》卷一七九《隋紀》仁壽二年條皆作“文獻皇后”。　太陵：亦作泰陵。爲隋文帝獨孤后的陵寢。在今陝西咸陽城西三畤原上。

十二月癸巳，上柱國、益州總管蜀王秀廢爲庶人。交州人李佛子舉兵反，[1]遣行軍總管劉方討平之。[2]

[1]交州：據《通鑑》卷一七九《隋紀》仁壽二年十二月條胡三省注：“交趾郡，交州。”故知此交州治所在今越南河北省仙游縣東。　李佛子：人名。隋時交州俚族酋帥。事略見本書卷五三、《北史》卷七三《劉方傳》，及《通鑑》卷一七九《隋紀》仁壽二年十二月條。

[2]劉方：人名。傳見本書卷五三、《北史》卷七三。

三年春二月己卯，原州總管、比陽縣公龐晃卒。戊子，以大將軍、蔡陽郡公姚辯爲左武候大將軍。[1]

[1]左武候大將軍：官名。左武候府的長官。置一員，正三品。隋初置左右武候府，掌皇帝出宮巡狩時的先驅後殿、晝夜警備等軍務。按，據《姚辯墓誌》，姚辯授左武候大將軍在大業二年（參見王其禕、周曉薇《隋代墓誌銘彙考》三四〇）。

夏五月癸卯，詔曰：“哀哀父母，生我劬勞，欲報之德，昊天罔極。但風樹不静，嚴敬莫追，霜露既降，感思空切。六月十三日，是朕生日，宜令海内爲武元皇帝、元明皇后斷屠。”[1]

[1]武元皇帝：楊堅追尊其父楊忠的帝號。楊忠傳見《周書》卷一九。　元明皇后：楊堅追尊其母吕苦桃的后號。吕苦桃事迹略見本書卷七九《高祖外家吕氏傳》。

六月甲午，詔曰：

《禮》云：“至親以期斷。”[1]蓋以四時之變易，萬物之更始，故聖人象之。其有三年，加隆爾也。[2]但家無二尊，母爲厭降，[3]是以父存喪母，還服于期者，[4]服之正也，豈容期内而更小祥！[5]然三年之喪而有小祥者，《禮》云：“期祭，禮也。期而除喪，道也。”[6]以是之故，雖未再期，[7]而天地一變，不可不祭，不可不除。故有練焉，[8]以存喪祭之本。然期喪有練，於理未安。雖云十一月而練，[9]乃無所法象，非期非時，豈可除祭。而儒者徒擬三年之喪，立練禫之節，[10]可謂苟存其變，而失其本，欲漸於奪，乃薄於喪。致使子則冠練去絰，[11]黄裹縓緣；[12]絰則布葛在躬，粗服未改。豈非絰哀尚存，子情已奪，親疏失倫，輕重顛倒！[13]乃不順人情，豈聖人之意也！故知先聖之禮廢於人邪，[14]三年之喪尚有不行之者，至於祥練之節，[15]安能不墜者乎？

[1]至親以期（jī）斷：語出《禮記·三年問》。此句意父母死子要按周年守喪禮。至親，最親近的親戚，此句中是指父母。期，時間周而復始，此指一周年。斷，時限，限度。

[2]其有三年，加隆爾也：語出《禮記·三年問》。鄭玄注：“言於父母加隆其恩，使倍期也。”

[3]厭降：古喪禮，母亡，子服三年喪；父在母亡，則減一年，稱厭降。

［4］服：喪服。亦謂服喪服。

［5］小祥：古時父母喪後周年的祭名。祭後可稍改善生活及解除喪服。

［6］期祭，禮也。期而除喪，道也：語出《禮記·喪服小祭》。舊時父母之喪爲三年，但到第二个忌日即除去喪服，故稱。

［7］再期：指服喪兩年。

［8］練：古祭名。古代父、母喪後周年之祭稱小祥，此時孝子可以穿練過的布帛（一般指白絹），故小祥之祭也稱“練”。

［9］十一月而練：語出《禮記·雜記》：“期之喪，十一月而練。”指父母喪後第十一月，改素服爲練服之祭。

［10］練禫（dàn）：練與禫，均古祭禮名。練爲小祥之祭，禫爲除服之祭。古禮禫祭之月有二説：漢鄭玄以二十五月爲大祥，二十七月而禫，二十八月而作樂。三國魏王肅以二十五月爲大祥，其月爲禫，二十六月而作樂。

［11］冠練去絰：冠練，似意同練冠。即厚繒或粗布之冠。古禮親喪一周年祭禮時着練冠。絰（dié），古代喪服所用的麻帶。扎在頭上的稱首絰，纏在腰間的稱腰絰。

［12］黄裹縓（quán）緣：語出《禮記·檀弓上》：“練衣黄裹縓緣。”練衣，用經過煮練加工的布所製之衣。古禮，親喪小祥可着練布衣冠。鄭玄注：“小祥，練冠、練中衣，以黄爲内，縓爲飾。”孔穎達疏：“練衣者，練爲中衣，黄裹者，黄爲中衣裹也。”縓緣，淺紅色的邊。可知黄裹縓緣，意親喪一周年小祥祭禮時所着練衣爲黄色的裹、淺紅色的衣邊。

［13］絰則布葛在躬，粗服未改。豈非絰哀尚存，子情已奪：諸本皆同。《北史》卷一一《隋文帝紀》也同。但張元濟、張森楷《南北史校勘記》云：“二‘絰’字皆‘姪’之誤，上‘絰’（姪）字對‘子則冠練去絰’之‘子’字。下‘絰’（姪）對‘子情已奪’之‘子’字。下文‘親疏失倫’，親指子，疏指姪。”此考證是。

［14］知：諸本同。《北史·隋文帝紀》則“知”作“非”。

［15］祥練：指喪期或喪服。

《禮》云：“父母之喪，無貴賤一也。”[1]而大夫士之喪父母，乃貴賤異服。然則禮壞樂崩，由來漸矣。所以晏平仲之斬粗縗，[2]其老謂之非禮，滕文公之服三年，其臣咸所不欲。[3]蓋由王道既衰，諸侯異政，將逾越於法度，惡禮制之害己，乃滅去篇籍，自制其宜。遂至骨肉之恩，輕重從俗，無易之道，隆殺任情。况孔子没而微言隱，秦滅學而經籍焚者乎！有漢之興，雖求儒雅，人皆異説，義非一貫。又近代亂離，唯務兵革，其於典禮，時所未遑。夫禮不從天降，不從地出，乃人心而已者，謂情緣於恩也。故恩厚者其禮隆，情輕者其禮殺。聖人以是稱情立文，别親疏貴賤之節。自臣子道消，上下失序，莫大之恩，逐情而薄，莫重之禮，與時而殺。此乃服不稱喪，容不稱服，非所謂聖人緣恩表情，制禮之義也。

［1］父母之喪，無貴賤一也：語出《禮記·中庸》。

［2］晏平仲：人名。即晏子。傳見《史記》卷六二《管晏列傳》。　斬粗縗（cuī）：舊時五種喪服中最重的一種。用粗麻布製成，左右和下邊不縫。服制三年。子及未嫁女爲父母，媳爲公婆，承重孫爲祖父母，妻妾爲夫，均服此。先秦諸侯爲天子、臣爲君亦服此。

［3］滕文公之服三年，其臣咸所不欲：典出《毛詩李黄集解》卷一六。滕文公，人名。爲戰國時滕國之君。事略見《春秋左傳注疏》《孟子·滕文公章句》。

然喪與易也，寧在於戚，則禮之本也。禮有其餘，未若於哀，則情之實也。今十一月而練者，非禮之本，非情之實。由是言之，父存喪母，不宜有練。但依禮十三月而祥，中月而禫。[1]庶以合聖人之意，達孝子之心。

[1]依禮十三月而祥，中月而禫：《禮記·雜記》："期之喪，十一月而練，十三月而祥，十五月而禫。"

秋七月丁卯，詔曰：

日往月來，唯天所以運序；山鎮川流，唯地所以宣氣。運序則寒暑無差，宣氣則雲雨有作，故能成天地之大德，育萬物而爲功。況一人君于四海，睹物欲運，獨見致治，不藉群才，未之有也。是以唐堯欽明，命羲、和以居岳，[1]虞舜叡德，[2]升元、凱而作相。[3]伊尹鼎俎之媵，[4]爲殷之阿衡，[5]呂望漁釣之夫，[6]爲周之尚父。[7]此則鳴鶴在陰，其子必和，風雲之從龍虎，賢哲之應聖明。君德不回，臣道以正，故能通天地之和，順陰陽之序，豈不由元首而有股肱乎？

[1]羲、和："羲氏"和"和氏"的並稱。傳説堯曾命羲仲、羲叔、和仲、和叔兩對兄弟分駐四方，以觀天象，並制曆法。

[2]虞舜：傳説中的古帝名。詳見《史記》卷一《五帝本紀》。

[3]元、凱：亦作"元、愷"。"八元八凱"的省稱。傳説高辛氏有才子八人，稱爲八元；高陽氏有才子八人，稱爲八凱。此十六人之後裔，世濟其美，不隕其名。

[4]伊尹鼎俎（zǔ）之媵（yìng）：典出《史記》卷三《殷本

紀》，（伊尹）“欲奸湯而無由，乃爲有莘氏媵臣，負鼎俎，以滋味說湯，致于王道”。鼎，古代炊器，又爲盛熟牲之器。盛行於商周。多用爲宗廟的禮器和墓葬的明器。俎，古代祭祀、燕饗時陳置牲體或其他食物的禮器。媵，此爲媵臣的省稱，即古代隨嫁的臣僕。

[5]阿衡：官名。商代師保之官。

[6]吕望：人名。即姜子牙，亦稱姜尚。詳見《史記》卷三二《齊太公世家》。

[7]尚父：意爲可尊敬的父輩。

自王道衰，人風薄，居上莫能公道以御物，爲下必踵私法以希時。上下相蒙，君臣義失，義失則政乖，政乖則人困。蓋同德之風難嗣，離德之軌易追，則任者不休，休者不任，則衆口鑠金，[1]戮辱之禍不測。是以行歌避代，[2]辭位灌園，[3]卷而可懷，黜而無愠，放逐江湖之上，沈赴河海之流，所以自潔而不悔者也。至於閭閻秀異之士，鄉曲博雅之儒，言足以佐時，行足以勵俗，遺棄於草野，堙滅而無聞，豈勝道哉！所以覽古而歎息者也。

[1]衆口鑠金：典出《楚辭·九章》：“故衆口其鑠金兮，初若是而逢殆。”王逸注：“言衆口所論，萬人所言，金性堅剛，尚爲銷鑠，以喻讒言多，使君亂惑也。”

[2]行歌避代：當是“行歌避世”。“代”乃避唐諱改。行歌，邊行走邊歌唱。借以抒發自己的感情，表達自己的意向、意愿等。避世，逃避塵世，逃避亂世。

[3]辭位灌園：後謂退隱家居。典出《史記》卷八三《魯仲連鄒陽列傳》：“於陵子仲辭三公爲人灌園。”灌園，從事田園勞動。

方今區宇一家，煙火萬里，百姓乂安，四夷賓服，豈是人功，實乃天意。朕惟夙夜祗懼，將所以上嗣明靈，是以小心勵己，日慎一日。以黎元在念，憂兆庶未康，以庶政爲懷，慮一物失所。雖求傅巖，[1]莫見幽人，[2]徒想崆峒，[3]未聞至道。[4]唯恐商歌於長夜，[5]抱關於夷門，[6]遠迹犬羊之間，屈身僮僕之伍。其令州縣搜揚賢哲，皆取明知今古，通識治亂，究政教之本，達禮樂之源。不限多少，不得不舉。限以三旬，咸令進路。徵召將送，必須以禮。

[1]傅巖：地名。在今山西平陸縣東北，又名傅險。傳説傅説板築於此。殷王武丁訪得，舉以爲相，出現殷中興的局面。

[2]幽人：幽居之士。

[3]崆峒：山名。在今甘肅平凉市西。相傳是黄帝問道於廣成子之所。也稱空同、空桐。《莊子·在宥》："黄帝立爲天子，十九年，令行天下，聞廣成子在於空同之上，故往見之。"

[4]至道：指最好的學説、道德或政治制度。

[5]商歌：悲凉的歌。商聲凄凉悲切，故稱。典出《淮南子·道應訓》："甯越飯牛車下，望見桓公而悲，擊牛角而疾商歌。桓公聞之，撫其僕之手曰：'異哉，歌者非常人也。'命後車載之。"後以商歌比喻自薦求官。

[6]抱關於夷門：典出《史記》卷七七《魏公子列傳》："魏有隱士曰侯嬴，年七十，家貧。" "嬴乃夷門抱關者也。"抱關，監門。借指小吏的職務。亦借指職位卑微。夷門，戰國魏都城的東門。故址在今河南開封市内東北隅。因在夷山之上，故名。

八月壬申，上柱國、檢校幽州總管、落叢郡公燕榮以罪伏誅。

九月壬戌，置常平官。[1]甲子，以營州總管韋冲爲民部尚書。[2]

[1]常平官：官名。古代調節市場物價的一類官員。《通鑑》卷一七九《隋紀》仁壽三年九月壬戌條胡三省注："開皇初，置義倉，今置常平官掌之。"

[2]民部尚書：官名。隋沿北魏、北齊置度支尚書，開皇三年改稱民部尚書，是尚書省下轄六部之一民部的長官。職掌全國土地、户口、賦税、錢糧之政令。置一員，正三品。

十二月癸酉，河南諸州水，遣納言楊達賑恤之。

四年春正月丙辰，大赦。甲子，幸仁壽宫。乙丑，詔賞罰支度，事無巨細，並付皇太子。

夏四月乙卯，[1]上不豫。

[1]四月乙卯：諸本同，《北史》卷一一《隋文帝紀》、《通鑑》卷一七九《隋紀》仁壽四年條亦同。但《二十史朔閏表》仁壽四年四月"丙寅朔"。若此，本月無乙卯日。中華本校勘記指出日干有誤。

六月庚申，[1]大赦天下。有星入月中，[2]數日而退。長人見於雁門。[3]

[1]六月庚申：《通鑑》卷一七九《隋紀》仁壽四年條同，但《北史》卷一一《隋文帝紀》載"六月庚午"。岑仲勉指出"六月乙丑朔月内無庚申"，又據本書《天文志下》載"六月庚午"，斷

"申"爲"午"之訛（岑仲勉：《隋書求是》，第16頁）。中華本校勘也指出此點。

［2］有星入月中：據本書《天文志下》載，此天象是"有大喪、有大兵、有亡國、有破軍殺將"的徵兆。

［3］雁門：縣名。煬帝大業三年改代州置，治所在今山西代縣西北。

秋七月乙未，日青無光，［1］八日乃復。己亥，以大將軍段文振爲雲州總管。［2］甲辰，上以疾甚，卧於仁壽宫，與百僚辭訣，並握手歔欷。丁未，崩於大寶殿，［3］時年六十四。遺詔曰：

［1］日青無光：據本書《天文志下》載，此天象是"主勢奪""有死王"的徵兆，預示文帝死，楊諒反及被平定。

［2］段文振：人名。傳見本書卷六〇、《北史》卷七六。　雲州：岑仲勉認爲"雲州"是"靈州"之訛，並考（岑仲勉：《隋書求是》，第17、320頁）。

［3］大寶殿：宫殿名。在今陝西麟游縣西仁壽宫内。

嗟乎！自昔晉室播遷，天下喪亂，四海不一，以至周、齊，［1］戰争相尋，年將三百。故割疆土者非一所，稱帝王者非一人，書軌不同，生人塗炭。上天降鑒，爰命於朕，用登大位，豈關人力！故得撥亂反正，偃武修文，天下大同，聲教遠被，此又是天意欲寧區夏。所以昧旦臨朝，不敢逸豫，一日萬機，留心親覽，晦明寒暑，不憚劬勞，匪曰朕日，［2］蓋爲百姓故也。王公卿士，每日闕庭，刺史以下，三時朝集，［3］何嘗不罄竭心府，誡敕殷勤。義乃君臣，情兼父子。庶藉百僚智力，萬國歡心，欲令率土之人，永得安樂，不謂遘疾彌留，至於大漸。此乃人生常分，何足言及！但四海百姓，衣食不豐，教化政刑，猶未盡善，興言念此，唯以留恨。朕今年逾六十，不復稱夭，但筋力精神，一時勞竭。如此之事，本非爲身，止欲安養百姓，所以致此。

[1]周：即北周（557—581），都於長安（今陝西西安市西北郊）。　齊：即北齊（550—577），都於鄴（今河北臨漳縣西南鄴鎮東）。

[2]匪曰朕日：宋刻遞修本、汲古閣本、殿本、庫本、中華本皆爲“匪曰朕躬”，《北史》卷一一《隋文帝紀》亦如此。

[3]三時朝集：諸本皆同底本，但《北史·隋文帝紀》爲“歲時朝集”。朝集，地方官長官或上佐入朝彙報政績、民情，屬官考課，並聆聽敕命的制度。

人生子孫，誰不愛念，既爲天下，事須割情。勇及秀等，並懷悖惡，既知無臣子之心，所以廢黜。古人有言：“知臣莫若於君，知子莫若於父。”[1]若令勇、秀得志，共治家國，必當戮辱遍於公卿，酷毒流於人庶。今惡子孫已爲百姓黜屏，好子孫足堪負荷大業。此雖朕家事，理不容隱，前對文武侍衛，具已論述。皇太子廣，地居上嗣，仁孝著聞，以其行業，堪成朕志。但令內外群官，同心戮力，以此共治天下，朕雖瞑目，何所復恨。

[1]知臣莫若於君，知子莫若於父：語出《管子》卷七《大匡·内言》。

但國家事大，不可限以常禮。既葬公除，[1]行之自昔，今宜遵用，不勞改定。凶禮所須，纔令周事。務從節儉，不得勞人。諸州總管、刺史已下，宜各率其職，不須奔赴。自古哲王，因人作法，前帝後帝，沿革隨時。律、令、格、式，[2]或有不便於事者，宜依前敕修改，務當政要。嗚呼，敬之哉！無墜朕命！

[1]公除：指帝王或高官以爲身負國家重任，因公權宜禮制，守喪未滿而除喪服。

[2]律、令、格、式：法典名稱。律爲刑法典；令是對國家典章制度的規定；格是政府以詔敕形式頒布的各種禁令；式即政府機構的辦事章程。律、令、格、式前代已先後出現，至隋並行，構成法典體系。

乙卯，發喪。河間楊柳四株無故黄落，[1]既而花葉復生。

[1]河間：地區名。約在今河北獻縣、河間市、青縣、泊頭市一帶。

八月丁卯，梓宫至自仁壽宫。丙子，殯於大興前殿。[1]

[1]大興前殿：即大興殿的前殿。隋文帝名新建的都城曰大興

城，宫曰大興宫，正殿曰大興殿。

冬十月己卯，合葬於太陵，同墳而異穴。

上性嚴重，有威容，外質木而内明敏，有大略。初，得政之始，群情不附，諸子幼弱，内有六王之謀，[1]外致三方之亂。[2]握强兵、居重鎮者，皆周之舊臣。上推以赤心，各展其用，不逾期月，克定二邊，[3]未及十年，平一四海。薄賦斂，輕刑罰，内修制度，外撫戎夷。每旦聽朝，日昃忘倦，居處服玩，務存節儉，令行禁止，上下化之。開皇、仁壽之間，[4]丈夫不衣綾綺，而無金玉之飾，常服率多布帛，裝帶不過以銅鐵骨角而已。雖嗇於財，至於賞賜有功，亦無所愛吝。乘輿四出，路逢上表者，則駐馬親自臨問。或潛遣行人採聽風俗，吏治得失，人間疾苦，無不留意。嘗遇關中饑，遣左右視百姓所食。有得豆屑雜糠而奏之者，上流涕以示群臣，深自咎責，爲之徹膳，不御酒肉者殆將一期。及東拜太山，關中户口就食洛陽者，道路相屬。上敕斥候，[5]不得輒有驅逼。男女參厠於仗衛之間，[6]逢扶老攜幼者，輒引馬避之，慰勉而去。至艱險之處，見負擔者，遽令左右扶助之。其有將士戰没，必加優賞，仍令使者就家勞問。自强不息，朝夕孜孜，人庶殷繁，帑藏充實。雖未能臻於至治，亦足稱近代之良主。然天性沈猜，素無學術，好爲小數，[7]不達大體，[8]故忠臣義士，莫得盡心竭辭。其草創元勳及有功諸將，誅夷罪退，罕有存者。又不悦詩書，廢除學校，唯婦言是用，廢黜諸子。逮于暮年，持法尤峻，喜怒不常，過於殺戮。嘗令左右送西域朝貢使出玉門關，[9]其人所經之處，或受牧宰小物，饋遺鸚䴊、麖皮、馬鞭之屬，[10]上聞而大怒。又詣武庫，見署中蕪穢不治，於是執武庫令及諸受遺者，[11]出開遠門外，[12]親自臨決，死者數十人。又往往潛令人賂遺令史、府史，[13]有受者必死，無所寬貸。議者以此少之。

[1]六王：指畢王賢、趙王招、陳王純、越王盛、代王達、滕王逌。傳皆見《周書》卷一三、《北史》卷五八。

[2]三方之亂：指尉遲迥、王謙、司馬消難起兵反楊堅。

[3]克定二邊：宋刻遞修本、汲古閣本、殿本、庫本同底本。中華本校勘記云："《北史·隋本紀上》、《册府》一八作'克定三邊'，指尉遲迥、司馬消難、王謙'三方之亂'。"校勘記所考確，"二"當是"三"之訛。

[4]開皇：隋文帝楊堅年號（581—600）。

[5]斥候：指偵察、候望的人。

[6]仗衛：手持兵仗的侍衛。

[7]小數：小權術、小手段。

[8]大體：重要的義理，有關大局的道理。

[9]朝貢使：古時稱藩屬國或外國入朝貢獻本地産物的使者。玉門關：關名。西漢武帝置。故址在今甘肅敦煌市西北小方盤城；一説本在今甘肅玉門市西北赤金堡一帶，後始遷至小方盤城。六朝時關址東移今甘肅安西縣東雙塔堡附近。

[10]麖（jīng）：鹿的一種。水鹿。又名馬鹿、黑鹿。

[11]武庫令：官名。爲衛尉寺下轄武庫署長官。掌兵器及吉凶儀仗。正八品。大業三年增爲正六品。

[12]開遠門：城門名。即隋大興城（今陝西西安市）西面北門。

[13]令史、府史：隋、唐吏職名。尚書省六部諸司、諸臺省，東宫詹事府、左右春坊及其下各局署皆置令史。九寺、諸監、衛所置的則稱府史。這些吏職掌文書案牘，亦常差充他職。

史臣曰：高祖龍德在田，[1]奇表見異，晦明藏用，故知我者希。始以外戚之尊，受託孤之任，與能之議，未爲當時所許，是以周室舊臣，咸懷憤惋。既而王謙固三蜀之阻，[2]不逾期月，尉迥舉全齊之衆，[3]一戰而亡，斯乃非止人謀，抑亦天之所贊也。乘兹機運，遂遷周鼎。[4]于時蠻夷猾夏，荆、楊未一，[5]劬勞日昃，經營四方。樓船南邁則金陵失險，[6]驃騎北指則單于款塞，[7]《職方》所載，[8]並入疆理，《禹貢》所圖，[9]咸受正朔。[10]雖晋武之克平吴、會，[11]漢宣之推亡固存，[12]比義論功，不能尚也。七德既敷，[13]九歌已洽，[14]要荒咸暨，[15]尉候無警。[16]於是躬節儉，平徭賦，倉廪實，法令行，君子咸樂其生，小人各安其業，强無陵弱，衆不暴寡，人物殷阜，朝野歡娱。二十年間，天下無事，區宇之内晏如也。考之前王，是以參蹤盛烈。[17]但素無術學，[18]不能盡下，無寬仁之度，有刻薄之資，暨乎暮年，此風逾扇。又雅好符瑞，[19]暗於大道，[20]建彼維城，[21]權侔京室，皆同帝制，靡所適從。聽哲婦之言，[22]惑邪臣之説，[23]溺寵廢嫡，[24]託付失所。滅父子之道，開昆弟之隙，[25]縱其尋斧，翦伐本枝。墳土未乾，子孫繼踵屠戮，松檟纔列，天下已非隋有。惜哉！迹其衰怠之源，稽其亂亡之兆，起自高祖，成於煬帝，所由來遠矣，非一朝一夕。其不祀忽諸，未爲不幸也。

［1］高祖：此是隋文帝楊堅的廟號。帝王死後，在太廟立室奉祀，並追尊某祖某宗的名號，稱廟號。　龍德在田：語出《易·乾卦》："'見龍在田'，德施普也。"後因以"龍德在田"謂恩德廣被。

［2］三蜀：漢初分蜀郡置廣漢郡，武帝時又分置犍爲郡，合稱三蜀。其地相當於今四川中部、貴州北部赤水河流域及雲南金沙江下游以東、會澤縣以北地區。

［3］尉迥：人名。即尉遲迥，北周太祖宇文泰之甥，周宣帝時任大前疑、相州總管。傳見《周書》卷二一、《北史》卷六二。　齊：古地名。今山東省泰山以北黄河流域和膠東半島地區，爲戰國時齊地，漢以後仍沿稱爲齊。

［4］周鼎：周代傳國的九鼎。春秋時楚莊王覬覦王位，因伐戎之便而至周境，遂問周定王使臣周鼎之大小、輕重。後因以周鼎借指國家政權。

［5］荆：指荆州。　楊：殿本、庫本、中華本以及《北史》卷一一《隋文帝紀》皆作"揚"。隋有揚州無楊州。"楊"當是"揚"因字形相似而訛。

［6］樓船：有樓的大船。古代多用作戰船。亦代指水軍。

［7］單于：漢時匈奴君長的稱號。此代指突厥等少數民族。

［8］職方：《周禮》官名。掌天下地圖及四方職責。

［9］《禹貢》：《尚書·夏書》篇名。大約成書於周、秦之際。篇中把當時中國劃分爲九州，記述各區域的山川分布、交通、物産狀況以及貢賦等級等，保存了中國古代重要的地理資料。

［10］受正朔：古代某獨立政權若改爲尊奉另一王朝的"正朔"，便表示降服，並成爲所尊正朔王朝的一部分。正朔，此謂帝王新頒的曆法。古代帝王易姓受命，必改正（年始）朔（月初）；故夏、殷、周、秦及漢初的正朔各不相同。自漢武帝後，直至現今

的農曆，都用夏制，即以建寅之月爲歲首。

［11］晉武：即西晉武帝。紀見《晉書》卷三。　吴、會：東漢吴、會稽的合稱。兩郡轄地相當於今太湖流域和錢塘江以東以至福建地區。

［12］漢宣：即西漢宣帝劉詢。紀見《漢書》卷八。　推亡固存：語出《尚書·商書》。意爲："有亡道則推而亡之，有存道則輔而固之，王者如此國乃昌。"

［13］七德：指文治的七種德行。《國語·周語中》云："尊貴、明賢、庸勳、長老、愛親、禮新、親舊。"

［14］九歌：古代樂曲。相傳爲禹時樂歌。一説天帝樂名。

［15］要荒：古稱王畿外極遠之地。亦泛指遠方之國。要，要服；荒，荒服。

［16］尉候：古代守邊的都尉與伺敵的斥候。借指邊境。

［17］是以參蹤盛烈：殿本、庫本、中華本和《北史·隋文帝紀》、《太平御覽》卷一〇六《隋高祖》皆作"足以參蹤盛烈"。是以，連詞。因此，所以。故從版本校勘和前後文意推斷"足"字確，底本的"是"字因字形相似而訛。

［18］術學：治國的學識。

［19］符瑞：吉祥的徵兆。多指帝王受命的徵兆。

［20］大道：正道，常理。指最高的治世原則。古代西漢獨尊儒術後主要指倫理綱常等。

［21］維城：連城以衛國。借指皇子或皇室宗族。本文指太子楊廣。

［22］哲婦：多謀慮的婦人。本文指獨孤皇后。

［23］邪臣：奸詐的官吏。本文指楊素等。

［24］溺寵廢嫡：溺寵，指溺愛楊廣；廢嫡，指廢去楊勇太子位。

［25］昆弟：兄弟。此指楊廣和其兄楊勇、弟楊諒等。

隋書　卷三

帝紀第三

煬帝上

煬皇帝諱廣，[1]一名英，小字阿㦬，[2]高祖第二子也。[3]母曰文獻獨孤皇后。[4]上美姿儀，少敏慧，高祖及后於諸子中特所鍾愛。在周，[5]以高祖勳，封雁門郡公。[6]

[1]煬皇帝：楊廣的謚號。上古有號無謚，周初始制謚法，秦始皇廢而不用，自漢初恢復。即帝王、貴族、大臣死後，據其生前事迹依謚法給予的稱號。隋煬帝楊廣，紀另見本書卷四、《北史》卷一二。　諱：指對君主、尊長輩的名字避開不直稱，或於人死後書其名，名前稱諱，以示尊敬。此指後者。

[2]小字：乳名。　㦬：音 mó。

[3]高祖：此是隋文帝楊堅的廟號。帝王死後，在太廟立室奉祀，並追尊某祖某宗的名號，稱廟號。紀見本書卷一、二，《北史》卷一一。

[4]文獻獨孤皇后：即隋文帝楊堅的皇后獨孤氏。文獻是她的

謚號。“文獻”是復謚，因單字謚號不足以盡其意，故將兩個叠加進一步彰顯。傳見本書卷三六、《北史》卷一四。

[5]周：即北周（557—581），都於長安（今陝西西安市西北郊）。

[6]雁門郡公：爵名。北周十一等爵的第五等。正九命（參見王仲犖《北周六典》卷八《封爵第十九》，中華書局1979年版，第542頁）。

開皇元年，[1]立爲晋王，拜柱國、并州總管，[2]時年十三。尋授武衛大將軍，[3]進位上柱國、河北道行臺尚書令，[4]大將軍如故。[5]高祖令項城公韶、安道公李徹輔導之。[6]上好學，善屬文，沉深嚴重，朝野屬望。高祖密令善相者來和遍視諸子，[7]和曰：“晋王眉上雙骨隆起，貴不可言。”既而高祖幸上所居第，見樂器弦多斷絶，又有塵埃，若不用者，以爲不好聲妓，善之。上尤自矯飾，當時稱爲仁孝。嘗觀獵遇雨，左右進油衣，[8]上曰：“士卒皆霑濕，我獨衣此乎！”乃令持去。

[1]開皇：隋文帝楊堅年號（581—600）。

[2]柱國：官名。隋文帝因改後周之制形成十一等散實官，以酬勤勞。柱國是第二等，開府置府佐。正二品。　并州：治所在今山西太原市西南古城營。　總管：官名。北周置諸州總管，隋承繼，又有增置。總管全稱是總管刺史加使持節。總管的統轄範圍，可達數州至十餘州，成一軍政管轄區。隋文帝在并、益、荆、揚四州置大總管，其餘州置總管。總管分上、中、下三等，品秩爲流内視從二品、正三品、從三品。

[3]武衛大將軍：官名。隋文帝設左右武衛，各置大將軍一人。

掌領外軍宿衛宫禁。正三品。按，據本書卷一《高祖紀上》，開皇二年授楊廣左武衛大將軍，故知武衛大將軍前脱“左”字。

［4］上柱國：官名。隋文帝因改後周之制形成十一等散實官，以酬勤勞。上柱國是第一等，開府置府佐。從一品。　河北道：特區名。即在黄河中下游以北設置的特區。隋朝在統一戰争中，於地方置特區，範圍可包括若干州，稱“道”。　行臺尚書令：官名。行臺名始於魏晋。臺指臺閣，在地方代表朝廷行尚書省職權。本掌軍務，北齊以來兼掌民政。隋文帝初於諸道設置行臺尚書省，掌地方軍政。長官爲行臺尚書令，視正二品。

［5］大將軍如故：此句不確。據本書《高祖紀上》，開皇二年正月“辛酉，置河北道行臺尚書省於并州，以晋王廣爲尚書令”。《通鑑》卷一七五《陳紀》太建十四年條記載同。同年二月“庚寅，以晋王廣爲左武衛大將軍”，餘官並如故。故知楊廣任左武衛大將軍是在任河北道行臺尚書令之後。因此，史文記楊廣官職升遷的時間前後顛倒。全句應表述爲：“二年，進位上柱國、河北道行臺尚書令，尋授左武衛大將軍，餘官並如故。”

［6］項城公：爵名。爲項城郡公簡稱。隋九等爵的第四等，從一品。　韶：中華本校勘記云：“‘韶’原作‘歆’，據《太平御覽》一〇六改。‘韶’即王韶。”王韶時任河北道行臺尚書右僕射。傳見本書卷六二、《北史》卷七五。　安道公：爵名。爲安道郡公簡稱。　李徹：中華本校勘記云：“‘李徹’上原衍‘才’字，今删。”李徹時任總管晋王府軍事。傳見本書卷五四，《北史》卷六六有附傳。

［7］來和：人名。傳見本書卷七八、《北史》卷八九。

［8］油衣：防雨衣。

六年，[1]轉淮南道行臺尚書令。[2]其年，[3]徵拜雍州牧、内史令。[4]

[1]六年：據本書卷二《高祖紀下》知開皇八年十月己未，始置淮南道行臺於壽春，以晋王廣爲尚書令。《通鑑》卷一七六《陳紀》禎明二年條記載同。另，本書卷一《高祖紀上》載：開皇六年“十月己酉，以河北道行臺尚書令、并州總管、晋王廣爲雍州牧，餘官如故”。證開皇六年楊廣仍在河北道任行臺尚書令。由上可斷，此處將楊廣轉淮南道行臺尚書令繫於開皇六年誤，當是開皇八年。故此楊廣轉淮南道行臺尚書令也應放到開皇八年條中。

[2]轉：官制用語。官員調動稱“轉”。此處是指同品秩的調動。　淮南道：特區名。即在淮河以南設置的軍政特區。

[3]其年：從前引文可知，楊廣拜雍州牧是在開皇六年十月己酉任河北道行臺尚書令時，而非轉任淮南道行臺尚書令之後。

[4]雍州：隋都城長安所在地之州，治所在今陝西西安市。　牧：官名。都城所在州的長官。從二品。　内史令：官名。内史省長官，掌皇帝詔令出納宣行，居宰相之職。隋初内史省置監、令各一人，尋廢監，置令二人。正三品。

八年冬，大舉伐陳，[1]以上爲行軍元帥。[2]及陳平，[3]執陳湘州刺史施文慶、散騎常侍沈客卿、市令陽慧朗、刑法監徐析、尚書都令史暨慧，[4]以其邪佞，有害於民，斬之右闕下，[5]以謝三吴。[6]於是封府庫，資財無所取，天下稱賢。進位太尉，[7]賜輅車、乘馬，[8]衮冕之服，玄珪、白璧各一。[9]復拜并州總管。[10]俄而江南高智慧等相聚作亂，[11]徙上爲揚州總管，[12]鎮江都，[13]每歲一朝。高祖之祠太山也，[14]領武候大將軍。[15]明年，歸藩。

[1]陳：即南朝陳（557—589），都建康（今江蘇南京市）。

［2］行軍元帥：出征軍的統帥名。根據需要臨時任命，事罷則廢。

［3］及陳平：據本書卷二《高祖紀下》，陳國平是在開皇九年正月。本段記事時間籠統，爲防誤讀，對重要史實發生時間，加以補注。

［4］湘州：治所在今湖南長沙市。　施文慶：人名。施文慶被任命爲湘州刺史，並未赴任，與沈客卿同爲中書舍人掌機要。傳見《南史》卷七七。　散騎常侍：官名。南朝陳集書省長官。掌侍從皇帝左右，獻納得失；省諸奏聞文書，意異者，隨事爲駁；常侍高功者一人爲祭酒，掌糾劾禁令。第三品。　沈客卿：人名。陳後主時任中書舍人。傳見《南史》卷七七。　市令：官名。又稱太市令。陳朝屬太府寺，掌集市貿易。梁朝爲一班，陳朝品位不詳。　陽慧朗：人名。諸本皆同，《通鑑》卷一七七《隋紀》開皇九年正月條記載也同。唯《南史·沈客卿傳》作"陽惠朗"。另，中華本《北史》卷一二《隋煬帝紀》作"湯慧朗"。校勘記考證後指出："疑'湯'誤。"總之，此人當名陽慧朗。　刑法監：官名。南朝陳品級、執掌不見史籍詳載。　徐析：人名。諸本皆同。另《北史·隋煬帝紀》和《通鑑》卷一七七《隋紀》開皇九年正月條皆作"徐析"。唯《南史·沈客卿傳》作"徐哲"。似"徐析"確。事迹參見《南史·沈客卿傳》。　尚書都令史：官名。又稱都事，屬尚書省。協助尚書左、右丞管理都省事務，監督諸曹尚書、尚書郎等。梁朝爲二班，陳朝品級不詳。按，《南史·沈客卿傳》作"尚書金、倉都令史"。　暨慧：人名。按，《南史·沈客卿傳》爲"暨慧景"；《通鑑》卷一七七《隋紀》開皇九年正月條雖也作"暨慧"，但胡三省注云"'暨慧'之下逸'景'字"。事迹參見《南史·沈客卿傳》。

［5］右闕：諸本皆同。但《北史·隋煬帝紀》、《南史·沈客卿傳》、《通鑑》卷一七七《隋紀》開皇九年正月條皆作"石闕"。

［6］三吴：地區名。東晋南朝時所指説法不一：一説指吴郡

（治所在今江蘇蘇州市）、吴興（治所在今浙江湖州市南）、會稽（治所在今浙江紹興市）三郡；一説指吴郡、吴興、丹陽（治所在今江蘇南京市）三郡；一説指吴郡、吴興、義興（治所在今江蘇宜興市）三郡。

［7］太尉：官名。三公之一，隋初參議國家大事，置府僚，但不久就省除府及僚佐，成了榮譽性質的頭銜。正一品。

［8］輅（lù）車：一種特殊規格的車。古代爲區别身份貴賤高低而制定輿輦制，即不同等級的人乘不同規格的車。具體制度隨時而變，代有不同。隋代的輿輦制詳見本書《禮儀志五》。

［9］衮冕：戴冕加穿衮衣曰衮冕，天子、上公皆有之。衮即衮衣，又稱衮服，爲古代帝王及上公繡龍的禮服。冕，古代帝王、諸侯、卿大夫所戴的禮帽。　玄珪：同“玄圭”。黑玉，古代禮器。　白璧：白色平圓形中間有孔的玉器。古以白璧爲重寶。

［10］復拜并州總管：據《通鑑》卷一七七《隋紀》載，楊廣復拜并州總管是在開皇九年四月。

［11］高智慧：人名。越州會稽人，開皇十年十一月舉兵反，後被鎮壓遭誅。事略見本書《高祖紀下》、卷三八《劉昉傳》，《通鑑》卷一七七《隋紀》開皇十年十一月條。

［12］徙上爲揚州總管：據《通鑑》卷一七七《隋紀》載，楊廣徙任揚州總管是在開皇十年十一月。

［13］江都：揚州總管府所在地，治所在今江蘇揚州市。

［14］太山：即今山東泰山。

［15］武候大將軍：官名。隋初置左右武候府，掌皇帝出宫巡狩時的先驅後殿、晝夜警備等軍務。長官爲左右武候大將軍，各一員，正三品。

後數載，突厥寇邊，[1]復爲行軍元帥，出靈武，[2]無虜而還。[3]及太子勇廢，[4]立上爲皇太子。是月，當受册。[5]高祖曰："吾以大興公成帝業。"[6]令上出舍大興縣。[7]其夜，烈風大雪，地震山崩，民舍多壞，壓死者百餘口。

[1]突厥：古族名、國名。廣義包括突厥、鐵勒諸部落，狹義專指突厥。公元六世紀時游牧於金山（今阿爾泰山）以南，因金山形似兜鍪，俗稱"突厥"，遂以名部落。西魏廢帝元年（552），土門自號伊利可汗，建立突厥汗國，后分裂爲西突厥、東突厥兩個汗國。傳見本書卷八四、《北史》卷九九、《舊唐書》卷一九四、《新唐書》卷二一五。按，據本書卷二《高祖紀下》、《通鑑》卷一七九《隋紀》，此事發生在開皇二十年四月，"突厥"是指西突厥達頭可汗。

[2]靈武：據《通鑑》卷一七九《隋紀》開皇二十年四月條作"靈武道"，胡三省注"即靈州道"。靈州治所在今寧夏靈武市西南。

[3]無虜而還：本書《高祖紀下》則云"擊破之"。兩者有異。關於此事的詳細經過，可見《通鑑》卷一七九《隋紀》開皇二十年四月壬戌條及《考異》。

[4]勇：人名。即隋文帝楊堅長子楊勇。傳見本書卷四五、《北史》卷七一。

[5]受册：指接受皇太子的册封。

[6]大興公：爵名。北周十一等爵的第四等。正九命。北周明帝時，封楊堅爲大興公。

[7]大興縣：治所在今陝西西安市。

仁壽初，[1]奉詔巡撫東南。是後高祖每避暑仁壽宮，[2]恒令上監國。[3]

[1]仁壽：隋文帝楊堅年號（601—604）。

[2]仁壽宮：宮室名。在今陝西麟游縣境内。

[3]監國：古代君王外出，以太子或諸王代行處理國政。

四年七月，高祖崩，上即皇帝位於仁壽宫。

八月，奉梓宫還京師。[1]并州總管漢王諒舉兵反，[2]詔尚書左僕射楊素討平之。[3]

[1]梓宫：指隋文帝的靈柩。

[2]漢王諒：即隋文帝楊堅第五子楊諒，開皇元年封漢王。傳見本書卷四五、《北史》卷七一。

[3]尚書左僕射：官名。隋尚書省置左右僕射各一人，地位僅次於尚書令。由於隋代尚書令不常置，僕射成爲尚書省實際長官，是宰相之職。從二品。　楊素：人名。傳見本書卷四八，《北史》卷四一有附傳。

九月乙巳，以備身將軍崔彭爲左領軍大將軍。[1]

[1]備身將軍：官名。按，據本書《百官志下》和《通典》卷二八《職官十・左右驍衛》載：開皇十八年始置備身府，備身將軍當是備身府之軍官。　崔彭：人名。傳見本書卷五四，《北史》卷三二有附傳。　左領軍大將軍：官名。按，《北史》卷一二《隋煬帝紀》和本書卷五四、《北史》卷三二《崔彭傳》記載同。本書《百官志下》、《通典》卷二八《職官十・左右領軍衛》載隋文帝朝，“左右領軍府，各掌十二軍籍帳、差科、辭訟之事。不置將軍。唯有長史、司馬”等。然據此可推知最遲仁壽末年左右領軍府已各置領軍大將軍了。

十一月乙未，幸洛陽。[1]丙申，發丁男數十萬掘塹，自龍門東接長平、汲郡，[2]抵臨清關，[3]度河，[4]至浚儀、襄城，[5]達於上洛，[6]以置關防。[7]

[1]洛陽：城名。又作“雒陽”。故城有二：一在今河南洛陽市東白馬寺東二里洛河北岸。原爲周成王營建雒邑的成周城，戰國時因位於雒水之北改稱雒陽。三國魏自以爲土德，水得土而活，土得水而柔，去隹加水，改爲“洛”字，稱洛陽。先後爲東周、東漢、三國魏、西晋、北魏都城。另一爲隋煬帝大業初建，以爲東京。在前故城西十八里，即在今洛陽市。按，雖新城尚未建成，但煬帝意選新址，故此洛陽當指後者所在地。

[2]龍門：縣名。治所在今山西河津市西。　長平：郡名。治所在今山西晋城市東北高都鎮。　汲郡：治所在今河南浚縣西南。

[3]臨清關：關名。在今河南新鄉市東北，古黄河北岸。

[4]河：指黄河。

[5]浚儀：縣名。治所在今河南開封市。　襄城：郡名。治所在今河南汝州市。

[6]上洛：郡名。治所在今陝西商洛市商州區。

[7]關防：此指設兵防守、稽查行人的據點。

癸丑，詔曰：

乾道變化，陰陽所以消息，[1]沿創不同，生靈所以順叙。若使天意不變，施化何以成四時，人事不易，爲政何以釐萬姓![2]《易》不云乎：“通其變，使民不倦”；[3]“變則通，通則久”。[4]“有德則可久，有功則可大”。[5]朕又聞之，“安安而能遷”，[6]民用丕變。是故姬邑兩周，[7]如武王之意；[8]殷人五徙，[9]成湯后之業。[10]若不因人順天，[11]功業見乎變，愛人治國者可不謂歟！

[1]消息：一消一長，互爲更替。

[2]鳌：《北史》卷一二《隋煬帝紀》作“利”。

[3]通其變，使民不倦：語出《易·繫辭下》。

[4]變則通，通則久：語出《易·繫辭下》。

[5]有德則可久，有功則可大：語出《易·繫辭上》。

[6]安安而能遷：語出《禮記·曲禮上》。此句意是：目前雖安居了，但這種安居若對以後有害，則必須早遷徙。安安，安然舒緩的樣子。

[7]姬邑兩周：姬，周王室姓。兩周，指宗周、成周，即西都鎬京、東都雒邑。

[8]武王：即周武王姬發。詳見《史記》卷四《周本紀》。

[9]殷人五徙：指商湯至盤庚的五次遷都。

[10]湯后：即湯王。詳見《史記》卷三《殷本紀》。湯，即商王朝的建立者；后，古代天子和列國諸侯皆稱后。

[11]人：《北史·隋煬帝紀》作“民”，確。“人”爲避李世民諱改。

然雒邑自古之都，[1]王畿之内，天地之所合，陰陽之所和。控以三河，[2]固以四塞，[3]水陸通，貢賦等。故漢祖曰：“吾行天下多矣，唯見雒陽。”[4]自古皇王，何嘗不留意，所不都者蓋有由焉。或以九州未一，或以困其府庫，作雒之制所以未暇也。我有隋之始，便欲創兹懷、雒，[5]日復一日，越暨于今。念兹在兹，興言感哽！

［1］雒邑：即洛陽。

［2］三河：地區名。漢朝稱河東、河内、河南三郡爲三河。此泛指這一帶地區。

［3］四塞：此指洛陽周圍的四個關口，即東城皋、南伊闕、北孟津、西函谷。

［4］吾行天下多矣，唯見雒陽：語出《史記》卷五六《陳丞相世家》。

［5］懷：州名。治所在今河南沁陽市。　雒：指洛陽。

朕肅膺寶曆，纂臨萬邦，遵而不失，心奉先志。今者漢王諒悖逆，毒被山東，[1]遂使州縣或淪非所。此由關河懸遠，兵不赴急，加以并州移户，復在河南。[2]周遷殷人，[3]意在於此。況復南服遐遠，[4]東夏殷大，[5]因機順動，今也其時。群司百辟，[6]僉諧厥議。但成周墟塉，[7]弗堪胥宇。[8]今可於伊、雒營建東京，[9]便即設官分職，以爲民極也。

［1］山東：地區名。戰國、秦、漢時代，通稱華山或崤山以東爲山東。函括今河北、河南、山東等省。

［2］并州移户，復在河南：據《通鑑》卷一八〇《隋紀》仁壽四年條載，煬帝鎮壓并州總管楊諒叛後，"諒所部吏民坐諒死、徙者二十餘萬家"。此句即指被遷移到黄河以南的并州民户。河南，地區名，泛指黄河以南地區。

［3］周遷殷人：周公東征結束武庚叛亂後，將商都（今河南安陽市西北小屯村）一帶參加武庚叛亂的"殷頑民"强制遷移到洛水北岸。

［4］南服：地區名。周制，以土地距國都遠近分爲五服。南方稱南服。

［5］東夏：地區名。指中國東部。

［6］群司：百官。　百辟：原指諸侯，後也泛指公卿大官。

［7］成周：即周東都雒邑。周成王時周公所築，在今河南洛陽市東白馬寺附近。

［8］胥宇：中華書局新修訂本校勘記云："'胥'原作'葺'，據《北史》卷一二《隋本紀》下、《册府》卷一三《帝王部·都邑》改。《詩·大雅·緜》：'古公亶父，來朝走馬。率西水滸，至於岐下。爰及姜女，聿來胥宇。'"今從改。胥宇，勘查便於築屋的地基與方向。

［9］伊：水名。即今河南境内伊河。　雒：水名。指今河南境内洛河。　東京：指洛陽。

夫宮室之制本以便生，上棟下宇，足避風露，高臺廣厦，豈曰適形。故《傳》云："儉，德之共；侈，惡之大。"［1］宣尼有云："與其不遜也，寧儉。"［2］豈謂瑶臺瓊室方爲宮殿者乎，土堦采椽而非帝王者乎？是知非天下以奉一人，乃一人以主天下也。民惟國本，本固邦寧，百姓足，孰與不足！今所營構，務從節儉，無令雕墻峻宇復起於當今，欲使卑宮菲食將貽於後世。有司明爲條格，［3］稱朕意焉。

［1］儉，德之共；侈，惡之大：語出《左傳》莊公二十四年。

［2］與其不遜也，寧儉：語出《論語·述而》。按，原文是："奢則不孫，儉則固。與其不孫也，寧固。"孫，同"遜"，驕傲意；固，寒傖。孔子原意是：奢侈就顯得驕傲，儉樸就顯得寒傖。與其驕傲，不如寒傖。本文是對孔子話的活用。

［3］條格：即法律規則。條，條款；格，法式。

十二月乙丑，以右武衛將軍來護兒爲右驍衛大將軍。[1]戊辰，以柱國李景爲右武衛大將軍，[2]以右衛率周羅睺爲右武候大將軍。[3]

[1]右武衛將軍：官名。右武衛府的軍官，輔助長官右武衛大將軍領外軍宿衛。從三品。　來護兒：人名。傳見本書卷六四、《北史》卷七六。　右驍衛大將軍：官名。當是“右驍騎衛大將軍”脱文。按，本書《百官志下》云改名爲“左右騎衛”，誤。其詳考見《百官志下》“煬帝即位，多所改革”一段注。隋文帝開皇十八年置備身府，煬帝即位改左右備身府爲左右驍騎衛府。右驍騎衛大將軍是右驍騎衛府最高長官。職掌宿衛。置一員，正三品。

[2]李景：人名。傳見本書卷六五、《北史》卷七六。

[3]右衛率：官名。太子東宫有左右衛率各一人，掌東宫禁衛。正四品上。　周羅睺（hóu）：人名。傳見本書卷六五、《北史》卷七六。

大業元年春正月壬辰朔，[1]大赦，[2]改元。立妃蕭氏爲皇后。[3]改豫州爲溱州，[4]洛州爲豫州。[5]廢諸州總管府。[6]丙申，[7]立晋王昭爲皇太子。[8]丁酉，以上柱國宇文述爲左衛大將軍，[9]上柱國郭衍爲左武衛大將軍，[10]延壽公于仲文爲右衛大將軍。[11]己亥，以豫章王暕爲豫州牧。[12]

[1]大業：隋煬帝楊廣年號（605—618）。

[2]大赦：岑仲勉云：“《文館詞林》六六八目録載煬帝即位改元大赦詔一首，但其文已佚。”（岑仲勉：《隋書求是》，中華書局2004年版，第17頁）

[3]蕭氏：即隋煬帝皇后。傳見本書卷三六、《北史》卷一四。

[4]溱州：治所在今河南汝南縣。

[5]豫州：此由洛州改成的豫州，治所在今河南洛陽市東北。

[6]總管府：官署名。是總管的軍政機構（參見王仲犖《北周六典》卷一〇《總管府第二十五》，第623頁）。

[7]丙申：《北史》卷一二《隋煬帝紀》同此，但《通鑑》卷一八〇《隋紀》大業元年正月條則載爲“丙辰”。

[8]昭：人名。即隋煬帝長子楊昭。傳見本書卷五九、《北史》卷七一。

[9]宇文述：人名。傳見本書卷六一、《北史》卷七九。　左衛大將軍：官名。隋文帝設左右衛，各置大將軍一人，掌宫掖禁禦，督攝仗衛。正三品。

[10]郭衍：人名。傳見本書卷六一、《北史》卷七四。

[11]延壽公：爵名。全稱延壽郡公。　于仲文：人名。傳見本書卷六〇，《北史》卷二三有附傳。

[12]豫章王：爵名。全稱是豫章郡王。隋九等爵的第二等。從一品。　暕：人名。即楊暕。傳見本書卷五九、《北史》卷七一。

戊申，發八使巡省風俗。下詔曰：

昔者哲王之治天下也，[1]其在愛民乎？既富而教，家給人足，故能風淳俗厚，遠至邇安。治定功成，率由斯道。朕嗣膺寶曆，[2]撫育黎獻，[3]夙夜戰兢，若臨川谷。雖則聿遵先緒，弗敢失墜，永言政術，多有缺然。況以四海之遠，兆民之衆，未獲親臨，問其疾苦。每慮幽仄莫舉，冤屈不申，一物失所，乃傷和氣，萬方有罪，責在朕躬，所以寤寐增歎，而夕惕載懷者也。

［1］治：《北史》卷一二《隋煬帝紀》爲“理”。檢本書用“治”字處《北史》多用“理”字。如本書後文“治定功成”“不存治實”“政治苛刻”，《北史》爲“理定功成”“不存理實”“政理苛刻”。但也有例外，如本書“是知昧旦思治”句，《北史》全同。或《北史》避唐高宗李治諱改而不全。因此字之不同多無妨對史實的理解，後凡此類者皆不再注。

［2］寶曆：此指國祚，即帝王之位。按，《北史·隋煬帝紀》此句爲“朕恭嗣寶位”。

［3］黎獻：衆多賢能的人。

今既布政惟始，宜存寬大。可分遣使人，巡省方俗，宣揚風化，薦拔淹滯，申達幽枉。孝悌力田，[1]給以優復。鰥寡孤獨不能自存者，量加振濟。義夫節婦，旌表門閭。高年之老，加其版授，[2]並依別條，賜以粟帛。篤疾之徒，給侍丁者，雖有侍養之名，曾無賙贍之實，明加檢校，使得存養。若有名行顯著，操履修潔，及學業才能，一藝可取，咸宜訪採，將身入朝。所在州縣，以禮發遣。其有蠹政害人，不便於時者，使還之日，具録奏聞。

［1］孝悌：孝順父母，尊敬兄長。　力田：努力耕田。

［2］版授：授予官職。本文中指對老年人封授榮譽性的虛銜，這是隋朝表示尊老的一種制度。

己酉，以吴州總管宇文弼爲刑部尚書。[1]

［1］吴州：治所在今江蘇蘇州市。　宇文弼（bì）：人名。弼，

“弼”的古字。傳見本書卷五六、《北史》卷七五。　刑部尚書：官名。隋初沿置都官尚書，開皇三年改爲刑部尚書，是尚書省下轄六部之一刑部的長官。職掌刑法、徒隸、勾覆及關禁之政，總判刑部、都官、比部、司門四司之事。置一員，正三品。

二月己卯，以尚書左僕射楊素爲尚書令。[1]

[1]尚書令：官名。尚書省長官，爲宰相之職。置一員，正二品。但隋因其位高權重，不常置。

三月丁未，詔尚書令楊素、納言楊達、將作大匠宇文愷營建東京，[1]徙豫州郭下居人以實之。戊申，詔曰：“聽採輿頌，謀及庶民，[2]故能審政刑之得失。是知昧旦思治，欲使幽枉必達，彝倫有章。[3]而牧宰任稱朝委，[4]苟爲徼幸，以求考課，虛立殿最，不存治實，綱紀於是弗理，冤屈所以莫申。關河重阻，無由自達。朕故建立東京，躬親存問。今將巡歷淮海，[5]觀省風俗，眷求讜言，徒繁詞翰，而鄉校之内，[6]闕爾無聞。恇然夕惕，用忘興寢。[7]其民下有知州縣官人政治苛刻，侵害百姓，背公徇私，不便於民者，宜聽詣朝堂封奏，庶乎四聰以達，[8]天下無冤。”又於皁澗營顯仁宫，[9]採海内奇禽異獸草木之類，以實園苑。徙天下富商大賈數萬家於東京。辛亥，發河南諸郡男女百餘萬，[10]開通濟渠，自西苑引穀、洛水達于河，[11]自板渚引河通于淮。[12]庚申，遣黄門侍郎王弘、上儀同於士澄往江南採木，[13]造龍舟、鳳艒、黄龍、赤艦、樓船等數萬艘。[14]

［1］納言：官名。門下省長官，職掌封駁制敕，並參與軍國大政決策等，居宰相之職。置二員，正三品。　楊達：人名。本書卷四三有附傳。　將作大匠：官名。隋初仿北齊設將作寺，長官爲將作大匠。職掌國家土木工程修建之政令。置一員，從三品。按，據本書《百官志下》，開皇二十年改將作寺名"將作監"，改將作大匠名"將作大監"（《唐六典》卷二三《將作監》、《通典》卷二七《職官九・將作監》同），大業三年煬帝纔把將作大監改回原名，但此處却稱宇文愷官銜爲將作大匠，當是將作大監之誤。　宇文愷：人名。傳見本書卷六八，《北史》卷六〇有附傳。

［2］庶民：《北史》卷一二《隋煬帝紀》作"黎庶"。

［3］彝倫：天、地、人之常道。　章：規則、條理。

［4］朝委：朝廷的托付。

［5］淮海：地區名。泛指古淮水下游近海地區，約當今江蘇中部和北部一帶。

［6］鄉校：鄉學。古時其間常評論執政善否。

［7］忘：《北史・隋煬帝紀》作"勞"。

［8］四聰以達：語出《尚書・堯典》"達四聰"。即廣開四方視聽之意。

［9］阜澗：一名黑河，即今河南宜陽縣西南洛河南岸支流澗河。阜即"皂"。　顯仁宫：宫室名。在今河南宜陽縣西南。

［10］百餘萬：《通鑑》卷一八〇《隋紀》大業元年、《册府元龜》卷四八七《邦計部・河渠二》同，但《北史・隋煬帝紀》爲"七百萬"。

［11］西苑：一名會通苑、芳華苑，在今河南洛陽市西。　穀：指穀水，即今河南洛河支流澗水及其上游澠池縣南澠水。

［12］板渚：地名。在今河南滎陽市高村西北牛口峪附近黄河南岸。

［13］黄門侍郎：官名。隋初於門下省置給事黄門侍郎，是門下省長官納言之副職，協助納言參議政令的制定。置四員，正三品。

按，據本書《百官志下》，大業三年煬帝改門下省官制，改“給事黄門侍郎”名“黄門侍郎”，去“給事”之名，並減成兩員，但此處就稱王弘的官銜爲黄門侍郎，欠準確。　王弘：人名。大業元年官任給事黄門侍郎，奉命採集樹木，用以營建東都，甚傷民力。事見本書卷四一《蘇威傳》、卷七二《辛公義傳》等。　上儀同：官名。全稱上儀同三司。隋文帝因改北周十一等勳官之制形成十一等散實官，用以酬勤勞，無實際職掌。上儀同三司則是十一等散實官的第七等，可開府置僚佐。從四品上。　於士澄：人名。大業元年官居上儀同三司，奉煬帝命往江南採木，引至東都。事略見本書《食貨志》、卷八〇《南陽公主傳》。

[14]鳳艒（mù）：諸本皆同。中華本校勘記云：“《北史・隋本紀》下作‘鳳䑰’。艒是小船，䑰是大船。此處應作䑰。”

夏四月癸亥，大將軍劉方擊林邑，[1]破之。

[1]大將軍：官名。隋文帝因改北周十一等勳官之制形成十一等散實官，用以酬勤勞，無實際職掌。大將軍是十一等散實官的第四等，可開府置僚佐。正三品。　劉方：人名。傳見本書卷五三、《北史》卷七三。　林邑：地名。故地在今越南中南部。

五月庚戌，民部尚書義豐侯韋冲卒。[1]

[1]民部尚書：官名。隋沿北魏、北齊置度支尚書，開皇三年改稱民部尚書，是尚書省下轄六部之一民部的長官。職掌全國土地、户口、賦税、錢糧之政令。置一員，正三品。　義豐侯：爵名。隋九等爵的第六等。正二品。　韋冲：人名。本書卷四七有附傳。

六月甲子，熒惑入太微。[1]

[1]熒惑入太微：古人以太微垣象徵帝位。熒惑象徵兵事，熒惑出則有兵，入則兵散。故“熒惑入太微”含對帝位不利之意。熒惑，火星别名，因隱現不定，令人迷惑，故名。太微，即太微垣，在北斗之南，軫宿和翼宿之北。

秋七月丁酉，制戰亡之家給復十年。丙午，滕王綸、衛王集並奪爵徙邊。[1]

[1]綸：人名。即楊綸。本書卷四四有附傳。　集：人名。即楊集。本書卷四四有附傳。

閏七月甲子，以尚書令楊素爲太子太師，[1]安德王雄爲太子太傅，[2]河間王弘爲太子太保。[3]

[1]太子太師：官名。東宫三師之一，掌教諭太子。正二品。

[2]安德王：爵名。全稱安德郡王。　雄：人名。即楊雄。本名惠，隋文帝楊堅之侄。傳見本書卷四三，《北史》卷六八有附傳。　太子太傅：官名。東宫三師之一，掌教諭太子。正二品。

[3]河間王：爵名。全稱河間郡王。　弘：人名。即楊弘。傳見本書卷四三、《北史》卷七一。　太子太保：官名。東宫三師之一，掌教諭太子。正二品。

丙子，詔曰：

君民建國，教學爲先，移風易俗，必自兹始。而言絶義乖，多歷年代，進德修業，其道寖微。漢採坑焚之餘,[1]不絶如綫，晋承板蕩之運,[2]掃地將盡。自時厥後，軍國多虞，雖復黌宇時建,[3]示同愛禮，函丈或陳,[4]殆爲虚器。遂使紆青拖紫,[5]非以學優，製錦操刀，類多墻面。[6]上陵下替，綱維靡立，雅缺道消，實由於此。

[1]坑焚：指秦始皇焚書坑儒。

[2]板蕩：《詩・大雅》有《板》《蕩》二篇，譏諷周厲王無道，敗壞國家。後於是以板蕩指政局變亂或社會動蕩不安。

[3]黌（hóng）宇：學校。

[4]函丈：《禮記・曲禮上》有"席間函丈"。鄭玄注："函猶容也，講問宜相對容丈，足以指畫也。"後專用爲弟子對老師的敬稱。

[5]紆（yū）青拖紫：繫珮印綬，比喻地位顯貴。紆，繫、垂；青、紫，漢制公侯紫綬，九卿青綬。

[6]墻面：《尚書・周官》載："不學墻面，莅事惟煩。"墻面，謂面墻而立，目無所見。喻不學無術。

朕纂承洪緒，思弘大訓，將欲尊師重道，用闡厥繇,[1]講信修睦，敦奬名教。方今宇宙平一，文軌攸同，十步之内，必有芳草，四海之中，豈無奇秀！諸在家及見入學者，若有篤志好古，耽悦典墳，學行優敏，堪膺時務，所在採訪，具以名聞，即當隨其器能，擢以不次。若研精經術，未願進仕者，可依其藝業深淺，門蔭高卑,[2]雖未升朝，並量準給禄。庶夫恂恂善誘，不日成器，濟濟盈朝，何遠之有！其國子等學,[3]亦宜申明舊制，教習生徒，具爲課試之法，以盡砥礪之道。

［1］繇：音 yóu。通“猷”，意“道”。

［2］門蔭：憑借父祖官爵門第循例入官。

［3］國子：指國子學，是隋最高學府。初隸國子寺，置博士、助教各五人。後隸國子監，置博士、助教各一人。學生無常員。

八月壬寅，上御龍舟，幸江都。以左武衛大將軍郭衍爲前軍，右武衛大將軍李景爲後軍。文武官五品已上給樓船，九品已上給黄蔑。舳艫相接，[1]二百餘里。

［1］舳（zhú）艫（lú）：泛指船隻。舳，船後舵；艫，船頭。

冬十月己丑，赦江淮已南。[1]揚州給復五年，[2]舊總管内給復三年。[3]

［1］江淮：指長江、淮河。按，岑仲勉説：“《文館詞林》卷六六六目録載煬帝幸江都赦江淮以南詔一首，但其文已佚。”（岑仲勉：《隋書求是》，第 17 頁）

［2］揚州：隋開皇九年改吴州爲揚州，治江都，即今揚州市。

［3］總管：此指揚州總管府。

十一月己未，以大將軍崔仲方爲禮部尚書。[1]

［1］崔仲方：人名。傳見本書卷六〇，《北史》卷三二有附傳。禮部尚書：官名。尚書省下轄六部之一禮部的長官。掌禮儀、祭祀、宴享等政令，總判禮部、祠部、主客、膳部四曹。置一員，正三品。

二年春正月辛酉，東京成，賜監督者各有差。以大理卿梁毗爲刑部尚書。[1]丁卯，遣十使併省州縣。[2]

[1]大理卿：官名。大理寺長官。掌審獄定刑名，決疑案。置一員，正三品。　梁毗（pí）：人名。傳見本書卷六二、《北史》卷七七。

[2]使：使職，即臨時差遣處理某項事務者，事後即罷。

二月丙戌，詔尚書令楊素、吏部尚書牛弘、大將軍宇文愷、内史侍郎虞世基、禮部侍郎許善心制定輿服。[1]始備輦路及五時副車。[2]上常服，皮弁十有二琪，[3]文官弁服、佩玉，[4]五品已上給犢車、通幰，[5]三公親王加油絡，[6]武官平巾幘、袴褶，[7]三品已上給瓟槊。[8]下至胥吏，服色皆有差。非庶人不得戎服。戊戌，置都尉官。[9]

[1]吏部尚書：官名。尚書省下轄六部之一吏部的長官。掌全國文職官員銓選、考課等政令。置一員，正三品。　牛弘：人名。傳見本書卷四九、《北史》卷七二。　内史侍郎：官名。内史省副長官。隋文帝時内史省置四員，正四品。煬帝大業三年定令，減爲二員。　虞世基：人名。傳見本書卷六七、《北史》卷八三。　禮部侍郎：官名。隋文帝時於禮部四曹之一禮部曹置禮部侍郎一員，爲該曹長官，正六品。煬帝大業三年諸曹侍郎並改稱“郎”，又始置“侍郎”爲尚書省下轄六部之副長官，正四品。此後，禮部侍郎纔成爲禮部副長官。　許善心：人名。傳見本書卷五八、《北史》卷八三。按，《通鑑》卷一八〇《隋紀》大業二年二月條不載禮部侍郎許善心參與此事。《考異》曰：“善心於帝即位之初已左遷。蓋

《紀》誤也。”　輿服：車乘衣冠章服的總稱。古代有輿服制度，以表明等級身份。

［2］輦路：皇帝車駕常經的道路。　五時：指立春、立夏、大暑、立秋、立冬。　副車：皇帝侍從車輛。

［3］皮弁：古冠名。用白鹿皮製成。《周禮·夏官·弁師》：“王之皮弁，會五采玉璂，象邸，玉笄。”　琪：玉名。

［4］弁服：弁，冠帽。服，衣服。詳見清人任大椿撰《弁服釋例》。

［5］犢車：牛車。　幰（xiǎn）：車前的帷幔，與車頂平而稍仰。

［6］三公：太尉、司徒、司空的總稱，皆正一品。隋初依舊制，各置府僚，參議國家大事。但不久就省去府及僚佐，置三公則坐於尚書都省，從而失去實權。　油絡：古代車上懸垂的絲質繩網，因其光亮油滑，故名。

［7］平巾幘（zé）：上部平之頭巾，晋代的武官服。幘，包頭巾。　袴（kù）褶（xí）：上服褶而下縛袴，其外不再穿裘裳，故稱袴褶。袴，没有褲襠的套褲。褶，短袍，騎服。

［8］瓟（bó）槊：頂部瓜型之槊。瓟，小瓜名。槊，即長矛。

［9］都尉：官名。煬帝於諸郡置都尉、副都尉，專掌軍事，不預行政，與郡太守互不統轄。分别爲正四品、正五品。又置京輔都尉，立府於潼關，領兵鎮守。從三品。

三月庚午，車駕發江都。先是，太府少卿何稠、太府丞雲定興盛修儀仗，[1]於是課州縣送羽毛。百姓求捕之，網羅被水陸，禽獸有堪氅毦之用者，[2]殆無遺類。至是而成。

［1］太府少卿：官名。太府寺副長官，協助本司長官太府卿掌

管倉儲出納及所轄各署事。隋初置一員，正四品上。煬帝增置二員，改從四品。　何稠：人名。傳見本書卷六八、《北史》卷九〇。　太府丞：官名。太府寺屬官，掌判本寺内部日常公務。隋初置六員，正七品下，煬帝改從五品。　雲定興：人名。傳見本書卷六一，《北史》卷七九有附傳。

［2］氅（chǎng）毦（ěr）：羽毛裝飾。

夏四月庚戌，上自伊闕，[1]陳法駕，[2]備千乘萬騎，入於東京。辛亥，上御端門，大赦，[3]免天下今年租税。癸丑，以冀州刺史楊文思爲民部尚書。[4]

［1］伊闕：縣名。此指伊闕縣，治所在今河南伊川縣西南古城寨。

［2］法駕：皇帝的車駕。

［3］端門：東京洛陽皇城南面有三門，中間稱端門。　大赦：岑仲勉指出《文館詞林》卷六六五載此大赦詔文（岑仲勉：《隋書求是》，第17頁）。

［4］冀州：治所在今河北冀州市。　楊文思：人名。本書卷四八、《北史》卷四一有附傳。

五月甲寅，金紫光禄大夫、兵部尚書李通坐事免。[1]乙卯，詔曰："旌表先哲，式存饗祀，所以優禮賢能，顯彰遺愛。朕永鑒前修，尚想名德，何嘗不興歎九原，[2]屬懷千載。其自古已來賢人君子，有能樹聲立德、佐世匡時、博利殊功、有益於人者，並宜營立祠宇，以時致祭。墳壟之處，不得侵踐。有司量爲條式，[3]稱朕意焉。"

[1]金紫光禄大夫：官名。屬散官，隋文帝置特進、左右光禄大夫等，以加文武官之有德聲者，並不理事。隋初從二品，煬帝大業三年降爲正三品。因其金印紫綬，故名。　兵部尚書：官名。隋尚書省下轄六部之一兵部的長官。掌全國軍衛武官選授之政令，統兵部、職方、駕部、庫部四曹。置一員，正三品。　李通：人名。即李圓通。傳見本書卷六四、《北史》卷七五。岑仲勉指出“名圓通，作‘通’者乃隋人簡化二名爲一名之習慣”（岑仲勉：《隋書求是》，第17頁）。

[2]九原：九州之土。此泛指中國。

[3]條式：這裏是法律規則意。條，條款；式，規格。

六月壬子，以尚書令、太子太師楊素爲司徒。[1]進封豫章王暕爲齊王。

[1]司徒：官名。隋三公之一。詳見前“三公”注釋。

秋七月癸丑，以衛尉卿衛玄爲工部尚書。[1]庚申，制百官不得計考增級，[2]必有德行功能灼然顯著者擢之。壬戌，擢藩邸舊臣鮮于羅等二十七人官爵有差。甲戌，皇太子昭薨。[3]乙亥，上柱國、司徒、楚國公楊素薨。

[1]衛尉卿：官名。衛尉寺長官，掌軍器、儀杖、帳幕等，總判本寺諸署事務。置一員。隋初正三品，煬帝大業三年降爲從三品。　衛玄：人名。傳見本書卷六三、《北史》卷七六。　工部尚書：官名。尚書省下轄六部之一工部的長官。掌全國百工、屯田、山澤之政令，統工部、屯田、虞部、水部四曹。隋文帝開皇二年始

置，一員。正三品。

[2]考：考課。隋對官吏有考課制度，由吏部考工曹具體負責，考核官吏功過行能的優劣，評定等級。考課成績是官吏升遷任免的重要依據之一。

[3]甲戌，皇太子昭薨：岑仲勉説，“據朔閏考，甲戌二十二日，五九本傳作二十三日”（岑仲勉：《隋書求是》，第17頁）。考本卷、《北史》卷一二《隋煬帝紀》、《通鑑》卷一八〇《隋紀》大業二年七月條皆記楊昭死於甲戌日，楊素死於乙亥（二十三日）。另《北史》卷七一《楊昭傳》未載楊昭具體死日，却説“先是，太史奏言楚分有喪，於是改封越公楊素於楚。及昭薨日，而素亦薨，蓋隋、楚同分也”。本書卷五九《楊昭傳》記楊昭死於二十三日，“三”“二”易相訛；前引《北史·楊昭傳》記載的時間又籠統。故在没更有力的證據之前，當以本書本紀等記載的時間爲確。

八月辛卯，封皇孫倓爲燕王，[1]侗爲越王，[2]侑爲代王。[3]

[1]倓：人名。即楊倓。傳見本書卷五九、《北史》卷七一。

[2]侗：人名。即楊侗。傳見本書卷五九、《北史》卷七一。

[3]侑：人名。即楊侑。紀見本書卷五、《北史》卷一二。

九月乙丑，立秦孝王俊子浩爲秦王。[1]

[1]秦孝王俊：即楊俊，謚秦孝王。傳見本書卷四五、《北史》卷七一。　浩：人名。即楊浩。本書卷四五、《北史》卷七一有附傳。

冬十月戊子，以靈州刺史段文振爲兵部尚書。[1]

［1］靈州：治所在今寧夏靈武市西南。　段文振：人名。傳見本書卷六〇、《北史》卷七六。

十二月庚寅，詔曰："前代帝王，因時創業，君民建國，禮尊南面。而歷運推移，年世永久，丘壟殘毁，樵牧相趍，[1]塋兆堙蕪，[2]封樹莫辨。[3]興言淪滅，有愴于懷。自古已來帝王陵墓，可給隨近十户，蠲其雜役，[4]以供守視。"

［1］趍：音 qū。朝向、奔向。按，底本、汲古閣本、殿本、庫本皆爲"趍"，宋刻遞修本、中華本爲"趨"。

［2］塋兆：即墓地。塋，墓；兆，也作"垗"，界域。

［3］封樹：聚土爲墳稱封，植樹爲標記叫樹。

［4］雜役：又稱雜徭役，是相對正役而言的一種徭役。這種役是政府根據需要，隨時調發做各種雜事。

三年春正月癸亥，敕并州逆黨已流配而逃亡者，[1]所獲之處，即宜斬決。丙子，長星竟天，出於東壁，[2]二旬而止。是月，武陽郡上言，[3]河水清。[4]

［1］并州逆黨：指楊諒部下官吏。　流配：犯流刑者應發配至配所服役，稱流配。犯人稱流配人或流人。

［2］長星竟天，出於東壁：古人據天人感應論，認爲此天象預示除舊布新政。長星，爲彗星的一種。竟天，指長星光芒的長度貫徹天空。東壁，是"壁宿"别名，爲武七宿之一。

［3］武陽郡：治所在今河北大名縣東北。按，據《元和郡縣

志》卷一六《河北道一》載，“隋煬帝大業三年，罷（魏）州爲武陽郡”。本卷和《通鑑》卷一八〇《隋紀》又載：大業三年四月“壬辰，改州爲郡”。故知大業三年正月魏州尚未改名武陽郡。若此，“是月，武陽郡上言”，應寫作“是月，魏州上言”。

［4］河水清：古人據天人感應論，以黄河水清爲祥瑞。另，《隋書求是》本卷補大業三年正月二十八日行道度人敕。敕文詳載於《廣弘明集》卷三五。（岑仲勉：《隋書求是》，第17頁）

二月己丑，彗星見於奎，掃文昌，歷大陵、五車、北河，入太微，掃帝坐，前後百餘日而止。[1]

［1］奎：二十八宿之一，白虎七宿的首宿，有星十六顆。　文昌：斗魁上六星的總稱。　大陵：屬胃宿，共八星。　五車：屬畢宿，共五星。　北河：屬井宿，共三星。　帝座：屬天市垣，在候星西。按，《北史》卷一二《隋煬帝紀》也載此條，但“彗星見於東井”一句與此不同。又，本書《天文志下》不載二月己丑星象事，在三月辛亥日有載，而本卷、《北史·隋煬帝紀》却無。

三月辛亥，車駕還京師。壬子，以大將軍姚辨爲左屯衛將軍。[1]癸丑，遣羽騎尉朱寬使於流求國。[2]乙卯，河間王弘薨。

［1］以大將軍姚辨爲左屯衛將軍：岑仲勉指出，“辨應作辯，又屯衛上奪大字，均校見前開皇十六年下”（岑仲勉：《隋書求是》，第18頁）。姚辯，人名。隋大業七年官至右屯衛大將軍。按，岑仲勉指出，本書此人，有的記爲“姚辯”，有的記爲“姚辨”，“辯、辨字通也”（岑仲勉：《隋書求是》，第14頁）。《金石録》卷三有“隋屯衛大將軍姚辯墓誌”，嚴可均《全上古三代秦漢三國六

朝文·全隋文》卷一四《左尉大將軍、左光禄大夫姚恭公墓誌銘》。左屯衛大將軍，官名。隋文帝置左右領軍府，各掌十二軍籍帳、差科、詞訟之事，不置將軍。煬帝大業三年改左右領軍府爲左右屯衛，所統軍士名御林。並各置大將軍一人，正三品；將軍各二人，從三品。左右屯衛大將軍總判府事，並統所屬鷹揚府。

[2]羽騎尉：官名。開皇六年置，屬武散。從九品。　流求國：地名。今臺灣本島。

夏四月庚辰，詔曰："古者帝王觀風問俗，[1]皆所以憂勤兆庶，安集遐荒。自蕃夷内附，未遑親撫，山東經亂，須加存恤。今欲安輯河北，[2]巡省趙、魏。[3]所司依式。"甲申，頒律令，[4]大赦天下，關内給復三年。[5]壬辰，改州爲郡。[6]改度量權衡，並依古式。[7]改上柱國已下官爲大夫。[8]

[1]古者帝王觀風問俗：《北史》卷一二《隋煬帝紀》爲"古者帝王觀風俗"。

[2]河北：地區名。泛指黄河以北地域。

[3]趙、魏：地區名。泛指戰國時趙國、魏國所轄區域。

[4]律令：此指牛弘等編訂的《大業律》十八篇。

[5]關内：地區名。秦至唐時稱函谷或潼關以西、隴坂以東、終南山以北爲關内。

[6]改州爲郡：隋文帝於開皇三年十二月廢諸郡，改州、郡、縣三級爲州、縣兩級制。此改州名郡，成郡、縣兩級。名雖稱郡，實與隋文帝州、縣兩級制的州無異。

[7]改度量權衡，並依古式：據本書《律曆志上》載："開皇官尺，即鐵尺一尺二寸"。合今長度，梁方仲認爲是 0.296 米，吴承洛認爲是 0.2951 米，劉復認爲是 0.2957656 米（均見梁方仲《中

國歷代户口、田地、田賦統計》，上海人民出版社 1980 年版，第 541—544 頁）。胡戟認爲約在 0. 295—0. 296 米之間（參見胡戟《唐代度量衡與畝里制度》，《西北大學學報》1980 年第 4 期）。本書《律曆志上》載隋量器，“開皇以古斗三升爲一升”。合今容量，吴承洛認爲是 594. 4 毫升（參前梁方仲書第 545 頁）。本書《律曆志上》載隋衡器，“開皇以古稱三斤爲一斤”。吴承洛認爲合今重量是 668. 18 克。並依古式，吴承洛認爲，大業三年以後隋一尺合今 23. 55 釐米，一升合今 198. 1 毫升，一斤合今 222. 73 克。（參前梁方仲書第 543、545 頁）

[8]改上柱國已下官爲大夫：舊都督以上至上柱國十一等散實官稱皆罷廢，新名依次爲：光禄，從一品；左光禄，正二品；右光禄，從二品；金紫光禄，正三品；銀青光禄，從三品；正議，正四品；通議，從四品；朝請，正五品；朝散，從五品。仍是散實官。

甲午，詔曰：

天下之重，非獨治所安，帝王之功，豈一士之略。自古明君哲后，立政經邦，何嘗不選賢與能，收採幽滯。[1]周稱多士，漢號得人，常想前風，[2]載懷欽佇。[3]朕負扆夙興，[4]冕旒待旦，[5]引領巖谷，置以周行，[6]冀與群才共康庶績。而彙茅寂寞，[7]投竿罕至，[8]豈美璞韜采，未值良工，將介石在懷，[9]確乎難拔？永鑒前哲，憮然興歎！凡厥在位，譬諸股肱，若濟巨川，義同舟楫。豈得保兹寵禄，晦爾所知，優游卒歲，甚非謂也。祁大夫之舉善，[10]良史以爲至公，臧文仲之蔽賢，尼父譏其竊位。[11]求諸往古，非無褒貶，宜思進善，用匡寡薄。

[1]收採：《北史》卷一二《隋煬帝紀》爲“振拔”。

[2]常想前風：《北史·隋煬帝紀》爲“尚想前風”。

[3]欽佇：敬仰、思慕。

[4]負扆（yǐ）：又作“負依”，天子朝諸侯時，負扆南面而坐。扆，户牖間畫有虎紋的屏風。

[5]冕旒（liú）：古代禮冠中最尊貴的一種。外面黑色，裏面朱紅色，冠頂有板，稱延，後高前低，略向前傾。延的前端垂有組纓，穿掛着玉珠，叫做旒。天子的冕十二旒，諸侯九，上大夫七，下大夫五。歷代制度大略相同。南北朝後衹有皇帝用冕旒。

[6]周行（háng）：大路。

[7]彙茅：指進用賢才。語本《易·泰》。

[8]投竿：即罷釣，借指出仕。相傳吕尚釣於渭濱，周文王出獵相遇，與語大悦，同載而歸，以爲師。詳見《史記》卷三二《齊太公世家》。

[9]介石：謂操守堅貞。語出《易·豫》。

[10]祁大夫之舉善：語出《左傳》襄公二十一年。原話爲“祁大夫外舉不棄仇，内舉不失親”。祁大夫，即祁奚。

[11]臧文仲之蔽賢，尼父譏其竊位：語出《論語·衛靈公》原話爲：“子曰：‘臧文仲其竊位者與！知柳下惠之賢而不與立也。’”

夫孝悌有聞，人倫之本，德行敦厚，立身之基。或節義可稱，或操履清潔，所以激貪厲俗，有益風化。强毅正直，執憲不撓，學業優敏，文才美秀，並爲廊廟之用，[1]實乃瑚璉之資。[2]才堪將略，則拔之以禦侮，膂力驍壯，[3]則任之以爪牙。爰及一藝可取，亦宜採録，衆善畢舉，與時無棄。以此求治，庶幾非遠。文武有職事者，五品已上，宜依令十科舉人。[4]有一於此，不必求備。朕當待以不次，隨才升擢。[5]其見任九品已上官者，不在舉送之限。

［1］廊廟：古代帝王和大臣議論政事處，後因此稱朝廷爲廊廟。廊，指殿四周的廊；廟，太廟。

［2］瑚（hú）璉（liǎn）：瑚、璉，都是古代祭祀時盛糧食的器皿。因其貴重，常用以比喻有才能堪當大任。

［3］膂力：《北史》卷一二《隋煬帝紀》爲“力有”。

［4］十科舉人：即皇帝以十科爲科目的名稱下詔徵召，有資格的官員要據此給中央舉薦合格的人才。十科，是隋朝制舉取士的一種，此科有十項名目。

［5］隨才升擢：《北史·隋煬帝紀》爲“隨才升用”。

丙申，車駕北巡狩。丁酉，以刑部尚書宇文弼爲禮部尚書。戊戌，敕百司不得踐暴禾稼，其有須開爲路者，有司計地所收，即以近倉酬賜，務從優厚。己亥，次赤岸澤。[1]以太牢祭故太師李穆墓。[2]

［1］赤岸澤：地名。在今陝西大荔縣西南。

［2］太牢：太牢盛三牲，因之把宴會或祭祀時並用牛、羊、豕三牲叫太牢。也有專指用牛爲太牢，用羊爲少牢。太，大；牢，盛牲的食器。　太師：官名。三師之首。名爲訓導之官，與天子坐而論道，實無具體職權。多贈與德高望重的元老大臣爲榮譽銜，無其人則缺。置一員，正一品。　李穆：人名。傳見本書卷三七、《周書》卷三〇，《北史》卷五九有附傳。

五月丁巳，突厥啓民可汗遣子拓特勤來朝。[1]戊午，發河北十餘郡丁男鑿太行山，[2]達于并州，以通馳道。

丙寅，啓民可汗遣其兄子毗黎伽特勤來朝。[3]辛未，啓民可汗遣使請自入塞，奉迎輿駕。上不許。癸酉，有星孛于文昌上將，星皆動摇。[4]

[1]啓民可汗：東突厥突利可汗，名染干，開皇十七年隋文帝册爲啓民可汗。詳見本書卷八四、《北史》卷九九《突厥傳》。拓特勤：此將人名“拓”和官名“特勤”合一，是敬稱啓民可汗子。特勤，突厥官名。多由可汗子弟擔任，祇統部落，不領兵馬。

[2]太行山：綿亘今山西、河南、河北三省界。

[3]毗黎伽特勤：此將人名“毗黎伽”和官名合一，是敬稱啓民可汗兄子。

[4]有星孛于文昌上將，星皆動摇：古人根據天人感應論，認爲這種天象意味着天下將大亂，大臣受殃，國易政。

六月辛巳，獵於連谷。[1]丁亥，詔曰：

[1]連谷：地名。在今陝西神木縣西北。隋文帝曾在此地置連谷鎮，煬帝改爲連谷戍。

聿追孝饗，[1]德莫至焉，崇建寢廟，[2]禮之大者。然則質文異代，損益殊時，學滅坑焚，[3]經典散逸，憲章湮墜，廟堂制度，[4]師説不同。所以世數多少，莫能是正，連室異宫，亦無準定。[5]

[1]孝饗：盡孝道祭祀奉獻祖先。

[2]寢廟：古代宗廟中的寢和廟的合稱。宗廟，前稱廟，後稱寢。

［3］學滅坑焚：指秦始皇焚書坑儒。

［4］廟堂：宗廟明堂。古代帝王遇大事，告於宗廟，議於明堂。

［5］準定：《北史》卷一二《隋煬帝紀》、《册府元龜》卷二九《帝王部·奉先》皆爲“定準”。似“定準”確。

朕獲奉祖宗，欽承景業，永惟嚴配，[1]思隆大典。於是詢謀在位，博訪儒術。咸以爲高祖文皇帝受天明命，奄有區夏，拯群飛於四海，[2]革凋敝於百王，恤獄緩刑，生靈皆遂其性，輕徭薄賦，比屋各安其業。恢夷宇宙，[3]混壹車書。東漸西被，[4]無思不服，南征北怨，俱荷來蘇。[5]駕毳乘風，歷代所弗至，辮髮左衽，聲教所罕及，莫不厥角關塞，[6]頓顙闕庭。譯靡絶時，書無虚月，韜戈偃武，[7]天下晏如。嘉瑞休徵，[8]表裏禔福，猗歟偉歟，無得而名者也。

［1］嚴配：此總稱父母。嚴，對父親的尊稱；配，夫婦稱配偶，故稱妻爲配。

［2］群飛：喻紛亂。

［3］恢夷：諸本及《册府元龜》卷二九《帝王部·奉先二》也爲“恢夷”，但《北史》卷一二《隋煬帝紀》爲“芟夷”，即“消除”意。恢，擴大；夷，削平。

［4］東漸西被：語出《尚書·禹貢》：“東漸于海，西被于流沙，朔南暨聲教，訖于四海。”漸，入。後用作向東流傳之意。被，至，達到。

［5］俱荷（hè）來蘇：意從疾苦中獲得重生。荷，承受。來蘇，語出《尚書·仲虺之誥》。

［6］厥角：語出《尚書·泰誓》：“百姓懔懔，若崩厥角。”厥

角，獸的頭角。後來稱以頭叩地爲厥角。

[7]偃武：殿本、庫本、中華本同底本，《册府元龜》卷二九《帝王部·奉先二》也爲“偃武”，但《北史·隋煬帝紀》爲“偃伯”，即休戰意。

[8]嘉瑞：祥瑞。中國古代基於天人感應，把有些自然現象的出現視爲社會祥瑞。

朕又聞之，德厚者流光，[1]治辨者禮縟。[2]是以周之文、武，漢之高、光，其典章特立，謚號斯重，[3]豈非緣情稱述，即崇顯之義乎？高祖文皇帝宜別建廟宇，以彰巍巍之德，仍遵月祭，用表蒸蒸之懷。有司以時創造，務合典制。又名位既殊，禮亦異等。天子七廟，[4]事著前經，諸侯二昭，[5]義有差降，故其以多爲貴。[6]王者之禮，今可依用，貽厥後昆。

[1]流光：語出《穀梁傳》僖公十五年。意福澤流傳至後世。

[2]治辨：語出《荀子·正論》。指處理事務合宜。　禮縟：禮，此是規定社會行爲的法則、規範、儀式的總稱。縟，繁密。

[3]謚號：帝王、貴族、士大夫死後，依其生前事迹按謚法給予的贈號，以示褒貶。

[4]七廟：古代宗法制度，宗廟或墓地的輩次排列，以始祖居中，二、四、六世位於始祖的左方，稱“昭”，三、五、七世位於右方，稱“穆”，用來區别宗族内部的長幼、親疏和遠近。七廟，據《禮記·王制》：“天子七廟，三昭、三穆，與太祖之廟而七。”即歷代帝王爲進行宗法統治，設七廟供奉七代祖先。

[5]二昭：此是“二昭二穆”的略文，指諸侯據禮法衹能設五廟供奉五代祖先。

[6]其：諸本皆同，《册府元龜》卷二九《帝王部·奉先二》

也爲“其”，但《北史》卷一二《隋煬帝紀》爲“知”。

戊子，次榆林郡。[1]丁酉，啓民可汗來朝。己亥，吐谷渾、高昌並遣使貢方物。[2]甲辰，上御北樓，[3]觀漁于河，以宴百僚。

[1]榆林郡：隋大業十三年改勝州置。治所在今内蒙古准格爾旗東北十二連城。

[2]吐谷渾：古族名。本遼東鮮卑之種，姓慕容氏，西晋時西遷至群羌故地，北朝至隋唐時期游牧於今青海北部和新疆東南部地區。傳見本書卷八三、《晋書》卷九七、《魏書》卷一〇一、《周書》卷五〇、《北史》卷九六、《舊唐書》卷一九八、《新唐書》卷二二一上。　高昌：此指麴氏高昌王國。傳見本書卷八三、《北史》卷九七、《舊唐書》卷一九八、《新唐書》卷二二一。

[3]北樓：此指榆林郡治所的北城樓。

秋七月辛亥，啓民可汗上表請變服，襲冠帶。[1]詔啓民贊拜不名，[2]位在諸侯王上。甲寅，上於郡城東御大帳，其下備儀衛，[3]建旌旗，宴啓民及其部落三千五百人，奏百戲之樂。[4]賜啓民及其部落各有差。丙子，殺光禄大夫賀若弼、禮部尚書宇文弢、太常卿高熲。[5]尚書左僕射蘇威坐事免。[6]發丁男百餘萬築長城，西距榆林，[7]東至紫河，[8]一旬而罷，[9]死者十五六。

[1]冠帶：此指漢族的帽子和腰帶。

[2]贊拜不名：君主對大臣的一種特殊禮遇。贊拜，臣子朝拜君王司儀宣讀行禮的儀式。不名，不報自己的姓名。

[3]儀衛：儀仗隊的統稱，文的稱“儀”，武的稱“衛”。

[4]百戲：古代的散樂雜戲，如扛鼎、吞火、爬竿、履火、耍龍燈等。

[5]光禄大夫：官名。屬散實官，煬帝大業三年廢特進，改置光禄大夫等九大夫。從一品。　賀若弼：人名。傳見本書卷五二，《北史》卷六八有附傳。　太常卿：官名。太常寺長官，掌國家禮樂，郊廟社稷祭祀等事，總轄郊社、太廟等十一署。置一員，正三品。　高熲：人名。傳見本書卷四一、《北史》卷七二。

[6]蘇威：人名。傳見本書卷四一，《北史》卷六三有附傳。

[7]榆林：即榆林郡。

[8]紫河：河名。即今内蒙古烏蘭察布盟南境黄河支流渾河。

[9]一旬而罷：諸本皆同。中華本校勘記指出“《北史·隋本紀》下作‘二旬而罷’”。另，檢《通鑑》卷一八〇《隋紀》大業三年三月、《册府元龜》卷九九〇《外臣部·備禦三》也皆作“二旬而畢”。

八月壬午，車駕發榆林。乙酉，啓民飾廬清道，以候乘輿。帝幸其帳，啓民奉觴上壽，宴賜極厚。上謂高麗使者曰：[1]“歸語爾王，當早來朝見。不然者，吾與啓民巡彼土矣。”皇后亦幸義城公主帳。[2]己丑，啓民可汗歸蕃。癸巳，入樓煩關。[3]壬寅，次太原。[4]詔營晋陽宫。[5]

[1]高麗：古國名。此時亦稱高句麗。故地在今朝鮮半島北部。傳見本書卷八一、《北史》卷九四、《舊唐書》卷一九九上、《新唐書》卷二二〇。

[2]義城公主：隋宗室女，開皇十九年出嫁突厥啓民可汗。啓民死，繼爲處羅、頡利可汗妻。隋亡，數請頡利出兵攻唐，爲隋報

仇。頡利敗時被殺。按，中華本校勘記云："本書中多作'義成公主'。'城''成'二字有時通用。"

[3]樓煩關：關名。位今山西寧武縣東北陽方口。

[4]太原：郡名。此指太原郡，隋煬帝大業三年改并州爲太原郡。治所在今山西太原市西南古城營。

[5]晉陽宮：宮殿名。位今山西太原市西南古城營。

九月己未，次濟源。[1]幸御史大夫張衡宅，[2]宴享極歡。己巳，至于東都。壬申，以齊王暕爲河南尹、開府儀同三司。[3]癸酉，以民部尚書楊文思爲納言。

[1]濟源：縣名。指濟源縣。隋文帝開皇十六年分軹縣置。治所在今河南濟源市。

[2]御史大夫：官名。御史臺長官，職掌國家刑憲典章之政令，司彈劾糾察百官等。置一員。其品級，隋大業五年（按，此據本書《百官志下》，而《唐六典》卷一三《御史臺》爲"大業八年"）前是從三品，此年降爲正四品。　張衡：人名。傳見本書卷五六、《北史》卷七四。

[3]河南：郡名。即河南郡。隋煬帝大業元年改洛州名豫州，大業三年又改名河南郡，治所在洛陽。　尹：官名。隋煬帝大業三年改州名郡，京兆、河南郡因是都城所在地，行政長官稱尹。各置一員，正三品。　開府儀同三司：官名。隋文帝因改後周之制形成十一等散實官，以酬勤勞。開府是第六等，開府置府佐。正四品。

四年春正月乙巳，詔發河北諸郡男女百餘萬開永濟渠，[1]引沁水南達于河，[2]北通涿郡。[3]庚戌，百僚大射於允武殿。[4]丁卯，賜城内居民米各十石。壬申，以太府卿元壽爲内史令，[5]鴻臚卿楊玄感爲禮部尚書。[6]癸西，以工部尚書衛玄爲右候衛大將軍，[7]大理卿長孫熾爲民部尚書。[8]

［1］詔發河北諸郡男女百餘萬開永濟渠：《北史》卷一二《隋煬帝紀》、《册府元龜》卷四九七《邦計部·河渠二》同，但《通鑑》卷一八一《隋紀》大業四年正月爲“詔發河北諸軍百餘萬穿永濟渠”。永濟渠，運河名。關於永濟渠詳情，可參見《元和郡縣圖志》卷一六、一七，黄盛璋《永濟渠考》（《地理集刊》第18號）。

［2］沁水：即今沁河，源出山西沁源縣北太岳山東麓，南流至河南武陟縣入黄河。

［3］涿郡：大業初改幽州置，治所在今北京市西南隅。

［4］大射：爲祭祀而舉行的射禮。　允武殿：隋東京宫殿名。

［5］太府卿：官名。太府寺長官，掌庫儲出納。在大業三年（此據本書《百官志下》和《通鑑》卷一八〇《隋紀》大業四年；《唐六典》卷二二《少府監》、《通典》卷二七《少府監》則爲“大業五年”）從太府寺分出少府監前，還兼管百工技巧、官府手工業。置一員。大業四年前正三品，此年降爲從三品。　元壽：人名。傳見本書卷六三、《北史》卷七五。

［6］鴻臚卿：官名。鴻臚寺長官，掌册封諸藩、接待外使及凶儀等事。開皇三年曾廢鴻臚寺，將其職能歸入太常寺；開皇十二年又恢復。卿置一員，隋初正三品，煬帝降爲從三品。　楊玄感：人名。傳見本書卷七〇，《北史》卷四一有附傳。

［7］右候衛大將軍：官名。隋文帝時設左右武候，置大將軍各一人。掌皇帝車駕出，先驅後殿，晝夜巡察，執捕奸非，烽候道路等；巡狩時則掌營禁。正三品。煬帝大業三年改左右武候名左右候衛，爲十二衛之一，其他未變。右候衛大將軍是右候衛長官。

［8］長孫熾：人名。本書卷五一、《北史》卷二二有附傳。

二月己卯，遣司朝謁者崔毅使突厥處羅，[1]致汗血馬。[2]

[1]司朝謁者：官名。煬帝大業三年始置謁者臺，與御史大夫、司隸臺合稱三臺。置謁者大夫爲謁者臺長官，掌執詔勞問、出使慰撫，受理冤枉而申奏之。置司朝謁者二人爲副，從五品。　崔毅：人名。中華書局新修訂本校勘記云："即崔君肅。"《通鑑》卷一八一《隋紀》大業四年所載同此。崔君肅事見《周書》卷三六、《北史》卷六七《崔彦穆傳》。　處羅：西突厥可汗號，全稱爲泥撅處羅可汗，即西突厥泥利可汗之子達漫。詳見本書卷八四、《北史》卷九九、《舊唐書》卷一九四、《新唐書》卷二一五《突厥傳》。

[2]汗血馬：古代産於大宛即今中亞費爾干納盆地一帶的駿馬名。詳見《漢書》卷六《武帝紀》太初四年條及應劭注。

三月辛酉，以將作大匠宇文愷爲工部尚書。壬戌，百濟、倭、赤土、迦羅舍國並遣使貢方物。[1]乙丑，車駕幸五原，[2]因出塞巡長城。丙寅，遣屯田主事常駿使赤土，[3]致羅罽。[4]

[1]百濟：古國名。故地在今朝鮮半島西南部。傳見本書卷八一、《北史》卷九四、《舊唐書》卷一九九上、《新唐書》卷二二〇。　倭：古代稱日本國爲倭國。傳見本書卷八一、《北史》卷九四、《舊唐書》卷一九九上、《新唐書》卷二二〇。　赤土：古國名。故地有在今巨港、馬六甲、宋卡等説，一般認爲在今馬來半島（參見陳碧笙《〈隋書〉赤土國究在何處》，《中國史研究》1980年第4期；周桓《〈隋書〉中的赤土應在何處》，《歷史教學》1983年第7期）。傳見本書卷八二、《北史》卷九五，以及《通典》卷一

八八《邊防四·赤土》。 迦羅舍國：古國名。故地在今巴厘島上。

［2］五原：胡三省認爲此五原指隋煬帝以豐州改的五原郡（《通鑑》卷一八一《隋紀》大業四年三月乙丑條胡三省注）。若此，治所在今内蒙古五原縣西南。岑仲勉認爲此五原是太原之訛（參見岑仲勉《隋書求是》，第102頁）。若此，治所即在今山西太原市。胡戟認爲此五原指鹽州郡治所五原縣（參見胡戟《隋煬帝新傳》，上海人民出版社1995年版，第134頁）。若此，治所即在今陝西定邊縣。

［3］屯田主事：官名。尚書省工部第二曹名屯田曹，曹内設屯田主事，爲流外吏職。 常駿：人名。事見本書卷八二《赤土傳》。按，關於煬帝遣常駿等出使赤土的時間，《北史》卷一二《隋煬帝紀》同此。《通鑑》卷一八一《隋紀》大業四年也載三月丙寅，煬帝命常駿出使赤土，還記同年十月到達赤土境。但本書《赤土傳》、《北史·赤土傳》、《通典》卷一八八《邊防四·赤土》，以及《册府元龜》卷六六二《奉使部·絶域》皆記此時間在大業三年。後文還説“其年十月，駿等自南海郡乘舟”出發。兩者時間不同。考據本書和《北史》的《隋煬帝紀》，知煬帝命常駿出使赤土起因，是該國在大業四年三月壬戌遣使貢方物。而且《册府元龜》卷九七〇《外臣部·朝貢三》也載赤土第一次朝貢是在大業四年三月。因此，煬帝命常駿出使赤土不可能在大業三年。另細讀上述載此事於大業三年的各種資料，當出同一史源，即轉録或簡縮本書《赤土傳》，而且時間籠統，無有月、日。總之，煬帝命常駿出使赤土應在大業四年三月丙寅，而爲利用南海信風，同年十月纔從南海郡起航並到達。

［4］羅罽（jì）：宋刻遞修本、汲古閣本、殿本、庫本同底本，《北史·隋煬帝紀》也同，但本書《食貨志》爲“羅刹”。中華本據此將“罽”改爲“刹”。另，《通典》卷一二《邊防四》也作“羅刹”。該古國位在婆利國（今印度尼西亞加里曼丹島或巴厘島）東。其簡況可參見《通典》卷一二《邊防四·羅刹》、《舊唐書》

卷一九七《婆利傳》。

夏四月丙午，以離石之汾源、臨泉，雁門之秀容，爲樓煩郡。[1]起汾陽宫。[2]癸丑，以河内太守張定和爲左屯衛大將軍。[3]乙卯，詔曰："突厥意利珍豆啓民可汗率領部落，[4]保附關塞，遵奉朝化，思改戎俗，頻入謁覲，屢有陳請。以氈墻毳幕，事窮荒陋，上棟下宇，願同比屋。誠心懇切，朕之所重。宜於萬壽戍置城造屋，[5]其帷帳床褥已上，隨事量給，務從優厚，稱朕意焉。"

[1]離石：郡名。北周改北齊懷政郡置，開皇初廢，大業初復置，治所在今山西吕梁市離石區。　汾源：縣名。開皇十八年以岢嵐縣改名，治所在今山西静樂縣。　臨泉：縣名。大業二年以蔚汾縣改名，治所在今山西興縣西北。　雁門：郡名。大業三年改代州爲雁門郡，治所在今山西代縣。　秀容：縣名。治所在今山西忻州市。　樓煩郡：治所在今山西静樂縣。

[2]汾陽宫：煬帝行宫名。大業四年建，在今山西寧武縣西南管涔山上。

[3]河内：此爲郡名。治所在今河南沁陽市。　張定和：人名。傳見本書卷六四、《北史》卷七八。

[4]意利珍豆啓民可汗：文帝開皇十七年賜突利可汗（染干）的新號。

[5]萬壽戍：隋萬壽戍在今内蒙古托克托縣東北。戍，軍事據點名。東晋、北魏以屯兵守境處爲戍，隋唐時爲邊防機構之一。

五月壬申，蜀郡獲三足烏，[1]張掖獲玄狐，[2]各一。

［1］蜀郡：煬帝大業三年改益州爲蜀郡，治所在今四川成都市。　三足烏：古代傳説中的神鳥。祥瑞之鳥。

［2］張掖：郡名。煬帝大業三年改甘州爲張掖郡，治所在今甘肅張掖市。　玄狐：黑色的狐。古人據天人感應論，認爲社會太平則玄狐現。

秋七月辛巳，發丁男二十餘萬築長城，[1]自榆林谷而東。[2]乙未，左翊衛大將軍宇文述破吐谷渾於曼頭、赤水。[3]

［1］發丁男二十餘萬築長城：《北史》卷一二《隋煬帝紀》、《通鑑》卷一八一《隋紀》大業四年、《册府元龜》卷九九〇《外臣部·備禦三》同此。但本書《五行志上》載大業四年"發卒百餘萬築長城"。似將這年開永濟渠的人數誤記於此。

［2］榆林谷：汲古閣本、殿本、庫本同底本，《北史·隋煬帝紀》也作"榆林谷"。但宋刻遞修本、中華本與《通鑑》卷一八一《隋紀》大業四年作"榆谷"。胡三省注："此榆谷當在榆林西。"若榆谷即榆林谷，而胡三省所注的榆林指隋榆林縣，此谷應位於今内蒙古准格爾旗境。另説"榆谷，在今青海尖札、貴德二縣之間黄河以南"（魏嵩山：《中國歷史地名大辭典》，廣東教育出版社1995年版，第1158頁）。

［3］左翊衛大將軍：官名。煬帝大業三年改左右衛名左右翊衛，職掌未變。左翊衛大將軍即左衛大將軍之改名。　曼頭：城名。即曼頭城，在今青海共和縣西南。　赤水：城名。即赤水城，在今青海興海縣東南。

八月辛酉，親祠恒岳，[1]河北道郡守畢集。[2]大赦天下。[3]車駕所經郡縣，免一年租調。

[1]恒岳：即北岳恒山，在今河北曲陽縣西北與山西接壤處。按，岑仲勉指出，四年巡幸所至，“中間所過，全從省略”，並補本紀之缺（岑仲勉：《隋書求是》，第18、102頁）。

[2]河北道：據本書《百官志下》，新、舊《唐書·地理志》，《通典》卷一七一《州郡一》載：煬帝大業三年改州爲郡，並仿漢朝制度設司隸、刺史分部巡察，刺史十四人巡察畿外。推斷刺史也應像兩漢一樣有一定的巡察範圍，或此“河北道”即是巡察範圍之一。

[3]大赦天下：《文館詞林》卷六六六目録載煬帝巡幸北岳大赦詔一首，但其文已佚（岑仲勉：《隋書求是》，第18頁）。

九月辛未，徵天下鷹師悉集東京，[1]至者萬餘人。戊寅，彗星出於五車，掃文昌，至房而滅。[2]辛巳，詔免長城役者一年租賦。

[1]鷹師：善調習訓練鷹的人。

[2]彗星出於五車，掃文昌，至房而滅：古人據天人感應論認爲此天象是文臣有災難的徵兆。彗星，繞太陽運行的一種星體。後曳長尾，呈雲霧狀。俗稱掃帚星。舊認爲彗星主除舊布新，其出現又爲重大災難的預兆。房，星名，二十八宿之一。

冬十月丙午，詔曰：“先師尼父，[1]聖德在躬，誕發天縱之姿，憲章文、武之道。[2]命世膺期，藴兹素王，[3]而頽山之歎，[4]忽踰於千祀，盛德之美，不存於百代。永惟懿範，宜有優崇。可立孔子後爲紹聖侯。有司求其苗裔，録以申上。”辛亥，詔曰：“昔周王下車，[5]首封唐、虞之胤，[6]漢帝承曆，[7]亦命殷、周之後。皆所以褒立先代，憲章在昔。朕嗣膺景業，傍求雅訓，有一弘益，欽若令典。以爲周兼夏、殷，文質大備，漢有天下，車書混一，魏、晋沿襲，風流未遠。並宜立後，以存繼絶之義。[8]有司可求其胄緒列聞。”乙卯，頒新式於天下。[9]

[1]尼父：對孔子的尊稱。

[2]文、武：指周文王、武王。

[3]素王：此指孔子，即他有帝王之德而未居其位。

[4]頹山：典出《禮記·檀弓上》：“泰山其頹乎！梁木其壞乎！哲人其萎乎！”此借泰山崩塌比喻孔子之死。

[5]下車：典出《禮記·樂記》：“武王克殷反商，未及下車而封黄帝之後於薊。”後稱初即位或到任爲下車。

[6]唐、虞：即唐堯、虞舜。

[7]承曆：意承繼天道而改朝换代。曆，即曆數、天道，也指朝代更替的次序。

[8]繼絶：典出《論語·堯曰》：“興滅國，繼絶世。”意恢復已滅絶的世祀。

[9]頒新式於天下：此指大業三年四月壬辰改度量權衡，並依古式，今頒布於天下（《通鑑》卷一八一《隋紀》大業四年本條胡三省注）。

五年春正月丙子，改東京爲東都。癸未，詔天下均田。戊子，上自東都還京師。己丑，制民間鐵叉、搭鈎、穳刃之類，[1]皆禁絶之。太守每歲密上屬官景迹。[2]

[1]鐵叉：底本爲“鐵义”，宋刻遞修本、汲古閣本、殿本、庫本同。但《北史》卷一二《隋煬帝紀》、《通鑑》卷一八一《隋紀》大業五年本條均作“鐵叉”；中華本也作“鐵叉”。“鐵义”難釋，且“义”“叉”字形相近，易訛。故改。 穳（zuǎn）：小矛。

[2]景（yǐng）迹：猶業績。

二月戊戌，次于閿鄉。[1]詔祭古帝王陵及開皇功臣墓。庚子，制魏、周官不得爲蔭。[2]辛丑，赤土國遣使貢方物。[3]戊申，車駕至京師。丙辰，宴耆舊四百人於武德殿，[4]頒賜各有差。己未，上御崇德殿之西院，[5]憮然不悦，[6]顧謂左右曰：“此先帝之所居，實用增感，情所未安，宜於此院之西别營一殿。”壬戌，制父母聽隨子之官。

[1]閿（wén）鄉：縣名。治所在今河南靈寶市西北。

[2]魏：即北魏（386—557）。初都平城（今山西大同市東北），公元494年遷都洛陽（今河南洛陽市東北白馬寺東）。公元534年分裂爲東魏和西魏兩個政權。東魏（534—550）都於鄴（今河北臨漳縣西南鄴鎮東），西魏（535—557）都於長安（今陝西西安市西北郊）。 周：即北周（557—581），都於長安（今陝西西安市西北郊）。 蔭：即門蔭。

[3]赤土國遣使貢方物：關於此次赤土國遣始貢方物的時間，《册府元龜》卷九七〇《外臣部·朝貢三》同。但本書卷八二和《北史》卷九五的《赤土傳》、《通典》卷一八八《邊防四·赤土》均不載，却同記赤土王子那邪迦隨常駿於大業六年春貢方物，並在弘農謁見煬帝。時間有異。從本卷前後行文可知，赤土國此次貢方物正是常駿“大業四年”出使的回訪，若從利用南海信風冬去春回的往來時間推算，當在大業五年春。而且，本卷載大業五年正月煬

帝自東都還京師，二月戊戌在閿鄉，三天後即“辛丑”，那邪迦有可能在閿鄉附近的弘農貢方物並朝見煬帝。而大業六年三月煬帝下江都後，至同年六月未至弘農，故那邪迦難有該年春貢方物並朝見煬帝於弘農的可能。由此可斷，赤土國王子那邪迦隨常駿第二次朝貢並在弘農朝謁煬帝的時間，當以大業五年二月爲確，記大業六年春誤。大業六年赤土國第三次朝貢，當在該年六月，此本卷和《册府元龜》卷九七〇《外臣部·朝貢三》均有記録。

[4]武德殿：宫殿名。隋文帝建造的大興宫城内諸殿之一，位大興宫内東側，在今陝西西安市城區北部。

[5]崇德殿：宫殿名。此指隋文帝建造的大興宫城内諸殿之一，位置不詳。

[6]憮（wǔ）然不悦：宋刻遞修本、汲古閣本作“愀然不怡”，殿本、庫本爲“愀然不悦”，《北史》卷一二《隋煬帝紀》同。憮然，悵然失意貌；驚愕貌。愀然，容色改變貌，憂愁貌。

三月己巳，車駕西巡河右。[1]庚午，有司言，武功男子史永遵與從父昆弟同居。[2]上嘉之，賜物一百段，米二百石，表其門閭。乙亥，幸扶風舊宅。[3]

[1]河右：地區名。河西的别稱。指今甘肅、青海兩省黄河以西，即河西走廊和湟水流域一帶。

[2]武功：縣名。治所在今陝西武功縣西北武功鎮。　史永遵：人名。隋時人，具體事迹不詳。

[3]扶風：郡名。隋煬帝大業三年置，治所在今陝西鳳翔縣。

夏四月己亥，大獵於隴西。[1]壬寅，高昌、吐谷渾、伊吾並遣使來朝。[2]乙巳，次狄道，[3]党項羌來貢方物。[4]癸亥，出臨津關，[5]渡黄河，至西平，[6]陳兵講武。

[1]隴西：地區名。泛指隴山以西，約當今甘肅隴山以西、黄河以東地帶。

[2]高昌：諸本均爲高昌，但《北史》卷一二《隋煬帝紀》爲高麗。《北史》中華本校勘記云："按高昌與伊吾、吐谷渾相鄰，疑是。"另，檢《册府元龜》卷九七〇亦作高麗。　伊吾：城名。此指漢故伊吾城，始稱"伊吾盧"，在今新疆哈密市西，爲内地通往西域的門户。後隋煬帝築新城，移今哈密市。

[3]狄道：縣名。治所在今甘肅臨洮縣。

[4]党項羌：部族名。傳見本書卷八三、《北史》卷九六、《舊唐書》卷一九八、《新唐書》卷二二一上。

[5]臨津關：關名。又稱臨津城。在今青海循化撒拉族自治縣東黄河南岸。

[6]西平：郡名。治所在今青海西寧市。

五月乙亥，上大獵於拔延山，[1]長圍周亘二千里。[2]庚辰，入長寧谷。[3]壬午，度星嶺。[4]甲申，宴群臣於金山之上。[5]丙戌，梁浩亹，[6]御馬度而橋壞，[7]斬朝散大夫黄亘及督役者九人。[8]吐谷渾王率衆保覆袁川，[9]帝分命内史元壽南屯金山，[10]兵部尚書段文振北屯雪山，[11]太僕卿楊義臣東屯琵琶峽，[12]將軍張壽西屯泥嶺，[13]四面圍之。渾主伏允以數十騎遁出，[14]遣其名王詐稱伏允，保車我真山。[15]壬辰，詔右屯衛大將軍張定和往捕之。[16]定和挺身挑戰，爲賊所殺。亞將柳武建擊破之，[17]斬首數百級。甲午，其仙頭王被圍窮蹙，[18]率男女十餘萬口來降。

［1］拔延山：在今青海化隆回族自治縣西北。

［2］二千里：《北史》卷一二《隋煬帝紀》同。中華書局新修訂本校勘記指出：本書卷八《禮儀志三》載“詔虞部量拔延山南北周二百里”，《通典》卷七六《禮三六・天子諸侯四時田獵》亦同。又檢《通鑑》卷一八一《隋紀》大業五年五月載：“長圍亘二十里。”《考異》云“《隋・帝紀》作‘二千里’，疑二十里字誤”。

［3］長寧谷：即今青海西寧市北北川河谷地。

［4］星嶺：山名。在今青海西寧市北大通回族土族自治縣附近。

［5］金山：此金山在今青海西寧市西北。

［6］浩亹（mén）：河名。也稱“浩亹川”。即今青海、甘肅境内湟水支流大通河。

［7］御馬度而橋壞：諸本均同。《北史・隋煬帝紀》和《册府元龜》卷一一三《帝王部・巡幸二》亦同。但《通鑑》卷一八一《隋紀》大業五年本條據《略記》作“以橋未成”。

［8］朝散大夫：官名。屬散實官。隋文帝置，正四品，煬帝改爲從五品。　黄亘：人名。傳見本書卷六八，《北史》卷九〇有附傳。按，本卷和《北史・隋煬帝紀》、《册府元龜》卷一一三《帝王部・巡幸三》都記“朝散大夫黄亘”，而《通鑑》卷一八一《隋紀》大業五年本條作“都水使者黄亘”。或“都水使者”是黄亘的職事官？

［9］吐谷渾王：中華本同，但宋刻遞修本、汲古閣本、殿本、庫本皆作“吐故渾主”。另，《册府元龜》卷一三五《帝王部・好邊功》作“吐谷渾王”，而《北史・隋煬帝紀》爲“吐故渾主”。據《通鑑》卷一八一《隋紀》大業五年本條以及本書後文，知此是指“吐谷渾可汗伏允”。因吐谷渾還有其他王，故記“吐谷渾主”確切。　覆袁川：地名。在今青海湖東北一帶。

［10］内史元壽：諸本及《北史・隋煬帝紀》、《通鑑》卷一八一《隋紀》大業五年本條皆作“内史元壽”。但本卷、《北史・隋煬帝紀》、《通鑑》卷一八一《隋紀》皆載：大業四年正月壬申以

太府卿元壽爲内史令，本書卷六三和《北史》卷七五《元壽傳》也載此事，而且，其間官職未有變動。再者，據本書《百官志下》載，隋煬帝於諸郡各加置通守一人，位次太守，“京兆、河南，則謂之‘内史’”。如此官位之内史不可能在史文記叙中列於兵部尚書段文振前，而内史令乃宰相纔能如此。故此“内史”應是“内史令”之脱文。

［11］雪山：此指今甘肅、青海兩省交接的冷龍嶺。

［12］太僕卿：官名。太僕寺長官，掌國家厩牧、車輿之政令。初總領驊騮、乘黄、龍厩、車府、典牧、牛羊等署，隋煬帝大業三年將驊騮署劃入殿内省。置一員。隋初正三品，煬帝降爲從三品。　楊義臣：人名。傳見本書卷六三、《北史》卷七三。　琵琶峽：地名。在今青海門源回族自治縣西大通河畔。

［13］將軍：據《張壽墓誌》，張壽大業二年拜左禦衛大將軍，九年轉右翊衛大將軍，則此“將軍”全名應爲左禦衛大將軍。左禦衛大將軍，官名。煬帝大業三年置，爲禁軍指揮機構左禦衛長官，是十二衛大將軍之一。總左禦府事，並統諸鷹揚府府兵。正三品。　張壽：人名。歷北周、隋二朝，官至右翊衛大將軍、光禄大夫。生平見《張壽墓誌》（參見王其禕、周曉薇《隋代墓誌銘彙考》四三九，綫裝書局2007年版）。　泥嶺：山名。在今青海剛察縣西北，爲大通山南支脈。

［14］渾主：《北史·隋煬帝紀》爲“吐谷渾主”。

［15］車我真山：在今青海祁連縣東南一帶。

［16］右屯衛大將軍：“右”當爲“左”之訛（岑仲勉：《隋書求是》，第19頁）。

［17］亞將：副將。　柳武建：人名。事亦見本書卷六四《張定和傳》。

［18］仙頭王：吐谷渾最高一級官名。

六月丁酉，遣左光禄大夫梁默、右翊衛將軍李瓊等追渾主，[1]皆遇賊死之。癸卯，經大斗拔谷，[2]山路隘險，魚貫而出。風霰晦冥，與從官相失，[3]士卒凍死者太半。丙午，次張掖。[4]辛亥，詔諸郡學業該通、才藝優洽，膂力驍壯、超絶等倫，在官勤奮、堪理政事，立性正直、不避强禦四科舉人。[5]壬子，高昌王麴伯雅來朝，[6]伊吾吐屯設等獻西域數千里之地。[7]上大悦。癸丑，置西海、河源、鄯善、且末等四郡。[8]丙辰，上御觀風行殿，[9]盛陳文物，奏九部樂，[10]設魚龍曼延，[11]宴高昌王、吐屯設於殿上，以寵異之。其蠻夷陪列者三十餘國。戊午，大赦天下。開皇已來流配，悉放還鄉，晋陽逆黨，不在此例。隴右諸郡，給復一年，行經之所，給復二年。[12]

[1]左光禄大夫：官名。屬散官，隋文帝時置左、右光禄大夫皆正二品，煬帝大業三年定令，“左”爲正二品，“右”爲從二品。 梁默：人名。本書卷四〇、《北史》卷七三有附傳。 右翊衛將軍：官名。隋煬帝大業三年改左右衛爲左右翊衛，職掌未變。故右衛將軍改名右翊衛將軍，是右翊衛大將軍部下。置兩員，從三品。 李瓊：人名。隋時人，事迹不詳。

[2]大斗拔谷：地名。又作達斗拔谷、大斗谷。即今甘肅民樂縣東南扁都口。因位祁連山東段，自古爲青海湟中和甘肅河西走廊間交通捷徑。按，關於隋煬帝經大斗拔谷的時間，本書和《北史》卷一二《隋煬帝紀》、《册府元龜》卷一一三《帝王部・巡幸二》所記均同，但《通鑑》卷一八一《隋紀》大業五年據《略記》置於七月。

[3]從官：諸本皆同。但《北史・隋煬帝紀》，《册府元龜》卷

一一三《帝王部·巡幸三》、卷一三五《帝王部·好邊功》均作“後宮”，而《通鑑》卷一八一《隋紀》大業五年本條也記作：“後宮妃、主或狼狽相失。”

［4］張掖：郡名。治所在今甘肅張掖市。

［5］四科：隋朝四種取士科目，由皇帝下詔進行。

［6］麴伯雅：人名。高昌國王，公元601至623年在位。詳見本書卷八三、《北史》卷九七、《舊唐書》卷一九八、《新唐書》卷二二一上《高昌傳》。

［7］伊吾吐屯設等獻西域數千里之地：吐屯設，突厥汗國官名。由可汗派遣，常駐屬國，負責監督行政和徵收賦税。伊吾吐屯設即常駐伊吾的突厥此官。按，胡戟認爲此句記載有誤。説“伊吾衹有哈密緑洲一地，並無那數千里之地可獻”，“那本是吐谷渾的地方”（胡戟：《隋煬帝新傳》，第161頁）。

［8］西海：郡名。隋煬帝設，治所在伏俟城，位於今青海湖西岸。　河源：郡名。治所在今青海興海縣東南。　鄯善：郡名。治所在今新疆若羌縣。　且末：郡名。治所一説在今新疆且末縣城西南附近，一説即今且末縣城。

［9］觀風行殿：也簡稱觀風殿，是宇文愷在大業三年爲隋煬帝北巡專門製造的一座宫殿。殿可離合，下設輪軸，推之可迅速移動。

［10］九部樂：隋宫廷音樂，也稱“九部伎”。煬帝在大業中將七部樂改爲九部樂，包括清樂伎、西凉伎、龜兹伎、天竺伎、康國伎、疏勒伎、安國伎、高麗伎、禮畢伎。

［11］魚龍曼延：又稱漫衍魚龍、魚龍戲等。是魚龍、曼延的合稱，爲古代百戲之一，西漢時已有。唐人顔師古説：“漫衍者，即張衡《西京賦》所云‘巨獸百尋，是爲漫延’者也。魚龍者，爲舍利之獸，先戲於庭極，畢乃入殿前激水，化成比目魚，跳躍漱水，作霧障日，畢，化成黄龍八丈，出水敖戲於庭，炫燿日光。”（《漢書》卷九六《西域傳》顔師古注）。大致是由人裝扮成珍異動

物並表演。

［12］“隴右諸郡”至“給復二年”：諸本皆同，另《册府元龜》卷四九〇《邦計部·蠲覆二》也同。但《北史·隋煬帝紀》作“隴右諸郡給覆三年”。

秋七月丁卯，置馬牧於青海渚中，[1]以求龍種，無效而止。

［1］青海：湖名。即今青海湖。

九月癸未，車駕入長安。[1]

［1］長安：此指隋文帝所建的大興城，又稱“西京”。在今陝西西安市及其南郊。

冬十月癸亥，詔曰：“優德尚齒，[1]載之典訓，尊事乞言，[2]義彰膠序。[3]鬻熊爲師，[4]取非筋力，[5]方叔元老，克壯其猷。[6]朕永言稽古，用求至治，是以厖眉黄髮，[7]更令收叙，務簡秩優，無虧藥膳，[8]庶等卧治，佇其弘益。今歲耆老赴集者，可於近郡處置。年七十以上，疾患沉滯，不堪居職，即給賜帛，送還本郡；其官至七品已上者，量給廪，以終厥身。”

［1］優德尚齒：語出《禮記·祭義》：“昔者有虞氏貴德而尚齒。”尚齒，尊敬老年人。齒，年齡。

［2］乞言：古代帝王及其嫡長子養一些德高望重的老人，以便向他們請教，叫乞言。語出《禮記·文王世子》：“凡祭與養老，乞

言合語之禮。”

［3］膠序：古代學校夏朝稱“校”；殷商稱“序”；周朝稱大學爲“膠”，小學爲“庠”。後以膠序爲學校之通名。

［4］鬻（yù）熊：人名。也作“粥熊”。楚之先祖，爲周文王師。詳見《史記》卷四〇《楚世家》、《漢書・古今人表》。

［5］取非：諸本皆同。但《北史》卷一二《隋煬帝紀》作“無取”。

［6］方叔元老，克壯其猷：語出《詩・小雅・采芑》。方叔，人名。周宣王時卿士，受命北伐玁狁，南征荊楚，有功於周。

［7］厖（páng）眉黃髮：厖眉、黃髮，均形容老年貌。這裏指老年人。

［8］藥膳：諸本同。但《北史・隋煬帝紀》作“藥餌”。

十一月丙子，車駕幸東都。

六年春正月癸亥朔，旦，有盜數十人，皆素冠練衣，[1]焚香持華，[2]自稱彌勒佛，入自建國門。[3]監門者皆稽首。既而奪衛士仗，將爲亂。齊王暕遇而斬之。於是都下大索，與相連坐者千餘家。丁丑，角抵大戲於端門街，[4]天下奇伎異藝畢集，終月而罷。帝數微服往觀之。己丑，倭國遣使貢方物。

［1］練衣：白色的衣服。練，白色的熟絹。

［2］華：音 huā，同“花”。

［3］建國門：東都洛陽外郭城正南門，位南面三門之中。

［4］角抵大戲：角抵，又作“角觝”，本是相互角力的一種技藝，類似今摔跤。相傳起源於戰國，西漢已盛行。後成爲百戲的總名，“角觝大戲”即此意。是隋唐宮廷和民間主要觀賞娛樂節目之一。　端門街：洛陽皇城南面三門中間的名端門，端門外街爲端

門街。

二月乙巳，武賁郎將陳稜、朝請大夫張鎮州擊流求，[1]破之，獻俘萬七千口，頒賜百官。乙卯，詔曰："夫帝圖草創，王業艱難，咸仗股肱，叶同心德，用能拯厥頹運，克膺大寶，然後疇庸茂賞，[2]開國承家，誓以山河，傳之不朽。近代喪亂，四海未一，茅土妄假，名實相乖，歷兹永久，莫能懲革。皇運之初，百度伊始，猶循舊貫，未暇改作。今天下交泰，文軌攸同，宜率遵先典，永垂大訓。自今已後，唯有功勳乃得賜封，[3]仍令子孫承襲。"丙辰，改封安德王雄爲觀王，河間王子慶爲郇王。[4]庚申，徵魏、齊、周、陳樂人，[5]悉配太常。[6]

[1]武賁郎將：官名。隋煬帝大業三年改革官制，十二衛每衛置護軍四人，爲將軍副貳，不久又改護軍名武賁郎將。正四品。陳稜：人名。傳見本書卷六四、《北史》卷七八。　朝請大夫：官名。屬散官，隋煬帝大業三年置。正五品。　張鎮州：本書卷四《煬帝紀下》、卷二四《食貨志》、卷八一《流求傳》，以及《舊唐書》卷五六《蕭銑傳》、卷六〇《李孝恭傳》、卷六七《李靖傳》均作"張鎮州"；但本書卷六四、《北史》卷七八《陳稜傳》，以及《通鑑》卷一八一《隋紀》大業六年、卷一八五武德元年均作"張鎮周"。

[2]疇庸：即酬庸。猶酬功；酬勞。

[3]封：封爵。隋文帝時爲九等：國王、郡王、國公、郡公、縣公、侯、伯、子、男。煬帝大業三年衹留王、公、侯三等爵位。

[4]慶：人名。即楊慶。本書卷四三、《北史》卷七一有附傳。

[5]魏：即北魏。　齊：即北齊（550—577），都於鄴（今河北臨漳縣西南鄴鎮東）。

[6]太常：官署名。即太常寺，掌國家禮樂，郊廟社稷祭祀等事。隋初總轄郊社、太廟、諸陵、太祝、衣冠、太樂、清商、鼓吹、太醫、太卜、廩犧等署，煬帝大業三年廢太祝、衣冠、清商署。

三月癸亥，幸江都宫。[1]甲子，以鴻臚卿史祥爲左驍衛大將軍。[2]

[1]江都宫：隋煬帝置，在今江蘇揚州市西。

[2]史祥：人名。傳見本書卷六三，《北史》卷六一有附傳。　左驍衛大將軍：官名。當是"左驍騎衛大將軍"脱文。左驍騎衛大將軍是左驍騎衛的最高將領。職掌宿衛。置一員，正三品。詳參"右驍衛大將軍"注。

夏四月丁未，宴江淮已南父老，頒賜各有差。

六月辛卯，室韋、赤土並遣使貢方物。[1]壬辰，雁門賊帥尉文通聚衆三千，[2]保於莫壁谷。[3]遣鷹揚楊伯泉擊破之。[4]甲寅，制江都太守秩同京尹。[5]

[1]室韋：古部族名。或作失韋。與契丹同類，屬東胡族系統。隋時分爲五部，互不統屬，主要分布於今嫩江流域及黑龍江沿岸地區。北部多以狩獵爲生，南部開始農耕生活。傳見本書卷八四、《北史》卷九四、《舊唐書》卷一九九下、《新唐書》卷二一九。

[2]尉文通：人名。事另見《北史》卷一二《隋煬帝紀》。

[3]莫壁谷：地名。今地不詳。

[4]鷹揚：官名。全稱爲鷹揚郎將。隋文帝初，置左右衛等衛

府，各領軍坊、鄉團，以統軍卒。後改置驃騎將軍府，每府置驃騎、車騎二將軍，上轄於衛府大將軍，下設大都督、帥都督、都督領兵。煬帝大業三年改驃騎府爲鷹揚府，改驃騎將軍爲鷹揚郎將，職能依舊。正五品。　楊伯泉：人名。隋煬帝時任鷹揚郎將，其他事迹不詳。

[5]京尹：官名。即京兆尹，爲京城長安所在地京兆郡長官。正三品。

冬十月壬申，[1]刑部尚書梁毗卒。壬子，民部尚書、銀青光禄大夫長孫熾卒。[2]

[1]十月壬申：諸本皆同，《北史》卷一二《隋煬帝紀》也同。本書和《北史》的中華本校勘記均云："此月己丑朔，無壬申。日干有誤。"

[2]銀青光禄大夫：官名。屬散官，隋文帝時爲正三品，煬帝大業三年降爲從三品。

十二月己未，左光禄大夫、吏部尚書牛弘卒。辛酉，朱崖人王萬昌舉兵作亂，[1]遣隴西太守韓洪討平之。[2]

[1]朱崖：郡名。又稱珠崖郡。一爲西漢元封元年（前110）置，初元三年（前46）廢。隋大業六年復置。治所在今海南海口市瓊山區東南。一爲南朝梁置。隋初廢，大業初復置，大業六年改爲儋耳郡。治所在今海南儋州市西北。　王萬昌：人名。事另見本書卷五二《韓洪傳》。

[2]韓洪：人名。本書卷五二、《北史》卷六八有附傳。

七年春正月壬寅，左武衛大將軍、光禄大夫、真定侯郭衍卒。

二月己未，上升釣臺，[1]臨揚子津，[2]大宴百僚，頒賜各有差。庚申，百濟遣使朝貢。乙亥，上自江都御龍舟入通濟渠，遂幸于涿郡。壬午，詔曰："武有七德，[3]先之以安民；政有六本，[4]興之以教義。高麗高元，[5]虧失藩禮，將欲問罪遼左，[6]恢宣勝略。雖懷伐國，仍事省方。[7]今往涿郡，巡撫民俗。其河北諸郡及山西、山東年九十已上者，[8]版授太守；八十者，授縣令。"

[1]釣臺：地名。在今江蘇揚州市南揚子橋。

[2]揚子津：渡口名。爲隋代揚州、京口（今江蘇鎮江市）間重要津渡。

[3]武有七德：本《左傳》宣公十二年所説的禁暴、戢兵、保大、定功、安民、和衆、豐財七件事。

[4]政有六本："六本"古謂立身行事的六項根本：孝、哀、勇、能、嗣、力。漢劉向《説苑·建本》："孔子曰：行身有六本，本立焉，然後爲君子。立體有義矣，而孝爲本；處喪有禮矣，而哀爲本；戰陣有隊矣，而勇爲本；治政有理矣，而能爲本；居國有禮矣，而嗣爲本；生才有時矣，而力爲本。"

[5]高元：高麗國王名。詳見本書卷八一、《北史》卷九四《高麗傳》。

[6]遼左：地區名。遼東的别稱。泛指今遼河以東地區。另，舊也稱今遼寧省一帶爲遼左。

[7]省方：巡察四方。

[8]山西：地區名。戰國、秦、漢時通稱崤山或華山以西爲山西。其後又通稱今太行山以西爲山西，隋代已如此。

三月丁亥，右光禄大夫、左屯衛大將軍姚辯卒。[1]

[1]三月丁亥：岑仲勉指出“今本姚辯志作三月十九日卒于京兆，《金石萃編》四〇推三月丁亥朔，非十九日。按朔閏考三月應丙戌朔，丁亥是二日，十九日則爲甲辰，疑丁亥或丁未之訛，否則志文之三月應作二月，二月丁巳朔，十九日爲乙亥，是時帝在江都，三月丁亥乃報到之日也”（岑仲勉：《隋書求是》，第19頁）。

夏四月庚午，至涿郡之臨朔宮。[1]

[1]臨朔宮：隋代薊城行宫。在今北京市區西南。

五月戊子，以武威太守樊子蓋爲民部尚書。[1]

[1]武威：郡名。隋煬帝大業三年改凉州爲武威郡，治所在今甘肅武威市。　樊子蓋：人名。傳見本書卷六三、《北史》卷七六。

秋，大水，山東、河南漂没三十餘郡，[1]民相賣爲奴婢。

[1]三十餘郡：諸本同，《北史》卷一二《隋煬帝紀》、《通鑑》卷一八一《隋紀》大業七年本條同。中華本校勘記指出，“本書《食貨志》作‘四十餘郡’”。

冬十月乙卯，底柱山崩，[1]偃河逆流數十里。[2]戊午，以東平太守吐萬緒爲左屯衛大將軍。[3]

［1］底柱山：即砥柱山，又名三門山，也簡稱砥柱。在今河南三門峽市東北黄河中。

［2］河：即黄河。按，諸本皆同；《通鑑》卷一八一《隋紀》大業七年也作“河”。中華本《北史》卷一二《隋煬帝紀》改作“水”。校勘記云：“諸本‘水’作‘木’，《隋書》作‘河’，《通志》作‘水’。按‘木’乃‘水’之訛，今據改。”

［3］東平：郡名。隋煬帝大業初改鄆州爲東平郡。治所在今山東鄆城縣東。　吐萬緒：人名。傳見本書卷六五、《北史》卷七八。

十二月己未，西面突厥處羅多利可汗來朝。[1]上大悦，接以殊禮。于時遼東戰士及餽運者填咽於道，晝夜不絶，苦役者始爲羣盜。甲子，敕都尉、鷹揚與郡縣相知追捕，隨獲斬決之。

［1］西面突厥：即西突厥。　處羅多利可汗：西突厥可汗名。又稱“達漫”“泥撅處羅可汗”“處羅可汗”“曷薩那可汗”。事見本書卷八四《西突厥傳》。

今注本二十四史

隋書

一〇

志〔九〕傳〔一〕

唐 魏徵等 撰

馬俊民 張玉興 主持校注

中国社会科学出版社

隋書　卷三五

志第三十

經籍四集　道經　佛經

《楚辭》十二卷。並《目録》。後漢校書郎王逸注。

王逸：見本書卷三四“儒家”。《後漢書》卷八〇上載，王逸著《楚辭章句》行於世。漢劉向集屈原《離騷》一、《九歌》十一、《天問》一、《九章》九、《卜居》《漁父》《遠遊》二十五篇，又宋玉《九辯》《招魂》，景差《大招》，賈誼《惜誓》，淮南小山《招隱士》，東方朔《七諫》，嚴忌《哀時命》，王褒《九懷》，以及劉向《九歎》，共爲《楚辭》十六卷。王逸作注，以己作《九思》與班固二叙爲十七卷。今本王逸注《楚辭》已經後人改動，自宋以來即非王逸之舊本。見《四庫全書總目》卷一四八。《漢志》著録《屈原賦》二十五篇，《宋玉賦》十六篇，《賈誼賦》七篇。《日本國見在書目録》著録《楚辭》十六卷，王逸注。《舊唐志》著録《楚辭》十六卷，王逸撰；《新唐志》著録王逸注《楚辭》十六卷；《宋志》著録《楚辭》十六卷，屈原等撰，又十七卷，後漢王逸章句。《直齋書録解題》卷一五著録《楚辭》十七卷，稱漢護都水使者光禄大夫劉向集，後漢校書郎南郡王逸叔師注，洪興祖補注。王逸之注雖未能盡善，而自淮南王安以下，爲訓者今不復存，獨王逸注幸而尚傳。《四庫全書總目》卷一四八著録《楚辭章句》十七卷，王逸撰。歷代研究《楚辭》之著作有宋洪興祖《楚辭補注》十七卷、朱熹《楚辭集注》八卷，清代王夫之《楚辭通釋》十四卷、王闓運《楚辭釋》十一卷。近代研究有成就者，當屬遊國恩、姜亮夫。此書現存最早的本子爲明正德十三年黄省曾、高第刻本，通行本爲四庫本、叢書集成本等。

《楚辭》三卷。郭璞注。梁有《楚辭》十一卷，宋何偃删王逸注，亡。

郭璞：見本書卷三二“詩類”。《晋書》卷七〇載，郭璞注《楚辭》。兩《唐志》著録郭璞注《楚辭》十卷，《宋志》無載，亡佚。何偃：見本書卷三二“詩類”。兩《唐志》無載是書，亡佚。

《楚辭九悼》一卷。楊穆撰。

楊穆：生平事迹不詳。兩《唐志》著録楊穆《楚辭九悼》一卷，《宋志》無載，亡佚。

《參解楚辭》七卷。皇甫遵訓撰。

皇甫遵：見本書卷三三“雜史類”。兩《唐志》無載，亡佚。

《楚辭音》一卷。徐邈撰。

徐邈：見本書卷三二“易類”。兩《唐志》著録徐邈《楚辭音》一卷，《宋志》無載，亡佚。

《楚辭音》一卷。宋處士諸葛氏撰。

諸葛氏：不知何人。兩《唐志》無載，亡佚。

《楚辭音》一卷。孟奥撰。

孟奥：生平事迹不詳。兩《唐志》有著録，《宋志》無載，亡佚。

《楚辭音》一卷。

不署撰者。兩《唐志》無載，亡佚。

《楚辭音》一卷。釋道騫撰。

釋道騫：生平事迹不詳。兩《唐志》有著録，《宋志》無載，亡佚。

《離騷草木疏》二卷。劉杳撰。

劉杳：見本書卷三四“雜家類”。《梁書》卷五〇載，劉杳撰《楚辭草木疏》一卷。兩《唐志》著録劉杳《離騷草木蟲魚疏》二卷，《宋志》無載，亡佚。

右十部，二十九卷。通計亡書，十一部，四十卷。

《楚辭》者，屈原之所作也。[1]自周室衰亂，詩人寢息，諂佞之道興，諷刺之辭廢。楚有賢臣屈原，被讒放逐，乃著《離騷》八篇，言己離别愁思，申杼其心，[2]自明無罪，因以諷諫，冀君覺悟，[3]卒不省察，[4]遂赴汨羅死焉。[5]弟子宋玉，痛惜其師，傷而和之。其後，賈誼、東方朔、劉向、揚雄，嘉其文彩，擬之而作。蓋以原楚人也，謂之“楚辭”。然其氣質高麗，雅致清遠，後之文人，咸不能逮。始漢武帝命淮南王爲之章句，旦受詔，食時而奏之，其書今亡。後漢校書郎王逸，集屈原已下，迄於劉向，逸又自爲一篇，并叙而注之，今行於世。隋時有釋道騫，善讀之，能爲楚聲，音韻清切，[6]至今傳《楚辭》者，皆祖騫公之音。

[1]屈原：戰國時楚國人，名平，字原；又名正則，字靈均。楚懷王時任左徒、三閭大夫。博聞强志，明於治亂，善於辭令。上官大夫妒其能，進讒言，屈原被放逐，抒發情懷而作《離騷》。楚頃襄王時，屈原又遭讒毁被貶。此時屈原對楚國已失去信心，懷石投汨羅江而亡。《史記》卷八四有傳。

[2]申杼（shū）："杼"通"抒"。申杼，申訴、抒發。

[3]冀：希望。

[4]卒：最後。省（xǐng），查看。

[5]汨（mì）羅：位於湖南東北部的一條河。上游汨水流經湘陰縣分爲二支，汨水南流，羅水經古羅城，至屈潭兩水合流，曰汨羅。

[6]清切："切"通"徹"，清切，言聲音清澈。

楚蘭陵令《荀况集》一卷。殘缺。梁二卷。

荀况：見本書卷三四"儒家"。《漢志·詩賦》著録《孫卿賦》十篇。摯虞《文章流别論》言，"前世爲賦者有孫卿、屈原，尚頗有古之詩義"。見《全晋文》卷七七。兩《唐志》著録《趙荀况集》二卷，《宋志》無載，亡佚。《全上古三代文》卷九輯有荀况《禮賦》《智賦》等五篇。

楚大夫《宋玉集》三卷。

宋玉：見本書卷三四"小説家"。《史記》卷八四載，楚有宋玉、唐勒、景差之徒者，皆好辭而以賦見稱。《漢志·詩賦》著録《宋玉賦》十六篇，班固注曰，"楚人，與唐勒並時，在屈原後也"。兩《唐志》著録楚《宋玉集》二卷，《宋志》無載。《直齋書録解題》卷一六著録《宋玉集》一卷，稱今書乃《文選》及《古文苑》中録出者，未必當時本也。原書亡佚。《全上古三代文》卷一〇輯有宋玉《風賦》《大言》等凡十一篇。

《漢武帝集》一卷。梁二卷。

漢武帝：見本志“大序”。《漢書》卷六載，元狩元年冬十月，作《白麟之歌》；元鼎四年，作《寶鼎》《天馬之歌》。兩《唐志》無載，亡佚。《全漢文》卷三、四輯漢武帝《李夫人賦》《秋風辭》，制誥、策書、敕書、璽書及雜文多篇。

漢《淮南王集》一卷。梁二卷。又有《賈誼集》四卷，《晁錯集》三卷，漢弘農都尉《枚乘集》二卷，《録》各一卷，亡。

淮南王：見本書卷三四“雜家類”。《漢志·詩賦略》著録《淮南王賦》八十二篇；兩《唐志》有著録，《宋志》無載，亡佚。《全漢文》卷一二有輯文二篇。賈誼：見本書卷三四“儒家”。《史記》卷八四載，漢有賈誼爲長沙王太傅，過湘水，爲賦以悼屈原。《漢志·詩賦略》著録《賈誼賦》七篇，《漢志·諸子略》著録《賈誼》五十八篇，兩《唐志》著録前漢《賈誼集》二卷，《崇文總目》著録《賈誼集》二卷，《宋志》無載，亡佚。現有漢魏六朝百三名家集本《賈長沙集》一卷。《全漢文》卷一五、一六有輯文十一篇。晁錯：見本書卷三四“法家”。《漢書》卷四九載，晁錯上書凡三十篇。兩《唐志》無載是書，亡佚。《全漢文》卷一八有輯文九篇。枚乘：字叔，淮陰（今江蘇淮安市）人。爲吴王濞郎中。吴王爲逆，枚乘多次進諫，而吴王不用其策，卒見擒滅。武帝即位，徵之，途中病死。《漢書》卷五一有傳。《文章流別論》言七發造於枚乘。見《全晋文》卷七七。《漢書·詩賦略》著録《枚乘賦》九篇，兩《唐志》著録《枚乘集》二卷，《宋志》著録《枚乘集》一卷。《直齋書録解題》卷一六著録《枚乘集》一卷，稱今本乃於《漢書》及《文選》諸書鈔出者。已亡佚。清丁晏輯《枚叔集》一卷，《全漢文》卷二〇有輯文五篇。

漢中書令《司馬遷集》一卷。

司馬遷：見本書卷三三“正史類”。《漢志·詩賦略》著録《司馬遷賦》八篇，兩《唐志》著録《司馬遷集》二卷，《宋志》無載，亡佚。現有漢魏六朝名家集本《司馬子長集》一卷，《全漢文》卷二六有輯文三篇。

漢太中大夫《東方朔集》二卷。梁有漢光禄大夫《吾丘壽王集》二卷，亡。

東方朔：見本書卷三三“雜傳類”。《漢書》卷六五載，東方朔文以《答客難》《非有先生論》最善，其餘有《封泰山》《責和氏璧》等多篇。《漢志·諸子略》著録《東方朔》二十篇，兩《唐志》著録《東方朔集》二卷，《宋志》無載，亡佚。現有漢魏諸名家集本《東方先生集》一卷，《全漢文》卷二五有輯文。吾丘壽王：字子贛，趙（今河北境内）人。爲侍中中郎，坐事免。上疏願擊匈奴，詔問狀，壽王對良善，復召爲郎。後坐事被誅。《漢書》卷六四上有傳。《漢志·詩賦略》著録《吾丘壽王賦》十六篇，《漢志·諸子略》著録《吾丘壽王》六篇。兩《唐志》無載，亡佚。《全漢文》卷二七有輯文。

漢孝文園令《司馬相如集》一卷。

司馬相如：見本書卷三二“小學類”。《漢書》卷五七載，司馬相如撰《子虛賦》《上林賦》《與五公子相難》等。《漢志·詩賦略》著録《司馬相如賦》二十九篇，兩《唐志》著録《司馬相如集》二卷，《宋志》無載，亡佚。現有漢魏諸名家集本《司馬相如集》一卷，《全漢文》卷二一、二二有輯文。

漢膠西相《董仲舒集》一卷。梁二卷。又有漢太常《孔臧集》二卷，亡。

董仲舒：見本書卷三二“春秋類”。《漢書》卷五六載，董仲舒後歸家，以修學著書爲事。《漢志·諸子略》著録《董仲舒》百二十三篇。兩《唐志》著録《董仲舒集》二卷，《宋志》《崇文總目》著録《董仲舒集》一卷。《直齋書録解題》卷一六著録《董仲舒集》一卷，稱今惟録本傳中《三策》，及《古文苑》所載《士不遇賦》《詣公孫弘記室書》二篇而已。《四庫全書總目》卷一七四著録《董子文集》一卷，稱兩《唐志》及《宋志》所著録者，並亡佚。此乃明正德時，盧雍集董仲舒逸文而成。現有漢魏諸名家集本《董仲舒集》一卷、漢魏六朝百三名家集本《董膠西集》一卷、叢書集成本《董子文集》一卷，《全漢文》卷二三、二四有輯文。孔臧：孝文九年，孔臧嗣父爵，曾爲太常。元朔三年，坐事免。見《漢書》卷一六。《漢志·諸子略》著録太常蓼侯《孔臧》十篇，《漢志·詩賦略》著録太常蓼侯《孔臧賦》二十篇。兩《唐志》著録《孔臧集》二卷，《宋志》無載，亡佚。《全漢文》卷一三有輯文。

漢騎都尉《李陵集》二卷。梁有漢丞相《魏相集》二卷，《録》一卷；左馮翊《張敞集》一卷，《録》一卷。亡。

李陵：字少陵，隴西成紀（今甘肅秦安縣北）人。漢名將李廣之孫，少爲侍中建章監，後拜爲騎都尉。天漢二年率步兵五千出居延北行，與匈奴戰敗，遂降。在匈奴二十餘年。《史記》卷一〇九、《漢書》卷五四有傳。《史通·雜説下》曰，“《李陵集》有《與蘇武書》，詞采壯麗，音句流靡。觀其文體，不類西漢人，殆後人所爲，假稱陵作也”。兩《唐志》著録《李陵集》二卷，《宋志》無載，亡佚。《全漢文》卷二八有輯文。魏相：字弱翁，濟陰定陶

（今山東菏澤市）人。宣帝即位，爲大司農，遷御史大夫。爲丞相，封高平侯。《史記》卷九六、《漢書》卷七四有傳。《漢志·六藝略》著録《雅琴趙氏》七篇，班固注曰，“宣帝時，丞相魏相所奏”。兩《唐志》著録《魏相集》二卷，《宋志》無載，亡佚。《全漢文》卷二九有輯文。張敞：字子高，本河東平陽（今山西臨汾市）人。隨宣帝徙杜陵，遷太僕丞，拜京兆尹。元帝即位，徵爲左馮翊，不久病卒。《漢書》卷七六有傳。《漢志·六藝·小學序》曰，《蒼頡》多古字，俗師失其讀。宣帝時徵齊人能正讀者，張敞從受之。傳至外孫之子杜林，爲作訓故。兩《唐志》著録《張敞集》二卷，《宋志》無載，亡佚。《全漢文》卷三〇有輯文十五篇。

漢諫議大夫《王褒集》五卷。

王褒：字子淵，蜀（今四川）人。宣帝時，詔王褒爲聖主得賢臣頌其意。令其爲待詔，所作《甘泉》《洞簫頌》爲後宫貴人左右誦讀之。後除爲諫議大夫。奉旨前往益州祀金馬碧雞，病死道上。《漢書》卷六四下有傳。《漢志·詩賦略》著録《王褒賦》十六篇。兩《唐志》、《宋志》著録《王褒集》五卷。現有漢魏六朝百三名家集本《王諫議集》一卷，《全漢文》卷四二有輯文。

漢諫議大夫《劉向集》六卷。梁有漢射聲校尉《陳湯集》二卷，丞相《韋玄成集》二卷，亡。

劉向：見本書卷三二“尚書類”。《漢書》卷三六贊曰，劉向博學洽聞，通達古今，其言有補於世。《漢志·詩賦略》著録《劉向賦》三十三篇，兩《唐志》、《宋志》著録《劉向集》五卷。《直齋書録解題》卷一六著録《劉中壘集》五卷，稱中壘校尉劉向子政撰。原書亡佚。現有漢魏六朝百三名家集本《漢劉中壘集》一卷，《全漢文》卷三五至三九有輯文。陳湯：字子公，山陽瑕丘（今山東兖州市）人。初元二年，元帝詔列侯舉茂才。陳湯待升遷，父死不奔喪，下論獄。後遷西域副校尉。建昭三年，因功封關内侯，拜射聲校尉。後奪爵爲士伍。數歲後，又免爲庶人。王莽秉政，追謚陳湯爲破胡壯侯。《漢書》卷七〇有傳。兩《唐志》無載是書，亡佚。《全漢文》卷四三有輯文。韋玄成：字少翁，鄒（今山東境内）人，韋賢之子，以明經擢爲諫大夫，襲父爵。數歲，徵爲未央衛尉，遷太常。永光中，爲丞相，守正持重不及其父，而文采過之。《史記》卷九六、《漢書》卷七三有傳。兩《唐志》著録《韋玄成集》二卷，《宋志》無載，亡佚。《全漢文》卷三三有輯文六篇。

漢諫議大夫《谷永集》二卷。梁有涼州刺史《杜鄴集》二卷，騎都尉《李尋集》二卷，亡。

谷永：字子雲，長安（今陝西西安市）人。先後任安定太守、涼州刺史、北地太守，徵入爲大司農。本名並，因尉氏樊並反，更名永。《漢書》卷八五有傳。兩《唐志》著録《谷永集》五卷，《宋志》無載，亡佚。《全漢文》卷四五、四六有輯文二十五篇。杜鄴：字子夏，本魏郡繁陽（今河南内黄縣）人，武帝時徙茂陵。以孝廉爲郎。哀帝即位，遷爲涼州刺史。元壽元年，詔舉方正直言，杜鄴有對策，未拜，病卒。《漢書》卷八五有傳。兩《唐志》著録《杜鄴集》五卷，《宋志》無載，亡佚。《全漢文》卷四九有輯文五篇。李尋：字子長，平陵（今陝西咸陽市西）人。治《尚書》，獨好《洪範》灾異，又學天文陰陽。哀帝即位，召李尋爲黄門待詔，遷黄門侍郎。因夏賀良事，徙敦煌郡。《漢書》卷七五有傳。兩《唐志》無載，亡佚。《全漢文》卷五五有輯文五篇。

漢司空《師丹集》一卷。梁三卷，《録》一卷。

師丹：字仲公，琅邪東武（今山東諸城市）人。舉孝廉爲郎。哀帝即位，爲左將軍，領尚書事，封高樂侯。又徙爲大司空。書數十上，多切直之言，而免爲庶人。平帝即位，被封義陽侯。《漢書》卷八六有傳。兩《唐志》著録《師丹集》五卷，《宋志》無載，亡佚。《全漢文》卷四八有輯文四篇。

漢光禄大夫《息夫躬集》一卷。

息夫躬：字子微，河内河陽（今河南孟州市）人。哀帝即位，爲光禄大夫左曹給事中，又封宜陵侯。後因心懷怨恨，持匕招指祝盗，下獄而死。《漢書》卷四五有傳。兩《唐志》著録《息夫躬集》五卷，《宋志》無載，亡佚。《全漢文》卷五六有輯文四篇。

漢太中大夫《揚雄集》五卷。

揚雄：見本書卷三二“論語類”。《漢書》卷八七載，雄少而好學，博覽無所不見。撰《反離騷》《長楊賦》《解嘲》《九州箴》等。《漢志·詩賦略》著録《揚雄賦》十二篇，篇末附注曰，入揚雄八篇。可知《七略》衹載揚雄賦四篇。兩《唐志》著録《揚雄集》五卷，《宋志》著録《揚雄集》六卷。《郡齋讀書志》卷一七著録《揚雄集》三卷，稱古無雄集，皇朝譚愈好雄文，患其散在諸篇籍，離而不屬，因綴輯之，得四十餘篇。《直齋書録解題》卷一六著録《揚子雲集》五卷，稱其大抵皆録《漢書》及《古文苑》所載。《四庫全書總目》卷一四八著録《揚子雲集》六卷，提要稱，揚集久佚，宋譚愈輯揚雄文爲五卷，明鄭樸取揚雄《太玄》《法言》《方言》三書及類書所引諸條與文賦合編之釐爲六卷。現有四庫本《揚子雲集》六卷、漢魏諸名家集本《揚子雲集》三卷、漢魏六朝百三名家集本《楊侍郎集》一卷等，《全漢文》卷五一至五四有輯文。

漢太中大夫《劉歆集》五卷。

劉歆：見本書卷三二“論語類”。《漢書》卷三六載，劉向少子劉歆最知名，博見强志，過絶於人。《文心雕龍·檄移》曰，“及劉歆之《移太常》，辭剛而義辨，文移之首也”。兩《唐志》著録《劉歆集》五卷，《宋志》無載，亡佚。現有漢魏六朝百三名家集本《漢劉子駿集》一卷，《全漢文》卷四〇、四一有輯文。

漢《成帝班婕妤集》一卷。梁有《班昭集》三卷，王莽建新大尹《崔篆集》一卷，保成師友《唐林集》一卷，中謁者《史岑集》二卷，後漢《東平王蒼集》五卷，《桓譚集》五卷，亡。

班婕妤：成帝初即位選入後宫，得幸，爲婕妤。趙飛燕姊弟漸盛，班婕妤失寵，退處東宫，作賦自傷悼。《漢書》卷九七下有傳。《文心雕龍·明詩》有曰，辭人遺翰，莫見五言，所以李陵、班婕妤見疑於後代也。兩《唐志》無載此書，亡佚。《全漢文》卷一一有輯文三篇。班昭：即曹大家，見本書卷三三“雜傳類”。《後漢書》卷八四載，班昭博學高才，所著賦、頌、銘、誄、問、哀辭、書、論、上疏等，凡十六篇。兩《唐志》著録《曹大家集》二卷，《宋志》無載，亡佚。現有關隴叢書本《曹大家集》一卷，《全後漢文》卷九六有輯文八篇。崔篆：涿郡安平（今河北安平縣）人。王莽時爲郡文學，以明經徵詣公車，後爲建新大尹。然崔篆自覺愧對漢朝，辭歸不仕。閉門潛思，著《周易林》六十四篇。《後漢書》卷五二有傳。兩《唐志》著録《崔篆集》一卷，《宋志》無載，亡佚。《全漢文》卷六一有輯文。唐林：字子高，沛郡（今江蘇徐州市）人。仕王莽，數上疏諫正，有忠直節。見《漢書》卷七二。兩《唐志》無載是書，亡佚。《全漢文》卷六一有輯文。史岑：字子孝，沛國（今江蘇徐州市）人。以文章顯，王莽以其爲謁者。著頌、誄等凡四篇。見《後漢書》卷八〇上。兩《唐志》著録《史岑集》二卷，《宋志》無載，亡佚。《全後漢文》卷四九有輯文。東平王蒼：即劉蒼。建武十五年封東平公，十七年進爵爲王。明帝即位，拜爲驃騎將軍。章帝即位，尊重恩禮，過於前世。

《後漢書》卷四二有傳。兩《唐志》有著録，《宋志》無載，亡佚。《全後漢文》卷一〇有輯文九篇。桓譚：見本書卷三四“儒家類”。《後漢書》卷二八上載，桓譚博學多通，所著賦、誄、書、奏凡二十六篇。兩《唐志》著録《桓譚集》二卷，《宋志》無載，亡佚。《全後漢文》卷一二至一五有輯文。

後漢司隸從事《馮衍集》五卷。

馮衍：字敬通，京兆杜陵（今陝西西安市東南）人。王莽末，從鮑永，爲立漢將軍。光武時，以其爲曲陽令，又爲司隸從事。數爲人讒毁，西歸故郡。所著賦、誄、銘、説、《德誥》、《慎情》、自序、策等五十篇。《後漢書》卷二八有傳。兩《唐志》著録《馮衍集》五卷，《宋志》無載，亡佚。現有漢魏六朝百三名家集本《馮曲陽集》一卷，《全後漢文》卷二〇有輯文。

後漢徐令《班彪集》二卷。梁五卷。又有司徒掾《陳元集》一卷，《王隆集》二卷，雲陽令《朱勃集》二卷，後漢處士《梁鴻集》二卷，亡。

班彪：字叔皮，扶風安陵（今陝西咸陽市東）人。光武帝雅聞班彪名，因此召入見，拜徐令。所著賦、論、書、記、奏事合九篇。《漢書》卷一〇〇、《後漢書》卷四〇上有傳。《舊唐志》著録《班彪集》二卷，《新唐志》著録《班彪集》三卷，現有關隴叢書本《叔皮集》一卷，《全後漢文》卷二三有輯文。陳元：字長孫，蒼梧廣信（今廣西梧州市）人。建武初，與桓譚、杜林等爲學者所宗。《後漢書》卷三六有傳。兩《唐志》無載，亡佚。《全後漢文》卷一九有輯文。王隆：字文山，馮翊雲陽（今陝西涇陽縣北）人。避難河西，爲竇融左護軍。建武中，爲新汲令。能文章，所著詩、賦、銘、書，凡二十六篇。《後漢書》卷八〇上有傳。兩《唐志》著録《王文山集》二卷，《宋志》無載，亡佚。朱勃：字叔陽。辭言嫻雅，馬援自愧不如。後馬援爲將軍，而朱勃不過縣令。然馬援遇讒，唯朱勃能終焉。見《後漢書》卷二四。兩《唐志》著録《朱勃集》二卷，《宋志》無載，亡佚。《全後漢文》卷一七有輯文。梁鴻：字伯鸞，扶風平陵（今陝西咸陽市西）人。博覽無不通，而不爲章句。與妻孟光入霸陵山中，以耕織爲業。適吴，潛閉著書十餘篇。《後漢書》卷八三有傳。兩《唐志》著録《梁鴻集》二卷，《宋志》無載，亡佚。《全後漢文》卷三二有輯文。

後漢車騎從事《杜篤集》一卷。

杜篤：字季雅，京兆杜陵（今陝西西安市東南）人。大司馬吴漢卒，光武詔諸儒誄之。杜篤於獄中爲誄，辭最高，賜帛免之。建初三年，車騎將軍馬防擊西羌，以杜篤爲從事中郎，戰死於姑射山。所著賦、誄、弔、書、讚、七言及雜文等，凡十八篇。又著《明世論》十五篇。《後漢書》卷八〇上有傳。兩《唐志》著録《杜篤集》五卷，《宋志》無載，亡佚。《全後漢文》卷二八有輯文。

後漢車騎司馬《傅毅集》二卷。梁五卷。

傅毅：字武仲，扶風茂陵（今陝西興平縣東北）人。章帝時，傅毅爲蘭臺令史，拜郎中，與班固、賈逵共典校書。永元元年，車騎將軍竇憲以傅毅爲司馬。早卒。所著詩、賦、誄、頌、祝文、連珠等，凡二十八篇。《後漢書》卷八〇上有傳。兩《唐志》著録《傅毅集》二卷，《宋志》無載，亡佚。現有關隴叢書本《傅司馬集》一卷、傅氏家書本《傅蘭臺集》一卷，《全後漢文》卷四三有輯文。

後漢大將軍護軍司馬《班固集》十七卷。梁有魏郡太守《黄香集》二卷，亡。

班固：見本書卷三二“小學類”。《後漢書》卷四〇下載，班固所著《典引》《賓戲》《應譏》、詩、賦、銘、誄、頌、書、論、議、六言等，在者凡四十一篇。《日本國見在書目録》著録《班固集》十二卷，兩《唐志》著録《班固集》十卷，《宋志》無載，亡佚。現有關隴叢書本《蘭臺集》一卷、漢魏六朝百三名家集本《班蘭臺集》一卷、漢魏六朝名家集初刻本《班孟堅集》三卷，《全後漢文》卷二四、二五、二六有輯文。黄香：字文彊，江夏安陸（今湖北安陸市）人。博學經典，能文章，京師號曰“天下無雙江夏黄童”。章帝時，拜尚書郎。延平元年，遷魏郡太守，後坐水潦事免。所著賦、牋、奏、書、令凡五篇。《後漢書》卷八〇上有傳。兩《唐志》著録《黄香集》二卷，《宋志》無載，亡佚。《全後漢文》卷四二有輯文。

後漢長岑長《崔駰集》十卷。

崔駰：字亭伯，涿郡安平（今河北安平縣）人，博學有偉才，善屬文。竇憲驕恣，崔駰屢諫，竇憲不能容，出爲長岑長，遂不之官而歸。所著詩、賦、銘、頌、書、記、《達旨》、《酒警》等合二十一篇。《後漢書》卷五二有傳。兩《唐志》著録《崔駰集》十卷，《宋志》無載，亡佚。現有漢魏六朝百三名家集本《東漢崔亭伯集》一卷，《全後漢文》卷四四有輯文。

後漢侍中《賈逵集》一卷。梁二卷。

賈逵：見本書卷三二“詩類”。《後漢書》卷三六載，賈逵所著經傳義詁及論難百餘萬言，又作詩、頌、書、連珠、酒令凡九篇。兩《唐志》著録《賈逵集》二卷，《宋志》無載，亡佚。《全後漢文》卷三一有輯文。

後漢校書郎《劉騊駼集》一卷。梁二卷，《録》一卷。又有樂安相《李尤集》五卷，大鴻臚《竇章集》二卷，亡。

劉騊駼：有才學。永寧中入東觀，與劉珍著中興以下名臣列士傳。又自造賦、頌、書、論凡四篇。見《後漢書》卷一四。兩《唐志》著録《劉騊駼集》二卷，《宋志》無載，亡佚。《全後漢文》卷三三有輯文。李尤：字伯仁，廣漢雒（今四川廣漢市）人。少以文章顯。安帝時，爲諫議大夫，與劉珍等俱撰《漢記》。順帝立，遷樂安相。所著詩、賦、銘、誄、頌、《七歎》、《哀典》，凡二十八篇。《後漢書》卷八〇上有傳。兩《唐志》無載，《宋志》著録《李尤集》二卷，今亡佚。現有漢魏六朝百三名家集本《漢蘭臺令李伯仁集》一卷，《全後漢文》卷五〇有輯文。竇章：字伯向，扶風平陵（今陝西咸陽市西）人。因文章與馬融、崔瑗同好。漢安二年，爲大鴻臚。建康元年，自免，卒於家。《後漢書》卷二三有傳。兩《唐志》著録《竇章集》二卷，《宋志》無載，亡佚。《全後漢文》卷一六有輯文。

後漢濟北相《崔瑗集》六卷。梁五卷。

崔瑗：見本書卷三二“小學類”。《後漢書》卷五二載，崔瑗高於文辭，所著賦、碑、銘、箴、頌、《七蘇》、《草書執》、七言等，凡五十七篇。《文心雕龍·雜文》曰，“崔瑗《七蘇》，植義純正”。兩《唐志》著録《崔瑗集》五卷，《宋志》無載，亡佚。《全後漢文》卷四五有輯文。

後漢《劉珍集》二卷。《録》一卷。

劉珍：見本書卷三三“正史類”。《後漢書》卷八〇上載，劉珍著誄、頌、連珠凡七篇，又撰《釋名》三十篇。兩《唐志》著録《劉珍集》二卷，《宋志》無載，亡佚。《全後漢文》卷五六有輯文。

後漢河間相《張衡集》十一卷。梁十二卷，又一本十四卷。又有郎中《蘇順集》二卷，《録》二卷；後漢太傅《胡廣集》二卷，《録》一卷，亡。

張衡：見本書卷三四“天文類”。《後漢書》卷五九載，張衡所著詩、賦、銘、七言、《靈憲》、《應間》等，凡三十二篇。《文心雕龍・雜文》曰“張衡《應間》密而兼雅”。兩《唐志》著録《張衡集》十卷，《宋志》著録《張衡集》六卷，今亡佚。現有漢魏六朝百三名家集本《張河間集》二卷，《全後漢文》卷五二至五五有輯文。蘇順：字孝山，京兆霸陵（今陝西西安市東）人。和帝、安帝間，以才學稱。晚乃仕，拜郎中。卒於家。所著賦、論、誄、哀辭、雜文，凡十六篇。《後漢書》卷八〇上有傳。兩《唐志》著録《蘇順集》二卷，《宋志》無載，亡佚。《全後漢文》卷四九有輯文。胡廣：見本書卷三三“職官類”。《後漢書》卷四四載，揚雄作《十二州二十五官箴》，九箴闕。胡廣繼作四篇，文甚典美。其餘所作詩、賦、銘、頌、箴、弔及諸解詁，凡二十二篇。《文心雕龍・章表》曰，“胡廣章奏天下第一，當時之傑筆也”。兩《唐志》著録《胡廣集》二卷，《宋志》無載，亡佚。《全後漢文》卷五六有輯文。

後漢黄門郎《葛龔集》六卷。梁五卷，一本七卷。

葛龔：字元甫，梁國寧陵（今河南寧陵縣）人。和帝時，以善文記知名。後拜蕩陰令，辟太尉府，病不就。所著文、賦、碑、誄、書、記，凡十二篇。《後漢書》卷八〇上有傳。兩《唐志》著録《葛龔集》五卷，《宋志》無載，亡佚。《全後漢文》卷五六有輯文。

後漢司空《李固集》十二卷。梁十卷。

李固：字子堅，漢中南鄭（今陝西漢中市）人。歷任荆州刺史、太山太守、將作大匠、大司農。沖帝即位，爲太尉。後遭梁冀誣陷下獄被誅。所著章、表、奏、議、對策、記、銘等，凡十一篇。《後漢書》卷六三有傳。兩《唐志》著録《李固集》十卷，《宋志》無載，亡佚。《全後漢文》卷四八有輯文。

後漢南郡太守《馬融集》九卷。梁有外黄令《高彪集》二卷，《録》一卷；《王逸集》二卷，《録》一卷；司徒掾《桓麟集》二卷，《録》一卷，亡。

馬融：見本書卷三二“易類”。《後漢書》卷六〇上載，馬融所著賦、頌、碑、誄、書、奏、七言、琴歌、對策、遺令等，凡二十一篇。兩《唐志》著録《馬融集》五卷，《宋志》無載，亡佚。現有漢魏六朝百三名家集本《東漢馬季長集》一卷，《全後漢文》卷一八有輯文。高彪：字義方，吴郡無錫（今江蘇無錫市）人。校書東觀，數奏賦、頌、奇文。後遷外黄令，病卒於官。《後漢書》卷八〇上有傳。兩《唐志》著録《高彪集》二卷，《宋志》無載，亡佚。《全後漢文》卷六六有輯文。《王逸集》：《後漢書》卷八〇上載，王逸賦、誄、書、論及雜文凡二十一篇。又作《漢詩》百二十三篇。兩《唐志》著録《王逸集》二卷，《宋志》無載，亡佚。現有漢魏六朝百三名家集本《東漢王叔師集》一卷，《全後漢文》卷五七有輯文。桓麟：字元鳳，沛國龍亢（今安徽懷遠縣西）人。桓帝初，爲議郎，入侍講禁中。後爲許令，病免。所著碑、誄、讚、書、説，凡二十一篇。見《後漢書》卷三七。兩《唐志》著録《桓麟集》二卷，《宋志》無載，亡佚。《全後漢文》卷二七有輯文。

後漢徵士《崔琦集》一卷。梁二卷。又有《酈炎集》二卷，《録》二卷；陳相《邊韶集》一卷，《録》一卷；益州刺史《朱穆集》二卷，《録》一卷，亡。

崔琦：字子瑋，涿州安平（今河北安平縣）人。初舉孝廉，爲郎。諫梁冀之不軌行爲，最終被梁冀所遣刺客捕殺。所著賦、頌、銘、誄、箴、論等，凡十五篇。《後漢書》卷八〇上有傳。兩《唐志》著録《崔琦集》二卷，《宋志》無載，亡佚。《全後漢文》卷四五有輯文。酈炎：字文勝，范陽（今河北保定市）人。有文采，解音律。靈帝時，州郡辟命，皆不就。妻始産驚死，妻家訟之，入獄。《後漢書》卷八〇上有傳。兩《唐志》著録《酈炎集》二卷，《宋志》無載，亡佚。《全後漢文》八二有輯文。邊韶：字孝先，陳留浚儀（今河南開封市）人。以文章知名。桓帝時，徵拜太中大夫，著作東觀。後爲陳相，卒官。所著詩、頌、碑、銘、書、策，凡十五篇。《後漢書》卷八〇上有傳。兩《唐志》著録《邊韶集》二卷，《宋志》無載，亡佚。《全後漢文》卷六二有輯文。朱穆：字公叔，南陽宛（今河南南陽市）人。桓帝時，梁冀舉其爲侍御史，極諫梁冀之不軌。後爲冀州刺史，因整飭吏治，入獄。太學生劉陶等數千人詣闕上書，乃獲赦免。徵拜尚書。所著論、策、奏、教、書、記、嘲，凡二十篇。蔡邕及門人共述其體行，謚爲文忠先生。《後漢書》卷四三有傳。兩《唐志》著録《朱穆集》二卷，《宋志》無載，亡佚。《全後漢文》卷二八有輯文。

後漢京兆尹《延篤集》一卷。梁二卷，《録》一卷。又有司農卿《皇甫規集》五卷；太常卿《張奂集》二卷，《録》一卷；《王延壽集》三卷；五原太守《崔寔集》二卷，《録》一卷；上計《趙壹集》二卷，《録》一卷。亡。

延篤：見本書卷三三“雜史類”。《後漢書》卷六四載，延篤能著文章，有名京師。所著詩、論、銘、書、應訊、表、教令，凡二十篇。兩《唐志》著録《延篤集》二卷，《宋志》無載，亡佚。《全後漢文》卷六一有輯文。皇甫規：字威明，安定朝那（今寧夏固原市）人。拜泰山太守，爲中郎將。坐繫廷尉，會赦歸家。永康元年，徵爲尚書，遷弘農太守，封壽成亭侯，讓封不受。所著賦、銘、碑、讚、禱文、弔、書、檄、牋記等，凡二十七篇。《後漢書》卷六五有傳。兩《唐志》著録《皇甫規集》五卷，《宋志》無載，亡佚。現有二酉堂叢書本《皇甫司農集》一卷，《全後漢文》卷六一有輯文。張奂：字然明，敦煌淵泉（今甘肅瓜州縣）人。舉賢良，對策第一，拜議郎。延熹二年，拜大司農，遷少府，轉太常。因黨錮歸家，閉門不出。所著銘、頌、書、教、誡述、志、對策等，凡二十四篇。《後漢書》卷六五有傳。兩《唐志》著録《張奂集》二卷，《宋志》無載，亡佚。現有二酉堂叢書本《張太常集》一卷，《全後漢文》卷六四有輯文。王延壽：字文考，南郡宜城（今湖北宜城市）人。少游魯國，作《靈光殿賦》，後蔡邕亦造此賦，未成。《後漢書》卷八〇上有傳。兩《唐志》無載，亡佚。《全後漢文》卷五八有輯文。崔寔：見本書卷三四“法家類”。《後漢書》卷五二載，崔寔所著碑、論、箴、銘、答、七言、祠、書等，凡十五篇。《日本國見在書目録》著録《崔寔集》二卷，兩《唐志》無載，亡佚。《全後漢文》卷四五、四六、四七有輯文。趙壹：字元叔，漢陽西縣（今甘肅天水市西南）人。光和元年，舉郡上計到京師。州郡争致禮命，十辟公府，皆不就，終於家。著賦、頌、箴、誄、書、論及雜文，凡十六篇。《後漢書》卷八〇下有傳。兩《唐志》著録《趙壹集》二卷，《宋志》無載，亡佚。現有關隴叢書本《趙計吏集》一卷，《全後漢文》卷八二有輯文。

後漢諫議大夫《劉陶集》三卷。梁二卷，《録》一卷。又有外黄令《張升集》二卷，《録》一卷；《侯瑾集》二卷；《盧植集》二卷；議郎《廉品集》二卷。亡。

劉陶：字子奇，一名偉，潁川潁陰（今河南許昌市）人。靈帝重其才，拜諫議大夫。上書宦官禍國。宦官共讒之，下黄門北寺獄，閉氣而死。劉陶著書數十萬言，上書言當世便事、條教、賦、奏、書、記、辯疑，凡百餘篇。《後漢書》卷五七有傳。兩《唐志》著録《劉陶集》二卷，《宋志》無載，亡佚。《全後漢文》卷六五有輯文。張升：字彦真，陳留尉氏（今河南尉氏縣）人。仕郡爲綱紀，以能出守外黄令。遇黨錮去官，後竟被誅。所著賦、誄、頌、碑、書，凡十六篇。《後漢書》卷八〇下有傳。兩《唐志》著録《張升集》二卷，《宋志》無載，亡佚。《全後漢文》卷八二有輯文。侯瑾：字子瑜，敦煌（今甘肅敦煌市）人。州郡累召，公車有道徵，並稱疾不往。爲《皇德傳》三十篇，餘所作雜文數十篇，多亡失。《後漢書》卷八〇下有傳。兩《唐志》著録《侯瑾集》二卷，《宋志》無載，亡佚。《全後漢文》卷六六有輯文。盧植：見本書卷三二“禮類”。《後漢書》卷六四載，盧植能通古今學，所著碑、誄、表、記，凡六篇。兩《唐志》著録《盧植集》二卷，《宋志》無載，亡佚。《全後漢文》卷八一有輯文。廉品：生平事迹不詳。《唐志》無載，亡佚。《全後漢文》卷六六有輯文。

後漢司空《荀爽集》一卷。梁三卷，《録》一卷。

荀爽：見本書卷三二“易類”。《後漢書》卷六二載，荀爽所著有《尚書正經》《春秋條例》《詩傳》《漢語》等，凡百餘篇，今多所亡缺。兩《唐志》著録《荀爽集》二卷，《宋志》無載，亡佚。《全後漢文》卷六七有輯文。

後漢野王令《劉梁集》三卷。梁二卷，《録》一卷。又有《鄭玄集》二卷，《録》一卷，亡。

劉梁：字曼山，一名岑，東平寧陽（今山東寧陽縣）人。桓帝時，舉孝廉，特召入拜尚書郎，後爲野王令，未行。《後漢書》卷八〇下有傳。兩《唐志》著録《劉梁集》二卷，《宋志》無載，亡佚。《全後漢文》卷六四有輯文。鄭玄：見本書卷三二“易類”。《後漢書》卷三五載，鄭玄著《魯禮禘祫義》《六藝論》《毛詩譜》

等，凡百餘萬言。兩《唐志》著録《鄭玄集》二卷，《宋志》無載，亡佚。現有雅雨堂本《鄭司農集》一卷，漢魏六朝名家集初刻本《鄭康成集》一卷，《全後漢文》卷八四有輯文。

後漢左中郎將《蔡邕集》十二卷。梁有二十卷，《録》一卷。又有尚書令《士孫瑞集》二卷，亡。

蔡邕：見本書卷三二“禮類”。《後漢書》卷六〇下載，蔡邕所著詩、賦、碑、誄、銘、讚、聯珠、《獨斷》、《勸學》、《叙樂》、《女訓》、祝文、記等，凡四百篇。《日本國見在書目録》著録《蔡邕集》廿卷，兩《唐志》著録《蔡邕集》二十卷，《崇文總目》著録《蔡邕集》五卷，《宋志》著録《蔡邕集》十卷。《直齋書録解題》卷一六著録《蔡中郎集》十卷，稱《唐志》二十卷，今本闕亡之外，纔六十四篇。其間有稱建安年號及魏宗廟頌述者，非邕文也。卷末有天聖癸亥歐陽静所書《辨證》甚詳，以爲好事者雜編他人之文相混，非本書。《四庫全書總目》卷一四八著録《蔡中郎集》六卷，提要稱，其集至隋已非完本，《舊唐志》仍作二十卷，乃因民間傳本未亡，故復出矣。宋代又經散亡，非其舊本。此本爲雍正中陳留所刻，與張溥漢魏六朝百三名家集刻本多寡增損，互有出入。現有漢魏諸名家集本《蔡中郎集》八卷，漢魏六朝百三名家集本《蔡中郎集》二卷，四庫本《蔡中郎集》六卷，海源閣叢書、四部備要本《蔡中郎集》十卷《外紀》一卷《外集》四卷，十萬卷樓叢書二編、四部叢刊本《蔡中郎文集》十卷《外傳》一卷，漢魏六朝名家集初刻本《蔡中郎集》十二卷，《全後漢文》卷六九至卷八〇有輯文。士孫瑞：字君策（《三國志》作君榮），扶風（今陝西境内）人。爲國三老、光禄大夫。見《後漢書》卷六六、《三國志》卷六。兩《唐志》著録《士孫瑞集》二卷，《宋志》無載，亡佚。《全後漢文》卷八四有輯文。

後漢太山太守《應劭集》二卷。梁四卷。又有别部司馬《張超集》五卷，亡。

應劭：見本書卷三三“正史類”。《後漢書》卷四八載，應劭撰《風俗通》、著《中漢輯序》，凡著述百三十六篇。兩《唐志》著録《應劭集》四卷，《宋志》無載，亡佚。《全後漢文》卷三三至卷四一有輯文。張超：字子並，河間鄚（今河北任丘市）人。靈帝時，爲别部司馬。著賦、頌、碑文、檄、謁文、嘲等，凡十九篇。《後漢書》卷八〇下有傳。《舊唐志》著録《張劭集》五卷，《新唐志》著録《張邵集》五卷，《宋志》著録《張超集》三卷，後亡佚。《全後漢文》卷八四有輯文。

後漢少府《孔融集》九卷。梁十卷，《録》一卷。

孔融：見本書卷三二“春秋類”。《後漢書》卷七〇載，孔融所著詩、頌、碑文、論議、六言、策文、表、記等，凡二十五篇。《典論》曰，“孔融體氣高妙，有過人者，然不能持論，理不勝辭，至於雜以嘲戲，及其所善，揚、班于儔也”。見《三國志》卷二〇。兩《唐志》著録《孔融集》十卷，《宋志》無載，亡佚。《四庫全書總目》卷一四八著録《孔北海集》一卷，提要稱《孔融集》自《宋史》始不著録，其集當佚於宋時。此本乃明人掇拾。現有漢魏六朝百三名家集本《孔少府集》一卷，四庫本《孔北海集》一卷，建安七子集本《孔文舉集》一卷，《全後漢文》卷八三有輯文。

後漢侍御史《虞翻集》二卷。梁三卷，《録》一卷。

虞翻：見本書卷三二“易類”。《三國志》卷五七載，虞翻爲《老子》《論語》《國語》訓注，皆傳於世。兩《唐志》著録《虞翻集》三卷，《宋志》無載，亡佚。《全三國文》卷六八有輯文。

後漢討虜長史《張紘集》一卷。梁二卷，《録》一卷。梁有後漢處士《禰衡集》二卷，《録》一卷，亡。

張紘：字子綱，廣陵（今江蘇揚州市）人。郡舉茂才，公府辟，皆不就。避難江東，追隨孫策。建安四年，爲侍御史。孫權以其爲長史。張紘著詩、賦、銘、誄十餘篇。《三國志》卷五三有傳。兩《唐志》著録《張紘集》一卷，《宋志》無載，亡佚。《全後漢文》卷八六有輯文。禰衡：字正平，平原般（今山東德州市）人。少有才辯，而尚氣剛傲，好矯時慢物。禰衡文章多亡失。《後漢書》卷八〇下、《三國志》卷一〇有傳。兩《唐志》著録《禰衡集》二卷，《宋志》無載，亡佚。《全後漢文》卷八七有輯文。

後漢尚書右丞《潘勖集》二卷。梁有《録》一卷，亡。

潘勖：字元茂，初名芝，河南（今河南洛陽市）人。獻帝時，遷右丞。建安二十年，拜尚書左丞。見《三國志》卷二一。兩《唐志》著録《潘勖集》二卷，《宋志》無載，亡佚。《全後漢文》卷八七有輯文。

後漢丞相倉曹屬《阮瑀集》五卷。梁有《録》一卷，亡。

阮瑀：字元瑜，陳留（今河南開封市）人。曹操以阮瑀爲司空軍謀祭酒，管記室，軍國書檄，多爲其作。後爲倉曹掾屬。見《三國志》卷二一。兩《唐志》著録《阮瑀集》五卷，《宋志》無載，亡佚。現有漢魏六朝百三名家集本《魏阮元瑜集》一卷、建安七子集本《阮元瑜集》一卷，《全後漢文》卷九三有輯文。

魏太子文學《徐幹集》五卷。梁有《録》一卷，亡。

徐幹：見本書卷三四“儒家”。《文心雕龍·詮賦》曰，“偉長博通，時逢壯采”。兩《唐志》著録《徐幹集》五卷，《宋志》無載，亡佚。《全後漢文》卷九三有輯文。

魏太子文學《應瑒集》一卷。梁有五卷，《録》一卷，亡。

應瑒：字德璉，汝南（今河南境内）人。曹操辟其爲丞相掾屬，轉爲平原侯庶子，後爲五官將文學。著文賦數十篇。見《三國志》卷二〇。《文心雕龍·序志》曰“詳觀近代論文者，若應瑒文論華而疏略”。兩《唐志》著録《應瑒集》二卷，《宋志》無載，亡佚。現有漢魏六朝百三名家集本《魏應德璉集》一卷，彙刻建安七子集本《應德璉集》二卷，《全後漢文》卷四二有輯文。

後漢丞相軍謀掾《陳琳集》三卷。梁十卷，《録》一卷。

陳琳：字孔璋，廣陵（今江蘇揚州市）人。陳琳避難冀州，袁紹使典文章。後歸曹操，爲司空軍謀祭酒，管記室，軍國書檄，多出其手。後徙爲門下督。見《三國志》卷二〇。兩《唐志》、《宋志》著録《陳琳集》十卷，《崇文總目》著録《陳琳文集》九卷。《直齋書録解題》卷一六著録《陳孔璋集》十卷，稱建安七子以集傳者，仲宣、子建、孔璋而已。後亡。現有漢魏六朝百三名家集本《陳記室集》一卷，建安七子集本《陳孔璋集》一卷，彙刻建安七子集本《陳孔璋集》二卷，《全後漢文》卷九二有輯文。

魏太子文學《劉楨集》四卷。《録》一卷。

劉楨：見本書卷三二“詩類”。《三國志》卷二〇載，劉楨著文賦數十篇。兩《唐志》著録《劉楨集》二卷，《宋志》無載，亡佚。現有漢魏六朝百三名家集本《魏劉公幹集》一卷，彙刻建安七子集本《劉公幹集》二卷，《全後漢文》卷六五有輯文。

後漢丞相主簿《繁欽集》十卷。梁《録》一卷，亡。

繁欽：字休伯，潁川（今河南禹州市）人。既長於書記，又善爲詩賦。爲丞相主簿。見《三國志》卷二一。兩《唐志》著録

《繁欽集》十卷，《宋志》無載，亡佚。《全後漢文》卷九三有輯文。

後漢丞相主簿《楊修集》一卷。梁二卷，《録》一卷。

楊修：字德祖，弘農華陰（今陝西華陰市）人。好學有俊才，爲丞相曹操主簿。曹操忌修之才，遂因事殺之。所著賦、頌、詩、哀辭、表、記、書等，凡十五篇。《後漢書》卷五四有傳，亦見《三國志》卷一九。兩《唐志》著録《楊修集》二卷，《宋志》無載，亡佚。《全後漢文》卷五一有輯文。

後漢侍中《王粲集》十一卷。梁有魏國郎中令《路粹集》二卷，《録》一卷；行御史大夫《袁涣集》五卷，《録》一卷；魏國奉常《王修集》二卷。亡。

王粲：見本書卷三二“尚書類”。《三國志》卷二一載，王粲著詩、賦、論、議垂六十篇。兩《唐志》著録《王粲集》十卷，《宋志》著録《王粲集》八卷，後亡。現有漢魏六朝百三名家集本《王侍中集》一卷，彙刻建安七子集本《王仲宣集》四卷，漢魏六朝名家集初刻本《王仲宣集》三卷，《全後漢文》卷九〇、九一有輯文。路粹：字文蔚，陳留（今河南開封市）人。建安初，以高才拜尚書郎。十九年，轉爲秘書令，從大軍至漢中，坐違禁賤請驢伏法。見《三國志》卷二一。兩《唐志》著録《路粹集》二卷《宋志》無載，亡佚。《全後漢文》卷九四有輯文。袁涣：字曜卿，陳郡扶樂（今河南太康縣西北）人。避難江淮間，爲袁術所命。歸曹操，拜爲沛南部都尉。魏國初建，爲郎中令，行御史大夫事，居官數年卒。《三國志》卷一一有傳。兩《唐志》著録《袁涣集》五卷，《宋志》無載，亡佚。《全後漢文》卷三〇有輯文。王修：字叔治，北海營陵（今山東昌樂縣）人。署功曹，守膠東令。歸曹操，行司金中郎將，遷魏郡太守。魏國初建，爲大司農中郎將，徙奉常，病卒官。《三國志》卷一一有傳。兩《唐志》著録《王修集》三卷，《宋志》無載，亡佚。《全後漢文》卷九四有輯文。

後漢尚書《丁儀集》一卷。梁二卷，《録》一卷。

丁儀：字正禮，沛郡（今江蘇徐州市）人。曹操知其爲令士，辟爲掾。曹丕立爲太子，欲治其罪，後因職事收付獄，殺之。見《三國志》卷一九。兩《唐志》著録《丁儀集》二卷，《宋志》無載，亡佚。《全後漢文》卷九四有輯文。

後漢黄門郎《丁廙集》一卷。梁二卷，《録》一卷。梁又有婦人後漢黄門郎秦嘉妻《徐淑集》一卷，後漢董祀妻《蔡文姬集》一卷，傅石甫妻《孔氏集》一卷，亡。

丁廙（yì）：字敬禮，丁儀之弟。少有才姿，博學洽聞。初辟公府，建安中爲黄門侍郎。見《三國志》卷一九。兩《唐志》著録《丁廙集》二卷，《宋志》無載，亡佚。《全後漢文》卷九四有輯文。徐淑：有才章，與夫有書信往來。其夫秦嘉，隴西（今甘肅隴西縣）人，桓帝時仕郡，舉上計掾，除黄門郎。見《全後漢文》卷九六。兩《唐志》無載是書，亡佚。《全後漢文》卷九六有輯文。蔡文姬：名琰，蔡邕之女，陳留（今河南開封市）人。博學有才辯，又妙於音律。興平中，文姬爲胡騎所虜，没於匈奴左賢王十二年。曹操以金璧贖之，重嫁董祀。《後漢書》卷八四有傳。兩《唐志》無載，亡佚。孔氏：與其夫傅石甫生平事迹不詳。兩《唐志》無載，亡佚。

《魏武帝集》二十六卷。梁三十卷，《録》一卷。梁又有《武皇帝逸集》十卷，亡。

《魏武帝集新撰》十卷。

魏武帝：曹操。見本書卷三四“兵家類”。《三國志》卷一引

《魏書》載，曹操御軍三十餘年，登高必賦，即造新詩，被之管絃，皆成樂章。兩《唐志》著録《魏武帝集》三十卷，《宋志》無載，亡佚。現有漢魏六朝百三名家集本《魏武帝集》一卷，漢魏六朝名家集初刻本《魏武帝集》四卷，《全三國文》卷一至卷三有輯文。

《魏文帝集》十卷。梁二十三卷。

魏文帝：見本書卷三三“雜傳類”。《三國志》卷二“評曰：文帝天資文藻，下筆成章，博聞强識，才藝兼該”。兩《唐志》著録《魏文帝集》十卷，《宋志》著録《魏文帝集》一卷，後亡。現有漢魏六朝百三名家集本《魏文帝集》二卷，漢魏六朝名家集初刻本《魏文帝集》六卷，《全三國文》卷四至卷八有輯文。

《魏明帝集》七卷。梁五卷，或九卷，《録》一卷。梁又有《高貴鄉公集》四卷，亡。

魏明帝：諱叡，字元仲，文帝子。好學多識，潛思書籍。黄初七年，即皇帝位，景初三年薨。《三國志》卷三有紀。兩《唐志》著録《魏明帝集》十卷，《宋志》無載，亡佚。《全三國文》卷九、卷一〇有輯文。高貴鄉公：即曹髦，見本書卷三二“春秋類”。《三國志》卷四“評曰：高貴公才慧夙成，好問尚辭，蓋亦文帝之風流也”。兩《唐志》著録《高貴鄉公集》二卷，《宋志》無載，亡佚。《全三國文》卷一一有輯文。

魏《陳思王曹植集》三十卷。梁又有司徒《華歆集》二卷，亡。

曹植：見本書卷三三“雜傳類”。《三國志》卷一九載，曹植十歲餘誦讀詩、論及辭賦數十萬言，善屬文。《日本國見在書目録》著録《魏曹植集》三十卷，兩《唐志》著録《魏陳思王集》二十卷、又三十卷，《宋志》著録《曹植集》十卷。《郡齋讀書志》卷一七著録《曹植集》十卷，稱今集十卷，比隋、唐本有亡逸者，而詩文二百篇，返溢於本傳所載，不曉其故。《直齋書録解題》卷一六著録《陳思王集》二十卷，稱其間亦有采取《御覽》《書鈔》《類聚》諸書中所有者，意皆後人附益，然則亦非當時全書矣。《四庫全書總目》卷一四八著録《曹子建集》十卷，提要稱此書不得謂之善本，然唐以前舊本既佚，後來刻《植集》率以是編爲祖，别無古於斯者，録而存之。現有四庫本、四部叢刊本、四部備要本《曹子建集》十卷，六朝詩集本《陳思王集》四卷，漢魏六朝百三名家集本《陳思王集》二卷等，《全三國文》卷一三至一九有輯文。華歆：字子魚，平原高唐（今山東高唐縣）人。曹操在官渡，徵拜華歆爲議郎，後轉侍中，爲尚書令。文帝踐祚，改爲司徒。明帝時，進封博平侯，拜太尉。《三國志》卷一三有傳。《舊唐志》著録《華歆集》二十卷，《新唐志》著録《華歆集》三十卷，《宋志》無載，亡佚。《全三國文》卷二二有輯文。

魏司徒《王朗集》三十四卷。梁三十卷。又司空《陳羣集》五卷，亡。

王朗：見本書卷三二“春秋類”。《三國志》卷一三載，王朗著《易》《春秋》《孝經》《周官》傳，奏議論記，皆傳於世。兩《唐志》著録《王朗集》三十卷，《宋志》無載，亡佚。《全三國文》卷二二有輯文。陳羣：字長文，潁川許昌（今河南許昌市）人。曹操主政時，以司徒掾舉高第，爲治書侍御史，參丞相軍事。文帝踐祚，徙尚書令，進爵潁鄉侯。明帝時，進封潁陰侯，爲司空，録尚書事。《後漢書》卷六二、《三國志》卷二二有傳。兩《唐志》著録《陳羣集》三卷，《宋志》無載，亡佚。《全三國文》卷二六有輯文。

魏給事中《邯鄲淳集》二卷。梁有《録》一卷。又有《劉廙集》二卷，侍中《吴質集》五卷，新城太守《孟達集》三卷，魏徵士《管寧集》三卷，《録》一卷，亡。

邯鄲淳：見本書卷三四“小説家”。兩《唐志》著録《邯鄲淳集》二卷，《宋志》無載，亡佚。《全三國文》卷二六有輯文。劉廙：見本書卷三四“法家”。《三國志》卷二一載，劉廙著書數十篇，及與丁儀共論刑禮，皆傳於世。兩《唐志》著録《劉廙集》二卷，《宋志》無載，亡佚。《全三國文》卷三四有輯文。吴質：字季重，濟陰（今山東定陶縣）人。以文才爲魏文帝所善，官拜振威將軍，封列侯。太平四年入爲侍中，其年夏卒。《三國志》卷二一有傳。兩《唐志》著録《吴質集》五卷，《宋志》無載，亡佚。《全三國文》卷三〇有輯文。孟達：字子敬，後改子度，扶風（今陜西境内）人。延康元年率蜀兵衆降魏，封平陽亭侯，領新城太守。太和元年十二月，孟達反。二年正月，司馬宣王攻破新城，斬孟達。見《三國志》卷二、卷三、卷四〇。兩《唐志》著録《孟達集》三卷，《宋志》無載，亡佚。《全三國文》卷六一有輯文。管寧：字幼安，北海朱虚（今山東臨朐縣東）人。自黄初至青龍徵命相仍，皆不受。正始二年，特具安車蒲輪，束帛加璧聘焉。會管寧卒。《三國志》卷一一有傳。兩《唐志》著録《管寧集》二卷，《宋志》無載，亡佚。《全三國文》卷二四有輯文。

魏光禄勳《高堂隆集》六卷。梁十卷，《録》一卷。又有光禄勳《劉邵集》二卷，《録》一卷，亡。

高堂隆：見本書卷三三“刑法類”。兩《唐志》著録《高堂隆集》十卷，《宋志》無載，亡佚。《全三國文》卷三一有輯文。劉邵：又作劉劭，見本書卷三二“孝經類”。《三國志》卷二一載，劉劭凡所撰述《法論》《人物志》之類百餘篇。兩《唐志》著録《劉邵集》二卷，《宋志》無載，亡佚。《全三國文》卷三二有輯文。

魏散騎常侍《繆襲集》五卷。梁有《録》一卷。又有散騎常侍《王象集》一卷；光禄大夫《韋誕集》三卷，《録》一卷；散騎常侍《麋元集》五卷；游擊將軍《卞蘭集》二卷，《録》一卷；隰陽侯《李康集》二卷，《録》一卷；陳郡太守《孫該集》二卷，《録》一卷；尚書《傅巽集》二卷，《録》一卷。亡。

繆襲：見本書卷三三"雜傳類"。《三國志》卷二一載，繆襲有才學，多所述叙。兩《唐志》著録《繆襲集》五卷，《宋志》無載，亡佚。《全三國文》卷三八有輯文。王象：字羲伯，河内（今河南武陟縣周邊）人。魏有天下，拜爲散騎侍郎，遷爲常侍，封列侯。受詔撰《皇覽》，使王象領秘書監。《三國志》卷二一有傳。兩《唐志》無載是書，亡佚。《全三國文》卷三八有輯文。韋誕：字仲將，京兆（今陝西西安市南）人。善屬辭章，有名。建安中，爲郡上計吏，特拜郎中，稍遷侍中中書監，以光禄大夫遜位。見《三國志》卷二一。兩《唐志》著録《韋誕集》三卷，《宋志》無載，亡佚。《全三國文》卷三二有輯文。麋元：生平事迹不詳。兩《唐志》著録《麋元集》五卷，《宋志》無載，亡佚。《全三國文》卷三八有輯文。卞蘭：瑯邪開陽（今山東臨沂市北）人。少有才學，爲奉車都尉、游擊將軍，加散騎常侍。見《三國志》卷五。兩《唐志》著録《卞蘭集》二卷，《宋志》無載，亡佚。《全三國文》卷三〇有輯文。李康：字蕭遠，不和俗，爲鄉里所嫉，故官不進。因文帝異其文，起家爲隰陽長。見《太平御覽》卷五八六。兩《唐志》著録《李康集》二卷，《宋志》無載，亡佚。《全三國文》卷四三有輯文。孫該：字公達，任城（今山東濟寧市）人。著文賦頗傳於世。遷博士司徒右長史，又入著作。見《三國志》卷二一。兩《唐志》著録《孫該集》二卷，《宋志》無載，亡佚。《全三國文》卷四〇有輯文。傅巽：字公悌，北地泥陽（今甘肅寧縣）人。辟公府，拜尚書郎，後賜爵關内侯。文帝時爲侍中。見《三國志》卷六、卷二一。兩《唐志》著録《傅巽集》二卷，《宋志》無載，亡佚。《全三國文》卷三五有輯文。

魏章武太守《殷褒集》一卷。梁二卷。

殷褒：生平事迹不詳。兩《唐志》著録《殷褒集》二卷，《宋志》無載，亡佚。《全三國文》卷四三有輯文。

魏司空《王昶集》五卷。梁有《録》一卷。

王昶：字文舒，太原晋陽（今山西太原市）人。文帝踐祚，徙散騎侍郎，爲洛陽典農。明帝即位，加揚烈將軍，賜關内侯。嘉平二年，進封京陵侯，又遷司空。著《治論》《兵書》。《三國志》卷二七有傳。兩《唐志》著録《王昶集》五卷，《宋志》無載，亡佚。《全三國文》卷三六有輯文。

魏衛將軍《王肅集》五卷。梁有《録》一卷。又有《桓範集》二卷；中領軍《曹羲集》五卷，《録》一卷。亡。

王肅：見本書卷三二“易類”。《三國志》卷一三載，王肅所論駁朝廷典制、郊祀、輕重等，凡百餘篇。兩《唐志》著録《王肅集》五卷，《宋志》無載，亡佚。《全三國文》卷二三有輯文。桓範：見本書卷三四“法家”。兩《唐志》著録《桓範集》二卷，《宋志》無載，亡佚。《全三國文》卷三七有輯文。曹羲：沛郡譙（今安徽亳州市）人，曹爽弟，爲領中軍。曹爽驕縱作樂，曹羲以爲大憂，著書三篇，陳驕淫盈溢之致禍敗。見《三國志》卷九。兩《唐志》著録《曹羲集》五卷，《宋志》無載，亡佚。《全三國文》卷二〇有輯文。

魏尚書《何晏集》十一卷。梁十卷，《録》一卷。

何晏：見本書卷三二“樂類”。《三國志》卷九載，何晏好老、莊言，作《道德論》及諸文賦著述，凡數十篇。兩《唐志》著録

《何晏集》十卷，《宋志》無載，亡佚。《全三國文》卷三九有輯文。

魏衛尉卿《應璩集》十卷。梁有《録》一卷。又有《王弼集》五卷，《録》一卷；中書令《劉階集》二卷；太常卿《傅嘏集》二卷，《録》一卷；樂安太守《夏侯惠集》二卷，《録》一卷。亡。

應璩：字休璉，汝南（今河南境内）人。博學好屬文，以文章顯。文帝、明帝時，爲散騎常侍。嘉平四年卒，追贈衛尉。見《三國志》卷二一。兩《唐志》著録《應瑗集》十卷，而無《應璩集》；《宋志》無載，亡佚。現有漢魏六朝百三名家集本《魏應休璉集》一卷，增訂漢魏六朝别解本《應休璉集》，《全三國文》卷三〇有輯文。王弼：見本書卷三二"易類"。兩《唐志》著録《王弼集》五卷，《宋志》無載，亡佚。《全三國文》卷四四有輯文。劉階：生平事迹不詳。兩《唐志》無載，亡佚。傅嘏：字蘭石，北地泥陽（今甘肅寧縣）人。正始初，除尚書郎，遷黄門侍郎。後爲河南尹，遷尚書。正元二年，以功進封陽鄉侯。是歲卒。追贈太常，謚曰元侯。《三國志》卷二一有傳。兩《唐志》著録《傅嘏集》二卷，《宋志》無載，亡佚。《全三國文》卷三五有輯文。夏侯惠：字稚權，沛國譙（今安徽亳州市）人。歷散騎黄門侍郎，遷燕相，樂安太守。見《三國志》卷九。兩《唐志》著録《夏侯惠集》二卷，《宋志》無載，亡佚。《全三國文》卷二一有輯文。

魏校書郎《杜摯集》二卷。梁有《毌丘儉集》二卷，《録》一卷；征東軍司馬《江奉集》二卷。亡。

杜摯：字德魯，河東（今山西境内）人。舉孝廉，除郎中，轉補校書，竟不得遷升，卒於秘書。見《三國志》卷二一。《舊唐志》著録《杜摯集》一卷，《新唐志》著録《杜摯集》二卷，《宋志》無載，亡佚。《全三國文》卷四一有輯文。毌丘儉：字仲恭，河東聞喜（今山西聞喜縣）人。襲父爵，爲平原侯文學。青龍中，徙爲幽州刺史，以功封安邑侯。正元二年，與文欽矯太后詔，舉兵反，戰敗，傳首京師。《三國志》卷二八有傳。兩《唐志》著録《毌丘儉集》二卷，《宋志》無載，亡佚。《全三國文》卷四〇有輯文。江奉：生平事迹不詳。兩《唐志》著録《江奉集》二卷，《宋志》無載，亡佚。

魏太常《夏侯玄集》三卷。梁有車騎將軍《鍾毓集》五卷，《録》一卷，亡。

夏侯玄：字太初，沛國譙（今安徽亳州市）人。累遷散騎常侍、中護軍。後爲大鴻臚，徙太常。嘉平六年，李豐等欲誅大將軍，以夏侯玄代之。大將軍聞其謀，破之。夏侯玄臨斬東市，夷三族。《三國志》卷九有傳。兩《唐志》著録《夏侯玄集》二卷，《宋志》無載，亡佚。《全三國文》卷二一有輯文。鍾毓：字稚叔，潁川長社（今河南長葛市）人。正始中，爲散騎常侍。淮南平，爲青州刺史，加後將軍，又轉都督荆州。景元四年卒，追贈車騎將軍，謚曰惠侯。《三國志》卷一三有傳。兩《唐志》著録《鍾毓集》五卷，《宋志》無載，亡佚。《全三國文》卷二四有輯文。

魏步兵校尉《阮籍集》十卷。梁十三卷，《録》一卷。

阮籍：字嗣宗，陳留尉氏（今河南尉氏縣）人。魏晋之際，天下多故，阮籍不與世事，遂酣飲爲常。聞步兵廚營人善釀，求爲步兵校尉。作《詠懷詩》八十餘篇，爲世所重。《三國志》卷二一、《晋書》卷四九有傳。《日本國見在書目録》著録《阮嗣宗集》五卷、《阮步兵集》十卷，兩《唐志》著録《阮籍集》五卷，《崇文總目》《直齋書録解題》著録《阮步兵集》十卷，《宋志》《郡齋讀書志》著録《阮籍集》十卷，後無載，亡佚。現有六朝詩集本

《阮嗣宗集》三卷，漢魏諸名家集本《阮嗣宗集》二卷，漢魏六朝百三名家集本《阮步兵集》一卷，漢魏六朝名家集初刻本《阮嗣宗集》四卷等，《全三國文》卷四四至卷四六有輯文。

魏中散大夫《嵇康集》十三卷。梁十五卷，《録》一卷。又有魏徵士《吕安集》二卷，《録》一卷，亡。

嵇康：見本書卷三二“春秋類”。《三國志》卷二一裴注引《魏氏春秋》曰，嵇康所著諸文論六七萬言，皆爲世所玩詠。兩《唐志》著録《嵇康集》十五卷，《崇文總目》《宋志》著録《嵇康集》十卷。《直齋書録解題》卷一六著録《嵇中散集》十卷。《四庫全書總目》卷一四八著録《嵇中散集》十卷，提要稱此書宋時已無全本，而此本又非宋本之舊，乃明嘉靖乙酉吴縣黄省曾所重輯也。現有漢魏六朝百三名家集本《嵇中散集》一卷，四庫本、四部叢刊本、四部備要本《嵇中散集》十卷，乾坤正氣集本《嵇中散集》九卷，漢魏六朝名家集初刻本《嵇叔夜集》七卷，《全三國文》卷四七至卷五二有輯文。吕安：字仲悌，東平（今山東東平縣）人。其兄誣其不孝，被囚，引嵇康作證。鍾會趁此除掉嵇康，於是吕安與嵇康被殺。見《三國志》卷二一、《世説新語·簡傲》。兩《唐志》著録《吕安集》二卷，《宋志》無載，亡佚。《全三國文》卷五三有輯文。

魏司徒《鍾會集》九卷。梁十卷，《録》一卷。

鍾會：見本書卷三二“易類”。兩《唐志》著録《鍾會集》十卷，《宋志》無載，亡佚。《全三國文》卷二五有輯文。

魏汝南太守《程曉集》二卷。梁《録》一卷。

程曉：字季明，東郡東阿（今山東東阿縣）人。文帝即位，封列侯。嘉平中，爲黄門侍郎，遷汝南太守。所著文章多亡，僅存十分之一。《三國志》卷一四有傳。兩《唐志》著録《程曉集》二卷，《宋志》無載，亡佚。《全三國文》卷三九有輯文。

蜀丞相《諸葛亮集》二十五卷。梁二十四卷。又有蜀司徒《許靖集》二卷，《録》一卷；征北將軍《夏侯霸集》二卷。亡。

諸葛亮：見本書卷三三“正史類”。《三國志》卷三五載，《諸葛氏集》目録，二十四篇，凡十萬四千一百一十二字。《日本國見在書目録》著録《諸葛武侯上事》九卷，兩《唐志》著録《諸葛亮集》二十四卷，《宋志》著録《諸葛亮集》十四卷，後無載，亡佚。現有漢魏六朝百三名家集本《諸葛丞相集》一卷，正誼堂全書本《諸葛武侯文集》四卷，西京清麓叢書續編本《諸葛忠武侯文集》六卷首一卷，重刊道藏輯要星集本《漢丞相諸葛忠武侯集》二十一卷等，《全三國文》卷五八、卷五九有輯文。許靖：字文休，汝南平輿（今河南平輿縣）人。入蜀，爲巴郡、廣漢太守。劉備克蜀，以許靖爲左將軍長史，又爲太傅。《三國志》卷三八有傳。兩《唐志》著録《許靖集》二卷，《宋志》無載，亡佚。《全三國文》卷六〇有輯文。夏侯霸：字仲權，沛國譙（今安徽亳州市）人。正始中，爲討蜀護軍右將軍，進封博昌亭侯。素爲曹爽所厚，聞曹爽被誅，遂降蜀，得劉禪器重。《三國志》卷九有傳。兩《唐志》著録《夏侯霸集》二卷，《宋志》無載，亡佚。

吴輔義中郎將《張温集》六卷。梁有《士燮集》五卷，亡。

張温：見本書卷三三“雜史類”。兩《唐志》著録《張温集》五卷，《宋志》無載，亡佚。《全三國文》卷六六有輯文。士燮：見本書卷三二“春秋類”。《三國志》卷四九稱，士燮所作《春秋左氏傳》尤簡練精微，《尚書》兼通古今，大義詳備。兩《唐志》著録《士燮集》五卷，《宋志》無載，亡佚。

吴偏將軍《駱統集》十卷。梁有《録》一卷。又有太子少傅《薛綜集》三卷，《録》一卷，亡。

駱統：字公緒，會稽烏傷（今浙江義烏市）人。得孫權賞識，召爲功曹，行騎都尉。隨陸遜破蜀軍，遷偏將軍，封新陽亭侯。《三國志》卷五七有傳。兩《唐志》著録《駱統集》十卷，《宋志》無載，亡佚。《全三國文》卷六七有輯文。薛綜：字敬文，沛郡竹邑（今安徽濉溪縣）人。黄龍三年，爲長史，又入賊曹尚書，遷尚書僕射。赤烏五年，爲太子少傅。六年卒。所著詩賦難論數萬言，名曰《私載》。《三國志》卷五三有傳。《舊唐志》著録《薛綜集》二卷，《新唐志》著録《薛綜集》三卷，《宋志》無載，亡佚。《全三國文》卷六六有輯文。

吴選曹尚書《暨艷集》二卷。梁三卷，《録》一卷。又有《姚信集》二卷，《録》一卷；《謝承集》四卷。今亡。

暨艷：字子休，吴郡（今江蘇境内）人。張温引爲選曹郎，至尚書。好爲清議，遭衆人怨憤，涉事自殺。見《三國志》卷五七。兩《唐志》著録《暨艷集》二卷，《宋志》無載，亡佚。《全三國文》卷六六有輯文。姚信：見本書卷三二“易類”。兩《唐志》著録《姚信集》十卷，《宋志》無載，亡佚。《全三國文》卷七一有輯文。謝承：見本書卷三三“正史類”。兩《唐志》有著録，《宋志》無載，亡佚。《全三國文》卷六六有輯文。

吴人《楊厚集》二卷。梁又有《録》一卷。

楊厚：生平事迹不詳。兩《唐志》有著録，《宋志》無載，亡佚。

吴丞相《陸凱集》五卷。梁有《録》一卷。

陸凱：見本書卷三三“雜傳類”。《新唐志》有著録，《宋志》

無載，亡佚。《全三國文》卷六九有輯文。

吴侍中《胡綜集》二卷。梁有《録》一卷。又有東觀令《華覈集》五卷，《録》一卷，亡。

胡綜：字偉則，汝南固始（今河南固始縣）人。年十四即隨孫策。孫權都建業時，爲侍中，進封鄉侯，兼左右領軍，又拜偏將軍。《三國志》卷六二有傳。兩《唐志》著録《胡綜集》二卷，《宋志》無載，亡佚。《全三國文》卷六七有輯文。華覈：字永先，吴郡武進（今江蘇常州市）人。孫皓即位，封徐陵亭侯，後遷東觀令，領右國史。書百餘上，皆有補益，文多不悉載。《三國志》卷六五有傳。《舊唐志》著録《華覈集》三卷，《新唐志》著録《華覈集》五卷，《宋志》無載，亡佚。《全三國文》卷七四有輯文。

吴侍中《張儼集》一卷。梁二卷，《録》一卷。又有《韋昭集》二卷，《録》一卷，亡。

張儼：見本書卷三四“雜家”。兩《唐志》著録《張儼集》二卷，《宋志》無載，亡佚。《全三國文》卷七三有輯文。韋昭：即韋曜，見本書卷三二“詩類”。兩《唐志》有著録，《宋志》無載，亡佚。《全三國文》卷七一有輯文。

吴中書令《紀騭集》三卷。梁有《録》一卷。又有《陸景集》一卷，亡。

紀騭（zhì）：或作紀陟，字子上，丹楊（今江蘇丹陽市）人。孫休時，爲中書令，後出爲豫章太守。見《三國志》卷四八。《舊唐志》著録《紀騭集》三卷，《新唐志》著録《紀騭集》二卷，《宋志》無載，亡佚。《全三國文》卷七三有輯文。陸景：見本書卷三四“儒家”。《三國志》卷五八載，陸景著書數十篇。兩《唐志》無載，亡佚。《全三國文》卷七〇有輯文。

《晋宣帝集》五卷。梁有《録》一卷。

晋宣帝：司馬懿，字仲達，河内温縣（今河南温縣）人。魏國初建，遷太子中庶子。歷文帝、明帝至齊王時，累遷侍中，録尚書事，進太傅。嘉平三年，策命爲相國，進封安平郡公。是年卒，謚曰文貞，後改謚文宣。武帝受禪，上尊號曰宣皇帝，廟號高祖。《晋書》卷一有紀。《舊唐志》著録《晋宣帝集》十卷，《新唐志》著録《晋宣帝集》五卷，《宋志》無載，亡佚。《全晋文》卷一有輯文。

《晋文帝集》三卷。

晋文帝：司馬昭，字子上。正元二年，都督中外軍事，録尚書事，輔政。咸熙元年，進爵爲王。二年秋，崩，謚曰文王。武帝受禪，追尊號曰文皇帝，廟稱太祖。《晋書》卷二有紀。《舊唐志》著録《晋文帝集》一卷，《新唐志》著録《晋文帝集》二卷，《宋志》無載，亡佚。《全晋文》卷一有輯文。

《齊王攸集》二卷。梁三卷。

齊王攸：司馬攸，字大猷，文帝子。景帝無子，攸爲嗣。愛經籍，能屬文。武帝踐祚，封齊王。太康三年，下詔爲大司馬、都督青州諸軍事。《晋書》卷三八有傳。《舊唐志》著録《晋齊王集》二卷，《新唐志》著録《齊王攸集》二卷，《宋志》無載，亡佚。《全晋文》卷一六有輯文。

晋《王沈集》五卷。梁有《鄭袤集》二卷，亡。

王沈：見本書卷三三“正史類”。《晋書》卷三九載，王沈好書，善屬文，與阮籍等共撰《魏書》。兩《唐志》著録《王沈集》五卷，《宋志》無載，亡佚。《全晋文》卷二八有輯文。鄭袤：

"袞"原作"褒"，據《晋書》本傳改。字林叔，滎陽開封（今河南開封市）人。高貴鄉公即位，封廣昌亭侯。武帝踐祚，進爵爲密陵侯。《晋書》卷四四有傳。兩《唐志》著録《鄭袞集》二卷，《宋志》無載，亡佚。

晋宗正《嵇喜集》一卷。殘缺。梁二卷，《録》一卷。

嵇喜：字公穆，譙郡（今安徽亳州市）人。嵇康兄，晋揚州刺史、宗正。見《三國志》卷二一。兩《唐志》著録《嵇喜集》二卷，《宋志》無載，亡佚。《全晋文》卷六五有輯文。

晋散騎常侍《應貞集》一卷。梁五卷。

應貞：字吉甫，汝南南頓（今河南項城市）人。舉高第，頻歷顯位。晋室踐祚，遷太子中庶子、散騎常侍。文集行於世。《三國志》卷二一、《晋書》卷九二有傳。兩《唐志》著録《應貞集》五卷，《宋志》無載，亡佚。《全晋文》卷三五有輯文。

晋司隸校尉《傅玄集》十五卷。梁五十卷，《録》一卷，亡。

傅玄：見本書卷三四"雜家"。《晋書》卷四七載，傅玄善屬文，解鐘律。著《傅子》，數十萬言，並文集百餘卷行於世。兩《唐志》著録《傅玄集》五十卷，《宋志》著録《傅玄集》一卷。現有漢魏六朝百三名家集本《傅鶉觚集》一卷，關隴叢書本《鶉觚集》二卷，觀古堂所著書本《晋司隸校尉傅玄集》三卷，傅氏家書本《傅鶉觚集》四卷，《全晋文》卷四五至卷五〇有輯文。

晋著作郎《成公綏集》九卷。殘缺。梁十卷。又有《裴秀集》三卷，《録》一卷，亡。

成公綏：字子安，東郡白馬（今河南滑縣東）人。少有俊才，詞賦甚麗。歷秘書郎，轉丞，遷中書郎。所著詩賦雜筆十餘卷行於世。《晋書》卷九二有傳。《文心雕龍·才略》曰，“成公子安選賦而時美”。兩《唐志》著録《成公綏集》十卷，《宋志》無載，亡佚。現有漢魏六朝百三名家集本《晋成公子安集》一卷，《全晋文》卷五九有輯文。裴秀：字季彦，河東聞喜（今山西聞喜縣）人。累遷散騎常侍、尚書僕射令，封廣川侯。晋室受禪，改封鉅鹿公，遷司空。著《易》及《樂》傳，又畫《地域圖》十八篇，傳行於世。《三國志》卷二三、《晋書》卷三五有傳。兩《唐志》有著録，《宋志》無載，亡佚。《全晋文》卷三三有輯文。

晋金紫光禄大夫《何楨集》一卷。梁五卷。又有《袁準集》二卷，《録》一卷，亡。

何楨：字元幹，廬江灊（今安徽霍山縣）人。有文學器幹，歷幽州刺史、廷尉。入晋，爲尚書、光禄大夫。見《三國志》卷一一。兩《唐志》著録《何楨集》五卷，《宋志》無載，亡佚。《全晋文》卷三二有輯文。袁準：見本書卷三二“禮類”。兩《唐志》有著録，《宋志》無載，亡佚。《全晋文》卷五四、卷五五有輯文。

晋少傅《山濤集》九卷。梁五卷，《録》一卷，又一本十卷，齊奉朝請裴津注。又梁有《向秀集》二卷，《録》一卷；平原太守《阮种集》二卷，《録》一卷；《阮侃集》五卷，《録》一卷。亡。

山濤：字巨源，河内懷（今河南武陟縣西南）人。性好老莊，每隱身自晦。拜趙國相，遷尚書吏部郎。咸寧初轉太子少傅，加散騎常侍、尚書僕射、加侍中，領吏部，拜司徒。《晋書》卷四三有傳。兩《唐志》著録《山濤集》五卷，《宋志》無載，亡佚。《全晋文》卷三四有輯文。裴津：生平事迹不詳。向秀：見本書卷三四“道家”。兩《唐志》有著録，《宋志》無載，《全晋文》卷七二有輯文。阮种：字大猷，陳留尉氏（今河南尉氏縣）人。察孝廉，爲公府掾，轉中書郎。遷平原相，卒於都。《晋書》卷五二有傳。兩

《唐志》著録《阮沖（應爲“种”）集》二卷，《宋志》無載，亡佚。《全晋文》卷七八有輯文。阮侃：見本書卷三四“道家”。兩《唐志》有著録，《宋志》無載，亡佚。

晋太傅《羊祜集》一卷。殘缺。梁二卷，《録》一卷。又有《蔡玄通集》五卷；太宰《賈充集》五卷，《録》一卷；《荀勖集》三卷，《録》一卷。亡。

羊祜：見本書卷三四“道家”。《晋書》卷三四載，羊祜博學能屬文，善談論。所著文章及爲《老子》傳，並行於世。兩《唐志》著録《羊祜集》二卷，《宋志》無載，亡佚。《全晋文》卷四一有輯文。蔡玄通：生平事迹不詳。兩《唐志》無載，亡佚。賈充：字公閭，平陽襄陵（今山西襄汾縣）人。襲父爵爲侯。晋武帝受禪，轉車騎將軍、尚書僕射，封魯郡公。又遷司空，録尚書事。《晋書》卷四〇有傳。兩《唐志》著録《賈充集》二卷，《宋志》無載，亡佚。《全晋文》卷三〇有輯文。荀勖：見本書卷三三“簿録類”。《晋書》卷三九載，荀勖博學，掌樂事，又修律吕，並行於世。兩《唐志》著録《荀勖集》二十卷，《宋志》無載，亡佚。現有漢魏六朝百三名家集《魏荀公曾集》一卷，《全晋文》卷三一有輯文。

晋征南將軍《杜預集》十八卷。

杜預：見本書卷三二“禮類”。《晋書》卷三四載，杜預博學多通，耽思經籍，爲《春秋左氏經傳集解》《釋例》等，備成一家之學。兩《唐志》著録《杜預集》二十卷《宋志》無載，亡佚。現有漢魏六朝百三名家集本《晋杜征南集》一卷，增訂漢魏六朝别解本《杜征南集》，《全晋文》卷四二、卷四三有輯文。

晋輔國將軍《王濬集》一卷。殘缺。梁二卷，《録》一卷。

王濬：字士治，弘農湖（今河南靈寶市周邊）人。州郡辟河東從事，爲益州刺史。自蜀發兵伐吴，受孫皓降，封襄陽侯。後轉撫軍大將軍、開府儀同三司，加特進。《晋書》卷四二有傳。兩《唐志》著録《王濬集》二卷，《宋志》無載，亡佚。《全晋文》卷四三有輯文。

晋徵士《皇甫謐集》二卷。《録》一卷。

皇甫謐：見本書卷三三"雜史類"。《晋書》卷五一載，皇甫謐著《禮樂》《聖真》之論。兩《唐志》有著録，《宋志》無載，《全晋文》卷七一有輯文。

晋侍中《程咸集》三卷。梁有光禄大夫《劉毅集》二卷，《録》一卷；晋侍中《庾峻集》二卷，《録》一卷。亡。

程咸：字延休，魏正元中爲司隸校尉主簿。入晋，歷黄門郎、散騎常侍、左通直郎，累遷至侍中。見《三國志》卷一二，《晋書》卷四〇、卷四四。兩《唐志》著録《程咸集》二卷，《宋志》無載，亡佚。《全晋文》卷四四有輯文。劉毅：字仲雄，東萊掖（今山東萊州市）人。武帝受禪，爲散騎常侍、國子祭酒，又遷尚書左僕射。《晋書》卷四五有傳。兩《唐志》有著録，《宋志》無載，亡佚。《全晋文》卷三五有輯文。庾峻：字山甫，潁川鄢陵（今河南鄢陵縣）人。歷郡功曹，舉計掾，州辟從事。武帝踐祚，賜爵關内侯。爲司空長史，拜侍中，加諫議大夫。《晋書》卷五〇有傳。兩《唐志》著録《庾峻集》三卷，《宋志》無載，亡佚。《全晋文》卷三六有輯文。

晋巴西太守《郤正集》一卷。

郤正：本名纂，字令先，河南偃師（今河南偃師市）人。入爲秘書吏，遷郎，至令。泰始中，除安陽令，遷巴西太守。凡所著述詩論賦之屬，垂百篇。《三國志》卷四二有傳。兩《唐志》有著録，《宋志》無載，亡佚。《全晋文》卷七〇有輯文。

晋散騎常侍《薛瑩集》三卷。梁又有散騎常侍《陶濬集》二卷，《録》一卷，亡。

薛瑩：見本書卷三三“正史類”。《三國志》卷五三載，薛瑩著書八篇，名曰《新議》。兩《唐志》著録《薛瑩集》二卷，《宋志》無載，亡佚。《全晋文》卷八一有輯文。陶濬：丹楊秣陵（今江蘇南京市）人。吴鎮南大將軍、荆州牧。見《晋書》卷五七。《舊唐志》著録《陶濬集》三卷，《新唐志》著録《陶濬集》二卷，《宋志》無載，亡佚。

晋通事郎《江偉集》六卷。梁有《宣舒集》五卷；散騎常侍《曹志集》二卷，《録》一卷；《鄒湛集》三卷，《録》一卷。亡。

江偉：陳留襄邑（今河南睢縣西南）人。先仕魏。晋武帝時，爲通直郎。見《全晋文》卷六七。兩《唐志》著録《江偉集》五卷，《宋志》無載，亡佚。《全晋文》卷六七有輯文。宣舒：見本書卷三四“道家”。兩《唐志》著録《宣騁（應爲“舒”）集》三卷，《宋志》無載，亡佚。《全晋文》卷六七有輯文。曹志：字允恭，譙國譙（今安徽亳州市）人。曹植庶子，爲濟北王。晋武帝受禪，降爲鄄城縣公。歷章武、趙郡，遷散騎常侍，又轉國子祭酒。見《三國志》卷一九，《晋書》五〇有傳。兩《唐志》有著録，《宋志》無載，亡佚。《全晋文》卷三二有輯文。鄒湛：見本書卷三二“易類”。《晋書》卷九二載，鄒湛所著詩及論事議二十五首，爲時所重。兩《唐志》著録《鄒湛集》四卷，《宋志》無載，亡佚。《全晋文》卷六七有輯文。

晋汝南太守《孫毓集》六卷。

孫毓：見本書卷三二“詩類”。《舊唐志》著録《孫毓集》二卷，《新唐志》著録《孫毓集》五卷，《宋志》無載，亡佚。《全晋文》卷六七有輯文。

晋處士《楊泉集》二卷。《録》一卷。梁有司徒《王渾集》五卷，冀州刺史《王深集》五卷，亡。

楊泉：見本書卷三四“儒家”。兩《唐志》有著録，《宋志》無載，亡佚。《全三國文》卷七五有輯文。王渾：字玄沖，太原晋陽（今山西太原市）人。襲父爵京陵侯，後爲越騎校尉。平吴後，轉征東大將軍，鎮壽陽。惠帝即位，加侍中，録尚書事。《晋書》卷四二有傳。兩《唐志》有著録，《宋志》無載，亡佚。《全晋文》卷二八有輯文。王深：字道沖，王渾弟，官拜冀州刺史。見《三國志》卷二七。兩《唐志》著録《王深集》四卷，《宋志》無載，亡佚。

晋徵士《閔鴻集》三卷。梁有光禄大夫《裴楷集》二卷，《録》一卷，亡。

閔鴻：廣陵（今江蘇揚州市）人。仕吴，爲尚書。見《晋書》卷五四。兩《唐志》著録《閔鴻集》二卷，《宋志》無載，亡佚。《全三國文》卷七四有輯文。裴楷：字叔則，河東聞喜（今山西聞喜縣）人。博涉群書，特精理義。武帝受禪，拜散騎侍郎，又遷散騎常侍、河内太守。轉侍中。惠帝時，加光禄大夫、開府儀同三司。《晋書》卷三五有傳。兩《唐志》有著録，《宋志》無載，亡佚。《全晋文》卷三三有輯文。

晋司空《張華集》十卷。《録》一卷。

張華：見本書卷三三“地理類”。《晋書》卷三六載，張華學業優博，詞藻温麗。《日本國見在書目録》、兩《唐志》著録《張華集》十卷，《宋志》著録《張華集》二卷，又《詩》一卷。《直齋書録解題》卷一六著録《張司空集》三卷，稱前二卷爲四言、五言詩，後一卷爲祭、祝、誄等文。現有漢魏六朝拜散名家本《晉張司空集》一卷，《全晉文》卷五八有輯文。

晉尚書僕射《裴頠集》九卷。梁有太子中庶子《許孟集》三卷，《録》一卷；太宰《何劭集》二卷，《録》一卷；光禄大夫《劉頌集》三卷，《録》一卷；《劉寔集》二卷，《録》一卷。亡。

裴頠（wěi）：字逸民，河東聞喜（今山西聞喜縣）人。太康二年，遷散騎常侍。惠帝即位，轉國子祭酒，兼右軍將軍，又遷尚書左僕射。趙王倫借廢賈后之際誅之。《晉書》卷三五有傳。兩《唐志》著録《裴頠集》十卷，《宋志》無載，亡佚。《全晉文》卷三三有輯文。許孟：姚振宗疑此應爲許猛。許猛，字子豹，高陽（今河北高陽縣）人。禮學儒博，加有才治，爲幽州刺史。見《世説新語·賢媛》。兩《唐志》著録《許孟集》二卷，《宋志》無載，亡佚。《全晉文》卷八三有許猛輯文。何劭：字敬祖，陳國陽夏（今河南太康縣）人。博學善屬文，甚受武帝親待，爲侍中尚書。惠帝即位，爲太子太師，累遷尚書左僕射。所撰《荀粲》《王弼傳》及諸奏議文章並行於世。《晉書》卷三三有傳。兩《唐志》有著録，《宋志》無載，亡佚。《全晉文》卷一八有輯文。劉頌：字子雅，廣陵（今江蘇揚州市）人。武帝踐祚，累遷中書侍郎。趙王倫專政，以其爲光禄大夫。《晉書》卷四六有傳。《舊唐志》著録《劉頌集》三卷，《新唐志》著録《華頌集》三卷，《宋志》無載，亡佚。《全晉文》卷四〇、卷四一有輯文。劉寔：見本書卷三二“春秋類”。《晉書》卷四一載，劉寔博通古今，撰《春秋條例》二十卷。兩《唐志》有著録，《宋志》無載，亡佚。《全晉文》卷三九有輯文。

晋散騎常侍《王佑集》三卷。《録》一卷。梁有晋驃騎將軍《王濟集》二卷，亡。

王佑：太原晋陽（今山西太原市）人。以才智稱，任北軍中侯、河東太守。見《晋書》卷四〇、卷七五。《舊唐志》著録《王祜集》二卷、《新唐志》著録《王祐集》三卷（疑“王祐”爲“王佑”之誤），《宋志》無載，亡佚。王濟：字武子，太原晋陽（今山西太原市）人。文辭俊茂，有名當世。起家拜中書郎，後爲驍騎將軍，累遷侍中。年四十六卒，追贈驃騎將軍。《晋書》卷四二有傳。兩《唐志》有著録，《宋志》無載，亡佚。《全晋文》卷二八有輯文。

《華嶠集》八卷。梁二卷。

華嶠：見本書卷三三“正史類”。《晋書》卷四四載，華嶠才學深博，所著論議、駁難、詩賦之屬數十萬言。《舊唐志》著録《華嶠集》一卷，《新唐志》著録《劉嶠集》二卷，《宋志》無載，亡佚。《全晋文》卷六六有輯文。

晋秘書丞《司馬彪集》四卷。梁三卷，《録》一卷。又有尚書《庾儵集》二卷，《録》一卷；國子祭酒《謝衡集》二卷。亡。

司馬彪：見本書卷三三“正史類”。《晋書》卷八二載，司馬彪作《九州春秋》《續漢書》《古史考》。兩《唐志》著録《司馬彪集》三卷，《宋志》無載，亡佚。《全晋文》卷一六有輯文。庾儵（shū）：字玄默，潁川鄢陵（今河南鄢陵縣）人。始仕魏，入晋爲尚書。見《全晋文》卷三六。兩《唐志》有著録，《宋志》無載，亡佚。《全晋文》卷三六有輯文。謝衡：陳國陽夏（今河南太康縣）人。以儒素顯，官至國子祭酒。見《晋書》卷四九。兩《唐志》有著録，《宋志》無載，亡佚。《全晋文》卷八三有輯文。

晋漢中太守《李虔集》一卷。梁二卷，《録》一卷。

李虔：又名李密，字令伯，犍爲武陽（今四川眉山市）人。事蜀，爲郎，數使吴，有才辯，吴人稱之。泰始初，徵爲太子洗馬，作《陳情表》，辭官。後遷漢中太守，卒於家。《三國志》卷四五、《晋書》卷八八有傳。兩《唐志》著録《李虔集》十卷，《宋志》無載，亡佚。《全晋文》卷七〇有李密輯文。

晋司隸校尉《傅咸集》十七卷。梁三十卷，《録》一卷。又有太子中庶子《棗據集》二卷，《録》一卷；《劉寶集》三卷。亡。

傅咸：字長虞，北地泥陽（今甘肅寧縣東南）人。咸寧初，襲父爵，拜太子洗馬，累遷尚書右丞。惠帝即位，爲御史丞，再爲本郡中正。《晋書》卷四七有傳。兩《唐志》著録《傅咸集》三十卷，《宋志》無載，亡佚。現有漢魏六朝百三名家集本《傅中丞集》一卷，關隴叢書·北地傅氏遺書本《中丞集》一卷，《全晋文》卷五一、卷五二有輯文。棗據：字道彦，潁川長社（今河南長葛縣）人。本姓棘，先人避仇改之。弱冠，辟大將軍府，出爲山陽令，又遷黄門侍郎、冀州刺史、太子中庶子。太康中卒。所著詩、賦、論四十五首，遇亂多亡失。《晋書》卷九二有傳。兩《唐志》有著録，《宋志》無載，亡佚。《全晋文》卷六七有輯文。劉寶：見本書卷三三“正史類”。兩《唐志》有著録，《宋志》無載，亡佚。《全晋文》卷七五有輯文。

晋馮翊太守《孫楚集》六卷。梁十二卷，《録》一卷。

孫楚：字子荆，太原中都（今山西平遥縣）人。爲佐著作郎，遷衛將軍司馬。惠帝初，爲馮翊太守。《晋書》卷五六有傳。兩《唐志》著録《孫楚集》十卷，《宋志》無載，亡佚。現有漢魏六朝百三名家集本《孫馮翊集》一卷，《全晋文》卷六〇有輯文。

晋散騎常侍《夏侯湛集》十卷。梁有《録》一卷。又有弋陽太守《夏侯淳集》二卷，散騎侍郎《王讚集》五卷。亡。

夏侯湛：見本書卷三四“儒家”。《晋書》卷五五載，夏侯湛文章宏富，善構新詞。兩《唐志》有著録，《宋志》無載，亡佚。現有漢魏六朝百三名家集本《夏侯常侍集》一卷，《全晋文》卷六八、卷六九有輯文。夏侯淳：字孝沖，譙國譙（今安徽亳州市）人。夏侯湛之弟，有文藻，與其兄俱知名。官至弋陽太守。《晋書》卷五五有傳。兩《唐志》著録《夏侯淳集》十卷，《宋志》無載，亡佚。《全晋文》卷六九有輯文。王讚：臧榮緒《晋書》曰，王讚字正長，義陽（今河南信陽市）人。博學有俊才，爲散騎侍郎。見《文選》卷二九。《舊唐志》著録《王讚集》三卷，《新唐志》著録《王讚集》二卷，《宋志》無載，亡佚。《全晋文》卷八六有輯文。

晋衛尉卿《石崇集》六卷。梁有《録》一卷。

石崇：字季倫，渤海南皮（今河北南皮縣）人。好學不倦，穎悟有才氣。伐吴有功，封安陽鄉侯，累遷散騎常侍、侍中，又數遷至衛尉卿。因孫秀稱其參與預謀誅趙王倫，被察覺，全家遇害。《晋書》卷三三有傳。《日本國見在書目録》、兩《唐志》著録《石崇集》五卷，《宋志》無載，亡佚。《全晋文》卷三三有輯文。

晋尚書郎《張敏集》二卷。梁五卷。又有黄門郎《伏偉集》一卷，亡。

張敏：太原（今山西太原市）人。歷任平南參軍、太子舍人、濟北長史。見《容齋五筆·晋代遺文》。兩《唐志》、《宋志》著録《張敏集》二卷，後無載，亡佚。《全晋文》卷八〇有輯文。伏偉：生平事迹不詳。兩《唐志》無載，亡佚。

晋黄門郎《潘岳集》十卷。

潘岳：字安仁，滎陽中牟（今河南中牟縣）人。少以才穎見稱。後爲著作郎，轉散騎侍郎，遷給事黄門侍郎。因孫秀所誣，被誅。潘岳辭藻絶麗，尤善爲哀誄之文。《晋書》卷五五有傳。兩《唐志》著録《潘岳集》十卷，《宋志》著録《潘岳集》七卷，後無載，亡佚。現有漢魏六朝百三名家集本《潘黄門集》一卷，漢魏諸名家集本《潘黄門集》六卷，漢魏六朝名家集初刻本《潘安仁集》五卷，《全晋文》卷九〇至卷九三有輯文。

晋太常卿《潘尼集》十卷。

潘尼：字正叔，滎陽中牟（今河南中牟縣）人。少有清才，與潘岳俱以文章見知。元康初，爲太子舍人。封安昌公，歷黄門侍郎、散騎常侍、侍中、秘書監。永嘉中，遷太常卿。《晋書》卷五五有傳。兩《唐志》有著録，《宋志》無載，亡佚。現有漢魏六朝百三名家集本《潘太常集》一卷，《全晋文》卷九四、卷九五有輯文。

晋頓丘太守《歐陽建集》二卷。梁有宗正《劉許集》二卷，《録》一卷；散騎常侍《李重集》二卷；光禄大夫《欒廣集》二卷，《録》一卷；《阮渾集》三卷，《録》一卷。亡。

歐陽建：字堅石。才藻美贍，擅名北州。辟公府，歷山陽令、尚書郎，馮翊太守。遭孫秀禍，被誅，年三十餘。《晋書》卷三三有傳。兩《唐志》有著録，《宋志》無載，亡佚。《全晋文》卷一〇九有輯文。劉許：字文生，涿鹿（今河北涿鹿縣）人。文辭可觀，意思詳序。惠帝時爲越騎校尉、宗正卿。見《三國志》卷一四"松之案《頭責子羽》"、《世説新語·排調》。《舊唐志》著録《劉訏集》二卷，《新唐志》著録《劉許集》二卷，《宋志》無載，亡佚。李重：字茂曽，江夏鍾武（今河南信陽市）人。少好學，有文辭。出爲行討虜護軍、平陽太守。永康初，趙王倫用爲相國左司馬，以憂逼成病而卒。《晋書》卷四六有傳。兩《唐志》有著録，《宋志》無載，亡佚。《全晋文》卷五三有輯文。樂廣：字彦輔，南陽淯陽（今河南南陽市）人。累遷侍中、河南尹，遷吏部尚書左僕射，爲尚書令。其婿遘難，以憂卒。《晋書》卷四三有傳。兩《唐志》有著録，《宋志》無載，亡佚。阮渾：見本書卷三二“易類”。兩《唐志》著録《阮渾集》二卷，《宋志》無載，亡佚。

晋侍中《嵇紹集》二卷。《録》一卷。梁有錢唐令《楊建集》九卷，長沙相《盛彦集》五卷，左長史《楊乂集》三卷，《録》一卷。

嵇紹：字延祖，嵇康子，譙郡（今安徽亳州市）人。少知名，山濤啓以爲秘書郎。以侍中從惠帝北伐，戰敗，唯嵇紹獨以身護衛，遂死帝側。謚曰忠穆公。見《三國志》卷二一。兩《唐志》有著録，《宋志》無載，亡佚。《全晋文》卷六五有輯文。楊建：生平事迹不詳。兩《唐志》無載是集，亡佚。盛彦：字翁子，廣陵（今江蘇揚州市）人。仕吴，至中書郎。吴平，爲本邑小中正。太康中卒。《晋書》卷八八有傳。兩《唐志》無載是集，亡佚。《全晋文》卷八一有輯文。楊乂：見本書卷三二“易類”。兩《唐志》無載是書，亡佚。《全晋文》卷八九有輯文。

晋尚書《盧播集》一卷。梁二卷，《録》一卷。又有《欒肇集》五卷，《録》一卷；南中郎長史《應亨集》二卷。亡。

盧播：字景宣，陳留（今河南開封市）人。少有才秀，爲本州别駕，又爲振威將軍，後爲尚書。見《藝文類聚》卷五三《阮籍與晋文王書》、《晋書》卷五八。兩《唐志》著録《盧播集》二卷，《宋志》無載，亡佚。《全晋文》卷五三有輯文。欒肇：見本書卷三二“易類”。《舊唐志》著録《欒肇集》二卷，《新唐志》著録《欒肇集》五卷，《宋志》無載，亡佚。應亨：爲著作郎，累遷至南中郎長史。見《全晋文》卷三五。兩《唐志》有著録，《宋志》無載，亡佚。《全晋文》卷三五有輯文。

晋國子祭酒《杜育集》二卷。

杜育：字方叔，襄城定陵（今河南舞陽縣北）人。有才藻，累遷國子祭酒。洛陽將陷落，被賊所殺。見《世説新語·品藻》。兩《唐志》有著録，《宋志》無載，亡佚。《全晋文》卷八九有輯文。

晋太常卿《摯虞集》九卷。梁十卷，《録》一卷。又秘書監《繆徵集》二卷，《録》一卷，亡。

摯虞：見本書卷三三“儀注類”。《晋書》卷五一載，摯虞才學博通，著述不倦。《舊唐志》著録《摯虞集》二卷，《新唐志》著録《摯虞集》十卷，《宋志》無載，亡佚。現有漢魏六朝百三名家集本《晋摯太常集》一卷，關隴叢書·摯太常遺書本《摯太常文集》一卷，《全晋文》卷七六、卷七七有輯文。繆徵：又作繆世徵，東海（今山東境内）人，繆襲孫，亦顯達，爲秘書監。見《三國志》卷二一、《晋書》卷八六。兩《唐志》有著録，《宋志》無載，亡佚。

晋齊王府記室《左思集》二卷。梁有五卷，《録》一卷。又有晋豫章太守《夏靖集》二卷，《録》一卷；吴王文學《鄭豐集》二卷，《録》一卷；大司馬東曹掾《張翰集》二卷，《録》一卷；清河王文學《陳略集》二卷，《録》一卷；揚州從事《陸沖集》二卷，《録》一卷。亡。

左思：字太沖，齊國臨淄（今山東淄博市臨淄市區）人。左思口訥而文辭壯麗，造《齊都賦》，廣爲流傳，導致洛陽紙貴。齊王命爲記室督，辭疾不就。《晋書》卷九二有傳。本志本部尚有左思一部著述。兩《唐志》著録《左思集》五卷，《宋志》無載，亡佚。現有漢魏六朝名家集初刻本《左太沖集》一卷，《全晋文》卷七四有輯文。夏靖：《晋書》卷七一有載，太守會稽夏静辟熊遠爲功曹。兩《唐志》著録《夏侯靖集》二卷，然《晋書》無載夏侯靖。《宋志》無載是集，亡佚。鄭豐：字曼季，沛國（今江蘇境内）人。有文學操行，司空張華辟之，未就。見《三國志》卷四七裴注所引《文士傳》。兩《唐志》有著録，《宋志》無載，亡佚。《全晋文》卷一〇九有輯文。張翰：字季鷹，吴郡吴（今江蘇蘇州市）人。有清才，善屬文。齊王冏辟爲大司馬東曹掾。著《首丘賦》，其文筆數十篇行於世。《晋書》卷九二有傳。兩《唐志》有著録，《宋志》無載，亡佚，《全晋文》卷一〇七有輯文。陳略：生平事迹不詳。兩《唐志》有著録，《宋志》無載，亡佚。陸沖：生平事迹不詳。兩《唐志》有著録，《宋志》無載，亡佚。《全晋文》卷八六有輯文。

晋平原内史《陸機集》十四卷。梁四十七卷，《録》一卷，亡。

陸機：見本書卷三二“小學類”。《晋書》卷五四載，陸機詞藻宏麗，所著文章凡三百餘篇，並行於世。兩《唐志》著録《陸機集》十五卷，《宋志》著録《陸機集》十卷。《郡齋讀書志》卷一七著録《陸機集》十卷，稱今存詩賦、論議、箋、表、誄一百七十餘首，以《晋書》《文選》校正外，餘多舛誤。《四庫未收書目》載《陸士衡文集》十卷，此爲影鈔宋慶元徐民瞻刻本晋二俊文集。現存明正德十四年陸元大刻晋二俊文集本《陸士衡文集》十卷，通行本有四部叢刊本、四部備要本等。另，《全晋文》卷九六至卷九九有輯文。

晋清河太守《陸雲集》十二卷。梁十卷，《録》一卷。又有少府丞《孫極集》二卷，《録》一卷，亡。

陸雲：見本書卷三四“道家”。《晉書》卷五四載，陸雲雖文章不及陸機，而持論過之。所著文章三百四十九篇，與所撰《新書》十篇並行於世。兩《唐志》、《宋志》著録《陸雲集》十卷，《崇文總目》著録《陸雲集》八卷。《四庫全書總目》卷一四八著録《陸士龍集》十卷，以明汪士賢刻漢魏六朝二十名家集本爲底本。提要稱此集《隋志》著録之十二卷已不復見，南宋時十卷本又漸湮滅。慶元間信安徐民瞻始得之於秘書省，與《陸機集》並刊以行。此僅録二百餘篇，似非足本，蓋宋以前相傳舊集，久已亡佚。現存最早的本子爲宋慶元六年華亭縣學刻本《陸士龍文集》十卷，通行本有四庫本、四部叢刊本、四部備要本等。另，《全晉文》卷一〇〇至卷一〇四有輯文。孫極：《晉書》無載孫極。卷五四載孫拯，又作孫丞，字顯世，吴都富春（今浙江杭州市）人。能屬文，仕吴爲黄門郎。永安中，陸機請孫拯爲司馬，後與陸機俱被害。又見《三國志》卷五一裴注所引《文士傳》。姚振宗以爲“孫極”當爲“孫拯”之誤。兩《唐志》著録《孫極集》二卷，《宋志》無載，亡佚。

晉中書郎《張載集》七卷。梁一本二卷，《録》一卷。

張載：字孟陽，安平（今河北安平縣）人。起家佐著作郎，出補肥縣令。轉太子中舍人，遷樂安相、弘農太守，拜中書侍郎，稱疾告歸，卒於家。《晉書》卷五五有傳。兩《唐志》著録《張載集》三卷，《宋志》無載，亡佚。現有漢魏六朝百三名家集本《晉張孟陽集》一卷，《全晉文》卷八五有輯文。

晉黄門郎《張協集》三卷。梁四卷，《録》一卷。

張協：字景陽，張載弟。辟公府掾，轉秘書郎，補華陽令，又轉河間内史。永嘉初，徵爲黄門侍郎，託疾不就，卒於家。《晉書》卷五五有傳。《文心雕龍·才略》曰，“孟陽、景陽才綺相埒，可謂魯衛之政，兄弟之文也”。兩《唐志》著録《張協集》二卷，《宋志》無載，亡佚。現有漢魏六朝百三名家集本《張景陽集》二卷，《全晋文》卷八五有輯文。

晋著作郎《束晳集》七卷。梁五卷，《録》一卷。又有征南司馬《曹攄集》三卷，《録》一卷；散騎常侍《江統集》十卷，《録》一卷；著作郎《胡濟集》五卷，《録》一卷。亡。

束晳：見本書卷三二“小學類”。《晋書》卷五一載，束晳才學博通，所著因亂多有亡失。其《發蒙記》、《補亡詩》、文集數十篇行於世。兩《唐志》著録《束晳集》五卷，《宋志》著録《束晳集》一卷，後亡。現有漢魏六朝百三名家集本《晋束廣微集》一卷，《全晋文》卷八七有輯文。曹攄（shū）：字顔遠，譙國譙（今安徽亳州市）人。好學善屬文，獲王衍器重，調補臨淄令，後爲洛陽令。永嘉二年，爲征南司馬，與流人王逌戰，軍敗死之。《晋書》卷九〇有傳，又見《三國志》卷九。兩《唐志》著録《曹攄集》二卷，《宋志》無載，亡佚。《全晋文》卷一〇七有輯文。江統：字應元，陳留圉（今河南杞縣南）人。襲父爵，除山陽令，轉太子洗馬。後遷黄門侍郎、散騎常侍。凡所造賦、頌、表、奏皆傳於後。《晋書》卷五六有傳。兩《唐志》有著録，《宋志》著録《江統集》一卷，後亡佚。《全晋文》卷一〇六有輯文。胡濟：仕晋，官拜尚書郎。見《晋書》卷九四。兩《唐志》有著録，《宋志》無載，亡佚。《全晋文》卷一〇九有輯文。

晋中書令《卞粹集》一卷。梁五卷。又有光禄勳《閭丘沖集》二卷，《録》一卷，亡。

卞粹：字玄仁，以清辯鑒察稱。惠帝時，封城陽子。齊王輔政，爲侍中、中書令，進爵爲公。後爲長沙王所害。見《晋書》卷七〇。兩《唐志》著録《卞粹集》二卷，《宋志》無載，亡佚。

《全晋文》卷八四有輯文。閭丘沖：字賓卿，高平（今山西高平市）人。博學有文義，累遷太傅長史。爲光禄勳，京城未潰，乘車出，爲賊所害。見《世説新語·品藻》注引荀綽《兖州記》。兩《唐志》有著録，《宋志》無載，亡佚。《全晋文》卷一二四有輯文。

晋太傅從事中郎《庾敳集》一卷。梁五卷，《録》一卷。又有太子中舍人《阮瞻集》二卷，《録》一卷；太子洗馬《阮修集》二卷，《録》一卷；廣威將軍《裴邈集》二卷，《録》一卷。亡。

庾敳（ái）：字子嵩，潁川鄢陵（今河南鄢陵縣）人。雅有遠韻，爲陳留相，遷吏部郎。石勒亂，與王衍同被害，時年五十。《晋書》卷五〇有傳。兩《唐志》著録《庾敳集》二卷，《宋志》無載，亡佚。《全晋文》卷三六有輯文。阮瞻：字千里，陳留尉氏（今河南尉氏縣）人。東海王越以阮瞻爲記室參軍。永嘉中，爲太子舍人。《晋書》卷四九有傳。兩《唐志》有著録，《宋志》無載，亡佚。《全晋文》卷七二有輯文。阮修：字宣子，陳留尉氏（今河南尉氏縣）人。爲鴻臚丞，轉太傅行參軍、太子洗馬。《晋書》卷四九有傳。兩《唐志》有著録，《宋志》無載，亡佚。《全晋文》卷七二有輯文。裴邈：字景聲，河東聞喜（今山西聞喜縣）人。有雋才，爲太傅司馬越從事中郎，假節監中外營諸軍事。見《三國志》卷二三裴松之案。兩《唐志》有著録，《宋志》無載，亡佚。《全晋文》卷三三有輯文。

晋太傅主簿《郭象集》二卷。梁五卷，《録》一卷。又有廣州刺史《嵇含集》十卷，《録》一卷，亡。

郭象：見本書卷三二“論語類”。《晋書》卷五〇載，郭象能清言，著碑論十二篇。兩《唐志》著録《郭象集》五卷，《宋志》無載，亡佚。《全晋文》卷七五有輯文。嵇含：字君道，譙國銍

（今安徽宿州市）人。好學能屬文。齊王冏辟其爲參軍，襲爵武昌鄉侯。後投奔襄陽劉弘，爲其司馬掩殺之。《晋書》卷八九有傳。兩《唐志》有著録，《宋志》無載，亡佚。《全晋文》卷六五有輯文。

晋安豐太守《孫惠集》八卷。梁十一卷，《録》一卷。又有松滋令《蔡洪集》二卷，《録》一卷，亡。

孫惠：字德施，吴國富陽（今浙江杭州市）人。永寧初，從齊王討趙王，以功封晋興縣侯。投奔東海王，爲散騎侍郎、太子中庶子，遷廣武將軍，安豐内史，以迎大駕之功，封臨湘縣公。與安豐太守何鋭有隙，奔入蠻中，不久病卒。《晋書》卷七一有傳。兩《唐志》著録《孫惠集》十卷，《宋志》無載，亡佚。《全晋文》卷一一五有輯文。蔡洪：見本書卷三四“儒家”。《舊唐志》著録《蔡洪集》三卷，《新唐志》著録《蔡洪集》二卷，《宋志》無載，亡佚。《全晋文》卷八一有輯文。

晋平北將軍《牽秀集》四卷。梁三卷，《録》一卷。又有車騎從事中郎《蔡克集》二卷，《録》一卷；游擊將軍《索靖集》三卷；隴西太守《閻纂集》二卷，《録》一卷；秦州刺史《張輔集》二卷，《録》一卷；交趾太守《殷巨集》二卷，《録》一卷；太子洗馬《陶佐集》五卷，《録》一卷；東晋鄱陽太守《虞溥集》二卷，《録》一卷；益陽令《吴商集》五卷；《仲長敖集》二卷；晋太常卿《劉弘集》三卷，《録》一卷；開府《山簡集》二卷，《録》一卷；兖州刺史《宗岱集》二卷；侍中《王峻集》二卷，《録》一卷；濟陽内史《王曠集》五卷，《録》一卷。亡。

牽秀：字成叔，武邑觀津（今河北武邑縣東南）人。性豪爽，博辯有文才。惠帝西幸長安，以爲尚書。河間王以其爲平北將軍，鎮馮翊。被長史楊騰殺之。《晋書》卷六〇有傳。兩《唐志》著録

《牽秀集》五卷，《宋志》無載，亡佚。《全晋文》卷八四有輯文。蔡克：字子尼，陳留考城（今河南蘭考縣）人。爲成都王大將軍記室督，又爲東曹掾。後以朝政日弊，遂絶不仕。被逼出任從事中郎，數十日城破，遇害。《晋書》卷七七有傳。兩《唐志》有著録，《宋志》無載，亡佚。《全晋文》卷一一三有輯文。索靖：字幼安，敦煌（今甘肅敦煌市）人。拜駙馬都尉，出爲西域戊己校尉長史。太安末，拜索靖使持節、監洛城諸軍事、游擊將軍，與賊戰大破之，受傷而卒。《晋書》卷六〇有傳。兩《唐志》著録《索靖集》二卷，《宋志》無載，亡佚。《全晋文》卷八四有輯文。閻纂：又作閻纘，字續伯，巴西安漢（今四川南充市南）人。河間王引爲西戎校尉司馬，有功，封平樂鄉侯。朝廷善其忠烈，提爲漢中太守，卒於官。《晋書》卷四八有傳。兩《唐志》有著録，《宋志》無載，亡佚。《全晋文》卷一〇五有閻纘輯文。張輔：字世偉，南陽西鄂（今河南南陽市南）人。累遷尚書郎，封宜昌亭侯。後爲秦州刺史，與韓稚戰，敗績，被天水故帳下督所殺。張輔多有史論，辭多不載。《晋書》卷六〇有傳。兩《唐志》有著録，《宋志》無載，亡佚。《全晋文》卷一〇五有輯文。殷巨：字元大，雲陽（今江蘇丹陽市）人。初爲吴偏將軍，統家部曲城夏口。吴平入晋，爲蒼梧太守。見《三國志》卷五二裴注引《文士傳》。兩《唐志》有著録，《宋志》無載，亡佚。《全晋文》卷八一有輯文。陶佐：生平事迹不詳。兩《唐志》有著録，《宋志》無載，亡佚。虞溥：字允源，高平昌邑（今山東巨野縣）人。郡察孝廉，除郎中，補尚書都令史，除鄱陽内史。撰《江表傳》及文章、詩賦數十篇。《晋書》卷八二有傳。兩《唐志》有著録，《宋志》無載，亡佚。《全晋文》卷七九有輯文。吴商：見本書卷三二“禮類”。兩《唐志》有著録，《宋志》無載，亡佚。《全晋文》卷四四有輯文。仲長敖：生平事迹不詳。兩《唐志》有著録，《宋志》無載，《全晋文》卷八六有輯文。劉弘：字和季，沛國相（今安徽濉溪縣）人。起家太子門大夫，得張華器重，爲寧朔將軍、假節、監幽州諸軍事，封宣城公。永興三年，詔進號車騎將軍。《晉書》卷六六有傳。兩《唐志》有著録，《宋志》無載，亡佚。《全晉文》卷七三有輯文。山簡：字季倫，河内懷（今河南武陟縣西南）人，山濤子。初爲太子舍人，累遷尚書左僕射，領吏部。永嘉三年，出爲征南將軍，鎮襄陽。洛陽陷，爲賊所逼，遷至夏口。《晉書》卷四三有傳。兩《唐志》有著録，《宋志》無載，亡佚。《全晉文》卷三四有輯文。宗岱：又作宋岱，見本書卷三二“易類”。兩《唐志》著録《宗岱集》三卷，《宋志》無載，亡佚。王峻：生平事迹不詳。兩《唐志》有著録，《宋志》無載，亡佚。王曠：琅邪臨沂（今山東臨沂市）人。王羲之之父，官拜淮南太守。見《晉書》卷八〇。兩《唐志》有著録，《宋志》無載，亡佚。《全晉文》卷二一有輯文。

晉散騎常侍《棗嵩集》一卷。梁二卷，《録》一卷。又有襄陽太守《棗腆集》二卷，《録》一卷，亡。

棗嵩：字臺産，潁川長社（今河南長葛縣）人。才藝尤美，爲太子中庶子、散騎常侍，被石勒所殺。見《晉書》卷九二。兩《唐志》著録《棗嵩集》二卷，《宋志》無載，亡佚。棗腆：字玄方，棗嵩兄。永嘉中，爲襄城太守。見《晉書》卷九二。兩《唐志》有著録，《宋志》無載，亡佚。

晉太尉《劉琨集》九卷。梁十卷。
《劉琨别集》十二卷。

劉琨：字越石，中山魏昌（今河北無極縣東北）人。累以勳封廣武侯。建武元年，期討石勒，轉侍中、太尉。王敦密使人殺之，時年四十八，謚曰愍。《晉書》卷六二有傳。兩《唐志》、《宋志》、《崇文總目》著録《劉琨集》十卷。《直齋書録解題》卷一六著録《劉司空集》十卷，稱前五卷差全可觀，後五卷闕誤，或一卷數行，或斷續不屬，殆類鈔節者。後亡佚。現有漢魏六朝百三名家集本

《晋劉越石集》一卷，《全晋文》卷一〇八有輯文。

晋司空從事中郎《盧諶集》十卷。梁有《録》一卷。

盧諶：見本書卷三二“禮類”。《晋書》卷四四載，盧諶清敏有理思，善屬文。注《莊子》，及文集，皆行於世。兩《唐志》有著録，《宋志》無載，亡佚。《全晋文》卷四三有輯文。

晋秘書丞《傅暢集》五卷。梁有《録》一卷。又有《晋明帝集》五卷，《録》一卷；《簡文帝集》五卷，《録》一卷；《孝武帝集》二卷，《録》一卷；《彭城王紘集》二卷；《譙烈王集》九卷，《録》一卷。亡。

傅暢：見本書卷三三“雜史類”。兩《唐志》有著録，《宋志》無載，亡佚。《全晋文》卷五二有輯文。晋明帝：諱司馬紹，字道畿，河内温縣（今河南温縣）人。有文武才略，雅好文辭。《晋書》卷六有紀。兩《唐志》有著録，《宋志》無載，亡佚。《全晋文》卷九有輯文。簡文帝：見本書卷三四“道家”。兩《唐志》有著録，《宋志》無載，亡佚。《全晋文》卷一一有輯文。孝武帝：諱司馬曜，字昌明。《晋書》卷九有紀。兩《唐志》無載，亡佚。《全晋文》卷一一有輯文。彭城王：司馬紘，字偉德。元帝即位，拜散騎侍郎，進翊軍校尉、前將軍。後拜國子祭酒，加散騎常侍。尋遷大宗正、秘書監。《晋書》卷三七有傳。兩《唐志》著録《晋彭城王集》八卷，《宋志》無載，亡佚。《全晋文》卷一五有輯文。譙烈王：司馬無忌，字公壽。咸和中，拜散騎侍郎，又爲中書黄門侍郎。建元時出爲輔國將軍、長沙相。隨桓温伐蜀，以勳進號前將軍。《晋書》卷三七有傳。兩《唐志》著録《譙王集》三卷，《宋志》無載，亡佚。《全晋文》卷一五有輯文。

晋會稽王《司馬道子集》八卷。梁九卷。又有鎮東從事中郎

《傅毅集》五卷，亡。

司馬道子：字道子，簡文帝之子。太元初，拜散騎常侍、中軍將軍，進驃騎將軍。永興元年，桓玄奏道子酣縱不孝，當棄市。杜竹林承桓玄旨鴆殺之。《晋書》卷六四有傳。兩《唐志》有著録，《宋志》無載，亡佚。《全晋文》卷一七有輯文。傅毅：生平事迹不詳，兩《唐志》有著録，《宋志》無載，亡佚。

晋衡陽内史《曾瓌集》三卷。梁四卷，《録》一卷。又有驃騎將軍《顧榮集》五卷，《録》一卷，亡。

曾瓌（guī）：生平事迹不詳。兩《唐志》著録《曾瓌集》五卷，《宋志》無載，亡佚。《全晋文》卷八九有衡陽内史曾環輯文。顧榮：字彦先，吴國吴（今江蘇蘇州市）人。弱冠仕吴，爲黄門侍郎，太子輔義都尉。元帝鎮江東，以顧榮衛軍司，加散騎常侍。《晋書》卷六八有傳。《舊唐志》著録《顧榮集》二卷，《新唐志》著録《顧榮集》五卷，《宋志》無載，亡佚。《全晋文》卷九五有輯文。

晋司空《賀循集》十八卷。梁二十卷，《録》一卷。又有散騎常侍《張亢集》二卷，《録》一卷；車騎長史《賈彬集》三卷，《録》一卷。亡。

賀循：見本書卷三二“禮類”。《晋書》卷六八載，賀循善屬文，博覽衆書，尤精禮傳。兩《唐志》著録《賀循集》二十卷，《宋志》無載，亡佚。《全晋文》卷八八有輯文。張亢：字季陽，安平（今河北安平縣）人。初拜散騎侍郎，後爲領佐著作郎，出補烏程令，入爲散騎常侍。《晋書》卷五五有傳。兩《唐志》著録《張杭（當爲“張亢”）集》二卷，《宋志》無載，亡佚。賈彬：或作賈霖。生平事迹不詳。兩《唐志》著録《賈霖集》三卷，《宋志》無載，亡佚。《全晋文》卷八九有賈彬輯文。

晋光禄大夫《衛展集》十二卷。梁十五卷。又有東晋太尉《荀組集》三卷，《録》一卷，亡。

衛展：字道舒，河東安邑（今山西運城市）人。歷尚書郎、南陽太守。永嘉中，爲江州刺史。卒，贈光禄大夫。《晋書》卷三六有傳。《舊唐志》著録《衛展集》四十卷，《新唐志》著録《衛展集》十四卷，《宋志》無載，亡佚。《全晋文》卷三〇有輯文。荀組：字大章，潁川潁陽（今河南許昌市西南）人。初爲司徒左西屬，遷尚書，賜爵成陽縣男，加散騎常侍、中書監。永昌初，遷太尉。《晋書》卷三九有傳。兩《唐志》著録《荀組集》二卷，《宋志》無載，亡佚。《全晋文》卷三一有輯文。

晋秘書郎《張委集》九卷。梁五卷。又有關内侯《傅珉集》一卷；光禄大夫《周顗集》二卷，《録》一卷。亡。

張委：生平事迹不詳。兩《唐志》無載，亡佚。《全宋文》卷五七有輯文。傅珉：生平事迹不詳。兩《唐志》無載，亡佚。周顗（yǐ）：字伯仁，汝南安成（今河南汝南縣東南）人。弱冠襲父爵武城侯，拜秘書郎，累遷尚書吏部郎。後補吏部尚書，轉尚書左僕射，領吏部。王敦構逆被害。《晋書》卷六九有傳。兩《唐志》有著録，《宋志》無載，亡佚。《全晋文》卷八六有輯文。

晋太常《謝鯤集》六卷。梁二卷。

謝鯤：字幼輿，陳國陽夏（今河南太康縣）人。少知名，通簡有高識。王敦引爲長史，因討杜弢有功封咸亨侯。從容諷議王敦不臣事，被出爲豫章太守，卒官。《晋書》卷四九有傳。《舊唐志》著録《謝鯤集》二卷，《新唐志》著録《謝琨集》二卷，《宋志》無載，亡佚。《全晋文》卷八三有謝琨輯文。

晋驃騎將軍《王廙集》十卷。梁三十四卷，《録》一卷。又有《華譚集》二卷，亡。

王廙：見本書卷三二“易類”。《晋書》卷七六載，王廙少能屬文，多所通涉。兩《唐志》有著録，《宋志》無載，亡佚。《全晋文》卷二〇有輯文。華譚：見本書卷三四“儒家”。兩《唐志》有著録，《宋志》無載，亡佚。《全晋文》卷七九有輯文。

晋御史中丞《熊遠集》十二卷。梁五卷，《録》一卷。又有湘州秀才《谷儉集》一卷；大鴻臚《周嵩集》三卷，《録》一卷。亡。

熊遠：字孝文，豫章南昌（今江西南昌市）人。州辟主簿、别駕。元帝爲相，引爲主簿，累遷御史中丞、侍中。王敦作逆，憚其正而有謀，引爲長史，數月卒。《晋書》卷七一有傳。兩《唐志》著録《熊遠集》五卷，《宋志》無載，亡佚。《全晋文》卷一二六有輯文。谷儉：字士風，湘州桂陽（今湖南桂陽縣）人。少有志行，博涉經史，終身不仕，卒於家。見《晋書》卷七〇。兩《唐志》無載，亡佚。現有麓山精舍叢書本《谷儉集》一卷，《全晋文》卷一二八有輯文。周嵩：字仲智，汝南安成（今河南汝南縣東南）人。元帝爲相，引爲參軍，後爲新安太守，又拜御史中丞。王敦使人誣陷周嵩，遂害之。《晋書》卷六一有傳。兩《唐志》有著録，《宋志》無載，亡佚。《全晋文》卷八六有輯文。

晋弘農太守《郭璞集》十七卷。梁十卷，《録》一卷。

郭璞：見本書卷三二“詩類”。《晋書》卷七二載，郭璞博學有高才，詞賦爲中興之冠。《文心雕龍·才略》曰，“景純艷逸足冠中興，郊賦既穆穆以大觀，仙詩亦飄飄而淩雲矣”。兩《唐志》著録《郭璞集》十卷，《宋志》著録《郭璞集》六卷，後亡佚。現有漢魏六朝百三名家集本《郭弘農集》二卷、乾坤正氣集本《郭景純集》二卷，《全晋文》卷一二〇至卷一二三有輯文。

晋《張駿集》八卷。殘缺。

張駿：字公庭，安定烏氏（今甘肅平涼市西北）人。建興四年，封霸城侯。爲凉王，在位二十二年卒。《晉書》卷八六有傳。兩《唐志》無載是集，《全晋文》卷一五四有輯文。

晋大將軍《王敦集》十卷。梁有吴興太守《沈充集》三卷；散騎常侍《傅純集》二卷，《録》一卷。亡。

王敦：字處仲，琅邪臨沂（今山東臨沂市）人。學通《左氏》，尤好清談。元帝鎮江東，王敦討杜弢有功，進征南大將軍，拜侍中，遂欲專制朝廷，明帝起兵討之。《晋書》卷九八有傳。兩《唐志》著録《王敦集》五卷，《宋志》無載，亡佚。《全晋文》卷一八有輯文。沈充：字士居，王敦引爲參軍。明帝將伐王敦，沈充不聽勸告，仍率兵響應王敦，敗歸吴興，被故將所殺。《晋書》卷九八有傳。兩《唐志》無載是集，亡佚。《全晋文》卷一二八有輯文。傅純：生平事迹不詳。兩《唐志》有著録，《宋志》無載，亡佚。《全晋文》卷一二八有輯文。

晋光禄大夫《梅陶集》九卷。梁二十卷，《録》一卷。又有金紫光禄大夫《荀邃集》二卷，《録》一卷。亡。

梅陶：字叔真，汝南西平（今河南西平縣）人。王敦諮議參軍。見《世説新語·方正》注所引《晋諸公贊》《永嘉流人》。兩《唐志》著録《梅陶集》十卷，《宋志》無載，亡佚。《全晋文》卷一二八有輯文。荀邃（suì）：字道玄，潁川潁陰（今河南許昌市）人。元帝召爲丞相從事中郎，未就。太興初，拜侍中。卒，贈金紫光禄大夫。《晋書》卷三九有傳。兩《唐志》著録《荀邃集》二卷，《宋志》無載，亡佚。

晋散騎常侍《王鑒集》九卷。梁五卷。又有晋著作佐郎《王濤集》五卷；廷尉卿《阮放集》十卷，《録》一卷；宗正卿《張悛集》五卷，《録》一卷；汝南太守《應碩集》二卷；金紫光禄大夫《張闓集》二卷，《録》一卷；揚州從事《陸沈集》二卷，《録》一卷；驃騎將軍《卞壼集》二卷，《録》一卷；光禄勳《鍾雅集》一卷；衛尉卿《劉超集》二卷；衛將軍《戴邈集》五卷，《録》一卷；光禄大夫《荀崧集》一卷。亡。

王鑒：字茂高，堂邑（今江蘇南京市北）人。少以文筆著稱。中興建，拜駙馬都尉、奉朝請，出補永興令。有文集傳世。《晋書》卷七一有傳。兩《唐志》著録《王鑒集》五卷，《宋志》無載，亡佚。《全晋文》卷一二八有輯文。王濤：見本書卷三三“正史類”。王鑒之弟，亦有才筆。兩《唐志》有著録，《宋志》無載，亡佚。阮放：字思度，陳留尉氏（今河南尉氏縣）人。中興，除太學博士、太子庶子。轉黄門侍郎，遷吏部郎。後求放交州，到任不久，追贈廷尉。《晋書》卷四九有傳。兩《唐志》著録《阮放集》五卷，《宋志》無載，亡佚。張悛（xún）：字士然，吴國（今江蘇境内）人。官太子庶子。見《昭明文選》卷三八《爲吴令謝詢求爲諸孫置守塚人表》注所引孫盛《晋陽秋》。《舊唐志》著録《張俊集》二卷，《新唐志》著録《張悛集》二卷，《宋志》無載，亡佚。《全晋文》卷一〇五有輯文。應碩：生平事迹不詳。《新唐志》著録《應碩集》二卷，《宋志》無載，亡佚。《全晋文》卷一二八有輯文。張闓（kǎi）：字敬緒，丹楊（今江蘇丹陽市）人。太常薛兼薦之於元帝。遷侍中、尚書。參與討伐蘇峻，以尚書加散騎常侍，賜爵宜陽侯。拜金紫光禄大夫，尋卒。有牋、表、文、議傳於世。《晋書》卷七六有傳。兩《唐志》著録《張闓集》三卷，《宋志》無載，《全晋文》卷一一五有輯文。陸沈：生平事迹不詳。《新唐志》著録《陸沈集》二卷，《宋志》無載，亡佚。卞壼：字望之，濟陰冤句（今山東菏澤市西南）人。永嘉中，除著作郎，襲父爵。蘇峻亂，卞壼與蘇峻苦戰，遂死之。《晋書》卷七〇有傳。兩《唐志》有著録，《宋志》無載，亡佚。《全晋文》卷八四有輯文。鍾雅：字彦胄，潁川長社（今河南長葛縣）人。入爲著作郎、尚書郎。避亂東渡，元帝以爲尚書右丞。蘇峻作亂，王師敗績，與劉超侍衛天子，爲賊所害。《晋書》卷七〇有傳。兩《唐志》無載是集，亡佚。《全晋文》卷一〇九有輯文。劉超：字世瑜，琅邪臨沂（今山東臨沂市）人。以忠謹清慎爲元帝所重，從其渡江。後爲中書舍人，拜騎都尉、奉朝請。蘇峻作逆，王師戰敗，爲賊所害。《晋書》卷七〇有傳。兩《唐志》有著録，《宋志》無載，亡佚。《全晋文》卷一二七有輯文。戴邈：字望之，廣陵（今江蘇揚州市）人。弱冠舉秀才，尋遷太子洗馬，出補西陽内史。王敦得志，被免官。敦被誅，拜尚書僕射。卒官，贈衛將軍，謚曰穆。《晋書》卷六九有傳。兩《唐志》有著録，《宋志》無載，亡佚。《全晋文》卷一一六有輯文。荀崧：字景猷，潁川臨潁（今河南臨潁縣）人。泰始中，襲父爵爲安陵鄉侯。累遷侍中、中護軍。大寧初，以平王敦更封平樂伯。遷右光禄大夫、開府儀同三司，録尚書，領秘書監。《晋書》卷七五有傳。兩《唐志》無載是集，亡佚。《全晋文》卷三一有輯文。

晋大將軍《温嶠集》十卷。梁《録》一卷。

温嶠：字太真，太原祁（今山西祁縣）人。博學能屬文，美於談論。元帝鎮江左，除散騎侍郎。明帝即位，拜侍中，遷中書令。帝疾篤，與王導等同受顧命。蘇峻逆狀滅，拜驃騎將軍、開府儀同三司，加散騎常侍，封始安郡公。後中風而卒。《晋書》卷六七有傳。兩《唐志》有著録，《宋志》無載，亡佚。《全晋文》卷八〇有輯文。

晋侍中《孔坦集》十七卷。梁五卷，《録》一卷。又有《臧沖集》一卷，晋鎮南大將軍《應詹集》五卷，亡。

孔坦：字君平，會稽山陰（今浙江紹興市）人。咸和初，遷尚書左丞。平蘇峻，封晉陵男，拜侍中。出爲廷尉，後加散騎常侍，遷尚書。《晉書》卷七八有傳。兩《唐志》著録《孔坦集》五卷，《宋志》無載，亡佚。《全晉文》卷一二六有輯文。臧沖：生平事迹不詳。兩《唐志》無載是集，亡佚。應詹：見本書卷三三“舊事類”應思遠。《舊唐志》著録《應詹集》三卷，《新唐志》著録《應詹集》五卷，《宋志》無載，亡佚。《全晉文》卷三五有輯文。

晉太僕卿《王嶠集》八卷。梁有衛尉《荀闓集》一卷；鎮北將軍《劉隗集》二卷；大司馬《陶侃集》二卷，《録》一卷。亡。

王嶠：字開山，太原晉陽（今山西太原市）人。永嘉末，避亂渡江，王敦請爲參軍。王敦平後，累遷吏部郎、秘書監。後拜廬陵太守，尋卒官，謚曰穆。《晉書》卷七五有傳。《新唐志》著録《王嶠集》二卷，《宋志》無載，亡佚。荀闓：字道明，潁川潁陰（今河南許昌市）人。避亂渡江，歷任御史中丞、侍中、尚書，封射陽公。太寧二年卒，追贈衛尉。《晉書》卷三九有傳。兩《唐志》無載是集，亡佚。劉隗：字大連，彭城（今江蘇徐州市）人。起家秘書郎。避亂渡江，元帝以爲從事中郎，委以刑憲。太興年間，又拜鎮北將軍、都督青徐幽平四州軍事、假節，加散騎常侍，鎮泗口。爲劉遐所襲，投奔石勒，勒以爲太子太傅。《晉書》卷六九有傳。兩《唐志》著録《劉隗集》三卷，《宋志》無載，亡佚。《全晉文》卷一一五有輯文。陶侃：字士行，本鄱陽（今江西鄱陽縣）人。吴平，徙家廬江之尋陽（今江西九江市）。成帝時，累官侍中、太尉，都督荆江雍梁交廣益寧八州諸軍事，荆江二州刺史，封長沙郡公。咸和七年卒，追贈大司馬。《晉書》卷六六有傳。兩《唐志》著録《陶侃集》二卷，《宋志》無載，亡佚。《全晉文》卷一一一有輯文。

晉丞相《王導集》十一卷。梁十卷，《録》一卷。

王導：字茂弘，琅邪臨沂（今山東臨沂市）人。少有風鑒，識量清遠。永嘉末，遷丹楊太守，加輔國將軍。晉國既建，累遷驃騎將軍，加散騎常侍、都督中外諸軍事，拜丞相。《晉書》卷六五有傳。兩《唐志》著録《王導集》十卷，《宋志》無載，亡佚。《全晉文》卷一九有輯文。

晉太尉《郗鑒集》十卷。《録》一卷。

郗鑒：字道徽，高平金鄉（今山東金鄉縣）人。以儒雅著名，不應州命。元帝初鎮江左，承制假郗鑒龍驤將軍、兖州刺史。明帝崩，受遺詔輔少主，進位車騎將軍、開府儀同三司，加散騎常侍，後封南昌縣公，又進位太尉。咸康五年卒，謚曰文成。《晉書》卷六七有傳。兩《唐志》有著録，《宋志》無載，亡佚。《全晉文》卷一〇九有輯文。

晉太尉《庾亮集》二十一卷。梁二十卷，《録》一卷。又有《虞預集》十卷，《録》一卷；平越司馬《黄整集》十卷，《録》一卷。亡。

庾亮：見本書卷三二“禮類”。《晉書》卷七三載，庾亮善談論，性好老、莊。兩《唐志》著録《庾亮集》二十卷，《宋志》無載，亡佚。《全晉文》卷三六、卷三七有輯文。虞預：見本書卷三三“正史類”。《晉書》卷八二載，虞預少好學，有文章，所著詩賦、碑誄、論難數十篇。兩《唐志》有著録，《宋志》無載，亡佚。《全晉文》卷八二有輯文。黄整：生平事迹不詳。兩《唐志》有著録，《宋志》無載，亡佚。《全晉文》卷一三二有輯文。

晉護軍長史《庾堅集》十三卷。梁十卷，《録》一卷。

庾堅：生平事迹不詳。《晉書》卷七五載，范堅字子常，南陽順陽（今河南淅川縣）人。博學善屬文。討蘇峻，賜爵都亭侯。累遷尚書右丞，又遷護軍長史。另，兩《唐志》著録《范宣集》十卷，又著録《范宣集》五卷。姚振宗據以上兩點，認爲十卷本《范宣集》應爲《范堅集》，而本志所言“庾堅”乃“范堅”之誤。《宋志》無載，亡佚。《全晉文》卷一二四有范堅輯文。

晉司空《庾冰集》七卷。梁二十卷。《録》一卷。

庾冰：字季堅，潁川鄢陵（今河南鄢陵縣）人。以雅素垂風，爲世論所重。歷中書監、揚州刺史，都督揚兖豫三州軍事、假節、征虜將軍。康帝即位，領江州刺史、假節，鎮武昌。尋卒贈司空，謚曰忠成。《晉書》卷七三有傳。兩《唐志》著録《庾冰集》二十卷，《宋志》無載，亡佚。《全晉文》卷三七有輯文。

晉給事中《庾闡集》九卷。梁十卷，《録》一卷。

庾闡：字仲初，潁川鄢陵（今河南鄢陵縣）人。平蘇峻，以功贈爵吉陽縣男，拜彭城刺史。召爲散騎侍郎，領大著作。出補零陵太守。後徵拜給事中。所著詩賦銘頌十卷，行於世。《晉書》卷九二有傳。兩《唐志》著録《庾闡集》十卷，《宋志》無載，亡佚。《全晉文》卷三八有輯文。

晉著作郎《王隱集》十卷。梁二十卷，《録》一卷。

王隱：見本書卷三三“正史類”。兩《唐志》著録《王隱集》十卷，《宋志》無載，亡佚。《全晉文》卷八六有輯文。

晉散騎常侍《干寶集》四卷。梁五卷。

干寶：見本書卷三二“易類”。《晉書》卷八二載，干寶博覽群籍，有雜文集行於世。兩《唐志》著録《干寶集》四卷，《宋志》無載，亡佚。《全晉文》卷一二七有輯文。

晋太常卿《殷融集》十卷。梁有衛尉《張虞集》十卷；光禄大夫《諸葛恢集》五卷，《録》一卷。亡。

殷融：字洪遠，陳郡（今河南境内）人。任太常、吏部尚書。見《晋書》卷八四、《世説新語·文學》注所引《中興書》。兩《唐志》有著録，《宋志》無載，亡佚。《全晋文》卷一二九有輯文。張虞：咸康中爲東陽太守，累遷爲衛尉卿。見《全晋文》卷一三一。兩《唐志》著録《張虞集》五卷，《宋志》無載，《全晋文》卷一三一有輯文。諸葛恢：字道明，琅邪（今山東境内）人。避難渡江，討周馥有功，封博亭侯。明帝征王敦，以諸葛恢爲侍中，加奉車都尉，進封建安伯。累遷尚書右僕射、金紫光禄大夫，尚書令。《晋書》卷七七有傳。兩《唐志》有著録，《宋志》無載，亡佚。《全晋文》卷一一六有輯文。

晋車騎將軍《庾翼集》二十二卷。梁二十卷，《録》一卷。

庾翼：見本書卷三二“春秋類”。兩《唐志》著録《庾翼集》二十卷，《宋志》無載，亡佚。《全晋文》卷三七有輯文。

晋司空《何充集》四卷。梁五卷。又有御史中丞《郝默集》五卷，征西諮議《甄述集》十二卷，武昌太守《徐彦則集》十卷，亡。

何充：字次道，廬江灊（今安徽霍山縣）人。成帝時，遷給事黄門郎。蘇峻平，封都鄉侯，拜散騎常侍。輔佐幼主，爲宰相。永和二年卒，贈司空，謚曰文穆。《晋書》卷七七有傳。兩《唐志》著録《何充集》五卷，《宋志》無載，亡佚。《全晋文》卷三二有輯文。郝默：生平事迹不詳。兩《唐志》有著録，《宋志》無載，亡佚。甄述：生平事迹不詳。兩《唐志》著録《甄述集》五卷，《宋志》無載，亡佚。徐彦則：生平事迹不詳。兩《唐志》無載是集，亡佚。《全晋文》卷一三二有輯文。

晋散騎常侍《王愆期集》七卷。梁十卷，《録》一卷。又有司徒左長史《王濛集》五卷；丹陽尹《劉惔集》二卷，《録》一卷；益州刺史《袁喬集》七卷。亡。

王愆（qiān）期：見本書卷三二“春秋類”。兩《唐志》著録《王愆期集》十卷，《宋志》無載，亡佚。《全晋文》卷一一五有輯文。王濛：見本書卷三二“論語類”。兩《唐志》有著録，《宋志》無載，亡佚。《全晋文》卷二九有輯文。劉惔（dàn）：又作劉恢。見《世説新語·賞譽》。字真長，沛國相（今安徽濉溪縣）人。好老、莊，任自然趣。累遷丹陽尹。《晋書》卷七五有傳。兩《唐志》有著録，《宋志》無載，亡佚。《全晋文》卷一三一有輯文。袁喬：見本書卷三二“論語類”。《晋書》卷八三載，袁喬注《論語》及《詩》，並諸文筆皆行於世。兩《唐志》著録《袁喬集》五卷，《宋志》無載，亡佚。《全晋文》卷五六有輯文。

晋尚書令《顧和集》五卷。梁有《録》一卷。又有尚書僕射《劉遐集》五卷；徵士《江惇集》三卷，《録》一卷；魏興太守《荀述集》一卷；平南將軍《賀翹集》五卷；《李軌集》八卷，亡。

顧和：字君孝，吴郡吴（今江蘇蘇州市）人。初辟從事，頻徙領軍將軍、太常卿、國子祭酒、尚書令。永和七年，以疾篤辭任，拜左光禄大夫、儀同三司。《晋書》卷八三有傳。兩《唐志》有著録，《宋志》無載，亡佚。《全晋文》卷九五有輯文。劉遐：永和初，爲吏部尚書。見《晋書》卷九三。兩《唐志》有著録，《宋志》無載，亡佚。《全晋文》卷一三二有輯文。江惇：或作江淳，見本書卷三二“春秋類”。《舊唐志》著録《江淳集》五卷，《新唐志》著録《江惇集》五卷，《宋志》無載，亡佚。荀述：生平事迹不詳。兩《唐志》無載是集，亡佚。賀翹：生平事迹不詳。兩《唐志》無載是集，亡佚。李軌：見本書卷三二“易類”。兩《唐志》無載是集，亡佚。

晋《李充集》二十二卷。梁十五卷，《録》一卷。

李充：見本書卷三二“論語類”。《晋書》卷九二載，李充著有詩、賦、表、頌等雜文二百四十首，行於世。兩《唐志》著録《李充集》十四卷，《宋志》無載，亡佚。《全晋文》卷五三有輯文。

晋司徒《蔡謨集》十七卷。梁四十三卷。

蔡謨：見本書卷三二“禮類”。《晋書》卷七七載，蔡謨文筆論議，有集行於世。兩《唐志》著録《蔡謨集》十卷，《宋志》無載，亡佚。《全晋文》卷一一四有輯文。

晋揚州刺史《殷浩集》四卷。梁五卷，《録》一卷。又有吴興孝廉《鈕滔集》五卷，《録》一卷；宣城内史《劉系之集》五卷，《録》一卷。亡。

殷浩：字深源，陳郡長平（今河南西華縣東北）人。殷浩識度清遠，弱冠有美名。初爲記室參軍，累遷司徒左長史。建元初，徵爲建武將軍、揚州刺史，遂參綜朝權。因敗於反臣姚襄，被廢爲庶人。《晋書》卷七七有傳。兩《唐志》著録《殷浩集》五卷，《宋志》無載，亡佚。《全晋文》卷一二九有輯文。鈕滔：生平事迹不詳。兩《唐志》有著録，《宋志》無載，亡佚。劉系之：生平事迹不詳。兩《唐志》有著録，《宋志》無載，亡佚。

《庾赤玉集》四卷。

晋尋陽太守《庾統集》八卷。梁有驃騎司馬《王修集》二卷，《録》一卷；衛將軍《謝尚集》十卷，《録》一卷；青州刺史《王浹集》二卷。亡。

赤玉：即庾統，赤玉乃其小字。字長仁，潁川（今河南許昌市周邊）人。少有令名，司空、太尉辟，皆不就。出爲建威將軍、尋陽太守。見《晋書》卷七三、《世説新語·賞譽》注引《中興書》。兩《唐志》著録《庾統集》二卷，此當《庾赤玉集》之别本。《宋志》無載，亡佚。《全晋文》卷一二二有輯文。王修：字敬仁，小字苟子，太原晋陽（今山西太原市）人。起家著作郎，轉中軍司馬，未拜而卒。《晋書》卷九三有傳。兩《唐志》著録《王脩集》二卷，《宋志》無載，亡佚。《全晋文》卷二九有輯文。謝尚：字仁祖，陳國陽夏（今河南太康縣）人。辟爲掾，襲父爵咸亭侯。永和中，拜尚書僕射，累遷鎮西將軍，鎮壽陽。病篤，徵拜衛將軍，加散騎常侍。《晋書》卷七九有傳。兩《唐志》著録《謝尚集》五卷，《宋志》無載，亡佚。《全晋文》卷八三有輯文。王浹：生平事迹不詳。兩《唐志》有著録，《宋志》無載，亡佚。

晋西中郎將《王胡之集》十卷。梁五卷，《録》一卷。

王胡之：字修齡，琅邪臨沂（今山東臨沂市）人。歷郡守、侍中、丹揚尹。好談諧，善屬文辭，爲當世所重。見《晋書》卷七三、《世説新語·品藻》注引《王胡之别傳》。兩《唐志》著録《王胡之集》五卷，《宋志》無載，亡佚。《全晋文》卷二〇有輯文。

晋中書令《王洽集》五卷。《録》一卷。梁有宜春令《范保集》七卷；徵士《范宣集》十卷，《録》一卷；建安太守《丁纂集》四卷，《録》一卷。亡。

王洽：字敬和，琅邪臨沂（今山東臨沂市）人。歷散騎中書郎、中軍長史，徵拜領軍，尋加中書令，苦讓，遂不受。《晋書》卷六五有傳。兩《唐志》著録《王洽集》三卷，《宋志》無載，亡佚。《全晋文》卷一九有輯文。范保：生平事迹不詳。兩《唐志》

無載，亡佚。范宣：見本書卷三二“易類”。《晋書》卷九一載，范宣博綜衆書，著《禮論難》《易論難》，皆行於世。兩《唐志》著録《范宣集》五卷，《宋志》無載，亡佚。《全晋文》卷一三〇有輯文。丁纂：生平事迹不詳。兩《唐志》著録《丁纂集》二卷，《宋志》無載，亡佚。

晋金紫光禄大夫《王羲之集》九卷。梁十卷，《録》一卷。

王羲之：字逸少，琅邪臨沂（今山東臨沂市）人。尤善隸書，論者稱其筆勢，以爲飄若浮雲，矯若驚龍。起家秘書郎，累遷長史。頻召爲侍中、吏部尚書，皆不就。後以爲右軍將軍、會稽内史。永和十一年去官，盡山水之游。《晋書》卷八〇有傳。兩《唐志》著録《王羲之集》五卷，《宋志》無載，亡佚。現有漢魏六朝百三名家集本《王右軍集》二卷，《全晋文》卷二二至卷二六有輯文。

晋散騎常侍《謝萬集》十六卷。梁十卷。

謝萬：見本書卷三二“易類”。《晋書》卷七九載，謝萬工言論，善屬文。兩《唐志》著録《謝萬集》十卷，《宋志》無載，亡佚，《全晋文》卷八三有輯文。

晋司徒長史《張憑集》五卷。梁有《録》一卷。梁有高凉太守《楊方集》二卷，亡。

張憑：見本書卷三二“論語類”。兩《唐志》有著録，《宋志》無載，亡佚。《全晋文》卷一三二有輯文。楊方：見本書卷三二“論語類”。《晋書》卷六八載，楊方著《五經鉤沉》，撰《吴越春秋》並雜文筆，皆行於世。兩《唐志》有著録，《宋志》無載，亡佚。《全晋文》卷一二八有輯文。

晋徵士《許詢集》三卷。梁八卷，《録》一卷。

許詢：字玄度，高陽（今河北高陽縣）人。其五言詩，可謂妙絶時人。司徒掾辟，不就，早卒。見《世説新語·言語》注引《續晋陽秋》、《世説新語·文學》。兩《唐志》有著録，《宋志》無載，亡佚。《全晋文》卷一三五有輯文。

晋征西將軍《張望集》十卷。梁十二卷，《録》一卷。

張望：生平事迹不詳。兩《唐志》著録《張望集》三卷，《宋志》無載，亡佚。《全晋文》卷一三五有輯文。

晋餘姚令《孫統集》二卷。梁九卷，《録》一卷。又有晋陵令《戴元集》三卷，《録》一卷，亡。

孫統：字承公，太原中都（今山西平遥縣）人。性好山水，乃求爲鄞令，轉在吴寧。後爲餘姚令。《晋書》卷五六有傳。兩《唐志》著録《孫統集》五卷，《宋志》無載，亡佚。《全晋文》卷六〇有輯文。戴元：生平事迹不詳。兩《唐志》無載是集，亡佚。

晋衛尉卿《孫綽集》十五卷。梁二十五卷。

孫綽：見本書卷三二經部“論語類”。兩《唐志》有著録，《宋志》無載，亡佚。《全晋文》卷六一、卷六二有輯文。

晋太常《江逌集》九卷。梁有《謝沈集》十卷，亡。

江逌（yōu）：字道載，陳留圉（今河南杞縣南）人。爲太末令，遷吴令。升平中，遷吏部郎，長兼侍中，後遷太常。著《阮籍序贊》《逸七箴》及詩賦、奏議數十篇，行於世。《晋書》卷八三有傳。兩《唐志》著録《江逌集》五卷，《宋志》無載，亡佚。《全晋文》卷一〇七有輯文。謝沈：見本書卷三二“書類”。《晋書》卷八二載，謝沈所著述及詩賦文論皆行於世。兩《唐志》著録

《謝沈集》五卷，《宋志》無載，亡佚。《全晋文》卷一三一有輯文。

晋《李顒集》十卷。《録》一卷。

李顒（yóng）：見本書卷三二“易類”。《晋書》卷九二載，李顒有文義，多所述作。兩《唐志》有著録，《宋志》無載，亡佚。《全晋文》卷五三有輯文。

晋光禄勳《曹毗集》十卷。梁十五卷，《録》一卷。又有郡主簿《王箴集》五卷，亡。

曹毗（pí）：見本書卷三二“論語類”。《晋書》卷九二載，曹毗少好文籍，善屬詞賦，凡所著文筆十五卷，傳於世。兩《唐志》著録《曹毗集》十五卷，《宋志》無載，亡佚。《全晋文》卷一〇七有輯文。王箴：生平事迹不詳。兩《唐志》有著録，《宋志》無載，亡佚。

晋沙門《支遁集》八卷。梁十三卷。又有《劉彧集》十六卷，亡。

支遁：字道林，本姓關氏，陳留（今河南開封市）人。隱居餘杭山，二十五歲出家。其所著文翰集有十卷盛行於世。見《高僧傳》卷四。兩《唐志》著録沙門《支遁集》十卷，《宋志》無載，亡佚。《全晋文》卷一五七有輯文。劉彧：見本書卷三三“雜傳類”。兩《唐志》無載是集，亡佚。

張重華酒泉太守《謝艾集》七卷。梁八卷。又有撫軍長史《蔡系集》二卷；護軍將軍《江虨集》五卷，《録》一卷。亡。

謝艾：敦煌（今甘肅敦煌市）人。仕張重華，爲持節、軍師將軍，太府左長史，封福禄縣伯。見《晋書》卷八六。兩《唐志》

著録《謝艾集》八卷，《宋志》無載，亡佚。《全晋文》卷一五四有輯文。蔡系：見本書卷三二“論語類”。兩《唐志》有著録，《宋志》無載，亡佚。江虨（bīn）：字思玄，陳留圉（今河南杞縣南）人。永和中，出補會稽内史，加右軍將軍。代王彪之爲尚書僕射，後轉護軍將軍，卒官。《晋書》卷五六有傳。《舊唐志》著録《江虨集》五卷，《新唐志》著録《江霦集》五卷，《宋志》無載，亡佚。《全晋文》卷一〇六有輯文。

晋《范汪集》一卷。梁十卷。

范汪：見本書卷三二“禮類”。兩《唐志》著録《范汪集》八卷，《宋志》無載，亡佚。《全晋文》卷一二四有輯文。

晋尚書僕射《王述集》八卷。梁又有《王度集》五卷，《録》一卷；中領軍《庾龢集》二卷，《録》一卷；將作大匠《喻希集》一卷；吴興太守《孔嚴集》十一卷，《録》一卷。亡。

王述：字懷祖，太原晋陽（今山西太原市）人。襲父爵藍田縣侯，後遷散騎常侍、尚書令。《晋書》卷七五有傳。兩《唐志》著録《王述集》五卷，《宋志》無載，亡佚。《全晋文》卷二九有輯文。王度：見本書卷三三“霸史類”。兩《唐志》有著録，《宋志》無載，亡佚。《全晋文》卷一四八有輯文。庾龢：字道季，潁川鄢陵（今河南鄢陵縣）人。升平初，爲丹楊尹。太和初，爲中領軍，卒官。《晋書》卷七三有傳。兩《唐志》有著録，《宋志》無載，亡佚。《全晋文》卷三七有輯文。喻希：字益期，豫章（今江西南昌市）人。升平末，爲治書侍御史，累遷至將作大匠。見《全晋文》卷一三三。兩《唐志》無載，亡佚。《全晋文》卷一三三有輯文。孔嚴：字彭祖，會稽山陰（今浙江紹興市）人。少仕州郡，歷司徒掾，尚書殿中郎。太和中，拜吴興太守。《晋書》卷七八有傳。兩《唐志》著録《孔嚴集》五卷，《宋志》無載，亡佚。《全晋文》

卷一二六有輯文。

晋大司馬《桓温集》十一卷。梁有四十三卷。又有《桓温要集》二十卷，《録》一卷；豫章太守《車灌集》五卷，《録》一卷。亡。

桓温：字元子，譙國龍亢（今安徽懷遠縣西北）人。明帝時，爲安西將軍伐蜀，凱旋進位征西大將軍、開府，封臨賀郡公。隆和中，加侍中、大司馬，都督中外軍事、假黄鉞。《晋書》卷九八有傳。兩《唐志》著録《桓温集》二十卷，《宋志》無載，亡佚。《全晋文》卷一一八有輯文。兩《唐志》無載《桓温要集》，亡佚。車灌：見本書卷三三“舊事類”。兩《唐志》有著録，《宋志》無載，亡佚。

晋尚書僕射《王坦之集》七卷。梁五卷，《録》一卷，亡。

王坦之：字文度，太原晋陽（今山西太原市）人。爲司馬，加散騎常侍，後拜侍中，襲父爵。桓温卒，與謝安輔幼主，遷中書令，領丹楊尹。不久，爲徐兖二州刺史，鎮廣陵。《晋書》卷七五有傳。兩《唐志》著録《王坦之集》五卷，《宋志》無載，亡佚。《全晋文》卷二九有輯文。

晋左光禄《王彪之集》二十卷。梁有《録》一卷。

王彪之：字叔武，琅邪臨沂（今山東臨沂市）人。累遷尚書左丞、侍中、廷尉，又徙太常，轉尚書僕射。簡文帝崩，遷尚書令，與謝安共掌朝政，加光禄大夫、儀同三司，未拜。《晋書》卷七六有傳。兩《唐志》有著録，《宋志》無載，亡佚。《全晋文》卷二一有輯文。

晋中書郎《郗超集》九卷。梁十卷。又有南中郎《桓嗣集》

五卷；平固令《邵毅集》五卷，《録》一卷；太學博士《滕輔集》五卷，《録》一卷。亡。

郗（或作郤，皆讀xī）超：字景興，一字嘉賓，高平金鄉（今山東金鄉縣）人。桓温辟爲征西大將軍掾。桓温欲立霸王之基，郗超爲之謀，遷中書郎，以爲臨海太守，加宣威將軍，不拜。《晋書》卷六七有傳。兩《唐志》著録《郗超集》十五卷，《宋志》無載，亡佚。《全晋文》卷一一〇有輯文。桓嗣：字恭祖，譙國龍亢（今安徽懷遠縣西北）人。桓嗣爲西陽、襄城二郡太守，鎮夏口。後領江夏相，卒官。《晋書》卷七四有傳。兩《唐志》有著録，《宋志》無載，亡佚。邵毅：生平事迹不詳。兩《唐志》著録《邵毅集》五卷，《宋志》無載，亡佚。滕輔：生平事迹不詳。兩《唐志》有著録，《宋志》無載，亡佚。

晋苻堅丞相《王猛集》九卷。《録》一卷。梁有《顧夷集》五卷，散騎常侍《鄭襲集》四卷，撫軍掾《劉暢集》一卷，亡。

王猛：字景略，北海劇（今山東壽光市東南）人。苻堅僭位，以王猛爲中書侍郎，遷尚書令、太子太傅，加散騎常侍，以功進封清河郡侯。俄入爲丞相、中書監，都督中外諸軍事。《晋書》卷一一四有傳。兩《唐志》無載是集，亡佚。《全晋文》卷一五二有輯文。顧夷：見本書卷三二“易類”。兩《唐志》有著録，《宋志》無載，亡佚。鄭襲：初爲江乘令，後官大司農。見《宋書》卷六四。兩《唐志》無載，亡佚。《全晋文》卷一三五有輯文。劉暢：南陽（今河南境内）人，王羲之的女婿。見《世説新語·品藻》注引劉瑾《集叙》。兩《唐志》無載，亡佚。

晋太常卿《韓康伯集》十六卷。梁有黄門郎《范啓集》四卷；豫章太守《王恪集》十卷；零陵太守《陶混集》七卷；海鹽令《祖撫集》三卷；吴興太守《殷康集》五卷，《録》一卷。亡。

韓康伯：見本書卷三二“易類”。兩《唐志》著録《韓康伯集》五卷，《宋志》無載，亡佚。《全晋文》卷一三二有韓伯輯文。范啓：字榮期，南陽順陽（今河南淅川縣東）人。以才義顯於當世，累居顯職，終於黄門侍郎。有文筆傳於世。見《晋書》卷七五。兩《唐志》著録《范起集》五卷，《宋志》無載，亡佚。王恪：生平事迹不詳。兩《唐志》無載，亡佚。陶混：生平事迹不詳。兩《唐志》無載，亡佚。祖撫：生平事迹不詳。兩《唐志》無載，亡佚。殷康：陳郡（今河南境内）人，官拜吴興太守。見《晋書》卷八三。兩《唐志》有著録，《宋志》無載，亡佚。《全晋文》卷一二九有輯文。

晋太傅《謝安集》十卷。梁十卷，《録》一卷。又有中軍參軍《孫嗣集》三卷，《録》一卷；司徒左長史《劉衮集》三卷。亡。

謝安：字安石，陳國陽夏（今河南太康縣）人。先後爲尚書僕射，領吏部，加後將軍。苻堅强盛，多次犯邊，率謝石、謝玄等應機征討，所到克捷。拜衛將軍、開府儀同三司，封建昌縣公。六十六卒，贈太傅，謚曰文靖。《晋書》卷七九有傳。兩《唐志》著録《謝安集》五卷，《宋志》無載，亡佚。《全晋文》卷八三有輯文。孫嗣：太原中都（今山西平遥縣）人。有父孫綽之風，文章相亞，官至中軍參軍，早卒。見《晋書》卷五六。兩《唐志》有著録，《宋志》無載，亡佚。劉衮：生平事迹不詳。兩《唐志》無載，亡佚。

晋御史中丞《孔欣時集》八卷。梁七卷。

孔欣時：生平事迹不詳。兩《唐志》無載，亡佚。

晋《伏滔集》十一卷。并目録。梁五卷，《録》一卷。

伏滔：字玄度，平昌安丘（今山東安丘市）人。爲參軍從桓温伐袁真。壽陽平，以功封聞喜縣侯，除永世令。太元中，拜著作郎，專掌國史。後遷游擊將軍，卒官。《晉書》卷九二有傳。兩《唐志》著録《伏滔集》五卷，《宋志》無載，亡佚。《全晉文》卷一三三有輯文。

晉滎陽太守《習鑿齒集》五卷。

習鑿齒：見本書卷三三“古史類”。《晉書》卷八二載，習鑿齒博學洽聞，以文筆著稱。兩《唐志》有著録，《宋志》無載，亡佚。《全晉文》卷一三四有輯文。

晉秘書監《孫盛集》五卷。殘缺。梁十卷，《録》一卷。

孫盛：見本書卷三三“古史類”。《晉書》卷八二載，孫盛博學，著《魏氏春秋》《晉陽秋》，又造詩賦論難數十篇。兩《唐志》著録《孫盛集》十卷，《宋志》無載，亡佚。《全晉文》卷六三、卷六四有輯文。

晉東陽太守《袁宏集》十五卷。梁二十卷，《録》一卷。又有晉黄門郎《顧淳集》一卷；尋陽太守《熊鳴鵠集》十卷；車騎司馬《謝韶集》三卷；金紫光禄大夫《王獻之集》十卷，《録》一卷；琅邪内史《袁質集》二卷，《録》一卷；太宰從事中郎《袁邵集》五卷，《録》一卷；車騎長史《謝朗集》六卷，《録》一卷；車騎將軍《謝顔集》十卷，《録》一卷。亡。

袁宏：字彦伯，見本書卷三二“孝經類”。《晉書》卷九二載，袁宏撰《後漢紀》三十卷，及《竹林名士傳》、詩賦誄表雜文凡三百首，傳於世。兩《唐志》著録《袁宏集》二十卷，《宋志》無載，亡佚。《全晉文》卷五七有輯文。顧淳：吴郡吴（今江蘇蘇州市）人。歷尚書吏部郎、給事黄門侍郎、左衛將軍。見《晉書》卷八三。兩《唐志》無載是集，亡佚。熊鳴鵠：豫章南昌（今江西南昌市）人，官至武昌太守。見《晋書》卷七一。兩《唐志》無載是集，亡佚。謝韶：字穆度，陳國陽夏（今河南太康縣）人。少有名，官至車騎司馬。兩《唐志》無載，亡佚。王獻之：字子敬，琅邪臨沂（今山東臨沂市）人。王羲之子，起家州主簿、秘書郎，轉丞。又任建威將軍、吴興太守，徵拜中書令，卒官。《晋書》卷八〇有傳。兩《唐志》無載是集，亡佚。現有漢魏六朝百三名家集本《晋王大令集》一卷，《全晋文》卷二七有輯文。袁質：字道和，陳國陽夏（今河南太康縣）人。官歷琅邪内史、東陽太守。見《晋書》卷八三。兩《唐志》有著録，《宋志》無載，亡佚。袁邵：生平事迹不詳。兩《唐志》著録《袁邵集》三卷，《宋志》無載，亡佚。謝朗：字長度，陳國陽夏（今河南太康縣）人。善言玄理，文義艷發。官至東陽太守。見《晋書》卷七九。兩《唐志》著録《謝朗集》五卷，《宋志》無載，亡佚。謝頠（wěi）：生平事迹不詳。姚振宗據《晋書》無載謝頠，兩《唐志》無載《謝頠集》，以及《謝朗集》後列《謝玄集》，以爲“謝頠”乃“謝玄”之誤。謝玄，字幼度，陳國陽夏（今河南太康縣）人。有經國才略，却屢辟不起。苻堅數犯邊境，謝玄方應舉，以功封東興縣侯。與謝琰、桓伊等打敗苻堅百萬兵衆，以勳封康樂縣公，轉授散騎常侍、左將軍、會稽内史。《晋書》卷七九有傳。兩《唐志》著録《謝玄集》十卷，《宋志》無載，亡佚。《全晋文》卷八三有輯文。

晋新安太守《郗愔集》四卷。殘缺。梁五卷。又有吴郡功曹《陸法之集》十九卷，亡。

郗愔：字方回，高平金鄉（今山東金鄉縣）人。襲爵，徵拜中書侍郎，遷黄門侍郎，轉臨海太守。簡文帝即位，加鎮軍，都督浙江東五郡軍事。《晋書》卷六七有傳。兩《唐志》著録《郭（疑“郗”之誤）愔集》五卷，《宋志》無載，亡佚。《全晋文》卷一〇九有輯文。陸法之：生平事迹不詳。兩《唐志》無載是集，亡佚。

晋太常卿《王珉集》十卷。梁《録》一卷。

王珉：字季琰，琅邪臨沂（今山東臨沂市）人。歷任著作、散騎郎、侍中，代王獻之爲長兼中書令。太元十三年卒，追贈太常。《晋書》卷六五有傳。兩《唐志》無載是集，亡佚。《全晋文》卷二〇有輯文。

晋中散大夫《羅含集》三卷。梁有太宰長史《庾蒨集》二卷，大司馬參軍《庾悠之集》三卷，司徒右長史《庾凱集》二卷，亡。

羅含：字君章，桂陽耒陽（今湖南耒陽市）人。累遷散騎常侍、侍中，又轉廷尉、長沙相。致仕，加中散大夫。年七十七卒，所著文章傳於世。《晋書》卷九二有傳。兩《唐志》有著録，《宋志》無載，亡佚。《全晋文》卷一三一有輯文。庾蒨（疑“蒨”爲“倩”之誤）：字少彦，潁川鄢陵（今河南鄢陵縣）人。最有才器，官拜太宰長史。及海西公廢，桓温陷其以武陵王黨而殺之。見《晋書》卷七三、《世説新語·賞譽》注引徐廣《晋紀》。兩《唐志》著録《庾蒨集》二卷，《宋志》無載，亡佚。庾悠之：《晋書》卷七三載，庾希知其弟庾倩、庾柔被桓温所殺，遂與弟庾邈及子攸之逃入海陵陂澤中，後被擒斬於建康市。疑“悠之”爲“攸之”之誤。兩《唐志》無載是集，亡佚。庾凱：《晋書》無載“庾凱”，疑爲“庾敳”之誤。庾敳（ái），字子嵩，潁川鄢陵（今河南鄢陵縣）人。官歷吏部郎、軍諮祭酒。石勒亂，被害。見《晋書》卷五〇。兩《唐志》無載，亡佚。《全晋文》卷三六有庾敳輯文。

晋國子博士《孫放集》一卷。殘缺。梁十卷。

孫放：字齊莊，太原中都（今山西平原縣）人。幼稱令慧，官至長沙相。見《晋書》卷八二。兩《唐志》著録《孫放集》十五卷，《宋志》無載，亡佚。《全晋文》卷六四有輯文。

晋聘士《殷叔獻集》四卷。并《目録》。梁三卷，《録》一卷。

殷叔獻：陳郡（今河南境内）人。見《晋書》卷八三。兩《唐志》著録《殷叔獻集》三卷，《宋志》無載，亡佚。

晋湘東太守《庾肅之集》十卷。《録》一卷。梁有晋北中郎參軍《蘇彦集》十卷；太子左率《王肅之集》三卷，《録》一卷；黄門郎《王徽之集》八卷；徵士《謝敷集》五卷，《録》一卷；太常卿《孔汪集》十卷；《陳統集》七卷；太常《王愷集》十五卷；右將軍《王忱集》五卷，《録》一卷；太常《殷允集》十卷。亡。

庾肅之：潁川鄢陵（今河南鄢陵縣）人。以有文藻著稱，歷給事中、相府記室、湘東太守。見《晋書》卷九二。兩《唐志》有著録，《宋志》無載，亡佚。《全晋文》卷三八有輯文。蘇彦：見本書卷三四“道家”。兩《唐志》有著録，《宋志》無載，亡佚。《全晋文》卷一三八有輯文。王肅之：字幼恭，琅邪臨沂（今山東臨沂市）人。歷中書郎、驃騎諮議。見《世説新語・排調》注引《王氏譜》。兩《唐志》無載是集，亡佚。王徽之：字子猷，琅邪臨沂（今山東臨沂市）人。爲桓温參軍，不綜府事。後爲黄門侍郎，棄官東歸。見《晋書》卷八〇。兩《唐志》無載是集，亡佚。《全晋文》卷二七有輯文。謝敷：字慶緒，會稽（今浙江紹興市）人。性澄靖寡欲，入太平山十餘年，終生不仕。《晋書》卷九四有傳。兩《唐志》無載，亡佚。《全晋文》卷一三八有輯文。孔汪：見本書卷三四“醫家類”。兩《唐志》無載是集，亡佚。《全晋文》卷一二六有輯文。陳統：見本書卷三二“詩類”。兩《唐志》無載，亡佚。王愷：字茂仁，太原晋陽（今山西太原市）人。襲父爵。太元末，爲侍中，領右衛將軍，徵爲丹楊尹，領兵守石頭。病卒，追贈太常。見《晋書》卷七五。兩《唐志》無載，亡佚。王忱：字元達，太原晋陽（今山西太原市）人。少知名。太元中，出爲荆州刺史，都督荆益寧三州軍事，又爲建武將軍、假節。《晋書》卷七五有傳。兩《唐志》無載是集，亡佚。《全晋文》卷二九有輯文。殷允：字子思，陳郡（今河南境内）人。恭素謙退，有儒者風。歷吏部尚書。見《世説新語·賞譽》注引《中興書》。兩《唐志》有著録，《宋志》無載，亡佚。《全晋文》卷一二九有輯文。

晋徵士《戴逵集》九卷。殘缺。梁十卷，《録》一卷。又有晋光禄大夫《孫廞集》十卷，尚書左丞《徐禪集》六卷，亡。

戴逵：見本書卷三二"論語類"。《晋書》卷九四載，戴逵少博學，善屬文。兩《唐志》著録《戴逵集》十卷，《宋志》無載，亡佚。《全晋文》卷一三七有輯文。孫廞（xīn）：姚振宗據《晋書》無載孫廞，而《晋書》卷七八載，孔廞，會稽山陰（今浙江紹興市）人，官至吴興太守、廷尉。《宋書》卷五六載，孔琳之父孔廞，光禄大夫。認爲"孫廞"爲"孔廞"之誤。兩《唐志》無載是集，亡佚。徐禪：咸康中爲博士。永和初轉尚書郎，累遷左丞。見《全晋文》卷一三一。兩《唐志》無載，亡佚。《全晋文》卷一三一有輯文。

晋太子前率《徐邈集》九卷。并《目録》。梁二十卷，《録》一卷。

徐邈：見本書卷三二"易類"。《晋書》卷九一載，徐邈博涉多聞，所注《穀梁傳》，見重於時。兩《唐志》著録《徐邈集》八卷，《宋志》無載，亡佚。《全晋文》卷一三六有輯文。

晋給事中《徐乾集》二十一卷。并《目録》。梁二十卷，《録》一卷。又有冠軍將軍《張玄之集》五卷，《録》一卷；員外常侍《荀世之集》八卷；《袁山松集》十卷；黄門郎《魏逷之集》

五卷；驃騎參軍《卞湛集》五卷；金紫光禄大夫《褚爽集》十六卷，《録》一卷。亡。

徐乾：見本書卷三二“春秋類”。兩《唐志》無載，亡佚。《全晋文》卷一三八有輯文。張玄之：又作張玄，字祖希。少以學顯，歷吏部尚書，出爲冠軍將軍、吴興太守。見《晋書》卷七九、《世説新語·言語》注引《續晋陽春秋》。兩《唐志》無載是集，亡佚。荀世之：生平事迹不詳。兩《唐志》無載，亡佚。袁山松：見本書卷三三“正史類”。《晋書》卷八三載，袁山松少有才名，博學有文章。兩《唐志》無載是集，《全晋文》卷五六有輯文。魏逿（dàng）之：會稽上虞（今浙江紹興市）人，任黄門郎。見《世説新語·賞譽》注引《魏氏譜》。兩《唐志》無載，亡佚。卞湛：生平事迹不詳。兩《唐志》有著録，《宋志》無載，亡佚。褚爽：字弘茂，河南陽翟（今河南禹州市）人。謝安甚重之，以爲義興太守。早卒，後追贈光禄大夫。兩《唐志》無載是集，亡佚。《全晋文》卷六七有輯文。

晋豫章太守《范甯集》十六卷。梁有晋餘杭令《范弘之集》六卷，亡。

范甯：疑即范甯，見本書卷三二“書類”。兩《唐志》著録《范甯集》十五卷，《宋志》無載，亡佚。《全晋文》卷一二五有范甯輯文。范弘之：字長文，南陽順陽（今河南淅川縣東）人。襲爵武興侯。爲太學博士，出爲餘杭令。《晋書》卷九一有傳。兩《唐志》無載，亡佚。《全晋文》卷一二五有輯文。

晋司徒《王珣集》十一卷。并《目録》。梁十卷，《録》一卷，亡。

王珣：字元琳，琅邪臨沂（今山東臨沂縣）人。從討袁真，封東亭侯。孝武帝時，徵爲尚書右僕射，加征虜將軍。隆安初，遷尚書令。後因疾解職，歲餘卒。《晉書》卷六五有傳。《世説新語·文學》注引《續晉陽秋》“珣學涉通敏，文高當世”。兩《唐志》著録《王珣集》十卷，《宋志》無載，亡佚。《全晉文》卷二〇有輯文。

晉處士《薄蕭之集》九卷。梁十卷。又有晉安北參軍《薄要集》九卷；《薄邕集》七卷；延陵令《唐邁之集》十一卷，《録》一卷。亡。

薄蕭之：或作薄肅之，生平事迹不詳。兩《唐志》著録《薄肅之集》十卷，《宋志》無載，亡佚。薄要：生平事迹不詳。兩《唐志》無載，亡佚。薄邕：生平事迹不詳。兩《唐志》無載，亡佚。唐邁之：生平事迹不詳。兩《唐志》無載，亡佚。

晉《孫恩集》五卷。梁有晉殿中將軍《傅綽集》十五卷，驍騎將軍《弘戎集》十六卷，御史中丞《魏叔齊集》十五卷，司徒右長史《劉寧之集》五卷，亡。

孫恩：字靈秀，琅邪（今山東境内）人。孫恩聚亡命徒復仇，自海上攻上虞，襲會稽。及桓玄用事，孫恩攻臨海，戰敗，赴海自沉。《晉書》卷一〇〇有傳。兩《唐志》無載是集，亡佚。傅綽：生平事迹不詳。兩《唐志》無載，亡佚。弘戎：生平事迹不詳。兩《唐志》無載，亡佚。魏叔齊：生平事迹不詳。兩《唐志》無載，亡佚。劉寧之：生平事迹不詳。兩《唐志》無載，亡佚。

晉臨海太守《辛德遠集》五卷。梁四卷。又有晉車騎參軍《何瑾之集》十一卷；太保《王恭集》五卷，《録》一卷；《殷覬集》十卷，《録》一卷。亡。

辛德遠：名昺，或作昞，又作景（避唐諱）。《晉書》卷一〇〇載，孫恩又寇臨海，臨海太守辛景討破之。兩《唐志》著録

《辛眪集》四卷，《宋志》無載，亡佚。《全晋文》卷一三八有輯文。何瑾之：又作何瑾。生平事迹不詳。兩《唐志》無載，亡佚。《全晋文》卷一四〇有輯文。王恭：字孝伯，太原晋陽（今山西太原市）人。起家爲佐著作郎，俄爲秘書丞。太元中，遷中書令，領太子詹事。孝武帝崩，王恭乃舉兵上表以討王愉、司馬尚之爲辭。朝廷遣人距之，王恭戰敗，被殺。《晋書》卷八四有傳。兩《唐志》無載是集，亡佚。《全晋文》卷二九有輯文。殷覬（jì）：又作殷顗，字伯通，陳郡（今河南境内）人。太元中，以中書郎升爲南蠻校尉，莅職清明，政績肅舉。以憂殷仲堪欲反而卒。《晋書》卷八三有傳。兩《唐志》無載，亡佚。

晋荆州刺史《殷仲堪集》十二卷。并《目録》。梁十卷，《録》一卷，亡。

殷仲堪：見本書卷三二“詩類”。兩《唐志》著録《殷仲堪集》十卷，《宋志》無載，亡佚。《全晋文》卷一二九有輯文。

晋驃騎長史《謝景重集》一卷。

謝景重：名重，陳郡陽夏（今河南太康縣）人。明秀有才名，爲會稽王道子驃騎長史。見《晋書》卷七九，兩《唐志》無載，亡佚。

晋《桓玄集》二十卷。梁有晋丹陽尹《卞範之集》五卷，《録》一卷；光禄勳《卞承之集》十卷，《録》一卷。亡。

桓玄：見本書卷三二“易類”。《晋書》卷九九載，桓玄博綜藝術，善屬文。兩《唐志》有著録，《宋志》無載，亡佚。《全晋文》卷一一九有輯文。卞範之：字敬祖，濟陰冤句（今山東菏澤市西南）人。桓玄將篡亂，以卞範之爲征虜將軍、散騎常侍。桓玄僭位，爲侍中，封臨汝縣公。桓玄爲劉毅所敗，卞範之斬於江陵。

《晋書》卷九九有傳。兩《唐志》無載，亡佚。《全晋文》卷一四〇有輯文。卞承之：字敬宗，桓玄僭位，卞承之爲秘書監。義熙三年，欲交結謀反，被劉裕斬之。見《晋書》卷九九、《全晋文》卷一四〇。兩《唐志》無載，亡佚。《全晋文》卷一四〇有輯文。

晋東陽太守《殷仲文集》七卷。梁五卷。

殷仲文：見本書卷三二"孝經類"。《晋書》卷九九載，殷仲文少有才藻，善屬文，爲世所重。兩《唐志》有著録，《宋志》無載，亡佚。《全晋文》卷一二九有輯文。

晋司徒《王謐集》十卷。《録》一卷。梁有晋光禄大夫《伏系之集》十卷，《録》一卷，亡。

王謐（mì）：字稚遠，琅邪臨沂（今山東臨沂市）人。少有美譽，拜秘書郎，襲父爵。爲吏部尚書，遷中書監，加散騎常侍，領司徒。劉裕破桓玄，王謐加侍中，領揚州刺史、録尚書事。《晋書》卷六五有傳。兩《唐志》有著録，《宋志》無載，亡佚。《全晋文》卷二〇有輯文。伏系之：字敬魯，平昌安丘（今山東安丘市）人。有文才，歷黄門郎、侍中、尚書、光禄大夫。見《晋書》卷九二、《世説新語·寵禮》注引丘淵之《文章録》。兩《唐志》無載，亡佚。《全晋文》卷一三三有輯文。

晋右軍參軍《孔璠集》二卷。

孔璠：又作孔璠之，生平事迹不詳。兩《唐志》有著録，《宋志》無載，亡佚。《全宋文》卷二八有輯文。

晋衛軍諮議《湛方生集》十卷。《録》一卷。

湛方生：生平事迹不詳。兩《唐志》有著録，《宋志》無載，亡佚。《全晋文》卷一四〇有輯文。

晋光禄大夫《祖台之集》十六卷。梁二十卷。

祖台之：見本書卷三三“雜傳類”。兩《唐志》無載，亡佚。《全晋文》卷一三八有輯文。

晋通直常侍《顧愷之集》七卷。梁二十卷。

顧愷之：見本書卷三二“小學類”。《晋書》卷九二載，顧愷之有文集及《啓矇記》行於世。兩《唐志》無載是集，《全晋文》卷一三五有輯文。

晋太常卿《劉瑾集》九卷。梁五卷。

劉瑾：字仲璋，南陽（今河南境内）人。有才力，歷尚書、太常卿。見《世説新語·品藻》注引劉瑾《集叙》。兩《唐志》著録《劉瑾集》八卷，《宋志》無載，亡佚。《全晋文》卷一四〇有輯文。

晋左僕射《謝混集》三卷。梁五卷。

謝混：字叔源，小字益壽，陳國陽夏（今河南太康縣）人。襲父爵。歷中書令、中領軍、尚書左僕射。以黨劉毅被誅，國除。《晋書》卷七九有傳。兩《唐志》無載，亡佚。《全晋文》卷八三有輯文。

晋秘書監《滕演集》十卷。《録》一卷。

滕演：字彦將，南陽西鄂（今河南南陽市）人。官歷記室參軍、黄門郎、秘書監。《宋書》卷四三有傳。《舊唐志》著録《滕演集》一卷，《新唐志》著録《滕演集》二卷，《宋志》無載，亡佚。

晋司徒長史《王誕集》二卷。梁有晋太尉諮議《劉簡之集》十卷，亡。

王誕：字茂世，琅邪臨沂（今山東臨沂市）人。襲爵雉鄉侯，拜秘書郎。宋高祖請爲太尉長史，又爲吴國内史。《宋書》卷五二、《南史》卷二三有傳。兩《唐志》無載，亡佚。《全晋文》卷一九有輯文。劉簡之：彭城吕（今江蘇徐州市）人。有志幹，爲宋高祖所知。官歷通直常侍、少府、太尉諮議參軍。見《宋書》卷五〇、《南史》卷一七。兩《唐志》無載，亡佚。

晋丹陽太守《袁豹集》八卷。梁十卷，《録》一卷。又有晋廬江太守《殷遵集》五卷，《録》一卷；興平令《荀軌集》五卷。亡。

袁豹：字士蔚，陳郡陽夏（今河南太康縣）人。博學善文辭，有經國才。初爲著作佐郎，後爲太尉長史、丹陽尹。《晋書》卷八三、《宋書》卷五二、《南史》卷二六有傳。兩《唐志》著録《袁豹集》十卷，《宋志》無載，亡佚。《全晋文》卷五六有輯文。殷遵：生平事迹不詳。兩《唐志》無載，亡佚。荀軌：生平事迹不詳。兩《唐志》無載，亡佚。

晋西中郎長史《羊徽集》九卷。梁十卷，《録》一卷。

羊徽：字敬猷，泰山南城（今山東泰安市）人。宋高祖鎮京口，爲記室參軍掌事。後爲太祖西中郎長史、河東太守。《宋書》卷六二、《南史》卷三六有傳。兩《唐志》著録《羊徽集》一卷，《宋志》無載，亡佚。《全晋文》卷一四一有輯文。

晋國子博士《周祇集》十一卷。梁二十卷，《録》一卷。又有晋相國主簿《殷闡集》十卷，《録》一卷；太常《傅迪集》十卷。亡。

周祗（zhī）：字穎文，陳郡（今河南境内）人。義熙初爲國子博士。見《宋書》卷四七、《南史》卷一七、《全晋文》卷一四二。兩《唐志》著録《周祗集》十卷，《宋志》無載，亡佚。《全晋文》卷一四二有輯文。殷闡：何無忌府中文人。見《晋書》卷九九。兩《唐志》無載，亡佚。《全晋文》卷一四二有輯文。傅迪：字長猷，北地靈州（今寧夏靈武市）人。官至五兵尚書。永初二年卒，追贈太常。見《宋書》卷四三、《南史》卷一五。兩《唐志》無載，亡佚。

晋始安太守《卞裕集》十三卷。梁十五卷。又有晋《韋公藝集》六卷，亡。

卞裕：生平事迹不詳。兩《唐志》著録《卞裕集》十四卷，《宋志》無載，亡佚。韋公藝：生平事迹不詳。兩《唐志》無載，亡佚。

晋《毛伯成集》一卷。

毛伯成：名玄，潁川（今河南禹州市）人。官至征西行軍參軍。見《世説新語·言語》注引《征西寮屬名》。兩《唐志》無載，亡佚。

晋沙門《支曇諦集》六卷。

支曇諦：姓康，祖先爲康居（今吉爾吉斯草原一帶）人。十歲出家，學不從師，悟自天發。講《禮》《易》《春秋》《法華》《大品》《維摩》。又善文翰，有集六卷，行於世。《高僧傳》卷七有傳。兩《唐志》有著録，《宋志》無載，亡佚。《全晋文》卷一六五有輯文。

晋沙門《釋惠遠集》十二卷。

釋惠遠：又作慧遠。本姓賈，雁門婁煩（今山西太原市西北）人。師從道安，後至廬山，三十年影不出山，跡不入俗。惠遠善屬文章，所著論序銘贊詩書集爲十卷五十餘篇，見重於世。《高僧傳》卷六有傳。兩《唐志》著録《惠遠集》十五卷，《宋志》無載，亡佚。《全晋文》卷六一、卷六二有輯文。

晋姚萇沙門《釋僧肇集》一卷。

僧肇：京兆（今陝西西安市）人。家貧以傭書爲業，見《舊維摩經》，喜歡頂受，因此出家，隨鳩摩羅什入長安。姚興命僧肇等進逍遥園，助詳定經論。《高僧傳》卷六有傳。兩《唐志》無載，亡佚。《全晋文》卷一六四、卷一六五有輯文。

晋《王茂略集》四卷。

王茂略：即王濤，前著録之《王鑒集》下注有"晋著作佐郎《王濤集》五卷"，疑此爲其五卷本之殘本。

晋《曹毗集》四卷。

此集前已著録，疑此爲其别本。

晋《宗欽集》二卷。梁有晋中軍功曹《殷曠之集》五卷；太學博士《魏説集》十三卷；征西主簿《丘道護集》五卷，《録》一卷；柴桑令《劉遺民集》五卷，《録》一卷；《郭澄之集》十卷；徵士《周續之集》一卷；《孔瞻集》九卷。亡。

宗欽：非晋人，北魏人。字景若，金城（今甘肅蘭州市）人。博綜群言，聲著河右。仕沮渠蒙遜，爲中書郎、世子洗馬。世祖平凉，賜爵臥樹男，拜著作郎。崔浩被誅，宗欽亦賜死。《魏書》卷五二、《北史》卷三四有傳。兩《唐志》有著録，《宋志》無載，亡佚。《全後魏文》卷二九有輯文。殷曠之：陳郡（今河南境内）

人。殷仲堪之子，有父風，仕至剡令。見《晋書》卷八四。兩《唐志》無載，亡佚。魏説：生平事迹不詳。兩《唐志》無載，亡佚。丘道護：生平事迹不詳。兩《唐志》無載，亡佚。劉遺民：見本書卷三四“道家”。兩《唐志》無載，亡佚。郭澄之：見本書卷三四“小説家”。《晋書》卷九二載，少有才思，所著文集行於世。兩《唐志》無載，亡佚。周續之：字道祖，雁門廣武（今山西代縣）人。從師范甯，通五經及緯、候。入廬山，事沙門釋惠遠。屢辟，不就。其《毛詩》六義及《禮論》等，皆傳於世。《宋書》卷九三、《南史》卷七五有傳。兩《唐志》無載是集，亡佚。《全晋文》卷一四二有輯文。孔瞻：生平事迹不詳。兩《唐志》無載，亡佚。

晋江州刺史王凝之妻《謝道韞集》二卷。梁有婦人晋司徒王渾妻《鍾夫人集》五卷，晋武帝《左九嬪集》四卷，晋太宰賈充妻《李扶集》一卷，晋武平都尉陶融妻《陳窈集》一卷，晋都水使者妻《陳玢集》五卷，晋海西令劉臻妻《陳珍集》七卷，晋劉柔妻《王邵之集》十卷，晋散騎常侍傅伉妻《辛蕭集》一卷，晋松陽令鈕滔母《孫瓊集》二卷，晋成公道賢妻《龐馥集》一卷，晋宣城太守何殷妻《徐氏集》一卷，亡。

謝道韞：陳國陽夏（今河南太康縣）人。聰識有才辯。及孫恩亂，夫與諸子遇害。所著詩賦誄頌並行於世。《晋書》卷九六有傳。兩《唐志》無載，亡佚。《全晋文》卷一四四有輯文。鍾夫人：字琰，潁川（今河南禹州市）人。聰慧弘雅，博覽記籍，其所著詩賦頌誄行於世。《晋書》卷九六有傳，又見《世説新語・賢媛》注引《婦人集》。兩《唐志》著録《鍾夫人集》三卷，《宋志》無載，亡佚。《全晋文》卷一四四有輯文。左九嬪：名芬，齊國臨淄（今山東淄博市）人。少好學，善綴文，武帝聞而納之。泰始八年，拜修儀。其答兄左思詩、書及雜賦頌數十篇，並行於世。《晋書》卷三一有傳。兩《唐志》著録《左九嬪集》一卷，《宋志》無載，亡佚。《全晋文》卷一三有輯文。李扶：賈充前妻，淑美有才行。因父李豐被誅，坐流徙，後遇赦得還。李氏作《女訓》行於世。見《晋書》卷四〇。兩《唐志》無載，亡佚。陳窈：生平事迹不詳。兩《唐志》無載，亡佚。《全晋文》卷一四四有輯文。陳玢：生平事迹不詳。兩《唐志》無載，亡佚。陳珍：聰辯能屬文，作《椒花頌》，行於世。見《晋書》卷九六。兩《唐志》著録劉臻妻《陳氏集》五卷，《宋志》無載，亡佚。《全晋文》卷一四四有輯文。王邵之：生平事迹不詳。兩《唐志》無載，亡佚。《全晋文》卷一四四有王劭之輯文。辛蕭：生平事迹不詳。兩《唐志》無載，亡佚。《全晋文》卷一四四有輯文。孫瓊：生平事迹不詳。兩《唐志》無載，亡佚。《全晋文》卷一四四有輯文。龐馥：生平事迹不詳。兩《唐志》無載，亡佚。徐氏：生平事迹不詳。兩《唐志》無載，亡佚。

《宋武帝集》十二卷。梁二十卷，《録》一卷。

宋武帝：見本書卷三二本志“大序”。《日本國見在書目録》著録《劉豫帝集》十五卷，兩《唐志》著録《宋武帝集》二十卷，《宋志》無載，亡佚。《全宋文》卷一有輯文。

《宋文帝集》七卷。梁十卷，亡。

宋文帝：諱義隆，彭城（今江蘇徐州市）人，武帝第三子。博涉經史，善隸書。《宋書》卷五、《南史》卷一有傳。兩《唐志》著録《宋文帝集》十卷，《宋志》無載，亡佚。《全宋文》卷二至卷四有輯文。

《宋孝武帝集》二十五卷。梁三十一卷，《録》一卷。又有《宋廢帝景和集》十卷，《録》一卷；《明帝集》三十三卷。亡。

宋孝武帝：諱駿，字休龍，文帝子。少機穎，才藻甚美。《宋書》卷七、《南史》卷二有紀。兩《唐志》無載，《直齋書録解題》卷一九著録《宋武帝集》一卷，稱“孝武駿也”。《全宋文》卷五、卷六有輯文。宋廢帝：諱子業，孝武帝長子。《宋書》卷六、《南史》卷二有紀。兩《唐志》無載，亡佚。《全宋文》卷七有輯文。宋明帝：見本書卷三二“易類”。《宋書》卷八載，明帝撰《江左以來文章志》，又續衛瓘所注《論語》二卷，行於世。兩《唐志》無載是集，亡佚。《全宋文》卷七至卷九有輯文。

宋《長沙王道憐集》十卷。《録》一卷。梁有宋《臨川王道規集》四卷，《録》一卷。

長沙王道憐：高祖弟。從武帝征廣固，封竟陵公。武帝受命，遷太尉，封長沙王。《宋書》卷五一、《南史》卷一三有傳。兩《唐志》有著録，《宋志》無載，亡佚。《全宋文》卷一一有長沙王劉義欣輯文。疑《長沙王道憐集》爲《長沙王義欣集》之誤。臨川王道規：字道則，高祖弟。高祖與其謀誅桓玄，以起義勳封華容縣公。累遷荆州刺史，加都督，加散騎常侍。卒，追封臨川王。《宋書》卷五一、《南史》卷一三有傳。兩《唐志》無載是集，亡佚。

宋《臨川王義慶集》八卷。

臨川王義慶：見本書卷三三“雜傳”。《宋書》卷五一載，劉義慶愛好文義，才詞雖不多，然足爲宗室之表。兩《唐志》有著録，《宋志》無載，亡佚。《全宋文》卷一一有輯文。

宋《江夏王義恭集》十一卷。梁十五卷，《録》一卷。又有《江夏王集别本》十五卷；宋《衡陽王義季集》十卷，《録》一卷。亡。

江夏王義恭：武帝子，元嘉元年封江夏王。孝武帝時進太宰，領司徒。撰《要記》五卷。前廢帝狂悖無道，義恭等謀廢立。永光元年，前廢帝率羽林於第害之。《宋書》卷六一、《南史》卷一三有傳。《舊唐志》著録宋《江夏王集》十三卷，《新唐志》著録《江夏王義恭集》十五卷，《宋志》無載，亡佚。《全宋文》卷一一、卷一二有輯文。衡陽王義季：武帝子，元嘉元年封衡陽王。二十一年，爲都督南兖徐青冀幽六州諸軍事、征北大將軍、開府儀同三司，南兖州刺史。《宋書》卷六一、《南史》卷一三有傳。兩《唐志》有著録，《宋志》無載，亡佚。《全宋文》卷一二有輯文。

宋《南平王鑠集》五卷。梁有宋《竟陵王誕集》二十卷，《建平王休度集》十卷，《新渝惠侯義宗集》十二卷，散騎常侍《祖柔之集》二十卷，亡。

南平王鑠：字休玄，文帝子，元嘉十六年封南平王。少好學，有文才，作《擬古詩》三十餘首。元凶弑立，以鑠爲侍中，録尚書事。義軍入宫，歸順，後被毒殺。《宋書》卷七二、《南史》卷一四有傳。兩《唐志》有著録，《宋志》無載，亡佚。《全宋文》卷一三有輯文。竟陵王誕：字休文，文帝子，元嘉二十年封廣陵王。孝武帝即位，改封竟陵王。誕初討元凶，有奔牛之捷，故遭孝武猜忌。大明三年，遣車騎大將軍討斬之，貶姓留氏。《宋書》卷七九、《南史》卷一四有傳。兩《唐志》無載是集，亡佚。《全宋文》卷一三有輯文。建平王休度：諱宏，文帝子，元嘉二十一年封建平王。歷位中護軍、中書令，轉尚書令。《宋書》卷七二、《南史》卷一四有傳。《舊唐志》著録宋《建平王集》十卷、宋《建平王小集》十五卷，《新唐志》著録《建平王宏集》十卷，又《小集》六卷，《宋志》無載，亡佚。《全宋文》卷一三有輯文。新渝惠侯義宗：字伯奴，長沙王劉道憐子，封新渝縣侯。位太子左衛率、侍中、太子詹事。《宋書》卷五一、《南史》卷一三有傳。《舊唐志》

著録宋《劉義宗集》十五卷，《新唐志》著録《新渝侯義宗集》十二卷，《宋志》無載，亡佚。祖柔之：生平事迹不詳。兩《唐志》無載，亡佚。

宋豫章太守《謝瞻集》三卷。梁有宋征虜將軍《沈林子集》七卷，亡。

謝瞻：字宣遠，一名簷，字通遠，陳郡陽夏（今河南太康縣）人。歷任高祖鎮軍、相國從事中郎。後爲豫章太守。謝瞻善於文章，辭采之美，可與謝混、謝靈運相抗。《宋書》卷五六、《南史》卷一九有傳。兩《唐志》著録《謝瞻集》二卷，《宋志》無載，亡佚。《全宋文》卷三三有輯文。沈林子：字敬士，吴興武康（今浙江湖州市）人。歸高祖，從其克京城，進平都邑。高祖踐祚，以佐命功封漢壽縣伯，進位輔國將軍。沈林子所著詩、賦、贊、三言、箴、祭文、樂府、表、牋、書記、論等一百二十一首，傳於世。《宋書》卷一〇〇有傳。兩《唐志》有著録，《宋志》無載，亡佚。

宋太常卿《孔琳之集》九卷。并《目録》。梁十卷，《録》一卷。

孔琳之：字彦琳，會稽山陰（今浙江紹興市）人。宋國初建，爲侍中，出爲吴興太守。永初二年，爲御史中丞，又遷祠部尚書。景平元年卒，追贈太常。《晋書》卷七八、《宋書》卷五六、《南史》卷二七有傳。兩《唐志》著録《孔琳之集》十卷，《宋志》無載，亡佚。《全宋文》卷二七有輯文。

宋《王叔之集》七卷。梁十卷，《録》一卷。

王叔之：見本書卷三四“道家”。兩《唐志》著録《王叔之集》十卷，《宋志》無載，亡佚。《全宋文》卷五七有輯文。

宋太中大夫《徐廣集》十五卷。《録》一卷。

徐廣：見本書卷三二“詩類”。《宋書》卷五五載，徐廣百家數術，無不研覽。兩《唐志》有著録，《宋志》無載，亡佚。《全晋文》卷一三六有輯文。

宋秘書監《盧繁集》一卷。殘缺。梁十卷，《録》一卷。

盧繁：或作虞繁，生平事迹不詳。兩《唐志》無載，亡佚。《全宋文》卷四〇有虞繁輯文。

宋侍中《孔甯子集》十一卷。并《目録》。梁十五卷，《録》一卷。

孔甯子：會稽（今浙江紹興市）人。爲太祖鎮西諮議參軍，以文義見賞，至是爲黄門侍郎、領步兵校尉。見《宋書》卷六三、《南史》卷二三。兩《唐志》著録《孔甯子集》十五卷，《宋志》無載，亡佚。《全宋文》卷二八有輯文。

宋建安太守《卞瑾集》十卷。梁十卷。

卞瑾：生平事迹不詳。兩《唐志》有著録，《宋志》無載，亡佚。

宋太常卿《蔡廓集》九卷。并《目録》。梁十卷，《録》一卷。又有宋《王韶之集》二十四卷，亡。

蔡廓：字子度，濟陽考城（今河南蘭考縣）人。博涉群書，言行以禮。宋國初建，爲侍中。以剛正補爲御史中丞，遷祠部尚書。《宋書》卷五七、《南史》卷二九有傳。兩《唐志》著録《蔡廓集》十卷，《宋志》無載，亡佚。《全宋文》卷二七有輯文。王韶之：見本書卷三三“古史類”。《宋書》卷六〇載，王韶之制七廟歌辭，有文集行於世。《舊唐志》著録《王韶之集》二十四卷，《新唐志》

著録《王韶之集》二十卷，《宋志》無載，亡佚。《全宋文》卷一八有輯文。

宋尚書令《傅亮集》三十一卷。梁二十卷，《録》一卷。又有宋征南長史《孫康集》十卷，左軍長史《范述集》三卷，亡。

傅亮：見本書卷三三“雜傳類”。《宋書》卷四三載，傅亮善文辭，高祖之表策文誥，多出其手。兩《唐志》著録《傅亮集》十卷，《宋志》無載，亡佚。現有漢魏六朝百三名家集本《宋傅光禄集》一卷。《全宋文》卷二六有輯文。孫康：太原（今山西太原市）人。起部郎，清介，交游不雜。見《南史》卷五七。兩《唐志》有著録，《宋志》無載，亡佚。范述：生平事迹不詳。兩《唐志》無載，亡佚。

宋太常卿《鄭鮮之集》十三卷。梁二十卷，《録》一卷。

鄭鮮之：字道子，滎陽開封（今河南開封市）人。宋高祖踐祚，遷太常，都官尚書。元嘉三年，拜尚書右僕射。文集傳於世。《宋書》卷六四、《南史》卷三三有傳。兩《唐志》著録《鄭鮮之集》二十卷，《宋志》無載，亡佚。《全宋文》卷二五有輯文。

宋徵士《陶潛集》九卷。梁五卷，《録》一卷。又有《張野集》十卷；宋零陵令《陶階集》八卷；東莞太守《張元瑾集》八卷；光禄大夫《王曇首集》二卷，《録》一卷。亡。

陶潛：見本書卷三三“雜傳類”。《舊唐志》著録《陶淵明集》五卷；《新唐志》著録《陶潛集》二十卷，又《集》五卷。《崇文總目》著録《陶潛集》十卷，《宋志》著録《陶淵明集》十卷。《郡齋讀書志》卷一七著録《陶潛集》十卷，稱今集有數本，七卷者，梁蕭統編；十卷者，北齊陽休之編。休之本出自宋庠家，此江左名家舊書，其次第最有倫貫，獨《四八目》後《八儒》《三墨》

二條，似後人妄加。《四庫全書總目》卷一四八著録《陶淵明集》八卷，提要稱，北齊流行的陶集有八卷本、六卷本和蕭統編的八卷本，楊休之參合三本，定爲十卷，即宋庠所稱江左本，也是今世所行之本。其中《五孝傳》及《四八目》所引《尚書》自相矛盾，當必依託之文。遵乾隆指示，將此二篇一併删除。今傳《陶淵明集》有多種，其間有保留《五孝傳》及《四八目》者。現有《陶淵明集》十卷，宋刻遞修本；《陶淵明集》八卷，明嘉靖二十九年懷易堂刻本；《陶靖節集》六卷，明崇禎十三年春書堂刻本；《陶靖節全集》五卷，明萬曆二十九年刻本；《陶淵明全集》四卷，明白鹿齋刻陶李合刻本等。又有漢魏六朝百三名家集《陶彭澤集》一卷，六朝四家全集本《陶彭澤集》六卷。另，今有多種整理本。張野：生平事迹不詳。兩《唐志》無載，亡佚。《全宋文》卷四〇有輯文。陶階：生平事迹不詳。兩《唐志》無載，亡佚。張元瑾：生平事迹不詳。兩《唐志》無載，亡佚。王曇首：琅邪臨沂（今山東臨沂市）人。武帝稱其有宰相才。文帝時，以其爲侍中，尋領右衛將軍、驍騎將軍，遷太子詹事。《宋書》卷六三、《南史》卷二二有傳。兩《唐志》有著録，《宋志》無載，亡佚。《全宋文》卷一八有輯文。

宋太常卿《范泰集》十九卷。梁二十卷，《録》一卷。

范泰：見本書卷三四“雜家”。《宋書》卷六〇載，范泰博覽篇籍，撰《古今善言》二十四篇及文集傳於世。兩《唐志》著録《范泰集》二十卷，《宋志》無載，亡佚。《全宋文》卷一五有輯文。

宋中書郎《荀昶集》十四卷。梁十五卷，《録》一卷。又有《卞伯玉集》五卷，《録》一卷；中散大夫《羊欣集》七卷。亡。

荀昶：見本書卷三二“孝經類”。兩《唐志》有著録，《宋志》

無載，亡佚。卞伯玉：見本書卷三二“易類”。兩《唐志》有著録，《宋志》無載，亡佚。《全宋文》卷四〇有輯文。羊欣：見本書卷三四“醫家”。《南齊書》卷三三載，王僧虔將羊欣所撰《能書人名》一卷，獻給齊太祖。兩《唐志》無載，亡佚。《全宋文》卷二二有輯文。

宋司徒《王弘集》一卷。梁二十卷，《録》一卷。又有宋金紫光禄大夫《沈演之集》十卷，廣平太守《范凱集》八卷，亡。

王弘：見本書卷三三“儀注類”。兩《唐志》著録《王弘集》二十卷，《宋志》無載，亡佚。《全宋文》卷一八有輯文。沈演之：原脱“之”，據其本傳補。字臺真，吴興武康（今浙江湖州市）人。其家世爲將，而演之折節好學。襲父别爵吉陽縣五等侯。歷任右衛參軍、侍中、吏部尚書，領太子右衛率。《宋書》卷六三、《南史》卷三六有傳。兩《唐志》無載，亡佚。《全宋文》卷四一有輯文。范凱：字季倫，南陽順陽（今河南淅川縣）人，范甯幼子。見《春秋穀梁傳序疏》、《晋書》卷九〇。兩《唐志》無載，亡佚。

宋沙門《釋惠琳集》五卷。梁九卷，《録》一卷。又有宋《范晏集》十四卷，亡。

釋惠琳：又作慧琳，見本書卷三二“孝經類”。《宋書》卷九七載，慧琳注《孝經》及《莊子·逍遥篇》、文論，傳於世。兩《唐志》有著録，《宋志》無載，亡佚。《全宋文》卷二六有輯文。范晏：見本書卷三三“雜傳類”。兩《唐志》無載，亡佚。

宋司徒參軍《謝惠連集》六卷。梁五卷，《録》一卷。又有宋太常《謝弘微集》二卷，亡。

謝惠連：陳郡陽夏（今河南太康縣）人。所作《雪賦》，以高麗見奇。有文章傳世。元嘉七年，爲司徒彭城王義康法曹參軍。《宋書》卷五三、《南史》卷一九有傳。兩《唐志》、《宋志》著録《謝惠連集》五卷。《直齋書録解題》卷一九著録《謝惠連集》一卷，稱本集五卷，今惟詩二十四首。現有漢魏諸名家集本《謝惠連集》一卷，漢魏六朝百三名家集本《謝法曹集》一卷，漢魏六朝名家集初刻本《謝法曹集》二卷，《全宋文》卷三四有輯文。謝弘微：本名密，以字行。陳郡陽夏（今河南太康縣）人。義熙初，襲謝峻爵建昌縣侯。拜員外散騎、琅邪王大司馬參軍。歷任右衛將軍、侍中。《宋書》卷五八、《南史》卷二〇有傳。兩《唐志》有著録，《宋志》無載，亡佚。

宋臨川内史《謝靈運集》十九卷。梁二十卷，《録》一卷。

謝靈運：見本書卷三三“正史類”。《宋書》卷六七載，謝靈運博覽群書，文章之美，江左莫逮，所著文章傳於世。兩《唐志》著録《謝靈運集》十五卷，《宋志》著録《謝靈運集》九卷，後亡。現有漢魏諸名家集本《謝康樂集》四卷，漢魏六朝百三名家集本《謝康樂集》二卷，漢魏六朝名家集初刻本《謝康樂集》五卷等，《全宋文》卷三〇至卷三三有輯文。

宋給事中《丘深之集》七卷。梁十五卷。又有義成太守《祖佡之集》五卷；荆州西曹《孫詔集》十卷；《殷淳集》二卷；揚州刺史《殷景仁集》九卷；國子博士《姚濤之集》二十卷，《録》一卷；《周祋集》十一卷。亡。

丘深之：即丘淵之，見本書卷三三“簿録類”。《舊唐志》著録《丘泉之集》六卷，《新唐志》著録《丘淵之集》六卷，《宋志》無載，亡佚。祖佡（xiān，同仙）之：生平事迹不詳。兩《唐志》無載，亡佚。孫詔：生平事迹不詳。兩《唐志》無載，亡佚。殷淳：字粹遠，陳郡長平（今河南西華縣東北）人。景平初，爲秘書郎，後爲秘書丞、中書黄門侍郎。愛好文義，撰《四部書目》凡四十卷，行於世。《宋書》卷五九、《南史》卷二七有傳。兩《唐志》著録《殷淳集》三卷，《宋志》無載，亡佚。殷景仁：陳郡長平（今河南西華縣東北）人。高祖甚知之，任其爲太子中庶子。太祖即位，爲侍中。遷尚書僕射、中書令，爲揚州刺史。《宋書》卷六三、《南史》卷二七有傳。兩《唐志》無載，亡佚。《全宋文》卷二九有輯文。姚濤之：生平事迹不詳。兩《唐志》有著録，《宋志》無載，亡佚。周祋（duì）：生平事迹不詳。兩《唐志》無載，亡佚。

《殷闡之集》一卷。

殷闡之：即殷闡。前著録"晋國子博士《周祇集》"下注有"晋相國主簿《殷闡集》十卷，《録》一卷"。疑此一卷或爲其殘卷。

宋徵士《宗景集》十六卷。梁十五卷。

宗景：即宗炳，字少文，南陽涅陽（今河南鎮平縣南）人。自宋受禪至元嘉中，屢辟不就。《宋書》卷九三、《南史》卷七五有傳。兩《唐志》著録《宗炳集》十五卷，《宋志》無載，亡佚。《全宋文》卷二〇、卷二一有輯文。

宋徵士《雷次宗集》十六卷。梁二十九卷，《録》一卷。

雷次宗：見本書卷三二"詩類"。兩《唐志》著録《雷次宗集》三十卷，《宋志》無載，亡佚。《全宋文》卷二九有輯文。

宋奉朝請《伍緝之集》十二卷。梁有宋南蠻主簿《衛令元集》八卷；《范曄集》十五卷，《録》一卷；撫軍諮議《范廣集》一卷；右光禄大夫《王敬弘集》五卷，《録》一卷；《任豫集》

六卷。

伍緝之：生平事迹不詳。兩《唐志》著録《伍緝之集》十一卷，《宋志》無載，亡佚。《全宋文》卷四〇有輯文。衛令元：生平事迹不詳。兩《唐志》有著録，《宋志》無載，亡佚。范曄：見本書卷三三“正史類”。兩《唐志》無載是集，亡佚。《全宋文》卷一五有輯文。范廣：當作范廣淵，避唐諱，去“淵”。順陽（今河南淅川縣東）人。范泰少子，善屬文。世祖撫軍諮議參軍，領記室，坐范曄事從誅。見《宋書》卷六〇。兩《唐志》無載是集，亡佚。王敬弘：本名裕之，避高祖諱，以字行。仕晋入宋，歷任尚書僕射、侍中、左光禄大夫、開府儀同三司。《宋書》卷六六、《南史》卷二四有傳。兩《唐志》無載是集，亡佚。《全宋文》卷一七有輯文。任豫：生平事迹不詳。兩《唐志》無載，亡佚。《全宋文》卷四〇有輯文。

宋御史中丞《何承天集》二十卷。梁三十二卷，亡。

何承天：見本書卷三二“禮類”。《宋書》卷六四載，何承天《禮論》並《前傳》《雜傳》《纂文》及文集皆傳於世。《舊唐志》著録《何承天集》三十卷，《新唐志》著録《何承天集》二十卷，《宋志》無載，亡佚。現有漢魏六朝百三名家集本《宋何衡陽集》一卷，增定漢魏六朝别解本《何衡陽集》，《全宋文》卷二二至卷二四有輯文。

宋太中大夫《裴松之集》十三卷。梁二十一卷。又有《王韶之集》十九卷；宋光禄大夫《江湛集》四卷，《録》一卷。亡。

裴松之：見本書卷三二“禮類”。《宋書》卷六四載，裴松之博覽墳籍，所著文論及《晋紀》，並行於世。兩《唐志》著録《裴松之集》三十卷，《宋志》無載，亡佚。《全宋文》卷一七有輯文。王韶之集：見前“宋太常卿《蔡廓集》”條下注，此十九卷本當爲其別本。江湛：字徽淵，濟陽考城（今河南蘭考縣）人。歷任左衛將軍、吏部尚書。元凶劉劭入弑，江湛遇害。《宋書》卷七一、《南史》卷三六有傳。兩《唐志》無載是集，亡佚。

宋太尉《袁淑集》十一卷。并《目録》。梁十卷，《録》一卷。

袁淑：字陽源，陳郡陽夏（今河南太康縣）人。好屬文，辭采遒艷，縱横有辯才。元嘉二十六年，累遷尚書吏部郎，後爲太子左衛率。元凶劉劭爲逆，袁淑不從行，被殺。文集傳於世。《宋書》卷七〇、《南史》卷二六有傳。兩《唐志》著録《袁淑集》十卷，《宋志》無載，亡佚。現有漢魏六朝百三名家集本《宋袁陽源集》一卷，乾坤正氣集本《袁忠憲集》一卷，《全宋文》卷四四有輯文。

宋秘書監《王微集》十卷。梁有《録》一卷。又有宋太子舍人《王僧謙集》二卷，金紫光禄大夫《王僧綽集》一卷，征北行參軍《顧邁集》二十卷，魚復令《陳超之集》十卷，平南將軍《何長瑜集》八卷，亡。

王微：字景玄，琅邪臨沂（今山東臨沂市）人。少好學，無不通覽，善屬文。起家司徒祭酒，轉主簿，始興王友。所著文集傳於世。《宋書》卷六二、《南史》二一有傳。兩《唐志》有著録，《宋志》無載，亡佚。《全宋文》卷一九有輯文。王僧謙：王微之弟，亦有才譽，爲太子舍人。見《宋書》卷六二。兩《唐志》無載是集，亡佚。王僧綽：琅邪臨沂（今山東臨沂市）人。好學有理思，練悉朝典。襲封豫寧縣侯，歷任秘書丞、太子中庶子、侍中。元凶劉劭弑立，轉爲吏部尚書，後又加害焉。《宋書》卷七一、《南史》卷二二有傳。兩《唐志》無載，亡佚。顧邁：吴郡（今江蘇境内）人。始興王濬征北府參軍，輕薄有才能。在廣州，正值蕭簡爲亂，爲之盡力，死之。見《宋書》卷四二。兩《唐志》無載，亡佚。陳超之：生平事迹不詳。兩《唐志》無載，亡佚。何長瑜：東海（今江蘇境内）人。臨川王義慶招集文士，長瑜自國侍郎至平西記室參軍。廬陵王紹以其爲南中郎行參軍，掌書記之任。行至板橋，遇暴風溺亡。見《宋書》卷六七、《南史》卷一九。兩《唐志》無載是集，亡佚。

宋員外郎《荀雍集》二卷。梁四卷。又有宋國子博士《范演集》八卷，錢唐令《顧昱集》六卷，臨成令《韓濬之集》八卷，南陽太守《沈亮之集》七卷，國子博士《孔欣集》九卷，臨海太守《江玄叔集》四卷，尚書郎《劉馥集》十一卷，太子中舍人《張演集》八卷，南昌令《蔡眇之集》三卷，太學博士《顧雅集》十三卷，巴東太守《孫仲之集》十一卷，太尉諮議參軍《謝元集》一卷，南海太守《陸展集》九卷，棘陽令《山謙之集》十二卷，廣州刺史《羊希集》九卷，員外常侍《周始之集》十一卷，主客郎《羊崇集》六卷，太子舍人《孔景亮集》三卷，亡。

荀雍：字道雍，潁川（今河南禹州市）人。官至員外散騎郎。見《宋書》卷六七、《南史》卷一九。兩《唐志》著録《荀雍集》一卷，《宋志》無載，亡佚。范演：生平事迹不詳。兩《唐志》無載，亡佚。顧昱：生平事迹不詳。兩《唐志》無載，亡佚。韓濬之：生平事迹不詳。兩《唐志》無載，亡佚。沈亮之：即沈亮，字道明，吴郡武康（今浙江湖州市）人。元嘉二十二年，爲南陽太守，加揚威將軍，後又領義成太守。所著詩賦、頌讚、三言、誄、哀辭、樂府、挽歌、連珠、牋、表、籤、議等一百八十九首。《宋書》卷一〇〇有傳。兩《唐志》無載是集，亡佚。《全宋文》卷四一有輯文。孔欣：生平事迹不詳。《舊唐志》著録《孔欣集》八卷，《新唐志》著録《孔欣集》十卷，《宋志》無載，亡佚。《全宋文》卷四〇有輯文。江玄叔：名秉之，濟陽考城（今河南蘭考縣）

人。初爲劉穆之丹陽前軍府參軍。宋受禪，爲都官尚書郎，以善政著名。遷補新安太守，轉在臨海。《宋書》卷九二、《南史》卷三六有傳。兩《唐志》無載，亡佚。劉馥：生平事迹不詳。兩《唐志》無載，亡佚。張演：吴郡吴（今江蘇蘇州市）人。太子中舍人，有盛名，早卒。見《宋書》卷五三。兩《唐志》無載，亡佚。蔡眇之：生平事迹不詳。兩《唐志》無載，亡佚。顧雅：生平事迹不詳。兩《唐志》無載，亡佚。孫仲之：生平事迹不詳。兩《唐志》無載，亡佚。謝元：見本書卷三三"儀注類"。兩《唐志》無載，亡佚。《全宋文》卷三三有輯文。陸展：吴郡吴（今江蘇蘇州市）人。有辭章之美。爲臧質車騎長史、尋陽太守。質敗，從誅。見《宋書》卷五一、卷九二。兩《唐志》無載，亡佚。山謙之：見本書卷三三"地理類"。兩《唐志》無載，亡佚。羊希：字泰聞，泰山南城（今山東泰安市）人。少有才氣。泰始三年，爲寧朔將軍、廣州刺史。四年，行晋康太守劉思道率所領攻廣州，羊希軍敗，被殺。《宋書》卷五四、《南史》卷三六有傳。兩《唐志》無載，亡佚。《全宋文》卷二二有輯文。周始之：生平事迹不詳。兩《唐志》無載，亡佚。羊崇：字伯遠，羊希子，官至尚書主客郎。見《宋書》卷五四。兩《唐志》無載，亡佚。孔景亮：生平事迹不詳。兩《唐志》無載，亡佚。

宋中書郎《袁伯文集》十一卷。并《目録》。梁有宋丞相諮議《蔡超集》七卷，亡。

袁伯文：生平事迹不詳。兩《唐志》有著録，《宋志》無載，亡佚。《全宋文》卷四〇有輯文。蔡超：見本書卷三二"禮類"。兩《唐志》無載，亡佚。

宋東中郎長史《孫緬集》八卷。并《目録》。梁十一卷。又有宋《賀道養集》十卷；太子洗馬《謝登集》六卷；新安太守

《張鏡集》十卷；兼中書舍人《褚詮之集》八卷，《録》一卷。亡。

孫緬：太康（今河南太康縣）人，有學義，宋明帝甚知之。官位尚書左丞、東中郎司馬。見《南史》卷七五。兩《唐志》著録《孫緬集》十卷，《宋志》無載，亡佚。《全宋文》卷五四有輯文。賀道養：見本書卷三二“春秋類”。兩《唐志》有著録，《宋志》無載，亡佚。《全宋文》卷四三有輯文。謝登：生平事迹不詳。兩《唐志》無載，亡佚。張鏡：見本書卷三三“儀注類”。兩《唐志》無載，亡佚。《全宋文》卷四九有輯文。褚詮之：生平事迹不詳。兩《唐志》有著録，《宋志》無載，亡佚。

宋特進《顔延之集》二十五卷。梁三十卷。又有《顔延之逸集》一卷，亡。

顔延之：見本書卷三二“禮類”。《宋書》卷七三載，顔延之與謝靈運俱以辭采齊名，所著並傳於世。兩《唐志》著録《顔延之集》三十卷，《宋志》著録《顔延之集》五卷。現有漢魏諸名家集本《顔延之集》一卷，漢魏六朝百三名家集本《顔光禄集》一卷，漢魏六朝名家集初刻本《顔延年集》四卷，增定漢魏六朝别解本《顔光禄集》，《全宋文》卷三六至卷三八有輯文。

宋東揚州刺史《顔竣集》十四卷。并《目録》。

顔竣：字士遜，琅邪臨沂（今山東臨沂市）人，顔延之子。孝武即位，歷任侍中、左衛將軍，封建城縣侯。大明元年，爲東揚州刺史。及竟陵王爲逆，於獄中賜死。文集行於世。《宋書》卷七五、《南史》卷三四有傳。兩《唐志》著録《顔竣集》十三卷，《宋志》無載，亡佚。《全宋文》卷三八有輯文。

宋大司馬録事《顔測集》十一卷。并《目録》。

顔測：顔竣弟，亦以文章見知。官至江夏王義恭大司徒録事參軍，早卒。見《宋書》卷七三、《南史》卷三四。兩《唐志》有著録，《宋志》無載，亡佚。《全宋文》卷三八有輯文。

宋護軍將軍《王僧達集》十卷。梁有《録》一卷。又有國子博士《羊戎集》十卷，江寧令《蘇寶生集》四卷，兖州别駕《范義集》十二卷，吴興太守《劉瑀集》七卷，本郡孝廉《劉氏集》九卷，亡。

王僧達：琅邪臨沂（今山東臨沂市）人。少好學，善屬文。孝武帝即位，爲尚書右僕射、南蠻校尉。大明中，以歸順功，封寧陵縣五等侯，累遷中書令。因其屢經狂逆，又無悔改之心，獄中賜死。《宋書》卷七五、《南史》卷二一有傳。兩《唐志》、《宋志》有著録，後亡。《全宋文》卷一九有輯文。羊戎：泰山南城（今山東泰安市）人。少有才氣，而輕薄少行檢。位通直郎，坐與王僧達謗時政，賜死。見《宋書》卷五四、《南史》卷三六。兩《唐志》無載，亡佚。蘇寶生：或曰蘇寶，有文義之美，官至南臺侍御史、江寧令。坐知高闍反不即啓聞，伏誅。見《宋書》卷七五、《南史》卷二一。兩《唐志》無載，亡佚。范義：字明休，濟陽考城（今河南蘭考縣）人。竟陵王誕據廣陵反，范義爲左司馬、左將軍。事平，被誅。見《宋書》卷七九。兩《唐志》無載，亡佚。劉瑀：字茂琳，東莞莒（今山東莒縣）人。少有才氣，爲太祖所知。歷任從事中郎、淮南太守。世祖即位，召爲御史中丞，甚得志。大明二年，遷吴興太守。《宋書》卷四二、《南史》卷一五有傳。兩《唐志》有著録，《宋志》無載，亡佚。《全宋文》卷三九有輯文。劉氏：不詳何人。兩《唐志》無載，亡佚。

宋會稽太守《張暢集》十二卷。殘缺。梁十四卷，《録》一卷。又有宋司空《何尚之集》十卷，亡。

張暢：字少微，吴郡吴（今江蘇蘇州市）人。孝武鎮彭城，爲安北長史、沛郡太守。元嘉三十年，封夷道縣侯。義宣爲逆，張暢隨其東下，後於兵亂自歸。孝建二年，出爲會稽太守。《宋書》卷四六、卷五九，《南史》卷三二有傳。兩《唐志》著録《張暢集》十四卷，《宋志》無載，亡佚。《全宋文》卷四九有輯文。何尚之：字彦德，廬江灊（今安徽霍山縣）人。爲武帝征西主簿，從征長安，賜爵都鄉侯。元嘉十二年，遷侍中。二十八年，轉尚書令，領太子詹事。愛尚文義，老而不休，與太常顔延之論議往反，傳於世。《宋書》卷六六、《南史》卷三〇有傳。兩《唐志》無載，亡佚。《全宋文》卷二八有輯文。

宋吏部尚書《何偃集》十九卷。梁十六卷。又有廬江太守《周朗集》八卷，亡。

何偃：見本書卷三二"詩類"。《宋書》卷五九載，何偃素好談玄，注《莊子・逍遥篇》傳於世。兩《唐志》著録《何偃集》八卷，《宋志》無載，亡佚。《全宋文》卷二八有輯文。周朗：字義利，汝南安成（今河南汝南縣東南）人。爲江夏王義恭太尉參軍。孝武帝即位，除太子中舍人、廬陵内史。大明四年，上使有司奏其居喪無禮，於是傳送寧州，途中殺之。《宋書》卷八二、《南史》卷三四有傳。兩《唐志》無載，亡佚。《全宋文》卷四八有輯文。

宋侍中《沈懷文集》十二卷。殘缺。梁十六卷。

沈懷文：見本書卷三三"地理類"。《宋書》卷八二載，沈懷文少好玄理，善爲文章。兩《唐志》著録《沈懷文集》十三卷，《宋志》無載，亡佚。《全宋文》卷四五有輯文。

宋北中郎長史《江智深集》九卷。并《目》一卷。

江智深：即江智淵，濟陽考城（今河南蘭考縣）人。歷任著作郎、太子太傅主簿、隨王誕後軍參軍。初得孝武帝善待，後因恩寵大衰，出爲新安王鸞北中郎長史。《宋書》卷五九、《南史》卷三六有傳。《舊唐志》著録《江智泉集》十卷、《新唐志》著録《江智淵集》十卷，《宋志》無載，亡佚。

宋太子中庶子《殷琰集》七卷。梁又有宋武陵太守《袁顗集》八卷，《荀欽明集》六卷，安北參軍《王詢之集》五卷，越騎校尉《戴法興集》四卷，亡。

殷琰：字敬珉，陳郡長平（今河南西華縣東北）人。泰始元年，晋安王子勳反，以殷琰爲豫州刺史。二年，帝遣輔國將軍討之，殷琰降。泰豫元年，除少府，加給事中。《宋書》卷八七、《南史》卷三九有傳。兩《唐志》著録《殷琰集》八卷，《宋志》無載，亡佚。《全宋文》卷四九有輯文。袁顗：應爲袁覬，乃袁顗之弟，陳郡陽夏（今河南太康縣）人。好學善屬文，有清譽於世。官至司徒從事中郎、武陵内史，早卒。見《宋書》卷五二。兩《唐志》無載，亡佚。荀欽明：生平事迹不詳。兩《唐志》有著録，《宋志》無載，亡佚。王詢之：生平事迹不詳。兩《唐志》無載，亡佚。戴法興：會稽山陰（今浙江紹興市）人。孝武帝即位，爲南臺侍御史，同兼中書通事舍人，封吴昌縣男。前廢帝即位，欲有所爲，每受戴法興禁制，藉故免其官，不久於家賜死。法興能爲文章，頗行於世。《宋書》卷九四、《南史》卷七七有傳。兩《唐志》無載，亡佚。《全宋文》卷四五有輯文。

宋黄門郎《虞通之集》十五卷。梁二十卷。

虞通之：見本書卷三三“雜傳類”。兩《唐志》著録《虞通之集》五卷，《宋志》無載，亡佚。《全宋文》卷五五有輯文。

宋司徒左長史《沈勃集》十五卷。梁二十卷。

沈勃：吴興武康（今浙江湖州市）人，泰始中，因受賄，徙付梁州。元徽中，又爲司徒左長史，後被誅。《宋書》卷六三、《南史》卷三六有傳。兩《唐志》有著録，《宋志》無載，亡佚。《全宋文》卷四一有輯文。

宋金紫光禄大夫《謝莊集》十九卷。梁十五卷。又有宋金紫光禄大夫《謝協集》三卷，三巴校尉《張悦集》十一卷，揚州從事《賀頠集》十一卷，領軍長史《孔邁之集》八卷，撫軍參軍《賀弼集》十六卷，本州秀才《劉遂集》二卷，亡。

謝莊：字希逸，陳郡陽夏（今河南太康縣）人。元嘉二十九年，除太子中庶子。劉劭弑立，轉爲司徒左長史。孝武帝朝，除侍中。前廢帝即位，加中書令、金紫光禄大夫。所著文章四百餘首，行於世。《宋書》卷八五、《南史》卷二〇有傳。《日本國見在書目録》著録《謝莊集》廿卷，兩《唐志》著録《謝莊集》十五卷，《宋志》著録《謝莊集》一卷，現有漢魏六朝百三名家集本《謝光禄集》一卷，漢魏六朝名家集初刻本《謝希逸集》三卷，《全宋文》卷三四、卷三五有輯文。謝協：生平事迹不詳。兩《唐志》無載，亡佚。張悦：吴郡吴（今江蘇蘇州市）人，晋安王子勳建僞號，拜張悦吏部尚書。及事敗，張悦降，爲太子中庶子。泰始六年，欲以張悦領巴郡太守。未拜，卒。《宋書》卷四六、卷五九，《南史》卷三二有傳。兩《唐志》無載是集，亡佚。《全宋文》卷四九有輯文。賀頠：生平事迹不詳。兩《唐志》無載，亡佚。孔邁之：生平事迹不詳。兩《唐志》無載，亡佚。賀弼：字仲輔，會稽山陰（今浙江紹興市）人，有文才。拒絶投降自殺，後贈車騎將軍、山陽海陵二郡太守。見《宋書》卷七九。兩《唐志》無載，亡佚。劉遂：生平事迹不詳。兩《唐志》無載，亡佚。

宋《建平王景素集》十卷。

建平王景素：文帝第七子建平宣簡王宏之子，素喜文章書籍，招集才義之士，由是朝野翕然，莫不屬意焉。後廢帝狂暴無道，景素舉兵，兵敗被殺。《宋書》卷七二、《南史》卷一四有傳。兩《唐志》無載是集，亡佚。

宋征虜記室參軍《鮑照集》十卷。梁六卷。又有宋武康令《沈懷遠集》十九卷，《裴駰集》六卷，删定郎《劉鯤集》五卷，宜都太守《費修集》十卷，亡。

鮑照：字明遠，本上黨（今山西境内）人。文辭贍逸，嘗爲古樂府，文甚遒麗。孝武帝以其爲中書舍人，後除前軍行參軍。明帝初，江陵人宋景因亂掠城，鮑照爲其所殺。見《宋書》卷五一、《南史》卷一三、《全齊文》卷二五虞炎《鮑照集序》。《日本國見在書目録》著録《鮑集》十卷，兩《唐志》、《宋志》著録《鮑照集》十卷。《四庫全書總目》卷一四八著録《鮑參軍集》十卷，提要稱，鮑照没於亂兵，遺文零落，齊散騎常侍郎虞炎始編次成集。《隋志》著録十卷，而注曰梁六卷，然則後人又續增矣。現存最早《鮑氏集》十卷爲明正德五年朱應登刻本，《鮑氏集》十卷之通行本爲四庫本、四部叢刊本、四部備要本等。《全宋文》卷四六、卷四七有輯文。沈懷遠：吴興武康（今浙江湖州市）人。爲始興王濬征北長流參軍，坐納王鸚鵡爲妾，孝武帝徙之廣州。前廢帝時，聽其歸本，官至武康令。撰《南越志》及《懷文文集》，並傳於世。《宋書》卷八二有傳，又見《南史》卷三四。兩《唐志》無載是集，亡佚。《全宋文》卷四五有輯文。裴駰：見本書卷三三“正史類”。兩《唐志》無載，亡佚。《全宋文》卷一七有輯文。劉鯤（kūn）：兩《唐志》著録《劉緄集》五卷，疑劉鯤即劉緄（gǔn），宋泰始初太學博士。見《宋書》卷一七。《宋志》無載是集，亡佚。《全宋文》卷五六有輯文。費修：生平事迹不詳。兩《唐志》無載，亡佚。

宋太中大夫《徐爰集》六卷。梁十卷。又有宋護軍司馬《孫勃集》六卷，右光禄大夫《張永集》十卷，陽羨令《趙繹集》十六卷，亡。

徐爰：見本書卷三二“易類”。兩《唐志》著録《徐爰集》十卷，《宋志》無載，亡佚。《全宋文》卷四〇有輯文。孫勃：生平事迹不詳。兩《唐志》無載，亡佚。張永：字景雲，吴郡吴（今江蘇蘇州市）人。涉獵書史，能爲文章。歷任廷尉、侍中、南兖州刺史，封孝昌縣侯。元徽二年，休範作亂，張永率部潰散，免冠削爵。三年，卒。順帝昇明二年，追贈右光禄大夫。《宋書》卷五三、《南史》卷三一有傳。兩《唐志》無載是集，亡佚。《全宋文》卷四九有輯文。趙繹：生平事迹不詳。兩《唐志》無載，亡佚。

宋《庾蔚之集》十六卷。梁二十卷。又有太子中舍人徵不就《王素集》十六卷，亡。

庾蔚之：見本書卷三二“禮類”。兩《唐志》著録《庾蔚之集》十一卷，《宋志》無載，亡佚。《全宋文》卷五二、卷五三有輯文。王素：字休業，琅邪臨沂（今山東臨沂市）人。初爲廬陵國侍郎，母憂去職。大明中，辟其爲倉曹屬；泰始六年，召爲太子中舍人，並不就。《宋書》卷九三、《南史》卷二四有傳。兩《唐志》無載，亡佚。

宋豫章太守《劉愔集》八卷。梁十卷。又有宋起部《費鏡運集》二十卷；光禄大夫《孫敻集》十一卷；太尉從事中郎《蔡頤集》三卷；司空《劉勔集》二十卷，《録》一卷；青州刺史《明僧暠集》十卷；吴興太守《蕭惠開集》七卷；《沈宗之集》十卷；大司農《張辯集》十六卷；金紫光禄大夫《王瓚集》十五卷，《録》一卷；《郭坦之集》五卷；會稽主簿《辛湛之集》八卷；太子舍人《朱百年集》二卷；東海王常侍《鮑德遠集》六卷；會稽郡丞《張緩集》六卷。亡。

劉愔（yīn）：或作劉愔之。泰始六年爲豫章太守。泰豫元年，明帝夜夢劉愔反，遣人就郡殺之。見《宋書》卷二九、《南史》卷三。兩《唐志》著録《劉愔集》十卷，《宋志》無載，亡佚。費鏡運：生平事迹不詳。兩《唐志》無載，亡佚。孫敻（xiòng）：宋明帝時爲御史中丞，奏王僧虔，坐免官。見《南史》卷二二。兩《唐志》無載是集，亡佚。《全宋文》卷五六有輯文。蔡頤：生平事迹不詳。兩《唐志》無載，亡佚。劉勔（miǎn）：字伯猷，彭城（今江蘇徐州市）人。大明初，從征竟陵王誕，封金城縣五等侯。明帝時，從討晋安王子勳及豫章刺史，封鄱陽縣侯。明帝臨崩，受顧命以爲守尚書右僕射。元徽初，桂陽王休範爲亂，劉勔率所領於朱雀航戰敗，臨陣死之，追贈司空。《宋書》卷八六、《南史》卷三九有傳。兩《唐志》無載，亡佚。《全宋文》卷四五有輯文。明僧暠（gǎo）：平原鬲（今山東平原縣西北）人。泰始初，爲青州刺史。見《南齊書》卷五四、《南史》卷五〇。兩《唐志》無載，亡佚。蕭惠開：南蘭陵（今江蘇常州市）人。少有風氣，涉獵文史。孝建元年，自太子中庶子轉黄門侍郎。大明二年，出爲寧朔將軍、襄陽太守，行雍州州府事。泰始六年，除少府，加給事中。《宋書》卷八七、《南史》卷一八有傳。兩《唐志》無載，亡佚。《全宋文》卷三九有輯文。沈宗之：生平事迹不詳。兩《唐志》無載，亡佚。張辯：吴郡吴（今江蘇蘇州市）人。得明帝知遇，歷任尚書吏部郎、廣州刺史、大司農。見《宋書》卷五三。兩《唐志》無載是集，亡佚。《全宋文》卷四九有輯文。王瓚：疑爲王瓚之，琅邪臨沂（今山東臨沂市）人。孝武帝大明中，任吏部尚書、金紫光禄大夫。見《宋書》卷六六、《南史》卷二四。兩《唐志》無載，亡佚。郭坦之：生平事迹不詳。兩《唐志》無載，亡佚。辛湛之：生平事迹不詳。兩《唐志》無載，亡佚。朱百年：會稽山陰（今浙江紹興市）人。攜妻入會稽南山，以伐樵采箬爲業。舉秀才，除太子舍人，辟文學從事，皆不就。《宋書》卷九三、《南史》卷七五有傳。兩《唐志》無載，亡佚。鮑德遠：生平事迹不詳。兩《唐志》無載，亡佚。張緩：生平事迹不詳。兩《唐志》無載，亡佚。

宋寧國令《劉薈集》七卷。

劉薈：生平事迹不詳。兩《唐志》無載，亡佚。

宋江州從事《吴邁遠集》一卷。殘缺。梁八卷，亡。

吴邁遠：好爲文章，明帝聞而召之。好自誇而鄙夷他人。見《南史》卷七二。兩《唐志》無載，亡佚。

宋宛朐令《湯惠休集》三卷。梁四卷。又有南海太守《孫奉伯集》十卷，右將軍《成元範集》十卷，奉朝請《虞喜集》十一卷，延陵令《唐思賢集》十五卷，《戴凱之集》六卷，亡。

湯惠休：原爲沙門釋惠休，善屬文，辭采綺艷。孝武帝命其還俗。本姓湯，位至揚州從事史。見《宋書》卷七一。兩《唐志》著録《湯惠休集》三卷，《宋志》無載，亡佚。孫奉伯：東莞莒（今山東莒縣）人。歷任淮南太守、交州刺史、始興太守。見《宋書》卷八、卷四一，《南史》卷七〇。兩《唐志》無載，亡佚。成元範：生平事迹不詳。兩《唐志》無載，亡佚。虞喜：此若爲劉宋時人，生平事迹不詳。兩《唐志》無載。唐思賢：生平事迹不詳。兩《唐志》無載，亡佚。戴凱之：見本書卷三三“譜系類”。兩《唐志》無載，亡佚。

宋司徒《袁粲集》十一卷。并《目録》。梁九卷。又有婦人《牽氏集》一卷，宋後宫司儀《韓蘭英集》四卷，亡。

袁粲：字景倩，陳郡陽夏（今河南太康縣）人。本名愍孫，明帝初請改爲粲。袁粲負才尚氣，獨步園林，詩酒自適。明帝臨崩，袁粲爲尚書令，與褚淵、劉勔並受顧命。齊高帝將篡位，不欲事二主，密有異圖，事泄被殺。《宋書》卷八九、《南史》卷二六有傳。兩《唐志》著録《袁粲集》十卷，《宋志》無載，亡佚。《全宋文》卷四四有輯文。牽氏：不知何人。兩《唐志》無載，亡佚。韓蘭英：吴郡（今江蘇境内）人，有文辭。孝武帝時，以獻《中興賦》，被賞入宫。齊武帝時爲博士，教六宫書學，以其年老多識，呼爲韓公。《南齊書》卷二〇、《南史》卷一一有傳。兩《唐志》無載，亡佚。

《齊文帝集》一卷。殘缺。梁十一卷。又有齊《晋安王子懋集》四卷，《録》一卷；《隨王子隆集》七卷。亡。

齊文帝：諱長懋，字雲喬，武帝長子。仕宋，遷黄門侍郎。武帝即位，立爲皇太子。然性懶奢麗，多所僭擬。《南齊書》卷二一、《南史》卷四四有傳。《日本國見在書目録》著録《文太子集》十卷，兩《唐志》無載，亡佚。《全齊文》卷六有輯文。晋安王子懋：字雲昌，武帝第七子。永明八年，進號鎮南將軍，撰《春秋例苑》三十卷奏之。延興元年，聞鄱陽、隨郡二王見殺，欲起兵赴難，被于琳之所害。《南齊書》卷四〇、《南史》卷四四有傳。兩《唐志》無載，亡佚。隨王子隆：字雲興，武帝第八子。隆昌元年，爲侍中、撫軍將軍。延興元年，轉中軍大將軍。其最以才貌見憚，故先見殺。有文集行於世。《南齊書》卷四〇、《南史》卷四四有傳。兩《唐志》無載，亡佚。《全齊文》卷七有輯文。

齊《竟陵王子良集》四十卷。梁又有齊聞喜公《蕭遥欣集》十一卷，領軍諮議《劉祥集》十卷，亡。

竟陵王子良：見本書卷三四“雜家”《南齊書》卷四〇載，蕭子良集學士抄五經、百家，依《皇覽》例爲《四部要略》千卷。所著内外文筆數十卷。兩《唐志》著録《竟陵王集》三十卷，《宋志》無載，亡佚。現有漢魏六朝百三名家集本《南齊竟陵王集》二卷，《全齊文》卷七有輯文。蕭遥欣：字重暉，太祖兄之孫。建武元年，封聞喜公，遷荆州刺史，加都督，改封曲江公。《南齊書》卷四五、《南史》卷四一有傳。兩《唐志》無載，亡佚。劉祥：字顯徵，東莞莒（今山東莒縣）人。永明初，遷長沙王鎮軍，板諮議參軍，撰《宋書》，譏斥禪代。後免官，徙廣州，不久病亡。《南齊書》卷三六、《南史》卷一五有傳。兩《唐志》無載，亡佚。《全齊文》卷一八有輯文。

齊太宰《褚彦回集》十五卷。梁又有齊黄門侍郎《崔祖思集》二十卷；中軍佐《鍾蹈集》十二卷；餘杭令《丘巨源集》十卷，《録》一卷。亡。

褚彦回：名淵，河南陽翟（今河南禹州市）人。除著作佐郎，累遷秘書丞，襲爵都鄉侯。明帝即位，改封雩都伯。齊建元元年，進位司徒、侍中，改封南康郡公。四年薨，詔贈太宰，謚文簡。《南齊書》卷二三、《南史》卷二八有傳。《舊唐志》著録《褚彦回集》十五卷，《新唐志》著録《褚淵集》十五卷，《宋志》無載，亡佚。《全齊文》卷一四有輯文。崔祖思：字敬元，清河東武城（今山東武城縣）人。初州辟主簿，轉爲相國從事中郎，遷齊國内史。齊武帝即位，爲青冀二州刺史，未幾卒。《南齊書》卷二八、《南史》卷四七有傳。兩《唐志》無載，亡佚。《全齊文》卷二一有輯文。鍾蹈：潁川長社（今河南長葛縣）人，齊中軍參軍。見《南史》卷七二。兩《唐志》無載，亡佚。丘巨源：蘭陵（今江蘇常州市）人。宋大明五年，敕助徐爰撰國史。齊建元元年，爲尚書主客郎、越騎校尉。以年老辭之，爲餘杭令。巨源作《秋胡詩》，有譏刺語，被殺。《南齊書》卷五二、《南史》卷七二有傳。兩《唐志》無載，亡佚。《全齊文》卷一七有輯文。

齊太尉《王儉集》五十一卷。梁六十卷。又有齊東海太守《謝顥集》十六卷，《謝瀹集》十卷，豫州刺史《劉善明集》十卷，侍中《褚賁集》十二卷，徵士《劉虯集》二十四卷，司徒主簿徵不就《庾易集》十卷，《顧歡集》三十卷，《劉瓛集》三十卷，射聲校尉《劉璡集》三卷，亡。

王儉：見本書卷三二“禮類”。《南齊書》卷二三載，王儉所撰《古今喪服集記》與文集並行於世。兩《唐志》著録《王儉集》六十卷，《宋志》無載，亡佚。現有漢魏六朝百三名家集本《王文憲集》一卷，《全齊文》卷九至卷一一有輯文。謝顥：字仁悠，陳郡陽夏（今河南太康縣）人。宋末爲豫章太守，至石頭，遂白服登峰火樓，坐免官。齊建元時，官至太尉從事中郎。卒於北中郎長史。《南史》卷二〇有傳，又見《南齊書》卷四三。兩《唐志》無載，亡佚。謝瀹（yuè）：字義潔，謝顥弟。解褐車騎將軍，遷秘書郎，撫軍功曹。永泰元年，轉散騎常侍，太子詹事。《南齊書》卷四三、《南史》卷二〇有傳。兩《唐志》無載，亡佚。劉善明：平原（今山東平原縣）人。辟爲治中從事，後轉寧朔將軍、巴西梓潼二郡太守。齊臺建，爲淮南、宣城太守，封新淦伯。《南齊書》卷二八、《南史》卷四九有傳。兩《唐志》無載，亡佚。《全齊文》卷一八有輯文。褚賁：字蔚先，褚淵長子。解褐秘書郎。建元初，爲侍中。對父褚淵背袁粲等投靠齊太祖，終身愧恨之。《南齊書》卷二三、《南史》卷二八有傳。兩《唐志》無載，亡佚。劉虯（qiú）：又作劉虬，字靈預，南陽涅陽（今河南鎮平縣南）人。宋泰始中，仕至晋平王驃騎記室、當陽令。齊臺建，多次召辟，皆不就。精信釋氏，自講佛義。建武二年卒。《南齊書》卷五四、《南史》卷五〇有傳。兩《唐志》無載，亡佚。《全齊文》卷二〇有輯文。庾易：字幼簡，新野新野（今河南新野縣）人。齊臺建，多次召辟，並不就，以文義自樂。《南齊書》卷五四、《南史》卷五〇有傳。兩《唐志》無載，亡佚。顧歡：見本書卷三二“尚書類”。

《南齊書》卷五四載，世祖詔歡諸子撰顧歡《文議》三十卷。兩《唐志》無載，亡佚。《全齊文》卷二二有輯文。劉瓛（huán）：見本書卷三二“易類”。《南齊書》卷三九載，劉瓛所著文集，皆是禮義，行於世。兩《唐志》無載，亡佚。《全齊文》卷一八有輯文。劉璡（jīn）：字子璥，沛國相（今安徽濉溪縣）人。宋泰豫中，爲明帝挽郎。齊文惠太子召其入侍東宫，爲兼記室參軍大司馬，射聲校尉，卒官。《南齊書》卷三九、《南史》卷五〇有傳。兩《唐志》無載，亡佚。《全齊文》卷一八有輯文。

齊中書郎《周顒集》八卷。梁十六卷。又有齊左侍郎《鮑鴻集》二十卷，《録》一卷；雍州秀才《韋瞻集》十卷；正員郎《劉懷慰集》十卷，《録》一卷；永嘉太守《江山圖集》十卷；驃騎記室參軍《荀憲集》十一卷。亡。

周顒：見本書卷三二“易類”。《南齊書》卷四一載，周顒著《四聲切韻》，行於時。兩《唐志》著録《周顒集》二十卷，《宋志》無載，亡佚。《全齊文》卷二〇有輯文。鮑鴻：生平事迹不詳。兩《唐志》無載，亡佚。韋瞻：生平事迹不詳。兩《唐志》無載，亡佚。劉懷慰：原名聞慰，字彦泰，平原平原（今山東平原縣）人。仕宋至尚書駕部郎。齊臺建，爲輔國將軍、齊郡太守。著文翰，獻《皇德論》。《南齊書》卷五三、《南史》卷四九有傳。兩《唐志》無載，亡佚。江山圖：齊武帝時，爲鹽官令。見《南齊書》卷五四、《南史》卷七五。兩《唐志》無載，亡佚。荀憲：生平事迹不詳。兩《唐志》無載，亡佚。

齊前軍參軍《虞羲集》九卷。殘缺。梁十一卷。又有平陽令《韋沈集》十卷，車騎參軍《任文集》十一卷，《卞鑠集》十六卷，《婁幼瑜集》六十六卷，長水校尉《祖沖之集》五十一卷，亡。

虞羲：字士光，又一字子陽，會稽餘姚（今浙江餘姚市）人。

始安王引爲侍郎，尋兼建安征虜府主簿功曹，又兼記室參軍事。天監中卒。見《南史》卷五九、《文選》卷二一李善注引《虞羲集序》。兩《唐志》著録《虞羲集》十一卷，《宋志》無載，亡佚。《全齊文》卷二五有輯文。韋沈：生平事迹不詳。兩《唐志》無載，亡佚。任文：生平事迹不詳。兩《唐志》無載，亡佚。卞鑠：袁粲爲丹陽尹，取其爲主簿。好詩賦，多譏刺世人，坐徙巴州。見《南史》卷七二。兩《唐志》無載，亡佚。婁幼瑜：或作樓幼瑜，見本書卷三二“禮類”。兩《唐志》無載，亡佚。祖沖之：見本書卷三四“曆數類”。兩《唐志》無載，亡佚。《全齊文》卷一六有輯文。

齊中書郎《王融集》十卷。

王融：字元長，琅邪臨沂（今山東臨沂市）人。爲竟陵王司徒板法曹行參軍，遷太子舍人、中書郎。竟陵王板王融寧朔將軍、軍主。武帝病篤，王融欲矯詔立竟陵王，未成。鬱林王立，收王融下廷尉獄，後於獄賜死。有文集行於世。《南齊書》卷四七、《南史》卷二一有傳。《日本國見在書目録》、兩《唐志》著録《王融集》十卷，《崇文總目》《宋志》著録《王融集》七卷，後無載。現有漢魏六朝百三名家集本《王寧朔集》一卷，增定漢魏六朝别解本《王寧朔集》，《全齊文》卷一二、卷一三有輯文。

齊吏部郎《謝朓集》十二卷。

《謝朓逸集》一卷。梁又有《王巾集》十一卷，亡。

謝朓：字玄暉，陳郡陽夏（今河南太康縣）人。爲隨王子隆鎮西功曹，轉文學。明帝輔政，以謝朓爲驃騎諮議，掌霸府文筆，出爲宣城太守。東昏侯失德，謝朓不回應立始安王之事，始安王大怒，將謝朓收付廷尉，下獄死。《南齊書》卷四七、《南史》卷一九有傳。《日本國見在書目録》、兩《唐志》、《宋志》著録《謝朓集》十卷，《崇文總目》著録《謝玄暉文集》十卷。《直齋書録解題》卷一六著録《謝宣城集》五卷，稱“集本十卷，樓炤知宣州，止以上五卷賦與詩刊之，下五卷皆當時應用之文，衰世之事”。《四庫全書總目》卷一四八著録《謝宣城集》五卷，提要稱，此本五卷，即紹興二十八年樓炤所刻，前有炤序，猶南宋佳本也。現存最早本子爲明正德六年劉紹刻《謝朓集》五卷，通行本有四庫本《謝宣城集》五卷，四部叢刊本、四部備要本、叢書集成本《謝宣城詩集》五卷。《全齊文》卷二三有輯文。《謝朓逸集》無載，亡佚。王巾：見本書卷三三“雜傳類”。兩《唐志》無載，亡佚。《文選》卷五九載其一篇碑文。

齊司徒左長史《張融集》二十七卷。梁十卷。又有張融《玉海集》十卷、《大澤集》十卷、《金波集》六十卷；又有齊羽林監《庾韶集》十卷；黄門郎《王僧祐集》十卷；太常卿《劉悛集》二十卷，《録》一卷；秘書《王寂集》五卷。亡。

張融：見本書卷三四“道家”。《南齊書》卷四一載，張融自名集爲《玉海》，文集數十卷行於世。兩《唐志》著録張融《玉海集》六十卷，《宋志》無載，亡佚。現有漢魏六朝百三名家集本《齊張長史集》一卷，《全齊文》卷一五有輯文。《大澤集》《金波集》未見著録。庾韶：生平事迹不詳。兩《唐志》無載，亡佚。王僧祐：字胤宗，琅邪臨沂（今山東臨沂市）人。舉秀才，爲驃騎法曹。雅好博古，亭然獨立，不交當世。卒於黄門郎。《南齊書》卷四六、《南史》卷二一有傳。兩《唐志》無載，亡佚。劉悛（quān）：字士操，彭城（今江蘇徐州市）人。仕宋，隨父征竟陵王誕於廣陵，以功拜駙馬都尉。高帝受禪，進號冠軍將軍。歷仕武帝、鬱林王、明帝，至東昏侯即位，爲散騎常侍，五兵尚書。卒，贈太常，謚曰敬。見《宋書》卷八六，《南齊書》卷三七、《南史》卷三九有傳。兩《唐志》無載，亡佚。《全齊文》卷一七有輯文。

王寂：字子玄，琅邪臨沂（今山東臨沂市）人。性迅動，好文章，初爲秘書郎。見《南齊書》卷三三、《南史》卷二二。兩《唐志》無載，亡佚。

齊金紫光禄大夫《孔稚珪集》十卷。

孔稚珪：見本書卷三三“雜傳類”。《日本國見在書目録》、兩《唐志》、《崇文總目》、《宋志》著録《孔稚珪集》十卷。《郡齋讀書附志》卷下著録《孔稚珪集》十卷，稱集有序，“所爲文章，雖行於世，竟未撰集。今摭其遺逸，分爲十卷”。然莫知其爲誰序也。現有漢魏六朝百三名家集本《南齊孔詹事集》一卷，增定漢魏六朝别解本《孔詹事集》一卷，《全齊文》卷一九有輯文。

齊後軍法曹參軍《陸厥集》八卷。梁十卷。

陸厥：字韓卿，吴郡吴（今江蘇蘇州市）人。好屬文，五言詩體甚新變。州舉秀才，爲王晏少傅主簿，遷後軍行參軍。永元元年，始安王遥光反，父陸閑被誅。不久有赦令，恨父不及，感慟而卒。有文集行於世。《南齊書》卷五二、《南史》卷四八有傳。兩《唐志》著録《陸厥集》十卷，《宋志》無載，亡佚。《全齊文》卷二四有輯文。

齊太尉《徐孝嗣集》十卷。梁七卷。又有侍中《劉暄集》一十一卷，通直常侍《裴昭明集》九卷，《虞炎集》七卷，吏部郎《劉瑱集》十卷，梁國從事中郎《劉繪集》十卷，亡。

徐孝嗣：字始昌，東海剡（今浙江嵊州市）人。八歲襲爵枝江縣公，後除著作郎。齊臺建，歷任吏部尚書、右軍將軍，領太子左衛率，臺閣事多以委之。永元初輔政，進位司空。其冬，東昏侯遣人賜藥，卒。和帝中興元年，贈太尉。《南齊書》卷四四、《南史》卷一五有傳。兩《唐志》著録《徐孝嗣集》十二卷，《宋志》無載，亡佚。《全齊文》卷二〇有輯文。劉暄（xuān）：字士穆，彭城（今江蘇徐州市）人，明帝皇后之弟。歷任衛尉、散騎常侍、右衛將軍。始安王遥光事平，遷領軍將軍，封平都縣侯，其年被殺。見《南齊書》卷四二、《南史》卷四七。兩《唐志》無載，亡佚。裴昭明：河東聞喜（今山西聞喜縣）人，裴駰之子。少傳儒史之業。宋元徽中，出爲長沙郡丞，又爲祠部通直郎。齊永明三年，遷射聲校尉。《南齊書》卷五三、《南史》卷三三有傳。兩《唐志》無載，亡佚。《全齊文》卷一八有輯文。虞炎：會稽（今浙江紹興市）人。永明中，以文學與沈約俱爲文惠太子所遇，闕愛有加。官至驍騎將軍。見《南齊書》卷五二、《南史》卷四八。兩《唐志》無載，亡佚。《全齊文》卷二五有輯文。劉瑱（tiàn）：字士温，彭城（今江蘇徐州市）人。好文章，官至吏部郎。見《南齊書》卷四八、《南史》卷三九。兩《唐志》無載，亡佚。劉繪：字士章，彭城（今江蘇徐州市）人。解褐著作郎，爲太祖太尉行參軍。後爲寧朔將軍、晋安王征北長史。東昏侯被殺，城内遣劉繪等送首詣梁王於石頭，轉大司馬從事中郎。撰《能書人名》。《南齊書》卷四八、《南史》卷三九有傳。兩《唐志》無載，亡佚。《全齊文》卷一七有輯文。

齊侍中《袁彖集》五卷。并《録》。

袁彖（tuàn）：字偉才，陳郡陽夏（今河南太康縣）人。少有風氣，好屬文玄言。仕宋，爲秘書丞。入齊，爲中書郎，兼御史中丞，後遷侍中。《南齊書》卷四八、《南史》卷二六有傳。兩《唐志》無載，亡佚。《全齊文》卷一七有輯文。

齊中書郎《江奂集》九卷。并《録》。

江奂：生平事迹不詳。兩《唐志》無載，亡佚。

齊平西諮議《宗躬集》十三卷。

宗躬：或作宋躬，見本書卷三三“雜傳類”。兩《唐志》著録《宗躬集》十二卷，《宋志》無載，亡佚。

齊太子舍人《沈驎士集》六卷。

沈驎士：或作沈麟士，見本書卷三二“禮類”。《南齊書》卷五四載，沈驎士篤學不倦，著述頗豐。兩《唐志》無載，亡佚。《全梁文》卷四〇有輯文。

《梁武帝集》二十六卷。梁三十二卷。

《梁武帝詩賦集》二十卷。

《梁武帝雜文集》九卷。

《梁武帝别集目録》二卷。

梁武帝：見本書卷三二“易類”。《梁書》卷三載，梁武帝下筆成章，千賦百詩，超邁古今。凡諸文集，百二十卷。《周書》卷四二載，祕閣藏《梁武帝集》四十卷。兩《唐志》著録《梁武帝集》十卷，《宋志》無載，亡佚。現有漢魏六朝百三名家集本《梁武帝御製集》一卷，增定漢魏六朝别解本《梁武帝集》，漢魏六朝名家集初刻本《梁武帝集》八卷，《全梁文》卷一至卷七有輯文。

《梁武帝净業賦》三卷。

此賦及序見唐麟德年間釋道宣撰《廣弘明集》卷二九，今存。兩《唐志》無載。

《梁簡文帝集》八十五卷。陸罩撰，并《録》。

梁簡文帝：見本書卷三二“詩類”。《南史》卷八稱其有文集一百卷行於世。陸罩：字洞元，吴郡吴（今江蘇蘇州市）人。簡文帝居藩，陸罩爲記室參軍，撰帝集序。後官至太子中庶子、光禄卿。見《梁書》卷二六，《南史》卷四八有傳。《周書》卷四二載，祕閣藏《簡文帝集》九十卷。《日本國見在書目録》著録《梁簡文帝集》八卷（疑“八”下脱“十”），兩《唐志》著録《梁簡文帝集》八十卷，《宋志》著録《梁簡文帝集》一卷。《直齋書録解題》卷一九著録《梁簡文帝集》五卷，稱《隋志》八十五卷，唐已缺五卷。《中興書目》止存一卷，詩百篇又缺其三首。今五卷皆詩，總二百四十四篇。現有漢魏六朝百三名家集本《梁簡文帝御製集》二卷，漢魏六朝名家集初刻本《梁簡文帝集》八卷，增定漢魏六朝別解本《梁簡文帝集》，《全梁文》卷八至卷一四有輯文。

《梁元帝集》五十二卷。
《梁元帝小集》十卷。

梁元帝：見本志“大序”。《梁書》卷五載，元帝著述辭章，多行於世。有文集五十卷。《舊唐志》著録《梁元帝集》五十卷、《梁元帝集》十卷，《新唐志》著録《梁元帝集》五十卷、又《小集》十卷，《宋志》無載，亡佚。現有漢魏六朝百三名家集本《梁元帝集》一卷，文選遺集本《梁元帝集》八卷，漢魏六朝名家集初刻本《梁元帝集》五卷，增定漢魏六朝別解本《梁元帝集》，《全梁文》卷一五至卷一八有輯文。

梁《昭明太子集》二十卷。梁有梁《安成王集》三十卷，亡。

昭明太子：見本書卷三二“孝經類”。《梁書》卷八載，昭明太子所著文集二十卷。兩《唐志》著録《昭明太子集》二十卷，《宋志》著録《昭明太子集》五卷。《四庫全書總目》卷一四八著録《昭明太子集》六卷，提要稱《宋志》僅載五卷，已非其舊，《文獻通考》不著録，宋末已佚矣。此本爲明嘉興葉紹泰所刊，凡詩賦一卷，雜文五卷。賦每篇不過數句，蓋自類書采掇而成。此集除四庫本之外，又有漢魏六朝百三名家集本《梁昭明太子集》一卷，漢魏六朝名家集初刻本《梁昭明太子集》四卷，四部叢刊本、四部備要本《梁昭明太子文集》五卷，增定漢魏六朝別解《昭明太子集》，《全梁文》卷一九至卷二一有輯文。安成王：名蕭秀，字彦達，南蘭陵（今江蘇常州市）人，梁太祖第七子。仕齊爲太子舍人。天監元年，封安成郡王。歷任侍中，領宗正卿、石頭戍事、雍州刺史。《梁書》卷二二、《南史》卷五二有傳。兩《唐志》無載，亡佚。《全梁文》卷二二有輯文。

梁《岳陽王詧集》十卷。

岳陽王詧（chá）：蕭詧，字理孫，蘭陵（今江蘇常州市）人，昭明太子之子。大通三年，封岳陽郡王。元帝即位，梁詧稱藩於西魏。周太祖策命蕭詧爲梁王，與魏柱國于謹平江陵，遂稱皇帝，年號爲大定，在位八年。梁詧善屬文，所著文集十五卷，行於世。《周書》卷四八、《北史》卷九三有傳。兩《唐志》無載，亡佚。《全梁文》卷六八有輯文。

《梁王蕭巋集》十卷。

蕭巋：字仁遠，蘭陵（今江蘇常州市）人。蕭詧薨，周高祖命太子巋嗣位，年號天保，隋開皇五年薨。蕭巋機辯有文學，所著文集行於世。《周書》卷四八、《北史》卷九三、《隋書》卷七九有傳。兩《唐志》無載，亡佚。《全梁文》卷六八有輯文。

梁《邵陵王綸集》六卷。

邵陵王綸：蕭綸，字世調，蘭陵（今江蘇常州市）人，武帝第六子。天監十三年封邵陵郡王。中大通四年，爲侍中、揚州刺史，坐免庶人，不久又封爵。大寶二年，爲西魏兵所害。《梁書》卷二九、《南史》卷五三有傳。《舊唐志》著録梁《邵陵王集》四卷，《新唐志》著録《邵陵王綸集》四卷，《宋志》無載，亡佚。《全梁文》卷二二有輯文。

梁《武陵王紀集》八卷。

武陵王紀：蕭紀，字世詢，蘭陵（今江蘇常州市）人，武帝第八子。天監十三年封武陵郡王。武帝崩，蕭紀乃僭於蜀，改元爲天正。太清五年，元帝命陸法和等破之，殺蕭紀於硤口，賜姓饕餮氏。《梁書》卷五五、《南史》卷五三有傳。兩《唐志》有著録，《宋志》無載，亡佚。

梁《蕭琮集》七卷。梁又有《安成王煬集》五卷，亡。

蕭琮（cóng）：字温文，蘭陵（今江蘇常州市）人，梁王蕭巋子，初封東陽王。蕭巋薨，隋文帝命蕭琮嗣位，年號廣運。二年後，隋文帝廢梁國，拜蕭琮爲柱國，封莒國公。《周書》卷四八、《隋書》卷七九、《北史》卷九三有傳。《日本國見在書目録》著録《蕭琮集》二卷，兩《唐志》無載，亡佚。《全梁文》卷六八有輯文。安成王煬：蕭機，字智通，蘭陵（今江蘇常州市）人。歷任會稽太守、給事中、湘州刺史。普通二年，襲封安成郡王。大通二年薨，謚曰煬。所著詩賦數千言，世祖集而序之。《梁書》卷二二、《南史》卷五一有傳。兩《唐志》無載，亡佚。

梁司徒諮議《宗夬集》九卷。并《録》。

宗夬：字明敭，南陽涅陽（今河南鎮平縣南）人。仕齊，爲臨川王常侍、驃騎行参軍。梁武帝受禪，歷任太子右衛率、五兵尚書。《梁書》卷一九、《南史》卷三七有傳。《舊唐志》著録《宗史夬集》十卷，《新唐志》著録《宗夬集》十卷，《宋志》無載，亡佚。

梁國子博士《丘遲集》十卷。并《録》。梁十一卷。又有

《謝朏集》十五卷，亡。

丘遲：字希範，吴興烏程（今浙江湖州市）人。梁武帝踐祚，拜散騎侍郎，遷中書侍郎、待詔文德殿。武帝著詔群臣繼作《連珠》，數十人中，丘遲文最美。後拜中書郎，遷司徒從事中郎。所著詩賦行於世。《梁書》卷四九、《南史》卷七二有傳。兩《唐志》有著録，《宋志》無載，亡佚。現有漢魏六朝百三名家集本《梁丘司空集》一卷，《全梁文》卷五六有輯文。謝朏：見本志“大序”。《梁書》卷一五載，謝朏所著書及文章並行於世。兩《唐志》無載，亡佚。

梁金紫光禄大夫《江淹集》九卷。梁二十卷。

《江淹後集》十卷。

江淹：見本書卷三三“正史類”。《梁書》卷一四載，江淹少以文章顯，凡所著述百餘篇，自撰前後集，行於世。《日本國見在書目録》著録《江文通集》一十卷，兩《唐志》著録《江淹前集》十卷、《江淹後集》十卷，《宋志》著録《江淹集》十卷。《郡齋讀書志》卷一七著録《江淹集》十卷，稱“今集二百四十九篇”。《四庫全書總目》卷一四八著録《江文通集》四卷，提要稱齊永明以後所作不在其内，今舊本散佚，行於世者唯歙縣汪士賢、太倉張溥二本。此本乃乾隆戊寅淹鄉人梁賓以汪本、張本參核異同，又益以睢州湯斌家鈔本，参互成編。現有四庫本、四部備要本《江文通集》四卷，漢魏諸名家集本《江文通文集》十卷，四部叢刊本《梁江文通文集》十卷附校補一卷，漢魏六朝百三名家集本《江醴陵集》二卷，漢魏六朝名家集初刻本《江文通集》八卷，增定漢魏六朝别解本《江文通集》，《全梁文》卷三三至卷三九有輯文。另，明胡人驥撰有《江文通集彙注》。

梁尚書僕射《范雲集》十一卷。并《録》。

范雲：字彦龍，南鄉舞陰（今河南泌陽縣西北）人。仕宋入齊，竟陵王子良爲司徒，范雲補記室參軍事。梁武帝受禪，遷散騎常侍、吏部尚書，封霄城縣侯。又遷尚書僕射。有集三十卷。《梁書》卷一三、《南史》卷五七有傳。兩《唐志》著録《范雲集》十二卷，《宋志》無載，亡佚。《全梁文》卷四五有輯文。

梁太常卿《任昉集》三十四卷。梁有晋安太守《謝纂集》十卷，撫軍將軍《柳惔集》二十卷，中護軍《柳惲集》十二卷，豫州刺史《柳憕集》六卷，尚書令《柳忱集》十三卷，義興郡丞《何僩集》三卷，撫軍中兵參軍《韋温集》十卷，鎮西録事參軍《到洽集》十一卷，太子洗馬《劉苞集》十卷，南徐州秀才《諸葛璩集》十卷，亡。

任昉：見本志“大序”。《南史》卷五九載，任昉博學，於書無所不見。所著文章數十萬言，盛行於時。《日本國見在書目録》著録《任昉集》廿八卷，兩《唐志》著録《任昉集》三十四卷，《宋志》著録《任昉集》六卷。現有漢魏諸名家集本《任彦升集》六卷，漢魏六朝百三名家集本《任中丞集》一卷，漢魏六朝名家集初刻本《任彦升集》五卷，增定漢魏六朝别解本《任中丞集》，《全梁文》卷四一至卷四四有輯文。謝纂：陳郡陽夏（今河南太康縣）人。頗有文才，仕至晋安太守，卒官。見《梁書》卷一五。兩《唐志》無載，亡佚。柳惔（tán）：字文通，河東解（今山西運城市）人。仕齊，爲西戎校尉。梁武帝踐祚，以功封曲江縣侯，遷尚書右僕射，出爲使持節、安南將軍、湘州刺史。天監六年，卒。贈撫軍將軍，謚曰穆。《梁書》卷一二、《南史》卷三八有傳。兩《唐志》無載，亡佚。柳惲：見本書卷三四“兵家類”。兩《唐志》無載，亡佚。《全梁文》卷五八有輯文。柳憕（chéng）：字文深，河東解（今山西運城市）人。少有大意，好玄言。歷任給事黄門郎、鎮西長史。天監十二年卒，贈豫州刺史。《南史》卷三八有傳，又見《梁書》卷一二。兩《唐志》無載，亡佚。《全梁文》卷五九有輯文。柳忱：字文若，河東解（今山西運城市）人。起家爲司徒行參軍。梁高祖踐祚，以功封州陵伯，累遷湘州刺史、秘書監。《梁書》卷一二、《南史》卷三八有傳。兩《唐志》無載，亡佚。何僩（xiàn）：字彦夷，東海郯（今山東郯城縣）人。以才著聞，然官運不達，位至臺郎。見《南史》卷三三。兩《唐志》無載，亡佚。到洽：字茂沿，彭城武原（今江蘇邳州市）人。天監二年，遷司徒主簿，直待詔省，敕使抄甲部書。普通五年，遷給事黄門侍郎，領尚書左丞。有文集行於世。《梁書》卷二七、《南史》卷二五有傳。兩《唐志》無載，亡佚。《全梁文》卷六二有輯文。劉苞：字孝嘗，彭城（今江蘇徐州市）人。少好學，能屬文。累遷尚書庫部侍郎、丹陽尹丞，侍講壽光殿。《梁書》卷四九、《南史》卷三九有傳。兩《唐志》無載，亡佚。諸葛璩（qú）：字幼玟，琅邪陽都（今山東沂南縣）人。博涉經史，後生就學者日至，旦夕孜孜，講誦不輟。天監中，舉秀才，不就。所著文章二十卷，門人集而録之。《梁書》卷五一、《南史》卷七六有傳。兩《唐志》無載，亡佚。

梁特進《沈約集》一百一卷。并《録》。梁又有《謝綽集》十一卷，亡。

沈約：見本書卷三二“論語類”。《梁書》卷一三載，沈約篤志好學，能屬文。著有《晋書》、《宋書》、《齊紀》、《高祖紀》、《邇言》、《謚例》、《宋文章志》、文集一百卷，並行於世。《日本國見在書目録》著録《沈約集》百卷，兩《唐志》著録《沈約集》一百卷、《沈約集略》三十卷，《崇文總目》《宋志》著録《沈約集》九卷。《直齋書録解題》卷一六著録《沈約集》十五卷，《别集》一卷，又九卷。稱約有文集百卷，今所存唯此而已。十五卷者，前二卷爲賦，餘皆詩也；《别集》雜録、詩文，不分卷；九卷者，皆詔草也。現有漢魏六朝百三名家集本《沈隱侯集》二卷，劉沈合集本《沈隱侯集》十六卷、附録一卷，漢魏六朝名家集初刻本《沈休文集》九卷，增定漢魏六朝别解本《沈隱侯集》，六朝詩集本《沈約集》一卷，《全梁文》卷二五至卷三二有輯文。謝綽：見本書卷三三“雜史類”。兩《唐志》無載，亡佚。《全梁文》卷五九有輯文。

梁中軍府諮議《王僧孺集》三十卷。

王僧孺：見本書卷三三“譜系類”。《梁書》卷三三載，王僧孺所著《百家譜集》及《東宫新記》、文集三十卷等，並行於世。《日本國見在書目録》著録《王僧孺集》十六卷，兩《唐志》著録《王僧孺集》三十卷，《宋志》無載，亡佚。現有漢魏六朝百三名家集本《王左丞集》一卷，增定漢魏六朝别解本《王左丞集》，《全梁文》卷五一、卷五二有輯文。

梁尚書左丞《范縝集》十一卷。

范縝：字子真，南鄉舞陽（今河南舞陽縣）人。性質直，好危言高論，不爲士友所安。入梁，爲晋安太守、尚書左丞。盛稱無佛，著《神滅論》。坐王亮事，徙廣州。還京師，以爲中書郎、國子博士，卒官。有文集十卷。《梁書》卷四八、《南史》卷五七有傳。兩《唐志》無載，亡佚。《全梁文》卷四五有輯文。

梁護軍將軍《周捨集》二十卷。梁有秘書張纘《金河集》六十卷，《劉歊集》八卷，玄貞處士《劉訏集》一卷，亡。

周捨：見本書卷三二“禮類”。《南史》卷三四載，周捨有集二十卷。兩《唐志》有著録，《宋志》無載，亡佚。《全梁文》卷五八有輯文。張纘：生平事迹不詳。兩《唐志》無載是集，亡佚。劉歊（xiāo）：見本書卷三二“小學類”。《南史》卷四九載，劉歊博學有文才，著《革終論》。兩《唐志》無載，亡佚。《全梁文》卷五七有輯文。劉訏（xū）：字彦度，平原（今山東平原縣）人。善玄言，尤精佛典。天監十七年卒，宗人至友謚曰玄貞處士。《梁書》卷五一、《南史》卷四九有傳。兩《唐志》無載，亡佚。

梁《蕭洽集》二卷。

蕭洽：字宏稱，蘭陵（今江蘇常州市）人。齊世，爲西中郎外兵參軍。入梁，歷任北中郎諮議參軍、太府卿、通直散騎常侍、司徒左長史。有集二十卷，行於世。《梁書》卷四一、《南史》卷一八有傳。兩《唐志》有著録，《宋志》無載，亡佚。

梁隱居先生《陶弘景集》三十卷。
《陶弘景内集》十五卷。

陶弘景：見本書卷三二“詩類”。《梁書》卷五一載，陶弘景性好著述，老而彌篤。兩《唐志》著録《陶弘景集》三十卷，《宋志》無載，亡佚。現有傅霄輯《華陽陶隱居集》二卷，嚴可均輯《華陽陶隱居集》二卷，漢魏諸名家集本《陶貞白集》二卷，漢魏六朝百三名家集本《陶隱居集》一卷，增定漢魏六朝别解本《陶通明集》等，《全梁文》卷四六、卷四七有輯文。

梁徵士《魏道微集》三卷。

魏道微：生平事迹不詳。兩《唐志》有著録，《宋志》無載，亡佚。

梁黄門郎《張率集》三十八卷。

張率：字士簡，吴郡吴（今江蘇蘇州市）人。齊建武二年，除太子舍人。梁天監初，直文德待詔省，敕使鈔乙部書。累遷招遠將軍、司徒右長史、黄門郎，出爲新安太守。少好屬文，所著《文衡》十五卷，文集三十卷，並行於世。《梁書》卷三三、《南史》卷三一有傳。兩《唐志》著録《張率集》三十卷，《宋志》無載，亡佚。《全梁文》卷五四有輯文。

梁南徐州治中《王冏集》三卷。

王冏：生平事迹不詳。兩《唐志》有著録，《宋志》無載，亡佚。

梁都官尚書《江革集》六卷。

江革：字休映，濟陽考城（今河南蘭考縣）人。入梁，除都官尚書，再遷度支尚書。性强直，爲權勢所疾。謝病還家，除光禄大夫、領步兵校尉、南北兖二州大中正。有集二十卷，行於世。《梁書》卷三六、《南史》卷六〇有傳。兩《唐志》著録《江革集》十卷，《宋志》無載，亡佚。《全梁文》卷五〇有輯文。

梁奉朝請《吴均集》二十卷。

吴均：見本書卷三三“古史類”。《梁書》卷四九載，吴均文體清拔有古氣，好事者或仿之。有文集二十卷，行於世。兩《唐志》有著録，《崇文總目》著録《吴均集》十卷，《宋志》著録《吴均詩集》三卷，《郡齋讀書志》卷一七著録《吴均集》三卷。現有漢魏六朝百三名家集本《吴朝請集》一卷，《全梁文》卷六〇有輯文。

梁光禄大夫《庾曇隆集》十卷。并《録》。

庾曇隆：生平事迹不詳。《舊唐志》著録《庾景興集》十卷，《新唐志》著録《庾曇隆集》十卷，《宋志》無載，亡佚。《全梁文》卷五四有輯文。

梁儀同三司《徐勉前集》三十五卷。

《徐勉後集》十六卷。并《叙録》。

徐勉：見本書卷三三“職官類”。《梁書》卷二五載，徐勉善屬文，勤著述。凡所著前後二集四十五卷，行於世。《南史》卷六〇載，徐勉所著前後二集五十卷。兩《唐志》有著録，《宋志》無載，亡佚。《全梁文》卷五〇有輯文。

梁吏部郎《王錫集》七卷。并《録》。

王錫：字公嘏，琅邪臨沂（今山東臨沂市）人。爲太子舍人，以戚屬封永安侯，遷給事黄門侍郎，尚書吏部郎中。《梁書》卷二一、《南史》卷二三有傳。兩《唐志》有著録，《宋志》無載，亡佚。《全梁文》卷五九有輯文。

梁尚書左僕射《王暕集》二十一卷。

王暕（jiǎn）：字思晦，琅邪臨沂（今山東臨沂市）人。歷任侍中、五兵尚書、尚書左僕射、領國子祭酒。《梁書》卷二一、《南史》卷二二有傳。《舊唐志》著録《王揀（“暕”之誤）集》二十卷，《新唐志》著録《王暕集》二十卷，《宋志》無載，亡佚。《全梁文》卷四八有輯文。

梁平西刑獄參軍《劉孝標集》六卷。

劉孝標：名峻，見本書卷三三“正史類”。兩《唐志》無載，亡佚。《全梁文》卷五七有輯文。

梁鴻臚卿《裴子野集》十四卷。

裴子野：見本書卷三二“禮類”。《梁書》卷三〇載，善屬文，撰述多種，文集二十卷，行於世。兩《唐志》有著録，《宋志》無載，亡佚。《全梁文》卷五三有輯文。

梁仁威府長史《司馬褧集》九卷。

司馬褧（jiǒng）：字元素，河内温（今河南温縣）人。起家奉朝請，累遷尚書右丞、仁威長史、長沙内史。天監十七年，遷明威將軍、晋安王長史，未幾卒。王命庾肩吾集其文爲十卷。《梁書》卷四〇、《南史》卷六二有傳。兩《唐志》有著録，《宋志》無載，亡佚。《全梁文》卷五八有輯文。

梁《蕭子暉集》九卷。

蕭子暉：字景光，蘭陵（今江蘇常州市）人。少涉書史，有文才。遷安西武陵王諮議，卒於驃騎長史。《梁書》卷三五、《南史》卷四二有傳。兩《唐志》著録《蕭子暉集》十一卷，《宋志》無載，亡佚。《全梁文》卷二四有輯文。

梁始興内史《蕭子範集》十三卷。

蕭子範：字景則，蘭陵（今江蘇常州市）人。齊永明中，封祁陽縣侯。累遷中散大夫、廷尉卿。出爲始興内史，遷秘書監。前後文集三十卷。《梁書》卷三五、《南史》卷四二有傳。兩《唐志》著録《蕭子範集》三卷，《宋志》無載，亡佚。《全梁文》卷二三有輯文。

梁建陽令《江洪集》二卷。

江洪：濟陽（今河南蘭考縣）人。工屬文，爲建陽令，坐事死。見《梁書》卷四九、《南史》卷五九。兩《唐志》無載，亡佚。

梁鎮西府記室《鮑畿集》八卷。

鮑畿：《梁書》作鮑機，《南史》作鮑幾。字景玄，東海（今山東境内）人。王亮舉其爲春陵令，明山賓薦其爲太常丞，終於湘東王諮議參軍。《南史》卷六二有傳，又見《梁書》卷三〇。兩《唐志》有著録，《宋志》無載，亡佚。

梁尚書祠部郎《虞皭集》十卷。

虞皭（jiào）：生平事迹不詳。兩《唐志》著録《虞皭集》六卷，《宋志》無載，亡佚。《全梁文》卷六三有輯文。

梁新田令《費昶集》三卷。

費昶：江夏（今湖北武漢市）人。善爲樂府，又作鼓吹曲。見《南史》卷七二。兩《唐志》無載，亡佚。

梁《蕭幾集》二卷。

蕭幾：字德玄，蘭陵（今江蘇常州市）人。好學，能屬文。解褐著作佐郎，累遷中書侍郎、尚書左丞。出爲新安太守，卒於官。《梁書》卷四一、《南史》卷四一有傳。兩《唐志》無載，亡佚。

梁東陽郡丞《謝瑱集》八卷。

謝瑱（tiàn）：生平事迹不詳。兩《唐志》著録《謝瑱集》十卷，《宋志》無載，亡佚。

梁通直郎《謝琛集》五卷。

謝琛：生平事迹不詳。兩《唐志》有著録，《宋志》無載，亡佚。

梁仁威記室《何遜集》七卷。梁有安西記室《劉緩集》四卷，沙門《釋智藏集》五卷，亡。

何遜：字仲言，東海郯（今山東郯城縣）人。天監中，起家奉朝請，遷中衛建安王水曹行參軍，兼記室。後除廬陵王記室，未幾卒。王僧孺集其文爲八卷。《梁書》卷四九、《南史》卷三三有傳。《日本國見在書目録》著録《何孫集》八卷，兩《唐志》著録《何遜集》八卷，《宋志》著録《何遜詩集》五卷，《郡齋讀書志》卷一七著録《何遜集》二卷。《四庫全書總目》卷一四八著録《何水部集》一卷，提要稱舊本久亡，所謂八卷者不可復覩。即《永樂大典》所引遜詩，亦皆今世所習見，則元明間已不存矣。此本爲正德丁丑張紘所刻，字句亦多竄亂，非其舊也。現存何遜之集，除四庫本之外，還有漢魏六朝百三名家集本《何記室集》一卷，六朝詩集本《何水部集》二卷，《全梁文》卷五九有輯文。劉緩：字含度，平原高唐（今山東高唐縣）人。少知名，官安西湘東王記室。除通直郎，遷鎮南湘東王中録事，又隨府江州，卒。《南史》卷七二有傳，又見《梁書》卷四九。兩《唐志》無載，亡佚。《全梁文》卷六三有輯文。釋智藏：吴（今江蘇境内）人。天監末，居鍾山開善寺。見《全梁文》卷七四。兩《唐志》無載，亡佚。《全梁文》卷七四有輯文。

梁太常卿《陸倕集》十四卷。

陸倕（chuí）：字佐公，吴（今江蘇境内）人。天監初，爲右軍安成王外兵參軍，轉主簿。武帝愛其才，乃敕撰《新漏刻銘》，其文甚美，遷太子中舍人。又遷中庶子、太常卿。文集二十卷，行於世。《梁書》卷二七、《南史》卷四八有傳。《日本國見在書目録》著録《陸倕集》八卷，兩《唐志》著録《陸倕集》二十卷，《宋志》無載，亡佚。《全梁文》卷五三有輯文。

梁廷尉卿《劉孝綽集》十四卷。

劉孝綽：本名冉，字孝綽，彭城（今江蘇徐州市）人。天監初，起家著作佐郎，遷太子舍人，遷員外散騎常侍，兼廷尉卿。後爲尚書吏部郎、秘書監。其辭藻爲後進所宗，其文流聞絶域。文集數十萬言，行於世。《梁書》卷三三、《南史》三九有傳。兩《唐志》著録《劉孝綽集》十二卷，《宋志》著録《劉孝綽集》一卷，現有漢魏六朝百三名家集本《劉祕書集》一卷，六朝詩集本《劉孝綽集》一卷，《全梁文》卷六〇有輯文。

梁都官尚書《劉孝儀集》二十卷。

劉孝儀：名潛，劉孝綽之弟。天監五年，舉秀才，累遷尚書殿中郎，敕令撰《雍州平等寺金像碑》，文甚宏麗。中大同元年，入守都官尚書。太清二年，侯景寇京師。劉孝儀失郡。文集二十卷，行於世。《梁書》卷四一、《南史》卷三九有傳。兩《唐志》有著録，《宋志》無載，亡佚。現有漢魏六朝百三名家集本《劉豫章集》一卷，《全梁文》卷六一有輯文。

梁太子庶子《劉孝威集》十卷。

劉孝威：劉孝綽之弟。累遷中舍人、庶子、率更令，並掌管記。侯景亂，得出圍城，途中病亡。《梁書》卷四一有傳，又見《南史》卷三九。《日本國見在書目録》著録《劉孝威集》十卷，兩《唐志》著録《劉孝威前集》十卷、《劉孝威後集》十卷，《宋志》著録《劉孝威集》一卷。現有漢魏六朝百三名家集本《劉庶子集》一卷，六朝詩集本《劉孝威集》一卷，《全梁文》卷六一有輯文。

梁東陽太守《王揖集》五卷。

王揖：又作王楫，琅邪臨沂（今山東臨沂市）人，官至太中大夫。見《梁書》卷三三、《南史》卷二二。兩《唐志》無載，亡佚。《全梁文》卷四八有輯文。

梁黄門郎《陸雲公集》十卷。

陸雲公：字子龍，吴郡（今江蘇境内）人。累遷宣惠武陵王、平西湘東王行參軍。先撰《太伯廟碑》，深得贊賞。累遷中書黄門郎，並掌著作。有文集行於世。《梁書》卷五〇、《南史》卷四八有傳。兩《唐志》著録《陸雲公集》四卷，《宋志》無載，亡佚。《全梁文》卷五三有輯文。

梁國子祭酒《蕭子雲集》十九卷。

蕭子雲：見本書卷三二“小學類”。兩《唐志》著録《蕭子雲集》二十卷，《宋志》無載，亡佚。《全梁文》卷二三有輯文。

梁征西府長史《楊眺集》十一卷。并《録》。

楊眺：天水西縣（今甘肅天水市西南）人。武帝特詔聽其嗣其父楊公則爵，固讓，歷年乃受。見《梁書》卷一〇。兩《唐志》著録《楊眺集》十卷，《宋志》無載，亡佚。

梁太子洗馬《王筠集》十一卷。并《録》。

王筠《中書集》十一卷。并《録》。

王筠《臨海集》十一卷。并《録》。

王筠《左佐集》十一卷。并《録》。

王筠《尚書集》九卷。并《録》。

王筠：字元禮，又一字德柔，琅邪臨沂（今山東臨沂市）人。起家中軍臨川王行參軍。累遷太子洗馬、中舍人。後爲中書郎，奉敕撰《開善寺寶誌大師碑文》，辭甚麗逸。太清三年，夜忽有盜攻入，驚懼墜井亡。自撰其文章，以一官爲一集，自洗馬、中書、中庶子、吏部、左佐、臨海太守各十卷，行於世。《梁書》卷三三、《南史》卷二二有傳。兩《唐志》著録王筠《洗馬集》十卷、《中庶子集》十卷、《左右（疑“右”爲“佐”之誤）集》、《臨海集》十卷、《尚書集》十一卷，《宋志》無載，亡佚。現有漢魏六朝百三名家集本《王詹事集》一卷，《全梁文》卷六五有輯文。

梁西昌侯《蕭深藻集》四卷。并《録》。

蕭深藻：又作蕭淵藻、蕭藻，字靖藝，南蘭陵（今江蘇常州市）人。天監元年，封西昌縣侯。歷任雍兖二州刺史、尚書左僕射、開府儀同三司、中書令。侯景寇亂據京口，因感氣疾，不食而亡。《梁書》卷二三、《南史》卷五一有傳。兩《唐志》無載是集，亡佚。

梁中書郎《任孝恭集》十卷。

任孝恭：字孝恭，臨淮臨淮（今安徽鳳陽縣東）人。武帝聞其有才，召入西省撰史。後爲司文侍郎、中書通事舍人，專掌公家筆翰。文集行於世。《梁書》卷五〇、《南史》卷七二有傳。《日本國見在書目録》著録《任孝恭集》十一卷，兩《唐志》著録《任孝恭集》十卷，《宋志》無載，亡佚。《全梁文》卷六七有輯文。

梁平北府長史《鮑泉集》一卷。

鮑泉：見本書卷三二“論語類”。《梁書》卷三〇載，鮑泉撰《新儀》四十卷，行於世。兩《唐志》有著録，《宋志》無載，亡佚。

梁雍州刺史《張纘集》十一卷。并《録》。

張纘：見本志子部“曆數類”。著《鴻寶》一百卷，文集二十卷。兩《唐志》著録《張纘集》十卷，《宋志》無載，亡佚。《全梁文》卷六四有輯文。

梁尚書僕射《張綰集》十一卷。并《録》。

張綰：字孝卿，張纘之弟。累遷中書郎、國子博士。承聖二年，拜尚書左僕射，尋加侍中。《梁書》卷三四、《南史》卷五六有傳。兩《唐志》著録《張綰集》十卷，《宋志》無載，亡佚。《全梁文》卷六四有輯文。

梁度支尚書《庾肩吾集》十卷。

庾肩吾：見本書卷三四“雜家”。《梁書》卷四九載，庾肩吾有文集行於世。《日本國見在書目録》、兩《唐志》著録《庾肩吾集》十卷，《宋志》著録《庾肩吾集》二卷。現有漢魏六朝百三名家集本《庾度支集》一卷，增定漢魏六朝别解本《庾度支集》，《全梁文》卷六六有輯文。

梁太常卿《劉之遴前集》十一卷。
《劉之遴後集》二十一卷。

劉之遴：見本書卷三三“雜傳類”。《梁書》卷四〇載，劉之遴前後文集五十卷，行於世。《舊唐志》著録《劉之遴前集》十卷、《劉之遴後集》三十卷，《新唐志》著録《劉之遴前集》十一卷、《劉之遴後集》三十卷，《宋志》無載，亡佚。《全梁文》卷五六有輯文。

梁豫章世子侍讀《謝郁集》五卷。

謝郁：生平事迹不詳。兩《唐志》有著録，《宋志》無載，亡佚。《全梁文》卷六七有輯文。

梁安成蕃王《蕭欣集》十卷。

蕭欣：梁武帝安成康王秀之孫。歷侍中、中書令、尚書僕射、尚書令。有集三十卷。《周書》卷四八有傳。兩《唐志》著録《蕭欣集》十卷，《宋志》無載，亡佚。《全梁文》卷二二有輯文。

梁中書舍人《朱超集》一卷。

朱超：生平事迹不詳。兩《唐志》無載，亡佚。

梁護軍將軍《甄玄成集》十卷。并《録》。

甄玄成：字敬平，中山（今河北定州市）人。歷任中書侍郎、吏部尚書。蕭詧爲梁王六年卒，贈護軍將軍。有文集二十卷。《周書》卷四八、《北史》卷九三有傳。兩《唐志》有著録，《宋志》無載，亡佚。《全梁文》卷六八有輯文。

梁散騎常侍《沈君游集》十三卷。

沈君游：吴興（今浙江湖州市）人。博學有詞采，位至散騎常侍。有文集十卷。《周書》卷四八有傳。兩《唐志》著録《沈君游集》十二卷，《宋志》無載，亡佚。

梁《臨安恭公主集》三卷。武帝女。

臨安恭公主：《南史》卷五一載，武帝女，有文才。兩《唐志》著録《臨安公主集》三卷，《宋志》無載，亡佚。

梁征西記室范靖妻《沈滿願集》三卷。

沈滿願：生平事迹不詳。《舊唐志》著録范靖妻《沈滿願集》五卷，《新唐志》著録《沈滿願集》三卷，《宋志》無載，亡佚。

梁太子洗馬徐悱妻《劉令嫺集》三卷。

劉令嫺：彭城（今江蘇徐州市）人，劉孝綽妹，適東海徐悱。有才學，文尤清拔。徐悱卒，妻爲祭文，辭甚悽愴。見《梁書》卷三三、《南史》卷三九。兩《唐志》著録徐悱妻《劉氏集》六卷，

《宋志》無載，亡佚。《全梁文》卷六八有輯文。

後魏《孝文帝集》三十九卷。

孝文帝：見本志"大序"。《魏書》卷七下載，孝文帝雅好讀書，好爲文章，詩賦銘頌，任興而作。自餘文章，百有餘篇。兩《唐志》著録後魏《文帝集》四十卷，《宋志》無載，亡佚。《後魏文》卷三至卷七有輯文。

後魏司空《高允集》二十一卷。

高允：字伯恭，渤海（今河北南皮縣）人。性好文學，博通經史。因參樂平王西討，有參謀之功，賜爵汶陽子，加建威將軍。後進爵咸陽公，加鎮東將軍。太和十一年卒。贈侍中、司徒公，謚曰文。所制詩賦、誄頌、箴論、表讚，《毛詩拾遺》等凡百餘篇，別有文集行於世。《魏書》卷四八、《北史》卷三一有傳。兩《唐志》著録《高允集》二十卷，《宋志》無載，亡佚。現有漢魏六朝百三名家集本《高令公集》一卷，《後魏文》卷二八有輯文。

後魏司農卿《李諧集》十卷。

李諧：見本書卷三三"地理類"。《魏書》卷六五載，李諧博學有文辯，所著文集，別有集録行於世。兩《唐志》有著録，《宋志》無載，亡佚。《後魏文》卷二五有輯文。

後魏太常卿《盧元明集》十七卷。

盧元明：字幼章，范陽涿（今河北涿州市）人。出帝登基，封城陽縣子，遷中書侍郎。天平中，拜尚書右丞，轉散騎常侍。好玄理，作史子新論數十篇，文集別有集録。《魏書》卷四七、《北史》卷三〇有傳。兩《唐志》著録《盧元明集》六卷，《宋志》無載，亡佚。《後魏文》卷三七有輯文。

後魏司空祭酒《袁躍集》十三卷。

袁躍：字景騰，陳郡項（今河南項城市）人。歷任尚書都兵郎中，加員外散騎常侍。後遷清河王懌文學，爲其愛賞。所作文集行於世。《魏書》卷八五、《北史》卷四七有傳。兩《唐志》著録《袁躍集》九卷，《宋志》無載，亡佚。

後魏著作佐郎《韓顯宗集》十卷。

韓顯宗：字茂親，昌黎棘城（今遼寧義縣）人。太和初，舉秀才，除著作佐郎，兼中書侍郎。二十一年，爲右軍府長史、征虜將軍、統軍。撰有馮氏《燕志》、《孝友傳》各十卷，所作文章，頗傳於世。《魏書》卷六〇、《北史》卷四〇有傳。兩《唐志》著録《韓宗集》五卷，《宋志》無載，亡佚。《後魏文》卷三一有輯文。

後魏散騎常侍《温子昇集》三十九卷。

温子昇：見本書卷三三"地理類"。《魏書》卷八五載，温子昇博覽百家，文章清婉。其卒，宋遊道集其文筆爲三十五卷，又有《永安記》三卷。《日本國見在書目録》著録《温子昇集》廿八卷，兩《唐志》著録《温子昇集》三十五卷，《宋志》無載，亡佚。現有漢魏六朝百三名家集本《温侍讀集》一卷，《後魏文》卷五一有輯文。

後魏太常卿《陽固集》三卷。

陽固：字敬安，北平無終（今天津市）人。太和中，除給事中，領侍御史。正光二年，爲從事中郎，加鎮遠將軍。四年卒，贈太常少卿。《魏書》卷七二、《北史》卷四九有傳。兩《唐志》有著録，《宋志》無載，亡佚。《後魏文》卷四四有輯文。

北齊特進《邢子才集》三十一卷。

邢子才：名邵，河間鄚（今河北任丘市）人。釋褐爲魏宣帝挽郎，除奉朝請，遷著作佐郎。太昌中，累遷太常卿、中書監，攝國子祭酒。後授特進，卒。有集三十卷。《北齊書》卷三六、《北史》卷四三有傳。《舊唐志》著録《邢子才集》三十卷，《新唐志》著録《邢邵集》三十卷，《宋志》無載，亡佚。現有漢魏六朝百三名家集本《邢特進集》一卷，《北齊文》卷三有輯文。

北齊尚書僕射《魏收集》六十八卷。

魏收：見本書卷三三"正史類"。《北齊書》卷三七載，魏收以文華顯。有文集七十卷。兩《唐志》著録《魏收集》七十卷，《宋志》無載，亡佚。現有漢魏六朝百三名家集本《魏特進集》一卷，《北齊文》卷四有輯文。

北齊儀同《劉逖集》二十六卷。

劉逖（tì）：字子長，彭城（今江蘇徐州市）人。留心文藻，頗工詩詠。遷給事黄門郎，加散騎常侍，後拜儀同三司。世祖崩，出爲江州刺史。所制詩賦及雜文文筆三十卷，行於世。《北齊書》卷四五、《北史》卷四二有傳。兩《唐志》著録《劉逖集》四十卷，《宋志》無載，亡佚。《北齊文》卷八有輯文。

後周《明帝集》九卷。

明帝：宇文氏，諱毓，代武川（今内蒙古自治區境内）人。周太祖長子。及孝閔帝廢，即天王位，後改稱皇帝，改元武成。所著文章十卷。《周書》卷四、《北史》卷九有紀。《舊唐志》著録後周《明帝集》十卷，《新唐志》著録後周《明帝集》五十卷，《宋志》無載，亡佚。《後周文》卷一有輯文。

後周《趙王集》八卷。

趙王：宇文招，字豆盧突，文帝子。武成初，進封趙國公。建德三年，進爲王。大象二年，隋文帝輔政，將遷周鼎，趙王招等欲圖之，事覺，陷以謀反，被誅。所著文集十卷，行於世。《周書》卷一三、《北史》卷五八有傳。《日本國見在書目録》《舊唐志》著録後周《趙王集》十卷，《新唐志》著録《趙平王集》十卷，《宋志》無載，亡佚。

後周《滕簡王集》八卷。

滕簡王：宇文逌，字爾固突，文帝子。武成初，封滕國公。建德三年，進爵爲王。大象元年，出就國。二年，爲隋文帝所害。逌所作文章頗行於世。《周書》卷一三、《北史》卷五八有傳。《舊唐志》著録後周《滕王集》十二卷，《新唐志》著録《滕簡王集》十二卷，《宋志》無載，亡佚。《後周文》卷四有輯文。

後周儀同《宗懔集》十二卷。并《録》。

宗懔：字元懔，南陽涅陽（今河南鎮平縣南）人。歷任臨汝、建成、廣晋三縣令。江陵没，入於周。孝閔帝踐祚，拜車騎大將軍、儀同三司。有文集行於世。《梁書》卷四一、《周書》卷四二、《北史》卷七〇有傳。《舊唐志》著録《宗懔集》三十卷，《新唐志》著録《宗懔集》十卷，《宋志》無載，亡佚。

後周沙門《釋亡名集》十卷。

釋亡名：俗姓宋，南郡（今湖北境内）人。事梁元帝，官爵不明。梁亡，出家，爲夏州三藏。見《後周文》卷二二。《法苑珠林·傳記》載，沙門釋亡名著有《至道論》等，凡十二卷。《日本國見在書目録》著録《無名師集》十卷，兩《唐志》著録《亡名集》十卷，《宋志》無載，亡佚。《後周文》卷二二有輯文。

後周小司空《王褒集》二十一卷。并《録》。

王褒：見本書卷三三“雜傳類”。《周書》卷四一載，王褒博覽史傳，尤工屬文。高祖作《象經》，令王褒注之。引據該洽，甚見稱賞。《舊唐志》著録《王褒集》三十卷，《新唐志》著録《王褒集》二十卷，《宋志》無載，亡佚。現有六朝詩集本《王子淵集》一卷，漢魏六朝百三名家集本《王司空集》一卷，增定漢魏六朝别解本《王司空集》，《後周文》卷七有輯文。

後周少傅《蕭撝集》十卷。

蕭撝（huī）：字智遐，蘭陵（今江蘇常州市）人。在梁，封永豐縣侯。魏恭帝時，授侍中、開府儀同三司，封歸善縣公。周時，進爵黄臺郡公。歷授少保、少傅，改封蔡陽郡公。建德二年卒，贈少傅。所著詩賦雜文數萬言，頗行於世。《周書》卷四二、《北史》卷二九有傳。兩《唐志》著録《蕭撝集》十卷，《宋志》無載，亡佚。《後周文》卷一九有輯文。

後周開府儀同《庾信集》二十一卷。并《録》。

庾信：字子山，南陽新野（今河南新野縣）人。庾信文章辭令，盛爲鄴下所稱。累遷通直散騎常侍。梁元帝即位，爲右衛將軍，封武康縣侯。周孝閔帝踐祚，封臨清縣子，遷驃騎大將軍、開府儀同三司，後進爵義城縣侯。有文集二十卷。《周書》卷四一、《北史》卷八三有傳。《日本國見在書目録》、兩《唐志》著録《庾信集》二十卷，《宋志》著録《庾信集》二十卷、《哀江南賦》一卷。《直齋書録解題》卷一六著録《庾開府集》二十卷，稱庾信在揚都有集四十卷，及江陵又有三卷，皆兵火不存。今集止自入魏以來所作，而《哀江南賦》實爲首冠。《四庫全書總目》卷一四八著録清吴兆宜《庾開府集箋注》十卷，提要稱，《北史》本傳稱有集二十卷，與後周滕王（宇文逌）之序合，《隋志》作二十一卷，皆已久佚。元末明初尚有重編之本，今亦未見此本，雖冠以滕王逌序，實由諸書鈔撮而成，非其原帙也。現有四部叢刊本《庾子山集》十六卷，漢魏諸名家集本《庾開府集》十二卷，四庫本、四部備要本《庾子山集注》十六卷等。《後周文》卷八至卷一八有輯文。

《陳後主集》三十九卷。

陳後主：諱叔寶，字元秀，吴興（今浙江湖州市）人。太建元年，立爲皇太子，十四年，即皇帝位。禎明三年春，後主爲隋軍所獲，入於長安。隋仁壽四年，崩於洛陽，謚曰煬。《陳書》卷六、《南史》卷一〇有紀。《舊唐志》著録《陳後主集》五十卷，《新唐志》著録《陳後主集》五十五卷，《宋志》著録《陳後主集》一卷。現有漢魏六朝百三名家集本《陳後主集》一卷，漢魏六朝名家集初刻本《陳後主集》二卷，《全陳文》卷四有輯文。

《陳後主沈后集》十卷。

沈后：諱婺華，吴興（今浙江湖州市）人。太建三年，納爲皇太子妃，後主即位，爲皇后。涉獵經史，工書翰。陳亡，隨後主入長安。隋煬帝被殺，沈后自廣陵渡江，於毗陵天静寺爲尼，名觀音，貞觀初卒。《陳書》卷七、《南史》卷一二有傳。兩《唐志》無載是集，亡佚。《全陳文》卷四有輯文。

陳大匠卿《杜之偉集》十二卷。

杜之偉：字子大，吴郡錢塘（今浙江杭州市）人。梁中大同初，起補東宫學士。侯景亂，逃至山澤。陳高祖受禪，轉大匠卿，遷中大夫。所著多失，存者十七卷。《陳書》卷三四、《南史》卷七二有傳。兩《唐志》無載，亡佚。《全陳文》卷一三有輯文。

陳金紫光禄大夫《周弘讓集》九卷。

陳《周弘讓後集》十二卷。

周弘讓：見本書卷三三“傳記類”。兩《唐志》著録《周弘讓集》十八卷，《宋志》無載，亡佚。《全陳文》卷五有輯文。

陳侍中《沈炯前集》七卷。

陳《沈炯後集》十三卷。

沈炯：字禮明，吴興武康（今浙江德清縣）人。梁時，爲尚書左民侍郎，出爲吴令。梁元帝徵爲給事黄門侍郎，領尚書左丞。陳文帝即位，得重用，多預軍國大政。有集二十卷行於世。《陳書》卷一九、《南史》卷六九有傳。《日本國見在書目録》著録《沈炯集》十卷、《沈炯後集》十卷，兩《唐志》著録《沈炯前集》六卷、《後集》十三卷，《宋志》著録《沈炯集》七卷。現有漢魏六朝百三名家集本《沈侍中集》一卷，《全陳文》卷一四有輯文。

陳沙門《釋標集》二卷。

釋標：姚振宗以爲當作釋慧標，其涉獵有才思。陳寶應起兵反，慧標有響應之意，後被誅。見《陳書》卷一九。兩《唐志》無載，亡佚。

陳沙門《釋洪偃集》八卷。

釋洪偃：俗姓謝氏，會稽山陰（今浙江紹興市）人。風神秀穎，弱齡悟道。梁簡文帝欲令還俗，引爲學士，洪偃執意不從。梁亂，天嘉五年卒。見《古詩紀》。兩《唐志》無載，亡佚。

陳沙門《釋瑗集》六卷。

釋瑗：即釋曇瑗，見本書卷三三“儀注類”。兩《唐志》有著録，《宋志》無載，亡佚。《全陳文》卷一八有輯文。

陳沙門《釋靈裕集》四卷。

釋靈裕：俗姓趙，定州曲陽（今河北曲陽縣）人。有道行，爲齊文宣帝、隋文帝所尊禮。住演空寺，大業元年終。見《續高僧傳》。《法苑珠林·傳記》載，靈裕撰《安民論》《因果論》等。兩《唐志》無載，亡佚。

陳尚書僕射《周弘正集》二十卷。

周弘正：見本書卷三二“易類”。《南史》卷三四載，周弘正有集二十卷行於世。兩《唐志》有著録，《宋志》無載，亡佚。《全陳文》卷五有輯文。

陳鎮南府司馬《陰鏗集》一卷。

陰鏗：字子堅，武威（今甘肅武威市）人。博涉史傳，尤善五言詩，爲當世所重。釋褐梁湘東王法曹參軍。得陳文帝賞識，累遷招遠將軍、晋陵太守、員外散騎常侍。有集三卷行於世。《陳書》卷三四、《南史》卷六四有傳。兩《唐志》、《宋志》無載。《郡齋讀書志》卷一七著録《陰鏗集》一卷，稱有集三卷，《隋志》已亡其二，今存者十數詩而已。現有六朝詩集本《陰常侍集》一卷，叢書集成初編本《陰常侍詩集》一卷。

陳右衛將軍《顧野王集》十九卷。

顧野王：見本書卷三二“小學類”。“右衛將軍”原作“左衛將軍”，據《陳書》卷三〇、《南史》卷六九本傳改。《陳書》卷三〇載，顧野王著述頗多，《玉篇》《輿地志》《顧氏譜傳》等，有文集二十卷。兩《唐志》無載是集，亡佚。《全陳文》卷一三有輯文。

陳沙門《策上人集》五卷。

策上人：生平事迹不詳。兩《唐志》無載，亡佚。

陳尚書左僕射《徐陵集》三十卷。

徐陵：見本書卷三四“雜家”。《陳書》卷二六載，徐陵文頗變舊體，多有新意。每一文出手，好事者已傳寫成誦。後逢喪亂，多散失，存者三十卷。《日本國見在書目録》著録《徐陵筆集》十卷、《徐陵集》卅卷，兩《唐志》著録《徐陵集》三十卷，《崇文總目》著録《徐陵文集》二卷，《宋志》著録《徐陵詩》一卷。《直齋書録解題》卷一九著録《徐孝穆集》一卷，稱“今惟詩五十餘篇”。《四庫全書總目》卷一四八著録清吴兆宜《徐孝穆集箋注》六卷，提要稱《徐陵集》久佚不傳，此本乃後人從《藝文類聚》《文苑英華》諸書内采掇而成。現有漢魏六朝百三名家集本《徐僕射集》一卷，增定漢魏六朝别解本《徐僕射集》，四部叢刊本《徐孝穆集》十卷，四部備要本、四庫本《徐孝穆集》六卷《備考》一卷，《全陳文》卷六至卷一一有輯文。

陳右衛將軍《張式集》十四卷。

張式：見本書卷三四“雜家”。兩《唐志》著録《張式集》十三卷，《宋志》無載，亡佚。

陳尚書度支郎《張正見集》十四卷。

張正見：字見頤，清河東武城（今山東武城縣）人。陳高祖受禪，累遷尚書度支郎、通直散騎侍郎。有集十四卷，其五言尤善，大行於世。《陳書》卷三四、《南史》卷七二有傳。《日本國見在書目録》著録《張正見集》三卷，兩《唐志》著録《張正見集》四卷，《宋志》著録《張正見集》一卷。現有漢魏六朝百三名家集本

《陳張散騎集》一卷，《全陳文》卷一六有輯文。

陳司農卿《陸琰集》二卷。

陸琰：字温玉，吴郡吴（今江蘇蘇州市）人。累遷法曹外兵參軍，直嘉德殿學士。太建初，爲武陵王明威府功曹史，兼東宫管記。五年卒。至德二年，追贈司農卿。《陳書》卷三四、《南史》卷四八有傳。兩《唐志》無載，亡佚。

陳少府卿《陸玠集》十卷。

陸玠（jiè）：字潤玉，吴郡吴（今江蘇蘇州市）人。舉秀才，超授衡陽王文學，直天保殿學士。太建初，遷長沙王友，領記室。八年卒。至德二年，追贈少府卿。有文集十卷。《陳書》卷三四、《南史》卷四八有傳。兩《唐志》著録《陸珍（疑爲“玠”之誤）集》五卷，《宋志》無載，亡佚。

陳光禄卿《陸瑜集》十一卷。并《録》。

陸瑜：字幹玉，吴郡吴（今江蘇蘇州市）人。少篤學，美詞藻。累遷永陽王文學、太子洗馬、中舍人。時皇太子好學，命其鈔子集，未就而卒。至德二年，追贈光禄卿。有集十卷。《陳書》卷三四、《南史》四八有傳。兩《唐志》著録《陸瑜集》十卷，《宋志》無載，亡佚。《全陳文》卷一七有輯文。

陳護軍將軍《蔡景歷集》五卷。

蔡景歷：字茂世，濟陽考城（今河南蘭考縣）人。解褐諸王府佐，出爲海陽令。陳世祖即位，以策功，封新豐縣子，又進爵爲侯。累遷通直散騎常侍，兼御史中丞，守度支尚書。有文集三十卷。《陳書》卷一六、《南史》卷六八有傳。兩《唐志》無載，亡佚。《全陳文》卷一五有輯文。

陳沙門《釋暠集》六卷。

釋暠（gǎo）：生平事迹不詳。兩《唐志》無載，亡佚。

陳御史中丞《褚玠集》十卷。

褚玠：字温理，河南陽翟（今河南禹州市）人。天嘉中，兼通直散騎常侍，遷太子庶子、中書侍郎。太建十二年，遷御史中丞，卒於官。所撰章奏雜文二百餘篇，皆切事理，由是見重於時。《陳書》卷三四、《南史》卷二八有傳。兩《唐志》著録《褚介（疑爲“玠”之誤）集》十卷，《宋志》無載，亡佚。《全陳文》卷一六有輯文。

陳安右府諮議《司馬君卿集》二卷。

司馬君卿：生平事迹不詳。兩《唐志》無載，亡佚。

陳著作佐郎《張仲簡集》一卷。

張仲簡：生平事迹不詳。兩《唐志》無載，亡佚。

《煬帝集》五十五卷。

煬帝：諱楊廣，一名英，弘農郡華陰（今陜西華陰市）人，隋文帝第二子。《隋書》卷三、卷四，《北史》卷一二有紀。《日本國見在書目録》著録《隋煬帝集》廿八卷，兩《唐志》著録《隋煬帝集》三十卷，《宋志》無載，亡佚。現有漢魏六朝百三名家集本《隋煬帝集》一卷，漢魏六朝名家集初刻本《隋煬帝集》五卷，《全隋文》卷四至卷七有輯文。

《王祐集》一卷。

王祐：生平事迹不詳。兩《唐志》無載，亡佚。

武陽太守《盧思道集》三十卷。

盧思道：見本書卷三三“雜傳類”。《隋書》卷五七載，盧思道有集三十卷。兩《唐志》著録《盧思道集》二十卷，《宋志》無載，亡佚。現有漢魏六朝百三名家集本《盧武陽集》一卷，增定漢魏六朝別解本《盧武陽集》，《全隋文》卷一六有輯文。

金州刺史《李元操集》十卷。

李元操：名孝貞，趙郡柏人（今河北隆堯縣北）人。在齊，解褐司徒府參軍事。周武帝平齊，授儀同三司。隋開皇初，拜馮翊太守，因犯廟諱，以字行。出爲金州刺史，卒官。所著文集二十卷，行於世。《隋書》卷五七、《北史》卷三三有傳。兩《唐志》著録《李元操集》二十二卷，《宋志》無載，亡佚。《全隋文》卷二〇有輯文。

蜀王府記室《辛德源集》三十卷。

辛德源：字孝基，隴西狄道（今甘肅臨洮縣）人。起家奉朝請，累遷比部郎中，又兼通直散騎常侍。隋文帝受禪，因牛弘舉薦，得與王劭同修國史。後轉諮議參軍，卒官。有集二十卷。《隋書》卷五八、《北史》卷五〇有傳。兩《唐志》有著録，《宋志》無載，亡佚。《全隋文》卷二〇有輯文。

太尉《楊素集》十卷。

楊素：字處道，弘農華陰（今陝西華陰市）人。周武帝拜其爲車騎大將軍、儀同三司。齊平，加上開府，進封清河郡公。隋文帝受禪，封越國公。累遷上柱國、尚書僕射、太子太師。煬帝大業二年，拜司徒，改封楚公，其年卒官。贈光禄大夫、太尉公。有集十卷。《周書》卷三四、《隋書》卷四八、《北史》卷四一有傳。兩

《唐志》無載，亡佚。《全隋文》卷二五有輯文。

懷州刺史《李德林集》十卷。

李德林：字公輔，博陵安平（今河北安平縣）人。善屬文，詞覈而理暢。開皇五年，敕令撰録作相時文翰，勒成五卷，謂之《霸朝雜集》。後轉爲懷州刺史，歲餘，卒官。所撰文集，勒成八十卷，有五十卷行於世。《隋書》卷四二、《北史》卷七二有傳。兩《唐志》有著録，《宋志》無載，亡佚。現有漢魏六朝百三名家集本《李懷州集》一卷，《全隋文》卷一七、卷一八有輯文。

吏部尚書《牛弘集》十二卷。

牛弘：見本書卷三二“大序”。《隋書》卷四九載，牛弘有文集十三卷行於世。兩《唐志》有著録，《宋志》無載，亡佚。現有漢魏六朝百三名家集本《牛奇章集》一卷，《全隋文》卷二四有輯文。

司隸大夫《薛道衡集》三十卷。

薛道衡：字玄卿，河東汾陰（今山西萬榮縣）人。在齊爲主客郎，拜中書侍郎。入周，授儀同，攝邛州刺史。隋煬帝嗣位，上《高祖文皇帝頌》，令煬帝不悦。有集七十卷，行於世。《隋書》卷五七、《北史》卷三六有傳。兩《唐志》有著録，《宋志》無載。《直齋書録解題》卷一九著録《薛道衡集》一卷，稱“詩凡十九篇。本集三十卷，所存止此。大抵隋以前文集存全者亡幾，多好事者於類書中鈔出，以備家數也”。現有漢魏六朝百三名家集本《薛司隸集》一卷，《全隋文》卷一九有輯文。

國子祭酒《何妥集》十卷。

何妥：見本書卷三二“易類”。《隋書》卷七五載，何妥撰有文集十卷，行於世。兩《唐志》有著録，《宋志》無載，亡佚。《全隋文》卷一二有輯文。

秘書監《柳䛒集》五卷。

柳䛒（biàn）：字顧言，本河東（今山西境内）人，永嘉之亂，徙家襄陽。仕梁，釋褐著作佐郎。仁壽初，引爲東宫學士，加通直散騎常侍。煬帝即位，拜秘書監，封漢南縣公。撰《晋王北伐記》十五卷，有集十卷，行於世。《隋書》卷五八、《北史》卷八三有傳。《日本國見在書目録》、兩《唐志》著録《柳顧言集》十卷，《宋志》無載，亡佚。《全隋文》卷一二有輯文。

開府《江總集》三十卷。
《江總後集》二卷。

江總：字總持，濟陽考城（今河南蘭考縣）人。仕梁，官至太子中舍人。陳後主即位，累遷太常卿、吏部尚書、尚書令。京城陷，入隋，爲上開府。有文集三十卷。《陳書》卷二七、《南史》卷三六有傳。《日本國見在書目録》著録《江令集》卌卷、《江令君集》廿卷，兩《唐志》著録《江總集》二十卷，《宋志》著録《江總集》七卷。《直齋書録解題》卷一九著録《江總集》一卷，稱"《唐志》集二十卷，《中興書目》七卷，今惟存詩近百首云"。現有漢魏六朝百三名家集本《江令君集》一卷，增定漢魏六朝别解本《江令君集》，《全隋文》卷一〇、卷一一有輯文。

記室參軍《蕭慤集》九卷。

蕭慤（què）：字仁祖，蘭陵（今江蘇常州市）人。天保中入齊，武平中爲太子洗馬。文林館立，入館撰書。入隋，爲記室參軍。見《北齊書》卷四五、《北史》卷八三。兩《唐志》有著録，《宋志》無載，亡佚。《全隋文》卷一三有輯文。

著作郎《魏彦深集》三卷。

魏彦深：名澹，見本書卷三三“正史類”。《隋書》卷五八載，魏澹博涉經史，善屬文，詞采贍逸。有文集三十卷，行於世。兩《唐志》著録《魏澹集》四卷，《宋志》無載，亡佚。《全隋文》卷二〇有輯文。

著作郎《諸葛潁集》十四卷。

諸葛潁：見本書卷三三“地理類”。《隋書》卷七六載，諸葛潁能屬文，有文集二十卷，行於世。兩《唐志》有著録，《宋志》無載，亡佚。

劉子政母《祖氏集》九卷。

祖氏：生平事迹不詳。兩《唐志》無載，亡佚。

著作郎《王胄集》十卷。

王胄：字承基，琅邪臨沂（今山東臨沂市）人。仕陳，歷太子舍人、東陽王文學。大業初，爲著作佐郎，以文詞爲煬帝所重，從征遼東，進授朝散大夫。所著辭賦，多行於世。《隋書》卷七六、《北史》卷八三有傳。兩《唐志》有著録，《宋志》無載，亡佚。《全隋文》卷一四有輯文。

右四百三十七部，四千三百八十一卷。通計亡書，合八百八十六部，八千一百二十六卷。

四百三十七部：實際爲四百五十三部。八百八十六部：經統計亡書爲四百七十三部，故合計爲九百二十六部。

別集之名，蓋漢東京之所創也。[1]自靈均已降，屬文之士衆矣，然其志尚不同，風流殊别。後之君子，欲觀其體勢，而見其心靈，故别聚焉，名之爲集。辭人景慕，並自記載，[2]以成書部。年代遷徙，亦頗遺散。其高唱絶俗者，略皆具存，今依其先後，次之於此。

［1］漢東京之所創也：由於典籍載體的原因，最早以單篇流傳，直到東漢劉向校書，纔把單篇文章編輯成書。而將一個作者所作詩賦頌誄贊等編輯成册，即爲别集。

［2］並自記載：别集始於東漢，則爲後人追題。其自製名者，則始於南齊張融《玉海集》。自此别集，多爲作者自撰自集。

《文章流别集》四十一卷。梁六十卷，《志》二卷，《論》二卷，摯虞撰。

《文章流别志》、《論》二卷。摯虞撰。

《晋書》卷五一載，摯虞撰古文章，類聚區分爲三十卷，名曰《流别集》，各爲之論，辭理愜當，爲世所重。《四庫全書總目·總集序》言，總集是文章之衡鑒，著作之淵藪，而體例所成，以摯虞《流别》爲始。兩《唐志》著録《文章流别集》三十卷，《宋志》無載，亡佚。

《文章流别本》十二卷。謝混撰。

兩《唐志》無載，亡佚。

《續文章流别》三卷。孔甯撰。

孔甯：生平事迹不詳。兩《唐志》無載，亡佚。

《集苑》四十五卷。梁六十卷。

不署撰者。《舊唐志》著録《集苑》六十卷，謝琨（疑爲“混”之誤）撰；《新唐志》著録謝混《集苑》六十卷；《宋志》無載，亡佚。

《集林》一百八十一卷。宋臨川王劉義慶撰。梁二百卷。

《南史》卷一三載，劉義慶撰《集林》二百卷，行於世。兩《唐志》著録劉義慶《集林》二百卷，《宋志》無載，亡佚。

《集林鈔》十一卷。

不署撰者。兩《唐志》無載，亡佚。

《集鈔》十卷。沈約撰。梁有《集鈔》四十卷，丘遲撰，亡。

沈約撰《集鈔》，兩《唐志》無載，亡佚。《舊唐志》著録《集鈔》四十卷，不署撰者；《新唐志》著録丘遲《集鈔》四十卷。《宋志》無載，亡佚。

《集略》二十卷。

不署撰者。兩《唐志》無載，亡佚。

《撰遺》六卷。梁又有《零集》三十六卷，亡。

不署撰者。兩《唐志》無載，亡佚。《零集》：不署撰者，兩《唐志》無載，亡佚。

《翰林論》三卷。李充撰。梁五十四卷。

《文心雕龍·序志》言李充《翰林論》“淺而寡要”。《舊唐志》著録李充《翰林論》二卷，《新唐志》《崇文總目》著録李充《翰林論》三卷，《宋志》著録李允（疑爲“充”之誤）《翰林論》三卷，後無載，亡佚。

《文苑》一百卷。孔逭撰。

孔逭（huàn）：會稽（今浙江紹興市）人。抗直有才藻，撰《東都賦》，於時才士稱之。終於衛軍武陵王東曹掾。見《南史》卷七二。兩《唐志》有著録，《宋志》著録孔逭《文苑》十九卷，後無載，亡佚。

《文苑鈔》三十卷。

不署撰者。兩《唐志》無載，亡佚。

《文選》三十卷。梁昭明太子撰。

《梁書》卷八載，昭明太子撰有《文選》三十卷。兩《唐志》著録昭明太子《文選》三十卷，《新唐志》又著録李善注《文選》六十卷。《宋志》著録蕭統《文選》六十卷，李善注。《直齋書録解題》卷一五著録李善注《文選》六十卷、《六臣文選》六十卷。《四庫全書總目》卷一八六著録《文選注》六十卷、《六臣注文選》六十卷，提要稱《文選》舊本三十卷，唐高宗時，江都李善爲之注，始每卷各分爲二。玄宗開元六年，吕延祚以李善注重引證，忽略疏通文義，召集吕延濟、劉良、張銑、吕向、李周翰作新注，即《五臣注文選》。而自南宋以來，李善注皆與五臣注合刊，名曰《六臣注文選》，而李善注單行之本世遂罕傳。據明胡克家《重刻宋淳熙本文選序》言，宋淳熙中，尤袤取李善注讎校刊行，厥後單行之本，皆由此出。現有宋刻本李善注《文選》六十卷，宋杭州開牋紙馬鋪鍾家刻本《五臣注文選》三十卷（存一卷），宋刻本《六臣注文選》六十卷，又有明萬曆吴近仁刻《文選》十二卷、《音注》十二卷等。李善注《文選》六十卷，通行本有四庫本、四部備要本；《六臣注文選》六十卷，通行本有四庫本、四部叢刊本。中華書局1977年影印胡克家本李善注《文選》，1987年影印四部叢刊本《六臣注文選》。

《詞林》五十八卷。

不署撰者。《隋書》卷五八載，魏澹撰《詞林集》。兩《唐志》著録《小辭林》五十三卷，《宋志》無載，亡佚。

《文海》五十卷。

不署撰者。《周書》卷四二載，蕭圓肅撰時人詩筆，爲《文海》四十卷，兩《唐志》著録蕭圓（疑"圓"後脱"肅"）《文海集》三十六卷，《宋志》無載，亡佚。

《吴朝士文集》十卷。梁十三卷。又有《漢書文府》三卷，亡。

不署撰者。兩《唐志》無載，亡佚。《漢書文府》：不署撰者。兩《唐志》無載，亡佚。

《巾箱集》七卷。梁有《文章志録雜文》八卷，謝沈撰；又《名士雜文》八卷。亡。

不署撰者。《南史》卷四一載，蕭鈞手自細書寫五經，部爲一卷，置於巾箱中，以備遺忘。諸王聞而争相效仿，巾箱五經自此始也。《巾箱集》大抵也屬這類。兩《唐志》無載，亡佚。《文章志録雜文》：兩《唐志》著録謝沈《名文集》四十卷，而無載是書，《宋志》無載，亡佚。《名士雜文》：不署撰者。兩《唐志》無載，亡佚。

《婦人集》二十卷。梁有《婦人集》三十卷，殷淳撰；又有《婦人集》十一卷。亡。

不署撰者。兩《唐志》無載，亡佚。《婦人集》：《新唐志》著録殷淳《婦人集》三十卷，《宋志》無載，亡佚。《婦人集》：不署撰者。兩《唐志》無載，亡佚。

《婦人集鈔》二卷。

不署撰者。兩《唐志》無載，亡佚。

《雜文》十六卷。爲婦人作。

不署撰者。兩《唐志》無載，亡佚。

《文選音》三卷。蕭該撰。

蕭該：見本書卷三三“正史類”。《隋書》卷七五載，蕭該撰《漢書》及《文選》音義，皆爲當時所貴。兩《唐志》著録蕭該《文選音》十卷，《宋志》無載，亡佚。

《文心雕龍》十卷。梁兼東宫通事舍人劉勰撰。

劉勰（xié）：字彦和，東莞莒（今山東莒縣）人。篤志好學，依沙門僧祐，遂博通經論。天監初，起家奉朝請，中軍臨川王蕭宏引兼記室。除仁威南康王記室，兼東宫通事舍人。撰《文心雕龍》五十篇，論古今文體，引而次之。後出家，改名慧地。不及一年而卒。有文集行於世。《梁書》卷五〇、《南史》卷七二有傳。《日本國見在書目録》子部“雜家”及集部“總集”著録劉勰《文心雕龍》十卷，兩《唐志》、《宋志》著録劉勰《文心雕龍》十卷。《四庫全書總目》卷一九五著録《文心雕龍》十卷，提要稱其書《原道》以下二十五篇，論文章體制；《神思》以下二十四篇，論文章工拙；合《序志》一篇，爲五十篇。現存最早刻本爲明弘治十七年馮允中刻本，通行本有四部叢刊本、四庫本、叢書集成本。注本有清黄叔琳《文心雕龍輯注》、近人楊明照《增訂文心雕龍校注》。

《文章始》一卷。姚察撰。梁有《文章始》一卷，任昉撰；《四代文章記》一卷，吴郡功曹張防撰。亡。

姚察：見本書卷三三“正史類”。兩《唐志》“雜家”著録姚察《續文章始》一卷，《宋志》無載，亡佚。《文章始》：兩《唐志》著録任昉《文章始》一卷，張績補，《宋志》著録任昉《文章緣起》一卷。《直齋書録解題》卷二二著録任昉《文章緣起》一卷，稱“但取秦漢以來，不及六經”。《四庫全書總目》卷一九五著録《文章緣起》一卷，提要稱唐已由張績補，唐已無此書。檢其所列引據頗疏，疑爲依託。北宋王得臣《麈史·論文》有曰“梁任昉集秦漢以來文章名之始，目曰《文章緣起》，自《詩賦》、《離騷》，至於《藝》，約八十五題，可謂博矣”。此本與王得臣所論相合，疑爲張績所補，後人誤以爲任昉本書。現存最早刻本爲清康熙三十三年方氏侑静齋刻本，通行本有四庫本、叢書集成本。張防：生平事迹不詳。兩《唐志》無載，亡佚。

《賦集》九十二卷。謝靈運撰。梁又有《賦集》五十卷，宋新渝惠侯撰；《賦集》四十卷，宋明帝撰；《樂器賦》十卷；《伎藝賦》六卷。亡。

兩《唐志》無載，亡佚。新渝惠侯：即劉義宗。兩《唐志》無載，亡佚。《賦集》：《新唐志》著録宋明帝《賦集》四十卷，《宋志》無載，亡佚。《樂器賦》：不署撰者。兩《唐志》無載，亡佚。《伎藝賦》：不署撰者。兩《唐志》無載，亡佚。

《賦集鈔》一卷。

不署撰者。兩《唐志》無載，亡佚。

《賦集》八十六卷。後魏秘書丞崔浩撰。

崔浩：見本書卷三二“易類”。兩《唐志》無載，亡佚。

《續賦集》十九卷。殘缺。

不署撰者。兩《唐志》無載，亡佚。

《歷代賦》十卷。梁武帝撰。

《梁書》卷四九載，左衛率周捨奉敕注梁武帝所製《歷代賦》，啓周興嗣助焉。兩《唐志》無載，亡佚。

《皇德瑞應賦頌》一卷。梁十六卷。

不署撰者。兩《唐志》著録《皇帝瑞應頌集》十卷，不署撰者。疑或即此書。

《五都賦》六卷。并《録》。張衡及左思撰。

《文選》卷二至卷六，有張衡《西京賦》《東京賦》《南都賦》，左思《三都賦序》《蜀都賦》《吴都賦》《魏都賦》。兩《唐志》著録《五都賦》五卷，不署撰者。《宋志》無載，亡佚。

《雜都賦》十一卷。梁《雜賦》十六卷。又有《東都賦》一卷，孔逭作；《二京賦音》二卷，李軌、綦毋邃撰；《齊都賦》二卷并《音》，左思撰；《相風賦》七卷，傅玄等撰；《迦維國賦》二卷，晋右軍行參軍虞干紀撰；《遂志賦》十卷，《乘輿赭白馬》二卷。亡。

不署撰者。兩《唐志》無載，亡佚。《雜賦》：不署撰者。兩《唐志》無載，亡佚。《東都賦》：《南史》卷七二載，孔逭作《東都賦》，於時才士稱之。兩《唐志》無載，亡佚。綦毋邃：見本書卷三三“雜傳類”。兩《唐志》著録綦毋邃《三（疑爲“二”之誤）京賦音》，未署李軌名。疑此二卷爲李軌《音》一卷與綦毋邃《音》一卷合爲一帙，而唐僅存綦毋邃《音》一卷。《宋志》無載，亡佚。《齊都賦》：《晋書》卷九二載，左思造《齊都賦》，一年乃成。兩《唐志》著録左思《齊都賦》一卷、李軌《齊都賦音》一卷，《宋志》無載，亡佚。《全晋文》卷七四有其佚文五條。《相風賦》：《藝文類聚》卷六八載有張華、孫楚、傅玄、潘岳、陶侃《相風賦》。《全晋文》卷五一有傅咸、卷六七有杜萬年、卷八四有牽秀《相風賦》之佚文。兩《唐志》無載，亡佚。虞干紀：生平事迹不詳。兩《唐志》無載，亡佚。《遂志賦》：不署撰者。《藝文類聚》卷二六有陸機、劉楨之《遂志賦》，此書大抵裒合諸家之作而成。兩《唐志》無載，亡佚。《乘輿赭白馬（疑"馬"下脱"賦"字）》：《文選》卷一四有顔延之《赭白馬賦》一篇。兩《唐志》無載是書，亡佚。

《述征賦》一卷。

不署撰者。《藝文類聚》卷五九引魏文帝《述征賦》。兩《唐志》無載，亡佚。

《神雀賦》一卷。後漢傅毅撰。

《論衡·佚文》有曰，永平中，神雀群集，孝明詔上爵頌。百官頌上，文皆比瓦石，唯班固、賈逵、傅毅、楊終、侯諷五頌金玉，孝明覽焉。兩《唐志》無載，亡佚。

《雜賦注本》三卷。梁有郭璞注《子虚》《上林賦》一卷，薛綜注張衡《二京賦》二卷，晁矯注《二京賦》一卷，傅巽注《二京賦》二卷，張載及晋侍中劉逵、晋懷令衛權注左思《三都賦》三卷，綦毋邃注《三都賦》三卷，項氏注《幽通賦》，蕭廣濟注木玄虚《海賦》一卷，徐爰注《射雉賦》一卷，亡。

郭璞注《子虚》《上林賦》：《晋書》卷七二載，郭璞注《子虚》《上林》，傳於世。兩《唐志》著録司馬相如《上林賦》一卷，未署郭璞注。今傳《文選》卷七司馬長卿《子虚賦》一首、卷八司馬長卿《上林賦》一首，篇首皆題郭璞注。李善注體例之一，爲“舊注是者，因而留之，並於篇首題其姓名。其有乖謬，臣乃具釋，並稱臣善以別之”。可知郭璞注依李善注得以基本保存。薛綜注《二京賦》：《三國志》卷五三載，薛綜定《二京解》。兩《唐志》著録薛綜《二京賦音》二卷，《宋志》無載。《文選》卷二張平子《西京賦》一首，卷三張平子《東京賦》一首，篇首皆題薛綜注，薛綜注《二京賦》基本保存至今。晁矯：生平事迹不詳。兩《唐志》無載，亡佚。傅巽注《二京賦》：兩《唐志》無載，亡佚。張載：字孟陽，安平（今河北安平縣）人。起家佐著作郎，歷任太子中舍人、弘農太守、中書侍郎。見世方亂，即稱疾篤告歸，卒於家。《晋書》卷五五有傳。劉逵：見本書卷三二“禮類”。衛權：字伯輿，陳留襄邑（今河南睢縣西）人，爲尚書郎。作左思《吴都賦》叙及注。叙粗有文辭，至於爲注，了無所發明。見《三國志》卷二二裴注。《世説新語・文學》注引《左思别傳》“劉淵林、衛伯輿並蚤終，皆不爲思《賦》序注也”。兩《唐志》著録《三都賦》三卷，不署撰者。《宋志》無載，亡佚。綦毋邃注《三都賦》：兩《唐志》無載，亡佚。《幽通賦》：《漢書》卷一〇〇載，班固弱冠而孤，作《幽通賦》，以致命遂志。項氏：疑爲項岱。《文選》卷一四李善注《幽通賦》引項岱注。《舊唐志》著録《幽通賦》一卷，班固撰，曹大家注；又一卷項岱注。《新唐志》著録曹大家注班固《幽通賦》一卷，項岱注《幽通賦》一卷。《宋志》無載，曹注、項注皆僅存於《文選》注中。木玄虚：名華，廣川（今河北景縣）人，爲楊駿府主簿，作《海賦》，文甚儁麗，足繼前良。見《文選》卷一二李善注。蕭廣濟：見本書卷三三“雜傳類”。兩《唐志》無載，亡佚。今《文選》李善注中亦未見蕭注。徐爰注《射雉賦》：兩《唐志》無載。《文選》卷九潘安仁《射雉賦》一首，篇首題徐爰注，徐爰注基本保存於《文選》李善注中。

《獻賦》十八卷。

不署撰者。兩《唐志》著録卞鑠《獻賦集》十卷，《宋志》無載，亡佚。

《圍碁賦》一卷。梁武帝撰。

兩《唐志》無載，亡佚。《藝文類聚》卷七四引此賦語。

《觀象賦》一卷。

不署撰者。兩《唐志》無載。《魏書》卷九一載，張淵嘗著《觀象賦》，並載其賦文。

《洛神賦》一卷。孫壑注。

孫壑：生平事迹不詳。《文選》卷一九曹子建《洛神賦》一首，李善引《記》言，曹植作《感甄賦》，後明帝見之改爲《洛神賦》。李善注《洛神賦》，未引孫壑注，其注亡佚。

《枕賦》一卷。張君祖撰。

張君祖：生平事迹不詳。兩《唐志》無載，亡佚。

《二都賦音》一卷。李軌撰。

前已著録李軌、綦毋邃爲張衡撰《二京賦音》二卷，兩《唐志》無載是書。此書是重出，還是爲班固《兩都賦》所撰，不得而知。

《百賦音》十卷。宋御史褚詮之撰。梁有《賦音》二卷，郭徵之撰；《雜賦圖》十七卷。亡。

《顔氏家訓·勉學》有曰，“習賦誦者，信褚詮而忽呂忱”。兩《唐志》著録褚令（疑“詮”之誤）之《百賦音》一卷，《宋志》

無載，亡佚。郭徵之：或作郭微之，生平事迹不詳。兩《唐志》著録郭微之《賦音》二卷，《宋志》無載，亡佚。《雜賦圖》：不署撰者。兩《唐志》無載，亡佚。

《大隋封禪書》一卷。

不署撰者。《隋書》卷七五載，何妥撰《封禪書》一卷。《廿二史考異》卷三四稱《大隋封禪書》蓋何妥所撰。兩《唐志》無載，亡佚。

《上封禪書》二卷。梁有《雜封禪文》八卷；《秦帝刻石文》一卷，宋會稽太守褚淡撰。亡。

不署撰者。《隋書》卷五六載，薛胄以天下太平，登封告禪，撰《封禪圖》及儀上之。兩《唐志》無載，亡佚。《雜封禪文》：不署撰者。兩《唐志》無載，亡佚。褚淡：或作褚淡之，字仲源，河南陽翟（今河南禹州市）人。歷顯官，爲侍中，後任會稽太守。《宋書》卷五二、《南史》卷二八有傳。兩《唐志》無載，亡佚。

《集雅篇》五卷。

不署撰者。兩《唐志》無載，亡佚。

《靖恭堂頌》一卷。晋涼王李暠撰。梁有《頌集》二十卷，王僧綽撰；《木連理頌》二卷，太元十九年群臣上。亡。

李暠（gǎo）：字玄盛，隴西成紀（今甘肅秦安縣北）人，漢李廣十六世孫。隆安中，爲大都督、涼公、領秦涼二州牧、護羌校尉。於敦煌南門外，臨水建靖恭之堂，李暠親爲序頌。自餘詩賦數十篇。《晋書》卷八七、《魏書》卷九九、《北史》卷一〇〇有傳。《魏書》卷五二載，劉昞撰有《靖恭堂銘》一卷。兩《唐志》著録李暠《靖恭堂頌》一卷，《宋志》無載，亡佚。《頌集》：兩《唐志》無載，亡佚。《木連理頌》：不署撰者。《宋書》卷二九載，木連理，王者德澤純洽，八方合爲一，則生。晋武帝太元十一年、十八年、十九年皆現木連理。兩《唐志》著録《木連理頌》二卷，《宋志》無載，亡佚。

《詩集》五十卷。謝靈運撰。梁五十一卷。又有宋侍中張敷、袁淑補謝靈運《詩集》一百卷；又《詩集》百卷，并《例》《録》二卷，顔峻撰；《詩集》四十卷，宋明帝撰；《雜詩》七十九卷，江邃撰；《雜詩》二十卷，宋太子洗馬劉和注；《二晋雜詩》二十卷；《古今五言詩美文》五卷，荀綽撰；《詩鈔》十卷。亡。

兩《唐志》著録謝靈運《詩集》五十卷，《宋志》無載，亡佚。張敷：字景胤，吴郡吴（今江蘇蘇州市）人。遷黄門郎、司徒左長史，未拜。父亡，悲傷過度，不及一年而卒。孝武帝即位，追贈侍中。《宋書》卷四六及六二、《南史》卷三二有傳。兩《唐志》無載是書，亡佚。《詩集》百卷并《例》《録》：《舊唐志》著録《詩集》百卷，顔峻撰；《詩例録》二卷，顔峻撰。《新唐志》著録顔峻《詩集》百卷，於"文史類"著録顔峻《詩例録》二卷。《宋志》均無載，亡佚。《詩集》四十卷：《舊唐志》著録《詩集新撰》三十卷，宋明帝撰；《詩集》二十卷，宋明帝撰。《新唐志》著録宋明帝《新撰詩集》三十卷、《詩集》二十卷。《宋志》無載，亡佚。江邃（suì）：或作邃之，字玄運，濟陽考城（今河南蘭考縣）人。頗有文義，撰《文釋》傳於世。官爲司徒記室參軍。見《宋書》卷六三、《南史》卷三六。兩《唐志》無載，亡佚。劉和：生平事迹不詳。兩《唐志》著録劉和《詩集》二十卷，《宋志》無載，亡佚。《二晋雜詩》：不署撰者。兩《唐志》無載，亡佚。《古今五言詩美文》：兩《唐志》無載，亡佚。《詩鈔》：不署撰者，兩《唐志》無載，亡佚。

《詩集鈔》十卷。謝靈運撰。梁有《雜詩鈔》十卷，《録》一卷，謝靈運撰，亡。

兩《唐志》著録謝靈運《詩集鈔》十卷，《宋志》無載，亡佚。《雜詩鈔》：疑即前《詩集鈔》，兩《唐志》無載。

《古詩集》九卷。

不署撰者。兩《唐志》無載，亡佚。

《六代詩集鈔》四卷。梁有《雜言詩鈔》五卷，謝朏撰，亡。

不署撰者。兩《唐志》著録徐陵《六代詩集鈔》四卷，《新唐志》又有許淩《六代詩集鈔》四卷，《宋志》均無載，亡佚。《雜言詩鈔》：兩《唐志》無載，亡佚。

《詩英》九卷。謝靈運集。梁十卷。又有《文章英華》三十卷，梁昭明太子撰，亡。

兩《唐志》著録謝靈運《詩英》十卷，《宋志》無載，亡佚。《文章英華》：《梁書》卷八載，昭明太子以"五言詩之善者，爲《文章英華》二十卷"。兩《唐志》無載，亡佚。

《今詩英》八卷。

不署撰者。兩《唐志》無載，亡佚。

《古今詩苑英華》十九卷。梁昭明太子撰。

兩《唐志》著録此書，《宋志》無載，亡佚。

《詩纘》十三卷。

不署撰者。兩《唐志》著録《詩纘》十二卷，《宋志》無載，亡佚。

《衆詩英華》一卷。

不署撰者。兩《唐志》無載，亡佚。

《詩類》六卷。

不署撰者。兩《唐志》無載，亡佚。

《玉臺新詠》十卷。徐陵撰。

《日本國見在書目録》著録《玉臺新詠》十卷，徐瑗（疑“陵”之誤）撰；兩《唐志》、《宋志》著録徐陵《玉臺新詠》十卷。《四庫全書總目》卷一八六著録《玉臺新詠》十卷，提要稱《大唐新語》曰，梁簡文帝令徐陵爲《玉臺新詠》，以大其體。可知此書作於梁。此書有補闕，以資考證之價值。在流傳中有後人附益。現存最早的刻本爲明嘉靖十九年鄭玄撫刻本，通行本有四庫本、四部叢刊本、四部備要本。

《百志詩》十卷。干寶撰。梁五卷。又有《古遊仙詩》一卷；應貞注應璩《百一詩》八卷；《百一詩》二卷，晋蜀郡太守李彪撰。亡。

兩《唐志》著録干寶《百志詩集》五卷，《宋志》無載，亡佚。《古遊仙詩》：不署撰者。兩《唐志》無載，亡佚。《百一詩》：《文選》卷二一收應璩《百一詩》一首，李善注列“百一”之解。李善注中未見應貞注。兩《唐志》著録應璩《百一詩》八卷，未署應貞注。《宋志》無載，亡佚。李彪：生平事迹不詳。兩《唐志》著録李夔《百一詩集》二卷，《宋志》無載，亡佚。

《齊釋奠會詩》一十卷。

一十：疑爲“二十”之誤。不署撰者。《南齊書》卷三載，永明三年冬十月壬戌，詔曰“皇太子長懋講畢，當釋奠，王公以下可悉往觀禮”。兩《唐志》著録《齊釋奠會詩集》二十卷，《宋志》無載，亡佚。

《齊讌會詩》十七卷。

不署撰者。《南齊書》卷二載，建元元年九月戊申，車駕幸宣武堂宴會，詔諸王公以下賦詩。二年三月己亥，車駕幸樂游苑宴會，王公以下賦詩。兩《唐志》無載，亡佚。

《青溪詩》三十卷。齊讌會作。梁有魏、晋、宋《雜祖餞讌會詩集》二十一部，一百四十三卷，亡，今略其數。

不署撰者。《南齊書》卷三載，永明元年，築青溪舊宫。二年八月丙午，車駕幸舊宫小會，設金石樂，在位者賦詩。《舊唐志》著録《清溪集》三十卷，齊武帝命撰；《新唐志》著録《清溪集》三十卷，齊武帝敕撰。《宋志》無載，亡佚。《雜祖餞讌會詩集》：不署撰者。《舊唐志》著録《晋元氏宴會遊集》四卷，伏滔、袁豹、謝靈運等撰；《新唐志》著録《晋元正宴會詩集》四卷，伏滔、袁豹、謝靈運集。又著録顔延之《元嘉西池宴會詩集》三卷、《元嘉宴會遊山詩集》五卷，蓋即二十一部之存於唐代者。《宋志》均無載，亡佚。

《西府新文》十一卷。并《録》。梁蕭淑撰。

蕭淑：蘭陵（今江蘇常州市）人。《顔氏家訓·文章》曰，“梁孝元在藩邸時，撰《西府新文》”。疑此書爲孝元使蕭淑輯録諸臣僚之文而成。兩《唐志》著録蕭淑《西府新文》十卷，《宋志》無載，亡佚。

《百國詩》四十三卷。

不署撰者。兩《唐志》著録崔光《百國詩集》二十九卷，《宋志》無載，亡佚。《魏書》卷六七載，太和中，崔光爲百三郡國詩答李彪，國别爲卷，爲百三卷焉。

《文林館詩府》八卷。後齊文林館作。

《北齊書》卷八載，後主武平四年二月丙午，置文林館。更召引文學士，謂文林館待詔。兩《唐志》著録北齊後主《文林詩府》六卷，《宋志》無載，亡佚。

《詩評》三卷。鍾嶸撰，或曰《詩品》。

鍾嶸：字仲偉，潁川長社（今河南長葛縣）人。仕齊，入梁，官至西中郎晋安王記室。卒官。曾品古今五言詩，論其優劣，名爲《詩評》。《梁書》卷四九、《南史》卷七二有傳。《新唐志》著録鍾嶸《詩評》三卷，《宋志》著録鍾嶸《詩評》一卷，《崇文總目》著録鍾嶸《詩品》三卷。《四庫全書總目》卷一九五著録《詩品》三卷，提要稱此書所品古今五言詩，自漢魏以來一百有三人，論其優劣，分爲上中下三品，每品之首冠以序，皆妙達文理，可與《文心雕龍》並稱。然其間亦不免有違失、附會之處。現存最早的本子爲明正德退翁書院抄本，通行本有四庫本、學津討源本、四部備要本等。

《古樂府》八卷。

不署撰者。《漢志》有曰，自孝武立樂府，而采歌謡，於是代趙之謳，秦楚之風，皆感於哀樂，緣事而發，亦可以觀風俗，知厚薄云。兩《唐志》無載，亡佚。

《文會詩》三卷。陳仁威記室徐伯陽撰。

徐伯陽：字隱忍，東海（今山東境内）人。梁大同中，爲侯官令。陳天嘉中，除司空侯安府記室參軍事。太建初，李爽等一時之士游宴賦詩，勒成卷軸，徐伯陽爲其集序，盛傳於世。十一年，除鎮右新安王府諮議參軍事。《陳書》卷三四、《南史》卷七二有傳。兩《唐志》著録徐伯陽《文會詩集》四卷，《宋志》無載，亡佚。

《五岳七星迴文詩》一卷。梁有《雜詩圖》一卷，亡。

不署撰者。兩《唐志》無載，亡佚。《雜詩圖》：不署撰者。兩《唐志》無載，亡佚。

《毛伯成詩》一卷。伯成，東晋征西參軍。

毛伯成：其他事迹不詳。兩《唐志》無載，亡佚。

《春秋寶藏詩》四卷。張朏撰。

張朏：生平事迹不詳。兩《唐志》無載，亡佚。

《江淹擬古》一卷。羅濳注。

羅濳：生平事迹不詳。兩《唐志》無載，亡佚。

《樂府歌辭鈔》一卷。

不署撰者。兩《唐志》無載，亡佚。

《歌録》十卷。

不署撰者。兩《唐志》著録《歌録集》八卷，《宋志》無載，亡佚。

《古歌録鈔》二卷。

不署撰者。兩《唐志》無載，亡佚。

《晋歌章》八卷。梁十卷。

不署撰者。兩《唐志》無載，亡佚。

《吴聲歌辭曲》一卷。梁二卷。又有《樂府歌詩》二十卷，秦伯文撰；《樂府歌詩》十二卷；《樂府三校歌詩》十卷；《樂府歌辭》九卷；《太樂歌詩》八卷；《歌辭》四卷，張永記；《魏讌樂歌辭》七卷；《晋歌章》十卷；又《晋歌詩》十八卷，《晋讌樂歌辭》十卷，荀勖撰；《宋太始祭高禖歌辭》十一卷；《齊三調雅辭》五卷；《古今九代歌詩》七卷，張湛撰；《三調相和歌辭》五卷；《三調詩吟録》六卷；《奏鞞鐸舞曲》二卷；《管絃録》一卷；《伎録》一卷；《太樂備問鍾鐸律奏舞歌》四卷，郝生撰；《迴文集》十卷，謝靈運撰；又《迴文詩》八卷；《織錦迴文詩》一卷，苻堅秦州刺史竇氏妻蘇氏作；《頌集》二十卷，王僧綽撰；《木連理頌》二卷，晋太元十九年群臣上；又有鼓吹、清商、樂府、讌樂、高禖、鞞、鐸等《歌辭舞録》，凡十部。

不署撰者。《宋書》卷一九載，“吴哥雜曲，並出江東，晋宋以來，稍有增廣”。兩《唐志》無載，亡佚。秦伯文：生平事迹不詳。兩《唐志》無載，亡佚。《樂府歌詩》：不署撰者。兩《唐志》無載，亡佚。《樂府三校歌詩》：不署撰者。兩《唐志》無載，亡佚。《樂府歌辭》：不署撰者。兩《唐志》無載，亡佚。《太樂歌詩》：不署撰者。兩《唐志》無載，亡佚。張永：《宋書》卷五三載，張永曉音律。其他事迹不詳。兩《唐志》無載，亡佚。《魏讌樂歌辭》：不署撰者。兩《唐志》無載，亡佚。《晋歌章》：前已著録，疑此爲重出。荀勖：《晋書》卷三九載，荀勖既掌樂事，又修律吕，並行於世。《宋書》卷一九載，泰始五年，荀勖造歌，皆爲四言。《舊唐志》著録《太樂雜歌詞》三卷，荀勖撰，及《太樂歌詞》二卷、《樂府歌詞》十卷、《樂府歌詩》十卷。《新唐志》“樂類”著録荀勖《太樂雜歌辭》三卷，又《太樂歌辭》二卷、《樂府歌詩》十卷。《宋志》無載，亡佚。《宋太始祭高禖歌辭》：不署撰者。兩《唐志》無載，亡佚。《齊三調雅辭》：《宋書》卷一九載，凡此諸曲，始皆徒歌，既而被之絃管。兩《唐志》無載，亡佚。張湛：見本書卷三四"道家"。兩《唐志》無載，亡佚。《三調相和歌辭》：《宋書》卷二一載，《相和》，漢舊歌也。絲竹更相和，執節者歌。《舊唐志》著録《三調相和歌辭》三卷，不署撰者；《新唐志》著録翟子《樂府歌詩》十卷，又《三調相和歌辭》五卷。《宋志》無載，亡佚。《三調詩吟録》：不署撰者。兩《唐志》無載，亡佚。《奏鞞鐸舞曲》：《宋書》卷一九載，《鞞舞》，未詳所起，然漢代已施於燕享矣。兩《唐志》無載，亡佚。《管絃録》：不署撰者。兩《唐志》無載，亡佚。《伎録》：不署撰者。兩《唐志》無載，亡佚。郝生：《宋書》卷一九載，魏晋之世，有郝索善彈箏。不知是否爲此郝生。兩《唐志》無載，亡佚。《迴文集》：兩《唐志》著録謝靈運《迴文詩集》一卷，《宋志》無載，亡佚。《迴文詩》：不署撰者。兩《唐志》無載，亡佚。蘇氏：名蕙，字若蘭，始平（今陝西興平市）人。善屬文。其夫竇滔被徙流沙，蘇氏思之，織錦爲迴文旋圖詩以贈滔。《晋書》卷九六有傳。兩《唐志》無載，亡佚。《頌集》：前已附注於《靖恭堂頌》條下，此爲重出。《木連理頌》：前已附注於《靖恭堂頌》條下，此爲重出。《歌辭舞録》十部：皆不署撰者。兩《唐志》無載，亡佚。

《陳郊廟歌辭》三卷。并《録》。徐陵撰。

兩《唐志》無載，亡佚。

《樂府新歌》十卷。秦王記室崔子發撰。

崔子發：見本書卷三三"古史類"。兩《唐志》無載，亡佚。

《樂府新歌》二卷。秦王司馬殷僧首撰。

殷僧首：陳郡長平（今河南西華縣東北）人，陳孝子殷不害長子。見《陳書》卷三二。兩《唐志》無載，亡佚。

《古今箴銘集》十四卷。張湛撰。《録》一卷。梁有《箴集》十六卷，《雜誡箴》二十四卷，《女箴》一卷，《女史箴圖》一卷，又有《銘集》十一卷，又陸少玄撰《佛像雜銘》十三卷，釋僧祐撰《箴器雜銘》五卷，亡。

兩《唐志》著録《古今箴銘集》十三卷，《宋志》無載，亡佚。《箴集》：不署撰者。兩《唐志》無載，亡佚。《雜誡箴》：不署撰者。兩《唐志》有著録，《宋志》無載，亡佚。《女箴》：不署撰者。兩《唐志》無載，亡佚。《女史箴圖》：不署撰者。兩《唐志》無載，亡佚。《銘集》：不署撰者。兩《唐志》無載，亡佚。陸少玄：吴郡吴（今江蘇蘇州市）人，陸澄子。見《南史》卷三一。兩《唐志》無載，亡佚。釋僧祐：見本書卷三三“雜傳類”。兩《唐志》無載，亡佚。

《衆賢誡集》十卷。殘缺。梁有《誡林》三卷，綦毋邃撰；《四帝誡》三卷，王誕撰；《雜家誡》七卷；《諸家雜誡》九卷；《集誡》二十二卷。亡。

不署撰者。本書卷三四“儒家”著録《衆賢誡》十三卷，此爲重出，且殘缺。《宋志》無載，亡佚。《誡林》：兩《唐志》著録綦母氏《誡林》三卷，當即此書。《宋志》無載，亡佚。《四帝誡》：兩《唐志》無載，亡佚。《雜家誡》：不署撰者。兩《唐志》無載，亡佚。《諸家雜誡》：不署撰者。兩《唐志》無載，亡佚。《集誡》：不署撰者。兩《唐志》無載，亡佚。

《諸葛武侯誡》一卷、《女誡》一卷。

本書卷三四“儒家”著録《諸葛武侯集誡》二卷，或即此

《諸葛武侯誡》一卷與《女誡》一卷。此處當爲重出。

《女誡》一卷。曹大家撰。

曹大家：見本書卷三三“雜傳類”。本書卷三四“儒家”著録《曹大家女誡》一卷，此處爲重出。

《女鑒》一卷。梁有《女訓》十六卷。

不署撰者。本書卷三四“儒家”著録《女鑒》一卷，此處爲重出。《女訓》：不署撰者。《晋書》卷四〇載，賈充前妻李氏淑美有才行，作《女訓》行於世。《舊唐志》著録《女訓集》六卷，《新唐志》“雜傳記類”著録《女訓集》六卷，《宋志》無載，亡佚。

《婦人訓誡集》十一卷。并《録》。梁十卷。宋司空徐湛之撰。

徐湛之：字孝源，東海郯（今山東郯城縣）人。歷任中書令、太子詹事、尚書僕射。劉劭反，被害。孝武帝即位，追贈司空，謚曰忠烈公。《宋書》卷七一、《南史》卷一五有傳。本書卷三四“儒家”著録《婦人訓誡集》十一卷，不署撰者，當即此書，此處爲重出。

《娣姒訓》一卷。馮少胄撰。

馮少胄：名紞（dǎn），安平（今河北安平縣）人。得幸於武帝，遷左衛將軍，又遷御史中丞，轉侍中。太康七年，詔以其爲散騎常侍，不久卒。《晋書》卷三九有傳。本書卷三四“儒家”著録《娣姒訓》一卷，不署撰者，當即此書，此處爲重出。

《貞順志》一卷。

不署撰者。本書卷三四“儒家”著録《貞順志》一卷，此處爲重出。

《讚集》五卷。謝莊撰。

兩《唐志》著録謝莊《讚集》五卷，《宋志》無載，亡佚。

《畫讚》五卷。漢明帝殿閣畫，魏陳思王讚。梁五十卷。又有《誄集》十五卷，謝莊撰，亡。

漢明帝：諱莊，光武帝之子。兩《唐志》“雜傳類”著録漢明帝《畫讚》五十卷，《宋志》無載，亡佚。《後漢書》卷三有傳。陳思王：即曹植。《全三國文》卷一七有曹植《畫讚》輯文。《誄集》：兩《唐志》無載，亡佚。

《七集》十卷。謝靈運撰。

《新唐志》有著録，《宋志》無載，亡佚。

《七林》十卷。梁十二卷，《録》二卷。卞景撰。梁又有《七林》三十卷，《音》一卷，亡。

卞景：生平事迹不詳。兩《唐志》著録卞氏《七林集》十二卷，《宋志》無載，亡佚。《七林》：不署撰者。兩《唐志》無載，亡佚。《音》：應爲《七林音》，不署撰者。兩《唐志》無載，亡佚。

《七悟》一卷。顏之推撰。梁有《弔文集》六卷，《録》一卷；《弔文》二卷。亡。

顏之推：見本書卷三二“小學類”。兩《唐志》著録顏之推《七悟集》一卷，《宋志》無載，亡佚。《弔文集》：不署撰者。兩《唐志》無載，亡佚。《弔文》：不署撰者。兩《唐志》無載，亡佚。

《碑集》二十九卷。

《雜碑集》二十九卷。

二書皆不署撰者。兩《唐志》均無載，亡佚。

《雜碑集》二十二卷。梁有《碑集》十卷，謝莊撰；《釋氏碑文》三十卷，梁元帝撰；《雜碑》二十二卷；《碑文》十五卷，晋將作大匠陳勰撰；《碑文》十卷，車灌撰；又有《羊祜墮淚碑》一卷；《桓宣武碑》十卷；《長沙景王碑文》三卷；《荆州雜碑》三卷；《雍州雜碑》四卷；《廣州刺史碑》十二卷；《義興周處碑》一卷；《太原王氏家碑誄頌讚銘集》二十六卷；《諸寺碑文》四十六卷，釋僧祐撰；《雜祭文》六卷；《衆僧行狀》四十卷，釋僧祐撰。亡。

不署撰者。兩《唐志》著録《雜碑文》二十卷，《宋志》無載，亡佚。《碑集》：兩《唐志》無載，亡佚。《釋氏碑文》：《金樓子》卷五著録《碑集》十秩百卷。此三十卷，或爲其佚存。《雜碑》：不署撰者。兩《唐志》無載，亡佚。陳勰：生平事迹不詳。兩《唐志》無載，亡佚。《碑文》：兩《唐志》無載，亡佚。《羊祜墮淚碑》：《晋書》卷三四載，襄陽百姓於峴山羊祜平生游憩之所建碑立廟，歲時饗祭焉，望其碑者莫不流涕，杜預因名爲《墮淚碑》。兩《唐志》無載，亡佚。《桓宣武碑》：桓宣武，即桓温。不署撰者。兩《唐志》無載，亡佚。《長沙景王碑文》：長沙景王，即劉道憐。不署撰者。兩《唐志》無載，亡佚。《荆州雜碑》：不署撰者。兩《唐志》無載，亡佚。《雍州雜碑》：不署撰者。兩《唐志》無載，亡佚。《廣州刺史碑》：不署撰者。兩《唐志》無載，亡佚。《義興周處碑》：不署撰者。兩《唐志》無載，亡佚。《全晋文》卷一四六有《晋平西將軍周處碑》，並稱碑在宜興孝侯廟，題陸機撰，王羲之書。唐元和六年義興縣令陳從諫重樹。《太原王氏家碑誄頌讚銘集》：不署撰者。兩《唐志》無載，亡佚。《諸寺碑文》：兩《唐志》無載，亡佚。《雜祭文》：不署撰者。兩《唐志》無載，亡佚。《衆僧行狀》：兩《唐志》無載，亡佚。

《設論集》二卷。劉楷撰。梁有《設論集》三卷，東晉人撰；《客難集》二十卷。亡。

劉楷：生平事迹不詳。兩《唐志》著録劉楷《設論集》三卷，《宋志》無載，亡佚。東晉人：疑爲謝靈運，兩《唐志》著録謝靈運《設論集》五卷，《宋志》無載，亡佚。《客難集》：不署撰者。兩《唐志》無載，亡佚。

《論集》七十三卷。

不署撰者。兩《唐志》無載，亡佚。

《雜論》十卷。

不署撰者。兩《唐志》無載，亡佚。

《明真論》一卷。晋兗州刺史宗岱撰。

宗岱：或作宋岱。兩《唐志》無載，亡佚。

《東西晋興亡論》一卷。

不署撰者。兩《唐志》無載，亡佚。

《陶神論》五卷。

不署撰者。《舊唐志》著録《陶神論》五卷，釋靈祐撰。《法苑珠林·著作》載，靈祐撰《陶神論》十卷。《宋志》無載，亡佚。

《正流論》一卷。

不署撰者。本書卷三三“簿録類”著録《正流論》一卷，此處爲重出。

《黄芳引連珠》一卷。

黄芳：生平事迹不詳。兩《唐志》無載，亡佚。

《梁武連珠》一卷。沈約注。

《金樓子》卷一《興王》載，梁武帝作《連珠》五十首。兩《唐志》無載是書，亡佚。《全梁文》卷六有梁武帝《連珠》輯文。

《梁武帝制旨連珠》十卷。梁邵陵王綸注。

兩《唐志》著録《制旨連珠》四卷，梁武帝撰。《宋志》無載，亡佚。

《梁武帝制旨連珠》十卷。陸緬注。梁有《設論連珠》十卷；謝靈運撰《連珠集》五卷；陳證撰《連珠》十五卷；又《連珠》一卷，陸機撰，何承天注；又班固《典引》一卷，蔡邕注。亡。

陸緬：吴郡吴（今江蘇蘇州市）人。酷似其父陸倕。見《南史》卷四八。《舊唐志》著録《制旨連珠》十一卷，陸緬撰；《新唐志》著録陸緬注《制旨連珠》十一卷。《宋志》無載，亡佚。《設論連珠》：不署撰者。兩《唐志》無載，亡佚。兩《唐志》著録謝靈運《連珠集》五卷，《宋志》無載，亡佚。陳證：生平事迹不詳。兩《唐志》無載，亡佚。《南史》卷七六載，沈麟士重陸機《連珠》，每爲諸生講之。兩《唐志》無載何承天注陸機《連珠》，今《文選》卷五五收陸機《演連珠》五十首。兩《唐志》無載班固撰、蔡邕注《典引》，此書今存《文選》卷四八。

《梁代雜文》三卷。

不署撰者。兩《唐志》無載，亡佚。

《詔集區分》四十一卷。後周獸門學士宗幹撰。

宗幹：或作宋幹，生平事迹不詳。《舊唐志》著録《詔集區别》二十七卷，宗幹撰；《新唐志》史部"起居注類"著録宋幹《詔集區别》二十七卷，《宋志》無載，亡佚。

《魏朝雜詔》二卷。梁有《漢高祖手詔》一卷，亡。

不署撰者。兩《唐志》無載，亡佚。《漢高祖手詔》：不署撰者，兩《唐志》無載，亡佚。

《録魏吴二志詔》二卷。梁有《三國詔誥》十卷，亡。

不署撰者。兩《唐志》無載，亡佚。《三國詔誥》：不署撰者。兩《唐志》無載，亡佚。

《晋咸康詔》四卷。

不署撰者。兩《唐志》無載，亡佚。

《晋朝雜詔》九卷。梁有《晋雜詔》百卷，《録》一卷；又有《晋雜詔》二十八卷，《録》一卷；又《晋詔》六十卷；《晋文王、武帝雜詔》十二卷。亡。

不署撰者。兩《唐志》無載，亡佚。《晋雜詔》：不署撰者。《舊唐志》史部"起居注類"著録《晋書（疑"書"爲衍字）雜詔書》一百卷，《新唐志》史部"起居注類"著録《晋雜詔書》一百卷，《宋志》無載，亡佚。《晋雜詔》：不署撰者。兩《唐志》史部"起居注類"著録《晋雜詔書》二十八卷，《宋志》無載，亡佚。《晋詔》：不署撰者。兩《唐志》無載，亡佚。《晋文王、武帝雜詔》：文王，乃司馬昭。武帝，即司馬炎。不署撰者。兩《唐志》無載，亡佚。

《録晋詔》十四卷。梁有《晋武帝詔》十二卷，《成帝詔草》十七卷，《康帝詔草》十卷，《建元直詔》三卷，《永和副詔》九卷，《升平、隆和、興寧副詔》十卷，《泰元、咸寧、寧康副詔》二十二卷，《隆安直詔》五卷，《元興、大亨副詔》三卷，亡。

不署撰者。兩《唐志》無載，亡佚。《晋武帝詔》：不署撰者。兩《唐志》無載，亡佚。《成帝詔草》：不署撰者。晋成帝，即司馬衍。兩《唐志》無載，亡佚。《康帝詔草》：不署撰者。晋康帝，即司馬岳。兩《唐志》無載，亡佚。《建元直詔》：建元，晋康帝年號。不署撰者。兩《唐志》無載，亡佚。《永和副詔》：永和，晋穆帝年號。不署撰者。兩《唐志》無載，亡佚。《升平、隆和、興寧副詔》：升平，晋穆帝年號；隆和、興寧，晋哀帝年號。不署撰者。兩《唐志》無載，亡佚。《泰元、咸寧、寧康副詔》：泰元、寧康，晋孝武帝年號；咸寧，晋武帝年號。不署撰者。兩《唐志》史部“起居注類”著録《晋太元副詔》二十一卷，《宋志》無載，亡佚。《隆安直詔》：隆安，晋安帝年號。不署撰者。兩《唐志》無載，亡佚。《元興、大亨副詔》：元興、大亨，晋安帝年號。不署撰者。兩《唐志》史部“起居注類”著録《崇安、元興、大亨副詔》八卷，《宋志》無載，亡佚。

《晋義熙詔》十卷。梁有《義熙副詔》十卷；《義熙以來至于大明詔》三十卷；《晋宋雜詔》四卷；又《晋宋雜詔》八卷，王韶之撰；又《雜詔》十四卷；《班五條詔》十卷。亡。

義熙，晋安帝年號。不署撰者。兩《唐志》史部“起居注類”著録《晋義熙詔》二十二卷，《宋志》無載，亡佚。《義熙副詔》：不署撰者。兩《唐志》無載，亡佚。《義熙以來至于大明詔》：大明，宋孝武帝年號。不署撰者。兩《唐志》無載，亡佚。《晋宋雜詔》：不署撰者。兩《唐志》無載，亡佚。《晋宋雜詔》：兩《唐志》無載，亡佚。《雜詔》：不署撰者。兩《唐志》無載，亡佚。《班五條詔》：不署撰者。《晋書》卷三載，泰始四年十二月，班五條詔書於郡國，一曰正身，二曰勤百姓，三曰撫孤寡，四曰敦本息末，五曰去人事。兩《唐志》無載，亡佚。

《宋永初雜詔》十三卷。梁有《詔集》百卷，起漢訖宋；《武帝詔》四卷；《宋元熙詔令》五卷；《永初二年、五年詔》三卷；《永初已來中書雜詔》二十卷。亡。

永初：宋武帝年號。不署撰者。兩《唐志》史部“起居注類”著録《宋永初詔》六卷，《宋志》無載，亡佚。《詔集》：不署撰者。兩《唐志》無載，亡佚。《武帝詔》：不署撰者。兩《唐志》無載，亡佚。《宋元熙詔令》：晋恭帝元熙二年六月，宋改元永初。兩《唐志》無載，亡佚。《永初二年、五年詔》：永初僅三年，疑“五年”爲“三年”之誤。兩《唐志》無載，亡佚。《永初已來中書雜詔》：不署撰者。兩《唐志》無載，亡佚。

《宋孝建詔》一卷。梁有《宋景平詔》三卷，亡。

孝建：宋孝武帝年號。不署撰者。兩《唐志》無載，亡佚。《宋景平詔》：景平，宋少帝年號。不署撰者。兩《唐志》無載，亡佚。

《宋元嘉副詔》十五卷。梁有《宋元嘉詔》六十二卷，又《宋孝武詔》五卷，《宋大明詔》七十卷，《宋永光、景和詔》五卷，《宋泰始、泰豫詔》二十二卷，《宋義嘉僞詔》一卷，《宋元徽詔》十三卷，《宋昇明詔》四卷。亡。

元嘉：宋文帝年號。不署撰者。兩《唐志》無載，亡佚。《宋元嘉詔》：不署撰者。兩《唐志》史部“起居注類”著録《宋元嘉詔》二十一卷，《宋志》無載，亡佚。《宋孝武詔》《宋大明詔》：孝建、大明，皆爲宋孝武帝的年號，疑《宋孝武詔》應爲《宋孝建詔》。皆不署撰者，兩《唐志》皆無載，亡佚。《宋永光、景和詔》：永光、景和，皆爲宋前廢帝的年號。不署撰者。兩《唐志》無載，亡佚。《宋泰始、泰豫詔》：泰始、泰豫，皆爲宋明帝的年號。不署撰者。兩《唐志》無載，亡佚。《宋義嘉僞詔》：泰始二年正月，晋安王劉子勛即僞位於尋陽城，年號義嘉。見《宋書》卷八〇。不署撰者。兩《唐志》無載，亡佚。《宋元徽詔》：元徽，宋後廢帝年號。不署撰者。兩《唐志》無載，亡佚。《宋昇明詔》：昇明，宋順帝年號。不署撰者。兩《唐志》無載，亡佚。

《齊雜詔》十卷。

不署撰者。兩《唐志》無載，亡佚。

《齊中興二年詔》三卷。梁有《齊建元詔》五卷，《永明詔》三卷，《武帝中詔》十卷，《齊隆昌、延興、建武詔》九卷，《齊建武二年副詔》九卷，《梁天監元年至七年詔》十二卷，《天監九年、十年詔》二卷，亡。

中興：齊和帝年號，其二年乃梁武帝受禪之時。不署撰者。兩《唐志》無載，亡佚。《齊建元詔》：建元，齊高帝年號。不署撰者。兩《唐志》無載，亡佚。《永明詔》：永明，齊武帝年號。不署撰者。兩《唐志》無載，亡佚。《武帝中詔》：不署撰者。兩《唐志》無載，亡佚。《齊隆昌、延興、建武詔》：隆昌，鬱林王年號；延興，海陵王年號；建武，齊明帝年號。不署撰者。兩《唐志》無載，亡佚。《齊建武二年副詔》：不署撰者。兩《唐志》無載，亡佚。《梁天監元年至七年詔》：天監，梁武帝年號。不署撰者。兩《唐志》無載，亡佚。《天監九年、十年詔》：不署撰者。

兩《唐志》無載，亡佚。

《後魏詔集》十六卷。

不署撰者。《魏書》卷八二載，延昌初，常景受敕撰門下詔書，凡四十卷。此書或是其部分。兩《唐志》無載，亡佚。

《後周雜詔》八卷。

不署撰者。兩《唐志》無載，亡佚。

《雜詔》八卷。

不署撰者。兩《唐志》無載，亡佚。

《雜赦書》六卷。

不署撰者。兩《唐志》無載，亡佚。

《陳天嘉詔草》三卷。

天嘉：陳文帝年號。不署撰者。兩《唐志》無載，亡佚。

《霸朝集》三卷。李德林撰。

《隋書》卷四二載，開皇五年，敕令李德林撰録作相時文翰，勒成五卷，謂之《霸朝雜集》。《日本國見在書目録》著録《霸朝集》三卷，李德林撰；兩《唐志》著録李德林《霸朝雜集》五卷。《宋志》無載，亡佚。

《皇朝詔集》九卷。

不署撰者。兩《唐志》無載，亡佚。

《皇朝陳事詔》十三卷。梁有《雜九錫文》四卷，亡。

不署撰者。兩《唐志》無載，亡佚。《雜九錫文》：不署撰者。《文選》卷三五所收潘勖《册魏公九錫文》，即屬此類。兩《唐志》無載，亡佚。

《上法書表》一卷。虞和撰。

虞和：或作虞龢，會稽餘姚（今浙江餘姚市）人。少好學，位至中書郎、廷尉。《南史》卷七二有傳。本書卷三三“簿録類”著録《法書目録》六卷，不署撰者。而兩《唐志》著録虞和《法書目録》六卷。此表當爲上《法書目録》表。兩《唐志》無載，或亡佚，或在《法書目録》之中。

《梁中表》十一卷。梁邵陵王撰。梁有《漢名臣奏》三十卷；《魏名臣奏》三十卷，陳長壽撰；《魏雜事》七卷；《晋諸公奏》十一卷；《雜表奏駁》三十五卷；《漢丞相匡衡、大司馬王鳳奏》五卷；《劉隗奏》五卷；《孔群奏》二十二卷；《晋金紫光禄大夫周閔奏事》四卷；《晋中丞劉邵奏事》六卷；《中丞司馬無忌奏事》十三卷；《中丞虞谷奏事》六卷；《中丞高崧奏事》五卷；又《諸彈事》等十四部。亡。

邵陵王：即蕭綸。《梁書》卷三三載，王筠奉敕撰《中書表奏》三十卷。兩《唐志》著録《梁中書表集》二百五十卷，《宋志》無載，亡佚。《漢名臣奏》：本志史部“刑法類”著録《漢名臣奏事》三十卷，應即此書，此爲重出。《舊唐志》“刑法類”著録《漢名臣奏》三十卷，陳壽撰，又二十九卷。《新唐志》“刑法類”著録陳壽《漢名臣奏事》三十卷。《魏名臣奏》：本志史部“刑法類”著録《魏名臣奏事》四十卷，《目》一卷，陳壽撰。即此《魏名臣奏》，此處爲重出。《魏雜事》：不署撰者。兩《唐志》無載，亡佚。《晋諸公奏》：不署撰者。兩《唐志》無載，亡佚。《雜表奏駁》：不署撰者。兩《唐志》無載，亡佚。匡衡：字稚圭，東海（今山東境内）人。元帝時爲郎中，遷博士、給事中。建昭三年，爲丞相，封樂安侯。《漢書》卷八一有傳，又見《史記》卷九六。王鳳：字孝卿，東平陵（今山東濟南市）人。嗣侯，爲衛尉侍中。成帝即位，爲大司馬大將軍領尚書事，輔政十一年。見《漢書》卷九八。兩《唐志》無載，亡佚。《劉隗奏》：《晋書》卷六九載，劉隗彈奏不畏强禦，不容於王敦而流亡於石勒。兩《唐志》無載，亡佚。孔群：字敬林，山陰（今浙江紹興市）人。有智局，志尚不羈。仕歷中丞，卒於官。《晋書》卷七八有傳。兩《唐志》無載，亡佚。周閔：字子騫，汝南安成（今河南汝南縣東南）人。歷任衡陽、建安、臨川太守，尚書僕射，領秘書監。卒，追贈金紫光禄大夫，謚曰烈。《晋書》卷六九有傳。兩《唐志》無載，亡佚。劉邵：彭城（今江蘇徐州市）人。成帝朝，歷任御史中丞、侍中、尚書、豫章太守。《晋書》卷六九有傳。兩《唐志》無載，亡佚。司馬無忌：即譙烈王。《晋書》卷三七載，建元初，司馬無忌爲御史中丞。兩《唐志》無載，亡佚。虞谷：會稽餘姚（今浙江餘姚市）人。位至吴國内史。見《晋書》卷七六。兩《唐志》無載，亡佚。高崧：字茂琰，廣陵（今江蘇揚州市）人。舉州秀才，除太學博士，拜黄門侍郎。累遷侍中，以公事免，卒於家。《晋書》卷七一有傳。兩《唐志》無載，亡佚。《諸彈事》等：皆不署撰者。兩《唐志》無載，亡佚。

《雜露布》十二卷。梁有《雜檄文》十七卷，《魏武帝露布文》九卷，亡。

不署撰者。兩《唐志》無載，亡佚。《雜檄文》：不署撰者。兩《唐志》無載，亡佚。《魏武帝露布文》：不署撰者。兩《唐志》無載，亡佚。

《山公啓事》三卷。

《晋書》卷四三載，山濤居選職十餘年，濤所奏甄拔人物，各爲題目，時稱《山公啓事》。《舊唐志》著録《山濤啓事》三卷，《新唐志》著録《山濤啓事》十卷，《宋志》無載，亡佚。《全晋文》卷三四有輯文。

《范甯啓事》三卷。梁十卷。梁有《雜薦文》十二卷，《薦文集》七卷，亡。

《舊唐志》著録《范甯啓事》十卷，《宋志》無載，亡佚。《雜薦文》：不署撰者。兩《唐志》無載，亡佚。《薦文集》：不署撰者。兩《唐志》有著録，《宋志》無載，亡佚。

《善文》五十卷。杜預撰。

兩《唐志》著録杜預《善文》四十九卷，《宋志》無載，亡佚。

《雜集》一卷。殷仲堪撰。

兩《唐志》無載，亡佚。

《梁魏周齊陳皇朝聘使雜啓》九卷。

不署撰者。兩《唐志》無載，亡佚。

《政道集》十卷。

不署撰者。兩《唐志》子部“法家類”著録李文博《治道集》十卷，《宋志》子部“法家類”“雜家類”著録李文博《治道集》十卷。《北史》卷八三載，李文博著《政道集》十卷，大行於世。此書後無著録，亡佚。

《書集》八十八卷。晋散騎常侍王履撰。梁八十卷，亡。

王履：生平事迹不詳。兩《唐志》著録王履《書集》八十卷，《宋志》無載，亡佚。

《書林》十卷。

不署撰者。兩《唐志》無載，亡佚。

《雜逸書》六卷。梁二十二卷。徐爰撰。《應璩書林》八卷，夏赤松撰；《抱朴君書》一卷，葛洪撰；《蔡司徒書》三卷，蔡謨撰；《前漢雜筆》十卷；《吴晋雜筆》九卷；《吴朝文》二十四卷；《李氏家書》八卷；《晋左將軍王鎮惡與劉丹陽書》一卷。亡。

兩《唐志》無載，亡佚。《三國志》卷二五注，提及《應璩書林》。夏赤松：會稽（今浙江紹興市）人。善棋，爲第二品。其下棋思速，善於大行。見《南史》卷一八。兩《唐志》著録夏赤松《書林》六卷，《宋志》無載，亡佚。《抱朴君書》：兩《唐志》無載，亡佚。《蔡司徒書》：兩《唐志》無載，亡佚。《前漢雜筆》：不署撰者。兩《唐志》無載，亡佚。《吴晋雜筆》：不署撰者。兩《唐志》無載，亡佚。《吴朝文》：不署撰者。前已著録《吴朝士文集》十卷，或與此書有交集。兩《唐志》無載，亡佚。《李氏家書》：不署撰者。《後漢書》卷一一、卷一八之注皆引《李氏家書》，其内容乃司空李郃之上書諫。疑此書爲李郃所作。李郃，《後漢書》卷八二上有傳。兩《唐志》無載，亡佚。王鎮惡：北海劇（今山東壽光市）人。義熙八年，佐宋武帝討劉毅。後被沈田子殺，追贈左將軍。《宋書》卷四五、《南史》卷一六有傳。劉丹陽：當爲劉穆之，義熙八年加丹陽尹，參與討劉毅之戰。《宋書》卷四二、《南史》卷一五有傳。兩《唐志》無載，亡佚。

《後周與齊軍國書》二卷。

不署撰者。兩《唐志》無載，亡佚。

《高澄與侯景書》一卷。

高澄：字子惠，北齊文襄帝。高澄即位，侯景舉河南内附。高澄擔心侯景與西南合縱，方爲己患，乃以書曉喻侯景。《梁書》卷五六及《北齊書》卷三皆收録高澄遺侯景書，及侯景之答書。

《策集》一卷。殷仲堪撰。

兩《唐志》無載，亡佚。

《策集》六卷。梁有《孝秀對策》十二卷，亡。

不署撰者。《舊唐志》著録謝靈運《策集》六卷，《新唐志》著録宋伯宜《策集》六卷，《宋志》無載，亡佚。《孝秀對策》：不署撰者。兩《唐志》無載，亡佚。

《宋元嘉策孝秀文》十卷。

不署撰者。兩《唐志》無載，亡佚。

《誹諧文》三卷。

不署撰者。兩《唐志》無載，亡佚。

《誹諧文》十卷。袁淑撰。梁有《續誹諧文集》十卷；又有《誹諧文》一卷，沈宗之撰；《任子春秋》一卷，杜嵩撰；《博陽秋》一卷，宋零陵令辛邕之撰。亡。

兩《唐志》著録袁淑《誹諧文》十五卷，《宋志》無載，亡佚。《全宋文》卷四四有輯文。《續誹諧文集》：不署撰者。兩《唐志》無載，亡佚。兩《唐志》無載沈宗之《誹諧文》，亡佚。杜嵩：或作杜崧，字子高，廬江灊（今安徽霍山縣）人。有志節。惠帝時，俗多浮僞，著《任子春秋》以刺之。見《晋書》卷四、卷九一。兩《唐志》無載，亡佚。辛邕之：生平事迹不詳。兩《唐志》無載，亡佚。

《法集》百七卷。梁沙門釋寶唱撰。

釋寶唱：見本書卷三三“雜傳類”。兩《唐志》無載，亡佚。

右一百七部，二千二百一十三卷。通計亡書，合二百四十九部，五千二百二十四卷。

一百七部：實際爲一百四十七部。二百四十九部：經統計亡書一百九十九部，故合計爲三百四十六部。

總集者，以建安之後，[1]辭賦轉繁，衆家之集，日以滋廣，晋代摯虞，苦覽者之勞倦，於是採擿孔翠，[2]芟剪繁蕪，[3]自詩賦下，各爲條貫，合而編之，謂爲《流别》。是後文集總鈔，作者繼軌，屬辭之士，[4]以爲覃奥，[5]而取則焉。今次其前後，并解釋評論，總於此篇。

[1]建安：後漢獻帝年號（196—220）。

[2]採擿（zhāi）：采取、選擇。孔翠，原指孔雀和翠鳥，此喻精華。

[3]芟（shān）剪：除草。

[4]屬辭：連綴文辭，泛指撰寫文章。

[5]覃（tán）奥：廣蓄深藏。

凡集五百五十四部，六千六百二十二卷。

通計亡書，合一千一百四十六部，一萬三千三百九十卷。

五百五十四部：實際爲六百一十部。一千一百四十六部：經統計亡書六百七十三部，故合一千二百八十三部。

文者，所以明言也。古者登高能賦，山川能祭，師旅能誓，喪紀能誄，作器能銘，則可以爲大夫。言其因物騁辭，情靈無擁者也。[1]唐歌虞詠，[2]商頌周雅，叙事緣情，紛綸相襲，自斯已降，其道彌繁。世有澆淳，[3]時移治亂，文體遷變，邪正或殊。宋玉、屈原，激情風於南楚，嚴、鄒、枚、馬，[4]陳盛藻於西京，平子艷發於東都，[5]王粲獨步於漳、滏。[6]爰逮晋氏，見稱潘、陸，[7]並黼藻相輝，宫商間起，[8]清辭潤乎金石，精義薄乎雲天。永嘉已後，[9]玄風既扇，[10]辭多平淡，文寡風力。降及江東，不勝其弊。宋、齊之世，下逮梁初，靈運高致之奇，延年錯綜之美，[11]謝玄暉之藻麗，[12]沈休文之富溢，[13]煇焕斌蔚，[14]辭義可觀。梁簡文之在東宫，亦好篇什，清辭巧製，止乎衽席之間，彫琢蔓藻，思極閨闈之内。後生好事，遞相放習，朝野紛紛，號爲宫體。[15]流宕不已，訖于喪亡。陳氏因之，未能全變。其中原則兵亂積年，文章道盡。後魏文帝頗效屬辭，未能變俗，例皆淳古。齊宅漳濱，[16]辭人間起，高言累句，紛紜絡繹，清辭雅致，是所未聞。後周草創，干戈不戢，[17]君臣戮力，專事經營，風流文雅，我則未暇。其後南平漢、沔，[18]東定河朔，[19]訖于有隋，四海一統，采荆南之杞梓，[20]收會稽之箭竹，[21]辭人才士，總萃京師。屬以高祖少文，煬帝多忌，當路執權，逮相擯壓。[22]於是握靈蛇之珠，[23]韞荆山之玉，[24]轉死溝壑之内者，不可勝數，草澤怨刺，[25]於是興焉。古者陳詩觀風，斯亦所以關乎盛衰者也。班固有《詩賦略》，凡五種，今引而伸之，合爲三種，謂之集部。

［1］情靈：心性，思想感情。

［2］唐歌虞詠：指唐堯虞舜時代的文學作品，如流傳下來的《帝舜歌》《皋陶賡歌》等。

［3］澆淳：浮薄，質樸、敦厚。

［4］嚴鄒枚馬：《漢書》卷五七上載，梁孝王來朝，從游説之士齊人鄒陽、淮陰枚乘、吴嚴忌夫子之徒，相如見而説之。嚴忌：字夫子，本姓莊，因避漢明帝諱，改姓嚴，吴（今江蘇境内）人。善辭賦，《漢志》著録《莊夫子賦》二十四篇。今存《哀時命》一篇，見《楚辭》。鄒陽：齊（今山東境内）人。漢興，與嚴忌、枚乘仕吴，皆以文辯著名。後赴梁，從孝王游。因有人進讒，下獄，上書梁王，獲免，並爲上客。《漢書》卷五一有傳。枚：當指枚乘。馬：當指司馬相如。

［5］平子：即張衡。

［6］王粲獨步於漳滏：滏水在鄴，向東流入漳。曹操以鄴爲都。此句言王粲勸劉表子歸於曹操，後王粲在魏拜爲侍中。

［7］潘陸：指潘岳、陸機。

［8］宫商：本指五音中的宫音、商音，又泛指音律。此應借指詩律中的平仄和聲韻中的四聲。

［9］永嘉：晋懷帝年號（307—313）。

［10］玄風：玄談風尚。扇：通“搧”。

［11］延年：即顔延之。

［12］謝玄暉：即謝朓。

［13］沈休文：即沈約。

［14］煇焕斌蔚：光輝鮮明，文采繁茂。

[15]宫體：始於梁簡文帝。此類詩内容多寫宫廷生活和男女私情，形式上追求詞藻靡麗，華而不實。後世稱艷情詩爲宫體詩。

[16]齊宅漳濱：指北齊建都於鄴。

[17]戢（jí）：止息。

[18]漢沔：沔水出自陝西略陽，乃漢水之上游。此指漢水、沔水流經區域。

[19]河朔：泛指黄河以北地域。

[20]杞梓：楚地所産兩種優質木材，此指楚地優秀人才。

[21]箭竹：竹之一種，會稽所産最佳。此喻江南才俊。

[22]擯壓：排斥彈壓。

[23]靈蛇之珠：傳説隋侯見大蛇傷斷，以藥敷之。後蛇於江中銜大珠以報之，因曰隋侯之珠。見《淮南子·覽冥》注。

[24]荆山之玉：楚人卞和得美玉璞於荆山，幾經周折，成王纔准剖石，得美玉以爲璧。即和氏璧。見《淮南子·覽冥》注。

[25]草澤：此喻在野未仕之人。怨刺：怨恨、諷刺。

凡四部經傳三千一百二十七部，三萬六千七百八卷。

通計亡書，合四千一百九十一部，四萬九千四百六十七卷。

三千一百二十七部：實際爲三千二百三十三部。四千一百九十一部：經統計亡書一千六百四十三部，故合四千八百七十六部。

經戒三百一部，九百八卷。餌服四十六部，一百六十七卷。房中十三部，三十八卷。符録十七部，[1]一百三卷。

[1]符録：道家秘密文書。

右三百七十七部，一千二百一十六卷。

道經者，云有元始天尊，[1]生於太元之先，[2]禀自然之氣，沖虛凝遠，[3]莫知其極。所以説天地淪壞，劫數終盡，[4]略與佛經同。以爲天尊之體，常存不滅。每至天地初開，或在玉京之上，[5]或在窮桑之野，[6]授以祕道，謂之開劫度人。然其開劫，非一度矣，故有延康、赤明、龍溪、開皇，是其年號。其間相去經四十一億萬載。所度皆諸天仙上品，有太上老君、[7]太上丈人、[8]天真皇人、[9]五方天帝及諸仙官，[10]轉共承受，世人莫之豫也。[11]所説之經，亦禀元一之氣，[12]自然而有，非所造爲，亦與天尊常在不滅。天地不壞，則藴而莫傳，劫運若開，其文自見。凡八字，盡道體之奥，謂之天書。[13]字方一丈，八角垂芒，光輝照耀，驚心眩目，雖諸天仙，不能省視。天尊之開劫也，乃命天真皇人，改嚩天音而辯析之。[14]自天真以下，至于諸仙，展轉節級，[15]以次相授。諸仙得之，始授世人。然以天尊經歷年載，始一開劫，受法之人，得而寶祕，亦有年限，方始傳授。上品則年久，下品則年近。故今授道者，經四十九年，始得授人。推其大旨，蓋亦歸於仁愛清静，積而修習，漸致長生，自然神化，或白日登仙，與道合體。其受道之法，初受《五千文籙》，次受《三洞籙》，次受《洞玄籙》，次受《上清籙》。籙皆素書，[16]紀諸天曹官屬佐吏之名有多少，又有諸符，錯在其間，[17]文章詭怪，世所不識。受者必先潔齋，[18]然後賫金環一，[19]并諸贄幣，[20]以見於師。師受其贄，以籙授之，仍剖金環，各持其半，云以爲約。弟子得籙，緘而佩之。[21]

[1]元始天尊：玉清元始天尊之簡稱。道教最高之神生於劫先，故以元始稱之，亦稱元始天王。

[2]太元：即太玄。指混沌未開時之大道。

[3]沖虚：沖淡虚静，無所拘繫。

[4]劫數：或作劫運，即厄運。

[5]玉京：道家言，天上有黄金闕、白玉京，爲天帝所居。

[6]窮桑：《拾遺記·少昊》"窮桑者，西海之濱，有孤桑之樹，直上千尋，葉紅椹紫，萬歲一實，食之後天而老"。

[7]太上老君：道教以老子爲道祖，尊稱爲太上老君。

[8]太上丈人：不詳，或太上老君化身。

[9]天真皇人：先天真聖，是前劫修真極道人，爲元始天王所化身。

[10]五方天帝：隨方立名，有青帝、赤帝、黄帝、白帝、黑帝，實則皆一天帝。

[11]豫：參與。

[12]元一：萬物唯一之本源。

[13]天書：道教稱元始天尊所説之書。

[14]囀（zhuàn）：轉折發聲。

[15]節級：次第。

[16]素書：原因書信寫在素絹之上，故稱素書。後泛指書籍。

[17]錯：放置、安置。

[18]潔齋：浄潔身心，誠敬齋戒。

[19]賫（jī）：付與、送與。

[20]贄幣：見面時所贈財物。

[21]緘：封存。

其潔齋之法，有黄籙、玉籙、金籙、塗炭等齋。[1]爲壇三成，[2]每成皆置緜蕝，[3]以爲限域。傍各開門，皆有法象。[4]齋者亦有人數之限，以次入於緜蕝之中，魚貫面縛，[5]陳説愆咎，[6]告白神祇，晝夜不息，或一二七日而止。其齋數之外有人者，並在緜蕝之外，謂之齋客，但拜謝而已，不面縛焉。而又有諸消災度厄之法，依陰陽五行數術，推人年命書之，[7]如章表之儀，并具贄幣，燒香陳讀。云奏上天曹，請爲除厄，謂之上章。[8]夜中，於星辰之下，陳設酒脯餅餌幣物，[9]歷祀天皇太一，[10]祀五星列宿，[11]爲書如上章之儀以奏之，名之爲醮。[12]又以木爲印，刻星辰日月於其上，吸氣執之，以印疾病，多有愈者。又能登刀入火而焚勑之，[13]使刃不能割，火不能熱。而又有諸服餌、辟穀、金丹、[14]玉漿、雲英，[15]蠲除滓穢之法，不可殫記。[16]云自上古黄帝、帝嚳、夏禹之儔，[17]並遇神人，咸受道籙，年代既遠，經史無聞焉。

[1]黄籙：道教醮名。設壇普祭天神、地祇、人鬼，用以懺罪祈福。

[2]成：重、層。

[3]緜蕝（jué）：引繩爲緜，束茅以表位爲蕝。即劃定範圍。

[4]法象：帝王、聖賢之像。此指道教所奉神之像。

[5]面縛：兩手反綁於身後而面向前。

[6]愆咎：罪過。

[7]年命：人的壽命。

[8]上章：道士替人上表給天神，祈求消灾免禍的行爲。

[9]姘：通“餅”。

[10]天皇：天帝。太一：天帝之别名，天神之最尊貴者。

[11]五星：金、木、水、火、土五大行星。列宿：衆星宿。

[12]醮（jiào）：道士設壇祭祀。

[13]勑：通“敕”，整飭。

[14]辟穀：道士修養之術，謂屏除穀食。金丹：道士修煉之丹，有内外丹之别。内丹乃修煉自身氣神而成，外丹則以金石丹砂等燒煉而成。

[15]雲英：即雲母。

[16]殫：盡。

[17]帝嚳（kù）：名高辛，姬姓，黄帝之曾孫。三十歲登位，以亳爲都。見《史記·五帝本紀》。

推尋事迹，漢時諸子，道書之流有三十七家，大旨皆去健羡，[1]處沖虚而已，無上天官符籙之事。其《黄帝》四篇，《老子》二篇，最得深旨。故言陶弘景者，隱於句容，好陰陽五行，風角星算，[2]修辟穀導引之法，受道經符籙，武帝素與之游。及禪代之際，弘景取圖讖之文，[3]合成“景梁”字以獻之，[4]由是恩遇甚厚。又撰《登真隱訣》，以證古有神仙之事；又言神丹可成，服之則能長生，與天地永畢。帝令弘景試合神丹，竟不能就，乃言中原隔絶，藥物不精故也。帝以爲然，敬之尤甚。然武帝弱年好事，[5]先受道法，及即位，猶自上章，朝士受道者衆。三吴及邊海之際，信之踰甚。陳武世居吴興，[6]故亦奉焉。後魏之世，嵩山道士寇謙之，[7]自云嘗遇真人成公興，[8]後遇太上老君，授謙之爲天師，而又賜之《雲中音誦科誡》二十卷。又使玉女授其服氣導引之法，遂得辟穀，氣盛體輕，顏色鮮麗。弟子十餘人，皆得其術。其後又遇神人李譜，[9]云是老君玄孫，授其圖籙真經，劾召百神，六十餘卷，及銷鍊金丹雲英八石玉漿之法。太武始光之初，[10]奉其書而獻之。帝使謁者，奉玉帛牲牢，祀嵩岳，迎致其餘弟子，於代都東南起壇宇，[11]給道士百二十餘人，顯揚其法，宣布天下。太武親備法駕，[12]而受符籙焉。自是道業大行，每帝即位，必受符籙，以爲故事，刻天尊及諸仙之象，而供養焉。遷洛已後，置道場於南郊之傍，方二百步。正月、十月之十五日，並有道士哥人百六人，[13]拜而祠焉。後齊武帝遷鄴，[14]遂罷之。文襄之世，[15]更置館宇，選其精至者使居焉。後周承魏，崇奉道法，每帝受籙，如魏之舊，尋與佛法俱滅。開皇初又興，高祖雅信佛法，於道士蔑如也。大業中，道士以術進者甚衆。其所以講經，由以《老子》爲本，次講《莊子》及《靈寶》、《昇玄》之屬。其餘衆經，或言傳之神人，篇卷非一。自云天尊姓樂名静信，例皆淺俗，故世甚疑之。其術業優者，行諸符禁，往往神驗。而金丹玉液長生之事，歷代糜費，不可勝紀，竟無效焉。今考其經目之數，附之於此。

[1]健羨：貪欲。

[2]風角星算：風角，指四方四隅之風，以此占吉凶，爲古代占候之術。星算，天文算術。

[3]圖讖：圖，河圖；讖，符命之書。謂漢代盛行的符命占驗之書。

[4]合成景梁字以獻之：《南史》卷七六載，陶弘景聞議禪代，援引圖讖，數處皆成“梁”字，令弟子進之。

[5]弱年：年少，弱冠。

[6]陳武：陳霸先，字興國，吴興（今浙江湖州市）人。梁敬帝於太平二年禪位於陳，陳霸先即帝位，改元永定。見《陳書》卷一。

[7]嵩山：五岳之中岳，位於河南登封北。寇謙之：字輔真。入嵩山修道十年，授以天師。後又從李譜文受録圖真經，奏於太武帝，頗受寵信。見《魏書》卷一一四。

[8]成公興：字廣明，自言膠東人。山居隱跡，希在人間。見《魏書》卷九一、卷一一四。

[9]李譜：《魏書》卷一一四作李譜文，自稱爲老君之玄孫，爲牧土上師。

[10]太武：即魏太武帝拓跋燾。見《魏書》卷四、《北史》卷二。始光，魏太武帝年號（424—428）。

[11]代都：今山西大同市。

[12]法駕：皇帝車駕。

[13]哥人：哥，通“歌”。哥人，唱歌的人。

[14]後齊武帝：高歡，字賀六渾，渤海蓨（今河北景縣）人。仕魏，專朝政十六年。其子高洋建北齊，追尊爲神武帝，廟號高祖。見《北齊書》卷一、卷二，《北史》卷六。

[15]文襄：高澄，字子惠，高歡之長子。仕魏，位至相國，封齊王。武定七年，遇盗而亡。天保初，追尊文襄皇帝，廟號世宗。見《北齊書》卷三、《北史》卷六。

大乘經六百一十七部，二千七十六卷。五百五十八部，一千六百九十七卷，經。五十九部，三百七十九卷，疏。小乘經四百八十七部，八百五十二卷。雜經三百八十部，七百一十六卷。雜經目殘缺甚，見數如此。雜疑經一百七十二部，三百三十六卷。大乘律五十二部，九十一卷。小乘律八十部，四百七十二卷。[1]七十七部，四百九十卷，律。二部，二十三卷，講疏。雜律二十七部，四十六卷。大乘論三十五部，一百四十一卷。[2]三十部，九十四卷，論。十五部，四十七卷，疏。小乘論四十一部，五百六十七卷。[3]二十一部，四百九十一卷，論。十部，七十六卷，講疏。雜論五十一部，四百三十七卷。[4]三十二部，二百九十九卷，論。九部，一百三十八卷，講疏。記二十部，四百六十四卷。

[1]八十部：下注曰，律七十七部、疏二部，合計爲七十九部。四百七十二卷，下注曰，律四百九十卷，講疏二十三卷，合計爲五百一十三卷。

[2]三十五部：下注曰，論三十部，疏十五部，合計爲四十五部。

[3]四十一部：下注曰，論二十一部，講疏十部，合計爲三十一部。

[4]五十一部：下注曰，論三十二部，講疏九部，合計爲四十一部。

右一千九百五十部，六千一百九十八卷。

一千九百五十部：若按右大字所記數字，應爲一千九百六十二部；若按注所記數字計算，則爲一千九百三十一部。

佛經者，西域天竺之迦維衛國浄飯王太子釋迦牟尼所説。[1]釋迦當周莊王之九年四月八日，[2]自母右脅而生，姿貌奇異，有三十二相，[3]八十二好。[4]捨太子位，出家學道，勤行精進，覺悟一切種智，而謂之佛，亦曰佛陀，亦曰浮屠，皆胡言也。華言譯之爲浄覺。其所説云，人身雖有生死之異，至於精神，則恒不滅。此身之前，則經無量身矣。積而修習，精神清浄，則成佛道。天地之外，四維上下，[5]更有天地，亦無終極，然皆有成有敗。一成一敗，謂之一劫。自此天地已前，則有無量劫矣。[6]每劫必有諸佛得道，出世教化，其數不同。今此劫中，當有千佛。自初至于釋迦，已七佛矣。[7]其次當有彌勒出世，[8]必經三會，[9]演説法藏，[10]開度衆生。由其道者，有四等之果。一曰須陁洹，二曰斯陁含，三曰阿那含，四曰阿羅漢。至羅漢者，則出入生死，去來隱顯，而不爲累。阿羅漢已上，至菩薩者，深見佛性，以至成道。每佛滅度，[11]遺法相傳，有正、象、末三等淳醨之異。[12]年歲遠近，亦各不同。末法已後，衆生愚鈍，無復佛教，而業行轉惡，年壽漸短，經數百千載間，乃至朝生夕死。然後有大水、大火、大風之災，一切除去之，而更立生人，又歸淳樸，謂之小劫。每一小劫，則一佛出世。

[1]天竺：今印度之古稱。迦維衛國。古國名，位於今尼泊爾南部提羅拉科特附近。釋迦牟尼，姓喬答摩，名悉達多，屬刹帝利種姓。對其生卒年，記載不一。或作公元前 565 年至前 485 年，或作公元前 624 年至前 544 年。本志記載其生於公元前 688 年。因不滿婆羅門教，捨棄王族身份生活，出家修道，奠定原始佛教的基本

教義。八十歲時於拘尸那迦城逝世。釋迦牟尼，乃佛教徒對其之尊稱。

［2］周莊王：姬姓，名佗。公元前696—前682在位。

［3］三十二相：佛家用語，謂佛陀生來容貌不同凡俗，其顯著之點稱三十二相。

［4］八十二好：或作八十種好，佛教用語。言佛陀天生姿貌超凡，其細微隱秘難見之處，稱爲八十種好。

［5］四維：東南西北四方之隅。

［6］無量劫：佛教指計數不盡的時節。

［7］七佛：釋迦牟尼前有六佛，即毗婆尸佛、尸棄佛、毗舍婆佛、拘樓孫佛、拘那含佛、迦葉佛，加上釋迦牟尼，通稱過去七佛。

［8］彌勒：從佛受記（預言）將繼承釋迦佛位爲未來的菩薩。

［9］三會：彌勒佛的三次説法大會。佛教記載兜率天彌勒在華林園龍華樹下開三次法會，初會、再會、三會説法，衆多信徒得阿羅漢。

［10］法藏：指佛所説的教法，教法含藏無量妙義，故名法藏。

［11］滅度：謂僧人死亡。梵語涅槃、泥洹之義譯。

［12］正象末三等：即佛教所謂三時。佛教認爲釋迦牟尼逝後，佛法日益衰微，其可分爲正、象、末三法時期。然其説法亦不一。可參見《大乘法苑義林章》卷六、《雜阿含經》三二、《安樂集》卷下等。淳醨（lí）：淳，通醇，厚酒，引申爲厚重；醨，薄酒，引申爲淡薄。

初天竺中多諸外道，並事水火毒龍，而善諸變幻。釋迦之苦行也，是諸邪道，並來嬲惱，[1]以亂其心，而不能得。及佛道成，盡皆摧伏，並爲弟子。弟子，男曰桑門，譯言息心，而總曰僧，譯言行乞。女曰比丘尼。

皆剃落鬚髮，釋累辭家，[2]相與和居，治心修浄，行乞以自資，而防心攝行。[3]僧至二百五十戒，尼五百戒。俗人信憑佛法者，男曰優婆塞，女曰優婆夷，皆去殺、盗、淫、妄言、飲酒，是爲五誡。釋迦在世教化四十九年，乃至天龍人鬼並來聽法，弟子得道，以百千萬億數。然後於拘尸那城娑羅雙樹間，以二月十五日，入般涅槃。涅槃亦曰泥洹，譯言滅度，亦言常樂我浄。初釋迦説法，以人之性識根業各差，[4]故有大乘小乘之説。[5]至是謝世，弟子大迦葉與阿難等五百人，[6]追共撰述，綴以文字，集載爲十二部。後數百年，有羅漢菩薩相繼著論，贊明其義。然佛所説，我滅度後，正法五百年，像法一千年，末法三千年，其義如此。

[1]嬲（niǎo）惱：煩擾、戲弄。

[2]累：憂患、煩勞。

[3]攝行：正其行爲。

[4]性識：思想意識。根業：佛教語，指根性與業力。衆生因根業不同，修行正果亦不同。

[5]大乘：佛教語。公元一世紀逐漸形成的佛教派别，主張利他，普度衆生。小乘：大乘教流行之後，原部派佛教被貶爲小乘，它保持早期佛教之教理。

[6]大迦葉：或作迦葉，全稱爲摩訶迦葉，古印度摩揭陀國王舍城人，屬婆羅門種姓。釋迦牟尼十大弟子之一。阿難：全稱阿難陀，釋迦牟尼的堂弟，侍從釋迦二十五年，亦其十大弟子之一。

推尋典籍，自漢已上，中國未傳。或云久以流布，遭秦之世，所以堙滅。[1]其後張騫使西域，[2]蓋聞有浮屠之教。哀帝時,[3]博士弟子秦景使伊存口授浮屠經,[4]中土聞之，未之信也。後漢明帝夜夢金人飛行殿庭,[5]以問於朝，而傅毅以佛對。帝遣郎中蔡愔及秦景使天竺求之,[6]得《佛經四十二章》及釋迦立像。[7]并與沙門攝摩騰、竺法蘭東還。[8]愔之來也，以白馬負經，因立白馬寺於洛城雍門西以處之。其經緘于蘭臺石室，而又畫像於清凉臺及顯節陵上。[9]章帝時,[10]楚王英以崇敬佛法聞,[11]西域沙門齎佛經而至者甚衆。永平中,[12]法蘭又譯《十住經》。其餘傳譯，多未能通。至桓帝時,[13]有安息國沙門安静,[14]齎經至洛，翻譯最爲通解。靈帝時,[15]有月支沙門支讖、天竺沙門竺佛朗等,[16]並翻佛經。而支讖所譯《泥洹經》二卷，學者以爲大得本旨。漢末，太守竺融亦崇佛法。[17]三國時，有西域沙門康僧會,[18]齎佛經至吴譯之，吴主孫權甚大敬信。[19]魏黄初中,[20]中國人始依佛戒，剃髮爲僧。先是西域沙門來此，譯《小品經》，首尾乖舛，未能通解。甘露中,[21]有朱仕行者往西域,[22]至于闐國,[23]得經九十章，晋元康中至鄴譯之,[24]題曰《放光般若經》。太始中,[25]有月支沙門竺法護,[26]西游諸國，大得佛經，至洛翻譯，部數甚多。佛教東流，自此而盛。

[1]堙（yīn）滅：堵塞、埋没。

[2]張騫：漢中（今陝西境内）人。建元中，以郎應募出使月氏。經匈奴，被扣十餘年。亡走大宛，抵康居，傳致大月氏。歸漢，拜大中大夫。再次出使西域，其所至西北諸國，皆始通於漢。還，拜大行，列爲九卿，歲餘卒。見《史記》卷一二三，《漢書》

卷六一有傳。

[3]哀帝：劉欣之，定陶王恭之子，十八歲立爲皇太子。綏和二年即皇帝位，元壽二年崩。《漢書》卷一一有紀。

[4]秦景：生平事迹不詳。伊存：生平事迹不詳。

[5]後漢明帝：劉莊，建武十九年立爲太子。中元二年即皇帝位，永平十八年崩。《後漢書》卷二有紀。

[6]蔡愔（yīn）：生平事迹不詳。

[7]佛經四十二章：佛經。《出三藏記集》卷六《四十二章經序》載，張騫、羽林中郎將秦景等十二人，至大月支國，寫取佛經《四十二章》。

[8]攝摩騰：本中天竺人。解《大小乘經》，常游化爲任。遇秦景等來尋訪佛法，來到洛陽。受明帝禮遇，自此漢地始有沙門。有記曰攝摩騰譯《四十二章》，緘於蘭臺室第十四間中。見《高僧傳》卷一。法蘭：《出三藏記集》卷一五提及，生平事迹不詳。

[9]顯節陵：後漢明帝陵寢，位於今河南洛陽市西北。

[10]章帝：劉炟，永平三年立爲皇太子。十八年即皇帝位，章和二年崩。《後漢書》卷三有紀。

[11]楚王英：劉英，光武帝子。建武十七年進爵爲楚王。晚年學爲浮屠齋戒祭祀。永平十三年，有人告其有逆謀，被廢。十四年自殺，後謚曰楚厲侯。《後漢書》卷四二有傳。

[12]永平：後漢明帝年號（58—75）。

[13]桓帝：劉志，本初元年即皇帝位。永康元年崩。《後漢書》卷七有紀。

[14]安息：伊朗高原古國，王治番兜城，去長安萬一千六百里。見《漢書》卷九六上。安静：《出三藏記集》《高僧傳》皆作安清，字世高，安息國正后之太子。讓位於叔，出家修道。遍歷諸國，桓帝初始到中夏，通習華語，宣譯衆經。靈帝末年，卒於廣州。見《出三藏記集》卷一三、《高僧傳》卷一。

[15]靈帝：劉宏，建寧元年即皇帝位，中平六年崩。《後漢

書》卷八有紀。

[16]月支：或作月氏，古西域國名，治靈氏城，距長安萬一千六百里。見《漢書》卷九六上。支讖：月支人。諷誦群經，志存宣法。桓帝末年來洛陽。靈帝年間，翻譯佛經三部，後不知所終。見《出三藏記集》卷一三。竺佛朗：天竺人。桓帝時，攜經來洛陽，即轉胡文爲漢文，所譯深得經意。見《出三藏記集》卷一三。

[17]竺融：生平事迹不詳。《後漢書》及《三國志》均無記載，疑爲竇融。

[18]康僧會：康居人。出家，明練三藏，欲往東方運流大法。赤烏十年到建業，得孫權賞識。所譯經法，皆妙得經體，文義允正。晋太康元年卒。見《出三藏記集》卷一三。

[19]孫權：字仲謀，吴郡富春（今浙江杭州市）人。漢獻帝時，據江東六郡，後與曹魏、蜀漢形成三足鼎立的局面。黄龍元年稱帝，國號吴，都建業。神鳳元年崩，謚曰大皇帝。《三國志》卷四七有傳。

[20]黄初：魏文帝年號（220—226）。

[21]甘露：高貴鄉公年號（256—260）。

[22]朱仕行：潁川（今河南禹州市）人。出家後，即以宣大法爲己任。到于闐，得正品梵書，胡本九十章，六十餘萬言。譯出《放光經》二十卷。年八十而卒。見《出三藏記集》卷一三。

[23]于闐：漢代西域國名，位於今新疆和田一帶。《漢書》卷九六上有載。

[24]元康：晋惠帝年號（291—299）。

[25]太始：或作泰始，晋武帝年號（265—274）。

[26]竺法護：其先月支人，八歲出家，涉獵百家之言。晋武帝之世，隨師至西域，外國異言，無不備曉。所獲大小乘經凡一百四十九部，終身譯寫，使經法廣流於中華。年七十八卒於澠池。見《出三藏記集》卷一三。

石勒時，[1]常山沙門衛道安，[2]性聰敏，誦經日至萬餘言。以胡僧所譯《維摩》《法華》未盡深旨，精思十年，心了神悟，乃正其乖舛，宣揚解釋。時中國紛擾，四方隔絶，道安乃率門徒，南游新野，欲令玄宗所在流布，[3]分遣弟子，各趨諸方。法性詣揚州，[4]法和入蜀，[5]道安與慧遠之襄陽。後至長安，苻堅甚敬之。[6]道安素聞天竺沙門鳩摩羅什，[7]思通法門，勸堅致之。什亦聞安令問，遥拜致敬。姚興弘始二年，[8]羅什至長安，時道安卒後已二十載矣，什深慨恨。什之來也，大譯經論，道安所正，與什所譯，義如一，初無乖舛。

[1]石勒：字世龍，上黨武鄉（今山西榆社縣）人，羯族。據襄國，於晋大興二年稱趙王，滅前趙，統一北方大部分地區。晋咸和五年稱帝，改元建平，三年崩。《晋書》卷一〇四、一〇五有載記，《魏書》卷九五有傳。

[2]衛道安：即釋道安，又作竺道安，本姓衛，常山扶柳（今河北衡水市）人。十二歲出家，窮覽經典，所譯諸經，文理會通，經義克明。又總集佛經名目，撰成《綜理衆經目録》。後苻堅攻破襄陽，俘獲道安。東晋太元十年無疾而終。見《出三藏記集》卷一五、《高僧傳》卷五。

[3]玄宗：宗教之玄理。

[4]法性：《出三藏記集》《高僧傳》皆做法汰，即竺法汰，東莞（今山東莒縣周邊）人。道安令其赴京，至瓦官寺，深得晋簡文帝器重。太元十二年卒。《出三藏記集》卷一二載竺法汰《問釋道安三乘並書》《問釋道安神》。見《高僧傳》卷五。

[5]法和：冀州（今河北境内）人。少與道安同師受學，常與道安共校其所得群經。後游洛陽，居陽平寺，年八十餘卒。見《出

三藏記集》卷一五。

[6]苻堅：字永固，一名文玉，略陽臨渭（今甘肅秦安縣東南）人，氐族。升平元年，自立爲大秦天王。滅前燕、克前凉，成爲十六國中最强者。晋太元五年攻晋，在淝水大敗。太元十年，被姚萇所殺。《晋書》卷一一三有載記，《魏書》卷九五有傳。

[7]鳩摩羅什：齊言童壽，天竺人。七歲出家。苻堅建元十八年，遣吕光等西伐，獲鳩摩羅什，在凉多年。姚興弘始二年到長安，講説新經，續出《小品》《金剛般若》諸論。十一年卒於長安。見《出三藏記集》卷一四、《高僧傳》卷三。

[8]姚興：原作姚萇，據其史實及年號改。姚興，字子略，羌族，南安赤亭（今甘肅隴西縣）人。大秦姚萇長子。姚萇卒，即皇帝位。《晋書》卷一一七有載記，《魏書》卷九五、《北史》卷九三有傳。弘始，姚興年號（399—416）。

初，晋元熙中，[1]新豐沙門智猛，[2]策杖西行，到華氏城，[3]得《泥洹經》及《僧祇律》，東至高昌，[4]譯《泥洹》爲二十卷。後有天竺沙門曇摩羅讖復齎胡本，[5]來至河西。沮渠蒙遜遣使至高昌取猛本，[6]欲相參驗，未還蒙遜破滅。姚興弘始十年，猛本始至長安，譯爲三十卷。曇摩羅讖又譯《金光明》等經。時胡僧至長安者數十輩，惟鳩摩羅什才德最優。其所譯則《維摩》《法華》《成實論》等諸經，及曇無讖所譯《金光明》，曇摩羅讖所譯《泥洹》等經，並爲大乘之學。而什又譯《十誦律》，天竺沙門佛陀耶舍譯《長阿含經》及《四分律》，[7]兜佉勒沙門曇摩難提譯《增一阿含經》，[8]曇摩耶舍譯《阿毗曇論》，[9]並爲小乘之學。其餘經論，不可勝記。自是佛法流通，極於四海矣。東晋隆安中，[10]

又有罽賓沙門僧伽提婆譯《增一阿含經》及《中阿含經》。[11]義熙中，[12]沙門支法領從于闐國得《華嚴經》三萬六千偈，[13]至金陵宣譯。[14]又有沙門法顯，[15]自長安游天竺，經三十餘國。隨有經律之處，學其書語，譯而寫之。還至金陵，與天竺禪師跋羅參共辯定，[16]謂《僧衹律》，學者傳之。

［1］元熙：東晋恭帝年號（419—420）。

［2］智猛：雍州京兆（今陝西西安市附近）人。少年出家，修業專至。西行到華氏城，得梵本佛經，誓願譯經。元嘉十四年入蜀，後卒於成都。見《出三藏記集》卷八、《高僧傳》卷三。

［3］華氏城：原爲樹名，因該城此樹較多，故以爲城名。此城位於恒河與桑河交匯處，即今印度比哈爾邦邦首府巴持那。

［4］高昌：漢郡名，故城在今新疆吐魯番縣東。

［5］曇摩羅讖：即曇摩讖，又作曇無讖，中天竺人，婆羅門種。攜胡本佛經至凉州，河西王勸請令譯，譯出《大集經》《金光明》等。後欲西行，沮渠蒙遜遣刺客殺之。見《出三藏記集》卷一四、《高僧傳》卷二。

［6］沮渠蒙遜：臨松盧水（今甘肅張掖市附近）胡人，初佐凉王段業，東晋義熙八年僭立爲凉王。《晋書》卷一二九有載記，《魏書》卷九九、《北史》卷九三有傳。

［7］佛陀耶舍：齊言覺明，罽賓（今喀布爾河下游喀什米爾一帶）人，十三歲出家。姚興弘始年間至長安，先後譯出《四分律》及《長阿含》等。後辭歸外國，不知所終。見《出三藏記集》卷一四、《高僧傳》卷二。四分律，原作“四方律”，據《高僧傳》改。

［8］兜佉勒：不詳今爲何地。曇摩難提，兜佉勒國人，幼年出家。苻堅建元二十年至長安，綿涉二載，譯《增一阿含》等經。後

辭還西域，不知所終。見《出三藏記集》卷一三、《高僧傳》卷一。

[9]曇摩耶舍：此言法明，罽賓人。年十四出家，明悟出群。東晋義熙年間來長安，譯經二十二卷。宋元嘉中，辭還西域，不知所終。見《高僧傳》卷一。

[10]隆安：東晋安帝年號（397—401）。

[11]僧伽提婆：罽賓國人，姓瞿曇氏。入道修學，兼通三藏。晋隆安元年，游京師。其在關、洛、江左所出衆經，凡百餘萬言。

[12]義熙：東晋安帝年號（405—418）。

[13]支法領：生平事迹不詳。《出三藏記集》卷二載，支法領在于闐國得胡本《大方廣佛華嚴經》，義熙十四年始譯，至宋永初二年全部完成。偈（jié），佛經中的頌詞，梵語偈陀的簡稱。每句字數不一，四句合爲一偈。

[14]金陵：今江蘇南京市。

[15]法顯：本姓龔，平陽武陽（今山西臨汾市）人。二十歲受大戒。晋隆安三年，與慧景等從長安出發，經歷三十餘國到中天竺，得諸部佛經。在其停留數年，返回中土，譯出《摩訶僧祇律》等多部佛經。年八十二卒。見《出三藏記集》卷一五、《高僧傳》卷三。

[16]跋羅：又作佛馱跋陀、佛馱跋陀羅，齊言佛賢，北天竺人。十七歲出家，少以禪律馳名。經歷三年到達青州，後到金陵。與慧嚴等百餘人譯出《泥洹》等十一部佛經。宋元嘉六年卒。見《出三藏記集》卷一四、《高僧傳》卷二。

齊、梁及陳，並有外國沙門。然所宣譯，無大名部可爲法門者。[1]梁武大崇佛法，於華林園中總集釋氏經典，凡五千四百卷。沙門寶唱，撰《經目録》。又後魏時，太武帝西征長安，以沙門多違佛律，群聚穢亂，乃詔有司，盡坑殺之，焚破佛像。長安僧徒，一時殲滅。自餘征鎮，[2]豫聞詔書，亡匿得免者十一二。文成之世，[3]又使修復。熙平中，[4]遣沙門慧生使西域，[5]采諸經律，得一百七十部。永平中，[6]又有天竺沙門菩提留支大譯佛經，[7]與羅什相埒。[8]其《地持》《十地論》，並爲大乘學者所重。後齊遷鄴，佛法不改。至周武帝時，蜀郡沙門衛元嵩上書，[9]稱僧徒猥濫，武帝出詔，一切廢毀。

[1]法門：佛教名詞。指通過習修佛法獲得佛果的門户，也指便於宣講佛法而劃分的門類。

[2]征鎮：魏晋以來，將軍、大將軍的稱號，有征東、征西、鎮東、鎮西之類，監臨軍事，守衛地方，總稱征鎮。又指征鎮管轄的地方和百姓。

[3]文成：拓跋濬，景穆皇帝長子。謚曰文成皇帝，廟號高宗。見《宋書》卷九五，《魏書》卷五、《北史》卷二有紀。

[4]熙平：魏孝明帝年號（516—518）。

[5]慧生：又作惠生，生平事迹不詳。《魏書》卷一一四載，熙平元年，詔遣沙門惠生使西域之事。

[6]永平：魏宣武帝年號（508—512）。

[7]菩提留支：又作菩提流支，魏言道希，北天竺人，遍通三藏。永平初，來游東夏。流支自洛陽至鄴，二十餘年所出經三十九部，一百二十七卷。見《續高僧傳》卷一。

[8]相埒（liè）：相等。

[9]衛元嵩：蜀郡（今四川境内）人，好言將來之事。天和中，著詩預論周、隋廢興及皇家受命，並有徵驗。性尤其不信佛教，曾上疏極論之。見《周書》卷四七、《北史》卷八九。

開皇元年，高祖普詔天下，任聽出家，仍令計口出錢，營造經像。而京師及并州、相州、洛州等諸大都邑之處，[1]並官寫一切經，置於寺内；而又别寫，藏于祕閣。天下之人，從風而靡，競相景慕，民間佛經，多於六經數十百倍。大業時，又令沙門智果，[2]於東京内道場，撰諸經目，分别條貫，以佛所説經爲三部，一曰大乘，二曰小乘，三曰雜經。其餘似後人假託爲之者，别爲一部，謂之疑經。又有菩薩及諸深解奥義、贊明佛理者，名之爲論，及戒律並有大、小及中三部之别。又所學者録其當時行事，名之爲記。凡十一種。今舉其大數，列於此篇。

[1]并州：今山西汾水中游地區。相州：今河南安陽周邊。洛州：今河南洛陽周邊。

[2]智果：會稽剡（今浙江嵊州市西南）人。其書法近王羲之，楊廣令其寫之，不從，被囚江都，令其守寶臺經藏。後上《太子東巡頌》而獲釋，六十餘歲卒。見《續高僧傳》卷三一。

右道、佛經二千三百二十九部，七千四百一十四卷。

二千三百二十九部：實際爲二千三百三十九部。

道、佛者，方外之教，聖人之遠致也。俗士爲之，不通其指，多離以迂怪，假託變幻亂於世，斯所以爲弊也。故中庸之教，是所罕言，然亦不可誣也。故録其大綱，附于四部之末。

大凡經傳存亡及道、佛，六千五百二十部，五萬六千八百八十一卷。

六千五百二十部：四部經傳存亡爲四千八百七十六部，道、佛二千三百三十九部，應爲七千二百一十五部。

隋書　卷三六

列傳第一

后妃

夫陰陽肇分，乾坤定位，君臣之道斯著，夫婦之義存焉。陰陽和則裁成萬物，家道正則化行天下，由近及遠，自家刑國，配天作合，不亦大乎！興亡是繫，不亦重乎！是以先王慎之，正其本而嚴其防。後之繼體，靡克聿修，[1]甘心柔曼之容，罔念幽閑之操。成敗攸屬，安危斯在。故皇、英降而虞道隆，[2]任、姒歸而姬宗盛，[3]妹、妲致夏、殷之釁，[4]褒、趙結周、漢之禍。[5]爰歷晋、宋，[6]實繁有徒。皆位以寵升，榮非德進，恣行淫僻，莫顧禮儀，爲梟爲鴟，[7]敗不旋踵。後之伉儷宸極，[8]正位居中，罕蹈平易之塗，多遵覆車之轍。雎鳩之德，[9]千載寂寥；牝雞之晨，[10]殊邦接響。窈窕淑女，靡有求於寤寐；鏗鏘環珮，鮮克嗣於徽音。永念前修，嘆深彤管。[11]覽載籍於既往，考行事於當時，存亡得失之機，蓋亦多矣。故述《皇后列傳》，所以垂戒將來。

［1］靡克聿修：典出《詩·大雅·文王》："無念爾祖，聿修厥德。"此處引用典故來指責後世的人没有能够繼承祖先的德行。

［2］皇、英：指娥皇、女英。相傳是堯的兩個女兒，同嫁虞舜爲妃，相傳爲古代賢妃。　虞：傳説中帝舜所建的朝代。

［3］任、姒：指周文王母太任和周武王母太姒，相傳爲古代賢妃。　姬宗：指周王室。

［4］妹、妲：指夏桀王的寵妃妹喜和商紂王的寵妃妲己，據説是兩人導致了夏、商的滅亡。按，妹，亦稱末喜、末嬉、妹嬉等。

［5］褒、趙：指周幽王寵妃褒姒和漢成帝寵妃趙飛燕。

［6］宋：即南朝宋（420—479），都建康（今江蘇南京市）。

［7］爲梟爲鴟：典出《詩·大雅·瞻卬》："懿厥哲婦，爲梟爲鴟。"後世多用此來指斥女禍。

［8］宸極：指帝位。

［9］雎鳩之德：喻婦人干政。典出《詩·周南·關雎》。毛傳稱"關雎"喻后妃之德，後多沿用其説。

［10］牝雞之晨：喻女性掌權。典出《尚書·牧誓》："牝雞之晨，惟家之索。"

［11］彤管：喻指有才學的女子。典出《詩·邶風·静女》："貽我彤管。"彤管爲何物，一直存在争議。一説爲赤管之筆也，古女史所執，以記宫中政令及后妃之事；一説爲塗紅漆之管；一説爲紅洞簫；一説爲紅色管狀的荑。

然后妃之制，[1]夏、殷以前略矣。周公定禮，内職始備列焉。秦、漢以下，代有沿革，品秩差次，前史載之詳矣。齊、梁以降，[2]歷魏暨周，[3]廢置益損，參差不一。周宣嗣位，[4]不率典章，衣褘翟、稱中宫者，[5]凡有五。夫人以下，略無定數。高祖思革前弊，[6]大矯其違，唯皇后正位，傍無私寵，婦官稱號，未詳備焉。開皇二年，[7]著内宫之式，[8]略依《周禮》，[9]省減其數。嬪三員，[10]掌教四德，[11]視正三品。世婦九員，[12]掌賓客祭祀，視正五品。女御三十八員，[13]掌女工絲枲，[14]視正七品。又採漢、晋舊儀，置六尚、六司、六典，遞相統攝，以掌宫掖之政。一曰尚宫，掌導引皇后及閨閤廩賜。管司令三人，掌圖籍法式，糾察宣奏；典琮三人，掌琮璽器玩。[15]二曰尚儀，掌禮儀教學。管司樂三人，掌音律之事；典贊三人，掌導引内外命婦朝見。[16]三曰尚服，掌服章寶藏。管司飾三人，掌簪珥花嚴；典櫛三人，掌巾櫛膏沐。四曰尚食，掌進膳先嘗。管司醫三人，[17]掌方藥卜筮；典器三人，掌罇彝器皿。五曰尚寢，掌幃帳牀褥。管司筵三人，掌鋪設灑掃；典執三人，掌扇傘燈燭。六曰尚工，掌營造百役。管司製三人，掌衣服裁縫；典會三人，掌財帛出入。六尚各三員，視從九品，六司視勳品，[18]六典視流外二品。[19]初，文獻皇后功參歷試，[20]外預朝政，内擅宫闈，懷嫉妒之心，虚嬪妾之位，不設三妃，防其上逼。自嬪以下，置六十員。加又抑損服章，降其品秩。至文獻崩後，始置貴人三員，[21]增嬪至九員，世婦二十七員，御女八十一員。[22]貴人等關掌宫闈之務，六尚已下，皆分隸焉。

[1]后妃之制：底本作“妃后之制”。庫本、中華本作“后妃之制”。按，《後漢書》卷一〇上《皇后紀》記：“夏、殷以上，后妃之制，其文略矣。”又《漢書》卷六〇《杜欽傳》記：“后妃之

制，夭壽治亂存亡之端也。”可見“后妃之制”是比較固定的説法，恐底本有誤。

［2］齊：即南朝齊（479—502），都建康（今江蘇南京市）。梁：即南朝梁（502—557），都建康（今江蘇南京市）。

［3］魏：即北魏（386—557），亦稱後魏。初都平城（今山西大同市東北），公元494年遷都洛陽（今河南洛陽市東北白馬寺東）。公元534年分裂爲東魏和西魏兩個政權。東魏（534—550）都於鄴（今河北臨漳縣西南鄴鎮東），西魏（535—557）都於長安（今陝西西安市西北郊）。　周：即北周（557—581），都長安（今陝西西安市）。

［4］周宣：北周宇文贇的謚號。紀見《周書》卷七、《北史》卷一〇。

［5］褘翟：指皇后的服裝。褘，繪有野鷄圖紋的皇后祭服。翟，指用雉羽裝飾的衣服、車子。　中宮：一般指皇后之宮，亦指皇后。

［6］高祖：隋文帝楊堅的廟號。紀見本書卷一、二，《北史》卷一一。

［7］開皇：隋文帝楊堅年號（581—600）。

［8］内宫：底本、庫本作“内宫”，中華本作“内官”。按，“内官”稱后妃品秩，“内宫”指嬪妃的居所。應以“内官”爲是。

［9］《周禮》：又稱《周官》或《周官經》。按，底本原作“典禮”，中華本作“周禮”。張元濟《百衲本二十四史校勘記·隋書校勘記》已指出底本所記有誤，今從中華本改。

［10］嬪：後宫名號。周代置，歷代沿置。有三嬪、六嬪、九嬪等名號。西晋武帝時置九嬪，南朝沿置。北魏設三嬪，位視三卿。六嬪，位視六卿。北周設六嬪，隋開皇初設三嬪。

［11］四德：指婦德、婦言、婦容、婦功。《周禮·天官·九嬪》記：“九嬪：掌婦學之法，以教九御，婦德、婦言、婦容、婦功，各帥其屬而以時御叙于王所。”

［12］世婦：後宮名號。周代置，位在九嬪之下。協助王后管理後宮事務。歷代沿置，名目或因或改，品位不一。北魏置世婦，位視中大夫。隋開皇初置九員。

［13］女御：帝王之妾名。周代置，位在世婦之下，協助世婦參與後宮祭祀、喪禮等活動。歷代沿置，名目或因或改，品位不一。隋開皇初置三十八員。

［14］枲（xǐ）：麻類植物的纖維。

［15］琮璽：玉璽，皇帝或皇后的印。

［16］内外命婦：命婦，受帝王封號的婦女。周代置，歷代沿置，有内外命婦之分。内命婦，周代指王室宗親子姓世婦，或指三夫人以下的嬪妃。北周内命婦分五等：三妃，位視三公。三娀，位視三孤。六嬪，位視六卿。御媛，位視大夫。分上、中、下媛婦。御婉，三人，位視士。外命婦，爲宫外命婦的統稱。周代指卿大夫之妻。西漢以後，皇帝外祖母、姊妹、女及大臣夫人有封爲郡縣鄉君者，皆爲外命婦。

［17］毉：同“醫”。

［18］勳品：北魏孝文帝時於九品職官之外，復置流外七品，以序下級官吏之品級。九品職官，稱爲流内，此七品在九品之外，故稱流外。流外一品，稱爲勳品。隋沿用其制。

［19］流外二品：北魏孝文帝時於九品職官之外，復置流外七品，以序下級官吏之品級。流外一品稱勳品，二品以下稱爲流外二品，流外三品，依此類推，至流外七品。無正、從及上、下階之分，故又稱勳品流外。隋沿用其制。

［20］歷試：屢次、多次考驗或考察。

［21］貴人：後宮名號。始於東漢，位僅次皇后，金印紫綬，奉粟數十斛。晋武帝時爲三夫人之一，低於夫人，位視三公。十六國成漢、後趙、後燕皆設。後趙置一人，位視列侯。南朝宋孝建三年（456）重定三夫人，以貴人位比三司。泰始三年（467）省。南朝齊建元元年（479）復置。梁沿置，北魏初無，至太武帝增置。隋

初爲内官之一，文帝置三員，掌宫闈事務，煬帝時罷。

[22]御女：後宫名號。北魏置爲内官，位視元士。隋仁壽二年（602）後置八十一員，煬帝時置二十四員，正六品。

煬帝時，[1]后妃嬪御，無釐婦職，唯端容麗飾，陪從宴游而已。帝又參詳典故，自製嘉名，著之於令。貴妃、淑妃、德妃，是爲三夫人，品正第一。順儀、順容、順華、修儀、修容、修華、充儀、充容、充華，是爲九嬪，品正第二。婕好一十二員，品正第三，美人、才人一十五員，品正第四，是爲世婦。寶林二十四員，[2]品正第五；御女二十四員，品正第六；采女三十七員，[3]品正第七，是爲女御。總一百二十，以叙於宴寢。又有承衣刀人，皆趨侍左右，並無員數，視六品已下。

[1]煬帝：即楊廣。紀見本書卷三、四，《北史》卷一二。

[2]寶林：後宫名號。隋煬帝始置。正五品。

[3]采女：後宫名號。東漢始置，並無爵秩，歲時賞賜充給而已。隋煬帝時置，正七品。

時又增置女官，準尚書省，[1]以六局管二十四司。一曰尚宫局，管司言，掌宣傳奏啓；司簿，掌名録計度；司正，掌格式推罰；司闈，掌門閤管鑰。二曰尚儀局，管司籍，掌經史教學，紙筆几案；司樂，掌音律；司賓，掌賓客；司贊，掌禮儀贊相導引。三曰尚服局，管司璽，掌琮璽符節；司衣，掌衣服；司飾，掌湯沐巾櫛玩弄；司仗，掌仗衛戎器。四曰尚食局，管司膳，掌膳羞；司醖，掌酒醴醯醢；[2]司藥，掌毉巫藥劑；司饎，掌廩餼柴炭。五曰尚寢局，管司設，掌牀席帷帳，鋪設灑掃；司輿，掌輿輦傘扇，執持羽儀；司苑，掌園籞種植，[3]蔬菜瓜果；司燈，掌火燭。六曰尚工局，管司製，掌營造裁縫；司寶，掌金玉珠璣錢貨；司綵，掌繒帛；司織，掌織染。六尚二十二司，員各二人，唯司樂、司膳員各四人。每司又置典及掌，以貳其職。六尚十人，品從第五；司二十八人，品從第六；典二十八人，品從第七；掌二十八人，品從第九。[4]女使流外，[5]量局閑劇，多者十人，已下無定員數。[6]聯事分職，各有司存焉。

[1]尚書省：官署名。爲中央最高政令執行機關。凡中書省所出詔敕及批准章奏，經門下省過覆後，皆交本省頒下執行。中央九寺諸監發往州府的符移關牒，亦須經本省發布下達。

[2]醯（xī）：亦作“醯”，指醋。

[3]籞（yù）：帝王的禁苑。

[4]“六尚二十二司”至“品從第九”：關於六尚二十二司的員數，清代學者張映斗《隋書考證》認爲六尚二十二司，員各二人，司樂、司膳各四人，則合計四十八人，與後文所記六尚十人，司二十八人，合計三十八人不符，疑誤。《北史》卷一三《后妃傳》中華本校勘記亦指出“此段叙各司員數與總數不合，疑有訛誤”。其所言爲是。書稱：“六尚二十二司，員各二人，唯司樂、司膳員各四人。”則六尚員數應爲十二人，而下文記十人，不符。據《唐六典》卷一二《内官宮官内侍省》宮官條下注記：“煬帝改置六尚局，……六尚十二人。”則本書脱漏“二”字，應據補。又司

二十八人，若以二十二司各二人，司樂、司膳員各四人算，則合計四十八人，其數亦不符。或疑受下文典、掌二十八人人數之誤。

［5］女使：諸本皆作“女使”，《北史·后妃傳》作“女史”，《唐六典·内官宫官内侍省》宫官條注亦作“女史”。按，女史是自周代沿用的女官名，《周禮·天官·女史》記：“女史，掌王后之禮職，掌内治之貳。”則此處應以“女史”爲是，諸本所記有誤。

［6］多者十人，已下無定員數：此句中華本斷作“多者十人已下，無定員數”。中華書局校點本《唐六典》卷一二《宫官》宫官條注文曰：“女史，流外，量事而置，多者十人。皇朝内職多依隋制。”可見“多者十人已下”，斷句有誤。應斷在“十人”之後，意員數以十人爲限，已下不定。

文獻獨孤皇后，河南雒陽人，[1]周大司馬、河内公信之女也。[2]信見高祖有奇表，故以后妻焉，時年十四。高祖與后相得，誓無異生之子。后初亦柔順恭孝，不失婦道。后姊爲周明帝后，[3]長女爲周宣帝后，[4]貴戚之盛，莫與爲比，而后每謙卑自守，世以爲賢。及周宣帝崩，高祖居禁中，總百揆，[5]后使人謂高祖曰：“大事已然，騎獸之勢，[6]必不得下，勉之！”高祖受禪，立爲皇后。

［1］河南：郡名。治所在雒陽縣（今河南洛陽市東北）。

［2］大司馬：官名。全稱爲大司馬卿。北周時爲夏官府之長，負責軍政、軍備、宿衛等事務。正七命。　河内公：爵名。北周時爲十一等爵中的第四等。正九命。　信：人名。即獨孤信。北周、隋時人。傳見《周書》卷一六、《北史》卷六一。

［3］周明帝：即北周皇帝宇文毓。紀見《周書》卷四、《北史》

卷九。　后：獨孤氏，北周、隋時人。傳見《周書》卷九、《北史》卷一四。

[4]周宣帝：即北周皇帝宇文贇。紀見《周書》卷七、《北史》卷一〇。　后：即楊麗華。北周、隋時人。傳見《周書》卷九、《北史》卷一四。

[5]總百揆：指總領各種政務。百揆，原爲堯時所置官，其職爲統領百官。西周改稱冢宰。

[6]騎獸之勢："獸"應作"虎"，乃避唐先世李虎諱改。

突厥嘗與中國交市，[1]有明珠一篋，價值八百萬，幽州總管陰壽白后市之。[2]后曰："非我所須也。當今戎狄屢寇，將士罷勞，未若以八百萬分賞有功者。"百寮聞而畢賀。高祖甚寵憚之。上每臨朝，后輒與上方輦而進，至閣乃止。使宦官伺上，政有所失，隨則匡諫，多所弘益。候上退朝而同反燕寢，相顧欣然。后早失二親，常懷感慕，見公卿有父母者，每爲致禮焉。有司奏以《周禮》百官之妻，命于王后，憲章在昔，請依古制。后曰："以婦人與政，或從此漸，不可開其源也。"不許。后每謂諸公主曰："周家公主，類無婦德，失禮於舅姑，[3]離薄人骨肉，此不順事，爾等當誡之。"大都督崔長仁，[4]后之中外兄弟也，[5]犯法當斬。高祖以后之故，欲免其罪。后曰："國家之事，焉可顧私！"長仁竟坐死。后異母弟陁，[6]以猫鬼巫蠱，[7]咒詛於后，坐當死。后三日不食，爲之請命，曰："陁若蠹政害民者，妾不敢言。今坐爲妾身，敢請其命。"陁於是減死一等。[8]后每與上言及政事，往往意合，宫中稱爲二聖。

[1]突厥：古族名、國名。廣義包括突厥、鐵勒諸部落，狹義專指突厥。公元六世紀時游牧於金山（今阿爾泰山）以南，因金山形似兜鍪，俗稱“突厥”，遂以名部落。西魏廢帝元年（552），土門自號伊利可汗，建立突厥汗國。後分裂爲西突厥、東突厥兩個汗國。傳見本書卷八四、《北史》卷九九、《舊唐書》卷一九四、《新唐書》卷二一五。　交市：即互市。民族或國家之間的貿易活動。

[2]幽州：治所在今北京市。　總管：官名。地方高級軍政官員。所轄區域增減無常，一般轄數州，多者可達數十州。邊鎮大州或置大總管。隋總管可由刺史以下官承制補授。其品秩分三等，上總管視從二品，中總管視正三品，下總管視從三品。　陰壽：人名。隋時人。傳見本書卷三九、《北史》卷七三。

[3]舅姑：古人對公婆的稱呼。

[4]大都督：散實官名。隋時爲勳官十一級中的第九級。《北史》作“都督”。　崔長仁：人名。正史無傳。據本書卷七九《獨孤羅傳》記獨孤信入關後復娶二妻，郭氏生子六人，崔氏生文獻皇后。則崔長仁爲文獻皇后母家兄弟。

[5]中外兄弟：表兄弟。父親的姊妹之子爲外兄弟，母親的兄弟姊妹之子爲内兄弟，合稱爲中外兄弟。

[6]陀：人名。即獨孤陀，北周、隋時人。《北史》卷六一作“陁”。本書卷七九、《北史》卷六一有附傳。

[7]猫鬼：古代行巫術者畜養的猫，謂有鬼物附著其身，可以咒語驅使害人，因稱猫鬼。

[8]陀於是減死一等：爲獨孤陀請命之人，諸史所記不一。《隋書·獨孤陀傳》中記爲獨孤陀弟獨孤整，《通鑑》卷一七八《隋紀》開皇十八年條記獨孤后與獨孤整皆爲請命。詳參羅振玉《隋書斠議》。

后頗仁愛，每聞大理决囚，[1]未嘗不流涕。然性尤妒忌，後宫莫敢進御。尉遲迥女孫有美色，[2]先在宫中。上於仁壽宫見而悦之，[3]因此得幸。后伺上聽朝，陰殺之。上由是大怒，單騎從苑中而出，不由徑路，入山谷間二十餘里。高熲、楊素等追及上，[4]扣馬苦諫。上太息曰："吾貴爲天子，而不得自由！"高熲曰："陛下豈以一婦人而輕天下！"上意少解，駐馬良久，中夜方始還宫。后俟上於閤内，及上至，后流涕拜謝，熲、素等和解之。上置酒極歡，后自此意頗衰折。初，后以高熲是父之家客，[5]甚見親禮。至是，聞熲謂己爲一婦人，因此銜恨。又以熲夫人死，其妾生男，益不善之，漸加譖毁，上亦每事唯后言是用。后見諸王及朝士有妾孕者，必勸上斥之。時皇太子多内寵，妃元氏暴薨，[6]后意太子愛妾雲氏害之。[7]由是諷上黜高熲，竟廢太子立晋王廣，[8]皆后之謀也。

[1]大理：官署名。全稱爲大理寺。掌鞫獄，定刑名，並覆核諸州刑獄。

[2]尉遲迥：人名。北周時人。傳見《周書》卷二一、《北史》卷六二。

[3]仁壽宫：宫名。爲隋文帝所建的離宫，位於今陝西麟游縣。

[4]高熲：人名。北周、隋時人。傳見本書卷四一、《北史》卷七二。　楊素：人名。北周、隋時人。傳見本書卷四八，《北史》卷四一有附傳。

[5]家客：客指寄食於豪門貴族之人。漢以後社會地位低下，魏晋時有官、私客之分，此指私客。其地位低於良人，高於奴婢，身份卑微，普遍使用於農業生産。

[6]元氏：楊勇妃，遇心疾而亡。其事略見本書卷四五、《北

史》卷七一《房陵王勇傳》。

[7]雲氏：楊勇昭訓，有寵，生長寧王儼、平原王裕、安城王筠。其事略見本書卷四五《北史》卷七一《房陵王勇傳》。

[8]晋王廣：即隋煬帝楊廣。紀見本書卷三、四，《北史》卷一二。

仁壽二年八月甲子，[1]月暈四重，[2]己巳，太白犯軒轅。[3]其夜，后崩於永安宮，[4]時年五十。[5]葬於太陵。[6]其後，宣華夫人陳氏、容華夫人蔡氏俱有寵，上頗惑之，由是發疾。及危篤，謂侍者曰："使皇后在，吾不及此"云。

[1]仁壽：隋文帝楊堅年號（601—604）。

[2]月暈：又稱"風圈"，月光被雲層折射，在月亮周圍形成光圈，可以作爲天氣變化的預兆。

[3]太白犯軒轅：喻指女主有危。太白，星名。即金星。古星象家以爲太白星主殺伐，故多以喻兵戎。軒轅，星座名。在星宿北。其第十四星爲一等大星，因在五帝座之旁，故爲女主象。後多借指皇后。

[4]永安宮：宮名。爲隋皇后居所，宮址失載。

[5]時年五十：陶廣峰比對《北史》所記，考獨孤后卒時應爲五十九歲，而非五十歲，證《隋書》此條有誤。（參見陶廣峰《隋文獻獨孤皇后存年考辨》，《史學月刊》1987年第5期）

[6]太陵：隋文帝及獨孤皇后葬地，位於今陝西扶風縣東南約二十里處。

宣華夫人陳氏，陳宣帝之女也。[1]性聰慧，姿貌無雙。及陳滅，[2]配掖庭，[3]後選入宮爲嬪。時獨孤皇后性妒，後宫罕得進御，唯陳氏有寵。晋王廣之在藩也，陰有奪宗之計，規爲内助，每致禮焉。進金蛇、金駝等物，以取媚於陳氏。皇太子廢立之際，頗有力焉。及文獻皇后崩，進位爲貴人，專房擅寵，主斷内事，六宫莫與爲比。及上大漸，遺詔拜爲宣華夫人。

[1]陳宣帝：即南朝陳陳頊。紀見《陳書》卷五、《南史》卷一〇。

[2]陳：即南朝陳（557—589），都建康（今江蘇南京市）。

[3]掖庭：宫中旁舍，妃嬪居住的地方。

初，上寢疾於仁壽宫也，夫人與皇太子同侍疾。平旦出更衣，爲太子所逼，夫人拒之得免，歸於上所。上怪其神色有異，問其故。夫人泫然曰："太子無禮。"上恚曰："畜生何足付大事，獨孤誠誤我！"意謂獻皇后也。因呼兵部尚書柳述、黄門侍郎元巖曰：[1]"召我兒！"述等將呼太子，上曰："勇也。"述、巖出閤爲勑書訖，示左僕射楊素。[2]素以其事白太子，太子遣張衡入寢殿，[3]遂令夫人及後宫同侍疾者，並出就别室。俄聞上崩，而未發喪也。夫人與諸後宫相顧曰："事變矣！"皆色動股慄。晡後，[4]太子遣使者齎金合子，[5]帖紙於際，親署封字，以賜夫人。夫人見之惶懼，以爲鴆毒，不敢發。使者促之，於是乃發，見合中有同心結數枚。諸宫人咸悦，相謂曰："得免死矣！"陳氏恚而却坐，不肯致謝。諸宫人共逼之，乃拜使者。其夜，太子烝焉。[6]

[1]兵部尚書：官名。隋尚書省下聘六部之一兵部的長官。掌全國軍衛武官選授之改令，總判兵部、職方、駕部、庫部四曹事。正三品。　柳述：人名。本書卷四七、《北史》卷六四有附傳。黄門侍郎：官名。隋屬門下省，最初稱給事黄門侍郎，煬帝時去給事二字。其職掌爲侍從皇帝左右，傳達詔令，掌管機密文字。正四品。　元巖：人名。隋文帝末年官任給事黄門侍郎，深受文帝寵信；隋煬帝奪位時被執下獄，煬帝即位後被除名流徙南海，終被收殺。事亦見本書卷四五《房陵王勇傳》、卷四七《柳述傳》、卷八〇《華陽王楷妃傳》等。按，此元巖與本書卷六二、《北史》卷七五《元巖傳》所載之元巖，並非同一人。

[2]左僕射：官名。全稱爲尚書左僕射。隋尚書省置左右僕射各一人，地位僅次於尚書令。由於隋代尚書令不常置，僕射成爲尚書省實際長官，是宰相之職。從二品。

[3]張衡：人名。傳見本書卷五六、《北史》卷七四。

[4]晡：即申時，午後三時至五時。

[5]齎：送給。

[6]烝：古代指與母輩淫亂。

及煬帝嗣位之後，出居仙都宫。[1]尋召入，歲餘而終，時年二十九。帝深悼之，爲製《神傷賦》。

[1]仙都宫：宫名。隋離宫，位於今陝西西安市西北。

容華夫人蔡氏，丹陽人也。[1]陳滅之後，以選入宫，爲世婦。容儀婉嫕，[2]上甚悦之。以文獻皇后故，希得進幸。及后崩，漸見寵遇，拜爲貴人，參斷宫掖之務，與陳氏相亞。上寢疾，加號容華夫人。上崩後，自請言事，亦爲煬帝所忝。

[1]丹陽：郡名。治所在今江蘇南京市。

[2]婉嫕（yì）：性情和善可親。

煬帝蕭皇后，梁明帝巋之女也。[1]江南風俗，[2]二月生子者不舉。后以二月生，由是季父岌收而養之。[3]未幾，岌夫妻俱死，轉養舅氏張軻家。[4]然軻甚貧窶，后躬親勞苦。煬帝爲晋王時，高祖將爲王選妃於梁，[5]遍占諸女，諸女皆不吉。巋迎后於舅氏，令使者占之，曰："吉。"於是遂策爲王妃。

[1]梁明帝：即蕭巋。傳見本書卷七九，《周書》卷四八有附傳。

[2]江南：區域名。泛指今長江以南地區。

[3]岌：人名。即蕭岌。南朝梁、隋蘭陵人。《周書》卷四八有附傳，事亦見《北史》卷九三《蕭詧傳》。

[4]張軻：人名。字子居，范陽方城人。（其事可參韓理洲輯校編年《全隋文補遺》卷四《張軻墓誌》，三秦出版社2004年版）

[5]梁：即後梁，亦稱西梁（555—587），都江陵（今湖北江陵縣）。

后性婉順，有智識，好學解屬文，頗知占候。高祖大善之，帝甚寵敬焉。及帝嗣位，詔曰："朕祗承丕緒，憲章在昔，爰建長秋，[1]用承饗薦。妃蕭氏，夙禀成訓，婦道克修，宜正位軒闈，式弘柔教，可立爲皇后。"

［1］長秋：一指官名；一爲皇后的代稱。《後漢書》卷一〇上《明德馬皇后紀》章懷太子注稱長秋本爲宫名，後以之代稱皇后。此處代指皇后。

帝每游幸，后未嘗不隨從。時后見帝失德，心知不可，不敢厝言，因爲述志賦以自寄。其詞曰：

承積善之餘慶，備箕箒於皇庭。恐修名之不立，將負累於先靈。乃夙夜而匪懈，實寅懼於玄冥。[1]雖自彊而不息，亮愚矇之所滯。思竭節於天衢，[2]才追心而弗逮。實庸薄之多幸，荷隆寵之嘉惠。賴天高而地厚，屬王道之升平。均二儀之覆載，[3]與日月而齊明。乃春生而夏長，等品物而同榮。[4]願立志於恭儉，私自兢於誡盈。孰有念於知足，苟無希於濫名。惟至德之弘深，情不邇於聲色。感懷舊之餘恩，求故劍於宸極。[5]叨不世之殊盼，謬非才而奉職。何寵禄之踰分，撫胸襟而未識。雖沐浴於恩光，内慙惶而累息。顧微躬之寡昧，[6]思令淑之良難。實不遑於啓處，將何情而自安！若臨深而履薄，[7]心戰慄其如寒。

［1］玄冥：深遠幽寂。

［2］竭節：盡忠，堅持操守。　天衢：星名。《晋書·天文志上》："房四星，爲明堂，天子布政之宫也……又爲四表，中間爲天衢，爲天關，黄道之所經也。"此處以天衢代指天子。

［3］二儀：指天地或陰陽。　覆載：覆蓋與承載。謂覆育包容。

［4］品物：即萬物。

［5］故劍：喻結髮夫妻。典出《漢書》卷九七上《孝宣許皇后傳》。

[6]微躬：謙詞，卑賤的身體。

[7]臨深而履薄：比喻處於危險恐懼的狀態。典出《詩·小雅·小旻》："戰戰兢兢，如臨深淵，如履薄冰。"此處"深"應爲"淵"，蓋避唐高祖李淵諱。

夫居高而必危，慮處滿而防溢。知恣夸之非道，乃攝生於冲謐。[1]嗟寵辱之易驚，尚無爲而抱一。[2]履謙光而守志，且願安乎容膝。[3]珠簾玉箔之奇，金屋瑶臺之美，雖時俗之崇麗，蓋吾人之所鄙。愧絺綌之不工，[4]豈絲竹之喧耳。知道德之可尊，明善惡之由己。蕩囂煩之俗慮，乃伏膺於經史。綜箴誡以訓心，[5]觀女圖而作軌。[6]遵古賢之令範，冀福禄之能綏。時循躬而三省，[7]覺今是而昨非。嗤黄老之損思，信爲善之可歸。慕周姒之遺風，美虞妃之聖則。仰先哲之高才，貴至人之休德。質菲薄而難蹤，心恬愉而去惑。乃平生之耿介，實禮義之所遵。雖生知之不敏，庶積行以成仁。懼達人之蓋寡，謂何求而自陳。誠素志之難寫，同絶筆於獲麟。[8]

[1]攝生：養生，保養身體。

[2]抱一：道家常用語，指專精固守不失其道。一，指道。

[3]容膝：僅能容納雙膝。多形容容身之地狹小。亦指狹小之地。

[4]絺（chī）綌（xì）：指細葛布製成的衣服。

[5]箴誡：此應指後漢班昭所著《女誡》及西晋張華所著《女史箴》。兩書主旨皆强調宫廷婦女應遵守的道德規範。

[6]女圖：古代描繪各類模範女性的圖畫。

［7］三省：省察三事。典出《論語·學而》："曾子曰：'吾日三省吾身：爲人謀而不忠乎？與朋友交而不信乎？傳不習乎？'"

［8］獲麟：最初指春秋魯哀公十四年（前481）獵取麒麟事。相傳孔子作《春秋》至此而輟筆。後多比喻著作的絶筆。

及帝幸江都，[1]臣下離貳，有宫人白后曰："外聞人人欲反。"后曰："任汝奏之。"宫人言於帝，帝大怒曰："非所宜言！"遂斬之。後人復白后曰："宿衛者往往偶語謀反。"后曰："天下事一朝至此，勢已然，無可救也。何用言之，徒令帝憂煩耳。"自是無復言者。

［1］江都：郡名。治所在今江蘇蘇州市。

及宇文氏之亂，[1]隨軍至聊城。[2]化及敗，没於竇建德。[3]突厥處羅可汗遣使迎后於洺州，[4]建德不敢留，遂入於虜庭。大唐貞觀四年，[5]破滅突厥，乃以禮致之，歸于京師。

［1］宇文氏：人名。即宇文化及。傳見本書卷八五，《北史》卷七九有附傳。

［2］聊城：郡名。治所在今山東聊城市東北。

［3］竇建德：人名。傳見《舊唐書》卷五四、《新唐書》卷八五。

［4］處羅可汗：西突厥首領，姓阿史那，名達漫。其事略見本書卷八四、《北史》卷九九《突厥傳》。　洺州：治所在今河北永年縣東南。

［5］貞觀：唐太宗李世民年號（627—649）。

史臣曰：二后，帝未登庸，早儷宸極，恩隆好合，始終不渝。文獻德異鳲鳩，[1]心非均一，擅寵移嫡，傾覆宗社，惜哉！《書》曰："牝雞之晨，惟家之索。"高祖之不能敦睦九族，抑有由矣。蕭后初歸藩邸，有輔佐君子之心。煬帝得不以道，便謂人無忠信。父子之間，尚懷猜阻，夫婦之際，其何有焉！暨乎國破家亡，竄身無地，飄流異域，良足悲矣！

[1]鳲（shī）鳩：比喻君主以仁德待下，毫無差別。典出《詩·曹風·鳲鳩》："鳲鳩在桑，其子七兮。"

隋書　卷三七

列傳第二

李穆　子渾　穆兄子詢　詢弟崇　崇子敏

李穆字顯慶，自云隴西成紀人，[1]漢騎都尉陵之後也。[2]陵没匈奴，[3]子孫代居北狄，[4]其後隨魏南遷，[5]復歸汧、隴。[6]祖斌，[7]以都督鎮高平，[8]因家焉。父文保，早卒，及穆貴，贈司空。[9]穆風神警俊，倜儻有奇節。周太祖首建義旗，[10]穆便委質，[11]釋褐統軍。[12]永熙末，[13]奉迎魏武帝，[14]授都督，封永平縣子，[15]邑三百户。[16]又領鄉兵，累以軍功進爵爲伯。[17]從太祖擊齊師於芒山，[18]太祖臨陣墮馬，穆突圍而進，以馬策擊太祖而詈之，[19]授以從騎，潰圍俱出。賊見其輕侮，謂太祖非貴人，遂緩之。以故得免。既而與穆相對泣，顧謂左右曰:“成我事者，其此人乎！”即令撫慰關中，[20]所至克定，擢授武衛將軍、儀同三司，[21]進封安武郡公，[22]增邑一千七百户，賜以鐵券，[23]恕其十死。尋加開府，[24]領侍中。[25]初，芒山之敗，穆以驄馬授太祖。[26]

太祖於是廳内驄馬盡以賜之，封穆姊妹皆爲郡縣君，[27]宗從舅氏，頒賜各有差。轉太僕。[28]從于謹破江陵，[29]增邑千户，進位大將軍。[30]擊曲沔蠻，[31]破之，授原州刺史，[32]拜嫡子惇爲儀同三司。[33]穆以二兄賢、遠並爲佐命功臣，[34]而子弟布列清顯，穆深懼盈滿，辭不受拜。太祖不許。俄遷雍州刺史，[35]兼小冢宰。[36]周元年，[37]增邑三千户，通前三千七百户。又别封一子爲升遷伯。穆讓兄子孝軌，[38]許之。

[1]隴西：郡名。治所在今甘肅隴西縣東南。隋開皇三年（583）改置渭州，大業三年（607）復爲隴西郡。　成紀：縣名。治所在今甘肅静寧縣西南治平河西岸。

[2]騎都尉：官名。秦末漢初爲統領騎兵之武職，無員，無固定職掌，不統兵時爲侍衛武官。後又有領三輔胡越騎、監河堤事者。因親近皇帝，多以侍中兼任。　陵：人名。即李陵，字少卿，西漢李廣孫。善騎射，漢武帝時爲建章監，拜騎都尉，隨李廣利出征匈奴，兵敗而降。居匈奴二十餘年，病死。事見《史記》一〇九《李將軍列傳》、《漢書》卷五四《李廣傳》。

[3]匈奴：古族名。亦稱胡，公元前三世紀前後興起於大漠南北，西漢時常南下侵擾中原，武帝後勢力逐漸衰落。傳見《史記》卷一一〇、《漢書》卷九四、《後漢書》卷八九。

[4]北狄：古代北方少數民族的統稱。

[5]魏：即北魏（386—557）。初都平城（今山西大同市東北），公元494年遷都洛陽（今河南洛陽市東北白馬寺東）。公元534年分裂爲東魏和西魏兩個政權。東魏（534—550）都於鄴（今河北臨漳縣西南鄴鎮東），西魏（535—557）都於長安（今陝西西安市西北郊）。

［6］汧、隴：地區名。汧，即汧山，在陝西隴縣西南。隴，即隴山，在陝西隴縣。汧、隴泛指今陝西千河流域隴縣、千陽縣一帶。

［7］斌：人名。即李斌。隴西成紀人。父李富，北魏時征討兩山屠各，歿於陣。李斌襲領其父兵，鎮於高平。事見《周書》卷二五《李賢傳》。

［8］都督：官名。三國魏始置，稱都督諸州軍事，領駐在州刺史，兼理民政。無固定品級，多帶將軍名號。晋、南北朝沿置，爲地方軍政長官，分使持節、持節、假節三種，職權各有不同。　高平：郡名。北魏正光五年（524）置，治所在今寧夏固原市。

［9］司空：官名。三公之一。北朝、隋爲名譽宰相，多爲大臣加官，無實際職掌。北周，正七命；隋，正一品。

［10］周太祖：北周皇帝宇文泰的廟號。紀見《周書》卷一、《北史》卷九。

［11］委質：本意爲向君主獻禮，表示獻身。引申爲臣服、歸附。

［12］統軍：官名。北魏時爲統兵武官，位在軍主之上，别將之下，其地位相當於南朝的軍主。

［13］永熙：北魏孝武帝元脩年號（532—534）。

［14］魏武帝：即北魏孝武帝元脩。紀見《魏書》卷一一、《北史》卷五。

［15］縣子：爵名。西魏時置爲十一等爵的第九等。正六命。

［16］邑：即食邑。受封者所享有的封地，因收其租稅而食，而稱之爲食邑。亦稱爲采邑。春秋時晋國將縣邑分封給大夫，作爲俸禄形式。漢初，諸侯王、列侯對其封邑還享有一定的行政管理權，景帝後逐漸被剥奪，僅可斂取封邑内民户的租稅，數量按户數多少計算，食邑隨爵位黜升而損益，亦得世襲。魏晋南北朝沿置，其制大抵是受封者分成食封户所納租稅，其邑可在本封邑内，亦可不在本封邑。北魏王公侯伯子男開國食邑者，王食半，公三分食一，侯

伯四分食一，子男五分食一。自三國魏始，有些爵位是虚封的，有爵位但不食租，没有食邑。需加“真食”名號纔得食租。

［17］伯：爵名。即縣伯。西魏時置爲十一等爵的第八等。正七命。

［18］齊：即北齊（550—577），都鄴（今河北臨漳縣西南）。　芒山：在今河南永城市東北。

［19］詈：責駡。

［20］關中：地區名。所指地區不一，大約相當於今河南靈寶市及其以西陝西關中盆地和丹江流域，並包括今甘肅隴山以東、寧夏固原縣以南地區。

［21］武衛將軍：官名。北齊時爲左、右衛府次官，佐左、右衛將軍掌宫禁宿衛，西魏亦置。　儀同三司：官名。三司即三公，儀同三司謂“開府之儀制援引三公成例”。西魏時光禄大夫以上並得儀同三司。

［22］安武郡公：爵名。西魏置爲十一等爵的第五等。正九命。

［23］鐵券：即鐵契。古代皇帝頒賜功臣授以世代享受某種特權的憑證。爲漢高祖所創。鐵製的契券上用丹砂書寫誓詞，從中剖開，朝廷和受賜者各保存一半。

［24］開府：官名。即開府儀同三司，西魏置爲勳官。九命。北周建德四年（575）改爲開府儀同大將軍。

［25］侍中：官名。西漢時置，爲列侯以下至郎中的加官，無定員。掌侍皇帝左右，出入宫禁。初僅伺應雜事，由於近在帝側，魏晋南北朝時其地位漸趨尊崇，爲實際上的宰相。

［26］驄（cōng）馬：青白色相間的馬。

［27］郡縣君：命婦封號。西魏時多封皇后之母、妻或郡公之妻。

［28］太僕：官名。西魏時掌供天子輿馬，傳達王命。

［29］于謹：人名。傳見《周書》卷一五，《北史》卷二三有附傳。　江陵：縣名。治所在今湖北江陵縣。

［30］大將軍：官名。西魏時置爲府兵專職統帥，凡十二人，各領一軍，分隸六柱國大將軍，下統開府、儀同諸將軍。爲勳官第四等，正九命。

［31］曲沔蠻：少數民族名。具體未詳。

［32］原州：治所在今寧夏固原市。　刺史：《周書》卷三〇、《北史》卷五九《李穆傳》作“總管”。

［33］惇（dūn）：人名。即李惇，北周時人。事見《北史・李穆傳》。

［34］賢、遠：皆人名。即李賢、李遠。北周時人。傳皆見《周書》卷二五、《北史》卷五九。

［35］雍州：治所在今陝西西安市西北。

［36］小冢宰：官名。全稱爲小冢宰上大夫。西魏時置爲天官府次官，佐大冢宰卿掌宫廷供奉、侍衛及全國財政收入、百官俸給等事。正六命。

［37］周元年：即公元551年。西魏廢帝元欽此年即位，這一年去年號，稱元年。

［38］孝軌：人名。即李孝軌。爲李穆兄李賢之子，隴西成紀人。官至開府儀同大將軍、升遷縣伯。其事略見《周書》卷二五、《北史》卷五九《李賢傳》。

宇文護執政，[1]穆兄遠及其子植俱被誅，[2]穆當從坐。[3]先是，穆知植非保家之主，每勸遠除之，遠不能用。及遠臨刑，泣謂穆曰：“顯慶，吾不用汝言，以至於此，將復奈何！”穆以此獲免，除名爲民，及其子弟亦免官。植弟淅州刺史基，[4]當坐戮，穆請以二子代基之命，護義而兩釋焉。未幾，拜開府儀同三司、直州刺史，[5]復爵安武郡公。武成中，[6]子弟免官爵者悉復之。尋除少保，[7]進位大將軍。[8]歲餘，拜小司徒，[9]進位柱國，[10]轉大司空。[11]奉詔築通洛城。[12]天和中，[13]進爵申國公，[14]持節綏集東境，[15]築武申、旦郛、慈澗、崇德、安民、交城、鹿盧等諸鎮。建德初，[16]拜太保。[17]歲餘，出爲原州總管。[18]數年，進位上柱國，[19]轉并州總管。[20]大象初，[21]加邑至九千户，拜大左輔，[22]總管如故。

［1］宇文護：人名。北周時人。傳見《周書》卷一一，《北史》卷五七有附傳。

［2］植：人名。即李植，北周時人。事見《周書》卷二五、《北史》卷五九《李遠傳》。

［3］從坐：即連坐，一人犯罪，他人連帶受罰的規定。戰國時秦國商鞅變法時所創，後代多沿用。

［4］淅州："淅"，底本、庫本作"浙"。中華本作"淅"，中華本《北史》卷五九校勘記考"浙"應作"淅"，從改。淅州，治所在今河南西峽縣北。　基：人名。即李基，北周時人。事見《周書》卷二五、《北史》卷五九《李遠傳》。

［5］直州：治所在今陝西石泉縣東南漢江西南岸石泉咀附近。

［6］武成：北周明帝宇文毓年號（559—560）。

［7］少保：官名。北周時爲大臣加官，位尊而無職司。正八命。

［8］大將軍：官名。北周時爲府兵專職統帥，凡十二人，各領一軍，分隸六柱國大將軍，下統開府、儀同諸將軍。爲勳官第四等，正九命。

［9］小司徒：官名。全稱爲小司徒上大夫，北周置爲地官府次官，佐大司徒卿掌民户、土地、賦役、教育、倉廩、關市及山澤漁獵等事。正六命。

［10］柱國：勳官名。全稱爲柱國大將軍，北魏太武帝置，以爲開國元勳長孫嵩的加官。孝莊帝因尒朱榮有擁立之功，特置以授

之，位在丞相上。西魏文帝以宇文泰有中興之功，又置此官授之。後凡屬功參佐命，望實俱重的，也得居之。自大統十六年（550）以前任此官的名義上有八人。但元欣以宗室任之，有名無實權，宇文泰爲統帥，其他六人分掌禁旅，各轄二大將軍。後功臣位至此官者愈多，遂成爲散秩，無所統御。北周武帝增置上柱國等官，並以上柱國大將軍爲勳官之首。柱國大將軍次之，正九命。

［11］大司空：官名。爲“大司空卿”的簡稱。西魏恭帝三年（556）仿《周禮》建六官，置大司空卿爲冬官府最高長官。掌邦事，以五材九範之徒佐皇帝富邦國；大祭司則灑掃；廟社四望，則奉豕牲。北周同。正七命。

［12］通洛城：地名。在今河南新安縣東。

［13］天和：北周武帝宇文邕年號（566—572）。

［14］申國公：爵名。北周置爲十一等爵的第四等。正九命。

［15］持節：亦稱使持節。漢朝官員奉使外出時，或由皇帝授予節杖，以提高其威權。魏、晋以後，凡重要軍事長官出征或出鎮時，加使持節，可誅殺二千石以下官員。皇帝派遣大臣出巡或祭吊等事時，也使持節，以表示權力和尊崇。　綏集：安撫籠絡。

［16］建德：北周武帝宇文邕年號（572—578）。

［17］太保：官名。北周時爲三公之一，正九命。

［18］總管：官名。東魏武定六年（548）始置。西魏也置。北周武成元年正式改都督諸州軍事爲總管，總管之設乃成定制。北周之制，總管加使持節諸軍事。總管或單任，然多兼帶刺史。故總管職權雖以軍事爲主，實際是一地區若干州、防（鎮）的最高軍政長官。

［19］上柱國：官名。北周置爲最高級勳官，正九命。

［20］并州：治所在今山西太原市西南。

［21］大象：北周静帝宇文闡年號（579—580）。

［22］大左輔：官名。北周大成元年（579）置四輔官（大前疑、大右弼、大左輔、大後丞）。此爲其中之一，是主要執政大臣。

高祖作相，[1]尉迥之作亂也，[2]遣使招穆。穆鎖其使，上其書。穆子士榮，[3]以穆所居天下精兵處，陰勸穆反。穆深拒之，乃奉十三環金帶於高祖，[4]蓋天子之服也。穆尋以天命有在，密表勸進。高祖既受禪，下詔曰："公既舊德，且又父黨，敬惠來旨，義無有違。便以今月十三日恭膺天命。"俄而穆來朝，高祖降坐禮之，拜太師，[5]贊拜不名，真食成安縣三千户。[6]於是穆子孫雖在襁褓，悉拜儀同，[7]其一門執象笏者百餘人。[8]穆之貴盛，當時無比。穆上表乞骸骨，[9]詔曰："朕初臨宇内，方藉嘉猷，[10]養老乞言，實懷虚想。七十致仕，本爲常人。至若吕尚以期頤佐周，[11]張蒼以華皓相漢，[12]高才命世，不拘恒禮，遲得此心，留情規訓。公年既耆舊，筋力難煩，今勒所司，敬蠲朝集。[13]如有大事，須共謀謨，别遣侍臣，就第詢訪。"

[1]高祖：隋文帝楊堅的廟號。紀見本書卷一、二，《北史》卷一一。

[2]尉迥：人名。即尉遲迥。傳見《周書》卷二一、《北史》卷六二。《魏書·官氏志》載北魏實行改姓之制，其中西方尉遲氏改爲尉氏，但據《周書》卷二《文帝紀》載宇文泰於西魏恭帝元年又改漢姓爲鮮卑姓，尉氏又由此而改回尉遲氏。此處仍沿用北魏之制。

[3]士榮：人名。即李士榮。按，本卷下文記爲"榮"，《周書》卷三〇《李穆傳》亦作"榮"，李穆長子惇，字士獻，或疑榮爲其名。

[4]十三環金帶：一種帶鈎的皮腰帶。北周、隋時貴臣僅服九

環帶，十三環爲天子所服。《舊唐書·輿服志》："隋代帝王貴臣，多服……九環帶……天子朝服亦如之，惟帶加十三環，以爲差異。"

[5]太師：官名。隋三師之首。名爲訓導之官，與天子坐而論道，實無具體職權。多贈與德高望重的元老大臣爲榮譽銜，無其人則缺。正一品。

[6]成安縣：治所在今河南民權縣東北。

[7]儀同：官名。爲十一等勳官中的第八等。正五品上。大業三年罷。

[8]象笏：用象牙製成的板子，代表官員的品第較高。笏，古代君臣在朝廷上相見時手中所拿的狹長板子，按品第分别用玉、象牙或竹製成，以爲指畫及記事之用。

[9]乞骸骨：古代官吏自請退職，意謂使骸骨得歸葬故鄉。

[10]嘉猷：治國的好計劃。

[11]吕尚：即姜太公望。其事詳見《史記》卷三二《齊太公世家》。　期頤：百歲高壽。

[12]張蒼：人名。傳見《史記》九六。　華皓：鬚髮花白，指年老。

[13]蠲（juān）：除去，驅出，去掉。

時太史奏云，[1]當有移都之事。上以初受命，甚難之。穆上表曰：

帝王所居，隨時興廢，天道人事，理有存焉。始自三皇，暨夫兩漢，有一世而屢徙，無革命而不遷。曹、馬同洛水之陽，[2]魏、周共長安之内，[3]此之四代，蓋聞之矣。曹則三家鼎立，馬則四海尋分，有魏及周，甫得平定，事乃不暇，非曰師古。

[1]太史：官名。即太史令。掌天文曆法及修撰史書。隋初爲

太史曹（局）長官，隸秘書省。大業三年改名太史監令。從七品下。此處太史令爲庾季才，其傳見本書卷七八。（參見魏斌《關於周隋之際的洛陽經營》，《魏晋南北朝隋唐史資料》第20輯）

［2］曹、馬：代指魏、西晋。　洛水：河名。一作雒水。即今河南洛河。

［3］魏、周：指北魏、北周。　長安：縣名。治所在今陝西西安市西北。

往者周運將窮，禍生華裔，廟堂冠帶，屢覩姦回，[1]士有苞藏，[2]人稀柱石。四海萬國，皆縱豺狼，不叛不侵，百城罕一。伏惟陛下膺期誕聖，秉籙受圖，始晦君人之德，俯從將相之重。内翦群凶，崇朝大定，外誅巨猾，不日肅清。變大亂之民，成太平之俗，百靈符命，兆庶謳歌。幽顯樂推，日月填積，方屈箕、潁之志，[3]始順内外之請。自受命神宗，弘道設教，陶冶與陰陽合德，覆育共天地齊旨。萬物開闢之初，八表光華之旦，視聽以革，風俗且移。至若帝室天居，未議經刱，非所謂發明大造，光贊惟新。自漢已來，爲喪亂之地，爰從近代，累葉所都。未嘗謀龜問筮，[4]瞻星定鼎，[5]何以副聖主之規，表大隋之德？

［1］姦回：奸惡邪僻的人或事。

［2］苞藏：裹藏、隱藏。

［3］箕、潁：代指隱士。箕即箕子。又稱箕伯、箕仁。商紂之諸父，一説爲庶兄。商紂時任太師，因紂王淫亂暴虐，屢諫不聽，乃披髮裝瘋爲奴。周武王破商後被釋。潁指堯時的隱士許由，隱於沛澤，堯聞其賢，欲以天下讓之，而逃於潁水之陽箕山下。堯又欲

召其爲九州長，不願聞，洗耳於潁水之濱。

［4］謀龜問筮：問卜、求卜。

［5］瞻星定鼎：瞻星，觀星。定鼎，舊傳禹鑄九鼎，以象九州，歷商至周，作爲傳國重器，置於國都。因稱定立國都爲“定鼎”。

竊以神州之廣，福地之多，將爲皇家興廟建寢，上玄之意，[1]當别有之。伏願遠順天人，取决卜筮，時改都邑，光宅區夏。[2]任子來之民，垂無窮之業，應神宫於辰極，[3]順和氣於天壤，理康物阜，永隆長世。臣日薄桑榆，位高軒冕，[4]經邦論道，自顧缺然。丹赤所懷，無容噤默。[5]

［1］上玄：上天。

［2］區夏：諸夏之地，指華夏、中國。

［3］辰極：北斗。

［4］軒冕：指國君或地位顯貴者。

［5］噤默：指緘默不語。

上素嫌臺城制度迮小，[1]又宫内多鬼妖，蘇威嘗勸遷，[2]上不納。遇太史奏狀，意乃惑之。至是，省穆表，上曰：“天道聰明，已有徵應，太師民望，復抗此請，[3]則可矣。”遂從之。

［1］臺城：禁城。　迮（zé）：狹窄。

［2］蘇威：人名。傳見本書卷四一，《北史》卷六三有附傳。

［3］抗：進呈。

歲餘，下詔曰："禮制凡品，不拘上智，法備小人，不防君子。太師、上柱國、申國公，器宇弘深，風猷遐曠，社稷佐命，公爲稱首，位極帥臣，才爲人傑，萬頃不測，百鍊彌精。乃無伯玉之非，[1]豈有顏回之貳，[2]故以自居寥廓，弗關憲網。然王者作教，惟旌善人，去法弘道，示崇年德。自今已後，雖有愆罪，[3]但非謀逆，縱有百死，終不推問。"

[1]伯玉：人名。即蘧伯玉。春秋末衛國大夫，以賢德聞名於諸侯。

[2]顏回：人名。孔子七十二弟子之一，以德行著稱。

[3]愆罪：罪過、罪惡。

開皇六年薨于第，[1]年七十七。遺令曰："吾荷國恩，年宦已極，啓足歸泉，無所復恨。竟不得陪玉鑾於岱宗，[2]預金泥於梁甫，[3]眷眷光景，其在斯乎！"詔遣黄門侍郎監護喪事，[4]賵馬四匹，[5]粟麥二千斛，布絹一千匹。贈使持節、冀定趙相瀛毛魏衛洛懷十州諸軍事、冀州刺史。[6]謚曰明。[7]賜以石椁、前後部羽葆鼓吹、轀輬車。[8]百僚送之郭外。詔遣太常卿牛弘賫哀册，[9]祭以太牢。[10]孫筠嗣。

[1]開皇：隋文帝楊堅年號（581—600）。

[2]岱宗：泰山。

[3]金泥：以水銀和金粉爲泥，作封印之用。　梁甫：山名。泰山下的一座小山，在今山東新泰市西。古代皇帝常在此山辟基祭

奠山川。

[4]黄門侍郎：官名。隋初於門下省置給事黄門侍郎，是門下省長官納言之副職，協助納言參議政令的制定。置四員，正三品。

[5]賵（fèng）：贈送車馬束帛等以助葬。

[6]冀定趙相瀛毛魏衛洛懷十州諸軍事：冀，州名。治所在今河北冀州市。定，州名。治所在今河北定州市。趙，州名。治所今河北隆堯縣東。相，州名。治所在今河南安陽市南。瀛，州名。治所在今河北河間市。毛，州名。治所在今河北館陶縣。魏，州名。治所在今河北大名縣東北。衛，州名。治所在今河南淇縣。懷，州名。治所在今河南沁陽市。諸軍事，官名。全稱都督中外諸軍事。總統禁衛軍、地方軍在内的内外諸軍，爲全國最高軍事統帥。一般衹有特殊權臣就任，不常置。多以他官兼任，無品階。

[7]謚：古人死後依其生前行迹而爲之立特定稱號的行爲。帝王的謚號一般由禮官議上；臣下的謚號由朝廷賜予。一般文人學士或隱士的謚號，則由其親友、門生或故吏所加，稱爲私謚。與朝廷頒賜不同。

[8]羽葆：古時葬禮儀仗的一種，以鳥羽聚於柄頭如蓋。　鼓吹：演奏樂曲的樂隊。　轀輬車：古代的臥車，亦用做喪車。

[9]太常卿：官名。太常寺長官，掌國家禮樂、郊廟社稷祭祀等事，總轄郊社、太廟等十一署。置一員，正三品。　牛弘：人名。傳見本書卷四九、《北史》卷七二。　哀册：亦作“哀策”。古代頌揚帝王、后妃生前功德的韻文，多書於玉石木竹之上。行葬禮時，由太史令讀後，埋於陵中。

[10]太牢：古代祭祀，牛羊豕三牲皆備稱爲太牢。

筠父惇，字士猷，穆長子也。仕周，[1]官至安樂郡公、鳳州刺史，[2]先穆卒。筠幼以穆功，拜儀同。[3]開皇八年，以嫡孫襲爵。仁壽初，[4]叔父渾忿其慳嗇，陰遣兄子善衡賊殺之。[5]求盜不獲，高祖大怒，盡禁其親族。初，筠與從父弟瞿曇有隙，[6]時渾有力，遂證瞿曇殺之。瞿曇竟坐斬，而善衡獲免。四年，議立嗣。邳公蘇威奏筠不義，[7]骨血相殺，請絶其封。上不許。惇弟怡，官至儀同，早卒，贈渭州刺史。[8]

[1]周：即北周（557—581），都於長安（今陝西西安市西北郊）。

[2]安樂郡公：爵名。北周置爲十一等爵的第五等。正九命。鳳州：治所在今陝西鳳縣東北鳳州鎮。

[3]儀同：官名。北周府兵制中儀同府長官加此名，爲散實官。九命。

[4]仁壽：隋文帝楊堅年號（601—604）。

[5]善衡：人名。即李善衡。與李敏、李渾等人交好，相與議論政事，爲宇文述所告。事見《北史》卷五九《李賢傳》。

[6]瞿曇：人名。即李瞿曇。隋時人，其事不詳。

[7]邳公：爵名。即邳國公，隋九等爵的第三等。從一品。

[8]渭州：治所在今甘肅隴西縣東南。

怡弟雅，少有識量。周保定中，[1]屢以軍功封西安縣男，[2]拜大都督。[3]天和中，從元定征江西，[4]時諸軍失利，遂没於陳。[5]後得歸國，拜開府儀同三司，領左、右軍。[6]其年，從太子西征吐谷渾，[7]雅率步騎二千，督軍糧於洮河，[8]爲賊所躡，相持數日。雅患之，遂與僞和，虜備稍解，縱奇兵擊破之。賜奴婢百口，封一子爲侯。[9]後拜齊州刺史，[10]俄徵還京。數載，授瀛州刺史。高祖作相，鎮靈州以備胡。[11]還授大將軍，遷荆州總管，[12]加邑八百户。開皇初，進爵爲公。[13]

[1]保定：北周武帝宇文邕年號（561—565）。

[2]西安縣男：爵名。北周置爲十一等爵的第十等。正五命。

[3]大都督：官名。原爲高級軍事長官之職。北周初規定授柱國大將軍、開府、儀同等官號者，並加使持節、大都督名義，後改都督諸州軍事爲總管，大都督與都督遂成爲没有實際職權的勳官。

[4]元定：人名。北周時人。傳見《周書》卷三四、《北史》卷六九。　江西：地區名。隋、唐以前，習慣上稱長江下游北岸、淮水以南爲江西。有時又稱長江以北包括中原地區在内爲江西。

[5]陳：即南朝陳（557—589），都於建康（今江蘇南京市）。

[6]領左、右軍：左、右軍之制乃西周始設，時置左、中、右軍，其統帥則簡稱左軍、中軍、右軍，北周改制，亦沿其制。如《周書》卷一七《若干惠傳》："及戰，惠爲右軍，與中軍大破之，逐北數里，虜其步卒。齊神武兵乃萃於左軍，軍將趙貴等與戰不利，諸軍因之並退。"可見，左軍與右軍爲獨立軍隊，左右之間應以頓號斷開。

[7]太子：指北周宣帝宇文贇。紀見《周書》卷七、《北史》卷一〇。　吐谷（yù）渾：古族名。屬鮮卑族的一支，本居遼東，後遷至甘肅、青海一帶居住。傳見《晋書》卷九七、《宋書》卷九六、《魏書》卷一〇一、《周書》卷五〇、本書卷八三、《北史》卷九六。

[8]洮河：河名。爲甘肅黄河支流。

[9]侯：爵名。隋九等爵的第六等。正二品。

[10]齊州：治所在今山東濟南市。

[11]靈州：治所在今寧夏靈武市西南。

[12]荆州：治所在今河南鄧州市。

[13]公：爵名。即縣公，隋九等爵的第五等。從一品。

雅弟恒，官至鹽州刺史，[1]封陽曲侯。恒弟榮，官至合州刺史、長城縣公。[2]榮弟直，官至車騎將軍、歸政縣侯。[3]直弟雄，官至柱國、密國公、驃騎將軍。[4]雄弟渾，最知名。

［1］鹽州：治所在今陝西定邊縣。

［2］合州：治所在今重慶合川市。

［3］車騎將軍：官名。高級武官稱號。隋初置爲府兵制的中級將領，爲車騎府長官，置於驃騎府則爲次官。正五品上。　歸政縣侯：爵名。隋九等爵的第六等。正二品。

［4］密國公：爵名。隋九等爵的第三等。從一品。　驃騎將軍：官名。驃亦作票，爲高級武官稱號。隋因襲北周府兵制，改開府府爲驃騎府，置驃騎將軍爲其長官，分駐各地，統領府軍，分屬十二府大將軍。大業三年隨府名變更而改名鷹揚郎將。正四品上。

渾字金才，穆第十子也。姿貌瓌偉，美鬚髯。起家周左侍上士。[1]尉迥反於鄴，[2]時穆在并州，高祖慮其爲迥所誘，遣渾乘驛往布腹心。穆遽令渾入京，奉熨斗於高祖，[3]曰："願執威柄以熨安天下也。"高祖大悦。又遣渾詣韋孝寬所而述穆意焉。[4]適遇平鄴，以功授上儀同三司，[5]封安武郡公。開皇初，進授象城府驃騎將軍。[6]晋王廣出藩，[7]渾以驃騎領親信，[8]從往揚州。[9]仁壽元年，從左僕射楊素爲行軍總管，[10]出夏州北三百里，[11]破突厥阿勿俟斤於納遠川，[12]斬首五百級。進位大將軍，[13]拜左武衛將軍，[14]領太子宗衛率。[15]

［1］左侍上士：官名。北周置爲天官府宫伯中大夫屬官。與右

侍上士共同負責皇帝寢宫安全，皇帝臨朝及出行時亦隨侍左右，多作爲起家官。正三命。

［2］鄴：地名。治所在今河南安陽市。

［3］熨斗：燙平衣物的金屬器具。舊時構造形似斗，中燒木炭。

［4］韋孝寬：人名。北周時人。傳見《周書》卷三一、《北史》卷六四。

［5］上儀同三司：官名。北周時用以酬勤勞，無實際職掌。正九命。

［6］象城：縣名。治所在今河北隆堯縣東。

［7］晋王廣：即隋煬帝楊廣。紀見本書卷三、四，《北史》卷一二。

［8］驃騎：驃騎將軍的簡稱。

［9］揚州：治所在今江蘇南京市。隋開皇九年改爲蔣州，大業初廢。按，“揚”底本作“楊”，庫本、中華本作“揚”，本書《煬帝紀》記楊廣曾出任揚州總管。從改。

［10］左僕射：官名。全稱爲尚書左僕射。隋尚書省置左右僕射各一人，地位僅次於尚書令。由於隋代尚書令不常置，僕射成爲尚書省實際長官，是宰相之職。從二品。　楊素：人名。傳見本書卷四八，《北史》卷四一有附傳。　行軍總管：官名。隋沿襲北周而置，本爲臨時設置，隋則逐漸過渡爲地方行政長官，或掌一道軍政，或領數道。又有大總管、總管之分。

［11］夏州：治所在今陝西靖邊縣東北白城子。

［12］突厥：古族名、國名。廣義包括突厥、鐵勒諸部落，狹義專指突厥。公元六世紀時游牧於金山（今阿爾泰山）以南，因金山形似兜鍪，俗稱“突厥”，遂以名部落。西魏廢帝元年（552），土門自號伊利可汗，建立突厥汗國，後分裂爲西突厥、東突厥兩個汗國。傳見本書卷八四、《北史》卷九九、《舊唐書》卷一九四、《新唐書》卷二一五。　阿勿俟斤：人名。其事可參見本書卷八四《突厥傳》。又中華本校勘記：“本書《突厥傳》作‘阿勿思力俟斤’。”

納遠川：河名。一名駝駝港。即今内蒙古鄂托克旗西黄河支流都斯圖河。

［13］大將軍：官名。隋初沿北周置爲勳官號，煬帝時廢。

［14］左武衛將軍：官名。全稱爲左武衛大將軍。隋文帝設左右武衛，各置大將軍一人。掌領外軍宿衛宫禁。正三品。

［15］太子宗衛率：官名。隋時掌統宗人侍衛太子，左、右各一員。大業三年改爲太子左、右武侍率。正四品上。

初，穆孫筠卒，高祖議立嗣，渾規欲紹之，[1]謂其妻兄太子左衛率宇文述曰：[2]"若得襲封，當以國賦之半每歲奉公。"述利之，因入白皇太子曰："立嗣以長，不則以賢。今申明公嗣絶，徧觀其子孫，皆無賴，不足以當榮寵。唯金才有勳於國，謂非此人無可以襲封者。"太子許之，竟奏高祖，封渾爲申國公，以奉穆嗣。大業初，[3]轉右驍衛將軍。[4]六年，有詔追改穆封爲郕國公，[5]渾仍襲焉。累加光禄大夫。[6]九年，遷右驍衛大將軍。[7]

［1］紹：承繼。

［2］太子左衛率：官名。太子東宫有左、右衛率各一人，掌東宫禁衛。正四品。　宇文述：人名。傳見本書卷六一、《北史》卷七九。

［3］大業：隋煬帝楊廣年號（605—618）。

［4］右驍衛將軍：官名。隋大業三年改右備身府爲右驍衛，佐大將軍總府事，並統諸鷹揚府。從三品。

［5］郕國公：爵名。煬帝大業三年廢除九等爵，僅保留王、公、侯三等爵位。公爲第二等，從一品。

［6］光禄大夫：散實官名。煬帝大業三年廢特進，改置光禄大夫等九大夫。從一品。

［7］右驍衛大將軍：官名。右驍騎衛府最高長官。職掌宿衛。置一員，正三品。

渾既紹父業，日增豪侈，後房曳羅綺者以百數。二歲之後，不以俸物與述。述大恚之，因醉，乃謂其友人于象賢曰：[1]"我竟爲金才所賣，死且不忘！"渾亦知其言，由是結隙。後帝討遼東，[2]有方士安伽陀，[3]自言曉圖讖，謂帝曰："當有李氏應爲天子。"勸盡誅海内凡姓李者。述知之，因誣構渾於帝曰："伽陀之言，信有徵矣。臣與金才夙親，聞其情趣大異。常日數共李敏、善衡等，日夜屏語，或終夕不寐。渾大臣也，家代隆盛，身捉禁兵，不宜如此。願陛下察之。"帝曰："公言是矣，可覓其事。"述乃遣武賁郎將裴仁基表告渾反，[4]即日發宿衛千餘人付述，[5]掩渾等家，遣左丞元文都、御史大夫裴藴雜治之。[6]案問數日，不得其反狀。以實奏聞。帝不納，更遣述窮治之。述入獄中，召出敏妻宇文氏謂之曰：[7]"夫人，帝甥也，何患無賢夫！李敏、金才，名當妖讖，國家殺之，無可救也。夫人當自求全，若相用語，身當不坐。"敏妻曰："不知所出，惟尊長教之。"述曰："可言李家謀反，金才嘗告敏云：'汝應圖籙，當爲天子。今主上好兵，勞擾百姓，此亦天亡隋時也，正當共汝取之。若復度遼，吾與汝必爲大將，每軍二萬餘兵，固以五萬人矣。又發諸房子侄，内外親婭，並募從征。吾家子弟，决爲主帥，分領兵馬，散在諸軍，伺候間隙，首尾相應。吾與汝前發，襲取御營，子弟響起，各殺軍將。一日之間，天下足定矣。'”述口自傳授，令敏妻寫表，封云上密。述持入奏之，曰：“已得金才反狀，并有敏妻密表。”帝覽之泣曰：“吾宗社幾傾，賴親家公而獲全耳。”於是誅渾、敏等宗族三十二人，自餘無少長，皆徙嶺外。[8]

[1]于象賢：人名。北周大臣于謹孫。其事略見《周書》卷一五《于寔傳》。

[2]遼東：地區名。泛指今遼寧遼河以東地區。

[3]安伽陀：人名。其事不詳。

[4]武賁郎將：官名。隋煬帝大業三年改革官制，十二衛每衛置護軍四人，爲將軍副貳，不久又改護軍名武賁郎將。正四品。　裴仁基：人名。傳見本書卷七〇、《北史》卷三八。

[5]宿衛：在皇城值宿警衛。

[6]左丞：官名。全稱爲尚書左丞。隋時爲尚書省官員，二丞輔佐尚書令、尚書僕射理尚書省政事，左丞位在右丞之上。從四品。　元文都：人名。傳見本書卷七一。　御史大夫：官名。隋時爲御史臺長官，職掌國家刑憲典章之政令，司彈劾糾察百官等。置一員。從三品。　裴藴：人名。傳見本書卷六七、《北史》卷七四。

[7]宇文氏：即宇文峨英。

[8]嶺外：地區名。即嶺南。

渾從父兄威，開皇初，以平蠻功，官至上柱國、黎國公。[1]

[1]黎國公：爵名。隋初九等爵的第三等。從一品。

詢字孝詢。父賢，周大將軍。詢沉深有大略，頗涉書記。仕周納言上士，[1]俄轉内史上士，[2]兼掌吏部，[3]以幹濟聞。建德三年，武帝幸雲陽宫，[4]拜司衛上士，[5]委以留府事。周衛王直作亂，[6]焚肅章門，[7]詢於内益火，[8]故賊不得入。帝聞而喜之，[9]拜儀同三司，遷長安令。[10]累遷英果中大夫。[11]屢以軍功，加位大將軍，賜爵平高郡公。

［1］納言上士：官名。北周時置爲天官府納言中大夫屬官，負責皇帝出入侍從，以及大祭祀時盥漱授巾。正三命。

［2］内史上士：官名。全稱爲小内史上士。北周時置爲春官府内史上大夫屬官，負責綸誥等事，並參與對刑罰爵賞、軍國事務的商議。正三命。

［3］吏部：官署名。隸屬尚書省，爲尚書省六曹之首，掌文武官吏任免、考選、封爵之政令。

［4］武帝：即北周武帝宇文邕。紀見《周書》卷五、六，《北史》卷一〇。　雲陽宫：别宫名。在今陝西涇陽縣西北。

［5］司衛上士：官名。東宫官屬左右司衛上大夫屬官。正三命。

［6］直：人名。即宇文直，北周時人。傳見《周書》卷一三、《北史》卷五八。

［7］肅章門：宫門名。位於今陝西西安市城區北部唐太極宫城内。

［8］益："溢"的古字，淹滅。

［9］喜：庫本、中華本作"善"。

［10］令：官名。即縣令。北周時爲縣級行政機構長官。品位隨所管區域户數大小自五命至三命不等。

［11］英果中大夫：官名。職掌不詳。北周時爲正五命。

高祖爲丞相，尉迥作亂，遣韋孝寬擊之，以詢爲元帥長史，[1]委以心膂。[2]軍至永橋，[3]諸將不一，詢密啓高祖，請重臣監護。高祖遂令高熲監軍，[4]與熲同心協力，唯詢而已。及平尉迥，進位上柱國，改封隴西郡公，賜帛千匹，加以口馬。[5]

[1]元帥：官名。全稱爲行軍元帥。出征軍的統帥名。北周時領一道或數道行軍總管征戰，根據需要臨時任命，事罷則廢。　長史：官名。魏晋南北朝時王府、公府及諸大將軍位從公者多置，掌府事，爲文職上佐，職任類似於總管。多以世族子弟爲之。

[2]膂：脊梁骨。

[3]永橋：橋名。位於今河南武陟縣西南。

[4]高熲：人名。傳見本書卷四一、《北史》卷七二。

[5]口馬：口北出的馬，泛指良馬。

開皇元年，引杜陽水灌三畤原，[1]詢督其役，民賴其利。尋檢校襄州總管事。[2]歲餘，拜隰州總管。[3]數年，以疾徵還京師，中使顧問不絶。卒於家，時年四十九，上悼惜者久之。謚曰襄。有子元方嗣。[4]

[1]杜陽水：河名。亦名杜水、漆水河。源出今陝西麟游縣西北杜山，南流折東經縣南，東會武甲水。　三畤原：地名。在今陝西武功縣西北。按，底本、庫本“畤”作“趾”。中華本校勘記記：“‘畤’原作‘趾’。據本書《高祖紀上》，又《元暉傳》改。”今從改。

[2]檢校：官制用語。謂代理，即尚未實授某官業已掌其職事之謂。　襄州：治所在今湖北襄樊市。

［3］隰州：隋開皇五年以西汾州改名，治所在今山西隰縣。

［4］元方：人名。即李元方。其事不詳。

崇字永隆，英果有籌算，膽力過人。周元年，以父賢勳，封迴樂縣侯。[1]時年尚小，拜爵之日，親族相賀，崇獨泣下。賢怪而問之，對曰："無勳於國，而幼少封侯，當報主恩，不得終於孝養，是以悲耳。"賢由此大奇之。起家州主簿，[2]非其所好，辭不就官，求爲將兵都督。[3]隨宇文護伐齊，以功最，擢授儀同三司。尋除小司金大夫，[4]治軍器監。[5]建德初，遷少侍伯大夫，[6]轉少承御大夫，[7]攝太子宫正。[8]周武帝平齊，引參謀議，以勳加授開府，封襄陽縣公，[9]邑一千户。尋改封廣宗縣公，轉太府中大夫，[10]歷工部中大夫，[11]遷右司馭。[12]

［1］迴樂縣侯：爵名。北周置爲十一等爵的第七等。正八命。

［2］州：地方行政區劃。周代爲王畿六鄉所屬。春秋時齊國沿置，爲鄉屬行政單位。秦、漢爲監察郡國行政而置，後成爲地方行政單位。　主簿：官名。北周時中央及州郡官府均置，典領文書簿籍，經辦事務。

［3］將兵都督：官名。具體職掌不詳，或爲臨時性軍職。

［4］小司金大夫：官名。全稱爲小司金下大夫。北周時置爲冬官府司金中大夫的副貳，負責金屬冶煉事務。正四命。

［5］軍器監：官署名。北周時負責兵器甲弩製造。

［6］少侍伯大夫：官名。亦稱小侍伯下大夫。北周時置，職任不詳。正四命。

［7］少承御大夫：官名。亦稱小承御下大夫。北周時置，侍衛

皇帝左右。正四命。

[8]攝：代理、兼職。長官兼理部屬職責，低級官員代行較高職權，均可稱攝。　太子宫正：官名。北周時置，東宫屬官，分置左、右，掌匡正輔弼太子。

[9]襄陽縣公：爵名。北周置爲十一等爵的第六等。“命數未詳，非正九命則當是九命”（參見王仲犖《北周六典》卷八《封爵第十九》，中華書局1979年版，第548頁）。

[10]太府中大夫：官名。北周時置，屬天官府，掌貢賦貨賄，以供國用。正五命。

[11]工部中大夫：官名。北周時置，屬冬官府，掌繕修功作鹽池園苑。正五命。

[12]右司馭：官名。亦稱司馭中大夫。北周時置，職掌不詳。正五命。

高祖爲丞相，遷左司武上大夫，[1]加授上開府儀同大將軍。[2]尋爲懷州刺史，進爵郡公，加邑至二千户。尉迥反，遣使招之。崇初欲相應，後知叔父穆以并州附高祖，慨然太息曰：“合家富貴者數十人，值國有難，竟不能扶傾繼絶，復何面目處天地間乎！”韋孝寬亦疑之，與俱卧起。其兄詢時爲元帥長史，[3]每諷諭之，崇由是亦歸心焉。及破尉惇，[4]拜大將軍。既平尉迥，授徐州總管，[5]尋進位上柱國。

[1]左司武上大夫：官名。北周時置。正六命。中華點校本《唐六典》卷二八太子左右衛率府條下注：“後軸東宫官員有司戎、司武、司衛之類。”以爲左司武上大夫爲東宫之屬，王仲犖以爲誤。其據《通鑑》卷一七一《陳紀》太建六年秋七月條胡三省注：“周

建六官，已有大司馬，司武蓋其屬也。”推測北周武帝在建德之初改夏官府武伯大夫爲司武大夫。（參見王仲犖《北周六典》卷七《六官餘録第十三》，第 505 頁）

[2]上開府儀同大將軍：官名。北周時置勳官，位在開府儀同大將軍上。主要授予有軍勳的功臣及北齊降官，無具體職掌。初任此職者加使持節、大都督、驃騎大將軍、侍中。大象元年罷此制，唯任總管、刺史及行兵者加持節。九命。

[3]兄：中華本校勘記云：“據《周書》卷二五《李賢傳》，詢爲崇弟。”具體考證可參見《周書》卷二五《李賢傳》中華本校勘記。

[4]尉惇：人名。即尉遲惇，尉遲迥之子。事見《周書》卷二一、《北史》卷六二《尉遲迥傳》。

[5]徐州：治所在今江蘇徐州市。

開皇三年，除幽州總管。[1]突厥犯塞，崇輒破之。奚、霫、契丹等懾其威略，[2]争來内附。其後突厥大爲寇掠，崇率步騎三千拒之，轉戰十餘日，師人多死，遂保於砂城。[3]突厥圍之。城本荒廢，不可守禦，曉夕力戰，又無所食，每夜出掠賊營，復得六畜，以繼軍糧。突厥畏之，厚爲其備，每夜中結陣以待之。崇軍苦飢，出輒遇敵，死亡略盡，遲明奔還城者，尚且百許人。然多傷重，不堪更戰。突厥意欲降之，遣使謂崇曰：“若來降者，封爲特勤。”[4]崇知必不免，令其士卒曰：“崇喪師徒，罪當死，今日效命以謝國家。待看吾死，且可降賊，方便散走，努力還鄉。若見至尊，道崇此意。”乃挺刃突賊，復殺二人。賊亂射之，卒于陣，年四十八。贈豫鄖申永澮亳六州諸軍事、豫州刺史，[5]謚曰壯。

子敏嗣。

［1］幽州：治所在今北京城西南。

［2］奚：古族名。分布在今内蒙古西拉木倫河流域。南北朝時稱庫莫奚，隋唐時稱奚，以游牧爲生，後漸與契丹人同化。傳見本書卷八四、《魏書》卷一〇〇、《北史》卷九四、《舊唐書》卷一九九下、《新唐書》卷二一九。　霫：古族名。隋唐時在今西拉木倫河以北，以射獵爲生，風俗與契丹略同。傳見《舊唐書》卷一九九下。　契丹：古族名。源於東胡。居今遼河上游西拉木倫河一帶，以游牧爲生。北魏時，自號契丹。唐末，迭剌部首領阿保機統一各部族，稱帝建遼國。傳見《舊唐書》卷一九九下。

［3］砂城：地名。方位不詳。

［4］特勤：官名。漢朝時譯爲狄銀、的斤、惕紨等。爲突厥、回紇等汗國官名，多由可汗子弟擔任，地位僅次於葉護和設，祇統部落，不領兵馬。

［5］豫：州名。治所在今河南汝南縣。　鄎：隋未設此州，疑有誤。　申：州名。治所在今河南信陽市。　永：州名。治所在今河南信陽市北長臺關西。　澮：州名。治所在今河南固始縣東北。　亳：州名。治所在今安徽亳州市。

敏字樹生。高祖以其父死王事，養宮中者久之。及長，襲爵廣宗公，起家左千牛。[1]美姿儀，善騎射，歌舞管絃，無不通解。開皇初，周宣帝后封樂平公主，[2]有女娥英，妙擇婚對，敕貴公子弟集弘聖宮者，[3]日以百數。公主親在帷中，並令自序，并試技藝。選不中者，輒引出之。至敏而合意，竟爲姻媾。敏假一品羽儀，[4]禮如尚帝之女。後將侍宴，公主謂敏曰："我以四海與至尊，唯一女夫，當爲汝求柱國。[5]若授餘官，汝愼無謝。”及進見上，上親御琵琶，遣敏歌舞。既而大悦，謂公主曰：“李敏何官？”對曰：“一白丁耳。”上因謂敏曰：“今授汝儀同。”敏不答。上曰：“不滿爾意邪？今授汝開府。”[6]敏又不謝。上曰：“公主有大功於我，我何得向其女婿而惜官乎！今授卿柱國。”敏乃拜而蹈舞。遂於坐發詔授柱國，以本官宿衛。後避諱，改封經城縣公，邑一千户。歷蒲、豳、金、華、敷州刺史，[7]多不莅職，常留京師，往來宫内，侍從游宴，賞賜超於功臣。後幸仁壽宫，[8]以爲岐州刺史。[9]

[1]左千牛：官名。全稱爲左千牛備身。屬左、右領左右府。正六品。東宫亦置，屬左、右内率。正七品。煬帝時改左、右領左右府爲左、右備身府，此職亦改稱千牛左右。

[2]周宣帝后：即楊麗華。傳見《周書》卷九、《北史》卷一四。

[3]弘聖宫：宫名。爲樂平公主所居。

[4]羽儀：儀仗中以羽毛裝飾的旌旗之類。

[5]柱國：官名。隋文帝因改後周之制形成十一等散實官，以酬勤勞。柱國是第二等，開府置府佐。正二品。

[6]開府：官名。全稱爲開府儀同三司，隋初置爲散官號，初爲正四品上，煬帝大業三年改爲從一品。

[7]蒲：州名。治所在今山西永濟市西南蒲州鎮。　豳：州名。治所在今陝西彬縣。大業三年廢。　金：州名。治所在今陝西安康市西北漢江北岸。大業三年廢。　華：州名。治所在今陝西華縣。　敷州：治所在今陝西洛川縣東南鄜城。隋大業二年改爲鄜城郡，後改爲上郡。

［8］仁壽宫：宫名。爲隋文帝所建的離宫，在今陝西麟游縣。

［9］岐州：治所在今陝西鳳翔縣，大業三年改置扶風郡。

大業初，轉衛尉卿。[1]樂平公主之將薨也，遺言於煬帝曰："妾無子息，唯有一女。不自憂死，但深憐之。今湯沐邑，[2]乞迴與敏。"帝從之。竟食五千户，攝屯衛將軍。[3]楊玄感反後城大興，[4]敏之策也。轉將作監，[5]從征高麗，[6]領新城道軍將，[7]加光禄大夫。十年，帝復征遼東，遣敏於黎陽督運。[8]

［1］衛尉卿：官名。隋初設衛尉卿一人爲衛尉寺長官。正三品。開皇三年罷，其職分隸太常寺、尚書省。開皇十二年復置，但宫門屯兵歸屬監門衛，本寺唯掌軍器、儀仗、帳幕之事。煬帝降衛尉卿爲從三品。

［2］湯沐邑：指國君、皇后、公主等收取賦税的私邑。

［3］屯衛將軍：官名。隋煬帝大業三年改左、右領軍府爲左、右屯衛，各置二員。協助大將軍總府事，領諸鷹揚府。從三品。此處未詳爲左或右屯衛將軍。

［4］楊玄感：人名。傳見本書卷七〇，《北史》卷四一有附傳。大興：城名。在今陝西西安市。隋開皇二年始築，三年遷都於此。

［5］將作監：官名。全稱爲將作大監。隋初襲北周制爲將作大匠，開皇二十年改寺爲監，長官亦改稱將作大監，大業三年改將作大匠，五年又改將作大監。職掌國家土木工程修建之政令。從三品。

［6］高麗：朝鮮歷史上的王朝。傳見《周書》卷四九、《隋書》卷八一、《北史》卷九四、《舊唐書》卷一九九上、《新唐書》卷二二〇。

[7]新城道：地名。今遼寧撫順市北。　軍將：一軍主帥的別稱。

[8]黎陽：倉名。在今河南浚縣西南。

時或言敏一名洪兒，帝疑“洪”字當讖，嘗面告之，冀其引决。敏由是大懼，數與金才、善衡等屏人私語。宇文述知而奏之，竟與渾同誅，年三十九。其妻宇文氏，後數月亦賜鴆而終。

梁睿

梁睿字恃德，安定烏氏人也。[1]父禦，[2]西魏太尉。[3]睿少沉敏，有行檢。周太祖時，以功臣子養宫中者數年。其後命諸子與睿游處，同師共業，情契甚歡。七歲，襲爵廣平郡公，累加儀同三司，[4]邑五百户。尋爲本州大中正。[5]魏恭帝時加開府，[6]改封爲五龍郡公，拜渭州刺史。周閔帝受禪，[7]徵爲御伯。[8]未幾，出爲中州刺史，[9]鎮新安，[10]以備齊。齊人來寇，睿輒挫之，帝甚嘉嘆。拜大將軍，進爵蔣國公，入爲司會。[11]後從齊王憲拒齊將斛律明月於雒陽，[12]每戰有功，遷小冢宰。武帝時，歷敷州刺史、凉安二州總管，[13]俱有惠政，進位柱國。

[1]安定：郡名。治所在今甘肅涇川縣北涇河北岸。隋開皇三年廢，大業三年復置。　烏氏：縣名。北魏末徙治今甘肅涇川縣東北，後廢。

［2］禦：人名。即梁禦。西魏北周時人。傳見《周書》卷一七、《北史》卷五九。

［3］西魏：535—557 年，都長安（今陝西西安市）。　太尉：官名。西魏時置爲三公之一，位於三師之下，多爲大臣加官，無實際職掌。正九命。

［4］儀同三司：官名。爲勳官、散官號，府兵制中儀同府長官加此名。九命。

［5］州大中正：官名。掌一州人物之品第，以爲吏部銓選之根據，並有委任州主簿及從事之權。西魏凡州一級皆稱州中正，大州之中正則稱州大中正。

［6］魏恭帝：西魏皇帝元廓的謚號。紀見《北史》卷五。

［7］周閔帝：北周皇帝宇文覺的謚號。紀見《周書》卷三、《北史》卷九。

［8］御伯：官名。北周改侍中爲御伯，設御伯中大夫、下大夫等官。保定四年，又改御伯爲納言。

［9］中州：北周保定五年移置，治今河南新安縣，建德六年廢。

［10］新安：縣名。在今河南新安縣。

［11］司會：官名。全稱爲司會中大夫，北周時置，爲天官府司會長官，下設司會上士、司會中士、司會旅下士等官屬。掌管全國財政。正五命。除中央外，北周曾先後於同州、并州、相州三處置司會。

［12］憲：人名。即宇文憲，北周時人。傳見《周書》卷一二、《北史》卷五八。　斛律明月：人名。即斛律光，明月爲其字。《北齊書》卷一七、《北史》卷五四有附傳。　雒陽：城名。在今河南洛陽市東北白馬寺東。

［13］敷州：治所在今陝西洛川縣東南鄜城。　涼：州名。治所在今甘肅武威市。　安：州名。治所在今湖北安陸市。

高祖總百揆，代王謙爲益州總管。[1]行至漢川而謙反，[2]遣兵攻始州，[3]睿不得進。高祖命睿爲行軍元帥，率行軍總管于義、張威、達奚長儒、梁昇、石孝義步騎二十萬討之。[4]時謙遣開府李三王等守通谷，[5]睿使張威擊破之，擒數千人，進至龍門。[6]謙將趙儼、秦會擁衆十萬，[7]據嶮爲營，周亘三十里。睿令將士銜枚出自間道，[8]四面奮擊，力戰破之。蜀人大駭，睿鼓行而進。謙將敬豪守劍閣，[9]梁巖拒平林，[10]並懼而來降。謙又令高阿那瓌、達奚惎等以盛兵攻利州。[11]聞睿將至，惎分兵據開遠。[12]睿顧謂將士曰："此虜據要，欲遏吾兵勢，吾當出其不意，破之必矣。"遣上開府拓拔宗趣劍閣，[13]大將軍宇文夐詣巴西，[14]大將軍趙達水軍入嘉陵。[15]睿遣張威、王倫、賀若震、于義、韓相貴、阿那惠等分道攻惎，[16]自午及申，破之。惎奔歸于謙。睿進逼成都，[17]謙令達奚惎、乙弗虔城守，[18]親率精兵五萬，背城結陣。睿擊之，謙不利，將入城，惎、虔以城降，拒謙不内。謙將麾下三十騎遁走，新都令王寶執之。[19]睿斬謙于市，劍南悉平。[20]進位上柱國，總管如故。賜物五千段，奴婢一千口，金二千兩，銀三千兩，食邑千户。

[1]王謙：人名。傳見《周書》卷二一，《北史》卷六〇有附傳。　益州：治所在今四川成都市。

[2]漢川：地區名。泛指今陝西漢中平原。

[3]始州：治所在今四川劍閣縣。

[4]行軍總管：官名。北周時置爲一路兵馬的臨時統帥，事迄

則罷。遇重大軍事行動，則隸於行軍元帥。　于義：人名。傳見本書卷三九，《北史》卷二三有附傳。　張威：人名。傳見本書卷五五、《北史》卷七三。　達奚長儒：人名。傳見本書卷五三、《北史》卷七三。　梁昇：人名。其事不詳。　石孝義：人名。其事不詳。

［5］開府：官名。北周時爲府兵機構統兵官，府兵二十四軍各設一員，統兵二千人左右。　通谷：地名。一作大谷，在今河南洛陽市東南，接登封市界。

［6］龍門：地名。即禹門口，在今山西河津市西北，陝西韓城市東北黄河上，兩岸峭壁對峙如門。

［7］趙儼：人名。王謙部下，其事略見本書《張威傳》。　秦會：人名。王謙部下，其事不詳。

［8］銜枚：横銜枚於口中，以防喧嘩或叫喊。枚，形如筷子，兩端有帶，可繫於頸上。

［9］敬豪：人名。其事不詳。　劍閣：地名。在今四川劍閣縣東北，其關地勢險要，爲古代戍守要地。

［10］梁巖：人名。其事不詳。　平林：縣名。治所在今湖北隨州市東北。

［11］高阿那瓌：人名。北周益州總管王謙部將，參與王謙叛亂。其事略見《周書·王謙傳》、本書卷三九《豆盧勣傳》。　達奚惎（jì）：人名。隋時人。事見《周書》卷一九、《北史》卷六五《達奚震傳》。　利州：治所在今四川廣元市。

［12］開遠：戍名。又名鍾會壘，在今四川劍閣縣東北。

［13］拓拔宗：人名。其事不詳。

［14］宇文敻（xiòng）：人名。其事不詳。　巴西：地名。即今四川綿陽市。

［15］趙達：人名。其事不詳。　嘉陵：地名。亦稱嘉陵館或嘉陵驛，在今四川南充市東北。

［16］王倫：人名。其事不詳。　賀若震：人名。其事不詳。

韓相貴：人名。其事不詳。　阿那惠：人名。其事不詳。

[17]成都：縣名。北周時治所在今四川成都市。

[18]乙弗虔：人名。曾任總管長史，參與王謙叛亂，兵敗降隋，爲隋文帝所殺。其事略見《周書·王謙傳》、本書《豆盧勣傳》。

[19]新都：縣名，治所在今四川成都市新都區西。　王寶：人名。其事不詳。

[20]劍南：地區名。泛指劍閣以南地區。

睿時威振西川，[1]夷、獠歸附，[2]唯南寧酋帥爨震恃遠不賓。[3]睿上疏曰："竊以遠撫長駕，[4]王者令圖，[5]易俗移風，有國恒典。南寧州，漢世牂柯之地，[6]近代已來，分置興古、雲南、建寧、朱提四郡。[7]户口殷衆，金寶富饒，二河有駿馬、明珠，[8]益寧出鹽井、犀角。[9]晋泰始七年，[10]以益州曠遠，分置寧州。[11]至僞梁南寧州刺史徐文盛，[12]被湘東徵赴荆州，[13]屬東夏尚阻，[14]未遑遠略。土民爨瓚遂竊據一方，[15]國家遥授刺史。其子震，相承至今。而震臣禮多虧，貢賦不入，每年奉獻，不過數十匹馬。其處去益，路止一千，朱提北境，即與戎州接界。[16]如聞彼人苦其苛政，思被皇風。伏惟大丞相匡贊聖朝，寧濟區宇，絶後光前，方垂萬代，闢土服遠，今正其時。幸因平蜀士衆，不煩重興師旅，押獠既訖，即請略定南寧。自盧、戎已來，[17]軍糧須給，過此即於蠻夷徵税，以供兵馬。其寧州、朱提、雲南、西爨，[18]並置總管州鎮。計彼熟蠻租調，[19]足供城防倉儲。一則以肅蠻夷，二則裨益軍國。今謹件南寧州郡縣及事意如别。有大都督杜神敬，[20]昔曾使彼，具所諳練，今并送往。”書未答，又請曰：“竊以柔遠能邇，著自前經，拓土開疆，王者所務。南寧州，漢代牂柯之郡，其地沃壤，多是漢人，既饒寶物，又出名馬。今若往取，仍置州郡，一則遠振威名，二則有益軍國。其處與交、廣相接，[21]路乃非遥。漢代開此，本爲討越之計。[22]伐陳之日，復是一機，以此商量，决謂須取。”高祖深納之，然以天下初定，恐民心不安，故未之許。後竟遣史萬歲討平之，[23]並因睿之策也。

[1]西川：地區名。代指四川西部地區。

[2]夷：古代中原地區對中原以外各族的稱呼。　獠：古族名。即僚。分布在今廣東、廣西、湖南、四川、雲南、貴州等地區。

[3]南寧：州名。治所在今雲南曲靖市西。　酋帥：舊稱部落或叛亂者的首領。　爨（cuàn）震：人名。南朝梁時南寧州人，父爨瓚爲當地土著領袖，被湘東王蕭繹封爲南寧州刺史，爨瓚死後爨震繼任，對隋不賓，被隋文帝派史萬歲討平。事見《新唐書》卷二二二下《兩爨傳》。

[4]遠撫長駕：意即使居住在偏遠地方的人也能够不與中原隔絶。典出司馬相如賦“遠撫長駕，使疏逖不閉”。其文存於《史記》卷一一七《司馬相如列傳》。

[5]令圖：善謀，遠大的謀略。

[6]牂柯：漢郡名。治所在今貴州凱里市西北。

[7]興古：郡名。三國時蜀置，治所在今雲南硯山縣北維摩附近。南朝宋移治今雲南羅平縣境，齊移治今雲南文山縣境，梁末廢。　雲南：郡名。三國時蜀置，治所在今雲南姚安縣北。東晋移治今雲南祥雲縣東南雲南驛。南朝齊廢。　建寧：郡名。三國時蜀

置，治所在今雲南曲靖市西。南朝齊移治今雲南陸良縣境，梁廢。朱提：郡名。東漢建安十九年（214）劉備改犍爲屬國置，治所在今雲南昭通市。南朝梁廢。

［8］二河：河名。即西二河，又名西洱河，葉榆澤，即今雲南西部洱海。

［9］益寧：縣名。南朝齊置，治所在今雲南昆明市馬街附近。

［10］晋：即西晋（265—316），都洛陽（今河南洛陽市東北白馬寺東）。　泰始：西晋武帝司馬炎年號（265—274）。泰，底本作"太"。考西晋年號無太始，又《晋書》卷三《武帝紀》記："（泰始七年八月）分益州之南中四郡置寧州。"可知"太"乃"泰"之誤，因改。

［11］寧州：西晋泰始七年置，治所在今雲南晋寧縣東北晋城鎮，太康三年（282）廢，太安二年（303）復置。南朝宋移治今雲南曲靖市西，齊移治今雲南陸良縣境，梁復徙治曲靖市西，北周改名南寧州。

［12］梁：即南朝梁（502—557），都建康（今江蘇南京市）。徐文盛：人名。南朝梁時人。傳見《梁書》卷四六、《南史》六四。

［13］湘東：此應指南朝梁元帝蕭繹。《通鑑》卷一七八《隋紀》開皇十七年春二月癸未條記："文盛爲湘東王徵赴荆州。"其下胡三省注曰："徵兵以討侯景。"據《梁書》卷五《文帝紀》，蕭繹曾擔任過湘東郡王、荆州刺史，從征侯景。由此可確定湘東即指蕭繹。蕭繹紀見《梁書》卷五、《南史》卷八。

［14］東夏：泛指中國古代東部。

［15］爨瓚：人名。南朝梁時南寧州人，當地土著領袖，被湘東王蕭繹封爲南寧州刺史。事見《新唐書·兩爨傳》。

［16］戎州：治所在今四川宜賓市。

［17］盧：應指州名。但查北周並未置"盧州"，此"盧"顯然有誤。明人謝肇淛《滇略》卷八所載疏文作"瀘"，查北周有瀘

州，治所在今四川瀘州市。其地理位置亦與文意相符。可知“盧”應爲“瀘”之訛。

［18］西爨：西南少數民族部落名。兩漢至西晋時期，中原漢民遷入西南地區，其中大姓爨氏與西南少數民族相融合，逐漸形成的新民族部落。參見《新唐書·兩爨傳》。

［19］熟蠻：歷史上對鄰近漢人或與漢人雜居的少數民族居户的稱謂。因其受漢文化、風俗、習慣影響較大，故稱。這裹指南方少數民族中受漢族影響較大的一部分人。

［20］杜神敬：人名。其事不詳。

［21］交：州名。治所在今越南北寧省仙游東。　廣：州名。治所在今廣東廣州市。

［22］越：古族名。南方少數民族，分布於長江中下游以南，部落衆多，地域極廣，有百越之稱。參見《漢書》卷九五《西南夷傳》。

［23］史萬歲：人名。傳見本書卷五三、《北史》卷七三。

睿威惠兼著，民夷悦服，聲望逾重，高祖陰憚之。薛道衡從軍在蜀，[1]因入接宴，説睿曰：“天下之望，已歸于隋。”密令勸進，高祖大悦。及受禪，顧待彌隆。睿復上平陳之策，上善之，下詔曰：“公英風震動，妙算縱横，清蕩江南，宛然可見。循環三復，但以欣然。公既上才，若管戎律，[2]一舉大定，固在不疑。但朕初臨天下，政道未洽，恐先窮武事，未爲盡善。昔公孫述、隗囂，漢之賊也，[3]光武與其通和，[4]稱爲皇帝。尉佗之於高祖，[5]初猶不臣。孫皓之答晋文，[6]書尚云白。或尋款服，或即滅亡。王者體大，義存遵養，雖陳國來朝，未盡藩節，如公大略，誠須責罪。尚欲且緩其誅，宜知此意。淮海未滅，[7]必興師旅，若命永襲，終當相屈。想以身許國，無足致辭也。”睿乃止焉。

[1]薛道衡：人名。傳見本書卷五七，《北史》卷三六有附傳。

[2]戎律：軍機、軍務。

[3]公孫述：人名。東漢時人。傳見《後漢書》卷一三。　隗囂：人名。東漢時人。傳見《後漢書》卷一三。

[4]光武：東漢皇帝劉秀的謚號。紀見《後漢書》卷一。

[5]尉佗：人名。西漢時人。事見《史記》一一三《南越列傳》、《漢書》卷九五《南粵傳》。　高祖：漢高祖劉邦的廟號。紀見《史記》卷八、《漢書》卷一。

[6]孫皓：三國吴君主。傳見《三國志》卷四八。　晋文：西晋文帝司馬昭的謚號。紀見《晋書》卷二。

[7]淮海：泛指古淮水下游近海地區，約當今江蘇中部和北部一帶。

睿時見突厥方强，恐爲邊患，復陳鎮守之策十餘事，上書奏之曰：“竊以戎狄作患，其來久矣。防遏之道，自古爲難。所以周無上算，漢收下策，以其倏來忽往，雲屯霧散，强則騁其犯塞，弱又不可盡除故也。今皇祚肇興，宇内寧一，唯有突厥種類，尚爲邊梗。此臣所以廢寢與食，寤寐思之。昔匈奴未平，去病辭老，[1]先零尚在，[2]充國自劾。[3]臣才非古烈，而志追昔士。謹件安置北邊城鎮烽候，[4]及人馬糧貯戰守事意如别，謹并圖上呈，伏惟裁覽。”上嘉歎久之，答以厚意。

[1]去病：人名。即霍去病。西漢時人。傳見《史記》卷一一

一、《漢書》卷五五。

［2］先零：古族名。漢代羌族的一支。最初居於今甘肅、青海的湟水流域，後漸與西北各族融合。詳見《後漢書》卷八七《西羌傳》。

［3］充國：人名。即趙充國。西漢時人。傳見《漢書》卷六九。

［4］烽候：烽火臺。

睿時自以周代舊臣，久居重鎮，内不自安，屢請入朝，於是徵還京師。及引見，上爲之興，命睿上殿，握手極歡。睿退謂所親曰："功遂身退，今其時也。"遂謝病於家，闔門自守，不交當代。上賜以版輿，[1]每有朝覲，必令三衛輿上殿。[2]睿初平王謙之始，自以威名太盛，恐爲時所忌，遂大受金賄以自穢。由是勳簿多不以實，[3]詣朝堂稱屈者，前後百數。上令有司案驗其事，主者多獲罪。睿惶懼，上表陳謝，請歸大理。[4]上慰諭遣之。

［1］版輿：亦作"版轝"。一種木製的輕便坐車。

［2］三衛：唐禁衛軍稱三衛。即中郎將府所統衛士親衛、勳衛、翊衛三種，皆以五品以上官子孫爲之，掌宫廷内部宿衛。隋制不詳，但應與之類似。

［3］勳簿：官職制度文書。又稱勳書、勳案。是記載將士軍功勳勞的文簿。北周沿襲北魏制，實行勳官制，以酬軍功。由主將在每次戰事結束以後將部屬的勳勞記於黄素之上，注明所立戰功應授的階數。勳書上衹列姓名，階級數，通常由督將回京以後再造，易生弊端。

［4］大理：官署名。即大理寺，隋唐時爲九寺之一，國家最高審判機構，掌决正刑獄。

十五年，從上至洛陽而卒，時年六十五。謚曰襄。子洋嗣，官歷嵩、徐二州刺史、武賁郎將。[1]大業六年，詔追改封睿爲戴公，命以洋襲焉。

［1］嵩：州名。治所在今河南登封市東南告成鎮。　徐：州名。治所在今江蘇徐州市。

史臣曰：李穆、梁睿，皆周室功臣，高祖王業初基，俱受腹心之寄。故穆首登師傅，睿終膺殊寵，觀其見機而動，抑亦民之先覺。然方魏朝之貞烈，有愧王陵，[1]比晋室之忠臣，終慚徐廣。[2]穆之子孫，特爲隆盛，朱輪華轂，[3]凡數十人，見忌當時，禍難遄及。得之非道，可不戒歟！

［1］王陵：人名。按，此應指魏將王凌。傳見《三國志》卷二八。

［2］徐廣：人名。東晋時人。傳見《晋書》卷八二。

［3］朱輪華轂：借指顯貴之官。朱輪，古代王侯顯貴所乘的車子。因用朱紅漆輪，故稱。華轂，飾有文采的車轂。常用以指華美的車。

隋書　卷三八

列傳第三

劉昉

劉昉，博陵望都人也。[1]父孟良，[2]大司農。[3]從魏武入關，[4]周太祖以爲東梁州刺史。[5]昉性輕狡，有姦數。周武帝時，[6]以功臣子入侍皇太子。[7]及宣帝嗣位，以技佞見狎，出入宫掖，寵冠一時。授大都督，[8]遷小御正，[9]與御正中大夫顏之儀並見親信。[10]及帝不悆，[11]召昉及之儀俱入卧内，屬以後事。帝瘖不復能言。[12]昉見静帝幼冲，[13]不堪負荷。然昉素知高祖，[14]又以后父之故，有重名於天下，遂與鄭譯謀，[15]引高祖輔政。高祖固讓，不敢當。昉曰："公若爲，當速爲之；如不爲，昉自爲也。"高祖乃從之。

[1]博陵：郡名。治所在今河北安平縣。　望都：縣名。治所在今河北唐縣東北。

[2]孟良：人名。即劉孟良。曾任東梁州刺史，在職貪婪，民

衆多叛。

［3］大司農：官名。掌倉儲園苑及供膳等庶務。北魏太和初爲二品上，後爲三品。按，此處並未明言其父於何時任大司農。但《北史》卷七四本傳記："父孟良，仕魏爲大司農卿。"可證其任官應在北魏。

［4］魏武：即北魏孝武帝元脩。紀見《魏書》卷一一、《北史》卷五。　關：地區名。指關中。關於其地域范圍有幾種説法，大約是指今河南靈寶市及其以西陝西關中盆地和丹江流域。

［5］周太祖：北周宇文泰的廟號。紀見《周書》卷一、《北史》卷九。　東梁州：西魏廢帝元年（552）以南梁州改置，治所在今陝西安康市西北漢江北岸。三年改名金州。

［6］周武帝：即北周宇文邕的謚號。紀見《周書》卷五、六，《北史》卷一〇。

［7］皇太子：即北周宣帝宇文贇。紀見《周書》卷七、《北史》卷一〇。

［8］大都督：官名。原爲高級軍事長官之職。北周初規定授柱國大將軍、開府、儀同等官號者，並加使持節、大都督名義，後改都督諸州軍事爲總管，大都督與都督遂成爲没有實際職權的勳官。

［9］小御正：官名。全稱爲小御正下大夫。北周置爲天官冢宰府屬官，職掌草擬詔册文誥，近侍樞機。凡諸刑罰爵賞，以及軍國大事，皆須參議。正四命。

［10］御正中大夫：官名。北周置爲天官冢宰府屬官，職掌草擬詔册文誥，近侍樞機。凡諸刑罰爵賞，以及軍國大事，皆須參議。正五命。　顔之儀：人名。北周、隋時人。傳見《周書》卷四〇，《北史》卷八三有附傳。

［11］悆（yù）：舒適。

［12］瘖（yīn）：嗓子啞，不能出聲。

［13］静帝：即北周宇文闡的謚號。紀見《周書》卷八、《北史》卷一〇。

[14]高祖：隋文帝楊堅的廟號。紀見本書卷一、二，《北史》卷一一。

[15]鄭譯：人名。北周、隋時人。傳見本卷，《北史》卷三五有附傳。

及高祖爲丞相，以昉爲司馬。[1]時宣帝弟漢王贊居禁中，[2]每與高祖同帳而坐。昉飾美妓進於贊，贊甚悦之。昉因説贊曰："大王，先帝之弟，時望所歸。孺子幼沖，豈堪大事！今先帝初崩，群情尚擾，王且歸第。待事寧之後，入爲天子，此萬全之計也。"贊時年未弱冠，性識庸下，聞昉之説，以爲信然，遂從之。高祖以昉有定策之功，拜上大將軍，[3]封黄國公，[4]與沛國公鄭譯皆爲心膂。[5]前後賞賜鉅萬，出入以甲士自衛，朝野傾矚，稱爲黄、沛。時人爲之語曰："劉昉牽前，鄭譯推後。"昉自恃其功，頗有驕色。然性粗疎，溺於財利，富商大賈朝夕盈門。

[1]司馬：官名。全稱是大丞相府司馬。北周時置爲丞相府屬官，職掌府内兵將事。正七命。

[2]漢王：爵名。北周時置爲十一等爵的第一等。正九命。贊：人名。即宇文贊。北周、隋時人。傳見《周書》卷一三、《北史》卷五八。

[3]上大將軍：官名。北周武帝建德四年（575）增置，爲勳官第三等。正九命。

[4]黄國公：爵名。北周時置爲十一等爵的第四等。正九命。

[5]膂（lǚ）：脊梁骨。

于時尉迥起兵，[1]高祖令韋孝寬討之。[2]至武陟，[3]諸將不一。高祖欲遣昉、譯一人往監軍，因謂之曰："須得心膂以統大軍，公等兩人，誰當行者？"昉自言未嘗爲將，譯又以母老爲請，高祖不懌。而高熲請行，[4]遂遣之。由是恩禮漸薄。又王謙、司馬消難相繼而反，[5]高祖憂之，忘寢與食。昉逸游縱酒，不以職司爲意，[6]相府事物，多所遺落。高祖深銜之，以高熲代爲司馬。是後益見疎忌。及受禪，進位柱國，[7]改封舒國公，[8]閑居無事，不復任使。

[1]尉迥：人名。即尉遲迥。北周時人。傳見《周書》卷二一、《北史》卷六二。《魏書·官氏志》載北魏實行改姓之制，其中西方尉遲氏改爲尉氏，但據《周書》卷二《文帝紀》載宇文泰於西魏恭帝元年（554）又改漢姓爲鮮卑姓，尉氏又由此改回尉遲氏。此處仍沿用北魏之制。

[2]韋孝寬：人名。北周、隋時人。傳見《周書》卷三一、《北史》卷六四。

[3]武陟：地名。在懷州修武縣界内，即今河南修武縣一帶。按，據本書《地理志中》，隋開皇十六年（596）析修武縣置武陟縣，大業初廢，則此時武陟尚未置縣。

[4]高熲：人名。傳見本書卷四一、《北史》卷七二。

[5]王謙：人名。北周時人。傳見《周書》卷二一，《北史》卷六〇有附傳。　司馬消難：人名。北周時人。傳見《周書》卷二一，《北史》卷五四有附傳。

[6]職司：職務、職責。

[7]柱國：官名。隋文帝因改後周之制形成十一等散實官，以酬勤勞。柱國是第二等，開府置府佐。正二品。

[8]舒國公：爵名。隋初九等爵的第三等。從一品。

昉自以佐命元功，中被疏遠，甚不自安。後遇京師饑，上令禁酒，昉使妾賃屋，當壚沽酒。治書侍御史梁毗劾奏昉曰：[1]“臣聞處貴則戒之以奢，持滿則守之以約。昉既位列群公，秩高庶尹，[2]縻爵稍久，厚禄已淹，正當戒滿歸盈，鑒斯止足，何乃規麴蘖之潤，[3]競錐刀之末，[4]身昵酒徒，家爲逋藪？[5]若不糾繩，何以肅厲！”有詔不治。

[1]治書侍御史：官名。御史臺次官，實際主持臺務，員二人。從五品。　梁毗：人名。北周、隋時人。傳見本書卷六二、《北史》卷七七。

[2]庶尹：指百官。

[3]麴（qū）蘖（niè）：指酒曲。典出《尚書·説命下》：“若作酒醴，爾惟麴蘖。”

[4]錐刀之末：比喻微小的利益。典出《左傳》昭公六年：“錐刀之末，將盡争之。”

[5]逋（bū）藪（sǒu）：也就是逋逃藪，指逃亡的罪犯或流亡者聚集的地方。

昉鬱鬱不得志。時柱國梁士彦、宇文忻俱失職忿望，[1]昉並與之交，數相來往。士彦妻有美色，昉因與私通，士彦不之知也，情好彌協，遂相與謀反，許推士彦爲帝。後事泄，上窮治之。昉自知不免，默無所對。下詔誅之，曰：

［1］柱國：諸本皆作“柱國”，《北史》卷七四作“上柱國”。又下文詔書内稱二人爲“上柱國”，則此處漏“上”字。上柱國，官名。隋文帝因改後周之制形成十一等散實官，以酬勤勞。上柱國爲第一等，開府置僚屬。從一品。　梁士彦：人名。北周、隋時人。傳見本書卷四〇、《周書》卷三一、《北史》卷七三。　宇文忻：人名。傳見本書卷四〇，《北史》卷六〇有附傳。

朕君臨四海，慈愛爲心。加以起自布衣，入升皇極，公卿之内，非親則友，位雖差等，情皆舊人。護短全長，恒思覆育，[1]每殷勤戒約，言無不盡。天之曆數，定於杳冥，豈慮苞藏之心，能爲國家之害？欲使其長守富貴，不觸刑書故也。

［1］覆育：撫養，養育。

上柱國、郕國公梁士彦，[1]上柱國、杞國公宇文忻，柱國、舒國公劉昉等，朕受命之初，並展勤力，酬勳報效，榮高禄重。待之既厚，愛之實隆，朝夕宴言，備知朕意。但心如溪壑，志等豺狼，不荷朝恩，忽謀逆亂。士彦爰始幼來，恒自誣罔，稱有相者，云其應籙，[2]年過六十，必據九五。[3]初平尉迥，暫臨相州，[4]已有反心，彰於行路。朕即遣人代之，不聲其罪。入京之後，逆意轉深。忻、昉之徒，言相扶助。士彦許率僮僕，剋期不遠，[5]欲於蒲州起事。[6]即斷河橋，[7]捉黎陽之關，[8]塞河陽之路，[9]劫調布以爲牟甲，[10]募盗賊而爲戰士，就食之人，亦云易集。輕忽朝廷，嗤笑官人，自謂一朝奮發，無人當者。其第二子剛，[11]每常苦諫，第三子叔諧，[12]固深勸獎。朕既聞知，猶恐枉濫，乃授晋部之任，[13]欲驗蒲州之情。士彦得以欣然，云是天贊，忻及昉等，皆賀時來。忻往定鄴城，[14]自矜不已，位極人臣，猶恨賞薄。云我欲反，何慮不成。怒色忿言，所在流布。朕深念其功，不計其禮，任以武候，[15]授以領軍，[16]寄之爪牙，委之心腹。忻密爲異計，樹黨宫闈，多奏親友，入參宿衛。朕推心待物，言必依許。爲而弗止，心迹漸彰，仍解禁兵，令其改悔。而志規不逞，愈結於懷，乃與士彦情意偏厚，要請神明，誓不負約。俱營賊逆，逢則交謀，委彦河東，[17]自許關右，[18]蒲津之事，[19]即望從征，兩軍結東西之旅，一舉合連横之勢，然後北破晋陽，[20]還圖宗社。昉入佐相府，便爲非法，三度事發，二度其婦自論。常云姓是“卯金刀”，名是“一萬日”，劉氏應王，爲萬日天子。朕訓之導之，示其利害，每加寬宥，望其修改。口請自新，志存如舊，亦與士彦情好深重，逆節姦心，盡探肝鬲。[21]嘗共士彦論太白所犯，[22]問東井之間，[23]思秦地之亂，[24]訪軒轅之裏，[25]願宫掖之災。唯待蒲坂事興，欲在關内應接。

[1]郕（chéng）：西周時期的諸侯國名，在今河南范縣一帶。

[2]籙：古代帝王自稱其所謂天賜的符命之書，作爲御制天下的憑證。

[3]九五：《易》卦爻位名。九，謂陽爻；五，第五爻，指卦象自下而上第五位。《易·乾》曰：“九五，飛龍在天，利見大人。”孔穎達疏：“言九五，陽氣盛至於天，故云‘飛龍在天’。此自然之

象，猶若聖人有龍德、飛騰而居天位。”後因以“九五”指帝位。

［4］相州：治所在今河南安陽市。

［5］尅（kè）：嚴格限定期限。

［6］蒲州：治所在今山西永濟市西南蒲州鎮。大業初廢。

［7］河橋：又名蒲津橋，戰國秦昭襄王建，在今陝西大荔縣東南、山西永濟市西蒲州鎮之間黄河上。

［8］黎陽：郡名。治所在今河南浚縣東北。隋開皇初廢。

［9］河陽：縣名。開皇十六年置，治所在今河南孟州市南。

［10］調布：指賦税款。　牟甲：指盔甲。

［11］剛：人名。即梁剛。北周、隋時人。本書卷四〇有附傳。

［12］叔諧：人名。即梁叔諧，隋時人。事見本書卷四〇、北史卷七三《梁士彦傳》。

［13］晋：國名。此處代指山西一帶。

［14］鄴城：縣名。爲相州治所，在今河南安陽市。

［15］武候：因軍功封爵。據本書卷四〇《宇文忻傳》，宇文忻在平尉遲迥後因功進封英國公，應即此事。

［16］領軍：官名。即右領軍大將軍。本書《百官志下》、《通典》卷二八《職官十・左右領軍衛》載隋文帝朝，“左右領軍府，各掌十二軍籍帳、差科、辭訟之事。不置將軍。唯有長史、司馬”等。然據此可推知最遲仁壽末年左右領軍府已各置領軍大將軍。據本書卷一《高祖紀上》、卷四〇《宇文忻傳》，宇文忻開皇五年曾任此職。

［17］河東：地區名。泛指今山西全境。

［18］關右：地區名。亦稱關内。在今函谷關（今河南靈寶市東北）或潼關以西地區。

［19］蒲津：地名。一作蒲坂津。在今山西永濟市蒲州鎮與陝西大荔縣朝邑鎮之間黄河上。

［20］晋陽：縣名。治所在今山西太原市西南古城營西古城。

［21］肝鬲（gé）：即肺腑，喻指内心。

［22］太白：星名。即金星，又名啓明、長庚。古星相家以爲太白星主殺伐，故多以喻兵戎。

［23］東井：星宿名。即井宿，二十八宿之一，因在玉井之東，故稱。《史記·天官書》記："德成衡，觀成潢，傷成鉞，禍成井，誅成質。"裴駰《史記集解》引晋灼曰："東井主水事，火入一星居其旁，天子且以火敗，故曰禍也。"則東井喻指於天子不利。

［24］秦：地區名。指戰國時期秦國所轄地域，大約在今陝西一帶。

［25］軒轅：星座名。在星宿北，共十七星，蜿蜒如龍，故稱。其第十四星爲一等大星，因在五帝座之旁，故爲女主象。後多指皇后。《史記·天官書》："權，軒轅。軒轅，黄龍體。前大星，女主象；旁小星，御者後宫屬。"

殘賊之策，千端萬緒。惟忻及昉，名位並高，寧肯北面曲躬，[1]臣於士彦，乃是各懷不遜，圖成亂階，一得擾攘之基，方逞吞并之事。人之姦詐，一至於此！雖國有常刑，罪在不赦，朕載思草創，咸著厥誠，情用愍然，未忍極法。士彦、忻、昉，身爲謀首，叔諧贊成父意，義實難容，並已處盡。士彦、忻、昉兄弟叔姪，特恕其命，有官者除名。士彦小男女、忻母妻女及小男並放。士彦、叔諧妻妾及資財田宅，忻、昉妻妾及資財田宅，悉没官。士彦、昉兒年十五以上遠配。[2]上儀同薛摩兒，[3]是士彦交舊，上柱國府户曹參軍事裴石達，[4]是士彦府僚，反狀逆心，巨細皆委。薛摩兒聞語，仍相應和，俱不申陳，宜從大辟。[5]問即承引，頗是恕心，可除名免死。朕握圖當籙，六載於斯，政事徒勤，淳化未洽，興言軫念，[6]良深歎憤！

[1]曲躬：折腰，表示恭順。

[2]配：刑名。或稱決配、刺配、流配。即用杖責打犯人的背部，刺面，然後發配到指定地點服苦役。原爲寬恕死罪而設，後成爲常刑。

[3]上儀同：官名。全稱上儀同三司，用以酬勤勞，無實際職掌。從四品。本書卷四〇、《周書》卷三一、《北史》卷七三《梁士彦傳》皆記薛摩兒官職爲儀同。　薛摩兒：人名。曾任荆州刺史長史。事見本書卷四〇、《周書》卷三一、《北史》卷七三《梁士彦傳》。

[4]上柱國府户曹參軍：官名。爲上柱國府僚屬，全稱爲“上柱國府户曹參軍事”，開皇三年改稱司户參軍事，大業三年（607）改稱司户書佐。視流内從七品。　裴石達：人名。其事不詳。

[5]大辟：即死刑。先秦時即定爲五刑中最重之刑，而内容形式略有不同，分凌遲處斬、處死（包括絞、重杖打死）等數種。

[6]軫念：悲傷和懷念。

臨刑，至朝堂，宇文忻見高熲，向之叩頭求哀。昉勃然謂忻曰：“事形如此，何叩頭之有！”於是伏誅，籍没其家。後數日，上素服臨射殿，[1]盡取昉、忻、士彦三家資物置於前，令百僚射取之，以爲鑒誡云。

[1]素服：本色或白色的衣服。古人居喪或遭遇凶事時所穿。　射殿：宫殿名。歷代皆有設。功用未詳。

鄭譯

鄭譯字正義，[1]滎陽開封人也。[2]祖瓊，[3]魏太常。[4]

父道邕，[5]周司空。[6]譯頗有學識，兼知鍾律，[7]善騎射。譯從父開府文寬，[8]尚魏平陽公主，[9]則周太祖元后之妹也。[10]主無子，太祖令譯後之。由是譯少爲太祖所親，恒令與諸子游集。年十餘歲，嘗詣相府司録李長宗，[11]長宗於衆中戲之。譯斂容謂長宗曰："明公位望不輕，瞻仰斯屬，輒相玩狎，無乃喪德也。"長宗甚異之。文寬後誕二子，譯復歸本生。

[1]鄭譯：《廣弘明集》卷一〇《叙王明廣請興佛法事》《叙任道林辨周武帝除佛法詔》稱"宇文譯"。據《周書》卷三五《鄭孝穆傳》，鄭譯的父親鄭孝穆（道邕）曾被賜姓宇文氏，因此可確定爲同一人。（參見王仲犖《北周六典》卷四《春官府第九》，中華書局1979年版，第174—175頁）　正義：《鄭譯墓誌》（參見陳根遠《隋〈鄭譯墓誌〉》，《書法》2018年第6期）作"正議"。

[2]滎陽：郡名。治所在今河南鄭州市。　開封：縣名。治所在今河南開封市南。

[3]瓊：人名。即鄭瓊。滎陽開封人，曾任范陽郡守，贈安東將軍、青州刺史。事見《周書·鄭孝穆傳》、《北史》卷三五《鄭羲傳》。

[4]魏：即北魏（386—557）。初都平城（今山西大同市東北），公元494年遷都洛陽（今河南洛陽市東北白馬寺東）。公元534年分裂爲東魏和西魏兩個政權。東魏（534—550）都於鄴（今河北臨漳縣西南鄴鎮東），西魏（535—557）都於長安（今陝西西安市西北郊）。　太常：官名。北魏時掌禮樂、祭祀宗廟、社稷，負責朝會和喪葬禮儀，管理皇帝陵墓、寢廟所在縣邑，每月巡視諸陵，兼掌教育，主持博士及博士弟子的考核與薦舉。三品。

[5]道邕：人名。即鄭道邕。北周時人。傳見《周書》卷三五，《北史》卷三五有附傳。按，《周書》本傳作"字道和"，該卷

中華本校勘記認爲“道邕”應爲其本名，“道和”乃北周舊史所改。《周書》以道邕爲其字，名孝穆。《北史》以道邕爲其名，字孝穆。未知孰是。

[6]周：原作“魏”，據本卷中華本校勘記改。周，即北周(557—581)，都長安（今陝西西安市西北）。　關右：區域名。主要指函谷關或潼關以西地區。　司空：《周書·鄭孝穆傳》《北史·鄭道邕傳》《鄭譯墓誌》皆作“少司空”。此處或漏“少”字。應據補。少司空，官名。全稱爲小司空上大夫。西魏時置爲冬官府屬官，負責建築宫殿，營造器械，監督百工等事。正六命。

[7]鍾律：原指編鍾十二律，後泛指音律。

[8]父：諸本原作“祖”，殿本《北史》卷三五已考證，文寬爲鄭瓊弟鄭儼子，其爲鄭譯從父而非從祖。據改。　開府：官名。即開府儀同三司。北魏時置爲大臣加號，意謂與三司禮制、待遇相同，允許開設府署，自辟僚屬。　文寬：人名。即鄭文寬。滎陽人，鄭儼子，在其父死後投奔北魏出帝，死於關西。其事略見《魏書》卷九三《鄭儼傳》、《北史·鄭羲傳》。

[9]平陽公主：北魏孝武帝之妹元氏。其事不詳。

[10]周太祖：北周宇文泰的廟號。紀見《周書》卷一、《北史》卷九。　元后：北魏孝武帝之妹元氏。傳見《周書》卷九、《北史》卷一四。

[11]司録：官名。西魏時置爲大丞相府重要僚屬，位在長史、司馬下，地位尤重。正七命。　李長宗：人名。其事不詳。

周武帝時，[1]起家給事中士，[2]拜銀青光禄大夫，[3]轉左侍上士。[4]與儀同劉昉恒侍帝側。[5]譯時喪妻，帝命譯尚梁安固公主。[6]及帝親總萬機，以爲御正下大夫，俄轉太子宫尹。[7]時太子多失德，[8]内史中大夫烏丸軌每勸帝廢太子而立秦王，[9]由是太子恒不自安。其後詔太子西征吐谷渾，[10]太子乃陰謂譯曰："秦王，上愛子也。烏丸軌，上信臣也。今吾此行，得無扶蘇之事乎？"[11]譯曰："願殿下勉著仁孝，無失子道而已。勿爲他慮。"太子然之。既破賊，譯以功最，賜爵開國子，[12]邑三百户。[13]後坐褻狎皇太子，[14]帝大怒，除名爲民。太子復召之，譯戲狎如初。因言於太子曰："殿下何時可得據天下？"太子悦而益昵之。

[1]周武帝：北周宇文邕的謚號。紀見《周書》卷五、六，《北史》卷一〇。

[2]給事中士：官名。北周時置爲天官府納言中大夫屬官，掌理六經及諸文志，給事於皇帝左右。正二命。

[3]銀青光禄大夫：官名。爲散官號。北周時光禄大夫授銀章青綬，有左、右之分。正七命。

[4]左侍上士：官名。北周時置爲天官府宫伯中大夫屬官。與右侍上士共同負責皇帝寢宫安全，皇帝臨朝及出行時亦隨侍左右，多作爲起家官。正三命。

[5]儀同：官名。爲散實官。北周府兵制中儀同府長官加此名。九命。

[6]梁：即後梁、西梁（555—587），都江陵（今湖北江陵縣）。　安固公主：其人未詳。

[7]太子宫尹：官名。全稱爲太子宫尹下大夫，北周時置爲東宫屬官，輔弼太子。正四命。

[8]太子：即北周宣帝宇文贇。紀見《周書》卷七、《北史》卷一〇。

[9]内史中大夫：官名。北周時置爲春官府屬官，掌詔書撰寫，參議刑罰爵賞及軍國大事，並修撰國志及起居注。正五命。　烏丸軌：人名。其祖先原姓王，北魏賜姓烏丸。傳見《周書》卷四〇、

《北史》卷六二。　秦王：即宇文贇。傳見《周書》卷一三、《北史》卷五八。

[10]吐谷（yù）渾：古族名。屬鮮卑族的一支，本居遼東，後遷至甘肅、青海一帶居住。傳見本書卷八三、《晋書》卷九七、《宋書》卷九六、《魏書》卷一〇一、《周書》卷五〇、《北史》卷九六。

[11]扶蘇：人名。秦始皇長子。詳見《史記》卷六《秦始皇本紀》。

[12]開國子：爵名。北周時列爲十一等爵的第九等。正六命，食邑二百至二千户。

[13]邑：即食邑。受封者所享有的封地，因收其租税而食，而稱之爲食邑。亦稱爲采邑。春秋時晋國將縣邑分封給大夫，作爲俸禄形式。漢初，諸侯王、列侯對其封邑還享有一定的行政管理權，景帝後逐漸被剥奪，僅可斂取封邑内民户的租税，數量按户數多少計算，食邑隨爵位黜升而損益，亦得世襲。魏晋南北朝沿置，其制大抵是受封者分成食封户所納租税，其邑可在本封邑内，亦可不在本封邑。自三國魏始，有些爵位是虚封的，有爵位但不食租，没有食邑。需加“真食”名號纔得食租。

[14]坐：犯罪，違法。　褻狎：輕慢，不莊重。

及帝崩，太子嗣位，是爲宣帝。超拜開府、内史下大夫、封歸昌縣公，[1]邑一千户，委以朝政。俄遷内史上大夫，[2]進封沛國公，邑五千户，以其子善願爲歸昌公，[3]元琮爲永安縣男，[4]又監國史。[5]譯頗專權，時帝幸東京，[6]譯擅取官材，自營私第，坐是復除名爲民。劉昉數言於帝，帝復召之，顧待如初。詔領内史事。

[1]開府：官名。全稱爲開府儀同大將軍。北周武帝建德四年

改開府儀同三司置，位在上儀同大將軍之上。主要授予有軍勳的功臣及北齊降官，無具體職掌。九命。初任此職者加使持節、大都督、驃騎大將軍、侍中。静帝大象元年（579）罷此制，唯任總管、刺史及行兵者加持節。　内史下大夫：《周書》卷二六《斛斯徵傳》記："宫尹鄭譯坐不能以正道調護，被譴除名。而帝雅親愛譯，至是拜譯内史中大夫。"《北史》卷三五《鄭譯傳》、《通鑑》卷一七三《陳紀》北周宣帝宣政元年六月戊戌條、《鄭譯墓誌》亦記鄭譯官内史中大夫，可證本書有誤。應改。内史中大夫，官名。西魏恭帝三年（556）置，北周沿置。省稱内史、大内史。春官府内史司長官，員二人，掌皇帝詔書的撰寫與宣讀，參議刑罰爵賞以及軍國大事。大象元年，宣帝傳位於静帝，在其上置内史上大夫，遂降爲内史司次官。　歸昌縣公：爵名。北周時置爲十一等爵的第六等。"命數未詳，非正九命則當是九命"（參見王仲犖《北周六典》卷八《封爵第十九》，第548頁）。

[2]内史上大夫：官名。亦稱上内史。北周大象元年，宣帝傳位於静帝，自稱天元皇帝，内史司置上大夫爲長官，員一人，掌皇帝詔書的撰寫與宣讀，權力極重。正六命。按，《北史》卷三五《鄭羲傳》稱"上大夫之官，自譯始也"。

[3]善願：人名。即鄭善願。其事不詳。

[4]元琮：人名。即鄭元琮。其事不詳。　永安縣男：爵名。北周時置爲十一等爵的第十等。正五命。

[5]監國史：官名。全稱爲監修國史。北周時爲統領史局修史的大臣。

[6]東京：即洛陽，治所在今河南洛陽市。

初，高祖與譯有同學之舊，譯又素知高祖相表有奇，傾心相結。至是，高祖爲宣帝所忌，情不自安，嘗在永巷私於譯曰：[1]"久願出藩，公所悉也。敢布心腹，少留意焉。”譯曰：“以公德望，天下歸心，欲求多福，豈敢忘也。謹即言之。”時將遣譯南征，譯請元帥。帝曰：“卿意如何？”譯對曰：“若定江東，[2]自非懿戚重臣無以鎮撫。可令隋公行，且爲壽陽總管以督軍事。”[3]帝從之。乃下詔以高祖爲揚州總管，[4]譯發兵俱會壽陽以伐陳。[5]行有日矣，帝不悆，遂與御正下大夫劉昉謀，引高祖入受顧託。既而譯宣詔，文武百官皆受高祖節度。時御正中大夫顔之儀與宦者謀，引大將軍宇文仲輔政。[6]仲已至御坐，譯知之，遽率開府楊惠及劉昉、皇甫績、柳裘俱入。[7]仲與之儀見譯等，愕然，逡巡欲出，高祖因執之。於是矯詔復以譯爲内史上大夫。明日，高祖爲丞相，拜譯柱國、相府長史，治内史上大夫事。[8]及高祖爲大冢宰，[9]總百揆，以譯兼領天官都府司會，[10]總六府事。[11]出入卧内，言無不從，賞賜玉帛不可勝計。每出入，以甲士從。拜其子元璹爲儀同。[12]時尉迥、王謙、司馬消難等作亂，高祖逾加親禮。俄而進位上柱國，恕以十死。

[1]永巷：宫中長巷。

[2]江東：地區名。指南朝陳統治下的全部地區。

[3]壽陽：縣名。在今安徽壽縣。　總管：官名。北周明帝武成元年（559）正式改都督諸州軍事爲總管，總管之設乃成定制。北周之制，總管加使持節諸軍事。總管或單任，然多兼帶刺史。故總管職權雖以軍事爲主，實際是一地區若干州、防（鎮）的最高軍政長官。

[4]揚州：地名。治所在今安徽壽縣。

［5］陳：即南朝陳（557—589）。都於建康（今江蘇南京市）。

［6］大將軍：官名。北周時爲府兵專職統帥，凡十二人，各領一軍，分隸六柱國大將軍，下統開府、儀同諸將軍。爲勳官第四等，正九命。　宇文仲：人名。其事不詳。

［7］楊惠：人名。北周時爲邗國公，爲隋文帝所重。事見本書卷四一《高熲傳》、卷四二《李德林傳》。　皇甫績：人名。傳見本卷及《北史》卷七四。　柳裘：人名。傳見本卷及《北史》卷七四。

［8］柱國：官名。全稱爲柱國大將軍。北魏太武帝置，以爲開國元勳長孫嵩的加官。孝莊帝因尒朱榮有擁立之功，特置以授之，位在丞相上。西魏文帝以宇文泰有中興之功，又置此官授之。後凡屬功參佐命，望實俱重的，也得居之。自大統十六年（550）以前任此官的名義上有八人。但元欣以宗室任職有名無實權，宇文泰爲統帥，其他六人分掌禁旅，各轄二大將軍。後功臣位至此官者愈多，遂成爲散秩，無所統御。北周武帝增置上柱國等官，並以上柱國大將軍爲勳官之首。柱國大將軍次之。正九命。　長史：官名。北周時爲大丞相府重要僚屬，地位尤重。正七命。

［9］大冢宰：官名。全稱大冢宰卿。北周時爲天官冢宰府最高長官。本爲掌邦治，以建邦之六典佐皇帝治邦國。然其權力却因人而異，若有“五府總於天官”之命，則稱冢宰，能總攝百官，實爲大權在握之宰輔；若無此命，即稱太宰，與五卿並列，僅統本府官。正七命。

［10］天官都府：官署名。即天官府，北周時爲六府之首，以大冢宰卿爲長官，設小冢宰上大夫、天官府都上士佐其職，掌管宫廷供奉、侍御、警衛及全國財政收支、賦役調發、百官俸給等事務。在下“五府總於天官之詔”時，成爲全國最高行政機構，總管全國各項事務。　司會：官署名。北周屬天官府。以司會中大夫爲長官，下設司會上士、司會中士、司會旅下士、司書中士等屬官。掌管全國財政。除中央外，北周曾先後於同州、并州、相州三處置

司會。

[11]六府：官署名合稱。即北周時天官大冢宰府、地官大司徒府、春官大宗伯府、夏官大司馬府、秋官大司寇府、冬官大司空府的合稱。

[12]元璹（shú）：人名。即鄭元璹，隋、唐時人。《舊唐書》卷六二、《新唐書》卷一〇〇有附傳。

譯性輕險，不親職務，而贓貨狼籍。高祖陰疏之，然以其有定策功，不忍廢放，陰敕官屬不得白事於譯。譯猶坐廳事，[1]無所關預。譯懼，頓首求解職，高祖寬諭之，接以恩禮。及上受禪，以上柱國公歸第，賞賜豐厚。進子元璹爵城皋郡公，[2]邑二千户，元珣永安男。[3]追贈其父及亡兄二人並爲刺史。譯自以被疏，陰呼道士章醮以祈福助，[4]其婢奏譯厭蠱左道。[5]上謂譯曰："我不負公，此何意也?"譯無以對。譯又與母别居，爲憲司所劾，由是除名。下詔曰："譯嘉謀良策，寂爾無聞，鬻獄賣官，沸騰盈耳。若留之於世，在人爲不道之臣，戮之於朝，入地爲不孝之鬼。有累幽顯，無以置之，宜賜以《孝經》，[6]令其熟讀。"仍遣與母共居。

[1]廳事：官署視事問案的廳堂。古作"聽事"。

[2]城皋郡公：爵名。隋初九等爵的第四等。從一品。

[3]元珣：人名。即鄭元珣，鄭譯子。其事不詳。　永安男：應即永安縣男。

[4]章醮：道教的一種祈禱形式，拜表設祭。

[5]厭蠱：以迷信的方法，鎮服或驅避可能出現的灾禍，或以符咒之術致禍於人。　左道：非正統的巫蠱、方術等。

[6]《孝經》：書名。儒家經典之一。多以爲孔門後學所撰，今文本十八章。宣傳孝道。從漢代起即被推崇。《漢書·藝文志》列爲七經之一。東漢鄭玄稱《春秋》爲大經，《孝經》爲大本。有唐玄宗注、宋邢昺疏，收入《十三經注疏》。另有清世宗《孝經集注》、毛奇齡《孝經問》、皮錫瑞《孝經鄭注疏》等。

未幾，詔譯參撰律令，復授開府、隆州刺史。[1]請還治疾，有詔徵之，見於醴泉宫。[2]上賜宴甚歡，因謂譯曰："貶退已久，情相矜愍。"[3]於是復爵沛國公，位上柱國。上顧謂侍臣曰："鄭譯與朕同生共死，間關危難，興言念此，何日忘之！"譯因奉觴上壽。上令内史令李德林立作詔書，[4]高熲戲謂譯曰："筆乾。"譯答曰："出爲方岳，杖策言歸，[5]不得一錢，何以潤筆。"上大笑。未幾，詔譯參議樂事。譯以周代七聲廢缺，[6]自大隋受命，禮樂宜新，更修七始之義，[7]名曰《樂府聲調》，凡八篇。[8]奏之，上嘉美焉。俄遷岐州刺史。[9]在職歲餘，復奉詔定樂於太常，[10]前後所論樂事，語在《音律志》。[11]上勞譯曰："律令則公定之，音樂則公正之。禮樂律令，公居其三，良足美也。"於是還岐州。

[1]開府：官名。隋置爲散官名號，初爲正四品上，大業三年改爲從一品，位次王、公。　隆州：地名。治所在今四川閬中市。

[2]醴泉宫：宫名。在今陝西禮泉縣北。

[3]矜愍：憐憫、憐惜。

[4]内史令：官名。内史省長官，掌皇帝詔令出納宣行，居宰相之職。隋初内史省置監、令各一人，尋廢監，置令二人。正三品。　李德林：人名。北齊、北周、隋時人。傳見本書卷四二、

《北史》卷七二。

[5]杖策：執馬鞭。

[6]七聲：指五音及二變。古依十二律高下的次序，定宫、商、角、徵、羽、變宫、變徵爲七聲。

[7]七始：古代樂論。以十二律中的黄鐘、林鐘、太簇爲天地人之始，姑洗、蕤賓、南吕、應鐘爲春夏秋冬之始，合稱“七始”。

[8]《樂府聲調》，凡八篇：本書《經籍志一》記：“《樂府聲調》六卷，岐州刺史、沛國公鄭譯撰。《樂府聲調》三卷，鄭譯撰。”

[9]岐州：治所在今陝西鳳翔縣。

[10]太常：官署名。隋時掌郊廟禮樂祭祀事務，以太常卿爲其長官。

[11]《音律志》：即本書《音樂志》。

開皇十一年，[1]以疾卒官，時年五十二，上遣使弔祭焉。謚曰達。子元璹嗣。煬帝初立，[2]五等悉除，以譯佐命元功，詔追改封譯莘公，[3]以元璹襲。

[1]開皇：隋文帝楊堅年號（581—600）。

[2]煬帝：隋楊廣的謚號。紀見本書卷三、四，《北史》卷一二。

[3]莘公：爵名。煬帝大業三年廢除五等爵，僅保留王、公、侯三等爵位。公爲第二等，從一品。

元璹初爲驃騎將軍，[1]後轉武賁郎將，[2]數以軍功進位右光禄大夫，[3]遷右候衛將軍。[4]大業末，[5]出爲文城太守。[6]及義兵起，義將張倫略地至文城，[7]元璹以城歸之。[8]

［1］驃騎將軍：官名。驃亦作票，爲高級武官稱號。隋因襲北周府兵制，改開府府爲驃騎府，置驃騎將軍爲其長官，分駐各地，統領府軍，分屬十二府大將軍。大業三年隨府名變更而改名鷹揚郎將。正四品上。

［2］武賁郎將：官名。隋煬帝大業三年改革官制，十二衛每衛置護軍四人，爲將軍副貳，不久又改護軍爲武賁郎將。正四品。

［3］右光禄大夫：官名。爲散實官。隋文帝時置左、右光禄大夫皆正二品，煬帝大業三年定令，"左"爲正二品，"右"爲從二品。

［4］右候衛將軍：官名。隋大業三年改右武候爲右候衛而置，爲十二衛將軍之一，置二人，佐大將軍總府事。從三品。按，"右候衛將軍"，《北史》卷三五、《新唐書》卷一〇〇作"右衛將軍"，《舊唐書》卷六二作"右武候將軍"。《册府元龜》卷三九一《將帥部》作"右候將軍"。

［5］大業：隋煬帝楊廣年號（605—618）。

［6］文城：郡名。隋開皇十六年置，治所在今山西吉縣西北古賢村。　太守：官名。爲郡的最高行政長官，隋初定制，上郡太守從四品上，中郡從五品下，下郡正六品上。仁壽三年（603）罷郡爲州，省太守而置刺史。大業三年罷州置郡，復置太守，上郡從三品，中郡正四品，下郡從四品。

［7］張倫：人名。《舊唐書》卷五六《劉季真傳》、《新唐書》卷一《高祖紀》、卷八七《劉季真傳》、卷一〇〇《鄭元璹傳》，温大雅《大唐創業起居注》卷二，《通鑑》卷一八四《隋紀》義寧元年等皆作"張綸"。據此，應以"張綸"爲是，其事見於上列諸書。

［8］元璹以城歸之：關於鄭元璹降事，《册府元龜》卷六八六《牧守部》記："張綸西略地至文城，元璹堅守不下，攻拔其城，擒

致軍門。”與本書所記稍有不同。

柳裘

柳裘字茂和，河東解人，[1]齊司空世隆之曾孫也。[2]祖惔，[3]梁尚書左僕射。[4]父明，[5]太子舍人、義興太守。[6]裘少聰慧，弱冠有令名，在梁仕歷尚書郎、駙馬都尉。[7]梁元帝爲魏軍所逼，[8]遣裘請和於魏。俄而江陵陷，[9]遂入關中。周明、武間，[10]自麟趾學士累遷太子侍讀，[11]封昌樂縣侯。[12]後除天官府都上士。[13]宣帝即位，拜儀同三司，[14]進爵爲公，轉御飾大夫。[15]及帝不悆，留侍禁中，與劉昉、韋謩、皇甫績同謀，[16]引高祖入總萬機。高祖固讓不許。裘進曰：“時不可再，機不可失，今事已然，宜早定大計。天與不取，反受其咎，如更遷延，恐貽後悔。”高祖從之。進位上開府，[17]拜内史大夫，[18]委以機密。

[1]河東：郡名。漢時治所在今山西夏縣西北禹王城。　解：縣名。即解縣，漢時治所在今山西臨猗縣臨晋鎮東南。

[2]齊：即南朝齊（479—502），都建康（今江蘇南京市）。　司空：官名。北齊時爲名譽宰相，多爲大臣加官，無實際職掌。一品。　世隆：人名。即柳世隆。南齊人。傳見《南齊書》卷二四，《南史》卷三八有附傳。

[3]惔：人名。即柳惔。南朝梁時人。傳見《梁書》卷一二，《南史》卷三八有附傳。

[4]梁：即南朝梁（502—557），都建康（今江蘇南京市）。　尚書左僕射：官名。南朝梁時尚書令爲宰相之任，位尊權重，不親

庶務，常闕。尚書省日常政務由僕射主持，實爲尚書省主官，位列宰相。諸曹奏事由左、右僕射審議聯署。左僕射領殿中、主客二郎曹。十五班。

［5］明：中華本校勘記云："'明'應作'昞'，唐人諱改。"昞，人名。即劉昞。其事僅見本傳。

［6］太子舍人：官名。南朝梁時爲東宫屬官，掌文章書記。三班。　義興：郡名。南朝梁時治所在今江蘇宜興市。

［7］尚書郎：官名。南朝梁時尚書省諸郎曹長官，隸屬列曹尚書，分曹執行政務。其職清美，凡政事須議者先由其立意，文書庶務則由令史、書令史等屬吏處理。南朝梁置二十三郎，吏部郎十一班，諸曹侍郎六班，郎中五班。　駙馬都尉：官名。簡稱駙馬，南朝梁專以公主夫婿任駙馬都尉。無班秩。

［8］梁元帝：南朝梁蕭繹的謚號。紀見《梁書》卷五、《南史》卷八。

［9］江陵：縣名。南朝梁時治所在今湖北江陵縣。

［10］周明：即北周明帝宇文毓。紀見《周書》卷四、《北史》卷九。　武：即北周武帝宇文邕。

［11］麟趾學士：官名。全稱爲麟趾殿學士。北周明帝即位後，立麟趾學，以在朝公卿以下有文學者爲學士，稱爲麟趾殿學士。掌著述，刊校經史，考校圖籍，五日番上。　太子侍讀：官名。北周時屬東宫官，侍從太子讀經。

［12］昌樂縣侯：爵名。北周時爲十一等爵的第七等。正八命。

［13］天官府都上士：官名。北周時爲天官府屬官，佐大冢宰卿、小冢宰上大夫處理府中事務。正三命。

［14］儀同三司：官名。爲勳官、散官號，北周時府兵制中儀同府長官加此名。北周武帝建德四年改爲儀同大將軍。九命。

［15］御飾大夫：官名。北周時掌御飾。命品不詳。

［16］韋謩（mó）：人名。傳見本卷，《北史》卷六四有附傳。

［17］上開府：官名。爲勳官號。全稱爲上開府儀同大將軍。北

周時位在開府儀同大將軍上，主要授予有軍勳的功臣及北齊降官，無具體職掌。初任此職者加使持節、大都督、驃騎大將軍、侍中。大象元年罷此制，唯任總管、刺史及行兵者加持節。九命。

[18]内史大夫：官名。北周官内史中大夫之簡稱。

及尉迥作亂，天下騷動，并州總管李穆頗懷猶豫，[1]高祖令裘往喻之。裘見穆，盛陳利害，穆甚悦，遂歸心於高祖。後以奉使功，賜綵三百匹，[2]金九環帶一腰。[3]時司馬消難阻兵安陸，[4]又令喻之，未到而消難奔陳。高祖即令裘隨便安集淮南，[5]賜馬及雜物。

[1]并州：北周時治所在今山西太原市西南。　李穆：人名。傳見本書卷三七，《北史》卷五九有附傳。

[2]綵：有五色文彩的絲織品。

[3]九環帶：北周、隋時帝王貴臣的腰帶，以有九個金環，故稱。《舊唐書·輿服志》："隋代帝王貴臣，多服……九環帶……天子朝服亦如之，惟帶加十三環，以爲差異。"

[4]安陸：郡名。北周時治所在今湖北安陸市。

[5]安集：安定輯睦。　淮南：郡名。北周時治所在今安徽壽縣。

開皇元年，進位大將軍，拜許州刺史。[1]在官清簡，吏民懷之。復轉曹州刺史。[2]其後上思裘定策功，欲加榮秩，將徵之，顧問朝臣曰："曹州刺史何當入朝？"或對曰："即今冬也。"帝乃止。裘尋卒，高祖傷惜者久之，謚曰安。子惠童嗣。[3]

［1］許州：治所在今河南許昌市，隋大業初廢。
［2］曹州：治所在今山東曹縣西北，隋大業初改爲濟陽郡。
［3］惠童：人名。即柳惠童。其事不詳。

皇甫績

皇甫績字功明，安定朝那人也。[1]祖穆，[2]魏隴東太守。[3]父道，[4]周湖州刺史、雍州都督。[5]績三歲而孤，爲外祖韋孝寬所鞠養。嘗與諸外兄博奕，孝寬以其惰業，督以嚴訓，愍績孤幼，特捨之。績歎曰："我無庭訓，養於外氏，不能剋躬勵己，何以成立？"深自感激，命左右自杖三十。孝寬聞而對之流涕。於是精心好學，略涉經史。

［1］安定：郡名。西漢時治所在今寧夏固原市，東漢移治今甘肅涇川縣北涇河北岸，隋開皇三年廢，大業三年復置。　朝那：縣名。西漢時治所在今寧夏固原縣東南，東晉移治今甘肅靈臺縣西北朝那鎮。隋廢。
［2］穆：人名。即皇甫穆。其事不詳。
［3］隴東：郡名。按，北魏有二隴東郡，一治所在今陝西隴縣東南，一治所在今甘肅平凉市西北。
［4］道：人名。即皇甫道。其事不詳。
［5］湖州：北周時治所在今河南唐河縣西南湖陽鎮。　雍州：北周時治所在今陝西西安市西北。　都督：官名。北周實行府兵制，大都督統團，帥都督統旅，都督爲隊官。

周武帝爲魯公時，引爲侍讀。[1]建德初，[2]轉宫尹中士。[3]武帝嘗避暑雲陽宫，[4]時宣帝爲太子監國。衛剌王作亂，[5]城門已閉，百僚多有遁者。績聞難赴之，於玄武門遇皇太子，[6]太子下樓執績手，悲喜交集。帝聞而嘉之，遷小宫尹。[7]宣政初，[8]録前後功，封義陽縣男，拜畿伯下大夫，[9]累轉御正下大夫。

[1]侍讀：官名。北周時太子、王公皆置，侍從讀書。太子侍讀，正六命。

[2]建德：北周武帝宇文邕年號（572—578）。

[3]宫尹中士：官名。全稱爲太子小宫尹中士。北周時爲東宫屬官，輔佐太子宫尹下大夫處理東宫事務。正二命。

[4]雲陽宫：别宫名。位於今陝西涇陽縣西北。

[5]衛剌王：即宇文直。傳見《周書》卷一三、《北史》卷五八。王，爵名。北周十一等爵的第一等，正九命。

[6]玄武門：北周宫城北門。

[7]小宫尹：官名。全稱爲太子小宫尹上士。北周東宫屬官，輔佐太子宫尹下大夫處理東宫事務。正三命。

[8]宣政：北周武帝宇文邕年號（578）。

[9]畿伯下大夫：官名。全稱爲小畿伯下大夫。北周時爲地官府屬官，掌其畿之政令戒禁。正四命。

宣帝崩，高祖總己，績有力焉，語在鄭譯傳。加位上開府，轉内史中大夫，進封郡公，邑千户。尋拜大將軍。

開皇元年，出爲豫州刺史，[1]增邑通前二千五百户。尋拜都官尚書。[2]後數載，轉晋州刺史，[3]將之官，稽首而言曰："臣實庸鄙，無益於國，每思犯難以報國恩。

今僞陳尚存，以臣度之，有三可滅。”上問其故。績答曰：“大吞小，一也；以有道伐無道，二也；納叛臣蕭巖，[4]於我有詞，三也。陛下若命鷹揚之將，臣請預戎行，展絲髪之效。”上嘉其壯志，勞而遣之。及陳平，拜蘇州刺史。[5]

[1]豫州：治所在今河南汝南縣。

[2]都官尚書：官名。尚書省下轄六部之一刑部的長官。職掌刑法、徒隸、勾覆及關禁之政，總判刑部、都官、比部、司門四司之事。開皇三年改稱刑部尚書，置一員。正三品。

[3]晋州：治所在今安徽潛山縣。

[4]蕭巖：人名。北周時人。《周書》卷四八、《北史》卷九三有附傳。

[5]蘇州：治所在今江蘇蘇州市。

高智慧等作亂江南，[1]州民顧子元發兵應之，[2]因以攻績，相持八旬。子元素感績恩，於冬至日遣使奉牛酒。[3]績遺子元書曰：“皇帝握符受籙，合極通靈，受揖讓於唐、虞，[4]棄干戈於湯、武。[5]東踰蟠木，[6]方朔所未窮，[7]西盡流沙，[8]張騫所不至。[9]玄漠黄龍之外，[10]交臂來王，[11]葱嶺、榆關之表，[12]屈膝請吏。[13]曩者僞陳獨阻聲教，江東士民困於荼毒。[14]皇天輔仁，假手朝廷，聊申薄伐，應時瓦解。金陵百姓，[15]死而復生，吴、會臣民，[16]白骨還肉。唯當懷音感德，行歌擊壤，[17]豈宜自同吠主，[18]翻成反噬。卿非吾民，何須酒禮？吾是隋將，何容外交？易子析骸，[19]未能相告，況是足食足兵，高城深塹，坐待强援，綽有餘力。何勞踵輕敝之俗，作虚僞之辭，欲阻誠臣之心，徒惑驍雄之志。以此見期，必不可得。卿宜善思活路，曉諭黎元，能早改迷，失道非遠。”子元得書，於城下頓首陳謝。楊素援兵至，[20]合擊破之。拜信州總管、十二州諸軍事。[21]俄以病乞骸骨，[22]詔徵還京，賜以御藥，中使相望，[23]顧問不絶。卒於家，時年五十二。謚曰安。子偲嗣。[24]大業之世，官至尚書主爵郎。[25]

[1]高智慧：人名。南朝陳越州會稽人。隋初自號東揚州刺史，舉兵反叛。事見本書卷二《高祖紀下》、卷四八《楊素傳》等。

[2]顧子元：人名。蘇州人。隋初呼應高智慧，舉兵反叛。事另見《北史》卷七四《劉昉傳》。

[3]牛酒：牛和酒。古代用作饋贈、犒勞、祭祀的物品。

[4]唐：即傳説中的古帝堯。詳見《史記》卷一《五帝本紀》。　虞：傳説中的古帝舜。詳見《史記·五帝本紀》。

[5]湯：即商湯。詳見《史記》卷三《殷本紀》。　武：即周武王。詳見《史記》卷四《周本紀》。

[6]蟠木：傳説中的山名。一説即扶桑。《大戴禮記·五帝德》：“（顓頊）乘龍而至四海，北至於幽陵，南至於交趾，西濟於流沙，東至於蟠木。”孔廣森補注：“《海外經》曰：‘東海中有山焉，名曰度索，上有大桃樹，屈蟠三千里。’裴駰謂蟠木即此也。”

[7]方朔：人名。即東方朔，西漢時人。傳見《史記》卷一二六、《漢書》卷六五。

[8]流沙：沙漠。

[9]張騫：人名。西漢漢中成固人，漢武帝時曾出使月氏，在外共十三年而歸，後以校尉從大將軍衛青出擊匈奴，拜博望侯。元

狩四年（前119），以中郎將出使烏孫，分遣副使至大宛、康居等通好，西域始通。傳見《漢書》卷六一，事見《史記》卷一二三《大宛列傳》。

［10］玄漠：指漠北，北方邊疆。　黄龍：比喻成條成片的黄色烟塵或沙漠。

［11］交臂：叉手、拱手。表示降服、恭敬。

［12］葱嶺：即今帕米爾高原與喀喇昆侖山脉的總稱，歷來爲中國通往西方的交通要道。　榆關：地名。在今河北撫寧縣東榆關鎮，亦有説即今河北山海關。

［13］請吏：請求爲臣，表示願意臣服。

［14］江東：即江左。指南朝陳統治下的全部地區。

［15］金陵：今江蘇南京市的别稱。因戰國楚築金陵城於南京市清涼山上而得名。

［16］吴：州名。南朝陳治所在今江蘇蘇州市。　會：州名。南朝陳治所在今浙江紹興市。

［17］行歌：意爲邊行走邊歌唱，借以抒發自己的感情，表示自己的意向、意願等。典出《晏子春秋·雜上十二》："梁丘據左操瑟，右挈竽，行歌而出。"　擊壤：典出晋皇甫謐《帝王世紀》："（帝堯之世）天下大和，百姓無事，有五十老人擊壤於道。"此書現已不存，文存於《藝文類聚》卷一一《帝王部一》，後以"擊壤"爲頌太平盛世的典故。

［18］吠主：犬吠主旁。

［19］易子析骸：意指發生戰争時百姓交换孩子以爲食，拆尸骨以爲炊的慘狀。典出《左傳》宣公十五年："敝邑易子而食，析骸以爨。"

［20］楊素：人名。傳見本書卷四八，《北史》卷四一有附傳。

［21］信州：治所在今重慶奉節縣東白帝城。　諸軍事：官名。全稱爲都督中外諸軍事。隋時總統禁衛軍、地方軍在内的内外諸軍，爲全國最高軍事統帥。一般衹有特殊權臣就任，不常置。多以

他官兼任，無品階。

[22]乞骸骨：古代官吏自請退職，意謂使骸骨得歸葬故鄉。

[23]中使：宫中派出的使者。

[24]偲：人名。即皇甫偲。事另見《北史》卷七四《皇甫績傳》。

[25]尚書：官署名。即尚書省。爲政務中樞機構，職事尤重。其長官爲尚書令，常缺，省務由左、右僕射主持。下設六部，各設尚書爲長官，煬帝時增設侍郎爲副長官。　主爵郎：官名。隋大業三年改主爵侍郎置，爲主爵司長官，掌封爵事。正六品。

韋謩者，京兆人也。[1]仕周内史大夫。高祖以謩有定策之功，累遷上柱國，封普安郡公。開皇初，卒於蒲州刺史。

[1]京兆：郡名。隋治所先在今陝西西安市東北，大業三年改治今陝西西安市。

盧賁

盧賁字子徵，涿郡范陽人也。[1]父光，[2]周開府、燕郡公。[3]賁略涉書記，頗解鍾律。周武帝時，襲爵燕郡公，邑一千九百户。後歷魯陽太守、太子小宫尹、儀同三司。[4]平齊有功，[5]增邑四百户，轉司武上士。[6]時高祖爲大司武，[7]賁知高祖爲非常人，深自推結。宣帝嗣位，加開府。[8]

[1]涿郡：漢時治所在今河北涿州市。　范陽：縣名。漢時治

所在今河北定興縣西南固城鎮。

[2]光：人名。即盧光。北周時人。傳見《周書》卷四五，《北史》卷三〇有附傳。

[3]燕郡公：爵名。北周時爲十一等爵的第五等。正九命。

[4]魯陽：郡名。北周時治所在今河南魯山縣，後廢。

[5]齊：即北齊（550—577），都鄴（今河北臨漳縣西南）。

[6]司武上士：官名。中華點校本《唐六典》卷二八太子左右衛率府條下注記曰："後周東宫官員有司戎、司武、司衛之類。"以司武爲東宫官署。王仲犖認爲實無證據（參見王仲犖《北周六典》卷七《六官餘録第十三》，第505頁）。《通鑑》卷一七一《陳紀》太建五年六月條胡三省注曰："周建六官，已有大司馬，司武蓋其屬也。"則司武上士或爲大司馬府屬官。其具體職掌不詳。正三命。

[7]大司武：官名。全稱爲左右司武上大夫，具體職掌不詳。北周時爲正六命。按，據本書卷一《高祖紀上》，高祖曾任右司武，則其時所任或爲右司武上大夫。但《北史》卷三〇《盧賁傳》記爲大司馬，又後文高祖稱兩人相結乃其任大司馬時，或疑"大司馬""大司武"有一處誤。

[8]開府：官名。爲勳官號。全稱爲開府儀同三司。一般加於府兵制中儀同府長官，北周建德四年改爲開府儀同大將軍。九命。

及高祖初被顧託，群情未一，乃引賁置於左右。高祖將之東第，[1]百官皆不知所去。高祖潛令賁部伍仗衛，因召公卿而謂曰："欲求富貴者，當相隨來。"往往偶語，欲有去就。賁嚴兵而至，衆莫敢動。出崇陽門，[2]至東宫，門者拒不内。[3]賁諭之，不去，瞋目叱之，門者遂却，既而高祖得入。賁恒典宿衛。後承問進説曰："周歷已盡，天人之望實歸明公，願早應天順民也。天與不取，反受其咎。"高祖甚然之。及受禪，命賁清宫，[4]因典宿衛。賁於是奏改周代旗幟，更爲嘉名。其青龍、騶虞、朱雀、玄武、千秋、萬歲之旗，[5]皆賁所創也。尋拜散騎常侍，[6]兼太子左庶子、左領軍、右將軍。[7]

[1]東第：本指王侯顯貴者的府第。這裏指太子居住的宅第。《通鑑》卷一七四《陳紀》太建十二年五月條作“東宫”。

[2]崇陽門：北周宫城的東門。

[3]門者：官名。北周時主管宫門的小吏，負責門衛傳達。

[4]清宫：清理宫室。古代帝王行幸所至，必先令人檢查起居宫室，使其清静安全，以防發生意外。

[5]青龍：此指青龍旗，繪有蒼龍圖形的軍旗，用以標志位於東方的軍陣。　騶虞：此指騶虞旗，爲繪有白虎圖形的軍旗，用以標志位於西方的軍陣。　朱雀：此指朱雀旗，爲繪有朱鳥圖形的軍旗，用以標志位於南方的軍陣。　玄武：此指玄武旗，爲繪有龜形的軍旗，用以標志位於北方的軍陣。　千秋：指君王千秋旗。　萬歲：指君王萬歲旗。

[6]散騎常侍：官名。門下省屬官，掌值朝陪從，員四人。從三品。大業三年罷。

[7]太子左庶子：官名。太子門下坊長官，掌侍從贊相，駁正啓奏。員二人，正四品上。　左領軍、右將軍：《北史》卷三〇《盧賁傳》作左領軍將軍。隋並未設右將軍一職，“右”當爲衍字。左領軍將軍，官名。全稱爲“左領軍大將軍”。據本書《百官志下》、《通典》卷二八《職官十・左右領軍衛》載可推知最遲仁壽末年左右領軍府已各置領軍大將軍。品階不詳。

時高熲、蘇威共掌朝政，[1]賁甚不平之。柱國劉昉時被疏忌，賁因諷昉及上柱國元諧、李詢、華州刺史張賓等，[2]謀出熲、威，五人相與輔政。又以晋王上之愛子，[3]謀行廢立。復私謂皇太子曰："賁將數謁殿下，恐爲上所譴，願察區區之心。"謀泄，上窮治其事。昉等委罪於賓、賁，公卿奏二人坐當死。上以龍潜之舊，不忍加誅，並除名爲民。賓未幾卒。

[1]蘇威：人名。傳見本書卷四一，《北史》卷六三有附傳。

[2]元諧：人名。傳見本書卷四〇、《北史》卷七三。　李詢：人名。本書卷三七、《北史》卷五九有附傳。　華州：治所在今陝西華縣，大業三年廢。　張賓：人名。隋道士。其事略見本書《律曆志中》。

[3]晋王：爵名。隋九等爵的第一等。正一品。此指隋煬帝楊廣。

歲餘，賁復爵位，檢校太常卿。[1]賁以古樂宫懸七八，[2]損益不同，歷代通儒，議無定準。於是上表曰："殷人以上，通用五音，[3]周武克殷，得鶉火、天駟之應，[4]其音用七。[5]漢興，加應鍾，[6]故十六枚而在一簴。[7]鄭玄注《周禮》，[8]二八十六簴。此則七八之義，其來遠矣。然世有沿革，用捨不同，至周武帝，復改懸七，以林鍾爲宫。[9]夫樂者，治之本也，故移風易俗，莫善於樂，是以吴札觀而辯興亡。[10]然則樂也者，所以動天地，感鬼神，情發於聲，[11]治亂斯應。周武以林鍾爲宫，蓋將亡之徵也。且林鍾之管，[12]即黄鍾下生之義。[13]黄鍾，君也，而生於臣，明爲皇家九五之應。又陰者臣也，而居君位，更顯國家登極之祥。斯實冥數相符，非關人事。伏惟陛下握圖御宇，[14]道邁前王，功成作樂，焕乎曩策。[15]臣聞五帝不相沿樂，三王不相襲禮，[16]此蓋隨時改制，而不失雅正者也。”上竟從之，即改七懸八，以黄鍾爲宫。詔賁與儀同楊慶和删定周、齊音律。[17]

［1］檢校：官制用語。謂代理，即尚未實授某官業已掌其職事。　太常卿：官名。太常寺長官，掌國家禮樂、郊廟社稷祭祀等事，總轄郊社、太廟等十一署。置一員，正三品。

［2］宫懸：亦稱“宫縣”。古代鍾磬等樂器懸掛在架上，其形制因用樂者身份地位不同而有别。帝王懸掛四面，象徵宫室四面的墻壁，故名“宫懸”。

［3］五音：古代五聲音階的五個音級，即宫、商、角、徵、羽。

［4］鶉火：星宿名。即柳宿。古人稱南方有井、鬼、柳、星、張、翼、軫七宿，名爲朱鳥七宿。首位者稱鶉首，中部者（柳、星、張）稱鶉火（也叫鶉心），末位者稱鶉尾。有星八顆。　天駟：星宿名。即房宿，亦稱房駟。古人稱東方有角、亢、氐、房、心、尾、箕七宿，名爲蒼龍七宿。房宿爲第四宿，有星四顆。主車馬。《宋史·天文志三》：“房宿四星，爲明堂，天子布政之宫也，亦四輔也。”

［5］七：即七音，古樂理以宫、商、角、徵、羽、變宫、變徵爲七音。《左傳》昭公二十年：“聲亦如味，一氣，二體，三類，四物，五聲，六律，七音，八風，九歌，以相成也。”陸德明釋文曰：“七音：宫、商、角、徵、羽、變宫、變徵也。”

［6］應鍾：古樂律名。十二律之一，古人以十二律與十二月相配，每月以一律應之。應鍾與十月相應，《禮記·月令》：“（孟冬之月）其音羽，律中應鍾。”鄭玄注：“孟冬氣至，則應鍾之律應。應鍾者，姑洗之所生，三分去一，律長四寸二十七分寸之二十。”《漢書·律曆志上》：“應鐘，言陰氣應亡射，該臧萬物而雜陽閡種也。

位於亥，在十月。”

［7］簴（jù）：懸掛鍾磬的立柱。

［8］鄭玄：人名。傳見《後漢書》卷三五。　《周禮》：書名。中國古代官制典籍，全書的定型在戰國時期。漢代原稱《周官》，西漢劉歆始稱《周禮》，並立於學官，杜子春爲之作注，鄭興作《周官解詁》。《周禮》内容六篇分載天、地、春、夏、秋、冬六官，記古代理想官制，其中冬官已亡佚，由《考工記》補足。大而至於政治、軍事，小而至於衣冠、陳設，無不有義。

［9］林鍾：古樂十二律之一。十二律有六律六吕，林鍾爲六吕之一。《禮記·月令》：“（季夏之月）……其音徵，律中林鍾。”鄭玄注曰：“林鍾者，黄鍾之所生，三分去一，律長六寸，季夏氣至，則林鍾之律應。”《史記·律書》曰：“林鍾者，言萬物就死氣林林然。”　宫：古代五聲音階的第一音級。《莊子·徐無鬼》記：“鼓宫宫動，鼓角角動，音律同矣。”《禮記·樂記》曰：“宫爲君，商爲臣，角爲民，徵爲事，羽爲物；五者不亂，則無怗懘之音矣。”此指北周將林鍾定爲樂律之標準音。

［10］吴札：春秋時期吴王夢壽的小兒子季札。其人及觀樂事參《左傳》襄公二十九年。

［11］聲：底本作“升”，殿本、中華本作“聲”，據文意，從殿本、中華本改。

［12］管：指定音的儀器律管。《禮記·禮運》記：“五聲、六律、十二管，還相爲宫也。”鄭玄注曰：“其管陽曰律，陰曰吕，布十二辰，始於黄鍾管長九寸。”

［13］黄鍾：樂律十二律中的第一律。《禮記·月令》記：“（季夏之月）其日戊巳，其帝黄帝，其神后土，其蟲倮，其音宫，律中黄鍾之宫。”孔穎達疏曰：“黄鍾宫最長，爲聲調之始，十二宫之主。”又《吕氏春秋·適音》曰：“黄鍾之宫，音之本也，清濁之衷也。”古人一般將黄鍾定爲標準音，爲所有樂律之標準。　下生：出生。

[14]御宇：意統治天下。

[15]曩：先時、從前。

[16]五帝：上古傳説中的五位帝王，説法不一。　三王：指夏、商、周三代之君夏禹、商湯、周武王。此句蓋出自《後漢書》卷三五《曹褒傳》，乃化用《禮記·樂志》“五帝殊時不相沿樂，三王異世不相襲禮”之語。

[17]儀同：官名。隋時爲十一等勳官中的第八等。正五品上。大業三年罷。　楊慶和：人名。其事不詳。

未幾，拜郢州刺史，[1]尋轉虢州刺史。[2]後遷懷州刺史，[3]決沁水東注，[4]名曰利民渠，[5]又派入温縣，[6]名曰温潤渠，[7]以溉舄鹵，[8]民賴其利。後數年，轉齊州刺史。[9]民飢，穀米踴貴，閉人糴而自糴之。[10]坐是除名爲民。

[1]郢州：治所在今湖北武漢市武昌區。隋開皇九年（589）改爲鄂州。

[2]虢州：治所在今河南盧氏縣。隋大業初廢。

[3]懷州：治所在今河南沁陽市。隋大業初廢。

[4]沁水：即今沁河，源出山西沁源縣北，南流至河南武陟縣東南入黄河。

[5]利民渠：水渠名。清代修《山西通志》卷二〇《汾陽縣》條下曰：“興地泉在縣南四十里綿山下，一名利民渠。”

[6]温縣：隋開皇十六年置，治所在今河南温縣西南。

[7]温潤渠：水渠名。在今河南温縣西北。

[8]舄（xì）鹵：鹽碱地。

[9]齊州：治所在今山東濟南市，隋大業初改爲齊郡。

[10]人：當作“民”，避唐諱改。

後從幸洛陽，上從容謂賁曰："我始爲大司馬時，[1]卿以布腹心於我。及總百揆，頻繁左右，與卿足爲恩舊。卿若無過者，位與高熲齊。坐與凶人交構，由是廢黜。言念疇昔之恩，復當牧伯之位，[2]何乃不思報效，以至於此！吾不忍殺卿，是屈法申私耳。"賁俯伏陳謝，詔復本官。後數日，對詔失旨，又自叙功績，有怨言。上大怒，顧謂群臣曰："吾將與賁一州，觀此不可復用。"後皇太子爲其言曰："此輩並有佐命之功，雖性行輕險，誠不可棄。"上曰："我抑屈之，全其命也。微劉昉、鄭譯及賁、柳裘、皇甫績等，則我不至此。然此等皆反覆子也。當周宣帝時，以無賴得幸，及帝大漸，顏之儀等請以宗王輔政，此輩行詐，顧命於我。我將爲治，又欲亂之。故昉謀大逆於前，譯爲巫蠱於後。如賁之徒，皆不滿志。任之則不遜，致之則怨，自難信也，非我棄之。衆人見此，或有竊議，謂我薄於功臣，斯不然矣。"蘇威進曰："漢光武欲全功臣，[3]皆以列侯奉朝請。[4]至尊仁育，復用此道以安之。"上曰："然。"遂廢於家。是歲卒，年五十四。

[1]大司馬：官名。全稱爲大司馬卿。北周時爲夏官府之長，負責軍政、軍備、宿衛等事務。正七命。

[2]牧伯：指州郡的長官。

[3]漢光武：即東漢光武帝劉秀。紀見《後漢書》卷一。

[4]列侯：爵名。東漢時多以軍功封授，又有以外戚和恩澤封侯者，有食邑，少者數百，奉朝請。有縣侯、都鄉侯、鄉侯、都亭

侯、亭侯等。　奉朝請：漢時達官顯貴定期朝見皇帝的儀式。

史臣曰：高祖肇基王業，昉、譯實啓其謀，當軸執鈞，[1]物無異論。不能忘身急病，[2]以義斷恩，方乃慮難求全，偷安懷禄。暨夫帝遷明德，[3]義非簡在，[4]鹽梅之寄，[5]自有攸歸。言追昔款，[6]内懷觖望，[7]耻居吴、耿之末，[8]羞與絳、灌爲伍。[9]事君盡禮，既闕於宿心，不愛其親，遽彰於物議。其在周也，靡忠貞之節，其奉隋也，愧竭命之誠。非義掩其前功，[10]畜怨興其後釁，[11]而望不陷刑辟，保貴全生，難矣。柳裘、皇甫績、盧賁，因人成事，協規不二，[12]大運光啓，[13]莫參樞要。斯固在人欲其悦己，在我欲其罵人，理自然也。晏嬰有言：[14]"一心可以事百君，百心不可以事一君。"[15]於昉、譯見之矣。

[1]執鈞：指掌權。

[2]忘身急病：忘身，奮不顧身，置生死於度外。急病，急於解救困難、危難。

[3]明德：光明之德，美德。

[4]簡在：意謂存在。

[5]鹽梅：鹽味鹹，梅味酸，均爲調味所需。喻指國家所需的賢才。典出《尚書·説命下》："若作和羹，爾惟鹽梅。"其下孔安國傳曰："鹽鹹梅醋，羹須鹹醋以和之。"

[6]昔款：往日的情誼。

[7]觖望：不滿，怨望。

[8]吴：代指秦末相人項梁。項梁秦末起兵於吴國會稽，因稱。事見《史記》卷七《項羽本紀》。　耿：代指秦末狄人田儋，秦末

起兵於齊。田儋傳見《史記》卷九四。

［9］絳：指西漢絳侯周勃。世家見《史記》卷五七。　灌：指西漢灌嬰。傳見《史記》卷九五。兩人皆出身平民，地位低賤，後得封侯。

［10］非義：典出《左傳》定公四年："無謀非德，無犯非義。"意謂不義，不合乎道義。

［11］畜怨：積蓄怨氣。

［12］協規：共同謀劃。

［13］大運：指天命，上天的旨意。

［14］晏嬰：人名。春秋時人。事見《左傳》襄公十七年、《史記》卷三二《齊太公世家》等。

［15］一心可以事百君，百心不可以事一君：該句出自《晏子春秋》卷四《問下》，原文爲"一心可以事百君，三心不可以事一君"。本書略有改動。

今注本二十四史

隋書

一一

傳〔二〕

唐 魏徵等 撰

馬俊民 張玉興 主持校注

中国社会科学出版社

隋書　卷三九

列傳第四

于義　子宣道　宣敏

于義字慈恭，河南雒陽人也。[1]父謹，[2]從魏武帝入關，[3]仕周，[4]官至太師，[5]因家京兆。[6]義少矜嚴，有操尚，篤志好學。大統末，[7]以父功，賜爵平昌縣伯，[8]邑五百户。[9]起家直閤將軍。[10]其後改封廣都縣公。[11]周閔帝受禪，[12]增邑六百户。累遷安武太守，[13]專崇德教，不尚威刑。有郡民張善安、王叔兒爭財相訟，[14]義曰："太守德薄不勝任之所致，非其罪也。"於是取家財，倍與二人，諭而遣去。善安等各懷耻愧，移貫他州。於是風教大洽。其以德化人，皆此類也。進封建平郡公。[15]明、武世，[16]歷西兗、瓜、邵三州刺史。[17]數從征伐，進位開府。[18]

[1]河南：郡名。北魏時治所在今河南洛陽市東北。　雒陽：縣名。北魏時在今河南洛陽市東北白馬寺東。

[2]謹：人名。即于謹。傳見《周書》卷一五，《北史》卷二三有附傳。

[3]魏武帝：北魏皇帝元脩的謚號。紀見《魏書》卷一一、《北史》卷五。　關：地區名。指關中。關於其地域範圍有幾種説法，大約是指今河南靈寶市及其以西陝西關中盆地和丹江流域。

[4]周：即北周（557—581），都長安（今陝西西安市）。

[5]太師：官名。北周時爲三公之一，多爲贈官，不置府僚。正九命。

[6]京兆：即北周都城長安。在今陝西西安市西北。

[7]大統：西魏文帝元寶炬年號（535—551）。

[8]平昌縣伯：爵名。西魏時置爲十一等爵的第八等。正七命。

[9]邑：即食邑。受封者所享有的封地，因收其租税而食，故稱之爲食邑。亦稱爲采邑。魏晋南北朝時，其制大抵是受封者分成食封户所納租税，其邑可在本封邑内，亦可不在本封邑。北魏王公侯伯子男開國食邑者，王食半，公三分食一，侯伯四分食一，子男五分食一。自三國魏始，有些爵位是虚封的，有爵位但不食租，没有食邑。需加“真食”名號纔得食租。

[10]直閤將軍：官名。即直閣將軍，西魏時爲皇帝左右侍衛之官。命品不詳。

[11]廣都縣公：爵名。西魏時置爲十一等爵的第六等。“命數未詳，非正九命則當是九命”（參見王仲犖《北周六典》卷八《封爵第十九》，中華書局1979年版，第548頁）。

[12]周閔帝：北周皇帝宇文覺的謚號。紀見《周書》卷三、《北史》卷九。

[13]安武：郡名。北周時治所在甘肅靈臺縣西北。

[14]張善安：人名。其事不詳。　王叔兒：人名。其事不詳。

[15]建平郡公：爵名。北周時置爲十一等爵的第五等。正九命。

[16]明：即北周明帝宇文毓。紀見《周書》卷四、《北史》卷

九。　武：即北周武帝宇文邕。紀見《周書》卷五、六，《北史》卷一〇。

[17]西兖：州名。北周時治所在今山東定陶縣西北，後改名曹州。　瓜：州名。北周時治所在今甘肅敦煌市東南鎖陽城。　邵：州名。北周時治所在今山西垣曲縣東南城關。

[18]開府：官名。北周置爲府兵組織統兵官，府兵二十四軍各設一員，統兵二千人左右。

宣帝嗣位，[1]政刑日亂，義上疏諫。時鄭譯、劉昉以恩倖當權，[2]謂義不利於己，先惡之於帝。帝覽表色動，謂侍臣曰："于義謗訕朝廷也。"御正大夫顏之儀進曰：[3]"古先哲王立誹謗之木，[4]置敢諫之鼓，[5]猶懼不聞過。于義之言，不可罪也。"帝乃解。

[1]宣帝：北周皇帝宇文贇的謚號。紀見《周書》卷七、《北史》卷一〇。

[2]鄭譯：人名。北周、隋時人。傳見本書卷三八，《北史》卷三五有附傳。　劉昉：人名。北周、隋時人。傳見本書卷三八、《北史》卷七四。

[3]御正大夫：官名。此處應指御正中大夫。北周時爲天官冢宰府屬官，職掌草擬詔册文誥，近侍樞機。凡諸刑罰爵賞，以及軍國大事，皆須參議。正五命。　顏之儀：人名。北周、隋時人。傳見《周書》卷四〇，《北史》卷八三有附傳。

[4]誹謗之木：傳説中堯、舜設置的供百姓書寫政治闕失的表木。

[5]敢諫之鼓：傳説中堯、舜設置的供百姓諫言時擊打的鼓。

及高祖作相，[1]王謙構逆，[2]高祖將擊之，問將於高熲。[3]熲答曰："于義素有經略，可爲元帥。"[4]高祖初然之。劉昉進曰："梁睿位望素重，[5]不可居義之下。"高祖乃止。於是以睿爲元帥，以義爲行軍總管。[6]謙將達奚惎擁衆據開遠，[7]義將左軍擊破之。[8]尋拜潼州總管，[9]賜奴婢五百口，雜綵三千段，[10]超拜上柱國。[11]時義兄翼爲太尉，[12]弟智、兄子仲文並上柱國，[13]大將軍已上十餘人，[14]稱爲貴戚。

［1］高祖：隋文帝楊堅的廟號。紀見本書卷一、二，《北史》卷一一。

［2］王謙：人名。北周時人。傳見《周書》卷二一，《北史》卷六〇有附傳。

［3］高熲：人名。北周、隋時人。傳見本書卷四一、《北史》卷七二。

［4］元帥：官名。全稱爲行軍元帥。北周時爲出征軍的統帥名，領一道或數道行軍總管征戰，根據需要臨時任命，事罷則廢。

［5］梁睿：人名。北周、隋時人。傳見本書卷三七，《北史》卷五九有附傳。

［6］行軍總管：官名。北周時爲一路兵馬的臨時統帥，事迄則罷。遇重大軍事行動，則隸於行軍元帥。

［7］達奚惎：人名。北周時人。事見《周書》卷一九、《北史》卷六五《達奚震傳》。　開遠：戍名。又名鍾會壘，在今四川劍閣縣東北。

［8］左軍：西周時曾設左、中、右三軍，其統帥亦稱左軍、中軍、右軍。西魏、北周遵行《周禮》改制，或又新置。

［9］潼州：北周時治所在今四川綿陽市東。　總管：官名。東魏武定六年（548）始置。西魏也置。北周武成元年（559）正式改都督諸州軍事爲總管，總管之設乃成定制。北周之制，總管加使

持節諸軍事。總管或單任，然多兼帶刺史。故總管職權雖以軍事爲主，實際是一地區若干州、防（鎮）的最高軍政長官。

[10]雜綵：雜色絲織品。

[11]上柱國：官名。北周建德四年（575）置爲最高級勳官。正九命。

[12]翼：人名。即于翼。北周、隋時人。傳見《周書》卷三〇，《北史》卷二三有附傳。　太尉：官名。北周時爲三公之一，多爲贈官。正九命。按，據《周書·于翼傳》，其於開皇初拜太尉。

[13]智：人名。即于智。北周、隋時人。《周書》卷一五記其名爲“智初”。殿本考證“初”爲衍字。《北史》卷二三有附傳。　仲文：人名。即于仲文。《北史》卷二三有附傳。

[14]大將軍：官名。北周時爲散實官第四等。正九命。

歲餘，以疾免職，歸於京師。數月卒，時年五十。贈豫州刺史，[1]謚曰剛。賻物千段，[2]粟米五百石。子宣道、宣敏，並知名。

[1]豫州：治所在今河南汝南縣。

[2]賻（fù）物：拿財物助人辦理喪事。

宣道字元明，性謹密，不交非類。仕周，釋褐左侍上士。[1]以父功，賜爵成安縣男，[2]邑二百户。後轉小承御上士。[3]高祖爲丞相，引爲外兵曹，[4]尋拜儀同。[5]及踐阼，[6]遷内史舍人，[7]進爵爲子。[8]丁父憂，水漿不入口者累日。獻皇后命中使敦諭，[9]歲餘，起令視事。免喪，拜車騎將軍，[10]兼左衛長史，[11]舍人如故。後六歲，遷太子左衛副率，[12]進位上儀同。[13]卒，年四十二。子志寧,[14]早知名，出繼叔父宣敏。

[1]左侍上士：官名。北周時爲天官府宫伯中大夫屬官。與右侍上士共同負責皇帝寢宫安全，皇帝臨朝及出行時亦隨侍左右，多作爲起家官。正三命。

[2]成安：《北史》卷二三本傳作“城安”。“城安”爲爵封號僅見於《北史》一處，而“成安”則屢見，疑《北史》有誤。　縣男：爵名。北周時置爲十一等爵的第十等。正五命。

[3]小承御上士：官名。北周時爲侍衛皇帝左右之官。正三命。

[4]外兵曹：官名。全稱爲外兵曹參軍，北周時爲大丞相府屬官。

[5]儀同：官名。爲散實官。北周府兵制中儀同府長官加此名。九命。

[6]踐阼：亦作“踐胙”“踐祚”。古代廟寢堂前兩階，主階在東，稱阼階。阼階上爲主位。祭祀時一般由天子履主位。後引申爲即位，登基之意。

[7]内史舍人：官名。隋内史省屬官，員八人。正六品上，開皇三年（583）升從五品。大業三年（607）減爲四人，十二年改稱内書舍人。

[8]子：爵名。隋九等爵的第八等，又稱開國子。正四品。

[9]獻皇后：即隋文帝文獻皇后獨孤氏。傳見本書卷三六、《北史》卷一四。　敦諭：勸勉曉喻。

[10]車騎將軍：官名。隋初置爲府兵制的中級將領，爲車騎府長官，置於驃騎府則爲次官。正五品上。大業三年改稱鷹揚副郎將。

[11]左衛：官署名。隋十二衛之一，置大將軍一員、將軍二員，掌宫掖禁禦，督攝杖衛。下設長史、司馬及録事，功、倉、兵、騎等曹參軍，法、鎧曹行參軍各一員，行參軍六員；又有直

閤、直寢、直齋、直後等將軍，奉車都尉、武騎常侍、殿内將軍、員外將軍、殿内司馬督、員外司馬督，並以參軍府朝，出使勞問；又統親衛，領諸開府府（驃騎府）、儀同府（車騎府）；諸府皆領軍坊。開皇六年罷殿内將軍、司馬督、武騎常侍等員。煬帝大業三年改爲左翊衛，改其所統親、勳、翊三衛爲三侍，廢直閤將軍以下員，軍士名驍騎，領諸鷹揚府；又置護軍四人，掌副貳將軍，尋改爲武賁郎將，以武牙郎將六人副之。《北史》本傳作“右衛”。長史：官名。隋左衛府屬官，員一人。七品。

[12]太子左衛副率：官名。爲太子左衛率副貳，員二人。從四品上。大業三年改爲左、右侍副率。

[13]上儀同：官名。全稱爲上儀同三司，用以酬勤勞，無實際職務。從四品。

[14]志寧：人名。即于志寧。隋、唐時人。傳見《舊唐書》卷七八、《新唐書》卷一〇四。

宣敏字仲達，少沉密，有才思。年十一，詣周趙王招，[1]王命之賦詩。宣敏爲詩，甚有幽貞之志。王大奇之，坐客莫不嗟賞。起家右侍上士，[2]遷千牛備身。[3]

[1]趙王：爵名。北周時置爲十一等爵的第一等。正九命。招：人名。即宇文招。傳見《周書》卷一三、《北史》卷五八。

[2]右侍上士：官名。北周時爲天官府宫伯中大夫屬官。與左侍上士共同負責皇帝寢宫安全，皇帝臨朝及出行時亦隨侍左右，多作爲起家官。正三命。

[3]千牛備身：官名。北周時命品不詳。

高祖踐阼，拜奉車都尉，[1]奉使撫慰巴、蜀。[2]及還，上疏曰：

[1]奉車都尉：官名。隋初左、右衛置，掌馭副車。員六人，從五品上。大業三年廢。

[2]巴：郡名。治所在今重慶市區。隋開皇初廢，大業初復置。蜀：郡名。治所在今四川成都市。隋開皇初廢，大業初復置。

臣聞開盤石之宗，[1]漢室於是惟永，建維城之固，[2]周祚所以靈長。昔秦皇置牧守而罷諸侯，[3]魏后暱諂邪而踈骨肉，[4]遂使宗社移於佗族，[5]神器傳於異姓。[6]此事之明，甚於觀火。然山川設險，非親勿居。且蜀土沃饒，人物殷阜，西通邛、僰，[7]南屬荆、巫。[8]周德之衰，兹土遂成戎首，炎政失御，[9]此地便爲禍先。是以明者防於無形，治者制其未亂，[10]方可慶隆萬世，年逾七百。[11]

[1]盤石之宗：比喻堅固穩定。典出《史記》卷一〇《孝文本紀》："高帝封王子弟，地犬牙相制，此所謂盤石之宗也。"

[2]維城：指連城以衛國。典出《詩·大雅·板》："懷德維寧，宗子維城。"

[3]秦皇：即秦始皇。紀見《史記》卷六。此處指秦始皇改封建制爲郡縣制一事。

[4]魏后：據後文，此應指曹魏時期事，但具體所指何人何事則未詳。

[5]佗：底本、庫本作"佗"，中華本作"他"。

[6]神器：代表國家政權的實物，如玉璽、寶鼎之類。借指帝位、政權。

[7]邛（qióng）：州名。治所在今四川邛崍市東南。隋大業初

廢。 僰（bó）：按隋初郡縣無僰名，此應指僰族活動的區域。僰，古族名。爲羌之别種，今之白族。一説爲擺夷，今之傣族。秦漢時活動於犍爲郡僰道縣（今四川宜賓市）。東漢末遷往朱提郡、寧州建寧郡（今雲南曲靖市）。從事農業、畜牧業與礦冶業、玉石製造業。俗行棺葬。這裏代指僰族活動的區域。

[8]荆：州名。治所在今湖北江陵縣。 巫：縣名。治所在今重慶巫山縣。隋開皇初改爲巫山縣。此處代指這一片區域。

[9]炎政：亦作“炎正”。指漢朝。五行家謂漢以火德王，火曰炎上，故以“炎”指漢朝。亦泛指以火德王的朝代。

[10]治：《北史》卷二三本傳作“安”。

[11]七百：典出《左傳》宣公三年：“成王定鼎于郟鄏，卜世三十，卜年七百，天所命也。”後用“七百”稱頌封建王朝運祚綿長。

伏惟陛下日角龍顔，[1]膺樂推之運，[2]參天貳地，[3]居揖讓之期。[4]億兆宅心，[5]百神受職，理須樹建藩屏，[6]封植子孫，繼周、漢之宏圖，改秦、魏之覆軌，抑近習之權勢，[7]崇公族之本枝。但三蜀、三齊，[8]古稱天險，分王戚屬，今正其時。若使利建合宜，封樹得所，巨猾息其非望，姦臣杜其邪謀。盛業洪基，同天地之長久，英聲茂實，齊日月之照臨。臣雖學謝多聞，[9]然情深體國，輒申管見，戰灼惟深。[10]

[1]日角：額骨中央部分隆起，形狀如日。舊時相術家認爲是大貴之相。《後漢書》卷一《光武帝紀上》：“身長七尺三寸，美須眉，大口，隆準，日角。”李賢注引鄭玄《尚書中候》注：“日角謂庭中骨起，狀如日。”

［2］樂推：樂意擁戴。

［3］参天貳地：亦作“参天兩地”。典出《易·説卦》：“参天兩地而倚數。”孔穎達疏：“倚，立也。既用蓍求卦，其揲蓍所得，取奇數於天，取耦數於地。”原爲《易》卦立數之義。後引申爲人之德可與天地相比。

［4］揖讓：指禪讓。

［5］億兆：指庶民百姓。猶言衆庶萬民。　宅心：歸心，心悦誠服而歸附。

［6］藩屏：捍衛。

［7］近習：君主寵愛親信的人。

［8］三蜀：區域名。西漢初分蜀郡置廣漢郡，武帝又分置犍爲郡，合稱“三蜀”。其地相當於今四川中部、貴州北部赤水河流域及雲南金沙江下游以東、會澤縣以北地區。　三齊：區域名。秦、漢之際項羽以齊國故地封田都爲齊王，都臨淄（今山東淄博市東北）；田市爲膠東王，都即墨（今山東平度市東南）；田安爲濟北王，都博陽（今山東泰安市東南），合稱“三齊”。相當於今山東大部地區。

［9］謝：慚愧。

［10］戰灼：惶恐不安。

帝省表嘉之，謂高熲曰：“于氏世有人焉。”竟納其言，遣蜀王秀鎮於蜀。[1]

［1］秀：人名。即楊秀。傳見本書卷四五、《北史》卷七一。

宣敏常以盛滿之誡，昔賢所重，每懷静退，著《述志賦》以見志焉。未幾，卒官，時年二十九。

陰壽 子世師 骨儀

陰壽字羅雲，武威人也。[1]父嵩，[2]周夏州刺史。[3]壽少果烈，有武幹，性謹厚，敦然諾。周世屢以軍功，拜儀同。從武帝平齊，[4]進位開府，賜物千段，奴婢百口，女樂二十人。[5]

[1]武威：漢郡名。治所在今甘肅武威市。

[2]嵩：人名。即陰嵩。北周時曾任中書郎將、光禄大夫等職。《元和姓纂》卷五稱陰嵩北周改姓邱目陵，隋以後復姓陰。《通志》卷三〇《氏族略六》亦記西魏宇文泰改姓時將陰氏改爲邱目陵，與《元和姓纂》所記相符。又，《元和姓纂》記陰壽爲陰嵩孫。其事略見《册府元龜》卷三〇五《外戚部·賢行》、《元和姓纂》卷五。

[3]夏州：北周時治所在今陝西靖邊縣東北白城子。

[4]齊：即北齊（550—577），都於鄴（今河北臨漳縣西南鄴鎮東）。

[5]女樂：歌舞伎。

及高祖爲丞相，引壽爲掾。[1]尉迥作亂，[2]高祖以韋孝寬爲元帥擊之，[3]令壽監軍。時孝寬有疾，不能親總戎事，每卧帳中，遣婦人傳教命。三軍綱紀，皆取决於壽。以功進位上柱國。尋以行軍總管鎮幽州，[4]即拜幽州總管，封趙國公。[5]

[1]掾：官名。全稱爲大丞相府掾。北周時爲大丞相府屬官。

[2]尉迥：人名。傳見《周書》卷二一、《北史》卷六二。《魏書·官氏志》載北魏實行改姓之制，其中西方尉遲氏改爲尉氏，但

據《周書》卷二《文帝紀》載宇文泰於西魏恭帝元年（554）又改漢姓爲鮮卑姓，尉氏又由此改回尉遲氏。此處仍沿用北魏之制。

［3］韋孝寬：人名。北周、隋時人。傳見《周書》卷三一、《北史》卷六四。

［4］幽州：北周時治所在今北京城西南。

［5］趙國公：爵名。北周時置爲十一等爵的第四等。正九命。《北史》卷七三本傳作“趙郡公”。

時有高寶寧者，[1]齊氏之疎屬也，爲人桀黠，有籌算，在齊久鎮黄龍。[2]及齊滅，周武帝拜爲營州刺史，[3]甚得華夷之心。高祖爲丞相，遂連結契丹、靺鞨舉兵反，[4]高祖以中原多故，未遑進討，以書喻之而不得。開皇初，[5]又引突厥攻圍北平。[6]至是，令壽率步騎數萬，出盧龍塞以討之。[7]寶寧求救於突厥。時衛王爽等諸將數道北征，[8]突厥不能援。寶寧棄城奔于磧北，[9]黄龍諸縣悉平。壽班師，留開府成道昂鎮之。[10]寶寧遣其子僧伽率廣騎掠城下而去。[11]尋引契丹、靺鞨之衆來攻，道昂苦戰連日乃退。壽患之，於是重購寶寧，又遣人陰間其所親任者趙世模、王威等。[12]月餘，世模率其衆降，寶寧復走契丹，爲其麾下趙脩羅所殺，[13]北邊遂安。賜物千段。未幾，卒官，贈司空。[14]子世師嗣。

［1］高寶寧：人名。名或作保寧，北齊代郡人。後主武平末爲營州刺史，北周平齊，高寶寧不受招慰。范陽王高昭義爲北周兵逼奔突厥，高寶寧上勸進表，高昭義遂即皇帝位，署寶寧爲丞相。盧昌期據范陽起兵，寶寧引昭義集合軍隊數萬救之，至潞河，知周將宇文神舉屠范陽，還據黄龍，不臣周。其事略見《北齊書》卷一二

《范陽王紹義傳》，《周書》卷六《武帝紀下》、卷二一《尉遲迥傳》等。

［2］黄龍：城名。一名龍城、和龍城、龍都。北齊時在今遼寧朝陽市。東晋咸康七年（341）慕容皝築，次年遷都於此。前燕建國後，遷都於薊，建留後於此。隆安元年（397）後燕慕容寶復以此爲都。義熙五年（409）馮跋於此建立北燕。北魏太延二年（436）攻克此城後改置營州。

［3］營州：北周時治所在今遼寧朝陽市。

［4］契丹：古族名。源於東胡，居今遼河上游西拉木倫河一帶，以游牧爲生。北魏時，自號契丹。唐末，迭剌部首領阿保機統一各部族，稱帝建遼國。宋宣和七年（1125）爲金所滅。傳見《舊唐書》卷一九九下。　靺鞨：古族名。周時稱肅慎，漢魏時稱挹婁，北魏時稱勿吉，隋唐時稱靺鞨，五代時稱女真。分布在松花江、牡丹江流域及黑龍江下游，東至日本海。傳見《舊唐書》卷一九九下。

［5］開皇：隋文帝楊堅年號（581—600）。

［6］突厥：古族名、國名。廣義包括突厥、鐵勒諸部落，狹義專指突厥。公元六世紀時游牧於金山（今阿爾泰山）以南，因金山形似兜鍪，俗稱“突厥”，遂以名部落。西魏廢帝元年，土門自號伊利可汗，建立突厥汗國，後分裂爲西突厥、東突厥兩個汗國。傳見本書卷八四、《北史》卷九九、《舊唐書》卷一九四、《新唐書》卷二一五。　北平：縣名。治所在今河北順平縣東南。

［7］盧龍塞：地名。簡稱盧塞，一名盧龍嶺。在今河北遷西縣北喜峰口附近一帶。古有塞道，自今河北薊縣東北經遵化市，循灤河河谷，折東趨大凌河流域，爲河北平原通向東北的交通要道。

［8］衛王：爵名。全稱爲衛昭王。隋九等爵的第一等。正一品。　爽：人名。即楊爽。傳見本書卷四四、《北史》卷七一。

［9］磧（qì）北：舊稱蒙古高原大沙漠以北地區。

［10］開府：官名。隋左右衛、武衛、武候、領軍府及東宫領府

兵率府所統親衛、左勳衛及左翊四府各置一人，掌領本府府兵。東宫左右虞候府各置一人，掌斥候伺非。煬帝大業三年，改左右虞候開府爲左右虞候率。　成道昂：人名。其事不詳。

[11]僧伽：人名。即高僧伽。其事不詳。　廣：底本、庫本作“廣”，中華本作“輕”。

[12]趙世模：人名。其事略見本書卷七〇《趙元淑傳》、《北史》卷四一《楊玄感傳》。　王威：人名。其事不詳。庫本“威”作“咸”。

[13]趙脩羅：人名。其事不詳。

[14]司空：官名。三公之一。隋爲名譽宰相，多爲大臣加官，無實際職掌。正一品。

世師少有節概，性忠厚，多武藝。弱冠，以功臣子拜儀同，累遷驃騎將軍。[1]煬帝嗣位，[2]領東都瓦工監。[3]後三歲，拜張掖太守。[4]先是，吐谷渾及党項羌屢爲侵掠，[5]世師至郡，有來寇者，親自捕擊，輒禽斬之，[6]深爲戎狄所憚。入爲武賁郎將。[7]遼東之役，[8]出襄平道。[9]明年，帝復擊高麗，[10]以本官爲涿郡留守。[11]于時盜賊蜂起，世師逐捕之，往往剋捷。及帝還，大加賞勞，拜樓煩太守。[12]時帝在汾陽宫，[13]世師聞始畢可汗將爲寇，[14]勸帝幸太原。[15]帝不從，遂有雁門之難。[16]尋遷左翊衛將軍，[17]與代王留守京師。[18]及義軍至，世師自以世荷隋恩，又藩邸之舊，遂勒兵拒守。月餘，城陷，與京兆郡丞骨儀等見誅，[19]時年五十三。

[1]驃騎將軍：官名。驃亦作票，爲高級武官稱號。隋因襲北周府兵制，改開府府爲驃騎府，置驃騎將軍爲其長官，分駐各地，

統領府軍，分屬十二府大將軍。大業三年隨府名變更而改名鷹揚郎將。正四品上。

[2]煬帝：隋楊廣的謚號。紀見本書卷三、四，《北史》卷一二。

[3]東都：即洛陽。在今河南洛陽市。　瓦工監：官名。此職史書無記載，但查本書卷七四《元弘嗣傳》記元弘嗣“仁壽末，授木工監，修營東都”。又《新唐書》卷一〇〇《封倫傳》記：“（楊）素營仁壽宫，表（倫）爲土工監。”可由此推知瓦工監應與木工監、土工監類似，皆爲營造宫室時設置的一種臨時性職務。

[4]張掖：郡名。初治所在今甘肅張掖市西北，隋開皇三年廢。大業三年復置，移治今甘肅張掖市。

[5]吐谷（yù）渾：古族名。屬鮮卑族的一支，本居遼東，後遷至甘肅、青海一帶居住。傳見本書卷八三、《晋書》卷九七、《宋書》卷九六、《魏書》卷一〇一、《周書》卷五〇、《北史》卷九六。　党項羌：古族名。西羌的一支，南北朝時期，活動於今青海河曲和四川松潘以西山谷地帶。唐代受吐蕃壓迫，遷居今甘肅、寧夏及陕北地區。從事畜牧業。傳見本書卷八三、《北史》卷九六。

[6]禽：底本、庫本作“禽”，中華本作“擒”。

[7]武賁郎將：官名。隋大業三年改革官制，十二衛每衛置護軍四人，爲將軍副貳，不久又改護軍爲武賁郎將。正四品。

[8]遼東：地區名。泛指今遼寧遼河以東地區。

[9]襄平道：地名。在今遼寧遼陽市老城區。

[10]高麗：朝鮮歷史上的王朝。傳見本書卷八一、《周書》卷四九、《北史》卷九四、《舊唐書》卷一九九上、《新唐書》卷二二〇。

[11]涿郡：隋大業三年改幽州置，治所在今北京城西南。

[12]樓煩：郡名。隋大業四年置，治所在今山西静樂縣。

[13]汾陽宫：宫名。隋大業四年建，故址在今山西寧武縣西南管涔山上。

[14]始畢可汗：突厥首領。姓阿史那，名咄吉。其事略見本書卷八四、《北史》卷九九《突厥傳》。

[15]太原：郡名。治所在今山西太原市西南古城營東。隋開皇三年改爲并州，大業三年復爲太原郡。

[16]雁門：郡名。隋初治所在今山西代縣西南古城，開皇初廢。大業初改代州爲雁門郡，治所在今山西代縣。

[17]左翊衛將軍：官名。隋大業三年改左右衛爲左右翊衛，職掌未變。故左衛將軍改名左翊衛將軍，是左翊衛大將軍部下。置兩員，從三品。

[18]代王：即隋恭帝楊侑。紀見本書卷五、《北史》卷一二。

[19]京兆郡：隋初治長安縣（今陝西西安市西北）。開皇三年廢，大業三年復置。治長安、大興二縣（今陝西西安市）。轄境相當於今陝西秦嶺和華山以北，乾縣與周至縣以東，淳化縣和宜君縣以及渭河下游以南地區。　丞：官名。京兆郡屬官，輔佐處理郡事。初爲從五品。大業三年改爲贊務，後又改稱丞，位在内史下。員一人，從四品。

骨儀，京兆長安人也。[1]性剛鯁，有不可奪之志。開皇初，爲侍御史，[2]處法平當，不爲勢利所回。煬帝嗣位，遷尚書右司郎。[3]于時朝政漸亂濁，貨賂公行，[4]凡當樞要之職，無問貴賤，並家累金寶。天下士大夫莫不變節，而儀勵志守常，介然獨立。帝嘉其清苦，超拜京兆郡丞，[5]公方彌著。時刑部尚書衛玄兼領京兆内史，[6]頗行詭道，輒爲儀所執正。玄雖不便之，不能傷也。及義兵至，而玄恐禍及己，遂稱老病，無所干預。儀與世師同心叶契，[7]父子並誅，其後遂絶。世師有子弘智等，[8]以年幼獲全。

[1]京兆長安人：《北史》卷七三本傳記其爲“天竺胡人”。《通鑑》卷一八二《隋紀》大業九年八月辛酉條胡三省注：“蓋本天竺胡人而居京兆長安也。”

[2]侍御史：官名。御史臺屬官。由吏部選用，入值禁中。從七品。大業三年罷直宿之制，唯掌侍從糾察，資位稍減。正七品。按，《北史》本傳記爲“御史”。

[3]尚書右司郎：官名。爲尚書右司屬官。掌監督管理兵部、刑部、工部十二司政務。員一人。按，《北史》本傳記爲“尚書左司郎”。考骨儀所任多與司法有關，似爲右司郎更有可能。

[4]貨賂公行：原脱“賂”字，中華本校勘記曰：“據《册府》四六二、《御覽》二一三補。”從改。

[5]京兆郡丞：據《通鑑》卷一八二《隋紀》大業九年八月辛酉條，骨儀在任京兆郡丞前還擔任過刑部侍郎。

[6]刑部尚書：官名。隋初沿置都官尚書，開皇三年改爲刑部尚書，是尚書省下轄六部之一刑部的長官。職掌刑法、徒隸、勾覆及關禁之政，總判刑部、都官、比部、司門四司之事。置一員，正三品。　衛玄：人名。傳見本書卷六三、《北史》卷七六。　内史：官名。隋大業三年置於京兆、河南，爲地方行政次官，位在京兆尹、河南尹之下，員各一人，輔佐尹處理政務。

[7]叶：底本、庫本作“叶”，中華本作“協”。

[8]弘智：人名。即陰弘智。其事不詳。

竇榮定

竇榮定，扶風平陵人也。[1]父善，[2]周太僕。[3]季父熾，[4]開皇初，爲太傅。[5]榮定沈深有器局，容貌瓌偉，美鬚髯，便弓馬。魏文帝時，[6]爲千牛備身。周太祖見而奇之，授平東將軍，[7]賜爵宜君縣子，邑三百户。後從太祖與齊人戰於北芒,[8]周師不利。榮定與汝南公宇文神慶帥精騎二千邀擊之,[9]齊師乃却。以功拜上儀同。後從武元皇帝引突厥木杆侵齊之并州,[10]賜物三百段。襲爵永富縣公，邑千户，進位開府，除中州刺史。[11]從武帝平齊，加上開府,[12]拜前將軍、佽飛中大夫。[13]

[1]扶風：地名。即右扶風。西漢太初元年（前104）改主爵都尉置，治所在今陝西西安市西北。東漢末移治今陝西興平市東南南佐村。　平陵：縣名。治所在今陝西咸陽市西北。

[2]善：人名。即竇善。隨魏孝武西遷，仕至太僕、衛尉卿、汾北華瀛三州刺史、驃騎大將軍、開府儀同三司、永富縣公。謚曰忠。事見《周書》卷三〇、《北史》卷六一《竇熾傳》。

[3]太僕：官名。北周時爲三公之一，不置府僚。多爲贈官。正九命。

[4]熾：人名。即竇熾。傳見《周書》卷三〇、《北史》卷六一。

[5]太傅：官名。隋三師之一。名爲訓導之官，與天子坐而論道，實無具體職權。多贈與德高望重的元老大臣爲榮譽銜，無其人則缺。正一品。

[6]魏文帝：即西魏文帝元寶炬。傳見《北史》卷五，事見《魏書》卷二二《京兆王愉傳》。

[7]平東將軍：官名。爲散號將軍。從六品上。隋大業三年罷。

[8]太祖：《北史》卷六一中華本校勘記考“太祖”當爲“高祖”。　北芒：山名。在今河南洛陽市北。庫本作“北邙”。

[9]宇文神慶：人名。神慶是其字，名慶。傳見本書卷五〇，《北史》卷五七有附傳。

[10]武元皇帝：即隋文帝之父楊忠。傳見《周書》卷一九，事見《北史》卷一一《隋文帝紀》。　木杆：突厥首領。本書卷八

四《突厥傳》作“木扞”，關於其名，説法有二，本書《突厥傳》稱爲“阿史那俟斗”。《北史》卷九九《突厥傳》稱爲“阿史那俟斤”。其事略見此兩傳。　并州：治所在今山西太原市西南。

[11]中州：諸本原作“忠州”，查北周無此州名。《册府元龜》卷三八三《將帥部》作“中州”，應是，據改。中州，治所在今河南新安縣，建德六年廢。

[12]上開府：官名。全稱爲上開府儀同大將軍，北周時位在開府儀同大將軍上，主要授予有軍勳的功臣及北齊降官，無具體職掌。初任此職者加使持節、大都督、驃騎大將軍、侍中。大象元年（579）罷此制，唯任總管、刺史及行兵者加持節。九命。

[13]前將軍：軍府名號。北周時用作加官。正七命。　佽飛中大夫：官名。北周職掌不詳。正五命。

其妻則高祖姊安成長公主也。[1]高祖少小與之情契甚厚，榮定亦知高祖有人君之表，尤相推結。及高祖作相，領左右宫伯，[2]使鎮守天臺，[3]總統露門内兩箱仗衛，[4]常宿禁中。遇尉迥初平，朝廷頗以山東爲意，[5]乃拜榮定爲洛州總管以鎮之。[6]前後賜縑四千匹，[7]西涼女樂一部。[8]

[1]安成：公主名號。其事不詳。　長公主：公主之尊崇者爲長公主。漢多封皇帝長女或長姊，後代沿之。

[2]左右宫伯：官名。全稱是左右宫伯中大夫，北周天官府屬官。掌侍衛之禁，各更直於内。正五命。

[3]天臺：北周静帝所居宫。北周宣帝稱天元皇帝時，以所居宫稱天臺。後静帝即位，入居天臺。《通鑑》卷一七四《陳紀》太建十二年五月丁未條：“發喪，静帝入居天臺，罷正陽宫。”

[4]露門：即路門。天子五門之一，宫室最内之正門。　箱杖

衛：官名。北周時具體職掌、品級不詳。箱，《北史》卷六一本傳作“廂”。

［5］山東：區域名。一般指華山（今屬陝西）或崤山（今屬河南）以東爲山東。

［6］洛州：治所在今河南洛陽市東北。

［7］縑：雙絲織成的細絹。

［8］西涼：樂曲名。此指西涼樂。十六國時期，吕光、沮渠蒙遜據有凉州，融合中原音樂與龜兹聲，謂秦漢伎。北魏太延五年，太武帝滅涼而得之，稱之西涼樂。

高祖受禪，來朝京師。上顧謂群臣曰：“朕少惡輕薄，性相近者，唯竇榮定而已。”賜馬三百匹，部曲八十户而遣之。[1]坐事除名，[2]高祖以長公主之故，尋拜右武候大將軍。[3]上數幸其第，恩賜甚厚。每令尚食局日供羊一口，[4]珍味稱是。以佐命功，拜上柱國、寧州刺史。[5]未幾，復爲右武候大將軍。尋除秦州總管，[6]賜吴樂一部。[7]突厥沙鉢略寇邊，[8]以爲行軍元帥，率九總管，步騎三萬，出涼州。[9]與虜戰於高越原，[10]兩軍相持，其地無水，士卒渴甚，至刺馬血而飲，死者十有二三。榮定仰天太息，俄而澍雨，[11]軍乃復振。於是進擊，數挫其鋒，突厥憚之，請盟而去。賜縑萬匹，進爵安豐郡公，[12]增邑千六百户。復封子憲爲安康郡公，[13]賜縑五千匹。

［1］部曲：依附性農民。部和曲本爲兩漢以來的軍事建制，後漸變成軍隊的代名、士卒隊伍的變稱。東漢末，對主將有人身依附關係的部曲，變爲主將的私屬。魏晋以來，困於戰亂的農民請求武

裝大族保護，變爲私部曲，亦稱家兵。因戰争不斷擴大和延續，部曲越來越多，逐漸成爲且戰且耕的生産者。　八十户：底本作“八千户”，中華本、《北史》卷六一本傳作“八十户”。依其文意當以“八十户”爲確。從改。

［2］坐事：因事獲罪。

［3］右武候大將軍：官名。隋十二衛大將軍之一，與左武候大將軍同掌車駕出巡營衛，分領府兵。員一人，正三品。大業三年改名右候衛大將軍。

［4］尚食局：官署名。屬門下省，總知御膳事。設典御二員、直長四員、食醫四員；大業三年改隸殿内省，置奉御二員、直長六員。又有食醫若干員。

［5］寧州：治所在今甘肅寧縣。隋大業三年改爲北地郡。

［6］秦州：治所在今甘肅天水市。隋大業三年廢。　總管：官名。領一州或數州、十數州軍政，刺史以下官得承制補授。其品秩分三等，上總管視從二品，中總管視正三品，下總管視從三品。邊鎮大州或置大總管。

［7］吴樂：吴地的音樂。或代指江南音樂。

［8］沙鉢略：人名。突厥首領。其事參見本書卷八四、《北史》卷九九《突厥傳》。

［9］涼州：治所在今甘肅武威市。隋大業三年廢。

［10］高越原：地名。在今内蒙古阿拉善右旗東部和甘肅民勤縣西部一帶。

［11］澍（shù）雨：大雨，暴雨。亦含及時雨的意思。

［12］安豐郡公：爵名。隋九等爵的第四等。從一品。按，本書卷一《高祖紀上》記開皇元年“十一月乙卯，以永昌郡公竇榮定爲右武候大將軍”。據傳，竇榮定拜右武候大將軍之後纔進爵郡公，則本書《高祖紀上》所記有誤，“永昌郡公”應爲“永富縣公”之訛。

［13］憲：人名。即竇憲。其事不詳。

歲餘，拜右武衛大將軍。[1]俄轉左武衛大將軍。[2]上欲以爲三公，榮定上書曰："臣每觀西朝衛、霍，[3]東都梁、鄧，[4]幸託葭莩，[5]位極台鉉，[6]寵積驕盈，必致傾覆。向使前賢少自貶損，遠避權勢，推而不居，則天命可保，何覆宗之有！臣每覽前修，實爲畏懼。"上於是乃止。前後賞賜，不可勝計。

[1]右武衛大將軍：官名。隋文帝設左右武衛，各置大將軍一人。掌領外軍宿衛宮禁。正三品。

[2]左武衛大將軍：官名。隋文帝設左右武衛，各置大將軍一人。掌領外軍宿衛宮禁。正三品。

[3]西朝：指西漢。　衛、霍：指衛青和霍去病。二人傳見《史記》卷一一一、《漢書》卷五五。

[4]東都：指東漢（25—220），都洛陽（今河南洛陽市）。　梁、鄧：指梁冀和鄧騭。梁冀《後漢書》卷三四有附傳，鄧騭傳見《後漢書》卷一六。

[5]葭莩：本意指蘆葦裏的隔膜，比喻關係疏遠的親戚。顏師古注《漢書》卷五三《中山靖王勝傳》曰："葭，蘆也。莩者，其筩中白皮至薄者也。葭莩喻薄。"

[6]台鉉：猶台鼎。鉉，鼎耳，以代鼎。鼎三足，有三公之象，故以喻宰輔重臣。

開皇六年卒，時年五十七。上爲之廢朝，令左衛大將軍元旻監護喪事，[1]賻縑三千匹。上謂侍臣曰："吾每欲致榮定於三事，其人固讓不可。今欲贈之，重違其志。"於是贈冀州刺史、陳國公，[2]謚曰懿。子抗嗣。[3]

[1]左衛大將軍：官名。掌宫掖禁禦，督攝杖衛。員一人，正三品。大業三年，改爲左翊衛大將軍，總府事，並統諸鷹揚府。元旻：人名。曾任左衛大將軍、五原公。與王世積交好，王世積因事被誅，元旻受牽連被免官。其事略見本書卷四〇《王世積傳》、卷四五《房陵王勇傳》。

[2]冀州：治所在今河北冀州市。隋大業初，改爲信都郡。

[3]抗：人名。即竇抗。《舊唐書》卷六一、《新唐書》卷九五有附傳。

抗美容儀，性通率，長於巧思。父卒之後，恩遇彌隆，所賜錢帛金寶，亦以鉅萬。抗官至定州刺史，[1]復檢校幽州總管。[2]煬帝即位，漢王諒構逆，[3]以爲抗與通謀，由是除名，以其弟慶襲封陳公焉。

[1]定州：治所在今河北定州市。隋大業三年改爲博陵郡，九年又改高陽郡。

[2]檢校：官制用語。謂代理，即尚未實授某官業已掌其職事之謂。

[3]諒：人名。即楊諒。傳見本書卷四五、《北史》卷七一。

慶亦有姿儀，性和厚，頗工草隸。初封永富郡公，官至河東太守、衛尉卿。[1]大業之末，[2]出爲南郡太守，[3]爲盜賊所害。

[1]河東：郡名。隋大業三年廢蒲州置河東郡，治所在今山西永濟市西南蒲州鎮。　衛尉卿：官名。隋初設衛尉卿一人爲衛尉寺

長官。正三品。開皇三年罷，其職分隸太常寺、尚書省。開皇十二年復置，但宫門屯兵歸屬監門衛，本寺唯掌軍器、儀仗、帳幕之事。煬帝時降爲從三品。

[2]大業：隋煬帝楊廣年號（605—618）。

[3]南郡：隋大業三年改荆州爲南郡，治所在今湖北江陵縣。

慶弟璡，[1]亦工草隸，頗解鍾律。官歷潁川、南郡、扶風太守。[2]

[1]璡（jìn）：人名。即竇璡。《舊唐書》卷六一、《新唐書》卷九五有附傳。

[2]潁川：郡名。隋大業時置，治所在今河南許昌市。　扶風：郡名。隋大業三年置，治所在今陝西鳳翔縣。

元景山

元景山字珤岳，[1]河南洛陽人也。祖燮，[2]魏安定王。[3]父琰，[4]宋安王。景山少有器局，幹略過人。周閔帝時，從大司馬賀蘭祥擊吐谷渾，[5]以功拜撫軍將軍。[6]其後數從征伐，累遷儀同三司，[7]賜爵文昌縣公，授亹川防主。[8]後與齊人戰於北邙，[9]斬級居多，加開府，[10]遷建州刺史，[11]進封宋安郡公，邑三千户。從武帝平齊，每戰有功，拜大將軍，改封平原郡公，邑二千户，賜女樂一部，帛六千匹，奴婢二百五十口，牛羊數千。

[1]珤（bǎo）：《北史》卷一八本傳作“寶”。

[2]燮：人名。即元燮。事見《魏書》卷一九下、《北史》卷

一八《安定王休傳》。

[3]魏：即北魏（386—557）。初都平城（今山西大同市東北），公元494年遷都洛陽（今河南洛陽市東北白馬寺東）。公元534年分裂爲東魏和西魏兩個政權。東魏（534—550）都於鄴（今河北臨漳縣西南鄴鎮東），西魏（535—557）都於長安（今陝西西安市西北郊）。　安定王：爵名。北魏時爲爵位最高等。一品。

[4]琰（yǎn）：人名。即元琰。河南洛陽人，字伏寶。大統中封宋安王，薨謚曰懿。其事略見《北史·安定王休傳》。

[5]大司馬：官名。全稱爲大司馬卿。北周時爲夏官府最高長官。掌邦政，征伐敵國及四時治兵講武皆由其主持，大祭司則掌宿衛，廟社則奉羊牲。置一員，正七命。　賀蘭祥：人名。傳見《周書》卷二〇、《北史》卷六一。

[6]撫軍將軍：官名。爲戎號。北周時八命。

[7]儀同三司：官名。爲勳官、散官號。北周時府兵制中儀同府長官加此名。九命。

[8]亹（mén）川：地名。查北周無此地名，疑因指浩亹川，河名。即今青海、甘肅境内湟水支流大通河。　防主：官名。始置於東西魏分峙之際。爲防之主將，掌轄區軍政事務，多以刺史、郡守或都督數州或數防諸軍事兼領。品秩不詳。

[9]北邙：即邙山，一名北芒，亦稱邙山。在今河南洛陽市北。

[10]開府：官名。爲勳官號。全稱爲開府儀同三司。一般加於府兵制中儀同府長官，北周武帝建德四年改爲開府儀同大將軍。九命。

[11]建州：治所在今山西絳縣東南。北周末廢。

治亳州總管。[1]先是，州民王迴洛、張季真等聚結亡命，[2]每爲劫盜。前後牧守不能制。景山下車，逐捕之，迴洛、季真挺身奔江南。[3]禽其黨與數百人，皆斬之。法令明肅，盗賊屏迹，稱爲大治。陳人張景遵以淮南内屬，[4]爲陳將任蠻奴所攻，[5]破其數栅。[6]景山發譙、潁兵援之，[7]蠻奴引軍而退。徵爲候正。[8]

[1]治：殿本《隋書考證》疑作“除”。　亳州：北周末改南兖州置，治所在今安徽亳州市。

[2]王迴洛：人名。其事不詳。　張季真：人名。其事不詳。《册府元龜》卷六九五《牧守部》“真”作“貞”。

[3]江南：區域名。泛指今長江以南地區。

[4]陳：即南朝陳（557—589），都建康（今江蘇南京市）。張景遵：人名。其事不詳。　淮南：郡名。南朝陳時治所在今安徽當塗縣。

[5]任蠻奴：人名。名忠，蠻奴是其小名。傳見《陳書》卷三一、《南史》卷六七。

[6]栅：營寨。

[7]譙：州名。北周時治所在今安徽滁州市。　潁：北周無潁州，此處或指北齊所設之潁州地域。治所在今安徽阜陽市。

[8]候正：官名。北周時負責警衛候望。

宣帝嗣位，從上柱國韋孝寬經略淮南。鄖州總管宇文亮謀圖不軌，[1]以輕兵襲孝寬。孝寬窘迫，未得整陣，爲亮所薄。景山率鐵騎三百出擊，破之，斬亮傳首。以功拜亳州總管。[2]

[1]鄖州：北周時治所在今湖北安陸市。尋廢。　宇文亮：人名。北周時人。《周書》卷一〇、《北史》卷五七有附傳。

[2]亳州總管：前文已言拜“亳州總管”，此又言之，似誤。

按，本書本卷《源雄傳》記高祖爲丞相時曰："陳人見中原多故，遣其將陳紀、蕭摩訶、任蠻奴、周羅睺、樊毅等侵江北……雄與吴州總管于顗、揚州總管賀若弼、黄州總管元景山等擊走之，悉復故地。"《册府元龜》卷四二九《將帥部》亦記如是，與下段文所記應即一事。則元景山時任黄州總管而非亳州總管。

高祖爲丞相，尉迥稱兵作亂。滎州刺史宇文胄與迥通謀，[1]陰以書諷動景山。景山執其使，封書詣相府。高祖甚嘉之，進位上大將軍。[2]司馬消難之以鄖州入陳也，[3]陳遣將樊毅、馬傑等來援。[4]景山率輕騎五百馳赴之。毅等懼，掠居民而遁。景山追之，一日一夜，行三百餘里，與毅戰於漳口，[5]二合皆剋。毅等退保甑山鎮。[6]其城邑爲消難所陷者，悉平之。拜安州總管，[7]進位柱國，[8]前後賜帛二千匹。時桐柏山蠻相聚爲亂，[9]景山復擊平之。

[1]滎：諸本作"榮"，中華本校勘記據本書卷一《高祖紀上》、卷四八《楊素傳》改爲"滎"，從改。滎，州名。北周時以北豫州改置，治所在今河南滎陽市西北汜水鎮。　宇文胄：人名。北周時人。事見《周書》卷一〇、《北史》卷五七《邵惠公顥傳》。

[2]上大將軍：官名。爲高級武官名號。北周時正九命。

[3]司馬消難：人名。北周時人。傳見《周書》卷二一，《北史》卷五四有附傳。

[4]樊毅：人名。南朝陳時人。傳見《陳書》卷三一、《南史》卷六七。　馬傑：人名。其事不詳。

[5]漳口：地名。在今湖北云夢縣西南。

[6]甑（zèng）山鎮：地名。在今湖北漢川市東南。

[7]安州：南朝陳時以東楚州改，治所在今江蘇宿遷市東南廢黄河北岸古城。

[8]柱國：勳官名。全稱爲柱國大將軍。北魏太武帝置，以爲開國元勳長孫嵩的加官。孝莊帝因尒朱榮有擁立之功，特置以授之，位在丞相上。西魏文帝以宇文泰有中興之功，又置此官授之。後凡屬功參佐命，望實俱重的，也得居之。自大統十六年以前任此官的名義上有八人。但元欣以宗室任官有名無實權，宇文泰爲統帥，其他六人分掌禁旅，各轄二大將軍。後功臣位至此官者愈多，遂成爲散秩，無所統御。北周武帝增置上柱國等官，並以上柱國大將軍爲勳官之首。柱國大將軍次之，正九命。

[9]桐柏山：在今河南桐柏縣西南。

高祖受禪，拜上柱國。明年，大舉伐陳，以景山爲行軍元帥，[1]率行軍總管韓延、吕哲出漢口。[2]遣上開府鄧孝儒將勁卒四千，[3]攻陳甑山鎮。陳人遣其將陸綸以舟師來援。[4]孝儒逆擊，破之。陳將魯達、陳紀以兵守溳口，[5]景山復遣兵擊走之。陳人大駭，甑山、沌陽二鎮守將皆棄城而遁。[6]景山將濟江，會陳宣帝卒，[7]有詔班師。景山大著威名，甚爲敵人所憚。

[1]行軍元帥：官名。隋沿北周而置，爲臨時設置的最高統兵官，統一道或數道行軍總管，兵停則罷，多以親王或重臣爲之。

[2]行軍總管：官名。隋沿襲北周而置，本爲臨時設置，隋則逐漸過渡爲地方行政長官，或掌一道軍政，或領數道。又有大總管、總管之分。　韓延：人名。其事不詳。　吕哲：人名。其事不詳。　漢口：地名。一名沔口。即今湖北漢水入長江之口。

[3]鄧孝儒：人名。其事不詳。

[4]陸綸：人名。查《陳書》卷一五《陳慧紀傳》載一“陸

倫”，隋元帥楊素率軍濟江，陳慧紀曾遣他與吕忠肅等拒之。或疑爲同一人。

[5]魯達：應即魯廣達。據《陳書》卷三一《魯廣達傳》：“周安州總管元景（山）將兵寇江外，廣達命偏師擊走之。”魯廣達，人名。南朝陳時人。傳見《陳書》卷三一，《南史》卷六七有附傳。　陳紀：人名。即陳慧紀。南朝陳時人。傳見《陳書》卷一五、《南史》卷六五。　溳口：地名。即溳水入漢江之口，在今湖北武漢市漢陽西北。

[6]沌陽：地名。治所在今湖北武漢市漢陽區。

[7]陳宣帝：南朝陳皇帝陳頊的謚號。紀見《陳書》卷五、《南史》卷一〇。

後數載，坐事免，卒于家，時年五十五。贈梁州總管，[1]賜縑千匹，謚曰襄。子成壽嗣。

[1]梁州：治所在今陕西漢中市東。隋大業三年廢。

成壽便弓馬，起家千牛備身。[1]以上柱國世子，拜儀同。[2]後爲秦王庫真車騎。[3]煬帝嗣位，徵爲左親衛郎將。[4]楊玄感之亂也，[5]從刑部尚書衛玄擊之，以功進位正議大夫，[6]拜西平通守。[7]

[1]千牛備身：官名。隸左、右領左右府，掌執千牛刀，扈衛侍從。各十二人，正六品。東宫亦置，屬左、右内率，員八人，正七品。

[2]儀同：官名。爲十一等勳官中的第八等，正五品上。大業三年罷。

[3]秦王：即楊俊。傳見本書卷四五、《北史》卷七一。　庫

真車騎：官名。“庫真”爲鮮卑語，其意爲親信。庫真車騎即親信車騎，負責諸王及主要大臣之侍衛。《北史》卷一八《元景山傳》記楊俊官爲“秦王庫直”。

［4］左親衛郎將：官名。爲左親衛副長官，負責宿衛内廷。

［5］楊玄感：人名。傳見本書卷七〇，《北史》卷四一有附傳。

［6］正議大夫：官名。隋大業三年置，爲散官。正四品。

［7］西平：郡名。隋大業初改鄯州置，治所在今青海樂都縣。　通守：官名。隋煬帝時始於諸郡置，位次太守，協助處理本郡政務。

源雄

源雄字世略，西平樂都人也。[1]祖懷、父纂，[2]俱爲魏隴西王。[3]雄少寬厚，偉姿儀。在魏起家秘書郎，[4]尋加征討將軍。[5]屬其父爲高氏所誅，[6]雄脱身而遁，變姓名，西歸長安。周太祖見而器之，賜爵隴西郡公。後從武帝伐齊，以功授開府，改封朔方郡公，拜冀州刺史。[7]時以突厥寇邊，徙雄爲平州刺史以鎮之。[8]未幾，檢校徐州總管。[9]

［1］樂都：縣名。一作落都城。即今青海樂都縣。

［2］懷：人名。即源懷，本名思禮，後賜名懷。北魏時人。《魏書》卷四一、《北史》卷二八有附傳。　纂：人名。即源纂。北魏時人。事見《魏書》卷四一、《北史》卷二八《源子恭傳》。

［3］俱爲魏隴西王：據《魏書》卷四一本傳記，源懷襲其父爵隴西王。懷共有七子，纂爲最小，未曾襲爵。源纂子源剛墓誌記其父官職爲“魏尚書左僕射”（參見齊運通編纂《洛陽新獲七朝墓

誌》四二《東魏源剛墓誌》，中華書局2012年版，第42頁）。源纂孫女源伯儀墓誌記源纂官職爲“散騎常侍，太府卿，定、瀛二州刺史，贈司空公，父（原誤刻爲“文”）雄，隨冀、兗、徐、懷、幽、朔、鄜七州刺史，徐、幽、朔三州總管，朔方郡開國公”（參見劉文編著《陝西新見隋朝墓誌》五五《隨故雲州總管工部尚書鉅鹿郡開國公賀婁子幹妻鉅鹿國夫人源氏墓誌銘》，陝西新華出版傳媒集團，三秦出版社2018年版，第126頁）。皆未提及其襲爵隴西王。此處當爲誇耀。

[4]秘書郎：官名。爲秘書省屬官，掌整理圖籍，考核舊聞。北魏太和十七年（493）定爲從五品上，二十三年以後稱秘書郎中。

[5]征討將軍：中華本作“征虜將軍”。北魏並未置征討將軍，此處應爲“征虜將軍”。征虜將軍，官名。爲武官，亦作爲高級文職官員的加官。北魏太和十七年定爲第三品上，二十三年改爲從三品。

[6]高氏：此指北齊高祖高歡。紀見《北齊書》卷一、二，《北史》卷六。按，據《魏書》卷四一本傳，源纂“建義初，遇害河陰。年三十七”。

[7]冀州：北周時治所在今河北冀州市。

[8]平州：北周時治所在今湖北當陽市。

[9]徐州：北周時治所在今江蘇徐州市。

及高祖爲丞相，尉迥作亂。時雄家累在相州，[1]迥潛以書誘之，雄卒不顧。高祖遺雄書曰：“公妻子在鄴城，[2]雖言離隔，賊徒翦滅，聚會非難。今日已後，不過數旬之別，遲能開慰，無以累懷。徐部大蕃，東南襟帶，密邇吴寇，[3]特須安撫。藉公英略，委以邊謀，善建功名，用副朝委也。”[4]迥遣其將畢義緒據蘭陵，[5]席毗陷昌慮、下邑。[6]雄遣徐州刺史劉仁恩擊義緒，[7]儀同劉弘、李琰討席毗，[8]悉平之。

［1］相州：北周建德六年改司州爲相州，治所在今河北臨漳縣西南。大象二年移治今河南安陽市南。

［2］鄴城：縣名。北周時爲相州治所，在今河南安陽市。

［3］密邇：貼近、靠近。

［4］副：相稱、符合。

［5］畢義緒：人名。北周時曾任徐州都督府長史、東平郡守，尉遲迥作亂時舉兵響應。其事略見《北史》卷三二《崔昂傳》、卷六二《尉遲迥傳》。　蘭陵：郡名。北周時治所在今山東滕州市東南。後廢。

［6］席毗：人名。按，本書卷五〇《李禮成傳》、六〇《于仲文傳》亦作"席毗羅"。據本書卷一《高祖紀上》，其弟名"義羅"，則似以"毗羅"爲確。北齊將領，後降北周，隨同尉遲迥作亂。其事略見本書《高祖紀上》、卷五〇《李禮成傳》、卷六〇《于仲文傳》、卷七一《劉弘傳》等。　昌慮：縣名。北周時治所在今山東滕州市東南。　下邑：縣名。北周時治所在今安徽碭山縣東。

［7］劉仁恩：人名。北周、隋時人。事見本書卷四六、《北史》卷七五《張煚傳》。

［8］劉弘：人名。傳見本書卷七一、《北史》卷八五。　李琰：人名。北周、隋時人。其事不詳。

陳人見中原多故，遣其將陳紀、蕭摩訶、任蠻奴、周羅睺、樊毅等侵江北，[1]西自江陵，東距壽陽，[2]民多應之。攻陷城鎮。雄與吴州總管于顗、揚州總管賀若弼、黄州總管元景山等擊走之，[3]悉復故地。東潼州刺史曹孝達據州作亂，[4]雄遣兵襲斬之。進位上大將軍，拜徐州總管。後數歲，轉懷州刺史，[5]尋還朔州總管。[6]突厥有來寇掠，雄輒捕斬之，深爲北夷所憚。

[1]蕭摩訶：人名。南朝陳時人。傳見《陳書》卷三一、《南史》卷六七。　周羅睺：人名。南朝陳時人。傳見本書卷六五、《北史》卷七六。

[2]壽陽：縣名。南朝陳時治所在今安徽壽縣。

[3]吴州：南朝陳時治所在今江蘇蘇州市。　于顗：人名。北周、隋時人。本書卷六〇、《北史》卷二三有附傳。　揚州：南朝陳時治所在今江蘇南京市。　賀若弼：人名。北周、隋時人。傳見本書卷五二，《北史》卷六八有附傳。　黄州：北周以南司州改名，治所在今湖北武漢市黄陂區北。

[4]東潼州：查北周似未設東潼州，疑有誤。　曹孝達：人名。隨同尉遲迥作亂，其事略見《北史》卷六二《尉遲迥傳》。

[5]懷州：治所在今河南沁陽市。隋大業初廢。

[6]朔州：治所在今山西朔州市。隋大業初改置代郡，尋改爲馬邑郡。

伐陳之役，高祖下册書曰："於戲！唯爾上大將軍、朔方公雄，[1]識悟明允，風神果毅。往牧徐方，時逢寇逆，建旟馬邑，[2]安撫北蕃。嘉謀絶外境之虞，挺劍息韋韝之望。[3]沙漠以北，俱荷威恩，吕梁之間，[4]罔不懷惠。但江淮蕞爾，[5]有陳僭逆，今將董率戎旅，[6]清彼東南，是用命爾爲行軍總管。往欽哉！"於是從秦王俊出信州道。[7]及陳平，以功進位上柱國。賜子崇爵端氏縣伯，褒爲安化縣伯，[8]賜物五千段，復鎮朔州。二歲，上表乞骸骨，徵還京師，卒于家，時年七十。

［1］上大將軍：官名。隋置爲從二品散實官，大業三年罷。

［2］旟（yú）：古代九旗之一，上畫鳥隼圖像，進軍時用。亦泛指旗幟。典出《周禮·春官·司常》："鳥隼爲旟……州里建旟。"　馬邑：郡名。在今山西朔州市。

［3］韋鞲：皮製的臂衣。古代北方游牧民族的裝束。亦借指游牧民族。

［4］吕梁：吕，指西周時的吕國，在今河南南陽市西。梁指西周時的梁國，在今陝西韓城市南。此處應代指舊時吕國與梁國所統治的這片區域。

［5］蕞爾：形容小。典出《左傳》昭公七年："鄭雖無腆，抑諺曰'蕞爾國'，而三世執其政柄。"

［6］董率：統帥、領導。

［7］信州：治所在今重慶奉節縣東白帝城。隋大業三年改爲巴東郡。

［8］褒：人名。即源褒。其事不詳。

子崇嗣，官至儀同。大業中，自上黨贊治入爲尚書虞部郎。[1]及天下盜起，將兵討北海，[2]與賊力戰而死，贈正議大夫。

［1］上黨：郡名。隋開皇初廢，大業初復置，治所在今山西長治市。　贊治：官名。隋初置爲京尹的佐貳。雍州牧下設贊治。從其叙次來看，位約當於前代的治中。煬帝罷州置郡，取消長史、司馬，僅置贊務爲佐貳，旋改郡贊務爲郡丞，則其地位本即郡丞。隋贊務品秩，京兆、河南從四品，郡自正五品至正六品不等。　尚書虞部郎：官名。原稱尚書虞部侍郎，爲尚書省工部虞部司長官，職掌有關山澤、園囿、草木、鳥獸之政令，掌其出産、供應之節制，

禁人隨意采獵。兼掌京都街巷種植，供應百官蕃客菜蔬、薪炭及殿中省、太僕寺所管馬匹芻料，田獵等政。置一員，正六品上。開皇三年加爲從五品。大業三年改稱虞部郎。

[2]北海：郡名。隋大業三年改青州置，治所在今山東青州市。

豆盧勣 子毓 勣兄通

豆盧勣字定東，昌黎徒河人也。[1]本姓慕容，燕北地王精之後也。[2]中山敗，[3]歸魏，北人謂歸義爲"豆盧"，因氏焉。祖萇，[4]魏柔玄鎮大將。[5]父寧，[6]柱國、太保。[7]勣初生時，周太祖親幸寧家稱慶，時遇新破齊師，太祖因字之曰定東。勣聰悟，有器局。少受業國子學，[8]略涉文藝。魏大統十二年，太祖以勣勳臣子，封義安縣侯。周閔帝受禪，授稍伯下大夫、開府儀同三司，[9]改封丹陽郡公，邑千五百户。明帝時，爲左武伯中大夫。[10]勣自以經業未通，請解職游露門學。[11]帝嘉之，敕以本官就學。未幾，齊王憲納勣妹爲妃，[12]恩禮逾厚。

[1]昌黎：郡名。西晋時治所在今遼寧義縣。　徒河：縣名。西晋時治所在今遼寧錦州市。《北史》卷六八《豆盧寧傳》作"徒何"。

[2]燕：即後燕（384—407），都長安（今陝西西安市）。　北地王：爵名。後燕時爲封爵中的最高等。　精：人名。即慕容精。後燕時爲左衛將軍、北地王，爲慕容麟所劫殺。其事略見《晋書》卷一二四《慕容寶載記》。

[3]中山：後燕地名。原稱中山郡，十六國後燕慕容垂定都於

此，改爲中山尹。治所在今河北定州市。按，此指慕容精被殺，其子慕容勝奔魏一事，略見《晋書·慕容寶載記》、《周書》卷一九《豆盧寧傳》。

［4］萇：人名。即豆盧萇。早亡，後追贈柱國將軍、少師、涪陵郡開國公，食邑二千户。事見《周書》卷一九、《北史》卷六八《豆盧寧傳》，庾信《周柱國楚國公岐州刺史慕容公神道碑》（庾信撰，倪璠注，許逸民校點《庾子山集注》卷一四，中華書局 1980 年版）。

［5］柔玄鎮：地名。北魏六鎮之一。在今内蒙古興和縣西北。大將：官名。亦稱鎮將。北魏時爲鎮的長官。在不設州郡的地區，如西邊、北邊諸鎮，兼統領軍民。北魏前期多以宗室或鮮卑貴族爲之，多兼刺史，亦並持節、都督鄰近州鎮，地位高於刺史。孝文帝改制以後，地位漸低。下設副將、監軍及長史、司馬等僚佐。北魏孝文帝太和十七年職員令及二十三年復次職令未載其品階。

［6］寧：人名。即豆盧寧。北周時人。傳見《周書》卷一九、《北史》卷六八，生平事迹另可見庾信《周柱國楚國公岐州刺史慕容公神道碑》。

［7］太保：官名。北周三公之一，不置府僚，多爲贈官。正九命。

［8］國子學：學校名。古代中央官學之一，爲國立儒學最高學府。歷朝皆設，名稱有所不同。

［9］稍伯下大夫：官名。全稱爲小稍伯下大夫。北周時爲地官府稍伯中大夫屬官，輔佐稍伯中大夫掌本方行政事務。正四命。

［10］左武伯中大夫：官名。北周時爲夏官府屬官。保定五年（565）置，一人，正五命。

［11］露門學：學校名。北周天和二年（567）置，位於露門左側。因露門又稱虎門，故亦稱虎門學。有學生十二人，文學博士四人。另設有學士、職司教授。學生多爲大臣子弟，亦有大臣帶職入學，皇太子亦曾在此受教。

[12]憲：人名。即宇文憲。北周時人。傳見《周書》卷一二、《北史》卷五八。

會武帝嗣位，拜邛州刺史。[1]未之官，渭源燒當羌因饑饉作亂，[2]以勣有才略，轉渭州刺史。[3]甚有惠政，華夷悦服，德澤流行，大致祥瑞。鳥鼠山俗呼爲高武隴，[4]其下渭水所出。[5]其山絶壁千尋，[6]由來乏水，諸羌苦之。勣馬足所踐，忽飛泉湧出。有白烏翔止聽前，[7]乳子而後去，又白狼見於襄武。[8]民爲之謡曰："我有丹陽，[9]山出玉漿。濟我民夷，神烏來翔。"百姓因號其泉爲玉漿泉。

[1]邛州：北周時治所在今四川邛崍市西南。

[2]渭源：縣名。北周時治所在今甘肅渭源縣東北渭河東岸。燒當羌：古族名。漢時西羌的一支。無弋爰劍的後裔，因部落首領燒當而得名。兩漢時期居住在今青海一代，從事農牧業和商業。後一部分徙居至今甘肅一帶。十六國時期，其首領姚萇建立後秦，後逐漸與漢族融合。事見《後漢書》卷八七《西羌傳》、《晋書》卷一一六《姚萇載記》、《魏書》卷九五《羌姚萇傳》。

[3]渭州：北周時治所在今甘肅隴西縣東南。

[4]鳥鼠山：一名青雀山，在今甘肅渭源縣西。

[5]渭水：河名。即今黄河中游支流渭河，源出甘肅渭源縣西鳥鼠山。

[6]尋：古代長度單位，一尋相當於八尺。

[7]聽：庫本、殿本、中華本作"廳"。

[8]襄武：縣名。北周時治所在今甘肅隴西縣東南。

[9]丹陽：道教謂鍛粉點銅之術爲丹陽。此處或是以此代指豆

盧勣有神奇之術。

後丁父艱，[1]毀瘁過禮。天和二年，[2]授邵州刺史，[3]襲爵楚國公。復徵爲天官府司會，[4]歷信、夏二州總管、相州刺史。[5]以母憂還京。[6]宣帝大象三年，[7]拜利州總管，[8]進位上大將軍。月餘，拜柱國。

[1]父艱：父親的喪事。

[2]天和：北周武帝宇文邕年號（566—572）。

[3]邵州：北周時治所在今山西垣曲縣東南城關。

[4]天官府：官署名。北周時爲六府之首。以大冢宰卿爲長官，設小冢宰上大夫、天官府都上士佐其職。掌管宫廷供奉、侍御、警衛及全國財政收支、賦役調發、百官俸給等事務。如頒下"五官總於天官之詔"時，則爲全國最高行政機構，總管全國各項事務。　司會：官名。全稱爲司會中大夫，北周天官府屬官。正五命。

[5]信：州名。北周有二信州。一治所在今河南沈丘縣南，武帝時改爲陳州；一治所在今重慶奉節縣東白帝城。　夏：州名。北周時治所在今陝西靖邊縣東北白城子。

[6]母憂：母親的喪事。

[7]大象：北周静帝宇文闡年號（579—580）。公元579年二月，北周宣帝自稱天元皇帝，讓皇帝位於太子闡，即静帝。自爲太上皇。故此處亦將大象視爲宣帝年號。

[8]利州：北周時治所在今四川廣元市。

高祖爲丞相，益州總管王謙作亂。[1]勣嬰城固守，謙遣其將達奚惎、高阿那肱、乙弗虔等衆十萬攻之，[2]起土山，鑿城爲七十餘穴，堰江水以灌之。勣時戰士不過二千，晝夜相拒，經四旬，勢漸迫。勣於是出奇兵擊之，斬數千級，降二千人。梁睿軍且至，賊因而解去。高祖遣開府趙仲卿勞之，[3]詔曰："勣器識優長，氣調英遠，總馭藩部，風化已行。巴、蜀稱兵，奄來圍逼，入守出戰，大摧凶醜。貞節雄規，厥功甚茂，可使持節、上柱國。[4]賜一子爵中山縣公。"

[1]益州：北周時治所在今四川成都市。

[2]高阿那肱：人名。北周益州總管王謙部將，參與王謙叛亂。事見本書卷三七《梁睿傳》、《周書》卷二一《王謙傳》。本書《梁睿傳》作"高阿那瓌"，應是。　乙弗虔：人名。曾任總管長史，參與王謙叛亂，兵敗降隋，爲隋文帝所殺。事見本書《梁睿傳》、《周書·王謙傳》。

[3]趙仲卿：人名。北周、隋時人。傳見本書卷七四，《北史》卷六九有附傳。

[4]使持節：漢代官吏奉使外出時，或由皇帝授予節杖，以提高其威權。魏晋以後，凡重要軍事長官出征或出鎮時，加使持節號，可誅殺二千石以下官員。皇帝派遣大臣執行出巡或祭吊等事務時，亦使持節，表示權力和尊崇。

開皇二年，突厥犯塞，以勣爲北道行軍元帥以備邊。歲餘，拜夏州總管。[1]上以其家世貴盛，勳效克彰，甚重之。後爲漢王諒納勣女爲妃，恩遇彌厚。七年，詔曰："上柱國、楚國公勣，[2]蜀人寇亂之日，稱兵犯順，固守金湯，隱如敵國。嘉猷大節，其勞已多，可食始州臨津縣邑千户。"[3]

[1]夏州：治所在今陝西靖邊縣東北白城子，隋大業三年改爲朔方郡。

[2]上柱國：官名。位散實官第一等，開府置僚屬。從一品。

[3]始州：治所在今四川劍閣縣，隋大業初改爲普安郡。　臨津縣：隋開皇七年以胡原縣改名，治所在今四川劍閣縣東南。

十年，以疾徵還京師，詔諸王並至勣第，中使顧問，道路不絶。其年卒，時年五十五。上悼惜者久之，特加賵贈，[1]鴻臚監護喪事，[2]謚曰襄。子賢嗣，官至顯州刺史、大理少卿、武賁郎將。[3]賢弟毓。

[1]賵（fèng）：贈送車馬束帛等以助葬。

[2]鴻臚：官名。全稱爲鴻臚卿。爲鴻臚寺長官，負責掌管外國、少數民族賓客接待、朝會及吉凶禮儀，兼管佛教、祆教寺廟。員一人。隋初爲正三品，煬帝時改爲從三品。

[3]顯州：隋開皇五年以淮州改名，治所在今河南泌陽縣，大業初改爲淮安郡。　大理少卿：官名。爲大理寺次官，輔佐大理卿掌决正刑獄。隋初員一人，正四品上。煬帝大業三年以後加一員，改爲從三品。尋廢。

毓字道生，少英果，有氣節。漢王諒出鎮并州，[1]毓以妃兄爲王府主簿。[2]從趙仲卿北征突厥，以功授儀同三司。[3]

[1]并州：治所在今山西太原市西南。

[2]王府主簿：官名。典領文書簿籍，録省衆事。從六品上。

[3]儀同三司：官名。爲隋十一等勳官的第八等。正五品上。

煬帝大業三年罷。

及高祖崩，煬帝即位，徵諒入朝。諒納諮議王頍之謀，[1]發兵作亂。毓苦諫不從，因謂弟懿曰：[2]“吾匹馬歸朝，自得免禍。此乃身計，非爲國也。今且僞從，以思後計。”毓兄顯州刺史賢言於帝曰：“臣弟毓素懷志節，必不從亂，但逼兇威，不能克遂。臣請從軍，與毓爲表裏，諒不足圖也。”帝以爲然，許之。賢密遣家人齎敕書至毓所，與之計議。諒出城，將往介州，[3]令毓與總管屬朱濤留守。[4]毓謂濤曰：“漢王構逆，敗不旋踵，吾豈坐受夷滅，孤負家國邪！當與卿出兵拒之。”濤驚曰：“王以大事相付，何得有是語！”因拂衣而去。毓追斬之。時諒司馬皇甫誕，[5]前以諫諒被囚。毓於是出誕，與之協計，及開府、盤石侯宿勤武，[6]開府宇文永昌，[7]儀同成端、長孫愷，[8]車騎、安成侯元世雅，[9]原武令皇甫文顥等，[10]閉城拒諒。部分未定，有人告諒，諒襲擊之。毓見諒至，紿其衆曰：“此賊軍也。”諒攻城南門，毓時遣稽胡守堞，[11]稽胡不識諒，射之，箭下如雨。諒復至西門，守兵皆并州人，素識諒，即開門納之。毓遂見害，時年二十八。

[1]諮議：官名。全稱爲諮議參軍事。隋三公府及諸王府皆置，掌咨謀衆事。員一人，正五品。　王頍（kuǐ）：人名。傳見本書卷七六，《北史》卷八四有附傳。

[2]懿：人名。即豆盧懿。其事不詳。

[3]介州：治所在今山西汾陽市，隋大業初改置西河郡。

[4]總管屬：官名。爲總管府屬官。隋沿襲北周制度，設總管府爲地方最高行政機構，管理所屬地區的軍事民政，職權甚重。分爲上、中、下三等。轄區增減無常，一般轄數州，多者可達數十州。總管爲其長官，屬爲其僚屬，位在掾之下。煬帝大業元年罷總管府之制。　朱濤：人名。其事不詳。

[5]司馬：官名。爲總管府屬官，位在長史下。　皇甫誕：人名。傳見本書卷七一，《北史》卷七〇有附傳。

[6]盤石侯：爵名。隋初爲九等爵的第六等。正二品。煬帝大業三年以後改爲三等爵，侯爲第三等。　宿勤武：人名。其事不詳。宿勤爲胡人複姓。

[7]宇文永昌：人名。其事不詳。

[8]成端：人名。其事不詳。　長孫愷：人名。其事不詳。

[9]元世雅：人名。其事不詳。

[10]原武：縣名。隋開皇十六年置，治所在今河南原陽縣西，後改名原陵縣。　皇甫文顥：人名。其事不詳。

[11]稽胡：古族名。亦稱"步落稽"，爲匈奴别種。十六國時匈奴所建的幾個政權滅亡後，餘部分散各地，稱山胡、西河胡、離石胡、吐京胡、石樓胡等。北周時統稱爲稽胡。從事農業，以麻布爲衣，與漢人雜處。隋唐以後，逐漸與漢族融合。傳見《周書》卷四九、《北史》卷九六。　堞：城上齒形矮墻。

及諒平，煬帝下詔曰："褒顯名節，有國通規，加等飾終，[1]抑推令典。[2]毓深識大義，不顧姻親，出於萬死，首建奇策。去逆歸順，殉義亡身，追加榮命，宜優恒禮。可贈大將軍，[3]封正義縣公，[4]賜帛二千匹，謚曰愍。子願師嗣，尋拜儀同三司。大業初，行新令，五等並除。[5]未幾，帝復下詔曰："故大將軍、正義愍公毓，臨節能固，捐生殉國，成爲令典，没世不忘。象賢無墜，德隆必祀，改封雍丘愍侯。”[6]復以顧師承襲。大業末，授千牛左右。[7]

[1]飾終：指在人死時給予尊榮。

[2]令典：美好的典禮、儀式。

[3]大將軍：官名。爲十一等勳官的第四等。煬帝大業初時廢。

[4]正義縣公：爵名。隋九等爵的第五等。從一品。

[5]大業初，行新令，五等並除：此指隋煬帝大業三年改制之事。事見本書《百官志下》。

[6]雍丘愍侯：《北史》卷六八本傳作“雍丘侯”。

[7]千牛左右：官名。原稱千牛備身，隸左右領左右府，掌執千牛刀，扈衛侍從。各十二人，正六品。東宫亦置，屬左、右内率，員八人，正七品。煬帝時改左右領左右府爲左右備身府，此職亦改稱“千牛左右”。

通字平東，勣之兄也，一名會。弘厚有器局。在周，少以父功，賜爵臨貞縣侯，邑千户。尋授大都督，[1]俄遷儀同三司。大冢宰宇文護引之令督親信兵，[2]改封沃野縣公，邑四千七百户。後加開府，歷武賁中大夫、北徐州刺史。[3]

[1]大都督：官名。北周初規定授柱國大將軍、開府、儀同等官號者，並加使持節、大都督名義。武帝時因戰亂不斷，由軍勳而任大都督者甚多，故將其改爲没有職掌的勳官，授予有軍功的武職官員。八命。

[2]大冢宰：官名。全稱爲大冢宰卿。北周時爲天官冢宰府最高長官。掌佐皇帝治邦國。若有“五府總於天官之命”，則稱冢宰，

能總攝百官，實爲大權在握之宰輔，若無此命，即稱太宰，與五卿並列，僅統本府各官。正七命。　宇文護：人名。西魏、北周時人。《周書》卷一一、《北史》卷五七有附傳。

[3]武賁中大夫：北周無此官名，《北史》卷六八《豆盧寧傳》亦不載豆盧通任此官，或有誤。　北徐州：北周時治所在今山東臨沂市西，後改爲沂州。

及高祖爲丞相，尉迥作逆，遣其所署莒州刺史烏丸尼率衆來攻。[1]通逆擊，破之。賜物八百段，進位大將軍。

[1]莒州：北周時治所在今山東沂水縣。　烏丸尼：人名。其事不詳。

開皇初，進爵南陳郡公。尋徵入朝，以本官典宿衛。歲餘，出拜定州刺史。後轉相州刺史。尚高祖妹昌樂長公主，[1]自是恩禮漸隆。遷夏州總管、洪州總管。[2]所在之職，並稱寬惠。十七年，卒官，年五十九。謚曰安。有子寬。[3]

[1]昌樂長公主：隋煬帝妹楊氏，其事不詳。《北史》卷六八《豆盧寧傳》作“昌樂縣長公主”。

[2]洪州：隋開皇中由豫章郡改置，治所在今江西南昌市。

[3]寬：人名。即豆盧寬。河南洛陽人，隋時曾任吏部驍騎尉，河池郡梁泉縣令。唐代官至光禄大夫，芮國公。事見《舊唐書》卷九〇、《新唐書》卷一一四《豆盧欽望傳》及《豆盧寬碑》（參見張沛《昭陵碑石》，三秦出版社 1993 年版，第 117—119 頁）。

賀若誼

賀若誼字道機，[1]河南洛陽人也。祖伏連，[2]魏雲州刺史。[3]父統，[4]右衛將軍。[5]誼性剛果，有幹略。在魏，以功臣子，賜爵容城縣男。累遷直閤將軍、大都督、通直散騎常侍、尚食典御。[6]

[1]賀若：胡人複姓。《魏書·官氏志》記北魏孝文帝改姓，“賀若氏依舊賀若氏”。

[2]伏連：人名。即賀若伏連。其事不詳。

[3]雲州：北魏永熙中以朔州改名，治所在今山西文水縣東四十里雲周村，一説在今山西祁縣東，後廢。

[4]統：人名。即賀若統。本爲東魏潁州長史，西魏大統二年執刺史以州降西魏，拜衛將軍、散騎常侍、兖州刺史，賜爵當亭縣公。後除北雍州刺史，卒贈侍中、燕朔恒三州刺史、司空公。謚曰哀。事見《周書》卷二八、《北史》卷六八《賀若敦傳》。

[5]右衛將軍：官名。爲禁衛軍主要統帥之一，多由皇帝親信擔任。西魏初沿北魏制，員二人，三品。

[6]大都督：官名。西魏戰事較多時置，統兵出征，有時又加以各種名號。後授予漸濫。　通直散騎侍郎：官名。西魏時屬集書省，員六人，從五品上。　尚食典御：官名。西魏時掌御膳之事。

周太祖據有關中，引之左右。嘗使詣杏城，[1]屬茹茹種落攜貳，[2]屯於河表。[3]誼因譬以禍福，誘令歸附，降者萬餘口。太祖深奇之，賜金銀百兩。齊遣其舍人楊暢結好於茹茹，[4]太祖恐其并力，爲邊境之患，使誼聘茹茹。誼因啗以厚利，茹茹信之，遂與周連和，執暢付誼。太祖嘉之，拜車騎大將軍、儀同三司、略陽公府長史。[5]

［1］杏城：地名。即杏城鎮，在今陝西黄陵縣西南故邑。

［2］茹茹：古族名。亦稱蠕蠕、芮芮、柔然。本爲東胡族的一支，初屬鮮卑拓拔部。南北朝時逐漸强大，西魏廢帝時爲突厥所滅。傳見《魏書》卷一〇三、《北史》卷九八。　攜貳：離心，有貳心。

［3］河表：意指大河之外。《通鑑》卷一三六《齊紀》永明六年條胡三省注："河表七州，秦、雍、岐、華、陝、河、凉也。"其區域大約在今陝西、甘肅一帶。

［4］舍人：官名。北齊王國、公府、將軍府皆設，掌文檄之事。此處未詳爲何種舍人。　楊暢：人名。其事不詳。

［5］車騎大將軍：官名。西魏實行府兵制，以此爲儀同府長官軍號。九命。　略陽公府長史：官名。公府長史爲西魏諸公府屬官，主持府務。略陽公府長史即北周閔帝即位前的公府屬官。

周閔帝受禪，除司射大夫，[1]改封霸城縣子，轉左宫伯，尋加開府。後歷靈、邵二州刺史，[2]原、信二州總管，[3]俱有能名。其兄敦，[4]爲金州總管，[5]以讒毁伏誅，坐是免職。

［1］司射大夫：官名。全稱爲司射下大夫。北周時爲夏官府司射司長官，掌演射禮儀法度。正四命。

［2］靈：州名。治所在今寧夏靈武市西南。

［3］原：州名。治所在今寧夏固原市。

［4］敦：人名。即賀若敦。北周時人。傳見《周書》卷二八、《北史》卷六八。

［5］金州：治所在今陝西安康市西北漢江北岸。

武帝親總萬機，召誼治熊州刺史。[1]平齊之役，誼率兵出函谷，[2]先據洛陽，即拜洛州刺史，進封建威縣侯。齊范陽王高紹義之奔突厥也，[3]誼以兵追之，戰於馬邑，遂擒紹義，以功進位大將軍。

［1］熊州：北周明帝二年（558）改陽州置，治所在今河南宜陽縣西。

［2］函谷：地名。即函谷關。在今河南新安縣東北。

［3］高紹義：人名。北齊時人。傳見《北齊書》卷一二、《北史》卷五二。

高祖爲丞相，拜亳州總管，馳驛之部。西遏司馬消難，東拒尉迥。申州刺史李慧反，[1]誼討之，進爵范陽郡公，授上大將軍。

［1］申州：北周改郢州置，治所在今河南信陽市。　李慧：人名。北周時人。其反事亦見《周書》卷八《静帝紀》。

開皇初，入爲右武候將軍。河間王弘北征突厥，[1]以誼爲副元帥。軍還，轉左武候大將軍。[2]坐事免。歲餘，拜華州刺史，[3]俄轉敷州刺史，[4]改封海陵郡公，復轉涇州刺史。[5]時突厥屢爲邊患，朝廷以誼素有威名，拜靈州刺史，[6]進位柱國。[7]誼時年老，而筋力不衰，猶能重鎧上馬，甚爲北夷所憚。數載，上表乞骸骨，優詔許之。

[1]弘：人名。即楊弘。北周、隋時人。傳見本書卷四三、《北史》卷七一。

[2]左武候大將軍：官名。隋十二衛大將軍之一，與右武候大將軍同掌車駕出巡營衛，分領府兵。員一人，正三品。大業三年改名左候衛大將軍。

[3]華州：治所在今陝西華縣。隋大業三年廢。

[4]敷州：即鄜州。治所在今陝西黄陵縣西南。隋大業三年改爲鄜城郡。

[5]涇州：治所在今甘肅涇川縣北涇河北岸。隋大業三年改爲安定郡。

[6]靈州：治所在今寧夏靈武市西南。

[7]柱國：官名。隋文帝因改北周之制形成十一等散實官，以酬勤勞。柱國是第二等，開府置府佐。正二品。

誼家富於財，於郊外構一別廬，多植果木。每邀賓客，列女樂，游集其間。卒于家，時年七十七。子舉襲爵。[1]

[1]舉：人名。即賀若舉。其事不詳。

庶長子協，官至驃騎將軍。協弟祥，奉車都尉。祥弟與，車騎將軍。誼兄子弼，[1]別有傳。

[1]弼：人名。即賀若弼。北周、隋時人。傳見本書卷五二，《北史》卷六八有附傳。

史臣曰：于義、竇榮定等，或南陽姻亞，[1]或豐邑舊游，[2]運屬時來，俱宣力用。以勞定國，以功懋賞，保其禄位，貽厥子孫。析薪克荷，[3]崇基弗墜，盛矣！豆盧毓遇屯剥之機，[4]亡身殉義，陰世師遭天之所廢，捨命不渝。使夫死者有知，足以無愧君親矣。

[1]南陽：郡名。東漢時治所在今河南南陽市。漢光武帝劉秀是南陽人，南陽樊、陰、鄧諸家皆因婚姻關係而騰達。此處南陽代指漢光武帝劉秀。

[2]豐邑：漢高祖之故鄉，秦沛縣之屬邑。治所在今江蘇沛縣。此處用以代指漢高祖。

[3]析薪克荷：謂繼承父業。典出《左傳》昭公七年："古人有言曰：其父析薪，其子弗克負荷。施（豐施）將懼不能任其先人之禄。"

[4]屯剥：《易》中《屯》卦和《剥》卦的並稱，意謂困厄衰敗。

隋書　卷四〇

列傳第五

梁士彦　子剛　梁默

梁士彦字相如，安定烏氏人也。[1]少任俠，不仕州郡。性剛果，喜正人之是非。好讀兵書，頗涉經史。周世以軍功拜儀同三司。[2]武帝將有事東夏，[3]聞其勇决，自扶風郡守除九曲鎮將，[4]進位上開府，[5]封建威縣公，[6]齊人甚憚焉。[7]尋遷熊州刺史。[8]

[1]安定：郡名。治所在今甘肅涇川縣北涇河北岸。隋開皇三年（583）廢，大業三年（607）復置。　烏氏：縣名。北魏末徙治今甘肅涇川縣東北，後廢。

[2]周：即北周（557—581），都長安（今陝西西安市）。　儀同三司：官名。北周爲散實官名，府兵制中儀同府長官加此名。九命。

[3]武帝：北周皇帝宇文邕的謚號。紀見《周書》卷五、六，《北史》卷一〇。　東夏：古代泛指中國東部。

[4]扶風郡：治所原在今陝西興平市東北，大象二年（580）

移治今興平市東南南佐村。　九曲：城名。又名九阿。在今河南宜陽縣西北。　鎮將：官名。北周時爲鎮的長官，主要負責鎮捍防守。

[5]上開府：官名。全稱爲上開府儀同大將軍，北周時位在開府儀同大將軍上，主要授予有軍勳的功臣及北齊降官，無具體職掌。初任此職者加使持節、大都督、驃騎大將軍、侍中。大象元年罷此制，唯任總管、刺史及行兵者加持節。九命。

[6]建威縣公：爵名。北周時爲十一等爵的第六等。“命數未詳，非正九命則當是九命”（參見王仲犖《北周六典》卷八《封爵第十九》，中華書局1979年版，第548頁）。

[7]齊：即北齊（550—577），或稱高齊，都鄴（今河北臨漳縣西南鄴鎮東）。

[8]熊州：北周明帝二年（558）改陽州置，治所在今河南宜陽縣西福昌村。

後從武帝拔晋州，[1]進位柱國，[2]除使持節、晋絳二州諸軍事、晋州刺史。[3]及帝還後，齊後主親總六軍而圍之。[4]獨守孤城，外無聲援，衆皆震懼，士彦慷慨自若。賊盡鋭攻之，樓堞皆盡，[5]城雉所存，[6]尋仞而已。[7]或短兵相接，或交馬出入。士彦謂將士曰：“死在今日，吾爲爾先！”于是勇烈齊奮，呼聲動地，無不一當百。齊師少却。乃令妻妾軍民子女，晝夜修城，三日而就。帝率六軍亦至，齊師解圍，營於城東十餘里。士彦見帝，持帝鬚而泣曰：“臣幾不見陛下！”帝亦爲之流涕。時帝以將士疲倦，意欲班師。士彦叩馬諫曰：“今齊師遁，衆心皆動，因其懼也而攻之，其勢必舉。”帝從之，大軍遂進。帝執其手曰：“余之有晋州，爲平齊之基。若不固守，則事不諧矣。朕無前慮，惟恐後變，善爲我守之。”及齊平，封郕國公，[8]進位上柱國、雍州主簿。[9]

[1]晉州：治所在今山西絳縣南。北周建德五年（576）廢。

[2]柱國：官名。全稱爲柱國大將軍。北魏太武帝置，以爲開國元勳長孫嵩的加官。孝莊帝因尒朱榮有擁立之功，特置以授之，位在丞相上。西魏文帝以宇文泰有中興之功，又置此官授之。後凡屬功參佐命，望實俱重的，也得居之。自大統十六年（550）以前任此官的名義上有八人。北周武帝增置上柱國等官，並以上柱國大將軍爲勳官之首。柱國大將軍次之，正九命。《周書》卷三一本傳作“大將軍”。

[3]使持節：漢代官吏奉使外出時，或由皇帝授予節杖，以提高其威權。魏晉以後，凡重要軍事長官出征或出鎮時，加使持節號，可誅殺二千石以下官員。皇帝派遣大臣執行出巡或祭吊等事務時，亦使持節，以表示權力和尊崇。　絳：州名。北周武成二年（560）以東雍州改名，治所在今山西聞喜縣東北。　諸軍事：官名。全稱爲都督諸軍事。北魏時置爲出征時一路軍事長官，總管所部的軍事事務。北周職掌應與之類似。

[4]齊後主：即北齊皇帝高緯。紀見《北齊書》卷八、《北史》卷八。

[5]堞：城上齒形矮墻。

[6]城雉：城上短墻。

[7]尋：古代長度單位，一般爲八尺。《詩·魯頌·閟宫》：“是斷是度，是尋是尺。”鄭玄箋：“八尺曰尋。”或云七尺、六尺。　仞：古代長度單位。七尺爲一仞。一説八尺爲一仞。《論語·子張》：“夫子之牆數仞。”何晏集解引苞氏曰：“七尺曰仞也。”但顏師古注《漢書·食貨志上》則稱“八尺曰仞，取人申臂之一尋也”。

[8]郕國公：爵名。北周時爲十一等爵的第四等。正九命。

[9]上柱國：官名。北周建德四年置爲最高級勳官。正九命。按，《周書》卷三一《梁士彦傳》中華本校勘記考士彦進上柱國在大象二年十二月，“上”當爲衍字，此處應進位“柱國”。但前文已記梁士彦從武帝拔晋州後拜柱國，此處進位“上柱國”似也順理成章。　雍州：北周時治所在今陝西西安市西北。　主簿：官名。北周時爲州郡縣屬官，雖非掾吏之首，然地位較高。縣之主簿較州之主簿更甚。諸將軍、五校尉等軍府、列卿寺監、光禄大夫等亦置。

宣帝即位，[1]除東南道行臺、使持節、徐州總管、三十二州諸軍事、徐州刺史。[2]與烏丸軌擒陳將吴明徹、裴忌於吕梁，[3]别破黄陵，[4]略定淮南地。[5]

[1]宣帝：北周皇帝宇文贇的謚號。紀見《周書》卷七、《北史》卷一〇。《周書》卷三一《梁士彦傳》中華本校勘記考證認爲梁士彦除徐州總管，烏丸軌擒吴明徹當在武帝死前，以爲“宣帝即位”四字爲衍文。

[2]行臺：官署名。魏晋南北朝時期尚書臺（省）臨時在外設置的分支機構。“臺”指中央尚書省，出征時於其駐地設立代表中央的臨時機構稱行臺。兩晋時多爲權臣自行建立，以發號施令。又稱行尚書臺或行臺省。若任職者權位特重，稱大行臺。北魏、北齊時設置漸多，成爲地方最高行政機構。北周後置總管府，行臺之制遂廢。　徐州：北周時治所在今江蘇徐州市。　總管：官名。東魏武定六年（548）始置。西魏也置。北周武成元年正式改都督諸州軍事爲總管，總管之設乃成定制。北周之制，總管加使持節諸軍事。總管或單任，然多兼帶刺史。故總管職權雖以軍事爲主，實際是一地區若干州、防（鎮）的最高軍政長官。

［3］烏丸軌：人名。即王軌。賜姓烏丸氏，北周時人。傳見《周書》卷四〇、《北史》卷六二。　陳：即南朝陳（557—589），都建康（今江蘇南京市）。　吴明徹：人名。南朝陳時人。傳見《陳書》卷九、《南史》卷六六。　裴忌：人名。南朝陳時人。傳見《陳書》卷二五，《南史》卷五八有附傳。　吕梁：山名。在今江蘇徐州市東南。

［4］黄陵：山名。在今湖南湘陰縣北。

［5］淮南：郡名。北周時治所在今安徽當塗縣。

高祖作相，[1]轉亳州總管、二十四州諸軍事。[2]尉迥之反也，[3]以爲行軍總管，[4]從韋孝寬擊之。[5]至河陽，[6]與迥軍相對。令家僮梁默等數人爲前鋒，[7]士彦以其徒繼之，所當皆破。乘勝至草橋，[8]迥衆復合，進戰，大破之。及圍鄴城，[9]攻北門而入，馳啓西門，納宇文忻之兵。[10]

［1］高祖：隋文帝楊堅的廟號。紀見本書卷一、二，《北史》卷一一。

［2］亳州：北周末改南兖州置，治所在今安徽亳州市。

［3］尉迥：人名。即尉遲迥。《魏書·官氏志》載北魏實行改姓之制，其中尉遲氏改爲尉氏，但據《周書》卷二《文帝紀》載宇文泰於西魏恭帝元年（554）又改漢姓爲鮮卑姓，尉氏又由此改回尉遲氏。此處仍沿用北魏之制。傳見《周書》卷二一、《北史》卷六二。

［4］行軍總管：官名。北周時爲一路兵馬的臨時統帥，事訖則罷。遇重大軍事行動，則隸於行軍元帥。

［5］韋孝寬：人名。西魏、北周名將。傳見《周書》卷三一、《北史》卷六四。

[6]河陽：橋名。亦名河橋。在今河南孟州市西南、孟津縣東北黄河上。

[7]梁默：人名。北周、隋時人。傳見本卷。

[8]草橋：地名。在今河北冀州市西南。

[9]鄴城：縣名。北周時爲相州治所，在今河南安陽市。

[10]宇文忻：人名。北周、隋時人。傳見本卷，《北史》卷六〇有附傳。

及迥平，除相州刺史。[1]高祖忌之。未幾，徵還京師，閑居無事。自恃元功，甚懷怨望，遂與宇文忻、劉昉等謀作亂。[2]將率僮僕，於享廟之際，[3]因車駕出，圖以發機。復欲於蒲州起事，[4]略取河北，[5]捉黎陽關，[6]塞河陽路，[7]劫調布以爲牟甲，[8]募盜賊以爲戰士。其甥裴通豫知其謀而奏之。[9]高祖未發其事，授晉州刺史，[10]欲觀其意。士彦欣然謂昉等曰："天也！"又請儀同薛摩兒爲長史，[11]高祖從之。後與公卿朝謁，高祖令左右執士彦、忻、昉等于行間，詰之曰："爾等欲反，何敢發此意？"初猶不伏，捕薛摩兒適至，于是庭對之。摩兒具論始末，云："第二子剛垂泣苦諫，[12]第三子叔諧曰：[13]'作猛獸要須成斑。'"[14]士彦失色，顧謂摩兒曰："汝殺我！"于是伏誅，時年七十二。

[1]相州：治所在今河南安陽市。

[2]劉昉：人名。北周、隋時人。傳見本書卷三八、《北史》卷七四。

[3]享廟：帝王祭祖廟。享，通"饗"。

[4]蒲州：治所在今山西永濟市西南蒲州鎮。

［5］河北：區域名。泛指黄河以北地區。

［6］黎陽：郡名。治所在今河南浚縣東北，隋開皇初廢。

［7］河陽：縣名。治所在今河南孟州市南。

［8］調布：指賦税款。　牟甲：指盔甲。

［9］裴通：人名。其事不詳。

［10］晋州：治所在今安徽潜山縣。

［11］儀同：官名。爲十一等勳官中的第八等。正五品上。大業三年罷。按，本書《劉昉傳》記薛摩兒爲“上儀同”。　薛摩兒：人名。其參與劉昉、梁士彦謀反事另見《周書》卷三一《梁士彦傳》、本書《劉昉傳》。　長史：官名。魏晋南北朝時州郡官代將開府者置，掌府事，爲文職上佐，職任類似於總管。

［12］剛：人名。即梁剛。事另見《北史》卷七三《梁士彦傳》。

［13］叔諧：人名。即梁叔諧。事另見《北史・梁士彦傳》。

［14］作猛獸要須成斑：《周書》卷三一《梁士彦傳》作“作猛獸須成班”。

有子五人。操字孟德，出繼伯父，官至上開府、義鄉縣公、長寧王府驃騎，[1]早卒。剛字永固，弱冠授儀同，以平尉迥勳，加開府。[2]擊突厥有功，[3]進位上大將軍、通政縣公、涇州刺史。[4]士彦之誅也，以諫獲免，徙瓜州。[5]叔諧官至上儀同、廣平縣公、車騎將軍。[6]志遠爲安定伯，[7]務爲建威伯，皆坐士彦誅。[8]

［1］長寧王：爵名。隋九等爵的第一等。正一品。長寧王即楊儼。傳見本書卷四五，《北史》卷七一有附傳。　驃騎：官名。全稱爲驃騎將軍。驃亦作票，隋因襲北周府兵制，改開府府爲驃騎府，置驃騎將軍爲其長官，分駐各地，統領府軍，分屬十二府大將

軍。大業三年隨府名變更而改名鷹揚郎將。正四品上。

［2］開府：官名。即開府儀同三司，隋置爲散官名號，初爲正四品上，大業三年改爲從一品，位次王、公。

［3］突厥：古族名、國名。廣義包括突厥、鐵勒諸部落，狹義專指突厥。公元六世紀時游牧於金山（今阿爾泰山）以南，因金山形似兜鍪，俗稱“突厥”，遂以名部落。西魏廢帝元年（552），土門自號伊利可汗，建立突厥汗國，後分裂爲西突厥、東突厥兩個汗國。傳見本書卷八四、《北史》卷九九、《舊唐書》卷一九四、《新唐書》卷二一五。

［4］上大將軍：官名。隋置爲從二品散實官，大業三年罷。　通政縣公：爵名。隋九等爵的第五等。從一品。　涇州：治所在今甘肅涇川縣北涇河北岸。隋大業三年改爲安定郡。

［5］瓜州：治所在今甘肅敦煌市東南鎖陽城。

［6］上儀同：官名。全稱上儀同三司。用以酬勤勞，無實際職務。從四品。　車騎將軍：官名。隋初置爲府兵制的中級將領，爲車騎府長官，置於驃騎府則爲次官。正五品上。大業三年改稱鷹揚副郎將。

［7］安定伯：爵名。隋九等爵的第七等。三品。

［8］坐：即連坐，一人犯罪，他人連帶受罰的規定。商鞅變法時所創，後代多沿用。

梁默者，士彥之蒼頭，[1]驍武絶人。士彥每從征伐，常與默陷陣。仕周，致位開府。[2]開皇末，[3]以行軍總管從楊素北征突厥，[4]進位大將軍。[5]漢王諒之反也，[6]復以行軍總管從楊素討平之，加授柱國。[7]大業五年，[8]從煬帝征吐谷渾，[9]遇賊力戰而死，贈光禄大夫。[10]

［1］蒼頭：指奴僕。漢朝時始有此稱，以别於良人。

［2］開府：官名。北周時爲府兵機構統兵官，府兵二十四軍各設一員，統兵二千人左右。

［3］開皇：隋文帝楊堅年號（581—600）。

［4］行軍總管：官名。隋沿襲北周而置，本爲臨時設置，隋則逐漸過渡爲地方行政長官，或掌一道軍政，或領數道。又有大總管、總管之分。　楊素：人名。北周、隋時人。傳見本書卷四八，《北史》卷四一有附傳。

［5］大將軍：官名。爲十一等勳官的第四等，煬帝大業初時廢。

［6］諒：人名。即楊諒。傳見本書卷四五、《北史》卷七一。

［7］柱國：官名。隋文帝因改北周之制形成十一等散實官，以酬勤勞。柱國是第二等，開府置府佐。正二品。

［8］大業：隋煬帝楊廣年號（605—618）。

［9］煬帝：楊廣的謚號。紀見本書卷三、四，《北史》卷一二。　吐谷（yù）渾：古族名。屬鮮卑族的一支，本居遼東，後遷至甘肅、青海一帶居住。傳見本書卷八三、《晋書》卷九七、《宋書》卷九六、《魏書》卷一〇一、《周書》卷五〇、《北史》卷九六。

［10］光禄大夫：官名。隋大業三年加置，位左、右光禄大夫上，爲文散官之首。從一品。

宇文忻

宇文忻字仲樂，本朔方人，[1]徙京兆。[2]祖莫豆干，[3]周安平公。[4]父貴，[5]周大司馬、許國公。[6]忻幼而敏慧，爲兒童時，與群輩游戲，輒爲部伍，進止行列，無不用命，有識者見而異之。年十二，能左右馳射，驍捷若飛。恒謂所親曰："自古名將，唯以韓、白、衛、霍爲美談，[7]吾察其行事，未足多尚。若使與僕並時，不令竪子獨擅高名也。”其少小慷慨如此。年十八，從周齊王憲討突厥有功，[8]拜儀同三司，賜爵興固縣公。韋孝寬之鎮玉壁也，[9]以忻驍勇，請與同行。屢有戰功，加位開府、驃騎將軍，[10]進爵化政郡公，邑二千户。[11]

[1]朔方：郡名。原稱夏州，隋大業三年改名朔方郡，治所在今陝西靖邊縣東北白城子。按，據《周書》卷一九《宇文貴傳》，其先昌黎大棘人，後遷至夏州。

[2]京兆：郡名。治所在今陝西西安市東北。

[3]莫豆干：人名。北魏時人。以子貴功勳，北周保定年間追贈柱國大將軍、少傅、夏州刺史、安平郡公。其事略見《周書·宇文貴傳》。干，原作“于”。按，《周書·宇文貴傳》、《北史》卷六〇《宇文貴傳》、《册府元龜》卷七七二《總録部·志節》均作“干”。“于”當誤，今據改。

[4]周：原作“魏”，中華本校勘記據《周書·宇文貴傳》改“周”，從改。　安平公：爵名。全稱爲安平郡公。北周時爲十一等爵的第五等。正九命。

[5]貴：人名。即宇文貴，北周時人。傳見《周書》卷一九、《北史》卷六〇。

[6]大司馬：官名。全稱爲大司馬卿。北周時爲夏官府最高長官。掌邦政，征伐敵國及四時治兵講武皆由其主持，大祭司則掌宿衛，廟社則奉羊牲。正七命。中華本校勘記注意到《周書·宇文貴傳》僅記其曾爲大司空、大司徒，未爲大司馬。

[7]韓：人名。指韓信。西漢時人。傳見《史記》卷九二、《漢書》卷三四。　白：人名。指白起。戰國時秦國人。傳見《史記》卷七三。　衛：人名。指衛青。西漢時人。傳見《史記》卷一一一、《漢書》卷五五。　霍：人名。指霍去病。西漢時人。傳見《史記》卷一一一、《漢書》卷五五。

［8］齊王：爵名。北周時爲十一等爵的第一等。正九命。　憲：人名。即宇文憲。西魏、北周時人。傳見《周書》卷一二、《北史》卷五八。

［9］玉壁：城名。在今山西稷山縣西南。西魏大統四年築，爲其東邊軍事要地，先後置南汾州、勳州。

［10］驃騎將軍：官名。北周時爲重號將軍，居諸名號將軍之首，僅作爲軍府名號，加授大臣、重要州郡長官，無具體職掌。正八命。

［11］邑：即食邑。受封者所享有的封地，因收其租税而食，故稱之爲食邑。亦稱爲采邑。魏晋以後，食邑分爲虚封和實封兩類：虚封一般僅冠以“邑”或“食邑”之名，是一種榮譽性加銜，受封者並不能獲得實際的食禄收入；而實封一般須冠以“真食”“食實封”等名，受封者可真正獲得食禄收入。

從武帝伐齊，攻拔晋州。齊後主親馭六軍，[1]兵勢甚盛，帝憚之，欲旋師。忻諫曰：“以陛下之聖武，乘敵人之荒縱，何往不克！若使齊人更得令主，[2]君臣協力，雖湯、武之勢，[3]未易平也。今主暗臣愚，兵無鬬志，雖有百萬之衆，實爲陛下奉耳。”帝從之，戰遂大克。及帝攻陷并州，[4]先勝後敗，帝爲賊所窘，左右皆殲，帝挺身而遁，諸將多勸帝還。忻勃然而進曰：“自陛下克晋州，破高緯，乘勝逐北，以至於此。致令僞主奔波，關東響振，[5]自古行兵用師，未有若斯之盛也。昨日破城，將士輕敵，微有不利，何足爲懷。丈夫當死中求生，敗中取勝。今者破竹，其勢已成，奈何棄之而去？”帝納其言，明日復戰，遂拔晋陽。[6]及齊平，進位大將軍，[7]賜物千段。尋與烏丸軌破陳將吴明徹於吕梁，進位柱國，賜奴婢二百口，除豫州總管。[8]

[1]六軍：周代軍制，天子統領六軍。《周禮・夏官・序官》："凡制軍，萬有二千五百人爲軍。王六軍，大國三軍，次國二軍，小國一軍。"後遂以六軍爲朝廷軍隊的統稱。

[2]令主：賢德的君主。

[3]湯：即商湯。詳見《史記》卷三《殷本紀》。　武：即周武王。詳見《史記》卷四《周本紀》。

[4]并州：北周時治所在今山西太原市西南。

[5]關東：地區名。泛指故函谷關或今潼關以東地區。

[6]晉陽：縣名。北周時治所在今山西太原市西南古城營東汾水之東。

[7]大將軍：官名。北周時爲散實官第四等。正九命。

[8]豫州：北周時治所在今河南汝南縣，後改名舒州。

高祖龍潛時，與忻情好甚協，及爲丞相，恩顧彌隆。尉迥作亂，以忻爲行軍總管，從韋孝寬擊之。時兵屯河陽，諸軍莫敢先進。帝令高熲馳驛監軍，[1]與熲密謀進取者，唯忻而已。迥遣子惇，[2]盛兵武陟，[3]忻先鋒擊走之。進臨相州，迥遣精甲三千伏於野馬岡，[4]欲邀官軍。忻以五百騎襲之，斬獲略盡。進至草橋，迥又拒守，忻率奇兵擊破之，直趨鄴下。迥背城結陣，與官軍大戰，官軍不利。時鄴城士女觀戰者數萬人，忻與高熲、李詢等謀曰：[5]"事急矣，當以權道破之。"於是擊所觀者，大囂而走，轉相騰藉，[6]聲如雷霆。忻乃傳呼曰："賊敗矣！"衆軍復振，齊力急擊之，迥軍大敗。及平鄴城，以功加上柱國，賜奴婢二百口，牛馬羊萬計，高祖顧謂忻曰："尉迥傾山東之衆，運百萬之師，公舉無遺策，戰無全陣，誠天下之英傑也。"進封英國公，[7]增邑三千户。自是以後，每參帷幄，出入卧内，禪代之際，忻有力焉。後拜右領軍大將軍，[8]恩顧彌重。

[1]高熲：人名。傳見本書卷四一、《北史》卷七二。

[2]惇（dūn）：人名。即尉遲惇，尉遲迥子。北周時封爲魏安公，隨其父反叛。其事另見《周書》卷二一《尉遲迥傳》、卷三一《韋孝寬傳》、《北史》卷六二《尉遲迥傳》。

[3]武陟：縣名。治所在今河南武陟縣南。按，北周未置武陟縣，武陟縣爲隋開皇十六年始置，此時應未有武陟之地名。

[4]野馬崗：地名。在今河南安陽市北。

[5]李詢：人名。本書卷三七、《北史》卷五九有附傳。

[6]騰藉：亦作"騰籍"，奔騰踐踏。

[7]英國公：爵名。隋初九等爵的第三等。從一品。

[8]右領軍大將軍：官名。史載不詳。據本書《百官志下》、《通典》卷二八《職官·左右領軍衛》載，隋文帝朝，"左右領軍府，各掌十二軍籍帳、差科、辭訟之事。不置將軍。唯有長史、司馬"等。然據本傳及本書卷一《高祖紀上》可推知最遲仁壽初年左右領軍府已各置領軍大將軍。

忻妙解兵法，馭戎齊整，[1]當時六軍有一善事，雖非忻所建，在下輒相謂曰："此必英公法也。"其見推服如此。後改封杞國公。上嘗欲令忻率兵擊突厥，高熲言於上曰："忻有異志，不可委以大兵。"乃止。

[1]馭戎：執掌軍事。

忻既佐命功臣，頻經將領，有威名於當世。上由是微忌焉，以譴去官。忻與梁士彦昵狎，數相往來，士彦時亦怨望，陰圖不軌。忻謂士彦曰："帝王豈有常乎？相扶即是。公於蒲州起事，我必從征。兩陣相當，然後連結，天下可圖也。"謀洩伏誅，年六十四，家口籍没。

忻兄善，弘厚有武藝。仕周，官至上柱國、許國公。高祖受禪，遇之甚厚，拜其子穎爲上儀同。[1]及忻誅，並廢於家。善未幾卒。穎至大業中，爲司農少卿。[2]及李密逼東都，[3]叛歸于密。忻弟愷，[4]别有傳。

[1]穎：人名。即宇文穎，北周、隋、唐時人。事亦見《新唐書》卷七九《李建成傳》。

[2]司農少卿：官名。亦稱司農寺少卿，爲司農寺次官。隋初正四品上。煬帝時增爲二員，改爲從四品。按，《新唐書·李建成傳》稱宇文穎所任爲"司農卿"，《通鑑》卷一九一唐高祖武德七年六月壬戌條所記亦同。

[3]李密：人名。傳見本書卷七〇，《北史》卷六〇有附傳。東都：即洛陽。治所在今河南洛陽市。

[4]愷：人名。即宇文愷。傳見本書卷六八，《北史》卷六〇有附傳。

王誼

王誼字宜君，河南洛陽人也。[1]父顯，[2]周鳳州刺史。[3]誼少慷慨，有大志，便弓馬，博覽群言。周閔帝時，[4]爲左中侍上士。[5]時大冢宰宇文護執政，[6]勢傾王室，帝拱默無所關預。[7]有朝士於帝側，微爲不恭，誼勃然而進，將擊之。其人惶懼請罪，乃止。自是朝士無敢不肅。歲餘，遷御正大夫。[8]丁父艱，[9]毁瘁過禮，廬於墓側，負土成墳。歲餘，起拜雍州别駕，[10]固讓，不許。

[1]河南：郡名。北魏時治所在今河南洛陽市東北。　洛陽：縣名。北魏時位於今河南洛陽市東北白馬寺東。

[2]顯：人名。即王顯。北周時官至洛邑縣公，大將軍。其事略見《周書》卷二〇、《北史》卷六一《王盟傳》。

[3]鳳州：北周時治所在今陝西鳳縣東北鳳州鎮。

[4]周閔帝：北周皇帝宇文覺的謚號。紀見《周書》卷三、《北史》卷九。

[5]左中侍上士：官名。北周時爲天官府宫伯中大夫屬官，負責皇帝寢宫的安全，皇帝出行及臨朝時隨從護衛。披金甲，左執龍環，右執虎環長刀，並以金爲飾。正三命。

[6]大冢宰：官名。全稱爲大冢宰卿。北周時爲天官冢宰府最高長官。掌佐皇帝治邦國。若有“五府總於天官之命”，則稱冢宰，能總攝百官，實爲大權在握之宰輔，若無此命，即稱太宰，與五卿並列，僅統本府各官。正七命。　宇文護：人名。北周時人。傳見《周書》卷一一，《北史》卷五七有附傳。

[7]拱默：拱手緘默。

[8]御正大夫：官名。此處應指御正中大夫。北周時爲天官冢宰府屬官，職掌草擬詔册文誥，近侍樞機。凡諸刑罰爵賞，以及軍國大事，皆須參議。正五命。

[9]父艱：父親的喪事。

[10]别駕：官名。即别駕從事、别駕從事史，州、府佐吏。北周三萬户以上州别駕正四命，一萬户以上州四命，五千户以上州正

三命。

武帝即位，授儀同，[1]累遷内史大夫，[2]封楊國公。[3]從帝伐齊，至并州，帝既入城，反爲齊人所敗，左右多死。誼率麾下驍雄赴之，帝賴以全濟。時帝以六軍挫衄，[4]將班師。誼固諫，帝從之。及齊平，授相州刺史。未幾，復徵爲大内史。[5]汾州稽胡爲亂，[6]誼率兵擊之。帝弟越王盛、譙王儉雖爲總管，[7]並受誼節度。其見重如此。及平賊而還，賜物五千段，封一子開國公。[8]帝臨崩，謂皇太子曰："王誼社稷臣，宜處以機密，不須遠任也。"皇太子即位，是爲宣帝。憚誼剛正，出爲襄州總管。[9]

[1]儀同：官名。北周府兵制中儀同府長官加此名，爲散實官。九命。

[2]内史大夫：官名。據下文，此處應指内史中大夫。北周時屬春官府，爲内史官署長官。大象元年改置内史上大夫爲長官。掌詔書撰寫，參議刑罰爵賞及軍國大事，並修撰國志及起居注。正五命。

[3]楊國公：《北史》卷六一"楊"作"揚"。《周書》卷七《宣帝紀》作"揚國公"，卷八《静帝紀》作"楊國公"。

[4]衄（nǜ）：挫敗，挫傷。

[5]大内史：官名。即内史上大夫的别稱。北周大象元年，宣帝傳位於静帝，自稱天元皇帝，内史司置上大夫爲長官，員一人，掌皇帝詔書的撰寫與宣讀，權力極重。正六命。

[6]汾州：北周時以南汾州改名，治所在今山西吉縣。稽胡：古族名。亦稱"步落稽"，爲匈奴别種。十六國時匈奴所建的幾個

政權滅亡後，餘部分散各地，稱山胡、西河胡、離石胡、吐京胡、石樓胡等。北周時統稱爲稽胡。從事農業，以麻布爲衣，與漢人雜處。隋唐以後，逐漸與漢族融合。傳見《周書》卷四九、《北史》卷九六。

[7]越王盛、譙王儉：即宇文盛、宇文儉。傳皆見《周書》卷一三、《北史》卷五八。

[8]開國公：爵名。此處未詳爲開國郡公或開國縣公。北周開國郡公，正九命，食邑自一千户至八千户。開國縣公，食邑五百户至四千七百户，命數不詳。

[9]襄州：北周時治所在今湖北襄樊市。

及高祖爲丞相，轉爲鄭州總管。[1]司馬消難舉兵反，[2]高祖以誼爲行軍元帥，[3]率四總管討之。軍次近郊，消難懼而奔陳。于時北至商、洛，[4]南拒江、淮，[5]東西二千餘里，巴蠻多叛，[6]共推渠帥蘭雒州爲主。[7]雒州自號河南王，以附消難，北連尉迥。誼率行軍總管李威、馮暉、李遠等分討之，[8]旬月皆平。高祖以誼前代舊臣，甚加禮敬，遣使勞問，冠蓋不絶。以第五女妻其子奉孝，[9]尋拜大司徒。[10]誼自以與高祖有舊，亦歸心焉。

[1]鄭州總管：北周未置鄭州，《北史》卷六一《王誼傳》亦不載王誼任此官。《周書》卷二一《司馬消難傳》記“隋文帝命襄州總管王誼爲元帥，發荆襄兵以討之。八月，消難聞誼軍將至，夜率其麾下，歸於陳”。卷三六《崔彦穆傳》亦記“隋文帝輔政，三方兵起。以彦穆爲行軍總管，率兵與襄州總管王誼討司馬消難”。本書卷一《高祖紀上》亦記文帝命襄州總管討消難。可見，本卷記

其轉爲鄭州總管一事或有誤。

［2］司馬消難：人名。北周時人。傳見《周書》卷二一，《北史》卷五四有附傳。

［3］行軍元帥：官名。北周時爲出征軍的統帥名，領一道或數道行軍總管征戰，根據需要臨時任命，事罷則廢。

［4］商：地名。治所在今陝西商洛市商州區東南。　洛：指漢時上洛縣。治所在今陝西商洛市商州區。

［5］江、淮：地區名。泛指今安徽、江蘇、河南以及湖北東北部長江以北、淮河以南地區。

［6］巴蠻：南方居於山間的一些少數民族。《通鑑》卷一七四《陳紀》陳宣帝太建十二年八月條胡三省注曰："晋、宋以來所謂山蠻也，南朝諸史所謂荆、雍州蠻者也。以其先出於巴種，故謂之巴蠻。"又《通鑑》卷一〇四《晋紀》晋孝武帝太元元年三月條胡三省注曰："自春秋之時，伊、洛以南，巴、巫、漢、沔以北，大山長谷，皆蠻居之……後漢祭遵攻新城蠻、柏華蠻，破霍陽聚，則春秋蠻氏之聚落也。其後又有巫蠻、南郡蠻、江夏蠻。襄陽以西，中廬、宜城之西山，皆蠻居之，所謂山蠻也。"

［7］渠帥：部落酋長。　蘭維州：人名。北周時人。其事不詳。

［8］李威：人名。北周時人。其事不詳。　馮暉：人名。北周時人。本書卷五三《馮昱傳》記"高祖初爲丞相，（馮昱）以行軍總管與王誼、李威等討叛蠻"。或疑"馮暉"爲"馮昱"之訛。　李遠：人名。北周時人。其事不詳。

［9］第五女：據後文可知即蘭陵公主。隋文帝第五女。傳見本書卷八〇、《北史》卷九一。　奉孝：人名。即王奉孝。王誼子，位儀同，早卒。其事略見本書《蘭陵公主傳》、《北史》卷六一《王誼傳》。

［10］大司徒：官名。全稱爲大司徒卿。北周時爲地官府長官，掌民户、土地、賦役、倉廩、教育、關市及山澤漁獵等方面的事務。正七命。

及上受禪，顧遇彌厚，上親幸其第，與之極歡。太常卿蘇威立議，[1]以爲户口滋多，民田不贍，欲減功臣之地以給民。誼奏曰：“百官者，歷世勳賢，方蒙爵土。一旦削之，未見其可。如臣所慮，正恐朝臣功德不建，何患人田有不足？”上然之，竟寢威議。開皇初，上將幸岐州。[2]誼諫曰：“陛下初臨萬國，人情未洽，何用此行？”上戲之曰：“吾昔與公位望齊等，一朝屈節爲臣，或當耻愧。是行也，震揚威武，欲以服公心耳。”誼笑而退。尋奉使突厥，上嘉其稱旨，進封郢國公。

[1]太常卿：官名。爲太常寺長官，掌國家禮樂、郊廟、社稷、祭祀等事。正三品。　蘇威：人名。北周、隋時人。傳見本書卷四一，《北史》卷六三有附傳。

[2]岐州：治所在今陝西鳳翔縣。大業三年改置扶風郡。

未幾，其子奉孝卒。踰年，誼上表，言公主少，請除服。[1]御史大夫楊素劾誼曰：[2]“臣聞喪服有五，[3]親疏異節，喪制有四，[4]降殺殊文。[5]王者之所常行，故曰不易之道也。是以賢者不得踰，不肖者不得不及。而儀同王奉孝，既尚蘭陵公主，奉孝以去年五月身喪，始經一周，而誼便請除釋。竊以雖曰王姬，終成下嫁之禮，公則主之，猶在移天之義。[6]况復三年之喪，自上達下，及期釋服，[7]在禮未詳。然夫婦則人倫攸始，喪紀則人道至大，苟不重之，取笑君子。故鑽燧改火，[8]責以居喪之速，朝祥暮歌，[9]譏以忘哀之早。然誼雖不自强，爵位已重，欲爲無禮，其可得乎？乃薄俗傷教，爲父則不慈，輕禮易喪，致婦於無義。若縱而不正，恐傷風俗，請付法推科。”有詔勿治，然恩禮稍薄。誼頗怨望。或告誼謀反，上令案其事。主者奏誼有不遜之言，實無反狀。上賜酒而釋之。

［1］除服：脱去喪服，意不再守喪。

［2］御史大夫：官名。御史臺長官，專掌國家刑憲典章之政令，司彈劾糾察百官等。其品級，隋大業五年（按，此據本書《百官志下》，而《唐六典》卷一三《御史臺》御史大夫條下注記作“大業八年”）前是從三品，此年降爲正四品。

［3］喪服有五：古代的服喪制度，在本宗族的範圍内，以親疏遠近爲標準，爲去世者服喪所穿的五種服飾，其規格、服喪時間等均以親疏遠近有所不同。按照服喪的輕重不同，依次分斬衰、齊衰、大功、小功、緦麻五種。

［4］喪制有四：古代治喪的禮制，分爲四種。恩制、義制、禮制、權制。《禮記·喪服四制》曰：“喪有四制，變而從宜，取之四時也。有恩，有理，有節，有權，取之人情也。恩者仁也，理者義也，節者禮也，權者知也。仁義禮知，人道具矣。”

［5］降殺：遞減。

［6］移天：指丈夫。古代封建禮法以爲女子在家尊父爲天，出嫁則尊夫爲天，故出嫁謂爲移天。

［7］釋服：除去喪服，謂除喪。

［8］鑽燧改火：古代鑽木取火，四季换用不同木材，稱爲“改火”，又稱改木。亦用以比喻時節改易。典出《論語·陽貨》：“宰我問：‘三年之喪期已久矣！君子三年不爲禮，禮必壞；三年不爲樂，樂必崩。舊穀既没，新穀既升；鑽燧改火，期可已矣。’……子曰：‘予之不仁也！子生三年，然後免於父母之懷。夫三年之喪，

天下之通喪也；予也，有三年之愛於其父母乎？'"

[9]朝祥暮歌：謂上午舉行祥祭，當晚就忘記悲痛開始唱歌了。典出《禮記·檀弓上》："魯人有朝祥而莫歌者，子路笑之。夫子曰：'由，爾責於人終無已夫。三年之喪，亦已久矣夫。'子路出，夫子曰：'又多乎哉？踰月則其善。'"祥，古代爲父母或親人服喪周年祭名，分爲小祥、大祥。小祥爲父母喪後周年的祭禮。祭後可稍改善生活及解除喪服的一部分。若是皇帝、皇太后、皇后等人去世，因漢文帝以後喪服期減，以日易月，則在死後十二日舉行小祥祭，死後二十五日或二十四日舉行大祥祭禮。亦以小祥稱一般死者的周年祭。大祥爲父母喪後兩周年的祭禮。

于時上柱國元諧亦頗失意，[1]誼數與相往來，言論醜惡。胡僧告之。公卿奏誼大逆不道，罪當死。上見誼愴然曰："朕與公舊爲同學，甚相憐愍，將奈國法何？"於是下詔曰："誼，有周之世，早豫人倫，朕共游庠序，[2]遂相親好。然性懷險薄，巫覡盈門，鬼言怪語，稱神道聖。朕受命之初，深存誡約，口云改悔，心實不悛。乃説四天王神道，[3]誼應受命，書有誼讖，天有誼星，桃、鹿二川，[4]岐州之下，歲在辰巳，興帝王之業。密令卜問，伺殿省之災。又説其身是明王，[5]信用左道，所在詿誤，自言相表當王不疑。此而赦之，將或爲亂，禁暴除惡，宜伏國刑。"上復令大理正趙綽謂誼曰：[6]"時命如此，將若之何！"於是賜死於家，時年四十六。

[1]上柱國：官名。位散實官第一等，開府置僚屬。從一品。元諧：人名。傳見本卷、《北史》卷七三。

[2]庠序：古代的地方學校。後亦泛稱學校。

[3]四天王：佛經稱帝釋的外將，分別居於須彌山四埵，各護一方，故亦稱護世四天王。東方持國天王（名多羅吒），身白色，持琵琶；南方增長天王（名毗瑠璃），身青色，執寶劍；西方廣目天王（名毗留博叉），身紅色，執羂索；北方多聞天王（名毗沙門），身緑色，執寶叉。　神道：神明之道。謂鬼神賜福降灾神妙莫測之道。

[4]桃：地名。據清雍正時編《陝西通志》卷一〇斜谷河條記在今陝西岐山縣南一百五十里有桃川。其水出大山中，流爲斜谷水。　鹿：地名。即鹿川，應亦在岐州附近，具體位置不詳。

[5]明王：佛教中以有智力摧垮一切魔障之威德，謂之明王。

[6]大理正：官名。大理寺屬官，掌平决訟獄。正六品下。趙綽：人名。傳見本書卷六二、《北史》卷七七。

元諧

元諧，河南雒陽人也，家代貴盛。諧性豪俠，有氣調。少與高祖同受業於國子，[1]甚相友愛。後以軍功，累遷大將軍。及高祖爲丞相，引致左右。諧白高祖曰："公無黨援，譬如水間一堵墻，大危矣。公其勉之。"尉迥作亂，遣兵寇小鄉，[2]令諧擊破之。及高祖受禪，上顧諧笑曰："水間墻竟何如也？"於是賜宴極歡。進位上大將軍，封樂安郡公，[3]邑千户。奉詔參修律令。

[1]國子：官署名。即國子寺。北周時掌訓教胄子，管理中央、地方學校之政。

[2]小鄉：縣名。北周時治所在今山西曲沃縣境，一說在今山西翼城縣西。

[3]樂安郡公：爵名。隋九等爵的第四等。從一品。

時吐谷渾寇凉州，[1]詔諧爲行軍元帥，[2]率行軍總管賀婁子幹、郭竣、元浩等步騎數萬擊之。[3]上敕諧曰："公受朝寄，總兵西下，本欲自寧疆境，保全黎庶，非是貪無用之地，害荒服之民。[4]王者之師，意在仁義。渾賊若至界首者，[5]公宜曉示以德，臨之以教，誰敢不服也！"時賊將定城王鍾利房率騎三千度河，[6]連結党項。[7]諧率兵出鄯州，[8]趣青海，[9]邀其歸路。吐谷渾引兵拒諧，相遇於豐利山。[10]賊鐵騎二萬，與諧大戰，諧擊走之。賊駐兵青海，遣其太子可博汗以勁騎五萬來掩官軍。[11]諧逆擊，敗之，追奔三十餘里，俘斬萬計，虜大震駭。於是移書諭以禍福，其名王十七人、公侯十三人，[12]各率其所部來降。上大悦，下詔曰："褒善疇庸，[13]有聞前載，諧識用明達，神情警悟，文規武略，譽流朝野。申威拓土，功成疆埸，深謀大節，實簡朕心。加禮延代，宜隆賞典。可柱國，別封一子縣公。"諧拜寧州刺史，[14]頗有威惠。然剛愎，好排詆，不能取媚於左右。嘗言於上曰："臣一心事主，不曲取人意。"上曰："宜終此言。"後以公事免。

[1]凉州：北周時治所在今甘肅武威市。

[2]行軍元帥：官名。隋沿北周而置，爲臨時設置的最高統兵官，統一道或數道行軍總管，兵停則罷，多以親王或重臣爲之。

[3]賀婁子幹：人名。傳見本書卷五三、《北史》卷七三。郭竣：人名。隋時人。其事不詳。　元浩：人名。隋時人。其事

不詳。

[4]荒服：古“五服”之一。稱離京師二千到二千五百里的邊遠地方。亦泛指邊遠地區。

[5]界首：邊界前緣，交界的地方。

[6]鍾利房：人名。吐谷渾主吕夸署其爲河西總管定城王。“房”，《北史》卷七三作“旁”。其事亦略見本書卷八三《吐谷渾傳》。

[7]党項：古族名。西羌的一支，南北朝時期活動於今西藏河曲縣和四川松潘縣以西山谷地帶。唐代受吐蕃壓迫，遷居今甘肅、寧夏及陝北地區。從事畜牧業。傳見本書卷八三、《北史》卷九六。

[8]鄯州：治所在今青海樂都縣。

[9]青海：湖名。又稱西海、仙海、鮮水海。即今青海省青海湖。

[10]豐利山：地名。在今青海湖東。

[11]可博汗：即吐谷渾主吕夸太子。其事亦見本書卷八三《吐谷渾傳》。

[12]名王：指古代少數民族聲名顯赫的王。

[13]疇庸：酬報功勞。

[14]寧州：治所在今甘肅寧縣。隋大業三年改爲北地郡。

時上柱國王誼有功於國，與諧俱無任用，每相往來。胡僧告諧、誼謀反，上按其事，無逆狀，上慰諭而釋之。未幾，誼伏誅，諧漸被疎忌。然以龍潛之舊，每預朝請，恩禮無虧。及上大宴百僚，諧進曰：“陛下威德遠被，臣請突厥可汗爲候正，[1]陳叔寶爲令史。”[2]上曰：“朕平陳國，以伐罪弔人，非欲誇誕取威天下。公之所奏，殊非朕心。突厥不知山川，何能警候！叔寶昏醉，寧堪驅使！”諧默然而退。

[1]可汗：又作“可罕”。古代柔然、突厥、回紇、蒙古等族最高統治者的稱號。初，鮮卑族中有此稱，但作爲最高統治者的稱號，始於公元402年柔然首領社崙稱丘豆伐可汗。　候正：官名。應爲北周官職。負責警衛候望。隋似未設此職。

[2]陳叔寶：人名。即南朝陳後主。紀見《陳書》卷六、《南史》卷一〇。　令史：官名。爲一種低級辦事員吏。隋尚書省六部諸司、諸臺省、東宮詹事府、左右春坊及其下各局署皆隨曹閑劇而置，掌文書案牘。亦常差充他職，如捉錢令史、甲庫令史等，爲流外官。中央部分官署吏職亦稱令史。

後數歲，有人告諧與從父弟上開府滂、臨澤侯田鸞、上儀同祁緒等謀反。[1]上令案其事。有司奏：“諧謀令祁緒勒党項兵，即斷巴、蜀。時廣平王雄、左僕射高熲二人用事，[2]諧欲譖去之，云：‘左執法星動已四年矣，[3]狀一奏，高熲必死。’又言：‘太白犯月，[4]光芒相照，主殺大臣，楊雄必當之。’諧嘗與滂同謁上，諧私謂滂曰：‘我是主人，殿上者賊也。’因令滂望氣，滂曰：‘彼雲似蹲狗走鹿，不如我輩有福德雲。’”[5]上大怒，諧、滂、鸞、緒並伏誅，籍没其家。

[1]上開府：官名。此處爲上開府儀同三司的省稱。勳官號，隋置爲從三品散實官，煬帝大業三年罷。　滂：人名。即元滂。其事略見本書卷六〇《于仲文傳》。　臨澤侯：爵名。隋置開國侯，爲九等爵的第六等。正二品。　田鸞：人名。其事不詳。　祁緒：人名。其事不詳。《通鑑》卷一七七《隋紀》開皇九年夏四月壬戌

條記作“祈緒”。

［2］雄：人名。即楊雄。傳見本書卷四三，《北史》卷六八有附傳。　左僕射：官名。全稱爲尚書左僕射。尚書省屬官，隋罷録尚書，又常缺令，僕射成爲正宰相，與門下、内史省長官共秉國政。隋開皇三年令左僕射掌判吏、禮、兵三部事，兼糾彈御史所糾不當者。從二品。

［3］執法：星名。《史記·天官書》記：“南四星，執法。”意喻廷尉之曹，大臣之象。

［4］太白：星名。即金星。又名啓明、長庚。《史記·天官書》：“察日行以處位太白。”司馬貞《索隱》：“太白晨出東方，曰啓明。”古星象家以爲太白星主殺伐，故多以喻兵戎。

［5］福德：福分和德行。

王世積

王世積，闡熙新囶人也。[1]父雅，[2]周使持節、開府儀同三司。世積容貌魁岸，腰帶十圍，[3]風神爽拔，有傑人之表。在周，有軍功，拜上儀同，封長子縣公。高祖爲丞相，尉迥作亂，從韋孝寬擊之，每戰有功，拜上大將軍。[4]

［1］闡熙：郡名。北周時治所在今陝西靖邊縣西南。　新囶（guó）：縣名。治所在今陝西靖邊縣西。新囶後並入長澤，此爲長澤縣治所。囶，古“國”字。

［2］雅：人名。即王雅。北周時人。傳見《周書》卷二九、《北史》卷六八。

［3］圍：計量周長的約略單位。舊説尺寸長短不一，現多指兩

手或兩臂合拱的長度。

［4］上大將軍：官名。北周時爲高級武官名號。正九命。

高祖受禪，進封宜陽郡公。高熲美其才能，甚善之。嘗密謂熲曰："吾輩俱周之臣子，社稷淪滅，其若之何?"熲深拒其言。未幾，授蘄州總管。[1]平陳之役，以舟師自蘄水趣九江，[2]與陳將紀瑱戰於蘄口，[3]大破之。既而晋王廣已平丹楊，[4]世積於是移書告諭，遣千金公權始璋略取新蔡。[5]陳江州司馬黃偲棄城而遁，[6]始璋入據其城。世積繼至，陳豫章太守徐璒、廬陵太守蕭廉、潯陽太守陸仲容、巴山太守王誦、太原太守馬頲、齊昌太守黃正始、安成太守任瓘等，[7]及鄱陽、臨川守將，[8]並詣世積降。以功進位柱國、荆州總管，[9]賜絹五千段，加之寶帶，邑三千户。後數歲，桂州人李光仕作亂，[10]世積以行軍總管討平之。上遣都官員外郎辛凱卿馳勞之。[11]及還，進位上柱國，賜物二千段。上甚重之。

［1］蘄州：治所在今湖北蘄春縣北。　總管：官名。全稱是總管刺使加使持節。領一州或數州、十數州軍政，刺史以下官得承制補授。其品秩分三等，上總管視從二品，中總管視正三品，下總管視從三品。邊鎮大州或置大總管。

［2］蘄水：即今湖北蘄水。發源自蘄春縣東北四流山，西南流入長江。　九江：水名。在今湖北武穴市、黃梅縣一帶。一説指今江西贛江及其八大支流，一説指今湖南洞庭湖所匯湘、沅等八水。

［3］紀瑱：人名。其事不詳。　蘄口：地名。即蘄水入江之口。在今湖北蘄春縣西南長江北岸。

［4］丹楊：郡名。治所在今江蘇南京市。隋開皇九年改名蔣州，大業三年復名丹楊郡。

［5］權始璋：人名。北周、隋時人。其事不詳。　新蔡：郡名。南朝陳時治所在今河南固始縣東北。

［6］江州：南朝陳時治所原在今江西九江市西南，天嘉初移治今江西九江市。　司馬：官名。州郡佐官。南朝州郡長官多帶將軍名號開軍府，皆置司馬爲幕僚，主軍務，武職。　黄偲：人名。南朝陳時人。其事不詳。

［7］豫章：郡名。南朝陳時治所在今江西南昌市。　徐璒：人名。南朝陳豫章太守。隋平陳，降於王世積，懷有異心，後率部反，爲隋將吕昂、馮世基擒於陣。其事另見本書卷四七《韋洸傳》、卷六六《柳莊傳》、卷八〇《譙國夫人傳》。　廬陵：郡名。南朝陳時治所在今江西吉水縣東北。　蕭廉：人名。南朝陳時人。其事不詳。　潯陽：查南朝陳未置潯陽郡，清雍正時編《江西通志》卷二九《武事》質帝永嘉元年春三月條“潯”作“尋”，應是。尋陽，南朝陳郡名。治所在今江西九江市西南。隋開皇九年廢。　陸仲容：人名。南朝陳時人。其事不詳。　巴山：郡名。南朝陳時治所在今江西崇仁縣西南，光大二年（568）廢。　王誦：人名。南朝陳時人。其事不詳。　太原：郡名。南朝陳僑置郡，治所在今江西彭澤縣東北。隋開皇中廢。　馬頲（tǐng）：人名。南朝陳時人。其事不詳。　齊昌：郡名。南朝陳時治所在今湖北蘄春縣西南。　黄正始：人名。南朝陳時人。其事不詳。　安成：郡名。南朝陳時治所在今江西安福縣東南。隋開皇中廢。　任瓘：人名。南朝陳時人。其事不詳。

［8］鄱陽：郡名。南朝陳時治所在今江西鄱陽縣。隋開皇中改爲饒州。　臨川：郡名。南朝陳時治所在今江西撫州市臨川區西。

［9］荆州：治所在今湖北江陵縣。

［10］桂州：治所在今廣西桂林市。隋大業元年改爲始安郡。　李光仕：人名。隋桂州俚人。其作亂事另見本書卷六五《周法尚

傳》、卷六八《何稠傳》。

[11]都官：官名。尚書省郎曹之一，設侍郎二員爲長官。開皇三年以後稱都官司，隸刑部。掌管四奴婢名籍配役及其有關事務，後又增設員外郎爲次官。大業三年改置郎、承務郎爲其長貳。　員外郎：官名。刑部都官司次官。隋開皇六年始置，大業三年改置承務郎。　辛凱卿：人名。隋時人。其事不詳。

世積見上性忌刻，功臣多獲罪，由是縱酒，不與執政言及時事。上以爲有酒疾，舍之宫内，令醫者療之。世積詭稱疾愈，始得就第。

及起遼東之役，[1]世積與漢王並爲行軍元帥，至柳城，[2]遇疾疫而還。拜涼州總管，令騎士七百人送之官。未幾，其親信安定皇甫孝諧有罪，[3]吏捕之，亡抵世積。世積不納，由是有憾。孝諧竟配防桂州，[4]事總管令狐熙。[5]熙又不之禮，甚困窮，因徼幸上變，稱："世積嘗令道人相其貴不？道人答曰：'公當爲國主。'謂其妻曰：'夫人當爲皇后。'又將之涼州，其所親謂世積曰：'河西天下精兵處，[6]可以圖大事也。'世積曰：'涼州土曠人稀，非用武之國。'"由是被徵入朝，按其事。有司奏："左衛大將軍元旻、右衛大將軍元胄、左僕射高熲，[7]並與世積交通，受其名馬之贈。"世積竟坐誅，旻、胄等免官，拜孝諧爲上大將軍。

[1]遼東：地區名。泛指今遼寧遼河以東地區。

[2]柳城：郡名。煬帝時置，治所在今遼寧朝陽市。

[3]安定：郡名。治所在今甘肅涇川縣北涇河北岸，隋開皇三年廢，大業三年復置。　皇甫孝諧：人名。其事不詳。

［4］配防：發配罪人守邊。

［5］令狐熙：人名。傳見本書卷五六，《北史》卷六七有附傳。

［6］河西：地區名。指今甘肅、青海二省黄河以西，即河西走廊與湟水流域一帶。

［7］左衛大將軍：官名。左衛之長，掌宫掖禁禦，督攝杖衛。大業三年改爲左翊衛大將軍，總府事，並統諸鷹揚府。正三品。　元旻：人名。隋時人。其事略見本書卷四五《房陵王勇傳》。　右衛大將軍：官名。右衛之長，掌宫掖禁禦，督攝杖衛。大業三年改爲右翊衛大將軍，總府事，並統諸鷹揚府。員一人，正三品。　元冑：人名。傳見本卷、《北史》卷七三。

虞慶則

虞慶則，京兆櫟陽人也。[1]本姓魚。其先仕於赫連氏，[2]遂家靈武，[3]代爲北邊豪傑。父祥，[4]周靈武太守。慶則幼雄毅，性倜儻，身長八尺，有膽氣，善鮮卑語，[5]身被重鎧，帶兩鞬，[6]左右馳射，本州豪俠皆敬憚之。初以弋獵爲事，中便折節讀書，常慕傅介子、班仲升爲人。[7]仕周，釋褐中外府行參軍，[8]稍遷外兵參軍事，[9]襲爵沁源縣公。宣政元年，[10]授儀同大將軍，[11]除并州總管長史。[12]二年，授開府。時稽胡數爲反叛，越王盛、内史下大夫高熲討平之。[13]將班師，熲與盛謀，須文武幹略者鎮遏之。表請慶則，於是即拜石州總管。[14]甚有威惠，境内清肅，稽胡慕義而歸者八千餘户。

［1］櫟（yuè）陽：縣名。治所在今陝西臨潼縣東北櫟陽鎮。

［2］赫連氏：赫連爲匈奴姓氏之一。此指十六國時期的大夏政權（407—431），都城先在統萬城（今内蒙古烏審旗南納林河鎮與陝西靖邊縣紅墩界鄉交界處的無定河北岸流沙之中），後遷至平凉（今甘肅平凉市）。

［3］靈武：郡名。治所在今寧夏吴忠市北。

［4］祥：人名。即虞祥。其事不詳。

［5］鮮卑：古族名。游牧部落東胡族的一支。秦漢時曾居於遼東，附於匈奴。東漢時北匈奴西遷後進入匈奴故地，勢力漸盛。漢桓帝時鮮卑首領已建立軍事行政聯合體，分東、中、西三部，各置大人統領。三世紀中葉，聯合體瓦解，附屬漢魏。至晋初分爲數部，其中以慕容、拓跋二氏爲最著。拓跋氏建國號魏，史稱北魏，後分裂成東魏和西魏，後又演爲北齊、北周。内遷的鮮卑人因逐漸從事農業，隋唐後逐漸被漢民族同化。其事可參《文獻通考》卷三四二《四裔考十九》。

［6］鞬：馬上盛弓箭的器具。

［7］傅介子：人名。西漢時人。傳見《漢書》卷七〇。　班仲升：人名。即班超。東漢時人。傳見《後漢書》卷四七。

［8］中外府：官署名。全稱爲都督中外諸軍事府。設長史、司馬、司録、從事中郎、掾、屬、諸曹參軍、行參軍等府佐。北魏、西魏、北周皆有權臣以都督中外諸軍事身份控制朝政，故府佐的實際地位很高。　行參軍：官名。北周時爲都督中外諸軍事府府佐，員額不定。

［9］外兵參軍事：官名。亦稱外兵參軍。北周時爲諸公、軍府僚屬名。掌本府外兵曹事務，兼備參謀咨詢。其品位隨府主地位高低不等。

［10］宣政：北周武帝宇文邕年號（578），宣政元年六月宣帝宇文贇即位沿用。

［11］儀同大將軍：官名。北周建德四年改儀同三司置。主要授

予有軍勳的功臣及北齊降官，無具體職掌。九命。初加使持節、大都督、車騎大將軍、散騎常侍。大象元年罷其制，唯總管、刺史及行兵者加持節。下設長史、司馬、司録、中郎、掾、屬、參軍等府僚。

[12]總管長史：官名。北周武成元年始置總管府爲地方最高行政機構，管理所屬地區的軍事民政，一般轄數州，多者可達數十州，僚屬即有長史、司馬等。總管長史主要負責總管府的府事、文職事務等。

[13]盛：人名。即宇文盛，北周時人。傳見《周書》卷一三、《北史》卷五八。　內史下大夫：官名。全稱爲小內史下大夫。亦稱內史次大夫。北周時爲春官府內史司屬官，佐內史中大夫，小內史下大夫掌綸誥，並參議刑罰爵賞以及軍國大事。正三命。

[14]石州：北周建德六年改西汾州置，治所在離石縣（今山西吕梁市離石區）。轄境相當今山西離石、中陽、柳林、臨縣、方山等縣地。隋大業三年廢。

開皇元年，進位大將軍，遷內史監、吏部尚書、京兆尹，[1]封彭城郡公，營新都總監。二年冬，突厥入寇，慶則爲元帥討之。[2]部分失所，士卒多寒凍，墮指者千餘人。偏將達奚長儒率騎兵二千人别道邀賊，[3]爲虜所圍，甚急。慶則案營不救。[4]由是長儒孤軍獨戰，死者十八九。上不之責也。尋遷尚書右僕射。[5]

[1]內史監：官名。爲內史省長官，正三品，尋廢，改以內史令爲長官。　吏部尚書：官名。尚書省吏部長官，爲六部長官之首，與二侍郎分掌六品以下文官選授、勳封、考課之政，稱爲三銓。正三品。

[2]元帥：官名。“行軍元帥”的簡稱。

［3］偏將：即副將，相對主將而言。據本書卷五三《達奚長儒傳》，其時任行軍總管。　達奚長儒：人名。傳見本書卷五三、《北史》卷七三。

［4］案：《北史》卷七三作“按”。

［5］尚書右僕射：官名。尚書省屬官，隋罷録尚書，又常缺令，僕射成爲正宰相，與門下、内史省長官共秉國政。右僕射掌判都官、度支、工部三部事，兼糾彈御使所糾不當者，兼知用度。視從二品。

後突厥主攝圖將内附，[1]請一重臣充使，於是上遣慶則詣突厥所。攝圖恃强，初欲亢禮，慶則責以往事，攝圖不服。其介長孫晟又説諭之，[2]攝圖及弟葉護皆拜受詔，[3]因即稱臣朝貢，請永爲藩附。初，慶則出使，高祖敕之曰：“我欲存立突厥，彼送公馬，但取五三匹。”攝圖見慶則，贈馬千匹，又以女妻之。上以慶則勳高，皆無所問。授上柱國，封魯國公，食任城縣千户。[4]詔以彭城公迴授第二子義。[5]

［1］攝圖：即沙鉢略可汗，隋時東突厥首領。佗鉢可汗之侄。佗鉢可汗卒，子菴羅繼立，懦弱不能統國，因讓國於攝圖。攝圖立後，號伊利俱盧設莫何始波羅可汗，簡稱沙鉢略可汗。沙鉢略可汗控弦四十萬稱雄漠北，累擾邊郡。隋開皇三年在白道被隋軍擊敗，後受困於達頭可汗，向隋稱藩，歲歲朝貢。其事略見本書卷八四、《北史》卷九九《突厥傳》。

［2］介：副手。本書卷五一《長孫晟傳》記“（開皇）四年，遣晟副虞慶則使于攝圖”。　長孫晟：人名。本書卷五一、《北史》卷二二有附傳。

[3]葉護：即葉護可汗，全名爲葉護處羅侯，隋時東突厥首領。佗鉢可汗之侄，沙鉢略可汗弟。沙鉢略可汗以其子雍虞閭懦弱，遺令立處羅侯。處羅侯立後號葉護可汗。其事略見本書卷八四、《北史》卷九九《突厥傳》。

[4]任城縣：治所在今山東濟寧市。

[5]迴授：官制用語。官員因功勳獲一個以上爵位時，可申請將較低者轉讓給子弟。　義：人名。即虞義。其事不詳。

高祖平陳之後，幸晋王第，置酒會群臣。高熲等奉觴上壽。上因曰："高熲平江南，虞慶則降突厥，可謂茂功矣。"楊素曰："皆由至尊威德所被。"慶則曰："楊素前出兵武牢、硤石，[1]若非至尊威德，亦無克理。"遂與互相長短。御史欲彈之，[2]上曰："今日計功爲樂，宜不須劾。"上觀群臣宴射，[3]慶則進曰："臣蒙賚酒食，[4]令盡樂，御史在側，恐醉而被彈。"上賜御史酒，因遣之出。慶則奉觴上壽，[5]極歡。上謂諸公曰："飲此酒，願我與諸公等子孫常如今日，世守富貴。"九年，轉爲右衛大將軍，尋改爲右武候大將軍。[6]

[1]武牢：地名。即虎牢關，唐人因諱改。在今河南滎陽市西北汜水鎮西。　硤石：地名。在今河南孟津縣。

[2]御史：官名。爲侍御史、治書侍御史、殿中侍御史、監察御史等官的通稱。此處不能確定爲何官簡稱。

[3]宴射：古射禮之一。聚飲習射稱"宴射"。宴，也寫作"燕"。

[4]賚：持，帶，送。

[5]上壽：向人敬酒，祝頌長壽。

［6］右武候大將軍：官名。隋十二衛大將軍之一，與左武候大將軍同掌車駕出巡營衛，分領府兵。正三品。大業三年改名右候衛大將軍。

開皇十七年，嶺南人李賢據州反，[1]高祖議欲討之。諸將二三請行，皆不許。高祖顧謂慶則曰："位居宰相，爵乃上公，國家有賊，遂無行意，何也？"慶則拜謝恐懼，上乃遣焉。爲桂州道行軍總管，以婦弟趙什柱爲隨府長史。[2]什柱先與慶則愛妾通，恐事彰，乃宣言曰："慶則不欲此行。"遂聞於上。先是，朝臣出征，上皆宴別，禮賜遣之。及慶則南討辭上，上色不悦，慶則由是怏怏不得志。暨平賢，至潭州臨桂鎮，[3]慶則觀眺山川形勢，曰："此誠嶮固，加以足糧。若守得其人，攻不可拔。"遂使什柱馳詣京奏事，觀上顏色。什柱至京，因告慶則謀反。上案驗之，慶則於是伏誅。拜什柱爲柱國。

［1］嶺南：地區名。亦稱嶺外、嶺表。泛指五嶺以南地區，相當今廣東、廣西二省及越南北部一帶。　李賢：《北史》卷七三《虞慶則傳》作"李世賢"，本書卷六五《權武傳》、《北史》卷一一《隋文帝紀》均作"李世賢"，疑本卷漏"世"字。下文同。李世賢，人名。隋時桂州人。其反事另見本書《權武傳》、《北史·隋文帝紀》。

［2］趙什柱：人名。其事不詳。

［3］潭州：隋開皇九年改湘州爲潭州，治所在今湖南長沙市。大業初改爲長沙郡。　臨桂鎮：地名。治所在今廣西興安縣。

慶則子孝仁，幼豪俠任氣，起家拜儀同，領晉王親信。[1]坐父事除名。煬帝嗣位，以藩邸之舊，授候衛長史，[2]兼領金谷監，[3]監禁苑。[4]有巧思，頗稱旨。九年，伐遼，[5]授都水丞，[6]充使監運，頗有功。然性奢華，以駱駝負函盛水養魚而自給。十一年，或告孝仁謀圖不軌，遂誅之。其弟澄道，東宫通事舍人，[7]坐除名。

[1]親信：官名。常作爲起家官。

[2]候衛：官署名。煬帝大業三年改左右武候置左右候衛，屬十二衛，爲禁衛軍指揮機構。置大將軍一員、將軍二員，統諸鷹揚府府兵。下設護軍四員，輔佐將軍，尋改虎賁郎將，又設虎牙郎將六員，有長史、録事參軍、司倉、兵、騎、鎧等員，軍士名佽飛。

[3]金谷監：官名。具體職掌不詳。據後文可推測其主要職責爲管理禁苑。西晋時有金谷園，爲石崇私人園林，位於今河南洛陽市西北。隋禁苑或在此附近。

[4]禁苑：帝王的園囿。

[5]遼：即遼東。

[6]都水丞：官名。隋初爲都水臺次官，輔助管理舟船水運河渠灌溉事務。正八品上。仁壽元年（601）改臺爲監，故亦稱“都水監丞”。大業五年以後增置少監（少令）爲都水監次官，丞降爲佐貳官，品秩升爲從七品。

[7]東宫通事舍人：官名。屬太子典書坊，掌宣傳皇太子令旨、東宫内外啓奏。正七品。煬帝改爲宣令舍人。

元胄

元胄，河南洛陽人也，魏昭成帝之六代孫。[1]祖順，[2]魏濮陽王。[3]父雄，[4]武陵王。冑少英果，多武藝，美鬚眉，有不可犯之色。周齊王憲見而壯之，[5]引致左右，數從征伐。官至大將軍。

[1]昭成帝：北魏皇帝拓跋什翼犍的謚號。紀見《魏書》卷一、《北史》卷一。

[2]順：人名。即元順，河南洛陽人。北周時拜中書監、雍州刺史、開府儀同三司，封濮陽王。其事略見《周書》卷三八《元偉傳》。

[3]濮陽王：爵名。北魏時爲爵位的最高一等，多用以封授宗室。

[4]雄：人名。即元雄，河南洛陽人。與突厥有隙，北周時突厥入朝，求元雄及其妻、子，爲蘇威所贖。其事略見本書卷四一《蘇威傳》。

[5]憲：人名。即元憲，北周時人。傳見《周書》卷一二、《北史》卷五八。

高祖初被召入，將受顧託，先呼冑，次命陶澄，[1]並委以腹心，恒宿卧内。及爲丞相，每典軍在禁中，又引弟威俱入侍衛。[2]周趙王招知高祖將遷周鼎，[3]乃要高祖就第。趙王引高祖入寢室，左右不得從，唯楊弘與冑兄弟坐於户側。[4]趙王謂其二子員、貫曰：[5]“汝當進瓜，我因刺殺之。”及酒酣，趙王欲生變，以佩刀子刺瓜，連啗高祖，[6]將爲不利。冑進曰：“相府有事，不可久留。”趙王訶之曰：“我與丞相言，汝何爲者！”叱之使却。冑瞋目憤氣，扣刀入衛。[7]趙王問其姓名，冑以實對。趙王曰：“汝非昔事齊王者乎？誠壯士也！”因賜之酒，曰："吾豈有不善之意邪？卿何猜警如是！"趙王僞吐，將入後閤，胄恐其爲變，扶令上坐，如此者再三。趙王稱喉乾，命胄就厨取飲，胄不動。會滕王逌後至，[8]高祖降階迎之，胄與高祖耳語曰："事勢大異，可速去。"高祖猶不悟，謂曰："彼無兵馬，復何能爲？"胄曰："兵馬悉他家物，一先下手，大事便去。胄不辭死，死何益耶？"高祖復入坐。胄聞屋後有被甲聲，遽請曰："相府事殷，公何得如此？"因扶高祖下牀，趣而去。趙王將追之，胄以身蔽户，王不得出。高祖及門，胄自後而至。趙王恨不時發，彈指出血。及誅趙王，賞賜不可勝計。

[1]陶澄：人名。北周時人。其事不詳。

[2]威：人名。即元威。其事不詳。

[3]招：人名。即宇文招，北周時人。傳見《周書》卷一三、《北史》卷五八。

[4]楊弘：人名。北周時人。其事略見本書卷一《高祖紀上》。按，《周書·宇文招傳》亦載此事，其記坐於户側者除楊弘與胄兄弟外，還有陶徹。

[5]員、貫：即宇文員、宇文貫。俱爲宇文招子。宇文員封爲德廣公，宇文貫封爲永康公，參與宇文招謀反事，俱被殺。其事略見《周書》卷一三、《北史》卷五八《宇文招傳》。

[6]啗：給人吃。

[7]扣刀：拔刀微出鞘。

[8]逌（yóu）：人名。即宇文逌，北周時人。傳見《周書》卷一三、《北史》卷五八。

高祖受禪，進位上柱國，封武陵郡公，邑三千户。拜左衛將軍，[1]尋遷右衛大將軍。高祖從容曰："保護朕躬，成此基業，元胄功也。"後數載，出爲豫州刺史，[2]歷亳、淅二州刺史。[3]時突厥屢爲邊患，朝廷以胄素有威名，拜靈州總管，[4]北夷甚憚焉。後復徵爲右衛大將軍，親顧益密。嘗正月十五日，上與近臣登高，[5]時胄下直，[6]上令馳召之。及胄見，上謂曰："公與外人登高，未若就朕勝也。"賜宴極歡。晋王廣每致禮焉。

[1]左衛將軍：官名。隋初爲十二衛中的左衛副長官，協助左衛大將軍掌宫掖禁禦，督攝杖衛。從三品。煬帝大業初，改左、右衛爲左、右翊衛，此職改爲左翊衛將軍。

[2]豫州：治所在今河南汝南縣。大業初改名蔡州。

[3]亳：州名。治所在今安徽亳州市。大業初改名譙郡。　淅：州名。治所在今河南西峽縣北，後廢。淅，底本、庫本作"浙"，中華本作"淅"。查隋無"浙州"，從中華本改。

[4]靈州：治所在今寧夏靈武市西南。

[5]登高：古人正月十五有登高之俗，清代學者顧張思《土風録》卷一記："古人登高不止重陽。石虎《鄴中記》：'正月十五日有登高之會。'"

[6]下直：在宫中當值結束，下班。

房陵王之廢也，[1]胄豫其謀。上正窮治東宫事，左衛大將軍元旻苦諫，楊素乃譖之。上大怒，執旻於仗。胄時當下直，不去，因奏曰："臣不下直者，[2]爲防元旻耳。"復以此言激怒上，上遂誅旻，賜胄帛千匹。蜀王秀之得罪，[3]胄坐與交通，除名。

[1]房陵王：即楊勇。傳見本書卷四五、《北史》卷七一。

[2]臣不下直者：此句《北史》卷七三《元胄傳》作“臣向不下直者”。

[3]秀：人名。即楊秀。傳見本書卷四五、《北史》卷七一。

煬帝即位，不得調。慈州刺史上官政坐事徙嶺南，[1]將軍丘和亦以罪廢。[2]胄與和有舊，因數從之游。胄嘗酒酣謂和曰：“上官政壯士也，今徙嶺表，得無大事乎？”因自拊腹曰：“若是公者，不徒然矣。”和明日奏之，胄竟坐死。於是徵政爲驍衛將軍，[3]拜和代州刺史。[4]

[1]慈州：開皇十年置，大業初廢。治所在今河北磁縣。　上官政：人名。爲人凶悍，曾任慈州刺史。其事略見本書卷五六《薛胄傳》、卷八〇《元務光母傳》。《金石録》卷三記“隋西平太守上官政墓誌（大業六年三月）”，則其官終西平太守。中華本慈州前有“時”字，《北史》卷七三《元胄傳》亦有。底本、庫本無。

[2]將軍：官名。此指右武衛將軍。據《舊唐書》卷五九、《新唐書》卷九〇《丘和傳》，丘和曾任此職。右武衛將軍，隋十二衛將軍之一，佐大將軍總府事並統諸鷹揚府。員二人，從三品。　丘和：人名。隋唐時人。傳見《舊唐書》卷五九、《新唐書》卷九〇。

[3]驍衛將軍：官名。隋煬帝時改左右備身爲左右驍衛將軍，各置兩員，輔佐左右驍衛大將軍管理鷹揚府府事。從三品。上官政所任未詳爲左或右驍衛將軍。衛，《北史》卷七三《元胄傳》作“騎”。

[4]代州：治所在今山西代縣。大業初改爲雁門郡。

史臣曰：昔韓信愆垓下之期，[1]則項王不滅，[2]英布無淮南之舉，[3]則漢道未隆。以二子之勳庸，咸憒怨而葅戮，[4]況乃無古人之殊績，而懷悖逆之心者乎！梁士彦、宇文忻皆一時之壯士也，遭雲雷之會，[5]並以勇略成名，遂貪天之功以爲己力。報者倦矣，施者未厭，將生厲階，[6]求逞其欲。及兹顛墜，自取之也。王誼、元諧、王世積、虞慶則、元冑，或契闊艱厄，[7]或綢繆恩舊，將安將樂，漸見遺忘，内懷怏怏，矜伐不已。[8]雖時主之刻薄，亦言語以速禍乎？然高祖佐命元功，鮮有終其天命，配享清廟，[9]寂寞無聞。斯蓋草創帝圖，事出權道，本異同心，故久而逾薄。其牽牛蹊田，[10]雖則有罪，奪之非道，能無怨乎？皆深文巧詆，[11]致之刑辟，高祖沉猜之心，固已甚矣。求其餘慶，不亦難哉！

[1]愆：耽誤。　垓下：地名。在今安徽靈璧縣南沱河北岸。公元前202年楚、漢兩軍決戰，韓信、彭越、英布率軍圍困楚軍於此，項羽兵敗身亡。

[2]項王：即項羽。紀見《史記》卷七，傳見《漢書》卷三一。

[3]英布：人名。西漢時人。傳見《史記》卷九一、《漢書》卷三四。　淮南之舉：此指英布舉淮南之衆降漢一事。

[4]憒：庫本、中華本作“憤”。　葅：古代的一種肉刑，把人剁成肉醬。

[5]雲雷：比喻險難環境。典出《易·屯》：“《彖》曰：屯，剛柔始交而難生，動乎險中，大亨貞。”按，“屯”之卦象爲“坎”上“震”下，“坎”之象爲雲，“震”之象爲雷。

[6]厲階：比喻禍端。典出《詩·大雅·桑柔》：“誰生厲階，

至今爲梗。”毛傳：“厲，惡。”另《詩·大雅·瞻卬》：“婦有長舌，維厲之階。”鄭玄箋曰：“階，所由上下也。”

[7]契闊：相交、相約。

[8]矜伐：恃才誇功，誇耀。

[9]配享清廟：指功臣祔祀於帝王宗廟。配享，合祭、祔祀。清廟，太廟，帝王的宗廟。

[10]牽牛蹊田：牽牛的讓牛踩了別人田地，結果被人將牛奪走。後以此代指罪輕罰重，從中謀利。典出《左傳》宣公十一年：“抑人亦有言曰：‘牽牛以蹊人之田，而奪之牛。牽牛以蹊者，信有罪矣，而奪之牛，罰已重矣。’”蹊田，指踐踏田禾。

[11]深文巧詆：用含義深的文辭，以不實之語進行詆毀。

隋書　卷四一

列傳第六

高熲

高熲，[1]字昭玄，一名敏，自云渤海蓨人也。[2]父賓，[3]背齊歸周，[4]大司馬獨孤信引爲僚佐，[5]賜姓獨孤氏。及信被誅，妻子徙蜀。[6]文獻皇后以賓父之故吏，[7]每往來其家。賓後官至鄀州刺史，[8]及熲貴，贈禮部尚書、渤海公。[9]

[1]高熲：人名。傳另見《北史》卷七二。

[2]渤海：郡名。治所在今山東陽信縣西南。　蓨（tiáo）：縣名。治所在今河北景縣南。

[3]賓：人名。即高賓。《周書》卷三七、《北史》卷七二有附傳。

[4]背齊歸周：《周書·高賓傳》《北史·高賓傳》載“背齊歸周”均作背東魏歸西魏。《周書》《北史》所載準確。因兩書皆記高賓原仕東魏，因避讒棄官奔西魏時是西魏大統六年（540），而北齊、北周兩朝此時皆尚未建立（參本條注後），故記“背東魏歸西

魏”更合理。齊，即北齊（550—577），或稱高齊，都鄴（今河北臨漳縣西南鄴鎮東）。周，即北周（557—581），都長安（今陝西西安市西北）。

[5]大司馬：官名。此是北周大司馬卿的簡稱。西魏恭帝三年仿《周禮》建六官，置大司馬卿爲夏官府最高長官。掌邦政；征伐敵國及四時治兵講武皆由其主持；大祭祀則掌宿衛；廟社則奉羊牲。正七命。北周同。　獨孤信：人名。西魏、北周重臣，大統十二年拜大司馬。傳見《周書》卷一六、《北史》卷六一。

[6]蜀：郡名。治所在今四川成都市。

[7]文獻皇后：亦簡稱“獻皇后”“獻后”。即隋文帝獨孤皇后的謚號。傳見本書卷三六、《北史》卷一四。

[8]鄀（ruò）州：治所在今湖北荆門市西北。

[9]禮部尚書：官名。贈官。正三品。　渤海公：諸本皆同，但《周書·高賓傳》《北史·高熲傳》皆作“武陽公”。考《周書》《北史》之《高賓傳》均載北周時高賓已封爵“武陽縣伯”，而且其子高熲襲爵也是此名。故隋開皇中，高賓因子高熲受寵而追贈更高爵位，順理成章應爲“武陽公”。記“渤海公”者當存疑。

熲少明敏，有器局，略涉書史，尤善詞令。初，孩孺時，家有柳樹，高百許尺，亭亭如蓋。里中父老曰：[1]“此家當出貴人。”年十七，周齊王憲引爲記室。[2]武帝時，[3]襲爵武陽縣伯，[4]除内史上士，[5]尋遷下大夫。[6]以平齊功，拜開府。[7]尋從越王盛擊隰州叛胡，[8]平之。

[1]里：基層行政區劃名，爲鄉以下的農村基層行政單位。

[2]齊王憲：北周宇文泰第五子宇文憲，封齊王。傳見《周書》卷一二、《北史》卷五八。　記室：官名。北周王府均設有記

室，掌章表書記文檄。品秩不詳。

［3］武帝：北周皇帝宇文邕的謚號。紀見《周書》卷五、六，《北史》卷一〇。

［4］武陽縣伯：爵名。北周十一等爵的第五等。正七命（參見王仲犖《北周六典》卷八《封爵第十九》，中華書局1979年版，第554頁）。

［5］内史上士：官名。亦稱小内史上士，北周爲春官府内史曹的屬官，掌草擬皇帝詔令，參修國志及起居注。置二員，正三命（參見王仲犖《北周六典》卷四《春官府第九》，第174頁）。

［6］下大夫：官名。此是北周小内史下大夫的省稱。原爲春官府内史司次官。佐長官内史中大夫掌綸誥，並參議刑罰爵賞及軍國大事。後該司置内史上大夫爲長官，其地位相應下降。正四命。

［7］開府：官名。全稱爲開府儀同三司，周武帝建德四年（575）改稱“開府儀同大將軍”，屬勳官。北周府兵制中二十四軍的每軍長官均加此勳官名，可開府置官屬。北周九命。

［8］越王盛：人名。北周太祖宇文泰之子宇文盛，天和中，進爵爲越王。傳見《周書》卷一三、《北史》卷五八。　隰（xí）州：治所在今山西隰縣。　胡：古代稱北方和西方的少數民族爲胡。

高祖得政，[1]素知熲强明，又習兵事，多計略，意欲引之入府，遣邗國公楊惠諭意。[2]熲承旨欣然曰：“願受驅馳。縱令公事不成，熲亦不辭滅族。”於是爲相府司録。[3]時長史鄭譯、司馬劉昉並以奢縱被疏，[4]高祖彌屬意於熲，委以心膂。尉迥之起兵也，[5]遣子惇率步騎八萬，[6]進屯武陟。[7]高祖令韋孝寬擊之，[8]軍至河陽，[9]莫敢先進。高祖以諸將不一，令崔仲方監之，[10]仲方辭父在山東。[11]時熲又見劉昉、鄭譯並無去意，遂自請行，深合上旨，遂遣熲。熲受命便發，遣人辭母，[12]云忠孝不可兩兼，歔欷就路。至軍，爲橋於沁水，賊於上流縱大栰，熲預爲木狗以禦之。[13]既度，焚橋而戰，大破之。遂至鄴下，[14]與迥交戰，仍共宇文忻、李詢等設策，[15]因平尉迥。軍還，侍宴於卧内，上撤御帷以賜之。進位柱國，[16]改封義寧縣公，[17]遷相府司馬，任寄益隆。

[1]高祖：隋文帝楊堅的廟號。紀見本書卷一、二，《北史》卷一一。

[2]邗（hán）國公：爵名。北周十一等爵的第四等。正九命。　楊惠：人名。即楊雄，本名惠，隋文帝楊堅之侄。傳見本書卷四三，《北史》卷六八有附傳。

[3]相府司録：官名。北周大丞相府重要僚屬之一，總録一府之事。位在長史、司馬下。

[4]長史：官名。北周丞相府屬官，全稱爲大丞相府長史。爲府中大丞相下衆官員之首。　鄭譯：人名。傳見本書卷三八，《周書》卷三五、《北史》卷三五有附傳。　司馬：官名。此是北周丞相府的官員名，全稱是大丞相府司馬。位僅次長史。　劉昉：人名。傳見本書卷三八、《北史》卷七四。

[5]尉迥：人名。即尉遲迥，北周太祖宇文泰之甥，周宣帝時任大前疑、相州總管。傳見《周書》卷二一、《北史》卷六二。

[6]惇：人名。即尉遲惇，尉遲迥之子，北周封魏安郡公，兵敗爲郭衍擒殺。事見《北史·尉遲迥傳》。

[7]武陟：縣名。治所在今河南武陟縣南。

[8]韋孝寬：人名。西魏、北周名將。西魏時韋孝寬指揮玉壁之戰粉粹了東魏高歡進攻，西魏實力得以壯大；北周時又數獻平齊之策，多被采納，因功官至大司空、上柱國，封鄖國公。傳見《周

書》卷三一、《北史》卷六四。

［9］河陽：縣名。治所在今河南孟州市西。

［10］崔仲方：人名。傳見本書卷六〇，《北史》卷三二有附傳。

［11］山東：地區名。戰國、秦、漢時期，通稱華山或崤山以東爲山東。

［12］母：指高熲母楊氏，字季姜。事迹可見《金石録》卷二二《隋齊國太夫人楊氏墓誌》。

［13］賊於上流縱大栰（fá），熲預爲木狗以禦之：大栰、木狗，宋刻遞修本、汲古閣本、殿本、庫本同。但《北史》卷七二、《通鑑》卷一七四《陳紀》太建十二年八月條作“火栰”“土狗”。《考異》曰：“《隋書》作‘木栰’‘木狗’。今從《北史》。”又本書中華本亦作“火栰”“土狗”。

［14］鄴：城名。北周相州總管治所。大象二年（580）相州總管尉遲迥起兵討楊堅時，鄴邑位今河北臨漳縣西南。兵敗，城被焚毁，鄴邑移至今河南安陽市。

［15］宇文忻：人名。傳見本書卷四〇，《北史》卷六〇有附傳。　李詢：人名。本書卷三七、《北史》卷五九有附傳。

［16］柱國：官名。全稱爲柱國大將軍。北魏太武帝置，以爲開國元勳長孫嵩的加官。孝莊帝因尒朱榮有擁立之功，特置以授之，位在丞相上。西魏文帝以宇文泰有中興之功，又置此官授之。後凡屬功參佐命、望實俱重的，也得居之。自大統十六年以前任此官的名義上有八人。北周武帝增置上柱國等官，並以上柱國大將軍爲勳官之首。柱國大將軍次之，正九命。

［17］義寧縣公：爵名。北周十一等爵的第六等。“命數未詳，非正九命則當是九命”（參見王仲犖《北周六典》卷八《封爵第十九》，第548頁）。

高祖受禪,[1]拜尚書左僕射,[2]兼納言,[3]進封渤海郡公,[4]朝臣莫與爲比，上每呼爲獨孤而不名也。熲深避權勢，上表遜位，讓於蘇威。[5]上欲成其美，聽解僕射。數日，上曰："蘇威高蹈前朝，熲能推舉。吾聞進賢受上賞，寧可令去官!"於是命熲復位。俄拜左衛大將軍,[6]本官如故。時突厥屢爲寇患,[7]詔熲鎮遏緣邊。及還，賜馬百餘匹，牛羊千計。領新都大監,[8]制度多出於熲。熲每坐朝堂北槐樹下以聽事，其樹不依行列，有司將伐之。上特命勿去，以示後人。其見重如此。又拜左領軍大將軍,[9]餘官如故。母憂去職,[10]二旬起令視事。熲流涕辭讓，優詔不許。[11]

[1]禪：中國古代歷史上統治權轉移的一種方式，即皇帝把帝位讓給他人。

[2]尚書左僕射：官名。隋尚書省置左右僕射各一人，地位僅次於尚書令。由於隋代尚書令不常置，僕射成爲尚書省實際長官，是宰相之職。從二品。

[3]納言：官名。門下省長官，職掌封駁制敕，並參與軍國大政決策等，居宰相之職。置二員，正三品。

[4]渤海郡公：爵名。隋九等爵的第四等。從一品。

[5]蘇威：人名。傳見本書卷四一，《北史》卷六三有附傳。

[6]左衛大將軍：官名。隋文帝設左右衛，各置大將軍一人，掌宫掖禁禦，督攝仗衛。左衛大將軍爲左衛長官。正三品。

[7]突厥：古族名、國名。廣義包括突厥、鐵勒諸部落，狹義專指突厥。公元六世紀時游牧於金山（今阿爾泰山）以南，因金山形似兜鍪，俗稱"突厥"，遂以名部落。西魏廢帝元年（552)，土門自號伊利可汗，建立突厥汗國，後分裂爲西突厥、東突厥兩個汗

國。傳見本書卷八四、《北史》卷九九、《舊唐書》卷一九四、《新唐書》卷二一五。

[8]新都大監：興建新的都城即大興城土木工程的總管官員。新都，指大興城（在今陝西西安市）。

[9]左領軍大將軍：官名。左領軍府長官。按，本書《百官志下》、《通典》卷二八《職官·左右領軍衛》載隋文帝朝，“左右領軍府，各掌十二軍籍帳、差科、辭訟之事。不置將軍。唯有長史、司馬”等。然據本書卷一《高祖紀上》、《通鑑》卷一七六《陳紀》至德三年三月條，可推知最遲開皇三年（583）三月戊午左右領軍府已各置領軍大將軍了。

[10]母憂：居母喪。按，岑仲勉據《隋齊國太夫人楊氏墓誌》考証，指出高熲母“楊氏之卒乃在（開皇）十年”。而本傳將此事記在“開皇二年”前，易誤解爲此事發生在“開皇初”（參見岑仲勉《隋書求是》，中華書局2004年版，第83頁）。

[11]優詔：褒美嘉獎的詔書。

開皇二年，[1]長孫覽、元景山等伐陳，[2]令熲節度諸軍。會陳宣帝薨，[3]熲以禮不伐喪，奏請班師。蕭巖之叛也，[4]詔熲綏集江、漢，[5]甚得人和。上嘗問熲取陳之策，熲曰：“江北地寒，田收差晚，江南土熱，水田早熟。量彼收穫之際，微徵士馬，聲言掩襲。彼必屯兵禦守，足得廢其農時。彼既聚兵，我便解甲，再三若此，賊以爲常。後更集兵，彼必不信，猶豫之頃，我乃濟師，登陸而戰，兵氣益倍。又江南土薄，舍多竹茅，所有儲積，皆非地窖。密遣行人，因風縱火，待彼修立，復更燒之。不出數年，自可財力俱盡。”上行其策，由是陳人益弊。九年，晉王廣大舉伐陳，[6]以熲爲元帥長史，三軍諮稟，皆取斷於熲。及陳平，晋王欲納陳主寵姬張麗華。[7]熲曰："武王滅殷，[8]戮妲己。[9]今平陳國，不宜取麗華。"乃命斬之，王甚不悦。及軍還，以功加授上柱國，[10]進爵齊國公，[11]賜物九千段，定食千乘縣千五百户。[12]上因勞之曰："公伐陳後，人言公反，朕已斬之。君臣道合，非青蠅所間也。"[13]熲又遜位，詔曰："公識鑒通遠，器略優深，出參戎律，廓清淮海，[14]入司禁旅，實委心腹。自朕受命，常典機衡，竭誠陳力，心迹俱盡。此則天降良輔，翊贊朕躬，幸無詞費也。"其優獎如此。

[1]開皇：隋文帝楊堅年號（581—600）。

[2]長孫覽：人名。傳見本書卷五一，《北史》卷二二有附傳。　元景山：人名。傳見本書卷三九，《北史》卷一八有附傳。　陳：南朝陳（557—589），都於建康（今江蘇南京市）。

[3]陳宣帝：人名。即南朝陳皇帝陳頊。紀見《陳書》卷五、《南史》卷一〇。

[4]蕭巖：人名。南朝後梁皇帝蕭琮的叔父。《周書》卷四八、《北史》卷九三有附傳。

[5]江、漢：泛指長江、漢水一帶地區。

[6]晋王廣：即楊廣。紀見本書卷三、四，《北史》卷一二。

[7]陳主：指陳後主陳叔寶。紀見《陳書》卷六、《南史》卷一〇。　張麗華：人名。陳後主寵妃，陳滅爲高熲所殺。《陳書》卷七、《南史》卷一二有附傳。

[8]武王：即周武王姬發。詳見《史記》卷四《周本紀》。

[9]妲己：商紂王的寵妃。事見《國語·晋語一》、《史記》卷三《殷本紀》。

［10］上柱國：官名。隋文帝因改北周之制形成十一等散實官，以酬勤勞。上柱國是第一等，開府置府佐。從一品。

［11］齊國公：爵名。隋九等爵的第三等。從一品。

［12］定食千乘縣千五百户：此即受封者所享有的封地食邑户數，收其租税而食。自三國魏始有"實（真）封"和"虚封"之分。後者有封邑但不食租税。隋、唐即如此。此"定食"意實封。千乘縣，治所在今山東廣饒縣。

［13］青蠅：蒼蠅。蠅色黑，故稱。喻指讒人。

［14］淮海：泛指古淮水下游近海地區，約當今江蘇中部和北部一帶。

是後右衛將軍龐晃及將軍盧賁等，[1]前後短熲於上。上怒之，皆被疏黜。因謂熲曰："獨孤公猶鏡也，每被磨瑩，皎然益明。"未幾，尚書都事姜曄、楚州行參軍李君才並奏稱水旱不調，[2]罪由高熲，請廢黜之。二人俱得罪而去，親禮逾密。上幸并州，[3]留熲居守。及上還京，[4]賜縑五千匹，復賜行宫一所，以爲莊舍。其夫人賀拔氏寢疾，[5]中使顧問，絡繹不絶。上親幸其第，賜錢百萬，絹萬匹，復賜以千里馬。上嘗從容命熲與賀若弼言及平陳事，[6]熲曰："賀若弼先獻十策，後於蔣山苦戰破賊。[7]臣文吏耳，焉敢與大將軍論功！"[8]帝大笑，時論嘉其有讓。尋以其子表仁取太子勇女，[9]前後賞賜不可勝計。時熒惑入太微，[10]犯左執法。[11]術者劉暉私言於熲曰：[12]"天文不利宰相，可修德以禳之。"熲不自安，以暉言奏之。上厚加賞慰。突厥犯塞，以熲爲元帥，擊賊破之。又出白道，[13]進圖入磧，遣使請兵。近臣緣此言熲欲反，上未有所答，熲亦破賊而還。

［1］右衛將軍：官名。隋文帝設左、右衛，掌宫掖禁禦，督攝仗衛。右衛將軍爲右衛屬官。從三品。按，諸本及本書卷五〇、《北史》卷七五《龐晃傳》皆同。唯《通鑑》卷一七七《隋紀》開皇九年四月條作“左衛將軍”。　龐晃：人名。傳見本書卷五〇、《北史》卷七五。　將軍：據本書卷三八《盧賁傳》載當時其爲“左領軍、右將軍”，《北史》卷三〇《盧賁傳》作“左領軍將軍”。此處所記“將軍”籠統；本書《盧賁傳》“左領軍、右將軍”中“右”似衍文，《北史》所記確。　盧賁：人名。傳見本書卷三八，《北史》卷三〇有附傳。

［2］尚書都事：官名。隋初改尚書都令史置。掌受事發辰，察稽失、監印、給紙筆。正八品上。　姜曄：人名。名亦見《北史》卷七二《高熲傳》，具體事迹不詳。　楚州：隋開皇十二年置，治所在今江蘇淮安市淮陰區西南。　行參軍：官名。此爲州府屬官，隋代州府設户、兵等曹參軍事，法、士曹等行參軍，及行參軍等佐官。上州諸曹行參軍事正八品，中州諸曹行參軍從八品，下州諸曹行參軍事及上州行參軍正九品，下州行參軍從九品。　李君才：人名。名亦見本書《刑法志》、《北史·高熲傳》，具體事迹不詳。

［3］并州：治所在今山西太原市西南古城營。

［4］京：此指隋文帝所建的大興城，又稱“西京”。在今陝西西安市及其南郊。

［5］賀拔氏：指高熲夫人，事迹不詳。

［6］賀若弼：人名。傳見本書卷五二，《北史》卷六八有附傳。

［7］蔣山：即今江蘇南京市中山門外鍾山。

［8］大將軍：據本書《賀若弼傳》，平陳時賀若弼任吴州總管。滅陳後即拜右領軍大將軍，轉左武候大將軍。故此大將軍是籠統的尊稱。

［9］表仁：人名。即高熲第三子高表仁。襲爵渤海郡公，入唐

爲新州刺史。按，岑仲勉據拓本《×散大夫行洛州偃師縣令高君（安期）墓誌銘并序》等，補高表仁生平事迹（參見岑仲勉《隋書求是》，第83頁）。　太子勇女：皇太子楊勇之女。事迹不詳。

[10]熒惑入太微：古人以爲"熒惑爲賊，爲亂入宫，宫中不安"（參本書《天文志下》）。熒惑，火星别名，因隱現不定，令人迷惑，故名。太微，即太微垣，在北斗之南，軫宿和翼宿之北。

[11]左執法：時高熲任尚書左僕射，故稱。

[12]劉暉：人名。隋初爲儀同、太史令，曾參與定曆。

[13]白道：地名。在今内蒙古呼和浩特市西北。爲河套東北地區通往陰山以北的交通要道。

時太子勇失愛於上，[1]潛有廢立之意。謂熲曰："晋王妃有神憑之，[2]言王必有天下，若之何？"熲長跪曰："長幼有序，其可廢乎！"上默然而止，獨孤皇后知熲不可奪，[3]陰欲去之。初，夫人卒，后言於上曰："高僕射老矣，而喪夫人，陛下何能不爲之娶！"上以后言謂熲，熲流涕謝曰："臣今已老，退朝之後，唯齋居讀佛經而已。雖陛下垂哀之深，至於納室，非臣所願。"上乃止。至是，熲愛妾産男，上聞之極歡，后甚不悦。上問其故，后曰："陛下當復信高熲邪？始陛下欲爲熲娶，熲心存愛妾，面欺陛下。今其詐已見，陛下安得信之！"上由是疏熲。會議伐遼東，[4]熲固諫不可。上不從，以熲爲元帥長史，[5]從漢王征遼東，[6]遇霖潦疾疫，不利而還。后言於上曰："熲初不欲行，陛下强遣之，妾固知其無功矣。"又上以漢王年少，專委軍於熲。熲以任寄隆重，每懷至公，無自疑之意。諒所言多不用，甚銜之。及還，諒泣言於后曰："兒幸免高熲所殺。"上聞之，彌不平。俄而上柱國王世積以罪誅，[7]當推覈之際，乃有宫禁中事，云於熲處得之。上欲成熲之罪，聞此大驚。時上柱國賀若弼、吴州總管宇文弢、刑部尚書薛胄、民部尚書斛律孝卿、兵部尚書柳述等明熲無罪，[8]上逾怒，皆以之屬吏。自是朝臣莫敢言者。熲竟坐免，以公就第。

［1］太子勇：即隋文帝長子楊勇。傳見本書卷四五、《北史》卷七一。

［2］晋王妃：即隋煬帝楊廣的蕭皇后。傳見本書卷三六、《北史》卷一四。

［3］獨孤皇后：即隋文帝楊堅的皇后獨孤氏，詳見前注。

［4］遼東：地區名。亦稱遼左。泛指今遼河以東地區。

［5］元帥長史：隋行軍出征方置元帥，總轄軍務。開府，設長史等僚佐。

［6］漢王：隋文帝楊堅第五子楊諒，開皇元年封漢王。傳見本書卷四五、《北史》卷七一。

［7］王世積：人名。傳見本書卷四〇，《北史》卷六八有附傳。

［8］吴州：治所在今江蘇揚州市西北。　總管：官名。北周置諸州總管，隋承繼，又有增置。全稱是總管刺史加使持節。總管的統轄範圍可達數州至十餘州，成一軍政管轄區。隋文帝在并、益、荆、揚四州置大總管，其餘州置總管。總管分上、中、下三等，品秩分别爲流内視從二品、正三品、從三品。　宇文弢：人名。傳見本書卷五六、《北史》卷七五。按，岑仲勉指出："按熲之免在十九年八月，依本紀二，弢於二十年正月始爲吴州總管，此追書其後官耳。"（岑仲勉：《隋書求是》，第83頁）　刑部尚書：官名。是尚書省下轄六部之一刑部的長官。職掌刑法、徒隸、勾覆及關禁之政，總判刑部、都官、比部、司門四司之事。正三品。　薛胄：人

名。傳見本書卷五六，《北史》卷三六有附傳。　民部尚書：官名。隋沿北魏、北齊置度支尚書，開皇三年改稱民部尚書，是尚書省下轄六部之一民部的長官。職掌全國土地、户口、賦税、錢糧之政令。正三品。　斛律孝卿：人名。隋開皇年間曾任太府卿，卒於民部尚書。《北史》卷五三有附傳。　兵部尚書：官名。隋尚書省下轄六部之一兵部的長官。掌全國軍衛武官選授之政令，統兵部、職方、駕部、庫部四曹。置一員，正三品。　柳述：人名。本書卷四七、《北史》卷六四有附傳。

未幾，上幸秦王俊第，[1]召熲侍宴。熲歔欷悲不自勝，獨孤皇后亦對之泣，左右皆流涕。上謂熲曰："朕不負公，公自負也。"因謂侍臣曰："我於高熲勝兒子，雖或不見，常似目前。自其解落，瞑然忘之，如本無高熲。不可以身要君，自云第一也。"

[1]秦王俊：隋文帝楊堅第三子楊俊。傳見本書卷四五、《北史》卷七一。

頃之，熲國令上熲陰事，[1]稱："其子表仁謂熲曰：'司馬仲達初托疾不朝，[2]遂有天下。公今遇此，焉知非福！'"於是上大怒，囚熲於内史省而鞫之。[3]憲司復奏熲他事，云："沙門真覺嘗謂熲云：[4]'明年國有大喪。'尼令暉復云：[5]'十七、十八年，皇帝有大厄。十九年不可過。'上聞而益怒，顧謂群臣曰："帝王豈可力求！孔子以大聖之才，作法垂世，寧不欲大位邪？天命不可耳。熲與子言，自比晋帝，此何心乎？"有司請斬熲。上曰："去年殺虞慶則，[6]今兹斬王世積，如更誅熲，天下其謂我何?”於是除名爲民。熲初爲僕射，其母誡之曰：“汝富貴已極，但有一斫頭耳，爾宜慎之!”熲由是常恐禍變。及此，熲歡然無恨色，以爲得免於禍。

［1］國令：官名。諸王、公等封國官長。品級不一。公國令視正七品。

［2］司馬仲達：人名。曹魏時期重臣司馬懿，字仲達。紀見《晋書》卷一。

［3］内史省：官署名。隋避諱改中書省爲内史省，爲三省之一，置監、令各一員，尋廢監，置令二員爲長官。下置侍郎、舍人等官員。掌皇帝詔令出納宣行，爲機要之司。

［4］沙門：梵語的譯音。或譯爲“娑門”“桑門”“喪門”等。一説“沙門”等非直接譯自梵語，而是吐火羅語的音譯。原爲古印度反婆羅門教思潮各個派别出家者的通稱，佛教盛行後專指佛教僧侣。　真覺：人名。具體事迹不詳。

［5］尼：比丘尼的省稱。俗稱尼姑。　令暉：人名。具體事迹不詳。

［6］虞慶則：人名。傳見本書卷四〇、《北史》卷七三。

煬帝即位，[1]拜爲太常。[2]時詔收周、齊故樂人及天下散樂。[3]熲奏曰：“此樂久廢。今若徵之，恐無識之徒棄本逐末，遞相教習。”帝不悦。帝時侈靡，聲色滋甚，又起長城之役。熲甚病之，謂太常丞李懿曰：[4]“周天元以好樂而亡，[5]殷鑒不遥，安可復爾!”時帝遇啓民可汗恩禮過厚，[6]熲謂太府卿何稠曰：[7]“此虜頗知中國虚實、山川險易，恐爲後患。”復謂觀王雄曰：“近來朝廷殊無綱紀。”有人奏之，帝以爲謗訕朝政，於是下詔誅之，諸子徙邊。

[1]煬帝：隋楊廣的謚號。紀見本書卷三、四，《北史》卷一二。

[2]太常：官名。即太常卿，爲太常寺長官。掌宗廟郊社禮樂等，總判所屬各署事。正三品。

[3]周：指北周。　齊：指北齊。　散樂：古代樂舞名。原指周代民間樂舞。南北朝後，成爲“百戲”（散樂雜戲，如扛鼎、吞火、爬竿、履火、耍龍燈等）的同義語。

[4]太常丞：官名。隋太常寺副官，設二人，掌判本寺日常公務。隋初爲從六品下，煬帝大業五年（609）升爲從五品。　李懿：人名。事迹不詳。

[5]周天元：即北周宣帝宇文贇。紀見《周書》卷七、《北史》卷一〇。

[6]啓民可汗：東突厥可汗，名染干，全稱爲意利珍豆啓民可汗，開皇十七年隋文帝册突利可汗爲啓民可汗。事略見本書卷八四、《北史》卷九九《突厥傳》。

[7]太府卿：官名。太府寺長官，掌庫儲出納。在大業三年（此據本書《百官志下》和《通鑑》卷一八〇《隋紀》，《唐六典》卷二二《少府監》、《通典》卷二七《少府監》則爲“大業五年”）從太府寺分出少府監前，還兼管百工技巧、官府手工業。大業四年前正三品，此年降爲從三品。　何稠：人名。傳見本書卷六八、《北史》卷九〇。

熲有文武大略，明達世務。及蒙任寄之後，竭誠盡節，進引貞良，以天下爲己任。蘇威、楊素、賀若弼、韓擒等，[1]皆熲所推薦，各盡其用，爲一代名臣。自餘立功立事者，不可勝數。當朝執政將二十年，朝野推服，物無異議。治致升平，熲之力也。論者以爲真宰相。及其被誅，天下莫不傷惜，至今稱冤不已。所有奇策密謀及損益時政，熲皆削稿，世無知者。

[1]楊素：人名。傳見本書卷四八，《北史》卷四一有附傳。韓擒：人名。即韓擒虎，唐人避諱省“虎”字。傳見本書卷五二，《北史》卷六八有附傳。

其子盛道，[1]官至莒州刺史，[2]徙柳城而卒。[3]次弘德，[4]封應國公，晋王府記室。[5]次表仁，封勃海郡公，徙蜀郡。

[1]盛道：人名。即高盛道。事亦見《北史》卷七二《高熲傳》。

[2]莒州：治所在今山東沂水縣。

[3]柳城：地名。即今新疆鄯善縣西南魯克沁鎮。

[4]弘德：人名。即高弘德。事亦見《北史·高熲傳》。

[5]晋王府記室：王府屬官名。掌書記。

蘇威　子夔

蘇威字無畏，京兆武功人也。[1]父綽，[2]魏度支尚書。[3]威少有至性，五歲喪父，哀毁有若成人。周太祖時，[4]襲爵美陽縣公，[5]仕郡功曹。[6]大冢宰宇文護見而禮之，[7]以其女新興主妻焉。[8]見護專權，恐禍及己，逃入山中，爲叔父所逼，[9]卒不獲免。然威每屏居山寺，以諷讀爲娱。未幾，授使持節、車騎大將軍、儀同三司，[10]改封懷道縣公。[11]武帝親總萬機，[12]拜稍伯下大夫。[13]前後所授，並辭疾不拜。有從父妹者，[14]適河南元雄。[15]雄先與突厥有隙，突厥入朝，請雄及其妻子，將甘心焉。周遂遣之。威曰："夷人昧利，可以賂動。"遂標賣田宅，罄家所有以贖雄，論者義之。宣帝嗣位，就拜開府。

[1]京兆：郡名。治所在今陝西西安市。　武功：縣名。治所在今陝西武功縣西北武功鎮。

[2]綽：人名。即蘇綽。西魏大臣，佐宇文泰創籍帳、户籍等制度。傳見《周書》卷二三、《北史》卷六三。

[3]魏：此當指西魏（535—557），都於長安（今陝西西安市西北郊）。　度支尚書：官名。據前引《周書》《北史》之《蘇綽傳》，其西魏大統十年任"大行臺度支尚書"。因當時大行臺長官宇文泰是西魏的真正統治者，故大行臺度支尚書實際管理西魏全國的財政及軍需供應等政務。

[4]周太祖：指宇文泰。紀見《周書》卷一、二，《北史》卷九。

[5]襲爵美陽縣公：宋刻遞修本、汲古閣本、殿本、庫本、中華本及《北史》卷六三《蘇威傳》和《通鑑》卷一七九《陳紀》太建十三年二月條皆同，但《周書·蘇綽傳》作"襲爵美陽伯"。考《周書》《北史》之《蘇綽傳》均載蘇綽最高爵爲"美陽縣伯"，《周書·蘇綽傳》載隋文帝追述蘇綽官爵也證此點。可斷蘇綽未曾爵"縣公"，蘇威當然也不能襲此級爵。故"美陽縣公"當爲"美陽縣伯"之訛。

［6］功曹：官名。全稱爲功曹史。漢朝郡縣置，職掌人事，並參政務。魏晋南北朝沿置。

［7］大冢宰：全稱爲大冢宰卿。西魏恭帝三年（556）仿《周禮》建六官，置大冢宰卿一人，爲天官冢宰府最高長官。正七命。掌邦治，以建邦之六典佐皇帝治邦國。北周沿置，然其權力却因人而異，若有“五府總於天官”之命，則稱冢宰，能總攝百官，實爲大權在握之宰輔；若無此命，即稱太宰，與五卿並列，僅統本府官。按，據《周書》卷一一《宇文護傳》，宇文護任此官在北周。　宇文護：人名。西魏權臣宇文泰之侄，北周建立，宇文護專政。傳見《周書》卷一一，《北史》卷五七有附傳。

［8］新興主：指宇文護之女，事迹不詳。《北史·蘇威傳》作“新興公主”。

［9］叔父：據《北史·蘇綽傳》載，蘇綽弟名蘇椿，或是此人。

［10］使持節：漢朝官員奉使外出時，或由皇帝授予節杖，以提高其威權。魏、晋以後，凡重要軍事長官出征或出鎮時，加使持節，可誅殺二千石以下官員。皇帝派遣大臣出巡或祭吊等事時，也使持節，以表示權力和尊崇。　車騎大將軍：軍號名。儀同府長官軍號，以車騎將軍中資深者爲車騎大將軍。金印紫綬。典京師兵衛，掌宫衛。北周爲九命。　儀同三司：官名。北周府兵制中儀同府長官加此勳官名，不掌具體事務。九命。（參見王仲犖《北周六典》卷九《勳官第二十》，第578頁；谷霽光《府兵制度考釋》，上海人民出版社1962年版，第51頁）

［11］改封：應作“進封”。

［12］武帝：北周皇帝宇文邕的謚號。紀見《周書》卷五、六，《北史》卷一〇。

［13］稍伯下大夫：官名。即小稍伯下大夫。地官府民部中大夫屬官。佐稍伯中大夫掌本方事務。北周正四命。

［14］從父妹：事迹不詳。

[15]河南：郡名。治所在今河南洛陽市東北。　元雄：人名。具體事迹不詳。

高祖爲丞相，[1]高熲屢言其賢，高祖亦素重其名，召之。及至，引入卧内，與語大悦。居月餘，威聞禪代之議，遁歸田里。高熲請追之，高祖曰："此不欲預吾事，且置之。"及受禪，徵拜太子少保。[2]追贈其父爲邳國公，邑三千户，[3]以威襲焉。俄兼納言、民部尚書。威上表陳讓，詔曰："舟大者任重，馬駿者遠馳。以公有兼人之才，無辭多務也。"威乃止。

[1]丞相：官名。北周静帝大象二年置左、右大丞相。以宇文贊爲右大丞相，但僅有虚名；以楊堅爲左大丞相，總攬朝政。旋去左右之號，獨以楊堅爲大丞相，實爲控制朝廷的權臣。

[2]太子少保：官名。東宫三少之一。掌輔導太子，多爲安置退免大臣的閑職或用作加官、贈官，無官署。正三品。

[3]邑三千户：諸本皆同。另《册府元龜》卷七七《帝王部·委任》、卷一三八《帝王部·旌表》亦皆作"邑三千户"。但《周書》卷二三《蘇綽傳》作"邑二千户"。

初，威父在西魏，以國用不足，爲徵税之法，頗稱爲重。[1]既而歎曰："今所爲者，正如張弓，非平世法也。後之君子，誰能弛乎？"威聞其言，每以爲己任。至是，奏減賦役，務從輕典，上悉從之。漸見親重，與高熲參掌朝政。威見宫中以銀爲幔鉤，因盛陳節儉之美以諭上。上爲之改容，雕飾舊物，悉命除毁。上嘗怒一人，將殺之，威入閤進諫，不納。上怒甚，將自出斬之，威當上前不去。上避之而出，威又遮止。上拂衣而入。良久，乃召威謝曰："公能若是，吾無憂矣。"於是賜馬二匹，錢十餘萬。尋復兼大理卿、京兆尹、御史大夫，[2]本官悉如故。

[1]爲徵税之法，頗稱爲重：税法内容見本書《食貨志》。另，《通鑑》卷一七九《陳紀》太建十三年三月條胡三省評此税法云："自今觀之，亦不爲重矣。"

[2]大理卿：官名。大理寺長官。掌審獄定刑名，决疑案。置一員，正三品。　京兆尹：官名。爲京城長安所在地京兆郡長官。正三品。　御史大夫：官名。御史臺長官，職掌國家刑憲典章之政令，司彈劾糾察百官等。置一員。其品級，隋大業五年（按，此據本書《百官志下》，而《唐六典》卷一三《御史臺》爲"大業八年"）前是從三品，此年降爲正四品。

治書侍御史梁毗以威領五職，[1]安繁戀劇，無舉賢自代之心，抗表劾威。上曰："蘇威朝夕孜孜，志存遠大，舉賢有闕，何遽迫之！"顧謂威曰："用之則行，舍之則藏，唯我與爾有是夫！"因謂朝臣曰："蘇威不值我，無以措其言；我不得蘇威，何以行其道？楊素才辯無雙，至若斟酌古今，助我宣化，非威之匹也。蘇威若逢亂世，南山四皓，[2]豈易屈哉！"其見重如此。

[1]治書侍御史：官名。或説西漢宣帝時令侍御史二人治書（管理圖籍文書），遂有其名。東漢爲御史臺屬官。隋朝以御史大夫爲御史臺長官，治書侍御史爲次官，實主臺務。佐御史大夫監察彈劾百官。從五品。　梁毗：人名。傳見本書卷六二、《北史》卷

七七。

［2］南山四皓：諸本皆同。但《北史》卷六三《蘇威傳》作“商山四皓”。《通鑑》卷一七九《陳紀》太建十三年三月條爲“南山四皓”。胡三省注云：“商山在長安南，故曰南山。隋主以蘇威隱遯於周世，故云然。”故“南山四皓”即指“商山四皓”。商山四皓，東園公、甪里先生（甪，一作角）、綺里季、夏黄公，避秦亂，隱商山，年皆八十有餘，鬚眉皆白，時稱商山四皓。漢高祖召，不應。後高祖欲廢太子，吕后用留侯計，迎四皓，輔太子，遂使高祖輟廢太子之議。詳見《史記》卷五五《留侯世家》。

未幾，拜刑部尚書，解少保、御史大夫之官。後京兆尹廢，檢校雍州别駕。[1]時高熲與威同心協贊，政刑大小，無不籌之，故革運數年，天下稱治。俄轉民部尚書，納言如故。屬山東諸州民饑，上令威賑恤之。後二載，遷吏部尚書。[2]歲餘，兼領國子祭酒。[3]隋承戰争之後，憲章踳駮，上令朝臣釐改舊法，爲一代通典。律令格式，[4]多威所定，世以爲能。九年，拜尚書右僕射。[5]其年，以母憂去職，柴毁骨立。上敕威曰：“公德行高人，情寄殊重，大孝之道，蓋同俯就。必須抑割，爲國惜身。朕之於公，爲君爲父，宜依朕旨，以禮自存。”未幾，起令視事，固辭，優詔不許。明年，上幸并州，命與高熲同總留事。[6]俄追詣行在所，使决民訟。

［1］檢校：官制用語。初謂代理，隋及唐初皆有。即尚未實授其官，但已掌其職事。中唐以後“檢校”含意有變。　雍州：治所在今陝西西安市。　别駕：官名。爲府州上佐之一，迭與長史互改名稱，亦或並之，並無實際職任。

[2]吏部尚書：官名。尚書省下轄六部之一吏部的長官。掌全國文職官員銓選、考課等政令。正三品。

[3]國子祭酒：官名。爲國子寺長官。初隸太常寺，統國子、太學、四門、書算學。開皇十三年不隸太常寺，改爲國子學長官。仁壽元年罷，唯置太學，以博士領之。大業三年改置國子監，依舊置祭酒爲長官。從三品。

[4]律令格式：法典名稱。律，是對各種違法行爲的懲罰條文；令，是國家典章制度的規定；格，是政府以詔敕形式頒布的各種禁令，主要是對違法者的處罰，可看作對律的補充和變通條例；式，是官府機構的辦事章程。四者前代已先後出現，至隋並行。

[5]尚書右僕射：官名。隋尚書省置左、右僕射各一人，地位僅次於尚書令。由於隋代尚書令不常置，僕射便成爲尚書省實際長官，是宰相之職。從二品。

[6]總留事：亦稱總留後事。即皇帝外出巡幸，以後事付留臺官總之。

威子夔，[1]少有盛名於天下，引致賓客，四海士大夫多歸之。後議樂事，夔與國子博士何妥各有所持。[2]於是夔、妥俱爲一議，使百僚署其所同。朝廷多附威，同夔者十八九。妥恚曰："吾席間函丈四十餘年，[3]反爲昨暮兒之所屈也！"[4]遂奏威與禮部尚書盧愷、吏部侍郎薛道衡、尚書右丞王弘、考功侍郎李同和等共爲朋黨，[5]省中呼王弘爲世子，李同和爲叔，言二人如威之子弟也。復言威以曲道任其從父弟徹、肅等罔冒爲官。[6]又國子學請蕩陰人王孝逸爲書學博士，[7]威屬盧愷，以爲其府參軍。上令蜀王秀、上柱國虞慶則等雜治之，[8]事皆驗。上以《宋書·謝晦傳》中朋黨事令威讀之。威惶懼，免冠頓首。上曰："謝已晚矣。"於是免威官爵，以開府就第。[9]知名之士坐威得罪者百餘人。

[1]夔：人名。即蘇夔。事另見《北史》卷六三《蘇威傳》。

[2]國子博士：官名。國子寺國子學置，以教授生徒。正五品上。仁壽元年（601）罷。大業三年改置國子監，國子學依舊置國子博士，正五品。　何妥：人名。傳見本書卷七五、《北史》卷八二。

[3]吾席間函丈四十餘年：何妥北周武帝時已爲太學博士，故自稱。席間函丈，語出《禮記·曲禮上》。席，舊稱所司職務，如教師稱教席。函丈，鄭玄注："函猶容也，講問宜相對，容丈，足以指畫也。"後用爲對前輩學者或老師的敬稱。

[4]昨暮兒：初生兒。比喻幼稚無知。

[5]禮部尚書：官名。尚書省下轄六部之一禮部的長官。掌禮儀、祭祀、宴享等政令，總判禮部、祠部、主客、膳部四曹。置一員。正三品。　盧愷：人名。傳見本書卷五六，《北史》卷三〇有附傳。　吏部侍郎：官名。隋文帝時於吏部四曹之一吏部曹置吏部侍郎一員，爲該曹長官。正六品上。煬帝大業三年諸曹侍郎並改稱"郎"，又始置"侍郎"，爲尚書省下轄六部之副長官。正四品。此後，吏部侍郎纔成爲吏部副長官。協助長官吏部尚書掌全國文職官員銓選等政令。　薛道衡：人名。傳見本書卷五七，《北史》卷三六有附傳。　尚書右丞：官名。尚書省屬官，與尚書左丞對置，各一人，分掌尚書省事務，糾駁諸司文案，總判兵、刑、工三部之事。隋初爲從四品下，煬帝大業三年升爲正四品。　王弘：人名。事迹不詳。　考功侍郎：官名。尚書省吏部考功曹（司）長官。掌考課官吏。隋初爲正六品上，後升爲從五品。大業三年改名考功郎。　李同和：人名。具體事迹不詳。

[6]徹、肅：即蘇徹、蘇肅。事略見本書卷五六、《北史》卷

三○《盧愷傳》。

［7］國子學：隋最高學府。初隸國子寺，置博士、助教各五人。後隸國子監，置博士、助教各一人。學生無常員。　蕩陰：一爲縣名。西漢置，治所在今河南湯陰縣。一爲邑名。即今河南湯陰縣。一爲里名。在今山東淄博市東北臨淄區。這裏具體所指不明。按，諸本皆同。但《北史·蘇威傳》作“黎陽”。　王孝逸：人名。事迹不詳。　書學博士：官名。隋朝始置，隸國子寺。掌書學教授之事。從九品。開皇十三年罷。

［8］秀：人名。隋文帝楊堅第四子楊秀，封蜀王。傳見本書卷四五、《北史》卷七一。

［9］開府：官名。即開府儀同三司，隋文帝因改北周之制形成十一等散實官，以酬勤勞。開府是第六等，開府置府佐。正四品上。

未幾，上曰：“蘇威德行者，但爲人所誤耳。”命之通籍。[1]歲餘，復爵邳公，拜納言。從祠太山，[2]坐不敬免。俄而復位。上謂群臣曰：“世人言蘇威詐清，家累金玉，此妄言也。然其性很戾，[3]不切世要，求名太甚，從己則悦，違之必怒，此其大病耳。”尋令持節巡撫江南，[4]得以便宜從事。過會稽，[5]逾五嶺而還。[6]時突厥都藍可汗屢爲邊患，[7]復使威至可汗所，與結和親。可汗即遣使獻方物。以勤勞，進位大將軍。[8]仁壽初，[9]復拜尚書右僕射。上幸仁壽宫，[10]以威總留後事。及上還，御史奏威職事多不理，[11]請推之。上怒，詰責威。威拜謝，上亦止。後上幸仁壽宫，不豫，皇太子自京師來侍疾，[12]詔威留守京師。

[1]通籍：亦作“通藉”。謂記名於門籍，可以進出宮門。

[2]太山：即山東泰山。

[3]很：宋刻遞修本、中華本同。汲古閣本、殿本、庫本及《北史》卷六三《蘇威傳》皆作“狠”。

[4]持節：官員或使臣奉使外出時持有皇帝授予節杖，以示其威權。　江南：地區名。指長江以南。

[5]會稽：郡名。治所在今浙江省紹興市。

[6]五嶺：山名。即今湘、贛與桂、粵邊界越城、都龐、萌渚、騎田、大庾五嶺的合稱。一説有揭陽嶺而無都龐嶺。

[7]都藍可汗：東突厥可汗雍虞閭之號。事見本書卷八四、《北史》卷九九《突厥傳》。

[8]大將軍：官名。隋文帝因改北周十一等勳官之制形成十一等散實官，用以酬勤勞，無實際職掌。大將軍是十一等散實官的第四等，可開府置僚佐。正三品。

[9]仁壽：隋文帝楊堅年號（601—604）。

[10]仁壽宮：宮殿名。在今陝西麟游縣西天臺山上，冠山構殿，絶壑爲池。因其涼爽宜人，故爲消夏離宮。

[11]御史：此泛指隋御史臺官員。御史臺長官爲御史大夫，其屬下有治書侍御史、侍御史、殿内侍御史、監察御史等。職掌國家刑憲典章之政令，司彈劾糾察百官等。

[12]皇太子：此指楊廣。　京師：指長安。治所在今陝西西安市。

煬帝嗣位，加上大將軍。[1]及長城之役，威諫止之。[2]高熲、賀若弼等之誅也，威坐與相連，免官。歲餘，拜魯郡太守。[3]俄召還，參預朝政。[4]未幾，拜太常卿。其年從征吐谷渾，[5]進位左光禄大夫。[6]帝以威先朝舊臣，漸加委任。後歲餘，復爲納言。與左翊衛大將軍宇文述、黄門侍郎裴矩、御史大夫裴藴、内史侍郎虞世基參掌朝政，[7]時人稱爲“五貴”。

［1］上大將軍：官名。隋文帝因改北周之制形成十一等散實官，以酬勤勞。上大將軍是第三等，開府置府佐。從二品。

［2］長城之役，威諫止之：據本書卷三、《北史》卷一二《隋煬帝紀》和《通鑑》卷一八〇《隋紀》大業三年七月條均載此役未停。此記載不實。

［3］魯郡：治所在今山東兖州市。

［4］參預朝政：以他官爲宰相參議朝政。

［5］吐谷（yù）渾：古族名。本遼東鮮卑之種，姓慕容氏，西晋時西遷至群羌故地，北朝至隋唐時期游牧於今青海北部和新疆東南部地區。傳見本書卷八三、《晋書》卷九七、《魏書》卷一〇一、《周書》卷五〇、《北史》卷九六、《舊唐書》卷一九八、《新唐書》卷二二一上。

［6］左光禄大夫：官名。屬散實官。隋文帝時置左、右光禄大夫，皆正二品；煬帝大業三年定令，“左”爲正二品，“右”爲從二品。

［7］左翊衛大將軍：官名。煬帝大業三年改左右衛爲左右翊衛，職掌未變。左翊衛大將軍即左衛大將軍之改名。正三品。　宇文述：人名。傳見本書卷六一、《北史》卷七九。　黄門侍郎：官名。隋初於門下省置給事黄門侍郎，是門下省長官納言之副職，協助納言參議政令的制定。置四員，正三品。　裴矩：人名。傳見本書卷六七、《舊唐書》卷六三、《新唐書》卷一〇〇，《北史》卷三八有附傳。　裴藴：人名。傳見本書卷六七、《北史》卷七四。　内史侍郎：官名。内史省副長官。佐宰相之職的本省長官内史監、令處理政務。正四品下。　虞世基：人名。傳見本書卷六七、《北史》卷八三。

及遼東之役，以本官領左武衛大將軍，[1]進位光禄大夫，[2]賜爵房陵侯。[3]其年，進封房公。威以年老，上表乞骸骨。上不許，復以本官參掌選事。明年，從征遼東，領右禦衛大將軍。[4]

[1]領：官制用語。初指兼領、暫代，即已有本官本職，又暫行他官他職而不具其位，不任其官。多爲兼攝之意，常有以卑官領高職、以白衣領某職者。　左武衛大將軍：官名。隋文帝設左武衛，置左武衛大將軍一人爲其首。掌領外軍宿衛宫禁。正三品。

[2]光禄大夫：官名。屬散實官，煬帝大業三年廢特進，改置光禄大夫等九大夫。從一品。

[3]房陵侯：殿本、庫本及《北史》卷六三《蘇威傳》皆同。宋刻遞修本、汲古閣本、中華本則作"寧陵侯"。但後文緊接着説"其年，進封房公"。考進封房公一事，前引《蘇威傳》均同。而唯從房陵侯升房公（此當是"房陵公"略稱）纔可作"進封"；若從寧陵侯升房公應作"改封"。故可斷"房陵侯"確。

[4]右禦衛大將軍：官名。煬帝大業三年置，爲禁軍指揮機構右禦衛長官，是十二衛大將軍之一。總右禦府事，並統諸鷹揚府府兵。正三品。

楊玄感之反也，[1]帝引威帳中，懼見於色，謂威曰："此小兒聰明，得不爲患乎？"威曰："夫識是非，審成敗者，乃所謂聰明。玄感粗疏，非聰明者，必無所慮。但恐寖成亂階耳。"威見勞役不息，百姓思亂，微以此諷帝，帝竟不寤。從還至涿郡，[2]詔威安撫關中。[3]以威孫尚輦直長儇爲副。[4]其子鴻臚少卿夔，[5]先爲關中簡黜大使，[6]一家三人，俱奉使關右，三輔榮之。[7]歲餘，帝下手詔曰："玉以潔潤，丹紫莫能渝其質；松表歲寒，霜雪莫能凋其采。可謂温仁勁直，性之然乎！房公威器懷温裕，識量弘雅，早居端揆，備悉國章，先皇舊臣，朝之宿齒。棟梁社稷，弼諧朕躬，守文奉法，卑身率禮。昔漢之三傑，[8]輔惠帝者蕭何；[9]周之十亂，[10]佐成王者邵奭。[11]國之寶器，其在得賢，參燮臺階，具瞻斯允。雖復事藉論道，終期獻替，銓衡時務，朝寄爲重，可開府儀同三司，餘並如故。"威當時見尊重，朝臣莫與爲比。

[1]楊玄感：人名。傳見本書卷七〇，《北史》卷四一有附傳。

[2]涿郡：大業初改幽州置，治所在今北京市西南。

[3]關中：地區名。與"關内"意同。秦至唐時稱函谷或潼關以西、隴坂以東、終南山以北爲關中。

[4]尚輦直長：官名。煬帝大業三年殿内省尚輦局置爲次官。佐長官尚輦奉御掌宮廷輿輦、傘扇等事務。　儇（xuān）：人名。即蘇儇。事迹不詳。

[5]鴻臚少卿：官名。鴻臚寺次官。佐長官鴻臚卿掌接待外使、朝會贊導及吉凶禮儀等事。開皇三年曾廢鴻臚寺，將其職能歸入太常寺；開皇十二年又恢復。卿置一員，隋初爲正四品上，煬帝降爲從四品。

[6]簡黜大使：當是握有考核獎懲官吏權力的使職。使，使職。即臨時差遣官員處理某項事務者爲"使"，事後即罷。

[7]三輔：西漢治理京畿地區的三個職官的合稱。亦指其所轄地區。本文指隋京城長安及附近地區。

[8]三傑：此指漢代的張良、韓信、蕭何。

[9]惠帝：西漢皇帝劉盈的謚號。紀見《漢書》卷二。　蕭何：人名。漢高祖時丞相。世家見《史記》卷五三。

[10]十亂：典出《尚書·泰誓》："予（周武王）有亂臣十人，同心同德。"指周公旦、召公奭、太公望、畢公、榮公、太顛、閎夭、散宜生、南宫适、文母（一説指文王之后大姒，一説指武王之妻邑姜）。後因以"十亂"指上述十個輔佐周武王治國平亂的大臣。

[11]成王：此指西周成王。詳見《史記》卷四《周本紀》。　邵奭（shì）：人名。即召公奭，周成王時召公奭擔任太保，輔佐成王、康王成就"成康之治"。詳見《史記》卷三四《燕召公世家》。

後從幸雁門，[1]爲突厥所圍，朝廷危懼。帝欲輕騎潰圍而出，威諫曰："城守則我有餘力，輕騎則彼之所長。陛下萬乘之主，何宜輕脱！"帝乃止。突厥俄亦解圍而去。車駕至太原，[2]威言於帝曰："今者盜賊不止，士馬疲敝。願陛下還京師，深根固本，爲社稷之計。"帝初然之，竟用宇文述等議，遂往東都。[3]

[1]雁門：郡名。煬帝大業三年改代州置，治所在今山西代縣西北。

[2]太原：郡名。治所在今山西太原市西南古城營。

[3]東都：指洛陽。

時天下大亂，威知帝不可改，意甚患之。屬帝問侍臣盜賊事，宇文述曰："盜賊信少，不足爲虞。"威不能詭對，以身隱於殿柱。帝呼威而問之。威對曰："臣非職司，不知多少，但患其漸近。"帝曰："何謂也？"威曰："他日賊據長白山，[1]今者近在滎陽、汜水。"[2]帝不悦而罷。尋屬五月五日，百僚上饋，多以珍玩。威獻《尚書》一部，微以諷帝，帝彌不平。後復問伐遼東事，威對願赦群盜，遣討高麗，[3]帝益怒。御史大夫裴藴希旨，令白衣張行本奏威昔在高陽典選，[4]濫授人官，畏怯突厥，請還京師。帝令案其事。及獄成，下詔曰："威立性朋黨，好爲異端，懷挾詭道，徼幸名利，詆訶律令，謗訕臺省。[5]昔歲薄伐，奉述先志，凡預切問，各盡胸臆，而威不以開懷，遂無對命。啓沃之道，其若是乎！資敬之義，何其甚薄！"於是除名爲民。後月餘，有人奏威與突厥陰圖不軌者，大理簿責威。[6]威自陳奉事二朝三十餘載，精誠微淺不能上感，咎釁屢彰，罪當萬死。帝憫而釋之。其年從幸江都宫，[7]帝將復用威。裴藴、虞世基奏言，昏耄羸疾。帝乃止。

［1］長白山：即今山東鄒平縣西南會仙山。

［2］滎陽：郡名。治所在今河南鄭州市。　汜水：河名。源出今河南鞏義市東南，北流今滎陽市西北汜水鎮西，北入黄河。

［3］高麗：古國名。此時亦稱高句麗。故地在今朝鮮半島北部。傳見本書卷八一、《北史》卷九四、《舊唐書》卷一九九上、《新唐書》卷二二〇。

［4］白衣：古代平民服。因指平民。亦指無功名或無官職的士人。按，宋刻遞修本、汲古閣本、殿本、庫本、中華本同，《通鑑》卷一八三《隋紀》大業十二年五月也載："河南白衣張行本。"但《北史》卷六三《蘇威傳》作"御史"。又本書卷六七、《北史》卷七四《裴藴傳》均未載張行本身份。　張行本：人名。隋白衣平民，事亦見本書卷六七《虞世基傳》，具體事迹不詳。　高陽：郡

名。治所在今河北定州市。

[5]臺省：東漢至隋唐對中央中樞官署尚書臺（省）、中書省、門下省、御史臺的簡稱及其合稱。

[6]大理：官署名。全稱爲大理寺。北齊始置，爲國家最高審判機構。掌決正刑獄，定刑名，並審核諸州刑獄。

[7]江都宫：宫殿名。隋煬帝置，在今江蘇揚州市西。

宇文化及之弑逆也，[1]以威爲光禄大夫、開府儀同三司。化及敗，歸於李密。[2]未幾密敗，歸東都，越王侗以爲上柱國、邳公。[3]王充僭號，[4]署太師。[5]威自以隋室舊臣，遭逢喪亂，所經之處，皆與時消息，以求容免。及大唐秦王平王充，坐於東都閶闔門内，[6]威請謁見，稱老病不能拜起。王遣人數之曰："公隋朝宰輔，政亂不能匡救，遂令品物塗炭，君弑國亡。見李密、王充，皆拜伏舞蹈。[7]今既老病，無勞相見也。"尋歸長安，[8]至朝堂請見，又不許。卒於家。時年八十八。[9]

[1]宇文化及：人名。傳見本書卷八五，《北史》卷七九有附傳。

[2]李密：人名。傳見本書卷七〇、《舊唐書》卷五三、《新唐書》卷八四，《北史》卷六〇有附傳。

[3]侗（tóng）：人名。即楊侗，隋煬帝之孫，元德太子楊昭次子。傳見本書卷五九、《北史》卷七一。

[4]王充：人名。傳見本書卷八五、《北史》卷七九、《舊唐書》卷五四、《新唐書》卷八五。按，全名爲王世充。唐人避李世民諱而缺字。（本卷後同，不再注）

[5]太師：官名。隋三師之首。名爲訓導之官，與天子坐而論

道，實無具體職權。多贈與德高望重的元老大臣爲榮譽銜，無其人則缺。正一品。

[6]閶闔門：《通鑑》卷一八九《唐紀》武德四年五月條胡三省注云："晋都洛陽，其城西面北來第三門曰閶闔。隋營新都，《唐六典》所載都城、皇城、宫城，苑城諸門，皆無閶闔，蓋唐改之也。"

[7]舞蹈：臣下朝見君上時的禮節。

[8]長安：此指隋文帝所建的大興城。在今陜西西安市。

[9]八十八：殿本、汲古閣本、庫本皆同，然宋刻遞修本、中華本、《北史》卷六三《蘇威傳》和《通鑑》卷一八九《唐紀》武德四年五月條均作"八十二"。考《周書》卷二三《蘇綽傳》、《通鑑》卷一五九《梁紀》中大同元年載，蘇綽死於大統十二年。本書卷四一、《北史》卷六三《蘇威傳》又載蘇威"五歲喪父"。可推知蘇威約生於大統八年。又據《通鑑》卷一八九《唐紀》，知蘇威死於武德四年（621）。綜合推算，這些數字雖不完全吻合，但"八十二"的記載較準確。

威治身清儉，以廉慎見稱。每至公議，惡人異己，雖或小事，必固争之。時人以爲無大臣之體。所修格令章程，並行於當世，然頗傷苛碎，論者以爲非簡久之法。[1]及大業末年，[2]尤多征役，至於論功行賞，威每承望風旨，輒寢其事。時群盗蜂起，郡縣有表奏詣闕者，又訶詰使人，令減賊數。故出師攻討，多不克捷。由是爲物議所譏。子夔。

[1]簡久之法：汲古閣本、殿本、庫本及《北史》卷六三《蘇威傳》皆同，但宋刻遞修本、中華本"久"作"允"。

[2]大業：隋煬帝楊廣年號（605—618）。

夔字伯尼，少聰敏，有口辯。八歲誦詩書，兼解騎射。年十三，從父至尚書省，[1]與安德王雄馳射，[2]賭得雄駿馬而歸。十四詣學，與諸儒論議，詞致可觀，見者莫不稱善。及長，博覽群言，尤以鍾律自命。[3]初不名夔，其父改之，頗爲有識所哂。起家太子通事舍人。[4]楊素甚奇之，素每戲威曰："楊素無兒，蘇夔無父。"後與沛國公鄭譯、國子博士何妥議樂，因而得罪，議寢不行。著《樂志》十五篇，以見其志。數載，遷太子舍人。[5]後加武騎尉。[6]仁壽末，詔天下舉達禮樂之源者，晋王昭時爲雍州牧，[7]舉夔應之。與諸州所舉五十餘人謁見，高祖望夔謂侍臣："唯此一人，稱吾所舉。"於是拜晋王友。[8]

[1]尚書省：官署名。隋與門下、内史並號三省，共掌軍國大政。該省爲全國政務中樞，職事尤重。長官爲尚書令，副名左右僕射。下轄六曹（部）：吏部、祠部、度支、左户、都官、五兵，分司政務。

[2]安德王：爵名。全稱安德郡王。郡王，隋九等爵的第二等。從一品。

[3]鍾律：音律。

[4]起家：自家中徵召授官。後亦指初仕。　太子通事舍人：官名。東宫官屬。隋置於典書房。掌導引宫臣辭見及承令勞問事。煬帝改稱宣令舍人。正七品下。

[5]太子舍人：官名。太子典書坊屬官。掌書令表啓之事。大業三年改名管記舍人。從六品下。

[6]武騎尉：官名。開皇六年始置，初爲武散官八尉之一。大

業三年罷。

［7］昭：人名。即隋煬帝長子楊昭。傳見本書卷五九、《北史》卷七一。　牧：官名。京都所在州的長官。從二品。

［8］晋王友：官名。王國的屬官，掌陪侍規諷。從五品下。

煬帝嗣位，遷太子洗馬，[1]轉司朝謁者。[2]以父免職，夔亦去官。後歷尚書職方郎、燕王司馬。[3]遼東之役，夔領宿衛，以功拜朝散大夫。[4]時帝方勤遠略，蠻夷朝貢，前後相屬。帝嘗從容謂宇文述、虞世基等曰："四夷率服，觀禮華夏，鴻臚之職，[5]須歸令望。寧有多才藝，美容儀，可以接對賓客者爲之乎?"咸以夔對。帝然之，即日拜鴻臚少卿。其年，高昌王麴伯雅來朝，[6]朝廷妻以公主。夔有雅望，令主婚焉。其後弘化、延安等數郡盜賊蜂起，[7]所在屯結，夔奉詔巡撫關中。突厥之圍雁門也，夔領城東面事。夔爲弩樓車箱獸圈，一夕而就。帝見而善之，以功進位通議大夫。[8]坐父事，除名爲民。復丁母憂，不勝哀而卒，時年四十九。

［1］太子洗馬：官名。隸門下坊司經局，職掌東宮圖書經籍、釋典講經之事。太子不軌則行規諫之責。從五品上。

［2］司朝謁者：官名。煬帝置，爲謁者臺副長官。佐長官謁者臺大夫受詔勞問，出使慰撫，及申奏冤枉等。從五品。

［3］尚書職方郎：官名。即隋初尚書省兵部職方司長官職方侍郎，大業三年改此名。掌全國地圖、城隍、烽堠等政事。正六品。　燕王司馬：官名。王國的屬官。通判王府事。從四品下。

［4］朝散大夫：官名。屬散實官。隋文帝置，正四品；煬帝改爲從五品。

[5]鴻臚：官署名。即鴻臚寺。北齊始置，隋因之。下領典客、司儀、崇玄三署。掌諸藩册封、外使接待、吉凶禮儀、佛道寺觀等事。

[6]高昌王麴伯雅：高昌國王，公元601至613年在位，後因政變失位，公元620至623年復位。事見本書卷八三、《舊唐書》卷一九八、《新唐書》卷二二一上《高昌傳》。

[7]弘化：郡名。治所在今甘肅慶陽市。　延安：郡名。治所在今陝西延安市城東延河東岸。

[8]通議大夫：官名。煬帝大業三年置，屬散實官。從四品。

史臣曰：齊公霸圖伊始，[1]早預經綸，魚水冥符，風雲玄感。正身直道，弼諧興運，心同契合，言聽計從。東夏克平，[2]南國底定，[3]參謀帷幄，決勝千里。高祖既復禹迹，[4]思布堯心，[5]舟楫是寄，鹽梅斯在。兆庶賴以康寧，百僚資而輯睦，年將二紀，人無間言。屬高祖將廢儲宫，[6]由忠信而得罪，逮煬帝方逞浮侈，以忤時而受戮。若使遂無猜釁，克終厥美，雖未可參蹤稷、契，[7]足以方駕蕭、曹。[8]繼之實難，惜矣！邳公周道云季，[9]方事幽貞，隋室龍興，首應旌命。綢繆任遇，窮極榮寵，久處機衡，多所損益，罄竭心力，知無不爲。然志尚清儉，體非弘曠，好同惡異，有乖直道，不存易簡，未爲通德。歷事二帝，三十餘年，雖廢黜當時，終稱遺老。君邪而不能正言，國亡而情均衆庶。予違汝弼，徒聞其語，疾風勁草，未見其人。禮命闕於興王，[10]抑亦此之由也。夔志識沉敏，方雅可稱，若天假之年，足以不虧堂構矣。[11]

［1］齊公：爵名。指齊國公高熲。

［2］東夏：泛指中國東部。

［3］南國：泛指中國南方。

［4］禹：古帝名。詳見《史記》卷二《夏本紀》。

［5］堯：傳説中的古帝陶唐氏之號。詳見《史記》卷一《五帝本紀》。

［6］儲宫：即皇太子楊勇。

［7］稷：周先祖。詳見《史記》卷四《周本紀》。　契：傳説中商的祖先，爲帝嚳子。參閲《尚書·舜典》、《史記》卷三《殷本紀》。

［8］蕭：指蕭何。　曹：指曹參，西漢繼蕭何之後第二位丞相。《史記》卷五四有《曹相國世家》，傳見《漢書》卷三九。

［9］周：此指北周。

［10］興王：勵精圖治、勤於王業的君主。

［11］堂構：原指房舍，此比喻繼承祖先的遺業。典出《尚書·大誥》。

隋書　卷四二

列傳第七

李德林 子百藥

李德林字公輔，[1]博陵安平人也。[2]祖壽，[3]湖州户曹從事。[4]父敬族，[5]歷太學博士、鎮遠將軍。[6]魏孝静帝時，[7]命當世通人正定文籍，以爲内校書，[8]别在直閤省。[9]德林幼聰敏，年數歲，誦左思《蜀都賦》，[10]十餘日便度。高隆之見而嗟歎，[11]遍告朝士，云："若假其年，必爲天下偉器。"鄴京人士多就宅觀之，[12]月餘，日中車馬不絶。年十五，誦五經及古今文集，日數千言。俄而該博墳典，[13]陰陽緯候無不通涉。[14]善屬文，辭覈而理暢。魏收嘗對高隆之謂其父曰：[15]"賢子文筆終當繼温子昇。"[16]隆之大笑曰："魏常侍殊已嫉賢，[17]何不近比老、彭，[18]乃遠求温子！"年十六，遭父艱，自駕靈輿，反葬故里。時正嚴冬，單衰跣足，州里人物由是敬慕之。博陵豪族有崔諶者，[19]僕射之兄，[20]因休假還鄉，車服甚盛。將從其宅詣德林赴弔，相去十餘里，從者數十騎，稍稍減留。比至德林門，纔餘五騎，云不得令李生怪人燻灼。德林居貧轗軻，母氏多疾，方留心典籍，無復宦情。其後，母病稍愈，逼令仕進。

［1］李德林：人名。傳另見《北史》卷七二。

［2］博陵：郡名。治所在今河北正定縣。　安平：縣名。治所在今河北安平縣。

［3］壽：人名。即李壽。北魏任官湖州户曹從事，其他事迹不詳。

［4］湖州户曹從事：《北史·李德林傳》作"魏湖州户曹從事"。湖州，治所在今河南唐河縣西南。户曹從事，官名。北魏爲州户曹署屬員。掌户口、籍帳、婚嫁等事。

［5］敬族：人名。即李敬族。事亦見《北史·李德林傳》。

［6］太學博士：官名。北魏國子學、太學各置博士，教授學生。從七品。　鎮遠將軍：軍號名。北魏《後品令》定爲正四品，西魏、北周正六命。

［7］魏孝静帝：東魏皇帝元善見的謚號。紀見《魏書》卷一二、《北史》卷五。

［8］内校書：官名。北魏著作省置校書郎。孝文帝時有秘書校書郎、集書校書郎，又有内校書。掌整理、考校典籍，兼參與修史及修正曆法等事。

［9］直閤省：官署名。北魏具體設置不詳。

［10］左思：人名。字太沖，西晋文學家，曾撰《三都賦》，一時洛陽紙貴。傳見《晋書》卷九二。

［11］高隆之：人名。東魏、北齊大臣，武定末官至太保、尚書令。傳見《北齊書》卷一八、《北史》卷五四。

［12］鄴京：城名。因其爲東魏都城，故稱鄴京。時位今河北臨漳縣西南鄴鎮東。

[13]墳典：三墳（傳説中中國最古的書籍）、五典（傳説中的上古五部典籍）的並稱，後轉爲古代典籍的通稱。

[14]陰陽：指陰陽五行之學。　緯候：一爲緯書與《尚書中候》的合稱，亦爲緯書的通稱；二稱讖緯之學，多指天象符瑞、占驗災異之書。

[15]魏收：人名。傳見《魏書》卷一〇四、《北齊書》卷三七、《北史》卷五六。

[16]温子昇：人名。北魏、東魏時著名文學家，北地三才之一。傳見《魏書》卷八五、《北史》卷八三。

[17]常侍：據《北史》《魏書》之《魏收傳》，知魏收於東魏任散騎常侍，此當是其簡稱。散騎常侍，官名。北魏爲集書省官員。掌諷議左右，從容獻納，兼以出入王命。北齊沿之。另於起居省亦置。從三品。

[18]老、彭：以老子和彭祖喻李德林文才。

[19]崔諶：人名。博陵安平人，東魏、北齊崔暹之兄，曾任河間太守。

[20]僕射：官名。魏、晋以來爲尚書省次官，輔助尚書令執行政務、參議大政等。北朝亦位列宰相，然録尚書、尚書令常置，故其地位稍遜南朝。按，據《北齊書》卷三〇《崔暹傳》，崔暹在東魏高澄掌權時爲度支尚書，兼僕射。

任城王湝爲定州刺史，[1]重其才，召入州館。[2]朝夕同游，殆均師友，不爲君民禮數。嘗語德林云：“竊聞蔽賢蒙顯戮。久令君沈滯，吾獨得潤身，朝廷縱不見尤，亦懼明靈所譴。”於是舉秀才入鄴，[3]于時天保八年也。[4]王因遺尚書令楊遵彦書云：[5]“燕趙固多奇士，此言誠不爲謬。今歲所貢秀才李德林者，文章學識，固不待言，觀其風神器宇，終爲棟梁之用。至如經國大體，是賈生、晁錯之儔；[6]雕蟲小技，殆相如、子雲之輩。[7]今雖唐、虞君世，[8]俊乂盈朝，然修大厦者，豈厭夫良材之積也？吾嘗見孔文舉《薦禰衡表》云：[9]'洪水横流，帝思俾乂。'以正平比夫大禹，[10]常謂擬諭非倫。今以德林言之，便覺前言非大。"遵彦即命德林製《讓尚書令表》，援筆立成，不加治點。因大相賞異，以示吏部郎中陸卬。[11]卬云："已大見其文筆，浩浩如長河東注。比來所見，後生制作，乃涓澮之流耳。"卬仍命其子乂與德林周旋，[12]戒之曰："汝每事宜師此人，以爲模楷。"時遵彦銓衡，深慎選舉，秀才擢第，罕有甲科。德林射策五條，[13]考皆爲上，授殿中將軍。[14]既是西省散員，[15]非其所好，又以天保季世，乃謝病還鄉，闔門守道。

[1]湝（jiē）：人名。即高湝。北齊神武帝高歡第十子。傳見《北齊書》卷一〇、《北史》卷五一。按，《北齊書》《北史》本傳未載其任定州刺史事。　定州：治所在今河北定州市。

[2]州館：指州學。

[3]秀才：本意指優秀人才。漢武帝始定爲選舉科目。三國魏州舉秀才。晋朝沿之。南北朝略同。時秀才之選最爲重要，多以此出任要職，所舉者也多出於世家豪族。此是北齊選舉科目名。

[4]天保：北齊文宣帝高洋年號（550—559）。

[5]尚書令：官名。北魏初不常置，亦不掌實際政務。孝文帝改制後，尚書省權任頗重，以録尚書爲長官，尚書令爲副貳。兼掌監察百官，皆爲宰相。北齊第二品。　楊遵彦：人名。即楊愔，字遵彦，北齊天保初遷尚書右僕射。傳見《北齊書》卷三四，《北史》卷四一有附傳。

[6]賈生：人名。即賈誼，漢初名士，撰有名篇《過秦論》。傳見《史記》卷八四、《漢書》卷四八。　鼂錯：人名。漢文帝時任御史大夫，政治上主張削藩。傳見《史記》卷一〇一、《漢書》卷四九。

[7]相如：人名。即西漢文學家司馬相如。傳見《史記》卷一一七、《漢書》卷五七。　子雲：人名。即揚雄，字子雲，漢賦四大家之一。傳見《漢書》卷八七。

[8]唐：即唐堯。傳説中的古帝名。詳見《史記》卷一《五帝本紀》。　虞：即虞舜。傳説中的古帝名。詳見《史記·五帝本紀》。

[9]孔文舉：人名。即孔融，字文舉，東漢末年"建安七子"之一。傳見《後漢書》卷七〇。　《薦禰衡表》：收録於孔融所撰《孔北海集》。

[10]正平：人名。即禰衡。傳見《後漢書》卷八〇下。　大禹：古帝名。詳見《史記》卷二《夏本紀》。

[11]吏部郎中：官名。魏晋南北朝與吏部郎互稱，爲尚書省吏部曹長官，吏部尚書屬下。主管官吏選任銓叙調動政務。北齊第六品。　陸卬：人名。傳見《北齊書》卷三五，《北史》卷二八有附傳。

[12]乂：人名。即陸乂。北齊任官員外散騎常侍兼中書舍人。《北史》卷二八有附傳。

[13]射策：北齊選官考試的一種方法。始創於漢朝。即將試題書於簡策，按難易分爲甲、乙兩科，或甲、乙、丙三科，列而置之，不使彰顯。應試者任意取策，不得更换。主考者依其答案評定優劣。朝廷依成績優劣，分别授予相應官職。魏晋南北朝沿之。

[14]殿中將軍：官名。爲侍衛武職，隸左、右衛府。北齊八品上。

[15]西省：官署名。北魏孝文帝改制以後爲禁軍直宿專署。北齊因之。　散員：無具體職掌之官。

乾明初，[1]遵彦奏追德林入議曹。[2]皇建初，[3]下詔搜揚人物，復追赴晋陽。[4]撰《春思賦》一篇，代稱典麗。是時長廣王作相，[5]居守在鄴。敕德林還京，[6]與散騎常侍高元海等參掌機密。[7]王引授丞相府行參軍。[8]未幾而王即帝位，授奉朝請，[9]寓直舍人省。[10]河清中，[11]授員外散騎侍郎，[12]帶齋帥，[13]仍别直機密省。[14]天統初，[15]授給事中，[16]直中書，[17]參掌詔誥。[18]尋遷中書舍人。[19]武平初，[20]加通直散騎侍郎。[21]又敕與中書侍郎宋士素，副侍中趙彦深别典機密。[22]尋丁母艱去職，勺飲不入口五日。因發熱病，遍體生瘡，而哀泣不絶。諸士友陸騫、宋士素，名醫張子彦等，[23]爲合湯藥。德林不肯進，遍體洪腫，數日間，一時頓差，身力平復。諸人皆云孝感所致。太常博士巴叔仁表上其事，[24]朝廷嘉之。纔滿百日，奪情起復，德林以羸病屬疾，請急罷歸。

[1]乾明：北齊廢帝高殷年號（560）。

[2]議曹：官署名。掌言職。北齊職掌不詳。

[3]皇建：北齊孝昭帝高演年號（560—561）。

[4]晋陽：縣名。治所在今山西太原市。

[5]長廣王：即北齊武成帝高湛。紀見《北齊書》卷七、《北史》卷八。

[6]敕：下行文書。始用於漢朝。凡官長告誡僚屬、尊長告諭子孫均稱敕。南北朝以後，則成爲皇帝專用的命令文書之一。

[7]高元海：人名。北齊宗室。《北齊書》卷一四、《北史》卷五一有附傳。

[8]行參軍：官名。府屬僚佐之一。三國至唐皆置。北齊三公府行參軍品位最高，爲從七品上，其他遞降。

[9]奉朝請：官名。原指兩漢達官顯貴定期朝見皇帝的一種政治優待。東晋獨立爲官，亦作加官。南朝列爲散騎（集書）省屬官，安置閑散。北魏亦爲閑散官。北齊改爲職事官，掌獻納諫諍，隸集書省。從七品下。

[10]舍人省：官署名。北魏置，北齊沿之，隸中書省。掌署敕行下，宣旨勞問。領中書舍人、主書。

[11]河清：北齊武成帝高湛年號（562—565）。

[12]員外散騎侍郎：官名。西晋武帝始置，南朝、北魏、北齊沿置，屬散騎省（東省、集書省）。爲閑散之職。北齊此官屬集書省，所授頗濫。正七品上。

[13]齋帥：官名。北朝在皇帝左右的齋帥地位較高，常兼任其他較重要的官職。北齊門下省齋帥局置，起到過伺察百官的作用。從七品下。此外，北齊諸王國也置。

[14]機密省：掌管機要大事的部門。按，據前文當指舍人省。

[15]天統：北齊後主高緯年號（565—569）。

[16]給事中：官名。北齊隸集書省，掌諫議獻納。從六品上。

[17]中書：官署名。中書省的簡稱。北齊置監、令爲長官。掌擬詔出令及宫廷伶官樂隊。下屬舍人省掌署敕頒行，宣旨勞問。

[18]詔誥：文書名。詔，初意爲上告於下文書。秦始皇統一天下，始定天子稱皇帝，其令爲詔。此後，即作爲皇帝專用的命令文書之一。後世皆因之。亦稱“詔書”“詔旨”“詔命”等。

[19]中書舍人：官名。爲中書省下屬舍人省官員。掌署敕行下，宣旨勞問。北齊第六品上。

[20]武平：北齊後主高緯年號（570—575）。

[21]通直散騎侍郎：官名。北齊於集書省及其下轄起居省置。掌諷議左右，從容獻納。從五品上。

[22]中書侍郎：官名。爲中書省官員。三國魏始置。魏、晋職

任機要。南朝擬詔出令事權悉由中書舍人執掌，侍郎職閑官清。北魏、北齊略同。北齊從四品上。　宋士素：人名。北魏宋游道之子，由趙彦深舉薦引入内省，久典機密。事見《北齊書》卷四七《宋游道傳》。　侍中：官名。爲門下省長官。掌獻納諫正，及兼統宫廷内務之職。常總典機密，受遺詔輔政，權任尤重。北齊第三品。　趙彦深：人名。北齊重臣，文宣帝時徵爲侍中。傳見《北齊書》卷三八、《北史》卷五五。按，此句中華本標點作："又敕與中書侍郎宋士素、副侍中趙彦深别典機密。"欠妥。如此標點，將"中書侍郎宋士素"和"副侍中趙彦深"完全並列，使人因中書侍郎是宋士素官銜，會誤以爲副侍中是趙彦深的官銜。而北齊無此官。考《北齊書》《北史》之《趙彦深傳》，知趙彦深官即侍中。可斷"副"乃輔助義。故當用逗號爲確。

[23]陸騫：人名。北齊後主武平末任吏部郎中。事見《北史》卷二八《陸卬傳》。　張子彦：人名。事迹不詳。

[24]太常博士：官名。爲太常寺官員，掌禮制。北齊從七品下。　巴叔仁：人名。事迹不詳。

魏收與陽休之論《齊書》起元事，[1]敕集百司會議。收與德林書曰："前者議文，總諸事意，小如混漫，難可領解。今便隨事條列，幸爲留懷，細加推逐。凡言或者，皆是敵人之議。既聞人説，因而探論耳。"德林復書曰："即位之元，《春秋》常義。謹按魯君息姑不稱即位，[2]亦有元年，非獨即位得稱元年也。議云受終之元，《尚書》之古典。謹案《大傳》，周公攝政，[3]一年救亂，二年伐殷，三年踐奄，[4]四年建侯衛，[5]五年營成周，[6]六年制禮作樂，七年致政成王。[7]論者或以舜、禹受終，是爲天子。然則周公以臣禮而死，此亦稱元，非獨受終爲帝也。蒙示議文，扶病省覽，荒情迷識，暫得發蒙。當世君子，必無横議，唯應閣筆贊成而已。輒謂前二條有益於議，仰見議中不録，謹以寫呈。”收重遺書曰：“惠示二事，感佩殊深。以魯公諸侯之事，昨小爲疑。息姑不書即位，舜、禹亦不言即位。息姑雖攝，尚得書元，舜、禹之攝稱元，理也。周公居攝，乃云一年救亂，似不稱元。自無《大傳》，不得尋討。一之與元，其事何别？更有所見，幸請論之。”

[1]陽休之：人名。北齊著名學者，官至和州刺史。傳見《北齊書》卷四二，《北史》卷四七有附傳。

[2]魯君息姑：即魯隱公。詳見《史記》卷三三《魯周公世家》。

[3]周公：即周文王子姬旦。詳見《史記·魯周公世家》。

[4]奄：古國名。在今山東曲阜市。

[5]侯衛：自侯服至衛服之地。借指侯服至衛服之間的諸侯。

[6]成周：城名。周成王時周公所建。在今河南洛陽市白馬寺東漢魏洛陽故城附近。

[7]成王：此指西周成王。詳見《史記》卷四《周本紀》。

德林答曰：

攝之與相，其義一也。故周公攝政，孔子曰“周公相成王”；[1]魏武相漢，[2]曹植曰“如虞翼唐”。[3]或云高祖身未居攝，[4]灼然非理。攝者專賞罰之名，古今事殊，不可以體爲斷。陸機見舜肆類上帝，[5]班瑞群后，[6]便云舜有天下，須格於文祖也，[7]欲使晋之三主異於舜攝。[8]竊以爲舜若堯死獄訟不歸，便是夏朝之益，[9]何得不須格於文祖也？若使用王者之禮，便曰即真，則周公負扆朝諸侯，霍光行周公之事，[10]皆真帝乎？斯不然矣。必知高祖與舜攝不殊，不得從士衡之謬。

[1]周公相成王：語出《尚書·大誥》。

[2]魏武：即曹操。紀見《三國志》卷一。按，曹操於東漢末爲丞相，挾天子以令諸侯。

[3]曹植：人名。曹操之子。傳見《三國志》卷一九。　如虞翼唐：虞，即虞舜。唐，即唐堯。

[4]高祖：高歡的廟號。紀見《北齊書》卷一、二，《北史》卷六。

[5]陸機：人名。字士衡，西晋著名文學家。傳見《晋書》卷五四。　肆類上帝：語出《尚書·舜典》，後以"肆類"稱祭天之禮。

[6]班瑞群后：語出《尚書·舜典》。

[7]文祖：當是西晋太祖文帝司馬昭的簡稱。紀見《晋書》卷二。

[8]晋之三主：當指司馬懿、司馬師、司馬昭。紀見《晋書》卷一、二。

[9]益：人名。即伯益。相傳爲堯、舜時大臣，禹要禪位於他。詳見《史記》卷二《夏本紀》。

[10]霍光：人名。西漢權臣，歷漢武帝、漢昭帝、漢宣帝三朝，官至大司馬、大將軍。曾輔政漢昭帝，主持廢立荒淫無道的昌邑王劉賀，擁立漢宣帝，功勳卓著。傳見《漢書》卷六八。

或以爲書元年者，當時實録，非追書也。大齊之興，[1]實由武帝，[2]謙匿受命，豈直史也？比觀論者聞追舉受命之元，多有河漢，[3]但言追數受命之歲，情或安之。似所怖者元字耳，事類朝三，是許其一年，不許其元年也。案《易》“黄裳元吉”，[4]鄭玄注云：[5]“如舜試天子，周公攝政。”是以試攝不殊。《大傳》雖無元字，一之與元，無異義矣。《春秋》不言一年一月者，欲使人君體元以居正，蓋史之婉辭，非一與元别也。漢獻帝死，[6]劉備自尊崇。[7]陳壽，[8]蜀人，[9]以魏爲漢賊。寧肯蜀主未立，已云魏武受命乎？士衡自尊本國，誠如高議，欲使三方鼎峙，同爲霸名。習氏《漢晋春秋》，[10]意在是也。正司馬炎兼并，[11]許其帝號。魏之君臣，吴人並以爲戮賊，亦寧肯當塗之世，云晋有受命之徵？史者，編年也，故魯號《紀年》。墨子又云，[12]吾見《百國春秋》。史又有無事而書年者，是重年驗也。若欲高祖事事謙冲，即須號令皆推魏氏。[13]便是編魏年，紀魏事，此即魏末功臣之傳，豈復皇朝帝紀者也。

[1]大齊：此指北齊（550—577），都鄴（今河北臨漳縣西南鄴鎮東）。

[2]武帝：高歡謚號“神武皇帝”的簡稱。

[3]河漢：比喻博大精深的事物。

[4]黄裳元吉：語出《易·坤卦》。

[5]鄭玄：人名。東漢經學家，嘗遍注群經。傳見《後漢書》卷三五。

[6]漢獻帝：東漢獻帝劉協。紀見《後漢書》卷九。

[7]劉備：人名。三國蜀漢先主。紀見《三國志》卷三二。

[8]陳壽：人名。三國蜀漢及西晋史學家，著有《三國志》。傳見《晋書》卷八二。

[9]蜀人：《陳壽傳》云陳壽爲“巴西安漢人”。蜀，地區名。

泛指今四川地區。

[10]習氏：即習鑿齒，東晋史學家。傳見《晋書》卷八二。

[11]司馬炎：人名。西晋武帝。紀見《晋書》卷三。

[12]墨子：春秋末宋國人，事迹略見《史記》卷七四《孟子荀卿列傳》、卷一三〇《太史公自序》及《漢書·藝文志》。

[13]魏氏：指北魏（386—557），亦單稱魏。初都平城（今山西大同市東北），公元494年遷都洛陽（今河南洛陽市東北白馬寺東）。公元534年分裂爲東魏和西魏兩個政權。東魏（534—550）都於鄴（今河北臨漳縣西南鄴鎮東），西魏（535—557）都於長安（今陝西西安市西北郊）。

陸機稱紀元立斷，或以正始，[1]或以嘉平。[2]束晳議云，[3]赤雀白魚之事。[4]恐晋朝之議，是并論受命之元，[5]非止代終之斷也。公議云陸機不議元者，是所未喻，願更思之。陸機以刊木著於《虞書》，[6]龕黎見於商典，[7]以蔽晋朝正始、嘉平之議，斯又謬矣。唯可二代相涉，兩史並書，必不得以後朝創業之迹，斷入前史。若然，則世宗、高祖皆天保以前，[8]唯入魏氏列傳，不作齊朝帝紀，[9]可乎？此既不可，彼復何證！

[1]正始：三國魏齊王曹芳年號（240—249）。

[2]嘉平：三國魏齊王曹芳年號（249—254）。

[3]束晳：人名。西晋經學家。傳見《晋書》卷五一。

[4]赤雀：傳説中的瑞鳥。　白魚：傳説周武王渡河，有白魚躍入王舟中，武王俯取以祭。或附會周興滅紂之瑞。

[5]受命：受天之命。古帝王自稱受命於天以鞏固其統治。

[6]刊木：砍伐樹木。語出《尚書·禹貢》。

［7］龕黎：庫本本卷考證云：“《書經》西伯戡黎作戡。按，‘戡’與‘龕’通。”戡，平定。黎，古國名。在今山西長治縣境。

［8］世宗：北齊皇帝高澄的廟號。紀見《北齊書》卷三、《北史》卷六。

［9］齊朝：指北齊。

是時中書侍郎杜臺卿上《世祖武成皇帝頌》，[1]齊主以爲未盡善，[2]令和士開以頌示德林。[3]宣旨云：“臺卿此文，未當朕意。以卿有大才，須叙盛德，即宜速作，急進本也。”德林乃上頌十六章并序，文多不載。武成覽頌善之，賜名馬一匹。三年，祖孝徵入爲侍中，[4]尚書左僕射趙彦深出爲兗州刺史。[5]朝士有先爲孝徵所待遇者，間德林，云是彦深黨與，不可仍掌機密。孝徵曰：“德林久滯絳衣，[6]我常恨彦深待賢未足。内省文翰，[7]方以委之。尋當有佳處分，不宜妄説。”尋除中書侍郎，仍詔修國史。齊主留情文雅，召入文林館。[8]又令與黄門侍郎顔之推二人同判文林館事。[9]五年，敕令與黄門侍郎李孝貞、中書侍郎李若别掌宣傳。[10]尋除通直散騎常侍，[11]兼中書侍郎。隆化中，[12]假儀同三司。[13]承光中，[14]授儀同三司。

［1］杜臺卿：人名。傳見本書卷五八，《北史》卷五五有附傳。世祖武成皇帝：北齊高湛的廟號和謚號。

［2］齊主：此指北齊後主高緯。紀見《北齊書》卷八、《北史》卷八。

［3］和士開：人名。北齊後主高緯武平元年封淮陽王，除尚書令、録尚書事。傳見《北齊書》卷五〇、《北史》卷九二。

［4］祖孝徵：人名。即祖珽，字孝徵，北齊著名學者，官至尚書左僕射。傳見《北齊書》卷三九，《北史》卷四七有附傳。

［5］尚書左僕射：官名。秦、西漢置尚書僕射，爲尚書令副貳，是低級官。東漢爲尚書臺次官，職權益重。獻帝時分置左、右。魏、晋置爲尚書省次官，輔助尚書令執行政務，參議大政等。南朝尚書令爲宰相之任，不親庶務，尚書省日常政務常由僕射主持。梁、陳常缺尚書令，僕射實成省的主官，位列宰相。北朝亦位列宰相，然録尚書、尚書令常置，故其地位稍遜南朝。　兗州：治所在今山東兗州市。

［6］絳衣：深紅色衣服。此指品級低的官服。

［7］内省：設在宫禁内的官署，稱内省。

［8］文林館：官署名。北齊文人學士入館者，稱待詔文林館。主要職務是編撰供皇帝閲覽的書籍，撰成後名《修文殿御覽》。

［9］黄門侍郎：官名。秦、西漢爲中朝官，侍從皇帝。東漢與給事黄門合爲一官，遂成爲"給事黄門侍郎"的省稱。魏、晋至隋初因之，爲侍中省或門下省次官。出入禁中，近侍帷幄，位頗重。北齊黄門侍郎輔助長官侍中總典機密。第四品上。　顔之推：人名。北齊後主時官任給事黄門侍郎。傳見《北齊書》卷四五、《北史》卷八三。

［10］李孝貞：人名。傳見本書卷五七，《北史》卷三三有附傳。　李若：人名。開皇中卒於秦王府咨議參軍。事見《北史》卷四三《李庶傳》。

［11］通直散騎常侍：官名。北齊於集書省及其下轄起居省置。掌諷議左右，從容獻納。第四品下。

［12］隆化：北齊後主高緯年號（576）。

［13］假：官制用語。代理、兼攝之意。　儀同三司：官名。原謂官非三公而儀制待遇同於三司（三公）。南北朝授予範圍不斷擴大，逐漸成爲官號。北齊位三公下，二品。

［14］承光：北齊幼主高恒年號（577）。

及周武帝克齊，[1]入鄴之日，敕小司馬唐道和就宅宣旨慰喻，[2]云："平齊之利，唯在於爾。朕本畏爾逐齊王東走，[3]今聞猶在，大以慰懷，宜即入相見。"道和引之入内，遣内史宇文昂訪問齊朝風俗政教、人物善惡，[4]即留内省，三宿乃歸。仍遣從駕至長安，[5]授内史上士。[6]自此以後，詔誥格式，及用山東人物，[7]一以委之。武帝嘗於雲陽宫作鮮卑語謂群臣云：[8]"我常日唯聞李德林名，及見其與齊朝作詔書移檄，我正謂其是天上人。豈言今日得其驅使，復爲我作文書，極爲大異。"神武公紇豆陵毅答曰：[9]"臣聞明王聖主，得騏驎鳳凰爲瑞，是聖德所感，非力能致之。瑞物雖來，不堪使用。如李德林來受驅策，亦陛下聖德感致，有大才用，無所不堪，勝於騏驎鳳凰遠矣。"武帝大笑曰："誠如公言。"宣政末，[10]授御正下大夫。[11]大象初，[12]賜爵成安縣男。[13]

[1]周武帝：北周皇帝宇文邕的謚號。紀見《周書》卷五、六，《北史》卷一〇。

[2]小司馬：官名。全稱爲小司馬上大夫，爲夏官司馬府次官。佐長官大司馬卿總統禁衛兵。北周正六命。　唐道和：人名。即唐邕，字道和，北齊、北周人。傳見《北齊書》卷四〇、《北史》卷五五。

[3]齊王：指北齊後主和幼主。

[4]内史：官名。西魏、北周内史官署屬春官府，初以内史中大夫爲長官，周宣帝大象元年（579）改置内史上大夫爲長官。掌詔書撰寫，參議刑罰爵賞及軍國大事，並修撰國志及起居注。内史

上大夫正六命，内史中大夫正五命。　宇文昂：人名。事亦見《通鑑》卷一七三，具體事迹不詳。

［5］長安：北周都城。在今陝西西安市西北郊。

［6］内史上士：官名。亦稱小内史上士，北周爲春官府内史曹的屬官，掌草擬皇帝詔令，參修國志及起居注。置二員，正三命（參見王仲犖《北周六典》卷四《春官府第九》，中華書局 1979 年版，第 174 頁）。

［7］山東：地區名。戰國、秦、漢時代，通稱華山或崤山以東爲山東。

［8］雲陽宫：行宫名。即秦之林光宫，漢之甘泉宫。在今陝西淳化縣西北甘泉山上。

［9］神武公：爵名。按，據《周書》卷三〇《竇毅傳》，全稱爲神武郡公。北周正九命。　紇豆陵毅：人名。即竇毅，北周官至大柱國、大司馬。《周書》卷三〇、《北史》卷六一有附傳。按，中華本校勘記云："即竇毅，北周賜姓'紇豆陵氏'。本書或稱竇毅，或稱紇豆陵毅。"

［10］宣政：北周武帝宇文邕年號（578）。

［11］御正下大夫：官名。全稱爲小御正下大夫。北周爲天官冢宰府官員。佐御正上大夫職掌草擬詔册文誥，近侍樞機。凡諸刑罰爵賞，以及軍國大事，皆須參議。北周正四命。

［12］大象：北周静帝宇文闡年號（579—580）。

［13］成安縣男：爵名。北周正五命。

宣帝大漸，[1]屬高祖初受顧命，[2]邗國公楊惠謂德林曰：[3]"朝廷賜令總文武事，經國任重，非群才輔佐，無以克成大業。今欲與公共事，必不得辭。"德林聞之甚喜，乃答云："德林雖庸懦，[4]微誠亦有所在。若曲相提獎，必望以死奉公。"高祖大悦，即召與語。劉昉、鄭譯初矯詔召高祖受顧命輔少主，[5]總知内外兵馬事。諸衛既奉敕，[6]並受高祖節度。鄭譯、劉昉議，欲授高祖冢宰，[7]鄭譯自攝大司馬，[8]劉昉又求小冢宰。[9]高祖私問德林曰："欲何以見處？"德林云："即宜作大丞相，[10]假黄鉞，[11]都督内外諸軍事。[12]不爾，無以壓衆心。"及發喪，便即依此。以譯爲相府長史，[13]帶内史上大夫，昉但爲丞相府司馬。[14]譯、昉由是不平。以德林爲丞相府屬，[15]加儀同大將軍。[16]

[1]宣帝：北周皇帝宇文贇的謚號。

[2]高祖：隋文帝楊堅的廟號。

[3]邗（hán）國公：爵名。北周十一等爵的第四等。正九命。　楊惠：人名。即楊雄，本名惠，隋文帝楊堅之侄。傳見本書卷四三，《北史》卷六八有附傳。

[4]愞（nuò）：同懦。

[5]劉昉：人名。傳見本書卷三八、《北史》卷七四。　鄭譯：人名。傳見本書卷三八，《北史》卷三五有附傳。　少主：指北周静帝宇文闡。紀見《周書》卷八、《北史》卷一〇。

[6]衛：此指北周府兵制之軍事編制。

[7]冢宰：官名。全稱爲大冢宰卿。西魏恭帝三年（556）仿《周禮》建六官，置大冢宰卿一人，爲天官冢宰府最高長官。正七命。掌邦治，以建邦之六典佐皇帝治邦國。北周沿置，然其權力却因人而異，若有五府總於天官之命，則稱冢宰，能總攝百官，實爲大權在握之宰輔；若無此命，即稱太宰，與五卿並列，僅統本府官。

[8]大司馬：官名。大司馬卿的簡稱。西魏恭帝三年仿《周禮》建六官，置大司馬卿爲夏官府最高長官。掌邦政，征伐敵國及

四時治兵講武皆由其主持，大祭祀則掌宿衛，廟社則奉羊牲。正七命。北周同。

［9］小冢宰：官名。全稱爲小冢宰上大夫，爲天官府大冢宰卿之下屬。置兩員，北周正六命。

［10］大丞相：官名。北周静帝大象二年置左、右大丞相。以宇文贇爲右大丞相，但僅有虚名；以楊堅爲左大丞相，總攬朝政。旋去左右之號，獨以楊堅爲大丞相。實爲控制朝廷的權臣。

［11］假黄鉞：黄鉞即飾以黄金的鉞，本用於皇帝儀仗。三國時特賜出征重臣，以示威重，令其專主征伐。其後相沿爲成制。晋和南朝宋、齊以及北齊、北周也有此制。

［12］都督内外諸軍事：官名。原稱都督中外諸軍事，爲避楊堅父諱而改。三國魏黄初三年（222）始置此官，及曹真任此時成爲全國最高軍事統帥。魏晋南北朝時，衹有特殊權臣就任，不常置。

［13］相府長史：官名。北周丞相府屬官，全稱是大丞相府長史。爲府中大丞相下衆官員之首。

［14］丞相府司馬：官名。北周丞相府屬官，全稱是大丞相府司馬。爲丞相府屬官，位僅次長史。

［15］丞相府屬：楊堅大丞相府府僚除長史、司馬外，還置司録、從事内郎、掾、屬、主簿等。此是泛指某一僚屬，但從後文級位當在從事内郎以下。

［16］儀同大將軍：勳官名。北周九命。

未幾而三方構亂，[1]指授兵略，皆與之參詳。軍書羽檄，朝夕填委，一日之中，動逾百數。或機速競發，口授數人，文意百端，不加治點。鄖公韋孝寬爲東道元帥，[2]師次永橋，[3]爲沁水泛長，[4]兵未得度。長史李詢上密啓云：[5]“大將梁士彦、宇文忻、崔弘度並受尉遲迥饟金，[6]軍中慅慅，人情大異。”高祖得詢啓，深以爲憂，與鄭譯議，欲代此三人。德林獨進計云："公與諸將，並是國家貴臣，未相伏馭，今以挾令之威，使得之耳。安知後所遣者，能盡腹心，前所遣人，獨致乖異？又取金之事，虛實難明，即令換易，彼將懼罪，恐其逃逸，便須禁錮。然則鄖公以下，必有驚疑之意。且臨敵代將，自古所難，樂毅所以辭燕，[7]趙括以之而敗趙。[8]如愚所見，但遣公一腹心，明於智略，爲諸將舊來所信服者，速至軍所，使觀其情僞。縱有異志，必不敢動。"丞相大悟曰："若公不發此言，幾敗大事。"即令高熲馳驛往軍所，[9]爲諸將節度，竟成大功。凡厥謀謨，多此類也。

[1]三方構亂：指相州總管尉遲迥、益州總管王謙、鄖州總管司馬消難起兵反楊堅。

[2]鄖公：爵名。鄖國公的簡稱。北周正九命。　韋孝寬：人名。西魏、北周名將。傳見《周書》卷三一、《北史》卷六四。　元帥：據《通鑑》卷一七四《陳紀》太建十二年，知是"行軍元帥"的簡稱。北周出征軍的統帥名。根據需要臨時任命，事罷則廢。

[3]永橋：中華本《周書·韋孝寬傳》校勘記考證："永橋"即"永橋城"，是鎮名。若此，當在今河南武陟縣西。

[4]沁水：即今沁河，源出山西沁源縣北太岳山東麓，南流至河南武陟縣入黄河。

[5]長史：北周高級幕僚。據本書卷三七《李詢傳》、《通鑑》卷一七四《陳紀》太建十二年，知李詢是韋孝寬行軍元帥幕府長史。　李詢：人名。本書卷三七、《北史》卷五九有附傳。

[6]梁士彦：人名。傳見本書卷四〇、《周書》卷三一、《北

史》卷七三。　宇文忻：人名。傳見本書卷四〇，《北史》卷六〇有附傳。　崔弘度：人名。傳見本書卷七四，《北史》卷三二有附傳。　尉遲迥：人名。北周太祖宇文泰之甥，周宣帝時任大前疑、相州總管。傳見《周書》卷二一、《北史》卷六二。

[7]樂毅：人名。戰國時期中山人，軍事家。傳見《史記》卷八〇。

[8]趙括以之而敗趙：宋刻遞修本、汲古閣本、殿本、庫本、中華本均作“趙括以之敗趙”，無“而”字。趙括，人名。戰國時趙國人。事見《史記》卷八一《廉頗藺相如列傳》。

[9]高熲：人名。傳見本書卷四一、《北史》卷七二。　驛：又名館驛、郵驛、驛舍、傳舍、郵舍。戰國時已設，歷代相傳。供傳達軍政公文者及來往官吏、使臣途中歇宿、換馬（車船）之處所。

進授丞相府從事内郎。[1]禪代之際，[2]其相國總百揆、九錫殊禮詔策箋表璽書，[3]皆德林之辭也。高祖登阼之日，授内史令。[4]

[1]丞相府從事内郎：楊堅大丞相府府僚名。

[2]禪代：中國古代歷史上統治權轉移的一種方式，即皇帝把帝位讓給他人。

[3]相國：官名。初爲春秋戰國時期對輔政大臣的尊稱。後漸成爲官稱，爲百官之長，與丞相略同而位稍尊。秦不置。漢魏晋南北朝不常置，位尊於丞相，職權品秩略同，非尋常人臣之位。　百揆：百官。　九錫（cì）：傳説古代帝王尊禮大臣所給的九種器物。王莽代漢建新前，先加九錫，此後掌政大臣奪取政權、建立新王朝前，都加九錫，成爲例行公事。　詔策箋表璽書：此指各種文書名。

[4]内史令：官名。内史省長官，掌皇帝詔令出納宣行，居宰相之職。正三品。

初，將受禪，虞慶則勸高祖盡滅宇文氏，[1]高熲、楊惠亦依違從之。唯德林固争，以爲不可。高祖作色怒云："君讀書人，不足平章此事。"於是遂盡誅之。自是品位不加，出於高、虞之下，唯依班例授上儀同，[2]進爵爲子。[3]

[1]虞慶則：人名。傳見本書卷四〇、《北史》卷七三。

[2]班例：官職等級制度。官員臨朝時所站位置。　上儀同：官名。全稱爲上儀同三司。隋文帝因改北周十一等勳官之制形成十一等散實官，用以酬勤勞，無實際職掌。上儀同三司則是十一等散實官的第七等，可開府置僚佐。從四品上。

[3]子：爵名。隋文帝時九等爵的第八等。正四品下。

開皇元年，[1]敕令與太尉任國公于翼、高熲等同修律令。[2]事訖奏聞，別賜九環金帶一腰，駿馬一匹，賞損益之多也。格令班後，蘇威每欲改易事條。[3]德林以爲格式已頒，義須畫一，縱令小有踳駁，非過蠹政害民者，不可數有改張。威又奏置五百家鄉正，[4]即令理民間辭訟。德林以爲本廢鄉官判事，[5]爲其里閭親戚，剖斷不平，今令鄉正專治五百家，恐爲害更甚。且今時吏部，[6]總選人物，天下不過數百縣，於六七百萬户内，詮簡數百縣令，猶不能稱其才，乃欲於一鄉之内，選一人能治五百家者，必恐難得。又即時要荒小縣，有不至五百家者，復不可令兩縣共管一鄉。敕令内外群官，就東宮會議。自皇太子以下，[7]多從德林議。蘇威又言廢郡，德林語之云："修令時，公何不論廢郡爲便。今令纔出，其可改乎？"然高熲同威之議，稱德林狠戾，多所固執。由是高祖盡依威議。

[1]開皇：隋文帝楊堅年號（581—600）。

[2]太尉：官名。隋三公之一。隋初參議國家大事，置府僚，但不久就省除府及僚佐，成了榮譽性質的頭銜。正一品。　任國公：爵名。隋九等爵的第三等。從一品。　于翼：人名。北周武帝建德四年位居柱國，官任安州總管，奉詔統率數萬大軍東伐北齊，克齊十九城而還。傳見《周書》卷三〇，《北史》卷二三有附傳。　律令：通常指律、令、格、式。律，是對各種違法行爲的懲罰條文；令，是國家典章制度的規定；格，是政府以詔敕形式頒布的各種禁令，主要是對違法者的處罰，可看作對律的補充和變通條例；式，是官府機構的辦事章程。四者前代已先後出現，至隋並行。

[3]蘇威：人名。傳見本書卷四一，《北史》卷六三有附傳。

[4]鄉正：官名。鄉是縣以下的基層行政單位。鄉正爲一鄉之長。

[5]鄉官：秦朝以前大體指鄉級政府治事之所。漢朝沿用。漢朝亦指三老、孝悌、力田等協助郡縣治理一鄉的官吏。隋初指州都、郡正、縣正等以下光初主簿、光初功曹等佐官，由地方長官署用，不治時事。開皇十五年罷。

[6]吏部：官署名。隋爲尚書省六部之首。下統吏部、主爵、司勳、考功等曹（司）。以吏部尚書爲長官。掌全國文職官員銓選、勳封、考課之政。

[7]皇太子：此指楊勇。

五年，敕令撰録作相時文翰，勒成五卷，謂之《霸朝雜集》。序其事曰：

竊以陽烏垂曜，[1]微藿傾心，神龍騰舉，飛雲觸石。聖人在上，幽顯冥符，故稱比屋可封，萬物斯睹。臣皇基草創，便豫驅馳，遂得參可封之民，爲萬物之一，其爲嘉慶，固以多也。若夫帝臣王佐，應運挺生，接踵於朝，諒有之矣。而班、爾之妙，[2]曲木變容，朱、藍所染，素絲改色。二十二臣，[3]功成盡美；二十八將，[4]效力於時。種德積善，豈皆比於稷、契，[5]計功稱伐，非悉類於耿、賈。[6]書契已還，立言立事，質非殆庶，何世無之。蓋上禀睿后，旁資群傑，牧商鄙賤，屠釣幽微，化爲侯王，皆由此也。有教無類，童子羞於霸功；見德思齊，狂夫成於聖業。治世多士，亦因此焉。煙霧可依，騰蛇與蛟龍俱遠；栖息有所，蒼蠅同騏驥之速。因人成事，其功不難。自此而談，雖非上智，事受命之主，委質爲臣，遇高世之才，連官接席，皆可以翊亮天地，流名鐘鼎，何必蒼頡造書，[7]伊尹制命，公旦操筆，[8]老聃爲史，[9]方可叙帝王之事，談人鬼之謀乎？至若臣者，本慚賓實，[10]非勳非德，厠軒冕之流，無學無才，處藝文之職。若不逢休運，非遇天恩，光大含弘，博約文禮，萬官百辟，才悉兼人，收拙里閭，退仕鄉邑，不種東陵之瓜，[11]豈過南陽之掾，[12]安得出入閶闔之闥，[13]趨走太微之庭，[14]履天子之階，侍聖皇之側，樞機帷幄，霑及榮寵者也！

[1]陽烏：神話傳説中在太陽裏的三足烏。因用以借指太陽。

[2]班、爾：指春秋戰國時期兩位能工巧匠魯班（即公輸般）與王爾。

[3]二十二臣：指舜帝時期的二十二臣，其中十人掌管中央事務，十二人爲地方巡視的州牧。

[4]二十八將：指東漢光武帝時開國功臣雲臺二十八將。

[5]稷：周先祖。詳見《史記》卷四《周本紀》。　契：傳説中商的祖先，爲帝嚳子。參閱《尚書·舜典》、《史記》卷三《殷本紀》。

[6]耿、賈：指東漢光武帝開國名將耿弇與賈復。

[7]蒼頡：又作倉頡。古代傳説中的漢字創造者。《史記》據《世本》以爲是黄帝時的史官。

[8]公旦：指周成王輔臣周公旦。詳見《史記》卷三三《魯周公世家》。

[9]老聃：相傳爲春秋時期思想家，道教的創始人。姓李名耳，字聃，故亦稱老聃。作《道德經》五千言，亦名《老子》，爲道教的經典著作。

[10]賓實：謂名聲與事功相稱。語本《莊子·逍遥游》："名者，實之賓也。"

[11]東陵之瓜：漢廣陵人邵平曾爲秦東陵侯，秦滅爲布衣，於長安城東青門外種瓜。時人稱爲"東陵瓜"。典出《三輔黄圖·都城十二門》。

[12]南陽：郡名。隋前治所在今河南南陽市。據説諸葛亮曾隱居於此地。　掾：官府中佐助官吏的通稱。

[13]閶闔之閫（kǔn）：借指朝廷。閶闔，指宫殿。閫，門檻。

[14]太微：星官名。即太微垣，在北斗之南，軫宿和翼宿之北。古人以之象徵人間宫廷。

昔歲木行將季，[1]諒闇在辰，[2]火運肇興，[3]群官總己。有周典八柄之所，[4]大隋納百揆之日，兩朝文翰，臣兼掌之。時溥天之下，三方構亂，軍國多務，朝夕填委。簿領紛紜，羽書交錯，或速均發弩，或事大滔天，或日有萬機，或機有萬事。皇帝内明外順，經營區宇，吐無窮之術，運不測之神，幽贊兩儀，財成萬類。咨謀臺閣，曉喻公卿，訓率土之濱，責反常之賊。三軍奉律，戰勝攻取之方；萬國承風，安上治民之道。讓受終之禮，報群臣之令，有憲章古昔者矣，有隨事作故者矣。千變萬化，譬彼懸河；寸陰尺日，不棄光景。大則天壤不遺，小則毫毛無失。遠尋三古，未聞者盡聞；逖聽百王，未見者皆見。發言吐論，即成文章，臣染翰操牘，書記而已。昔放勛之化，[5]老人睹而未知；孔丘之言，弟子聞而不達。愚情稟聖，多必乖舛。加以奏閤趨墀，盈懷滿袖，手披目閱，堆案積几。心無別慮，筆不暫停，或畢景忘餐，或連宵不寐，以勤補拙，不遑自處。其有詞理疏謬，遺漏闕疑，皆天旨訓誘，神筆改定。運籌建策，通幽達冥，從命者獲安，違命者悉禍。懸測萬里，指期來事，常如目見，固乃神知。變大亂而致太平，易可誅而爲淳粹，化成道洽，其在人文，盡出聖懷，用成典誥，並非臣意所能至此。伯禹矢謨，[6]成湯陳誓，[7]漢光數行之札，[8]魏武《接要》之書，[9]濟時拯物，無以加也。屬神器大寶，將遷明德，天道人心，同謨歸往。周静南面，[10]每詔褒揚，在位諸公，各陳本志，璽書表奏，群情賜委。臣寰海之内，忝曰一民，樂推之心，切於黎獻，[11]欣然從命，輒不敢辭。比夫潘勖之册魏王，[12]阮籍之勸晋后，[13]道高前世，才謝往人，内手捫心，夙宵慚惕。檄書露板，[14]及以諸文，有臣所作之，有臣潤色之。唯是愚思，非奏定者，雖詞乖黼藻，而理歸霸德，文有可忽，事不可遺。前奉敕旨，集納麓已還，至於受命文筆，當時制述，條目甚多，今日收撰，略爲五卷云爾。

[1]木行：指北周是木德，故天命决定應被火德的隋所替代。古代陰陽家把金、木、水、火、土五行看成五德，認爲歷代王朝各代表一德，按照五行相克或相生的順序，交互更替，周而復始。

[2]諒闇（ān）：亦作"諒陰"。居喪時所住的房子。借指居喪。多用於皇帝。

[3]火運：即火德。指隋天命。

[4]有周：指北周（557—581），都於長安（在今陜西西安市西北郊）。　八柄：古代帝王統馭臣下的八種手段，即爵、禄、予、置、生、奪、廢、誅。典出《周禮·天官·大宰》。

[5]放勛：帝堯名。

[6]伯禹：人名。即夏禹。

[7]成湯：人名。亦作"成商"。商開國之君。詳見《史記》卷三《殷本紀》。

[8]漢光：漢光武帝劉秀的省稱。紀見《後漢書》卷一。

[9]魏武：三國魏武帝曹操的省稱。紀見《三國志》卷一。

[10]周静：指北周静帝宇文闡。

[11]黎獻：黎民中的賢者。典出《尚書·益稷》。

[12]潘勖：人名。東漢末人，曹操册立魏公時九錫策命爲其所作。事見《三國志》卷二一《衛覬傳》。　册：古代帝王用於册立、封贈的詔書。　魏王：指曹操。

[13]阮籍：人名。三國曹魏人，“竹林七賢”之一，撰有《爲鄭沖勸晋王箋》。傳見《晋書》卷四九。　晋后：指司馬昭。三國曹魏權臣，司馬氏建立西晋後，追謚爲晋文帝。紀見《晋書》卷二。

[14]露板：亦作“露版”。一指奏章。因其不緘封，故稱。二指檄文或告捷文書。

高祖省讀訖，明旦謂德林曰：“自古帝王之興，必有異人輔佐。我昨讀《霸朝集》，方知感應之理。昨宵恨夜長，不能早見公面。必令公貴與國始終。”於是追贈其父恒州刺史。[1]未幾，上曰：“我本意欲深榮之。”復贈定州刺史、安平縣公，[2]謚曰孝，[3]以德林襲焉。德林既少有才名，重以貴顯，凡製文章，動行於世。或有不知者，謂爲古人焉。

[1]恒州：治所在今河北正定縣南。

[2]定州：治所在今河北定州市。　安平縣公：爵名。隋九等爵的第五等。從一品。

[3]謚：謚法。上古有號無謚，周初始制謚法，秦始皇廢不用，自漢初恢復。即帝王、貴族、大臣死後，據其生前事迹依謚法給予一定的謚號，以示褒貶。

德林以梁士彦及元諧之徒頻有逆意，[1]大江之南，[2]抗衡上國。[3]乃著《天命論》上之，其辭曰：

[1]元諧：人名。傳見本書卷四〇、《北史》卷七三。

[2]大江：指長江。

[3]上國：指隋。

粵若邃古，玄黄肇辟，帝王神器，歷數有歸。生其德者天，應其時者命，確乎不變，非人力所能爲也。龍圖鳥篆，[1]號謚遺迹，[2]疑而難信，缺而未詳者，靡得而明焉。其在典文，焕乎緗素，欽明至德，莫盛於唐、虞，貽謀長世，莫過於文、武。[3]大隋神功積於文王，[4]天命顯於唐叔。[5]昔邑姜方娠，夢帝謂己："余命而子曰虞，將與之唐，而蕃育其子孫。"及生，有文在其手曰"虞"，遂以命之。成王滅唐而封太叔。[6]又唐叔之封也，箕子曰："其後必大。"[7]《易》曰："崇高富貴，莫大於帝王。"《老子》謂："域内四大，王居一焉。"此則名虞與唐，美兼二聖，將令其後必大，終致唐、虞之美，蕃育子孫，用享無窮之祚。

[1]龍圖：《易·繫辭上》："河出圖，洛出書，聖人則之。"據漢儒孔安國、劉歆等解説：伏羲時有龍馬出於黄河，馬背有旋毛如星點，稱作龍圖。　鳥篆：篆體古文字。形如鳥的爪迹，故稱。

[2]號謚：上古有號無謚，周初始制謚法而有謚號。號謚概稱這兩者。

[3]文、武：此指周文王、周武王。詳見《史記》卷四《周本紀》。

[4]文王：此指周文王。

[5]唐叔：亦稱唐虞叔。詳見《史記》卷三九《晋世家》。

[6]"昔邑姜"至"封太叔"：語出《史記》卷四二《鄭世家》。邑姜，即周武王之妻。己，指周武王。虞，即唐叔虞。唐，指陶唐氏，傳説中遠古部落，居平陽（今山西臨汾市）。成王，即

周成王。詳見《史記·周本紀》。太叔，即唐叔虞。

[7]箕子曰："其後必大"：語出《左傳》僖公十五年。箕子，殷商末期人。詳見《史記》卷三八《宋微子世家》。

逮皇家建國，初號大興，[1]箕子必大之言，於兹乃驗。天之眷命，懸屬聖朝，重耳區區，[2]豈足云也！有娀玄鳥，商以興焉；[3]姜嫄巨迹，周以興焉；[4]邑姜夢帝，隋以興焉。古今三代，靈命如一，本枝種德，弈葉丕基。佐高帝而滅楚，[5]立宣皇以定漢。[6]東京太尉，關西孔子，[7]生感遺鱣之集，歿降巨鳥之奇，[8]累仁積善，大申休命。太祖挺生，[9]庇民匡主，立殊勳於魏室，[10]建盛業於周朝。[11]啓翼軫之國，[12]肇炎精之紀，[13]爰受厥命，陟配彼天。皇帝載誕之初，神光滿室，具興王之表，韞大聖之能。或氣或雲，蔭映於廊廟，如天如日，臨照於軒冕。内明外順，自險獲安，豈非萬福扶持，百禄攸集。有周之末，朝野騷然，降志執均，鎮衛宗社。明神饗其德，上帝付其民，誅姦逆於九重，行神化於四海。于斯時也，尉迥據有齊累世之都，[14]乘新國易亂之俗，驅馳蛇豕，連合縱横，地乃九州陷三，民則十分擁六。王謙乘連率之威，[15]憑全蜀之險，興兵舉衆，震蕩江山，鴆毒巴、庸，[16]蠶食秦、楚。[17]此二虜也，窮凶極逆，非欲割洪溝之地，[18]閉劍閣之門，[19]皆將長戟强弩，睥睨宸極。從漳河而達負海，[20]連岱岳而距華陽，[21]迫脅荆蠻，[22]吐納江漢。[23]佐鬪嫁禍，紛若蝟毛，曝骨履腸，間不容礪。爾乃奉殪戎之命，運先天之略，不出户庭，推轂分閫，一麾以定三方，數旬而清萬國。

蕩滌天壤之速，規摹指畫之神，造化以來，弗之聞也。光熙前緒，罔有不服，煙雲改色，鐘石變音，[24]三靈顧望，[25]萬物影響。木運告盡，[26]褰裳克讓，天歷在躬，推而弗有。百辟庶尹，四方岳牧，稽圖讖之文，[27]順億兆之請，披肝瀝膽，晝歌夜吟，方屈箕潁之高，[28]式允幽明之願。基命宥密，如恒如升，推帝居歆，創業垂統。殊徽號，改服色，建都邑，叙彝倫，薄賦輕徭，慎刑恤獄，除繁苛之政，興清静之風，去無用之官，省相監之職。奇才間出，盛德無隱，星精雲氣，共趨走於階墀，山神海靈，咸燮理於臺閣。東漸日谷，西被月川，教暨北溟之表，聲加南海之外。悠悠沙漠，區域萬里，蠢蠢百蠻，莫之與競。五帝所不化，[29]三王所未賓，[30]屈膝頓顙，盡爲臣妾。殊方異類，書契不傳，梯山越海，貢琛奉贄，欣欣如也。巢居穴處，化以宫室，不火不粒，訓以庖厨。禮樂合天地之同，律吕節寒暑之候，制作詳垂衣之後，[31]淳粹得神農之前。[32]遨游文雅之場，出入杳冥之極，合神謨鬼，通幽洞微，群物歲成，含生日用，飲和氣以自得，沐玄澤而不知也。丹雀爲史，玄龜載書，甘露自天，醴泉出地。神禽異獸，珍木奇草，望風觀海，應化歸風。備休祥於圖牒，罄幽遐而戾止。猶且父天子民，兢兢翼翼，至矣大矣，七十四帝，曷可同年而語哉！

[1]大興：據本書卷一《高祖紀上》，知此指北周明帝時封楊堅爲大興郡公。

[2]重耳：即春秋時晋文公。詳見《史記》卷三九《晋世家》。

［3］有娀（sōng）玄鳥，商以興焉：舊傳有娀氏之女娀簡（亦稱簡狄），因吞玄鳥卵而生商始祖契。詳見《史記》卷三《殷本紀》。

［4］姜嫄巨迹，周以興焉：舊傳有邰氏之女姜嫄，因踐巨人足迹而生周始祖弃。詳見《史記》卷四《周本紀》。

［5］佐高帝而滅楚：輔佐劉邦滅楚者爲楊喜。詳見《後漢書》卷五四《楊震傳》。高帝，指漢高祖劉邦。

［6］立宣皇以定漢：指楊敞擁立漢宣帝劉詢爲帝。詳見《漢書》卷六六《楊敞傳》。宣皇，指漢宣帝劉詢。紀見《漢書》卷八。

［7］東京太尉，關西孔子：均指東漢楊震。

［8］生感遺鱣之集，歿降巨鳥之奇：記載均見前引《楊震傳》。

［9］太祖：此是隋文帝楊堅父楊忠的廟號。楊忠傳見《周書》卷一九。

［10］魏：北魏或後魏。

［11］周朝：指北周。

［12］翼軫：二十八宿中的翼宿和軫宿。古爲楚之分野。《史記·天官書》："翼軫，荆州。"此暗指楊忠爵，楊堅繼爵隨國公。

［13］炎精：火德，火的本性。又指應火運而興的王朝。此暗指隋朝。

［14］尉迥：人名。即尉遲迥。　齊累世之都：指鄴邑，在今河北臨漳縣西南。北周相州總管治所。大象二年相州總管尉遲迥起兵討楊堅。

［15］王謙：人名。傳見《周書》卷二一，《北史》卷六〇有附傳。

［16］巴、庸：均爲先秦時古國。前者領有今四川東南部一帶；後者在今湖北竹山縣西南。這裏泛指北周益州總管王謙所轄今四川一帶。

［17］秦：泛指陝西一帶。　楚：泛指湖北一帶。

［18］洪溝：戰國魏惠王時鑿。自今河南滎陽縣北引黄河，東流經今中牟縣北，至開封市南折而南流，經今通許縣東、太康縣西，至淮陽縣東南注入潁水。楚漢相争劃界於此，東屬楚，西屬漢。

［19］劍閣：關名。即今四川劍門關。

［20］漳河：亦名漳水。源出今山西長子縣西，東流穿過太行山至河北臨漳縣北，下游歷代屢有變遷，今已非故道。

［21］岱岳：泰山的别稱。　華陽：以在華山之陽而得名。相當今陝西秦嶺以南，四川和雲南、貴州一帶。

［22］荆蠻：指居於荆州地區的蠻族。荆，州名。治所在今湖北江陵縣。蠻，泛指古代南方各少數民族。參見《魏書》卷一〇一、《北史》卷九五、《南史》卷七九《蠻傳》。

［23］江漢：指長江和漢水。

［24］鐘：汲古閣本、殿本、庫本同，宋刻遞修本、中華本作"鍾"。

［25］三靈：一指日、月、星；二指天、地、人；三指天神、地祇、人鬼。

［26］木運：亦稱"木行""木德"。此指北周是木運，故天命决定應被火運的隋所替代。

［27］圖讖：古代方士或儒生編造的關於帝王受命徵驗一類的書，多爲隱語、預言。

［28］箕潁：宋刻遞修本、殿本、庫本、中華本均作"箕潁"。按，箕潁，指箕山和潁水。相傳堯時，賢者許由曾隱居箕山之下、潁水之陽。後因以"箕潁"指隱居者或隱居之地。符合本文之意。而"箕頴"無解。可斷"頴"爲"潁"之訛。

［29］五帝：上古傳説中的五位帝王。説法不一。

［30］三王：指夏、商、周三代之君。一説夏禹、商湯、周武王。一説夏禹、商湯、周文王。

［31］垂衣：亦作垂裳，是"垂衣裳"之省文。謂定衣服之制，示天下以禮。後用以稱頌帝王無爲而治。典出《易·繫辭》。

[32]神農：傳説中的太古帝王名。始教民爲耒耜，務農業。又傳他曾嘗百草，發現藥材，教人治病。

若夫天下之重，不可妄據，故唐之許由，[1]夏之伯益，[2]懷道立事，人授而弗可也。軒初四帝，[3]周餘六王，[4]藉世因基，自取而不得也。孟軻稱仲尼之德過於堯、舜，著述成帝者之事，弟子備王佐之才，黑不代蒼，泣麟歎鳳，栖栖汲汲，雖聖達而莫許也。蚩尤則黄帝抗衡，[5]共工則黑帝勍敵，[6]項羽誅秦摧漢，[7]宰割神州，角逐争驅，盡威力而無就也。其餘欻起妖妄，[8]曾何足數！賊子逆臣，所以爲亂，皆由不識天道，不悟人謀，牽逐鹿之邪説，謂飛梟而爲鼎。[9]若使四凶争八元之誠，[10]三監同九臣之志，[11]韓信、彭越深明帝子之符，[12]孫述、隗囂妙識真人之出，[13]尉迴同謳歌之類，王謙比獄訟之民，福禄蟬聯，胡可窮也！而違天逆物，獲罪人神。嗚呼！此前事之大戒矣。誅夷烹醢，歷代共尤，僭逆凶邪，時煩獄吏，其可不戒慎哉！蓋積惡既成，心自絶於善道，物類相感，理必至於誅戮。天奪其魄，鬼惡其盈故也。大帝聰明，群臣正直，耳目監於率土，賞罰參於國朝，輔助一人，覆育兆庶。豈有食人之禄，受人之榮，包藏禍心而不殲盡者也？必當執法未處其罪，司命已除其籍。自古明哲，慮遠防微，執一心，持一德，立功坐樹，[14]上書削藁，位尊而心逾下，禄厚而志彌約，寵盛思之以懼，道高守之以恭，克念於此，則姦回不至。事乃畏天，豈惟愛禮，謙光滿覆，義在知幾，吉凶由人，妖不自作。

[1]許由：人名。亦作“許繇”。傳說中的隱士。相傳堯讓以天下，不受，遁居於潁水之陽箕山之下。堯又召爲九州長，由不願聞，洗耳於潁水之濱。事見《史記》卷六一《伯夷列傳》。

[2]伯益：人名。舜時東夷部落的首領，爲嬴姓各族的祖先。相傳伯益助禹治水有功，禹欲讓位於益，益避居箕山之北。詳見《尚書·舜典》《孟子·萬章上》。

[3]軒初四帝：指黃帝時所滅東方青帝、南方赤帝、西方白帝、北方黑帝。參銀雀山所出漢簡《黃帝戰四帝》。

[4]周餘六王：指戰國時東方韓、趙、魏、楚、燕、齊六國。

[5]蚩尤：傳說中的古代九黎族首領。與黃帝戰於涿鹿，失敗被殺。但古籍所載，說法不一。參見《逸周書·嘗麥》、《管子·五行》、《周禮·春官·肆師》賈公彦疏引《五經音義》、《尚書·吕刑》陸德明釋文、《山海經·大荒北經》等。

[6]共工：一爲古代傳說中的天神，與顓頊争爲帝，用頭觸不周山（見《淮南子·墬形訓》《天文訓》）。一爲古史傳說人物，爲堯臣，和驩兜、三苗、鯀並稱爲“四凶”，被流放於幽州（見《尚書·舜典》、銀雀山漢墓竹簡《孫臏兵法·見威王》）。

[7]項羽：人名。紀見《史記》卷七，傳見《漢書》卷三一。

[8]欻（xū）：忽然，輕舉貌，疾貌。

[9]鳧（fú）：亦作鳬。野鴨。也指家鴨。

[10]四凶：相傳爲堯舜時代四個惡名昭彰的部族首領。　八元：相傳高辛氏（帝嚳）有才子八人，後用以稱頌有才德的人。典出《左傳》文公十八年。

[11]三監：周武王滅商後，以商舊都封給紂子武庚，並以殷都以東爲衛，由武王弟管叔監之；殷都以西爲鄘，由武王弟蔡叔監之；殷都以北爲邶，由武王弟霍叔監之。總稱三監。一說指武庚、管叔、蔡叔。　九臣：亦稱九官。傳說舜設置的九個大臣。

［12］韓信：人名。西漢開國功臣。傳見《史記》卷九二、《漢書》卷三三。　彭越：人名。西漢開國功臣，後封梁王，因被告謀反爲劉邦所殺。傳見《史記》卷九〇、《漢書》卷三四。

［13］孫述：人名。即公孫述，東漢初割據益州稱帝。傳見《後漢書》卷一三。　隗囂：人名。王莽末期地方割據勢力，東漢初年占據天水，自稱西州大將軍。傳見《後漢書》卷一三。

［14］坐樹："坐樹不言"的省寫，謂功高而不自矜。典出《後漢書》卷一七《馮異傳》。

衆星共極，在天成象。夙沙則主雖愚蔽，[1]民盡知歸，有苗則始爲跋扈，[2]終而大服。漢南諸國，見一面以從殷；[3]河西將軍，率五郡以歸漢。[4]故能招信順之助，保太山之安。彼陳國者，[5]盜竊江外，[6]民少一郡，地減半州。遇受命之主，逢太平之日，自可獻土銜璧，乞同溥天。乃復養喪家之疹，遵顛覆之軌，趑趄吴、越，[7]仍爲匪民。雖時屬大道，偃兵舞鉞，[8]然國家當混一之運，金陵是殄滅之期，[9]有命不恒，斷可知矣。房風之戮，[10]元龜匪遥，孫皓之侯，[11]守株難得。迷而未覺，諒可愍焉。斯故未辯玄天之心，不聞君子之論也。

［1］夙沙：古部族名。在今山東膠東地區。相傳夙沙之民自攻其君主而歸神農氏。典出《吕氏春秋·用民》。

［2］有苗：古部族名。亦稱三苗。堯、舜、禹時代中國南方較强大的部族，傳説舜時被遷到三危。

［3］漢南諸國，見一面以從殷：商湯征洛、荆，漢南諸國聽説商湯賢能，一時歸附有三十六國（一説四十國）。參《帝王世紀》《吕氏春秋》。

[4]河西將軍，率五郡以歸漢：東漢初年，河西五郡大將軍竇融歸順光武帝劉秀。此即著名典故"竇融歸漢"。詳見《後漢書》卷二三《竇融傳》。

[5]陳國：即南朝陳（557—589），都於建康（今江蘇南京市）。

[6]江外：中原以江南（長江以南）爲江外。

[7]吴、越：此用春秋、戰國時的吴、越之地指當時的陳國領土。

[8]鏚（qī）：斧子。兵器，亦用爲儀仗。

[9]金陵：戰國楚築金陵城於今江蘇南京市清凉山上，後人以金陵作爲今南京市的别稱。

[10]房風之戮：詳見《國語·魯語下》。房風，亦作"防風"。古代傳説中部落酋長名。

[11]孫皓之侯：即孫晧降晉後被賜號"歸命侯"。孫皓，三國吴末代皇帝。傳見《三國志》卷四八。按，皓，殿本、汲古閣本、庫本同，中華本作"晧"。皓，《説文》作"晧"。此當指同一人。

德林自隋有天下，每贊平陳之計。八年，車駕幸同州，[1]德林以疾不從。敕書追之，書後御筆注云："伐陳事意，宜自隨也。"時高熲因使入京，上語熲曰："德林若患未堪行，宜自至宅取其方略。"高祖以之付晋王廣。後從駕還，在塗中，高祖以馬鞭南指云："待平陳訖，會以七寶裝嚴公，使自山東無及之者。"及陳平，授柱國、郡公，實封八百户，[2]賞物三千段。晋王廣已宣敕訖，有人説高熲曰："天子畫策，晋王及諸將戮力之所致也。今乃歸功於李德林，諸將必當憤惋，且後世觀公有若虚行。"熲入言之，高祖乃止。

[1]同州：治所在今陝西大荔縣。

[2]柱國：官名。隋文帝因改北周之制形成十一等散實官，以酬勤勞。柱國是第二等，開府置府佐。正二品。　郡公：爵名。爲隋文帝時九等爵的第四等。從一品。　實封：食邑制度之一。所謂食邑，即受封者享有的封地、户，收其租税而食。自三國魏始有"虚封"和"實（真）封"之分。前者徒有虚名，唯有實封纔享其所得封户之租税等。

初，大象末，高祖以逆人王謙宅賜之，文書已出，至地官府，[1]忽復改賜崔謙。[2]上語德林曰："夫人欲得，將與其舅。於公無形迹，不須争之，可自選一好宅。若不稱意，當爲營造，并覓莊店作替。"德林乃奏取逆人高阿那肱衛國縣市店八十堛爲王謙宅替。[3]九年，[4]車駕幸晋陽，店人上表訴稱："地是民物，高氏强奪，於内造舍。"上命有司料還價直。遇追蘇威自長安至，[5]奏云："高阿那肱是亂世宰相，以諂媚得幸，枉取民地，造店賃之。德林誣罔，妄奏自入。"李圓通、馮世基等又進云：[6]"此店收利如食千户，[7]請計日追贓。"上因責德林，德林請勘逆人文簿及本换宅之意，上不聽，乃悉追店給所住者。自是益嫌之。十年，虞慶則等於關東諸道巡省使還，[8]並奏云："五百家鄉正，專理辭訟，不便於民。黨與愛憎，公行貨賄。"上仍令廢之。德林復奏云："此事臣本以爲不可。然置來始爾，復即停廢，政令不一，朝成暮毁，深非帝王設法之義。臣望陛下若於律令輒欲改張，即以軍法從事。不然者，紛紜未已。"高祖遂發怒，大詬云："爾欲將我作王莽邪？"[9]初，德林稱父爲太尉諮議以取贈官，[10]李元操與陳茂等陰奏之曰：[11]"德林之父終於校書，[12]妄稱諮議。"上甚銜之。至是，復庭議忤意，[13]因數之曰："公爲内史，[14]典朕機密，比不可豫計議者，以公不弘耳。寧自知乎？朕方以孝治天下，恐斯道廢闕，故立五教以弘之。[15]公言孝由天性，何須設教。然則孔子不當説《孝經》也。又誷冒取店，妄加父官，朕實忿之而未能發。今當以一州相遣耳。"因出爲湖州刺史。[16]德林拜謝曰："臣不敢復望内史令，請預散參。[17]待陛下登封告成，[18]一觀盛禮，然後收拙丘園，死且不恨。"上不許，轉懷州刺史。[19]在州逢亢旱，課民掘井溉田，空致勞擾，竟無補益，爲考司所貶。[20]歲餘，卒官，時年六十一。贈大將軍、廉州刺史，[21]謚曰文。及將葬，敕令羽林百人，[22]并鼓吹一部，[23]以給喪事。贈物三百段，粟千石，祭以太牢。

[1]地官府：官署名。西魏置。北周沿置，爲六府之一。以大司徒卿爲長官。掌民户、土地、賦役、倉廪、教育、關市及山澤魚獵等政務。

[2]崔謙：人名。按，《周書》卷三五、《北史》卷三二有《崔謙傳》，然此人卒於天和四年（569），此或賜其子崔曠，或另有同名者，則事迹無考。

[3]高阿那肱：人名。北齊後主高緯時任大丞相。傳見《北齊書》卷五〇、《北史》卷九二。　衛國縣：《通鑑》卷一七七《隋紀》開皇十年四月條胡三省注：衛國縣"本漢觀縣"。知治所在今河南清豐縣東南。　塸（ōu）：猶間、所。用於房屋、住宅。

[4]九年：據本書卷二《高祖紀下》和《通鑑》卷一七七《隋紀》，知隋文帝開皇十年到晋陽（并州）。可斷此"九年"訛，此

事發生在開皇十年。

[5]長安：此指隋文帝所建的大興城，又稱“西京”。在今陝西西安市。

[6]李圓通：人名。傳見本書卷六四、《北史》卷七五。　馮世基：人名。亦名馮世期。事見本書卷四六、《北史》卷七五《趙煚傳》。

[7]食：指食邑。

[8]關東：地區名。秦、漢、唐時泛指故函谷關（今河南靈寶市東北）或今潼關（今陝西潼關縣東北楊家莊附近）以東地區。

[9]王莽：人名。西漢末年以外戚專掌朝政，公元 8 年篡漢稱帝，改國號爲新，公元 23 年緑林軍攻入長安時被殺。傳見《漢書》卷九九。

[10]太尉諮議：官名。太尉府屬僚佐之一，全稱爲太尉諮議參軍事，亦稱太尉諮議參軍。北齊從四品。

[11]李元操：人名。即李孝貞，字元操。傳見本書卷五七、《北史》卷三三有附傳。　陳茂：人名。傳見本書卷六四、《北史》卷七五有附傳。

[12]校書：官名。全稱校書郎。北齊秘書省、著作省、起居省皆設此官。掌整理、考校典籍，並參預修史等事。第九品上。

[13]庭議：亦作廷議。議事於朝廷。

[14]内史：内史令省稱。

[15]五教：五常之教。指父義、母慈、兄友、弟恭、子孝五種儒家倫理道德的教育。

[16]湖州：按，《通鑑》卷一七七《隋紀》開皇十年四月條胡三省注：“烏程縣（治所在今浙江湖州市），舊置吴興郡，隋置湖州。”岑仲勉指出，事在開皇十年，而隋之湖州仁壽二年始置。故此湖州“乃春陵郡之湖州，非吴郡之湖州”（參見岑仲勉《隋書求是》，中華書局 2004 年版，第 83 頁）。又據本書《地理志下》和錢大昕《廿二史考異》卷二三《周書文帝紀》，知北魏將春陵郡湖陽

縣置西淮安郡及南襄州，西魏改南襄州爲湖州。可斷本文“湖州刺史”之“湖州”治所在今河南唐河縣西南湖陽鎮。

[17]散參：謂散官無職務而可上朝參拜君主者。

[18]登封：登山封禪。指古帝王登泰山祭天祭地。

[19]懷州：治所在今河南沁陽市。

[20]考司：官署名。考功司之省稱。爲隋吏部四曹之一。掌内外文武官吏之考課。

[21]贈大將軍：贈散實官名。正三品。　廉州：治所在今河北藁城市西南。

[22]羽林：禁衛軍名。

[23]鼓吹：即鼓吹樂。古代的一種器樂合奏曲。

德林美容儀，善談吐，齊天統中，兼中書侍郎，於賓館受國書。陳使江總目送之曰：“此即河朔之英靈也。”[1]器量沉深，時人未能測，唯任城王湝、趙彦深、魏收、陸卬大相欽重，延譽之言，無所不及。德林少孤，未有字，魏收謂之曰：“識度天才，必至公輔，吾輒以此字卿。”從官以後，即典機密，性重慎，嘗云古人不言温樹，[2]何足稱也。少以才學見知，及位望稍高，頗傷自任，争名之徒，更相譖毁，所以運屬興王，功參佐命，十餘年間竟不徙級。所撰文集，勒成八十卷，遭亂亡失，見五十卷行於世。敕撰《齊史》未成。

[1]江總：人名。南朝陳後主時官至尚書令。傳見《陳書》卷二七，《南史》卷三六有附傳。　河朔：泛指黄河以北地區。

[2]温樹：後人作爲居官謹慎的贊語。典出《漢書》卷八一《孔光傳》。

有子曰百藥，[1]博涉多才，詞藻清贍。釋巾太子通事舍人，[2]後遷太子舍人、尚書禮部員外郎，[3]襲爵安平縣公，桂州司馬。[4]煬帝恐其初不附己，[5]以爲步兵校尉。[6]大業末，[7]轉建安郡丞。[8]

［1］百藥：人名。即李百藥。傳另見《舊唐書》卷七二、《新唐書》卷一〇二。

［2］釋巾：亦稱解巾。謂脱去頭巾，换戴官帽。指初仕。　太子通事舍人：官名。東宫官屬。隋置於典書房。掌導引宫臣辭見及承令勞問事。煬帝改稱宣令舍人。正七品下。

［3］太子舍人：官名。太子典書坊屬官。掌書令表啓之事。大業三年改名管記舍人。從六品下。　尚書禮部員外郎：官名。隋文帝開皇六年始置，爲尚書省禮部司次官，佐司之長官禮部侍郎掌司事。煬帝改稱儀曹承務郎。品秩不清。

［4］桂州：治所在今廣西桂林市。　司馬：官名。此爲州佐官。兩晋南北朝州郡長官多帶將軍名號開軍府，皆置司馬爲幕僚，主軍務。隋廢州郡軍府，文帝改佐官治中爲司馬，協助刺史治理州事。上州正五品、中州從五品、下州正六品。

［5］恐：汲古閣本、殿本、庫本同，宋刻遞修本、中華本作“惡”。

［6］步兵校尉：官名。隋府兵鷹揚府之下設團，其長官爲校尉。正六品。

［7］大業：隋煬帝楊廣年號（605—618）。

［8］建安：郡名。治所在今福建福州市。　郡丞：官名。隋煬帝大業三年復改州爲郡，併州長史、司馬之職，置贊治（唐人諱稱贊務）一人，爲郡太守之副貳，尋又改贊治稱爲郡丞。郡丞爲郡屬官之首，爲太守之貳，通判郡事。上郡從七品，中郡正八品，下郡

從八品。

史臣曰：德林幼有操尚，學富才優，譽重鄴中，聲飛關右。王基締構，叶贊謀猷，[1]羽檄交馳，絲綸間發，文誥之美，時無與二。君臣體合，自致青雲，不患莫己知，豈徒言也！

[1]叶（xié）：宋刻遞修本、汲古閣本、殿本、庫本同，中華本作"協"。叶同"協"。

隋書　卷四三

列傳第八

河間王弘　子慶

河間王弘字辟惡，[1]高祖從祖弟也。[2]祖愛敬，[3]早卒。父元孫，[4]少孤，隨母郭氏，[5]養於舅族。及武元皇帝與周太祖建義關中，[6]元孫時在鄴下，[7]懼爲齊人所誅，[8]因假外家姓爲郭氏。元孫死，齊爲周所并，[9]弘始入關，與高祖相得。高祖哀之，爲買田宅。弘性明悟，有文武幹略。數從征伐，累遷開府儀同三司。[10]高祖爲丞相，[11]常置左右，委以心腹。高祖詣周趙王宅，[12]將及於難，弘時立於户外，以衛高祖。尋加上開府，[13]賜爵永康縣公。[14]

［1］河間王：爵名。全稱是河間郡王。郡王是隋九等爵的第二等。從一品。　弘：人名。即楊弘。傳另見《北史》卷七一，生平亦可見《楊弘墓誌》（載王其禕、周曉薇《隋代墓誌銘彙考》二六二，綫裝書局2007年版，第229頁）。按，據《楊弘墓誌》“字義深”。

［2］高祖：隋文帝楊堅的廟號。帝王死後，在太廟立室奉祀，並追尊某祖某宗的名號，稱廟號。

［3］愛敬：人名。名亦見《北史·楊弘傳》，具體事迹不詳。

［4］元孫：人名。東魏、北齊人。事亦見《北史·楊弘傳》。按，《楊弘墓誌》載"父孫，尚書令、定州刺史、河間懷公"。

［5］郭氏：人名。名亦見《北史·楊弘傳》，具體事迹不詳。

［6］武元皇帝：楊堅追尊其父楊忠的帝號。傳見《周書》卷一九。　周太祖：指宇文泰。"太祖"是他死後北周閔帝受禪稱帝後追尊的廟號。紀見《周書》卷一、《北史》卷九。　關中：地區名。與"關内"意同。秦至唐時稱函谷或潼關以西、隴坂以東、終南山以北爲關中。

［7］鄴：即鄴邑。治所在今河北臨漳縣西南鄴鎮東。

［8］齊：即北齊（550—577），或稱高齊，都鄴（今河北臨漳縣西南鄴鎮東）。

［9］周：即北周（557—581），都長安（今陝西西安市西北郊）。

［10］開府儀同三司：官名。亦簡稱開府，周武帝建德四年（575）改稱開府儀同大將軍。屬勳官。北周府兵制中二十四軍的每軍長官均加此勳官名，可開府置官屬。九命。

［11］丞相：官名。北周静帝大象二年（580）置左、右大丞相。以宇文贊爲右大丞相，但僅有虚名；以楊堅爲左大丞相，總攬朝政。旋去左右之號，獨以楊堅爲大丞相。實爲控制朝廷的權臣。

［12］周趙王：指北周宇文招，北周太祖宇文泰之子，建德三年，進爵爲趙王。傳見《周書》卷一三、《北史》卷五八。

［13］上開府：官名。全稱是上開府儀同大將軍。北周建德四年改開府儀同三司爲開府儀同大將軍，仍增置上開府儀同大將軍。用以酬勤勞，無實際職權。爲十一等勳官的第五等，可開府置官屬。九命。

［14］永康縣公：爵名。縣公爲北周十一等爵的第六等。"命數未詳，非正九命則當是九命"（參見王仲犖《北周六典》卷八《封

爵第十九》，中華書局 1979 年版，第 548 頁）。

及上受禪，[1]拜大將軍，[2]進爵郡公。[3]尋贈其父爲柱國、尚書令、河間郡公。[4]其年立弘爲河間王，拜右衛大將軍。[5]歲餘，進授柱國。[6]時突厥屢爲邊患，[7]以行軍元帥，[8]率衆數萬，出靈州道，[9]與虜相遇，戰，大破之，斬數千級。賜物二千段，出拜寧州總管，[10]進位上柱國。[11]弘在州，治尚清静，甚有恩惠。後數載，徵還京師。未幾，拜蒲州刺史，[12]得以便宜從事。時河東多盗賊，[13]民不得安。弘奏爲盗者百餘人，投之邊裔，州境帖然，號爲良吏。每晋王廣入朝，[14]弘輒領揚州總管，[15]及晋王歸藩，弘復還蒲州。在官十餘年，風教大洽。煬帝嗣位，[16]徵還，[17]拜太子太保。[18]歲餘，[19]薨。大業六年，[20]追封郇王。子慶嗣。[21]

[1]禪：中國古代歷史上統治權轉移的一種方式，即皇帝把帝位讓給他人。

[2]大將軍：官名。隋文帝因改北周十一等勳官之制形成十一等散實官，用以酬勤勞，無實際職掌。大將軍是十一等散實官的第四等，可開府置僚佐。正三品。

[3]郡公：爵名。隋九等爵的第四等。從一品。

[4]尚書令：官名。贈官。正二品。

[5]右衛大將軍：官名。隋文帝設左、右衛，各置大將軍一人，掌宫掖禁禦，督攝仗衛。右衛大將軍爲右衛長官。正三品。

[6]柱國：官名。隋文帝因改北周之制形成十一等散實官，以酬勤勞。柱國是第二等，開府置府佐。正二品。

[7]突厥：古族名、國名。廣義包括突厥、鐵勒諸部落，狹義

專指突厥。公元六世紀時游牧於金山（今阿爾泰山）以南，因金山形似兜鍪，俗稱“突厥”，遂以名部落。西魏廢帝元年（552），土門自號伊利可汗，建立突厥汗國，後分裂爲西突厥、東突厥兩個汗國。傳見本書卷八四、《北史》卷九九、《舊唐書》卷一九四、《新唐書》卷二一五。

[8]行軍元帥：出征軍的統帥名。根據需要臨時任命，事罷則廢。

[9]靈州道：特區名。即在靈州（治所在今寧夏靈武市西南）一帶設置的特區。隋朝在戰爭中於地方設置的特區，稱“道”。

[10]寧州：治所在今甘肅寧縣。　總管：官名。北周置諸州總管，隋承繼，又有增置。總管全稱是總管刺史加使持節。統轄範圍可達數州至十餘州，成一軍政管轄區。隋文帝在并、益、荆、揚四州置大總管，其餘州置總管。總管分上、中、下三等，品秩爲流内視從二品、正三品、從三品。

[11]上柱國：官名。隋文帝因改北周之制形成十一等散實官，以酬勤勞。上柱國是第一等，開府置府佐。從一品。《楊弘墓誌》載楊弘開皇三年出爲寧州總管，加上柱國在此之前。

[12]蒲州：治所在今山西永濟市西南蒲州鎮。

[13]河東：地區名。因在黄河以東而得名。戰國、秦、漢指今山西省西南部。唐以後泛指今山西全省。

[14]廣：人名。楊廣。紀見本書卷三、四，《北史》卷一二。

[15]揚州：治所在今江蘇揚州市。

[16]煬帝：楊廣的謚號。

[17]徵還：岑仲勉指出，“此是仁壽四年事，故《舊唐書》五八《丘和傳》言漢王諒之反，以和爲蒲州刺史”（參見岑仲勉《隋書求是》，中華書局 2004 年版，第 84 頁）。另，《通鑑》卷一八○《隋紀》仁壽四年也證此。

[18]太子太保：官名。東宫三師之一，掌教諭太子。正二品。

[19]歲餘：據《楊弘墓誌》楊弘卒於“大業三年三月廿三

日”。

［20］大業：隋煬帝楊廣年號（605—618）。

［21］慶：人名。即楊慶。《北史》卷七一有附傳。

慶傾曲，善候時變。帝時猜忌骨肉，滕王綸等皆被廢放，[1]唯慶獲全。累遷滎陽郡太守，[2]頗有治績。

［1］綸：人名。即楊綸。本書卷四四、《北史》卷七一有附傳。

［2］滎陽郡：治所在今河南鄭州市。

及李密據洛口倉，[1]滎陽諸縣多應密，慶勒兵拒守。密頻遣攻之，不能克。歲餘，城中糧盡，兵勢日蹙。密因遺慶書曰：

［1］李密：人名。傳見本書卷七〇、《舊唐書》卷五三、《新唐書》卷八四，《北史》卷六〇有附傳。　洛口倉：倉廪名。因其地處洛水入黄口故名，又名興洛倉。在今河南鞏義市東南。隋煬帝大業二年置，倉城周圍二十餘里，有窖三千個，每窖儲糧八百石。

自昏狂嗣位，多歷歲年，剥削生民，塗炭天下。璿室瑶臺之麗，未極驕奢，糟丘酒池之荒，非爲淫亂。今者共舉義旗，勘剪凶虐，八方同德，萬里俱來，莫不期入關以亡秦，争渡河而滅紂。[1]東窮海、岱，[2]南洎江、淮，[3]凡厥遺人，承風慕義，唯滎陽一郡，王獨守迷。夫微子，[4]紂之元兄，族實爲重；項伯，[5]籍之季父，[6]戚乃非疏，然猶去朝歌而入周，背西楚而歸漢。豈不眷戀宗祊，留連骨肉，但識寶鼎之將移，知神器之先改。

而王之先代，家住山東，[7]本姓郭氏，乃非楊族。止爲宿與隋朝先有勳舊，遂得預霑磐石，名在葭莩。[8]婁敬之與漢高，[9]殊非血胤，吕布之於董卓，[10]良異天親。芝焚蕙歎，事不同此。又王之昏主，心若豺狼，讎忿同胞，有逾沉、閼，[11]惟勇及諒，[12]咸磬甸師，[13]況乃族類爲非，何能自保！爲王計者，莫若舉城從義，開門送款，安若太山，高枕而卧，長守富貴，足爲美談，乃至子孫，必有餘慶。

[1]河：指黄河。　紂：指商紂王。詳見《史記》卷三《殷本紀》。

[2]海：泛指中國東部沿海。　岱：即泰山。

[3]江、淮：指長江和淮河。

[4]微子：商紂王的庶兄微子啓。詳見《史記》卷三八《宋微子世家》。

[5]項伯：人名。項羽叔父。事略見《史記》卷七《項羽本紀》。

[6]籍：人名。即項羽，名籍。紀見《史記》卷七，傳見《漢書》卷三一。

[7]山東：地區名。戰國、秦、漢時代，通稱華山或崤山以東爲山東。

[8]葭（jiā）莩（fú）：蘆葦裏的薄膜。比喻親戚關係疏遠淡薄。

[9]婁敬：人名。西漢初齊國盧人，漢高祖劉邦賜姓劉，稱劉敬。傳見《史記》卷九九、《漢書》卷四三。　漢高：指漢高祖劉邦。紀見《史記》卷八、《漢書》卷一。

[10]吕布：人名。東漢末年人，與董卓發誓結爲父子。傳見

《後漢書》卷七五、《三國志》卷七。　董卓：人名。東漢末割據軍閥。傳見《後漢書》卷七二、《三國志》卷六。

[11]沉、閼：高辛氏二子實沈、閼伯的省稱。後用實沈、閼伯爲參、商星的別稱。兩星永不相見。典出《左傳》昭公元年。

[12]勇：人名。即楊勇，隋文帝楊堅長子。傳見本書卷四五、《北史》卷七一。　諒：人名。隋文帝楊堅第五子楊諒，開皇元年封漢王。傳見本書卷四五、《北史》卷七一。

[13]磬：古死刑之一。懸而縊殺。　甸師：古官名。即甸人。掌公族死刑等。

今王世充屢被摧蹙，[1]自救無聊，偷存晷漏，詎能支久？段達、韋津，[2]東都自固，[3]何暇圖人？世充朝亡，達便夕滅。又江都荒湎，[4]流宕忘歸，内外崩離，人神怨憤。上江米船，[5]皆被抄截，士卒饑餒，半菽不充，事切析骸，義均煮弩。舉烽火於驪山，諸侯莫至；[6]浮膠船於漢水，還日未期。[7]王獨守孤城，絶援千里，餱糧之計，[8]僅有月餘，敝卒之多，纔盈數百，有何恃賴，欲相拒抗！求枯魚於市肆，即事非虚，因歸雁以運糧，竟知何日。然城中豪傑，王之腹心，思殺長吏，將爲内啓。正恐禍生匕首，釁發蕭墻，空以七尺之軀，懸賞千金之購，可爲寒心，可爲酸鼻者也。幸能三思，自求多福。

[1]王世充：人名。傳見本書卷八五、《北史》卷七九、《舊唐書》卷五四、《新唐書》卷八五。

[2]段達：人名。傳見本書卷八五、《北史》卷七九。　韋津：人名。事見《北史》卷六四《韋孝寬傳》，《舊唐書》卷九二、《新

唐書》卷一二二《韋安石傳》。

[3]東都：城名。此指隋煬帝所建的洛陽。城址在今河南洛陽市。

[4]江都：郡名。治所在今江蘇揚州市。

[5]上江：地區名。今安徽省舊時别稱。長江由安徽流入江蘇，江蘇稱下江，安徽地居江蘇之西，故稱上江。

[6]舉烽火於驪山，諸侯莫至：指周幽王寵褒姒烽火戲諸侯。典出《史記》卷四《周本紀》。

[7]浮膠船於漢水，還日未期：晋皇甫謐《帝王世紀·周》："昭王在位五十一年，以德衰南征，及濟于漢，楚人惡之，乃以膠船進王。王御船至中流，膠液船解，王及祭公俱没于水中而崩。"後用爲比喻無濟於事或無所作爲。膠船，用膠黏合的船。

[8]之：《北史》卷八四《楊慶傳》作"支"。

于時江都敗問亦至，慶得書，遂降于密，改姓爲郭氏。密爲王世充所破，復歸東都，更爲楊氏，越王侗不之責也。[1]及侗稱制，[2]拜宗正卿。[3]世充將篡，慶首爲勸進。世充既僭僞號，降爵郇國公，[4]慶復爲郭氏。世充以兄女妻之，署滎州刺史。及世充將敗，慶欲將其妻同歸長安，其妻謂之曰："國家以妾奉箕箒於公者，欲以申厚意，結公心耳。今叔父窮迫，家國阽危，而公不顧婚姻，孤負付屬，爲全身之計，非妾所能責公也。妾若至長安，則公家一婢耳，何用妾爲！願得送還東都，君之惠也。"慶不許。其妻遂沐浴靚妝，仰藥而死。慶歸大唐，爲宜州刺史、郇國公，[5]復姓楊氏。其嫡母元太妃，年老，兩目失明，王世充以慶叛己而斬之。

[1]侗（tóng）：人名。即楊侗，隋煬帝之孫，元德太子楊昭次子。傳見本書卷五九、《北史》卷七一。

[2]稱制：即帝位。制，本意爲制度、法式、命令。秦始皇統一六國後定爲皇帝命令文告之一種，又稱制書。

[3]宗正卿：官名。爲宗正寺長官。掌皇族外戚屬籍及公主邑司名帳。隋初爲正三品，煬帝改從三品。

[4]鄅國公：王世充所封爵名。品秩不詳。

[5]宜州：唐朝治所在今陝西銅川市耀州區。　鄅國公：爵名。唐爲九等爵的第三等。從一品。

楊處綱

楊處綱，[1]高祖族父也。生長北邊，少習騎射。在周，嘗以軍功拜上儀同。[2]高祖受禪，贈其父鍾葵爲柱國、尚書令、義城縣公，[3]以處綱襲焉。授開府，[4]督武候事。[5]尋爲太子宗衛率，[6]轉左監門郎將。[7]後數載，起授右領軍將軍。[8]處綱雖無才藝，而性質直，在官彊濟，亦爲當時所稱。尋拜蒲州刺史，吏民悦之。進位大將軍。後遷秦州總管，[9]卒官。謚曰恭。[10]

[1]楊處綱：人名。傳另見《北史》卷七一。

[2]上儀同：勳官名。全稱爲上儀同大將軍。北周武帝置。位在儀同大將軍上，授予有軍勳的功臣及其子弟，無具體職掌。九命。

[3]鍾葵：人名。即楊鍾葵，事迹不詳。　義城縣公：爵名。隋文帝時爲九等爵中第五等。從一品。

[4]開府：官名。屬散實官，全稱開府儀同三司。隋文帝因改

北周之制形成十一等散實官，以酬勤勞。開府是第六等，開府置府佐。正四品上。

[5]武候：官署名。武候衛的省稱。隋文帝設左、右武候衛，各置大將軍一人，主掌皇帝出巡負責保衛。

[6]太子宗衛率：官名。隋時太子東宮掌統宗人侍衛太子，左、右各一員。大業三年改爲太子左、右武侍率。正四品上。

[7]左監門郎將：官名。爲左監門府次官。佐長官左監門府將軍掌宮殿門禁及守衛事。正四品。

[8]右領軍將軍：官名。按，本書《百官志下》、《通典》卷二八《職官·左右領軍衛》載隋文帝朝，“左右領軍府，各掌十二軍籍帳、差科、辭訟之事。不置將軍。唯有長史、司馬”等。然據本書卷一《高祖紀上》、《通鑑》卷一七六《陳紀》至德三年三月條，可推知最遲開皇三年三月戊午左右領軍府已各置領軍大將軍了。右領軍大將軍爲右領軍府長官，右領軍將軍爲其屬下。前者爲正三品，後者爲從三品。

[9]秦州：治所在今甘肅天水市。

[10]謚：謚法。上古有號無謚，周初始制謚法，秦始皇廢不用，自漢初恢復。即帝王、貴族、大臣死後，據其生前事迹依謚法給予一定的謚號，以示褒貶。

弟處樂，[1]官至雒州刺史。[2]漢王諒之反也，[3]朝廷以爲有二心，廢錮不齒。

[1]處樂：人名。即楊處樂。事亦見《北史》卷七一《楊處綱傳》。

[2]雒州：治所在今河南洛陽市東北。

[3]諒：人名。隋文帝楊堅第五子楊諒，開皇元年封漢王。傳見本書卷四五、《北史》卷七一。

楊子崇

楊子崇，[1]高祖族弟也。父盆生，[2]贈荆州刺史。[3]子崇少好學，涉獵書記，有風儀，愛賢好士。開皇初，[4]拜儀同，[5]以車騎將軍恒典宿衛。[6]後爲司門侍郎。[7]煬帝嗣位，累遷候衛將軍，[8]坐事免。未幾，復令檢校將軍事。[9]從帝幸汾陽宫，[10]子崇知突厥必爲寇患，屢請早還京師，帝不納。尋有雁門之圍。[11]及賊退，帝怒之曰："子崇怯懦，妄有陳請，驚動我衆心，不可居爪牙之寄。"出爲離石郡太守，[12]治有能名。

[1]楊子崇：人名。傳另見《北史》卷七一。

[2]盆生：人名。即楊盆生。具體事迹不詳。

[3]荆州：治所在今湖北江陵縣。

[4]開皇：隋文帝楊堅年號（581—600）。

[5]儀同：官名。全稱是儀同三司。隋文帝因改北周十一等勳官之制形成十一等散實官，用以酬勤勞，無實際職掌。儀同三司則是十一等散實官的第八等，可開府置僚佐。正五品上。

[6]車騎將軍：官名。隋文帝設車騎府爲一級府兵指揮機構，分設各地，統領府兵。以車騎將軍爲車騎府長官。正五品上。

[7]司門侍郎：官名。爲尚書省都官（刑部）司門司長官。掌門、關出入之籍等。正六品。

[8]候衛將軍：官名。隋文帝時設左右武候，置大將軍各一人爲長官，候衛將軍爲副貳。掌皇帝車駕出，先驅後殿，晝夜巡察，執捕奸非，烽候道路等；巡狩時則掌營禁。煬帝大業三年改左右武候名左右候衛，爲十二衛之一，其他未變。從三品。

［9］檢校：官制用語。初謂代理，隋及唐初皆有。即尚未實授其官，但已掌其職事。中唐以後“檢校”含意有變。

［10］汾陽宮：宮名。大業四年建，在今山西寧武縣西南管涔山上。

［11］雁門：縣名。治所在今山西代縣。

［12］離石：郡名。治所在今山西吕梁市離石區。

自是突厥屢寇邊塞，胡賊劉六兒復擁衆劫掠郡境，[1]子崇上表請兵鎮遏。帝復大怒，下書令子崇巡行長城。子崇出百餘里，四面路絶，不得進而歸。時百姓饑饉，相聚爲盜，子崇前後捕斬數千人。歲餘，朔方梁師都、馬邑劉武周等各稱兵作亂，[2]郡中諸胡復相嘯聚。子崇患之，言欲朝集，[3]遂與心腹數百人自孟門關將還京師。[4]輜重半濟，遇河西諸縣各殺長吏，[5]叛歸師都，道路隔絶，子崇退歸離石。所將左右，既聞太原有兵起，[6]不復入城，遂各叛去。子崇悉收叛者父兄斬之。後數日，義兵夜至城下，城中豪傑復出應之。城陷，子崇爲讎家所殺。

［1］胡：古代稱北方和西方的少數民族爲胡。　劉六兒：人名。唐初曾任嵐州總管，依附宋金剛，武德三年（620）四月爲李世民擒殺。

［2］朔方：郡名。治所在今陝西靖邊縣東北白城子。　梁師都：人名。仕隋爲鷹揚郎將，大業十三年殺郡丞起兵反隋。唐初稱帝建立梁國，貞觀二年（628）兵敗被殺。傳見《舊唐書》卷五六、《新唐書》卷八七。　馬邑：地名。在今山西朔州市。　劉武周：人名。隋末群雄之一，以馬邑爲中心，依附突厥，圖謀帝業。傳見

《舊唐書》卷五五、《新唐書》卷八六。

[3]朝集：地方官長官或上佐入朝匯報政績、民情，屬官考課，並聆聽敕命的制度。

[4]孟門關：關名。北周孟門津，隋改名爲孟門關。在今山西呂梁市離石區西北孟門鎮西黄河上。

[5]河西：地區名。亦稱河右。指今甘肅、青海兩省黄河以西，即河西走廊和湟水流域一帶。

[6]太原：郡名。指太原郡，治所在今山西太原市西南古城營。

觀德王雄 弟達

觀德王雄，[1]初名惠，高祖族子也。父納，[2]仕周，歷八州刺史、儻城縣公，[3]賜姓叱吕引氏。[4]雄美姿儀，有器度，雍容閑雅，進止可觀。周武帝時，[5]爲太子司旅下大夫。[6]帝幸雲陽宫，[7]衛王直作亂，[8]以其徒襲肅章門，雄逆拒破之。進位上儀同，封武陽縣公，邑千户。[9]累遷右司衛上大夫。[10]大象中，[11]進爵邘國公，[12]邑五千户。高祖爲丞相，雍州牧畢王賢謀作難，[13]雄時爲别駕，[14]知其謀，以告高祖。賢伏誅，以功授柱國、雍州牧，仍領相府虞候。[15]周宣帝葬，[16]備諸王有變，令雄率六千騎送至陵所。進位上柱國。

[1]觀德王：楊雄封爵觀王，謚曰德。　雄：人名。即楊雄。本名惠，隋文帝楊堅之侄。《北史》卷六八有附傳。按，本卷、《北史·楊雄傳》及《通鑑》卷一八一《隋紀》大業八年條皆作"雄"，但《新唐書·宰相世系表一下》作"士雄"。岑仲勉指出：《昭陵碑考》三"疑雄本名士雄，非無可信"（參見岑仲勉《隋書

求是》，第 84 頁）。但難成確論。

［2］納：人名。按，宋刻遞修本、殿本、庫本同，但汲古閣本、中華本作“紹”。岑仲勉考證後指出“紹”確，“納”乃傳寫之訛（參見岑仲勉《隋書求是》，第 85 頁）。楊紹，歷北魏、西魏、北周，北周時任大將軍。傳見《周書》卷二九、《北史》卷六八。

［3］儻城：郡名。北周時治所在今陝西洋縣東北興勢山上。

［4］叱吕引氏：鮮卑族姓。按，諸本皆同。中華本校勘記云：“《周書·楊紹傳》作‘叱利氏’。”另，《新唐書·宰相世系表一下》則作“屋吕引氏”。

［5］周武帝：北周武帝宇文邕的謚號。紀見《周書》卷五、六，《北史》卷一〇。

［6］太子司旅下大夫：官名。爲太子東宫官員，掌隨從迎送太子。北周正四命（參見王仲犖《北周六典》卷八《封爵第十九》，第 537 頁）。

［7］雲陽宫：即秦之林光宫、漢之甘泉宫。在今陝西淳化縣西北甘泉山上。

［8］衛王直：即宇文直，北周武帝宇文邕同母弟，建德三年封衛王，謀反被誅。傳見《周書》卷一三、《北史》卷五八。

［9］邑千户：指受封者食邑千户，此是虚封。邑，食邑。受封者所享有的封地，收其租税而食。但自三國魏始有“實（真）封”和“虚封”之分。後者有封邑但不食租税。

［10］右司衛上大夫：官名。北周侍衛長官，分置左、右。掌東宫衛士，在非常時期亦可統帥皇帝宿衛兵馬，權任甚重。正六命。

［11］大象：北周静帝宇文闡年號（579—580）。

［12］邘（yú）國公：按，邘，宋刻遞修本、汲古閣本、殿本、庫本、中華本均作“邗（hán）”，《通鑑》卷一七五《陳紀》太建十三年五月條也作“邗”；《通鑑》該條胡三省注引本書爲據，云：“‘邘’當作‘邗’。”考“邘”“邗”諸書乃至同一書先後互出，中華本《北史》卷一〇、卷六八校勘記指出此點，並據“邘”是

古國名，將中華本《北史》統一作“邗”。就目前資料尚難判斷誰訛，故保留底本原貌並加注明。

[13]雍州：治所在今陝西西安市西北郊。　牧：官名。京都所在州長官。北周爲九命。　畢王賢：北周明帝之子，建德三年進封畢王，周宣帝大象初年出任雍州牧。傳見《周書》卷一三、《北史》卷五八。

[14]别駕：官名。北周爲府州上佐之一，迭與長史互改名稱，亦或並之，無實際職任。

[15]虞候：官名。北周末楊堅爲大丞相，其相府有帳内虞候大都督、帳内虞候都督，參預統領親兵侍衛陪從大丞相。此“虞候”或是其省稱。

[16]周宣帝：北周宣帝宇文贇的謚號。紀見《周書》卷七、《北史》卷一〇。

高祖受禪，除左衛將軍，[1]兼宗正卿。俄遷右衛大將軍，[2]參預朝政。[3]進封廣平王，[4]食邑五千户，以邗公别封一子。[5]雄請封弟士貴，[6]朝廷許之。或奏高熲朋黨者，[7]上詰雄於朝。雄對曰：“臣忝衛宫闈，朝夕左右，若有朋附，豈容不知！至尊欽明睿哲，萬機親覽，熲用心平允，奉法而行。此乃愛憎之理，惟陛下察之。”高祖深然其言。雄時貴寵，冠絶一時，與高熲、虞慶則、蘇威稱爲“四貴”。[8]

[1]左衛將軍：官名。隋文帝設左、右衛，掌宫掖禁禦，督攝仗衛。左衛將軍爲左衛屬官。從三品。

[2]右衛大將軍：諸本及《北史》卷四三均同。但本書卷一和《北史》卷一一之《隋文帝紀》皆作“左衛大將軍”；本書和《北

史》卷六八《楊雄傳》後文以及《通鑑》卷一七七《隋紀》開皇九年七月條皆同。另，《楊雄傳》中也未見其官職曾反復遷轉，故疑此右衛大將軍是左衛大將軍之訛。即楊雄自開皇元年任左衛大將軍，直到開皇九年。

[3]參預朝政：職銜名。宰相職銜名義。

[4]廣平王：爵名。全稱是廣平郡王。是隋九等爵的第二等。從一品。

[5]邘公：爵名。邘國公的省稱。

[6]士貴：人名。即楊士貴，楊雄之弟。名亦見《北史·楊雄傳》，具體事迹不詳。

[7]高熲：人名。傳見本書卷四一、《北史》卷七二。　朋黨：指同類的人以惡相濟而結成的集團。後指因政見不同而形成的相互傾軋的宗派。也指結爲朋黨。

[8]虞慶則：人名。傳見本書卷四〇、《北史》卷七三。　蘇威：人名。傳見本書卷四一，《北史》卷六三有附傳。

雄寬容下士，朝野傾矚。高祖惡其得衆，陰忌之，不欲其典兵馬。乃下册書，[1]拜雄爲司空，[2]曰："維開皇九年八月朔壬戌，皇帝若曰：於戲！惟爾上柱國、左衛大將軍、宗正卿、廣平王，[3]風度寬弘，位望隆顯，爰司禁旅，綿歷十載。入當心腹，外任爪牙，驅馳軒陛，勤勞著績。念舊庸勳，禮秩加等。公輔之寄，民具爾瞻，宜竭乃誠，副兹名實。是用命爾爲司空。往欽哉！光膺寵命，得不慎歟！"外示優崇，實奪其權也。雄無職務，乃閉門不通賓客。尋改封清漳王。仁壽初，[4]高祖曰："清漳之名，未允聲望。"命職方進地圖，[5]上指安德郡以示群臣曰："此號足爲名德相稱。"

於是改封安德王。

[1]册書：文書名。册命之書，古代帝王用於册立、封贈等事的詔書。

[2]司空：官名。隋三公之一。隋初參議國家大事，置府僚，但不久就省除府及僚佐，成了榮譽性質的頭銜。正一品。

[3]左衛大將軍：官名。隋文帝設左右衛，各置大將軍一人，掌宮掖禁禦，督攝仗衛。左衛大將軍爲左衛長官。正三品。

[4]仁壽：隋文帝楊堅年號（601—604）。

[5]職方：官署名。爲尚書省兵部下轄四曹之一。掌全國地圖、城隍、烽堠等政事。

大業初，授太子太傅。[1]及元德太子薨，[2]檢校鄭州刺史事。[3]歲餘，授懷州刺史。[4]尋拜京兆尹。[5]帝親征吐谷渾，[6]詔雄總管澆河道諸軍。[7]及還，改封觀王。上表讓曰："臣早逢興運，預班末屬，有命有時，藉風雲之會，無才無德，濫公卿之首。蒙先皇不次之賞，荷陛下非分之恩，久忝台槐，[8]常慮盈滿，豈可仍叨匪服，重竊鴻名！臣實面墻，敢緣往例，臣誠昧寵，交懼身責。昔劉賈封王，[9]豈備三階之任，[10]曹洪上將，[11]寧超五等之爵？[12]况臣衮章逾於帝子，[13]京尹亞於皇枝，[14]錫土作藩，鈕金開國，[15]於臣何以自處，在物謂其乖分。是以露款執愚，祈恩固守。伏願陛下曲留慈照，特鑒丹誠。頻觸宸嚴，伏增流汗。"優詔不許。

[1]太子太傅：官名。東宮三師之一，掌教諭太子。正二品。

[2]元德太子：指隋煬帝長子楊昭。傳見本書卷五九、《北史》

卷七一。

［3］鄭州：治所在今河南滎陽市西北汜水鎮。

［4］懷州：治所在今河南沁陽市。

［5］京兆尹：官名。爲京城長安所在地京兆郡長官。正三品。

［6］吐谷渾：古族名。本遼東鮮卑之種，姓慕容氏，西晋時西遷至群羌故地，北朝至隋唐時期游牧於今青海北部和新疆東南部地區。傳見本書卷八三、《晋書》卷九七、《魏書》卷一〇一、《周書》卷五〇、《北史》卷九六、《舊唐書》卷一九八、《新唐書》卷二二一上。

［7］澆河道：特區名。即在澆河郡（治所在今青海貴德縣）一帶設置的軍事行動特區。隋朝在戰争中於地方設置的特區，稱“道”。

［8］台槐：即三公。古以三台星象徵三公，周在外朝種槐樹，以定三公之位，後因以“台槐”稱宰輔之位。

［9］劉賈：人名。漢高祖劉邦六年，劉賈封荆王。詳見《史記》卷五一《荆燕世家》，傳見《漢書》卷三五。

［10］三階：指君王露寢前有三階。

［11］曹洪：人名。三國曹魏時人，魏明帝時官拜驃騎將軍。傳見《三國志》卷九。

［12］五等之爵：公、侯、伯、子、男五等爵位。

［13］況：宋刻遞修本、汲古閣本、殿本、庫本作“況”，中華本作“沉”。“况”“況”同字異體，且符合句中文意，而“沉”於此費解。可斷因字形相似而訛。　衮章：衮衣上的紋樣。借指衮衣。即古代帝王及上公穿的繪有卷龍的禮服。

［14］京尹：京兆尹的省稱。

［15］鈕金：此指官爵印。鈕，印鼻，印章上端的雕飾。古代用以區別官印的等級。有各種不同的形式。

遼東之役，[1]檢校左翊衛大將軍，[2]出遼東道。次瀘河鎮，[3]遘疾而薨，時年七十一。帝爲之廢朝，[4]鴻臚監護喪事。[5]有司考行，請謚曰懿。帝曰："王道高雅俗，德冠生人。"乃賜謚曰德。贈司徒，襄國、武安、渤海、清河、上黨、河間、濟北、高密、濟陰、長平等十郡太守。[6]

[1]遼東：地區名。泛指遼水以東地區。因高麗國位於遼東，故此"遼東之役"指隋征伐高麗之事。

[2]左翊衛大將軍：官名。煬帝大業三年改左右衛為左右翊衛，職掌未變。左翊衛大將軍即左衛大將軍之改名。正三品。

[3]瀘河鎮：地名。在今遼寧義縣境。

[4]廢朝：停止朝會。

[5]鴻臚：官署名。即鴻臚寺省稱。北齊始置，隋因之。下領典客、司儀、崇玄三署。掌諸藩册封、外使接待、吉凶禮儀、佛道寺觀等事。

[6]司徒：贈官名。三公之一。正一品。　襄國：郡名。治所在今河北邢臺市。　武安：郡名。治所在今河北永年縣東南。　渤海：郡名。治所在今山東陽信縣西南。　清河：郡名。治所在今河北清河縣西北。　上黨：郡名。治所在今山西長治市。　河間：郡名。治所在今河北河間市。　濟北：郡名。治所在今山東茌平縣西南。　高密：郡名。治所在今山東諸城市。　濟陰：郡名。治所在今山東曹縣西北。　長平：郡名。治所在今山西晋城市東北高都鎮。

子恭仁，[1]位至吏部侍郎。[2]恭仁弟綝，[3]性和厚，頗有文學。歷義州刺史、淮南太守。[4]及父薨，起爲司隸大夫。[5]遼東之役，帝令綝於臨海頓別有所督。[6]楊玄感之反也，[7]玄感弟玄縱自帝所逃赴其兄，[8]路逢綝。綝避人偶語久之，既別而復相就者數矣。司隸刺史劉休文奏之。[9]時綝兄吏部侍郎恭仁將兵於外，帝以是寢之，未發其事。綝憂懼，發病而卒。綝弟續，[10]仕至散騎侍郎。[11]

[1]恭仁：人名。即楊恭仁。入唐以特進致仕。傳另見《舊唐書》卷六二、《新唐書》卷一〇〇。

[2]吏部侍郎：官名。隋文帝時於吏部四曹之一吏部曹置吏部侍郎一員，爲該曹長官，正六品上。煬帝大業三年諸曹侍郎並改稱“郎”，又始置侍郎，爲尚書省下轄六部之副長官，正四品。此後，吏部侍郎纔成爲吏部副長官。協助長官吏部尚書掌全國文職官員銓選等政令。

[3]綝：人名。即楊綝。《北史》卷六八有附傳。

[4]義州：治所在今河南信陽市。　淮南：郡名。治所在今安徽壽縣。

[5]司隸大夫：官名。全稱司隸臺大夫。隋煬帝大業三年置，司隸臺長官。掌巡察糾劾之事。正四品。

[6]臨海頓：一名望海頓。在今遼寧凌海市東南。頓，指食宿之所、館舍。

[7]楊玄感：人名。傳見本書卷七〇，《北史》卷四一有附傳。

[8]玄縱：人名。即楊玄縱，楊素之子，楊玄感之弟，隋文帝時封淮南郡公。事略見本書《楊玄感傳》。

[9]司隸刺史：官名。爲司隸臺屬官。掌巡察畿外諸郡。正六品。　劉休文：人名。事亦見《北史·楊綝傳》，具體事迹不詳。

[10]續：人名。即楊續。貞觀中爲鄆州刺史。《舊唐書》卷六二有附傳。

［11］散騎侍郎：官名。通直散騎侍郎的省稱。隋初屬門下省，掌部從朝直。從五品上。煬帝大業三年罷。

雄弟達，[1]字士達。[2]少聰敏，有學行。仕周，官至儀同、内史下大夫，[3]遂寧縣男。[4]高祖受禪，拜給事黄門侍郎，[5]進爵爲子。[6]時吐谷渾寇邊，詔上柱國元諧爲元帥，[7]達爲司馬。[8]軍還，兼吏部侍郎，加開府。歲餘，轉内史侍郎，[9]出爲鄯、鄭、趙三州刺史，[10]俱有能名。平陳之後，[11]四海大同，上差品天下牧宰，達爲第一，賜雜彩五百段，加以金帶，擢拜工部尚書，[12]加位上開府。達爲人弘厚，有局度。楊素每言曰：[13]“有君子之貌，兼君子之心者，唯楊達耳。”獻皇后及高祖山陵制度，[14]達並參豫焉。

［1］達：人名。即楊達。《北史》卷六八有附傳。按，岑仲勉引《順陵殘碑》校考本傳（參見岑仲勉《隋書求是》，第85頁），可參。

［2］士達：岑仲勉指出，《集古録目》云楊達“字士莊”（參見岑仲勉《隋書求是》，第86頁）。

［3］内史下大夫：官名。此是北周小内史下大夫的省稱。原爲春官府内史司次官。佐長官内史中大夫掌綸誥，並參議刑罰爵賞及軍國大事。後該司置内史上大夫爲長官，其地位相應下降。正四命。

［4］遂寧縣男：爵名。北周縣男爲十一等爵的第十等。正五命。

［5］給事黄門侍郎：官名。隋初於門下省置給事黄門侍郎，是門下省長官納言的副職，協助納言參議政令的制定。正三品。

［6］子：爵名。爲隋初九等爵的第八等。正四品下。

［7］元諧：人名。傳見本書卷四〇、《北史》卷七三。按，“諧”字底本原作“楷”，據中華本改。　元帥：按，據前引《元諧傳》爲行軍元帥。

［8］司馬：官名。此爲軍府高級幕僚。掌參贊軍務，管理府内武職。其品秩隨府主而定，高低不等。

［9］内史侍郎：官名。内史省副長官，佐宰相之職的本省長官内史監、令處理政務。正四品下。

［10］鄯：州名。治所在今青海樂都縣。　趙：州名。治所在今河北隆堯縣東。

［11］陳：南朝陳（557—589），都於建康（今江蘇南京市）。

［12］工部尚書：官名。尚書省下轄六部之一工部的長官。掌全國百工、屯田、山澤之政令。統工部、屯田、虞部、水部四曹（司）。正三品。

［13］楊素：人名。傳見本書卷四八，《北史》卷四一有附傳。

［14］獻皇后：“文獻皇后”的省稱。即文帝獨孤皇后的謚號。傳見本書卷三六、《北史》卷一四。　山陵：帝王或皇后的墳墓。

煬帝嗣位，轉納言，[1]仍領營東都副監，[2]帝甚信重之。遼東之役，領右武衛將軍，[3]進位左光禄大夫，[4]卒於師，時年六十二。帝歎惜者久之，贈吏部尚書、始安侯。[5]謚曰恭。贈物三百五十段。

［1］煬帝嗣位，轉納言：《北史》卷六八《楊達傳》同。但本書卷二和《北史》卷一一《隋文帝紀》、《通鑑》卷一七九《隋紀》皆記楊達於“仁壽二年十月癸丑”爲納言，直至大業八年五月死。故此處記載欠準確。參馬俊民《補〈隋書·宰相表〉兼論隋政權核心構成特徵演變及影響》（《中國社會歷史評論》2007 年第五卷）。納言，官名。門下省長官，職掌封駁制敕，並參與軍國大政

决策等，居宰相之職。正三品。

［2］東都副監：指興建新的都城洛陽之土木工程副總管官員。東都，指洛陽（今河南洛陽市）。

［3］右武衛將軍：官名。左右武衛府的軍官，輔助長官左右武衛大將軍領外軍宿衛。從三品。

［4］左光禄大夫：官名。屬散實官。隋文帝時置左、右光禄大夫皆正二品，煬帝大業三年定令，“左”爲正二品，“右”爲從二品。

［5］吏部尚書：官名。贈官。正三品。　始安侯：贈爵。煬帝大業三年衹留王、公、侯三等爵位，此爲最後一等。

史臣曰：高祖始遷周鼎，衆心未附，利建同姓，維城宗社，[1]是以河間、觀德，咸啓山河。屬乃葭莩，地非寵逼，故高位厚秩，與時終始。楊慶二三其德，志在苟生，變本宗如反掌，棄慈母如遺迹，及身而絶，宜其然矣。觀王位登台衮，慶流後嗣，保兹寵禄，實仁厚之所致乎！

［1］維城：連城以衛國。借指皇子或皇室宗族。語出《詩·大雅·板》：“宗子維城。”　宗社：宗廟和社稷的合稱。借指國家。

隋書　卷四四

列傳第九

滕穆王瓚　嗣王綸

滕穆王瓚，字恒生，一名慧，高祖母弟也。[1]周世，[2]以太祖軍功封竟陵郡公，[3]尚武帝妹順陽公主，[4]自右中侍上士遷御伯中大夫。[5]保定四年，[6]改爲納言，[7]授儀同。[8]瓚貴公子，又尚公主，美姿儀，好書愛士，甚有令名於當世，[9]時人號曰楊三郎。武帝甚親愛之。平齊之役，[10]諸王咸從，留瓚居守，帝謂之曰："六府事殷，[11]一以相付。朕將遂事東方，無西顧之憂矣。"其見親信如此。宣帝即位，[12]遷吏部中大夫，[13]加上儀同。[14]

[1]高祖：即隋文帝楊堅。紀見本書卷一、二，《北史》卷一一。　母弟：同母之弟，别於庶弟。

[2]周：即北周（557—581），都長安（今陝西西安市西北）。

[3]太祖：此指楊忠。"太祖"是其子楊堅稱帝後追尊的廟號。

傳見《周書》卷一九。　竟陵郡公：爵名。北周十一等爵的第五等。正九命（參見王仲犖《北周六典》卷八《封爵第十九》，中華書局 1979 年版，第 542 頁）。

［4］武帝：即北周武帝宇文邕。紀見《周書》卷五、六，《北史》卷一〇。　順陽公主：北周文帝宇文泰之女。

［5］右中侍上士：官名。北周置左、右中侍上士，掌御寢之禁，皇帝出巡及臨朝，亦隨從護衛。正三命。　御伯中大夫：官名。北周改侍中爲御伯，天官府置御伯中大夫二人，後改爲納言中大夫，掌出入侍從。正五命。

［6］保定：北周武帝宇文邕年號（561—565）。

［7］納言：官名。武帝保定四年改御伯中大夫爲納言中大夫，簡稱納言。

［8］儀同：官名。全稱爲儀同三司。周武帝建德四年（575）改稱儀同大將軍。屬勳官。北周府兵制中儀同府的長官均加此勳官名，可開府置官屬。九命。（參見王仲犖《北周六典》卷九《勳官第二十》，第 578 頁；谷霽光《府兵制度考釋》，上海人民出版社 1962 年版，第 51 頁）

［9］令名：美好聲譽。

［10］齊：即北齊（550—577），或稱高齊，都鄴（今河北臨漳縣西南鄴鎮東）。

［11］六府：即北周仿《周禮》所置天官府、地官府、春官府、夏官府、秋官府、冬官府的總稱。

［12］宣帝：即北周宣帝宇文贇。紀見《周書》卷七、《北史》卷一〇。

［13］吏部中大夫：官名。北周夏官府吏部司置吏部中大夫一員，掌選舉。正五命。

［14］上儀同：勳官名。全稱爲上儀同大將軍。北周武帝置。位在儀同大將軍上，授予有軍勳的功臣及其子弟，無具體職掌。九命。

未幾，帝崩，高祖入禁中，將總朝政，令廢太子勇召之，[1]欲有計議。瓚素與高祖不協，聞召不從，曰："作隋國公恐不能保，[2]何乃更爲族滅事邪？"高祖作相，[3]遷大將軍。[4]尋拜大宗伯，[5]典修禮律。進位上柱國、邵國公。[6]瓚見高祖執政，群情未一，恐爲家禍，陰有圖高祖之計，高祖每優容之。及受禪，立爲滕王。[7]後拜雍州牧。[8]上數與同坐，呼爲阿三。後坐事去牧，以王就第。[9]

[1]廢太子勇：指隋文帝長子楊勇，隋文帝即位立爲太子，開皇二十年（600）廢爲庶人，故稱"廢太子"。傳見本書卷四五、《北史》卷七一。

[2]隋國公：爵名。北周十一等爵的第四等。正九命（參見王仲犖《北周六典》卷八《封爵第十九》，第538頁）。按，"隋國公"應爲"隨國公"。楊堅在北周本襲封隨國公。其稱帝後故國號稱"隨"。因北周、北齊動蕩不安，故去"辶"作"隋"，以"辶"訓"走"故。

[3]相：據本書卷一《高祖紀上》爲"左大丞相"。北魏孝莊帝永安元年（528）始置大丞相，永安三年廢。北周静帝大象二年（580）又置左、右大丞相。以宇文贊爲右大丞相，但僅有虚名；以楊堅爲左大丞相，總攬朝政。旋去左右之號，獨以楊堅爲大丞相，實爲控制朝廷的權臣。

[4]大將軍：官名。北周屬勳官，以酬勳勞，無實際職掌。正九命。

[5]大宗伯：官名。全稱爲大宗伯卿。西魏恭帝三年（556）仿《周禮》建六官，春官府置大宗伯卿一人，掌邦禮，以佐皇帝和邦國。正七命。

[6]上柱國：官名。北周武帝建德四年置，爲勳官之首，實爲散秩，無實職。正九命。　邵國公：爵名。北周十一等爵的第四等。正九命。

[7]滕王：爵名。隋九等爵的第一等。從一品。

[8]雍州：治所在今陝西西安市西北郊。　牧：官名。京畿地區最高行政長官。從二品。

[9]就第：免職回家。

瓚妃宇文氏，先時與獨孤皇后不平，[1]及此鬱鬱不得志，陰有咒詛。上命瓚出之，瓚不忍離絶，固請。上不得已，從之，宇文氏竟除屬籍。[2]瓚由是忤旨，恩禮更薄。開皇十一年，[3]從幸栗園，[4]暴薨，時年四十二。[5]人皆言其遇鴆以斃。子綸嗣。[6]

[1]獨孤皇后：即隋文帝文獻皇后。傳見本書卷三六、《北史》卷一四。

[2]屬籍：宗室譜籍。

[3]開皇：隋文帝楊堅年號（581—600）。

[4]栗園：地名。栗園有多處：一在今河南安陽市東北；一在今河北固安縣界；一在今北京市豐臺區。另，胡三省於《通鑑》卷一七七《隋紀》開皇十一年八月條注云："栗園在長安南。"考本書多處記載隋文帝來往於長安和栗園之間。如開皇十一年載文帝"八月壬申（二十三），幸栗園"。"乙亥（二十六），至自栗園"。在當時交通工具條件下，能在短短四天兩次來往長安、栗園，可推斷栗園必距長安不遠。若此，此處栗園的地理方位，當是胡三省所注的，即在今長安市南。

[5]四十二：《北史》卷七一本傳作"四十四"。

[6]綸：人名。即楊綸。《北史》卷七一有附傳。

綸字斌籀，[1]性弘厚，美姿容，頗解鍾律。高祖受禪，封邵國公，[2]邑八千户。[3]明年，拜邵州刺史。[4]晉王廣納妃於梁，[5]詔綸致禮焉，甚爲梁人所敬。

[1]籀（zhòu）：通“籒”。按，宋刻遞修本、汲古閣本、殿本、庫本同，中華本作“籒”。“籀”是“籒”的訛字。後凡同此者，不再出注。

[2]邵國公：爵名。隋九等爵的第三等。從一品。

[3]邑：也稱食邑、封邑。是古代君王封賜給有爵位之人的一種食禄制度，受封者可徵收封地内的民户租税充作食禄。魏晋以後，食邑分爲虚封和實封兩類：虚封一般僅冠以“邑”或“食邑”之名，祇是一種榮譽性加銜，受封者並不能獲得實際的食禄收入；而實封一般須冠以“真食”“食實封”等名，受封者可真正獲得食禄收入。此邑八千户爲虚封。

[4]邵州：治所在今山西垣曲縣東南。

[5]晉王廣：即楊廣，時爲晉王。紀見本書卷三、四，《北史》卷一二。　妃：此指楊廣妻蕭氏。傳見本書卷三六、《北史》卷一四。　梁：此指後梁（555—587），都江陵（今湖北江陵縣）。

綸以穆王之故，[1]當高祖之世，每不自安。煬帝即位，尤被猜忌。綸憂懼不知所爲，呼術者王琛而問之。[2]琛答曰：“王相禄不凡。”乃因曰：“滕即騰也，此字足爲善應。”有沙門惠恩、崛多等，[3]頗解占候，[4]綸每與交通，常令此三人爲度星法。[5]有人告綸怨望咒詛，帝命黄門侍郎王弘窮治之。[6]弘見帝方怒，遂希旨奏綸厭蠱惡逆，[7]坐當死。帝令公卿議其事，司徒楊素等曰：[8]“綸希冀國灾，以爲身幸。原其性惡之由，[9]積自家世。惟皇運之始，四海同心，在於孔懷，[10]彌須叶力。[11]其先乃離阻大謀，棄同即異，父悖於前，子逆於後，非直覬覦朝廷，便是圖危社稷。爲惡有狀，其罪莫大，刑兹無赦，抑有舊章，請依前律。”帝以公族不忍，除名爲民，徙始安。[12]諸弟散徙邊郡。大業七年，[13]親征遼東，綸欲上表，請從軍自效，爲郡司所遏。未幾，復徙朱崖。[14]及天下大亂，爲賊林仕弘所逼，[15]攜妻子竄于儋耳。[16]後歸大唐，爲懷化縣公。[17]

[1]穆王：即滕穆王瓚。

[2]王琛：人名。事亦見《北史》卷七一《楊綸傳》，又本書《經籍志三》“數術”“方伎”均載有王琛所著之書，或即此人。

[3]惠恩：人名。名亦見《北史·楊綸傳》，具體事迹不詳。 崛多：人名。名亦見《北史·楊綸傳》，具體事迹不詳。

[4]占候：觀測天象變化以附會人事，預測吉凶。

[5]度星法：占候的一種。

[6]黄門侍郎：官名。隋門下省副職，煬帝大業三年改給事黄門侍郎爲黄門侍郎，協助納言參議政令的制定。正三品。 王弘：人名。事亦見本書卷三《煬帝紀上》及卷七三《辛公義傳》。

[7]希旨：亦稱“希指”，迎合在上者意願。 厭蠱：謂以巫術致灾禍於人。

[8]司徒：官名。隋三公之一，隋初依舊制，各置府僚，參議國家大事。但不久就省去府及僚佐，置三公則坐於尚書都省，從而失去實權。正一品。 楊素：人名。傳見本書卷四八，《北史》卷四一有附傳。

[9]性：汲古閣本、殿本、庫本同，宋刻遞修本、中華本作

“懷”。《北史·楊綸傳》亦作懷。

[10]孔懷：指甚相思念。《詩·小雅·常棣》：“死喪之威，兄弟孔懷。”

[11]叶：宋刻遞修本、汲古閣本、殿本、庫本同，中華本作“協”，兩者通。

[12]始安：郡名。治所在今廣西桂林市。

[13]大業：隋煬帝楊廣年號（605—618）。

[14]朱崖：郡名。又稱珠崖郡。一爲西漢元封元年置，初元三年廢，隋大業六年復置。治所在今海南海口市瓊山區東南。一爲南朝梁置，隋初廢，大業初復置，大業六年改爲儋耳郡。治所在今海南儋州市西北。此爲大業七年後事，當指前者。按，《北史·楊綸傳》作“珠崖”。

[15]林仕弘：人名。隋末饒州鄱陽人。《舊唐書》卷五六、《新唐書》卷八七有附傳。

[16]儋耳：郡名。治所在今海南儋州市西北。

[17]懷化縣公：爵名。唐九等爵的第六等。從二品。

綸弟坦，[1]字文籍，初封竟陵郡公，坐綸徙長沙。[2]坦弟猛，[3]字武籍，徙衡山。[4]猛弟温，[5]字明籍，初徙零陵。[6]温好學，解屬文，既而作《零陵賦》以自寄，其辭哀思。帝見而怒之，轉徙南海。[7]温弟詵，[8]字弘籍，前亦徙零陵。帝以其修謹，襲封滕王，以奉穆王嗣。大業末，薨於江都。[9]

[1]坦：人名。即楊坦。事亦見《北史》卷七一《楊綸傳》。

[2]長沙：郡名。治所在今湖南長沙市。

[3]猛：人名。即楊猛。事亦見《北史·楊綸傳》。

[4]衡山：郡名。隋大業初改衡州置，治所在今湖南衡陽市。

［5］温：人名。即楊温。事亦見《北史·楊綸傳》。

［6］零陵：郡名。治所在今湖南永州市。

［7］南海：郡名。治所在今廣東廣州市。

［8］詵：人名。即楊詵。事亦見《北史·楊綸傳》。按，岑仲勉據《隋滕王故長子墓誌銘》補：楊詵子名厲，字威彦（參見岑仲勉《隋書求是》，中華書局2004年版，第86頁）。

［9］江都：地名。治所在今江蘇揚州市。

道悼王静

道悼王静，字賢籀，滕穆王瓚之子也。出繼叔父嵩。[1]嵩在周代，以太祖軍功，賜爵興城公，[2]早卒。高祖踐位，追封道王，謚曰宣。[3]以静襲焉。卒，無子，國除。[4]

［1］嵩：人名。即楊嵩。傳另見《北史》卷七一。

［2］興城公：爵名。北周興城郡公之省稱。

［3］謚：謚法。上古有號無謚，周初始制謚法，秦始皇廢不用，自漢初恢復。即帝王、貴族、大臣死後，據其生前事迹依謚法給予一定的謚號，以示褒貶。

［4］無子，國除：岑仲勉指出："《北史》七一則云：'無子，以蔡王智積子世澄襲。'按《智積傳》稱有五男，世澄蓋其一也。"（岑仲勉：《隋書求是》，第86頁）

衛昭王爽　嗣王集

衛昭王爽，[1]字師仁，小字明達，高祖異母弟也。

周世，在襁褓中，以太祖軍功，封同安郡公。六歲而太祖崩，爲獻皇后之所鞠養，由是高祖於諸弟中特寵愛之。十七爲内史上士。[2]高祖執政，拜大將軍、秦州總管。[3]未之官，轉授蒲州刺史，[4]進位柱國。[5]及受禪，立爲衛王。尋遷雍州牧，領左右將軍。[6]俄遷右領軍大將軍，[7]權領并州總管。[8]歲餘，進位上柱國，[9]轉涼州總管。[10]爽美風儀，有器局，治甚有聲。

[1]爽：人名。即楊爽。傳另見《北史》卷七一。

[2]内史上士：官名。全稱是小内史上士。爲春官府内史曹的屬官，掌草擬皇帝詔令，參修國志及起居注。置二員，正三命（參見王仲犖《北周六典》卷四《春官府第九》，第174頁）。

[3]秦州：北周時治所在今甘肅天水市。　總管：官名。東魏孝敬帝武定六年（548）始置。西魏也置。北周明帝武成元年（559）正式改都督諸州軍事爲總管，總管之設乃成定制。北周之制，總管加使持節諸軍事。總管或單任，然多兼帶刺史。故總管職權雖以軍事爲主，實際是一地區若干州、防（鎮）的最高軍政長官。

[4]蒲州：治所在今山西永濟市西南。

[5]柱國：官名。全稱爲柱國大將軍。北魏太武帝置，以爲開國元勳長孫嵩的加官。孝莊帝因尒朱榮有擁立之功，特置以授之，位在丞相上。西魏文帝以宇文泰有中興之功，又置此官授之。後凡屬功參佐命、望實俱重的，也得居之。自大統十六年（550）以前任此官的名義上有八人。北周武帝增置上柱國等官，並以上柱國大將軍爲勳官之首。柱國大將軍次之。正九命。

[6]領左右將軍：官名。隋中央十二衛有左右領左右府，各置將軍二人，掌侍衛左右，供御備仗。從三品。

[7]右領軍大將軍：官名。隋中央十二衛置左右領軍府，掌十

二軍籍帳、差科、辭訟之事，右領軍大將軍爲右領軍府長官。正三品。按，本書《百官志下》、《通典》卷二八《職官·左右領軍衛》載隋文帝朝，“左右領軍府，各掌十二軍籍帳、差科、辭訟之事。不置將軍。唯有長史、司馬”等。然據本書卷一《高祖紀上》、《通鑑》卷一七六《陳紀》至德三年三月條，可推知最遲開皇三年三月戊午左右領軍府已各置領軍大將軍了。

[8]權：官制用語。指暫時代理官職。　領：官制用語。以地位較高的官兼理地位較低的職務。　并州：治所在今山西太原市西南古城營。

[9]上柱國：官名。隋文帝因改北周之制形成十一等散實官，以酬勤勞。上柱國是第一等，開府置府佐。從一品。

[10]凉州：治所在今甘肅武威市。按，岑仲勉指出：“此與本紀一開皇二年六月爽爲原州總管有衝突”，並於同書《牧守表》一二二原州條詳考，認爲紀、傳各有其是非：“爽於二年實先轉凉州，紀作原州者訛，殆後（約五年）自凉州徙原，然後徵入，傳文一若凉任連至七年者亦非。”（參見岑仲勉《隋書求是》，第7、206頁）

其年，以爽爲行軍元帥，[1]步騎七萬以備胡。出平凉，[2]無虜而還。明年，大舉北伐，又爲元帥。河間王弘、豆盧勣、竇榮定、高熲、虞慶則等分道而進，[3]俱受爽節度。爽親率李元節等四將出朔州，[4]遇沙鉢略可汗於白道，[5]接戰，大破之，虜獲千餘人，驅馬牛羊鉅萬。沙鉢略可汗中重瘡而遁。高祖大悦，賜爽真食梁安縣千户。[6]六年，復爲元帥，步騎十五萬，出合川。[7]突厥遁逃而返。明年，徵爲納言。[8]高祖甚重之。

[1]行軍元帥：出征軍的統帥名。根據需要臨時任命，事罷

則廢。

[2]平凉：地名。在今甘肅平凉市。

[3]河間王弘：即楊弘。傳見本書卷四三、《北史》卷七一。　豆盧勣：人名。傳見本書卷三九，《北史》卷六八有附傳。　竇榮定：人名。傳見本書卷三九，《北史》卷六一有附傳。　高熲：人名。傳見本書卷四一、《北史》卷七二。　虞慶則：人名。傳見本書卷四〇、《北史》卷七三。

[4]李元節：人名。按，宋刻遞修本、汲古閣本、殿本、庫本同，《册府元龜》卷二九一《宗室部·立功第二》亦同，中華本改作"李充節"。《北史》卷七一《楊爽傳》、《通鑑》卷一七五《陳紀》至德元年四月條均作"李充"。岑仲勉考證云："元乃充之訛，李充見五三附傳，《舊唐書》六二《李大亮傳》父充節，即其人，蓋隋、唐間兩字名常省作一字也。"（岑仲勉：《隋書求是》，第86頁）中華本校勘記云："原作'李元節'，據《舊唐書·李大亮傳》、《北史·叙傳》改。"總之，李充節確，或省作李充。本書卷五三、《北史》卷一〇〇有附傳。　朔州：治所在今山西朔州市。

[5]沙鉢略可汗：攝圖之號。事見本書卷八四、《北史》卷九九《突厥傳》。　白道：地名。爲河套東北地區通往陰山的交通要道，在今内蒙古呼和浩特市東北。

[6]真食：魏晋以來食邑制度之實封制度，受封者一般須冠以"真食""食實封"等名，可真正獲得食禄收入。　梁安縣：治所在今湖北隨州市西南。

[7]合川：此爲合川鎮，隋開皇三年置，在今甘肅慶陽市。

[8]納言：官名。門下省長官，職掌封駁制敕，並參與軍國大政決策等，居宰相之職。正三品。

未幾，爽寢疾，上使巫者薛榮宗視之，[1]云衆鬼爲厲。爽令左右驅逐之。居數日，有鬼物來擊榮宗，榮宗走下階而斃。其夜爽薨，時年二十五。贈太尉、冀州刺史。[2]子集嗣。[3]

[1]薛榮宗：人名。北齊時爲開府，自云能使鬼。事見《北齊書》卷五〇《恩倖傳》、《北史》卷九二《齊諸宦者傳》。

[2]太尉：官名。贈官。正一品。　冀州：治所在今河北冀州市。

[3]集：人名。即楊集。《北史》卷七一有附傳。

集字文會，初封遂安王，[1]尋襲封衛王。煬帝時，諸侯王恩禮漸薄，猜防日甚。集憂懼不知所爲，乃呼術者俞普明章醮以祈福助。[2]有人告集咒詛，憲司希旨，[3]鍛成其獄，奏集惡逆，坐當死。天子下公卿議其事，楊素等曰："集密懷左道，厭蠱君親，公然咒詛，無慚幽顯。情滅人理，事悖先朝，是君父之罪人，非臣子之所赦，請論如律。"時滕王綸坐與相連，帝不忍加誅，乃下詔曰："綸、集以附萼之華，猶子之重，縻之好爵，匪由德進。正應與國升降，休戚是同，乃包藏妖禍，誕縱邪僻。在三之義，[4]愛敬俱淪；急難之情，孔懷頓滅。公卿議既如此，覽以潸然。雖復王法無私，恩從義斷，但法隱公族，禮有親親。致之極辟，情所未忍。"於是除名爲民，遠徙邊郡。遇天下大亂，不知所終。

[1]遂安王：爵名。全稱爲遂安郡王。按，本書卷一《高祖紀上》開皇三年六月"以衛王爽子集爲遂安郡王"。

[2]俞普明：人名。隋代術士。事亦見《北史》卷七一《楊集

傳》，具體事迹不詳。　章醮：道教一種拜表設祭的祈禱儀式。

［3］憲司：魏晋以來對御史的通稱。

［4］在三之義：典出《國語·晋語一》。後以“在三”爲禮敬君、父、師的典故。

蔡王智積

蔡王智積，[1]高祖弟整之子也。[2]整，周明帝時，[3]以太祖軍功，賜爵陳留郡公。尋授開府、車騎大將軍。[4]從武帝平齊，至并州，力戰而死。及高祖作相，贈柱國、大司徒、冀定瀛相懷衛趙貝八州刺史。[5]高祖受禪，追封蔡王，謚曰景。以智積襲焉。又封其弟智明爲高陽郡公，智才爲開封縣公。[6]

［1］智積：人名。即楊智積。《北史》卷七一有附傳。

［2］整：人名。即楊整。北周爲開府、陳留郡公。傳見《北史》卷七一。

［3］周明帝：即北周明帝宇文毓。紀見《周書》卷四、《北史》卷九。

［4］開府：勳官名。即開府儀同三司。北周府兵制中二十四軍每一軍長官加此勳官名。九命。　車騎大將軍：儀同府長官軍號。以車騎將軍中資深者爲車騎大將軍。金印紫綬。典京師兵衛，掌宫衛。北周爲九命。

［5］大司徒：官名。即北周地官府大司徒卿，掌國家土地與人民教化。正七命。此爲贈官。　定：州名。治所在今河北定州市。　瀛：州名。治所在今河北河間市。　相：州名。治所在今河南安陽市。　懷：州名。治所在今河南沁陽市。　衛：州名。治所在今

河南淇縣。　趙：州名。治所在今河北隆堯縣東。　貝：州名。治所在今河北清河縣西北。

［6］開封縣公：爵名。隋九等爵的第五等。從一品。

尋拜智積爲開府儀同三司，[1]授同州刺史，[2]儀衛資送甚盛。頃之，以修謹聞，高祖善之。在州未嘗嬉戲游獵，聽政之暇，端坐讀書，門無私謁。有侍讀公孫尚儀，[3]山東儒士，府佐楊君英、蕭德言，[4]並有文學，時延於座，所設唯餅果，酒纔三酌。家有女妓，唯年節嘉慶，奏於太妃之前，[5]其簡靜如此。昔高祖龍潛時，景王與高祖不睦，[6]其太妃尉氏又與獨孤皇后不相諧，以是智積常懷危懼，每自貶損。高祖知其若是，亦哀憐之。人或勸智積治產業者，智積曰："昔平原露朽財帛，[7]苦其多也。吾幸無可露，何更營乎？"有五男，止教讀《論語》《孝經》而已，亦不令交通賓客。或問其故，智積答曰："卿非知我者。"其意恐兒子有才能，以致禍也。開皇二十年，徵還京第，無他職任，闔門自守，非朝覲不出。

［1］開府儀同三司：官名。隋文帝因改北周之制形成十一等散實官，以酬勤勞。開府是第六等，開府置府佐。正四品上。

［2］同州：治所在今陝西大荔縣。

［3］公孫尚儀：人名。事迹不詳。儀，《册府元龜》卷二九二《宗室部·禮士》及《太平御覽》卷二五七《職官部·良刺史中》均同，唯《北史》卷七一《楊智積傳》作"義"。

［4］楊君英：人名。事迹不詳。名亦見《册府元龜》卷二九二《宗室部·禮士》、《太平御覽》卷二五七《職官部·良刺史中》、

《北史·楊智積傳》。　蕭德言：人名。事迹不詳。名亦見同上《册府元龜》《太平御覽》《北史》。

［5］太妃：三國魏以來尊稱諸王之母爲太妃。此指楊智積母尉氏。

［6］景王：即智積父楊整。

［7］平原：指平原君趙勝。傳見《史記》卷七六。　露朽：財物堆積在露天處日久而朽爛。

煬帝即位，滕王綸、衛王集並以讒構得罪，高陽公智明亦以交游奪爵，智積逾懼。大業七年，[1]授弘農太守，[2]委政僚佐，清净自居。及楊玄感作亂，[3]自東都引軍而西，[4]智積謂官屬曰："玄感聞大軍將至，欲西圖關中。[5]若成其計，則根本固矣。當以計縻之，使不得進。不出一旬，自可擒耳。"及玄感軍至城下，智積登陴詈辱之，[6]玄感怒甚，留攻之。城門爲賊所燒，智積乃更益火，賊不得入。數日，宇文述等援軍至，[7]合擊破之。

［1］大業七年：《册府元龜》卷二七四《宗室部·畏慎》及卷二八一《宗室部·領鎮第四》同，然《北史》卷七一本傳作"大業三年"。

［2］弘農：郡名。治所在今河南靈寶市。

［3］楊玄感：人名。傳見本書卷七〇，《北史》卷四一有附傳。

［4］東都：此指洛陽，舊址在今河南洛陽市。

［5］關中：地區名。與"關内"意同。秦至唐時稱函谷關或潼關以西、隴坂以東、終南山以北爲關中。

［6］陴：城墻。

［7］宇文述：人名。傳見本書卷六一、《北史》卷七九。

十二年，從駕江都，寢疾。帝時疏薄骨肉，智積每不自安，及遇患，不呼醫。臨終，謂所親曰：“吾今日始知得保首領没於地矣。”時人哀之。有子道玄。[1]

[1]道玄：人名。即楊道玄。名亦見《北史》卷七一《楊智積傳》。

史臣曰：周建懿親，[1]漢開盤石，[2]内以敦睦九族，[3]外以輯寧億兆，深根固本，崇奬王室。安則有以同其樂，衰則有以恤其危，所由來久矣。魏、晋以下，多失厥中，不遵王度，各徇所私。抑之則勢齊於匹夫，抗之則權侔於萬乘，[4]矯枉過正，非一時也。得失詳乎前史，不復究而論焉。高祖昆弟之恩，素非篤睦，閨房之隙，又不相容。至于二世承基，其弊愈甚。是以滕穆暴薨，人皆竊議；蔡王將没，自以爲幸。唯衛王養於獻后，故任遇特隆，而諸子遷流，莫知死所，悲夫！其錫以茅土，[5]稱爲磐石，行無甲兵之衛，居與甿隸爲伍。[6]外内無虞，顛危不暇，時逢多難，將何望焉！

[1]周建懿親：指西周分封宗親。

[2]盤石：指封藩宗室。

[3]九族：以自己爲本位，上推至四世之高祖，下推至四世之玄孫爲九族。

[4]萬乘：指帝王。

[5]錫以茅土：即錫土封國。

[6]甿隸：原指農夫與皂隸，泛指地位低的人。

隋書　卷四五

列傳第十

文四子

高祖五男，[1]皆文獻皇后之所生也。[2]長曰房陵王勇，[3]次煬帝，[4]次秦孝王俊，[5]次庶人秀，[6]次庶人諒。[7]

[1]高祖：隋文帝楊堅的廟號。紀見本書卷一、二，《北史》卷一一。

[2]文獻皇后：隋文帝獨孤皇后的謚號。傳見本書卷三六、《北史》卷一四。

[3]房陵王勇：指楊勇。房陵王，追封爵名。傳另見《北史》卷七一。

[4]煬帝：楊廣的謚號。紀見本書卷三、四，《北史》卷一二。

[5]秦孝王俊：指楊俊。秦孝王，爵名，孝是謚號。傳另見《北史》卷七一。

[6]秀：人名。指楊秀。傳另見《北史》卷七一。

[7]諒：人名。指楊諒。傳另見《北史》卷七一。

房陵王勇字睍地伐，[1]高祖長子也。周世，[2]以太祖軍功，[3]封博平侯。[4]及高祖輔政，立爲世子，[5]拜大將軍、左司衛，[6]封長寧郡公。[7]出爲雒州總管、東京小冢宰，[8]總統舊齊之地。[9]後徵還京師，[10]進位上柱國、大司馬，[11]領内史御正，[12]諸禁衛皆屬焉。高祖受禪，[13]立爲皇太子，[14]軍國政事及尚書奏死罪已下，[15]皆令勇參決之。上以山東民多流冗，[16]遣使按檢，[17]又欲徙民北實邊塞。勇上書諫曰："竊以導俗當漸，非可頓革，戀土懷舊，民之本情，波迸流離，蓋不獲已。有齊之末，主暗時昏，周平東夏，繼以威虐，民不堪命，致有逃亡，非厭家鄉，願爲羈旅。加以去年三方逆亂，[18]賴陛下仁聖，區宇肅清，鋒刃雖屏，瘡痍未復。若假以數歲，沐浴皇風，逃竄之徒，自然歸本。雖北夷猖獗，[19]嘗犯邊烽，今城鎮峻峙，所在嚴固，何待遷配，以致勞擾。臣以庸虚，謬當儲貳，寸誠管見，輒以塵聞。"上覽而嘉之，遂寢其事。是後時政不便，多所損益，上每納之。上嘗從容謂群臣曰："前世皇王，溺於嬖幸，廢立之所由生。朕傍無姬侍，五子同母，可謂真兄弟也。豈若前代多諸内寵，孽子忿諍，爲亡國之道邪！"

[1]睍（xiàn）地伐：《劍橋中國隋唐史》云：煬帝"和他的弟兄童年都有佛名"（參見［英］崔瑞德編《劍橋中國隋唐史》，中國社會科學出版社1990年版，第114頁）。

[2]周：即北周（557—581），都長安（今陝西西安市西北郊）。

［3］太祖：此是隋文帝楊堅父楊忠的廟號。傳見《周書》卷一九。

［4］博平侯：爵名。侯爵爲十一等爵的第五等。正八命。

［5］世子：帝王和諸侯的嫡長子。

［6］大將軍：官名。爲北周十一等勳官的第四等，可開府置官屬，以酬勳勞，無實際職掌。正九命。　左司衛：官名。左司衛上大夫的省稱。北周置司衛上大夫爲侍衛長官，分左、右。掌東宮衛士，在非常時期亦可統帥皇帝宿衛兵馬，權任甚重。正六命。

［7］長寧郡公：爵名。郡公爲北周十一等爵的第五等。正九命。

［8］雒州：治所在今河南洛陽市東北。　總管：官名。東魏孝敬帝武定六年（548）始置。西魏也置。北周明帝武成元年（559）正式改都督諸州軍事爲總管，總管之設乃成定制。北周之制，總管加使持節諸軍事。總管或單任，然多兼帶刺史。故總管職權雖以軍事爲主，實際是一地區若干州、防（鎮）的最高軍政長官。　東京：城名。北周大象元年（579）以洛陽（今河南洛陽市東）爲東京。隋文帝罷。　小冢宰：官名。全稱爲小冢宰上大夫，爲天官府大冢宰卿之下屬。置兩員，北周正六命。

［9］齊：即北齊（550—577），或稱高齊，都鄴（今河北臨漳縣西南鄴鎮東）。

［10］京師：指長安。在今陝西西安市西北郊。

［11］上柱國：官名。北周武帝建德四年（575）置，爲勳官之首，實爲散秩，無實職。正九命。　大司馬：官名。北周大司馬卿的簡稱。爲夏官府最高長官。掌邦政，征伐敵國及四時治兵講武皆由其主持，大祭祀則掌宿衛，廟社則奉羊牲。正七命。

［12］内史御正：官名。據《周書》卷四〇《尉遲運傳》載，此官“職在弼諧，（軍國大事）皆須參議。共治天下”。

［13］禪：中國古代歷史上統治權轉移的一種方式，即皇帝把帝位讓給他人。

［14］皇太子：古代皇帝的兒子中被預定繼承君位的人。

［15］尚書：官署名。尚書省的省稱。隋與門下、内史並號三省，共掌軍國大政。該省爲全國政務中樞，職事尤重。長官爲尚書令，副名左、右僕射。下轄六曹（部）：吏、民（度支）、禮、兵、刑（都官）、工，分司政務。

［16］山東：地區名。戰國、秦、漢時代，通稱華山或崤山以東爲山東。

［17］使：使職。即臨時差遣官員處理某項事務者爲“使”，事後即罷。

［18］三方逆亂：指北周末尉遲迥、王謙、司馬消難反楊堅之戰。

［19］北夷：古代對北方少數民族的泛稱。此主要指突厥。

勇頗好學，解屬詞賦，性寬仁和厚，率意任情，無矯飾之行。引明克讓、姚察、陸開明等爲之賓友。[1]勇嘗文飾蜀鎧，[2]上見而不悦，恐致奢侈之漸，因而誡之曰：“我聞天道無親，唯德是與，歷觀前代帝王，未有奢華而得長久者。汝當儲后，若不上稱天心，下合人意，何以承宗廟之重，居兆民之上？吾昔日衣服，各留一物，時復看之，以自警戒。今以刀子賜汝，宜識我心。”[3]

［1］明克讓：人名。傳見本書卷五八、《北史》卷八三。生平亦可見《明克讓墓誌》（載劉文《陝西新見隋朝墓誌》一六，三秦出版社 2018 年版）。　姚察：人名。南朝陳時官至吏部尚書，入隋歷官秘書丞，太子内舍人，博學多聞，於當時禮樂制度多有議定。傳見《陳書》卷二七、《南史》卷六九。　陸開明：人名。即陸爽。北齊時曾任通直散騎常侍，入隋與宇文愷撰有《東宫典記》七

十卷。傳見本書卷五八。

[2]蜀：地區名。泛指今四川地區。

[3]今以刀子賜汝，宜識我心：此句太簡略，意難明。《北史》卷七一《房陵王勇傳》作："令高熲賜汝我舊所帶刀子一枚，並葅醬一合，汝昔作上士時所常食如此。若存憶前事，應知我心。"

其後經冬至，百官朝勇，勇張樂受賀。高祖知之，問朝臣曰："近聞至節，内外百官，相率朝東宫，[1]是何禮也？"太常少卿辛亶對曰：[2]"於東宫是賀，不得言朝。"高祖曰："改節稱賀，正可三數十人，逐情各去。何因有司徵召，一時普集，太子法服設樂以待之？[3]東宫如此，殊乖禮制。"於是下詔曰："禮有等差，君臣不雜，爰自近代，聖教漸虧，俯仰逐情，因循成俗。皇太子雖居上嗣，義兼臣子，而諸方岳牧，[4]正冬朝賀，任土作貢，别上東宫，事非典則，宜悉停斷。"自此恩寵始衰，漸生疑阻。

[1]東宫：太子所居之宫。

[2]太常少卿：官名。爲太常寺貳官。協助長官太常卿掌宗廟郊社禮樂等。正四品上。煬帝降爲從四品。　辛亶（zhān）：人名。隋時曾官刑部侍郎、禮部侍郎、太常少卿。事略見本書卷六二《趙綽傳》、唐人張鷟撰《朝野僉載》卷四。

[3]法服：古代根據禮法規定的不同等級的服飾。

[4]岳牧：亦作"嶽牧"。語本《尚書·周官》。爲傳説堯舜時四岳十二牧的省稱。後用岳牧泛稱封疆大吏。

時高祖令選宗衛侍官，[1]以入上臺宿衛。[2]高熲奏稱，[3]若盡取强者，恐東宫宿衛太劣。高祖作色曰："我有時行動，宿衛須得雄毅。太子毓德東宫，左右何須强武？此極敝法，甚非我意。如我商量，恒於交番之日，分向東宫上下，圍伍不别，[4]豈非好事？我熟見前代，公不須仍踵舊風。"蓋疑高熲男尚勇女，形於此言，以防之也。

[1]宗衛侍官：東宫率府所統府兵衛士名。屬左、右宗衛，由楊姓宗人充任。在長官率的統轄下，負責東宫宫禁侍衛。按，《北史》卷七一《房陵王勇傳》"宗衛侍官"作"强宗"。中華本《北史》取本書，校勘記有考。

[2]上臺：指宫廷，朝廷。

[3]高熲：人名。傳見本書卷四一、《北史》卷七二。

[4]圍伍：汲古閣本、殿本、庫本同。宋刻遞修本、中華本及《北史·房陵王勇傳》作"團伍"。考隋府兵制"團"爲一級府兵組織（參見谷霽光《府兵制度考釋》，上海人民出版社1962年版，第161頁），"伍"爲軍隊編制單位或士兵意。如此，"團伍"可釋爲府兵衛士，而且和前文意也貫通。

勇多内寵，昭訓雲氏，[1]尤稱嬖幸，禮匹於嫡。勇妃元氏無寵，[2]嘗遇心疾，二日而薨。獻皇后意有他故，[3]甚責望勇。自是雲昭訓專擅内政，后彌不平，頗遣人伺察，求勇罪過。晋王知之，彌自矯飾，姬妾但備員數，唯共蕭妃居處。[4]皇后由是薄勇，愈稱晋王德行。其後晋王來朝，車馬侍從，皆爲儉素，敬接朝臣，禮極卑屈，聲名籍甚，冠於諸王。臨還揚州，[5]入内辭皇后，因進言曰："臣鎮守有限，方違顔色，臣子之戀，實結于心。一辭階闥，無由侍奉，拜見之期，杳然未日。”因哽咽流涕，伏不能興。皇后亦曰：“汝在方鎮，我又年老，今者之別，有切常離。”又泫然泣下，相對歔欷。王曰：“臣性識愚下，常守平生昆弟之意，不知何罪，失愛東宫，恒蓄盛怒，欲加屠陷。每恐讒譖生於投杼，鴆毒遇於杯勺，是用勤憂積念，懼履危亡。”皇后忿然曰：“睍地伐漸不可耐，我爲伊索得元家女，望隆基業，竟不聞作夫妻，專寵阿雲，使有如許豚犬。前新婦本無病痛，忽爾暴亡，遣人投藥，致此夭逝。事已如是，我亦不能窮治，何因復於汝處發如此意？我在尚爾，我死後，當魚肉汝乎？每思東宫竟無正嫡，至尊千秋萬歲之後，遣汝等兄弟向阿雲兒前再拜問訊，此是幾許大苦痛邪！”晋王又拜，嗚咽不能止，皇后亦悲不自勝。

[1]昭訓：太子内官名，即太子妾。正七品。　雲氏：隋代大將雲定興之女。

[2]妃：秦以前以佳偶曰妃。後世漸專指皇帝之妾及太子、王侯之妻。此是太子内官名，太子之妻。　元氏：元孝矩女。事亦見本書卷五〇《元孝矩傳》。

[3]獻皇后：文獻皇后之省稱。

[4]蕭妃：指楊廣之妻，即後之蕭后。傳見本書卷三六、《北史》卷一四。

[5]揚州：治所在今江蘇揚州市。

此別之後，知皇后意移，始構奪宗之計。[1]因引張衡定策，[2]遣褒公宇文述深交楊約，[3]令喻旨於越國公素，[4]具言皇后此語。素瞿然曰："但不知皇后如何？必如所言，吾又何爲者！"後數日，素入侍宴，微稱晋王孝悌恭儉，有類至尊，用此揣皇后意。皇后泣曰："公言是也。我兒大孝順，每聞至尊及我遣内使到，[5]必迎於境首。言及違離，未嘗不泣。又其新婦亦大可憐，我使婢去，常與之同寢共食。豈若睍地伐共阿雲相對而坐，終日酣宴，昵近小人，疑阻骨肉。我所以益憐阿麽者，[6]常恐暗地殺之。"素既知意，因盛言太子不才。皇后遂遺素金，始有廢立之意。

[1]宗：嫡長子。

[2]張衡：人名。傳見本書卷五六、《北史》卷七四。

[3]褒公：爵名。褒國公之省稱。隋九等爵的第三等。從一品。宇文述：人名。傳見本書卷六一、《北史》卷七九。　楊約：人名。本書卷四八、《北史》卷四一有附傳。

[4]素：人名。指楊素。傳見本書卷四八，《北史》卷四一有附傳。

[5]内使：由宫内派出的使職。

[6]阿麽：楊廣的乳名。

勇頗知其謀，憂懼，計無所出。聞新豐人王輔賢能占候，[1]召而問之。輔賢曰："白虹貫東宫門，[2]太白襲月，[3]皇太子廢退之象也。"以銅鐵五兵造諸厭勝。[4]又於後園之内作庶人村，屋宇卑陋，太子時於中寢息，布衣草褥，冀以當之。高祖知其不安，在仁壽宫，[5]使楊素觀勇。素至東宫，偃息未入，勇束帶待之，故久不進，以激怒勇。勇銜之，形於言色。素還，言勇怨望，恐有他變，願深防察。高祖聞素譖毁，甚疑之。皇后又遣人伺覘東宫，纖介事皆聞奏，因加媒蘖，構成其罪。高祖惑於邪議，遂疏忌勇。乃於玄武門達至德門量置候人，[6]以伺動静，皆隨事奏聞。又東宫宿衛之人，侍官已上，[7]名籍悉令屬諸衛府，[8]有健兒者，咸屏去之。晋王又令段達私於東宫幸臣姬威，[9]遺以財貨，令取太子消息，密告楊素。於是内外喧謗，過失日聞。段達脅姬威曰："東宫罪過，主上皆知之矣，已奉密詔，[10]定當廢立。君能告之，則大富貴。"威遂許諾。

[1]新豐：縣名。治所在今陝西西安市臨潼區東北、新豐鎮東南。　王輔賢：人名。隋代術士，具體事迹不詳。　占候：視天象變化以附會人事，預言吉凶。

[2]白虹：日月周圍的白色暈圈。

[3]太白：即金星。又名啓明、長庚。

[4]厭勝：古代一種巫術，謂能以詛咒制勝，壓服人或物。

[5]仁壽宫：宫殿名。在今陝西麟游縣西天臺山上，冠山構殿，絶壑爲池。因其凉爽宜人，故爲消夏離宫。

[6]玄武門：城門名。大興宫城正北門。　至德門：城門名。在大興宫城東北隅。　候人：斥候。偵伺敵情者。

[7]侍官：府兵兵士名稱。謂直閣、直寢、直齋、直後、備身、直長等。此侍官，指東宫率府所統的府兵。

[8]衛府：隋承襲北周府兵制，中央置十二衛府統領全國府兵。府兵番上宿衛京師者，負責宫廷禁衛、京城巡警、督攝隊仗等；府兵也有戍邊和出征職能。此"衛府"是皇帝直轄的府兵。

[9]段達：人名。傳見本書卷八五、《北史》卷七九。　姬威：

人名。河南洛陽（今河南洛陽市）人，開皇時授上開府儀同三司、太子右衛率，太子楊勇寵幸之臣。生平見《姬威墓誌》（載王其禕、周曉薇《隋代墓誌銘彙考》三一七，綫裝書局2007年版）。

[10]詔：初意爲上告於下文書。秦始皇統一天下，始定天子稱皇帝，其令爲詔。此後，即作爲皇帝專用的命令文書之一。後世皆因之。亦稱“詔書”“詔旨”“詔命”“詔誥”等。

九月壬子，[1]車駕至自仁壽宫，翌日，御大興殿，[2]謂侍臣曰：“我新還京師，[3]應開懷歡樂，不知何意，翻邑然愁苦？”吏部尚書牛弘對曰：[4]“由臣等不稱職，故至尊憂勞。”高祖既數聞讒譖，疑朝臣皆具委，故有斯問，冀聞太子之愆。弘爲此對，大乖本旨。高祖因作色謂東宫官屬曰：“仁壽宫去此不遠，而令我每還京師，嚴備仗衛，如入敵國。我爲患利，不脱衣卧。昨夜欲得近厠，故在後房，恐有警急，還移就前殿。豈非爾輩欲壞我國家邪？”於是執唐令則等數人，[5]付所司訊鞫。令楊素陳東宫事狀，以告近臣。素顯言之曰：“臣奉敕向京，[6]令皇太子檢校劉居士餘黨。[7]太子奉詔，乃作色奮厲，骨肉飛騰，語臣云：‘居士黨盡伏法，遣我何處窮討？爾作右僕射，[8]委寄不輕，自檢校之，何關我事？’又云：‘若大事不遂，我先被誅。今作天子，竟乃令我不如諸弟。一事以上，不得自由。’因長歎迴視云：‘我大覺身妨。’”高祖曰：

[1]九月壬子：《北史》卷七一《房陵王勇傳》作“開皇二十年”。考本書卷二《高祖紀下》、《通鑑》卷一七九《隋紀》同，知

這事發生在此年，而此處略紀年直書月日欠妥。另，前引《通鑑》九月條《考異》指出："《帝紀》：丁未，至自仁壽宫。"史籍記載時間有歧異。

[2]大興殿：宫殿名。隋文帝名新建的都城曰大興城（在今陝西西安市），正殿曰大興殿，宫曰大興宫，宫北苑曰大興苑。

[3]京師：指長安。治所在今陝西西安市。

[4]吏部尚書：官名。尚書省下轄六部之一吏部的長官。掌全國文職官員銓選、考課等政令。正三品。　牛弘：人名。傳見本書卷四九、《北史》卷七二。

[5]唐令則：人名。歷北齊、北周、隋，時任楊勇東宫太子左庶子。事見《周書》卷三二、《北史》卷六七《唐瑾傳》。

[6]敕：文書名。下行文書。始用於漢朝，凡官長告誡僚屬、尊長告諭子孫均稱敕。南北朝以後，則成爲皇帝專用的命令文書之一。

[7]劉居士：人名。隋上柱國彭公劉昶之子，任太子千牛備身，後因犯法被誅。事略見《通鑑》卷一七八《隋紀》開皇十七年。

[8]右僕射：官名。隋尚書省置左、右僕射各一人，地位僅次於尚書令。由於隋代尚書令不常置，僕射便成爲尚書省實際長官，是宰相之職。從二品。

此兒不堪承嗣久矣。皇后恒勸我廢之，我以布素時生，復是長子，望其漸改，隱忍至今。勇昔從南兗州來，[1]語衛王云：[2]"阿娘不與我一好婦女，亦是可恨。"因指皇后侍兒曰："是皆我物。"此言幾許異事。其婦初亡，即以斗帳安餘老嫗。新婦初亡，我深疑使馬嗣明藥殺。[3]我曾責之，便懟曰：[4]"會殺元孝矩。"[5]此欲害我而遷怒耳。

[1]南兗州：此是隋前州名。有數個：一爲南朝宋改兗州置，治所在今江蘇鎮江市（後有遷移）；一爲北魏太和十八年（494）置，治所在今安徽蒙城縣；一爲北魏正始四年（507）置，治所在今安徽亳州市。

[2]衛王：指楊爽。傳見本書卷四四、《北史》卷七一。

[3]馬嗣明：人名。北齊、隋時名醫，開皇中任太子藥藏監。傳見《北齊書》卷四九、《北史》卷九〇。

[4]懟（duì）：亦作"譵"。怨恨，凶狠。

[5]元孝矩：人名。太子楊勇元妃之父。傳見本書卷五〇。

初，長寧誕育，[1]朕與皇后共抱養之，自懷彼此，連遣來索。且雲定興女，[2]在外私合而生，想此由來，何必是其體胤！昔晋太子取屠家女，其兒即好屠割。今儻非類，便亂宗社。[3]又劉金驎，[4]諂佞人也，呼定興作親家翁，定興愚人，受其此語。我前解金驎者，爲其此事。勇嘗引曹妙達共定興女同讌，[5]妙達在外説云："我今得勸妃酒。"直以其諸子偏庶，畏人不服，故逆縱之，欲收天下之望耳。我雖德慚堯、舜，終不以萬姓付不肖子也。我恒畏其加害，如防大敵，今欲廢之，以安天下。

[1]長寧：爵名。長寧郡王省稱。郡王是隋九等爵的第二等。從一品。此指楊儼。本卷、《北史》卷七一有附傳。

[2]雲定興：人名。本書卷六一、《北史》卷七九有附傳。

[3]宗社：宗廟和社稷的合稱。借指國家。

[4]劉金驎：人名。其他事迹不詳。

[5]曹妙達：人名。北齊、隋時樂人，北齊後主高緯曾封其爲

王。事略見《北史》卷九二《齊諸宦者傳》。

左衛大將軍、五原公元旻諫曰：[1]“廢立大事，天子無二言，詔旨若行，後悔無及。讒言罔極，惟陛下察之。”旻辭直争强，聲色俱厲，上不答。

[1]左衛大將軍：官名。隋文帝設左右衛，各置大將軍一人，掌宫掖禁禦，督攝仗衛。左衛大將軍爲左衛長官。正三品。　五原公：爵名。五原郡公省稱。郡公爲隋九等爵的第四等。從一品。　元旻（mín）：人名。曾任左衛大將軍、五原公。與王世積交好，王世積因事被誅，元旻受牽連被免官。其事亦見本書卷四〇《王世積傳》。

是時姬威又抗表告太子非法。高祖謂威曰：“太子事迹，宜皆盡言。”威對曰：“皇太子由來共臣語，唯意在驕奢，欲得從樊川以至于散關，[1]總規爲苑。兼云：‘昔漢武帝將起上林苑，[2]東方朔諫之，[3]賜朔黄金百斤，幾許可笑。我實無金輒賜此等。若有諫者，正當斬之，不殺百許人，[4]自然永息。’前蘇孝慈解左衛率，[5]皇太子奮髯揚肘曰：‘大丈夫會當有一日，終不忘之，决當快意。’又宫内所須，尚書多執法不與，便怒曰：‘僕射以下，[6]吾會戮一二人，使知慢我之禍。’又於苑内築一小城，春夏秋冬，作役不輟，營起亭殿，朝造夕改。每云：‘至尊嗔我多側庶，高緯、陳叔寶豈是孽子乎？’[7]嘗令師姥卜吉凶，語臣曰：‘至尊忌在十八年，此期促矣。’”高祖泫然曰：“誰非父母生，乃至於此！我有舊使婦女，令看東宮，奏我云：‘勿令廣平王至皇太子處。[8]東宮憎婦，亦廣平教之。’元贊亦知其陰惡，[9]勸我於左藏之東，[10]加置兩隊。初平陳後，[11]宮人好者悉配春坊，[12]如聞不知厭足，於外更有求訪。朕近覽《齊書》，見高歡縱其兒子，[13]不勝忿憤，安可效尤邪！”於是勇及諸子皆被禁錮，部分收其黨與。楊素舞文巧詆，鍛鍊以成其獄。勇由是遂敗。

[1]樊川：地名。一作繁川。即樊鄉。在今陝西西安市長安區東南。　散關：關名。在今陝西寶鷄市西南大散嶺山。地當秦嶺南北交通孔道。

[2]漢武帝：西漢皇帝劉徹的謚號。紀見《史記》卷一二、《漢書》卷六。

[3]東方朔：人名。漢武帝時著名文學家。事見《史記》卷一二六《滑稽列傳》，傳見《漢書》卷六五。

[4]不殺百許人：宋刻遞修本同，汲古閣本、殿本、庫本、中華本及《北史》卷七一《房陵王勇傳》作均作“不過殺百許人”。

[5]蘇孝慈：人名。傳見本書卷四六、《北史》卷七五。生平亦可見《蘇孝慈墓誌》（見王其禕、周曉薇《隋代墓誌銘彙考》二一八）。　左衛率：官名。爲太子左衛長官。領掌東宮宮禁宿衛。煬帝大業三年改名左侍率。正四品。

[6]僕射：尚書省副長官左、右僕射之概稱。

[7]高緯：人名。即北齊後主。紀見《北齊書》卷八、《北史》卷八。　陳叔寶：人名。即南朝陳後主。紀見《陳書》卷六、《南史》卷一〇。

[8]廣平王：爵名。全稱是廣平郡王。此指楊雄。傳見本書卷四三，《北史》卷六八有附傳。

[9]元贊：人名。此或爲北魏孝武帝兄子元贊。事見《魏書》

卷五《高宗紀》。

[10]左藏：官署名。左藏署之省稱。爲太府寺下屬機構。長官爲令。掌國家庫藏之事。

[11]陳：即南朝陳（557—589），都於建康（今江蘇南京市）。

[12]春坊：指太子東宮。

[13]高歡：人名。北齊神武帝。紀見《北齊書》卷一、二，《北史》卷六。

居數日，有司承素意，奏言左衛元旻身備宿衛，[1]常曲事於勇，情存附托，在仁壽宮，裴弘將勇書於朝堂與旻，[2]題封云“勿令人見”。高祖曰：“朕在仁壽宮，有纖小事，東宮必知，疾於驛馬。[3]怪之甚久，豈非此徒耶？”遣武士執旻及弘付法治其罪。

[1]左衛：左衛大將軍省稱。

[2]裴弘：人名。事迹不詳。

[3]驛馬：即驛供應的馬。供傳遞公文者及來往官員使用。驛，古代郵傳機構。戰國時已設，歷朝相沿。

先是，勇嘗從仁壽宮參起居還，塗中見一枯槐，根幹蟠錯，大且五六圍，顧左右曰：“此堪作何器用？”或對曰：“古槐尤堪取火。”于時衛士皆佩火燧，勇因令匠者造數千枚，欲以分賜左右。至是，獲於庫。又藥藏局貯艾數斛，[1]亦搜得之。大將爲怪，以問姬威。威曰：“太子此意別有所在。比令長寧王已下，詣仁壽宮還，每嘗急行，一宿便至。恒飼馬千匹，云徑往捉城門，[2]自然餓死。”素以威言詰勇，勇不服曰：“竊聞公家馬數萬匹，勇忝備位太子，有馬千匹，乃是反乎？”素又發泄東宮服玩，似加雕飾者，悉陳之於庭，以示文武群官，爲太子之罪。高祖遣將諸物示勇，以誚詰之。皇后又責之罪。高祖使使責問勇，勇不服。太史令袁充進曰：[3]“臣觀天文，皇太子當廢。”上曰：“玄象久見矣，群臣無敢言者。”

[1]藥藏局：官署名。爲太子門下坊下屬六局之一。監爲長官。掌東宮醫藥。

[2]捉城門：《通鑑》卷一七九《隋紀》開皇二十年九月條作“守城門”。

[3]太史令：官名。爲秘書省太史曹（局）長官。掌觀察天文，稽定曆數。凡日月星辰之變、風雲氣色之異，率其官屬占候之。隋初爲從七品下。煬帝改名監，進階從五品。　袁充：人名。傳見本書卷六九、《北史》卷七四。

於是使人召勇。勇見使者，驚曰：“得無殺我耶？”高祖戎服陳兵，御武德殿，[1]集百官，立於東面，諸親立於西面，引勇及諸子列於殿庭。命薛道衡宣廢勇之詔曰：[2]“太子之位，實爲國本，苟非其人，不可虚立。自古儲副，或有不才，長惡不悛，仍令守器，皆由情溺寵愛，失於至理，致使宗社傾亡，蒼生塗地。由此言之，天下安危，繫乎上嗣，大業傳世，豈不重哉！皇太子勇，地則居長，情所鍾愛，初登大位，即建春宫，[3]冀德業日新，隆兹負荷。而性識庸暗，仁孝無聞，昵近小人，委任姦佞，前後愆釁，難以具紀。但百姓者，天之百姓，朕恭天命，屬當安育，雖欲愛子，實畏上靈，豈敢以不肖之子，而亂天下。勇及其男女爲王、公主者，並可廢爲庶人。顧惟兆庶，事不獲已，興言及此，良深愧歎！”令薛道衡謂勇曰：“爾之罪惡，人神所棄，欲求不廢，其可得耶？”勇再拜而言曰：“臣合尸之都市，爲將來鑒誡，幸蒙哀憐，得全性命。”言畢，泣下流襟，既而舞蹈而去。[4]左右莫不憫默。又下詔曰：

[1]武德殿：宮殿名。是長安大興宮城内諸殿之一。位於大興宮東側，與東宮相鄰。在今陝西西安市城區北部。

[2]薛道衡：人名。傳見本書卷五七，《北史》卷三六有附傳。

[3]春宮：即東宮。太子所居之宮。亦爲太子代稱。此爲後者義。

[4]舞蹈：臣下朝見君上時的禮節。

自古以來，朝危國亂，皆邪臣佞媚，凶黨扇惑，致使禍及宗社，毒流兆庶。若不標明典憲，何以肅清天下！左衛大將軍、五原郡公元旻，任掌兵衛，委以心膂，陪侍左右，恩寵隆渥，乃包藏姦伏，離間君親，崇長厲階，最爲魁首。太子左庶子唐令則，[1]策名儲貳，位長宮僚，諂曲取容，音技自進，躬執樂器，親教内人，贊成驕侈，導引非法。太子家令鄒文騰，[2]專行左道，偏被親昵，心腹委付，巨細關知，占問國家，希覬灾禍。左衛率司馬夏侯福，[3]内事諂諛，外作威勢，凌侮上下，褻濁宮闈。典膳監元淹，[4]謬陳愛憎，開示怨隙，妄起訕謗，潛行離阻，進引妖巫，營事厭禱。前吏部侍郎蕭子寶，[5]往居省閣，[6]舊非宫臣，[7]禀性浮躁，用懷輕險，進畫姦謀，要射榮利，經營間構，開造禍端。前主璽下士何竦，[8]假托玄象，妄説妖怪，志圖禍亂，心在速發，兼制奇器異服，皆竦規摹，增長驕奢，糜費百姓。凡此七人，爲害乃甚，並處斬，妻妾子孫皆悉没官。

[1]太子左庶子：官名。爲太子門下坊長官，置二員，掌東宫贊襄禮儀，駁正啓奏等。正四品上。

[2]太子家令：官名。爲太子家令寺長官。掌東宫刑法、食膳、倉庫、什物、奴婢等事。煬帝曾改名司府令。從四品上。　鄒文騰：人名。隋開皇時任太子家令，其他事迹不詳。

[3]左衛率司馬：官名。爲太子左衛率屬員。佐長官掌東宫宫禁宿衛。從七品下。　夏侯福：人名。開皇時曾任左衛率長史、司馬，其他事迹不詳。

[4]典膳監：官名。太子門下坊典膳局長官。掌東宫進膳、嘗食。正七品下。　元淹：人名。隋開皇時任典膳監，其他事迹不詳。

[5]吏部侍郎：官名。隋文帝時於吏部四曹之一吏部曹置吏部侍郎一員，爲該曹長官。正六品上。煬帝大業三年諸曹侍郎並改稱“郎”，又始置侍郎，爲尚書省下轄六部之副長官。正四品。此後，吏部侍郎纔成爲吏部副長官。協助長官吏部尚書掌全國文職官員銓選等政令。　蕭子寶：人名。歷北周、隋。事見《周書》卷四二《蕭世怡傳》，《北史》卷二九有附傳。

[6]省閣：尚書省簡稱。

[7]宫臣：東宫的臣屬。

[8]主璽下士：《通鑑》卷一七九《隋紀》開皇二十年十月條胡三省注云：“主璽下士，後周官也。”後（北）周主璽下士，爲

天官府納言中大夫屬官。分掌國璽、傳國璽與六璽之藏。正一命。隋文帝開皇元年罷。　何竦：人名。北周時任主璽下士，其他事迹不詳。

車騎將軍閻毗、東郡公崔君綽、游騎尉沈福寶、瀛州民章仇太翼等四人，[1]所爲之事，皆是悖惡，論其狀迹，罪合極刑。但朕情存好生，未能盡戮，可並特免死，各决杖一百，[2]身及妻子資財田宅，悉可没官。副將作大匠高龍义，[3]豫追番丁，[4]輒配東宫使役，營造亭舍，進入春坊。率更令晋文建，[5]通直散騎侍郎、判司農少卿事元衡，[6]料度之外，私自出給，虚破丁功，擅割園地。並處盡。[7]

［1］車騎將軍：官名。隋文帝設車騎府爲一級府兵指揮機構，分設各地，統領府兵。以車騎將軍爲車騎府長官。正五品上。按，《通鑑》卷一七九《隋紀》開皇二十年十月條胡三省注云，閻毗"以車騎將軍宿衛東宫"。　閻毗：人名。傳見本書卷六八，《北史》卷六一有附傳。　崔君綽：人名。事見《周書》卷三六、《北史》卷六七《崔彦穆傳》。　游騎尉：官名。開皇三年於吏部别置朝議等八郎，旅騎等八尉，上階爲郎，下階爲尉。散官番直，常出使監檢。游騎尉爲從七品下。煬帝大業三年罷。　沈福寶：人名。開皇時爲游騎尉，其他事迹不詳。　瀛州：治所在今河北河間市。　章仇太翼：人名。即盧太翼，本姓章仇氏，隋煬帝時賜姓盧氏。傳見本書卷七八、《北史》卷八九。

［2］杖：隋律五刑之一。自五十至一百，五等。

［3］副將作大匠：官名。本書底本、汲古閣本、殿本、庫本、中華本及《北史》卷七一《房陵王勇傳》，《通鑑》卷一七九《隋

紀》開皇二十年十月條及《高虬（龍叉）墓誌》所記皆同。但檢本書《百官志》不見此官名。隋文帝開皇二十年改將作寺爲將作監，改長官將作大匠爲將作大監，並“始加置副監”。或此“副將作大匠”乃“將作副監”之别稱。　高龍乂：人名。隋時官任判太府少卿、副將作大匠、檢校營造事，有墓誌出土（參見王其禕、周曉薇《隋代墓誌銘彙考》一八九《高虬墓誌》）。按，此人名史籍所載多有不同。本書底本、汲古閣本、殿本、庫本卷一《高祖上》和底本、汲古閣本、殿本卷四五《房陵王勇傳》，以及《通志》卷一八《文帝》、《升菴集》卷五〇《以佛書命名》皆作“高龍乂”。又庫本本書卷四五、《北史》卷七一《房陵王勇傳》和《隋文紀》卷一《罪元旻等詔》皆作“高龍叉”，庫本《通鑑》卷一七九開皇二年十月條和《册府元龜》卷一三《帝王部·都邑》又作“高龍乂”。中華本、《北史》卷一一《隋文帝紀》、《北史》卷七一《房陵王勇傳》、中華本《通鑑》卷一七九開皇二十年十月條作“高龍叉”。“叉”“乂”，“乂”“叉”，字形相近，然據出土《高虬墓誌》“諱虬，字龍叉”，則作“叉”是。

［4］番丁：按規定輪番服役的丁男。

［5］率更令：官名。爲太子率更寺長官。掌東宫伎樂、漏刻。從四品。　晋文建：人名。隋開皇時爲率更令，其他事迹不詳。

［6］通直散騎侍郎：官名。隋初屬門下省，掌部從朝直。從五品。煬帝大業三年罷。按，《通鑑》卷一七九《隋紀》開皇二十年十月條胡三省注云：“隋制，東宫亦有通直散騎侍郎。”　判：官制用語。即以他官兼代某職，稱判某職或判某職事。始於北齊，唐以後意有變化。　司農少卿：官名。爲司農寺貳官，協助長官司農卿掌倉儲委積之政，統領太倉等署。隋初爲正四品上，煬帝降爲從四品。　元衡：人名。隋開皇時判司農少卿事、兵部侍郎，其他事迹不詳。

［7］處盡：《通鑑》卷一七九《隋紀》開皇二十年十月條胡三省注云：“處其罪使自盡。”

於是集群官于廣陽門外，[1]宣詔以戮之。廣平王雄答詔曰："至尊爲百姓割骨肉之恩，廢黜無德，實爲大慶，天下幸甚！"乃移勇於内史省，[2]立晋王廣爲皇太子，仍以勇付之，復囚於東宫。賜楊素物三千段，元胄、楊約並千段，[3]楊難敵五百段，[4]皆鞫勇之功賞也。

[1]廣陽門：城門名。即大興宫城正南門，又名昭陽門。在今陝西西安市城區。

[2]内史省：官署名。隋避諱改中書省爲内史省，爲三省之一，置監、令各一員，尋廢監，置令二員爲長官。下置侍郎、舍人等官員。掌皇帝詔令出納宣行，爲機要之司。

[3]元胄：人名。傳見本書卷四〇、《北史》卷七三。

[4]楊難敵：人名。事迹不詳。

時文林郎楊孝政上書諫曰：[1]"皇太子爲小人所誤，宜加訓誨，不宜廢黜。"上怒，撻其胸。尋而貝州長史裴肅表稱：[2]"庶人罪黜已久，當克己自新，請封一小國。"高祖知勇之黜也，不允天下之情，乃徵肅入朝，具陳廢立之意。

[1]文林郎：官名。隋文帝開皇六年於吏部置文林郎爲文散官，正九品上，常出使監檢，煬帝大業三年罷。改於秘書省置二十員，從八品，掌撰録文史，檢討舊事。　楊孝政：人名。隋開皇時爲文林郎，其他事迹不詳。

[2]貝州：治所在今河北清河縣西北。　長史：官名。隋長史有三類：一爲諸都督府、州長史；一爲中央諸衛、諸鷹揚府、東宫

諸率府長史；一爲諸王府長史。皆爲幕僚之長，員額品秩各有不同。州長史，上州正五品，中州從五品，下州正六品。　裴肅：人名。傳見本書卷六二，《北史》卷三八有附傳。

時勇自以廢非其罪，頻請見上，面申冤屈。而皇太子遏之，不得聞奏。勇於是升樹大叫，聲聞於上，冀得引見。素因奏言："勇情志昏亂，爲癲鬼所著，不可復收。"上以爲然，卒不得見。素誣陷經營，構成其罪，類皆如此。

高祖寢疾於仁壽宫，徵皇太子入侍醫藥，而姦亂宫闈，事聞於高祖。高祖抵床曰："枉廢我兒!"因遣追勇。未及發使，高祖暴崩，秘不發喪。遽收柳述、元巖，[1]繫於大理獄，[2]僞爲高祖敕書，賜庶人死。追封房陵王，不爲立嗣。

[1]柳述：人名。本書卷四七、《北史》卷六四有附傳。　元巖：人名。隋文帝末年官任給事黄門侍郎，深受文帝寵信。隋煬帝奪位時，被執下獄，煬帝即位後被除名流徙南海，終被收殺。事亦見本書卷三六《宣華夫人陳氏傳》、卷四七《柳述傳》、卷八〇《華陽王楷妃傳》等。按，此元巖與本書卷六二、《北史》卷七五《元巖傳》所載之元巖並非同一人。

[2]大理：官署名。全稱爲大理寺。北齊始置，爲國家最高審判機構。掌決正刑獄，定刑名，並審核諸州刑獄。

勇有十男：雲昭訓生長寧王儼、平原王裕、安城王筠，[1]高良娣生安平王嶷、襄城王恪，[2]王良媛生高陽王該、建安王韶，[3]成姬生潁川王煚，[4]後宫生孝實、孝範。[5]

[1]平原王：爵名。平原郡王的省稱。按，本段各“王”，均是“郡王”省稱，不再一一注明。　裕：人名。即楊裕。事迹不詳。　筠：人名。即楊筠。事迹不詳。

[2]良娣：太子内官名，即太子妾。正三品。　嶷：人名。即楊嶷。事迹不詳。　恪：人名。即楊勇之子楊恪。開皇十六年封襄城王，大業元年爲隋煬帝所殺。

[3]良媛：太子内官名，即太子妾。正四品。　該：人名。即楊該。事迹不詳。　韶：人名。即楊韶。事迹不詳。

[4]成姬：楊勇之妾。事迹不詳。　煚（jiǒng）：人名。即楊煚。事迹不詳。

[5]後宫：後宫宫女。　孝實：人名。即楊孝實。事迹不詳。　孝範：人名。即楊孝範。事迹不詳。

長寧王儼，勇長子也。誕乳之初，以報高祖，高祖曰：“此即皇太孫，何乃生不得地？”雲定興奏曰：“天生龍種，所以因雲而出。”時人以爲敏對。六歲，封長寧郡王。勇敗，亦坐廢黜。上表乞宿衛，辭情哀切，高祖覽而憫焉。楊素進曰：“伏願聖心同於螫手，[1]不宜復留意。”煬帝踐極，儼常從行，卒於道，實鴆之也。諸弟分徙嶺外，[2]仍敕在所皆殺焉。

[1]螫（shì）手：此是“螫手解腕”之略語。《三國志》卷二二《陳泰傳》：“蝮蛇螫手，壯士解其腕。”後以螫手解腕比喻爲了顧全大局而忍痛犧牲局部。

[2]嶺外：地區名。一作嶺南、嶺表。泛指五嶺以南地區，相

當今廣東、廣西兩省及越南北部一帶。

秦孝王俊字阿祇，高祖第三子也。開皇元年立爲秦王。[1]二年春，拜上柱國、河南道行臺尚書令、雒州刺史，[2]時年十二。加右武衛大將軍，[3]領關東兵。[4]三年，遷秦州總管。[5]隴右諸州盡隸焉。[6]俊仁恕慈愛，崇敬佛道，請爲沙門，[7]上不許。六年，遷山南道行臺尚書令。[8]伐陳之役，以爲山南道行軍元帥，[9]督三十總管，水陸十餘萬，屯漢口，[10]爲上流節度。陳將周羅睺、荀法上等，[11]以勁兵數萬屯鸚鵡洲，[12]總管崔弘度請擊之。[13]俊慮殺傷，不許。羅睺亦相率而降。於是遣使奉章詣闕，垂泣謂使者曰："謬當推轂，愧無尺寸之功，以此多慚耳。"上聞而善之。授揚州總管四十四州諸軍事，鎮廣陵。[14]歲餘，轉并州總管二十四州諸軍事。[15]

[1]開皇：隋文帝楊堅年號（581—600）。

[2]上柱國：官名。隋文帝因改北周之制形成十一等散實官，以酬勤勞。上柱國是第一等，開府置府佐。從一品。　河南道：特區名。在黄河中下游以南設置的特區。隋朝在戰争中於地方設置的特區，稱"道"。　行臺尚書令：官名。隋朝在道設行臺尚書省，簡稱行臺，是中央最高行政機關尚書省的派出機構。長官稱行臺尚書令，執掌道區域的大權。流内視正二品。　雒州：治所在今河南洛陽市東北。

[3]右武衛大將軍：官名。隋文帝設右武衛，置右武衛大將軍一人爲其首。掌領外軍宿衛宮禁。正三品。

[4]關東：地區名。秦、漢、隋、唐時泛指故函谷關（今河南靈寶市東北）或今潼關（今陝西潼關縣東北楊家莊附近）以東

地區。

[5]秦州：治所在今甘肅天水市。　總管：官名。北周置諸州總管，隋承繼，又有增置。總管全稱是總管刺史加使持節。總管的統轄範圍可達數州至十餘州，成一軍政管轄區。隋文帝在并、益、荆、揚四州置大總管，其餘州置總管。總管分上、中、下三等，品秩爲流内視從二品、正三品、從三品。

[6]隴右：地區名。泛指隴山以西地區，約當今甘肅隴山、六盤山以西和黄河以東一帶。

[7]沙門：梵語的譯音。或譯爲“娑門”“桑門”“喪門”等。一説，“沙門”等非直接譯自梵語，而是吐火羅語的音譯。原爲古印度反婆羅門教思潮各個派别出家者的通稱，佛教盛行後專指佛教僧侣。本文是後者義。

[8]山南道：特區名。在長安南山（今陝西終南山）以南設置的特區。

[9]行軍元帥：出征軍的統帥名。根據需要臨時任命，事罷則廢。

[10]漢口：地名。一名沔口。即今湖北入長江之口。

[11]周羅睺（hóu）：人名。傳見本書卷六五、《北史》卷七六。　荀法上：人名。殿本、庫本同，宋刻遞修本、汲古閣本、中華本作“荀法尚”，《陳書》卷一三、《南史》卷六七同。荀法尚，歷南朝陳、隋。《陳書》卷一三、《南史》卷六七有附傳。

[12]鸚鵡洲：地名。在今湖北武漢市西南長江中。

[13]崔弘度：人名。傳見本書卷七四，《周書》卷三五、《北史》卷三二有附傳。

[14]廣陵：郡名。治所在今江蘇揚州市西北蜀崗上。

[15]并州：治所在今山西太原市西南古城營。

初頗有令問，高祖聞而大悦，下書奬勵焉。其後俊漸奢侈，違犯制度，出錢求息，民吏苦之。上遣使按其事，與相連坐者百餘人。俊猶不悛，於是盛治宫室，窮極侈麗。俊有巧思，每親運斤斧，工巧之器，飾以珠玉。爲妃作七寶羃籬，[1]又爲水殿，香塗粉壁，玉砌金階。梁柱楣棟之間，周以明鏡，間以寶珠，極榮飾之美。每與賓客妓女，弦歌於其上。俊頗好内，妃崔氏性妒，[2]甚不平之，遂於瓜中進毒。俊由是遇疾，徵還京師。上以其奢縱，免官，以王就第。左武衛將軍劉昇諫曰：[3]"秦王非有他過，但費官物營廨舍而已。臣謂可容。"上曰："法不可違。"昇固諫，上忿然作色，昇乃止。其後楊素復進諫曰："秦王之過，不應至此，願陛下詳之。"上曰："我是五兒之父，若如公意，何不别制天子兒律？以周公之爲人，尚誅管、蔡，[4]我誠不及周公遠矣，安能虧法乎？"卒不許。

[1]羃（mì）籬：魏晋時，吐谷渾男子戴羃籬爲帽。隋時，王妃有戴羃籬。唐初，宫人以及王公之家婦人騎馬多着羃籬以障顔面。高宗以後漸爲帷帽代替。

[2]崔氏：楊俊之妻，崔弘度之妹。

[3]左武衛將軍：官名。左武衛府的軍官，輔助長官左武衛大將軍領外軍宿衛。從三品。　劉昇：人名。彭城劉氏人，仁壽元年以領軍大將軍隨楊素擊突厥。其他事迹不詳。

[4]誅管、蔡：即周公誅殺周武王弟管叔鮮與蔡叔度事，詳見《史記》卷三五《管蔡世家》。

俊疾篤，未能起，遣使奉表陳謝。上謂其使曰：

“我戮力關塞，創兹大業，作訓垂範，庶臣下守之而不失。汝爲吾子，而欲敗之，不知何以責汝!”俊慚怖，疾甚。大都督皇甫統上表，[1]請復王官，不許。歲餘，以疾篤，復拜上柱國。二十年六月，薨於秦邸。上哭之數聲而已。俊所爲侈麗之物，悉命焚之。敕送終之具，務從儉約，以爲後法也。王府僚佐請立碑，上曰：“欲求名，一卷史書足矣，何用碑爲？若子孫不能保家，徒與人作鎮石耳。”[2]

[1]大都督：官名。隋文帝因改北周之制形成十一等散實官，以酬勤勞。大都督是第九等。正六品上。　皇甫統：人名。隋開皇時任大都督，其他事迹不詳。

[2]鎮石：壓物的石塊。

妃崔氏以毒王之故，下詔廢絶，賜死於其家。子浩，[1]崔氏所生也。庶子曰湛。[2]群臣議曰：“《春秋》之義，母以子貴，子以母貴。[3]貴既如此，罪則可知。故漢時栗姬有罪，其子便廢，[4]郭后被廢，其子斯黜。[5]大既然矣，小亦宜同。今秦王二子，母皆罪廢，不合承嗣。”於是以秦國官爲喪主。[6]俊長女永豐公主，[7]年十二，遭父憂，哀慕盡禮，免喪，遂絶魚肉。每至忌日，輒流涕不食。有開府王延者，[8]性忠厚，領親信兵十餘年，俊甚禮之。及俊有疾，延恒在閤下，衣不解帶。俊薨，勺飲不入口者數日，羸頓骨立。上聞而憫之，賜以御藥，授驃騎將軍，[9]典宿衛。俊葬之日，延號慟而絶。上嗟異之，令通事舍人弔祭焉。詔葬延於俊墓側。

［1］浩：人名。隋文帝第三子秦孝王楊俊長子楊浩。本卷、《北史》卷七一有附傳。

［2］湛：人名。楊俊之子楊湛，後封濟北侯，具體事迹不詳。

［3］母以子貴，子以母貴：語出《公羊傳》隱公元年。

［4］漢時栗姬有罪，其子便廢：此事詳見《史記》卷四九《外戚世家》。栗姬，漢景帝妾。其子名劉榮。

［5］郭后被廢，其子斯黜：此事詳見《後漢書》卷一〇《皇后紀上》、卷四二《劉彊傳》。郭后，漢光武帝之妻，其子名劉彊。

［6］秦國官：即楊俊所封秦王國府的官員。　喪主：喪事的主持人。

［7］永豐公主：楊俊之女，具體事迹不詳。

［8］開府：官名。隋左右衛、武衛、武候、領軍府，及東宫領府兵率府所統親衛、左勳衛、左翊四府各置一人，掌領本府府兵；東宫左右虞候府各置一人，掌斥候伺非。　王延：人名。事僅見本卷、《北史》卷七一《秦王俊傳》。

［9］驃騎將軍：官名。隋文帝初，置左右衛等衛府，各領軍坊、鄉團，以統軍卒。後改置驃騎將軍府，每府置驃騎、車騎二將軍，上轄於衛府大將軍，下設大都督、帥都督、都督領兵。煬帝大業三年改驃騎府爲鷹揚府，改驃騎將軍爲鷹揚郎將，職能依舊。正五品。

煬帝即位，立浩爲秦王，以奉孝王嗣。封湛爲濟北侯。[1]後以浩爲河陽都尉。[2]楊玄感作逆之際，左翼衛大將軍宇文述勒兵討之。[3]至河陽，修啓於浩，[4]浩復詣述營，兵相往復。有司劾浩，以諸侯交通内臣，竟坐廢免。宇文化及殺逆之始，[5]立浩爲帝。化及敗於黎陽，[6]北走魏縣，[7]自僭僞號，因而害之。湛驍果，有膽烈。

大業初,[8]爲滎陽太守,[9]坐浩免，亦爲化及所害。

[1]濟北侯：爵名。隋九等爵的第六等。正二品。煬帝大業三年衹留王、公、侯三等爵位。

[2]河陽：地名。在今河南孟津縣東。　都尉：官名。大業三年，煬帝罷州置郡，郡置太守。並於諸郡别置都尉，正四品；副都尉，正五品。專掌軍事，與郡太守互不統轄。又置京輔都尉，從三品，立府於潼關，領兵鎮守。

[3]楊玄感：人名。傳見本書卷七〇，《北史》卷四一有附傳。　左翊衛大將軍：官名。隋文帝設左右衛，各置左右大將軍一人，掌宫掖禁禦，督攝仗衛。左衛大將軍爲左衛長官。煬帝大業三年改左右衛爲左右翊衛，左衛大將軍改名左翊衛大將軍。職掌未變。正三品。按，"翊"字底本、殿本、庫本原訛作"翼"，據宋刻遞修本、汲古閣本、中華本改。

[4]啓：此指奏疏、公文。

[5]宇文化及：人名。傳見本書卷八五，《北史》卷七九有附傳。

[6]黎陽：縣名。治所在今河南浚縣東。

[7]魏縣：治所在今河北大名縣西南。

[8]大業：隋煬帝楊廣年號（605—618）。

[9]滎陽：郡名。治所在今河南鄭州市。

庶人秀，高祖第四子也。開皇元年，立爲越王。未幾，徙封於蜀，拜柱國、益州刺史、總管,[1]二十四州諸軍事。二年，進位上柱國、西南道行臺尚書令,[2]本官如故。歲餘而罷。十二年，又爲内史令、右領軍大將軍。[3]尋復出鎮於蜀。

［1］柱國：官名。隋文帝因改北周之制形成十一等散實官，以酬勤勞。柱國是第二等，開府置府佐。正二品。　益州：治所在今四川成都市。

［2］西南道：特區名。即在西南地區設置的特區。

［3］内史令：官名。内史省長官，掌皇帝詔令出納宣行，居宰相之職。正三品。　右領軍大將軍：官名。按，本書《百官志下》、《通典》卷二八《職官·左右領軍衛》載隋文帝朝，“左右領軍府，各掌十二軍籍帳、差科、辭訟之事。不置將軍。唯有長史、司馬”等。然據本書卷一《高祖紀上》、《通鑑》卷一七六《陳紀》至德三年三月條，可推知最遲開皇三年三月戊午左右領軍府已各置領軍大將軍了。右領軍大將軍爲右領軍府長官。正三品。

秀有膽氣，容貌瓌偉，美鬚髯，多武藝，甚爲朝臣所憚。上每謂獻皇后曰：“秀必以惡終。我在當無慮，至兄弟必反。”兵部侍郎元衡使於蜀，［1］秀深結於衡，以左右爲請。既還京師，請益左右，上不許。大將軍劉噲之討西爨也，［2］高祖令上開府楊武通將兵繼進。［3］秀使嬖人萬智光爲武通行軍司馬，［4］上以秀任非其人，譴責之。因謂群臣曰：“壞我法者，必在子孫乎？譬如猛獸，物不能害，反爲毛間蟲所損食耳。”於是遂分秀所統。

［1］兵部侍郎：官名。隋文帝時於兵部四曹之一兵部曹置兵部侍郎一員，爲該曹長官，正六品上。煬帝大業三年諸曹侍郎並改稱“郎”，又始置侍郎，爲尚書省下轄六部之副長官。此後，兵部侍郎纔成爲兵部副長官。協助長官兵部尚書掌全國軍衛武官選授之政令等。正四品。

［2］大將軍：官名。隋文帝因改北周十一等勳官之制形成十一

等散實官，用以酬勤勞，無實際職掌。大將軍是十一等散實官的第四等，可開府置僚佐。正三品。　劉噲：人名。具體事迹不詳。　西爨：爨爲古地名和部族名。概指今雲南楚雄以東、滇池以北地區及各部族。南朝宋爨分裂爲兩部：東爨居民以烏蠻爲主，聚居山區，多爲今彝族先民；西爨居民以白蠻爲主，聚集平原，多爲今白族先民。參見《新唐書》卷二二二下《兩爨蠻傳》。

[3]上開府：官名。全稱爲上開府儀同三司。位散實官第五等。從三品。　楊武通：人名。本書卷五三、《北史》卷七三有附傳。

[4]萬智光：人名。具體事迹不詳。　行軍司馬：官名。有軍事行動時臨時設置，事訖即罷。此爲軍府高級幕僚，參贊軍務。其品秩隨府主而定，高低不等。

秀漸奢侈，違犯制度，車馬被服，擬於天子。及太子勇以讒毀廢，晋王廣爲皇太子，秀意甚不平。皇太子恐秀終爲後變，陰令楊素求其罪而譖之。仁壽二年，[1]徵還京師，上見，不與語。明日，使使切讓之。秀謝曰："忝荷國恩，出臨藩岳，[2]不能奉法，罪當萬死。"皇太子及諸王流涕庭謝。[3]上曰："頃者秦王糜費財物，我以父道訓之。今秀蠹害生民，當以君道繩之。"於是付執法者。開府慶整諫曰：[4]"庶人勇既廢，秦王已薨，陛下兒子無多，何至如是？然蜀王性甚耿介，今被重責，恐不自全。"上大怒，欲斷其舌。因謂群臣曰："當斬秀於市，以謝百姓。"乃令楊素、蘇威、牛弘、柳述、趙綽等推治之。[5]太子陰作偶人，[6]書上及漢王姓字，[7]縛手釘心，令人埋之華山下，[8]令楊素發之。又作檄文曰："逆臣賊子，專弄威柄，陛下唯守虛器，[9]一無所知。"陳甲兵之盛，云"指期問罪"。置秀集中，因以聞奏。上曰："天下寧有是耶!"於是廢爲庶人，幽内侍省，[10]不得與妻子相見，令給獠婢二人驅使。[11]與相連坐者百餘人。

［1］仁壽：隋文帝楊堅年號（601—604）。

［2］藩岳：亦作"藩嶽"。指諸侯或總領一方的地方長官。

［3］庭謝：當庭謝罪。

［4］慶整：人名。事見本卷。

［5］蘇威：人名。傳見本書卷四一，《北史》卷六三有附傳。趙綽：人名。傳見本書卷六二、《北史》卷七七。

［6］偶人：用土木陶瓷等製成的人形物。

［7］漢王：指楊諒。

［8］華山：在今陝西華陰市南。

［9］虚器：空虚的器物。喻有虚位而無實權。

［10］内侍省：官署名。設有内侍、内常侍、内給事等員，並用宦者。領内尚食、掖庭等數局。掌宫廷侍奉。

［11］獠（lǎo）婢：獠族婢女。釋義爲粗蠢的婢女，亦通。

秀既幽逼，憤懣不知所爲，乃上表曰："臣以多幸，聯慶皇枝，蒙天慈鞠養，九歲榮貴，唯知富樂，未嘗憂懼。輕恣愚心，陷兹刑網，負深山岳，甘心九泉。不謂天恩尚假餘漏，至如今者，方知愚心不可縱，國法不可犯，撫膺念咎，自新莫及。猶望分身竭命，少答慈造，但以靈祇不祐，福禄消盡，夫婦抱思，不相勝致。只恐長辭明世，永歸泉壤，伏願慈恩，賜垂矜愍，殘息未盡之間，希與爪子相見。請賜一穴，令骸骨有所。"爪子即其愛子也。上因下詔數其罪曰：[1]

[1]上因下詔數其罪曰：岑仲勉指出："原敕文見《文館詞林》六九一，文長幾千二百字，此傳省爲僅五百字。"（岑仲勉：《隋書求是》，中華書局2004年版，第87頁）

汝地居臣子，情兼家國，庸、蜀要重，[1]委以鎮之。汝乃干紀亂常，懷惡樂禍，睥睨二宫，[2]佇遲灾釁，容納不逞，結構異端。我有不和，汝便覘候，望我不起，便有異心。皇太子，汝兄也，次當建立，汝假托妖言，乃云不終其位。妄稱鬼怪，又道不得入宫，自言骨相非人臣，德業堪承重，[3]妄道清城出聖，[4]欲以己當之，詐稱益州龍見，托言吉兆。重述木易之姓，更治成都之宫；妄訴禾乃之名，[5]以當八千之運。横生京師妖異，以證父兄之灾，妄造蜀地徵祥，以符己身之籙。汝豈不欲得國家惡也，天下亂也？輒造白玉之珽，[6]又爲白羽之箭，[7]文物服飾，豈似有君？鳩集左道，符書厭鎮。漢王於汝，親則弟也，乃畫其形像，書其姓名，縛手釘心，枷鎖杻械。仍云請西岳華山慈父聖母神兵九億萬騎，收楊諒魂神，閉在華山下，勿令散蕩。我之於汝，親則父也，復云請西岳華山慈父聖母，賜爲開化楊堅夫妻，迴心歡喜。又畫我形像，縛首撮頭，仍云請西岳神兵收楊堅魂神。如此形狀，我今不知楊諒、楊堅是汝何親也？

[1]庸：先秦時國名。此借指地名。即今湖北竹山縣西南一帶。
[2]睥睨（nì）：窺伺。　二宫：指皇帝和太子所居宫。

[3]德業堪承重：宋刻遞修本同，汲古閣本、殿本、庫本、中華本及《北史》卷七一《楊秀傳》皆作“德業堪承重器”。

[4]清城：縣名。治所在今四川都江堰市東南。

[5]訴：宋刻遞修本、汲古閣本、殿本、庫本、中華本皆作“説”。

[6]珽（tǐng）：帝王所持的玉笏。

[7]白羽之箭：尾部裝置白翎的箭。

苞藏凶慝，圖謀不軌，逆臣之迹也。希父之灾，以爲身幸，賊子之心也。懷非分之望，肆毒心於兄，悖弟之行也。嫉妒於弟，無惡不爲，無孔懷之情也。違犯制度，壞亂之極也。多殺不辜，豺狼之暴也。剥削民庶，酷虐之甚也。唯求財貨，市井之業也。專事妖邪，頑嚚之性也。[1]弗克負荷，不材之器也。凡此十者，滅天理，逆人倫，汝皆爲之，不祥之甚也，欲免禍患，長守富貴，其可得乎！

[1]頑嚚（xiāo）：愚妄奸詐。“嚚”同“囂”。

後復聽與其子同處。

煬帝即位，禁錮如初。宇文化及之殺逆也，[1]欲立秀爲帝，群議不許。於是害之，并其諸子。

[1]殺：宋刻遞修本同，汲古閣本、殿本、庫本、中華本作皆作“弑”。

庶人諒字德章，一名傑，開皇元年，立爲漢王。十二年，爲雍州牧，[1]加上柱國、右衛大將軍。[2]歲餘，轉左衛大將軍。十七年，出爲并州總管，上幸温湯而送之。自山以東，[3]至于滄海，[4]南拒黄河，五十二州盡隸焉。特許以便宜，[5]不拘律令。十八年，起遼東之役，[6]以諒爲行軍元帥，率衆至遼水，[7]遇疾疫，不利而還。十九年，突厥犯塞，[8]以諒爲行軍元帥，竟不臨戎。高祖甚寵愛之。

[1]雍州：治所在今陝西西安市西北郊。　牧：官名。京都所在州的長官，從二品。

[2]右衛大將軍：官名。隋文帝設左、右衛，各置大將軍一人，掌宫掖禁禦，督攝仗衛。右衛大將軍爲右衛長官。正三品。

[3]山：指華山（在今陝西華陰市南）或崤山（在今河南洛寧縣西北）。

[4]滄海：指今渤海。

[5]便宜：指斟酌事宜、不拘陳規、自行决斷處理之權。

[6]遼東：地區名。泛指遼水以東地區。因高麗國位於遼東，故此“遼東之役”指隋征伐高麗之事。

[7]遼水：河名。即今内蒙古、遼寧遼河。

[8]突厥：古族名、國名。廣義包括突厥、鐵勒諸部落，狹義專指突厥。公元六世紀時游牧於金山（今阿爾泰山）以南，因金山形似兜鍪，俗稱“突厥”，遂以名部落。西魏廢帝元年（552），土門自號伊利可汗，建立突厥汗國，後分裂爲西突厥、東突厥兩個汗國。傳見本書卷八四、《北史》卷九九、《舊唐書》卷一九四、《新唐書》卷二一五。

諒自以所居天下精兵處，以太子讒廢，居常快快，陰有異圖。遂諷高祖云："突厥方强，太原即爲重鎮，[1]宜修武備。"高祖從之。於是大發工役，繕治器械，貯納於并州。招傭亡命，左右私人，殆將數萬。王頍者，[2]梁將王僧辯之子也，[3]少倜儻，有奇略，爲諒咨議參軍。[4]蕭摩訶者，[5]陳氏舊將。[6]二人俱不得志，每鬱鬱思亂，並爲諒所親善。

[1]太原：郡名。治所在今山西太原市西南古城營。

[2]王頍（kuǐ）：人名。傳見本書卷七六，《北史》卷八四有附傳。

[3]梁：南朝梁（502—557），都於建康（今江蘇南京市）。王僧辯：人名。南朝梁大將。傳見《梁書》卷四五，《南史》卷六三有附傳。

[4]咨議參軍：官名。亦稱咨議參軍事。隋親王府置，正五品上；嗣王、郡王、上柱國、柱國府置，視從六品。爲高級幕僚，掌參謀議事。

[5]蕭摩訶：人名。南朝陳大將，輔佐陳後主登基有功，加爲侍中、驃騎大將軍、綏建郡公。後降隋。傳見《陳書》卷三一、《南史》卷六七。

[6]陳氏：指南朝陳國。

及蜀王以罪廢，諒愈不自安。會高祖崩，徵之不赴，遂發兵反。總管司馬皇甫誕切諫，[1]諒怒，收繫之。王頍説諒曰："王所部將吏家屬，盡在關西，[2]若用此等，即宜長驅深入，直據京都，所謂疾雷不及掩耳。若但欲割據舊齊之地，宜任東人。"[3]諒不能專定，乃兼用二策，唱言曰："楊素反，將誅之。"聞喜人總管府兵曹裴文安説諒曰：[4]“井陘以西，[5]是王掌握之内，山東士馬，亦爲我有，宜悉發之。分遣羸兵，屯守要路，仍令隨方略地。率其精鋭，直入蒲津。[6]文安請爲前鋒，王以大軍繼後，風行電擊，頓於霸上，[7]咸陽以東可指麾而定。[8]京師震擾，兵不暇集，上下相疑，群情離駭，我即陳兵號令，誰敢不從，旬日之間，事可定矣。”諒大悦。於是遣所署大將軍余公理出太谷，[9]以趣河陽。[10]大將軍綦良出滏口，[11]以趣黎陽。大將軍劉建出井陘，[12]以略燕、趙。[13]柱國喬鍾葵出雁門。[14]署文安爲柱國，[15]紇單貴、王聃、大將軍茹茹天保、侯莫陳惠直指京師。[16]未至蒲津百餘里，諒忽改圖，令紇單貴斷河橋，[17]守蒲州，[18]而召文安。文安至曰：“兵機詭速，本欲出其不意。王既不行，文安又退，使彼計成，大事去矣。”諒不對。以王聃爲蒲州刺史，裴文安爲晋州，[19]薛粹爲絳州，[20]梁菩薩爲潞州，[21]韋道正爲韓州，[22]張伯英爲澤州。[23]

[1]總管司馬：官名。此爲總管府高級幕僚。掌參贊軍務，管理府内武職。其品秩隨府主而定，高低不等。　皇甫誕：人名。傳見本書卷七一，《北史》卷七〇有附傳。生平亦可見《皇甫誕墓碑》〔北京圖書館金石組編：《北京圖書館藏中國歷代石刻拓本匯編》(11)，中州古籍出版社1989年版，第117頁〕。

[2]關西：地區名。按，《通鑑》卷一八〇《隋紀》仁壽四年八月條胡三省注云：“此關西，謂蒲津關（今山西永濟市蒲州鎮東南）以西。”

[3]東人：指關東地區人。

［4］聞喜：縣名。治所在今山西聞喜縣東北。　總管府兵曹：官名。總管府兵曹參軍事省稱。隋諸衛、率、王府、總管府、州皆置爲僚屬。品位正七品上至正九品下，視正八品至視正九品不等。按，唐人趙蕤《長短經》作“司馬參軍”。　裴文安：人名。事亦見《北史》卷七一《楊秀傳》、《通鑑》卷一八〇《隋紀》仁壽四年八月條。

［5］井陘：關名。又名土門關。在今河北井陘縣西北井陘山上。

［6］蒲津：《通鑑》卷一八〇《隋紀》仁壽四年八月條胡三省注此“蒲津”即指“蒲津關”。

［7］霸上：地名。又稱霸頭。在今陝西西安市東白鹿原北首。

［8］咸陽：縣名。開皇九年治所在今陝西涇陽縣，十一年移治今咸陽市東北聶家溝。

［9］大將軍：此爲楊諒所署僞官，具體所指不明。　余公理：人名。漢王楊諒部將。事亦略見本書卷六三《史祥傳》、《通鑑》卷一八〇《隋紀》高祖仁壽四年。　太谷：縣名。治所在今山西太谷縣。

［10］河陽：縣名。治所在今河南孟州市南。

［11］綦良：人名。漢王楊諒部將。事亦略見本書《史祥傳》、《通鑑》卷一八〇《隋紀》高祖仁壽四年。　滏口：太行八陘之一。在今河北磁縣西北鼓山。古爲自鄴（今河北臨漳縣西南鄴鎮東）西出要道。

［12］劉建：人名。漢王楊諒部將，隨楊諒反，後爲周羅睺擊敗梟首。事亦略見本書卷七〇《裴仁基傳》及《劉德墓誌》（見王其禕、周曉薇《隋代墓誌銘彙考》三四九）。

［13］燕：舊時河北省的别稱。亦指河北省北部。　趙：泛指戰國時趙國所轄區域。

［14］喬鍾葵：人名。漢王楊諒部將。事亦見本書卷七一《陶模傳》。　雁門：縣名。開皇十八年，因避太子楊廣名諱，以廣武縣改名。治所在今山西代縣。

［15］柱國：官名。隋文帝因改北周之制形成十一等散實官，以酬勤勞。柱國是第二等，開府置府佐。正二品。此爲楊諒所署僞官。

［16］紇單貴：人名。爲漢王楊諒部下屬將，從楊諒舉兵反叛。事亦見《北史》卷七一《楊諒傳》、《通鑑》卷一八〇《隋紀》高祖仁壽四年。　王聃：人名。爲漢王楊諒部下屬將，從楊諒舉兵反叛，任爲蒲州刺史，旋被楊素擊敗，以城歸降。事亦見本書卷四八、《北史》卷四一《楊素傳》及卷七一《楊諒傳》。按，“王聃”各本皆同，然本書及《北史》之《楊素傳》作“王聃子”。　茹茹天保：人名。爲漢王楊諒部下屬將，從楊諒舉兵反叛，楊素率軍擊敗之。事亦見本書卷四八、《北史》卷四一《楊素傳》及卷七一《楊諒傳》。　侯莫陳惠：人名。爲并州大總管漢王楊諒部下屬將，從楊諒舉兵反叛。事亦見《北史・楊諒傳》。

［17］河橋：《通鑑》卷一八〇《隋紀》仁壽四年八月條胡三省注：“此蒲津之橋也。”在今陝西大荔縣朝邑鎮與山西永濟市蒲州鎮之間黄河上。

［18］蒲州：治所在今山西永濟市西南蒲州鎮。

［19］晋州：治所在今山西臨汾市。

［20］薛粹：人名。爲漢王楊諒部下屬將，從楊諒舉兵反叛，事亦見《北史・楊諒傳》、《通鑑》卷一八〇《隋紀》仁壽四年。　絳州：治所在今山西聞喜縣東北。

［21］梁菩薩：人名。爲漢王楊諒部下屬將，從楊諒舉兵反叛。事亦見《北史・楊諒傳》、《通鑑》卷一八〇《隋紀》仁壽四年。　潞州：治所在今山西長治市北古驛。

［22］韋道正：人名。爲漢王楊諒部下屬將，從楊諒舉兵反叛。事亦見《北史・楊諒傳》、《通鑑》卷一八〇《隋紀》仁壽四年。　韓州：治所在今山西襄垣縣。

［23］張伯英：人名。爲漢王楊諒部下屬將，從楊諒舉兵反叛。事亦見《北史・楊諒傳》、《通鑑》卷一八〇《隋紀》仁壽四年。

澤州：治所在今山西晋城市東北。

煬帝遣楊素率騎五千，襲王聃、紇單貴於蒲州，破之。於是率步騎四萬趣太原。諒使趙子開守高壁，[1]楊素擊走之。諒大懼，拒素於蒿澤。[2]屬天大雨，諒欲旋師，王頍諫曰："楊素懸軍，士馬疲弊，王以鋭卒親戎擊之，其勢必舉。今見敵而還，示人以怯，阻戰士之心，益西軍之氣，願王必勿還也。"諒不從，退守清源。[3]素進擊之，諒勒兵與官軍大戰，死者萬八千人。諒退保并州，楊素進兵圍之。諒窮蹙，降於素。百僚奏諒罪當死，帝曰："朕終鮮兄弟，情不忍言，欲屈法恕諒一死。"於是除名爲民，絶其屬籍，[4]竟以幽死。子顥，[5]因而禁錮，宇文化及弑逆之際，遇害。

[1]趙子開：人名。爲漢王楊諒部下屬將，從楊諒反叛，領兵十餘萬據守高壁，楊素率軍擊破之。事亦見本書卷四八、《北史》卷四一《楊素傳》及卷七一《楊諒傳》。　高壁：嶺名。又名韓壁嶺。在今山西靈石縣東南。

[2]蒿澤：即昭餘祁澤。在今山西祁縣、介休市、平遥縣、汾陽市四地之間。

[3]清源：縣名。治所在今山西清徐縣。源，底本作"原"，據本書《地理志中》改。

[4]屬籍：指宗室譜籍。

[5]顥：人名。即楊顥，漢王楊諒之子。事亦見《北史·楊諒傳》。

史臣曰：高祖之子五人，莫有終其天命，異哉！房陵資於骨肉之親，篤以君臣之義，經綸締構，契闊夷險，撫軍監國，[1]凡二十年。雖三善未稱，而視膳無闕。[2]恩寵既變，讒言間之，顧復之慈，頓隔於人理，父子之道，遂滅於天性。隋室將亡之效，衆庶皆知之矣。《慎子》有言曰："一兔走街，百人逐之，積兔於市，過者不顧。"豈有無欲哉？分定故也。房陵分定久矣，高祖一朝易之，開逆亂之源，長覬覦之望。又維城肇建，崇其威重，恃寵而驕，厚自封植，進之既逾制，退之不以道。俊以憂卒，實此之由。俄屬天步方艱，讒人已勝，尺布斗粟，[3]莫肯相容。秀窺岷、蜀之阻，[4]諒起晉陽之甲，[5]成兹亂常之釁，蓋亦有以動之也。《棠棣》之詩徒賦，[6]有鼻之封無期，[7]或幽囚於囹圄，或顛殞於鴆毒。本根既絶，枝葉畢剪，十有餘年，宗社淪陷。自古廢嫡立庶，覆族傾宗者多矣，考其亂亡之禍，未若有隋之酷。《詩》曰："殷鑒不遠，在夏后之世。"[8]後之有國有家者，可不深戒哉！

[1]撫軍：太子從君主出征。　監國：太子代君主管理國事。

[2]視膳：古代臣下侍奉君主或子女侍奉雙親進餐的一種禮節。

[3]尺布斗粟：指兄弟不和。典出《史記》一一八《淮南衡山列傳》。

[4]岷：指岷山。在今四川松潘縣北。

[5]晉陽：城名。即今山西太原市的别稱。

[6]《棠棣》之詩：載《詩·小雅·棠棣》。

[7]有鼻之封：相傳舜封其弟象於有鼻（故址在今湖南道縣北）。有鼻，亦作"有庳"。

[8]殷鑒不遠，在夏后之世：語出《詩·大雅·蕩》。

隋書　卷四六

列傳第十一

趙煚

趙煚字賢通，[1]天水西人也。[2]祖超宗，[3]魏河東太守。[4]父仲懿，[5]尚書左丞。[6]煚少孤，養母至孝。年十四，有人伐其父墓中樹者，[7]煚對之號慟，因執送官。見魏右僕射周惠達，[8]長揖不拜，自述孤苦，涕泗交集，惠達爲之隕涕，歎息者久之。及長，深沉有器局，[9]略涉書史。周太祖引爲相府參軍事。[10]尋從破洛陽。[11]及太祖班師，煚請留撫納亡叛，太祖從之。煚於是帥所領與齊人前後五戰，[12]斬郡守、鎮將、縣令五人，[13]虜獲甚衆，以功封平定縣男，[14]邑三百户。[15]累轉中書侍郎。[16]

[1]趙煚（jiǒng）：人名。傳另見《北史》卷七五。　賢通：各本皆同，但《北史·趙煚傳》作“通賢”。

[2]天水：郡名。治所在今甘肅天水市。　西：縣名。漢時治

所在今甘肅天水市。晉時在此置天水郡而西縣廢。按，此處因言趙氏郡望，故沿用漢代舊縣名，隋時實無西縣。

［3］超宗：人名。即趙超宗。趙煚之祖，北魏時人，官至河東太守。《魏書》卷五二有附傳。

［4］魏：即北魏（386—557），亦稱後魏。都平城（今山西大同市東北），公元494年遷都洛陽（今河南洛陽市東北白馬寺東）。公元534年分裂爲東魏和西魏兩個政權。東魏（534—550）都於鄴（今河北臨漳縣西南鄴鎮東），西魏（535—557）都於長安（今陝西西安市西北郊）。　河東：郡名。北魏時治所在今山西永濟市西蒲州鎮。

［5］仲懿：人名。即趙仲懿。趙煚之父，北魏時人，官至尚書左丞。事亦見《魏書·趙超宗傳》。按，“仲懿”各本皆同，但《魏書·趙超宗傳》作“懿”，無“仲”字。

［6］尚書左丞：官名。北魏時爲尚書省的屬官，與尚書右丞對置，各一人，分掌尚書都省事務，總判諸曹文案，勾檢得失。從四品上。

［7］有人伐其父墓中樹者：此句底本、殿本、庫本皆同，宋刻遞修本、中華本“伐”上有“盗”字。

［8］右僕射：官名。全稱是“尚書右僕射”。西魏時爲尚書省的次官，與尚書左僕射對置，輔助長官尚書令執行政務，參議國家大政。但因尚書令不常置，尚書省政務常由左右僕射主持，僕射則成爲尚書省的實際長官，位列宰相。從二品。　周惠達：人名。西魏文帝時官任尚書右僕射。傳見《周書》卷二二、《北史》卷六三。

［9］器局：即器量、度量。

［10］周太祖：即宇文泰，西魏的執政大臣，北周的奠基者。紀見《周書》卷一、二，《北史》卷九。　相府參軍事：官名。北魏永熙三年（534）七月，孝武帝從洛陽入關，宇文泰奉迎魏帝都於長安，建立西魏政權。同年八月，宇文泰進位爲丞相，開府置官

屬，從此丞相府就成爲宇文泰掌控西魏軍政大權的機構。相府參軍事，即爲宇文泰丞相府的屬官，掌參議府中各曹事務。正七品上。

[11]洛陽：城邑名。東魏、北齊時在今河南洛陽市東北白馬寺東。

[12]齊：即北齊（550—577），都於鄴（今河北臨漳縣西南鄴鎮東）。

[13]鎮將：官名。北魏時於緣邊軍事要衝地帶設有鎮級軍事機構，大鎮置鎮都大將爲其長官，其餘但稱鎮將，以統兵駐防，位同刺史、太守。北齊承襲魏制，祇設鎮將，分爲上、中、下三等，品階均爲正四品下。

[14]平定縣男：爵名。西魏時爲十二等爵的第十一等。正五品下。

[15]邑：也稱食邑、封邑。是古代君王封賜給有爵位之人的一種食禄制度，受封者可徵收封地内的民户租税充作食禄。魏晋以後，食邑又分爲虚封和實封兩類：虚封一般僅冠以“邑”或“食邑”之名，這祇是一種榮譽性加銜，受封者並不能獲得實際的食禄收入；而實封一般須冠以“真食”“食實封”等名，受封者可真正獲得食禄收入。

[16]中書侍郎：官名。西魏時爲中書省的副長官，置四員，協助長官中書監、令掌詔令出納宣行。從四品上。

閔帝受禪，[1]遷陝州刺史。[2]蠻酋向天王聚衆作亂，[3]以兵攻信陵、秭歸。[4]煚勒所部五百人，出其不意，襲擊破之，二郡獲全。時周人於江南岸置安蜀城以禦陳，[5]屬霖雨數旬，城頹者百餘步。蠻酋鄭南鄉叛，[6]引陳將吴明徹欲掩安蜀。[7]議者皆勸煚益修守禦，煚曰：“不然，吾自有以安之。”乃遣使説誘江外生蠻向武陽，[8]令乘虚掩襲所居，獲其南鄉父母妻子。南鄉聞之，其黨各散，陳兵遂退。明年，吴明徹屢爲寇患，煚勒兵禦之，前後十六戰，每挫其鋒。獲陳裨將覃冏、王足子、吴朗等三人，[9]斬首百六十級。以功授開府儀同三司，[10]遷荆州總管長史。[11]入爲民部中大夫。[12]

[1]閔帝：即北周孝閔帝宇文覺，北周開國皇帝。紀見《周書》卷三、《北史》卷九。　受禪：中國古代王朝更迭時，新皇帝承受舊皇帝讓給的帝位，即稱受禪。此指宇文覺於公元557年廢西魏恭帝，自稱皇帝，正式建立北周王朝。

[2]陜州：北周時治所在今河南陜縣大營鎮。按，"陜州"各本皆同，《北史》卷七五《趙煚傳》亦同，但從下文所述事件的發生地均在江漢地區來看，陜州距離事發地域太過遥遠，兩者很難發生關聯，故必有誤。考下文提及的信陵、秭歸二郡，北周時隸屬信州，與硤州相鄰，而趙煚派兵駐守的軍事重地安蜀城更在硤州境内，故疑此處"陜州"當是"硤州"之訛。硤州，北周時治所在今湖北宜昌市西北。

[3]蠻酋：古代對南方少數民族首領的通稱。　向天王：人名。北周初期江漢地區的蠻族首領，屢與北周爲敵，趙煚率軍襲破之。其事亦見《周書》卷三六《司馬裔傳》、《北史·趙煚傳》。

[4]信陵：郡名。北周時治所在今湖北巴東縣西北。　秭歸：郡名。北周時治所在今湖北秭歸縣。

[5]周：即北周（557—581），都於長安（今陝西西安市西北郊）。　江：此指長江。　安蜀城：城名。在今湖北宜昌市西北西陵峽口長江南岸。　陳：即南朝陳（557—589），都於建康（今江蘇南京市）。

[6]鄭南鄉：人名。北周初期江漢地區的蠻族首領，曾勾結南朝陳將吴明徹攻打安蜀城，但被趙煚設計擊破。其事亦見《北史·趙煚傳》。

[7]吴明徹：人名。南朝陳軍將領，曾多次率陳軍在江漢地區與北周軍交戰。傳見《陳書》卷九、《南史》卷六六。

[8]江外：地區名。亦稱“江表”“江南”。泛指長江以南地區。　生蠻：古代對南方地區尚未進入州郡城邑定居的少數民族的一種蔑稱。　向武陽：人名。北周初期江漢地區的蠻族首領，嘗受趙煚招誘，乘虛襲破鄭南鄉的後方，令後者敗散。其事亦見《北史·趙煚傳》。

[9]裨將：古時泛指軍隊中的副將。　覃囧、王足子、吴朗：此三人均是南朝陳軍副將，在江漢地區與北周軍作戰時被趙煚俘獲。其事除見於本卷外，未見其他記載。

[10]開府儀同三司：官名。亦簡稱開府。北周時屬勳官。北周府兵制中二十四軍的每軍長官均加此勳官名，可開府置官屬。周武帝建德四年（575）改稱開府儀同大將軍。九命。

[11]荆州：北周時治所在今湖北荆州市。　總管長史：官名。北周時爲諸州總管府的上佐官，位居府中總管之下衆屬官之首，協助總管統領府中政務。其命品史無明載，但北周諸州府的長史按州等級分爲六命至四命五個等級，故諸州總管府長史的命品亦應與五等州長史的命品略同。

[12]民部中大夫：官名。北周時爲地官府民部曹的長官，置二員，掌户口籍帳之政令。正五命。

武帝出兵鞏、洛，[1]欲收齊河南之地。[2]煚諫曰：“河南洛陽，四面受敵，縱得之，不可以守。請從河北，[3]直指太原，[4]傾其巢穴，可一舉以定。”帝不納，師竟無功。尋從上柱國于翼率衆數萬，[5]自三鵶道以伐陳，[6]克陳十九城而還。以讒毁，功不見録，除益州總管長史。[7]未幾，入爲天官司會，[8]累遷御正上大夫。[9]煚與宗伯斛斯徵素不協，[10]徵後出爲齊州刺史，[11]坐事下獄，自知罪重，遂逾獄而走。帝大怒，購之甚急。[12]㬖上密奏曰："徵自以負罪深重，懼死遁逃，若不北竄匈奴，[13]則南投吴越。[14]徵雖愚陋，久歷清顯，[15]奔彼敵國，無益聖朝。今者炎旱爲灾，可因兹大赦。"帝從之。徵賴而獲免，㬖卒不言。

[1]武帝：即北周武帝宇文邕。紀見《周書》卷五、六，《北史》卷一〇。　鞏：縣名。北齊時治所在今河南鞏義市東。　洛：縣名。指洛陽。北齊時治所在今河南洛陽市東北白馬寺東。

[2]河南：地區名。指黄河中下游以南地區。

[3]河北：地區名。指黄河中下游以北地區。

[4]太原：郡名。北齊時治所在今山西太原市西南古城營。北齊曾在此置省建别宫，立爲陪都。按，"太"底本原作"大"，據宋刻遞修本、殿本、庫本、中華本改。

[5]上柱國：官名。北周武帝建德四年十月始置，列爲十一等勳官之首，可開府置官屬。正九命。按，據《周書》卷三〇、《北史》卷二三《于翼傳》記載，于翼進位上柱國是在北周末年楊堅執政之時，而文中所述事《通鑑》繫於北周武帝建德四年七月至九月間，此時尚無上柱國之名，于翼此時所任勳官實爲"柱國"（十一等勳官的第二等，正九命），故此處稱于翼的官銜爲"上柱國"，顯欠準確。(參見唐華全《〈隋書〉勘誤18則》，《南昌航空大學學報》2012年第2期)　于翼：人名。北周武帝建德四年位居柱國，官任安州總管，奉詔統率數萬大軍東伐北齊，克齊十九城而還。傳見《周書》卷三〇，《北史》卷二三有附傳。

[6]自三鵶道以伐陳：三鵶道，古道路名。因途經三鵶鎮而得名。三鵶鎮又名"平高城"，是北周爲防禦北齊而設置的一個邊境軍事重鎮，位於今河南魯山縣西南。按，據《周書·武帝紀下》、同書《于翼傳》、《北史·于翼傳》以及《通鑑》卷一七二《陳紀》

宣帝太建七年條等記載，于翼此次率軍出三鵶道攻伐的對象是北齊，而非南方的陳朝，故此處“伐陳”及下文“克陳十九城而還”皆顯有誤，兩處“陳”均當作“齊”。（參見唐華全《〈隋書〉勘誤18則》）

［7］除：官制用語。即拜官、授職。　益州：北周時置總管府，治所在今四川成都市。

［8］天官：官署名。西魏恭帝三年（556）仿《周禮》建六官，其第一官爲天官冢宰府，簡稱天官府。北周沿置。　司會：官名。全稱是司會中大夫。北周時爲天官府司會曹的長官，掌財政出納大計。正五命。

［9］御正上大夫：官名。亦簡稱大御正。北周明帝武成元年（559）始置，爲天官府御正曹的長官，置四員，掌草擬詔册文誥，近侍樞機，參議刑罰爵賞及軍國大事。正六命。

［10］宗伯：官名。西魏恭帝三年仿《周禮》建六官，其第三官爲春官宗伯府，置大宗伯卿一員爲該府長官，置小宗伯上大夫二員爲該府次官，職掌禮樂、邦交等政務，命品分别爲正七命、正六命。北周沿置。按，據《周書》卷二六、《北史》卷四九《斛斯徵傳》記載，斛斯徵在北周武帝時曾任“小宗伯”（小宗伯上大夫的簡稱），北周宣帝即位時升任“大宗伯”（大宗伯卿的簡稱），而文中所述事發生在周宣帝即位之後，故此處“宗伯”當是“大宗伯”之脱文。　斛斯徵：人名。北周宣帝時官任大宗伯卿，後出任齊州刺史，犯罪下獄，又越獄潛逃，幸賴趙煚密勸周宣帝頒布大赦令，纔得以免罪。傳見《周書》卷二六、《北史》卷四九。

［11］齊州：北周時治所在今山東濟南市。

［12］購：即懸賞緝捕。

［13］匈奴：古族名。戰國至秦漢時期游牧於大漠南北廣大地區，後逐漸衰落西遷或被漢化。此處借指突厥。

［14］吴越：春秋時吴國和越國的並稱。此處借指南朝陳。

［15］清顯：指清要顯達的官位。

高祖爲丞相,[1]加上開府,[2]復拜天官都司會。[3]俄遷大宗伯。及踐阼,[4]煚授璽紱,[5]進位大將軍,[6]賜爵金城郡公,[7]邑二千五百户,[8]拜相州刺史。[9]朝廷以煚曉習故事,[10]徵拜尚書右僕射。[11]視事未幾,以忤旨,尋出爲陜州刺史,[12]俄轉冀州刺史,[13]甚有威德。煚嘗有疾,百姓奔馳,争爲祈禱,其得民情如此。冀州俗薄,市井多姦詐,煚爲銅斗鐵尺,置之於肆,[14]百姓便之。上聞而嘉焉,頒告天下,以爲常法。嘗有人盗煚田中蒿者,爲吏所執。煚曰:"此乃刺史不能宣風化,彼何罪也。"慰諭而遣之,令人載蒿一車以賜盗者,盗者愧恧,[15]過於重刑。其以德化民,[16]皆此類也。上幸洛陽,煚來朝,上勞之曰:"冀州大藩,[17]民用殷實,卿之爲政,深副朕懷。"開皇十九年卒,[18]時年六十八。子義臣嗣,[19]官至太子洗馬。[20]後同楊諒反,[21]誅。

[1]高祖:隋文帝楊堅的廟號。此代指其人。紀見本書卷一、二,《北史》卷一一。　丞相:官名。此是"左大丞相"或"大丞相"的簡稱。北周静帝大象二年(580)置左、右大丞相,以宗室親王宇文贊爲右大丞相,僅有虚名;以外戚楊堅爲左大丞相,總攬朝政。旋又去左右之號,獨以楊堅爲大丞相。楊堅由此成爲控制北周朝廷的權臣。

[2]上開府:官名。全稱是上開府儀同大將軍。北周武帝建德四年始置,爲十一等勳官的第五等,可開府置官屬。九命。

[3]天官都司會:官名。即北周天官都府司會中大夫的簡稱。參見前注"天官""司會"。

[4]踐阼:亦作"踐祚""踐胙"。本指走上廟寢堂前的阼階主

位以行祭祀，後代指皇帝即位登基。此指隋文帝楊堅於公元 581 年廢北周静帝，即位稱帝。

[5]璽紱（fú）：指皇帝專用的印璽及繫印璽的絲帶。此爲皇權的象徵物品之一，故新舊皇帝更替時，須由掌禮大臣從舊皇帝手中接來傳授給新皇帝。

[6]大將軍：官名。隋文帝因改北周勳官之制形成十一等散實官，用以酬勤勞，無實際職掌。大將軍是十一等散實官的第四等，可開府置僚佐。正三品。

[7]金城郡公：爵名。爲隋九等爵的第四等。從一品。

[8]百：底本原作“伯”，據宋刻遞修本、殿本、庫本、中華本改。

[9]相州：北魏天興四年（401）分冀州始置相州，治所在今河北臨漳縣西南鄴鎮東。東魏、北齊時改稱司州，爲都城所在地。北周建德六年滅北齊後復名相州。北周大象二年平定相州總管尉遲迥之叛後，因州城被毁，遂移治今河南安陽市。隋初沿之，煬帝時改置魏郡。

[10]故事：指舊有的典章制度。

[11]尚書右僕射：官名。隋於尚書省置左、右僕射各一人爲副貳，地位僅次於長官尚書令。但因隋代尚書令不常置，僕射則成爲尚書省的實際長官，是宰相之職。從二品。

[12]陝州：治所在今河南陝縣。

[13]冀州：治所在今河北冀州市。

[14]肆：即集市、店鋪。

[15]愧恧（nǜ）：即慚愧。

[16]德：底本、宋刻遞修本作“儉”，今據殿本、庫本、中華本改。

[17]大藩：指比較重要的州郡行政區。

[18]開皇：隋文帝楊堅年號（581—600）。

[19]義臣：人名。即趙義臣。趙煚的嗣子，隋文帝時官至太子

洗馬，隋煬帝即位初因隨從漢王楊諒謀反而被誅殺。事亦見《北史》卷七五《趙煚傳》。　嗣：此指繼承父輩的爵位和家業，以延續香火。

［20］太子洗（xiǎn）馬：官名。爲東宫門下坊所轄六局之一司經局的長官，掌東宫圖籍文翰，太子出行則當直者前驅導威儀。隋初置四員，從五品上；煬帝時減置二員，從五品。

［21］楊諒：人名。傳見本書卷四五、《北史》卷七一。

趙芬

趙芬字士茂，天水西人也。父演，[1]周秦州刺史。[2]芬少有辯智，頗涉經史。周太祖引爲相府鎧曹參軍，[3]歷記室，[4]累遷熊州刺史。[5]撫納降附，得二千户，加開府儀同三司。大冢宰宇文護召爲中外府掾，[6]俄遷吏部下大夫。[7]芬性强濟，[8]所居之職，皆有聲績。武帝親總萬機，拜内史下大夫，[9]轉少御正。[10]芬明習故事，每朝廷有所疑議，衆不能決者，芬輒爲評斷，莫不稱善。後爲司會。申國公李穆之討齊也，[11]引爲行軍長史，[12]封淮安縣男，[13]邑五百户。復出爲淅州刺史，[14]轉東京小宗伯，[15]鎮洛陽。

［1］演：人名。即趙演。趙芬之父，西魏、北周時人，官至秦州刺史。按，“演”字各本皆同，但《北史》卷七五《趙芬傳》作“諒”，《文館詞林》卷四五二薛道衡《大將軍趙芬碑銘》又作“脩演”。（參見岑仲勉《隋書求是》，中華書局2004年版，第89頁）

［2］周秦州刺史：“周”字底本、殿本、庫本、中華本皆同，宋刻遞修本作“同”，當訛。秦州，北周時治所在今甘肅天水市。

[3]相府鎧曹參軍：官名。西魏時爲宇文泰丞相府所屬列曹參軍之一，掌判府内兵器鎧冑之事務。正六品上。

[4]記室：官名。全稱是丞相府記室參軍事。西魏時爲宇文泰丞相府所屬列曹參軍之一，掌判府内章表書記之事務。正六品上。

[5]熊州：北周時治所在今河南宜陽縣西。

[6]大冢宰：官名。全稱爲大冢宰卿。西魏恭帝三年仿《周禮》建六官，置大冢宰卿一人爲天官冢宰府的長官，職掌邦治，以建邦之六典輔佐皇帝治邦國。正七命。北周沿置，然其權力則因人而異，若有"五府總於天官"之命，即稱"冢宰"，能總攝百官，實爲大權在握的宰輔；若無此命，即稱"太宰"，與五卿並列，僅統本府官。　宇文護：人名。北周初期的宗室權臣，官居大冢宰，都督中外諸軍事。傳見《周書》卷一一，《北史》卷五七有附傳。中外府掾：官名。北周武帝保定元年（561），以大冢宰宇文護爲都督中外諸軍事，開府置官屬，府名簡稱"中外府"，此爲宇文護控制北周朝政的權力機構。至建德元年，周武帝誅殺宇文護，親總朝政，中外府則廢。中外府掾，即爲中外府的屬官，與中外府屬同列，分管府内諸曹事。正五命。

[7]吏部下大夫：官名。全稱爲小吏部下大夫，亦簡稱小吏部。北周時爲夏官府吏部曹的次官，置一員，協助長官吏部中大夫掌官吏銓選之政務。正四命。

[8]强濟：即精明幹練。

[9]内史下大夫：官名。全稱爲小内史下大夫，亦簡稱小内史。北周初爲春官府内史曹内史中大夫的副貳，周宣帝大象元年增置内史上大夫爲該曹長官，内史中大夫退居副貳，小内史下大夫亦退居屬官。其職掌是協助該曹長官撰寫皇帝詔令，參議刑罰爵賞及軍國大事，並修撰國志及起居注。置二員，正四命。

[10]少御正：官名。亦作"小御正"，全稱是小御正下大夫。北周初爲天官府御正曹御正中大夫的副貳，周明帝武成元年增置御正上大夫爲該曹長官，御正中大夫退居副貳，小御正下大夫亦退居

屬官。其職掌是協助該曹長官草擬詔册文誥，近侍樞機，參議刑罰爵賞及軍國大事。正四命。

［11］申國公：爵名。北周時爲十一等爵的第四等。正九命。李穆：人名。傳見本書卷三七、《北史》卷五九有附傳。

［12］行軍長史：北周至隋時出征軍統帥屬下的幕府僚佐，位居幕府内衆幕僚之首，掌領幕府行政事務。屬臨時差遣任命之職，事罷則廢。

［13］淮安縣男：爵名。北周時爲十一等爵的第十等。正五命。按，“淮安縣男”各本皆同，《北史·趙芬傳》亦同，但《文館詞林》卷四五二《大將軍趙芬碑銘》作“淮安縣子”。（參見岑仲勉《隋書求是》，第91頁）

［14］淅州：西魏始置，北周沿之，治所在今河南淅川縣南。按，“淅”底本、宋刻遞修本作“浙”，殿本、庫本、中華本均作“淅”。考本書《地理志》，北周至隋時無浙州而有淅州，故“浙”字顯爲“淅”之訛，今據殿本、庫本、中華本改。

［15］東京小宗伯：官名。全稱爲東京小宗伯上大夫。北周武帝建德六年滅北齊後，仿北周六官之制，在相州建置六府官，以統轄北齊舊境。周宣帝大象元年改洛陽爲東京，移相州六府於洛陽，稱爲“東京六府”。東京小宗伯上大夫，即爲東京六府的官員，職掌與北周中央春官府的次官小宗伯上大夫略同。正六命。

高祖爲丞相，尉迥與司馬消難陰謀往來，[1]芬察知之，密白高祖。由是深見親委，遷東京左僕射，[2]進爵郡公。[3]開皇初，罷東京官，拜尚書左僕射，[4]與郢國公王誼修律令。[5]俄兼内史令，[6]上甚信任之。未幾，以老病出拜蒲州刺史，[7]加金紫光禄大夫，[8]仍領關東運漕，[9]賜錢百萬、粟五千石而遣之。後數年，上表乞骸骨，[10]徵還京師。賜以二馬軺車、几杖被褥，[11]歸于家。

皇太子又致巾帔。後數年，卒。上遣使致祭，鴻臚監護喪事。[12]

[1]尉迥：人名。即尉遲迥。北周末年官任相州總管，起兵反對楊堅篡周，旋被討滅。傳見《周書》卷二一、《北史》卷六二。司馬消難：人名。北周末年官任鄖州總管，起兵反對楊堅篡周，旋被討滅，逃奔南朝陳。傳見《周書》卷二一，《北史》卷五四有附傳。

[2]東京左僕射：官名。全稱爲東京尚書左僕射。隋文帝開皇元年即位後，廢北周六官之制，用漢魏官制，遂改北周東京六府置爲東京尚書省。東京尚書左僕射，即爲東京尚書省的長官之一，其職掌和品階與隋中央的尚書左僕射略同。但至當年八月，東京之名及其官屬均罷廢。

[3]郡公：爵名。爲隋九等爵的第四等。從一品。

[4]尚書左僕射：官名。隋尚書省置左、右僕射各一人爲副貳，地位僅次於長官尚書令。但因隋代尚書令不常置，僕射則成爲尚書省的實際長官，是宰相之職。從二品。按，各本皆同，但《北史》卷七五《趙芬傳》、《文館詞林》卷四五二《大將軍趙芬碑銘》均作“尚書右僕射”，故疑“左”當是“右”之訛。（參見岑仲勉《隋書求是》，第91頁）

[5]郢國公：爵名。爲隋九等爵的第三等。從一品。　王誼：人名。傳見本書卷四〇，《北史》卷六一有附傳。

[6]内史令：官名。爲内史省的長官，掌皇帝詔令出納宣行，是宰相之職。隋初内史省置監、令各一人，尋廢監，置令二人。正三品。隋煬帝大業末改内史省爲内書省，内史令遂改稱内書令。

[7]蒲州：治所在今山西永濟市西蒲州鎮。

[8]金紫光禄大夫：官名。屬散實官。因其金印紫綬，故名。隋初爲從二品，隋煬帝大業三年（607）降爲正三品。

［9］關東：地區名。指潼關或函谷關以東地區。　運漕：此指從黄河水道漕運糧食以供給關中之事務。

［10］乞骸骨：古代官吏自請退職的一種表達方式。意謂使骸骨得以歸葬故鄉。

［11］二馬軺車：古代一馬所駕的輕便車即稱“軺車”。二馬軺車，是表示其主人具有優崇的社會地位。　几杖：即老人所用的憑几和手杖。古代常用爲禮敬老者之物。

［12］鴻臚：官署名。即鴻臚寺。爲隋九寺之一，掌册封諸藩、接待外使及喪葬禮儀等事務。

子元恪嗣，[1]官至揚州總管司馬，[2]左遷候衛長史。[3]少子元楷，[4]與元恪皆明幹世事。元楷，大業中爲歷陽郡丞，[5]與廬江郡丞徐仲宗，[6]皆竭百姓之産，以貢于帝。仲宗遷南郡丞，[7]元楷超拜江都郡丞，[8]兼領江都宫使。[9]

［1］元恪：人名。即趙元恪。趙芬的嗣子，隋文帝時官至揚州總管府司馬，隋煬帝時貶爲候衛長史。事亦見《北史》卷七五《趙芬傳》。

［2］揚州：隋開皇九年改吴州置，設大總管府。治所在今江蘇揚州市。　總管司馬：官名。爲諸州總管府的上佐官，協助總管統領府中軍務。其品階史無明載，但隋代諸州總管府和諸州府均分爲上、中、下三等，三等州司馬的品階分别爲正五品下、從五品下、正六品下，故三等總管府司馬的品階亦當與三等州司馬略同。而揚州爲大總管府，其司馬更應高於上州司馬，當在正五品下以上。

［3］左遷：官制用語。即降官、貶職。　候衛長史：官名。隋初置左右武候府，煬帝大業三年改稱左右候衛。候衛長史，即是左右候衛屬下的僚佐官，各置一員，掌領本衛府内行政事務。從

五品。

[4]元楷：人名。即趙元楷。趙芬的少子，隋煬帝時官任歷陽郡丞，因搜刮百姓資財貢奉煬帝，超升爲江都郡丞。事亦見本書卷八〇《趙元楷妻傳》，《北史·趙芬傳》及卷九一《趙元楷妻崔氏傳》，《舊唐書》卷六二《李綱傳》，《新唐書》卷九五《竇静傳》及卷九九《李綱傳》。

[5]大業：隋煬帝楊廣年號（605—618）。　歷陽：郡名。隋大業初改和州置。治所在今安徽和縣。　郡丞：官名。隋初沿舊制各郡置郡丞，爲郡太守之副貳。京兆郡之丞爲從五品下，其餘上、中、下三等郡之丞分别爲從七品上、正八品上、從八品上。開皇三年廢郡，郡丞亦罷。隋煬帝大業三年復改州爲郡，併州長史、司馬之職，置贊治（唐人諱稱贊務）一人，爲郡太守之副貳，尋又改贊治稱爲郡丞。京兆、河南二郡之丞爲從四品，其餘上、中、下三等郡之丞分别爲正五品、從五品、正六品。

[6]廬江郡：隋大業三年改廬州置。治所在今安徽合肥市。　徐仲宗：人名。隋大業中官任廬江郡丞，因竭力搜刮百姓資財以貢奉於隋煬帝，得遷南郡丞。事亦見《北史·趙芬傳》。

[7]南郡：隋大業三年改荆州置。治所在今湖北荆州市。

[8]江都郡：隋大業初改揚州置。治所在今江蘇揚州市。

[9]江都宫使：隋煬帝大業初在揚州大治宫苑，建立行宫，名爲“江都宫”，後三次南游其地。江都宫使，即是管轄江都行宫的官員，屬臨時差遣之職，無固定品階。

楊尚希

楊尚希，弘農人也。[1]祖真，[2]魏天水太守。[3]父承賓，[4]商、直、淅三州刺史。[5]尚希齠齔而孤。[6]年十一，辭母請受業長安。[7]涿郡盧辯見而異之，[8]令入太學，[9]

專精不倦，同輩皆共推伏。周太祖嘗親臨釋奠，[10]尚希時年十八，令講《孝經》，[11]詞旨可觀。太祖奇之，賜姓普六茹氏，[12]擢爲國子博士。[13]累轉舍人。[14]仕明、武世，[15]歷太學博士、太子宮尹、計部中大夫，[16]賜爵高都縣侯，[17]東京司憲中大夫。[18]宣帝時，[19]令尚希撫慰山東、河北，[20]至相州而帝崩，與相州總管尉迥發喪於館。[21]尚希出謂左右曰："蜀公哭不哀而視不安，[22]將有他計。吾不去，將及於難。"遂夜中從捷徑而遁。遲明，迥方覺，分數十騎自驛路追之，不及，遂歸京師。高祖以尚希宗室之望，又背迥而至，待之甚厚。及迥屯兵武陟，[23]遣尚希督宗室兵三千人鎮潼關。[24]尋授司會中大夫。

[1]弘農：郡名。治所在今河南靈寶市。

[2]真：人名。即楊真。楊尚希之祖，北魏時人，官至天水太守。事亦見《北史》卷七五《楊尚希傳》。

[3]天水：郡名。北魏時治所在今甘肅天水市。

[4]承賓：人名。即楊承賓。楊尚希之父，西魏時人，官至州刺史。按，"承賓"各本皆同，但《北史·楊尚希傳》作"承寶"。

[5]商：州名。西魏時治所在今陝西商洛市。　直：州名。西魏時治所在今陝西漢陰縣西南。　淅：州名。參見前注"淅州"。按，底本原作"浙"，據宋刻遞修本、殿本、庫本、中華本改。

[6]齠（tiáo）齔（chèn）：亦作"髫齔"。指兒童垂髫换齒之時。借指童年、幼童。

[7]長安：西魏、北周的都城，位於今陝西西安市西北郊。

[8]涿郡：漢時治所在今河北涿州市。按，此言盧氏郡望，故沿用漢郡名。西魏、北周時期涿郡之地屬東魏、北齊，稱范陽郡。

盧辯：人名。西魏時官至尚書右僕射，爲當時碩儒。傳見《周書》卷二四，《北史》卷三〇有附傳。

［9］太學：古代設於京城以傳授儒家經典的最高學府。

［10］釋奠：古代在學校設置酒食以奠祭先聖先師的一種典禮。

［11］《孝經》：孔門後學所作的一部儒家經典。漢代列爲“七經”之一。

［12］普六茹氏：鮮卑族的姓氏之一。西魏、北周時期，宇文泰及北周皇帝常對親信臣下賜以鮮卑姓氏，以表示與其同族親善之意。

［13］國子博士：官名。西魏時爲國子學的教官，掌以儒經教授國子生，國有疑事則掌承問對。正五品上。

［14］舍人：官名。全稱是舍人上士。北周時爲地官府司倉曹的屬官，掌平宫中用糧之政令。正三命。

［15］明：指北周明帝宇文毓。紀見《周書》卷四、《北史》卷九。　武：指北周武帝宇文邕。紀見《周書》卷五、六，《北史》卷一〇。

［16］太學博士：官名。全稱是太學博士下大夫。北周時爲太學的教官，上屬春官府樂部曹，掌以儒經授太學生，國有疑事則掌承問對。置六人，正四命。　太子宫尹：官名。全稱是太子宫尹下大夫。北周時爲東宫的屬官，掌領東宫諸政務。正四命。　計部中大夫：官名。北周時爲天官府計部曹的長官，置一人，掌賦税出入、財用計賬之政令。正五命。

［17］高都縣侯：爵名。北周時爲十一等爵的第七等。正八命。

［18］東京司憲中大夫：官名。北周時爲東京六府的官員，位同中央秋官府的司憲中大夫，掌東京轄區内的刑罰、糾察等政務。正五命。

［19］宣帝：即北周宣帝宇文贇。紀見《周書》卷七、《北史》卷一〇。

［20］山東：地區名。戰國秦漢時期稱崤山或華山以東地區爲山

東；魏晋南北朝隋唐時期亦稱太行山以東地區爲山東。此處當指後者。

［21］總管：官名。東魏孝静帝武定六年（548）始置總管，西魏也置。北周明帝武成元年正式改都督諸州軍事爲總管，加使持節諸軍事，總管之設乃成定制。北周總管或單任，然多兼帶刺史，故總管的職權雖以軍事爲主，實際是一軍政轄區若干州、鎮、防的最高長官。北周總管的命品史無明載，但應不低於五等州刺史的命品。隋初承繼北周之制亦置諸州總管，分上、中、下三等，品秩分别爲流内視從二品、視正三品、視從三品，可作參考。（參見王仲犖《北周六典》卷一〇《總管府第二十五》，中華書局 1979 年版，第 623 頁）

［22］蜀公：即尉遲迥的封爵名“蜀國公”。北周時爲十一等爵的第四等。正九命。此處代指尉遲迥其人。

［23］迥：底本原作“逥”，據宋刻遞修本、殿本、庫本、中華本改。　武陟：縣名。北周時治所在今河南武陟縣。

［24］宗室兵：此指由楊氏宗族成員所組成的軍隊士兵。　潼關：關隘名。故址在今陝西潼關縣東南，地處今陝西、山西、河南三省之要衝，素稱險要。

高祖受禪，拜度支尚書，[1]進爵爲公。[2]歲餘，出爲河南道行臺兵部尚書，[3]加銀青光禄大夫。[4]尚希時見天下州郡過多，上表曰：“自秦并天下，罷侯置守，漢、魏及晋，邦邑屢改。竊見當今郡縣，倍多於古，或地無百里，數縣並置，或户不滿千，二郡分領。具僚以衆，資費日多，吏卒又倍，[5]租調歲減。清幹良才，百分無一，動須數萬，如何可覓？所謂民少官多，十羊九牧。琴有更張之義，[6]瑟無膠柱之理。[7]今存要去閑，併小爲大，國家則不虧粟帛，選舉則易得賢才，敢陳管見，伏聽裁處。”帝覽而嘉之，於是遂罷天下諸郡。尋拜瀛州刺史，[8]未之官，奉詔巡省淮南。[9]還除兵部尚書。[10]俄轉禮部尚書，[11]授上儀同。[12]

[1]度支尚書：官名。隋初沿北魏、北齊之制置度支尚書，開皇三年改稱民部尚書，是尚書省所轄六部之一民部的長官。掌全國土地、户口、賦税、錢糧之政令，統度支、民部、金部、倉部四曹。置一員，正三品。

[2]進爵爲公：本傳前文載楊尚希之爵爲高都縣侯，故此“進爵爲公”當是進爵爲“高都縣公”。縣公，爲隋九等爵的第五等。從一品。

[3]河南道：即在黄河中下游以南設置的軍政特區，治所在今河南洛陽市東北。隋初根據形勢需要，於地方設置軍政特區，稱爲“道”，每道範圍包括若干州。　行臺兵部尚書：官名。隋初在各道軍政特區設置行臺尚書省，簡稱“行臺”，是中央最高行政機關尚書省的派出機構，執掌特區内軍政事務。行臺兵部尚書，是行臺尚書省所轄兵部的長官，主管行臺軍務，並兼掌行臺吏部和禮部之政務。流内視正三品。

[4]銀青光禄大夫：官名。屬散實官。隋初爲正三品，煬帝大業三年降爲從三品。

[5]又：底本、殿本、庫本皆同，宋刻遞修本、中華本作“人”，疑訛。

[6]更張：指重新張設琴弦，以調諧琴音。比喻變更或改革。

[7]膠柱：指膠粘住瑟上的弦柱，使其不能調節音的高低。比喻固執拘泥而不知變通。

[8]瀛州：治所在今河北河間市。

[9]淮南：地區名。泛指淮河以南之地。

［10］兵部尚書：官名。是尚書省所轄六部之一兵部的長官，掌全國軍衛武官選授之政令，統兵部、職方、駕部、庫部四曹。置一員，正三品。

［11］禮部尚書：官名。是尚書省所轄六部之一禮部的長官，掌禮儀、祭祀、外交、宴享等政令，統禮部、祠部、主客、膳部四曹。置一員，正三品。

［12］上儀同：官名。全稱是上儀同三司。爲隋十一等散實官的第七等，可開府置僚佐。從四品上。

尚希性弘厚，兼以學業自通，甚有雅望，爲朝廷所重。上時每旦臨朝，日側不倦，尚希諫曰："周文王以憂勤損壽，[1]武王以安樂延年。[2]願陛下舉大綱，責成宰輔，繁碎之務，非人主所宜親也。"上歡然曰："公愛我者。"尚希素有足疾，上謂之曰："蒲州出美酒，足堪養病，屈公卧治之。"[3]於是出拜蒲州刺史，仍領本州宗團驃騎。[4]尚希在州，甚有惠政，復引瀵水，[5]立堤防，開稻田數千頃，民賴其利。開皇十年卒官，時年五十七。謚曰平。[6]子旻嗣，[7]後改封丹水縣公，[8]官至安定縣丞。[9]

［1］周文王：即周朝的奠基者姬昌。詳見《史記》卷四《周本紀》。

［2］武王：即周朝的開國之君姬發。詳見《史記·周本紀》。

［3］卧治：典出《史記》卷一二〇《汲鄭列傳》"卧而治之"一語。後用以稱謂政事清簡，無爲而治。

［4］宗團驃騎：即由隋皇室宗族人員所組成的府兵衛士。上屬驃騎府，專派宗室官員統領之。

[5]瀵水：古水名。源出今山西臨猗縣境，西流注入黄河。

[6]謚：古代帝王、貴族、大臣、士大夫或其他有地位的人死後，據其生前業迹評定的一種帶有褒貶意義的稱號。

[7]旻：人名。即楊旻。楊尚希的嗣子。事亦見《北史》卷七五《楊尚希傳》。

[8]丹水縣公：爵名。爲隋九等爵的第五等。從一品。

[9]安定：郡、縣名。治所均在今甘肅涇川縣西北。　縣丞：官名。爲縣之副長官，位居縣令之下。京縣之丞爲從七品下，其餘上、中、下三等縣之丞分别爲從八品下、正九品上、從九品上。按，“縣丞”底本、殿本、庫本皆同，但宋刻遞修本、中華本及《北史·楊尚希傳》作“郡丞”。

長孫平

長孫平字處均，河南洛陽人也。[1]父儉，[2]周柱國。[3]平美容儀，有器幹，[4]頗覽書記。仕周，釋褐衛王侍讀。[5]時武帝逼於宇文護，謀與衛王誅之，王前後常使平往來通意於帝。及護伏誅，拜開府、樂部大夫。[6]宣帝即位，置東京官屬，[7]以平爲小司寇，[8]與小宗伯趙芬分掌六府。[9]

[1]河南：郡名。治所在今河南洛陽市東北。　洛陽：縣名。治所在今河南洛陽市東北白馬寺東。

[2]儉：人名。即長孫儉。長孫平之父，西魏、北周時人，官至柱國大將軍。傳見《周書》卷二六，《北史》卷二二有附傳。

[3]柱國：官名。全稱爲柱國大將軍。北魏太武帝始置柱國，以爲開國元勳長孫嵩的加官。北魏末孝莊帝以尒朱榮有擁立之功，

又特置此官以授之，位在丞相之上。西魏文帝以宇文泰有中興之功，亦置此官授之。後凡屬功參佐命、望實俱重的大臣，也得居之。至西魏大統十六年（550）以前，任此官者名義上有八人，但宗室元欣有其名而無實權，宇文泰爲最高統帥，其他六柱國則分掌禁旅，各轄二大將軍，爲府兵系統的最高長官。大統十六年以後，功臣位至柱國者愈多，遂成爲散秩，無所統御。至北周武帝時，又增置上柱國等官，形成十一等勳官之制。柱國大將軍是十一等勳官的第二等，可開府置官屬。正九命。

［4］器幹：即才幹。

［5］釋褐：亦稱“解褐”。即脱去平民衣服而换上官服，喻指始任官職。　衛王：北周宗室親王宇文直的封爵名，此代指其人。傳見《周書》卷一三、《北史》卷五八。　侍讀：官名。北周時凡太子、宗室諸王皆置侍讀，掌爲太子、諸王講導經學辭章。命品未詳。

［6］樂部大夫：官名。西魏末至北周初於春官府設大司樂署，置大司樂中大夫、小司樂下大夫爲該署正、副長官，職掌樂舞之政令。周武帝保定四年，改大司樂署爲樂部，其正、副長官亦分别改稱樂部中大夫、小樂部下大夫，命品分别爲正五命、正四命。此處之“樂部大夫”，王仲犖列爲小樂部下大夫（參見王仲犖《北周六典》卷四《春官府第九》，第269頁）。

［7］東京：底本原作“東宫”，殿本、庫本亦同，今據宋刻遞修本、中華本及《北史》卷二二《長孫平傳》改。

［8］小司寇：官名。此是東京小司寇上大夫的省稱。北周時爲東京六府的官員，位同北周中央秋官府的次官小司寇上大夫，職掌東京轄區内的刑法律令。正六命。

［9］六府：此指東京六府。北周時是中央六府行政機關的派出機構，亦包括天官冢宰、地官司徒、春官宗伯、夏官司馬、秋官司寇、冬官司空六個官署。其建置沿革參見前注“東京小宗伯”。按，北周東京六府雖制同中央六府，但其官屬並不備置，多以次官掌府

事，且多兼攝，故此處載稱以東京小司寇長孫平、東京小宗伯趙芬二人分掌東京六府。

高祖龍潛時，[1]與平情好款洽，[2]及爲丞相，恩禮彌厚。尉迥、王謙、司馬消難並稱兵内侮，[3]高祖深以淮南爲意。時賀若弼鎮壽陽，[4]恐其懷二心，遣平馳驛往代之。弼果不從，平麾壯士執弼，送于京師。

[1]龍潛：語出《易·乾》："潛龍勿用，陽氣潛藏。"後用以喻指帝王尚未即位。

[2]款洽：指關係親密、親近。

[3]王謙：人名。北周末年官任益州總管，起兵反對楊堅篡周，旋被討滅。傳見《周書》卷二一，《北史》卷六〇有附傳。

[4]賀若弼：人名。傳見本書卷五二，《北史》卷六八有附傳。壽陽：城鎮名。位於今安徽壽縣淮河南岸。因地處南北交通要衝，故爲南北朝時期駐防淮南地區的軍事重鎮。

開皇三年，[1]徵拜度支尚書。平見天下州縣多罹水旱，百姓不給，奏令民間每秋家出粟麥一石已下，貧富差等，儲之閭巷，以備凶年，名曰義倉。[2]因上書曰："臣聞國以民爲本，民以食爲命，勸農重穀，先王令軌。古者三年耕而餘一年之積，九年作而有三年之儲，雖水旱爲灾，而民無菜色，皆由勸導有方，蓄積先備者也。去年亢陽，[3]關右饑餒，[4]陛下運山東之粟，置常平之官，[5]開發倉廩，普加賑賜，大德鴻恩，可謂至矣。然經國之道，義資遠算，請勒諸州刺史、縣令，以勸農積穀爲務。"上深嘉納。自是州里豐衍，民多賴焉。

［1］開皇三年：各本皆同，《北史》卷二二《長孫平傳》亦同，但本書卷一、《北史》卷一一《隋文帝紀》均載作“開皇二年五月”。岑仲勉認爲應以本紀所載爲是（參見岑仲勉《隋書求是》，第92頁）。

［2］義倉：古代民間爲備水旱荒災而設置的一種公共糧倉。因其設於鄉社，並由社長管理其事，故又名“社倉”。隋以後各地設置義倉逐漸成爲一種固定的制度，且多由地方官府管理其事。按，此處記載長孫平奏令立義倉及其上書的時間爲開皇三年，時官度支尚書，但本書《食貨志》記載長孫平上奏令立義倉的時間爲開皇五年五月，時官工部尚書。再考本書《高祖紀上》載開皇五年“五月甲申，詔置義倉”，故可知本傳所記載的時間和職官有誤。由此頗疑下文“後數載，轉工部尚書，名爲稱職”一句屬錯置，該句應前移置於“開皇三年，徵拜度支尚書”句後，如此方可消除上述疑誤，且上下文義貫通。（參見唐華全《中華書局點校本〈隋書〉質疑二十九則》，《河北師範大學學報》2012年第1期）

［3］亢陽：指旱灾。

［4］關右：地區名。亦稱“關内”“關中”。秦至唐時指函谷關或潼關以西、隴阪以東、終南山以北地區。

［5］常平之官：此指管轄常平倉和常平監的官員。隋文帝開皇三年於陝州置常平倉，用以轉運山東漕糧，供給關中所需。又於京師置常平監，總管常平倉糧，穀賤時增價而糴，穀貴時減價而糶，用以調節糧價。

後數載，轉工部尚書，[1]名爲稱職。時有人告大都督邴紹非毁朝廷爲憒憒者，[2]上怒，將斬之。平進諫曰：“川澤納污，所以成其深，山岳藏疾，所以就其大。臣不勝至願，[3]願陛下弘山海之量，茂寬裕之德。鄙諺曰：

‘不癡不聾，未堪作大家翁。’此言雖小，可以喻大。邴紹之言，不應聞奏，陛下又復誅之，臣恐百代之後，有虧聖德。”上於是赦紹。因敕群臣，誹謗之罪，勿復以聞。

[1]工部尚書：官名。爲尚書省所轄六部之一工部的長官，掌全國百工、屯田、山澤之政令，統工部、屯田、虞部、水部四曹。置一員，正三品。

[2]大都督：官名。隋文帝時期有兩類大都督：一是在府兵系統中實際領兵、有固定職掌的團級軍官，隋煬帝大業三年改稱校尉；二是十一等散實官中的第九等，用以酬勤勞，無實際職掌，隋煬帝大業三年罷廢。兩類大都督均爲正六品上。　邴紹：人名。隋開皇中官任大都督，因誹謗朝廷，隋文帝怒欲誅之，幸賴長孫平勸諫，方得赦免。事亦見《北史》卷二二《長孫平傳》。　憒憒：即昏庸、糊塗。

[3]不勝至願：即非常懇切地願望。

其後突厥達頭可汗與都藍可汗相攻，[1]各遣使請援。上使平持節宣諭，[2]令其和解，賜縑三百匹，良馬一匹而遣之。平至突厥所，爲陳利害，遂各解兵。可汗贈平馬二百匹，及還，平進所得馬，上盡以賜之。

[1]突厥：古族名、國名。公元六世紀初興起於今阿爾泰山西南麓，552年在今鄂爾渾河流域建立突厥汗國，此後其勢力擴展至大漠南北，橫跨蒙古高原，隋開皇二年分裂爲東、西兩部。傳見本書卷八四、《周書》卷五〇、《北史》卷九九、《舊唐書》卷一九四、《新唐書》卷二一五。　達頭可汗：隋時西突厥的可汗，名玷

厥。事見本書卷八四、《北史》卷九九《突厥傳》。可汗，是古代鮮卑、柔然、突厥、回紇、蒙古等少數民族中最高統治者的稱號。　都藍可汗：隋時東突厥的可汗，名雍虞閭。事見本書卷八四、《北史》卷九九《突厥傳》。

［2］持節：古代使臣奉命出行，必執符節以爲憑證。　宣諭：即傳達皇帝的命令或諭旨。

未幾，遇譴，以尚書檢校汴州事。[1]歲餘，除汴州刺史。其後歷許、貝二州，[2]俱有善政。鄴都俗薄，[3]舊號難治，前後刺史多不稱職。朝廷以平所在善稱，轉相州刺史，甚有能名。在州數年，會正月十五日，百姓大戲，畫衣裳爲鍪甲之象，[4]上怒而免之。俄而念平鎮淮南時事，進位大將軍，拜太常卿，[5]判吏部尚書事。[6]仁壽中卒。[7]謚曰康。

［1］檢校汴州事：即代理汴州刺史之職事。檢校，官制用語。指尚未實授某官但已掌其職事，即代理、代辦之意。汴州，治所在今河南開封市。

［2］許：州名。治所在今河南許昌市。　貝：州名。治所在今河北清河縣西北。

［3］鄴都：都邑名。原爲東魏、北齊的都城，北周相州總管府的治所，在今河北臨漳縣西南鄴鎮東。北周静帝大象二年平定相州總管尉遲迥之叛時，鄴城被焚毁，遂移至今河南安陽市，仍爲相州治所。隋時沿之。

［4］鍪甲：即盔甲。

［5］太常卿：官名。爲太常寺的長官，置一員，掌國家禮樂、郊廟社稷祭祀等事務。正三品。

［6］判：官制用語。即以本官署理他官之職事。　吏部尚書：

官名。爲尚書省所轄六部之一吏部的長官，掌全國文職官員的銓選、考課等政令，統吏部、主爵、司勳、考功四曹。置一員，正三品。

[7]仁壽：隋文帝楊堅年號（601—604）。　卒：底本、殿本、庫本皆同，宋刻遞修本、中華本“卒”下有“官”字。

子師孝，[1]性輕狡好利，數犯法。上以其不克負荷，遣使弔平國官。[2]師孝後爲渤海郡主簿，[3]屬大業之季，政教陵遲，[4]師孝恣行貪濁，一郡苦之。後爲王世充所害。[5]

[1]師孝：人名。即長孫師孝。事亦見《北史》卷二二《長孫平傳》。

[2]遣使弔平國官：此句各本皆同，但文義難明。考《北史·長孫平傳》作“遣使弔平”，無“國官”二字，則文義乃明。故疑此處“國官”二字或爲衍文，或當前置於“遣使”之下。

[3]渤海：郡名。隋大業三年改滄州置。治所在今山東陽信縣西南。　郡主簿：官名。隋初沿舊制地方設郡，郡置主簿，掌郡中官署監印，檢核文書簿籍，勾稽缺失等事。京兆郡主簿爲流内視正九品，其餘諸郡主簿爲流内視從九品。開皇三年廢郡，郡主簿亦罷。隋煬帝大業三年又廢州置郡，改州主簿爲郡主簿，掌同隋初之制。京兆、河南二郡主簿爲流内視正八品，其餘諸郡主簿爲流内視從八品。

[4]陵遲：即敗壞、衰敗。

[5]王世充：人名。唐時亦諱稱“王充”。傳見本書卷八五、《北史》卷七九、《舊唐書》卷五四、《新唐書》卷八五。

元暉

元暉字叔平，河南洛陽人也。祖琛，[1]魏恒、朔二州刺史。[2]父翌，[3]尚書左僕射。[4]暉鬚眉如畫，進止可觀，頗好學，涉獵書記。少得美名於京下，[5]周太祖見而禮之，命與諸子游處，每同席共硯，情契甚厚。弱冠，召補相府中兵參軍，[6]尋遷武伯下大夫。[7]于時突厥屢爲寇患，朝廷將結和親，令暉賫錦彩十萬，使于突厥。暉說以利害，申國厚禮，可汗大悦，遣其名王隨獻方物。[8]俄拜儀同三司、賓部下大夫。[9]保定初，[10]大冢宰宇文護引爲長史，[11]會齊人來結盟好，以暉多才辯，與千乘公崔睦俱使于齊。[12]還振威中大夫。[13]武帝之娉突厥后也，令暉致禮焉。加開府，轉司憲大夫。[14]及平關東，[15]使暉安集河北，封義寧子，[16]邑四百户。

[1]琛：人名。即元琛。元暉之祖，北魏時人，出身魏宗室，官至州刺史。事亦見《魏書》卷一五、《北史》卷一五《陳留王虔傳》。

[2]恒：州名。北魏孝文帝太和十七年（493）改司州置，治所在平城（今山西大同市東北）。魏末平城陷於兵亂，遂寄治肆州秀容郡城（今山西忻州市西北）。　朔：州名。北魏初治所在盛樂（今内蒙古和林格爾縣西北），孝明帝時盛樂陷於兵亂，乃移治懷朔鎮（今内蒙古固陽縣西南），後懷朔鎮亦陷，遂寄治并州（治所在今山西太原市西南古城營）界内。按，“朔”各本皆同，《魏書·陳留王虔傳》亦同，但《北史·陳留王虔傳》作“肆”。

[3]翌：人名。即元翌。元暉之父，北魏末至西魏時人，官至尚書左僕射。事亦見《魏書》《北史》之《陳留王虔傳》。

［4］尚書左僕射：官名。北魏、西魏時爲尚書省的次官，與尚書右僕射對置，輔助長官尚書令執行政務，參議國家大政。但因尚書令不常置，尚書省政務常由左右僕射主持，僕射則成爲尚書省的實際長官，位列宰相。從二品。

［5］京下：即京城、都城。此指西魏、北周都城長安（今陝西西安市西北郊）。

［6］相府中兵參軍：官名。西魏時爲宇文泰丞相府所屬列曹參軍之一，掌判府内中軍兵事。正六品上。

［7］武伯下大夫：官名。全稱是左、右小武伯下大夫。北周時爲夏官府左、右武伯二曹的次官，各置二人，協助二曹長官掌管京師宿衛、朝廷儀仗等政令，統轄中央十二率之禁旅。正四命。

［8］名王：指古代少數民族中聲名顯赫的王。

［9］儀同三司：官名。亦簡稱儀同。北周時屬勳官。北周府兵制中儀同府的長官均加此勳官名，可開府置官屬。周武帝建德四年改稱儀同大將軍。九命。　賓部下大夫：官名。全稱是小賓部下大夫，亦簡稱小賓部。北周時爲秋官府賓部曹的次官，置一員，協助長官賓部中大夫掌對外邦交之政令，以待四方賓客使者。正四命。

［10］保定：北周武帝宇文邕年號（561—565）。

［11］長史：官名。此當是中外府的長史。北周時爲宇文護中外府的上佐官，位居府中衆僚屬之首，統領府内諸政務。正七命。

［12］千乘公：爵名。全稱當是千乘縣公。北周時爲十一等爵的第六等，其“命數未詳，非正九命則當是九命”（參見王仲犖《北周六典》卷八《封爵第十九》，第548頁）。　崔睦：人名。按檢《周書》《北史》等書，不見北周有名崔睦者，但《周書》卷三六、《北史》卷六七《崔彦穆傳》均載崔彦穆於北周武帝時封爲千乘縣公，天和三年（568）爲使主聘於齊，所載爵名、時間、事件皆與本傳所云“千乘公崔睦”甚相吻合，且“睦”與“彦穆”亦相訓，似乃名與字之别，故疑此處“崔睦”與崔彦穆實爲同一人。

［13］振威中大夫：官名。其隸屬、職掌未詳，或當是北周仿襲

前朝“振威將軍”之職而置。正五命（參見王仲舉《北周六典》卷七《六官餘録第十三》，第509頁）。

[14]司憲大夫：官名。全稱是司憲中大夫。北周時爲秋官府司憲曹的長官，置二員，掌五禁、五戒之法，以左右刑罰，糾察百官。正五命。

[15]關東：地區名。參見前注。此處代指北齊。

[16]義寧子：爵名。全稱是義寧縣子。北周時爲十一等爵的第九等。正六命。

高祖總百揆，[1]加上開府，進爵爲公。開皇初，拜都官尚書，[2]兼領太僕。[3]奏請決杜陽水灌三時原，[4]溉舄鹵之地數千頃，[5]民賴其利。明年，轉左武候將軍，[6]太僕卿如故。尋轉兵部尚書，監漕渠之役。未幾，坐事免。頃之，拜魏州刺史，[7]頗有惠政。在任數年，以疾去職。歲餘，卒于京師，時年六十。上嗟悼久之，敕鴻臚監護喪事。謚曰元。子肅嗣，[8]官至光禄少卿。[9]肅弟仁器，[10]性明敏，官至日南郡丞。[11]

[1]總百揆：即總攝百官，統轄朝政。

[2]都官尚書：官名。隋初沿北魏、北齊舊制置都官尚書，開皇三年改稱刑部尚書，是尚書省所轄六部之一刑部的長官。掌刑法、徒隸、勾覆及關禁之政令，統刑部、都官、比部、司門四曹。置一員，正三品。

[3]兼領：亦省作“領”。官制用語。即以較高官兼理較低官之職事。　太僕：官名。即太僕卿。是太僕寺的長官，置一員，掌國家厩牧、車輿等事務。隋初爲正三品，隋煬帝大業三年降爲從三品。

[4]杜陽水：古水名。又名杜水。因源出杜陽山（今陝西麟游縣境内）而得名，南流與漆水合，經武功縣（今陝西武功縣西北）東注入渭水。　三時原：地名。在今陝西武功縣西、扶風縣東南。

[5]舄（xì）鹵：亦作"潟鹵""潟滷"。即含有過多鹽碱成分而不宜耕種的土地。

[6]左武候將軍：官名。隋初置左右武候府，掌皇帝出宫巡狩時的先驅後殿、晝夜警備等事務。左武候將軍，是左武候府的次官，置二人。從三品。隋煬帝大業三年改左右武候府爲左右候衛，左武候將軍亦隨之改稱左候衛將軍。

[7]魏州：北周大象二年分相州置，隋初沿之，隋煬帝大業三年改置武陽郡。治所在今河北大名縣東北。

[8]肅：人名。即元肅。元暉的嗣子，隋時官至光禄少卿。事亦見《北史》卷一五《元暉傳》。

[9]光禄少卿：官名。爲光禄寺的次官，輔助長官光禄卿掌管宫廷膳食、窖藏、釀造等事務，統領太官、肴藏、良醖、掌醢四署。隋初置一員，正四品上；隋煬帝大業三年增置二員，降爲從四品。

[10]仁器：人名。即元仁器。元暉之子，元肅之弟，隋煬帝時官至日南郡丞。事亦見《北史·元暉傳》。按，"仁器"中華本《北史·元暉傳》作"仁"，"器"字斷屬下句，而中華本本書則斷作"仁器"，未知孰是。今暫從中華本本書。

[11]日南郡：隋大業初改驩州置。治所在今越南榮市。

韋師

韋師字公穎，京兆杜陵人也。[1]父瑱，[2]周驃騎大將軍。[3]師少沉謹，有至性。[4]初就學，始讀《孝經》，捨書而歎曰："名教之極，[5]其在兹乎！"少丁父母憂，[6]居喪盡禮，州里稱其孝行。及長，略涉經史，尤工騎射。周大冢宰宇文護引爲中外府記室，[7]轉賓曹參軍。[8]師雅知諸蕃風俗及山川險易，[9]其有夷狄朝貢，[10]師必接對，論其國俗，如視諸掌。夷人驚服，無敢隱情。齊王憲爲雍州牧，[11]引爲主簿，[12]本官如故。及武帝親總萬機，轉少府大夫。[13]及平高氏，[14]詔師安撫山東，徙爲賓部大夫。[15]

[1]京兆：郡名。治所在今陝西西安市。　杜陵：縣名。漢時治所在今陝西西安市東南郊。按，此處因言韋氏郡望，故沿用漢縣名，隋時無杜陵縣。

[2]瑱：人名。即韋瑱。韋師之父，西魏、北周時人，官至侍中、驃騎大將軍、開府儀同三司。傳見《周書》卷三九、《北史》卷六四。

[3]驃騎大將軍：官名。北周時屬軍號官。北周府兵制中二十四軍的每軍長官均帶此軍號官。九命。

[4]至性：指天賦卓絶的品性。

[5]名教：指以正名定分爲主的古代儒家禮教。

[6]丁父母憂：即遭逢父母喪事。古代喪服禮制規定，父母死後，子女須守喪，三年内不得做官、不得婚娶、不得赴宴、不得應考、不得舉樂，等等。

[7]中外府記室：官名。全稱是中外府記室參軍事。北周時爲宇文護中外府所屬列曹參軍之一，掌判府内章表書記之事務。正四命。

[8]賓曹參軍：官名。此是中外府賓曹參軍事的省稱。北周時爲宇文護中外府所屬列曹參軍之一，掌判對外邦交之事務，接待四方使者賓客。正四命。

[9]雅知：即非常熟悉、十分瞭解。

[10]夷狄：古稱東方部族爲夷、北方部族爲狄。後常用以泛稱古代各少數民族。

[11]齊王憲：即北周宗室親王宇文憲。宇文泰的第五子，北周武帝時官任雍州牧，爵封齊王。傳見《周書》卷一二、《北史》卷五八。　雍州牧：官名。北周時雍州是都城長安所在之州，故該州特置"牧"爲其行政長官，以區别於其他諸州刺史，並由宗室諸王擔任此職。九命。

[12]主簿：官名。此指雍州主簿。北周時沿舊制於地方各州置主簿，爲州佐官之一，掌官署監印，檢核文書簿籍，勾稽缺失等事。"命品未詳"（參見王仲犖《北周六典》卷一〇《州牧刺史第二十六》，第652頁），但隋初雍州主簿爲流内視正八品，其餘諸州主簿爲流内視從八品，可作參考。

[13]少府大夫：官名。北周時全稱爲少府下大夫。隸屬未詳，"或亦是天官之屬"。掌山海池澤之税，以供給天子之私府。正四命（參見王仲犖《北周六典》卷七《六官餘録第十三》，第496頁）。

[14]高氏：北齊皇帝的姓氏。此處代指北齊。

[15]賓部大夫：官名。北周時於秋官府賓部曹置賓部中大夫、小賓部下大夫，爲該曹正、副長官，掌對外邦交之政令，以待四方賓客使者。命品分别爲正五命、正四命。此處之"賓部大夫"，王仲犖列爲賓部中大夫（參見王仲犖《北周六典》卷六《秋官府第十一》，第422頁）。

高祖受禪，拜吏部侍郎，[1]賜爵井陘侯，[2]邑五百户。數年，遷河北道行臺兵部尚書，[3]詔爲山東河南十八州安撫大使。[4]奏事稱旨，[5]賜錢三百萬，兼領晋王廣司馬。[6]其族人世康，[7]爲吏部尚書，與師素懷勝負。于時晋王爲雍州牧，[8]盛存望第，[9]以司空楊雄、尚書左僕射高熲並爲州都督，[10]引師爲主簿。[11]而世康弟世約爲法曹從事。[12]世康恚恨不能食，又恥世約在師之下，召世約數之曰："汝何故爲從事?"遂杖之。

［1］吏部侍郎：官名。隋文帝時於尚書省吏部下轄四曹之一吏部曹置吏部侍郎二員，爲該曹長官，掌文職官吏銓選之政務。正四品上。隋煬帝大業三年改稱諸曹侍郎爲"郎"，而又於尚書省所轄六部各置"侍郎"一人，爲六部之副長官。正四品。此後，吏部侍郎就成爲吏部的副長官，而原吏部侍郎則改稱爲選部郎。

［2］井陘侯：爵名。爲隋九等爵的第六等。正二品。

［3］河北道：隋初在黃河中下游以北設置的軍政特區，治所在今山西太原市西南古城營。

［4］安撫大使：隋時由朝廷派往某地區安撫民情的使職，根據需要臨時任命，事罷則廢。

［5］稱（chèn）旨：即符合皇帝的旨意。

［6］晉王廣：即楊廣。紀見本書卷三、四，《北史》卷一二。　司馬：官名。此指隋親王府的司馬。爲親王府的上佐官，掌領王府内諸軍務。從四品下。

［7］世康：人名。即韋世康。傳見本書卷四七，《北史》卷六四有附傳。

［8］雍州牧：官名。隋初沿北周之制，亦於都城長安所在的雍州特置牧爲其行政長官，以宗室諸王任之。從二品。

［9］望第：此指出身於高貴門第且享有較高名望的官員。

［10］司空：官名。與太尉、司徒並稱爲三公。隋初可開府置僚佐，參議國家大事，但不久省去其府及僚佐，置於尚書都省閑坐聽政，從而失去實權，成爲榮譽性質的頭銜。正一品。　楊雄：人名。傳見本書卷四三，《北史》卷六八有附傳。按，"楊"底本原作"揚"，今據宋刻遞修本、殿本、庫本、中華本改。　高熲：人名。傳見本書卷四一、《北史》卷七二。　州都督：此處"州都

督”各本皆同，但中華本校勘記引錢大昕《廿二史考異》卷四〇云：“州都下疑衍督字。”而考《通典》卷三二《職官·州郡上》杜佑注引本書本傳文云：“晋王廣爲雍州牧，司空楊雄、僕射高熲並爲州都。”此“州都”正可佐證錢大昕之疑。故此處“州都督”當是“州都”之衍誤。州都，官名。隋初沿襲魏晋以來的九品中正制，在各州置州都，以京官兼任，爲州之屬官。職掌州内選舉事務，評品人才優劣。雍州之州都爲流内視正八品，其餘諸州之州都爲流内視從八品。

[11]主簿：官名。此指隋雍州主簿。其隸屬、職掌、品階，參見前注北周之“雍州主簿”。

[12]世約：人名。即韋世約。韋世康之弟，隋初官任雍州法曹從事，位在雍州主簿韋師之下，故素與韋師争勝的韋世康爲此深感不滿。事亦見本書卷四七《韋世康傳》《韋冲傳》及《北史》卷六四《韋世康傳》《韋冲傳》《韋師傳》等。　法曹從事：官名。此指雍州法曹從事。爲雍州牧所轄列曹從事之一，掌判州内刑罰、獄訟等事務。流内視從八品。

後從上幸醴泉宫，[1]上召師與左僕射高熲、上柱國韓擒等，[2]於卧内賜宴，令各叙舊事，以爲笑樂。平陳之役，以本官領元帥掾，[3]陳國府藏，悉委於師，秋毫無所犯，稱爲清白。後上爲長寧王儼納其女爲妃。[4]除汴州刺史，甚有治名，卒官。謚曰定。子德政嗣，[5]大業中，仕至給事郎。[6]

[1]醴泉宫：隋離宫名。位於今陝西禮泉縣境内。

[2]上柱國：官名。爲隋十一等散實官的第一等，可開府置僚屬。從一品。　韓擒：人名。即韓擒虎，唐人諱省“虎”字。傳見本書卷五二，《北史》卷六八有附傳。

[3]元帥掾：北周至隋時出征軍統帥屬下的幕府僚佐，掌領幕府内列曹參軍，統轄列曹事務。屬臨時差遣任命之職，事罷則廢。

[4]長寧王：爵名。全稱是長寧郡王。爲隋九等爵的第二等。從一品。　儼：人名。即楊儼。本書卷四五、《北史》卷七一有附傳。

[5]德政：人名。即韋德政。韋師的嗣子，隋煬帝時官至給事郎。事亦見《北史》卷六四《韋瑱傳》。按，《北史·韋瑱傳》載德政是韋師兄韋峻之子，而非韋師之子，與本傳所載異。又考《新唐書·宰相世系表四上》載韋峻之子名貞，字德正，而韋師之子則無載。故疑“德正”與“德政”似爲同一人，此人本是韋峻之子，但因韋師無子，乃過繼給韋師作嗣子。

[6]給事郎：官名。隋文帝開皇六年於尚書省吏部置給事郎，爲散官番直，無具體職掌。正八品上。隋煬帝大業三年罷吏部給事郎，而取其名於門下省另置給事郎四人，位在黄門侍郎之下，掌省讀奏案。從五品。

楊异

楊异字文殊，[1]弘農華陰人也。[2]祖鈞，[3]魏司空。[4]父儉，[5]侍中。[6]异美風儀，沉深有器局。髫齔就學，日誦千言，見者奇之。九歲丁父憂，哀毁過禮，[7]殆將滅性。[8]及免喪之後，絶慶弔，[9]閉户讀書。數年之間，博涉書記。周閔帝時，爲寧都太守，[10]甚有能名。賜爵昌樂縣子。[11]後數以軍功，進爲侯。[12]

[1]异：各本皆同，《北史》卷四一《楊异傳》亦同，但《新唐書·宰相世系表一下》作“文异”。疑乃隋唐時習慣省稱兩字名

爲單名所導致的差異。

［2］華陰：縣名。治所在今陝西華陰市。

［3］鈞：人名。即楊鈞。楊异之祖，北魏時人，官至七兵尚書、北道行臺，卒贈司空。《魏書》卷五八有附傳。

［4］司空：官名。北魏時屬三公之一，是名譽宰相，無實際職掌，多爲大臣加官和贈官。正一品。

［5］儉：人名。即楊儉。楊异之父，北魏末至西魏時人，官至侍中。《魏書》卷五八、《北史》卷四一有附傳。

［6］侍中：官名。北魏時爲門下省的長官，是宰相之職，但西魏、北周時多爲大臣加官和贈官，無實際職掌，遂成散職。正三品。

［7］哀毀：指居親喪悲傷異常而毀損身體。常用作居喪盡禮之辭。

［8］滅性：指因喪親過度哀傷而毀滅生命。

［9］慶弔：即慶賀與吊慰。亦泛指喜事和喪事。

［10］寧都：郡名。北周時治所在今陝西漢陰縣西南。

［11］昌樂縣子：爵名。北周時爲十一等爵的第九等。正六命。按，“昌樂”各本皆同，但《北史·楊异傳》《新唐書·宰相世系表一下》均作“樂昌”。

［12］侯：爵名。北周時爲十一等爵的第七等。正八命。

高祖作相，行濟州事。[1]及踐阼，拜宗正少卿，[2]加上開府。[3]蜀王秀之鎮益州也，[4]朝廷盛選綱紀，[5]以异方直，拜益州總管長史，[6]賜錢二十萬，縑三百匹，馬五十匹而遣之。尋遷西南道行臺兵部尚書。[7]數載，復爲宗正少卿。[8]未幾，擢拜刑部尚書。[9]歲餘，出除吴州總管，[10]甚有能名。時晋王廣鎮揚州，[11]詔令异每歲一與王相見，評論得失，規諷疑闕。數載，卒官，時年六十二。子虔遜。[12]

[1]行：官制用語。即以較高官攝理較低官之職事。此處“行濟州事”，即攝理濟州刺史之職事。　濟州：北周時治所在今山東東阿縣西北。

[2]宗正少卿：官名。爲宗正寺的次官，協助長官宗正卿掌皇族外戚屬籍及公主邑司名帳，通判本寺事務。隋初置一員，正四品上；隋煬帝大業三年增置二員，降爲從四品。

[3]上開府：官名。全稱是上開府儀同三司。爲隋十一等散實官的第五等，可開府置僚佐。從三品。

[4]蜀王秀：即楊秀。傳見本書卷四五、《北史》卷七一。　益州：北周置總管府，隋初改置大總管府。治所在今四川成都市。

[5]綱紀：泛指公府及州郡的僚佐官吏。此處特指楊秀所領益州大總管府的屬官。

[6]總管長史：官名。爲諸州總管府的上佐官，位居府中總管之下衆屬官之首，輔助總管統領府中政務。其品階史無明載，但隋代諸州總管府和諸州府均分爲上、中、下三等，三等州長史的品階分别爲正五品上、從五品上、正六品上，故三等總管府長史的品階亦當與三等州長史略同。而益州爲大總管府，其長史更應高於上州長史，當在正五品上以上。

[7]西南道：隋初在益州設置的軍政特區，統轄今四川、雲南、貴州等西南地區。

[8]宗正少卿：各本皆同，但《北史》卷四一《楊异傳》作“宗正卿”，疑有脱誤。

[9]刑部尚書：官名。參見前注“都官尚書”。按，“刑部尚書”各本皆同，《北史·楊异傳》亦同，但本書卷二《高祖紀下》載稱開皇九年四月辛酉以“吏部侍郎宇文弼爲刑部尚書，宗正少卿楊异爲工部尚書”。據學者考證認爲，當以本紀所載爲是，此處

“刑部尚書”當是“工部尚書”之誤（參見冀英俊《〈隋書〉校正兩則》，《中國史研究》2014 年第 2 期）。

[10]吴州：此指開皇九年平陳後改東揚州所置的吴州，設總管府，治所在今浙江紹興市，大業初改稱越州，大業三年改爲會稽郡。 總管：官名。全稱是總管刺史加使持節。北周始置諸州總管，隋承繼，又有增置。總管的統轄範圍可達數州至十餘州，實爲一軍政轄區的最高長官。隋文帝在并、益、荆、揚四州置大總管，其餘州置總管。總管分上、中、下三等，品秩分别爲流内視從二品、視正三品、視從三品。

[11]揚：底本、宋刻遞修本作“楊”，據殿本、庫本、中華本改。

[12]虔遜：人名。即楊虔遜。楊异之子。亦見《北史·楊异傳》《新唐書·宰相世系表一下》。

蘇孝慈 兄子沙羅

蘇孝慈，扶風人也。[1]父武周，[2]周兗州刺史。[3]孝慈少沉謹，有器幹，美容儀。周初爲中侍上士。[4]後拜都督，[5]聘于齊，[6]以奉使稱旨，遷大都督。[7]其年又聘于齊，還受宣納上士。[8]後從武帝伐齊，以功進位開府，賜爵文安縣公，[9]邑千五百户。尋改封臨水縣公，[10]增邑千二百户，累遷工部上大夫。[11]

[1]扶風：郡名。治所在今陝西鳳翔縣。

[2]武周：人名。蘇孝慈之父，西魏、北周時人，官至兗州刺史。按，“武周”各本皆同，但《北史》卷七五《蘇孝慈傳》作“武”，又《關中石刻新編》卷三《蘇慈墓誌》亦作“武”，故疑此

處“武周”當衍“周”字。（參見岑仲勉《隋書求是》，第92頁）

[3]兖州：北周時治所在今山東兖州市。

[4]中侍上士：官名。北周時爲天官府左右宫伯曹的屬官，分左、右置，職掌宫寢内部禁衛，位列諸禁衛侍從之首。正三命。

[5]都督：官名。北周時屬勳官。北周府兵制中每隊的長官均加此勳官名。七命。

[6]聘：指國與國之間的遣使訪問。

[7]大都督：官名。北周時屬勳官。北周府兵制中每團的長官均加此勳官名。八命。

[8]宣納上士：官名。北周時其隸屬、職掌未詳，“或天官之屬”。正三命（參見王仲犖《北周六典》卷七《六官餘録第十三》，第495頁）。

[9]文安縣公：爵名。北周時爲十一等爵的第六等。正九命或九命。

[10]臨水縣公：爵名。北周時爲十一等爵的第六等。正九命或九命。

[11]工部上大夫：各本皆同，但《北史·蘇孝慈傳》《關中石刻新編·蘇慈墓誌》均作“工部中大夫”，考北周官制中無工部上大夫而有工部中大夫，故此處“上”顯爲“中”之訛。（參見岑仲勉《隋書求是》，第92頁）工部中大夫，官名。北周時爲冬官府工部曹的長官，置二員，掌百工屬籍及工程營造之政令。正五命。

高祖受禪，進爵安平郡公，[1]拜太府卿。[2]于時王業初基，百度伊始，徵天下工匠，纖微之巧，無不畢集。孝慈總其事，世以爲能。俄遷大司農，[3]歲餘，拜兵部尚書，待遇逾密。時皇太子勇頗知時政，[4]上欲重宫官之望，多令大臣領其職。於是拜孝慈爲太子右衛率，[5]尚書如故。明年，上於陝州置常平倉，[6]轉輸京下。以渭水多沙，[7]流乍深乍淺，漕運者苦之，於是決渭水爲渠以屬河，令孝慈督其役。渠成，上善之。又領太子右庶子，[8]轉授左衛率，[9]仍判工部、民部二尚書，[10]稱爲幹理。[11]數載，進位大將軍，轉工部尚書，率如故。先是，以百僚供費不足，臺省府寺咸置廨錢，[12]收息取給。孝慈以爲官民争利，非興化之道，上表請罷之，請公卿以下給職田各有差，[13]上並嘉納焉。開皇十八年，將廢太子，憚其在東宫，出爲淅州刺史。[14]太子以孝慈去，甚不平，形於言色。其見重如此。仁壽初，遷洪州總管，[15]俱有惠政。其後桂林山越相聚爲亂，[16]詔孝慈爲行軍總管，[17]擊平之。[18]其年卒官。有子會昌。[19]

[1]安平郡公：爵名。爲隋九等爵的第四等。從一品。

[2]太府卿：官名。爲太府寺的長官，置一員，掌庫儲出納事務，兼掌百工技巧及官府手工業；隋煬帝大業初分出其兼掌職事，另置爲少府監。隋初爲正三品，煬帝時降爲從三品。

[3]大司農：官名。即司農卿的别稱。爲司農寺的長官，置一員，掌倉儲委積之政事，統領太倉、上林、鉤盾、導官、典農、華林、平準、廩市八署之官屬；隋煬帝大業初罷典農、華林二署，分平準、廩市隸太府寺，則袛統四署。隋初爲正三品，煬帝時降爲從三品。

[4]勇：人名。即楊勇。傳見本書卷四五、《北史》卷七一。

[5]太子右衛率：官名。爲太子東宫所轄右衛的長官，置一員，與左衛率共掌東宫禁衛。正四品上。

[6]常平倉：倉廪名。隋開皇三年置於陜州陜縣（治所在今河南陜縣大營鎮）黄河南岸，屬京師常平監管轄，具有轉運關東漕糧和調節穀價的雙重功用。

［7］渭水：古水名。即今甘肅、陝西境内的渭河，是黄河的最大支流。

［8］太子右庶子：官名。爲太子東宫所轄典書坊的長官，置二員，掌侍從、獻納、啓奏等事務，制比朝廷中的内史令。正四品下。

［9］左衛率：官名。爲太子東宫所轄左衛的長官，置一員，與右衛率共掌東宫禁衛。正四品上。

［10］民部：官名。即民部尚書。參見前注“度支尚書”。

［11］幹理：即幹練有理事之才。

［12］臺省府寺：概指中央各官署機構。　廨錢：亦稱公廨錢，全稱爲公廨本錢。指官府經營的商業資本和高利貸資本。北朝至隋唐時期，官府常用公款或賦税錢物充作本錢，投入商業貿易或貸放市肆，收取利息以給公用。朝廷對此屢罷屢禁，但總未徹底消除。

［13］職田：即職分田的省稱。北朝至隋唐均田令中，對職事官按品階高低授予數量不等的公田，使其收取公田地租作爲額外俸禄，這種土地即稱“職分田”。北魏太和九年均田令中，已對地方官按品級分授公田，此爲職分田之始。以後歷代相沿，唯授田數量各有增減，至隋時遂正式稱爲職分田。職分田按規定衹有現任職事官纔能享有，職官更代時必須如數移交給繼任官，不得買賣。

［14］淅州：“淅”底本、宋刻遞修本作“浙”，據殿本、庫本、中華本改。參見前注“淅州”。

［15］洪州：隋開皇九年平陳後改豫章郡始置洪州，設總管府。治所在今江西南昌市。

［16］桂林：縣名。治所在今廣西象州縣東南。　山越：古代對南方山區少數民族的通稱。

［17］行軍總管：北周至隋時所置的統領某部或某路出征軍隊的軍事長官。根據需要其上還可置行軍元帥以統轄全局。屬臨時差遣任命之職，事罷則廢。

［18］擊平之：岑仲勉據本書卷二《高祖紀下》及《關中石刻

新編》卷三《蘇慈墓誌》考證認爲，蘇孝慈奉詔征討桂林山越之事並未成行即卒，故“傳作擊平者誤”（參見岑仲勉《隋書求是》，第92頁）。

[19]會昌：人名。即蘇會昌。蘇孝慈之子。其人亦見《北史》卷七五《蘇孝慈傳》。

孝慈兄子沙羅，字子粹。父順，[1]周眉州刺史。[2]沙羅仕周，釋褐都督。後從韋孝寬破尉迥，[3]以功授開府儀同三司，封通秦縣公。[4]開皇初，蜀王秀鎮益州，沙羅以本官從，拜資州刺史。[5]八年，冉尨羌作亂，[6]攻汶山、金川二鎮，[7]沙羅率兵擊破之，授邛州刺史。[8]後數載，檢校利州總管事。[9]從史萬歲擊西爨，[10]累戰有功，進位大將軍，賜物千段。尋檢校益州總管長史。會越嶲人王奉舉兵作亂，[11]沙羅從段文振討平之，[12]賜奴婢百口。會蜀王秀廢，吏案奏沙羅云：“王奉爲奴所殺，秀乃詐稱左右斬之。又調熟獠，[13]令出奴婢，沙羅隱而不奏。”由是除名，卒於家。有子康。[14]

[1]順：人名。即蘇順。蘇孝慈之兄，蘇沙羅之父，北周時人，官至眉州刺史。事亦見《北史》卷七五《蘇孝慈傳》。

[2]眉州：北周時治所在今四川樂山市。

[3]韋孝寬：人名。北周末年位居上柱國，官任行軍元帥，奉詔統軍略定淮南，又討滅相州總管尉遲迥之叛。傳見《周書》卷三一、《北史》卷六四。

[4]通秦縣公：爵名。北周時爲十一等爵的第六等。正九命或九命。按，“秦”字各本皆同，但《北史》卷七五《蘇沙羅傳》作“泰”。

［5］資州：治所在今四川資中縣。

［6］冉尨（máng）羌：古族名。亦稱“冉駹夷”。隋時分布在今四川茂縣一帶。

［7］汶山：鎮名。位於今四川茂縣境内。　金川：鎮名。位於今四川汶川縣西北。

［8］邛州：治所在今四川邛崍市東南。

［9］利州：西魏置總管府，北周、隋初沿之。治所在今四川廣元市。

［10］史萬歲：人名。傳見本書卷五三、《北史》卷七三。　西爨：古族名。由三國兩晋南北朝時期南中大姓爨氏集團演變而來，是爨氏部族的西支，分布在今雲南省東部一帶。

［11］越嶲：縣名。治所在今四川西昌市。　王奉：人名。隋時越嶲縣蠻人。其事除見於本卷外，不見其他記載。

［12］段文振：人名。傳見本書卷六〇、《北史》卷七六。

［13］熟獠（lǎo）：古時稱西南地區已進入州郡城邑定居而漸趨漢化的獠人爲“熟獠”。與“生獠”對稱。

［14］康：人名。即蘇康。蘇沙羅之子。其人亦見《北史》卷七五《蘇沙羅傳》。

李雄

李雄字毗盧，[1]趙郡高邑人也。[2]祖榼，[3]魏太中大夫。[4]父徽伯，[5]齊陜州刺史，[6]陷于周，雄因隨軍入長安。雄少慷慨，有大志。家世並以學業自通，雄獨習騎射。其兄子旦讓之曰：[7]“棄文尚武，非士大夫之素業。”[8]雄答曰：“竊覽自古誠臣貴仕，文武不備而能濟其功業者鮮矣。雄雖不敏，頗觀前志，但不守章句耳。[9]既文且武，兄何病焉！”子旦無以應之。

[1]李雄：人名。各本皆同，但《北史》卷三三《李子雄傳》、《新唐書·宰相世系表二上》、《全唐文》卷二〇一李尚一《開業寺碑並序》均作“子雄”，且本傳下文載李雄之兄名“子旦”，可知其兄弟是以“子”字排行，故本傳李雄之名顯脱“子”字。然此脱誤，疑是史臣爲了與本書卷七〇《李子雄傳》（《北史》卷七四改作《李雄傳》）相區别而有意省改所致。（參見唐華全《〈隋書〉勘誤18則》）

[2]趙郡：治所在今河北趙縣。　高邑：縣名。治所在今河北高邑縣。

[3]榼：人名。李秀林的小名。李秀林是李雄之祖，北魏時人，官至太中大夫。《魏書》卷三六、《北史》卷三三有附傳。

[4]太中大夫：官名。北魏時屬散官。從三品。

[5]徽伯：人名。李裔的字。李裔是李雄之父，北魏末至東魏時人，官至陝州刺史，天平四年（537）宇文泰攻陷陝州城時被擒殺。傳見《北史》卷三三、《魏書》卷三六，另事見《魏書》卷三六《李騫傳》、《全唐文》卷二〇一李尚一《開業寺碑並序》。

[6]陝州：東魏時治所在今河南陝縣。按，據《魏書·李騫傳》和《北史·李裔傳》載，李裔於東魏天平初年出任陝州刺史，至天平四年西魏執政宇文泰攻陷陝州時被擒殺，可知李裔並未及至北齊、北周二朝。故此處載稱“齊陝州刺史”欠準確，“齊”當作“東魏”；另下文載稱“陷于周”亦欠準確，“周”當作“西魏”。（參見唐華全《〈隋書〉勘誤18則》）

[7]子旦：人名。即李子旦。李裔之子，李雄之兄，東魏、北齊時人，襲父爵，官至司徒屬。事亦見《魏書·李騫傳》《北史·李裔傳》。按，“子旦”《魏書·李騫傳》作“直”，但該書中華本校勘記已指出“直”當是“子旦”二字之脱訛。

[8]素業：即先世所傳的學業。舊時多指儒學之業。

[9]章句：漢代經學家以分章析句的形式來解釋儒家經典的一種治學方法。

周太祖時，釋褐輔國將軍。[1]從達奚武平漢中，[2]定興州，[3]又討汾州叛胡，[4]録前後功，拜驃騎大將軍、儀同三司。閔帝受禪，進爵爲公，[5]遷小賓部。其後復從達奚武與齊人戰於芒山，[6]諸軍大敗，雄所領獨全。武帝時，從陳王純迎后於突厥，[7]進爵奚伯，[8]拜硤州刺史。[9]數歲，徵爲本府中大夫。[10]尋出爲凉州總管長史。[11]從滕王逌破吐谷渾於青海，[12]以功加上儀同。[13]宣帝嗣位，從行軍總管韋孝寬略定淮南。[14]雄以輕騎數百至硤石，[15]説下十餘城，拜豪州刺史。[16]

[1]輔國將軍：官名。西魏時屬軍號官，可開府置僚佐，多用作加官。從三品。

[2]達奚武：人名。西魏、北周時人，官至大將軍、柱國大將軍，嘗領軍四出征討，戰功卓著，號爲名將。傳見《周書》卷一九、《北史》卷六五。　漢中：郡名。西魏時治所在今陝西漢中市。

[3]興州：西魏時治所在今陝西略陽縣。

[4]汾州：西魏時治所在今陝西宜川縣東北。　胡：古代對北方和西方少數民族的泛稱。

[5]公：爵名。北周時有國公、郡公、縣公三等，分别爲十一等爵的第四、五、六等。國公、郡公的命數均爲正九命，縣公的命數爲正九命或九命。按，此言李雄在周閔帝即位時進爵爲公，而下文又載稱他在周武帝時進爵奚伯，中間並無奪爵之事，其封爵竟然出現前高後低的狀況，這不合情理。故疑此處“進爵爲公”的記載

有誤，“公”似應作“子”或“男”，如此纔不會與下文相矛盾。

［6］芒山：亦作“邙山”。在今河南洛陽市北。

［7］陳王純：即北周宗室親王宇文純。周武帝保定中奉使於突厥，爲武帝迎娶皇后。傳見《周書》卷一三、《北史》卷五八。

［8］奚伯：爵名。全稱是奚縣伯。北周時爲十一等爵的第八等。正七命。

［9］硤州：北周時治所在今湖北宜昌市西北。

［10］本府中大夫：本傳上文稱李雄在周閔帝時官任小賓部（小賓部下大夫的簡稱），後以此職連續出征、出使及外任，故此處所言“徵爲本府中大夫”，即當是徵還朝廷任爲“賓部中大夫”。賓部中大夫，官名。參見前注“賓部大夫”。

［11］凉州：北周時置總管府。治所在今甘肅武威市。

［12］滕王逌（yóu）：即北周宗室親王宇文逌。周武帝建德五年奉命領軍征討吐谷渾。傳見《周書》卷一三、《北史》卷五八。　吐谷（yù）渾：古族名。本爲遼東鮮卑之種，姓慕容氏，西晋時西遷至群羌故地，北朝至隋唐時期游牧於今青海北部和新疆東南部地區。傳見本書卷八三、《晋書》卷九七、《魏書》卷一〇一、《周書》卷五〇、《北史》卷九六、《舊唐書》卷一九八、《新唐書》卷二二一上。　青海：湖名。亦稱“西海”。即今青海省境内的青海湖。

［13］上儀同：官名。全稱是上儀同大將軍。北周武帝建德四年始置，爲十一等勳官的第七等，可開府置官屬。九命。

［14］從行軍總管韋孝寬略定淮南：“行軍總管”底本原作“軍總管”，殿本、庫本與底本同，今據宋刻遞修本、中華本及《北史》卷三三《李子雄傳》補“行”字。另中華本校勘記云：“按：《周書·宣帝紀》，又《韋孝寬傳》，韋孝寬當時是行軍元帥，這裏應是李雄‘以行軍總管從韋孝寬略定淮南’，疑傳文句有倒脱。”當是，應從之。

［15］硤石：山名。在今安徽壽縣西北。按，“硤石”底本原作

“硤口”，殿本、庫本與底本同，而宋刻遞修本、中華本作“硤石”。考本書卷六〇《于顗傳》、卷六六《裴政傳》及《通鑑》卷一六四《梁紀》承聖元年條等記載，可知硤石在淮南境内，硤口在荆州界内，然則李雄征淮南所至之地必爲硤石，而非硤口。故底本、殿本、庫本皆誤，今從宋刻遞修本、中華本改。

［16］豪州：北周時治所在今安徽鳳陽縣東。按，“豪州”各本皆同，《全唐文》卷二〇一《開業寺碑並序》亦同，但《北史·李子雄傳》作“亳州”，疑訛。

高祖總百揆，徵爲司會中大夫。以淮南之功，加位上開府。及受禪，拜鴻臚卿，[1]進爵高都郡公，[2]食邑貳千户。[3]後數年，晋王廣出鎮并州，[4]以雄爲河北行臺兵部尚書。上謂雄曰：“吾兒既少，更事未多，[5]以卿兼文武才，今推誠相委，吾無北顧之憂矣。”雄頓首而言曰：“陛下不以臣之不肖，[6]寄臣以重任。臣雖愚固，心非木石，謹當竭誠效命，以答鴻恩。”歔欷流涕，上慰諭而遣之。雄當官正直，侃然有不可犯之色，[7]王甚敬憚，吏民稱焉。歲餘，卒官。子公挺嗣。[8]

［1］鴻臚卿：官名。爲鴻臚寺的長官，置一員，掌册封諸藩、接待外使及喪葬禮儀等事務。隋開皇三年曾廢鴻臚寺，將其職掌歸入太常寺，開皇十二年又復置。隋初爲正三品，隋煬帝時降爲從三品。

［2］高都郡公：爵名。爲隋九等爵的第四等。從一品。

［3］食邑貳千户：“貳”字宋刻遞修本、殿本、庫本、中華本均作“二”。

［4］并州：北周置總管府，隋開皇二年置河北道行臺，開皇九

年改置大總管府。治所在今山西太原市西南古城營。

[5]更事：即經歷世事。

[6]不肖：即不成材。此處爲自謙之辭。

[7]侃然：亦作“偘然”。剛直貌。

[8]公挺：人名。即李公挺。李雄的嗣子，隋時官至右領軍府司馬。事亦見《北史》卷三三《李子雄傳》、《新唐書·宰相世系表二上》、周紹良主編《唐代墓誌彙編》垂拱〇三七《李夫人墓誌銘並序》（上海古籍出版社 1992 年版，第 754 頁）。

張煚 劉仁恩 郭均 馮世基 厙狄嶔

張煚字士鴻，河間鄚人也。[1]父羨，[2]少好學，多所通涉，仕魏爲蕩難將軍。[3]從武帝入關，[4]累遷銀青光禄大夫。[5]周太祖引爲從事中郎，[6]賜姓叱羅氏。歷司職大夫、雍州治中、雍州刺史、儀同三司，[7]賜爵虞鄉縣公。[8]復入爲司成中大夫，[9]典國史。周代公卿，類多武將，唯羨以素業自通，甚爲當時所重。後以年老，致仕于家。[10]及高祖受禪，欽其德望，以書徵之曰：“朕初臨四海，思存政術，舊齒名賢，實懷勤佇。[11]儀同昔在周室，德業有聞，雖云致仕，猶克壯年。即宜入朝，用副虚想。”及謁見，敕令勿拜，扶升殿，上降榻執手，與之同坐，宴語久之，賜以几杖。會遷都龍首，[12]羨上表勸以儉約，上優詔答之。俄而卒，時年八十四。贈滄州刺史，[13]謚曰定。撰《老子》《莊子》義，[14]名曰《道言》，五十二篇。

［1］河間：郡名。治所在今河北河間市。　鄚：縣名。治所在今河北任丘市北。

［2］羨：人名。即張羨。張煚之父，北魏末至隋初時人，官至儀同三司，卒贈滄州刺史。博學多通，著有《道言》五十二篇。事亦見《北史》卷七五《張煚傳》。

［3］蕩難將軍：官名。魏晋南北朝時因事因人而置有各類名號的將軍，其數繁多，統稱爲“雜號將軍”。雜號將軍多爲加官散官，並不實際領兵。蕩難將軍即爲北魏雜號將軍之一。從七品上。

［4］武帝：即北魏孝武帝元脩。紀見《魏書》卷一一、《北史》卷五。　關：此指潼關。

［5］銀青光禄大夫：官名。西魏時屬散官。正三品。

［6］從事中郎：官名。此是西魏時宇文泰丞相府的從事中郎。爲丞相府的屬官，掌領府内諸曹之事。正五品上。

［7］司職大夫：各本皆同，但《北史·張煚傳》作“司織大夫”。考王仲犖《北周六典》，北周官制中並無司職大夫而有司織大夫，故此處“司職大夫”當是“司織大夫”之訛（參見唐華全《中華書局點校本〈隋書〉質疑二十九則》）。司織大夫，官名。全稱是司織下大夫。北周時爲冬官府司織曹的長官，置一員，掌官府紡織手工業之政令，統管紡織工匠之屬籍。正四命。　雍州：北周時治所在都城長安（今陝西西安市西北郊）。　治中：官名。亦稱治中從事，全稱是治中從事史。北周時爲各州府的屬官，於府内居中治事，主管衆曹文書。其命品按上、中、下三等州的級别而分别定爲四命、正三命、三命；而雍州治中的命數未詳，但必高於上州治中，或當爲正四命。按，“治中”各本皆同，但《北史·張煚傳》作“中從事”，此當是《北史》史臣避諱唐高宗李治之名而省改“治中從事”所致。　雍州刺史：底本、殿本、庫本、中華本皆同，但宋刻遞修本及《北史·張煚傳》作“應州刺史”。考北周官制，雍州是北周都城長安所在之州，其長官特稱“牧”而不稱刺史，亦即北周衹有雍州牧而並無雍州刺史。再考本書《地理志下》，

北周時有應州，治所在今湖北廣水市。故可知此處“雍州刺史”當是“應州刺史”之訛。（參見唐華全《中華書局點校本〈隋書〉質疑二十九則》）

［8］虞鄉縣公：爵名。北周時爲十一等爵的第六等。正九命或九命。

［9］司成中大夫：官名。北周時其隸屬、職掌未詳，王仲犖歸之於“六官餘録”，然據本傳下文所云“典國史”一語，此職似爲掌修國史之官。正五命（參見王仲犖《北周六典》卷七《六官餘録第十三》，第498頁）。

［10］致仕：官制用語。即辭官退休。

［11］勤佇：即殷切思念。

［12］龍首：山名。亦名龍首原。在今陝西西安市舊城北。隋初依此山南坡營建大興城，隋文帝開皇三年將都城從北周舊都長安（今陝西西安市西北郊）遷至大興城。

［13］滄州：隋時先後有兩個滄州：一是隋初沿襲北齊、北周所置的滄州，治所在今河北鹽山縣西南，煬帝大業初廢；二是煬帝大業二年改棣州所置的滄州，治所在今山東陽信縣西南，大業三年改爲渤海郡。文中所指當是前一個滄州。

［14］《老子》：亦稱《道德經》。春秋時期道家創始人李耳（老子）所著的一部道家經典著作。　《莊子》：亦稱《南華經》。戰國時期哲學家莊周（莊子）及其後學所著的一部道家經典著作。

face好學，有父風。在魏釋褐奉朝請，[1]遷員外侍郎。[2]周太祖引爲外兵曹。[3]閔帝受禪，加前將軍。[4]明、武世，歷膳部大夫、冢宰司録，[5]賜爵北平縣子，[6]邑四百户。宣帝時，加儀同，進爵爲伯。[7]

［1］奉朝請：官名。西魏時屬散官。從七品下。

[2]員外侍郎：官名。全稱是員外散騎侍郎。西魏時屬散官，分左、右置。均爲正七品上。

[3]外兵曹：官名。全稱是丞相府外兵曹參軍事。西魏時爲宇文泰丞相府所屬列曹參軍之一，掌判地方兵事。正六品上。

[4]前將軍：官名。北周時屬軍號官，可開府置僚佐，多用作加官。正七命。

[5]膳部大夫：官名。全稱是膳部中大夫。北周時爲天官府膳部曹的長官，置一員，掌宫廷飲食宴享之政令。正五命。　冢宰司録：官名。此當是北周大冢宰宇文護所轄之“中外府司録”。爲中外府的上佐官，位居該府長史、司馬之下，總録一府之事。正七命。

[6]北平縣子：爵名。北周時爲十一等爵的第九等。正六命。

[7]伯：爵名。北周時爲十一等爵的第八等。正七命。

高祖爲丞相，煚深自推結，[1]高祖以其有幹用，甚親遇之。及受禪，拜尚書右丞，[2]進爵爲侯。[3]俄遷太府少卿，[4]領營新都監丞。[5]丁父憂去職，柴毁骨立。[6]未期，[7]起令視事，[8]固讓不許，授儀同三司，[9]襲爵虞鄉縣公，[10]增邑通前千五百户。尋遷太府卿，拜民部尚書。晋王廣爲揚州總管，[11]授煚司馬，[12]加銀青光禄大夫。煚性和厚，有識度，甚有當時之譽。後拜冀州刺史，晋王廣頻表請之，復爲晋王長史，[13]檢校蔣州事。[14]及晋王爲皇太子，復爲冀州刺史，進位上開府，吏民悦服，稱爲良二千石。[15]仁壽四年卒官，時年七十四。子慧寶，[16]官至絳郡丞。[17]

[1]推結：即推誠結交。

［2］尚書右丞：官名。爲尚書省的屬官，與尚書左丞對置，各一人，分掌尚書都省事務，糾駁諸司文案，總判兵、刑、工三部之事。隋初爲從四品下，隋煬帝大業三年升爲正四品。

［3］侯：爵名。爲隋九等爵的第六等。正二品。

［4］太府少卿：官名。爲太府寺的次官，協助長官太府卿掌庫儲出納，兼管百工技巧及官府手工業，通判本寺所轄各署事；隋煬帝大業初分出其兼管職事，另置爲少府少監。隋初置一員，正四品上；隋煬帝大業三年增置二員，降爲從四品。

［5］營新都監丞：此是隋初營建新都大興城時所置的職官。該項工程的主管稱監，丞則是監的下屬職員。監、丞均屬臨時差遣之職，開皇三年大興城建成後即罷廢。

［6］柴毀骨立：指居親喪哀傷過甚，以致骨瘦如柴。

［7］未期（jī）：此指服喪未滿一周年。按古代禮制，凡父母去世，子女須服喪三年，三年内不得做官、應考、婚嫁及宴樂等。但官員辭官服喪期間，若遇國家有特殊需要，可由皇帝下令讓其提前結束服喪期，重新起用任官，稱作“奪情”。

［8］視事：即就任官職而治理政事。此指服喪期未滿而受命復官任職。

［9］儀同三司：官名。亦簡稱儀同。爲隋十一等散實官的第八等，可開府置僚佐。正五品上。

［10］虞鄉縣公：爵名。爲隋九等爵的第五等。從一品。

［11］揚：底本、宋刻遞修本作“楊”，今據殿本、庫本、中華本改。

［12］司馬：此指揚州總管司馬。參見前注“揚州”“總管司馬”。

［13］晋王長史：此當指晋王楊廣所領揚州總管府的長史。參見前注隋“總管長史”。

［14］蔣州：隋開皇九年平陳後改丹陽郡置。治所在今江蘇南京市清凉山下石頭城舊址。

［15］二千石：漢制郡守禄秩爲二千石，後世遂以“二千石”代稱地方州郡長官。

［16］慧寶：人名。即張慧寶。張煚之子，隋煬帝時官至絳郡丞。事亦見《北史》卷七五《張煚傳》。

［17］絳郡：隋大業初改絳州置。治所在今山西新絳縣。

開皇時有劉仁恩者，不知何許人也。倜儻，[1]有文武幹用。初爲毛州刺史，[2]治績號天下第一，擢拜刑部尚書。又以行軍總管從楊素伐陳，[3]與素破陳將吕仲肅於荆門，[4]仁恩之計居多，授上大將軍，[5]甚有當時之譽。馮翊郭均、上黨馮世基，[6]並明悟有幹略，相繼爲兵部尚書。代人厙狄嶔，[7]性弘厚，有局度，[8]官至民部尚書。此四人俱顯名於當世，然事行闕落，史莫能詳。[9]

［1］倜儻：即卓異而不同尋常。

［2］毛州：治所在今河北館陶縣。

［3］楊素：人名。傳見本書卷四八，《北史》卷四一有附傳。

［4］吕仲肅：人名。南朝陳人，本名“吕忠肅”，隋人諱改爲“吕仲肅”或“吕肅”。南陳末年任爲長江上游荆門一帶的守將，慘敗於隋軍。事亦見本書《楊素傳》及卷五六《宇文弼傳》、《北史·楊素傳》及卷七五《宇文弼傳》、《陳書》卷一五《陳慧紀傳》、《南史》卷六五《宜黄侯慧紀傳》等。　荆門：山名。在今湖北宜昌市東南長江南岸。

［5］上大將軍：官名。爲隋十一等散實官的第三等，可開府置僚佐。從二品。

［6］馮翊：郡名。治所在今陝西大荔縣。　上黨：郡名。治所

在今山西長治市。　馮世基：人名。本書《刑法志》作“馮基”，《北史》卷七五《張煚傳》又作“馮世期”，皆唐人避諱所改。

[7]代：郡名。治所在今山西朔州市。　厙（shè）狄嶔：人名。“厙”底本、宋刻遞修本作“庫”，今據殿本、庫本、中華本改。

[8]局度：即才幹和氣度。

[9]事行闕落，史莫能詳：岑仲勉已補劉仁恩、馮世基、厙狄嶔三人事迹甚詳（見岑仲勉《隋書求是》，第92—93頁），可參之。

史臣曰：二趙明習故事，[1]當世所推，及居端右，[2]無聞殊績。固知人之才器，各有分限，大小異宜，不可逾量。長孫平諫赦誹謗之罪，可謂仁人之言，高祖悦而從之，其利亦已博矣。元暉以明敏顯達，韋師以清白成名，楊尚希、楊异，宗室之英，譽望隆重，蘇孝慈、李雄、張煚，内外所履，咸稱貞幹，[3]並任開皇之初，蓋當時之選也。[4]

[1]二趙：此指趙煚、趙芬。

[2]端右：指宰輔重臣之位。

[3]貞幹：語出《易·乾》：“貞者，事之幹也。”孔穎達疏：“言天能以中正之氣，成就萬物，使物皆得幹濟。”後以“貞幹”喻指能肩負重任、成就大事的賢才。

[4]選：此指被選拔出來的人才。

今注本二十四史

隋書

一三

傳〔四〕

唐　魏徵等　撰

馬俊民　張玉興　主持校注

中国社会科学出版社

隋書　卷五五

列傳第二十

杜彦

杜彦，雲中人也。[1]父遷，[2]屬葛榮之亂，[3]徙家於豳。[4]彦性勇果，善騎射。仕周，[5]釋褐左侍上士，[6]後從柱國陸通擊陳將吴明徹於土州，[7]破之。又擊叛蠻，[8]剋倉塠、白楊二栅，[9]并斬其渠帥。[10]進平郢州賊帥樊志，[11]以戰功，拜大都督。[12]尋遷儀同，[13]治隆山郡事。[14]明年，拜隴州刺史，[15]賜爵永安縣伯。[16]高祖爲丞相，[17]從韋孝寬擊尉迥於相州，[18]每戰有功，賜物三千段，奴婢三十口。進位上開府，[19]改封襄武縣侯，[20]拜魏郡太守。[21]

[1]雲中：郡名。漢初治所在今内蒙古托克托縣東北，漢末移治今山西原平市西南。按，此處因言杜氏郡望，故沿用漢郡名，隋時無雲中郡。

[2]遷：人名。即杜遷。杜彦之父，北魏末年因避葛榮兵亂而

徙家於豳州。事亦見《北史》卷七三《杜彦傳》。

[3]葛榮：人名。北魏孝明帝和孝莊帝時期河北地區農民軍的領袖，被北魏權臣尒朱榮所鎮壓。事見《魏書》卷九《孝明帝紀》、卷一〇《孝莊帝紀》、卷七四《尒朱榮傳》，《北史》卷四《魏孝明帝紀》、卷四八《尒朱榮傳》。

[4]豳：州名。北魏時治所在今甘肅寧縣。

[5]周：即北周（557—581），都於長安（今陝西西安市西北郊）。

[6]釋褐：官制用語。亦稱解褐。即脱去平民衣服而换上官服，喻指始任官職。　左侍上士：官名。北周時爲天官府左右宫伯曹的屬官，與右侍上士對置，位居該曹左右中侍上士之下，同掌宫寢内部禁衛之事。正三命。

[7]柱國：官名。全稱是柱國大將軍。北魏太武帝始置柱國，以爲開國元勳長孫嵩的加官。北魏末孝莊帝以尒朱榮有擁立之功，又特置此官以授之，位在丞相之上。西魏文帝以宇文泰有中興之功，亦置此官授之。後凡屬功參佐命、望實俱重的大臣，也得居之。至西魏大統十六年（550）以前，任此官者名義上有八人，但宗室元欣有其名而無實權，宇文泰爲最高統帥，其他六柱國分掌禁旅，各轄二大將軍，爲府兵系統的最高長官。大統十六年以後，功臣位至柱國者愈多，遂成爲散秩，無所統御。至北周武帝時，又增置上柱國等官，形成十一等勳官之制。柱國大將軍是十一等勳官的第二等，可開府置官屬。正九命。　陸通：人名。北周武帝天和二年（567）官任柱國、大司寇，部從襄州總管宇文直率軍伐陳，以援救歸附北周的陳湘州刺史華皎，在土州擊破陳將吴明徹之軍，但後因南陳援兵繼至，周軍戰敗而歸。傳見《周書》卷三二、《北史》卷六九。　陳：即南朝陳（557—589），都於建康（今江蘇南京市）。　吴明徹：人名。南朝陳將。陳廢帝光大元年（亦即北周武帝天和二年），奉命領軍征討歸附北周的陳湘州刺史華皎，但在土州遭到北周大將陸通的阻擊，後得陳將淳于量的援助，終於大敗

周軍，討平華皎。至陳宣帝太建十年（578）又率軍北伐吕梁，結果遭到北周大將王軌的圍攻而戰敗被俘，全軍覆没。傳見《陳書》卷九、《南史》卷六六。　土州：北周時治所在今湖北隨州市東北。

［8］蠻：古代對長江中游及其以南地區少數民族的泛稱。

［9］倉塠（duī）、白楊：皆爲北周時南方蠻族所屯聚的營寨名。其地當在今湖北隨州市境内。

［10］渠帥：古時對少數民族部落酋長或武裝反叛者首領的泛稱。

［11］郢州：西魏大統十七年置，北周沿之。治所在今湖北鍾祥市。　樊志：人名。北周武帝時郢州蠻人酋帥，因叛周附陳，結果被杜彦率軍討滅。事亦見《册府元龜》卷三五六《將帥部·立功》。

［12］大都督：官名。北周時屬勳官。北周府兵制中每團的長官均加此勳官名。八命。

［13］儀同：官名。全稱是儀同三司，北周武帝建德四年（575）改稱儀同大將軍。北周時屬勳官。北周府兵制中儀同府的長官均加此勳官名，可開府置官屬。九命。

［14］治：官制用語。通“司”，即掌管某官之職事。此處“治隆山郡事”，即掌管隆山郡太守之職事。　隆山郡：北周時治所在今四川彭山縣。

［15］隴州：西魏改東秦州置，北周沿之。治所在今陝西隴縣。

［16］永安縣伯：爵名。北周時爲十一等爵的第八等。正七命。

［17］高祖：隋文帝楊堅的廟號。紀見本書卷一、二，《北史》卷一一。　丞相：官名。此是“左大丞相”或“大丞相”的簡稱。北周静帝大象二年（580）置左、右大丞相，以宗室親王宇文贇爲右大丞相，僅有虚名；而以外戚楊堅爲左大丞相，總攬朝政。旋又去左右之號，獨以楊堅爲大丞相。楊堅由此成爲控制北周朝廷的權臣。

［18］韋孝寬：人名。北周末年位居上柱國，官任行軍元帥，奉詔統軍略定淮南，又討滅相州總管尉遲迥之叛。傳見《周書》卷三

一、《北史》卷六四。　尉迥：人名。即尉遲迥。北周末年官任相州總管，起兵反對楊堅篡周，旋被討滅。傳見《周書》卷二一、《北史》卷六二。　相州：北魏天興四年（401）分冀州始置相州，治所在今河北臨漳縣西南。東魏、北齊時改稱司州，爲都城所在地。北周建德六年滅北齊後復名相州。北周大象二年平定相州總管尉遲迥之叛後，因州城被毁，遂移治今河南安陽市。

[19]上開府：官名。全稱是上開府儀同大將軍。北周武帝建德四年始置，爲北周十一等勳官的第五等，可開府置官屬。九命。

[20]襄武縣侯：爵名。北周時爲十一等爵的第七等。正八命。

[21]魏郡：北周大象二年始置。治所在今河南安陽市。

開皇初，[1]授丹州刺史，[2]進爵爲公。[3]後六歲，徵爲左武衛將軍。[4]平陳之役，以行軍總管與新義公韓擒相繼而進。[5]軍至南陵，[6]賊屯據江岸，彦遣儀同樊子蓋率精兵擊破其栅，[7]獲船六百餘艘。渡江，[8]擊南陵城，拔之，擒其守將許翼。[9]進至新林，[10]與擒合軍。及陳平，賜物五千段，粟六千石，進位柱國，[11]賜子寶安爵昌陽縣公。[12]高智慧等之作亂也，[13]復以行軍總管從楊素討之，[14]别解江州圍。[15]智慧餘黨往往屯聚，保投溪洞，[16]彦水陸兼進，攻錦山、陽父、若、石壁四洞，[17]悉平之，皆斬其渠帥。賊李陁擁衆數千，[18]據彭山，[19]彦襲擊破之，斬陁，傳其首。又擊徐州、宜豐二洞，[20]悉平之。賜奴婢百餘口。拜洪州總管，[21]甚有治名。

[1]開皇：隋文帝楊堅年號（581—600）。

[2]丹州：西魏改汾州置，北周、隋初沿之。治所在今陝西宜川縣東北。

[3]公：爵名。此當是襄武縣公的省稱。爲隋九等爵的第五等。從一品。

[4]左武衛將軍：官名。爲左武衛府的次官，置二員，協助長官左武衛大將軍掌領外軍宿衛侍從。從三品。

[5]行軍總管：北周至隋時所置的統領某部或某路出征軍隊的軍事長官。根據需要其上還可置行軍元帥以統轄全局。屬臨時差遣任命之職，事罷則廢。　新義公：爵名。全稱是新義郡公。爲隋九等爵的第四等。從一品。　韓擒：人名。即韓擒虎，唐人諱省“虎”字。傳見本書卷五二，《北史》卷六八有附傳。

[6]南陵：郡、縣名。南朝陳時治所在今安徽安慶市東南長江南岸。

[7]儀同：官名。全稱是儀同三司。隋文帝因改北周十一等勳官之制形成十一等散實官，用以酬勤勞，無實際職掌。儀同三司是隋十一等散實官的第八等，可開府置僚佐。正五品上。　樊子蓋：人名。傳見本書卷六三、《北史》卷七六。

[8]渡江：“渡”底本原作“度”，宋刻遞修本、殿本與底本同，今據庫本、中華本改。

[9]許翼：人名。南朝陳將。南陳末年領兵據守南陵郡，隋開皇九年伐陳時被杜彦率軍攻克其城，並擒獲之。事亦見《册府元龜》卷三五六《將帥部·立功》及卷三六九《將帥部·攻取》。

[10]新林：古水名。即新林浦。在今江蘇南京市西南郊，西北流向注入長江。

[11]柱國：官名。爲隋十一等散實官的第二等，可開府置僚屬。正二品。

[12]寶安：人名。即杜寶安。杜彦之子，隋開皇九年以其父平陳之功被賜爵爲昌陽縣公。事亦見《北史》卷七三《杜彦傳》。　昌陽縣公：爵名。爲隋九等爵的第五等。從一品。

[13]高智慧：人名。隋時吴州會稽縣人，開皇十年聚衆叛亂，初號東揚州刺史，尋自稱天子，聲勢强勁，楊素率軍屢破之，遂入

海南逃至閩越之地；至開皇十二年被泉州酋帥王國慶俘獲，獻於楊素，斬之。事亦見本書卷二《高祖紀下》、卷三《煬帝紀上》、卷三八《皇甫績傳》、卷四八《楊素傳》、卷五三《史萬歲傳》、卷六〇《于仲文傳》、卷六四《來護兒傳》、卷六五《李景傳》、卷六六《陸知命傳》、卷七一《劉弘傳》、卷七四《崔弘度傳》，《北史》卷四一《楊素傳》、卷七八《張奫傳》、卷七九《段達傳》。

［14］楊素：人名。傳見本書卷四八，《北史》卷四一有附傳。

［15］江州：隋時有兩個江州：一是隋初沿襲北周所置的江州，治所在今湖北宜昌市西，開皇十八年改爲津州；二是開皇九年平陳後沿襲南朝舊置的江州，治所在今江西九江市，隋煬帝大業初改爲九江郡。文中所指當是第二個江州。

［16］溪洞：古代南方少數民族的聚居之地。

［17］錦山、陽父、若、石壁四洞：中華本校勘記按云："此四洞洞名無考，暫時這樣標點。也不知洞名中是否有脱文。"今從中華本。

［18］李陁：人名。也作"李陀"。隋開皇十年至十二年隨從高智慧聚衆叛亂，領兵數千人據守彭山，結果被杜彥率軍擊破，並斬其首。事亦見《北史·杜彥傳》。

［19］彭山：在今浙江紹興市北。

［20］徐州、宜豐二洞：此二洞洞名無考。按，"宜豐"各本皆同，但《北史·杜彥傳》作"宜封"。

［21］洪州：隋開皇九年平陳後改豫章郡始置洪州，設總管府。治所在今江西南昌市。　總管：官名。全稱是總管刺史加使持節。北周始置諸州總管，隋初承繼，又有增置。總管的統轄範圍可達數州至十餘州，實爲一軍政轄區的最高長官。隋文帝在并、益、荆、揚四州置大總管，其餘州置總管。總管分上、中、下三等，品秩分别爲流内視從二品、視正三品、視從三品。

歲餘，雲州總管賀婁子幹卒，[1]上悼惜者久之，因謂侍臣曰："榆林國之重鎮，[2]安得子幹之輩乎?"後數日，上曰："吾思可以鎮榆林者，莫過杜彦。"於是徵拜雲州總管。突厥來寇，[3]彦輒擒斬之，北夷畏憚，[4]胡馬不敢至塞。[5]後數年，朝廷復追録前功，賜子寶虔爵承縣公。[6]十八年，遼東之役，[7]以行軍總管從漢王至營州。[8]上以彦曉習軍旅，令總統五十營事。及還，拜朔州總管。[9]突厥復寇雲州，上令楊素擊走之，是後猶恐爲邊患，以彦素爲突厥所憚，復拜雲州總管。未幾，以疾徵還，卒，時年六十。子寶虔，大業末，[10]文城郡丞。[11]

[1]雲州：隋文帝開皇五年改榆關總管府置爲雲州總管府。治所在今内蒙古托克托縣東北，開皇二十年移治今内蒙古和林格爾縣西北。　賀婁子幹：人名。傳見本書卷五三、《北史》卷七三。

[2]榆林：縣名。隋開皇六年置。治所在今内蒙古托克托縣西南。隋時在此屯駐重兵以禦突厥，置爲軍事重鎮，隸屬雲州總管府。

[3]突厥：古族名、國名。公元六世紀初興起於今阿爾泰山西南麓，552年在今鄂爾渾河流域建立突厥汗國，此後其勢力擴展至大漠南北，横跨蒙古高原，隋開皇二年分裂爲東、西兩部。傳見本書卷八四、《周書》卷五〇、《北史》卷九九、《舊唐書》卷一九四、《新唐書》卷二一五。

[4]北夷：古代對北方少數民族的泛稱。此指突厥。

[5]胡：古代對北方和西方少數民族的泛稱。此指突厥。

[6]寶虔：人名。即杜寶虔。隋文帝開皇中以父功被賜爵爲承縣公，隋煬帝大業末年官至文城郡丞。事亦見《北史》卷七三

《杜彦傳》。　承縣公：爵名。爲隋九等爵的第五等。從一品。

［7］遼東：地區名。泛指今遼河以東地區。隋時高麗國在遼東，故文中“遼東之役”即指征伐高麗之事。

［8］漢王：隋文帝第五子楊諒的封爵名，此代指楊諒其人。傳見本書卷四五、《北史》卷七一。　營州：治所在今遼寧朝陽市。

［9］朔州：隋初置總管府。治所在今山西朔州市。按，岑仲勉考校稱：“此謂彦征遼東還始授朔州也，但徵諸《本紀二》，則未出師時已授朔州。”（岑仲勉：《隋書求是》，中華書局2004年版，第100頁）

［10］大業：隋煬帝楊廣年號（605—618）。

［11］文城：郡名。隋煬帝大業初改汾州置。治所在今山西吉縣。　郡丞：官名。隋初沿舊制各郡置郡丞，爲郡太守之副貳。京兆郡之丞爲從五品下，其餘上、中、下三等郡之丞分别爲從七品上、正八品上、從八品上。開皇三年廢郡，郡丞亦罷。隋煬帝大業三年復改州爲郡，併州長史、司馬之職，置贊治（唐人諱稱贊務）一人，爲郡太守之副貳，尋又改贊治稱爲郡丞。京兆、河南二郡之丞爲從四品，其餘上、中、下三等郡之丞分别爲正五品、從五品、正六品。

高勱

高勱字敬德，渤海蓨人也，[1]齊太尉、清河王岳之子也。[2]幼聰敏，美風儀，以仁孝聞，爲齊顯祖所愛。[3]年七歲，襲爵清河王。十四，爲青州刺史，[4]歷右衛將軍、領軍大將軍、祠部尚書、開府儀同三司，[5]改封樂安王。[6]性剛直，有才幹，甚爲時人所重。斛律明月雅敬之，[7]每有征伐，則引之爲副。遷侍中、尚書右僕射。[8]及後主爲周師所敗，[9]勱奉太后歸鄴。[10]時宦官放縱，儀同苟子溢尤稱寵幸，[11]勱將斬之以徇。太后救之，乃釋。劉文殊竊謂勱曰：[12]“子溢之徒，言成禍福，何得如此！”勱攘袂曰：“今者西寇日侵，[13]朝貴多叛，正由此輩弄權，致使衣冠解體。[14]若得今日殺之，明日受誅，無所恨也。”文殊甚愧。既至鄴，勱勸後主：“五品已上家累，[15]悉置三臺之上，[16]因脅之曰：‘若戰不捷，則燒之。’此輩惜妻子，[17]必當死戰，可敗也。”後主不從，遂棄鄴東遁。勱恒後殿，[18]爲周軍所得。武帝見之，[19]與語，大悦，因問齊亡所由。勱發言流涕，悲不自勝，帝亦爲之改容。授開府儀同三司。[20]

[1]渤海：郡名。治所在今山東陽信縣西南。　蓨：縣名。治所在今河北景縣。

[2]齊：即北齊（550—577），都於鄴（今河北臨漳縣西南鄴鎮東）。　太尉：官名。北齊時爲三公之首，可開府置僚屬，參議國家大事，實則無具體職掌，多用爲大臣加官。正一品。　清河王：爵名。全稱是清河郡王。北齊時爲十一等爵的第一等。正一品。　岳：人名。即高岳，高勱之父。出身北齊宗室，北齊文宣帝時官至太尉，爵封清河郡王。傳見《北齊書》卷一三、《北史》卷五一。

[3]齊顯祖：即北齊開國皇帝文宣帝高洋，廟號顯祖。紀見《北齊書》卷四、《北史》卷七。按，“顯”字底本原脱，宋刻遞修本、殿本、庫本與底本同，中華本據《北齊書》卷一三《高勱傳》補“顯”字，今從中華本補。

[4]青州：北齊時治所在今山東青州市。

[5]右衛將軍：官名。北齊時爲右衛府的長官，置一員，掌領

右廂禁軍宿衛侍從。正三品。按，“右衛將軍”各本皆同，但《北齊書·高勱傳》作“武衛將軍”。　領軍大將軍：官名。北齊時爲領軍府的長官，置一員，掌禁衛宮掖，輿駕出入則督攝仗衛，統轄左右衛、領左右等府。正二品。　祠部尚書：官名。北齊時爲尚書省所轄六部之一祠部的長官，置一員，掌醫藥、喪葬、外交、地理、屯田及工程營造等政務，統祠部、主客、虞曹、屯田、起部五曹。正三品。　開府儀同三司：官名。北齊時屬散官，可開府置僚屬。從一品。

［6］樂安王：爵名。全稱是樂安郡王。北齊時爲十一等爵的第一等。正一品。按，“樂安王”各本皆同，《北齊書·高勱傳》亦同，但《北史》卷五一《高勱傳》作“安樂侯”，當誤。

［7］斛律明月：人名。即斛律光，字明月。東魏、北齊時期的功臣名將，常統軍征伐，戰功卓著，官至左丞相，北齊後主時以功高震主而被誅殺。《北齊書》卷一七、《北史》卷五四有附傳。

［8］侍中：官名。北齊時爲門下省的長官，置六員，掌獻納諫正，及司進御之事，統轄領左右、尚食、尚藥、主衣、齋帥、殿中六局，是宰相之職。正三品。　尚書右僕射：官名。北齊時爲尚書省的副長官，與尚書左僕射對置，各一員，輔助長官尚書令總理六部政務。但因尚書令不常置，僕射則成爲尚書省的實際長官，是宰相之職。從二品。

［9］後主：即北齊末代皇帝高緯。紀見《北齊書》卷八、《北史》卷八。

［10］太后：此指北齊後主時的皇太后胡氏。在位期間寵幸宦官佞臣，頗干朝政。傳見《北齊書》卷九、《北史》卷一四。　鄴：都城名。北齊時治所在今河北臨漳縣西南。

［11］儀同：官名。全稱是儀同三司。北齊時屬散官。正二品。　苟子溢：人名。北齊後主時的佞幸宦官，甚得後主及胡太后之寵幸，官至儀同三司，頗恃寵干亂朝政。事亦見《北齊書·高勱傳》，《北史》卷五一《高勱傳》、卷九二《齊諸宦者傳》。

［12］劉文殊：人名。北齊後主時的外戚勳貴，位居庶姓王。事亦見《北齊書·高勱傳》《北史·高勱傳》。

［13］西寇：此指北周。

［14］衣冠：古代對官僚、縉紳、士大夫的代稱。

［15］家累：即家屬、家眷。

［16］三臺：指三國時曹操在鄴城所建的銅雀臺、金虎臺、冰井臺。北齊文宣帝時又在此三臺舊基上加以擴建，並改稱銅雀臺爲金鳳臺，金虎臺爲聖應臺，冰井臺爲崇光臺。三臺故址在今河北臨漳縣西南三臺村。

［17］此：底本、宋刻遞修本、庫本、中華本皆同，但殿本作“北”，當訛。

［18］後殿：指行軍時居於尾部的部隊。

［19］武帝：即北周武帝宇文邕。紀見《周書》卷五、六，《北史》卷一〇。

［20］開府儀同三司：官名。亦簡稱開府，北周武帝建德四年改稱開府儀同大將軍。北周時屬勳官。北周府兵制中二十四軍的每軍長官均加此勳官名，可開府置官屬。九命。按，文中所述事在北周武帝建德四年改稱之後，故此處仍稱“開府儀同三司”則欠準確，當作“開府儀同大將軍”。

高祖爲丞相，謂勱曰：“齊所以亡者，由任邪佞。公父子忠良聞於鄰境，宜善自愛。”勱再拜謝曰：“勱，亡齊末屬，[1]世荷恩榮，不能扶危定傾，以致淪覆。既蒙獲宥，[2]恩幸已多，況復濫叨名位，[3]致速官謗。”[4]高祖甚器之，以勱檢校揚州事。[5]後拜楚州刺史，[6]民安之。先是，城北有伍子胥廟，[7]其俗敬鬼，祈禱者必以牛酒，至破産業。勱歎曰：“子胥賢者，豈宜損百姓乎？”乃告諭所部，自此遂止，百姓賴之。

［1］末屬：指血緣關係較疏遠的宗族支脉。

［2］獲宥：得到赦免寬宥。

［3］濫叨：即過分承受之意。常用作謙詞。

［4］官謗：指因居官不稱職而受到的責難和非議。

［5］檢校：官制用語。指尚未實授某官但已掌其職事，即代理、代辦之意。此處“檢校揚州事”，即代理揚州刺史之職事。　揚州：北周時治所在今安徽壽縣。

［6］楚州：隋開皇元年置。治所在今江蘇淮安市東南。

［7］伍子胥：人名。春秋時期吴國大夫。曾助吴王闔閭稱霸，又領兵攻破楚國以報父仇，吴王夫差時因反對許越求和而被賜劍自盡，後世民間多立祠廟祭奠之。傳見《史記》卷六六。

七年，轉光州刺史，[1]上取陳五策，又上表曰：“臣聞夷凶翦暴，王者之懋功，[2]取亂侮亡，[3]往賢之雅誥。[4]是以苗民逆命，[5]爰興兩階之舞，[6]有扈不賓，[7]終召六師之伐。[8]皆所以寧一宇内，[9]匡濟群生者也。自昔晋氏失馭，天網絶維，[10]群凶於焉蝟起，[11]三方因而鼎立。[12]陳氏乘其際運，拔起細微，[13]蒨、頊縱其長蛇，[14]竊據吴會，[15]叔寶肆其昏虐，[16]毒被金陵。[17]數年已來，荒悖滋甚。牝鷄司旦，[18]昵近姦回，[19]尚方役徒，[20]積骸千數，疆埸防守，[21]長戍三年。或微行暴露，[22]沉湎王侯之宅，或奔馳駿騎，顛墜康衢之首。[23]有功不賞，無辜獲戮，烽燧日警，[24]未以爲虞，耽淫靡嫚，[25]不知紀極。[26]天厭亂德，妖實人興，或空裏時有犬聲，[27]或行路共傳鬼怪，或刳人肝以祠天狗，[28]或自捨身以厭妖訛。[29]民神怨憤，灾異荐發，[30]天時人事，昭然可知。臣以庸才，猥蒙朝寄，頻歷藩任，[31]與其鄰接，密邇仇讎，[32]知其動静，天討有罪，此即其時。若戎車雷動，戈船電邁，臣雖駑怯，請效鷹犬。”[33]高祖覽表嘉之，答以優詔。及大舉伐陳，以勱爲行軍總管，從宜陽公王世積下陳江州。[34]以功拜上開府，[35]賜物三千段。

[1]光州：治所在今河南光山縣。

[2]懋功：即大功。

[3]取亂侮亡：古代國家自視正義的一種對外策略。意謂奪取政治荒亂的國家，侵侮行將滅亡的國家。

[4]雅誥：即雅正的文告或訓誡。

[5]苗民：指古代三苗部族的君主。《尚書·吕刑》：“苗民弗用靈，制以刑，惟作五虐之刑曰法。”孔安國傳：“三苗之君，習蚩尤之惡，不用善化民，而制以重刑，惟爲五虐之刑，自謂得法。”孔穎達疏：“三苗之主，實國君也，頑凶若民，故謂之苗民。”

[6]兩階之舞：典出《尚書·大禹謨》：“帝乃誕敷文德，舞干羽于兩階。”孔安國傳：“干，楯；羽，翳也。皆舞者所執。修闡文教，舞文舞于賓主階間，抑武事。”後因以“兩階之舞”喻指文教之治。

[7]有扈：指古代有扈國（故址在今陝西户縣北）之君有扈氏。相傳夏啓繼父禹位立爲天子時，其庶兄有扈氏不服而攻啓，啓乃興師伐滅有扈。　不賓：不臣服，不歸順。

[8]六師：本指周天子所統六軍之師。後用以泛稱天子的軍隊。

[9]寧一：安定統一。　宇内：指天下。

[10]天網：喻指朝廷的統治。按，“天網”底本、宋刻遞修本、殿本、中華本皆同，庫本作“天綱”。

［11］蝟起：語出漢代賈誼《新書》卷一《益壤》："高皇帝瓜分天下，以王功臣，反者如蝟毛而起。"後因以"蝟起"比喻紛然而起。

［12］三方：此指北齊、北周、南朝陳三個王朝政權。

［13］細微：此指出身地位的低賤和寒微。

［14］蒨：人名。即南朝陳文帝陳蒨。紀見《陳書》卷三、《南史》卷九。　頊：人名。即南朝陳宣帝陳頊。紀見《陳書》卷五、《南史》卷一〇。　長蛇：喻指貪殘凶暴。

［15］吴會：即南北朝時吴郡（治所在今江蘇蘇州市）和會稽郡（治所在今浙江紹興市）的合稱。亦常用以泛指江南地區。

［16］叔寶：人名。即南朝陳後主陳叔寶。紀見《陳書》卷六、《南史》卷一〇。　昏虐：昏昧暴虐。

［17］金陵：南朝都城建康的别稱。因戰國時楚威王滅越後在石城山（今江蘇南京市清凉山）置金陵邑而得名。

［18］牝鷄司旦：亦作"牝鷄司晨"。即母鷄報曉。古時貶喻女性掌權，所謂陰陽倒置，將導致家破國亡。語本《尚書·牧誓》："牝鷄無晨，牝鷄之晨，惟家之索。"孔安國傳："喻婦人知外事。雌代雄鳴則家盡，婦奪夫政則國亡。"此處用以指斥陳後主寵信后妃干政。

［19］姦回：指奸惡邪僻之人。

［20］尚方：古代製造帝王所用器物的官署。尚方多以役徒服勞作，因以爲繫罪囚之所。

［21］埸：底本、中華本同，宋刻遞修本、殿本、庫本作"場"。

［22］微行暴露：此謂陳後主時常隱匿身份，易服出行私訪，而於宫外暴露其行踪。

［23］顛墜康衢之首：此謂陳後主時常在騎隊的簇擁下縱馬奔馳於大路通街，肆意踐踏行人。康衢，即四通八達的大路通街。

［24］烽燧：古代邊防報警的信號，白天放煙稱"烽"，夜間舉火稱"燧"。

［25］耽淫靡嫚：意謂沉湎於聲色。

［26］紀極：即終極、限度。

［27］或空裹時有犬聲："空裹"應作"空中"，隋時因諱"中"字而改作"裹"。"犬聲"底本原作"大聲"，宋刻遞修本、中華本及《北史》卷五一《高勱傳》與底本同，但殿本、庫本作"犬聲"。考此句所言灾異與下文"或刳人肝以祠天狗"之語正相對應，故可斷"大聲"當是"犬聲"之訛，今據改。（參見唐華全《中華書局點校本〈隋書〉質疑二十九則》，《河北師範大學學報》2012 年第 1 期）

［28］天狗：星名。《史記・天官書》載："天狗，狀如大奔星，有聲，其下止地，類狗。所墮及，望之如火光炎炎冲天。其下圓如數頃田處，上兑者則有黄色，千里破軍殺將。"裴駰《集解》引孟康曰："星有尾，旁有短彗，下有如狗形者，亦太白之精。"古人以爲天狗星出現乃不祥之兆。

［29］捨身：佛教徒爲宣揚佛法，或爲消灾免禍，自動去寺院作苦行，謂之"捨身"。南朝時此風最盛，梁武帝就曾多次捨身同泰寺爲奴，令王公已下以錢贖之。　厭（yā）：古人以迷信的方法，鎮服或驅避可能出現的灾禍，或致灾禍於他人。

［30］荐發：接連發生。

［31］藩任：指統轄一方邊防重鎮的軍政長官。

［32］密邇：貼近，靠近。

［33］鷹犬：指打獵時追捕禽獸的獵鷹和獵狗。常用以比喻受驅使而奔走效勞的人。

［34］宜陽公：爵名。全稱是宜陽郡公。爲隋九等爵的第四等。從一品。　王世積：人名。傳見本書卷四〇，《北史》卷六八有附傳。　江州：南朝陳時治所在今江西九江市。

［35］上開府：官名。全稱是上開府儀同三司。爲隋十一等散實官的第五等，可開府置僚佐。從三品。

隴右諸羌數爲寇亂，[1]朝廷以劻有威名，拜洮州刺史。[2]下車大崇威惠，[3]民夷悦附，其山谷間生羌相率詣府稱謁，[4]前後至者，數千餘户。豪猾屏迹，路不拾遺，在職數年，稱爲治理。後遇吐谷渾來寇，[5]劻遇疾不能拒戰，賊遂大掠而去。憲司奏劻亡失户口，[6]又言受羌饋遺，竟坐免官。後卒於家，時年五十六。子士廉，[7]最知名。

[1]隴右：地區名。亦稱隴西。泛指今甘肅隴山以西地區。羌：古族名。主要分布在今青海、甘肅、四川西北部一帶。秦漢時部落衆多，總稱西羌。其後逐漸與西北地區的漢族及其他民族融合。

[2]洮州：治所在今甘肅臨潭縣。

[3]下車：典出《禮記·樂記》："武王克殷，反商，未及下車，而封黄帝之後於薊。"後遂稱皇帝初即位或官吏到任爲"下車"。

[4]生羌：古代對尚未進入州郡城邑定居而仍保持舊俗的羌人的一種蔑稱。

[5]吐谷（yù）渾：古族名。本爲遼東鮮卑之種，姓慕容氏，西晋時西遷至群羌故地，北朝至隋唐時期游牧於今青海北部和新疆東南部地區。傳見本書卷八三、《晋書》卷九七、《魏書》卷一〇一、《周書》卷五〇、《北史》卷九六、《舊唐書》卷一九八、《新唐書》卷二二一上。

[6]憲司：魏晋以來對御史的别稱。

[7]士廉：人名。即高士廉，高劻之子，名儉，字士廉，以字顯。隋煬帝時官任治禮郎，唐太宗時官至尚書右僕射，爵封申國公，爲唐代名相。傳見《舊唐書》卷六五、《新唐書》卷九五。

尒朱敞

尒朱敞字乾羅，秀容契胡人，[1]尒朱榮之族子也。[2]父彦伯，[3]官至司徒、博陵王。[4]齊神武帝韓陵之捷，[5]盡誅尒朱氏，敞小，隨母養於宫中。及年十二，自竇而走，[6]至于大街，見童兒群戲者，敞解所著綺羅金翠之服，易衣而遁。追騎尋至，初不識敞，便執綺衣兒。比究問知非，會日已暮，由是得免。遂入一村，見長孫氏媪踞胡床而坐。[7]敞再拜求哀，長孫氏愍之，藏於複壁。[8]三年，購之愈急，[9]迹且至，[10]長孫氏曰："事急矣，不可久留。"資而遣之。遂詐爲道士，變姓名，隱嵩山，[11]略涉經史。數年之間，人頗異之。嘗獨坐岩石之下，泫然而歎曰："吾豈終於此乎？伍子胥獨何人也！"於是間行微服，西歸于周。[12]太祖見而禮之，[13]拜大都督、行臺郎中，[14]封靈壽縣伯，[15]邑千五百户。[16]遷通直散騎常侍，[17]轉車騎大將軍、儀同三司，[18]進爵爲侯。[19]保定中，[20]遷使持節、驃騎大將軍、開府儀同三司。[21]天和中，[22]增邑五百户，歷信、臨、熊、潼四州刺史，[23]進爵爲公。[24]武帝東征，上表求從，許之。攻城陷陣，所當皆破，進位上開府。除南光州刺史，[25]入爲護軍大將軍。[26]歲餘，轉膠州刺史。[27]於是迎長孫氏及弟置於家，厚資給之。

[1]秀容：縣名。治所在今山西忻州市。　契胡：古部族名。十六國北朝時爲羯人所轄的一個畜牧部落，分布在今山西北部一帶。北魏末年，契胡酋長尒朱榮因鎮壓六鎮兵亂有功而勢力漸盛，

一度掌控北魏朝廷，其後爲部將高歡所敗滅。

［2］尒朱榮：人名。尒朱敞的族父。出身契胡酋長，北魏孝明帝時以鎮壓六鎮兵亂起家，又擁立孝莊帝即位，由此成爲控制北魏朝廷的權臣，後被孝莊帝誅殺。傳見《魏書》卷七四、《北史》卷四八。

［3］彦伯：人名。即尒朱彦伯，尒朱敞之父。北魏節閔帝時官至司徒，爵封博陵郡王，後被高歡所殺。傳見《魏書》卷七五，《北史》卷四八有附傳。

［4］司徒：官名。北魏時爲三公之一，可開府置僚屬，參議國家大事，實則無具體職掌，多用爲大臣加官。正一品。　博陵王：爵名。全稱是博陵郡王。北魏時爲十一等爵的第一等。正一品。

［5］齊神武帝：即高歡。北魏末至東魏時的執政大臣，北齊的奠基者，北齊立國後被追封爲神武帝。紀見《北齊書》卷一、二，《北史》卷六。　韓陵：山名。俗稱“七里岡”。在今河南安陽市東北。北魏後廢帝中興二年（532），高歡在此大敗尒朱氏之軍，並建定國寺以旌功，此後高歡遂取代尒朱氏得以掌控北魏朝廷。

［6］竇：此指宫門旁邊的小窗洞。

［7］媪：古時對老婦人或已婚婦女的通稱。　胡床：亦稱“交床”“繩床”。古時一種可以折叠的輕便坐具，類似現今的“馬扎”。因其傳自於北方胡人，故稱“胡床”。

［8］複壁：即夾墻。兩重而中空，可藏物或匿人。

［9］購：懸賞緝捕。

［10］迹：即追踪、追尋。

［11］嵩山：爲五岳之中岳。在今河南登封市北。按，“嵩山”底本原作“高山”，殿本與底本同，當訛或當是“嵩高山”之脱文，今據宋刻遞修本、庫本、中華本及《北史》卷四八《尒朱敞傳》改。

［12］西歸于周：據文中所述事，當時正值東魏、西魏對峙之際，北周尚未建立，故此處稱“周”欠準確，當稱“西魏”。

［13］太祖：即宇文泰。西魏執政大臣，北周的奠基者，北周立國後被追尊爲太祖。紀見《周書》卷一、二，《北史》卷九。

［14］大都督：官名。西魏時屬勳官。西魏府兵制中每團的長官均加此勳官名。從二品。　行臺郎中：官名。西魏時根據形勢需要，在地方重要軍政特區設置“行臺尚書省”，簡稱行臺，是中央最高行政機關尚書省的派出機構，執掌特區内軍政事務。行臺郎中則是行臺尚書省所轄各曹司的長官，制比中央尚書省的諸曹郎中。

［15］靈壽縣伯：爵名。西魏時爲十一等爵的第七等。正三品。

［16］邑：也稱食邑、封邑。是古代君王封賜給有爵位之人的一種食禄制度，受封者可徵收封地内的民户租税充作食禄。魏晋以後，食邑分爲虚封和實封兩類：虚封一般僅冠以“邑”或“食邑”之名，這衹是一種榮譽性加銜，受封者並不能獲得實際的食禄收入；而實封一般須冠以“真食”“食實封”等名，受封者可真正獲得食禄收入。

［17］通直散騎常侍：官名。西魏時屬散官。正四品下。

［18］車騎大將軍：官名。西魏時屬軍號官。西魏府兵制中儀同府的長官均帶此軍號官。從一品。　儀同三司：官名。西魏時屬勳官。西魏府兵制中儀同府的長官均加此勳官名，可開府置官屬。從一品。

［19］侯：爵名。此當是靈壽縣侯的省稱。西魏時爲十一等爵的第五等。正二品。

［20］保定：北周武帝宇文邕年號（561—565）。

［21］使持節：魏晋南北朝至隋代，凡重要軍政長官出鎮或出征時，以及皇帝派遣使臣出巡地方或出使藩邦時，均加使持節、持節、假節等頭銜，以表示其權力和尊崇。使持節可誅殺二千石以下官吏，持節可誅殺無官職之人，假節可誅殺犯軍令之人。　驃騎大將軍：官名。北周時屬軍號官。北周府兵制中二十四軍的每軍長官均帶此軍號官。九命。

［22］天和：北周武帝宇文邕年號（566—572）。

［23］信：州名。北周時治所在今重慶奉節縣東。　臨：州名。北周時治所在今重慶忠縣。　熊：州名。北周時治所在今河南宜陽縣西。　潼：州名。北周時治所在今四川綿陽市東北。

［24］公：爵名。此當是靈壽縣公的省稱。北周時爲十一等爵的第六等。“命數未詳，非正九命則當是九命”（參見王仲犖《北周六典》卷八《封爵第十九》，中華書局 1979 年版，第 548 頁）。

［25］除：官制用語。即拜官、授職。　南光州：北周時治所在今山東萊州市。

［26］護軍大將軍：考《通典》及王仲犖《北周六典》等書，均未見北周官制中有“護軍大將軍”之名。而據本傳所載，疑此官當是北周末年仿前朝“護軍將軍”之職而置，掌領外軍宿衛之事。

［27］膠州：北周時治所在今山東諸城市。

高祖受禪，[1]改封邊城郡公。[2]黔安蠻叛，[3]命敞討平之。師旋，拜金州總管，[4]尋轉徐州總管。[5]在職數年，號爲明肅，民吏懼之。後以年老，上表乞骸骨，[6]賜二馬軺車，[7]歸於河內，[8]卒於家，時年七十二。子最嗣。[9]

［1］受禪：中國古代王朝更迭時，新皇帝承受舊皇帝讓給的帝位，即稱受禪。此指楊堅於公元 581 年廢北周静帝，即位稱皇帝，正式建立隋王朝。

［2］邊城郡公：爵名。爲隋九等爵的第四等。從一品。

［3］黔安：郡名。治所在今重慶彭水苗族土家族自治縣東。

［4］金州：西魏改東梁州置，設總管府，北周、隋初沿之。治所在今陝西安康市。

［5］徐州：北周置總管府，隋初沿之。治所在今江蘇徐州市。

［6］乞骸骨：古代官吏自請退職的一種表達方式。意謂使骸骨

得以歸葬故鄉。

［7］二馬軺車：古代一馬所駕的輕便車即稱“軺車”。二馬軺車，是表示其主人具有優崇的社會地位。

［8］河内：縣名。治所在今河南沁陽市。

［9］最：人名。即尒朱最。尒朱敞的嗣子，隋煬帝時官至朝散大夫、齊王府司馬，襲封邊城郡公。事亦見《北史》卷四八《尒朱敞傳》、《全唐文》卷一九六楊炯《彭城公夫人爾朱氏墓誌銘》、周紹良主編《唐代墓誌彙編》上元〇三六《大唐故銀青光禄大夫定州刺史上柱國爾朱（義琛）府君墓誌》及垂拱〇一二《唐故宋州録事爾朱（旻）府君墓誌銘并序》（上海古籍出版社 1992 年版，第 618、737 頁）。按，“最”字各本皆同，《北史·尒朱敞傳》亦同，但上列三篇墓誌均載作“休最”，岑仲勉認爲此乃隋人習慣將兩字名省稱單名所致（參見岑仲勉《隋書求是》，第 101 頁）。嗣：此指繼承父輩的爵位和家業，以延續香火。

周摇

周摇字世安，其先與後魏同源，[1]初爲普乃氏，[2]及居洛陽，改爲周氏。曾祖拔拔，[3]祖右六肱，[4]俱爲北平王。[5]父恕延，[6]歷行臺僕射、南荆州總管。[7]摇少剛果，有武藝，性謹厚，動遵法度。仕魏，官至開府儀同三司。[8]周閔帝受禪，[9]賜姓車非氏，封金水郡公。[10]歷鳳、楚二州刺史，[11]吏民安之。從帝平齊，每戰有功，超授柱國，進封夔國公。[12]未幾，拜晋州總管。[13]時高祖爲定州總管，[14]文獻皇后自京師詣高祖，[15]路經摇所，主禮甚薄。既而白后曰：“公廨甚富於財，限法不敢輒費。又王臣無得效私。”其質直如此。高祖以其奉法，每嘉之。及爲丞相，徙封濟北郡公，[16]尋拜豫州總管。[17]高祖受禪，復姓周氏。

[1]後魏：即北魏（386—557），亦單稱魏。初都平城（今山西大同市東北），公元494年遷都洛陽（今河南洛陽市東北白馬寺東）。公元534年分裂爲東魏和西魏兩個政權。東魏（534—550）都於鄴（今河北臨漳縣西南鄴鎮東），西魏（535—557）都於長安（今陝西西安市西北郊）。此處是指北魏皇室宗族。

[2]普乃氏：各本皆同，《北史》卷七三《周摇傳》亦同，但《魏書》卷一一三《官氏志》及《元和姓纂》卷五《周》均載作"普氏"，無"乃"字。

[3]拔拔：人名。即普乃拔拔，北魏時人，爵封北平郡王。事亦見《北史·周摇傳》。

[4]右六肱：人名。即普乃右六肱，北魏時人，襲爵爲北平郡王。事亦見《北史·周摇傳》。

[5]北平王：爵名。全稱是北平郡王。北魏時爲十一等爵的第一等。正一品。

[6]恕延：人名。即周恕延，西魏時人。官至行臺僕射、南荆州總管。事亦見《北史·周摇傳》。

[7]行臺僕射：官名。西魏時爲尚書省派駐於地方軍政特區的行政機構行臺尚書省的次官，協助長官行臺尚書令掌領特區内軍政事務，制比中央尚書省的僕射。　南荆州：西魏時治所在今湖北棗陽市。　總管：官名。東魏孝静帝武定六年（548）始置總管，西魏亦置。西魏總管多兼帶刺史，加使持節諸軍事，實爲一軍政轄區的最高長官，職權大於普通州刺史。

[8]開府儀同三司：官名。亦簡稱開府。西魏時屬勳官。西魏府兵制中二十四軍的長官均加此勳官名，可開府置官屬。從一品。

[9]周閔帝：即北周孝閔帝宇文覺。北周開國皇帝。紀見《周

書》卷三、《北史》卷九。

［10］金水郡公：爵名。北周時爲十一等爵的第五等。正九命。

［11］鳳：州名。北周時治所在今陝西鳳縣東北。　楚：州名。南朝梁始置，北周沿之。治所在今重慶市市區。

［12］夔國公：爵名。北周時爲十一等爵的第四等。正九命。

［13］晋州：北周時先後有兩個晋州：一是北周初始置的晋州，治所在今山西絳縣東南，建德五年州廢；二是北周武帝建德五年攻取北齊舊置的晋州，設總管府，治所在今山西臨汾市。文中所指是第二個晋州。　總管：官名。東魏孝静帝武定六年始置總管，西魏亦置。北周明帝武成元年（559）正式改都督諸州軍事爲總管，加使持節諸軍事，總管之設乃成定制。北周總管或單任，然多兼帶刺史，故總管的職權雖以軍事爲主，實際是一軍政轄區若干州、鎮、防的最高長官。北周總管的命品史無明載，但應不低於五等州刺史的命品。隋初承繼北周之制亦置諸州總管，分上、中、下三等，品秩分别爲流内視從二品、視正三品、視從三品，可作參考。（參見王仲犖《北周六典》卷一〇《總管府第二十五》，第623頁）

［14］定州：北周時置總管府。治所在今河北定州市。

［15］文獻皇后：即隋文帝的皇后獨孤氏。傳見本書卷三六、《北史》卷一四。

［16］濟北郡公：爵名。北周時爲十一等爵的第五等。正九命。

［17］豫州：北周時置總管府。治所在今河南汝南縣。

開皇初，突厥寇邊，燕、薊多被其患，[1]前總管李崇爲虜所殺，[2]上思所以鎮之，臨朝曰："無以加周摇者。"拜爲幽州總管六州五十鎮諸軍事。[3]摇修鄣塞，[4]謹斥候，[5]邊民以安。後六載，[6]徙爲壽州。[7]初，自以年老，乞骸骨，上召之。既引見，上勞之曰："公積行累仁，歷仕三代，克終富貴，保兹遐壽，良足善也。"

賜坐褥，歸於第。歲餘，終于家，謚曰恭，時年八十四。[8]

［1］燕：郡名。治所在今北京市西南。　薊：縣名。治所在今北京市西南。

［2］李崇：人名。本書卷三七、《北史》卷五九有附傳。

［3］幽州：北周置總管府，隋初沿之。治所在今北京市西南。　六州五十鎮諸軍事：此表示幽州總管的統轄範圍及其職權。按，下文凡“總管”後所言州鎮數事均表示該總管的統轄範圍及其職權，不再一一出注。

［4］鄣塞：古代防守國境的城堡關塞。

［5］斥候：即偵察、候望。亦指邊防中用以瞭望敵情的烽火城堡。

［6］後六載：岑仲勉考校云：“依《本紀一》，摇以三年七月除幽州，十一年三月改壽州，六應作八。”（岑仲勉：《隋書求是》，第101頁）冀英俊亦考證認爲此處“六載”當是“八載”之誤（參見冀英俊《〈隋書〉校正兩則》，《中國史研究》2014年第2期）。

［7］壽州：隋時有兩個壽州：一是隋文帝開皇初所置的壽州，治所在今湖南辰溪縣，開皇十八年改爲充州；二是開皇九年改揚州所置的壽州，設總管府，治所在今安徽壽縣，隋煬帝大業初改置淮南郡。文中所指當是第二個壽州。

［8］“初，自以年老”至“時年八十四”：岑仲勉考校云：“此文係緊接上文‘後六載徙爲壽州’，按摇以十二年四月，自壽州總管改襄州總管，又仁壽二年九月，襄州總管周摇卒，均見《本紀二》，傳何以不書？且‘初’字文氣亦不接。及檢《北史》七三本傳，則云：‘徙壽、襄二州總管，俱有能名，進上柱國，以老乞骸骨。’《北史》比《隋書》應有省略，可信今諸本《隋書》均奪去

一行，‘壽州’下，應爲‘總管’字，‘初’字則上承‘仁壽’，當涉‘壽州’‘仁壽’之相近而抄胥者誤漏一行，遂成後來之定本也。”（岑仲勉：《隋書求是》，第101—102頁）

獨孤楷

獨孤楷字修則，不知何許人也，本姓李氏。父屯，[1]從齊神武帝與周師戰于沙苑，[2]齊師敗績，因爲柱國獨孤信所擒，[3]配爲士伍，給使信家，漸得親近，因賜姓獨孤氏。楷少謹厚，便弄馬槊，[4]爲宇文護執刀，[5]累轉車騎將軍。[6]其後數從征伐，賜爵廣阿縣公，[7]邑千户，拜右侍下大夫。[8]周末，從韋孝寬平淮南，[9]以功賜子景雲爵西河縣公。[10]

[1]屯：人名。即獨孤屯，本姓李氏，初爲東魏武將。東魏天平四年（西魏大統三年）隨從高歡攻打西魏，敗於沙苑，因被西魏大將獨孤信所擒，遂歸屬西魏，配爲獨孤信的家臣，賜姓爲獨孤氏。北周時官至開府儀同三司。事亦見《北史》卷七三《獨孤楷傳》、周紹良主編《唐代墓誌彙編》開元〇四〇《冠軍大將軍行右衛將軍上柱國河東郡開國公楊（執一）君亡妻新城郡夫人獨孤氏誌銘并序》（第1181頁）。

[2]沙苑：地名。又名沙阜、沙海、沙窩。在今陝西大荔縣南洛河與渭河之間，東西八十里，南北三十里，地多沙草，宜於畜牧。西魏大統三年，宇文泰在此大敗高歡，史稱“沙苑之戰”。

[3]獨孤信：人名。西魏、北周時的元勳重臣。曾部從宇文泰參與沙苑之戰，後以功位居柱國大將軍，官至太保、大宗伯，爵封衛國公。傳見《周書》卷一六、《北史》卷六一。

［4］馬槊：古代在馬上使用的長矛兵器。

［5］宇文護：人名。北周初期的宗室權臣，官居大冢宰，都督中外諸軍事，至北周武帝建德元年被誅殺。傳見《周書》卷一一，《北史》卷五七有附傳。　執刀：此指執刀的侍從衛士。

［6］車騎將軍：官名。北周時屬軍號官，可開府置官屬。正八命。

［7］廣阿縣公：爵名。北周時爲十一等爵的第六等。正九命或九命。

［8］右侍下大夫：官名。北周時其隸屬未詳，疑爲天官府左右宫伯曹的屬官，掌宫寢内部禁衛之事。正四命。（參見王仲犖《北周六典》卷七《六官餘録第十三》，第512頁）

［9］淮南：地區名。泛指淮河以南地區。

［10］景雲：人名。即獨孤景雲，北周末年以其父平淮南之功被賜爵爲西河縣公。事亦見《北史·獨孤楷傳》。　西河縣公：爵名。北周時爲十一等爵的第六等。正九命或九命。

高祖爲丞相，進授開府，每督親信兵。[1]及受禪，拜右監門將軍，[2]進封汝陽郡公。[3]數歲，遷右衛將軍。[4]仁壽初，[5]出爲原州總管。[6]時蜀王秀鎮益州，[7]上徵之，猶豫未發。朝廷恐秀生變，拜楷益州總管，馳傳代之。秀果有異志，[8]楷諷諭久之，乃就路。楷察秀有悔色，因勒兵爲備。秀至興樂，[9]去益州四十餘里，將反襲楷，密令左右覘所爲，知楷不可犯而止。楷在益州，甚有惠政，蜀中父老于今稱之。[10]

［1］親信兵：此指北周末年楊堅丞相府所轄的侍從衛士。

［2］右監門將軍：官名。隋初設左右監門府，各置將軍一人爲

本府長官，掌宫殿門禁及守衛之事，從三品。隋煬帝大業三年改稱左右監門將軍爲左右監門郎將，降爲正四品。

［3］汝陽郡公：爵名。爲隋九等爵的第四等。從一品。

［4］右衛將軍：官名。爲右衛府的次官，置二員，協助長官右衛大將軍掌宫掖禁禦，督攝仗衛。從三品。

［5］仁壽：隋文帝楊堅年號（601—604）。

［6］原州：北周置總管府，隋初沿之。治所在今寧夏固原市。

［7］蜀王秀：即隋文帝第四子楊秀。傳見本書卷四五、《北史》卷七一。　益州：北周置總管府，隋開皇二年置西南道行臺，開皇三年改置大總管府。治所在今四川成都市。

［8］秀：底本原脱，今據宋刻遞修本、殿本、庫本、中華本及《北史》卷七三《獨孤楷傳》補。

［9］興樂：縣名。隋開皇十八年改新都縣置。治所在今四川成都市新都區。

［10］蜀中：地區名。泛指古蜀國之地，即今四川中部地區。

煬帝即位，[1]轉并州總管。[2]遇疾喪明，上表乞骸骨。帝曰："公先朝舊臣，歷職二代，高風素望，卧以鎮之，無勞躬親簿領也。"[3]遣其長子凌雲監省郡事。[4]其見重如此。數載，轉長平太守，[5]未視事而卒。[6]謚曰恭。子凌雲、平雲、彦雲，[7]皆知名。[8]楷弟盛，[9]見《誠節傳》。

［1］煬帝：即隋煬帝楊廣。紀見本書卷三、四，《北史》卷一二。

［2］并州：北周置總管府，隋開皇二年置河北道行臺，開皇九年改置大總管府。治所在今山西太原市西南古城營。

［3］躬親：親自，親身從事。　簿領：指官府記事的簿册文書。

[4]淩雲：人名。即獨孤淩雲。隋煬帝大業初年因其父坐鎮并州（後改稱太原郡）時遇疾失明，遂奉詔侍從其父左右，以協助處理州郡政務，由此知名。事亦見《北史》卷七三《獨孤楷傳》。郡：此指太原郡。隋煬帝大業初改并州置。治所在今山西太原市西南古城營。

[5]長平：郡名。隋煬帝大業初改澤州置。治所在今山西晋城市東北高都鎮。

[6]視事：此指就任官職而治理政事。

[7]平雲：人名。即獨孤平雲。事亦見《北史·獨孤楷傳》。彦雲：人名。即獨孤彦雲。唐太宗時以玄武門政變功臣，官至幽州都督，爵封歷陽郡公，名列淩煙閣功臣表。事亦見《北史·獨孤楷傳》、《舊唐書》卷六五《長孫無忌傳》、《新唐書》卷一〇五《長孫無忌傳》及卷一九一《李憕傳》附“唐淩煙閣功臣表”。

[8]皆：底本“皆”下原有“不”字，殿本、庫本與底本同，“不”字當衍，今據宋刻遞修本、中華本及《北史》卷七三《獨孤楷傳》刪。

[9]盛：人名。即獨孤盛。傳見本書卷七一，《北史》卷七三有附傳。

乞伏慧

乞伏慧字令和，馬邑鮮卑人也。[1]祖周，[2]魏銀青光禄大夫，[3]父纂，[4]金紫光禄大夫，[5]並爲第一領民酋長。[6]慧少慷慨，有大節，便弓馬，好鷹犬。齊文襄帝時，[7]爲行臺左丞，[8]加蕩寇將軍，[9]累遷右衛將軍、太僕卿，[10]自永寧縣公封宜民郡王。[11]其兄貴和，[12]又以軍功爲王，一門二王，稱爲貴顯。周武平齊，授使持節、開府儀同大將軍，拜佽飛右旅下大夫，[13] 轉熊渠中大夫。[14]

[1]馬邑：郡名。治所在今山西朔州市。　鮮卑：古族名。爲東胡族的一支。秦漢時游牧於遼東，附於匈奴。北匈奴西遷後，進入匈奴故地，勢力漸盛。東漢桓帝時，首領檀石槐建立軍事行政聯合體，分東、中、西三部，各置大人統領。檀石槐死後，聯合體瓦解，附屬漢魏。兩晋南北朝時期，鮮卑慕容、乞伏、秃髮、拓跋、宇文等部先後在今華北及西北地區建立燕、西秦、南凉、北魏、北周等政權。隋唐以後漸被漢族同化。傳見《後漢書》卷九〇、《三國志》卷三〇。

[2]周：人名。即乞伏周，北魏時爲鮮卑乞伏部第一領民酋長，位至銀青光禄大夫。事亦見《北史》卷七三《乞伏慧傳》。

[3]銀青光禄大夫：官名。北魏時屬散官。正三品。

[4]纂：人名。即乞伏纂，北魏時世襲爲鮮卑乞伏部第一領民酋長，位至金紫光禄大夫。事亦見《北史·乞伏慧傳》。

[5]金紫光禄大夫：官名。北魏時屬散官。從二品。

[6]第一領民酋長：官名。北魏時爲各少數民族部落的最高行政長官，多以本部族首領世襲充任。

[7]齊文襄帝：即高歡的長子高澄。東魏後期的執政大臣，北齊立國後被追封爲文襄帝。紀見《北齊書》卷三、《北史》卷六。

[8]行臺左丞：官名。東魏時爲尚書省派駐於地方軍政特區的行政機構行臺尚書省的屬官，與行臺右丞對置，分掌行臺日常事務，總判行臺所轄諸司文案，制比中央尚書省的左丞。

[9]蕩寇將軍：官名。魏晋南北朝時因事因人而置有各類名號的將軍，其數繁多，統稱爲“雜號將軍”，多用作加官或散官，並不實際領兵。蕩寇將軍，即爲東魏雜號將軍之一。從七品上。

[10]太僕卿：官名。北齊時爲太僕寺的長官，置一員，掌諸車

輦、馬牛、畜産之事，統驊騮、左右龍、左右牝、駝牛、司羊、乘黄、車府等署。正三品。

[11]永寧縣公：爵名。北齊時爲十一等爵的第四等。正二品。宜民郡王：爵名。北齊時爲十一等爵的第一等。正一品。

[12]貴和：人名。即乞伏貴和。北齊時官至開府儀同三司、河陽行臺尚書、洛州刺史，以軍功爵封郡王，與弟並稱顯貴。及北周武帝伐齊時，其兄弟二人俱叛齊入周。事見本書《五行志上》，《北齊書》卷一九《張保洛傳》、卷四一《獨孤永業傳》、《傅伏傳》，《北史》卷五三《綦連猛傳》、卷七三《乞伏慧傳》。

[13]佽飛右旅下大夫：官名。北周時其隸屬未詳，當是統領佽飛虎賁衛士的軍事副長官。正四命。（参見王仲犖《北周六典》卷七《六官餘録第十三》，第510頁）

[14]熊渠中大夫：官名。北周時其隸屬未詳，當是統領熊渠虎賁衛士的軍事長官。正五命。（参見王仲犖《北周六典》卷七《六官餘録第十三》，第510頁）

高祖爲丞相，從韋孝寬擊尉惇於武陟，[1]所當皆破，授大將軍，[2]賜物八百段。及平尉迥，進位柱國，賜爵西河郡公，[3]邑三千户，賚物二千三百段。請以官爵讓兄，朝廷不許，論者義之。高祖受禪，拜曹州刺史。[4]曹土舊俗，民多姦隱，[5]户口簿帳恒不以實。慧下車按察，得户數萬。遷凉州總管。[6]先是，突厥屢爲寇抄，慧於是嚴警烽燧，遠爲斥候，虜亦素憚其名，[7]竟不入境。歲餘，轉齊州刺史，[8]得隱户數千。遷壽州總管。其年，左轉杞州刺史，[9]在職數年，遷徐州總管。時年逾七十，上表求致仕，[10]不許。俄轉荆州總管，[11]又領潭、桂二州總管三十一州諸軍事。[12]其俗輕剽，[13]慧躬行樸素以矯之，風化大洽。曾見人以簺捕魚者，[14]出絹買而放之，其仁心如此。百姓美之，號其處曰西河公簺。轉秦州總管。[15]

[1]尉惇：人名。即尉遲迥之子尉遲惇。北周末年隨同其父起兵反對楊堅篡周，旋被討滅。事亦見《周書》卷二一、《北史》卷六二《尉遲迥傳》。　武陟：鎮名。北周時治所在今河南武陟縣。

[2]大將軍：官名。北周時爲十一等勳官的第四等，可開府置官屬。正九命。

[3]西河郡公：爵名。北周時爲十一等爵的第五等。正九命。

[4]曹州：治所在今山東曹縣西北。

[5]姦隱：此指隱蔽藏匿而逃避國家賦役的户口。

[6]凉州：北周置總管府，隋初沿之。治所在今甘肅武威市。

[7]虜：古時對北方少數民族的蔑稱。此指突厥。

[8]齊州：治所在今山東濟南市。

[9]左轉：官制用語。即降官、貶職。　杞州：隋時先後有兩個杞州：一是開皇九年始置的杞州，治所在今河南滑縣，開皇十六年改爲滑州，隋煬帝大業二年改爲兖州，大業三年改爲東郡；二是開皇十六年始置的杞州，治所在今河南杞縣，隋煬帝大業初廢爲梁郡雍丘縣。岑仲勉依本傳歷官推之，認爲乞伏慧任杞州刺史約當開皇十一年頃，故斷定文中所指當是第一個杞州（参見岑仲勉《隋書求是·隋書州郡牧守編年表》，第168頁）。

[10]致仕：官制用語。即辭官退休。

[11]荆州：隋初置大總管府。治所在今湖北荆州市。

[12]潭：州名。隋開皇九年平陳後改湘州置，設總管府。治所在今湖南長沙市。　桂：州名。南朝梁始置，隋開皇九年平陳後置總管府。治所在今廣西桂林市。

[13]輕剽：輕捷强悍。

［14］簺（sài）：古時用竹木編成的攔水捕魚工具。

［15］秦州：北周置總管府，隋初沿之。治所在今甘肅天水市。

煬帝即位，爲天水太守。[1]大業五年，征吐谷渾，郡濱西境，民苦勞役，又遇帝西巡，坐爲道不整，獻食疏薄，帝大怒，命左右斬之。見其無髮，乃釋，除名爲民。卒於家。

［1］天水：郡名。隋煬帝大業初改秦州置。治所在今甘肅天水市。

張威

張威，不知何許人也。父琛，[1]魏弘農太守。[2]威少倜儻，[3]有大志，善騎射，膂力過人。在周，數從征伐，位至柱國、京兆尹，[4]封長壽縣公，[5]邑千户。

［1］琛：人名。即張琛，西魏時人，官至弘農太守。事亦見《北史》卷七三《張威傳》。

［2］弘農：郡名。西魏時治所在今河南陝縣。

［3］倜儻：即卓異不凡。

［4］京兆尹：官名。北周時爲都城長安所在地京兆郡（治所在今陝西西安市西北郊）的行政長官，因與諸郡太守有别而特稱"尹"。八命。

［5］長壽縣公：爵名。北周時爲十一等爵的第六等。正九命或九命。

王謙作亂，[1]高祖以威爲行軍總管，從元帥梁睿擊之。[2]軍次通谷，[3]謙守將李三王擁勁兵拒守。[4]睿以威爲先鋒。三王初閉壘不戰，威令人詈侮以激怒之，三王果出陣。威令壯士奮擊，三王軍潰，大兵繼至，於是擒斬四千餘人。進至開遠，[5]謙將趙儼衆十萬，[6]連營三十里。威鑿山通道，自西領攻其背，[7]儼遂敗走。追至成都，[8]與謙大戰，威將中軍。及謙平，進位上柱國，[9]拜瀘州總管。[10]

[1]王謙：人名。北周末年官任益州總管，起兵反對楊堅篡周，旋被討滅。傳見《周書》卷二一，《北史》卷六〇有附傳。

[2]元帥：此指“行軍元帥”。北周至隋時出征軍的統帥名。根據需要臨時差遣任命，事罷則廢。　梁睿：人名。傳見本書卷三七，《北史》卷五九有附傳。

[3]通谷：鎮名。北周時治所在今陝西寧强縣北。

[4]李三王：人名。北周末年官任開府儀同大將軍，爲益州總管王謙部下屬將，隨從王謙舉兵反叛，奉命領勁兵據守通谷鎮，結果被張威率軍擊破。事亦見本書《梁睿傳》、《北史》卷五九《梁睿傳》及卷七三《張威傳》。

[5]開遠：戍名。北周時治所在今四川劍閣縣東北。

[6]趙儼：人名。北周末年爲益州總管王謙部下屬將，隨從王謙反叛，領兵十萬據守開遠戍，結果遭到梁睿和張威的前後夾攻，遂大敗潰逃。事亦見本書《梁睿傳》、《北史·梁睿傳》、《北史·張威傳》。

[7]領：宋刻遞修本、殿本、庫本、中華本作“嶺”，二字相通。

[8]成都：城邑名。在今四川成都市。

[9]上柱國：官名。北周武帝建德四年始置，爲北周十一等勳官的第一等，可開府置官屬。正九命。

[10]瀘州：北周時置總管府。治所在今四川瀘州市。

高祖受禪，歷幽、洛二州總管，[1]改封晋熙郡公。[2]尋拜河北道行臺僕射，[3]後督晋王軍府事。[4]數年，拜青州總管，[5]賜錢八十萬，米五百石，雜彩三百段。威在青州，頗治産業，遣家奴於民間鬻蘆菔根，[6]其奴緣此侵擾百姓。上深加譴責，坐廢於家。後從上祠太山，[7]至洛陽，[8]上謂威曰："自朕之有天下，每委公以重鎮，可謂推赤心矣。何乃不修名行，唯利是視？豈直孤負朕心，亦且累卿名德。"[9]因問威曰："公所執笏今安在？"[10]威頓首曰："臣負罪虧憲，無顔復執，謹藏於家。"上曰："可持來。"威明日奉笏以見，上曰："公雖不遵法度，功效實多，朕不忘之。今還公笏。"於是復拜洛州刺史，後封皖城郡公。[11]尋轉相州刺史，[12]卒官。有子植，[13]大業中，至武賁郎將。[14]

[1]洛：州名。北周置總管府，隋開皇二年廢總管府而置河南道行臺，開皇三年又廢行臺而置刺史。治所在今河南洛陽市東北。

[2]晋熙郡公：爵名。爲隋九等爵的第四等。從一品。

[3]河北道：即在黄河中下游以北設置的軍政特區，治所在今山西太原市西南古城營。隋初根據形勢需要於地方設置軍政特區，稱爲"道"，每道範圍包括若干州。　行臺僕射：官名。隋初在各道軍政特區設置行臺尚書省，簡稱行臺，是中央最高行政機關尚書省的派出機構。行臺僕射，則是行臺尚書省的副長官，協助長官行臺尚書令掌領特區内軍政事務。流内視從二品。

［4］督晋王軍府事：此當是隋文帝時晋王楊廣的僚佐官晋王府司馬之職掌。

［5］青州：北周置總管府，隋初沿之，開皇十四年府廢。治所在今山東青州市。

［6］蘆菔根：即蘿蔔。

［7］太山：即今山東境内的泰山，稱爲東岳。古代帝王多在此山舉行封禪典禮。

［8］洛陽：都邑名。在今河南洛陽市東北白馬寺東。

［9］名德：底本、宋刻遞修本、殿本、中華本皆同，庫本作"名節"。

［10］笏：亦稱手板。古代臣子朝見君王時所執的狹長板子，多用玉、象牙、竹木製成。後世唯品官得以執之。

［11］睕城郡公：爵名。爲隋九等爵的第四等。從一品。按，"睕"各本皆同，《北史》卷七三《張威傳》作"皖"，二字相通。

［12］相州：北魏天興四年分冀州始置相州，治所在今河北臨漳縣西南鄴鎮東。東魏、北齊時改稱司州，爲都城所在地。北周建德六年滅北齊後復名相州。北周大象二年平定相州總管尉遲迥之叛後，因州城被毀，遂移治今河南安陽市。隋初沿之，隋煬帝大業初改置魏郡。

［13］植：人名。即張植。張威之子，隋煬帝時官至武賁郎將。事亦見《北史·張威傳》。

［14］武賁郎將：官名。隋煬帝大業三年改革官制，於十二衛每衛置護軍四人，爲各衛將軍之副貳，尋又改稱護軍爲武賁郎將。正四品。

和洪

和洪，汝南人也。[1]少有武力，勇烈過人。周武帝時，數從征伐，以戰功，累遷車騎大將軍、儀同三司。[2]時龍州蠻任公忻、李國立等聚衆爲亂，[3]刺史獨孤善不能禦。[4]朝議以洪有武略，代善爲刺史。月餘，擒公忻、國立，皆斬首梟之，餘黨悉平。從帝攻河陰，[5]洪力戰，陷其西門。帝壯之，賞物千段。復從帝平齊，進位上儀同，[6]賜爵北平侯，[7]邑八百户，拜左勳曹下大夫。[8]柱國王軌之擒吴明徹也，[9]洪有功焉，加位開府，遷折衝中大夫。[10]

[1]汝南：郡名。治所在今河南汝南縣。

[2]車騎大將軍：官名。北周時屬軍號官。北周府兵制中儀同府的長官均帶此軍號官。九命。

[3]龍州：北周時治所在今四川平武縣東南。　任公忻：人名。西魏、北周時龍州蠻人酋帥，數次聚衆爲亂，至北周武帝保定年間，終被龍州刺史和洪率軍討平，擒斬之。事亦見《周書》卷二八《陸騰傳》、《北史》卷二八《陸騰傳》及卷七三《和洪傳》。　李國立：人名。北周武帝時龍州蠻人，部從酋帥任公忻聚衆叛亂，結果被和洪率軍擒獲斬首。事亦見《北史·和洪傳》。

[4]獨孤善：人名。北周元老重臣獨孤信之子。北周武帝保定年間官任龍州刺史，後因無力平息州内蠻人叛亂，遂罷職而爲和洪所替代。事亦見《周書》卷一六、《北史》卷六一《獨孤信傳》。

[5]河陰：縣名。北齊時治所在今河南孟津縣東北。

[6]上儀同：官名。全稱是上儀同大將軍。北周武帝建德四年始置，爲北周十一等勳官的第七等，可開府置官屬。九命。

[7]北平侯：爵名。全稱是北平縣侯。北周時爲十一等爵的第七等。正八命。

[8]左勳曹下大夫：官名。北周時其隸屬、職掌未詳，或當是

北周後期改夏官府司勳下大夫之職而置。正四命。（參見王仲犖《北周六典》卷七《六官餘録第十三》，第 505 頁）

[9]王軌：人名。亦稱烏丸軌。北周武帝宣政元年位居上大將軍，統率諸軍圍攻北侵周境的南朝陳將吴明徹於吕梁，結果大獲全勝，生擒吴明徹，以功進位柱國大將軍，官拜徐州總管。傳見《周書》卷四〇、《北史》卷六二。

[10]折衝中大夫：官名。北周時其隸屬未詳，或當是統領折衝衛士的軍事長官。正五命。（參見王仲犖《北周六典》卷七《六官餘録第十三》，第 509 頁）

尉迥作亂相州，以洪爲行軍總管，從韋孝寬擊之。軍至河陽，[1]迥遣兵圍懷州，[2]洪與總管宇文述等擊走。[3]又破尉惇於武陟。及平相州，每戰有功，拜柱國，封廣武郡公，[4]邑二千户。前後賜物萬段，奴婢五十口，金銀各百挺，牛馬百匹。時東夏初平，[5]物情尚梗，高祖以洪有威名，令領冀州事，[6]甚得人和。數歲，徵入朝，爲漕渠總管監，[7]轉拜泗州刺史。[8]屬突厥寇邊，詔洪爲北道行軍總管，擊走虜，至磧而還。[9]後遷徐州總管，卒，時年六十四。

[1]河陽：城名。北周時在今河南孟州市南。

[2]懷州：北周時治所在今河南沁陽市。

[3]總管：此當是行軍總管的省稱。　宇文述：人名。傳見本書卷六一、《北史》卷七九。

[4]廣武郡公：爵名。北周時爲十一等爵的第五等。正九命。

[5]東夏：地區名。泛指中國東部。此處代指北齊舊境。

[6]領：官制用語。即以較高官兼理較低官之職事。此處“領

冀州事”，即以本官柱國兼理冀州刺史之職事。 冀州：北周時治所在今河北冀州市。

[7]漕渠總管監：隋初所置的負責關中漕渠開鑿事務的主管官員。屬臨時差遣任命之職，事罷則廢。

[8]泗州：北周改安州置，隋初沿之。治所在今江蘇泗陽縣。

[9]磧：即沙漠。此指今蒙古高原大沙漠地帶。

侯莫陳穎

侯莫陳穎字遵道，代人也。[1]與魏南遷，世爲列將。父崇，[2]魏、周之際，歷職顯要，官至大司空。[3]穎少有器量，風神警發，爲時輩所推。魏大統末，[4]以父軍功賜爵廣平侯，[5]累遷開府儀同三司。周武帝時，從滕王逌擊龍泉、文城叛胡，[6]與柱國豆盧勣各帥兵分路而進。[7]穎懸軍五百餘里，[8]破其三栅。先是，稽胡叛亂，輒略邊人爲奴婢。至是詔胡敢有壓匿良人者誅，籍没其妻子。有人言爲胡村所隱匿者，勣將誅之。穎謂勣曰："將在外，君命有所不行。諸胡固非悉反，但相迫脅爲亂耳。大兵臨之，首亂者知懼，脅從者思降。今漸加撫慰，自可不戰而定。如即誅之，轉相驚恐，爲難不細。未若召其渠帥，以隱匿者付之，令自歸首，[9]則群胡可安。"勣從之。群胡感悦，争來降附，北土以安。遷司武，[10]加振威中大夫。[11]

[1]代：郡名。治所在今山西朔州市。

[2]崇：人名。即侯莫陳崇。西魏、北周時的元勳重臣，位居

柱國大將軍，歷官大司空、大宗伯、大司徒，爵封梁國公。傳見《周書》卷一六、《北史》卷六〇。

［3］大司空：官名。全稱是大司空卿。西魏恭帝三年（556）仿《周禮》建六官，置大司空卿一人爲冬官司空府的長官，掌邦事，督百工，以五材九範之徒佐皇帝富邦國，營城郭都邑，立社稷宗廟，造宫宅器械。正七命。北周時制同。

［4］大統：西魏文帝元寶炬年號（535—551）。

［5］廣平侯：爵名。全稱是廣平縣侯。西魏時爲十二等爵的第五等。正二品。

［6］滕王逌（yóu）：即北周宗室親王宇文逌。北周武帝時位居柱國，爵封滕王，建德六年爲行軍總管，率軍征討龍泉、文城等地稽胡之叛，多有戰功。傳見《周書》卷一三、《北史》卷五八。龍泉：郡名。北周時治所在今山西隰縣。　文城：縣名。北周時治所在今山西吉縣西北。　胡：古族名。此指稽胡，亦稱步落稽。或説是匈奴别種，乃十六國時劉淵所統五部匈奴之苗裔；或説是山戎赤狄之後。北朝至隋時主要分布在今山西西部、陝西北部及甘肅東部一帶山區。傳見《周書》卷四九、《北史》卷九六。

［7］豆盧勣：人名。傳見本書卷三九，《北史》卷六八有附傳。

［8］懸軍：孤軍深入敵方。

［9］歸首：即歸降自首。

［10］司武：官名。北周時司武的設置史無明載，王仲犖疑是北周武帝建德初年曾改夏官府左右武伯曹而置爲左右司武曹，仍總掌宿衛軍事。其正副長官初仿舊制置有左右司武中大夫、左右小司武下大夫，至周武帝宣政元年（578）又增置左右司武上大夫各一人爲長官。而此處之“司武”，因下文有“加振威中大夫”一語，故疑當是“司武中大夫”或“小司武下大夫”的省稱，其命品則當爲正五命或正四命。（參見王仲犖《北周六典》卷七《六官餘録第十三》，第505—507頁）

［11］振威中大夫：官名。北周時其隸屬、職掌未詳，或當是北

周仿襲前朝“振威將軍”之職而置。正五命。（參見王仲犖《北周六典》卷七《六官餘録第十三》，第509頁）

高祖爲丞相，拜昌州刺史。[1]會受禪，竟不行，加上開府，進爵昇平郡公。[2]俄拜延州刺史。[3]數年，轉陳州刺史。[4]平陳之役，以行軍總管從秦王俊出魯山道。[5]屬陳將荀法尚、陳紀降，[6]穎與行軍總管段文振度江安集初附。[7]尋拜饒州刺史，[8]未之官，遷瀛州刺史，[9]甚有惠政。在職數年，坐與秦王俊交通免官。百姓將送者，莫不流涕，因相與立碑，頌穎清德。未幾，檢校汾州事，[10]俄拜邢州刺史。[11]仁壽中，吏部尚書牛弘持節巡撫山東，[12]以穎爲第一。高祖嘉歎，優詔褒揚。時朝廷以嶺南刺史、縣令多貪鄙，[13]蠻夷怨叛，[14]妙簡清吏以鎮撫之，[15]於是徵穎入朝。及進見，上與穎言及平生，以爲歡笑。數日，進位大將軍，[16]拜桂州總管十七州諸軍事，賜物而遣之。及到官，大崇恩信，民夷悦服，溪洞生越多來歸附。[17]

[1]昌州：西魏改南荆州置，北周沿之。治所在今湖北棗陽市。

[2]昇平郡公：爵名。爲隋九等爵的第四等。從一品。

[3]延州：西魏改東夏州置，北周、隋初沿之。治所在今陝西延安市東北。

[4]陳州：隋初治所在今河南沈丘縣，開皇十六年移治今河南淮陽縣。

[5]秦王俊：即隋文帝第三子楊俊。傳見本書卷四五、《北史》卷七一。　魯山道：行軍道路名。因取道於魯山（今湖北武漢市漢陽區東北漢江南岸）而得名。

［6］荀法尚：人名。南朝陳將。陳末官任郢州刺史、都督郢巴武三州諸軍事，隋開皇九年伐陳時降於秦王楊俊，入隋後歷官邵、觀、綿、豐四州刺史及巴東、敦煌二郡太守。《陳書》卷一三、《南史》卷六七有附傳。　陳紀：人名。即陳慧紀的省稱。南朝陳將。出身陳宗室，爵封宜黄縣侯，陳末官任荆州刺史、都督荆信二州諸軍事，隋開皇九年伐陳時戰敗降於秦王楊俊，入隋後官任儀同三司，尋卒。傳見《陳書》卷一五、《南史》卷六五。

［7］段文振：人名。傳見本書卷六〇、《北史》卷七六。

［8］饒州：隋開皇九年平陳後廢鄱陽郡置。治所在今江西鄱陽縣。

［9］瀛州：治所在今河北河間市。

［10］汾州：隋時有兩個汾州：一是隋初沿襲北周所置的汾州，治所在今山西吉縣，開皇十六年改爲耿州，開皇十八年又復名汾州，隋煬帝大業初改置文城郡；二是開皇十六年新置的汾州，治所在今山西霍州市，開皇十八年改爲吕州，大業初州廢。文中所述事似正值開皇中新舊兩汾州改稱之際，但因具體年份不明，故難以斷定所指是哪個汾州。

［11］邢州：隋開皇十六年置。治所在今河北邢臺市。

［12］吏部尚書：官名。爲尚書省所轄六部之一吏部的長官，掌全國文職官員的銓選、考課等政令，統吏部、主爵、司勳、考功四曹。置一員，正三品。　牛弘：人名。傳見本書卷四九、《北史》卷七二。　持節：參見前注“使持節”。　山東：地區名。戰國秦漢時期稱崤山或華山以東地區爲山東，魏晋南北朝隋唐時期亦稱太行山以東地區爲山東。

［13］嶺南：地區名。亦稱“嶺表”“嶺外”。指南嶺以南地區。

［14］蠻夷：古代對四方邊遠地區少數民族的泛稱。亦專指南方少數民族。

［15］妙簡：即精選。

［16］大將軍：官名。爲隋十一等散實官的第四等，可開府置僚

佐。正三品。

[17]生越：古代對尚未進入州郡城邑定居而仍保持舊俗的南方越人的蔑稱。

煬帝即位，穎兄梁國公芮坐事徙邊，[1]朝廷恐穎不自安，徵歸京師。數年，拜恒山太守。[2]其年，嶺南、閩越多不附，[3]帝以穎前在桂州有惠政，爲南土所信伏，復拜南海太守。[4]後四歲，卒官。謚曰定。子虔會，[5]最知名。

[1]梁國公：爵名。爲隋九等爵的第三等。從一品。　芮：人名。即侯莫陳芮，侯莫陳穎之兄。北周武帝時襲父爵爲梁國公，後以軍功位居上柱國，官至大司馬；至隋煬帝大業初年以罪除名，配流嶺南，其弟穎亦受此牽連而被免職。事亦見《周書》卷五《武帝紀上》、卷六《武帝紀下》、卷一二《齊煬王憲傳》、卷一六《侯莫陳崇傳》，《北史》卷一〇《周武帝紀》、卷五八《齊煬王憲傳》、卷六〇《侯莫陳崇傳》。

[2]恒山：郡名。隋煬帝大業初改恒州置。治所在今河北正定縣南。

[3]閩越：地區名。指秦漢時閩越族所居之地，即今福建北部和浙江南部一帶。

[4]南海：郡名。隋煬帝大業初改番州置。治所在今廣東廣州市。

[5]虔會：人名。即侯莫陳虔會。事亦見《北史》卷六〇《侯莫陳穎傳》。

史臣曰：杜彦東夏、南服屢有戰功，[1]作鎮朔垂，[2]

胡塵不起。[3]高勱死亡之際，志氣懔然，[4]疾彼姦邪，致兹餘慶。[5]尒朱敞幼有權奇，[6]終能止足，[7]崇基墜而復構，[8]不亦仁且智乎！周摇以質實見知，獨孤以恤人流譽，乞伏慧能以國讓，[9]侯莫陳所居治理，或知牧人之道，[10]或踐仁義之路，皆有可稱焉。慧以供帳不厚，至於放黜，並結髮登朝，[11]出入三代，終享禄位，不夭性龄，[12]蓋其任心而行，不爲矯飾之所致也。[13]

[1]南服：古代王畿以外地區分爲五服，故稱南方爲“南服”。此指南朝陳境。

[2]朔垂：泛指北方邊境地區。垂，通“陲”。

[3]胡塵：即胡人兵馬揚起的沙塵，比喻胡兵的凶焰。此指突厥所興的戰事。

[4]懔然：底本、宋刻遞修本、殿本、中華本皆同，庫本作“凛然”，義同。

[5]餘慶：指祖先留給子孫後輩的德澤。

[6]權奇：指非凡的智謀。

[7]止足：語出《老子》：“知足不辱，知止不殆，可以長久。”後用以喻謂凡事知止知足，而不貪得無厭。

[8]崇基：此指顯耀的家族基業。

[9]以國讓：此指乞伏慧請以官爵轉讓其兄之事。

[10]牧人：即治民，管理民事。

[11]結髮：即束髮。古代男子自成童開始束髮，遂以指初成年時。

[12]性龄：即天年，自然的壽數。按，“性龄”底本、宋刻遞修本、殿本、中華本皆同，但庫本作“性靈”，疑誤。

[13]矯飾：指造作誇飾，以掩蓋本性。

隋書　卷五六

列傳第二十一

盧愷

盧愷字長仁，涿郡范陽人也。[1]父柔，[2]終於魏中書監。[3]愷性孝友，神情爽悟，略涉書記，頗解屬文。[4]周齊王憲引爲記室。[5]其後襲爵容城伯，[6]邑千一百户。[7]從憲伐齊，[8]愷説柏杜鎮下之。[9]遷小吏部大夫，[10]增邑七百户。染工上士王神歡者，[11]嘗以賂自進，冢宰宇文護擢爲計部下大夫。[12]愷諫曰："古者登高能賦，可爲大夫，[13]求賢審官，理須詳慎。今神歡出自染工，更無殊異，徒以家富自通，遂與搢紳並列，[14]實恐惟鵜之刺聞之外境。"[15]護竟寢其事。建德中，[16]增邑二百户。歲餘，轉内史下大夫。[17]武帝在雲陽宫，[18]敕諸屯簡老牛，欲以享士。[19]愷進諫曰："昔田子方贖老馬，[20]君子以爲美談。向奉明敕，欲以老牛享士，有虧仁政。"帝美其言而止。轉禮部大夫，[21]爲聘陳使副。[22]先是，行人多從其國禮，[23]及愷爲使，一依本朝，陳人莫能屈。四年秋，李穆攻拔軹關、柏崖二鎮，[24]命愷作露布，[25]帝讀之大悦，曰："盧愷文章大進，荀景倩故是令君之子。"[26]尋授襄州總管司録，[27]轉治中。[28]大象元年，[29]徵拜東京吏部大夫。[30]

[1]涿郡：治所在今北京市西南。　范陽：縣名。治所在今河北淶水縣。

[2]柔：人名。即盧柔，盧愷之父，西魏時官至中書監，北周初官至内史大夫。傳見《周書》卷三二、《北史》卷三〇。

[3]魏：即北魏（386—557），亦稱後魏。都平城（今山西大同市東北），公元494年遷都洛陽（今河南洛陽市東北白馬寺東）。公元534年分裂爲東魏和西魏兩個政權。東魏（534—550）都於鄴（今河北臨漳縣西南鄴鎮東），西魏（535—557）都於長安（今陝西西安市西北郊）。　中書監：官名。西魏時爲中書省的長官，置一員，掌草擬詔敕，内參機密，議決朝政，是宰相之職。從二品。按，據《周書·盧柔傳》及《北史·盧柔傳》載，盧柔卒於北周孝閔帝即位之後，時官内史大夫，故此處所記盧柔"終於魏中書監"在時間上不準確，實當終於北周初年。

[4]屬（zhǔ）文：撰著文辭。

[5]周：即北周（557—581），都於長安（今陝西西安市西北郊）。　齊王憲：即北周宗室親王宇文憲。北周武帝時爵封齊王，曾多次領兵攻伐北齊。傳見《周書》卷一二、《北史》卷五八。　記室：官名。此當是王府記室參軍事的省稱。北周時爲王府所屬列曹參軍之一，掌判府内章表書記之事務。正四命。

[6]容城伯：爵名。全稱是容城縣伯。北周時爲十一等爵的第八等。正七命。

[7]邑：也稱食邑、封邑。是古代君王封賜給有爵位之人的一種食禄制度，受封者可徵收封地内的民户租税充作食禄。魏晋以

後，食邑分爲虚封和實封兩類：虚封一般僅冠以“邑”或“食邑”之名，這衹是一種榮譽性加銜，受封者並不能獲得實際的食禄收入；而實封一般須冠以“真食”“食實封”等名，受封者可真正獲得食禄收入。

［8］齊：即北齊（550—577），都於鄴（今河北臨漳縣西南鄴鎮東）。

［9］柏杜鎮：鎮、城名。北齊時在今山西鄉寧縣西南。按，“柏杜”各本皆同，但《周書·齊煬王憲傳》作“柏社”，《北史·齊煬王憲傳》作“伯杜”，《北史》卷三〇《盧愷傳》作“栢社”。

［10］小吏部大夫：官名。全稱是小吏部下大夫，亦簡稱小吏部。北周時爲夏官府吏部曹的次官，置一員，協助長官吏部中大夫掌官吏銓選之政務。正四命。

［11］染工上士：官名。北周時爲天官府太府曹織染署的長官，置一員，掌染絲帛之事。正三命。　王神歡：人名。北周武帝天和年間通過賄賂手段竟以染工出身官任染工上士，而執政大臣宇文護又擢升他爲小計部下大夫，當時盧愷正協管官吏銓選政務，認爲此事違背選官之道，遂極力諫止，宇文護最終聽從盧愷之諫而罷廢王神歡之官。事亦見《北史·盧愷傳》。

［12］冢宰：官名。全稱是大冢宰卿。西魏恭帝三年（556）仿《周禮》建六官，置大冢宰卿一人爲天官冢宰府的長官，職掌邦治，以建邦之六典輔佐皇帝治邦國，正七命。北周沿置，然其權力則因人而異，若有“五府總於天官”之命，即稱“冢宰”，能總攝百官，實爲大權在握的宰輔；若無此命，即稱“太宰”，與五卿並列，僅統本府官。　宇文護：人名。北周初期的宗室權臣，官居大冢宰卿，都督中外諸軍事，至北周武帝建德元年（572）被誅殺。傳見《周書》卷一一，《北史》卷五七有附傳。　計部下大夫：官名。全稱是小計部下大夫。北周時爲天官府計部曹的次官，協助長官計部中大夫掌賦税出入、財用計賬之政令。正四命。

［13］大夫：官名。周代在國君之下置有卿、大夫、士三等職

官，各等又分上、中、下三級。後因以大夫作爲任官職者的泛稱。

［14］搢紳：亦作“縉紳”。即插笏於腰際紳帶間，爲古時官宦的裝束。後遂用爲官宦或士大夫的代稱。

［15］惟鵜：亦作“維鵜”“鵜翼”。典出《詩·曹風·候人》：“維鵜在梁，不濡其翼。”鄭玄箋：“鵜在梁，當濡其翼，而不濡者，非其常也。以喻小人在朝，亦非其常。”後遂用以比喻小人在朝或居官者才德不稱職。

［16］建德：北周武帝宇文邕年號（572—578）。

［17］内史下大夫：官名。全稱是小内史下大夫，亦簡稱小内史。北周初爲春官府内史曹的次官，北周宣帝大象元年（579）增置内史上大夫爲該曹長官，原長官内史中大夫退居副貳，小内史下大夫遂退爲屬官。其職掌是協助該曹長官撰寫皇帝詔令，參議刑罰爵賞及軍國大事，並修撰國史及起居注。置二員，正四命。

［18］武帝：即北周武帝宇文邕。紀見《周書》卷五、六，《北史》卷一〇。　雲陽宫：北周離宫名。故址在今陝西淳化縣西北甘泉山，爲北周帝王避暑之所。

［19］享士：此指用老牛之肉犒勞士卒。享，通“饗”。

［20］田子方：人名。戰國時期魏國賢士，嘗受學於子夏，後爲魏文侯之師。相傳他曾見君棄老馬，曰：“少盡其力，老而棄之，非仁也。”於是收而養之。事見《史記》卷四四《魏世家》、卷一二一《儒林列傳》，《後漢書》卷四七《班超傳》李賢注等。

［21］禮部大夫：官名。全稱是禮部下大夫。西魏恭帝三年仿《周禮》建六官，於春官府設典命曹，置典命大夫爲該曹長官，掌内外九族之差，及玉帛衣服之令，沙門道士之法。北周初改典命爲大司禮。北周武帝保定四年（564）五月又改大司禮爲禮部，並改置禮部下大夫爲該曹長官，職掌如故。正四命。

［22］聘：指國與國之間的出使訪問。　陳：即南朝陳（557—589），都於建康（今江蘇南京市）。　使副：即副使，爲正使的副貳。屬臨時差遣委命之職，事罷則廢。

[23]行人：本爲周代掌管朝覲聘問的職官名，後因以爲出訪使者的通稱。

[24]李穆：人名。傳見本書卷三七，《周書》卷三〇、《北史》卷五九有附傳。　軹關：關隘名。因正當軹道之險而得名。故址在今河南濟源市西北，地處豫北平原進入山西高原之要衝，稱爲“太行八陘”中的第一陘，形勢險峻，自古爲兵家必争之地。東魏、北齊時在此築城屯兵，置爲軍事重鎮。　柏崖：鎮、城名。爲東魏時河南守將侯景所築，北齊時仍在此屯兵置爲軍事重鎮。故址在今河南濟源市西南黄河北岸。

[25]露布：即軍旅告捷的文書。

[26]荀景倩：人名。即荀顗，字景倩。乃漢末名臣、曹操屬下謀主、尚書令荀彧之子，少承家學，博學精思，由此在曹魏至西晋時歷任顯官要職。傳見《晋書》卷三九。按，“倩”字各本皆同，但《北史·盧愷傳》作“蒨”，當訛。　令君之子：據《晋書·荀顗傳》，此乃曹魏末年輔政大臣司馬懿對荀顗的贊揚之語，意謂荀顗不愧爲荀令君之子。令君，是對荀彧所任之官尚書令的敬稱。按，周武帝引用荀顗的典故，意在稱贊盧愷亦像荀顗一樣具有深厚的家學淵源，才識出衆，不愧爲西魏、北周大臣盧柔之子。

[27]襄州：西魏置總管府，北周沿之。治所在今湖北襄樊市。　總管司録：官名。北周時爲諸州總管府的上佐官，位居總管長史、司馬之下，總録一府之事。其命品史無明載，但北周諸州府的司録按州等級分爲六命至四命五個等級，故諸州總管府司録的命品亦應與五等州司録的命品略同。

[28]治中：官名。全稱是治中從事史。此指總管府治中。北周時爲諸州總管府的屬官，於府内居中治事，主管衆曹文書。其命品史無明載，但北周諸州府的治中按州等級分爲四命、正三命、三命三等，故諸州總管府治中的命品亦應與三等州治中的命品略同。

[29]大象：北周宣帝和静帝年號（579—580）。

[30]東京吏部大夫：官名。全稱是東京吏部下大夫。北周武帝

建德六年滅北齊後，仿北周六官之制，在相州建置六府官，以統轄北齊舊境。北周宣帝大象元年改洛陽爲東京，並移相州六府於東京，稱爲“東京六府”。東京吏部下大夫，即爲東京六府的官員，位同中央夏官府吏部曹的次官小吏部下大夫，執掌東京轄區内的官吏銓選之政務。正四命。按，“東京”各本皆同，但《北史·盧愷傳》作“東都”，當誤。

開皇初，[1]加上儀同三司，[2]除尚書吏部侍郎，[3]進爵爲侯，[4]仍攝尚書左丞。[5]每有敷奏，[6]侃然正色，雖逢喜怒，不改其常。帝嘉愷有吏幹，賜錢二十萬，并賚雜彩三百匹，加散騎常侍。[7]八年，上親考百僚，以愷爲上。愷固讓，不敢受，高祖曰：[8]“吏部勤幹，舊所聞悉。今者上考，僉議攸同，[9]當仁不讓，何愧之有！皆在朕心，無勞飾讓。”

[1]開皇：隋文帝楊堅年號（581—600）。

[2]上儀同三司：官名。亦簡稱上儀同。隋文帝因改北周十一等勳官之制形成十一等散實官，用以酬勤勞，無實際職掌。上儀同三司是十一等散實官的第七等，可開府置僚佐。從四品上。按，“同”字底本原作“司”，顯訛，今據宋刻遞修本、殿本、庫本、中華本及《北史》卷三〇《盧愷傳》改。

[3]除：官制用語。即拜官、授職。　尚書吏部侍郎：官名。隋初於尚書省吏部下轄四曹之一吏部曹置吏部侍郎二員，爲該曹長官，掌文職官吏銓選之政務，正四品上。隋煬帝大業三年改諸曹侍郎爲“郎”，而又於尚書省所轄六部各置“侍郎”一人，爲六部之副長官，正四品。此後，吏部侍郎就成爲吏部的副長官，而原吏部侍郎則改稱爲選部郎。

[4]侯：爵名。此當是容城縣侯的省稱。爲隋九等爵的第六等。

正二品。

[5]攝：官制用語。即以本官代理或兼理他官之職事。　尚書左丞：官名。爲尚書省的屬官，與尚書右丞對置，各一人，分掌尚書都省事務，糾駁諸司文案，總判吏、民、禮三部之事。隋初爲從四品上，隋煬帝大業三年（607）升爲正四品。

[6]敷奏：即臣下向皇帝陳奏政事。

[7]散騎常侍：官名。爲門下省的屬官，置四員，掌陪從朝值，獻納得失，實則爲閑散虛職，多用作加官。從三品。隋煬帝大業三年罷廢。

[8]高祖：隋文帝楊堅的廟號。紀見本書卷一、二，《北史》卷一一。

[9]僉議：此指群臣百官的共同商議。

歲餘，拜禮部尚書，[1]攝吏部尚書事。[2]會國子博士何妥與右僕射蘇威不平，[3]奏威陰事。愷坐與相連，上以愷屬吏。[4]憲司奏愷曰：[5]“房恭懿者，[6]尉遲迥之黨，[7]不當仕進。威、愷二人曲相薦達，累轉爲海州刺史。[8]又吏部預選者甚多，愷不即授官，皆注色而遣。[9]威之從父弟徹、肅二人，[10]並以鄉正徵詣吏部。[11]徹文狀後至而先任用，肅左足攣蹇，[12]才用無算，愷以威故，授朝請郎。[13]愷之朋黨，事甚明白。”上大怒曰：“愷敢將天官以爲私惠！”[14]愷免冠頓首曰：“皇太子將以通事舍人蘇夔爲舍人，[15]夔即蘇威之子，臣以夔未當遷，固啓而止。[16]臣若與威有私，豈當如此！”上曰：“蘇威之子，朝廷共知，卿乃固執，以徼身倖。至所不知者，便行朋附，姦臣之行也。”於是除名爲百姓。未幾，卒于家。自周氏以降，選無清濁，[17]及愷攝吏部，與薛道衡、陸彦師等甄別士流，[18]故涉黨固之譖，[19]遂及於此。子義恭嗣。[20]

［1］禮部尚書：官名。爲尚書省所轄六部之一禮部的長官，掌禮儀、祭祀、外交、宴享等政令，統禮部、祠部、主客、膳部四曹。置一員，正三品。

［2］吏部尚書：官名。爲尚書省所轄六部之一吏部的長官，掌全國文職官員的銓選、考課等政令，統吏部、主爵、司勳、考功四曹。置一員，正三品。

［3］國子博士：官名。爲國子學的教官，掌以儒經教授國子生，國有疑事則掌承問對。隋初置五人，正五品上，仁壽元年（601）隨國子學罷廢；隋煬帝大業初復置一人，正五品。　何妥：人名。傳見本書卷七五、《北史》卷八二。　右僕射：官名。隋時於尚書省置左、右僕射各一人爲副貳，地位僅次於長官尚書令。但因隋代尚書令不常置，僕射則成爲尚書省的實際長官，是宰相之職。從二品。　蘇威：人名。傳見本書卷四一，《北史》卷六三有附傳。

［4］屬（zhǔ）吏：即將犯罪過之人交給執法官吏去處理。

［5］憲司：魏晋以來對御史的别稱。

［6］房恭懿：人名。傳見本書卷七三，《北史》卷五五有附傳。

［7］尉遲迥：人名。亦省稱“尉迥”。北周末年官任相州總管，起兵反對楊堅篡周，旋被討滅。傳見《周書》卷二一、《北史》卷六二。

［8］海州：治所在今江蘇連雲港市西南。

［9］注色：填寫履歷。色，即脚色，古代指履歷。

［10］徹、肅：人名。即蘇徹、蘇肅。此二人皆是隋初宰相蘇威的堂弟，本爲鄉正吏職，無甚才幹，且蘇肅身有殘疾，但因蘇威的關係，攝吏部尚書盧愷將二人徵至吏部參與銓選，蘇徹優先任官，蘇肅被授爲朝請郎。至開皇十二年，此事被揭發出來，御史遂上奏

彈劾盧愷、蘇威有朋黨徇私之罪，結果盧愷、蘇威均被免官除名。事亦見本書卷四一《蘇威傳》、《北史》卷三〇《盧愷傳》及卷六三《蘇威傳》。

[11]鄉正：吏名。隋初采蘇威建議，以民五百户爲一鄉，每鄉置鄉正一人，掌理民間訴訟之事。屬流外吏職。開皇十年罷廢。

[12]攣蹇：指足因攣縮而致跛。

[13]朝請郎：官名。隋文帝開皇六年於尚書省吏部别置朝請等八郎，爲散官番直，無具體職掌，常出使監檢。正七品上。隋煬帝大業三年罷廢。

[14]天官：古時對吏部的别稱。亦泛指朝廷所置的職官。

[15]皇太子：此指隋初的皇太子楊勇。傳見本書卷四五、《北史》卷七一。　通事舍人：官名。此指太子通事舍人。爲太子東宫典書坊的屬官，置八員，掌導引宫臣辭見，承令勞問之事，制比朝廷内史省的通事舍人。正七品下。隋煬帝大業三年改稱宣令舍人。　蘇夔：人名。本書卷四一、《北史》卷六三有附傳。　舍人：官名。此指太子舍人。爲太子東宫典書坊的屬官，置八員，掌令書表啓之事，制比朝廷的内史舍人。從六品下。隋煬帝大業三年改稱管記舍人，並减置四員。

[16]啓：即啓奏、稟告。亦泛指奏疏、公文、書函。

[17]清濁：指清官與濁官。魏晋以來，職官有清濁之分：凡職閑位高且升遷迅捷之官，謂之“清官”；凡職冗位卑且升遷遲緩之官，則謂之“濁官”。清官衹能由高門士族擔任，而寒門庶族則衹能擔任濁官，兩者區分甚嚴。

[18]薛道衡：人名。傳見本書卷五七，《北史》卷三六有附傳。　陸彦師：人名。傳見本書卷七二，《北史》卷二八有附傳。　士流：指出身士族的人。與“寒流”“寒人”對稱。

[19]黨固：亦作“黨錮”。本指東漢桓帝、靈帝時發生的“黨錮之禁”，事詳《後漢書》卷六七《黨錮列傳》。後因以泛指禁止黨人擔任官職並限制其活動。

［20］義恭：人名。即盧義恭，盧愷的嗣子，唐太宗時官至工部侍郎。事亦見《舊唐書》卷一二六《盧慕傳》，周紹良主編《唐代墓誌彙編》貞觀〇五二《大唐故特進尚書右僕射上柱國虞恭公温（彦博）公墓誌》、開元一九二《大唐正議大夫持節仙州諸軍事守仙州刺史上柱國司馬公故夫人范陽郡君盧氏墓誌銘并序》、開元四六八《有唐薛氏故夫人實信優婆夷未曾有功德塔銘并序》（上海古籍出版社1992年版，第42、1291、1479頁）。　嗣：此指繼承父輩的爵位和家業，以延續香火。

令狐熙

令狐熙字長熙，燉煌人也，[1]代爲西州豪右。[2]父整，[3]仕周，官至大將軍、始、豐二州刺史。[4]熙性嚴重，有雅量，雖在私室，終日儼然。不妄通賓客，凡所交結，必一時名士。博覽群書，尤明《三禮》，[5]善騎射，頗知音律。起家以通經爲吏部上士，[6]尋授都督、輔國將軍，[7]轉夏官府都上士，[8]俱有能名。以母憂去職，[9]殆不勝喪。其父戒之曰："大孝在於安親，義不絶嗣。吾今見存，汝又隻立，[10]何得過爾毁頓，[11]貽吾憂也！"熙自是稍加饘粥。[12]服闋，[13]除小駕部。[14]復丁父憂，[15]非杖不起，[16]人有聞其哭聲，莫不爲之下泣。河陰之役，[17]詔令墨縗從事，[18]還授職方下大夫，[19]襲爵彭陽縣公，[20]邑二千一百户。及武帝平齊，以留守功，增邑六百户。進位儀同，[21]歷司勳、吏部二曹中大夫，[22]甚有當時之譽。

[1]燉煌：郡名。亦作“敦煌”。治所在今甘肅敦煌市西。

[2]西州：地區名。漢晋時稱古涼州之地爲西州，以在中原之西而得名。約當今甘肅、青海等地。　豪右：古代泛指世家大族或豪强大户。

[3]整：人名。即令狐整，令狐熙之父，北魏末至北周時人。位居大將軍，官至豐、始二州刺史，爵封彭陽縣公。傳見《周書》卷三六、《北史》卷六七。

[4]大將軍：官名。北周時爲十一等勳官的第四等，可開府置官屬。正九命。　始：州名。西魏改安州置，北周沿之。治所在今四川劍閣縣。　豐：州名。西魏改興州置，北周沿之。治所在今湖北丹江口市西北。

[5]《三禮》：即《周禮》《儀禮》《禮記》三部儒家禮制經典的合稱。

[6]起家：官制用語。即從家中徵召出來，始授以官職。　吏部上士：官名。全稱是小吏部上士。北周時爲夏官府吏部曹的屬官，輔助該曹正副長官掌官吏銓選之政令，總判本曹日常事務。正三命。

[7]都督：官名。北周時屬勳官。北周府兵制中每隊的長官均加此勳官名。七命。按，“都督”底本、殿本、庫本皆同，宋刻遞修本、中華本作“帥都督”。　輔國將軍：官名。北周時屬軍號官，可開府置僚佐，多用作加官。七命。

[8]夏官府都上士：官名。北周時爲夏官府的屬官，掌判本都府日常事務。正三命。

[9]母憂：即遭逢母親喪事。古代喪服禮制規定，父母死後，子女須守喪，三年内不得做官、婚娶、赴宴、應考、舉樂，等等。

[10]隻立：此指無兄弟而唯有己身以單丁孤立存在。

[11]毁頓：指因居喪過哀而致精神委頓。

[12]饘（zhān）粥：稀飯。

[13]服闋：指守喪期滿而除服。闋，即終了。

［14］小駕部：官名。全稱是小駕部下大夫。北周時爲夏官府駕部曹的次官，協助長官駕部中大夫掌車乘、廄牧馬畜及傳驛之政令。正四命。

［15］丁父憂：即遭逢父親喪事。參見前注“母憂”。

［16］非杖不起：意謂居喪過哀而身體病弱，以致不扶喪棒則不能起身。

［17］河陰：縣名。北齊時治所在今河南孟津縣東北。北周武帝建德四年親征北齊時，周、齊兩軍曾在此展開激烈的争奪戰，史稱“河陰之役”。

［18］墨縗：即黑色喪服。古時官員守喪期未滿者，若遇國有戰事之需，則按例改易墨縗以從役，此屬特殊情況下的一種權宜喪服。

［19］職方下大夫：官名。全稱是小職方下大夫。北周時爲夏官府職方曹的次官，協助長官職方中大夫掌天下地理形勝之政令，主四方之職貢。正四命。

［20］彭陽縣公：爵名。北周時爲十一等爵的第六等。“命數未詳，非正九命則當是九命”（參見王仲犖《北周六典》卷八《封爵第十九》，中華書局1979年版，第548頁）。按，“彭陽”底本、殿本、庫本、中華本皆同，《周書·令狐整傳》及《新唐書·宰相世系表五下》亦同，宋刻遞修本殘缺，但《北史》卷六七《令狐整傳》和《令狐熙傳》均作“彭城”，疑誤。

［21］儀同：官名。全稱是儀同三司，北周武帝建德四年改稱“儀同大將軍”。北周時屬勳官。北周府兵制中儀同府的長官均加此勳官名，可開府置官屬。九命。

［22］司勳、吏部二曹中大夫：即“司勳中大夫”和“吏部中大夫”的合稱。司勳中大夫，官名。北周時爲夏官府司勳曹的長官，掌六勳之賞令，以等其功。正五命。吏部中大夫，官名。北周時爲夏官府吏部曹的長官，置一員，掌官吏銓選之政務。正五命。

高祖受禪之際，[1]熙以本官行納言事。[2]尋除司徒左長史，[3]加上儀同，進爵河南郡公。[4]時吐谷渾寇邊，[5]以行軍長史從元帥元諧討之，[6]以功進位上開府。[7]會蜀王秀出鎮於蜀，[8]綱紀之選，[9]咸屬正人，以熙爲益州總管長史。[10]未之官，拜滄州刺史。[11]時山東承齊之弊，[12]户口簿籍類不以實。熙曉諭之，令自歸首，至者一萬户。在職數年，風教大洽，稱爲良二千石。[13]開皇四年，上幸洛陽，[14]熙來朝，吏民恐其遷易，悲泣於道。及熙復還，百姓出境迎謁，歡叫盈路。在州獲白烏、白獐、嘉麥，[15]甘露降於庭前柳樹。[16]八年，徙爲河北道行臺度支尚書，[17]吏民追思，相與立碑頌德。及行臺廢，授并州總管司馬。[18]後徵爲雍州别駕。[19]尋爲長史，[20]遷鴻臚卿。[21]後以本官兼吏部尚書，往判五曹尚書事，[22]號爲明幹，上甚任之。

[1]受禪：中國古代王朝更迭時，新皇帝承受舊皇帝讓給的帝位，即稱受禪。此指楊堅於公元581年廢北周静帝，即位稱皇帝，正式建立隋王朝。

[2]行：官制用語。即以較高官攝理較低官之職事。　納言：官名。全稱是納言中大夫，亦簡稱大納言。北周武帝保定四年改天官府御伯曹爲納言曹，置納言中大夫二人爲該曹長官，掌封駁制敕，參議政令的制定。正五命。

[3]司徒左長史：官名。隋文帝即位初，沿北齊舊制置司徒左長史，爲司徒府的上佐官，職掌選舉事務。從三品。尋罷司徒府，司徒左長史亦隨之罷廢。

[4]河南郡公：爵名。爲隋九等爵的第四等。從一品。

[5]吐谷（yù）渾：古族名。本爲遼東鮮卑之種，姓慕容氏，

西晋時西遷至群羌故地，北朝至隋唐時期游牧於今青海北部和新疆東南部地區。傳見本書卷八三、《晋書》卷九七、《魏書》卷一〇一、《周書》卷五〇、《北史》卷九六、《舊唐書》卷一九八、《新唐書》卷二二一上。

［6］行軍長史：北周至隋時出征軍統帥屬下的幕府僚佐官，位居幕府内衆幕僚之首，掌領幕府行政事務。屬臨時差遣任命之職，事罷則廢。　元帥：此指行軍元帥。北周至隋時出征軍的統帥名。根據需要臨時差遣任命，事罷則廢。　元諧：人名。傳見本書卷四〇、《北史》卷七三。

［7］上開府：官名。全稱是上開府儀同三司。爲隋十一等散實官的第五等，可開府置僚佐。從三品。

［8］蜀王秀：即隋文帝第四子楊秀。傳見本書卷四五、《北史》卷七一。　蜀：地區名。泛指古蜀國之地，即今四川一帶。

［9］綱紀：泛指公府及州郡的僚佐官吏。此處特指蜀王楊秀鎮蜀時的屬下僚佐官。

［10］益州：北周置總管府，隋開皇二年置西南道行臺，開皇三年改置大總管府。治所在今四川成都市。　總管長史：官名。爲諸州總管府的上佐官，位居府中衆屬官之首，輔助總管統領府中政務。其品階史無明載，但隋代諸州總管府和諸州府均分爲上、中、下三等，三等州長史的品階分别爲正五品上、從五品上、正六品上，故三等總管府長史的品階亦當與三等州長史略同。而益州爲大總管府，其長史更應高於上州長史，當在正五品上以上。

［11］滄州：隋時先後有兩個滄州：一是隋初沿襲北齊、北周所置的滄州，治所在今河北鹽山縣西南，隋煬帝大業初廢；二是隋煬帝大業二年改棣州所置的滄州，治所在今山東陽信縣西南，大業三年改置渤海郡。文中所指是前一個滄州。

［12］山東：地區名。戰國秦漢時期稱崤山或華山以東地區爲山東，魏晋南北朝隋唐時期亦稱太行山以東地區爲山東。此處代指北齊舊境之地。

［13］二千石：漢制郡守禄秩爲二千石，後世遂以“二千石”代稱地方州郡長官。

［14］洛陽：都邑名。在今河南洛陽市東北白馬寺東。

［15］白烏：即白羽的烏鴉。古時以爲祥瑞之物。　白獐：即色白的獐子。古時以爲祥瑞之物。　嘉麥：即生長奇異壯碩的麥穗。古人以爲吉祥之兆。

［16］甘露：即甘美的露水。古人認爲甘露降，是太平之瑞徵。

［17］河北道：即在黄河中下游以北設置的軍政特區，治所在今山西太原市西南古城營。隋初根據形勢需要於地方設置軍政特區，稱爲“道”，每道的統轄範圍包括若干州。　行臺度支尚書：官名。隋初在各道軍政特區設置行臺尚書省，簡稱行臺，是中央最高行政機關尚書省的派出機構。行臺度支尚書，則是行臺尚書省所轄民部的長官，主管特區内土地户口、賦税錢糧等政務，並兼掌行臺刑部和工部之政務。流内視正三品。按，據本書《百官志下》及《通典》卷二三《職官·户部尚書》，隋文帝開皇三年已改度支尚書爲民部尚書，各道行臺度支尚書亦相應改稱行臺民部尚書，而文中所述事在開皇八年（588），故此處仍載稱“行臺度支尚書”則欠準確，當作“行臺民部尚書”。（參見唐華全《〈隋書〉勘誤18則》，《南昌航空大學學報》2012年第2期）

［18］并州：北周置總管府，隋開皇二年置河北道行臺，開皇九年改置大總管府。治所在今山西太原市西南古城營。　總管司馬：官名。爲諸州總管府的上佐官，協助總管統領府中軍務。其品階史無明載，但隋代諸州總管府和諸州府均分爲上、中、下三等，三等州司馬的品階分别爲正五品下、從五品下、正六品下，故三等總管府司馬的品階亦當與三等州司馬略同。而并州爲大總管府，其司馬更應高於上州司馬，當在正五品下以上。

［19］雍州别駕：官名。爲隋都長安所在地雍州（治所在今陝西西安市及其南郊）的上佐官，位居州府内衆屬官之首，輔佐長官雍州牧掌領州府行政事務。從四品上。按，本書《百官志下》載稱

隋文帝開皇三年已令改别駕以爲長史，但據本傳所載，雍州别駕則遲至開皇九年以後仍存而未改。

[20]長史：官名。此指雍州長史。是由雍州别駕改置的職官，改置時間據本傳所載似在開皇九年以後至開皇十二年之前，其職掌、品階仍同於雍州别駕。

[21]鴻臚卿：官名。爲鴻臚寺的長官，置一員，掌册封諸藩、接待外使及喪葬禮儀等事務。開皇三年曾廢鴻臚寺，將其職掌歸入太常寺，開皇十二年又復置。隋初爲正三品，隋煬帝時降爲從三品。

[22]判：官制用語。即以本官代理或兼理他官之職事。　五曹尚書事：此指民、禮、兵、刑、工五部尚書之職事。

及上祠太山還，[1]次汴州，[2]惡其殷盛，多有姦俠，[3]於是以熙爲汴州刺史。下車禁游食，[4]抑工商，民有向街開門者杜之，船客停於郭外星居者勒爲聚落，[5]僑人逐令歸本，[6]其有滯獄，[7]並决遣之，令行禁止，稱爲良政。上聞而嘉之，顧謂侍臣曰："鄴都，[8]天下難理處也。敕相州刺史豆盧通令習熙之法。"[9]其年來朝，考績爲天下之最，賜帛三百匹，頒告天下。

[1]太山：即今山東境内的泰山，稱爲東岳。古代帝王多在此山舉行封禪典禮。

[2]汴州：治所在今河南開封市。

[3]姦俠：指地方上多結私交、行爲不法的人。

[4]下車：典出《禮記·樂記》："武王克殷，反商，未及下車，而封黄帝之後於薊。"後遂稱皇帝初即位或官吏到任爲"下車"。　游食：指居處不定，到處謀食。亦指居無定所而四處謀食之人。

[5]聚落：即人户聚居的村落。

［6］僑人：泛指寄居外鄉的人。此處指寓居汴州的外鄉人口。

［7］滯獄：指因積壓或拖延而未予審決的刑獄案件。

［8］鄴都：都邑名。東魏、北齊的都城，北周相州總管府的治所，在今河北臨漳縣西南。北周静帝大象二年平定相州總管尉遲迥之叛時，城被焚毁，遂移至今河南安陽市，仍爲相州治所。隋時沿之。

［9］相州：北魏天興四年（401）分冀州始置相州，治所在今河北臨漳縣西南。東魏、北齊時改稱司州，爲都城所在地。北周建德六年滅北齊後復名相州。北周静帝大象二年平定相州總管尉遲迥之叛後，因州城被毁，遂移治今河南安陽市。隋初沿之，隋煬帝大業初改置魏郡。　豆盧通：人名。本書卷三九、《北史》卷六八有附傳。

上以嶺南夷越數爲反亂，[1]徵拜桂州總管十七州諸軍事，[2]許以便宜從事，[3]刺史以下官得承制補授。[4]給帳内五百人，[5]賜帛五百匹，發傳送其家累，[6]改封武康郡公。[7]熙至部，大弘恩信，其溪洞渠帥更相謂曰：[8]“前時總管皆以兵威相脅，今者乃以手教相諭，[9]我輩其可違乎？”於是相率歸附。先是，州縣生梗，[10]長吏多不得之官，寄政於總管府。熙悉遣之，爲建城邑，開設學校，華夷感敬，[11]稱爲大化。時有甯猛力者，[12]與陳後主同日生，[13]自言貌有貴相。在陳日，已據南海，[14]平陳後，高祖因而撫之，即拜安州刺史。[15]然驕倨，恃其阻險，未嘗參謁。熙手書諭之，申以交友之分。其母有疾，[16]熙復遺以藥物。猛力感之，詣府請謁，不敢爲非。熙以州縣多有同名者，於是奏改安州爲欽州，[17]黄州爲峰州，[18]利州爲智州，[19]德州爲驩州，[20]東寧爲融州，[21]上皆從之。在職數年，上表曰："臣忝寄嶺表，四載于兹，犬馬之年，[22]六十有一。才輕任重，愧懼兼深，常願收拙避賢，稍免官謗。[23]然所管遐曠，綏撫尤難，雖未能頓革夷風，[24]頗亦漸識皇化。但臣夙患消渴，[25]比更增甚，筋力精神，轉就衰邁。昔在壯齒，[26]猶不如人，況今年疾俱侵，豈可猶當重寄！請解所任。"優詔不許，賜以醫藥。熙奉詔，令交州渠帥李佛子入朝，[27]佛子欲爲亂，請至仲冬上道，熙意在羈縻，[28]遂從之。有人詣闕訟熙受佛子賂而捨之，[29]上聞而固疑之。既而佛子反問至，[30]上大怒，以爲信然，遣使者鎖熙詣闕。熙性素剛，鬱鬱不得志，行至永州，[31]憂憤發病而卒，時年六十三。上怒不解，於是没其家財。及行軍總管劉方擒佛子送於京師，[32]言熙實無贓貨，上乃悟，於是召其四子，聽預仕焉。少子德棻，[33]最知名。

[1]嶺南：地區名。亦稱"嶺表""嶺外"。指南嶺以南地區。　夷越：古代對長江中下游以南各少數民族的泛稱。

[2]桂州：南朝梁始置，隋開皇九年平陳後置總管府。治所在今廣西桂林市。　總管：官名。全稱是總管刺史加使持節。北周始置諸州總管，隋初承繼，又有增置。總管的統轄範圍可達數州至十餘州，實爲一軍政轄區的最高長官。隋文帝在并、益、荆、揚四州置大總管，其餘州置總管。總管分上、中、下三等，品秩分别爲流内視從二品、視正三品、視從三品。　十七州諸軍事：此表示桂州總管的統轄範圍及其職權。

[3]便宜從事：亦作"便宜行事"。古代重要軍政長官出征、出使或出鎮時，由皇帝授予的一種職權特令。即可斟酌情勢，不拘規制條文，不須請示，自行處理前方軍政事務。

[4]承制：即秉承皇帝旨意而便宜行事。

[5]帳内：指在軍政長官幕府中供職的將佐及侍從衛士。

[6]發傳（zhuàn）：發派驛站車馬。　家累：即家屬、家眷。

[7]武康郡公：爵名。爲隋九等爵的第四等。從一品。

[8]溪洞：古代南方少數民族的聚居之地。　渠帥：古時對少數民族部落酋長或武裝反叛者首領的泛稱。

[9]手教：即手書，親筆寫的書信。常用作對來信的敬稱。

[10]生梗：意謂桀驁不馴。

[11]華夷：指漢族與少數民族。

[12]甯猛力：人名。南朝陳至隋時嶺南俚獠部族的首領。南陳末年割據南海，隋開皇九年平陳後降隋，任爲安州刺史，但自以爲與陳後主同生日，有天子貴相，遂恃險作亂，不服隋朝統治。至令狐熙任桂州總管時，以恩信多方感化之，遂心服隋朝統治而不敢爲亂，開皇末年病卒。事亦見本書卷六八《何稠傳》、《北史》卷六七《令狐熙傳》及卷九〇《何稠傳》、《新唐書》卷二二二下《南平獠傳》。

[13]陳後主：即南朝陳末代皇帝陳叔寶。紀見《陳書》卷六、《南史》卷一〇。

[14]南海：郡名。南朝陳時治所在今廣東廣州市。

[15]安州：南朝梁始置，隋開皇九年平陳後沿之。治所在今廣西欽州市東北。

[16]疢（chèn）：即煩熱之病。亦泛指疾病。

[17]欽州：隋開皇十八年改安州置。治所在今廣西欽州市東北。

[18]黄州：南朝梁始置，隋開皇九年平陳後沿之，開皇十八年改爲玉州。治所在今廣西東興市東南。　峰州：隋開皇十八年改興州置。治所在今越南越池市。按，奏改“黄州爲峰州”，底本、殿本、庫本、中華本皆同，《北史·令狐熙傳》亦同，宋刻遞修本殘缺，但中華本校勘記引錢大昕《廿二史考異》云：“《地理志》‘開

皇十八年改黄州爲玉州，改興州曰峰州’，此傳恐有脱文。”另岑仲勉也校正云：“應作‘改興州爲峰州’，傳誤。”（岑仲勉：《隋書求是》，中華書局2004年版，第102頁）

［19］利州：南朝梁始置，隋開皇九年平陳後沿之。治所在今越南香溪縣。　智州：隋開皇十八年改利州置。治所在今越南香溪縣。

［20］德州：南朝梁始置，隋開皇九年平陳後沿之。治所在今越南榮市。　驩州：隋開皇十八年改德州置。治所在今越南榮市。

［21］東寧：州名。南朝始置，隋開皇九年平陳後沿之。治所在今廣西融水苗族自治縣。　融州：隋開皇十八年改東寧州置。治所在今廣西融水苗族自治縣。

［22］犬馬之年：古人對自己年齡的謙稱。

［23］官謗：指因居官不稱職而受到的責難和非議。

［24］未：底本、中華本皆同，宋刻遞修本殘缺，但殿本、庫本作“近”，疑誤。

［25］消渴：中醫學病名。症狀爲口渴，善饑，尿多，消瘦。包括今糖尿病、尿崩症等疾病。

［26］壯齒：即壯年。齒，即年齒。

［27］交州：治所在今越南河内市。　李佛子：人名。隋時交州俚族酋帥。隋文帝仁壽二年徵其入朝，但他借故拖延，竟得到桂州總管令狐熙的准許，隨後又舉兵反叛。於是隋文帝遂以縱敵爲亂之罪派使者將令狐熙收治送京，另遣行軍總管劉方領兵討平叛亂，李佛子被執送於長安。事亦見本書卷二《高祖紀下》、卷五三《劉方傳》，《北史》卷一一《隋文帝紀》、卷六七《令狐熙傳》、卷七三《劉方傳》。

［28］羈縻：即以籠絡和懷柔之策對某人或某地進行控制。

［29］詣闕：指赴朝堂或赴京都。

［30］反問：此指反叛的音訊消息。

［31］永州：隋時先後有兩個永州：一是隋初沿襲北齊所置的永

州，治所在今河南信陽市北，開皇九年廢入純州；二是開皇九年平陳後新置的永州，治所在今湖南永州市，隋煬帝大業初改置零陵郡。文中所指當是第二個永州。

[32]行軍總管：北周至隋時所置的統領某部或某路出征軍隊的軍事長官。根據需要其上還可置行軍元帥以統轄全局。屬臨時差遣任命之職，事罷則廢。　劉方：人名。傳見本書卷五三、《北史》卷七三。

[33]德棻：人名。即令狐德棻，令狐熙的少子，博通文史，歷仕唐高祖、唐太宗、唐高宗三朝，官至金紫光禄大夫、國子祭酒、崇賢館學士，爵封彭陽縣公。曾長期擔任史官，預修《周書》《晉書》《五代史志》《藝文類聚》等書，爲唐代著名史學家。傳見《舊唐書》卷七三、《新唐書》卷一〇二。

薛冑

薛冑字紹玄，河東汾陰人也。[1]父端，[2]周蔡州刺史。[3]冑少聰明，每覽異書，便曉其義。常歎訓注者不會聖人深旨，輒以意辯之，諸儒莫不稱善。性慷慨，志立功名。周明帝時，[4]襲爵文城郡公。[5]累遷上儀同，[6]尋拜司金大夫，[7]後加開府。[8]

[1]河東：郡名。治所在今山西永濟市西蒲州鎮。　汾陰：縣名。治所在今山西臨猗縣西北。

[2]端：人名。即薛端，薛冑之父，西魏、北周時人。官至蔡州、基州刺史，爵封文城郡公。傳見《周書》卷三五，《北史》卷三六有附傳。

[3]蔡州：西魏改南雍州置，北周沿之。治所在今湖北棗陽市

西南。

[4]周明帝：即北周明帝宇文毓。紀見《周書》卷四、《北史》卷九。

[5]文城郡公：爵名。北周時爲十一等爵的第五等。正九命。

[6]上儀同：官名。全稱是上儀同大將軍。北周武帝建德四年始置，爲北周十一等勳官的第七等，可開府置官屬。九命。

[7]司金大夫：官名。全稱是司金中大夫。北周時爲冬官府司金曹的長官，掌礦冶鑄造之政令。正五命。

[8]開府：官名。全稱是開府儀同三司，北周武帝建德四年改稱開府儀同大將軍。北周時屬勳官。北周府兵制中二十四軍的每軍長官均加此勳官名，可開府置官屬。九命。

高祖受禪，擢拜魯州刺史，[1]未之官，檢校廬州總管事。[2]尋除兖州刺史。[3]及到官，繫囚數百，[4]胄剖斷旬日便了，囹圄空虛。有陳州人向道力者，[5]僞作高平郡守，[6]將之官，胄遇諸塗，察其有異，將留詰之。司馬王君馥固諫，[7]乃聽詣郡。既而悔之，即遣主簿追禁道力。[8]有部人徐俱羅者，[9]嘗任海陵郡守，[10]先是已爲道力僞代之。比至秩滿，公私不悟。俱羅遂語君馥曰："向道力以經代俱羅爲郡，使君豈容疑之？"[11]君馥以俱羅所陳，又固請胄。胄呵君馥曰："吾已察知此人詐也。司馬容姦，當連其坐！"君馥乃止。遂往收之，道力懼而引僞。其發姦擿伏，[12]皆此類也，時人謂爲神明。先是，兖州城東沂、泗二水合而南流，[13]泛濫大澤中，胄遂積石堰之，使決令西注，陂澤盡爲良田。又通轉運，利盡淮海，[14]百姓賴之，號爲薛公豐兖渠。胄以天下太平，登封告禪，[15]帝王盛烈，遂遣博士登太山，[16]觀古迹，撰《封禪圖》及儀上之。高祖謙讓不許。後轉鄧州刺史，[17]前後俱有惠政。徵拜衛尉卿，[18]尋轉大理卿，[19]持法寬平，名爲稱職。

[1]魯州：治所在今河南魯山縣。按，岑仲勉考校稱此"魯州實是廣州（非嶺南之廣州），隋人避諱而追改"（參見岑仲勉《隋書求是》，第102頁）。

[2]檢校：官制用語。指尚未實授某官但已掌其職事，即代理、代辦之意。 廬州：隋開皇初改合州置，設總管府。治所在今安徽合肥市。

[3]兖州：治所在今山東兖州市。

[4]繫囚：即在押的囚犯。

[5]陳州：隋初治所在今河南沈丘縣，開皇十六年移治今河南淮陽縣。 向道力：人名。曾僞造官狀冒任海陵郡太守，後又冒任高平郡太守，但在赴任途中被兖州刺史薛胄察覺其僞，薛胄遂派州主簿將其收捕，並揭其奸罪。事亦見《北史》卷三六《薛胄傳》。

[6]高平郡：隋初沿舊置，爲兖州屬郡，開皇三年郡廢。治所在今山東濟寧市。

[7]司馬：官名。此指州司馬。爲諸州府的上佐官，掌領府中軍務，通判列曹事。上州司馬爲正五品下，中州司馬爲從五品下，下州司馬爲正六品下。 王君馥：人名。隋初官任兖州司馬，曾極力勸阻刺史薛胄追查向道力冒任郡守之事，結果遭到薛胄的嚴厲斥責。事亦見《北史·薛胄傳》。

[8]主簿：官名。此指州主簿。爲諸州府的僚佐官，掌州府監印，檢核文書簿籍，勾稽缺失等事。雍州主簿爲流内視正八品，其餘諸州主簿爲流内視從八品。

[9]徐俱羅：人名。隋初兖州人，曾任海陵郡太守，後被假冒太守向道力替代歸家，竟信而不疑，毫無察覺。事亦見《北史·薛

胄傳》。

［10］海陵郡：南朝梁始置，隋初沿之，開皇三年郡廢。治所在今江蘇泰州市。

［11］使君：漢以後對州刺史的尊稱。

［12］擿（tì）伏：揭發隱秘的壞人壞事。

［13］沂：古水名。源出今山東曲阜市東南尼山，西流至兖州合於泗水。　泗：古水名。亦稱清水。源出今山東泗水縣東蒙山南麓，西流經曲阜、兖州，折南流經江蘇沛縣、徐州，又折東南流至淮安市注入淮河，是淮河下游第一大支流。

［14］淮海：此指淮河。

［15］登封告禪：指古代帝王登臨泰山及梁父山舉行祭天祭地的封禪大典。

［16］博士：官名。此指州博士。爲諸州府的學官，掌以儒經技藝教授生徒，兼掌州府文教禮制之事。隋代州博士的品階史無明載，但唐代諸州博士按州等級分上、中、下三等，品階分别爲從八品下、正九品上、正九品下，可作參考。

［17］郢州：西魏大統十七年（551）置，北周、隋時沿之。治所在今湖北鍾祥市。

［18］衛尉卿：官名。爲衛尉寺的長官，置一員，掌宫廷及祭祀、朝會之儀衛兵仗與帳幕供設等事務。開皇三年曾廢衛尉寺，將其職事歸入太常寺和尚書省，開皇十二年又復置。隋初爲正三品，隋煬帝大業三年降爲從三品。

［19］大理卿：官名。爲大理寺的長官，置一員，掌審獄，定刑名，決諸疑案。隋初爲正三品，隋煬帝大業三年降爲從三品。

後遷刑部尚書。[1]時左僕射高熲稍被疏忌，[2]及王世積之誅也，[3]熲事與相連，上因此欲成熲罪。胄明雪之，正議其獄。由是忤旨，械繫之，[4]久而得免。檢校相州事，甚有能名。會漢王諒作亂并州，[5]遣僞將綦良東略地，[6]攻逼慈州。[7]刺史上官政請援於冑，[8]冑畏諒兵鋒，不敢拒。良又引兵攻冑，冑欲以計却之，遣親人魯世範説良曰：[9]“天下事未可知，冑爲人臣，去就須得其所，何遽相攻也？”良於是釋去，進圖黎陽。[10]及良爲史祥所攻，[11]棄軍歸冑。朝廷以冑懷貳心，鎖詣大理。[12]相州吏人素懷其恩，詣闕理冑者百餘人，冑竟坐除名，配防嶺南，道病卒。有子筠、獻，[13]並知名。

[1]刑部尚書：官名。隋初沿北魏、北齊舊制置都官尚書，開皇三年改稱刑部尚書，爲尚書省所轄六部之一刑部的長官，掌刑法、徒隸、勾覆及關禁之政令，統刑部、都官、比部、司門四曹。置一員，正三品。

[2]左僕射：官名。隋時於尚書省置左、右僕射各一人爲副貳，地位僅次於長官尚書令。但因隋代尚書令不常置，僕射則成爲尚書省的實際長官，是宰相之職。從二品。　高熲：人名。傳見本書卷四一、《北史》卷七二。

[3]王世積：人名。傳見本書卷四〇，《北史》卷六八有附傳。

[4]械繫：戴上枷鎖鐐銬，拘禁起來。

[5]漢王諒：即隋文帝第五子楊諒。傳見本書卷四五、《北史》卷七一。

[6]綦良：人名。隋文帝仁壽末年爲并州大總管漢王楊諒的部下屬將，隋煬帝即位初部從楊諒反叛，領兵東出滏口，攻略慈州、相州、黎陽等地。其間曾被檢校相州刺史薛冑派人説服而棄攻相州，故至黎陽兵敗後，遂棄軍歸依薛冑。叛亂平定後，隋煬帝由此疑忌薛冑懷有二心，遂將其收捕治罪，幸得相州吏民爲薛冑開釋，纔免於死罪而被配流嶺南。事亦見本書卷四五《庶人諒傳》、卷六

三《史祥傳》、卷八〇《元務光母傳》，《北史》卷三六《薛胄傳》、卷六一《史祥傳》、卷七一《庶人諒傳》、卷九一《元務光母盧氏傳》。

［7］慈州：隋開皇十年置。治所在今河北磁縣。

［8］上官政：人名。隋煬帝即位初官任慈州刺史，其州遭到叛將綦良的攻掠，遂向鄰近的相州求援，但檢校相州刺史薛胄畏懼叛軍兵鋒，竟不敢出兵援救慈州。事亦見本書卷四〇《元胄傳》、卷八〇《元務光母傳》，《北史》卷三六《薛胄傳》、卷七三《元胄傳》、卷九一《元務光母盧氏傳》。

［9］親人：此指親信、親近之人。　魯世範：人名。隋煬帝即位初爲檢校相州刺史薛胄的屬下親信，叛將綦良攻略相州時，曾奉薛胄之命前去游説綦良，終使綦良放棄攻打相州。事亦見《北史·薛胄傳》。

［10］黎陽：縣名。治所在今河南浚縣東北。

［11］史祥：人名。傳見本書卷六三，《北史》卷六一有附傳。

［12］大理：此指大理寺。官署名。爲隋九寺之一，掌鞫獄，定刑名，並覆核諸州刑獄。屬執法機關，政令仰承尚書省刑部。凡諸司解送犯徒以上罪、百官九品以上判免官罪、百姓判流死以上罪，皆由本寺詳正並呈送刑部審覆；重大疑獄則由本寺與御史臺、刑部組成三司會審。長官爲大理卿，次官爲大理少卿，屬官有正、丞、主簿、司直、評事等。

［13］筠：人名。即薛筠，薛胄之子。事亦見《北史·薛胄傳》。　獻：人名。即薛獻，薛胄之子，隋末扈從李淵起兵，任爲招慰大使；唐初以元從功臣官至金紫光禄大夫、工部侍郎、泉資定隴四州刺史，爵封内陽郡公，卒贈洪州都督。事亦見《北史·薛胄傳》、《舊唐書》卷五九《任瓌傳》、《新唐書》卷七三下《宰相世系表三下》及卷九〇《任瓌傳》、周紹良主編《唐代墓誌彙編》顯慶〇八七《大唐太子左衛杜（延基）長史故妻薛氏墓誌銘并序》及貞元一〇五《唐故河南府密縣丞河東薛（迅）府君墓誌銘并叙》

（第283、1913頁）。

宇文弼

宇文弼字公輔，河南洛陽人也，[1]其先與周同出。[2]祖直力覲，[3]魏鉅鹿太守。[4]父珍，[5]周宕州刺史。[6]弼慷慨有大節，博學多通。仕周爲禮部上士，[7]嘗奉使鄧至國及黑水、龍涸諸羌，[8]前後降附三十餘部。及還，奉詔修定五禮，[9]書成奏之，賜公田十二頃，[10]粟百石。累遷少吏部，[11]擢八人爲縣令，皆有異績，時以爲知人。轉内史都上士。[12]武帝將出兵河陽以伐齊，[13]謀及臣下，弼進策曰："齊氏建國，于今累葉，[14]雖曰無道，藩屏之寄，[15]尚有其人。今之用兵，須擇其地。河陽衝要，精兵所聚，盡力攻圍，恐難得志。如臣所見，彼汾之曲，[16]戍小山平，[17]攻之易拔。用武之地，莫過於此，願陛下詳之。"帝不納，師竟無功。建德五年，大舉伐齊，卒用弼計。弼於是募三輔豪俠少年數百人以爲别隊，[18]從帝攻拔晉州。[19]身被三創，[20]苦戰不息，帝奇而壯之。後從帝平齊，以功拜上儀同，封武威縣公，[21]邑千五百户，賜物千五百段，奴婢百五十口，馬牛羊千餘頭，拜司州總管司録。[22]

［1］河南：郡名。治所在今河南洛陽市東北白馬寺東。　洛陽：縣名。治所在今河南洛陽市東北白馬寺東。

［2］周：此指北周皇室宇文氏。

［3］直力覲：人名。本傳載爲宇文弼之祖，但《北史》卷七五

《宇文弼傳》載宇文弼之祖名“直力勤”；《元和姓纂》卷六《宇文》載宇文弼之曾祖名“勤”，祖名“賢”；《新唐書·宰相世系表一下》載宇文弼之曾祖名“直力勤”，祖名“賢”。岑仲勉考校認爲“勤、覲祇一音之異，但《姓纂》等苟不誤，則傳以曾祖爲祖”（參見岑仲勉《隋書求是》，第102頁）。故據上所考，直力覲當爲“直力勤”之訛，是宇文弼的曾祖，北魏時人，官至鉅鹿太守。而宇文弼之祖名賢，字大雅，北魏時官至定州刺史。

［4］鉅鹿：郡名。北魏時治所在今河北晋州市。

［5］珍：人名。宇文弼之父，北周時官至宕州刺史，爵封壽張縣公。按，“珍”各本皆同，《北史·宇文弼傳》亦同，但《元和姓纂》卷六《宇文》載宇文弼之父名“漳”，而《新唐書·宰相世系表一下》載宇文弼之父名“瑋”，字“法珍”。岑仲勉考校認爲“珍乃法珍之省稱，且以字爲名也”（參見岑仲勉《隋書求是》，第102頁）。

［6］宕州：北周武帝天和元年（566）置。治所在今甘肅宕昌縣東南。

［7］禮部上士：官名。全稱是小禮部上士。西魏末至北周初於春官府設禮部曹，置小禮部上士爲該曹次官，協助長官禮部中大夫掌吉凶禮制，正三命。北周武帝保定四年改禮部曹爲司宗曹，小禮部上士遂改稱爲司宗上士。但同時周武帝又另改春官府大司禮曹爲禮部曹，仍置小禮部上士爲該曹次官，協助長官禮部下大夫掌内外九族之差，及玉帛衣服之令，沙門道士之法，正三命。故保定四年之前和之後的小禮部上士，雖名稱、命品皆同，但其隸屬和職掌並不相同。宇文弼所任的小禮部上士，王仲犖認爲是保定四年以前所置，而非保定四年以後所置（參見王仲犖《北周六典》卷四《春官府第九》，第164頁）。

［8］鄧至國：古國名。爲北朝時白水羌（亦稱鄧至羌）所建之國，轄境約當今甘肅與四川交界地帶。傳見《魏書》卷一〇一、《周書》卷四九、《北史》卷九六。　黑水：古水名。源出今甘肅

舟曲縣西南山區，南流至四川九寨溝縣西北匯入白水江。北朝時有羌部居此，號爲黑水羌。　龍涸：郡名。北周時治所在今四川松潘縣。　羌：古族名。主要分布在今青海、甘肅、四川西北部一帶。秦漢時部落衆多，總稱西羌。其後漸與西北地區的漢族及其他民族融合。

[9]五禮：古代的五種禮制，即吉禮、凶禮、軍禮、賓禮、嘉禮。

[10]賜公田十二頃：此句各本皆同，但《北史·宇文弼傳》作"賜田二頃"，疑有脱誤。

[11]少吏部：官名。此當是北周小吏部上士的省稱和别稱。參見前注"吏部上士"。

[12]内史都上士：官名。北周時爲春官府内史曹的屬官，輔助正副長官掌撰皇帝詔令，參議軍國政事，並總判本曹日常事務。正三命。

[13]河陽：鎮、城名。北齊時在今河南孟州市南。北周武帝建德四年曾自此出兵親征北齊，結果受阻，無功而返。

[14]累葉：即累世；接連數代。

[15]藩屏：即國之屏障。此喻指邊防重鎮。

[16]汾之曲：古地名。即汾曲。指汾河南流至今山西新絳縣而折向西流的曲折之處。

[17]戍：南北朝至隋唐時設在邊防要衝地帶的軍事據點，其規模建制略小於鎮。

[18]三輔：西漢時稱京兆尹、右扶風、左馮翊三個管治京畿的職官及其所轄之地爲三輔。後遂泛稱京城附近地區爲三輔。

[19]晉州：北齊時治所在今山西臨汾市。

[20]身被三創："創"字底本原作"瘡"，宋刻遞修本、殿本、庫本及《北史·宇文弼傳》與底本同，今據中華本改。

[21]武威縣公：爵名。北周時爲十一等爵的第六等。正九命或九命。

［22］司州：考本書《地理志》，北周無司州，此當是北周武帝建德六年滅北齊之後臨時沿用北齊司州之名，尋改稱司州爲相州，置總管府，治所在北齊舊都鄴城（今河北臨漳縣西南鄴鎮東）。

宣帝嗣位，[1]遷左守廟大夫。[2]時突厥寇甘州，[3]帝令侯莫陳昶率兵擊之，[4]弼爲監軍。[5]弼謂昶曰："黠虜之勢，[6]來如激矢，去若絶弦，[7]若欲追躡，良爲難及。且宜選精騎，直趨祈連之西。[8]賊若收軍，必自蓼泉之北，[9]此地險隘，兼復下濕，[10]度其人馬，三日方度，緩轡追討，何慮不及？彼勞我逸，破之必矣。若邀此路，真上策也。"昶不能用之，西取合黎，[11]大軍行遲，虜已出塞。其年，弼又率兵從梁士彦攻拔壽陽，[12]尋改封安樂縣公，[13]增邑六百户，賜物六百段，加以口馬。[14]除澮州刺史，[15]俄轉南司州刺史。[16]後司馬消難之奔陳也，[17]弼追之不及。遇陳將樊毅，[18]戰於漳口，[19]自旦及午，三戰三捷，虜獲三千人。除黄州刺史，[20]尋轉南定州刺史。[21]

［1］宣帝：即北周宣帝宇文贇。紀見《周書》卷七、《北史》卷一〇。

［2］左守廟大夫：《北史》卷七五《宇文弼傳》無"左"字，故王仲犖疑此處"左"字是衍文（參見王仲犖《北周六典》卷四《春官府第九》，第166頁），當從之。守廟大夫，官名。全稱是守廟中大夫。北周時爲春官府守廟曹的長官，掌太廟供設、祭祀、配享及日常守護等政令。正五命。

［3］突厥：古族名、國名。公元六世紀初興起於今阿爾泰山西南麓，552年在今鄂爾渾河流域建立突厥汗國，此後其勢力擴展至

大漠南北，横跨蒙古高原，隋開皇二年分裂爲東、西兩部。傳見本書卷八四、《周書》卷五〇、《北史》卷九九、《舊唐書》卷一九四、《新唐書》卷二一五。　甘州：北周時治所在今甘肅張掖市。

［4］侯莫陳昶：人名。本名劉昶，因其父劉亮在西魏時被賜姓侯莫陳氏，故稱侯莫陳昶，隋時又復名劉昶。北周宣帝即位初年，官居柱國大將軍，奉命領兵至甘州抗擊入侵的突厥，結果無功而返。事亦見本書卷二《高祖紀下》、卷五一《長孫晟傳》、卷八〇《劉昶女傳》、卷八四《突厥傳》，《周書》卷一七《劉亮傳》，《北史》卷一一《隋文帝紀》、卷二二《長孫晟傳》、卷六五《劉亮傳》、卷七五《宇文弼傳》、卷九一《劉昶女傳》、卷九九《突厥傳》。

［5］監軍：北周朝廷派往出征軍隊執掌監督任務的官員。屬臨時差遣委命之職，事罷則廢。

［6］黠虜：狡猾的外族敵人。此指突厥。

［7］絶弦：離弦之箭。比喻速度極快。

［8］祈連：山名。即祁連山，匈奴語意爲“天山”。廣義的祁連山是對今甘肅西部和青海東北部邊境山地的總稱，西北至東南走向，綿延二千里；狹義的祁連山是指其最北的一支。按，“祈連”底本、殿本、庫本及《北史·宇文弼傳》皆同，宋刻遞修本、中華本作“祁連”，乃音譯之别。

［9］蓼泉：地名。在今甘肅臨澤縣西北黑河西南岸。

［10］下濕：地勢低窪。

［11］合黎：山名。在今甘肅張掖市西北。

［12］梁士彦：人名。傳見本書卷四〇、《周書》卷三一、《北史》卷七三。　壽陽：鎮、城名。南朝陳時在今安徽壽縣淮河南岸。因其地處南北交通要衝，故南北朝時爲駐防淮南地區的軍事重鎮。

［13］安樂縣公：爵名。北周時爲十一等爵的第六等。正九命或九命。

［14］口馬：即口北出産的馬。亦泛指良馬。

［15］澮州：北周時治所在今河南固始縣。

［16］南司州：北齊始置，北周滅北齊後沿之。治所在今湖北武漢市黄陂區。

［17］司馬消難：人名。北周末年官任鄖州總管，起兵反對楊堅篡周，旋被討滅，逃奔南朝陳。傳見《周書》卷二一，《北史》卷五四有附傳。

［18］樊毅：人名。南朝陳將，陳宣帝太建十二年（亦即北周大象二年）官任鎮西將軍、督沔漢諸軍事，奉命率軍接應敗逃的北周鄖州總管司馬消難入陳，在漳口與北周南司州刺史宇文弼所率追兵相遇接戰，結果連戰連敗。傳見《陳書》卷三一、《南史》卷六七。

［19］漳口：地名。在今湖北漢川市西北漳水注入大富水之河口處。

［20］黄州：北周末年改南司州置。治所在今湖北武漢市黄陂區。

［21］南定州：北周末年改南朝陳的定州置，尋又改稱亭州。治所在今湖北麻城市東北。

開皇初，以前功封平昌縣公，[1]加邑一千二百户，入爲尚書右丞。[2]時西羌内附，詔弼持節安集之，[3]置鹽澤、蒲昌二郡而還。[4]遷尚書左丞，當官正色，爲百僚所憚。三年，突厥寇甘州，[5]以行軍司馬從元帥竇榮定擊破之。[6]還除太僕少卿，[7]轉吏部侍郎。平陳之役，楊素出信州道，[8]令弼持節爲諸軍節度，[9]仍領行軍總管。劉仁恩之破陳將吕仲肅也，[10]弼有謀焉。加開府，[11]擢拜刑部尚書，領太子虞候率。[12]上嘗親臨釋奠，[13]弼與博士論議，[14]詞致清遠，觀者屬目。[15]上大悦，顧謂侍臣曰："朕今睹周公之制禮，[16]見宣尼之論孝，[17]實慰朕心。"於是頒賜各有差。時朝廷以晋陽爲重鎮，[18]并州總管必屬親王，其長史、司馬亦一時高選。[19]前長史王韶卒，[20]以弼有文武幹用，出爲并州長史。俄以父艱去職，[21]尋詔起之。十八年，遼東之役，[22]授元帥漢王府司馬，[23]仍尋領行軍總管。軍還之後，歷朔、代、吴三州總管，[24]皆有能名。

[1]平昌縣公：爵名。爲隋九等爵的第五等。從一品。

[2]尚書右丞：官名。爲尚書省的屬官，與尚書左丞對置，各一人，分掌尚書都省事務，糾駁諸司文案，總判兵、刑、工三部之事。隋初爲從四品下，隋煬帝大業三年升爲正四品。

[3]持節：魏晋南北朝至隋代，凡重要軍政長官出鎮或出征時，以及皇帝派遣使臣出巡地方或出使藩邦時，均加使持節、持節、假節等頭銜，以表示其權力和尊崇。使持節可誅殺二千石以下官吏，持節可誅殺無官職之人，假節可誅殺犯軍令之人。

[4]鹽澤、蒲昌二郡：考本書《地理志》及其他地理志書，均未見隋初宇文弼所置的鹽澤、蒲昌二郡，故此二郡的地理位置未詳。但據本傳所述事及二郡之名推測，疑此二郡似在今新疆若羌縣東北的蒲昌海（亦名鹽澤）一帶。

[5]甘州：治所在今甘肅張掖市。

[6]行軍司馬：北周至隋時出征軍統帥屬下的幕府僚佐官，掌領幕府軍務。屬臨時差遣任命之職，事罷則廢。　竇榮定：人名。傳見本書卷三九，《北史》卷六一有附傳。

[7]太僕少卿：官名。爲太僕寺的次官，協助長官太僕卿掌國家厩牧、車輿等事務。隋初置一員，尋又加置一員，正四品上；隋

煬帝大業三年定置二員，降爲從四品。

［8］楊素：人名。傳見本書卷四八，《北史》卷四一有附傳。　信州道：行軍道路名。因取道於信州（治所在今重慶奉節縣東）而得名。

［9］節度：即調度；指揮。

［10］劉仁恩：人名。本書卷四六有附傳，另事見本書卷一《高祖紀上》、卷二《高祖紀下》、卷三九《源雄傳》、卷四八《楊素傳》，《北史》卷七五《張煚傳》等。　吕仲肅：人名。南朝陳將，本名"吕忠肅"，隋人避諱"忠"字而改稱"吕仲肅"或"吕肅"。南陳末年官任南康内史，隋開皇九年正月信州道行軍元帥楊素統率水軍沿江東下伐陳時，調任爲長江上游西陵峽一帶的陳軍守將，力圖阻擋隋軍東下，結果被楊素及其部將劉仁恩、宇文弢等揮軍擊破，慘敗而逃。事亦見本書卷四六《劉仁恩傳》、卷四八《楊素傳》，《北史》卷四一《楊素傳》、卷七五《宇文弢傳》，《陳書》卷一五《陳慧紀傳》，《南史》卷六五《宜黄侯慧紀傳》。

［11］開府：官名。全稱是"開府儀同三司"。爲隋十一等散實官的第六等，可開府置僚佐。正四品上。隋煬帝大業三年廢十一等散實官，唯保留開府儀同三司一官，並改爲位次王公，從一品。

［12］領：官制用語。即以較高官兼理較低官之職事。　太子虞候率：官名。隋初於太子東宫所轄左右虞候府各置開府一人爲本府長官，掌斥候伺非之警衛事務，正四品上。隋煬帝大業三年改左右虞候開府爲左右虞候率，正四品。按，文中所述事在隋文帝開皇中，此時左右虞候開府尚未改稱左右虞候率，故此處所載"太子虞候率"欠準確，應正作"太子虞候開府"。（參見唐華全《〈隋書〉勘誤18則》）

［13］釋奠：古代在學校設置酒食以奠祭先聖先師的一種典禮。

［14］博士：官名。此當指國子寺所轄國子學、太學、四門學、書算學的博士，爲各學的教官，掌以儒經技藝教授各學生徒，國有疑事則掌承問對。國子學博士爲正五品上，太學博士爲從七品下，

四門學博士爲從八品上，書算學博士爲從九品下。

［15］屬目：注目、注視。

［16］周公：即周公旦。詳見《史記》卷三三《魯周公世家》。

［17］宣尼：即孔子。西漢平帝元始元年（1）追謚孔子爲“褒成宣尼公”，後遂稱孔子爲宣尼。詳見《史記》卷四七《孔子世家》。

［18］晉陽：城邑名。在今山西太原市西南古城營。隋文帝時爲河北道行臺及并州大總管府的治所。

［19］長史、司馬：此指并州大總管府的長史、司馬。參見前注“總管長史”“總管司馬”。

［20］王韶：人名。傳見本書卷六二、《北史》卷七五。

［21］父艱：即遭逢父親喪事。參見前注“丁父憂”“母憂”。

［22］遼東：地區名。泛指今遼河以東地區。隋時高麗國在遼東，故文中“遼東之役”即指征伐高麗之事。

［23］元帥漢王府司馬：此指開皇十八年漢王楊諒領兵征伐高麗時所建行軍元帥府屬下的行軍司馬。參見前注“行軍司馬”。

［24］朔：州名。隋開皇初置總管府。治所在今山西朔州市。代：州名。隋開皇五年改肆州置，設總管府。治所在今山西代縣。吴：州名。隋時先後有三個吴州，文中所指是開皇九年平陳後改東揚州所置的吴州，治所在今浙江紹興市，大業初改稱越州，大業三年改爲會稽郡。

煬帝即位，[1]徵拜刑部尚書，仍持節巡省河北。[2]還除泉州刺史。[3]歲餘，復拜刑部尚書，尋轉禮部尚書。弼既以才能著稱，歷職顯要，聲望甚重，物議時談，多見推許，帝頗忌之。時帝漸好聲色，尤勤遠略，[4]弼謂高熲曰：“昔周天元好聲色而國亡，[5]以今方之，不亦甚乎？”又言“長城之役，[6]幸非急務”。有人奏之，竟坐誅死，時年六十二，天下冤之。所著辭賦二十餘萬言，爲《尚書》《孝經》注，[7]行於時。有子儉、瑗。[8]

［1］煬帝：即隋煬帝楊廣。紀見本書卷三、四，《北史》卷一二。

［2］河北：地區名。指黄河中下游以北地區。

［3］泉州：隋開皇九年平陳後改豐州置。治所在今福建福州市。

［4］遠略：此指經略遠方之地。

［5］周天元：即北周宣帝宇文贇。天元乃其尊號。紀見《周書》卷七、《北史》卷一〇。

［6］長城之役：此指隋煬帝大業三年爲防禦突厥而徵發百餘萬民丁修築長城的勞役。

［7］《尚書》：亦簡稱《書》。相傳是孔子編選而成的一部上古文獻著作彙編，爲儒家經典之一。　《孝經》：孔子的後學門徒所作的一部儒家經典，漢代列爲"七經"之一。

［8］儉：人名。即宇文儉，宇文弼的長子，唐初官至九隴縣令。事亦見《北史》卷七五《宇文弼傳》、《新唐書·宰相世系表一下》、《元和姓纂》卷六《宇文》。　瑗：人名。即宇文瑗，宇文弼的次子。事亦見《北史·宇文弼傳》《新唐書·宰相世系表一下》。

張衡

張衡字建平，河内人也。[1]祖嶷，[2]魏河陽太守。[3]父光，[4]周萬州刺史。[5]衡幼懷志尚，有骨鯁之風。年十五，詣太學受業，[6]研精覃思，爲同輩所推。周武帝居太后憂，[7]與左右出獵，衡露髮輿櫬，[8]扣馬切諫。帝嘉焉，賜衣一襲，馬一匹，擢拜漢王侍讀。[9]衡又就沈重受《三禮》，[10]略究大旨。累遷掌朝大夫。[11]

[1]河内：郡名。治所在今河南沁陽市。

[2]嶷：人名。即張嶷，張衡之祖，北魏時人，官至河陽郡太守。事亦見《北史》卷七四《張衡傳》。

[3]河陽：郡名。北魏時治所在今河南孟州市南。

[4]光：人名。即張光。張衡之父，北周時官至萬州刺史。事亦見《北史·張衡傳》。按，"光"字各本皆同，但《北史·張衡傳》作"允"。

[5]萬州：考本書《地理志》，南朝梁始置萬州，西魏改稱通州，北周、隋時沿之，則北周時已無萬州之名，故此處之萬州當是沿用南朝梁時的舊州名。治所在今四川達州市。

[6]太學：古代設在京城的最高學府。西周始置，兩漢時建制漸趨完善，規模不斷擴大。其後歷代皆沿置太學，制度亦有變化，但均爲傳授儒家經典的最高學府。

[7]居太后憂：指帝王處在太后的喪期中。按古代禮制規定，帝王居親喪期間，須恪守孝道，力行克儉，不得宴享游獵。

[8]露髮輿櫬：意謂披散頭髮，載棺相隨。用以表示决死之心。

[9]漢王：北周宗室親王宇文贊的封爵名。傳見《周書》卷一三、《北史》卷五八。　侍讀：官名。北周時凡太子、宗室諸王皆置侍讀，掌爲太子、諸王講導經學辭章。命品未詳。

[10]沈重：人名。南朝梁至隋初時人，爲當世名儒，精通《詩》《禮》及《左氏春秋》，北周武帝時官至開府儀同三司、露門館博士。傳見《周書》卷四五、《北史》卷八二。

[11]掌朝大夫：官名。全稱是掌朝下大夫。北周時爲秋官府掌朝曹的長官，掌正内外朝儀之位，辨其貴賤之等，糾察非違。正四命。

高祖受禪，拜司門侍郎。[1]及晋王廣爲河北行臺，[2]衡歷刑部、度支二曹郎。[3]後以臺廢，拜并州總管掾。[4]及王轉牧揚州，[5]衡復爲掾，王甚親任之。衡亦竭慮盡誠事之，奪宗之計，[6]多衡所建也。以母憂去職，歲餘，起授揚州總管司馬，賜物三百段。開皇中，熙州李英林聚衆反，[7]署置百官，以衡爲行軍總管，率步騎五萬人討平之。拜開府，賜奴婢一百三十口，物五百段，金銀雜畜稱是。及王爲皇太子，拜衡右庶子，[8]仍領給事黄門侍郎。[9]

[1]司門侍郎：官名。爲尚書省刑部所轄四曹之一司門曹的長官，置二員，掌全國關塞禁防、道路過所之政令。隋初爲正六品上，開皇三年升爲從五品。隋煬帝大業三年改諸曹侍郎爲郎，司門侍郎遂改稱司門郎。

[2]晋王廣：即楊廣。紀見本書卷三、四，《北史》卷一二。　河北：此指河北道。參見前注“河北道”。　行臺：官名。此是行臺尚書令的省稱。爲行臺尚書省的最高長官，總掌行臺所轄特區内的軍政事務。流内視正二品。

[3]刑部、度支二曹郎：此指行臺刑部侍郎和行臺度支侍郎兩個官名的併省之稱。行臺刑部侍郎，爲行臺尚書省之刑部下轄刑部曹的長官，掌行臺所轄特區内的司法刑獄之政務。流内視正六品。行臺度支侍郎，爲行臺尚書省之民部下轄度支曹的長官，掌行臺所轄特區内的租賦物産及收支出納之政務。流内視正六品。

[4]總管掾：官名。爲諸州總管府的屬官，掌領府中列曹參軍，統轄列曹事務。隋時諸州總管府掾的品階史無明載，但并、益、揚三州爲大總管府，例由親王出鎮，故此三州總管府掾則等同於親王府掾，其品階當爲正六品上。

[5]牧：指出任地方長官。此處“牧揚州”是指晋王楊廣出任揚州總管。　揚州：隋開皇九年改吴州置，設大總管府。治所在今江蘇揚州市。按，“揚”字底本原作“楊”，今據宋刻遞修本、殿本、庫本、中華本及《北史》卷七四《張衡傳》改。

[6]奪宗：古時稱奪取嫡長子或太子之位爲“奪宗”。此指晋王楊廣篡奪皇太子之位。

[7]熙州：隋開皇初改南朝陳之晋州置。治所在今安徽潜山縣。　李英林：人名。隋時熙州人，隋文帝開皇二十年聚衆反叛，朝廷任命揚州總管司馬張衡爲行軍總管，率軍討平之。事亦見本書卷二《高祖紀下》、《北史》卷一一《隋文帝紀》及卷七四《張衡傳》。

[8]右庶子：官名。爲太子東宫所轄典書坊的長官，置二員，掌侍從、獻納、啓奏等事務，制比朝廷中的内史令。正四品下。

[9]給事黄門侍郎：官名。隋初於門下省置給事黄門侍郎四員，爲門下省的次官，協助長官納言掌封駁制敕，參議政令的制定。正四品上。隋煬帝大業三年去“給事”之名，但稱“黄門侍郎”，並減置二員。正四品。

煬帝嗣位，除給事黄門侍郎，進位銀青光禄大夫，[1]俄遷御史大夫，[2]甚見親重。大業三年，[3]帝幸榆林郡，[4]還至太原，[5]謂衡曰：“朕欲過公宅，可爲朕作主人。”衡於是馳至河内，與宗族具牛酒。帝上太行，[6]開直道九十里，以抵其宅。帝悦其山泉，留宴三日，因謂衡曰：“往從先皇拜太山之始，塗經洛陽，瞻望於此，深恨不得相過，不謂今日得諧宿願。”衡俯伏辭謝，奉觴上壽。帝益歡，賜其宅傍田三十頃，良馬一匹，金帶，縑彩六百段，衣一襲，御食器一具。衡固讓，帝曰：“天子所至稱幸者，蓋爲此也，不足爲辭。”衡復獻食於帝，帝令頒賜公卿，下至衛士，無不霑洽。[7]

［1］銀青光禄大夫：官名。屬散實官。隋初爲正三品，隋煬帝大業三年降爲從三品。

［2］御史大夫：官名。爲御史臺的長官，置一員，掌國家刑憲典章之政令，糾察彈劾百官。隋初爲從三品，隋煬帝大業五年（據本書《百官志下》，而《唐六典》卷一三《御史臺》載作“大業八年”）降爲正四品。

［3］大業：隋煬帝楊廣年號（605—618）。

［4］榆林郡：隋大業初改勝州置。治所在今内蒙古准格爾旗東北十二連城。

［5］太原：郡名。隋大業初改并州置。治所在今山西太原市西南古城營。

［6］太行：山名。即今山西、河北兩省之間的太行山，其南端延伸至晋豫邊境黄河沿岸。

［7］霑洽：意謂普遍受惠。

衡以藩邸之舊，[1]恩寵莫與爲比，頗自驕貴。明年，帝幸汾陽宫，[2]宴從官，特賜絹五百匹。帝欲大汾陽宫，[3]令衡與紀弘整具圖奏之。[4]衡承間進諫曰：“比年勞役繁多，百姓疲敝，伏願留神，稍加折損。”帝意甚不平。後嘗目衡謂侍臣曰：“張衡自謂由其計畫，令我有天下也。”時齊王暕失愛於上，[5]帝密令人求暕罪失。有人譖暕違制，將伊闕令皇甫詡從之汾陽宫。[6]又録前幸涿郡及祠恒岳時，[7]父老謁見者，衣冠多不整。帝譴衡以憲司皆不能舉正，出爲榆林太守。明年，帝復幸汾陽宫，衡督役築樓煩城，[8]因而謁帝。帝惡衡不損瘦，以爲不念咎，因謂衡曰：“公甚肥澤，宜且還郡。”衡復之榆林。俄而敕衡督役江都宮。[9]有人詣衡訟宮監者，[10]衡不爲理，還以訟書付監，其人大爲監所困。禮部尚書楊玄感使至江都，[11]其人詣玄感稱冤。玄感固以衡爲不可。及與衡相見，未有所言，又先謂玄感曰：“薛道衡真爲枉死。”玄感具上其事，江都丞王世充又奏衡頻減頓具。[12]帝於是發怒，鎖衡詣江都市，[13]將斬之，久而乃釋，除名爲民，放還田里。帝每令親人覘衡所爲。八年，帝自遼東還都，衡妾言衡怨望，謗訕朝政，竟賜盡于家。臨死大言曰：“我爲人作何物事，而望久活！”監刑者塞耳，促令殺之。義寧中，[14]以死非其罪，贈大將軍、南陽郡公，[15]謚曰忠。[16]有子希玄。[17]

[1]藩邸：即藩王之府邸。此指隋煬帝即位之前所居的晋王府邸。

[2]汾陽宮：隋行宮名。始建於大業四年，位於今山西寧武縣南管涔山上，爲隋煬帝北巡避暑之所。

[3]帝欲大汾陽宮：此句底本、殿本、庫本皆同，宋刻遞修本、中華本及《北史》卷七四《張衡傳》“帝”上有“時”字。

[4]紀弘整：人名。隋煬帝時官至太府少卿、吏部侍郎，曾於大業四年奉煬帝之命與御史大夫張衡共同設計圖紙，以擴建汾陽行宮。事亦見《北史·張衡傳》、周紹良主編《唐代墓誌彙編》開元二〇七《大唐故雍州明堂縣丞紀（茂重）君墓誌銘并序》（第1301頁）。

[5]齊王暕：即隋煬帝第二子楊暕。傳見本書卷五九、《北史》卷七一。

[6]伊闕：縣名。隋開皇十八年改新城縣置。治所在今河南伊

川縣西南。　皇甫詡：人名。隋煬帝大業四年官任伊闕縣令，因受河南尹齊王楊暕寵信，竟違制擅離職守，隨從楊暕前往汾陽行宫參與圍獵活動。稍後楊暕失寵，御史遂希旨奏告此事，結果楊暕和御史大夫張衡皆因此遭到隋煬帝的責罰而被貶官。事亦見本書卷五九《齊王暕傳》、《北史》卷七一《齊王暕傳》及卷七四《張衡傳》。

［7］涿郡：隋大業初改幽州置。治所在今北京市西南。　恒岳：山名。即五岳中的北岳恒山。在今河北曲陽縣西北與山西省接壤處。隋煬帝大業四年曾在此山舉行封禪典禮。

［8］樓煩城：城名。在今山西寧武縣東北長城樓煩關地段。

［9］江都宫：隋行宫名。隋煬帝大業元年始建於揚州，後三游其地，並卒於此。故址在今江蘇揚州市。

［10］宫監：官名。隋煬帝大業初於各行宫所在地置總監，亦簡稱監，掌理行宫諸事務。上宫監爲正五品，中宫監爲從五品，下宫監爲正七品。此指江都宫監。

［11］楊玄感：人名。傳見本書卷七〇、《北史》卷四一。　江都：郡名。隋大業初改揚州置。治所在今江蘇揚州市。

［12］丞：官名。此指郡丞。隋初沿舊制於各郡置郡丞，爲郡太守之副貳。京兆郡之丞爲從五品下，其餘上、中、下三等郡之丞分别爲從七品上、正八品上、從八品上。開皇三年廢郡，郡丞亦罷。隋煬帝大業三年復改州爲郡，廢併州長史、司馬之職而置贊治（唐人諱稱贊務）一人，爲郡太守之副貳，尋又改稱贊治爲郡丞。京兆、河南二郡之丞爲從四品，其餘上、中、下三等郡之丞分别爲正五品、從五品、正六品。　王世充：人名。唐時亦諱稱“王充”。傳見本書卷八五、《北史》卷七九、《舊唐書》卷五四、《新唐書》卷八五。　頓具：此指行宫中所擺設的器具。

［13］市：指城市中劃定的商業貿易區。古代亦爲公開處决犯人的地方。

［14］義寧：隋恭帝楊侑年號（617—618）。按，“義寧中”各本皆同，但《北史·張衡傳》作“武德初”，疑誤。

[15]大將軍：贈官。正三品。　南陽郡公：贈爵。從一品。

[16]謚：古代帝王、貴族、大臣、士大夫或其他有地位的人死後，據其生前業迹評定的一種帶有褒貶意義的稱號。

[17]希玄：人名。即張希玄，張衡之子。事亦見《北史·張衡傳》。

楊汪

楊汪字元度，本弘農華陰人也，[1]曾祖順，[2]徙居河東。父琛，[3]儀同三司，[4]及汪貴，追贈平鄉縣公。[5]汪少凶疏，[6]好與人群鬭，拳所毆擊，無不顛踣。[7]長更折節勤學，專精《左氏傳》，通《三禮》。解褐周冀王侍讀，[8]王甚重之，每曰："楊侍讀德業優深，孤之穆生也。"[9]其後問《禮》於沈重，[10]受《漢書》於劉臻，[11]二人推許之曰："吾弗如也。"由是知名，累遷夏官府都上士。及高祖居相，[12]引知兵事，遷掌朝下大夫。

[1]弘農：郡名。治所在今河南靈寶市。　華陰：縣名。治所在今陝西華陰市。

[2]順：人名。即楊順，楊汪的曾祖，北魏時人。自弘農徙家於河東，官至冀州刺史，爵封三門縣公。《魏書》卷五八、《北史》卷四一有附傳。按，《新唐書·宰相世系表一下》載楊順爲楊汪之祖，與本傳及《北史》卷七四《楊汪傳》所載之"曾祖"異。而考周紹良主編《唐代墓誌彙編》永徽〇三三《唐故范陽令楊（基）君墓誌銘并序》(第152頁)，可知楊汪之祖名"忻"，北魏或西魏時官至鴻臚卿、汾隰二州刺史，爵封林慮郡公，故《新唐書·宰相世系表一下》所載之世系有脱誤，當漏記楊忻一代。

［3］琛：人名。即楊琛，楊汪之父，西魏、北周時人。官至儀同三司、和疊始三州刺史，後因楊汪顯貴，被追贈平鄉縣公。事亦見《北史・楊汪傳》、《新唐書・宰相世系表一下》、周紹良主編《唐代墓誌彙編》永徽〇三二《唐故玄武丞楊（仁方）君墓誌銘并序》及永徽〇三三《唐故范陽令楊（基）君墓誌銘并序》（第151、152頁）。

［4］儀同三司：此官名未冠以朝代名，但從楊琛所處時代推斷，此當是北周時的儀同三司。故依照敘史慣例，疑此處“儀同三司”之上當脱“周”字。

［5］平鄉縣公：贈爵名。北周時爲正九命或九命。

［6］凶疏：凶悍粗野。

［7］顛踣：跌倒，跌落。

［8］解褐：官制用語。亦稱釋褐。即脱去平民衣服而換上官服，喻指始任官職。　冀王：北周宗室親王宇文絢的封爵名。事亦見《周書》卷一三《冀康公通傳》、《北史》卷五八《冀康公通傳》及卷七四《楊汪傳》。

［9］穆生：人名。西漢魯人，精於治《詩》，楚王劉交召爲中大夫，備受禮敬，常爲之設醴。後劉交之孫劉戊嗣立，忘設醴，穆生知其意怠，遂去。事見《漢書》卷三六《楚元王劉交傳》。

［10］《禮》：《儀禮》的簡稱。亦稱《禮經》或《士禮》。相傳爲孔子所制定的上古禮制彙編，爲儒家經典之一。後亦泛指《周禮》《儀禮》《禮記》三部言禮之書，合稱《三禮》。

［11］劉臻：人名。傳見本書卷七六、《北史》卷八三。

［12］相：官名。即丞相。此是“左大丞相”或“大丞相”的簡稱。北周靜帝大象二年置左、右大丞相，以宗室親王宇文贇爲右大丞相，僅有虛名；而以外戚楊堅爲左大丞相，總攬朝政。旋又去左右之號，獨以楊堅爲大丞相。楊堅由此成爲控制北周朝廷的權臣。

高祖受禪，賜爵平鄉縣伯，[1]邑二百户。歷尚書司勳兵部二曹侍郎、秦州總管長史，[2]名爲明幹。遷尚書左丞，坐事免。後歷荆、洛二州長史，[3]每聽政之暇，必延生徒講授，時人稱之。數年，高祖謂諫議大夫王達曰：[4]"卿爲我覓一好左丞。"達遂私於汪曰："我當薦君爲左丞，若事果，當以良田相報也。"汪以達所言奏之，達竟以獲罪，卒拜汪爲尚書左丞。汪明習法令，果於剖斷，當時號爲稱職。

[1]平鄉縣伯：爵名。爲隋九等爵的第七等。正三品。

[2]尚書司勳兵部二曹侍郎：此是尚書省司勳侍郎和兵部侍郎兩個官名的併省之稱。司勳侍郎，爲尚書省吏部所轄四曹之一司勳曹的長官，置二員，掌校定勳績及授予勳散官告身等事。隋初爲正六品上，開皇三年升爲從五品。隋煬帝大業三年改諸曹侍郎爲郎，司勳侍郎遂改稱司勳郎。兵部侍郎，隋初爲尚書省兵部所轄四曹之一兵部曹的長官，置二員，掌武官勳禄品級、軍籍及軍隊調遣等政令，正六品上，開皇三年升爲從五品。隋煬帝大業三年改諸曹侍郎爲"郎"，而又於尚書省所轄六部各置"侍郎"一人，爲六部之副長官，正四品。此後，兵部侍郎就成爲兵部的副長官，而原兵部侍郎則改稱爲兵曹郎。　秦州：北周置總管府，隋初沿之。治所在今甘肅天水市。

[3]荆：州名。隋初置大總管府。治所在今湖北荆州市。　洛：州名。北周置總管府，隋開皇二年改置河南道行臺，開皇三年又廢行臺而置刺史。治所在今河南洛陽市東北。　州長史：官名。爲諸州府的上佐官，位居府中衆屬官之首，輔佐州長官統領府中政務。上州長史爲正五品上，中州長史爲從五品上，下州長史爲正六品上。

[4]諫議大夫：官名。爲門下省的屬官，置七員，掌侍從規諫，實則多爲虛職，常用作加官。從四品下。隋煬帝大業三年罷廢。王達：人名。隋文帝時官任諫議大夫，曾奉文帝之命尋覓能任尚書左丞的人選，欲推薦楊汪，但又私下向楊汪索要良田作爲回報。於是楊汪遂將此事奏告文帝，結果王達竟由此獲罪，而楊汪最終被任爲尚書左丞。事亦見《北史》卷七四《楊汪傳》。

煬帝即位，守大理卿。[1]汪視事二日，[2]帝將親省囚徒。其時繫囚二百餘人，汪通宵究審，詰朝而奏，[3]曲盡事情，一無遺誤，帝甚嘉之。歲餘，拜國子祭酒。[4]帝令百僚就學，與汪講論，天下通儒碩學多萃焉，論難鋒起，皆不能屈。帝令御史書其問答奏之，[5]省而大悦，賜良馬一匹。大業中，爲銀青光禄大夫。

[1]守：官制用語。即以較低官階署理較高官職。

[2]視事：就任官職而治理政事。

[3]詰朝（zhāo）：即平明，翌日清晨。

[4]國子祭酒：官名。隋初爲太常寺所轄國子寺的長官，置一員，掌儒學訓導之政，統國子、太學、四門、書算等學。從三品。開皇十三年國子寺罷隸太常，並改寺爲學，國子祭酒則爲國子學的長官。仁壽元年又罷國子學，唯立太學一所，以太學博士總知學事，國子祭酒則被廢省。隋煬帝大業初復立國子學，並改稱國子監，依舊置國子祭酒一人爲本監長官，職掌、品階均同隋初。

[5]御史：官名。隋煬帝大業中於御史臺增置御史若干人，爲臺内屬官，掌侍從糾彈。從九品。尋又廢省之。

及楊玄感反，河南贊治裴弘策出師禦之，[1]戰不利，弘策出還，遇汪而屏人交語。既而留守樊子蓋斬弘策，[2]以狀奏汪，帝疑之，出爲梁郡通守。[3]後李密已逼東都，[4]其徒頻寇梁郡，汪勒兵拒之，頻挫其鋭。煬帝崩，王世充推越王侗爲主，[5]徵拜吏部尚書，[6]頗見親委。及世充僭號，[7]汪復用事，[8]世充平，以凶黨誅死。

[1]河南：郡名。隋煬帝大業三年改豫州置。治所在今河南洛陽市東北。按，中華本將“河南”斷屬上句作“及楊玄感反河南”，當誤，今據文意斷屬下句而與“贊治”連爲一个官名（參見唐華全《中華書局點校本〈隋書〉質疑二十九則》，《河北師範大學學報》2012年第1期）。　贊治：官名。隋煬帝大業三年改州爲郡，併省州長史、司馬之職而於各郡置贊治一人，爲郡太守之副貳，後又改稱贊治爲郡丞。京兆、河南二郡之贊治爲從四品，其餘上、中、下三等郡之贊治分别爲正五品、從五品、正六品。按，“贊治”各本皆同，但《北史》卷七四《楊汪傳》作“贊務”，乃避唐高宗李治之諱而改。又按，據本書《百官志下》，隋煬帝大業三年改州爲郡時於各郡置贊治，後又改稱贊治爲郡丞，而文中所述事在大業九年楊玄感反叛期間，此時贊治早已改稱爲郡丞，故此處仍載稱“贊治”則欠準確，似應正作“郡丞”。　裴弘策：人名。隋煬帝大業九年官任河南郡贊治（似應正作“河南郡丞”），適逢楊玄感舉兵反叛，圍攻東都洛陽，東都留守樊子蓋派遣裴弘策出兵抗擊叛軍，但反爲叛軍所敗，退還途中又遇國子祭酒楊汪而與其私語國事。於是樊子蓋遂將裴弘策斬首，並向隋煬帝上書奏告裴、楊二人私語之事，結果楊汪由此被貶爲梁郡通守。事亦見本書卷四《煬帝紀下》、卷六三《樊子蓋傳》、卷七〇《楊玄感傳》，《北史》卷一二《隋煬帝紀》、卷四一《楊玄感傳》、卷七四《楊汪傳》、卷七六《樊子蓋傳》。

[2]留守：隋時皇帝出巡或親征時，均命親信大臣督守京城，

許以便宜行事，謂之京城留守；其陪京和行都亦常設留守，多以本地軍政長官兼任。隋時留守屬臨時委命之職，皇帝還京歸都後則罷廢。此處之留守是指“東都留守”。　樊子蓋：人名。傳見本書卷六三、《北史》卷七六。

[3]梁郡：隋煬帝大業初改宋州置。治所在今河南商丘市南。　通守：官名。隋煬帝大業中始於各郡加置通守一人，位在太守之下、郡丞之上，協助太守掌領本郡軍政事務。京兆、河南二郡則特稱之爲“内史”。

[4]李密：人名。傳見本書卷七〇、《舊唐書》卷五三、《新唐書》卷八四，《北史》卷六〇有附傳。　東都：即洛陽（今河南洛陽市東北白馬寺東）。隋煬帝即位初營建洛陽爲東京，大業五年又改稱東京爲東都。

[5]越王侗：即隋煬帝之孫楊侗。傳見本書卷五九、《北史》卷七一。

[6]吏部尚書：官名。此是隋末皇泰帝楊侗政權沿襲隋朝官制而設置的職官。參見前注“吏部尚書”。

[7]僭號：即冒用帝王的稱號。此指王世充於公元619年廢皇泰帝楊侗，自稱皇帝，建國號爲“鄭”。

[8]用事：即執政當權。

史臣曰：盧愷諫説可稱，令狐熙所居而治，薛冑執憲平允，宇文弼聲望攸歸，張衡以鯁正立名，楊汪以學業自許。然皆有善始，鮮克令終，[1]九仞之基，[2]俱傾於一匱，[3]惜哉！夫忠爲令德，施非其人尚或不可，況托足邪徑，[4]而又不得其人者歟！語曰：“無爲權首，將受其咎。”[5]又曰：“無始禍，無召亂。”[6]張衡既召亂源，實爲權首，動不以順，其能不及於此乎？

［1］鮮克令終：意謂很少能够保持善名而死。

［2］九仞：形容極高或極深。仞，古代度量單位，一説七尺爲仞，一説八尺爲仞。

［3］一匱：指一筐之土。匱，通“簣”，指盛土的竹筐。

［4］托足：容身，立脚。

［5］無爲權首，將受其咎：語出《漢書》卷三五《吴王劉濞傳》贊曰：“晁錯爲國遠慮，禍反及身。‘毋爲權首，將受其咎’，豈謂錯哉！”顔師古注：“此《逸周書》之言。贊引之者，謂錯適當此言耳。”權首，指主謀，首先起事之人。

［6］無始禍，無召亂：語出《左傳》僖公十五年：“且史佚有言曰：‘無始禍，無怙亂，無重怒。’”此處改“無怙亂”爲“無召亂”，與原文意稍異。無，通“毋”。

隋書　卷五七

列傳第二十二

盧思道　從父兄昌衡

盧思道字子行，范陽人也。[1]祖陽烏，[2]魏秘書監。[3]父道亮，[4]隱居不仕。思道聰爽俊辯，通侻不羈。[5]年十六，遇中山劉松，[6]松爲人作碑銘，以示思道。思道讀之，多所不解，於是感激，閉户讀書，師事河間邢子才。[7]後思道復爲文，以示劉松，松又不能甚解。思道乃喟然嘆曰："學之有益，豈徒然哉！"因就魏收借異書，[8]數年之間，才學兼著。然不持操行，好輕侮人。齊天保中，[9]《魏史》未出，[10]思道先已誦之，由是大被笞辱。前後屢犯，因而不調。[11]其後左僕射楊遵彦薦之於朝，[12]解褐司空行參軍，[13]長兼員外散騎侍郎，[14]直中書省。[15]文宣帝崩，[16]當朝文士各作挽歌十首，擇其善者而用之。魏收、陽休之、祖孝徵等不過得三首，[17]唯思道獨得八首。故時人稱爲"八米盧郎"。[18]後漏泄省中語，出爲丞相西閤祭酒，[19]歷太子舍人、司徒録事參軍。[20]每居官，多被譴辱。後以擅用庫錢，免歸於家。嘗於薊北悵然感慨，[21]爲五言詩以見意，人以爲工。數年，復爲京畿主簿，[22]歷主客郎、給事黄門侍郎，[23]待詔文林館。[24]周武帝平齊，[25]授儀同三司，[26]追赴長安，[27]與同輩陽休之等數人作《聽蟬鳴篇》。思道所爲，詞意清切，爲時人所重。新野庾信遍覽諸同作者，[28]而深嘆美之。未幾，以母疾還鄉，遇同郡祖英伯及從兄昌期、宋護等舉兵作亂，[29]思道預焉。周遣柱國宇文神舉討平之，[30]罪當法，已在死中。神舉素聞其名，引出之，令作露布。[31]思道援筆立成，文無加點，[32]神舉嘉而宥之。後除掌教上士。[33]

[1]范陽：郡名。治所在今河北涿州市。

[2]陽烏：人名。即盧淵，字伯源，小名陽烏。盧思道之祖，北魏時人，官至秘書監。《魏書》卷四七、《北史》卷三〇有附傳。按，本書因避唐高祖李淵之諱，故此處改稱盧淵之小名“陽烏”，而《北史》卷三〇則改稱盧淵之字“伯源”。

[3]魏：即北魏（386—557），亦稱後魏。初都平城（今山西大同市東北），公元494年遷都洛陽（今河南洛陽市東北白馬寺東）。公元534年分裂爲東魏和西魏兩個政權。東魏（534—550）都於鄴（今河北臨漳縣西南鄴鎮東），西魏（535—557）都於長安（今陝西西安市西北郊）。　秘書監：官名。北魏時爲秘書監的長官，置一員，掌圖書經籍之事。正三品。

[4]道亮：人名。即盧道亮，盧思道之父，北魏至東魏時人，隱居不仕。事亦見《魏書》卷四七《盧淵傳》、《北史》卷三〇《盧伯源傳》及卷三五《王瓊傳》、《新唐書·宰相世系表三上》等。

[5]通侻：亦作“通脱”。指性情放達，不拘小節。

[6]中山：郡名。東魏、北齊時治所在今河北定州市。　劉松：人名。東魏、北齊時中山郡人，善屬文，尤以碑銘見稱。盧思道年輕時曾與他交流文章，切磋才學。事亦見《北史》卷三〇《盧思道傳》。

[7]河間：郡名。北魏至北齊時治所在今河北河間市。　邢子才：人名。即邢邵，字子才。北魏末至北齊時河間郡人，博通經史，尤精文學，歷仕北魏、東魏、北齊三朝，官至特進、太常卿、中書監、攝國子祭酒，盧思道年輕時曾師從之。傳見《北齊書》卷三六，《北史》卷四三有附傳。

[8]魏收：人名。北魏末至北齊時人，博學多識，通曉經史文章，官至尚書右僕射，曾奉北齊文宣帝之命撰著《魏書》。盧思道年輕時與他多有往來，並向他借閱奇異之書，由此才學兼著。傳見《北齊書》卷三七、《北史》卷五六。

[9]齊：即北齊（550—577），都於鄴（今河北臨漳縣西南鄴鎮東）。　天保：北齊文宣帝高洋年號（550—559）。

[10]《魏史》：即北齊天保年間魏收奉詔修撰的《魏書》，爲二十四史之一。

[11]不調：此指不能參選做官。

[12]左僕射：官名。北齊時爲尚書省的副長官，與右僕射對置，各一人，協助長官尚書令掌領尚書省政務。但因北齊尚書令不常置，左右僕射則成爲尚書省的實際長官，是宰相之職。從二品。　楊遵彦：人名。即楊愔，字遵彦。北齊文宣帝天保八年官任尚書左僕射，翌年升任尚書令，曾薦舉盧思道入朝做官。傳見《北齊書》卷三四，《北史》卷四一有附傳。

[13]解褐：官制用語。亦稱“釋褐”。即脱去平民衣服而换上官服，喻指始任官職。　司空行參軍：官名。北齊時爲司空府的屬官，掌參議本府所轄列曹之事。從七品上。

[14]長（zhǎng）兼：官制用語。加在官職名稱前，表示非正

式任命而實已參掌該官之職事。　員外散騎侍郎：官名。北齊時爲集書省的屬官，置一百二十人，掌侍從諷諫，獻納得失，實則爲閑散虛職，多用作加官。正七品上。

［15］直中書省：即在中書省當值充任，署理本省之職事。屬臨時差遣之職。中書省是北齊掌撰皇帝詔敕、參議政令制定的權要機構。

［16］文宣帝：即北齊開國皇帝高洋。紀見《北齊書》卷四、《北史》卷七。

［17］陽休之：人名。北齊文宣帝駕崩時官任中山郡太守，因善屬文、曉禮儀而被召至陪都晉陽經紀喪禮，撰作挽歌。北齊後主時官至尚書右僕射，領中書監。北周武帝平齊後，與盧思道、李孝貞、薛道衡等十八人同被召赴長安，授爲開府儀同大將軍，後官至納言中大夫。傳見《北齊書》卷四二，《北史》卷四七有附傳。　祖孝徵：人名。即祖珽，字孝徵。北齊文宣帝時以其文詞典麗令直中書省執掌詔誥，北齊後主時官至尚書左僕射，頗受寵信。傳見《北齊書》卷三九，《北史》卷四七有附傳。　不過得三首："三首"底本、殿本、庫本皆同，但宋刻遞修本、中華本及《北史·盧思道傳》作"一二首"，疑是。

［18］八米：指從稻穀出米達到八成，意謂出米率很高。此處借喻才學之高。按，宋人朱翌《猗覺寮雜記》卷上稱："（盧思道）時人稱爲'八米盧郎'。'米'字蓋'采'字之誤也，十首中采八首耳。"

［19］丞相西閤祭酒：官名。北齊時爲丞相府的屬官，與東閤祭酒對置，分掌府内接對賓客之事。正七品上。

［20］太子舍人：官名。北齊時爲太子東宫典書坊的屬官，置二十八員，掌令書表啓之事，制比朝廷的中書舍人。從六品下。　司徒録事參軍：官名。北齊時爲司徒府的屬官，掌檢核府内文書簿籍，監守符印，糾彈列曹官員之過失。正六品上。

［21］薊：縣名。北齊時治所在今北京市西南。

［22］京畿主簿：官名。東魏至北齊武成帝時，於首都鄴城置京畿大都督府，以高氏宗室親王充任本府大都督，掌領京畿兵宿衛京城。北齊後主武平二年（571），始罷京畿大都督府併入領軍府。京畿主簿，即爲京畿大都督府的屬官，掌本府監印，檢核文書簿籍，勾稽缺失等事。從六品下。

［23］主客郎：官名。全稱是主客郎中。北齊時爲尚書省祠部所轄五曹之一主客曹的長官，置一員，掌諸蕃朝覲之政，接對外國使臣賓客。正六品上。　給事黄門侍郎：官名。北齊時爲門下省的次官，置六員，協助長官侍中掌獻納諫正，封駁制敕，兼管進御侍奉皇帝之事。正四品上。

［24］待詔文林館：北齊後主武平四年於内廷置文林館，召集文學優長之朝士入館供奉待詔，令其在館内講論文學，修撰書籍文翰。凡被召入館之士，即統稱爲“待詔文林館”。此屬臨時差遣之任，多爲朝官之兼職。

［25］周武帝：即北周武帝宇文邕。紀見《周書》卷五、六，《北史》卷一〇。

［26］儀同三司：官名。亦簡稱儀同，北周武帝建德四年（575）改稱儀同大將軍。北周時屬勳官。北周府兵制中儀同府的長官均加此勳官名，可開府置官屬。九命。按，文中所述事在北周武帝建德六年滅北齊之後，此時儀同三司早已改稱儀同大將軍，故此處仍載稱“儀同三司”則欠準確，應正作“儀同大將軍”或“儀同”。

［27］長安：北周都城名。在今陝西西安市西北郊。

［28］新野：郡名。北周時治所在今河南新野縣。　庾信：人名。南朝梁至北周時新野郡人，博覽群書，尤善《左傳》，文章綺艷，世號“徐、庾體”，北周武帝時官至司宗中大夫。傳見《周書》卷四一、《北史》卷八三。

［29］祖英伯：人名。北齊范陽郡人，北齊滅亡後不願臣服於北周的統治，遂趁北周武帝暴崩之機，與同郡人盧昌期、盧思道、宋護等勾結北齊殘餘勢力，於北周宣政元年（578）閏六月占據范陽

城舉兵反叛，北周朝廷派遣柱國大將軍宇文神舉率兵討平之。事亦見《周書》卷四〇《宇文神舉傳》、《北史・盧思道傳》。　昌期：人名。即盧昌期，盧思道的堂兄，北周宣政元年與祖英伯等人在范陽舉兵反叛，旋被討滅。事亦見本書《天文志下》、卷七四《崔弘度傳》，《魏書》卷四七《盧道虔傳》，《北齊書》卷一二《范陽王紹義傳》、卷四一《高保寧傳》，《周書》卷七《宣帝紀》、卷四〇《宇文神舉傳》，《北史》卷三〇《盧思道傳》、《盧道虔傳》等。　宋護：人名。北周宣政元年與祖英伯等人同反，旋被討滅。事亦見《通志》卷一六四《盧思道傳》。

[30]周：即北周（557—581），都於長安（今陝西西安市西北郊）。　柱國：官名。全稱是柱國大將軍。北魏太武帝始置柱國，以爲開國元勳長孫嵩的加官。北魏末孝莊帝以尒朱榮有擁立之功，又特置此官以授之，位在丞相之上。西魏文帝以宇文泰有中興之功，亦置此官授之。後凡屬功參佐命、望實俱重的大臣，也得居之。至西魏大統十六年（550）以前，任此官者名義上有八人，但宗室元欣有其名而無實權，宇文泰爲最高統帥，其他六柱國分掌禁旅，各轄二大將軍，爲府兵系統的最高長官。大統十六年以後，功臣位至柱國者愈多，遂成爲散秩，無所統御。至北周武帝時，又增置上柱國等官，形成十一等勳官之制。柱國大將軍是十一等勳官的第二等，可開府置官屬。正九命。　宇文神舉：人名。北周武帝時位居柱國大將軍，北周宣帝宣政元年閏六月奉詔率兵討平祖英伯等人在范陽發動的叛亂，但因愛惜盧思道的才學而特免其死罪。傳見《周書》卷四〇、《北史》卷五七。

[31]露布：即軍旅告捷的文書。

[32]文無加點：亦作“文不加點”。指作文一氣呵成，無須修改。加點，即寫作時有所增删而加以點抹。

[33]除：官制用語。即拜官、授職。　掌教上士：官名。北周時其隸屬、職掌未詳，王仲犖疑爲“春官之屬”。正三命。（參見王仲犖《北周六典》卷七《六官餘録第十三》，中華書局1979年

版，第498頁）

高祖爲丞相，[1]遷武陽太守，[2]非其好也。爲《孤鴻賦》以寄其情曰：

[1]高祖：隋文帝楊堅的廟號。紀見本書卷一、二，《北史》卷一一。　丞相：官名。此是“左大丞相”或“大丞相”的簡稱。北周静帝大象二年（580）置左、右大丞相，以宗室親王宇文贇爲右大丞相，僅有虛名；而以外戚楊堅爲左大丞相，總攬朝政。旋又去左右之號，獨以楊堅爲大丞相。楊堅由此成爲控制北周朝廷的權臣。

[2]武陽：郡名。北周時治所在今山東莘縣。

余志學之歲，[1]自鄉里游京師，便見識知音，歷受群公之眷。年登弱冠，[2]甫就朝列，談者過誤，[3]遂竊虛名。通人楊令君、邢特進已下，[4]皆分庭致禮，倒屣相接，[5]翦拂吹嘘，[6]長其光價。[7]而才本駑拙，性實疏懶，勢利貨殖，淡然不營。雖籠絆朝市且三十載，[8]而獨往之心未始去懷抱也。攝生舛和，[9]有少氣疾。[10]分符坐嘯，[11]作守東原。[12]洪河之湄，[13]沃野彌望，囂務既屏，魚鳥爲鄰。有離群之鴻，爲羅者所獲，[14]野人馴養，[15]貢之於余。置諸池庭，朝夕賞玩，既用銷憂，兼以輕疾。《大易》稱“鴻漸於陸”，[16]羽儀盛也。[17]《揚子》曰“鴻飛冥冥”，[18]騫翥高也。[19]《淮南》云“東歸碣石”，[20]違溽暑也。[21]平子賦曰“南寓衡陽”，[22]避祁寒也。[23]若其雅步清音，遠心高韵，鵷鸞以降，罕見其儔，[24]而鎩翮墻陰，[25]偶影獨立，[26]唼喋秕稗，[27]鷄鶩爲伍，不亦傷乎！余五十之年，勿焉已至，永言身事，[28]慨然多緒，乃爲之賦，聊以自慰云。其詞曰：

[1]志學：即專心求學。語本《論語·爲政》："吾十有五而志于學。"後亦因以借指十五歲。

[2]弱冠：古時以男子二十歲爲成人，初加冠，因體猶未壯，故稱弱冠。後遂稱男子二十歲或二十幾歲的年齡爲弱冠。

[3]過誤：自謙之辭。意謂他人對自己的贊譽過高而不恰當。

[4]楊令君：指楊愔。因楊愔在北齊官至尚書令，故以"令君"尊稱之。參見前注"楊遵彦"。　邢特進：指邢卲。因邢卲在北齊官至特進，故以其官名尊稱之。參見前注"邢子才"。特進，北齊時屬散官。正二品。

[5]倒屣：意謂急於出迎，把鞋穿倒。後因以形容熱情迎客。

[6]翦拂：本指爲馬修剪毛鬣，洗拭塵垢。後常用以比喻對人才的贊揚和提携。

[7]光價：指榮耀的身階。

[8]籠絆：受羈絆、受牽制。　朝市：泛指名利官。

[9]攝生：養生，保養身體。　舛和：違和。指因生理失調而致病。

[10]氣疾：指呼吸系統的疾病。

[11]分符：亦稱"剖符"。指古代帝王拜官授爵時，分與符節的一半給臣下作爲信物。後因以泛稱授官任職。　坐嘯：閑坐嘯咏。典出《後漢書》卷六七《黨錮列傳序》："南陽太守岑公孝，弘農成瑨但坐嘯。"後因以喻指爲官清閑而不理政事。

[12]東原：地區名。指今山東運河以西、大汶河下游一帶。此處借指上文所載的武陽郡。

[13]洪河：即大河。古時多指黄河。

[14]羅者：亦稱“羅人”。指捕捉鳥獸的獵人。

[15]野人：泛指村野之人。

[16]《大易》：即《周易》《易經》的別稱，亦簡稱《易》。相傳伏羲畫其卦，文王作其辭，孔子作其傳，爲儒家經典之一。鴻漸於陸：意謂鴻雁在陸地上由低到高、循序漸進地飛翔。

[17]羽儀：鳥的翼翅。

[18]《揚子》：即西漢辭賦家揚雄所著《揚子法言》的省稱。按，“揚”字底本原作“楊”，宋刻遞修本與底本同，今據殿本、庫本、中華本及《北史》卷三〇《盧思道傳》改。　冥冥：高遠的空際。

[19]騫翥：鳥展翅飛舉的樣子。騫，通“鶱”。

[20]《淮南》：即《淮南子》的省稱。亦稱《淮南鴻烈》。西漢淮南王劉安及其門客所著。該書以道家思想爲主，糅合儒、法、陰陽等家，一般認爲是雜家著作。　碣石：山名。在今河北昌黎縣北。

[21]溽暑：指盛夏氣候潮濕悶熱。

[22]平子：東漢辭賦家張衡的字。傳見《後漢書》卷五九。　南寓衡陽：《文選》張衡《西京賦》原作“南翔衡陽”，而《北史·盧思道傳》亦作“南翔衡陽”。衡陽，地名。指南岳衡山以南之地，即今湖南衡陽市一帶。

[23]祁寒：嚴寒、大寒。

[24]儔：比輩，同類。

[25]鎩翮：即鎩羽。指鳥羽翼摧落而無法起飛。常用以比喻人不得志。

[26]偶影：意謂與身影爲偶，形容孤獨。偶，即相伴、伴隨之意。

[27]唼（shà）喋（zhá）：指禽鳥或魚類吃食。

[28]永言：長言，吟咏。

惟此孤鴻，擅奇羽蟲，[1]實稟清高之氣，遠生遼碣之東。[2]氄毛將落，[3]和鳴順風，壯冰云厚，矯翅排空。出島嶼之綿邈，犯霜露之溟濛，驚絓魚之密網，畏落雁之虚弓。若其斗柄東指，[4]女夷司月，[5]乃遥集於寒門，[6]遂輕舉於玄闕。[7]至如天高氣肅，[8]摇落在時，[9]既嘯儔於淮浦，[10]亦弄吭於江湄。[11]摩赤霄以凌厲，[12]乘丹氣之威夷，[13]溯商飆之裊裊，[14]玩陽景之遲遲。[15]彭蠡方春，[16]洞庭初緑，[17]理翮整翰，群浮侣浴。振雪羽而臨風，[18]掩霜毛而候旭，[19]饜江湖之菁藻，飫原野之菽粟。行離離而高逝，[20]響嗈嗈而相續，[21]潔齊國之冰紈，[22]皓密山之華玉。[23]若乃晨沐清露，安趾徐步；夕息芳洲，延頸乘流；違寒競逐，浮沉水宿；[24]避暑言歸，絶漠雲飛。[25]望玄鵠而爲侣，[26]比朱鷺而相依，[27]倦天衢之冥漠，[28]降河渚之芳菲。

[1]羽蟲：即鳥類。蟲，古代用作動物的總稱。

[2]遼碣：即遼河與碣石山的並稱。亦泛指渤海北岸及遼河以東地區。

[3]氄（rǒng）毛：此指雛鳥的柔軟細毛。隨着雛鳥的生長，氄毛將逐漸被新生的羽毛所替换，故此處“氄毛將落”，即指鴻雁初長成之時。

[4]斗柄：即北斗柄。指北斗星座的第五星衡、第六星開泰、第七星摇光。此三星連成一綫，像北斗之柄，故稱斗柄。古代以北斗星的運轉來計算月令，斗柄所指的方位變换代表季節月令的變化，此處“斗柄東指”即指春季。

[5]女夷司月：指春夏萬物生長的時節。女夷，古代傳説中掌管春夏兩季生養之神。後世亦以爲花神。

［6］寒門：古代傳説中北方極寒冷的地方。

［7］玄闕：古代傳説中的北極之山。

［8］天高氣肅：指秋季。

［9］摇落在時：指秋冬草木凋落的時節。

［10］嘯儔：呼唤同伴。　淮浦：指淮河岸邊。

［11］弄吭：玩弄嗓音，發聲鳴叫。　江湄：指長江水岸。

［12］赤霄：極高的天空。　凌厲：凌空高飛。

［13］丹氣：指赤色的水氣。亦指彩霞。　威夷：即逶迤。形容迂遠之狀。

［14］商飆：指秋風。按，“商”字底本原作“啇”，顯訛，今據宋刻遞修本、殿本、庫本、中華本改。　褭褭：形容風吹拂的樣子。

［15］陽景：此指冬日的陽光。　遲遲：形容陽光温暖、光綫充足的樣子。

［16］彭蠡：古湖名。即今江西鄱陽湖。

［17］洞庭：古湖名。即今湖南洞庭湖。亦爲今江蘇太湖的别稱。

［18］雪羽：指白色的翅膀。

［19］霜毛：即白色的羽毛。

［20］離離：形容若斷若續而相連的樣子。

［21］嗈嗈：鳥的和鳴聲。

［22］齊國：古國名。此指古齊國之地，約當今山東半島一帶。　冰紈：潔白的細絹。按，“紈”底本、中華本皆同，但宋刻遞修本、殿本、庫本作“紈”，當訛。

［23］密山：古代傳説中的山名。《山海經》卷五《中山經》載：“又西七十二里，曰密山。其陽多玉，其陰多鐵。豪水出焉，而南流注于洛。”約在今陝西商洛市境内。

［24］沅：古水名。即今湖南西部的沅江。源出貴州雲霧山，東北流經湖南洪江市、常德市，至漢壽縣東注入洞庭湖。

[25]絶漠：横渡大沙漠。

[26]玄鵠：黑天鵝。

[27]朱鷺：朱鹮。

[28]天衢：廣闊的天空。取“任意通行，如世之廣衢”之意，故稱天衢。　冥漠：形容虚無縹緲之狀。

忽值羅人設網，虞者懸機，[1]永辭寥廓，[2]蹈迹重圍。始則窘束籠樊，憂憚刀俎，靡軀絶命，恨失其所。終乃馴狎園庭，栖托池籞，[3]稻粱爲惠，恣其容與。於是翕羽宛頸，屏氣銷聲，滅煙霞之高想，閟江海之幽情。何時驤首奮翼，上凌太清，[4]騫翥鼓舞，遠薄層城。[5]惡禽視而不貴，小鳥顧而相輕，安控地而無耻，豈冲天之復榮！若夫圖南之羽，[6]偉而去羨，栖睫之蟲，[7]微而不賤，各遂性於天壤，弗企懷以交戰。不聽《咸池》之樂，[8]不饗太牢之薦，[9]匹晨鷄而共飲，偶野鳧以同膳。[10]匪揚聲以顯聞，寧校體而求見，[11]聊寓形乎沼沚，[12]且夷心於溏淀。[13]齊榮辱以晏如，[14]承君子之餘眄。[15]

[1]虞者：亦稱“虞人”。本爲古代掌管山澤之官，後亦泛指開采山澤物産之人。

[2]寥廓：遼闊的天空。

[3]池籞（yù）：帝王的園林。

[4]太清：天空。

[5]層城：古代神話傳説中位於昆侖山上的高城。一説是昆侖山最高峰之名，亦稱天庭，爲太帝所居之處。

[6]圖南：典出《莊子·逍遥游》：“北冥有魚，其名爲

鯤。……背負青天而莫之夭閼者，而後乃今將圖南。”後遂以“圖南”比喻志向遠大。

［7］栖睫：意謂栖伏於别人的眼色之下苟且偷生而心無大志。

［8］《咸池》：古樂曲名。相傳爲堯所作；一説爲黄帝所作，堯增修沿用之。後世視爲高雅神聖之樂。

［9］太牢：古代祭祀中稱牛羊豕三牲俱備爲太牢。亦有專指牛爲太牢者。此爲古代最高等級的祭禮。

［10］野鳧：野鴨。

［11］校體：意謂刻意裝扮自己以取悦於他人。

［12］沼沚：池塘。亦借指積水坑。

［13］夷心：泯滅心志。

［14］晏如：安寧，恬適。

［15］餘眄：用餘光斜視。即蔑視、鄙視之意。

開皇初，[1]以母老，表請解職，優詔許之。思道自恃才地，[2]多所陵轢，[3]由是官塗淪滯。既而又著《勞生論》，指切當時，其詞曰：

［1］開皇：隋文帝楊堅年號（581—600）。

［2］才地：才學和門第。地，通“第”。

［3］陵轢：欺壓他人，凌駕於他人之上。

《莊子》曰：[1]“大塊勞我以生。”[2]誠哉斯言也！余年五十，羸老云至，追惟疇昔，[3]勤矣厥生。乃著兹論，因言時云爾。

［1］《莊子》：亦稱《南華經》。戰國時哲學家莊子（名周）及其後學所著，爲道家經典之一。

[2]大塊：指大自然，大地。
[3]疇昔：往日、從前。亦指往事或以往的情懷。

罷郡屏居，有客造余者，少選之頃，[1]盱衡而言曰：[2]“生者天地之大德，人者有生之最靈，所以作配兩儀，[3]稱貴群品，[4]妍蚩愚智之辯，[5]天懸壤隔，[6]行己立身之異，入海登山。今吾子生於右地，[7]九葉卿族，[8]天授俊才，[9]萬夫所仰，學綜流略，[10]慕孔門之游、夏，[11]辭窮麗則，[12]擬漢日之卿、雲。[13]行藏有節，[14]進退以禮，不諂不驕，無慍無懌，偃仰貴賤之間，從容語默之際，何其裕也！下走所欣羡焉。”[15]余莞爾而笑曰：“未之思乎？何所言之過也！子其清耳，[16]請爲左右陳之。夫人之生也，皆未若無生。在余之生，勞亦勤止。紈綺之年，[17]伏膺教義，[18]規行矩步，從善而登。巾冠之後，[19]濯纓受署，[20]纆鎖仁義，[21]籠絆朝市。失翹陸之本性，[22]喪江湖之遠情，淪此風波，[23]溺於倒躓，[24]憂勞總至，事非一緒。何則？地胄高華，[25]既致嫌於管庫，[26]才識美茂，亦受嫉於愚庸。篤學强記，聾瞽於焉側目，[27]清言河瀉，[28]木訥所以疾心。[29]豈徒蠱惜春漿，[30]鴟吝腐鼠，[31]相江都而永嘆，[32]傅長沙而不歸，[33]固亦魯值臧倉，[34]楚逢靳尚，[35]趙壹爲之哀歌，[36]張升於是慟哭。[37]有齊之季，不遇休明，[38]申脰就鞅，[39]屏迹無地。[40]段珪、張讓，[41]金貝是視，賈謐、郭淮，[42]腥臊可饜。淫刑以逞，禍近池魚，耳聽惡來之讒，[43]足踐龍逢之血。[44]周氏末葉，仍值僻王，[45]斂笏升階，汗流浹背。莒客之踵躋焦原，[46]匹兹非險，齊人之手執馬尾,[47]方此未危。若乃羊腸、句注之道,[48]據鞍振策,武落、鷄田之外,[49]櫛風沐雨,三旬九食,不敢稱弊,此之爲役,蓋其小小者耳。[50]

[1]少選:一會兒,不多久。

[2]盱衡:揚眉舉目。按,“盱”字底本、宋刻遞修本、中華本皆同,但殿本、庫本作“旴”,當訛。

[3]兩儀:亦作“二儀”。指天地。

[4]群品:萬物、衆生。

[5]妍蚩:美善和醜惡。

[6]天懸壤隔:形容相隔懸殊,差别極大。按,下句“入海登山”亦同此義。

[7]右地:指高貴的門第。地,通“第”。

[8]九葉卿族:意謂九代皆爲高官,家族門第十分華貴。葉,即代、世。

[9]天授俊才:“授”字底本、宋刻遞修本、殿本、中華本皆同,但庫本作“援”,當訛。

[10]流略:即九流、七略之書。泛指前代各種文獻典籍。

[11]游、夏:即子游(言偃)、子夏(卜商)。兩人皆爲孔子的學生,以文學著稱。詳見《史記》卷六七《仲尼弟子列傳》。

[12]麗則:指美麗典雅的詩賦文學。

[13]卿、雲:即漢代辭賦家司馬相如(字長卿)、揚雄(字子雲)。司馬相如,傳見《史記》卷一一七、《漢書》卷五七。揚雄,傳見《漢書》卷八七。

[14]行藏:出處或行止。語本《論語·述而》:“用之則行,舍之則藏。”

[15]下走:意謂走卒,供奔走役使之人。常用作自稱的謙詞。

[16]清耳:静耳。意謂專心傾聽。

［17］紈綺：精美的絲織衣物。古代未成年人多穿紈綺之衣，故亦喻指少年。

［18］伏膺：信服，歸心，從學。伏，通“服”。

［19］巾冠：頭巾和冠帽。古代成年人始戴巾冠，故亦喻指長大成人。

［20］濯纓：洗濯冠纓。語本《孟子·離婁上》：“滄浪之水清兮，可以濯我纓。”後遂以“濯纓”比喻超脱世俗，操守高潔。受署：意謂接受委命而任職做官。

［21］纆鎖：纆繩和鎖鏈。比喻束縛、拘束。

［22］翹陸：意謂舉足跳躍。語本《莊子·馬蹄》：“齕草飲水，翹足而陸，此馬之真性也。”

［23］風波：比喻動蕩不定的艱辛勞苦。

［24］倒躓：困頓，艱難窘迫。

［25］地胄：南北朝時稱皇族帝室爲天潢，世家豪門爲地胄。後亦泛指門第。

［26］管庫：指保管倉庫的役吏。此處借指出身寒微的官吏。

［27］聾瞽：耳聾目盲。此處喻指耳目閉塞、才識淺陋之人。側目：斜目而視，形容憤恨。

［28］清言河瀉：意謂高談闊論猶如河水奔流般滔滔不絕。

［29］木訥：質樸而不善言辭。此處喻指心智愚鈍之人。　疾心：心生妒忌。按，“疾”底本原作“疚”，宋刻遞修本、中華本與底本同，當訛，今據殿本、庫本改。

［30］蝨惜春漿：蝨蟲吝惜自己獲得的美酒，而不讓他蝨争飲。比喻庸人俗輩極力維護其既得利益，害怕他人與之争奪。蝨，即人腹中的寄生蟲。按，“蝨”底本、殿本、庫本皆同，宋刻遞修本、中華本作“蝨”。

［31］鴟吝腐鼠：亦作“鴟得腐鼠”。典出《莊子·秋水》：“惠子相梁，莊子往見之。或謂惠子曰：‘莊子來，欲代子相。’於是惠子恐，搜於國中三日三夜。莊子往見之，曰：‘南方有鳥，其名爲

鵷鶵，子知之乎？夫鵷鶵發於南海而飛於北海，非梧桐不止，非練實不食，非醴泉不飲。於是鴟得腐鼠，鵷鶵過之，仰而視之曰：“嚇！”今子欲以子之梁國而嚇我邪？’”後遂以“鴟得腐鼠”或“鴟吝腐鼠”比喻庸人俗輩以輕賤之物爲珍，且以己度人，害怕他人凌犯争奪。

［32］相江都而永嘆：漢武帝時董仲舒出任江都國相，其才爲主父偃、公孫弘所嫉，因而屢遭二人陷害打擊，最終被迫辭官歸家，以著書爲業。事見《史記》卷一二一《儒林列傳》、《漢書》卷五六《董仲舒傳》。

［33］傅長沙而不歸：漢文帝時賈誼初受朝廷重用，即遭周勃、灌嬰、張相如、馮敬等人嫉恨排擠，被謫出爲長沙王太傅，久不得歸朝，終卒於外藩。事見《史記》卷八四《屈原賈生列傳》、《漢書》卷四八《賈誼傳》。按，以上兩句乃借喻賢才遭嫉而不得志之事。

［34］魯值臧倉：戰國時魯平公將見孟子，終爲其寵臣臧倉所阻。事見《孟子·梁惠王下》。後因以臧倉喻指進讒害賢的小人。

［35］楚逢靳尚：指戰國時楚懷王聽信寵臣上官靳尚所進讒言，而疏遠王族賢臣屈原；楚頃襄王即位後，靳尚又受令尹子蘭指使，誣害屈原，終使屈原被放逐。事見《史記·屈原賈生列傳》、劉向《新序》卷七《節士》等。後因以靳尚喻指進讒害賢的小人。

［36］趙壹爲之哀歌：東漢名士趙壹因恃才倨傲，爲鄉黨所擯，後屢抵罪，幾至死，友人救得免。壹乃作《刺世疾邪賦》以舒其怨憤，賦末歌曰：“勢家多所宜，咳唾自成珠。被褐懷金玉，蘭蕙化爲芻。賢者雖獨悟，所困在群愚。且各守爾分，勿復空馳驅。哀哉復哀哉，此是命矣夫！”事見《後漢書》卷八〇下《趙壹傳》。

［37］張升於是慟哭：東漢名士張升恃才任情不羈，傾心交結志同意合者，而不肯屈從於貴勢，由此遭人嫉恨，終陷黨錮之禍而被害。事見《後漢書》卷八〇下《張升傳》。按，以上兩句乃借喻賢才遭小人嫉妒而受害之事。

［38］休明：喻指明君或盛世。

［39］申脰就鞅：頸項被皮帶所套住。比喻形勢凶險，命運被他人所控。

［40］屏迹：避匿，隱退。

［41］段珪、張讓：東漢靈帝時兩個擅權亂政的宦官。段珪，事見《後漢書》卷八《孝靈帝紀》、卷六九《何進傳》、卷七二《董卓傳》、卷七八《宦者傳》。張讓，傳見《後漢書》卷七八。按，此句乃借指北齊末年宦官擅權亂政、斂財害民之事。

［42］賈謐：人名。晋惠帝時擅權干政的外戚，乃晋惠帝皇后賈南風之侄。《晋書》卷四〇有附傳。　郭淮：人名。按，此當是"郭槐"之音誤。考《三國志》卷二六《魏書·郭淮傳》，郭淮乃三國時曹魏大臣，卒於曹魏正元年間，其事迹與外戚無涉，故此處所言"郭淮"必非三國時曹魏大臣郭淮。再考《晋書·賈充傳》，郭槐乃賈充之妻、晋惠帝皇后賈南風之母、賈謐之祖母，封爲廣城君，賈皇后專權時她頗恃女勢干亂朝政，故此處所言"郭淮"當是晋惠帝時擅權干政的外戚"郭槐"。而檢《文苑英華》卷七五八載引盧思道《勞生論》，正作"郭槐"，且有校注稱："一作'淮'，非。"此亦可證"淮"字當是"槐"之音誤。（參見唐華全《中華書局點校本〈隋書〉質疑二十九則》，《河北師範大學學報》2012年第1期）另按，此句列舉賈謐、郭槐兩個西晋外戚人物，意乃借指北齊末年外戚擅權干政、貪贓枉法之事。

［43］惡來：人名。商紂王的讒臣，周武王伐紂時被誅殺。事見《史記》卷三《殷本紀》、卷五《秦本紀》、卷四三《趙世家》。後世常用以借指讒毀奸邪之人。

［44］龍逢：亦稱"龍逄""關龍逄"。相傳爲夏末之賢人，因忠諫而被夏桀所殺。後世常用作忠臣的代稱。

［45］僻王：邪僻不正的國君。此處指北周宣帝宇文贇和北周静帝宇文闡。

［46］莒客之踵躋焦原：《文選》張衡《思玄賦》"跕焦原而跟

趾”，舊注引《尸子》曰：“莒國有石焦原者，廣五十步，臨百仞之溪，莒國莫敢近也。有以勇見莒子者，獨却行齊踵焉，所以稱於世。”此處“莒客之踵蹐焦原”，即指《尸子》所載莒國勇夫登臨焦原巨石之事，用以比喻極險難的事情。

[47]齊人之手執馬尾：指春秋時齊景公的勇士古冶子搏殺巨黿、手執馬尾而渡河之事，見《晏子春秋·諫下》。此處用以比喻極危險的事情。

[48]羊腸：古險塞名。以山形縈曲、狀如羊腸而得名。其北口在今山西壺關縣東南，南口在今山西晋城市南。　句（gōu）注：古險塞名。以山形句轉、水勢注流而得名。其地在今山西代縣北。

[49]武落：本作“虎落”，因避諱“虎”字而改。虎落，即古代用以遮護城邑或營寨的竹籬，亦用作邊塞分界的標志。　鷄田：古邊塞名。在今寧夏靈武市西南。爲古代貫通賀蘭山東西的交通要衝，亦是防禦北方游牧民族南下的軍事要塞。

[50]此之爲役，蓋其小小者耳：此句是以上文所述險塞策馬、邊關行軍的艱險來比況北周末年的政治凶險，意謂前者之艱險與後者之凶險相比較乃屬小小，而後者之凶險則已達到無以復加的地步。

今泰運肇開，四門以穆，[1]冕旒司契於上，[2]夔、龍佐命於下，[3]岐伯、善卷，[4]耻徇幽憂，卞隨、務光，[5]悔從木石。余年在秋方，[6]已迫知命，[7]情禮宜退，不獲晏安。一葉從風，無損鄧林之攢植，[8]雙鳧退飛，不虧渤澥之游泳。[9]耕田鑿井，晚息晨興，候南山之朝雲，攀北堂之明月。氾勝九穀之書，[10]觀其節制，崔寔四人之令，[11]奉以周旋。晨荷蓑笠，白屋黄冠之伍，[12]夕談穀稼，霑體塗足之倫。[13]濁酒盈樽，高歌滿席，恍兮惚兮，[14]天地一指。[15]此野人之樂也，子或以是羡余乎？”

[1]四門：本指明堂四方之門。喻指天下四方。

[2]冕旒：皇帝所戴的禮冠。借指皇帝、帝位。　司契：掌管憲章法規。

[3]夔、龍：相傳爲舜的兩個大臣。夔爲樂官，龍爲諫官。後世常用以喻指輔弼良臣。

[4]岐伯：相傳爲黄帝時的名醫。今所傳《黄帝内經》，即戰國秦漢時醫家托名黄帝與岐伯論醫之作。按，“岐”字底本原作“歧”，宋刻遞修本與底本同，今據殿本、庫本、中華本改。　善卷：相傳爲堯舜時的隱逸賢士。事見《莊子·讓王》《吕氏春秋·下賢》。

[5]卞隨：上古傳説中的隱士。相傳商湯將伐夏桀，曾與卞隨商量，卞隨拒不回答。商湯戰勝夏桀後，要讓天下給卞隨，卞隨認爲受到侮辱，遂自投稠水（一説潁水）而死。事見《莊子·讓王》《吕氏春秋·離俗覽》。　務光：上古傳説中的隱士。相傳商湯曾讓位給務光，務光不肯接受，遂負石沉水而死。事見《莊子·外物》、《史記》卷六一《伯夷列傳》。

[6]秋方：喻指人的晚年、暮年。

[7]知命：典出《論語·爲政》：“五十而知天命。”後因以“知命”代稱五十歲。

[8]鄧林：古代神話傳説中的樹林。亦用以比喻薈萃之處或聚匯之所。　攢植：即密植。形容樹木的茂密。

[9]渤澥：渤海的别稱。

[10]氾勝九穀之書：指西漢氾勝之所撰的農書《氾勝之書》。按，“氾”字底本原作“汜”，宋刻遞修本、庫本與底本同，顯訛，今據殿本、中華本改。

[11]崔寔四人之令：指東漢崔寔所撰的農書《四民月令》。

按，“人”字當作“民”，史臣因避唐太宗李世民之諱而改。

[12]白屋：古代平民所居住的不施色彩而露出本材的房屋；一説是以白茅覆蓋的房屋。亦借指平民或寒士。　黄冠：古代農夫野老所穿戴的季秋草色服帽。亦借指村野農夫。

[13]霑體塗足：意謂身體沾濕，足塗污泥。形容農田勞動之辛苦狀。此處喻指耕田種地的農夫。

[14]恍兮惚兮：形容心神迷離之狀。

[15]天地一指：典出《莊子·齊物論》：“天地一指也，萬物一馬也。”意謂天地雖大，一指可以蔽之；萬物雖多，一馬可以理盡，故無是無非。後因以“天地一指”作爲平齊是非得失的典實。

客曰：“吾子之事，既聞之矣。佗人有心，[1]又請論其梗概。”余答曰：“雲飛泥沉，卑高異等，圓行方止，動息殊致。是以摩霄運海，[2]輕罻羅於藪澤，[3]五衢四照，[4]忽斤斧於山林。[5]余晚值昌辰，[6]遂其弱尚，[7]觀人事之隕穫，[8]睹時路之邅危。[9]玄冬修夜，[10]静言長想，可以累嘆悼心，流涕酸鼻。人之百年，脆促已甚，[11]奔駒流電，[12]不可爲辭。顧慕周章，[13]數紀之内，窮通榮辱，事無足道。而有識者鮮，無識者多，褊隘凡近，[14]輕險躁薄。居家則人面獸心，不孝不義，出門則諂諛讒佞，無愧無耻。退身知足，[15]忘伯陽之炯戒，[16]陳力就列，[17]棄周任之格言。[18]悠悠遠古，斯患已積，迄於近代，此蠹尤深。范卿撝讓之風，[19]搢紳不嗣，[20]《夏書》昏墊之罪，[21]執政所安。[22]朝露未晞，小車盈董、石之巷，[23]夕陽且落，皂蓋填閻、竇之里。[24]皆如脂如韋，[25]俯僂匍匐，[26]啖惡求媚，[27]舐痔自親。[28]美言諂笑，助其愉樂，詐泣佞哀，恤其喪紀。近通旨酒，[29]遠貢文蛇，[30]艷姬美女，委如脱屣，[31]金銑玉華，[32]棄同遺迹。[33]及鄧通失路，[34]一簪之賄無餘，梁冀就誅，[35]五侯之貴將起。[36]向之求官買職，晚謁晨趨，刺促望塵之舊游，[37]伊優上堂之夜客，[38]始則亡魂褫魄，若牛兄之遇獸，[39]心戰色沮，似葉公之見龍。[40]俄而抵掌揚眉，高視闊步，結侶棄廉公之第，携手哭聖卿之門。[41]華轂生塵，[42]來如激矢，[43]雀羅暫設，[44]去等絶弦。[45]飴蜜非甘，[46]山川未阻，千變萬化，鬼出神入。爲此者皆衣冠士族，[47]或有藝能，不耻不仁，不畏不義，靡愧友朋，莫慚妻子。外呈厚貌，内藴百心，繇是則紆青佩紫，[48]牧州典郡，[49]冠幘劫人，[50]厚自封殖。[51]妍歌妙舞，列鼎撞鍾，[52]耳倦絲桐，[53]口飫珍旨。雖素論以爲非，[54]而時宰之不責，[55]末俗蚩蚩，如此之敝。

[1]佗人有心："佗"字底本、宋刻遞修本、殿本、庫本皆同，中華本作"他"，二字相通。按，下文凡屬"佗""他"之别，不再一一施注。有心，意謂懷有某種意念或想法。此處指懷有官場名利的想法。

[2]摩霄運海：語本《莊子·逍遥游》："（鵬）怒而飛，其翼若垂天之雲。是鳥也，海運則將徙於南冥。"意謂鵬鳥直冲雲霄，在海上天空中飛行。此處用以喻謂人志向遠大，海天任游。

[3]罻（wèi）羅：捕鳥的網。亦借喻法網。

[4]五衢四照：語本《山海經》卷五《中山經》："（少室之山）上有木焉，其名曰帝休，葉狀如楊，其枝五衢，黄華黑實，服者不怒。"同書卷一《南山經》："（招摇之山）有木焉，其狀如穀而黑理，其華四照，其名曰迷穀，佩之不迷。"意謂帝休樹枝杈交錯五出如衢路，迷穀樹華光照耀四方。此處用以喻謂人才華横溢，光芒

四射。

［5］斤斧：伐木的斧頭。亦借喻刑具。

［6］昌辰：盛世，興盛時代。

［7］弱尚：對自己志願的謙稱。

［8］隕穫：意謂困迫失志。

［9］邅（zhān）危：意謂困頓危險。

［10］玄冬：冬天、冬季。古人以冬季值北方，色黑，故稱玄冬。　修夜：長夜。

［11］脆促：意謂人生脆弱而短暫。

［12］奔駒流電：比喻時光流逝之迅疾。

［13］顧慕周章：意謂愛慕嚮往，迴旋周游。

［14］褊隘凡近：意謂心胸狹隘，見識平庸。

［15］退身知足：意謂辭官歸隱，不作過分企求。

［16］伯陽之炯戒：此指老子《道德經》所説“知足者富，强行者有志”、“知足不辱，知止不殆，可以長久”等鑒誡之言。伯陽，即老子的字。傳見《史記》卷六三。

［17］陳力就列：意謂施展才力，就職任官。

［18］周任之格言：此指周任所説“陳力就列，不能者止”、“爲政者，不賞私勞，不罰私怨”、“爲國家者，見惡，如農夫之務去草焉”等爲官之格言。周任，乃周朝大夫，以爲官正直無私、疾惡務去而聞名。後世爲官從政者多服膺其格言，以其人爲良吏楷模。事見《論語·季氏》、《左傳》隱公六年及昭公五年等。

［19］范卿：指春秋時越國卿大夫范蠡。事見《史記》卷四一《越王句踐世家》及卷一二九《貨殖列傳》。　撝讓之風：此指范蠡助越王句踐滅吴後辭官歸隱江湖的風範。撝讓，即謙讓。

［20］搢紳：亦作“縉紳”。即插笏於紳帶間，爲古時官宦的裝束。後遂用爲官宦或士大夫的代稱。

［21］《夏書》：指《尚書》中記載夏代史事部分的文獻，即《禹貢》《甘誓》《五子之歌》《胤征》等篇。　昏墊之罪：此指

《尚書·益稷》所載洪水滔天而下民困於水灾的罪過。昏墊，即陷溺水灾；亦單指水患、水灾。

［22］執政：此指執掌國家政事的大臣。

［23］小車：即一馬所拉的輕便車。此處借指乘車到權貴之門求官買職的人。　董、石：指漢哀帝的佞幸寵臣董賢和漢元帝的佞幸宦者石顯。兩人之傳均見《漢書》卷九三。此處是以董、石借指北齊末年的佞幸權貴。

［24］皂蓋：古代官員所用的黑色蓬傘。此處借指趨炎附勢的官員。　閻、竇：指東漢安帝時專權的外戚閻顯與東漢和帝時專權的外戚竇憲。閻顯，事見《後漢書》卷六《順帝紀》及卷一〇下《安思閻皇后紀》。竇憲，《後漢書》卷二三有附傳。此處是以閻、竇借指北齊末年擅權的外戚。

［25］如脂如韋：語出《楚辭·卜居》："寧廉潔正直以自清乎？將突梯滑稽，如脂如韋，以絜楹乎？"後因以"如脂如韋"比喻阿諛圓滑。

［26］俯僂匍匐：低頭曲背，伏地爬行。形容折節屈從的樣子。

［27］啖惡求媚：嘗食權貴的糞便，以求取得權貴的歡心。形容獻媚附勢的卑劣行徑。

［28］舐痔自親：用舌舔治權貴的痔瘡，以求親近權貴。形容獻媚附勢的卑劣行徑。

［29］旨酒：美酒佳釀。

［30］文蛇：文彩斑斕的大蛇。古時視爲極稀奇的觀賞玩物。

［31］脱屣：比喻看得很輕，無所顧戀，猶如脱掉鞋子一樣。

［32］金銑玉華：最上等的金和最精美的玉。

［33］遺迹：比喻極其輕視，毫不在意，猶如行人遺棄脚印一樣。

［34］鄧通：人名。西漢文帝時的佞幸寵臣。傳見《漢書》卷九三。此處借指北齊末年的佞幸權貴。　失路：比喻失勢，不得志。

［35］梁冀：人名。東漢桓帝時專權亂政的外戚。《後漢書》卷三四有附傳。此處借指北齊末年擅權的外戚。

［36］五侯：指東漢桓帝時專權亂政的宦官單超、具瑗、唐衡、左悺、徐璜，因五人皆以謀誅梁冀之功而同日封爵爲侯，故合稱“五侯”。五人之傳均見《後漢書》卷七八。此處是以五侯借指北齊末年擅權干政的宦官。

［37］刺（qì）促：忙碌急迫，勞碌不休。　望塵：意謂趨附權貴，候望其車馬之塵而拜伏。

［38］伊優：即象聲詞“伊優亞”的略語。常用以譏諷逢迎諂媚的人，謂其説話無定見，迎合人意而言。

［39］若牛兄之遇獸：猶如牛遇見老虎一樣恐懼。按，“獸”當作“虎”，史臣因避諱“虎”字而改。

［40］葉公之見龍：典出劉向《新序》卷五《雜事五》：“葉公子高好龍，鈎以寫龍，鑿以寫龍，屋室雕文以寫龍。於是天龍聞而下之，窺頭於牖，拖尾於堂。葉公見之，棄而還走，失其魂魄，五色無主。是葉公非好龍也，好夫似龍而非龍者也。”後因以“葉公見龍”比喻驚恐害怕的樣子。

［41］聖卿：即漢哀帝時佞幸寵臣董賢的字。參見前注“董、石”。

［42］華轂：飾有文采的車轂。此處借指權貴所乘坐的華美車馬。

［43］激矢：疾飛的箭。常用以比喻來勢之迅疾。

［44］雀羅：捕雀的網羅。常用以形容門庭冷落或權貴失勢後的家境。

［45］絶弦：離弦之箭。常用以比喻逃離速度極快。

［46］飴蜜非甘：不以蜜糖爲甘甜。比喻貪求無厭，永不滿足。

［47］衣冠士族：門第華貴、深悉禮教的官宦士大夫。

［48］紆青佩紫：亦作“紆青拖紫”。意謂身佩公侯九卿的印綬。形容官位尊顯。

[49]牧州典郡：出任地方州郡的長官。

[50]冠幘劫人：以官吏的身份和權勢掠奪平民百姓。

[51]封殖：聚斂財貨。

[52]列鼎撞鍾：列鼎擊鍾而食。形容豪華奢侈的生活。

[53]絲桐：指琴聲。亦泛指音樂。

[54]素論：即大衆輿論。

[55]時宰：指當朝執政的宰相大臣。

余則違時薄宦，[1]屏息窮居，甚耻驅馳，深畏乾没。[2]心若死灰，不營勢利，家無儋石，[3]不費囊錢。偶影聯官，將數十載，駑拙致笑，輕生所以告勞也。[4]真人御宇，[5]斫雕爲樸，[6]人知榮辱，[7]時反邕熙。[8]風、力上宰，[9]内敷文教，方、邵重臣，[10]外揚武節。被之大道，洽以淳風，舉必以才，爵無濫授。稟斯首鼠，[11]不預衣簪，[12]阿黨比周，[13]掃地俱盡，輕薄之儔，滅影竄迹，礫石變成瑜瑾，[14]莨莠化爲芝蘭。[15]曩之扇俗攪時，駭耳穢目，[16]今悉不聞不見，莫余敢侮。《易》曰：‘聖人作而萬物睹。’斯之謂乎！”

[1]違時薄宦：違背當時的官場形勢，因而位居卑微的官職。

[2]乾（gān）没：投機圖利，貪求無厭。

[3]家無儋石：意謂家中貧乏，存糧極少。

[4]輕生：微賤之人。多用作自謙之詞。　告勞：向對方或他人訴説自己的勞苦。

[5]真人：典出《史記》卷六《秦始皇本紀》：“始皇曰：吾慕真人，自謂‘真人’，不稱‘朕’。”後因以指統一天下的所謂真命天子。此處喻指隋文帝。　御宇：統治天下。

［6］斫雕爲樸：削除浮華虚僞的習俗，而倡導樸實自重的政風。

［7］人知榮辱："知"字底本、宋刻遞修本、中華本皆同，但殿本、庫本作"之"，當誤。

［8］邕熙：和洽興盛。亦指升平盛世。邕，通"雍"。

［9］風、力：即黄帝之輔臣風后、力牧。後世因以借指得力的宰輔大臣。

［10］方、邵：亦作"方、召"。即西周時輔助宣王中興之賢臣方叔、召虎。後世因以借指國之重臣。

［11］稟斯首鼠：指窺伺上意、進退無定的人。

［12］衣簪：即衣冠簪纓，爲古代官宦的服裝。常用以借指仕宦階層。

［13］阿黨比周：指相互庇護、結黨營私的人。

［14］礫石：碎石、小石塊。常用以比喻平庸之人。　瑜瑾：亦作"瑾瑜"。即瑾和瑜，均爲美玉名，泛指美玉。常用以比喻美德賢才。

［15］莨莠：莨和莠，是兩種野草。常用以比喻邪惡之人。　芝蘭：亦作"芷蘭"。即芷和蘭，是兩種香草。常用以比喻高潔秀士。

［16］駭耳穢目：使人聽後感到震驚，使人看後感到骯髒。形容人事極其荒誕卑劣。按，"駭"底本原作"駮"，殿本、庫本與底本同，當訛，今據宋刻遞修本、中華本改。

歲餘，被徵，奉詔郊勞陳使。[1]頃之，遭母憂。[2]未幾，起爲散騎侍郎，[3]奏内史侍郎事。[4]于時議置六卿，[5]將除大理。[6]思道上奏曰："省有駕部，[7]寺留太僕，[8]省有刑部，[9]寺除大理，斯則重畜産而賤刑名，誠爲未可。"又陳殿庭非杖罰之所，朝臣犯笞罪，[10]請以贖論。上悉嘉納之。是歲，[11]卒于京師，時年五十二。上甚惜之，遣使弔祭焉。有集三十卷，[12]行於時。子赤松，[13]大業中，[14]官至河東長史。[15]

［1］郊勞：到郊外迎接並慰勞使者，爲古代一種外交禮節。　陳：即南朝陳（557—589），都於建康（今江蘇南京市）。

［2］母憂：即母親的喪事。古代喪服禮制規定，父母死後，子女須守喪，三年内不得做官、婚娶、赴宴、應考、舉樂，等等。

［3］散騎侍郎：官名。爲門下省的屬官，置四員，掌陪從朝值，獻納得失，實則爲閑散虚職，多用作加官。正五品上。隋煬帝大業三年（607）罷廢。

［4］奏：官制用語。通“走”，即參掌某官之職事。　内史侍郎：官名。爲内史省的次官，協助本省長官掌詔令出納宣行。隋初置四員，正四品下；隋煬帝大業三年减置二員，正四品。大業十二年改内史省爲内書省，内史侍郎遂改稱内書侍郎。

［5］六卿：隋文帝開皇三年將中央事務機關九寺併省爲六寺，每寺置卿一人爲其長官，合稱“六卿”。至開皇十二年，又復置爲九寺。

［6］大理：即大理寺。官署名。爲九寺之一，掌鞫獄，定刑名，並覆核諸州刑獄。屬執法機關，政令仰承尚書省刑部。凡諸司解送犯徒以上罪、百官九品以上判免官罪、百姓判流死以上罪，皆由本寺詳正並呈送刑部審覆；重大疑獄則由本寺與御史臺、刑部組成三司會審。長官爲大理卿，次官爲大理少卿，屬官有正、丞、主簿、司直、評事等。

［7］駕部：官署名。爲尚書省兵部所轄四曹之一，掌輿輦、車乘、傳驛、廄牧及馬牛雜畜簿籍之政令。隋初長官爲駕部侍郎，隋煬帝大業三年改稱駕部郎。

［8］太僕：即太僕寺。官署名。爲九寺之一，掌廄牧雜畜、輿輦車乘之事務，政令仰承尚書省兵部駕部曹，下統驊騮、乘黄、龍廄、車府、典牧、牛羊等署。長官爲太僕卿，次官爲太僕少卿，屬

官有丞、主簿、録事及獸醫博士等。按，“太”字底本原作“大”，中華本與底本同，今據宋刻遞修本、殿本、庫本改。

[9]刑部：官署名。此當指刑部曹，爲尚書省刑部所轄四曹之一，掌律令格式及按覆刑獄等政令。隋初長官爲刑部侍郎；隋煬帝大業三年改曹名爲憲部，長官改稱憲部郎。

[10]笞罪：即處以笞刑的罪行。

[11]是歲：岑仲勉考校稱：“前文未舉某年，今依《張説之集》二五《齊黄門侍郎盧思道碑》，是歲乃開皇六年。”（岑仲勉：《隋書求是》，中華書局2004年版，第103頁）

[12]有集三十卷：“三十卷”各本皆同，本書《經籍志四》所載卷數亦同，但《北史》卷三〇《盧思道傳》、《舊唐書·經籍志下》、《新唐書·藝文志四》均載作“二十卷”。

[13]赤松：人名。即盧赤松。隋煬帝時官至河東縣長（或作縣令）；隋末歸附李淵起兵反隋，官任行臺兵部郎中；唐初以元從功臣官至太子率更令，爵封范陽郡公。事亦見《北史·盧思道傳》、《舊唐書》卷八一《盧承慶傳》、《新唐書》卷七三上《宰相世系表三上》及卷一〇六《盧承慶傳》。

[14]大業：隋煬帝楊廣年號（605—618）。

[15]河東：郡、縣名。治所均在今山西永濟市西蒲州鎮。　長史：官名。按，隋初於各州置長史，爲諸州府的上佐官，而郡、縣兩級機構皆無長史。隋煬帝大業三年改州爲郡，廢併州長史、司馬之職而置爲贊治，後又改稱贊治爲郡丞。然則整個隋代郡、縣兩級機構均無長史之官，故此處所載“河東長史”必誤。檢《北史·盧思道傳》載稱盧赤松“大業中位河東縣長”，而《舊唐書·盧承慶傳》《新唐書·盧承慶傳》則載稱盧赤松大業末爲“河東令”，故可知此處“長史”當是“縣長”或“縣令”之誤，抑或“史”字當是衍文。（參見唐華全《中華書局點校本〈隋書〉質疑二十九則》）

昌衡字子均。父道虔,[1]魏尚書僕射。[2]昌衡小字龍子，風神澹雅，容止可法，博涉經史，工草行書。從弟思道，小字釋奴，宗中俱稱英妙。故幽州爲之語曰：[3]“盧家千里,[4]釋奴、龍子。”[5]年十七，魏濟陰王元暉業召補太尉參軍事,[6]兼外兵參軍。[7]齊氏受禪,[8]歷平恩令、太子舍人。[9]尋爲僕射祖孝徵所薦,[10]遷尚書金部郎。[11]孝徵每曰：“吾用盧子均爲尚書郎，自謂無愧幽州矣。”其後兼散騎侍郎,[12]迎勞周使。武帝平齊，授司玉中士,[13]與大宗伯斛斯徵修禮令。[14]

[1]道虔：人名。即盧道虔。盧昌衡之父，北魏至東魏時人，官至幽州刺史，卒贈尚書右僕射。《魏書》卷四七、《北史》卷三〇有附傳。

[2]尚書僕射：據《魏書·盧道虔傳》及《北史·盧道虔傳》，此是盧道虔死後的贈官。東魏時爲從二品。

[3]幽州：東魏、北齊時治所在今北京市西南。

[4]千里：即“千里駒”的省稱。喻指能力極强的少年人才。

[5]釋奴、龍子：此句底本、宋刻遞修本、庫本、中華本皆同，但殿本作“釋龍奴子”，誤倒。

[6]濟陰王：爵名。全稱是濟陰郡王。東魏時爲十一等爵的第一等。正一品。　元暉業：人名。出身北魏宗室，東魏時官至太尉，領中書監，録尚書事，襲爵爲濟陰郡王。《魏書》卷一九上、《北齊書》卷二八、《北史》卷一七有附傳。　太尉參軍事：官名。東魏時爲太尉府的屬官，掌參議本府所轄列曹之事。正七品上。

[7]外兵參軍：官名。此是太尉府外兵參軍事的省稱。東魏時爲太尉府所轄列曹參軍之一，掌判本府所統外兵之簿籍及徵調等事務。從六品上。

[8]受禪：中國古代王朝更迭時，新皇帝承受舊皇帝讓給的帝位，即稱受禪。此指北齊文宣帝高洋於公元550年廢東魏孝静帝，即皇帝位，正式建立北齊王朝。

[9]平恩：縣名。北齊時治所在今河北曲周縣東南。

[10]僕射：官名。參見前注北齊“左僕射”。

[11]尚書金部郎：官名。全稱是尚書金部郎中。北齊時爲尚書省度支部所轄六曹之一金部曹的長官，置一員，掌權衡量度、内外諸庫藏文帳等政事。正六品上。

[12]散騎侍郎：官名。北齊時爲集書省的屬官，置六人，掌侍從諷諫，獻納得失，實則爲閑散虚職，多用作加官。正五品上。

[13]司玉中士：官名。全稱是小司玉中士。北周時爲冬官府司玉曹的屬官，輔助長官司玉下大夫掌玉石開采、玉器製作之事，並通判本曹日常事務。正二命。

[14]大宗伯：官名。全稱是大宗伯卿。北周時爲春官府的長官，置一員，掌禮樂、邦交等政務。正七命。　斛斯徵：人名。北周宣帝時官任大宗伯卿，曾主持修訂北周的禮令制度，盧昌衡亦受命參與此項工作。傳見《周書》卷二六，《北史》卷四九有附傳。

開皇初，拜尚書祠部侍郎。[1]高祖嘗大集群下，令自陳功績，人皆競進，昌衡獨無所言。左僕射高熲目而異之。[2]陳使賀徹、周濆相繼來聘，[3]朝廷每令昌衡接對之。未幾，出爲徐州總管長史，[4]甚有能名。吏部尚書蘇威考之曰：[5]“德爲人表，行爲士則。”論者以爲美談。嘗行至浚儀，[6]所乘馬爲佗牛所觸，因致死。牛主陳謝，求還價直。昌衡謂之曰：“六畜相觸，自關常理，此豈人情也，[7]君何謝？”拒而不受。性寬厚不校，[8]皆此類也。轉壽州總管長史。[9]總管宇文述甚敬之，[10]委以州務。歲餘，還金州刺史。[11]仁壽中，[12]奉詔持節爲河南道巡省大使，[13]及還，以奉使稱旨，授儀同三司，[14]賜物三百段。[15]昌衡自以年在懸車，[16]表乞骸骨，[17]優詔不許。大業初，徵爲太子左庶子，[18]行詣洛陽，[19]道卒，時年七十二。子寶素、寶胤。[20]

[1]尚書祠部侍郎：官名。爲尚書省禮部所轄四曹之一祠部曹的長官，置一員，掌祠祀、祭享、天文、漏刻、國忌、廟諱、卜祝、醫藥及僧尼簿籍之政令。隋初爲正六品上，開皇三年升爲從五品。隋煬帝大業三年改諸曹侍郎爲郎，祠部侍郎遂改稱祠部郎。按，“尚書”底本、宋刻遞修本、中華本皆同，但殿本、庫本作“上書”，當誤。

[2]左僕射：官名。隋時於尚書省置左、右僕射各一人爲副貳，地位僅次於長官尚書令。但因隋代尚書令不常置，僕射則成爲尚書省的實際長官，是宰相之職。從二品。　高熲：人名。傳見本書卷四一、《北史》卷七二。

[3]賀徹：人名。南朝陳人。以文學見稱，陳後主至德元年（亦即隋開皇三年）任爲兼散騎常侍，奉命出使隋朝，隋文帝派祠部侍郎盧昌衡以禮接對之。事亦見本書卷一《高祖紀上》、《陳書》卷三四《徐伯陽傳》、《南史》卷七二《徐伯陽傳》、《北史》卷三〇《盧昌衡傳》。　周濆：人名。南朝陳人。繼賀徹之後奉命出使隋朝，隋文帝又派盧昌衡接對之。事亦見《北史·盧昌衡傳》。聘：指國與國之間的出使訪問。

[4]徐州：北周置總管府，隋初沿之。治所在今江蘇徐州市。　總管長史：官名。爲諸州總管府的上佐官，位居府中衆屬官之首，輔助總管統領府中政務。其品階史無明載，但隋代諸州總管府和諸州府均分爲上、中、下三等，三等州長史的品階分別爲正五品上、從五品上、正六品上，故三等總管府長史的品階亦當與三等州

長史的品階略同。

[5]吏部尚書：官名。爲尚書省所轄六部之一吏部的長官，掌全國文職官員的銓選、考課等政令，統吏部、主爵、司勳、考功四曹。置一員，正三品。　蘇威：人名。傳見本書卷四一，《北史》卷六三有附傳。

[6]浚儀：縣名。治所在今河南開封市。

[7]此豈人情也："豈"字底本、宋刻遞修本、中華本皆同，《北史·盧昌衡傳》亦同，但殿本、庫本作"其"，當誤。

[8]不校（jiào）：不計較。

[9]壽州：隋時有兩個壽州：一是隋文帝開皇初所置的壽州，治所在今湖南辰溪縣，開皇十八年改爲充州；二是開皇九年改揚州所置的壽州，設總管府，治所在今安徽壽縣，隋煬帝大業初改置淮南郡。文中所指當是第二個壽州。

[10]總管：官名。全稱是總管刺史加使持節。北周始置諸州總管，隋初承繼，又有增置。總管的統轄範圍可達數州至十餘州，實爲一軍政轄區的最高長官。隋文帝在并、益、荆、揚四州置大總管，其餘州置總管。總管分上、中、下三等，品秩分別爲流内視從二品、視正三品、視從三品。　宇文述：人名。傳見本書卷六一、《北史》卷七九。

[11]金州：治所在今陝西安康市。

[12]仁壽：隋文帝楊堅年號（601—604）。

[13]持節：魏晋南北朝至隋代，凡重要軍政長官出鎮或出征時，以及皇帝派遣使臣出巡地方或出使藩邦時，均加使持節、持節、假節等頭銜，以表示其權力和尊崇。使持節可誅殺二千石以下官吏，持節可誅殺無官職之人，假節可誅殺犯軍令之人。　河南道：即在黄河中下游以南設置的軍政特區。隋時根據形勢需要於地方設置軍政特區，稱爲"道"，每道範圍包括若干州。　巡省大使：隋時由皇帝派往某地區巡察民情的使臣。屬臨時差遣之職，事罷則廢。

[14]儀同三司：官名。亦簡稱儀同。隋文帝因改北周十一等勳官之制形成十一等散實官，用以酬勤勞，無實際職掌。儀同三司是十一等散實官的第八等，可開府置僚佐。正五品上。

[15]賜物三百段："三百"底本、殿本、庫本、中華本皆同，但宋刻遞修本及《北史·盧昌衡傳》作"二百"。

[16]懸車：古時官吏一般至七十歲即辭官家居，廢車不用，稱爲懸車。後遂以"懸車"借指七十歲。

[17]乞骸骨：古代官吏自請退職的一種表達方式。意謂使骸骨得以歸葬故鄉。

[18]太子左庶子：官名。爲太子東宫所轄門下坊的長官，置二員，掌侍從贊相，駁正啓奏，制比朝廷門下省的納言。正四品上。

[19]洛陽：都邑名。在今河南洛陽市東北白馬寺東。

[20]寶素：人名。即盧寶素，盧昌衡的長子，隋時歷官澤州内部縣長、晋州别駕。事亦見《北史·盧昌衡傳》《新唐書·宰相世系表三上》。　寶胤：人名。即盧寶應，盧昌衡的次子，唐初官至博州刺史。事亦見《北史·盧昌衡傳》、《新唐書·宰相世系表三上》、周紹良主編《唐代墓誌彙編》天寶二五六《大唐故永王府録事參軍盧（自省）府君墓誌銘并序》（上海古籍出版社 1992 年版，第 1710 頁）。

李孝貞

李孝貞字元操，趙郡柏人人也。[1]父希禮，[2]齊信州刺史，[3]世爲著姓。[4]孝貞少好學，能屬文。[5]在齊，釋褐司徒府參軍事。[6]簡静，不妄通賓客，與從兄儀曹郎中騷、太子舍人季節、博陵崔子武、范陽盧詢祖爲斷金之契。[7]後以射策甲科，[8]拜給事中。[9]于時黄門侍郎高乾和親要用事，[10]求婚於孝貞。孝貞拒之，由是有隙，陰譖之，出爲太尉府外兵參軍。後歷中書舍人、博陵太守、司州别駕，[11]復兼散騎常侍、聘周使副，[12]還除給事黄門侍郎。周武帝平齊，授儀同三司、少典祀下大夫。[13]宣帝即位，[14]轉吏部下大夫。[15]

[1]趙郡：治所在今河北趙縣。　柏人：縣名。亦作“柏仁”。治所在今河北隆堯縣西南。

[2]希禮：人名。即李希禮，東魏、北齊時人，官至信州刺史。事見《魏書》卷三六、《北史》卷三三《李順傳》。

[3]信州：北齊時治所在今河南沈丘縣。

[4]著姓：有聲望的族姓。魏晋南北朝隋唐時多指累世官宦、社會地位很高的世家大族。

[5]屬（zhǔ）文：撰著文辭。

[6]司徒府參軍事：官名。北齊時爲司徒府的屬官，掌參議本府所轄列曹之事。正七品上。

[7]儀曹郎中：官名。北齊時爲尚書省殿中部所轄四曹之一儀曹的長官，置一員，掌吉凶禮制之事。正六品上。　騷：人名。按，據《北齊書》卷二二《李元忠傳》及《北史》卷三三《李元忠傳》，此處“騷”字當是“李搔”之名的訛誤（參見唐華全《中華書局點校本〈隋書〉質疑二十九則》）。李搔是李孝貞的族兄，有才藝，通音律，北齊文宣帝時官至儀曹郎中。　季節：人名。即李槩，字季節。李孝貞的族兄，善詩賦，性倨傲，北齊文宣帝時官至太子舍人。事見《北史》卷三三《李公緒傳》。　博陵：郡名。東魏、北齊時治所在今河北安平縣。　崔子武：人名。東魏、北齊時博陵郡人。北齊文宣帝時官任御史，與李孝貞交往頗深。事亦見《魏書》卷五六《崔巨倫傳》、《北齊書》卷七《武成帝紀》及卷三〇《崔暹傳》、《北史》卷三二《崔巨倫傳》及卷四三《張晏之

傳》。　范陽：郡名。東魏、北齊時治所在今河北涿州市。　盧詢祖：人名。東魏、北齊時范陽郡人。有才學，文章華美，北齊文宣帝時舉爲秀才，後官至司徒記室，與李孝貞交往甚密。《北齊書》卷二二、《北史》卷三〇有附傳。　斷金之契：典出《易·繫辭上》："二人同心，其利斷金。"後因以"斷金之契"喻指同心協力、情深義厚的朋友。

[8]射策：漢代始行的一種考試取士方法。即由朝廷擬出難問疑義書之於策，量其大小署爲甲乙之科，列置而不彰顯，應試者隨意射取試題作文對答，然後朝廷根據應試者的答卷判别優劣，定出科等，分别授官。魏晋南北朝時亦多沿用此考試取士之法。　甲科：即射策考試中的最高科等。凡射策録取爲甲科者，即可授予較高的官職。

[9]給事中：官名。北齊時爲集書省的屬官，置六人，掌侍從諷諫，獻納得失。從六品上。

[10]黄門侍郎：官名。全稱是給事黄門侍郎。參見前注北齊"給事黄門侍郎"。　高乾和：人名。北齊武成帝時官任給事黄門侍郎，頗受寵信，曾向給事中李孝貞提出通婚結成兒女親家的請求，但李孝貞以其爲官諂佞而拒之，由此心懷怨恨，遂向武成帝進讒，致使李孝貞被貶爲太尉府外兵參軍。事亦見《北齊書》卷一四《平秦王歸彦傳》、卷四五《樊遜傳》，《北史》卷三三《李孝貞傳》、卷五一《平秦王歸彦傳》、卷八三《樊遜傳》、卷九二《和士開傳》。　用事：即執政當權。

[11]中書舍人：官名。北齊時爲中書省的屬官，置十人，掌署敕行下，宣旨勞問。正六品上。　司州别駕：官名。全稱是司州别駕從事史。北齊時爲首都鄴城所在地司州（治所在今河北臨漳縣西南）的上佐官，位居州府衆屬官之首，輔佐長官司州牧掌領本州行政事務。從四品上。

[12]散騎常侍：官名。北齊時爲集書省的長官，置六員，掌侍從諷諫，獻納得失，實則爲閑散虚職，多用作加官。從三品。　使

副：即副使，爲正使的副貳。屬臨時差遣委命之職，事罷則廢。

[13]少典祀下大夫：官名。正稱小典祀下大夫。北周時爲春官府典祀曹的次官，協助長官典祀中大夫掌郊社祭祀之政令。正四命。

[14]宣帝：即北周宣帝宇文贇。紀見《周書》卷七、《北史》卷一〇。

[15]吏部下大夫：官名。全稱是小吏部下大夫，亦簡稱小吏部。北周時爲夏官府吏部曹的次官，置一員，協助長官吏部中大夫掌官吏銓選之政務。正四命。

高祖爲丞相，尉迥作亂相州，[1]孝貞從韋孝寬擊之，[2]以功授上儀同三司。[3]開皇初，拜馮翊太守，[4]爲犯廟諱，[5]於是稱字。後數歲，遷蒙州刺史，[6]吏民安之。自此不復留意於文筆，人問其故，慨然嘆曰："五十之年，倏焉而過，鬢垂素髮，[7]筋力已衰，宦意文情，一時盡矣，悲夫！"然每暇日，輒引賓客弦歌對酒，終日爲歡。徵拜内史侍郎，與内史李德林參典文翰。[8]然孝貞無幹劇之用，[9]頗稱不理，上譴怒之，敕御史劾其事，[10]由是出爲金州刺史。卒官。所著文集二十卷，[11]行於世。有子允玉。[12]

[1]尉迥：人名。即尉遲迥。北周末年官任相州總管，起兵反對楊堅篡周，旋被討滅。傳見《周書》卷二一、《北史》卷六二。按，"尉迥"底本、宋刻遞修本、庫本、中華本皆同，但殿本作"迥尉"，誤倒。　相州：北魏天興四年分冀州始置相州，治所在今河北臨漳縣西南。東魏、北齊時改稱司州，爲都城所在地。北周建德六年滅北齊後復名相州。北周大象二年平定相州總管尉遲迥之叛

後，因州城被毁，遂移治今河南安陽市。

［2］韋孝寬：人名。北周末年位居上柱國，官任行軍元帥，奉詔統軍略定淮南，又討滅相州總管尉遲迥之叛。傳見《周書》卷三一、《北史》卷六四。

［3］上儀同三司：官名。此當是“上儀同大將軍”或“上儀同”之誤。北周武帝建德四年改儀同三司爲儀同大將軍，又增置上儀同大將軍（簡稱上儀同），至隋初始改復舊稱，故北周無“上儀同三司”之稱。上儀同大將軍，爲北周十一等勳官的第七等，可開府置官屬。九命。

［4］馮（píng）翊：郡名。隋初沿北魏、北周之舊置馮翊郡，治所在今陝西高陵縣，開皇三年郡廢。隋煬帝大業初又改同州復置馮翊郡，治所在今陝西大荔縣。文中所指是隋開皇三年廢郡之前的馮翊郡。

［5］犯廟諱：此指李孝貞之“貞”字與隋文帝之祖楊禎的“禎”字同音，故稱其名犯廟諱。

［6］蒙州：西魏始置，北周、隋初沿之。治所在今河南南召縣東南。

［7］素髮：白髮。

［8］内史：官名。此是内史令的省稱。爲内史省的長官，掌皇帝詔令出納宣行，是宰相之職。隋初内史省置監、令各一人，尋廢監，置令二人。正三品。隋煬帝大業末改内史省爲内書省，内史令遂改稱内書令。　李德林：人名。傳見本書卷四二、《北史》卷七二。

［9］幹劇：意謂處理繁劇的事務。

［10］御史：官名。此是御史臺官員的泛稱。掌糾彈百官。

［11］所著文集二十卷：“二十卷”各本皆同，但本書《經籍志四》載作“十卷”，《北史》卷三三《李孝貞傳》載作“三十卷”，《舊唐書·經籍志下》及《新唐書·藝文志四》載作“二十二卷”。

［12］允玉：人名。本傳載爲李孝貞之子，但《北史·李孝貞

傳》載其子之名爲“元玉”。按，李孝貞字元操，後又避隋諱而稱字，故依古人避家諱之例，其子之名不當有“元”字，然則《北史》所載“元玉”必誤。再考《新唐書·宰相世系表二上》，李孝貞共有六子，名爲賓王、遵王、讓王、師王、來王、允王，可知其六子皆以“王”字排行，故本傳所載“允玉”及《北史》所載“元玉”之“玉”字亦訛，“允玉”和“元玉”均當是李孝貞第六子“允王”之訛。另檢周紹良主編《唐代墓誌彙編》開元三〇三《唐大中大夫行定州長史上柱國李（謙）府君墓誌銘并序》云：“曾祖孝貞，隋内史侍郎，《隋書》有傳。祖允王，皇台州刺史。”（第1364頁）此亦可證本傳所載“允玉”及《北史》所載“元玉”均當是“允王”之訛（參見唐華全《中華書局點校本〈隋書〉質疑二十九則》）。

孝貞弟孝威，[1]亦有雅望，大業中，官至大理少卿。[2]

[1]孝威：人名。即李孝威，李孝貞的第三弟，有學識幹用，性情敦厚。北齊時官至太尉府外兵參軍，修起居注。入隋歷官禮部侍郎，隋煬帝大業中官至大理少卿。事亦見《北史》卷三三《李孝貞傳》、《新唐書·宰相世系表二上》。

[2]大理少卿：官名。爲大理寺的次官，協助長官大理卿掌刑獄之事。隋初置一員，正四品上；隋煬帝大業三年增置二員，降爲從四品。

薛道衡 從弟孺

薛道衡字玄卿，河東汾陰人也。[1]祖聰，[2]魏齊州刺史。[3]父孝通，[4]常山太守。[5]道衡六歲而孤，專精好學。

年十三，[6]講《左氏傳》，[7]見子産相鄭之功，[8]作《國僑贊》，頗有詞致，[9]見者奇之。其後才名益著，齊司州牧、彭城王浟引爲兵曹從事。[10]尚書左僕射弘農楊遵彦，[11]一代偉人，見而嗟賞，授奉朝請。[12]吏部尚書隴西辛術與語，[13]嘆曰："鄭公業不亡矣。"[14]河東裴讞目之曰：[15]"自鼎遷河朔，[16]吾謂關西孔子罕值其人，[17]今復遇薛君矣。"武成作相，[18]召爲記室，[19]及即位，累遷太尉府主簿。[20]歲餘，兼散騎常侍，接對周、陳二使。武平初，[21]詔與諸儒修定五禮，[22]除尚書左外兵郎。[23]陳使傅縡聘齊，[24]以道衡兼主客郎接對之。縡贈詩五十韻，道衡和之，南北稱美，魏收曰："傅縡所謂以蚓投魚耳。"待詔文林館，與范陽盧思道、安平李德林齊名友善。[25]復以本官直中書省，尋拜中書侍郎，[26]仍參太子侍讀。[27]後主之時，[28]漸見親用，于時頗有附會之譏。後與侍中斛律孝卿參預政事，[29]道衡具陳備周之策，[30]孝卿不能用。及齊亡，周武引爲御史二命士。[31]後歸鄉里，自州主簿入爲司禄上士。[32]

[1]河東：郡名。治所在今山西永濟市西蒲州鎮。　汾陰：縣名。治所在今山西臨猗縣西北。

[2]聰：人名。即薛聰。薛道衡之祖，北魏時人，官至齊州刺史。《北史》卷三六有附傳，事另見《魏書》卷四二《薛辯傳》。

[3]齊州：北魏時治所在今山東濟南市。按，"齊州"底本原作"濟州"，殿本、庫本與底本同，但宋刻遞修本、中華本作"齊州"。考《魏書·薛辯傳》及《北史·薛聰傳》均載薛聰終官齊州刺史，故可知"濟州"當是"齊州"之訛，今據改。

［4］孝通：人名。即薛孝通。博學有才識，北魏末年官至常山郡太守，東魏初年因不順從執政大臣高歡而被罷官。《北史》卷三六有附傳，事另見《魏書·薛辯傳》。

［5］常山：郡名。北魏時治所在今河北正定縣東南。

［6］年十三："十三"各本皆同，但《北史》卷三六《薛道衡傳》作"十歲"。

［7］《左氏傳》：亦稱《春秋左氏傳》或《左氏春秋》，簡稱《左傳》。爲儒家經典之一。

［8］子產：即春秋時期鄭國卿大夫公孫僑，字子產。僑父公子發，字子國，故僑又以父字爲氏，稱"國僑"。子產在鄭簡公、鄭聲公時任國卿，相鄭治國多年，頗有政績，後世稱爲良相。傳見《史記》卷一一九。

［9］詞致：指言論、文辭的意趣和情調。

［10］司州牧：官名。北齊時爲首都鄴城所在地司州（治所在今河北臨漳縣西南）的最高行政長官，因其地位有别於諸州刺史，故特稱"牧"，例由宗室諸王任之。從二品。　彭城王：爵名。全稱是彭城郡王。北齊時爲十一等爵的第一等。正一品。　浟：人名。即高浟。高歡之子，北齊文宣帝時爵封彭城郡王，天保七年官任司州牧，在任期間曾大量選用有名的文士充任屬下從事僚佐官，薛道衡亦在其列，當時稱爲美選。傳見《北齊書》卷一〇、《北史》卷五一。　兵曹從事：官名。此指"司州兵曹從事"。北齊時爲司州所轄列曹從事之一，屬州内僚佐官，掌判本州兵丁籍帳及兵役徵調等事務。流内視從八品。

［11］弘農：郡名。漢時治所在今河南靈寶市北。按，此處因言楊氏郡望，故沿用漢郡名，北齊時弘農郡地屬西魏、北周。

［12］奉朝請：官名。北齊時爲集書省的屬官，置二百四十人，掌侍從諷諫，獻納得失，實則爲閑散虚職，多用作加官。從七品下。

［13］吏部尚書：官名。北齊時爲尚書省所轄六部之一吏部的長

官，置一員，掌官吏銓選、考課、封爵等政令，統吏部、考功、主爵三曹。正三品。　隴西：郡名。漢時治所在今甘肅臨洮縣南。按，此處因言辛氏郡望，故沿用漢郡名，北齊時隴西郡地屬西魏、北周。　辛術：人名。出身隴西辛氏大族，北齊文宣帝時官任吏部尚書，有選賢任能之美譽，曾對薛道衡的才學識鑒贊賞有加。傳見《北齊書》卷三八，《北史》卷五〇有附傳。

［14］鄭公業不亡矣：語出《晋書》卷四四《鄭袤傳》："（袤）父泰，揚州刺史，有高名。袤少孤，早有識鑒。荀攸見之曰：'鄭公業爲不亡矣。'"（《三國志》卷一六《魏書·鄭渾傳》末注引《晋陽秋》所載略同）該句原是荀攸誇贊鄭袤之語，此處則是辛術借用荀攸之語來贊揚薛道衡，意謂薛道衡亦像其父薛孝通一樣，具有不凡的才學和識鑒，從而使薛氏的家學門風得以延續而不亡。按，鄭公業即鄭袤之父鄭泰，公業乃其字，爲漢末名士，以謀誅董卓而享有盛名。傳見《後漢書》卷七〇。

［15］裴讞：人名。即"裴讞之"的省稱。出身河東裴氏望族，博學多識，北齊文宣帝時官任司徒府主簿，與薛道衡交往甚密，並對其才學極爲贊賞，認爲可與漢代的碩學大儒相比擬。《北齊書》卷三五、《北史》卷三八有附傳。

［16］鼎遷河朔：當指公元534年高歡挾持孝静帝遷都鄴城（今河北臨漳縣西南）而建立東魏政權之事。鼎遷，亦作"遷鼎"。即遷都。河朔，地區名。泛指黄河中下游以北之地。

［17］關西孔子：即東漢名儒楊震的美稱。語出《後漢書》卷五四《楊震傳》："震少好學，受《歐陽尚書》於太常桓郁，明經博覽，無不窮究。諸儒爲之語曰：'關西孔子楊伯起。'"後因以"關西孔子"喻指碩學大儒。

［18］武成：北齊第四代皇帝高湛的謚號。紀見《北齊書》卷七、《北史》卷八。　相：官名。即丞相。東魏時已置丞相，爲執政大臣高歡父子所專任。北齊時亦沿置丞相，並分左、右對置，位在三公之上，各開府置僚屬，分轄朝政，例由宗室親王或元老重臣

充任。

［19］記室：官名。此是丞相府記室參軍事的省稱。北齊時爲丞相府所轄列曹參軍之一，掌判府内章表書記之事。正六品下。

［20］太尉府主簿：官名。北齊時爲太尉府的屬官，掌本府監印，檢核文書簿籍，勾稽缺失等事。正六品上。

［21］武平：北齊後主高緯年號（570—576）。

［22］五禮：古代的五種禮制，即吉禮、凶禮、軍禮、賓禮、嘉禮。按，“五”字底本原作“三”，殿本、庫本與底本同，當訛，今據宋刻遞修本、中華本及《北史·薛道衡傳》改。

［23］尚書左外兵郎：官名。全稱是尚書左外兵曹郎中。北齊時爲尚書省五兵部所轄五曹之一左外兵曹的長官，置一員，掌河南及潼關以東諸州兵丁籍帳、兵役徵調等事。正六品上。

［24］傅縡：人名。南朝陳人。博學多才，尤善詩賦，陳宣帝太建初年（亦即北齊武平初年）任爲通直散騎侍郎，奉命出使北齊，北齊派薛道衡兼任主客郎中以接對之，其間兩人多有詩詞贈和，時人稱美。傳見《陳書》卷三〇、《南史》卷六九。

［25］安平：縣名。北齊時治所在今河北安平縣。

［26］中書侍郎：官名。北齊時爲中書省的次官，置四員，協助長官中書監、令掌詔令出納宣行，並兼掌進御之音樂事務。從四品上。

［27］太子侍讀：官名。北齊時爲太子東宫的屬官，掌爲太子講導經學辭章。無常員，多以學識優長的朝官兼任之。

［28］後主：即北齊後主高緯。紀見《北齊書》卷八、《北史》卷八。

［29］侍中：官名。北齊時爲門下省的長官，置六員，掌獻納諫正，封駁制敕，及司進御之事，統轄領左右、尚食、尚藥、主衣、齋帥、殿中六局，是宰相之職。正三品。　斛律孝卿：人名。北齊後主武平末年官任侍中，與薛道衡同掌機要，頗受後主寵信。《北齊書》卷二〇、《北史》卷五三有附傳。

[30]道衡具陳備周之策："具"字底本、宋刻遞修本、庫本、中華本皆同，《北史·薛道衡傳》亦同，但殿本作"且"，當訛。

[31]周武：即北周武帝。　御史二命士：官名。即御史中士的別稱。北周時爲春官府内史曹的屬官，掌邦國都鄙及萬民之治令，以糾彈百官之過失。正二命。

[32]州主簿：官名。北周時爲諸州府的僚佐官，掌州府監印，檢核文書簿籍，勾稽缺失等事。"命品未詳"（參見王仲犖《北周六典》卷一〇《州牧刺史第二十六》，第652頁），但隋初雍州主簿爲流内視正八品，其餘諸州主簿爲流内視從八品，可作參考。　司禄上士：官名。北周時爲地官府司倉曹的屬官，掌百官禄秩之政令。正三命。

高祖作相，從元帥梁睿擊王謙，[1]攝陵州刺史。[2]大定中，[3]授儀同，攝邛州刺史。[4]高祖受禪，坐事除名。河間王弘北征突厥，[5]召典軍書，還除内史舍人。[6]其年，兼散騎常侍、聘陳主使。[7]道衡因奏曰："江東蕞爾一隅，[8]僭擅遂久，[9]實由永嘉已後，[10]華夏分崩。[11]劉、石、苻、姚、慕容、赫連之輩，[12]妄竊名號，尋亦滅亡。魏氏自北徂南，未遑遠略。周、齊兩立，務在兼并。所以江表逋誅，[13]積有年祀。陛下聖德天挺，[14]光膺寶祚，[15]比隆三代，[16]平一九州，[17]豈容使區區之陳久在天網之外？[18]臣今奉使，請責以稱藩。"高祖曰："朕且含養，[19]置之度外，勿以言辭相折，識朕意焉。"江東雅好篇什，[20]陳主尤愛雕蟲，[21]道衡每有所作，南人無不吟誦焉。

[1]元帥：此指行軍元帥。北周至隋時出征軍的統帥名。根據

需要臨時差遣任命，事罷則廢。　梁睿：人名。傳見本書卷三七，《北史》卷五九有附傳。　王謙：人名。北周末年官任益州總管，起兵反對楊堅簒周，旋被討滅。傳見《周書》卷二一，《北史》卷六〇有附傳。

［2］攝：官制用語。即以本官代理或兼理他官之職事。　陵州：北周時治所在今四川仁壽縣東南。

［3］大定中：此句底本、宋刻遞修本、庫本、中華本皆同，《北史》卷三六《薛道衡傳》亦同，但殿本作“大中定”，誤倒。大定，北周静帝宇文闡年號（581）。

［4］邛州：北周時治所在今四川邛崍市東南。

［5］河間王：爵名。全稱是河間郡王。爲隋九等爵的第二等。從一品。　弘：人名。即楊弘。傳見本書卷四三、《北史》卷七一。　突厥：古族名、國名。公元六世紀初興起於今阿爾泰山西南麓，552年在今鄂爾渾河流域建立突厥汗國，此後其勢力擴展至大漠南北，横跨蒙古高原，隋開皇二年分裂爲東、西兩部。傳見本書卷八四、《周書》卷五〇、《北史》卷九九、《舊唐書》卷一九四、《新唐書》卷二一五。

［6］内史舍人：官名。爲内史省的屬官，掌參議表章，草擬詔誥敕令。隋初置八人，正六品上，開皇三年升爲從五品。隋煬帝大業三年減置四人，大業末改内史省爲内書省，内史舍人遂改稱内書舍人。

［7］散騎常侍：官名。爲門下省的屬官，置四員，掌陪從朝值，獻納得失，實則爲閑散虚職，多用作加官。從三品。隋煬帝大業三年罷廢。

［8］江東：地區名。亦稱江左。指長江下游以東地區。此處代指東晋、南朝。　蕞爾：形容很小。

［9］僭擅：意謂越分妄稱帝王名號。古時常用以指斥非正統的王朝政權。

［10］永嘉：西晋懷帝司馬熾年號（307—313）。

[11]華夏：原指中原地區，後又包舉中國全部領土，成爲中國的古稱。

[12]劉：指十六國時漢國及前趙的統治者匈奴劉氏。　石：指十六國時後趙的統治者羯族石氏。　苻：指十六國時前秦的統治者氐族苻氏。按，“苻”字底本原作“符”，中華本與底本同，今據宋刻遞修本、殿本、庫本改。　姚：指十六國時後秦的統治者羌族姚氏。　慕容：指十六國時前燕、後燕、西燕、南燕的統治者鮮卑慕容氏。　赫連：指十六國時夏國的統治者匈奴赫連氏。

[13]江表：地區名。亦稱江南、江外。指長江以南地區。此處代指東晋、南朝。　逋誅：逃避誅罰。

[14]天挺：天生卓越超拔。

[15]寶祚：喻指帝位。

[16]三代：指夏、商、周三個朝代。古代儒家多視此三代爲昌明盛世。

[17]平一：平定統一。　九州：古代分中國爲九州。説法不一，後以“九州”泛指天下或全中國。

[18]天網：上天布下的羅網。常用以比喻朝廷的統治。

[19]含養：包容養育。

[20]篇什：《詩經》的“雅”和“頌”以十篇爲一什，故後以“篇什”泛稱詩章文賦。

[21]陳主：即南朝陳後主陳叔寶。紀見《陳書》卷六、《南史》卷一〇。　雕蟲：比喻微不足道的小技藝。常借指詩文辭賦。

及八年伐陳，授淮南道行臺尚書吏部郎，[1]兼掌文翰。王師臨江，高熲夜坐幕下，謂之曰：“今段之舉，克定江東已不？君試言之。”道衡答曰：“凡論大事成敗，先須以至理斷之。《禹貢》所載九州，[2]本是王者封域。後漢之季，[3]群雄競起，孫權兄弟遂有吴、楚之地。[4]晋武受命，[5]尋即吞併。永嘉南遷，[6]重此分割，自爾已來，戰争不息。否終斯泰，[7]天道之恒。郭璞有云：[8]‘江東偏王三百年，還與中國合。’[9]今數將滿矣。以運數而言，[10]其必克一也。有德者昌，無德者亡，自古興滅，皆由此道。主上躬履恭儉，憂勞庶政；叔寶峻宇雕墻，[11]酣酒荒色，上下離心，人神同憤。其必克二也。爲國之體，在於任寄，[12]彼之公卿，備員而已。[13]拔小人施文慶委以政事，[14]尚書令江總唯事詩酒，[15]本非經略之才，[16]蕭摩訶、任蠻奴是其大將，[17]一夫之用耳。其必克三也。我有道而大，彼無德而小，量其甲士，不過十萬。西至巫峽，[18]東至滄海，[19]分之則勢懸而力弱，聚之則守此而失彼。其必克四也。席卷之勢，其在不疑。”熲忻然曰：“君言成敗，事理分明，吾今豁然矣。本以才學相期，不意籌略乃爾。”[20]還除吏部侍郎。[21]

[1]淮南道：隋開皇八年根據伐陳形勢的需要，在淮河以南之地設置的軍政特區，治所在今安徽壽縣。　行臺尚書吏部郎：官名。正稱“行臺尚書吏部侍郎”。隋初在各道軍政特區設置行臺尚書省，簡稱行臺，是中央最高行政機關尚書省的派出機構，執掌特區内軍政事務。行臺尚書吏部侍郎，則是行臺尚書省下轄吏部曹的長官，掌行臺所轄特區内的文職官吏銓選之政務。流内視正六品。

[2]《禹貢》：《尚書》的篇名。該篇假托夏禹治水之名，詳細記述上古時期九州地理情況。　九州：底本、宋刻遞修本、庫本、中華本皆同，《北史》卷三六《薛道衡傳》亦同，但殿本作“力州”，顯訛。

[3]後漢：即東漢的别稱。

［4］孫權：人名。漢末三國時東吳的統治者。傳見《三國志》卷四七。　吴、楚之地：地區名。泛指春秋時期吴國和楚國之故地，即今長江中下游及其以南地區。

［5］晋武：即西晋開國皇帝司馬炎。紀見《晋書》卷三。　受命：古代帝王自稱受命於天以統天下，後遂以“受命”喻指帝王即位。

［6］永嘉南遷：指西晋永嘉末年，五胡侵占中原，晋元帝司馬睿割據江南，遷都建康（今江蘇南京市），建立東晋王朝。

［7］否終斯泰：亦作“否終則泰”。意謂閉塞阻隔到極點，則轉向通泰順暢。

［8］郭璞：人名。東晋經學家，善陰陽卜筮之術。傳見《晋書》卷七二。

［9］中國：古時泛指中原地區。

［10］運數：天命氣數。

［11］叔寶：人名。即南朝陳後主陳叔寶。參見前注“陳主”。　峻宇雕墻：指高大的屋宇和彩繪的墻壁。常用以形容居處豪華奢侈。

［12］任寄：指皇帝委任大臣，將朝政托付給大臣處理。

［13］備員：充數、湊數。意謂居官有職無權或無所作爲。

［14］施文慶：人名。南朝陳後主的佞幸寵臣。出身寒門小吏，陳後主拔爲中書舍人，典掌機要，隋開皇九年平陳時被誅殺。傳見《南史》卷七七，《陳書》卷三一有附傳。

［15］尚書令：官名。南朝陳時爲尚書省的長官，置一員，掌領尚書省政務，出納王命，敷奏萬機，是宰相之職。第一品。但陳朝以此官位高權重，故不常置。　江總：人名。南朝陳後主末年官任尚書令，在位期間縱情詩酒，不持政務，致使國政日頹，綱紀不立。隋開皇九年平陳時降隋，授爲上開府儀同三司。傳見《陳書》卷二七，《南史》卷三六有附傳。

［16］經略：此指經營謀劃軍國大事。

[17]蕭摩訶：人名。南朝陳將，陳後主末年官任南徐州刺史，隋開皇九年平陳時戰敗被擒，遂歸降隋朝。傳見《陳書》卷三一、《南史》卷六七。　任蠻奴：人名。南朝陳將，本名任忠，小名蠻奴，隋人因避隋文帝父楊忠之諱而改稱其小名。陳後主末年官任吴興内史，隋開皇九年平陳時戰敗降隋。傳見《陳書》卷三一、《南史》卷六七。

[18]巫峽：亦稱大峽。爲長江三峽之一，因巫山而得名。西起今重慶巫山縣大寧河口，東至今湖北巴東縣官渡口，綿延約四十公里。兩岸絶壁，船行極險，自古爲長江上游的軍事防禦要地。

[19]滄海：古時泛指大海，亦專指東海。

[20]籌略：謀略。　乃爾：如此，竟然如此。

[21]吏部侍郎：官名。隋初爲尚書省吏部下轄四曹之一吏部曹的長官，置二員，掌全國文職官吏銓選之政務，正四品上。隋煬帝大業三年改諸曹侍郎爲“郎”，又於尚書省所轄六部各置“侍郎”一人，爲六部之次官，正四品。此後，吏部侍郎就成爲吏部的副長官，而原吏部侍郎則改稱爲選部郎。

後坐抽擢人物，[1]有言其黨蘇威，任人有意故者，除名，配防嶺表。[2]晋王廣時在揚州，[3]陰令人諷道衡從揚州路，將奏留之。道衡不樂王府，用漢王諒之計，[4]遂出江陵道而去。[5]尋有詔徵還，直内史省。[6]晋王由是銜之，然愛其才，猶頗見禮。後數歲，授内史侍郎，加上儀同三司。[7]

[1]抽擢：拔擢，提拔。

[2]嶺表：地區名。亦稱嶺南、嶺外。泛指南嶺以南地區。

[3]晋王廣：即楊廣。紀見本書卷三、四，《北史》卷一二。　揚州：隋開皇九年改吴州置，設大總管府。治所在今江蘇揚州

市。按，“揚”字底本原作“楊”，宋刻遞修本與底本同，今據殿本、庫本、中華本及《北史》卷三六《薛道衡傳》改。下文同改，不再施注。

[4]漢王諒：即隋文帝第五子楊諒。傳見本書卷四五、《北史》卷七一。

[5]江陵道：道路名。因取道於江陵縣（治所在今湖北荆州市）而得名。

[6]直内史省：即在内史省當值充任，署理本省之職事。屬臨時差遣之職。内史省是隋代掌撰皇帝詔敕、參議政令制定的權要機構。

[7]上儀同三司：官名。亦簡稱上儀同。爲隋十一等散實官的第七等，可開府置僚佐。從四品上。

道衡每至構文，必隱坐空齋，蹋壁而卧，[1]聞户外有人便怒，其沉思如此。高祖每曰：“薛道衡作文書稱我意。”然誡之以迂誕。[2]後高祖善其稱職，謂楊素、牛弘曰：[3]“道衡老矣，驅使勤勞，宜使其朱門陳戟。”[4]於是進位上開府，[5]賜物百段。道衡辭以無功，高祖曰：“爾久勞階陛，[6]國家大事，皆爾宣行，豈非爾功也？”道衡久當樞要，才名益顯，太子、諸王争相與交，高熲、楊素雅相推重，聲名籍甚，無競一時。[7]

[1]蹋壁：亦作“踏壁”。即緊挨着墻壁。

[2]迂誕：迂闊荒誕，不切事理。

[3]楊素：人名。傳見本書卷四八，《北史》卷四一有附傳。牛弘：人名。傳見本書卷四九、《北史》卷七二。

[4]朱門陳戟：在朱紅色的府第門前陳列兵戟以爲儀仗。隋時

規定三品以上功臣勳官始得備此儀仗。

[5]上開府：官名。全稱是上開府儀同三司。爲隋十一等散實官的第五等，可開府置僚佐。從三品。

[6]階陛：宮殿的臺階。亦借指朝廷。

[7]無競：無可争衡，無可比擬。

仁壽中，楊素專掌朝政，道衡既與素善，上不欲道衡久知機密，因出檢校襄州總管。[1]道衡久蒙驅策，一旦違離，不勝悲戀，言之哽咽。高祖愴然改容曰："爾光陰晚暮，侍奉誠勞。朕欲令爾將攝，[2]兼撫萌俗。[3]今爾之去，朕如斷一臂。"於是賚物三百段，九環金帶，并時服一襲，馬十匹，慰勉遣之。在任清簡，吏民懷其惠。

[1]檢校：官制用語。指尚未實授某官但已掌其職事，即代理、代辦之意。　襄州：西魏、北周置總管府，隋時沿之。治所在今湖北襄樊市。

[2]將攝：調養，休養。

[3]萌俗：即民俗。萌，通"氓"，即民。

煬帝嗣位，[1]轉番州刺史。[2]歲餘，上表求致仕。[3]帝謂内史侍郎虞世基曰：[4]"道衡將至，當以秘書監待之。"[5]道衡既至，上《高祖文皇帝頌》，其詞曰：

[1]煬帝：即隋煬帝楊廣。

[2]番州：隋文帝仁壽元年改廣州置。治所在今廣東廣州市。按，"番"字底本原作"潘"，宋刻遞修本、殿本、庫本及《北史》

卷三六《薛道衡傳》與底本同，中華本據本書卷四八《楊素傳》、卷六六《房彦謙傳》改作“番”，並作校勘記稱：“隋有番州，無潘州。”另，岑仲勉亦校正稱：“潘應作番。”（岑仲勉：《隋書求是》，第103頁）今從改。

[3]致仕：官制用語。即辭官退休。

[4]虞世基：人名。傳見本書卷六七、《北史》卷八三。

[5]秘書監：官名。爲秘書省的長官，置一員，掌圖書經籍、天文曆法之事，統領著作、太史二曹。隋初爲正三品，隋煬帝大業三年降爲從三品，後又改稱秘書令。

太始太素，[1]荒茫造化之初，[2]天皇、地皇，[3]杳冥書契之外。[4]其道絶，其迹遠，言談所不詣，耳目所不追。至於入穴登巢，[5]鶉居鷇飲，[6]不殊於羽族，[7]取類於毛群，[8]亦何貴於人靈，何用於心識？羲、軒已降，[9]爰暨唐、虞，[10]則乾象而施法度，[11]觀人文而化天下，然後帝王之位可重，聖哲之道爲尊。夏后、殷、周之國，禹、湯、文、武之主，功濟生民，聲流《雅》《頌》，[12]然陵替於三五，[13]慚德於干戈。[14]秦居閏位，[15]任刑名爲政本，[16]漢執靈圖，[17]雜霸道而爲業。[18]當塗興而三方峙，[19]典午末而四海亂，[20]九州封域，窟穴鯨鯢之群，[21]五都遺黎，[22]蹴踏戎馬之足。[23]雖玄行定嵩、洛，[24]木運據崤、函，[25]未正滄海之流，[26]詎息崑山之燎！[27]叶千齡之旦暮，[28]當萬葉之一朝者，[29]其在大隋乎？

[1]太始：古代指天地開闢、萬物開始形成的時代。　太素：古代指最原始的物質。亦引申爲天地。

[2]荒茫：渺茫，曠遠迷茫。按，“茫”字底本、宋刻遞修本、殿本、中華本皆同，庫本作“范”，當訛。　造化：造物化育。

[3]天皇、地皇：傳説中的兩個古帝名。與泰皇並稱爲“三皇”。

[4]杳冥：曠遠渺茫，模糊不清。　書契：指文字，有文字的記載。

[5]入穴登巢：入處山洞，上樹築巢而居。形容原始人類居處極其簡陋。

[6]鶉居鷇飲：亦作“鶉居鷇食”。意謂像鵪鶉一樣野居無常處，像雛鳥一樣仰母喂食而足。形容原始人類生活極其簡約。

[7]不殊：無異，相同。　羽族：指鳥類。

[8]取類：類同，比同。　毛群：指獸類。

[9]羲：指伏羲氏。古代傳説中人類的始祖，爲三皇之一。相傳伏羲始畫八卦，又教民漁獵，取犧牲以供庖厨，故亦稱“庖犧”或“庖羲”。　軒：指黄帝軒轅氏。遠古傳説中的帝王名。事見《史記》卷一《五帝本紀》。

[10]唐：指唐堯。遠古部落聯盟的首領，古史傳説中的聖明君主。事見《史記·五帝本紀》。　虞：指虞舜。遠古部落聯盟的首領，古史傳説中的聖明君主。事見《史記·五帝本紀》。

[11]乾象：即天象。古代以爲天象變化與人事緊密相關，故稱人類社會制度皆取法於天象。

[12]《雅》《頌》：《詩經》的内容和樂曲分類之名。《雅》爲朝廷樂歌，《頌》爲宗廟祭祀樂歌。

[13]陵替：語出《左傳》昭公十八年：“於是乎下陵上替，能無亂乎？”後因以“陵替”喻謂綱紀廢弛，上下失序。亦喻指衰落、衰敗。　三五：古稱天運三十年一小變，五百年一大變，謂之“三五之變”。後因以“三五”喻指變亂、戰亂。此處借指戰亂頻仍的春秋戰國時代。

[14]慚德：德行缺失，世道敗壞。

［15］閏位：指非正統的帝位。

［16］刑名：即“刑名之學”的省稱。戰國時以申不害爲代表的法家學派，主張循名責實，慎賞明罰，以法治國，後人稱之爲刑名之學。

［17］靈圖：指“河圖”。古代儒家傳説伏羲時有龍馬出於黄河，馬背有旋毛如星點，稱作河圖，伏羲取法以畫八卦生蓍法。漢代讖緯家認爲“河圖”是帝王聖者受命之祥瑞，故後亦用以借指君權、帝位。

［18］霸道：指君主憑借武力、刑法、權術而施行的統治政策。與“王道”相對。

［19］當塗：典出漢末讖書中的隱語“代漢者當塗高”。《三國志》卷二《魏書·文帝紀》裴松之注引《獻帝傳》稱：“當塗高者，魏也；象魏者，兩觀闕是也；當道而高大者魏。魏當代漢。”後遂以“當塗”用爲三國時曹魏的代稱。　三方：指魏、蜀、吴三國。

［20］典午：即“司馬”的隱語。語出《三國志》卷四二《蜀書·譙周傳》：“咸熙二年夏，巴郡文立從洛還蜀，過見周。周語次，因書版示立曰：‘典午忽兮，月酉没兮。’典午者，謂司馬也；月酉者，謂八月也。至八月而文王（司馬昭）果崩。”晋代帝室姓司馬氏，後因以“典午”借指晋朝。　四海：古代以爲中國四境有四海環繞，各按方位爲東海、南海、西海和北海。但亦因時而異，四海的説法不一。後遂以“四海”代指全中國。

［21］窟穴：喻謂盤踞，割據。　鯨鯢：雄鯨和雌鯨。比喻凶惡的敵人。

［22］五都：古代的五大城市。所指不一。漢代以洛陽、邯鄲、臨淄、宛、成都爲五都；三國魏以長安、譙、許昌、鄴、洛陽爲五都。亦泛指五方都會城市。　遺黎：指亡國淪陷於敵占區的黎民百姓。

［23］蹴踏：踩踏、踐踏。比喻蹂躪、摧殘或遭受蹂躪、摧殘。

戎馬：胡馬。借指北方少數民族入侵的軍隊。

[24]玄行：指五行中的水行，亦即五德中的水德。因水於五色中屬黑，故稱"玄行"。古代陰陽家用五行相生相勝説和五德終始説推定北魏以水德而王，故此處"玄行"即代指北魏。 嵩、洛：即嵩山和洛水。兩者均臨近洛陽，故此處即代指北魏後期的都城洛陽。

[25]木運：指五行中的木行或五德中的木德。古代陰陽家用五行相生相勝説和五德終始説推定北周以木德而王，故此處"木運"即代指北周。 崤、函：即崤山和函谷關。自古爲關中東面的險關要隘，北周時據此置重兵以捍衛其關中領地。

[26]滄海：古代對東海的别稱。此處借指南朝政權的統治區域。

[27]崑山：即昆侖山的簡稱。此處借指西北少數民族政權的統治區域。

[28]叶（xié）：底本、宋刻遞修本、殿本、庫本皆同，中華本作"協"，二字相通。按，下文凡屬"叶"與"協"之别，不再一一施注。 千齡：即千年、千歲。極言時間久長。

[29]萬葉：萬世、萬代。

粤若高祖文皇帝，誕聖降靈則赤光照室，[1]韜神晦迹則紫氣騰天。[2]龍顔日角之奇，[3]玉理珠衡之異，[4]著在圖籙，[5]彰乎儀表。而帝系靈長，[6]神基崇峻，[7]類邠、岐之累德，[8]異豐、沛之勃起。[9]俯膺歷試，[10]納揆賓門，[11]位長六卿，[12]望高百辟，[13]猶重華之爲太尉，[14]若文命之任司空。[15]蒼歷將盡，[16]率土糜沸，[17]玉弩驚天，[18]金鉦照野，[19]姦雄挻禍，[20]據河朔而連海岱，[21]猾長縱惡，[22]杜白馬而塞成皋，[23]庸、蜀逆命，[24]憑銅梁之險，[25]鄖、黄背誕，[26]引金陵之寇，[27]三川已震，[28]九鼎將飛。[29]高祖龍躍鳳翔，[30]濡足授手，[31]應赤伏之符，[32]受玄狐之籙，[33]命百下百勝之將，動九天九地之師，[34]平共工而殄蚩尤，[35]翦猰貐而戮鑿齒。[36]不煩二十八將，[37]無假五十二征，[38]曾未逾時，妖逆咸殄，廓氛霧於區宇，[39]出黎元於塗炭。[40]天柱傾而還正，[41]地維絶而更紐，[42]殊方稽顙，[43]識牛馬之内向，[44]樂師伏地，懼鍾石之變聲。[45]萬姓所以樂推，[46]三靈於是改卜，[47]壇場已備，[48]猶弘五讓之心，[49]億兆難違，[50]方從四海之請。光臨寶祚，展禮郊丘，[51]舞六代而降天神，[52]陳四圭而饗上帝，[53]乾坤交泰，[54]品物咸亨。[55]酌前王之令典，[56]改易徽號，[57]因庶萌之子來，[58]移創都邑。[59]天文上當朱鳥，[60]地理下據黑龍，[61]正位辨方，揆景於日月，[62]内宫外座，取法於辰象。[63]懸政教於魏闕，[64]朝群后於明堂，[65]除舊布新，移風易俗。天街之表，[66]地脉之外，[67]獯獫孔熾，[68]其來自久，橫行十萬，樊噲於是失辭，[69]提步五千，李陵所以陷没。[70]周、齊兩盛，競結旄頭，[71]娉狄后於漠北，[72]未足息其侵擾，傾珍藏於山東，[73]不能止其貪暴。炎靈啓祚，[74]聖皇馭宇，[75]運天策於帷扆，[76]播神威於沙朔，[77]柳室氈裘之長，[78]皆爲臣隸，瀚海、蹛林之地，[79]盡充沙苑。[80]三吴、百越，[81]九江五湖，[82]地分南北，天隔内外，談黄旗紫蓋之氣，[83]恃龍蟠獸據之嶮，[84]恒有僭僞之君，[85]妄竊帝王之號，時經五代，[86]年移三百。爰降皇情，永懷大道，愍彼黎獻，[87]獨爲匪人。[88]今上利建在唐，[89]則哲居代，[90]地憑宸極，[91]天縱神武，受脤出車，[92]一舉平定。於是八荒無外，[93]九服大同，[94]四海爲家，萬里爲宅。乃休牛散馬，偃武修文。

[1]誕聖降靈：聖哲誕生，神靈下凡。喻指帝王出生。　赤光照室：喻謂帝王出生時的祥瑞之兆。

[2]韜神晦迹：隱藏踪迹。　紫氣騰天：喻謂帝王出現時的祥瑞之兆。

[3]龍顔日角：眉骨圓起，額骨中央部分隆起形狀如日。古代相術家認爲是帝王聖賢之相。

[4]玉理珠衡：面部紋理温潤密緻，眉間骨隆起如連珠。古代相術家認爲是帝王聖賢之相。

[5]圖籙：圖讖符命之書。

[6]帝系：帝王的世系。　靈長：悠遠綿長。

[7]神基崇峻：祖先基業隆盛，家族門第高貴。

[8]郊、岐：即郊邑（今陝西彬縣）和岐周（今陝西岐山縣境），爲周文王的出生發祥之地。此處借指周文王。

[9]豐、沛：即豐邑（今江蘇豐縣境）和沛縣（今江蘇沛縣），爲漢高祖劉邦的故鄉。此處借指漢高祖。

[10]歷試：經歷多次政治考驗。

[11]納揆賓門：此指隋文帝在北周末年位居丞相，於相府任用百官，廣納賢才。

[12]六卿：指北周中央六官府的行政長官，即天官大冢宰卿、地官大司徒卿、春官大宗伯卿、夏官大司馬卿、秋官大司寇卿、冬官大司空卿。

[13]百辟：百官。

[14]重華：即虞舜的美稱。或説是虞舜之名。後亦用以代稱帝

王。　太尉：官名。秦漢時置爲國家軍政首腦，爲三公之一。後歷代多沿置，但職權漸輕，多用作元老重臣的加官，位望甚隆。隋時爲正一品。

［15］文命：傳説是夏禹之名。　司空：官名。周代爲六卿之一，掌工程營造。漢代爲三公之一，掌監察糾彈。後歷代多沿置，但職權漸輕，多用作元老重臣的加官，位望甚高。隋時爲正一品。

［16］蒼歷：即青色的天命歷數，指五行中的木行或五德中的木德。因木於五色中屬青，故稱“蒼歷”。古代陰陽家認爲北周以木德而王，故此處“蒼歷”即代指北周。

［17］率土：即“率土之濱”的略語。指天子統轄的境域之内。　糜沸：比喻世事混亂之甚，猶如糜粥之沸於釜中。

［18］玉弩：即流星。古代認爲流星出現是天下將亂的徵兆。

［19］金鋩：刀劍等兵器的鋒芒。常用以喻指戰争、兵事。

［20］挻（shān）禍：引發禍亂。

［21］海岱：地區名。指今山東境内渤海至泰山之間的地帶。此句意指北周末年相州總管尉遲迥起兵叛亂之事。

［22］猾長：奸猾的顯貴官人。

［23］白馬：即白馬津。古黄河津渡名。在今河南滑縣北。　成臯：古關隘名。亦稱“虎牢關”。故址在今河南滎陽市西北汜水鎮。自古爲黄河以南的東西交通孔道和戰争要塞。此句意指北周末年滎州刺史宇文冑等人起兵響應尉遲迥叛亂之事。

［24］庸、蜀：古國名。此指庸、蜀二國之地，即今重慶和四川一帶。此句意指北周末年益州總管王謙起兵叛亂之事。

［25］銅梁：山名。在今重慶合川市南。因山有石梁横亘，色如銅，故名。

［26］鄖：州名。北周時治所在今湖北鄖縣。　黄：州名。北周時治所在今湖北武漢市黄陂區西北。　背誕：違命放誕，不受節制。此句意指北周末年鄖州總管司馬消難起兵叛亂之事。

［27］金陵：即南朝都城建康（今江蘇南京市）的别稱。此處

代指南朝陳。

［28］三川：即三條河流的合稱，所指不一。西周以涇、渭、洛爲三川；東周以河、洛、伊爲三川。此處當指涇、渭、洛三川，亦代指北周的統治中心關中地區。

［29］九鼎：相傳夏禹曾鑄九鼎，象徵九州，夏、商、周三代奉爲象徵國家政權的傳國之寶。後因以“九鼎”喻指國柄或君權。

［30］龍躍鳳翔：喻謂帝王之興起，猶如龍鳳縱横馳騁，發奮有爲。

［31］濡足授手：意謂親身操勞國事，援手拯救國難。

［32］赤伏之符：新莽末年讖緯家所造的符籙，稱言劉秀上應天命，當繼漢統爲帝。後因以“赤伏符”泛指帝王受命的符瑞。

［33］玄狐之籙：相傳黄帝伐蚩尤時，夢見西王母遣道人披玄狐之裘，以符授之。後因以“玄狐籙”喻指帝王討伐叛逆的神機妙略。

［34］九天九地之師：喻指帝王所統轄的軍隊。

［35］共工：古史傳説中的叛逆之臣，與驩兜、三苗、鯀並稱爲“四凶”，被唐堯平定而流放於幽州。後常用作叛臣的代稱。　蚩尤：古史傳説中的九黎族首領，與黄帝戰於涿鹿，失敗被殺。後常用作惡人的代稱。

［36］猰（yà）貐（yǔ）：古代傳説中的一種吃人怪獸。比喻凶殘的敵人。　鑿齒：古代傳説中的野人。一説是獸名。比喻殘暴作亂之徒。

［37］二十八將：指佐助漢光武帝劉秀建立東漢政權的二十八個有功的武將。漢明帝永平中，繪二十八將像於南宮雲臺，故又稱“雲臺二十八將”。二十八將名單見《後漢書》卷二二《朱景王杜馬劉傅堅馬傳》末“論曰”。此處借指隋文帝於北周末年平定三方之亂時所任用的武將。

［38］假：底本、宋刻遞修本、中華本皆同，殿本、庫本作“暇”，二字相通，意爲借助。　五十二征：古史傳説黄帝共經五十

二次征戰，方乃平定蚩尤之亂，使天下大服。後因以“五十二征”喻指多次而艱難的平叛征戰。

［39］氛霧：霧氣。比喻世道混亂或戰亂。　區宇：指境域之內。亦指天下。

［40］黎元：黎民百姓。　塗炭：即泥淖和火炭。比喻極困苦的境遇。

［41］天柱：古代神話傳説中的支天之柱。喻指國家政權或朝廷柱臣。

［42］地維：即維繫大地的繩子。古代以爲天圓地方，天有九柱支撑，使天不下陷；地有大繩維繫四角，使地有定位。亦常用以喻指維繫國家政權的綱紀法制。　紐：連結、扭結。

［43］殊方：遠方，異域。　稽（qǐ）顙：古代一種屈膝下拜並以額觸地的跪拜禮，表示恭敬臣服。

［44］牛馬之内向：像牛馬一樣馴服地歸順朝廷。

［45］鍾石之變聲：指鍾磬等樂器改變其原有的音調。古人以爲鍾磬變聲是政權易主、朝代更替的徵兆。

［46］萬姓：即萬民。　樂推：意謂樂意擁戴。

［47］三靈：指天、地、人。　改卜：重新占卜，另行選擇君主。

［48］壇場：古代設壇舉行祭祀、禪讓、繼位、盟會、拜將等大典的場所。此指隋文帝受周禪而即位稱帝的壇場。

［49］五讓：五次謙讓。亦泛指多次推讓。古代舉行帝位禪讓大典之前，受禪的新皇帝須向傳位的舊皇帝行五讓之禮，以表示謙讓之心。

［50］億兆：此指億萬民衆的心願。

［51］展禮：行禮、施禮。此指舉行祭祀典禮。　郊丘：設在城郊的圜丘，爲古代天子諸侯祭祀天地的場所。

［52］六代：此指六代樂舞，即黄帝所作《雲門》、堯所作《咸池》、舜所作《大韶》、禹所作《大夏》、湯所作《大濩》、周武王

所作《大武》，爲古代祭祀所演奏的雅樂。

[53]四圭：古代天子諸侯祭天所用的禮器。由整塊玉雕成，中央爲璧，四面鋭出爲圭，故稱四圭。

[54]乾坤交泰：意謂天地之氣交融祥和。

[55]品物咸亨：意謂萬物通泰，光顯盛大。

[56]令典：好的典章法度。

[57]徽號：指新興王朝或某一帝王新政的標志旗號。亦引申指國號。

[58]庶萌：即庶民。萌，通“氓”，即民。　子來：典出《詩·大雅·靈臺》：“經始靈臺，經之營之。庶民攻之，不日成之。經始勿亟，庶民子來。”朱熹《集傳》：“文王之臺，方其經度營表之際，而庶民已來作之，所以不終日而成也。雖文王心恐煩民，戒令勿亟，而民心樂之，如子趣父事，不召自來也。”後因以“子來”喻謂民心歸附，竭誠效忠朝廷。

[59]移創都邑：此指隋文帝即位初下令營建新都大興城（今陝西西安市及其南郊），開皇三年建成，遂自北周舊都長安（今陝西西安市西北郊）遷都於此城。

[60]朱鳥：星宿名。二十八宿中南方七宿（井、鬼、柳、星、張、翼、軫）的總稱。因七宿相聯呈鳥形，朱色象火，且南方屬五行之火，故名朱鳥。古代陰陽家用五行相生相勝説和五德終始説推定隋朝以火德而王，火居南方，故隋都大興城在天文上亦應南方朱鳥星宿之象。

[61]黑龍：古代神話傳説中位居北方的黑色之龍。此處當借指隋都大興城北面所依憑的龍首山（位於今陝西西安市舊城北）。

[62]揆景：即測量日影，以定時間和方位。按，“景”字底本、宋刻遞修本、殿本、庫本皆同，中華本作“影”，二字相通。

[63]辰象：指列星所構成的星象。

[64]魏闕：古代宫門外兩邊高聳的樓觀。樓觀下爲朝廷懸布政教法令之所，故亦常借指朝廷。

［65］群后：古代指四方諸侯及九州牧伯。後亦泛指公卿百官。　明堂：古代帝王宣明政教的地方。凡朝會、祭祀、慶賞、選士、養老、教學等大典，都在此舉行。

［66］天街：星名。《史記·天官書》載："昴、畢間爲天街。"張守節《正義》："天街二星，在畢、昴間，主國界也。街南爲華夏之國，街北爲夷狄之國。"後遂以"天街"借指國界或邊境。

［67］地脉：本指大地的脉絡。《史記》卷八八《蒙恬列傳》載："（恬築長城）起臨洮屬之遼東，城壍萬餘里，此其中不能無絶地脉哉？此乃恬之罪也。"後遂以"地脉"借指長城。

［68］獯獫：即獯鬻和獫狁。古代北方少數民族。夏商時稱獯鬻，周時稱獫狁，秦漢時稱匈奴。此處借指突厥。　孔熾：勢力或氣焰很猖獗、很囂張。

［69］樊噲：人名。漢初猛將。傳見《史記》卷九五、《漢書》卷四一。此處借指北齊、北周等中原王朝的猛將。　失辭：因畏懼而啞口無言或言辭失當。

［70］李陵：人名。漢武帝時敗降於匈奴的名將。傳見《史記》卷一〇九、《漢書》卷五四。此處借指北齊、北周等中原王朝敗降於突厥的將領。

［71］旄頭：星名。即昴星，爲二十八宿之一。《漢書·天文志》稱："昴曰旄頭，胡星也，爲白衣會。"後因以"旄頭"借指北方少數民族及其國家政權。此處借指突厥。

［72］狄后：此指北周皇帝爲結好突厥而和親聘娶的突厥族皇后。　漠北：地區名。指今蒙古高原大沙漠以北的地區。北朝後期至隋時爲突厥之轄地，故亦代指突厥。

［73］山東：地區名。戰國秦漢時期稱崤山或華山以東地區爲山東，魏晋南北朝隋唐時期亦稱太行山以東地區爲山東。此處代指北齊之轄境。

［74］炎靈：指五行中的火行或五德中的火德。因火於五色中屬赤炎色，故稱"炎靈"。古代陰陽家認爲隋朝以火德而王，故此處

"炎靈"即代指隋朝。　啓祚：古時常喻指帝王誕育或新王朝建立。

［75］聖皇：對皇帝的尊稱。此處稱指隋文帝。　馭宇：統治宇内天下。

［76］帷扆：帷幔與屏風。借指君主朝會群臣之所。

［77］沙朔：指塞北沙漠之地。此地是隋朝與突厥交戰的多發地帶。

［78］柳室氈裘：指古代北方游牧民族依柳林搭建的居室和以皮毛製成的衣服。亦借指北方游牧民族。此處借指突厥部落。

［79］瀚海：地名。其含義因時而異，説法不一。或説指今呼倫湖；或説指今貝加爾湖；或説是今杭愛山之音譯。隋時亦泛指今蒙古高原大沙漠以北及其以西延至今准格爾盆地一帶的廣大地區，爲東突厥所控之地。　蹛林：本爲匈奴秋社之處。因匈奴土俗於秋社時繞林木而會祭，故稱蹛林。此處借指突厥部落舉行會祭之地。

［80］沙苑：地名。又名沙阜、沙海、沙窩。在今陝西大荔縣南洛河與渭河之間，東西八十里，南北三十里，地多沙草，宜於畜牧，隋唐時均在此地開設牧場。此句意謂隋朝平服東突厥之後，東突厥之地遂變充爲隋朝的牧場。按，"沙苑"底本、殿本、庫本皆同，但宋刻遞修本、中華本作"池苑"。

［81］三吴：地區名。東晋南朝時所指説法不一。一説指吴郡（治所在今江蘇蘇州市）、吴興（治所在今浙江湖州市）、會稽（治所在今浙江紹興市）三郡；一説指吴郡、吴興、丹陽（治所在今江蘇南京市）三郡；一説指吴郡、吴興、義興（治所在今江蘇宜興市）三郡。　百越：古代南方越人的總稱。分布在今浙江、福建、廣東、廣西等地，因部落衆多，故總稱百越。此指百越所居住的地方。按，此處三吴、百越，均代指東晋南朝所轄的地域。

［82］九江五湖：泛指江南地區衆多的江河湖泊。此處代指東晋南朝的轄地。

［83］黄旗紫蓋之氣：黄旗紫蓋狀的雲氣。《宋書·符瑞志上》載："漢世術士言：'黄旗紫蓋，見於斗、牛之間，江東有天子

氣。'"故東晋南朝時人常用以稱言"黄旗紫蓋之氣"是江東出天子之祥瑞。

［84］龍蟠獸據：當作"龍蟠虎據"，"獸"字乃唐人避諱"虎"字所改。龍蟠虎據，亦作"龍盤虎踞"，典出晋人吴勃《吴録》（見《太平御覽》卷一五六引）："劉備曾使諸葛亮至京，因睹秣陵山阜，嘆曰：'鍾山龍盤，石頭虎踞，此帝王之宅。'"後因以"龍盤虎踞"形容地勢雄壯險要而宜作帝王之都的地方。亦借指東晋南朝的都城建康（今江蘇南京市）。

［85］僭僞之君：指割據一方而非正統的王朝君主。

［86］五代：此指東晋和南朝宋、齊、梁、陳五個朝代。

［87］黎獻：黎民中的賢者。

［88］匪人：典出《後漢書》卷六五《張奂傳》："俱生聖世，獨爲匪人。孤微之人，無所告訴。如不哀憐，便爲魚肉。"後因以"匪人"指孤獨無親而遭受摧殘的人。

［89］今上：指隋煬帝楊廣。　利建：典出《易・屯卦》："元亨利貞。勿用有攸往，利建侯。"後因以"利建"喻謂封土建侯。　唐：古國名。爲周成王弟叔虞的封國。在今山西翼城縣西。此處借指楊廣受封爲晋王後的封國所在之地。此句意指楊廣在隋文帝開皇元年受封爲晋王之事。

［90］則哲：典出《尚書・臯陶謨》："知人則哲，能官人。"後因以"則哲"喻謂知人任賢。　代：春秋戰國時國名。在今山西東北部及河北西北部一帶。此處泛指古代國之地。此句意指楊廣在隋文帝開皇初年出任河北道行臺尚書令及并州大總管之事。

［91］宸極：即北極星。喻指帝王之位或帝王之都。此處借指隋都長安。此句意指楊廣於隋文帝開皇六年至開皇八年在京城長安擔任雍州牧和内史令之事。

［92］受脤：古代出兵祭社事畢，以社肉頒賜衆人，謂之受脤。後因以稱受命統軍爲"受脤"。　出車：即出動兵車。亦泛指出征。此句意指楊廣於隋文帝開皇八年冬十月受命爲平陳元帥，統軍征伐

南朝陳之事。

[93]八荒無外：意謂古代帝王以天下爲一家，八方荒遠之地無所不包，内外之民没有兩樣。形容全國統一、萬衆和諧的情形。

[94]九服：古代指王畿以外的侯服、甸服、男服、采服、衛服、蠻服、夷服、鎮服、藩服九等地區。後泛指全國各地區。　大同：意謂融合統一。

自華夏亂離，綿積年代，人造戰爭之具，家習澆僞之風，[1]聖人之遺訓莫存，先王之舊典咸墜。爰命秩宗，[2]刊定五禮，申敕大予，[3]改正六樂，[4]玉帛罇俎之儀，[5]節文乃備，[6]金石匏革之奏，[7]雅俗始分。而留心政術，垂神聽覽，早朝晏罷，廢寢忘食，憂百姓之未安，懼一物之失所。行先王之道，夜思待旦，革百王之弊，朝不及夕，見一善事，喜彰於容旨，聞一愆犯，[8]嘆深於在予。[9]薄賦輕徭，務農重穀，倉廩有紅腐之積，[10]黎萌無阻飢之慮。[11]天性弘慈，聖心惻隱，恩加禽獸，胎卵於是獲全，[12]仁霑草木，牛羊所以勿踐。至於憲章重典，刑名大辟，[13]申法而屈情，決斷於俄頃，故能彝倫攸敘，[14]上下齊肅，左右絶諂諛之路，縉紳無勢力之門。小心翼翼，敬事於天地，終日乾乾，[15]誠慎於亢極，[16]陶黎萌於德化，致風俗於太康。公卿庶尹，[17]遐邇岳牧，[18]僉以天平地成，[19]千載之嘉會，[20]登封降禪，[21]百王之盛典，宜其金泥玉檢，[22]展禮介丘，[23]飛聲騰實，[24]常爲稱首。[25]天子爲而不恃，[26]成而不居，[27]冲旨凝邈，[28]固辭弗許。而雖休勿休，[29]上德不德，[30]更乃潔誠岱岳，[31]遜謝愆咎。[32]方知六十四卦，[33]謙撝之道爲尊，[34]七十二君，[35]告成之義爲小，[36]巍巍蕩蕩，[37]無得以稱焉。而深誠至德，感達於穹壤，[38]和氣薰風，[39]充溢於宇宙。二儀降福，百靈薦祉，[40]日月星象，風雲草樹之祥，山川玉石，鱗介羽毛之瑞，[41]歲見月彰，不可勝紀。至於振古所未有，[42]圖籍所不載，目所不見，耳所未聞。古語稱："聖人作，萬物睹，神靈滋，百寶用。"此其效矣。

[1]澆僞：浮薄虚僞。

[2]秩宗：指職掌宗廟祭祀的禮官。

[3]大（tài）予：官名。全稱是大予樂令。西漢時於奉常（後改稱太常）屬下置大樂令，東漢明帝永平三年（60）改大樂令爲大予樂令，職掌祭祀奏樂及大饗之樂舞。此處借指隋代太樂署等音樂機構的樂官。按，"大予"底本原作"太子"，殿本、庫本與底本同，當訛，今據宋刻遞修本、中華本改。

[4]六樂：指黄帝、堯、舜、禹、湯、周武王六代的古樂，樂名分别爲《雲門》《咸池》《大韶》《大夏》《大濩》《大武》。亦泛指所有的音樂。

[5]玉帛罇俎：古代祭祀常用的四種器物。玉即圭璋，帛即束帛，罇以盛酒，俎以盛肉。此處泛指各種祭祀儀式。按，"罇"宋刻遞修本、殿本、庫本作"鐏"，中華本作"樽"，三字相通。

[6]節文：禮儀制度。

[7]金石匏革：古代製作樂器的四種質材。金以作鐘，石以作磬，匏以作笙，革以作鼓。此處泛指各種樂器和音樂。

[8]愆犯：因過失而觸犯刑律。

[9]在予：意謂罪責在於己身。

[10]倉廩：貯藏米穀的倉庫。按，"廩"字底本、宋刻遞修本、中華本皆同，殿本、庫本作"稟"，二字相通。　紅腐：指陳

米，陳舊的糧食。

［11］阻飢：語出《尚書·舜典》："黎民阻飢，汝后稷播時百穀。"孔安國傳："阻，難；播，布也。衆人之難在於飢。"後遂以"阻飢"指飢餓。

［12］胎卵：即胎生與卵生。指鳥獸。

［13］大辟：即死刑。爲古代五刑之一。

［14］彝倫攸叙：綱常倫理井然有序。

［15］乾乾：形容自强不息的樣子。

［16］亢極：驕傲自滿。

［17］庶尹：即衆官之長。亦泛指百官。

［18］遐邇：遠近各地。　岳牧：指地方州郡長官。

［19］天平地成：語出《左傳》僖公二十四年："《夏書》曰'地平天成'，稱也。"杜預注："地平其化，天成其施，上下相稱爲宜。"意謂夏禹治水成功，地正其勢，天循其時。後借喻萬事妥當，天下太平。

［20］嘉會：即昌盛的際會。

［21］登封降禪：指古代帝王登上泰山祭天及降至梁父山祭地的封禪大典。

［22］金泥玉檢：古代天子封禪所用之物。金泥，即以水銀和金粉調成的泥，作封印之用；玉檢，即以玉製成的書篋，作封藏玉牒文之用。亦借指封禪所用的告天書函。

［23］介丘：即大山。亦專指泰山。

［24］飛聲騰實：意謂稱頌聲名，傳揚功績，使名實俱優。

［25］稱首：即第一，最好。

［26］爲而不恃：有爲而不自負。

［27］成而不居：功成而不居功。

［28］冲旨：聖旨、聖意。　凝邈：深遠。

［29］雖休勿休：帝業雖已美善，但却不自以爲美。表示謙遜而不自滿。

[30]上德不德：語出《老子》："上德不德，是以有德。"意謂帝德已盛，但却不自以爲有德。表示謙遜而不自滿。

[31]潔誠：潔身拜謁。誠，通"請"，即拜謁。　岱岳：泰山的别稱。

[32]遜謝愆咎：意謂向天地神靈報告自己的罪過，道歉謝罪。

[33]六十四卦：《易經》卦名的總稱。由八經卦兩兩重複排列而構成，合爲六十四卦。

[34]謙撝：即謙和損，爲六十四卦中的兩個卦名，合爲謙遜、謙抑、謙讓之意。

[35]七十二君：指古史傳説中封禪泰山的七十二位君王。典出《史記·封禪書》："古者封泰山、禪梁父者七十二家，而夷吾所記者十有二焉。"張守節《正義》："《韓詩外傳》云：'孔子升泰山，觀易姓而王可得而數者七十餘人，不得而數者萬數也。'案：管仲所記自無懷氏以下十二家，其六十家無紀録也。"

[36]告成：向天地神靈上報所完成的功業。

[37]巍巍蕩蕩：語出《論語·泰伯》："大哉堯之爲君也！巍巍乎！唯天爲大，唯堯則之。蕩蕩乎！民無能名焉。"朱熹集注："巍巍，高大之貌；蕩蕩，廣遠之稱也。"後因以"巍巍蕩蕩"形容帝王道德崇高，恩澤博大。

[38]穹壤：指天地。

[39]和氣薰風：指天地間陰陽交合而形成的祥瑞之氣和温暖之風。

[40]百靈：各種神靈。　薦祉：獻福、送福。

[41]鱗介：泛指有鱗和披甲的水生動物。　羽毛：泛指鳥獸。

[42]振古：自遠古以來，往昔。

既而游心姑射，[1]脱屣之志已深，[2]鑄鼎荆山，[3]升天之駕遂遠。凡在黎獻，共惟帝臣，[4]慕深考妣，[5]哀纏弓劍，[6]塗山幽峻，[7]無復玉帛之禮，長陵寂寞，[8]空見衣冠之游。[9]若乃降精熛怒，[10]飛名帝籙，[11]開運握圖，[12]創業垂統，[13]聖德也；撥亂反正，濟國寧人，六合八紘，[14]同文共軌，[15]神功也；玄酒陶匏，[16]雲和孤竹，[17]禋祀上帝，[18]尊極配天，[19]大孝也；偃伯戢戈，[20]正禮裁樂，納民壽域，[21]驅俗福林，[22]至政也。張四維而臨萬宇，[23]侔三皇而並五帝，豈直錙銖周、漢，[24]么麽魏、晋而已。[25]雖五行之舞每陳於清廟，[26]九德之歌無絶於樂府，[27]而玄功暢洽不局於形器，[28]懿業遠大豈盡於揄揚。[29]

[1]姑射：古代神話傳説中的山名。相傳在今山西臨汾市西。《莊子·逍遥游》稱："藐姑射之山，有神人居焉，肌膚若冰雪，綽約若處子。"後詩文中遂常以"姑射"作爲神仙或美人的代稱。按，此處"游心姑射"，喻謂隋文帝去世，位列仙班。

[2]脱屣之志：意謂對塵世無所顧戀，志在升天爲仙。喻指去世。

[3]鑄鼎荆山：指黄帝於荆山鑄鼎而後乘龍升天的傳説。《史記·封禪書》載："黄帝采首山銅，鑄鼎於荆山下。鼎既成，有龍垂胡髯下迎黄帝。黄帝上騎，群臣後宫從上者七十餘人，龍乃上去。餘小臣不得上，乃悉持龍髯，龍髯拔，墮，墮黄帝之弓。百姓仰望黄帝既上天，乃抱其弓與胡髯號。"後遂以"鑄鼎荆山"作爲帝王去世的典故。

[4]共惟帝臣："共"字底本、殿本、庫本皆同，宋刻遞修本、中華本作"具"，二字義同。

[5]考妣：父母的别稱。亦僅指去世的父母。

[6]弓劍：古時傳説黄帝騎龍仙去，群臣攀附欲上，致墜帝弓。

又傳説黄帝葬橋山，山崩，棺空，唯劍存。説見《史記·封禪書》、劉向《列仙傳》卷上《黄帝》。後因以“弓劍”用作寄托對已故帝王哀思的典故。

［7］塗山：相傳爲夏禹娶塗山女及會諸侯之處，後世遂在此山建禹廟祭拜夏禹。其地一説在今安徽懷遠縣東南淮河東岸，又名當塗山；一説在今重慶市巴南區，俗名真武山；一説在今浙江紹興市西北。

［8］長陵：漢高祖的陵墓名，在今陝西咸陽市東。亦爲北魏孝文帝的陵墓名，在今河南洛陽市附近。

［9］衣冠：古時對縉紳和士大夫的代稱。

［10］降精熛怒：喻謂隋朝應天命而興。降精，指天降符命。熛怒，即“赤熛怒”的省稱。爲五方天帝中的南方赤帝，司夏主火。古代陰陽家認爲隋朝以火德而王，故“熛怒”即代指隋朝。

［11］飛名帝籙：意謂受符命爲天子。帝籙，即天帝的符命。

［12］開運：即開始新的國運。指建立新王朝。　握圖：意謂受天命而有天下。喻指帝王即位。

［13］創業垂統：意謂開創基業，傳之子孫。

［14］六合：指天地四方。亦泛指天下。　八紘：指八方極遠之地。亦泛指天下。

［15］同文共軌：語出《禮記·中庸》：“今天下車同軌，書同文，行同倫。”後因以“同文共軌”比喻國家統一。

［16］玄酒：古代祭禮中當酒用的清水。以其色黑，故謂之玄酒。　陶匏：指用陶匏製成的酒尊、豆簋、酒爵等器皿，爲古代祭祀所用的禮器。

［17］雲和：山名。古時取其所産之材以製作琴瑟，故後用爲弦樂器的統稱。　孤竹：即獨生的竹。古時取以製作笛簫，故後用爲管樂器的統稱。按，《周禮·春官·大司樂》載：“孤竹之管，雲和之琴瑟，雲門之舞，冬日至，於地上之圜丘奏之。”後因以“雲和孤竹”代指祭祀所演奏的樂舞。

［18］禋祀：古代祭天的一種禮儀。即先燔柴升煙，再加牲體或玉帛於柴上焚燒。亦泛指各種祭祀。

［19］尊極配天：指古代帝王祭天時以先祖配祭。

［20］偃伯戢戈：休戰息兵。伯，通“霸”，指武事。

［21］壽域：語出《漢書·禮樂志》：“願與大臣延及儒生，述舊禮，明王制，驅一世之民，濟之仁壽之域，則俗何以不若成康？壽何以不若高宗？”後因以“壽域”喻指人人得享天年的太平盛世。

［22］福林：喻指幸福吉祥的境地。按，“林”字底本、宋刻遞修本、中華本皆同，但殿本、庫本作“休”，疑訛。

［23］四維：指四方或四隅之境域。又古時以禮、義、廉、耻爲治國之四綱，亦稱四維。　萬宇：指天下。

［24］豈直：反詰之詞。　錙銖：古時兩種小的重量單位。比喻微小。

［25］么麽：形容細小。

［26］五行之舞：古樂舞名。因舞者衣服法五行色而得名，爲宗廟祭祀所演奏的樂舞。《漢書·禮樂志》載：“《五行舞》者，本周舞也，秦始皇二十六年更名曰《五行》也。”　清廟：亦稱太廟。即古代帝王的宗廟。

［27］九德之歌：古時歌頌帝王九功之德的歌曲。　樂府：漢代職掌音樂的官署名。後因以泛指音樂機構。

［28］玄功：指影響深遠而偉大的功績。按，“玄”字底本、宋刻遞修本、殿本、中華本皆同，但庫本作“元”，乃清人避諱所改。下文凡屬“玄”與“元”之别，不再施注。　暢洽：通達周遍。　形器：指有形的物體。

［29］懿業：美業、大業。　揄揚：頌揚、稱頌。

臣輕生多幸，命偶興運，[1]趨事紫宸，[2]驅馳丹陛，[3]一辭天闕，[4]奄隔鼎湖，[5]空有攀龍之心，[6]徒懷蓐蟻之意。[7]庶憑毫翰，[8]敢希贊述！昔堙海之禽不增於大地，[9]泣河之士非益於洪流，[10]盡其心之所存，忘其力之所及，輒緣斯義，[11]不覺斐然。[12]乃作頌曰：

[1]命偶興運：意謂命運與昌盛的時運爲偶。指命運好。

[2]紫宸：古代天子所居的宫殿名。亦借指帝王或帝位。

[3]驅馳：喻謂奔走效力。　丹陛：即宫殿的臺階。亦借稱朝廷或皇帝。

[4]天闕：即天子的宫闕。亦指朝廷或京都。

[5]奄隔：喻指去世。　鼎湖：古代傳説爲黄帝乘龍升天之處。後喻指帝王崩逝。

[6]攀龍：亦作"攀髯"。古時傳説黄帝鑄鼎於荆山下，鼎成，有龍下迎，黄帝乘之升天，群臣後宫從上者七十餘人。餘小臣不得上龍身，乃持龍髯，而龍髯拔落，並墮黄帝之弓，百姓遂抱其弓與龍髯而號哭。事見《史記·封禪書》。後遂以"攀龍""攀髯"作爲追隨皇帝或哀悼皇帝去世的典故。

[7]蓐蟻：即"蓐螻蟻"的略語。語出《戰國策·楚策一》："安陵君泣數行而進曰：'臣入則編席，出則陪乘。大王萬歲千秋之後，願得以身試黄泉，蓐螻蟻，又何如得此樂而樂之。'"鮑彪注："願爲蓐以辟二物。蓐，陳草也。"意謂願捨身而爲王效勞於地下。後因以喻指對帝王忠心耿耿。

[8]毫翰：指毛筆。亦借指文字、文章。

[9]堙海之禽：指古代神話傳説中銜石填海的精衛鳥。亦比喻意志堅定以達宿願之人。

[10]泣河之士：古代傳説中欲以泣淚匯成洪流而濟乾涸之河的神人。亦比喻欲以微薄之力達成某種心願的人。

[11]輒緣斯義："輒"字底本、宋刻遞修本、殿本、中華本皆同，但庫本作"轍"，疑訛。

[12]斐然：形容狂妄作文之狀。多用作文人自謙之詞。

悠哉邃古，邈矣季世，四海九州，萬王千帝。三代之後，其道逾替，爰逮金行，[1]不勝其弊。戎狄猾夏，[2]群凶縱慝，竊號淫名，[3]十有餘國。怙威逞暴，悖禮亂德，五岳塵飛，[4]三象霧塞。[5]玄精啓曆，[6]發迹幽方，[7]并吞寇僞，獨擅雄强。載祀二百，比祚前王，江湖尚阻，區域未康。句吴、閩越，[8]河朔渭涘，[9]九縣瓜分，[10]三方鼎跱。[11]狙詐不息，干戈競起，東夏雖平，[12]亂離瘼矣。[13]五運叶期，[14]千年肇旦，[15]赫矣高祖，人靈攸贊。聖德迴生，神謀獨斷，癉惡彰善，夷凶静難。宗伯撰儀，[16]太史練日，[17]孤竹之管，雲和之瑟。展禮上玄，[18]飛煙太一，[19]珪璧朝會，[20]山川望秩。[21]占揆星景，移建邦畿，[22]下憑赤壤，[23]上叶紫微。[24]布政衢室，[25]懸法象魏，[26]帝宅天府，[27]固本崇威。匈河、瀚海，[28]龍荒狼望，[29]種落陸梁，[30]時犯亭障。[31]皇威遠懾，帝德遐暢，稽顙歸誠，稱臣内向。吴、越提封，[32]斗牛星象，[33]積有年代，自稱君長。大風未繳，[34]長鯨漏網，[35]授鉞天人，[36]豁然清蕩。戴日戴斗，[37]太平太蒙，[38]禮教周被，書軌大同。復禹之迹，成舜之功，禮以安上，樂以移風。憂勞庶績，[39]矜育黔首，[40]三面解羅，[41]萬方引咎。[42]納民軌物，[43]驅時仁壽，[44]神化隆平，生靈熙阜。[45]虔心恭己，奉天事地，協氣横流，[46]休徵紹至。[47]壇場望幸，[48]云亭虚位，[49]推而不居，聖道彌粹。齊迹姬文，登發嗣聖，[50]道類漢光，[51]傳莊寶命。[52]知來藏往，[53]玄覽幽鏡，[54]鼎業靈長，[55]洪基隆盛。[56]崆峒問道，[57]汾射窅然，[58]御辯遐逝，[59]乘雲上仙。哀纏率土，痛感穹玄，[60]流澤萬葉，用教百年。尚想睿圖，[61]永惟聖則，[62]道洽幽顯，[63]仁霑動植。[64]爻象不陳，[65]乾坤將息，[66]微臣作頌，用申罔極。[67]

［1］金行：即五行中的金行，亦指五德中的金德。古代陰陽家用五行相生相勝説和五德終始説推定晋朝以金德而王，故此處“金行”即代指晋朝。

［2］戎狄：古代泛指西方和北方少數民族。　猾夏：意謂侵擾中原華夏地區。此句意指西晋末年“五胡亂華”之事。

［3］竊號淫名：意謂僭越本分而妄稱帝王尊號。

［4］五岳：即東岳泰山、南岳衡山、西岳華山、北岳恒山、中岳嵩山五大名山的總稱。

［5］三象：指日、月、星。

［6］玄精：義同“玄行”，代指北魏。參見前注“玄行”。　啓曆：開啓新的王朝歷數。指建立新王朝或開創新帝業。按，“曆”字底本、宋刻遞修本、殿本、中華本皆同，庫本作“歷”，二字相通。

［7］幽方：即北方。此指北魏初期的統治中心代北地區，即今山西大同市一帶。

［8］句（gōu）吴、閩越：代指南朝的轄境。句吴，即春秋時吴國的别稱。此指古吴國之地，約當今江蘇南部和浙江北部一帶。閩越，此指古代閩越人所居之地，約當今福建北部和浙江南部一帶。

［9］河朔：指黄河中下游以北地區。此處代指北齊的轄境。渭涘：指渭河流域之地。此處代指北周的轄境。

［10］九縣：義同“九州”，泛指天下或全中國。參見前注“九

州”。

［11］三方：此指北齊、北周和南朝陳三個同時鼎立的王朝政權。

［12］東夏：古代泛指中國東部地區。此處代指北齊。

［13］亂離瘼矣：語出《詩·小雅·四月》：“亂離瘼矣，爰其適歸。”毛亨傳：“離，憂；瘼，病。”意謂戰亂給國家帶來憂患，使民衆困苦不堪。

［14］五運：即五行氣運。古代陰陽家根據五行相生相克説推算出的王朝興替的氣運。　叶期：即協期。意謂協和際運定數。

［15］肇旦：肇始發端，開啓新際運。

［16］宗伯：官名。周代爲六卿之一，掌宗廟祭祀等事。後世借以泛稱職掌祭祀禮儀的長官。

［17］太史：官名。周代職掌天文曆法、圖書典籍及史書修撰等事。後世借以泛稱職掌天文曆法的官員。　練日：選擇日期。練，通“揀”。

［18］上玄：即上天，上帝。

［19］飛煙：此指禋祀，爲古代祭天的一種禮儀。參見前注“禋祀”。　太一：亦作“太乙”。即北極神，爲天神中最尊貴者。

［20］珪璧：古代祭祀、朝聘等禮儀中所用的玉器。

［21］山川望秩：意謂按等級望祭名山大川。

［22］邦畿：古時指王城及其所屬周圍千里的地域。後亦借稱國都。此處指隋初所建的新都大興城。

［23］赤壤：指赤色的社土。古代天子封土立社，以五色土象徵四方及中央。隋朝以火德而王，火居南方，色赤，故以赤壤象徵南方之火德。

［24］紫微：星官名。即紫微垣，爲三垣之一。古人以爲紫微垣是大帝之座，象徵天子之常居，故亦用以借指帝王宫殿。

［25］衢室：古時相傳爲唐堯徵詢民意的處所。後亦泛指帝王聽政之所。

［26］象魏：古代立於宫門外的一對高大建築物，又稱“闕”或“觀”，爲天子懸示政教法令的地方。亦常借指朝廷。

［27］帝宅：指皇宫或皇都。　天府：指朝廷。

［28］匈河：指匈奴轄境内的河流。此處借指突厥的轄地。

［29］龍荒狼望：借指突厥的轄地。龍荒，指漠北地區。龍，指匈奴祭天之處龍城；荒，即荒服之地。狼望，匈奴地名。或説指狼煙候望之地。

［30］種落：即種族部落。此指突厥部落。　陸梁：形容囂張、猖獗。

［31］亭障：古代在邊塞要地設置的堡壘據點。

［32］吴、越：春秋時二國名。故地在今江蘇、浙江一帶。此處借指南朝陳。　提封：即版圖、疆域。

［33］斗牛：即二十八宿中的斗宿和牛宿。斗、牛二宿所對應的分野是吴越地區，故“斗牛”亦代指吴越之地，此處借指南朝陳的轄境。

［34］大風：古代傳説中的惡鳥名。比喻凶惡的敵人。

［35］長鯨：即大鯨。比喻巨寇强敵。

［36］授鉞：古代大將出征，君主授以斧鉞，表示授以兵權。天人：即天子。此指隋煬帝楊廣。

［37］戴日戴斗：意謂普天之下。

［38］太蒙：即大盛，太康。

［39］庶績：指各種事業。按，“績”字底本、宋刻遞修本、庫本、中華本皆同，殿本作“積”，二字相通。

［40］黔首：指平民百姓。

［41］三面解羅：意謂多方解除民衆的困苦。

［42］萬方引咎：意謂將各種過失歸罪於自己。

［43］軌物：指統治規範和準則。

［44］仁壽：意謂有仁德而長壽。語出《論語・雍也》：“知者動，仁者静，知者樂，仁者壽。”邢昺疏：“言仁者少思寡欲，性常

安静，故多壽考也。”

［45］熙阜：興盛、昌盛。

［46］協氣：和氣。指天地間陰陽交合而形成的祥和之氣。

［47］休徵：吉祥的徵兆。

［48］壇場：此指泰山封禪的祭壇場所。

［49］云亭：即云云山與亭亭山。二山均在泰山脚下，位於今山東泰安市南及東南，爲古代帝王封禪之處。　虚位：即“虚位以待”的略語。意謂空出位置以恭候期待。

［50］齊迹姬文，登發嗣聖：此二句意謂周文王的豐功偉績，使其子周武王得以順利繼位完成建周大業。而隋文帝之功則可與周文王齊肩並列。姬文，即周文王姬昌。發，即周武王姬發。

［51］漢光：即東漢光武帝劉秀。紀見《後漢書》卷一。

［52］莊：即東漢明帝劉莊。紀見《後漢書》卷二。　寶命：指天命，帝位。

［53］知來藏往：語出《易·繫辭上》：“神以知來，知以藏往。”來知德注：“凡吉凶之幾，兆端已發，將至而未至者，曰來。吉凶之理，見在於此，一定而可知者，曰往。知來者，先知也。藏往者，瞭然藴畜於胸中也。”後因以“知來藏往”喻對未來有所預見，對已往心中瞭然。

［54］玄覽幽鏡：意謂遠見深察，洞悉天命玄機。

［55］鼎業：指帝王之大業。

［56］洪基：即大業。多指世代相傳的帝業。

［57］崆峒：古代傳説中的山名。或説在今甘肅平凉市西，或説在今河南汝州市西南。相傳是黄帝問道於仙人廣成子之所。後因以“崆峒問道”喻指帝王隱身仙逝。

［58］汾射窅然：典出《莊子·逍遥游》：“堯治天下之民，平海内之政，往見四子藐姑射之山，汾水之陽，窅然喪其天下焉。”後因以“汾射窅然”喻指帝王悵然仙逝。

［59］御辯：意謂駕馭六氣之變化。辯，通“變”。語本《莊

子·逍遥游》："若夫乘天地之正，而御六氣之辯。"郭象注："御六氣之變者，即是游變化之塗也。"成玄英疏引李頤曰："平旦朝霞，日午正陽，日入飛泉，夜半沆瀣，並天地二氣爲六氣也。"　遐逝：意謂遠游升天。喻指帝王去世。

[60]穹玄：即蒼天、上天。

[61]尚想：意謂深切懷念。按，"想"字底本、宋刻遞修本、中華本皆同，但殿本、庫本作"相"，當訛。　睿圖：指皇帝的謀劃。

[62]永惟：深思，常念。　聖則：指聖賢帝王所定的法則。

[63]幽顯：指陰間與陽間。

[64]動植：即動物和植物。

[65]爻象：即《周易》中六爻相交成卦所表示的事物形象。此處借指帝王的活動形迹。

[66]乾坤：即《周易》的乾卦和坤卦。亦用作天地、日月或帝王的代稱。

[67]罔極：此指臣子對已故帝王的無窮哀思。

帝覽之不悦，顧謂蘇威曰："道衡致美先朝，此《魚藻》之義也。"[1]於是拜司隸大夫，[2]將置之罪。道衡不悟。司隸刺史房彦謙素相善，[3]知必及禍，勸之杜絶賓客，卑辭下氣，而道衡不能用。會議新令，久不能決，道衡謂朝士曰："向使高熲不死，令決當久行。"有人奏之，[4]帝怒曰："汝憶高熲邪？"付執法者勘之。道衡自以非大過，促憲司早斷。[5]暨於奏日，冀帝赦之，敕家人具饌，以備賓客來候者。及奏，帝令自盡。道衡殊不意，未能引訣。[6]憲司重奏，縊而殺之，妻子徙且末。[7]時年七十。天下冤之。有集七十卷，[8]行於世。有子五人，收最知名，[9]出繼族父孺。[10]

［1］《魚藻》：《詩·小雅》的篇名。《詩序》以爲該篇是譏刺周幽王之詩，"言萬物失其性"，"故君子思古之武王焉"。按，隋煬帝之語意謂薛道衡作《高祖文皇帝頌》亦如《魚藻》詩一樣，含有歌頌先皇而譏刺今上之意，故不悦。

［2］司隸大夫：官名。隋煬帝大業三年始置司隸臺，與御史臺、謁者臺合稱三臺。司隸大夫即是司隸臺的長官，置一人，掌諸巡察之事。正四品。

［3］司隸刺史：官名。隋煬帝大業三年始置，爲司隸臺的屬官，置十四人，掌巡察畿外郡縣。每年二月以六條出巡，十月入奏。正六品。　房彦謙：人名。傳見本書卷六六，《北史》卷三九有附傳。

［4］有人奏之："有人"底本、宋刻遞修本、中華本皆同，但殿本、庫本作"人有"，誤倒。

［5］憲司：魏晋以來對御史的别稱。

［6］引訣：亦作"引决"。即自裁、自殺。

［7］且末：郡名。隋煬帝大業五年置。治所在今新疆且末縣西南，一説在今且末縣城。

［8］有集七十卷："七十卷"各本皆同，《北史》卷三六《薛道衡傳》亦同，但本書《經籍志四》、《舊唐書·經籍志下》、《新唐書·藝文志四》均載作"三十卷"。

［9］收：人名。即薛收，薛道衡的次子，過繼給堂叔薛孺爲嗣子。隋末郡舉秀才而不應，唐初入仕秦王府，隨從秦王李世民征戰四方，以策謀之功官至天策府記室參軍，兼文學館學士，爵封汾陰縣男，爲唐初名臣。傳見《舊唐書》卷七三、《新唐書》卷九八。

［10］出繼：即過繼給别人做嗣子。　孺：人名。即薛孺。薛道衡的堂弟，薛收出繼之父。本卷、《北史》卷三六有附傳。

孺清貞孤介，[1]不交流俗，涉歷經史，有才思，雖不爲大文，所有詩咏，詞致清遠。開皇中，爲侍御史、揚州總管司功參軍。[2]每以方直自處，府僚多不便之。及滿，轉清陽令、襄城郡掾，[3]卒官。所經並有惠政。與道衡偏相友愛，收初生，即與孺爲後，養於孺宅。至於成長，殆不識本生。太常丞胡仲操曾在朝堂，[4]就孺借刀子割爪甲。孺以仲操非雅士，竟不與之。其不肯妄交，清介獨行，皆此類也。

[1]清貞孤介：意謂清白堅貞，耿直方正，而不隨流俗。

[2]侍御史：官名。爲御史臺的屬官，置八人。隋初掌糾彈百官，推按獄訟，並以年長資深者一人主臺内日常事務，從七品下。隋煬帝大業五年罷其臺内職事歸於治書侍御史，而唯掌侍從糾察，升爲正七品。　總管司功參軍：官名。爲諸州總管府的僚佐官，掌判府内官吏考課、差遣、貢舉及祭祀、禎祥、佛道、學校、書表、醫藥、陳設等事。其品階史無明載，但隋代諸州總管府和諸州府均分爲上、中、下三等，三等州的司功參軍品階分别爲從七品下、正八品下、從八品下，故三等總管府司功參軍的品階亦當與三等州的司功參軍略同。而揚州爲大總管府，其司功參軍更應高於上州司功參軍，當在從七品下以上。

[3]清陽：縣名。隋開皇六年改貝丘縣置。治所在今山東臨清市東北。　襄城：郡名。隋煬帝大業初改汝州置。治所在今河南汝州市。　郡掾：官名。隋煬帝大業三年罷州爲郡，於各郡置東西曹掾，簡稱“掾”或“郡掾”，爲郡府的屬官。掌檢核郡府文書簿籍，監守符印，糾彈列曹官員之過失。京兆、河南二郡之掾爲從五品，其餘上、中、下三等郡之掾分别爲正六品、從六品、正七品。

[4]太常丞：官名。爲太常寺的屬官，置二員，掌判本寺日常

公務。隋初爲從六品下，隋煬帝大業五年升爲從五品。　胡仲操：人名。北齊後主的寵臣胡長粲之子。北齊末年官任陳留郡太守，隋文帝開皇中官任太常丞。事亦見《北史》卷三六《薛孺傳》及卷八〇《胡長粲傳》。

道衡兄子邁，[1]官至選部郎，[2]從父弟道實，[3]官至禮部侍郎、離石太守，[4]並知名於世。從子德音，[5]有雋才，起家爲游騎尉。[6]佐魏澹修《魏史》，[7]史成，遷著作佐郎。[8]及越王侗稱制東都，[9]王世充之僭號也，[10]軍書羽檄，[11]皆出其手。世充平，以罪伏誅。所有文筆，多行於時。

[1]邁：人名。即薛邁，薛道衡之侄。性寡言，有詞辯。隋文帝時官任太子舍人，隋煬帝時官至選部郎。事亦見本書卷六八《何稠傳》、《北史》卷三六《薛道衡傳》及卷九〇《何稠傳》、《舊唐書》卷七三《薛元敬傳》、《新唐書》卷七三下《宰相世系表三下》及卷九八《薛元敬傳》。

[2]選部郎：官名。隋煬帝大業三年改尚書省吏部所轄吏部曹的長官吏部侍郎稱爲選部郎。參見前注“吏部侍郎”。

[3]道實：人名。即薛道實，薛道衡的族弟。隋煬帝時官至禮部侍郎、離石郡太守。事亦見《北史·薛道衡傳》、《新唐書》卷七三下《宰相世系表三下》及卷一六四《薛苹傳》。

[4]禮部侍郎：官名。隋初於尚書省禮部下轄四曹之一禮部曹置禮部侍郎一人爲該曹長官，掌禮儀之制，正六品上，開皇三年升爲從五品。隋煬帝大業三年改諸曹侍郎爲“郎”，而又於尚書省所轄六部各置“侍郎”一人，爲六部之次官，正四品。此後，禮部侍郎就成爲禮部的副長官，而原禮部侍郎則改稱儀曹郎。　離石：郡名。隋煬帝大業初改石州置。治所在今山西吕梁市。

［5］德音：人名。即薛德音，薛道衡的堂侄。有文學俊才，隋文帝開皇中輔佐魏澹修撰《魏史》，官至著作佐郎。隋末大亂時入仕皇泰帝楊侗政權及王世充政權，官任黄門侍郎，執掌軍書文翰，唐初王世充政權滅亡時被誅殺。事亦見《北史·薛道衡傳》、《舊唐書》卷五四《王世充傳》及卷七三《薛元敬傳》、《新唐書》卷八五《王世充傳》及卷九八《薛元敬傳》。

［6］起家：官制用語。即從家中徵召出來，始授以官職。　游騎尉：官名。隋文帝開皇六年於尚書省吏部别置游騎等八尉，爲散官番直，無具體職掌，常出使監檢。從七品下。隋煬帝大業三年罷廢。

［7］魏澹：人名。傳見本書卷五八，《北史》卷五六有附傳。《魏史》：亦稱《魏書》或《後魏書》。隋文帝開皇中魏澹奉詔修撰的一部記載北魏及東魏、西魏歷史的紀傳體史書，與魏收所撰《魏書》多有不同。後亡佚。

［8］著作佐郎：官名。爲秘書省著作曹的次官，置八人，協助長官著作郎掌撰史書、碑志、祝文、祭文等事。正七品下。

［9］越王侗：即隋煬帝之孫楊侗。傳見本書卷五九、《北史》卷七一。　稱制：即稱皇帝。　東都：即洛陽（今河南洛陽市東北白馬寺東）。隋煬帝即位初營建洛陽爲東京，大業五年又改稱東京爲東都。

［10］王世充：人名。唐時亦諱稱“王充”。傳見本書卷八五、《北史》卷七九、《舊唐書》卷五四、《新唐書》卷八五。　僭號：即冒用帝王的稱號。此指王世充於公元619年廢皇泰帝楊侗，自稱皇帝，建國號爲“鄭”。

［11］羽檄：古代軍事文書，插鳥羽以示緊急，必須迅速傳遞，故稱“羽檄”。

史臣曰：二三子有齊之季皆以辭藻著聞，[1]爰歷周、隋，咸見推重。李稱一代俊偉，薛則時之令望，[2]握靈蛇以俱照，[3]騁逸足以並驅，[4]文雅縱横，金聲玉振。[5]静言揚榷，[6]盧居二子之右。李、薛紆青拖紫，思道官塗寥落，[7]雖窮通有命，[8]抑亦不護細行之所致也。[9]

[1]二三子：意謂諸君，各位。此指本卷傳主盧思道、李孝貞、薛道衡等幾個人。

[2]令望：指有美好名聲而令人景仰的人。

[3]靈蛇：指古代傳説中的靈蛇之珠，爲珍奇的寶物。比喻美好的文才或文章。

[4]逸足：指駿馬。比喻出衆的才能或人才。

[5]金聲玉振：本謂以鍾發聲，以磬收韵，奏樂從始至終。亦比喻聲名昭著遠揚。

[6]静言揚榷：意謂沉静思量，平心而論。

[7]思道官塗寥落："官"字底本、中華本皆同，宋刻遞修本、殿本、庫本作"宦"。

[8]窮通：即困厄與顯達。

[9]不護細行：不注意小節。語本《尚書·旅獒》："不矜細行，終累大德。"

隋書　卷五八

列傳第二十三

明克讓

明克讓字弘道，平原鬲人也。[1]父山賓，[2]梁侍中。[3]克讓少好儒雅，善談論，博涉書史，[4]所覽將萬卷。《三禮》禮論，[5]尤所研精，龜策歷象，[6]咸得其妙。年十四，釋褐湘東王法曹參軍。[7]時舍人朱异在儀賢堂講《老子》，[8]克讓預焉。堂邊有修竹，异令克讓咏之。克讓覽筆輒成，[9]其卒章曰：[10]“非君多愛賞，誰貴此貞心。”异甚奇之。仕歷司徒祭酒、尚書都官郎中、散騎侍郎，[11]兼國子博士、中書侍郎。[12]梁滅，歸于長安，[13]周明帝引爲麟趾殿學士，[14]俄授著作上士，[15]轉外史下大夫，[16]出爲衛王友，[17]歷漢東、南陳二郡守。[18]武帝即位，[19]復徵爲露門學士，[20]令與太史官屬正定新歷。[21]拜儀同三司，[22]累遷司調大夫，[23]賜爵歷城縣伯，[24]邑五百户。[25]

［1］平原：郡名。治所在今山東平原縣。　鬲：縣名。漢時治所在今山東平原縣西北。按，此處因言明氏郡望，故沿用漢縣名，隋時無鬲縣。

［2］山賓：人名。即明山賓，明克讓之父。博通經傳，明悉禮制，南朝梁武帝時官至散騎常侍，兼國子祭酒，卒贈侍中。傳見《梁書》卷二七，《南史》卷五〇有附傳。

［3］梁：即南朝梁（502—557），都於建康（今江蘇南京市）。　侍中：此是明山賓死後的贈官。南朝梁時爲十二班。

［4］博涉書史："博"字底本、宋刻遞修本、庫本、中華本皆同，但殿本作"搏"，當訛。

［5］《三禮》：即《周禮》《儀禮》《禮記》三部儒家禮制經典的合稱。

［6］龜策：即龜甲和蓍草。爲古代占卜之具，故亦代指占卜之學。　歷象：指曆法和天文星象之學。按，"歷"字底本、殿本、庫本皆同，宋刻遞修本、中華本作"曆"，二字相通。下文凡屬"歷"和"曆"之别，不再出注。

［7］釋褐：官制用語。亦稱解褐。即脱去平民衣服而换上官服，喻指始任官職。　湘東王：南朝梁元帝蕭繹稱帝之前的封爵名，全稱是湘東郡王，爲梁十五等爵的第一等。紀見《梁書》卷五、《南史》卷八。　法曹參軍：官名。此指王府法曹參軍。南朝梁時爲諸王府的僚佐官，掌判府内律令刑獄之事。四班。

［8］舍人：官名。此指中書通事舍人，後去"通事"而直稱中書舍人。南朝梁時爲中書省的屬官，掌入值閣内，草擬詔誥敕令。梁武帝以中書舍人典掌機要，特重其選，多以位高親近之官兼領此職。四班。　朱异：人名。南朝梁人。博通經史文章，兼通書算棋藝。梁武帝大同六年官任右衛將軍、兼中書通事舍人，曾奏請在宫内儀賢堂講述《老子義》，聽者達千餘人。傳見《梁書》卷三八、《南史》卷六二。　儀賢堂：南朝梁宫内廳堂名。梁武帝天監六年（507）改聽訟堂爲儀賢堂，後常在此禮賢講學，聽者甚衆。

[9]克讓覽筆輒成："覽"字底本、宋刻遞修本、殿本皆同，中華本作"攬"，二字相通；庫本又作"援"，義同。

[10]卒章：指詩詞、文章結尾的段落。

[11]司徒祭酒：官名。南朝梁時爲司徒府的屬官，掌府内禮接賢良、引導賓客之事。三班。　尚書都官郎中：官名。南朝梁時爲尚書省都官部所轄都官曹的長官，置一員，掌刑罰獄訟及官府奴婢、部曲客女之政令。五班。　散騎侍郎：官名。南朝梁時爲集書省的屬官，置四人，掌侍從皇帝左右，獻納得失，省駁奏聞，實則爲閑散虚職，多用作加官。八班。

[12]國子博士：官名。南朝梁時爲國子學的教官，置二人，掌以儒經教授國子學生，國有疑事則掌承問對。九班。　中書侍郎：官名。南朝梁時爲中書省的次官，置四人，協助長官中書監、令掌出納宣行皇帝詔命，功高者一人主省内事。九班。

[13]長安：西魏、北周的都城。在今陝西西安市西北郊。

[14]周明帝：即北周明帝宇文毓。紀見《周書》卷四、《北史》卷九。　麟趾殿學士：北周明帝即位初，召集公卿以下有文學的朝官八十餘人，番上入值宫内麟趾殿，職掌著述，刊校經史圖籍，凡被召入值者，即稱爲麟趾殿學士。屬臨時差遣委命之職。

[15]著作上士：官名。北周時爲春官府内史曹的屬官，置二人，掌撰修國史。正三命。

[16]外史下大夫：官名。北周時爲春官府内史曹的屬官，掌撰皇帝起居注及圖書收藏整理等事。正四命。

[17]衛王：北周宗室親王宇文直的封爵名。傳見《周書》卷一三、《北史》卷五八。　友：官名。即王友。北周時爲諸王府的屬官，各置二人，掌陪伴諸王游居，侍從問對。命品未詳，但北齊時諸王友爲正五品上，隋時爲從五品下，可作參考。

[18]漢東：郡名。北周時治所在今湖北鍾祥市西北。　南陳：郡名。北周時治所在今安徽霍山縣。

[19]武帝：即北周武帝宇文邕。紀見《周書》卷五、六，《北

史》卷一〇。

[20]露門學士：官名。北周武帝天和二年（567）於皇宫露寢門左側設立學塾，稱爲露門學，置露門學博士、露門學士等員爲該學塾的教官，掌以儒學技藝教授露門學生，國有疑事則掌承問對。命品未詳。

[21]太史：官署名。北周時隸屬於春官府，掌天文曆法之事。長官爲太史中大夫，屬官有太史上士、小史下大夫、馮相上士、保章上士等。

[22]儀同三司：官名。亦簡稱儀同，北周武帝建德四年（575）改稱儀同大將軍。北周時屬勳官。北周府兵制中儀同府的長官均加此勳官名，可開府置官屬。九命。

[23]司調大夫：官名。全稱是司調下大夫。北周時爲秋官府司調曹的長官，掌司萬民仇難而諧和之。正四命。

[24]歷城縣伯：爵名。北周時爲十一等爵的第八等。正七命。

[25]邑：也稱食邑、封邑。是古代君王封賜給有爵位之人的一種食禄制度，受封者可徵收封地内的民户租税充作食禄。魏晋以後，食邑分爲虚封和實封兩類：虚封一般僅冠以“邑”或“食邑”之名，這衹是一種榮譽性加銜，受封者並不能獲得實際的食禄收入；而實封一般須冠以“真食”“食實封”等名，受封者可真正獲得食禄收入。

高祖受禪，[1]拜太子内舍人，[2]轉率更令，[3]進爵爲侯。[4]太子以師道處之，恩禮甚厚。每有四方珍味，輒以賜之。于時東宫盛徵天下才學之士，至於博物洽聞，[5]皆出其下。詔與太常牛弘等修禮議樂，[6]當朝典故多所裁正。[7]開皇十四年，[8]以疾去官，加通直散騎常侍。[9]卒，年七十。上甚傷惜焉，賻物五百段，[10]米三百石。太子又贈絹布二千匹，錢十萬，朝服一具，給棺槨。著《孝經義疏》一部，《古今帝代記》一卷，《文類》四卷，《續名僧記》一卷，集二十卷。

[1]高祖：隋文帝楊堅的廟號。紀見本書卷一、二，《北史》卷一一。　受禪：中國古代王朝更迭時，新皇帝承受舊皇帝讓給的帝位，即稱受禪。此指楊堅於公元 581 年廢北周静帝，即位稱皇帝，正式建立隋王朝。

[2]太子内舍人：官名。爲太子東宫門下坊的次官，制比朝廷門下省之次官，協助長官左庶子掌侍從贊相，駁正啓奏，並通判本坊事。隋初置四員，正五品上；隋煬帝時减置二員，正五品。

[3]率更令：官名。爲太子東宫率更寺的長官，置一員，掌東宫禮樂、漏刻等事。從四品上。

[4]侯：爵名。此當是"歷城縣侯"的省稱。爲隋九等爵的第六等。正二品。

[5]博物洽聞：意謂見多識廣，知識淵博。

[6]太常：此是"太常卿"的省稱。官名。爲太常寺的長官，置一員，掌國家禮樂、郊廟社稷祭祀等事務。正三品。　牛弘：人名。傳見本書卷四九、《北史》卷七二。

[7]典故：此指典章制度和故舊成例。

[8]開皇：隋文帝楊堅年號（581—600）。

[9]通直散騎常侍：官名。爲門下省的屬官，置四員，掌陪從朝值，獻納得失，實則爲閑散虚職，多用作加官。正四品下。隋煬帝大業三年（607）罷廢。

[10]賻：贈送財物給喪家以助治喪。亦指所贈之財物。

子餘慶，[1]官至司門郎。[2]越王侗稱制，[3]爲國子祭酒。[4]

［1］餘慶：人名。即明餘慶，明克讓之子。隋煬帝時官至司門郎，隋末大亂時入仕皇泰帝楊侗政權，官任國子祭酒。事亦見《北史》卷八三《明克讓傳》。

［2］司門郎：官名。隋初於尚書省刑部所轄四曹之一司門曹置司門侍郎二人爲該曹長官，掌全國關塞禁防、道路過所之政令，正六品上，開皇三年升爲從五品。隋煬帝大業三年改諸曹侍郎爲郎，司門侍郎遂改稱爲司門郎。

［3］越王侗：即隋煬帝之孫楊侗。傳見本書卷五九、《北史》卷七一。　稱制：即稱皇帝。

［4］國子祭酒：官名。隋初爲太常寺所轄之國子寺的長官，置一員，掌儒學訓導之政，統國子、太學、四門、書算等學。從三品。開皇十三年國子寺罷隸太常，並改寺爲學，國子祭酒則爲國子學的長官。仁壽元年（601）又罷國子學，唯立太學一所，以太學博士總知學事，國子祭酒則被廢省。隋煬帝大業三年復立國子學，並改稱國子監，依舊置國子祭酒一人爲本監長官，職掌、品階均同隋初。隋末皇泰帝朝亦沿大業之制而置國子祭酒。

魏澹

魏澹字彥深，[1]鉅鹿下曲陽人也。[2]祖鸞，[3]魏光州刺史。[4]父季景，[5]齊大司農卿，[6]稱爲著姓，[7]世以文學自業。澹年十五而孤，專精好學，博涉經史，善屬文，[8]詞采贍逸。[9]齊博陵王濟聞其名，[10]引爲記室。[11]及琅邪王儼爲京畿大都督，[12]以澹爲鎧曹參軍，[13]轉殿中侍御史。[14]尋與尚書左僕射魏收、吏部尚書陽休之、國子博士熊安生同修五禮。[15]又與諸學士撰《御覽》，[16]書成，除殿中郎中、中書舍人。[17]復與李德林俱修國史。[18]周武帝平齊，授納言中士。[19]

[1]彥深：岑仲勉校正稱當作“彥淵”，唐人因避諱唐高祖李淵之名而改“淵”作“深”（參見岑仲勉《隋書求是》，中華書局2004年版，第104頁）。

[2]鉅鹿：郡名。治所在今河北藁城市。　下曲陽：縣名。漢時治所在今河北藁城市。按，此處因言魏氏郡望，故沿用漢縣名，隋時無下曲陽縣。

[3]鸞：人名。即魏鸞，魏澹之祖，北魏時人。有文學器幹，官至光州刺史。事見《北史》卷五六《魏季景傳》。

[4]魏：即北魏（386—557），亦稱後魏。初都平城（今山西大同市東北），公元494年遷都洛陽（今河南洛陽市東北白馬寺東）。公元534年分裂爲東魏和西魏兩個政權。東魏（534—550）都於鄴（今河北臨漳縣西南鄴鎮東），西魏（535—557）都於長安（今陝西西安市西北郊）。　光州：北魏時治所在今山東萊州市。

[5]季景：人名。即魏季景，魏澹之父，北魏末至東魏時人。博學有文才，官至大司農卿、魏郡尹。傳見《北史》卷五六。

[6]齊：即北齊（550—577），都於鄴（今河北臨漳縣西南鄴鎮東）。按，據《北史·魏季景傳》，魏季景卒於東魏孝靜帝時，並未入仕北齊，故此處載稱“齊”則欠準確，當作“魏”或“東魏”。　大司農卿：官名。東魏時爲大司農寺的長官，置一員，掌倉市薪蔬、園池林果等政事。正三品。

[7]著姓：即有聲望的族姓。魏晉南北朝隋唐時多指累世官宦、社會地位很高的世家大族。

[8]屬（zhǔ）文：撰著文辭。

[9]贍逸：形容詩文詞藻富麗，感情奔放。

[10]博陵王：爵名。全稱是博陵郡王。北齊時爲十一等爵的第一等。正一品。　濟：人名。即高濟，出身北齊皇室，乃高歡之

子，北齊文宣帝時爵封博陵郡王。傳見《北齊書》卷一〇、《北史》卷五一。

［11］記室：官名。此當是王府記室參軍事的省稱。北齊時爲諸王府的僚佐官，掌判府内章表書記之事。正六品上。

［12］琅邪王：爵名。全稱是琅邪郡王。北齊時爲十一等爵的第一等。正一品。　儼：人名。即高儼。出身北齊皇室，乃武成帝高湛的第三子，北齊武成帝時爵封東平郡王，官任京畿大都督、領軍大將軍等職，北齊後主親政時改封爲琅邪郡王。傳見《北齊書》卷一二、《北史》卷五二。　京畿大都督：官名。東魏至北齊武成帝時，於首都鄴城置京畿大都督府，以高氏宗室親王充任本府大都督，掌領京畿兵宿衛京城。北齊後主武平二年，始罷京畿大都督府併入領軍府，此官遂廢。

［13］鎧曹參軍：官名。此指京畿大都督府鎧曹參軍。北齊時爲京畿大都督府的僚佐官，掌判府内兵器鎧冑之事。從六品下。

［14］殿中侍御史：官名。北齊時爲御史臺的屬官，置十二人，掌糾彈殿廷儀式與百官朝班，推按刑獄。正八品下。

［15］尚書左僕射：據《北齊書》卷三七、《北史》卷五六《魏收傳》載，此是魏收死後的贈官，北齊時爲從二品。　魏收：人名。北魏末至北齊時人。博學多識，通曉經史文章，官至尚書右僕射，卒贈司空、尚書左僕射，爲北齊名臣。曾奉北齊文宣帝之命撰著《魏書》，北齊後主武平初年又奉詔主持修定五禮。傳見《北齊書》卷三七、《北史》卷五六。　吏部尚書：官名。北齊時爲尚書省所轄六部之一吏部的長官，置一員，掌官吏銓選、考課、封爵等政令，統吏部、考功、主爵三曹。正三品。　陽休之：人名。北魏末至隋初時人。博綜經史，通曉禮儀，亦善屬文，爲當世名士顯宦。傳見《北齊書》卷四二，《北史》卷四七有附傳。　國子博士：官名。北齊時爲國子寺所轄國子學的教官，置五人，掌以儒經教授國子學生，國有疑事則掌承問對。正五品上。　熊安生：人名。北魏末至北齊、北周時人。博通五經，尤精《三禮》，門徒衆

多，爲當世名儒。傳見《周書》卷四五、《北史》卷八二。　五禮：古代的五種禮制，即吉禮、凶禮、軍禮、賓禮、嘉禮。

［16］學士：此指文林館學士。北齊後主武平四年（573）於内廷置文林館，召集文學優長的朝士入館供奉待詔，令其在館内講論文學，修撰書籍文翰。凡被召入館之士，即統稱爲“待詔文林館”，亦稱“文林館學士”。此屬臨時差遣之任，多爲朝官之兼職。《御覽》：北齊後主武平年間詔令衆學士集體編撰的一部類書，共三百六十卷。初名《玄洲苑御覽》，後改名《聖壽堂御覽》，終定名爲《修文殿御覽》。

［17］除：官制用語。即拜官、授職。　殿中郎中：官名。北齊時爲尚書省殿中部所轄四曹之一殿中曹的長官，置一員，掌駕行百官留守名賬、宫殿禁衛、供御衣倉等事。正六品上。按，“殿中”底本、宋刻遞修本、中華本皆同，《北史·魏澹傳》亦同，但殿本、庫本作“殿上”，當訛。　中書舍人：官名。北齊時爲中書省的屬官，置十人，掌署敕行下，宣旨勞問。正六品上。

［18］李德林：人名。傳見本書卷四二、《北史》卷七二。

［19］納言中士：官名。北周武帝保定四年（564）改天官府御伯曹爲納言曹，置納言中士爲該曹屬官，掌糾駁制敕。正二命。

及高祖受禪，出爲行臺禮部侍郎。[1]尋爲散騎常侍、聘陳主使。[2]還除太子舍人。[3]廢太子勇深禮遇之，[4]屢加優錫，令注《庾信集》，[5]復撰《笑苑》《詞林集》，世稱其博物。數年，遷著作郎，[6]仍爲太子學士。[7]

［1］行臺禮部侍郎：官名。隋初在地方各道軍政特區設置“行臺尚書省”，簡稱行臺，是中央最高行政機關尚書省的派出機構，執掌特區内軍政事務。行臺禮部侍郎是行臺尚書省下轄禮部曹的長官，掌行臺所轄特區内的禮儀之制。流内視正六品。

[2]散騎常侍：官名。爲門下省的屬官，置四員，掌陪從朝值，獻納得失，實則爲閑散虛職，多用作加官。從三品。隋煬帝大業三年罷廢。　聘：指國與國之間的出使訪問。　陳：即南朝陳（557—589），都於建康（今江蘇南京市）。按，此處“聘陳主使”，乃隋初派往南朝陳出使訪問的正員使節，其下常置有副使及若干隨從官員，屬臨時差遣委命之職，出訪結束後則罷廢。

[3]太子舍人：官名。爲太子東宮典書坊的屬官，置八員，掌令書表啓之事，制比朝廷的内史舍人。從六品下。隋煬帝大業三年改稱管記舍人，並減置四員。

[4]廢太子勇：即隋文帝長子楊勇。傳見本書卷四五、《北史》卷七一。

[5]《庾信集》：北周文學家庾信所著的文集，共二十一卷。

[6]著作郎：官名。爲秘書省所轄著作曹的長官，置二人，掌史書、碑志、祝文、祭文等修撰之事。隋初爲從五品上，隋煬帝大業三年升爲正五品，後又降爲從五品。

[7]學士：隋時根據需要於太子東宮及諸王府置有學士，參掌東宮、諸王府的經籍圖書及修撰文翰等事，並奉侍太子、諸王問對。屬臨時差遣之職，多選文學優長之士充任。

高祖以魏收所撰書，[1]褒貶失實，宋繪爲《中興書》，[2]事不倫序，詔澹别成《魏史》。[3]澹自道武下及恭帝，[4]爲十二紀，七十八傳，别爲史論及例一卷，并《目録》，合九十二卷。[5]澹之義例與魏收多所不同：

[1]魏收所撰書：此指北齊文宣帝天保年間魏收奉詔修撰的《魏書》，爲二十四史之一。

[2]宋繪：人名。東魏、北齊時人。勤學多覽，博聞强記，雅好撰述，著作甚豐。曾仿照裴松之注《三國志》的體例，爲《晋

中興書》作補注。事見《北齊書》卷二〇《宋顯傳》。按，“宋繪”底本原作“平繪”，宋刻遞修本、殿本、庫本、中華本及《北史》卷五六《魏澹傳》均與底本同，當訛，今據《北齊書·宋顯傳》改。（參見唐華全《〈隋書〉勘誤18則》，《南昌航空大學學報》2012年第2期）　《中興書》：全稱《晋中興書》。是一部記述東晋十六國及南北朝初期歷史的史書，共七十八卷。該書原爲南朝劉宋時人郗紹所撰，但被劉宋湘東太守何法盛所竊據，遂題爲何法盛所撰之書。至東魏時，該書傳入北方，宋繪遂仿效裴松之注《三國志》之例爲該書作補注。

[3]《魏史》：亦稱《魏書》或《後魏書》。隋開皇中魏澹奉詔修撰的一部記載北魏及東魏、西魏歷史的紀傳體史書，與魏收所撰的《魏書》多有不同。後亡佚。

[4]道武：即北魏開國皇帝道武帝拓跋珪。紀見《魏書》卷二、《北史》卷一。　恭帝：即西魏末代皇帝拓跋廓。紀見《北史》卷五。

[5]合九十二卷：“九十二卷”各本皆同，《北史·魏澹傳》亦同，但本書《經籍志二》載作“一百卷”，《舊唐書·經籍志上》《新唐書·藝文志二》又載作“一百七卷”。

其一曰，臣聞天子者，繼天立極，[1]終始絶名。故《穀梁傳》曰：[2]“太上不名。”[3]《曲禮》曰：[4]“天子不言出，諸侯不生名。”諸侯尚不生名，况天子乎！若爲太子，必須書名。[5]良由子者對父生稱，父前子名，禮之意也。是以桓公六年九月丁卯，[6]子同生，[7]《傳》曰：[8]“舉以太子之禮。”杜預注云：[9]“桓公子莊公也。”十二公唯子同是嫡夫人之長子，[10]備用太子之禮，故史書之於策。即位之日，尊成君而不名，《春秋》之義，[11]聖人之微旨也。[12]至如馬遷，[13]周之太子並皆言名，漢之儲兩俱没其諱，[14]以尊漢卑周，臣子之意也。竊謂雖立此理，恐非其義。何者？《春秋》《禮記》，[15]太子必書名，天王不言出。此仲尼之褒貶，[16]皇王之稱謂，非當時與異代遂爲優劣也。班固、范曄、陳壽、王隱、沈約參差不同，[17]尊卑失序。至於魏收，諱儲君之名，書天子之字，過又甚焉。今所撰史，諱皇帝名，書太子字，欲以尊君卑臣，依《春秋》之義也。

[1]繼天立極：意謂秉承天意而登上帝位。

[2]《穀梁傳》：亦稱《春秋穀梁傳》或《穀梁春秋》。戰國時魯人穀梁赤撰寫的一部闡釋《春秋》義理的著作，爲儒家經典之一。

[3]太上：指天子、帝王。

[4]《曲禮》：《禮記》的篇名。以其委曲解説吉、凶、賓、軍、嘉五禮之事，故名《曲禮》。

[5]必須書名："必"字底本、宋刻遞修本、庫本、中華本皆同，但殿本作"少"，當訛。

[6]桓公：春秋時魯國國君子允的謚號。事見《左傳》桓公紀年、《史記》卷三三《魯周公世家》。

[7]子同：即春秋時魯莊公之名。事見《左傳》莊公紀年、《史記·魯周公世家》。

[8]《傳》：即《左傳》。亦稱《春秋左氏傳》或《左氏春秋》。相傳爲春秋時魯國史官左丘明所撰。近人認爲是戰國初年人根據春秋各國史料編撰而成的一部編年體史書。該書多用事實解釋《春秋》，後遂與《春秋》合刊，列爲儒家經典之一。

[9]杜預：人名。西晋名儒。撰有《春秋左氏經傳集解》，爲

《左傳》的通行注解本。傳見《晉書》卷三四。

[10]十二公：指春秋時魯國的十二位國君，即隱、桓、莊、閔、僖、文、宣、成、襄、昭、定、哀十二公。

[11]《春秋》：相傳是孔子據魯史修訂而成的一部編年體史書，敘事極簡，用字意寓褒貶，爲儒家經典之一。

[12]聖人：此指孔子。 微旨：精深微妙的意旨。

[13]馬遷：人名。即司馬遷的省稱。西漢史家，著有《史記》。傳見《漢書》卷六二。

[14]儲兩：亦稱“儲貳”“儲君”。指太子。

[15]《禮記》：亦稱《小戴禮記》或《小戴記》。相傳是西漢名儒戴聖編纂的一部秦漢以前孔門後學所記各種禮儀論著的選集，共四十九篇，爲儒家經典之一。

[16]仲尼：即孔子的字。詳見《史記》卷四七《孔子世家》。

[17]班固：人名。東漢史家和賦家，著有《漢書》《白虎通義》《兩都賦》等書文。傳見《後漢書》卷四〇。 范曄：人名。南朝劉宋史家，著有《後漢書》。傳見《宋書》卷六九，《南史》卷三三有附傳。 陳壽：人名。西晉史家，著有《三國志》。傳見《晉書》卷八二。 王隱：人名。東晉史家，著有《晉書》。傳見《晉書》卷八二。 沈約：人名。南朝梁史家，著有《宋書》。傳見《梁書》卷一三、《南史》卷五七。

其二曰，五帝之聖，[1]三代之英，[2]積德累功，乃文乃武，賢聖相承，莫過周室，名器不及后稷，[3]追謚止於三王，[4]此即前代之茂實，[5]後人之龜鏡也。[6]魏氏平文以前，[7]部落之君長耳。太祖遠追二十八帝，[8]並極崇高，違堯、舜憲章，[9]越周公典禮。[10]但道武出自結繩，[11]未師典誥，[12]當須南、董直筆，[13]裁而正之。[14]反更飾非，言是觀過，所謂決渤澥之水，[15]復去堤防，襄陵之灾，[16]未可免也。但力微天女所誕，[17]靈異絶世，尊爲始祖，得禮之宜。平文、昭成雄據塞表，[18]英風漸盛，圖南之業，[19]基自此始。長孫斤之亂也，[20]兵交御坐，[21]太子授命，昭成獲免。道武此時，后緡方娠，[22]宗廟復存，社稷有主，[23]大功大孝，實在獻明。[24]此之三世，稱謚可也。自兹以外，未之敢聞。

[1]五帝：古史傳説中的五位聖賢帝王。所指説法不一：或指黄帝、顓頊、帝嚳、唐堯、虞舜；或指太昊、炎帝、黄帝、少昊、顓頊；或指少昊、顓頊、高辛、唐堯、虞舜；或指伏羲、神農、黄帝、唐堯、虞舜。

[2]三代：指夏、商、周三個朝代。古代儒家多視此三代爲昌明盛世。

[3]名器：即名號與車服儀制。古代用以區别尊卑貴賤的等級之制。此處特指帝王的名號。　后稷：周人的始祖，名棄。相傳虞舜命之爲農官，教民耕稼，故稱“后稷”。詳見《史記》卷四《周本紀》。

[4]追謚：此指追加帝王的謚號。　三王：此指周朝正式建立之前的太王、王季、文王三代先王。

[5]茂實：即盛美的德業。

[6]龜鏡：古時認爲龜甲可卜吉凶，鏡能别美醜，故以“龜鏡”比喻可供人對照學習的榜樣或引以爲戒的教訓。

[7]平文：北魏道武帝之曾祖拓跋鬱律的謚號。紀見《魏書》卷一、《北史》卷一。

[8]太祖：北魏道武帝拓跋珪的廟號。參見前注“道武”。

[9]堯：亦稱“唐堯”。遠古部落聯盟的首領，古史傳説中的聖明君主。詳見《史記》卷一《五帝本紀》。　舜：亦稱“虞舜”。遠古部落聯盟的首領，古史傳説中的聖明君主。詳見《史記·五帝

本紀》。

［10］周公：即周公旦。西周初期著名政治家，曾釐定周代典章制度，使天下臻於大治，爲後世儒家奉作聖賢典範。詳見《史記》卷三三《魯周公世家》。

［11］結繩：上古無文字，結繩以記事。後因以“結繩”喻指上古蒙昧時代或文化落後的少數民族部落。

［12］典誥：即《尚書》中《堯典》《湯誥》等篇的並稱，爲《尚書》的兩種體例。亦用以泛指儒家經書典籍。

［13］南、董：即春秋時期齊國史官南史、晋國史官董狐的合稱。二人皆以直筆不諱著稱。後遂用以借指秉筆直書的優秀史官。

［14］裁而正之：“裁”字底本原作“越”，當訛，今據宋刻遞修本、殿本、庫本、中華本及《北史》卷五六《魏澹傳》改。

［15］渤澥：即渤海的别稱。

［16］襄陵：意謂大水漫上丘陵。語出《尚書·堯典》：“湯湯洪水方割，蕩蕩懷山襄陵。”孔安國傳：“襄，上也。”

［17］力微：人名。即北魏皇室先祖拓跋力微。北魏建國後追尊爲始祖，謚號神元皇帝。紀見《魏書》卷一、《北史》卷一。

［18］昭成：北魏道武帝之祖拓跋什翼犍的謚號。紀見《魏書》卷一、《北史》卷一。　塞表：即塞外。指長城以北地區。

［19］圖南之業：此指北魏建國初期自塞外南下進據中原、統一中國北方的霸業。

［20］長孫斤：人名。代王拓跋什翼犍在位時的代國宗室大臣，建國三十四年（371）春發動叛亂謀殺代王，旋被誅滅，但王太子拓跋寔爲保衛什翼犍，亦受傷而死。事見《魏書·昭成帝紀》《北史·魏昭成帝紀》。

［21］御坐：指帝王的寶座。按，“坐”字底本、宋刻遞修本、中華本及《北史·魏澹傳》皆同，殿本、庫本作“座”，二字相通。又下文凡屬“坐”和“座”之别，不再施注。

［22］后緡：相傳是夏后帝相之妃、少康之母。《史記》卷三一

《吴太伯世家》載：“（有過氏）滅夏后帝相。帝相之妃后緡方娠，逃於有仍而生少康。”此處用以借指北魏道武帝的生母獻明皇后賀氏。傳見《魏書》卷一三、《北史》卷一三。

［23］社稷有主：“主”字底本原作“王”，當訛，今據宋刻遞修本、殿本、庫本、中華本及《北史·魏澹傳》改。

［24］獻明：北魏道武帝之父拓跋寔的謚號。事見《魏書》卷一《昭成帝紀》及卷二《道武帝紀》、《北史·魏昭成帝紀》等。

其三曰，臣以爲南巢桀亡，[1]牧野紂滅，[2]斬以黄鉞，[3]懸首白旗，[4]幽王死於驪山，[5]厲王出奔於彘，[6]未嘗隱諱，直筆書之，欲以勸善懲惡，貽誡將來者也。而太武、獻文並皆非命，[7]前史立紀，不異天年，[8]言論之間，頗露首尾。殺主害君，莫知名姓，逆臣賊子，何所懼哉！君子之過，如日月之食，圓首方足，[9]孰不瞻仰，况復兵交御坐，矢及王屋，而可隱没者乎！今所撰史，分明直書，不敢迴避。且隱、桓之死，[10]閔、昭殺逐，[11]丘明據實叙於經下，[12]况復懸隔異代而致依違哉！[13]

［1］南巢：地名。在今安徽巢湖市西南。相傳商湯放逐夏桀於此。　桀：即夏桀。夏朝末代君主。詳見《史記》卷二《夏本紀》。

［2］牧野：地名。在今河南淇縣朝歌鎮南。周武王率師大敗商紂軍於此。　紂：即商紂王。商朝末代君主。詳見《史記》卷三《殷本紀》。

［3］黄鉞：即飾以黄金的長柄圓口大斧。古時用作天子征伐的儀仗之一，代表最高軍事統帥權力。

［4］白旗：古代作戰時軍隊主帥所立的中軍大旗。白色象徵五

行之金，主征戰。

[5]幽王：即周幽王姬宫涅（涅，一作湦）。西周末代君主。詳見《史記》卷四《周本紀》。　驪山：在今陝西西安市臨潼區東南。周幽王曾在此烽火戲諸侯，後被犬戎攻殺於此。

[6]厲王：即周厲王姬胡。西周後期的暴君。詳見《史記·周本紀》。　彘：地名。在今山西霍州市東北。周厲王曾遭國人攻擊而逃奔於彘，後死於此。

[7]太武：即北魏第三代皇帝太武帝拓跋燾。紀見《魏書》卷四、《北史》卷二。　獻文：即北魏第五代皇帝獻文帝拓跋弘。紀見《魏書》卷六、《北史》卷二。　非命：指因意外的灾禍或被謀害而非正常死亡。

[8]天年：即自然的壽數。此指壽終而正常死亡。

[9]圓首方足：喻指人衆、人類。

[10]隱：即春秋時魯隱公。事見《左傳》隱公紀年、《史記》卷三三《魯周公世家》。　桓：即春秋時魯桓公。參見前注“桓公”。

[11]閔：即春秋時魯閔公。事見《左傳》閔公紀年、《史記·魯周公世家》。　昭：即春秋時魯昭公。事見《左傳》昭公紀年、《史記·魯周公世家》。

[12]丘明：即左丘明的省稱。春秋末期魯國史官，相傳曾著《左傳》《國語》。事見《史記》卷一四《十二諸侯年表序》及卷一三〇《太史公自序》。

[13]依違：遲疑不決，模棱兩可。

其四曰，周道陵遲，[1]不勝其敝，[2]楚子親問九鼎，[3]吴人來徵百牢，[4]無君之心，實彰行路，夫子刊經，[5]皆書曰卒。自晋德不競，[6]宇宙分崩，或帝或王，各自署置。當其生日，聘使往來，[7]略如敵國，及其終也，書之曰死，便同庶人。存没頓殊，能無懷愧！今所撰史，諸國凡處華夏之地者，[8]皆書曰卒，同之吴、楚。[9]

[1]陵遲：喻謂敗壞、衰敗。

[2]不勝其敝："敝"字底本、中華本同，宋刻遞修本作"弊"，殿本、庫本又作"蔽"，三字相通。

[3]楚子：此指春秋時楚國國君莊王羋旅（旅，一作侶、吕），爲春秋五霸之一。楚莊王八年，伐陸渾戎，陳兵周郊，派人詢問象徵天子權威的九鼎之輕重。事見《史記》卷四《周本紀》及卷四〇《楚世家》。　九鼎：相傳夏禹曾鑄九鼎，象徵九州，夏、商、周三代奉爲象徵國家政權的傳國之寶。後因以"九鼎"喻指國柄或君權。

[4]吴人：此指春秋時吴國國君夫差。吴王夫差七年，興師伐齊，翌年至繒，召魯哀公而徵百牢。事見《史記》卷三一《吴太伯世家》及卷三三《魯周公世家》。　百牢：即一百份牢。牢，指古代祭祀或宴享時所用的牲畜，牛羊豕各一稱太牢，羊豕各一稱少牢。按周禮規定，周王會諸侯享禮用十二牢，上公用九牢，侯伯用七牢，子男用五牢。而吴王夫差徵百牢於魯，當時被視爲僭越周禮之舉。

[5]夫子：此指孔子。　經：此指《春秋》。

[6]不競：不强、不振。此指國勢衰敗。

[7]聘使往來："往來"底本、宋刻遞修本、中華本皆同，殿本、庫本作"來往"。

[8]華夏：原指中原地區，後又包舉中國全部領土，成爲中國的古稱。

[9]吴、楚：此指上文所述的吴王夫差、楚莊王。

其五曰，壺遂發問，[1]馬遷答之，義已盡矣。後之述者，仍未領悟。董仲舒、司馬遷之意，[2]本云《尚書》者，[3]隆平之典，[4]《春秋》者，撥亂之法，興衰理異，制作亦殊。治定則直敘欽明，[5]世亂則辭兼顯晦，[6]分路命家，[7]不相依放。[8]故云“周道廢，《春秋》作焉，堯、舜盛，《尚書》載之”，是也。“漢興以來，改正朔，[9]易服色，[10]臣力誦聖德，仍不能盡，余所謂述故事，而君比之《春秋》，謬哉”。[11]然則紀傳之體出自《尚書》，不學《春秋》，明矣。而范曄云：“《春秋》者，文既總略，好失事形，今之擬作，所以爲短。紀傳者，史、班之所變也，[12]網羅一代，事義周悉，適之後學，此焉爲優，故繼而述之。”觀曄此言，豈直非聖人之無法，又失馬遷之意旨。孫盛自謂鑽仰具體而放之。[13]魏收云：“魯史既修，[14]達者貽則，子長自拘紀傳，[15]不存師表，蓋泉源所由，[16]地非企及。”雖復遜辭畏聖，亦未思紀傳所由來也。

[1]壺遂：人名。西漢名士，司馬遷的好友。曾向司馬遷詢問撰著《史記》的體例，司馬遷詳盡作答。事見《史記》卷一〇八《韓長孺列傳》、卷一三〇《太史公自序》，《漢書》卷二一上《律曆志上》、卷五二《韓安國傳》、卷六二《司馬遷傳》。

[2]董仲舒：人名。西漢名儒。精通《春秋公羊傳》，著有《春秋繁露》。傳見《史記》卷一二一、《漢書》卷五六。

[3]《尚書》：亦簡稱《書》。相傳是孔子編選而成的一部上古文獻著作彙編，爲儒家經典之一。

[4]隆平：昌盛太平。

[5]欽明：語出《尚書・堯典》："曰若稽古帝堯，曰放勳，欽明文思安安，允恭克讓。"陸德明釋文引馬融曰："威儀表備謂之欽，照臨四方謂之明。"後遂以"欽明"作爲對君主的頌詞，意謂敬肅明察。

[6]顯晦：語出《左傳》成公十四年："故君子曰：《春秋》之稱，微而顯，志而晦，婉而成章，盡而不污，懲惡而勸善。非聖人誰能修之！"後遂以"顯晦"指《春秋》用字意寓褒貶的義例。

[7]分路命家：此謂《尚書》《春秋》各以其不同的義例，分道而行，自成一家。

[8]依放：即依照仿效。放，通"仿"。

[9]正（zhēng）朔：即年始和月初，指帝王新頒的曆法。上古帝王易姓受命，必改正朔，故夏、商、周、秦及漢初的正朔各不相同。但自漢武帝頒行《太初曆》後，都沿用夏制，以建寅之月（正月）爲歲首，改正朔之事方止。

[10]服色：指車馬和祭牲的顏色。古代各王朝興起後必改易服色，皆以其五行之屬而各有所尚，如夏以水德尚黑，商以金德尚白，周以火德尚赤，等等。

[11]"周道廢"至"而君比之《春秋》，謬哉"：此段引文是魏澹摘引司馬遷答壺遂之語，原文見《史記・太史公自序》、《漢書・司馬遷傳》。

[12]史、班：即漢代史家太史公司馬遷、班固。參見前注"馬遷""班固"。

[13]孫盛：人名。東晋史家，著有《魏氏春秋》《晋陽秋》。傳見《晋書》卷八二。　鑽仰：意謂深入鑽研探求。語本《論語・子罕》："仰之彌高，鑽之彌堅。"邢昺疏："言夫子之道高堅，不可窮盡……故仰而求之則益高，鑽研求之則益堅。"

[14]魯史：指孔子所修訂的《春秋》。

[15]子長：即司馬遷的字。參見前注"馬遷"。

[16]蓋泉源所由："泉源"當作"淵源"，唐人因避諱唐高祖

李淵之名而改“淵”作“泉”。

澹又以爲：“司馬遷創立紀傳以來，述者非一，人無善惡，皆爲立論。計在身行迹，具在正書，事既無奇，不足懲勸。再述乍同銘頌，重叙唯覺繁文。案丘明亞聖之才，[1]發揚聖旨，[2]言‘君子曰’者，無非甚泰，[3]其間尋常，直書而已。今所撰史，竊有慕焉，可爲勸戒者，論其得失，其無損益者，[4]所不論也。”

[1]亞聖：意謂道德才智僅次於聖人。此指僅次於孔子。

[2]聖旨：此指孔子的意旨。

[3]甚泰：此指特殊而不同尋常的人和事。

[4]損益：黜陟褒貶。

澹所著《魏書》，甚簡要，大矯收、繪之失。上覽而善之。未幾，卒，時年六十五。有文集三十卷，[1]行於世。子信言，[2]頗知名。

[1]三十卷：各本皆同，《北史》卷五六《魏澹傳》亦同，但本書《經籍志四》載作“三卷”，《舊唐書·經籍志下》《新唐書·藝文志四》又載作“四卷”。

[2]信言：人名。即魏信言，魏澹之子。按，“信言”各本皆同，但《北史·魏澹傳》載作“罕言”。

澹弟彦玄，[1]有文學，歷揚州總管府記室、洧州司馬。[2]有子滿行。[3]

［1］彦玄：人名。即魏彦玄，魏澹之弟。有文才，隋時歷官揚州總管府記室參軍事、洧州司馬。事亦見《北史》卷五六《魏澹傳》。

［2］揚州：隋開皇九年改吴州置，設大總管府。治所在今江蘇揚州市。　總管府記室：官名。全稱是總管府記室參軍事。爲諸州總管府的僚佐官，掌判府内章表書記之事。其品階史無明載，但應與諸州府列曹參軍事的品階略同，爲從七品下至從八品下。而揚州爲大總管府，例由親王出鎮，其記室參軍事當與親王府記室參軍事相等同，爲從六品下。　洧州：隋開皇十六年置。治所在今河南鄢陵縣。　司馬：官名。此指州司馬。爲諸州府的上佐官，輔佐刺史掌領州中軍務。上州司馬爲正五品下，中州司馬爲從五品下，下州司馬爲正六品下。

［3］滿行：人名。即魏滿行，魏彦玄之子，魏澹之侄。唐初官至刑、户二部侍郎，卒贈侍中。事亦見《北史·魏澹傳》、周紹良主編《唐代墓誌彙編》開元三七四《大唐故魏夫人墓誌銘》（上海古籍出版社 1992 年版，第 1415 頁）。

陸爽 侯白

陸爽字開明，魏郡臨漳人也。[1]祖順宗，[2]魏南青州刺史。[3]父概之，[4]齊霍州刺史。[5]爽少聰敏，年九歲就學，日誦二千餘言。齊尚書僕射楊遵彦見而異之，[6]曰："陸氏代有人焉。"年十七，齊司州牧、清河王岳召爲主簿。[7]擢殿中侍御史，俄兼治書，[8]累轉中書侍郎。[9]及齊滅，周武帝聞其名，與陽休之、袁叔德等十餘人俱徵入關。[10]諸人多將輜重，爽獨載書數千卷。至長安，授宣納上士。[11]

［1］魏郡：治所在今河南安陽市。　臨漳：縣名。治所在今河北臨漳縣西南。

［2］順宗：人名。陸爽之祖，北魏時人。官至員外郎、秘書中散。事亦見《魏書》卷四〇、《北史》卷二八《陸俟傳》。按，“順宗”《北史·陸俟傳》載作“孟遠”，但從其世系推斷，實爲同一個人，故疑“順宗”和“孟遠”乃名與字之别。

［3］南青州：北魏時治所在今山東沂水縣。按，《魏書·陸俟傳》載稱陸順宗官至員外郎、秘書中散，《北史·陸俟傳》則載稱陸孟遠官至奉朝請，二書所載官位都較低，且均未言及南青州刺史之任，故疑此處南青州刺史當是陸順宗死後的追贈之官。

［4］概之：人名。即陸概之，陸爽之父，北魏至北齊時人。東魏末年官任東莞郡太守，北齊時官至司農卿、霍州刺史。事亦見《魏書·陸俟傳》《北史·陸俟傳》。

［5］霍州：北齊時治所在今安徽霍山縣。

［6］尚書僕射：官名。北齊時爲尚書省的副長官，左、右各置一人，協助長官尚書令掌領尚書省政務。但因北齊尚書令不常置，左右僕射遂成爲尚書省的實際長官，是宰相之職。從二品。　楊遵彦：人名。即楊愔，字遵彦。北齊文宣帝天保八年（557）官任尚書左僕射，曾大力提拔士族名士，有知人善任之稱。傳見《北齊書》卷三四，《北史》卷四一有附傳。

［7］司州牧：官名。北齊時爲首都鄴城所在地司州（治所在今河北臨漳縣西南）的最高行政長官，因其地位有别於諸州刺史，故特稱“牧”，例由宗室諸王任之。從二品。　清河王：爵名。全稱是清河郡王。北齊時爲十一等爵的第一等。正一品。　岳：人名。即高岳。出身北齊宗室，北齊文宣帝時官任司州牧，爵封清河郡王。傳見《北齊書》卷一三、《北史》卷五一。　主簿：官名。此指司州主簿。北齊時爲司州牧的屬官，掌本州府監印，檢核文書簿籍，勾稽缺失等事。流内視從七品。

［8］治書：官名。全稱是治書侍御史。北齊時爲御史臺的次官，

置二人，協助長官御史中丞掌糾察彈劾百官，並通判臺内日常事務。從五品下。

［9］中書侍郎：官名。北齊時爲中書省的次官，置四員，協助長官中書監、令掌詔令出納宣行，並兼掌進御之音樂事務。從四品上。

［10］袁叔德：人名。即袁聿修，字叔德。北齊末年累官至吏部尚書，以爲官廉謹著稱。北周武帝平齊後，與陽休之、陸爽等十八人同被召赴長安，授爲儀同大將軍、吏部下大夫。傳見《北齊書》卷四二，《北史》卷四七有附傳。　關：此指潼關。在今陝西潼關縣東南，地處今陝西、山西、河南三省之要衝，素稱險要，爲出入關中的東面門户。

［11］宣納上士：官名。北周時其隸屬、職掌未詳，“或天官之屬”。正三命。（參見王仲犖《北周六典》卷七《六官餘録第十三》，中華書局1979年版，第495頁）

高祖受禪，轉太子内直監，[1]尋遷太子洗馬。[2]與左庶子宇文愷等撰《東宫典記》七十卷。[3]朝廷以其博學，有口辯，陳人至境，常令迎勞。開皇十一年，卒官，時年五十三，贈上儀同、宣州刺史，[4]賜帛百匹。

［1］太子内直監：官名。爲太子東宫門下坊所轄内直局的長官，置二人，掌東宫符璽、傘扇、几案、衣服等事。正六品下。

［2］太子洗（xiǎn）馬：官名。爲太子東宫門下坊所轄司經局的長官，掌東宫圖籍文翰，太子出行則當直者前驅導威儀。隋初置四員，從五品上；隋煬帝大業三年減置二員，從五品。

［3］左庶子：官名。爲太子東宫所轄門下坊的長官，置二員，掌侍從贊相，駁正啓奏，制比朝廷門下省的納言。正四品上。　宇文愷：人名。傳見本書卷六八，《北史》卷六〇有附傳。

[4]上儀同：贈官。全稱是上儀同三司。從四品上。　宣州：隋開皇九年平陳後改南豫州置。治所在今安徽宣城市。

子法言，[1]敏學有家風，釋褐承奉郎。[2]初，爽之爲洗馬，嘗奏高祖云："皇太子諸子未有嘉名，請依《春秋》之義更立名字。"上從之。及太子廢，上追怒爽云："我孫製名，寧不自解，陸爽乃爾多事！[3]扇惑於勇，[4]亦由此人。其身雖故，子孫並宜屏黜，[5]終身不齒。"[6]法言竟坐除名。

[1]法言：人名。即陸法言，陸爽之子，名慈，字法言，以字行。少承家學，博覽群書，尤精音韻之學，隋文帝開皇中官任承奉郎，曾與學者劉臻、蕭該、顔之推等人討論音韻，編成《切韻》五卷，爲唐宋韻書之藍本。隋文帝開皇二十年廢黜太子楊勇時，因其父曾久任太子屬官，遂遭文帝遷怒，陸法言亦受此牽連而被免官爲民。事亦見《北史》卷二八《陸爽傳》、《舊唐書·經籍志上》、《新唐書·藝文志一》。

[2]承奉郎：官名。隋文帝開皇六年於尚書省吏部别置承奉等八郎，爲散官番直，無具體職掌，常出使監檢。從八品上。隋煬帝大業三年罷廢。

[3]乃爾：如此，竟然如此。

[4]勇：人名。即楊勇。參見前注"廢太子勇"。

[5]屏（bǐng）黜：擯棄，斥逐。

[6]不齒：不録用，不與同列。

爽同郡侯白，字君素，好學有捷才，性滑稽，尤辯俊。舉秀才，[1]爲儒林郎。[2]通倪不恃威儀，[3]好爲誹諧雜説，[4]人多愛狎之，[5]所在之處，觀者如市。楊素甚狎之。[6]素嘗與牛弘退朝，白謂素曰："日之夕矣。"素大笑曰："以我爲牛羊下來邪?"高祖聞其名，召與語，甚悦之，令於秘書修國史。[7]每將擢之，高祖輒曰"侯白不勝官"而止。後給五品食，月餘而死，時人傷其薄命。著《旌異記》十五卷，行於世。

[1]秀才：隋朝沿用漢代察舉科名而創設的科舉取士科目，用以選拔文學優異之士。凡經地方推舉而朝廷考試合格的士人，即可授官。

[2]儒林郎：官名。隋文帝開皇六年於尚書省吏部別置儒林等八郎，爲散官番直，無具體職掌，常出使監檢。正九品上。隋煬帝大業三年罷廢。

[3]通倪：亦作"通脱"。指性情放達而不拘小節。

[4]誹諧：詼諧而有風趣。

[5]愛狎：悦愛而親近。

[6]楊素：人名。傳見本書卷四八，《北史》卷四一有附傳。

[7]秘書：此指秘書省。官署名。掌國家圖書檔案、國史修撰及天文曆法之事，下領著作、太史二曹。長官爲秘書監，屬官有秘書丞、秘書郎、校書郎、正字等。

杜臺卿

杜臺卿字少山，博陵曲陽人也。[1]父弼，[2]齊衛尉卿。[3]臺卿少好學，博覽書記，解屬文。仕齊奉朝請，[4]歷司空西閤祭酒、司徒户曹、著作郎、中書黄門侍郎。[5]性儒素，每以雅道自居。及周武帝平齊，歸于鄉里，以《禮記》《春秋》講授子弟。開皇初，被徵入朝。臺卿嘗采《月令》，[6]觸類而廣之，爲書名《玉燭寶典》十二卷。至是奏之，賜絹二百匹。臺卿患聾，不堪吏職，請修國史。上許之，拜著作郎。十四年，上表請致仕，[7]敕以本官還第。數載，終於家。有集十五卷，撰《齊記》二十卷，並行於世。無子。

[1]博陵：郡名。治所在今河北定州市。　曲陽：縣名。治所在今河北曲陽縣。

[2]弼：人名。即杜弼，杜臺卿之父，北魏至北齊時人。勤學博覽，性好老、莊玄理，北齊文宣帝時官至衛尉卿、膠州刺史，爵封長安縣伯。傳見《北齊書》卷二四、《北史》卷五五。

[3]衛尉卿：官名。北齊時爲衛尉寺的長官，置一員，掌宫門禁衛、甲兵儀仗等事。正三品。

[4]奉朝請：官名。北齊時爲集書省的屬官，置二百四十人，掌侍從諷諫，獻納得失，實則爲閑散虚職，多用作加官。從七品下。

[5]司空西閤祭酒：官名。北齊時爲司空府的屬官，與東閤祭酒對置，分掌府内接對賓客之事。正七品上。　司徒户曹：官名。全稱是司徒户曹參軍事。北齊時爲司徒府的僚佐官，掌判府内户口、籍帳、婚姻、雜徭等民政事務。正六品上。　著作郎：官名。北齊時爲秘書省下轄著作省的長官，置二人，掌國史修撰之事。從五品上。　中書黄門侍郎：此是北齊“中書侍郎”和“黄門侍郎”兩個官名的並稱。中書侍郎，參見前注。黄門侍郎，全稱是給事黄門侍郎。北齊時爲門下省的次官，置六員，協助長官侍中掌獻納諫正，封駁制敕，兼管進御侍奉皇帝之事。正四品上。

[6]《月令》：《禮記》的篇名。又見於《逸周書》和《吕氏春秋》十二紀中。該篇記述每年夏曆十二個月的時令及其相關事

物，並把各類事物歸納在五行相生的體系中，比最早的行事月曆《夏小正》更爲豐富而系統。

[7]致仕：官制用語。即辭官退休。

有兄蕤，[1]學業不如臺卿，而幹局過之。[2]仕至開州刺史。[3]子公贍，[4]少好學，有家風，卒於安陽令。[5]公贍子之松，[6]大業中，[7]爲起居舍人。[8]

[1]蕤：人名。即杜蕤，杜臺卿之兄，杜弼的長子。有才識幹用，北齊時歷官大理少卿、吏部郎中，隋文帝開皇中終官開州刺史。事亦見《北齊書》卷二四《杜弼傳》、卷三〇《崔暹傳》，《北史》卷三二《崔暹傳》、卷五五《杜弼傳》。

[2]幹局：指從政辦事的才幹器識。

[3]開州：治所在今重慶開縣西北。

[4]公贍：人名。即杜公贍，杜蕤之子，杜臺卿之侄。少承家學門風，博聞多識，隋時官至安陽縣令，著有《荊楚歲時記》二卷。事亦見《北史·杜弼傳》《舊唐書·經籍志下》《新唐書·藝文志三》。按，"贍"字《舊唐書·經籍志下》作"瞻"，當訛。

[5]安陽：縣名。隋時有三個安陽縣，一是隋初沿襲北魏所置的安陽縣，開皇十八年改名長川縣，治所在今甘肅秦安縣西北；二是隋初沿襲北魏所置的安陽縣，開皇十八年改名碭山縣，治所在今安徽碭山縣；三是隋開皇十年改北周末所置鄴縣而新置的安陽縣，治所在今河南安陽市。因杜公贍卒於安陽縣令之任中，且著有《荊楚歲時記》，故疑文中所指似爲第二個安陽縣。

[6]之松：人名。即杜之松，杜公贍之子，杜蕤之孫。承繼家學，善屬文。隋煬帝大業中官任起居舍人，隋末大亂時依附蕭銑政權任爲交州司馬，唐高祖武德四年（621）歸降唐朝，唐太宗時官至絳州刺史，有文集十卷行於世。事亦見《北史·杜弼傳》、《舊

唐書·經籍志下》及卷五六《蕭銑傳》、《新唐書》卷八七《蕭銑傳》及卷一九六《王績傳》。

[7]大業：隋煬帝楊廣年號（605—618）。

[8]起居舍人：官名。隋煬帝大業三年於内史省加置起居舍人二員，位次内史舍人之下，爲該省屬官。掌撰起居注，記録皇帝言行以備修史。從六品。

辛德源

辛德源字孝基，隴西狄道人也。[1]祖穆，[2]魏平原太守。[3]父子馥，[4]尚書右丞。[5]德源沉静好學，年十四，解屬文。及長，博覽書記，少有重名。齊尚書僕射楊遵彦、殿中尚書辛術皆一時名士，[6]見德源，並虚襟禮敬，[7]因同薦之於文宣帝。[8]起家奉朝請，[9]後爲兼員外散騎侍郎、聘梁使副。[10]後歷馮翊、華山二王記室。[11]中書侍郎劉逖上表薦德源曰：[12]"弱齡好古，[13]晚節逾厲，枕藉六經，[14]漁獵百氏。[15]文章綺艷，體調清華，恭慎表於閨門，[16]謙撝著於朋執。[17]實後進之辭人，當今之雅器。[18]必能效節一官，[19]騁足千里。"[20]由是除員外散騎侍郎，累遷比部郎中，[21]復兼通直散騎常侍，[22]聘于陳。及還，待詔文林館，[23]除尚書考功郎中，[24]轉中書舍人。及齊滅，仕周爲宣納上士。[25]因取急詣相州，[26]會尉迥作亂，[27]以爲中郎。[28]德源辭不獲免，遂亡去。

[1]隴西：郡名。治所在今甘肅隴西縣南。　狄道：縣名。治

所在今甘肅臨洮縣。

［2］穆：人名。即辛穆，辛德源之祖，北魏時人。舉茂才，官至平原相，有良吏之稱。《魏書》卷四五、《北史》卷二六有附傳。

［3］平原：郡國名。北魏時治所在今山東陵縣。按，“平原太守”各本皆同，《北史》卷五〇《辛德源傳》亦同，但《魏書·辛穆傳》《北史·辛穆傳》均載作“平原相”。考北魏時於平原郡置有平原王的封國，王國的行政長官即稱相，位同太守，故疑此處“平原太守”當是“平原相”之誤。

［4］子馥：人名。即辛子馥，辛德源之父，北魏至東魏時人。有學行，官至尚書右丞、清河郡太守。《魏書》卷四五、《北史》卷二六有附傳。

［5］尚書右丞：官名。東魏時爲尚書省的屬官，與尚書左丞對置，各一人，分掌尚書都省事務，總判諸曹文案，勾檢得失。從四品下。按，“右丞”各本皆同，《魏書·辛子馥傳》亦同，但《北史·辛德源傳》作“左丞”，疑訛。

［6］殿中尚書：官名。北齊時爲尚書省所轄六部之一殿中部的長官，置一員，掌宫殿禁衛、吉凶禮制、時令囚帳、車輿牛馬等政令，統殿中、儀曹、三公、駕部四曹。正三品。　辛術：人名。北齊文宣帝時官任殿中尚書，尋遷吏部尚書，有選賢任能之美譽，曾對辛德源的才學極爲賞識，並薦之入仕。傳見《北齊書》卷三八，《北史》卷五〇有附傳。

［7］虚襟：虚懷、虚心。

［8］文宣帝：即北齊開國皇帝文宣帝高洋。紀見《北齊書》卷四、《北史》卷七。

［9］起家：官制用語。即從家中徵召出來，始授以官職。

［10］員外散騎侍郎：官名。北齊時爲集書省的屬官，置一百二十人，掌侍從諷諫，獻納得失，實則爲閑散虚職，多用作加官。正七品上。　使副：即副使，爲正使的副貳。屬臨時差遣之職，事罷則廢。

[11]馮（píng）翊、華山二王：即北齊“馮翊郡王”和“華山郡王”，分別是北齊皇室親王高潤和高凝的封爵名。北齊時均爲十一等爵的第一等。正一品。此亦代指高潤和高凝二人，傳均見《北齊書》卷一〇、《北史》卷五一。

[12]劉逖：人名。北齊武成帝時官任中書侍郎，典掌機要，曾上表薦舉辛德源。傳見《北齊書》卷四五，《北史》卷四二有附傳。

[13]弱齡：弱冠之年。亦泛指幼年、青少年。

[14]枕藉：枕頭與墊席。引申喻謂沉溺，埋頭鑽研。　六經：指《詩》《書》《易》《禮》《樂》《春秋》六部儒家經典。但漢以來無《樂經》，今文家以爲樂本無經，樂皆包含於《詩》《禮》之中，而古文家則以爲《樂》毀於秦始皇焚書。

[15]漁獵：喻謂泛覽，涉獵。　百氏：指諸子百家之書。

[16]恭慎：謙恭謹慎。　閨門：即宫苑、内室之門。借指宫廷或家庭。

[17]謙撝：亦作“撝謙”。即謙遜、謙抑。　朋執：朋友、執友。

[18]雅器：喻指大才、高才。

[19]效節：盡忠盡職。

[20]騁足千里：駿馬奔馳千里，喻指前程遠大。

[21]比部郎中：官名。北齊時爲尚書省都官部所轄五曹之一比部曹的長官，置一員，掌詔書、律令之勾檢按核等事。正六品上。

[22]通直散騎常侍：官名。北齊時爲集書省的次官，置六人，掌侍從諷諫，獻納得失，實則爲閑散虚職，多用作加官。正四品下。

[23]待詔文林館：參見前注“文林館學士”。

[24]尚書考功郎中：官名。北齊時爲尚書省吏部所轄三曹之一考功曹的長官，置一員，掌官吏政績考課及策試秀孝貢士等事。正六品上。

［25］周：即北周（557—581），都於長安（今陝西西安市西北郊）。

［26］取急：指在職官員因趕辦私事而請假。　相州：北魏天興四年分冀州始置相州，治所在今河北臨漳縣西南。東魏、北齊時改稱司州，爲都城所在地。北周建德六年滅北齊後復名相州。北周大象二年（580）平定相州總管尉遲迥之叛後，因州城被毁，遂移治今河南安陽市。

［27］尉迥：人名。即尉遲迥。北周末年官任相州總管，起兵反對楊堅篡周，旋被討滅。傳見《周書》卷二一、《北史》卷六二。

［28］中郎：官名。此指“總管府中郎”。北周時爲諸州總管府的屬官，掌領府内列曹事務。命品視總管府的等級而有高低之分，爲正五命至正四命。

高祖受禪，不得調者久之，隱於林慮山，[1]鬱鬱不得志，著《幽居賦》以自寄，文多不載。德源素與武陽太守盧思道友善，[2]時相往來。魏州刺史崔彦武奏德源潛爲交結，[3]恐其有姦計。由是謫令從軍討南寧，[4]歲餘而還。秘書監牛弘以德源才學顯著，[5]奏與著作郎王劭同修國史。[6]德源每於務隙撰集，注《春秋三傳》三十卷，[7]注《揚子法言》二十三卷。[8]蜀王秀聞其名而引之，[9]居數歲，奏以爲掾。[10]後轉諮議參軍，[11]卒官。有集二十卷，[12]又撰《政訓》《内訓》各二十卷。[13]有子素臣、正臣，[14]並學涉有文義。[15]

［1］林慮山：本名隆慮山，因避東漢殤帝劉隆之諱而改名。在今河南林州市西。

［2］武陽：郡名。北周始置，隋初沿之，開皇三年郡廢，治所

在今山東莘縣。隋煬帝大業初又改魏州復置武陽郡，治所在今河北大名縣東北。文中所指是隋初的武陽郡。　盧思道：人名。傳見本書卷五七，《北史》卷三〇有附傳。

[3]魏州：北周始置，隋初沿之。治所在今河北大名縣東北。　崔彦武：人名。隋文帝開皇初官任魏州刺史，曾奏告辛德源與武陽太守盧思道私交有奸，致使辛德源被謫貶充軍遠征。事亦見《北齊書》卷二三《崔悛傳》、《北史》卷二四《崔叔仁傳》及卷五〇《辛德源傳》、《新唐書·宰相世系表二下》。

[4]南寧：州名。隋開皇四年置，設總管府。治所在今雲南曲靖市。

[5]秘書監：官名。爲秘書省的長官，置一員，掌圖書經籍、天文曆法之事，統領著作、太史二曹。隋初爲正三品，隋煬帝大業三年降爲從三品，後又改稱秘書令。

[6]王劭：人名。傳見本書卷六九，《北史》卷三五有附傳。按，"劭"字底本原作"卲"，宋刻遞修本與底本同，當訛，今據殿本、庫本、中華本及《北史·辛德源傳》改。

[7]《春秋三傳》：指解釋《春秋》的《左傳》《公羊傳》《穀梁傳》。按，中華本在上句"撰集"下未斷句，而於"集注春秋三傳"標有書名號，文作"德源每於務隙撰《集注春秋三傳》三十卷"，疑其標點有誤，今依中華本《北史·辛德源傳》斷句標點。

[8]《揚子法言》：西漢時揚雄摹擬《論語》體裁寫成的一部以儒學思想爲中心的理論著作，共十三卷。

[9]蜀王秀：即隋文帝第四子楊秀。傳見本書卷四五、《北史》卷七一。

[10]掾：官名。此指親王府掾。爲親王府的屬官，置一人，掌領府中列曹官屬，統轄列曹事務。正六品上。

[11]諮議參軍：官名。此指"親王府諮議參軍事"。爲親王府的屬官，置一人，掌諮謀府中諸政事。正五品上。

[12]二十卷：各本皆同，《北史·辛德源傳》亦同，但本書

《經籍志四》《舊唐書·經籍志下》《新唐書·藝文志四》均載作“三十卷”。

[13]《政訓》：各本皆同，《北史·辛德源傳》亦同，但本書《經籍志三》《舊唐書·經籍志下》《新唐書·藝文志三》均載作《正訓》。

[14]素臣：人名。即辛素臣，辛德源之子。承繼家學門風，善屬文。事亦見《北史·辛德源傳》。　正臣：人名。即辛正臣，辛德源之子。廣學博覽，有文學幹用，隋文帝時官任承奉郎，隋煬帝時官至餘杭郡司法書佐。事亦見周紹良主編《唐代墓誌彙編》龍朔〇五一《大唐故刑部郎中定州司馬辛（驥）君墓誌銘并序》（第369頁）。

[15]學涉：廣學博覽。　文義：文辭、文學。

柳䛒

柳䛒字顧言，[1]本河東人也，[2]永嘉之亂，[3]徙家襄陽。[4]祖惔，[5]梁侍中。[6]父暉，[7]都官尚書。[8]䛒少聰敏，解屬文，好讀書，所覽將萬卷。仕梁，釋褐著作佐郎。[9]後蕭詧據荆州，[10]以爲侍中，[11]領國子祭酒、吏部尚書。[12]及梁國廢，[13]拜開府、通直散騎常侍，[14]尋遷内史侍郎。[15]以無吏幹去職，轉晋王諮議參軍。[16]王好文雅，招引才學之士諸葛潁、虞世南、王胄、朱瑒等百餘人以充學士。[17]而䛒爲之冠，王以師友處之，每有文什，[18]必令其潤色，然後示人。嘗朝京師還，作《歸藩賦》，命䛒爲序，詞甚典麗。初，王屬文，爲庾信體，[19]及見䛒已後，文體遂變。仁壽初，[20]引䛒爲東宫學士，加通直散騎常侍，檢校洗馬。[21]甚見親待，每召入卧内，與之宴謔。䛒尤俊辯，多在侍從，有所顧問，應答如響。性又嗜酒，言雜誹諧，由是彌爲太子之所親狎。以其好内典，[22]令撰《法華玄宗》，爲二十卷，奏之。太子覽而大悦，賞賜優洽，儕輩莫與爲比。[23]

[1]䛒（biàn）：同“辯”。

[2]河東：郡名。治所在今山西永濟市西蒲州鎮。

[3]永嘉：西晋懷帝司馬熾年號（307—313）。

[4]襄陽：郡名。西晋時治所在今湖北襄樊市。

[5]惔：人名。即柳惔，柳䛒之祖，南朝齊、梁時人。粗通文辭，梁武帝天監年間官至尚書右僕射、湘州刺史，卒贈侍中、撫軍將軍。傳見《梁書》卷一二，《南史》卷三八有附傳。按，“惔”字底本、宋刻遞修本、庫本、中華本皆同，《北史》卷八三《柳䛒傳》亦同，但殿本作“倓”，當訛。

[6]侍中：據《梁書·柳惔傳》，此是柳惔死後的贈官，南朝梁時爲十二班。

[7]暉：人名。即柳暉，柳䛒之父。南朝梁元帝時官至都官尚書。事亦見《梁書》卷五《元帝紀》、《新唐書·宰相世系表三上》、周紹良主編《唐代墓誌彙編》顯慶一二五《大唐朝散大夫行晋安縣令蕭府君故夫人柳氏墓誌銘并序》（第308頁）。

[8]都官尚書：官名。南朝梁時爲尚書省所轄六部之一都官部的長官，置一員，掌刑法獄訟、徒隸囚帳、水利河運等政令。十三班。

[9]著作佐郎：官名。南朝梁時爲秘書省所轄著作曹的次官，置八人，協助長官著作郎掌撰國史及起居注，多用作士族子弟起家之官。二班。

[10]蕭詧：人名。即南朝後梁宣帝。爲南朝後梁國的開國皇帝，實爲西魏、北周所操控的傀儡皇帝。傳見《周書》卷四八、

《北史》卷九三。　荆州：南朝後梁時治所在今湖北荆州市。

［11］侍中：官名。南朝後梁時爲門下省的長官，掌侍從贊相，獻納諫正，糾駁制敕，監製御藥，是宰相之職。十二班。

［12］領：官制用語。即以較高官兼理較低官之職事。　國子祭酒：官名。南朝後梁時爲太常寺下轄國學的長官，置一人，掌儒學訓導之政。十三班。　吏部尚書：官名。南朝後梁時爲尚書省所轄六部之一吏部的長官，置一員，掌官吏銓選、考課等政令。十四班。

［13］梁國：即南朝後梁（555—587），爲西魏、北周及隋初的附庸藩國，都於江陵（今湖北荆州市）。

［14］開府：官名。全稱是開府儀同三司。隋文帝因改北周十一等勳官之制形成十一等散實官，用以酬勤勞，無實際職掌。開府儀同三司是十一等散實官的第六等，可開府置僚佐，正四品上。隋煬帝大業三年廢十一等散實官，唯保留開府儀同三司一官，並改爲從一品，位次王公。

［15］内史侍郎：官名。爲内史省的次官，協助本省長官掌詔令出納宣行。隋初置四員，正四品下；隋煬帝大業三年減置二員，正四品。大業十二年改内史省爲内書省，内史侍郎遂改稱内書侍郎。

［16］晋王：楊廣被立爲太子之前的封爵名。紀見本書卷三、四，《北史》卷一二。

［17］諸葛潁：人名。傳見本書卷七六、《北史》卷八三。按，“潁”底本原作“穎”，當訛，今據宋刻遞修本、殿本、庫本、中華本及《北史·柳䛒傳》改。　虞世南：人名。出身會稽虞氏大族，世以文學書法著稱，南朝陳時官至西陽王友。陳亡入隋，被晋王楊廣召爲王府學士，隋煬帝時官至起居舍人。唐太宗時官至秘書監，兼弘文館學士，爵封永興縣子，爲唐代名臣。傳見《舊唐書》卷七二、《新唐書》卷一〇二。　王胄：人名。傳見本書卷七六、《北史》卷八三。　朱瑒：人名。南朝文學名士，曾仕梁官任驃騎府倉曹參軍。陳亡入隋，被晋王楊廣召爲王府學士。事亦見《南

史》卷六四《王琳傳》、《北史·柳䛒傳》。

[18]文什：文章與詩篇。

[19]庾信：人名。南朝梁至北周時文學名家，善詩賦駢文。在梁時其作品綺艷輕靡，與徐陵並稱爲當時宫廷文學的代表，時號“徐庾體”，暮年其文風轉爲蕭瑟蒼凉。傳見《周書》卷四一、《北史》卷八三。

[20]仁壽：隋文帝楊堅年號（601—604）。

[21]檢校：官制用語。指尚未實授某官但已掌其職事，即代理、代辦之意。　洗馬：官名。即“太子洗馬”的省稱。參見前注“太子洗馬”。

[22]内典：指佛教經典。

[23]儕輩：同僚，朋輩。

煬帝嗣位，[1]拜秘書監，封漢南縣公。[2]帝退朝之後，便命入閤，[3]言宴諷讀，終日而罷。帝每與嬪后對酒，時逢興會，輒遣命之至，與同榻共席，恩若友朋。帝猶恨不能夜召，於是命匠刻木偶人，施機關，能坐起拜伏，以像於䛒。帝每在月下對酒，輒令宫人置之於座，與相酬酢，[4]而爲歡笑。從幸揚州，遇疾卒，年六十九。帝傷惜者久之，贈大將軍，[5]謚曰康。[6]撰《晋王北伐記》十五卷，有集十卷，[7]行於世。

[1]煬帝：即隋煬帝楊廣。紀見本書卷三、四，《北史》卷一二。

[2]漢南縣公：爵名。爲隋九等爵的第五等。從一品。

[3]閤：此指宫中便殿。

[4]酬酢：主客相互敬酒。主敬客稱酬，客還敬主稱酢。

［5］大將軍：贈官。正三品。

［6］謚：古代帝王、貴族、大臣、士大夫或其他有地位的人死後，據其生前業迹評定的一種帶有褒貶意義的稱號。

［7］十卷：各本皆同，《北史》卷八三《柳䛒傳》、《舊唐書·經籍志下》、《新唐書·藝文志四》亦同，但本書《經籍志四》載作“五卷”。

許善心

許善心字務本，高陽北新城人也。[1]祖懋，[2]梁太子中庶子，[3]始平、天門二郡守，[4]散騎常侍。[5]父亨，[6]仕梁至給事黄門侍郎，[7]在陳歷羽林監、太中大夫、衛尉卿，[8]領大著作。[9]善心九歲而孤，爲母范氏所鞠養。[10]幼聰明，有思理，所聞輒能誦記，多聞默識，爲當世所稱。家有舊書萬餘卷，皆徧通涉。十五解屬文，箋上父友徐陵，[11]陵大奇之，謂人曰：“才調極高，此神童也。”起家除新安王法曹。[12]太子詹事江總舉秀才，[13]對策高第，授度支郎中，[14]轉侍郎，[15]補撰史學士。[16]

［1］高陽：郡名。治所在今河北高陽縣東。　北新城：縣名。漢時治所在今河北保定市。按，此處因言許氏郡望，故沿用漢縣名，隋時無北新城縣。

［2］懋：人名。即許懋，許善心之祖，南朝齊、梁時人。通經善文，尤曉禮制儀注。梁武帝時歷官太子家令，出爲始平、天門二郡太守，加散騎常侍，終官太子中庶子。傳見《梁書》卷四〇、《南史》卷六〇。按，“懋”底本原作“茂”，宋刻遞修本、殿本、庫本及《北史》卷八三《許善心傳》與底本同，中華本據《梁

書·許懋傳》、《陳書》卷三四《許亨傳》改作“懋”，今從改。

[3]太子中庶子：官名。南朝梁時爲太子東宫門下坊的長官，置四人，掌侍從贊相，駁正啓奏，行則負璽護駕，制比朝廷門下省的侍中。十一班。

[4]始平：郡名。南朝梁時治所在今四川三臺縣西北。　天門：郡名。南朝梁時治所在今湖南津市市。

[5]散騎常侍：官名。南朝梁時爲集書省的長官，置四人，掌侍從規諫，獻納得失，省駁奏聞，實則爲閑散虚職，多用作加官。十二班。

[6]亨：人名。即許亨，許善心之父。少承家學，博覽群書，通曉前朝舊事。南朝梁時官至給事黄門侍郎，南朝陳時歷官羽林監、太中大夫，領大著作，終官衛尉卿。著有《齊書》五十卷，又撰《梁史》，但僅成五十八卷而卒。傳見《陳書》卷三四，《南史》卷六〇有附傳。

[7]給事黄門侍郎：官名。南朝梁時爲門下省的次官，置四人，協助長官侍中掌侍從贊相，獻納諫正，糾駁制敕，監製御藥。十班。

[8]羽林監：官名。南朝陳時爲左右衛下轄羽林軍的長官，掌領羽林衛士禁衛宫掖，侍從皇帝左右。第七品。　太中大夫：官名。南朝陳時屬散官。第四品。　衛尉卿：官名。南朝陳時爲衛尉寺的長官，置一員，掌宫門屯兵儀仗，每月巡行宫徼以糾察不法。第三品。

[9]大著作：官名。即著作郎的别稱。南朝陳時爲秘書省所轄著作曹的長官，置一人，掌撰國史及起居注。第六品。

[10]鞠養：撫養，養育。

[11]徐陵：人名。南朝梁、陳時文學名家，善詩賦駢文，作品綺艷輕靡，與庾信並稱爲當時宫廷文學的代表，時號“徐庾體”。南朝陳時歷任顯官要職，與許善心之父許亨爲故交好友，曾對許善心的才學贊賞有加，並薦其入仕。傳見《陳書》卷二六，《南史》

卷六二有附傳。

［12］新安王：南朝陳文帝之子陳伯固的封爵名。全稱是新安郡王。爲陳十二等爵的第一等，第一品。傳見《陳書》卷三六、《南史》卷六五。　法曹：官名。此是“王府法曹參軍事”的省稱。南朝陳時爲諸王府的僚佐官，掌判府内律令刑獄之事。第八品。

［13］太子詹事：官名。南朝陳時爲太子東宫詹事府的長官，置一人，掌總東宫内外衆務，統領太子家令、率更、僕三寺及左、右二衛率，有宫相之稱。第三品。　江總：人名。南朝梁、陳時文學名士。陳宣帝時官任太子詹事，曾薦舉許善心應試秀才，使其高中升遷。傳見《陳書》卷二七，《南史》卷三六有附傳。　秀才：南北朝沿襲漢制而設置的察舉科目，用以選拔文學優異之士。凡經朝官推舉且對策考試録爲高等的士人，即可授官，已有官職者可得升擢。

［14］度支郎中：官名。南朝陳時爲尚書省度支部下轄度支曹的長官，置一人，掌財會審計、錢糧出納等政令。第四品。

［15］侍郎：官名。此指度支侍郎。南朝陳時沿襲梁制於尚書省所轄列曹各置侍郎一人，掌同列曹郎中，但位秩稍高於郎中。凡郎中在職勤能，任滿二年，則轉任侍郎。度支侍郎，即是度支郎中勤能任滿二年後所遷轉之官。第四品。

［16］補：官制用語。即調選官吏補充某職官之缺位。按，“補”字底本、宋刻遞修本、中華本及《北史·許善心傳》皆同，但殿本、庫本作“稱”，當訛。　撰史學士：官名。南朝陳時爲秘書省所轄著作曹的屬官，掌史書修撰之事。無定員定品，多以才學優長的朝官兼領此職。

禎明二年，[1]加通直散騎常侍，[2]聘於隋。遇高祖伐陳，禮成而不獲反命，累表請辭。上不許，留縶賓館。及陳亡，高祖遣使告之。善心衰服號哭於西階之下，[3]

藉草東向，[4]經三日。敕書唁焉。明日，有詔就館，拜通直散騎常侍，賜衣一襲。善心哭盡哀，入房改服，復出北面立，垂涕再拜受詔。明日乃朝，伏泣於殿下，悲不復興。[5]上顧左右曰："我平陳國，唯獲此人。既能懷其舊君，即是我誠臣也。"敕以本官直門下省，[6]賜物千段，草馬二十匹。[7]從幸太山，[8]還授虞部侍郎。[9]

[1]禎明：南朝陳後主陳叔寶年號（587—589）。

[2]通直散騎常侍：官名。南朝陳時爲集書省的次官，置四人，掌侍從規諫，獻納得失，省駁奏聞，實則爲閑散虛職，多用作加官。第四品。

[3]衰（cuī）服：即喪服。亦指穿着喪服。

[4]藉草：指坐卧在草墊之上。爲古代居喪的一種禮儀。

[5]悲不復興："復"字底本、殿本、庫本皆同，宋刻遞修本、中華本及《北史》卷八三《許善心傳》作"能"，當是。

[6]直門下省：即在門下省當值充任，署理本省之職事。屬臨時差遣之任。隋朝門下省是掌審駁制敕、參决政令的權要機構。

[7]草馬：即母馬。按，"草"字底本、宋刻遞修本、中華本皆同，《北史·許善心傳》亦同，殿本、庫本作"皁"，乃古今字之别。

[8]太山：即今山東境内的泰山，稱爲東岳。古代帝王多在此山舉行封禪典禮。隋文帝開皇十五年亦至太山舉行封禪典禮，向天地神靈告謝愆咎。

[9]虞部侍郎：官名。爲尚書省工部所轄四曹之一虞部曹的長官，置一員，掌山澤苑囿、京城街巷種植、百官時蔬薪炭供給與畋獵等政令。隋初爲正六品上，開皇三年升爲從五品。隋煬帝大業三年改諸曹侍郎爲郎，虞部侍郎遂改稱虞部郎。

十六年，有神雀降於含章闥，[1]高祖召百官賜宴，告以此瑞。善心於座請紙筆，製《神雀頌》，其詞曰：

[1]神雀：指鳳鳥。古代稱爲祥瑞之鳥。　含章闥：即含章殿。隋宮殿名。爲皇帝和皇后所居之寢殿。

臣聞觀象則天，[1]乾元合其德，[2]觀法審地，域大表其尊。雨施雲行，四時所以生殺，[3]川流岳立，萬物於是裁成。[4]出震乘離之君，[5]紀鳸司鳳之后，[6]玉錘玉斗而降，[7]金版金縢以傳。[8]並陶冶性靈，含煦動植，[9]眇玄珠於赤水，[10]寂明鏡乎虛堂。[11]莫不景福氤氳，[12]嘉貺鱻集，[13]馳聲南、董，越響《雲》《韶》。[14]

[1]觀象則天：意謂觀測天象，以天爲法而治理天下。

[2]乾元：指上天。

[3]生殺：指萌生凋落、昭蘇伏蟄、陰陽消長等自然規律。

[4]裁成：裁剪製成，形成。

[5]出震乘離：出於東方而駕御南方，喻指帝王居正位而統治天下。震、離，皆八卦名，分別對應東方和南方。

[6]紀鳸（hù）司鳳：意謂綱紀百官，任用賢能，以治理天下。鳸，即農桑侯鳥，古時少昊氏取以爲農官之名。鳳，古代傳説中的神鳥，比喻賢德之人。　后：即君主、帝王。

[7]玉錘玉斗：玉製的秤砣和量斗。借指國家頒行的法度。

[8]金版金縢：古代用以銘記大事的金屬版書和收藏書契的金屬櫃子。亦泛指國家圖書典籍。

[9]含煦：喻謂造化、化育。　動植：動物與植物。

[10]眇玄珠於赤水：語出《莊子·天地》："黄帝游乎赤水之

北，登乎崑崙之丘而南望，還歸，遺其玄珠。”郭象注：“赤水在崑崙山下。”陸德明釋文：“玄珠，司馬云‘道真也’。”意謂從黄帝治理天下的故事當中細察治道之真諦。

[11]寂明鏡乎虚堂：使鑒照冤案的法律明鏡寂寞空懸於高堂之上。喻指天下大治而無冤情。

[12]景福：洪福、大福。　氤氲：形容交會彌漫之狀。

[13]嘉貺：亦作“嘉况”。指上天厚賜的祥瑞。　雥（zá）集：聚集、匯集。

[14]《雲》《韶》：即黄帝《雲門》樂和虞舜《大韶》樂。後亦泛指高雅的廟堂音樂。

粤我皇帝之君臨，闡大方，[1]抗太極，[2]負鳳邸，[3]據龍圖。[4]不言行焉，攝提建指，[5]不肅清焉，喉鈴啓閉。[6]括地復夏，截海翦商，[7]就望體其尊，[8]登咸昌其會。[9]綿區浹宇，[10]遐至邇安，騰實飛聲，[11]直暢傍施。無體之禮，威儀布政之宫，無聲之樂，綴兆總章之觀。[12]上庠養老，[13]躬問百年，[14]下土字民，[15]心爲百姓。月棲日浴，[16]熱坂寒門，[17]吹鱗没羽之荒，[18]赤蛇青馬之裔，[19]解辮請吏，[20]削衽承風。[21]豈止呼韓北埸，[22]頫勒狼居之岫，[23]熄慎南境，[24]近表不耐之城。[25]故使天弗愛道，[26]地寧吝寶，川岳展異，幽明效靈。[27]狎素游頳，[28]團膏漱醴，[29]半景青赤，[30]孳歷虧盈。[31]足足懷仁，[32]般般擾義，[33]祥祐之來若此，升隆之化如彼。而登封盛典，[34]云亭佇白檢之儀，[35]致治成功，柴燎靡玄珪之告。[36]雖奉常定禮，[37]武騎草文，[38]天子抑而未行，推而不有。允恭克讓，[39]其在斯乎？七十二君，[40]信蔑如也！[41]故神禽顯貢，[42]玄應特昭，[43]

白爵主鐵豸之奇，[44]赤爵銜丹書之貴。[45]班固《神爵》之頌，[46]履武戴文，曹植《嘉爵》之篇，[47]棲庭集牖。未若于飛武帳，[48]來賀文梍，[49]刷采青蒲，[50]將翺赤罽。[51]玉几朝御，[52]取玩軒楯之間，[53]金門旦開，[54]兼留翬翟之鑒。[55]終古曠世，未或前聞，福召冥徵，[56]得之兹日。

[1]大方：指治國的大道常理。

[2]抗：高舉、樹立。　太極：指天地事物的常道通理。

[3]鳳邸：指帝王即位之前所居的府第。

[4]龍圖：即“河圖”。古代儒家傳説伏羲時有龍馬出於黄河，馬背有旋毛如星點，稱作河圖，伏羲取法以畫八卦生蓍法。漢代讖緯家認爲河圖是帝王聖者受天命之祥瑞，故後亦用以借指君權、帝位。

[5]攝提：星名。屬亢宿，共六星，位於大角星兩側，左三星稱左攝提，右三星稱右攝提。古代星相家認爲大角一星在左右兩攝提之間，是人君之象；攝提六星輔夾大角，是大臣之象。後因以攝提星象喻指君臣之制或國家政體。

[6]喉鈴啓閉：喻謂朝廷權要機構嚴整有序，綱紀肅然。

[7]括地復夏，截海翦商：此句喻指隋文帝平滅南朝陳，重新恢復華夏統一的局面。

[8]就望：即舉行遥祭山川、日月、星辰的典禮。

[9]登咸：即“登三咸五”的略語。典出《史記》卷一一七《司馬相如列傳》：“方將增泰山之封，加梁父之事，鳴和鸞，揚樂頌，上咸五，下登三。”裴駰《集解》引韋昭曰：“咸同於五帝，登三王之上。”後因以“登三咸五”喻謂帝王功德廣被，超邁三王而同於五帝。

[10]綿區浹宇：指廣闊而通達的疆域。

[11]騰實飛聲：稱頌功德，傳揚聲名。

[12]綴兆：指古代樂舞中舞者的行列位置和進退範圍。亦用作樂舞的代稱。　總章：古代天子明堂的西向室名，取“西方總成萬物而章明之”之意。亦用爲明堂的别稱。

[13]上庠：古代的大學。亦爲敬養國老之所。

[14]百年：此指百歲老人。

[15]下土：指民間。　字民：撫慰和管理民衆。

[16]月棲日浴：月落之處與日出之處。借指東西兩端之邊境。

[17]熱坂寒門：古代傳説中的南方極炎熱之地和北方極寒冷之地。借指南北兩端之邊境。

[18]吹鱗没羽之荒：指古代以漁獵爲生的少數民族所居的荒遠之地。

[19]赤蛇青馬之裔：指古代以赤蛇青馬爲圖騰的少數民族部落。

[20]解辮：指古代少數民族解散其所結的髮辮，而改用中原漢人的髮式，以表示歸誠中原王朝。

[21]削衽：指古代少數民族改其左衽服飾爲中原漢人的右衽服飾，以表示歸順中原王朝。

[22]呼韓：即漢時匈奴單于呼韓邪的省稱。後亦借指古代北方少數民族的首領。此處借指突厥。　北場：即北方邊境。按，“場”字底本、中華本皆同，宋刻遞修本、殿本、庫本作“埸”，義同。

[23]頫（tiào）勒：遥控、遠控。　狼居：山名。即狼居胥山的省稱。約爲今蒙古境内的肯特山。古代詩文敘與異族戰争常引用此山名，但多非實指。

[24]熄慎：亦作“息慎”。古代傳説中的南方大陸名。

[25]不耐：縣邑名。漢時爲樂浪郡東部都尉的治所，故地在今朝鮮德源、永興一帶。此處借指隋朝在邊境地帶或附屬藩國所設置的城邑。

[26]愛道：即愛寶。指愛惜寶物或隱藏寶物。

［27］幽明效靈：神祇顯靈。

［28］狎素游赬：指鳥獸魚蟲中所出現的顔色純白或純紅的奇異物種，古人以爲是祥瑞之物。

［29］團膏漱醴：指天降膏露、地出醴泉的祥瑞之事。

［30］青赤：指青紫和赤紅的祥雲。

［31］虧盈：指日月所呈現的圓缺明暗等符瑞之兆。

［32］足足：相傳爲雌鳳的鳴叫聲。亦用以指鳳凰。

［33］般般：亦作“斑斑”。指色彩斑斕之獸。亦特指傳説中的麒麟。

［34］登封：即登山封禪。指古代帝王登泰山祭祀天地。

［35］云亭：即云云山與亭亭山的並稱。二山均在泰山脚下，位於今山東泰安市南及東南，爲古代帝王封禪之處。　白檢：即玉檢。古代帝王舉行封禪大典時所用的玉製書篋函蓋。

［36］柴燎：古代帝王於京城南郊舉行的燔柴祭天典禮。　玄珪：亦作“玄圭”。古代祭天典禮中所用的一種形制爲上尖下方的黑色玉器，以示向上天告成大功。

［37］奉常：官名。漢景帝中元六年（前144）更名太常。秦漢時爲九卿之一，掌宗廟祭祀及國家禮樂之制。此處借指隋代職掌祭祀禮樂的太常卿。

［38］武騎：指漢代著名賦家司馬相如。漢景帝時司馬相如曾任武騎常侍，故以“武騎”稱之。此處借指隋文帝左右的近侍文臣。

［39］允恭克讓：語出《尚書·堯典》：“允恭克讓，光被四表，格于上下。”後遂用爲稱頌帝王善行美德之詞，意謂信實恭勤而善能謙讓。

［40］七十二君：典出《史記·封禪書》：“古者封泰山、禪梁父者七十二家，而夷吾所記者十有二焉。”張守節《正義》：“《韓詩外傳》云：‘孔子升泰山，觀易姓而王可得而數者七十餘人，不得而數者萬數也。’案：管仲所記自無懷氏以下十二家，其六十家無紀録也。”七十二君，即指古史傳説中封禪泰山的七十二位君王。

[41]蔑如：不如、不及。

[42]神禽：祥瑞之鳥。多指鳳凰。　顯賁：顯揚光大。

[43]玄應：神奇的天人感應。

[44]白爵：即白色的鳳鳥。爵，通“雀”。按，下文“赤爵”“神爵”“嘉爵”“瑞爵”“黄爵”之“爵”亦通“雀”，不再一一施注。　主：底本、宋刻遞修本、殿本、中華本皆同，但庫本作“呈”，當訛。　鐵豸：指豸冠。即古代御史等執法官員所戴的帽子。因冠之柱卷係鐵鑄成，故稱鐵豸。亦代指御史等執法官員。

[45]丹書：古代傳説中赤雀所銜的瑞書。

[46]班固《神爵》之頌："班"字底本、殿本、庫本、中華本皆同，宋刻遞修本作“斑”，二字相通。按，下文凡屬“班”“斑”之别，不再施注。

[47]曹植：人名。三國時曹魏詩賦名家。曹操之子，爵封陳王，謚思，故世稱陳思王。原有文集傳世，後多散佚。傳見《三國志》卷一九。

[48]于飛：齊飛，偕飛。按，“于”字底本、宋刻遞修本、庫本、中華本皆同，但殿本作“未”，當訛。　武帳：即置有兵器的帷帳；一説是織有武士像的帷帳。爲帝王宫殿或大臣府第所張設之物。

[49]文棍（pí）：有彩繪的屋檐前板。

[50]青蒲：指帝王寢殿内鋪設於地上的青色蒲席。亦代指天子内庭。

[51]赤罽（jì）：紅色的毛氈地毯。

[52]玉几：古代帝王所用的玉飾矮桌。按，“玉”字底本、殿本、庫本、中華本皆同，但宋刻遞修本作“王”，疑訛。

[53]軒楯（shǔn）：殿庭四周所設的欄杆。

[54]金門：用黄金裝飾的宫殿大門。　開：底本、殿本、庫本、中華本皆同，但宋刻遞修本作“聞”，當訛。

[55]翬翟：泛指雉科鳥類。亦專指鳳鳥。按，“翬”字底本、

殿本、庫本、中華本皆同，但宋刻遞修本作“暈”，疑訛。　鑒：光影、身影。

[56]冥徵：神靈暗示的徵兆。按，“冥”字底本、宋刻遞修本、庫本、中華本皆同，但殿本作“宜”，當訛。

歲次上章，[1]律諧大吕，[2]玄枵會節，[3]玄英統時。[4]至尊未明求衣，[5]晨興於含章之殿。爰有瑞爵，翺翔而下。載行載止，[6]當扆宁而徐前，[7]來集來儀，[8]承軒墀而顧步。[9]夫瑞者符也，明主之休徵；[10]雀者爵也，[11]聖人之大寳。謹案《考異郵》云：[12]“軒轅有黄爵赤頭，[13]立日傍。”占云：“土精之應。”[14]又《禮稽命徵》云：[15]“祭祀合其宜，則黄爵集。”昔漢集泰畤之殿，[16]魏下文昌之宫，[17]一見雍丘之祠，[18]三入平東之府，[19]並旁觀迴矚，事陋人微，奚足稱矣。抑又聞之，不刳胎剖卵則鸞鳳馴鳴，不漉浸焚原則螭龍盤蜿。[20]是知陛下止殺，故飛走宅心，[21]皇慈好生，而浮潛育德。[22]臣面奉綸綍，[23]垂示休祥，預承嘉宴，不勝藻躍。[24]李虔僻處西土，[25]陸機少長東隅，[26]微臣慚於往賢，逢時盛乎曩代。[27]輒竭庸瑣，[28]敢獻頌云。

[1]上章：即十天干中“庚”的太歲别稱，用以紀年。

[2]大吕：古音律名。爲十二律中六陰律的第四律。古人將十二律與十二個月相配，大吕對應十二月，故大吕亦用爲十二月的别稱。

[3]玄枵（xiāo）：十二星次之一。與二十八宿相配爲女、虚、危三宿，與十二辰相配爲子。此處用以紀日，指十二辰中的“子”日。　會節：行禮的節期。

［4］玄英：指冬季。《爾雅·釋天》稱："冬爲玄英。"邢昺疏："言冬之氣和則黑而清英也。"

［5］至尊：皇帝的代稱。此指隋文帝。　未明求衣："未"字底本、殿本、庫本、中華本皆同，但宋刻遞修本作"末"，顯訛。

［6］載行載止：意謂又行又止，時行時停。

［7］扆宁（zhù）：指宫殿内窗門之間及門屏之間的地方。亦代指皇帝的御座。

［8］來集來儀：意謂前來會聚，行禮舞蹈而有容儀。

［9］軒墀：宫殿堂前的臺階。亦借指朝廷。　顧步：徘徊自顧，回首緩行。

［10］休徵：吉祥的徵兆。

［11］爵：古代一種盛酒和飲酒兼用的宗廟禮器，形制如雀，比尊彝小，受酒一升，爲國之寶器。

［12］《考異郵》：全稱《春秋考異郵》。漢代經師所造的一部《春秋》緯書，專談物應符瑞。

［13］軒轅：即黄帝。古史傳説中的聖賢帝王。詳見《史記》卷一《五帝本紀》。

［14］土精：指五行中的土行或五德中的土德。古代陰陽家認爲黄帝以土德而王，色尚黄，故此處"土精"即代指黄帝的五行、五德之屬及其符命。

［15］《禮稽命徵》：漢代經師所造的一部《禮》緯書，以符命解説《禮》。

［16］泰畤：西漢皇帝祭祀天神的祭壇名。漢武帝元鼎五年（前112）立於甘泉宫。故址在今陝西淳化縣西北甘泉山。

［17］文昌：三國時曹魏宫殿名。爲洛陽宫之正殿。

［18］雍丘：縣名。漢時治所在今河南杞縣。

［19］平東：此指三國時曹魏的平東將軍。

［20］漉浸焚原：意謂涸竭川澤，焚燒原野。按，"原"字底本、宋刻遞修本、中華本皆同，但殿本、庫本作"源"，當訛。

螭龍：古代傳説中的無角之龍。

［21］飛走：泛指各種飛禽走獸。　宅心：歸心，心悦誠服地歸附。

［22］浮潛：泛指各種水生動物。　育德：培養德性。

［23］綸綍（fú）：典出《禮記·緇衣》："王言如綸，其出如綍。"鄭玄注："言言出彌大也。"孔穎達疏："'王言如綸，其出如綍'者，亦言漸大，出如綍也。綍又大於綸。"後因以稱皇帝的詔令爲"綸綍"。

［24］藻躍：歡欣鼓舞。

［25］李虔：人名。又名李密。三國蜀至西晋時文學家，以孝聞名。傳見《晋書》卷八八。

［26］陸機：人名。三國吴至西晋時文學家。傳見《晋書》卷五四。

［27］曩代：前代、前朝。

［28］庸瑣：指庸下而不識大體之才。此處用作自謙之辭。

太素式肇，[1]大德資生，功玄不器，[2]道要無名。質文鼎革，[3]沿習因成，祥圖瑞史，赫赫明明。[4]天保大定，[5]於鑠我君，[6]武義乃武，文教惟文。横塞宇宙，旁凝射汾，[7]軒物重造，[8]姚風再薰。[9]焕發王策，昭彰帝道，御地七神，[10]飛天五老。[11]山祇吐秘，[12]河靈孕寶，[13]黑羽升壇，[14]青鱗伏皂。[15]丹烏流火，[16]白雉從風，[17]棲阿德劭，[18]鳴岐祚隆。[19]未如神爵，近賀王宫，五靈何有，[20]百福攸同。孔圖獻赤，[21]荀文表白，[22]節節奇音，[23]行行瑞迹。[24]化玉黼扆，[25]銜環陛戟，[26]上天之命，明神所格。[27]綏應在旃，[28]伊臣預焉，永緝韋素，[29]方流管弦。[30]頌歌不足，蹈舞無宣，[31]臣拜稽首，[32]億萬斯年。[33]

[1]太素：古代指最原始的物質。亦引申爲天地。　式肇：創始，初始。

[2]功玄不器：意謂功德遠大而不局限於一個方面。

[3]質文鼎革：意謂實質内容與外在形式均不斷發生變革。

[4]赫赫明明：語出《詩·大雅·常武》："赫赫明明，王命卿士。"後因以爲歌頌帝王或神靈之詞，意謂顯赫盛大而睿智明察。

[5]天保大定：語出《詩·小雅·天保》："天保定爾，亦孔之固。"意謂上天保佑，使國運安定。

[6]於鑠：嘆詞。表示贊美、頌揚。

[7]射汾：亦作"汾射"。典出《莊子·逍遥游》："堯治天下之民，平海内之政，往見四子藐姑射之山，汾水之陽，窅然喪其天下焉。"後因以"射汾"指隱居賢士或隱士的居處。

[8]軒：指黄帝軒轅氏。參見前注"軒轅"。

[9]姚：指虞舜。古史傳説舜爲姚姓，後遂以"姚"稱舜。參見前注"舜"。

[10]七神：指古代神話傳説中掌管大地五方及山川的七位神靈。

[11]五老：指古代神話傳説中的水、木、金、火、土五大行星之精。

[12]山祇：即山神。按，"祇"字底本、宋刻遞修本、殿本、庫本皆同，中華本作"祗"，二字相通。

[13]河靈：泛指河川之精靈。亦特指古代神話傳説中的黄河水神巨靈。

[14]黑羽：即玄鳥。所指不一：或説指燕子；或説指鶴；或説指八哥。古時視爲瑞鳥。

[15]青鱗伏皂：指青魚伏生於牛馬的飲水槽中。古時以爲祥瑞

之兆。按，“皂”字底本、殿本、庫本、中華本皆同，宋刻遞修本作“早”，二字相通。

［16］丹烏：即赤色的烏鴉。古時以爲丹烏出現是國之祥瑞。　流火：相傳周武王伐紂，渡孟津，有火覆蓋武王帷幕，流變爲赤烏飛去。事見《史記》卷四《周本紀》。後遂以“流火”作爲王朝勃興之典。

［17］白雉：即白色羽毛的野鷄。古時視爲瑞鳥。　從風：比喻迅即附和響應。

［18］棲阿德劭：意謂瑞鳥棲息於河澤水邊，以昭示帝德之美善。

［19］鳴岐祚隆：意謂鳳凰和鳴於岐山，以昭示國祚之昌盛。按，“岐”字底本原作“歧”，宋刻遞修本與底本同，當訛，今據殿本、庫本、中華本改。

［20］五靈：指古代傳説中的五種靈異鳥獸，即麟、鳳、神龜、龍、白虎，爲王者之嘉瑞。

［21］孔圖獻赤：《後漢書》卷四〇下《班固傳下》載固作《典引篇》云：“蓋以膺當天之正統，受克讓之歸運，蓄炎上之烈精，藴孔佐之弘陳云爾。”李賢注：“‘孔佐’謂孔丘制作《春秋》及緯書以佐漢也，即《春秋演孔圖》曰‘卯金刀，名爲劉。中國東南出荆州，赤帝後，次代周’是也。謂大陳漢之期運也。”此處“孔圖獻赤”，當指漢代緯書《春秋演孔圖》所言漢室勃興之符瑞事，借以喻謂神雀朝賀隋宫的祥瑞之象。

［22］荀文表白：《宋書·禮志一》載：“昔漢建安中，將王會，而太史上言正旦當日蝕。朝士疑會不，共諧尚書令荀文若諮之。時廣平計吏劉劭在坐，曰：‘梓慎、裨竈，古之良史，猶占水火，錯失天時。《禮》諸侯旅見天子，入門不得終禮者四，日蝕在一。然則聖人垂制，不爲變異豫廢朝禮者，或灾消異伏，或推術謬誤也。’文若及衆人咸喜而從之，遂朝會如舊，日亦不蝕。”此處“荀文表白”，當指荀文若（名彧）從劉劭議表請如期朝會而日蝕自消之

事，借以喻謂神雀朝賀隋文帝的祥瑞之兆。

［23］節節：亦作“即即”。相傳爲雄鳳的鳴叫聲。

［24］行行：即行走，不停地前行。　瑞迹：祥瑞的行迹。按，“瑞”字底本、宋刻遞修本、中華本皆同，但殿本、庫本作“端”，疑訛。

［25］化玉：指古代傳説中黄雀化玉報恩的典故。詳見下注“銜環”。　黼扆：古代帝王座後的屏風，上畫斧形花紋。亦借指帝王或帝王的寶座。

［26］銜環：相傳東漢名士楊寶九歲時，至華陰山，見一黄雀爲鴟梟所搏，墜於樹下，寶取雀以歸，置巾箱中，食以黄花，經百餘日雀毛羽成，乃飛去。其夜有黄衣童子自稱西王母使者，以白玉環四枚與寶曰：“令君子孫潔白，且從登三公，事如此環矣。”後寶及子孫四世皆爲名公。事見南朝梁吴均《續齊諧記》。後遂以“銜環”用爲知恩圖報之典實。　陛戟：意謂持戟侍衛於殿階兩側。

［27］格：指天人之間或人神之間的感應和感通。

［28］綏應在旃：意謂上天垂示物應徵祥於殿内毛氈地毯之上。旃，通“氈”。按，“綏”底本原作“經”，殿本、庫本與底本同，當訛，今據宋刻遞修本、中華本及《文苑英華》卷七七八載引許善心《神雀頌》改。

［29］韋素：古時用以繫竹簡的皮繩和用以書寫的絹帛。後因以借指書册、典籍。

［30］管弦：管樂器與弦樂器。亦泛指樂器和樂曲。

［31］蹈舞：即舞蹈。古代臣下朝見帝王時表達敬意或頌揚的一種禮節。

［32］稽首：古代一種跪拜禮，須叩頭至地，是九拜中最恭敬的禮節。

［33］億萬斯年：語出《詩·大雅·下武》：“於萬斯年，受天之祜。”後因以爲頌揚帝王之辭，極言帝祚久長。

頌成，奏之，高祖甚悦，曰："我見神雀，共皇后觀之。今旦召公等入，適述此事，善心於座始知，即能成頌。文不加點，[1]筆不停豪，[2]常聞此言，今見其事。"因賜物二百段。十七年，除秘書丞。[3]于時秘藏圖籍尚多淆亂，善心放阮孝緒《七録》更製《七林》，[4]各爲總叙，冠於篇首。又於部録之下，明作者之意，區分其類例焉。又奏追李文博、陸從典等學者十許人，[5]正定經史錯謬。仁壽元年，攝黄門侍郎。[6]二年，加攝太常少卿，[7]與牛弘等議定禮樂，秘書丞、黄門，並如故。四年，留守京師。高祖崩于仁壽宫，[8]煬帝秘喪不發，先易留守官人，出除岩州刺史。[9]逢漢王諒反，[10]不之官。

［1］文不加點：指作文一氣呵成，無須修改。加點，即寫作時有所增删而加以點抹。

［2］筆不停豪：指作文時才思敏捷，書寫不停，迅即成章。按，"豪"字底本、宋刻遞修本、中華本皆同，殿本、庫本及《北史》卷八三《許善心傳》作"毫"，二字相通。

［3］秘書丞：官名。隋初爲秘書省的次官，置一員，協助長官秘書監掌圖書典籍之事，總判本省日常事務。正五品上。隋煬帝大業三年增置秘書少監一人爲本省次官，秘書丞遂退爲本省屬官。

［4］阮孝緒：人名。南朝梁武帝時人。隱居不仕，遍覽群書，博采宋、齊以來公私圖書記録，撰成《七録》。傳見《梁書》卷五一、《南史》卷七六。　《七録》：南朝梁處士阮孝緒參考《梁文德殿五部目録》而編成的一部圖書分類目録著作。包括經典録、記傳録、子兵録、文集録、術技録、佛法録、仙道録等七録，故名。

［5］李文博：人名。傳見本卷、《北史》卷八三。按，"博"底

本原作“傳”，殿本、庫本與底本同，當訛，今據宋刻遞修本、中華本及《北史·許善心傳》改。　陸從典：人名。出身吴郡陸氏望族，少承家學，博覽群書，通經史，善屬文。隋時歷官給事郎、著作佐郎，兼東宫學士，開皇十七年被許善心召入秘書省參與經史圖書的校正工作。《陳書》卷三〇、《南史》卷四八有附傳。

[6]攝：官制用語。即以本官代理或兼理他官之職事。　黄門侍郎：官名。隋初於門下省置給事黄門侍郎四員，爲門下省的次官，協助長官納言掌封駁制敕，參議政令的制定。正四品上。隋煬帝大業三年去“給事”之名，但稱“黄門侍郎”，並減置二員。正四品。按，文中所述事在隋文帝仁壽元年，此時給事黄門侍郎尚未改稱黄門侍郎，故此處載稱許善心攝“黄門侍郎”則欠準確，當作“給事黄門侍郎”。

[7]太常少卿：官名。爲太常寺的次官，協助長官太常卿掌國家禮樂、郊廟社稷祭祀等事務，通判本寺各署事。隋初置一員，正四品上；隋煬帝大業三年增置二員，降爲從四品。

[8]仁壽宫：隋離宫名。始建於開皇十三年，位於今陝西麟游縣西天臺山上。因其涼爽宜人，且離京城不遠，故爲隋代帝王消夏避暑之所。

[9]岩州：隋開皇十六年置。治所在今河南林州市。

[10]漢王諒：即隋文帝第五子楊諒。傳見本書卷四五、《北史》卷七一。

大業元年，轉禮部侍郎，[1]奏薦儒者徐文遠爲國子博士，[2]包愷、陸德明、褚徽、魯世達之輩並加品秩，[3]授爲學官。其年，副納言楊達爲冀州道大使，[4]以稱旨，賜物五百段。左衛大將軍宇文述每旦借本部兵數十人，[5]以供私役，常半日而罷。攝御史大夫梁毗奏劾之。[6]上方以腹心委述，初付法推，千餘人皆稱被役。

經二十餘日，法官候伺上意，乃言役不滿日，其數雖多，不合通計，縱令有實，亦當無罪。諸兵士聞之，更云初不被役。上欲釋之，付議虛實，百僚咸議爲虛。善心以爲述於仗衛之所抽兵私役，雖不滿日，闕於宿衛，與常役所部，情狀乃殊。又兵多下番，散還本府，分道追至，不謀同辭。今殆一月，方始翻覆，姦狀分明，此何可捨？蘇威、楊汪等二十餘人，[7]同善心之議。其餘皆議免罪。煬帝可免罪之奏。後數月，述譖善心曰："陳叔寶卒，[8]善心與周羅睺、虞世基、袁充、蔡徵等同往送葬。[9]善心爲祭文，謂爲'陛下'，敢於今日加叔寶尊號。"召問有實，自援古例，事得釋，而帝甚惡之。又太史奏帝即位之年，[10]與堯時符合，善心議以國哀甫爾，[11]不宜稱賀。述諷御史劾之，[12]左遷給事郎，[13]降品二等。四年，撰《方物志》，奏之。七年，從至涿郡，[14]帝方自御戎以東討，善心上封事忤旨，[15]免官。其年復徵爲守給事郎。[16]九年，攝左翊衛長史，[17]從渡遼，[18]授建節尉。[19]帝嘗言及高祖受命之符，因問鬼神之事，敕善心與崔祖濬撰《靈異記》十卷。[20]

[1]禮部侍郎：官名。隋初於尚書省禮部下轄四曹之一禮部曹置禮部侍郎一人，爲該曹長官，掌禮儀之制。正六品上，開皇三年升爲從五品。隋煬帝大業三年改諸曹侍郎爲"郎"，而又於尚書省所轄六部各置侍郎一人，爲六部之次官，正四品。此後，禮部侍郎就成爲禮部的副長官，而原禮部侍郎則改稱爲儀曹郎。

[2]徐文遠：人名。即徐曠，字文遠，以字行。北周至唐初時人。勤學博覽，通曉五經，尤精《春秋左氏傳》，爲當世名儒。隋

煬帝大業元年許善心奏薦其爲國子博士。傳見《舊唐書》卷一八九上、《新唐書》卷一九八。　國子博士：官名。爲國子學的教官，掌以儒經教授國子學生，國有疑事則掌承問對。隋初置五人，正五品上，仁壽元年隨國子學罷廢；隋煬帝大業初復置一人，正五品。

[3]包愷：人名。傳見本書卷七五，《北史》卷八二有附傳。　陸德明：人名。即陸元朗，字德明，以字行。出身吴郡陸氏望族，博學通經，尤善《易經》《老子》。隋煬帝大業元年許善心奏薦其爲國子學教官，唐初官至國子博士，著有《經典釋文》等書，爲當世名儒。傳見《舊唐書》卷一八九上、《新唐書》卷一九八。　褚徽：人名。徽，亦作"輝"或"暉"。傳見本書卷七五，《北史》卷八二有附傳。　魯世達：人名。唐人亦諱稱"魯達"。傳見本書卷七五，《北史》卷八二有附傳。

[4]納言：官名。爲門下省的長官，置二員，掌封駁制敕，參決軍國大政，是宰相之職。正三品。　楊達：人名。本書卷四三、《北史》卷六八有附傳。　冀州道：巡察區域名。即以冀州（治所在今河北冀州市）爲中心而臨時劃定的巡察區域，巡察事畢則罷廢。

[5]左衛大將軍：官名。隋初設左右衛，各置大將軍一人爲本府長官，掌宫掖禁禦，督攝仗衛。正三品。隋煬帝大業三年改左右衛爲左右翊衛，左衛大將軍遂改稱左翊衛大將軍。　宇文述：人名。傳見本書卷六一、《北史》卷七九。

[6]御史大夫：官名。爲御史臺的長官，置一員，掌國家刑憲典章之政令，糾察彈劾百官。隋初爲從三品，隋煬帝大業五年（此據本書《百官志下》。《唐六典》卷一三《御史臺》載作"大業八年"）降爲正四品。　梁毗：人名。傳見本書卷六二、《北史》卷七七。

[7]蘇威：人名。傳見本書卷四一，《北史》卷六三有附傳。　楊汪：人名。傳見本書卷五六、《北史》卷七四。

[8]陳叔寶：人名。南朝陳末代皇帝，史稱陳後主。紀見《陳

書》卷六、《南史》卷一〇。

［9］周羅睺：人名。傳見本書卷六五、《北史》卷七六。　虞世基：人名。傳見本書卷六七、《北史》卷八三。　袁充：人名。傳見本書卷六九、《北史》卷七四。　蔡徵：人名。南朝陳後主時官至中書令、權知中領軍，陳亡入隋，歷官太常丞、儀曹郎、給事郎。傳見《陳書》卷二九，《南史》卷六八有附傳。

［10］太史：官署名。隋初稱太史曹或太史局，隋煬帝大業三年改稱太史監。隸屬秘書省，掌天文曆法之事。長官爲太史令，次官爲太史丞，屬官有司曆、監候、司辰師等。

［11］國哀：亦稱“國喪”。古代帝、后喪亡，臣民縞素哀悼，停止宴樂婚嫁，稱爲國喪或國哀。此指隋文帝之喪。　甫爾：初始、不久。

［12］御史：官名。此是御史臺官員的泛稱。掌糾彈百官。

［13］左遷：官制用語。即降官、貶職。　給事郎：官名。隋文帝開皇六年於尚書省吏部置給事郎，爲散官番直，無具體職掌。正八品上。隋煬帝大業三年罷吏部給事郎，而取其名於門下省另置給事郎四人，位在黄門侍郎之下，爲門下省的屬官，掌省讀奏案。從五品。

［14］涿郡：隋大業初改幽州置。治所在今北京市西南。

［15］上封事：古代臣下上書言事，將奏章用皂囊緘封呈進，以防泄漏，謂之“上封事”。

［16］守：官制用語。即以較低官階署理較高官職。

［17］左翊衛長史：官名。隋初於左右衛各置長史一人爲本府上佐官，掌領府内行政事務。正七品上。隋煬帝大業三年改左右衛爲左右翊衛，左衛長史遂改稱左翊衛長史。從五品。

［18］渡遼：指隋煬帝親征高麗之事。“渡”底本原作“度”，宋刻遞修本、殿本、庫本與底本同，今據中華本改。遼，指遼水。即今遼寧境内的遼河。

［19］建節尉：官名。隋煬帝大業三年始置，爲八尉之一，屬散

實官。正六品。

［20］崔祖濬：人名。即崔賾，字祖濬。本書卷七七、《北史》卷八八有附傳。按，"濬"底本原作"璿"，中華本與底本同，當訛，今據宋刻遞修本、殿本、庫本及《北史》卷八三《許善心傳》改（參見唐華全《中華書局點校本〈隋書〉質疑二十九則》，《河北師範大學學報》2012 年第 1 期）。

初，善心父撰著《梁史》，未就而殁。善心述成父志，修續家書，其《序傳》末，述制作之意曰：

謹案太素將萌，洪荒初判，[1]乾儀資始，[2]辰象所以正時，[3]巛載厚生，[4]品物於焉播氣。[5]參三才而育德，[6]肖二統而降靈。[7]有人民焉，樹之君長，有貴賤矣，爲其宗極。[8]保上天之眷命，[9]膺下土之樂推，[10]莫不執大方，[11]振長策，[12]感召風雲，驅馳英俊。干戈揖讓，[13]取之也殊功，[14]鼎玉龜符，[15]成之也一致。革命創制，[16]竹素之道稍彰，[17]紀事記言，筆墨之官漸著。[18]炎農以往，[19]存其名而漏其迹，黄軒以來，[20]晦其文而顯其用。登丘納麓，[21]具訓誥及典謨，[22]貫昴入房，[23]傳夏正與殷祀。[24]洎辯方正位，[25]論時訓功，南北左右，兼四名之别，《檮杌》《乘》車，[26]擅一家之稱。國惡雖諱，君舉必書，故賊子亂臣，天下大懼，元龜明鏡，[27]昭然可察。及三郊遞襲，[28]五勝相沿，[29]俱稱百谷之王，[30]並以四海自任，[31]重光累德，何世無哉！

［1］洪荒：指混沌蒙昧的狀態。亦借指遠古時代。

［2］乾儀：指天道，天綱。

［3］辰象：日月星辰所呈現的天象。

［4］巛載厚生：意謂大地廣厚，能負載和滋生萬物。巛，同“坤”。

［5］品物：即萬物。

［6］三才：指天、地、人。

［7］二統：指天與地。

［8］宗極：指至高無上的君主。

［9］眷命：眷顧垂愛並賦予重任。

［10］樂推：樂意擁戴。

［11］莫不執大方：“大”底本原作“太”，殿本、庫本與底本同，今據宋刻遞修本、中華本及《北史》卷八三《許善心傳》改。

［12］長策：長鞭。常比喻帝王或尊者的威勢。

［13］干戈揖讓：古代的廟堂武舞與迎賓禮儀。亦泛指禮樂文德之制。

［14］殊功：不同的方式和途徑。

［15］鼎玉龜符：指古代帝王的傳國之寶及受命之符籙。

［16］革命創制：變革天命，創立新制。多指改朝换代。

［17］竹素：即古時用以書寫文字的竹簡和白絹。亦代指史册、書籍。

［18］筆墨之官：此指史官。

［19］炎農：即炎帝神農氏的省稱。古史傳説中的太古帝王。詳見《史記》卷一《五帝本紀》。

［20］黄軒：即黄帝軒轅氏的省稱。參見前注“軒轅”。

［21］登丘納麓：指古代帝王登山封禪及統攬國政萬機等大事。麓，通“録”。

［22］訓誥及典謨：指《尚書》六體中的訓、誥、典、謨四類文體篇章。亦代指《尚書》等儒家經典。

［23］貫昴入房：昴、房，均爲二十八宿中的星宿名。古代星相家以爲昴宿七星是顯貴大臣之象，房宿四星是天子四輔官之象，故

"貫昴入房"即喻謂朝廷重臣輔佐帝王施政治國。

[24]夏正與殷祀：即夏代的曆法和商代的紀年。借指上古以來的曆法典章。

[25]洎辯方正位："辯"字底本、宋刻遞修本、中華本皆同，殿本、庫本作"辨"，二字相通。

[26]《檮杌》：春秋時楚國的史書。《乘》：春秋時晋國的史書。

[27]元龜：古代用以占卜吉凶的大龜。比喻可資借鑒的往事。

[28]三郊：古代大國諸侯的行政區劃分爲三郊三遂，後因以"三郊"指大國諸侯。

[29]五勝：即五行相勝的學説，謂水勝火、火勝金、金勝木、木勝土、土勝水。古代陰陽家認爲各王朝均有其五行之屬，王朝的更替即是五行相勝的反映，後因以"五勝"喻指歷代王朝或帝王。

[30]百谷之王：語出《老子》："江海所以能爲百谷王者，以其善下之，故能爲百谷王。"後因以"百谷之王"指江海，亦喻指有海納百川之德的帝王。

[31]四海：古代以爲中國四境有四海環繞，各按方位爲東海、南海、西海和北海。但亦因時而異，四海的説法不一。後遂以"四海"代指天下或全中國。

逮有梁之君臨天下，江左建國，[1]莫斯爲盛。受命在於一君，繼統傳乎四主，[2]克昌四十八載，餘祚五十六年。武皇帝出自諸生，[3]爰升寶曆，[4]拯百王之弊，[5]救萬姓之危，反墝季之末流，[6]登上皇之獨道。[7]朝多君子，野無遺賢，禮樂必備，憲章咸舉。弘深慈於不殺，濟大忍於無刑，蕩蕩巍巍，[8]可爲稱首。[9]屬陰戎入潁，[10]羯胡侵洛，[11]沸騰磣黷，[12]三季所未聞，[13]掃地滔天，[14]一元之巨厄。[15]廊廟有序，[16]翦成狐兔之場，珪帛有儀，[17]碎夫犬羊之手。福善積而身禍，仁義在而國亡。豈天道歟？豈人事歟？嘗別論之，在《序論》之卷。

［1］江左：地區名。亦稱“江東”。指長江下游以東地區。此處代指東晋南朝。

［2］四主：指南朝梁武帝、簡文帝、元帝、敬帝四代君主。

［3］武皇帝：即南朝梁武帝蕭衍。南朝梁開國皇帝。紀見《梁書》卷一至三，《南史》卷六、七。　諸生：指有知識學問的衆儒生。

［4］寶曆：指國祚，皇位。

［5］百王：泛指歷代帝王。

［6］墝季：指道德風俗浮薄貧瘠的末世。按，“墝”字宋刻遞修本、殿本、庫本、中華本及《北史》卷八三《許善心傳》作“澆”，義同。

［7］上皇：指上古聖賢帝皇。

［8］蕩蕩巍巍：亦作“巍巍蕩蕩”。語出《論語·泰伯》：“大哉堯之爲君也！巍巍乎！唯天爲大，唯堯則之。蕩蕩乎！民無能名焉。”朱熹《集注》：“巍巍，高大之貌；蕩蕩，廣遠之稱也。”後因以“巍巍蕩蕩”形容帝王道德崇高，恩澤博大。

［9］稱首：第一，最好。

［10］陰戎：古族名。爲春秋時西戎的一支，即陸渾之戎。因其居住在河南山北，故稱陰戎。一説陸渾近陰地，故名陰戎。　潁：地名。在今河南登封市東，潁水以北。按，“潁”底本原作“頴”，當訛，今據宋刻遞修本、殿本、庫本、中華本及《北史·許善心傳》改。

［11］羯胡：古代用以泛稱來自北方的外族。　洛：都邑名。即洛陽的簡稱。在今河南洛陽市東北。按，此處“陰戎入潁”“羯胡

侵洛”，均借指南朝梁武帝末年發生的侯景之亂。

［12］沸騰磣黷：喻謂社會動亂不安，世道混濁不清。按，“磣”字底本、宋刻遞修本、中華本皆同，殿本、庫本作“墋”，二字相通。

［13］三季：指夏、商、周三代的末期。

［14］掃地滔天：喻謂殺戮殆盡，罪惡極大。

［15］一元：指天下。　巨厄：巨大的灾難。

［16］廊廟：殿下廊屋和太廟的合稱。兩地皆爲古代君臣議政之處，故亦代指朝廷。

［17］珪帛：古代祭祀神靈所用的玉和帛。此處用以代指祭祀禮制。

先君昔在前代，[1]早懷述作，凡撰《齊書》爲五十卷；《梁書》紀傳，隨事勒成，[2]及闕而未就者，《目録》注爲一百八卷。梁室交喪，墳籍銷盡。[3]家壁皆殘，不準無所盜，[4]帷囊同毀，[5]陳農何以求！[6]秦儒既坑，先王之道將墜，漢臣徒請，[7]口授之文亦絶。所撰之書，一時亡散。有陳初建，詔爲史官，補闕拾遺，心識口誦。依舊目録，更加修撰，且成百卷，已有六帙五十八卷，[8]上秘閣訖。[9]

［1］先君：古時稱指已故的父親。此處指許善心之父許亨。

［2］勒：編纂、撰寫。

［3］墳籍：指古代圖書典籍。

［4］不（fōu）準：人名。西晋汲郡人。晋武帝時，不準盜發戰國時魏襄王墓（或説是魏安釐王冢），得竹書數十車，獻藏於秘府，後世稱爲“汲冢書”。事見《晋書》卷三《武帝紀》及卷五一

《束晳傳》。按，“準”底本原作“淮”，當訛，今據殿本、庫本及《北史》卷八三《許善心傳》改；又宋刻遞修本、中華本作“准”，通“準”。另按，此句謂南朝梁末圖書典籍被戰火銷毀殆盡，史家難以尋求可憑撰史的書籍。下句義同。

[5]帷囊：古時用以裝盛圖書的布帛袋子。

[6]陳農：人名。西漢時人。官至謁者。漢成帝時，陳農奉詔出使，廣求天下遺書。事見《漢書》卷一〇《成帝紀》及卷三〇《藝文志》。

[7]徒請：空盡，清除殆盡。請，通“清”。按，此句謂南朝梁末官僚士大夫大量死於戰亂，口授心傳的文字記録近乎斷絶，史家難以尋求可憑撰史的當代資料。

[8]帙：即包裝圖書的函套，多以布帛製成。亦用作圖書量詞，每帙通常爲十卷。

[9]秘閣：此指南朝陳秘書省所轄的國家藏書樓閣。

善心早嬰荼蓼，[1]弗荷薪構，[2]太建之末，[3]頻抗表聞，至德之初，[4]蒙授史任。方願油素採訪，[5]門庭記録，[6]俯勵弱才，[7]仰成先志；而單宗少强近，[8]虚室類原、顏，[9]退屏無所交游，[10]棲遲不求進益。[11]假班嗣之書，[12]徒聞其語，給王隱之筆，[13]未見其人。加以庸瑣涼能，[14]孤陋末學，忝職郎署，[15]兼撰《陳史》，致此書延時，未即成續。禎明二年，以臺郎入聘，[16]值本邑淪覆，佗鄉播遷，[17]行人失時，[18]將命不復。[19]望都亭而長慟，[20]遷别館而懸壺，[21]家史舊書，在後焚蕩。今止有六十八卷在，[22]又並缺落失次。自入京已來，隨見補葺，略成七十卷：《四帝紀》八卷，《后妃》一卷，《三太子録》一卷，爲一帙十卷；《宗室王侯列傳》一帙十卷；《具臣列傳》二帙二十卷；《外戚傳》一卷，《孝德傳》一卷，《誠臣傳》一卷，《文苑傳》二卷，《儒林傳》二卷，《逸民傳》一卷，《數術傳》一卷，《藩臣傳》一卷，合一帙十卷；《止足傳》一卷，《列女傳》一卷，[23]《權幸傳》一卷，《羯賊傳》二卷，《逆臣傳》二卷，《叛臣傳》二卷，《叙傳論述》一卷，合一帙十卷。[24]凡稱史臣者，皆先君所言，下稱名案者，並善心補闕。別爲《叙論》一篇，托于《叙傳》之末。

[1]荼蓼：即荼和蓼兩種雜草。荼味苦，蓼味辛，因以比喻艱難困苦。

[2]薪構：即柴火。古代官吏的柴火費用多由政府供給，故常以“薪構”借指官俸。

[3]太建：南朝陳宣帝陳頊年號（569—582）。按，“太”底本原作“大”，殿本、庫本與底本同，今據宋刻遞修本、中華本及《北史》卷八三《許善心傳》改。

[4]至德：南朝陳後主陳叔寶年號（583—586）。

[5]油素採訪：典出漢揚雄《答劉歆書》：“天下上計孝廉及内郡衛卒會者，雄常把三寸弱翰，賫油素四尺，以問其異語，歸即以鉛摘次之於槧。”後因以“油素採訪”指史官搜集尋訪民間故事傳聞。

[6]門庭：即宫廷。此指宫廷藏書之所。

[7]弱才：平庸低下的才能。多用作自謙之詞。

[8]單宗：丁口單寒的家族。　强近：指較爲親近的親屬。

[9]虚室：財物空乏的家室。　原、顔：即孔子賢弟子原憲和顔回。二人皆以家貧好學而聞名。事均見《史記》卷六七《仲尼弟子列傳》。

［10］退屏：引退，隱居。

［11］棲遲：指長時間滯留於某官職而不得升遷。

［12］班嗣：人名。東漢時人，班固的從伯。班嗣尚老莊之學，家有賜書。桓譚曾向其借閱《莊子》，班嗣不肯借，答曰："今吾子已貫仁誼之羈絆，繫名聲之繮鎖，伏周、孔之軌躅，馳顔、閔之極摯，既繫攣於世教矣，何用大道爲自眩曜？"事見《漢書》卷一〇〇上《叙傳上》。按，此處"假班嗣之書，徒聞其語"，即指桓譚向班嗣借書不得反受班嗣譏諷之事，許善心借以喻其在陳朝撰史時借閱私家藏書之艱難。

［13］給王隱之筆：據《晋書》卷八二《王隱傳》載，王隱撰《晋書》時，家貧無資用，書不就，遂往武昌投靠征西將軍庾亮，亮供給其紙筆，書乃得成。此處"給王隱之筆"即指庾亮資助王隱撰成《晋書》之事。而下文"未見其人"則是許善心自稱其在陳朝撰史時未能獲得像庾亮一樣的貴人資助，因而難以完成先父遺志續修《梁史》。

［14］庸瑣涼能：意謂見識庸下，才能微薄。多用作自謙之辭。

［15］忝職：意謂愧居其職。多用作自謙之辭。　郎署：即侍郎、郎中等官所居的官署。指尚書省所轄的各曹司。此處指許善心在南朝陳供職的尚書省度支曹。

［16］臺郎：指尚書省所轄各曹司的侍郎、郎中等官，亦通稱爲尚書郎。此處指許善心在禎明二年出使隋朝時所任的本官度支侍郎。

［17］佗鄉："佗"字底本、宋刻遞修本、殿本、庫本皆同，中華本及《北史·許善心傳》作"他"，二字相通。　播遷：流離，遷徙。

［18］行人：本爲周代掌管朝覲聘問的職官名，後因以爲出訪使者的通稱。

［19］將命：此指出訪使者所奉的使命。

［20］都亭：即都邑中的傳舍，爲各地使者的暫居之所。

[21]懸壺：即“懸壺代哭”的省稱。爲古代國君的喪禮之一。語本《禮記·喪大記》：“君喪，虞人出木角，狄人出壺，雍人出鼎，司馬縣之，乃官代哭。大夫官代哭不縣壺。”鄭玄注：“代，更也。未殯，哭不絶聲。爲其罷倦，既小斂，可以爲漏刻分時而更哭也。”

[22]六十八卷：各本皆同，但《北史·許善心傳》載作“六卷”。

[23]《列女傳》：“列”底本原作“烈”，今據宋刻遞修本、殿本、庫本、中華本及《北史·許善心傳》改。

[24]合一帙十卷：“合”字底本、宋刻遞修本、中華本及《北史·許善心傳》皆同，但殿本、庫本作“各”。按，此段文中所載各紀傳的卷數合計爲“六十卷”，而前稱全書的總卷數爲“七十卷”，兩者相差十卷，故疑其中某些紀傳的卷數當有訛誤，或總卷數有訛誤，抑或此處“合”字當如殿本、庫本作“各”，亦可吻合。

十年，又從至懷遠鎮，[1]加授朝散大夫。[2]突厥圍雁門，[3]攝左親衛武賁郎將，[4]領江南兵宿衛殿省。駕幸江都郡，[5]追叙前勳，授通議大夫，[6]詔還本品，行給事郎。[7]十四年，化及殺逆之日，[8]隋官盡詣朝堂謁賀，善心獨不至。許弘仁馳告之曰：[9]“天子已崩，宇文將軍攝政，[10]合朝文武莫不咸集。天道人事，自有代終，[11]何預於叔而低徊若此！”[12]善心怒之，不肯隨去。弘仁反走上馬，泣而言曰：“將軍於叔全無惡意，忽自求死，豈不痛哉！”還告唐奉義，[13]以狀白化及，遣人就宅執至朝堂。化及令釋之，善心不舞蹈而出。化及目送之曰：“此人大負氣。”[14]命捉將來，罵云：“我好欲放你，敢如此不遜!”其黨輒牽曳，因遂害之，時年六十一。及越王稱制，[15]贈左光禄大夫、高陽縣公，[16]謚曰文節。

[1]懷遠鎮：鎮、城名。在今遼寧遼陽縣西北。隋煬帝三征高麗時常駐蹕於此。

[2]朝散大夫：官名。屬散實官。隋初爲正四品下，隋煬帝大業三年降爲從五品。

[3]突厥：古族名、國名。公元六世紀初興起於今阿爾泰山西南麓，552年在今鄂爾渾河流域建立突厥汗國，此後其勢力擴展至大漠南北，横跨蒙古高原，隋開皇二年分裂爲東、西兩部。傳見本書卷八四、《周書》卷五〇、《北史》卷九九、《舊唐書》卷一九四、《新唐書》卷二一五。　雁門：郡名。隋煬帝大業初改代州置。治所在今山西代縣。

[4]左親衛武賁郎將：官名。按，此處“左親衛”各本皆同，但《北史》卷八三《許善心傳》作“左親侍”。考本書《百官志》，隋初於左右衛之下各設有親衛，爲左右衛所轄三衛之一；隋煬帝大業三年改左右衛爲左右翊衛，其所轄親衛亦改稱親侍。而文中所述事在隋煬帝大業十一年突厥圍雁門之時，此時親衛已改稱親侍長達八年，故此處“左親衛”當是“左親侍”之誤，當以《北史》所載爲是（參見唐華全《中華書局點校本〈隋書〉質疑二十九則》）。再考本書《百官志》，隋煬帝大業三年於十二衛各置護軍四人，爲十二衛將軍之副貳，尋又改稱護軍爲武賁郎將。由此可知，左親侍武賁郎將，當是左翊衛下轄左親侍的統軍將官，掌領左親侍之兵宿衛侍從。正四品。

[5]江都郡：隋煬帝大業初改揚州置。治所在今江蘇揚州市。

[6]通議大夫：官名。隋煬帝大業三年始置，爲九大夫之一，屬散實官。從四品。

[7]行：官制用語。即以較高官階署理較低官之職事。

［8］化及：人名。即宇文化及。傳見本書卷八五，《北史》卷七九有附傳。　殺逆：古代指臣弑君、子殺父的惡劣行爲。亦僅指弑君。此指宇文化及在大業十四年弑隋煬帝於江都行宫。按，“殺”字底本、宋刻遞修本、中華本皆同，殿本、庫本及《北史·許善心傳》作“弑”，二字相通。

［9］許弘仁：人名。許善心的族侄，隋煬帝時官至直長。大業十四年隨從宇文化及行弑隋煬帝，事後又勸許善心歸順宇文化及，但許善心怒而不從，以致於被害。事亦見本書卷四《煬帝紀下》、卷八五《宇文化及傳》《司馬德戡傳》，《北史》卷一二《隋煬帝紀》、卷七九《宇文化及傳》《司馬德戡傳》、卷八三《許善心傳》，《舊唐書》卷五四《竇建德傳》，《新唐書》卷八五《竇建德傳》。

［10］宇文將軍：指宇文化及。因宇文化及時任右屯衛將軍，故以其職官稱之。

［11］代終：指新王朝取代舊王朝。

［12］低徊：徘徊，留戀。

［13］唐奉義：人名。隋煬帝大業十四年官任城門郎，隨從宇文化及行弑隋煬帝。唐初官至廣州都督府長史，後以弑逆之罪被流放禁錮。事亦見本書卷四《煬帝紀下》、卷八五《宇文化及傳》，《北史》卷一二《隋煬帝紀》、卷七九《宇文化及傳》，《舊唐書》卷二《太宗紀上》、卷三《太宗紀下》、卷六七《李靖傳》，《新唐書》卷二《太宗紀》、卷九三《李靖傳》。

［14］負氣：憑恃意氣而不肯屈居人下。

［15］越王：隋煬帝之孫楊侗的封爵名。參見前注“越王侗”。

［16］左光禄大夫：贈官。正二品。　高陽縣公：贈爵。從一品。

善心母范氏，梁太子中舍人孝才之女，[1]少寡養孤，博學有高節。高祖知之，敕尚食每獻時新，[2]常遣分賜。

嘗詔范入内，侍皇后講讀，封永樂郡君。[3]及善心遇禍，范年九十有二，臨喪不哭，撫柩曰："能死國難，我有兒矣。"因卧不食，後十餘日亦終。

[1]太子中舍人：官名。南朝梁時爲太子東宫門下坊的次官，置四人，協助長官太子中庶子掌侍從贊相，駁正啓奏，制比朝廷的給事黄門侍郎。八班。　孝才：人名。即范孝才。南朝齊、梁時文學家，名臣范雲之子，許善心的外祖父，梁武帝時官至太子中舍人。事亦見《梁書》卷一三《范雲傳》、《南史》卷三九《劉孝綽傳》及卷五七《范雲傳》、《北史》卷八三《許善心傳》。

[2]尚食：即尚食局。官署名。隋初隸門下省，隋煬帝大業三年改隸殿内省，掌宫廷膳食、百官宴享之采辦儲供事務，置有典御（大業三年改稱奉御）、直長、食醫等官。另隋時宫官六局亦有尚食局，掌宫中膳食酒醴事務，與朝省尚食局掌采辦儲供有所不同，置有尚食等女官。

[3]永樂郡君：女封號名。隋時四品官之母及妻可封郡君，亦有不因夫、子而獲封者，母封號多加"太"字。

李文博

博陵李文博，性貞介鯁直，好學不倦，至於教義名理，特所留心。每讀書至治亂得失，忠臣烈士，未嘗不反覆吟玩。開皇中，爲羽騎尉，[1]特爲吏部侍郎薛道衡所知，[2]恒令在聽事帷中披檢書史，[3]并察己行事。若遇治政善事，即抄撰記録，如選用疏謬，即委之臧否。[4]道衡每得其語，莫不欣然從之。後直秘書内省，[5]典校墳籍，守道居貧，晏如也。雖衣食乏絶，而清操逾厲，不妄通賓客，恒以禮法自處，儕輩莫不敬憚焉。道衡知其貧，每延于家，給以資費。文博商略古今，[6]治政得失，如指諸掌，然無吏幹。[7]稍遷校書郎，[8]後出爲縣丞，[9]遂得下考，[10]數歲不調。道衡爲司隸大夫，[11]遇之於東都尚書省，[12]甚嗟愍之，遂奏爲從事。[13]因爲齊王司馬李綱曰：[14]"今日遂遇文博，得奏用之。"以爲歡笑。其見賞知音如此。在洛下，[15]曾詣房玄齡，[16]相送於衢路。玄齡謂之曰："公生平志尚，唯在正直，今既得爲從事，故應有會素心。比來激濁揚清，[17]所爲多少？"文博遂奮臂厲聲曰："夫清其流者必潔其源，正其末者須端其本。今治源混亂，雖日免十貪郡守，亦何所益！"其謇直疾惡，[18]不知忌諱，皆此類也。于時朝政浸壞，人多贓賄，唯文博不改其操，論者以此貴之。遭離亂播遷，不知所終。

[1]羽騎尉：官名。隋文帝開皇六年於尚書省吏部别置羽騎等八尉，爲散官番直，無具體職掌，常出使監檢。從九品下。隋煬帝大業三年罷廢。

[2]吏部侍郎：官名。隋初爲尚書省吏部下轄四曹之一吏部曹的長官，置二員，掌全國文職官吏銓選之政務。正四品上。隋煬帝大業三年改諸曹侍郎爲"郎"，而又於尚書省所轄六部各置"侍郎"一人，爲六部之次官。正四品。此後，吏部侍郎就成爲吏部的副長官，而原吏部侍郎則改稱爲選部郎。　薛道衡：人名。傳見本書卷五七，《北史》卷三六有附傳。

[3]聽事：即廳堂。爲官員辦公治事之所。聽，同"廳"。

[4]臧否：品評褒貶，議論得失。

[5]直秘書内省：即在秘書内省當值充任，署理其職事。屬臨

時差遣之任。隋代秘書内省是掌管國家圖書檔案的機構。

［6］商略：商討，評論。按，“商”底本原作“商”，當訛，今據宋刻遞修本、殿本、庫本、中華本及《北史》卷八三《李文博傳》改。

［7］吏幹：指爲官從政的才幹。

［8］校書郎：官名。隋秘書省及著作曹皆置校書郎爲其屬官，掌校讎圖書典籍。隋初省、曹共置十四人，隋煬帝大業三年減爲十人，後又增至四十人。正九品上。

［9］縣丞：官名。爲縣之副長官，位居縣令之下。京縣之丞爲從七品下，其餘上、中、下三等縣之丞分别爲從八品下、正九品上、從九品上。

［10］下考：即在官吏政績考核中列爲下等。

［11］司隸大夫：官名。隋煬帝大業三年始置司隸臺，與御史臺、謁者臺合稱三臺。司隸大夫即是司隸臺的長官，置一人，掌諸巡察之事。正四品。

［12］東都尚書省：官署名。隋煬帝即位初營建洛陽（今河南洛陽市東北）爲東京，大業五年又改東京爲東都。煬帝常居東都，故置東都尚書省，爲中央最高行政機關尚書省的分司機構。

［13］從事：官名。此指司隸從事。爲司隸臺的屬官，置四十人，掌佐司隸刺史巡察畿外諸郡縣。每年二月以六條出巡按察，十月入奏。品階未詳。

［14］齊王司馬：官名。齊王是隋煬帝次子楊暕的封爵名。齊王司馬，即爲齊王府的上佐官，掌領王府内諸軍務。從四品。　李綱：人名。隋文帝仁壽末官任尚書右丞，隋煬帝大業中官任齊王府司馬，與薛道衡、李文博爲好友。唐初官至禮部尚書、太子少師，爲唐代名臣。傳見《舊唐書》卷六二、《新唐書》卷九九。

［15］洛下：指洛陽城。在今河南洛陽市東北白馬寺東。

［16］詣：造訪，拜訪。　房玄齡：人名。隋煬帝大業中司隸刺史房彦謙之子，時賦閑居洛陽，與司隸從事李文博爲好友，二人曾

共論時政得失。唐太宗時官至尚書左僕射、司空，爵封梁國公，爲唐代名相。傳見《舊唐書》卷六六、《新唐書》卷九六。

[17]激濁揚清：語出《尸子·君治》："水有四德……揚清激濁，蕩去滓穢，義也。"本指冲去污水，浮起清水，後用以比喻斥惡獎善。

[18]謇直：剛正，戇直。

初，文博在内校書，虞世基子亦在其内，盛飾容服，而未有所却。文博因從容問之年紀，答云："十八。"文博乃謂之曰："昔賈誼當此之年，[1]議論何事？君今徒事儀容，故何爲者！"又秦孝王妃生男，[2]高祖大喜，頒賜群官各有差。文博家道屢空，人謂其悦，乃云："賞罰之設，功過所歸，今王妃生男，於群官何事，乃妄受賞也！"其循名責實，[3]録過計功，必使賞罰不濫，功過無隱者皆爾。文博本爲經學，後讀史書，於諸子及論尤所該洽。[4]性長議論，亦善屬文，著《治道集》十卷，大行於世。

[1]賈誼：人名。漢文帝時著名賦家和政論家。傳見《史記》卷八四、《漢書》卷四八。

[2]秦孝王：隋文帝第三子楊俊。傳見本書卷四五、《北史》卷七一。

[3]循名責實：意謂按其名而求其實，要求名實相符。

[4]該洽：博通、精通。

史臣曰：明克讓、魏澹等，或博學洽聞，詞藻贍逸，既稱燕、趙之俊，[1]實曰東南之美。[2]所在見寶，[3]

咸取禄位，雖無往非命，[4]蓋亦道有存焉。澹之《魏書》，時稱簡正，條例詳密，足傳於後。此外諸子，各有記述，雖道或小大，皆志在立言，美矣。

[1]燕、趙：戰國時國名。亦泛指燕、趙二國所在之地，即今河北及山西東部一帶。此處借指本卷某些傳主所經歷過的東魏、北齊兩個王朝政權。

[2]東南：此指本卷某些傳主所經歷過的南朝梁、陳兩個王朝政權。

[3]見寶：意謂如同寶貝一樣受到重視。

[4]無往非命：意謂無論到哪里皆非命運安排注定。形容人生無常，多隨形勢而發生改變。

隋書　卷五九

列傳第二十四

煬三子

煬帝三男，[1]蕭皇后生元德太子昭、齊王暕，[2]蕭嬪生趙王杲。[3]

［1］煬帝：即隋煬帝楊廣。紀見本書卷三、四，《北史》卷一二。

［2］蕭皇后：即隋煬帝皇后蕭氏。傳見本書卷三六、《北史》卷一四。　昭：人名。即楊昭。大業元年（605）被立爲皇太子。傳另見《北史》卷七一。　暕：人名。即楊暕。大業元年被封爲齊王。傳另見《北史》卷七一。

［3］蕭嬪：即隋煬帝後宫妃嬪蕭氏。　杲：人名。即楊杲。大業九年被封爲趙王。傳另見《北史》卷七一。

元德太子昭，煬帝長子也，生而高祖命養宫中。[1]三歲時，於玄武門弄石師子，[2]高祖與文獻后至其所。[3]高祖適患腰痛，舉手憑后，[4]昭因避去，如此者再三。

高祖歎曰："天生長者，誰復教乎！"由是大奇之。高祖嘗謂曰："當爲爾娶婦。"昭應聲而泣。高祖問其故，對曰："漢王未婚時，[5]恒在至尊所，一朝娶婦，便則出外。懼將違離，是以啼耳。"上歎其有至性，特鍾愛焉。

[1]高祖：隋文帝楊堅廟號。紀見本書卷一、二，《北史》卷一一。

[2]玄武門：城門名。大興宫城正北門。

[3]文獻后：隋文帝皇后，名獨孤伽羅。傳見本書卷三六、《北史》卷一四。

[4]憑：《北史》作"馮"。古時二字相通，義同。

[5]漢王：即隋文帝楊堅第五子楊諒。傳見本書卷四五、《北史》卷七一。

年十二，立爲河南王。[1]仁壽初，[2]徙爲晋王，拜内史令，[3]兼左衛大將軍。[4]後三年，轉雍州牧。[5]煬帝即位，便幸雒陽宫，[6]昭留守京師。大業元年，[7]帝遣使者立爲皇太子。昭有武力，能引强弩。性謙冲，言色恂恂，未嘗忿怒。有深嫌可責者，但云"大不是"。所膳不許多品，帷席極於儉素。臣吏有老父母者，必親問其安否，歲時皆有惠賜。其仁愛如此。明年，朝於雒陽。後數月，將還京師，願得少留，帝不許，拜請無數。體素肥，因致勞疾。帝令巫者視之，云："房陵王爲祟。"[8]未幾而薨。詔内史侍郎虞世基爲哀册文曰：[9]

[1]年十二：《北史》卷七一《元德太子昭傳》亦載楊昭年十二立爲河南王。然查本書《隋文帝紀》載：開皇十年（590）立皇

孫昭爲河南王。據《北史·元德太子昭傳》楊昭生於開皇四年，年十二當爲開皇十六年，與本紀不符。　河南王：爵名。即河南郡王。隋九等爵的第二等。從一品。

[2]仁壽：隋文帝楊堅年號（601—604）。

[3]内史令：官名。内史省長官，掌皇帝詔令出納宣行，居宰相之職。隋初内史省置監、令各一人，尋廢監，置令二人。正三品。

[4]左衛大將軍：官名。隋中央軍事機關十二衛中有左右衛，掌領外軍宿衛宫禁。大將軍爲其主官，置一人。正三品。

[5]雍州牧：官名。京畿地區最高行政長官。從二品。雍州，治所在今陝西西安市西北郊。

[6]雒陽宫：宫殿名。隋大業二年建，在今河南洛陽市城區西北隅。

[7]大業：隋煬帝楊廣年號（605—618）。

[8]房陵王：即隋文帝長子楊勇。傳見本書卷四五、《北史》卷七一。

[9]内史侍郎：官名。隋内史省副長官，佐宰相之職的本省長官内史監、令處理政務。初設四員，正四品下；大業三年減爲二員，正四品。　虞世基：人名。傳見本書卷六七、《北史》卷八三。

維大業二年七月癸丑朔二十三日，皇太子薨于行宫。[1]粤三年五月庚辰朔六日，將遷座于莊陵，[2]禮也。蜃綍宵載，[3]鶴關曉闢，[4]肅文物以具陳，儼賓從其如昔。皇帝悼離方之云晦，嗟震宫之虧象，[5]顧守器以長懷，[6]臨登餕而興想。[7]先遠戒日，[8]占謀允從，庭彝徹祖，[9]階肥收重，[10]抗銘旌以啓路，[11]動徐輪於振容。揆行度名，累德彰謚，爰詔史册，式遵典志，俾濬哲之徽猷，[12]播長久乎天地。其辭曰：

[1]大業二年七月癸丑朔二十三日：查《二十史朔閏表》，大業二年七月癸丑朔，第二十三日爲乙亥日。據本書《煬帝紀上》載：大業二年秋七月甲戌日皇太子薨，甲戌日爲朔後第二十二日。

[2]莊陵：陵墓名。故址在今陝西乾縣陽洪鄉乳臺村南。

[3]蜃：指大蛤或畫有蛤形的漆尊祭器。按，殿本、庫本作“蜄”。　紼（fú）：大索。特指牽引棺的繩索。

[4]鶴關：太子宫禁之門。

[5]震宫：東方。此指東宫，太子之宫。　虧：宋刻遞修本、汲古閣本、中華本同，殿本、庫本作“亏”。

[6]守器：本意守護國家的重器，因太子主宗廟之器，此借指太子。

[7]登餕（jùn）：指在祭祀中，嗣子登堂接受祭祀的餘食。在皇家祭典中，登餕之事往往由太子職司。餕，指祭之餘，或食之餘。

[8]戒日：指占卜日。

[9]彝：古代祭祀時使用的大型酒器或禮器。

[10]戺（shì）：階旁所砌的斜石。

[11]銘旌：竪在靈柩前標志死者官職和姓名的旗幡。多用絳帛粉書。品官則借銜題寫曰某官某公之柩，士或平民則稱顯考顯妣。另紙書題者姓名粘於旌下。大斂後，以竹杠懸之依靈右。葬時取下加於柩上。

[12]濬哲：智慧，明智。　徽猷：美善之道。猷，指道、修養、本事等。

宸基峻極，帝緒會昌。體元襲聖，儀耀重光。氣秀春陸，神華少陽。居周軼誦，[1]處漢韜莊。[2]有縱生知，誕膺惟睿。性道鱗日，[3]幾深綺歲。降迹大成，俯情多藝。樹親建國，命懿作藩。威蕤先路，[4]舄弈渠門。[5]庸服有紀，分器惟尊。風高楚殿，[6]雅盛梁園。[7]睿后膺儲，天人叶順。本茂條遠，基崇體峻。改王參墟，[8]奄有唐、晉。[9]在貴能謙，居沖益慎。封畿千里，[10]閶闔九重。[11]

[1]周：指西周（前1046—前771），都鎬京（今陝西西安市長安區西北豐鎬村附近）。　誦：人名。指西周成王姬誦。事見《史記》卷四《周本紀》。

[2]漢：此指東漢（25—220），都洛陽（今河南洛陽市東）。　韜：掩藏，隱藏，隱蔽。　莊：人名。指東漢明帝劉莊。紀見《後漢書》卷二。

[3]觿：古代一種解結的錐子，用骨、玉等製成，也用作佩飾。

[4]威蕤：華麗、茂盛貌。

[5]渠門：旗名。一説古時兩旗交接以爲軍門。亦可指古城門名。

[6]楚：古國名。指春秋戰國時期楚國，都郢（今湖北荆州市荆州區）。

[7]梁：即南朝梁（502—557），都建康（今江蘇南京市）。

[8]參墟：亦作“參虚”。按古代星相學，參星的分野當今山西、河南一帶，爲古晉國。而楊昭就曾被封爲晉王。

[9]唐：指周武王幼子叔虞。因初封於唐，故稱唐叔虞，是古晉國始祖。事見《史記》卷三九《晉世家》。　晉：古國名。西周分封的諸侯國之一。原稱唐，後因地近晉水改稱晉國。事見《史記·晉世家》。

[10]畿：古代王都所處的千里地面。

[11]閶闔：傳説中的天門，也指皇宫的正門。

神州王化，禁旅軍容。瞻言偃草，高視折衝。[1]帷扆清秘，親賢允屬。泛景風瀾，飛華螭玉。[2]揮翰泉湧，敷言藻縟。[3]式是便煩，思謀啓沃。洪惟積德，豐衍繁祉。粤自天孫，光升元子。緑車逮事，翠纓奉祀。肅穆滿容，儀形讓齒。[4]禮樂交暢，愛敬兼資。優游養德，恭己承儀。南山聘隱，東序尊師。[5]有粹神儀，深穆其度。顯顯觀德，温温審諭。炯戒齊箴，留連主賦。入監出撫，[6]日就月將。沖情玉裕，令問金相。宜綏景福，永作元良。神理冥漠，天道難究。仁不必壽，善或愆祐。遽瑶山之頽壞，忽桂宫之毁構。痛結幽明，悲纏宇宙。慟皇情之深憫，摧具僚其如疚。嗚呼哀哉！回環氣朔，荏苒居諸。霑零露於瑶圃，下申霜於玉除。[7]夜漏盡兮空階曙，曉月懸兮帷殿虚。嗚呼哀哉！將寧甫竁，[8]長違望苑。[9]渡渭涘於造舟，[10]遵長平之修阪。[11]望鶴駕而不追，顧龍樓而日遠。嗚呼哀哉！永隔存没，長分古今。去榮華於人世，即潛璲之幽深。[12]

［1］折衝：使敵方的戰車折還，意謂抵禦、擊退敵人。後引申爲進行外交談判。

［2］螭：古代傳説中的一種動物，蛟龍之屬，頭上無角。

［3］藻縟：繁密的色彩。

［4］讓齒：對年長者謙讓有禮。

［5］東序：相傳爲夏代的大學，在王宫之東。同時也是國老養老之所，他們於此教授文化。後亦爲國學的通稱。後來古代宫室的東廂房，爲藏圖書、秘笈之所。

［6］入監出撫：指皇太子留守京師監國或巡撫地方民情。

[7]玉除：指玉階。用玉石砌成或裝飾的臺階，亦用作石階的美稱。借指朝廷。

[8]竁（cuì）：挖地造墓穴。

[9]望苑：即博望苑。漢武帝爲戾太子立，使交接賓客之處。後多借指太子之宫。

[10]渭涘：概指渭水。即今渭河，爲黄河最大的支流，在陝西省中部。

[11]長平：古地名。其地約今山西高平市西北。

[12]潜塍：墓道。

霏夕煙而稍起，慘落景而將沈。聽哀挽之悽楚，雜灌木之悲吟。紛徒御而流袂，[1]欷纓弁以霑衿。[2]嗚呼哀哉！九地黄泉，千年白日。雖金石之能久，終天壤乎長畢。敢圖芳於篆素，[3]永飛聲而騰實。[4]

[1]徒御：挽車、御馬的人。

[2]欷：抽泣，嘆息。　纓弁：仕宦的代稱。　衿：古代服裝下連到前襟的衣領。

[3]篆素：寫篆書於素帛。

[4]騰實：功績傳揚。

帝深追悼。

有子三人，韋妃生恭皇帝，[1]大劉良娣生燕王倓，[2]小劉良娣生越王侗。[3]

[1]韋妃：即元德太子妃。事亦見本書卷五《恭帝紀》。　恭皇帝：即隋恭帝楊侑。紀見本書卷五、《北史》卷一二。

[2]大劉良娣：即元德太子楊昭之妃，具體事迹不詳。　倓：人名。隋煬帝長孫，元德太子楊昭長子楊倓。《北史》卷七一有附傳。

[3]小劉良娣：即元德太子楊昭之妃，具體事迹不詳。　侗：人名。隋煬帝之孫，元德太子楊昭次子楊侗。《北史》卷七一有附傳。

燕王倓字仁安。敏慧美姿儀，煬帝於諸孫中特所鍾愛，常置左右。性好讀書，尤重儒素，非造次所及，[1]有若成人。良娣早終，每至忌日，未嘗不流涕嗚咽。帝由是益以奇之。宇文化及弑逆之際，[2]倓覺變，欲入奏，恐露其事，因與梁公蕭鉅、千牛宇文皛等穿芳林門側水竇而入。[3]至玄武門，[4]詭奏曰："臣卒中惡，命縣俄頃，請得面辭，死無所恨。"冀以見帝，爲司宫者所遏，竟不得聞。俄而難作，爲賊所害，時年十六。

[1]非造次所及：諸本均同，《北史》卷七一《元德太子昭傳》作"造次所及"。

[2]宇文化及：人名。傳見本書卷八五，《北史》卷七九有附傳。

[3]梁公：爵名。全稱爲梁國公。隋九等爵的第三等。從一品。　蕭鉅：人名。蕭巋之孫。事見本書卷七九《蕭琮傳》。　千牛：官名。千牛左右，隋初於左右領左右府置千牛備身十二人，掌供御弓箭，執千牛御刀侍衛皇帝左右，正六品下。煬帝大業三年改左右領左右府爲左右備身府，千牛備身則改名爲千牛左右，其職掌未變，員額增至十六人，正六品。　宇文皛：人名。隋初大將宇文慶之孫。事見本書卷五〇《宇文慶傳》。　芳林門：隋江都宫宫門。

據顧祖禹《讀史方輿紀要》卷二三《南直五》記載：“江都宫，在故廣陵城内，隋煬帝所築宫也。其宫城東偏門曰芳林，又有玄武、玄覽諸門，皆宫門也。” 水竇：水道。

［4］玄武門：宫門名。隋江都宫北門。

越王侗字仁謹，美姿儀，性寬厚。大業二年，立爲越王。帝每巡幸，侗常留守東都。[1]楊玄感作亂之際，[2]與民部尚書樊子蓋拒之。[3]及玄感平，朝於高陽，[4]拜高陽太守。俄以本官復留守東都。十三年，帝幸江都，[5]復令侗與金紫光禄大夫段達、太府卿元文都、攝民部尚書韋津、右武衛將軍皇甫無逸等總留臺事。[6]宇文化及之弑逆也，文都等議，以侗元德太子之子，屬最爲近，於是乃共尊立，大赦，改元曰皇泰。謚帝曰明，廟號世祖。追尊元德太子爲孝成皇帝，廟號世宗。尊其母劉良娣爲皇太后。以段達爲納言、右翊衛大將軍、攝禮部尚書，[7]王世充亦納言、左翊衛大將軍、攝吏部尚書，[8]元文都内史令、左驍衛大將軍，[9]盧楚亦内史令，[10]皇甫無逸兵部尚書、右武衛大將軍，[11]郭文懿内史侍郎，[12]趙長文黄門侍郎，[13]委以機務，爲金書鐵券，藏之宫掖。于時雒陽稱段達等爲“七貴”。

［1］東都：即洛陽。

［2］楊玄感：人名。傳見本書卷七〇，《北史》卷四一有附傳。

［3］民部尚書：官名。隋沿北魏、北齊置度支尚書，開皇三年改稱民部尚書，是尚書省下轄六部之一民部的長官。職掌全國土地、户口、賦税、錢糧之政令。置一員，正三品。 樊子蓋：人名。傳見本書卷六三、《北史》卷七六。

[4]高陽：郡名。大業九年以博陵郡改置，治所在今河北定州市。據本書卷四《煬帝紀下》載：大業九年閏九月己巳，煬帝“幸博陵”。故此處稱越王“朝於高陽”。

[5]江都：郡名。治所在今江蘇揚州市。

[6]金紫光禄大夫：官名。屬散實官。隋文帝置特進、左右光禄大夫等，以加文武官之有德聲者，並不理事。因其金印紫綬，故名。隋初爲從二品，煬帝大業三年降爲正三品。　段達：人名。傳見本書卷八五、《北史》卷七九。　太府卿：官名。隋太府寺主官，掌供賦貨賄、金帛府庫、營造器物。開皇仁壽時統左藏、左尚方、内尚方、右尚方等署。置一員，正三品。大業時，分太府寺爲少府監，太府衹掌京都市五署及平準、左右藏八署。　元文都：人名。傳見本書卷七一。　攝：代理、兼職。　韋津：人名。事見本書卷四七《韋世康傳》、《北史》卷六四《韋孝寬傳》、《舊唐書》卷九二《韋安石傳》、《新唐書》卷一二二《韋安石傳》。　右武衛將軍：官名。隋中央軍事機關十二衛中有左右武衛，各置大將軍一人爲主官，將軍二人副之。掌領外軍宿衛宫禁。從三品。　皇甫無逸：人名。隋任右武衛將軍，後降唐。傳見《舊唐書》卷六二、《新唐書》卷九一，本書卷七一、《北史》卷七〇有附傳。

[7]納言：官名。門下省長官，職掌封駁制敕，並參與軍國大政決策等，居宰相之職。置二員，正三品。　右翊衛大將軍：官名。隋中央軍事機關十二衛中有左右翊衛，各置大將軍一人爲主官，掌宫掖禁禦，督攝仗衛。正三品。　禮部尚書：官名。隋尚書省禮部主官，一人，下統禮部、祠部、主客和膳部四曹。掌禮儀、祭享、貢舉等事務。正三品。

[8]王世充：人名。傳見本書卷八五、《北史》卷七九、《舊唐書》卷五四、《新唐書》卷八五。　左翊衛大將軍：官名。隋中央軍事機關十二衛中有左右翊衛，各置大將軍一人爲主官，掌宫掖禁禦，督攝仗衛。正三品。　吏部尚書：官名。隋尚書省吏部主官，一人。下統吏部、主爵、司勳、考功四曹。掌全國官吏任免、考

課、升降、調動等事務，爲六部之首。正三品。

［9］内史令：官名。内史省長官，掌皇帝詔令出納宣行，居宰相之職。隋初内史省置監、令各一人，尋廢監，置令二人，正三品。　左驍衛大將軍：官名。隋中央軍事機關十二衛中有左右衛，各置大將軍一人爲主官，所領軍隊名爲驍騎，故左衛大將軍又稱左驍衛大將軍。掌宫掖禁禦、督攝仗衛。正三品。

［10］盧楚：人名。傳見本書卷七一、《北史》卷八五。

［11］兵部尚書：官名。隋尚書省下轄六部之一兵部的長官。掌全國軍衛武官選授之政令，統兵部、職方、駕部、庫部四曹。置一員，正三品。　右武衛大將軍：官名。隋中央軍事機關十二衛中有左右武衛，各置大將軍一人爲主官。掌領外軍宿衛宫禁。從三品。

［12］郭文懿：人名。隋時人。事略見本書《段達傳》。

［13］趙長文：人名。隋末爲越王侗授爲黄門侍郎，其他事迹不詳。　黄門侍郎：官名。隋初於門下省置給事黄門侍郎四員，爲門下省的次官，協助長官納言掌封駁制敕，參議政令的制定，正四品上。煬帝大業三年去“給事”之名，但稱“黄門侍郎”，並減置二員，正四品。

未幾，宇文化及立秦王子浩爲天子，[1]來次彭城，[2]所經城邑多從逆黨。侗懼，遣使者蓋琮、馬公政，[3]招懷李密。[4]密遂遣使請降，侗大悦，禮其使甚厚。即拜密爲太尉、尚書令、魏國公，[5]令拒化及。下書曰：

［1］秦王：即隋文帝第三子楊俊，開皇元年被立爲秦王。傳見本書卷四五、《北史》卷七一。　浩：人名。即楊浩。本書卷四五，《北史》卷七一有附傳。

［2］彭城：郡名。治所在今江蘇徐州市。

［3］蓋琮：人名。隋時人，具體事迹不詳。事亦見《通鑑》卷

一八五《唐紀》武德元年六月條。　馬公政：人名。隋時人，具體事迹不詳。

[4]李密：人名。傳見本書卷七〇、《舊唐書》卷五三、《新唐書》卷八四。

[5]太尉：官名。隋三公之一，此爲越王侗所授僞官。　尚書令：官名。此爲越王侗所授僞官。　國公：爵名。隋九等爵的第三等。從一品。

我大隋之有天下，於兹三十八載。高祖文皇帝聖略神功，載造區夏。世祖明皇帝則天法地，[1]混一華戎。東暨蟠木，[2]西通細柳，[3]前逾丹徼，[4]後越幽都。[5]日月之所臨，風雨之所至，圓首方足，稟氣食芼，[6]莫不盡入提封，[7]皆爲臣妾。加以寶貺畢集，[8]靈瑞咸臻，作樂制禮，移風易俗。智周寰海，萬物咸受其賜，道濟天下，百姓用而不知。世祖往因歷試，統臨南服，自居皇極，順兹望幸。所以往歲省方，展禮肆覲，停鑾駐蹕，[9]按駕清道，八屯如昔，七萃不移。[10]豈意釁起非常，[11]逮於軒陛，灾生不意，延及冕旒。[12]奉諱之日，五情崩隕，攀號荼毒，不能自勝。

[1]世祖明皇帝：此指楊廣。宇文化及弑帝，元文都等擁立越王侗爲皇帝，並謚楊廣曰明，廟號世祖。

[2]蟠木：古代傳説中的山名。

[3]細柳：一説爲古代日落之地。一説爲古地名，其地約在今陝西咸陽市西南渭河北岸，或今陝西西安市西南古昆明池南。

[4]丹徼：指南方的邊疆。

[5]幽都：指北方。

［6］芼（máo）：通“毛”。即草，指可供食用的野菜或水草。

［7］提封：亦作“堤封”。指諸侯或宗室的封地，亦指國家四境之内。

［8］貺（kuàng）：賜予。

［9］駐蹕（bì）：指帝王出行沿途暫住。蹕，指帝王出行的車駕。

［10］八屯：泛指天子的禁衛軍或精鋭部隊。後文“七萃”意同。

［11］釁：禍患，禍亂。此指宇文化及叛亂弑君。

［12］冕旒：本指帝王之冠冕，此代之帝王。

且聞之，自古代有屯剥，[1]賊臣逆子，無世無之。至如宇文化及，世傳庸品。其父述，[2]往屬時來，早霑厚遇，賜以婚媾，置之公輔，位尊九命，[3]禄重萬鍾，[4]禮極人臣，榮冠世表。徒承海嶽之恩，未有涓塵之益。化及以此下材，夙蒙顧盼，出入外内，奉望階墀。[5]昔陪藩國，統領禁衛，及從升皇祚，陪列九卿。[6]但本性凶狠，恣其貪穢，或交結惡黨，或侵掠貨財，事重刑篇，狀盈獄簡。在上不遺簪履，恩加草芥，應至死辜，每蒙恕免。三經除解，尋復本職，再徙邊裔，仍即追還。生成之恩，昊天罔極，獎擢之義，人事罕聞。化及梟獍爲心，[7]禽獸不若，縱毒興禍，傾覆行宫。諸王兄弟，一時殘酷，痛暴行路，世不忍言。有窮之在夏時，[8]犬戎之於周代，[9]釁辱之極，亦未是過。朕所以刻骨崩心，飲膽嘗血，瞻天視地，無處容身。

［1］屯（zhūn）剥：“屯”“剥”均爲《易》卦名。“屯”卦震下坎上，指艱難。“剥”卦坤下艮上，指剥落。合用以稱衰亂之世

或不幸之遭遇。

[2]述：人名。即宇文述。傳見本書卷六一、《北史》卷七九。

[3]九命：《周禮·春官·典命》載“上公九命”，指官爵中最高的等級。

[4]萬鍾：比喻俸禄很多。鍾，爲古代計量單位。

[5]墀（chí）：臺階，亦指階面。

[6]九卿：古代中央各機關主官的總稱。隋九卿爲太常、光禄、衛尉、宗正、太僕、大理、鴻臚、司農、太府九寺的主官，均爲正三品。此處比喻官位崇高。

[7]梟獍（jìng）：比喻不孝或忘恩負義的惡人。梟，傳説中食母的惡鳥。獍，傳説中食父的惡獸。

[8]有窮：古族名。爲夏朝東夷中一個善射的部族，相傳后羿是其首領。當時夏王啓的兒子太康耽於游樂田獵，不理政事，被后羿驅逐，即“太康失國”。事見《史記》卷二《夏本紀》。

[9]犬戎：古族名。古戎人的一支，即田犬戎，亦稱田犬夷、昆夷或緄夷等。殷周時，游牧於涇渭流域（今陝西咸陽市彬縣、岐山縣一帶），爲殷周西邊的勁敵。周幽王十一年（前771），與申侯聯合攻殺幽王，迫使周室東遷。事見《史記》卷四《周本紀》。

今王公卿士，庶僚百辟，咸以大寶鴻名，不可顛墜，元凶巨猾，須早夷殄，翼戴朕躬，嗣守寶位。顧惟寡薄，志不逮此。今者出黼扆而杖旄鉞，[1]釋衰麻而擐甲胄，[2]銜冤誓衆，忍淚治兵，指日遄征，[3]以平大盜。且化及僞立秦王之子，幽遏比於囚拘，其身自稱霸相，專擅擬於九五。履踐禁御，據有宫闈，昂首揚眉，初無慚色。衣冠朝望，外懼凶威，志士誠臣，内皆憤怨。以我義師，順彼天道，梟夷醜族，匪夕伊朝。

［1］黼扆：亦作“黼依”“斧依”或“斧扆”。指古代帝王寶座後面的屏風，上有斧形花紋。　旄鉞：白旄與黄鉞，意指軍權。

［2］衰：指喪服。

［3］遄（chuán）：連續。

太尉、尚書令、魏公丹誠内發，宏略外舉，率勤王之師，討違天之逆。果毅争先，熊羆競逐，金鼓振讋，[1]若火焚毛，鋒刃縱横，如湯沃雪。魏公志在匡濟，投袂前驅，朕親御六軍，[2]星言繼進。以此衆戰，以斯順舉，擘山可以動，[3]射石可以入。况擁此人徒，皆有離德，京都侍衛，西憶鄉家，江左淳民，[4]南思邦邑，比來表書駱驛，[5]人信相尋。若王師一臨，舊章暫睹，自應解甲倒戈，冰銷葉散。[6]且聞化及自恣，天奪其心，殺戮不辜，挫辱人士，莫不道路仄目，號天跼地。朕今復讎雪耻，梟轘者一人，拯溺救焚，所哀者士庶。唯天鑒孔殷，[7]祐我宗社，億兆感義，俱會朕心。梟戮元凶，策勳飲至，四海交泰，稱朕意焉。兵術軍機，並受魏公節度。

［1］讋（shè）：即懾。舊讀 zhé。

［2］六軍：《周禮·夏官·序官》載：王六軍，大國三軍，次國二軍，小國一軍。後以六軍泛稱朝廷的軍隊。

［3］擘：剖，分開。

［4］江左：地區名。指長江下游南岸地區。古人在地理上以東爲左，以西爲右，故又稱“江東”。

［5］駱驛：宋刻遞修本、殿本、庫本、中華本同，汲古閣本作“絡繹”。

[6]銷：宋刻遞修本、中華本同，汲古閣本、殿本、庫本作“消”。

[7]孔殷：指緊急，急迫。

密見使者，大悦，北面拜伏，[1]臣禮甚恭。密遂東拒化及。

[1]北面：古代君主面朝南坐，臣子朝見君主則面朝北，所以“北面”表示對人稱臣。

“七貴”頗不協，陰有相圖之計。未幾，元文都、盧楚、郭文懿、趙長文等爲世充所殺，[1]皇甫無逸遁歸長安。世充詣侗所陳謝，辭情哀苦。侗以爲至誠，命之上殿，被髮爲盟，誓無貳志。自是侗無所關預。侗心不能平，遂與記室陸士季謀圖世充，[2]事不果而止。及世充破李密，衆望益歸之，遂自爲鄭王，總百揆，[3]加九錫，[4]備法物，[5]侗不能禁也。段達、雲定興等十人入見於侗曰：[6]“天命不常，鄭王功德甚盛，願陛下揖讓告禪，遵唐、虞之迹。”侗聞之怒曰：“天下者，高祖之天下，東都者，世祖之東都。若隋德未衰，此言不可發；必天命有改，亦何論於禪讓！公等或先朝舊臣，績宣上代，或勤王立節，身服軒冕，忽有斯言，朕復當何所望！”神色懍然，侍衛者莫不流汗。既而退朝，對良娣而泣。世充更使人謂侗曰：“今海内未定，須得長君。待四方乂安，復子明辟，[7]必若前盟，義不違負。”侗不得已，遜位於世充，遂被幽於含凉殿。[8]世充僭僞號，封爲潞國公，[9]邑五千户。[10]

[1]盧楚：底本原作“盧逸”，中華本據上文改，今從改。

[2]記室：官名。隋制皇子爲親王後，可置屬官，記室即爲其一，隨侍皇子身邊獻納得失，掌章表書記文檄。從六品。　陸士季：人名。隋末爲越王侗記室兼侍讀，越王侗稱帝授著作郎。事見《舊唐書》卷一八八、《新唐書》卷一九五《陸南金傳》。

[3]百揆：指總理國家所有政務並統領百官。

[4]九錫（cì）：傳説古代帝王尊禮大臣所給的九種器物。不同典籍記九錫名目大同小異，包括車馬、衣服、樂則、朱户、納陛、虎賁、宫矢、鈇鉞、秬鬯等。王莽代漢建新前，先加九錫，此後掌政大臣奪取政權、建立新王朝前，都加九錫，成爲例行公事。

[5]法物：指宗廟樂器、車駕、鹵簿等器物。

[6]雲定興：人名。本書卷六一、《北史》卷七九有附傳。

[7]辟（bì）：國君。

[8]含涼殿：宫殿名。今地不詳。

[9]潞國公：此爲僞封爵。

[10]邑：也稱食邑、封邑。是古代君王封賜給有爵位之人的一種食禄制度，受封者可徵收封地内的民户租税充作食禄。魏晋以後，食邑分爲虚封和實封兩類：虚封一般僅冠以“邑”或“食邑”之名，這衹是一種榮譽性加銜，受封者並不能獲得實際的食禄收入；而實封一般須冠以“真食”“食實封”等名，受封者可真正獲得食禄收入。

月餘，宇文儒童、裴仁基等謀誅世充，[1]復尊立侗，事泄，並見害。世充兄世惲因勸世充害侗，[2]以絶民望。世充遣其侄行本齎鴆詣侗所曰：[3]“願皇帝飲此酒。”侗知不免，請與母相見，不許。遂布席焚香禮佛，咒曰：

“從今以去，願不生帝王尊貴之家。”於是仰藥。不能時絶，更以帛縊之。世充僞謚爲恭皇帝。[4]

[1]宇文儒童：人名。宇文愷之子。事見本書卷六八、《北史》卷六〇《宇文愷傳》。　裴仁基：人名。傳見本書卷七〇、《北史》卷三八。

[2]世惲：人名。即王世惲，亦名王惲，王世充之兄。王世充稱帝建鄭後，封齊王，授尚書令。武德四年（621），李世民平王世充，他與王世充一起被仇家所殺。按，《北史》卷七九《王世充傳》省“世”字，然《通鑑》卷一八五《唐紀》武德元年七月條、《舊唐書》卷五四《王世充傳》、《新唐書》卷八五《王世充傳》皆作“世惲”。

[3]行本：人名。即王行本，王世充之侄。

[4]恭皇帝：此爲僞謚。後李唐亦謚楊侑爲恭皇帝。

齊王暕，字世朏，小字阿孩。美容儀，疏眉目，少爲高祖所愛。開皇中，立爲豫章王，[1]邑千户。及長，頗涉經史，尤工騎射。初爲内史令。仁壽中，拜揚州總管沿淮以南諸軍事。[2]煬帝即位，進封齊王，增邑四千户。大業二年，帝初入東都，盛陳鹵簿，暕爲軍導。尋轉豫州牧。[3]俄而元德太子薨，朝野注望，咸以暕當嗣。帝又敕吏部尚書牛弘妙選官屬，[4]公卿由是多進子弟。明年，轉雍州牧，尋徙河南尹、開府儀同三司。[5]元德太子左右二萬餘人悉隸於暕，寵遇益隆，自樂平公主及諸戚屬競來致禮，[6]百官稱謁，填咽道路。

[1]豫章王：爵名。即豫章郡王。隋九等爵的第二等。從一品。

［2］揚州：治所在今江蘇揚州市。　總管：官名。此指總管府。隋於并、益、荆、揚四州置大總管，其餘州置總管。總管分上、中、下三等。總管的統轄範圍可達數州至十餘州，成一軍政管轄區。　淮：即淮河。

［3］“煬帝即位”至“尋轉豫州牧”：此句記載諸事前後順序有誤。按，關於上述諸事，本卷與《北史》卷七一《齊王暕傳》記載基本一致。但查本書卷三《煬帝紀上》、《北史》卷一二《隋煬帝紀》以及《通鑑》卷一八〇，均載暕被進封爲齊王的時間是大業二年六月壬子。又本書《煬帝紀上》、《北史・隋煬帝紀》都記載豫章王轉豫州牧的時間是大業元年正月己亥。故可以判定，本卷和《北史・齊王暕傳》對於該事的記載均有誤，而應遵從本紀記載。正確的順序爲，煬帝即位後，於大業元年正月己亥以豫章王爲豫州牧。大業二年六月壬子，進封豫章王爲齊王。鹵簿，古代帝王外出時在其前後的儀仗隊。同時，自東漢以後，后、妃、太子、王公、大臣亦有鹵簿，各有定制。豫州牧，官名。隋煬帝大業元年正月，改洛州爲豫州（治所在今河南洛陽市），以豫章王暕爲州牧，負責州内行政事務。不久，煬帝命於豫州内營造東都洛陽城。故可以推斷，豫州牧的品秩概與當時雍州牧品秩相當，爲從二品。大業三年，煬帝改制，廢州置郡，州官一並被廢止。豫州改爲河南郡。由於其地爲帝都所在，爲區别他郡，故置尹爲最高行政長官。正三品。

［4］牛弘：人名。傳見本書卷四九、《北史》卷七二。

［5］河南尹：官名。其前身爲豫州牧，大業元年置，掌管東都洛陽在内的州内各項事務。大業三年豫州改爲河南郡。由於其地爲帝都洛陽所在，爲區别他郡，故置尹爲最高行政長官。正三品。河南，郡名。治所在今河南洛陽市。　開府儀同三司：官名。隋置十一等散實官，加文武官之德聲者，並不理事。開府爲第六等。正四品。隋煬帝改制時，改爲從一品。

［6］樂平公主：即隋文帝長女楊麗華，爲周宣帝皇后，入隋封

樂平公主。傳見《周書》卷九、《北史》卷一四。

暕頗驕恣，昵近小人，所行多不法，遣喬令則、劉虔安、裴該、皇甫諶、庫狄仲錡、陳智偉等求聲色狗馬。[1]令則等因此放縱，訪人家有女者，輒矯暕命呼之，載入暕宅，因緣藏隱，恣行淫穢，而後遣之。仲錡、智偉二人詣隴西，[2]撾炙諸胡，[3]責其名馬，得數匹以進於暕。暕令還主，仲錡等詐言王賜，將歸於家，暕不之知也。又樂平公主嘗奏帝，言柳氏女美者，帝未有所答。久之，主復以柳氏進於暕，暕納之。其後帝問主柳氏女所在，主曰："在齊王所。"帝不悦。暕於東都營第，大門無故而崩，聽事栿中析，[4]識者以爲不祥。其後從帝幸榆林，[5]暕督後軍步騎五萬，恒與帝相去數十里而舍。會帝於汾陽宮大獵，[6]詔暕以千騎入圍。暕大獲麋鹿以獻，而帝未有得也，乃怒從官，皆言爲暕左右所遏，獸不得前。帝於是發怒，求暕罪失。

[1]喬令則：人名。隋時人，具體事迹不詳。　劉虔安：人名。隋時人，具體事迹不詳。　裴該：人名。隋時人，具體事迹不詳。　皇甫諶（chén）：人名。隋時人，具體事迹不詳。　庫狄仲錡：人名。隋時人，具體事迹不詳。　陳智偉：人名。隋時人，具體事迹不詳。

[2]隴西：地區名。泛指隴山以西地區，約今甘肅隴山以西，黄河以東一帶。

[3]撾（zhuā）：打擊。按，宋刻遞修本、中華本同，汲古閣本、殿本、庫本作"檛"。

[4]栿（fú）：房梁。

[5]榆林：郡名。治所在今内蒙古鄂爾多斯市准格爾旗東北黄河南岸十二連城。

[6]汾陽宫：宫殿名。隋大業四年建，故址在今山西寧武縣西南管涔山上。

時制縣令無故不得出境，有伊闕令皇甫翊幸於暕，[1]違禁將之汾陽宫。又京兆人達奚通有妾王氏善歌，[2]貴游宴聚，多或要致，於是展轉亦出入王家。御史韋德裕希旨劾暕，[3]帝令甲士千餘大索暕第，[4]因窮治其事。暕妃韋氏者，[5]民部尚書沖之女也，[6]早卒，暕遂與妃姊元氏婦通，[7]遂産一女，外人皆不得知。陰引喬令則於第内酣宴，令則稱慶，脱暕帽以爲歡樂。召相工令遍視後庭，相工指妃姊曰："此産子者當爲皇后。王貴不可言。"時國無儲副，暕自謂次當得立。又以元德太子有三子，内常不安，陰挾左道，爲厭勝之事。[8]至是，事皆發，帝大怒，斬令則等數人，妃姊賜死，暕府僚皆斥之邊遠。時趙王杲猶在孩孺，帝謂侍臣曰："朕唯有暕一子，不然者，當肆諸市朝，以明國憲也。"暕自是恩寵日衰，雖爲京尹，[9]不復關預時政。帝恒令武賁郎將一人監其府事，[10]暕有微失，武賁輒奏之。帝亦常慮暕生變，所給左右，皆以老弱，備員而已。暕每懷危懼，心不自安。又帝在江都宫，[11]元會，暕具法服將朝，無故有血從裳中而下。又坐齋中，見群鼠數十，至前而死，視皆無頭。暕意甚惡之。俄而化及作亂，兵將犯蹕，帝聞，顧謂蕭后曰："得非阿孩邪?"其見疏忌如此。化及復令人捕暕，暕時尚卧未起，賊既進，暕驚曰："是何人?"莫有報者，暕猶謂帝令捕之，因曰："詔使且緩。兒不負國家。"賊於是曳至街而斬之，及其二子亦遇害。暕竟不知殺者爲誰。時年三十四。

[1]伊闕：縣名。治所在今河南伊川縣西南。　皇甫翊：人名。隋煬帝大業四年官任伊闕縣令，受河南尹齊王楊暕寵信，違制貶官。事亦見本書卷五六《張衡傳》。按，汲古閣本、殿本、庫本同。宋刻遞修本、中華本及《北史·楊暕傳》作"皇甫詡"。

[2]京兆：郡名。治所在今陝西西安市。　達奚通：人名。隋京兆郡人，涉齊王楊暕謀亂之事，煬帝下令窮治其罪。事亦見本書卷五二、《北史》卷六八《韓僧壽傳》。

[3]韋德裕：人名。隋煬帝時任御史之職，事略見唐人趙蕤《長短經》卷四《霸圖》。

[4]千：底本原作"十"，據宋刻遞修本、汲古閣本、中華本及《北史·楊暕傳》改。

[5]韋氏：即韋沖之女，仁壽中齊王暕納爲妃。事略見本書卷四七、《北史》卷六四《韋沖傳》。

[6]沖：人名。即韋沖。本書卷四七、《北史》卷六四有附傳。

[7]元氏：楊暕妃韋氏之姊。具體事迹不詳。

[8]厭勝：古代方士的一種巫術，謂能以詛咒制服人或物。

[9]京尹：官名。即京兆尹。

[10]武賁郎將：官名。隋中央軍事機關十二衛屬官。十二衛掌領外軍宿衛宮禁。各置大將軍一人、將軍二人，總理府事。大業中，於每衛增置護軍四人，掌副二將軍。將軍無則一人攝之。尋改護軍爲武賁郎將。正四品。

[11]江都宫：宫殿名。隋煬帝置，在今江蘇揚州市。

有遺腹子政道，[1]與蕭后同入突厥，[2]處羅可汗號爲隋王,[3]中國人没入北蕃者，悉配之以爲部落，以定襄城處之。[4]及突厥滅，歸于大唐，授員外散騎侍郎。[5]

[1]政道：人名。即楊政道。楊暕之子。事見《舊唐書》卷一九四《突厥傳》、《通鑑》卷一九三《唐紀》太宗貞觀二年。

[2]突厥：古族名、國名。廣義包括突厥、鐵勒諸部落，狹義專指突厥。公元六世紀時游牧於金山（今阿爾泰山）以南，因金山形似兜鍪，俗稱“突厥”，遂以名部落。西魏廢帝元年（552），土門自號伊利可汗，建立突厥汗國，樹庭於鬱督軍山（今杭愛山東段，鄂爾渾河左岸）。隋開皇二年西面可汗達頭與大可汗沙鉢略不睦，分裂爲西突厥、東突厥兩個汗國。傳見本書卷八四、《周書》卷五〇、《北史》卷九九、《舊唐書》卷一九四、《新唐書》卷二一五。

[3]處羅可汗：西突厥可汗號，全稱爲泥撅處羅可汗，即西突厥泥利可汗之子達漫。事迹見本書卷八四《西突厥傳》、《北史》卷九九《西突厥傳》、《舊唐書》卷一九四《突厥傳下》、《新唐書》卷二一五《突厥傳下》。

[4]定襄城：城名。其地在今山西定襄縣附近。

[5]員外散騎侍郎：官名。屬散官，隋門下省置六人，掌部從朝直，並出使勞問。正五品。

趙王杲，小字季子。年七歲，以大業九年封趙王。尋授光禄大夫,[1]拜河南尹。從幸淮南,[2]詔行江都太守事。杲聰令，美容儀，帝有所製詞賦，杲多能誦之。性至孝，常見帝風動不進膳，杲亦終日不食。又蕭后當灸，杲先請試炷，后不許之，杲泣請曰：“后所服藥，皆蒙嘗之。今灸，願聽嘗炷。”悲咽不已。後竟爲其停灸，由是尤愛之。後遇化及反，杲在帝側，號慟不已。裴虔通使賊斬之於帝前，[3]血湔御服。時年十二。

[1]光禄大夫：官名。屬散實官。煬帝大業三年廢特進，改置光禄大夫等九大夫。從一品。

[2]淮南：地區名。指淮河以南、長江以北的廣大地區，又稱江淮地區。

[3]裴虔通：人名。傳見本書卷八五，《北史》卷七九有附傳。

史臣曰：元德太子雅性謹重，有君人之量，降年不永，哀哉！齊王敏慧可稱，志不及遠，頗懷驕僭，故煬帝疏而忌之。心無父子之親，貌展君臣之敬，身非積善，國有餘殃。至令趙及燕、越皆不得其死，悲夫！

隋書　卷六〇

列傳第二十五

崔仲方

崔仲方，[1]字不齊，博陵安平人也。[2]祖孝芬，[3]魏荆州刺史。[4]父宣猷，[5]周小司徒。[6]仲方少好讀書，有文武才幹。年十五，周太祖見而異之，[7]令與諸子同就學。時高祖亦在其中，[8]由是與高祖少相款密。

[1]崔仲方：人名。《北史》卷三二有附傳。

[2]博陵：郡名。治所在今河北定州市。　安平：縣名。治所在今河北安平縣。

[3]孝芬：人名。即崔孝芬，崔仲方之祖。北魏官任車騎大將軍、兼吏部尚書。《魏書》卷五七、《北史》卷三二有附傳。

[4]魏：即北魏（386—557），亦稱後魏。初都平城（今山西大同市東北），公元494年遷都洛陽（今河南洛陽市東北白馬寺東）。公元534年分裂爲東魏和西魏兩個政權。東魏（534—550）都於鄴（今河北臨漳縣西南鄴鎮東），西魏（535—557）都於長安（今陝西西安市西北郊）。　荆州：俗稱“西荆州”，治所在今陝西

商洛市。太和中移治今河南鄧州市。

［5］宣猷：人名。即崔猷，字宣猷，崔仲方之父。北周爲小司徒、開府儀同大將軍，入隋授大將軍，進爵汲郡公。傳見《周書》卷三五，《北史》卷三二有附傳。

［6］周：即北周（557—581），都長安（今陝西西安市西北郊）。　小司徒：官名。北周置，全稱爲小司徒上大夫。北周仿《周禮》建六官。地官府設小司徒上大夫爲副職，輔助正職大司徒卿掌建邦之教法等。正六命。（參見王仲犖《北周六典》卷三《地官府第八》，中華書局1979年版，第87頁。另，後凡西魏、北周官爵注釋，多參閱本書，不再一一注明）

［7］周太祖：指宇文泰。“太祖”是其死後北周閔帝受禪稱帝後追尊的廟號。紀見《周書》卷一、《北史》卷九。

［8］高祖：隋文帝楊堅的廟號。紀見本書卷一、二，《北史》卷一一。

後以明經爲晋公宇文護參軍事，[1]尋轉記室，[2]遷司玉大夫，[3]與斛斯徵、柳敏等同修禮律。[4]後以軍功，授平東將軍、銀青光禄大夫，[5]賜爵石城縣男，[6]邑三百户。[7]時武帝陰有滅齊之志，[8]仲方獻二十策，帝大奇之。後與少内史趙芬删定格式。[9]

［1］明經：古代選舉科目之一。漢代始以明經取士。魏晋以來，行九品中正之法，明經含義則指德行高遠，明於經國之道。　晋公：爵名。全稱爲晋國公。北周十一等爵的第四等。正九命。　宇文護：人名。北周權臣。西魏時追隨宇文泰征戰，北周建立後，宇文護專政，歷大司馬、大冢宰等職，進爵晋國公。天和七年（572）爲北周武帝宇文邕所殺。傳見《周書》卷一一，《北史》卷五七有附傳。　參軍事：官名。北周王府、國公府有參軍事，爲府主的幕

僚，參與軍政等事務的決策。品秩不詳。

[2]記室：官名。全稱爲記室參軍。北周國公府、王府有記室參軍，爲府主的幕僚，掌府内文書之事。品秩不詳。

[3]司玉大夫：官名。全稱爲司玉下大夫。北周冬官府置長官大司空卿，其屬官有司玉下大夫。負責玉石製作。正四命。

[4]斛斯徵：人名。從北魏孝武帝西遷，累遷太常卿。西魏恭帝末，拜司樂中大夫。入周，進驃騎大將軍、開府。宣帝即位，遷上大將軍、大宗伯。隋初除太子太傅，著《樂典》十卷。傳見《周書》卷二六，《北史》卷四九有附傳。　柳敏：人名。起家北魏員外散騎侍郎。西魏時參與制定新法，官至禮部郎中、吏部郎中，封爵武成縣子，加散官帥都督、大都督。北周時累遷河東郡守、郢州刺史、司宗中大夫、春官府小宗伯、相州刺史等職，並進位大將軍。傳見《周書》卷三二、《北史》卷六七。

[5]平東將軍：軍號名。北周置諸戎號，授予有軍功的大臣，平東將軍爲其中之一。正七命。　銀青光禄大夫：官名。北周置諸散官，授予文武官員有德聲者，並不理事，唯假章綬禄賜班位而已。銀青光禄大夫爲其中之一，銀章青綬。分左右。正七命。

[6]石城縣男：爵名。北周十一等爵的第十等。正五命。

[7]邑：即食邑。古代承受封爵者的食禄，以其封地内民户賦税撥充，並隨爵位的黜升而損益。但自三國魏始有"實（真）封"和"虚封"之分。後者有封邑但不食租税。

[8]武帝：即北周皇帝宇文邕的謚號。紀見《周書》卷五、六，《北史》卷一〇。　齊：即北齊（550—577），都鄴（今河北臨漳縣西南鄴鎮東）。

[9]少内史：官名。即小内史，全稱爲小内史下大夫。爲北周春官府屬官，輔助内史上大夫、中大夫，擬寫皇帝詔令、參議刑罰爵賞等軍國大事。正四命。　趙芬：人名。傳見本書卷四六、《北史》卷七五。

尋從帝攻晋州，[1]齊之亞將崔景嵩請爲内應，[2]仲方與段文振等登城應接，[3]遂下晋州，語在《文振傳》。又令仲方説翼城等四城，[4]下之。授儀同，[5]進爵范陽縣侯。[6]後以行軍長史從郯公王軌禽陳將吴明徹於吕梁，[7]仲方計策居多。宣帝嗣位，[8]爲少内史，奉使淮南而還。[9]

[1]晋州：治所在今山西臨汾市。

[2]亞將：副將。　崔景嵩：人名。建德五年（576），北周武帝攻齊，崔景嵩時任北齊晋州刺史守北城，請降於周，助北周兵將攻克晋州。事略見《周書》卷六《武帝紀下》、《通鑑》卷一七二《陳紀》太建八年。

[3]段文振：人名。傳見本書卷六〇、《北史》卷七六。

[4]翼城：縣名。治所在今山西翼城縣東南。

[5]儀同：官名。周齊交戰之際，北周始置十一等勳官，以酬戰士。儀同全稱爲儀同三司，爲勳官第八等，九命。武帝建德四年改稱儀同大將軍。品秩不變。

[6]范陽縣侯：爵名。北周十一等爵的第七等。正八命。

[7]行軍長史：官名。北周至隋時出征軍統帥屬下的幕府僚佐官，位居幕府内衆幕僚之首，掌領幕府行政事務。屬臨時差遣任命之職，事罷則廢。　郯（tán）公：爵名。北周郯國公省稱。　王軌：人名。北周名將，官至上大將軍，封郯國公。周宣帝即位不久被殺。傳見《周書》卷四〇、《北史》卷六二。　陳：即南朝陳（557—589），都建康（今江蘇南京市）。　吴明徹：人名。南朝陳將領，多次大敗北齊軍，以軍功累遷車騎大將軍、豫州刺史、南兖州刺史等職，進位司空。太建十年（578），吴明徹北伐，爲北周大將王軌所俘。傳見《陳書》卷九、《南史》卷六六。　吕梁：地名。南朝梁時置吕梁郡，治所在今江蘇淮陰市西北。後東魏並綏

化、吕梁二郡置綏化縣。後北周改縣爲淮陽，故吕梁，地應在淮陽縣境内。

［8］宣帝：北周宇文贇的謚號。紀見《周書》卷七、《北史》卷一〇。

［9］淮南：地區名。指淮河以南、長江以北的廣大地區。

會帝崩，高祖爲丞相，[1]與仲方相見，握手極歡，仲方亦歸心焉。其夜上便宜十八事，高祖並嘉納之。又見衆望有歸，陰勸高祖應天受命，高祖從之。及受禪，上召仲方與高熲議正朔服色事。[2]仲方曰："晋爲金行，[3]後魏爲水，周爲木。皇家以火承木，[4]得天之統。又聖躬載誕之初，有赤光之瑞，車服旗牲，並宜用赤。"[5]又勸上除六官，[6]請依漢、魏之舊。上皆從之。

［1］丞相：官名。大丞相的簡稱。周静帝授楊堅左大丞相。後去左、右之號，獨以楊堅爲大丞相，實爲控制朝政的權臣。

［2］高熲：人名。傳見本書卷四一、《北史》卷七二。　正朔：一年的第一天。此處指曆法之事。正，一年的開始；朔，一月的開始。

［3］金行：古代陰陽家把金、木、水、火、土五行看成五德（運），認爲歷代王朝各代表一德，按照五行相克或相生的順序，交互更替，周而復始。金行，指晋是金德。（參見任繼愈主編《中國道教史》，上海人民出版社 1990 年版，第 15 頁）

［4］皇家以火承木：指北周是木德，隋是火德。

［5］並宜用赤：此反映中國古代五色說。即五行學説與五種顔色一一對應，並遵循五行相生相克的規律。此五色指青、赤、黄、白、黑，與五行的搭配關係爲：木對青、火對赤、土對黄、金對

白、水對黑。因隋爲火德，故對應的是赤色。

［6］六官：北周仿《周禮》建六官而形成的一套行政體制，即天官冢宰、地官司徒、春官宗伯、夏官司馬、秋官司寇和冬官司空分掌邦政。

進位上開府，[1]尋轉司農少卿，[2]進爵安固縣公。[3]令發丁三萬，[4]於朔方、靈武築長城，[5]東至黄河，西拒綏州，[6]南至勃出嶺，[7]緜亘七百里。明年，上復令仲方發丁十五萬，[8]於朔方已東緣邊險要築數十城，以遏胡寇。[9]丁父艱去職。[10]未期，[11]起爲虢州刺史。[12]

［1］上開府：官名。全稱爲上開府儀同三司。隋文帝因改北周之制，置十一等散實官，以酬勤勞，上開府爲第五等。從三品。

［2］司農少卿：官名。隋九寺中有司農寺，掌全國的倉市薪米、園池果實等農業事宜。長官爲司農卿，副長官爲少卿，一人。正四品上。隋煬帝改制時，增員二人，品秩降爲從四品。

［3］安固縣公：爵名。隋九等爵的第五等。從一品。

［4］發丁：隋代國家的編户民要向國家繳納租調，並服力役。開皇二年（582），隋頒布了關於均田和租調的新令，其中規定丁男每年要給政府服役一月。開皇三年又將成丁的年齡由十八歲提高爲二十一歲，每年服役期限由一個月减爲二十天。

［5］朔方：郡名。治所在今陝西靖邊縣東北白城子。　靈武：郡名。治所在今寧夏靈武市西南。

［6］東至黄河，西拒綏州：綏州故址在今陝西綏德縣，位於朔方、靈武之東。且綏州與州東黄河的直綫距離僅三十多公里，而靈武附近的黄河距綏州約三百五十公里，恰與本書記載的長城長度“七百里”基本相符。由此可見，本書中的這段關於築長城的記載很可能表達有錯，應是“西拒黄河，東至綏州”。

［7］勃出嶺：今地不明。一説在今陝西綏德縣東南。

［8］上復令仲方發丁十五萬：諸本皆同，《通鑑》卷一七六《陳紀》長城公至德四年亦同。然《北史》卷三二《崔仲方》作“發丁十萬”。本書卷一《高祖紀上》和《北史》卷一一《隋文帝紀》則載“發丁男十一萬”。

［9］胡：古代稱北方和西方的少數民族爲胡。此指突厥等少數民族。

［10］丁父艱去職：中國古代，凡父母之喪，需服斬衰居喪三年，以報父母養育之恩。東漢以後，服斬衰之喪者如是現任官員，必須離職成服，歸家守制，叫做“丁艱”或“丁憂”，至喪期結束纔能復職。在特殊情況下，皇帝常會以處理軍國大事的需要爲由，不讓高級官員離職守喪，或者喪期未滿就令提前復職。

［11］未期（jī）：喪期未滿。

［12］虢州：治所在今河南盧氏縣。

上書論取陳之策曰：

臣謹案晋太康元年歲在庚子，[1]晋武平吴，[2]至今開皇六年歲次丙午，[3]合三百七載。《春秋寶乾圖》云：“王者三百年一蠲法。”[4]今三百之期，可謂備矣。陳氏草竊，起於丙子，至今丙午，又子午爲衝，[5]陰陽之忌。昔史趙有言曰：[6]“陳，顓頊之族，[7]爲水，故歲在鶉火以滅。”[8]又云：“周武王克商，封胡公滿於陳。”[9]

［1］太康：西晋武帝司馬炎年號（280—289）。

［2］晋武：即西晋武帝司馬炎。紀見《晋書》卷三。

［3］開皇：隋文帝楊堅年號（581—600）。

［4］《春秋寶乾圖》：漢代讖緯之書，著者不詳。亦名《春秋

緯寶乾圖》，今已散佚。　蠲：除。

［5］衝：舊時術數家謂相忌相克。

［6］史趙：人名。春秋時晋國太史，事見《左傳》昭公八年。

［7］顓頊：古帝名。號高陽氏。詳見《史記》卷一《五帝本紀》。

［8］歲在鶉火：古代歲星（即木星）紀年法的一種表述語。如果某年歲星運行到某星紀範圍，這一年就記做“歲在星紀”。如若歲星運行在鶉火之次，就記做“歲在鶉火”。鶉火，星次名。南方有井、鬼、柳、星、張、翼、軫七宿稱朱鳥七宿。位中部者（柳、星、張）稱鶉火，也叫鶉心。在十二辰爲午。古以爲周之分野。

［9］胡公滿：即西周封國陳的第一代諸侯王。事見《史記》卷三六《陳杞世家》。

至魯昭公九年，[1]陳灾，裨竈曰：[2]“歲五及鶉火而後陳亡，楚剋之。”楚，祝融之後也，[3]爲火正，[4]故復滅陳。陳承舜後，舜承顓頊，雖太歲左行，[5]歲星右轉，鶉火之歲，陳族再亡，戊午之年，嬀虞運盡。[6]語迹雖殊，考事無别。

［1］魯昭公：即春秋時期魯國第二十六代君主姬裯。詳見《史記》卷三三《魯周公世家》。

［2］裨竈：人名。春秋時期鄭國大夫，善占星相。稱其爲“昔之傳天數者”。事見《左傳》昭公九年、《史記·天官書》。

［3］祝融：一説爲傳説中的古帝。一説爲傳説中的神名，一是帝嚳時的火官，後尊爲火神；一是南方之神，南海之神。事略見唐人司馬貞《史記·補三皇本紀》。

［4］火正：上古官名。據《漢書·五行志上》記載：“古之火正，謂火官也。掌祭火星，行火政。”可知火正爲古代專門負責觀測大火星的官員。

［5］太歲：星名。即木星，亦作“蒼龍”“太陰”。一般認爲太歲是凶神，故以太歲所在爲凶方。

［6］嬀（guī）虞：即舜。舜嬀姓，一説姚姓，號有虞氏。

皇朝五運相承，感火德而王，[1]國號爲隋，與楚同分。楚是火正，午爲鶉火，未爲鶉首，[2]申爲實沈，[3]酉爲大梁。[4]既當周、秦、晋、趙之分，若當此分發兵，將得歲之助，以今量古，陳滅不疑。臣謂午未申酉，並是數極。[5]蓋聞天時不如地利，地利不如人和，況主聖臣良，兵强國富，動植迴心，人神叶契。陳既主昏於上，民讟於下，[6]險無百二之固，[7]衆非九國之師。[8]夏癸、殷辛尚不能立，[9]獨此島夷而稽天討！[10]

［1］火德：此爲“五德”説。“五德”指五行的屬性，即土德、木德、金德、水德、火德。按陰陽家的説法，宇宙萬物與五行對應，各具其德，而天道的運行、人世的變遷、王朝的更替等，則是五德轉移的結果。

［2］鶉首：星次名。南方有井、鬼、柳、星、張、翼、軫七宿稱朱鳥七宿。位首部者（井、鬼）稱鶉首。在十二辰爲未。古以爲秦之分野。

［3］實沈：星次名。大致相當於二十八宿的觜、參。在十二辰爲申。古以爲晋之分野。

［4］大梁：星次名。大致相當於二十八宿的胃、昴、畢。在十二辰爲酉。古以爲趙之分野。

［5］午未申酉，並是數極：午、未、申、酉分别代表八卦成列之數中的七、八、九、十，是最大的幾個數值。

［6］讟（dú）：誹謗，怨言。

［7］百二：以二敵百。一説百的一倍。後以喻山河險固之地。典出《史記》卷八《高祖本紀》。

［8］九國之師：語出賈誼《過秦論》，指齊、楚、燕、趙、魏、韓、宋、衛、中山，共九國。

［9］夏癸：即夏朝最後一個國君夏桀，名癸。詳見《史記》卷二《夏本紀》。　殷辛：即商朝最後一個國君殷紂王，名辛。詳見《史記》卷三《殷本紀》。

［10］島夷：南北朝時，北朝對南朝人的蔑稱。

伏度朝廷自有宏謨，但芻蕘所見，[1]冀申螢爝。[2]今唯須武昌已下，[3]蘄、和、滁、方、吴、海等州更帖精兵，[4]密營渡計。益、信、襄、荆、基、郢等州速造舟楫，[5]多張形勢，爲水戰之具。蜀、漢二江，[6]是其上流，水路衝要，必争之所。

［1］芻蕘（ráo）：割草打柴的人。後多用於指草野鄙陋的人。

［2］螢爝（jué）：指微弱的光。常作能力薄弱的謙詞。

［3］武昌：郡名。治所在今湖北鄂州市鄂城區。

［4］蘄：州名。治所在今湖北蘄春縣。　和：州名。治所在今安徽和縣。　滁：州名。治所在今安徽滁州市。　方：州名。治所在今江蘇南京市六合區。　吴：州名。治所在今江蘇蘇州市。　海：州名。治所在今江蘇連雲港市海州區。

［5］益：州名。治所在今四川成都市。　信：州名。治所在今重慶市奉節縣東白帝城。　襄：州名。治所在今湖北襄樊市襄陽舊城。　荆：州名。治所在今湖北荆州市。　基：州名。治所在今湖北鍾祥市南。　郢：州名。治所在今湖北武漢市武昌區。

［6］蜀：指今四川境内的長江。　漢：即今漢水。

賊雖於流頭、荆門、延洲、公安、巴陵、隱磯、夏首、蘄口、盆城置船，[1]然終聚漢口、峽口，[2]以水戰大决。若賊必以上流有軍，令精兵赴援者，下流諸將即須擇便横渡。如擁衆自衛，上江水軍鼓行以前。[3]雖恃九江五湖之險，[4]非德無以爲固，徒有三吴、百越之兵，[5]無恩不能自立。

[1]流頭：古地名。即流頭灘。在今湖北宜昌市西。　荆門：山名。即荆門山。在今湖北宜都市西北長江南岸。　延洲：地名。在今湖北枝江市附近長江中。按，“洲”字宋刻遞修本、中華本同，汲古閣本、殿本、庫本作“州”。　公安：縣名。治所在今湖北公安縣。　巴陵：郡名。治所在今湖南岳陽市。　隱磯：江中巨石。在今湖南臨湘市東北。“磯”字汲古閣本作“饑”。　夏首：古地名。指夏水（漢水下游的古稱）注入長江處。在今湖北武漢市境内。　蘄口：古地名。即蘄水注入長江處。在今湖北蘄春縣西南。　盆城：古地名。亦作“湓城”。即湓口城。在今江西九江市境内。

[2]漢口：一名沔口。即今湖北漢水入長江之口。　峽口：指西陵峽口，爲長江出蜀的險隘通道。

[3]上江水軍：《通鑑》卷一七六《陳紀》長城公禎明元年胡三省注云：“上江諸軍，謂蜀江、漢江順流東下之軍也。”

[4]九江：九江之稱，最早見於《尚書·禹貢》。稱謂的來歷有兩種，一是“九”爲古代中國人認爲的最大數字，“九江”的意思是衆水匯集的地方，“九”是虚指；二是據《晋太康地記》記載，九江源於“劉歆以爲湖漢九水（即贛江水、鄱水、餘水、修水、淦水、盱水、蜀水、南水、彭水）入彭蠡澤（鄱陽湖）也”。即九條江河匯集的地方，“九”是實指。　五湖：先秦古籍常謂吴越地區有五湖，六朝以來有多種解釋，近代一般以洞庭湖、鄱陽湖、太湖、巢湖和洪澤湖爲“五湖”。

[5]三吴：古地區名。説法不一。《水經注》以吴郡、吴興、會稽爲三吴；《通典》《元和郡縣志》以吴郡、吴興、丹陽爲三吴。大致相當於現在的太湖以東、以南和浙江的紹興、寧波一帶。　百越：古族名。秦漢前分布於長江中下游以南，因部落衆多而得名。秦漢以後逐漸與漢人融合。也常泛指南方衆多少數民族。傳見《史記》卷一一三、一一四。

上覽而大悦，轉基州刺史，徵入朝。仲方因面陳經略，上善之，賜以御袍袴，并雜彩五百段，進位開府而遣之。[1]及大舉伐陳，以仲方爲行軍總管，[2]率兵與秦王會。[3]及陳平，坐事免。未幾，復位。後數載，轉會州總管。[4]時諸羌猶未賓附，[5]詔令仲方擊之，與賊三十餘戰，紫祖、四鄰、望方、涉題、千碉、小鐵圍山、白男王、弱水等諸部悉平。[6]賜奴婢一百三十口，黄金三十斤，雜物稱是。

[1]進位開府而遣之：此句有疑。各本俱載隋文帝先任崔仲方爲上開府，而此進位開府在其後，官位反低於上開府，又未見中途降免職。故前文應爲“開府”，此處爲“上開府”。開府，官名。全稱爲開府儀同三司。隋置十一等散實官，加文武官之德聲者，並不理事。開府爲第六等，正四品。隋煬帝改制時，改爲從一品。

[2]行軍總管：出征軍統帥名。北周至隋時所置的統領某部或某路出征軍隊的軍事長官。根據需要其上還可置行軍元帥以統轄全局。屬臨時差遣任命之職，事罷則廢。

[3]秦王：指隋文帝第三子楊俊。傳見本書卷四五、《北史》卷七一。

[4]會州：治所在今甘肅靖遠縣。　總管：官名。北周置諸州

總管，隋承繼，又有增置。全稱爲總管刺史加使持節。總管的統轄範圍可達數州至十餘州，成一軍政管轄區。隋文帝在并、益、荆、揚四州置大總管，其餘州置總管。總管分上、中、下三等，品秩爲流内視從二品、正三品、從三品。

［5］羌：古族名。又稱西羌。秦漢時部落衆多，多以游牧爲主。但與漢人雜處者，則早在戰國、秦漢時已逐漸定居農耕。傳見本書卷八三、《魏書》卷一〇一、《北史》卷九六。

［6］紫祖、四鄰、望方、涉題、千碉、小鐵圍山、白男王、弱水：諸羌族部落名。事略見本書卷八三、《北史》卷九六《附國傳》。按，中華本校勘記云："'題'，《册府》三五六作'匙'。'千'原作'干'，據本書《附國傳》及《册府》三五六改。"今從改。

仁壽初，［1］授代州總管，［2］在職數年，被徵入朝。會上崩，漢王諒餘黨據吕州不下，［3］煬帝令周羅睺攻之，［4］中流矢卒，乃令仲方代總其衆，月餘拔之。進位大將軍，［5］拜民部尚書，［6］尋轉禮部尚書。［7］後三載，坐事免。尋爲國子祭酒，［8］轉太常卿。［9］朝廷以其衰老，出拜上郡太守。［10］未幾，以母憂去職。歲餘，起爲信都太守，［11］上表乞骸骨，［12］優詔許之。尋卒於家，時年七十六。

［1］仁壽：隋文帝楊堅年號（601—604）。

［2］代州：治所在今山西代縣。

［3］諒：人名。即隋文帝第五子楊諒。傳見本書卷四五、《北史》卷七一。　吕州：治所在今山西汾陽市。

［4］煬帝：即楊廣的謚號。紀見本書卷三、四，《北史》卷一二。　周羅睺：人名。傳見本書卷六五、《北史》卷七六。

[5]大將軍：官名。隋文帝因改北周之制，置十一等散實官，以酬勤勞，大將軍爲第四等。正三品。

[6]民部尚書：官名。隋沿北魏、北齊置度支尚書，開皇三年改稱民部尚書，是尚書省下轄六部之一民部的長官。職掌全國土地、户口、賦税、錢糧之政令。正三品。

[7]禮部尚書：官名。尚書省下轄六部之一禮部的長官。掌禮儀、祭祀、宴享等政令，總判禮部、祠部、主客、膳部四曹。置一員，正三品。

[8]國子祭酒：官名。爲國子寺長官。初隸太常寺，統國子、太學、四門、書算學。開皇十三年不隸太常寺，改爲國子學長官。仁壽元年罷，唯置太學，以博士領之。大業三年改置國子監，依舊置祭酒爲長官。從三品。

[9]太常卿：官名。爲太常寺長官。掌宗廟、郊社、禮樂等，總判所屬各署事。正三品。

[10]上郡：治所在今陝西富縣。

[11]信都：郡名。治所在今河北冀州市舊城。

[12]乞骸骨：又稱乞身。意謂使骸骨可歸葬故土。舊時官員年老自請退休之辭。

子民壽，[1]官至定陶令。[2]

[1]民壽：人名。隋任定陶令，其他事迹不詳。

[2]定陶：縣名。治所在今山東定陶縣。

于仲文　兄顗　從父弟璽

于仲文字次武，[1]建平公義之兄子。[2]父寔，[3]周大左輔、燕國公。[4]仲文少聰敏，髫齔就學，[5]耽閲不倦。其父異之曰："此兒必興吾宗矣。"九歲，嘗於雲陽宫見周太祖，[6]太祖問曰："聞兒好讀書，書有何事？"仲文對曰："資父事君，忠孝而已。"太祖甚嗟歎之。其後就博士李祥受《周易》《三禮》。[7]略通大義。及長，倜儻有大志，氣調英拔，當時號爲名公子。

[1]于仲文：人名。《北史》卷二三有附傳。

[2]建平公：爵名。全稱爲建平郡公。北周十一等爵的第五等。正九命。　義：人名。即于義。傳見本書卷三九，《北史》卷二三有附傳。

[3]寔：人名。即于寔。北周八柱國于謹之子，大象二年（580）拜大左輔，開皇元年卒。《周書》卷一五、《北史》卷二三有附傳。

[4]大左輔：官名。北周宣帝大成元年（579）置四輔官（大前疑、大右弼、大左輔、大後丞），爲主要執政大臣，大左輔爲其中之一。

[5]髫（tiáo）齔（chèn）：指童年。髫，指古時小孩兒下垂的頭髮。齔，指小孩兒換齒。

[6]雲陽宫：宫殿名。即甘泉宫，在今陝西淳化縣西北甘泉山上。

[7]博士：官名。全稱爲太學博士下大夫。北周春官府屬官，負責皇家王公等子弟的經學教育工作。正四命。　李祥：人名。其他事迹不詳。　《周易》：亦稱《易經》《易》。周代的占卜書。後成爲儒家的經典之一。　《三禮》：儒家經典《儀禮》《周禮》《禮記》的合稱。

起家爲趙王屬，[1]尋遷安固太守。[2]有任、杜兩家各失牛，後得一牛，[3]兩家俱認，州郡久不能決。益州長史韓伯儁曰：[4]"于安固少聰察，可令決之。"仲文曰："此易解耳。"於是令二家各驅牛群至，乃放所認者，遂向任氏群中。又陰使人微傷其牛，任氏嗟惋，杜家自若。仲文於是訶詰杜氏，杜氏服罪而去。始州刺史屈突尚，[5]宇文護之黨也，先坐事下獄，無敢繩者。仲文至郡窮治，遂竟其獄。蜀中爲之語曰："明斷無雙有于公，不避强禦有次武。"未幾，徵爲御正下大夫，[6]封延壽郡公，邑三千五百户。數從征伐，累勳授儀同三司。宣帝時，爲東郡太守。[7]

[1]趙王：北周太祖宇文泰之子，建德三年，進爵爲趙王。傳見《周書》卷一三、《北史》卷五八。　屬：即趙王府的屬官、僚佐。

[2]安固：郡名。治所在今四川營山縣東北。

[3]後：宋刻遞修本、中華本、《北史》卷二三《于仲文傳》同底本，殿本作"任"。據文意，應爲"後"，殿本誤。

[4]益州：北周時治所在今四川成都市。　長史：官名。北周州置長史，協助刺史處理州内各項事務。其品秩依其州户數和刺史品秩而定。正八命州長史，六命；八命州長史，正五命；正七命州長史，五命；七命州長史，正四命；正六命州長史，四命。　韓伯儁：人名。北周時官任益州長史，其他事迹不詳。

[5]始州：北周時治所在今四川劍閣縣。　屈突尚：北周時官任始州刺史，其他事迹不詳。

[6]御正下大夫：官名。全稱爲小御正下大夫，北周天官府屬官。御正任總絲綸，職在弼諧。於皇帝左右，凡諸刑罰爵賞，爰及軍國大事，皆須參議。下大夫爲正四命。

［7］東郡：北周時治所在今河南滑縣東南城關鎮。

高祖爲丞相，尉迥作亂，[1]遣將檀讓收河南之地。[2]復使人誘致仲文，仲文拒之。迥怒其不同己，遣儀同宇文威攻之。[3]仲文迎擊，大破威衆，斬首五百餘級。以功授開府。[4]迥又遣其將宇文胄渡石濟，[5]宇文威、鄒紹自白馬，[6]二道俱進，復攻仲文。賊勢逾盛，人情大駭，郡人赫連僧伽、敬子哲率衆應迥。[7]仲文自度不能支，棄妻子，將六十餘騎，開城西門，潰圍而遁。爲賊所追，且戰且行，所從騎戰死者十七八。仲文僅而獲免，達於京師。迥於是屠其三子一女。高祖見之，引入卧内，爲之下泣。賜彩五百段，黄金二百兩，進位大將軍，[8]領河南道行軍總管。[9]給以鼓吹，[10]馳傳詣洛陽發兵，以討檀讓。

［1］尉迥：人名。即尉遲迥。北周太祖宇文泰之甥，周宣帝時任大前疑、相州總管。傳見《周書》卷二一、《北史》卷六二。

［2］檀讓：人名。亦稱獨孤讓。北周末爲尉遲迥部下，並隨其起兵反楊堅。兵敗後被于仲文擒送京師。事略見《北史》卷六二《尉遲迥傳》、本書卷六〇《于仲文傳》以及《王幹墓誌》（見羅新、葉煒《新出魏晋南北朝墓誌疏證》一七〇，中華書局2016年版）。　河南：地區名。泛指黄河以南的廣大地區。

［3］宇文威：人名。北周末年任儀同，事略見《通鑑》卷一七四《陳紀》宣帝太建十二年。

［4］開府：官名。即開府儀同三司，北周府兵制中二十四軍每一軍長官均加此勳官名。北周爲九命。

［5］宇文胄：人名。北周末爲滎州刺史，舉兵應尉遲迥，爲楊

素所敗被斬。《周書》卷一〇、《北史》卷五七有附傳。　石濟：地名。亦名棘津或南津。北周時在今河南滑縣西南古黄河上。

[6]鄒紹：人名。尉遲迥屬將，其他事迹不詳。　白馬：縣名。北周時治所在今河南滑縣東南城關鎮。

[7]赫連僧伽：人名。事迹不詳。　敬子哲：人名。事迹不詳。

[8]大將軍：官名。周齊交戰之際，北周始置十一等勳官，以酬戰士。大將軍爲第四等。正九命。

[9]河南道：特區名。即在黄河中下游以南設置的特區。隋朝在戰争中於地方設置的特區稱"道"。　行軍總管：出征軍統帥名。北周至隋時所置的統領某部或某路出征軍隊的軍事長官。根據需要其上還可置行軍元帥以統轄全局。屬臨時差遣任命之職，事罷則廢。

[10]鼓吹：演奏鼓吹樂的樂隊。

時韋孝寬拒迥於永橋，[1]仲文詣孝寬有所計議。時總管宇文忻頗有自疑之心，[2]因謂仲文曰："公新從京師來，觀執政意何如也？[3]尉迥誠不足平，正恐事寧之後，更有藏弓之慮。"[4]仲文懼忻生變，因謂之曰："丞相寬仁大度，明識有餘，苟能竭誠，必心無貳。仲文在京三日，頻見三善，以此爲觀，非尋常人也。"忻曰："三善如何？"仲文曰："有陳萬敵者，[5]新從賊中來，即令其弟難敵召募鄉曲，[6]從軍討賊。此其有大度一也。上士宋謙，[7]奉使勾檢，[8]謙緣此别求他罪。丞相責之曰：'入網者自可推求，何須别訪，以虧大體。'此其不求人私二也。言及仲文妻子，未嘗不潸泫。[9]此其有仁心三也。"忻自此遂安。

[1]韋孝寬：人名。北朝名將，歷北魏、西魏、北周，卒於北周大象二年（580）。傳見《周書》卷三一、《北史》卷六四。　永橋：鎮名。北周治所在今河南武陟縣西。

[2]總管：此指行軍總管。　宇文忻：人名。傳見本書卷四〇，《北史》卷六〇有附傳。

[3]執政：此指楊堅。

[4]藏弓之慮：語出《史記》卷四一《越王句踐世家》。越王句踐平吴後，范蠡寫信勸告文種"蜚鳥盡，良弓藏；狡兔死，走狗烹"，宜速離開越國，以免殺身之禍。於是文種稱病不朝，但最終爲句踐逼迫自盡。後人常以此比喻效勞之人在事成之後被拋棄或遭害。

[5]陳萬敵：人名。具體事迹不詳。

[6]難敵：人名。即陳難敵。具體事迹不詳。

[7]上士：官名。北周各府均置上士，此處指代不明。　宋謙：人名。具體事迹不詳。

[8]勾檢：考核檢查。

[9]潸泫：流淚。

仲文軍至汴州之東倪塢，[1]與迥將劉子昂、劉浴德等相遇，[2]進擊破之。軍次蓼隄，[3]去梁郡七里，[4]讓擁衆數萬，仲文以羸師挑戰。讓悉衆來拒，仲文僞北，讓軍頗驕。於是遣精兵左右翼擊之，大敗讓軍，生獲五千餘人，斬首七百級。進攻梁郡，迥守將劉子寬棄城遁走。[5]仲文追擊，禽斬數千人，子寬僅以身免。初，仲文在蓼隄，諸將皆曰："軍自遠來，士馬疲弊，不可決勝。"仲文令三軍趣食，列陳大戰。既而破賊，諸將皆請曰："前兵疲不可交戰，竟而剋勝，其計安在？"仲文笑曰："吾所部將士皆山東人，[6]果於速進，不宜持久。乘勢擊之，所以制勝。"諸將皆以爲非所及也。進擊曹州，[7]獲迥所署刺史李仲康及上儀同房勁。[8]

[1]汴州：北周時治所在今河南開封市西北。　東俔塢：地名。今地不詳。

[2]劉子昂：人名。尉遲迥屬將，其他事迹不詳。　劉浴德：人名。尉遲迥屬將，其他事迹不詳。

[3]蓼隄：北周大堤名。即蓼堤，又作漻堤。在今河南東部，西北起今杞縣境，東南抵今商丘市境。

[4]梁郡：北周時治所在今河南商丘市南。

[5]劉子寬：人名。尉遲迥屬將，其他事迹不詳。

[6]山東：地區名。戰國、秦、漢時代，通稱華山或崤山以東爲山東。文中意同此。

[7]曹州：北周時治所在今山東曹縣西北。

[8]李仲康：人名。尉遲迥屬將，其他事迹不詳。　上儀同：官名。無具體職掌。九命。　房勁：人名。尉遲迥屬將，其他事迹不詳。

檀讓以餘衆屯城武，[1]别將高士儒以萬人屯永昌。[2]仲文詐移書州縣曰："大將軍至，可多積粟。"讓謂仲文未能卒至，方槌牛享士。仲文知其怠，選精騎襲之，一日便至，遂拔城武。迥將席毗羅，[3]衆十萬，屯於沛縣，[4]將攻徐州。[5]其妻子在金鄉。[6]仲文遣人詐爲毗羅使者，謂金鄉城主徐善净曰：[7]"檀讓明日午時到金鄉，將宣蜀公令，[8]賞賜將士。"金鄉人謂爲信然，皆喜。仲文簡精兵，僞建迥旗幟，倍道而進。善净望見仲文軍且至，以爲檀讓，乃出迎謁。仲文執之，遂取金鄉。諸將多勸屠之，[9]仲文曰："此城是毗羅起兵之所，當寬其妻子，其兵可自歸。如即屠之，彼望絶矣。"衆皆稱善。於是毗羅恃衆來薄官軍，[10]仲文背城結陣，去軍數里，設伏於麻田中。兩陣纔合，伏兵發，俱曳柴鼓噪，塵埃張天。毗羅軍大潰，仲文乘之，賊皆投洙水而死，[11]爲之不流。獲檀讓，檻送京師，河南悉平。毗羅匿滎陽人家，[12]執斬之，傳首闕下。勒石紀功，樹於泗上。[13]

[1]城武：縣名。北周時治所在今山東成武縣東南。按，《北史》卷二三《于仲文傳》、《通鑑》卷一七四《陳紀》宣帝太建十二年俱作"成武"，爲隋改城武置。

[2]高士儒：人名。隋朝將領，其他事迹不詳。　永昌：城名。北周時在今河南洛寧縣西。

[3]席毗羅：人名。原爲北齊將領，後降北周，任北周徐州總管司録，據兖州，響應尉遲迥起兵反楊堅。兵敗後被于仲文斬殺。事略見本書卷五〇《李禮成傳》、《北史》卷一〇〇《李禮成傳》、《通鑑》卷一七四《陳紀》太建十二年。

[4]沛縣：北周時治所在今江蘇沛縣。

[5]徐州：北周時治所在今江蘇徐州市。

[6]金鄉：縣名。北周時治所在今山東金鄉縣。

[7]徐善净：人名。隋末任金鄉城主，其他事迹不詳。

[8]蜀公：即尉遲迥。按，《周書》卷二一《尉遲迥傳》記載，孝閔帝踐阼之初，因尉遲迥有平蜀之功，故封其爲蜀公。

[9]屠之：《通鑑》卷一七四《陳紀》宣帝太建十二年載"諸將多勸屠其城"。

[10]薄：侵犯，迫近。

［11］洙水：泗水的支流，主要流域在今山東省西南部地區。

［12］滎陽：縣名。北周時治所在今河南滎陽市。按，底本原作“榮陽”，據宋刻遞修本、中華本改。

［13］泗：水名。即泗水，又名清水，一作清泗。主要流域在今山東南部和江蘇北部地區。

入朝京師，高祖引入卧内，宴享極歡。賜雜彩千餘段，妓女十人，[1]拜柱國、河南道大行臺。[2]屬高祖受禪，不行。未幾，其叔父太尉翼坐事下獄，[3]仲文亦爲吏所簿，於獄中上書曰：

［1］妓女：古指歌女或舞女。

［2］柱國：官名。全稱爲柱國大將軍。爲北周十一等勳官的第二等，可開府置官屬。正九命。　大行臺：官名。隋朝在道設行臺尚書省，簡稱行臺，是中央最高行政機關尚書省的派出機構。長官稱行臺尚書令，執掌道區域的大權。流内視正二品。

［3］太尉：官名。隋置三公，作爲朝中重臣的加銜，以示尊崇，並無實際執掌，但可參議國家大事，置府僚。無其人則缺。太尉爲三公之一，祭祀時亞獻。正一品。　翼：人名。即于翼。北周武帝建德四年位居柱國，官任安州總管，奉詔統率數萬大軍東伐北齊，克齊十九城而還。後官任太尉。傳見《周書》卷三〇，《北史》卷二三有附傳。

臣聞春生夏長，天地平分之功，子孝臣誠，人倫不易之道。曩者尉迥逆亂，[1]所在影從。臣任處關、河，[2]地居衝要，嘗膽枕戈，誓以必死。迥時購臣，位大將軍，邑萬户。臣不顧妻子，不愛身命，冒白刃，潰重圍，三男一女，相繼淪没，披露肝膽，馳赴闕庭。蒙陛下授臣以高官，委臣以兵革。于時河南凶寇，狼顧鴟張，[3]臣以羸兵八千，掃除氛祲。[4]摧劉寬於梁郡，[5]破檀讓於蓼隄，平曹州，復東郡，安城武，定永昌，[6]解亳州圍，[7]殄徐州賊。席毗十萬之衆，一戰土崩，河南蟻聚之徒，應時戡定。

[1]曩者：往昔，從前。

[2]關：要塞，出入的要道。　河：指黄河。

[3]狼顧鴟（chī）張：語出北魏人楊衒之《洛陽伽藍記》卷二《城東·平等寺》。意爲如狼凶視，如鴟（一種肉食性的大鳥）張翼，形容凶暴、囂張。

[4]氛祲：指妖氣。比喻戰亂、叛亂。祲，指陰陽之氣。

[5]劉寬：前文稱梁郡守將名爲劉子寬，不知何者爲確。

[6]復東郡，安城武，定永昌：此句斷句，諸書不一。中華本爲"復東郡、安城、武定、永昌"。《北史》卷二三《于仲文傳》爲"復東郡，安城武，定永昌"。考前文，城武、永昌爲于仲文作戰並取勝之處。安成、武定，雖亦爲古地名，但均未在前文出現，是否爲前文漏記之地，尚難判斷。另《北史》斷句更加符合語句規範，故今暫從《北史》。

[7]亳州：治所在今安徽亳州市。

當群凶問鼎之際，黎元乏主之辰，臣第二叔翼先在幽州，[1]總馭燕、趙，[2]南鄰群寇，北捍旄頭，内外安撫，得免罪戾。臣第五叔智建旗黑水，[3]與王謙爲鄰，[4]式遏蠻陬，[5]鎮綏蜀道。臣兄顗作牧淮南，[6]坐制勍敵，[7]乘機勦定，傳首京師。王謙竊據二江，[8]叛换三蜀。[9]臣第三叔義受脤廟庭，[10]龔行天討。自外父叔兄弟，皆當文武重寄，或銜命危難之間，或侍衛鈎陳之側，[11]合門誠款，冀有可明。伏願下垂泣辜之恩，降雲雨之施，追草昧之始，録涓滴之功，則寒灰更然，枯骨生肉，不勝區區之至，謹冒死以聞。

［1］幽州：北周時治所在今北京城西南。

［2］燕、趙：地區名。春秋戰國時期燕國和趙國的屬地，範圍大約爲今河北省和河南省一部分。

［3］智：人名。即于智，北周拜柱國、大司空。《北史》卷二三有附傳。　旟（yú）：古代旗的一種，上畫鳥隼，進兵時所用。　黑水：在今四川黑水縣、松潘縣境内，爲岷江的支流。

［4］王謙：人名。北周柱國大將軍，因反對楊堅輔政，兵敗被殺。傳見《周書》卷二一，《北史》卷六〇有附傳。

［5］蠻：泛指古代南方各少數民族。漢至南北朝時，主要分布在長江和淮河流域的廣大地區。無統一語言，居住在深山峽谷之中。主要從事農業生産，手工業也較發達。傳見《魏書》卷一〇一、《北史》卷九五、《南史》卷七九。　陬（zōu）：隅，角落。

［6］顗（yǐ）：人名。即于顗。《北史》卷二三有附傳。

［7］勍（qíng）敵：勁敵。

［8］二江：《北史》卷二三《于仲文傳》作“二州”。按，如“二州”爲確，則二州具體指代不明。而“二江”爲古代郫、檢二江的總稱。戰國時，秦蜀守李冰興修都江堰，分岷江爲二支：北支叫郫江，又叫北江；南支叫檢江，又名流江或南江。分流經過成都城北面和南面，然後合而南流。結合前文所述的地區，概“二江”爲確。

［9］三蜀：地區名。漢初分蜀郡置廣漢郡，武帝時又分置犍爲郡，合稱“三蜀”。其地約在今四川中部、貴州赤水河流域、三岔

河上游及雲南金沙江下游以東和會澤以北地區。按，汲古閣本作“二蜀”，誤。

[10]受脤（shèn）：指受命統軍。脤，古代王侯祭社稷所用的生肉。

[11]鈎陳：星官名。亦作“勾陳”。屬紫薇垣，共六星。此代指皇帝後宮。

上覽表，并翼俱釋之。

未幾，詔仲文率兵屯白狼塞以備胡。[1]明年，拜行軍元帥，[2]統十二總管以擊胡。出服遠鎮，[3]遇虜，[4]破之，斬首千餘級，六畜巨萬計。於是從金河出白道，[5]遣總管辛明瑾、元滂、賀蘭志、吕楚、段諧等二萬人出盛樂道，[6]趨那頡山。[7]至護軍川北，[8]與虜相遇，可汗見仲文軍容齊肅，不戰而退。仲文率精騎五千，逾山追之，不及而還。

[1]白狼塞：要塞名。在今山西應縣境内。

[2]行軍元帥：出征軍的統帥名。根據需要臨時任命，事罷則廢。

[3]服遠鎮：王莽以雲中縣改置，治所在今内蒙古托克托縣東北。東漢初復雲中縣。北周治所不詳。

[4]虜：對敵方的蔑稱。此指胡。

[5]金河：河名。即今大黑河。流經内蒙古烏蘭察布市、呼和浩特市，至托克托縣南入黄河。　白道：地名。在今内蒙古呼和浩特市西北，爲河套東北地區通往陰山以北的交通要道。

[6]辛明瑾：人名。隋曾任行軍總管，其他事迹不詳。　元滂：人名。隋曾任行軍總管，其他事迹不詳。　賀蘭志：人名。隋曾任

行軍總管，其他事迹不詳。　吕楚：人名。隋曾任行軍總管，其他事迹不詳。　段諧：人名。隋曾任行軍總管，其他事迹不詳。　盛樂道：戰區名。其地約在今内蒙古和林格爾縣。

[7]那頡山：今地不詳。

[8]護軍川：地名。今地不詳。《北史》卷二三《于仲文傳》作“護軍州”。

上以尚書文簿繁雜，[1]吏多姦計，令仲文勘録省中事。其所發擿甚多，[2]上嘉其明斷，厚加勞賞焉。上每憂轉運不給，仲文請決渭水，[3]開漕渠。[4]上然之，使仲文總其事。及伐陳之役，拜行軍總管，以舟師自章山出漢口。[5]陳郢州刺史荀法尚、魯山城主誕法澄、鄧沙彌等請降，[6]秦王俊皆令仲文以兵納之。高智慧等作亂江南，[7]復以行軍總管討之。時三軍乏食，米粟踊貴，仲文私糴軍糧，坐除名。明年，復官爵，率兵屯馬邑以備胡。[8]數旬而罷。

[1]尚書：官署名。即尚書省，總全國政事，長官爲尚書令，其副職爲左右僕射。下置吏、户、禮、兵、刑、工六部分理各項事務。按，《北史》卷二三《于仲文傳》“尚書”後有“省”字。

[2]發擿：揭發，舉發。

[3]渭水：即今黄河中游支流渭河。

[4]漕渠：泛指由人工開鑿或疏浚的河道。隋開皇初，自長安西北引渭水爲源，浚復舊渠通運，定名廣通渠，但習俗仍稱漕渠。

[5]章山：指代不清。一説爲山名，即古内方山，在今湖北鍾祥市西南。另一説爲郡名，治所在今湖北鍾祥市南。

[6]郢州：南朝陳時治所在今湖北武漢市武昌區。　荀法尚：

人名。歷仕南朝陳、隋。《陳書》卷一三、《南史》卷六七有附傳。　魯山：城名。又作“魯山城”，南朝陳時在今湖北武漢市漢陽區東北隅。　誕法澄：人名。具體事迹不詳。　鄧沙彌：人名。具體事迹不詳。

［7］高智慧：人名。開皇十年十一月舉兵反，後被鎮壓遭誅。事略見本書卷二《高祖紀下》、《通鑑》卷一七七《隋紀》開皇十年十一月條。　江南：地區名。泛指長江以南的地區。

［8］馬邑：郡名。治所在今山西朔州市。

晋王廣以仲文有將領之才，[1]每常屬意，至是奏之，乃令督晋王軍府事。後突厥犯塞，[2]晋王爲元帥，[3]以仲文將前軍，大破賊而還。仁壽初，拜太子右衛率。[4]煬帝即位，遷右翊衛大將軍，[5]參掌文武選事。從帝討吐谷渾，[6]進位光禄大夫，[7]甚見親幸。

［1］晋王廣：即隋煬帝楊廣。紀見本書卷三、四，《北史》卷一二。按，廣，底本原作空格，汲古閣本作“□”宋刻遞修本作“諱”。據中華本補。

［2］突厥：古族名、國名。廣義包括突厥、鐵勒各部落。狹義專指突厥汗國。公元六世紀，突厥汗國爲北方最强大的國家，是隋朝在北方及西域的主要勁敵。傳見本書卷八四、《周書》卷五〇、《北史》卷九九。

［3］元帥：即行軍元帥。本書卷二《高祖紀下》載開皇二十年“夏四月壬戌，突厥犯塞，以晋王廣爲行軍元帥，擊破之”。

［4］太子右衛率：官名。隋朝實行府兵制，分置左右虞候率府等十府，統部分府兵，以備儲閣武衛之職。右衛率爲其府最高長官。置一人，正四品上。

［5］右翊衛大將軍：官名。隋中央軍事機關十二衛中有左右衛，

長官爲大將軍，掌領外軍宿衛宫禁。正三品。隋煬帝時，改左右衛爲左右翊衛，仍置大將軍，品秩不變。

[6]吐谷渾：古族名。亦作“吐渾”。本遼東鮮卑之種，姓慕容氏，西晋時西遷至群羌故地，北朝至隋唐時期游牧於今青海北部和新疆東南部地區。傳見本書卷八三、《晋書》卷九七、《魏書》卷一〇一、《周書》卷五〇、《北史》卷九六、《舊唐書》卷一九八、《新唐書》卷二二一上。

[7]光禄大夫：官名。屬散實官。煬帝大業三年廢特進，改置光禄大夫等“九大夫”。光禄大夫，從一品。

遼東之役，[1]仲文率軍指樂浪道。[2]軍次烏骨城，[3]仲文簡羸馬驢數千，置於軍後。既而率衆東過，高麗出兵掩襲輜重，[4]仲文迴擊，大破之。至鴨緑水，[5]高麗將乙支文德詐降，[6]來入其營。仲文先奉密旨，若遇高元及文德者，[7]必禽之。至是，文德來，仲文將執之。時尚書右丞劉士龍爲慰撫使，[8]固止之。仲文遂捨文德。尋悔，遣人紿文德曰：“更有言議，可復來也。”文德不從，遂濟。仲文選騎渡水追之，每戰破賊。文德遺仲文詩曰：“神策究天文，妙算窮地理。戰勝功既高，知足願云止。”仲文答書諭之，文德燒栅而遁。

[1]遼東之役：指大業八年隋煬帝征高麗的戰争。

[2]樂浪道：特區名。征伐高麗的戰争中，隋軍被分成二十四路，征戰相應的二十四個戰區，每一個戰區爲一道。樂浪道爲其中之一。《通鑑》卷一八一《隋紀》煬帝大業八年胡注載“帝指授諸軍所出之道，多用漢縣舊名”。西漢元封三年（前108）置樂浪郡，治所在朝鮮縣。今地一説在朝鮮平壤市大同江南岸土城洞；一説在

今平壤市。

［3］烏骨城：高麗城名。在今遼寧鳳城市東南鳳凰山山城。

［4］高麗：國名。朝鮮高句麗之别稱。傳見本書卷八一、《北史》卷九四。　輜重：指軍隊出征所帶的物資，包括器械、糧草、營帳、服裝等。輜，指裝載軍需物資的車。

［5］鴨緑水：即今中、朝界鴨緑江。

［6］乙支文德：人名。高句麗大將。事略見本書卷六一《宇文述傳》、《通鑑》卷一八一《隋紀》煬帝大業八年。

［7］高元：人名。即高麗王元。事見本書卷八一、《北史》卷九四《高麗傳》。

［8］尚書右丞：官名。尚書省屬官，與尚書左丞對置，各一人，分掌尚書都省事務，糾駁諸司文案，總判兵、刑、工三部之事。隋初爲從四品下，煬帝大業三年升爲正四品。　劉士龍：人名。隋開皇中爲考功侍郎，大業八年以尚書右丞爲撫慰使，因事被斬。事略見《通鑑》卷一八一《隋紀》大業八年條。　慰撫使：差遣職名。爲臨時指派之職，一般由君主直接任命，可以繞開銓選授職的一套繁瑣程序，完成某些緊急複雜的使命，如調查一地的民政、軍政，安撫百姓等。

時宇文述以糧盡欲還，[1]仲文議以精鋭追文德，可以有功。述固止之，仲文怒曰："將軍仗十萬之衆，不能破小賊，何顔以見帝！且仲文此行也，固無功矣。"述因厲聲曰："何以知無功？"仲文曰："昔周亞夫之爲將也，[2]見天子，軍容不變。此決在一人，所以功成名遂。今者人各其心，何以赴敵！"初，帝以仲文有計畫，令諸軍諮禀節度，故有此言。由是述等不得已而從之，遂行。東至薩水，[3]宇文述以兵餒退歸，師遂敗績。帝以屬吏，[4]諸將皆委罪於仲文。帝大怒，釋諸將，獨繫仲文。仲文憂恚發病，[5]困篤方出之，卒於家，時年六十八。撰《漢書刊繁》三十卷、《略覽》三十卷。有子九人，欽明最知名。[6]

[1]宇文述：人名。傳見本書卷六一、《北史》卷七九。

[2]周亞夫：人名。西漢名將周勃次子，曾率軍平定吴楚七國之亂。事見《史記》卷五七《絳侯周勃世家》，《漢書》卷四〇《周勃傳》。

[3]薩水：即今朝鮮清川江。

[4]屬（zhǔ）吏：交給主管官吏處理。

[5]恚：憤怒，怨恨。

[6]欽明：人名。即于欽明，襲爵延壽公。事略見《舊唐書》卷一九三《于敏直妻張氏傳》。

顗字元武，身長八尺，美鬚眉。周大冢宰宇文護見而器之，[1]妻以季女。尋以父勳賜爵新野郡公，邑三千户。授大都督，[2]遷車騎大將軍、儀同三司。[3]其後累以軍功，授上開府，[4]歷左、右宫伯，[5]郢州刺史。[6]大象中，[7]以水軍總管從韋孝寬經略淮南。顗率開府元紹貴、上儀同毛猛等，[8]以舟師自潁口入淮。[9]陳防主潘深棄栅而走，[10]進與孝寬攻拔壽陽。[11]復引師圍硤石，[12]守將許約懼而降，[13]顗乃拜東廣州刺史。[14]

[1]大冢宰：官名。全稱大冢宰卿。西魏恭帝三年（556）仿《周禮》建六官，置大冢宰卿一人，北周正七命，爲天官冢宰府最高長官。掌邦治，以建邦之六典佐皇帝治邦國。北周沿置，然其權

力却因人而異，若有“五府總於天官”之命，則稱冢宰，能總攝百官，實爲大權在握之宰輔；若無此命，即稱太宰，與五卿並列，僅統本府官。

［2］大都督：官名。周齊交戰之際，北周始置十一等勳官，以酬戰士。大都督爲勳官第九等。八命。

［3］車騎大將軍：官名。北周置諸戎號，授予有軍功的官員，車騎大將軍爲其一。九命。

［4］上開府：官名。全稱爲上開府儀同大將軍。爲北周十一等勳官的第五等。九命。

［5］左、右宫伯：官名。北周天官府屬官，全稱爲左、右宫伯中大夫。掌侍衛之禁，專司宫廷警衛，爲宫内侍衛之長。正五命。

［6］郢州：北周時治所在今湖北鍾祥市。

［7］大象：北周静帝宇文闡年號（579—580）。

［8］元紹貴：人名。北周末授開府，其他事迹不詳。　毛猛：人名。北周末授上儀同，其他事迹不詳。

［9］潁口：即今安徽潁上縣東南，潁河入淮河之口。　淮：水名。即淮河。

［10］防主：官名。南朝陳時專爲鎮守一城以防變故而設，品秩不清。　潘深：人名。南朝陳人，具體事迹不詳。

［11］壽陽：縣名。南朝陳時治所在今安徽壽縣。

［12］硤石：山名。在今安徽鳳臺縣和壽縣之間，淮河兩岸。

［13］許約：人名。南朝陳將領，具體事迹不詳。

［14］東廣州：北周時治所在今江蘇揚州市西北蜀崗上。

尉迥之反也，時總管趙文表與顗素不協，[1]顗將圖之，因卧閤内，詐得心疾，謂左右曰：“我見兩三人至我前者，輒大驚，即欲斫之，不能自制也。”其有賓客候問者，皆令去左右。顗漸稱危篤，文表往候之，令從者至大門而止，文表獨至顗所。顗欻然而起，抽刀斫殺之，”因唱言曰：“文表與尉迥通謀，所以斬之。”其麾下無敢動者。時高祖以尉迥未平，慮顗復生邊患，因而勞勉之，即拜吴州總管。[2]陳將錢茂和率數千人襲江陽，[3]顗逆擊走之。陳復遣將陳紀、周羅睺、燕合兒等襲顗，[4]顗拒之而退，賜彩數百段。

[1]總管：官名。《北史》卷六九《趙文表傳》記載，文表時爲吴州總管。周明帝武成元年（559），以都督諸州軍事爲總管。其授總管、刺史，則加使持節諸軍事。總管的統轄範圍可達數州至十餘州，成一軍政管轄區。品秩不詳。　趙文表：人名。北周大象年間爲吴州總管。傳見《周書》卷三三、《北史》卷六九。

[2]吴州：即前文東廣州。

[3]錢茂和：人名。南朝陳將領，其他事迹不詳。　江陽：郡名。北齊置，北周時治所在今江蘇揚州市西北蜀崗上。

[4]陳紀：人名。南朝陳高祖陳霸先之從孫，太建十年爲持節、緣江都督，兖州刺史。傳見《陳書》卷一五、《南史》卷六五。　燕合兒：人名。南朝陳將領，其他事迹不詳。

高祖受禪，文表弟詣闕稱兄無罪。[1]上令案其事，太傅竇熾等議顗當死。[2]上以門著勳績，特原之，貶爲開府。後襲爵燕國公，[3]邑萬六千户。尋以疾免。開皇七年，拜澤州刺史。[4]數年，免職，卒於家。子世虔嗣。[5]

[1]詣闕：“闕”字底本作“關”，今據中華本改。

[2]太傅：官名。隋三師之一，作爲朝臣的加銜，以示崇敬。

無實際執掌，唯與天子坐而論道。正一品。　竇熾：人名。北周大臣，柱國大將軍。傳見《周書》卷三〇、《北史》卷六一。

[3]燕國公：爵名。隋九等爵的第三等。從一品。

[4]澤州：治所在今山西晋城市東北。

[5]世虔：人名。即于世虔。具體事迹不詳。

璽字伯符。父翼，仕周爲上柱國、幽州總管、任國公。[1]高祖爲丞相，尉迥作亂，遣人誘翼。翼鎖其使，送之長安，[2]高祖甚悦。及高祖受禪，翼入朝，上爲之降榻，握手極歡。數日，拜爲太尉。歲餘，卒，謚曰穆。

[1]上柱國：官名。周齊交戰之際，北周始置十一等勳官，以酬戰士。上柱國爲第一等。正九命。

[2]長安：北周都城。在今陝西西安市西北郊。

璽少有器幹，仕周，起家右侍上士。[1]尋授儀同，領右羽林，[2]遷少胥附。[3]武帝時，從齊王憲破齊師於洛陽，[4]以功賜爵豐寧縣子，[5]邑五百户。尋從帝平齊，加開府，改封黎陽縣公，[6]邑千二百户，授職方中大夫。[7]及宣帝嗣位，轉右勳曹中大夫。[8]尋領右忠義。[9]

[1]右侍上士：官名。北周天官府置左、右侍上士，掌御寢南門之左右。正三命。

[2]右羽林：軍名。漢武帝始置，北周時爲禁衛軍之一。其官署有右羽林率上士，右羽林率倅長中士和右羽林率長下士等，屬大司馬統轄。

［3］少胥附：官名。即小胥附，全稱爲小胥附下大夫。執掌不詳。正四命。

［4］齊王憲：北周宇文泰第五子宇文憲，封齊王。傳見《周書》卷一二、《北史》卷五八。

［5］豐寧縣子：爵名。北周十一等爵的第七等。正六命。

［6］黎陽縣公：爵名。北周十一等爵的第六等。品秩不詳，非正九命則當是九命。

［7］職方中大夫：官名。北周夏官府屬官。掌天下地圖，主四方之職貢。正五命。

［8］右勳曹中大夫：官名。北周有左右勳曹中大夫，執掌不詳。正五命。

［9］右忠義：所指不詳，或爲軍職名。

高祖爲丞相，加上開府。及受禪，進位大將軍，拜汴州刺史，甚有能名。上聞而善之，優詔褒揚，賜帛百匹。尋加上大將軍，[1]進爵郡公。[2]轉邵州刺史，[3]在州數年，甚有恩惠。後檢校江陵總管，[4]邵州人張願等數十人，[5]詣闕上表，請留璽。上嘉歎良久，令還邵州，父老相賀。尋遷洛州刺史，[6]復爲熊州刺史，[7]並有惠政。以疾徵還京師。仁壽末，卒于家，謚曰静。有子志本。[8]

［1］上大將軍：官名。隋文帝因改北周之制，置十一等散實官，以酬勤勞，上大將軍爲第三等。從二品。

［2］郡公：爵名。隋九等爵的第四等。從一品。

［3］邵州：治所在今山西垣曲縣東南城關。

［4］檢校：代理。　江陵：縣名。即南郡治。治所在今湖北江

陵縣。

[5]邵：底本原無，據《北史》卷二三《于璽傳》補。　張願：人名。具體事迹不詳。

[6]洛州：治所在今河南洛陽市東北。

[7]熊州：治所在今河南宜陽縣西福昌村。

[8]志本：人名。即于志本。具體事迹不詳。

段文振

段文振，[1]北海期原人也。[2]祖壽，[3]魏滄州刺史。[4]父威，[5]周洮、河、甘、渭四州刺史。[6]文振少有膂力，膽氣過人，性剛直，明達時務。初爲宇文護親信，護知其有幹用，擢授中外府兵曹。[7]

[1]段文振：人名。傳另見《北史》卷七六。

[2]北海：郡名。治所在今山東青州市。　期原：地名。今地不詳。

[3]壽：人名。即段壽。北魏爲滄州刺史，具體事迹不詳。

[4]滄州：治所在今河北鹽山縣西南。

[5]威：人名。即段威。北周官任刺史。有墓誌出土，見《段威及妻墓誌》（載王其禕、周曉薇《隋代墓誌銘彙考》一四六，綫裝書局2007年版）。

[6]洮：州名。北周時治所在今甘肅甘南藏族自治州臨潭縣。　河：州名。北周時治所在今甘肅臨夏市西南。　甘：州名。北周時治所在今甘肅張掖市西北。　渭：州名。北周時治所在今甘肅隴西縣東南。

[7]中外府兵曹：官名。全稱爲都督中外諸軍事府兵曹參軍。

保定元年（561）春，宇文護爲都督中外諸軍事，其府名爲中外府。中外府兵曹爲其僚佐，品秩不詳。

後武帝攻齊海昌王尉相貴於晋州，[1]其亞將侯子欽、崔景嵩爲内應。[2]文振杖槊登城，[3]與崔仲方等數十人先登。文振隨景嵩至相貴所，拔佩刀劫之，相貴不敢動，城遂下。帝大喜，賜物千段。進拔文侯、華谷、高壁三城，[4]皆有力焉。及攻并州，[5]陷東門而入，齊安德王延宗懼而出降。[6]録前後勳，將拜高秩，以讒毁獲譴，因授上儀同，賜爵襄國縣公，邑千户。進平鄴都，又賜綺羅二千匹。後從滕王逌擊稽胡，[7]破之。歷相州别駕、揚州總管長史。[8]入爲天官都上士，[9]從韋孝寬經略淮南。

[1]海昌王：爵名。全稱爲海昌郡王。爲北齊爵位第一等。第一品。　尉相貴：人名。北齊任晋州刺史。事見《北齊書》卷一九、《北史》卷五三《張保洛傳》。

[2]侯子欽：人名。即侯明，字子欽。北齊將領，生平見出土《侯明及妻郭氏鄧氏墓誌》（載王其禕、周曉薇《隋代墓誌銘彙考》四四）。

[3]槊（shuò）：古代兵器。即長矛。

[4]文侯：城名。北齊時在今山西新絳縣境内。　華谷：城名。北齊時在今山西稷山縣西北。　高壁：城名。北齊時在今山西靈石縣東南。

[5]并州：北齊時治所在今山西太原市西南。

[6]安德王：爵名。即安德郡王。　延宗：人名。即北齊世宗第五子高延宗。傳見《北齊書》卷一一、《北史》卷五二。

［7］滕王逌（yóu）：即北周宗室親王宇文逌。北周武帝時位居柱國，爵封滕王，建德六年爲行軍總管，率軍征討龍泉、文城等地稽胡之叛，多有戰功。　稽胡：古族名。亦稱步落稽。匈奴别種。十六國時匈奴所建的幾個政權滅亡後，餘部分散各地，稱山胡、西河胡、離石胡、吐京胡、石樓胡等，北周時統稱爲稽胡。傳見《周書》卷四九、《北史》卷九六。

［8］相州：北周時治所在今河北臨漳縣西南，大象二年移治今河南安陽市南。　别駕：官名。北周州刺史的佐官，總理州内衆務，職權較重。其品秩依州户數和刺史品級而定，從正四命到正三命不等。　揚州：北周時治所在今江蘇南京市。　總管長史：官名。北周時全稱爲總管府長史，爲總管府僚佐，協助總管處理州内各項事務，品秩不詳。

［9］天官都上士：官名。全稱爲天官府都上士。北周天官府屬官，協助大冢宰卿、小冢宰上大夫處理府内各項事務。正三命。

俄而尉迥作亂，時文振老母妻子俱在鄴城，迥遣人誘之，文振不顧，歸於高祖。高祖引爲丞相掾，[1]領宿衛驃騎。[2]司馬消難之奔陳也，[3]高祖令文振安集淮南，還除衛尉少卿，[4]兼内史侍郎。[5]尋以行軍長史從達奚震討叛蠻，[6]平之，加上開府。歲餘，遷鴻臚卿。[7]

［1］丞相掾：官名。全稱爲大丞相府掾。北周末，丞相府置僚佐，掾爲其一，多爲丞相自行辟舉。品秩不詳。

［2］驃騎：官署名。此指驃騎府。西魏、北周實行府兵制，全國置二十四軍，各置開府府。隋初改爲驃騎府，爲一級府兵指揮機構，分設各地，統領府兵。

［3］司馬消難：人名。初仕北齊，官至北豫州刺史，後被猜忌迫害舉州降周，歷遷大後丞，出爲鄖州總管。傳見《周書》卷二

一，《北史》卷五四有附傳。

[4]衛尉少卿：官名。衛尉寺次官，佐衛尉卿掌供宫廷、祭祀、朝會之儀仗帷幕，通判本寺事務。隋初置一人，正四品上；煬帝時置二人，從四品。

[5]内史侍郎：官名。隋内史省副長官，佐宰相之職的本省長官内史監、令處理政務。初設四員，正四品下；大業三年減爲二員，正四品。

[6]達奚震：人名。北周官任原州刺史，卒於開皇初。《周書》卷一九、《北史》卷六五有附傳。

[7]鴻臚卿：官名。隋鴻臚寺長官，掌諸侯王及少數族首領的迎送、接待、朝會、封授等禮儀以及贊導郊廟行禮、管理郡國計吏等事。正三品。開皇三年曾廢鴻臚寺，十二年復置。隋煬帝改制時，降爲從三品。

衛王爽北征突厥，[1]以文振爲長史，[2]坐勳簿不實免官。後爲石、河二州刺史，[3]甚有威惠，遷蘭州總管，[4]改封龍崗縣公。突厥犯塞，以行軍總管擊破之，逐北至居延塞而還。[5]九年，大舉伐陳，以文振爲元帥秦王司馬，[6]别領行軍總管。及平江南，授揚州總管司馬。[7]尋轉并州總管司馬，[8]以母憂去職。未幾，起令視事，固辭不許。後數年，拜雲州總管，[9]尋爲太僕卿。[10]

[1]衛王爽：即衛昭王爽，隋文帝楊堅弟楊爽。傳見本書卷四四、《北史》卷七一。

[2]長史：此指行軍長史。

[3]石：州名。治所在今山西吕梁市離石區。　河：州名。治所在今甘肅臨夏市西南。

[4]蘭州：治所在今甘肅蘭州市。

[5]居延塞：古邊塞名。即西漢武帝時派遣强弩都尉路博德在居延澤上興築的長城，遺迹分布在今内蒙古阿拉善盟額濟納旗金斯圖淖北面及額濟納河沿岸，以及甘肅金塔縣境内的額濟納河沿岸。

[6]元帥：官名。即行軍元帥。　司馬：官名。即行軍元帥府司馬。隋軍隊出征時，臨時任命行軍統帥，其僚佐有司馬，協助統帥處理戰事事宜，參與軍事决策，戰事結束即撤。

[7]總管司馬：官名。隋文帝在并、益、荆、揚四州置大總管，開府置僚佐，司馬爲其一，協助總管處理州内事務。品秩不詳。

[8]并州：治所在今山西太原市西南。

[9]雲州：治所在今内蒙古和林格爾縣西北土城子。

[10]太僕卿：官名。隋太僕寺長官，掌皇帝的輿馬和馬政。正三品。

十九年，突厥犯塞，文振以行軍總管拒之，遇達頭可汗於沃野，[1]擊破之。文振先與王世積有舊，[2]初，文振北征，世積遺以駝馬。比還，世積以罪被誅，文振坐與交關，功遂不録。明年，率衆出靈州道以備胡，[3]無虜而還。越巂蠻叛，[4]文振擊平之，賜奴婢二百口。仁壽初，嘉州獠作亂，[5]文振以行軍總管討之。引軍山谷間，爲賊所襲，前後阻險，不得相救，軍遂大敗。文振復收散兵，擊其不意，竟破之。文振性素剛直，無所降下，初，軍次益州，謁蜀王秀，[6]貌頗不恭，秀甚銜之，及此，奏文振師徒喪敗。右僕射蘇威與文振有隙，[7]因而譖之，坐是除名。及秀廢黜，文振上表自申理，高祖慰諭之，授大將軍。尋拜靈州總管。[8]

[1]達頭可汗：西突厥汗國的首領之一，又稱步迦可汗。室點密之子。屢擾隋境。事見本書卷八四、《北史》卷九九《突厥傳》。　沃野：縣名。治所在今陝西延安市附近。

[2]王世積：人名。傳見本書卷四〇，《北史》卷六八有附傳。

[3]靈州道：特區名。在靈州（治所在今寧夏靈武市西南）一帶設置的特區。隋朝在戰爭中於地方設置的特區，稱“道”。

[4]越嶲（xī）：郡名。治所在今四川西昌市。

[5]嘉州：一説北周以青州改置，隋文帝時治所在今四川眉山市；另一説爲北周大成元年置，隋文帝時治所在今四川樂山市。　獠：古族名。曾活動於今廣東、廣西、湖南、四川、雲南、貴州等地區，多以漁獵爲生，已消失數百年。傳見《魏書》卷一〇一、《周書》卷四九、《北史》卷九五。

[6]蜀王秀：即隋文帝第四子楊秀。傳見本書卷四五、《北史》卷七一。

[7]右僕射：官名。隋置尚書省總理政事，其主官爲尚書令，另置左、右二僕射副之。開皇三年四月詔右僕射掌判都官、度支、工部三尚書事，又知用度。從二品。　蘇威：人名。傳見本書卷四一，《北史》卷六三有附傳。

[8]靈州：治所在今寧夏靈武市西南。大業元年改置靈武郡。

煬帝即位，徵爲兵部尚書，[1]待遇甚重。從征吐谷渾，文振督兵屯雪山，[2]連營三百餘里，東接楊義臣，[3]西連張壽，[4]合圍渾主於覆袁川。[5]以功進位右光禄大夫。[6]帝幸江都，[7]以文振行江都郡事。

[1]兵部尚書：官名。隋兵部長官，掌全國武官選用和兵籍、軍械、軍令之政，下統兵部、職方、駕部、庫部四曹。正三品。

[2]雪山：即今祁連山。

[3]楊義臣：人名。傳見本書卷六三、《北史》卷七三。

[4]張壽：人名。歷北周、隋二朝，官至右翊衛大將軍、光禄大夫。生平見《張壽墓誌》（載王其禕、周曉薇《隋代墓誌銘彙考》四三九）。

[5]覆袁川：地區名。其地約在今青海湖東北一帶。

[6]右光禄大夫：官名。屬散實官。隋文帝置特進、左右光禄大夫等，以加文武官之有德聲者，並不理事。隋文帝時左、右光禄大夫皆正二品；煬帝大業三年定令，"左"爲正二品，"右"爲從二品。

[7]江都：郡名。隋大業初以揚州改置，治所在今江蘇揚州市。

文振見高祖時容納突厥啓民居于塞内，[1]妻以公主，[2]賞賜重疊；及大業初，[3]恩澤彌厚。文振以狼子野心，恐爲國患，乃上表曰："臣聞古者遠不間近，夷不亂華，[4]周宣外攘戎狄，[5]秦帝築城萬里，[6]蓋遠圖良算，弗可忘也。竊見國家容受啓民，資其兵食，假以地利。如臣愚計，竊又未安。何則？夷狄之性，無親而貪，弱則歸投，强則反噬，蓋其本心也。臣學非博覽，不能遠見，且聞晋朝劉曜，[7]梁代侯景，[8]近事之驗，衆所共知。以臣量之，必爲國患。如臣之計，以時喻遣，令出塞外。然後明設烽候，緣邊鎮防，務令嚴重，此乃萬歲之長策也。"時兵曹郎斛斯政專掌兵事，[9]文振知政險薄，不可委以機要，屢言於帝，帝並弗納。

[1]啓民：即東突厥啓民可汗，名染干，沙鉢略可汗之子。事見本書卷八四、《舊唐書》卷一九四、《新唐書》卷二一五《突厥傳》。

[2]妻以公主：隋文帝曾兩度將宗女嫁與啓民可汗，一位是開

皇十七年下嫁的安義公主，另一位是開皇十九年下嫁的義成公主。

[3]大業：隋煬帝楊廣年號（605—618）。

[4]夷：古族名。中國古代對東方各族的泛稱，亦稱“東夷”，或用以泛指異族人。傳見《史記》卷一一六、《漢書》卷九五、《後漢書》卷八六、《南史》卷七九。

[5]戎：古族名。中國古代中原人對西北各族的泛稱之一，有時也泛稱東方和南方的一些民族。傳見《南史》卷七九、《舊唐書》卷一九八。　狄：中國古代中原人對北方各族的泛稱之一。傳見《南史》卷七九、《舊唐書》卷一九九下、《新唐書》卷二一九。

[6]秦帝：即秦始皇嬴政。紀見《史記》卷六。

[7]劉曜：人名。前趙昭文帝，未稱帝前參與滅西晋之戰。載記見《晋書》卷一〇三。

[8]梁：即南朝梁（502—557），都建康（今江蘇南京市）。　侯景：人名。原爲東魏將領，後降南朝梁，後發動歷時五年的叛亂。傳見《梁書》卷五六、《南史》卷八〇。

[9]兵曹郎：官名。隋尚書省下設兵部，掌全國武官選用和兵籍、軍械、軍令之政。長官爲兵部尚書，下統兵部、職方、駕部、庫部四曹。兵曹長官爲侍郎二人。大業中，諸曹侍郎並改爲郎。正四品。　斛斯政：人名。傳見本書卷七〇，《北史》卷四九有附傳。

及遼東之役，授左候衛大將軍，[1]出南蘇道。[2]在道疾篤，上表曰：“臣以庸微，幸逢聖世，濫蒙獎擢，榮冠儕伍。而智能無取，叨竊已多，言念國恩，用忘寢食。常思效其鳴吠，以報萬分，而攝養乖方，[3]疾患遂篤。抱此深愧，永歸泉壤，不勝餘恨，輕陳管穴。竊見遼東小醜，未服嚴刑，遠降六師，親勞萬乘。但夷狄多詐，深須防擬，口陳降款，心懷背叛，詭伏多端，勿得便受。水潦方降，不可淹遲，唯願嚴勒諸軍，星馳速發，水陸俱前，出其不意，則平壤孤城，[4]勢可拔也。若傾其本根，餘城自剋。如不時定，脱遇秋霖，深爲艱阻，兵糧又竭，强敵在前，靺鞨出後，[5]遲疑不决，非上策也。”後數日，卒於師。帝省表，悲歎久之，贈光禄大夫、尚書右僕射、北平侯，[6]謚曰襄。賜物一千段，粟麥二千石，威儀鼓吹，送至墓所。有子十人。

[1]左候衛大將軍：官名。隋初中央軍事機關十二衛中有左右武候府，掌車駕出，先驅後殿，晝夜巡察，執捕奸非，烽候道路，水草所置。巡狩師田，則掌其營禁。置大將軍一人爲長官。大業三年，改左右武候府爲左右候衛府，仍負責宫廷守備及隨侍皇帝出行、護衛。左候衛大將軍爲其衛最高軍事長官，正三品。

[2]南蘇道：特區名。以南蘇爲中心的區。南蘇，西漢縣治所在今朝鮮境。

[3]攝養乖方：指調養失宜，身體極度虚弱。

[4]平壤：城名。爲隋時古高句麗國都城，舊址在今朝鮮平壤市大同江南岸。

[5]靺鞨：古族名。西漢以前稱肅慎，東漢稱挹婁，南北朝以來稱勿吉，隋唐稱靺鞨。所處東至日本海，西接突厥，南界高麗，北臨室韋。大體以今吉林松花江流域爲中心，分布在東至俄羅斯濱海邊疆區，北至黑龍江、烏蘇里江的廣大地區。分數十部，互不統一，社會發展不平衡。傳見本書卷八一、《北史》卷九四、《舊唐書》卷一九九下、《新唐書》卷二一九。

[6]北平侯：爵名。隋九等爵的第六等。正二品。

長子詮，[1]官至武牙郎將。[2]次綸，[3]少以俠氣聞。

文振弟文操，[4]大業中，爲武賁郎將，[5]性甚剛嚴。帝令督秘書省學士。[6]時學士頗存儒雅，文操輒鞭撻之，前後或至千數，時議者鄙之。

[1]詮：人名。即段詮。隋時任武牙朗將，其他事迹不詳。

[2]武牙郎將：官名。隋煬帝時，中央十二衛屬官，參與宫廷守備。從四品。

[3]綸：人名。即段綸。事略見《新唐書》卷八三《諸帝公主·高密公主傳》。

[4]文操：人名。即段文操。事亦見《北史》卷七六《段文振傳》。

[5]武賁郎將：官名。隋煬帝時，中央十二衛各置大將軍、將軍爲長官，又置護軍四人，掌副貳將軍。將軍無，則一人攝之。尋改護軍爲武賁郎將，參與宫廷守備。正四品。

[6]秘書省：官署名。掌管全國圖籍，領著作、太史二曹，長官爲監，又置丞、郎、校書郎、正字、録事等官。

史臣曰：仲方兼資文武，雅有籌算，伐陳之策，信爲深遠矣。聲績克舉，夫豈徒言哉！仲文博涉書記，以英略自許，尉迥之亂，遂立功名。自兹厥後，屢當推轂。遼東之役，實喪師徒。斯乃大樹將顛，蓋亦非戰人之罪也。文振少以膽略見重，終懷壯夫之志，時進讜言，頻稱諒直。其取高位厚秩，良有以也。

今注本二十四史

隋書

一四

傳〔五〕

唐　魏徵等　撰

馬俊民　張玉興　主持校注

中国社会科学出版社

隋書　卷六一

列傳第二十六

宇文述　雲定興

宇文述，[1]字伯通，代郡武川人也。[2]本姓破野頭，役屬鮮卑俟豆歸，[3]後從其主爲宇文氏。父盛，[4]周上柱國。[5]述少驍鋭，便弓馬。年十一時，有相者謂述曰："公子善自愛，後當位極人臣。"周武帝時，[6]以父軍功，起家拜開府。[7]述性恭謹沈密，周大冢宰宇文護甚愛之，[8]以本官領護親信。及帝親總萬機，召爲左宫伯，[9]累遷英果中大夫，[10]賜爵博陵郡公，[11]尋改封濮陽郡公。

[1]宇文述：人名。傳另見《北史》卷七九。生平亦可見出土《宇文述墓誌》。〔參見賀華《隋〈宇文述墓誌〉述略》，《碑林集刊》(第十三輯)，陝西人民美術出版社 2008 年版，第 262 頁〕

[2]代郡：治所在今山西大同市東北。　武川：即武川鎮，北魏六鎮之一。在今内蒙古武川縣西烏蘭不浪東土城子（參見陳寅恪《魏晋南北朝史講演録》，貴州人民出版社 2007 年版，第 268 頁；唐長孺《魏晋南北朝史三論》，武漢大學出版社 1993 年版，第 191

頁)。按,《宇文述墓誌》作“遼西貝城人”。

[3]鮮卑:古族名。東胡族的一支。秦漢時游牧於今西拉木倫河與洮兒河之間,附於匈奴。北匈奴西遷後,進入匈奴故地,併其餘衆,實力漸盛。魏晋南北朝時,有慕容、乞伏、禿髮、宇文、拓跋等部先後在今華北及西北地區建立政權。内遷的鮮卑人多轉向農業生産,漸與漢人及其他各族相融和。傳見《後漢書》卷九〇、《三國志》卷三〇。　俟豆歸:人名。亦稱逸豆歸、侯豆歸,鮮卑宇文部首領。

[4]盛:人名。即宇文盛。北周太祖宇文泰之子,天和中,進爵爲越王。傳見《周書》卷一三、《北史》卷五八。

[5]周:即北周(557—581),都長安(今陝西西安市西北郊)。　上柱國:官名。周齊交戰之際,北周始置十一等勳官,以酬戰士。上柱國爲勳官第一等。正九命。(參見王仲犖《北周六典》卷九《勳官第二十》,中華書局1979年版,第571頁)

[6]周武帝:即北周武帝宇文邕。紀見《周書》卷五、六,《北史》卷一〇。

[7]開府:官名。全稱開府儀同三司,武帝建德四年改稱開府儀同大將軍。北周十一等勳官的第六等。九命。

[8]大冢宰:官名。全稱大冢宰卿。西魏恭帝三年(556)仿《周禮》建六官,置大冢宰卿一人,正七命。爲天官冢宰府最高長官。掌邦治,以建邦之六典佐皇帝治邦國。北周沿置,然其權力却因人而異,若有“五府總於天官”之命,則稱冢宰,能總攝百官,實爲大權在握之宰輔;若無此命,即稱太宰,與五卿並列,僅統本府官。　宇文護:人名。西魏權臣宇文泰之侄,北周建立,宇文護專政。傳見《周書》卷一一,《北史》卷五七有附傳。

[9]左宫伯:官名。全稱爲左宫伯中大夫。北周仿《周禮》建六官,左宫伯爲天官府屬官,掌侍衛之禁,更直於内。臨朝在前侍之首,行軍則夾路軍。正五命。(參見王仲犖《北周六典》卷二《天官府第七》,第47頁)

［10］英果中大夫：官名。南朝梁時有英果將軍，爲戎號之一。北周置英果中大夫，執掌不詳。正五命。

［11］博陵郡公：爵名。北周十一等爵的第五等。正九命。

高祖爲丞相，[1]尉迥作亂相州，[2]述以行軍總管率步騎三千，[3]從韋孝寬擊之。[4]軍至河陽，[5]迥遣將李儁攻懷州，[6]述別擊儁軍，破之。又與諸將擊尉惇於永橋，[7]述先鋒陷陣，俘馘甚衆。[8]平尉迥，每戰有功，超拜上柱國，進爵褒國公，[9]賜縑三千匹。[10]

［1］高祖：隋文帝楊堅的廟號。紀見本書卷一、二，《北史》卷一一。　丞相：官名。爲大丞相的簡稱。周静帝授楊堅左大丞相。後去左、右之號，獨以楊堅爲大丞相，實爲控制朝政的權臣。

［2］尉迥：人名。即尉遲迥，北周太祖宇文泰之甥，周宣帝時任大前疑、相州總管。傳見《周書》卷二一、《北史》卷六二。　相州：北周時治所在今河北臨漳縣西南，大象二年（580）移治今河南安陽市南。

［3］行軍總管：出征軍統帥名。北周至隋時所置的統領某部或某路出征軍隊的軍事長官。根據需要其上還可置行軍元帥以統轄全局。屬臨時差遣任命之職，事罷則廢。

［4］韋孝寬：人名。西魏、北周名將，西魏時韋孝寬指揮玉壁之戰粉粹了東魏高歡進攻，西魏實力得以壯大，北周時又數獻平齊之策，多被采納，因功官至大司空、上柱國，封鄖國公。傳見《周書》卷三一、《北史》卷六四。

［5］河陽：縣名。北周時治所不詳，隋開皇十六年（596）復置，屬河内郡，治所在今河南孟州市南。

［6］李儁：人名。事略見《北史》卷四一《楊文思傳》。　懷州：治所在今河南沁陽市。

［7］尉惇：人名。即尉遲惇。尉遲迥之子。事見《周書》卷二一、《北史》卷六二《尉遲迥傳》。　永橋：鎮名。在今河南陟縣西。

［8］馘：古代戰時割取所殺敵人的左耳，用以計功。亦即指所割下的左耳。

［9］褒國公：爵名。北周十一等爵的第四等。正九命。

［10］縑：雙絲的淡黄色絹。

開皇初，[1]拜右衛大將軍。[2]平陳之役，[3]復以行軍總管率衆三萬，自六合而濟。[4]時韓擒、賀若弼兩軍趣丹陽，[5]述進據石頭，[6]以爲聲援。陳主既擒，[7]而蕭瓛、蕭巖據東吴之地，[8]擁兵拒守。述領行軍總管元契、張默言等討之，[9]水陸兼進。落叢公燕榮以舟師自海至，[10]亦受述節度。上下詔曰："公鴻勳大業，名高望重，奉國之誠，久所知悉。金陵之寇，[11]既已清蕩，而吴、會之地，[12]東路爲遥，蕭巖、蕭瓛，並在其處。公率將戎旅，撫慰彼方，振揚國威，宣布朝化。以公明略，乘勝而往，風行電掃，自當稽服。若使干戈不用，黎庶獲安，方副朕懷，公之力也。"

［1］開皇：隋文帝楊堅年號（581—600）。

［2］右衛大將軍：官名。隋中央軍事機關十二衛中有左右衛，長官爲大將軍，掌領外軍宿衛宫禁。正三品。隋煬帝時，改左右衛爲左右翊衛，仍置大將軍，品秩不變。

［3］陳：即南朝陳（557—589），都建康（今江蘇南京市）。

［4］六合：縣名。治所在今江蘇南京市六合區。

［5］韓擒：人名。即韓擒虎。唐人因避李虎諱，而省"虎"

字。傳見本書卷五二，《北史》卷六八有附傳。　賀若弼：人名。傳見本書卷五二，《北史》卷六八有附傳。　丹陽：郡名。治所在今江蘇南京市。

［6］石頭：一名石首城，簡稱石城。在今江蘇南京市西清涼山。

［7］陳主：即陳後主陳叔寶。紀見《陳書》卷六、《南史》卷一〇。

［8］蕭瓛（huán）：人名。本書卷七九、《北史》卷九三、《周書》卷四八有附傳。　蕭巖：人名。南朝後梁皇帝蕭琮的叔父。《周書》卷四八、《北史》卷九三有附傳。

［9］元契：人名。北周任開府儀同三司，入隋爲大將軍、行軍總管，隨宇文述擊陳吴州刺史蕭瓛。　張默言：人名。隋初爲行軍總管，其他事迹不詳。

［10］落叢公：爵名。全稱爲落叢郡公。隋九等爵的第四等。從一品。　燕榮：人名。傳見本書卷七四、《北史》卷八七。

［11］金陵：戰國楚築金陵城於今江蘇南京市清涼山上，後人用金陵作爲今南京市的别稱。南朝陳定都於建康（今江蘇南京市），故隋文帝以金陵代指陳朝。

［12］吴、會之地：地區名。本爲東漢吴、會稽二郡的合稱，後世以此指代二郡所領太湖流域和錢塘江以東以至福建廣大地區。

陳永新侯陳君範自晉陵奔瓛，[1]并軍合勢。見述軍且至，瓛懼，立栅於晉陵城東，又絶塘道，留兵拒述。瓛自義興入太湖，[2]圖掩述後。述進破其栅，迴兵擊瓛，大敗之，斬瓛司馬曹勒叉。[3]前軍復陷吴州，[4]瓛以餘衆保包山，[5]燕榮擊破之。述進至奉公埭，[6]蕭巖、陳君範等以會稽請降。[7]述許之，二人面縛路左，吴、會悉平。以功拜一子開府，[8]賜物三千段，拜安州總管。[9]

[1]永新侯：爵名。或爲郡侯或爲縣侯，不詳。陳九等爵的第三等。第三品。　陳君範：人名。《陳書》卷二八、《南史》卷六五有附傳。　晋陵：郡名。治所在今江蘇常州市。

[2]義興：郡名。治所在今江蘇宜興市。　太湖：湖名。即今江蘇、浙江二省交界的太湖。

[3]司馬：此爲蕭瓛軍府佐官。　曹勒义：人名。具體事迹不詳。

[4]吴州：治所在今江蘇蘇州市。

[5]包山：一作苞山，又名洞庭山。即今江蘇蘇州市西南太湖中洞庭西山。

[6]奉公埭（dài）：地名。在今浙江杭州市蕭山區西。埭即堤壩。

[7]會稽：郡名。治所在今浙江紹興市。

[8]開府：官名。全稱爲開府儀同三司。隋置十一等散實官，加文武官之有德聲者，並不理事。開府爲第六等。正四品。隋煬帝改制時，改爲從一品。

[9]安州：治所在今湖北安陸市。　總管：官名。北周置諸州總管，隋承繼，又有增置。全稱爲總管刺史加使持節。總管的統轄範圍可達數州至十餘州，成一軍政管轄區。隋文帝在并、益、荆、揚四州置大總管，其餘州置總管。總管分上、中、下三等，品秩爲流内視從二品、正三品、從三品。

時晋王廣鎮揚州，[1]甚善於述，欲述近己，因奏爲壽州刺史總管。[2]王時陰有奪宗之志，請計於述，述曰：“皇太子失愛已久，[3]令德不聞於天下。大王仁孝著稱，才能蓋世，數經將領，深有大功。主上之與内宫，咸所鍾愛，四海之望，實歸於大王。然廢立者，國家之大事，處人父子骨肉之間，誠非易謀也。然能移主上者，唯楊素耳。[4]素之謀者，唯其弟約。[5]述雅知約，請朝京師，與約相見，共圖廢立。”晋王大悦，多齎金寶，資述入關。述數請約，盛陳器玩，與之酣暢，因而共博，每佯不勝，所齎金寶盡輸之。約所得既多，稍以謝述。述因曰：“此晋王之賜，令述與公爲歡樂耳。”約大驚曰：“何爲者?”述因爲王申意。約然其説，退言於素，素亦從之。於是素每與述謀事。晋王與述情好益密，命述子士及尚南陽公主，[6]前後賞賜不可勝計。及晋王爲皇太子，以述爲左衛率。[7]舊令，率官第四品，上以述素貴，遂進率品爲第三，其見重如此。

[1]晋王廣：即隋煬帝楊廣，開皇元年被立爲晋王。紀見本書卷三、四，《北史》卷一二。　揚州：治所在今江蘇揚州市。

[2]壽州：治所在今安徽壽縣。

[3]皇太子：即隋文帝長子楊勇。傳見本書卷四五、《北史》卷七一。

[4]楊素：人名。傳見本書卷四八，《北史》卷四一有附傳。

[5]約：人名。即楊約。本書卷四八、《北史》卷四一有附傳。

[6]士及：人名。即宇文士及。隋任鴻臚少卿，後入唐，貞觀中官至中書令。傳見《舊唐書》卷六三、《新唐書》卷一〇〇。南陽公主：隋文帝長女。傳見本書卷八〇、《北史》卷九一。

[7]左衛率：官名。爲太子左衛長官。領掌東宫宫禁宿衛。煬帝大業三年（607）改名左侍率。正四品。

煬帝嗣位，拜左衛大將軍，[1]改封許國公。[2]大業三年，[3]加開府儀同三司，每冬正朝會，輒給鼓吹一部。[4]從幸榆林，[5]時鐵勒契弊歌稜攻敗吐谷渾，[6]其部攜散，遂遣使請降求救。帝令述以兵屯西平之臨羌城，[7]撫納降附。吐谷渾見述擁强兵，懼不敢降，遂西遁。述領鷹揚郎將梁元禮、張峻、崔師等追之，[8]至曼頭城，[9]攻拔之，斬三千餘級。乘勝至赤水城，[10]復拔之。

[1]左衛大將軍：官名。隋中央軍事機關十二衛中有左右衛，長官爲大將軍，掌領外軍宿衛宮禁。正三品。隋煬帝大業三年，改左右衛爲左右翊衛，仍置大將軍，品秩不變。

[2]許國公：爵名。隋九等爵的第三等。從一品。

[3]大業：隋煬帝楊廣年號（605—618）。

[4]鼓吹：演奏鼓吹樂的樂隊。

[5]榆林：郡名。治所在今内蒙古准格爾旗東北黄河南岸十二連城。

[6]鐵勒：古族名。漢稱丁零。後音變爲狄歷、敕勒、鐵勒等。因所用車輪高大亦稱高車。傳見本書卷八四、《北史》卷九九、《舊唐書》卷一九九下。（另參段連勤《丁零、高車與鐵勒》，廣西師範大學出版社 2006 年版）　契弊歌稜：人名。事迹不詳。按，本書《鐵勒傳》、《北史·鐵勒傳》有“契弊歌楞”，不知是否一人。　吐谷（yù）渾：古族名。本遼東鮮卑之種，姓慕容氏，西晋時西遷至群羌故地，北朝至隋唐時期游牧於今青海北部和新疆東南部地區。傳見本書卷八三、《晋書》卷九七、《魏書》卷一〇一、《周書》卷五〇、《北史》卷九六、《舊唐書》卷一九八、《新唐書》卷二二一上。

[7]西平：郡名。治所在今青海樂都縣。　臨羌城：城名。西漢置臨羌縣，治所在今青海湟源縣東南，隋大業時屬西平郡，其地約在今湟源縣。

[8]鷹揚郎將：官名。隋文帝初，置左右衛等衛府，各領軍坊、鄉團，以統軍卒。後改置驃騎將軍府，每府置驃騎、車騎二將軍，

上轄於衛府大將軍，下設大都督、帥都督、都督領兵。煬帝大業三年改驃騎府爲鷹揚府，改驃騎將軍爲鷹揚郎將，職能依舊。正五品。　梁元禮：人名。隋任鷹揚郎將，其他事迹不詳。　張峻：人名。隋任鷹揚郎將，事略見本書卷六三《衛玄傳》。　崔師：人名。隋任鷹揚郎將，其他事迹不詳。

[9]曼頭城：城名。其地疑在今青海共和縣西南一帶。

[10]赤水城：城名。其地在今青海興海縣東南黄河西岸。

其餘黨走屯丘尼川，[1]述進擊，大破之，獲其王公、尚書、將軍二百人，[2]前後虜男女四千口而還。渾主南走雪山，[3]其故地皆空。帝大悦。明年，從帝西幸，巡至金山，[4]登燕支，[5]述每爲斥候。時渾賊復寇張掖，[6]進擊走之。還至江都宫，[7]敕述與蘇威常典選舉，[8]參預朝政。

[1]丘尼川：地名。今地不詳。

[2]王公：吐谷渾官名。品秩不詳。　尚書：吐谷渾官名。品秩不詳。　將軍：吐谷渾官名。品秩不詳。

[3]渾主：指當時吐谷渾首領伏允。　雪山：即今甘肅、青海界上的祁連山。

[4]金山：在今青海西寧市西北。

[5]燕支：山名。在今甘肅山丹縣東南。

[6]張掖：郡名。治所在今甘肅張掖市。

[7]江都宫：宫殿名。隋煬帝置，在今江蘇揚州市西。

[8]蘇威：人名。傳見本書卷四一，《北史》卷六三有附傳。

述時貴重，委任與蘇威等，其親愛則過之。帝所得遠方貢獻及四時口味，輒見班賜，中使相望於道。[1]述善於供奉，俯仰折旋，容止便辟，宿衛者咸取則焉。又有巧思，凡有所裝飾，皆出人意表。數以奇服異物進獻宮掖，由是帝彌悦焉。時述貴倖，言無不從，勢傾朝廷。左衛將軍張瑾與述連官，[2]嘗有評議，偶不中意，述張目叱之，瑾惶懼而走，文武百僚莫敢違忤。然性貪鄙，知人有珍異之物，必求取之。富商大賈及隴右諸胡子弟，[3]述皆接以恩意，呼之爲兒。由是競加饋遺，金寶累積。後庭曳羅綺者數百，家僮千餘人，皆控良馬，被服金玉。述之寵遇，當時莫與爲比。

［1］中使：帝王宮廷中派出的使者，多由宦官充任。

［2］左衛將軍：官名。隋初中央軍事機關十二衛中有左右衛，掌宮掖禁禦，督攝仗衛。各置大將軍爲長官，並置將軍二人副之，協理府事。大業三年，隋煬帝改革官制，將左右衛改爲左右翊衛。仍置將軍，從三品。　張瑾：人名。隋煬帝時任左驍衛大將軍。事略見《通鑑》卷一八〇《隋紀》煬帝大業三年、卷一八一《隋紀》煬帝大業八年。

［3］隴右：地區名。泛指隴山以西地區，約當今甘肅隴山、六盤山以西和黄河以東一帶。　胡：古代稱北方和西方的少數民族爲胡。

及征高麗，[1]述爲扶餘道軍將。[2]臨發，帝謂述曰："禮，七十者行役以婦人從，公宜以家累自隨。古稱婦人不入軍，謂臨戰時耳。至於營壘之間，無所傷也。項籍虞姬，[3]即其故事。"述與九軍至鴨緑水，[4]糧盡，議欲班師。諸將多異同，述又不測帝意。會乙支文德來詣其營，[5]述先與于仲文俱奉密旨，[6]令誘執文德。既而緩縱，文德逃歸，語在《仲文傳》。述内不自安，遂與諸將渡水追之。時文德見述軍中多飢色，欲疲述衆，每鬬便北。述一日之中七戰皆捷，既恃驟勝，又内逼群議，於是遂進，東濟薩水，[7]去平壤城三十里，[8]因山爲營。文德復遣使僞降，請述曰："若旋師者，當奉高元朝行在所。"[9]述見士卒疲敝，不可復戰，又平壤嶮固，卒難致力，遂因其詐而還。衆半濟，賊擊後軍，於是大潰，不可禁止，九軍敗績，一日一夜，還至鴨淥水，行四百五十里。初，度遼九軍三十萬五千人，[10]及還至遼東城，[11]唯二千七百人。帝大怒，以述等屬吏。至東都，[12]除名爲民。

[1]高麗：古國名。高句麗之别稱。傳見本書卷八一、《周書》卷四九、《北史》卷九四、《舊唐書》卷一九九上、《新唐書》卷二二〇。

[2]扶餘道：特區名。即以扶餘爲中心的戰争特區。隋朝在戰争中於地方設置的特區，稱"道"。

[3]項籍：人名。即項羽。紀見《史記》卷七，傳見《漢書》卷三一。　虞姬：項羽寵姬。事見《史記·項羽本紀》。

[4]鴨淥水：即今中、朝界鴨緑江。

[5]乙支文德：人名。高句麗大將。事略見《通鑑》卷一八一《隋紀》煬帝大業八年。

[6]于仲文：人名。傳見本書卷六〇，《北史》卷二三有附傳。

[7]薩水：即今朝鮮清川江。

[8]平壤城：城名。爲隋時古高句麗國都城，舊址在今朝鮮平壤市大同江南岸。

[9]高元：人名。即高麗王元。事見本書卷八一、《北史》卷九四《高麗傳》。

[10]遼：水名。即今内蒙古、遼寧的遼河。

[11]遼東城：城名。隋大業八年置遼東郡，治所在今遼寧新民市東北遼浜塔。遼東城概屬此郡。

[12]東都：都城名。隋煬帝營建的東都洛陽，漢洛陽城在今河南洛陽市白馬寺東洛河北岸，隋洛陽在漢城址西十八里，跨洛河南北、瀍水東西。

明年，帝有事遼東，[1]復述官爵，待之如初。從至遼東，與將軍楊義臣率兵復臨鴨渌水。[2]會楊玄感作亂，[3]帝召述班師，令馳驛赴河陽，發諸郡兵以討玄感。時玄感逼東都，聞述軍將至，懼而西遁，將圖關中。[4]述與刑部尚書衛玄、左禦衛將軍來護兒、武衛將軍屈突通等躡之。[5]至閿鄉皇天原，[6]與玄感相及。述與來護兒列陣當其前，遣屈突通以奇兵擊其後，大破之，遂斬玄感，傳首行在所。賜物數千段。復從東征，至懷遠而還。[7]

[1]遼東：地區名。指遼水以東地區，此指高麗國。

[2]楊義臣：人名。傳見本書卷六三、《北史》卷七三。

[3]楊玄感：人名。傳見本書卷七〇，《北史》卷四一有附傳。

[4]關中：地區名。其地約今河南靈寶市及其以西陝西關中盆地和丹江流域。

[5]刑部尚書：官名。隋初尚書省下設都官曹，其長官稱都官尚書。開皇三年改稱刑部尚書，職掌國家法律、刑獄事務。統都官、刑部、比部、司門四曹。正三品。　衛玄：人名。傳見本書卷

六三、《北史》卷七六。　左禦衛將軍：《北史》卷七九《來護兒傳》載來護兒爲左驍衛大將軍。本書卷六四《來護兒傳》載其歷任的官職包括仁壽時右禦衛將軍、大業時右驍衛大將軍、遼東之役前轉右翊衛大將軍後又轉左翊衛大將軍。但未見他曾任職左禦衛將軍。再查《通鑑》卷一八二《隋紀》大業九年，載來護兒爲右驍衛大將軍。楊玄感作亂爲大業九年，故此時來護兒官職應爲右翊衛大將軍。　來護兒：人名。傳見本書卷六四、《北史》卷七六。　武衛將軍：官名。隋中央軍事機關十二衛中有左右武衛，各置大將軍爲長官，又置將軍二人副之。掌領外軍宿衛宫禁。從三品。　屈突通：人名。隋唐名將，參與鎮壓楊玄感叛亂及隋末農民起義，後降唐，爲貞觀時凌煙閣二十四功臣之一。傳見《舊唐書》卷五九、《新唐書》卷八九。

[6]閺（wén）鄉：縣名。治所在今河南靈寶市。　皇天原：地名。一名董杜原。在今河南靈寶市西北。

[7]懷遠：鎮名。隋煬帝與高麗作戰所用的米糧儲存於此。一説在今遼寧遼中縣附近，一説即今遼寧黑山縣東姜家屯北古城子。

突厥之圍雁門，[1]帝懼，述請潰圍而出。樊子蓋固諫不可，[2]帝乃止。及圍解，車駕次太原，[3]議者多勸帝還京師，帝有難色。述因奏曰："從官妻子多在東都，便道向洛陽，[4]自潼關而入可也。"[5]帝從之。是歲，至東都，述又觀望帝意，勸幸江都，[6]帝大悦。

[1]突厥：古族名、國名。廣義包括突厥、鐵勒諸部落，狹義專指突厥。公元六世紀時游牧於金山（今阿爾泰山）以南，因金山形似兜鍪，俗稱"突厥"，遂以名部落。西魏廢帝元年（552），土門自號伊利可汗，建立突厥汗國，樹庭於鬱督軍山（今杭愛山東段，鄂爾渾河左岸）。隋開皇二年西面可汗達頭與大可汗沙鉢略不

睦，分裂爲西突厥、東突厥兩個汗國。傳見本書卷八四、《周書》卷五〇、《北史》卷九九、《舊唐書》卷一九四、《新唐書》卷二一五。　雁門：郡名。治所在今山西代縣。

[2]樊子蓋：人名。傳見本書卷六三、《北史》卷七六。

[3]太原：郡名。治所在今山西太原市西南古城營東。

[4]洛陽：古都名。漢魏故城在今洛陽市白馬寺東洛水北岸，隋煬帝營建東京，在漢魏故城西十八里洛河兩岸。

[5]潼關：地名。在今陝西潼關縣東北楊家村附近。

[6]江都：郡名。治所在今江蘇揚州市。

述於江都遇疾，中使相望，帝將親臨視之，群臣苦諫乃止。遂遣司宫魏氏問述曰：[1]“必有不諱，欲何所言？”述二子化及、智及，[2]時並得罪于家，述因奏曰：“化及臣之長子，早預藩邸，願陛下哀憐之。”帝聞，泫然曰：“吾不忘也。”及薨，帝爲之廢朝，贈司徒、尚書令、十郡太守，[3]班劍四十人，[4]轀輬車，[5]前後部鼓吹，謚曰恭，帝令黄門侍郎裴矩祭以太牢，[6]鴻臚監護喪事。[7]子化及，别有傳。

[1]司宫：官名。蓋爲内宫宫官，多宦者爲之。　魏氏：全名不清，事迹不詳。

[2]化及：人名。即宇文化及。傳見本書卷八五，《北史》卷七九有附傳。　智及：人名。即宇文智及。本書卷八五、《北史》卷七九有附傳。

[3]司徒：官名。贈官。正一品。　尚書令：官名。贈官。正二品。

[4]班劍：天子賜予有功之臣的木製且刻飾花紋的禮儀用劍。

既可作爲上朝佩劍代替真劍，又可作爲儀仗佩飾。以劍首飾物的不同區分等級。

[5]轀（wēn）輬（liáng）車：古代的一種卧車。

[6]黄門侍郎：官名。隋門下省置給事黄門侍郎四人，爲副長官，協助長官審查詔令，簽署章奏，有封駁之權。大業三年，隋煬帝改革官制，減給事黄門侍郎員，並去給事之名。正四品。　裴矩：人名。傳見本書卷六七，《北史》卷三八有附傳。　太牢：古代帝王、諸侯祭祀社稷時，牛、羊、豕三牲全備爲太牢，亦作大牢。

[7]鴻臚：官署名。掌諸侯王及少數民族首領的迎送、接待、朝會、封授等禮儀以及贊導郊廟行禮、管理郡國計吏等事務。開皇三年曾廢鴻臚寺，十二年復置。長官爲鴻臚卿。

雲定興者，[1]附會於述。初，定興女爲皇太子勇昭訓，[2]及勇廢，除名配少府。[3]定興先得昭訓明珠絡帳，私賂於述，自是數共交游。定興每時節必有賂遺，并以音樂干述。述素好著奇服，炫耀時人。定興爲製馬韉，[4]於後角上缺方三寸，以露白色。世輕薄者争放學之，謂爲許公缺勢。[5]又遇天寒，定興曰：“入内宿衛，必當耳冷。”述曰：“然。”乃製袜頭巾，令深袙耳。[6]又學之，名爲許公袙勢。述大悦曰：“雲兄所作，必能變俗。我聞作事可法，故不虚也。”

[1]雲定興：人名。《北史》卷七九有附傳。

[2]定興女：雲氏爲楊勇昭訓，有寵，生長寧王儼、平原王裕、安城王筠。其事略見本書卷四五、《北史》卷七一《房陵王勇傳》。　昭訓：内命婦名。爲皇太子内命婦之一。

[3]少府：官署名。隋煬帝分太府寺置少府監，統左尚、右尚、内尚、司織、司染、鎧甲、弓弩、掌冶等署。長官稱少府監、少監，尋改爲令、少令。並司織、司染爲織染署，廢鎧甲、弓弩二署。

[4]馬韉（jiān）：襯托馬鞍的墊子。

[5]許公：爵名。即許國公。煬帝嗣位，宇文述爵封許國公。

[6]帕（pà）：頭巾或帳子。

後帝將事四夷，[1]大造兵器，述薦之，因敕少府工匠並取其節度。述欲爲之求官，謂定興曰："兄所製器仗並合上心，而不得官者，爲長寧兄弟猶未死耳。"[2]定興曰："此無用物，何不勸上殺之。"述因奏曰："房陵諸子，[3]年並成立。今欲動兵征討，若將從駕，則守掌爲難；若留一處，又恐不可。進退無用，請早處分。"帝從之，因鴆殺長寧，又遣以下七弟分配嶺表，[4]仍遣間使於路盡殺之。五年，大閱軍實，帝稱甲仗爲佳。述奏曰："並雲定興之功也。"擢授少府丞。[5]尋代何稠爲少監，[6]轉衛尉少卿，[7]遷左禦衛將軍，[8]仍知少府事。十一年，授左屯衛大將軍。[9]

[1]夷：古族名。中國古代對東方各族的泛稱，亦稱東夷，或用以泛指異族人。

[2]長寧：爵名。全稱爲長寧郡王。隋九等爵的第二等。從一品。此長寧郡王爲廢太子楊勇的長子楊儼。本書卷四五、《北史》卷七一有附傳。

[3]房陵：爵名。即廢太子楊勇。隋文帝死，太子楊廣僞造高祖敕書，賜楊勇死，追封爲房陵王。

[4]嶺表：地區名。即五嶺以南的地區。五嶺，史籍記載有出入，大致爲越城、都龐、萌渚、騎田、大庾五座山，在湘、贛、粵、桂等區邊境。

[5]少府丞：官名。隋少府寺屬官，協助長官處理署内事務。從五品。

[6]何稠：人名。傳見本書卷六八、《北史》卷九〇。　少監：官名。隋少府寺副長官，尋改稱少令。從四品。

[7]衛尉少卿：官名。隋九寺中有衛尉寺，負責宫門守衛工作。長官衛尉卿，副長官爲少卿，置一人，正四品上。隋文帝開皇三年廢衛尉寺入太常及尚書省。十三年復置，掌軍器、儀仗、帳幕之事，而以監門衛掌宫門。隋煬帝改制時，增員二人，品秩降爲從四品。

[8]左禦衛將軍：官名。隋煬帝時對隋初中央軍事機關十二衛進行了調整，加置左右禦衛，負責皇帝的宿衛，置大將軍爲長官，將軍爲副長官，協理府事。從三品。

[9]左屯衛大將軍：官名。隋初中央軍事機關十二衛中有左右領軍府，掌十二軍籍帳、差科、辭訟之事。不置將軍，唯有長史、司馬等屬官。煬帝大業三年，改左右領軍府爲左右屯衛府，各置大將軍爲長官，總理府事。正三品。

凡述所薦達，皆至大官。趙行樞以太常樂户，[1]家財億計，述謂爲兒，多受其賄。稱其驍勇，起家爲折衝郎將。[2]

[1]趙行樞：人名。《北史》卷七九有附傳。　太常：官署名。即太常寺，隋九寺之一，掌宗廟禮儀，兼掌選試博士。統郊社、太廟、太祝、諸陵等署。　樂户：古代專事吹彈歌舞，供統治階級取樂的人户。身份低賤，不屬於良民。

[2]折衝郎將：官名。隋左右備身府屬官，掌領驍果，參與護衛皇帝。正四品。

郭衍

郭衍，[1]字彦文，自云太原介休人也。[2]父崇以舍人從魏武帝入關，[3]其後官至侍中。[4]衍少驍武，善騎射。周陳王純引爲左右，[5]累遷大都督。[6]時齊氏未平，[7]衍奉詔於天水募人，[8]以鎮東境，得樂徙千餘家，屯於陜城。[9]拜使持節、車騎大將軍、儀同三司。[10]每有寇至，輒率所領禦之，一歲數告捷，頗爲齊人所憚。王益親任之。

[1]郭衍：人名。傳另見《北史》卷七四。

[2]介休：縣名。治所在今山西介休市。

[3]崇：人名。即郭崇。事略見《通鑑》卷一五五《梁紀》高祖武皇帝大通四年。“崇”字底本原脱，中華本據《北史·郭衍傳》補，今從補。　舍人：官名。北魏置五等散官，其中九品散官比舍人。　魏武帝：北魏孝武帝元脩的謚號。紀見《魏書》卷一一、《北史》卷五。

[4]侍中：官名。爲西魏門下省長官。

[5]陳王純：即宇文純。北周太祖宇文泰之子，建德三年(574)進爵爲陳王。傳見《周書》卷一三、《北史》卷五八。

[6]大都督：官名。周齊交戰之際，北周始置十一等勳官，以酬戰士。大都督爲勳官第九等。八命。

[7]齊：即北齊(550—577)，亦稱高齊，都鄴(今河北臨漳縣西南鄴鎮東)。

[8]天水：郡名。治所在今甘肅天水市。

[9]陜城：地名。在今河南陜縣西南。

[10]使持節：漢朝官員奉使外出時，或由皇帝授予節杖，以提高其威權。魏、晋以後，凡重要軍事長官出征或出鎮時，加使持節，可誅殺二千石以下官員。皇帝派遣大臣出巡或祭吊等事時，也使持節，以表示權力和尊崇。　車騎大將軍：軍號名。儀同府長官軍號，以車騎將軍中資深者爲車騎大將軍。金印紫綬。典京師兵衛，掌宫衛。北周爲九命。　儀同三司：勳官名。北周府兵制中儀同府長官加此勳官名，不掌具體事務。九命。

建德中，[1]周武帝出幸雲陽，[2]衍朝於行所，[3]時議欲伐齊，衍請爲前鋒。攻河陰城，[4]授儀同大將軍。[5]武帝圍晋州，[6]慮齊兵來援，令衍從陳王守千里徑。[7]又從武帝與齊主大戰於晋州，追齊師至高壁，[8]敗之。仍從平并州，[9]以功加授開府，封武强縣公，[10]邑一千二百户，[11]賜姓叱羅氏。宣政元年，[12]爲右中軍熊渠中大夫。[13]

[1]建德：北周武帝宇文邕年號（572—578）。

[2]雲陽：郡名。治所在今陜西涇陽縣西北。

[3]朝：底本作“詷”，今據中華本改。

[4]河陰城：城名。北齊置河陰郡，此河陰城概爲河陰郡，治所在今河南洛陽市東北。

[5]儀同大將軍：官名。周齊交戰之際，北周始置十一等勳官，以酬戰士。始稱儀同三司，爲勳官第八等，九命。武帝建德四年改稱儀同大將軍。品秩不變。

[6]晋州：治所在今山西臨汾市。

[7]千里徑：地名。其地在今山西霍州市東。

［8］高壁：地名。即高壁嶺，又稱韓信嶺。其地在今山西靈石縣東南。

［9］并州：治所在今山西太原市西南。

［10］武强縣公：爵名。北周十一等爵的第六等，命數不詳，非正九命則當是九命。

［11］邑：也稱食邑、封邑。是古代君王封賜給有爵位之人的一種食禄制度，受封者可徵收封地内的民户租税充作食禄。魏晋以後，食邑分爲虚封和實封兩類：虚封一般僅冠以“邑”或“食邑”之名，這衹是一種榮譽性加銜，受封者並不能獲得實際的食禄收入；而實封一般須冠以“真食”“食實封”等名，受封者可真正獲得食禄收入。

［12］宣政：北周武帝宇文邕年號（578）。

［13］右中軍熊渠中大夫：官名。執掌不詳。正五命。

尉迥之起逆，從韋孝寬戰於武陟，[1]進戰於相州。先是，迥遣弟子勤爲青州總管，[2]率青、齊之衆來助迥。[3]迥敗，勤與迥子惇、祐等欲東奔青州。[4]衍將精騎一千追破之，執祐於陣，勤遂遁走，而惇亦逃逸。衍至濟州，[5]入據其城，又擊其餘黨於濟北，累戰破之，執送京師。超授上柱國，封武山郡公。賞物七千段。密勸高祖殺周室諸王，早行禪代。由是大被親昵。

［1］武陟：縣名。治所在今河南武陟縣南。

［2］勤：人名。即尉遲勤，尉遲迥之侄。事略見《周書》卷二一、《北史》卷六二《尉遲迥傳》。　青州：治所在今山東淄博市東北臨淄鎮北。　總管：官名。周明帝武成元年（559），以都督諸州軍事爲總管。其授總管、刺史，則加使持節諸軍事。總管的統轄範圍可達數州至十餘州，成一軍政管轄區。品秩不詳。

［3］齊：州名。治所在今山東濟南市。

［4］祐：人名。即尉遲迥之子尉遲祐。事略見《周書》卷二一、《北史》六二《尉遲迥傳》。

［5］濟州：治所在今山東茌平縣西南。

開皇元年，敕復舊姓爲郭氏。突厥犯塞，以衍爲行軍總管，領兵屯於平涼。[1]數歲，虜不入。徵爲開漕渠大監。[2]部率水土，鑿渠引渭水，[3]經大興城北，[4]東至于潼關，漕運四百餘里。關内賴之，名之曰富民渠。五年，授瀛州刺史。[5]遇秋霖大水，其屬縣多漂没，民皆上高樹，依大冢。衍親備船栰，并齎糧拯救之，民多獲濟。衍先開倉賑恤，後始聞奏。上大善之，選授朔州總管。[6]所部有恒安鎮，[7]北接蕃境，常勞轉運。衍乃選沃饒地，置屯田，歲剩粟萬餘石，民免轉輸之勞。又築桑乾鎮，[8]皆稱旨。

［1］平涼：縣名。治所在今甘肅平涼市西涇河北。

［2］開漕渠大監：差遣職名。負責開鑿河渠，爲臨時委派，事畢即徹。

［3］渭水：即今黄河中游支流渭河。

［4］大興城：古都名。爲隋國都，其地在今陝西西安市。

［5］瀛州：治所在今河北河間市。

［6］朔州：治所在今山西朔州市。

［7］恒安鎮：在今山西大同市。

［8］桑乾鎮：在今山西山陰縣南。

十年，從晋王廣出鎮揚州。遇江表構逆，[1]命衍爲總管,[2]領精鋭萬人先屯京口。[3]於貴洲南與賊戰,[4]敗之，生擒魁帥，大獲舟楫糧儲，以充軍實，乃討東陽、永嘉、宣城、黟、歙諸洞,[5]盡平之。授蔣州刺史。[6]

[1]江表：地區名。指長江以南地區。

[2]總管：即行軍總管。

[3]京口：地名。在今江蘇鎮江市。

[4]貴洲：地名。在今江蘇鎮江市西北大江中。

[5]東陽：縣名。治所在今浙江金華市。　永嘉：縣名。治所在今浙江温州市。　宣城：縣名。治所在今安徽宣城市宣州區。　黟（yī）：縣名。治所在今安徽黟縣。　歙（shè）：縣名。治所在今安徽歙縣。

[6]蔣州：治所在今江蘇南京市清涼山。

衍臨下甚踞，事上姦謟。晋王愛暱之，宴賜隆厚。遷洪州總管。[1]王有奪宗之謀，托衍心腹，遣宇文述以情告之。衍大喜曰："若所謀事果，自可爲皇太子。如其不諧，亦須據淮海,[2]復梁、陳之舊。[3]副君酒客，其如我何?"王因召衍，陰共計議。又恐人疑無故來往，托以衍妻患癭,[4]王妃蕭氏有術能療之。[5]以狀奏高祖，高祖聽衍共妻向江都，往來無度。衍又詐稱桂州俚反,[6]王乃奏衍行兵討之。由是大修甲仗，陰養士卒。及王入爲太子，徵授左監門率,[7]轉左宗衛率。[8]高祖於仁壽宫將大漸,[9]太子與楊素矯詔，令衍、宇文述領東宫兵,[10]帖上臺宿衛，門禁並由之。及上崩，漢王起逆,[11]而京師空虚，使衍馳還，總兵居守。

[1]洪州：治所在今江西南昌市。

[2]淮海：地區名。泛指古淮水下游近海地區，約當今江蘇中部和北部一帶。

[3]梁：即南朝梁（502—557），都建康（今江蘇南京市）。

[4]癭（yǐng）：中醫學病名。頸部腫塊。多因鬱怒憂思過度、肝失條達、氣鬱痰凝，血瘀結於頸部，聚而成塊，隨吞咽而上下移動。或生活在山區與飲水有關。

[5]蕭氏：即隋煬帝蕭皇后。傳見本書卷三六、《北史》卷一四。

[6]桂州：治所在今廣西桂林市。　俚：即俚人。古代嶺南地區少數民族的泛稱。亦作里人。東漢至隋唐屢見於史籍，常與僚並稱。主要分布在今廣東西南沿海及廣西東南等地。後來，一部分逐漸融合於漢族，另一部分則移居廣西西部，發展成爲今日的壯族等民族。

[7]左監門率：官名。隋文帝置左、右監門率各一員爲太子左、右監門府之長官，從四品上，掌東宫諸門禁。煬帝大業三年改爲宫門將。

[8]左宗衛率：官名。即太子左宗衛率。隋時太子東宫掌統宗人侍衛太子，置一員。大業三年改爲太子左武侍率。正四品上。

[9]仁壽宫：宫殿名。在今陝西麟游縣西。

[10]東宫：太子所居之宫，也指太子。　兵：底本原脱，今據宋刻遞修本、汲古閣本、中華本補。

[11]漢王：即隋文帝第五子楊諒，開皇元年被立爲漢王。傳見本書卷四五、《北史》卷七一。

大業元年，拜左武衛大將軍。[1]帝幸江都，令衍統左軍，改授光禄大夫。[2]又從討吐谷渾，出金山道，[3]納綘二萬餘户。衍能揣上意，阿諛順旨。帝每謂人曰："唯有郭衍，心與朕同。"又嘗勸帝取樂，五日一視事，[4]無得效高祖空自劬勞。帝從之，益稱其孝順。初，新令行，衍封爵從例除。六年，以恩倖封真定侯。[5]七年，從往江都，卒。贈左衛大將軍，賵賜甚厚，謚曰襄。長子臻，[6]武牙郎將。[7]次子嗣本，[8]孝昌縣令。[9]

[1]左武衛大將軍：官名。隋中央軍事機關十二衛中有左右武衛，掌領外軍宿衛宫禁。各置大將軍一人爲長官，總理府事。正三品。

[2]光禄大夫：官名。屬散實官，煬帝大業三年廢特進，改置光禄大夫等九大夫。從一品。

[3]金山道：特區名。其地約今四川綿陽市。隋朝在戰争中於地方設置的特區，稱“道”。

[4]事：底本原脱，今據宋刻遞修本、汲古閣本、中華本補。

[5]真定侯：爵名。即真定縣侯。隋九等爵的第六等。正二品。

[6]臻：人名。即郭臻。其他事迹不詳。

[7]武牙郎將：官名。煬帝大業三年十二衛護軍改爲武賁郎將後置，爲武賁郎將副貳。從四品。

[8]嗣本：人名。即郭嗣本。事略見《舊唐書》卷一九四、《新唐書》卷二一五《突厥傳》。

[9]孝昌：縣名。治所在今湖北孝感市北。

史臣曰：謇謇匪躬，爲臣之高節，和而不同，事君之常道。宇文述、郭衍以水濟水，如脂如韋，便辟足恭，柔顔取悦。君所謂可，亦曰可焉，君所謂不，亦曰不焉。無所是非，不能輕重，默默苟容，偷安高位，甘素餐之責，受彼己之譏。此固君子所不爲，亦丘明之深耻也。

隋書　卷六二

列傳第二十七

王韶

王韶字子相，[1]自云太原晋陽人也，[2]世居京兆。[3]祖諧，[4]原州刺史。[5]父諒，[6]早卒。韶幼而方雅，頗好奇節，有識者異之。在周，[7]累以軍功，官至車騎大將軍、儀同三司。[8]復轉軍正。[9]

［1］王韶：人名。傳另見《北史》卷七五。

［2］太原：郡名。治所在今山西太原市西南古城營東。　晋陽：縣名。治所在今山西太原市西南古城營。

［3］京兆：郡名。治所在今陝西西安市。

［4］諧：人名。即王諧。其他事迹不詳。

［5］原州：治所在今寧夏固原市。

［6］諒：人名。即王諒。其他事迹不詳。

［7］周：即北周（557—581），都長安（今陝西西安市西北郊）。

［8］車騎大將軍：軍號名。儀同府長官軍號，以車騎將軍中資

深者爲車騎大將軍。金印紫綬。典京師兵衛，掌宫衛。北周爲九命（參見王仲犖《北周六典》卷九《戎號第二十二》，中華書局1979年版，第593頁）。　儀同：官名。周齊交戰之際，北周始置十一等勳官，以酬戰士。儀同三司爲勳官第八等。九命。武帝建德四年（575）改稱儀同大將軍，品秩不變。

［9］軍正：官名。漢時乃軍中司法官員，權頗重。北周時有軍正中大夫，正五命；軍正下大夫，正四命。此處指代不明。

武帝既拔晉州，[1]意欲班師，詔諫曰："齊失紀綱，[2]於兹累世，天獎王室，一戰而扼其喉。加以主昏於上，民懼於下，取亂侮亡，正在今日。[3]方欲釋之而去，以臣愚固，深所未解，願陛下圖之。"帝大悦，賜縑一百匹。[4]及平齊氏，以功進位開府，[5]封晉陽縣公，[6]邑五百户，[7]賜口馬雜畜以萬計。遷内史中大夫。[8]宣帝即位，[9]拜豐州刺史，[10]改封昌樂縣公。

［1］武帝：北周皇帝宇文邕的謚號。紀見《周書》卷五、六，《北史》卷一〇。　晉州：治所在今山西臨汾市。

［2］齊：即北齊（550—577），亦稱高齊，都鄴（今河北臨漳縣西南鄴鎮東）。

［3］今：底本原作"令"，據宋刻遞修本、汲古閣本、殿本、庫本、中華本改。

［4］縑：雙絲的淡黄色絹。

［5］開府：官名。全稱爲開府儀同三司，武帝建德四年改稱開府儀同大將軍。爲北周十一等勳官的第六等。九命。

［6］晉陽縣公：爵名。北周置十一等爵的第六等，命數不詳，非正九命則當是九命。

[7]邑：也稱食邑、封邑。是古代君王封賜給有爵位之人的一種食禄制度，受封者可徵收封地内的民户租税充作食禄。魏晋以後，食邑分爲虚封和實封兩類：虚封一般僅冠以“邑”或“食邑”之名，這衹是一種榮譽性加銜，受封者並不能獲得實際的食禄收入；而實封一般須冠以“真食”“食實封”等名，受封者可真正獲得食禄收入。

[8]内史中大夫：官名。爲北周春官府屬官，掌王言。正五命。

[9]宣帝：北周皇帝宇文贇的謚號。紀見《周書》卷七、《北史》卷一〇。

[10]豐州：北周時治所在今湖北丹江口市西北。

高祖受禪，[1]進爵項城郡公，[2]邑二千户。轉靈州刺史，[3]加位大將軍。[4]晋王廣之鎮并州也，[5]除行臺右僕射，[6]賜彩五百匹。韶性剛直，王甚憚之，每事諮詢，不致違於法度。韶嘗奉使檢行長城，其後王穿池起三山，韶既還，自鎖而諫，王謝而罷之。高祖聞而嘉歎，賜金百兩，并後宫四人。

[1]高祖：隋文帝楊堅的廟號。紀見本書卷一、二，《北史》卷一一。

[2]項城郡公：官名。隋九等爵的第四等。從一品。

[3]靈州：治所在今寧夏靈武市西南。

[4]大將軍：官名。隋文帝因改北周之制，置十一等散實官，以酬勤勞，大將軍爲第四等。正三品。

[5]晋王：即隋煬帝楊廣，開皇元年（581）被立爲晋王。紀見本書卷三、四，《北史》卷一二。　并州：治所在今山西太原市西南。

[6]行臺右僕射：官名。隋在大行政區代表中央的機構稱爲行

臺尚書省，多由軍事關係臨時設置。開皇二年，隋文帝置河北道行臺尚書省於并州，長官爲行臺尚書令，由晋王楊廣擔任，負責轄區内的軍政大事。另置左右僕射爲副長官，協理衆事。流内視從二品。

平陳之役，[1]以本官爲元帥府司馬，[2]帥師趣河陽，[3]與大軍會。既至壽陽，[4]與高熲支度軍機，[5]無所擁滯。及剋金陵，[6]韶即鎮焉。晋王廣班師，留韶於石頭防遏，[7]委以後事，歲餘。徵還，高祖謂公卿曰："晋王以幼稚出藩，遂能剋平吴越，[8]綏静江湖，子相之力也。"於是進位柱國，[9]賜奴婢三百口，綿絹五千段。

［1］陳：即南朝陳（557—589），都建康（今江蘇南京市）。

［2］元帥：或爲行軍元帥。隋行軍出征的軍事長官名。總知兵馬，節度諸軍事。多爲戰時臨時指派，戰事結束即撤。　司馬：或爲行軍司馬。爲行軍元帥的幕僚，參與出征作戰的軍事决策。多爲戰時臨時指派，戰事結束即撤。

［3］河陽：縣名。治所在今河南孟州市西南。

［4］壽陽：縣名。治所在今安徽壽縣。

［5］高熲：人名。傳見本書卷四一、《北史》卷七二。

［6］金陵：城名。戰國楚築金陵城於今江蘇南京市清凉山上，後人用金陵作爲今南京市的别稱。南朝陳定都於建康，即今南京市。

［7］石頭：城名。一名石首城，簡稱石城。在今江蘇南京市西清凉山。

［8］吴越：地區名。約爲現在的江南一帶，包括今江蘇、浙江、上海、江西東部、安徽東部及東南部、福建大部。因在春秋戰國時期此地區是吴國和越國的轄地而得名。

[9]柱國：官名。隋文帝因改北周之制，置十一等散實官，以酬勤勞。柱國爲第二等。正二品。

開皇十一年，[1]上幸并州，以其稱職，特加勞勉。其後，上謂韶曰："自朕至此，公鬚鬢漸白，無乃憂勞所致？柱石之望，唯在於公，努力勉之！"韶辭謝曰："臣比衰暮，殊不解作官人。"高祖曰："是何意也？不解者，[2]是未用心耳。"韶對曰："臣昔在昏季，猶且用心，況逢明聖，敢不罄竭！但神化精微，非駑蹇所逮。加以今年六十有六，桑榆云晚，比於疇昔，昏忘又多。豈敢自寬，以速身累，恐以衰暮，虧紊朝綱耳。"上勞而遣之。秦王俊爲并州總管，[3]仍爲長史。[4]歲餘，馳驛入京，勞弊而卒，時年六十八。高祖甚傷惜之，謂秦王使者曰："語爾王，我前令子相緩來，如何乃遣馳驛？殺我子相，豈不由汝邪？"言甚悽愴。使有司爲之立宅，曰："往者何用宅爲，但以表我深心耳。"又曰："子相受我委寄，十有餘年，終始不易，寵章未極，舍我而死乎！"發言流涕。因命取子相封事數十紙，傳示群臣。上曰："其直言匡正，裨益甚多，吾每披尋，未嘗釋手。"煬帝即位，[5]追贈司徒、尚書令、靈豳等十州刺史、魏國公。[6]子士隆嗣。[7]

[1]開皇十一年：據本書卷二《高祖紀下》，楊堅幸并州時間應爲開皇十年。開皇，隋文帝楊堅年號（581—600）。

[2]者：底本原缺，據宋刻遞修本、汲古閣本、殿本、庫本、中華本補。

［3］秦王俊：隋文帝第三子楊俊，開皇元年被立爲秦王。傳見本書卷四五、《北史》卷七一。　總管：官名。北周置諸州總管，隋承繼，又有增置。全稱爲總管刺史加使持節。總管的統轄範圍可達數州至十餘州，成一軍政管轄區。隋文帝在并、益、荆、揚四州置大總管，其餘州置總管。總管分上、中、下三等，品秩爲流内視從二品、正三品、從三品。

［4］長史：官名。爲州級政府屬官，協助總管、刺史處理州内各項事務。其品秩依其州等級而定，上州長史爲正五品，中州長史爲從五品，下州長史爲正六品。

［5］煬帝：隋皇帝楊廣的謚號。紀見本書卷三、四，《北史》卷一二。

［6］司徒：官名。贈官。正一品。　尚書令：官名。贈官。正二品。　豳：州名。治所在今陝西彬縣。按，宋刻遞修本、汲古閣本、中華本同，殿本、庫本作“幽”。　魏國公：爵名。隋九等爵的第三等。從一品。

［7］士隆：人名。即王士隆。《北史》卷七五有附傳。

士隆略知書計，尤便弓馬，慷慨有父風。大業之世，[1]頗見親重，官至備身將軍，[2]改封耿公。[3]數令討擊山賊，往往有捷。越王侗稱帝，[4]士隆率數千兵自江、淮而至。會王世充僭號，[5]甚禮重之，署尚書右僕射。[6]士隆憂憤，疽發背卒。

［1］大業：隋煬帝楊廣年號（605—618）。

［2］備身將軍：官名。隋初中央軍事機關十二衛中有左右領左右府，掌侍衛左右，供御兵仗。置大將軍爲長官，另置將軍二人爲副長官，協理府事。從三品。隋煬帝大業三年，改左右領左右府爲左右備身府，仍置將軍爲副長官。品秩不變。

［3］耿公：即耿國公。

［4］越王侗：即隋煬帝之孫，元德太子楊昭之子楊侗。大業二年被立爲越王。本書卷五九、《北史》卷七一有附傳。

［5］王世充：人名。傳見本書卷八五、《北史》卷七九、《舊唐書》卷五四、《新唐書》卷八五。

［6］尚書右僕射：官名。此爲越王侗所授僞官。

元巖

元巖，[1]字君山，河南洛陽人也。[2]父禎，[3]魏敷州刺史。[4]巖好讀書，不治章句，剛鯁有器局，以名節自許，少與勃海高熲、太原王韶同志友善。[5]仕周，釋褐宣威將軍、武賁給事。[6]大冢宰宇文護見而器之，[7]以爲中外記室。[8]累遷内史中大夫，[9]昌國縣伯。[10]

［1］元巖：人名。傳另見《北史》卷七五。

［2］河南：郡名。治所在今河南洛陽市東北。　洛陽：縣名。治所在今河南洛陽市。

［3］禎：人名。即元巖之父元禎。

［4］魏：即西魏（535—557），都長安（今陝西西安市西北郊）。　敷州：即鄜州。治所在今陝西黄陵縣西南故邑。

［5］渤海：郡名。治所在今山東陽信縣西南。

［6］釋褐：謂脱去布衣（平民服裝）而换上官服，即做官之意。　宣威將軍：官名。北周置諸戎號，授予有功的大臣，宣威將軍爲其中之一。正四命。　武賁給事：官名。北周置諸散官，並不理事，但爲加官，唯假章綬禄賜班位而已，更不别給車服吏卒，武賁給事爲其中之一。正四命。

［7］大冢宰：官名。全稱爲大冢宰卿。北周天官府長官，掌建邦之六典，輔佐天子治理國家。正七命。　宇文護：人名。西魏權臣宇文泰之侄，北周建立，宇文護專政。傳見《周書》卷一一，《北史》卷五七有附傳。

［8］中外記室：官名。全稱爲都督中外諸軍事府記室參軍。保定元年（561）春，宇文護爲都督中外諸軍事，其府名爲中外府。中外記室爲其僚佐，品秩不詳。

［9］内史中大夫：官名。爲北周春官府屬官，掌王言，參掌擬寫皇帝詔令、參議刑罰爵賞等軍國大事。置二人，正五命。

［10］昌國縣伯：爵名。北周十一等爵的第八等。正七命。

宣帝嗣位，爲政昏暴，京兆郡丞樂運乃輿櫬詣朝堂，[1]陳帝八失，言甚切至。帝大怒，將戮之。朝臣皆恐懼，莫有救者。巖謂人曰："臧洪同日，[2]尚可俱死，其況比干乎！若樂運不免，吾將與之俱斃。"詣閤請見，言於帝曰："樂運知書奏必死，所以不顧身命者，欲取後世之名。陛下若殺之，乃成其名，落其術内耳。不如勞而遣之，以廣聖度。"運因獲免。後帝將誅烏丸軌，[3]巖不肯署詔。御正顔之儀切諫不入，[4]巖進繼之，脱巾頓顙，[5]三拜三進。帝曰："汝欲黨烏丸軌邪？"巖曰："臣非黨軌，正恐濫誅失天下之望。"帝怒，使閹豎搏其面，[6]遂廢于家。

［1］京兆郡丞：官名。爲北周京兆郡副長官，協助京兆尹處理地方事務。品秩不詳。京兆，郡名。治所在今陝西西安市西北。　樂運：人名。歷北周、隋。《周書》卷四〇、《北史》卷六二有附傳。　櫬（chèn）：棺材。

［2］臧洪同日：指袁紹生擒臧洪，洪忠義，寧死不降，終爲紹所殺。陳容爲洪同鄉，寧願與臧洪同日而死，也不肯投降袁紹，亦被殺。故稱臧洪同日。臧洪，傳見《三國志》卷七。

［3］烏丸軌：人名。即北周名將王軌，烏丸爲其所改鮮卑姓。北周官至上大將軍，封郯國公。周宣帝即位不久被殺。傳見《周書》卷四〇、《北史》卷六二。

［4］御正：官名。爲北周天官府屬官，有上大夫、中大夫和下大夫，任總絲綸，職在弼諧。凡諸刑罰爵賞，爰及軍國大事，皆須參議。檢《周書》卷四〇《顔之儀傳》知其官爲御正中大夫。中大夫爲正五命。　顔之儀：人名。傳見《周書》卷四〇，《北史》八三有附傳。

［5］頓顙（sǎng）：古代一種跪拜禮。行禮之人屈膝下跪，以額頭（顙）觸地，不露面容。多在居喪期間答拜賓客時行之，以示極度悲痛和對吊者的感謝。也在謝罪或投降的場合行之，以示極度惶恐。

［6］閹豎：對宦官的蔑稱。

高祖爲丞相，[1]加位開府、民部中大夫。[2]及受禪，拜兵部尚書，[3]進爵平昌郡公，邑二千户。巖性嚴重，明達世務，每有奏議，侃然正色，庭諍面折，無所迴避。上及公卿，皆敬憚之。時高祖初即位，每懲周代諸侯微弱，以致滅亡，由是分王諸子，權侔王室，以爲磐石之固，遣晋王廣鎮并州，蜀王秀鎮益州。[4]二王年並幼稚，於是盛選貞良有重望者爲之僚佐。于時巖與王韶俱以骨鯁知名，物議稱二人才具侔於高熲，由是拜巖爲益州總管長史，韶爲河北道行臺右僕射。[5]高祖謂之曰："公宰相大器，今屈輔我兒，如曹參相齊之意也。"[6]及巖到官，法令明肅，吏民稱焉。蜀王性好奢侈，嘗欲取獠口以爲閹人，[7]又欲生剖死囚，取膽爲藥。巖皆不奉教，排閤切諫，王輒謝而止，憚巖爲人，每循法度。蜀中獄訟，巖所裁斷，莫不悅服。其有得罪者，相謂曰："平昌公與吾罪，[8]吾何怨焉。"上甚嘉之，賞賜優洽。

［1］丞相：官名。此爲"左大丞相"或"大丞相"簡稱。北周静帝大象二年（580）置左、右大丞相，以宗室親王宇文贊爲右大丞相，但僅有虚名；以外戚楊堅爲左大丞相，總攬朝政。旋又去左右之號，獨以楊堅爲大丞相。實爲控制北周朝廷的權臣。

［2］民部中大夫：官名。北周地官府屬官，掌丞司徒教，以籍帳之法，贊計人民之衆寡。置二人，正五命。

［3］兵部尚書：官名。隋兵部長官，掌全國武官選用和兵籍、軍械、軍令之政，下統兵部、職方、駕部、庫部四曹。正三品。

［4］蜀王秀：即隋文帝第四子楊秀，開皇元年被立爲蜀王。傳見本書卷四五、《北史》卷七一。　益州：治所在今四川成都市。

［5］河北道：特區名。即在黄河中下游以北設置的特區。隋朝在統一戰争中於地方置特區，範圍可包括若干州，稱"道"。

［6］曹參相齊：漢高祖劉邦立長子劉肥爲齊王，以曹參爲相國，輔佐齊王治理國政。漢惠帝元年（前194），除諸侯相國法，更以曹參爲齊丞相。曹參采用黄老之術，相齊九年，齊國安集，被尊爲賢相。曹參，傳見《史記》卷五四、《漢書》卷三九。

［7］獠（lǎo）：古族名。曾活動於今廣東、廣西、湖南、四川、雲南、貴州等地區，多以漁獵爲生，已消失數百年。傳見《魏書》卷一〇一、《周書》卷四九、《北史》卷九五。

［8］平昌公：爵名。即平昌郡公。此指元巖。

十三年，卒官，上悼惜久之。益州父老，莫不殞涕，于今思之。巖卒之後，蜀王竟行其志，漸致非法，造渾天儀、司南車、記里鼓，[1]凡所被服，擬於天子。又共妃出獵，以彈彈人，多捕山獠，以充宦者。僚佐無能諫止。及秀得罪，上曰："元巖若在，吾兒豈有是乎！"子弘嗣。[2]仕歷給事郎、司朝謁者、北平通守。[3]

[1]渾天儀：亦稱渾儀。中國古代測定天體位置的一種儀器。參本書《天文志》。　司南車：中國古代用來指示方向的車。　記里鼓：中國古代用來計數里程之鼓。以上三物，概爲天子出行時所用，親王等級不可私造。

[2]弘：人名。即元弘。事另見《北史》卷七五《元巖傳》。

[3]給事郎：官名。隋吏部屬官，開皇六年置給事等八郎，武騎等八尉。品秩爲正六品以下，從九品以上，上階爲郎，下階爲尉。大業三年，隋煬帝改制，移吏部給事郎名爲門下之職，位次黄門侍郎之下，掌省讀奏案。四員，從五品。　司朝謁者：官名。隋煬帝大業三年增置謁者臺，長官爲謁者臺大夫，掌受詔勞問，出使慰撫，持節察授，及受冤枉而申奏之。另置司朝謁者二人副之，協理臺事。從五品。　北平：郡名。治所在今河北盧龍縣。　通守：官名。煬帝大業三年以後，諸郡加置通守一員，位次太守，協助掌本郡政務。

劉行本

劉行本，[1]沛人也。[2]父瓌，[3]仕梁，[4]歷職清顯。行本起家武陵國常侍。[5]遇蕭脩以梁州北附，[6]遂與叔父璠同歸于周，[7]寓居京兆之新豐。[8]每以諷讀爲事，精力忘疲，雖衣食乏絶，晏如也。性剛烈，有不可奪之志。周大冢宰宇文護引爲中外府記室。

［1］劉行本：人名。《北史》卷七〇有附傳。

［2］沛：縣名。治所在今江蘇沛縣。

［3］瓌：人名。即劉瓌。南朝梁人，具體事迹不詳。

［4］梁：即南朝梁（502—557），都建康（今江蘇南京市）。

［5］武陵國：南朝梁分封的諸侯國之一。天監十三年（514），梁高祖立皇子紀爲武陵郡王，其屬地爲武陵國。　常侍：官名。南朝梁皇弟皇子國、嗣王國、蕃王國皆置常侍官，隨侍皇弟皇子左右。此武陵國常侍爲二班。

［6］蕭脩：人名。南朝梁人，梁元帝時拜湘州刺史。《南史》卷五二有附傳。　梁州：治所在今陝西漢中市東。

［7］璠：人名。即劉璠。北周時官任内史中大夫。傳見《周書》卷四二、《北史》卷七〇。

［8］新豐：縣名。治所在今陝西西安市臨潼區東北。

武帝親總萬機，轉御正中士，[1]兼領起居注。[2]累遷掌朝下大夫。[3]周代故事，天子臨軒，掌朝典筆硯，持至御坐，則承御大夫取以進之。[4]及行本爲掌朝，將進筆於帝，承御復欲取之。行本抗聲謂承御曰：“筆不可得。”帝驚視問之，行本言於帝曰：“臣聞設官分職，各有司存。臣既不得佩承御刀，承御亦焉得取臣筆。”帝曰：“然。”因令二司各行所職。及宣帝嗣位，多失德，行本切諫忤旨，出爲河内太守。[5]

［1］御正中士：官名。全稱爲小御正中士，爲北周天官府屬官，御正爲北周天官府屬官，有上大夫、中大夫和下大夫，任總絲綸，

職在弼諧。凡諸刑罰爵賞，爰及軍國大事，皆須參議。其下設置上士、中士協理政事。正二命。

[2]起居注：皇帝的言行録。魏晋以後設官專修，凡與皇帝有關的朝廷大事皆按日記載，以供國史修撰所據。

[3]掌朝下大夫：官名。北周秋官府屬官，掌内外朝儀。正四命。

[4]承御大夫：官名。全稱爲承御中大夫，蓋爲侍衛皇帝左右之官。正五命。

[5]河内：郡名。治所在今河南沁陽市。

高祖爲丞相，尉迥作亂，[1]進攻懷州。[2]行本率吏民拒之，拜儀同，賜爵文安縣子。[3]及踐阼，徵拜諫議大夫，[4]檢校治書侍御史。[5]未幾，遷黄門侍郎。[6]上嘗怒一郎，於殿前笞之。行本進曰："此人素清，其過又小，願陛下少寬假之。"上不顧。行本於是正當上前曰："陛下不以臣不肖，置臣左右。臣言若是，陛下安得不聽？臣言若非，當致之於理，以明國法，豈得輕臣而不顧也！臣所言非私。"因置笏於地而退，上斂容謝之，遂原所笞者。

[1]尉迥：人名。即尉遲迥。北周太祖宇文泰之甥，周宣帝時任大前疑、相州總管。傳見《周書》卷二一、《北史》卷六二。

[2]懷州：治所在今河南沁陽市。

[3]文安縣子：爵名。北周十一等爵的第九等。正六命。

[4]諫議大夫：官名。隋門下省屬官，掌諫諍議論。從四品下。

[5]檢校：代理。　治書侍御史：官名。隋御史臺副長官，協助御史大夫轄臺中各事，專掌監察、執法。隋文帝時爲從五品，大

業三年增秩爲正五品，五年又降爲從五品。

[6]黄門侍郎：官名。隋門下省置給事黄門侍郎四人，爲副長官，協助長官審查詔令，簽署章奏，有封駁之權。大業三年减給事黄門侍郎員，並去給事之名。正四品。

于時天下大同，四夷内附，行本以党項羌密邇封域，[1]最爲後服，上表劾其使者曰："臣聞南蠻遵校尉之統，[2]西域仰都護之威。[3]比見西羌鼠竊狗盗，[4]不父不子，無君無臣，異類殊方，於斯爲下。不悟羈縻之惠，[5]詎知含養之恩，狼戾爲心，獨乖正朔。使人近至，請付推科。"上奇其志焉。雍州别駕元肇言於上曰：[6]"有一州吏，受人饋錢三百文，[7]依律合杖一百。然臣下車之始，與其爲約。此吏故違，請加徒一年。"行本駁之曰："律令之行，並發明詔，與民約束。今肇乃敢重其教命，輕忽憲章。欲申己言之必行，忘朝廷之大信，虧法取威，非人臣之禮。"上嘉之，賜絹百匹。

[1]党項羌：古族名。羌人的一支，分布在今青海東南部河曲和四川松潘以西山谷地帶。從事畜牧業。傳見本書卷八三、《北史》卷九六、《舊唐書》卷一九八、《新唐書》卷二二一。

[2]蠻：古族名。中國古代用以泛指四方的少數民族，有時特指長江中游及其以南地區少數民族。傳見本書卷八二、《後漢書》卷八六、《魏書》卷一〇一、《北史》卷九五、《南史》卷七九。校尉：官名。漢以後管理少數民族地區的長官。

[3]都護：官名。都護意即總監。漢宣帝時設置西域都護，爲駐西域地區的最高長官。其後廢置不常。

[4]西羌：此指党項羌。

［5］羈縻：指籠絡，使不生異心。

［6］雍州别駕：官名。隋都大興城，屬雍州，故雍州地方機構及官員設置略異於普通州郡。别駕爲雍州副長官，從四品。開皇三年四月，隋罷郡，以州統縣，改别駕爲長史。雍州，治所在今陝西西安市西北。　元肇：人名。隋開皇年間爲雍州别駕，其他事迹不詳。

［7］三百文：殿本、庫本、中華本同，宋刻遞修本、汲古閣本及《北史》卷七〇《劉行本傳》作“二百文”。

在職數年，拜太子左庶子，[1]領治書如故。皇太子虚襟敬憚。[2]時唐令則亦爲左庶子，[3]太子昵狎之，每令以弦歌教内人。行本責之曰：“庶子當匡太子以正道，何有嬖昵房帷之間哉！”令則甚慚而不能改。時沛國劉臻、平原明克讓、魏郡陸爽並以文學爲太子所親。[4]行本怒其不能調護，每謂三人曰：“卿等正解讀書耳。”時左衛率長史夏侯福爲太子所昵，[5]嘗於閤内與太子戲。福大笑，聲聞於外。行本時在閤下聞之，待其出，行本數之曰：“殿下寬容，賜汝顔色。汝何物小人，敢爲褻慢！”因付執法者治之。數日，太子爲福致請，乃釋之。太子嘗得良馬，令福乘而觀之。太子甚悦，因欲令行本復乘之。行本不從，正色而進曰：“至尊置臣於庶子之位者，欲令輔導殿下以正道，非爲殿下作弄臣也。”太子慚而止。復以本官領大興令，[6]權貴憚其方直，無敢至門者。由是請托路絶，法令清簡，吏民懷之。未幾，卒官，上甚傷惜之。及太子廢，上曰：“嗟乎！若使劉行本在，勇當不及於此。”無子。

［1］太子左庶子：官名。隋東宫分置門下坊、典書坊，以分統諸局。制比中央門下、内史二省。門下坊置太子左庶子爲長官，掌侍從贊相，駁正啓奏，輔佐太子。置二人，正四品上。

［2］皇太子：此指隋文帝長子廢太子楊勇。傳見本書卷四五、《北史》卷七一。

［3］唐令則：人名。歷北齊、北周、隋，時任楊勇東宫太子左庶子。《北史》卷六七有附傳，事另見《周書》卷三二《唐瑾傳》。

［4］沛國：郡名。治所在今安徽濉溪縣西北。　劉臻：人名。傳見本書卷七六、《北史》卷八三。事亦見《大隋故儀同三司饒陽縣開國伯劉府君（大臻）墓誌》（載劉文《陝西新見隋朝墓誌》一八，三秦出版社 2018 年版）。　平原：郡名。治所在今山東陵縣。　明克讓：人名。傳見本書卷五八、《北史》卷八三。事亦見《明克讓墓誌》（載劉文《陝西新見隋朝墓誌》一六）。　魏郡：治所在今河南安陽市。　陸爽：人名。傳見本書卷五八，《北史》卷二八有附傳。

［5］左衛率長史：官名。隋東宫有左衛率，掌東宫禁衛。長史爲府内屬官。從七品。　夏侯福：人名。事略見本書卷四五《房陵王勇傳》、《通鑑》卷一七九《隋紀》文帝開皇二十年。

［6］大興：縣名。治所在今陝西西安市。

梁毗

梁毗，[1]字景和，安定烏氏人也。[2]祖越，[3]魏涇、豫、洛三州刺史，[4]郃陽縣公。[5]父茂，[6]周滄、兖二州刺史。[7]毗性剛謇，頗有學涉。周武帝時，舉明經，[8]累遷布憲下大夫。[9]平齊之役，以毗爲行軍總管長史，[10]尅并州，[11]毗有力焉。除爲别駕，[12]加儀同三司。宣政中，[13]封易陽縣子，邑四百户。遷武藏大夫。[14]

[1]梁毗：人名。傳另見《北史》卷七七。

[2]安定：郡名。治所在今甘肅涇川縣北涇河北岸。　烏氏：縣名。治所在今甘肅涇川縣東北。

[3]越：人名。即梁越。北魏人，其他事迹不詳。

[4]魏：即北魏（386—557），亦稱後魏。初都平城（今山西大同市東北），公元494年遷都洛陽（今河南洛陽市東北白馬寺東）。公元534年分裂爲東魏和西魏兩個政權。東魏（534—550）都於鄴（今河北臨漳縣西南鄴鎮東），西魏（535—557）都於長安（今陝西西安市西北郊）。　涇：州名。治所在今甘肅鎮原縣東南，後移治今甘肅涇川縣北涇河北岸。　豫：州名。治所在今河南汝南縣。　洛：州名。北魏兩置洛州，一是改司州置，治所在今河南洛陽市東北。太和中復名司州。二是北魏太和十一年（487）以荆州改置，治所在今陝西商洛市商州區。

[5]郃（hé）陽縣公：爵名。北魏置諸爵位，縣公爲從第一品。

[6]茂：人名。即梁茂。北周人，其他事迹不詳。

[7]滄：州名。治所在今河北鹽山縣西南。　兖：州名。治所在今山東兖州市。

[8]明經：即通曉經學。古代選舉科目之一。漢代始以明經取士。魏晋以來，行九品中正之法，明經指德行高遠，明於經國之道。隋爲選士科舉科目之一。

[9]布憲下大夫：官名。北周秋官府屬官，掌宣表國家之刑禁。正四命。

[10]行軍總管長史：北周行軍出師，常臨時指派大將爲行軍總管，戰事結束即撤。其僚佐有長史，協助總管處理戰事事宜。

[11]并州：治所在今山西太原市西南。

[12]别駕：官名。北周州級屬官，其品秩依州等級而定。此處蓋爲并州别駕，并州爲正八命州，别駕爲正四命。

[13]宣政：北周武帝宇文邕年號（578）。

[14]武藏大夫：官名。北周夏官府屬官，全稱爲武藏中大夫。正五命。

高祖受禪，進爵爲侯。[1]開皇初，置御史官，[2]朝廷以毗鯁正，拜治書侍御史，名爲稱職。尋轉大興令，遷雍州贊治。[3]毗既出憲司，[4]復典京邑，直道而行，無所迴避，頗失權貴心，由是出爲西寧州刺史，[5]改封邯鄲縣侯。在州十一年。先是，蠻夷酋長皆服金冠，[6]以金多者爲豪儁，由此遞相陵奪，每尋干戈，邊境略無寧歲。毗患之。後因諸酋長相率以金遺毗，於是置金坐側，對之慟哭而謂之曰："此物飢不可食，寒不可衣。汝等以此相滅，不可勝數。今將此來，欲殺我邪？"一無所納，悉以還之。於是蠻夷感悟，遂不相攻擊。高祖聞而善之，徵爲散騎常侍、大理卿。[7]處法平允，時人稱之。歲餘，進位上開府。[8]

[1]侯：爵名。即易陽縣侯。隋九等爵的第六等。正二品。

[2]御史：官名。隋置御史臺，爲國家監察機關，置御史大夫、治書侍御史、侍御史、殿内侍御史、監察御史等官，專司監察百官。

[3]贊治：官名。隋文帝改京兆少尹爲司馬，煬帝又改爲贊治，掌通判府事。從四品。

[4]憲司：魏晋以來御史的别稱。

[5]西寧州：治所在今四川西昌市。

[6]蠻夷：舊時泛稱四方的少數民族。

[7]散騎常侍：官名。隋門下省屬官，掌部從朝直，從三品。煬帝大業三年廢此官。　大理卿：官名。隋置九寺中有大理寺，爲隋中央審判機關，掌審覈刑獄案件。長官爲大理卿，正三品。

[8]上開府：官名。全稱爲上開府儀同三司。隋文帝因改北周之制，置十一等散實官，以酬勤勞，上開府爲第五等。從三品。

毗見左僕射楊素貴寵擅權，[1]百僚震懾，恐爲國患，因上封事曰："臣聞臣無有作威福。臣之作威福，其害乎而家，凶乎而國。竊見左僕射、越國公素，幸遇愈重，權勢日隆，搢紳之徒，[2]屬其視聽。忤意者嚴霜夏零，阿旨者膏雨冬澍，榮枯由其脣吻，廢興候其指麾。所私皆非忠讜，所進咸是親戚，子弟布列，兼州連縣。天下無事，容息異圖，四海稍虞，必爲禍始。夫姦臣擅命，有漸而來。王莽資之於積年，[3]桓玄基之於易世，[4]而卒殄漢祀，終傾晋祚。季孫專魯，[5]田氏篡齊，[6]皆載典誥，非臣臆説。陛下若以素爲阿衡，[7]臣恐其心未必伊尹也。伏願揆鑒古今，量爲處置，俾洪基永固，率土幸甚。輕犯天顔，伏聽斧鑕。"[8]高祖大怒，命有司禁止，親自詰之。毗極言曰："素既擅權寵，作威作福，將領之處，殺戮無道。又太子及蜀王罪廢之日，百僚無不震悚，惟素揚眉奮肘，喜見容色，利國家有事以爲身幸。"毗發言謇謇，有誠亮之節，高祖無以屈也，乃釋之。素自此恩寵漸衰。但素任寄隆重，多所折挫，當時朝士無不懾伏，莫有敢與相是非。辭氣不撓者，獨毗與柳彧及尚書右丞李綱而已。[9]後上不復專委於素，蓋由察眦之言也。

［1］左僕射：官名。隋置尚書省總理政事，其主官爲尚書令，另置左、右二僕射副之。開皇三年四月詔左僕射掌判吏部、禮部、兵部三尚書事，御史糾不當者，兼糾彈之。從二品。 楊素：人名。傳見本書卷四八，《北史》卷四一有附傳。

［2］搢紳：亦作“縉紳”“薦紳”。舊時官宦的裝束，亦用爲官宦的代稱。按，宋刻遞修本、中華本同，汲古閣本、殿本、庫本作“縉紳”。

［3］王莽：人名。西漢外戚，篡位稱帝建立新朝。傳見《漢書》卷九九。

［4］桓玄：人名。東晋權臣，桓温之子，篡位稱帝，國號楚。傳見《晋書》卷九九。

［5］季孫：春秋後期魯國掌握實權的貴族“三桓”之一。魯桓公少子季友的後裔。事見《史記》卷三三《魯周公世家》。

［6］田氏：春秋後期齊國當權的大夫田桓子的後裔。公元前386年周室册命田和代替吕氏爲齊侯。事見《史記》卷三二《齊太公世家》。

［7］阿（ē）衡：官名。亦作“保衡”，師保之官，原爲保護教養幼稚之官，後變爲國君輔佐之官。引申爲任國家輔弼之任，宰相之職。一説伊尹名阿衡。

［8］鑕（zhì）：古代腰斬用的墊座。

［9］柳彧：人名。傳見本卷、《北史》卷七七。 尚書右丞：官名。隋尚書省置左右丞各一人，輔助尚書令、左右僕射處理省内事務。文帝時爲從四品，煬帝時增階爲正四品。 李綱：人名。隋文帝時任太子洗馬。傳見《舊唐書》卷六二、《新唐書》卷九九。

煬帝即位，遷刑部尚書，[1]并攝御史大夫事。[2]奏劾宇文述私役部兵，[3]帝議免述罪，毗固諍，因忤旨，遂令張衡代爲大夫。[4]毗憂憤，數月而卒。帝令吏部尚書牛弘弔之，[5]贈縑五百匹。

[1]刑部尚書：官名。隋初尚書省下設都官等六部，其長官稱都官尚書。開皇三年改稱刑部尚書，職掌國家法律、刑獄事務。統都官、刑部、比部、司門四曹。正三品。

[2]御史大夫：官名。隋御史臺長官，專掌監察、執法。從三品。

[3]宇文述：人名。傳見本書卷六一、《北史》卷七九。

[4]張衡：人名。傳見本書卷五六、《北史》卷七四。

[5]吏部尚書：官名。隋尚書省下轄六部之一吏部的長官。職掌全國的官吏任免、考課、升降、調動等事務。統吏部、主爵、司勳、考功四曹。正三品。　牛弘：人名。傳見本書卷四九、《北史》卷七二。

子敬真，[1]大業之世，爲大理司直。[2]時帝欲成光禄大夫魚俱羅之罪，[3]令敬直治其獄，遂希旨陷之極刑。未幾，敬真有疾，見俱羅爲之厲，數日而死。

[1]敬真：人名。即梁敬真。《北史》卷七七有附傳。

[2]大理司直：官名。隋置九寺中有大理寺，爲隋中央審判機關，掌審覈刑獄案件。其屬官有司直，協助大理卿處理府内各項事務，分判獄事。開皇時，員十人，從五品。大業中，增員至十六人，降爲從六品，後增員至二十人。

[3]光禄大夫：官名。隋初置六等散實官授與文武官員中功高德厚者，爲其加官，以示尊崇，並不理事。光禄大夫爲其中之一，分左右，爲第二等，正二品。隋煬帝大業三年改革官制，置九大

夫，仍爲散職，光禄大夫爲第一等，從一品。　魚俱羅：人名。傳見本書卷六四、《北史》卷七八。

柳彧

柳彧，字幼文，河東解人也。[1]七世祖卓，[2]隨晋南遷，寓居襄陽。[3]父仲禮，[4]爲梁將，敗歸周，復家本土。彧少好學，頗涉經史。周大冢宰宇文護引爲中外府記室，久而出爲寧州總管掾。[5]武帝親總萬機，彧詣闕求試。帝異之，以爲司武中士。[6]轉鄭令。[7]平齊之後，帝大賞從官，留京者不預。彧上表曰："今太平告始，信賞宜明，酬勳報勞，務先有本。屠城破邑，出自聖規，斬將搴旗，必由神略。若負戈擐甲，征扞劬勞，[8]至於鎮撫國家，宿衛爲重。俱稟成算，非專己能，留從事同，功勞須等。皇太子以下，實有守宗廟之功。昔蕭何留守，[9]茅土先於平陽，[10]穆之居中，[11]没後猶蒙優策。不勝管見，奉表以聞。"於是留守並加泛級。[12]

［1］河東：郡名。治所在今山西永濟市西南。　解：縣名。治所在今山西臨猗縣臨晋鎮東南。

［2］卓：人名。即柳卓。東晋人，其他事迹不詳。

［3］襄陽：郡名。治所在今湖北襄樊市。

［4］仲禮：人名。即柳仲禮。大寶元年（550）爲北周楊忠擊敗被俘。《梁書》卷四三、《南史》卷三八有附傳。

［5］寧州：治所在今甘肅寧縣。　總管掾：官名。總管掌管州内軍政事務，其僚佐有掾，品秩不詳。

[6]司武中士：官名。北周夏官之屬，參掌皇帝宿衛。品秩不詳。

[7]鄭：縣名。治所在今河南淅川縣東南。

[8]劬（qú）勞：指勞苦勞累。

[9]蕭何：人名。西漢名相。傳見《史記》卷五三、《漢書》卷三九。

[10]茅土：古代皇帝社祭的壇用五色土建成：東方青，南方赤，西方白，北方黑，中央黄。分封諸侯時，把一種顔色的泥土用茅草包好授給受封的人，作爲分得土地的象徵。後稱封諸侯爲授茅土。　平陽：指西漢平陽侯曹參。

[11]穆之：人名。即東晋末、南朝宋的劉穆之。多次在劉裕領兵外出征戰時留守建康，總理内外事務。傳見《宋書》卷四二、《南史》卷一五。

[12]泛級：《北史》卷七七《柳彧傳》作“品級”。

高祖受禪，累遷尚書虞部侍郎，[1]以母憂去職。[2]未幾，起爲屯田侍郎，[3]固讓弗許。時制三品已上，門皆列戟。左僕射高熲子弘德封應國公，[4]申牒請戟。彧判曰：“僕射之子更不異居，父之戟槊已列門外。尊有壓卑之義，子有避父之禮，豈容外門既設，内閤又施！”事竟不行，熲聞而歎伏。後遷治書侍御史，當朝正色，甚爲百僚之所敬憚。上嘉其婞直，謂彧曰：“大丈夫當立名於世，無容容而已。”賜錢十萬，米百石。

[1]尚書虞部侍郎：官名。隋尚書省工部下轄虞部等四曹，掌山澤、苑囿、草木、薪炭、供頓等事務，長官爲侍郎。正六品上。煬帝時改稱尚書虞部郎。

［2］以母憂去職：中國古代，凡父母之喪，需服斬衰居喪三年，以報父母養育之恩。東漢以後，服斬衰之喪者如是現任官員，必須離職成服，歸家守制，叫做“丁艱”或“丁憂”，至喪期結束纔能復職。在特殊情況下，皇帝常會以處理軍國大事的需要爲由，不讓高級官員離職守喪，或者喪期未滿就令提前復職。

［3］屯田侍郎：官名。隋尚書省工部下轄屯田等四曹，掌屯田事，兼掌儀武之事，長官爲侍郎。正六品。煬帝時改稱屯田郎。

［4］高熲：人名。傳見本書卷四一、《北史》卷七二。　弘德：人名。即高熲之子高弘德。事略見本書卷四一、《北史》卷七二《高熲傳》。

于時刺史多任武將，類不稱職。或上表曰：“方今天下太平，四海清謐，共治百姓，須任其才。昔漢光武一代明哲，[1]起自布衣，備知情僞，與二十八將披荆棘，[2]定天下，及功成之後，無所職任。伏見詔書，以上柱國和干子爲杞州刺史，[3]其人年垂八十，鍾鳴漏盡。前任趙州，[4]闇於職務，政由群小，賄賂公行，百姓吁嗟，歌謠滿道。乃云：‘老禾不早殺，餘種穢良田。’古人有云：‘耕當問奴，織當問婢。’[5]此言各有所能也。干子弓馬武用，是其所長，治民莅職，非其所解。至尊思治，無忘寢興，如謂優老尚年，自可厚賜金帛，若令刺舉，所損殊大。臣死而後已，敢不竭誠。”上善之，干子竟免。有應州刺史唐君明，[6]居母喪，娶雍州長史庫狄士文之從父妹。[7]或劾之曰：“臣聞天地之位既分，夫婦之禮斯著，君親之義生焉，尊卑之教攸設。是以孝惟行本，禮實身基，自國刑家，率由斯道。竊以愛敬之情，因心至切，喪紀之重，人倫所先。君明鑽燧雖改，[8]在文無變，忽劬勞之痛，成宴爾之親，冒此苴縗，[9]命彼褕翟。[10]不義不昵，《春秋》載其將亡，無禮無儀，詩人欲其遄死。士文贊務神州，[11]名位通顯，整齊風教，四方是則，棄二姓之重匹，[12]違六禮之軌儀。[13]請禁錮終身，以懲風俗。”二人竟坐得罪。隋承喪亂之後，風俗頽壞，彧多所矯正，上甚嘉之。

[1]漢光武：即東漢皇帝劉秀的謚號。紀見《後漢書》卷一。

[2]二十八將：指輔佐光武帝劉秀建立東漢過程中，戰功顯赫的“雲臺二十八將”。

[3]上柱國：官名。隋文帝因改北周之制，置十一等散實官，以酬勤勞。上柱國爲第二等，從一品。　和干子：人名。北周封渭原公，其他事迹不詳。干，底本作“平”，今據宋刻遞修本、中華本改。　杞州：治所在今河南杞縣。

[4]趙州：治所在今河北隆堯縣東。

[5]耕當問奴，織當問婢：指做事當向内行請教，語出《宋書》卷七七《沈慶之傳》。

[6]應州：治所在今湖北廣水市。　唐君明：人名。事亦見《北齊書》卷一五《厙狄士文》，其他事迹不詳。

[7]州長史：官名。隋州置長史，協助刺史處理州内各項事務。其品秩依州級别可分爲：上州長史正五品、中州長史從五品、下州長史正六品。　厙狄士文：人名。傳見本書卷七四，《北齊書》卷一五、《北史》卷五四有附傳。

[8]鑽燧：指年歲。

[9]苴（jū）縗：指粗麻布製成的喪服。這裏指居喪期間。苴，通“粗”。

[10]褕（yú）翟：指古代王后從王祭先公之服，亦爲三夫人及

以上公妻之命服。此指結婚時的禮服。

［11］贊務：官名。隋初，雍州置牧，其屬官有贊務，從四品。開皇三年罷郡，以州統縣，改贊務爲司馬。大業三年罷州置郡，又罷司馬，唯置贊務一人輔佐郡長官，京兆、河南從四品，上郡正五品，中郡從五品，下郡正六品。其後諸郡各加置通守一人，位次太守。旋又改郡贊務爲郡丞，位在通守下。庫狄士文時任雍州長史，且當時已罷贊務一職，故僅以此官名代指協助管理州内事務。

［12］二姓：指婚姻的男女兩家。

［13］六禮：指中國古代婚禮中的納采、問名、納吉、納徵、請期和親迎。

又見上勤於聽受，百僚奏請，多有煩碎，因上疏諫曰："臣聞自古聖帝，莫過唐、虞，[1]象地則天，布政施化，不爲叢脞，[2]是謂欽明。語曰：'天何言哉，四時行焉。'[3]故知人君出令，誡在煩數。是以舜任五臣，[4]堯咨四岳，[5]設官分職，各有司存，垂拱無爲，天下以治。所謂勞於求賢，逸於任使。又云：'天子穆穆，諸侯皇皇。'[6]此言君臣上下，體裁有别。比見四海一家，萬機務廣，事無大小，咸關聖聽。陛下留心治道，無憚疲勞，亦由群官懼罪，不能自決，取判天旨。聞奏過多，乃至營造細小之事，出給輕微之物，一日之内，酬答百司，至乃日旰忘食，夜分未寢，動以文簿，憂勞聖躬。伏願思臣至言，少減煩務，以怡神爲意，以養性爲懷，思武王安樂之義，念文王勤憂之理。若其經國大事，非臣下裁斷者，伏願詳決，自餘細務，責成所司，則聖體盡無疆之壽，臣下蒙覆育之賜也。"上覽而嘉之。後以忤旨免。未幾，復令視事，因謂彧曰："無改爾心。"以其家貧，敕有司爲之築宅。因曰："柳彧正直士，國之寶也。"其見重如此。

[1]唐：即陶唐氏。傳説唐爲一遠古部落，堯乃其首領，故以唐代指堯帝。詳見《史記》卷一《五帝本紀》。　虞：即有虞氏。傳説虞爲一遠古部落，舜乃其首領，故以虞代指舜帝。詳見《史記·五帝本紀》。

[2]叢脞：細碎之意。按，殿本、庫本、中華本同，宋刻遞修本、汲古閣本作"叢挫"。

[3]天何言哉，四時行焉：語出《論語·陽貨》。

[4]五臣：指舜帝的五個輔臣：禹、稷、契、皋陶和伯益。

[5]四岳：相傳爲堯舜時代的四方部落首領，曾先後推舉舜和禹繼任爲部落聯盟的首領。

[6]天子穆穆，諸侯皇皇：語出《禮記·曲禮》。

右僕射楊素當塗顯貴，[1]百僚懾憚，無敢忤者。嘗以少譴，敕送南臺。素恃貴，坐彧床。彧從外來，見素如此，於階下端笏整容謂素曰：[2]"奉敕治公之罪。"素遽下。彧據案而坐，立素於庭，辨詰事狀。素由是銜之。彧時方爲上所信任，故素未有以中之。

[1]右僕射：官名。隋置尚書省總理政事，其主官爲尚書令，另置左、右二僕射副之。開皇三年四月詔右僕射掌判都官、度支、工部三尚書事，又知用度。從二品。

[2]笏：古代大臣朝見時手中所執的狹長板子，用玉、象牙或者竹片製成，以爲指畫、記事之用，也稱"手板"。

或見近代以來，都邑百姓每至正月十五日，作角抵之戲，[1]遞相誇競，至於糜費財力，上奏請禁絶之，曰："臣聞昔者明王訓民治國，[2]率履法度，動由禮典。非法不服，非道不行。道路不同，男女有别，防其邪僻，納諸軌度。竊見京邑，爰及外州，每以正月望夜，充街塞陌，聚戲朋游。鳴鼓聒天，燎炬照地，人戴獸面，男爲女服，倡優雜技，[3]詭狀異形。以穢嫚爲歡娱，用鄙褻爲笑樂，内外共觀，曾不相避。高棚跨路，廣幕陵雲，袨服靚妝，[4]車馬填噎。肴醑肆陳，[5]絲竹繁會，竭貲破産，競此一時。盡室并孥，無問貴賤，男女混雜，緇素不分。[6]穢行因此而生，盜賊由斯而起。浸以成俗，實有由來，因循敝風，[7]曾無先覺。非益於化，實損於民。請頒行天下，並即禁斷。康哉《雅》《頌》，足美盛德之形容，鼓腹行歌，自表無爲之至樂。敢有犯者，請以故違敕論。"詔可其奏。是歲，持節巡省河北五十二州，[8]奏免長吏贓污不稱職者二百餘人，州縣肅然，莫不震懼。上嘉之，賜絹布二百匹、氈三十領，拜儀同三司。[9]歲餘，加員外散騎常侍，[10]治書如故。仁壽初，[11]復持節巡省太原道十九州。[12]及還，賜絹百五十匹。

[1]角（jué）抵之戲：角抵原是兩個人角力以强弱定勝負的技藝表演，後世的相撲、摔跤即源於此。

[2]王：底本原作"主"，據宋刻遞修本、汲古閣本、中華本改。

[3]倡（chāng）優：古代稱以音樂歌舞或雜技戲謔娱人爲業的藝人。

[4]袨（xuàn）服：黑色的衣服，亦泛指古時盛裝。

[5]醑（xǔ）：美酒。

[6]緇素：原義指黑色和白色。引申爲僧俗兩界，因僧衆常着黑衣，白衣則爲常人之服。

[7]敝：殿本、庫本、中華本同，宋刻遞修本、汲古閣本作“弊”。

[8]持節：官員或使臣奉使外出時持有皇帝授予的節杖，以示其權威。

[9]儀同三司：官名。隋文帝因改北周之制，置十一等散實官，以酬勤勞，開府置僚佐。儀同三司爲第八等。正五品上。

[10]員外散騎常侍：官名。隋門下省屬官，掌步從朝直。正五品上。

[11]仁壽：隋文帝楊堅年號（601—604）。

[12]太原道：特區名。其地約爲今山西一帶。隋初曾在重要的戰略地區設置道，統轄數州。

彧嘗得博陵李文博所撰《治道集》十卷，[1]蜀王秀遣人求之。彧送之於秀，秀復賜彧奴婢十口。及秀得罪，楊素奏彧以内臣交通諸侯，除名爲民，配戍懷遠鎮。[2]行達高陽，[3]有詔徵還。至晋陽，[4]值漢王諒作亂，[5]遣使馳召彧，將與計事。彧爲使所逼，初不知諒反，將入城而諒反形已露。彧度不得免，遂詐中惡不食，自稱危篤。諒怒，囚之。及諒敗，楊素奏彧心懷兩端，以候事變，迹雖不反，心實同逆，坐徙敦煌。[6]楊素卒後，乃自申理，有詔徵還京師，卒於道。有子紹，[7]爲介休令。[8]

［1］博陵：郡名。治所在今河北定州市。　李文博：人名。傳見本書卷五八、《北史》卷八三。

［2］懷遠鎮：軍鎮名。一説在今遼寧遼中縣附近，一説在今遼寧黑山縣東姜家屯東北古城子，今兩縣接壤。

［3］高陽：縣名。治所在今河北高陽縣。

［4］晋陽：縣名。治所在今山西太原市西南古城營。

［5］漢王諒：即隋文帝第五子楊諒，開皇元年被立爲漢王。傳見本書卷四五、《北史》卷七一。

［6］敦煌：郡縣名。治所在今甘肅敦煌市。

［7］紹：人名。即柳紹，隋朝時任介休縣令，其他事迹不詳。

［8］介休：縣名。治所在今山西介休市。

趙綽

趙綽，[1]河東人也，[2]性質直剛毅。在周，初爲天官府史，[3]以恭謹恪勤，擢授夏官府下士。[4]稍以明幹見知，累轉内史中士。[5]父艱去職，哀毁骨立，世稱其孝。既免喪，又爲掌教中士。[6]高祖爲丞相，知其清正，引爲録事參軍。[7]尋遷掌朝大夫，[8]從行軍總管是云暉擊叛蠻，[9]以功拜儀同，[10]賜物千段。

［1］趙綽：人名。傳另見《北史》卷七七。

［2］河東：郡名。治所在今山西永濟市西南蒲州鎮。

［3］天官府史：官名。爲天官府屬官，掌官書以贊治。品秩不詳。

［4］夏官府下士：官名。爲夏官府屬官，執掌品秩不詳。

［5］轉：宋刻遞修本、汲古閣本、中華本同，殿本、庫本作

“遷”。　內史中士：官名。爲春官府屬官，全稱爲小内史中士，協助内史上大夫掌王言、出納帝命。正二命。

［6］掌教中士：官名。或春官府屬官，執掌不詳。正二命。

［7］録事參軍：官名。即大丞相府録事參軍，爲丞相僚佐，品秩不詳。

［8］掌朝大夫：官名。即掌朝下大夫。

［9］行軍總管：出征軍統帥名。北周至隋時所置的統領某部或某路出征軍隊的軍事長官。根據需要其上還可置行軍元帥以統轄全局。屬臨時差遣任命之職，事罷則廢。　是云暉：人名。北周將領，其他事迹不詳。　蠻：古族名。中國古代用以泛指四方的少數民族，有時特指長江中游及其以南地區少數民族。傳見本書卷八二、《後漢書》卷八六、《魏書》卷一〇一、《北史》卷九五、《南史》卷七九。

［10］儀同：官名。全稱爲儀同三司，爲北周十一等勳官的第八等。九命。武帝建德四年改稱儀同大將軍。品秩不變。

高祖受禪，授大理丞。[1]處法平允，考績連最，轉大理正。[2]尋遷尚書都官侍郎，[3]未幾轉刑部侍郎。[4]治梁士彦等獄，[5]賜物三百段，奴婢十口，馬二十匹。每有奏讞，正色侃然，上嘉之，漸見親重。上以盜賊不禁，將重其法。綽進諫曰：“陛下行堯、舜之道，多存寬宥。況律者天下之大信，其可失乎！”上忻然納之，因謂綽曰：“若更有聞見，宜數陳之也。”遷大理少卿。[6]故陳將蕭摩訶，[7]其子世略在江南作亂，[8]摩訶當從坐。上曰：“世略年未二十，亦何能爲！以其名將之子，爲人所逼耳。”因赦摩訶。綽固諫不可，上不能奪，欲綽去而赦之，固命綽退食。綽曰：“臣奏獄未决，不敢退朝。”上曰：“大理其爲朕特赦摩訶也。”[9]因命左右釋之。

[1]大理丞：官名。隋大理寺屬官，協助大理寺卿處理寺内各項事務。置二人，正七品。隋煬帝改制，將大理寺丞改爲勾檢官，復審已完畢的案件，並增員爲六人，分判獄事。大業五年，增秩爲從五品。

[2]大理正：官名。隋大理寺屬官，爲審案官中級别最高的一種。掌審理具體案件或出使地方復審案件，置一人，正六品下。

[3]尚書都官侍郎：官名。隋初於都官四曹之一都官曹置都官侍郎，爲該曹長官，掌非違得失事。正六品上。開皇三年職掌改爲簿録配没官司奴婢、俘囚等事，加爲從五品。煬帝大業三年諸曹侍郎並改稱“郎”，都官侍郎改名都官郎。

[4]刑部侍郎：官名。隋尚書省都官曹刑部的長官，掌刑法、獄訟之事。置一員。隋初爲正六品上，開皇三年升爲從五品。煬帝大業三年改諸曹侍郎爲郎，刑部侍郎改爲憲部郎。

[5]梁士彦：人名。傳見本書卷四〇、《北史》卷七三。

[6]大理少卿：官名。隋大理寺副長官，協助長官大理卿審覈刑獄案件。置一人，正四品。隋煬帝改制時，增員二人，品秩降爲從四品。

[7]蕭摩訶：人名。南朝陳大將，輔佐陳後主登基有功，加爲侍中、驃騎大將軍、綏建郡公。後降隋。傳見《陳書》卷三一、《南史》卷六七。

[8]世略：人名。即蕭世略。事略見本書卷六三、《北史》卷七五《元壽傳》。

[9]赦：殿本、庫本、中華本同，宋刻遞修本、汲古閣本作“放”。

刑部侍郎辛亶，[1]嘗衣緋褌，[2]俗云利於官，上以爲厭蠱，[3]將斬之。綽曰："據法不當死，臣不敢奉詔。"上怒甚，謂綽曰："卿惜辛亶而不自惜也？"命左僕射高熲將綽斬之，[4]綽曰："陛下寧可殺臣，不得殺辛亶。"至朝堂，解衣當斬，上使人謂綽曰："竟何如？"對曰："執法一心，不敢惜死。"上拂衣而入，良久乃釋之。明日，謝綽，勞勉之，賜物三百段。時上禁行惡錢，[5]有二人在市，以惡錢易好者，武候執以聞，[6]上令悉斬之。綽進諫曰："此人坐當杖，殺之非法。"上曰："不關卿事。"綽曰："陛下不以臣愚暗，置在法司，欲妄殺人，豈得不關臣事？"上曰："撼大木不動者，當退。"對曰："臣望感天心，何論動木！"上復曰："啜羹者，熱則置之。天子之威，欲相挫耶？"綽拜而益前，訶之不肯退。上遂入。治書侍御史柳彧復上奏切諫，上乃止。上以綽有誠直之心，每引入閤中，或遇上與皇后同榻，[7]即呼綽坐，評論得失。前後賞賜萬計。其後進位開府，[8]贈其父爲蔡州刺史。[9]

[1]辛亶：人名。隋時曾官刑部侍郎、禮部侍郎、太常少卿，事另見唐人張鷟撰《朝野僉載》卷四。

[2]褌（kūn）：有襠的褲子。

[3]厭蠱：以巫術致灾禍於人。

[4]斬：宋刻遞修本、汲古閣本、中華本同，殿本、庫本作"殺"。

[5]惡錢：質量低劣的錢幣。以私鑄居多，或剪鑿舊錢而成，但有時政府亦有鑄造，名目繁多。

[6]武候：軍府名。隋中央軍事機關十二衛中有左右武候府，

長官爲大將軍，掌車駕出，先驅後殿，晝夜巡察，執捕奸非，烽候道路，水草所置。巡狩師田，則掌其營禁。隋煬帝時，改左右武候爲左右候衛，仍置大將軍。

[7]皇后：即隋文帝文獻皇后獨孤伽羅。傳見本書卷三六、《北史》卷一四。

[8]開府：官名。全稱爲開府儀同三司。隋置十一等散實官，加文武官之有德聲者，並不理事。開府爲第六等。正四品。隋煬帝改制時，改爲從一品。

[9]蔡州：治所在今河南汝南縣。

時河東薛胄爲大理卿，[1]俱名平恕。然胄斷獄以情，而綽守法，俱爲稱職。上每謂綽曰："朕於卿無所愛惜，但卿骨相不當貴耳。"仁壽中卒官，時年六十三。上爲之流涕，中使弔祭，[2]鴻臚監護喪事。[3]有二子，元方、元襲。[4]

[1]薛胄：人名。傳見本書卷五六，《北史》卷三六有附傳。

[2]中使：帝王宫廷中派出的使者，多由宦官充任。

[3]鴻臚：官署名。掌諸侯王及少數民族首領的迎送、接待、朝會、封授等禮儀以及贊導郊廟行禮、管理郡國計吏等事務。開皇三年曾廢鴻臚寺，十二年復置。長官爲鴻臚卿。

[4]元方：人名。即趙元方，事迹不詳。　元襲：人名。即趙元襲，事迹不詳。

裴肅

裴肅，[1]字神封，河東聞喜人也。[2]父俠，[3]周民部大夫。[4]肅少剛正，有局度，少與安定梁毗同志友善。仕周，釋褐給事中士，[5]累遷御正下大夫。[6]以行軍長史從韋孝寬征淮南。[7]屬高祖爲丞相，肅聞而歎曰："武帝以雄才定六合，[8]墳土未乾，而一朝遷革，豈天道歟！"高祖聞之，甚不悦，由是廢于家。

[1]裴肅：人名。《北史》卷三八有附傳。

[2]聞喜：縣名。治所在今山西聞喜縣東北。按，《周書》卷三五、《北史》卷三八《裴俠傳》載爲"解縣"。

[3]俠：人名。即裴俠。北周官任民部中大夫、工部中大夫。傳見《周書》卷三五、《北史》卷三八。

[4]民部大夫：官名。北周地官府屬官，全稱爲民部中大夫。掌承司徒教，以籍帳之法，贊計人民之多寡，即管理全國的户籍、掌握人口數量。置二人，正五命。

[5]釋褐：謂脱去布衣（平民服裝）而换上官服，即做官之意。　給事中士：官名。北周天官府屬官，掌理六經及諸文志，給事於帝左右，六十人。正二命。

[6]御正下大夫：官名。全稱爲小御正下大夫，北周天官府屬官。佐御正上大夫職掌草擬詔册文誥，近侍樞機。凡諸刑罰爵賞，及軍國大事，皆須參議。正四命。

[7]行軍長史：官名。北周至隋時出征軍統帥屬下的幕府僚佐官，位居幕府内衆幕僚之首，掌領幕府行政事務。屬臨時差遣任命之職，事罷則廢。　韋孝寬：人名。北朝名將，歷北魏、西魏、北周。傳見《周書》卷三一、《北史》卷六四。

[8]武帝：即北周皇帝宇文邕的謚號。紀見《周書》卷五、六，《北史》卷一〇。　六合：上下和東西南北四方，即天地四方，泛指天下或宇宙。

開皇五年，授膳部侍郎。[1]後二歲，遷朔州總管長史，[2]轉貝州長史，[3]俱有能名。仁壽中，肅見皇太子勇、蜀王秀、左僕射高熲俱廢黜，[4]遣使上書曰："臣聞事君之道，有犯無隱，愚情所懷，敢不聞奏。竊見高熲以天挺良才，元勳佐命，陛下光寵，亦已優隆。但鬼瞰高明，[5]世疵俊異，側目求其長短者，豈可勝道哉！願陛下録其大功，忘其小過。臣又聞之，古先聖帝，教而不誅，陛下至慈，度越前聖。二庶人得罪已久，寧無革心？願陛下弘君父之慈，顧天性之義，各封小國，觀其所爲。若能遷善，漸更增益，如或不悛，貶削非晚。今者自新之路永絶，愧悔之心莫見，豈不哀哉！"書奏，上謂楊素曰："裴肅憂我家事，此亦至誠也。"於是徵肅入朝。皇太子聞之，[6]謂左庶子張衡曰：[7]"使勇自新，欲何爲也？"衡曰："觀肅之意，欲令如吴太伯、漢東海王耳。"[8]皇太子甚不悦。頃之，肅至京師，見上于含章殿，[9]上謂肅曰："吾貴爲天子，富有四海，後宫寵幸，不過數人，自勇以下，並皆同母，非爲憎愛，輕事廢立。"因言勇不可復收之意。既而罷遣之。

[1]膳部侍郎：隋初於禮部四曹之一膳部曹置主客侍郎爲該曹長官，正六品上。開皇三年加爲從五品。煬帝大業三年諸曹侍郎並改稱"郎"，膳部侍郎改名膳部郎。掌國家的祭器、酒膳、食料，辨其品數。

[2]朔州：治所在今山西朔州市。　長史：官名。州府上佐之一，佐理一州事務，開皇三年改别駕爲長史。上州正五品，中州從五品，下州正六品。大業三年，隋煬帝罷州置郡，並罷各州長史

一職。

[3]貝州：治所在今河北清河縣西北。

[4]皇太子勇：即隋文帝長子楊勇，開皇元年被立爲皇太子，二十年廢。傳見本書卷四五、《北史》卷七一。

[5]鬼瞰：指鬼神窺望顯達富貴人家，將禍害其滿盈之志。

[6]皇太子：此指楊廣。

[7]左庶子：官名。隋門下坊置左庶子二員爲長官，掌侍從太子左右，贊相禮儀，駁正啓奏，監省封題，職比朝廷門下省侍中。正四品上。按，本書卷五六《張衡傳》作“右庶子”。　張衡：人名。傳見本書卷五六、《北史》卷七四。

[8]吴太伯：姬姓，爲商末周太王古公亶父的長子。詳見《史記》卷三一《吴太伯世家》。　東海王：此爲光武帝子劉强，建武二年（26）被立爲皇太子。其母郭皇后被廢，皇太子常不自安，請爲藩王。後光武帝封其爲東海王，並給予優待。

[9]含章殿：宫殿名。隋爲皇帝和皇后所居之寢殿。

未幾，上崩。煬帝嗣位，不得調者久之，肅亦杜門不出。後執政者以嶺表荒遐，[1]遂希旨授肅永平郡丞，[2]甚得民夷心。歲餘，卒，時年六十二。夷、獠思之，爲立廟於鄣江之浦。[3]有子尚賢。[4]

[1]嶺表：地區名。又稱嶺南，即五嶺以南的地區。五嶺，史籍記載有出入，大致爲越城、都龐、萌渚、騎田、大庾五座山，在今湘、贛、粤、桂等省邊境。

[2]永平：郡名。治所在今廣西藤縣東北，北流江東岸。　郡丞：官名。隋煬帝大業三年復改州爲郡，併州長史、司馬之職，置贊治（唐人諱稱贊務）一人，爲郡太守之副貳，尋又改贊治稱爲郡丞。郡丞爲郡屬官之首，爲太守之貳，通判郡事。上郡從七品，中

郡正八品，下郡從八品。

[3]鄣江：水名。今地不詳。

[4]尚賢：人名。即裴尚賢，事迹不詳。

史臣曰：猛獸之處山林，藜藿爲之不採；[1]正臣之立朝廷，姦邪爲之折謀。皆志在匪躬，義形于色，豈惟綱紀由其隆替，抑亦社稷繫以存亡者也。晋、蜀二王，帝之愛子，擅以權寵，莫拘憲令，求其恭肅，不亦難乎！元巖、王韶，任當彼相，並見嚴憚，莫敢爲非，謇諤之風，有足稱矣。行本正色於房陵，[2]梁毗抗言於楊素，直辭鯁氣，懔焉可想。趙綽之居大理，囹圄無冤，柳彧之處憲臺，姦邪自肅。然不畏强禦，梁毗其有焉，邦之司直，行本、柳彧近之矣。裴肅朝不坐，宴不預，忠誠慷慨，犯忤龍鱗，固知嫠婦憂宗周之亡，[3]處女悲太子之少，非徒語也。方諸前載，有閻纂之風焉。

[1]藜（lí）藿：多用以指粗劣的飯菜。藜指植物，藿指豆葉。

[2]房陵：即房陵王楊勇。

[3]嫠（lí）：寡婦。　宗周：周朝的宗廟社稷。

隋書　卷六三

列傳第二十八

樊子蓋

樊子蓋，[1]字華宗，廬江人也。[2]祖道則，[3]梁越州刺史。[4]父儒，[5]侯景之亂奔于齊，[6]官至仁州刺史。[7]子蓋解褐武興王行參軍，[8]出爲慎縣令，[9]東汝、北陳二郡太守，[10]員外散騎常侍，[11]封富陽縣侯，[12]邑五百户。[13]周武帝平齊，[14]授儀同三司，[15]治郢州刺史。[16]

[1]樊子蓋：人名。傳另見《北史》卷七六。

[2]廬江：郡名。治所在今安徽合肥市西。

[3]道則：人名。即樊道則。其他事迹不詳。

[4]梁：即南朝梁（502—557），都建康（今江蘇南京市）。越州：治所在今廣西合浦縣東北。

[5]儒：人名。即樊儒。其他事迹不詳。

[6]侯景之亂：南朝梁武帝末年東魏降將侯景發動的一場叛亂，歷時五年（548—552）。侯景，傳見《梁書》卷五六、《南史》卷八〇。　齊：即北齊（550—577），亦稱高齊，都鄴（今河北臨漳

縣西南鄴鎮東）。

［7］仁州：治所在今安徽固鎮縣東。

［8］解褐：又稱釋褐。謂脱去布衣（平民服裝）而换上官服，即做官之意。　武興王：即北齊高普，天保初，封武興郡王。傳見《北齊書》卷一四。　行參軍：官名。爲親王府僚佐之一。品秩不詳。

［9］慎縣：治所在今安徽肥東縣東北梁園鎮。

［10］東汝：郡名。治所在今河南汝州市東。按，《北史·樊子蓋傳》作"東海"。　北陳：郡名。治所在今安徽壽縣境内。隋開皇初郡廢。

［11］員外散騎常侍：官名。北齊集書省屬官，掌諷議左右，從容獻納，置二十人。第五品。

［12］富陽縣侯：爵名。爲散縣侯。第三品。

［13］邑：也稱食邑、封邑。是古代君王封賜給有爵位之人的一種食禄制度，受封者可徵收封地内的民户租税充作食禄。魏晋以後，食邑分爲虚封和實封兩類：虚封一般僅冠以"邑"或"食邑"之名，這衹是一種榮譽性加銜，受封者並不能獲得實際的食禄收入；而實封一般須冠以"真食""食實封"等名，受封者可真正獲得食禄收入。

［14］周武帝：即北周武帝宇文邕的謚號。紀見《周書》卷五、六，《北史》卷一〇。

［15］儀同三司：官名。周齊交戰之際，北周始置十一等勳官，以酬戰士。儀同三司爲勳官第八等。九命。武帝建德四年（575）改稱儀同大將軍。品秩不變。（參見王仲犖《北周六典》卷九《勳官第二十》，中華書局1979年版，第579頁）

［16］郢州：治所在今湖北鍾祥市。

高祖受禪，[1]以儀同領鄉兵，[2]後除樅陽太守。[3]平陳之役，[4]以功加上開府，[5]改封上蔡縣伯，[6]食邑七百户，賜物三千段，粟九千斛。拜辰州刺史，[7]俄轉嵩州刺史。[8]母憂去職。[9]未幾，起授齊州刺史，[10]固讓，不許。其年，轉循州總管，[11]許以便宜從事。十八年入朝，奏嶺南地圖，[12]賜以良馬雜物，加統四州，令還任所，遣光禄少卿柳謇之餞於霸上。[13]

[1]高祖：隋文帝楊堅的廟號。紀見本書卷一、二，《北史》卷一一。

[2]儀同：官名。全稱爲儀同三司。隋文帝因改北周之制，置十一等散實官，加文武官之有德聲者，以酬勤勞，並不理事，開府置府佐。儀同三司是第八等。正五品。隋煬帝改制時廢。

[3]樅（zōng）陽：郡名。治所在今安徽樅陽縣。

[4]陳：即南朝陳（557—589），都建康（今江蘇南京市）。

[5]上開府：官名。全稱爲上開府儀同三司。隋文帝因改北周之制，置十一等散實官，加文武官之有德聲者，以酬勤勞，並不理事，開府置府佐。上開府爲第五等。從三品。隋煬帝改制時廢。

[6]上蔡縣伯：爵名。隋九等爵的第七等。正三品。

[7]辰州：治所在今湖南洪江市。

[8]嵩州：治所在今河南登封市。

[9]母憂去職：中國古代，凡父母之喪，需服斬衰居喪三年，以報父母養育之恩。東漢以後，服斬衰之喪者如是現任官員，必須離職成服，歸家守制，叫做“丁艱”或“丁憂”，至喪期結束纔能復職。在特殊情況下，皇帝常會以處理軍國大事的需要爲由，不讓高級官員離職守喪，或者喪期未滿就令提前復職。

[10]齊州：治所在今山東濟南市。

[11]循州：治所在今廣東惠州市惠陽區。　總管：官名。北周置諸州總管，隋承繼，又有增置。全稱爲總管刺史加使持節。總管

的統轄範圍可達數州至十餘州，成一軍政管轄區。隋文帝在并、益、荆、揚四州置大總管，其餘州置總管。總管分上、中、下三等，品秩爲流内視從二品、正三品、從三品。

［12］嶺南：地區名。又稱“嶺表”。即五嶺以南地區。五嶺，史籍記載有出入，大至爲越城、都龐、萌渚、騎田、大庾五座山，在今湘、贛、粵、桂等省邊境。

［13］光禄少卿：官名。隋光禄寺副長官佐長官光禄卿掌祭祀、朝會、宴饗之供設，政令仰承禮部。置一人，正四品上。隋煬帝改制時，增員二人，品秩降爲從四品。　柳謇之：人名。本書卷四七、《北史》卷六四有附傳。　霸上：地名。其地在今陝西西安市東白鹿原北首。

煬帝即位，[1]徵還京師，轉涼州刺史。[2]子蓋言於帝曰：“臣一居嶺表，[3]十載於兹，犬馬之情，不勝戀戀。願趨走闕庭，萬死無恨。”帝賜物三百段，慰諭遣之，授銀青光禄大夫、武威太守，[4]以善政聞。大業三年入朝，[5]帝引之内殿，特蒙褒美。乃下詔曰：“設官之道，必在用賢，安人之術，莫如善政。龔、汲振德化於前，[6]張、杜垂清風於後，[7]共治天下，實資良守。子蓋幹局通敏，操履清潔，自剖符西服，[8]愛惠爲先，撫道有方，寬猛得所。處脂膏不潤其質，酌貪泉豈渝其性，故能治績克彰，課最之首。[9]凡厥在位，莫匪王臣，若能人思奉職，各展其效，朕將冕旒垂拱，[10]何憂不治哉！”於是進位金紫光禄大夫，[11]賜物千段，太守如故。

［1］煬帝：即楊廣謚號。紀見本書卷三、四，《北史》卷一二。

［2］涼州：治所在今甘肅武威市。

［3］嶺表：嶺南。

［4］銀青光禄大夫：官名。隋初置六等散實官授與文武官員中功高德厚者，爲其加官，以示尊崇，並不理事。銀青光禄大夫爲其中之一，第四等，正三品。隋煬帝大業三年改革官制，置九大夫，仍爲散職，銀青光禄大夫爲第五等，從三品。　武威：郡名。治所在今甘肅武威市。

［5］大業：隋煬帝楊廣年號（605—618）。

［6］龔：人名。指西漢龔遂。傳見《漢書》卷八九。　汲：人名。指西漢汲黯。傳見《漢書》卷五〇。二人均爲西漢時期有善政能名的循守。

［7］張：指西晋張斐。事見《晋書・刑法志》。　杜：指西晋杜預。傳見《晋書》卷三四。

［8］剖符：古代帝王分封諸侯、功臣時，以竹符爲信證，剖分爲二，君臣各執其一。後因以“剖符”爲分封、授官之稱。　西服：指西部的國土。按，“西”字原作“四”，據宋刻遞修本、汲古閣本、中華本改。服，指王畿以外的地方。

［9］課最：古時朝廷對官吏定期考核，檢查政績，政績最好的稱“課最”。

［10］冕旒：指古代帝王、諸侯、卿大夫參加重大祭祀典禮時所佩戴的冠帽，是禮冠中最尊貴的一種。此處專指皇帝的皇冠，指代皇帝、皇位。　垂拱：即統治者垂衣拱手，無需過多的政令和管理，天下就可達到太平無事。被認爲是皇帝治國的典範。

［11］金紫光禄大夫：官名。屬散實官。隋文帝置特進、左右光禄大夫等，以加文武官之有德聲者，並不理事。因其金印紫綬，故名。隋初爲從二品，煬帝大業三年降爲正三品。

五年，車駕西巡，將入吐谷渾。[1]子蓋以彼多鄣氣，[2]獻青木香以禦霧露。及帝還，謂之曰：“人道公清，定如此不?”子蓋謝曰：“臣安敢言清，止是小心不敢納賄耳。”由此賜之口味百餘斛，又下詔曰：“導德齊禮，實惟共治，懲惡勸善，用明黜陟。朕親巡河右，[3]觀省人風，所歷郡縣，訪採治績，罕遵法度，多蹈刑網。而金紫光禄大夫、武威太守樊子蓋，執操清絜，處涅不渝，立身雅正，臨人以簡。威惠兼舉，寬猛相資，故能畏而愛之，不嚴斯治。實字人之盛績，有國之良臣，宜加褒顯，以弘獎勵。可右光禄大夫，[4]太守如故。”賜縑千匹，粟麥二千斛。子蓋又自陳曰：“臣自南裔，即適西垂，常爲外臣，未居内職。不得陪屬車，[5]奉丹陛，[6]溘死邊城，没有遺恨。惟陛下察之。”帝曰：“公侍朕則一人而已，委以西方則萬人之敵，宜識此心。”

[1]吐谷（yù）渾：古族名。本遼東鮮卑之種，姓慕容氏，西晋時西遷至群羌故地，北朝至隋唐時期游牧於今青海北部和新疆東南部地區。傳見本書卷八三、《晋書》卷九七、《魏書》卷一〇一、《周書》卷五〇、《北史》卷九六、《舊唐書》卷一九八、《新唐書》卷二二一上。

[2]鄣：宋刻遞修本、中華本同，汲古閣本、殿本、庫本作“瘴”。

[3]河右：地區名。又稱河西。泛指今甘肅、青海二省黄河以西的廣大地區，即河西走廊與湟水流域一帶。

[4]右光禄大夫：官名。屬散實官。隋文帝置特進、左右光禄大夫等，以加文武官之有德聲者，並不理事。隋文帝時左、右光禄大夫皆正二品，煬帝大業三年定令，“左”爲正二品，“右”爲從二品。

［5］屬車：皇帝出行時的侍從車輛。可參本書《禮儀志》。

［6］丹陛：古時宫殿前的臺階多飾紅色，故名丹陛。也借指皇帝或者朝廷。

六年，帝避暑隴川宫，[1]又云欲幸河西。子蓋傾望鑾輿，願巡郡境，帝知之，下詔曰："卿夙懷恭順，深執誠心，聞朕西巡，欣然望幸。丹款之至，甚有可嘉。宜保此純誠，克終其美。"是歲，朝於江都宫，[2]帝謂之曰："富貴不還故鄉，真衣繡夜行耳。"敕廬江郡設三千人會，賜米麥六千石，使謁墳墓，宴故老。當時榮之。還除民部尚書。[3]時處羅可汗及高昌王款塞，[4]復以子蓋檢校武威太守，應接二蕃。

［1］隴川宫：宫殿名。隋大業六年置，約在今陝西西部隴山中。

［2］江都宫：宫殿名。隋煬帝置，在今江蘇揚州市。

［3］民部尚書：官名。隋沿北魏、北齊置度支尚書，開皇三年（583）改稱民部尚書，是尚書省下轄六部之一民部的長官。職掌全國土地、户口、賦税、錢糧之政令，統度支、户部、金部、倉部四曹事。正三品。

［4］處羅可汗：西突厥汗國的首領之一，曾從煬帝征高麗，賜號爲"曷薩那可汗"。隋末曾迎煬帝蕭后及齊王暕之子政道入突厥。事見本書卷八四、《北史》卷九九、《舊唐書》卷一九四、《新唐書》卷二一五《突厥傳》。　高昌王：指高昌國首領麴伯雅。曾從煬帝征高麗。事見本書卷八三、《北史》卷九七、《舊唐書》卷一九八、《新唐書》卷二二一上《高昌傳》。

遼東之役，[1]徵攝左武衛將軍，[2]出長岑道。[3]後以宿衛不行。進授左光禄大夫，[4]尚書如故。其年帝還東都，[5]以子蓋爲涿郡留守。[6]九年，車駕復幸遼東，命子蓋爲東都留守。屬楊玄感作逆，[7]來逼王城，子蓋遣河南贊治裴弘策逆擊之，[8]返爲所敗，遂斬弘策以徇。國子祭酒楊汪小有不恭，[9]子蓋又將斬之。汪拜謝，頓首流血，久乃釋免。於是三軍莫不戰慄，將吏無敢仰視。玄感每盡鋭攻城，子蓋徐設備禦，至輒摧破，故久不能克。會來護兒等救至，[10]玄感解去。子蓋凡所誅殺者數萬人。

[1]遼東：地區名。泛指遼水以東地區。因高麗國位於遼東，故此遼東之役指隋征伐高麗之事。

[2]左武衛將軍：官名。隋中央軍事機關十二衛中有左右武衛，各置大將軍爲長官，又置將軍二人副之。掌領外軍宿衛宫禁。從三品。

[3]長岑道：戰區名。征伐高麗的戰争中，隋軍被分成二十四路，征戰相應的二十四個戰區，每一個戰區爲一道。長岑道爲其中之一。《通鑑》卷一八一《隋紀》煬帝大業八年胡注載“帝指授諸軍所出之道，多用漢縣舊名”。西漢置長岑縣，治所在今朝鮮黄海南道松禾郡遠周山（一説在今朝鮮黄海南道長淵郡安海面）。

[4]左光禄大夫：官名。隋初置六等散實官授與文武官員中功高德厚者，爲其加官，以示尊崇，並不理事。光禄大夫爲其中之一，分左右，爲第二等。正二品。隋煬帝大業三年改革官制，置九大夫，仍爲散職，左光禄大夫爲第二等，正二品。

[5]東都：都城名。隋煬帝營建的東都洛陽，在今河南洛陽市。

[6]涿郡：治所在今北京城西南。

[7]楊玄感：人名。傳見本書卷七○，《北史》卷四一有附傳。

[8]河南：郡名。隋大業三年改豫州置。治所在今河南洛陽市。　贊治：官名。隋文帝改少尹爲司馬，煬帝又改爲贊治，掌通判府事。從四品。　裴弘策：人名。隋大業九年擔任河南贊治，兵敗楊玄感，爲樊子蓋所殺。事另見《通鑑》卷一八二《隋紀》煬帝大業九年。

[9]國子祭酒：官名。爲國子寺長官。初隸太常寺，統國子、太學、四門、書算學。隋開皇十三年不隸太常寺，改爲國子學長官。仁壽元年（601）罷，惟置太學，以博士領之。大業三年改置國子監，依舊置祭酒爲長官。從三品。　楊汪：人名。傳見本書卷五六、《北史》卷七四。

[10]來護兒：人名。傳見本書卷六四、《北史》卷七六。

又檢校河南内史。[1]車駕至高陽，[2]追詣行在所。既而引見，帝逆勞之曰："昔高祖留蕭何於關西，[3]光武委寇恂以河内，[4]公其人也。"子蓋謝曰："臣任重器小，寧可竊譬兩賢！但以陛下威靈，小盜不足除耳。"進位光禄大夫，[5]封建安侯，[6]尚書如故。賜縑三千匹，女樂五十人。子蓋固讓，優詔不許。帝顧謂子蓋曰："朕遣越王留守東都，[7]示以皇枝盤石；社稷大事，終以委公。特宜持重，戈甲五百人而後出，此亦勇夫重閉之義也。無賴不軌者，便誅鋤之。凡可施行，無勞形迹。今爲公别造玉麟符，[8]以代銅獸。"又指越、代二王曰：[9]"今以二孫委公與衛文昇耳。[10]宜選貞良宿德有方幅者教習之。動静之節，宜思其可。"於是賜以良田、甲第。

[1]檢校：官制用語。意爲勾稽、查核。南北朝時以他官派辦某事加"檢校"，指尚未實授其官，但已掌其職事。　河南内史：

官名。河南郡爲帝都所在，爲區别他郡，故將通守稱爲内史。主要協助河南尹處理轄區内各項事務。品秩不詳。

［2］高陽：郡名。治所在今河北定州市。

［3］高祖：即漢高祖劉邦的廟號。紀見《史記》卷八、《漢書》卷一。　蕭何：人名。西漢名相。傳見《史記》卷五三、《漢書》卷三九。　關西：地區名。漢時泛指函谷關以西的廣大地區，相當於現今的關中一帶，即陝西中部平原（渭水流域）地區。

［4］光武：即東漢皇帝劉秀的謚號。紀見《後漢書》卷一。　寇恂：人名。東漢開國名將，雲臺二十八將之一。傳見《後漢書》卷一六。　河内：地區名。泛指今黄河以北地區。

［5］光禄大夫：官名。隋初置六等散實官授與文武官員中功高德厚者，爲其加官，以示尊崇，並不理事。光禄大夫爲其中之一，分左右，爲第二等。正二品。隋煬帝大業三年改革官制，置九大夫，仍爲散職，光禄大夫爲第一等。從一品。

［6］建安侯：爵名。隋九等爵的第六等。正二品。

［7］越王：即隋煬帝孫楊侗，大業二年被立爲越王。本書卷五九、《北史》卷七一有附傳。

［8］玉麟符：刻有麒麟的玉質符信。隋煬帝嘉樊子蓋之功，特爲之造玉麟符，以代銅獸，表示殊遇。

［9］代：即隋煬帝孫楊侑。大業二年被立爲代王，後爲隋恭帝。紀見本書卷五、《北史》卷一二。

［10］衛文昇：人名。即衛玄，字文昇。傳見本書卷六三、《北史》卷七六。

十年冬，車駕還東都，帝謂子蓋曰：“玄感之反，[1]神明故以彰公赤心耳。析珪進爵，[2]宜有令謨。”是日下詔，進爵爲濟公，[3]言其功濟天下，特爲立名，無此郡國也。賜縑三千匹，奴婢二十口。後與蘇威、宇文述陪宴積翠亭，[4]帝親以金杯屬子蓋酒，曰："良算嘉謀，俟公後動，即以此杯賜公，用爲永年之瑞。"并綺羅百匹。

[1]反：底本原作"友"，據宋刻遞修本、汲古閣本、殿本、庫本、中華本改。

[2]析珪：古代帝王按爵位高低分頒玉圭。泛指封王、封官。

[3]濟公：官名。即濟國公。隋九等爵的第三等。從一品。

[4]蘇威：人名。傳見本書卷四一，《北史》卷六三有附傳。宇文述：人名。傳見本書卷六一、《北史》卷七九。　積翠亭：今地不詳。

十一年，從駕汾陽宫。[1]至于雁門，[2]車駕爲突厥所圍，[3]頻戰不利。帝欲以精騎潰圍而出，子蓋諫曰："陛下萬乘之主，豈宜輕脱，一朝狼狽，雖悔不追。未若守城以挫其鋭，四面徵兵，可立而待。陛下亦何所慮，乃欲身自突圍！"因垂泣，"願暫停遼東之役，以慰衆望。聖躬親出慰撫，厚爲勳格，人心自奮，不足爲憂"。帝從之。其後援兵稍至，虜乃引去。納言蘇威追論勳格太重，[4]宜在斟酌。子蓋執奏不宜失信。帝曰："公欲收物情邪？"子蓋默然不敢對。從駕還東都。時絳郡賊敬槃陀、柴保昌等阻兵數萬，[5]汾、晋苦之。[6]詔令子蓋進討。于時人物殷阜，子蓋善惡無所分別，汾水之北，[7]村塢盡焚之。百姓大駭，相率爲盗。其有歸首者，無少長悉坑之。擁數萬之衆，經年不能破賊，有詔徵還。又將兵擊宜陽賊，[8]以疾停，卒于京第，時年七十有二。上悲傷者久之，顧謂黄門侍郎裴矩曰：[9]"子蓋臨終有何語?”矩對曰:“子蓋病篤，深恨雁門之耻。”帝聞而歎息，令百官就弔，賜縑三百匹，米五百斛，贈開府儀同三司，[10]謚曰景。會葬者萬餘人。武威民吏聞其死，莫不嗟痛，立碑頌德。

[1]汾陽宫：宫殿名。隋大業四年建，故址在今山西寧武縣西南管涔山上。

[2]雁門：郡名。隋大業初改代州置，治所在今山西代縣。

[3]突厥：古族名、國名。廣義包括突厥、鐵勒諸部落，狹義專指突厥。公元六世紀時游牧於金山（今阿爾泰山）以南，因金山形似兜鍪，俗稱“突厥”，遂以名部落。西魏廢帝元年（552），土門自號伊利可汗，建立突厥汗國，樹庭於鬱督軍山（今杭愛山東段，鄂爾渾河左岸）。隋開皇二年西面可汗達頭與大可汗沙鉢略不睦，分裂爲西突厥、東突厥兩個汗國。傳見本書卷八四、《周書》卷五〇、《北史》卷九九、《舊唐書》卷一九四、《新唐書》卷二一五。

[4]納言：官名。門下省長官，職掌封駁制敕，並參與軍國大政決策等，居宰相之職。置二員，正三品。

[5]絳郡：隋大業初改絳州置，治所在今山西新絳縣。　敬槃陀：人名。隋末絳郡地區起義軍領導者。事略見本書卷四《煬帝紀下》。按，其名諸書記載不一，本書卷四《煬帝紀下》載“敬盤陀”，《北史》卷一二《隋煬帝紀》載“敬盤陁”、卷七六《樊子蓋傳》載“敬槃陀”。由於史料有限，尚不能判定何者爲確。　柴保昌：人名。隋末絳郡地區起義軍領導者。事略見本書《煬帝紀下》、《新唐書》卷一《高祖紀》。

[6]汾、晋：地區名。指代今山西一帶。

[7]汾水：即今山西汾河。

[8]宜陽：郡名。治所在今河南宜陽縣。

［9］黄門侍郎：官名。隋門下省置給事黄門侍郎四人，爲副長官，協助長官審查詔令，簽署章奏，有封駁之權。大業三年，隋煬帝改革官制，減給事黄門侍郎員，並去給事之名。正四品。　裴矩：人名。傳見本書卷六七，《北史》卷三八有附傳。

［10］開府儀同三司：官名。此爲贈官。隋開皇時爲正四品，大業時爲從一品。

子蓋無他權略，在軍持重，未嘗負敗，臨民明察，下莫敢欺。然嚴酷少恩，果於殺戮，臨終之日，見斷頭鬼前後重沓爲之厲云。

史祥

史祥，[1]字世休，朔方人也。[2]父寧，[3]周少司徒。[4]祥少有文武才幹，仕周太子車右中士，[5]襲爵武遂縣公。[6]高祖踐阼，拜儀同，領交州事，[7]進爵陽城郡公。[8]祥在州頗有惠政。後數年，轉驃騎將軍。[9]

［1］史祥：人名。《北史》卷六一有附傳。事迹亦可見其子史崇基墓誌（載劉文《陝西新見隋朝墓誌》三〇《史崇基墓誌》，三秦出版社2018年版，第76頁）。

［2］朔方：郡名。治所在今陝西靖邊縣東北白城子。

［3］寧：人名。即史寧。傳見《周書》卷二八、《北史》卷六一。

［4］周：即北周（557—581），都長安（今陝西西安市西北郊）。　少司徒：官名。《周書》卷二八、《北史》卷六一《史寧傳》均記載北周孝閔帝時期史寧官拜“小司徒”。檢《北周六典》

未載“少司徒”，而僅有“小司徒”。小司徒，全稱小司徒上大夫。北周仿《周禮》建六官。地官府設小司徒上大夫爲副職。輔助正職大司徒卿掌建邦之教法；稽考全國人口，辨明其貴賤、老幼、是否殘疾等情況，並依此免除他們的力役等；同時還掌祭祀、飲食、喪葬等禮儀及禁令；並且負責頒布校計户口、財物的法則給地方官員。正六命。

[5]太子車右中士：官名。爲北周東宫屬官，掌太子輿馬等事務。正二命。

[6]武遂縣公：爵名。北周十一等爵的第六等。命數不詳，非正九命則當是九命。

[7]交州：治所在今甘肅秦安縣東北。

[8]陽城郡公：爵名。隋九等爵的第四等。從一品。

[9]驃騎將軍：官名。隋文帝采北周之制，置四十三散號將軍，加文武官之有德聲者，並不理事。驃騎將軍爲其一。正四品。

伐陳之役，從宜陽公王世積，[1]以舟師出九江道，[2]先鋒與陳人合戰，破之，進拔江州。[3]上聞而大悦，下詔曰：“朕以陳叔寶世爲僭逆，[4]挻虐生民，[5]故命諸軍，救彼塗炭。小寇狼狽，顧恃江湖之險，遂敢泛舟楫擬抗王師。公親率所部，[6]應機奮擊，沉溺俘獲，厥功甚茂。又聞帥旅進取江州。行軍總管、襄邑公賀若弼既獲京口，[7]新義公韓擒尋剋姑熟。[8]驃騎既渡江岸，所在横行。晋王兵馬即入建業，[9]清蕩吴、越，[10]旦夕非遠。驃騎高才壯志，是朕所知，善爲經略，以取大賞，使富貴功名永垂竹帛也。”進位上開府。尋拜蘄州總管，[11]未幾，徵拜左領左右將軍。[12]後以行軍總管從晋王廣擊突厥於靈武，[13]破之。遷右衛將軍。[14]

［1］宜陽公：指宜陽郡公。北周十一等爵的第五等。正九命。　王世積：人名。傳見本書卷四〇，《北史》卷六八有附傳。

［2］九江道：特區名。其地約今江西一帶。

［3］江州：治所在今江西九江市。

［4］陳叔寶：人名。即南朝陳後主。紀見《陳書》卷六、《南史》卷一〇。

［5］挻（shān）：擾亂，引發禍亂。

［6］率：宋刻遞修本、殿本、庫本、中華本同，汲古閣本作“軍”。

［7］行軍總管：出征軍統帥名。北周至隋時所置的統領某部或某路出征軍隊的軍事長官。根據需要其上還可置行軍元帥以統轄全局。屬臨時差遣任命之職，事罷則廢。　襄邑公：爵名。指襄邑縣公。隋九等爵的第五等。從一品。　賀若弼：人名。傳見本書卷五二，《北史》卷六八有附傳。　京口：地名。在今江蘇鎮江市。

［8］新義公：指新義郡公。北周十一等爵的第五等。正九命。隋立國，承襲不變。　韓擒：人名。即韓擒虎。唐人因避“李虎”諱，而省“虎”字。傳見本書卷五二，《北史》卷六八有附傳。　姑熟：城名。約在今安徽當塗縣。

［9］晋王：即隋煬帝楊廣。開皇元年曾被立爲晋王。紀見本書卷三、四，《北史》卷一二。　建業：都城名。爲南朝陳國都建康舊稱，西晋時曾改稱建鄴。其地在今江蘇南京市。

［10］吴、越：地區名。指春秋吴、越兩國故地，約今蘇浙皖大部地區。此處代指南朝陳。

［11］蘄州：治所在今湖北蘄春縣。

［12］左領左右將軍：官名。隋中央軍事機關十二衛中有左右領左右府，長官爲大將軍，將軍爲副長官，置二人，協助大將軍掌侍衛左右，供御兵仗。從三品。隋煬帝時，改左右領左右府爲左右備身府，不再屬中央十二衛，改置備身郎將一人、直齋二人爲正副長

官，掌侍衛皇帝左右。正四品。按，宋刻遞修本、中華本同，汲古閣本、殿本、庫本作“左領軍右將軍”。

[13]靈武：縣名。治所在今寧夏平羅縣陶樂鎮。

[14]右衛將軍：官名。隋中央軍事機關十二衛中有左右衛，長官爲大將軍，將軍爲副長官，置二人，協助大將軍掌領外軍宿衛宫禁。從三品。隋煬帝時，改左右衛爲左右翊衛，仍置二將軍爲副職，品秩不變。

仁壽中，[1]率兵屯弘化以備胡。[2]煬帝時在東宫，[3]遺祥書曰：

將軍總戎塞表，胡虜清塵，秣馬休兵，猶事校獵，足使李廣慚勇，[4]魏尚愧能，[5]冠彼二賢，獨在吾子。昔余濫舉，推轂治兵，振皇靈於塞外，驅犬羊乎大漠。于時同行軍旅，契闊戎旃，[6]望龍城而衝冠，[7]眄狼居而發憤。[8]將軍英圖不世，猛氣無前，但物不遂心，僶俛從事。[9]每一思此，我勞如何。將軍宿心素志，早同膠漆，久而敬之，方成魚水。近者陪隨鑾駕，言旋上京，本即述職南蕃，宣條下國，不悟皇鑒曲發，備位少陽，[10]戰戰兢兢，如臨冰谷。至如建節邊境，征伐四方，褰帷作牧，[11]綏撫百姓，上稟成規，下盡臣節，是所願也，是所甘心。仰慕前修，庶得自效。謬其入守神器，元良萬國，身輕負重，何以克堪！所望故人，匡其不逮。比監國多暇，養疾閑宫，厭北閣之端居，[12]罷南皮之馳射。[13]博望之苑，[14]既乏名賢，飛蓋之園，理乖終宴。親朋遠矣，琴書寂然，想望吾賢，疹如疾首。

［1］仁壽：隋文帝楊堅年號（601—604）。

［2］弘化：縣名。隋開皇十八年置，治所在今甘肅慶陽市北。胡：古代稱北方和西方的少數民族爲胡。

［3］煬帝時在東宫：開皇二十年，楊廣被立爲皇太子。

［4］李廣：人名。西漢著名將領，防禦匈奴有功。傳見《史記》卷一〇九、《漢書》卷五四。

［5］魏尚：人名。西漢著名將領，防禦匈奴有功。事見《史記》卷一〇二、《漢書》卷五〇《馮唐傳》。

［6］契闊戎旃（zhān）：指作戰十分辛苦。契闊，指勞苦，勤勞。旃，指古代旌旗。

［7］龍城：古地名。此指漢代盧龍城，屬右北平郡，是李廣駐軍抗擊匈奴的地方，其地在今河北盧龍縣。

［8］眄（miǎn）：看、望。　狼居：古山名。此指漢武帝時大將霍去病出兵漠北與匈奴打仗時所封的一座山，稱“狼居胥山”。大概在今中蒙邊境附近，一説爲今蒙古國境内的肯特山。可參《史記》卷一一一《衛將軍驃騎列傳》、《漢書》卷五五《霍去病傳》。

［9］僶俛從事：指努力工作。

［10］少陽：本指初生之日，方向爲東。故引申爲東宫、太子之意。

［11］褰（qiān）帷：本指撩起帷幔。後引申爲官吏接近百姓，實施廉政之意。典出《後漢書》卷三一《賈琮傳》。

［12］北閣：所指不詳。

［13］南皮之馳射：典出《文選》曹丕《與朝歌令吴質書》：“每念昔日南皮之游，誠不可忘。”記載漢末建安中，曹丕與友人吴質等文酒射雉，歡聚於南皮，傳爲佳話。後成爲稱述朋友間雅集宴游的典故。

［14］博望：漢宫苑名。故址在今陝西西安市西北漢長安故城南。乃漢武帝爲戾太子劉據建，以供其交結賓客。此處指東宫。

祥答書曰：

行人戾止，奉所賜況，恩紀綢繆，形於文墨。不悟飛雪增冰之地，忽載三陽，[1]毳幙韋鞲之鄉，[2]俄聞九奏。精駭思越，莫知啓處。祥少不學軍旅，長遇升平，幸以先人緒餘，備職宿衛。懼駑蹇無致遠之用，[3]朽薄非折衝之材，豈欲追蹤古人，語其優劣？曩者王師薄伐，[4]天人受脤，[5]絶漠揚旌，威震海外。當此之時，猛將如雲，謀夫如雨。至若祥者，列於卒伍，預聞指蹤之規，得免逗遛之責，循涯揣分，實爲幸甚。爰以情喻雷、陳，[6]事方劉、葛，[7]信聖人之屈己，非庸人之擬議。[8]何則？川澤之大，污潦攸歸，[9]松柏之高，蔦蘿斯托。[10]微心眷眷，孟侯所知也。[11]抑惟體元良之德，焕重離之暉，三善克修，萬邦以正。斯固道高周誦，[12]契叶商皓，[13]豈在管蠡所能窺測！[14]伏承監國多暇，養德怡神，咀嚼六經，[15]逍遥百氏。追西園之愛客，[16]眷南皮之出游，疇昔之恩，無忘造次。祥自忝式遏，載罹寒暑，身在邊隅，情馳魏闕。[17]每至清風夕起，朗月孤照，想鳴葭之啓路，[18]思托乘於後車。塞表京華，山川悠遠，瞻望浮雲，伏增潸結。

太子甚親遇之。

［1］三陽：指春天，或農曆正月。

［2］毳（cuì）幙（mù）韋鞲（gōu）：指代北方游牧民族。毳幙，指游牧民族居住的氈帳。韋鞲，指皮製的臂衣，爲古代北方游牧民族的裝束。

［3］駑蹇：指用劣馬跛驢拉的車子。比喻才能低下。駑，指劣

馬。蹇，指跛驢。

［4］曩者：以前，過去的。

［5］受脤（shèn）：受命統軍。

［6］雷、陳：指東漢雷義與陳重。典出《後漢書》卷八一《雷義傳》，雷義與陳重爲同郡人，二人友好情篤，鄉人諺云："膠漆自謂堅，不如雷與陳。"後用"雷陳"比喻交誼深厚的朋友。

［7］劉、葛：指劉備與諸葛亮。

［8］庸人：殿本、庫本、中華本同，宋刻遞修本、汲古閣本作"庸夫"。

［9］污潦：指積水，積水坑。

［10］蔦（niǎo）蘿：一種寄生植物。典出《詩·小雅·頍弁》"蔦與女蘿，施于松柏"。比喻兄弟親戚相互依附。

［11］孟侯：指諸侯之長。此指楊廣。

［12］周誦：指西周成王姬誦。詳見《史記》卷四《周本紀》。

［13］商皓：此爲"商山四皓"的省稱，即東園公、角（一作角）里先生、綺里季、夏黄公。避秦亂，隱商山，年皆八十有餘，鬚眉皆白，時稱商山四皓。此借指高士。

［14］管蠡所能窺測：比喻對事物的觀察和瞭解很狹窄、片面，見識短淺。蠡測，指用葫蘆做的瓢測量海水。

［15］六經：指經過孔子整理而傳授的六部先秦古籍，即《詩經》《尚書》《儀禮》《樂經》《周易》《春秋》。

［16］西園：古園林名。説法衆多。一説爲漢上林苑，其地跨現在的陕西西安市、周至縣、户縣、藍田縣等地。一説爲曹魏時期所建的園林，其地在今河北臨漳縣。曹植曾游於此。

［17］情馳魏闕：指臣民心在朝廷，關心國事。典出《莊子·讓王》："身在江海之上，心居乎魏闕之下。"魏闕，指古代天子和諸侯宫外的樓觀，其下懸布法令，因以代稱朝廷。

［18］葭：通"笳"。一種古代管樂器。

煬帝即位，漢王諒發兵作亂，[1]遣其將綦良自滏口徇黎陽，[2]塞白馬津，[3]余公理自太行下河内。[4]帝以祥爲行軍總管，軍於河陰，[5]久不得濟。祥謂軍吏曰："余公理輕而無謀，才用素不足稱，又新得志，謂其衆可恃。恃衆必驕。且河北人先不習兵，所謂擁市人而戰。以吾籌之，不足圖也。"乃令軍中修攻具，公理使諜知之，果屯兵於河陽内城以備祥。[6]祥於是艤船南岸，[7]公理聚甲以當之。祥乃簡精鋭於下流潛渡，公理率衆拒之。祥至須水，兩軍相對，公理未成列，祥縱擊，大破之。[8]東趣黎陽討綦良等。良列陣以待，兵未接，良棄軍而走。於是其衆大潰，祥縱兵乘之，殺萬餘人。進位上大將軍，[9]賜縑彩七千段，女妓十人，良馬二十匹。轉太僕卿。[10]帝嘗賜祥詩曰："伯奭朝寄重，夏侯親遇深。貴耳唯聞古，賤目詎知今，早摽勁草質，久有背淮心。掃逆黎山外，[11]振旅河之陰。功已書王府，留情《太僕箴》。"祥上表辭謝，帝降手詔曰："昔歲勞公問罪河朔，[12]賊爾日塞兩關之路，據倉阻河，百姓脅從，人亦衆矣。公竭誠奮勇，一舉剋定。《詩》不云乎：'喪亂既平，既安且寧。'[13]非英才大略，其孰能與於此邪！故聊示所懷，亦何謝也。"

[1]漢王諒：即隋文帝第五子楊諒，開皇元年被立爲漢王。傳見本書卷四五、《北史》卷七一。

[2]綦良：人名。漢王諒部將。事略見本書《庶人諒傳》、卷八〇《元務光母傳》。　滏口：即滏口陘。位於今河北邯鄲市。黎陽：縣名。治所在今河南浚縣東北。

[3]白馬津：在今河南滑縣東北，與黄河北岸的黎陽津相對，爲兵家必争之地。

[4]余公理：人名。漢王諒部將。事略見本書《庶人諒傳》、《通鑑》卷一八〇《隋紀》高祖仁壽四年。 太行：山名。即今太行山。 河内：縣名。治所在今河南沁陽市。

[5]河陰：縣名。治所在今河南宜陽縣東。

[6]河陽：縣名。治所在今河南孟州市南。

[7]艤（yǐ）船：停船靠岸。

[8]"祥至須水"至"大破之"：此句底本原無，據宋刻遞修本、中華本補。須水，水名。源出今河南滎陽市東南，北流至鄭州市西匯索水爲須索水。

[9]上大將軍：官名。隋文帝因改北周之制，置十一等散實官，以酬勤勞。上大將軍爲第三等。從二品。

[10]太僕卿：官名。隋太僕寺主官，掌皇帝的輿馬和馬政。置一人，正三品。隋煬帝改制時，降爲從三品。

[11]黎山：又稱黎陽山。在今河南浚縣東南。

[12]河朔：地區名。泛指黄河以北的廣大地區。

[13]喪亂既平，既安且寧：語出《詩・小雅・常棣》。

尋遷鴻臚卿。[1]時突厥啓民可汗請朝，[2]帝遣祥迎接之。從征吐谷渾，祥率衆出間道擊虜，[3]破之，俘男女千餘口。賜奴婢六十人，馬三百匹。[4]進位左光禄大夫，拜左驍衛將軍。[5]及遼東之役，出蹋頓道，[6]不利而還。由是除名爲民。俄拜燕郡太守，[7]被賊高開道所圍，[8]祥稱疾不視事。及城陷，開道甚禮之。會開道與羅藝通和，[9]送祥於涿郡，卒於塗。

［1］鴻臚卿：官名。隋鴻臚寺長官，掌諸侯王及少數民族首領的迎送、接待、朝會、封授等禮儀以及贊導郊廟行禮、管理郡國計吏等事。正三品。開皇三年曾廢鴻臚寺，十二年復置。隋煬帝改制時，降爲從三品。

［2］啓民可汗：東突厥可汗，名染干，沙鉢略可汗之子。事見本書卷八四、《舊唐書》卷一九四、《新唐書》卷二一五《突厥傳》。

［3］間道：中華書局新修訂本疑爲“玉門道”之訛，參其書卷六三校勘記。

［4］三百：中華本同，宋刻遞修本、汲古閣本、殿本、庫本作“二百”。

［5］左驍衛將軍：官名。隋開皇十八年置備身府，爲皇帝護衛部隊。隋煬帝改制時，改左右備身爲左右騎衛，屬中央十二衛，置大將軍一人爲主官，將軍二人爲副職。從三品。按，《北史》卷六一《史祥傳》作“右驍衛將軍”。

［6］蹋頓道：戰區名。征伐高麗的戰爭中，隋軍被分成二十四路，征戰相應的二十四個戰區，每一個戰區爲一道。蹋頓道爲其中之一。據《通鑑》卷一八一《隋紀》煬帝大業八年載“蹋頓即漢末遼西烏丸蹋頓所居”。其地在今遼寧朝陽市一帶。

［7］燕郡：治所在今北京市西南。

［8］高開道：人名。隋末河北地區起義軍領導者，武德七年（624）爲唐軍擊敗自殺。傳見《舊唐書》卷五五、《新唐書》卷八六。

［9］羅藝：人名。隋煬帝大業中以軍功官至虎賁郎將，督軍於北平郡。隋末大亂時以武力占據涿郡及附近郡縣，自稱幽州總管。唐高祖武德三年歸降唐朝，封爲燕王，後謀反被誅。傳見《舊唐書》卷五六、《新唐書》卷九二。

有子義隆，[1]永年令。[2]祥兄雲，[3]字世高，弟威，[4]字世武，並有幹局。雲官至萊州刺史、武平縣公，[5]威官至武賁郎將、武當縣公。[6]

[1]義隆：人名。即史義隆。其他事迹不詳。

[2]永年：縣名。治所在今河北永年縣東南。

[3]雲：人名。即史雲。其他事迹不詳。按，《周書》卷二八、《北史》卷六一《史寧傳》皆載"祥弟雲"。

[4]威：人名。即史威。其他事迹不詳。

[5]萊州：治所在今山東萊州市。

[6]武賁郎將：官名。隋大業時，於中央十二衛每衛置護軍四人，掌副貳將軍，處理府内事務。若將軍無，則一人攝之。尋改護軍爲武賁郎將。正四品。

元壽

元壽，[1]字長壽，河南洛陽人也。祖敦，魏侍中、邵陵王。[2]父寶，[3]周涼州刺史。[4]壽少孤，性仁孝，九歲喪父，哀毀骨立，宗族鄉黨咸異之。事母以孝聞。及長，方直，頗涉經史。周武成初，[5]封隆城縣侯，[6]邑千户，保定四年，[7]改封儀隴縣侯，授儀同三司。

[1]元壽：人名。傳另見《北史》卷七五。

[2]魏：即北魏（386—557），亦稱後魏。初都平城（今山西大同市東北），公元494年遷都洛陽（今河南洛陽市東北白馬寺東）。公元534年分裂爲東魏和西魏兩個政權。東魏（534—550）都於鄴（今河北臨漳縣西南鄴鎮東），西魏（535—557）都於長安

(今陝西西安市西北郊)。　侍中：官名。掌侍從左右，盡規獻納，糾正違闕，兼與諸公論國政，呼爲小宰相。北魏正三品。　邵陵王：爵名。北魏十一等爵的第一等。第一品。

[3]寶：人名。即元寶。具體事迹不詳。

[4]凉州：治所在今甘肅武威市。

[5]武成：北周明帝宇文毓年號(559—560)。

[6]隆城縣侯：爵名。北周十一等爵的第七等。正八命。

[7]保定：北周武帝宇文邕年號(561—565)。

開皇初,[1]議伐陳，以壽有思理，奉使於淮浦監修船艦，以强濟見稱。四年，參督漕渠之役，授尚書主爵侍郎。[2]八年，從晋王伐陳，除行臺左丞,[3]兼領元帥府屬。[4]及平陳，拜尚書左丞。[5]高祖嘗出苑觀射，文武並從焉。開府蕭摩訶妻患且死,[6]奏請遣子向江南收其家産，御史見而不言。[7]壽奏劾之曰：

[1]開皇：隋文帝楊堅年號(581—600)。

[2]尚書主爵侍郎：官名。隋尚書省吏部主爵曹長官，掌封爵等相關事務。置一人，正六品上。煬帝時改稱尚書主爵郎。

[3]行臺左丞：官名。全稱爲行臺尚書左丞。隋在大行政區代表中央的機構稱爲行臺尚書省，多由軍事關係臨時設置。其官署設置仿效中央，其中有行臺尚書省，主官爲行臺尚書令，其屬官有尚書左丞，協助主官處理轄區内各項事務。流内視從四品。

[4]元帥：出征軍的統帥名。即行軍元帥，根據需要臨時任命，事罷則廢。　屬：即行軍元帥的僚佐，協助元帥處理戰事事宜，參議軍情。

[5]尚書左丞：官名。隋尚書省置左右丞各一人，輔助尚書令、左右僕射處理省内事務。文帝時爲從四品，煬帝時增階爲正四品。

［6］開府：官名。全稱爲開府儀同三司。隋置十一等散實官，加文武官之有德聲者，以酬勤勞，並不理事。開府爲第六等。正四品。隋煬帝改制時，增階爲從一品。　蕭摩訶：人名。南朝陳大將，輔佐陳後主登基有功，加爲侍中、驃騎大將軍、綏建郡公。後降隋。傳見《陳書》卷三一、《南史》卷六七。

［7］御史：官名。參後文可知，此指殿内侍御史。隋御史臺屬官，隨侍皇帝身邊獻納得失，十二人。正八品。隋煬帝改制時廢。

臣聞天道不言，功成四序，聖皇垂拱，任在百司。御史之官，義存糾察，直繩莫舉，憲典誰寄？今月五日，鑾輿徙蹕，[1]親臨射苑，[2]開府儀同三司蕭摩訶幸厠朝行，[3]預觀盛禮，奏稱請遣子世略暫往江南重收家産。[4]妻安遇患，彌留有日，安若長逝，世略不合此行。竊以人倫之義，伉儷爲重，資愛之道，烏鳥弗虧。摩訶遠念資財，近忘匹好，又命其子捨危惙之母，爲聚斂之行。一言纔發，名教頓盡。而兼殿内侍御史臣韓微之等，[5]親所聞見，竟不彈糾。若知非不舉，事涉阿縱；如不以爲非，豈關理識？謹按儀同三司、太子左庶子、檢校治書侍御史臣劉行本，[6]出入宫省，備蒙任遇，攝職憲臺，[7]時月稍久，庶能整肅纓冕，[8]澄清風教。而在法司，虧失憲體，瓶罄罍耻，[9]何所逃愆！臣謬膺朝寄，忝居左轄，[10]無容寢默，謹以狀聞。其行本、微之等，請付大理。[11]

［1］蹕（bì）：指帝王出行的車駕。

［2］射苑：宫苑名。今地不詳。

［3］厠：參與、混雜在裏面。此指參與某部門的工作。

［4］世略：人名。即蕭摩訶之子蕭世略。具體事迹不詳。

［5］韓微之：人名。隋時人，具體事迹不詳。

［6］太子左庶子：官名。隋東宫分置門下坊、典書坊，以分統諸局。制比中央門下、内史二省。門下坊置太子左庶子爲長官，掌侍從贊相，駁正啓奏，輔佐太子。置二人，正四品。　治書侍御史：官名。隋御史臺副長官，協助御史大夫轄臺中各事，專掌監察、執法。隋文帝時爲從五品，大業三年煬帝改制時，增秩爲正五品，五年又降爲從五品。　劉行本：人名。傳見本書卷六二，《北史》卷七〇有附傳。

［7］憲臺：漢稱御史所居官署爲憲臺。後亦用於御史官職的通稱。由於劉行本職任治書侍御史，故此處稱其爲憲臺。

［8］纓冕：指仕宦官員。

［9］瓶罄罍（léi）耻：比喻關係密切，相互依存，彼此利害一致。

［10］左轄：指元壽時任尚書左丞。

［11］大理：官署名。即隋大理寺。掌全國刑獄案件審理，主官爲大理寺卿。

上嘉納之。尋授太常少卿。[1]數年，拜基州刺史，[2]在任有公廉之稱。入爲太府少卿。[3]進位開府。煬帝嗣位，漢王諒舉兵反，左僕射楊素爲行軍元帥，[4]壽爲長史。[5]壽每遇賊，爲士卒先，以功授大將軍，[6]遷太府卿。[7]四年，拜内史令，[8]從帝西討吐谷渾。壽率衆屯金山，[9]東西連營三百餘里，以圍渾主。及還，拜右光禄大夫。七年，兼左翊衛將軍，[10]從征遼東，行至涿郡，遇疾卒，時年六十三。帝悼惜焉，哭之甚慟。贈尚書右僕射、光禄大夫，[11]謚曰景。

[1]太常少卿：官名。隋太常寺副官，協助主官太常卿處理寺内各項工作。置一人，正四品上。隋煬帝改制時增員二人，降爲從四品。

[2]基州：治所在今湖北鍾祥市。

[3]太府少卿：官名。隋太府寺副官，協助長官太府卿掌管倉儲出納及所轄各署事。隋初置一員，正四品上。隋煬帝改制時，增員二人，降爲從四品。

[4]左僕射：官名。隋置尚書省總理政事，其主官爲尚書令，另置左、右二僕射副之。開皇三年四月詔左僕射掌判吏部、禮部、兵部三尚書事，御史糾不當者，兼糾彈之。從二品。　楊素：人名。傳見本書卷四八，《北史》卷四一有附傳。

[5]長史：差遣名。即行軍長史。協助總管或元帥處理戰事事宜，參議軍情。

[6]大將軍：官名。隋置十一等散實官，加文武官之有德聲者，以酬勤勞，並不理事。大將軍爲第四等。正三品。隋煬帝改制時廢。

[7]太府卿：官名。隋太府寺主官，掌財務庫藏、營造器物等事務。置一人，正三品。隋煬帝改制時，從太府寺分置少府監，太府寺但管京都市五署及平準、左右藏等八署。仍置卿爲長官，降爲從三品。

[8]内史令：官名。内史省長官，掌皇帝詔令出納宣行，居宰相之職。隋初内史省置監、令各一人，尋廢監，置令二人，正三品。

[9]金山：在今青海西寧市西北。

[10]左翊衛將軍：官名。隋初中央軍事機關十二衛中有左右衛，掌宫掖禁禦，督攝仗衛。各置大將軍爲長官，並置將軍二人副

之，協理府事。大業三年，隋煬帝改革官制，將左右衛改爲左右翊衛。仍置將軍，從三品。

[11]右僕射：官名。此爲贈官。從二品。

子敏，[1]頗有才辯，而輕險多詐。壽卒後，帝追思之，擢敏爲守内史舍人，[2]而交通博徒，數漏泄省中語。化及之反也，敏創其謀，僞授内史侍郎，[3]爲沈光所殺。[4]

[1]敏：人名。即元敏。《北史》卷七五有附傳。

[2]守：官制用語。指低官階置理高官階官職。　内史舍人：官名。隋朝因避楊忠諱，改中書省爲内史省，其屬官有内史舍人八員，掌詔誥。正六品。開皇三年增階爲從五品。隋煬帝改制時，減員爲四人。大業十二年改稱内書舍人。

[3]内史侍郎：官名。此爲宇文化及所授僞官。

[4]沈光：人名。傳見本書卷六四，《北史》卷七八有附傳。

楊義臣

楊義臣，[1]代人也，[2]本姓尉遲氏。父崇，[3]仕周爲儀同大將軍，[4]以兵鎮恒山。[5]時高祖爲定州總管，崇知高祖相貌非常，每自結納，高祖甚親待之。[6]及爲丞相，[7]尉迥作亂，[8]崇以宗族之故，自囚於獄，遣使請罪。高祖下書慰諭之，即令馳驛入朝，[9]恒置左右。開皇初，封秦興縣公。歲餘，從行軍總管達奚長儒擊突厥於周盤，[10]力戰而死。贈大將軍、豫州刺史，[11]以義臣襲崇官爵。

[1]楊義臣：人名。傳另見《北史》卷七三。

[2]代：郡名。治所在今山西大同市東北。

[3]崇：人名。即尉遲崇。《北史》卷七三有附傳。

[4]儀同大將軍：官名。周齊交戰之際，北周始置十一等勳官，以酬戰士。儀同大將軍爲勳官第八等，九命。

[5]恒山：在今河北曲陽縣西北與山西交界處。

[6]“爲定州總管”至“高祖”：此句底本原無，據宋刻遞修本、中華本補。定州，治所在今河北定州市。總管，官名。東魏孝敬帝武定六年（548）始置。北周明帝武成元年正式改都督諸州軍事爲總管，總管之設乃成定制。北周之制，總管加使持節諸軍事。總管或單任，然多兼帶刺史。故總管職權雖以軍事爲主，實際是一地區若干州、防（鎮）的最高軍政長官。

[7]丞相：官名。北周静帝大象二年（580）置左、右大丞相。以宇文贇爲右大丞相，但僅有虚名；以楊堅爲左大丞相，總攬朝政。旋去左右之號，獨以楊堅爲大丞相。實爲控制朝廷的權臣。

[8]尉迥：人名。即尉遲迥。北周太祖宇文泰之甥，周宣帝時任大前疑、相州總管。傳見《周書》卷二一、《北史》卷六二。

[9]令：宋刻遞修本、殿本、庫本、中華本同，汲古閣本作“命”。

[10]達奚長儒：人名。傳見本書卷五三、《北史》卷七三。周盤：城名。約在今甘肅慶陽市。按，《北史》作“周槃”。“槃”通“盤”。

[11]豫州：治所在今河南汝南縣。

時義臣尚幼，養於宫中，年未弱冠，奉詔宿衛如千牛者數年，[1]賞賜甚厚。上嘗從容言及恩舊，顧義臣嗟歎久之，因下詔曰："朕受命之初，群凶未定，明識之士，有足可懷。尉義臣與尉迥，本同骨肉，既狂悖作亂鄴城，[2]其父崇時在常山，[3]典司兵甲，與迥鄰接，又是至親，知逆順之理，識天人之意，即陳丹款，慮染惡徒，自執有司，請歸相府。及北夷内侵，[4]横戈制敵，輕生重義，馬革言旋。操表存亡，事貫幽顯，雖高官大賞，延及於世，未足表松筠之志，[5]彰節義之門。義臣可賜姓楊氏，賜錢三萬貫，酒三十斛，米麥各百斛，編之屬籍，爲皇從孫。"未幾，拜陝州刺史。[6]義臣性謹厚，能馳射，有將領之才，由是上甚重之。其後突厥達頭可汗犯塞，[7]以行軍總管率步騎三萬出白道，[8]與賊遇，戰，大破之。明年，突厥又寇邊，雁門、馬邑多被其患。[9]義臣擊之，虜遂出塞，因而追之，至大斤山，[10]與虜相遇。時太平公史萬歲軍亦至，[11]義臣與萬歲合軍擊虜，大破之，萬歲爲楊素所陷而死，義臣功竟不録。仁壽初，拜朔州總管，[12]賜以御甲。

[1]千牛：官名。隋中央十二衛有左右領左右府，其屬官有千牛備身十二人，掌執千牛刀，宿衛宫禁。正六品。隋煬帝改制時，改左右領左右府爲左右備身府，下統千牛左右十六人，品秩職掌不變。

[2]鄴城：即鄴縣。治所在今河南安陽市。

[3]常山：即前文提到的恒山。

[4]夷：古族名。中國古代對東方各族的泛稱，亦稱東夷，或用以泛指異族人。此專指突厥。

[5]松筠：指松樹和竹子，比喻節操堅貞。

［6］陜州：治所在今河南陜縣。

［7］達頭可汗：西突厥汗國的首領，又稱步迦可汗。室點密之子。事見本書卷八四、《北史》卷九九《突厥傳》。

［8］白道：古地名。在今内蒙古呼和浩特市西北。

［9］雁門：縣名。隋開皇十八年以廣武縣改置，治所在今山西代縣。　馬邑：縣名。治所在今山西朔州市。

［10］大斤山：又稱秦山。在今内蒙古呼和浩特市西北大青山。

［11］太平公：爵名。即太平縣公。　史萬歲：人名。傳見本書卷五三、《北史》卷七三。

［12］朔州：治所在今山西朔州市。

煬帝嗣位，漢王諒作亂并州。[1]時代州總管李景爲漢王將喬鍾葵所圍，[2]詔義臣救之。[3]義臣率馬步二萬，夜出西陘，[4]遲明行數十里。鍾葵覘見義臣兵少，[5]悉衆拒之。鍾葵亞將王拔驍勇，[6]善用稍，[7]射之者不能中，每以數騎陷陣。義臣患之，募能當拔者。車騎將軍楊思恩請當之。[8]義臣見思恩氣貌雄勇，[9]顧之曰："壯士也！"賜以卮酒。[10]思恩望見拔立於陣後，投觴於地，[11]策馬赴之。再往不克，義臣復選騎士十餘人從之。思恩遂突擊，殺數人，直至拔麾下。短兵方接，所從騎士退，思恩爲拔所殺。拔遂乘之，義臣軍北者十餘里。於是購得思恩屍，義臣哭之甚慟，三軍莫不下泣。所從騎士皆腰斬。義臣自以兵少，悉取軍中牛驢，得數千頭，復令兵數百人，人持一鼓，潛驅之澗谷間，出其不意。義臣晡後復與鍾葵軍戰，[12]兵初合，命驅牛驢者疾進。一時鳴鼓，塵埃張天，鍾葵軍不知，以爲伏兵發，因而大潰，縱擊破之。以功進位上大將軍，賜物二千段，雜彩五百段，女妓十人，良馬二十匹。尋授相州刺史。[13]後三歲，徵爲宗正卿。[14]未幾，轉太僕卿。

[1]并州：治所在今山西太原市西南。

[2]代州：治所在今山西代縣。　李景：人名。傳見本書卷六五、《北史》卷七六。　喬鍾葵：人名。仁壽年間爲嵐州刺史，隨楊諒起兵反。事略見本書卷四五《庶人諒傳》、《北史》卷七〇《陶世模傳》。

[3]義臣救之：四字底本原缺，據宋刻遞修本、汲古閣本、殿本、庫本、中華本改。

[4]西陘：即西陘山。又名陘嶺、句注山。在今山西代縣西北。

[5]覘見：暗中察看。

[6]亞將：即副將。　王拔：人名。隋朝將領。事亦見《北史》卷七三《楊義臣傳》。

[7]矟：《北史·楊義臣傳》載王拔善用“槊”。古時“矟”“槊”相通，都指長矛。

[8]車騎將軍：官名。隋文帝采北周舊制，置四十三號將軍爲散號官，授予有軍功者，並不理事。車騎將軍爲其一，正五品。　楊思恩：人名。隋朝將領。事亦見《北史·楊義臣傳》。

[9]臣：底本原作“士”，據宋刻遞修本、汲古閣本、殿本、庫本、中華本改。

[10]巵酒：即一杯酒。巵，指古代盛酒的器皿。

[11]觴：古代酒器。

[12]晡：即申時，午後三至五時。

[13]相州：治所在今河南安陽市。

[14]宗正卿：官名。隋宗正寺長官，掌管皇族事務，管理皇族、宗族、外戚的譜牒，守護皇族陵廟等。置一人，正三品。隋煬

帝改制時，降爲從三品。

從征吐谷渾，令義臣屯琵琶峽，[1]連營八十里，南接元壽，北連段文振，[2]合圍渾主於覆袁川。[3]其後復征遼東，以軍將指肅慎道。[4]至鴨緑水，[5]與乙支文德戰，[6]每爲先鋒，一日七捷。後與諸軍俱敗，竟坐免。俄而復位。明年，以爲軍副，與大將軍宇文述趣平壤。[7]至鴨緑水，會楊玄感作亂，班師，檢校趙郡太守。[8]妖賊向海公聚衆作亂，[9]寇扶風、安定間，[10]義臣奉詔擊平之。尋從帝復征遼東，進位左光禄大夫。時渤海高士達，[11]清河張金稱並相聚爲盜，[12]衆已數萬，攻陷郡縣。帝遣將軍段達討之，[13]不能剋。詔義臣率遼東還兵數萬擊之，大破士達，斬金稱。又收合降賊，入豆子航，[14]討格謙，[15]擒之，以狀聞奏。帝惡其威名，遽追入朝，賊由是復盛。義臣以功進位光禄大夫，尋拜禮部尚書。[16]未幾，卒官。

[1]琵琶峽：山峽名。在今青海門源回族自治縣。

[2]段文振：人名。傳見本書卷六〇、《北史》卷七六。

[3]覆袁川：地名。其地在今青海湖東北。

[4]肅慎道：戰區名。征伐高麗的戰争中，隋軍被分成二十四路，征戰相應的二十四個戰區，每一個戰區爲一道。肅慎道爲其中之一。據《通鑑》卷一八一《隋紀》煬帝大業八年載“肅慎，古肅慎氏之國，其地時爲靺鞨所居”。其地約在今黑龍江黑河市一帶，包括黑龍江中下游和長白山以東、以北地區。

[5]鴨緑水：即今中、朝界鴨緑江。

[6]乙支文德：人名。高句麗大將。事略見本書卷六一《宇文

述傳》、《通鑑》卷一八一《隋紀》煬帝大業八年。

［7］平壤：城名。即平壤城。爲隋時古高句麗國都城，舊址在今朝鮮平壤市大同江南岸。

［8］趙郡：治所在今河北趙縣。

［9］向海公：人名。曾於扶風起兵反隋。按，本書卷四《煬帝紀下》作“向海明”。中華本校勘記也指出此歧異。考《北史》卷七三和《通志》卷一六一《楊義臣傳》作“向海公”，而本書《五行志》、《北史》卷一二《隋煬帝紀》、《通鑑》卷一八二《隋紀》大業九年十二月條皆作“向海明”。尚難斷誰訛。

［10］扶風：郡名。治所在今陝西鳳翔縣。　安定：郡名。治所在今甘肅涇川縣北涇河北岸。

［11］渤海：郡名。治所在今山東陽信縣西南。　高士達：人名。隋大業七年於清河境内起義，有衆數萬人，自稱東海公，大業十二年爲隋將楊義臣擊敗被殺。

［12］清河：郡名。治所在今河北清河縣西北。　張金稱：人名。隋末山東農民起義軍領導者之一，大業七年聚衆起義，十三年爲隋將楊義臣擊敗。事見本書卷四《煬帝紀下》、《新唐書》卷八五《竇建德傳》、《通鑑》卷一八一至一八三。另參見漆俠《隋末農民起義》，上海人民出版社 1954 年版；王永興《隋末農民戰争史料彙編》，中華書局 1980 年版。

［13］段達：人名。傳見本書卷八五、《北史》卷七九。

［14］豆子䴚（gǎng）：地名。在今山東商河、惠民縣北。

［15］格謙：人名。隋末渤海厭次人，大業九年，以豆子䴚爲據點起兵反隋，有衆十餘萬人，自稱燕王，大業十二年爲隋將王世充攻殺。

［16］禮部尚書：官名。隋尚書省下轄六部之一禮部的長官，掌禮儀、祭祀、宴享等政令，總判禮部、祠部、主客、膳部四曹。置一人，正三品。

衛玄

衛玄，[1]字文昇，河南洛陽人也。祖悦，[2]魏司農卿，[3]父㨓，[4]侍中、左武衛大將軍，[5]玄少有器識，周武帝在藩，引爲記室。[6]遷給事上士，[7]襲爵興勢公，食邑四千户。轉宣納下大夫。[8]武帝親總萬機，拜益州總管長史，[9]賜以萬釘寶帶。稍遷開府儀同三司、太府中大夫，[10]治内史事，[11]仍領京兆尹，[12]稱爲强濟。宣帝時，[13]以忤旨免官。

[1]衛玄：人名。傳另見《北史》卷七六。

[2]悦：人名。即衛悦。其他事迹不詳。

[3]司農卿：官名。即大司農卿。掌全國農事。魏高祖太和時爲第二品，世宗時改爲第三品。

[4]㨓：人名。即衛㨓。其他事迹不詳。

[5]侍中：官名。隨侍皇帝身邊，顧問應對，獻納得失。第三品。　左武衛大將軍：官名。隋文帝設左武衛，置左武衛大將軍一人爲其首。掌領外軍宿衛宫禁。正三品。

[6]記室：官名。全稱爲記室參軍。北周國公府、王府有記室參軍，爲府主的幕僚，掌府内文書之事。品秩不詳。

[7]給事上士：官名。不詳。

[8]宣納下大夫：官名。或北周天官府屬官，掌宣納王命。正四命。

[9]益州：治所在今四川成都市。　總管長史：官名。總管府置長史，協助總管處理轄區内各項事務。命數不詳。

[10]開府儀同三司：官名。爲北周十一等勳官的第六等。九命。　太府中大夫：官名。北周天官府屬官，掌全國貢賦貨賄，金

帛府庫。正五命。

[11]内史：官名。北周春官府有内史，掌擬寫皇帝詔令、參議刑罰爵賞等軍國大事。上大夫正六命，中大夫正五命，下大夫正四命。

[12]京兆尹：官名。北周於諸郡置太守。由於京兆郡爲都城所在，故置尹爲最高行政長官，以區別其他郡縣。八命。

[13]宣帝：即北周宣帝宇文贇謚號。紀見《周書》卷七、《北史》卷一〇。

高祖作相，檢校熊州事。[1]和州蠻反，[2]玄以行軍總管擊平之。及高祖受禪，遷淮州總管，[3]進封同軌郡公，坐事免。未幾，拜嵐州刺史。[4]會起長城之役，詔玄監督之。俄檢校朔州總管事。後爲衛尉少卿。[5]仁壽初，山獠作亂，[6]出爲資州刺史以鎮撫之。[7]玄既到官，時獠攻圍大牢鎮，[8]玄單騎造其營，謂群獠曰："我是刺史，銜天子詔安養汝等，勿驚懼也。"諸賊莫敢動。於是説以利害，渠帥感悦，[9]解兵而去。前後歸附者十餘萬口。高祖大悦，賜縑二千匹，除遂州總管，[10]仍令劍南安撫。[11]

[1]熊州：北周明帝二年（558）改陽州置，治所在今河南宜陽縣西福昌村。

[2]和州：北周保定二年改北荆州置，治所在今河南嵩縣東北。蠻：古族名。中國古代用以泛指四方的少數民族，有時特指長江中游及其以南地區少數民族。傳見本書卷八二、《後漢書》卷八六、《魏書》卷一〇一、《北史》卷九五、《南史》卷七九。

[3]淮州：治所在今河南泌陽縣。

[4]嵐州：治所在今山西嵐縣北嵐城鎮。

[5]衛尉少卿：官名。隋衛尉寺次官，協助長官衛尉卿掌供宫廷、祭祀朝會之儀仗帷幕，通判本寺事務。隋初置一人。正四品。隋煬帝改制時，增員二人，品秩降爲從四品。

[6]獠（lǎo）：古族名。曾活動於今廣東、廣西、湖南、四川、雲南、貴州等地區，多以漁獵爲生，已消失數百年。傳見《魏書》卷一〇一、《周書》卷四九、《北史》卷九五。

[7]資州：先治今四川資陽市，隋開皇七年移治今四川資中縣北。大業初改爲資陽郡。

[8]大牢鎮：地名。在今四川榮縣西。

[9]渠帥：指首領。舊稱武裝反抗者的首領或部落酋長。

[10]遂州：治所在今四川遂寧市。

[11]劍南：地區名。泛指劍閣以南的廣大地區。

煬帝即位，復徵爲衛尉卿。[1]夷、獠攀戀，數百里不絶。玄曉之曰："天子詔徵，不可久住。"因與之訣，夷、獠各揮涕而去。歲餘，遷工部尚書。[2]其後拜魏郡太守，[3]尚書如故。帝謂玄曰："魏郡名都，衝要之所，民多姦宄，[4]是用煩公。此郡去都，道里非遠，宜數往來，詢謀朝政。"賜物五百段而遣之。未幾，拜右候衛大將軍，[5]檢校左候衛事。大業八年，轉刑部尚書。[6]遼東之役，檢校右禦衛大將軍，[7]率師出增地道。[8]時諸軍多不利，玄獨全衆而還。拜金紫光禄大夫。

[1]衛尉卿：官名。隋衛尉寺長官，掌軍器、儀仗、帳幕之事，總判本寺諸署事務。置一員。隋初爲正三品，隋煬帝改制時，品秩降爲從三品。

[2]工部尚書：官名。隋尚書省六部之一工部的長官。掌國家百工、屯田、山澤之政令，統工部、屯田、虞部、水部四曹。置一員，正三品。

[3]魏郡：治所在今河南安陽市。

[4]宄：壞人。

[5]右候衛大將軍：官名。隋中央軍事機關十二衛中有左右武候府，長官爲大將軍，掌車駕出，先驅後殿，晝夜巡察，執捕奸非，烽候道路，水草所置。巡狩師田，則掌其營禁。正三品。隋煬帝時，改左右武候爲左右候衛，仍置大將軍爲主官，品秩不變。

[6]刑部尚書：官名。隋尚書省六部之一刑部的長官。職掌國家法律、刑獄事務。統都官、刑部、比部、司門四曹。正三品。

[7]右禦衛大將軍：官名。隋煬帝時對隋初中央軍事機關十二衛進行了調整，加置左右禦衛，負責皇帝的宿衛，置大將軍爲長官，總理府事。正三品。

[8]增地道：戰區名。征伐高麗的戰爭中，隋軍戰區之一。今地不詳。

九年，車駕幸遼東，使玄與代王侑留守京師，拜爲京兆内史，[1]尚書如故。許以便宜從事，敕代王待以師傅之禮。會楊玄感圍逼東都，玄率步騎七萬援之。至華陰，[2]掘楊素冢，焚其骸骨，夷其塋域，示士卒以必死。既出潼關，[3]議者恐崤、函有伏兵，[4]請於陝縣沿流東下，[5]直趣河陽，以攻其背。玄曰："以吾度之，此計非豎子所及。"[6]於是鼓行而進。既度函谷，[7]卒如所量。於是遣武賁郎將張峻爲疑軍於南道，[8]玄以大兵直趣城北。玄感逆拒之，且戰且行，屯軍金谷。[9]於軍中掃地而祭高祖曰："刑部尚書、京兆内史臣衛文昇，敢昭告于高祖文皇帝之靈：自皇家啓運，三十餘年，武功文德，漸被海外。楊玄感孤負聖恩，躬爲蛇豕，蜂飛蟻聚，犯我王略。臣二世受恩，一心事主，董率熊羆，[10]志梟凶逆。若社稷靈長，宜令醜徒冰碎，如或大運去矣，幸使老臣先死。”詞氣抑揚，三軍莫不涕咽。時衆寡不敵，與賊頻戰不利，死傷太半。玄感盡鋭來攻，玄苦戰，賊稍却，進屯北芒。[11]會宇文述、來護兒等援兵至，玄感懼而西遁。玄遣通議大夫斛斯萬善、監門直閤龐玉前鋒追之，[12]及于閿鄉，[13]與宇文述等合擊破之。車駕至高陽，徵詣行在所。帝勞之曰：“社稷之臣也。使朕無西顧之憂。”乃下詔曰：“近者妖氛充斥，擾動關、河，文昇率勵義勇，應機響赴，表裏奮擊，摧破凶醜，宜升榮命，式弘賞典。可右光禄大夫。”賜以良田、甲第，資物鉅萬。還鎮京師，帝謂之曰：“關右之任，[14]一委於公。公安，社稷乃安；公危，社稷亦危。出入須有兵衛，坐卧恒宜自牢，勇夫重閉，此其義也。今特給千兵，以充侍從。”賜以玉麟符。

[1]京兆内史：官名。隋煬帝罷州置郡，並於諸郡加置通守一人，位次太守，協理轄區内各項事務。由於京兆郡爲帝都所在，爲區别他郡，故將通守改稱内史。品秩不詳。

[2]華陰：縣名。治所在今陝西華陰市。

[3]潼關：關名。在今陝西潼關縣東北黄河南岸潼關。

[4]崤、函：指崤山與函谷關。

[5]陝縣：治所在今河南陝縣。

[6]豎子：古時對人的一種蔑稱。

［7］函谷：關名。舊關在今河南靈寶市東北王垛村，新關在今河南新安縣東北。

［8］張峻：人名。隋任鷹揚郎將。事亦見本書卷六一《宇文述傳》。

［9］金谷：地名。其地在今河南洛陽市東北。

［10］熊羆：熊和羆都是猛獸，比喻勇猛的武士或凶猛的勢力。

［11］北芒：即北芒山。亦稱北邙山或邙山。在今河南洛陽市北。

［12］通議大夫：官名。隋初置諸散實官授與文武官員中功高德厚者，爲其加官，以示尊崇，並不理事。隋煬帝大業三年改革官制，置九大夫，仍爲散職。通議大夫爲第七等。從四品。　斛斯萬善：人名。本書卷六四、《北史》卷七八有附傳。　監門直閤：官名。隋中央軍事機關十二衛中有左右監門府，掌宮殿門禁及守衛事。隋煬帝改制時，仍置左右監門府掌宮門禁衛，並於府内置直閤各六人，協理府内事務。正五品。　龐玉：人名。隋末任監門直閤，隨王世充攻李密，王世充敗，率萬餘騎降唐，官至監門大將軍。

［13］閿（wén）鄉：縣名。治所在今河南靈寶市西北閿鄉村。

［14］關右：又稱關西。泛指潼關以西的廣大地區。

十一年，詔玄安撫關中。時盜賊蜂起，百姓饑饉，玄竟不能救恤，而官方壞亂，貨賄公行。玄自以年老，上表乞骸骨，帝使内史舍人封德彝馳諭之曰：[1]“京師國本，王業所基，宗廟園陵所在，藉公耆舊，卧以鎮之。朕爲國計，義無相許，故遣德彝口陳指意。”玄乃止。義師入關，自知不能守，憂懼稱疾，不知政事。城陷，歸于家。義寧中卒，[2]時年七十七。

[1]封德彝：人名。即封倫，字德彝。傳見《舊唐書》卷六三、《新唐書》卷一〇〇。

[2]義寧：隋恭帝楊侑年號（617—618）。

子孝則，[1]官至通事舍人、兵部承務郎，[2]早卒。

[1]孝則：人名。即衛孝則。事亦見《北史》卷七六《衛玄傳》。

[2]通事舍人：官名。隋因避楊忠諱，改中書省爲内史省，掌起草詔令。其屬官有通事舍人十六員，從六品。開皇三年增員至二十四人。隋煬帝改制時，改通事舍人爲謁者臺職，改稱通事謁者，置員二十，從六品。　兵部承務郎：官名。隋煬帝大業三年置，代原尚書省二十四司員外郎之職，協助本司長官掌籍帳等事。兵部承務郎隸屬於兵部。

劉權

劉權，[1]字世略，彭城豐人也。[2]祖軌，[3]齊羅州刺史。[4]權少有俠氣，重然諾，藏亡匿死，吏不敢過門。後更折節好學，動循法度。初爲州主簿，[5]仕齊，釋褐奉朝請、行臺郎中。[6]及齊滅，周武帝以爲假淮州刺史。高祖受禪，以車騎將軍領鄉兵。後從晋王廣平陳，以功進授開府儀同三司，賜物三千段。宋國公賀若弼甚禮之。開皇十二年，拜蘇州刺史，[7]賜爵宗城縣公。于時江南初平，物情尚擾，權撫以恩信，甚得民和。

[1]劉權：人名。傳另見《北史》卷七六。

［2］彭城：郡名。治所在今江蘇徐州市。　豐：縣名。治所在今江蘇豐縣。

［3］軌：人名。即劉軌。北齊任羅州刺史，其他事迹不詳。

［4］羅州：治所在今廣東化州市。

［5］州主簿：官名。北齊州級屬官，協理轄區内各項事務。三等上州、中州主簿爲第七品，三等下州主簿爲從七品。

［6］奉朝請：官名。北齊有集書省，掌諷議左右，從容獻納。其屬官有奉朝請二百四十人。從七品。　行臺郎中：官名。北齊在大行政區設置行臺尚書省代表中央，行臺郎中爲其屬官。職掌品秩皆不詳。

［7］蘇州：隋開皇九年以吴州改置，大業初復名吴州，尋改吴郡。治所在今江蘇蘇州市。

煬帝嗣位，拜衛尉卿，進位銀青光禄大夫。大業五年，從征吐谷渾，權率衆出伊吾道，[1]與賊相遇，擊走之。逐北至青海，[2]虜獲千餘口，乘勝至伏俟城。[3]帝復令權過曼頭、赤水，[4]置河源郡、積石鎮，[5]大開屯田，留鎮西境。在邊五載，諸羌懷附，[6]貢賦歲入，吐谷渾餘燼遠遁，道路無壅。徵拜司農卿。[7]加位金紫光禄大夫。

［1］伊吾道：特區名。其地約今新疆哈密市。按，本書卷六五《趙才傳》載劉權出兵合河道。

［2］青海：即今青海湖。

［3］伏俟城：城名。在今青海共和縣西北。

［4］曼頭：城名。約在今青海共和縣西南一帶。　赤水：城名。其地在今青海興海縣東南黄河西岸。

［5］河源郡：治所在今青海興海縣東南。　積石鎮：在今青海

興海縣一帶。

［6］羌：古族名。中國古代中原地區對西部諸多游牧少數民族的泛稱。可參本書卷八三、《北史》卷九七《西域傳》。

［7］司農卿：官名。隋司農寺長官，掌全國糧食積儲、倉廩管理等農政事務。置一人，正三品。隋煬帝改制時降爲從三品。

尋爲南海太守。[1]行至鄱陽，[2]會群盜起，不得進，詔令權召募討之。權率兵與賊相遇，不與戰，先乘單舸詣賊營，説以利害。群賊感悦，一時降附，帝聞而嘉之。既至南海，甚有異政。數歲，遇盜賊群起，數來攻郡，豪帥多願推權爲首，權竟盡力固守以拒之。子世徹又密遣人齎書詣權，[3]稱四方擾亂，英雄並起，時不可失，諷令舉兵。權召集佐僚，對斬其使，竟無異圖，守之以死。卒官，時年七十。世徹倜儻不羈，頗爲時人所許。大業末，群雄並起，世徹所至之處，輒爲所忌，多拘禁之，後竟爲兗州賊帥徐圓朗所殺。[4]權從父烈，[5]字子將，美容儀，有器局，官至鷹揚郎將。[6]有子德威，[7]知名於世。

［1］南海：郡名。隋大業三年改番州置，治所在今廣東廣州市。

［2］鄱陽：郡名。治所在今江西鄱陽縣。

［3］世徹：人名。即劉世徹。事略見《新唐書》卷八六《徐圓朗傳》、《通鑑》卷一九〇《唐紀》高祖武德五年。

［4］兗州：治所在今山東兗州市。　徐圓朗：人名。隋大業十三年，徐圓朗以兗州爲中心聚衆反隋，擁兵二萬餘人。同年依附李密瓦崗軍，武德元年李密敗，又降王世充。《舊唐書》卷五五、《新唐書》卷八六有附傳。

［5］烈：人名。即劉烈。其他事迹不詳。

［6］鷹揚郎將：官名。隋開皇十八年置左右備身府，隨侍皇帝左右，編制與隋初十二衛相似，統諸驃騎府，長官爲驃騎將軍。大業三年隋煬帝改制時，改驃騎府爲鷹揚府，改驃騎將軍爲鷹揚郎將。正五品。

［7］德威：人名。即劉德威。唐貞觀年間任大理卿、同州刺史等職。傳見《舊唐書》卷七七、《新唐書》卷一〇六。

史臣曰：子蓋雅有幹局，質性嚴敏，見義而勇，臨機能斷，保全都邑，勤亦懋哉！楊諒干紀，史祥著獨克之效，群盗侵擾，義臣致三捷之功，此皆名重當年，聲流後葉者也。元壽彈奏行本，有意存夫名教，然其計功稱伐，猶居義臣之後，端揆之贈，不已優乎？文昇東都解圍，頗亦宣力，西京居守，政以賄成，鄙哉鄙哉，夫何足數！劉權淮、楚舊族，早著雄名，屬擾攘之辰，居尉佗之地，[1]遂能拒子邪計，無所覬覦，雖謝勤王之謀，足爲守節之士矣。

［1］尉佗：人名。亦作尉他，即趙佗。秦時曾爲南海郡尉，秦亡自立爲南越武王。事見《史記》卷一一三《南越列傳》。

隋書　卷六四

列傳第二十九

李圓通

李圓通，[1]京兆涇陽人也。[2]父景，以軍士隸武元皇帝，[3]因與家僮黑女私，生圓通。景不之認，由是孤賤，給使高祖家。[4]及爲隋國公，[5]擢授參軍事。[6]初，高祖少時，每宴賓客，恒令圓通監厨。圓通性嚴整，左右婢僕咸所敬憚。唯世子乳母恃寵輕之，賓客未供，每有干請，圓通不許，或輒持去。圓通大怒，叱厨人撾之數十，叫呼之聲徹於閤内，僚吏左右代其失色。賓去之後，高祖具知之，召圓通，命坐賜食，從此獨善之，以爲堪當大任。

[1]李圓通：人名。傳另見《北史》卷七五。

[2]京兆：郡名。治所在今陝西西安市。　涇陽：縣名。治所在今陝西涇陽縣。

[3]武元皇帝：即隋文帝父楊忠，開皇元年（581）被追尊爲武元皇帝。傳見《周書》卷一九。

［4］高祖：隋文帝楊堅的廟號。紀見本書卷一、二，《北史》卷一一。

［5］隋國公：爵名。北周十一等爵的第四等。正九命。（參見王仲犖《北周六典》卷八《封爵第十九》，中華書局1979年版，第538頁）

［6］參軍事：官名。北周國公府、王府屬官有參軍事，協助府主處理府内事務，參議軍政之事。品秩不詳。

高祖作相，[1]賜封懷昌男。[2]久之，授帥都督，[3]進爵新安子，[4]委以心膂。[5]圓通多力勁捷，長於武用。周氏諸王素憚高祖，[6]每伺高祖之隙，圖爲不利，賴圓通保護，獲免者數矣。高祖深感之，由是參預政事。授相國外兵曹，[7]仍領左親信。[8]尋授上儀同。[9]

［1］相：官名。據本書卷一《高祖紀上》，此時高祖所任爲左大丞相。北魏孝莊帝永安元年（528）始置大丞相，永安三年廢。北周静帝大象二年（580）又置左、右大丞相。以宇文贇爲右大丞相，但僅有虚名；以楊堅爲左大丞相，總攬朝政。旋去左右之號，獨以楊堅爲大丞相。實爲控制朝廷的權臣。

［2］懷昌男：爵名。即懷昌縣男。北周十一等爵的第十等。正五命。

［3］帥都督：官名。周齊交戰之際，北周始置十一等勳官，以酬戰士，後成常制。即在階爵之外，用以表彰有功的官員。帥都督爲第十等。正七命。

［4］新安子：爵名。即新安縣子。北周十一等爵的第九等。正六命。

［5］心膂：比喻主要的親信、得力輔佐的人或重要的部門和職任。膂，指脊骨。

［6］周：即北周（557—581），都長安（今陝西西安市西北郊）。

［7］相國外兵曹：官名。全稱爲大丞相府外兵曹參軍，爲北周大丞相府屬官，負責護衛府主、參議軍政之事。品秩不詳。

［8］左親信：爲北周大丞相府的護衛部隊。

［9］上儀同：官名。全稱爲上儀同大將軍。武帝建德四年（575）增置上儀同大將軍，爲勳官第七等。九命。

高祖受禪，拜内史侍郎，[1]領左衛長史，[2]進爵爲伯。[3]歷左右庶子、給事黄門侍郎、尚書左丞，[4]攝刑部尚書，[5]深被任信。後以左丞領左翊衛驃騎將軍。[6]伐陳之役，[7]圓通以行軍總管從楊素出信州道，[8]以功進位大將軍，[9]進封萬安縣侯，[10]拜揚州總管長史。[11]尋轉并州總管長史。[12]秦孝王仁柔自善，[13]少斷決，府中事多決於圓通。入爲司農卿、治粟内史，[14]遷刑部尚書。後數歲，復爲并州長史。孝王以奢侈得罪，圓通亦坐免官。尋檢校刑部尚書事。仁壽中，[15]以勳舊進爵郡公。[16]

［1］内史侍郎：官名。隋内史省副長官，佐宰相之職的本省長官内史監、令處理政務。初設四員，正四品下；大業三年減爲二員，正四品。

［2］左衛長史：官名。隋初中央軍事機關十二衛中有左右衛，掌宫掖禁禦，督攝仗衛。府内置長史一人，協助府主處理各項事務。正七品。隋煬帝改制時，增秩爲從五品。

［3］伯：爵名。即縣伯。隋九等爵的第七等。正三品。

［4］左右庶子：官名。即太子左庶子與太子右庶子。隋東宫分置門下坊、典書坊，以分統諸局。門下坊置太子左庶子爲長官，典書坊置太子右庶子爲長官，均置員二人。掌侍從贊相，駁正啓奏，

輔佐太子。正四品。　給事黄門侍郎：官名。隋門下省置給事黄門侍郎四人，爲副長官，協助長官審查詔令，簽署章奏，有封駁之權。大業三年（607），減給事黄門侍郎員，並去給事之名。正四品。　尚書左丞：官名。隋尚書省置左右丞各一人，輔助尚書令、左右僕射處理省内事務。文帝時爲從四品上，煬帝時增秩爲正四品。

［5］刑部尚書：官名。隋尚書省六部之一刑部的長官，職掌國家法律、刑獄事務。統都官、刑部、比部、司門四曹。正三品。

［6］左翊衛：官名。隋中央左右衛下領親衛，置開府，有左翊衛。品秩不詳。　驃騎將軍：官名。隋文帝初，置左右衛等衛府，各領軍坊、鄉團，以統軍卒。後改置驃騎將軍府，每府置驃騎、車騎二將軍，上轄於衛府大將軍，下設大都督、帥都督、都督領兵。正五品。

［7］陳：即南朝陳（557—589），都建康（今江蘇南京市）。

［8］行軍總管：出征軍統帥名。北周至隋時所置的統領某部或某路出征軍隊的軍事長官。根據需要其上還可置行軍元帥以統轄全局。屬臨時差遣任命之職，事罷則廢。　楊素：人名。傳見本書卷四八，《北史》卷四一有附傳。　信州道：特區名。其地約在今重慶奉節縣。

［9］大將軍：官名。隋文帝因改北周之制，置十一等散實官，加文武官之有德聲者，以酬勤勞，並不理事。大將軍爲第四等。正三品。

［10］萬安縣侯：爵名。隋置九等爵，縣侯爲第六等。正二品。按，《北史》卷七五《李圓通傳》記載爲“萬安縣公”。

［11］揚州：治所在今江蘇揚州市。　總管：官名。全稱是總管刺史加使持節。總管的統轄範圍可達數州至十餘州，成一軍政管轄區。隋文帝在并、益、荆、揚四州置大總管，其餘州置總管。總管分上、中、下三等，品秩爲流内視從二品、正三品、從三品。　長史：官名。爲州級政府屬官，協助總管、刺史處理州内各項事務。其品秩依其州等級而定，上州長史爲正五品，中州長史爲從五品，

下州長史爲正六品。隋煬帝改制罷州置郡，廢長史。

［12］并州：治所在今山西太原市西南。

［13］秦孝王：即隋文帝第三子楊俊，開皇元年被立爲秦王。傳見本書卷四五、《北史》卷七一。

［14］司農卿：官名。隋司農寺長官，掌全國糧食積儲、倉廪管理等農政事務。置一人，正三品。隋煬帝改制時，降爲從三品。

治粟内史：本書《百官志》未著録，非隋代官職。檢《通典》載"（秦）治粟内史、漢改曰大農令，又改曰大司農。後漢末爲大農。魏爲司農。至梁謂之卿。後魏又加大"，可知治粟内史爲秦官名。歷代沿置，名稱有異。隋時稱爲司農卿。其職掌歷代相差不大。《北史·李圓通傳》亦未載李圓通職任治粟内史。故可知，此"治粟内史"爲衍文。

［15］仁壽：隋文帝楊堅年號（601—604）。

［16］郡公：爵名。隋九等爵的第四等。從一品。

煬帝嗣位，[1]拜兵部尚書。[2]帝幸揚州，以圓通留守京師。[3]判宇文述田以還民，[4]述訴其受賂。帝怒而徵之，見帝於雒陽，坐是免官。圓通憂懼發疾而卒。贈柱國，[5]封爵悉如故。子孝常，[6]大業末，[7]爲華陰令。[8]

［1］煬帝：即隋煬帝楊廣的謚號。紀見本書卷三、四，《北史》卷一二。

［2］兵部尚書：官名。隋尚書省六部之一兵部的長官，掌全國武官選用和兵籍、軍械、軍令之政。下統兵部、職方、駕部、庫部四曹。正三品。

［3］京師：即隋國都大興城，在今陝西西安市。

［4］宇文述：人名。傳見本書卷六一、《北史》卷七九。

［5］柱國：官名。此爲贈官。正二品。

［6］孝常：人名。即李孝常。大業末爲華陰縣令，武德初以迎接唐軍功，封義安王。《北史》卷七五有附傳。

［7］大業：隋煬帝楊廣年號（605—618）。

［8］華陰：縣名。治所在今陝西華陰市。

陳茂

陳茂，[1]河東猗氏人也。[2]家世寒微，質直恭謹，爲州里所敬。高祖爲隋國公，引爲僚佐，遇待與圓通等。每令典家事，未嘗不稱旨，高祖善之。後從高祖與齊師戰於晋州，[3]賊甚盛，高祖將挑戰，茂固止不得，因捉馬鞚。[4]高祖忿之，拔刀斫其額，流血被面，詞氣不撓。高祖感而謝之，厚加禮敬。其後官至上士。[5]高祖爲丞相，委以心膂。及受禪，拜給事黄門侍郎，封魏城縣男，[6]每典機密。在官十餘年，轉益州總管司馬，[7]遷太府卿，[8]進爵爲伯。後數載，卒官。子政嗣。

［1］陳茂：人名。《北史》卷七五有附傳。

［2］河東：郡名。治所在今山西永濟市西南。　猗氏：縣名。治所在今山西臨猗縣。

［3］齊：即北齊（550—577），都鄴（今河北臨漳縣西南鄴鎮東）。　晋州：治所在今山西臨汾市。

［4］馬鞚（kòng）：帶嚼子的馬籠頭。

［5］上士：官名。此爲北周國公府僚佐，負責護衛府主。正二命。

［6］魏城縣男：爵名。隋九等爵的第九等。正五品。

［7］益州：治所在今四川成都市。　司馬：官名。隋州級屬官，

協助總管、刺史處理轄區内各項事務。品級隨其所在州的品級而定，上州司馬正五品，中州司馬從五品，下州司馬正六品。隋煬帝罷州置郡，廢司馬。

[8]太府卿：官名。隋太府寺的長官，掌財務庫藏、營造器物等事務。置一人，正三品。隋煬帝改制時，從太府寺分置少府監，太府寺但管京都市五署及平準、左右藏等八署。仍置卿爲長官，降爲從三品。

政字弘道，倜儻有文武大略，善鍾律，便弓馬。少養宫中，年十七，爲太子千牛備身。[1]時京師大俠劉居士重政才氣，[2]數從之游。圓通子孝常與政相善，並與居士交結。及居士下獄誅，政及孝常當從坐，上以功臣子，撻之二百而赦之。由是不得調。煬帝時，授協律郎，[3]遷通事謁者，[4]兵曹承務郎。[5]帝美其才，甚重之。宇文化及之亂也，[6]以爲太常卿。[7]後歸大唐，卒於梁州總管。[8]

[1]太子千牛備身：官名。隋東宫置左右内率等軍衛，仿中央軍事機關十二衛，負責東宫宿衛，隨侍太子。其屬官有太子千牛備身八員，掌執千牛刀。正七品下。隋煬帝改制時，改稱司杖左右。

[2]劉居士：人名。具體事迹不詳。

[3]協律郎：官名。隋太常寺有協律郎，掌舉麾節樂，調和律吕，監試樂人典課。置二員，正八品。

[4]通事謁者：官名。隋朝因避楊忠諱，改中書省爲内史省，掌起草詔令。其屬官有通事舍人十六員，從六品上。開皇三年增員至二十四人。隋煬帝改制時，改通事舍人爲謁者臺職，改稱通事謁者，置員二十，從六品。

［5］兵曹承務郎：官名。隋兵部尚書下統兵部等四曹事，煬帝改制時，改兵部曹爲兵曹，並置承務郎一人，協助兵曹郎處理政事。品秩不詳。

［6］宇文化及：人名。傳見本書卷八五，《北史》卷七九有附傳。

［7］太常卿：官名。隋太常寺長官，掌宗廟郊社禮樂等事務。正三品。隋煬帝改制時，降爲從三品。

［8］梁州：治所在今陝西漢中市東。　總管：隋置諸州總管，唐承繼。武德四年（621）改稱都督，貞觀時分上、中、下都督。上都督從二品上，中都督正三品，下都督從三品。都督的統轄範圍可達數州至十餘州，成一軍政管轄區。

張定和

張定和，[1]字處謐，京兆萬年人也。[2]少貧賤，有志節。初爲侍官。會平陳之役，定和當從征，無以自給。其妻有嫁時衣服，定和將鬻之，妻靳固不與，定和於是遂行。以功拜儀同，[3]賜帛千匹，遂棄其妻。是後數以軍功加上開府、驃騎將軍。[4]從上柱國李充擊突厥，[5]先登陷陣，虜刺之中頸，定和以草塞瘡而戰，神氣自若，虜遂敗走。上聞而壯之，遣使者齎藥，馳詣定和所勞問之。進位柱國，[6]封武安縣侯，賞物二千段，良馬二匹，金百兩。

［1］張定和：人名。傳另見《北史》卷七八。

［2］萬年：縣名。治所在今陝西西安市。

［3］儀同：官名。全稱爲儀同三司。隋文帝因改北周之制，置十一等散實官，加文武官之有德聲者，以酬勤勞，並不理事，可開

府置府佐。儀同三司是第八等。正五品。

[4]上開府：官名。全稱爲上開府儀同三司。隋文帝因改北周之制，置十一等散實官，加文武官之有德聲者，以酬勤勞，並不理事，可開府置府佐。上開府爲第五等。從三品。隋煬帝改制時廢。　驃騎將軍：官名。隋文帝采北周之制，置四十三散號將軍，加文武官之有德聲者，並不理事。驃騎將軍爲其一。正四品。

[5]上柱國：官名。隋文帝因改北周之制，置十一等散實官，加文武官之有德聲者，以酬勤勞，並不理事，可開府置府佐。上柱國爲第一等。從一品。隋煬帝改制時廢。　李充：人名。傳見本書卷五三。　突厥：古族名、國名。廣義包括突厥、鐵勒諸部落，狹義專指突厥。公元六世紀時游牧於金山（今阿爾泰山）以南，因金山形似兜鍪，俗稱"突厥"，遂以名部落。西魏廢帝元年（552），土門自號伊利可汗，建立突厥汗國，後分裂爲西突厥、東突厥兩個汗國。傳見本書卷八四、《北史》卷九九、《舊唐書》卷一九四、《新唐書》卷二一五。

[6]柱國：官名。隋文帝因改北周之制，置十一等散實官，加文武官之有德聲者，以酬勤勞，並不理事，可開府置府佐。上柱國爲第二等。正二品。

煬帝嗣位，拜宜州刺史，[1]尋轉河内太守，[2]頗有惠政。歲餘，徵拜左屯衛大將軍。[3]從帝征吐谷渾，[4]至覆袁川。[5]時吐谷渾主與數騎而遁，其名王詐爲渾主，保車我真山，[6]帝命定和率師擊之。既與賊相遇，輕其衆少，呼之令降，賊不肯下。定和不被甲，挺身登山，賊伏兵於巖谷之下，發矢中之而斃。其亞將柳武建擊賊，[7]悉斬之。帝爲流涕，贈光禄大夫。[8]時舊爵例除，於是復封武安侯，謚曰壯武。贈絹千匹，米千石。子世立嗣，[9]尋拜爲光禄大夫。[10]

[1]宜州：治所在今陝西銅川市耀州區。

[2]河内：郡名。治所在今河南沁陽市。

[3]左屯衛大將軍：官名。隋初中央軍事機關十二衛中有左右領軍府，掌十二軍籍帳、差科、辭訟之事。不置將軍，唯有長史、司馬等屬官。煬帝大業三年，改左右領軍府爲左右屯衛府，各置大將軍爲長官，總理府事。正三品。

[4]吐谷（yù）渾：古族名。本遼東鮮卑之種，姓慕容氏，西晋時西遷至群羌故地，北朝至隋唐時期游牧於今青海北部和新疆東南部地區。傳見本書卷八三、《晋書》卷九七、《魏書》卷一〇一、《周書》卷五〇、《北史》卷九六、《舊唐書》卷一九八、《新唐書》卷二二一上。

[5]覆袁川：地名。在今青海湖東北。

[6]車我真山：在今青海祁連縣東南。

[7]亞將：即副將。　柳武建：人名。隋朝將領。事略見本書卷三《煬帝紀上》。

[8]光禄大夫：官名。此爲贈官。開皇時爲正二品，大業時爲從一品。

[9]世立：人名。即張世立。其他事迹不詳。

[10]光禄大夫：官名。隋初置六等散實官授與文武官員中功高德厚者，爲其加官，以示尊崇，並不理事。光禄大夫爲其中之一，分左右，爲第二等。正二品。隋煬帝大業三年改革官制，置九大夫，仍爲散職，光禄大夫爲第一等。從一品。

張奫

張奫，[1]字文懿，自云清河人也，[2]家於淮陰。[3]好讀兵書，尤便刀楯。周世，鄉人郭子翼密引陳寇，[4]𤩽父雙欲率子弟擊之，[5]猶豫未決。𤩽贊成其謀，竟以破賊，由是以勇決知名。起家州主簿。[6]

[1]張𤩽（yūn）：人名。傳另見《北史》卷七八。任官亦可見其子張琰妻王法愛墓誌（載王其禕、周曉薇《隋代墓誌銘彙考》五〇一，綫裝書局2007年版）。

[2]清河：郡名。治所在今河北清河縣西北。

[3]淮陰：郡名。治所在今江蘇淮陰市西南。

[4]郭子翼：人名。事迹不詳。

[5]雙：人名。即張雙。北周時人，其他事迹不詳。

[6]州主簿：官名。北周各州置主簿，爲州佐官之一，掌官署監印，檢核文書簿籍，勾稽缺失等事。命品未詳。（參見王仲犖《北周六典》卷一〇《州牧刺史第二十六》，第652頁）

高祖作相，授大都督，[1]領鄉兵。[2]賀若弼之鎮壽春也，[3]恒爲間諜，平陳之役，頗有功焉。進位開府儀同三司，[4]封文安縣子，[5]邑八百户，[6]賜物二千五百段，粟二千五百石。歲餘，率水軍破逆賊笮子游於京口、薛子建於和州。[7]徵入朝，拜大將軍。高祖命升御坐而宴之，謂𤩽曰："卿可爲朕兒，朕爲卿父。今日聚集，示無外也。"其後賜綺羅千匹，緑沉甲、獸文具裝。尋從楊素征江表，[8]別破高智慧於會稽、吴世華於臨海。[9]進位上大將軍，[10]賜奴婢六十口，縑彩三百匹。[11]歷撫、顯、齊三州刺史，[12]俱有能名。開皇十八年，[13]爲行軍總管，從漢王諒征遼東。[14]諸軍多物故，𤩽衆獨全。高祖善之，賜物二百五十段。仁壽中，遷潭州總管，[15]在職三年卒。有子孝廉。[16]

[1]大都督：官名。周齊交戰之際，北周始置十一等勳官，以酬戰士。大都督爲勳官第九等。八命。

[2]鄉兵：古代由居民自動組織或政府組成的不脱産的地方武裝力量。始於西魏、北周，由大都督、帥都督、都督統領，居於本鄉。其後歷代有之。兵源是按户籍丁壯比例抽選或募集鄉人組成，平時不脱離生産，農閑集結訓練。擔負修城、運糧、捕盜或協同禁軍守邊等任務。

[3]賀若弼：人名。傳見本書卷五二，《北史》卷六八有附傳。　壽春：縣名。治所在今安徽壽縣西南。按，《北史》卷七八《張奫傳》作“江都”。

[4]開府儀同三司：官名。隋置十一等散實官，加文武官之有德聲者，以酬勤勞，並不理事。開府儀同三司爲第六等。正四品。隋煬帝改制時，增階爲從一品。

[5]文安縣子：爵名。隋九等爵的第八等。正四品。

[6]邑：也稱食邑、封邑。是古代君王封賜給有爵位之人的一種食禄制度，受封者可徵收封地内的民户租税充作食禄。魏晋以後，食邑分爲虚封和實封兩類：虚封一般僅冠以“邑”或“食邑”之名，這衹是一種榮譽性加銜，受封者並不能獲得實際的食禄收入；而實封一般須冠以“真食”“食實封”等名，受封者可真正獲得食禄收入。

[7]笮（zé）子游：人名。隋初人，其他事迹不詳。　京口：地名。在今江蘇鎮江市。　薛子建：人名。隋初人，其他事迹不詳。　和州：治所在今安徽和縣。

[8]江表：即江南，泛指長江以南的廣大地區。

[9]高智慧：人名。隋開皇十年十一月舉兵反，後被鎮壓遭誅。

事略見本書卷二《高祖紀下》、卷三八《劉昉傳》，《通鑑》卷一七七《隋紀》開皇十年十一月條。　會稽：縣名。治所在今浙江紹興市。　吴世華：人名。隋平陳後不久起兵反。事略見《北史》卷一一《隋文帝紀》、卷六三《蘇威傳》。　臨海：縣名。治所在今浙江臨海市。

[10]上大將軍：官名。隋文帝因改北周之制，置十一等散實官，以酬勤勞。上大將軍爲第三等。從二品。

[11]三百：宋刻遞修本、汲古閣本、中華本同，殿本、庫本作“二百”。

[12]撫、顯、齊三州：《北史·張奫傳》作“撫、濟二州”。撫，州名。隋開皇九年以臨川郡改置，治所在今江西撫州市臨川區西。顯，州名。隋開皇五年以淮州改置，治所在今河南泌陽縣。齊，州名。治所在今山東濟南市。

[13]開皇：隋文帝楊堅年號（581—600）。

[14]漢王諒：即隋文帝第五子楊諒，開皇元年被立爲漢王。傳見本書卷四五、《北史》卷七一。　遼東：地區名。泛指遼河以東的廣大地區。

[15]潭州：治所在今湖南長沙市。

[16]孝廉：人名。即張孝廉。具體事迹不詳。

麥鐵杖

麥鐵杖，[1]始興人也。[2]驍勇有膂力，日行五百里，走及奔馬。性疏誕使酒，好交游，重信義，每以漁獵爲事，不治産業。陳太建中，[3]結聚爲群盜，廣州刺史歐陽頠俘之以獻，[4]没爲官户，[5]配執御傘。每罷朝後，行百餘里，夜至南徐州，[6]逾城而入，行光火劫盜。旦還，及時仍又執傘。如此者十餘度，物主識之，州以狀奏。朝士見鐵杖每旦恒在，不之信也。後數告變，尚書蔡徵曰：[7]“此可驗耳。”於仗下時，購以百金，求人送詔書與南徐州刺史。鐵杖出應募，齎敕而往，明旦及奏事。帝曰：“信然，爲盜明矣。”惜其勇捷，誡而釋之。

[1]麥鐵杖：人名。傳另見《北史》卷七八。

[2]始興：郡名。治所在今廣東韶關市。

[3]太建：南朝陳宣帝陳頊年號（569—582）。

[4]廣州：治所在今廣東廣州市。　歐陽頠（wěi）：人名。南朝陳文帝時封陽山郡公，進號征南將軍。傳見《陳書》卷九、《南史》卷六六。

[5]官户：官府的奴婢。

[6]南徐州：南朝陳時治所在今江蘇鎮江市。

[7]尚書：官名。查《陳書》卷二九《蔡徵傳》，記載至德年間蔡徵曾任吏部尚書。陳設吏部，掌全國官吏的任免、考課、升降、調動、封勳等事務，長官爲吏部尚書。第三品。　蔡徵：人名。傳見《陳書》卷二九，《南史》卷六八有附傳。

陳亡後，徙居清流縣。[1]遇江東反，楊素遣鐵杖頭戴草束，夜浮渡江，覘賊中消息，具知還報。後復更往，爲賊所擒。逆帥李稜遣兵仗三十人衛之，[2]縛送高智慧。行至庱亭，[3]衛者憩食，哀其餒，解手以給其餐。鐵杖取賊刀，亂斬衛者，殺之皆盡，悉割其鼻，懷之以歸。素大奇之。後叙戰勳，不及鐵杖，遇素馳驛歸于京師，鐵杖步追之，每夜則同宿。素見而悟，特奏授儀同三司。以不識書，放還鄉里。成陽公李徹稱其驍武，[4]

開皇十六年，徵至京師，除車騎將軍，[5]仍從楊素北征突厥，加上開府。煬帝即位，漢王諒反於并州，又從楊素擊之，每戰先登。進位柱國。尋除萊州刺史，[6]無治名。後轉汝南太守，[7]稍習法令，群盜屏迹。後因朝集，考功郎竇威嘲之曰：[8]“麥是何姓？”鐵杖應口對曰：“麥豆不殊，那忽相怪！”威赧然，無以應之，時人以爲敏慧。尋除右屯衛大將軍，[9]帝待之逾密。

[1]清流縣：治所在今安徽滁州市。

[2]李稜：人名。隋開皇十年聚衆叛亂，楊素率軍討平之。事亦見《北史》卷四一《楊素傳》、卷七八《麥鐵杖傳》。按，《通鑑》作“李棱”。

[3]庱亭：地名。在今江蘇丹陽市。

[4]成陽公：本書卷五四、《北史》卷六六《李徹傳》，均記載爲“城陽郡公”。當從。　李徹：人名。傳見本書卷五四，《北史》卷六六有附傳。

[5]車騎將軍：官名。隋文帝采北周舊制，置四十三號將軍爲散號官，授予有軍功者，並不理事。車騎將軍爲其一，正五品。

[6]萊州：隋開皇五年以光州改置，治所在今山東萊州市。

[7]汝南：郡名。隋大業初以蔡州改置，治所在今河南汝南縣。

[8]考功郎：官名。隋尚書省吏部下設考功曹，掌全國官吏考課之事。其長官稱考功侍郎，置一員，正六品。隋煬帝改制時，將尚書諸曹侍郎並改爲郎，考功侍郎改稱考功郎。　竇威：人名。入唐曾擔任太史令。傳見《舊唐書》卷六一、《新唐書》卷九五。

[9]右屯衛大將軍：官名。隋初中央軍事機關十二衛中有左右領軍府，掌十二軍籍帳、差科、辭訟之事。不置將軍，唯有長史、司馬等屬官。煬帝大業三年，改左右領軍府爲左右屯衛府，各置大將軍爲長官，總理府事。正三品。

鐵杖自以荷恩深重，每懷竭命之志。及遼東之役，請爲前鋒，顧謂醫者吴景賢曰：[1]“大丈夫性命自有所在，豈能艾炷灸頞，[2]瓜蒂歕鼻，治黄不差，而卧死兒女手中乎？”將度遼，謂其三子曰：“阿奴當備淺色黄衫。[3]吾荷國恩，今是死日。我既被殺，爾當富貴。唯誠與孝，爾其勉之。”及濟，橋未成，去東岸尚數丈，賊大至。鐵杖跳上岸，與賊戰，死。武賁郎將錢士雄、孟金义亦死之，[4]左右更無及者。帝爲之流涕，購得其屍，下詔曰：“鐵杖志氣驍果，夙著勳庸，陪麾問罪，先登陷陣，節高義烈，身殞功存。興言至誠，追懷傷悼，宜賚殊榮。用彰飾德。可贈光禄大夫、宿國公。[5]謚曰武烈。”子孟才嗣。[6]尋授光禄大夫。孟才有二弟，仲才、季才，[7]俱拜正議大夫。[8]賵贈鉅萬，[9]賜轀輬車，[10]給前後部羽葆鼓吹。[11]平壤道敗將宇文述等百餘人皆爲執紼，[12]王公已下送至郊外，士雄贈左光禄大夫、右屯衛將軍、武强侯，[13]謚曰剛。子傑嗣。[14]金义贈右光禄大夫，[15]子善誼襲官。[16]

[1]吴景賢：人名。著有《諸病源侯論》五卷。

[2]頞（è）：鼻梁。

[3]淺色黄衫：隋唐時少年穿的黄色華貴服裝。

[4]武賁郎將：官名。隋大業時，於中央十二衛每衛置護軍四人，掌副貳將軍，處理府内事務。若將軍無，則一人攝之。尋改護軍爲武賁郎將。正四品。　錢士雄：人名。隋末任武賁郎將，其他事迹不詳。　孟金叉：人名。隋末任武賁郎將，其他事迹不詳。

[5]宿國公：爵名。此爲贈爵。從一品。

[6]孟才：人名。即麥孟才。《北史》卷七八有附傳。

[7]仲才：人名。即麥仲才。具體事迹不詳。　季才：人名。即麥季才。具體事迹不詳。

[8]正議大夫：官名。隋初置諸散實官授與文武官員中功高德厚者，爲其加官，以示尊崇，並不理事。隋煬帝大業三年改革官制，置九大夫，仍爲散職。正議大夫爲第六等。正四品。

[9]賵（fèng）：送給喪家助葬的車馬等物。

[10]輼輬車：古代一種卧車，常被用作喪車。

[11]羽葆：古時葬禮儀仗的一種。以鳥羽聚於柄頭如蓋。　鼓吹：演奏鼓吹樂的樂隊。

[12]平壤道：戰區名。征伐高麗的戰争中，隋軍戰區之一。其地約今朝鮮首都平壤一帶。　紼：古代出殯時拉棺材用的大繩。

[13]左光禄大夫：官名。此爲贈官。正二品。　右屯衛將軍：官名。此爲贈官。從三品。

[14]傑：人名。即錢傑。事略見《通鑑》卷一八五《唐紀》高祖武德元年。

[15]右光禄大夫：官名。此爲贈官。從二品。

[16]善誼：人名。即孟善誼。事略見本書卷五《恭帝紀》，《通鑑》卷一八四《隋紀》恭帝義寧元年。

孟才字智稜，果烈有父風。帝以孟才死節將子，恩賜殊厚，拜武賁郎將。及江都之難，[1]慨然有復讎之志。與武牙郎錢傑素交友，[2]二人相謂曰："吾等世荷國恩，門著誠節。今賊臣弒逆，社稷淪亡，無節可紀，何面目視息世間哉！"於是流涕扼腕，遂相與謀，糾合恩舊，欲於顯福宫邀擊宇文化及。[3]事臨發，陳藩之子謙知其謀而告之，[4]與其黨沈光俱爲化及所害，[5]忠義之士哀焉。

[1]江都之難：指宇文化及弒隋煬帝於江都。江都，郡名。治所在今江蘇揚州市。

[2]武牙郎：官名。全稱爲武牙郎將。隋大業時，於中央十二衛每衛置武牙郎將六人，掌副武賁郎將，並協助府主處理府内事務。從四品。

[3]顯福宫：宫殿名。隋煬帝置，在今江蘇揚州市東北。

[4]陳藩：人名。具體事迹不詳。　謙：人名。即陳謙。事略見本書卷七〇、《北史》卷三八《裴仁基傳》。

[5]沈光：人名。傳見本卷，《北史》卷七八有附傳。

沈光

沈光，字總持，吴興人也。[1]父君道，[2]仕陳吏部侍郎，[3]陳滅，家于長安。[4]皇太子勇引署學士。[5]後爲漢王諒府掾，[6]諒敗，除名。光少驍捷，善戲馬，爲天下之最。略綜書記，微有詞藻，常慕立功名，不拘小節。家甚貧窶，[7]父兄並以傭書爲事，[8]光獨跅弛，[9]交通輕俠，爲京師惡少年之所朋附。人多贍遺，得以養親，每致甘食美服，未嘗困匱。初建禪定寺，[10]其中幡竿高十餘丈，適遇繩絶，非人力所及，諸僧患之。光見而謂僧曰："可持繩來，當相爲上耳。"諸僧驚喜，因取而與之。光以口銜索，拍竿而上，直至龍頭。繫繩畢，手足皆放，透空而下，以掌拒地，倒行數十步。觀者駭悦，莫不嗟異，時人號爲"肉飛仙"。

[1]吴興：郡名。治所在今浙江湖州市。

[2]君道：人名。即沈君道。事見《南史》卷一〇《陳後主紀》。

[3]吏部侍郎：官名。陳設吏部，掌全國官吏的任免、考課、升降、調動、封勳等事務，長官爲吏部尚書，又置侍郎爲副長官，協助尚書處理政事。第四品。

[4]長安：地名。隋都城所在地，今陝西西安市西北。

[5]勇：人名。即隋文帝長子楊勇，開皇元年被立爲皇太子，二十年廢。傳見本書卷四五、《北史》卷七一。　學士：官名。爲隋東宫太子的幕僚，爲太子出謀劃策、獻納得失。

[6]掾：官名。全稱爲親王府掾屬。隋制親王、郡王等府均可置官員僚佐，親王府可置掾屬一人，輔佐府主處理政事。正六品。

[7]窶（jù）：貧窮、貧寒。

[8]傭書：受人雇傭以抄書爲業。

[9]跅（tuò）弛：行爲放蕩不羈，不受約束。

[10]禪定寺：寺院名。仁壽年間，隋文帝爲獨孤皇后而建，大業時竣工。其地在隋大興城西南隅。唐武德年間改稱莊嚴寺。

大業中，煬帝徵天下驍果之士以伐遼左，[1]光預焉。同類數萬人，皆出其下。光將詣行在所，賓客送至灞上者百餘騎。[2]光酹酒而誓曰：[3]“是行也，若不能建立功名，當死於高麗，[4]不復與諸君相見矣。”及從帝攻遼東，以衝梯擊城，竿長十五丈，光升其端，臨城與賊戰，短兵接，殺十數人。賊競擊之而墜，未及於地，適遇竿有垂絙，[5]光接而復上。帝望見，壯異之，馳召與語，大悦，即日拜朝請大夫，[6]賜寶刀良馬，恒致左右，親顧漸密。未幾，以爲折衝郎將，[7]賞遇優重。帝每推食解衣以賜之，同輩莫與爲比。

[1]遼左：地區名。遼東的别稱。泛指今遼河以東地區。另，舊也稱今遼寧省一帶爲遼左。

[2]灞上：一名白鹿原。在今陜西藍田縣西灞、滻二河之間，南北四十里、東西十五里。

[3]酹：把酒灑在地上表示祭奠或起誓。

[4]高麗：古國名。此時亦稱高句麗。故地在今朝鮮半島北部。傳見本書卷八一、《北史》卷九四、《舊唐書》卷一九九上、《新唐書》卷二二〇。

[5]絙：大繩索。

[6]朝請大夫：官名。隋初置諸散實官授與文武官員中功高德厚者，爲其加官，以示尊崇，並不理事。隋煬帝大業三年改革官制，置九大夫，仍爲散職。朝請大夫爲第八等。正五品。按，《北史》卷七八《沈光傳》作“朝散大夫”。

[7]折衝郎將：官名。隋左右備身府屬官，掌領驍果，參與護衛皇帝工作。正四品。

光自以荷恩深重，思懷竭節。及江都之難，潛構義勇，將爲帝復讎。先是，帝寵昵官奴，名爲給使，[1]宇文化及以光驍勇，方任之，令其總統，營於禁内。時孟才、錢傑等陰圖化及，因謂光曰：“我等荷國厚恩，不能死難以衛社稷，斯則古人之所耻也。今又俛首事讎，受其驅率，有靦面目，[2]何用生爲？吾必欲殺之，死無所恨，公義士也，肯從我乎？”光泣下霑衿，曰：“是所望於將軍也。僕領給使數百人，並荷先帝恩遇，今在化及内營。以此復讎，如鷹鸇之逐鳥雀。[3]萬世之功，在此一舉，願將軍勉之。”孟才爲將軍，領江淮之衆數千人，期以營將發時，晨起襲化及。光語泄，陳謙告其事。化及大懼曰："此麥鐵杖子也，及沈光者，並勇決不可當，須避其鋒。"是夜即與腹心走出營外，留人告司馬德戡等，[4]遣領兵馬，逮捕孟才。光聞營内喧聲，知事發，不及被甲，即襲化及營，空無所獲。值舍人元敏，[5]數而斬之。遇德戡兵入，四面圍合。光大呼潰圍，給使齊奮，斬首數十級，賊皆披靡。德戡輒復遣騎，持弓弩，翼而射之。光身無介冑，遂爲所害。麾下數百人皆鬬而死，一無降者。時年二十八。壯士聞之，莫不爲之隕涕。

[1]給使：差遣名。本書《百官志》未著録。查《通鑑》卷一八五《唐紀》高祖武德元年載："先是，帝（隋煬帝）選驍健官奴數百人置玄武門，謂之給使，以備非常，待遇優厚，至以宫人賜之。"可以理解爲供皇帝役使的人。

[2]靦（tiǎn）：羞愧、慚愧。

[3]鸇（zhān）：一種大鳥。

[4]司馬德戡：人名。傳見本書卷八五，《北史》卷七九有附傳。

[5]舍人：官名。隋朝因避楊忠諱，改中書省爲内史省，掌起草詔令。其屬官有舍人八員，正六品。開皇三年升爲五品。隋煬帝改制時，減員爲四人。　元敏：人名。本書卷四《煬帝紀下》、卷八五《宇文化及傳》載元敏官職爲内史舍人。《北史》卷七五有附傳。

來護兒

來護兒，[1]字崇善，江都人也。幼而卓詭，好立奇節。初讀《詩》，至“擊鼓其鏜，踴躍用兵”“羔裘豹飾，孔武有力”，[2]捨書而歎曰：“大丈夫在世當如是。會爲國滅賊以取功名，安能區區久事隴畝！”群輩驚其言而壯其志。護兒所住白土村，[3]密邇江岸。于時江南尚阻，賀若弼之鎮壽州也，[4]常令護兒爲間諜，授大都督。[5]平陳之役，護兒有功焉，進位上開府。從楊素擊高智慧于浙江，[6]而賊據岸爲營，周亘百餘里，船艦被江，鼓噪而進。素令護兒率數百輕艓徑登江岸，[7]直掩其營，破之。時賊前與素戰不勝，歸無所據，因而潰散。智慧將逃於海，護兒追至泉州，[8]智慧窮蹙，遁走閩、越。進位大將軍，除泉州刺史。時有盛道延擁兵作亂，[9]侵擾州境，護兒進擊，破之。又從蒲山公李寬破汪文進於黟、歙，[10]進位柱國。仁壽三年，除瀛州刺史，[11]賜爵黄縣公，邑三千户。尋加上柱國，除右禦衛將軍。[12]

[1]來護兒：人名。傳另見《北史》卷七六。

[2]擊鼓其鏜，踴躍用兵：語出《詩·邶風·擊鼓》。　羔裘豹飾，孔武有力：語出《詩·鄭風·羔裘》。

[3]白土村：村名。今地不詳，大約在今江蘇南京市東北。

[4]賀若弼之鎮壽州也：本書卷五二、《北史》卷六八《賀若弼傳》未載其曾任壽州總管，而是任“吴州總管”。《通鑑》卷一七六《陳紀》長城公禎明二年亦載賀若弼爲吴州總管。與賀若弼同時任職壽州的是源雄。又本書卷二《高祖紀下》載：伐陳之役，賀若弼出吴州。故此“壽州”恐爲“吴州”之誤。

[5]大都督：官名。隋文帝因采北周之制，置十一等散實官，加文武官之有德聲者，以酬勤勞，並不理事，可開府置府佐。大都

督爲第九等。正六品。

[6]浙江：水名。即今浙江省錢塘江。

[7]輕艓（dié）：輕快的小舟。

[8]泉州：隋開皇九年以豐州改置，治所在今福建福州市。

[9]盛道延：人名。高智慧屬將，其他事迹不詳。

[10]蒲山公：爵名。《新唐書》卷八四《李密傳》載爲“蒲山縣公”。　李寬：人名。李密之父。事略見《舊唐書》卷五三、《新唐書》卷八四《李密傳》。　汪文進：人名。隋時人，開皇十年聚衆叛亂，占據東陽，自稱天子，署置百官，楊素率軍討平之。事略見本書卷二《高祖紀下》、卷八五《段達傳》等。　黟（yī）：縣名。治所在今安徽黟縣。　歙（shè）：縣名。治所在今安徽歙縣。

[11]瀛州：治所在今河北河間市。

[12]右禦衛將軍：官名。隋煬帝時對隋初中央軍事機關十二衛進行了調整，加置左右禦衛，負責皇帝的宿衛，置大將軍爲長官，又置將軍二員爲副長官，協助處理府事。從三品。

煬帝即位，遷右驍衛大將軍，[1]帝甚親重之。大業六年，從駕江都，賜物千段，令上先人塚，宴父老，州里榮之。數歲，轉右翊衛大將軍。[2]遼東之役，護兒率樓船，指滄海，[3]入自浿水，[4]去平壤六十里，[5]與高麗相遇。進擊，大破之，乘勝直造城下，破其郛郭。[6]於是縱軍大掠，稍失部伍，高元弟建武募敢死士五百人邀擊之。[7]護兒因却，屯營海浦，以待期會。後知宇文述等敗，遂班師。明年，又出滄海道，師次東萊，[8]會楊玄感作逆黎陽，[9]進逼鞏、雒，[10]護兒勒兵與宇文述等擊破之。封榮國公，[11]邑二千户。十年，又帥師度海，至卑奢城，[12]高麗舉國來戰，護兒大破之，斬首千餘級。將趣平壤，高元震懼，遣使執叛臣斛斯政，[13]詣遼東城下，上表請降。帝許之，遣人持節詔護兒旋師。[14]護兒集衆曰："三度出兵，未能平賊，此還也，不可重來。今高麗困弊，野無青草，以我衆戰，不日剋之。吾欲進兵，徑圍平壤，取其僞主，獻捷而歸。"答表請行，不肯奉詔。長史崔君肅固争，[15]不許。護兒曰："賊勢破矣，專以相任，自足辦之。吾在閫外，[16]事合專决，豈容千里禀聽成規！俄頃之間，動失機會，勞而無功，故其宜也。吾寧征得高元，還而獲譴，捨此成功，所不能矣。"君肅告衆曰："若從元帥，違拒詔書，必當聞奏，皆獲罪也。"諸將懼，盡勸還，方始奉詔。

[1]右驍衛大將軍：官名。即右騎衛將軍。隋開皇十八年置備身府，爲皇帝護衛部隊。隋煬帝改制時，改左右備身爲左右騎衛，屬中央十二衛，置大將軍一人爲主官，總理府事。正三品。

[2]右翊衛大將軍：官名。隋中央軍事機關十二衛中有左右衛，長官爲大將軍，掌領外軍宿衛宫禁。正三品。隋煬帝時，改左右衛爲左右翊衛，仍置大將軍，品秩不變。

[3]滄海：戰區名。即滄海道。征伐高麗的戰争中，隋軍被分成二十四路，征戰相應的二十四個戰區，每一個戰區爲一道。滄海道爲其中之一。《通鑑》卷一八一《隋紀》煬帝大業八年胡注載"帝指授諸軍所出之道，多用漢縣舊名"。西漢武帝於元朔元年（前128）置滄海郡，元朔三年罷。其地約今中國延邊地區及牡丹江地區東部、朝鮮江原道和威鏡道以及俄國濱海地區。

[4]浿（pèi）水：今朝鮮清川江和大同江的古稱。

[5]平壤：地名。即平壤城，爲隋時古高句麗國都城，舊址在

今朝鮮平壤市大同江南岸。

［6］郛郭：指外城。

［7］高元：人名。即高麗王元。事見本書卷三《煬帝紀上》、卷八一《高麗傳》，《北史》卷九四《高麗傳》。

［8］東萊：郡名。隋大業初改萊州置，治所在今山東萊州市。

［9］楊玄感：人名。傳見本書卷七〇，《北史》卷四一有附傳。 黎陽：縣名。治所在今河南浚縣東北。

［10］鞏：縣名。治所在今河南鞏義市東老城。 雒：城名。即隋東都洛陽城。在今河南洛陽市。

［11］榮國公：爵名。隋九等爵的第三等。從一品。

［12］卑奢城：高麗國城名。又稱“卑沙城”。其地在今遼寧大連市金州區東大黑山。

［13］斛斯政：人名。傳見本書卷七〇，《北史》卷四九有附傳。

［14］持節：古代使臣奉命出行，必執符節以爲憑證。

［15］長史：官名。此爲行軍長史。協助行軍總管處理軍務，參議軍情。 崔君肅：人名。事略見本書卷六五《周法尚傳》、卷八四《西突厥傳》，《舊唐書》卷五四《竇建德傳》。

［16］閫外：本義爲城郭以外，引申爲領兵在外的將帥或外任的大臣。閫，意爲城郭的門或城門的門檻。

十三年，[1]轉爲左翊衛大將軍，[2]進位開府儀同三司，任委逾密，前後賞賜不可勝計。江都之難，宇文化及忌而害之。

［1］十三年：《北史》卷七六《來護兒傳》作“十二年”。又本書卷四《煬帝紀下》亦載來護兒大業十二年任左翊衛大將軍。故此處當爲“十二年”。

［2］左翊衛大將軍：官名。隋中央軍事機關十二衛中有左右衛，

長官爲大將軍，掌領外軍宿衛宫禁。正三品。隋煬帝時，改左右衛爲左右翊衛，仍置大將軍，品秩不變。

長子楷，[1]以父軍功授散騎郎、朝散大夫。[2]楷弟弘，[3]仕至果毅郎將、金紫光禄大夫。[4]弘弟整，[5]武賁郎將、右光禄大夫。[6]整尤驍勇，善撫士衆，討擊群盜，所向皆捷。諸賊甚憚之，爲作歌曰："長白山頭百戰場，十十五五把長槍，不畏官軍十萬衆，只畏榮公第六郎。"化及反，皆遇害，唯少子恒、濟獲免。[7]

[1]楷：人名。即來楷。事亦見《北史》卷七六《來護兒傳》。

[2]散騎郎：官名。隋大業三年改制時，增置謁者臺，設大夫爲主官，掌受詔勞問，出使慰撫，持節察授，及受冤枉而申奏之事。其屬官有散騎郎，置員二十，協助大夫處理各項政務。從五品。　朝散大夫：官名。隋初置諸散實官授與文武官員中功高德厚者，爲其加官，以示尊崇，並不理事。隋煬帝大業三年改革官制，置九大夫，仍爲散職。朝散大夫爲第九等。從五品。

[3]弘：人名。即來弘。事亦見《北史·來護兒傳》。

[4]果毅郎將：官名。隋煬帝改制時，改原中央十二衛中左右領左右府爲左右備身府，掌侍衛皇帝左右。其掌領的部隊稱爲驍果，置折衝郎將爲統領主官，並置果毅郎將三人爲副長官。從四品。　金紫光禄大夫：官名。屬散實官。隋文帝置特進、左右光禄大夫等，以加文武官之有德聲者，並不理事。因其金印紫綬，故名。隋初爲從二品，煬帝大業三年降爲正三品。

[5]整：人名。即來整。《北史》卷七六有附傳。

[6]右光禄大夫：官名。屬散實官。隋文帝置特進、左右光禄大夫等，以加文武官之有德聲者，並不理事。隋文帝時左、右光禄大夫皆正二品；煬帝大業三年定令，"左"爲正二品，"右"爲從

二品。

［7］恒：人名。即來恒。《新唐書》卷一〇五有附傳，事亦見《新唐書》卷三《高宗紀》、卷二一六《吐蕃傳》，《舊唐書》卷八〇《來濟傳》。　濟：人名。即來濟。傳見《舊唐書》卷八〇、《新唐書》卷一〇五。

魚俱羅

魚俱羅，[1]馮翊下邽人也。[2]身長八尺，膂力絶人，聲氣雄壯，言聞數百步。弱冠爲親衛，累遷大都督。從晋王廣平陳，[3]以功拜開府，賜物一千五百段。未幾，沈玄懀、高智慧等作亂江南，[4]楊素以俱羅壯勇，請與同行。每戰有功，加上開府、高唐縣公，拜疊州總管。[5]以母憂去職。[6]還至扶風，[7]會楊素率兵將出靈州道擊突厥，[8]路逢俱羅，大悦，遂奏與同行。及遇賊，俱羅與數騎奔擊，瞋目大呼，所當皆披靡，出左入右，往返若飛。以功進位柱國，拜豐州總管。[9]初，突厥數入境爲寇，俱羅輒擒斬之，自是突厥畏懼屏迹，不敢畜牧於塞上。[10]

［1］魚俱羅：人名。傳另見《北史》卷七八。

［2］馮翊：郡名。治所在今陝西大荔縣。　下邽：縣名。治所在今陝西渭南市北下邽鎮。

［3］晋王廣：即隋煬帝楊廣。開皇元年被立爲晋王。紀見本書卷三、四，《北史》卷一二。

［4］沈玄懀（wèi）：人名。隋時蘇州吴縣人，開皇十年聚衆叛亂，以兵圍攻蘇州，楊素率軍擊破之，被擒。事亦見本書卷二《高

祖紀下》，《北史》卷一一《隋文帝紀》、卷四一《楊素傳》、卷七八《魚俱羅傳》。

[5]疊州：治所在今甘肅迭部縣。

[6]母憂：中國古代，凡父母之喪，需服斬衰居喪三年，以報父母養育之恩。東漢以後，服斬衰之喪者如是現任官員，必須離職成服，歸家守制，叫做“丁艱”或“丁憂”，至喪期結束纔能復職。在特殊情況下，皇帝常會以處理軍國大事的需要爲由，不讓高級官員離職守喪，或者喪期未滿就令其提前復職。

[7]扶風：郡名。治所在今陝西鳳翔縣。

[8]靈州道：特區名。即在靈州（治所在今寧夏靈武市西南）一帶設置的特區。隋朝在戰爭中於地方設置的特區，稱“道”。

[9]豐州：治所在今内蒙古杭錦後旗東北。

[10]上：殿本、庫本同，宋刻遞修本、汲古閣本、中華本作“下”。

初，煬帝在藩，俱羅弟贇以左右從，[1]累遷大都督。及帝嗣位，拜車騎將軍。贇性凶暴，虐其部下，令左右炙肉，遇不中意，以籤刺瞎其眼。有温酒不適者，立斷其舌。帝以贇藩邸之舊，不忍加誅，謂近臣曰：“弟既如此，兄亦可知。”因召俱羅，譴責之，出贇於獄，令自爲計。贇至家，飲藥而死。帝恐俱羅不自安，慮生邊患，轉爲安州刺史。[2]歲餘，遷趙郡太守。[3]後因朝集，至東都，與將軍梁伯隱有舊，[4]數相往來。又從郡多將雜物以貢獻，帝不受，因遺權貴。御史劾俱羅以郡將交通内臣，帝大怒，與伯隱俱坐除名。

[1]贇：人名。即魚贇。事亦見《北史》卷七八《魚俱羅傳》。

[2]安州：治所在今湖北安陸市。

[3]趙郡：治所在今河北趙縣。

[4]梁伯隱：人名。其他事迹不詳。

未幾，越嶲飛山蠻作亂，[1]侵掠郡境。詔俱羅白衣領將，并率蜀郡都尉段鍾葵討平之。[2]大業九年，重征高麗，以俱羅爲碣石道軍將。[3]及還，江南劉元進作亂，[4]詔俱羅將兵向會稽諸郡逐捕之。于時百姓思亂，從盜如市，俱羅擊賊帥朱燮、管崇等，[5]戰無不捷。然賊勢浸盛，敗而復聚。俱羅度賊非歲月可平，諸子並在京、洛，[6]又見天下漸亂，終恐道路隔絶。于時東都饑饉，穀食踊貴，俱羅遣家僕將船米至東都糶之，益市財貨，潛迎諸子。朝廷微知之，恐其有異志，發使案驗。使者至，前後察問，不得其罪。帝復令大理司直梁敬真就鎖將詣東都。[7]俱羅相表異人，目有重瞳，陰爲帝之所忌。敬真希旨，奏俱羅師徒敗衄，於是斬東都市，家口籍没。

[1]越嶲（xī）：郡名。治所在今四川西昌市。　飛山蠻：古族名。爲古代蠻族的一支。

[2]蜀郡：治所在今四川成都市。　都尉：官名。隋舊制，州刺史掌領地方兵力。煬帝大業三年罷州置郡，於諸郡置都尉一人專門統領地方兵力，與郡不相知。正四品。

[3]碣石道：特區名。《通鑑》卷一八一《隋紀》煬帝大業八年胡注載其在高麗國境内。

[4]劉元進：人名。傳見本書卷七〇，《北史》卷四一有附傳。

[5]朱燮：人名。大業九年八月聚衆起兵反隋，有衆十餘萬。

後爲王世充所敗，戰死。事略見本書卷四《煬帝紀下》、卷六五《吐萬緒傳》等。　管崇：人名。大業九年八月聚衆起兵反隋，有衆十餘萬。後爲王世充所敗，戰死。事略見本書卷四《煬帝紀下》、卷六五《吐萬緒傳》等。

[6]京、洛：指隋東西二都，大興城和洛陽。

[7]大理司直：官名。隋大理寺屬官，掌承制出使推覆，若寺有疑獄，則參議之。置十員，從五品。隋煬帝改制時，增員至十六人，尋加至二十人。降爲從六品。　梁敬真：人名。隋任大理司直，其他事迹不詳。

陳稜

陳稜，[1]字長威，廬江襄安人也。[2]祖碩，[3]以漁釣自給。父峴，[4]少驍勇，事章大寶爲帳内部曲。[5]告大寶反，授譙州刺史。[6]陳滅，廢于家。高智慧、汪文進等作亂江南，廬江豪傑亦舉兵相應，以峴舊將，共推爲主。峴欲拒之，稜謂峴曰："衆亂既作，拒之禍且及己。不如僞從，别爲後計。"峴然之。時柱國李徹軍至當塗，[7]峴潛使稜至徹所，請爲内應。徹上其事，拜上大將軍、宣州刺史，[8]封譙郡公，邑一千户，詔徹應接之。徹軍未至，謀泄，爲其黨所殺，稜僅以獲免。上以其父之故，拜開府，尋領鄉兵。

[1]陳稜：人名。傳另見《北史》卷七八。

[2]廬江：郡名。治所在今安徽合肥市西。　襄安：縣名。治所在今安徽巢湖市。

[3]碩：人名。即陳碩。具體事迹不詳。

[4]峴（xiàn）：人名。即陳峴。其他事迹不詳。

[5]章大寶：人名。南朝陳至德四年（586）三月在豐州舉兵反，不久被鎮壓。《陳書》卷一一有附傳。　帳内部曲：南北朝時，地方豪强或將領的私人軍隊或軍幕中的將佐稱爲帳内部曲。

[6]譙州：南朝陳時治所在今安徽亳州市。

[7]當塗：縣名。治所在今安徽當塗縣。

[8]宣州：治所在今安徽宣城市宣州區。

煬帝即位，授驃騎將軍。大業三年，拜武賁郎將。後三歲，與朝請大夫張鎮周發東陽兵萬餘人，[1]自義安泛海，[2]擊流求國，[3]月餘而至。流求人初見船艦，以爲商旅，往往詣軍中貿易。稜率衆登岸，遣鎮周爲先鋒。其主歡斯渴剌兜遣兵拒戰，[4]鎮周頻擊破之。稜進至低没檀洞，[5]其小王歡斯老模率兵拒戰，[6]稜擊敗之，斬老模。其日霧雨晦冥，將士皆懼，稜刑白馬以祭海神。既而開霽，分爲五軍，趣其都邑。渴剌兜率衆數千逆拒，稜遣鎮周又先鋒擊走之。稜乘勝逐北，至其栅，渴剌兜背栅而陣。稜盡鋭擊之，從辰至未，苦鬬不息。渴剌兜自以軍疲，引入栅。稜遂填塹，[7]攻破其栅，斬渴剌兜，獲其子島槌，[8]虜男女數千而歸。帝大悦，進稜位右光禄大夫，武賁如故，鎮周金紫光禄大夫。

[1]張鎮周：人名。《通鑑》卷一八一《隋紀》煬帝大業六年、卷一八五《唐紀》高祖武德元年同，然本書卷四《煬帝紀》、卷二四《食貨志》、卷八一《流球傳》，《舊唐書》卷五六《蕭銑傳》、卷六〇《李孝恭傳》、卷六七《李靖傳》均作“張鎮州”。　東陽：郡名。隋大業初以婺州改置，治所在今浙江金華市。

［2］義安：郡名。隋大業初以潮州改置，治所在今廣東潮州市東北。

［3］流求國：即今臺灣。傳見本書卷八一、《北史》卷九四。

［4］歡斯渴剌兜：流求國主名。

［5］低没檀洞：地名。在流求國境内，今地不詳。

［6］歡斯老模：流求小王名。

［7］塹：防禦用的壕溝，護城河。

［8］島槌：人名。具體事迹不詳。

遼東之役，以宿衛遷左光禄大夫。[1]明年，帝復征遼東，稜爲東萊留守。楊玄感之作亂也，稜率衆萬餘人擊平黎陽，斬玄感所署刺史元務本。[2]尋奉詔於江南營戰艦。至彭城，[3]賊帥孟讓衆將十萬，[4]據都梁宫，[5]阻淮爲固。[6]稜潛於下流而濟，至江都，率兵襲讓，破之。以功進位光禄大夫。賜爵信安侯。後帝幸江都宫，[7]俄而李子通據海陵，[8]左才相掠淮北，[9]杜伏威屯六合，[10]衆各數萬。帝遣稜率宿衛兵擊之，往往克捷。超拜右禦衛將軍。復度清江，[11]擊宣城賊。[12]俄而帝以弑崩，宇文化及引軍北上，召稜守江都。稜集衆縞素，[13]爲煬帝發喪，備儀衛，改葬於吴公臺下，[14]衰杖送喪，[15]慟感行路，論者深義之。稜後爲李子通所陷，奔杜伏威，伏威忌之，尋而見害。

［1］左光禄大夫：官名。隋初置散實官授與文武官員中功高德厚者，爲其加官，以示尊崇，並不理事。光禄大夫爲其中之一，分左右，爲第二等，正二品。隋煬帝大業三年改革官制，置九大夫，仍爲散職，左光禄大夫爲第二等，正二品。

[2]元務本：人名。具體事迹不詳。　黎州：黎陽縣舊治黎州，此恢復開皇州制。

[3]彭城：郡名。治所在今江蘇徐州市。

[4]孟讓：人名。隋末山東農民起義軍領導者之一。曾任隋齊郡主簿，大業九年起兵反隋，後爲隋將王世充擊敗，投奔瓦崗軍，被封齊郡公。瓦崗軍爲王世充所敗，孟讓去向不明。（參見漆俠《隋末農民起義》，上海人民出版社 1954 年版；王永興《隋末農民戰争史料彙編》，中華書局 1980 年版）

[5]都梁宫：宫殿名。隋置，在今江蘇盱眙縣東南都梁山上。

[6]淮：水名。即今淮河。

[7]江都宫：宫殿名。隋煬帝置，在今江蘇揚州市。

[8]李子通：人名。隋末農民起義軍領導者之一，大業十一年自稱楚王，主要活動於江淮地區，武德五年兵敗被殺。傳見《舊唐書》卷五六、《新唐書》卷八七。　海陵：郡名。治所在今江蘇泰州市。

[9]左才相：人名。隋末農民起義軍領導者之一。事見《舊唐書·李子通傳》、《新唐書》卷一《高祖紀》。

[10]杜伏威：人名。隋末農民起義軍領導者之一。傳見《舊唐書》卷五六、《新唐書》卷九二。　六合：縣名。隋開皇四年以尉氏縣改置，治所在今江蘇南京市六合區。

[11]清江：水名。即今江西樟樹市以上贛江的別稱。

[12]宣城：郡名。隋大業初以宣州改置，治所在今安徽宣城市宣州區。

[13]縞素："縞"與"素"都是白色的生絹，引申爲白色喪服。

[14]吴公臺：地名。又名斗鷄臺，在今江蘇揚州市西北。

[15]衰（cuī）杖：古代用粗麻布製成的毛邊喪服和哭喪棒。

王辯　斛斯萬善

王辯，[1]字警略，馮翊蒲城人也。[2]祖訓，[3]以行商致富。魏世，[4]出粟助給軍糧，爲假清河太守。[5]辯少習兵書，尤善騎射，慷慨有大志。在周以軍功授帥都督。開皇初，遷大都督。仁壽中，遷車騎將軍。漢王諒之作亂也，從楊素討平之，賜爵武寧縣男，邑三百户。後三歲，遷尚舍奉御。[6]從征吐谷渾，拜朝請大夫。數年，轉鷹揚郎將。[7]遼東之役，以功加通議大夫，[8]尋遷武賁郎將。

[1]王辯：人名。傳另見《北史》卷七八。

[2]蒲城：縣名。治所在今陝西蒲城縣。

[3]訓：人名。即王訓。具體事迹不詳。

[4]魏：即北魏（386—557），亦稱後魏。初都平城（今山西大同市東北），公元494年遷都洛陽（今河南洛陽市東北白馬寺東）。公元534年分裂爲東魏和西魏兩個政權。東魏（534—550）都於鄴（今河北臨漳縣西南鄴鎮東），西魏（535—557）都於長安（今陝西西安市西北郊）。

[5]清河：郡名。北魏時治所在今山東臨清市東北。

[6]尚舍奉御：官名。隋殿内省尚舍局的長官。掌宫殿陳設、帷幕幄帟監護之事。置二員，正五品。

[7]鷹揚郎將：官名。隋文帝初，置左右衛等衛府，各領軍坊、鄉團，以統軍卒。後改置驃騎將軍府，每府置驃騎、車騎二將軍，上轄於衛府大將軍，下設大都督、帥都督、都督領兵。煬帝大業三年改驃騎府爲鷹揚府，改驃騎將軍爲鷹揚郎將，職能依舊。正五品。

[8]通議大夫：官名。隋初置諸散實官授與文武官員中功高德

厚者，爲其加官，以示尊崇，並不理事。隋煬帝大業三年改革官制，置九大夫，仍爲散職，通議大夫爲第七等。從四品。

及山東盜賊起，上谷魏刀兒自號歷山飛，[1]衆十餘萬，劫掠燕、趙。[2]帝引辯升御榻，問以方略。辯論取賊形勢，帝稱善，曰："誠如此計，賊何足憂也。"於是發從行步騎三千，擊敗之，賜黄金二百兩。明年，渤海賊帥高士達自號東海公，[3]衆以萬數。復令辯擊之，屢挫其鋭。帝在江都宫，聞而馳召之。及引見，禮賜甚厚，復令往信都經略。[4]士達於是復戰，破之，優詔褒顯。時賊帥郝孝德、孫宣雅、時季康、竇建德、魏刀兒等，[5]往往屯聚，大至十萬，小至數千，寇掠河北。[6]辯進兵擊之，所往皆捷，深爲群賊所憚。及翟讓寇徐、豫，[7]辯進，頻擊走之。讓尋與李密屯據洛口倉，[8]辯與王世充討密，[9]阻洛水相持經年。[10]辯率諸將攻敗密，因薄其營，戰破外栅。密諸營已有潰者，乘勝將入城，世充不知，恐將士勞倦，於是鳴角收兵，翻爲密徒所乘。官軍大潰，不可救止。辯至洛水，橋已壞，不得渡，遂涉水，至中流，爲溺人所引墜馬。辯時身被重甲，敗兵前後相蹈藉，[11]不能復上馬，竟溺死焉。時年五十六。三軍莫不痛惜之。

[1]上谷：郡名。治所在今河北易縣。　魏刀兒：人名。隋末河北農民起義軍領導者，綽號"歷山飛"。大業十一年起義，活動於冀州、定州之間，一度有衆十餘萬人。武德元年爲竇建德所殺。（參見漆俠《隋末農民起義》；王永興《隋末農民戰争史料彙編》）

［2］燕、趙：此指戰國時期燕國和趙國地區，約在今河北北部及山西西部一帶。

［3］渤海：郡名。治所在今山東陽信縣西南。　高士達：人名。隋大業七年於清河境内起義，有衆數萬人，自稱東海公，大業十二年爲隋將楊義臣擊敗被殺。

［4］信都：郡名。治所在今河北冀州市。

［5］郝孝德：人名。隋末農民起義軍領導者之一，大業九年聚衆反隋，後投靠瓦崗軍，封平原公。事亦見本書卷七一《張須陁傳》、《舊唐書》卷五五《劉黑闥傳》、《新唐書》卷九三《李勣傳》等。　孫宣雅：人名。大業九年於豆子䴚（今山東惠民縣北）起兵反隋，一度有衆十餘萬，主要活動於河北地區，後不知所終。　時季康：人名。隋末農民起義軍領導者之一，其他事迹不詳。　竇建德：人名。隋末反隋主力之一，唐武德元年於河北稱帝建立夏國。傳見《舊唐書》卷五四、《新唐書》卷八五。

［6］河北：地區名。泛指黄河以北的廣大地區。

［7］翟讓：人名。隋末農民起義瓦崗軍早期領導人之一，大業十三年被李密殺害。事亦見本書卷四《煬帝紀下》、卷七一《馮慈明傳》《張須陁傳》，《新唐書》卷九三《李勣傳》等。　徐、豫：地區名。爲大禹治水時古徐州和古豫州的轄區，其地約今江蘇、山東、河南、安徽等省。

［8］李密：人名。傳見本書卷七〇、《舊唐書》卷五三、《新唐書》卷八四，《北史》卷六〇有附傳。　洛口倉：倉廪名。因其地處洛水入黄河口故名，又名興洛倉。在今河南鞏義市東南。隋煬帝大業二年置，倉城周圍二十餘里，有窖三千個，每窖儲糧八百石。

［9］王世充：人名。傳見本書卷八五、《北史》卷七九、《舊唐書》卷五四、《新唐書》卷八五。

［10］洛水：即今河南洛河。

［11］蹈藉：踐踏，踩踏。

河南斛斯萬善，[1]驍勇果毅，與辯齊名。大業中，從衛玄討楊玄感，[2]頻戰有功。及玄感敗走，萬善與數騎追及之，玄感窘迫自殺。由是知名，拜武賁郎將。突厥始畢之圍雁門也，[3]萬善奮擊之，所向皆破。每賊至，輒出當其鋒，或下馬坐地，引强弓射賊，所中皆殪。[4]由是突厥莫敢逼城，十許日竟退，萬善之力也。其後頻討群盜，累功至將軍。時有將軍鹿愿、范貴、馮孝慈，[5]俱爲將帥，數從征討，並有名於世。然事皆亡失，故史官無所述焉。

[1]斛斯萬善：人名。《北史》卷七八有附傳。

[2]衛玄：人名。傳見本書卷六三、《北史》卷七六。

[3]始畢：即始畢可汗。東突厥首領，啓民可汗之子。事見本書卷八四、《北史》卷九九《突厥傳》。按，其名諸書記載不一，本書卷八四載其名爲“咄吉世”，《北史·突厥傳》載“吐吉”，《舊唐書》卷一九四、《新唐書》卷二一五《突厥傳》皆載“咄吉”。查《通鑑》卷一八一《隋紀》煬帝大業五年、《通典》卷一九七《邊防》、《文獻通考》卷三四三《四裔考》、《讀史方輿紀要》卷四五《山西》同載爲“咄吉”。故《北史》記載可能有誤，而新、舊《唐書》爲避李世民之諱而省字，後世著述因抄新、舊《唐書》，故省而未添。可判定始畢可汗名爲咄吉世。　雁門：郡名。隋大業初以代州改置，治所在今山西代縣。

[4]殪（yì）：死。

[5]鹿愿：人名。隋朝將領，平陳之後，與裴矩、譙國夫人共同平定王仲宣叛亂，隋煬帝大業五年，爲黔安夷帥向思多所殺。事亦見本書卷六五《周法尚傳》、卷八〇《譙國夫人傳》。　范貴：人名。即范安貴。岑仲勉指出：“近年出土有大業十一年范安貴墓

誌，羅振玉疑即此之范貴（松翁未焚稿），從隋人好把兩字名省稱一字觀之，大致可信。”（岑仲勉：《隋書求是》，中華書局2004年版，第20頁）生平見《范安貴墓誌》（載王其禕、周曉薇《隋代墓誌銘彙考》四五七）。　馮孝慈：人名。事略見本書《煬帝紀下》、卷六五《李景傳》、卷八三《吐谷渾傳》。

史臣曰：楚、漢未分，[1]絳、灌所以宣力；[2]曹、劉競逐，[3]關、張所以立名。[4]然則名立資草昧之初，力宣候經輪之會，攀附鱗翼，世有之矣。圓通、護兒之輩，定和、鐵杖之倫，皆一時之壯士，困於貧賤。當其鬱抑未遇，亦安知其有鴻鵠之志哉！[5]終能振拔污泥之中，騰躍風雲之上，符馬革之願，快生平之心，非遇其時，焉能至於此也！俱羅欲加之罪，非其咎釁，王辯殞身勍敵，志實勤王。陳稜縞素發喪，哀感行路，義之所動，固已深乎！孟才、錢傑、沈光等，感恩懷舊，臨難忘生，雖功無所成，其志有可稱矣。

[1]楚、漢：指西楚霸王項羽和漢王劉邦。

[2]絳：指西漢絳侯周勃。爲西漢著名武將，曾助劉邦擊項羽争奪天下。傳見《史記》卷五七、《漢書》卷四〇。　灌：指西漢潁陰侯灌嬰。爲西漢著名武將，曾助劉邦擊項羽争奪天下。傳見《史記》卷九五、《漢書》卷四一。

[3]曹：指魏武帝曹操。紀見《三國志》卷一。　劉：指蜀先主劉備。傳見《三國志》卷三二。

[4]關：指關羽。傳見《三國志》卷三六。　張：指張飛。傳見《三國志》卷三六。

[5]鴻鵠：指鴻雁和天鵝，象徵有理想與志向的人。

隋書　卷六五

列傳第三十

周羅睺

周羅睺，[1]字公布，九江尋陽人也。[2]父法暠，[3]仕梁冠軍將軍、始興太守、通直散騎常侍、南康内史，[4]臨蒸縣侯。[5]羅睺年十五，善騎射，好鷹狗，任俠放蕩，收聚亡命，陰習兵書。從祖景彦誡之曰：[6]“吾世恭謹，汝獨放縱，難以保家。若不喪身，必將滅吾族。”羅睺終不改。

[1]周羅睺（hóu）：人名。傳另見《北史》卷七六。

[2]九江：郡名。治所在今江西九江市。　尋陽：縣名。治所在今江西九江市。

[3]法暠：人名。即羅法暠。南朝梁人。

[4]梁：即南朝梁（502—557），都建康（今江蘇南京市）。冠軍將軍：官名。南朝梁天監七年（508），置諸戎號，授予有功的大臣以示尊崇，並不理事。冠軍將軍爲十八班。　始興：郡名。南朝梁時治所在今廣東韶關市東南蓮花嶺下。　通直散騎常侍：官

名。南朝梁時集書省屬官，處理奏議文書。十一班。　南康：郡名。南朝梁時治所在今江西南康市。　内史：官名。梁制郡爲國者，最高行政長官稱内史。班次不詳。陳時承繼，萬户以上内史爲第六品，不滿萬户爲第七品。

[5]臨蒸縣侯：爵名。梁十一等爵的第五等。十三班。

[6]景彦：人名。即羅景彦。其他事迹不詳。

陳宣帝時，[1]以軍功授開遠將軍、句容令。[2]後從大都督吴明徹與齊師戰於江陽，[3]爲流矢中其左目。齊師圍明徹於宿預也，[4]諸軍相顧，莫有鬬心。羅睺躍馬突進，莫不披靡。太僕卿蕭摩訶因而副之，[5]斬獲不可勝計。進師徐州，[6]與周將梁士彦戰於彭城，[7]摩訶臨陣墮馬，羅睺進救，拔摩訶於重圍之内，勇冠三軍。明徹之敗也，羅睺全衆而歸，拜光遠將軍、鍾離太守。[8]

[1]陳宣帝：即南朝陳皇帝陳頊的謚號。紀見《陳書》卷五、《南史》卷一〇。

[2]開遠將軍：官名。陳置諸戎號擬官，開遠將軍爲七品。雖加將軍之號，但不領兵，領兵亦不滿百人。除此官而爲州郡縣者，依本條減秩石。　句容：縣名。治所在今江蘇句容市。

[3]大都督：官名。此爲戰時臨時委派出征的軍事將領，戰事結束即撤。　吴明徹：人名。南朝陳時人。太建九年（577），陳宣帝命吴明徹進軍吕梁，爲北周大將軍王軌所執。傳見《陳書》卷九、《南史》卷六六。　齊：即北齊（550—577），都鄴（今河北臨漳縣西南鄴鎮東）。　江陽：郡名。治所在今江蘇揚州市西北蜀崗。

[4]宿預：縣名。治所在今江蘇宿遷市郊。

[5]太僕卿：官名。陳朝諸卿之一，掌宫廷車馬、牧馬事宜。三品。　蕭摩訶：人名。南朝陳大將，輔佐陳後主登基有功，加爲侍中、驃騎大將軍、綏建郡公。後降隋。傳見《陳書》卷三一、《南史》卷六七。

[6]徐州：治所在今江蘇徐州市。

[7]周：即北周（557—581），都長安（今陝西西安市）。　梁士彦：人名。傳見本書卷四〇、《北史》卷七三。　彭城：郡名。治所在今江蘇徐州市。

[8]光遠將軍：官名。陳置諸戎號擬官，光遠將軍爲六品。雖加將軍之號，但不領兵，領兵亦不滿百人。除此官而爲州郡縣者，依本條減秩石。　鍾離：郡名。治所在今安徽鳳陽縣東北。

十一年，授使持節、都督霍州諸軍事。[1]平山賊十二洞，除右軍將軍、始安縣伯，[2]邑四百户，[3]總管檢校揚州内外諸軍事。[4]賜金銀三千兩，盡散之將士，分賞驍雄。陳宣帝深歎美之。出爲晋陵太守，[5]進爵爲侯，[6]增封一千户。除太僕卿，增封并前一千六百户。尋除雄信將軍，[7]使持節、都督豫章十郡諸軍事、豫章内史。[8]獄訟庭决，不關吏手，民懷其惠，立碑頌德焉。

[1]使持節：漢朝官員奉使外出時，或由皇帝授予節杖，以提高其威權。魏、晋以後，凡重要軍事長官出征或出鎮時，加使持節，可誅殺二千石以下官員。　霍州：治所在今安徽霍山縣。

[2]右軍將軍：官名。陳時由領軍、護軍、左右衛、驍騎（雲騎）、游騎六軍負責守護宫廷安全，侍衛皇帝左右，每軍設一將軍，其下又設左右前後四將軍。五品。　始安縣伯：爵名。陳九等爵的第四等。第四品。

[3]邑：也稱食邑、封邑。是古代君王封賜給有爵位之人的一

種食禄制度，受封者可徵收封地内的民户租税充作食禄。魏晋以後，食邑分爲虚封和實封兩類：虚封一般僅冠以“邑”或“食邑”之名，這衹是一種榮譽性加銜，受封者並不能獲得實際的食禄收入；而實封一般須冠以“真食”“食實封”等名，受封者可真正獲得食禄收入。

［4］檢校：官制用語。初謂代理，隋及唐初皆有。即尚未實授其官，但已掌其職事。　揚州：治所在今江蘇南京市。

［5］晋陵：郡名。治所在今江蘇常州市。

［6］侯：爵名。陳太建十一年，周羅睺被封爲始安縣伯，現進位爲縣侯。陳九等爵的第三等。第三品。

［7］雄信將軍：官名。陳置諸戎號擬官，雄信將軍爲第六品。

［8］豫章：郡名。治所在今江西南昌市。

至德中，[1]除持節，都督南川諸軍事。[2]江州司馬吴世興密奏羅睺甚得人心，[3]擁衆嶺表，[4]意在難測，陳主惑焉。[5]蕭摩訶、魯廣達等保明之。[6]外有知者，或勸其反，羅睺拒絶之。軍還，除太子左衛率，[7]信任逾重，時參宴席。陳主曰：“周左率武將，詩每前成，文士何爲後也?”都官尚書孔範對曰：[8]“周羅睺執筆製詩，還如上馬入陣，不在人後。”自是益見親禮。出督湘州諸軍事，[9]還拜散騎常侍。[10]

［1］至德：南朝陳後主陳叔寶年號（583—586）。

［2］南川：地區名。指今江西贛江流域一帶。按，中華本《北史》卷七六《周羅睺傳》將“南川”改爲“南州”，所據爲後文中所載“擁衆嶺表”，意爲南方諸州。但此處當還以“南川”爲宜。一因“南州”一説並無確鑿根據，各史也多記載爲“南川”。二因

"南川"有確定的地理範圍，而"南州"没有，且後文中提到"江州司馬"，江州正在南川範圍之内。故此處仍應爲"南川"，不應改爲"南州"。

[3]江州：治所在今江西九江市。　司馬：官名。南北朝州郡長官多置爲幕僚，主軍務，武職。品秩不詳。

[4]嶺表：地區名。又稱嶺南，泛指五嶺以南地區，相當今廣東、廣西兩省區及越南北部一帶。

[5]陳主：即陳後主陳叔寶。紀見《陳書》卷六、《南史》卷一〇。

[6]魯廣達：人名。亦稱魯達，南朝陳將，隋開皇九年（589）賀若弼率軍渡江伐陳時，領勁兵拒戰於白土岡，結果兵敗被擒，旋即降隋。傳見《陳書》卷三一，《南史》卷六七有附傳。

[7]太子左衛率：官名。南朝陳爲太子左衛長官，領掌東宫宫禁宿衛。煬帝大業三年（607）改名左侍率。正四品。

[8]都官尚書：官名。陳都官曹長官，掌軍事、刑獄。第三品。　孔範：人名。南朝陳大臣，入隋爲隋文帝流之遠裔。傳見《南史》卷七七。

[9]湘州：治所在今湖南長沙市。

[10]散騎常侍：官名。爲陳集書省長官，置四人，高功者一人爲祭酒。隨侍皇帝身邊獻納得失，並可預審奏報文書。第三品。

晋王廣之伐陳也，[1]都督巴峽緣江諸軍事，[2]以拒秦王俊，[3]軍不得度，相持逾月。遇丹陽陷，[4]陳主被擒，上江猶不下，晋王廣遣陳主手書命之，羅睺與諸將大臨三日，[5]放兵士散，然後乃降。高祖慰諭之，[6]許以富貴。羅睺垂泣而對曰："臣荷陳氏厚遇，本朝淪亡，無節可紀。陛下所賜，獲全爲幸，富貴榮禄，非臣所望。"高祖甚器之。賀若弼謂之曰：[7]"聞公郢、漢捉兵，[8]即知揚州可得。王師利涉，果如所量。”羅睺答曰：“若得與公周旋，勝負未可知也。”其年秋，拜上儀同三司，[9]鼓吹羽儀，[10]送之于宅。

[1]晋王廣：即隋煬帝楊廣，開皇元年被立爲晋王。紀見本書卷三、四，《北史》卷一二。　陳：即南朝陳（557—589），都建康（今江蘇南京市）。

[2]巴峽：長江上的一段山峽。具體位置説法不一。一説在今湖北巴東縣境内。另一説指今重慶奉節縣的長江瞿塘峽和巫山縣的長江巫峽。還有一説泛指今長江三峽。此三説所指的“巴峽”地理位置相近，或有重疊。

[3]秦王俊：隋文帝第三子楊俊，開皇元年被立爲秦王。傳見本書卷四五、《北史》卷七一。

[4]丹陽：郡名。治所在今江蘇南京市。陽，一作“楊”或“揚”。

[5]臨（lìn）：哭吊死者。

[6]高祖：隋文帝楊堅的廟號。紀見本書卷一、二，《北史》卷一一。

[7]賀若弼：人名。傳見本書卷五二，《北史》卷六八有附傳。

[8]郢、漢：地區名。大約指今湖北、四川一帶。

[9]上儀同三司：官名。隋置十一等散實官，加文武官之有德聲者，並不理事。上儀同三司爲第七等，開府置府佐。從四品。

[10]鼓吹：演奏鼓吹樂的樂隊。　羽儀：古時儀仗隊中用鳥羽裝飾的旌旗之類。

先是，陳裨將羊翔歸降于我，[1]使爲鄉導，位至上開府，[2]班在羅睺上。韓擒於朝堂戲之曰：[3]“不知機變，位在羊翔之下，[4]能無愧乎？”羅睺答曰：“昔在江南,[5]久承令問,[6]謂公天下節士。今日所言，殊匪誠臣之論。”擒有愧色。其年冬，除豳州刺史,[7]俄轉涇州刺史,[8]母憂去職。[9]未期,[10]復起，授豳州刺史，並有能名。

[1]裨將：副將、小將。　羊翔：人名。南朝陳將領，事略見《通鑑》卷一七七《隋紀》文帝開皇九年。

[2]上開府：官名。全稱爲上開府儀同三司。隋文帝因改北周之制形成十一等散實官，以酬勤勞。上開府爲第五等。從三品。

[3]韓擒：人名。即韓擒虎。唐人因避“李虎”諱，而省“虎”字。傳見本書卷五二,《北史》卷六八有附傳。

[4]位：原作“立”，據《北史》卷七六《周羅睺傳》改。

[5]江南：地區名。泛指長江以南的地區。此處指南朝陳。

[6]問：宋刻遞修本、中華本同，汲古閣本、殿本、庫本作“聞”。

[7]豳州：治所在今陝西彬縣。

[8]涇州：治所在今甘肅涇川縣北涇河北岸。

[9]母憂去職：中國古代，凡父母之喪，需服斬衰居喪三年，以報父母養育之恩。東漢以後，服斬衰之喪者如是現任官員，必須離職成服，歸家守制，叫做“丁憂”或“丁艱”，至喪期結束纔能復職。在特殊情況下，皇帝常會以處理軍國大事的需要爲由，不讓高級官員離職守喪，或者喪期未滿就令其提前復職。

[10]未期：指喪期未滿。

十八年，起遼東之役,[1]徵爲水軍總管。[2]自東萊泛海,[3]趣平壤城,[4]遭風，船多飄没，無功而還。十九年，突厥達頭可汗犯塞,[5]從楊素擊之。[6]虜衆甚盛，羅睺白素曰："賊陣未整，請擊之。"素許焉，與輕勇二十騎直衝虜陣，從申至酉，短兵屢接，大破之。進位大將軍。[7]仁壽元年，[8]爲東宫右虞候率，[9]賜爵義寧郡公，[10]食邑一千五百户。俄轉右衛率。[11]

[1]遼東之役：即隋文帝征高麗的戰争。

[2]總管：使職。出征軍隊的統帥，多爲戰時臨時委派。

[3]東萊：郡名。治所在今山東萊州市。

[4]趣（qū）：通"趨"。疾行。　平壤城：地名。爲隋時古高句麗國都城，舊址在今朝鮮平壤市大同江南岸。

[5]突厥：古族名、國名。廣義包括突厥、鐵勒諸部落，狹義專指突厥。公元六世紀時游牧於金山（今阿爾泰山）以南，因金山形似兜鍪，俗稱"突厥"，遂以名部落。西魏廢帝元年（552），土門自號伊利可汗，建立突厥汗國，樹庭於鬱督軍山（今杭愛山東段，鄂爾渾河左岸）。隋開皇二年西面可汗達頭與大可汗沙鉢略不睦，分裂爲西突厥、東突厥兩個汗國。傳見本書卷八四、《周書》卷五〇、《北史》卷九九、《舊唐書》卷一九四、《新唐書》卷二一五。　達頭可汗：西突厥汗國的首領，又稱步迦可汗。室點密之子。屢擾隋境。事見本書卷八四、《北史》卷九九《突厥傳》。

[6]楊素：人名。傳見本書卷四八，《北史》卷四一有附傳。

[7]大將軍：官名。隋十一等散實官中第四等。正三品。

[8]仁壽：隋文帝楊堅年號（601—604）。

[9]右虞候率：官名。隋初於右虞候各置右虞候開府一員爲長官。煬帝大業三年改右虞候開府爲右虞候率，掌東宫斥候伺奸非。正四品。

[10]義寧郡公：爵名。隋九等爵的第四等。從一品。

[11]右衛率：官名。爲太子右衛長官，領掌東宫宫禁宿衛。煬帝大業三年改名右侍率。正四品。

煬帝即位，授右武候大將軍。[1]漢王諒反，[2]詔副楊素討平之，進授上大將軍。[3]其年冬，帝幸雒陽。[4]陳主卒，羅睺請一臨哭，帝許之。縗絰送至墓所，[5]葬還，釋服而後入朝。帝甚嘉尚，世論稱其有禮。

[1]右武候大將軍：官名。隋中央軍事機關十二衛中有左右武候府，長官爲大將軍，掌車駕出，先驅後殿，晝夜巡察，執捕奸非，烽候道路，水草所置。巡狩師田，則掌其營禁。正三品。隋煬帝時，改左右武候爲左右候衛，仍置大將軍，品秩不變。

[2]漢王諒：即隋文帝第五子楊諒，開皇元年被立爲漢王。傳見本書卷四五、《北史》卷七一。

[3]上大將軍：官名。隋文帝因改北周之制，置十一等散實官，以酬勤勞，上大將軍爲第三等。從二品。

[4]雒陽：隋東都，治所在今河南洛陽市。

[5]縗（cuī）：亦作"衰"。古時喪服，用粗麻布製成，披於胸前。　絰（dié）：古時喪服中的麻帶，在首爲首絰，在腰爲腰絰。

時諒餘黨據晋、絳等三州未下，[1]詔羅睺行絳、晋、吕三州諸軍事，[2]進兵圍之。爲流矢所中，卒于師，時年六十四。送柩還京，行數里，無故輿馬自止，策之不動，有飄風旋遶焉。絳州長史郭雅稽顙咒曰：[3]"公恨小寇未平邪？尋即除殄，無爲戀恨。"於是風静馬行，見者莫不悲歎。其年秋七月，子仲隱夢見羅睺曰：[4]"我明日當戰。"其靈坐所有弓箭刀劍，無故自動，若人帶持之狀。絳州城陷，是其日也。贈柱國、右翊衛大將軍，[5]謚曰壯。贈物千段。子仲安，[6]官至上開府。

[1]晋：州名。治所在今山西臨汾市。　絳：州名。治所在今山西聞喜縣。

[2]吕：州名。治所在今山西霍州市。

[3]長史：官名。州一級政府行政人員，依州級别不同，品級亦不同。上州長史正五品，中州長史從五品，下州長史正六品。大業三年，隋煬帝罷州置郡，並罷各州長史一職。　郭雅：人名。隋任絳州長史，其他事迹不詳。　稽顙（sǎng）：古代一種跪拜禮。行禮之人屈膝下跪，以額頭（顙）觸地，不露面容。多在居喪期間答拜賓客時行之，以示極度悲痛和對吊者的感謝。也在謝罪或投降的場合行之，以示極度惶恐。　咒：祝告，禱告。

[4]仲隱：人名。即周仲隱，周羅睺之子，其他事迹不詳。

[5]柱國：官名。贈官。正二品。　右翊衛大將軍：官名。贈官。正三品。

[6]仲安：人名。即周仲安，周羅睺之子，其他事迹不詳。

周法尚

周法尚，[1]字德邁，汝南安成人也。[2]祖靈起，[3]梁直閤將軍、義陽太守、廬、桂二州刺史。[4]父炅，[5]定州刺史、平北將軍。[6]法尚少果勁，有風概，好讀兵書。年十八，爲陳始興王中兵參軍，[7]尋加伏波將軍。[8]其父卒後，監定州事，督父本兵。數有戰功，遷使持節、貞毅將軍、散騎常侍，[9]領齊昌郡事，[10]封山陰縣侯，邑五千户。以其兄武昌縣公法僧代爲定州刺史。[11]

[1]周法尚：人名。傳另見《北史》卷七六。

[2]汝南：郡名。治所在今河南汝南縣。　安成：縣名。治所在今汝南縣東南。

[3]靈起：人名。即周靈起。南朝梁人，具體事迹不詳。

[4]直閤將軍：官名。全稱爲朱衣直閤將軍，掌宫廷殿閣的值勤宿衛工作。南朝梁十班。　義陽：郡名。治所在今四川巴中縣西南恩陽古鎮。　盧：州名。梁時治所不詳，隋時治所在今安徽合肥市。　桂：州名。治所在今廣西柳州市東南，梁大同六年（540）移治今桂林市。

[5]炅：人名。即周炅。南朝陳宣帝太建初年進號北平將軍、定州刺史。傳見《陳書》卷一三、《南史》卷六七。

[6]定州：治所在今湖北麻城市東北。　平北將軍：官名。陳置諸戎號擬官，平北將軍爲三品。雖加將軍之號，但不領兵，領兵亦不滿百人。除此官而爲州郡縣者，依本條減秩石。

[7]始興王：爵名。全稱爲始興郡王。陳九等爵的第一等。第一品。此處陳始興王應爲陳叔陵。傳見《陳書》卷三六、《南史》卷六五。　中兵參軍：官名。陳制，皇弟、皇子府置僚佐，中兵參軍爲其中之一，參與府主軍事決策。第七品。

[8]伏波將軍：官名。陳諸戎號擬官的第八品。

[9]貞毅將軍：官名。陳諸戎號擬官的第五品。

[10]齊昌：郡名。治所在今湖北蕲春縣西南。

[11]武昌縣公：爵名。陳九等爵的第二等。第二品。　法僧：人名。即周法僧。其他事迹不詳。

法尚與長沙王叔堅不相能，[1]叔堅言其將反。陳宣帝執禁法僧，發兵欲取法尚。其下將吏皆勸之歸北，[2]法尚猶豫未決。長史殷文則曰：[3]“樂毅所以辭燕，[4]良由不獲已。事勢如此，請早裁之。”法尚遂歸于周。宣帝甚優寵之，[5]拜開府、順州刺史，[6]封歸義縣公，[7]邑千户。賜良馬五匹，女妓五人，彩物五百段，加以金帶。

[1]長沙王叔堅：南朝陳宣帝陳頊第四子。傳見《陳書》卷二八、《南史》卷六五。

[2]歸北：歸順北周。

[3]長史：官名。陳制庶姓持節府置僚佐，長史爲其中之一，總管府内事務。第七品。　殷文則：人名。南朝陳時任齊昌郡長史，其他事迹不詳。

[4]樂毅所以辭燕：指樂毅給燕昭王獻策，聯合楚、魏、趙、韓諸國攻齊，結果大勝齊軍，使燕國勢力大大增加，樂毅因此受到燕昭王的禮遇。後來燕惠王登位，猜忌樂毅，並以騎劫代替樂毅之職。於是，樂毅離開燕國，改投趙國任職。樂毅傳見《史記》卷八〇。

[5]宣帝：即北周皇帝宇文贇的謚號。紀見《周書》卷七、《北史》卷一〇。

[6]開府：官名。周齊交戰之際，北周始置十一等勳官，以酬戰士。開府始全稱開府儀同三司，武帝建德四年（575）改稱“開府儀同大將軍”。爲勳官第六等。九命。（參見王仲犖《北周六典》卷九《勳官第二十》，中華書局1979年版，第576頁）　順州：西魏恭帝時改翼州爲順州，治所在今湖北隨州市北。

[7]歸義縣公：官名。北周十一等爵的第六等。命數不詳，非正九命則當是九命。

陳將樊猛濟江討之，[1]法尚遣部曲督韓明詐爲背己奔于陳，[2]僞告猛曰：“法尚部兵不願降北，人皆竊議，盡欲叛還。若得軍來，必無鬬者，自當於陣倒戈耳。”

猛以爲然，引師急進。法尚乃陽爲畏懼，自保於江曲。[3]猛陳兵挑戰，法尚先伏輕舸於浦中，[4]又伏精鋭於古村之北，[5]自張旗幟，迎流拒之。戰數合，僞退登岸，投古村。猛捨舟逐之，法尚又疾走，行數里，與村北軍合，復前擊猛。猛退走赴船，既而浦中伏舸取其舟楫，建周旗幟。猛於是大敗，僅以身免，虜八千人。

[1]樊猛：人名。南朝陳時官至使持節、都督南豫州諸軍事、南豫州刺史，禎明三年（589）降隋。《陳書》卷三一、《南史》卷六七有附傳。

[2]部曲督：官名。南北朝時，地方豪强或將領的私人軍隊稱爲部曲，其首領稱爲部曲督。品秩不詳。　韓明：人名。具體事迹不詳。按，《北史》卷七六《周法尚傳》作“韓朗”。

[3]江曲：江水曲折、隱密的地方。

[4]浦：通大河的水渠。

[5]古村：地名。今地不詳。

高祖爲丞相，[1]司馬消難作亂，[2]陰遣上開府段珣率兵陽爲助守，[3]因欲奪其城。法尚覺其詐，閉門不納，珣遂圍之。于時倉卒，兵散在外，因率吏士五百人守拒二十日。外無救援，自度力不能支，遂拔所領，棄城遁走。消難虜其母弟及家累三百人歸于陳。

[1]丞相：官名。北周静帝大象二年（580）置左、右大丞相。以宇文贊爲右大丞相，但僅有虚名；以楊堅爲左大丞相，總攬朝政。旋去左右之號，獨以楊堅爲大丞相。實爲控制朝廷的權臣。

[2]司馬消難：人名。初仕北齊，官至北豫州刺史，後被猜忌

迫害舉州降周，遷大後丞，出爲鄖州總管。傳見《周書》卷二一，《北史》卷五四有附傳。

[3]上開府：官名。全稱爲上開府儀同大將軍，爲北周十一等勳官的第五等。九命。　段珣：人名。隋初人，具體事迹不詳。

高祖受禪，拜巴州刺史，[1]破三鵶叛蠻於鐵山，[2]復從柱國王誼擊走陳寇。[3]遷衡州總管、四州諸軍事，[4]改封譙郡公，邑二千户。後上幸洛陽，召之，及引見，賜金鈿酒鍾一雙，[5]彩五百段，良馬十五匹，奴婢三百口，給鼓吹一部。法尚固辭，上曰："公有大功於國，特給鼓吹者，欲令公鄉人知朕之寵公也。"固與之。

[1]巴州：治所在今四川巴中市巴州區。

[2]三鵶：古地名。"鵶"通"鴉"。自河南南陽盆地循今白河支流口子河谷北行，逾伏牛山分水嶺循襄河谷抵魯山，北通汝洛。自南而北，路經三鵶：第一鵶在今南陽市北古向城縣（今皇路店）北；第二鵶在伏牛山分水嶺北麓；第三鵶即魯陽關，在今南召、魯山二縣界上。山路險峻，但爲洛陽、南陽間最近捷的通道。　蠻：古族名。中國古代用以泛指四方的少數民族，有時特指長江中游及其以南地區少數民族。傳見本書卷八二、《後漢書》卷八六、《魏書》卷一〇一、《北史》卷九五、《南史》卷七九。　鐵山：一説在今四川榮縣西，一説在今四川達縣西北。

[3]柱國：官名。隋文帝因改北周之制，置十一等散實官，以酬勤勞。柱國爲第二等。正二品。　王誼：人名。傳見本書卷四〇，《北史》卷六一有附傳。

[4]衡州：治所在今湖南衡陽市。　總管：官名。北周置諸州總管，隋承繼，又有增置。全稱爲總管刺史加使持節。總管的統轄範圍可達數州至十餘州，成一軍政管轄區。隋文帝在并、益、荆、

揚四州置大總管，其餘州置總管。總管分上、中、下三等，品秩爲流内視從二品、正三品、從三品。

[5]金鈿酒鍾：用金鑲嵌的圓形壺，用以盛酒漿。

歲餘，轉黄州總管，[1]上降密詔，使經略江南，伺候動静。及伐陳之役，以行軍總管隸秦孝王，[2]率舟師三萬出于樊口。[3]陳城州刺史熊門超出師拒戰，[4]擊破之，擒超於陣。轉鄂州刺史，[5]尋遷永州總管，[6]安集嶺南，賜縑五百段，良馬五匹，仍給黄州兵三千五百人爲帳内。陳桂州刺史錢季卿、南康内史柳璿、西衡州刺史鄧暠、陽山太守毛爽等前後詣法尚降。[7]陳定州刺史吕子廓據山洞反，[8]法尚引兵逾嶺，子廓兵衆日散，與千餘人走保巖嶮，其左右斬之而降。賜彩五百段，奴婢五十口，并銀甕寶帶，良馬十匹。十年，尋轉桂州總管，仍爲嶺南安撫大使。[9]

[1]黄州：治所在今湖北武漢市新洲區。

[2]行軍總管：出征軍統帥名。北周至隋時所置的統領某部或某路出征軍隊的軍事長官。根據需要其上還可置行軍元帥以統轄全局。屬臨時差遣任命之職，事罷則廢。　秦孝王：隋文帝楊堅第三子楊俊。傳見本書卷四五、《北史》卷七一。

[3]樊口：古地名。在今湖北鄂州市城區西北。

[4]城州：今地不詳。　熊門超：人名。南朝陳人，具體事迹不詳。

[5]鄂州：治所在今湖北武漢市武昌區。

[6]永州：治所在今湖南永州市。

[7]桂州：治所在今廣西桂林市。　錢季卿：人名。南朝陳人，

具體事迹不詳。　南康：郡名。治所在今江西南康市。　柳璿：人名。南朝陳人，具體事迹不詳。　西衡州：治所在今廣東英德市西北浛洸鎮。　鄧暠：人名。歷南朝陳、隋及唐三朝，隋末任襄平太守，據《唐代墓誌彙編續編》延和〇〇一《大唐故忠武將軍右衛率鄧（温）府君墓誌之銘并序》載："曾祖暠，隋任銀青光禄大夫、誉州刺史，皇朝左庶子兼散騎常侍，遷冀州刺史、臨川郡開國公，食邑三千户。"　陽山：郡名。治所在今廣東陽山縣。　毛爽：人名。南朝陳人，通曉京房律法，其他事迹不詳。

[8]吕子廓：人名。南朝陳人，具體事迹不詳。

[9]安撫大使：使職。爲臨時指派之職，一般由君主直接任命，可以繞開銓選授職的一套繁瑣程序，完成某些緊急複雜的使命，如調查一地的民政、軍政，安撫百姓等。

後數年入朝，以本官宿衛。賜彩三百段，米五百石，絹五百匹。未幾，桂州人李光仕舉兵作亂，[1]令法尚與上柱國王世積討之。[2]法尚馳往桂州，發嶺南兵，世積出岳州，[3]徵嶺北軍，俱會于尹州。[4]光仕來逆戰，擊走之。世積所部多遇瘴，[5]不能進，頓于衡州，[6]法尚獨討之。光仕帥勁兵保白石洞，[7]法尚捕得其弟光略、光度，[8]大獲家口。其黨有來降附，輒以妻子還之。居旬日，降者數千人。法尚遣兵列陣，以當光仕，親率奇兵，蔽林設伏。兩陣始交，法尚馳擊其柵，柵中人皆走散，光仕大潰，追斬之。賜奴婢百五十口，黄金百五十兩，銀百五十斤。

[1]李光仕：人名。隋開皇十七年聚衆反，爲上柱國王世積、桂州總管周法尚平定。事亦見本書卷二《高祖紀下》、卷六八《何

稠傳》，《通鑑》卷一七八《隋紀》開皇十七年二月條。

[2]上柱國：官名。隋文帝因改北周之制形成十一等散實官，以酬勤勞。上柱國是第一等，開府置府佐。從一品。按，據本書卷四〇、《北史》卷六八《王世積傳》記載，平陳戰争中王世積“以功進位柱國”，後數歲，“桂州人李光仕作亂，世積以行軍總管討平之。……及還，進位上柱國”。即王世積以平李光仕之功進位上柱國，故此以後來官名稱之。　王世積：人名。傳見本書卷四〇，《北史》卷六八有附傳。底本原脱“世”字，今據下文補。

[3]岳州：治所在今湖南岳陽市。

[4]尹州：治所在今廣西貴港市東南鬱江南岸。

[5]瘴：南方暑濕之地的病。内病爲瘴，外病爲癧。

[6]衡州：治所在今湖南衡陽市。

[7]白石洞：地名。在今廣西桂平市東南白石山中。

[8]光略：人名。即李光略。具體事迹不詳。　光度：人名。即李光度。具體事迹不詳。

仁壽中，遂州獠叛，[1]復以行軍總管討平之。嶲州烏蠻反，[2]攻陷州城，詔令法尚便道擊之。[3]軍將至，賊棄州城，散走山谷間，法尚捕不能得。於是遣使慰諭，假以官號，僞班師，日行二十里。軍再舍，潛遣人覘之，[4]知其首領盡歸栅，聚飲相賀。法尚選步騎數千人，襲擊破之，獲其渠帥數千人，[5]虜男女萬餘口。賜奴婢百口，物三百段，蜀馬二十匹。軍還，檢校潞州事。[6]

[1]遂州：治所在今四川遂寧市。　獠：古族名。曾活動於今廣東、廣西、湖南、四川、雲南、貴州等地區，多以漁獵爲生，已消失數百年。傳見《魏書》卷一〇一、《周書》卷四九、《北史》

卷九五。

[2]嶲（xī）州：治所在今四川西昌市。　烏蠻：古族名。源於氐羌，曾活動於今雲南、四川南部、貴州西部等地區。傳見《舊唐書》卷一九七、《新唐書》卷二二二。　反：宋刻遞修本、中華本同，汲古閣本、殿本、庫本作“叛”。

[3]便道：順路。因遂州和嶲州相距不遠，故皇帝命周法尚順便去平叛。

[4]覘（chān）：窺視，察看。

[5]渠帥：首領。舊稱武裝反抗者的首領或部落酋長。　千：宋刻遞修本、中華本同，汲古閣本、殿本、庫本作“十”。

[6]潞州：治所在今山西壺關縣東南。

煬帝嗣位，轉雲州刺史。[1]後三歲，轉定襄太守，[2]進位金紫光禄大夫。[3]時帝幸榆林，[4]法尚朝于行宫。内史令元壽言於帝曰：[5]“漢武出塞，[6]旍旗千里。今御營之外，請分爲二十四軍，日别遣一軍發，相去三十里，旗幟相望，鉦鼓相聞，[7]首尾連注，千里不絶。此亦出師之盛者也。”法尚曰：“不然，兵亘千里，動間山川，卒有不虞，四分五裂。腹心有事，首尾未知，道阻且長，難以相救。雖是故事，此乃取敗之道也。”帝不懌曰：“卿意以爲如何?”法尚曰：“結爲方陣，四面外距，六宫及百官家口並住其間。[8]若有變起，當頭分抗，内引奇兵，出外奮擊，車爲壁壘，重設鉤陳，[9]此與據城理亦何異！若戰而捷，抽騎追奔，或戰不利，屯營自守。臣謂牢固萬全之策也。”帝曰：“善。”因拜左武衛將軍，[10]賜良馬一匹，絹三百匹。

［1］雲州：治所在今内蒙古和林格爾縣西北土城子。

［2］定襄：郡名。隋大業三年改雲州置，治所不變。

［3］金紫光禄大夫：官名。屬散實官。隋文帝置特進、左右光禄大夫等，以加文武官之有德聲者，並不理事。因其金印紫綬，故名。隋初爲從二品，煬帝大業三年降爲正三品。

［4］榆林：郡名。治所在今内蒙古准格爾旗東北黄河南岸十二連城。

［5］内史令：官名。内史省長官，掌皇帝詔令出納宣行，居宰相之職。隋初内史省置監、令各一人，尋廢監，置令二人。正三品。　元壽：人名。傳見本書卷六三、《北史》卷七五。

［6］漢武：即漢武帝劉徹。紀見《史記》卷一二、《漢書》卷六。

［7］鉦鼓：古代行軍時用的兩種樂器。鉦，又名丁寧，形似鐘而狹長，有長柄可執，擊之而鳴。

［8］六宫：統指皇后妃嬪，或其住所。

［9］鈎陳：古代一種用於防衛的儀仗。

［10］左武衛將軍：官名。隋中央軍事機關十二衛中有左右武衛，各置大將軍爲長官，又置將軍二人副之，掌領外軍宿衛宫禁。從三品。

明年，黔安夷向思多反，[1]殺將軍鹿愿，[2]圍太守蕭造，[3]法尚與將軍李景分路討之。[4]法尚擊思多于清江，[5]破之，斬首三千級。還，從討吐谷渾，[6]法尚别出松州道，[7]逐捕亡散，至于青海。[8]賜奴婢一百口，物二百段，馬七十匹。出爲敦煌太守，[9]尋領會寧太守。[10]

［1］黔安：郡名。治所在今重慶市彭水苗族土家族自治縣。夷：古族名。中國古代對東方各族的泛稱，亦稱東夷，或用以泛指

異族人。傳見《史記》卷一一六、《漢書》卷九五、《後漢書》卷八六、《南史》卷七八。　向思多：人名。黔安夷酋帥，隋煬帝大業五年反，爲隋將周法尚擊破。

[2]鹿愿：人名。隋朝將領，平陳之後，與裴矩、譙國夫人共同平定王仲宣叛亂，隋煬帝大業五年，爲黔安夷帥向思多所殺。事亦見本書卷六四《王辯傳》、卷八〇《譙國夫人傳》。

[3]蕭造：人名。具體事迹不詳。

[4]李景：人名。傳見本卷、《北史》卷七六。

[5]清江：郡名。治所在今湖北長陽土家族自治縣。

[6]吐谷渾：古族名。亦作"吐渾"。本遼東鮮卑之種，姓慕容氏，西晋時西遷至群羌故地，北朝至隋唐時期游牧於今青海北部和新疆東南部地區。傳見本書卷八三、《晋書》卷九七、《魏書》卷一〇一、《周書》卷五〇、《北史》卷九六、《舊唐書》卷一九八、《新唐書》卷二二一上。

[7]松州道：地區名。即今四川松潘縣。

[8]青海：湖名。又稱西海、仙海、鮮水海。即今青海湖。

[9]敦煌：郡名。治所在今甘肅敦煌市西。

[10]會寧：郡名。治所在今甘肅靖遠縣東北。

遼東之役，以舟師指朝鮮道，[1]會楊玄感反，與將軍宇文述、來護兒等破之。[2]以功進右光禄大夫，[3]賜物九百段。時有齊郡人王薄、孟讓等舉兵爲盜，[4]衆十餘萬，保長白山。[5]頻戰，每挫其鋭。賜奴婢百口。

[1]朝鮮道：戰區名。征伐高麗的戰爭中，隋軍被分成二十四路，征戰相應的二十四個戰區，每一個戰區爲一道。朝鮮道爲其中之一。《通鑑》卷一八一《隋紀》煬帝大業八年胡注載"帝指授諸軍所出之道，多用漢縣舊名"。西漢置朝鮮縣，治所在今朝鮮平壤

市西南大同江南岸土城洞（一説在今平壤市）。

[2]宇文述：人名。傳見本書卷六一、《北史》卷七九。　來護兒：人名。傳見本書卷六四、《北史》卷七六。

[3]右光禄大夫：官名。屬散實官。隋文帝置特進、左右光禄大夫等，以加文武官之有德聲者，並不理事。隋文帝時左、右光禄大夫皆正二品；煬帝大業三年定令，“左”爲正二品，“右”爲從二品。

[4]齊郡：治所在今山東濟南市。　王薄：人名。隋末山東農民起義軍領導者之一，大業七年以長白山（今山東鄒平縣南）爲據點起兵反隋，活動於今山東中部一帶。後爲隋將張須陁所敗，武德二年（619）降唐任齊州總管。（參見漆俠《隋末農民起義》，上海人民出版社1954年版；王永興《隋末農民戰争史料彙編》，中華書局1980年版；陶懋炳《王薄事迹考》，《湖南師範學院學報》1982年第2期）　孟讓：人名。隋末山東農民起義軍領導者之一。曾任隋齊郡主簿，大業九年起兵反隋，後爲隋將王世充擊敗，投奔瓦崗軍，被封齊郡公。瓦崗軍爲王世充所敗，孟讓去向不明。（參見漆俠《隋末農民起義》，王永興《隋末農民戰争史料彙編》）

[5]長白山：在今山東鄒平縣南、章丘市和淄博市之間。因山中雲氣常白而得名。

明年，復臨滄海，[1]在軍疾甚，謂長史崔君肅曰：[2]“吾再臨滄海，未能利涉，時不我與，將辭人世。立志不果，命也如何！”言畢而終，時年五十九。贈武衛大將軍，[3]謚曰僖。有子六人。長子紹基，[4]靈壽令，[5]少子紹範，[6]最知名。

[1]滄海：中國古代對東海的别稱。

[2]長史：官名。隋中央十二衛皆置長史，輔助將軍處理府内

各項事務。正五品。　崔君肅：人名。事略見本書八四《西突厥傳》、《舊唐書》卷五四《竇建德傳》。

[3]武衛大將軍：官名。贈官。按，前文記載，大業三年周法尚拜左武衛將軍，故知“武衛大將軍”前脱“左”字。左武衛大將軍爲正三品。

[4]紹基：人名。即周紹基。具體事迹不詳。

[5]靈壽：縣名。治所在今河北靈壽縣。

[6]紹範：人名。即周紹範。具體事迹不詳。

李景

李景，字道興，天水休官人也。[1]父超，[2]周應、戎二州刺史。[3]景容貌奇偉，膂力過人，美鬚髯，驍勇善射。平齊之役，頗有力焉，授儀同三司。[4]以平尉迥，[5]進位開府，賜爵平寇縣公，邑千五百户。

[1]天水：郡名。治所在今甘肅天水市。　休官：縣名。今地不詳。

[2]超：人名。即李超。北周人，具體事迹不詳。

[3]應：州名。治所在今湖北廣水市。　戎：州名。治所在今四川宜賓市。

[4]儀同三司：官名。爲北周十一等勳官的第八等。九命。武帝建德四年改稱儀同大將軍。品秩不變。

[5]尉迥：人名。即尉遲迥，北周太祖宇文泰之甥，周宣帝時任大前疑、相州總管。傳見《周書》卷二一、《北史》卷六二。

開皇九年，[1]以行軍總管從王世積伐陳，陷陣有功，进位上開府，賜奴婢六十口，物千五百段。及高智慧等作亂江南，[2]復以行軍總管從楊素擊之。别平倉嶺，[3]還授鄜州刺史。[4]

[1]開皇：隋文帝楊堅年號（581—600）。

[2]高智慧：人名。隋開皇十年十一月舉兵反，後被鎮壓遭誅。事略見本書卷二《高祖紀下》、卷三八《劉昉傳》，《通鑑》卷一七七《隋紀》開皇十年十一月條。

[3]倉嶺：地名。今地不詳。

[4]鄜（fū）州：治所在今陝西黄陵縣。

十七年，遼東之役，爲馬軍總管。及還，配事漢王。高祖奇其壯武，使袒而觀之，曰："卿相表當位極人臣。"尋從史萬歲擊突厥於大斤山，[1]别路邀賊，[2]大破之。後與上明公楊紀送義成公主於突厥，[3]至恒安，[4]遇突厥來寇。時代州總管韓洪爲虜所敗，[5]景率所領數百人援之。力戰三日，殺虜甚衆，賜物三千段，[6]授韓州刺史。[7]以事王故，不之官。[8]

[1]史萬歲：人名。傳見本書卷五三、《北史》卷七三。　大斤山：即大青山，在今内蒙古土默川平原以北。爲陰山山脈主體，即狹義的陰山。

[2]邀：遮阻，攔擊。

[3]上明公：爵名。即上明郡公。　楊紀：人名。本書卷四八、《北史》卷四一有附傳。　義成公主：隋宗室女。開皇十九年出嫁突厥啓民可汗。啓民死，繼爲處羅、頡利可汗妻。隋亡，數請頡利出兵攻唐，爲隋報仇。頡利敗時被殺。參見本書卷八四、《新唐書》

卷二一五《突厥傳》。按，“成”字各本均同。然本書卷四《煬帝紀下》爲“城”，中華本校勘記云“本書多作‘義成公主’。‘城’‘成’二字有時通用”。

[4]恒安：鎮名。即今山西大同市。

[5]代州：治所在今山西代縣。　韓洪：人名。本書卷五二、《北史》卷六八有附傳。　虜：對敵方的蔑稱。此指突厥。

[6]三千：中華本同，宋刻遞修本、汲古閣本、殿本、庫本作“二千”。

[7]韓州：治所在今山西襄垣縣。

[8]以事王故，不之官：據前文記載，李景“配事漢王”，即輔佐漢王，所以不去韓州赴任。

仁壽中，檢校代州總管。漢王諒作亂并州，[1]景發兵拒之。諒遣劉嵩襲景，[2]戰於城東。升樓射之，無不應弦而倒。選壯士擊之，斬獲略盡。諒復遣嵐州刺史喬鍾葵率勁勇三萬攻之。[3]景戰士不過數千，加以城池不固，爲賊衝擊，崩毁相繼。景且戰且築，士卒皆殊死鬬，屢挫賊鋒。司馬馮孝慈、司法參軍吕玉並驍勇善戰，[4]儀同三司侯莫陳乂多謀畫，[5]工拒守之術。景知將士可用，其後推誠於此三人，無所關預，唯在閤持重，時出撫循而已。[6]月餘，朔州總管楊義臣以兵來援，[7]合擊，大破之。

[1]并州：治所在今山西太原市西南。

[2]劉嵩：人名。隋朝人，其他事迹不詳。

[3]嵐州：治所在今山西嵐縣。一説在今静樂縣。二縣比鄰。　喬鍾葵：人名。仁壽年間爲嵐州刺史，隨楊諒起兵反。事略見本

書卷四五《庶人諒傳》、《北史》卷七〇《陶世模傳》。

［4］司馬：官名。州級屬官，負責州一級軍事兵馬事宜。上州司馬正五品，中州司馬從五品，下州司馬正六品。　馮孝慈：人名。《北史》卷七八有附傳，事另見本書卷四《煬帝紀下》。　司法參軍：官名。州級屬官。負責州一級司法刑獄事宜。上州司法參軍從七品，中州正八品，下州從八品。　吕玉：人名。隋朝人，其他事迹不詳。

［5］儀同三司：官名。隋文帝因改北周之制，置十一等散實官，以酬勤勞，開府置僚佐。儀同三司爲第八等。正五品。　侯莫陳乂：人名。隋朝人，其他事迹不詳。乂，底本作“又”，中華本據《北史》卷七六《李景傳》改，今從改。

［6］撫循：同“拊循”。撫慰。

［7］朔州：治所在今山西朔州市。　楊義臣：人名。傳見本書卷六三、《北史》卷七三。

先是，景府内井中甃上生花如蓮，并有龍見，時變爲鐵馬甲士。又有神人長數丈見於城下，其迹長四尺五寸。景問巫，對曰：“此是不祥之物，來食人血耳。”景大怒，推出之。旬日而兵至，死者數萬焉。景尋被徵入京，進位柱國，拜右武衛大將軍，[1]賜縑九千匹，女樂一部，[2]加以珍物。

［1］右武衛大將軍：官名。隋中央軍事機關十二衛中有左右武衛，掌領外軍宿衛宫禁。各置大將軍一人爲長官，總理府事。正三品。

［2］女樂：古代的歌舞伎。

景智略非所長，而忠直爲時所許，帝甚信之。擊叛蠻向思多，破之，賜奴婢八十口。明年，擊吐谷渾於青海，破之，進位光禄大夫。[1]賜奴婢六十口，縑二千匹。五年，車駕西巡，至天水，景獻食於帝。帝曰："公，主人也。"賜坐齊王暕之上。[2]至隴川宫，[3]帝將大獵，景與左武衛大將軍郭衍俱有難言，[4]爲人所奏。帝大怒，令左右搏之，[5]竟以坐免。歲餘，復位，與宇文述等參掌選舉。

[1]光禄大夫：官名。隋初置六等散實官授與文武官員中功高德厚者，爲其加官，以示尊崇，並不理事。光禄大夫爲其中之一，分左右，第二等，正二品。隋煬帝大業三年改革官制，置九大夫，仍爲散職，光禄大夫爲第一等，從一品。

[2]齊王暕：隋煬帝子楊暕，大業二年被封爲齊王。傳見本書卷五九、《北史》卷七一。

[3]隴川宫：宫殿名。隋大業六年置，約在今陝西西部隴山中。

[4]郭衍：人名。傳見本書卷六一、《北史》卷七四。

[5]搏（bó）：擊。

明年，攻高麗武厲邏，[1]破之，賜爵苑丘侯，[2]物一千段。八年，出渾彌道。[3]九年，復出遼東。及旋師，以景爲殿。高麗追兵大至，景擊走之。賚物三千段，進爵滑國公。[4]楊玄感之反也，朝臣子弟多預焉，而景獨無關涉。帝曰："公誠直天然，我之梁棟也。"賜以美女。帝每呼李大將軍而不名，其見重如此。

[1]高麗：古國名。爲高句麗的别稱。故地在今朝鮮半島北部。

傳見本書卷八一、《北史》卷九四、《南史》卷七九、《舊唐書》卷一九九上、《新唐書》卷二二〇。　武厲邏：原作"武厲城"。《北史》卷七六《李景傳》，記載爲"武列城"。考本書《高麗傳》和《北史·高麗傳》均記載爲"武厲邏"。又查《通鑑》卷一八一《隋紀》大業八年記載"唯於遼水拔高麗武厲邏"。故據此改。此地爲高句麗割據時期的城池，戰爭中爲隋軍攻破，隋設遼東郡及通定鎮，即今遼寧新民市。

[2]苑丘侯：爵名。全稱爲苑丘縣侯。隋九等爵的第六等。正二品。

[3]渾彌道：戰區名。征伐高麗的戰爭中，隋軍被分成二十四路，征戰相應的二十四個戰區，每一個戰區爲一道。渾彌道爲其中之一。《通鑑》卷一八一《隋紀》煬帝大業八年胡注載"帝指授諸軍所出之道，多用漢縣舊名"。渾彌，西漢時屬樂浪郡，約今朝鮮平壤市大同江南岸土城洞，一説即今平壤市。

[4]滑國公：爵名。隋九等爵的第三等。從一品。

十二年，帝令景營遼東戰具於北平，[1]賜御馬一匹，名師子駻。[2]會幽州賊楊仲緒率衆萬餘人來攻北平，[3]景督兵擊破之，斬仲緒。于時盜賊蜂起，[4]道路隔絶，景遂召募，以備不虞。武賁郎將羅藝與景有隙，[5]遂誣景將反。帝遣其子慰諭之曰："縱人言公闚天闕，[6]據京師，[7]吾無疑也。"

[1]北平：郡名。治所在今河北盧龍縣。

[2]駻：音 jié。

[3]幽州：治所在今北京市城區西南。　楊仲緒：隋末幽州地區農民起義軍領導者。

[4]盜賊蜂起：指隋末農民起義風暴席卷全國。

［5］武賁郎將：官名。隋中央軍事機關十二衛屬官。十二衛掌領外軍宿衛宮禁等，各置大將軍、將軍總府事。大業中，每衛又置護軍四人，掌副貳將軍，將軍無則一人攝。尋改護軍爲武賁郎將。正四品。　羅藝：人名。隋煬帝大業中以軍功官至虎賁郎將，督軍於北平郡。隋末大亂時以武力占據涿郡及附近郡縣，自稱幽州總管。唐高祖武德三年歸降唐朝，封爲燕王，後謀反被誅。傳見《舊唐書》卷五六、《新唐書》卷九二。

［6］闚（kuī）：即窺。從小孔、縫隙或隱蔽處察看。　天闕：古指帝京，謂帝王宮闕所在。也指朝廷。

［7］京師：中華本同，宋刻遞修本、汲古閣本、殿本、庫本及《北史》卷七六《李景傳》均作"京都"。

後爲高開道所圍，[1]獨守孤城，外無聲援，歲餘，士卒患脚腫而死者十將六七，景撫循之，一無離叛。遼東軍資多在其所，粟帛山積，既逢離亂，景無所私焉。及帝崩於江都，[2]遼西太守鄧暠率兵救之，[3]遂歸柳城。[4]後將還幽州，在道遇賊，見害。契丹、靺鞨素感其恩，[5]聞之莫不流涕，幽、燕人士于今傷惜之。[6]有子世謨。[7]

［1］高開道：人名。隋末河北地區農民起義軍領導者，武德七年兵敗唐軍。傳見《舊唐書》卷五五、《新唐書》卷八六。按，底本原作"高開國"，據宋刻遞修本、汲古閣本、殿本、中華本改。

［2］江都：郡名。治所在今江蘇揚州市。

［3］遼西太守：據《舊唐書》卷五六、《新唐書》卷九二《羅藝傳》載，鄧暠爲襄平太守，而檢《新唐書》卷一一〇《李謹行傳》載同時的遼西太守爲突地稽。此遼西太守，疑誤。遼西，郡

名。治所在今遼寧朝陽市。

[4]柳城：縣名。治所在今遼寧朝陽市。

[5]契丹：古部族名。其源出於東胡，爲鮮卑的一支。北朝時游牧於西拉木倫河、老哈河一帶。北朝末年逐漸强盛，分爲十部。 靺鞨：古族名。西漢以前稱肅慎，東漢稱挹婁，南北朝以來稱勿吉，隋唐稱靺鞨。所處東至日本海，西接突厥，南界高麗，北臨室韋。大體以今吉林松花江流域爲中心，分布在東至俄羅斯濱海邊疆區，北至黑龍江、烏蘇里江的廣大地區。傳見本書卷八一、《北史》卷九四、《舊唐書》卷一九九下、《新唐書》卷二一九。

[6]幽、燕：地區名。大致爲今北京市、河北北部及遼寧西部一帶。

[7]世謨（mó）：人名。即李世謨。具體事迹不詳。

慕容三藏

慕容三藏，[1]燕人也。[2]父紹宗，[3]齊尚書左僕射、東南道大行臺。[4]三藏幼聰敏，多武略，頗有父風。仕齊，釋褐太尉府參軍事，[5]尋遷備身都督。[6]

[1]慕容三藏：人名。《北史》卷五三有附傳。生平亦可見《慕容三藏墓誌》（載周紹良主編《唐代墓誌彙編》咸亨〇七五，上海古籍出版社1992年版，第564—565頁）。

[2]燕：郡名。治所在今遼寧義縣。按，《慕容三藏墓誌》云："其先昌黎棘城人。"

[3]紹宗：人名。即慕容紹宗。東魏北齊將領。傳見《北史》卷五三。

[4]尚書左僕射：官名。北齊尚書省置左右二僕射，職爲執法，並總理六尚書事。左居右上，左糾彈，右不糾彈。從二品。 東南

道大行臺：官名。北齊行臺承北魏制，并州大行臺改稱并州尚書省，地位僅在鄴城北齊中央尚書省之下，其餘下臺多以州劃分。東南道行臺亦稱東徐州行臺，駐下邳（今江蘇睢寧縣西北）。

［5］釋褐：謂脱去布衣（平民服裝）而换上官服，即做官之意。　太尉府參軍事：官名。北齊置太尉、司徒、司空是爲三公。三公府各置屬官，其中有參軍事一職，以備咨詢軍事方面事宜。正七品。

［6］備身都督：官名。北齊實行府兵制，中央置領左右府等，負責禁衛宫掖。領左右府設左右將軍、領千牛備身，又設有左右備身正副都督。備身都督爲從四品。

武平初，[1]襲爵燕郡公，[2]邑八百户。其年，敗周師於孝水，[3]又破陳師於壽陽，[4]轉武衛將軍。[5]又敗周師於河陽，[6]授武衛大將軍。[7]又轉右衛將軍，[8]别封范陽縣公，[9]食邑千户。

［1］武平：北齊後主高緯年號（570—576）。

［2］燕郡公：爵名。北齊爲開國郡公。從一品。

［3］孝水：在今河南洛陽市西。

［4］壽陽：縣名。治所在今安徽壽縣。

［5］武衛將軍：官名。中央左右衛府置將軍爲長官，又各置武衛將軍二人貳之，專門負責宫内朱華閣以外的宿衛工作。從三品。

［6］河陽：縣名。治所在今河南孟州市南。

［7］武衛大將軍：官名。北周制度不詳，隋文帝設左武衛，置左武衛大將軍一人爲其首，掌領外軍宿衛宫禁。正三品。

［8］右衛將軍：官名。北齊中央左右衛府各設將軍，爲該府最高軍事長官。正三品。

［9］范陽縣公：爵名。散縣公。從二品。

周師入鄴也，[1]齊後主失守東遁，[2]委三藏等留守鄴宮。齊之王公以下皆降，三藏猶率麾下抗拒周師。及齊平，武帝引見，[3]恩禮甚厚，詔曰："三藏父子誠節著聞，宜加榮秩。"授開府儀同大將軍。[4]其年，稽胡叛，[5]令三藏討平之。

[1]鄴：地名。北齊都城，在今河北臨漳縣西南鄴鎮東。

[2]齊後主：即北齊皇帝高緯。紀見《北齊書》卷八、《北史》卷八。

[3]武帝：北周皇帝宇文邕的謚號。紀見《周書》卷五、六，《北史》卷一〇。

[4]開府儀同大將軍：官名。爲北周十一等勳官的第六等。九命。

[5]稽胡：古族名。亦稱步落稽。匈奴別種。十六國時匈奴所建的幾個政權滅亡後，餘部分散各地，北周時統稱爲稽胡。隋唐以後，漸與漢族融合。傳見《周書》卷四九、《北史》卷九六。

開皇元年，授吴州刺史。[1]九年，奉詔持節凉州道黜陟大使。[2]其年，嶺南酋長王仲宣反，[3]圍廣州，[4]詔令柱國、襄陽公韋洸爲行軍總管，[5]三藏爲副。至廣州，與賊交戰，洸爲流矢所中，卒，詔令三藏檢校廣州道行軍事。十年，賊衆四面攻圍，三藏固守月餘。城中糧少矢盡，三藏以爲不可持久，遂自率驍鋭，夜出突圍擊之。賊衆敗散，廣州獲全。以功授大將軍，賜奴婢百口，加以金銀雜物。

[1]吴州：治所在今浙江紹興市。

[2]凉州道：特區名。約今甘肅武威市一帶。隋時將全國劃分爲若干道，有時包括數州，帶有監察或軍事性質。　黜陟大使：使職名。爲臨時差遣巡察地方政刑苛弊之使職，事後則罷。

[3]王仲宣：人名。南陳末年嶺南地區的夷人酋長，隋開皇九年平陳後仍聚衆反抗隋朝的統治，發兵圍攻廣州，韋洸戰死，其後被多路隋軍擊敗潰散。事亦見本書卷六七《裴矩傳》、《陳書》卷一四《王勇傳》。

[4]廣州：隋開皇初治番禺（今廣東廣州市），後改治曲江縣（今韶關市南武水西岸）。開皇末又改回番禺。仁壽元年，改廣州爲番州。

[5]襄陽公：爵名。即襄陽郡公。　韋洸：人名。本書卷四七、《北史》卷六四有附傳。

十二年，授廓州刺史。[1]州極西界，與吐谷渾鄰接，姦宄犯法者皆遷配彼州，[2]流人多有逃逸。及三藏至，招納綏撫，百姓愛悦，繦負日至，[3]吏民歌頌之。高祖聞其能，屢有勞問。其年，當州畜産繁孳，獲醍醐奉獻，[4]賚物百段。十三年，州界連雲山響，稱萬年者三，詔頒郡國，仍遣使醮於山所。[5]其日景雲浮於上，雉閰兔馴壇側，使還具以聞，上大悦。

[1]廓州：治所在今青海貴德縣。

[2]姦宄：指犯法作亂的人或事。

[3]繦負：亦作“襁負”。用布幅把嬰兒或物品兜負在背上。

[4]醍醐：酥酪上凝聚的油，味甘美。

[5]醮：古代一種禱神的祭禮。

十五年，授疊州總管。[1]党項羌時有翻叛，[2]三藏隨便討平之，部内夷夏咸得安輯。仁壽元年，改封河内縣男。[3]大業元年，[4]授和州刺史。[5]三年，轉任淮南郡太守，[6]所在有惠政。其年，改授金紫光禄大夫。大業七年卒。[7]三藏從子遐，[8]爲澶水丞，[9]漢王反，抗節不從，以誠節聞。

[1]疊州：治所在今甘肅迭部縣。

[2]党項羌：古族名。羌人的一支，分布在今青海東南部河曲和四川松潘以西山谷地帶。從事畜牧業。傳見本書卷八三、《北史》卷九六、《舊唐書》卷一九八、《新唐書》卷二二一上。

[3]河内縣男：爵名。隋九等爵的第九等。正五品。

[4]大業：隋煬帝楊廣年號（605—618）。

[5]和州：治所在今安徽和縣。

[6]淮南：郡名。治所在今安徽壽縣。

[7]大業七年：據《慕容三藏墓誌》卒於“大業九年六月十一日”。

[8]遐：人名。即慕容遐。其他事迹不詳。

[9]澶（chán）水：縣名。屬汲郡，治所在今河南濮陽市。丞：官名。即縣丞，縣主要僚佐之一，掌通判縣事。依縣等第高低自從七品至從九品不等。

薛世雄

薛世雄，[1]字世英，本河東汾陰人也，[2]其先寓居關中。[3]父回，[4]字道弘，仕周，官至涇州刺史。[5]開皇初，封舞陰郡公，領漕渠監，[6]以年老致事，終於家。世雄爲兒童時，與群輩游戲，輒畫地爲城郭，令諸兒爲攻守之勢，有不從令者，世雄輒撻之，諸兒畏憚，莫不齊整。其父見而奇之，謂人曰："此兒當興吾家矣。"年十七，從周武帝平齊，以功拜帥都督。[7]開皇時，數有戰功，累遷儀同三司、右親衛車騎將軍。[8]

[1]薛世雄：人名。傳另見《北史》卷七六。

[2]河東：郡名。治所在今山西永濟市西南蒲州鎮。　汾陰：縣名。治所在今山西萬榮縣西南寶井村。

[3]關中：地區名。與"關内"意同。秦至唐時稱函谷或潼關以西、隴坂以東、終南山以北爲關中。

[4]回：人名。即薛回。事略見《周書》卷六《武帝紀下》。

[5]涇州：治所在今甘肅涇川縣北涇河北岸。

[6]漕渠監：官名。監理漕渠修建。品秩不詳。

[7]帥都督：官名。爲北周十一等勳官的第十等。正七命。

[8]右親衛：官署名。隋中央左右衛各統親衛，掌從侍衛。車騎將軍：官名。隋初爲府兵制中統領驃騎府兵的軍事副長官，正五品上。煬帝大業三年改驃騎府爲鷹揚府，車騎將軍遂改稱鷹揚副郎將，大業五年又改稱鷹擊郎將，降爲從五品。

煬帝嗣位，番禺夷、獠相聚爲亂，[1]詔世雄討平之。遷右監門郎將。[2]從帝征吐谷渾，進位通議大夫。[3]世雄性廉謹，凡所行軍破敵之處，秋毫無犯，帝由是嘉之。帝嘗從容謂群臣曰："我欲舉好人，未知諸君識不?"群臣咸曰："臣等何能測聖心。"帝曰："我欲舉者薛世雄。"群臣皆稱善。帝復曰："世雄廉正節概，有古人之風。"於是超拜右翊衛將軍。[4]

［1］番禺：縣名。治所在今廣東廣州市。

［2］右監門郎將：官名。隋中央軍事機關十二衛中有左右監門府，置將軍一人爲長官，並置郎將二人副之。掌宫廷門禁、守衛等事。正四品。

［3］通議大夫：官名。隋煬帝初年，對隋初的散實官制度加以改革，置光禄等九大夫，爲散實官，授予官員中功高德厚者，爲其加官，以示崇敬，並不理事。通議大夫爲第七等。從四品。

［4］右翊衛將軍：官名。隋初中央軍事機關十二衛中有左右衛府，掌宫掖禁禦，督攝仗衛，置大將軍爲長官，並置將軍二人副之，協理府内事務。從三品。隋煬帝大業三年，改左右衛爲左右翊衛，仍置將軍。品秩不變。

歲餘，以世雄爲玉門道行軍大將，[1]與突厥啓民可汗連兵擊伊吾。[2]師次玉門，[3]啓民可汗背約，兵不至，世雄孤軍度磧。[4]伊吾初謂隋軍不能至，皆不設備，及聞世雄兵已度磧，大懼，請降，詣軍門上牛酒。世雄遂於漢舊伊吾城東築城，號新伊吾，[5]留銀青光禄大夫王威以甲卒千餘人戍之而還。[6]天子大悦，進位正議大夫，[7]賜物二千段。

［1］玉門道：特區名。約今甘肅玉門市及其周圍地區。隋朝在戰爭中於地方設置的特區，稱“道”。　行軍大將：使職。出征軍隊的軍事長官，多爲戰時臨時委派，戰事結束即撤。按，《北史》卷七六《薛世雄傳》載爲“行軍大將軍”。

［2］啓民可汗：即東突厥首領，名染干，沙鉢略可汗之子。事見本書卷八四、《舊唐書》卷一九四、《新唐書》卷二一五《突厥

傳》。　伊吾：古國名。爲西域諸胡雜居之地，曾依附於西突厥汗國。事略見本書卷八三《高昌傳》、卷八四《突厥傳》。

[3]玉門：縣名。治所在今甘肅玉門市西北赤金堡。

[4]磧（qì）：淺水中的沙石。

[5]新伊吾：郡名。治所在今新疆哈密市。

[6]銀青光禄大夫：官名。隋散實官的第四等。正三品。隋煬帝大業三年降爲第五等。從三品。　王威：人名。隋時人，具體事迹不詳。

[7]正議大夫：官名。隋散實官的第六等。正四品。

遼東之役，以世雄爲沃沮道軍將，[1]與宇文述同敗績於平壤。還次白石山，[2]爲賊所圍百餘重，四面矢下如雨。世雄以羸師爲方陣，選勁騎二百先犯之，賊稍却，因而縱擊，遂破之而還。所亡失多，竟坐免。明年，帝復征遼東，拜右候衛將軍，[3]兵指蹋頓道。[4]軍至烏骨城，[5]會楊玄感作亂，班師。帝至柳城，以世雄爲東北道大使，[6]行燕郡太守，鎮懷遠。[7]于時突厥頗爲寇盜，緣邊諸郡多苦之，詔世雄發十二郡士馬，巡塞而還。

[1]沃沮道：特區名。《通鑑》卷一八一《隋紀》煬帝大業八年胡注載“帝指授諸軍所出之道，多用漢縣舊名……沃沮，亦古地名，是時其地已入新羅界”。西漢時置沃沮縣，治所在今朝鮮咸鏡南道咸興市，一説即咸鏡北道境城或咸鏡南道北青。東漢時廢。

[2]白石山：在今河北淶源縣南。

[3]右候衛將軍：官名。隋初中央軍事機關十二衛中有左右武候府，掌車駕出，先驅後殿，晝夜巡察，執捕奸非，烽候道路，水

草所置。巡狩師田，則掌其營禁。置大將軍爲長官，將軍二人副之，協理府内事務。大業三年，改左右武候府爲左右候衛府，仍負責宫廷守備及隨侍皇帝出行、護衛。右候衛將軍爲其衛副長官，從三品。

[4]蹋頓道：特區名。蹋頓爲遼西烏桓的首領，其領地約今遼寧河北的交界處。

[5]烏骨城：高麗城名。在今遼寧鳳城市東南鳳凰山山城。

[6]東北道：特區名。其範圍約當今河南、河北以及遼寧一帶。　大使：使職名。指特派出巡的大臣，多爲探察民情、安撫百姓或軍事鎮守而派出，事畢即撤。

[7]懷遠：鎮名。隋煬帝與高麗作戰所用的米糧儲存於此。一説在今遼寧遼中縣附近，一説即今遼寧黑山縣東姜家屯北古城子。

十年，復從帝至遼東，遷左禦衛大將軍，[1]仍領涿郡留守。[2]未幾，李密逼東都，[3]中原騷動，詔世雄率幽、薊精兵將擊之。[4]軍次河間，[5]營於郡城南，河間諸縣並集兵，依世雄大軍爲營，欲討竇建德。[6]建德將家口遁，自選精鋭數百，夜來襲之。先犯河間兵，潰奔世雄營。時遇雺霧晦冥，莫相辨識，軍不得成列，皆騰栅而走，於是大敗。世雄與左右數十騎遁入河間城，慚恚發病，歸於涿郡，未幾而卒，時年六十三。有子萬述、萬淑、萬鈞、萬徹，[7]並以驍武知名。

[1]左禦衛大將軍：官名。隋煬帝時對隋初中央軍事機關十二衛進行了調整，加置左右禦衛，負責皇帝的宿衛，置大將軍爲長官，總理府事。正三品。

[2]涿郡：治所在今北京城西南。　留守：使職。皇帝出巡或

親征時指定親王或大臣留守京城，得便宜行事，稱京城留守；其陪京和行都則常設留守，以地方行政長官兼任。

[3]李密：人名。傳見本書卷七〇、《舊唐書》卷五三、《新唐書》卷八四，《北史》卷六〇有附傳。

[4]幽、薊：地區名。即今北京、天津、河北、山西一帶。

[5]河間：郡名。治所在今河北河間市。

[6]竇建德：人名。隋末反隋主力之一，唐武德元年於河北稱帝建立夏國。傳見《舊唐書》卷五四、《新唐書》卷八五。

[7]萬述：人名。即薛萬述。具體事迹不詳。　萬淑：人名。即薛萬淑。貞觀初爲營州都督，檢校東夷校尉。事略見《舊唐書》卷六九、《新唐書》卷九四《薛萬鈞傳》。　萬鈞：人名。即薛萬鈞。唐代任左屯衛大將軍，進封潞國公。傳見《新唐書》卷九四，《舊唐書》卷六九有附傳。　萬徹：人名。即薛萬徹。仕唐爲右武衛大將軍，封武安郡公。傳見《舊唐書》卷六九，《新唐書》卷九四有附傳。

王仁恭

王仁恭，[1]字元實，天水上邽人也。[2]祖建，[3]周鳳州刺史。[4]父猛，[5]鄯州刺史。[6]仁恭少剛毅修謹，工騎射。弱冠，[7]州補主簿，[8]秦孝王引爲記室，[9]轉長道令，[10]遷車騎將軍。[11]從楊素擊突厥於靈武，[12]以功拜上開府，賜物三千段。以驃騎將軍典蜀王軍事。[13]山獠作亂，蜀王命仁恭討破之，賜奴婢三百口。及蜀王以罪廢，官屬多罹其患。上以仁恭素質直，置而不問。

[1]王仁恭：人名。傳另見《北史》卷七八。

［2］上邽（guī）：縣名。爲天水郡治所，在今甘肅天水市。

［3］建：人名。即王建。北周時任鳳州刺史，其他事迹不詳。

［4］鳳州：治所在今陝西鳳縣東北鳳州鎮。

［5］猛：人名。即王猛。隋時任鄯州刺史，其他事迹不詳。

［6］鄯州：治所在今青海樂都縣。

［7］弱冠：古代男子二十歲行冠禮，故用以指男子二十歲左右的年齡。

［8］主簿：官名。地方行政機構的屬官，典領州府文書。品秩隨州縣品級而定，其中雍州州主簿爲流内視正八品，其他諸州主簿爲流内視從八品。

［9］記室：官名。隋親王府屬官之一，掌王府内章表書記文檄。從六品。

［10］長道：縣名。治所在今甘肅西和縣東北長道鎮。

［11］車騎將軍：官名。隋置車騎等四十三散號將軍，品凡十六等，爲散號官。授予大臣以示尊崇，並不理事。正五品。

［12］靈武：郡名。治所在今寧夏靈武市西南。

［13］驃騎將軍：官名。隋置驃騎等四十三散號將軍，品凡十六等，爲散號官。授予大臣以示尊崇，並不理事。正四品。　蜀王：即隋文帝第四子楊秀。開皇元年立爲越王，不久改封蜀王。傳見本書卷四五、《北史》卷七一。

煬帝嗣位，漢王諒舉兵反，從楊素擊平之。以功進位大將軍，拜吕州刺史，賜帛四千匹，女妓十人。歲餘，轉衛州刺史，[1]尋改爲汲郡太守，[2]有能名。徵入朝，帝呼上殿，勞勉之，賜雜彩六百段，良馬二匹。遷信都太守，[3]汲郡吏民扣馬號哭於道，數日不得出境，其得人情如此。

［1］衛州：治所在今河南淇縣。

［2］汲郡：隋大業時以衛州改置，移治今河南淇縣東。

［3］信都：郡名。治所在今河北冀州市。

遼東之役，以仁恭爲軍將。及帝班師，仁恭爲殿，遇賊，擊走之。進授左光禄大夫，賜絹六千段，馬四十匹。明年，復以軍將指扶餘道，［1］帝謂之曰："往者諸軍多不利，公獨以一軍破賊。古人云，敗軍之將不可以言勇，諸將其可任乎？今委公爲前軍，當副所望也。"賜良馬十匹，黄金百兩。仁恭遂進軍，至新城，［2］賊數萬背城結陣，仁恭率勁騎一千擊破之。賊嬰城拒守，仁恭四面攻圍。帝聞而大悦，遣舍人詣軍勞問，賜以珍物。進授光禄大夫，賜絹五千匹。會楊玄感作亂，其兄子武賁郎將仲伯預焉，［3］仁恭由是坐免。

［1］扶餘道：特區名。即以扶餘爲中心的戰争特區。隋朝在戰争中於地方設置的特區，稱"道"。

［2］新城：城名。在今遼寧撫順市北高爾山城。

［3］仲伯：人名。即王仲伯。隋光禄大夫王仁恭兄子，參與楊玄感起兵反隋，楊玄感失敗後與李密投奔郝孝德，未得重用，潛歸天水，後不知所終。事亦見《通鑑》卷一八二《隋紀》大業九年條、《册府元龜》卷九四九《總録部·亡命》等。

尋而突厥屢爲寇患，帝以仁恭宿將，頻有戰功，詔復本官，領馬邑太守。［1］其年，始畢可汗率騎數萬來寇馬邑，［2］復令二特勤將兵南過。［3］時郡兵不滿三千，仁恭簡精鋭逆擊，破之。其二特勤衆亦潰，仁恭縱兵乘之，獲數千級，并斬二特勤。帝大悦，賜縑三千匹。其後突厥復入定襄，仁恭率兵四千掩擊，斬千餘級，大獲六畜而歸。

[1]馬邑：郡名。治所在今山西朔州市。

[2]始畢可汗：東突厥首領，啓民可汗之子。事見本書卷八四、《北史》卷九九《突厥傳》。按，其名諸書記載不一，本書卷八四載其名爲“咄吉世”，《北史·突厥傳》載“吐吉”，《舊唐書》卷一九四、《新唐書》卷二一五《突厥傳》皆載“咄吉”。查《通鑑》卷一八一《隋紀》煬帝大業五年、《通典》卷一九七《邊防》、《文獻通考》卷三四三《四裔考》、《讀史方輿紀要》卷四五《山西》同載爲“咄吉”。可知《北史》記載可能有誤，而新、舊《唐書》爲避李世民之諱而省字，後世著述因抄新、舊《唐書》，故省而未添。暫可判定始畢可汗名爲咄吉世。

[3]特勤：突厥語音譯。突厥、回鶻官名，以可汗子弟及宗室充任，地位僅次於葉護和設。底本、宋刻遞修本、殿本、庫本皆爲“特勒”。據《闕特勤碑》當爲“特勤”（參錢大昕《駕齋養新録》卷六《特勤當從石刻》）。

于時天下大亂，百姓饑餒，道路隔絶，仁恭頗改舊節，受納貨賄，又不敢輒開倉廩，賑恤百姓。其麾下校尉劉武周與仁恭侍婢姦通，[1]恐事泄，將爲亂，每宣言郡中曰：“父老妻子凍餒，填委溝壑，而王府君閉倉不救百姓，是何理也！”以此激怒衆，吏民頗怨之。其後仁恭正坐廳事，武周率其徒數十人大呼而入，因害之，時年六十。武周於是開倉賑給，郡内皆從之，自稱天子，署置百官，轉攻傍郡。

[1]校尉：官名。隋鷹揚府之下設團，長官稱校尉。正六品。 劉武周：人名。隋末群雄之一，以馬邑爲中心，依附突厥，圖謀帝業。傳見《舊唐書》卷五五、《新唐書》卷八六。

權武

權武，[1]字武拼，天水人也。祖超，[2]魏秦州刺史。[3]父襲慶，[4]周開府，從武元皇帝與齊師戰于并州，[5]被圍百餘重。襲慶力戰矢盡，短兵接戰，殺傷甚衆，刀矟皆折，脱冑擲地，向賊大罵曰："何不來斫頭也！"賊遂殺之。武以忠臣子，起家拜開府，襲爵齊郡公，[6]邑千二百户。武少果勁，勇力絶人，能重甲上馬。嘗倒投於井，未及泉，復躍而出，其拳捷如此。從王謙破齊服龍等五城，[7]增邑八百户。平齊之役，攻陷邵州，[8]别下六城，以功增邑三百户。宣帝時，拜勁捷左旅上大夫，[9]進位上開府。

[1]權武：人名。傳另見《北史》卷七八。

[2]超：人名。即權超。西魏時任秦州刺史，其他事迹不詳。

[3]秦州：北魏州名。治所在今甘肅天水市。

[4]襲慶：人名。即權襲慶。北周爲開府儀同三司，其他事迹不詳。

[5]武元皇帝：即隋文帝楊堅的父親楊忠。隋文帝登基後追尊楊忠爲武元皇帝。傳見《周書》卷一九，事另見《北史》卷一一《隋文帝紀》。 并州：治所在今山西太原市西南。

[6]齊郡公：爵名。北周十一等爵的第五等。正九命。

[7]王謙：人名。北周柱國大將軍，因反對楊堅輔政，兵敗被殺。傳見《周書》卷二一，《北史》卷六〇有附傳。　服龍：城名。北齊位置不詳。

[8]邵州：北齊時治所不清，北周、隋時治所在今山西垣曲縣東南城關。

[9]勁捷左旅上大夫：官名。北周時其隸屬、職掌未詳，王仲犖歸入“六官餘録”。正四命。（參見王仲犖《北周六典》卷七《六官餘録第十三》，第507頁）

高祖爲丞相，引置左右。及受禪，增邑五百户。後六歲，拜淅州刺史。[1]伐陳之役，以行軍總管從晋王出六合，[2]還拜豫州刺史。[3]在職數年，以創業之舊，進位大將軍，檢校潭州總管。其年，桂州人李世賢作亂，[4]武以行軍總管與武候大將軍虞慶則擊平之。[5]慶則以罪誅，功竟不録，復還于州。多造金帶，遺嶺南酋領，其人復答以寶物，武皆納之，由是致富。

[1]淅州：宋刻遞修本、汲古閣本、殿本、庫本同底本，中華本作“淅州”。岑仲勉指出：衲本、清補本均作淅州。又“淅”應作“淅”，蓋自六朝迄唐，從扌、從木之字，往往混用，未得爲誤（參見岑仲勉《隋書求是》第10、237頁）。淅州，治所在今河南西峽縣北。

[2]六合：縣名。治所在今江蘇南京市六合區。

[3]豫州：治所在今河南汝南縣。

[4]其年，桂州人李世賢作亂：本書卷二《高祖紀下》載權武檢校潭州刺史是在開皇十二年，而李世賢反則在開皇十七年，故此句“其年”有誤。李世賢，人名。《北史》卷一一《隋文帝紀》、《通鑑》卷一七八《隋紀》開皇十七年皆爲“李世賢”，本書《高

祖紀下》作“李代賢”，岑仲勉指出，李代賢“即六五《權武傳》之李世賢，四〇《虞慶則傳》之李賢”（參見岑仲勉《隋書求是》，中華書局 2004 年版，第 15、288 頁）。中華本校勘記亦云：“應作‘李世賢’，唐人諱改。書中或省稱‘李賢’。”

[5]武候大將軍：檢本書卷四〇《虞慶則傳》知其所任爲右武候大將軍。　虞慶則：人名。傳見本書卷四〇、《北史》卷七三。

後武晚生一子，與親客宴集，酒酣，遂擅赦所部内獄囚。武常以南越邊遠，[1]治從其俗，務適便宜，不依律令，而每言當今法急，官不可爲。上令有司案其事，皆驗。上大怒，命斬之。武於獄中上書，言其父爲武元皇帝戰死於馬前，以此求哀。由是除名爲民。仁壽中，復拜大將軍，封邑如舊。未幾，授太子右衛率。

[1]南越：地區名。一作南粤。泛指今廣東、廣西及越南北部一帶。

煬帝即位，拜右武衛大將軍，[1]坐事免，授桂州刺史。俄轉始安太守。[2]久之，徵拜右屯衛大將軍，[3]尋坐事除名。卒于家。有子弘。[4]

[1]右武衛大將軍：《北史》卷七八《權武傳》作“右武衛將軍”。按，本書《百官志下》載：左右武衛各大將軍一人，正三品；將軍二人，從三品。檢本書卷三《煬帝紀上》：仁壽四年七月煬帝即位，十二月“戊辰，以柱國李景爲右武衛大將軍”。又本卷《李景傳》亦云：仁壽中平漢王諒“尋被徵入京，進位柱國，拜右武衛大將軍”。則煬帝即位拜右武衛大將軍者乃是李景。又太子右

衛率爲正四品上，至煬帝即位時間較短，上升一階任從三品右武衛將軍也更符合常理。故此當從《北史》作“右武衛將軍”更妥。

[2]始安：郡名。隋大業三年以桂州改置，治所在今廣西桂林市。

[3]右屯衛大將軍：官名。隋初中央軍事機關十二衛中有左右領軍府，掌十二軍籍帳、差科、辭訟之事。不置將軍，唯有長史、司馬等屬官。煬帝大業三年，改左右領軍府爲左右屯衛府，各置大將軍爲長官，總理府事。正三品。

[4]弘：人名。即權弘。具體事迹不詳。

吐萬緒

吐萬緒，[1]字長緒，代郡鮮卑人也。[2]父通，[3]周郢州刺史。[4]緒少有武略，在周，起家撫軍將軍，[5]襲爵元壽縣公。數從征伐，累遷大將軍、少司武。[6]

[1]吐萬緒：人名。傳另見《北史》卷七八。

[2]代郡：治所在今山西大同市東北。　鮮卑：古族名。東胡族的一支。秦漢時游牧於今西拉木倫河與洮兒河之間，附於匈奴。北匈奴西遷後，進入匈奴故地，並其餘衆，實力漸盛。魏晋南北朝時，有慕容、乞伏、秃髮、宇文、拓跋等部先後在今華北及西北地區建立政權。内遷的鮮卑人多轉向農業生産，漸與漢人及其他各族相融和。傳見《後漢書》卷九〇、《三國志》卷三〇。

[3]通：人名。即吐萬通。北周時任郢州刺史，其他事迹不詳。

[4]郢州：治所在今湖北鍾祥市。

[5]撫軍將軍：官名。北周置諸戎號，授予有軍功的大臣，撫軍將軍爲其中之一。八命。

[6]大將軍：官名。爲北周十一等勳官的第四等。正九命。

少司武：官名。全稱爲小司武大夫，分左右。執掌和品秩不詳。

高祖受禪，拜襄州總管，[1]進封穀城郡公，邑二千五百户。尋轉青州總管，[2]頗有治名。歲餘，突厥寇邊，朝廷以緒有威略，徙爲朔州總管，甚爲北夷所憚。其後高祖潛有吞陳之志，轉徐州總管，[3]令修戰具。及大舉濟江，以緒領行軍總管，與西河公紇豆陵洪景屯兵江北。[4]及陳平，拜夏州總管。[5]

［1］襄州：治所在今湖北襄樊市。

［2］青州：治所在今山東青州市。

［3］徐州：治所在今江蘇徐州市。

［4］紇豆陵洪景：人名。即竇洪景。北周賜姓“紇豆陵氏”，具體事迹不詳。

［5］夏州：治所在今陝西靖邊縣東北白城子。

晋王廣之在藩也，頗見親遇，及爲太子，引爲左虞候率。[1]煬帝嗣位，漢王諒時鎮并州，帝恐其爲變，拜緒晋、絳二州刺史，馳傳之官。緒未出關，諒已遣兵據蒲坂，[2]斷河橋，緒不得進。詔緒率兵從楊素擊破之，拜左武候將軍。[3]

［1］左虞候率：官名。隋初於左虞候各置左虞候開府一員爲長官。煬帝大業三年改左虞候開府爲左虞候率，掌東宫斥候伺奸非，正四品。

［2］蒲坂：縣名。隋初治所在今山西永濟市西南蒲州鎮。開皇六年移治蒲州鎮東。大業二年廢。

[3]左武候將軍：官名。隋初中央軍事機關十二衛中有左右武候府，掌車駕出，先驅後殿，晝夜巡察，執捕奸非，烽候道路，水草所置。巡狩師田，則掌其營禁。置大將軍爲長官，將軍二人副之，協理府内事務。大業三年，改左右武候府爲左右候衛府，仍負責宫廷守備及隨侍皇帝出行、護衛。左候衛將軍爲其衛副長官，從三品。

大業初，轉光禄卿。[1]賀若弼之遇讒也，引緒爲證，緒明其無罪，由是免官。歲餘，守東平太守。[2]未幾，帝幸江都，路經其境，迎謁道傍。帝命升龍舟，緒因頓首陳謝往事。帝大悦，拜金紫光禄大夫，太守如故。遼東之役，請爲先鋒，帝嘉之，拜左屯衛大將軍，[3]率馬步數萬指蓋馬道。[4]及班師，留鎮懷遠，進位左光禄大夫。

[1]光禄卿：官名。隋光禄寺長官。掌皇室膳食，統太官、肴藏、良醖、掌醢等署。隋初爲正三品，大業初降爲從三品。

[2]守：階卑而職高稱“守”，階高而職卑稱“行”。　東平：郡名。隋大業初以鄆州改置，治所在今山東鄆城縣東。

[3]左屯衛大將軍：官名。隋初中央軍事機關十二衛中有左右領軍府，掌十二軍籍帳、差科、辭訟之事。不置將軍，唯有長史、司馬等屬官。煬帝大業三年，改左右領軍府爲左右屯衛府，各置大將軍一人爲主官，總理府事。正三品。

[4]蓋馬道：特區名。其地約當今遼寧新賓滿族自治縣及今朝鮮咸鏡南道咸興一帶。

時劉元進作亂江南，[1]以兵攻潤州，[2]帝徵緒討之。

緒率衆至楊子津，[3]元進自茅浦將度江，[4]緒勒兵擊走。緒因濟江，背水爲栅。明旦，元進來攻，又大挫之，賊解潤州圍而去。緒進屯曲阿，[5]元進復結栅拒。緒挑之，元進出戰，陣未整，緒以騎突之，賊衆遂潰，赴江水而死者數萬。元進挺身夜遁，歸保其壘。僞署僕射朱爕、管崇等屯於毗陵，[6]連營百餘里。緒乘勢進擊，復破之，賊退保黄山。[7]緒進軍圍之，賊窮蹙請降，元進、朱爕僅以身免。於陣斬管崇及其將軍陸顗等五千餘人，[8]收其子女三萬餘口，送江都宫。[9]進解會稽圍。[10]元進復據建安，[11]帝令進討之，緒以士卒疲敝，請息甲待至來春。帝不悦，密令求緒罪失，有司奏緒怯懦違詔，於是除名爲民，配防建安。尋有詔徵詣行在所，緒鬱鬱不得志，還至永嘉，[12]發疾而卒。

[1]劉元進：人名。傳見本書卷七〇、《北史》卷四一。

[2]潤州：隋開皇十五年置，治所在今江蘇鎮江市，大業三年廢。

[3]楊子津：津渡名。蓋爲今揚子津，在今江蘇揚州市南。

[4]茅浦：地名。在今江蘇丹陽市東北。

[5]曲阿：縣名。屬江都郡，治所在今江蘇丹陽市。

[6]朱爕：人名。大業九年八月聚衆起兵反隋，有衆十餘萬。後爲王世充所敗，戰死。事略見本書卷四《煬帝紀下》、卷六四《魚俱羅傳》等。按，本書《煬帝紀下》作“朱燮”，《魚俱羅傳》作“朱爕”。　管崇：人名。大業九年八月聚衆起兵反隋，有衆十餘萬。後爲王世充所敗，戰死。事略見本書《煬帝紀下》《魚俱羅傳》等。

[7]黄山：一名筆架山。在今江蘇蘇州市西南。

［8］陸顗（yǐ）：人名。隋時人。事略見《通鑑》卷一八二《隋紀》煬帝大業九年。

［9］江都宫：宫殿名。隋煬帝置，在今江蘇揚州市西。

［10］會稽：郡名。治所在今浙江紹興市。

［11］建安：郡名。治所在今福建福州市。

［12］永嘉：郡名。治所在今浙江麗水市東南。

董純

董純，[1]字德厚，隴西成紀人也。[2]祖和，[3]魏太子左衛率。[4]父昇，[5]周柱國。[6]純少有膂力，便弓馬。在周仕歷司御上士、典馭下大夫，[7]封固始縣男，[8]邑二百户。從武帝平齊，以功拜儀同，進爵大興縣侯，[9]增邑通前八百户。

［1］董純：人名。傳另見《北史》卷七八。

［2］隴西：郡名。治所在今甘肅隴西縣。　成紀：縣名。治所在今甘肅静寧縣。

［3］和：人名。即董和。西魏時任太子左衛率，其他事迹不詳。

［4］太子左衛率：官名。魏置太子左右衛府，以備儲閣武衛之職。左衛率爲其府最高軍事長官。從三品。

［5］昇：人名。即董昇。北周時人，其他事迹不詳。

［6］柱國：官名。全稱爲柱國大將軍，爲北周十一等勳官的第二等。正九命。

［7］司御上士：官名。或屬夏官，執掌不詳。正三命。　典馭下大夫：官名。或屬夏官，執掌不詳。正四命。

［8］固始縣男：爵名。北周十一等爵的第十等。正五命。

［9］大興縣侯：爵名。北周十一等爵的第七等。正八命。

高祖受禪，進爵漢曲縣公，[1]累遷驃騎將軍。後以軍功進位上開府。開皇末，以勞舊擢拜左衛將軍，[2]尋改封順政縣公。漢王諒作亂并州，以純爲行軍總管、河北道安撫副使，[3]從楊素擊平之。以功拜柱國，進爵爲郡公，增邑二千户。轉左備身將軍，[4]賜女妓十人，縑彩五千匹。數年，轉左驍衛將軍、彭城留守。[5]

［1］漢曲縣公：爵名。隋九等爵的第五等。從一品。

［2］左衛將軍：官名。隋初中央軍事機關十二衛中有左右衛，掌宫掖禁禦，督攝仗衛。各置大將軍爲長官，並置將軍二人副之，協理府事。大業三年，隋煬帝改革官制，將左右衛改爲左右翊衛，仍置將軍。從三品。

［3］河北道：特區名。即在黄河中下游以北設置的特區。　安撫副使：使職。多爲行軍主帥或總管的兼職，戰時臨時委派，負責巡察戰區的軍民兩政，戰事結束即撤。

［4］左備身將軍：官名。隋開皇十八年置左右備身府，隨侍皇帝左右，編制與隋初十二衛相似，各置大將軍爲長官，將軍二人副之，協理府事。大業三年，改左右備身爲左右騎衛，而將隋初左右領左右府改爲左右備身府，編制未變。從三品。

［5］左驍衛將軍：官名。即左騎衛將軍。隋開皇十八年置左右備身府，隨侍皇帝左右，編制與隋初十二衛相似，各置大將軍爲長官，將軍二人副之，協理府事。大業三年，改左右備身爲左右騎衛，編制未變。從三品。　彭城：郡名。治所在今江蘇徐州市。

齊王暕之得罪也，純坐與交通，帝庭譴之曰：“汝階緣宿衛，以至大官，何乃附傍吾兒，欲相離間也?”純曰：“臣本微賤下才，過蒙獎擢，先帝察臣小心，寵逾涯分，陛下重加收採，位至將軍。欲竭餘年，報國恩耳。比數詣齊王者，徒以先帝、先后往在仁壽宮，[1]置元德太子及齊王於膝上，[2]謂臣曰：‘汝好看此二兒，勿忘吾言也。’臣奉詔之後，每於休暇出入，未嘗不詣王所。臣誠不敢忘先帝之言。于時陛下亦侍先帝之側。”帝改容曰：“誠有斯旨。”於是捨之。後數日，出爲汶山太守。[3]

[1]仁壽宮：宮殿名。隋置，在今陝西麟游縣西。

[2]元德太子：即隋煬帝長子楊昭。傳見本書卷五九、《北史》卷七一。

[3]汶山：郡名。治所在今四川茂縣。

歲餘，突厥寇邊，朝廷以純宿將，轉爲榆林太守。虜有至境，純輒擊却之。會彭城賊帥張大虓、宗世模等衆至數萬，[1]保懸薄山，[2]寇掠徐、兖。[3]帝令純討之。純初閉營不與戰，賊屢挑之不出，賊以純爲怯，不設備，縱兵大掠。純選精鋭擊之，合戰於昌慮，[4]大破之，斬首萬餘級，築爲京觀。賊魏騏驎衆萬餘人，據單父，純進擊，又破之。[5]

[1]張大虓：人名。隋末農民起義軍領導者。事略見本書卷四《煬帝紀下》、《通典》卷一五三《兵典》。　宗世模：人名。隋末農民起義軍領導者。事略見《通典》卷一五三《兵典》。

[2]懸薄山：今名及具體地點不詳。按，《北史》卷一二《隋煬帝紀》作“縣薄山”。

[3]兖：州名。治所在今山東兖州市。

[4]昌慮：郡名。治所在今山東滕州市東南。

[5]“斬首萬餘級”至“又破之”：此句底本原無，據宋刻遞修本、中華本補。魏騏驎，人名。隋末農民起義軍領導者，具體事迹不詳。單父，縣名。治所在今山東單縣南。

及帝重征遼東，復以純爲彭城留守。東海賊彭孝才衆數千，[1]掠懷仁縣，[2]轉入沂水，[3]保五不及山。[4]純以精兵擊之，擒孝才於陣，車裂之，[5]餘黨各散。時百姓思亂，盜賊日益，純雖頻戰克捷，所在蜂起。有人譖純怯懦，不能平賊，帝大怒，遣使鎖純詣東都。有司見帝怒甚，遂希旨致純死罪，竟伏誅。

[1]東海：郡名。治所在今江蘇連雲港市西南海州區。　彭孝才：人名。東海人，隋末農民起義軍領導者。事略見《通鑑》卷一八二《隋紀》煬帝大業九年。

[2]懷仁縣：治所在今江蘇贛榆縣。

[3]沂水：即今山東東南部、江蘇北部的沂河，唯下游古今略有變遷。

[4]五不及山：今地不詳。

[5]車裂：亦稱轘裂，俗稱五馬分尸。中國古代執行死刑的一種殘酷方式。即將人頭和四肢分別拴在五輛車上，以五馬駕車，同時分馳，撕裂肢體。周代已有，歷代延用，從唐代開始基本廢除，後代甚少使用。

趙才

趙才，[1]字孝才，張掖酒泉人也。[2]祖隗，[3]魏銀青光禄大夫、樂浪太守。[4]父壽，[5]周順政太守。[6]才少驍武，便弓馬，性粗悍，無威儀。周世爲輿正上士。[7]高祖受禪，屢以軍功遷上儀同三司，配事晋王。

[1]趙才：人名。傳另見《北史》卷七八。

[2]張掖：郡名。治所在今甘肅張掖市。　酒泉：縣名。治所在今甘肅張掖市西北，大業二年移治今張掖市。

[3]隗（wěi）：人名。即趙隗。西魏任樂浪太守，其他事迹不詳。

[4]銀青光禄大夫：官名。北魏置諸散官，作爲大臣的兼官，並不理事。銀青光禄大夫爲其一，從第二品中，宣武帝時降爲第三品。　樂浪：郡名。治所在今遼寧義縣北。

[5]壽：人名。即趙壽。北周時任順政太守，其他事迹不詳。

[6]順政：郡名。治所在今陝西略陽縣。

[7]輿正上士：官名。或夏官之屬，執掌不詳。正三命。

及王爲太子，拜右虞候率。煬帝即位，轉左備身驃騎，[1]後遷右驍衛將軍。[2]帝以才藩邸舊臣，漸見親待。才亦恪勤匪懈，所在有聲。歲餘，轉右候衛將軍。從征吐谷渾，以爲行軍總管，率衛尉卿劉權、兵部侍郎明雅等出合河道，[3]與賊相遇，擊破之，以功進位金紫光禄大夫。

[1]左備身驃騎：官名。全稱爲左備身驃騎將軍。隋開皇十八年置左右備身府，隨侍皇帝左右，編制與隋初十二衛相似，統諸驃

騎府，長官爲驃騎將軍。大業三年，改驃騎府爲鷹揚府，改驃騎將軍爲鷹揚郎將。正五品。

[2]右驍衛將軍：官名。即右騎衛將軍。隋開皇十八年置左右備身府，隨侍皇帝左右，編制與隋初十二衛相似，各置大將軍爲長官，將軍二人副之，協理府事。大業三年，改左右備身爲左右騎衛，編制未變。從三品。

[3]衛尉卿：官名。隋衛尉寺長官，置一人。掌宫門警衛，儀仗帳幕等，統公車、武庫、守宫等署。隋文帝時爲正三品，煬帝大業三年改制時降爲從三品。　劉權：人名。傳見本書卷六三、《北史》卷七六。　兵部侍郎：官名。隋兵部侍郎一人爲副長官，協助長官兵部尚書處理部内事務。正四品。　明雅：人名。大業時任兵部侍郎，從征吐谷渾，征伐高句麗時以罪廢。事亦見本書卷七〇《斛斯政傳》。　合河道：特區名。其地約今山西興縣附近。

及遼東之役，再出碣石道，[1]還授左候衛將軍。俄遷右候衛大將軍。[2]時帝每有巡幸，才恒爲斥候，[3]肅遏姦非，無所迴避。在塗遇公卿妻子有違禁者，才輒醜言大罵。多所援及，時人雖患其不遜，然才守正，無如之何。十年，駕幸汾陽宫，[4]以才留守東都。

[1]碣石道：特區名。據胡三省引杜佑曰："在樂浪郡遂城縣。"即今朝鮮平壤西南西江郡一帶。

[2]右候衛大將軍：官名。隋初中央軍事機關十二衛中有左右武候府，掌車駕出，先驅後殿，晝夜巡察，執捕奸非，烽候道路，水草所置。巡狩師田，則掌其營禁。置大將軍一人爲長官，總理府内事務。大業三年，改左右武候府爲左右候衛府，仍負責宫廷守備及隨侍皇帝出行、護衛。正三品。

[3]斥候：偵察，候望。

［4］汾陽宫：宫殿名。隋大業四年建，故址在今山西寧武縣西南管涔山上。

十二年，帝在洛陽，將幸江都。才見四海土崩，恐爲社稷之患，自以荷恩深重，無容坐看亡敗，於是入諫曰："今百姓疲勞，府藏空竭，盜賊蜂起，禁令不行。願陛下還京師，安兆庶，臣雖愚蔽，敢以死請。"帝大怒，以才屬吏。旬日，帝意頗解，乃令出之。帝遂幸江都，待遇逾昵。時江都糧盡，將士離心，内史侍郎虞世基、秘書監袁充等多勸帝幸丹陽。[1]帝廷議其事，才極陳入京之策，世基盛言度江之便。帝默然無言，才與世基相忿而出。宇文化及弑逆之際，[2]才時在苑北，化及遣驍果席德方矯詔追之。[3]才聞詔而出，德方命其徒執之，以詣化及。化及謂才曰："今日之事，祇得如此，幸勿爲懷。"才默然不對。化及忿才無言，將殺之，三日乃釋。以本官從事，鬱鬱不得志。才嘗對化及宴飲，請勸其同謀逆者一十八人楊士覽等酒，[4]化及許之。才執杯曰："十八人止可一度作，勿復餘處更爲。"諸人默然不對。行至聊城，[5]遇疾。俄而化及爲竇建德所破，才復見虜。心彌不平，數日而卒，時年七十三。

［1］内史侍郎：官名。隋内史省副長官，佐宰相之職的本省長官内史監、令處理政務。初設四員，正四品下；大業三年減爲二員，正四品。　虞世基：人名。傳見本書卷六七、《北史》卷八三。　秘書監：官名。隋秘書省長官，掌全國圖書秘記，古今文字，兼掌國史等。隋初爲正三品，煬帝大業三年降爲從三品。　袁充：人

名。傳見本書卷六九、《北史》卷七四。

[2]宇文化及：人名。傳見本書卷八五，《北史》卷七九有附傳。

[3]驍果：軍士名。募民爲之。以折衝、果毅、武勇、雄武等郎將領之。武勇郎將爲副長官，主掌宿衛，上屬於左右備身府。　席德方：人名。隋末爲驍果禁軍，參與弑殺隋煬帝的江都宫變。

[4]楊士覽：人名。宇文智及外甥，隋末爲勳侍，參與縊殺隋煬帝的江都宫變，武德二年爲竇建德所殺。事略見本書《宇文化及傳》、《通鑑》卷一八五《唐紀》高祖武德元年及卷一八七《唐紀》高祖武德二年。

[5]聊城：縣名。治所在今山東聊城市東北。

仁壽、大業間，有蘭興浴、賀蘭蕃，[1]俱爲武候將軍，剛嚴正直，不避强禦，咸以稱職知名。

[1]蘭興浴：人名。其他事迹不詳。按，《北史》卷七八《趙才傳》記爲“蘭興洛”，不知何者爲確。　賀蘭蕃：人名。其他事迹不詳。

史臣曰：羅睺、法尚、李景、世雄、慕容三藏並以驍武之姿，當有事之日，致兹富貴，自取之也。仁恭初在汲郡，以清能顯達，後居馬邑，以貪吝敗亡，鮮克有終，惜矣！吐萬緒、董純各以立效當年，取斯高秩。緒請息兵見責，純遭譖毁被誅。大業之季，盜可盡乎！淫刑暴逞，能不及焉！趙才雖人而無儀，志在强直，固拒世基之議，可謂不苟同矣。權武素無行檢，不拘刑憲，終取黜辱，宜哉。

隋書　卷六六

列傳第三十一

李諤

李諤，[1]字士恢，趙郡人也。[2]好學，[3]解屬文。仕齊爲中書舍人，[4]有口辯，每接對陳使。[5]周武帝平齊，[6]拜天官都上士。[7]諤見高祖有奇表，[8]深自結納。及高祖爲丞相，[9]甚見親待，訪以得失。于時兵革屢動，國用虚耗，諤上《重穀論》以諷焉。高祖深納之。及受禪，歷比部、考功二曹侍郎，[10]賜爵南和伯。[11]諤性公方，明達世務，爲時論所推。遷治書侍御史。[12]上謂群臣曰："朕昔爲大司馬，[13]每求外職。李諤陳十二策，苦勸不許，朕遂決意在内。今此事業，諤之力也。"賜物二千段。

[1]李諤：人名。傳另見《北史》卷七七。

[2]趙郡：治所在今河北趙縣。

[3]好：《北史·李諤傳》作"博"。

［4］齊：即北齊（550—577），或稱高齊，都鄴（今河北臨漳縣西南鄴鎮東）。　中書舍人：官名。爲中書省之舍人省屬官。置十人，掌署敕行下，宣旨勞問。北齊第六品。

［5］陳：即南朝陳（557—589），都建康（今江蘇南京市）。

［6］周武帝：北周皇帝宇文邕謚號。紀見《周書》卷五、六，《北史》卷一〇。

［7］天官都上士：官名。北周天官府屬官，輔佐天官大冢宰卿掌管府事。正三命。（參見王仲犖《北周六典》卷二《天官府第二》，中華書局1979年版，第31頁）

［8］高祖：隋文帝楊堅廟號。紀見本書卷一、二，《北史》卷一一。

［9］丞相：官名。北周"左大丞相"或"大丞相"簡稱。北周静帝大象二年（580）置左、右大丞相，以宗室親王宇文贊爲右大丞相，但僅有虚名；以外戚楊堅爲左大丞相，總攬朝政。旋又去左右之號，獨以楊堅爲大丞相，實爲控制北周朝廷的權臣。

［10］比部：官名。即比部侍郎。隋尚書省都官曹（後改刑部）比部的長官，置一員，掌中央財務審計。隋初爲正六品上，開皇三年（583）升爲從五品。煬帝大業三年（607）改諸曹侍郎爲郎，比部侍郎遂改稱比部郎。　考功：官名。即考功侍郎。隋尚書省吏部考功曹長官，置一員，掌全國文武官員的考課和生平事迹。隋初爲正六品上，開皇三年升爲從五品。煬帝大業三年改諸曹侍郎爲郎，考功侍郎遂改稱考功郎。

［11］南和伯：爵名。隋九等爵的第七等。正三品。

［12］治書侍御史：官名。隋御史臺副長官，實主臺務，並佐御史大夫掌彈劾百官。初爲從五品下，煬帝大業三年升爲正五品，五年又降爲從五品。按，《北史·李諤傳》"書"上闕一"治"字，《通典》卷一六《選舉四》作"持書侍御史"，二書當爲避唐高宗諱所改，作"治書侍御史"是。

［13］大司馬：官名。北周"大司馬卿"簡稱。西魏恭帝三年

(556）仿《周禮》建六官，置大司馬卿爲夏官府最高長官，掌邦政，征伐敵國及四時治兵講武皆由其主持，大祭祀則掌宿衛，廟社則奉羊牲。北周同，正七命。

諤見禮教凋敝，公卿薨亡，其愛妾、侍婢，子孫輒嫁賣之，遂成風俗。諤上書曰：

“臣聞追遠慎終，民德歸厚，[1]三年無改，方稱爲孝。如聞朝臣之内，有父祖亡没，[2]日月未久，[3]子孫無賴，便分其妓妾，嫁賣取財。有一於兹，實損風化。妾雖微賤，親承衣履，服斬三年，[4]古今通式。豈容遽褫縗絰，[5]强傅鈆華，泣辭靈几之前，送付他人之室。凡在見者，猶致傷心，況乎人子，能堪斯忍？復有朝廷重臣，位望通貴，[6]平生交舊，情若弟兄。及其亡没，杳同行路，朝聞其死，夕規其妾，方便求娉，以得爲限，無廉耻之心，棄友朋之義。且居家理治，可移於官，既不正私，何能贊務？”

上覽而嘉之。五品以上妻妾不得改醮，[7]始於此也。

[1]追遠慎終，民德歸厚：謂對父母喪事要依禮做到謹慎合理。語出《論語·學而》：“曾子曰：‘慎終追遠，民德歸厚矣。’”

[2]没：《文苑英華》卷六八六《論妓妾改嫁書》（此文下引《文苑英華》出處同此）作“歿”。後句“及其亡没”同。

[3]久：《文苑英華》作“遠”。

[4]斬：此指斬衰，五種喪服中最重的一種。女子喪夫服斬衰。

[5]褫（chǐ）：解下。　縗（cuī）：通“衰”，古代用麻布做的喪服。　絰（dié）：古代喪服中的麻帶，繫在腰間或頭上。

[6]貴：《文苑英華》作“顯”。

[7]改醮（jiào）：改嫁。

諤又以屬文之家,[1]體尚輕薄，遞相師效，流宕忘反，於是上書曰："臣聞古先哲王之化民也，必變其視聽，防其嗜欲，塞其邪放之心，示以淳和之路。五教六行爲訓民之本,[2]《詩》《書》《禮》《易》爲道義之門。故能家復孝慈，人知禮讓，正俗調風，莫大於此。其有上書獻賦，制誄鐫銘,[3]皆以褒德序賢，明勳證理。苟非懲勸，義不徒然。

[1]屬（zhǔ）文：撰著文辭。

[2]五教：指五種儒家倫理道德，父義、母慈、兄友、弟恭、子孝。　六行：指六種善行，《周禮·地官·大司徒》云："六行：孝、友、睦、婣（姻）、任、恤。"

[3]上書獻賦，制誄鐫銘：書、賦、誄、銘爲中國古代四種常用文體。誄，叙述死者生平德行以哀悼死者的文辭。

"降及後代，風教漸落。魏之三祖,[1]更尚文詞，忽君人之大道，好雕蟲之小藝。下之從上，有同影響，競騁文華，遂成風俗。江左齊、梁,[2]其弊彌甚，貴賤賢愚，唯務吟詠。遂復遺理存異，尋虚逐微，競一韻之奇，争一字之巧。連篇累牘，不出月露之形；積案盈箱，唯是風雲之狀。世俗以此相高,[3]朝廷據兹擢士,[4]禄利之路既開，愛尚之情愈篤。於是閭里童昏，貴游總丱,[5]未窺六甲,[6]先製五言。至如羲皇、舜、禹之典,[7]伊、傅、周、孔之説,[8]不復關心，何嘗入耳。以傲誕爲清虚，以緣情爲勳績。[9]指儒素爲古拙，用詞賦爲君子。故文筆日繁，[10]其政日亂，良由棄大聖之軌模，[11]構無用以爲用也。損本逐末，[12]流遍華壤，[13]遞相師祖，久而愈扇。[14]

[1]魏之三祖：指建安文學代表作家曹操、曹丕、曹植。

[2]江左：地區名。亦稱江東，泛指長江下游以東地區。此指南朝政權。　齊：即南朝齊（479—502），或稱蕭齊，都建康（今江蘇南京市）。　梁：即南朝梁（502—557），或稱蕭梁，都建康（今江蘇南京市）。

[3]世：《通典》卷一六《選舉四》（本文下引《通典》出處同此）作“代”，當避唐太宗李世民諱所改。

[4]擢：《文苑英華》卷六七九《上隋高祖革文華書》（本文下引《文苑英華》出處同此）作“取”。

[5]總丱（guàn）：兒童束髮成兩角的樣子。

[6]六甲：用天干地支計算時日，其中甲子、甲戌、甲申、甲午、甲辰、甲寅謂之六甲。古代兒童入小學，先學六甲内容。

[7]羲皇：傳説中三皇之一伏羲氏。詳見《史記》卷一《五帝本紀》。　舜：傳説中的古帝名。詳見《史記·五帝本紀》。　禹：古帝名。詳見《史記》卷二《夏本紀》。

[8]傅：指傅説，商代著名大臣。詳見《史記》卷三《殷本紀》。　周：指周公旦，西周文王第四子。詳見《史記》卷三三《魯周公世家》。　孔：指孔子。詳見《史記》卷四七《孔子世家》。

[9]績：《文苑英華》作“業”。

[10]文筆：六朝時兩種文體。有韻作品稱爲文，無韻作品稱爲筆。

[11]模：《通典》作“範”。

[12]損：《文苑英華》與《通典》作“捐”。

[13]華：《文苑英華》作“天”。

[14]久而：《通典》作“澆漓”。　扇（shān）：泛指興起。

“及大隋受命,[1]聖道聿興，屏出輕浮,[2]遏止華僞。自非懷經抱質,[3]志道依仁，不得引預搢紳，參廁纓冕。開皇四年,[4]普詔天下，公私文翰，並宜實録。其年九月，泗州刺史司馬幼之文表華艷,[5]付所司治罪。[6]自是公卿大臣，咸知正路，莫不鑽仰墳集,[7]棄絶華綺，擇先王之令典，行大道於兹世。

[1]大：《文苑英華》作“皇”。

[2]出：《文苑英華》《通典》及《北史》卷七七《李諤傳》均作“黜”，中華本據此改，當是。

[3]懷經抱質：經、質均爲儒家治國平天下的經典。

[4]開皇：隋文帝楊堅年號（581—600）。《通典》“開皇”之前有“是以”二字。

[5]泗州：治所在今江蘇宿遷市東南。　司馬幼之：人名。歷北齊、北周、隋三朝，入隋官至眉州刺史。事亦見《北齊書》卷八《後主高緯傳》及卷四二《陽休之傳》。

[6]治：《北史·李諤傳》作“推”，《通典》作“理”，均爲避諱所改。

[7]墳集：各本均同，《文苑英華》《通典》及《北史·李諤傳》均作“墳素”。按，“墳集”與“墳籍”同，泛指古代典籍，故“素”當爲“集”傳抄之誤。

“如聞外州遠縣,[1]仍踵敝風，選吏舉人，未遵典則。至有宗黨稱孝，鄉曲歸仁，[2]學必典謨，交不苟合，則擯落私門，不加收齒。其學不稽古，逐俗隨時，作輕薄之篇章，結朋黨而求譽，[3]則選充吏職，舉送天朝。蓋由縣令、刺史未行風教，猶挾私情，不存公道。臣既忝憲司，[4]職當糾察。若聞風即劾，恐掛網者多，請勒諸司，普加搜訪，有如此者，具狀送臺。”[5]

[1]外州遠縣：《通典》作“在外州縣”。

[2]曲：《文苑英華》作“里”。

[3]求：《通典》作“稱”。

[4]憲司：魏晋以來對御史臺的通稱。

[5]狀：下級向上級陳述文書的一種。　臺：指御史臺。

諤又以當官者好自矜伐，復上奏曰：

“臣聞舜戒禹云：‘汝惟不矜，天下莫與汝争能；汝惟不伐，天下莫與汝争功。’[1]言偃又云：‘事君數，斯辱矣，朋友數，斯疏矣。’[2]此皆先哲之格言，後王之軌轍。然則人臣之道，陳力濟時，雖勤比大禹，功如師望，[3]亦不得厚自矜伐，上要君父。況復功無足紀，勤不補過，而敢自陳勳績，輕干聽覽。世之喪道，極於周代，下無廉耻，上使之然。用人唯信其口，取士不觀其行。矜誇自大，便以幹濟蒙擢；謙恭静退，多以恬默見遺。是以通表陳誠，先論己之功狀；承顔敷奏，亦道臣最用心。自衒自媒，都無慚耻之色；强干横請，唯以乾没爲能。自隋受命，此風頓改，耕夫販婦，無不革心，況乃大臣，仍遵敝俗！如聞刺史入京朝覲，乃有自陳勾檢之功，[4]諠訴堦墀之側，[5]言辭不遜，高自稱譽，上黷冕旒，[6]特爲難恕。凡如此輩，具狀送臺，明加罪黜，以懲風軌。”

[1]“汝惟不矜”至“與汝争功”：語見《尚書·大禹謨》。

[2]言偃：人名。字子游，孔子弟子之一。詳見《史記》卷六七《仲尼弟子列傳》。　“事君數”至“斯疏矣”：語見《論語·里仁》。

[3]師望：即西周太公望吕尚。詳見《史記》卷三二《齊太公世家》。

[4]勾檢：考核檢查。

[5]堦（jiē）墀（chí）：意指朝堂。

[6]冕旒：本指帝王之冠冕，此代指帝王。

上以譓前後所奏頒示天下，四海靡然向風，深革其弊。譓在職數年，務存大體，不尚嚴猛。由是無剛謇之譽，[1]而潛有匡正多矣。

[1]剛謇：亦作剛蹇，剛直。

邳公蘇威以臨道店舍乃求利之徒，[1]事業污雜，非敦本之義。遂奏高祖，約遣歸農，有願依舊者，所在州縣録附市籍，[2]仍撤毁舊店，並令遠道，限以時日。正值冬寒，莫敢陳訴。譓因别使，見其如此，以爲四民有業，[3]各附所安，逆旅之與旗亭，[4]自古非同一概，即附市籍，於理不可。且行旅之所依託，豈容一朝而廢，徒爲勞擾，於事非宜。遂專决之，並令依舊。使還詣闕，然後奏聞。高祖善之曰："體國之臣，當如此矣。"

[1]邳公：爵名。全稱爲邳國公，隋九等爵的第三等。從一品。　蘇威：人名。傳見本書卷四一，《北史》卷六三有附傳。

[2]市籍：商賈之户籍。

[3]四民：古士、農、工、商謂之"四民"。

[4]逆旅：客舍、旅館。　旗亭：古代觀察、指揮集市之樓亭，因上立有旗幟，故稱。

以年老出拜通州刺史，[1]甚有惠政，民夷悦服。後三歲，卒官。有子四人。大體、大鈞，[2]並官至尚書郎。[3]世子大方襲爵，[4]最有材品。大業初，[5]判内史舍人。[6]帝方欲任之，遇卒。

[1]通州：治所在今四川達縣。

[2]大體：人名。李諤之子，事亦見《北史》卷七七《李諤傳》。　大鈞：人名。李諤之子，事亦見《北史·李諤傳》。

[3]尚書郎：官名。尚書省所轄各曹司的侍郎、郎中等官通稱，此具體所指不詳。

[4]世子：天子或諸侯王嫡長子。　大方：人名。李諤之子，事亦見《北史·李諤傳》。

[5]大業：隋煬帝楊廣年號（605—618）。

[6]判：官制用語。以本官署理他官之職事，稱判某職或判某職事。始於北齊，唐以後意有變化。　内史舍人：官名。内史省的屬官，掌參議表章，草擬詔敕。隋初置八人，正六品上，開皇三年升爲從五品。煬帝大業三年減置四人，大業末改内史省爲内書省，内史舍人遂改稱爲内書舍人。

鮑宏

鮑宏，[1]字潤身，東海郯人也。[2]父機，[3]以才學知名，事梁，官至治書侍御史。[4]宏七歲而孤，爲兄泉之所愛育。[5]年十二，能屬文。嘗和湘東王繹詩，[6]繹嗟賞不已，引爲中記室。[7]遷鎮南府諮議、尚書水部郎，[8]轉通直散騎侍郎。[9]

[1]鮑宏：人名。傳另見《北史》卷七七。

[2]東海：郡名。秦置，治所在今山東郯城縣北，南朝宋移治今山東蒼山縣南，後廢。按，此言郡望以舊郡名。　郯（tán）：縣名。治所在今山東郯城縣北。

[3]機：人名。即鮑機，南朝梁人。事見《梁書》卷三〇、《南史》卷六二《鮑泉傳》。按，《南史》作"幾"。

[4]治書侍御史：官名。掌舉劾官品第六班以下，分統侍御史。南朝梁官品第六班。按，《南史·鮑泉傳》云："終於湘東王諮議參軍。"未載其任治書侍御史。《梁書·鮑泉傳》亦載："父機，湘東王諮議參軍。"

[5]泉：人名。即鮑泉，南朝梁人，官至王府長史，卒於侯景之亂。傳見《梁書》卷三〇、《南史》卷六二。

[6]湘東王：爵名。南朝梁元帝蕭繹稱帝之前的封爵名，全稱是湘東郡王。爲南朝梁十五等爵的第一等。　繹：人名。即梁元帝蕭繹。紀見《梁書》卷五、《南史》卷八。

[7]中記室：官名。中記室參軍，王府屬官。官品隨王級別不同而異，南朝梁最高爲八班。

[8]諮議：官名。諮議參軍，王公軍府屬官，掌顧問詔對。南朝梁品秩不詳。　尚書水部郎：官名。尚書省二十三郎之一，掌設

國之五溝、五塗而達其道路。南朝梁官品第五班。

[9]通直散騎侍郎：官名。備皇帝顧問，侍從左右，不典事。南朝梁官品第六班。

江陵既平，[1]歸于周。[2]明帝甚禮之，[3]引爲麟趾殿學士。[4]累遷遂伯下大夫，[5]與杜子暉聘于陳，[6]謀伐齊也。陳遂出兵江北以侵齊。帝嘗問宏取齊之策，宏對云："我强齊弱，勢不相侔。齊主昵近小人，政刑日紊；至尊仁惠慈恕，法令嚴明。事等建瓴，何憂不剋。但先皇往日出師雒陽，[7]彼有其備，每不剋捷。如臣計者，進兵汾、潞，[8]直掩晋陽，[9]出其不虞，以爲上策。"帝從之。及定山東，[10]除少御正，[11]賜爵平遥縣伯，[12]邑六百户，[13]加上儀同。[14]

[1]江陵：縣名。梁元帝在此即位稱帝，後爲梁都城。治所在今湖北荆州市。

[2]周：即北周（557—581），都長安（今陝西西安市西北）。

[3]明帝：北周皇帝宇文毓。紀見《周書》卷四、《北史》卷九。

[4]麟趾殿學士：官名。北周明帝即位後，集公卿以下有文學者八十餘人，番上入值宫内麟趾殿，掌著述、勘校經史、考校圖籍，稱爲"麟趾殿學士"。屬臨時差遣之職，品秩不固定。

[5]遂伯下大夫：官名。掌地方之政。北周官品正四命。

[6]杜子暉：人名。北周時人，聘陳事亦見《陳書》卷三二、《南史》卷七四《謝貞傳》。

[7]雒陽：地名。在今河南洛陽市。

[8]汾：州名。北周時治所在今陝西宜川縣東北。　潞：州名。

北周時治所在今山西長治市北古驛。

［9］晋陽：縣名。北周時治所在今山西太原市。

［10］山東：地區名。戰國秦漢時代通稱華山或崤山以東爲山東，函括今河北、河南、山東等省。魏晋南北朝隋唐時期亦稱太行山以東地區爲山東。此處代指北齊所轄地區。

［11］除：官制用語。拜官、授職。　少御正：官名。全稱爲小御正下大夫，西魏恭帝三年仿《周禮》建六官，隸天官冢宰府。掌草擬詔告文册，侍帝左右，凡軍國大事，均需參議。北周沿之，正四命。

［12］平遥縣伯：爵名。北周十一等爵的第九等。正七命。

［13］邑：也稱食邑、封邑。是古代君王封賜給有爵位之人的一種食禄制度，受封者可徵收封地内的民户租税充作食禄。魏晋以後，食邑分爲虚封和實封兩類：虚封一般僅冠以“邑”或“食邑”之名，這衹是一種榮譽性加銜，受封者並不能獲得實際的食禄收入；而實封一般須冠以“真食”“食實封”等名，受封者可真正獲得食禄收入。

［14］上儀同：勳官名。全稱爲上儀同大將軍。北周武帝置。位在儀同大將軍上，授予有軍勳的功臣及其子弟，無具體職掌。九命。

高祖作相，奉使山南。會王謙舉兵於蜀，[1]路次潼州，[2]爲謙將達奚惎所執，[3]逼送成都，[4]竟不屈節。謙敗之後，馳傳入京，高祖嘉之，賜以金帶。及受禪，加開府，[5]除利州刺史，[6]進爵爲公。[7]轉邛州刺史，[8]秩滿還京。時有尉義臣者，[9]其父崇不從尉迥，[10]後復與突厥戰死，[11]上嘉之，將賜姓爲金氏。[12]訪及群下，宏對曰：“昔項伯不同項羽，漢高賜姓劉氏；秦真父能死難，[13]魏武賜姓曹氏。如臣愚見，請賜以皇族。”高祖曰“善。”因賜義臣姓爲楊氏。

[1]王謙：人名。北周柱國大將軍，因反對楊堅輔政，兵敗被殺。傳見《周書》卷二一，《北史》卷六〇有附傳。

[2]潼州：北周時治所在今四川綿陽市東。

[3]達奚惎（jì）：人名。北周將領，官至車騎將軍。事見《周書》卷一九、《北史》卷六五《達奚武傳》。

[4]成都：地名。在今四川成都市。

[5]開府：官名。全稱是開府儀同三司。隋文帝因改北周十一等勳官之制形成十一等散實官，用以酬勤勞，無實際職掌。開府是第六等，可開府置僚佐。正四品上。

[6]利州：按，據本書《地理志》載隋初有兩利州：一治所在今四川廣元市；二在今越南河静省河静西北。從上下文分析，第一種可能性較大。又岑仲勉《隋書州郡牧守編年表》第十二“邛州條”載：“開皇初，和州刺史鮑宏爲刺史，秩滿還京。”似“利州”爲“和州”。

[7]公：爵名。全稱爲平遥縣公。隋九等爵的第五等。從一品。

[8]邛州：治所在今四川邛崍市東南。

[9]尉義臣：人名。又名尉遲義臣或楊義臣。傳見本書卷六三、《北史》卷七三。

[10]崇：人名。即尉遲崇。事見本書卷六三、《北史》卷七三《楊義臣傳》。　尉迥：人名。即尉遲迥，北周太祖宇文泰之甥，周宣帝時任大前疑、相州總管。傳見《周書》卷二一、《北史》卷六二。

[11]突厥：古族名、國名。廣義包括突厥、鐵勒諸部落，狹義專指突厥。公元六世紀時游牧於金山（今阿爾泰山）以南，因金山形似兜鍪，俗稱“突厥”，遂以名部落。西魏廢帝元年（552），土門自號伊利可汗，建立突厥汗國，樹庭於鬱督軍山（今杭愛山東

段，鄂爾渾河左岸）。隋開皇二年西面可汗達頭與大可汗沙鉢略不睦，分裂爲西突厥、東突厥兩個汗國。傳見本書卷八四、《周書》卷五〇、《北史》卷九九、《舊唐書》卷一九四、《新唐書》卷二一五。

[12]賜姓：在古代宗法制下，皇帝因臣下有功，賜姓以示褒寵。

[13]秦真：人名。即曹真，曹操族子。傳見《三國志》卷九。

後授均州刺史，[1]以目疾免，卒於家。時年九十六。初，周武帝敕宏修《皇室譜》一部，[2]分爲《帝緒》《疏屬》《賜姓》三篇。有集十卷，[3]行於世。

[1]均州：治所在今湖北丹江口市西北。

[2]周武帝：北周皇帝宇文邕謚號。紀見《周書》卷五、六，《北史》卷一〇。

[3]有集十卷：據《舊唐書·經籍志下》載：《小博經》一卷、《博塞經》一卷，鮑宏撰。《新唐書·藝文志三》載：《小博經》一卷、《博塞經》一卷、《雜博戲》五卷，鮑宏撰。本書《經籍志》未載。唐代未載有名“鮑宏”者，故三書當爲本傳主所撰。又本傳言“有集十卷”，《新唐書》衹記七卷，其他三卷當考。

裴政

裴政，[1]字德表，河東聞喜人也。[2]高祖壽孫，[3]從宋武帝徙家于壽陽，[4]歷前軍長史、廬江太守。[5]祖邃，[6]梁侍中、左衛將軍、豫州大都督。[7]父之禮，[8]廷尉卿。[9]

［1］裴政：人名。傳另見《北史》卷七七。

［2］河東：郡名。治所在今山西永濟縣西南。　聞喜：縣名。治所在今山西聞喜縣。

［3］壽孫：人名。南朝宋人。事見《梁書》卷二八、《南史》卷五八《裴邃傳》。

［4］宋武帝：南朝宋皇帝劉裕謚號。紀見《宋書》卷一至三，《南史》卷一。　壽陽：地名。治所在今安徽壽縣境内。

［5］前軍長史：官名。南朝宋置前後左右四軍，典宿衛禁軍。前軍長史爲前軍將軍屬官。第七品。　廬江：郡名。南朝宋時治所在今安徽舒城縣。

［6］邃：人名。即裴邃，南朝齊、梁時人。傳見《梁書》卷二八、《南史》卷五八。

［7］侍中：官名。掌侍從左右，擯相威儀，盡規獻納，糾正違闕。南朝梁官品第十二班。　左衛將軍：官名。領宿衛營兵，禁衛宮廷。南朝梁官品第十二班。　豫州大都督：官名。梁時任刺史者加都督比單任刺史高一品。職掌都督豫州諸軍事。按，據《梁書·裴邃傳》載："普通二年……督豫州、北豫、霍三州諸軍事、豫州刺史，鎮合肥。……（五年）五月，卒於軍中。追贈侍中、左衛將軍。"《南史·裴邃傳》載："普通二年……除豫州刺史，加督，鎮合肥。……（五年）尋卒，贈侍中、左衛將軍。"可知三官職中，裴邃祇任過"豫州大都督"，其餘祇是贈官，非實職。

［8］之禮：人名。即裴之禮，南朝梁人。《梁書》卷二八、《南史》卷五八有附傳。

［9］廷尉卿：官名。梁初曰大理，天監元年（502）復改爲廷尉，長官爲卿，掌司法。南朝梁官品第十一班。按，《梁書·裴邃傳》載裴之禮"徵太子左衛率，兼衛尉卿，轉少府卿。卒"。《南史·裴邃傳》則載："之禮卒於少府卿。"均未言曾任"廷尉卿"，

疑廷尉卿乃“衛尉卿”之誤。

政幼明敏，博聞强記，達於時政，爲當時所稱。年十五，辟邵陵王府法曹參軍事，[1]轉起部郎、枝江令。[2]湘東王之臨荆州也，[3]召爲宣惠府記室，[4]尋除通直散騎侍郎。侯景作亂，[5]加壯武將軍，[6]帥師隨建寧侯王琳進討之。[7]擒賊率宋子仙，[8]獻于荆州。及平侯景，先鋒入建鄴，[9]以軍功連最，封夷陵侯。[10]徵授給事黄門侍郎。[11]復帥師副王琳拒蕭紀，[12]破之於硤口。[13]加平越中郎將、鎮南府長史。[14]

[1]邵陵王：爵名。南朝梁蕭綸封爵名，全稱是邵陵郡王。爲梁十五等爵的第一等。傳見《梁書》卷二九、《南史》卷五三。　法曹參軍事：官名。梁諸公王府皆置法曹，主刑法事，長官爲參軍事。南朝梁爲位不登二品者第七班。

[2]起部郎：官名。梁尚書省置起部郎，掌宗廟宫室營造。南朝梁官品第五班。　枝江：縣名。南朝梁時治所在今湖北枝江市西南。

[3]湘東王：即蕭繹。　荆州：南朝梁時治所在今湖北江陵縣。

[4]宣惠府記室：官名。宣惠府將軍記室，掌章表書記文檄。南朝梁官品第四班。

[5]侯景作亂：南朝梁武帝末年東魏降將侯景發動的一場叛亂，歷時五年（548—552）。侯景，人名。傳見《梁書》卷五六、《南史》卷八〇。

[6]壯武將軍：官名。屬武將。南朝梁官品將軍品階十二班。

[7]建寧侯：爵名。全稱爲建寧縣侯，南朝梁十五等爵的第十等。《北齊書》卷三二、《南史》卷六四《王琳傳》均載爲“建寧

縣侯”。　王琳：人名。南北朝時梁、北齊大將。傳見《北齊書》卷三二、《南史》卷六四。

[8]宋子仙：人名。侯景部將，侯景叛亂時，被任命爲太保。事略見《梁書》卷五六、《南史》卷八〇《侯景傳》。

[9]建鄴：地名。在今江蘇南京市。

[10]夷陵侯：爵名。全稱爲夷陵縣侯，南朝梁十五等爵的第十等。

[11]給事黄門侍郎：官名。與侍中同掌“侍從左右，擯相威儀，盡規獻納，糾正違闕。監合嘗御藥，封璽書”。南朝梁官品第十班。

[12]蕭紀：人名。梁武帝蕭衍第八子，武帝死後於成都自立爲帝。傳見《梁書》卷五五、《南史》卷五三。

[13]硤口：地名。在今湖北宜昌市西北。

[14]平越中郎將：官名。屬武將。南朝梁官品第八班。　長史：官名。王府佐官，總管府事。南朝梁官品第八班。

及周師圍荆州，琳自桂州來赴難，[1]次于長沙。[2]政請從間道先報元帝。[3]至百里洲，[4]爲周人所獲，蕭詧謂政曰：[5]“我，武皇帝之孫也，[6]不可爲爾君乎？爾亦何煩殉身於七父？[7]若從我計，則貴及子孫；如或不然，分腰領矣。”政詭曰：“唯命。”詧鏁之，送至城下，使謂元帝曰：“王僧辯聞臺城被圍，[8]已自爲帝。王琳孤弱，不復能來。”政許之。既而，告城中曰：“援兵大至，各思自勉。吾以間使被擒，當以碎身報國。”監者擊其口，終不易辭。詧怒，命趣行戮。蔡大業諫曰：[9]“此民望也。若殺之，則荆州不可下矣。”因得釋。會江陵陷，與城中朝士俱送于京師。

[1]桂州：南朝梁時治所在今廣西柳州市東南。

[2]長沙：縣名。南朝梁時治所在今湖南長沙市。

[3]元帝：南朝梁元帝蕭繹。

[4]百里洲：地名。在今湖北枝江市南長江中。

[5]蕭詧：人名。南朝後梁國（555—587）的第一代君主，都於江陵（今湖北荆州市），臣屬西魏、北周，受封爲梁王。傳見《周書》卷四八、《北史》卷九三。

[6]武皇帝：南朝梁武帝蕭衍。紀見《梁書》卷一至三，《南史》卷六、七。

[7]七父：指梁元帝蕭繹。按，蕭繹爲梁武帝第七子，而蕭詧乃武帝長子昭明太子第三子，故稱蕭繹爲“七父”。

[8]王僧辯：人名。南朝梁大將。傳見《梁書》卷四五，《南史》卷六三有附傳。

[9]蔡大業：人名。歷仕南朝梁、陳，陳滅入隋，任起居舍人。《周書》卷四八有附傳。

周文帝聞其忠，[1]授員外散騎侍郎，[2]引事相府。命與盧辯依《周禮》建六卿，[3]設公卿、大夫、士。[4]并撰次朝儀，車服器用，多遵古禮，革漢、魏之法，事並施行。尋授刑部下大夫，[5]轉少司憲。[6]政明習故事，又參定《周律》。能飲酒，至數斗不亂。簿案盈机，[7]剖决如流，用法寬平，無有冤濫。囚徒犯極刑者，乃許其妻子入獄就之。至冬，將行决，皆曰：“裴大夫致我於死，死無所恨。”其處法詳平如此。又善鍾律，嘗與長孫紹遠論樂，[8]語在《音律志》。[9]宣帝時，[10]以忤旨免職。

［1］周文帝：北周皇帝宇文泰。紀見《周書》卷一、二，《北史》卷九。

［2］員外散騎侍郎：官名。屬散官，掌勸諫獻納。北魏初爲從四品下，太和二十三年（499）改爲七品上。北周爲正三命。

［3］盧辯：人名。西魏時官至尚書右僕射，爲當時碩儒，北周明帝時進位大將軍。傳見《周書》卷二四，《北史》卷三〇有附傳。　六卿：官名合稱。西魏仿《周禮》設天官大冢宰卿、地官大司徒卿、春官大宗伯卿、夏官大司馬卿、秋官大司寇卿、冬官大司空卿，合稱六卿，亦稱六官。

［4］設公卿、大夫、士：中華本此“公卿、大夫、士”未加標點。據《周禮》載公卿、大夫、士乃職官等級名，故此之間應用頓號分隔。

［5］刑部下大夫：官名。秋官府屬官，掌刑罰。北周正四命。（參見王仲犖《北周六典》卷六《秋官府第十一》，第408頁）

［6］少司憲：官名。司憲上士。北周正三命。（參見王仲犖《北周六典》卷六《秋官府第十一》，第406頁）

［7］机：宋刻遞修本、汲古閣本同，殿本、庫本、中華本及《北史》卷七七《裴政傳》作“几”。

［8］長孫紹遠：人名。北周時任大司樂。傳見《周書》卷二六。

［9］《音律志》：中華本校勘記云：“《音律志》，指本書《音樂志》。按：裴政論樂事，見《周書·長孫紹遠傳》，不見本書《音樂志》。”檢本書《音樂志》祇長孫紹遠語，實無裴政論事。

［10］宣帝：北周宣帝宇文贇。紀見《周書》卷七、《北史》卷一〇。

高祖攝政，召復本官。開皇元年，轉率更令，[1]加位上儀同三司，[2]詔與蘇威等修定律令。[3]政採魏、晋刑典，下至齊、梁，沿革輕重，取其折衷。同撰著者十有餘人，凡疑滯不通，皆取決於政。

[1]率更令：官名。爲太子率更寺長官，置一員，掌東宮禮樂、漏刻等事。從四品上。

[2]上儀同三司：官名。亦簡稱“上儀同”。隋文帝因改北周十一等勳官之制形成十一等散實官，用以酬勤勞，無實際職掌。上儀同三司是十一等散實官的第七等，可開府置僚佐。從四品上。

[3]蘇威：人名。傳見本書卷四一，《北史》卷六三有附傳。

進位散騎常侍，[1]轉左庶子，[2]多所匡正，見稱純慤。[3]東宮凡有大事，皆以委之。右庶子劉榮，[4]性甚專固。時武職交番，[5]通事舍人趙元愷作辭見帳，[6]未及成。太子有旨，再三催促。榮語元愷云：“但爾口奏，不須造帳。”及奏，太子問曰：“名帳安在？”元愷曰：“稟承劉榮，不聽造帳。”太子即以詰榮，榮便拒諱，云“無此語”。太子付政推問。未及奏狀，有附榮者先言於太子曰：“政欲陷榮，推事不實。”太子召責之，政奏曰：“凡推事有兩：一察情，一據證。審其曲直，以定是非。臣察劉榮，位高任重，縱令實語元愷，蓋是纖介之愆，計理而論，不須隱諱。又察元愷受制於榮，豈敢以無端之言妄相點累。二人之情，理正相似。元愷引左衛率崔蒨等爲證，[7]蒨等款狀悉與元愷符同。察情既敵，須以證定。臣謂榮語元愷，事必非虛。”太子亦不罪榮，而稱政平直。

[1]散騎常侍：官名。爲門下省屬官，置四員，掌陪從朝直，獻納得失，實則爲閑散虛職，多用作加官。從三品。煬帝大業三年罷廢。

[2]左庶子：官名。東宮門下坊置二員，掌侍從贊相，駁正啓奏，制比門下省侍中。正四品上。

[3]愨（què）：誠實、謹慎。

[4]右庶子：官名。隋東宮典書坊置二人，掌侍從、獻納、啓奏，制比中書省中書令。正四品下。　劉榮：人名。隋時人。事亦見《北史》卷七七《裴政傳》、《册府元龜》卷七〇九《宫臣部·正直》。

[5]武職交番：宿衛之府兵輪番。

[6]通事舍人：官名。隋初置爲内史省屬官，掌導引宫臣辭見，承旨傳宣之事。從六品。煬帝大業三年改名通事謁者，隸謁者臺。　趙元愷：人名。隋時人。事亦見《北史·裴政傳》、《册府元龜》卷七〇九《宫臣部·正直》。

[7]左衛率：官名。太子東宮設左右衛率各一人，掌東宮禁衛。從四品上。　崔蒨：人名。隋時人。事亦見《北史·裴政傳》、《册府元龜》卷七〇九《宫臣部·正直》。

政好面折人短，而退無後言。時雲定興數入侍太子，[1]爲奇服異器，進奉後宫，又緣女寵，來往無節。政數切諫，太子不納。政因謂定興曰："公所爲者，不合禮度。又元妃暴薨，[2]道路籍籍，此於太子非令名也。願公自引退，不然將及禍。"定興怒，以告太子，太子益疏政。

[1]雲定興：人名。傳見本書卷六一，《北史》卷七九有附傳。

[2]元妃：元孝矩女，太子楊勇妃。

由是出爲襄州總管。[1]妻子不之官，所受秩奉，散給僚吏。民有犯罪者，陰悉知之，或竟歲不發，至再三犯，乃因都會時，於衆中召出，[2]親案其罪，五人處死，流徙者甚衆。[3]合境惶懾，令行禁止，小民蘇息，稱爲神明。爾後不修囹圄，殆無争訟。卒官，年八十九。著《承聖降録》十卷。[4]及太子廢，高祖追憶之曰："向遣裴政、劉行本在，[5]共匡弼之，猶應不令至此。"子南金，[6]仕至膳部郎。[7]

[1]襄州：治所在今湖北襄樊市。　總管：官名。全稱是總管刺史加使持節。總管的統轄範圍可達數州至十餘州，成一軍政管轄區。隋文帝在并、益、荆、揚四州置大總管，其餘州置總管。總管分上、中、下三等，品秩爲流内視從二品、正三品、從三品。

[2]衆：宋刻遞修本、汲古閣本、中華本同，殿本、庫本作"獄"。

[3]流徙：處以流刑。據本書《刑法志》載：隋流刑有一千里、一千五百里和二千里三類。

[4]《承聖降録》：《北史》卷七七《裴政傳》作《承聖實録》。

[5]劉行本：人名。傳見本書卷六二，《北史》卷七〇有附傳。

[6]南金：人名。即裴南金，裴政之子。事亦見《北史·裴政傳》。

[7]膳部郎：官名。掌祭器、酒膳及食料等。正六品。

柳莊

柳莊，[1]字思敬，河東解人也。[2]祖季遠，[3]梁司徒從事中郎。[4]父遐，[5]霍州刺史。[6]莊少有遠量，博覽墳籍，兼善辭令。濟陽蔡大寶有重名於江左，[7]時爲岳陽王蕭詧諮議，見莊便歎曰："襄陽水鏡，[8]復在於兹矣。"大寶遂以女妻之。俄而，詧辟爲參軍，轉法曹。及詧稱帝，還署中書舍人，[9]歷給事黄門侍郎、吏部郎中、鴻臚卿。[10]

[1]柳莊：人名。《北史》卷七〇有附傳。

[2]解：縣名。治所在今山西運城市西南。

[3]季遠：人名。南朝梁人，官至宜都太守。事見《周書》卷四二《柳霞傳》、《北史》卷七〇《柳遐傳》。

[4]司徒從事中郎：官名。爲司徒府屬官，掌領府内諸曹之事。南朝梁官品第八班。

[5]遐：人名。即柳遐。傳見《周書》卷四二、《北史》卷七〇。遐，《周書》作"霞"，《北史》及《通志》卷一五九與本書同。

[6]霍州：治所在今安徽霍山縣。

[7]濟陽：郡名。南朝梁時治所在今河南蘭考縣東北。　蔡大寶：人名。南朝梁人，博覽群書、學無不綜，時人重之。傳見《周書》卷四八。

[8]襄陽：郡名。治所在今湖北襄樊市。　水鏡：指三國時期司馬德操，號水鏡先生。

[9]中書舍人：官名。掌詔誥兼呈奏之事。南朝梁官品第四班。

[10]吏部郎中：梁尚書省無吏部郎中之稱。《通典》卷二三《職官》引《職官録》有"梁吏部郎"。吏部郎，官名。掌選舉、考課等事。南朝梁官品第十一班。　鴻臚卿：官名。位視尚書左丞，掌導護贊拜。南朝梁官品第九班。

及高祖輔政，蕭巋令莊奉書入關。[1]時三方構難，[2]

高祖慮巋有異志，及莊還，謂莊曰："孤昔以開府從役江陵，深蒙梁主殊眷。今主幼時艱，猥蒙顧托，中夜自省，實懷慚懼。梁主弈葉重光，委誠朝廷，而今已後，方見松筠之節。君還本國，幸申孤此意於梁主也。"遂執莊手而別。時梁之將帥咸潛請興師，與尉迥等爲連衡之勢，進可以盡節於周氏，退可以席卷山南。唯巋疑爲不可。會莊至自長安，具申高祖結托之意，遂言於巋曰："昔袁紹、劉表、王淩、諸葛誕之徒，[3]並一時之雄傑也。及據要害之地，擁哮闞之群，[4]功業莫建，而禍不旋踵者，良由魏武、晋氏挾天子，保京都，仗大義以爲名，故能取威定霸。今尉迥雖曰舊將，昏耄已甚；消難、王謙，[5]常人之下者，非有匡合之才。況山東、庸、蜀從化日近，周室之恩未洽，在朝將相多爲身計，競效節於楊氏。以臣料之，迥等終當覆滅，隋公必移周國。[6]未若保境息民，以觀其變。"巋深以爲然，衆議遂止。未幾，消難奔陳，迥及謙相次就戮，巋謂莊曰："近者，若從衆人之言，社稷已不守矣。"

［1］蕭巋：人名。即南朝西梁明帝。傳見本書卷七九，《周書》卷四八有附傳。

［2］三方構難：指尉遲迥、司馬消難和王謙起兵反對楊堅輔政。

［3］袁紹、劉表、王淩、諸葛誕：皆人名。均爲東漢末三國時期割據諸侯。袁紹傳見《後漢書》卷七四上、《三國志》卷六，劉表傳見《後漢書》卷七四下、《三國志》卷六，王淩傳見《三國志》卷二八，諸葛誕傳見《三國志》卷二八。

［4］哮闞（kàn）：指猛獸發怒。此用猛獸喻戰士。

［5］消難：人名。即司馬消難。北周末年官任鄖州總管，起兵反對楊堅篡周，旋被討滅，逃奔南朝陳。傳見《周書》卷二一，《北史》卷五四有附傳。　王謙：人名。北周柱國大將軍、益州總管，因反對楊堅輔政，兵敗被殺。傳見《周書》卷二一，《北史》卷六〇有附傳。

［6］隋公：即隋國公。楊堅在北周襲爵隋國公，此以爵代名。

高祖踐阼，莊又入朝，高祖深慰勉之。及爲晋王廣納妃于梁，[1]莊因是往來四五反，前後賜物數千段。蕭琮嗣位，[2]遷太府卿。[3]及梁國廢，授開府儀同三司，[4]尋除給事黄門侍郎，并賜以田宅。

［1］廣：人名。隋煬帝楊廣，時爲晋王。紀見本書卷三、四，《北史》卷一二。

［2］蕭琮：人名。南朝西梁政權末帝。《周書》卷四八、本書卷七九有附傳。

［3］太府卿：官名。掌金帛府帑。南朝梁官品第十八班。

［4］開府儀同三司：官名。亦簡稱開府。隋文帝因改北周十一等勳官之制形成十一等散實官，用以酬勤勞，無實際職掌。開府儀同三司是第六等，可開府置僚佐。正四品上。

莊明習舊章，雅達政事，凡所駁正，帝莫不稱善。蘇威爲納言，[1]重莊器識，常奏帝云："江南人有學業者，多不習世務；習世務者，又無學業。能兼之者，不過於柳莊。"高熲亦與莊甚厚。[2]莊與陳茂同官，[3]不能降意，茂見上及朝臣多屬意於莊，心每不平，常謂莊爲輕己。帝與茂有舊，曲被引召，數陳莊短。經歷數載，譖愬頗行。[4]尚書省嘗奏犯罪人依法合流，[5]而上處以大辟。[6]莊奏曰："臣聞張釋之有言：[7]'法者，天子所與天下共也。今法如是，更重之，是法不信於民心。'方今海內無事，正是示信之時，伏願陛下思釋之之言，則天下幸甚。"帝不從，由是忤旨。俄屬尚藥進丸藥不稱旨，[8]茂因密奏莊不親監臨，帝遂怒。

[1]納言：官名。門下省長官，職掌封駁制敕，並參與軍國大政決策等，居宰相之職，置二員。正三品。

[2]高熲：人名。傳見本書卷四一、《北史》卷七二。

[3]陳茂：人名。傳見本書卷六四，《北史》卷七五有附傳。

[4]譖愬：毁謗攻訐。

[5]尚書省：官署名。隋三省之一，掌政令執行。

[6]大辟：古五刑之一，謂死刑。

[7]張釋之：人名。西漢文帝時任廷尉。傳見《史記》卷一〇二、《漢書》卷五〇。

[8]尚藥：官署名。隋初，門下省統尚藥等六局，以典御領之，煬帝以之隸殿內省，並改爲奉御。掌宫廷醫藥與疾病治療。按，尚藥局屬門下省，故給事黄門侍郎有監臨之責。

十一年，[1]徐璒等反於江南，[2]以行軍總管長史隨軍討之。[3]璒平，即授饒州刺史，[4]甚有治名。後數載卒官，年六十二。

[1]十一年：此"十一年"爲"九年"之誤。按，徐璒爲南朝陳將領，其叛亂在平陳後不久，然具體時間史籍並無明確記載。本書卷四七《韋洸傳》載："及陳平，拜江州總管，率步騎二萬，略

定九江。陳豫章太守徐璒據郡持兩端，洸遣開府吕昂、長史馮世基以兵相繼而進。既至城下，璒僞降，其夜率所部二千人襲擊昂。昂與世基合擊，大破之，擒璒於陣。”又《通鑑》卷一七七《隋紀》“開皇九年二月”條亦載：“詔譴柱國韋洸等安撫嶺外，陳豫章太守徐璒據南康拒之，……洸擊斬徐璒。”則徐璒爲韋洸擒斬當無疑，時間據《通鑑》在開皇九年。又本書《韋洸傳》及卷六五《慕容三藏傳》、《通鑑》卷一七七《隋紀》“開皇十年”條均載，韋洸陣亡於開皇十年蕃禺王仲宣之亂。故徐璒反叛的時間不可能晚於開皇十年，當以《通鑑》“開皇九年”爲準，而柳莊以行軍總管長史隨軍征討的時間也當在“開皇九年”。

［2］徐璒：人名。南朝陳時任豫章太守。事略見本書卷八〇、《北史》卷九一《譙國夫人傳》。

［3］行軍總管：出征軍統帥名。北周至隋時所置的統領某部或某路出征軍隊的軍事長官。根據需要其上還可置行軍元帥以統轄全局。屬臨時差遣任命之職，事罷則廢。　長史：官名。此爲行軍總管府長史，掌管府事。

［4］饒州：治所在今江西鄱陽縣。

源師

源師，[1]字踐言，河南雒陽人也。父文宗，[2]有重名於齊。開皇初，終於莒州刺史。[3]師早有聲望，起家司空府參軍事，[4]稍遷尚書左外兵郎中，[5]又攝祠部。[6]後屬孟夏，以龍見請雩。[7]時高阿那肱爲相，[8]謂真龍出見，大驚喜，問龍所在。師整容報曰：“此是龍星初見，依禮當雩祭郊壇，非謂真龍别有所降。”阿那肱忿然作色曰：“何乃干知星宿！”[9]祭竟不行。師出而竊歎曰：

"國家大事，在祀與戎。[10]禮既廢也，何能久乎？齊亡無日矣！"七年，[11]周武帝平齊，授司賦上士。[12]

［1］源師：人名。《北齊書》卷四三、《北史》卷二八有附傳。

［2］文宗：人名。即源彪，字文宗。北朝人，入隋任莒州刺史。傳見《北齊書》卷四三，《北史》卷二八有附傳。按，岑仲勉言："文宗實名彪字文宗，但全傳均稱曰文宗，蓋唐人諱虎之故。"（岑仲勉：《隋書求是》，中華書局2004年版，第113頁）

［3］莒州：治所在今山東沂水縣。

［4］起家：官制用語。從家中徵召出來，始授以官職。　司空府參軍事：官名。北齊司空府設諸曹參軍事，分掌各曹事務。從六品。

［5］尚書左外兵郎中：官名。全稱是尚書左外兵曹郎中。爲尚書省五兵部所轄五曹之一左外兵曹的長官，置一員，掌河南及潼關以東諸州丁帳，及發詔徵兵等事。北齊官品第六品。

［6］攝：官制用語。以本官代理或兼理他官之職事。　祠部：官署名。尚書省禮部所轄四曹之一，掌祠祀、祭享、天文、漏刻、國忌、廟諱、卜祝、醫藥及僧尼簿籍之政令。

［7］龍見請雩（yú）：《左傳》桓公五年有"龍見而雩"之語。龍星見，因其盛德在火，則萬物炳然，陽驕而旱，故當雩。龍，指龍星，二十八宿之東方蒼龍中角、亢、房、心、尾諸宿。雩，古代爲求雨而舉行的祭祀。

［8］高阿那肱：人名。北齊後主高緯時任大丞相。傳見《北齊書》卷五〇、《北史》卷九二。

［9］何乃干知星宿：《北齊書·高阿那肱傳》爲"漢兒强知星宿"。《北史·源師傳》爲"漢兒多事，强知星宿"。

［10］國家大事，在祀與戎：語出《左傳》成公十三年。

［11］七年：據《周書》卷六《武帝紀下》、《北齊書》卷八

《幼主紀》，周武帝平齊時間在北周建德六年、北齊隆化二年，公元577年，非武平七年（576），故此時間誤。

[12]司賦上士：官名。掌賦均之政令。北周官品正三命。

高祖受禪，除魏州長史，[1]入爲尚書考功侍郎，仍攝吏部。[2]朝章國憲，多所參定。十七年，歷尚書左、右丞，[3]以明幹著稱。時蜀王秀頗違法度，[4]乃以師爲益州總管司馬。[5]俄而，秀被徵，秀恐京師有變，將謝病不行。師數勸之不可違命，秀作色曰："此自我家事，何預卿也!"師垂涕對曰："師荷國厚恩，忝參府幕，僚吏之節，敢不盡心。但比年以來，國家多故，秦孝王寢疾，[6]奄至薨殂，庶人二十年太子，[7]相次淪廢。聖上之情，何以堪處！而有敕追王，已淹時月，今乃遷延未去，百姓不識王心，儻生異議，内外疑駭，發雷霆之詔，降一介之使，王何以自明？願王自計之。"秀乃從徵。秀廢之後，益州官屬多相連坐，師以此獲免。後加儀同三司。[8]

[1]魏州：治所在今河北大名縣東北。　長史：官名。此爲州府上佐之一，佐理一州事務，開皇三年改别駕爲長史。上州正五品，中州從五品，下州正六品。

[2]吏部：官署名。隋爲尚書省六部之首，下統吏部、主爵、司勳、考功等曹（司），以吏部尚書爲長官，掌全國文職官員銓選、勳封、考課之政。

[3]尚書左、右丞：官名。爲尚書省屬官，左、右各一人，分掌尚書都省事務，糾駁諸司文案。隋初爲從四品下，煬帝大業三年升爲正四品。按，中華本此處作"尚書左右丞"，未加標點。檢中

華本本書《百官志下》載：“（尚書省）屬官左、右丞各一人。”二者實爲兩官職，故當爲“尚書左、右丞”。又《北史》卷二八《源師傳》衹載其累遷尚書左丞，未載尚書右丞。

[4]蜀王秀：隋文帝楊堅第四子楊秀，封蜀王。傳見本書卷四五、《北史》卷七一。

[5]益州：隋開皇三年置大總管府。治所在今四川成都市。總管司馬：官名。爲諸州總管府的上佐官，協助總管統領府中軍務。其品階史無明載，但隋代諸州總管府和諸州府均分爲上、中、下三等，三等州司馬的品階分别爲正五品下、從五品下、正六品下，故三等總管府司馬的品階亦當與三等州司馬略同。而益州爲大總管府，其司馬更應高於上州司馬，當在正五品下以上。

[6]秦孝王：隋文帝楊堅第三子楊俊。傳見本書卷四五、《北史》卷七一。

[7]庶人：指隋文帝長子楊勇。傳見本書卷四五、《北史》卷七一。

[8]儀同三司：官名。亦簡稱儀同。隋文帝因改北周十一等勳官之制形成十一等散實官，用以酬勤勞，無實際職掌。儀同三司是十一等散實官的第八等，可開府置僚佐。正五品上。

煬帝即位，拜大理少卿。[1]帝在顯仁宫，[2]敕宫外衛士不得輒離所守。有一主帥，私令衛士出外，帝付大理繩之。師據律奏徒，帝令斬之，師奏曰：“此人罪誠難恕，若陛下初便殺之，自可不關文墨。既付有司，義歸恒典，脱宿衛近侍者更有此犯，將何以加之?”帝乃止。轉刑部侍郎。[3]師居職强明，有口辯，而無廉平之稱。未幾，卒官。有子崐玉。[4]

[1]大理少卿：官名。隋大理寺副長官，協助大理卿掌刑獄之

事。正四品。

[2]顯仁宫：宫名。在今河南宜陽縣西南。

[3]刑部侍郎：官名。尚書省刑部副長官，掌刑罰之事。正四品。

[4]崐玉：人名。即源崐玉，源師之子。事亦見《元和姓纂》卷四《源》。

郎茂

郎茂，[1]字蔚之，[2]恒山新市人也。[3]父基，[4]齊潁川太守。[5]茂少敏慧，七歲誦《騷》《雅》，[6]日千餘言。十五，師事國子博士河間權會，[7]受《詩》《易》《三禮》及玄象、刑名之學。[8]又就國子助教長樂張率禮受《三傳》群言，[9]至忘寢食。家人恐茂成病，恒節其燈燭。及長，稱爲學者，頗解屬文。年十九，丁父憂，[10]居喪過禮。

[1]郎茂：人名。《北史》卷五五有附傳。

[2]蔚之：《北史·郎茂傳》作“慰之”，他處均作“蔚之”。

[3]恒山：地名。治所在今河北定州市。按，“恒山”北魏置中山郡，隋避隋文帝父楊忠諱改。　新市：地名。在今河北正定縣東北。

[4]基：人名。即郎基。傳見《北齊書》卷四六、《北史》卷五五。

[5]潁川：郡名。北齊時治所在今安徽鳳臺縣境。

[6]《騷》《雅》：指《離騷》和《詩經》中的《大雅》《小雅》。

[7]國子博士：官名。北齊爲國子寺所轄國子學教官，置五人，

掌以儒經教授國子學生，國有疑事則掌承問對。正五品。　河間：郡名。治所在今河北河間市。　權會：人名。北齊著名儒者，曾監修太史局事。傳見《北齊書》卷四四、《北史》卷八一。

[8]玄象：研究天象之學。　刑名：研究刑律之學。

[9]國子助教：官名。爲國子寺所轄國子學教官，掌訓教胄子。北齊官品從七品。　長樂：郡名。治所在今河北冀州市。　張率禮：人名。北齊人，事亦見《册府元龜》卷七九八《總録部·勤學》。

[10]丁父憂：遭逢父親喪事。古代喪服禮制規定，父母死後，子女須守喪，三年内不得做官、婚娶、赴宴、應考、舉樂，等等。

仕齊，解褐司空府行參軍。[1]會陳使傅縡來聘，[2]令茂接對之。後奉詔於秘書省刊定載籍。[3]遷保城令，[4]有能名，百姓爲立《清德頌》。及周武平齊，上柱國王誼薦之，[5]授陳州户曹。[6]屬高祖爲亳州總管，[7]見而悦之，命掌書記。時周武帝爲《象經》，[8]高祖從容謂茂曰："人主之所爲也，感天地，動鬼神，而《象經》多糺法，將何以致治？"茂竊歎曰："此言豈常人所及也！"乃陰自結納，高祖亦親禮之。後還家，爲州主簿。[9]

[1]司空府行參軍：官名。三公府設法、墨、田、水、鎧、集、士七曹行參軍事。北齊官品從七品上。

[2]傅縡：人名。南朝陳人，陳後主時任秘書監、右衛將軍兼中書通事舍人，被譖賜死。傳見《陳書》卷三〇、《南史》卷六九。

[3]秘書省：官署名。北齊掌四部圖書之校勘、繕録、整理和收藏事宜。

[4]保城：縣名。北齊時治所在今河南羅山縣西。

[5]上柱國：官名。北周武帝建德四年（575）始置，爲十一等勳官的第一等，可開府置官屬。北周官品正九命。　王誼：人名。傳見本書卷四〇，《北史》卷六一有附傳。

[6]陳州：北周時治所在今河南沈丘縣南。　户曹：官名。州府屬官，掌一州户口、籍帳、婚嫁等事。因州等級不同，北周品秩從六品以下不等。

[7]亳州：北周時治所在今安徽亳州市。　總管：官名。東魏孝敬帝武定六年（548）始置。西魏也置。北周明帝武成元年（559）正式改都督諸州軍事爲總管，總管之設乃成定制。北周之制，總管加使持節諸軍事。總管或單任，然多兼帶刺史。故總管職權雖以軍事爲主，實際是一地區若干州、防（鎮）的最高軍政長官。

[8]《象經》：内容不詳。本書《經籍志三》《舊唐書·經籍志下》《新唐書·藝文志三》均載《象經》一卷，周武帝撰。唯《舊唐書》卷七九、《新唐書》卷一〇七《吕才傳》載爲《三局象經》。

[9]州主簿：官名。北周各州置主簿，爲州佐官之一，掌官署監印，檢核文書簿籍，勾稽缺失等事。“命品未詳”（參見王仲犖《北周六典》卷一〇《州牧刺史第二十六》，第652頁），但隋初雍州主簿爲流内視正八品，其餘諸州主簿爲流内視從八品，可作參考。

高祖爲丞相，以書召之，言及疇昔，甚歡。授衛州司録，[1]有能名。尋除衛國令。[2]時有繫囚二百，茂親自究審數日，釋免者百餘人。歷年辭訟，不詣州省。魏州刺史元暉謂茂曰：[3]“長史言衛國民不敢申訴者，畏明府耳。”[4]茂進曰：“民猶水也，法令爲隄防，隄防不固，必致奔突，苟無决溢，使君何患哉？”暉無以應之。有民張元預，[5]與從父弟思蘭不睦。丞尉請加嚴法，茂曰：

“元預兄弟，本相憎疾，又坐得罪，彌益其忿，非化民之意也。”於是遣縣中耆舊更往敦諭，[6]道路不絶。元預等各生感悔，詣縣頓首請罪。茂曉之以義，遂相親睦，稱爲友悌。

［1］衛州：治所在今河南淇縣。 司録：官名。州府佐官，總録一府之事。正八品。

［2］衛國：縣名。治所在今河南清豐縣東南。

［3］元暉：人名。傳見本書卷四六，《北史》卷一五有附傳。

［4］明府：本意爲明法之府，隋唐時稱縣令爲明府。

［5］張元預：人名。具體事迹不詳，此事亦載於《北史》卷五五《郎茂傳》、《册府元龜》卷七〇三《令長部·教化》。

［6］耆舊：德高望重的長者。

茂自延州長史轉太常丞，[1]遷民部侍郎。[2]時尚書右僕射蘇威立條章，[3]每歲責民間五品不遜。[4]或答者乃云：“管内無五品之家。”不相應領，類多如此。又爲餘糧簿，擬有無相贍。茂以爲繁紆不急，皆奏罷之。數歲，以母憂去職。[5]未期，[6]起令視事。又奏身死王事者，子不退田，品官年老不減地，[7]皆發於茂。茂性明敏，剖決無滯，當時以吏幹見稱。仁壽初，[8]以本官領大興令。[9]

［1］延州：治所在今陝西延安市東南。 太常丞：官名。隋太常寺副官，設二人，掌判本寺日常公務。隋初爲從六品下，煬帝大業五年升爲從五品。

［2］民部侍郎：官名。隋煬帝大業三年置民部侍郎，佐尚書掌

全國土地、户口、賦税等事。正四品。按，《北史》卷五五《郎茂傳》作“户部侍郎”，檢《通典》卷二三《職官》載：隋初尚書省有度支曹，設度支尚書，開皇三年改爲民部，唐高宗永徽時避李世民諱又改爲户部。

［3］尚書右僕射：官名。隋尚書省置左右僕射各一人，地位僅次於尚書令，是宰相之職。從二品。

［4］五品不遜：指五常不恭順，民間的不親、不義、不友、不恭、不孝行爲。故下文答者未理解本意，所云“管内無五品之家”是“不相應領”。語出《尚書·舜典》。

［5］母憂：遭逢母親喪事。亦稱“丁母憂”，參前“丁父憂”條。

［6］期：音jī。

［7］年老：諸本同，《北史》卷五五《郎茂傳》作“左貶”。中華本《北史》校勘記有考，疑“左貶”是而“年老”非。

［8］仁壽：隋文帝楊堅年號（601—604）。

［9］領：官制用語。以地位較高的官兼理地位較低的職務。大興：縣名。治所在今陝西西安市。

煬帝即位，遷雍州司馬，[1]尋轉太常少卿。[2]後二歲，拜尚書左丞，參掌選事。[3]茂工法理，爲世所稱。時工部尚書宇文愷、右翊衛大將軍于仲文競河東銀窟。[4]茂奏劾之曰：“臣聞貴賤殊禮，士、農異業，所以人知局分，家識廉耻。宇文愷位望已隆，禄賜優厚，拔葵去織，寂爾無聞，求利下交，曾無愧色；于仲文大將、宿衛近臣，趨侍階庭，朝夕聞道，虞、芮之風，[5]抑而不慕，分銖之利，知而必争。何以貽範庶寮，示民軌物！若不糾繩，將虧政教。”愷與仲文竟坐得罪。茂撰《州郡圖經》一百卷奏之，[6]賜帛三百段，以書付秘府。[7]

［1］司馬：官名。隋州僚屬之一，開皇三年改治中爲司馬，名義上紀綱衆務，通判列曹，實無具體職任。上州正五品、中州從五品、下州正六品。

［2］太常少卿：官名。輔太常卿掌宗廟郊社禮樂，通判寺事。從四品。

［3］參掌：官制用語。指除本官職責之外，奉皇帝特敕掌管他職事務。

［4］工部尚書：官名。隋尚書省工部長官，掌百工、屯田、山澤之政令。正三品。　宇文愷：人名。傳見本書卷六八，《北史》卷六〇有附傳。　右翊衛大將軍：官名。煬帝大業三年改左、右衛名左、右翊衛，職掌未變，掌宫掖禁禦，督攝仗衛。右翊衛大將軍即右衛大將軍之改名。正三品。　于仲文：人名。傳見本書卷六〇，《北史》卷二三有附傳。

［5］虞、芮之風：虞、芮指春秋時期虞國和芮國。典出《詩·大雅·緜》："虞芮質厥成，文王蹶厥生。"注云：虞、芮二國君争田，久不能平，預求質於周王。入周，見民俗想讓，皆慚，相讓而回。

［6］《州郡圖經》：《北史》卷五五《郎茂傳》所載同，然《北史》所題撰者爲"茂與崔祖濬（賾）撰"。又本書《經籍志二》有《隋諸州圖經集》一百卷，題爲郎蔚之撰。《舊唐書·經籍志上》與《新唐書·藝文志二》有《隋圖經集記》一百卷，郎蔚之撰。

［7］秘府：禁中藏圖書秘籍之所。

于時帝每巡幸，王綱已紊，法令多失。茂既先朝舊臣，明習世事，然善自謀身，無謇諤之節。[1]見帝忌刻，不敢措言，唯竊歎而已。以年老，上表乞骸骨，[2]不許。會帝親征遼東，[3]以茂爲晋陽宫留守。[4]其年，恒山贊治王文同與茂有隙，[5]奏茂朋黨，附下罔上。詔遣納言蘇威、御史大夫裴藴雜治之。[6]茂素與二人不平，因深文巧詆，成其罪狀。帝大怒，及其弟司隸别駕楚之皆除名爲民，[7]徙且末郡。[8]茂怡然受命，[9]不以爲憂。在途作《登壠賦》以自慰，詞義可觀。復附表自陳，帝頗悟。十年，追還京兆，歲餘而卒，時年七十五。有子知年。[10]

[1]謇諤：正直。

[2]乞骸骨：古代官吏因年老請求退職，意爲使骸骨得歸葬其故鄉，亦稱"乞骸"。

[3]遼東：地區名。指遼水以東地區，此指高麗國。

[4]晋陽宫：宫名。在今山西太原市西南古城營西古城。　留守：使職名。古代帝王出巡或出征時，常在京師、陪都設留守，以親王或重丞爲之。

[5]恒山：《北史》卷五五《郎茂傳》作"常山"。　贊治：官名。據本書《百官志下》，煬帝改州爲郡，郡置太守；罷長史、司馬，置贊治一人以貳之，協助郡守處理一郡事務。品級隨郡等級不同，從從四品至正六品不等。按，本書卷七四《王文同傳》爲"郡丞"。《北史》卷八七《王文同傳》爲"郡贊務"，"務"即"治"，唐避高宗李治諱改。據《通典》卷三三《職官・郡丞》及本書《百官志下》載：大業三年，罷長史、司馬，置贊治一人，後又改爲郡丞。故此處與本書《王文同傳》所載爲同一官職，但史書未記載改郡丞時間。　王文同：人名。傳見本書卷七四、《北史》

卷八七。

［6］納言：官名。門下省長官，職掌封駁制敕，並參與軍國大政決策等，居宰相之職。置二員，正三品。　御史大夫：官名。御史臺長官，職掌國家刑憲典章之政令，司彈劾糾察百官等。置一員。其品級，隋大業五年（此據本書《百官志下》，而《唐六典》卷一三《御史臺》爲"大業八年"）前是從三品，此年降爲正四品。　裴蘊：人名。傳見本書卷六七、《北史》卷七四。

［7］司隸別駕：官名。隋煬帝大業三年始置司隸臺，掌巡察之事，與御史臺、謁者臺合稱三臺。置別駕二人，分察畿内，一人按東都，一人按京師。從五品。　楚之：人名。郎穎，字楚之，唐朝武德年間曾任大理卿。事見《舊唐書》卷一八九下、《新唐書》卷一九九《郎餘令傳》。

［8］且末：郡名。隋煬帝大業五年置。治所在今新疆且末縣西南，一説在今且末縣城。按，《舊唐書》卷七五《韋雲起傳》載："司隸別駕郎楚之並坐朋黨，配流漫頭赤水。"檢本書《地理志上》，河源郡（治所在今青海興海縣東南）有漫頭山、赤水縣。二書所載不知何者爲確，待考。

［9］受：汲古閣本、殿本、庫本、中華本同，然宋刻遞修本、《北史·郎茂傳》作"任"。

［10］知年：人名。唐朝時任貝州刺史。事略見新、舊《唐書·郎餘令傳》。

高構

高構，[1]字孝基，北海人也。[2]性滑稽，多智，辯給過人，好讀書，工吏事。弱冠，州補主簿。[3]仕齊河南王參軍事，[4]歷徐州司馬，[5]蘭陵、平原二郡太守。[6]齊滅後，周武帝以爲許州司馬。[7]

［1］高構：人名。傳另見《北史》卷七七。

［2］北海：郡名。治所在今山東青州市。

［3］補：官制用語。調選官吏補充某職官之缺位。

［4］河南王：此爲北齊高孝瑜封爵，傳見《北齊書》卷一一、《北史》卷五二。

［5］徐州：北齊時治所在今江蘇徐州市。

［6］蘭陵：郡名。北齊時治所在今山東棗莊市西南。　平原：郡名。北齊時治所在今山東聊城市東北。

［7］許州：北齊時治所在今河南許昌市。

高祖受禪，轉冀州司馬，[1]甚有能名。徵拜比部侍郎，尋轉民部。時内史侍郎晋平東與兄子長茂争嫡，[2]尚書省不能斷，朝臣三議不決。構斷而合理，上以爲能。召入内殿，勞之曰："我聞尚書郎上應列宿，觀卿才識，方知古人之言信矣。嫡庶者，禮教之所重，我讀卿判數遍，詞理愜當，意所不能及。"賜米百石。由是知名。尋遷雍州司馬，以明斷見稱。歲餘，轉吏部侍郎，[3]號爲稱職。復徙雍州司馬，坐事左轉盩厔令，[4]甚有治名。[5]上善之，復拜雍州司馬。又爲吏部侍郎，[6]以公事免。

［1］冀州：治所在今河北冀州市。

［2］内史侍郎：官名。隋内史省副長官，佐宰相之職的本省長官内史監、令處理政務。初設四員，正四品下；大業三年減爲二員。正四品。　晋平東：人名。事亦見《北史》卷七七《高構傳》、《册府元龜》卷九七《帝王部·獎善》、《太平御覽》卷二一

七《職官部·户部郎中》。　長茂：人名。事亦見《北史·高構傳》、《册府元龜》卷九七《帝王部·獎善》、《太平御覽》卷二一七《職官部·户部郎中》。

［3］吏部侍郎：官名。隋文帝時於吏部四曹之一吏部曹置吏部侍郎一員，爲該曹長官。正六品。煬帝大業三年諸曹侍郎並改稱“郎”，又始置侍郎，爲尚書省下轄六部之副長官。正四品。此後，吏部侍郎纔成爲吏部副長官，協助長官吏部尚書掌全國文職官員銓選等政令。

［4］盩厔：縣名。治所在今陝西周至縣。

［5］治：《北史·高構傳》作“能”。

［6］又爲吏部侍郎：宋刻遞修本、汲古閣本及《北史·高構傳》載其時間在“仁壽初”。

煬帝立，召令復位。時爲吏部者，多以不稱職去官，唯構最有能名，前後典選之官，皆出其下。時人以構好劇談，頗謂輕薄，然其内懷方雅，特爲吏部尚書牛弘所重。[1]後以老病解職，弘時典選，凡將有所擢用，輒遣人就第問其可不。河東薛道衡才高當世，[2]每稱構有清鑒，所爲文筆，必先以草呈構，而後出之。構有所詆訶，道衡未嘗不嗟伏。大業七年，終于家，時年七十二。所舉杜如晦、房玄齡等，[3]後皆自致公輔。論者稱構有知人之鑒。

［1］吏部尚書：官名。尚書省下轄六部之一吏部的長官，置一員，掌全國文職官員銓選、考課等政令，統吏部、主爵、司勳、考功四曹。正三品。　牛弘：人名。傳見本書卷四九、《北史》卷七二。

[2]薛道衡：人名。傳見本書卷五七，《北史》卷三六有附傳。

[3]杜如晦、房玄齡：皆人名。均爲唐代貞觀時期名相。傳並見《舊唐書》卷六六、《新唐書》卷九六。

開元中，[1]昌黎豆盧寔爲黄門侍郎，[2]稱爲慎密。河東裴術爲右丞，[3]多所糾正。河東士燮、平原東方舉、安定皇甫聿道，[4]俱爲刑部，[5]並執法平允。弘農劉士龍、清河房山基爲考功，[6]河東裴鏡民爲兵部，[7]並稱明幹。京兆韋焜爲民曹，[8]屢進讜言。南陽韓則爲延州長史，[9]甚有惠政。此等事行遺闕，皆有吏幹，爲當時所稱。

[1]開元：汲古閣本、殿本、庫本同，宋刻遞修本、中華本及《北史》卷七七《高構傳》作“開皇”。《大隋故金紫光禄大夫豆盧公（寔）墓誌銘並序》載：“大業二年，特詔除黄門侍郎。”故此時間當爲“大業”。然後所引人名，多爲開皇時人。

[2]昌黎：郡名。三國魏置，治所在今遼寧義縣，北齊廢。按，此言郡望，用舊郡名。　豆盧寔：人名。生平見於《全隋文補遺》卷四《大隋故金紫光禄大夫豆盧公（寔）墓誌銘並序》，岑仲勉《隋書求是》亦附有小傳。　黄門侍郎：官名。隋初於門下省置給事黄門侍郎四員，爲門下省的次官，協助長官納言掌封駁制敕，參議政令的制定。正四品上。煬帝大業三年去“給事”之名，但稱黄門侍郎，並減置二員。正四品。

[3]裴術：人名。事迹不詳，名亦見《北史·高構傳》、《册府元龜》卷四六七《臺省部·舉職》。　右丞：官名。尚書右丞。爲尚書省屬官，與尚書左丞對置，各一人，分掌尚書都省事務，糾駁諸司文案，總判兵、刑、工三部之事。隋初爲從四品下，煬帝大業三年升爲正四品。

［4］河東：中華本同。然宋刻遞修本、汲古閣本、殿本、庫本、《北史·高構傳》及《册府元龜》卷四六七《臺省部·舉職》均作"河内"。　士獎：人名。事迹不詳，名亦見《北史·高構傳》、《册府元龜》卷四六七《臺省部·舉職》。　平原：郡名。治所在今山東平原縣西南。　東方舉：人名。事迹不詳，名亦見《北史·高構傳》、《册府元龜》卷四六七《臺省部·舉職》。　安定：郡名。治所在今甘肅涇川縣北。　皇甫聿道：人名。事迹不詳，名亦見《北史·高構傳》、《册府元龜》卷四六七《臺省部·舉職》。

［5］刑部：官署名。隋初沿置都官，開皇三年改爲刑部，是尚書省下轄六部之一。職掌刑法、徒隸、勾覆及關禁之政，領刑部、都官、比部、司門四司。

［6］弘農：郡名。治所在今河南靈寶市。　劉士龍：人名。弘農人，隋開皇中爲考功侍郎，大業八年以尚書右丞爲撫慰使，因事被斬。事略見《通鑑》卷一八一《隋紀》大業八年條。　清河：郡名。治所在今河北清河縣西北。　房山基：人名。事迹不詳。　考功：官名。此指"考功侍郎"或"考功郎"。隋尚書省吏部考功曹長官，置一員，掌全國文武官員的考課和生平事迹。隋初爲正六品上，開皇三年升爲從五品。煬帝大業三年改諸曹侍郎爲郎，考功侍郎遂改稱考功郎。

［7］裴鏡民：人名。事迹不詳，名亦見《册府元龜》卷四六七《臺省部·舉職》。　兵部：官名。此指"兵部侍郎"或"兵部郎"。隋文帝時於兵部四曹之一兵部曹置兵部侍郎一員，爲該曹長官。正六品。煬帝大業三年諸曹侍郎並改稱"郎"，又始置"侍郎"，爲尚書省下轄六部之副長官。此後，兵部侍郎纔成爲兵部副長官，協助長官兵部尚書掌全國軍衛武官選授之政令等。正四品。

［8］韋焜：人名。隋時任户部郎、貝州司馬等職。　民曹：官署名。六部之一的民部。《北史·高構傳》作"户部曹"，當避唐諱改。

［9］南陽：郡名。治所在今河南南陽市。　韓則：人名。事迹

不詳，名亦見《北史·高構傳》、《册府元龜》卷四六七《臺省部·舉職》。

張虔威

張虔威，[1]字元敬，清河東武城人也。[2]父晏之，[3]齊北徐州刺史。[4]虔威性聰敏，涉獵群書。其世父暠之謂人曰：[5]"虔威，吾家千里駒也。"年十二，州補主簿。十八爲太尉中兵參軍，[6]後累遷太常丞。及齊亡，仕周爲宣納中士。[7]

[1]張虔威：人名。《北史》卷四三有附傳。虔威，《北史》作"乾威"。

[2]東武城：縣名。治所在今河北清河縣東北。

[3]晏之：人名。即張晏之，北齊人，官至兖州刺史，未拜而卒。傳見《北齊書》卷三五，《北史》卷四三有附傳。

[4]北徐州：北周平齊後改稱沂州。治所在今山東臨沂市西。

[5]暠之：人名。即張暠之。東魏孝静帝武定中，任開府主簿。事見《魏書》卷六四、《北史》卷四三《張彝傳》。

[6]太尉中兵參軍：官名。北齊太尉府中兵參軍，掌中央兵軍事。正六品上。

[7]宣納中士：官名。職掌不詳。北周正二命。（參見王仲犖《北周六典》卷七《六官餘録第十三》，第495頁）

高祖得政，引爲相府典籤。[1]開皇初，晋王廣出鎮并州，[2]盛選僚佐，以虔威爲刑獄參軍，[3]累遷爲屬。王甚美其才，與河内張衡俱見禮重，[4]晋邸稱爲"二張"

焉。及王爲太子，遷員外散騎侍郎、太子内舍人。[5]

[1]典籤：官名。此爲丞相府處理文書之官。

[2]并州：治所在今山西太原市西南古城營。

[3]刑獄參軍：官名。東晋公府及節鎮等幕府僚屬始設刑獄參軍，掌刑獄。北齊、北周王府多有之。隋開皇三年官制改革，公王府屬官設法曹參軍事掌刑獄之事，無刑獄參軍之設，此或沿用舊名，乃“法曹參軍事”。

[4]河内：郡名。治所在今河南沁陽市。　張衡：人名。傳見本書卷五六、《北史》卷七四。　俱：底本原作“甚”，宋刻遞修本、汲古閣本、殿本、庫本、中華本均作“俱”，《北史》卷四三亦作“俱”，今據改。

[5]員外散騎侍郎：官名。屬散官，隋門下省置六人，掌部從朝直，並出使勞問。正五品上。　太子内舍人：官名。爲東宫門下坊的次官，協助長官左庶子掌侍從贊相，駁正啓奏，並通判本坊事。隋初置四員，正五品上；煬帝減爲二員，正五品。

煬帝即位，授内史舍人、儀同三司。尋以藩邸之舊，加開府。尋拜謁者大夫，[1]從幸江都，[2]以本官攝江都贊治，稱爲幹理。虔威嘗在塗見一遺囊，恐其主求失，因令左右負之而行。後數日，物主來認，悉以付之。淮南太守楊綝嘗與十餘人同來謁見，[3]帝問虔威曰：“其首立者爲誰？”虔威下殿就視而答曰：“淮南太守楊綝。”帝謂虔威曰：“卿爲謁者大夫，而乃不識參見人，何也？”虔威對曰：“臣非不識楊綝，但慮不審，所以不敢輕對。石建數馬足，[4]蓋慎之至也。”帝甚嘉之。其廉慎皆此類也。于時帝數巡幸，百姓疲敝，虔威因上封事以諫。帝不悦，自此見疏。未幾，卒官。有子爽，[5]仕至蘭陵令。[6]

[1]謁者大夫：官名。煬帝大業三年始置謁者臺，與御史臺、司隸臺合稱三臺。謁者大夫爲謁者臺長官，掌執詔勞問、出使慰撫，受理冤枉而申奏之。從四品。

[2]江都：郡名。治所在今江蘇揚州市。

[3]淮南：郡名。治所在今安徽壽縣。　楊綝：人名。《北史》卷六八有附傳。

[4]石建數馬足：典出《史記》卷一〇三、《漢書》卷四六《石建傳》。石建爲人謹慎，曾寫“馬”字少書一點，甚惶恐。

[5]爽：人名。即張爽，隋任蘭陵縣令。事亦見《北史》卷四三《張乾威傳》。

[6]蘭陵：縣名。治所在今山東棗莊市東南。

虔威弟虔雄，[1]亦有才器。秦孝王俊爲秦州總管，[2]選爲法曹參軍。[3]王嘗親案囚徒，虔雄誤不持狀，口對百餘人，皆盡事情，同輩莫不嘆服。後歷壽春、陽城二縣令，[4]俱有治績。

[1]虔雄：人名。即張虔雄。事亦見《北史》卷四三《張乾威傳》、《册府元龜》卷七九九《總録部・聰悟》。

[2]秦州：治所在今甘肅天水市。

[3]法曹參軍：官名。隋公王府、總管府皆置法曹，主刑法事，長官爲參軍事。第七品。

[4]壽春：縣名。治所在今安徽壽縣東南。　陽城：縣名。治所在今河南登封市東南。

榮毗　兄建緒

榮毗，[1]字子諶，北平無終人也。[2]父權，[3]魏兵部尚書。[4]毗少剛鯁有局量，涉獵群言。仕周，釋褐漢王記室，[5]轉内史下士。[6]

［1］榮毗：人名。傳另見《北史》卷七七。

［2］北平：郡名。治所在今河北盧龍縣。按，此郡開皇初廢，此言郡望用南北朝舊郡名。　無終：縣名。治所在今天津薊縣。

［3］權：人名。即榮權。事見《周書》卷四八、《北史》卷九三《蕭詧傳》。

［4］魏：即北魏（386—557），亦稱後魏。都平城（今山西大同市東北），公元494年遷都洛陽（今河南洛陽市東北白馬寺東）。公元534年分裂爲東魏和西魏兩個政權。東魏（534—550）都於鄴（今河北臨漳縣西南鄴鎮東），西魏（535—557）都於長安（今陝西西安市西北郊）。　兵部尚書：《周書》《北史》均未載榮權任兵部尚書。又據《通典》卷二三《職官・兵部尚書》載：兵部尚書至隋乃有，北魏爲七兵尚書，北齊爲五兵（左中兵、右中兵、左外兵、右外兵、都兵），北周大司馬屬有兵部中大夫、小兵部下大夫。此不知具體所指。

［5］釋褐：亦稱解褐。脱去平民衣服而换上官服，喻指始任官職。　漢王：爵名。北周宗室親王宇文贊的封爵名。　記室：官名。北周王府、總管府均設有記室，掌章表書記文檄。品秩不詳。

［6］内史下士：官名。掌書王命，同中書舍人之職。北周正一命。（參見王仲犖《北周六典》卷四《春官府第九》，第174頁）

開皇中，累遷殿内監。[1]時以華陰多盜賊，[2]妙選長吏，楊素薦毗爲華州長史，[3]世號爲能。素之田宅，多在華陰，左右放縱，毗以法繩之，無所寬貸。毗因朝集，[4]素謂之曰："素之舉卿，適以自罰也。"毗答曰："奉法一心者，但恐累公所舉。"素笑曰："前者戲耳。卿之奉法，素之望也。"時晋王在揚州，[5]每令人密覘京師消息。遣張衡於路次往往置馬坊，以畜牧爲辭，實給私人也。州縣莫敢違，毗獨遏絶其事。上聞而嘉之，賚絹百匹，轉蒲州司馬。[6]漢王諒之反也，[7]河東豪傑以城應諒。刺史丘和覺，[8]遁歸關中。長史勃海高義明謂毗曰：[9]"河東要害，國之東門，若失之，則爲難不細。城中雖復悩悩，非悉反也。但收桀黠者十餘人斬之，自當立定耳。"毗然之。義明馳馬追和，將與協計。至城西門，爲反者所殺，毗亦被執。及諒平，拜治書侍御史。帝謂之曰："今日之舉，馬坊之事也，無改汝心。"帝亦敬之。毗在朝侃然正色，爲百寮所憚。後以母憂去職。歲餘，起令視事，尋卒官。贈鴻臚少卿。[10]

[1]殿内監：官名。隋初於門下省置殿内局，置監二人爲之長，掌駕前奉引。正六品下。按，《北史》卷七七《榮毗傳》作"殿中局監"。

[2]華陰：縣名。隋治所在今陝西華陰市。

[3]楊素：人名。傳見本書卷四八，《北史》卷四一有附傳。華州：治所在今陝西華縣。

[4]朝集：隋天下州郡每年派遣使臣進京報告州郡政務治理狀况，其使臣稱爲朝集使。

[5]揚州：治所在今江蘇揚州市。

［6］蒲州：治所在今山西永濟縣西南。

［7］漢王諒：隋文帝楊堅第五子楊諒，開皇元年封漢王。傳見本書卷四五、《北史》卷七一。

［8］丘和：人名。歷北周、隋、唐三朝，隋封平城郡公，仁壽年間任蒲州刺史。傳見《舊唐書》卷五九、《新唐書》卷九〇。按，宋刻遞修本、汲古閣本及《北史·榮毗傳》"覺"下有一"變"字。

［9］勃海：郡名。治所在今山東陽信縣西南。　高義明：人名。隋朝人，事亦見《北史·榮毗傳》、《通鑑》卷一八〇《隋紀》仁壽四年。

［10］鴻臚少卿：官名。此爲贈官。隋初爲正四品上，煬帝大業三年降爲從四品。

毗兄建緒，性甚亮直，兼有學業。仕周爲載師下大夫、儀同三司。[1]及平齊之始，留鎮鄴城，因著《齊紀》三十卷。建緒與高祖有舊，及爲丞相，加位開府，拜息州刺史。[2]將之官，時高祖陰有禪代之計，因謂建緒曰："且躊躇，當共取富貴。"建緒自以周之大夫，因義形於色曰："明公此旨，非僕所聞。"高祖不悦，建緒遂行。開皇初來朝，上謂之曰："卿亦悔不？"建緒稽首曰："臣位非徐廣，[3]情類楊彪。"[4]上笑曰："朕雖不解書語，[5]亦知卿此言不遜也。"歷始、洪二州刺史，[6]俱有能名。

［1］載師下大夫：官名。掌任土之法，辨夫家田里之數，會六畜車乘之稽，審賦役斂弛之節，制畿疆修廣之域，頒施會之要，審牧産之政。北周正四命。（參見王仲犖《北周六典》卷三《地官府

第八》，第100頁）

［2］息州：北周時治所在今河南息縣。

［3］徐廣：人名。東晋、南朝宋人，東晋時官至秘書監。傳見《晋書》卷八二、《宋書》卷五五、《南史》卷三三。

［4］楊彪：人名。漢獻帝時位至三公，獻帝東還，盡節護主。《後漢書》卷五四有附傳。

［5］書語：書傳中之語，常含有引經據典、咬文嚼字之意。

［6］始：州名。治所在今四川劍閣縣。　洪：州名。治所在今江西南昌市。

陸知命

陸知命，[1]字仲通，吴郡富春人也。[2]父敖，[3]陳散騎常侍。[4]知命性好學，通識大體，以貞介自持。釋褐陳始興王行參軍，[5]後歷太學博士、南獄正。[6]及陳滅，歸于家。會高智慧等作亂于江左，[7]晋王廣鎮江都，以其三吴之望，[8]召令諷諭反者。知命説下賊十七城，得其渠帥陳正緒、蕭思行等三百餘人。[9]以功拜儀同三司，賜以田宅。復用其弟恪爲汧陽令。[10]知命以恪非百里才，上表陳讓，朝廷許之。

［1］陸知命：人名。傳另見《北史》卷七七。

［2］吴郡：治所在今江蘇蘇州市。　富春：縣名。治所在今浙江富陽縣。按，富春縣，秦置，東晋咸安二年（372）改爲富陽縣，此言郡望，用舊縣名。

［3］敖：人名。即陸敖，南朝陳人。名亦見《北史·陸知命傳》。

[4]散騎常侍：官名。南朝陳集書省長官。掌侍從皇帝左右，獻納得失；省諸奏聞文書，意異者，隨事爲駁；常侍高功者一人爲祭酒，掌糾劾禁令。第三品。

[5]始興王：爵名。全稱是始興郡王，南朝陳陳伯茂封爵名，陳十二等爵的第一等。

[6]太學博士：官名。國子寺設太學博士，掌以經術教授生徒。南朝陳第八品。　南獄正：官名。據本書《刑法志》，南朝陳以廷尉寺爲北獄，以建康縣爲南獄，並置正、監、平，分掌獄事。品秩不詳。

[7]高智慧：人名。越州會稽人，隋開皇十年十一月舉兵反，後被鎮壓遭誅。事略見於本書卷二《高祖紀下》、卷三八《劉昉傳》，《通鑑》卷一七七《隋紀》開皇十年十一月條。

[8]三吴：地區名。東晉南朝時所指説法不一：一説指吴郡（治所在今江蘇蘇州市）、吴興（治所在今浙江湖州市南）、會稽（治所在今浙江紹興市）三郡；一説指吴郡、吴興、丹陽（治所在今江蘇南京市）三郡；一説指吴郡、吴興、義興（治所在今江蘇宜興市）三郡。

[9]陳正緒：人名。隋時人。僅此一見，事迹不詳。　蕭思行：人名。隋時人。僅此一見，事迹不詳。

[10]恪：人名。即陸恪，隋時人。事亦見《北史·陸知命傳》、《册府元龜》卷八一九《總録部·知子》。　汧陽：縣名。治所在今陝西千陽縣西北。

時見天下一統，知命勸高祖都洛陽，因上《太平頌》以諷焉。文多不載。數年不得調，詣朝堂上表，請使高麗，[1]曰："臣聞聖人當扆，[2]物色芻蕘，[3]匹夫奔踶，[4]或陳狂瞽。[5]伏願暫輟旒纊，[6]覽臣所謁。昔軒轅馭曆，[7]既緩夙沙之誅，[8]虞舜握圖，[9]猶稽有苗之伐，[10]陛下當百代之末，膺千載之期，四海廓清，三邊底定，唯高麗小豎，狼顧燕垂。王度含弘，[11]每懷遵養者，良由惡殺好生，欲諭之以德也。臣請以一節，[12]宣示皇風，使彼君臣面縛闕下。”書奏，天子異之。歲餘，授普寧鎮將。[13]人或言其正直者，由是待詔於御史臺。[14]

[1]高麗：古國名。此時亦稱高句麗。故地在今朝鮮半島北部。傳見本書卷八一、《北史》卷九四、《舊唐書》卷一九九上、《新唐書》卷二二〇。

[2]當扆：指依屏風而坐，意指天子臨朝聽政。

[3]芻蕘：此爲謙辭，意草野之人。

[4]奔踶：原謂馬乘時即奔跑，立時則踢人，此指普通人勞累奔波。典出《漢書》卷六《武帝紀》：“故馬或奔踶而致千里，士或有負俗之累而立功名。”

[5]狂瞽：此爲謙辭，意愚妄無知。

[6]旒纊：帝王冠冕上之垂旒與黈纊，亦借指帝王視聽。

[7]軒轅：即黄帝。詳見《史記》卷一《五帝本紀》。

[8]夙沙：古部落名。在今山東膠東一帶。

[9]圖：指河圖洛書。

[10]有苗：古部落名。亦稱“三苗”，堯、舜、禹時南方較强大的部族。

[11]含：中華本同。汲古閣本、殿本、庫本作“舍”，誤。

[12]節：符節，古代使臣奉命出行，必執符節以爲憑證。

[13]普寧：縣名。隋開皇十八年以前，治所在今四川仁壽縣東，十八年改仁壽縣；開皇十九年以奉化縣改名，治所在今四川榮縣。　鎮將：官名。隋於邊緣或内地置鎮爲軍事據點，掌捍禦防守，長官爲鎮將。上鎮將，從四品下；中鎮將，從五品下；下鎮

將，正六品下。

[14]御史臺：官署名。掌國家刑憲典章之政令，司彈劾糾察百官等，長官爲御史大夫。

煬帝嗣位，拜治書侍御史，侃然正色，爲百寮所憚，帝甚敬之。後坐事免。歲餘，復職。時齊王暕頗驕縱，[1]暱近小人，知命奏劾之。暕竟得罪，百寮震慄。遼東之役，爲東暆道受降使者，[2]卒於師，時年六十七。贈御史大夫。[3]

[1]齊王暕：隋煬帝楊廣第二子楊暕，封齊王。傳見本書卷五九、《北史》卷七一。

[2]東暆（yí）道：特區名。以東暆縣爲中心設置的特區。隋朝在戰爭中於地方設置的特區，稱“道”。東暆，西漢置縣，治所在今韓國江原南道江陵，一説在今朝鮮江原道元山、德源一帶。

[3]御史大夫：官名。此爲贈官。從三品。

房彦謙

房彦謙，[1]字孝冲，本清河人也。七世祖諶，[2]仕燕太尉掾，[3]隨慕容氏遷于齊。子孫因家焉，世爲著姓。[4]高祖法壽，[5]魏青、冀二州刺史，[6]壯武侯。[7]曾祖伯祖，[8]齊郡、平原二郡太守。[9]祖翼，[10]宋安太守，[11]並世襲爵壯武侯。父熊，[12]釋褐州主簿，行清河、廣川二郡守。[13]

[1]房彦謙：人名。《北史》卷三九有附傳。

[2]諶：人名。即房諶。事亦見《北史》卷三九《房法壽傳》。

[3]掾：官府中僚佐官的通稱。

[4]著：宋刻遞修本、汲古閣本、中華本同，殿本、庫本作“燕”。

[5]法壽：人名。即房法壽，北朝人。傳見《魏書》卷四三、《北史》卷三九。

[6]青：州名。北魏時治所在今山東青州市。　冀：州名。北魏時治所在今河北冀州市。

[7]壯武侯：爵名。北魏十一等爵的第六等。從二品。

[8]伯祖：人名。即房伯祖，北朝人。事見《魏書》卷四三、《北史》卷三九《房法壽傳》。

[9]齊郡：北魏時治所在今山東淄博市東北。

[10]翼：人名。即房翼，北朝人。事見《魏書》卷四三、《北史》卷三九《房法壽傳》。

[11]宋安：郡名。北魏時治所在今河南光山縣西南。

[12]熊：人名。即房熊，北朝人。事見《北史》卷三九《房豹傳》。

[13]廣川：郡名。治所在今河北景縣西南。

彦謙早孤，不識父，爲母兄之所鞠養。長兄彦雅雖有清鑒，[1]以彦謙天性穎悟，每奇之，親教讀書。年七歲，誦數萬言，爲宗黨所異。十五，出後叔父子貞，[2]事所繼母，有逾本生，子貞哀之，撫養甚厚。後丁所繼母憂，勺飲不入口者五日。事伯父樂陵太守豹，[3]竭盡心力，每四時珍果，口弗先嘗。遇期功之戚，必蔬食終禮，宗從取則焉。其後受學于博士尹琳，[4]手不釋卷，遂通涉五經。解屬文，工草隸，雅有詞辯，風概高人。

[1]長兄彦雅雖有清鑒：汲古閣本、殿本、庫本同，宋刻遞修本、中華本、《北史》卷三九《房彦謙傳》作“長兄彦詢，雅有清鑒”。檢《北史》卷三九房熊長子爲彦詢。故底本此漏一“詢”字。

[2]子貞：人名。即房子貞，北朝人。事亦見《北史·房彦謙傳》、《册府元龜》卷七五五《總録部·孝》。

[3]伯父：各本均同。中華本《北史·房彦謙傳》校勘記云：“張森楷云：‘“伯”當作“叔”。按見上文。’”檢《北史》卷三九《房豹傳》載：“無子，以兄熊子彦詡嗣。”又《北史·房彦詢傳》亦云：“特爲叔豹所愛重。”　樂陵：郡名。北齊時治所在今山東樂陵市東北。　豹：人名。北朝人。傳見《北齊書》卷四六，《北史》卷三九有附傳。

[4]尹琳：人名。北齊人。事亦見《北史·房彦謙傳》、《册府元龜》卷七九八《總録部·勤學》。

年十八，屬廣寧王孝珩爲齊州刺史，[1]辟爲主簿。時禁網疏闊，州郡之職，尤多縱弛。及彦謙在職，清簡守法，州境肅然，莫不敬憚。及周師入鄴，齊主東奔，[2]以彦謙爲齊州治中。[3]彦謙痛本朝傾覆，將糾率忠義，潛謀匡輔，事不果而止。齊亡，歸于家。周帝遣柱國辛遵爲齊州刺史，[4]爲賊帥輔帶劍所執。[5]彦謙以書諭之，帶劍慚懼。送遵還州，諸賊並各歸首。

[1]廣寧王：爵名。全稱是廣寧郡王，爲北齊十一等爵的第一等。正一品。　孝珩：人名。北齊文襄帝第二子。傳見《北齊書》卷一一、《北史》卷五二。　齊州：治所在今山東濟南市。

[2]齊主：此指北齊幼主高恒。紀見《北齊書》卷八、《北史》卷八。

[3]治中：官名。又稱治中從事或治中從事史，刺史自辟僚佐之一，主衆曹文書。北齊三等上州爲正六品下、中州爲從六品下。按，《北史》卷三九《房彦謙傳》作“齊州中從事”，當避唐高宗李治諱省“治”字。

[4]柱國：官名。全稱爲柱國大將軍。爲北周十一等勳官的第二等，可開府置官屬。正九命。　辛遵：人名。事略見本書卷五四、《北史》卷六五《田仁恭傳》。

[5]輔帶劍：人名。北周人。事亦見《北史·房彦謙傳》、《册府元龜》卷八七一《總録部·救患》。

及高祖受禪之後，遂優游鄉曲，誓無仕心。開皇七年，刺史韋藝固薦之，[1]不得已而應命。吏部尚書盧愷一見重之，[2]擢授承奉郎，[3]俄遷監察御史。[4]後屬陳平，奉詔安撫泉、括等十州。[5]以銜命稱旨，賜物百段，米百石，衣一襲，奴婢七口。遷秦州總管録事參軍。[6]嘗因朝集，時左僕射高熲定考課，[7]彦謙謂熲曰：“《書》稱三載考績，黜陟幽明。[8]唐、虞以降，代有其法。黜陟合理，褒貶無虧，便是進必得賢，退皆不肖。如或舛謬，法乃虚設。比見諸州考校，執見不同，進退多少，參差不類。況復愛憎肆意，致乖平坦，清介孤直，未必高名，卑諂巧官，翻居上等。直爲真僞混淆，是非瞀亂。宰貴既不精練，斟酌取捨。曾經驅使者，多以蒙識獲成；未歷臺省者，皆爲不知被退。又四方懸遠，難可詳悉，唯量準人數，半破半成，徒計官員之少多，莫顧善惡之衆寡，欲求允當，其道無由。明公鑒達幽微，平心遇物，今所考校，必無阿枉，脱有前件數事，未審何以裁之？唯願遠布耳目，精加採訪，褒秋毫之善，貶纖介之惡，非直有光至治，亦足標奬賢能。”詞氣侃然，觀者屬目。熲爲之動容，深見嗟賞。因歷問河西、隴右官人景行，[9]彦謙對之如響。熲顧謂諸州總管、刺史曰：“與公言，不如獨與秦州考使語。”後數日，熲言於上，上弗能用。以秩滿，遷長葛令，[10]甚有惠化，百姓號爲慈父。

[1]韋藝：人名。本書卷四七、《北史》卷六四有附傳。

[2]吏部尚書：官名。尚書省下轄六部之一吏部的長官。掌全國文職官員銓選、考課等政令，統吏部、主爵、司勳、考功四曹，置一員，正三品。　盧愷：人名。傳見本書卷五六，《北史》卷三〇有附傳。

[3]承奉郎：官名。隋開皇三年於吏部別置朝議等八郎、旅騎等八尉，上階爲郎，下階爲尉。散官番直，常出使監檢，無具體職掌。從八品上。煬帝大業三年罷廢。

[4]監察御史：官名。隋御史臺設監察御史十二人，掌巡按州縣，巡察館驛、監軍及出使等。隋初爲從八品上。大業三年增至十六人，升爲從七品。

[5]泉：州名。隋開皇九年以豐州改置，治所在今福建福州市。　括：州名。隋開皇十二年以處州改名，治所在今浙江麗水市東南。

[6]總管：官署名。此指總管府。隋於并、益、荆、揚四州置大總管，其餘州置總管。總管分上、中、下三等。總管的統轄範圍可達數州至十餘州，成一軍政管轄區。　録事參軍：官名。此爲總管府屬官，掌省覆文書，勾稽缺失。品秩不詳。

[7]左僕射：官名。隋尚書省置左右僕射各一人，地位僅次於尚書令。由於隋尚書令不常置，僕射成爲尚書省實際長官，是宰相

之職。從二品。

[8]三載考績，黜陟幽明：語出《尚書·舜典》。

[9]河西：又稱“河右”，古代泛指黄河以西地區，在今寧夏、甘肅一代。　隴右：泛指隴山以西地區。大約在今六盤山以西、黄河以東一帶。　景行：高尚德行。

[10]長葛：縣名。治所在今河南長葛市東北老城。

仁壽中，上令持節使者巡行州縣，[1]察長吏能不。以彦謙爲天下第一，超授鄀州司馬。[2]吏民號哭相謂曰：“房明府今去，[3]吾屬何用生爲！”其後百姓思之，立碑頌德。鄀州久無刺史，州務皆歸彦謙，名有異政。

[1]持節使者：漢朝官員奉使外出時，或由皇帝授予節杖，以提高其威權。魏、晋以後，凡重要軍事長官出征或出鎮時，加使持節，可誅殺二千石以下官員。皇帝派遣大臣出巡或祭吊等事時，也使持節，以表示權力和尊崇。

[2]鄀州：治所在今湖北荆門市西北。

[3]明府：漢以來縣令的别稱。

内史侍郎薛道衡，一代文宗，位望清顯，所與交結，皆海内名賢。重彦謙爲人，深加友敬。及兼襄州總管，[1]辭翰往來，交錯道路。煬帝嗣位，道衡轉牧番州，[2]路經彦謙所，留連數日，屑涕而别。黄門侍郎張衡，亦與彦謙相善。于時帝營東都，窮極侈麗，天下失望。又漢王構逆，罹罪者多。彦謙見衡當塗而不能匡救，以書諭之曰：

[1]兼：官制用語。假職未真授之稱。按，殿本、庫本、中華本同，宋刻遞修本、汲古閣本及《北史》卷三九《房彦謙傳》作“爲”。

[2]番州：隋仁壽年間改廣州置，治所在今廣東廣州市。

“竊聞賞者所以勸善，刑者所以懲惡。故疏賤之人，有善必賞，尊貴之戚，犯惡必刑，未有罰則避親，賞則遺賤者也。今諸州刺史，受委宰牧，善惡之間，上達本朝，懾憚憲章，不敢怠慢。國家祇承靈命，作民父母，刑賞曲直，升聞於天，夤畏照臨，亦宜謹肅。故文王云：‘我其夙夜，畏天之威。’[1]以此而論，雖州、國有殊，高下懸邈，然憂民慎法，其理一也。

[1]我其夙夜，畏天之威：語出《詩·周頌·我將》。

“至如并州釁逆，須有甄明。若楊諒實以詔命不通，慮宗社危逼，徵兵聚衆，非爲干紀。則當原其本情，議其刑罰，上副聖主友于之意，下曉愚民疑惑之心。若審知内外無虞，嗣后纂統，而好亂樂禍，妄有覬覦，則管、蔡之誅，[1]當在於諒。同惡相濟，無所逃罪，梟懸孥戮，[2]國有常刑。其間乃有情非協同，力不自固，或被擁逼，淪陷凶威，遂使籍没流移，[3]恐爲冤濫。恢恢天網，豈其然乎？罪疑從輕，斯義安在？昔叔向置鬻獄之死，[4]晋國所嘉，釋之斷犯蹕之刑，[5]漢文稱善。[6]羊舌寧不愛弟，[7]廷尉非苟違君，[8]但以執法無私，不容輕重。

[1]管、蔡之誅：典出《史記》卷三三《魯周公世家》。周成王年少，周公旦攝行國政，管叔、蔡叔與武庚叛亂，周公旦伐誅之。

[2]梟懸：斬首懸掛示衆。　孥戮：誅及子孫。

[3]籍没：中國古代刑罰之一，没收財物人口入官。

[4]叔向置鬻獄之死：典出《左傳》昭公十四年。春秋時晋國羊鮒（即羊舌鮒）貪贓枉法爲仇家所殺，其異母胞兄叔向（即羊舌肸）時做大夫，以爲羊鮒之罪當戮尸棄市，以明國法。叔向，人名。春秋時晋國大夫羊舌肸。

[5]釋之斷犯蹕之刑：典出《史記》卷一〇二、《漢書》卷五〇《張釋之傳》。漢文帝時有人衝撞皇帝車駕，張釋之斷以罰金，時稱公道。

[6]漢文：漢文帝劉恒。紀見《史記》卷一〇、《漢書》卷四。

[7]羊舌：即羊舌肸，前文所云叔向。

[8]廷尉：指張釋之，曾任漢廷尉。

“且聖人大寶，是曰神器，苟非天命，不可妄得。故蚩尤、項籍之驍勇，[1]伊尹、霍光之權勢，李老、孔丘之才智，[2]吕望、孫武之兵術，[3]吴、楚連磐石之據，[4]産、禄承母后之基，[5]不應歷運之兆，終無帝王之位。况乎蕞爾一隅，蜂扇蟻聚，楊諒之愚鄙，群小之凶慝，而欲憑陵畿甸，覬幸非望者哉！開闢以降，書契云及，帝皇之跡，可得而詳。自非積德累仁，豐功厚利，孰能道洽幽顯，義感靈祇！是以古之哲王，昧旦丕顯，履冰在念，御朽競懷。逮叔世驕荒，[6]曾無戒懼，肆於民上，騁嗜奔欲，不可具載，請略陳之。

［1］蚩尤：傳説中古代九黎族首領，與黄帝戰於涿鹿，兵敗被殺。　項籍：人名。即項羽。紀見《史記》卷七，傳見《漢書》卷三一。

［2］李老：人名。即老子，春秋時人，姓李名耳，字聃。傳見《史記》卷六三。

［3］吕望：太公望吕尚。詳見《史記》卷三二《齊太公世家》。　孫武：人名。即孫子。傳見《史記》卷六五。

［4］吴、楚連磐石之據：此指漢高祖劉邦所分封的吴、楚諸侯國，公元前145年聯合七國以誅晁錯爲名發動武裝叛亂。事見《史記》卷一〇一《袁盎晁錯列傳》。

［5］産、禄承母后之基：典出《史記》卷九、《漢書》卷三《吕太后本紀》。産、禄爲高祖吕后兄子吕産、吕禄。

［6］叔世：猶末世。

"曩者齊、陳二國，並居大位，自謂與天地合德，日月齊明，罔念憂虞，不恤刑政。近臣懷寵，稱善而隱惡，史官曲筆，掩瑕而録美。是以民庶呼嗟，終閉塞於視聽，公卿虚譽，日敷陳於左右。法網嚴密，刑辟日多，徭役煩興，老幼疲苦。昔鄭有子産，[1]齊有晏嬰，[2]楚有叔敖，[3]晋有士會。[4]凡此小國，尚足名臣，齊、陳之疆，豈無良佐？但以執政壅蔽，懷私徇軀，忘國憂家，外同内忌。設有正直之士，才堪幹持，[5]於己非宜，即加擯壓；倘遇諂佞之輩，行多穢匿，於我有益，遽蒙薦舉。以此求賢，何從而至！夫賢材者，非尚膂力，豈繫文華，唯須正身負戴，確乎不動。譬棟之處屋，如骨之在身，所謂棟梁骨鯁之材也。齊、陳不任骨鯁，信近讒諛，天高聽卑，監其淫僻，故總收神器，歸我大隋。向使二國祗敬上玄，惠恤鰥寡，委任方直，斥遠浮華，卑菲爲心，惻隱爲務，[6]河朔彊富，江湖險隔，各保其業，民不思亂，泰山之固弗可動也。然而寢卧積薪，宴安鴆毒，遂使禾黍生廟，霧露霑衣，弔影撫心，何嗟及矣！故詩云：'殷之未喪師，克配上帝。宜鑒于殷，駿命不易。'[7]萬機之事，何者不須熟慮哉！

[1]子産：人名。春秋時鄭國大臣。事見《史記》卷四二《鄭世家》。

[2]晏嬰：人名。春秋時齊國大臣晏子。傳見《史記》卷六二。

[3]叔敖：人名。春秋時楚國孫叔敖。傳見《史記》卷一一九。

[4]士會：人名。事見《史記》卷三九《晋世家》。

[5]幹持：幹練有持事之才。按，"持"，殿本、庫本、中華本同，宋刻遞修本、汲古閣本及《北史》卷三九《房彦謙傳》作"時"。

[6]爲：殿本、庫本、中華本同，宋刻遞修本、汲古閣本及《北史·房彦謙傳》作"是"。

[7]"殷之未喪師"至"駿命不易"：語出《詩·大雅·文王》。

"伏惟皇帝望雲就日，仁孝夙彰，錫社分珪，[1]大成規矩。及總統淮海，盛德日新，當璧之符，遐邇僉屬。讚歷甫爾，[2]寬仁已布，率土蒼生，翹足而喜。并州之亂，變起倉卒，職由楊諒詭惑，詿誤吏民，非有構怨本朝，棄德從賊者也。而有司將帥，稱其願反，非止誣陷良善，亦恐大點皇猷。足下宿當重寄，早預心膂，粤自藩邸，柱石見知。方當書名竹帛，傳芳萬古，稷、契、伊、吕，[3]彼獨何人？既屬明時，須存謇諤，立當世之大誡，作將來之憲範。豈容曲順人主，以愛虧刑，又使脅從之徒，横貽罪譴？忝蒙眷遇，輒寫微誠，野人愚瞽，不知忌諱。”

衡得書歎息，而不敢奏聞。

[1]錫社：猶錫土，賜土封國。　分珪：猶封圭，帝王以圭授予受分封者，後泛指帝王分賜官爵。

[2]讃：宋刻遞修本、中華本同，汲古閣本、殿本、庫本及《北史》卷三九《房彦謙傳》作“纘”。

[3]稷、契（xiè）、伊、吕：指後稷、傳説中商的祖先契、伊尹、吕望。

彦謙知王綱不振，遂去官隱居不仕，將結構蒙山之下，[1]以求其志。會置司隸官，[2]盛選天下知名之士。朝廷以彦謙公方宿著，時望所歸，徵授司隸刺史。[3]彦謙亦慨然有澄清天下之志，凡所薦舉，皆人倫表式。其有彈射，當之者曾無怨言。司隸别駕劉炟，[4]陵上侮下，訐以爲直，刺史憚之，皆爲之拜。唯彦謙執志不撓，亢禮長揖，有識嘉之。炟亦不敢爲恨。

[1]蒙山：此指不詳。

[2]司隸：官署名。司隸臺，隋大業三年始置，與御史臺、謁者臺合稱三臺。有大夫、别駕、刺史、從事等官。後罷本臺而留司隸從事一官行其職，不常置，多臨時選京官清明者權攝之。

[3]司隸刺史：官名。隋煬帝大業三年始置，爲司隸臺的屬官，置十四人，掌巡察畿外。正六品。

[4]司隸别駕：官名。隋煬帝大業三年始置司隸臺，置别駕二人，分察畿内，一人按東都，一人按京師。從五品。　劉炫：人名。隋時人。事亦見《北史》卷三九《房彦謙傳》、《册府元龜》卷五一五《憲官部·剛正》。

大業九年，從駕度遼，監扶餘道軍。[1]其後隋政漸亂，朝廷靡然，莫不變節。彦謙直道守常，介然孤立，頗爲執政者之所嫉，出爲涇陽令。[2]未幾，終于官，時年六十九。

[1]監扶餘道軍：即扶餘道監軍。扶餘道，即以扶餘爲中心的戰争特區。監軍，使職名。監督軍隊將帥官員，爲臨時性差遣，隋多以御史爲之。

[2]涇陽：縣名。治所在今陝西涇陽縣西北。

彦謙居家，每子侄定省，[1]常爲講説督勉之，亹亹不倦。[2]家有舊業，資産素殷。又前後居官，所得俸禄，皆以周恤親友，家無餘財，車服器用，務存素儉。自少及長，一言一行，未嘗涉私，雖致屢空，怡然自得。嘗從容獨笑，顧謂其子玄齡曰："人皆因禄富，我獨以官貧。所遺子孫，在於清白耳。"所有文筆，恢廓閑雅，有古人之深致。又善草隸，人有得其尺牘者，皆寶玩之。太原王邵，[3]北海高構，蓨縣李綱，[4]河東柳彧、薛孺，[5]皆一時知名雅澹之士，彦謙並與爲友。雖冠蓋成列，而門無雜賓。體資文雅，深達政務，有識者咸以遠大許之。

［1］定省：泛指探望父母或親長。

［2］亹（wěi）亹：勤勉不倦貌。

［3］太原：郡名。治所在今山西太原市。　王邵：各本均同，《北史》卷三九《房彦謙傳》作“劭”，檢本書卷六九、《北史》卷三五有《王劭傳》。故此“邵”當作“劭”。

［4］蓨縣：治所在今河北景縣。　李綱：人名。隋文帝時任太子洗馬。傳見《舊唐書》卷六二、《新唐書》卷九九。

［5］柳彧：人名。傳見本書卷六二、《北史》卷七七。　薛孺：人名。本書卷五七、《北史》卷三六有附傳。

初，開皇中，平陳之後，天下一統，論者咸云將致太平。彦謙私謂所親趙郡李少通曰：[1]“主上性多忌剋，不納諫争。太子卑弱，諸王擅威。在朝唯行苛酷之政，未施弘大之體。天下雖安，方憂危亂。”少通初謂不然，及仁壽、大業之際，其言皆驗。大唐馭宇，追贈徐州都督、臨淄縣公。[2]謚曰定。

［1］李少通：人名。事亦見《北史》卷三九《房彦謙傳》、《大唐新語》卷七《知微》。

［2］都督：官名。此爲贈官。　臨淄縣公：爵名。唐九等爵的第五等。從二品。此爲贈官。

史臣曰：大夏云構，非一木之枝；帝王之功，非一士之略。長短殊用，大小異宜，榱梲棟梁，[1]莫可棄也。李諤等或文能遵義，或才足幹時，識用顯於當年，故事留於臺閣。參之有隋多士，取其開物成務，皆廊廟之榱桷，[2]亦北辰之衆星也。

［1］榕梲：亦作“棨梲”。原指建築上柱頭斗拱與梁上短柱，此喻指小才。

［2］榱桷：屋椽，此指建築組成部分之一。

隋書　卷六七

列傳第三十二

虞世基

虞世基,[1]字茂世,[2]會稽餘姚人也。[3]父荔,[4]陳太子中庶子。[5]世基幼沉静，喜愠不形於色，博學有高才，兼善草隸。陳中書令孔奂見而歎曰:[6]“南金之貴,[7]屬在斯人。”少傅徐陵聞其名,[8]召之，世基不往。後因公會,[9]陵一見而奇之，顧謂朝士曰:“當今潘、陸也。”[10]因以弟女妻焉。

[1]虞世基：人名。傳另見《北史》卷八三。

[2]茂：《北史·虞世基傳》作“懋”。

[3]會稽：郡名。治所在今浙江紹興市。　餘姚：縣名。治所在今浙江餘姚市。

[4]荔：人名。即虞荔，南朝陳人。傳見《陳書》卷一九、《南史》卷六九。

[5]陳：即南朝陳（557—589），都建康（今江蘇南京市）。　太子中庶子：官名。南朝陳爲東宫門下坊的長官，掌侍從太子左

右，規諫諷議，獻納得失等。置四人，第五品。

[6]中書令：官名。掌撰詔命，記會時事，典作文書。南朝陳第三品。　孔奂：人名。南朝梁、陳時人，陳太建九年（577）擔任中書令，十一年轉太常卿。傳見《陳書》卷二一，《南史》卷二七有附傳。

[7]南金之貴：指南方出産銅中的極品，此喻指南方優秀傑出人才。

[8]少傅：官名。即太子少傅，職掌輔佐太子，位視左右僕射。南朝陳第三品。　徐陵：人名。南朝梁、陳時人，陳後主即位，任太子少傅。傳見《陳書》卷二六，《南史》卷六二有附傳。

[9]公會：因公事相會晤。

[10]潘、陸：指晉時潘安、陸機，二人皆以文名。潘安正史無傳，陸機傳見《晉書》卷五四。

仕陳，釋褐建安王法曹參軍事，[1]歷祠部、殿中二曹郎，[2]太子中舍人。[3]遷中庶子、散騎常侍、尚書左丞。[4]陳主嘗於莫府山校獵，[5]令世基作《講武賦》，於坐奏之曰：

[1]釋褐：官制用語。亦稱解褐。脱去平民衣服而换上官服，喻指始任官職。　建安王：爵名。全稱是建安郡王，陳十二等爵的第一等。此爲南朝陳陳叔卿封爵名。陳叔卿傳見《陳書》卷二八、《南史》卷六五。　法曹參軍事：官名。南朝陳諸公王府皆置法曹，主刑法事，長官爲參軍事。第八品。

[2]祠部：官名。即祠部郎。南朝陳尚書省祠部曹設祠部郎，佐尚書掌禮樂事。第六品。　殿中：官名。即殿中郎。南朝陳尚書省殿中曹設殿中，郎佐尚書左僕射或祠部尚書掌表疏及禮樂之事。第六品。

［3］太子中舍人：官名。綜典東宫奏事文書之事，功高者一人，與中庶子祭酒共掌其坊之政令。南朝陳第五品。

［4］中庶子：即太子中庶子。　散騎常侍：官名。南朝陳集書省長官。掌侍從皇帝左右，獻納得失；省諸奏聞文書，異議者，隨事爲駁；常侍高功者一人爲祭酒，掌糾劾禁令。第三品。　尚書左丞：官名。職掌佐尚書令、尚書僕射理尚書省政事。南朝陳第四品。

［5］陳主：此指陳後主陳叔寶。紀見《陳書》卷六、《南史》卷一〇。　莫府山：地名。即幕府山，在今江蘇南京市北。按，此“莫”通“幕”，《通鑑》卷一二五《宋紀》元嘉二十七年十二月壬午條：“上又登莫府山。”胡三省注云：“幕府山在今建康府城西二十五里，晋元帝初渡江，丞相王導建幕府於其上。”

“夫玩居常者，未可論匡濟之功；應變通者，然後見帝王之略。何則？化有文質，[1]進讓殊風，世或澆淳，[2]解張累務。雖復順紀合符之后，[3]望雲就日之君，[4]且修戰於版泉，[5]亦治兵於丹浦。[6]是知文德武功，蓋因時而並用，經邦創制，固與俗而推移。所以樹鴻名，垂大訓，拱揖百靈，[7]包舉六合，[8]其唯聖人乎！

［1］文質：文采與質樸，此指某一時代風尚。

［2］澆淳：浮薄與濃厚，多指社會風氣。

［3］順紀合符之后：此指黄帝。典出《史記》卷一《五帝本紀》。黄帝以雲爲紀，曾合符釜山。

［4］望雲就日之君：此指帝堯。典出《史記·五帝本紀》：“（帝堯）就之如日，望之如雲。”後亦指賢明君主恩澤施及萬民。

［5］版泉：古地名。亦作“阪泉”。相傳黄帝與炎帝戰於阪泉之野。其地所在有三説：一是在山西陽曲縣東北，相傳舊名漢山；

二是在河北涿鹿縣東南；三是在山西運城市南。

[6]丹浦：丹水之濱。相傳堯與有苗戰於丹水之浦。

[7]百靈：指各種神靈。

[8]六合：指天地四方。亦泛指天下。

“鶉火之歲，[1]皇上御宇之四年也。萬物交泰，九有乂安，[2]俗躋仁壽，民資日用。然而足食足兵，猶載懷於履薄；可久可大，尚懔乎於御朽。至如昆吾遠賮，[3]肅慎奇賝，[4]史不絶書，府無虚月。貝冑雍弧之用，犀渠闕鞏之殷，鑄名劍於尚方，[5]積雕戈於武庫。[6]熊羆百萬，貔豹千群，利盡五材，[7]威加四海。爰於農隙，有事春蒐，[8]舍爵策勳，觀使臣之以禮，沮勸賞罰，乃示民以知禁。盛矣哉，信百王之不易，千載之一時也！昔上林從幸，相如於是頌德。[9]長楊校獵，子雲退而爲賦。[10]雖則體物緣情，不同年而語矣，英聲茂實，蓋可得而言焉。其辭曰：

[1]鶉火之歲：歲在鶉火之意。古代將黄道附近一周天按照由西向東方向分爲十二次，即星紀、玄枵、諏訾、降婁、大梁、實沈、鶉首、鶉火、鶉尾、壽星、大火、析木。歲在鶉火，指歲星（木星）運行到鶉火位置，用以紀年。

[2]乂（yì）安：太平無事。

[3]昆吾：古族名。存在於夏商之際，己姓。族人善於製造陶器和鑄造銅器。夏啓曾命人在昆吾鑄鼎。　賮（jìn）：納貢的財禮。

[4]肅慎：古族名。大約分布於今黑龍江松花江流域，西周初年曾進貢。　賝（chēn）：奇珍異寶。

[5]尚方：古代製造帝王所用器物之所。

［6］武庫：儲藏兵器之庫。

［7］五材：指金、木、水、火、土五種物質。

［8］蒐（sōu）：打獵。

［9］上林從幸，相如於是頌德：典出《史記》卷一一七《司馬相如列傳》、《漢書》卷五七《司馬相如傳》。上林，指西漢皇室之上林苑。相如，人名。即司馬相如。

［10］長楊校獵，子雲退而爲賦：典出《漢書》卷八七《揚雄傳》。長楊，指西漢皇室長楊射熊館。子雲，人名。即揚雄，字子雲，漢賦四大家之一。傳見《漢書》卷八七。

“惟則天以稽古，統資始於群分。膺録圖而出震，[1]樹司牧以爲君。[2]既濟寬而濟猛，亦乃武而乃文。北怨勞乎殷履，南伐盛於唐勛。彼周干與夏戚，粤可得而前聞。我大陳之創業，乃撥亂而爲武。戡定艱難，平壹區宇。從喋喋之纍推，爰蒼蒼而再補。故累仁以積德，諒重規而襲矩。惟皇帝之休烈，體徇齊之睿哲。[3]敷九疇而咸敘，[4]奄四海而有截。既搜揚於帝難，又文思之安安。幽明請吏，俊乂在官。御璇璣而七政辨，[5]朝玉帛而萬國歡。昧旦丕顯，未明思治。道藏往而知來，功參天而兩地。運聖人之上德，盡生民之能事。於是禮暢樂和，刑清政肅。西臮析支，[6]東漸蟠木。[7]罄圖諜而効祉，[8]漏川泉而禔福。在靈貺而必臻，亦何思而不服。

［1］録圖：圖録或圖籙，爲圖讖符命之書。　出震：出於東方，八卦中的“震”卦位應東方。喻指皇帝登基。

［2］司牧：泛指官吏。

［3］徇：宋刻遞修本、中華本同，汲古閣本、殿本、庫本作

“狥”。

[4]九疇：典出《尚書·洪範》。傳説天帝賜予禹治理天下之九條大法，即《洛書》，後亦泛指治理天下之大法。

[5]璇璣：喻指權柄、帝位。　七政：一指日、月及金、木、水、火、土五星；一指春、秋、冬、夏、天文、地理、人文。

[6]臮（jì）：到、至。　析支：又稱鮮支、賜支、河曲羌。古代西戎族名之一，分布在今青海積石山至貴德縣河曲一帶。

[7]蟠木：傳説中東方山名，一説即扶桑。

[8]祉：宋刻遞修本、汲古閣本、中華本同，殿本、庫本作“社”。

“雖至治之隆平，[1]猶戒國而强兵。選羽林於六郡，[2]詔蹶張於五營。[3]兼折衝而餘勇，咸重義而輕生。遂乃因農隙以教民，在春蒐而習戰。命司馬以示法，[4]帥掌固而清甸。[5]導旬始以前驅，[6]伏鉤陳而後殿。[7]抗鳥旌於析羽，飾魚文於被練。爾乃革軒按轡，玉虬齊軼。屯左矩以啓行，擊右鍾而傳響。交雲罕之掩映，紛劍騎而來往。指攝提於斗極，[8]洞閶闔之弘敞。跨玄武而東臨，款黄山而北上。隱圓闕之迢遰，[9]届方澤之塏爽。

[1]至：宋刻遞修本、中華本同，汲古閣本、殿本、庫本作“致”。

[2]選羽林於六郡：典出漢武帝選隴西、天水、安定、北地、上郡、西河六郡良家子宿衛建章宫，稱建章營騎。後改名羽林騎，取爲國羽翼、如林之盛之意。

[3]蹶張：勇健有力之士。　五營：指屯騎、越騎、步兵、長

水、射聲五校尉所領之軍隊。

[4]司馬：官名。《周禮·夏官》載有大司馬，掌軍旅之事。

[5]掌固：官名。《周禮·夏官》："掌固，掌修城郭溝池樹渠之固。"

[6]旬始：星官名。位北斗旁，氣如雄鷄。

[7]鉤陳：星官名。紫微宫外營陳星也。

[8]攝提：星名。屬亢宿，共六星。位於大角星兩側。

[9]遰（dì）：宋刻遞修本、中華本同，汲古閣本、殿本、庫本作"遞"。

"于斯時也，青春晚候，朝陽明岫。日月光華，煙雲吐秀。澄波瀾於江海，静氛埃於宇宙。乘輿乃御太一之玉堂，[1]授軍令於紫房。[2]藴龍韜之妙算，誓武旅於戎場。鋭金顔於庸蜀，躪鐵騎於漁陽。彀神弩而持滿，彏天弧而並張。[3]曳虹旗之正正，振夔鼓之鏜鏜。八陳肅而成列，[4]六軍儼以相望。[5]拒飛梯於縈帶，[6]聳樓車於武岡。[7]或掉鞅而直指，乍交綏而弗傷。裁應變而蛇擊，俄蹈厲以鷹揚。中小枝於戟刃，徹蹲札於甲裳。聊七縱於孟獲，[8]乃兩禽於卞莊。[9]始軒軒而鶴舉，遂離離以雁行。振川谷而横八表，蕩海岳而耀三光。諒窈冥之不測，羌進退而難常。亦有投石扛鼎，超乘挾輈。衝冠聳劍，鐵楯銅頭。熊渠殪兕，武勇操牛。雖任鄙與賁、育，[10]故無得而爲仇。

[1]乘輿：皇帝所乘之車，亦代指皇帝。　太一：亦作太乙，道教中神仙之一。　玉堂：指神仙居所。

[2]紫房：道家煉丹房。

［3］彏（jué）：急張弓。

［4］八陳：亦作八陣，泛指古代作戰陣法。

［5］六軍：原指天子六軍，此泛指軍隊。

［6］飛梯：軍事上攻城所用的長梯。　縈帶：指護城河。

［7］樓車：古代戰車，上設望樓，用以瞭望敵人。

［8］七縱於孟獲：典出《三國志》卷三五《蜀書·諸葛亮傳》。裴松之注：諸葛亮七擒孟獲。

［9］兩禽於卞莊：典出《史記》卷七〇《張儀列傳》。卞莊子一舉擒雙虎之功。

［10］任鄙與賁、育：典出《史記》卷七九《范睢蔡澤列傳》。賁指孟賁，育指夏育。任鄙、孟賁、夏育均爲春秋戰國時勇士。

"九攻既決，三略已周。鳴鐲振響，風卷電收。於是勇爵班，金奏設，登元凱而陪位，[1]命方邵而就列。[2]三獻式序，八音未闋。舞干戚而有豫，聽鼓鞞而載悦。[3]俾挾纊與投醪，咸忘軀而殉節。方席卷而橫行，見王師之有征。登燕山而戮封豕，臨瀚海而斬長鯨。望云亭而載蹕，[4]禮升中而告成。實皇王之神武，信蕩蕩而難名者也。"

［1］元凱：亦稱"元愷"，典出《左傳》文公十八年：高辛氏有才子八人，稱爲八元；高陽氏有才子八人，稱爲八愷。後連用喻指皇帝的輔佐大臣。

［2］方邵：亦稱"方召"，輔佐周宣王中興的大臣方叔與召虎，後連用喻指國家重臣。

［3］鞞：音 bǐng。

［4］蹕（bì）：指帝王車駕。

陳主嘉之，賜馬一匹。

及陳滅歸國，爲通直郎，[1]直内史省。[2]貧無産業，每傭書養親，怏怏不平。嘗爲五言詩以見意，情理悽切，世以爲工，作者莫不吟詠。未幾，拜内史舍人。[3]

[1]通直郎：官名。隋初門下省通直散騎侍郎的簡稱，掌規諫，侍從皇帝左右備顧問，不典事。從五品上。煬帝大業三年（607）罷。按，《通鑑》卷一七七《隋紀》開皇九年十二月條："詔弘與許善心、姚察及通直郎虞世基參定雅樂。"胡三省注云："按煬帝始置通直郎，從六品，屬謁者臺。《虞世基傳》云，以通直郎直内史省。其通直散騎侍郎歟？品從五。"胡氏注所論在理，今從。

[2]直：官制用語。一般以他官臨時差遣處理本署事務。　内史省：官署名。隋避諱改中書省爲内史省，爲三省之一，置監、令各一員，尋廢監，置令二員爲長官。下置侍郎、舍人等官員。掌皇帝詔令出納宣行，爲機要之司。

[3]内史舍人：官名。爲内史省的屬官，掌參議表章，草擬詔敕。隋初置八人，正六品上，開皇三年升爲從五品。煬帝大業三年減置四人，大業末改内史省爲内書省，内史舍人遂改稱爲内書舍人。

煬帝即位，顧遇彌隆。秘書監河東柳顧言博學有才，[1]罕所推謝，至是與世基相見，歎曰："海内當共推此一人，非吾儕所及也。"俄遷内史侍郎，[2]以母憂去職，[3]哀毁骨立。有詔起令視事，拜見之日，殆不能起，帝令左右扶之。哀其羸瘠，詔令進肉，世基食輒悲哽，不能下。[4]帝使謂之曰："方相委任，當爲國惜身。"前後敦勸者數矣。帝重其才，親禮逾厚，專典機密，與納言蘇威、左翊衛大將軍宇文述、黄門侍郎裴矩、御史大夫裴藴等參掌朝政。[5]

[1]秘書監：官名。爲秘書省的長官，置一員，掌圖書經籍、天文曆法之事，統領著作、太史二曹。隋初爲正三品，煬帝大業三年降爲從三品，後又改稱爲秘書令。　河東：郡名。治所在今山西永濟市西南。　柳顧言：人名。柳䛒，字顧言。傳見本書卷五八、《北史》卷八三。

[2]内史侍郎：官名。隋内史省副長官，佐宰相之職的本省長官内史監、令處理政務。初設四員，正四品下。大業三年减爲二員，正四品。

[3]母憂：遭逢母親喪事。古代喪服禮制規定，父母死後，子女須守喪，三年内不得做官、不得婚娶、不得赴宴、不得應考、不得舉樂，等等。

[4]不能下：《北史》卷八三《虞世基傳》作“不能下筯”。

[5]納言：官名。門下省長官，職掌封駁制敕，並參與軍國大政决策等，居宰相之職。置二員，正三品。　蘇威：人名。傳見本書卷四一，《北史》卷六三有附傳。　左翊衛大將軍：官名。隋初中央軍事機關十二衛有左右衛，大業三年改爲左右翊衛，各置大將軍一人，掌宫掖禁禦，督攝仗衛。正三品。　宇文述：人名。傳見本書卷六一、《北史》卷七九。　黄門侍郎：官名。隋初於門下省置給事黄門侍郎四員，爲門下省的次官，協助長官納言掌封駁制敕，參議政令的制定。正四品上。煬帝大業三年去“給事”之名，但稱“黄門侍郎”，並减置二員。正四品。　裴矩：人名。傳見本卷、《舊唐書》卷六三、《新唐書》卷一〇〇，《北史》卷三八有附傳。　御史大夫：官名。御史臺長官，職掌國家刑憲典章之政令，司彈劾糾察百官等。置一員。其品級，隋大業五年（按，此據本書《百官志下》，而《唐六典》卷一三《御史臺》爲“大業八年”）

前是從三品，此年降爲正四品。　裴藴：人名。傳見本卷、《北史》卷七四。　參掌：官制用語。指除本官職責之外，奉皇帝特敕掌管他職事務。

于時天下多事，四方表奏日有百數。帝方凝重，事不庭決，入閤之後，始召世基口授節度。世基至省，方爲敕書，日且百紙，無所遺謬。其精審如是。遼東之役，[1]進位金紫光禄大夫。[2]後從幸雁門，[3]帝爲突厥所圍，[4]戰士多敗。世基勸帝重爲賞格，親自撫循，又下詔停遼東之事。帝從之，師乃復振。及圍解，勳格不行，又下伐遼之詔。由是言其詐衆，朝野離心。

[1]遼東：地區名。泛指遼水以東地區。因高麗國位於遼東，故此“遼東之役”指隋征伐高麗之事。

[2]金紫光禄大夫：官名。屬散實官。隋文帝置特進、左右光禄大夫等，以加文武官之有德聲者，並不理事。因其金印紫綬，故名。隋初爲從二品，煬帝大業三年降爲正三品。

[3]雁門：郡名。隋大業三年改代州置。治所在今山西代縣。

[4]突厥：古族名、國名。廣義包括突厥、鐵勒諸部落，狹義專指突厥。公元六世紀時游牧於金山（今阿爾泰山）以南，因金山形似兜鍪，俗稱“突厥”，遂以名部落。西魏廢帝元年（552），土門自號伊利可汗，建立突厥汗國，樹庭於鬱督軍山（今杭愛山東段，鄂爾渾河左岸）。隋開皇二年西面可汗達頭與大可汗沙鉢略不睦，分裂爲西突厥、東突厥兩個汗國。傳見本書卷八四、《周書》卷五〇、《北史》卷九九、《舊唐書》卷一九四、《新唐書》卷二一五。

帝幸江都，[1]次鞏縣，[2]世基以盜賊日盛，請發兵屯洛口倉，[3]以備不虞。帝不從，但答云："卿是書生，定猶恇怯。"于時天下大亂，世基知帝不可諫止，又以高熲、張衡等相繼誅戮，[4]懼禍及己，雖居近侍，唯諾取容，不敢忤意。盜賊日甚，郡縣多没。世基知帝惡數聞之，後有告敗者，乃抑損表狀，不以實聞。是後外間有變，帝弗之知也。嘗遣太僕楊義臣捕盜於河北，[5]降賊數十萬，列狀上聞。帝歎曰："我初不聞賊頓如此，義臣降賊何多也！"世基對曰："鼠竊雖多，未足爲慮。義臣尅之，擁兵不少，久在閫外，[6]此最非宜。"帝曰："卿言是也。"遽追義臣，放其兵散。又越王侗遣太常丞元善達間行賊中，[7]詣江都奏事，稱李密有衆百萬，[8]圍逼京都，[9]賊據洛口倉，城内無食，若陛下速還，烏合必散，不然者，東都决没。[10]因歔欷嗚咽，帝爲之改容。世基見帝色憂，進曰："越王年小，此輩誑之。若如所言，善達何緣來至？"帝乃勃然怒曰："善達小人，敢廷辱我！"因使經賊中，向東陽催運，[11]運善達遂爲群盜所殺。此後，外人杜口，莫敢以賊聞奏。

[1]江都：郡名。治所在今江蘇揚州市。

[2]鞏縣：治所在今河南鞏義市西南。

[3]洛口倉：倉廩名。因其地處洛水入黄口故名，又名興洛倉。在今河南鞏義市東南。煬帝大業二年置，倉城周圍二十餘里，有窑三千個，每窑儲糧八百石。

[4]高熲：人名。傳見本書卷四一、《北史》卷七二。　張衡：人名。傳見本書卷五六、《北史》卷七四。

［5］太僕：官名。即太僕卿。隋太僕寺長官，置一員，掌國家廄牧、車輿等事務。隋初爲正三品，煬帝大業三年降爲從三品。楊義臣：人名。即尉遲義臣。傳見本書卷六三、《北史》卷七三。河北：泛指黄河以北地區。

［6］閫（kǔn）外：本指城郭之外，此意指擔任要職。

［7］越王侗：隋煬帝之孫，元德太子楊昭次子楊侗，封越王。傳見本書卷五九、《北史》卷七一。　太常丞：官名。隋太常寺副官，設二人，掌判本寺日常公務。隋初爲從六品下，煬帝大業五年升爲從五品。　元善達：人名。隋末任太常丞。事亦見《北史》卷八三《虞世基傳》、《貞觀政要》卷五《仁義》、《通鑑》卷一八三《隋紀》義寧元年四月條。

［8］李密：人名。傳見本書卷七〇、《舊唐書》卷五三、《新唐書》卷八四，《北史》卷六〇有附傳。　百萬：《北史·虞世基傳》作“數萬”。

［9］京都：此指都城長安。

［10］東都：此指洛陽，治所在今河南洛陽市。

［11］東陽：郡名。治所在今浙江金華市。

世基貌沉審，言多合意，是以特見親愛，朝臣無與爲比。其繼室孫氏，性驕淫，世基惑之，恣其奢靡。雕飾器服，無復素士之風。孫復攜前夫子夏侯儼入世基舍，[1]而頑鄙無賴，爲其聚斂。鬻官賣獄，賄賂公行，其門如市，金寶盈積。其弟世南，[2]素國士，而清貧不立，未曾有所贍。由是爲論者所譏，朝野咸共疾怨。宇文化及殺逆也，[3]世基乃見害焉。

［1］夏侯儼：人名。隋時人。事亦見《北史》卷八三《虞世基傳》、《册府元龜》卷三三八《宰輔部·貪黷》。

［2］世南：人名。即虞世南，唐太宗李世民凌煙閣二十四功臣之一。傳見《舊唐書》卷七二、《新唐書》卷一〇二。

［3］宇文化及：人名。傳見本書卷八五，《北史》卷七九有附傳。

長子肅，[1]好學多才藝，時人稱有家風。弱冠早没。肅弟熙，[2]大業末爲符璽郎。[3]次子柔、晦，並宣義郎。[4]化及將亂之夕，宗人虞伋知而告熙曰：[5]"事勢以然，吾將濟卿南度，且得免禍，同死何益！"熙謂伋曰："棄父背君，求生何地？感尊之懷，自此訣矣。"及難作，兄弟競請先死，行刑人於是先世基殺之。

［1］肅：人名。即虞肅。事亦見《北史》卷八三《虞世基傳》。

［2］熙：人名。即虞熙。《北史》卷八三有附傳。

［3］大業：隋煬帝楊廣年號（605—618）。　符璽郎：官名。隋初門下省置符璽局，長官爲監，置二員，掌天子印璽之用。正六品下。煬帝大業三年改爲郎，亦置二員。從六品。

［4］柔：人名。即虞柔。事亦見《北史·虞世基傳》。　晦：人名。即虞晦。事亦見《北史·虞世基傳》。　宣義郎：官名。屬文散官。從七品。

［5］虞伋：人名。隋時人。事亦見《北史·虞世基傳》。

裴蘊

裴蘊，[1]河東聞喜人也。[2]祖之平，[3]梁衛將軍。[4]父忌，[5]陳都官尚書，[6]與吴明徹同没于周，[7]賜爵江夏郡公，[8]在隋十餘年而卒。

[1]裴藴：人名。傳另見《北史》卷七四。

[2]聞喜：縣名。治所在今山西聞喜縣。

[3]之平：人名。即裴之平。南朝梁時人，官至右尉將軍、太子詹事。《梁書》卷二八、《南史》卷五八有附傳。

[4]梁：即南朝梁（502—557），都建康（今江蘇南京市）。　衛將軍：官名。此爲右衛將軍，掌理禁衛。南朝梁第十二班。按，《梁書·裴之平傳》、《陳書》卷二五《裴忌傳》爲“右衛將軍”。又本書《百官志上》載梁官職無衛將軍之設。此“衛將軍”上當脱一“右”字。

[5]忌：人名。即裴忌。傳見《陳書》卷二五，《南史》卷五八有附傳。

[6]都官尚書：官名。爲尚書省所轄六部之一都官部的長官，置一員，掌刑法獄訟、徒隸囚帳等。南朝陳第三品。

[7]吴明徹：人名。南朝陳時人，太建九年，陳宣帝命吴明徹進軍吕梁，爲北周大將軍王軌所執。傳見《陳書》卷九、《南史》卷六六。　周：即北周（557—581），都長安（今陝西西安市西北）。

[8]江夏郡公：爵名。北周十一等爵的第五等。正九命。（參見王仲犖《北周六典》卷八《封爵第十九》，中華書局1979年版，第542頁）

藴性明辯，有吏幹。在陳，仕歷直閤將軍、興寧令。[1]藴以其父在北，陰奉表於高祖，請爲内應。及陳平，上悉閲江南衣冠之士，[2]次至藴，上以爲夙有向化之心，超授儀同。[3]左僕射高熲不悟上旨，[4]進諫曰：“裴藴無功於國，寵逾倫輩，臣未見其可。”上又加藴上儀同，[5]熲復進諫，上曰：“可加開府。”[6]熲乃不敢復言，即日拜開府儀同三司，禮賜優洽。歷洋、直、棣三州刺史，[7]俱有能名。

[1]直閤將軍：官名。掌宫掖禁衛，督攝仗衛。南朝陳從四品。　興寧：縣名。治所在今廣東興寧市西北。

[2]江南：泛指長江以南地區，此指南朝陳統治區域。　衣冠之士：指門第華貴、深悉禮教的門閥士人。

[3]儀同：官名。全稱是儀同三司。隋文帝因改北周十一等勳官之制形成十一等散實官，用以酬勤勞，無實際職掌。儀同三司是十一等散實官的第八等，可開府置僚佐。正五品上。

[4]左僕射：官名。隋尚書省置左右僕射各一人，地位僅次於尚書令。由於隋尚書令不常置，僕射成爲尚書省實際長官，是宰相之職。從二品。

[5]上儀同：官名。全稱是上儀同三司，十一等散實官的第七等，可開府置僚佐。從四品上。

[6]開府：官名。全稱是開府儀同三司，十一等散實官的第六等，可開府置僚佐。正四品。

[7]洋：州名。治所在今陝西西鄉縣。　直：州名。治所在今陝西石泉縣東南。　棣：州名。治所在今山東陽信縣西南。

大業初，考績連最。煬帝聞其善政，徵爲太常少卿。[1]初，高祖不好聲技，遣牛弘定樂，[2]非正聲清商及九部四舞之色，[3]皆罷遣從民。至是，藴揣知帝意，奏括天下周、齊、梁、陳樂家子弟，[4]皆爲樂户。[5]其六品已下，至于民庶，有善音樂及倡優百戲者，皆直太常。[6]是後異技淫聲咸萃樂府，皆置博士弟子，遞相教傳，增益樂人至三萬餘。帝大悦，遷民部侍郎。[7]

[1]太常少卿：官名。輔太常卿掌宗廟郊社禮樂、國家禮樂、郊廟社稷祭祀等事務，通判寺事。隋初置一員，正四品上；煬帝大業三年增置二員，降爲從四品。

[2]牛弘：人名。傳見本書卷四九、《北史》卷七二。

[3]正聲：符合音律的純正音樂。　清商：商聲，古五音之一，因其調凄涼，故稱。　九部：據本書《音樂志下》：大業中，煬帝定樂，以清樂、西涼、龜兹、天竺、康國、疏勒、安國、高麗、禮畢爲九部。　四舞：據本書《音樂志下》爲鞞舞、鐸舞、巾舞、拂舞。

[4]齊：即北齊（550—577），或稱高齊，都鄴（今河北臨漳縣西南鄴鎮東）。

[5]樂户：供奉皇室音樂的人家。

[6]直：當值。　太常：官署名。即太常寺，掌宗廟郊社禮樂事。

[7]民部侍郎：官名。隋煬帝大業三年置民部侍郎，佐尚書掌全國土地、户口、賦税等事。置一員，正四品。按，《北史》卷七四《裴藴傳》作“户部侍郎”，因唐高宗永徽時避李世民諱改爲户部，蓋一職也。

于時猶承高祖和平之後，禁網疏闊，户口多漏。或年及成丁，猶詐爲小，未至於老，已免租賦。藴歷爲刺史，素知其情，因是條奏，皆令貌閲。[1]若一人不實，則官司解職，鄉正里長皆遠流配。[2]又許民相告，若糾得一丁者，令被糾之家代輸賦役。是歲大業五年也。[3]諸郡計帳，[4]進丁二十四萬三千，新附口六十四萬一千五百。[5]帝臨朝覽狀，謂百官曰：“前代無好人，致此罔冒。今進民户口皆從實者，全由裴藴一人用心。古語云，得賢而治，驗之信矣。”由是漸見親委，拜京兆贊治，[6]發擿纖毫，吏民懾憚。

［1］貌閲：檢查户口時閲驗人的年齡和相貌。

［2］鄉正里長：鄉官名。隋基層社會五百家爲鄉，置鄉正一人；百家爲里，置里長一人，負責基層賦役徵收和治安維護等事務。流配：中國古代刑罰之一，將犯人發配到邊遠地區。

［3］大業五年：隋大索貌閲時間本書《食貨志》、《通鑑》、《册府元龜》記載各不相同，以大業五年較爲可信（參見唐長孺《隋代大索貌閲的時間》，載《山居存稿》，中華書局 1989 年版，第 305—309 頁）。

［4］計帳：亦稱籍帳、計簿，載録人事、人口、賦役之簿書（參見［日］池田温著、龔澤銑譯《中國古代籍帳研究》，中華書局 1984 年版）。

［5］五百：宋刻遞修本、中華本與底本同，殿本、庫本作“二百”。又《通鑑》卷一八一《隋紀》大業五年十一月條，《册府元龜》卷四六一、卷四六七、卷四八六均作“五百”。

［6］京兆贊治：官名。隋文帝改京兆少尹爲司馬，煬帝又改爲贊治，掌通判府事。從四品。

未幾，擢授御史大夫，與裴矩、虞世基參掌機密。蘊善候伺人主微意，若欲罪者，則曲法順情，鍛成其罪。所欲宥者，則附從輕典，因而釋之。是後大小之獄皆以付蘊，憲部、大理莫敢與奪，[1]必稟承進止，然後決斷。蘊亦機辯，所論法理，言若懸河，或重或輕，皆由其口，剖析明敏，時人不能致詰。楊玄感之反也，[2]帝遣蘊推其黨與，謂蘊曰：“玄感一呼而從者十萬，益知天下人不欲多，多即相聚爲盗耳。不盡加誅，則後無以勸。”藴由是乃峻法治之，所戮者數萬人，皆籍没其家。[3]帝大稱善，賜奴婢十五口。

[1]憲部：官署名。隋大業三年改尚書刑部爲憲部。職掌刑法、徒隸、勾覆及關禁之政。　大理：官署名。即大理寺，掌審獄定刑名，决疑案。按，中華本“憲部大理”間未有點讀，此二者爲不同官署，中間當用頓號分隔。

[2]楊玄感：人名。傳見本書卷七〇，《北史》卷四一有附傳。

[3]籍没：中國古代刑罰之一，没收財物人口入官。

司隸大夫薛道衡以忤意獲譴，[1]藴知帝惡之，乃奏曰：“道衡負才恃舊，有無君之心。見詔書每下，便腹非私議，推惡於國，妄造禍端。論其罪名，似如隱昧，源其情意，深爲悖逆。”帝曰：“然。我少時與此人相隨行役，輕我童稚，共高熲、賀若弼等外擅威權，[2]自知罪當誣罔。及我即位，懷不自安，賴天下無事，未得反耳。公論其逆，妙體本心。”於是誅道衡。

[1]司隸大夫：官名。隋煬帝大業三年始置司隸臺，長官爲大夫，置一人，掌諸巡察。正四品。　薛道衡：人名。傳見本書卷五七，《北史》卷三六有附傳。

[2]賀若弼：人名。傳見本書卷五二，《北史》卷六八有附傳。

又帝問蘇威以討遼之策，威不願帝復行，且欲令帝知天下多賊，乃詭答曰：“今者之役，不願發兵，但詔赦群盗，自可得數十萬。遣關内奴賊及山東歷山飛、張金稱等頭别爲一軍,[1]出遼西道,[2]諸河南賊王薄、孟讓等十餘頭並給舟楫,[3]浮滄海道,[4]必喜於免罪，競務立功，一歲之間，可滅高麗矣。”[5]帝不懌曰：“我去尚猶未克，鼠竊安能濟乎?”威出後，藴奏曰：“此大不遜，天下何處有許多賊!”帝悟曰：“老革多姦，將賊脅我。欲搭其口，但隱忍之，誠極難耐。”藴知上意，遣張行本奏威罪惡,[6]帝付藴推鞫之，乃處其死。帝曰：“未忍便殺。”遂父子及孫三世並除名。

［1］山東：地區名。戰國、秦、漢時代，通稱華山或崤山以東爲山東。函括今河北、河南、山東等省。魏晋南北朝隋唐時期亦稱太行山以東地區爲山東。　歷山飛：隋末河北農民起義軍領導者魏刀兒綽號。大業十一年起義，活動於冀州、定州之間，一度有衆十餘萬人。唐武德元年（618）爲竇建德所殺。（參見漆俠《隋末農民起義》，上海人民出版社 1954 年版；王永興《隋末農民戰爭史料彙編》，中華書局 1980 年版）　張金稱：人名。隋末山東農民起義軍領導者之一，大業七年聚衆起義，十三年爲隋將楊義臣擊敗。事見本書卷四《煬帝紀下》、《新唐書》卷八五《竇建德傳》、《通鑑》卷一八一至卷一八三等。（另參見漆俠《隋末農民起義》、王永興《隋末農民戰爭史料彙編》）

［2］遼西道：特區名。大體指今遼寧遼河以西大凌河流域以及以南、河北遷西與欒亭縣以東地區。隋朝在戰争中於地方設置的特區，稱“道”。

［3］河南：泛指黄河以南地區。　王薄：人名。隋末山東農民起義軍領導者之一，大業七年以長白山（今山東鄒平縣南）爲據點起兵反隋，活動於今山東中部一帶。後爲隋將張須陀所敗，唐武德二年降唐任齊州總管。（參見漆俠《隋末農民起義》；王永興《隋

末農民戰争史料彙編》；陶懋炳《王薄事迹考》，《湖南師範學院學報》1981年第2期）　孟讓：人名。隋末山東農民起義軍領導者之一。曾任隋齊郡主簿，大業九年起兵反隋，後爲隋將王世充擊敗，投奔瓦崗軍，被封齊郡公。瓦崗軍爲王世充所敗，孟讓去向不明。（参見漆俠《隋末農民起義》、王永興《隋末農民戰争史料彙編》）

［4］滄海道：特區名。此指征高麗戰争中水路一綫。

［5］高麗：古國名。此時亦稱高句麗。故地在今朝鮮半島北部。傳見本書卷八一、《北史》卷九四、《舊唐書》卷一九九上、《新唐書》卷二二〇。

［6］張行本：人名。隋白衣平民。事亦見本書卷四一《蘇威傳》。

蘊又欲重己權勢，令虞世基奏罷司隸刺史以下官屬，[1]增置御史百餘人。於是引致姦黠，共爲朋黨，郡縣有不附者，陰中之。于時軍國多務，凡是興師動衆，京都留守，及與諸蕃互市，[2]皆令御史監之。賓客附隸，徧於郡國，侵擾百姓，帝弗之知也。以度遼之役，進位銀青光禄大夫。[3]

［1］司隸刺史：官名。隋煬帝大業三年始置，爲司隸臺的屬官，置十四人，掌巡察畿外。正六品。

［2］互市：往來貿易。

［3］銀青光禄大夫：官名。屬散實官。隋文帝置特進、左右光禄大夫等，以加文武官之有德聲者，並不理事。隋初爲正三品，煬帝大業三年降爲從三品。

及司馬德戡將爲亂，[1]江陽長張惠紹夜馳告之。[2]蘊共惠紹謀，欲矯詔發郭下兵民，盡取榮公護兒節度，[3]收在外逆黨宇文化及等，仍發羽林殿脚，[4]遣范富婁等入自西苑，[5]取梁公蕭鉅及燕王處分，[6]扣門援帝。謀議已定，遣報虞世基。世基疑反者不實，抑其計。須臾，難作，蘊歎曰："謀及播郎，竟悮人事。"遂見害。子愔爲尚輦直長，[7]亦同日死。

[1]司馬德戡：人名。傳見本書卷八五，《北史》卷七九有附傳。

[2]江陽：縣名。治所在今江蘇揚州市。　張惠紹：人名。具體事迹不詳。

[3]榮公：爵名。全稱榮國公。隋九等爵的第三等。從一品。　護兒：人名。即來護兒。傳見本書卷六四、《北史》卷七六。按，中華本校勘記云："（榮公來護兒）原脱'來'字，今補。"當從。（另參羅振玉《隋書斠議》，書目文獻出版社1996年版，第41頁）

[4]羽林殿脚：據《通鑑》卷一八〇《隋紀》大業元年八月載：殿脚爲隋煬帝出巡江都時爲其大船牽挽之船工。此言"羽林殿脚"，或爲羽林禁軍兼有挽船職掌，抑或以殿脚編爲禁軍。

[5]范富婁：人名。隋煬帝羽林禁軍低級將領。事亦見《北史》卷七四《裴蘊傳》、《册府元龜》卷三三六《宰輔部・識闇》。　西苑：宫名。隋大業十二年仿東都洛陽西苑之制，於江都郡東南所起之宫苑。

[6]蕭鉅：人名。事見本書卷七九《蕭琮傳》。　燕王：爵名。隋九等爵的第二等。從一品。此指隋煬帝長孫，元德太子楊昭長子楊倓。傳見本書卷五九、《北史》卷七一。

[7]愔：人名。即裴愔。事另見《北史・裴蘊傳》。　尚輦直長：官名。隋大業三年殿内省置尚輦局，直長爲副，掌宫廷輿輦、傘扇等事務。正七品。

裴矩

裴矩，字弘大，河東聞喜人也。祖他，[1]魏都官尚書。[2]父訥之，[3]齊太子舍人。[4]矩繈褓而孤，及長好學，頗愛文藻，有智數。世父讓之謂矩曰：[5]“觀汝神識，足成才士，欲求官達，[6]當資幹世之務。”矩始留情世事。齊北平王貞爲司州牧，[7]辟爲兵曹從事，[8]轉高平王文學。[9]及齊亡，不得調。高祖爲定州總管，[10]召補記室，[11]甚親敬之。以母憂去職。

[1]他：人名。即裴他。按，諸本均同，然檢《北史》卷三八、《舊唐書》卷六三《裴矩傳》，均言其祖爲“佗”。又《魏書》《北史》有“裴佗傳”，並載子“讓之”，即政之世父也。可知本書“他”爲“佗”之誤。

[2]都官尚書：官名。掌軍事、刑獄等事。北魏爲第三品。按，宋刻遞修本、中華本、庫本同，汲古閣本、殿本作“郡官尚書”。檢《魏書·官氏志》無郡官尚書之設，汲古閣本、殿本誤。又《魏書·裴佗傳》《北史·裴佗傳》均不載其曾任都官尚書事。

[3]訥之：人名。即裴訥之。事見《北史·裴佗傳》。

[4]太子舍人：官名。北齊東宫典書坊之屬官，置二十八員，掌令書表啓之事。從六品下。

[5]世父：伯父。　讓之：人名。即裴讓之，北齊時官至清河太守。傳見《北齊書》卷三五。

[6]官：他本及《北史》卷三八《裴矩傳》均作“宦”。

[7]北平王：爵名。全稱是北平郡王，北齊高貞封爵名。爲十一等爵的第一等。正一品。　貞：人名。北齊武成帝高湛第五子高

貞。傳見《北齊書》卷一二。　司州牧：官名。北齊京都鄴城所在地司州最高行政長官，因其地位有别於諸州刺史，故特稱“牧”，歷由宗室諸王任之。北齊爲從二品。

［8］兵曹從事：官名。此指司州兵曹從事。爲司州所轄列曹從事之一，屬州内僚佐官，掌判本州兵丁籍帳及兵役徵調等事務。北齊流内視從八品。

［9］高平王：爵名。全稱是高平郡王，北齊武成帝高湛第六子高仁英封爵名。爲十一等爵的第一等。正一品。　文學：官名。此指王府文學。爲諸王府的屬官，掌王府内經籍圖書之事，修撰文章，並奉侍諸王問對，侍奉文章之職。北齊正六品上。

［10］定州：治所在今河北定州市。　總管：官名。東魏孝敬帝武定六年（548）始置。西魏也置。北周明帝武成元年（559）正式改都督諸州軍事爲總管，總管之設乃成定制。北周之制，總管加使持節諸軍事。總管或單任，然多兼帶刺史。故總管職權雖以軍事爲主，實際是一地區若干州、防（鎮）的最高軍政長官。

［11］補：官制用語。調選官吏補充某職官之缺位。　記室：官名。全稱是總管府記室參軍事，北周王府、總管府均設有記室，掌章表書記文檄。品秩不詳。

高祖作相，[1]遣使者馳召之，參相府記室事。及受禪，遷給事郎，[2]奏舍人事。[3]伐陳之役，領元帥記室。既破丹陽，[4]晋王廣令矩與高熲收陳圖籍。明年，奉詔巡撫嶺南，[5]未行而高智慧、汪文進等相聚作亂，[6]吴、越道閉，[7]上難遣矩行。矩請速進，上許之。行至南康，[8]得兵數千人。時俚帥王仲宣逼廣州，[9]遣其所部將周師舉圍東衡州。[10]矩與大將軍鹿愿赴之，[11]賊立九柵，屯大庾嶺，[12]共爲聲援。矩進擊破之，賊懼，釋東衡州，據原長嶺。[13]又擊破之，遂斬師舉，進軍自南海援廣州。[14]仲宣懼而潰散。矩所綏集者二十餘州，又承制署其渠帥爲刺史、縣令。[15]及還報，上大悦，命升殿勞苦之，顧謂高熲、楊素曰：[16]“韋洸將二萬兵，[17]不能早度嶺，朕每患其兵少。裴矩以三千敝卒，徑至南康。[18]有臣若此，朕亦何憂！”以功拜開府，賜爵聞喜縣公賚物二千段。[19]除民部侍郎，[20]尋遷内史侍郎。

[1]相：據本書卷一《高祖紀上》爲“左大丞相”。北魏孝莊帝永安元年（528）始置大丞相，永安三年廢。北周静帝大象二年（580）又置左、右大丞相。以宇文贊爲右大丞相，但僅有虚名；以楊堅爲左大丞相，總攬朝政。旋去左右之號，獨以楊堅爲大丞相。實爲控制朝廷的權臣。

[2]給事郎：官名。隋文帝開皇六年（586）於尚書省吏部置給事郎，爲散官番直，無具體職掌。正八品上。煬帝大業三年罷吏部給事郎，而取其名於門下省另置給事郎四人，位在黄門侍郎之下，掌省讀奏案。從五品。此當爲吏部給事郎。

[3]舍人：官名。即内史舍人，爲内史省的屬官，掌參議表章，草擬詔敕。隋初置八人，正六品上，開皇三年升爲從五品。煬帝大業三年減置四人，大業末改内史省爲内書省，内史舍人遂改稱爲内書舍人。

[4]丹陽：郡名。治所在今江蘇南京市。

[5]嶺南：地區名。亦稱嶺外、嶺表。泛指五嶺以南地區，相當於今廣東、廣西兩省及越南北部一帶。

[6]高智慧：人名。越州會稽人，隋開皇十年十一月舉兵反，後被鎮壓遭誅。事略見本書卷二《高祖紀下》、《通鑑》卷一七七《隋紀》開皇十年十一月條。　汪文進：人名。隋時人，開皇十年聚衆叛亂，占據東陽，自稱天子，署置百官，楊素率軍討平之。事

亦見本書《高祖紀下》、卷六四《來護兒傳》、卷八五《段達傳》。

［7］吴：地區名。今江蘇一帶。　越：地區名。今浙江一帶。

［8］南康：縣名。治所在今江西南康市西南。

［9］俚：古代南方族名。　王仲宣：人名。南陳末年嶺南地區的夷人酋長，隋開皇九年平陳後仍聚衆反抗隋朝的統治，發兵圍攻廣州，韋洸戰死，其後被多路隋軍擊敗潰散。事亦見本書卷六五《慕容三藏傳》、卷八〇《譙國夫人傳》，《陳書》卷一四《王勇傳》，《北史》卷三八《裴矩傳》、卷六四《韋洸傳》、卷九一《譙國夫人洗氏傳》。　廣州：治所在今廣東廣州市。

［10］周師舉：人名。酋帥王仲宣部將。事亦見《北史·裴矩傳》、《通鑑》卷一七七《隋紀》開皇十年十一月條、《册府元龜》卷六五六《奉使部·立功》。　東衡州：治所在今廣東韶關市南武水西。

［11］鹿愿：人名。隋朝將領，隋文帝開皇九年與裴矩、譙國夫人共同平定王仲宣叛亂，隋煬帝大業五年，爲黔安夷帥向思多所殺。事亦見本書卷六四《王辯傳》、卷八〇《譙國夫人傳》。

［12］大庾嶺：地名。五嶺之一。在今江西大余、廣東南雄二縣之間。

［13］原：底本、宋刻遞修本、汲古閣本、殿本、庫本均作“愿”，中華本校勘記云：“‘原’原作‘愿’，據《北史》本傳及《册府》六五六改。”今從改。

［14］南海：地名。在今廣東廣州市。

［15］渠帥：部落首領。

［16］楊素：人名。傳見本書卷四八，《北史》卷四一有附傳。

［17］韋洸：人名。本書卷四七、《北史》卷六四有附傳。

［18］南康：各本均同，然《北史·裴矩傳》、《通鑑》卷一七七《隋紀》開皇十年十一月條作“南海”。中華書局新修訂本校勘記云：“前稱矩至南康，得兵數千，進而自南海援廣州，‘南康’與上文不協，疑作‘南海’是。”

[19]聞喜縣公：爵名。隋九等爵的第五等。從一品。

[20]除：官制用語。拜官、授職。

時突厥强盛，都藍可汗妻大義公主，[1]即宇文氏之女也，由是數爲邊患。後因公主與從胡私通，長孫晟先發其事，[2]矩請出使説都藍，顯戮宇文氏。上從之。竟如其言，公主見殺。後都藍與突利可汗搆難，[3]屢犯亭鄣，[4]詔太平公史萬歲爲行軍總管，[5]出定襄道，[6]以矩爲行軍長史，[7]破達頭可汗於塞外。[8]萬歲被誅，功竟不録。上以啓民可汗初附，[9]令矩撫慰之，還爲尚書左丞。[10]其年，文獻皇后崩，[11]太常舊無儀注，矩與牛弘據齊禮參定之。轉吏部侍郎，[12]名爲稱職。

[1]都藍可汗：突厥族首領。全稱爲頡伽施多那都藍可汗。事略見本書卷八四、《北史》卷九九《突厥傳》。　大義公主：原北周宗室趙王宇文招之女，大象元年封千金公主，嫁與突厥攝圖可汗，隋受禪，賜姓楊氏，改封大義公主。事略見本書卷五一、《北史》卷二二《長孫晟傳》。

[2]長孫晟：人名。本書卷五一、《北史》卷二二有附傳。

[3]突利可汗：突厥族首領，名染干。事略見本書《突厥傳》、《北史·突厥傳》。

[4]亭鄣：邊塞要地設置的堡壘。

[5]太平公：爵名。史萬歲襲爵太平縣公。隋九等爵的第五等。從一品。　史萬歲：人名。傳見本書卷五三、《北史》卷七三。　行軍總管：出征軍統帥名。北周至隋時所置的統領某部或某路出征軍隊的軍事長官。根據需要其上還可置行軍元帥以統轄全局。屬臨時差遣任命之職，事罷則廢。

［6］定襄道：特區名。大體指今山西忻州所轄地一帶。

［7］行軍長史：官名。北周至隋時出征軍統帥屬下的幕府僚佐官，位居幕府内衆幕僚之首，掌領幕府行政事務。屬臨時差遣任命之職，事罷則廢。

［8］達頭可汗：突厥族首領，名玷厥。事略見本書《突厥傳》、《北史·突厥傳》。

［9］啓民可汗：東突厥可汗，名染干，全稱意利珍豆啓民可汗，開皇十七年隋文帝册突利可汗爲啓民可汗。事略見本書卷八四、《北史》卷九九《突厥傳》。

［10］尚書左丞：官名。職掌佐尚書令、尚書僕射理尚書省政事。從四品上。

［11］文獻皇后：隋文帝皇后，名獨孤伽羅。傳見本書卷三六、《北史》卷一四。　崩：古代帝王、皇后死稱崩。

［12］吏部侍郎：官名。隋文帝時於吏部四曹之一吏部曹置吏部侍郎一員，爲該曹長官。正六品上。煬帝大業三年諸曹侍郎並改稱“郎”，又始置侍郎，爲尚書省下轄六部之副長官。正四品。此後，吏部侍郎纔成爲吏部副長官。協助長官吏部尚書掌全國文職官員銓選等政令。

煬帝即位，營建東都，矩職修府省，九旬而就。時西域諸蕃，[1]多至張掖，[2]與中國交市。帝令矩掌其事。矩知帝方勤遠略，諸商胡至者，矩誘令言其國俗山川險易，撰《西域圖記》三卷，入朝奏之。其序曰：

［1］西域：地區名。漢以後對玉門關（今甘肅敦煌市西北）以西地區的總稱。狹義專指葱嶺以東而言；廣義則指凡通過狹義西域所能到達的地區，包括亞洲中西部、印度半島、歐洲東部和非洲北部在内。

［2］張掖：郡名。隋大業三年改甘州置。治所大約在今甘肅張掖市。

“臣聞禹定九州，[1]導河不逾積石；[2]秦兼六國，設防止及臨洮。[3]故知西胡雜種，[4]僻居遐裔，禮教之所不及，書典之所罕傳。自漢氏興基，開拓河右，[5]始稱名號者，有三十六國，其後分立，乃五十五王。仍置校尉、都護，[6]以存招撫。然叛服不恒，屢經征戰，後漢之世，頻廢此官。雖大宛以來，[7]略知户數，而諸國山川，未有名目。至如姓氏風土，服章物産，全無纂録，世所弗聞。復以春秋遞謝，年代久遠，兼并誅討，互有興亡。或地是故邦，改從今號，或人非舊類，因襲昔名。兼復部民交錯，封疆移改，戎狄音殊，事難窮驗。于闐之北，[8]葱嶺以東，[9]考于前史，三十餘國。其後更相屠滅，僅有十存。自餘淪没，掃地俱盡，空有丘墟，不可記識。

［1］禹：亦稱夏禹，傳説古部落聯盟首領。詳見《史記》卷二《夏本紀》。　九州：説法不一。《尚書·禹貢》將當時中原地區劃分爲冀、兖、青、徐、揚、荆、豫、梁、雍九州。

［2］積石：此指積石山，在今青海東南部。

［3］臨洮：此指秦置臨洮，治所在今甘肅岷縣。

［4］西胡：古代對葱嶺内外西域各族的泛稱。

［5］河右：即河西，古代泛指黄河以西地區，今寧夏、甘肅一帶。

［6］校尉：官名。漢朝掌管少數民族地區事務的長官。　都護：官名。此指漢朝所置管理西域地區最高長官，負責監護西域諸國。

［7］大宛：古國名。大約在今中亞費爾干納盆地。

［8］于闐：古國名。大約在今新疆和田一帶。

［9］葱嶺：地名。今帕米爾高原與喀喇崑崙山脉的總稱。

“皇上膺天育物，無隔華夷，率土黔黎，[1]莫不慕化。風行所及，日入以來，職貢皆通，無遠不至。臣既因撫納，監知關市，[2]尋討書傳，訪採胡人，或有所疑，即譯衆口。[3]依其本國服飾儀形，王及庶人，各顯容止，即丹青模寫，爲《西域圖記》，共成三卷，合四十四國。仍別造地圖，窮其要害。從西頃以去，北海之南，[4]縱横所亘，將二萬里。諒由富商大賈，周游經涉，故諸國之事，罔不徧知。復有幽荒遠地，卒訪難曉，不可憑虚，是以致闕。而二漢相踵，西域爲傳，户民數十，即稱國王，徒有名號，乃乖其實。今者所編，皆餘千户，利盡西海，[5]多産珍異。其山居之屬，非有國名，及部落小者，多亦不載。

［1］黔黎：黔首黎民，指百姓。

［2］監知：監督主持。　關市：邊境上的互市市場。

［3］譯：殿本、庫本同，宋刻遞修本、汲古閣本、中華本及《北史》卷三八《裴矩傳》作“詳”。

［4］北海：泛指北方極偏遠之地。

［5］西海：泛指西方。

“發自敦煌，[1]至于西海，凡爲三道，各有襟帶。[2]北道從伊吾，[3]經蒲類海、鐵勒部、突厥可汗庭，[4]度北流河水，[5]至拂菻國，[6]達于西海。其中道從高昌、焉耆、龜兹、疏勒，[7]度葱嶺，又經鏺汗、蘇對沙那國、康國、曹國、何國、大小安國、穆國，[8]至波斯，[9]達于西海。其南道從鄯善、于闐、朱俱波、喝槃陀，度葱嶺，又經護密、吐火羅、挹怛、帆延、漕國，至北婆羅門，達于西海。[10]其三道諸國，亦各自有路，南北交通。其東女國、南婆羅門國等，[11]並隨其所往，諸處得達。故知伊吾、高昌、鄯善，並西域之門户也。總湊敦煌，是其咽喉之地。

[1]敦煌：郡名。治所在今甘肅敦煌市。

[2]襟帶：此指山川屏障環繞，猶如衣襟和腰帶。

[3]伊吾：地名。約在今新疆哈密地區。

[4]蒲類海：古湖泊名。今新疆巴里坤湖。　鐵勒部：古族名。分布於今土拉河至裏海的廣大地區。

[5]北流河水：流向朝北之河，此處所指不詳。

[6]拂菻國：西域古國名。指東羅馬帝國及西亞地中海一帶。

[7]高昌、焉耆、龜兹、疏勒：均爲西域古國名。大約分布在今新疆維吾爾自治區至中亞一帶。詳見本書卷八三《西域傳》。

[8]鏺汗、蘇對沙那國、康國、曹國、何國、大小安國、穆國：均爲西域古國名。大約分布在今新疆維吾爾自治區至中亞一帶。詳見本書卷八三《西域傳》。

[9]波斯：古國名。在今伊朗地區。

[10]"其南道從鄯善"至"達于西海"：鄯善、于闐、朱俱波、喝槃陀、護密、吐火羅、挹怛、帆延、漕國，均爲西域古國的名稱。大約分布在今新疆維吾爾自治區至中亞一帶。詳見本書《西域傳》。按，中華本校勘記云："（喝槃陀）'喝'原作'唱'，據《北史》本傳改。"今從改。又云："（帆延）本書《煬帝紀下》作

‘失范延’，又《澧國傳》作‘帆延’。”婆羅門，古印度國的别稱。

［11］東女國：中華本校勘記云：“《北史》本傳作‘東安國’。”本書《西域傳》有女國無安國。

“以國家威德，將士驍雄，汎濛汜而揚旌，[1]越崑崙而躍馬，[2]易如反掌，何往不至！但突厥、吐渾分領羌胡之國，[3]爲其擁遏，故朝貢不通。今並因商人密送誠款，引領翹首，願爲臣妾。聖情含養，澤及普天，服而撫之，務存安輯。故皇華遣使，弗動兵車，諸蕃即從，渾、厥可滅。混一戎夏，其在兹乎！不有所記，無以表威化之遠也。”

［1］汎（fàn）：浮起。　濛汜：指日落之處。

［2］崑崙：指崑崙山，在今新疆與西藏之間。

［3］吐渾：古族名。即吐谷渾。本遼東鮮卑之種，姓慕容氏，西晋時西遷至群羌故地，北朝至隋唐時期游牧於今青海北部和新疆東南部地區。傳見本書卷八三、《晋書》卷九七、《魏書》卷一〇一、《周書》卷五〇、《北史》卷九六、《舊唐書》卷一九八、《新唐書》卷二二一上。

帝大悦，賜物五百段，每日引矩至御坐，親問西方之事。矩盛言胡中多諸寶物，吐谷渾易可并吞。帝由是甘心，將通西域，四夷經略，咸以委之。轉民部侍郎，未視事，遷黄門侍郎。帝復令矩往張掖，引致西蕃，至者十餘國。

大業三年，[1]帝有事於恒岳，[2]咸來助祭。帝將巡河右，復令矩往敦煌。矩遣使説高昌王麴伯雅及伊吾吐屯設等，[3]啗以厚利，導使入朝。及帝西巡，次燕支山，[4]高昌王、伊吾設等及西蕃胡二十七國，謁於道左。皆令佩金玉，被錦罽，[5]焚香奏樂，歌儛諠譟。復令武威、張掖士女盛飾縱觀，[6]騎乘填咽，周亘數十里，以示中國之盛。帝見而大悦。竟破吐谷渾，拓地數千里，並遣兵戍之。每歲委輸巨億萬計，諸蕃慴懼，朝貢相續。帝謂矩有綏懷之略，進位銀青光禄大夫。

[1]大業三年：按，《通鑑》載其事在大業四年八月，其條《考異》曰："《裴矩傳》云'三年'，誤也。今從《帝紀》。"檢本書卷四《煬帝紀下》、《北史》卷一二《隋煬帝紀》，大業四年八月有"親祀恒岳"事，故此"三年"當爲"四年"之誤。

[2]恒岳：北岳恒山，在今山西境内。

[3]高昌：古國名。在今新疆吐魯番市東。　麴伯雅：人名。高昌國王，公元601至613年在位，後因政變失位，公元620年復位。事見本書卷八三、《舊唐書》卷一九八、《新唐書》卷二二一上《高昌傳》。　吐屯設：突厥官名。突厥所設，爲伊吾最高長官。

[4]燕支山：在今甘肅永昌、民樂二縣之間。

[5]罽（jì）：毛織物。

[6]武威：郡名。隋大業三年置，治所在今甘肅武威市。　縱觀：恣意觀看。

其冬，帝至東都，矩以蠻夷朝貢者多，諷帝令都下大戲。徵四方奇技異藝，陳於端門街，[1]衣錦綺、珥金翠者以十數萬。又勒百官及民士女列坐棚閣而縱觀焉。皆被服鮮麗，終月乃罷。又令三市店肆皆設帷帳，[2]盛列酒食，遣掌蕃率蠻夷與民貿易，所至之處，悉令邀延就坐，醉飽而散。蠻夷嗟歎，謂中國爲神仙。帝稱其至誠，顧謂宇文述、牛弘曰："裴矩大識朕意，凡所陳奏，皆朕之成算。未發之頃，矩輒以聞。自非奉國用心，孰能若是！"

[1]端門街：隋東都洛陽皇城南面三門，中曰端門，端門外之街即端門街。

[2]三市：東都洛陽東市曰豐都，南市曰大同，北市曰通遠。

帝遣將軍薛世雄城伊吾，[1]令矩共往經略。矩諷諭西域諸國曰："天子爲蕃人交易懸遠，[2]所以城伊吾耳。"咸以爲然，不復來競。及還，賜錢四十萬。矩又白狀，令反間射匱，[3]潛攻處羅，[4]語在《突厥傳》。[5]後處羅爲射匱所迫，竟隨使者入朝。帝大悦，賜矩以貂裘及西域珍器。

[1]薛世雄：人名。傳見本書卷六五、《北史》卷七六。

[2]懸遠：相距很遠。

[3]射匱：突厥首領名。此爲達頭可汗之孫。事略見本書卷八四、《北史》卷九九《突厥傳》。

[4]處羅：突厥首領名。全稱泥撅處羅可汗，名達漫。事略見本書卷八四《西突厥傳》、《北史·突厥傳》。

[5]《突厥傳》：中華本作《西突厥傳》，其校勘記云："原脱'西'字，今補。"又羅振玉《隋書斠議》亦云當作《西突厥傳》。檢本書《西突厥傳》實載有裴矩語，故此當爲《西突厥傳》。

從帝巡于塞北，[1]幸啓民帳。時高麗遣使先通于突厥，啓民不敢隱，引之見帝。矩因奏狀曰："高麗之地，本孤竹國也。[2]周代以之封于箕子，[3]漢世分爲三郡，[4]晋氏亦統遼東。今乃不臣，别爲外域，故先帝疾焉，欲征之久矣。但以楊諒不肖，[5]師出無功。當陛下之時，安得不事，使此冠帶之境，仍爲蠻貊之鄉乎？[6]今其使者朝於突厥，親見啓民，合國從化，必懼皇靈之遠暢，慮後伏之先亡。[7]脅令入朝，當可致也。"帝曰："如何？"矩曰："請面詔其使，放還本國，遣語其王，令速朝覲。不然者，當率突厥，即日誅之。"帝納焉。高元不用命，[8]始建征遼之策。王師臨遼，以本官領武賁郎將。[9]明年，復從至遼東。兵部侍郎斛斯政亡入高麗，[10]帝令矩兼掌兵事。以前後度遼之役，[11]進位右光禄大夫。[12]于時皇綱不振，人皆變節，左翊衛大將軍宇文述、内史侍郎虞世基等用事，文武多以賄聞。唯矩守常，無贓穢之響，以是爲世所稱。

[1]塞北：指長城以北，泛指北方地區。

[2]孤竹國：商周時期方國之一，在今河北盧龍縣西南。

[3]箕子：名胥余，殷商貴族，周武王滅商將其封於朝鮮。

[4]三郡：檢《漢書》卷六《武帝紀》載：元封三年夏，以朝鮮地爲"樂浪、臨屯、玄菟、真番郡"。同書卷九五《朝鮮傳》記載亦同。

[5]楊諒：人名。隋文帝楊堅第五子。傳見本書卷四五、《北史》卷七一。

[6]蠻貊（mò）：泛指四方落後部族。

[7]後伏：傅云龍《隋書考證》及本書殿本考證云："'伏'當作'服'。"所言是。《公羊傳》僖公四年云："楚有王者則後服。"

後服，較遲降服。

［8］高元：指高麗王元。事略見本書卷八一《高麗傳》。

［9］領：此指地位較高的官員兼理較低職位。　武賁郎將：官名。隋煬帝大業三年改革官制，於十二衛每衛置護軍四人，掌副貳將軍，尋又改護軍爲武賁郎將。正四品。

［10］兵部侍郎：官名。隋文帝時於兵部四曹之一兵部曹置兵部侍郎一員，爲該曹長官。正六品上。煬帝大業三年諸曹侍郎並改稱“郎”，又始置侍郎，爲尚書省下轄六部之副長官。此後，兵部侍郎纔成爲兵部副長官。協助長官兵部尚書掌全國軍衛武官選授之政令等。正四品。　斛斯政：人名。傳見本書卷七〇，《北史》卷四九有附傳。

［11］役：《北史》卷三八《裴矩傳》作“功”。

［12］右光禄大夫：官名。屬散實官。隋文帝置特進、左右光禄大夫等，以加文武官之有德聲者，並不理事。隋文帝時左、右光禄大夫皆正二品，煬帝大業三年定令，“左”爲正二品，“右”爲從二品。

還至涿郡，[1]帝以楊玄感初平，令矩安集隴右。[2]因之會寧，[3]存問曷薩那部落，[4]遣闕達度設寇吐谷渾，[5]頻有虜獲，部落致富。還而奏狀，帝大賞之。後從師至懷遠鎮，[6]詔護北蕃軍事。[7]矩以始畢可汗部衆漸盛，[8]獻策分其勢，將以宗女嫁其弟叱吉設，拜爲南面可汗。叱吉不敢受，始畢聞而漸怨。矩又言於帝曰：“突厥本淳，易可離間，但由其内多有群胡，盡皆桀黠，教導之耳。臣聞史蜀胡悉尤多姦計，[9]幸於始畢，請誘殺之。”帝曰：“善。”矩因遣人告胡悉曰：“天子大出珍物，今在馬邑，欲共蕃内多作交關。[10]若前來者，即得好物。”

胡悉貪而信之，不告始畢，率其部落，盡驅六畜，星馳争進，冀先互市。矩伏兵馬邑下，誘而斬之。詔報始畢曰："史蜀胡悉忽領部落走來至此，云背可汗，請我容納。突厥既是我臣，彼有背叛，我當共殺。今已斬之，故令往報。"始畢亦知其狀，由是不朝。十一年，帝北巡狩，始畢率騎數十萬，圍帝於雁門。詔令矩與虞世基每宿朝堂，以待顧問。及圍解，從至東都。屬射匱可汗遣其猶子，率西蕃諸胡朝貢，[11]詔矩醼接之。

[1]涿郡：治所在今北京城西南。

[2]隴右：泛指隴山以西地區。大約在今六盤山以西、黄河以東一帶。

[3]會寧：郡名。治所在今甘肅永登縣東南。

[4]曷薩那部落：即突厥處羅部，因從煬帝征高麗，賜號曷薩那可汗。

[5]闕達度：曷薩那之弟。按，《新唐書》卷二一五《突厥傳》與本書同，然《通鑑》卷一八二《隋紀》大業九年八月條作"闕度設"。

[6]懷遠鎮：在今遼寧遼陽縣西北。隋煬帝三征高麗時常駐蹕於此。

[7]護：監督。

[8]始畢可汗：突厥首領。啓民可汗子咄吉世。事略見本書卷八四、《北史》卷九九《突厥傳》。

[9]史蜀胡悉：人名。事亦見《北史》卷三八《裴矩傳》、《新唐書》卷一〇〇《裴矩傳》、《通鑑》卷一八二《隋紀》大業十一年八月條。

[10]馬邑：郡名。煬帝改朔州爲馬邑郡。治所在今山西朔州

市。　交關：交易。

［11］朝貢：古時番屬國或外國使者入朝貢獻方物、特産。

尋從幸江都宫。[1]時四方盗賊蜂起，郡縣上奏者不可勝計。矩言之，帝怒，遣矩詣京師接候蕃客，以疾不行。及義兵入關，帝令虞世基就宅問矩方略。矩曰："太原有變，京畿不静，遥爲處分，恐失事機。唯願鑾輿早還，[2]方可平定。"矩復起視事。俄而驍衛大將軍屈突通敗問至，[3]矩以聞，帝失色。矩素勤謹，未嘗忤物，又見天下方亂，恐爲身禍，其待遇人，多過其所望，故雖至厮役，皆得其歡心。時從駕驍果數有逃散，[4]帝憂之，以問矩。矩答曰："方今車駕留此，已經二年。驍果之徒，盡無家口，人無匹合，則不能久安。臣請聽兵士於此納室。"帝大喜曰："公定多智，此奇計也。"因令矩檢校爲將士等娶妻。[5]矩召江都境内寡婦及未嫁女，皆集宫監，又召將帥及兵等恣其所取。因聽自首，先有姦通婦女及尼、女冠等，[6]並即配之。由是驍果等悦，咸相謂曰："裴公之惠也。"

［1］江都宫：宫名。隋煬帝置，在今江蘇揚州市西。

［2］鑾輿：天子車駕。

［3］驍衛大將軍：官名。此指左驍衛大將軍。隋左驍騎衛府最高長官，職掌宿衛。正三品。按，《舊唐書》卷五九、《新唐書》卷八九《屈突通傳》作"左驍衛大將軍"。據本書《百官志》：煬帝即位改左右備身府爲左右驍衛府。故而此"驍衛大將軍"前當脱一"左"字。　屈突通：人名。隋唐名將，參與鎮壓楊玄感叛亂及隋末農民起義，後降唐，爲貞觀時凌煙閣二十四功臣之一。傳見

《舊唐書》卷五九、《新唐書》卷八九。

[4]驍果：軍士名。募民爲之。以折衝、果毅、武勇、雄武等郎將領之，武勇郎將爲副長官，主掌宿衛。上屬於左右備身府。

[5]檢校：代辦。

[6]女冠：女道士。

宇文化及之亂，矩晨起將朝，至坊門，[1]遇逆黨數人，控矩馬詣孟景所。[2]賊皆曰："不關裴黄門。"[3]既而化及從百餘騎至，矩迎拜，化及慰諭之。令矩參定儀注，推秦王子浩爲帝，[4]以矩爲侍内，[5]隨化及至河北。及僭帝位，以矩爲尚書右僕射，[6]加光禄大夫，[7]封蔡國公，[8]爲河北道安撫大使。[9]

[1]坊門：隋城邑居住區以坊爲單位，各坊設有坊門。

[2]孟景：人名。即孟秉，隋末爲禁軍鷹揚郎將，參與縊殺隋煬帝的江都宫變，武德二年爲竇建德所殺。事亦見本書卷八五《宇文化及傳》、《北史》卷七九《宇文化及傳》、《通鑑》卷一八五《唐紀》武德元年三月條等。按，景，各本及本書《煬帝紀下》、《北史》卷一二《隋煬帝紀》、《北史·宇文化及傳》皆同。但本書卷八五《宇文化及傳》和《通鑑》卷一八五《唐紀》武德元年三月條作"秉"。本書《煬帝紀下》中華本校勘記云："'景'應作'秉'。唐人諱'昞'，因'秉''昞'同音，遂改'秉'爲'景'。"所言是，當從。

[3]裴黄門：裴矩官爲黄門侍郎，此蓋以官名人。

[4]秦王：此指隋文帝第三子秦孝王楊俊。傳見本書卷四五、《北史》卷七一。　浩：人名。秦孝王楊俊長子楊浩。傳見本書卷四五、《北史》卷七一。

[5]侍内：此指掌管内廷之官。

[6]尚書右僕射：官名。隋於尚書省置左、右僕射各一人爲副貳，地位僅次於長官尚書令。但因隋代尚書令不常置，僕射則成爲尚書省的實際長官，是宰相之職。從二品。

[7]光禄大夫：官名。屬散實官。煬帝大業三年廢特進，改置光禄大夫等九大夫。從一品。

[8]蔡國公：爵名。隋九等爵的第三等。從一品。

[9]河北道：特區名。在黄河中下游以北設置的特區。隋朝在戰争中於地方設置的特區，稱“道”。　安撫大使：使職名。朝廷派往某地區安撫民情的使職，用則設，不用則廢，無固定職掌和官品。

及宇文氏敗，爲竇建德所獲，[1]以矩隋代舊臣，遇之甚厚。復以爲吏部尚書，[2]尋轉尚書右僕射，專掌選事。建德起自群盜，未有節文，[3]矩爲制定朝儀。旬月之間，憲章頗備，擬於王者。建德大悦，每諮訪焉。及建德度河討孟海公，[4]矩與曹旦等於洺州留守。[5]建德敗於武牢。[6]群帥未知所屬，曹旦長史李公淹、大唐使人魏徵等説旦及齊善行令歸順。[7]旦等從之，乃令矩與徵、公淹領旦及八璽，[8]舉山東之地歸于大唐。授左庶子，[9]轉詹事、民部尚書。[10]

[1]竇建德：人名。隋末反隋主力之一，唐武德元年於河北稱帝建立夏國。傳見《舊唐書》卷五四、《新唐書》卷八五。

[2]吏部尚書：官名。隋尚書省下轄六部之一吏部的長官。掌全國文職官員銓選、考課等政令，統吏部、主爵、司勳、考功四曹。置一員，正三品。此爲竇建德仿隋制所設官職。

[3]節文：禮儀、儀式。

[4]孟海公：人名。隋末農民起義軍領導者，大業九年起事，主要活動於曹、戴二州地區，後爲李世民所敗，武德四年斬於長安（參見王永興《隋末農民戰争史料彙編》）。

[5]曹旦：人名。竇建德之妻兄，爲竇建德大將，屢建戰功。虎牢之戰後，與裴矩等降唐。事亦見《北史》卷三八《裴矩傳》、《舊唐書·竇建德傳》。　洺州：治所在今河北永年縣東南。

[6]武牢：即虎牢關，唐避“虎”諱改。在今河南滎陽市西北。

[7]李公淹：人名。初事竇建德，後降唐，貞觀年間曾出使嶺南。事見《北史·裴矩傳》、《新唐書》卷二二二下《南平獠傳》。魏徵：人名。唐初名臣。傳見《舊唐書》卷七一、《新唐書》卷九七。　齊善行：人名。竇建德妹婿，擔任竇建德夏政權左僕射。後降唐，貞觀中任夔州都督。事見《法書要録》卷三及新、舊《唐書·竇建德傳》。

[8]八璽：秦漢以後，天子除傳國璽外，尚有皇帝行璽、皇帝之璽、皇帝信璽、天子行璽、天子之璽、天子信璽，稱“六璽”，武德初增神璽、受命璽，合稱“八璽”。

[9]左庶子：官名。即太子左庶子。掌侍從贊相，駁正啓奏，制比門下省侍中。正四品。

[10]詹事：官名。即太子詹事府長官，統領東宫三寺、十率府之政。正三品。　民部尚書：官名。尚書省六部之一民部的長官，職掌全國土地、户口、賦税、錢糧之政令。置一員，正三品。

史臣曰：世基初以雅澹著名，兼以文華見重，亡國羈旅，特蒙任遇。參機衡之職，[1]預帷幄之謀，[2]國危未嘗思安，君昏不能納諫。方更鬻官賣獄，黷貨無厭，顛隕厥身，亦其所也。裴藴素懷姦險，巧於附會，作威作福，唯利是視，滅亡之禍，其可免乎？裴矩學涉經史，頗有幹局，至於恪勤匪懈，夙夜在公，求諸古人，殆未之有。與聞政事，多歷歲年，雖處危亂之中，未虧廉謹之節，美矣。然承望風旨，與時消息，使高昌入朝，伊吾獻地，聚粮且末，[3]師出玉門，[4]關右騒然，頗亦矩之由也。

[1]機衡：機要的職位或重要的官職。

[2]帷幄：指天子決策之處或將帥的幕府、軍帳。

[3]且（jū）末：西域古國名。在今新疆且末縣。

[4]玉門：指玉門關。故地在今甘肅敦煌市西北。

今注本二十四史

隋書

一二

傳〔三〕

唐　魏徵等　撰

馬俊民　張玉興　主持校注

中国社会科学出版社

隋書　卷四七

列傳第十二

韋世康　弟洸　藝　冲　從父弟壽

韋世康，京兆杜陵人也，[1]世爲關右著姓。[2]祖旭，[3]魏南幽州刺史。[4]父夐，[5]隱居不仕，魏、周二代，[6]十徵不出，[7]號爲逍遥公。世康幼而沉敏，有器度。年十歲，州辟主簿。[8]在魏，弱冠爲直寢，[9]封漢安縣公，[10]尚周文帝女襄樂公主，[11]授儀同三司。[12]後仕周，自典祠下大夫，[13]歷沔、硤二州刺史。[14]從武帝平齊，[15]授司州總管長史。[16]于時東夏初定，[17]百姓未安，世康綏撫之，士民胥悦。歲餘，入爲民部中大夫，[18]進位上開府，[19]轉司會中大夫。[20]

[1]京兆：郡名。治所在今陝西西安市。　杜陵：縣名。漢時治所在今陝西西安市東南郊。按，此處因言韋氏郡望，故沿用漢縣名，隋時無杜陵縣。

[2]關右：地區名。亦稱“關中”“關内”。秦至唐時指函谷關

或潼關以西、隴阪以東、終南山以北地區。　著姓：即有聲望的族姓。魏晋南北朝隋唐時期多指累世官宦、社會地位較高的世家大族。

［3］旭：人名。即韋旭。韋世康之祖，北魏時人，官至南幽州刺史。事亦見《周書》卷三一、《北史》卷六四《韋孝寬傳》。

［4］魏：即北魏（386—557），亦稱後魏。都平城（今山西大同市東北），公元494年遷都洛陽（今河南洛陽市東北白馬寺東）。公元534年分裂爲東魏和西魏兩個政權。東魏（534—550）都於鄴（今河北臨漳縣西南鄴鎮東），西魏（535—557）都於長安（今陝西西安市西北郊）。　南幽州：檢《魏書·地形志》及本書《地理志》，均不見北魏有南幽州；但檢《周書》《北史》等書列傳，北魏時任南幽州刺史者除有韋旭外，還有毛遐（見《北史》卷四九《毛遐傳》）、唐永（見《北史》卷六七《唐永傳》）二人，可證北魏確實置有南幽州。再考上述三人行事，他們任南幽州刺史均在北魏末年戰亂之時，在任時的活動區域均在北地郡一帶。由此推斷，南幽州當是北魏末年隨宜權置的一個州，治所亦當在北地郡（今陝西富平縣東北）附近。

［5］敻（xiòng）：人名。即韋敻。韋世康之父，西魏、北周時人，隱居不仕而聲望甚高，號爲逍遥公。傳見《周書》卷三一，《北史》卷六四有附傳。

［6］周：即北周（557—581），都於長安（今陝西西安市西北郊）。

［7］徵：漢代的一種選官制度，亦稱“徵召”“徵聘”。即皇帝以敕令徵召布衣士人或地方官吏到朝廷授以官職。魏晋南北朝沿襲此制。

［8］辟（bì）：漢代的一種選官制度，亦稱“辟召”“辟舉”。即朝廷公府、大將軍以及州郡長官選任其屬官。魏晋南北朝沿襲此制。　主簿：官名。此指州主簿。西魏、北周時爲州佐官之一，掌州府監印，檢核文書簿籍，勾稽缺失等事。“命品未詳”（參見王

仲犖《北周六典》卷一〇《州牧刺史第二十六》，中華書局1979年版，第652頁），但隋初雍州主簿爲流内視正八品，其餘諸州主簿爲流内視從八品，可作參考。

［9］弱冠：古時以男子二十歲爲成人，始行加冠禮，但因體猶未壯，故稱弱冠。後遂以弱冠代指男子二十歲或二十幾歲的年齡。　直寢：官名。西魏時仿東魏、北齊官制置有直寢，職掌皇帝寢宫内部事務，侍奉皇帝起居。從五品下。

［10］漢安縣公：爵名。西魏時爲十二等爵的第三等。從一品。

［11］尚：即尚主，專指娶公主爲妻。古時因尊帝王之女，不敢言娶，故稱“尚”，有承奉、仰攀之意。　周文帝：即宇文泰。西魏的執政大臣，北周的奠基者。紀見《周書》卷一、二，《北史》卷九。按，“周文帝”各本皆同，《北史·韋世康傳》亦同，但《周書·韋孝寬傳》和《北史·韋孝寬傳》載作“魏文帝”，即西魏文帝元寶炬。未知孰是，待考。　襄樂公主：西魏或北周公主封號名。宇文泰之女（或依《周書·韋孝寬傳》和《北史·韋孝寬傳》爲西魏文帝元寶炬之女），下嫁韋世康爲妻。其事亦見《北史·韋世康傳》。

［12］儀同三司：官名。亦簡稱儀同。西魏、北周時屬勳官。西魏、北周府兵制中儀同府的長官均加此勳官名，可開府置官屬。北周武帝建德四年（575）改稱“儀同大將軍”。西魏時爲從一品，北周時爲九命。

［13］典祠下大夫：官名。“典祠”正作“典祀”。全稱是小典祀下大夫。北周時爲春官府典祀曹的次官，協助長官典祀中大夫掌郊社祭祀之政令。正四命。

［14］沔：州名。北周時治所在今湖北仙桃市西南。　硤：州名。北周時治所在今湖北宜昌市西北。

［15］武帝：即北周武帝宇文邕。紀見《周書》卷五、六，《北史》卷一〇。　齊：即北齊（550—577），都於鄴（今河北臨漳縣西南鄴鎮東）。

[16]司州：檢本書《地理志》，北周無司州，此當是北周武帝建德六年滅北齊之後臨時沿用北齊州名，尋改司州爲相州，置總管府，治所在北齊舊都鄴城（今河北臨漳縣西南鄴鎮東）。　總管長史：官名。北周時爲諸州總管府的上佐官，位居府中總管之下衆屬官之首，協助總管統領府中政務。其命品史無明載，但北周諸州府的長史按州等級分爲六命至四命五個等級，故諸州總管府長史的命品亦應與五等州長史的命品略同。

[17]東夏：地區名。泛指中國東部。此處指北齊舊境。

[18]民部中大夫：官名。北周時爲地官府民部曹的長官，置二員，掌户口籍帳之政令。正五命。

[19]上開府：官名。全稱是上開府儀同大將軍。北周武帝建德四年始置，爲北周十一等勳官的第五等，可開府置官屬。九命。

[20]司會中大夫：官名。亦簡稱司會。北周時爲天官府司會曹的長官，掌財政出納大計。正五命。

尉迥之作亂也，[1]高祖憂之，[2]謂世康曰："汾、絳舊是周、齊分界，[3]因此亂階，恐生摇動。今以委公，善爲吾守。"因授絳州刺史，以雅望鎮之，闔境清肅。世康性恬素好古，不以得喪干懷。在州，嘗慨然有止足之志，[4]與子弟書曰："吾生因緒餘，[5]夙霑纓弁，[6]驅馳不已，四紀於兹。[7]亟登衮命，[8]頻涖方岳，[9]志除三惑，[10]心慎四知，[11]以不貪而爲寶，處膏脂而莫潤。如斯之事，頗爲時悉。今耄雖未及，壯年已謝，霜早梧楸，風先蒲柳。眼暗更劇，不見細書，足疾彌增，非可趨走。禄豈須多，防滿則退，年不待暮，有疾便辭。况娘春秋已高，温凊宜奉，[12]晨昏有闕，[13]罪在我躬。今世穆、世文並從戎役，[14]吾與世冲復嬰遠任，[15]陟岵瞻望，[16]此情彌切，桓山之悲，[17]倍深常戀。意欲上聞，乞遵養禮，未訪汝等，故遣此及。興言遠慕，感咽難勝。”諸弟報以事恐難遂，於是乃止。

［1］尉迥：人名。即尉遲迥。北周末年官任相州總管，起兵反對楊堅篡周，旋被討滅。傳見《周書》卷二一、《北史》卷六二。

［2］高祖：隋文帝楊堅的廟號。此代指其人。紀見本書卷一、二，《北史》卷一一。

［3］汾：州名。北周時治所在今山西吉縣。　絳：州名。北周時治所在今山西新絳縣。

［4］止足：語出《老子》：“知足不辱，知止不殆，可以長久。”後用以喻謂凡事知止知足，而不貪得無厭。

［5］緒餘：本指抽絲後留在蠶繭上的殘絲。此借指世家大族的後代。

［6］纓弁：即仕宦的代稱。

［7］紀：古代紀年的單位。一紀爲十二年。

［8］袞命：專指三公的職位，亦泛指朝廷中的高官顯職。

［9］方岳：指任專一方的州郡重臣。

［10］三惑：指酒、色、財三種惑人之物。

［11］四知：典出《後漢書》卷五四《楊震傳贊》：“震畏四知（天知、神知、我知、子知）。”後多用作廉潔自持、不受非義饋贈的典故。

［12］温凊（qìng）：即“冬温夏凊”的省稱。意謂冬天温被使暖，夏天扇席使凉。爲古時子女侍奉父母之禮。按，“凊”底本、宋刻遞修本、殿本皆同，庫本、中華本作“清”，二字相通。

［13］晨昏：即“晨昏定省”的略語。指子女朝夕慰問奉侍父母之禮。

［14］世穆：人名。韋洸之字。韋世康之弟。本卷、《北史》卷

六四有附傳。　世文：人名。韋藝之字。韋世康之弟。本卷、《北史》卷六四有附傳。　戎役：即兵役。此指在軍中爲官任職。

［15］世冲：人名。韋冲之字。韋世康之弟。本卷、《北史》卷六四有附傳。

［16］陟岵瞻望：語出《詩·魏風·陟岵》："陟彼岵兮，瞻望父兮。"後因以用作思念父親之典。

［17］桓山之悲：亦作"桓山之泣"。典出王肅《孔子家語》卷五《顔回》："回聞桓山之鳥，生四子焉，羽翼既成，將分于四海，其母悲鳴而送之，哀聲有似於此，謂其往而不返也。"後用以喻指家人離散的悲痛。

在任數年，[1]有惠政，奏課連最，[2]擢爲禮部尚書。[3]世康寡嗜欲，不慕貴勢，未嘗以位望矜物。聞人之善，若己有之，亦不顯人過咎，以求名譽。尋進爵上庸郡公，[4]加邑至二千五百户。[5]其年轉吏部尚書，[6]餘官如故。四年，丁母憂去職。[7]未期，[8]起令視事。[9]世康固請，乞終私制，[10]上不許。世康之在吏部，選用平允，請托不行。開皇七年，[11]將事江南，[12]議重方鎮，[13]拜襄州刺史。[14]坐事免。未幾，授安州總管，[15]尋遷爲信州總管。[16]十三年，入朝，復拜吏部尚書。前後十餘年間，多所進拔，朝廷稱爲廉平。嘗因休暇，謂子弟曰："吾聞功遂身退，古人常道。今年將耳順，[17]志在懸車，[18]汝輩以爲云何？"子福嗣答曰：[19]"大人澡身浴德，名立官成，盈滿之誡，先哲所重。欲追踪二疏，[20]伏奉尊命。"後因侍宴，世康再拜陳讓曰："臣無尺寸之功，位亞台鉉。[21]今犬馬齒載，[22]不益明時，恐先朝露，[23]無以塞責。願乞骸骨，[24]退避賢能。"上曰：

"朕夙夜庶幾,[25]求賢若渴，冀與公共治天下，以致太平。今之所請，深乖本望，縱令筋骨衰謝，猶屈公卧治一隅。"[26]於是出拜荆州總管。[27]時天下唯置四大總管，并、揚、益三州,[28]並親王臨統，唯荆州委於世康，時論以爲美。世康爲政簡静，百姓愛悦，合境無訟。十七年，卒于州，時年六十七。上聞而痛惜之，贈賻甚厚。[29]贈大將軍,[30]謚曰文。[31]

[1]在任數年：岑仲勉考云："尉迥作亂，在大象二年六月；據《本紀一》，世康入爲禮尚在開皇元年二月，是在任最多不過九月耳，傳作數年，失實。"（岑仲勉：《隋書求是》，中華書局 2004 年版，第 93 頁）

[2]奏課：即官吏向朝廷匯報政績，朝廷對其進行考核。 連最：指在考核政績或軍功中連續評爲上等。最，即上等。

[3]禮部尚書：官名。是隋尚書省所轄六部之一禮部的長官，掌禮儀、祭祀、外交、宴享等政令，統禮部、祠部、主客、膳部四曹。置一員，正三品。

[4]上庸郡公：爵名。爲隋九等爵的第四等。從一品。

[5]邑：也稱食邑、封邑。是古代君王封賜給有爵位之人的一種食禄制度，受封者可徵收封地内的民户租税充作食禄。魏晋以後，食邑分爲虚封和實封兩類：虚封一般僅冠以"邑"或"食邑"之名，這衹是一種榮譽性加銜，受封者並不能獲得實際的食禄收入；而實封一般須冠以"真食""食實封"等名，受封者可真正獲得食禄收入。

[6]吏部尚書：官名。是隋尚書省所轄六部之一吏部的長官，掌全國文職官員的銓選、考課等政令，統吏部、主爵、司勳、考功四曹。置一員，正三品。

[7]丁母憂：即遭逢母親喪事。古代喪服禮制規定，父母死後，

子女須守喪，三年内不得做官、不得婚娶、不得赴宴、不得應考、不得舉樂，等等。

［8］未期（jī）：此指服喪未滿一周年。按古代禮制，凡父母去世，子女須服喪三年。但官員辭官服喪期間，若遇國家有特殊需要，可由皇帝下令讓其提前結束服喪期，重新起用任官，稱作“奪情”。

［9］視事：即就任官職而治理政事。此指服喪期未滿而受命復官任職。

［10］私制：此指喪服禮制。

［11］開皇：隋文帝楊堅年號（581—600）。

［12］江南：地區名。指長江以南地區。此處借指南朝陳。

［13］方鎮：指掌握兵權、鎮守一方的軍政長官。

［14］襄州：隋初置總管府。治所在今湖北襄樊市。　刺史：各本皆同，《北史》卷六四《韋世康傳》亦同，但本書卷二《高祖紀下》載作“總管”。岑仲勉認爲“蓋總管、刺史常混稱也”（參見岑仲勉《隋書求是》，第93頁）。

［15］安州：西魏始置，隋初沿之，置總管府，開皇十四年府廢。治所在今湖北安陸市。　總管：官名。全稱是總管刺史加使持節。北周始置諸州總管，隋承繼，又有增置。總管的統轄範圍可達數州至十餘州，實爲一軍政轄區的最高長官。隋文帝在并、益、荆、揚四州置大總管，其餘州置總管。總管分上、中、下三等，品秩分别爲流内視從二品、視正三品、視從三品。

［16］信州：北周置總管府，隋初沿之。治所在今重慶奉節縣東。

［17］耳順：語出《論語·爲政》：“六十而耳順。”鄭玄注：“耳順，聞其言而知其微旨也。”後遂用作六十歲的代稱。

［18］懸車：即致仕退休。古人一般至七十歲即辭官家居，廢車不用，故稱“懸車”。

［19］福嗣：人名。即韋福嗣。韋世康的次子，隋時官至内史舍

人，後以罪免官；隋末戰亂中爲楊玄感所擒，令作文檄，隋煬帝銜恨之，終被車裂而死。事亦見本書卷七〇《李密傳》、《北史》卷六〇《李密傳》及卷六四《韋世康傳》等。

［20］二疏：指漢宣帝時名臣疏廣及其兄子疏受二人。疏廣爲太傅，疏受爲少傅，叔侄同時以年老乞致仕，時人賢之。參見《漢書》卷七一《疏廣傳》。

［21］台鉉：即台鼎。因鼎爲三足，有三公之象，故用以喻指宰輔重臣。

［22］犬馬：古時臣子對君上的自卑之稱。　齒载（dié）：即年老。载，同“耋”。

［23］朝露：即早上的露水。喻指存在時間短促，人年未老而早死。

［24］乞骸骨：古代官吏自請退職的一種表達方式。意謂使骸骨得以歸葬故鄉。

［25］庶幾：語出《易·繫辭下》：“顔氏之子，其殆庶幾乎。”後用以喻指賢才和求賢。

［26］卧治：典出《史記》卷一二〇《汲鄭列傳》：“卧而治之。”後用以稱謂政事清簡，無爲而治。

［27］荆州：隋初置大總管府。治所在今湖北荆州市。

［28］并：州名。北周置總管府，隋開皇二年置河北道行臺，開皇九年改置大總管府。治所在今山西太原市西南古城營。　揚：州名。隋開皇九年改吴州置，設大總管府。治所在今江蘇揚州市。　益：州名。北周置總管府，隋開皇二年置西南道行臺，開皇三年改置大總管府。治所在今四川成都市。

［29］贈賻：即贈送財物以助治喪。

［30］贈大將軍：贈官名。正三品。

［31］謚：古代帝王、貴族、大臣、士大夫或其他有地位的人死後，據其生前業迹評定的一種帶有褒貶意義的稱號。

世康性孝友，初以諸弟位並隆貴，獨季弟世約宦途不達，[1]共推父時田宅，盡以與之，世多其義。

[1]世約：人名。即韋世約。韋世康的小弟，隋文帝時官至太子洗馬，後因進讒於太子，以罪免官除名。事亦見本書本卷《韋冲傳》、卷四六《韋師傳》及《北史》卷六四《韋世康傳》《韋師傳》等。

長子福子，[1]官至司隸别駕。[2]次子福嗣，仕至内史舍人，[3]後以罪黜。楊玄感之作亂也，[4]以兵逼東都，[5]福嗣從衛玄戰於城北，[6]軍敗，爲玄感所擒。令作文檄，辭甚不遜。尋背玄感還東都，帝銜之不已，車裂於高陽。[7]少子福奬，[8]通事舍人，[9]在東都，與玄感戰没。

[1]福子：人名。即韋福子。韋世康的長子，隋煬帝時官至司隸别駕。事亦見《北史》卷六四《韋世康傳》。

[2]司隸别駕：官名。隋煬帝大業三年（607）始置司隸臺，掌巡察之事，與御史臺、謁者臺合稱三臺。司隸别駕爲司隸臺的屬官，置二人，分察東都及京師。從五品。

[3]内史舍人：官名。爲内史省的屬官，掌參議表章，草擬詔敕。隋初置八人，正六品上，開皇三年升爲從五品。隋煬帝大業三年減置四人，大業末改内史省爲内書省，内史舍人遂改稱内書舍人。

[4]楊玄感：人名。傳見本書卷七〇，《北史》卷四一有附傳。

[5]東都：即洛陽（今河南洛陽市東北）。隋煬帝即位初，營建洛陽爲東京，大業五年又改東京爲東都。

[6]衛玄：人名。傳見本書卷六三、《北史》卷七六。

［7］車裂：古代的一種酷刑，俗稱“五馬分屍”。原爲車裂屍體，即把被殺之人的頭和四肢分别拴在五輛車上，以五馬駕車同時分馳，撕裂其肢體。亦有車裂活人者。　高陽：郡名。隋煬帝大業九年改博陵郡爲高陽郡。治所在今河北定州市。

［8］福獎：人名。即韋福獎。韋世康的少子，隋煬帝時官至通事謁者，隋末楊玄感圍攻東都時戰死。事亦見《北史·韋世康傳》《新唐書·宰相世系表四上》。

［9］通事舍人：官名。隋初爲内史省的屬官，置十六人，掌承旨傳宣之事。從六品上。隋煬帝大業三年改隸謁者臺，更名爲通事謁者，置二十人，從六品。按，文中所述事在大業末年，當時已改通事舍人爲通事謁者，故此處仍稱“通事舍人”欠準確，應作“通事謁者”。

洸字世穆，性剛毅，有器幹，[1]少便弓馬。仕周，釋褐主寢上士。[2]數從征伐，累遷開府，[3]賜爵衛國縣公，[4]邑千二百户。高祖爲丞相，[5]從季父孝寬擊尉迥於相州，[6]以功拜柱國，[7]進封襄陽郡公，[8]邑二千户。時突厥寇邊，[9]皇太子屯咸陽，[10]令洸統兵出原州道，[11]與虜相遇，擊破之。尋拜江陵總管。[12]未幾，以母疾徵還。俄拜安州總管。

［1］器幹：即才幹。

［2］釋褐：亦稱“解褐”。即脱去平民衣服而换上官服，喻指始任官職。　主寢上士：官名。北周時爲天官府御正曹的屬官，掌皇帝寢宫内部事務，侍奉皇帝起居。正三命。按，“主寢上士”底本、宋刻遞修本、殿本、庫本皆同，中華本據《北史》卷六四《韋洸傳》改作“直寢上士”。考王仲犖《北周六典》，北周官制中並無直寢上士，而有主寢上士，此官當是因改西魏“直寢”一職所

置，二者雖有承繼關係，但名稱和命品已有變化，故中華本所改欠妥，今不從。（參見唐華全《中華書局點校本〈隋書〉質疑二十九則》，《河北師範大學學報》2012 年第 1 期）

［3］開府：官名。北周時全稱爲開府儀同三司，周武帝建德四年又改稱開府儀同大將軍。屬勳官。北周府兵制中二十四軍的每軍長官均加此勳官名，可開府置官屬。九命。

［4］衛國縣公：爵名。北周時爲十一等爵的第六等，“命數未詳，非正九命則當是九命”（參見王仲犖《北周六典》卷八《封爵第十九》，第 548 頁）。

［5］丞相：官名。此當是“左大丞相”或“大丞相”的簡稱。北周静帝大象二年（580）置左、右大丞相，以宗室親王宇文贊爲右大丞相，僅有虚名；以外戚楊堅爲左大丞相，總攬朝政。旋又去左右之號，獨以楊堅爲大丞相。楊堅由此成爲控制北周朝廷的權臣。

［6］孝寬：人名。即韋孝寬。韋洸的叔父，北周末年位居上柱國，官任行軍元帥，奉詔統軍略定淮南，又討滅相州總管尉遲迥之叛。傳見《周書》卷三一、《北史》卷六四。　相州：北魏天興四年（401）分冀州始置相州，治所在今河北臨漳縣西南鄴鎮東。東魏、北齊時改稱司州，爲都城所在地。北周建德六年滅北齊後復名相州。北周大象二年平定相州總管尉遲迥之叛後，因州城被毁，遂移治今河南安陽市。

［7］柱國：官名。全稱是柱國大將軍。北魏太武帝始置柱國，以爲開國元勳長孫嵩的加官。北魏末孝莊帝以尒朱榮有擁立之功，又特置此官以授之，位在丞相之上。西魏文帝以宇文泰有中興之功，亦置此官授之。後凡屬功參佐命、望實俱重的大臣，也得居之。至西魏大統十六年（550）以前，任此官者名義上有八人，但宗室元欣有其名而無實權，宇文泰爲最高統帥，其他六柱國則分掌禁旅，各轄二大將軍，爲府兵系統的最高長官。大統十六年以後，功臣位至柱國者愈多，遂成爲散秩，無所統御。至北周武帝時，又

增置上柱國等官，形成十一等勳官之制。柱國大將軍是十一等勳官的第二等，可開府置官屬。正九命。

[8]襄陽郡公：爵名。北周時爲十一等爵的第五等。正九命。

[9]突厥：古族名、國名。公元六世紀初興起於今阿爾泰山西南麓，552年在今鄂爾渾河流域建立突厥汗國，此後其勢力擴展至大漠南北，橫跨蒙古高原，隋開皇二年分裂爲東、西兩部。傳見本書卷八四、《周書》卷五〇、《北史》卷九九、《舊唐書》卷一九四、《新唐書》卷二一五。

[10]咸陽：城名。在今陝西咸陽市。

[11]原州：北周置總管府，隋初沿之。治所在今寧夏固原市。

[12]江陵：鎮、縣名。治所在今湖北荆州市。西魏、北周在此置總管府，用以監控其附屬藩國後梁，隋初沿之，後併爲荆州大總管府。

伐陳之役，[1]領行軍總管。[2]及陳平，拜江州總管，[3]率步騎二萬，略定九江。[4]陳豫章太守徐璒據郡持兩端，[5]洸遣開府吕昂、長史馮世基以兵相繼而進。[6]既至城下，璒僞降，其夜率所部二千人襲擊昂。昂與世基合擊，大破之，擒璒於陣。高梁女子洗氏率衆迎洸，[7]遂進圖嶺南。[8]上遺洸書曰："公鴻勳大業，名高望重，率將戎旅，撫慰彼方，風行電掃，咸應稽服。[9]若使干戈不用，兆庶獲安，方副朕懷，是公之力。"至廣州，[10]説陳渝州都督王猛下之，[11]嶺表皆定。上聞而大悦，許以便宜從事。[12]洸所綏集二十四州，拜廣州總管。

[1]陳：即南朝陳（557—589），都於建康（今江蘇南京市）。

［2］領：亦稱“兼領”。官制用語。即以較高官兼理較低官之職事。　行軍總管：北周至隋時所置的統領某部或某路出征軍隊的軍事長官。根據需要其上還可置行軍元帥以統轄全局。屬臨時差遣任命之職，事罷則廢。

［3］江州：隋開皇九年平陳後置總管府。治所在今江西九江市。

［4］九江：郡名。南朝陳時治所在今江西九江市。隋開皇九年平陳後郡廢。

［5］豫章：郡名。南朝陳時治所在今江西南昌市。隋開皇九年平陳後郡廢。　徐璒：人名。南朝陳末年官任豫章郡太守，隋開皇九年平陳後仍負隅頑抗，時降時叛，韋洸遣部將吕昂、馮世基率兵擊破之。事亦見本書卷四〇《王世積傳》、卷六六《柳莊傳》、卷八〇《譙國夫人傳》，《北史》卷七〇《柳莊傳》、卷九一《譙國夫人洗氏傳》。

［6］開府：官名。全稱是開府儀同三司。隋文帝因改北周十一等勳官之制形成十一等散實官，用以酬勤勞，無實際職掌。開府儀同三司是隋十一等散實官的第六等，可開府置僚佐，正四品上。隋煬帝大業三年廢十一等散實官，唯保留開府儀同三司一官，並改爲從一品，位次王公。　吕昂：人名。隋開皇九年平陳時官居開府儀同三司，隨從江州總管韋洸掃蕩南陳殘餘勢力，略定豫章郡。其事除見於本卷外，未見其他記載。　長史：官名。此指總管府長史。爲諸州總管府的上佐官，位居府中衆屬官之首，輔助總管統領府中政務。其品階史無明載，但隋代諸州總管府和諸州府均分爲上、中、下三等，三等州長史的品階分别爲正五品上、從五品上、正六品上，故三等總管府長史的品階亦當與三等州長史略同。　馮世基：人名。本書卷四六有附傳，另事見本書卷二五《刑法志》、卷四二《李德林傳》及《北史》卷七五《張煚傳》等。

［7］高梁：各本皆同，但本書《譙國夫人傳》及《北史·譙國夫人洗氏傳》均作“高凉”。岑仲勉考按云：“梁、凉字常混……應正作高凉。”（岑仲勉：《隋書求是》，第93頁）高凉，郡名。南朝

陳時治所在今廣東陽江市西。隋開皇九年平陳後郡廢。　洗（xiǎn）氏：即譙國夫人洗氏。傳見本書卷八〇、《北史》卷九一。

[8]嶺南：地區名。亦稱“嶺表”“嶺外”。指南嶺以南地區。

[9]咸應稽服：“應”字底本、宋刻遞修本、庫本、中華本皆同，殿本作“行”。

[10]廣州：隋開皇九年平陳後置總管府，治所在今廣東始興縣，開皇末年移治今廣東廣州市。

[11]渝州：各本皆同，但檢本書《地理志》，南朝陳無渝州；再考《陳書》卷一四《王勇傳》和《南史》卷二四《王猛傳》，均載隋平陳時王猛爲東衡州刺史、都督衡廣交桂武等二十四州諸軍事，故疑此處“渝州”當是“東衡州”之誤（參見唐華全《〈隋書〉勘誤18則》，《南昌航空大學學報》2012年第2期）。東衡州，南朝陳時治所在今廣東始興縣。隋開皇九年平陳後改置爲廣州。　都督：官名。全稱是都督諸軍事。南朝陳時爲某一軍政轄區的最高長官，可領一州或數州刺史，多帶將軍名號，統轄範圍可達數州至數十州。其品階不定，分使持節、持節、假節三種，各有不同職權。　王猛：人名。本名王勇，南朝陳末年官任東衡州刺史、都督衡廣交桂武等二十四州諸軍事，隋開皇九年平陳時被韋洸説服歸降隋朝，遂避皇太子楊勇之諱而改名王猛，尋卒。《陳書》卷一四、《南史》卷二四有附傳。

[12]便宜從事：亦作“便宜行事”。古代重要軍政長官出征、出使或出鎮時，由皇帝授予的一種職權特令。即可斟酌情勢，不拘規制條文，不須請示，自行處理前方軍政事務。

歲餘，番禺夷王仲宣聚衆爲亂，[1]以兵圍洸。洸勒兵拒之，中流矢而卒。贈上柱國，[2]賜綿絹萬段，謚曰敬。子協嗣。[3]

［1］番（pān）禺：縣名。隋開皇九年平陳後分南海縣置，尋又廢入南海縣。治所在今廣東廣州市番禺區。　夷：古時對少數民族的一種泛稱。　王仲宣：人名。南朝陳末年嶺南地區的夷人酋長，隋開皇九年平陳後仍聚衆反抗隋朝的統治，發兵圍攻廣州，韋洸戰死，其後被多路隋軍擊敗潰散。事亦見本書卷六五《慕容三藏傳》、卷六七《裴矩傳》、卷八〇《譙國夫人傳》，《陳書》卷一四《王勇傳》，《北史》卷三八《裴矩傳》、卷六四《韋洸傳》、卷九一《譙國夫人冼氏傳》。

［2］上柱國：贈官。從一品。

［3］協：人名。即韋協。韋洸的嗣子，隋文帝時位居柱國，歷官州刺史，有能名。事亦見《北史·韋洸傳》《新唐書·宰相世系表四上》。　嗣：此指繼承父輩的爵位和家業，以延續香火。

協字欽仁，好學，有雅量。起家著作佐郎，[1]後轉秘書郎。[2]開皇中，其父在廣州有功，上令協賫詔書勞問，未至而父卒。上以其父身死王事，拜協柱國。[3]後歷定、息、秦三州刺史，[4]皆有能名，卒官。

［1］起家：官制用語。即從家中徵召出來，始授以官職。　著作佐郎：官名。爲秘書省著作曹的次官，置八人，協助長官著作郎掌撰史書、碑志、祝文、祭文等事。正七品下。

［2］秘書郎：官名。爲秘書省的屬官，置四員，掌經、史、子、集四部圖書之事。隋初爲正七品下，煬帝大業三年升爲從五品。

［3］柱國：官名。爲隋十一等散實官的第二等，可開府置僚屬。正二品。

［4］定：州名。治所在今河北定州市。　息：州名。北周宣政元年改東豫州置，隋初沿之。治所在今河南息縣。　秦：州名。治所在今甘肅天水市。

藝字世文，少受業國子。[1]周武帝時，數以軍功，致位上儀同，[2]賜爵修武縣侯，[3]邑八百户。授左旅下大夫。[4]出爲魏郡太守。[5]

[1]國子：即國子學。古代設於京城的最高學府，與太學並列。始立於西晋，後歷代多沿置。專門招收三品以上官爵之子孫及從二品以上官爵之曾孫入學受業，置有博士、助教等學官教授五經。學生學成後，經考試合格即可任官。

[2]上儀同：官名。全稱爲上儀同大將軍。北周武帝建德四年始置，爲十一等勳官的第七等，可開府置官屬。九命。

[3]修武縣侯：爵名。北周時爲十一等爵的第七等。正八命。

[4]左旅下大夫：官名。北周時其隸屬、職掌未詳，王仲犖歸入“六官餘録”。正四命。（參見王仲犖《北周六典》卷七《六官餘録第十三》，第507頁）

[5]魏郡：北周時治所在今河北臨漳縣西南鄴鎮東。北周静帝大象二年平定相州總管尉遲迥之叛後，因郡城被毁，遂移治今河南安陽市。

及高祖爲丞相，尉迥陰圖不軌，朝廷微知之。遣藝季父孝寬馳往代迥。孝寬將至鄴，[1]因詐病，止傳舍，[2]從迥求藥，以察其變。迥遣藝迎孝寬。孝寬問迥所爲，藝黨於迥，不以實答。孝寬怒，將斬之，藝懼，乃言迥反狀。孝寬於是將藝西遁，每至亭驛，輒盡驅傳馬而去。[3]復謂驛司曰：[4]“蜀公將至，[5]宜速具酒食。”迥尋遣騎追孝寬，追人至驛，輒逢盛饌，又無馬，遂遲留不進，孝寬與藝由是得免。高祖以孝寬故，弗問藝之罪，加授上開府，即從孝寬擊迥，及破尉惇，[6]平相州，皆有力焉。以功進位上大將軍，[7]改封武威縣公，[8]邑千户。以脩武縣侯別封一子。

[1]鄴：都邑名。爲東魏、北齊的都城，北周相州總管府的治所，在今河北臨漳縣西南鄴鎮東。北周静帝大象二年平定相州總管尉遲迥之叛時，城被焚毁，遂移至今河南安陽市，仍爲相州治所。

[2]傳（zhuàn）舍：古時設在交通道路近旁以供行人休息食宿的驛站旅舍。

[3]傳馬：即驛站所備用的馬匹。

[4]驛司：此指管理驛站的官吏。

[5]蜀公：爵名。即尉遲迥的封爵蜀國公。北周時爲十一等爵的第四等。正九命。此代指尉遲迥其人。

[6]尉惇：人名。即尉遲迥之子尉遲惇。北周末年隨同其父起兵反對楊堅篡周，旋被討滅。事亦見《周書》卷二一、《北史》卷六二《尉遲迥傳》。

[7]上大將軍：官名。北周武帝建德四年始置，爲十一等勳官的第三等，可開府置官屬。正九命。

[8]武威縣公：爵名。北周時爲十一等爵的第六等。正九命或九命。

高祖受禪，[1]進封魏興郡公。[2]歲餘，拜齊州刺史。[3]爲政清簡，士庶懷惠。在職數年，遷營州總管。[4]藝容貌瑰偉，每夷狄參謁，[5]必整儀衛，盛服以見之，獨坐滿一榻。番人畏懼，[6]莫敢仰視。而大治産業，與北夷貿易，家資巨萬，頗爲清論所譏。[7]開皇十五年卒官，時年五十八。謚曰懷。

［1］受禪：中國古代王朝更迭時，新皇帝承受舊皇帝讓給的帝位，即稱受禪。此指楊堅於公元581年廢北周静帝，即位稱皇帝，正式建立隋王朝。

［2］魏興郡公：爵名。爲隋九等爵的第四等。從一品。

［3］齊州：治所在今山東濟南市。

［4］營州：隋初置總管府，隋煬帝大業初府廢。治所在今遼寧朝陽市。

［5］夷狄：古稱東方部族爲夷、北方部族爲狄。後常用以泛稱古代各少數民族。

［6］番人：古時泛指少數族人或外國人。

［7］清論：指公正的輿論。

冲字世冲，少以名家子，[1]在周釋褐衛公府禮曹參軍。[2]後從大將軍元定渡江伐陳，[3]爲陳人所虜，周武帝以幣贖而還之。帝復令冲以馬千匹使於陳，以贖開府賀拔華等五十人及元定之柩而還。[4]冲有辭辯，奉使稱旨，累遷少御伯下大夫，[5]加上儀同。于時稽胡屢爲寇亂，[6]冲自請安集之，因拜汾州刺史。

［1］名家子：即名門世家之子弟。

［2］衛：即衛國公，是北周宗室親王宇文直封王之前的爵名，爲十一等爵的第四等。正九命。　公府禮曹參軍：官名。北周時爲國公府所屬列曹參軍之一，掌判府内禮儀事務。命品未詳。

［3］大將軍：官名。北周時爲十一等勳官的第四等，可開府置官屬。正九命。　元定：人名。北周武帝天和二年（567）官任大將軍，奉命率軍渡江伐陳，結果戰敗被俘，尋卒於江南。傳見《周書》卷三四、《北史》卷六九。

［4］賀拔華：人名。北周武帝天和二年官任開府儀同三司，部

從元定渡江伐陳，戰敗被俘，後被贖還。事亦見《北史》卷六四《韋冲傳》、卷七〇《杜杲傳》。

［5］少御伯下大夫：官名。正稱“小御伯下大夫”，亦簡稱“小御伯”或“御伯下大夫”。北周時爲天官府御伯曹的次官，置二人，協助本曹長官御伯中大夫掌封駁制敕，參議政令的制定。正四命。周武帝保定四年改御伯爲納言，小御伯下大夫亦隨改稱“納言下大夫”，簡稱“小納言”。按，據《周書》卷五《武帝紀上》及同書《元定傳》載，元定渡江伐陳没於江南是在天和二年，上距周武帝保定四年（564）改御伯爲納言，已過四年。而韋冲得贖北還，又奉使至陳，當更在其後，此時不容再有小御伯下大夫或少御伯下大夫之官名。故此處所載“少御伯下大夫”顯欠準確，疑當作“納言下大夫”。（參見王仲犖《北周六典》卷二《天官府第七》，第62頁）

［6］稽胡：古族名。亦稱步落稽。或説是匈奴别種，乃十六國時劉淵所統五部匈奴之苗裔；或説是山戎赤狄之後。北朝至隋時主要分布在今山西西部、陝西北部及甘肅東部一帶山區。傳見《周書》卷四九、《北史》卷九六。

高祖踐阼，[1]徵爲兼散騎常侍，[2]進位開府，賜爵安固縣侯。[3]歲餘，發南汾州胡千餘人北築長城，[4]在塗皆亡。上呼冲問計，冲曰：“夷狄之性，易爲反覆，皆由牧宰不稱之所致也。[5]臣請以理綏静，可不勞兵而定。”上然之，因命冲綏懷叛者。月餘皆至，並赴長城，上下書勞勉之。尋拜石州刺史，[6]甚得諸胡歡心。以母憂去職。[7]俄而起爲南寧州總管，[8]持節撫慰。[9]復遣柱國王長述以兵繼進。[10]冲上表固讓。詔曰：“西南夷裔，屢有生梗，[11]每相殘賊，[12]朕甚愍之，已命戎徒，清撫邊服。[13]以開府器幹堪濟，[14]識略英遠，軍旅事重，故以相任。知在艱疚，[15]日月未多，金革奪情，[16]蓋有通式。[17]宜自抑割，[18]即膺往旨。”冲既至南寧，渠帥爨震及西爨首領皆詣府參謁。[19]上大悦，下詔褒揚之。其兄子伯仁，[20]隨冲在府，掠人之妻，士卒縱暴，邊人失望。上聞而大怒，令蜀王秀治其事。[21]益州長史元巖，[22]性方正，案冲無所寬貸，冲竟坐免。其弟太子洗馬世約，[23]譖巖於皇太子。上謂太子曰：“古人有沽酒酸而不售者，爲噬犬耳。[24]今何用世約乎？適累汝也。”世約遂除名。

[1]踐阼：亦作“踐祚”“踐胙”。本指走上廟寢堂前的阼階主位以行祭祀，後代指皇帝即位登基。此指楊堅於公元581年廢北周静帝，即位稱帝。

[2]散騎常侍：官名。爲門下省的屬官，置四員，掌陪從朝直，獻納得失，實則多爲安置退免大臣的閑散虚職。從三品。隋煬帝大業三年罷廢。

[3]安固縣侯：爵名。爲隋九等爵的第六等。正二品。

[4]南汾州胡：此指西魏以來居於南汾州（治所在今山西稷山縣）境内的稽胡。

[5]牧宰：泛指州縣長官。

[6]石州：北周改西汾州置，隋初沿之。治所在今山西吕梁市。

[7]憂：即居親喪。多指居父母之喪。

[8]南寧州：隋開皇四年置，設總管府。治所在今雲南曲靖市。

[9]持節：魏晋南北朝至隋時，凡重要軍政長官出鎮或出征，均加使持節、持節、假節等頭銜，以表示其權力和尊崇。使持節可誅殺二千石以下官吏，持節可誅殺無官職之人，假節可誅殺犯軍令

之人。

［10］王長述：人名。即王述，以字行。傳見本書卷五四，《北史》卷六二有附傳。

［11］生梗：即桀驁不馴。

［12］殘賊：即暴虐殘害。

［13］邊服：指距離統治中心極遠的地方。

［14］開府：此處是以韋冲所任的散實官名“開府”代稱其人。

［15］艱疚：指喪親之痛。

［16］金革奪情：古時官員辭職居親喪期間，若國有征伐戰事，帝王即可令其提前結束服喪期，復官投赴戰事，此稱作“金革奪情”。

［17］通式：即通行的程式慣例。

［18］抑割：此指抑制喪親的悲痛之情。

［19］渠帥：古時對少數民族部落酋長或武裝反叛者首領的泛稱。　爨震：人名。南朝末至隋初南中地區爨氏部族的首領。事亦見本書卷三七、《北史》卷五九《梁睿傳》。　西爨：古族名。由三國兩晋南北朝時期南中大姓爨氏集團演變而來，是爨氏部族的西支，分布在今雲南省東部一帶。

［20］伯仁：人名。即韋伯仁。韋冲的侄子，隋開皇中隨從韋冲在南寧州總管府任職當差，但其掠人之妻，縱兵施暴，引起邊患。隋文帝即令益州大總管蜀王楊秀嚴治其罪，韋冲亦受牽連坐罪免官。事亦見《北史》卷六四《韋冲傳》。

［21］蜀王秀：即楊秀。傳見本書卷四五、《北史》卷七一。

［22］益州長史：官名。據本書卷六二《元巖傳》，此當是“益州總管府長史”的省稱。參見前注“益州”“總管府長史”。　元巖：人名。傳見本書卷六二、《北史》卷七五。

［23］太子洗（xiǎn）馬：官名。爲太子東宮門下坊所轄六局之一司經局的長官，掌東宫圖籍文翰，太子出行則當直者前驅導威儀。隋文帝時置四員，從五品上；隋煬帝時減置二員，從五品。

［24］噬犬：即凶猛咬人的狗。

後數載，令冲檢校括州事。[1]時東陽賊帥陶子定、吴州賊帥羅慧方並聚衆爲亂，[2]攻圍婺州永康、烏程諸縣，[3]冲率兵擊破之。改封義豐縣侯，[4]檢校泉州事。[5]尋拜營州總管。

［1］檢校：官制用語。指尚未實授某官但已掌其職事，即代理、代辦之意。此處"檢校括州事"，即代理括州刺史之職事。 括州：隋開皇十二年改處州置。治所在今浙江麗水市東南。

［2］東陽：縣名。隋時有兩個東陽縣，文中所指當是開皇十二年改吴寧縣所置的東陽縣，治所在今浙江金華市，開皇十八年改名金華縣。 陶子定：人名。隋時東陽縣人，開皇中聚衆反叛，韋冲率兵擊破之。事亦見《北史》卷六四《韋冲傳》。 吴州：隋時先後有三個吴州，文中所指當是開皇九年平陳後改東揚州所置的吴州，治所在今浙江紹興市，大業初改稱越州，大業三年改爲會稽郡。 羅慧方：人名。隋時吴州人，開皇中聚衆叛亂，韋冲率兵擊破之。事亦見《北史·韋冲傳》。

［3］婺州：隋開皇九年平陳後始置。治所在今浙江金華市。 永康：縣名。治所在今浙江永康市。 烏程：縣名。治所在今浙江湖州市。按，據本書《地理志下》，隋時婺州無烏程縣，而有烏傷縣（治所在今浙江義烏市）；烏程縣隸屬於蘇州，其地與文中所涉之括州、東陽縣、吴州、婺州、永康縣等地相距甚遠，而烏傷縣則與文中所涉五地相鄰近，故疑此處"烏程"當是"烏傷"之誤（參見唐華全《中華書局點校本〈隋書〉質疑二十九則》）。

［4］義豐縣侯：爵名。爲隋九等爵的第六等。正二品。

［5］泉州：隋開皇九年平陳後改豐州置。治所在今福建福州市。

冲容貌都雅，[1]寬厚得衆心。懷撫靺鞨、契丹，[2]皆能致其死力。奚、霫畏懼，[3]朝貢相續。高麗嘗入寇，[4]冲率兵擊走之。仁壽中，[5]高祖爲豫章王暕納冲女爲妃，[6]徵拜民部尚書。[7]未幾，卒，時年六十六。少子挺，[8]最知名。

［1］都雅：即俊美閑雅。

［2］靺鞨：古族名。周時稱肅慎，漢魏時稱挹婁，南北朝時稱勿吉，隋唐時稱靺鞨。分布在今松花江、牡丹江流域及黑龍江下游，東至日本海。傳見本書卷八一、《北史》卷九四、《舊唐書》卷一九九下、《新唐書》卷二一九。按，“靺鞨”各本皆同，但《北史》卷六四《韋冲傳》作“靺羯”，當訛。　契丹：古族名。源出東胡。南北朝至隋唐時分布在今遼河上游及内蒙古西拉木倫河一帶。傳見本書卷八四、《魏書》卷一〇〇、《北史》卷九四、《舊唐書》卷一九九下、《新唐書》卷二一九。

［3］奚：古族名。源出東胡。南北朝時稱庫莫奚，隋唐時稱奚。分布在今内蒙古西拉木倫河流域及河北承德市一帶，後漸與契丹同化。傳見本書卷八四、《魏書》卷一〇〇、《周書》卷四九、《北史》卷九四、《舊唐書》卷一九九下、《新唐書》卷二一九。　霫：古族名。隋唐時分布在今内蒙古西拉木倫河以北及大興安嶺中段山區，後南遷併於奚，漸與契丹同化。傳見《舊唐書》卷一九九下。

［4］高麗：古國名。亦稱高句麗。南北朝至隋唐時位於今朝鮮半島北部及遼河以東地區。傳見本書卷八一、《魏書》卷一〇〇、《周書》卷四九、《北史》卷九四、《舊唐書》卷一九九上、《新唐書》卷二二〇。

［5］仁壽：隋文帝楊堅年號（601—604）。

［6］豫章王：爵名。全稱是豫章郡王。爲隋九等爵的第二等。從一品。　暕：人名。即隋煬帝第二子楊暕。傳見本書卷五九、

《北史》卷七一。

[7]民部尚書：官名。隋初沿北魏、北齊之制置度支尚書，開皇三年改稱民部尚書。爲尚書省所轄六部之一民部的長官，掌全國土地、户口、賦税、錢糧之政令，統度支、民部、金部、倉部四曹。置一員，正三品。按，“民部尚書”各本皆同，但《北史·韋冲傳》作“户部尚書”，當是避唐太宗李世民之諱而改。

[8]挺：人名。即韋挺。韋冲的少子，隋至唐初時人，官至御史大夫、太常卿，爲唐太宗朝之名臣。傳見《舊唐書》卷七七、《新唐書》卷九八。

壽字世齡。[1]父孝寬，周上柱國、鄖國公。[2]壽在周，以貴公子，早有令譽，爲右侍上士。[3]遷千牛備身。[4]趙王爲雍州牧，[5]引爲主簿。尋遷少御伯。[6]武帝親征高氏，[7]拜京兆尹，[8]委以後事。以父軍功，賜爵永安縣侯，[9]邑八百户。高祖爲丞相，以其父平尉迥，拜壽儀同三司，進封滑國公，[10]邑五千户。俄以父喪去職。高祖受禪，起令視事，尋遷恒、毛二州刺史，[11]頗有治名。開皇十年，以疾徵還，卒于家，時年四十二。謚曰定。仁壽中，高祖爲晋王昭納其女爲妃。[12]以其子保巒嗣。[13]

[1]壽字世齡：底本“壽”之前有“韋壽”二字，當衍，據宋刻遞修本、殿本、庫本、中華本删。

[2]上柱國：官名。北周武帝建德四年始置，爲十一等勳官的第一等，可開府置官屬。正九命。　鄖國公：爵名。北周時爲十一等爵的第四等。正九命。

[3]右侍上士：官名。北周時爲天官府左右宫伯曹的屬官，與

左侍上士對置，位居該曹左右中侍上士之下，同掌宮寢內部禁衛之事。正三命。

［4］千牛備身：官名。北魏始置千牛備身，掌執千牛御刀，侍從皇帝左右。北齊時屬左右將軍府，隋時屬左右領左右府，均爲正六品下。北周當是仿襲北魏、北齊之制而置千牛備身，但其隸屬、命品未詳。

［5］趙王：北周宗室親王宇文招的封爵名，此代指其人。宇文招是宇文泰之子，北周武帝建德三年爵封趙王，建德四年官任雍州牧。傳見《周書》卷一三、《北史》卷五八。　雍州牧：官名。北周時爲都城長安（今陝西西安市西北郊）所在地雍州的最高行政長官，例由宗室諸王專任。因與諸州刺史有别而特稱“牧”。九命。

［6］少御伯：官名。是北周小御伯的别稱。參見前注“少御伯下大夫”。按，據《周書》卷六《武帝紀下》，趙王招爲雍州牧是在建德四年三月，周武帝親征北齊是在建德四年之秋，上距周武帝保定四年改御伯爲納言，已過十二年，此時不容再有小御伯或少御伯之官名。故此處所載“少御伯”顯欠準確，疑當作“小納言”。（參見王仲犖《北周六典》卷二《天官府第七》，第 62 頁）

［7］高氏：北齊皇帝的姓氏，此代指北齊。

［8］京兆尹：官名。北周時爲都城長安所在地京兆郡的長官。因與諸郡太守有别而特稱“尹”。八命。

［9］永安縣侯：爵名。北周時爲十一等爵的第七等。正八命。

［10］滑國公：爵名。北周時爲十一等爵的第四等。正九命。

［11］恒：州名。北周始置，隋初沿之。治所在今河北正定縣西南。　毛：州名。治所在今河北館陶縣。

［12］晉王昭：即隋煬帝的長子楊昭。傳見本書卷五九、《北史》卷七一。按，“昭”底本原作“廣”，殿本、庫本與底本同，但宋刻遞修本、中華本作“昭”。考本書卷二《高祖紀下》，開皇二十年十一月立晉王楊廣爲皇太子，仁壽元年正月改封楊廣的長子楊昭爲晉王。然則仁壽中稱晉王者絶非楊廣，而當是其子楊昭。故

底本、殿本、庫本均誤，今據宋刻遞修本、中華本改。

[13]保巒：人名。即韋保巒。韋壽的嗣子，隋時官至右衛副率。事亦見《北史》卷六四《韋壽傳》、《新唐書·宰相世系表四上》。

壽弟霽，[1]位至太常少卿，[2]安邑縣伯。[3]津位至内史侍郎，[4]判民部尚書事。[5]

[1]霽：人名。即韋霽。韋孝寬之子，韋壽之弟，隋煬帝時官任太常少卿，爵封安邑縣伯。事亦見本書《禮儀志三》、卷七三《魏德深傳》及《北史》卷六四《韋孝寬傳》、卷八六《魏德深傳》。

[2]太常少卿：官名。爲太常寺的次官，協助長官太常卿掌國家禮樂、郊廟社稷祭祀等事務，通判本寺各署事。隋初置一員，正四品上；隋煬帝大業三年增置二員，降爲從四品。

[3]安邑縣伯：爵名。爲隋九等爵的第七等。正三品。

[4]津：人名。即韋津。韋孝寬之子，韋霽之弟，隋煬帝時官任内史侍郎，判民部尚書事。事亦見本書卷四《煬帝紀下》、卷七〇《李密傳》、卷七一《元文都傳》，《北史》卷七九《段達傳》，《新唐書·宰相世系表四上》等。　内史侍郎：官名。爲内史省的次官，協助本省長官掌詔令出納宣行。隋初置四員，正四品下；隋煬帝大業三年減置二員，正四品。大業十二年改内史省爲内書省，内史侍郎遂改稱内書侍郎。

[5]判：官制用語。即以本官署理他官之職事。

世康從父弟操，[1]字元節，剛簡有風概。仕周，致位上開府、光州刺史。[2]高祖爲丞相，以平尉迥功，進位柱國，封平桑郡公，[3]歷青、荆二州總管，[4]卒官。謚曰静。

［1］操：人名。即韋操。韋世康的堂弟，北周至隋初時人，隋文帝時位居柱國，爵封平桑郡公，歷官青、荆二州總管。其事除見於本卷外，未見其他記載。

［2］光州：北周時有兩個光州：一是沿襲北魏、北齊所置的光州，治所在今山東萊州市；二是沿襲南朝梁所置的光州，治所在今河南光山縣。文中所指當是第一個光州。

［3］平桑郡公：爵名。北周時爲十一等爵的第五等。正九命。

［4］青：州名。北周置總管府，隋初沿之，開皇十四年府廢。治所在今山東青州市。

柳機　子述　機弟旦　肅　從弟雄亮　從子謇之　族兄昂　昂子調

柳機字匡時，河東解人也。[1]父慶，[2]魏尚書左僕射。[3]機偉儀容，有器局，[4]頗涉經史。年十九，周武帝時爲魯公，[5]引爲記室。[6]及帝嗣位，自宣納上士累遷少納言、太子宫尹，[7]封平齊縣公。[8]從帝平齊，拜開府，轉司宗中大夫。[9]宣帝時，[10]遷御正上大夫。[11]機見帝失德，屢諫不聽，恐禍及己，托於鄭譯，[12]陰求出外，於是拜華州刺史。[13]

［1］河東：郡名。治所在今山西永濟市西蒲州鎮。　解（xiè）：縣名。漢時治所在今山西運城市西南。按，此處因言柳氏郡望，故沿用漢縣名，隋時無解縣。

［2］慶：人名。即柳慶。柳機之父，北魏末至北周時人，西魏

時官至尚書左僕射，北周時官至司會中大夫。傳見《周書》卷二二，《北史》卷六四有附傳。

［3］尚書左僕射：官名。西魏時爲尚書省的次官，與尚書右僕射對置，輔助長官尚書令執行政務，參議國家大政。但因尚書令不常置，尚書省政務常由左右僕射主持，僕射則成爲尚書省的實際長官，位列宰相。從二品。

［4］器局：即器量、度量。

［5］魯公：爵名。全稱是魯國公。北周時爲十一等爵的第四等。正九命。

［6］記室：官名。此是國公府記室參軍事的省稱。北周時爲國公府所屬列曹參軍之一，掌判府内章表書記之事務。命品未詳。

［7］宣納上士：官名。北周時其隸屬、職掌未詳，“或天官之屬”。正三命。（參見王仲犖《北周六典》卷七《六官餘録第十三》，第495頁）　少納言：官名。即北周“小納言”的别稱。參見前注“少御伯下大夫”。　太子宫尹：官名。全稱是太子宫尹下大夫。北周時爲太子東宫的屬官，掌領東宫諸政務。正四命。

［8］平齊縣公：爵名。北周時爲十一等爵的第六等。正九命或九命。

［9］司宗中大夫：官名。西魏末至北周初於春官府設禮部曹，置禮部中大夫爲該曹長官，掌吉凶禮制，正五命。北周武帝保定四年改禮部曹爲司宗曹，禮部中大夫遂改稱司宗中大夫，但其隸屬、職掌、命品仍舊。

［10］宣帝：即北周宣帝宇文贇。紀見《周書》卷七、《北史》卷一〇。

［11］御正上大夫：官名。亦簡稱大御正。北周明帝武成元年始置，爲天官府御正曹的長官，掌草擬詔册文誥，近侍樞機，參議刑罰爵賞及軍國大事。置四員，正六命。

［12］鄭譯：人名。傳見本書卷三八，《北史》卷三五有附傳。

［13］華州：北周時治所在今陝西華縣。

及高祖作相，徵還京師。時周代舊臣皆勸禪讓，[1]機獨義形於色，無所陳請。俄拜衛州刺史。[2]及踐阼，進爵建安郡公，[3]邑二千四百户，徵爲納言。[4]機性寬簡，有雅望，然當近侍，無所損益，又好飲酒，不親細務，在職數年，復出爲華州刺史。奉詔每月朝見。尋轉冀州刺史。[5]後徵入朝，以其子述尚蘭陵公主，[6]禮遇益隆。

［1］禪讓：中國古代歷史上統治權力轉移的一種方式，即皇帝把帝位讓給他人。此指北周静帝讓位於楊堅。

［2］衛州：北周時治所在今河南淇縣東。

［3］建安郡公：爵名。爲隋九等爵的第四等。從一品。

［4］納言：官名。爲隋門下省的長官，置二員，掌封駁制敕，參決軍國大政，是宰相之職。正三品。

［5］冀州：治所在今河北冀州市。

［6］述：人名。即柳述。柳機之子。本卷、《北史》卷六四有附傳。　蘭陵公主：隋公主封號名。隋文帝第五女，嫁柳述爲妻。傳見本書卷八〇、《北史》卷九一。

初，機在周，與族人文城公昂俱歷顯要。[1]及此，機、昂並爲外職，楊素時爲納言，[2]方用事，[3]因上賜宴，素戲機曰："二柳俱摧，孤楊獨聳。"坐者歡笑，機竟無言。未幾，還州。前後作牧，[4]俱稱寬惠。後數年，以疾徵還京師，卒於家，時年五十六。贈大將軍、青州刺史，謚曰簡。子述嗣。

［1］文城公：爵名。全稱是文城郡公。北周時爲十一等爵的第五等。正九命。　昂：人名。即柳昂。柳機的族兄。本卷、《周書》卷三二、《北史》卷六七有附傳。

［2］楊素：人名。傳見本書卷四八，《北史》卷四一有附傳。

［3］用事：執政當權。

［4］牧：泛指州郡長官。

柳述字業隆，性明敏，有幹略，頗涉文藝。[1]少以父蔭，[2]爲太子親衛。[3]後以尚主之故，拜開府儀同三司，内史侍郎。上於諸婿中，特所寵敬。歲餘，判兵部尚書事。[4]丁父艱去職。[5]未幾，起攝給事黄門侍郎事，[6]襲爵建安郡公。仁壽中，判吏部尚書事。

［1］文藝：指撰述和寫作方面的學問。

［2］蔭：亦稱“門蔭”。古代貴族官僚子孫憑藉父祖先世的功勞而獲得封賞、做官或免罪的一種特權制度。

［3］太子親衛：官名。爲太子東宫左右衛率府所統三衛之一親衛府的衛士，掌東宫内部宿衛，皆以五品以上官之子孫充任。從七品上。

［4］兵部尚書：官名。是尚書省所轄六部之一兵部的長官，掌全國軍衛武官選授之政令，統兵部、職方、駕部、庫部四曹。置一員，正三品。

［5］丁父艱：亦稱“丁父憂”。即遭逢父親喪事。參見前注“丁母憂”。

［6］攝：官制用語。即以本官代理或兼理他官之職事。　給事黄門侍郎：官名。隋初於門下省置給事黄門侍郎四員，爲門下省的次官，協助長官納言掌封駁制敕，參議政令的制定。正四品上。隋煬帝大業三年去“給事”之名，但稱“黄門侍郎”，並減置二員。

正四品。

述雖職務修理，[1]爲當時所稱，然不達大體，暴於馭下，又怙寵驕豪，無所降屈。楊素時稱貴倖，朝臣莫不讋憚，[2]述每陵侮之，數於上前面折素短。判事有不合素意，素或令述改之，輒謂將命者曰：[3]“語僕射，[4]道尚書不肯。”素由是銜之。俄而楊素亦被疏忌，不知省務。述任寄逾重，拜兵部尚書，參掌機密。[5]述自以無功可紀，過叨匪服，[6]抗表陳讓。上許之，令攝兵部尚書。[7]

[1]修理：處理政務合宜。

[2]讋（zhé）憚：即畏懼。

[3]將命者：傳命之人。

[4]僕射：官名。全稱是尚書僕射。隋於尚書省置左、右僕射各一人爲副貳，地位僅次於長官尚書令。但因隋代尚書令不常置，僕射則成爲尚書省的實際長官，是宰相之職。從二品。此處是以職官名代稱楊素其人。

[5]參掌機密：官制用語。即非宰相之官而參決宰相之事的一種加銜。

[6]過叨（tāo）匪服：意謂所授職官已超出本身才能而無法勝任。

[7]令攝兵部尚書：此句底本、殿本、庫本皆同，宋刻遞修本、中華本“尚書”下有“事”字。

上於仁壽宮寢疾，[1]述與楊素、黄門侍郎元巖等侍疾宮中。[2]時皇太子無禮於陳貴人，[3]上知而大怒，因令述召房陵王。[4]述與元巖出外作敕書，楊素聞之，與皇太子協謀，便矯詔執述、巖二人，[5]持以屬吏。及煬帝嗣位，[6]述竟坐除名，與公主離絶。徙述于龍川郡。[7]公主請與述同徙，帝不聽，事見《列女傳》。[8]述在龍川數年，復徙寧越，[9]遇瘴癘而死，時年三十九。

[1]仁壽宫：隋離宫名。始建於開皇十三年。位於今陝西麟游縣西天臺山上。因其涼爽宜人，且離京城不遠，故爲隋代帝王消夏避暑之所。

[2]黄門侍郎：官名。參見前注“給事黄門侍郎”。按，隋煬帝大業三年始改給事黄門侍郎爲黄門侍郎，而文中所述事在隋文帝仁壽末年，此時給事黄門侍郎尚未改稱，故此處稱元巖的官銜爲“黄門侍郎”欠準確，當作“給事黄門侍郎”。　元巖：人名。隋文帝末年官任給事黄門侍郎，深受文帝寵信；隋煬帝奪位時被執下獄，煬帝即位後被除名流徙南海，終被收殺。事亦見本書卷三六《宣華夫人陳氏傳》、卷八〇《華陽王楷妃傳》及《北史》卷一四《宣華夫人陳氏傳》、卷六四《柳述傳》、卷九一《華陽王楷妃傳》等。按，此元巖與本卷《韋冲傳》所載之元巖，並非同一人。

[3]陳貴人：即隋文帝的寵婦宣華夫人陳氏。傳見本書卷三六、《北史》卷一四。

[4]房陵王：爵名。是廢太子楊勇死後所追封的爵名，此代指楊勇其人。傳見本書卷四五、《北史》卷七一。

[5]矯詔：即僞造和假托皇帝的詔令。

[6]煬帝：即隋煬帝楊廣。紀見本書卷三、四，《北史》卷一二。

[7]徙：即貶謫、流放。　龍川郡：隋大業初改循州置。治所在今廣東惠州市東。

[8]《列女傳》：此指本書卷八〇《列女傳》。

［9］寧越：郡名。隋大業初改欽州置。治所在今廣西欽州市東北。

旦字匡德，工騎射，頗涉書籍。起家周左侍上士，[1]累遷兵部下大夫。[2]頃之，益州總管王謙起逆，[3]拜爲行軍長史，[4]從梁睿討平之，[5]以功授儀同三司。開皇元年，加授開府，封新城縣男，[6]還授掌設驃騎。[7]歷羅、淅、魯三州刺史，[8]並有能名。大業初，[9]拜龍川太守。民居山洞，好相攻擊，旦爲開設學校，大變其風。帝聞而善之，下詔褒美。四年，徵爲太常少卿，攝判黄門侍郎事。卒官，年六十一。子燮，[10]官至河内掾。[11]

［1］左侍上士：官名。北周時爲天官府左右宫伯曹的屬官，與右侍上士對置，位居該曹左右中侍上士之下，同掌宫寢内部禁衛之事。正三命。

［2］兵部下大夫：官名。全稱是小兵部下大夫，亦簡稱小兵部。北周時爲夏官府兵部曹的次官，協助長官兵部中大夫掌武官選授、軍籍及軍隊調遣等政令。正四命。

［3］益州：北周時置總管府，治所在今四川成都市。　總管：官名。東魏孝静帝武定六年（548）始置總管，西魏亦置。北周明帝武成元年正式改都督諸州軍事爲總管，加使持節諸軍事，總管之設乃成定制。北周總管或單任，然多兼帶刺史，故總管的職權雖以軍事爲主，實際是一軍政轄區若干州、鎮、防的最高長官。北周總管的命品史無明載，但應不低於五等州刺史的命品。（參見王仲犖《北周六典》卷一〇《總管府第二十五》，第623頁）　王謙：人名。北周末年官任益州總管，起兵反對楊堅篡周，旋被討滅。傳見《周書》卷二一，《北史》卷六〇有附傳。

［4］行軍長史：北周至隋時出征軍統帥屬下的幕府僚佐，位居幕府内衆幕僚之首，掌領幕府行政事務。屬臨時差遣任命之職，事罷則廢。

［5］梁睿：人名。傳見本書卷三七，《北史》卷五九有附傳。

［6］新城縣男：爵名。爲隋九等爵的第九等。正五品上。

［7］掌設：官制用語。即以本官掌管他官之職事。　驃騎：官名。此當是"驃騎將軍"的省稱。隋文帝時爲府兵制中統領驃騎府兵的軍事長官。正四品上。隋煬帝大業三年改驃騎府爲鷹揚府，驃騎將軍亦改稱鷹揚郎將。正五品。

［8］羅：州名。隋時先後有三個羅州：一是沿襲西魏始置的羅州，治所在今湖北竹山縣，開皇十八年改稱房州；二是開皇九年平陳後沿襲南朝陳所置的羅州，治所在今廣東化州市，煬帝大業初州廢；三是煬帝大業初改岳州所置的羅州，治所在今湖南岳陽市，大業三年改爲巴陵郡。文中所述事在開皇年間，故其所指當是前兩個羅州中的某一個。　淅：州名。西魏始置，隋初沿之。治所在今河南淅川縣南。按，"淅"底本原作"浙"，庫本與底本同，而宋刻遞修本、殿本、中華本均作"淅"。考本書《地理志》，隋時無浙州而有淅州，故"浙"顯爲"淅"之訛，今據宋刻遞修本、殿本、中華本改。　魯：州名。治所在今河南魯山縣。

［9］大業：隋煬帝楊廣年號（605—618）。

［10］燮：人名。即柳燮。柳旦之子，隋煬帝時官至河内郡掾，隋末戰亂中歸降李密，唐初官至都官郎中。事亦見本書卷七〇《李密傳》，《新唐書·宰相世系表三上》、卷八四《李密傳》、卷一九一《李育德傳》等。

［11］河内：郡名。隋大業初改懷州置。治所在今河南沁陽市。　掾：官名。此指郡掾。隋煬帝大業三年改州爲郡，於各郡置東、西曹掾，通稱"郡掾"，位次郡丞，分掌郡府所屬六司之事。京兆、河南二郡之郡掾爲從五品，其餘上、中、下三等郡之郡掾分别爲正六品、從六品、正七品。

肅字匡仁，少聰敏，閑於占對。[1]起家周齊王文學，[2]武帝見而異之，召拜宣納上士。高祖作相，引爲賓曹參軍。[3]開皇初，授太子洗馬。陳使謝泉來聘，[4]以才學見稱，詔肅宴接，時論稱其華辯。轉太子内舍人，[5]遷太子僕。[6]太子廢，坐除名爲民。大業中，帝與段達語及庶人罪惡之狀，[7]達云："柳肅在宫，大見疏斥。"帝問其故，答曰："學士劉臻，[8]嘗進章仇太翼於宫中，[9]爲巫蠱事。[10]肅知而諫曰：'殿下帝之冢子，[11]位當儲貳，[12]誠在不孝，無患見疑。劉臻書生，鼓摇脣舌，適足以相詿誤，願殿下勿納之。'庶人不懌，[13]他日謂臻曰：'汝何故漏泄，使柳肅知之，令面折我?'自是後言皆不用。"帝曰："肅横除名，非其罪也。"召守禮部侍郎，[14]轉工部侍郎，[15]大見親任。每行幸遼東，[16]常委之於涿郡留守。[17]十一年卒，時年六十二。

［1］占對：即應對、對答。

［2］齊王：爵名。北周時爲宗室親王宇文憲的封爵名，亦代指其人。　文學：官名。此指王府文學。北周時爲諸王府的屬官，掌王府内經籍圖書之事，修撰文章，並奉侍諸王問對。命品未詳，但北魏、北齊時王府文學爲正六品上，隋時爲從六品上，可作參考。

［3］賓曹參軍：官名。此是丞相府賓曹參軍事的省稱。北周時爲楊堅左大丞相府或大丞相府所屬列曹參軍之一，掌判對外邦交之事務，接待四方使者賓客。正四命。

［4］謝泉：人名。南朝陳人，有才學，隋開皇四年以兼散騎常侍出使於隋，甚見禮遇。事亦見本書卷一《高祖紀上》、《北史》卷六四《柳肅傳》。　聘：指國與國之間的遣使訪問。

［5］太子内舍人：官名。爲東宫門下坊的次官，制比朝中門下省之次官，輔佐長官左庶子掌侍從贊相，駁正啓奏，通判本坊事。隋初置四員，正五品上；隋煬帝時減置二員，正五品。

［6］太子僕：官名。爲東宫太子僕寺的長官，置一員，掌皇族親疏次序、車輿騎乘之事，統領厩牧署。從四品上。

［7］段達：人名。傳見本書卷八五、《北史》卷七九。　庶人：此指廢太子楊勇。

［8］學士：此指東宫學士，亦稱太子學士。是隋太子楊勇徵召文學優長之朝士兼任的一種職官。其職掌是整理東宫經籍圖書，侍從太子左右解析經史疑義。屬臨時差遣任命之職，無固定員額和品階。　劉臻：人名。傳見本書卷七六、《北史》卷八三。

［9］章仇（qiú）太翼：人名。本姓章仇氏，隋煬帝時賜姓盧氏，遂稱“盧太翼”。傳見本書卷七八、《北史》卷八九。

［10］巫蠱：古代巫師使用巫術詛咒及埋木偶人於地下，以圖加害於人的一種迷信邪術。

［11］冢子：即嫡長子。

［12］儲貳：即儲君、皇太子。

［13］不懌：即不悦、不高興。

［14］守：官制用語。即以較低官階署理較高官職。　禮部侍郎：官名。隋初於尚書省禮部下轄四曹之一禮部曹置禮部侍郎一人，爲該曹長官，掌禮儀之制。正六品上，開皇三年升爲從五品。隋煬帝大業三年改稱諸曹侍郎爲“郎”，而又於尚書省所轄六部各置“侍郎”一人，爲六部之副長官，正四品。此後，禮部侍郎就成爲禮部的副長官，而原禮部侍郎則改稱爲儀曹郎。

［15］工部侍郎：官名。隋初於尚書省工部下轄四曹之一工部曹置工部侍郎二人，爲該曹長官，掌百工徒役、土木營造之政令。正六品上，開皇三年升爲從五品。隋煬帝大業三年改稱諸曹侍郎爲“郎”，而又於尚書省所轄六部各置“侍郎”一人，爲六部之副長官。正四品。此後，工部侍郎就成爲工部的副長官，而原工部侍郎

則改稱爲起部郎。

[16]遼東：地區名。泛指今遼河以東地區。因高麗國位於遼東，故此處“行幸遼東”即指隋煬帝征高麗之事。

[17]涿郡：隋大業初改幽州置。治所在今北京市西南。　留守：古代皇帝出巡或親征時，必命大臣督守京城，許以便宜行事，謂之“京城留守”；其陪京和行都亦常設留守，多以地方長官兼任。此屬臨時差遣任命之職，皇帝還京和歸都後則罷廢。隋煬帝征高麗時，以涿郡爲行都，故沿舊制置涿郡留守。

雄亮字信誠。父檜，[1]仕周華陽太守。[2]遇黄衆寶作亂，[3]攻陷華陽，檜爲賊所害。雄亮時年十四，[4]哀毀過禮，[5]陰有復讎之志。武帝時，衆寶率其所部歸於長安，[6]帝待之甚厚。雄亮手斬衆寶於城中，請罪闕下，帝特原之。尋治梁州總管記室，[7]遷湖城令，[8]累遷内史中大夫，[9]賜爵汝陽縣子。[10]

[1]檜：人名。即柳檜。柳雄亮之父，柳慶之兄，北魏末至西魏時人，官至魏興、華陽二郡太守，西魏廢帝元年（552）安康酋帥黄衆寶攻陷郡城，即被擒殺。傳見《周書》卷四六，《北史》卷六四有附傳。

[2]華陽：郡名。西魏時治所在今陝西勉縣東。按，據《周書》卷二八《陸騰傳》、卷四六《柳檜傳》及《北史·柳檜傳》，柳檜卒於西魏廢帝元年，並未入周。故此處稱“仕周華陽太守”欠準確，“周”當作“西魏”。

[3]黄衆寶：人名。西魏安康郡酋帥，廢帝元年聚衆作亂，攻陷華陽等郡，又攻圍東梁州，旋被陸騰率軍擊破；至北周武帝時率部歸順朝廷，結果被柳雄亮復仇斬殺於長安城中。事亦見《周書·陸騰傳》、卷四四《泉仲遵傳》、卷四六《柳檜傳》，《北史》卷二

八《陸騰傳》、卷六四《柳檜傳》。

[4]年十四：各本皆同，《北史》卷六四《柳雄亮傳》亦同，但《周書·柳檜傳》載作“年十二”。

[5]哀毁：指居親喪悲傷異常而毁損身體。常用作居喪盡禮之辭。

[6]長安：西魏、北周的都城，在今陝西西安市西北郊。

[7]治：官制用語。通“司”，即掌管某官之職事，亦即任官之意。　梁州：北周時治所在今陝西漢中市。　總管記室：官名。全稱是總管府記室參軍事。北周時爲諸州總管府所屬列曹參軍之一，掌判府内章表書記之事務。其命品史無明載，但北周諸州府的記室參軍按諸州等級分爲正三命至正一命五級，故諸州總管府的記室參軍亦應與此略同。

[8]湖城：縣名。北周時治所在今河南靈寶市西北。

[9]内史中大夫：官名。北周初爲春官府内史曹的長官，置二人，掌撰擬皇帝詔令，參議刑罰爵賞及軍國大事。北周宣帝大象元年增置内史上大夫一人爲該曹長官，内史中大夫遂退居該曹次官。正五命。

[10]汝陽縣子：爵名。北周時爲十一等爵的第九等。正六命。

司馬消難作亂江北，[1]高祖令雄亮聘于陳，以結鄰好。及還，會高祖受禪，拜尚書考功侍郎，[2]尋遷給事黄門侍郎。尚書省凡有奏事，[3]雄亮多所駁正，深爲公卿所憚。俄以本官檢校太子左庶子，[4]進爵爲伯。[5]秦王俊之鎮隴右也，[6]出爲秦州總管府司馬，[7]領山南道行臺左丞。[8]卒官，時年五十一。有子贊。[9]

[1]司馬消難：人名。北周末年官任鄖州總管，起兵反對楊堅篡周，旋被討滅，逃奔南朝陳。傳見《周書》卷二一，《北史》卷

五四有附傳。　江北：地區名。此指長江中游以北地區。

［2］拜：底本原作“梁”，顯誤，據宋刻遞修本、殿本、庫本、中華本改。　尚書考功侍郎：官名。爲尚書省吏部所轄四曹之一考功曹的長官，置一員，掌官員政績考課事務。隋初爲正六品上，開皇三年升爲從五品。隋煬帝大業三年改諸曹侍郎爲郎，考功侍郎遂改稱考功郎。

［3］尚書省：官署名。爲隋中央最高政令執行機關，與門下省、内史省共秉軍國大政，合稱“三省”。其長官爲尚書令，但不常置，故實由次官左右僕射主其事。下轄吏、民、禮、兵、刑、工六部，分掌全國行政事務。

［4］太子左庶子：官名。爲太子東宫所轄門下坊的長官，置二員，掌侍從贊相，駁正啓奏，制比朝廷門下省的納言。正四品上。

［5］伯：爵名。爲隋九等爵的第七等。正三品。

［6］秦王俊：即楊俊。傳見本書卷四五、《北史》卷七一。　隴右：地區名。亦稱隴西。泛指今甘肅隴山以西地區。

［7］秦州：北周置總管府，隋初沿之。治所在今甘肅天水市。　總管府司馬：官名。爲諸州總管府的上佐官，協助總管統領府中軍務。其品階史無明載，但隋代諸州總管府和諸州府均分爲上、中、下三等，三等州司馬的品階分别爲正五品下、從五品下、正六品下，故三等總管府司馬的品階亦當與三等州司馬略同。

［8］山南道：即在華山和終南山以南之地設置的軍政特區，治所在今湖北襄樊市。隋初根據形勢需要，於地方設置軍政特區，稱爲“道”，每道範圍包括若干州。　行臺左丞：官名。隋初在各道軍政特區設置“行臺尚書省”，簡稱行臺，是中央最高行政機關尚書省的派出機構，執掌特區内軍政事務。行臺左丞是行臺尚書省的屬官，掌判行臺總署事務，糾駁諸司文案，爲流内視從四品。

［9］贇：人名。即柳贇。柳雄亮的嗣子，隋至唐初時人，官至都官郎中。事亦見《北史》卷六四《柳雄亮傳》、《新唐書·宰相世系表三上》。

謇之字公正。父蔡年,[1]周順州刺史。[2]謇之身長七尺五寸,儀容甚偉,風神爽亮,進止可觀。爲童兒時,[3]周齊王憲嘗遇謇之於塗,[4]異而與語,大奇之。因奏入國子,以明經擢第,[5]拜宗師中士,[6]尋轉守廟下士。[7]武帝嘗有事太廟,[8]謇之讀祝文,[9]音韻清雅,觀者屬目。帝善之,擢爲宣納上士。及高祖作相,引爲田曹參軍,[10]仍諮典籤事。[11]

[1]蔡年:人名。即柳蔡年。柳謇之之父,柳慶兄柳虯之子,柳機的堂兄,北周時人,官至順州刺史。事亦見《北史》卷六四《柳謇之傳》、《新唐書·宰相世系表三上》。

[2]順州:北周時治所在今湖北隨州市西北。

[3]童兒:底本、宋刻遞修本、中華本皆同,殿本、庫本作"兒童"。

[4]齊王憲:即北周宗室親王宇文憲。宇文泰的第五子,北周武帝時爵封齊王。傳見《周書》卷一二、《北史》卷五八。

[5]明經:漢代射策取士的一個科目名。南北朝時沿置,亦爲朝廷選拔人才的考試科目之一,主要考察應試者對儒家經典的通曉程度,凡合格者即可録用授官。　擢第:即在明經等科目考試中合格及第。

[6]宗師中士:官名。全稱是小宗師中士。北周時爲天官府宗師曹的屬官,仰承長官宗師中大夫之命,掌修撰皇室親族之譜牒。正二命。按,"宗師中士"各本皆同,但《北史·柳謇之傳》作"宫師中士"。考王仲犖《北周六典》,北周官制中無宫師中士而有宗師中士,故《北史》當訛。

[7]守廟下士:官名。全稱是小守廟下士。北周時爲春官府守廟曹的屬官,仰承長官守廟中大夫之命,掌太廟日常守護、四時祭

祀之事務。正一命。

[8]太廟：古代帝王供奉和祭祀祖先的宗廟。

[9]祝文：古代祭祀神靈或祖先的文辭。

[10]田曹參軍：官名。此是丞相府田曹參軍事的省稱。北周時爲楊堅左大丞相府或大丞相府所屬列曹參軍之一，掌判土地籍帳、勸課農桑等事務。正四命。

[11]諮：官制用語。即參議或參掌某官之職事。　典籤：官名。此指丞相府典籤。北周時爲楊堅左大丞相府或大丞相府的屬官，掌宣傳本府教令之事。命品未詳。

開皇初，拜通事舍人，尋遷内史舍人，歷兵部、司勳二曹侍郎。[1]朝廷以謇之有雅望，善談謔，又飲酒至石不亂，由是每梁、陳使至，[2]輒令謇之接對。後遷光禄少卿。[3]出入十餘年，每參掌敷奏。[4]會吐谷渾來降，[5]朝廷以宗女光化公主妻之，[6]以謇之兼散騎常侍，送公主於西域。[7]俄而突厥啓民可汗求結和親，[8]復令謇之送義成公主於突厥。[9]謇之前後奉使，得二國所贈馬千餘匹，雜物稱是，皆散之宗族，家無餘財。仁壽中，出爲肅州刺史，[10]尋轉息州刺史，俱有惠政。後二歲，以母憂去職。

[1]兵部：官名。即兵部侍郎。隋初於尚書省兵部下轄四曹之一兵部曹置兵部侍郎二人爲該曹長官，掌武官勳禄品級、軍籍及軍隊調遣等政令。正六品上，開皇三年升爲從五品。隋煬帝大業三年改諸曹侍郎爲“郎”，而又於尚書省所轄六部各置“侍郎”一人，爲六部之副長官。正四品。此後，兵部侍郎就成爲兵部的副長官，而原兵部侍郎則改稱爲兵曹郎。　司勳：官名。即司勳侍郎。爲尚

書省吏部所轄四曹之一司勳曹的長官，置二員，掌校定勳績及授予勳散官告身等事。隋初爲正六品上，開皇三年升爲從五品。隋煬帝大業三年改諸曹侍郎爲郎，司勳侍郎遂改稱司勳郎。

［2］梁：即南朝後梁（555—587），都於江陵（今湖北荊州市）。

［3］光禄少卿：官名。爲光禄寺的次官，輔助長官光禄卿掌管宫廷膳食、窖藏、釀造等事務，通判本寺所轄太官、肴藏、良醖、掌醢四署事。隋初置一員，正四品上；隋煬帝大業三年增置二員，降爲從四品。

［4］敷奏：即臣下向皇帝陳奏政事。

［5］吐谷（yù）渾：古族名。本爲遼東鮮卑之種，姓慕容氏，西晋時西遷至群羌故地，北朝至隋唐時期游牧於今青海北部和新疆東南部地區。傳見本書卷八三、《晋書》卷九七、《魏書》卷一〇一、《周書》卷五〇、《北史》卷九六、《舊唐書》卷一九八、《新唐書》卷二二一上。

［6］光化公主：隋公主封號名。隋宗室之女，開皇十六年出嫁吐谷渾主世伏爲妻，翌年世伏被殺，其弟伏允繼立，遂依俗再嫁伏允。事亦見本書《吐谷渾傳》及《北史》卷六四《柳謇之傳》、卷九六《吐谷渾傳》。

［7］西域：地區名。漢以來對玉門關、陽關以西地區的總稱。狹義專指葱嶺以東而言；廣義則指凡通過狹義西域所能到達的地區，包括亞洲中西部、印度半島、歐洲東部和非洲北部在内。此指吐谷渾所轄的西域之地。

［8］啓民可汗：隋時東突厥可汗，名染干。事亦見本書卷八四、《北史》卷九九《突厥傳》等。可汗是古代鮮卑、柔然、突厥、回紇、蒙古等民族中最高統治者的稱號。按，“啓民”各本皆同，但《北史·柳謇之傳》作“啓人”，乃避唐太宗李世民之諱而改。

［9］義成公主：隋公主封號名。亦作“義城公主”。隋宗室之女，開皇十九年出嫁東突厥啓民可汗爲妻。事亦見本書卷三及卷四《煬帝紀》、卷五一《長孫晟傳》、卷六五《李景傳》、卷八四《突

厥傳》，《北史》卷一二《隋煬帝紀》、卷一四《隋煬帝愍皇后蕭氏傳》、卷七九《宇文化及傳》、卷九九《突厥傳》等。

［10］肅州：隋文帝仁壽中置。治所在今甘肅酒泉市。

煬帝踐阼，復拜光禄少卿。大業初，啓民可汗自以内附，遂畜牧於定襄、馬邑間，[1]帝使謇之諭令出塞。及還，奏事稱旨，拜黄門侍郎。

［1］定襄：郡名。隋大業初改雲州置。治所在今内蒙古和林格爾縣西北。　馬邑：郡名。隋大業初改朔州置。治所在今山西朔州市。

時元德太子初薨，[1]朝野注望，皆以齊王當立。[2]帝方重王府之選，大業三年，車駕還京師，拜爲齊王長史。[3]帝法服臨軒，[4]備儀衛，命齊王立於西朝堂之前，北面。遣吏部尚書牛弘、内史令楊約、左衛大將軍宇文述等，[5]從殿廷引謇之詣齊王所，西面立。牛弘宣敕謂齊王曰：“我昔階緣恩寵，[6]啓封晋陽，[7]出藩之初，[8]時年十二。先帝立我於西朝堂，乃令高熲、虞慶則、元旻等，[9]從内送王子相於我。[10]于時誡我曰：‘以汝幼冲，未更世事，今令子相作輔於汝，事無大小，皆可委之。無得昵近小人，疏遠子相。若從我言者，有益於社稷，成立汝名行。如不用此言，唯國及身，敗無日矣。’吾受敕之後，奉以周旋，[11]不敢失墜。微子相之力，吾無今日矣。若與謇之從事，一如子相也。”又敕謇之曰：“今以卿作輔於齊，善思匡救之理，副朕所望。若齊王德業修備，富貴自當鍾卿一門。若有不善，罪亦相及。”時齊王正擅寵，左右放縱，喬令則之徒，[12]深見昵狎。謇之雖知其罪失，不能匡正。及王得罪，謇之竟坐除名。

[1]元德太子：即隋煬帝長子楊昭。傳見本書卷五九、《北史》卷七一。　薨：上古稱諸侯之死爲薨，後世沿以稱三品以上官之死爲薨。

[2]齊王：即隋煬帝次子楊暕的封爵名，此代指其人。傳見本書卷五九、《北史》卷七一。

[3]長史：官名。此指親王府長史。爲隋親王府的上佐官，位居府中衆僚屬之首，統領府内諸政務。從四品上。

[4]法服：古代根據禮法規定的不同等級的服飾。此指皇帝的正式朝服。　臨軒：指皇帝不坐正殿而御前殿。因殿前堂陛之間近檐處兩邊有檻楯，如車之軒，故稱臨軒。古代皇帝法服臨軒，乃是拜官宣敕的一種重要儀式。

[5]牛弘：人名。傳見本書卷四九、《北史》卷七二。　内史令：官名。爲内史省的長官，掌皇帝詔令出納宣行，是宰相之職。隋初内史省置監、令各一人，尋廢監，置令二人。正三品。隋煬帝大業末改内史省爲内書省，内史令遂改稱内書令。　楊約：人名。本書卷四八、《北史》卷四一有附傳。　左衛大將軍：官名。隋文帝時設左右衛，各置大將軍一人爲本府長官，掌宫掖禁禦，督攝仗衛。正三品。隋煬帝大業三年改左右衛爲左右翊衛，左衛大將軍遂改稱左翊衛大將軍。　宇文述：人名。傳見本書卷六一、《北史》卷七九。

[6]階緣：即憑藉、依托之意。

[7]晉陽：縣名。治所在今山西太原市西南古城營。此指隋煬帝楊廣在隋初受封晉王時的封國所在地。

［8］出藩：即出任地方長官。此指楊廣在隋初出任并州大總管、河北道行臺尚書令。

［9］高熲：人名。傳見本書卷四一、《北史》卷七二。　虞慶則：人名。傳見本書卷四〇、《北史》卷七三。　元旻：人名。隋文帝時官至左衛大將軍，爵封五原郡公，開皇二十年皇太子楊勇被廢時苦諫，文帝怒而誅之。事亦見本書卷四〇《元胄傳》、卷四五《房陵王勇傳》、卷五三《史萬歲傳》，《北史》卷六八《王世積傳》、卷七一《房陵王勇傳》、卷七三《元胄傳》。

［10］王子相：人名。即王韶，字子相。傳見本書卷六二、《北史》卷七五。

［11］周旋：古代行禮時進退揖讓的動作，後借喻對他人的禮敬尊崇。

［12］喬令則：人名。隋煬帝時爲齊王楊暕的寵佞府僚，陰助楊暕多行不法，煬帝聞而怒斬之。事亦見本書卷五九、《北史》卷七一《齊王暕傳》。

帝幸遼東，召謇之檢校燕郡事。[1]及帝班師，至燕郡，坐供頓不給，[2]配戍嶺南，卒於洭口，[3]時年六十。子威明。[4]

［1］燕郡：隋大業初置。治所在今遼寧義縣。

［2］供頓：指供給行旅宴飲所需之物。

［3］洭口：地名。即今廣東英德市西南連江口。

［4］威明：人名。即柳威明。柳謇之之子，隋至唐初時人，官至吏部郎中。事亦見《北史》卷六四《柳謇之傳》、《新唐書·宰相世系表三上》。

昂字千里。父敏，[1]有高名，好禮篤學，治家如官。

仕周，歷職清顯。開皇初，爲太子太保。[2]昂有器識，[3]幹局過人。周武帝時，爲大内史，[4]賜爵文城郡公，致位開府，當塗用事，百僚皆出其下。宣帝嗣位，稍被疏遠，然不離本職。

[1]敏：人名。即柳敏。柳昂之父，北魏末至隋初時人，北周時官至小司馬，隋開皇元年官至太子太保，其年卒。傳見《周書》卷三二、《北史》卷六七。

[2]太子太保：官名。爲東宫三師之一，置一員，掌教諭太子。實則多爲安置退免大臣的閑職，或用作加官贈銜，皆無官屬。正二品。

[3]器識：底本、宋刻遞修本、中華本皆同，殿本、庫本作"氣識"。

[4]大内史：官名。全稱是内史上大夫。北周宣帝大象元年始置，爲春官府内史曹的長官，置一人，掌撰擬皇帝詔令，參議刑罰爵賞及軍國大事。正六命。按，文中所述事在周武帝時，此時尚未置内史上大夫，内史曹的長官爲内史中大夫，而考《周書》卷三二、《北史》卷六七《柳昂傳》均正載作"内史中大夫"，故此處"大内史"當是"内史中大夫"之誤（參見唐華全《中華書局點校本〈隋書〉質疑二十九則》）。

及高祖爲丞相，深自結納。高祖大悦之，以爲大宗伯。[1]昂受拜之日，遂得偏風，[2]不能視事。高祖受禪，昂疾愈，加上開府，[3]拜潞州刺史。[4]昂見天下無事，可以勸學行禮，因上表曰：

[1]大宗伯：官名。全稱是大宗伯卿。北周時爲六官中第三官

春官府的長官，置一員，掌禮樂、邦交等政務。正七命。

［2］偏風：即中風而致半身不遂之症。

［3］上開府：官名。全稱是上開府儀同三司。爲隋十一等散實官的第五等，可開府置僚佐。從三品。

［4］潞州：治所在今山西長治市。

臣聞帝王受命，建學制禮，故能移既往之風，成惟新之俗。自魏道將謝，分割九區，[1]關右、山東，[2]久爲戰國，各逞權詐，俱殉干戈，賦役繁重，刑政嚴急。蓋救焚拯溺，無暇從容，非朝野之願，以至於此。晚世因循，遂成希慕，俗化澆敝，流宕忘反。自非天然上哲，挺生於時，則儒雅之道，經禮之制，衣冠民庶，莫肯用心。世事所以未清，軌物由兹而壞。[3]

［1］九區：即古“九州”。此代指全國。

［2］關右：地區名。參見前注。此代指西魏和北周。　山東：地區名。戰國秦漢時期稱崤山或華山以東地區爲山東，魏晉南北朝隋唐時期亦稱太行山以東地區爲山東。此代指東魏和北齊。

［3］軌物：即法度、準則。

伏惟陛下稟靈上帝，受命旻天，[1]合三陽之期，[2]膺千祀之運。[3]往者周室頹毁，區宇沸騰，聖策風行，神謀電發，端坐廊廟，蕩滌萬方，俯順幽明，君臨四海。擇萬古之典，無善不爲，改百王之弊，無惡不盡。至若因情緣義，爲其節文，[4]故以三百三千，[5]事高前代。然下土黎獻，[6]尚未盡行。臣謬蒙獎策，從政藩部，[7]人庶軌儀，實見多闕，儒風以墜，禮教猶微，是知百姓之心，未能頓變。仰惟深思遠慮，情念下民，漸被以儉，使至於道。臣恐業淹事緩，動延年世。若行禮勸學，道教相催，[8]必當靡然向風，不遠而就。家知禮節，人識義方，[9]比屋可封，輒謂非遠。

[1]旻天：宋刻遞修本、殿本、庫本、中華本均作“昊天”，義同。

[2]三陽：指《易》八卦中的乾卦，由三陽爻構成，爲吉亨之象。

[3]千祀：即千年、千載。

[4]節文：指禮儀規範。

[5]三百三千：三百，《詩經》之篇數；三千，孔子之弟子數。此代指儒學詩禮。

[6]黎獻：即黎民百姓。

[7]藩部：泛指地方州郡。

[8]道教：此指道德教化。

[9]義方：指行事應該遵守的規範和道理。

上覽而善之，因下詔曰：

建國重道，莫先於學，尊主庇民，莫先於禮。自魏氏不競，[1]周、齊抗衡，分四海之民，鬬二邦之力，遞爲强弱，多歷年所。務權詐而薄儒雅，重干戈而輕俎豆，[2]民不見德，唯争是聞。朝野以機巧爲師，文吏用深刻爲法，風澆俗弊，化之然也。雖復建立庠序，[3]兼啓黌塾，[4]業非時貴，道亦不行。其間服膺儒術，蓋有之矣，彼衆我寡，未能移俗。然其維持名教，[5]獎飾彝倫，[6]微相弘益，賴斯而已。王者承天，休咎隨化，[7]有禮則祥瑞必降，無禮則妖孽興起。人稟五常，[8]性靈不一，有禮則陰陽合德，無禮則禽獸其心。治國立身，非禮不可。

[1]不競：即不强、不振，衰敗之意。

[2]俎豆：古代祭祀、宴饗時盛食物用的兩種禮器。此代指儒學禮制。

[3]庠序：此指官方學校。

[4]黌（hóng）塾：此指私學、私塾。

[5]名教：指以正名定分爲主的古代儒家禮教。

[6]彝倫：即綱常倫理。

[7]休咎：即善惡、吉凶。

[8]五常：一指仁、義、禮、智、信五種道德教條；一指父義、母慈、兄友、弟恭、子孝五種道德倫理。

朕受命於天，財成萬物，[1]去華夷之亂，[2]求風化之宜。戒奢崇儉，率先百辟，[3]輕傜薄賦，冀以寬弘。而積習生常，未能懲革，閭閻士庶，[4]吉凶之禮，動悉乖方，[5]不依制度。執憲之職，似塞耳而無聞，莅民之官，猶蔽目而不察。宣揚朝化，其若是乎？古人之學，且耕且養。今者民丁非役之日，農畝時候之餘，若敦以學業，勸以經禮，自可家慕大道，人希至德。豈止知禮節，識廉耻，父慈子孝，兄恭弟順者乎？始自京師，爰及州郡，宜祇朕意，勸學行禮。

[1]財成：即裁成。謂裁度以成之。財，通“裁”。

[2]華夷之亂：指漢族文化與少數民族文化的交錯雜糅。

［3］百辟：即百官。

［4］閭閻：泛指民間。

［5］乖方：即違背法度。

自是天下州縣皆置博士習禮焉。[1]

［1］博士：官名。此指州縣博士。爲各州縣的學官，掌以儒經教授州縣生徒。品階不詳。

昂在州，甚有惠政。數年，卒官。

子調，起家秘書郎，尋轉侍御史。[1]左僕射楊素嘗於朝堂見調，[2]因獨言曰："柳條通體弱，獨摇不須風。"調斂板正色曰：[3]"調信無取者，公不當以爲侍御史；調信有可取，不應發此言。公當具瞻之秋，[4]樞機何可輕發！"[5]素甚奇之。煬帝嗣位，累遷尚書左司郎。[6]時王綱不振，朝士多贓貨，[7]唯調清素守常，爲時所美。然於幹用，[8]非其所長。

［1］侍御史：官名。爲御史臺的屬官，置八人。隋初掌糾彈百官，推按獄訟，並以年長資深者一人主臺内日常事務。從七品下。隋煬帝大業五年罷其臺内職事歸於治書侍御史，而唯掌侍從糾察。正七品。

［2］左僕射：官名。參見前注"僕射"。

［3］斂板：亦作"斂版"。古代官員朝會時皆執手版，端持近身以示恭敬。　正色：即神情莊重，態度嚴肅。

［4］具瞻：語出《詩・小雅・節南山》："赫赫師尹，民具爾瞻。"鄭玄箋："此言尹氏汝居三公之位，天下之民俱視汝之所爲。"

意謂爲衆人所瞻望。後亦喻指宰輔重臣。

［5］樞機：典出《易·繫辭上》："言行，君子之樞機。"後因以喻指言語。

［6］尚書左司郎：官名。隋煬帝大業三年於尚書都省始置左右都司郎各一員，爲尚書左右丞之副貳，掌駁正違失，署覆文書及知省内宿直等事。正六品。

［7］贓貨：即用不正當手段獲取的財貨。

［8］幹用：即才幹、才能。

史臣曰：韋氏自居京兆，代有人物。世康昆季，[1]餘慶所鍾，[2]或入處禮闈，[3]或出總方岳，朱輪接軫，[4]旟旆成陰，[5]在周暨隋，勳庸並茂，盛矣！建安風韻閑雅，[6]望重當時。述恃寵驕人，終致傾敗。旦屢有惠政，肅每存誠讜。[7]雄亮名節自立，忠正見稱，謇之神情開爽，頗爲疏放。文城歷仕二朝，[8]咸見推重，獻書高祖，遂興學校，言能弘道，其利博哉！[9]

［1］昆季：即兄弟。長爲昆，幼爲季。

［2］餘慶：指祖先留給子孫後輩的德澤。

［3］禮闈：漢代尚書臺設在建禮門内，又近禁闈，故稱之爲"禮闈"。後因以代指朝廷權要機關。

［4］朱輪接軫：此喻指韋氏一門位居高官顯爵者甚多。朱輪，即用朱紅漆成的車輪，借指古代高官顯貴所乘的車子；接軫，指車輛相銜接而行，形容其多。

［5］旟旆成陰：意謂旌旗林立蔽日。此亦喻指韋氏官宦人物之多。旟旆，泛指旌旗。

［6］建安：建安郡公的省稱。此代指柳機。

［7］誠讜：忠直。

［8］文城：文城郡公的省稱。此代指柳昂。

［9］其利博哉："博"字底本、宋刻遞修本、殿本、中華本皆同，庫本作"溥"。

隋書　卷四八

列傳第十三

楊素　弟約　從父文思　文紀

楊素字處道，弘農華陰人也。[1]祖暄，[2]魏輔國將軍、諫議大夫。[3]父敷，[4]周汾州刺史，[5]没於齊。[6]素少落拓，[7]有大志，不拘小節，世人多未之知，唯從叔祖魏尚書僕射寬深異之，[8]每謂子孫曰："處道當逸群絶倫，非常之器，非汝曹所逮也。"後與安定牛弘同志好學，[9]研精不倦，多所通涉。善屬文，工草隸，頗留意於風角。[10]美鬚髯，有英傑之表。周大冢宰宇文護引爲中外記室，[11]後轉禮曹，[12]加大都督。[13]武帝親總萬機，[14]素以其父守節陷齊，未蒙朝命，上表申理。帝不許，至於再三。帝大怒，命左右斬之。素乃大言曰："臣事無道天子，死其分也。"帝壯其言，由是贈敷爲大將軍，[15]謚曰忠壯。[16]拜素爲車騎大將軍、儀同三司，[17]漸見禮遇。帝命素爲詔書，下筆立成，詞義兼美。帝嘉之，顧謂素曰："善自勉之，勿憂不富貴。"素應聲答曰："臣但恐富貴來逼臣，臣無心圖富貴。"

[1]弘農：郡名。治所在今河南靈寶市。　華陰：縣名。治所在今陝西華陰市。

[2]暄：人名。即楊暄。楊素之祖，北魏時人，官至輔國將軍、諫議大夫。事亦見《魏書》卷五八《楊播傳》、《周書》卷三四《楊敷傳》、《北史》卷四一《楊敷傳》。

[3]魏：即北魏（386—557），亦稱後魏。初都平城（今山西大同市東北），公元 494 年遷都洛陽（今河南洛陽市東北白馬寺東）。公元 534 年分裂爲東魏和西魏兩個政權。東魏（534—550）都於鄴（今河北臨漳縣西南鄴鎮東），西魏（535—557）都於長安（今陝西西安市西北郊）。　輔國將軍：官名。北魏時屬軍號官，可開府置僚佐，多用作加官。從三品。　諫議大夫：官名。北魏時爲門下省的屬官，掌侍從規諫，實則多爲虛職，常用作加官。從四品下。

[4]敷：人名。即楊敷。楊素之父，北魏末至北周時人，官至汾州刺史，北周武帝天和六年遭北齊軍圍攻，力戰被擒，尋卒於齊都鄴城。傳見《周書》卷三四、《北史》卷四一。

[5]周：即北周（557—581），都於長安（今陝西西安市西北郊）。　汾州：北周時治所在今山西吉縣。

[6]齊：即北齊（550—577），都於鄴（今河北臨漳縣西南鄴鎮東）。

[7]落拓：放浪不羈。

[8]尚書僕射：官名。西魏時爲尚書省的次官，左右各置一員，輔助長官尚書令執行政務，參議國家大政。但因尚書令不常置，尚書省政務常由左右僕射主持，僕射則成爲尚書省的實際長官，位列宰相。從二品。　寬：人名。即楊寬。楊素的從叔祖，楊暄之弟，北魏末至北周時人，西魏時官至尚書左僕射，北周時官至小冢宰。

傳見《周書》卷二二,《北史》卷四一有附傳。

[9]安定：郡名。治所在今甘肅涇川縣西北。　牛弘：人名。傳見本書卷四九、《北史》卷七二。

[10]風角：古代占卜之法。即以五音占候四方四隅之風而定吉凶。

[11]大冢宰：官名。全稱爲大冢宰卿。西魏恭帝三年（556）仿《周禮》建六官，置大冢宰卿一人，爲天官冢宰府的長官。職掌邦治，以建邦之六典輔佐皇帝治邦國。正七命。北周沿置，然其權力則因人而異，若有“五府總於天官”之命，即稱“冢宰”，能總攝百官，實爲大權在握的宰輔；若無此命，即稱“太宰”，與五卿並列，僅統本府官。　宇文護：人名。北周初期的宗室權臣，官居大冢宰，都督中外諸軍事，至北周武帝建德元年（572）被誅殺。傳見《周書》卷一一，《北史》卷五七有附傳。　中外記室：官名。全稱爲中外府記室參軍事。北周武帝保定元年（561）以大冢宰宇文護爲都督中外諸軍事，開府置官屬，其府名簡稱“中外府”，此爲宇文護控制北周朝政的權力機構。至建德元年周武帝誅殺宇文護，親總朝政，中外府則廢。中外府記室參軍事，即爲宇文護中外府所屬列曹參軍之一，掌判府内章表書記之事務。正四命。

[12]禮曹：官名。此是中外府禮曹參軍事的省稱。北周時爲宇文護中外府所屬列曹參軍之一，掌判府内禮儀事務。正四命。

[13]大都督：官名。北周時爲十一等勳官的第九等，北周府兵制中每團的長官均加此勳官名。八命。

[14]武帝：即北周武帝宇文邕。紀見《周書》卷五、六，《北史》卷一〇。

[15]大將軍：官名。此是北周贈官。正九命。

[16]謚：古代帝王、貴族、大臣、士大夫或其他有地位的人死後，據其生前業迹評定的一種帶有褒貶意義的稱號。

[17]車騎大將軍：官名。北周時屬軍號官。北周府兵制中儀同府的長官均帶此軍號官。九命。　儀同三司：官名。亦簡稱儀同。

北周時屬勳官。北周府兵制中儀同府的長官均加此勳官名，可開府置官屬。北周武帝建德四年改稱“儀同大將軍”。九命。

及平齊之役，素請率父麾下先驅。帝從之，賜以竹策，[1]曰：“朕方欲大相驅策，故用此物賜卿。”從齊王憲與齊人戰於河陰，[2]以功封清河縣子，[3]邑五百户。[4]其年授司城大夫。[5]明年，復從憲拔晋州。[6]憲屯兵鷄棲原，[7]齊主以大軍至，[8]憲懼而宵遁，爲齊兵所躡，衆多敗散。素與驍將十餘人盡力苦戰，憲僅而獲免。其後每戰有功。及齊平，加上開府，[9]改封成安縣公，[10]邑千五百户，賜以粟帛、奴婢、雜畜。從王軌破陳將吴明徹於吕梁，[11]治東楚州事。[12]封弟慎爲義安侯。[13]陳將樊毅築城於泗口，[14]素擊走之，夷毅所築。

[1]竹策：竹杖。古代帝王以此物賜予臣下，帶有鞭策勉勵臣下的寓意。

[2]齊王憲：即北周宗室親王宇文憲。傳見《周書》卷一二、《北史》卷五八。　河陰：縣名。北齊時治所在今河南孟津縣東北。

[3]清河縣子：爵名。北周時爲十一等爵的第九等。正六命。

[4]邑：也稱食邑、封邑。是古代君王封賜給有爵位之人的一種食禄制度，受封者可徵收封地内的民户租税充作食禄。魏晋以後，食邑分爲虚封和實封兩類：虚封一般僅冠以“邑”或“食邑”之名，這衹是一種榮譽性加銜，受封者並不能獲得實際的食禄收入；而實封一般須冠以“真食”“食實封”等名，受封者可真正獲得食禄收入。

[5]司城大夫：官名。全稱是司城中大夫。北周時其隸屬未詳，王仲犖引《通鑑》胡三省注云：“蓋髣髴《周官》掌固之職。”即掌

修固城郭、溝池、樹渠等事務。正五命。（參見王仲犖《北周六典》卷七《六官餘録第十三》，中華書局 1979 年版，第 514—515 頁）

［6］晉州：北齊時治所在今山西臨汾市。

［7］鷄棲原：地名。在今山西霍州市北。

［8］齊主：此指北齊後主高緯。紀見《北齊書》卷八、《北史》卷八。按，“齊主”底本、宋刻遞修本、中華本皆同，《北史》卷四一《楊素傳》亦同，但殿本、庫本作“齊王”，顯訛。

［9］上開府：官名。全稱是上開府儀同大將軍。北周武帝建德四年始置，爲十一等勳官的第五等，可開府置官屬。九命。

［10］成安縣公：爵名。北周時爲十一等爵的第六等，“命數未詳，非正九命則當是九命”（參見王仲犖《北周六典》卷八《封爵第十九》，第 548 頁）。按，“成安”各本皆同，《北史·楊素傳》亦同，但本卷下文作“安成”。

［11］王軌：人名。北周武帝建德六年官居上大將軍，奉命統率諸軍前往救援被南朝陳軍圍困的徐州總管梁士彦，結果大獲全勝，擒獲陳軍主將吴明徹。傳見《周書》卷四〇、《北史》卷六二。　陳：即南朝陳（557—589），都於建康（今江蘇南京市）。　吴明徹：人名。南朝陳將，陳宣帝太建九年（577）率軍北伐，圍攻北周徐州總管梁士彦，適逢北周遣王軌領兵來援，結果戰敗被俘，尋以憂病卒於長安。傳見《陳書》卷九、《南史》卷六六。　吕梁：山名。位於今江蘇徐州市東南。

［12］治：官制用語。通“司”，即掌管某官之職事。此處“治東楚州事”，即掌管東楚州刺史之職事。　東楚州：北齊時治所在今江蘇泗陽縣。北周建德六年攻滅北齊後改置爲泗州。

［13］慎：人名。即楊慎。楊素的次弟，楊敷的第三子，北周武帝時因楊素之功得封義安縣侯。事亦見《北史·楊素傳》《新唐書·宰相世系表一下》。　義安侯：爵名。北周時爲十一等爵的第七等。正八命。

［14］樊毅：人名。南朝陳將，陳宣帝太建九年吴明徹兵敗吕梁

之後，奉命率軍渡淮，於泗口築城，與周軍相抗，楊素率兵擊退之，所築城亦被夷平。傳見《陳書》卷三一、《南史》卷六七。　泗口：地名。在今江蘇淮安市西南泗水入淮河口。

宣帝即位，[1]襲父爵臨貞縣公，[2]以弟約爲安成公。[3]尋從韋孝寬徇淮南，[4]素別下盱眙、鍾離。[5]

[1]宣帝：即北周宣帝宇文贇。紀見《周書》卷七、《北史》卷一〇。

[2]臨貞縣公：爵名。北周時爲十一等爵的第六等。正九命或九命。

[3]約：人名。即楊約。楊素的大弟，楊敷的次子。本卷、《北史》卷四一有附傳。

[4]韋孝寬：人名。北周末年位居上柱國，官任行軍元帥，奉詔統軍略定淮南，又討滅相州總管尉遲迥之叛。傳見《周書》卷三一、《北史》卷六四。　淮南：地區名。泛指淮河以南之地。

[5]盱眙：郡名。南朝陳時治所在今江蘇盱眙縣東北。　鍾離：郡名。南朝陳時治所在今安徽鳳陽縣東。

及高祖爲丞相，[1]素深自結納，高祖甚器之，以素爲汴州刺史。[2]行至洛陽，[3]會尉迥作亂，[4]滎州刺史宇文胄據武牢以應迥，[5]素不得進。高祖拜素大將軍，[6]發河內兵擊胄，[7]破之。遷徐州總管，[8]進位柱國，[9]封清河郡公，[10]邑二千户。以弟岳爲臨貞公。[11]高祖受禪，[12]加上柱國。[13]開皇四年，[14]拜御史大夫。[15]其妻鄭氏性悍，素忿之曰："我若作天子，卿定不堪爲皇后。"鄭氏奏之，由是坐免。

［1］高祖：隋文帝楊堅的廟號。紀見本書卷一、二及《北史》卷一一。　丞相：官名。此是“左大丞相”或“大丞相”的簡稱。北周静帝大象二年（580）置左、右大丞相，以宗室親王宇文贊爲右大丞相，僅有虚名；以外戚楊堅爲左大丞相，總攬朝政。旋又去左右之號，獨以楊堅爲大丞相。楊堅由此成爲控制北周朝廷的權臣。

［2］汴州：北周時治所在今河南開封市。

［3］洛陽：城邑名。在今河南洛陽市東北白馬寺東。

［4］尉迥：人名。即尉遲迥。北周末年官任相州總管，起兵反對楊堅篡周，旋被討滅。傳見《周書》卷二一、《北史》卷六二。

［5］滎州：北周時治所在今河南滎陽市西北汜水鎮。按，“滎州”底本、宋刻遞修本、中華本皆同，《北史》卷四一《楊素傳》亦同，但殿本、庫本作“榮州”，顯訛。　宇文胄：人名。北周宗室成員，襲爵邵國公，北周末年官任滎州刺史，舉州兵響應尉遲迥之叛，楊素率軍擊破之，被擒殺。《周書》卷一〇、《北史》卷五七有附傳。　武牢：關隘名。本作“虎牢”，唐人諱改。在今河南滎陽市西北汜水鎮。

［6］大將軍：官名。北周時爲十一等勳官的第四等，可開府置官屬。正九命。

［7］河内：郡名。北周時治所在今河南沁陽市。

［8］徐州：北周時治所在今江蘇徐州市。　總管：官名。東魏孝静帝武定六年（548）始置，西魏亦置。北周明帝武成元年（559）正式改都督諸州軍事爲總管，加使持節諸軍事，總管之設乃成定制。北周總管或單任，然多兼帶刺史，故總管的職權雖以軍事爲主，實際是一軍政轄區若干州、鎮、防的最高長官。北周總管的命品史無明載，但應不低於五等州刺史的命品。隋初承繼北周之制亦置諸州總管，分上、中、下三等，品秩分別爲流内視從二品、視

正三品、視從三品，可作參考。（參見王仲犖《北周六典》卷一〇《總管府第二十五》，第623頁）

［9］柱國：官名。全稱爲柱國大將軍。北魏太武帝始置柱國，以爲開國元勳長孫嵩的加官。北魏末孝莊帝以尒朱榮有擁立之功，又特置此官以授之，位在丞相之上。西魏文帝以宇文泰有中興之功，亦置此官授之。後凡屬功參佐命、望實俱重的大臣，也得居之。至西魏大統十六年（550）以前，任此官者名義上有八人，但宗室元欣有其名而無實權，宇文泰爲最高統帥，其他六柱國則分掌禁旅，各轄二大將軍，爲府兵系統的最高長官。大統十六年以後，功臣位至柱國者愈多，遂成爲散秩，無所統御。至北周武帝時，又增置上柱國等官，形成十一等勳官之制。柱國大將軍是十一等勳官的第二等，可開府置官屬。正九命。

［10］清河郡公：爵名。北周時爲十一等爵的第五等。正九命。

［11］岳：人名。即楊岳。楊素的第三弟，楊敷的第四子。北周末年因楊素以功改封清河郡公，得襲父爵爲臨貞縣公，隋時官至萬年縣令，改封蒼山縣公。事亦見《北史·楊素傳》《新唐書·宰相世系表一下》。

［12］受禪：中國古代王朝更迭時，新皇帝承受舊皇帝讓給的帝位，即稱受禪。此指楊堅於公元581年廢北周静帝，即位稱皇帝，正式建立隋王朝。

［13］上柱國：官名。隋文帝因改北周十一等勳官之制形成十一等散實官，用以酬勤勞，無實際職掌。上柱國是隋十一等散實官的第一等，可開府置僚屬。從一品。

［14］開皇：隋文帝楊堅年號（581—600）。

［15］御史大夫：官名。爲御史臺的長官，置一員，掌國家刑憲典章之政令，糾察彈劾百官。隋初爲從三品，隋煬帝大業五年（據本書《百官志下》，而《唐六典》卷一三《御史臺》載作“大業八年”）降爲正四品。

上方圖江表，[1]先是，素數進取陳之計，未幾，拜信州總管，[2]賜錢百萬、錦千段、馬二百匹而遣之。素居永安，[3]造大艦，名曰五牙，[4]上起樓五層，高百餘尺，左右前後置六拍竿，[5]並高五十尺，容戰士八百人，旗幟加於上。次曰黄龍，[6]置兵百人。自餘平乘、舴艋等各有差。[7]及大舉伐陳，以素爲行軍元帥，[8]引舟師趣三硤。[9]軍至流頭灘，[10]陳將戚欣，[11]以青龍百餘艘、屯兵數千人守狼尾灘，[12]以遏軍路。其地險峭，諸將患之。素曰："勝負大計，在此一舉。若晝日下船，彼則見我，灘流迅激，制不由人，則吾失其便。"乃以夜掩之。素親率黄龍數千艘，銜枚而下，[13]遣開府王長襲引步卒從南岸擊欣别栅，[14]令大將軍劉仁恩率甲騎趣白沙北岸，[15]遲明而至，擊之，欣敗走。悉虜其衆，勞而遣之，秋毫不犯，陳人大悦。素率水軍東下，舟艫被江，旌甲曜日。素坐平乘大船，容貌雄偉，陳人望之懼曰："清河公即江神也。"陳南康内史吕仲肅屯岐亭，[16]正據江峽，[17]於北岸鑿岩，綴鐵鎖三條，横截上流，以遏戰船。素與仁恩登陸俱發，先攻其栅。仲肅軍夜潰，素徐去其鎖。仲肅復據荆門之延洲。[18]素遣巴蜑卒千人，[19]乘五牙四艘，以柏檣碎賊十餘艦，[20]遂大破之，俘甲士二千餘人，仲肅僅以身免。陳主遣其信州刺史顧覺，[21]鎮安蜀城，[22]荆州刺史陳紀鎮公安，[23]皆懼而退走。巴陵以東，[24]無敢守者。湘州刺史、岳陽王陳叔慎遣使請降。[25]素下至漢口，[26]與秦孝王會。[27]及還，拜荆州總管，[28]進爵郢國公，[29]邑三千户，真食長壽縣千户。[30]

以其子玄感爲儀同,[31]玄獎爲清河郡公。[32]賜物萬段,粟萬石,加以金寶,又賜陳主妹及女妓十四人。素言於上曰:“里名勝母,曾子不入。[33]逆人王誼,[34]前封於郢,[35]臣不願與之同。”於是改封越國公。[36]尋拜納言。[37]歲餘,轉内史令。[38]

[1]江表:地區名。亦稱“江南”“江外”。指長江以南地區。此借指南朝陳。

[2]信州:北周置總管府,隋初沿之。治所在今重慶奉節縣東。總管:官名。全稱是總管刺史加使持節。北周始置諸州總管,隋承繼,又有增置。總管的統轄範圍可達數州至十餘州,實爲一軍政轄區的最高長官。隋文帝在并、益、荆、揚四州置大總管,其餘州置總管。總管分上、中、下三等,品秩分别爲流内視從二品、視正三品、視從三品。

[3]永安:古城名。又名白帝城。因三國時蜀先主劉備在夷陵戰敗後退還於此,起永安宫居之,故名“永安”。故址在今重慶奉節縣東瞿塘峽口。

[4]五牙:艦船名。爲五層樓艦,高百餘尺,可容士兵八百人,置有拍竿等戰具。

[5]拍竿:亦省稱“拍”。是南北朝時期發明的一種戰具,多裝置於戰艦或兵車之上,利用杠杆和滑輪來遥擲石塊、釘板、火種等物,以摧毁敵方的船艦、城樓及其他防禦工事。按,“拍竿”各本皆同,《通鑑》卷一七六《陳紀》長城公禎明元年條亦同,但《北史》卷四一《楊素傳》作“檣竿”,當誤。

[6]黄龍:艦船名。因船身飾作黄龍而得名,可容士兵百人。

[7]平乘:大船名。又名平乘舫。《宋書·禮志五》載其形制云:“平乘舫皆平兩頭作露平形,不得擬像龍舟,悉不得朱油。”舴艋:小船名。《廣雅·釋水》王念孫疏證云:“小舟謂之舴艋,小

蝗謂之蚱蜢，義相近也。”

［8］行軍元帥：北周至隋時出征軍的統帥名。根據需要臨時差遣任命，事罷則廢。

［9］三硤：亦作“三峽”。即長江上游的瞿塘峽、巫峽和西陵峽的合稱。在今重慶和湖北境內。

［10］流頭灘：江灘名。在今湖北宜昌市西北古宜昌縣城西之長江流段。

［11］戚欣：人名。南朝陳將，隋開皇八年十二月大舉伐陳時，率領水軍數千人據守長江上游要衝狼尾灘，以阻遏隋軍沿江東下，楊素設計襲破之。事亦見《北史·楊素傳》。按，“戚欣”各本皆同，《北史·楊素傳》亦同，但《通鑑》卷一七六《陳紀》長城公禎明二年條作“戚昕”。

［12］青龍：艦船名。即青龍艦，因船身飾作青龍而得名。相傳爲三國時吴帝孫權在青浦所始造。　狼尾灘：江灘名。在今湖北宜昌市西北古宜昌縣城東之長江流段。

［13］銜枚：古代行軍時士卒横銜枚於口中，以防止喧嘩或叫喊。枚，即銜於口中的器具，形如筷子，兩端有帶，可繫於頸上。按，“銜”底本原作“御”，據宋刻遞修本、殿本、庫本、中華本改。

［14］開府：官名。全稱是開府儀同三司。爲隋十一等散實官的第六等，可開府置僚佐。正四品上。隋煬帝大業三年（607）廢十一等散實官，唯保留開府儀同三司一官，並改爲從一品，位次王公。　王長襲：人名。隋開皇八年官居開府儀同三司，部從楊素領兵伐陳。事亦見《北史·楊素傳》。

［15］大將軍：官名。爲隋十一等散實官的第四等，可開府置僚佐。正三品。　劉仁恩：人名。本書卷四六有附傳。　白沙：地名。在今湖北宜昌市西北古宜昌縣城東長江沿岸。

［16］南康：郡國名。南朝陳時治所在今江西贛州市。　内史：官名。南朝陳時爲諸王國的屬官，掌治王國民政，位同郡太守。萬

户以上王國之内史爲第六品，萬户以下王國之内史爲第七品。　吕仲肅：人名。南朝陳人，本名“吕忠肅”，隋人避諱改作“吕仲肅”或“吕肅”。南朝陳末年官任南康内史，隋開皇九年正月楊素率水軍沿江東下時，調任爲長江上游西陵峽一帶的陳軍守將，力圖阻擋隋軍東下，結果被楊素揮軍擊破，慘敗而逃。事亦見本書卷四六《張煚傳》、卷五六《宇文弼傳》，《北史》卷四一《楊素傳》、卷七五《宇文弼傳》，《陳書》卷一五《陳慧紀傳》，《南史》卷六五《陳宜黄侯慧紀傳》。　岐亭：地名。在今湖北宜昌市西北西陵峽口。

［17］江峽：此指長江上游的西陵峽。在今湖北宜昌市西北。按，“江峽”各本皆同，《北史·楊素傳》亦同，但《通鑑》卷一七七《隋紀》文帝開皇九年條作“巫峽”，胡三省注已辨其誤，斷言“吕忠肅所據者，蓋西陵峽也。當從《楊素傳》作‘江峽’爲通”。

［18］荆門：山名。在今湖北宜昌市東南長江南岸。按，“荆門”各本皆同，《通鑑》卷一七七《隋紀》開皇九年條亦同，但《北史·楊素傳》作“荆州”，疑訛。　延洲：江島名。在今湖北宜昌市東南長江中流。

［19］巴蜑：古族名。指巴郡（今重慶市）一帶的水蜑族。習於水居用舟，擅長水戰。

［20］以柏檣碎賊十餘艦：“柏檣”底本、殿本、庫本、中華本皆同，宋刻遞修本作“拍檣”，《北史·楊素傳》作“檣竿”，《通鑑》卷一七七《隋紀》文帝開皇九年條作“拍竿”。考“檣”和“檣竿”皆指船桅杆，然則此句“以柏檣（或拍檣）碎賊十餘艦”和《北史》“以檣竿碎賊十餘艦”之文義均不可解。而“拍竿”已見前注，是一種戰具，如此則《通鑑》“以拍竿碎賊十餘艦”之文義可解。且本傳上文已明載楊素所造的五牙大艦上“左右前後置六拍竿”。故可知此處“柏檣”及宋刻遞修本之“拍檣”均當是“拍竿”之訛誤，應以《通鑑》所載爲是。（參見唐華全《中華書局點校本

〈隋書〉質疑二十九則》,《河北師範大學學報》2012 年第 1 期)

[21]陳主：此指南朝陳後主陳叔寶。紀見《陳書》卷六、《南史》卷一〇。　信州：南朝陳時治所在今湖北宜昌市西北。　顧覺：人名。南朝陳末年官任信州刺史，奉命鎮守長江上游軍事重鎮安蜀城，隋開皇九年正月楊素擊破呂仲肅後，懼而退逃。事亦見《北史・楊素傳》。

[22]安蜀城：城名。在今湖北宜昌市西北西陵峽口長江南岸。

[23]荆州：南朝陳時治所在今湖北公安縣西北。　陳紀：人名。即陳慧紀的省稱。出身陳宗室，爵封宜黄縣侯，南朝陳末年官任荆州刺史，奉命鎮守長江上游要地公安，隋開皇九年正月楊素擊破呂仲肅後，懼而退逃。傳見《陳書》卷一五、《南史》卷六五。　公安：縣名。南朝陳時治所在今湖北公安縣西北。

[24]巴陵：郡、縣名。南朝陳時治所在今湖南岳陽市。

[25]湘州：南朝陳時治所在今湖南長沙市。　岳陽王：爵名。全稱是岳陽郡王。南朝陳時爲十二等爵的第一等。第一品。　陳叔慎：人名。出身陳宗室，爵封岳陽郡王，南朝陳末年官任湘州刺史，隋開皇九年正月楊素揮軍沿江東下時，懼而請降，尋又復叛，旋被隋軍討滅。傳見《陳書》卷二八、《南史》卷六五。

[26]漢口：地名。在今湖北武漢市長江與漢江交匯處。

[27]秦孝王：即隋文帝第三子楊俊。傳見本書卷四五、《北史》卷七一。

[28]荆州：隋初置大總管府。治所在今湖北荆州市。

[29]郢國公：爵名。爲隋九等爵的第三等。從一品。

[30]長壽縣：治所在今湖北鍾祥市。

[31]玄感：人名。即楊玄感。楊素的長子。傳見本書卷七〇，《北史》卷四一有附傳。　儀同：官名。全稱是儀同三司。爲隋十一等散實官的第八等，可開府置僚佐。正五品上。

[32]玄獎：人名。即楊玄獎。楊素的次子，隋開皇九年以楊素之功得襲父爵爲清河郡公，後位至上儀同三司，官至義陽太守，隋

煬帝大業九年從其兄楊玄感反，被誅殺。事亦見本書《楊玄感傳》、《北史·楊素傳》、《新唐書·宰相世系表一下》。　清河郡公：爵名。爲隋九等爵的第四等。從一品。

［33］里名勝母，曾子不入：典出《史記》卷八三《魯仲連鄒陽列傳》："臣聞盛飾入朝者不以利汙義，砥厲名號者不以欲傷行，故縣名勝母而曾子不入，邑號朝歌而墨子回車。"司馬貞《索隱》："《淮南子》及《鹽鐵論》並云里名勝母，曾子不入，蓋以名不順故也。"勝母，古地名。其今地未詳。曾子，即曾參。爲孔子的賢弟子之一，以孝聞名。詳見《史記》卷六七《仲尼弟子列傳》。

［34］王誼：人名。隋開皇五年以謀反被誅。傳見本書卷四〇，《北史》卷六一有附傳。

［35］郢：此指王誼生前的封爵郢國公。

［36］越國公：爵名。爲隋九等爵的第三等。從一品。

［37］納言：官名。爲隋門下省的長官，置二員，掌封駁制敕，參決軍國大政，是宰相之職。正三品。

［38］内史令：官名。爲内史省的長官，掌皇帝詔令出納宣行，是宰相之職。隋初内史省置監、令各一人，尋廢監，置令二人。正三品。隋煬帝大業末改内史省爲内書省，内史令遂改稱内書令。

俄而江南人李稜等聚衆爲亂，[1]大者數萬，小者數千，共相影響，殺害長吏。以素爲行軍總管，[2]帥衆討之。賊朱莫問自稱南徐州刺史，[3]以盛兵據京口。[4]素率舟師入自楊子津，[5]進擊破之。晋陵顧世興自稱太守，[6]與其都督鮑遷等復來拒戰。[7]素逆擊破之，執遷，虜三千餘人。進擊無錫賊帥葉略，[8]又平之。吴郡沈玄懀、沈傑等以兵圍蘇州，[9]刺史皇甫績頻戰不利。[10]素率衆援之，玄懀勢迫，走投南沙賊帥陸孟孫。[11]素擊孟孫於松江，[12]大破之，生擒孟孫、玄懀。黝、歙賊帥沈雪、沈能據栅自固，[13]又攻拔之。浙江賊帥高智慧自號東揚州刺史，[14]船艦千艘，屯據要害，兵甚勁。素擊之，自旦至申，苦戰而破。智慧逃入海，素躡之，從餘姚泛海趣永嘉。[15]智慧來拒戰，素擊走之，擒獲數千人。賊帥汪文進自稱天子，[16]據東陽，[17]署其徒蔡道人爲司空，[18]守樂安。[19]進討，悉平之。又破永嘉賊帥沈孝徹。[20]於是步道向天台，[21]指臨海郡，[22]逐捕遺逸寇。前後百餘戰，智慧遁守閩越。[23]

[1]李稜：人名。隋開皇十年聚衆叛亂，楊素率軍討平之。事亦見本書卷二《高祖紀下》、卷六四《麥鐵杖傳》，《北史》卷四一《楊素傳》、卷七八《麥鐵杖傳》。

[2]行軍總管：北周至隋時所置的統領某部或某路出征軍隊的軍事長官。根據需要其上還可置行軍元帥以統轄全局。屬臨時差遣任命之職，事罷則廢。

[3]朱莫問：人名。開皇十年聚衆叛亂，占據京口，自稱南徐州刺史，楊素率軍擊破之。事亦見《北史·楊素傳》。　南徐州：南朝陳時治所在今江蘇鎮江市。按，隋開皇九年平陳後，南徐州已廢，此處是叛隋者仍沿用南朝舊州名。

[4]京口：地名。在今江蘇鎮江市。

[5]楊子津：渡口名。亦作“揚子津”。在今江蘇揚州市南長江北岸。爲古代長江下游揚州至京口之間的重要津渡。按，“楊子津”底本、宋刻遞修本、中華本皆同，殿本、庫本作“揚子津”。

[6]晋陵：縣名。治所在今江蘇常州市。　顧世興：人名。開皇十年聚衆叛亂，自稱晋陵太守，楊素率軍擊破之。事亦見《北史·楊素傳》。

［7］都督：此是叛隋者所置的僞官名。其職掌、品秩未詳。　鮑遷：人名。開皇十年隨從顧世興聚衆叛亂，僞署都督，楊素率軍擊破之，被擒。事亦見《北史·楊素傳》。

［8］無錫：縣名。治所在今江蘇無錫市。　葉略：人名。隋時無錫縣人，開皇十年聚衆叛亂，楊素率軍討平之。事亦見《通鑑》卷一七七《隋紀》文帝開皇十年條。按，“葉略”各本皆同，但《北史·楊素傳》作“葉皓”。

［9］吴郡：南朝陳時治所在今江蘇蘇州市西南。按，隋開皇九年平陳後，吴郡已廢入吴縣，此處仍沿用南朝舊郡名。　沈玄懀：人名。隋時蘇州吴縣人，開皇十年聚衆叛亂，以兵圍攻蘇州，楊素率軍擊破之，被擒。事亦見本書《高祖紀下》、卷六四《魚俱羅傳》，《北史》卷一一《隋文帝紀》、卷四一《楊素傳》、卷七八《魚俱羅傳》。　沈傑：人名。隋時蘇州吴縣人，開皇十年與同鄉人沈玄懀共同聚衆叛亂，圍攻蘇州，楊素率軍擊破之。事亦見《北史·楊素傳》。　蘇州：隋開皇九年平陳後改吴州置。治所在今江蘇蘇州市西南。

［10］皇甫績：人名。傳見本書卷三八、《北史》卷七四。

［11］南沙：縣名。南朝陳時治所在今江蘇常熟市西北。按，隋開皇九年平陳後，南沙縣已改稱常熟縣，此處仍沿用南朝舊縣名。　陸孟孫：人名。隋時常熟縣人，開皇十年聚衆叛亂，楊素率軍擊破之，被擒。事亦見《北史·楊素傳》。

［12］松江：古水名。即今江蘇、上海境内的吴淞江。

［13］黝（yī）：縣名。亦作“黟”。隋開皇九年平陳後縣廢，開皇十一年復置。治所在今安徽黟縣。按，“黝”字底本、宋刻遞修本、中華本皆同，殿本、庫本作“黟”。　歙：縣名。隋開皇九年平陳後縣廢，開皇十一年復置。治所在今安徽歙縣。　沈雪：人名。開皇十一年聚衆叛亂，楊素率軍討平之。事亦見《北史·楊素傳》。　沈能：人名。隋時歙縣人，開皇十一年聚衆叛亂，楊素率軍討平之。事亦見《北史·楊素傳》。

[14]浙江：古水名。即今浙江省境内的錢塘江及其上游新安江。按，“浙江”各本皆同，但《北史·楊素傳》作“江浙”，疑誤倒。　高智慧：人名。隋時吴州會稽縣人，開皇十年聚衆叛亂，初號東揚州刺史，尋自稱天子，聲勢强勁，楊素率軍屢破之，遂入海南逃至閩越之地；至開皇十二年被泉州酋帥王國慶俘獲，獻於楊素，斬之。事亦見本書《高祖紀下》、卷三《煬帝紀上》、卷三八《皇甫績傳》、卷五三《史萬歲傳》、卷五五《杜彦傳》、卷六〇《于仲文傳》、卷六四《來護兒傳》、卷六五《李景傳》、卷六六《陸知命傳》、卷七一《劉弘傳》、卷七四《崔弘度傳》，《北史》卷四一《楊素傳》、卷七八《張奫傳》、卷七九《段達傳》。　東揚州：南朝陳時治所在今浙江紹興市。按，隋開皇九年平陳後，東揚州已改稱吴州，此處是叛隋者仍沿用南朝舊州名。又按，“揚”底本、宋刻遞修本作“楊”，今據殿本、庫本、中華本改。

[15]餘姚：縣名。南朝陳時治所在今浙江餘姚市。按，隋開皇九年平陳後，餘姚縣已併入句章縣（治所在今浙江寧波市東南），此處仍沿用南朝舊縣名。　永嘉：縣名。隋開皇九年平陳後改永寧縣置。治所在今浙江温州市。

[16]汪文進：人名。開皇十年聚衆叛亂，占據東陽，自稱天子，署置百官，楊素率軍討平之。事亦見本書《高祖紀下》、《來護兒傳》、卷八五《段達傳》，《北史》卷四一《楊素傳》、卷七八《陳稜傳》。

[17]東陽：縣名。治所在今浙江金華市。

[18]蔡道人：人名。開皇十年聚衆叛亂，後歸附汪文進，僞署爲司空，楊素率軍討平之。事亦見本書《高祖紀下》，《北史》卷一一《隋文帝紀》、卷四一《楊素傳》。　司空：此是叛隋者所置的僞官名。其職掌、品秩未詳。

[19]樂安：縣名。南朝陳時治所在今浙江仙居縣。按，隋開皇九年平陳後，樂安縣已併入臨海縣（治所在今浙江臨海市），此處仍沿用南朝舊縣名。

［20］沈孝徹：人名。開皇十年聚衆叛亂，楊素率軍擊破之。事亦見本書《高祖紀下》、《北史·隋文帝紀》及《楊素傳》。

［21］天台：山名。在今浙江天台縣東北。

［22］臨海郡：南朝陳時治所在今浙江臨海市。按，隋開皇九年平陳後，臨海郡已廢爲臨海縣，此處仍沿用南朝舊郡名。

［23］閩越：地區名。指秦漢時閩越族所居之地，即今福建北部和浙江南部一帶。

上以素久勞於外，詔令馳傳入朝。[1]加子玄感官爲上開府，[2]賜彩物三千段。[3]素以餘賊未殄，恐爲後患，又自請行。乃下詔曰："朕憂勞百姓，日旰忘食，一物失所，情深納隍。[4]江外狂狡，妄構妖逆，雖經殄除，民未安堵。猶有賊首凶魁，逃亡山洞，恐其聚結，重擾蒼生。内史令、上柱國、越國公素，識達古今，經謀長遠，比曾推轂，[5]舊著威名，宜任以大兵，總爲元帥。[6]宣布朝風，振揚威武，擒剪叛亡，慰勞黎庶，軍民事務，一以委之。"素復乘傳至會稽。[7]先是，泉州人王國慶，[8]南安豪族也，[9]殺刺史劉弘，[10]據州爲亂，諸亡賊皆歸之。自以海路艱阻，非北人所習，不設備伍。素泛海掩至，國慶遑遽，棄州而走，餘黨散入海島，或守溪洞。素分遣諸將，水陸追捕。乃密令人謂國慶曰："爾之罪狀，計不容誅。唯有斬送智慧，可以塞責。"國慶於是執送智慧，斬於泉州。自餘支黨，悉來降附，江南大定。上遣左領軍將軍獨孤陀至浚儀迎勞。[11]比到京師，問者日至。拜素子玄獎爲儀同，賜黃金四十斤，加銀瓶，實以金錢，縑三千段，馬二百匹，羊二千口，[12]

公田百頃，宅一區。代蘇威爲尚書右僕射，[13]與高熲專掌朝政。[14]

[1]傳（zhuàn）：此指驛站所備的車馬。

[2]上開府：官名。全稱是上開府儀同三司。爲隋十一等散實官的第五等，可開府置僚佐。從三品。

[3]三千：各本皆同，《北史》卷四一《楊素傳》作“八千”。

[4]納隍：語出漢代張衡《東京賦》：“人或不得其所，若己納之於隍。”後用以喻指出民於水火的迫切心情。

[5]推轂：古代帝王任命將帥時的隆重禮遇，即帝王親自爲所命將帥推車前進。此指楊素自北周以來，連續擔任出征軍將帥之職。

[6]元帥：此指行軍元帥。參見前注。

[7]會稽：縣名。治所在今浙江紹興市。

[8]泉州：隋開皇九年平陳後改豐州置。治所在今福建福州市。王國慶：人名。隋時泉州南安縣豪族，開皇十年聚衆叛亂，攻殺刺史劉弘，占據泉州，聲勢强盛；至開皇十二年楊素率軍渡海襲破之，棄州逃散，後聽楊素之令俘獻高智慧，遂得歸降，江南乃大定。事亦見本書卷二《高祖紀下》，《北史》卷一一《隋文帝紀》、卷四一《楊素傳》。

[9]南安：縣名。隋開皇九年平陳後改晋安縣置。治所在今福建泉州市西北。

[10]劉弘：人名。傳見本書卷七一、《北史》卷八五。

[11]左領軍將軍：官名。按本書《百官志下》載隋文帝朝置“左右領軍府，各掌十二軍籍帳、差科、辭訟之事。不置將軍。唯有長史、司馬”等員（《通典》卷二八《職官·左右領軍衛》所載略同）。但考本書和《北史》紀傳，隋文帝時及隋煬帝初，任左、右領軍大將軍者有高熲、宇文忻、李安、楊秀、崔彭、楊爽、賀若

弼、劉升等人，任左、右領軍將軍者有李安、楊處綱、長孫晟、史萬歲、盧賁、史祥、獨孤陀等人。由此可知，《百官志下》所云“不置將軍”當是隋初始設左右領軍府時所定之制，而稍後則與其他衛府一樣實際上各置有大將軍和將軍。左領軍將軍，當是左領軍府的次官，職掌如前《百官志下》所載，員額和品秩則當與其他各衛府將軍相同，亦爲二員，從三品。　獨孤陀：人名。亦作“獨孤陁”。本書卷七九、《北史》卷六一有附傳。　浚儀：縣名。治所在今河南開封市。

[12]二千：各本皆同，《北史·楊素傳》作“三千”。

[13]蘇威：人名。傳見本書卷四一，《北史》卷六三有附傳。　尚書右僕射：官名。隋於尚書省置左、右僕射各一人爲副貳，地位僅次於長官尚書令。但因隋代尚書令不常置，僕射則成爲尚書省的實際長官，是宰相之職。從二品。

[14]高熲：人名。傳見本書卷四一、《北史》卷七二。

素性疏而辯，高下在心，朝臣之内，頗推高熲，敬牛弘，厚接薛道衡，[1]視蘇威蔑如也。[2]自餘朝貴，多被陵轢。[3]其才藝風調，優於高熲，至於推誠體國，處物平當，有宰相識度，不如熲遠矣。

[1]薛道衡：人名。傳見本書卷五七，《北史》卷三六有附傳。

[2]蔑如：微細，没有什麽了不起。

[3]陵轢：欺壓。

尋令素監營仁壽宫，[1]素遂夷山堙谷，督役嚴急，作者多死，宫側時聞鬼哭之聲。及宫成，上令高熲前視，奏稱頗傷綺麗，大損人丁，高祖不悦。素憂懼，計無所出，即於北門啓獨孤皇后曰：[2]“帝王法有離宮别館，今天下太平，造此一宫，何足損費！”后以此理諭上，上意乃解。於是賜錢百萬緡，[3]絹三千段。

[1]仁壽宫：隋離宫名。始建於開皇十三年。位於今陜西麟游縣西天臺山上。因其凉爽宜人，且離京城不遠，故爲隋代帝王消夏避暑之所。

[2]北門：此當指隋都大興城宫城之北門。　獨孤皇后：隋文帝的皇后獨孤氏。傳見本書卷三六、《北史》卷一四。

[3]賜錢百萬緡：此句底本、殿本、庫本皆同，但宋刻遞修本、中華本“緡”作“錦”，且中華本將“錦”字斷屬下句；而《北史》卷四一《楊素傳》“緡”又作“綿”，亦斷屬下句。

十八年，突厥達頭可汗犯塞，[1]以素爲靈州道行軍總管，[2]出塞討之，賜物二千段，黄金百斤。先是，諸將與虜戰，[3]每慮胡騎奔突，皆以戎車步騎相參，轝鹿角爲方陣，[4]騎在其内。素謂人曰：“此乃自固之道，非取勝之方也。”於是悉除舊法，令諸軍爲騎陣。達頭聞之大喜，曰：“此天賜我也。”因下馬仰天而拜，率精騎十餘萬而至。素奮擊，大破之，達頭被重創而遁，殺傷不可勝計，群虜號哭而去。優詔褒揚，賜縑二萬匹，及萬釘寶帶。加子玄感位大將軍，玄獎、玄縱、積善並上儀同。[5]

[1]突厥：古族名、國名。公元六世紀初興起於今阿爾泰山西南麓，552 年在今鄂爾渾河流域建立突厥汗國，此後其勢力擴展至大漠南北，横跨蒙古高原，隋開皇二年分裂爲東、西兩部。傳見本

書卷八四、《周書》卷五〇、《北史》卷九九、《舊唐書》卷一九四、《新唐書》卷二一五。　達頭可汗：隋時西突厥的可汗，名玷厥。事見本書《突厥傳》、《北史·突厥傳》。可汗，是古代鮮卑、柔然、突厥、回紇、蒙古等民族中最高統治者的稱號。

[2]靈州道：戰區名。即以靈州（治所在今寧夏靈武市西南）爲中心而臨時劃定的作戰區域，戰罷即撤廢。

[3]虜：古時對北方少數民族或外族的蔑稱。此指突厥。

[4]鹿角：古代軍營或軍陣中所用的防禦物。即用帶枝的樹木削尖布置在營陣周圍，以阻止敵人進犯。因其形似鹿角，故名。

[5]玄縱：人名。即楊玄縱。楊素的第三子，隋開皇十八年以楊素之功位至上儀同三司，仁壽初進爵爲淮南郡公，後官至武賁郎將，隋煬帝大業九年從其兄楊玄感反，被誅殺。事亦見本書卷四三《觀德王雄傳》、卷七〇《楊玄感傳》《斛斯政傳》、卷七三《梁彦光傳》、卷七六《崔儦傳》，《北史》卷二四《崔儦傳》、卷四一《楊素傳》《楊玄感傳》、卷四九《斛斯政傳》、卷六八《楊綝傳》、卷八六《梁彦光傳》等。　積善：人名。即楊積善。楊素的第四子，隋開皇十八年以楊素之功位至上儀同三司，後官至朝請大夫，隋煬帝大業九年從其兄楊玄感反，被誅殺。事亦見本書卷四《煬帝紀下》、卷七〇《楊玄感傳》，《北史》卷一二《隋煬帝紀》、卷四一《楊素傳》《楊玄感傳》等。　上儀同：官名。全稱是上儀同三司。爲隋十一等散實官的第七等，可開府置僚佐。從四品上。

素多權略，乘機赴敵，應變無方，然大抵馭戎嚴整，有犯軍令者，立斬之，無所寬貸。每將臨寇，輒求人過失而斬之，多者百餘人，少不下十數。流血盈前，言笑自若。及其對陣，先令一二百人赴敵，陷陣則已，如不能陷陣而還者，無問多少，悉斬之。又令三二百人復進，還如向法。將士股慄，[1]有必死之心，由是戰無不勝，稱爲名將。素時貴倖，言無不從，其從素征伐者，微功必録，至於他將，雖有大功，多爲文吏所譴却。故素雖嚴忍，士亦以此願從焉。

[1]股慄：亦作“股栗”。即大腿發抖。形容恐懼之甚。

二十年，晋王廣爲靈朔道行軍元帥，[1]素爲長史。[2]王卑躬以交素。及爲太子，素之謀也。

[1]晋王廣：即楊廣。紀見本書卷三、四及《北史》卷一二。靈朔道：戰區名。即以靈州（治所在今寧夏靈武市西南）和朔州（治所在今山西朔州市）爲中心而臨時劃定的作戰區域，戰罷即撤廢。

[2]長史：此指行軍元帥府長史。爲隋時出征軍統帥屬下的幕府僚佐，位居幕府内衆幕僚之首，掌領幕府行政事務。屬臨時差遣任命之職，事罷則廢。

仁壽初，[1]代高熲爲尚書左僕射，[2]賜良馬百匹，[3]牝馬二百匹，奴婢百口。其年，以素爲行軍元帥，出雲州擊突厥，[4]連破之。突厥退走，率騎追躡，至夜而及之。將復戰，恐賊越逸，令其騎稍後。於是親將兩騎，并降突厥二人，與虜並行，不之覺也。候其頓舍未定，[5]趣後騎掩擊，大破之。自是突厥遠遁，磧南無復虜庭。[6]以功進子玄感位爲柱國，[7]玄縱爲淮南郡公。[8]賞物二萬段。

［1］仁壽：隋文帝楊堅年號（601—604）。

［2］尚書左僕射：官名。隋尚書省置左、右僕射各一人爲副貳，地位僅次於長官尚書令。但因隋代尚書令不常置，僕射則成爲尚書省的實際長官，是宰相之職。從二品。

［3］百匹：底本、殿本、庫本、中華本皆同，但宋刻遞修本及《北史》卷四一《楊素傳》作“十匹”。

［4］雲州：治所在今内蒙古和林格爾縣西北。按，“雲州”各本皆同，《北史·楊素傳》作“雲中”。

［5］頓舍：停留止息。

［6］磧南：地區名。指今蒙古高原大沙漠以南地區。　虜庭：亦作“虜廷”。古時對少數民族所建政權的貶稱。此指突厥政權。

［7］柱國：官名。爲隋十一等散實官的第二等，可開府置僚屬。正二品。

［8］淮南郡公：爵名。爲隋九等爵的第四等。從一品。

及獻皇后崩，[1]山陵制度，[2]多出於素。上善之，下詔曰：

［1］獻皇后：即隋文帝皇后獨孤氏。傳見本書卷三六、《北史》卷一四。

［2］山陵：此指古代帝王或皇后的陵墓。

君爲元首，臣則股肱，共治萬姓，義同一體。上柱國、尚書左僕射、仁壽宫大監、越國公素，[1]志度恢弘，機鑒明遠，懷佐時之略，包經國之才。王業初基，霸圖肇建，策名委質，[2]受脤出師，[3]擒剪凶魁，克平虢、鄭。[4]頻承廟算，[5]揚於江表，[6]每稟戎律，[7]長驅塞陰，[8]南指而吴、越肅清，[9]北臨而獯、獫摧服。[10]自居端揆，[11]參贊機衡，[12]當朝正色，直言無隱。論文則詞藻縱横，語武則權奇間出，既文且武，唯朕所命，任使之處，夙夜無怠。

［1］仁壽宫大監：營造和監護仁壽宫的主管官員。屬臨時差遣之職，事罷則廢。

［2］策名委質：語出《左傳》僖公二十三年："策名委質，貳乃辟也。"杜預注："名書於所臣之策。"孔穎達疏："古之仕者於所臣之人書己名於策，以明繫屬之也。"後用以指因仕宦而獻身於朝廷之事。

［3］受脤：古代出兵祭社，祭畢以社肉頒賜衆人，謂之受脤。後因以稱受命統軍爲"受脤"。

［4］虢、鄭：春秋時國名。此指虢、鄭二國所轄之地，即今河南滎陽市和新鄭市一帶。此句乃言楊素於北周末年平定滎州刺史宇文胄之亂。

［5］廟算：指朝廷或帝王對戰事進行的謀劃。

［6］揚旍：高舉軍旗。借指征戰。旍，同"旌"。

［7］戎律：軍機、軍務、軍法。

［8］塞陰：塞北。指長城邊塞以北之地。亦泛指中國北邊地區。按，"塞陰"各本皆同，《北史》卷四一《楊素傳》作"塞垣"。

［9］吴、越：春秋時國名。此指吴、越二國所轄之地，即今江浙一帶。按，此句乃言楊素平定江南各路叛軍之事。

［10］獯、獫：即獯鬻、獫狁。古代北方少數民族名。夏商時稱獯鬻，周時稱獫狁，秦漢時稱匈奴。此處借指突厥。

［11］端揆：指相位。因宰相居百官之首，總攬國政，故稱"端揆"。

［12］機衡：北斗七星中第三星天機與第五星玉衡的並稱。喻指

朝廷機要政務。

獻皇后奄離六宫，[1]遠日云及，[2]塋兆安厝，[3]委素經營。然葬事依禮，唯卜泉石，[4]至如吉凶，不由於此。素義存奉上，情深體國，欲使幽明俱泰，[5]寶祚無窮。[6]以爲陰陽之書，聖人所作，禍福之理，特須審慎。乃遍歷川原，親自占擇，纖介不善，即更尋求，志圖元吉，孜孜不已。心力備盡，人靈協贊，遂得神皋福壤，[7]營建山陵。論素此心，事極誠孝，豈與夫平戎定寇，比其功業？非唯廊廟之器，[8]實是社稷之臣，[9]若不加褒賞，何以申兹勸勵？可別封一子義康郡公，[10]邑萬户，子子孫孫，承襲不絶。餘如故。

[1]奄離：永久離開。喻指去世。　六宫：古代皇后的寢宫。因有正寢一、燕寢五，合稱六宫。

[2]遠日：指人去世後一旬以外的日子。

[3]塋兆：墓地、墳墓。　安厝：亦作“安措”。即安葬。

[4]泉石：此指山陵風水。

[5]幽明俱泰：意謂生人與鬼神皆得安寧。

[6]寶祚：指國運、帝位。按，“寶祚”各本皆同，但《北史》卷四一《楊素傳》作“永保”。

[7]神皋福壤：此指營建陵墓的風水寶地。

[8]廊廟：殿下廊屋和太廟的合稱。兩地皆爲古代君臣議政之處，故亦代指朝廷。

[9]社稷：古代帝王所祭祀的土神和穀神。後亦用作國家的代稱。

[10]義康郡公：爵名。爲隋九等爵的第四等。從一品。

并賜田三十頃，絹萬段，米萬石，金鉢一，實以金，銀鉢一，實以珠，并綾錦五百段。

時素貴寵日隆，其弟約、從父文思、弟文紀，[1]及族父异，[2]並尚書列卿。[3]諸子無汗馬之勞，位至柱國、刺史。家僮數千，後庭妓妾曳綺羅者以千數。第宅華侈，制擬宮禁。有鮑亨者，[4]善屬文，殷胄者，[5]工草隸，並江南士人，因高智慧没爲家奴。親戚故吏，布列清顯，素之貴盛，近古未聞。煬帝初爲太子，[6]忌蜀王秀，[7]與素謀之，構成其罪，後竟廢黜。朝臣有違忤者，雖至誠體國，如賀若弼、史萬歲、李綱、柳彧等，[8]素皆陰中之。若有附會及親戚，雖無才用，必加進擢。朝廷靡然，莫不畏附。唯兵部尚書柳述，[9]以帝婿之重，數於上前面折素。大理卿梁毗，[10]抗表上言，素作威作福。上漸疏忌之，後因出敕曰："僕射國之宰輔，不可躬親細務，但三五日一度向省，評論大事。"外示優崇，實奪之權也。終仁壽之末，不復通判省事。上賜王公以下射，素箭爲第一，上手以外國所獻金精盤，[11]價直鉅萬，以賜之。四年，從幸仁壽宮，宴賜重叠。

[1]文思：人名。即楊文思。楊素的從叔，楊寬之子。本卷、《北史》卷四一有附傳。　文紀：人名。即楊文紀。楊素的從叔，楊寬之子，楊文思之弟。本卷、《北史》卷四一有附傳。按，"文紀"各本皆同，《新唐書·宰相世系表一下》所載之名亦同，但《北史》卷四一《楊素傳》及《楊寬傳》均載作"紀"，岑仲勉認爲"隋、唐間二名者往往好省爲一名"（參見岑仲勉《隋書求是》，

中華書局2004年版，第94頁）。

［2］异：人名。即楊异。楊素的從叔，楊暄弟楊儉之子。傳見本書卷四六，《北史》卷四一有附傳。

［3］尚書：官名。爲尚書省六部的長官。正三品。　列卿：官名。爲九寺的長官。隋初均爲正三品，隋煬帝大業三年降光禄以下八寺卿爲從三品。

［4］鮑亨：人名。隋時江南士人，善屬文，嘗從高智慧叛亂，開皇十二年楊素平定高智慧之叛後，被没爲楊素的家奴。事亦見《北史·楊素傳》。

［5］殷胄：人名。隋時江南士人，工草隸書法，嘗從高智慧叛亂，開皇十二年楊素平定高智慧之叛後，被没爲楊素的家奴。事亦見《北史·楊素傳》。

［6］煬帝：隋煬帝楊廣。紀見本書卷三、四，《北史》卷一二。

［7］蜀王秀：即隋文帝第四子楊秀。傳見本書卷四五、《北史》卷七一。

［8］賀若弼：人名。傳見本書卷五二，《北史》卷六八有附傳。史萬歲：人名。傳見本書卷五三、《北史》卷七三。　李綱：人名。隋文帝時官至尚書右丞，楊素深惡之，屢加排抑；唐初官至禮部尚書、太子少師，爲唐代名臣。傳見《舊唐書》卷六二、《新唐書》卷九九。　柳彧：人名。傳見本書卷六二、《北史》卷七七。

［9］兵部尚書：官名。是隋尚書省所轄六部之一兵部的長官，掌全國軍衛武官選授之政令，統兵部、職方、駕部、庫部四曹。置一員，正三品。　柳述：人名。本書卷四七、《北史》卷六四有附傳。

［10］大理卿：官名。爲大理寺的長官，置一員，掌審獄，定刑名，決諸疑案。隋初爲正三品，隋煬帝大業三年降爲從三品。　梁毗：人名。傳見本書卷六二、《北史》卷七七。

［11］金精盤：水晶盤。

及上不豫，[1]素與兵部尚書柳述、黄門侍郎元巖等入閤侍疾。[2]時皇太子入居大寶殿，[3]慮上有不諱，[4]須豫防擬，[5]乃手自爲書，封出問素。[6]素録出事狀以報太子。宫人誤送上所，上覽而大恚。所寵陳貴人，[7]又言太子無禮。上遂發怒，欲召庶人勇。[8]太子謀之於素，素矯詔追東宫兵士帖上臺宿衛，[9]門禁出入，並取宇文述、郭衍節度，[10]又令張衡侍疾。[11]上以此日崩，由是頗有異論。

[1]不豫：古時天子有病的諱稱。

[2]黄門侍郎：官名。隋初於門下省置給事黄門侍郎四員，爲門下省的次官，協助長官納言掌封駁制敕，參議政令的制定，正四品上。隋煬帝大業三年去“給事”之名，但稱“黄門侍郎”，並減置二員，正四品。按，隋煬帝大業三年始改給事黄門侍郎爲黄門侍郎，而文中所述事在隋文帝仁壽末年，此時給事黄門侍郎尚未改稱，故此處稱元巖的官銜爲“黄門侍郎”欠準確，當作“給事黄門侍郎”。　元巖：人名。隋文帝末年官任給事黄門侍郎，深受文帝寵信；隋煬帝奪位時被執下獄，煬帝即位後被除名流徙南海，終被收殺。事亦見本書卷三六《宣華夫人陳氏傳》、卷四七《柳述傳》、卷八〇《華陽王楷妃傳》，《北史》卷一四《宣華夫人陳氏傳》、卷六四《柳述傳》、卷九一《華陽王楷妃傳》。按，此元巖與本書卷六二、《北史》卷七五《元巖傳》所載之元巖，並非同一人。

[3]大寶殿：殿名。爲仁壽宫中的正寢殿。

[4]不諱：死亡的委婉稱辭。

[5]須豫防擬：“豫”字底本、殿本、庫本、中華本皆同，《北史》卷四一《楊素傳》亦同，但宋刻遞修本作“預”，義同。

［6］問：底本、宋刻遞修本、庫本、中華本皆同，《北史·楊素傳》亦同，但殿本作“開”，顯訛。

［7］陳貴人：即隋文帝的寵婦宣華夫人陳氏。傳見本書卷三六、《北史》卷一四。

［8］庶人勇：即廢太子楊勇。傳見本書卷四五、《北史》卷七一。

［9］矯詔：僞造和假托皇帝的詔令。　帖：兼領、兼掌。

［10］宇文述：人名。傳見本書卷六一、《北史》卷七九。　郭衍：人名。傳見本書卷六一、《北史》卷七四。

［11］張衡：人名。傳見本書卷五六、《北史》卷七四。

漢王諒反，[1]遣茹茹天保來據蒲州，[2]燒斷河橋。[3]又遣王聃子率數萬人并力拒守。[4]素將輕騎五千襲之，潛於渭口宵濟，[5]遲明擊之，天保敗走，聃子懼而以城降。有詔徵還。初，素將行也，計日破賊，皆如所量。帝於是以素爲并州道行軍總管、河北安撫大使，[6]率衆數萬討諒。時晋、絳、吕三州並爲諒城守，[7]素各以二千人縻之而去。[8]諒遣趙子開擁衆十餘萬，[9]策絶徑路，[10]屯據高壁，[11]布陣五十里。素令諸將以兵臨之，自引奇兵潛入霍山，[12]緣崖谷而進，直指其營，一戰破之，殺傷數萬。諒所署介州刺史梁脩羅屯介休，[13]聞素至，懼，棄城而走。進至清源，[14]去并州三十里，[15]諒率其將王世宗、趙子開、蕭摩訶等，[16]衆且十萬，來拒戰。又擊破之，擒蕭摩訶。諒退保并州，素進兵圍之，諒窮蹙而降，餘黨悉平。帝遣素弟脩武公約賷手詔勞素曰：[17]

［1］漢王諒：隋文帝第五子楊諒。傳見本書卷四五、《北史》卷七一。

［2］茹茹天保：人名。爲并州大總管漢王楊諒部下屬將，隋煬帝即位初從楊諒舉兵反叛，奉命據守蒲州，楊素率軍擊敗之。事亦見本書《庶人諒傳》，《北史》卷四一《楊素傳》、卷七一《庶人諒傳》。　蒲州：治所在今山西永濟市西蒲州鎮。

［3］河橋：古橋名。故址在今陝西大荔縣東大慶關與山西永濟市西蒲州鎮之間黄河上。始建於戰國秦昭襄王五十年，其後西魏、北周、隋時皆在此連舟爲浮梁，仍名河橋，唐時改稱蒲津橋。爲古代關中通往河東的要津。

［4］王聃子：人名。爲并州大總管漢王楊諒部下屬將，隋煬帝即位初從楊諒舉兵反叛，任爲蒲州刺史，旋被楊素擊敗，以城歸降。事亦見本書《庶人諒傳》、《北史·楊素傳》及《庶人諒傳》。按，“王聃子”各本皆同，《北史·楊素傳》亦同，但本書《庶人諒傳》及《北史·庶人諒傳》均作“王聃”。

［5］渭口：地名。在今陝西潼關縣東北渭河與黄河交匯口。

［6］并州道：戰區名。即以并州（治所在今山西太原市西南古城營）爲中心而臨時劃定的作戰區域，戰罷即撤廢。　河北：即河北道。隋時在黄河中下游以北設置的軍政特區。　安撫大使：朝廷派往某地區安撫民情的使職，根據需要臨時差遣任命，事罷則廢。

［7］晋：州名。治所在今山西臨汾市。　絳：州名。治所在今山西新絳縣。　吕：州名。隋開皇十八年改汾州置。治所在今山西霍州市。

［8］二千人：底本、宋刻遞修本、中華本皆同，《北史·楊素傳》亦同，但殿本、庫本作“二千石”，顯誤。　縻：牽制、控制。

［9］趙子開：人名。爲并州大總管漢王楊諒部下屬將，隋煬帝即位初從楊諒反叛，領兵十餘萬據守高壁，楊素率軍擊破之。事亦見本書《庶人諒傳》、《北史·楊素傳》及《庶人諒傳》。

［10］栅絶徑路：在各路口築設栅欄以斷絶交通。

［11］高壁：山名。在今山西靈石縣南。

［12］霍山：在今山西霍州市東。

［13］介州：治所在今山西汾陽市。　梁脩羅：人名。爲并州大總管漢王楊諒部下屬將，隋煬帝即位初從楊諒反叛，任爲介州刺史，據守介休，旋懼楊素兵勢，棄城而逃。事亦見《北史·楊素傳》。　介休：縣名。治所在今山西介休市。

［14］清源：縣名。隋開皇十六年置，煬帝大業初廢入晋陽縣。治所在今山西清徐縣。按，"源"底本原作"原"，殿本、庫本與底本同，但宋刻遞修本、中華本及《北史·楊素傳》均作"源"。考本書《地理志》，隋時無清原縣而有清源縣，故"原"當是"源"之訛，今據宋刻遞修本、中華本及《北史·楊素傳》改。

［15］并州：北周置總管府，隋開皇二年置河北道行臺，開皇九年改置大總管府。治所在今山西太原市西南古城營。

［16］王世宗：人名。爲并州大總管漢王楊諒部下屬將，隋煬帝即位初從楊諒反叛，領兵守衛并州，楊素率軍擊破之。事亦見《北史·楊素傳》。　蕭摩訶：人名。本爲南朝陳將，隋開皇九年平陳後降隋，官任開府儀同三司，尋徙爲并州大總管漢王楊諒部下屬將，隋煬帝即位初從楊諒反叛，領兵守衛并州，楊素率軍擊破之，被擒殺。傳見《陳書》卷三一、《南史》卷六七。

［17］脩武公：爵名。全稱是脩武縣公。爲隋九等爵的第五等。從一品。

我有隋之御天下也，于今二十有四年，雖復外夷侵叛，而内難不作，修文偃武，四海晏然。朕以不天，[1]銜恤在疚，[2]號天叩地，無所逮及。朕本以藩王，謬膺儲兩，[3]復以庸虚，[4]纂承鴻業。[5]天下者，先皇之天下也，所以戰戰兢兢，弗敢失墜，况復神器之重，[6]生民之大哉！

［1］不天：意謂不爲天所護佑。

［2］銜恤在疚：指遭逢父母亡故而含哀守喪。按，“銜”底本原作“御”，顯訛，今據宋刻遞修本、殿本、庫本、中華本改。

［3］儲兩：即儲貳。指太子之位。

［4］庸虚：自謙之辭。意謂才能低下，學識淺薄。

［5］纂承：繼承。　鴻業：即大業。多指王業。按，“鴻”底本、宋刻遞修本、中華本同，殿本、庫本作“洪”。

［6］神器：代表國家政權的實物，如玉璽、寶鼎之類。借指帝位、政權。

賊諒苞藏禍心，[1]自幼而長，羊質獸心，[2]假托名譽，不奉國諱，[3]先圖叛逆，違君父之命，成莫大之罪。誑惑良善，委任姦回，[4]稱兵内侮，毒流百姓。私假署置，擅相誅戮，小加大，少凌長，民怨神怒，衆叛親離，爲惡不同，同歸於亂。朕寡兄弟，猶未忍及言，是故開關門而待寇，戢干戈而不發。朕聞之，天生蒸民，[5]爲之置君，仰惟先旨，每以子民爲念，朕豈得枕伏苫廬，[6]顛而不救也！大義滅親，《春秋》高義，周旦以誅二叔，[7]漢啓乃戮七藩，[8]義在兹乎？事不獲已，是以授公戎律，問罪太原。[9]且逆子賊臣，何代不有，豈意今者，近出家國。所歎荼毒甫爾，[10]便及此事。由朕不能和兄弟，不能安蒼生，德澤未弘，兵戈先動，賊亂者止一人，塗炭者乃衆庶。[11]非唯寅畏天威，[12]亦乃孤負付囑，薄德厚耻，愧乎天下。

［1］苞：底本、宋刻遞修本、中華本同，殿本、庫本作“包”。

［2］羊質獸心：比喻外表軟弱而内心凶險。

［3］國諱：即國喪。此指隋文帝的喪事。

［4］姦回：指奸惡邪僻之人。

［5］蒸民：即衆民、百姓。蒸，同“烝”，衆、多之意。

［6］苫廬：在親喪中所居的陋室。

［7］周旦：即周公旦。西周初期著名政治家。後世多作爲聖賢的典範。詳見《史記》卷三三《魯周公世家》。　二叔：指管叔鮮、蔡叔度。此二人在周成王時發動叛亂，被周公討滅。詳見《史記》卷三五《管蔡世家》。

［8］漢啓：即漢景帝劉啓。紀見《史記》卷一一、《漢書》卷五。　七藩：指吴王劉濞、楚王劉戊、趙王劉遂、膠西王劉卬、濟南王劉辟光、菑川王劉賢、膠東王劉雄渠七個諸侯王。漢景帝前元三年（前154），吴、楚等七國以誅晁錯爲名發動叛亂，歷三月亂平，七王皆自殺或被殺，史稱“吴楚七國之亂”。

［9］太原：縣名。治所在今山西太原市西南古城營東。此借指漢王楊諒。

［10］荼毒：悲痛。此指遭逢喪親之痛。　甫爾：初始、不久。

［11］塗炭：本指泥淖和火炭。喻指陷入灾難，遭受摧殘。

［12］寅畏：敬畏；恭敬戒懼。

公乃先朝功臣，勳庸克茂。至如皇基草創，百物惟始，便匹馬歸朝，誠識兼至。汴部、鄭州，[1]風卷秋籜，[2]荆南、塞北，[3]若火燎原，早建殊勳，夙著誠節。及獻替朝端，[4]具瞻惟允，[5]爰弼朕躬，以濟時難。昔周勃、霍光，[6]何以加也！賊乃竊據蒲州，關梁斷絶，公以少擊衆，指期平殄。高壁據嶮，抗拒官軍，公以深謀，出其不意，霧廓雲除，冰消瓦解，長驅北邁，直趣巢窟。晋陽之南，[7]蟻徒數萬，諒不量力，猶欲舉斧。[8]公以稜威外討，[9]發憤於内，忘身殉義，親當矢石。兵刃暫交，魚潰鳥散，[10]僵屍蔽野，積甲若山。諒遂守窮城，以拒鈇鉞。[11]公董率驍勇，[12]四面攻圍，使其欲戰不敢，求走無路，智力俱盡，面縛軍門。斬將搴旗，伐叛柔服，[13]元惡既除，東夏清晏，[14]嘉庸茂績，於是乎在。昔武安平趙，[15]淮陰定齊，[16]豈若公遠而不勞，速而克捷者也。朕殷憂諒闇，[17]不得親御六軍，未能問道於上庠，[18]遂使劬勞於行陣。[19]言念於此，無忘寢食。公乃建累世之元勳，執一心之確志。古人有言曰："疾風知勁草，世亂有誠臣。"公得之矣。方乃銘之常鼎，[20]豈止書勳竹帛哉！[21]功績克諧，哽歎無已。稍冷，公如宜。軍旅務殷，殊當勞慮，故遣公弟，指宣往懷。迷塞不次。[22]

[1]汴部：指汴州。州名。治所在今河南開封市。　鄭州：隋開皇元年改滎州置。治所在今河南滎陽市西北汜水鎮，隋煬帝大業初移治今河南鄭州市。按，此句乃言楊素於北周末年出任汴州刺史，討平滎州刺史宇文胄之亂事。

[2]秋籜（tuò）：即秋日的竹殼。喻指脆弱易掉落之物。按，此句意謂楊素平定宇文胄之亂猶如秋風掃落葉之勢。

[3]荆南：地區名。指古荆州一帶。亦泛指南方。　塞北：地區名。指長城邊塞以北之地。亦泛指中國北邊地區。按，此句乃言楊素率軍伐陳、平定江南各路叛軍及擊破突厥之事。

[4]獻替：即"獻可替否"的省稱。語出《左傳》昭公二十年："君所謂可而有否焉，臣獻其否以成其可。君所謂否而有可焉，臣獻其可以去其否。"意謂臣下對君主進諫，勸善規過。亦泛指議

論國事興革。　朝端：此指朝廷。

[5]具瞻：語出《詩・小雅・節南山》："赫赫師尹，民具爾瞻。"鄭玄箋："此言尹氏女居三公之位，天下之民俱視女之所爲。"意謂爲衆人所瞻望。後亦用以喻指宰輔重臣。

[6]周勃：人名。西漢名將。世家見《史記》卷五七，傳見《漢書》卷四〇。　霍光：人名。西漢昭帝時的輔政大臣。傳見《漢書》卷六八。

[7]晋陽：縣名。隋開皇十年改龍山縣置。治所在今山西太原市西南古城營。

[8]猶欲舉斧：此句底本、宋刻遞修本、中華本同，殿本、庫本作"欲猶舉斧"。

[9]稜威：威嚴、威勢。

[10]魚潰鳥散："魚"底本原作"漁"，顯訛，今據宋刻遞修本、殿本、庫本、中華本改。

[11]鈇鉞：即斫刀和大斧。爲古時腰斬、砍頭的刑具。亦泛指刑戮。

[12]董率：亦作"董帥"。即統率、領導之意。

[13]柔服：以柔德安撫已順服之人。

[14]東夏：地區名。泛指中國東部。

[15]武安：即武安君。戰國時秦將白起的封爵名。此代指白起其人。傳見《史記》卷七三。　趙：戰國時國名。初都晋陽（今山西太原市東南），後遷都邯鄲（今河北邯鄲市）。

[16]淮陰：即淮陰侯。漢初大將韓信的封爵名。此代指韓信其人。傳見《史記》卷九二、《漢書》卷三四。　齊：地區名。指春秋戰國時的齊國故地。

[17]殷憂：憂傷。此指居親喪而憂傷。　諒闇：亦作"諒陰"。古代居喪時所住的幽暗房室。亦借指居喪。多用於皇帝。

[18]上庠：古代的大學。亦爲敬養國老元勳之所。《禮記・王制》："有虞氏養國老於上庠，養庶老於下庠。"鄭玄注："上庠，右

學，大學也。”

[19]劬勞：勞累、勞苦。

[20]方：此字底本原脱，中華本與底本同，據宋刻遞修本、殿本、庫本補。　常鼎：古代宗廟中常用的青銅祭鼎，是代表國家政權和帝位的傳國重器。

[21]竹帛：即竹簡和白絹。古代初無紙，乃用竹帛書寫文字。後遂以“竹帛”代指書籍、史乘。

[22]迷塞不次：古時書信結尾用語。意謂思緒糊塗，不再詳説。

素上表陳謝曰：

臣自惟虚薄，志不及遠，州郡之職，敢憚劬勞，卿相之榮，無階覬望。然時逢昌運，王業惟始，雖涓流赴海，誠心屢竭，輕塵集岳，功力蓋微。徒以南陽里閭，豐、沛子弟，[1]高位重爵，榮顯一時。遂復入處朝端，[2]出總戎律，受文武之任，預帷幄之謀。[3]豈臣才能，實由恩澤。欲報之德，義極旻天。[4]伏惟陛下照重離之明，[5]養繼天之德，[6]牧臣於疏遠，[7]照臣以光暉，南服降枉道之書，[8]春宫奉肅成之旨。[9]然草木無識，尚榮枯候時，况臣有心，實自效無路。晝夜迴徨，[10]寢食慚惕，[11]常懼朝露奄至，[12]虚負聖慈。

[1]南陽里閭：東漢光武帝劉秀是南陽郡（今河南南陽市）人，故“南陽里閭”即指東漢皇室宗親。　豐、沛子弟：漢高祖劉邦是沛縣（今江蘇沛縣）豐邑人，故“豐、沛子弟”即指西漢皇室宗親。按，以上兩句乃楊素以兩漢皇室宗親喻指其爲隋朝皇室宗親。

［2］朝端：此指位居首席的朝臣，即尚書省的長官。

［3］帷幄：指天子決策之處或將帥的幕府軍帳。亦借指軍國機密大事。

［4］旻天：宋刻遞修本、殿本、庫本、中華本均作“昊天”，義同。

［5］重離：典出《易·離卦》：“明兩作離，大人以繼明照於四方。”孔穎達疏：“明兩作離者，離爲日，日爲明。”離卦爲離上離下相重，故以“重離”指太陽。後又以帝王喻日，因本《易·離卦》之義，以“重離”喻指帝王或太子。

［6］繼天：意謂秉承天意。

［7］牧：底本、宋刻遞修本、中華本同，殿本、庫本作“收”。

［8］南服：古代王畿以外地區分爲五服，故稱南方爲“南服”。此處乃指楊廣平陳及出鎮揚州之事。　枉道：路不順而繞道。

［9］春宮：即太子所居的東宮。亦代指太子。此處乃指楊廣被立爲太子之事。按，“春宮”底本原作“春官”，殿本、庫本與底本同，當訛，今據宋刻遞修本、中華本改。　肅成：典出《三國志》卷二《魏書·文帝紀》裴松之注引王沈《魏書》：“帝初在東宮……集諸儒於肅城門内，講論大義，侃侃無倦。”後即以“肅成”作爲太子講學處。

［10］迴徨：亦作“迴遑”。意謂游移不定，彷徨疑惑。

［11］慚惕：羞愧惶恐。

［12］朝露：早上的露水。喻指人年未及壽而早死。　奄至：忽然而至。

賊諒包藏禍心，有自來矣，因幸國哀，便肆凶逆，興兵晉、代，[1]摇蕩山東。[2]陛下拔臣於凡流，授臣以戎律，蒙心膂之寄，禀平亂之規。蕭王赤心，[3]人皆以死，漢皇大度，[4]天下争歸，妖寇廓清，豈臣之力！曲蒙使臣弟約賫詔書問勞，高旨峻筆，有若天臨，洪恩大澤，便同海運。悲欣慚懼，五情振越，[5]雖百殞微軀，無以一報。

[1]晋、代：春秋時國名。此指晋、代二國之故地，即今山西及河北西北部一帶。

[2]山東：地區名。戰國秦漢時期稱崤山或華山以東地區爲山東，魏晋南北朝隋唐時期亦稱太行山以東地區爲山東。

[3]蕭王赤心：典出《後漢書》卷一上《光武帝紀上》："蕭王推赤心置人腹中，安得不投死乎！"蕭王，光武帝劉秀稱帝之前由更始帝所封的爵名。

[4]漢皇大度：典出《漢書》卷一上《高祖紀上》："沛公西過高陽，酈食其爲里監門，曰：'諸將過此者多，吾視沛公大度。'乃求見沛公。"漢皇，指漢高祖劉邦。

[5]五情：即五内、五臟。指内心。

其月還京師，因從駕幸洛陽，[1]以素領營東京大監。[2]以平諒之功，拜其子萬石、仁行，[3]侄玄挺，[4]皆儀同三司，賫物五萬段，綺羅千匹，諒之妓妾二十人。大業元年，[5]遷尚書令，[6]賜東京甲第一區，物二千段。尋拜太子太師，[7]餘官如故。前後賞錫，不可勝計。明年，拜司徒，[8]改封楚公，[9]真食二千五百户。其年，卒官。謚曰景武，贈光禄大夫、太尉公、弘農河東絳郡臨汾文城河内汲郡長平上黨西河十郡太守。[10]給轀車，[11]班劍四十人，[12]前後部羽葆鼓吹，[13]粟麥五千石，物五千段。鴻臚監護喪事。[14]帝又下詔曰："夫銘功彝器，[15]紀德豐碑，所以垂名迹於不朽，樹風聲於没世。故楚景武公素，茂績元勳，劬勞王室，竭盡誠節，叶贊朕躬。[16]故以道邁三傑，[17]功參十亂。[18]未臻遐壽，[19]遽戢清徽。[20]春秋遞代，方綿歲祀，式播雕篆，[21]用圖勳德，可立碑宰隧，[22]以彰盛美。”素嘗以五言詩七百字贈番州刺史薛道衡，[23]詞氣宏拔，風韻秀上，亦爲一時盛作。未幾而卒，道衡歎曰：“人之將死，其言也善，豈若是乎！”有集十卷。

[1]洛陽：都邑名。在今河南洛陽市東北。隋煬帝即位初，詔令在洛陽營建東京，大業五年又改東京爲東都。

[2]營東京大監：隋煬帝所置營建東京洛陽城的主管官員。屬臨時差遣之職，事罷則廢。

[3]萬石：人名。即楊萬石。楊素的第五子，隋煬帝即位初以楊素平楊諒之功官拜儀同三司，後官至鷹揚郎將，煬帝大業九年從其兄楊玄感反，被誅殺。事亦見《北史》卷四一《楊素傳》及《楊玄感傳》。按，“萬石”各本皆同，《北史·楊素傳》及《楊玄感傳》亦同，但本書卷七〇《楊玄感傳》作“萬碩”。　仁行：人名。即楊仁行。楊素的第六子，隋煬帝即位初以楊素平楊諒之功官拜儀同三司，後官至朝請大夫，煬帝大業九年因其兄楊玄感反，被誅殺。事亦見《北史·楊素傳》及《楊玄感傳》。按，“仁行”各本皆同，《北史·楊素傳》及《楊玄感傳》亦同，但本書卷七〇《楊玄感傳》作“民行”。

[4]玄挺：人名。即楊玄挺。本爲楊素之子，因楊素弟楊約無子，遂過繼給楊約爲嗣子而稱楊素之侄。隋煬帝即位初以楊素平楊諒之功官拜儀同三司，煬帝大業九年從其兄楊玄感反，戰死於洛陽北邙山。事亦見本書本卷《楊約傳》、卷七〇《楊玄感傳》《李密傳》，《北史》卷四一《楊素傳》《楊玄感傳》《楊約傳》、卷六〇《李密傳》。

［5］大業：隋煬帝楊廣年號（605—618）。

［6］尚書令：官名。爲尚書省的長官，置一員，總領尚書省政務，是宰相之職。正二品。但隋代因其位高權重，故不常置。

［7］太子太師：官名。爲東宫三師之首，置一員，掌教諭太子。實則多爲安置退免大臣的閑職，或用作加官贈銜，皆無官屬。正二品。

［8］司徒：官名。與太尉、司空並稱爲“三公”。隋初可開府置僚佐，參議國家大事，但不久省去其府及僚佐，置於尚書都省閑坐聽政，從而失去實權，成爲榮譽性質的頭銜。正一品。

［9］楚公：爵名。全稱是楚國公。爲隋九等爵的第三等。從一品。

［10］光禄大夫：贈官。從一品。　太尉公：即太尉。此是贈官。正一品。　弘農：郡名。隋大業初改虢州置。治所在今河南靈寶市。　河東：郡名。隋大業初改蒲州置。治所在今山西永濟市西蒲州鎮。　絳郡：隋大業初改絳州置。治所在今山西新絳縣。　臨汾：郡名。隋大業初改晋州置。治所在今山西臨汾市。　文城：郡名。隋大業初改汾州置。治所在今山西吉縣。　河内：郡名。隋大業初改懷州置。治所在今河南沁陽市。　汲郡：隋大業初改衛州置。治所在今河南淇縣東。　長平：郡名。隋大業初改澤州置。治所在今山西晋城市東北高都鎮。　上黨：郡名。隋大業初改潞州置。治所在今山西長治市。　西河：郡名。隋大業初改介州置。治所在今山西汾陽市。　十郡：底本、宋刻遞修本、庫本、中華本皆同，《北史·楊素傳》亦同，但殿本作“東郡”，疑訛。

［11］轀車：亦稱轀輬車。古代的一種卧車。亦用作喪車。

［12］班劍：亦作“斑劍”。即有紋飾的劍。或以虎皮飾之，晋時以木代之，皆取裝飾燦爛之義。後用作儀仗，由武士佩持，天子以賜功臣。此指佩持班劍的武士。　四十人：各本皆同，《北史·楊素傳》作“三十人”。

［13］羽葆：古代諸侯、大臣葬禮中所使用的一種儀仗。即以鳥

羽聚於柄頭如蓋，御者持之以指引方向。　鼓吹：此指在葬禮中演奏樂曲的樂隊。

[14]鴻臚：官署名。鴻臚寺。爲隋九寺之一，掌册封諸藩、接待外使及喪葬禮儀等事務。

[15]彝器：古代宗廟常用的青銅祭器的總稱。如鍾、鼎、尊、罍、俎、豆之屬。

[16]叶（xié）贊：底本、宋刻遞修本、殿本、庫本皆同，中華本作“協贊”，義同。

[17]三傑：即三位傑出的歷史人物。或説指漢代的張良、韓信、蕭何；或説指三國時蜀國的諸葛亮、關羽、張飛。

[18]十亂：典出《尚書·泰誓》：“予有亂臣十人，同心同德。”孔穎達疏：“《釋詁》云：亂，治也。”後因以“十亂”指十個輔佐周武王治國平亂的大臣。此十人是指周公旦、召公奭、太公望、畢公、榮公、太顛、閎夭、散宜生、南宫适、文母（一説指文王之后大姒，一説指武王之妻邑姜）。

[19]遐壽：高壽、高齡。

[20]清徽：即清操。亦指清美的聲音或高雅的談吐。

[21]雕篆：此指碑刻銘文。

[22]窀隧：墓道。

[23]番州：隋文帝仁壽元年改廣州置。治所在今廣東廣州市。

素雖有建立之策，[1]及平楊諒功，然特爲帝所猜忌，外示殊禮，内情甚薄。太史言隋分野有大喪，[2]因改封於楚。[3]楚與隋同分，欲以此厭當之。[4]素寢疾之日，帝每令名醫診候，賜以上藥。然密問醫人，恒恐不死。素又自知名位已極，不肯服藥，亦不將慎，[5]每語弟約曰：“我豈須臾活耶？”[6]素負冒財貨，[7]營求産業，東、西二京，[8]居宅侈麗，朝毁夕復，營繕無已，爰及諸方都會處，邸店、水磑并利田宅以千百數，[9]時議以此鄙之。子玄感嗣，[10]別有傳。諸子皆坐玄感誅死。

［1］建立：古代立國君、皇后、太子，均可稱爲“建立”。

［2］太史：官名。即太史令。隋初爲秘書省太史曹的長官，置二員，掌天文曆法之事，從七品下。隋煬帝大業三年改太史曹爲太史監，進太史令階爲從五品。　隋：古國名。故城在今湖北隨州市南。隋文帝楊堅在北周襲父爵爲隨國公，後又進封隨國王，故稱帝時即以“隨”爲國號，視古隨國爲其帝業所基之地。又因“隨”字從“辵”部，“辵”訓“走”，有動蕩不安之意，乃去“辵”改作“隋”。　分（fèn）野：即與天上星次相對應的地域。古以十二星次的位置劃分地面上各州、國的位置，兩相對應。就天文説，稱作“分星”；就地面説，稱作“分野”。如以鶉首對應秦，鶉火對應周，壽星對應鄭，析木對應燕，星紀對應吴越，等等。古代星曆學家多以分星的變化來推測地面各分野的吉凶禍福。

［3］楚：古國名。故都在今湖北江陵縣西北紀王城。此指古楚國之地。

［4］厭當：即用迷信的方法阻止灾禍的降臨。

［5］將慎：調養保重身體。

［6］須臾：從容；優游自得。按，“須臾”底本、殿本、庫本皆同，宋刻遞修本、中華本及《北史》卷四一《楊素傳》作“須更”。

［7］負冒：底本、宋刻遞修本、中華本同，殿本、庫本作“貪冒”，義同。

［8］東、西二京：東京，參見前注“洛陽”。西京，指隋都長安大興城，在今陝西西安市及其南郊。

［9］水磑：利用水力帶動的水磨。是古時較先進的糧食加工工具。

［10］嗣：此指繼承父輩的爵位和家業，以延續香火。

約字惠伯，素異母弟也。[1]在童兒時，嘗登樹墮地，爲查所傷，[2]由是竟爲宦者。性好沉静，[3]内多譎詐，好學强記。素友愛之，凡有所爲，必先籌於約而後行之。在周末，以素軍功，賜爵安成縣公，拜上儀同三司。[4]高祖受禪，授長秋卿。[5]久之，爲邵州刺史，[6]入爲宗正少卿，[7]轉大理少卿。[8]

［1］異母弟：各本皆同，但《北史》卷四一《楊約傳》作“母弟”，疑脱“異”字。

［2］查：此指樹杈或樹木砍伐後留下的殘樁。

［3］好：底本、殿本、庫本皆同，宋刻遞修本、中華本作“如”，疑訛。

［4］上儀同三司：官名。按，據《周書》卷六《武帝紀下》、《北史》卷一〇《周武帝紀》及本書《百官志下》載，北周武帝建德四年改儀同三司爲儀同大將軍，又增置上儀同大將軍（簡稱上儀同），由此形成十一等勳官之制；至隋文帝即位後，改北周十一等勳官置爲十一等散實官，始改稱上儀同大將軍爲上儀同三司。可知北周實無“上儀同三司”之名，而祇有其舊稱“上儀同大將軍”。故此處稱楊約在北周末拜“上儀同三司”欠準確，當作“上儀同大將軍”或“上儀同”。（參見唐華全《〈隋書〉勘誤18則》，《南昌航空大學學報》2012年第2期）上儀同大將軍，爲北周十一等勳官的第七等，可開府置官屬。九命。

［5］長秋卿：官名。按，據本書《百官志中》《百官志下》及《通典》卷二七《職官·内侍省》載，隋代並無長秋卿之職。長秋卿是北齊官名，爲長秋寺的長官，置一人，以宦者充任，掌諸宫閣，統領中黄門、掖庭、晋陽宫、中山宫、園池、中宫僕、奚官等

署。從三品。隋初因革北齊官制，將北齊中侍中省和長秋寺兩個官署合併爲内侍省，置内侍二人爲内侍省的長官，亦以宦者充任，掌宫内供奉，傳宣制令，統領内尚食、掖庭、宫闈、奚官、内僕、内府等局。從四品上。故《通典》杜佑注稱："内侍即舊長秋也。"由此可知，隋初已無"長秋卿"之名，而有因改北齊長秋卿所置的"内侍"之職。故此處稱楊約在隋初被授爲"長秋卿"欠準確，當作"内侍"。（參見唐華全《〈隋書〉勘誤18則》）

[6]邵州：北周始置，隋初沿之。治所在今山西垣曲縣東南。按，"邵州"各本皆同，但《北史·楊約傳》作"鄘州"，疑訛。

[7]宗正少卿：官名。爲宗正寺的次官，協助長官宗正卿掌皇族外戚屬籍及公主邑司名帳，通判本寺事務。隋初置一員，正四品上；煬帝大業三年增置二員，降爲從四品。

[8]大理少卿：官名。爲大理寺的次官，協助長官大理卿掌刑獄之事。隋初置一員，正四品上；煬帝大業三年增置二員，降爲從四品。

時皇太子無寵，而晋王廣規欲奪宗，[1]以素幸於上，而雅信約。於是用張衡計，遣宇文述大以金寶賂遺於約，因通王意説之曰："夫守正履道，固人臣之常致，[2]反經合義，亦達者之令圖。[3]自古賢人君子，莫不與時消息，[4]以避禍患。公之兄弟，功名蓋世，當塗用事，[5]有年歲矣。朝臣爲足下家所屈辱者，可勝數哉！又儲宫以所欲不行，[6]每切齒於執政。公雖自結於人主，而欲危公者，固亦多矣。主上一旦棄群臣，[7]公亦何以取庇？今皇太子失愛於皇后，主上素有廢黜之心，此公所知也。今若請立晋王，在賢兄之口耳。誠能因此時建大功，王必鎮銘於骨髓，[8]斯則去累卵之危，[9]成太山之安也。”[10]約然之，因以白素。素本凶險，聞之大喜，乃撫掌而對曰：“吾之智思，殊不及此，賴汝起予。”約知其計行，復謂素曰：“今皇后之言，上無不用，宜因機會，早自結托，則匪唯長保榮禄，傳祚子孫；又晋王傾身禮士，聲名日盛，躬履節儉，有主上之風，以約料之，必能安天下。兄若遲疑，一旦有變，令太子用事，恐禍至無日矣。”素遂行其策，太子果廢。

［1］規欲：謀求。　奪宗：古時稱奪取嫡長子或太子之位爲“奪宗”。

［2］常致：即常志、常理。

［3］令圖：善謀；遠大的謀略。

［4］消息：變化、變通。

［5］當塗用事：意謂位居要職，執政當權。

［6］儲宫：即太子所居的宫室。亦借指太子。此代指太子楊勇。

［7］棄群臣：古時對帝王去世的委婉稱辭。

［8］鎮銘：常銘；長久銘記。按，“鎮銘”底本、宋刻遞修本、殿本、庫本皆同，《北史》卷四一《楊約傳》亦同，中華本作“鐫銘”。

［9］累卵：堆疊起來的蛋卵。比喻極其危險。

［10］太山：即今山東境内的泰山。常用以比喻安定穩固。

及晋王入東宫，引約爲左庶子，[1]改封脩武縣公，進位大將軍。及素被高祖所疏，出約爲伊州刺史。[2]入朝仁壽宫，遇高祖崩，遣約入京。[3]易留守者，[4]縊殺庶人勇，然後陳兵集衆，發高祖凶問。煬帝聞之曰：“令兄之弟，果堪大任。”即位數日，拜内史令。約有學術，兼達時務，帝甚任之。後數載，加位右光禄大夫。[5]

[1]左庶子：官名。爲太子東宫所轄門下坊的長官，置二員，掌侍從贊相，駁正啓奏，制比朝廷門下省的納言。正四品上。

[2]伊州：隋開皇初改和州置。治所在今河南汝州市。

[3]入京：底本、宋刻遞修本、中華本同，《北史》卷四一《楊約傳》亦同，但殿本、庫本作“入朝”，疑誤。

[4]留守：古代皇帝出巡或親征時，必命大臣督守京城，許以便宜行事，謂之“京城留守”；其陪京和行都亦常設留守，多以地方長官兼任。此屬臨時差遣之職，皇帝還京歸都後則罷廢。

[5]右光禄大夫：官名。屬散實官。隋初爲正二品，隋煬帝大業三年降爲從二品。

後帝在東都，令約詣京師享廟，[1]行至華陰，見其兄墓，[2]遂枉道拜哭，爲憲司所劾，[3]坐是免官。未幾，拜淅陽太守。[4]其兄子玄感，時爲禮部尚書，[5]與約恩義甚篤。既愴分離，形於顔色，帝謂之曰：“公比憂瘁，[6]得非爲叔邪？”玄感再拜流涕曰：“誠如聖旨。”帝亦思約廢立功，[7]由是徵入朝。未幾，卒，以素子玄挺後之。[8]

[1]享廟：在太廟舉行祭祀典禮。

[2]兄：各本皆同，《北史》卷四一《楊約傳》作“先”。

[3]憲司：魏晋以來對御史的别稱。

[4]淅陽：郡名。隋煬帝大業初改淅州置。治所在今河南淅川縣南。按，“淅”字底本原作“浙”，宋刻遞修本與底本同，但殿本、庫本、中華本及《北史·楊約傳》均作“淅”。考本書《地理

志》，隋時無浙陽郡而有淅陽郡，故“浙”顯爲“淅”之訛，據改。

［5］禮部尚書：官名。是尚書省所轄六部之一禮部的長官，掌禮儀、祭祀、外交、宴享等政令，統禮部、祠部、主客、膳部四曹。置一員，正三品。

［6］比：近日、近來。　憂瘁：憂傷困頓。

［7］廢立：此指廢立太子之事。

［8］後：此指過繼爲他人之子嗣，以繼承其爵位和家業，延續其香火。

文思字溫才，素從叔也。父寬，魏左僕射，周小冢宰。[1]文思在周，年十一，拜車騎大將軍、儀同三司、散騎常侍。[2]尋以父功，封新豐縣子，[3]邑五百户。天和初，[4]治武都太守。[5]十姓獠反，[6]文思討平之，復治翼州事。[7]党項羌叛，[8]文思率州兵討平之。進擊資中、武康、隆山生獠及東山獠，[9]並破之。後從陳王攻齊河陰城，[10]又從武帝攻拔晉州，以勳進授上儀同三司，改封永寧縣公，[11]增邑至千户。壽陽劉叔仁作亂，[12]從清河公宇文神舉討之，[13]戰於磚井，[14]在陣生擒叔仁。又别從王誼破賊於鯉魚栅。[15]其後累以軍功，遷果毅右旅下大夫。[16]

［1］小冢宰：官名。全稱是小冢宰上大夫。北周時爲天官冢宰府的次官，置二員，協助長官大冢宰卿掌邦治，統領本府政務。正六命。

［2］散騎常侍：官名。北周時屬散官。其命品未詳，但西魏、北齊、隋時均爲從三品，可作參考。

［3］新豐縣子：爵名。北周時爲十一等爵的第九等。正六命。

［4］天和：北周武帝宇文邕年號（566—572）。

［5］武都：郡名。北周時有兩個武都郡：一是沿襲北魏始置的武都郡，治所在今陝西寶鷄市東，至隋開皇初郡廢；二是北周新置的武都郡，治所在今甘肅隴南市東南，後改爲永都郡。文中所指當是後一個武都郡。

［6］十姓獠（lǎo）：古族名。是獠族的一支。南北朝時分布在今甘肅東南部、四川西北部、陝西西南部等地。事見《周書》卷四九、《北史》卷九五《獠傳》。

［7］翼州：北周時治所在今四川黑水縣東。

［8］党項羌：古族名。亦單稱"党項"。是西羌的一支。南北朝時分布在今青海、甘肅、四川邊緣地帶，隋唐時遷居今甘肅、寧夏、陝北一帶。傳見本書卷八三、《北史》卷九六、《舊唐書》卷一九八、《新唐書》卷二二一上。

［9］資中：郡名。北周時治所在今四川資中縣。　武康：郡名。北周時治所在今四川簡陽市西北。　隆山：郡名。北周時治所在今四川彭山縣。　生獠：古代對尚未進入州郡城邑定居而仍保持舊俗的獠人的一種蔑稱。　東山獠：古族名。是獠族的一支。南北朝時分布在今四川中西部一帶。

［10］陳王：北周宗室親王宇文純的封爵名。傳見《周書》卷一三、《北史》卷五八。　河陰城：城名。北齊時在今河南孟津縣東北。

［11］永寧縣公：爵名。北周時爲十一等爵的第六等。正九命或九命。按，"永寧"各本皆同，但《北史》卷四一《楊文思傳》作"承寧"，疑訛。

［12］壽陽：縣名。北周時治所在今山西壽陽縣。　劉叔仁：人名。北齊、北周之際壽陽縣人，北周武帝平齊之初聚衆叛亂，領兵謀襲并州城，北周并州刺史宇文神舉率軍來討，結果被楊文思生擒於陣。事亦見《北史·楊文思傳》。

［13］清河公：爵名。全稱是清河郡公。北周時爲十一等爵的第五等。正九命。　宇文神舉：人名。出身北周宗室，北周武帝建德五年從帝伐齊，攻克并州後被任爲并州刺史，其後所部土人多聚衆叛亂，遂率州兵討平之。傳見《周書》卷四〇、《北史》卷五七。

［14］磚井：地名。在今山西晋中市西北。

［15］鯉魚栅：地名。在今山西壽陽縣境内。

［16］果毅右旅下大夫：官名。北周時其隸屬、職掌未詳，王仲犖歸入"六官餘録"。正四命。（參見王仲犖《北周六典》卷七《六官餘録第十三》，第 507 頁）按，"右旅"各本皆同，《北史·楊文思傳》作"左旅"。

高祖爲丞相，從韋孝寬拒尉迥於武陟。[1]迥遣其將李雋圍懷州，[2]與行軍總管宇文述擊走之。破尉惇，[3]平鄴城，[4]皆有功，進授上大將軍，[5]改封洛川縣公。[6]尋拜隆州刺史。[7]開皇元年，進爵正平郡公，[8]加邑二千户。後爲魏州刺史，[9]甚有惠政，及去職，吏民思之，爲立碑頌德。轉冀州刺史。[10]

［1］武陟：城鎮名。北周時在今河南武陟縣。

［2］李雋：人名。北周末年爲相州總管尉遲迥的部將，從尉遲迥起兵反叛，領兵圍攻懷州，結果被宇文述、楊文思率軍擊退。事亦見本書卷六一《宇文述傳》，《北史》卷四一《楊文思傳》、卷七九《宇文述傳》。按，"雋"殿本、庫本作"巘"，宋刻遞修本、中華本及《北史·楊文思傳》作"儁"。　懷州：北周時治所在今河南沁陽市。

［3］尉惇：人名。即尉遲迥之子尉遲惇。北周末年隨同其父起兵反對楊堅篡周，旋被討滅。事亦見《周書》卷二一、《北史》卷六二《尉遲迥傳》。

［4］鄴城：都邑名。爲東魏、北齊的都城，北周相州總管府的治所，在今河北臨漳縣西南。北周静帝大象二年平定相州總管尉遲迥之叛時，城被焚毁，遂移至今河南安陽市，仍爲相州治所。

［5］上大將軍：官名。北周武帝建德四年始置，爲北周十一等勳官的第三等，可開府置官屬。正九命。

［6］洛川縣公：爵名。北周時爲十一等爵的第六等。正九命或九命。

［7］隆州：北周時治所在今四川閬中市。

［8］正平郡公：爵名。爲隋九等爵的第四等。從一品。

［9］魏州：北周大象二年分相州置，隋初沿之。治所在今河北大名縣東北。

［10］冀州：治所在今河北冀州市。

煬帝嗣位，徵爲民部尚書。[1]轉納言，改授右光禄大夫。從幸江都宫，[2]以足疾不堪趨奏，復授民部尚書，加位左光禄大夫。[3]卒官，時年七十。謚曰定。初，文思當襲父爵，自以非嫡，遂讓封於弟文紀，當世多之。[4]

［1］民部尚書：官名。隋初沿北魏、北齊之制置度支尚書，開皇三年改稱民部尚書。爲尚書省所轄六部之一民部的長官，掌全國土地、户口、賦税、錢糧之政令，統度支、民部、金部、倉部四曹。置一員，正三品。按，“民部”各本皆同，但《北史》卷四一《楊文思傳》作“户部”，當是避唐太宗李世民之諱而改。

［2］江都宫：隋行宫名。隋煬帝大業元年始建於揚州，後三游其地，並死於此。故址在今江蘇揚州市。

［3］左光禄大夫：官名。屬散實官。正二品。按，“左”各本皆同，但《北史·楊文思傳》作“右”，當訛。

［4］多：稱贊、重視。

文紀字温範，少剛正，有器局。[1]在周，襲爵華山郡公，[2]邑二千七百户。自右侍上士累遷車騎大將軍、儀同三司、安州總管長史。[3]將兵迎陳降將李瑗於齊安，[4]與陳將周法尚軍遇，[5]擊走之。以功進授開府，[6]入爲虞部下大夫。[7]高祖爲丞相，改封汾陰縣公。[8]從梁睿討王謙，[9]以功進授上大將軍。前後增邑三千户。拜資州刺史。[10]入爲宗正少卿，坐事除名。後數載，復其爵位，拜熊州刺史，[11]改封上明郡公。[12]除宗正卿，[13]兼給事黄門侍郎，判禮部尚書事。[14]仁壽二年，遷荆州總管。歲餘，卒官，時年五十八。謚曰恭。

［1］器局：即器量、度量。

［2］華山郡公：爵名。北周時爲十一等爵的第五等。正九命。

［3］右侍上士：官名。北周時爲天官府左右宫伯曹的屬官，與左侍上士對置，位居該曹左右中侍上士之下，同掌宫寢内部禁衛之事。正三命。　安州：西魏、北周時置總管府。治所在今湖北安陸市。　總管長史：官名。北周時爲諸州總管府的上佐官，位居府中衆屬官之首，協助總管統領府中政務。其命品史無明載，但北周諸州府的長史按州等級分爲六命至四命五個等級，故諸州總管府長史的命品亦應與五等州長史的命品略同。

［4］李瑗：人名。本爲南朝陳將，駐守齊安郡，陳宣帝時以郡投降北周，由楊文紀接應北歸。事亦見《北史》卷四一《楊紀傳》。按，“李瑗”各本皆同，《北史·楊紀傳》作“王瑗”。　齊安：郡名。南朝陳時治所在今湖北武漢市新洲區。

［5］周法尚：人名。傳見本書卷六五、《北史》卷七六。

［6］開府：官名。全稱是開府儀同三司，北周武帝建德四年改稱開府儀同大將軍。屬勳官。北周府兵制中二十四軍的每軍長官均加此勳官名，可開府置官屬。九命。

［7］虞部下大夫：官名。北周時爲地官府虞部曹的長官，置一員，掌山澤苑囿及草木種植、鳥獸繁育、時蔬薪炭供給等事務。正四命。

［8］汾陰縣公：爵名。北周時爲十一等爵的第六等。正九命或九命。

［9］梁睿：人名。傳見本書卷三七，《北史》卷五九有附傳。王謙：人名。北周末年官任益州總管，起兵反對楊堅篡周，旋被討滅。傳見《周書》卷二一，《北史》卷六〇有附傳。

［10］資州：北周時治所在今四川資中縣。

［11］熊州：治所在今河南宜陽縣西。

［12］上明郡公：爵名。爲隋九等爵的第四等。從一品。

［13］除：官制用語。即拜官、授職。　宗正卿：官名。爲宗正寺的長官，置一員，掌皇族外戚屬籍及公主邑司名帳。隋初爲正三品，隋煬帝大業三年降爲從三品。

［14］判：官制用語。即以本官署理他官之職事。此處“判禮部尚書事”，即以本官宗正卿署理禮部尚書之職事。

史臣曰：楊素少而輕俠，俶儻不羈，[1]兼文武之資，包英奇之略，志懷遠大，以功名自許。高祖龍飛，[2]將清六合，[3]許以腹心之寄，每當推轂之重。掃妖氛於牛斗，[4]江海無波，摧驍騎於龍庭，[5]匈奴遠遁。[6]考其夷凶靜亂，功臣莫居其右，覽其奇策高文，足爲一時之傑。然專以智詐自立，不由仁義之道，阿諛時主，高下其心，營構離宮，陷君於奢侈，謀廢冢嫡，[7]致國於傾危。終使宗廟丘墟，[8]市朝霜露，[9]究其禍敗之源，實乃素之由也。幸而得死，子爲亂階，墳土未乾，闔門殂戮，[10]丘隴發掘，[11]宗族誅夷。則知積惡餘殃，[12]信非徒語。多行無禮必自及，其斯之謂歟！約外示温柔，内懷狡笇，[13]爲蛇畫足，[14]終傾國本，[15]俾無遺育，宜哉！

[1]俶（tì）儻：卓異不凡，豪爽灑脱。

[2]龍飛：典出《易·乾》："飛龍在天，利見大人。"孔穎達疏："若聖人有龍德，飛騰而居天位。"後遂以"龍飛"喻指帝王的興起或即位。

[3]六合：即天地四方。亦指天下。

[4]牛斗：即二十八宿中的牛宿和斗宿。牛、斗二宿屬十二星次中的星紀，而星紀所對應的分野是吴越，故此"牛斗"即代指吴越之地。按，此句乃言楊素平定江南各路叛軍之事。

[5]龍庭：亦作"龍廷"。漢時匈奴單于祭祀天地鬼神之所。後亦借指匈奴和其他北邊少數民族國家。此處借指隋時突厥所控制的地區。按，此句乃言楊素擊破突厥之事。

[6]匈奴：古族名。戰國至秦漢時期游牧於大漠南北的廣大地區，後逐漸衰落西遷或被漢化。此處借指突厥。

[7]冢嫡：即嫡長子。此指皇太子。

[8]丘墟：亦作"丘虚"。即廢墟、荒地。形容荒凉殘破。

[9]市朝：即市場和朝廷。此處偏指朝廷。　霜露：形容存在時間短促。

[10]殂：底本、宋刻遞修本、中華本同，殿本、庫本作"葅"。

[11]丘隴：亦作"丘壟"。即墳墓。

[12]積惡餘殃：語出《易·坤》："積不善之家，必有餘殃。"意謂累積惡行，必給子孫後代留下禍害。

［13］筭：底本、宋刻遞修本、殿本、庫本皆同，中華本作“算”，義同。

［14］爲蛇畫足：典出《戰國策·齊策二》所載“畫蛇争飲”的故事。後因以“爲蛇畫足”比喻做事節外生枝，不但無益，反而害事。

［15］國本：古代特指確定皇位繼承人，確立太子爲“國本”。

隋書　卷四九

列傳第十四

牛弘

牛弘字里仁，安定鶉觚人也，[1]本姓尞氏。[2]祖熾，[3]郡中正。[4]父允，[5]魏侍中、工部尚書、臨涇公，[6]賜姓爲牛氏。弘初在襁褓，有相者見之，謂其父曰："此兒當貴，善愛養之。"及長，鬚貌甚偉，性寬裕，好學博聞。在周，[7]起家中外府記室、内史上士。[8]俄轉納言上士，[9]專掌文翰，甚有美稱。加威烈將軍、員外散騎侍郎，[10]修起居注。[11]其後襲封臨涇公。宣政元年，[12]轉内史下大夫，[13]進位使持節、大將軍、儀同三司。[14]

[1]安定：郡名。治所在今甘肅涇川縣西北。　鶉觚：縣名。治所在今甘肅靈臺縣。

[2]尞：各本皆同，但《北史》卷七二《牛弘傳》、《新唐書·宰相世系表五上》作"遼"。

［3］熾：人名。即寮熾，亦稱牛熾。牛弘之祖，北魏時人，官至安定郡中正。事亦見《北史・牛弘傳》。

［4］郡中正：官名。北魏時沿襲魏晋以來的九品中正制，於地方各郡置中正官，以籍屬本郡且才業並重的京官兼任，職掌本郡内選舉事務，評品人才優劣，爲吏部選授官員提供參考依據。中正官無固定品階，地位視其本官而定。

［5］允：人名。即寮允，亦稱牛允。牛弘之父，西魏時人，官至侍中、工部尚書，爵封臨涇縣公。事亦見《周書》卷三七《裴文舉傳》、《北史・牛弘傳》、《新唐書・宰相世系表五上》。按，“允”各本皆同，《周書・裴文舉傳》及《新唐書・宰相世系表五上》亦同，但《北史・牛弘傳》作“元”，疑訛。

［6］魏：即北魏（386—557），亦稱後魏。初都平城（今山西大同市東北），公元494年遷都洛陽（今河南洛陽市東北白馬寺東）。公元534年分裂爲東魏和西魏兩個政權。東魏（534—550）都於鄴（今河北臨漳縣西南鄴鎮東），西魏（535—557）都於長安（今陝西西安市西北郊）。　侍中：官名。北魏時爲門下省的長官，是宰相之職，但西魏、北周時多用作大臣加官，無實際職掌，遂成散職。正三品。　工部尚書：官名。西魏時爲尚書省所轄工部的長官，掌百工、屯田、山澤之政令。置一員，正三品。　臨涇公：爵名。全稱是“臨涇縣公”。西魏時爲十一等爵的第三等。從一品。按，“臨涇”各本皆同，《北史・牛弘傳》亦同，但《新唐書・宰相世系表五上》作“臨淮”，疑訛。

［7］周：即北周（557—581），都於長安（今陝西西安市西北郊）。

［8］起家：官制用語。即從家中徵召出來，始授以官職。　中外府記室：官名。全稱是中外府記室參軍事。北周武帝保定元年（561），以大冢宰宇文護爲都督中外諸軍事，開府置官屬，府名簡稱“中外府”，此爲宇文護控制北周朝政的權力機構。至建德元年（572），周武帝誅殺宇文護，親總朝政，中外府則廢。中外府記室

參軍事，即爲宇文護中外府所屬列曹參軍之一，掌判府内章表書記之事務。正四命。　内史上士：官名。全稱是小内史上士。北周時爲春官府内史曹的屬官，掌草擬皇帝詔令，參修國志及起居注。置二員，正三命。

［9］納言上士：官名。北周武帝保定四年改天官府御伯曹爲納言曹，置納言上士爲該曹屬官，掌駁正制敕。正三命。

［10］威烈將軍：官名。北周時屬軍號官，無具體職掌，多用作加官。正三命。　員外散騎侍郎：官名。北周時屬散官。分左右置，均爲正三命。

［11］起居注：即皇帝的言行録。兩漢時由宫内修撰，魏晋以後設官專修。凡與皇帝有關的朝廷大事皆按日記載，以供修撰國史所據。

［12］宣政：北周武帝宇文邕年號（578）。

［13］内史下大夫：官名。全稱是小内史下大夫，亦簡稱小内史。北周初爲春官府内史曹的次官，北周宣帝大象元年（579）增置内史上大夫爲該曹長官，原長官内史中大夫退居副貳，小内史下大夫遂退爲屬官。其職掌是協助該曹長官撰寫皇帝詔令，參議刑罰爵賞及軍國大事，並修撰國史及起居注。置二員，正四命。

［14］使持節：魏晋南北朝至隋時，凡重要軍政長官出鎮或出征，均加使持節、持節、假節等頭銜，以表示其權力和尊崇，使持節可誅殺二千石以下官吏。後逐漸變成一種榮譽性質的官銜，非軍政長官而地位尊崇的朝官亦可加此銜。　大將軍、儀同三司：此處“大將軍”和“儀同三司”兩個官名有誤。考北周官制，大將軍是十一等勳官的第四等，正九命；儀同三司是十一等勳官的第八等，九命。按常理，兩個不同等級的勳官不可能同時並列授予同一個人，其排序更不應出現前官高而後官低的情况，故此處所記“大將軍、儀同三司”必有誤。且據《周書》卷六《武帝紀下》、《北史》卷一〇《周武帝紀》載，北周武帝建德四年已改稱儀同三司爲儀同大將軍，而文中所述事在宣政元年，距改稱已過去三年，故此時仍

舊稱“儀同三司”亦欠準確。造成上述疑誤有兩種可能：最大一種可能是“大將軍”誤倒，“三司”是衍文，應將“大將軍、儀同三司”合併删改爲“儀同大將軍”一個勳官名，如此既可避免兩個勳官同時並授的矛盾，又可避免“儀同三司”欠準確之嫌。再檢《周書·裴文舉傳》末載：“又有安定寮允，本姓牛氏……允子弘……宣政中，内史下大夫、儀同大將軍。”此稱牛弘在宣政年間所任勳官正是“儀同大將軍”，這亦可爲上述考釋提供有力的佐證。也正因如此，《北史·牛弘傳》就删掉“大將軍”三字，而衹保留“儀同三司”一個勳官名。另一種可能是按北周授官之例，凡授儀同三司者一般多於其前帶有車騎大將軍（九命）或驃騎大將軍（九命）兩種軍號官名，故此處所記“大將軍”也有可能是“車騎大將軍”或“驃騎大將軍”之脱文，但若如此，則下文所記“儀同三司”仍欠準確。（參見唐華全《中華書局點校本〈隋書〉質疑二十九則》，《河北師範大學學報》2012 年第 1 期）

開皇初，[1]遷授散騎常侍、秘書監。[2]弘以典籍遺逸，上表請開獻書之路，曰：

[1]開皇：隋文帝楊堅年號（581—600）。

[2]散騎常侍：官名。隋初爲門下省的屬官，置四員，掌陪從朝值，獻納得失，實則爲閑散虚職，多用作加官。從三品。隋煬帝大業三年（607）罷廢。　秘書監：官名。爲秘書省的長官，置一員，掌圖書經籍、天文曆法之事，統領著作、太史二曹。隋初爲正三品，隋煬帝大業三年降爲從三品，後又改稱秘書令。

經籍所興，由來尚矣。爻畫肇於庖羲，[1]文字生於蒼頡，[2]聖人所以弘宣教導，博通古今，揚於王庭，肆於時夏。[3]故堯稱至聖，猶考古道而言，舜其大智，尚觀古人之象。《周官》,[4]外史掌三皇五帝之書,[5]及四方之志。武王問黄帝、顓頊之道,[6]太公曰:[7]"在《丹書》。"[8]是知握符御曆,[9]有國有家者,曷嘗不以《詩》《書》而爲教,[10]因禮樂而成功也。

[1]爻畫:即《易》卦。因《易》卦均由陽爻和陰爻兩種符號組合而成,有八卦及六十四卦之變化,故稱《易》卦爲爻畫。 庖羲:亦稱"伏羲""庖犧""太昊"。古代傳説中人類的始祖,位列三皇之一。相傳其始畫八卦,又教民漁獵,取犧牲以供庖厨,因稱庖犧或庖羲。

[2]蒼頡:亦作"倉頡"。古代傳説中漢文字的創造者。或以爲是黄帝時代的史官。

[3]時夏:此指遠古時代的華夏民族。

[4]《周官》:即《周禮》的别稱。相傳爲周公所作,實爲戰國時儒家搜集周代官制和戰國時各國制度,比附儒家政治理想彙編而成的一部著作,爲儒家經典之一。

[5]外史:官名。周代掌宣京畿以外地區之王令,管理文獻檔案及四方地志。 三皇:遠古傳説中的三位帝王。所指説法不一。 五帝:遠古傳説中的五位帝王。所指説法不一。

[6]武王:即周武王姬發。西周開國君主。詳見《史記》卷四《周本紀》。 黄帝:遠古傳説中的帝王名。號軒轅氏,亦號有熊氏。傳説是中原各族的共同祖先。因以土德而王,土色黄,故稱黄帝。事見《史記》卷一《五帝本紀》。 顓頊:遠古傳説中的帝王名,號高陽氏。傳説是黄帝之孫。事見《史記·五帝本紀》。

[7]太公:即太公望。又名姜尚、吕尚。周文王、武王時的元勳大臣,以功封於齊國。詳見《史記》卷三二《齊太公世家》。

[8]《丹書》:即《洛書》的别稱。傳説夏禹治水時,有洛水神龜負丹書而出,夏禹取法以作《尚書·洪範》"九疇",後世儒

家遂稱“九疇”之文爲《洛書》或《丹書》。

［9］握符御曆：意謂握有受命於天的符命，控有頒行曆法的權力。喻指帝王承天命而登位，君臨天下。

［10］《詩》：即《詩經》的簡稱。相傳是孔子删定而成的一部上古詩歌總集，爲儒家經典之一。　《書》：即《尚書》的簡稱。相傳是孔子編選而成的一部上古文獻著作彙編，爲儒家經典之一。

昔周德既衰，[1]舊經紊棄。孔子以大聖之才，開素王之業，[2]憲章祖述，[3]制《禮》刊《詩》，[4]正五始而修《春秋》，[5]闡十翼而弘《易》道。[6]治國立身，作範垂法。及秦皇馭宇，[7]吞滅諸侯，任用威力，事不師古，始下焚書之令，行偶語之刑。[8]先王墳籍，掃地皆盡。本既先亡，從而顛覆。臣以圖讖言之，[9]經典盛衰，信有徵數。[10]此則書之一厄也。漢興，改秦之弊，敦尚儒術，建藏書之策，置校書之官，屋壁山巖，往往間出。外有太常、太史之藏，[11]内有延閣、秘書之府。[12]至孝成之世，[13]亡逸尚多，遣謁者陳農求遺書於天下，[14]詔劉向父子讎校篇籍。[15]漢之典文，於斯爲盛。及王莽之末，[16]長安兵起，[17]宫室圖書，並從焚燼。此則書之二厄也。光武嗣興，[18]尤重經誥，未及下車，[19]先求文雅。於是鴻生鉅儒，繼踵而集，懷經負帙，不遠斯至。肅宗親臨講肄，[20]和帝數幸書林，[21]其蘭臺、石室，[22]鴻都、東觀，[23]秘牒填委，更倍於前。及孝獻移都，[24]吏民擾亂，圖書縑帛，皆取爲帷囊。所收而西，裁七十餘乘，屬西京大亂，[25]一時燔蕩。此則書之三厄也。魏文代漢，[26]更集經典，皆藏在秘書、内外三閣，[27]遣秘書郎鄭默删定舊文。[28]時之論者，美其朱紫有别。[29]晋氏承之，文籍尤廣。晋秘書監荀勖定魏《内經》，[30]更著《新簿》。[31]雖古文舊簡，猶云有缺，新章後録，鳩集已多，足得恢弘正道，訓範當世。屬劉、石憑陵，[32]京華覆滅，[33]朝章國典，[34]從而失墜。此則書之四厄也。永嘉之後，[35]寇竊競興，因河據洛，[36]跨秦帶趙。[37]論其建國立家，雖傳名號，憲章禮樂，[38]寂滅無聞。劉裕平姚，[39]收其圖籍，五經子史，[40]纔四千卷，皆赤軸青紙，文字古拙。僭僞之盛，[41]莫過二秦，[42]以此而論，足可明矣。故知衣冠軌物，[43]圖畫記注，播遷之餘，[44]皆歸江左。[45]晋、宋之際，[46]學藝爲多，齊、梁之間，[47]經史彌盛。宋秘書丞王儉，[48]依劉氏《七略》，[49]撰爲《七志》。[50]梁人阮孝緒，[51]亦爲《七録》。[52]總其書數，三萬餘卷。及侯景渡江，[53]破滅梁室，秘省經籍，[54]雖從兵火，其文德殿内書史，[55]宛然猶存。蕭繹據有江陵，[56]遣將破平侯景，收文德之書，及公私典籍，重本七萬餘卷，悉送荆州。[57]故江表圖書，[58]因斯盡萃於繹矣。及周師入郢，[59]繹悉焚之於外城，所收十纔一二。此則書之五厄也。後魏爰自幽方，[60]遷宅伊、洛，[61]日不暇給，經籍闕如。周氏創基關右，[62]戎車未息。[63]保定之始，[64]書止八千，後加收集，方盈萬卷。高氏據有山東，[65]初亦採訪，驗其本目，殘缺猶多。及東夏初平，[66]獲其經史，四部重雜，[67]三萬餘卷。所益舊書，五千而已。

［1］周德：指周代的德治。亦指周代的五行命符火德。

［2］素王：指具有帝王之德而未居帝王之位者。後亦專用爲孔子之號。

［3］憲章祖述：意謂效法和闡發前人的德行及其學説。

［4］《禮》：即《儀禮》的簡稱，亦稱《禮經》或《士禮》。相傳爲孔子所制訂的上古禮制彙編，爲儒家經典之一。後亦泛指《周禮》《儀禮》《禮記》三部言禮之書，合稱“三禮”，均爲儒家經典著作。

［5］五始：《春秋》紀事，始以元年、春、王、正月、公即位等五事，謂之“五始”。《漢書》卷六四下《王褒傳》：“共惟《春秋》法五始之要，在乎審己正統而已。”顔師古注：“元者，氣之始；春者，四時之始；王者，受命之始；正月者，正教之始；公即位者，一國之始，是爲五始。”　《春秋》：相傳是孔子據魯史修訂而成的一部編年體史書，叙事極簡，用字意寓褒貶，爲儒家經典之一。

［6］十翼：指《易》的《上彖》《下彖》《上象》《下象》《上繫》《下繫》《文言》《説卦》《序卦》《雜卦》十篇傳文，相傳爲孔子所作，總稱“十翼”。翼，即輔助之意。　《易》：即《周易》的簡稱，亦稱《易經》。相傳伏羲畫其卦，文王作其辭，孔子作其傳，爲儒家經典之一。

［7］秦皇：指秦始皇嬴政。紀見《史記》卷六。

［8］偶語之刑：秦始皇頒行的一種嚴刑酷法，規定凡民相聚議論或竊竊私語者皆罪之，處以斬首棄市。

［9］圖讖：古代方士儒生編造的關於帝王受命徵驗一類的圖書，多爲神秘的隱語或預言。此處借指天意符命。

［10］徵數：即天命徵驗之數。

［11］太常：官署名。西漢時爲九寺之一，掌宗廟禮儀，兼掌太學，選試博士。　太史：官署名。西漢時屬太常，掌天文曆法，兼掌國家典籍和史書修撰。

［12］延閣：西漢宫内藏書之所。　秘書：即秘書閣，亦稱秘室。西漢宫内藏書之所。

［13］孝成：西漢第九代皇帝劉驁的謚號。紀見《漢書》卷一〇。

［14］謁者：官名。西漢時爲光禄勳的屬官，掌賓贊受事，傳宣詔令。秩比六百石。　陳農：人名。西漢成帝時官任謁者，奉命出使搜求天下遺書。事見《漢書》卷一〇《成帝紀》、卷三〇《藝文志》。

［15］劉向：人名。西漢成帝時官任光禄大夫，奉詔校閲群書，撰成《别録》，爲中國目録學之祖。後其子劉歆又繼承父業，總校群書，撰成《七略》。傳見《漢書》卷三六。

［16］王莽：人名。西漢末年以外戚專掌朝政，公元8年篡漢稱帝，改國號爲新，公元23年緑林軍攻入長安時被殺。傳見《漢書》卷九九。

［17］長安：西漢都城名。故址在今陝西西安市西北郊。

［18］光武：東漢開國皇帝劉秀的謚號。紀見《後漢書》卷一。

［19］下車：典出《禮記·樂記》："武王克殷，反商，未及下車，而封黄帝之後於薊。"後遂稱皇帝初即位或官吏到任爲"下車"。

［20］肅宗：東漢章帝劉炟的廟號。紀見《後漢書》卷三。　講肄：指講學的館舍。

［21］和帝：即東漢和帝劉肇。東漢第四代皇帝。紀見《後漢書》卷四。

［22］蘭臺：東漢殿中藏書之所，由御史中丞掌管。　石室：東漢國家收藏圖書檔案之所，由太史令掌管。

［23］鴻都：東漢朝廷藏書之所。因在皇城鴻都門内，故名。　東觀：東漢洛陽南宫内觀名。漢明帝時詔令班固等史臣在此修撰國史《漢記》，章、和二帝時將此設爲皇宫藏書之府。

［24］孝獻：東漢末代皇帝劉協的謚號。紀見《後漢書》卷九。

移都：此指漢獻帝初平元年（190），受董卓挾持，從洛陽遷都長安。

［25］西京：即長安。漢獻帝西遷時的都城。在今陝西西安市西北郊。

［26］魏文：即魏文帝曹丕。三國時曹魏的開國皇帝。紀見《三國志》卷二。

［27］秘書：官署名。指秘書監。曹魏時掌管國家圖書檔案。　内：此指内閣。曹魏改漢秘書閣稱作内閣，爲宫内藏書之所，由宦官掌管。　外：此指外臺。曹魏改漢蘭臺稱作外臺，爲殿廷藏書之所，由御史掌管。

［28］秘書郎：官名。曹魏時爲秘書監的屬官，職掌圖書整理與收藏之事務。第六品。　鄭默：人名。曹魏時官任秘書郎，奉命校定皇家圖書，撰成《魏中經簿》。《晋書》卷四四有附傳。

［29］朱紫有别：語出《晋書·鄭默傳》：“（默）考核舊文，删省浮穢，中書令虞松謂曰：‘而今而後，朱紫别矣。’”意謂經過鄭默整理之後，圖書的正邪好壞遂有所區别。朱，指正、善；紫，指邪、惡。

［30］秘書監：官名。晋時爲秘書監的長官，掌圖書經籍之事。第三品。　荀勗：人名。西晋時官任秘書監，奉詔整理皇家圖書，在鄭默《魏中經簿》的基礎之上，又撰成《中經新簿》。傳見《晋書》卷三九。　《内經》：本作《中經》，亦稱《魏中經簿》，牛弘因避隋文帝父楊忠之諱而改“中”爲“内”。該書是曹魏秘書郎鄭默奉校皇家圖書時所編寫的一部目録學著作。

［31］《新簿》：全稱是《中經新簿》，亦稱《晋中經簿》。該書是晋秘書監荀勗依據鄭默《魏中經簿》而編寫的一部目録學著作，首創甲、乙、丙、丁四部分類法。

［32］劉：指劉淵。匈奴人，十六國時漢國的開國君主。載記見《晋書》卷一〇一，《魏書》卷九五有附傳。　石：指石勒。羯人，十六國時後趙的開國君主。載記見《晋書》卷一〇四、一〇五，傳

見《魏書》卷九五。　憑陵：意謂侵犯肆虐，横行猖獗。

［33］京華：京城的美稱。此指西晋都城洛陽（今河南洛陽市）。

［34］國：底本、宋刻遞修本、庫本、中華本皆同，殿本作“闕”。

［35］永嘉：西晋懷帝馬司熾年號（307—313）。

［36］河：指黄河。　洛：指洛水，即今河南洛河。按，此處以河、洛二水泛指中原一帶。

［37］秦：春秋戰國時國名。此指古秦國之地，即今陜西及甘肅東南部一帶。　趙：戰國時國名。此指古趙國之地，即今山西中部、河北西南部一帶。

［38］憲章：即典章制度。

［39］劉裕：人名。東晋末期的執政大臣，南朝劉宋的開國皇帝。紀見《宋書》卷一至三、《南史》卷一。　姚：指姚泓。羌人，十六國時後秦的末代君主，公元417年被東晋劉裕攻滅。載記見《晋書》卷一一九，《魏書》卷九五有附傳。按，“姚”字各本皆同，《北史》卷七二《牛弘傳》亦同，《册府元龜》卷六〇三《學校部·奏議》引牛弘奏表“姚”下有“泓”字。

［40］五經：即《詩》《書》《易》《禮》《春秋》五部儒家經典的合稱。此處泛指四部圖書分類中的經部。　子史：指四部圖書分類中的子部和史部。

［41］僭僞：越禮不軌。亦指割據一方的非正統的王朝政權。

［42］二秦：指十六國時期的前秦和後秦兩個王朝政權。按，“二秦”底本、宋刻遞修本、中華本同，《册府元龜》卷六〇三《學校部·奏議》引牛弘奏表亦同，但殿本、庫本作“三秦”。

［43］衣冠軌物：指古代的文明禮教制度。

［44］播遷：流離遷徙。

［45］江左：地區名。亦稱江東。指長江下游以東地區。此處代指東晋南朝政權。

［46］宋：即南朝宋（420—479），都於建康（今江蘇南京市）。

［47］齊：即南朝齊（479—502），都於建康（今江蘇南京市）。　梁：即南朝梁（502—557），都於建康（今江蘇南京市）。

［48］秘書丞：官名。南朝宋時爲秘書監的次官，置一員，協助長官秘書監掌圖書經籍之事，總判本府日常事務。第六品。　王儉：人名。南朝宋時官任秘書丞，素好讀書，校勘古籍，依據劉歆《七略》的體例撰成《七志》。傳見《南齊書》卷二三，《南史》卷二二有附傳。

［49］劉氏：此指劉歆。參見前注“劉向”。　《七略》：西漢劉歆編撰的一部圖書分類目録著作。包括輯略、六藝略、諸子略、詩賦略、兵書略、術數略、方技略七略，故名。

［50］《七志》：南朝宋秘書丞王儉依據《七略》體例而編撰的一部圖書分類目録著作。包括經典志、諸子志、文翰志、軍書志、陰陽志、術藝志、圖譜志七志，後附佛經録、道經録，實爲九類。

［51］阮孝緒：人名。南朝梁武帝時人，隱居不仕，遍覽群書，博采宋、齊以來公私圖書記録，撰成《七録》。傳見《梁書》卷五一、《南史》卷七六。

［52］《七録》：南朝梁處士阮孝緒參考《梁文德殿五部目録》而編成的一部圖書分類目録著作。包括經典録、紀傳録、子兵録、文集録、術技録、佛法録、仙道録七録，故名。

［53］侯景：人名。本爲東魏鎮守河南的大將，公元547年以地降梁，次年發動叛亂，渡江攻破建康城，梁武帝被幽而死，後遂興兵横行三吴，四處攻戰，並於公元551年在建康自立稱帝，翌年被梁將陳霸先、王僧辯率軍攻破，逃亡時被部下殺死。史稱其發動的這場叛亂爲“侯景之亂”。傳見《梁書》卷五六、《南史》卷八〇。

［54］秘省：官署名。全稱是秘書省。南朝梁武帝時改前朝秘書監置爲秘書省，掌管國家圖書檔案之事。

［55］文德殿：南朝梁時皇宫内的殿名。梁武帝時爲宫内藏書之府。

［56］蕭繹：人名。南朝梁武帝之子。侯景之亂時據守江陵，公元 552 年派大將陳霸先、王僧辯率軍東下攻滅侯景，旋即在江陵自立稱帝，是爲梁元帝。紀見《梁書》卷五、《南史》卷八。　江陵：縣名。南朝梁時治所在今湖北荆州市。因梁元帝在此即位稱帝，後遂建爲梁都城。

［57］荆州：南朝梁時治所在今湖北荆州市。

［58］江表：地區名。亦稱“江南”“江外”。泛指長江以南地區。

［59］郢：古邑名。春秋戰國時爲楚國的都城，故址在今湖北荆州市。此處借指南朝梁元帝時的都城江陵。

［60］幽方：即北方。此指北魏初期的統治中心代北地區，即今山西大同市一帶。

［61］遷宅：此指遷都。　伊、洛：古水名。即今河南境内的伊河和洛河。此處代指位於伊、洛河流域的洛陽，北魏孝文帝時遷都於此。

［62］周氏：此指北周。　關右：地區名。亦稱“關中”“關内”。秦至唐時指函谷關或潼關以西、隴阪以東、終南山以北地區。

［63］戎車：即兵車。亦代指戰事、戰争。

［64］保定：北周武帝宇文邕年號（561—565）。

［65］高氏：北齊皇室的姓氏。此處借用爲朝代名，指北齊（550—577），都於鄴（今河北臨漳縣西南鄴鎮東）。　山東：地區名。戰國秦漢時期稱崤山或華山以東地區爲山東，魏晋南北朝隋唐時期亦稱太行山以東地區爲山東。

［66］東夏：地區名。泛指中國東部。此處代指北齊。

［67］四部：中國古代圖書分類名稱，即甲、乙、丙、丁或經、史、子、集四部。

今御書單本，合一萬五千餘卷，部帙之間，仍有殘缺。比梁之舊目，止有其半。至於陰陽河洛之篇，[1]醫方圖譜之説，彌復爲少。臣以經書，自仲尼已後，迄于當今，年逾千載，數遭五厄，興集之期，屬膺聖世。伏惟陛下受天明命，君臨區宇，功無與二，德冠往初。自華夏分離，彝倫攸斁，[2]其間雖霸王遞起，[3]而世難未夷，欲崇儒業，時或未可。今土宇邁於三王，[4]民黎盛於兩漢，有人有時，正在今日。方當大弘文教，納俗升平，而天下圖書尚有遺逸，非所以仰協聖情，流訓無窮者也。臣史籍是司，寢興懷懼。昔陸賈奏漢祖云"天下不可馬上治之"，[5]故知經邦立政，在於典謨矣。[6]爲國之本，莫此攸先。今秘藏見書，亦足披覽，但一時載籍，須令大備。不可王府所無，私家乃有。然士民殷雜，求訪難知，縱有知者，多懷吝惜，必須勒之以天威，[7]引之以微利。若猥發明詔，[8]兼開購賞，則異典必臻，觀閣斯積，[9]重道之風，超於前世，不亦善乎！伏願天監，[10]少垂照察。

[1]河洛：即"河圖洛書"的簡稱。古代儒家關於《周易》卦形來源及《尚書·洪範》"九疇"創作過程的傳説。《易·繫辭上》："河出圖，洛出書，聖人則之。"據漢儒孔安國、劉歆等解説，伏羲時有龍馬出於黄河，馬背有旋毛如星點，稱作龍圖，伏羲取法以畫八卦生蓍法。夏禹治水時有神龜出於洛水，龜背上有裂紋，紋如文字，夏禹取法而作《尚書·洪範》"九疇"。古代認爲"河圖洛書"是帝王聖者受命之祥瑞。此處用以泛指五行八卦之類的書籍。

[2]彝倫：即常理、倫理。　斁（dù）：敗壞。

［3］霸王：古稱有天下者爲王，諸侯之長爲霸。後用以泛指成就霸業或王業之人。

［4］三王：指夏、商、周三代開國之君。具體所指説法不一：或説是夏禹、商湯、周武王；或説是夏禹、商湯、周文王。

［5］陸賈：人名。漢初名臣，官至太中大夫，曾向漢高祖提出不可單靠武力治天下，主張以文治天下，著有《新語》一書。傳見《史記》卷九七、《漢書》卷四三。　漢祖：即漢高祖劉邦。紀見《史記》卷八、《漢書》卷一。

［6］典謨：《尚書》中《堯典》《舜典》和《大禹謨》《臯陶謨》等篇的並稱，爲《尚書》的兩種體例。後用以泛指儒家經典法言。

［7］天威：指帝王的威嚴或朝廷的聲威。

［8］猥發：廣泛發布。

［9］斯：底本、宋刻遞修本、中華本同，《北史》卷七二《牛弘傳》及《册府元龜》卷六〇三《學校部·奏議》引牛弘奏表亦同，但殿本、庫本作“所”，疑訛。

［10］監：底本、宋刻遞修本、中華本同，殿本、庫本作“鑒”，義同。

上納之，於是下詔，獻書一卷，賚縑一匹。一二年間，篇籍稍備。進爵奇章郡公，[1]邑千五百户。[2]

［1］奇章郡公：爵名。爲隋九等爵的第四等，從一品。

［2］邑：也稱食邑、封邑。是古代君王封賜給有爵位之人的一種食禄制度，受封者可徵收封地内的民户租税充作食禄。魏晋以後，食邑分爲虚封和實封兩類：虚封一般僅冠以“邑”或“食邑”之名，這衹是一種榮譽性加銜，受封者並不能獲得實際的食禄收入；而實封一般須冠以“真食”“食實封”等名，受封者可真正獲

得食禄收入。

三年，拜禮部尚書，[1]奉敕修撰五禮，[2]勒成百卷，行於當世。弘請依古制修立明堂，[3]上議曰：

[1]禮部尚書：官名。是尚書省所轄六部之一禮部的長官，掌禮儀、祭祀、外交、宴享等政令，統禮部、祠部、主客、膳部四曹。置一員，正三品。

[2]五禮：古代的五種禮制，即吉禮、凶禮、軍禮、賓禮、嘉禮。按，中華本於“五禮”一詞標有書名號，但據本書《經籍志二》，隋初牛弘奉敕修撰的百卷禮制書名爲《隋朝儀禮》，可知此處“五禮”是指該書的内容構成，而非其書名，故不當加書名號。

[3]明堂：古代帝王宣明政教的地方。凡朝會、祭祀、慶賞、選士、養老、教學等大典，都在此舉行。

竊謂明堂者，所以通神靈，感天地，出教化，崇有德。《孝經》曰：[1]“宗祀文王於明堂，[2]以配上帝。”《祭義》云：[3]“祀于明堂，教諸侯孝也。”黄帝曰合宫，[4]堯曰五府，[5]舜曰總章，[6]布政興治，由來尚矣。《周官·考工記》曰：“夏后氏世室，[7]堂修二七，[8]廣四修一。”鄭玄注云：[9]“修十四步，[10]其廣益以四分修之一，則堂廣十七步半也。”“殷人重屋，[11]堂修七尋，[12]四阿重屋。”[13]鄭云：“其修七尋，廣九尋也。”“周人明堂，度九尺之筵，[14]南北七筵，[15]五室，凡室二筵。”鄭云：“此三者，或舉宗廟，[16]或舉王寢，[17]或舉明堂，互言之，明其同制也。”馬融、王肅、干寶所注，[18]與鄭亦異，今不具出。漢司徒馬宮議云：[19]“夏后氏世室，室顯於堂，故命以室。殷人重屋，屋顯於堂，故命以屋。周人明堂，堂大於夏室，故命以堂。夏后氏益其堂之廣百四十四尺，周人明堂，以爲兩序間大夏后氏七十二尺。”[20]若據鄭玄之説，則夏室大於周堂，如依馬宮之言，則周堂大於夏室。後王轉文，周大爲是。但宮之所言，未詳其義。此皆去聖久遠，禮文殘缺，先儒解説，家異人殊。鄭注《玉藻》亦云：[21]“宗廟路寢，與明堂同制。”《王制》曰：[22]“寢不逾廟。”明大小是同。今依鄭玄注，每室及堂，止有一丈八尺，四壁之外，四尺有餘。若以宗廟論之，祫享之時，[23]周人旅酬六尸，[24]并后稷爲七，[25]先公昭穆二尸，[26]先王昭穆二尸，[27]合十一尸，三十六王，[28]及君北面行事於二丈之堂，[29]愚不及此。若以正寢論之，便須朝宴。據《燕禮》：[30]“諸侯宴，則賓及卿大夫脱屨升坐。”[31]是知天子宴，則三公九卿並須升堂。[32]《燕義》又云：[33]“席，小卿次上卿。”[34]言皆侍席。止於二筵之間，豈得行禮？若以明堂論之，[35]總享之時，[36]五帝各於其室。[37]設青帝之位，須於木室之内，[38]少北西面。太昊從食，[39]坐於其西，近南北面。祖宗配享者，[40]又於青帝之南，稍退西面。丈八之室，神位有三，加以簠簋籩豆，[41]牛羊之俎，[42]四海九州美物咸設，[43]復須席上升歌，[44]出樽反坫，[45]揖讓升降，亦以隘矣。據兹而説，近是不然。

［1］《孝經》：孔子的後學門徒所作的一部儒家經典。漢代列爲“七經”之一。

［2］宗祀：專指對祖宗的祭祀。亦泛指各種祭祀。　文王：即周文王姬昌。詳見《史記》卷四《周本紀》。

［3］《祭義》：《禮記》的篇名。

［4］合宫：相傳爲黄帝的明堂之名。

［5］五府：相傳爲堯的明堂之名。後亦用指其他朝代的明堂或明堂中的五室。

［6］總章：相傳爲舜的明堂之名。後亦用作明堂的西向室之名，取“西方總成萬物而章明之”之意。

［7］夏后氏：亦稱“夏氏”“夏后”。指禹受舜禪而建立的夏王朝。　世室：夏朝的宗廟之名。或説是夏朝的明堂之名。按，“世室”各本皆同，《北史》卷七二《牛弘傳》作“代室”，乃唐人避唐太宗李世民之諱而改。

［8］修：即長、長度。　二七：即十四。

［9］鄭玄：人名。東漢經學家，嘗遍注群經。傳見《後漢書》卷三五。

［10］十四：底本、宋刻遞修本、中華本同，《北史·牛弘傳》、《册府元龜》卷五八四《掌禮部·奏議》引牛弘奏議亦同，但殿本、庫本作“四十”，誤倒。　步：古代長度單位。歷代定制不一，周制以八尺爲步，秦制以六尺爲步，漢制以營造尺五尺爲步。

［11］殷：本爲古都邑名。在今河南安陽市小屯村。後世因商王盤庚遷都於殷，遂以“殷”代稱商朝。　重屋：即兩重檐之屋。亦爲商代天子用以宣明政教的大廳堂之名，或説是商代的王宫正堂。

［12］尋：古代長度單位。多以八尺爲尋，亦有以七尺或六尺爲尋者。

［13］四阿：指屋宇四邊的檐霤，可使水從四面流下。

［14］筵：即席位。古代常以筵度堂，每筵多爲一丈，亦有每筵爲九尺者。

［15］南北：底本、宋刻遞修本、庫本、中華本皆同，《北史·牛弘傳》、《册府元龜》卷五八四《掌禮部·奏議》引牛弘奏議亦同，但殿本作“南面”，當誤。

［16］宗廟：古代帝王、諸侯祭祀祖宗的廟宇。

［17］王寢：亦稱“正寢”“路寢”。古代帝王、諸侯治事宴享的正廳堂。

［18］馬融：人名。東漢經學家。傳見《後漢書》卷六〇上。　王肅：人名。三國時曹魏經學家。傳見《三國志》卷一三。　干寶：人名。晋代經學家。傳見《晋書》卷八二。

［19］司徒：官名。西漢時全稱是大司徒。漢哀帝元壽二年（前1）改丞相爲大司徒，與大司馬、大司空並列爲三公，掌國家土地和民政教化，佐天子理萬機，是宰相之職。秩萬石。　馬宫：人名。西漢經學家，漢平帝時官至大司徒。傳見《漢書》卷八一。

［20］兩序：此指明堂東、西兩端的墻壁。

［21］《玉藻》：《禮記》的篇名。

［22］《王制》：《禮記》的篇名。

［23］祫享：亦稱“祫祭”“祫祀”。古代天子諸侯集合遠近祖先神主於太祖廟所舉行的大合祭。

［24］旅酬：即祭禮完畢後衆親賓一起宴飲，相互敬酒。此處泛指祭祀。　六尸：指上溯六代祖先之神主。尸，即神主。或指祭祀時代死者受祭之人，或指神主牌位。

［25］后稷：周人的始祖，名棄。相傳虞舜命之爲農官，教民耕稼，故稱“后稷”。事見《史記》卷四《周本紀》。

［26］先公：此指后稷之後、太王之前的不窋至太公諸盩十一代周人先祖。　昭穆：古代宗廟中神主的排列次序。始祖居中，以下父、子遞爲昭穆，分居左右，左爲昭，右爲穆。

［27］先王：此指周文王之祖太王、父王季兩代周人先祖。

［28］三十六王：此指周文王以下兩周歷代君王天子。按，“王”字底本、殿本、庫本皆同，但宋刻遞修本、中華本、《北

史·牛弘傳》、《册府元龜》卷五八四《掌禮部·奏議》引牛弘奏議均作“主”。

［29］行事：此指舉行祭祀。

［30］《燕禮》：《儀禮》的篇名。

［31］卿大夫：官名。指卿和大夫兩等高級官員。周制天子及諸侯之官皆有卿、大夫、士三等，各等又分上、中、下三級。

［32］三公：官名。周制以太師、太傅、太保爲三公，掌論道經邦，燮理陰陽。一説是以司馬、司徒、司空爲三公。　九卿：官名。周制以三孤（少師、少傅、少保）和六卿（冢宰、司徒、宗伯、司馬、司寇、司空）爲九卿，三孤佐三公論道，六卿掌治六官之屬。

［33］《燕義》：《禮記》的篇名。

［34］小卿：官名。周制天子及諸侯皆有卿，分上、中、下三級，最尊貴者稱爲“上卿”或“大卿”，第三級卿則稱爲“下卿”或“小卿”。

［35］若：底本、宋刻遞修本、中華本同，《北史·牛弘傳》、《册府元龜》卷五八四《掌禮部·奏議》引牛弘奏議亦同，但殿本、庫本作“者”，疑訛，或將“者”字斷屬上句亦可通。

［36］總享：古代天子諸侯集合五方天帝、遠古聖賢五帝以及祖先神主於明堂所舉行的大合祭。

［37］五帝：此指東、西、南、北、中五方之天帝。古代以五方天帝與五色、五行相配合，五帝各有其名，各尚一色，各居一方，各主一行。青帝（亦稱蒼帝）名曰靈威仰，居東方，主木行；赤帝名曰赤熛怒，居南方，主火行；黄帝名曰含樞紐，居中央，主土行；白帝名曰白招拒，居西方，主金行；黑帝名曰汁光紀（亦作叶光紀），居北方，主水行。古代天子諸侯於明堂祭祀五方天帝時，則青帝居東向室，室名“青陽”，以太昊（伏羲）陪從受祭；赤帝居南向室，室名“明堂”，以炎帝（神農）陪從受祭；黄帝居中央之室，室名“太室”，以黄帝（軒轅）陪從受祭；白帝居西向室，

室名“總章”，以少昊（摯）陪從受祭；黑帝居北向室，室名“玄堂”，以顓頊（高陽）陪從受祭。

［38］木：底本原作“太”，宋刻遞修本、殿本、庫本與底本同，中華本據《册府元龜》卷五八四《掌禮部·奏議》引牛弘奏議改作“木”，《北史·牛弘傳》亦作“木”，當是，今從改。

［39］從食：即陪從受祭。古代天子諸侯祭祀五方天帝時，則以遠古聖賢五帝陪從受祭，稱爲“從食”。

［40］配享：亦作“配饗”。即袝祀、合祭。古代天子諸侯祭祀五方天帝時，亦以祖先神主配袝合祭，稱爲“配享”。

［41］簠簋籩豆：古代祭祀和宴享時用以盛放五穀、饌肴的四種禮器。按，“籩”底本原作“邊”，中華本與底本同，今據宋刻遞修本、殿本、庫本、《北史·牛弘傳》、《册府元龜》卷五八四《掌禮部·奏議》引牛弘奏議改。又，“籩豆”《北史·牛弘傳》作“豆籩”。

［42］俎：古代祭祀和宴享時用以陳置牛、羊、豕三牲體或其他食物的禮器。

［43］四海：古代以爲中國四境有四海環繞，各按方位爲東海、南海、西海和北海。但亦因時而異，説法不一。後遂以“四海”代指全中國。　九州：古代分中國爲九州。後以“九州”泛指天下或全中國。

［44］上：底本原作“工”，宋刻遞修本、殿本、庫本與底本同，中華本據《北史·牛弘傳》及《册府元龜》卷五八四《掌禮部·奏議》引牛弘奏議改作“上”，當是，今從改。

［45］出樽反坫：古代祭祀和宴享時，酒樽放置在兩楹間，凡獻酬敬酒皆自樽南位置而出，稱作“出樽”；獻酬敬酒完畢後，把空酒樽放還於兩楹間的土臺之上，稱作“反坫”。坫，即位於兩楹間樽南之處的土築平臺。出樽和反坫，皆爲古代天子諸侯祭祀神主或宴享貴賓時的隆重禮儀。按，“坫”底本原作“玷”，據宋刻遞修本、殿本、庫本、中華本、《北史·牛弘傳》、《册府元龜》卷五八

四《掌禮部·奏議》引牛弘奏議改。

案劉向《别録》及馬宫、蔡邕等所見，[1]當時有《古文明堂禮》《王居明堂禮》《明堂圖》《明堂大圖》《明堂陰陽》《太山通義》《魏文侯孝經傳》等，並説古明堂之事。其書皆亡，莫得而正。今《明堂月令》者，鄭玄云："是吕不韋著，[2]《春秋十二紀》之首章，[3]禮家鈔合爲記。"蔡邕、王肅云："周公所作。"[4]《周書》内有《月令》第五十三，[5]即此也。各有證明，文多不載。束晳以爲夏時之書。[6]劉瓛云：[7]"不韋鳩集儒者，尋于聖王月令之事而記之。不韋安能獨爲此記？"今案不得全稱周書，[8]亦未可即爲秦典，其内雜有虞、夏、殷、周之法，皆聖王仁恕之政也。蔡邕具爲章句，[9]又論之曰："明堂者，所以宗祀其祖以配上帝也。夏后氏曰世室，殷人曰重屋，周人曰明堂。東曰青陽，南曰明堂，西曰總章，北曰玄堂，内曰太室。[10]聖人南面而聽，向明而治，人君之位莫不正焉。故雖有五名，而主以明堂也。制度之數，各有所依。堂方一百四十四尺，坤之策也，[11]屋圓楣徑二百一十六尺，乾之策也。[12]太廟明堂方六丈，[13]通天屋徑九丈，[14]陰陽九六之變，[15]且圓蓋方覆，九六之道也。八闥以象卦，[16]九室以象州，十二宫以應日辰。三十六户，七十二牖，以四户八牖乘九宫之數也。[17]户皆外設而不閉，示天下以不藏也。通天屋高八十一尺，黄鍾九九之實也。[18]二十八柱布四方，四方七宿之象也。堂高三尺，以應三統，[19]四向五色，各象其行。水闊二十四丈，象二十四氣，於外，以象四海。王者之大禮也。”觀其模範天地，[20]則象陰陽，[21]必據古文，義不虛出。今若直取《考工》，不參《月令》，青陽總章之號不得而稱，九月享帝之禮不得而用。漢代二京所建，[22]與此説悉同。

［1］《别録》：西漢成帝時劉向校理皇家圖書而編撰的一部目録學著作。　蔡邕：人名。東漢經學家。傳見《後漢書》卷六〇下。

［2］吕不韋：人名。戰國末年官任秦國相國，嘗招集門客編著《吕氏春秋》。傳見《史記》卷八五。

［3］《春秋十二紀》：即《吕氏春秋》（亦稱《吕覽》）中的“十二紀”。《吕氏春秋》是戰國末年秦相吕不韋集合門客共同編寫的一部雜家著作。全書分爲十二紀、八覽、六論，共一百六十篇。内容以儒、道思想爲主，兼及名、法、墨、農、陰陽等家之言。該書十二紀分記十二月令事，後禮家抄合十二紀之首章而成爲《禮記·月令篇》，鄭玄以爲《明堂月令》即出自於此。

［4］周公：即周公旦。西周初期著名政治家。後世儒家多遵奉爲聖賢。詳見《史記》卷三三《魯周公世家》。

［5］《周書》：此是《逸周書》的原名或簡稱。全書共有《克殷》《度邑》《月令》《作洛》等七十一篇，多數出於戰國時儒者搜集或摹擬周代誥誓訓命之作，爲儒家重要典籍之一。蔡邕、王肅以爲《明堂月令》即出自《逸周書·月令篇》。

［6］束皙：人名。西晋經學家。傳見《晋書》卷五一。

［7］劉瓛：人名。南朝宋、齊時經學家。傳見《南齊書》卷三九、《南史》卷五〇。

［8］不得全稱周書：中華本於“周書”一詞標有書名號，但據上下文意，此處“周書”當作“周代之書”講，與上文“夏時之

書”、下文“秦典”對稱，而非書名，故不當加書名號。

［9］章句：即剖章析句。古代經學家解説經義的一種方式。亦泛指書籍注釋。按，此句乃言蔡邕爲《明堂月令》作注，撰成《明堂月令章句》一書。

［10］内：本作“中”，牛弘因避隋文帝父楊忠之諱而改作“内”。

［11］坤：《易》卦名。爲八卦和六十四卦之一。於天地中象徵地，於陰陽中象徵陰，於男女中象徵女，於方圓中象徵方，含義甚廣。按，“坤”底本原作“巛”，宋刻遞修本、殿本、庫本與底本同，二者乃古今字之别，據中華本及《册府元龜》卷五八四《掌禮部·奏議》引牛弘奏議改。

［12］乾：《易》卦名。爲八卦和六十四卦之一。於天地中象徵天，於陰陽中象徵陽，於男女中象徵男，於方圓中象徵圓，含義甚廣。

［13］太廟：古代帝王的祖廟。此處指明堂中央之室，即太室。明堂：此處指明堂的南向室。

［14］通天屋：即明堂上面一層的圓形九室之屋。

［15］九六：《易·乾卦》“初九”孔穎達疏：“七爲少陽，八爲少陰，質而不變，爲爻之本體；九爲老陽，六爲老陰，文而從變，故爲爻之别名。”後因以“九六”泛指陰陽、柔剛、方圓等屬性。

［16］八闥：此指明堂外面向八方的八牖（窗），象徵八卦。

［17］九宫：古代術數家所指的九個方位。《易》緯家有“九宫八卦”之説，即離、艮、兑、乾、坤、坎、震、巽八卦之宫，加上中央宫，共爲九宫。醫家又有“九宫八風”之説，即《靈樞經》卷一一《九宫八風》所云：“立秋二，玄委，西南方；秋分七，倉果，西方；立冬六，新洛，西北方；夏至九，上天，南方；招摇，中央；冬至一，叶蟄，北方；立夏四，陰洛，東南方；春分三，倉門，東方；立春八，天留，東北方。”

［18］黄鍾：古樂律名。爲十二律中的第一律。律長九寸，九九

相乘，可變生八十一宫聲之數。黄鍾是音之本，即今所謂的標準音。自黄鍾而始，愈上音愈高，愈下音愈低，故又稱爲“清濁之衷”。

[19]三統：指夏、商、周三代的正朔，亦稱“三正”。夏正建寅（正月）爲人統，象徵人始成立之端；商正建丑（十二月）爲地統，象徵地始化之端；周正建子（十一月）爲天統，象徵天始施之端。

[20]模範：即效法，以某事物爲法度。

[21]則象：即效法，以某事物爲象徵。

[22]二京：此指西漢首都長安（今陝西西安市西北郊）和東漢首都洛陽（今河南洛陽市）。

建安之後，[1]海内大亂，京邑焚燒，憲章泯絶。魏氏三方未平，無聞興造。晋則侍中裴頠議曰：[2]“尊祖配天，其義明著，而廟宇之制，理據未分。宜可直爲一殿，以崇嚴父之祀，[3]其餘雜碎，一皆除之。”宋、齊已還，咸率兹禮。此乃世乏通儒，時無思術，[4]前王盛事，於是不行。後魏代都所造，[5]出自李冲，[6]三三相重，合爲九室。檐不覆基，房間通街，[7]穿鑿處多，[8]迄無可取。及遷宅洛陽，更加營構，五九紛競，[9]遂至不成，宗配之事，於焉靡托。

[1]建安：東漢獻帝劉協年號（196—220）。

[2]侍中：官名。晋時爲門下省的長官，置四員，掌侍從贊相，獻納諫正，糾駁制敕，參决軍國大政，是宰相之職。第三品。　裴頠：人名。西晋時人，官至侍中、尚書左僕射，博學多聞，於當時明堂制度多有議定。《晋書》卷三五有附傳。

［3］嚴父：意謂尊敬父親。亦多用作父親的稱謂。

［4］思術：即思想和學術。

［5］代都：指北魏前期的首都平城（今山西大同市東北）。因其地屬代郡，故稱代都。

［6］李冲：人名。北魏孝文帝時人，官至尚書僕射，機敏巧思，於當時明物制度多有創制，又主持營建洛陽新都。傳見《魏書》卷五三，《北史》卷一〇〇有附傳。

［7］通街：即四通八達。

［8］穿鑿：即牽强附會。

［9］五九紛競：此指北魏遷都洛陽後，明堂建五室或九室之争。按，“九”字底本原作“鬼”，宋刻遞修本與底本同，殿本、庫本作“九”，中華本據《北史》卷七二《牛弘傳》、《册府元龜》卷五八四《掌禮部·奏議》引牛弘奏議改作“九”，當是，今從改。

今皇猷遐闡，[1]化覃海外，[2]方建大禮，垂之無窮。弘等不以庸虚，[3]謬當議限。今檢明堂必須五室者何？《尚書帝命驗》曰：[4]“帝者承天立五府，赤曰文祖，[5]黄曰神斗，[6]白曰顯紀，[7]黑曰玄矩，[8]蒼曰靈府。”[9]鄭玄注曰：“五府與周之明堂同矣。”且三代相沿，多有損益，至於五室，確然不變。夫室以祭天，天實有五，若立九室，四無所用。布政視朔，[10]自依其辰。鄭司農云：[11]“十二月分在青陽等左右之位。”不云居室。鄭玄亦言：“每月於其時之堂而聽政焉。”《禮圖》畫个，[12]皆在堂偏，是以須爲五室。明堂必須上圓下方者何？《孝經援神契》曰：[13]“明堂者，上圓下方，八窗四達，布政之宫。”《禮記·盛德篇》曰：“明堂四户八牖，上圓下方。”《五經異義》稱講學大夫淳于登亦云：[14]“上圓下方。”鄭玄同之。是以須爲圓方。明堂必須重屋者何？案《考工記》，夏言“九階，[15]四旁兩夾窗，門堂三之二，[16]室三之一”。殷、周不言者，明一同夏制。殷言“四阿重屋”，周承其後不言屋，制亦盡同可知也。其“殷人重屋”之下，本無五室之文。鄭注云：“五室者，亦據夏以知之。”明周不云重屋，因殷則有，灼然可見。《禮記·明堂位》曰：“太廟，天子明堂。”言魯爲周公之故，[17]得用天子禮樂，魯之太廟與周之明堂同。又曰：“複廟重檐，[18]刮楹達嚮，[19]天子之廟飾。”鄭注：“複廟，重屋也。”據廟既重屋，明堂亦不疑矣。《春秋》文公十三年：“太室屋壞。”《五行志》曰：[20]“前堂曰太廟，中央曰太室，屋其上重者也。”服虔亦云：[21]“太室，太廟太室之上屋也。”《周書·作洛篇》曰：“乃立太廟宗宫路寢明堂，[22]咸有四阿反坫，[23]重亢重廊。”[24]孔晁注曰：[25]“重亢，累棟；重廊，累屋也。”依《黄圖》所載，[26]漢之宗廟皆爲重屋。此去古猶近，遺法尚在，是以須爲重屋。明堂必須爲辟雍者何？[27]《禮記·盛德篇》云：“明堂者，明諸侯尊卑也。外水曰辟雍。”《明堂陰陽録》曰：[28]“明堂之制，周圜行水，左旋以象天，内有太室以象紫宫。”[29]此明堂有水之明文也。然馬宫、王肅以爲明堂、辟雍、太學同處，[30]蔡邕、盧植亦以爲明堂、靈臺、辟雍、太學同實異名。[31]邕云：“明堂者，取其宗祀之清貌，則謂之清廟，[32]取其正室，則曰太室，取其堂，則曰明堂，取其四門之學，則曰太學，取其周水圜如璧，則曰璧雍。其實一也。”[33]其言別者，《五經通義》曰：[34]“靈臺以望氣，明堂以布政，辟雍以養老教學。”三者不同。袁準、鄭玄亦以爲別。[35]歷代所疑，豈能輒定？今據《郊祀志》云：[36]“欲治明堂，未曉其制。濟南人公玉帶上黄帝時《明堂圖》，[37]一殿無壁，蓋之以茅，水圜宫垣，天子從之。”以此而言，其來則久。漢中元二年，[38]起明堂、辟雍、靈臺於洛陽，並別處。然明堂亦有璧水，[39]李尤《明堂銘》云“流水洋洋”是也。[40]以此須有辟雍。

[1]皇猷：指帝王的謀略或教化。　遐闡：即遠揚。

[2]化覃：德化廣布。

[3]庸虚：意謂才能低下，學識淺薄。多用作自謙之詞。

[4]《尚書帝命驗》：漢代經師所造的一部《尚書》緯書，有鄭玄、宋均注。

[5]文祖：相傳爲唐堯所立五府中的南向室名，是赤帝赤熛怒所居之廟，取“火精乃光明文章之祖”之意，故稱“文祖”。周時稱作“明堂”。

[6]神斗：相傳爲唐堯所立五府中的中央室名，是黄帝含樞紐所居之廟，取“土精乃澄静四行之主”之意，故稱“神斗”（斗即主）。周時稱作“太室”。按，“斗”底本原作“升”，宋刻遞修本、殿本、庫本與底本同，《北史》卷七二《牛弘傳》、《册府元龜》卷五八四《掌禮部·奏議》引牛弘奏議作“斗”，中華本據本書卷六八《宇文愷傳》及《太平御覽》卷五三三《禮儀部·明堂》引《尚書帝命驗》改作“斗”，當是，今從改。

[7]白：底本、宋刻遞修本、庫本、中華本皆同，《北史·牛弘傳》、《册府元龜》卷五八四《掌禮部·奏議》引牛弘奏議亦同，

但殿本作“曰”，當訛。　顯紀：相傳爲唐堯所立五府中的西向室名，是白帝白招拒所居之廟，取“金精斷割萬物成”之意，故稱“顯紀”（即斷成之法）。周時稱作“總章”。

［8］玄矩：相傳爲唐堯所立五府中的北向室名，是黑帝汁光紀所居之廟，取“水精玄昧能權輕重”之意，故稱“玄矩”。周時稱作“玄堂”。

［9］靈府：相傳爲唐堯所立五府中的東向室名，是蒼帝（亦稱青帝）靈威仰所居之廟，故稱“靈府”。周時稱作“青陽”。

［10］視朔：古代天子諸侯於每月朔日（初一）祭告祖廟後，即在太廟或明堂聽視當月之政事，稱爲“視朔”。

［11］鄭司農：即鄭衆。東漢經學家。曾在漢章帝時官任大司農，故後世多以其官代稱其名，以別於同名的東漢宦官鄭衆。《後漢書》卷三六有附傳。

［12］《禮圖》：即《三禮圖》的簡稱。東漢鄭玄、阮諶等人所撰的一部圖解“三禮”的著作。　个：此指位於明堂四面正堂左右兩旁的偏室。

［13］《孝經援神契》：漢代經師所造的一部《孝經》緯書，有宋均注。

［14］《五經異義》：東漢經學家許慎所撰寫的一部辨析五經的著作，專主古文經學。　講學大夫：職官名。東漢時掌侍從皇帝左右講論經義，皆以通儒任之。屬臨時委命之職，無固定品秩。　淳于登：人名。東漢儒者，嘗任講學大夫，其事不詳。

［15］九階：指明堂有九個臺階，分布於四旁門堂及太室中，用以通往上層圓屋。

［16］門堂：指明堂四門門塾之堂。明堂有四門，每門内外左右共四塾。古時太學即有設在各門堂中者。

［17］魯：周代諸侯國名。都於曲阜（今山東曲阜市）。始封之君爲周公旦。

［18］複廟：古稱具有雙重椽、棟、軒版、垂檐等建築結構的廟

堂爲複廟。　重檐：即兩層屋檐。古明堂皆在外檐下壁復安板檐，以避風雨灑壁。

［19］刮楹：指以刀石刮削摩擦過的光滑房柱。　達嚮：亦作“達鄉”。指相對而通達的窗户。古明堂每室有四户八窗，窗户皆相對而通達，故稱達嚮。

［20］《五行志》：《漢書》的篇名。見《漢書》卷二七。

［21］服虔：人名。東漢經學家，嘗注《春秋左氏傳》。傳見《後漢書》卷七九下。

［22］宗宫：周初營建東都洛邑時所立的祭祀文王之廟。

［23］反坫：一説是指廟堂的外向之室；一説是四阿翻起於四隅之坫上，即廟堂四邊的屋翼。

［24］重亢：即重叠的房屋正梁。此指重屋的上下兩棟。　重廊：亦作“重郎”。即重屋。

［25］孔晁：人名。晋代經學家，嘗注《逸周書》。事見本書《經籍志一》、《晋書》卷四七《傅玄傳》。

［26］《黄圖》：亦稱《三輔黄圖》。西漢時修撰的一部專記三輔宫觀、陵廟、明堂、辟雍、郊畤等事的圖書。

［27］辟雍：亦作“辟廱”　“璧廱”。辟，通“璧”；雍，通“廱”。本爲西周天子所設的大學，校址呈圓形，圍以水池，前門外有便橋。後世多沿周制建辟雍，均爲教學以及行鄉飲、大射或祭祀之禮的地方。此處指仿周制在明堂外圍所建的水池，形如璧圓，以象徵天，水左旋流動，以象徵教化流行。

［28］《明堂陰陽録》：漢代禮家所編撰的一部專記古明堂遺事之書。

［29］紫宫：星官名。即紫微垣。古代神話傳説中爲天帝的居室，亦借指帝王的禁宫。

［30］太學：古代朝廷設置的最高學府。西周始置，後歷代沿襲，或與明堂同處，或與明堂别處，制度亦有變化，但均爲傳授儒家經典的最高學府。

［31］盧植：人名。東漢經學家。傳見《後漢書》卷六四。　靈臺：古代帝王用以觀察天文星象、妖祥灾異的建築物。或説與明堂同處，或説與明堂有别。

［32］清廟：即太廟、宗廟的别稱。

［33］實：底本、宋刻遞修本、庫本、中華本皆同，《北史·牛弘傳》、《册府元龜》卷五八四《掌禮部·奏議》引牛弘奏議亦同，但殿本作“室”，當訛。

［34］《五經通義》：西漢經學家劉向所撰寫的一部解析五經的著作。

［35］袁準：人名。晋代經學家。《晋書》卷八三有附傳。

［36］《郊祀志》：《漢書》的篇名。見《漢書》卷二五。

［37］濟南：郡國名。西漢時治所在今山東章丘市西。　公玉帶：人名。西漢濟南人，漢武帝東封泰山時，曾向武帝進獻黄帝時《明堂圖》，以助建明堂。事見《漢書·郊祀志下》。

［38］中元：東漢光武帝劉秀年號（56—57）。

［39］璧：底本原作“壁”，中華本與底本同，當訛，今據宋刻遞修本、殿本、庫本及《北史·牛弘傳》、《册府元龜》卷五八四《掌禮部·奏議》引牛弘奏議改（參見唐華全《中華書局點校本〈隋書〉質疑二十九則》，《河北師範大學學報》2012年第1期）。

［40］李尤：人名。東漢文學家。傳見《後漢書》卷八〇上。

夫帝王作事，必師古昔，今造明堂，須以禮經爲本。形制依於周法，度數取於《月令》，遺闕之處，參以餘書，庶使該詳沿革之理。其五室九階，上圓下方，四阿重屋，四旁兩門，依《考工記》《孝經》説。堂方一百四十四尺，屋圓楣徑二百一十六尺，太室方六丈，通天屋徑九丈，八闥二十八柱，堂高三尺，四向五色，依《周書·月令》論。殿垣方在内，水周如外，水内徑三百步，依《太山盛德記》《覲禮經》。[1]仰觀俯察，皆有則象，足以盡誠上帝，祇配祖宗，弘風布教，作範於後矣。弘等學不稽古，輒申所見，可否之宜，伏聽裁擇。

[1]《太山盛德記》：即《禮記·盛德篇》的别稱。該篇專記泰山封禪禮事，故後世禮家多别稱爲《太山盛德記》。　《覲禮經》：指《儀禮·覲禮篇》。

上以時事草創，未遑制作，竟寢不行。

六年，除太常卿。[1]九年，詔改定雅樂，[2]又作樂府歌詞，[3]撰定圓丘五帝凱樂，[4]并議樂事。弘上議云：

[1]除：官制用語。即拜官、授職。　太常卿：官名。爲太常寺的長官，置一員，掌國家禮樂、郊廟社稷祭祀等事務。正三品。

[2]雅樂：古代帝王祭祀天地、祖先及朝賀、宴享時所用的舞樂。周代用爲宗廟之樂的六舞，儒家認爲其音樂"中正和平"，歌詞"典雅純正"，奉之爲雅樂的典範。後歷代帝王都循例制作雅樂，以歌頌本朝功德。

[3]樂府：本爲漢代主管音樂、兼采民歌配樂的官署，後泛指歷代音樂機構。亦用作詩體名，初指樂府官署所采製的詩歌，後將魏晋以來文士所作可以入樂的詩歌以及仿樂府古題的詩歌統稱爲樂府。

[4]圓丘：古代祭天的圓形高壇，一般設在京城南郊。亦借指郊祀天帝的典禮。　凱樂：即慶祝軍隊作戰勝利的樂曲。古時王師大捷，必向天帝祭告獻功，故凱樂亦爲祭天典禮上所演奏的樂曲。

謹案《禮》，五聲、六律、十二管還相爲宫。[1]《周禮》奏黄鍾，歌大吕，奏太簇，歌應鍾，皆是旋相爲宫之義。蔡邕《明堂月令章句》曰："孟春月則太簇爲宫，[2]姑洗爲商，蕤賓爲角，南吕爲徵，應鍾爲羽，大吕爲變宫，夷則爲變徵。他月仿此。"故先王之作律吕也，[3]所以辯天地四方陰陽之聲。揚子雲曰：[4]"聲生於律，律生於辰。"[5]故律吕配五行，[6]通八風，[7]歷十二辰，[8]行十二月，[9]循環轉運，義無停止。譬如立春木王火相，[10]立夏火王土相，季夏餘分，土王金相，立秋金王水相，立冬水王木相。還相爲宫者，謂當其王月，名之爲宫。

[1]五聲：亦稱"五音"。古代五聲音階中的五個音級，即宫、商、角、徵、羽。五聲加上變宫（比宫低半音）、變徵（比徵低半音），又構成七聲音階，稱爲"七音"。七音則相當於今音樂簡譜中的1、2、3、4、5、6、7。　六律：古代稱樂音標準十二律中的六個陽律爲"六律"，即黄鍾、太簇（亦作大蔟）、姑洗、蕤賓、夷則、無射（亦作亡射）。　十二管：古代校正樂律的器具，用竹管或金屬管製成，共十二管。十二管管徑相等，各以管的長短來確定聲音的高低清濁，樂器的音調皆以此爲準。從低音管算起，成奇數的六個管叫做"律"，所確定的樂音標準爲陽律，稱作"六律"，即黄鍾、太簇、姑洗、蕤賓、夷則、無射；成偶數的六個管叫做"吕"，所確定的樂音標準爲陰律，稱作"六吕"，即大吕、夾鍾、中吕、林鍾、南吕、應鍾。六律和六吕合爲十二律，故十二管亦指十二律。　還相爲宫：亦稱"旋相爲宫"。古代音樂術語。指用七聲配十二律循環構成以宫聲爲主的調式。古代稱宫、商、角、變徵、徵、羽、變宫爲七聲，其中任何一聲爲主均可構成一種調式。

凡以宫聲爲主的調式稱宫，以其他各聲爲主的調式則稱調，統稱“宫調”。以七聲配十二律，理論上可得十二宫、七十二調，合稱八十四宫調。但實際音樂中並不全用，而最常用者不過五宫四調，通稱九宫。

［2］孟春月：即正月。古時將春、夏、秋、冬四季各分爲孟、仲、季，分指每季中的三個月份。

［3］律吕：即六律和六吕的合稱，指十二律。亦泛指樂律或音律。

［4］揚子雲：人名。即揚雄，字子雲。西漢文學家，兼通音律、哲學，著有《法言》《太玄》《方言》等書。傳見《漢書》卷八七。

［5］辰：此指萬物隨時令震動而産生的聲音。

［6］配五行：五行即金、木、水、火、土。古人將五聲與君臣事物、五行、五方、四季等相配合，形成一套關於五聲的附會象徵説，稱：宫爲君，屬土行，位居中央，時在年中季夏六月末；商爲臣，屬金行，位居西方，時在秋季；角爲民，屬木行，位居東方，時在春季；徵爲事，屬火行，位居南方，時在夏季；羽爲物，屬水行，位居北方，時在冬季。

［7］通八風：八風即八方之風。八風之名歷來説法不一，但均指四方四隅八個方位，並多與八卦以及二十四節氣中的四立、二分、二至八個節氣相對應。古人又將金、石、絲、竹、匏、土、革、木八種不同質材所製的樂器之音與八卦、八風、八節相配，稱之爲“八卦之音”或“八風之音”，即：乾之音石，位西北方，節應立冬；坎之音革，位北方，節應冬至；艮之音匏，位東北方，節應立春；震之音竹，位東方，節應春分；巽之音木，位東南方，節應立夏；離之音絲，位南方，節應夏至；坤之音土，位西南方，節應立秋；兑之音金，位西方，節應秋分。

［8］歷十二辰：十二辰即子、丑、寅、卯、辰、巳、午、未、申、酉、戌、亥十二地支所紀的十二個時辰。古人將十二律與十二辰相配，形成一一對應的關係，即：黄鍾應戌，太簇應子，姑洗應

寅，蕤賓應辰，夷則應午，無射應申，大吕應亥，夾鍾應丑，中吕應卯，林鍾應巳，南吕應未，應鍾應酉。

[9]行十二月：古人將十二律與十二月相配，形成“十二月律”説，即：黄鍾當十一月，太簇當正月，姑洗當三月，蕤賓當五月，夷則當七月，無射當九月，大吕當十二月，夾鍾當二月，中吕當四月，林鍾當六月，南吕當八月，應鍾當十月。每月各以其所對應之律爲宮聲調式，十二月循環運行。

[10]王：底本、宋刻遞修本、殿本、中華本皆同，《北史》卷七二《牛弘傳》、《册府元龜》卷五六八《掌禮部·作樂》引牛弘奏議亦同，但庫本作“旺”，下句“王”字庫本亦作“旺”，均當訛。

今若十一月不以黄鍾爲宮，十三月不以太簇爲宮，[1]便是春木不王，夏土不相，[2]豈不陰陽失度，天地不通哉？劉歆《鍾律書》云：“春宮秋律，百卉必彫；秋宮春律，萬物必榮；夏宮冬律，雨雹必降；冬宮夏律，雷必發聲。”以斯而論，誠爲不易。且律十二，今直爲黄鍾一均，[3]唯用七律，以外五律，竟復何施？恐失聖人制作本意。故須依《禮》作還相爲宮之法。

[1]三：底本原作“二”，殿本、庫本及《册府元龜》卷五六八《掌禮部·作樂》引牛弘奏議與底本同，但宋刻遞修本、中華本及《北史》卷七二《牛弘傳》作“三”。按，古稱正月爲十三月，且上文有“孟春月（正月）則太簇爲宮”之語，故當以“十三月”爲是，今據宋刻遞修本、中華本及《北史》改。

[2]土：底本、宋刻遞修本、殿本、庫本皆同，《北史·牛弘傳》、《册府元龜》卷五六八《掌禮部·作樂》引牛弘奏議亦同，

但中華本作“王”。考上文有“立夏火王土相”之語，故可知中華本當訛（參見唐華全《中華書局點校本〈隋書〉質疑二十九則》）。

[3]均（yùn）：指音律的調式。

上曰：“不須作旋相爲宫，且作黄鍾一均也。”弘又論六十律不可行：[1]

[1]六十律：漢代音律家焦延壽、京房等人仿據《周易》八卦兩兩相重而變生六十四卦之理，在十二律的基礎上創變而成的一套較爲複雜的樂律。漢以後六十律漸失其傳。

謹案《續漢書·律曆志》，[1]元帝遣韋玄成問京房於樂府，[2]房對：“受學故小黄令焦延壽。[3]六十律相生之法，以上生下，皆三生二，以下生上，皆三生四。陽下生陰，陰上生陽，終於中吕，而十二律畢矣。中吕上生執始，[4]執始下生去滅，[5]上下相生，終於南事，[6]六十律畢矣。十二律之變至於六十，猶八卦之變至於六十四也。冬至之聲，以黄鍾爲宫，太簇爲商，姑洗爲角，林鍾爲徵，南吕爲羽，應鍾爲變宫，蕤賓爲變徵。此聲氣之元，五音之正也。故各統一日。其餘以次運行，當日者各自爲宫，[7]而商徵以類從焉。”房又曰：“竹聲不可以度調，故作準以定數。[8]準之狀如瑟，長一丈而十三弦，隱間九尺，[9]以應黄鍾之律九寸。中央一弦，下畫分寸，以爲六十律清濁之節。”執始之類，皆房自造。房云受法於焦延壽，未知延壽所承也。

［1］《續漢書》：晋代史家司馬彪所編撰的一部記述東漢歷史的紀傳體史書。至南朝蕭梁時，劉昭爲彌補范曄所撰《後漢書》無志之缺，乃取《續漢書》的八志三十卷補入范書，合爲今本《後漢書》。此後《續漢書》漸亡佚，但人們仍習慣以其舊書名稱指今本《後漢書》中的八志。

［2］元帝：即漢元帝劉奭。紀見《漢書》卷九。　韋玄成：人名。漢元帝時官至丞相、太子太傅。傳見《漢書》卷七三。　京房：人名。西漢《易》學家、音律家，受學於焦延壽，漢元帝時察孝廉爲郎中，官至魏郡太守。傳見《漢書》卷七五。

［3］小黄：縣名。亦稱“下黄”。西漢時治所在今河南開封縣東北。　焦延壽：人名。西漢《易》學家、音律家，官至小黄縣令，傳其學於京房。事見《漢書·京房傳》及卷八八《儒林傳》等。

［4］執始：六十律中的一個樂律名。律長八寸八分又小分七大强。

［5］去滅：六十律中的一個樂律名。律長五寸九分又小分二弱。

［6］南事：六十律中的一個樂律名。律長六寸三分又小分一弱。

［7］當：底本原作“宫”，宋刻遞修本、殿本、庫本及《册府元龜》卷五六八《掌禮部·作樂》引牛弘奏議與底本同，而中華本據《續漢書·律曆志上》改作“當”，《北史》卷七二《牛弘傳》亦據李慈銘説改作“當”，應是，今從改。

［8］準：漢元帝時京房等人所製作的用以校定六十律音準的樂器，其狀如瑟。

［9］隱間：此指準中間的凹槽部分。

至元和年，[1]待詔候鍾律殷肜上言：[2]“官無曉六十律以準調音者。故待詔嚴崇具以準法教其子宣，[3]願召宣補學官，主調樂器。”大史丞弘試宣十二律，[4]其二中，其四不中，其六不知何律，宣遂罷。自此律家莫能爲準施弦。熹平年，[5]東觀召典律者太子舍人張光問準意。[6]光等不知，歸閲舊藏，乃得其器，形制如房書，猶不能定其弦緩急，故史官能辨清濁者遂絶。其可以相傳者，唯大榷常數及候氣而已。[7]

［1］元和：東漢章帝劉炟年號（84—87）。

［2］待詔候鍾律：即漢時天子徵聘精通音律之士供奉於朝廷，使其參掌音樂事務，應對顧問，屬臨時委命之職。漢代徵士未有正官者均稱“待詔”，意謂等待天子詔命以備顧問。按，“候”字各本皆同，《北史》卷七二《牛弘傳》亦據李慈銘説改作“候”，但《册府元龜》卷五六八《掌禮部·作樂》引牛弘奏議作“侯”，當訛。又，“律”字底本原脱，宋刻遞修本、殿本、庫本及《册府元龜》卷五六八《掌禮部·作樂》引牛弘奏議與底本同，但中華本據《續漢書·律曆志上》補“律”字，《北史·牛弘傳》亦據李慈銘説補“律”字，應是，今從補。　殷肜：人名。東漢章帝時曾任待詔候鍾律之職。事見《續漢書·律曆志上》。按，“肜”底本、宋刻遞修本、殿本及《北史·牛弘傳》皆同，但庫本、中華本及《册府元龜》卷五六八《掌禮部·作樂》引牛弘奏議却作“彤”，而《續漢書·律曆志上》亦因版本不同或作“肜”或作“彤”，今難斷孰是孰非，暫從底本。

［3］嚴崇：人名。東漢音律家。事見《續漢書·律曆志上》。按，“崇”底本原作“嵩”，宋刻遞修本、殿本、庫本及《北史·牛弘傳》、《册府元龜》卷五六八《掌禮部·作樂》引牛弘奏議與底本同，而中華本據《續漢書·律曆志上》改作“崇”，當是，今從改。　宣：人名。即嚴宣。嚴崇之子，從其父學習六十律以準調音法，但經考驗多不準確，已失去真傳。事見《續漢書·律曆志上》。

[4]大史丞：官名。正作“太史丞”。漢時爲太常寺所轄太史局的次官，置一員，協助長官太史令掌天文曆律及灾祥等事，總判本局日常事務。秩二百石。　弘：人名。姓氏不詳。東漢章帝時官任太史丞。事見《續漢書·律曆志上》。

[5]熹平：東漢靈帝劉宏年號（172—178）。按，“熹”底本原作“嘉”，宋刻遞修本、殿本、庫本及《册府元龜》卷五六八《掌禮部·作樂》引牛弘奏議與底本同，但中華本據《續漢書·律曆志上》改作“熹”，《北史·牛弘傳》亦據李慈銘説改作“熹”，應是，今從改。

[6]太子舍人：官名。東漢時爲太子東宫的屬官，無定員，掌更直宿衛，制比朝廷三署郎中。秩二百石。　張光：人名。東漢靈帝時官任太子舍人，兼掌音律。事見《續漢書·律曆志上》。

[7]大榷：即大概、大略。　候氣：即用音律來占驗節氣的變化。古人將葦葭膜燒成灰，放在律管内，每到某一節氣，其相應律管内的灰就會自行飛出，據此則可預測節氣的變化。

據此而論，京房之法，漢世已不能行。沈約《宋志》曰：[1]“詳案古典及今音家，六十律無施於樂。”《禮》云“十二管還相爲宫”，不言六十。《封禪書》云：[2]“大帝使素女鼓五十弦瑟而悲，[3]破爲二十五弦。”假令六十律爲樂，得成亦所不用。取“大樂必易，大禮必簡”之意也。

[1]沈約：人名。南朝梁時文學家、史學家，著有《宋書》。傳見《梁書》卷一三、《南史》卷五七。　《宋志》：此是《宋書·律曆志》的簡稱。

[2]《封禪書》：《史記》的篇名。見《史記》卷二八。

[3]大帝：亦稱“太帝”或“泰帝”。指太昊伏羲氏。　素女：

古代傳説中的神女。與黄帝同時。或言其善於弦歌，或言其善於房中術和養生術。

又議曰：

案《周官》云："大司樂掌成均之法。"[1]鄭衆注云："均，調也。樂師主調其音。"《三禮義宗》稱：[2]"《周官》奏黄鍾者，用黄鍾爲調，歌大吕者，用大吕爲調。奏者謂堂下四懸，[3]歌者謂堂上所歌。但一祭之間，皆用二調。"是知據宫稱調，其義一也。明六律六吕迭相爲宫，各自爲調。

[1]大司樂：官名。亦稱大樂正。周代爲樂官之長，掌音律之法，以樂舞教國子。

[2]《三禮義宗》：南朝梁時經學家崔靈恩所撰的一部解析"三禮"經義的著作。

[3]四懸：指堂下四面用以懸掛鍾磬等樂器的架子。亦泛指各種樂器所演奏的樂曲。

今見行之樂，用黄鍾之宫，乃以林鍾爲調，與古典有違。晉内書監荀勗依典記，[1]以五聲十二律還相爲宫之法，制十二笛。黄鍾之笛，正聲應黄鍾，下徵應林鍾，以姑洗爲清角。[2]大吕之笛，正聲應大吕，下徵應夷則。以外諸均，例皆如是。然今所用林鍾，是勗下徵之調。不取其正，先用其下，[3]於理未通，故須改之。

[1]内書監：官名。正作"中書監"，牛弘因避隋文帝父楊忠

之諱而改“中”爲“内”。晉時中書監與中書令並爲中書省的長官，各置一員，掌制詔命，内參機密，議決朝政，是宰相之職。第三品。

[2]清角：古人以爲五聲中的角聲屬清音，故稱角聲爲“清角”。

[3]下：底本、宋刻遞修本、中華本同，《北史》卷七二《牛弘傳》及《册府元龜》卷五六八《掌禮部·作樂》引牛弘奏議亦同，但殿本、庫本作“上”，當訛。

上甚善其議，詔弘與姚察、許善心、何妥、虞世基等正定新樂，[1]事在《音律志》。是後議置明堂，詔弘條上故事，[2]議其得失，事在《禮志》。上甚敬重之。

[1]姚察：人名。南朝陳時官至吏部尚書，入隋歷官秘書丞、太子内舍人，博學多聞，於當時禮樂制度多有議定。傳見《陳書》卷二七、《南史》卷六九。　許善心：人名。傳見本書卷五八、《北史》卷八三。　何妥：人名。傳見本書卷七五、《北史》卷八二。　虞世基：人名。傳見本書卷六七、《北史》卷八三。

[2]故事：指以往的典章制度或舊有的慣例。

時楊素恃才矜貴，[1]輕侮朝臣，唯見弘未嘗不改容自肅。素將擊突厥，[2]詣太常與弘言别。[3]弘送素至中門而止，素謂弘曰：“大將出征，故來叙别，何相送之近也?”弘遂揖而退。素笑曰：“奇章公可謂其智可及，[4]其愚不可及也。”亦不以屑懷。[5]

[1]楊素：人名。傳見本書卷四八，《北史》卷四一有附傳。

[2]突厥：古族名、國名。公元六世紀初興起於今阿爾泰山西南麓，552年在今鄂爾渾河流域建立突厥汗國，此後其勢力擴展至大漠南北，横跨蒙古高原，隋開皇二年分裂爲東、西兩部。傳見本書卷八四、《周書》卷五〇、《北史》卷九九、《舊唐書》卷一九四、《新唐書》卷二一五。

[3]太常：官署名。即太常寺。爲九寺之一，掌國家禮樂、郊廟社稷祭祀等事務，統轄郊社、太廟、諸陵、太祝、衣冠、太樂、清商、鼓吹、太醫、太卜、廩犧等署，長官爲太常卿。

[4]奇章公：牛弘的封爵名。此處代指其人。

[5]屑懷：介意、在意。

尋授大將軍，[1]拜吏部尚書。[2]時高祖又令弘與楊素、蘇威、薛道衡、許善心、虞世基、崔子發等并召諸儒，[3]論新禮降殺輕重。[4]弘所立議，衆咸推服之。仁壽二年，[5]獻皇后崩，[6]王公已下不能定其儀注。[7]楊素謂弘曰："公舊學，時賢所仰，今日之事，決在於公。"弘了不辭讓，斯須之間，儀注悉備，皆有故實。素歎曰："衣冠禮樂盡在此矣，[8]非吾所及也！"弘以三年之喪，祥禫具有降殺，[9]期服十一月而練者，[10]無所象法，以聞於高祖，高祖納焉。下詔除期練之禮，自弘始也。弘在吏部，其選舉先德行而後文才，務在審慎。雖致停緩，所有進用，並多稱職。吏部侍郎高孝基，[11]鑒賞機晤，[12]清慎絶倫，然爽俊有餘，迹似輕薄，時宰多以此疑之。唯弘深識其真，推心委任。隋之選舉，於斯爲最。時論彌服弘識度之遠。

[1]大將軍：官名。隋文帝因改北周十一等勳官之制形成十一

等散實官，用以酬勤勞，無實際職掌。大將軍爲十一等散實官的第四等，可開府置僚佐。正三品。

［2］吏部尚書：官名。爲尚書省所轄六部之一吏部的長官，掌全國文職官員的銓選、考課等政令，統吏部、主爵、司勳、考功四曹。置一員，正三品。

［3］高祖：隋文帝的廟號。紀見本書卷一、二，《北史》卷一一。　蘇威：人名。傳見本書卷四一，《北史》卷六三有附傳。　薛道衡：人名。傳見本書卷五七，《北史》卷三六有附傳。　崔子發：人名。北齊末年官至秘書郎，入隋歷官秦王府文學、國子博士，博學通經，有文才，於隋朝禮樂制度多有論議。事亦見本書《經籍志二》及《經籍志四》、《北齊書》卷四四《儒林傳序》、《北史》卷三二《崔鑒傳》。

［4］降殺：指古代禮制中各種等級規定的遞減或削減。

［5］仁壽：隋文帝楊堅年號（601—604）。　二年："二"字底本、宋刻遞修本、庫本、中華本皆同，但殿本作"三"，而據本書《高祖紀下》及《北史·隋文帝紀》均載獻皇后崩於仁壽二年八月，可知殿本當訛。

［6］獻皇后：即隋文帝的皇后獨孤氏。傳見本書卷三六、《北史》卷一四。

［7］王公：底本、宋刻遞修本、殿本、庫本皆同，《北史》卷七二《牛弘傳》亦同，但中華本作"三公"，疑訛。　儀注：即禮儀制度及其相關闡釋。

［8］衣冠：此指文明禮教。

［9］祥禫：喪祭名。古代喪服禮制規定，凡居父母三年之喪者，滿一周年而行祭謂之"小祥"，滿兩周年而行祭謂之"大祥"，滿二十七個月而行祭謂之"禫祭"。小祥、大祥之祭後，可解除喪服的某些部分，減少某些生活禁忌；禫祭之後，可解除全部喪服而改穿禫服，生活禁忌則更少。

［10］期（jī）服：指齊衰爲期一年的喪服。古代喪服禮制規

定，凡服喪爲長輩如祖父母、伯叔父母、未嫁之姑等，平輩如兄弟、姐妹、妻，小輩如侄、嫡孫等，均服期服；又如子之喪而其父反服，已嫁女子爲祖父母、父母服喪，也服期服。　練：此指“期練”。古代喪禮服制。即在期喪的第十一個月祭於家廟之後，解除喪服而改穿練帛之衣。

[11]吏部侍郎：官名。隋文帝時於尚書省吏部下轄四曹之一吏部曹置吏部侍郎二員，爲該曹長官，掌文職官吏銓選之政務。正四品上。隋煬帝大業三年改諸曹侍郎爲“郎”，而又於尚書省所轄六部各置“侍郎”一人，爲六部之副長官。正四品。此後，吏部侍郎就成爲吏部的副長官，而原吏部侍郎則改稱選部郎。　高孝基：人名。即高構，字孝基。傳見本書卷六六、《北史》卷七七。

[12]機晤：即機敏穎悟。按，“晤”底本、宋刻遞修本、殿本、中華本皆同，庫本作“悟”，義同。

煬帝之在東宫也，[1]數有詩書遺弘，弘亦有答。及嗣位之後，嘗賜弘詩曰：“晋家山吏部，[2]魏世盧尚書，[3]莫言先哲異，奇才並佐余。學行敦時俗，道素乃冲虚，[4]納言雲閣上，[5]禮儀皇運初。彝倫欣有叙，垂拱事端居。”[6]其同被賜詩者，至於文詞贊揚，無如弘美。大業二年，[7]進位上大將軍。[8]三年，改爲右光禄大夫。[9]從拜恒岳，[10]壇場珪幣，[11]墠時牲牢，[12]並弘所定。還下太行，[13]煬帝嘗引入内帳，對皇后賜以同席飲食。其禮遇親重如此。弘謂其諸子曰：“吾受非常之遇，荷恩深重。汝等子孫，宜以誠敬自立，以答恩遇之隆也。”六年，從幸江都。[14]其年十一月，卒於江都郡，[15]時年六十六。帝傷惜之，賵贈甚厚。[16]歸葬安定，贈開府儀同三司、光禄大夫、文安侯，[17]謚曰憲。[18]

［1］煬帝：即隋煬帝楊廣。紀見本書卷三、四，《北史》卷一二。　東宫：太子所居之宫。亦代指太子。

［2］山吏部：指山濤。因山濤在晋武帝時官居吏部尚書，故此處乃以其官銜代稱其人。傳見《晋書》卷四三。

［3］盧尚書：指盧辯。因盧辯在西魏官居尚書令，故此處乃以其官銜代稱其人。傳見《周書》卷二四，《北史》卷三〇有附傳。

［4］道素：指純樸的德行。　冲虚：即冲天、升天。形容影響之大。

［5］雲閣：即雲臺。東漢宫中高臺名。漢光武帝時用作召集群臣議事之所，故後世常用以借指朝廷。

［6］垂拱：即兩手重合而下垂，表示恭敬，爲古代臣下侍奉君王之禮。　端居：指居於權位頂端之人，即天子君王。

［7］大業：隋煬帝楊廣年號（605—618）。

［8］上大將軍：官名。爲隋十一等散實官的第三等，可開府置僚佐。從二品。

［9］右光禄大夫：官名。屬散實官。隋初爲正二品，隋煬帝大業三年廢十一等散實官而改置九大夫散實官時，降爲從二品。

［10］恒岳：山名。即五岳中的北岳恒山。在今河北曲陽縣西北與山西省接壤處。

［11］壇場：古代帝王舉行封禪等大典時所築設的祭壇。　珪幣：古代祭祀神靈所用的玉帛。

［12］墠畤：古代帝王舉行封禪等大典時所築設的平整場地。　牲牢：古代祭祀神靈所用的牛羊豕等牲畜供物。

［13］太行：山名。即今山西、河北兩省之間的太行山。

［14］江都：此指江都宫。隋行宫名。隋煬帝大業元年始建於揚州，後三游其地，並卒於此。故址在今江蘇揚州市。

［15］江都郡：隋大業初改揚州置。治所在今江蘇揚州市。

［16］賵贈：指皇帝爲助辦亡故大臣的喪事而賜贈財物。

［17］贈開府儀同三司：贈官。隋初爲正四品上，隋煬帝大業三年改爲從一品。　光禄大夫：此是贈官。隋煬帝大業初始置。從一品。　文安侯：此是贈爵名。隋煬帝大業三年改九等爵制爲王、公、侯三等爵制。文安侯是三等爵的第三等，正二品。

［18］謚：古代帝王、貴族、大臣、士大夫或其他有地位的人死後，據其生前業迹評定的一種帶有褒貶意義的稱號。

弘榮寵當世，而車服卑儉，事上盡禮，待下以仁，訥於言而敏於行。上嘗令其宣敕，弘至階下，不能言，退還拜謝，云："並忘之。"上曰："傳語小辯，故非宰臣任也。"愈稱其質直。大業之世，委遇彌隆。性寬厚，篤志於學，雖職務繁雜，書不釋手。隋室舊臣，始終信任，悔吝不及，[1]唯弘一人而已。有弟曰弼，[2]好酒而酗，嘗因醉，射殺弘駕車牛。弘來還宅，其妻迎謂之曰："叔射殺牛矣。"弘聞之，亦無所怪問，[3]直答云："作脯。"坐定，其妻又曰："叔忽射殺牛，大是異事！"弘曰："已知之矣。"顔色自若，讀書不輟。其寬和如此。有文集十三卷行於世。[4]

［1］悔吝：即灾禍、灾難。《易·繫辭上》云："悔吝者，憂虞之象也。"

［2］弼：人名。即牛弼。牛弘之弟，好酗酒，行事放誕。事亦見《北史》卷七二《牛弘傳》。

［3］亦：底本原作"以"，宋刻遞修本、中華本及《北史·牛弘傳》無此字，今據殿本、庫本改。

［4］十三卷：底本、殿本、庫本、中華本皆同，但宋刻遞修本

作“十二卷”。另，檢本書《經籍志四》《北史·牛弘傳》《舊唐書·經籍志下》《新唐書·藝文志四》，均載牛弘文集爲“十二卷”，故疑此處“三”當是“二”之訛。

長子方大，[1]亦有學業，官至内史舍人。[2]次子方裕，[3]性凶險，無人心，從幸江都，與裴虔通等同謀弑逆，[4]事見《司馬德戡傳》。[5]

[1]方大：人名。即牛方大。牛弘的長子，隋時官至内史舍人。事亦見《北史》卷七二《牛弘傳》、《新唐書·宰相世系表五上》。按，“方大”底本、殿本、庫本、中華本皆同，《北史·牛弘傳》《新唐書·宰相世系表五上》亦同，但宋刻遞修本作“方太”，疑訛。

[2]内史舍人：官名。爲内史省的屬官，掌参議表章，草擬詔敕。隋初置八人，正六品上，開皇三年升爲從五品。隋煬帝大業三年减置四人，大業末改内史省爲内書省，内史舍人遂改稱内書舍人。

[3]方裕：人名。即牛方裕。牛弘的次子，隋末官至符璽郎，參與謀弑隋煬帝的江都兵變，唐初歷官金部郎中、左庶子、萊州刺史，後以弑逆之罪被流放禁錮。事亦見本書卷四《煬帝紀下》、卷八五《宇文化及傳》，《北史》卷一二《隋煬帝紀》、卷七九《宇文化及傳》，《舊唐書》卷二《太宗紀上》、卷三《太宗紀下》，《新唐書》卷二《太宗紀》、卷七五上《宰相世系表五上》等。

[4]裴虔通：人名。傳見本書卷八五，《北史》卷七九有附傳。

[5]事見《司馬德戡傳》：牛方裕事不見本書卷八五《司馬德戡傳》，而見本書《宇文化及傳》。

史臣曰：牛弘篤好墳籍，學優而仕，有淡雅之風，懷曠遠之度，採百王之損益，成一代之典章，漢之叔孫，[1]不能尚也。綢繆省闥三十餘年，[2]夷險不渝，[3]始終無際。[4]雖開物成務非其所長，[5]然澄之不清，混之不濁，可謂大雅君子矣。子實不才，崇基不構，[6]干紀犯義，以墜家風，惜哉！

[1]叔孫：指叔孫通。漢初名臣，與儒生共立漢代朝儀典章。傳見《史記》卷九九、《漢書》卷四三。

[2]綢繆：喻指爲朝廷出謀獻策，做好各種準備工作。　省闥：亦稱"禁闥"。即禁宫。古代中央諸省官署均設於禁中，故亦因以代稱中央政府。

[3]夷險不渝：意謂身處平順與艱險都不改變自己的節操。

[4]無際：意謂没有間隙或間歇。

[5]開物成務：意謂開通萬物之志，成就天下之務。

[6]崇基：此指顯耀的家族基業。

隋書　卷五〇

列傳第十五

宇文慶

宇文慶字神慶，河南洛陽人也。[1]祖金殿，[2]魏征南大將軍，[3]仕歷五州刺史、安吉侯。[4]父顯和，[5]夏州刺史。[6]慶沉深，有器局，少以聰敏見知。周初，[7]受業東觀，[8]頗涉經史。既而謂人曰："書足記姓名而已，安能久事筆硯，爲腐儒之業！"于時文州民夷相聚爲亂，[9]慶應募從征。賊據保巖谷，徑路懸絶，慶束馬而進，襲破之，以功授都督。[10]衛王直之鎮山南也，[11]引爲左右。慶善射，有膽氣，好格猛獸，直甚壯之。稍遷車騎大將軍、儀同三司，[12]柱國府掾。[13]及誅宇文護，[14]慶有謀焉，進授驃騎大將軍，[15]加開府。[16]後從武帝攻河陰，[17]先登攀堞，[18]與賊短兵接戰，良久，中石乃墜，絶而後蘇。帝勞之曰："卿之餘勇，可以賈人也。"[19]復從武帝拔晋州。[20]其後齊師大至，[21]慶與宇文憲輕騎而覘，[22]卒與賊相遇，爲賊所窘。憲挺身而遁，慶退據汾橋，[23]衆賊争進，慶引弓射之，所中人馬必倒，賊乃稍却。及破高緯，[24]拔高壁，[25]克并州，[26]下信都，[27]禽高湝，[28]功並居最。周武帝詔曰："慶勳庸早著，英望華遠，出内之績，[29]簡在朕心。戎車自西，[30]俱總行陣，東夏蕩定，[31]實有茂功。高位縟禮，宜崇榮册。"於是進位大將軍，[32]封汝南郡公，[33]邑千六百户。[34]尋以行軍總管擊延安反胡，[35]平之，拜延州總管。[36]俄轉寧州總管。[37]高祖爲丞相，[38]復以行軍總管南征江表。[39]師次白帝，[40]徵還，以勞進位上大將軍。[41]高祖與慶有舊，甚見親待，令督丞相軍事，[42]委以心腹。尋加柱國。[43]開皇初，[44]拜左武衛將軍，[45]進位上柱國。[46]數年，出除涼州總管。[47]歲餘，徵還，不任以職。

[1]河南：郡名。治所在今河南洛陽市東北。　洛陽：縣名。治所在今河南洛陽市東北白馬寺東。

[2]金殿：人名。即宇文金殿，宇文慶之祖，北魏時人。官至征南大將軍、兖州刺史，爵封安吉縣侯。事亦見《周書》卷四〇《宇文神舉傳》、《北史》卷五七《東平公神舉傳》。

[3]魏：即北魏（386—557），亦稱後魏。初都平城（今山西大同市東北），公元494年遷都洛陽（今河南洛陽市東北白馬寺東）。公元534年分裂爲東魏和西魏兩個政權。東魏（534—550）都於鄴（今河北臨漳縣西南鄴鎮東），西魏（535—557）都於長安（今陝西西安市西北郊）。　征南大將軍：官名。北魏時屬軍號官，可開府置僚佐，多用作加官。正二品。

[4]安吉侯：爵名。全稱是安吉縣侯。北魏時爲十一等爵的第五等。正二品。按，"安吉"各本皆同，《周書·宇文神舉傳》亦同，但《北史·東平公神舉傳》作"安喜"。

［5］顯和：人名。即宇文顯和，宇文慶之父，北魏末至西魏時人。官至車騎大將軍、儀同三司，加散騎常侍。事亦見《周書·宇文神舉傳》《北史·東平公神舉傳》。

［6］夏州：西魏時治所在今内蒙古烏審旗南白城子。按，“夏州”各本皆同，但《周書·宇文神舉傳》作“東夏州”。

［7］周：即北周（557—581），都於長安（今陝西西安市西北郊）。

［8］東觀：本爲東漢洛陽南宫内觀名，漢明帝時詔令班固等史臣在此修撰國史《漢記》，章、和二帝時又將此設爲皇宫藏書之府。後世遂因以代稱宫中藏書之所或國史修撰之所。

［9］文州：北周時治所在今甘肅文縣西南。

［10］都督：官名。北周時屬勳官。北周府兵制中每隊的長官均加此勳官名。七命。

［11］衛王直：即北周宗室親王宇文直。北周武帝保定年間位居柱國，出爲襄州總管，坐鎮山南道。傳見《周書》卷一三、《北史》卷五八。　山南：此指山南道。北周至隋初根據形勢需要，在華山和終南山以南之地設置的軍政特區，統轄範圍包括若干州，治所在今湖北襄樊市。

［12］車騎大將軍：官名。北周時屬軍號官。北周府兵制中儀同府的長官均帶此軍號官。九命。　儀同三司：官名。亦簡稱儀同，北周武帝建德四年（575）改稱儀同大將軍。北周時屬勳官。北周府兵制中儀同府的長官均加此勳官名，可開府置官屬。九命。

［13］柱國府掾：官名。北周時爲柱國所開之府的屬官，掌領府内諸曹事務。正五命。

［14］宇文護：人名。北周初期的宗室權臣，官居大冢宰，都督中外諸軍事，至北周武帝建德元年被誅殺。傳見《周書》卷一一，《北史》卷五七有附傳。

［15］驃騎大將軍：官名。北周時屬軍號官。北周府兵制中二十四軍的每軍長官均帶此軍號官。九命。

［16］開府：官名。全稱是開府儀同三司，北周武帝建德四年改稱開府儀同大將軍。屬勳官。北周府兵制中二十四軍的每軍長官均加此勳官名，可開府置官屬。九命。

［17］武帝：即北周武帝宇文邕。紀見《周書》卷五、六，《北史》卷一〇。　河陰：縣名。北齊時治所在今河南孟津縣東北。

［18］堞：古時城墻上呈齒形的矮墻，也稱"女墻"。

［19］卿之餘勇，可以賈（gǔ）人也：語本《左傳》成公二年："齊高固入晋師，桀石以投人，禽之而乘其車，繫桑本焉。以徇齊壘，曰：'欲勇者賈余餘勇。'"杜預注："賈，賣也。言己勇有餘，欲賣之。"後因以"餘勇可賈"稱謂尚有未用盡的勇力可以使出來。此處乃周武帝借用"餘勇可賈"的典故以稱譽宇文慶具有使之不盡的勇力。

［20］晋州：北齊時治所在今山西臨汾市。北周武帝建德五年被周軍攻克而歸屬北周。

［21］齊：即北齊（550—577），都於鄴（今河北臨漳縣西南鄴鎮東）。

［22］宇文憲：人名。北周宗室親王，周武帝之弟，爵封齊王。北周武帝建德五年奉詔領軍爲前鋒，扈從武帝大舉攻伐北齊。傳見《周書》卷一二、《北史》卷五八。

［23］汾橋：古橋名。故址在今山西臨汾市西北汾河之上。

［24］高緯：人名。北齊末代皇帝，史稱北齊後主。紀見《北齊書》卷八、《北史》卷八。

［25］高壁：山名。在今山西靈石縣南。東魏、西魏及北齊、北周對峙之際，因其地處軍事要衝，故東魏、北齊在此屯駐重兵據守。

［26］并州：北齊時治所在今山西太原市西南古城營。

［27］信都：縣名。北齊時治所在今河北冀州市。此地乃北齊神武帝高歡起兵創業之處，故後建爲北齊軍政重地。

［28］禽：通"擒"。　高湝：人名。北齊宗室親王，神武帝高

歡之子，爵封任城王，北齊後主時官至大丞相。北周攻滅北齊之際募兵據守冀州，結果戰敗被擒，尋卒於長安。傳見《北齊書》卷一〇、《北史》卷五一。

［29］出内：亦作“出納”。即承宣皇命，參謀機密。此處當指宇文慶參謀誅殺宇文護之事。

［30］戎車：即兵車。引申指戰事。

［31］東夏：地區名。泛指中國東部。此處代指北齊。

［32］大將軍：官名。北周時爲十一等勳官的第四等，可開府置官屬。正九命。

［33］汝南郡公：爵名。北周時爲十一等爵的第五等。正九命。

［34］邑：也稱食邑、封邑。是古代君王封賜給有爵位之人的一種食禄制度，受封者可徵收封地内的民户租税充作食禄。魏晋以後，食邑分爲虚封和實封兩類：虚封一般僅冠以“邑”或“食邑”之名，這衹是一種榮譽性加銜，受封者並不能獲得實際的食禄收入；而實封一般須冠以“真食”“食實封”等名，受封者可真正獲得食禄收入。

［35］行軍總管：北周至隋時所置的統領某部或某路出征軍隊的軍事長官。根據需要其上還可置行軍元帥以統轄全局。屬臨時差遣任命之職，事罷則廢。　延安：縣名。北周時治所在今陝西延長縣。　胡：古族名。此指稽胡，亦稱步落稽。或説是匈奴别種，乃十六國時劉淵所統五部匈奴之苗裔；或説是山戎赤狄之後。北朝至隋時主要分布在今山西西部、陝西北部及甘肅東部一帶山區。傳見《周書》卷四九、《北史》卷九六。

［36］延州：西魏改東夏州置爲延州總管府，北周沿之。治所在今陝西延安市東北。　總管：官名。東魏孝静帝武定六年（548）始置總管，西魏亦置。北周明帝武成元年（559）正式改都督諸州軍事爲總管，加使持節諸軍事，總管之設乃成定制。北周總管或單任，然多兼帶刺史，故總管的職權雖以軍事爲主，實際是一軍政轄區若干州、鎮、防的最高長官。北周總管的命品史無明載，但應不

低於五等州刺史的命品。隋初承繼北周之制亦置諸州總管，分上、中、下三等，品秩分别爲流内視從二品、視正三品、視從三品，可作參考。（參見王仲犖《北周六典》卷一〇《總管府第二十五》，中華書局1979年版，第623頁）

［37］寧州：西魏改豳州置，北周置總管府。治所在今甘肅寧縣。

［38］高祖：隋文帝楊堅的廟號。紀見本書卷一、二，《北史》卷一一。　丞相：官名。此是“左大丞相”或“大丞相”的簡稱。北周静帝大象二年（580）置左、右大丞相，以宗室親王宇文贊爲右大丞相，僅有虚名；而以外戚楊堅爲左大丞相，總攬朝政。旋又去左右之號，獨以楊堅爲大丞相。楊堅由此成爲控制北周朝廷的權臣。

［39］江表：地區名。亦稱“江南”“江外”。指長江以南地區。此指南朝陳的轄地。

［40］白帝：古城名。又名永安城。故址在今重慶奉節縣東瞿塘峽口。

［41］上大將軍：官名。北周武帝建德四年始置，爲北周十一等勳官的第三等，可開府置官屬。正九命。

［42］督丞相軍事：北周末年丞相楊堅設置的督管其相府軍事事務的官員，以親信兼任之。屬臨時委命之職，無固定命品。

［43］柱國：官名。全稱是柱國大將軍。北魏太武帝始置柱國，以爲開國元勳長孫嵩的加官。北魏末孝莊帝以尒朱榮有擁立之功，又特置此官以授之，位在丞相之上。西魏文帝以宇文泰有中興之功，亦置此官授之。後凡屬功參佐命、望實俱重的大臣，也得居之。至西魏大統十六年（550）以前，任此官者名義上有八人，但宗室元欣有其名而無實權，宇文泰爲最高統帥，其他六個柱國則分掌禁旅，各轄二大將軍，爲府兵系統的最高長官。大統十六年以後，功臣位至柱國者愈多，遂成爲散秩，無所統御。至北周武帝時，又增置上柱國等官，形成十一等勳官之制。柱國大將軍是十一

等勳官的第二等，可開府置官屬。正九命。

［44］開皇：隋文帝楊堅年號（581—600）。

［45］左武衛將軍：官名。爲左武衛府的次官，置二員，協助長官左武衛大將軍掌領外軍宿衛事務，統管本府所轄府兵衛士。從三品。

［46］上柱國：官名。隋文帝因改北周十一等勳官之制形成十一等散實官，用以酬勤勞，無實際職掌。上柱國是十一等散實官的第一等，可開府置僚屬。從一品。

［47］除：官制用語。即拜官、授職。　涼州：北周置總管府，隋初沿之。治所在今甘肅武威市。　總管：官名。全稱是總管刺史加使持節。北周始置諸州總管，隋初承繼，又有增置。總管的統轄範圍可達數州至十餘州，實爲一軍政轄區的最高長官。隋文帝在并、益、荆、揚四州置大總管，其餘州置總管。總管分上、中、下三等，品秩分别爲流内視從二品、視正三品、視從三品。

初，上潛龍時，[1]嘗從容與慶言及天下事，上謂慶曰："天元實無積德，[2]視其相貌，壽亦不長。加以法令繁苛，耽恣聲色，以吾觀之，殆將不久。又復諸侯微弱，各令就國，曾無深根固本之計，羽翮既剪，[3]何能及遠哉！尉迥貴戚，[4]早著聲望，國家有釁，必爲亂階。然智量庸淺，子弟輕佻，貪而少惠，終致亡滅。司馬消難反覆之虜，[5]亦非池内之物，[6]變成俄頃，但輕薄無謀，[7]未能爲害，不過自竄江南耳。庸、蜀嶮隘，[8]易生艱阻，王謙愚蠢，[9]素無籌略，但恐爲人所誤，不足爲虞。"未幾，上言皆驗。及此，慶恐上遺忘，不復收用，欲見舊蒙恩顧，具録前言爲表而奏之曰："臣聞智侔造化，[10]二儀無以隱其靈，[11]明同日月，萬象不能藏其狀。

先天弗違，實聖人之體道，未萌見兆，諒達節之神機。[12]伏惟陛下特挺生知，徇齊誕御，[13]懷五岳其猶輕，[14]吞八荒而不梗，[15]藴妙見於胸襟，運奇謨於掌握。[16]臣以微賤，早逢天眷，不以庸下，親蒙推赤。[17]所奉成規，纖毫弗舛，尋惟聖慮，妙出蓍龜，[18]驗一人之慶有徵，[19]實天子之言無戲。臣親聞親見，實榮實喜。”[20]上省表大悦，下詔曰：“朕之與公，本來親密，懷抱委曲，無所不盡。話言歲久，尚能記憶，今覽表奏，方悟昔談。何謂此言，遂成實録。古人之先知禍福，明可信也，朕言之驗，自是偶然。公乃不忘，彌表誠節，深感至意，嘉尚無已。”自是上每加優禮。卒于家。

[1]潛龍：亦作“龍潛”。語出《易·乾》：“潛龍勿用，陽氣潛藏。”後用以喻指帝王尚處在下位，隱而未顯。

[2]天元：北周宣帝宇文贇的尊號。紀見《周書》卷七、《北史》卷一〇。

[3]羽翮：即鳥之羽翅。喻指輔佐之人。

[4]尉迥：人名。即尉遲迥。北周末年官任相州總管，起兵反對楊堅篡周，旋被討滅。傳見《周書》卷二一、《北史》卷六二。

[5]司馬消難：人名。北周末年官任鄖州總管，起兵反對楊堅篡周，旋被討滅，逃奔南朝陳。傳見《周書》卷二一，《北史》卷五四有附傳。

[6]池内之物：比喻蟄居無爲的人。

[7]輕薄無謀：“薄”底本、宋刻遞修本、殿本、中華本皆同，庫本作“簿”，二字相通。

[8]庸、蜀：古國名。此指庸、蜀二國之地，即今重慶和四川

一帶。

［9］王謙：人名。北周末年官任益州總管，起兵反對楊堅篡周，旋被討滅。傳見《周書》卷二一，《北史》卷六〇有附傳。

［10］造化：指自然界的創造者。亦指自然。

［11］二儀：指天與地。

［12］達節：意謂明達世情，善識時務。

［13］徇齊誕御：意謂敏慧而有大智。

［14］五岳：即東岳泰山、南岳衡山、西岳華山、北岳恒山、中岳嵩山五大名山的總稱。

［15］八荒：指八方荒遠之地。

［16］奇謨：奇謀、奇計。

［17］推赤：意謂推心置腹，以誠相待。

［18］蓍龜：古人以蓍草和龜甲占卜凶吉，後因以指占卜。

［19］一人之慶：指天子的符命祥瑞。

［20］實榮實喜：“喜”底本、宋刻遞修本、庫本、中華本皆同，殿本作“善”，疑訛。

子静禮，[1]初爲太子千牛備身，[2]尋尚高祖女廣平公主，[3]授儀同，[4]安德縣公，[5]邑千五百户。後爲熊州刺史。[6]先慶卒。

［1］静禮：人名。宇文慶之子。起家爲隋太子千牛備身，尚隋文帝女廣平公主，爵封安德縣公，終官熊州刺史，早卒。事亦見《北史》卷五七《宇文慶傳》。按，“禮”字各本皆同，但《北史·宇文慶傳》作“亂”，疑訛。

［2］太子千牛備身：官名。爲太子左右内率府的屬官，置八人，掌執千牛刀宿衛侍從太子。正七品下。隋煬帝大業三年（607）改稱司仗左右。

［3］尚：即尚主，專指娶公主爲妻。古時因尊帝王之女，不敢言娶，故稱“尚”，有承奉、仰攀之意。　廣平公主：隋公主封號名。隋文帝之女，嫁宇文静禮爲妻。事亦見《北史·宇文慶傳》。

［4］儀同：官名。全稱是儀同三司。爲隋十一等散實官的第八等，可開府置僚佐。正五品上。

［5］安德縣公：爵名。爲隋九等爵的第五等。從一品。

［6］熊州：治所在今河南宜陽縣西。

子協，[1]歷武賁郎將、右翊衛將軍，[2]宇文化及之亂遇害。[3]

［1］協：人名。即宇文協。宇文慶之孫，宇文静禮之子。隋煬帝時官至右翊衛將軍，大業十四年宇文化及在江都發動兵變時被殺。事亦見本書卷五《恭帝紀》，《北史》卷一二《隋恭帝紀》、卷五七《宇文慶傳》。

［2］武賁郎將：官名。隋煬帝大業三年改革官制，於十二衛每衛置護軍四人，爲各衛將軍之副貳，尋又改稱護軍爲武賁郎將。正四品。　右翊衛將軍：官名。隋初設左右衛，各置將軍二人爲其次官，協助長官左右衛大將軍掌宫掖禁禦，督攝仗衛，統領本府兵。從三品。隋煬帝大業三年改左右衛爲左右翊衛，左右衛將軍則改稱爲左右翊衛將軍，其職掌、員額、品階未變。右翊衛將軍即由隋初右衛將軍所改之名。按，“右翊衛將軍”各本皆同，《北史·宇文慶傳》亦同，但本書卷五《恭帝紀》及《北史·隋恭帝紀》載作“右翊衛大將軍”。

［3］宇文化及：人名。傳見本書卷八五，《北史》卷七九有附傳。

協弟皛，[1]字婆羅門，大業之世，[2]少養宫中。後爲千牛左右，[3]煬帝甚親昵之。[4]每有游宴，皛必侍從，至於出入卧内，伺察六宫，[5]往來不限門禁，其恩倖如此。時人號曰宇文三郎。皛與宫人淫亂，至於妃嬪公主，亦有醜聲。蕭后言於帝，[6]皛聞而懼，數日不敢見。其兄協因奏曰："皛今已壯，不可在宫掖。"帝曰："皛安在？"協曰："在朝堂。"帝不之罪，因召入，待之如初。宇文化及弑逆之際，[7]皛時在玄覽門，[8]覺變，將入奏，爲門司所遏，[9]不得時進。會日暝，宫門閉，退還所守。俄而難作，皛與五十人赴之，爲亂兵所害。

[1]皛（xiǎo）：人名。即宇文皛，宇文慶之孫，宇文静禮之子，宇文協之弟。隋煬帝時官任千牛左右，深得煬帝寵信，行事放誕，大業十四年宇文化及在江都發動兵變時被亂兵所殺。事亦見本書卷五九《燕王倓傳》、卷七九《蕭琮傳》，《北史》卷五七《宇文慶傳》等。

[2]大業：隋煬帝楊廣年號（605—618）。

[3]千牛左右：官名。隋初於左右領左右府置千牛備身十二人爲本府屬官，掌執千牛御刀宿衛侍從皇帝。正六品下。隋煬帝大業三年改左右領左右府爲左右備身府，千牛備身則改名爲千牛左右，其職掌未變，員額增至十六人。正六品。

[4]煬帝：即隋煬帝楊廣。紀見本書卷三、四，《北史》卷一二。

[5]六宫：古代皇后的寢宫。因有正寢一、燕寢五，合稱六宫。後泛指后妃所居之地，亦代指后妃。

[6]蕭后：即隋煬帝的皇后蕭氏。傳見本書卷三六、《北史》卷一四。

[7]弑逆：指弑君殺父。此指宇文化及在江都行宫（今江蘇揚

州市）發動兵變，弑殺隋煬帝。

［8］玄覽門：隋江都行宫的宫門。

［9］門司：指守門的吏役。

李禮成

李禮成字孝諧，隴西狄道人也。[1]涼王暠之六世孫。[2]祖延實，[3]魏司徒。[4]父彧，[5]侍中。[6]禮成年七歲，與姑之子蘭陵太守滎陽鄭顥隨魏武帝入關。[7]顥母每謂所親曰："此兒平生未嘗迴顧，當爲重器耳。"[8]及長，沉深有行檢，[9]不妄通賓客。魏大統中，[10]釋褐著作郎，[11]遷太子洗馬、員外散騎常侍。[12]周受禪，[13]拜平東將軍、散騎常侍。[14]于時貴公子皆競習弓馬，被服多爲軍容。禮成雖善騎射，而從容儒服，不失素望。後以軍功，拜車騎大將軍、儀同三司，賜爵修陽縣侯，[15]拜遷州刺史。[16]時朝廷有所徵發，[17]禮成度以蠻夷不可擾，[18]擾必爲亂，上表固諫。周武帝從之。伐齊之役，從帝圍晋陽，[19]禮成以兵擊南門，齊將席毗羅率精甲數千拒帝，[20]禮成力戰，擊退之。加開府，進封冠軍縣公，[21]拜北徐州刺史。[22]未幾，徵爲民部中大夫。[23]

［1］隴西：郡名。治所在今甘肅隴西縣南。　狄道：縣名。治所在今甘肅臨洮縣。

［2］涼王暠：即十六國時期西涼國的開國君主李暠。傳見《晋書》卷八七、《魏書》卷九九、《北史》卷一〇〇。

［3］延實：人名。即李延實。亦作"延寔"。李禮成之祖，北

魏時人，官至司徒、青州刺史。傳見《魏書》卷八三下，《北史》卷一〇〇有附傳。

［4］司徒：官名。北魏時爲三公之一，可開府置僚屬，參議國家大事，實則無具體職掌，多爲大臣加官。正一品。

［5］彧：人名。即李彧。李禮成之父，北魏末官至侍中、廣州刺史。《北史》卷一〇〇有附傳。

［6］侍中：官名。北魏初爲門下省的長官，是宰相之職，但北魏末至西魏時多用作大臣加官，無實際職掌，遂成散職。正三品。

［7］蘭陵：郡名。北魏時治所在今山東棗莊市東南。　滎陽：郡名。北魏時治所在今河南滎陽市。　鄭顥：人名。李禮成的表兄，滎陽郡人。北魏末年官任蘭陵太守，偕同李禮成隨從孝武帝入關。事亦見《北史》卷一〇〇《李禮成傳》。　魏武帝：即北魏孝武帝元脩。北魏末代皇帝。紀見《魏書》卷一一、《北史》卷五。　關：此指潼關。在今陝西潼關縣東南。地處今陝西、山西、河南三省之要衝，素稱險要，爲關中之門户。

［8］重器：即大器。比喻能任大事的人。

［9］行檢：即操行、品行。

［10］大統：西魏文帝元寶炬年號（535—551）。

［11］釋褐：官制用語。亦稱“解褐”。即脱去平民衣服而换上官服，喻指始任官職。　著作郎：官名。西魏時爲秘書監所轄著作省的長官，掌國史修撰之事。從五品上。

［12］太子洗（xiǎn）馬：官名。西魏時爲太子東宫的屬官，職掌東宫圖籍文翰。從五品上。　員外散騎常侍：官名。北魏時爲門下省的屬官，掌陪從朝值，獻納得失，但北魏末至西魏時多用作加官，無實際職掌，遂成散職。正五品上。

［13］受禪：中國古代王朝更迭時，新皇帝承受舊皇帝讓給的帝位，即稱受禪。此指北周孝閔帝宇文覺於公元 557 年廢西魏恭帝，自稱皇帝，正式建立北周王朝。

［14］平東將軍：官名。北周時屬軍號官，可開府置僚屬。正七

命。　散騎常侍：官名。北周時屬散官。其命品未詳，但西魏、北齊、隋時均爲從三品，可作參考。

［15］修陽縣侯：爵名。北周時爲十一等爵的第七等。正八命。

［16］遷州：北周時治所在今湖北房縣。

［17］徵發：指朝廷向州縣民衆徵調賦税徭役。

［18］蠻夷：古代對四方邊遠地區少數民族的泛稱。亦專指南方少數民族。

［19］晋陽：北齊都邑名。在今山西太原市西南古城營。

［20］席毗羅：人名。亦省作“席毗”。本爲北齊大將，率軍據守晋陽城，北周武帝伐齊時城破降周，被任爲大將軍、徐州總管司録，至北周末年又隨從相州總管尉遲迥舉兵反叛，旋被討滅。事亦見本書卷一《高祖紀上》、卷三九《源雄傳》、卷六〇《于仲文傳》、卷七一《劉弘傳》，《北史》卷一一《隋文帝紀》、卷二三《于仲文傳》、卷二八《源雄傳》、卷六二《尉遲迥傳》、卷一〇〇《李禮成傳》。

［21］冠軍縣公：爵名。北周時爲十一等爵的第六等，“命數未詳，非正九命則當是九命”（參見王仲舉《北周六典》卷八《封爵第十九》，第 548 頁）。

［22］北徐州：北齊時治所在今山東臨沂市。北周平定北齊後改稱沂州。

［23］民部中大夫：官名。北周時爲地官府民部曹的長官，置二員，掌户口籍帳之政令。正五命。按，“民部”各本皆同，《北史·李禮成傳》作“户部”，乃唐人避唐太宗李世民之諱而改。

禮成妻竇氏早没，知高祖有非常之表，遂聘高祖妹爲繼室，情契甚歡。及高祖爲丞相，進位上大將軍，遷司武上大夫，[1]委以心膂。及受禪，拜陝州刺史，[2]進封絳郡公，[3]賞賜優洽。尋徵爲左衛將軍，[4]遷右武衛大將軍。[5]歲餘，出拜襄州總管，[6]稱有惠政。後數載，復爲左衛大將軍。[7]時突厥屢爲寇患，[8]緣邊要害，多委重臣，由是拜寧州刺史。[9]歲餘，以疾徵還京師，終於家。其子世師，[10]官至度支侍郎。[11]

[1]司武上大夫：官名。北周時司武的設置和職掌史無明載，王仲犖疑是北周武帝建德初年改夏官武伯而置爲司武，掌領宿衛軍事，長官爲司武中大夫。至北周武帝宣政元年（578），又增設司武上大夫爲其長官，左右各置一員，正六命。（參見王仲犖《北周六典》卷七《六官餘録第十三》，第505—506頁）

[2]陜州：治所在今河南陜縣。

[3]絳郡公：爵名。爲隋九等爵的第四等。從一品。

[4]左衛將軍：官名。爲左衛的次官，置二員，協助長官左衛大將軍掌宮掖禁禦，督攝仗衛。從三品。按，“左衛將軍”各本皆同，但本書卷一《高祖紀上》載作“左衛大將軍”，岑仲勉認爲“左衛下應補‘大’字，否則傳下文亦不當云‘復爲’也”（參見岑仲勉《隋書求是》，中華書局2004年版，第94頁）。

[5]右武衛大將軍：官名。爲右武衛的長官，置一員，掌領外軍宿衛宮禁。正三品。

[6]襄州：西魏、北周置總管府，隋初沿之。治所在今湖北襄樊市。

[7]左衛大將軍：官名。爲左衛的長官，置一員，掌宮掖禁禦，督攝仗衛。正三品。

[8]突厥：古族名、國名。公元六世紀初興起於今阿爾泰山西南麓，552年在今鄂爾渾河流域建立突厥汗國，此後其勢力擴展至大漠南北，橫跨蒙古高原，隋開皇二年分裂爲東、西兩部。傳見本書卷八四、《周書》卷五〇、《北史》卷九九、《舊唐書》卷一九四、《新唐書》卷二一五。

［9］寧州：治所在今甘肅寧縣。

［10］世師：人名。李禮成之子。隋文帝時官至度支侍郎。事亦見《北史》卷一〇〇《李禮成傳》。

［11］度支侍郎：官名。爲尚書省民部所轄四曹之一度支曹的長官，置二員，掌判全國租賦多寡、物産豐約及收支出納之政務。隋初爲正六品上，開皇三年升爲從五品。隋煬帝大業三年改諸曹侍郎爲郎，度支侍郎遂改稱度支郎。

元孝矩　弟褒

元孝矩，河南洛陽人也。祖脩義，[1]父子均，[2]並爲魏尚書僕射。[3]孝矩西魏時襲爵始平縣公，[4]拜南豐州刺史。[5]時見周太祖專政，[6]將危元氏，[7]孝矩每慨然有興復社稷之志，陰謂昆季曰：[8]"昔漢氏有諸吕之變，[9]朱虚、東牟，[10]卒安劉氏。[11]今宇文之心，路人所見，顛而不扶，焉用宗子？盍將圖之。"爲兄則所遏，[12]孝矩乃止。其後周太祖爲兄子晉公護娶孝矩妹爲妻，[13]情好甚密。及閔帝受禪，[14]護總百揆，[15]孝矩之寵益隆。及護誅，坐徙蜀。[16]數載，徵還京師，拜益州總管司馬，[17]轉司憲大夫。[18]

［1］脩義：人名。即元脩義。元孝矩之祖，出身北魏宗室，北魏孝明帝時官至尚書右僕射、西道行臺、雍州刺史。傳見《魏書》卷一九上、《北史》卷一七。

［2］子均：人名。即元子均。元孝矩之父，北魏末官至給事黄門侍郎，西魏時位居開府儀同三司，爵封安昌王。事見《魏書》卷一九上、《北史》卷一七《元脩義傳》。按，"子均"各本皆同，但

《魏書·元脩義傳》及《北史·元脩義傳》皆作“均”，無“子”字，故疑此處“子”字當衍。

［3］尚書僕射：官名。北魏、西魏時爲尚書省的次官，左右各置一員，輔助長官尚書令執行政務，參決國家大政。但因尚書令不常置，尚書省政務常由左右僕射主持，僕射則成爲尚書省的實際長官，位列宰相。從二品。

［4］始平縣公：爵名。西魏時爲十一等爵的第三等。從一品。

［5］南豐州：西魏時治所在今湖北鄖縣東南。

［6］周太祖：即宇文泰。西魏執政大臣，北周的奠基者。紀見《周書》卷一、二，《北史》卷九。

［7］元氏：西魏皇室的姓氏。此處代指西魏政權。

［8］昆季：即兄弟。古稱長爲昆、幼爲季。

［9］諸吕：指漢初吕后當政時的親信吕産、吕禄等吕氏外戚勢力。

［10］朱虚、東牟：指西漢宗室朱虚侯劉章、東牟侯劉興居兄弟二人。漢初吕后死，劉章兄弟與周勃、陳平等人發兵共誅諸吕，以功封王。事見《史記》卷五二《齊悼惠王世家》、《漢書》卷三八《齊悼惠王劉肥傳》。

［11］劉氏：西漢皇室的姓氏。此處代指西漢政權。

［12］則：人名。即元則。元孝矩之兄，字孝規。西魏時官至義州刺史，北周時官至小冢宰、江陵總管。事亦見本書卷七一《元文都傳》、《周書》卷三八《李昶傳》及同卷《元偉傳》、《北史·元脩義傳》。

［13］太祖：底本、宋刻遞修本、庫本、中華本皆同，但殿本作“太子”，顯誤。　晋公：爵名。全稱是晋國公。北周時爲十一等爵的第四等。正九命。　護：人名。即宇文護。參見前注“宇文護”。

［14］閔帝：即北周孝閔帝宇文覺。北周開國皇帝。紀見《周書》卷三、《北史》卷九。

［15］總百揆：即總攝百官，統轄朝政。

[16]蜀：郡名。北周時治所在今四川成都市。

[17]益州：北周時置總管府。治所在今四川成都市。 總管司馬：官名。北周時爲諸州總管府的上佐官，協助總管統領府中軍務。其命品史無明載，但北周諸州府的司馬按州等級分爲六命至四命五個等級，故諸州總管府司馬的命品亦應與五等州司馬的命品略同。

[18]司憲大夫：官名。全稱是司憲中大夫。北周時爲秋官府司憲曹的長官，置二員，掌五禁、五戒之法，以左右刑罰，糾察百官。正五命。

高祖重其門地，娶其女爲房陵王妃。[1]及高祖爲丞相，拜少冢宰，[2]進位柱國，賜爵洵陽郡公。[3]時房陵王鎮洛陽，及上受禪，立爲皇太子，令孝矩代鎮。既而立其女爲皇太子妃，親禮彌厚。俄拜壽州總管，[4]賜孝矩璽書曰：[5]"楊越氛祲，[6]侵軼邊鄙，[7]争桑興役，不識大猷。[8]以公志存遠略，今故鎮邊服，[9]懷柔以禮，[10]稱朕意焉。"時陳將任蠻奴等屢寇江北，[11]復以孝矩領行軍總管，屯兵於江上。後數載，自以年老，筋力漸衰，不堪軍旅，上表乞骸骨，[12]轉涇州刺史，[13]高祖下書曰："知執謙撝，[14]請歸初服。[15]恭膺寶命，[16]實賴元功，方欲委裘，[17]寄以分陝，[18]何容便請高蹈，[19]獨爲君子者乎！若以邊境務煩，即宜徙節涇郡，養德卧治也。"[20]在州歲餘，卒官，年五十九。謚曰簡。[21]子無竭嗣。[22]

[1]房陵王：隋文帝長子楊勇死後所追封的爵名。傳見本書卷四五、《北史》卷七一。

[2]少冢宰：官名。即小冢宰的别稱，全稱是小冢宰上大夫。

北周時爲天官冢宰府的次官，置二員，協助長官大冢宰卿掌邦治，統領本府政務。正六命。

［3］洵陽郡公：爵名。北周時爲十一等爵的第五等。正九命。

［4］壽州：隋時有兩個壽州：一是隋文帝開皇初所置的壽州，治所在今湖南辰溪縣，開皇十八年（598）改爲充州；二是開皇九年改揚州所置的壽州，治所在今安徽壽縣，隋煬帝大業初改置淮南郡。文中所指當是第一個壽州。

［5］璽書：古代以泥封加印的文書。秦以後專指皇帝的詔書。

［6］楊越：古族名。亦稱“揚越”或“揚粵”。爲百越的一支，戰國至魏晉時期亦用作對越人的泛稱。其居地説法不一：一説因其曾散布於古揚州而得名，一説居嶺南，一説居江漢一帶。此處是以楊越借指南朝陳。按，“楊越”底本、殿本、庫本皆同，宋刻遞修本作“揚越”，但中華本作“揚、越”，分作兩個州名講，其標點當誤。（參見唐華全《中華書局點校本〈隋書〉質疑二十九則》，《河北師範大學學報》2012 年第 1 期）　氛祲：指預示灾禍的雲霧氣。比喻戰亂、叛亂。

［7］侵軼：侵犯襲擊。　邊鄙：指邊疆、邊地。

［8］大猷：指治國之大道。

［9］邊服：指距離統治中心極遠的地方。此處指隋與南朝陳的邊境地區。

［10］懷柔：古稱對外國或國内少數民族的籠絡安撫爲“懷柔”。

［11］陳：即南朝陳（557—589），都於建康（今江蘇南京市）。　任蠻奴：人名。即任忠，隋人因避隋文帝父楊忠之諱而改稱其小字。南朝陳將，隋初多次領軍侵擾隋朝江北之地。傳見《陳書》卷三一、《南史》卷六七。　江北：地區名。指長江以北地區。

［12］乞骸骨：古代官吏自請退職的一種表達方式。意謂使骸骨得以歸葬故鄉。

［13］涇州：治所在今甘肅涇川縣西北。

［14］謙撝：亦作“撝謙”。即謙遜、謙抑。

［15］初服：指未入仕時所穿的服裝，與“朝服”對稱。

［16］恭膺寶命：意謂敬受天命而登上皇位。

［17］委裘：典出《吕氏春秋·察賢》：“天下之賢主，豈必苦形愁慮哉？執其要而已矣……故曰‘堯之容若委衣裘’，以言少事也。”陳奇猷校釋：“謂堯之時，天下無事，堯之儀表，乃委曲其衣裘，消閑自得。古者長衣，有事則振衣而起，無事則委曲衣裘而坐也。”後遂以“委裘”喻指君主任賢舉能。

［18］分陝：相傳周初周公旦、召公奭分陝（今河南陝縣）而治，周公治陝以東，召公治陝以西。後遂稱朝廷重臣出任地方官爲“分陝”。

［19］高蹈：意謂舉足遠行。喻指隱退、隱居。

［20］卧治：典出《史記》卷一二〇《汲鄭列傳》：“卧而治之。”後用以稱謂政事清簡，無爲而治。

［21］謚：古代帝王、貴族、大臣、士大夫或其他有地位的人死後，據其生前業迹評定的一種帶有褒貶意義的稱號。

［22］無竭：人名。即元無竭，元孝矩之子。事亦見《北史》卷一七《元矩傳》。　嗣：此指繼承父輩的爵位和家業，以延續香火。

孝矩兄子文都，[1]見《誠節傳》。孝矩次弟雅，[2]字孝方，有文武幹用。開皇中，歷左領左右將軍、集沁二州刺史，[3]封順陽郡公。[4]季弟褒，最知名。

［1］文都：人名。即元文都。元孝矩之侄，元則之子。傳見本書卷七一，《北史》卷一七有附傳。按，“文都”底本、宋刻遞修本、中華本同，但殿本、庫本作“文郁”，當訛。

［2］雅：人名。即元雅。元孝矩的次弟，字孝方。隋文帝時歷

官左領左右將軍、集沁二州刺史，爵封順陽郡公。事亦見《北史》卷一七《元矩傳》。

[3]左領左右將軍：官名。隋初置左右領左右府，掌侍衛左右，供御兵仗。左領左右將軍是左領左右府的次官，置二員。從三品。　集：州名。治所在今四川南江縣。　沁：州名。隋開皇十六年置。治所在今山西沁源縣。

[4]順陽郡公：爵名。爲隋九等爵的第四等。從一品。

褒字孝整，便弓馬，少有成人之量。年十歲而孤，爲諸兄所鞠養。性友悌，善事諸兄。諸兄議欲别居，[1]褒泣諫不得，家素富，多金寶，褒無所受，脱身而出，爲州里所稱。及長，寬仁大度，涉獵書史。仕周，官至開府、北平縣公、趙州刺史。[2]

[1]别居：指分家而各立門户。

[2]北平縣公：爵名。北周時爲十一等爵的第六等。正九命或九命。　趙州：北周時治所在今河北隆堯縣東。

及高祖爲丞相，從韋孝寬擊尉迥，[1]以功超拜柱國，進封河間郡公，[2]邑二千户。開皇二年，拜安州總管。[3]歲餘，徙原州總管。[4]有商人爲賊所劫，其人疑同宿者而執之，褒察其色冤而辭正，遂捨之。商人詣闕訟褒受金縱賊，上遣使窮治之。使者簿責褒曰：[5]“何故利金而捨盜也?”褒便即引咎，初無異詞。使者與褒俱詣京師，遂坐免官。其盜尋發於佗所，[6]上謂褒曰：“公朝廷舊人，位望隆重，受金捨盜非善事，何至自誣也?”對曰："臣受委一州，不能息盜賊，臣之罪一也。州民爲人所謗，不付法司，懸即放免，臣之罪二也。牽率愚誠，[7]無顧形迹，不恃文書約束，至令爲物所疑，臣之罪三也。臣有三罪，何所逃責？臣又不言受賂，使者復將有所窮究，然則縲紲横及良善，[8]重臣之罪，是以自誣。"上歎異之，稱爲長者。十四年，以行軍總管屯兵備邊。遼東之役，[9]復以行軍總管從漢王至柳城而還。[10]仁壽初，[11]嘉州夷獠爲寇，[12]褒率步騎二萬擊平之。

[1]韋孝寬：人名。北周末年位居上柱國，官任行軍元帥，奉詔統軍略定淮南，又討滅相州總管尉遲迥之叛。傳見《周書》卷三一、《北史》卷六四。

[2]河間郡公：爵名。北周時爲十一等爵的第五等。正九命。

[3]安州：西魏始置總管府，北周、隋初沿之。治所在今湖北安陸市。

[4]原州：北周置總管府，隋初沿之。治所在今寧夏固原市。

[5]簿責：依據文書所列罪狀逐一責問。

[6]佗：底本、宋刻遞修本同，殿本、庫本、中華本作"他"，義同。

[7]牽率：草率、輕率。

[8]縲紲：捆綁犯人的繩索。引申爲牢獄、囚禁。

[9]遼東：地區名。泛指今遼河以東地區。因高麗國位於遼東，故文中"遼東之役"即指隋征伐高麗之事。

[10]漢王：隋文帝第五子楊諒的封爵名。此代指楊諒其人。傳見本書卷四五、《北史》卷七一。　柳城：縣名。治所在今遼寧朝陽市。

[11]仁壽：隋文帝楊堅年號（601—604）。

[12]嘉州：治所在今四川樂山市。　夷獠（lǎo）：古代對西南各少數民族的泛稱。

煬帝即位，拜齊州刺史，[1]尋改爲齊郡太守，[2]吏民安之。及興遼東之役，郡官督事者前後相屬，有西曹掾當行，[3]詐疾，褒詰之，掾理屈，褒杖之，掾遂大言曰："我將詣行在所，[4]欲有所告。"褒大怒，因杖百餘，數日而死，坐是免官。卒於家，時年七十三。

[1]齊州：治所在今山東濟南市。

[2]齊郡：隋煬帝大業初改齊州置。治所在今山東濟南市。

[3]西曹掾：官名。隋煬帝大業三年罷州置郡，於各郡置東、西二曹掾，位居郡次官郡丞之下，分管郡府所轄六司事務。京兆、河南二郡的東西曹掾爲從五品，其餘上、中、下三等郡的東西曹掾分別爲正六品、從六品、正七品。

[4]行在所：指天子巡行所在之地。此指隋煬帝親征高麗時的行宫所在地。

郭榮

郭榮字長榮，自云太原人也。[1]父徽，[2]魏大統末，爲同州司馬。[3]時武元皇帝爲刺史，[4]由是與高祖有舊。徽後官至洵州刺史、安城縣公。[5]及高祖受禪，拜太僕卿，[6]數年，卒官。榮容貌魁岸，外疏内密，與其交者多愛之。周大冢宰宇文護引爲親信。[7]護察榮謹厚，擢爲中外府水曹參軍。[8]時齊寇屢侵，護令榮於汾州觀賊形勢。[9]時汾州與姚襄鎮相去懸遠，[10]榮以爲二城孤迥，勢不相救，請於州鎮之間更築一城，以相控攝，護從之。俄而齊將段孝先攻陷姚襄、汾州二城，[11]唯榮所立者獨能自守。護作浮橋，出兵渡河，[12]與孝先戰。孝先於上流縱大筏以擊浮橋，護令榮督便水者引取其筏。以功授大都督。[13]護又以稽胡數爲寇亂，使榮綏集之。[14]榮於上郡、延安築周昌、弘信、廣安、招遠、咸寧等五城，[15]以遏其要路，稽胡由是不能爲寇。武帝親總萬機，拜宣納中士。[16]後從帝平齊，以戰功，賜馬二十匹，綿絹六百段，封平陽縣男，[17]遷司水大夫。[18]

[1]太原：郡名。治所在今山西太原市西南古城營。

[2]徽：人名。即郭徽。郭榮之父，西魏大統末年官任同州司馬，北周時官任洵州刺史，爵封安城縣公，隋初官至太僕卿。事亦見《北史》卷七五《郭榮傳》、《新唐書·宰相世系表四上》。

[3]同：州名。西魏時治所在今陜西大荔縣。　州司馬：官名。西魏時爲各州府的上佐官，協助長官州刺史統領本州軍務。其品階按州等級分爲從四品至從五品不等。

[4]武元皇帝：隋文帝爲其父楊忠所追封的尊號，此處代指楊忠其人。西魏大統末年楊忠官任同州刺史。傳見《周書》卷一九。

[5]洵州：北周時治所在今陜西安康市。　安城縣公：爵名。北周時爲十一等爵的第六等。正九命或九命。

[6]太僕卿：官名。爲太僕寺的長官，置一員，掌國家厩牧、車輿等事務。隋初爲正三品，隋煬帝大業三年降爲從三品。

[7]大冢宰：官名。全稱是大冢宰卿。西魏恭帝三年（556）仿《周禮》建六官，置大冢宰卿一人爲天官冢宰府的長官，職掌邦

治，以建邦之六典輔佐皇帝治邦國。北周沿置，然其權力因人而異，若有“五府總於天官”之命，即稱“冢宰”，能總攝百官，實爲大權在握的宰輔；若無此命，即稱“太宰”，與五卿並列，僅統本府官。正七命。

［8］中外府水曹參軍：官名。北周武帝保定元年（561），以大冢宰宇文護爲都督中外諸軍事，開府置官屬，府名簡稱“中外府”，此爲宇文護控制北周朝政的權力機構。至建德元年，周武帝誅殺宇文護，親總朝政，中外府則廢。中外府水曹參軍，即爲宇文護中外府所屬列曹參軍之一，掌判府内所轄水利橋梁及城防營造等事務。正四命。

［9］汾州：北周時治所在今山西吉縣。　觀賊形勢：“勢”底本原作“埶”，同“勢”，而殿本訛作“執”，今據宋刻遞修本、庫本、中華本改。

［10］姚襄鎮：古城名。相傳爲十六國時期姚襄敗奔平陽時所築之城，後人因以爲名。故址在今山西吉縣之西黄河東岸，控帶龍門、壺口等險隘。

［11］段孝先：人名。即段韶，字孝先。北齊大將，齊、周對峙之際，屢率齊軍與周軍相攻戰。《北齊書》卷一六、《北史》卷五四有附傳。

［12］出兵渡河：“渡”底本原作“度”，宋刻遞修本、殿本、庫本與底本同，據中華本改。河，此指黄河。

［13］大都督：官名。北周時屬勳官。北周府兵制中每團的長官均加此勳官名。八命。

［14］綏集：安撫招集。

［15］上郡：北周時治所在今陝西富縣。　周昌、弘信、廣安、招遠、咸寧：此皆是郭榮在北周初期爲控制稽胡所修築的城名，其故址在今陝西富縣和延長縣境内。

［16］宣納中士：官名。北周時其隸屬、職掌未詳，“或天官之屬”。正二命。（參見王仲犖《北周六典》卷七《六官餘録第十

三》，第495頁）

［17］平陽縣男：爵名。北周時爲十一等爵的第十等。正五命。

［18］司水大夫：官名。北周時於冬官府司水曹置司水中大夫、小司水下大夫爲該曹正、副長官，掌管水利工程及河津橋梁、舟船漁捕等政令。命品分别爲正五命、正四命。此處“司水大夫”，王仲犖列爲司水中大夫（參見王仲犖《北周六典》卷七《冬官府第十二》，第483頁），而岑仲勉則據《考古通訊》1957年第1期所載《郭榮墓碑》斷爲司水下大夫（參見岑仲勉《隋書求是》，第95頁）。

榮少與高祖親狎，情契極歡，嘗與高祖夜坐月下，因從容謂榮曰：“吾仰觀玄象，[1]俯察人事，周歷已盡，我其代之。”榮深自結納。宣帝崩，[2]高祖總百揆，召榮，撫其背而笑曰：“吾言驗未？”即拜相府樂曹參軍。[3]俄以本官復領蕃部大夫。[4]高祖受禪，引爲内史舍人，[5]以龍潛之舊，進爵蒲城郡公，[6]加位上儀同。[7]累遷通州刺史。[8]仁壽初，西南夷獠多叛，詔榮領八州諸軍事行軍總管，率兵討之。歲餘悉平，賜奴婢三百餘口。

［1］玄象：即天象。指日月星辰在天所成之象，古人以爲能預示人間吉凶禍福。

［2］宣帝：即北周宣帝宇文贇。紀見《周書》卷七、《北史》卷一〇。

［3］相府樂曹參軍：官名。爲北周末楊堅丞相府所屬列曹參軍之一，掌判府内樂舞事務。正四命。

［4］蕃部大夫：官名。北周時於秋官府蕃部曹置蕃部中大夫、

小蕃部下大夫爲該曹正、副長官，掌諸侯屬國朝覲之禮制。命品分别爲正五命、正四命。此處“蕃部大夫”，王仲犖列爲蕃部中大夫，並作按語云：“《隋故右候衛大將軍蒲城侯郭恭公諱榮之碑》作賓部大夫，與《隋書》《北史》本傳異，未知孰是。”（參見王仲犖《北周六典》卷六《秋官府第十一》，第420頁）

［5］内史舍人：官名。爲内史省的屬官，掌參議表章，草擬詔敕。隋初置八人，正六品上，開皇三年升爲從五品。隋煬帝大業三年減置四人，大業末改内史省爲内書省，内史舍人遂改稱内書舍人。

［6］蒲城郡公：爵名。爲隋九等爵的第四等。從一品。按，岑仲勉據《郭榮墓碑》考證認爲郭榮“入隋後當初封開國子，後來晋封開國侯，其位並未至郡公也”（參見岑仲勉《隋書求是》，第96頁）。

［7］上儀同：官名。全稱是上儀同三司。爲隋十一等散實官的第七等，可開府置僚佐。從四品上。

［8］通州：此當是“遂州”之訛，理由有二：考本書《地理志》，隋時無通州而有遂州；岑仲勉於下句“詔榮領八州諸軍事行軍總管”引《郭榮墓碑》考曰：“碑云：‘（前缺）諸軍事遂州道行軍總管。’榮蓋爲遂州總管也。”（參見岑仲勉《隋書求是》，第96頁）可知此處“通州”當是“遂州”之訛。遂州，北周始置，隋文帝仁壽二年（602）置總管府。治所在今四川遂寧市。

煬帝即位，入爲武候驃騎將軍，[1]以嚴正聞。後數歲，黔安首領田羅駒阻清江作亂，[2]夷陵諸郡民夷多應者，[3]詔榮擊平之。遷左候衛將軍。[4]從帝西征吐谷渾，[5]拜銀青光禄大夫。[6]遼東之役，以功進位左光禄大夫。[7]明年，帝復事遼東，榮以爲中國疲敝，萬乘不宜屢動，[8]乃言於帝曰：“戎狄失禮，[9]臣下之事。臣聞千鈞之弩不爲鼷鼠發機，[10]豈有親辱大駕以臨小寇？”帝不納。復從軍攻遼東城,[11]榮親蒙矢石，晝夜不釋甲胄百餘日。帝每令人窺諸將所爲，知榮如是，帝大悦，每勞勉之。九年，帝至東都,[12]謂榮曰:“公年德漸高，不宜久涉行陣，當與公一郡，任所選也。”榮不願違離，頓首陳讓，辭情哀苦，有感帝心，於是拜爲右候衛大將軍。[13]後數日，帝謂百僚曰:“誠心純至如郭榮者，固無比矣。”其見信如此。楊玄感之亂,[14]帝令馳守太原。明年，復從帝至柳城，遇疾，帝令存問動静，中使相望。[15]卒於懷遠鎮,[16]時年六十八。帝爲之廢朝，贈兵部尚書,[17]謚曰恭，贈物千段。有子福善。[18]

[1]武候驃騎將軍：官名。隋初於左右衛、左右武衛、左右武候府等衛府之下均設有若干驃騎府，每個驃騎府置驃騎將軍一人爲其長官，掌領本府兵。正四品上。武候驃騎將軍，即是左右武候府所轄驃騎府的長官。至隋煬帝大業三年，驃騎府改爲鷹揚府，驃騎將軍亦改稱鷹揚郎將。正五品。按,“驃騎將軍”各本皆同，但《北史》卷七五《郭榮傳》作“驃騎大將軍”，而考本書《百官志下》，隋代未置驃騎大將軍，故《北史》當衍“大”字。

[2]黔安：郡名。隋大業初改黔州置。治所在今重慶彭水苗族土家族自治縣東。　田羅駒：人名。隋煬帝時黔安郡一帶的少數民族首領。事亦見《北史·郭榮傳》。　清江：古水名。亦稱夷水。在今湖北省西南部，源出今湖北利川市齊岳山，東流至湖北宜都市東北注入長江。

[3]夷陵：郡名。隋大業初改硤州置。治所在今湖北宜昌市西北。

[4]左候衛將軍：官名。隋初置左右武候府，掌皇帝出宫巡狩時的先驅後殿、晝夜警備等軍務，各置將軍二人爲本府次官，從三

品。隋煬帝大業三年改左右武候府爲左右候衛，左右武候將軍則改名爲左右候衛將軍，其職掌、員額、品階未變。左候衛將軍即由隋初左武候將軍所改之名。

［5］吐谷（yù）渾：古族名。本遼東鮮卑之種，姓慕容氏，西晋時西遷至群羌故地，北朝至隋唐時期游牧於今青海北部和新疆東南部地區。傳見本書卷八三、《晋書》卷九七、《魏書》卷一〇一、《周書》卷五〇、《北史》卷九六、《舊唐書》卷一九八、《新唐書》卷二二一上。

［6］銀青光禄大夫：官名。屬散實官。隋初爲正三品，隋煬帝大業三年降爲從三品。

［7］左光禄大夫：官名。屬散實官。正二品。

［8］萬乘：即萬輛兵車。周制天子地方千里，能出兵車萬乘，後因以"萬乘"喻指天子。

［9］戎狄：古代對北方少數民族或外國的泛稱。此處指高麗。

［10］鼷鼠：鼠類中體形最小的一種鼠。古人以爲鼷鼠有毒，嚙人畜至死不覺痛，故又稱甘口鼠。

［11］遼東城：城名。在今遼寧遼陽市。

［12］東都：即洛陽（今河南洛陽市東北）。隋煬帝即位初營建洛陽爲東京，大業五年又改稱東京爲東都。

［13］右候衛大將軍：官名。隋初於左右武候府各置大將軍一人爲本府長官，掌皇帝出宫巡狩時的先驅後殿、晝夜警備等軍務。正三品。隋煬帝大業三年改左右武候府爲左右候衛，左右武候大將軍則改名爲左右候衛大將軍，其職掌、員額、品階未變。右候衛大將軍即由隋初右武候大將軍所改。

［14］楊玄感：人名。傳見本書卷七〇，《北史》卷四一有附傳。

［15］中使：即皇帝從宫中所派出的使者。多指宦官。

［16］懷遠鎮：城鎮名。在今遼寧遼陽縣西北。隋煬帝三征高麗時常駐蹕於此。

［17］兵部尚書：官名。贈官。正三品。

［18］福善：人名。即郭福善。郭榮之子，唐初官至兵部侍郎。事亦見《北史·郭榮傳》《新唐書·宰相世系表四上》。另《郭榮墓碑》載稱福善是郭榮第二子，唐高祖武德初年官至蕃部郎中（參見岑仲勉《隋書求是》，第96頁）。

龐晃

龐晃字元顯，榆林人也。[1]父虯，[2]周驃騎大將軍。晃少以良家子，[3]刺史杜達召補州都督。[4]周太祖既有關中，[5]署晃大都督，領親信兵，常置左右。晃因徙居關中。後遷驃騎將軍，[6]襲爵比陽侯。[7]衛王直出鎮襄州，[8]晃以本官從。尋與長湖公元定擊江南，[9]孤軍深入，遂没於陣。數年，衛王直遣晃弟車騎將軍元儁賫絹八百匹贖焉，[10]乃得歸朝。拜上儀同，[11]賜彩二百段，復事衛王。

［1］榆林：郡名。治所在今内蒙古托克托縣西南。

［2］虯：人名。即龐虯。西魏、北周時人，官至驃騎大將軍。事亦見《北史》卷七五《龐晃傳》。

［3］良家子：指出身清白世家的子嗣。

［4］杜達：人名。西魏時官任州刺史，嘗辟召龐晃入仕。其事除見於本書本傳外，不見其他記載。　州都督：官名。西魏時爲州府的屬官，掌領州府兵衛儀仗。品階未詳。

［5］關中：地區名。亦稱“關内”“關右”。秦至唐時指函谷關或潼關以西、隴阪以東、終南山以北地區。

［6］驃騎將軍：官名。北周時屬軍號官，可開府置官屬。正

八命。

[7]比陽侯：爵名。全稱是比陽縣侯。北周時爲十一等爵的第七等。正八命。

[8]襄州：西魏置總管府，北周沿之。治所在今湖北襄樊市。

[9]長湖公：爵名。全稱是長湖郡公。北周時爲十一等爵的第五等。正九命。　元定：人名。北周武帝時官任大將軍，爵封長湖郡公，天和二年（567）奉襄州總管宇文直之命，率軍渡江伐陳，結果戰敗被俘，尋卒於江南。傳見《周書》卷三四、《北史》卷六九。

[10]車騎將軍：官名。北周時屬軍號官，可開府置官屬。正八命。　元儁：人名。即龐元儁。龐晃之弟，北周武帝時官任車騎將軍，爲襄州總管宇文直的部下屬將，奉命出使南朝陳，贖回其兄龐晃。事亦見《北史·龐晃傳》。

[11]上儀同：官名。全稱是上儀同大將軍。北周武帝建德四年始置，爲十一等勳官的第七等，可開府置官屬。九命。

時高祖出爲隨州刺史，[1]路經襄陽，[2]衛王令晃詣高祖。晃知高祖非常人，深自結納。及高祖去官歸京師，晃迎見高祖於襄邑。[3]高祖甚歡，晃因白高祖曰："公相貌非常，名在圖籙。[4]九五之日，[5]幸願不忘。"高祖笑曰："何妄言也！"頃之，有一雄雉鳴於庭，高祖命晃射之，曰："中則有賞。然富貴之日，持以爲驗。"晃既射而中，高祖撫掌大笑曰："此是天意，公能感之而中也。"因以二婢賜之，情契甚密。武帝時，晃爲常山太守，[6]高祖爲定州總管，[7]屢相往來。俄而高祖轉亳州總管，[8]將行，意甚不悦。晃因白高祖曰："燕、代精兵之處，[9]今若動衆，天下不足圖也。"高祖握晃手曰："時未可也。”晃亦轉爲車騎將軍。及高祖爲揚州總管，[10]奏晃同行。既而高祖爲丞相，進晃位開府，命督左右，甚見親待。及踐阼，[11]謂晃曰：“射雉之符，今日驗不？”晃再拜曰：“陛下應天順民，君臨宇内，猶憶曩時之言，不勝慶躍。”上笑曰：“公之此言，何得忘也！”尋加上開府，[12]拜右衛將軍，[13]進爵爲公，[14]邑千五百户。河間王弘之擊突厥也，[15]晃以行軍總管從至馬邑。[16]别路出賀蘭山，[17]擊賊破之，斬首千餘級。

[1]隨州：西魏廢帝三年改并州置，北周沿之。治所在今湖北隨州市。

[2]襄陽：郡、縣名。北周時治所在今湖北襄樊市。

[3]襄邑：郡名。北周時治所在今河南方城縣。

[4]圖籙：即圖讖符命之書。

[5]九五：《易》卦爻位名。《易·乾》：“九五，飛龍在天，利見大人。”孔穎達疏：“言九五，陽氣盛至於天，故云‘飛龍在天’。此自然之象，猶若聖人有龍德，飛騰而居天位。”後因以“九五”喻指皇帝之位。

[6]常山：郡名。北周時治所在今河北正定縣南。

[7]定州：北周時置總管府。治所在今河北定州市。

[8]亳州：北周時置總管府。治所在今安徽亳州市。

[9]燕、代：戰國時國名。此處指燕、代二國所在之地，即今河北西北部和山西東北部地區。

[10]揚州：北周時置總管府。治所在今安徽壽縣。

[11]踐阼：亦作“踐祚”“踐胙”。本指走上廟寢堂前的阼階主位以行祭祀，後喻指皇帝即位登基。此指楊堅於公元581年廢北周静帝，即位稱帝。

［12］上開府：官名。全稱是上開府儀同三司。爲隋十一等散實官的第五等，可開府置僚佐。從三品。

［13］右衛將軍：官名。爲右衛的次官，置二員，協助長官右衛大將軍掌宮掖禁禦，督攝仗衛。從三品。

［14］公：爵名。此當是比陽縣公的省稱。爲隋九等爵的第五等。從一品。

［15］河間王：爵名。全稱是河間郡王。爲隋九等爵的第二等。從一品。　弘：人名。即楊弘。傳見本書卷四三、《北史》卷七一。

［16］馬邑：郡名。治所在今山西朔州市。

［17］別路：底本、宋刻遞修本、中華本同，殿本、庫本作“迂路”。　賀蘭山：亦稱阿拉善山。位於今寧夏西北邊境與内蒙古接界處。

晃性剛悍，時廣平王雄當塗用事，[1]勢傾朝廷，晃每陵侮之。嘗於軍中卧，見雄不起，雄甚銜之。復與高熲有隙，[2]二人屢譖晃。由是宿衛十餘年，官不得進。出爲懷州刺史，[3]數歲，還原州總管。仁壽中卒官，年七十二。高祖爲之廢朝，賜物三百段，米三百石，謚曰敬。子長壽，[4]頗知名，官至驃騎將軍。[5]

［1］廣平王：爵名。全稱是廣平郡王。爲隋九等爵的第二等。從一品。　雄：人名。即楊雄。傳見本書卷四三，《北史》卷六八有附傳。　當塗用事：意謂位居要職，執政當權。

［2］高熲：人名。傳見本書卷四一、《北史》卷七二。

［3］懷州：治所在今河南沁陽市。

［4］長壽：人名。即龐長壽。龐晃之子，隋時官至驃騎將軍。事亦見《北史》卷七五《龐晃傳》。

［5］驃騎將軍：官名。隋初爲府兵制中統領驃騎府兵的軍事長

官。正四品上。隋煬帝大業三年改驃騎府爲鷹揚府，驃騎將軍亦改稱鷹揚郎將。正五品。

李安

李安字玄德，隴西狄道人也。父蔚，[1]仕周爲朔燕恒三州刺史、襄武縣公。[2]安美姿儀，善騎射。周天和中，[3]釋褐右侍上士，[4]襲爵襄武公。俄授儀同、小司右上士。[5]高祖作相，引之左右，遷職方中大夫。[6]復拜安弟悊爲儀同。[7]安叔父梁州刺史璋，[8]時在京師，與周趙王謀害高祖，[9]誘悊爲内應。悊謂安曰："寢之則不忠，言之則不義，失忠與義，何以立身？"安曰："丞相父也，其可背乎？"遂陰白之。及趙王等伏誅，將加官賞，安頓首而言曰："兄弟無汗馬之勞，過蒙獎擢，合門竭節，無以酬謝。不意叔父無狀，爲凶黨之所蠱惑，覆宗絶嗣，其甘若薺。[10]蒙全首領，爲幸實多，豈可將叔父之命以求官賞？"於是俯伏流涕，悲不自勝。高祖爲之改容曰："我爲汝特存璋子。"乃命有司罪止璋身，高祖亦爲安隱其事而不言。尋授安開府，進封趙郡公，[11]悊上儀同、黄臺縣男。[12]

[1]蔚：人名。即李蔚，李安之父，西魏、北周時人。官至朔、燕、恒三州刺史，爵封襄武縣公。事亦見《北史》卷七五《李安傳》、《舊唐書》卷六〇《襄武王琛傳》、《新唐書·宗室世系表上》及卷七八《宗室傳》。

[2]朔：州名。北周時治所在今山西朔州市。按，"朔"各本

皆同，但《北史·李安傳》作“相”。　燕：州名。北周時治所在今河北涿鹿縣西南。　恒：州名。北周時治所在今河北正定縣南。　襄武縣公：爵名。北周時爲十一等爵的第六等。正九命或九命。

［3］天和：北周武帝宇文邕年號（566—572）。

［4］右侍上士：官名。北周時爲天官府左右宫伯曹的屬官，與左侍上士對置，位居該曹左右中侍上士之下，同掌宫寢内部禁衛之事。正三命。

［5］小司右上士：官名。北周時爲夏官府司右曹的屬官，輔佐本曹長官掌車乘卒伍之政令，並總判本曹日常事務。正三命。按，“小司右上士”底本原作“少師右上士”，殿本、庫本、中華本與底本同，宋刻遞修本作“少司右上士”。中華本校勘記云：“《通典》三九，‘少’作‘小’，‘師’作‘司’。”而檢《北史·李安傳》正作“小司右上士”。再考《通典》及王仲犖《北周六典》，北周官制中實無少師右上士而有小司右上士，故可斷“少師右上士”當是“小司右上士”之訛誤，而“少司右上士”則是“小司右上士”的别稱，今據改。

［6］職方中大夫：官名。北周時爲夏官府職方曹的長官，掌天下地理形勝之政令，主四方之職貢。正五命。

［7］悊：人名。即李悊。北周末年楊堅執政時被任爲儀同，其叔父李璋招誘他參與謀殺楊堅之事，但他却與其兄李安一同將此事密告於楊堅，結果使謀殺事敗，其兄弟二人由此深得楊堅寵信。入隋後又歷官備身將軍、衛州刺史、工部尚書，位居柱國，爵封順陽郡公。事亦見《北史·李安傳》、《舊唐書》卷六〇《廬江王瑗傳》、《新唐書·宗室世系表上》及《宗室傳》。按，“悊”各本皆同，《北史》及新、舊《唐書》均作“哲”，二字相通。

［8］梁州：北周時治所在今陝西漢中市。　璋：人名。李安的叔父。北周末年楊堅執政時官任梁州刺史，與北周宗室趙王宇文招合謀鏟除楊堅，結果事泄被誅。事亦見《北史·李安傳》、《舊唐書》卷六〇《永安王孝基傳》、《新唐書·宗室世系表上》及《宗

室傳》。

[9]趙王：北周宗室親王宇文招的封爵名，此代指其人。北周静帝大象二年謀殺執政大臣楊堅，結果事泄被誅。傳見《周書》卷一三、《北史》卷五八。

[10]其甘若薺：意猶甘心如薺。語出《詩·邶風·谷風》："誰謂荼苦？其甘如薺。"鄭玄箋："荼誠苦矣，而君子於己之苦毒又甚於荼，比方之荼，則甘如薺。"後因以"甘心如薺"喻謂事如樂意爲之，雖苦亦甜。

[11]趙郡公：爵名。北周時爲十一等爵的第五等。正九命。

[12]黄臺縣男：爵名。北周時爲十一等爵的第十等。正五命。

高祖即位，授安内史侍郎，[1]轉尚書左丞、黄門侍郎。[2]平陳之役，以爲楊素司馬，[3]仍領行軍總管，率蜀兵順流東下。時陳人屯白沙，[4]安謂諸將曰："水戰非北人所長。今陳人依險泊船，必輕我而無備。以夜襲之，賊可破也。"諸將以爲然。安率衆先鋒，大破陳師。高祖嘉之，詔書勞曰："陳賊之意，自言水戰爲長，險隘之間，彌謂官軍所憚。開府親將所部，[5]夜動舟師，摧破賊徒，生擒虜衆，益官軍之氣，破賊人之膽，副朕所委，聞以欣然。"進位上大將軍，[6]除郢州刺史。[7]數日，轉鄧州刺史。[8]安請爲内職，高祖重違其意，除左領左右將軍。俄遷右領軍大將軍，[9]復拜悊開府儀同三司、備身將軍。[10]兄弟俱典禁衛，恩信甚重。八年，[11]突厥犯塞，以安爲行軍總管，從楊素擊之。安别出長川，[12]會虜渡河，[13]與戰破之。仁壽元年，出安爲寧州刺史，悊爲衛州刺史。[14]安子瓊，[15]悊子瑋，[16]始自襁褓，乳養宮中，至是年八九歲，始命歸家。其見親顧如是。

［1］内史侍郎：官名。爲内史省的次官，協助本省長官掌詔令出納宣行。隋初置四員，正四品下；隋煬帝大業三年減置二員，正四品。大業十二年改内史省爲内書省，内史侍郎遂改稱内書侍郎。

［2］尚書左丞：官名。爲尚書省的屬官，與尚書右丞對置，各一人，分掌尚書都省事務，糾駁諸司文案，總判吏、民、禮三部之事。隋初爲從四品上，煬帝大業三年升爲正四品。　黄門侍郎：官名。隋初於門下省置給事黄門侍郎四員，爲門下省的次官，協助長官納言掌封駁制敕，參議政令的制定，正四品上。隋煬帝大業三年去“給事”之名，但稱“黄門侍郎”，並減置二員，正四品。按，隋煬帝大業三年始改給事黄門侍郎爲黄門侍郎，而文中所述事在隋初，此時給事黄門侍郎尚未改稱，故此處稱李安的官職爲“黄門侍郎”欠準確，當作“給事黄門侍郎”。

［3］司馬：此當是行軍元帥府司馬的省稱。爲隋時出征軍統帥屬下的幕府僚佐，協助行軍元帥掌領幕府軍務。屬臨時差遣任命之職，事罷則廢。

［4］白沙：地名。在今湖北宜昌市西北古宜昌縣城東長江沿岸。

［5］開府：官名。全稱是開府儀同三司。爲隋十一等散實官的第六等，可開府置僚佐，正四品上。隋煬帝大業三年廢十一等散實官，唯保留開府儀同三司一官，並改爲從一品，位次王公。此處是以李安時任的散實官名代指其人。

［6］上大將軍：官名。爲隋十一等散實官的第三等，可開府置僚佐。從二品。

［7］郢州：西魏大統十七年置，北周、隋時沿之。治所在今湖北鍾祥市。

［8］鄧州：治所在今河南鄧州市。

［9］右領軍大將軍：官名。按本書《百官志下》載隋文帝朝置

“左右領軍府，各掌十二軍籍帳、差科、辭訟之事。不置將軍。唯有長史、司馬”等員。《通典》卷二八《職官・左右領軍衛》所載略同。但考本書和《北史》紀傳，隋文帝時及煬帝初年，任左、右領軍大將軍者有高熲、宇文忻、李安、楊秀、崔彭、楊爽、賀若弼、劉升等人，任左、右領軍將軍者有楊處綱、長孫晟、史萬歲、李安、盧賁、史祥、獨孤陀等人。由此可知，《百官志下》所云“不置將軍”當是隋初始設左右領軍府時所定之制，而稍後則與其他衛府一樣實際上各置有大將軍和將軍。右領軍大將軍，當是右領軍府的長官，職掌如前《百官志下》所載，員額和品秩則當與其他各衛府大將軍相同，亦爲一員，正三品。

［10］備身將軍：官名。據本書《百官志下》和《通典》卷二八《職官・左右驍衛》載，隋文帝開皇十八年始設左右備身府，各置備身將軍一人爲其長官，掌領府兵宿衛，從三品。隋煬帝大業三年改左右備身府爲左右驍騎衛，各置驍騎衛大將軍和將軍爲正副長官；而又另改左右領左右府爲左右備身府，各置備身郎將一人爲長官。此後，備身將軍之名則廢。

［11］八年：此處“八年”各本皆同，但中華本校勘記云：“本書《楊素傳》，擊突厥在十八年，《通鑑・隋紀二》繫此事於十九年。‘八’上當脱‘十’字。”岑仲勉亦考證認爲應作“十八年”，並稱“此殆後世傳刻所奪者”（參見岑仲勉《隋書求是》，第97頁）。

［12］長川：縣名。隋開皇十八年改安陽縣置。治所在今甘肅秦安縣北。

［13］會虜渡河：“渡”底本原作“度”，宋刻遞修本、殿本、庫本與底本同，據中華本改。

［14］衛州：治所在今河南淇縣東。

［15］瓊：人名。即李瓊，李安的嗣子。幼養於隋宮中，隋文帝仁壽元年始命歸家，唐初爵封平原郡王。事亦見《北史》卷七五《李安傳》、《新唐書・宗室世系表上》。

［16］瑋：人名。即李瑋，李悊的嗣子。幼養於隋宮中，隋文帝

仁壽元年始命歸家，唐初襲父爵爲順陽郡公。事亦見《北史・李安傳》、《新唐書・宗室世系表上》。

高祖嘗言及作相時事，因愍安兄弟滅親奉國，乃下詔曰："先王立教，以義斷恩，割親愛之情，盡事君之道，用能弘獎大節，體此至公。往者周歷既窮，天命將及，朕登庸惟始，[1]王業初基，承此澆季，[2]實繁姦宄。上大將軍、寧州刺史、趙郡公李安，[3]其叔璋潛結藩枝，扇惑猶子，包藏不逞，禍機將發。安與弟開府儀同三司、衛州刺史、黄臺縣男悊，[4]深知逆順，披露丹心，凶謀既彰，罪人斯得。朕每念誠節，嘉之無已，疇庸册賞，[5]宜不逾時。但以事涉其親，猶有疑惑，欲使安等名教之方，[6]自處有地，朕常爲思審，遂致淹年。今更詳按聖典，求諸往事，父子天性，誠孝猶不並立，况復叔侄恩輕，情禮本有差降，忘私奉國，深得正理，宜録舊勳，重弘賞命。"於是拜安、悊俱爲柱國，[7]賜縑各五千匹，[8]馬百匹，羊千口。復以悊爲備身將軍，進封順陽郡公。[9]安謂親族曰："雖家門獲全，而叔父遭禍，今奉此詔，悲愧交懷。"因歔欷悲感，不能自勝。先患水病，[10]於是疾甚而卒，時年五十三。謚曰懷。子瓊嗣。少子孝恭，[11]最有名。悊後坐事除名，配防嶺南，[12]道病卒。

[1]登庸：意謂登上帝位或王位。此指楊堅於北周末年進封隨王之事。

[2]澆季：指道德風俗浮薄的末世。

[3]趙郡公：爵名。爲隋九等爵的第四等。從一品。

[4]黄臺縣男：爵名。爲隋九等爵的第九等。正五品上。

[5]疇庸：酬報功勞。疇，通“酬”。“疇”字底本、宋刻遞修本、中華本同，殿本、庫本作“懋”。

[6]名教：指以正名定分爲主的古代儒家禮教。

[7]柱國：官名。爲隋十一等散實官的第二等，可開府置僚屬。正二品。

[8]千：各本皆同，但《北史》卷七五《李安傳》作“十”，疑訛。

[9]順陽郡公：爵名。爲隋九等爵的第四等。從一品。

[10]水病：即水腫病。

[11]孝恭：人名。即李孝恭，李安少子。隋末唐初屢建平亂之功，唐太宗時官至禮部尚書、觀州刺史，爵封河間郡王。傳見《舊唐書》卷六〇、《新唐書》卷七八。

[12]嶺南：地區名。亦稱“嶺表”“嶺外”。指南嶺以南地區。

史臣曰：宇文慶等，龍潛惟舊，[1]疇昔親姻，[2]或素盡平生之言，或早有腹心之托。霑雲雨之餘潤，照日月之末光，騁步天衢，與時升降。高位厚秩，貽厥後昆，[3]優矣。皛幼養宮中，未聞教義，煬帝愛之不以禮，其能不及於此乎？安、悊之於高祖，未有君臣之分，陷其骨肉，使就誅夷，大義滅親，所聞異於此矣。雖有悲悼，何損於愆。[4]

[1]惟舊：指舊屬、老部下。

[2]疇昔：往日，從前。

[3]後昆：即後嗣、子孫。

[4]愆：罪過，過失。

隋書　卷五一

列傳第十六

長孫覽　從子熾　熾弟晟

長孫覽字休因，河南洛陽人也。[1]祖稚，[2]魏太師、假黃鉞、上黨文宣王。[3]父紹遠，[4]周小宗伯、上黨郡公。[5]覽性弘雅，有器量，略涉書記，尤曉鍾律。[6]魏大統中，[7]起家東宮親信。[8]周明帝時，[9]爲大都督。[10]武帝在藩，[11]與覽親善，及即位，彌加禮焉，超拜車騎大將軍，[12]每公卿上奏，必令省讀。覽有口辯，聲氣雄壯，凡所宣傳，百僚屬目，[13]帝每嘉歎之。覽初名善，帝謂之曰："朕以萬機委卿先覽。"[14]遂賜名焉。及誅宇文護，[15]以功進封薛國公。[16]其後歷小司空。[17]從平齊，[18]進位柱國，[19]封第二子寬管國公。[20]宣帝時，[21]進位上柱國、大司徒，[22]俄歷同、涇二州刺史。[23]高祖爲丞相，[24]轉宜州刺史。[25]

[1]河南：郡名。治所在今河南洛陽市東北。　洛陽：縣名。

治所在今河南洛陽市東北白馬寺東。按，“洛”字底本原作“雒”，宋刻遞修本、殿本、庫本與底本同，二字相通，今據中華本及本書《地理志中》改。

［2］稚：人名。即長孫稚，北魏至西魏時人，官至太師、録尚書事，爵封上黨郡王，謚號文宣。《魏書》卷二五、《北史》卷二二有附傳。按，“稚”各本皆同，《魏書·長孫稚傳》亦同，但《北史·長孫承業傳》作“幼”，且以其字“承業”稱，此乃唐人避唐高宗李治之諱而改。

［3］魏：即北魏（386—557），亦稱後魏。初都平城（今山西大同市東北），公元494年遷都洛陽（今河南洛陽市東北白馬寺東）。公元534年分裂爲東魏和西魏兩個政權。東魏（534—550）都於鄴（今河北臨漳縣西南鄴鎮東），西魏（535—557）都於長安（今陝西西安市西北郊）。　太師：官名。北魏、西魏時位列三師之首，名爲訓導之官，與天子坐而論道，實則無具體職掌，多用作元老重臣的加官。正一品。　假黄鉞：黄鉞即飾以黄金的斧鉞，本爲皇帝的儀仗之一。三國時特賜予出征重臣，以示威重，令其專主征伐，謂之“假黄鉞”。此後歷代相沿成制，兩晋南北朝時多用作元老重臣的榮譽性加銜。　上黨文宣王：此是長孫稚的爵名“上黨郡王”和謚號“文宣”的合稱。上黨郡王，北魏、西魏時爲十一等爵的第一等。正一品。

［4］紹遠：人名。即長孫紹遠，西魏至北周時人，官至小宗伯，爵封上黨郡公。傳見《周書》卷二六，《北史》卷二二有附傳。

［5］周：即北周（557—581），都於長安（今陝西西安市西北郊）。　小宗伯：官名。全稱是小宗伯上大夫。北周時爲春官宗伯府的次官，置二員，協助長官大宗伯卿掌禮樂、邦交等政務。正六命。　上黨郡公：爵名。北周時爲十一等爵的第五等。正九命。

［6］鍾律：即音律。

［7］大統：西魏文帝元寶炬年號（535—551）。

［8］起家：官制用語。即從家中徵召出來，始授以官職。　東

宫親信：官名。西魏時爲太子東宫的宿衛侍從之官，多以官僚貴族子弟充任。品秩未詳。

［9］周明帝：即北周明帝宇文毓。紀見《周書》卷四、《北史》卷九。

［10］大都督：官名。北周時屬勳官。北周府兵制中每團的長官均加此勳官名。八命。

［11］武帝：即北周武帝宇文邕。紀見《周書》卷五、六，《北史》卷一〇。

［12］車騎大將軍：官名。北周時屬軍號官。北周府兵制中儀同府的長官均帶此軍號官。九命。

［13］屬目：注目、注視。

［14］萬機：亦作“萬幾”。指帝王或執政者日常處理的各種紛繁政務。

［15］宇文護：人名。北周初期的宗室權臣，官居大冢宰，都督中外諸軍事，至北周武帝建德元年（572）被誅殺。傳見《周書》卷一一，《北史》卷五七有附傳。

［16］薛國公：爵名。北周時爲十一等爵的第四等。正九命。

［17］小司空：官名。全稱是小司空上大夫。北周時爲冬官司空府的次官，置二員，協助長官大司空卿掌邦事，以五材九範之徒佐皇帝富邦國，營城郭都邑，立社稷宗廟，造宫宅器械，監督百工。正六命。

［18］齊：即北齊（550—577），都於鄴（今河北臨漳縣西南鄴鎮東）。

［19］柱國：官名。全稱是柱國大將軍。北魏太武帝始置柱國，以爲開國元勳長孫嵩的加官。北魏末孝莊帝以尒朱榮有擁立之功，又特置此官以授之，位在丞相之上。西魏文帝以宇文泰有中興之功，亦置此官授之。後凡屬功參佐命、望實俱重的大臣，也得居之。至西魏大統十六年以前，任此官者名義上有八人，但宗室元欣有其名而無實權，宇文泰爲最高統帥，其他六個柱國則分掌禁旅，

各轄二大將軍，爲府兵系統的最高長官。大統十六年以後，功臣位至柱國者愈多，遂成爲散秩，無所統御。至北周武帝時，又增置上柱國等官，形成十一等勳官之制。柱國大將軍則是十一等勳官的第二等，可開府置官屬。正九命。

［20］寬：人名。長孫覽的次子。北周武帝時以其父功封爵爲管國公。事亦見《新唐書·宰相世系表二上》。　管國公：爵名。北周時爲十一等爵的第四等。正九命。

［21］宣帝：即北周宣帝宇文贇。紀見《周書》卷七、《北史》卷一〇。

［22］上柱國：官名。北周武帝建德四年（575）始置，爲十一等勳官的第一等，可開府置官屬。正九命。　大司徒：官名。全稱是大司徒卿。北周時爲地官司徒府的長官，置一員，掌建邦之土地圖籍、山川物産、人口數目及賦役徵調，以佐皇帝安邦國而立邦教。正七命。

［23］同：州名。西魏廢帝三年（554）改華州置，北周沿之。治所在今陝西大荔縣。　涇：州名。北周時治所在今甘肅涇川縣西北。

［24］高祖：隋文帝楊堅的廟號。紀見本書卷一、二，《北史》卷一一。　丞相：官名。此是“左大丞相”或“大丞相”的簡稱。北周静帝大象二年（580）置左、右大丞相，以宗室親王宇文贊爲右大丞相，僅有虚名；而以外戚楊堅爲左大丞相，總攬朝政。旋又去左右之號，獨以楊堅爲大丞相。楊堅由此成爲控制北周朝廷的權臣。

［25］宜州：西魏改北雍州置，北周沿之。治所在今陝西銅川市耀州區。

開皇二年，[1]將有事於江南，[2]徵爲東南道行軍元帥，[3]統八總管出壽陽，[4]水陸俱進。師臨江，陳人大駭。[5]會陳宣帝卒，[6]覽欲以乘釁遂滅之，[7]監軍高熲以禮不伐喪而還。[8]上常命覽與安德王雄、上柱國元諧、李充、左僕射高熲、右衛大將軍虞慶則、吴州總管賀若弼等同宴，[9]上曰："朕昔在周朝，備展誠節，但苦猜忌，每致寒心。爲臣若此，竟何情賴？朕之於公，義則君臣，恩猶父子。朕當與公共享終吉，罪非謀逆，一無所問。朕亦知公至誠，特付太子，宜數參見之，庶得漸相親愛。柱臣素望，[10]實屬於公，宜識朕意。"其恩禮如此。又爲蜀王秀納覽女爲妃。[11]其後以母憂去職。[12]歲餘，起令復位。俄轉涇州刺史，所在並有政績。卒官。子洪嗣。[13]仕歷宋順臨三州刺史、司農少卿、北平太守。[14]

[1]開皇：隋文帝楊堅年號（581—600）。

[2]事：此處特指征伐戰事。　江南：地區名。亦稱"江表""江外"。指長江以南地區。此代指南朝陳。

[3]東南道：即在淮河流域設置的軍政特區，治所在今江蘇徐州市。隋初根據形勢需要，於地方設置軍政特區，稱爲"道"，每道範圍包括若干州。　行軍元帥：北周至隋時出征軍的統帥名。根據需要臨時差遣任命，事罷則廢。

[4]總管：此指行軍總管。北周至隋時所置的統領某部或某路出征軍隊的軍事長官。根據需要其上還可置行軍元帥以統轄全局。屬臨時差遣任命之職，事罷則廢。　壽陽：城名。在今安徽壽縣淮河南岸。因地處南北交通要衝，故爲南北朝時期駐防淮南地區的軍事重鎮。

[5]陳：即南朝陳（557—589），都於建康（今江蘇南京市）。

[6]陳宣帝：即南朝陳第四代皇帝陳頊。紀見《陳書》卷五、

《南史》卷一〇。

［7］覽欲以乘釁遂滅之：此句底本、殿本、庫本皆同，宋刻遞修本、中華本及《北史》卷二二《長孫覽傳》無“以”字，疑“以”字衍。

［8］監軍：受皇帝特派以監督出征軍隊的官員。根據需要臨時差遣任命，事罷則廢。　高熲：人名。傳見本書卷四一、《北史》卷七二。

［9］安德王：爵名。全稱是安德郡王。爲隋九等爵的第二等。從一品。　雄：人名。即楊雄。傳見本書卷四三，《北史》卷六八有附傳。　上柱國：官名。隋文帝因改北周十一等勳官之制形成十一等散實官，用以酬勤勞，無實際職掌。上柱國是十一等散實官的第一等，可開府置僚屬。從一品。　元諧：人名。傳見本書卷四〇、《北史》卷七三。按，“元諧”底本原作“元楷”，殿本、庫本與底本同，宋刻遞修本、中華本及《北史·長孫覽傳》作“元諧”，岑仲勉考校認爲元楷“亦元諧之訛”（參見岑仲勉《隋書求是》，中華書局2004年版，第97頁），今據改。　李充：人名。本書卷五三、《北史》卷一〇〇有附傳。按，李充之名，《北史》卷一〇〇《李琰之傳》、《舊唐書》卷六二《李大亮傳》、《新唐書·宰相世系表二上》均作“充節”，疑乃隋唐時人習慣省稱兩字名爲單名之故。　左僕射：官名。隋尚書省置左、右僕射各一人爲副貳，地位僅次於長官尚書令。但因隋代尚書令不常置，僕射則成爲尚書省的實際長官，是宰相之職。從二品。　右衛大將軍：官名。隋初設左右衛，各置大將軍一人爲本府長官，掌宫掖禁禦，督攝仗衛。正三品。隋煬帝大業三年（607）改左右衛爲左右翊衛，右衛大將軍遂改稱右翊衛大將軍。　虞慶則：人名。傳見本書卷四〇、《北史》卷七三。　吴州：隋時先後有三個吴州，此當是北周改南兖州所置的吴州，治所在今江蘇揚州市，隋初沿之，開皇九年改稱揚州，隋煬帝大業三年改爲江都郡。　總管：官名。全稱是總管刺史加使持節。北周始置諸州總管，隋初承繼，又有增置。總管的統

轄範圍可達數州至十餘州，實爲一軍政轄區的最高長官。隋文帝在并、益、荆、揚四州置大總管，其餘州置總管。總管分上、中、下三等，品秩分别爲流内視從二品、視正三品、視從三品。　賀若弼：人名。傳見本書卷五二，《北史》卷六八有附傳。

[10]柱臣：指肩負國家重任的大臣。　素望：一向負有聲望。亦指平素的願望。

[11]蜀王秀：即隋文帝第四子蜀王楊秀。傳見本書卷四五、《北史》卷七一。

[12]母憂：即遭逢母親喪事。古代喪服禮制規定，父母死後，子女須守喪，三年内不得做官、不得婚娶、不得赴宴、不得應考、不得舉樂，等等。

[13]洪：人名。即長孫洪。隋時歷官宋順臨三州刺史、司農少卿、北平太守，唐初官至普州刺史。事亦見《北史·長孫覽傳》、《新唐書·宰相世系表二上》。　嗣：此指繼承父輩的爵位和家業，以延續香火。

[14]宋：州名。隋時有兩個宋州：一是北周改潼州置宋州，治所在今安徽泗縣，隋初沿之，開皇十八年廢爲夏丘縣，屬泗州；二是開皇十六年始置的宋州，治所在今河南商丘市南，隋煬帝大業初改爲梁郡。文中所指因具體時間不明，故難以斷定是哪個宋州。　順：州名。治所在今湖北隨州市西北。　臨：州名。治所在今重慶忠縣。　司農少卿：官名。爲司農寺的次官，協助長官司農卿掌倉儲委積之事。隋初置一員，正四品上；隋煬帝大業三年增置二員，降爲從四品。　北平：郡名。隋煬帝大業初改平州置。治所在今河北盧龍縣。

熾字仲光，上黨文宣王稚之曾孫也。祖裕，[1]魏太常卿、冀州刺史。[2]父兕，[3]周開府儀同三司、熊絳二州刺史、平原侯。[4]熾性敏慧，美姿儀，頗涉群書，兼長武藝。建德初，[5]武帝尚道法，[6]尤好玄言，[7]求學兼經史、善於談論者，爲通道館學士。[8]熾應其選，與英俊並游，通涉彌博。建德二年，授雍州倉城令，[9]尋轉盩厔令。[10]頻宰二邑，考績連最，[11]遷崤郡守。[12]入爲御正上士。[13]高祖作相，擢爲丞相府功曹參軍，[14]加大都督，封陽平縣子，[15]邑二百户。[16]遷稍伯下大夫。[17]其年王謙反，[18]熾從信州總管王長述泝江而上。[19]以熾爲前軍，破謙一鎮，定楚、合等五州，[20]擒僞總管荆山公元振，[21]以功拜儀同三司。[22]

［1］裕：人名。即長孫裕。西魏時官至太常卿、冀州刺史。事亦見《魏書》卷二五《長孫稚傳》、《北史》卷二二《長孫承業傳》、《舊唐書》卷六五《長孫無忌傳》、《新唐書·宰相世系表二上》。按，“裕”各本皆同，但上列《魏書》《北史》，新、舊《唐書》均載作“子裕”，疑乃隋唐時習慣省稱兩字名爲單名之故。

［2］太常卿：官名。西魏時爲太常寺的長官，置一員，掌禮樂、祭祀等事務。正三品。　冀州：西魏時治所在今湖北隨州市西北。

［3］兕：人名。即長孫兕。北周時位至開府儀同三司，歷官熊、絳二州刺史，爵封平原縣侯。《周書》卷二六、《北史》卷二二有附傳。

［4］開府儀同三司：官名。亦簡稱開府，北周武帝建德四年改稱開府儀同大將軍。北周時屬勳官。北周府兵制中二十四軍的每軍長官均加此勳官名，可開府置官屬。九命。　熊：州名。北周時治所在今河南宜陽縣西。　絳：州名。北周時治所在今山西新絳縣。　平原侯：爵名。全稱是平原縣侯。北周時爲十一等爵的第七等。正八命。按，“平原侯”各本皆同，但《北史·長孫兕傳》作“平原縣公”。

［5］建德：北周武帝宇文邕年號（572—578）。

［6］道法：指道家的義理學説。

［7］玄言：指魏晋以來崇尚老莊玄理的言論或言談。

［8］通道館學士：北周武帝建德初於京師長安設立通道觀（亦稱通道館），召選學識優長且善談論的儒道之士一百二十人置爲該館學士，令其講論玄理，辯明儒、釋、道三教之先後，尋即詔令禁斷佛教，毁滅佛寺。通道館學士屬臨時差遣任命之職。

［9］雍州：北周時治所在今陝西西安市西北郊。　倉城：縣名。北周時治所在今陝西周至縣境内。

［10］盩厔：縣名。北周時治所在今陝西周至縣。

［11］連最：指在考核政績或軍功中連續評爲上等。最，即上等。

［12］崤郡：北周時治所在今河南陝縣東。

［13］御正上士：官名。全稱是小御正上士。北周時爲天官府御正曹的屬官，掌判本曹日常事務。正三命。

［14］丞相府功曹參軍：官名。北周末年爲楊堅丞相府所屬列曹參軍之一，掌判府内官吏選舉之事務。正四命。

［15］陽平縣子：爵名。北周時爲十一等爵的第九等。正六命。

［16］邑：也稱食邑、封邑。是古代君王封賜給有爵位之人的一種食禄制度，受封者可徵收封地内的民户租税充作食禄。魏晋以後，食邑分爲虚封和實封兩類：虚封一般僅冠以“邑”或“食邑”之名，這衹是一種榮譽性加銜，受封者並不能獲得實際的食禄收入；而實封一般須冠以“真食”“食實封”等名，受封者可真正獲得食禄收入。

［17］稍伯下大夫：官名。全稱是小稍伯下大夫。北周時爲地官府稍伯曹的次官，協助長官稍伯中大夫掌距王畿三百里地域範圍的公邑丘乘之政令。正四命。

［18］王謙：人名。北周末年官任益州總管，起兵反對楊堅篡周，旋被討滅。傳見《周書》卷二一，《北史》卷六〇有附傳。

［19］信州：北周時置總管府。治所在今重慶奉節縣東。　總管：官名。東魏孝静帝武定六年（548）始置總管，西魏亦置。北周明帝武成元年（559）正式改都督諸州軍事爲總管，加使持節諸軍事，總管之設乃成定制。北周總管或單任，然多兼帶刺史，故總管的職權雖以軍事爲主，實際是一軍政轄區若干州、鎮、防的最高長官。北周總管的命品史無明載，但應不低於五等州刺史的命品。隋初承繼北周之制亦置諸州總管，分上、中、下三等，品秩分别爲流内視從二品、視正三品、視從三品，可作參考。（參見王仲犖《北周六典》卷一〇《總管府第二十五》，中華書局 1979 年版，第 623 頁）　王長述：人名。即王述，字長述。傳見本書卷五四，《北史》卷六二有附傳。　江：此指長江。

［20］楚：州名。南朝梁始置，北周沿之。治所在今重慶市市區。　合：州名。西魏始置，北周沿之。治所在今重慶合川市。

［21］荆山公：爵名。此當是“荆山郡公”或“荆山縣公”的略稱。北周時爲十一等爵的第五等或第六等。正九命或九命。　元振：人名。北周末年爵封荆山公，爲益州總管王謙的部將，隨從王謙起兵反叛，任爲行軍總管，結果被長孫熾擊敗擒俘。其事除見於本書本傳外，不見其他記載。

［22］儀同三司：官名。亦簡稱儀同，北周武帝建德四年改稱儀同大將軍。北周時屬勳官。北周府兵制中儀同府的長官均加此勳官名，可開府置官屬。九命。按，文中所述事在北周末年，當時儀同三司早已改稱儀同大將軍，故此處仍稱“儀同三司”欠準確，當作“儀同大將軍”。

及高祖受禪，[1]熾率官屬先入清宫，[2]即日授内史舍人、上儀同三司。[3]尋以本官攝判東宫右庶子，[4]出入兩宫，甚被委遇。加以處事周密，高祖每稱美之。授左領軍長史，[5]持節，[6]使於東南道三十六州，廢置州郡，巡省風俗。還授太子僕,[7]加諫議大夫,[8]攝長安令。[9]與大興令梁毗俱爲稱職。[10]然毗以嚴正聞,熾以寬平顯,爲政不同,部内各化。尋領右常平監,[11]遷雍州贊治,[12]改封饒良縣子。[13]遷鴻臚少卿。[14]後數歲,轉太常少卿,[15]進位開府儀同三司。[16]復持節爲河南道二十八州巡省大使,[17]於路授吏部侍郎。[18]大業元年,[19]遷大理卿,[20]復爲西南道大使,[21]巡省風俗。擢拜户部尚書。[22]吐谷渾寇張掖,[23]令熾率精騎五千擊走之,追至青海而還,[24]以功授銀青光禄大夫。[25]六年,幸江都宫,[26]留熾於東都居守,[27]仍攝左候衛將軍事。[28]其年卒官,時年六十二。謚曰静。[29]子安世,[30]通事謁者。[31]

[1]受禪:中國古代王朝更迭時,新皇帝承受舊皇帝讓給的帝位,即稱受禪。此指楊堅於公元581年廢北周静帝,即位稱皇帝,正式建立隋王朝。

[2]清宫:即清理宫室。古代帝王行幸所至,必先令人檢查起居宫室,使其清静安全,以防發生意外。

[3]内史舍人:官名。爲内史省的屬官,掌參議表章,草擬詔誥敕令。隋初置八人,正六品上,開皇三年升爲從五品。隋煬帝大業三年減置四人,大業末改内史省爲内書省,内史舍人遂改稱内書舍人。　上儀同三司:官名。亦簡稱上儀同。爲隋十一等散實官的第七等,可開府置僚佐。從四品上。

[4]攝判:官制用語。亦單稱"攝"和"判"。即以本官代理或兼理他官之職事。　東宫右庶子:官名。爲太子東宫所轄典書坊的長官,置二員,掌侍從、獻納、啓奏等事務,制比朝廷中的内史令。正四品下。

［5］左領軍長史：官名。隋文帝時設左右領軍府，各掌十二軍籍帳、差科、辭訟之事。起初不置將軍，唯有長史、司馬執掌府事；稍後又各置大將軍和將軍爲本府正副長官，長史、司馬則退爲本府上佐官，輔佐正副長官統領府事。左領軍長史，即爲左領軍府的上佐官，位居本府衆屬官之首，置一員。從六品上。

［6］持節：魏晋南北朝至隋代，凡重要軍政長官出鎮或出征時，以及皇帝派遣使臣出巡地方或出使藩邦時，均加使持節、持節、假節等頭銜，以表示其權力和尊崇。使持節可誅殺二千石以下官吏，持節可誅殺無官職之人，假節可誅殺犯軍令之人。

［7］太子僕：官名。爲東宫太子僕寺的長官，置一員，掌皇族親疏次序、車輿騎乘之事，統領廐牧署。從四品上。

［8］諫議大夫：官名。爲門下省的屬官，置七員，掌侍從規諫，實則多爲虚職，常用作加官。從四品下。隋煬帝大業三年罷廢。

［9］長安：縣名。屬京縣。治所在今陝西西安市西。

［10］大興：縣名。隋開皇三年置，屬京縣。治所在今陝西西安市東。　梁毗：人名。傳見本書卷六二、《北史》卷七七。

［11］右常平監：官名。隋文帝開皇三年於京師長安設常平監官署，置左右監各一人爲其主管，多由京縣官兼領之，職掌常平倉糧的轉運出納糴糶等事務。

［12］雍州贊治：官名。爲京城所在地雍州的上佐官，輔佐長官雍州牧統領本州軍政事務。從四品下。

［13］饒良縣子：爵名。爲隋九等爵的第八等。正四品下。按，“饒良”各本皆同，但《北史》卷二二《長孫熾傳》作“饒陽”。

［14］鴻臚少卿：官名。爲鴻臚寺的次官，協助長官鴻臚卿掌册封諸藩、接待外使及喪葬禮儀等事務，通判本寺各署事。隋初置一員，正四品上；隋煬帝大業三年增置二員，降爲從四品。

［15］太常少卿：官名。爲太常寺的次官，協助長官太常卿掌國家禮樂、郊廟社稷祭祀等事務，通判本寺各署事。隋初置一員，正四品上；隋煬帝大業三年增置二員，降爲從四品。

［16］開府儀同三司：官名。亦簡稱開府。爲隋十一等散實官的第六等，可開府置僚佐。正四品上。隋煬帝大業三年廢十一等散實官，唯保留開府儀同三司一官，並改爲從一品，位次王公。

［17］河南道：隋時在黄河中下游以南設置的軍政特區。　巡省大使：隋時由皇帝派往某地區巡察民情的使臣。

［18］吏部侍郎：官名。隋初於尚書省吏部下轄四曹之一吏部曹置吏部侍郎二員，爲該曹長官，掌文職官吏銓選之政務。正四品上。隋煬帝大業三年改諸曹侍郎爲“郎”，而又於尚書省所轄六部各置“侍郎”一人，爲六部之副長官。正四品。此後，吏部侍郎就成爲吏部的副長官，而原吏部侍郎則改稱選部郎。

［19］大業：隋煬帝楊廣年號（605—618）。

［20］大理卿：官名。爲大理寺的長官，置一員，掌審獄，定刑名，決諸疑案。隋初爲正三品，隋煬帝大業三年降爲從三品。

［21］西南道：隋時在今四川、重慶、雲南、貴州等西南地區設置的軍政特區。

［22］户部尚書：官名。據本書卷三《煬帝紀上》，此處“户部”當作“民部”，乃唐人避諱所改。隋代民部尚書是尚書省所轄六部之一民部的長官，掌全國土地、户口、賦税、錢糧之政令，統度支、民部、金部、倉部四曹。置一員，正三品。

［23］吐谷（yù）渾：古族名。本爲遼東鮮卑之種，姓慕容氏，西晋時西遷至群羌故地，北朝至隋唐時期游牧於今青海北部和新疆東南部地區。傳見本書卷八三、《晋書》卷九七、《魏書》卷一〇一、《周書》卷五〇、《北史》卷九六、《舊唐書》卷一九八、《新唐書》卷二二一上。　張掖：郡名。治所在今甘肅張掖市。

［24］青海：湖名。亦稱“西海”。即今青海省境内的青海湖。

［25］銀青光禄大夫：官名。屬散實官。隋初爲正三品，隋煬帝大業三年降爲從三品。

［26］江都宫：隋行宫名。隋煬帝大業元年始建於揚州，後三游其地，並卒於此。故址在今江蘇揚州市。

［27］東都：即洛陽（今河南洛陽市東北）。隋煬帝即位初營建洛陽爲東京，大業五年又改稱東京爲東都。

［28］左候衛將軍：官名。隋初置左右武候府，掌皇帝出宫巡狩時的先驅後殿、晝夜警備等軍務，各置將軍二人爲本府次官。從三品。隋煬帝大業三年改左右武候府爲左右候衛，左右武候將軍則改名爲左右候衛將軍，其職掌、員額、品階未變。左候衛將軍即由隋初左武候將軍所改之名。

［29］謚：古代帝王、貴族、大臣、士大夫或其他有地位的人死後，據其生前業迹評定的一種帶有褒貶意義的稱號。

［30］安世：人名。即長孫安世。長孫熾之子，隋煬帝時官至通事謁者，隋末唐初仕從王世充政權，任爲内史令，及唐平東都，死於獄中。事亦見《北史·長孫熾傳》、《舊唐書》卷五四《王世充傳》及卷六五《長孫無忌傳》、《新唐書·宰相世系表二上》及卷八五《王世充傳》。另，長孫安世的墓誌亦有出土，見周紹良主編《唐代墓誌彙編》貞觀〇五九《隋通事舍人長孫府君並夫人陸氏墓誌》（上海古籍出版社 1992 年版，第 47 頁）。

［31］通事謁者：官名。隋煬帝大業三年改内史省屬官通事舍人爲通事謁者，隸屬謁者臺，掌承旨傳宣之事。置二十人，從六品。

晟字季晟，性通敏，略涉書記，善彈工射，趫捷過人。時周室尚武，貴游子弟咸以相矜，每共馳射，時輩皆出其下。年十八，爲司衛上士，[1]初未知名，人弗之識也。唯高祖一見，深嗟異焉，乃携其手而謂人曰："長孫郎武藝逸群，適與其言，又多奇略。後之名將，非此子邪？"[2]

［1］司衛上士：官名。北周時爲太子東宫所轄左右司衛府的屬官，分左右對置，輔佐本府長官掌領東宫宿衛侍從，通判本府日常

事務。正三命。

[2]非此子邪："邪" 底本、宋刻遞修本、中華本同，殿本、庫本作"耶"，二字相通。

宣帝時，突厥攝圖請婚于周，[1]以趙王招女妻之。[2]然周與攝圖各相誇競，妙選驍勇以充使者，因遣晟副汝南公宇文神慶送千金公主至其牙。[3]前後使人數十輩，攝圖多不禮，見晟而獨愛焉，每共游獵，留之竟歲。嘗有二鵰，飛而争肉，因以兩箭與晟曰："請射取之。"晟乃彎弓馳往，遇鵰相攫，遂一發而雙貫焉。攝圖喜，命諸子弟貴人皆相親友，冀昵近之，以學彈射。其弟處羅侯號突利設，[4]尤得衆心，而爲攝圖所忌，密托心腹，陰與晟盟。晟與之游獵，因察山川形勢，部衆强弱，皆盡知之。時高祖作相，晟以狀白高祖。高祖大喜，遷奉車都尉。[5]

[1]突厥：古族名、國名。公元六世紀初興起於今阿爾泰山西南麓，552 年在今鄂爾渾河流域建立突厥汗國，此後其勢力擴展至大漠南北，横跨蒙古高原，隋開皇二年分裂爲東、西兩部。傳見本書卷八四、《周書》卷五〇、《北史》卷九九、《舊唐書》卷一九四、《新唐書》卷二一五。　攝圖：人名。突厥乙息記可汗（亦稱逸可汗）之子。其叔佗鉢可汗在位時，立爲爾伏可汗，統領東面突厥。佗鉢死後，繼立爲大可汗，號"沙鉢略可汗"，又稱"伊利俱盧設莫何始波羅可汗"。事見本書卷八四、《北史》卷九九《突厥傳》。

[2]趙王招：即北周宗室親王宇文招。北周武帝建德三年爵封趙王，北周末年因謀殺執政大臣楊堅事泄被誅。傳見《周書》卷一

三、《北史》卷五八。

［3］汝南公：爵名。全稱是汝南郡公。北周時爲十一等爵的第五等。正九命。　宇文神慶：人名。即宇文慶，字神慶。傳見本書卷五〇，《北史》卷五七有附傳。　千金公主：北周公主封號名。本是北周宗室親王宇文招之女，宣帝時册封爲公主，嫁爲突厥佗鉢可汗妻。佗鉢死，依突厥族俗嫁爲沙鉢略可汗妻。隋初請爲隋文帝女，賜姓楊氏，改封大義公主。沙鉢略死，又嫁爲都藍可汗妻，後以謀逆被殺。事見本書卷八四、《周書》卷五〇、《北史》卷九九《突厥傳》。　牙：古代對北方少數民族所建王庭的稱呼。此指突厥沙鉢略可汗所居的牙帳。在今蒙古杭愛山東段，鄂爾渾河西岸。

［4］處羅侯：人名。突厥沙鉢略可汗之弟。初號"突利設"，分統突厥東面部落。沙鉢略死後繼立爲東突厥可汗，號"葉護可汗"。事見本書卷八四、《北史》卷九九《突厥傳》等。

［5］奉車都尉：官名。北周時屬散官。五命。

至開皇元年，攝圖曰："我周家親也，今隋公自立而不能制，[1]復何面目見可賀敦乎？"[2]因與高寶寧攻陷臨渝鎮，[3]約諸面部落謀共南侵。高祖新立，由是大懼，修築長城，發兵屯北境，命陰壽鎮幽州，[4]虞慶則鎮并州，[5]屯兵數萬人以爲之備。晟先知攝圖、玷厥、阿波、突利等叔侄兄弟各統强兵，[6]俱號可汗，[7]分居四面，内懷猜忌，外示和同，難以力征，易可離間，因上書曰："臣聞喪亂之極，必致升平，是故上天啓其機，聖人成其務。伏惟皇帝陛下當百王之末，膺千載之期，諸夏雖安，[8]戎場尚梗。[9]興師致討，未是其時，棄於度外，又復侵擾。故宜密運籌策，漸以攘之，計失則百姓不寧，計得則萬代之福。吉凶所係，伏願詳思。臣於周末，忝充外使，匈奴倚伏，[10]實所具知。玷厥之於攝圖，兵强而位下，外名相屬，内隙已彰，鼓動其情，必將自戰。又處羅侯者，攝圖之弟，姦多而勢弱，曲取於衆心，國人愛之，因爲攝圖所忌，其心殊不自安，迹示彌縫，[11]實懷疑懼。又阿波首鼠，[12]介在其間，頗畏攝圖，受其牽率，[13]唯强是與，未有定心。今宜遠交而近攻，離强而合弱，通使玷厥，説合阿波，則攝圖迴兵，自防右地。又引處羅，遣連奚、霫，[14]則攝圖分衆，還備左方。首尾猜嫌，腹心離阻，十數年後，承釁討之，必可一舉而空其國矣。”上省表大悦，因召與語。晟復口陳形勢，手畫山川，寫其虛實，皆如指掌。上深嗟異，皆納用焉。因遣太僕元暉出伊吾道，[15]使詣玷厥，[16]賜以狼頭纛，[17]謬爲欽敬，禮數甚優。玷厥使來，引居攝圖使上。反間既行，果相猜貳。[18]授晟車騎將軍，[19]出黄龍道，[20]賫幣賜奚、霫、契丹等，[21]遣爲嚮導，得至處羅侯所，深布心腹，誘令内附。

[1]隋公：隋文帝楊堅在北周時的封爵名，全稱是隋國公。北周時爲十一等爵的第四等。正九命。此處代指楊堅其人。按，“隋”本作“隨”，楊堅稱帝後以“隨”字從“辵”部，有動蕩不安之意，乃去“辵”改作“隋”。

[2]可（kè）賀敦：古代鮮卑、柔然、突厥、回紇、蒙古等民族對其可汗之妻的稱謂。此指突厥沙鉢略可汗之妻千金公主宇文氏。

[3]高寶寧：人名。北齊末年官任營州刺史，鎮守黄龍城；北齊滅亡後依附於突厥，長期割據遼西之地；北周末至隋初屢與突厥

聯兵南侵，開皇三年被隋幽州總管陰壽率軍攻滅。傳見《北齊書》卷四一，《北史》卷五三有附傳。　臨渝鎮：亦稱臨渝關。在今河北秦皇島市西南。

［4］陰壽：人名。傳見本書卷三九、《北史》卷七三。　幽州：治所在今北京市西南。

［5］并州：北周置總管府，隋開皇二年置河北道行臺，開皇九年改置大總管府。治所在今山西太原市西南古城營。

［6］玷厥：人名。突厥室點密可汗之子，沙鉢略可汗之叔。原爲突厥西面可汗，號“達頭可汗”，因與大可汗沙鉢略不睦，乃於隋初自立爲西突厥可汗，稱“步迦可汗”，西突厥與東突厥遂正式分裂。事見本書卷八四、《北史》卷九九《突厥傳》。　阿波：即阿波可汗，名大邏便。突厥木杆可汗之子，沙鉢略可汗之從弟。佗鉢可汗死時，大邏便與佗鉢之子菴羅争位。沙鉢略繼立後爲安撫之，乃命爲阿波可汗，統領其父舊部。後沙鉢略殺其母，阿波遂西奔達頭可汗，借兵與沙鉢略相攻戰，至隋開皇七年被東突厥葉護可汗所擒。事見本書卷八四、《北史》卷九九《突厥傳》。　突利：此當是“突利設”的省稱，指沙鉢略可汗之弟處羅侯，亦即後來繼位的東突厥葉護可汗。參見前注“處羅侯”。

［7］可汗：古代鮮卑、柔然、突厥、回紇、蒙古等民族中最高統治者的稱號。

［8］諸夏：泛指中原地區。

［9］戎場：泛指少數民族政權所統治的疆域。此指突厥所控之地。按，“場”字底本、宋刻遞修本、殿本、庫本皆同，中華本作“埸”，而岑仲勉考校云：“場，《通鑑》一七五作虜，是。”（岑仲勉：《隋書求是》，第97頁）

［10］匈奴：古族名。戰國至秦漢時游牧於大漠南北廣大地區，後逐漸衰落西遷或被漢化。此處借指突厥。　倚伏：此指突厥所依托而隱藏的内情。

［11］彌縫：調和矛盾而勉强維持關係。

［12］首鼠：意謂窺伺觀望，進退無定。

［13］牽率：牽拉、牽扯。

［14］奚：古族名。源出東胡，南北朝時稱庫莫奚，隋唐時稱奚。分布在今内蒙古西拉木倫河流域及河北承德市一帶，後漸與契丹同化。傳見本書卷八四、《魏書》卷一〇〇、《周書》卷四九、《北史》卷九四、《舊唐書》卷一九九下、《新唐書》卷二一九。霫：古族名。隋唐時分布在今内蒙古西拉木倫河以北及大興安嶺中段山區，後南遷併於奚，漸與契丹同化。傳見《舊唐書》卷一九九下。

［15］太僕：即太僕卿。官名。爲太僕寺的長官，置一員，掌國家厩牧、車輿等事務。隋初爲正三品，隋煬帝大業三年降爲從三品。　元暉：人名。傳見本書卷四六，《北史》卷一五有附傳。伊吾道：古道路名。因取道於漢代伊吾盧（今新疆哈密市）之地而得名。按，“吾”字底本原作“吴”，殿本與底本同，今據宋刻遞修本、庫本、中華本及《北史》卷二二《長孫晟傳》改。

［16］使詣玷厥：“使”字底本原作“後”，宋刻遞修本、殿本、庫本與底本同，今據中華本及《北史·長孫晟傳》改。

［17］狼頭纛：用狼頭作標志的大旗。《通鑑》卷一七五《陳紀》宣帝太建十三年“賜以狼頭纛”條下胡三省注云：“突厥之先，狼種也，子孫爲君長，牙門建狼頭纛，示不忘本也。”

［18］猜貳：疑忌而有二心。

［19］車騎將軍：官名。隋初爲府兵制中統領驃騎府兵的軍事副長官。正五品上。隋煬帝大業三年改驃騎府爲鷹揚府，車騎將軍遂改稱鷹揚副郎將，大業五年又改稱鷹擊郎將。從五品。

［20］黄龍道：古道路名。因取道於黄龍城（今遼寧朝陽市）而得名。

［21］契丹：古族名。源出東胡，南北朝至隋唐時分布在今遼河上游及内蒙古西拉木倫河一帶。傳見本書卷八四、《魏書》卷一〇〇、《北史》卷九四、《舊唐書》卷一九九下、《新唐書》卷二

一九。

二年，攝圖四十萬騎自蘭州入，[1]至于周盤，[2]破達奚長儒軍，[3]更欲南入。玷厥不從，引兵而去。時晟又説染干詐告攝圖曰：[4]“鐵勒等反，[5]欲襲其牙。”攝圖乃懼，迴兵出塞。

[1]蘭州：隋初置總管府。治所在今甘肅蘭州市。

[2]周盤：地名。亦作“周槃”。在今甘肅慶陽市境内。

[3]達奚長儒：人名。傳見本書卷五三、《北史》卷七三。

[4]染干：人名。突厥沙鉢略可汗之侄，葉護可汗處羅侯之子（按，此據本書本傳及《北史》卷二二《長孫晟傳》所載，而本書卷八四、《北史》卷九九《突厥傳》載稱染干爲沙鉢略之子）。沙鉢略在位時，立爲突利可汗，分統突厥北方諸部。都藍可汗時，染干與隋朝和親通好，率部南徙，因遭都藍忌恨攻伐，遂投隋，被册拜爲“意利珍豆啓民可汗”。都藍既死，染干借助隋勢盡收東突厥餘衆，又敗西突厥達頭可汗，勢力漸盛。事見本書卷八四、《北史》卷九九《突厥傳》。

[5]鐵勒：古部族名。亦稱敕勒、赤勒、涉勒、高車。或説是匈奴後裔，或説是丁零後裔，或説與突厥同族。隋時分布很廣，各部分散，無統一君長。突厥强盛時臣屬於突厥汗國，突厥勢衰時則多叛離。傳見本書卷八四、《北史》卷九九、《舊唐書》卷一九九下。

後數月，[1]突厥大入，發八道元帥分出拒之。阿波至凉州，[2]與竇榮定戰，[3]賊帥累北。時晟爲偏將，[4]使謂之曰：“攝圖每來，戰皆大勝。阿波纔入，便即致敗，此乃突厥之耻，豈不内愧於心乎？且攝圖之與阿波，兵勢本敵。今攝圖日勝，爲衆所崇，阿波不利，爲國生辱。攝圖必當因以罪歸於阿波，成其夙計，滅北牙矣。願自量度，能禦之乎？”阿波使至，晟又謂之曰：“今達頭與隋連和，而攝圖不能制。可汗何不依附天子，連結達頭，相合爲强，此萬全之計。豈若喪兵負罪，歸就攝圖，受其戮辱邪？”[5]阿波納之，因留塞上，使人隨晟入朝。時攝圖與衛王軍遇，[6]戰於白道，[7]敗走至磧。[8]聞阿波懷貳，[9]乃掩北牙，盡獲其衆而殺其母。阿波還無所歸，西奔玷厥，乞師十餘萬，東擊攝圖，復得故地，收散卒數萬，與攝圖相攻。阿波頻勝，其勢益張。攝圖又遣使朝貢，公主自請改姓，乞爲帝女，上許之。

[1]後數月：“月”底本原作“年”，宋刻遞修本、殿本、庫本與底本同，中華本改作“月”，並作校勘記云：“《突厥集史》二：‘《傳》上文稱二年，下文稱四年，勘之《本紀》及他《傳》，此顯是三年事，“後數年”者，“後數月”之訛也。’按《通鑑》系此事於陳至德元年，正是開皇三年。”今從改。

[2]凉州：北周置總管府，隋初沿之。治所在今甘肅武威市。

[3]竇榮定：人名。傳見本書卷三九，《北史》卷六一有附傳。

[4]偏將：副將。泛指主將之下的各級軍官。

[5]受其戮辱邪：“邪”字底本、宋刻遞修本、中華本同，殿本、庫本作“耶”，二字相通。

[6]衛王：隋文帝異母弟楊爽的封爵名，此代指其人。傳見本書卷四四、《北史》卷七一。

[7]白道：關隘名。在今内蒙古呼和浩特市西北。

[8]磧：即沙漠。此指今蒙古高原大沙漠地帶。

[9]懷貳：意謂懷有二心，不忠誠。

四年，遣晟副虞慶則使于攝圖，賜公主姓爲楊氏，改封大義公主。攝圖奉詔，不肯起拜，晟進曰："突厥與隋俱是大國天子，可汗不起，安敢違意。但可賀敦爲帝女，則可汗是大隋女婿，奈何無禮，不敬婦公乎？"攝圖乃笑謂其達官曰："須拜婦公，我從之耳。"於是乃拜詔書。使還稱旨，授儀同三司、左勳衛車騎將軍。[1]

[1]儀同三司：官名。亦簡稱儀同。爲隋十一等散實官的第八等，可開府置僚佐。正五品上。　左勳衛車騎將軍：官名。爲左衛所轄左勳衛府的次官，置一員，協助長官驃騎將軍掌領本府兵宿衛宫禁。正五品上。

七年，攝圖死，遣晟持節拜其弟處羅侯爲莫何可汗，[1]以其子雍閭爲葉護可汗。[2]處羅侯因晟奏曰："阿波爲天所滅，與五六千騎在山谷間，伏聽詔旨，當取之以獻。"乃召文武議焉。樂安公元諧曰：[3]"請就彼梟首，以懲其惡。"武陽公李充曰：[4]"請生將入朝，顯戮以示百姓。"[5]上謂晟曰："於卿何如？"晟對曰："若突厥背誕，[6]須齊之以刑。今其昆弟自相夷滅，阿波之惡，非負國家。因其困窮，取而爲戮，恐非招遠之道，不如兩存之。"上曰："善。"八年，處羅侯死，遣晟往弔，仍齎陳國所獻寶器以賜雍閭。[7]

[1]莫何可汗：據本書卷八四、《北史》卷九九《突厥傳》載，

處羅侯在其兄沙鉢略可汗死後繼爲東突厥可汗時，號爲“葉護可汗”。故此處“莫何可汗”之號，則當是隋朝沿用沙鉢略的大可汗舊號而再册拜於處羅侯，以承認其爲突厥大可汗。

[2]雍閭：人名。即“雍虞閭”的略稱。突厥沙鉢略可汗之子。其叔葉護可汗死後，被族人擁立爲東突厥可汗，號“都藍可汗”。在位時初與隋朝通好，後中隋反間計，與突利（啓民）可汗相攻，並數擾隋邊，被族人所殺。事見本書卷八四、《北史》卷九九《突厥傳》等。　葉護可汗：據本書《突厥傳》及《北史·突厥傳》載，雍虞閭在其父沙鉢略可汗死後，遵父命迎立其叔處羅侯爲東突厥可汗，自居葉護（地位僅次於可汗的突厥官名）之位，而並未稱可汗。故此處“葉護可汗”之號，當是隋朝册拜給雍虞閭的尊號，而非其實際稱號。

[3]樂安公：爵名。全稱是樂安郡公。爲隋九等爵的第四等。從一品。　元諧：“諧”字底本、宋刻遞修本、中華本同，而殿本、庫本作“楷”，當訛。參見前注“元諧”。

[4]武陽公：爵名。全稱是武陽郡公。爲隋九等爵的第四等。從一品。

[5]顯戮：明正典刑，處死且陳尸示衆。

[6]背誕：意謂違命放誕，不受節制。

[7]以賜雍閭：“以”字底本原作“欲”，當訛，據宋刻遞修本、殿本、庫本、中華本及《北史》卷二二《長孫晟傳》改。

十三年，流人楊欽亡入突厥，[1]詐言彭國公劉昶共宇文氏女謀欲反隋，[2]稱遣其來，密告公主。雍閭信之，乃不修職貢。[3]又遣晟出使，微觀察焉。公主見晟，乃言辭不遜，又遣所私胡人安遂迦共欽計議，[4]扇惑雍閭。晟至京師，具以狀奏。又遣晟往索欽，雍閭欲勿與，謬答曰：“檢校客内，無此色人。”晟乃貨其達官，知欽所在，夜掩獲之，以示雍閭，因發公主私事，國人大耻。雍閭執遂迦等，並以付晟。上大喜，加授開府，仍遣入藩，莅殺大義公主。雍閭又表請婚，僉議將許之。[5]晟又奏曰："臣觀雍閭，反覆無信，特共玷厥有隙，所以依倚國家。縱與爲婚，終當必叛。今若得尚公主，[6]承藉威靈，玷厥、染干必又受其徵發。强而更反，後恐難圖。且染干者，處羅侯之子也，素有誠款，于今兩代。臣前與相見，亦乞通婚，不如許之，招令南徙，兵少力弱，易可撫馴，使敵雍閭，以爲邊捍。"上曰："善。"又遣慰喻染干，許尚公主。

[1]楊欽：人名。本爲隋朝流人，開皇十三年逃入突厥，詐稱受彭國公劉昶夫婦之命，前來聯絡突厥都藍可汗之妻、大義公主宇文氏，共謀舉兵反隋，結果使突厥與隋朝關係惡化。後被出使突厥的長孫晟捕獲，揭其反謀，遂被誅殺。事亦見本書卷八四《突厥傳》、《北史》卷二二《長孫晟傳》及卷九九《突厥傳》。

[2]彭國公：爵名。爲隋九等爵的第三等。從一品。按，"彭國公"底本原作"彭城公"，殿本、庫本與底本同，宋刻遞修本、中華本作"彭公"，岑仲勉考校稱"應作彭國公"（參見岑仲勉《隋書求是》，第97頁），今據改。　劉昶：人名。西魏名將劉亮之子，北周時娶宇文泰之女西河長公主爲妻，官至柱國、秦靈二州總管，爵封彭國公；隋文帝時歷官左武衛大將軍、慶州總管，開皇十七年因其子劉居士聚衆謀反而被下獄賜死。事亦見本書卷二《高祖紀下》、卷五六《宇文弼傳》、卷八〇《劉昶女傳》、卷八四《突厥傳》，《周書》卷一七《劉亮傳》，《北史》卷一一《隋文帝紀》、卷二二《長孫晟傳》、卷六五《劉亮傳》、卷七五《宇文弼傳》、卷九一《劉昶女傳》、卷九九《突厥傳》。　宇文氏女：據本書《劉

祂女傳》及《周書·劉亮傳》等載，此指劉祂之妻、宇文泰之女、北周西河長公主宇文氏。

［3］職貢：古代稱藩屬國或外國向朝廷按時的貢納。

［4］安遂迦：人名。突厥都藍可汗之妻、大義公主宇文氏所私通的親信胡人。隋開皇十三年與大義公主等人共謀反隋，結果事泄被執殺。事亦見《北史·長孫晟傳》。

［5］僉議：指群臣百官共同商議。

［6］尚公主：即娶公主爲妻。古時因尊帝王之女，不敢言娶，故稱“尚”，有仰攀之意。

十七年，染干遣五百騎隨晟來逆女，[1]以宗女封安義公主以妻之。[2]晟説染干率衆南徙，居度斤舊鎮。[3]雍閭疾之，亟來抄略。染干伺知動静，輒遣奏聞，是以賊來每先有備。

［1］逆女：此指迎娶女子爲妻。

［2］安義公主：隋公主封號名。本是隋宗室之女，開皇十七年册封爲公主，嫁爲東突厥突利可汗染干之妻，開皇十九年去世。事亦見本書卷八四《突厥傳》、《北史》卷二二《長孫晟傳》及卷九九《突厥傳》。

［3］度斤舊鎮：據《通鑑》卷一七八《隋紀》文帝開皇十七年條胡三省注，度斤舊鎮即突厥沙鉢略可汗所居之舊王庭。其地在今蒙古杭愛山東段，鄂爾渾河西岸。

十九年，染干因晟奏，雍閭作攻具，[1]欲打大同城。[2]詔發六總管，並取漢王節度，[3]分道出塞討之。雍閭大懼，復共達頭同盟，合力掩襲染干，大戰于長城下。染干敗績，殺其兄弟子侄，而部落亡散。染干與晟獨以五騎逼夜南走，至旦，行百餘里，收得數百騎，乃相與謀曰："今兵敗入朝，一降人耳，大隋天子豈禮我乎？玷厥雖來，本無冤隙，若往投之，必相存濟。"晟知其懷貳，乃密遣從者入伏遠鎮，[4]令速舉烽。[5]染干見四烽俱發，問晟曰："城上然烽何也？"晟紿之曰：[6]"城高地迥，必遥見賊來。我國家法，若賊少舉二烽，來多舉三烽，大逼舉四烽，使見賊多而又近耳。"染干大懼，謂其衆曰："追兵已逼，且可投城。"既入鎮，晟留其達官執室以領其衆，[7]自將染干馳驛入朝。帝大喜，進授左勳衛驃騎將軍，[8]持節護突厥。晟遣降虜覘候雍閭，知其牙内屢有灾變，夜見赤虹，光照數百里，天狗賨，[9]雨血三日，流星墜其營内，有聲如雷。每夜自驚，言隋師且至。並遣奏知，仍請出討突厥。都速等歸染干，[10]前後至者男女萬餘口，晟安置之。由是突厥悦附。尋以染干爲意利珍豆啓人可汗，[11]賜射於武安殿。[12]選善射者十二人，分爲兩朋。啓人曰："臣由長孫大使得見天子，今日賜射，願入其朋。"許之。給晟箭六侯，[13]發皆入鹿，啓人之朋竟勝。時有鳶群飛，上曰："公善彈，爲我取之。"十發俱中，並應丸而落。是日百官獲賫，晟獨居多。尋遣領五萬人，於朔州築大利城以處染干。[14]安義公主死，持節送義城公主，[15]復以妻之。晟又奏："染干部落歸者既衆，雖在長城之内，猶被雍閭抄略，往來辛苦，不得寧居。請徙五原，[16]以河爲固，[17]於夏、勝兩州之間，[18]東西至河，南北四百里，掘爲横塹，令處其内，任情放牧，免於抄略，人必自安。”上並從之。

[1]攻：底本、宋刻遞修本、中華本及《北史》卷二二《長孫晟傳》同，但殿本、庫本作“反”，疑訛。

[2]大同城：城名。隋時爲防禦突厥所築。故址在今内蒙古烏拉特前旗東北烏梁素海與黄河之間。

[3]漢王：隋文帝第五子楊諒的封爵名，此代指其人。傳見本書卷四五、《北史》卷七一。

[4]伏遠鎮：邊鎮名。隋時爲防禦突厥所置。故址在今山西大同市西北。

[5]速：底本、宋刻遞修本、中華本及《北史·長孫晟傳》同，但殿本、庫本作“其”。

[6]紿：欺誑，欺騙。

[7]執室：人名。隋時東突厥突利可汗染干的部屬。事亦見《北史·長孫晟傳》。

[8]左勳衛驃騎將軍：官名。爲左衛所轄左勳衛府的長官，置一員，掌領本府兵宿衛宫禁。正四品上。

[9]天狗：星名。《史記·天官書》載：“天狗，狀如大奔星，有聲，其下止地，類狗。所墮及，望之如火光炎炎衝天。其下圜如數頃田處，上兑者則有黄色，千里破軍殺將。”裴駰集解引孟康曰：“星有尾，旁有短彗，下有如狗形者，亦太白之精。”　賫：底本、宋刻遞修本、殿本、庫本及《北史·長孫晟傳》皆同，中華本作“隕”，二字相通。

[10]都速：人名。即“都速六”的略稱。東突厥都藍可汗之弟。隋開皇十九年率部投奔突利（啓民）可汗，歸附隋朝。事亦見本書卷八四、《北史》卷九九《突厥傳》。

[11]意利珍豆啓人可汗：“珍”字底本原作“彌”，宋刻遞修

本、殿本、庫本與底本同，中華本據本書卷三《煬帝紀上》、卷八四《突厥傳》及《通鑑》卷一七八《隋紀》開皇十九年條改作“珍”，當是，今從改。又，“啓人”當作“啓民”，唐人因避唐太宗李世民之諱而改。

［12］武安殿：隋宮中之殿名。位於武安門内，乃皇帝會見朝臣之所。

［13］侯：箭靶。以獸皮或畫上獸形的布爲之。古代較射時，天子射虎侯，諸侯射熊侯，卿大夫射豹侯，士射麋鹿侯。

［14］朔州：隋開皇初置總管府。治所在今山西朔州市。　大利城：城名。隋開皇十九年爲安置歸附的突厥啓民可汗部衆所築。故址在今内蒙古和林格爾縣。

［15］義城公主：隋公主封號名。亦作“義成公主”。本是隋宗室之女，開皇十九年册封爲公主，嫁爲東突厥啓民可汗染干之妻。事亦見本書卷三、四《煬帝紀》、卷四七《柳謇之傳》、卷六五《李景傳》、卷八四《突厥傳》，《北史》卷一二《隋煬帝紀》、卷一四《煬愍皇后蕭氏傳》、卷七九《宇文化及傳》、卷九九《突厥傳》，《舊唐書》卷六三《蕭瑀傳》、卷一九四上《突厥傳上》，《新唐書》卷九三《李靖傳》、卷二一五上《突厥傳上》。

［16］五原：縣名。治所在今陝西定邊縣。

［17］河：此指黄河。

［18］夏：州名。北周置總管府，隋初沿之。治所在今内蒙古烏審旗南白城子鎮。　勝：州名。隋開皇二十年置。治所在今内蒙古托克托縣西南。

二十年，都藍大亂，爲其部下所殺。晟因奏請曰：“今王師臨境，戰數有功，賊内携離，其主被殺。乘此招誘，必並來降，請遣染干部下分頭招慰。”上許之，果盡來附。達頭恐怖，又大集兵。詔晟部領降人，爲秦川行軍總管,[1]取晋王廣節度出討。[2]達頭與王相抗，晟進策曰："突厥飲泉，易可行毒。"因取諸藥毒水上流，達頭人畜飲之多死，於是大驚曰："天雨惡水，其亡我乎?"因夜遁。晟追之，斬首千餘級，俘百餘口，六畜數千頭。王大喜，引晟入内，同宴極歡。有突厥達官來降，時亦預坐，説言突厥之内，大畏長孫總管，聞其弓聲，謂爲霹靂，見其走馬，稱爲閃電。王笑曰："將軍震怒，威行域外，遂與雷霆爲比，一何壯哉!"師旋，授上開府儀同三司,[3]復遣還大利城，安撫新附。

[1]秦川：地區名。泛指今陝西、甘肅境内秦嶺以北的平原地帶，因春秋戰國時地屬秦國而得名。按，"秦川"各本皆同，但《北史》卷二二《長孫晟傳》及《通鑑》卷一七九《隋紀》開皇二十年條均作"秦州"。

[2]晋王廣：即隋煬帝楊廣。紀見本書卷三、四，《北史》卷一二。

[3]上開府儀同三司：官名。亦簡稱上開府。爲隋十一等散實官的第五等，可開府置僚佐。從三品。

仁壽元年,[1]晟表奏曰："臣夜登城樓，望見磧北有赤氣,[2]長百餘里，皆如雨足下垂被地。謹驗兵書，此名灑血，其下之國必且破亡。欲滅匈奴，宜在今日。"詔楊素爲行軍元帥,[3]晟爲受降使者，送染干北伐。二年，軍次北河,[4]值賊帥思力俟斤等領兵拒戰,[5]晟與大將軍梁默擊走之,[6]轉戰六十餘里，賊衆多降。晟又教染干分遣使者，往北方鐵勒等部招攜取之。[7]三年，有鐵勒思結、伏利具、渾、斛薩、阿拔、僕骨等十餘部，[8]盡背達頭，請來降附。達頭衆大潰，西奔吐谷渾。晟送染干安置于磧口。[9]

[1]仁壽：隋文帝楊堅年號（601—604）。

[2]磧北：地區名。泛指今蒙古高原大沙漠以北之地。

[3]楊素：人名。傳見本書卷四八，《北史》卷四一有附傳。

[4]北河：古水名。清以前黄河自今内蒙古磴口縣以下，分爲南北二支，北支約當今烏加河，時爲黄河正流，相對南支而言，即稱北河。

[5]思力俟斤：即“阿勿思力俟斤”的略稱。隋時突厥部落的首領。“阿勿思力”乃其人名；“俟斤”乃突厥部落首領之官號。事亦見本書卷八四《突厥傳》、《北史》卷二二《長孫晟傳》及卷九九《突厥傳》。

[6]大將軍：官名。爲隋十一等散實官的第四等，可開府置僚佐。正三品。　梁默：人名。傳見本書卷四〇，《北史》卷七三有附傳。

[7]招攜：招引尚未歸心的人，使之歸附於己。

[8]思結：古部落名。亦稱“斯結”。爲鐵勒諸部之一。隋時分布在今蒙古鄂爾渾河下游地帶。　伏利具：古部落名。爲鐵勒諸部之一。隋時分布在今蒙古色楞格河中游地帶。按，“伏利具”各本皆同，但《北史·長孫晟傳》作“伏具”。　渾：古部落名。爲鐵勒諸部之一。隋時分布在今蒙古土拉河北岸地帶。　斛薩：古部落名。亦稱“斛薛”。爲鐵勒諸部之一。隋時分布在今蒙古色楞格河下游以東地帶。按，“斛薩”底本原作“斜薩”，殿本、庫本與底本同，宋刻遞修本、中華本作“斛薩”，《北史·長孫晟傳》作“斛薛”，岑仲勉校稱“斜爲斛之訛”（參見岑仲勉《隋書求是》，第97頁），今據改。　阿拔：古部落名。爲鐵勒諸部之一。隋時分

布在今蒙古克魯倫河下游以北地帶。　僕骨：古部落名。爲鐵勒諸部之一。隋時分布在今蒙古克魯倫河上游以北地帶。

[9]磧口：地名。在今内蒙古二連浩特市西南。

事畢，入朝，遇高祖崩，匿喪未發。煬帝引晟於大行前委以内衙宿衛，[1]知門禁事，即日拜左領軍將軍。[2]遇楊諒作逆，[3]敕以本官爲相州刺史，[4]發山東兵馬，[5]與李雄等共經略之。[6]晟辭曰："有男行布，[7]今在逆地，忽蒙此任，情所不安。"帝曰："公著勤誠，朕之所悉。今相州之地，本是齊都，人俗澆浮，[8]易可搔擾。儻生變動，賊勢即張，思所以鎮之，非公莫可。公體國之深，終不可以兒害義，故用相委，公其勿辭。"於是遣捉相州。[9]諒破，追還，轉武衛將軍。[10]

[1]大行：古代指剛死而尚未定謚號的皇帝或皇后。此指剛去世的隋文帝楊堅。

[2]左領軍將軍：官名。按本書《百官志下》載，隋文帝朝置"左右領軍府，各掌十二軍籍帳、差科、辭訟之事。不置將軍。唯有長史、司馬"等員（《通典》卷二八《職官·左右領軍衛》所載略同）。但考本書和《北史》紀傳，隋文帝時及煬帝初年，任左、右領軍大將軍者有高熲、宇文忻、李安、楊秀等人，任左、右領軍將軍者有李安、楊處綱、史萬歲、盧賁等人。由此可知，《百官志下》所云"不置將軍"當是隋初始設左右領軍府時所定之制，而稍後則與其他衛府一樣實際上各置有大將軍和將軍。左領軍將軍，當是左領軍府的次官，職掌如前《百官志下》所載，員額和品秩則當與其他各衛府將軍相同，亦爲二員。從三品。

[3]楊諒：人名。傳見本書卷四五、《北史》卷七一。

［4］相州：北魏天興四年（401）分冀州始置相州，治所在今河北臨漳縣西南鄴鎮東。東魏、北齊時改稱司州，爲都城所在地。北周建德六年滅北齊後復名相州。北周大象二年平定相州總管尉遲迥之叛後，因州城被毀，遂移治今河南安陽市。隋初沿之，隋煬帝大業初改置魏郡。

［5］山東：地區名。戰國秦漢時期稱崤山或華山以東地區爲山東，魏晋南北朝隋唐時期亦稱太行山以東地區爲山東。

［6］李雄：人名。按，此處之李雄，本名當作“李子雄”，爲渤海郡人，卒於隋煬帝大業末年。傳見本書卷七〇、《北史》卷七四。然隋時尚有另一李雄，本名亦當作“李子雄”，爲趙郡人，卒於隋文帝開皇初年。傳見本書卷四六、《北史》卷三三。二人雖同名同姓，但非同一人。參見本書卷四六《李雄傳》之注［1］。

［7］行布：人名。即長孫行布，長孫晟的長子。隋文帝時官任漢王楊諒屬下之庫直，隋煬帝即位初，楊諒起兵反叛，令其留守并州城，遂乘機與豆盧毓等人閉門拒納楊諒，結果城陷被殺。事亦見《北史》卷二二《長孫晟傳》。

［8］澆浮：指社會風氣浮薄。

［9］捉：即守、鎮守之意。

［10］武衛將軍：官名。爲左右武衛府的次官，左右各置二員，協助長官武衛大將軍掌領外軍宿衛事務。從三品。

大業三年，煬帝幸榆林，[1]欲出塞外，陳兵耀武，經突厥中，指于涿郡。[2]仍恐染干驚懼，先遣晟往喻旨，稱述帝意。染干聽之，因召所部諸國，奚、霫、室韋等種落數十酋長咸萃。[3]晟以牙中草穢，欲令染干親自除之，示諸部落，以明威重，乃指帳前草曰：“此根大香。”染干遽嗅之曰：“殊不香也。”晟曰：“天子行幸所在，諸侯躬親灑掃，耘除御路，以表至敬之心。今牙中蕪穢，謂是留香草耳。”染干乃悟曰：“奴罪過。奴之骨肉，皆天子賜也，得效筋力，豈敢有辭？特以邊人不知法耳，賴將軍恩澤而教導之。將軍之惠，奴之幸也。”遂拔所佩刀，親自芟草，其貴人及諸部爭放效之。乃發榆林北境，至于其牙，又東達于薊，[4]長三千里，廣百步，舉國就役而開御道。帝聞晟策，乃益嘉焉。後除淮陽太守，[5]未赴任，復爲右驍衛將軍。[6]

[1]榆林：郡名。隋大業初改勝州置。治所在今内蒙古准格爾旗十二連城。

[2]涿郡：隋大業初改幽州置。治所在今北京市西南。

[3]室韋：古族名。亦作“失韋”。屬東胡族系，與契丹同類，始興於北魏時期。隋時分爲五部，互不統一，臣屬於突厥，分布在今嫩江流域及黑龍江沿岸地區。傳見本書卷八四、《魏書》卷一〇〇、《北史》卷九四、《舊唐書》卷一九九下、《新唐書》卷二一九。　種落：即種族部落。

[4]薊：縣名。治所在今北京市西南。

[5]除：官制用語。即拜官、授職。　淮陽：郡名。隋大業初改陳州置。治所在今河南淮陽縣。

[6]右驍衛將軍：官名。按，據本書《百官志下》和《通典》卷二八《職官·左右驍衛》載，隋文帝開皇十八年置左右備身府，隋煬帝大業三年改爲左右驍騎衛，而又另改左右領左右府置爲左右備身府。唐初始改左右驍騎衛爲左右驍衛府，唐高宗龍朔二年（662）徑稱左右驍衛。由此可知，隋時尚無“驍衛”之稱，而有其前身“驍騎衛”之名。故此處“右驍衛將軍”當是“右驍騎衛將軍”之脱文，抑或是史臣徑用唐官名之誤。（參見唐華全《中華書局點校本〈隋書〉質疑二十九則》，《河北師範大學學報》2012年第1期）隋時右驍騎衛將軍，是右驍騎衛的次官，置二員，協助

長官右驍騎衛大將軍掌領本府兵宿衛宫禁。從三品。

五年，卒，時年五十八。帝深悼惜之，賵贈甚厚。[1]後突厥圍雁門，[2]帝歎曰："向使長孫晟在，不令匈奴至此！"晟好奇計，務功名。性至孝，居憂毁瘠，[3]爲朝士所稱。貞觀中，[4]追贈司空、上柱國、齊國公，[5]謚曰獻。少子無忌嗣。[6]

[1]賵贈：指皇帝爲助辦亡故大臣的喪事而賜贈財物。

[2]雁門：郡名。隋大業三年改代州置。治所在今山西代縣。

[3]居憂：指居父母之喪。　毁瘠：意謂因居喪過哀而極度瘦弱。

[4]貞觀：唐太宗李世民年號（627—649）。

[5]司空：贈官名。唐時爲正一品。　上柱國：贈勳官名。唐時爲正二品。　齊國公：贈爵名。唐時爲從一品。

[6]無忌：人名。即長孫無忌。唐初名臣，唐太宗和高宗兩朝位居宰輔。傳見《舊唐書》卷六五、《新唐書》卷一〇五。

其長子行布，亦多謀略，有父風。起家漢王諒庫直，[1]甚見親狎。後遇諒於并州起逆，率衆南拒官軍，乃留行布城守，遂與豆盧毓等閉門拒諒，[2]城陷，遇害。次子恒安，[3]以兄功授鷹揚郎將。[4]

[1]庫直：官名。爲親王府的侍衛陪從軍官。品階不詳。按，"庫直"底本、宋刻遞修本、殿本、庫本及《北史》卷二二《長孫晟傳》皆同，但中華本據本書卷三九《元景山傳》改作"庫真"，並作校勘記云："庫真，北朝官名，見《南史·侯景傳》、《舊唐

書·職官志一》、《文館詞林》四五三《周孝範碑銘》。”然再考《北齊書》卷二五《王紘傳》、卷四一《皮景和傳》，《北史》卷一八《元景山傳》、卷五四《斛律金傳》、卷五五《陳元康傳》、卷九二《高阿那肱傳》，《舊唐書》卷四二《職官志一》，《新唐書》卷四九下《百官志四下》、卷一〇五《長孫敞傳》、卷一三〇《楊瑒傳》等，亦得見“庫直”之官名，與中華本所稱“庫真”實爲同一職官，故尚難以斷定“庫直”與“庫真”孰是孰非，今暫從底本。（參見唐華全《中華書局點校本〈隋書〉質疑二十九則》）

[2]豆盧毓：人名。本書卷三九、《北史》卷六八有附傳。

[3]恒安：人名。即長孫恒安。隋煬帝時以其兄行布之功官任鷹揚郎將。事亦見《北史·長孫晟傳》。

[4]鷹揚郎將：官名。隋初在府兵制中設驃騎府以統領府兵，每府置驃騎將軍一人爲其長官。正四品上。隋煬帝大業三年改驃騎府爲鷹揚府，驃騎將軍改稱鷹揚郎將，其職掌、員額未變。正五品。

史臣曰：長孫氏爰自代陰，[1]來儀京洛，[2]門傳鍾鼎，[3]家誓山河。漢代八王，[4]無以方其茂績，張氏七葉，[5]不能譬此重光。[6]覽獨擅雄辨，熾早稱爽俊，俱司禮閣，[7]並統師旅，且公且侯，文武不墜。晟體資英武，兼包奇略，因機制變，懷彼戎夷。[8]傾巢盡落，屈膝稽顙，[9]塞垣絶鳴鏑之旅，[10]渭橋有單于之拜。[11]惠流邊朔，[12]功光王府，[13]保兹爵禄，不亦宜乎！

[1]代陰：地區名。亦稱“代北”。北朝至隋唐時泛指代郡或代州及其以北地區，約當今山西北部及河北西北部一帶。又因北魏初期曾建都於代郡平城（今山西大同市東北），故後世亦以“代

陰”“代北”稱指北魏。

［2］來儀：喻指傑出人物的降臨。　京洛：洛陽的別稱。因東周、東漢均建都於此，故名。按，此句是指長孫氏家族隨北魏孝文帝遷都洛陽而著籍定居於洛陽。

［3］鍾鼎：即“鍾鳴鼎食”的略語。喻指富貴榮華。

［4］漢代八王：此當指漢初助劉邦平天下的八個異姓諸侯王，即齊王韓信、韓王韓信、燕王盧綰、梁王彭越、趙王張耳、淮南王英布、臨江王共敖、長沙王吴芮。參見《史記》卷一九《惠景間侯者年表》司馬貞《索隱》。

［5］張氏七葉：此當指漢初功臣留侯張良家族從其父祖相韓到其佐漢，共歷事七代君主的業績。參見《史記》卷五五《留侯世家》、《漢書》卷四〇《張良傳》。

［6］重光：喻指累世盛德，輝光相承。

［7］禮閣：指中央尚書省權力機構。

［8］戎夷：古代泛指少數民族。此指突厥。

［9］稽（qǐ）顙：古代一種屈膝下拜並以額觸地的跪拜禮，表示恭敬臣服。

［10］塞垣：泛指長城一綫的北方邊境地帶。　鳴鏑：漢時匈奴冒頓單于所造的一種響箭，專用以部勒其騎射。其後鮮卑、柔然、突厥等北方游牧民族亦多沿用此制。

［11］渭橋：古橋名。始建於秦漢時，隋唐時沿之。位於長安（今陝西西安市）附近渭水之上，東、中、西共有三座，歷來爲進出長安城的交通要津。　單于：漢時匈奴最高統治者的稱號。此處借指突厥可汗。

［12］邊朔：指北方邊地。

［13］王府：指古代帝王收藏圖籍文書的府庫。

隋書　卷五二

列傳第十七

韓擒虎[1]　弟僧壽　洪

[1]韓擒虎：底本原作“韓擒”，宋刻遞修本、殿本、庫本與底本同，中華本補作“韓擒虎”，並作校勘記云：“唐人避諱省‘虎’字，今補。本書其他稱‘韓擒’處，不一一增補。”今從中華本於此處補“虎”字，他處不補。另，《北史》卷六八又諱改韓擒虎之名作“禽”。

韓擒字子通，河南東垣人也，[1]後家新安。[2]父雄，[3]以武烈知名，仕周，[4]官至大將軍、洛虞等八州刺史。[5]擒少慷慨，以膽略見稱，容貌魁岸，有雄傑之表。性又好書，經史百家皆略知大旨。周太祖見而異之，[6]令與諸子游集。後以軍功，拜都督、新安太守，[7]稍遷儀同三司，[8]襲爵新義郡公。[9]武帝伐齊，[10]齊將獨孤永業守金墉城，[11]擒説下之。進平范陽，[12]加上儀同，[13]拜永州刺史。[14]陳人逼光州，[15]擒以行軍總管擊破之。[16]又從宇文忻平合州。[17]高祖作相，[18]遷和州刺史。[19]陳將甄慶、任蠻奴、蕭摩訶等共爲聲援，[20]頻寇江北，[21]前後入界。擒屢挫其鋒，陳人奪氣。[22]

[1]河南：郡名。治所在今河南洛陽市東北。　東垣：縣名。治所在今河南新安縣。

[2]新安：縣名。治所在今河南新安縣東。

[3]雄：人名。即韓雄，西魏、北周時人。官至開府儀同三司、中州刺史、都督中徐虞洛四州諸軍事，爵封新義郡公。傳見《周書》卷四三、《北史》卷六八。

[4]周：即北周（557—581），都於長安（今陝西西安市西北郊）。

[5]大將軍：官名。北周時爲十一等勳官的第四等，可開府置官屬。正九命。按，據《周書·韓雄傳》及《北史·韓雄傳》，大將軍是韓雄死後所贈的勳官，其生前實際所任的勳官是開府儀同三司。　洛：州名。北周時治所在今陝西商洛市。　虞：州名。北周明帝二年（558）置。治所在今山西平陸縣西南。　八州刺史：據《周書·韓雄傳》及《北史·韓雄傳》載，此處“八州刺史”當是合計韓雄生前所都督的中、徐、虞、洛四州以及死後贈官中所都督的中、華、宜、義、和五州而言，而並非實際歷任八州刺史。

[6]周太祖：即宇文泰。西魏執政大臣，北周的奠基者。紀見《周書》卷一、二，《北史》卷九。

[7]都督：官名。北周時屬勳官。北周府兵制中每隊的長官均加此勳官名。七命。　新安：郡名。西魏始置，北周初沿之。治所在今四川南部縣。

[8]儀同三司：官名。亦簡稱儀同，北周武帝建德四年（575）改稱儀同大將軍。屬勳官。北周府兵制中儀同府的長官均加此勳官名，可開府置官屬。九命。

［9］新義郡公：爵名。北周時爲十一等爵的第五等。正九命。

［10］武帝：即北周武帝宇文邕。紀見《周書》卷五、六，《北史》卷一〇。　齊：即北齊（550—577），都於鄴（今河北臨漳縣西南鄴鎮東）。

［11］獨孤永業：人名。北齊大將。官至河陽道行臺僕射、洛州刺史，率軍駐守金墉城。北周武帝伐齊時，被韓擒虎勸降於北周。傳見《北齊書》卷四一、《北史》卷五三。　金墉城：城名。在今河南洛陽市東北。

［12］范陽：郡名。北齊時治所在今河北涿州市。

［13］上儀同：官名。全稱是上儀同大將軍。北周武帝建德四年始置，爲十一等勳官的第七等，可開府置官屬。九命。

［14］永州：北齊始置，北周滅北齊後沿之。治所在今河南信陽市北。

［15］陳：即南朝陳（557—589），都於建康（今江蘇南京市）。　光州：北周時治所在今河南光山縣。

［16］行軍總管：北周至隋時所置的統領某部或某路出征軍隊的軍事長官。根據需要其上還可置行軍元帥以統轄全局。屬臨時差遣任命之職，事罷則廢。

［17］宇文忻：人名。傳見本書卷四〇，《北史》卷六〇有附傳。　合州：南朝陳時治所在今安徽合肥市。北周末歸屬北周。

［18］高祖：隋文帝楊堅的廟號。紀見本書卷一、二，《北史》卷一一。　相：即丞相。官名。此是“左大丞相”或“大丞相”的簡稱。北周静帝大象二年（580）置左、右大丞相，以宗室親王宇文贊爲右大丞相，僅有虚名；而以外戚楊堅爲左大丞相，總攬朝政。旋又去左右之號，獨以楊堅爲大丞相。楊堅由此成爲控制北周朝廷的權臣。

［19］和州：北周時有兩個和州：一是改東魏北荆州所置的和州，治所在今河南汝州市，隋開皇初改爲伊州；二是沿襲北齊所置的和州，治所在今安徽和縣，隋初仍沿之。文中所指當是第二個和

州。按，“和”字底本原作“利”，宋刻遞修本、殿本、庫本與底本同，中華本據本書卷一《高祖紀上》、《北史》卷六八《韓禽傳》、《集古録》卷五《韓擒虎碑跋》改作“和”。考北周時利州的治所在今四川廣元市，其地理位置與文中所述事不合，故中華本所改是，今從改。

[20]甄慶：人名。南朝陳將。北周末年領兵侵擾江北之地，韓擒虎率軍擊退之。事亦見《北史·韓禽傳》。　任蠻奴：人名。南朝陳將，本名任忠，隋人因避隋文帝父楊忠之諱而改稱其小字。北周末年多次領軍侵擾江北之地，皆被韓擒虎擊退。至隋開皇九年（589）平陳時，又戰敗降於韓擒虎。傳見《陳書》卷三一、《南史》卷六七。　蕭摩訶：人名。南朝陳將。北周末年屢次率軍侵擾江北之地，均被韓擒虎擊退。至隋開皇九年平陳時，兵敗被擒，歸降於隋朝。傳見《陳書》卷三一、《南史》卷六七。

[21]江北：地區名。泛指長江以北之地。

[22]奪氣：挫傷鋭氣，喪失勇氣。

開皇初，[1]高祖潛有吞并江南之志，[2]以擒有文武才用，夙著聲名，於是拜爲廬州總管，[3]委以平陳之任，甚爲敵人所憚。及大舉伐陳，以擒爲先鋒。擒率五百人宵濟，襲采石，[4]守者皆醉，擒遂取之。進攻姑熟，[5]半日而拔，次於新林。[6]江南父老素聞其威信，來謁軍門，晝夜不絶。陳人大駭，其將樊巡、魯世真、田瑞等相繼降之。[7]晋王廣上狀，[8]高祖聞而大悦，宴賜群臣。晋王遣行軍總管杜彦與擒合軍，[9]步騎二萬。陳叔寶遣領軍蔡徵守朱雀航，[10]聞擒將至，衆懼而潰。任蠻奴爲賀若弼所敗，[11]棄軍降於擒。擒以精騎五百，直入朱雀門。[12]陳人欲戰，蠻奴撝之曰：“老夫尚降，諸君何事！”衆皆散走。遂平金陵，[13]執陳主叔寶。時賀若弼亦有功。乃下詔於晋王曰：“此二公者，深謀大略，東南逋寇，[14]朕本委之，静地恤民，悉如朕意。九州不一，[15]已數百年，以名臣之功，成太平之業，天下盛事，何用過此！聞以欣然，實深慶快。平定江表，二人之力也。”賜物萬段。又下優詔於擒、弼曰：“申國威於萬里，宣朝化於一隅，使東南之民俱出湯火，[16]數百年寇旬日廓清，專是公之功也。高名塞於宇宙，盛業光於天壤，逖聽前古，[17]罕聞其匹。班師凱入，誠知非遠，相思之甚，寸陰若歲。”

[1]開皇：隋文帝楊堅年號（581—600）。

[2]江南：地區名。亦稱“江表”“江外”。指長江以南地區。此處代指南朝陳。

[3]廬州：隋開皇初改合州置，設總管府。治所在今安徽合肥市。　總管：官名。全稱是總管刺史加使持節。北周始置諸州總管，隋初承繼，又有增置。總管的統轄範圍可達數州至十餘州，實爲一軍政轄區的最高長官。隋文帝在并、益、荆、揚四州置大總管，其餘州置總管。總管分上、中、下三等，品秩分别爲流内視從二品、視正三品、視從三品。

[4]采石：即采石磯。古長江津渡名。在今安徽馬鞍山市西南長江東岸。因牛渚山北部突入江中而成，江面較狹，形勢險要，自古爲長江下游的南北重要津渡，也是江防重鎮。

[5]姑熟：城名。亦作“姑孰”。在今安徽當塗縣。因其地處南朝都城建康（今江蘇南京市）南面之門户，故南朝時置爲軍事重鎮。

[6]新林：古水名。即新林浦。在今江蘇南京市西南郊，西北

流向注入長江。

［7］樊巡：人名。南朝陳將樊猛之子，隋開皇九年平陳時兵敗降隋。事亦見《陳書》卷三一、《南史》卷六七《樊猛傳》，《北史》卷六八《韓禽傳》。　魯世真：人名。南朝陳將魯廣達之子，隋開皇九年平陳時兵敗降隋。事亦見《陳書》卷三一、《南史》卷六七《魯廣達傳》，《北史·韓禽傳》。　田瑞：人名。南朝陳將。隋開皇九年平陳時兵敗降隋。事亦見本卷《賀若弼傳》、《北史》卷六八《韓禽傳》及同卷《賀若弼傳》。

［8］晋王廣：即楊廣。時任隋伐陳戰争的最高軍事統帥。紀見本書卷三、四，《北史》卷一二。

［9］杜彦：人名。傳見本書卷五五、《北史》卷七三。

［10］陳叔寶：人名。南朝陳的末代皇帝陳後主。紀見《陳書》卷六、《南史》卷一〇。　領軍：官名。據《陳書》卷二九、《南史》卷六八《蔡徵傳》，此處"領軍"當是"中領軍"之脱文。中領軍是南朝陳時領軍府的次官，協助長官領軍將軍掌領本府禁軍宿衛宫廷。第三品。　蔡徵：人名。南朝陳後主時官任中領軍，隋開皇九年伐陳時，率領禁軍守衛建康城南之朱雀航，結果被韓擒虎軍驚潰，旋即城陷降隋。傳見《陳書》卷二九，《南史》卷六八有附傳。　朱雀航：古橋名。亦稱朱雀桁。爲南朝都城建康南城門亦即朱雀門外的浮橋，横跨秦淮河之上。三國吴時稱南津橋，晋時改名朱雀桁。因在臺城之南，故又稱"南航"。南朝時秦淮河上有二十四航，而此航最大，故又稱"大航"。

［11］賀若弼：人名。傳見本卷，《北史》卷六八有附傳。

［12］朱雀門：城門名。爲南朝都城建康的南城門。始建於東晋成帝咸康二年（336）。因門上有兩銅雀，故名。

［13］金陵：即南朝都城建康的别稱。因戰國時楚威王滅越後在石城山（今江蘇南京市清凉山）置金陵邑而得名。

［14］逋寇：即流寇、逃寇。此處指南朝陳。

［15］九州：古代分中國爲九州。説法不一，後以"九州"泛

指天下或全中國。

［16］湯火：即滾水與烈火。比喻極端困苦或危險的處境。

［17］逖聽：遠察，遠考。

及至京，弼與擒争功於上前，弼曰："臣在蔣山死戰，[1]破其鋭卒，擒其驍將，震揚威武，遂平陳國。韓擒略不交陣，豈臣之比！"擒曰："本奉明旨，令臣與弼同時合勢，以取僞都。弼乃敢先期，逢賊遂戰，致令將士傷死甚多。臣以輕騎五百，兵不血刃，直取金陵，降任蠻奴，執陳叔寶，據其府庫，傾其巢穴。弼至夕，方扣北掖門，[2]臣啓關而納之。斯乃救罪不暇，安得與臣相比！"上曰："二將俱合上勳。"於是進位上柱國，[3]賜物八千段。有司劾擒放縱士卒，淫污陳宫，坐此不加爵邑。

［1］蔣山：即今江蘇南京市東北的鍾山，又名紫金山。三國時吴主孫權因避其祖諱"鍾"，以東漢末有秣陵尉蔣子文逐盜死葬於此，故改稱蔣山。

［2］北掖門：宫門名。爲南朝都城建康臺城（宫城）的北面側門。

［3］上柱國：官名。隋文帝因改北周十一等勳官之制形成十一等散實官，用以酬勤勞，無實際職掌。上柱國是十一等散實官的第一等，可開府置僚屬。從一品。

先是，江東有謡歌曰：[1]"黄班青驄馬，[2]發自壽陽涘，[3]來時冬氣末，去日春風始。"皆不知所謂。擒本名豹，[4]平陳之際，又乘青驄馬，往反時節與歌相應，至是方悟。其後突厥來朝，[5]上謂之曰："汝聞江南有陳國天子乎？"對曰："聞之。"上命左右引突厥詣擒前，曰："此是執得陳國天子者。"擒厲然顧之，突厥惶恐，不敢仰視，其有威容如此。別封壽光縣公，[6]食邑千户。[7]以行軍總管屯金城，[8]禦備胡寇，[9]即拜凉州總管。[10]

[1]江東：地區名。亦稱江左。指長江下游以東地區。

[2]黄班："班"字底本、宋刻遞修本、殿本、庫本皆同，中華本及《北史》卷六八《韓禽傳》作"斑"，二字相通。　青驄馬：毛色青白相雜的駿馬。

[3]壽陽：城名。在今安徽壽縣淮河南岸。因地處南北交通要衝，故南北朝時爲駐防淮南地區的軍事重鎮。　涘：水邊，河岸。

[4]擒本名豹："豹"字各本皆同，《北史·韓禽傳》作"禽武"。中華本校勘記引錢大昕《廿二史考異》云："唐人諱'虎'，史多改爲'武'，或爲'獸'，或爲'彪'。此獨更爲'豹'者，欲應'黄斑'之文也。虎、豹皆有斑，黄、韓聲亦許近。"

[5]突厥：古族名、國名。公元六世紀初興起於今阿爾泰山西南麓，552年在今鄂爾渾河流域建立突厥汗國，此後其勢力擴展至大漠南北，横跨蒙古高原，隋開皇二年分裂爲東、西兩部。傳見本書卷八四、《周書》卷五〇、《北史》卷九九、《舊唐書》卷一九四、《新唐書》卷二一五。

[6]壽光縣公：爵名。爲隋九等爵的第五等。從一品。

[7]食邑：亦稱封邑，或單稱邑。是古代君王封賜給有爵位之人的一種食禄制度，受封者可徵收封地内的民户租税充作食禄。魏晋以後，食邑分爲虚封和實封兩類：虚封一般僅冠以"邑"或"食邑"之名，這衹是一種榮譽性加銜，受封者並不能獲得實際的食禄收入；而實封一般須冠以"真食""食實封"等名，受封者可真正獲得食禄收入。按，"食邑"各本皆同，但《北史·韓禽傳》

作“真食”。

[8]金城：此當指金城關。關隘名。在今甘肅蘭州市西北。

[9]胡：古代泛指北方和西方少數民族。此指突厥。

[10]凉州：北周置總管府，隋初沿之。治所在今甘肅武威市。

俄徵還京，上宴之内殿，恩禮殊厚。無何，其鄰母見擒門下儀衛甚盛，有同王者，母異而問之。其中人曰：“我來迎王。”忽然不見。又有人疾篤，忽驚走至擒家曰：“我欲謁王。”左右問曰：“何王也？”答曰：“閻羅王。”[1]擒子弟欲撻之，擒止之曰：“生爲上柱國，死作閻羅王，斯亦足矣。”因寢疾，數日竟卒，時年五十五。子世諤嗣。[2]

[1]閻羅王：亦通稱閻王。梵語的略譯。佛教稱指主管地獄的神君。

[2]世諤：人名。韓擒虎的嗣子。隋煬帝大業九年（613）扈從楊玄感起兵反隋，事敗被俘，又於押解途中逃逸山林爲盗，不知所終。事亦見《北史》卷六八《韓禽傳》。　嗣：此指繼承父輩的爵位和家業，以延續香火。

世諤倜儻驍捷，[1]有父風。楊玄感之作亂也，[2]引世諤爲將，每戰先登。及玄感敗，爲吏所拘。時帝在高陽，[3]送詣行所。世諤日令守者市酒殽以酣暢，揚言曰：“吾死在朝夕，不醉何爲！”漸以酒進守者，守者狎之，遂飲令致醉。世諤因得逃奔山賊，不知所終。

[1]倜儻：豪爽灑脱而不受世俗禮法拘束。

［2］楊玄感：人名。傳見本書卷七〇，《北史》卷四一有附傳。

［3］高陽：郡名。隋煬帝大業九年改博陵郡爲高陽郡。治所在今河北定州市。

僧壽字玄慶，擒母弟也，亦以勇烈知名。周武帝時，爲侍伯中旅下大夫。[1]高祖得政，從韋孝寬平尉迥，[2]每戰有功，授大將軍，封昌樂公，[3]邑千户。開皇初，拜安州刺史。[4]時擒爲廬州總管，朝廷不欲同在淮南，[5]轉爲熊州刺史。[6]後轉蔚州刺史，[7]進爵廣陵郡公。[8]尋以行軍總管擊突厥於雞頭山，[9]破之。後坐事免。數歲，復拜蔚州刺史。突厥甚憚之。十七年，屯蘭州以備胡。[10]明年，遼東之役，[11]領行軍總管，還，檢校靈州總管事。[12]從楊素擊突厥，[13]破之，進位上柱國，改封江都郡公。[14]煬帝即位，[15]又改封新蔡郡公。[16]自是之後，不復任用。大業五年，[17]從幸太原。[18]有京兆人達奚通妾王氏，[19]能清歌，朝臣多相會觀之，僧壽亦豫焉，坐是除名。尋令復位。八年，卒於京師，時年六十五。有子孝基。[20]

［1］侍伯中旅下大夫：官名。北周時其隸屬未詳，當是掌領侍伯宿衛府兵的軍官。正四命。（參見王仲犖《北周六典》卷七《六官餘録第十三》，中華書局1979年版，第511頁）

［2］韋孝寬：人名。北周末年位居上柱國，官任行軍元帥，奉詔統軍略定淮南，又討滅相州總管尉遲迥之叛。傳見《周書》卷三一、《北史》卷六四。　尉迥：人名。即尉遲迥。北周末年官任相州總管，起兵反對楊堅篡周，旋被討滅。傳見《周書》卷二一、《北史》卷六二。

[3]昌樂公：爵名。全稱是昌樂縣公。北周時爲十一等爵的第六等，“命數未詳，非正九命則當是九命”（參見王仲犖《北周六典》卷八《封爵第十九》，第548頁）。

[4]安州：西魏始置總管府，北周、隋初沿之。治所在今湖北安陸市。

[5]淮南：地區名。泛指淮河以南地區。

[6]熊州：治所在今河南宜陽縣西。

[7]蔚州：北周始置，隋初沿之。治所在今山西靈丘縣。

[8]廣陵郡公：爵名。爲隋九等爵的第四等。從一品。

[9]鷄頭山：亦稱笄頭山。在今寧夏涇源縣西北，爲涇水源出之山。

[10]蘭州：隋初置總管府。治所在今甘肅蘭州市。

[11]遼東：地區名。泛指今遼河以東地區。隋時高麗國在遼東，故文中“遼東之役”即指征伐高麗之事。

[12]檢校：官制用語。指尚未實授某官但已掌其職事，即代理、代辦之意。　靈州：北周置總管府，隋初沿之。治所在今寧夏靈武市西南。

[13]楊素：人名。傳見本書卷四八，《北史》卷四一有附傳。

[14]江都郡公：爵名。爲隋九等爵的第四等。從一品。

[15]煬帝：即隋煬帝楊廣。紀見本書卷三、四，《北史》卷一二。

[16]新蔡郡公：爵名。爲隋九等爵的第四等。從一品。

[17]大業：隋煬帝楊廣年號（605—618）。

[18]太原：郡名。隋大業初改并州置。治所在今山西太原市西南古城營。

[19]京兆：郡名。治所在今陝西西安市。　達奚通：人名。隋煬帝大業中京兆郡人。有妾王氏善清歌，常出入王公宴會，涉嫌齊王楊暕謀亂之事，煬帝下令窮治其罪，朝臣受牽連者甚多。事亦見本書卷五九《齊王暕傳》，《北史》卷六八《韓僧壽傳》、卷七一

《齊王暕傳》。

［20］孝基：人名。即韓孝基。事亦見《北史·韓僧壽傳》。

洪字叔明，擒季弟也。少驍勇，善射，膂力過人。仕周侍伯上士，[1]後以軍功，拜大都督。[2]高祖爲丞相，從韋孝寬破尉迥於相州，[3]加上開府，[4]甘棠縣侯，[5]邑八百户。高祖受禪，[6]進爵爲公。[7]尋授驃騎將軍。[8]開皇九年，平陳之役，授行軍總管。及陳平，晋王廣大獵於蔣山，有猛獸在圍中，衆皆懼。洪馳馬射之，應弦而倒。陳氏諸將，列觀於側，莫不歎伏焉。[9]王大喜，賜縑百匹。[10]尋以功加柱國，[11]拜蔣州刺史。[12]數歲，轉廉州刺史。[13]

［1］侍伯上士：官名。北周時其隸屬未詳，當是掌領侍伯禁兵的軍官。正三命。（參見王仲犖《北周六典》卷七《六官餘録第十三》，第511頁）

［2］大都督：官名。北周時屬勳官。北周府兵制中每團的長官均加此勳官名。八命。

［3］相州：北魏天興四年（401）分冀州始置相州，治所在今河北臨漳縣西南。東魏、北齊時改稱司州，爲都城所在地。北周建德六年滅北齊後復名相州。大象二年平定相州總管尉遲迥之叛後，因州城被毁，遂移治今河南安陽市。

［4］上開府：官名。全稱是上開府儀同大將軍。北周武帝建德四年始置，爲北周十一等勳官的第五等，可開府置官屬。九命。

［5］甘棠縣侯：爵名。北周時爲十一等爵的第七等。正八命。

［6］受禪：中國古代王朝更迭時，新皇帝承受舊皇帝讓給的帝位，即稱受禪。此指楊堅於公元581年廢北周静帝，即位稱皇帝，

正式建立隋王朝。

[7]公：爵名。此當是甘棠縣公的省稱。爲隋九等爵的第五等。從一品。

[8]驃騎將軍：官名。隋初爲府兵制中統領驃騎府兵的軍事長官，正四品上。隋煬帝大業三年改驃騎府爲鷹揚府，驃騎將軍遂改稱鷹揚郎將，降爲正五品。

[9]莫不歎伏焉："伏"字底本、宋刻遞修本、中華本同，殿本、庫本作"服"。

[10]賜縑百匹："賜"字底本、宋刻遞修本、中華本同，殿本、庫本作"贈"。

[11]柱國：官名。爲隋十一等散實官的第二等，可開府置僚屬。正二品。

[12]蔣州：隋開皇九年平陳後改丹陽郡置。治所在今江蘇南京市清涼山下石頭城舊址。

[13]廉州：隋開皇十年置。治所在今河北藁城市。

時突厥屢爲邊患，朝廷以洪驍勇，檢校朔州總管事。[1]尋拜代州總管。[2]仁壽元年，[3]突厥達頭可汗犯塞，[4]洪率蔚州刺史劉隆、大將軍李藥王拒之。[5]遇虜於恒安，[6]衆寡不敵，洪四面搏戰，身被重創，[7]將士沮氣。虜悉衆圍之，矢下如雨。洪僞與虜和，圍少解。[8]洪率所領潰圍而出，死者大半，殺虜亦倍。洪及藥王除名爲民，隆竟坐死。煬帝北巡，至恒安，[9]見白骨被野，以問侍臣。侍臣曰："往者韓洪與虜戰處也。"帝憫然傷之，收葬骸骨，命五郡沙門爲設佛供，[10]拜洪隴西太守。[11]

［1］朔州：隋初置總管府。治所在今山西朔州市。

［2］代州：隋開皇五年改肆州置，設總管府。治所在今山西代縣。

［3］仁壽：隋文帝楊堅年號（601—604）。

［4］達頭可汗：隋時西突厥的可汗，名玷厥。事見本書卷八四、《北史》卷九九《突厥傳》。可汗是古代鮮卑、柔然、突厥、回紇、蒙古等民族中最高統治者的稱號。

［5］劉隆：人名。隋文帝仁壽元年官任蔚州刺史，部從韓洪抗擊西突厥，但因衆寡不敵戰敗於恒安鎮，事後被治罪處死。事亦見本書卷七四《趙仲卿傳》，《北史》卷六八《韓洪傳》、卷六九《趙仲卿傳》。　大將軍：官名。爲隋十一等散實官的第四等，可開府置僚佐。正三品。　李藥王：人名。即隋末唐初名將李靖之兄李端，字藥王。隋文帝仁壽元年位居大將軍，襲爵永康縣公，部從其舅韓洪抗擊西突厥，因衆寡不敵戰敗於恒安鎮，事後被治罪除名爲民。事亦見本書卷五三《史萬歲傳》、卷七四《趙仲卿傳》，《北史》卷六九《趙仲卿傳》、卷七三《史萬歲傳》，《新唐書》卷七二上《宰相世系表二上》、卷九三《李靖傳》等。

［6］恒安：鎮名。在今山西大同市東北。

［7］身被重創："創"字底本原作"瘡"，宋刻遞修本、殿本、庫本與底本同，今據中華本及《北史·韓洪傳》改。

［8］圍少解："解"字底本、殿本、庫本、中華本皆同，宋刻遞修本及《北史》卷六八《韓洪傳》作"懈"，二字相通。

［9］恒安：底本原作"長安"，殿本、庫本與底本同，顯誤，今據宋刻遞修本、中華本及《北史·韓洪傳》改。

［10］沙門：梵語的音譯（或説是吐火羅語的音譯），亦譯作"娑門""桑門""喪門"等。原爲古印度反婆羅門教各個派别出家者的通稱，佛教盛行後專指佛教僧侣。　佛供：指佛教僧侣爲超度亡靈而舉行的宗教祭祀儀式。

［11］隴西：郡名。隋大業初改渭州置。治所在今甘肅隴西

縣南。

未幾，朱崖民王萬昌作亂，[1]詔洪擊平之。以功加位金紫光禄大夫，[2]領郡如故。俄而萬昌弟仲通復叛，[3]又詔洪討平之。師未旋，遇疾而卒，時年六十三。

[1]朱崖：郡名。亦作“珠崖”。治所在今海南海口市瓊山區東南。　王萬昌：人名。隋時朱崖郡人，隋煬帝大業六年舉兵叛亂，韓洪奉詔率軍討平之。事亦見本書卷三《煬帝紀上》，《北史》卷一二《隋煬帝紀》、卷六八《韓洪傳》。

[2]金紫光禄大夫：官名。屬散實官。隋初爲從二品，隋煬帝大業三年降爲正三品。

[3]仲通：人名。即王仲通。隋煬帝大業中繼其兄敗後再度舉兵叛亂，韓洪又奉詔率軍討平之。事亦見《北史·韓洪傳》。

賀若弼

賀若弼字輔伯，河南洛陽人也。[1]父敦，[2]以武烈知名，仕周爲金州總管，[3]宇文護忌而害之。[4]臨刑，呼弼謂之曰：“吾必欲平江南，然此心不果，汝當成吾志。且吾以舌死，汝不可不思。”因引錐刺弼舌出血，誡以慎口。弼少慷慨，有大志，驍勇便弓馬，解屬文，[5]博涉書記，有重名於當世。周齊王憲聞而敬之，[6]引爲記室。[7]未幾，封當亭縣公，[8]遷小内史。[9]周武帝時，上柱國烏丸軌言於帝曰：[10]“太子非帝王器，臣亦嘗與賀若弼論之。”帝呼弼問之，弼知太子不可動摇，恐禍及己，詭對曰："皇太子德業日新，未睹其闕。"帝默然。弼既退，軌讓其背己，弼曰："君不密則失臣，臣不密則失身，所以不敢輕議也。"及宣帝嗣位，[11]軌竟見誅，弼乃獲免。尋與韋孝寬伐陳，攻拔數十城，弼計居多。拜壽州刺史，[12]改封襄邑縣公。[13]高祖爲丞相，尉迥作亂鄴城，[14]恐弼爲變，遣長孫平馳驛代之。[15]

[1]河南：底本原作"河陽"，殿本與底本同，宋刻遞修本、庫本作"河南"，中華本據《北史》卷六八《賀若敦傳》改作"河南"，今從宋刻遞修本、庫本、中華本改。　洛陽：縣名。治所在今河南洛陽市東北白馬寺東。按，"洛"字底本原作"雒"，宋刻遞修本、殿本、庫本與底本同，二字相通，今據中華本及《北史·賀若敦傳》改。

[2]敦：人名。即賀若敦，西魏、北周時人。官至金州總管、中州刺史。北周武帝保定五年（565），因恃功負氣、常出怨言而得罪於宗室權臣宇文護，結果被逼令自殺。傳見《周書》卷二八、《北史》卷六八。

[3]金州：西魏改東梁州置，設總管府，北周沿之。治所在今陝西安康市。　總管：官名。全稱是總管刺史加使持節。東魏孝静帝武定六年（548）始置總管，西魏亦置。北周明帝武成元年（559）正式改都督諸州軍事爲總管，加使持節諸軍事，總管之設乃成定制。北周總管或單任，然多兼帶刺史，故總管的職權雖以軍事爲主，實際是一軍政轄區若干州、鎮、防的最高長官。北周總管的命品史無明載，但應不低於五等州刺史的命品。隋初承繼北周之制亦置諸州總管，分上、中、下三等，品秩分别爲流内視從二品、視正三品、視從三品，可作參考。（參見王仲犖《北周六典》卷一〇《總管府第二十五》，第623頁）

[4]宇文護：人名。北周初期的宗室權臣，官居大冢宰，都督

中外諸軍事。傳見《周書》卷一一，《北史》卷五七有附傳。

［5］屬（zhǔ）文：撰著文辭。

［6］齊王憲：即北周宗室親王宇文憲。宇文泰的第五子，北周武帝時爵封齊王。傳見《周書》卷一二、《北史》卷五八。

［7］記室：官名。此當是王府記室參軍事的省稱。北周時爲諸王府所屬列曹參軍之一，掌判府内章表書記之事務。正四命。

［8］當亭縣公：爵名。北周時爲十一等爵的第六等。正九命或九命。

［9］小内史：官名。全稱是小内史下大夫。北周初爲春官府内史曹的次官，北周宣帝大象元年增置内史上大夫爲該曹長官，原長官内史中大夫退居副貳，小内史下大夫遂退爲屬官。其職掌是協助該曹長官撰寫皇帝詔令，參議刑罰爵賞及軍國大事，並修撰國史及起居注。置二員，正四命。

［10］上柱國：官名。北周武帝建德四年始置，爲北周十一等勳官的第一等，可開府置官屬。正九命。按，據《周書》卷四〇《王軌傳》及《北史》卷六二《王軌傳》等書記載，王軌所任最高勳官是柱國，而從未任過上柱國，故疑此處所稱烏丸軌的官銜“上柱國”當是“柱國”之衍誤。　烏丸軌：人名。即王軌，烏丸乃其賜姓。北周武帝時官至柱國、徐州總管，嘗直言奏論太子失德無才非帝王器，太子深恨之，故至北周宣帝即位後，遂以前恨遣使誅殺之。傳見《周書》卷四〇、《北史》卷六二。

［11］宣帝：即北周宣帝宇文贇。紀見《周書》卷七、《北史》卷一〇。

［12］壽州：按，據本書《地理志》，北周尚無壽州，岑仲勉校正云：“此（壽州刺史）是北周時官，應正云揚州刺史。”（岑仲勉：《隋書求是》，中華書局 2004 年版，第 98 頁）所言當是。揚州，北周時治所在今安徽壽縣，隋開皇九年改稱壽州。

［13］襄邑縣公：爵名。北周時爲十一等爵的第六等。正九命或九命。

[14]鄴城：都邑名。爲東魏、北齊的都城，北周相州總管府的治所，在今河北臨漳縣西南。北周静帝大象二年平定相州總管尉遲迥之叛時，城被焚毁，遂移至今河南安陽市，仍爲相州治所。

[15]長孫平：人名。傳見本書卷四六，《北史》卷二二有附傳。

高祖受禪，陰有并江南之志，訪可任者。高熲曰：[1]"朝臣之内，文武才幹，無若賀若弼者。"高祖曰："公得之矣。"於是拜弼爲吴州總管，[2]委以平陳之事，弼忻然以爲己任。與壽州總管源雄並爲重鎮。[3]弼遺雄詩曰："交河驃騎幕，[4]合浦伏波營，[5]勿使騏驎上，[6]無我二人名。"獻取陳十策，上稱善，賜以寶刀。開皇九年，大舉伐陳，以弼爲行軍總管。將渡江，[7]酹酒而咒曰："弼親承廟略，[8]遠振國威，伐罪弔民，除凶翦暴。上天長江，鑒其若此。如使福善禍淫，[9]大軍利涉；如事有乖違，得葬江魚腹中，死且不恨。"先是，弼請緣江防人每交代之際，必集歷陽。[10]於是大列旗幟，營幕被野。陳人以爲大兵至，悉發國中士馬。既知防人交代，其衆復散。後以爲常，不復設備。及此，弼以大軍濟江，陳人弗之覺也。襲陳南徐州，[11]拔之，執其刺史黄恪。[12]軍令嚴肅，秋毫不犯，有軍士於民間沽酒者，弼立斬之。進屯蔣山之白土岡，[13]陳將魯達、周智安、任蠻奴、田瑞、樊毅、孔範、蕭摩訶等以勁兵拒戰。[14]田瑞先犯弼軍，弼擊走之。魯達等相繼遞進，弼軍屢却。弼揣知其驕，士卒且惰，於是督厲將士，[15]殊死戰，遂大破之。麾下開府員明擒摩訶至，[16]弼命左右牽斬之。摩訶顔色自若，弼釋而禮之。從北掖門而入。

時韓擒已執陳叔寶，弼至，呼叔寶視之。叔寶惶懼流汗，股慄再拜。弼謂之曰："小國之君，當大國卿，拜，禮也。入朝不失作歸命侯，[17]無勞恐懼。"既而弼恚恨不獲叔寶，功在韓擒之後，於是與擒相詢，挺刃而出。上聞弼有功，大悦，下詔褒揚，語在《韓擒傳》。晋王以弼先期决戰，違軍命，[18]於是以弼屬吏。[19]上驛召之，及見，迎勞曰："克定三吴，[20]公之功也。"命登御坐，賜物八千段，加位上柱國，進爵宋國公，[21]真食襄邑三千户，[22]加以寶劍、寶帶、金甕、金盤各一，并雉尾扇、曲蓋，[23]雜彩二千段，女樂二部，[24]又賜陳叔寶妹爲妾。拜右領軍大將軍，[25]尋轉右武候大將軍。[26]

[1]高熲：人名。傳見本書卷四一、《北史》卷七二。

[2]吴州：隋時先後有三個吴州，文中所指是北周改南兖州所置的吴州，治所在今江蘇揚州市，隋初沿之，開皇九年改稱揚州，隋煬帝大業三年改爲江都郡。

[3]壽州：隋時有兩個壽州：一是隋文帝開皇初所置的壽州，治所在今湖南辰溪縣，開皇十八年改爲充州；二是開皇九年改揚州所置的壽州，設總管府，治所在今安徽壽縣，隋煬帝大業初改置淮南郡。文中所指當是第二個壽州，但當時尚稱揚州。　源雄：人名。傳見本書卷三九，《北史》卷二八有附傳。

[4]交河：古城名。故址在今新疆吐魯番市西北。漢時爲車師前王國的都城。　驃騎：即驃騎將軍。西漢名將霍去病所任的將軍名號，此代指其人。傳見《史記》卷一一一、《漢書》卷五五。

[5]合浦：郡名。漢時治所在今廣西合浦縣東北。　伏波：即伏波將軍。東漢名將馬援所任的將軍名號，此代指其人。傳見《後漢書》卷二四。

［6］騏驎：亦作“麒麟”。即“麒麟閣”的省稱。漢代閣名，在未央宫中。漢宣帝時曾圖畫霍光等十一功臣像於此閣之上，以表彰其功績。後世遂多以畫像於麒麟閣表示卓越功勳和最高榮譽。

［7］將渡江：“渡”底本原作“度”，宋刻遞修本與底本同，據殿本、庫本、中華本改。

［8］廟略：指朝廷的謀略。

［9］福善禍淫：意謂賜福給爲善的人，降禍給作惡的人。

［10］歷陽：縣名。治所在今安徽和縣。按，“歷陽”各本皆同，《北史》卷六八《賀若弼傳》亦同，但《通鑑》卷一七七《隋紀》開皇九年條載作“廣陵”。據本書《地理志》，廣陵亦爲隋初縣名，是吴州總管府的治所，在今江蘇揚州市。考隋開皇九年伐陳前夕，歷陽縣是廬州總管韓擒虎的轄地，而非吴州總管賀若弼的轄地。然則賀若弼在非自己的轄地歷陽設疑兵顯然不合情理，而在自己的治所廣陵設疑兵則合情合理。故疑此處“歷陽”當是“廣陵”之誤，應以《通鑑》所載爲是。（參見唐華全《中華書局點校本〈隋書〉質疑二十九則》，《河北師範大學學報》2012年第1期）

［11］南徐州：南朝陳時治所在今江蘇鎮江市。

［12］黄恪：人名。南朝陳末官任南徐州刺史，隋開皇九年賀若弼率軍渡江伐陳時，城陷被擒。事亦見《北史·賀若弼傳》。

［13］白土岡：地名。在今江蘇南京市東北鍾山（又名紫金山）脚下。

［14］魯達：人名。本名魯廣達，隋人因避隋煬帝楊廣之諱而去“廣”字。南朝陳將，隋開皇九年賀若弼率軍渡江伐陳時，領勁兵拒戰於白土岡，結果兵敗被擒，旋即降隋。傳見《陳書》卷三一、《南史》卷六七。　周智安：人名。南朝陳將周敷之子，隋開皇九年賀若弼率軍渡江伐陳時，領兵拒戰於白土岡，結果兵敗降隋。事亦見《陳書》卷一三《周敷傳》、《南史》卷六七《周敷傳》、《北史·賀若弼傳》。　樊毅：人名。南朝陳將，隋開皇九年賀若弼率軍渡江伐陳時，領兵拒戰於白土岡，結果潰敗，旋即降隋。傳見

《陳書》卷三一、《南史》卷六七。　孔範：人名。南朝陳將，隋開皇九年賀若弼率軍渡江伐陳時，領兵拒戰於白土岡，結果兵敗逃逸，旋即降隋。傳見《南史》卷七七。

［15］督厲：督率策勵，督導勉勵。按，“厲”字底本原作“属”，殿本作“屬”，當訛，今據宋刻遞修本、庫本、中華本及《北史·賀若弼傳》改。

［16］開府：官名。全稱是開府儀同三司。爲隋十一等散實官的第六等，可開府置僚佐，正四品上。隋煬帝大業三年廢十一等散實官，唯保留開府儀同三司一官，並改爲從一品，位次王公。　員（yùn）明：人名。隋開皇九年位居開府儀同三司，部從賀若弼渡江伐陳，在白土岡戰役中擒獲陳將蕭摩訶。事亦見《北史·賀若弼傳》。

［17］歸命侯：古代對歸順朝廷的亡國之君或少數族首領所封賜的專門爵名。

［18］違軍命：“軍”字底本、宋刻遞修本、殿本、中華本皆同，《北史·賀若弼傳》亦同，但庫本作“君”，疑音訛。

［19］屬（zhǔ）吏：將犯罪過之人交給執法官吏去處理。

［20］三吴：地區名。具體所指説法不一，亦泛指長江下游一帶地區。此處借指南朝陳。

［21］宋國公：爵名。爲隋九等爵的第三等。從一品。

［22］襄邑：縣名。治所在今河南睢縣。

［23］雉尾扇：古代帝王后妃儀仗中用以障禦風塵的雉羽扇翣。亦賞賜給功臣勳貴用作儀仗，以示尊崇。　曲蓋：古代王公儀仗中所用的曲柄傘。

［24］女樂：即歌舞伎。

［25］右領軍大將軍：官名。按本書《百官志下》載隋文帝朝置“左右領軍府，各掌十二軍籍帳、差科、辭訟之事。不置將軍。唯有長史、司馬”等員（《通典》卷二八《職官·左右領軍衛》所載略同）。但考本書和《北史》紀傳，隋文帝時及煬帝初年，任

左、右領軍大將軍者有高熲、宇文忻、李安、楊秀、崔彭、楊爽、賀若弼、劉升等人，任左、右領軍將軍者有楊處綱、長孫晟、史萬歲、李安、盧賁、史祥、獨孤陀等人。由此可知，《百官志下》所云“不置將軍”當是隋初始設左右領軍府時所定之制，而稍後則與其他衛府一樣實際上各置有大將軍和將軍。右領軍大將軍，當是右領軍府的長官，職掌如前《百官志下》所載，員額和品秩則當與其他各衛府大將軍相同，亦爲一員，正三品。

[26]右武候大將軍：官名。隋初置左右武候府，掌皇帝出宮巡狩時的先驅後殿、晝夜警備等軍務。右武候大將軍，是右武候府的長官，置一員，正三品。隋煬帝大業三年改左右武候府爲左右候衛，右武候大將軍遂改稱右候衛大將軍。

弼時貴盛，位望隆重，其兄隆爲武都郡公，[1]弟東爲萬榮郡公，[2]並刺史、列將。弼家珍玩不可勝計，婢妾曳綺羅者數百，時人榮之。弼自謂功名出朝臣之右，每以宰相自許。既而楊素爲右僕射，[3]弼仍將軍，甚不平，形於言色，由是免官，弼怨望愈甚。後數年，下弼獄，上謂之曰：“我以高熲、楊素爲宰相，汝每倡言，云此二人惟堪啖飯耳，是何意也？”弼曰：“熲，臣之故人，素，臣之舅子，臣並知其爲人，誠有此語。”公卿奏弼怨望，罪當死。上惜其功，於是除名爲民。歲餘，復其爵位。上亦忌之，不復任使，然每宴賜，遇之甚厚。開皇十九年，上幸仁壽宮，[4]宴王公，詔弼爲五言詩，詞意憤怨，帝覽而容之。嘗遇突厥入朝，上賜之射，突厥一發中的。上曰：“非賀若弼無能當此。”於是命弼。弼再拜祝曰：“臣若赤誠奉國者，當一發破的。如其不然，發不中也。”既射，一發而中。上大悦，顧謂突厥曰：“此人，天賜我也！”

[1]隆：人名。即賀若隆。隋文帝時爵封武都郡公，官至州刺史、衛府將軍。事亦見《北史》卷六八《賀若弼傳》。　武都郡公：爵名。爲隋九等爵的第四等。從一品。

[2]東：人名。賀若弼之弟。隋文帝時爵封萬榮郡公，官至刺史、將軍。事亦見《北史·賀若弼傳》。按，“東”各本皆同，但《北史·賀若弼傳》作“東”。　萬榮郡公：爵名。爲隋九等爵的第四等。從一品。

[3]右僕射：官名。隋於尚書省置左、右僕射各一人爲副貳，地位僅次於長官尚書令。但因隋代尚書令不常置，僕射則成爲尚書省的實際長官，是宰相之職。從二品。

[4]仁壽宮：隋離宮名。始建於開皇十三年。位於今陝西麟游縣西天臺山上。因其涼爽宜人，且離京城不遠，故爲隋代帝王消夏避暑之所。

煬帝之在東宮，嘗謂弼曰：“楊素、韓擒、史萬歲三人，[1]俱稱良將，優劣如何？”弼曰：“楊素是猛將，非謀將；韓擒是鬬將，非領將；史萬歲是騎將，非大將。”太子曰：“然則大將誰也？”弼拜曰：“唯殿下所擇。”弼意自許爲大將。及煬帝嗣位，尤被疏忌。大業三年，從駕北巡，至榆林。[2]帝時爲大帳，其下可坐數千人，召突厥啓民可汗饗之。[3]弼以爲大侈，與高熲、宇文弢等私議得失，[4]爲人所奏，竟坐誅，時年六十四。妻子爲官奴婢，群從徙邊。

[1]史萬歲：人名。傳見本書卷五三、《北史》卷七三。

［2］榆林：郡名。隋大業初改勝州置。治所在今内蒙古托克托縣西南。

［3］啓民可汗：隋時東突厥的可汗，名染干。事見本書卷五一《長孫晟傳》、卷八四《突厥傳》，《北史》卷二二《長孫晟傳》、卷九九《突厥傳》。按，“啓民”各本皆同，但《北史》卷六八《賀若弼傳》作“啓人”，乃避唐太宗李世民之諱而改。

［4］宇文弢：人名。傳見本書卷五六、《北史》卷七五。

子懷亮，[1]慷慨有父風，以柱國世子拜儀同三司。[2]坐弼爲奴，俄亦誅死。

［1］懷亮：人名。即賀若懷亮。隋文帝時以父功官至儀同三司，隋煬帝大業三年以父罪被没爲官奴，尋被誅殺。事亦見《北史》卷六八《賀若弼傳》。

［2］世子：即諸侯王公的嫡長子。按古制得以繼承其父輩的爵位家業而傳繼香火。　儀同三司：官名。亦簡稱“儀同”。爲隋十一等散實官的第八等，可開府置僚佐。正五品上。

史臣曰：夫天地未泰，聖哲啓其機，[1]疆埸尚梗，[2]爪牙宣其力。[3]周之方、邵，[4]漢室韓、彭，[5]代有其人，非一時也。自晋衰微，中原幅裂，區宇分隔，將三百年。陳氏憑長江之地險，恃金陵之餘氣，以爲天限南北，人莫能窺。高祖爰應千齡，[6]將一函夏。[7]賀若弼慷慨，申必取之長策，韓擒奮發，賈餘勇以争先，[8]勢甚疾雷，鋒逾駭電。隋氏自此一戎，[9]威加四海。稽諸天道，或時有廢興，考之人謀，實二臣之力。其俶儻英略，[10]賀若居多，武毅威雄，韓擒稱重。方於晋之王、杜，[11]勳庸綽有餘地。然賀若功成名立，矜伐不已，竟顛殞於非命，亦不密以失身。若念父臨終之言，必不及於斯禍矣。韓擒累世將家，威聲動俗，敵國既破，名遂身全，幸也。廣陵、甘棠，[12]咸有武藝，驍雄膽略，[13]並爲當時所推，赳赳干城，[14]難兄難弟矣。[15]

[1]聖哲：喻指帝王。

[2]疆埸尚梗："埸"字底本、宋刻遞修本、中華本同，殿本、庫本作"場"。

[3]爪牙：喻指武臣勇士。

[4]方、邵：指西周時助宣王中興的賢臣方叔和邵虎（亦作召虎）二人。事見《史記》卷四《周本紀》。後世常用以喻指國之重臣。

[5]韓、彭：指漢初助高祖劉邦平定天下的功臣名將韓信和彭越二人。韓信，傳見《史記》卷九二、《漢書》卷三四。彭越，傳見《史記》卷九〇、《漢書》卷三四。

[6]千齡：即千年、千歲。極言時間久長。此指長久以來的人心所願，即南北統一之願。

[7]函夏：語出《漢書》卷八七上《揚雄傳上》："以函夏之大漢兮，彼曾何足與比功?"顏師古注引服虔曰："函夏，函諸夏也。"後遂以"函夏"指全中國。

[8]賈（gǔ）餘勇：語出《左傳》成公二年："齊高固入晋師，桀石以投人，禽之而乘其車，繫桑本焉。以徇齊壘，曰：'欲勇者賈余餘勇。'"杜預注："賈，賣也。言己勇有餘，欲賣之。"後因以"賈餘勇"喻謂具有使之不盡的勇氣和力量。

[9]戎：此指戰爭、征伐。

[10]俶（tì）儻：卓異不凡。

[11]王、杜：指西晋時征伐東吴的功臣名將王濬和杜預二人。

王濬，傳見《晋書》卷四二。杜預，傳見《晋書》卷三四。

［12］廣陵：即韓僧壽的爵名廣陵郡公的省稱，此代指其人。甘棠：即韓洪的爵名甘棠縣公的省稱，此代指其人。

［13］驍雄膽略："雄"字底本、宋刻遞修本、中華本同，殿本、庫本作"勇"。

［14］赳赳干（gàn）城：語出《詩·周南·兔罝》："赳赳武夫，公侯干城。"赳赳，形容威武雄健；干城，比喻捍衛或捍衛者。

［15］難兄難弟：典出南朝宋劉義慶《世説新語》卷上之上《德行》："陳元方子長文，有英才，與季方子孝先，各論其父功德，争之不能决，咨於太丘。太丘曰：'元方難爲兄，季方難爲弟。'"意謂元方卓爾不群，他人難爲其兄；季方也俊異出衆，他人難爲其弟。後遂以"難兄難弟"指兄弟兩人才德俱佳，難分高下。

隋書　卷五三

列傳第十八

達奚長儒

達奚長儒字富仁,[1]代人也。[2]祖俟,[3]魏定州刺史。[4]父慶,[5]驃騎大將軍、儀同三司。[6]長儒少懷節操,膽烈過人。十五,襲爵樂安公。[7]魏大統中,[8]起家奉車都尉。[9]周太祖引爲親信,[10]以質直恭勤,授子都督。[11]數有戰功,假輔國將軍,[12]累遷使持節、撫軍將軍、通直散騎常侍。[13]平蜀之役,[14]恒爲先鋒,攻城野戰,所當必破之。除車騎大將軍、儀同三司,[15]增邑三百户。[16]天和中,[17]除渭南郡守,[18]遷驃騎大將軍、開府儀同三司。[19]從武帝平齊,[20]遷上開府,[21]進爵成安郡公,[22]邑千二百户,別封一子縣公。[23]宣政元年,[24]除左前軍勇猛中大夫。[25]後與烏丸軌圍陳將吴明徹於吕梁,[26]陳遣驍將劉景率勁勇七千來爲聲援,[27]軌令長儒逆拒之。長儒於是取車輪數百,繫以大石,沉之清水,[28]連轂相次,以待景軍。景至,船艦礙輪不得進,長儒乃縱奇兵，水陸俱發，大破之，俘數千人。及獲吴明徹，以功進位大將軍。[29]尋授行軍總管，[30]北巡沙塞，[31]卒與虜遇，[32]接戰，大破之。

[1]達奚長儒："儒"字各本皆同，《北史》卷七三《達奚長儒傳》亦同，但《通鑑》卷一七五《陳紀》宣帝太建十四年條胡三省注稱當作"孺"。

[2]代：郡名。治所在今山西大同市東北。

[3]俟：人名。即達奚俟，北魏時人，官至定州刺史。事亦見《北史·達奚長儒傳》。

[4]魏：即北魏（386—557），亦稱後魏。初都平城（今山西大同市東北），公元494年遷都洛陽（今河南洛陽市東北白馬寺東）。公元534年分裂爲東魏和西魏兩個政權。東魏（534—550）都於鄴（今河北臨漳縣西南鄴鎮東），西魏（535—557）都於長安（今陝西西安市西北郊）。　定州：北魏時治所在今河北定州市。

[5]慶：人名。即達奚慶。達奚長儒之父，北魏末至西魏時人。官至驃騎大將軍、儀同三司。事亦見《北史·達奚長儒傳》。

[6]驃騎大將軍：官名。西魏時屬軍號官。西魏府兵制中二十四軍的長官或儀同府的長官多帶此軍號官。從一品。　儀同三司：官名。西魏時屬勳官。西魏府兵制中儀同府的長官均加此勳官名，可開府置官屬。從一品。

[7]樂安公：爵名。全稱是樂安縣公。西魏時爲十二等爵的第三等。從一品。

[8]大統：西魏文帝元寶炬年號（535—551）。

[9]起家：官制用語。即從家中徵召出來，始授以官職。　奉車都尉：官名。西魏時屬散官。從五品上。

[10]周太祖：即宇文泰。西魏執政大臣，北周的奠基者。紀見《周書》卷一、二，《北史》卷九。　親信：此指宇文泰丞相府所

轄的侍從衛士。

［11］子都督：官名。西魏時爲府兵制中統領各小隊或分隊府兵的低級軍官。品秩未詳。按，“子”字底本、宋刻遞修本、中華本同，《北史·達奚長儒傳》亦同，但殿本、庫本作“大”，岑仲勉認爲“殆後人疑‘子’字而妄改爲‘大’也”（參見岑仲勉《隋書求是》，中華書局2004年版，第98頁）。

［12］假：官制用語。即代理某官職。　輔國將軍：官名。西魏時屬軍號官，無具體職掌，多用作加官。從三品。

［13］使持節：魏晋南北朝至隋代，凡重要軍政長官出鎮或出征時，以及皇帝派遣使臣出巡地方或出使藩邦時，均加使持節、持節、假節等頭銜，以表示其權力和尊崇。使持節可誅殺二千石以下官吏，持節可誅殺無官職之人，假節可誅殺犯軍令之人。　撫軍將軍：官名。西魏時屬軍號官，無具體職掌，多用作加官。從二品。　通直散騎常侍：官名。西魏時屬散官。正四品下。

［14］蜀：地區名。泛指今四川和重慶一帶。

［15］除：官制用語。即拜官、授職。　車騎大將軍：官名。西魏時屬軍號官。西魏府兵制中儀同府的長官均帶此軍號官。從一品。

［16］邑：也稱食邑、封邑。是古代君王封賜給有爵位之人的一種食禄制度，受封者可徵收封地内的民户租税充作食禄。魏晋以後，食邑分爲虚封和實封兩類：虚封一般僅冠以“邑”或“食邑”之名，這衹是一種榮譽性加銜，受封者並不能獲得實際的食禄收入；而實封一般須冠以“真食”“食實封”等名，受封者可真正獲得食禄收入。

［17］天和：北周武帝宇文邕年號（566—572）。

［18］渭南郡：北周時治所在今陝西渭南市。

［19］驃騎大將軍：官名。北周時屬軍號官。北周府兵制中二十四軍的每軍長官均帶此軍號官。九命。　開府儀同三司：官名。亦簡稱開府，北周武帝建德四年改稱“開府儀同大將軍”。北周時屬

勳官。北周府兵制中二十四軍的每軍長官均加此勳官名，可開府置官屬。九命。

［20］武帝：即北周武帝宇文邕。紀見《周書》卷五、六，《北史》卷一〇。按，“武”字底本原脱，殿本、庫本與底本同，據宋刻遞修本、中華本及《北史·達奚長儒傳》補。　齊：即北齊（550—577），都於鄴（今河北臨漳縣西南鄴鎮東）。

［21］上開府：官名。全稱是上開府儀同大將軍。北周武帝建德四年始置，爲北周十一等勳官的第五等，可開府置官屬。九命。

［22］成安郡公：爵名。北周時爲十一等爵的第五等。正九命。

［23］縣公：爵名。北周時爲十一等爵的第六等，“命數未詳，非正九命則當是九命”（參見王仲犖《北周六典》卷八《封爵第十九》，中華書局1979年版，第548頁）。

［24］宣政：北周武帝宇文邕年號（578）。

［25］左前軍勇猛中大夫：官名。北周時其隸屬未詳，當是統轄左前軍府兵的軍事長官。正五命。（參見王仲犖《北周六典》卷七《六官餘録第十三》，第508頁）

［26］烏丸軌：人名。本名王軌，烏丸乃其賜姓。北周武帝宣政元年位居上大將軍，時南朝陳將吴明徹入侵吕梁，圍攻徐州總管梁士彦，王軌奉詔率領諸軍前往救援梁士彦，反圍吴明徹於吕梁，結果大獲全勝，以功進位柱國，官拜徐州總管。傳見《周書》卷四〇、《北史》卷六二。　陳：即南朝陳（557—589），都於建康（今江蘇南京市）。　吴明徹：人名。南朝陳將。陳宣帝太建十年（亦即北周武帝宣政元年），率領陳軍三萬餘人北伐吕梁，圍攻北周徐州總管梁士彦，但旋即被北周大將王軌所率援軍反包圍於吕梁，結果戰敗被俘，全軍覆没。傳見《陳書》卷九、《南史》卷六六。　吕梁：山名。在今江蘇徐州市東南。

［27］劉景：人名。南朝陳將。陳宣帝太建十年（578）奉命率領勁兵七千人趕往吕梁救援被圍的吴明徹，結果遭到達奚長儒的迎頭痛擊，幾乎全軍覆没。其事除見於本書本傳外，未見其他記載。

［28］清水：古水名。即泗水的别稱。源出今山東泗水縣東蒙山南麓，西流經曲阜、兖州，折南流經江蘇沛縣、徐州，又折東南流至淮安市注入淮河，是淮河下游第一大支流。

［29］大將軍：官名。北周時爲十一等勳官的第四等，可開府置官屬。正九命。

［30］行軍總管：北周至隋時所置的統領某部或某路出征軍隊的軍事長官。根據需要其上還可置行軍元帥以統轄全局。屬臨時差遣任命之職，事罷則廢。

［31］沙塞：泛指今蒙古高原大沙漠地帶的邊塞。

［32］虜：古時對北方少數民族的蔑稱。此指突厥。

高祖作相，[1]王謙舉兵於蜀，[2]沙氐上柱國楊永安扇動利、興、武、文、沙、龍等六州以應謙，[3]詔長儒擊破之。謙二子自京師亡歸其父，長儒並捕斬之。高祖受禪，[4]進位上大將軍，[5]封蘄春郡公，[6]邑二千五百户。

［1］高祖：隋文帝楊堅的廟號。紀見本書卷一、二，《北史》卷一一。　相：即丞相。官名。全稱是“左大丞相”或“大丞相”。北周静帝大象二年（580）置左、右大丞相，以宗室親王宇文贊爲右大丞相，僅有虚名；而以外戚楊堅爲左大丞相，總攬朝政。旋又去左右之號，獨以楊堅爲大丞相。楊堅由此成爲控制北周朝廷的權臣。

［2］王謙：人名。北周末年官任益州總管，起兵反對楊堅篡周，旋被討滅。傳見《周書》卷二一，《北史》卷六〇有附傳。

［3］沙：州名。北周時治所在今四川青川縣東北。　氐：古族名。魏晋南北朝至隋時散布在中國西北和西南等地，部落衆多，各不相屬。傳見《魏書》卷一〇一、《周書》卷四九、《北史》卷九六。　上柱國：官名。北周武帝建德四年始置，爲北周十一等勳官

的第一等，可開府置官屬。正九命。按，據《周書》卷八《静帝紀》、卷四九《氐傳》，《北史》卷一〇《周静帝紀》、卷九六《氐傳》均載稱楊永安的官銜爲“開府”（即“開府儀同大將軍”的簡稱），而考楊永安袛是一個歸附北周的氐族酋帥，實難位居上柱國之高官，故疑此處所稱楊永安的官銜“上柱國”有誤，當作“開府”或“開府儀同大將軍”。（參見唐華全《〈隋書〉勘誤 18 則》，《南昌航空大學學報》2012 年第 2 期）　楊永安：人名。北周時爲沙州氐族酋帥，官至開府儀同大將軍。北周末年煽動沙、利、興、武、文、龍等六州氐人起兵反叛，以策應益州總管王謙的叛亂，達奚長儒奉詔討平之。事亦見《周書·静帝紀》及《氐傳》、《北史·周静帝紀》及《氐傳》。　利：州名。北周時治所在今四川廣元市。　興：州名。北周時治所在今陝西略陽縣。　武：州名。北周時治所在今甘肅隴南市東南。　文：州名。北周時治所在今甘肅文縣西南。　龍：州名。北周時治所在今四川平武縣東南。

[4]受禪：中國古代王朝更迭時，新皇帝承受舊皇帝讓給的帝位，即稱受禪。此指楊堅於公元 581 年廢北周静帝，即位稱皇帝，正式建立隋王朝。

[5]上大將軍：官名。隋文帝因改北周十一等勳官之制形成十一等散實官，用以酬勤勞，無實際職掌。上大將軍是十一等散實官的第三等，可開府置僚佐。從二品。

[6]蘄春郡公：爵名。爲隋九等爵的第四等。從一品。按，“蘄春郡公”各本皆同，但《北史》卷七三《達奚長儒傳》作“蘄郡公”。

開皇二年，[1]突厥沙鉢略可汗并弟葉護及潘那可汗衆十餘萬，[2]寇掠而南，詔以長儒爲行軍總管，率衆二千擊之。遇於周槃，[3]衆寡不敵，軍中大懼，長儒慷慨，神色愈烈。爲虜所衝突，散而復聚，且戰且行，轉鬬三日，五兵咸盡，[4]士卒以拳毆之，[5]手皆見骨，殺傷萬計，虜氣稍奪，於是解去。長儒身被五創，[6]通中者二；其戰士死傷者十八九。突厥本欲大掠秦、隴，[7]既逢長儒，兵皆力戰，虜意大沮，明日，於戰處焚屍慟哭而去。高祖下詔曰："突厥猖狂，輒犯邊塞，犬羊之衆，彌亘山原。而長儒受任北鄙，[8]式遏寇賊，所部之内，少將百倍。以晝通宵，四面抗敵，凡十有四戰，所向必摧。凶徒就戮，過半不反，鋒刃之餘，亡魂竄迹。自非英威奮發，奉國情深，撫御有方，士卒用命，豈能以少破衆，若斯之偉？言念勳庸，宜隆名器，[9]可上柱國，[10]餘勳迴授一子。其戰亡將士，皆贈官三轉，[11]子孫襲之。"

[1]開皇：隋文帝楊堅年號（581—600）。

[2]突厥：古族名、國名。公元六世紀初興起於今阿爾泰山西南麓，552年在今鄂爾渾河流域建立突厥汗國，此後其勢力擴展至大漠南北，横跨蒙古高原，隋開皇二年分裂爲東、西兩部。傳見本書卷八四、《周書》卷五〇、《北史》卷九九、《舊唐書》卷一九四、《新唐書》卷二一五。　沙鉢略可汗：隋時東突厥的可汗，名攝圖。事見本書卷八四、《北史》卷九九《突厥傳》等。可汗是古代鮮卑、柔然、突厥、回紇、蒙古等民族中最高統治者的稱號。　葉護：突厥中地位僅次於可汗的官號。沙鉢略可汗在位時，其弟處羅侯任葉護；隋開皇七年沙鉢略死，處羅侯繼立爲東突厥可汗，號葉護可汗，故此處"葉護"即指處羅侯。事見本書卷八四、《北史》卷九九《突厥傳》等。　潘那可汗：按，據本書卷八四、《北史》卷九九《突厥傳》，隋時突厥中無號"潘那可汗"者。而據《通鑑》卷一七五《陳紀》宣帝太建十四年條胡三省注，隋開皇二

年突厥南侵時，其可汗有沙鉢略可汗、第二可汗（名菴羅）、達頭可汗（名玷厥）、阿波可汗（名大邏便）、貪汗可汗，凡五可汗，故疑此處“潘那”當是第二可汗“菴羅”的異譯之名。菴羅，事見本書卷八四、《北史》卷九九《突厥傳》等。又按，“潘那”各本皆同，但《北史》卷七三《達奚長儒傳》作“藩那”。

[3]周槃：地名。亦作“周盤”。在今甘肅慶陽市境内。

[4]五兵：泛指各種兵器。

[5]士卒以拳毆之：“毆”字底本原作“歐”，殿本、庫本與底本同，今據宋刻遞修本、中華本及《北史·達奚長儒傳》改。

[6]長儒身被五創：“創”字底本原作“瘡”，宋刻遞修本、殿本、庫本及《北史·達奚長儒傳》與底本同，今據中華本改。

[7]秦、隴：即秦嶺和隴山的並稱，亦用作地區名，泛指今陝西和甘肅之地。

[8]北鄙：指北方邊境地區。

[9]名器：指官爵名號與車服儀制。古代用以區別尊卑貴賤的等級。

[10]上柱國：官名。爲隋十一等散實官的第一等，可開府置僚屬。從一品。

[11]三轉：即三級。古代勳級每升一級稱作一轉。

其年，授寧州刺史，[1]尋轉鄜州刺史，[2]母憂去職。[3]長儒性至孝，水漿不入口五日，毀悴過禮，[4]殆將滅性，[5]天子嘉歎。起爲夏州總管三州六鎮都將事，[6]匈奴憚之，[7]不敢窺塞。以病免。又除襄州總管，[8]在職二年，轉蘭州總管。[9]高祖遣涼州總管獨孤羅、原州總管元褒、靈州總管賀若誼等發卒備胡，[10]皆受長儒節度。長儒率衆出祁連山北，[11]西至蒲類海，[12]無虜而還。復轉荆州總管三十六州諸軍事,[13]高祖謂之曰:“江陵要害,[14]國之南門,今以委公,朕無慮也。”歲餘,卒官。謚曰威。[15]子嵩,[16]大業時,[17]官至太僕少卿。[18]

[1]寧州:治所在今甘肅寧縣。

[2]鄜州:亦作“敷州”。治所在今陝西富縣。

[3]母憂:即遭逢母親喪事。古代喪服禮制規定,父母死後,子女須守喪,三年内不得做官、婚娶、赴宴、應考、舉樂,等等。

[4]毁悴:指因居喪過哀而憔悴。

[5]滅性:指因喪親過度哀傷而毁滅生命。

[6]夏州:北周置總管府,隋初沿之。治所在今内蒙古烏審旗南白城子鎮。　總管:官名。全稱是總管刺史加使持節。北周始置諸州總管,隋初承繼,又有增置。總管的統轄範圍可達數州至十餘州,實爲一軍政轄區的最高長官。隋文帝在并、益、荆、揚四州置大總管,其餘州置總管。總管分上、中、下三等,品秩分别爲流内視從二品、視正三品、視從三品。　三州六鎮都將事:此表示夏州總管的統轄範圍及其職權。按,下文凡“總管”後所言州鎮數事均表示該總管的統轄範圍及其職權,不再一一出注。

[7]匈奴:古族名。戰國至秦漢時游牧於大漠南北廣大地區,後逐漸衰落西遷或被漢化。此處借指突厥。

[8]襄州:西魏、北周置總管府,隋初沿之。治所在今湖北襄樊市。

[9]蘭州:隋初置總管府。治所在今甘肅蘭州市。

[10]凉州:北周置總管府,隋初沿之。治所在今甘肅武威市。　獨孤羅:人名。傳見本書卷七九,《北史》卷六一有附傳。　原州:北周置總管府,隋初沿之。治所在今寧夏固原市。　元褒:人名。本書卷五〇、《北史》卷一七有附傳。　靈州:北周置總管府,隋初沿之。治所在今寧夏靈武市西南。　賀若誼:人名。傳見本書

卷三九，《北史》卷六八有附傳。

［11］祁連山：廣義的祁連山是對今甘肅西部和青海東北部邊境山地的總稱，西北至東南走向，綿延二千里；狹義的祁連山是指其最北的一支。

［12］蒲類海：古湖名。即今新疆東部的巴里坤湖。

［13］荆州：隋初置大總管府。治所在今湖北荆州市。

［14］江陵：鎮名、縣名。治所在今湖北荆州市。西魏、北周在此置總管府，用以監控其附屬藩國後梁，隋初沿置爲荆州大總管府。

［15］謚：古代帝王、貴族、大臣、士大夫或其他有地位的人死後，據其生前業迹評定的一種帶有褒貶意義的稱號。

［16］嵩：人名。即達奚嵩。隋煬帝時官至太僕少卿。事亦見《北史》卷七三《達奚長儒傳》。按，“嵩”字底本、殿本、庫本皆同，但宋刻遞修本、中華本及《北史·達奚長儒傳》作“暠”。

［17］大業：隋煬帝楊廣年號（605—618）。

［18］太僕少卿：官名。爲太僕寺的次官，協助長官太僕卿掌國家厩牧、車輿等事務。隋初置一員，尋又加置一員，正四品上；隋煬帝大業三年定置二員，降爲從四品。

賀婁子幹

賀婁子幹字萬壽，[1]本代人也。隨魏氏南遷，世居關右。[2]祖道成，[3]魏侍中、太子太傅。[4]父景賢，[5]右衛大將軍。[6]子幹少以驍武知名。周武帝時，釋褐司水上士，[7]稱爲强濟。累遷小司水，[8]以勤勞，封思安縣子。[9]俄授使持節、儀同大將軍。[10]大象初，[11]領軍器監，[12]尋除秦州刺史，[13]進爵爲伯。[14]

［1］賀婁子幹：據本傳下文所載賀婁子幹的祖、父名諱及職官，考之於《魏書》卷三〇、《北史》卷二〇《樓伏連傳》，可知賀婁子幹的五世祖當是北魏初期的鮮卑勳貴樓伏連。樓伏連本姓賀樓氏，至北魏孝文帝改漢姓、定氏族時，賀樓氏始改從漢姓樓氏或婁氏，爲鮮卑八大著姓之一。但至西魏、北周宇文氏當政時，又大改漢姓爲鮮卑姓氏，孝文帝時所改的漢姓亦多改回其原來的鮮卑姓氏。故賀婁子幹的姓氏“賀婁氏”，即當是在西魏、北周時由樓氏或婁氏所改回的鮮卑姓氏，但其父祖以上的姓氏在《魏書》和《北史》中則仍從孝文帝時所改的漢姓爲樓氏或婁氏。

［2］關右：地區名。亦稱“關中”“關内”。秦至唐時指函谷關或潼關以西、隴阪以東、終南山以北地區。

［3］道成：人名。即樓寶，字道成。賀婁子幹之祖，北魏末至西魏時人，官至侍中、太子太傅。《北史》卷二〇有附傳。

［4］侍中：官名。北魏時爲門下省的長官，是宰相之職，但西魏、北周時多用爲大臣加官，無實際職掌，遂成散職。正三品。
太子太傅：官名。西魏時爲東宮三師之一，掌教諭太子。正二品。

［5］景賢：人名。賀婁子幹之父。西魏時官至右衛大將軍。事亦見《北史》卷二〇《樓寶傳》、卷七三《賀婁子幹傳》，《元和姓纂》卷九《賀婁氏》。

［6］右衛大將軍：官名。西魏時爲右衛府的長官，掌領本府禁軍宿衛宫廷。正三品。

［7］釋褐：官制用語。即脱去平民衣服而换上官服，喻指始任官職。　司水上士：官名。全稱是小司水上士。北周時爲冬官府司水曹的屬官，掌判本曹日常事務。正三命。

［8］小司水：官名。全稱是小司水下大夫。北周時爲冬官府司水曹的次官，協助長官司水中大夫掌管水利工程及河津橋梁、舟船漁捕等政令。正四命。

［9］思安縣子：爵名。北周時爲十一等爵的第九等。正六命。

［10］儀同大將軍：官名。北周武帝建德四年（575）改儀同三

司爲儀同大將軍，亦簡稱“儀同”。爲北周十一等勳官的第八等，可開府置官屬。九命。

[11]大象：北周宣帝和静帝年號（579—580）。

[12]軍器監：官名。亦稱軍器大監。北周武帝建德四年始置，掌兵器戰具營造之事務。命品未詳。（參見王仲犖《北周六典》卷七《軍器監營作監第十四》，第515頁）

[13]秦州：北周時治所在今甘肅天水市。

[14]伯：爵名。此是思安縣伯的省稱。北周時爲十一等爵的第八等。正七命。

及尉迥作亂，[1]子幹與宇文司録從韋孝寬討之。[2]遇賊圍懷州，[3]子幹與宇文述等擊破之。[4]高祖大悦，手書曰："逆賊尉迥，敢遣蟻衆，作寇懷州。公受命誅討，應機蕩滌，聞以嗟贊，不易可言。丈夫富貴之秋，正在今日，善建功名，以副朝望也。"其後每戰先登，及破鄴城，[5]與崔弘度逐迥至樓上。[6]進位上開府，封武川縣公，[7]邑三千户，以思安縣伯别封子皎。[8]

[1]尉迥：人名。即尉遲迥。北周末年官任相州總管，起兵反對楊堅篡周，旋被討滅。傳見《周書》卷二一、《北史》卷六二。

[2]宇文司録：人名。北周末年與賀婁子幹共同領兵，部從行軍元帥韋孝寬征討相州總管尉遲迥之叛。其事除見於本書本傳外，未見其他記載。　韋孝寬：人名。北周末年位居上柱國，官任行軍元帥，奉詔統軍略定淮南，又討滅相州總管尉遲迥之叛。傳見《周書》卷三一、《北史》卷六四。

[3]懷州：北周時治所在今河南沁陽市。

[4]宇文述：人名。傳見本書卷六一、《北史》卷七九。

[5]鄴城：都邑名。爲東魏、北齊的都城，北周相州總管府的治所，在今河北臨漳縣西南鄴鎮東。北周静帝大象二年平定相州總管尉遲迥之叛時，城被焚毁，遂移至今河南安陽市，仍爲相州治所。

[6]崔弘度：人名。傳見本書卷七四，《北史》卷三二有附傳。

[7]武川縣公：爵名。北周時爲十一等爵的第六等。正九命或九命。

[8]皎：人名。即賀婁皎。北周末年以父功得襲其父舊爵爲思安縣伯。事亦見《北史》卷七三《賀婁子幹傳》。

開皇元年，進爵鉅鹿郡公。[1]其年，吐谷渾寇凉州，[2]子幹以行軍總管從上柱國元諧擊之，[3]功最優，詔褒美。高祖慮邊塞未安，即令子幹鎮凉州。明年，突厥寇蘭州，[4]子幹率衆拒之，至可洛峐山，[5]與賊相遇。賊衆甚盛，子幹阻川爲營，賊軍不得水數日，人馬甚敝，縱擊，大破之。於是册授子幹爲上大將軍曰："於戲！敬聽朕命。唯爾器量閑明，志情强果，任經武將，勤績有聞。往歲凶醜未寧，屢驚疆埸，[6]拓土静亂，殊有厥勞。是用崇兹賞典，加此車服，往欽哉！[7]祇承榮册，可不慎歟！"徵授營新都副監，[8]尋拜工部尚書。[9]其年，突厥復犯塞，以行軍總管從竇榮定擊之。[10]子幹别路破賊，斬首千餘級，高祖嘉之，遣通事舍人曹威賫優詔勞勉之。[11]子幹請入朝，詔令馳驛奉見。吐谷渾復寇邊，西方多被其害，命子幹討之。馳驛至河西，[12]發五州兵，入掠其國，殺男女萬餘口，二旬而還。高祖以隴西頻被寇掠，[13]甚患之。彼俗不設村塢，敕子幹勒民爲堡，營田積穀，以備不虞。子幹上書曰："比者凶寇侵擾，蕩滅之期，匪朝伊夕。[14]伏願聖慮，勿以爲懷。今臣在此，觀機而作，不得準詔行事。且隴西、河右，土曠民稀，邊境未寧，不可廣爲田種。比見屯田之所，獲少費多，虛役人功，卒逢踐暴。屯田疏遠者，請皆廢省。但隴右之民以畜牧爲事，若更屯聚，彌不獲安。只可嚴謹斥候，[15]豈容集人聚畜。請要路之所，加其防守。但使鎮戍連接，[16]烽候相望，民雖散居，必謂無慮。"高祖從之。俄而虜寇岷、洮二州，[17]子幹勒兵赴之，賊聞而遁去。

[1]鉅鹿郡公：爵名。爲隋九等爵的第四等。從一品。

[2]吐谷（yù）渾：古族名。本遼東鮮卑之種，姓慕容氏，西晉時西遷至群羌故地，北朝至隋唐時期游牧於今青海北部和新疆東南部地區。傳見本書卷八三、《晉書》卷九七、《魏書》卷一〇一、《周書》卷五〇、《北史》卷九六、《舊唐書》卷一九八、《新唐書》卷二二一上。

[3]元諧：人名。傳見本書卷四〇、《北史》卷七三。

[4]突厥寇蘭州："蘭州"底本原作"蘭川"，殿本、庫本與底本同，宋刻遞修本、中華本及《北史》卷七三《賀婁子幹傳》作"蘭州"，岑仲勉校稱"應依《北史》七三正作蘭州"（參見岑仲勉《隋書求是》，第99頁），今據改。

[5]可洛峐山：在今甘肅蘭州市附近。按，"峐"字底本、宋刻遞修本、殿本、中華本及《北史·賀婁子幹傳》皆同，庫本作"硋"。

[6]屢驚疆埸："埸"字底本、殿本、庫本皆同，宋刻遞修本、中華本作"場"。

［7］往欽哉：古代皇帝詔書中用以勉勵臣下的套語。意謂往後須更敬慎。

［8］營新都副監：此是隋初負責營建新都大興城（今陝西西安市及其南郊）的副主管官員，位在主管大監之下。屬臨時差遣之職，隋開皇三年大興城建成後則罷廢。

［9］工部尚書：官名。隋文帝開皇二年始置。爲尚書省所轄六部之一工部的長官，掌全國百工、屯田、山澤之政令，統工部、屯田、虞部、水部四曹。置一員，正三品。

［10］竇榮定：人名。傳見本書卷三九，《北史》卷六一有附傳。

［11］通事舍人：官名。隋初爲内史省的屬官，置十六人，掌承旨傳宣之事，從六品上。隋煬帝大業三年改隸謁者臺，更名通事謁者，置二十人，從六品。　曹威：人名。隋文帝開皇二年官任通事舍人，奉命出使慰勞賀婁子幹，以優詔嘉勉其抗擊突厥之功。事亦見《册府元龜》卷三八三《將帥部·褒異第九》。

［12］河西：地區名。亦稱河右。指今甘肅、青海兩省黄河以西地區，即河西走廊和湟水流域一帶。

［13］隴西：地區名。亦稱隴右。泛指今甘肅隴山以西地區。

［14］匪朝伊夕：意謂非晨即夕。極言時間之短。

［15］斥候：偵察、候望。亦指邊防中用以瞭望敵情的烽火城堡。

［16］鎮戍：南北朝至隋唐時期在邊境要衝地帶設置的軍事機構和軍事據點。其規模較大、級别較高者稱“鎮”，而規模較小、級别較低者則稱“戍”。

［17］岷：州名。治所在今甘肅岷縣。　洮：州名。治所在今甘肅臨潭縣。

高祖以子幹曉習邊事，授榆關總管十鎮諸軍事。[1]

歲餘，拜雲州刺史，[2]甚爲虜所憚。後數年，突厥雍虞閭遣使請降，[3]并獻羊馬。詔以子幹爲行軍總管，出西北道應接之。還拜雲州總管，以突厥所獻馬百匹、羊千口以賜之，乃下書曰："自公守北門，風塵不警。突厥所獻，還以賜公。"母憂去職。朝廷以榆關重鎮，非子幹不可，尋起視事。[4]十四年，以病卒官，[5]時年六十。高祖傷惜者久之，賻縑千匹，[6]米麥千斛，贈懷、魏等四州刺史，[7]謚曰懷。子善柱嗣，[8]官至黔安太守。[9]

[1]榆關：邊鎮名。在今内蒙古托克托縣東南。隋文帝開皇三年在此置榆關總管府。

[2]雲州：隋文帝開皇五年改榆關總管府置爲雲州總管府，治所在今内蒙古托克托縣東北，開皇二十年又移治今内蒙古和林格爾縣西北。

[3]雍虞閭：人名。即隋時東突厥都藍可汗。事亦見本書卷五一《長孫晟傳》、卷八四《突厥傳》，《北史》卷二二《長孫晟傳》、卷九九《突厥傳》。

[4]視事：就任官職而治理政事。此指服喪期未滿而奉命復官任職。

[5]十四年，以病卒官：本書卷二《高祖紀下》載賀婁子幹卒於開皇十三年七月，與此處所載"十四年"異，岑仲勉認爲本紀所載時間"較可信"（參見岑仲勉《隋書求是》，第99頁）。

[6]賻：贈送財物以助治喪。

[7]懷：州名。治所在今河南沁陽市。　魏：州名。治所在今河北大名縣東北。

[8]善柱：人名。即賀婁善柱。賀婁子幹的嗣子，隋煬帝時官至黔安郡太守。事亦見《北史》卷七三《賀婁子幹傳》。　嗣：此

指繼承父輩的爵位和家業，以延續香火。

[9]黔安：郡名。隋大業初改黔州置。治所在今重慶彭水苗族土家族自治縣東。

子幹兄詮，[1]亦有才器，位至銀青光禄大夫、鄯純深三州刺史、北地太守、東安郡公。[2]

[1]詮：人名。即賀婁詮。隋時位至銀青光禄大夫，歷官鄯純深三州刺史、北地郡太守，爵封東安郡公。事亦見《北史》卷七三《賀婁子幹傳》。

[2]銀青光禄大夫：官名。屬散實官。隋初爲正三品，隋煬帝大業三年降爲從三品。　鄯：州名。治所在今青海樂都縣。按，“鄯”字各本皆同，但《北史·賀婁子幹傳》作“鄭”。　純：州名。治所在今河南桐柏縣東北。　深：州名。隋開皇十六年（596）置。治所在今河北安平縣。　北地：郡名。隋大業初改豳州置。治所在今甘肅寧縣。　東安郡公：爵名。爲隋九等爵的第四等。從一品。

史萬歲

史萬歲，京兆杜陵人也。[1]父静，[2]周滄州刺史。[3]萬歲少英武，善騎射，驍捷若飛。好讀兵書，兼精占候。[4]年十五，值周、齊戰於芒山，[5]萬歲時從父入軍，旗鼓正相望，萬歲令左右趣治裝急去。俄而周師大敗，其父由是奇之。武帝時，釋褐侍伯上士。[6]及平齊之役，其父戰没，萬歲以忠臣子，拜開府儀同三司，[7]襲爵太平縣公。[8]

[1]京兆：郡名。治所在今陝西西安市。　杜陵：縣名。漢時治所在今陝西西安市東南郊。按，此處因言史氏郡望，故沿用漢縣名，隋時無杜陵縣。

[2]静：人名。即史静，西魏、北周時人。官至滄州刺史。事亦見《北史》卷七三《史萬歲傳》。

[3]周：即北周（557—581），都於長安（今陝西西安市西北郊）。　滄州：北周時治所在今河北鹽山縣西南。

[4]占候：古人根據天象變化以預測自然灾異和人事吉凶的占卜之術。

[5]芒山：亦作“邙山”。在今河南洛陽市北。

[6]侍伯上士：官名。北周時其隸屬未詳，當是掌領侍伯禁兵的軍官。正三命。（參見王仲犖《北周六典》卷七《六官餘録第十三》，第512頁）

[7]開府儀同三司：北周武帝建德四年已改稱開府儀同三司爲開府儀同大將軍，而文中所述事在改稱之後，故此處仍作“開府儀同三司”欠準確，當作“開府儀同大將軍”。

[8]太平縣公：爵名。北周時十一等爵的第六等。正九命或九命。

尉迥之亂也，萬歲從梁士彦擊之。[1]軍次馮翊，[2]見群雁飛來，萬歲謂士彦曰：“請射行中第三者。”既射之，應弦而落，三軍莫不悦服。及與迥軍相遇，每戰先登。鄴城之陣，官軍稍却，萬歲謂左右曰：“事急矣，吾當破之。”於是馳馬奮擊，殺數十人，衆亦齊力，官軍乃振。及迥平，以功拜上大將軍。[3]

[1]梁士彦：人名。傳見本書卷四〇、《周書》卷三一、《北

史》卷七三。

[2]馮（píng）翊：郡名。北周時治所在今陝西高陵縣。

[3]上大將軍：官名。北周武帝建德四年始置，爲北周十一等勳官的第三等，可開府置官屬。正九命。

尒朱勣以謀反伏誅，[1]萬歲頗相關涉，坐除名，配敦煌爲戍卒。[2]其戍主甚驍武，[3]每單騎深入突厥中，掠取羊馬，輒大剋獲。突厥無衆寡，莫之敢當。其人深自矜負，數罵辱萬歲。萬歲患之，自言亦有武用。戍主試令馳射而工，戍主笑曰："小人定可。"萬歲請弓馬，復掠突厥中，大得六畜而歸。戍主始善之，每與同行，輒入突厥數百里，[4]名讋北夷。[5]竇榮定之擊突厥也，萬歲詣轅門請自效。[6]榮定數聞其名，見而大悦。因遣人謂突厥曰："士卒何罪過，令殺之，但當各遣一壯士決勝負耳。"突厥許諾，因遣一騎挑戰。榮定遣萬歲出應之，萬歲馳斬其首而還。突厥大驚，不敢復戰，遂引軍而去。由是拜上儀同，[7]領車騎將軍。[8]平陳之役，又以功加上開府。[9]

[1]尒朱勣：人名。隋文帝開皇初年位居大將軍，因謀反被誅殺，受牽連者甚多。事亦見《北史》卷七三《史萬歲傳》。

[2]敦煌：郡名。治所在今甘肅敦煌市西。

[3]戍主：官名。戍是隋時在邊境要塞所設的軍事據點。每戍置戍主爲其軍事長官，掌領戍卒駐守邊塞。戍主分上、中、下三等，品秩分别爲正七品下、正八品下、正九品下。

[4]輒入突厥數百里："入"字底本、宋刻遞修本、庫本、中華本及《北史·史萬歲傳》皆同，但殿本作"久"，顯訛。

［5］讋（zhé）：震懾。　北夷：古代對北方少數民族的泛稱。此指突厥。

［6］轅門：古代領兵將帥的軍營門。

［7］上儀同：官名。全稱是上儀同三司。爲隋十一等散實官的第七等，可開府置僚佐。從四品上。

［8］車騎將軍：官名。隋初爲府兵制中統領驃騎府兵的軍事副長官，正五品上。隋煬帝大業三年改驃騎府爲鷹揚府，車騎將軍遂改稱鷹揚副郎將，大業五年又改稱鷹擊郎將，降爲從五品。

［9］上開府：官名。全稱是上開府儀同三司。爲隋十一等散實官的第五等，可開府置僚佐。從三品。

及高智慧等作亂江南，[1]以行軍總管從楊素擊之。[2]萬歲率衆二千，自東陽别道而進，[3]逾嶺越海，攻陷溪洞不可勝數。[4]前後七百餘戰，轉鬬千餘里，寂無聲問者十旬，遠近皆以萬歲爲没。萬歲以水陸阻絶，信使不通，乃置書竹筒中，浮之於水。汲者得之，以言於素。素大悦，上其事。高祖嗟歎，賜其家錢十萬，還拜左領軍將軍。[5]

［1］高智慧：人名。隋時吴州會稽縣人。開皇十年聚衆叛亂，初號東揚州刺史，尋自稱天子，聲勢强勁，楊素率軍屢破之，遂入海南逃至閩越之地；至開皇十二年被泉州酋帥王國慶俘獲，獻於楊素，斬之。事亦見本書卷二《高祖紀下》、卷三《煬帝紀上》、卷三八《皇甫績傳》、卷四八《楊素傳》、卷五五《杜彦傳》、卷六〇《于仲文傳》、卷六四《來護兒傳》、卷六五《李景傳》、卷六六《陸知命傳》、卷七一《劉弘傳》、卷七四《崔弘度傳》，《北史》卷四一《楊素傳》、卷七八《張奫傳》、卷七九《段達傳》。　江南：

地區名。亦稱“江表”“江外”。指長江以南地區。

［2］楊素：人名。傳見本書卷四八，《北史》卷四一有附傳。

［3］東陽：縣名。治所在今浙江金華市。

［4］溪洞：古代南方少數民族的聚居之地。

［5］左領軍將軍：官名。按，本書《百官志下》載隋文帝朝置“左右領軍府，各掌十二軍籍帳、差科、辭訟之事。不置將軍。唯有長史、司馬”等員（《通典》卷二八《職官·左右領軍衛》所載略同）。但考本書和《北史》紀傳，隋文帝時及煬帝初年，任左、右領軍大將軍者有高熲、宇文忻、李安、楊秀、崔彭、楊爽、賀若弼、劉升等人，任左、右領軍將軍者有李安、楊處綱、史萬歲、盧賁、史祥、獨孤陀、長孫晟等人。由此可知，《百官志下》所云“不置將軍”當是隋初始設左右領軍府時所定之制，而稍後則與其他衛府一樣實際上各置有大將軍和將軍。左領軍將軍，當是左領軍府的次官，職掌如前《百官志下》所載，員額和品秩則當與其他各衛府將軍相同，亦爲二員，從三品。

先是，南寧夷爨翫來降，[1]拜昆州刺史，[2]既而復叛。遂以萬歲爲行軍總管，率衆擊之。入自蜻蛉川，[3]經弄凍，[4]次小勃弄、大勃弄，[5]至于南中。[6]賊前後屯據要害，萬歲皆擊破之。行數百里，見諸葛亮紀功碑，[7]銘其背曰：“萬歲之後，勝我者過此。”萬歲令左右倒其碑而進。渡西二河，[8]入渠濫川，[9]行千餘里，破其三十餘部，虜獲男女二萬餘口。諸夷大懼，遣使請降，獻明珠徑寸。於是勒石頌美隋德。萬歲遣使馳奏，請將翫入朝，詔許之。爨翫陰有二心，不欲詣闕，[10]因賂萬歲以金寶，萬歲於是捨翫而還。蜀王時在益州，[11]知其受賂，遣使將索之。萬歲聞而悉以所得金寶沉之於江，索無所獲。以功進位柱國。[12]晋王廣虚衿敬之，[13]待以交友之禮。上知爲所善，令萬歲督晋府軍事。[14]明年，爨翫復反，蜀王秀奏萬歲受賂縱賊，致生邊患，無大臣節。上令窮治其事，事皆驗，罪當死。上數之曰："受金放賊，重勞士馬。朕念將士暴露，寢不安席，食不甘味，卿豈社稷臣也?"萬歲曰："臣留爨翫者，恐其州有變，留以鎮撫。臣還至瀘水，[15]詔書方到，由是不將入朝，實不受賂。"上以萬歲心有欺隱，大怒曰："朕以卿爲好人，何乃官高禄重，翻爲國賊也?"顧有司曰："明日將斬之。"萬歲懼而服罪，頓首請命。左僕射高熲、左衛大將軍元旻等進曰：[16]"史萬歲雄略過人，每行兵用師之處，未嘗不身先士卒，尤善撫御，將士樂爲致力，雖古名將未能過也。"上意少解，於是除名爲民。歲餘，復官爵。尋拜河州刺史，[17]復領行軍總管以備胡。[18]

[1]南寧夷：指隋時南寧州總管府（治所在今雲南曲靖市）境内的少數民族。　爨翫：人名。隋時南中地區爨氏部族的首領。隋文帝開皇初歸降隋朝，官拜昆州刺史。但至開皇中又聚衆叛隋，史萬歲奉詔率軍擊破之，遂懼而請降。此後叛服不定，終被隋文帝誅殺。事亦見《北史》卷七三《史萬歲傳》、《新唐書》卷二二二下《兩爨蠻傳》。

[2]昆州：隋開皇四年置。治所在今雲南昆明市西。

[3]蜻蛉川：地名。在今雲南大姚縣。

[4]弄凍：地名。亦作"弄棟"。在今雲南姚安縣北。

[5]小勃弄：地名。在今雲南祥雲縣。　大勃弄：地名。在今雲南彌渡縣。

［6］南中：地區名。指今四川大渡河以南及雲南、貴州一帶地區。三國時以其地處蜀漢之南，故名南中。

［7］諸葛亮：人名。三國時蜀漢丞相，曾率軍平定南中。傳見《三國志》卷三五。

［8］渡：底本原作“度”，宋刻遞修本、殿本、庫本與底本同，據中華本改。　西二河：古水名。亦稱“西洱河”。即今雲南洱源縣與大理市之間的西洱河及洱海湖。

［9］渠濫川：地名。在今雲南大理市東北。

［10］詣闕：此指赴京朝見天子。

［11］蜀王：隋文帝第四子楊秀的封爵名。傳見本書卷四五、《北史》卷七一。　益州：北周置總管府，隋初改置大總管府。治所在今四川成都市。

［12］柱國：官名。爲隋十一等散實官的第二等，可開府置僚屬。正二品。

［13］晋王廣：即楊廣。紀見本書卷三、四，《北史》卷一二。　虚衿：虚懷、虚心。

［14］督晋府軍事：即督管晋王府的軍事事務。此當是晋王府司馬之職掌。

［15］瀘水：古水名。指今四川南部雅礱江下游以及四川和雲南交界處的金沙江下游一段。

［16］左僕射：官名。隋尚書省置左、右僕射各一人爲副貳，地位僅次於長官尚書令。但因隋代尚書令不常置，僕射則成爲尚書省的實際長官，是宰相之職。從二品。　高熲：人名。傳見本書卷四一、《北史》卷七二。　左衛大將軍：官名。隋初設左右衛，各置大將軍一人爲本府長官，掌宫掖禁禦，督攝仗衛。正三品。隋煬帝大業三年改左右衛爲左右翊衛，左衛大將軍遂改稱左翊衛大將軍。　元旻：人名。隋文帝時官至左衛大將軍，爵封五原郡公，開皇二十年皇太子楊勇被廢時苦諫，文帝怒而誅之。事亦見本書卷四〇《元冑傳》、卷四五《房陵王勇傳》、卷四七《柳謇之傳》，《北史》卷六八

《王世積傳》、卷七一《房陵王勇傳》、卷七三《元冑傳》。

[17]河州：治所在甘肅臨夏市。

[18]胡：古代對北方和西方少數民族的泛稱。此指突厥。

開皇末，突厥達頭可汗犯塞，[1]上令晋王廣及楊素出靈武道，[2]漢王諒與萬歲出馬邑道。[3]萬歲率柱國張定和、大將軍李藥王、楊義臣等出塞，[4]至大斤山，[5]與虜相遇。達頭遣使問曰："隋將爲誰？"候騎報"史萬歲也"。[6]突厥復問曰："得非敦煌戍卒乎？"候騎曰："是也。"達頭聞之，懼而引去。萬歲馳追百餘里乃及，[7]擊大破之，斬數千級，逐北入磧數百里，[8]虜遁逃而還。楊素害其功，因譖萬歲云："突厥本降，初不爲寇，來於塞上畜牧耳。"遂寢其功。萬歲數抗表陳狀，上未之悟。會上從仁壽宫初還京師，[9]廢皇太子，窮東宫黨與。上問萬歲所在，萬歲實在朝堂，楊素見上方怒，因曰："萬歲謁東宫矣。"以激怒上。上謂爲信然，令召萬歲。時所將士卒在朝稱冤者數百人，萬歲謂之曰："吾今日爲汝極言於上，事當决矣。"既見上，言將士有功，爲朝廷所抑，詞氣憤厲，忤於上。上大怒，令左右摙殺之。[10]既而悔，追之不及，因下詔罪萬歲曰："柱國、太平公萬歲，[11]拔擢委任，每總戎機。[12]往以南寧逆亂，令其出討。而昆州刺史爨翫包藏逆心，爲民興患。朕備有成敕，令將入朝。萬歲乃多受金銀，違敕令住，致爨翫尋爲反逆，更勞師旅，方始平定。所司檢校，罪合極刑，捨過念功，恕其性命，年月未久，即復本官。近復總戎，進討蕃裔。[13]突厥達頭可汗領其凶衆，欲相拒抗，既見軍威，便即奔退，兵不血刃，賊徒瓦解。如此稱捷，國家盛事，朕欲成其勳庸，復加褒賞。而萬歲、定和通簿之日，乃懷姦詐，妄稱逆面交兵，不以實陳，懷反覆之方，弄國家之法。若竭誠立節，心無虛罔者，乃爲良將，至如萬歲，懷詐要功，便是國賊，朝憲難虧，不可再捨。”死之日，天下士庶聞者，識與不識，莫不冤惜。[14]

[1]達頭可汗：隋時西突厥的可汗，名玷厥。事見本書卷八四、《北史》卷九九《突厥傳》。

[2]靈武道：道路名。因取道靈州靈武郡（治所在今寧夏靈武市西南）而得名。

[3]漢王諒：即隋文帝第五子楊諒。傳見本書卷四五、《北史》卷七一。　馬邑道：道路名。因取道朔州馬邑郡（治所在今山西朔州市）而得名。按，“馬邑道”各本皆同，《北史》卷七三《史萬歲傳》亦同，但本書卷六七《裴矩傳》及《北史》卷三八《裴矩傳》均作“定襄道”。

[4]張定和：人名。傳見本書卷六四、《北史》卷七八。　大將軍：官名。爲隋十一等散實官的第四等，可開府置僚佐。正三品。　李藥王：人名。即隋末唐初名將李靖之兄李端，字藥王。隋文帝開皇末位居大將軍，襲爵永康縣公，部從史萬歲出塞抗擊西突厥，多立戰功。事亦見本書卷五二《韓洪傳》、卷七四《趙仲卿傳》，《北史》卷六八《韓洪傳》、卷六九《趙仲卿傳》，《新唐書》卷七二上《宰相世系表二上》、卷九三《李靖傳》。　楊義臣：人名。傳見本書卷六三、《北史》卷七三。

[5]大斤山：亦稱“秦山”。即今内蒙古土默川平原以北的大青山。屬陰山山脈中段，亦即狹義的陰山。

[6]候騎：即擔任偵察巡邏任務的騎兵。

[7]馳：底本、宋刻遞修本、中華本及《北史·史萬歲傳》皆同，但殿本、庫本作“騎”。

[8]磧：即沙漠。此指今蒙古高原大沙漠地帶。

[9]仁壽宫：隋離宫名。始建於開皇十三年，位於今陝西麟游縣西天臺山上。因其凉爽宜人，且離京城不遠，故爲隋代帝王消夏避暑之所。

[10]摽（bó）：擲，擊。

[11]太平公：爵名。全稱是太平縣公。爲隋九等爵的第五等。從一品。

[12]戎機：戰事；軍事機宜。

[13]蕃裔：古代泛指外族或外國。此指突厥。

[14]莫不寃惜：此句底本、中華本皆同，宋刻遞修本、殿本、庫本“惜”下有“之”字。

萬歲爲將，不治營伍，[1]令士卒各隨所安，無警夜之備，虜亦不敢犯。臨陣對敵，應變無方，[2]號爲良將。有子懷義。[3]

[1]營伍：指軍隊的行列以及對士兵的約束。

[2]無方：意謂無定法定式而變化多端。

[3]懷義：人名。即史懷義。事見《北史》卷七三《史萬歲傳》。

劉方　馮昱　王𣝣　李充　楊武通　陳永貴　房兆

劉方，京兆長安人也。[1]性剛决，有膽氣。仕周承御上士，[2]尋以戰功，拜上儀同。[3]高祖爲丞相，方從韋孝寬破尉迥於相州，[4]以功加開府，賜爵河陰縣侯，[5]邑八百户。高祖受禪，進爵爲公。[6]開皇三年，從衛王爽破突厥於白道，[7]進位大將軍。其後歷甘、瓜二州刺史，[8]尚未知名。

［1］長安：縣名。治所在今陝西西安市西。

［2］承御上士：官名。全稱是小承御上士。北周時爲侍衛皇帝左右的武官。正三命。

［3］上儀同：官名。全稱是上儀同大將軍。北周武帝建德四年始置，爲北周十一等勳官的第七等，可開府置官屬。九命。

［4］相州：北魏天興四年（401）分冀州始置相州，治所在今河北臨漳縣西南鄴鎮東。東魏、北齊時改稱司州，爲都城所在地。北周建德六年滅北齊後復名相州。北周大象二年平定相州總管尉遲迥之叛後，因州城被毀，遂移治今河南安陽市。

［5］河陰縣侯：爵名。北周時爲十一等爵的第七等。正八命。

［6］公：爵名。此當是河陰縣公的省稱。爲隋九等爵的第五等。從一品。

［7］衛王爽：即隋文帝的異母弟楊爽。傳見本書卷四四、《北史》卷七一。　白道：關隘名。在今内蒙古呼和浩特市西北。

［8］甘：州名。治所在今甘肅張掖市。　瓜：州名。治所在今甘肅敦煌市西。

仁壽中，[1]會交州俚人李佛子作亂，[2]據越王故城，[3]遣其兄子大權據龍編城，[4]其别帥李普鼎據烏延城。[5]左僕射楊素言方有將帥之略，上於是詔方爲交州道行軍總管，[6]以度支侍郎敬德亮爲長史，[7]統二十七營而進。方法令嚴肅，軍容齊整，有犯禁者，造次斬之。[8]然仁而愛士，有疾病者，親自撫養。長史敬德亮從軍至尹州，[9]疾甚，不能進，留之州館。分别之際，方哀其危篤，流涕嗚咽，感動行路。其有威惠如此，論者稱爲良將。至都隆嶺，[10]遇賊二千餘人來犯官軍，方遣營主宋纂、何貴、嚴願等擊破之。[11]進兵臨佛子，先令人諭以禍福，佛子懼而降，送於京師。其有桀黠者，[12]恐於後爲亂，皆斬之。

[1]仁壽：隋文帝楊堅年號（601—604）。

[2]交州：治所在今越南河内市。　俚：古族名。漢至隋時分布在今兩廣沿海、海南島以及越南等地。參見本書卷八二《南蠻傳》、《北史》卷九五傳末“論曰”。　李佛子：人名。隋時交州俚族酋帥。隋文帝仁壽二年舉兵反隋，劉方奉詔統軍討平之，被執送於長安。事亦見本書卷二《高祖紀下》、卷五六《令狐熙傳》，《北史》卷一一《隋文帝紀》、卷六七《令狐熙傳》、卷七三《劉方傳》。

[3]越王故城：即秦漢時駱越王所居的王城。故址在今越南河内市。

[4]大權：人名。李佛子之侄，隋文帝仁壽二年隨從李佛子舉兵反隋，受命據守龍編城，旋被討滅。事亦見《通鑑》卷一七九《隋紀》仁壽二年條。　龍編城：城名。在今越南河内市東北。

[5]李普鼎：人名。李佛子的屬下别帥，隋文帝仁壽二年部從李佛子舉兵反隋，受命據守烏延城，旋被討滅。事亦見《通鑑》卷一七九《隋紀》仁壽二年條。　烏延城：城名。在今越南河内市西北。

[6]交州道：戰區名。即以交州爲中心而臨時劃定的作戰區域，戰罷即撤廢。

[7]度支侍郎：官名。爲尚書省民部所轄四曹之一度支曹的長官，置二員，掌判全國租賦多寡、物産豐約及收支出納之政務。隋

初爲正六品上，開皇三年升爲從五品。隋煬帝大業三年改諸曹侍郎爲郎，度支侍郎遂改稱度支郎。　敬德亮：人名。隋文帝仁壽二年官任度支侍郎，奉命調任爲交州道行軍總管府長史，以協助行軍總管劉方征討交州俚人之叛，但不幸病卒於行軍途中。事亦見《北史》卷五五《敬顯儁傳》、卷七三《劉方傳》，《新唐書·宰相世系表五上》。　長史：此指行軍總管府的長史。爲隋時出征軍統帥屬下的幕府僚佐，位居幕府内衆幕僚之首，掌領幕府行政事務。屬臨時差遣任命之職，事罷則廢。

[8]造次：立刻，片刻。

[9]尹州：隋開皇九年平陳後改南定州置。治所在今廣西貴港市東南。

[10]都隆嶺：山名。其地當在今越南東北部，具體位置未詳。

[11]宋纂、何貴、嚴願：人名。此三人皆爲隋軍營將，隋文帝仁壽二年部從劉方征討交州俚人之叛，在都隆嶺擊破叛軍前鋒，威震俚人。事亦均見《北史·劉方傳》。

[12]桀黠：凶悍狡詐。

尋授驩州道行軍總管，[1]以尚書右丞李綱爲司馬，[2]經略林邑。[3]方遣欽州刺史甯長真、驩州刺史李暈、上開府秦雄以步騎出越常，[4]方親率大將軍張愻、司馬李綱舟師趣比景。[5]高祖崩，煬帝即位，[6]大業元年正月，軍至海口。[7]林邑王梵志遣兵守險，[8]方擊走之。師次闍黎江，[9]賊據南岸立栅，方盛陳旗幟，擊金鼓，賊懼而潰。既渡江，行三十里，賊乘巨象，四面而至。方以弩射象，象中創，[10]却蹂其陣，王師力戰，賊奔於栅，因攻破之，俘馘萬計。於是濟區粟，[11]度六里，[12]前後逢賊，每戰必擒。進至大緣江，[13]賊據險爲栅，又擊破之。逕馬援銅柱，[14]南行八日，至其國都。林邑王梵志棄城奔海，獲其廟主金人，[15]污其宮室，刻石紀功而還。士卒脚腫，死者十四五。方在道遇患而卒，帝甚傷惜之，乃下詔曰："方肅承廟略，[16]恭行天討，飲冰遄邁，[17]視險若夷。摧鋒直指，出其不意，鯨鯢盡殪，[18]巢穴咸傾，役不再勞，肅清海外。致身王事，誠績可嘉，可贈上柱國、盧國公。"[19]子通仁嗣。[20]

[1]驩州道：戰區名。即以驩州（治所在今越南榮市）爲中心而臨時劃定的作戰區域，戰罷即撤廢。

[2]尚書右丞：官名。爲尚書省的屬官，與尚書左丞對置，各一人，分掌尚書都省事務，糾駁諸司文案，總判兵、刑、工三部之事。隋初爲從四品下，煬帝大業三年升爲正四品。　李綱：人名。隋文帝仁壽末年官至尚書右丞，奉調任爲驩州道行軍總管府司馬，以協助行軍總管劉方征伐林邑國。唐初官至禮部尚書、太子少師，爲唐代名臣。傳見《舊唐書》卷六二、《新唐書》卷九九。　司馬：此指行軍總管府的司馬。爲隋時出征軍統帥屬下的幕府僚佐，協助行軍總管掌領幕府軍務。屬臨時差遣任命之職，事罷則廢。

[3]林邑：古國名。始建於公元二世紀，故地在今越南中南部。傳見本書卷八二、《晋書》卷九七、《南史》卷七八、《北史》卷九五、《舊唐書》卷一九七、《新唐書》卷二二二下。

[4]欽州：隋開皇十八年改安州置。治所在今廣西欽州市東北。　甯長真：人名。隋至唐初欽州俚獠部族的首領。隋文帝仁壽末至年隋煬帝大業初年官任欽州刺史，受驩州道行軍總管劉方之命，率軍協同征伐林邑國。事亦見本書卷六八《何稠傳》、卷八二《林邑傳》，《北史》卷七三《劉方傳》、卷九〇《何稠傳》，《舊唐書》卷五六《蕭銑傳》、卷五九《丘和傳》，《新唐書》卷九五《高儉傳》、卷二二二下《南平獠傳》。　李暈：人名。隋文帝仁壽末年

至隋煬帝大業初年官任驩州刺史，受劉方之命率軍協同征伐林邑國。事亦見本書《林邑傳》、《北史·劉方傳》及《林邑傳》。 秦雄：人名。隋文帝仁壽末年至隋煬帝大業初年官居上開府儀同三司，受劉方之命率軍協同征伐林邑國。事亦見本書《林邑傳》、《北史·劉方傳》及《林邑傳》。 越常：縣名。亦作"越裳"。治所在今越南河静西北。

［5］張愻：人名。隋文帝仁壽末年至隋煬帝大業初年位居大將軍，扈從劉方率軍征伐林邑國。事亦見《北史·劉方傳》。 比景：縣名。治所在今越南河静。按，"比景"底本原作"北景"，庫本與底本同，《北史·劉方傳》又作"北境"，均訛，今據宋刻遞修本、殿本、中華本改。

［6］煬帝：即隋煬帝楊廣。紀見本書卷三、四，《北史》卷一二。

［7］海口：地名。《通鑑》卷一八〇《隋紀》大業元年條胡三省注稱此是"林邑出海之口"。可知其地當在今越南中部沿海一帶，具體位置未詳。

［8］梵志：人名。姓范氏，隋至唐初林邑國的國王。隋煬帝大業元年劉方率軍攻破其國，遂棄城逃奔海上。劉方班師後，又復其故國，遣使朝貢於隋。事亦見本書《林邑傳》、《北史·劉方傳》及《林邑傳》、《舊唐書·林邑傳》、《新唐書》卷二二二下《環王傳》等。

［9］闍黎江：古水名。其地當在今越南河静之南，具體位置未詳。

［10］象中創："創"字底本原作"瘡"，宋刻遞修本、殿本、庫本與底本同，據中華本改。

［11］區粟：古水名。其地當在闍黎江之南，今地未詳。按，"粟"字各本皆同，《北史·劉方傳》作"栗"。

［12］六里：古水名。其地當在區粟之南，今地未詳。

［13］大緣江：古水名。其地當在六里水之南，今地未詳。

[14]馬援：人名。東漢名將。曾率軍南征交趾、日南等地，立柱紀功而還。傳見《後漢書》卷二四。　銅柱：即東漢馬援南平交趾、日南等地越人之叛後所樹立的銅柱界標。立柱之地當在林邑國北境，即今越南中部地帶。

[15]廟主金人：此指林邑國王在其宗廟中所供奉的祖先靈位和金像。

[16]廟略：指朝廷的謀略。

[17]飲冰：語出《莊子·人間世》："今吾朝受命而夕飲冰。"後因以喻謂受命從政，爲國憂心。亦喻指清苦廉潔。　遄邁：快速前進，疾行。

[18]鯨鯢：比喻凶惡的敵人。亦借指海盗。

[19]上柱國：贈官。從一品。　盧國公：贈爵名。從一品。

[20]通仁：人名。即劉通仁。事亦見《北史·劉方傳》。

開皇時，有馮昱、王檦、李充、楊武通、陳永貴、房兆，俱爲邊將，名顯當時。

昱、檦，並不知何許人也。昱多權略，有武藝。高祖初爲丞相，以行軍總管與王誼、李威等討叛蠻，[1]平之，拜柱國。[2]開皇初，又以行軍總管屯乙弗泊以備胡。[3]突厥數萬騎來掩之，昱力戰累日，衆寡不敵，竟爲虜所敗，亡失數千人，殺虜亦過當。其後備邊數年，每戰常大克捷。檦驍勇善射，高祖以其有將帥才，每以行軍總管屯兵江北，[4]禦陳寇。數有戰功，爲陳人所憚。伐陳之役，及高智慧反，攻討皆有殊績。官至柱國、白水郡公。[5]

[1]王誼：人名。傳見本書卷四〇，《北史》卷六一有附傳。

李威：人名。北周末年與馮昱同爲行軍總管，部從行軍元帥王誼討平江漢地區巴蠻之叛，以功進位柱國。隋文帝開皇初年又以平蠻之功位至上柱國，爵封黎國公。事亦見本書卷三七《李穆傳》、卷四〇《王誼傳》，《周書》卷二五《李遠傳》，《北史》卷五九《李賢傳》、卷七三《馮昱傳》。　蠻：古代對長江中游及其以南地區少數民族的泛稱。

[2]柱國：官名。全稱是柱國大將軍。北魏太武帝始置柱國，以爲開國元勳長孫嵩的加官。北魏末年孝莊帝以尒朱榮有擁立之功，又特置此官以授之，位在丞相之上。西魏文帝以宇文泰有中興之功，亦置此官授之。後凡屬功參佐命、望實俱重的大臣，也得居之。至西魏大統十六年以前，任此官者名義上有八人，但宗室元欣有其名而無實權，宇文泰爲最高統帥，其他六柱國則分掌禁旅，各轄二大將軍，爲府兵系統的最高長官。大統十六年以後，功臣位至柱國者愈多，遂成爲散秩，無所統御。至北周武帝時，又增置上柱國等官，形成十一等勳官之制。柱國大將軍是十一等勳官的第二等，可開府置官屬。正九命。

[3]乙弗泊：古湖名。《通鑑》卷一七五《陳紀》太建十四年條胡三省注："乙弗泊當在鄯州（治所在今青海樂都縣）之西。"

[4]江北：地區名。泛指長江以北之地。

[5]白水郡公：爵名。爲隋九等爵的第四等。從一品。

充，[1]隴西成紀人也。[2]少慷慨，有英略。開皇中，頻以行軍總管擊突厥有功，官至上柱國、武陽郡公，[3]拜朔州總管，[4]甚有威名，爲虜所憚。後有人譖其謀反，徵還京師，上譴怒之。充性素剛，遂憂憤而卒。

[1]充：人名。即李充。《北史》卷一〇〇《序傳》、《舊唐書》卷六二《李大亮傳》、《新唐書·宰相世系表二上》均作"充節"，

疑乃隋唐時人習慣省稱兩字名爲單名之故。

[2]隴西：郡名。治所在今甘肅隴西縣南。　成紀：縣名。治所在今甘肅通渭縣東北。

[3]武陽郡公：爵名。爲隋九等爵的第四等。從一品。

[4]朔州：隋初置總管府。治所在今山西朔州市。

武通，弘農華陰人，[1]性果烈，善馳射。數以行軍總管討西南夷，[2]每有功，封白水郡公，拜左武衛大將軍。[3]時党項羌屢爲邊患，[4]朝廷以其有威名，歷岷、蘭二州總管以鎮之。後與周法尚討嘉州叛獠，[5]法尚軍初不利，武通率數千人，爲賊斷其歸路。武通於是束馬懸車，[6]出賊不意，頻戰破之。賊知其孤軍無援，傾部落而至。武通轉鬭數百里，爲賊所拒，四面路絶。武通輕騎接戰，墜馬，爲賊所執，殺而啖之。

[1]弘農：郡名。治所在今河南靈寶市。　華陰：縣名。治所在今陝西華陰市。

[2]西南夷：古代對分布在今甘肅南部、四川西部和南部以及雲南、貴州一帶的少數民族的總稱。

[3]左武衛大將軍：官名。爲左武衛府的長官，置一員，掌領外軍宿衛宫禁。正三品。按，“左武衛大將軍”各本皆同，但《北史》卷七三《楊武通傳》作“左武衛將軍”。

[4]党項羌：古族名。亦單稱“党項”。是西羌的一支。南北朝時分布在今青海、甘肅、四川邊緣地帶，隋唐時遷居今甘肅、寧夏、陝北一帶。傳見本書卷八三、《北史》卷九六、《舊唐書》卷一九八、《新唐書》卷二二一上。

[5]周法尚：人名。傳見本書卷六五、《北史》卷七六。　嘉

州：治所在今四川樂山市。　獠（lǎo）：古族名。南北朝至隋唐時散布在今四川、雲南、貴州、湖南、廣東、廣西等地。傳見《魏書》卷一〇一、《周書》卷四九、《北史》卷九五、《舊唐書》卷一九七、《新唐書》卷二二二下。

[6]束馬懸車：意謂包裹馬足，掛牢車子，以防滑跌傾覆。形容路險難行。

永貴，隴右胡人也，本姓白氏，以勇烈知名。高祖甚親愛之，數以行軍總管鎮邊，每戰必單騎陷陣。官至柱國、蘭利二州總管，[1]封北陳郡公。[2]

[1]利：州名。西魏置總管府，北周、隋初沿之。治所在今四川廣元市。

[2]北陳郡公：爵名。爲隋九等爵的第四等。從一品。

兆，代人也，本姓屋引氏，剛毅有武略。頻爲行軍總管擊胡，以功官至柱國、徐州總管。[1]並史失其事。[2]

[1]徐州：北周置總管府，隋初沿之。治所在今江蘇徐州市。

[2]並史失其事：房兆事迹另有見於周紹良主編《唐代墓誌彙編》龍朔〇一八《唐故處士房（賓子）君墓誌銘》、麟德〇三六《房（仁愻）君墓誌》（上海古籍出版社1992年版，第348頁、419頁），可補本傳之缺。

史臣曰：長儒等結髮從戎，[1]俱有驍雄之略，總統師旅，各擅禦侮之功。[2]長儒以步卒二千，抗十萬之虜，師殲矢盡，勇氣彌厲，壯哉！子幹西涉青海，[3]北臨玄塞，[4]胡夷慴憚，烽候無警，亦有可稱。萬歲實懷智勇，善撫士卒，人皆樂死，師不疲勞。北却匈奴，南平夷獠，[5]兵鋒所指，威驚絶域。論功杖氣，[6]犯忤貴臣，[7]偏聽生姦，死非其罪，人皆痛惜，有李廣之風焉。[8]劉方號令無私，治軍嚴肅，克剪林邑，遂清南海，[9]徼外百蠻，[10]無思不服。凡此諸將，志烈過人，出當推轂之重，[11]入受爪牙之寄，[12]雖馬伏波之威行南裔，[13]趙充國之聲動西羌，[14]語事論功，各一時也。

[1]結髮：束髮。古代男子自成童開始束髮，遂以指初成年時。

[2]禦侮：抵禦外侮。

[3]青海：湖名。亦稱“西海”。即今青海省境内的青海湖。按，“青”底本原作“清”，殿本與底本同，今據宋刻遞修本、庫本、中華本及《北史》卷七三傳末“論曰”改。

[4]玄塞：指北方邊塞長城。因北方在古代五色學説中其色爲黑，故稱“玄”。

[5]夷獠：古代對西南少數民族的泛稱。

[6]論功杖氣：“杖”字底本、宋刻遞修本、殿本、中華本皆同，庫本及《北史》卷七三傳末“論曰”作“仗”。

[7]犯忤貴臣：“忤”字底本原作“伍”，今據宋刻遞修本、殿本、庫本、中華本及《北史》卷七三傳末“論曰”改。

[8]李廣：人名。西漢名將。傳見《史記》卷一〇九、《漢書》卷五四。

[9]南海：地區名。古代泛指極南的地區，即今東南亞一帶。

[10]徼外：即塞外、邊外。　百蠻：古代對南方少數民族的總稱。後亦泛稱其他少數民族。

[11]推轂：古代帝王任命將帥時的隆重禮遇，即帝王親自爲所

命將帥推車前進。後遂用作出任將帥之職的代稱。

［12］爪牙：喻指帝王身邊的心腹武臣。

［13］馬伏波：即東漢名將馬援。因其官任伏波將軍，故稱“馬伏波”。參見前注“馬援”。　南裔：指南方邊境地區。

［14］趙充國：人名。西漢名將。傳見《漢書》卷六九。　西羌：西漢時對羌人的泛稱。後亦專指東漢時内徙定居在今甘肅中南部的一支羌人。

隋書　卷五四

列傳第十九

王長述

王長述,[1]京兆霸城人也。[2]祖羆,[3]魏太尉。[4]父慶遠,[5]周淮州刺史。[6]長述幼有儀範,年八歲,周太祖見而異之,[7]曰:“王公有此孫,足爲不朽。”解褐員外散騎侍郎,[8]封長安縣伯。[9]累遷撫軍將軍、銀青光禄大夫、太子舍人。[10]長述早孤,少爲祖羆所養,及羆薨,居喪過禮,有詔褒異之。免喪,襲封扶風郡公,[11]邑三千户。[12]除中書舍人,[13]修起居注,[14]改封龍門郡公。[15]從于謹平江陵有功,[16]增邑五百户。周受禪,[17]又增邑,通前四千七百户。拜賓部大夫,[18]出爲晋州刺史,[19]轉玉壁總管長史。[20]尋授司憲大夫,[21]出拜廣州刺史,[22]甚有威惠,吏人懷之,在任數年,蠻夷歸之者三萬餘户。[23]朝議嘉之,就拜大將軍。[24]後歷襄、仁二州總管,[25]並有能名。

［1］王長述：人名。《周書》卷一八《王述傳》、《北史》卷六二《王長述傳》均稱王長述名述，字長述。

［2］京兆：郡名。治所在今陝西西安市。　霸城：縣名。三國曹魏時置，北周建德二年（573）縣廢。治所在今陝西西安市東北。按，此處因言王氏郡望，故沿用三國時舊縣名，隋時無霸城縣。

［3］羆：人名。即王羆，北魏至西魏時人。官至驃騎大將軍、開府儀同三司、雍州刺史、河東鎮將，爵封扶風郡公，卒贈太尉。傳見《周書》卷一八、《北史》卷六二。

［4］魏：即北魏（386—557），亦稱後魏。初都平城（今山西大同市東北），公元494年遷都洛陽（今河南洛陽市東北白馬寺東）。公元534年分裂爲東魏和西魏兩個政權。東魏（534—550）都於鄴（今河北臨漳縣西南鄴鎮東），西魏（535—557）都於長安（今陝西西安市西北郊）。　太尉：官名。西魏時爲三公之首，可開府置僚屬，參議國家大事，實則無具體職掌，多用爲大臣加官。正一品。按，據《周書·王羆傳》及《北史·王羆傳》，此處太尉是王羆死後的贈官。

［5］慶遠：人名。即王慶遠，北魏末至西魏初人。官至直閤將軍，早卒。事亦見《周書·王羆傳》《北史·王羆傳》《新唐書·宰相世系表二中》。

［6］周：即北周（557—581），都於長安（今陝西西安市西北郊）。　淮州：西魏改東荊州置，北周沿之。治所在今河南泌陽縣。按，本傳下文稱“長述早孤，少爲祖羆所養”，《周書·王羆傳》及《北史·王羆傳》亦稱王慶遠“弱冠以功臣子拜直閤將軍，先羆卒”，可知王慶遠並未仕至北周而早卒。故疑此處“周淮州刺史”或當是北周時給王慶遠追贈之官，或當是西魏時官之誤稱。

［7］周太祖：即宇文泰。西魏執政大臣，北周的奠基者，北周立國後被追尊爲太祖。紀見《周書》卷一、二，《北史》卷九。

［8］解褐：官制用語。亦稱“釋褐”。意謂脱去平民衣服而換上官服，喻指入仕始任官職。　員外散騎侍郎：官名。西魏時屬散

官。分左、右置，均爲正七品上。

[9]長安縣伯：爵名。西魏時爲十一等爵的第七等。正三品。

[10]撫軍將軍：官名。西魏時屬軍號官，無具體職掌，多用作加官。從二品。　銀青光禄大夫：官名。西魏時屬散官。正三品。　太子舍人：官名。西魏時爲太子東宫的屬官，掌書令表啓之事，制比朝廷的中書舍人。從六品下。

[11]扶風郡公：爵名。西魏時爲十一等爵的第二等。正一品。

[12]邑：也稱食邑、封邑。是古代君王封賜給有爵位之人的一種食禄制度，受封者可徵收封地内的民户租税充作食禄。魏晋以後，食邑分爲虚封和實封兩類：虚封一般僅冠以“邑”或“食邑”之名，這衹是一種榮譽性加銜，受封者並不能獲得實際的食禄收入；而實封一般須冠以“真食”“食實封”等名，受封者可真正獲得食禄收入。

[13]除：官制用語。即拜官、授職。　中書舍人：官名。西魏時爲中書省的屬官，掌參議表章，草擬詔敕。正六品下。

[14]起居注：即皇帝的言行録。兩漢時由宫内修撰，魏晋以後設官專修。凡與皇帝有關的朝廷大事皆按日記載，以供修撰國史所據。

[15]龍門郡公：爵名。西魏時爲十一等爵的第二等。正一品。

[16]于謹：人名。西魏、北周重臣。位居柱國大將軍，官至太傅、大宗伯，爵封燕國公。西魏恭帝元年（554），領兵南征江陵，攻滅梁元帝蕭繹，另立蕭詧爲後梁國主。傳見《周書》卷一五，《北史》卷二三有附傳。　江陵：縣名。南朝梁時治所在今湖北荆州市。梁元帝平定侯景之亂後在此即位稱帝，遂建爲其都城。于謹領兵攻滅梁元帝後，又在此建立後梁政權，爲西魏、北周的附屬藩國。

[17]受禪：中國古代王朝更迭時，新皇帝承受舊皇帝讓給的帝位，即稱受禪。此指北周孝閔帝宇文覺於公元557年廢西魏恭帝，自稱皇帝，正式建立北周王朝。

［18］賓部大夫：官名。北周時於秋官府賓部曹，置賓部中大夫、小賓部下大夫各一人，爲該曹正、副長官，掌對外邦交之政令，以待四方賓客使者。命品分别爲正五命、正四命。而據《北史·王長述傳》，此處"賓部大夫"當是"小賓部下大夫"的省稱。

［19］晋州：北周時先後有兩個晋州：一是北周初始置的晋州，治所在今山西絳縣東南，建德五年州廢；二是北周武帝建德五年攻取北齊舊置的晋州，設總管府，治所在今山西臨汾市。文中所指當是第一個晋州。

［20］玉壁：城名。故址在今山西稷山縣西南。西魏大統四年（538），以玉壁四面臨深谷，形勢險要，遂在此築城以禦東魏，且移東道行臺兼置并州鎮之。北周又在此置勳州，後改置絳州，設總管府鎮之，以禦北齊。　總管長史：官名。北周時爲諸州總管府的上佐官，位居府中衆屬官之首，協助總管統領府中政務。其命品史無明載，但北周諸州府的長史按州等級分爲六命至四命五個等級，故諸州總管府長史的命品亦應與五等州長史的命品略同。

［21］司憲大夫：官名。全稱是司憲中大夫。北周時爲秋官府司憲曹的長官，置二員，掌五禁、五戒之法，以左右刑罰，糾察百官。正五命。

［22］廣州：北周時治所在今河南魯山縣。

［23］蠻夷：古代對四方邊遠地區少數民族的泛稱。亦專指南方少數民族。

［24］大將軍：官名。北周時爲十一等勳官的第四等，可開府置官屬。正九命。

［25］襄：州名。西魏置總管府，北周沿之。治所在今湖北襄樊市。　仁：州名。北齊始置，北周滅北齊後沿之，置總管府。治所在今安徽宿州市東南。　總管：官名。東魏孝静帝武定六年（548）始置總管，西魏亦置。北周明帝武成元年（559）正式改都督諸州軍事爲總管，加使持節諸軍事，總管之設乃成定制。北周總管或單

任，然多兼帶刺史，故總管的職權雖以軍事爲主，實際是一軍政轄區若干州、鎮、防的最高長官。北周總管的命品史無明載，但應不低於五等州刺史的命品。隋初承繼北周之制亦置諸州總管，分上、中、下三等，品秩分別爲流内視從二品、視正三品、視從三品，可作參考。（參見王仲犖《北周六典》卷一〇《總管府第二十五》，中華書局1979年版，第623頁）

及高祖爲丞相，[1]授信州總管，[2]部内夷獠猶有未賓，[3]長述討平之，進位上大將軍。[4]王謙作亂益州，[5]遣使致書於長述，因執其使，上其書，又陳取謙之策。上大悦，前後賜黄金五百兩，授行軍總管，[6]率衆討謙。以功進位柱國。[7]開皇初，[8]復獻平陳之計，[9]修營戰艦，爲上流之師。上善其能，頻加賞勞，下書曰："每覽高策，深相嘉歎，命將之日，當以公爲元帥也。"後數歲，以行軍總管擊南寧，[10]未至，道病卒。上甚傷惜之，令使者弔祭，贈上柱國、冀州刺史，[11]謚曰莊。[12]子謨嗣。[13]謨弟軌，[14]大業末，[15]東郡通守。[16]少子文楷，[17]起部郎。[18]

[1]高祖：隋文帝楊堅的廟號。紀見本書卷一、二，《北史》卷一一。　丞相：官名。此是"左大丞相"或"大丞相"的簡稱。北周静帝大象二年（580）置左、右大丞相，以宗室親王宇文贇爲右大丞相，僅有虛名；而以外戚楊堅爲左大丞相，總攬朝政。旋又去左右之號，獨以楊堅爲大丞相。楊堅由此成爲控制北周朝廷的權臣。

[2]信州：北周置總管府。治所在今重慶奉節縣東。

[3]夷獠（lǎo）：古代對西南各少數民族的泛稱。　賓：歸順，

服從。

［4］上大將軍：官名。北周武帝建德四年始置，爲北周十一等勳官的第三等，可開府置官屬。正九命。

［5］王謙：人名。北周末年官任益州總管，起兵反對楊堅篡周，旋被討滅。傳見《周書》卷二一，《北史》卷六〇有附傳。　益州：北周置總管府。治所在今四川成都市。

［6］行軍總管：北周至隋時所置的統領某部或某路出征軍隊的軍事長官。根據需要其上還可置行軍元帥以統轄全局。屬臨時差遣任命之職，事罷則廢。

［7］柱國：官名。全稱是柱國大將軍。北魏太武帝始置柱國，以爲開國元勳長孫嵩的加官。北魏末年孝莊帝以尒朱榮有擁立之功，又特置此官以授之，位在丞相之上。西魏文帝以宇文泰有中興之功，亦置此官授之。後凡屬功參佐命、望實俱重的大臣，也得居之。至西魏大統十六年以前，任此官者名義上有八人，但宗室元欣有其名而無實權，宇文泰爲最高統帥，其他六柱國則分掌禁旅，各轄二大將軍，爲府兵系統的最高長官。大統十六年以後，功臣位至柱國者愈多，遂成爲散秩，無所統御。至北周武帝時，又增置上柱國等官，形成十一等勳官之制。柱國大將軍是十一等勳官的第二等，可開府置官屬。正九命。

［8］開皇：隋文帝楊堅年號（581—600）。

［9］陳：即南朝陳（557—589），都於建康（今江蘇南京市）。

［10］南寧：州名。隋開皇四年置，設總管府。治所在今雲南曲靖市。

［11］上柱國：贈官。從一品。　冀州：治所在今河北冀州市。

［12］謚：古代帝王、貴族、大臣、士大夫或其他有地位的人死後，據其生前業迹評定的一種帶有褒貶意義的稱號。

［13］謨：人名。即王謨。事亦見《北史》卷六二《王長述傳》。　嗣：此指繼承父輩的爵位和家業，以延續香火。

［14］謨弟軌："謨"字底本原脱，殿本、庫本與底本同，今據

宋刻遞修本、中華本及《北史·王長述傳》補。軌，人名。即王軌，王長述的次子，王謨之弟。隋煬帝大業末年官至東郡通守。隋末大亂時，先以郡歸附宇文化及，後又歸附李密。唐初官任滑州刺史，至竇建德陷黎陽時，被其家奴所殺。事亦見本書卷七〇《李密傳》、卷八五《宇文化及傳》，《北史》卷六〇《李密傳》、卷七九《宇文化及傳》，《舊唐書》卷五三《李密傳》、卷五四《竇建德傳》，《新唐書》卷八四《李密傳》、卷八五《竇建德傳》等。

[15]大業：隋煬帝楊廣年號（605—618）。

[16]東郡：隋煬帝大業三年改兖州置。治所在今河南滑縣。通守：官名。隋煬帝大業中始於各郡加置通守一人，位在太守之下、郡丞之上，以協助太守掌領本郡軍政事務。京兆、河南二郡則特稱之爲“内史”。按，“東郡通守”各本皆同，但《北史·王長述傳》作“郡守”，疑有脱誤。

[17]文楷：人名。王長述的少子。隋煬帝時官至起部郎。事亦見《北史·王長述傳》。

[18]起部郎：官名。隋初於尚書省工部下轄四曹之一工部曹置工部侍郎二人爲該曹長官，掌百工徒役、土木營造之政令。正六品上，開皇三年升爲從五品。隋煬帝大業三年改諸曹侍郎爲“郎”，而又於尚書省所轄六部各置“侍郎”一人爲六部之次官。此後，工部侍郎就成爲工部的副長官，正四品；而原工部侍郎則改稱爲“起部郎”，以別於六部侍郎之名，從五品。

李衍

李衍字拔豆，遼東襄平人也。[1]父弼，[2]周太師。[3]衍少專武藝，慷慨有志略。周太祖時，釋褐千牛備身，[4]封懷仁縣公。[5]加開府，[6]改封普寧縣公，[7]遷義州刺史。[8]尋從韋孝寬鎮玉壁城，[9]數與賊戰，敵人憚之。

及平齊，[10]以軍功進授大將軍，改封真鄉郡公，[11]拜左宫伯，[12]賜雜彩三百匹，奴婢二十口，賜子仲威爵浮陽郡公。[13]後歷定、鄘二州刺史。[14]

[1]遼東：郡名。漢時治所在今遼寧遼陽市。　襄平：縣名。漢時治所在今遼寧遼陽市。按，此處因言李氏郡望，故沿用漢郡縣名，隋時遼東郡地屬高麗國，亦無襄平縣。

[2]弼：人名。即李弼，西魏、北周重臣。位居柱國大將軍，官至太師、大司徒，爵封趙國公。傳見《周書》卷一五、《北史》卷六〇。

[3]太師：官名。北周時爲三公之首，名爲訓導之官，與天子坐而論道，實則無具體職掌，多用作元老重臣的榮譽性加銜。正九命。

[4]千牛備身：官名。北魏始置千牛備身，掌執千牛御刀，侍從皇帝左右。西魏承襲北魏之制亦置千牛備身，但其隸屬、品階未詳。

[5]懷仁縣公：爵名。西魏時爲十二等爵的第三等。從一品。

[6]開府：官名。全稱是開府儀同三司。西魏時屬勳官。西魏府兵制中二十四軍的長官均加此勳官名，可開府置官屬。從一品。

[7]普寧縣公：爵名。西魏時爲十一等爵的第三等。從一品。

[8]義州：西魏時治所在今河南盧氏縣。

[9]韋孝寬：人名。西魏、北周大臣。長期領兵坐鎮玉壁城以禦東魏、北齊，名震東夏。北周末年位居上柱國，官任行軍元帥，奉詔統軍略定淮南，又討滅相州總管尉遲迥之叛。傳見《周書》卷三一、《北史》卷六四。

[10]齊：即北齊（550—577），都於鄴（今河北臨漳縣西南鄴鎮東）。

[11]真鄉郡公：爵名。北周時爲十一等爵的第五等。正九命。

［12］左宫伯：官名。全稱是左宫伯中大夫。北周時爲天官府左宫伯曹的長官，掌宫廷戒令糾禁，督攝仗衛。正五命。

［13］仲威：人名。即李仲威。李衍的嗣子，北周武帝建德六年以父功賜爵爲浮陽郡公。事亦見《北史》卷六〇《李衍傳》、《新唐書·宰相世系表二上》。　浮陽郡公：爵名。北周時爲十一等爵的第五等。正九命。

［14］定：州名。北周時治所在今河北定州市。按，“定”字底本、宋刻遞修本、中華本同，但殿本、庫本作“安”，疑訛。　鄜：州名。亦作“敷”。北周時治所在今陝西富縣。

及王謙作亂，高祖以衍爲行軍總管，從梁睿擊平之。[1]進位上大將軍，賜縑二千匹。開皇元年，又以行軍總管討叛蠻，[2]平之。進位柱國，[3]賜帛二千匹。尋檢校利州總管事。[4]明年，突厥犯塞，[5]以行軍總管率衆討之，不見虜而還。轉介州刺史。[6]後數年，朝廷將有事江南，[7]詔衍於襄州道營戰船。[8]及大舉伐陳，授行軍總管，從秦王俊出襄陽道，[9]以功賜帛三千匹，米六百石。拜安州總管，[10]頗有惠政。歲餘，以疾還京師，卒於家，時年五十七。子仲威嗣。

［1］梁睿：人名。傳見本書卷三七，《北史》卷五九有附傳。

［2］蠻：古代對長江中游及其以南地區少數民族的泛稱。

［3］柱國：官名。隋文帝因改北周十一等勳官之制形成十一等散實官，用以酬勤勞，無實際職掌。柱國是十一等散實官的第二等，可開府置僚屬。正二品。

［4］檢校：官制用語。指尚未實授某官但已掌其職事，即代理、代辦之意。　利州：西魏置總管府，北周、隋初沿之。治所在今四

川廣元市。　總管：官名。全稱是總管刺史加使持節。北周始置諸州總管，隋初承繼，又有增置。總管的統轄範圍可達數州至十餘州，實爲一軍政轄區的最高長官。隋文帝在并、益、荆、揚四州置大總管，其餘州置總管。總管分上、中、下三等，品秩分别爲流内視從二品、視正三品、視從三品。

[5]突厥：古族名、國名。公元六世紀初興起於今阿爾泰山西南麓，552年在今鄂爾渾河流域建立突厥汗國，此後其勢力擴展至大漠南北，横跨蒙古高原，隋開皇二年分裂爲東、西兩部。傳見本書卷八四、《周書》卷五〇、《北史》卷九九、《舊唐書》卷一九四、《新唐書》卷二一五。

[6]介州：治所在今山西汾陽市。

[7]事：此特指征伐戰事。　江南：地區名。亦稱“江表”“江外”。指長江以南地區。此代指南朝陳。

[8]襄州道：隋初根據形勢需要在地方設置軍政特區，稱爲“道”，每道範圍包括若干州。襄州道亦稱山南道，即在華山和終南山以南之地設置的軍政特區，治所在今湖北襄樊市。

[9]秦王俊：即隋文帝第三子楊俊。傳見本書卷四五、《北史》卷七一。　襄陽道：行軍道路名。因取道於襄陽縣（治所在今湖北襄樊市）而得名。

[10]安州：西魏置總管府，北周、隋初沿之。治所在今湖北安陸市。

衍弟子長雅，[1]尚高祖女襄國公主，[2]襲父綸爵，[3]爲河陽郡公。[4]開皇初，拜將軍、散騎常侍，[5]歷内史侍郎、河州刺史、檢校秦州總管。[6]

[1]長雅：人名。即李長雅，李衍之弟李綸的嗣子。北周時襲父爵爲河陽郡公，娶楊堅之女爲妻，隋初以駙馬身份歷官散騎常

侍、内史侍郎、河州刺史、檢校秦州總管等職。事亦見《周書》卷一五、《北史》卷六〇《李弼傳》。

[2]尚：即尚主，專指娶公主爲妻。古時因尊帝王之女，不敢言娶，故稱“尚”，有承奉、仰攀之意。　襄國公主：隋公主封號名。隋文帝之女，嫁與李長雅爲妻。事亦見本書卷一《高祖紀上》、《北史·李弼傳》。

[3]綸：人名。即李綸，李衍之弟。北周時官至開府儀同三司、司會中大夫，爵封河陽郡公，早卒。事亦見《周書》卷五《武帝紀上》、卷一五《李弼傳》，《北史》卷一〇《周武帝紀》、卷六〇《李弼傳》，《新唐書·宰相世系表二上》。

[4]河陽郡公：爵名。北周時爲十一等爵的第五等。正九命。

[5]將軍：官名。隋開皇初年稱將軍的職官主要有兩類：一是十二衛府中的將軍，各有具體職掌，品階爲從三品至從八品下不等；二是散號官中的四十三號將軍，均無實際職掌，多用作加官，品階爲正六品上至從九品下不等。此處“將軍”因缺前冠之名，故無法確定其隸屬、職掌和品階。　散騎常侍：官名。爲門下省的屬官，置四員，掌陪從朝值，獻納得失，實則爲閑散虚職，多用作加官。從三品。隋煬帝大業三年罷廢。

[6]内史侍郎：官名。爲内史省的次官，協助本省長官掌詔令出納宣行。隋初置四員，正四品下；隋煬帝大業三年減置二員，正四品。大業十二年改内史省爲内書省，内史侍郎遂改稱内書侍郎。　河州：治所在今甘肅臨夏市。　秦州：北周置總管府，隋初沿之。治所在今甘肅天水市。

衍從孫密，[1]别有傳。

[1]密：人名。即李密，李衍長兄李曜之孫，隋時名將蒲山公李寬之子。傳見本書卷七〇、《北史》卷六〇、《舊唐書》卷五三、

《新唐書》卷八四。

伊婁謙

伊婁謙字彦恭，本鮮卑人也。[1]其先代爲酋長，[2]隨魏南遷。祖信，[3]中部太守。[4]父靈，[5]相、隆二州刺史。[6]謙性忠直，善辭令。仕魏爲直閤將軍。[7]周受禪，累遷宣納上士，[8]使持節、車騎大將軍。[9]

[1]鮮卑：古族名。爲東胡族的一支。秦漢時游牧於遼東，附於匈奴。北匈奴西遷後，進入匈奴故地，勢力漸盛。東漢桓帝時，首領檀石槐建立軍事行政聯合體，分東、中、西三部，各置大人統領。檀石槐死後，聯合體瓦解，附屬漢魏。兩晋南北朝時期，鮮卑慕容、乞伏、秃髮、拓跋、宇文等部先後在今華北及西北地區建立燕、西秦、南凉、北魏、北周等政權。隋唐以後漸被漢族同化。傳見《後漢書》卷九〇、《三國志》卷三〇。

[2]酋長：古代對少數民族部落首領的泛稱。

[3]信：人名。即伊婁信，北魏時人，官至中部郡太守。事亦見《北史》卷七五《伊婁謙傳》。

[4]中部：郡名。北魏時治所在今陝西黄陵縣南。

[5]靈：人名。即伊婁靈，北魏末至西魏時人，官至相、隆二州刺史。事亦見《北史·伊婁謙傳》。

[6]相：州名。北魏時治所在今河北臨漳縣西南。　隆：州名。西魏時治所在今四川閬中市。

[7]直閤將軍：官名。西魏時爲左右衛的屬官，掌宿衛侍從。其品階未詳，但北齊、隋時直閤將軍均爲從四品下，可作參考。

[8]宣納上士：官名。北周時其隸屬、職掌未詳，“或天官之

屬”。正三命。（參見王仲犖《北周六典》卷七《六官餘録第十三》，第 495 頁）

［9］使持節：魏晋南北朝至隋代，凡重要軍政長官出鎮或出征時，以及皇帝派遣使臣出巡地方或出使藩邦時，均加使持節、持節、假節等頭銜，以表示其權力和尊崇。使持節可誅殺二千石以下官吏，持節可誅殺無官職之人，假節可誅殺犯軍令之人。　車騎大將軍：官名。北周時屬軍號官。北周府兵制中儀同府的長官均帶此軍號官。九命。按，“車騎”各本皆同，但《北史·伊婁謙傳》作“驃騎”。

武帝將伐齊，[1]引入内殿，從容謂曰：“朕將有事戎馬，何者爲先？”謙對曰：“愚臣誠不足以知大事，但僞齊僭擅，[2]跋扈不恭，沈溺倡優，[3]耽昏麯蘖。[4]其折衝之將斛律明月已斃讒人之口，[5]上下離心，道路仄目。[6]若命六師，[7]臣之願也。”帝大笑，因使謙與小司寇拓拔偉聘齊觀釁。[8]帝尋發兵。齊主知之，[9]令其僕射陽休之責謙曰：[10]“貴朝盛夏徵兵，馬首何向？”[11]謙答曰：“僕憑式之始，[12]未聞興師。設復西增白帝之城，[13]東益巴丘之戍，[14]人情恒理，豈足怪哉！”謙參軍高遵以情輸於齊，[15]遂拘留謙不遣。帝克并州，[16]召謙勞之曰：“朕之舉兵，本俟卿還；不圖高遵中爲叛逆，[17]乖朕宿心，遵之罪也。”乃執遵付謙，任令報復。謙頓首請赦之，帝曰：“卿可聚衆唾面，令知愧也。”謙跪曰：“以遵之罪，又非唾面之責。”帝善其言而止。謙竟待遵如初。其寬厚仁恕，皆此類也。尋賜爵濟陽縣伯，[18]累遷前驅中大夫。[19]大象中，[20]進爵爲侯，[21]加位開府。[22]

［1］武帝：即北周武帝宇文邕。紀見《周書》卷五、六，《北史》卷一〇。

［2］僭擅：意謂越分妄稱帝王名號。古時常用以指斥非正統的王朝政權。

［3］沈溺：同“沉溺”。　倡優：古代娼妓和優伶的合稱。

［4］耽昏：沉湎昏迷。　麯櫱：即酒麯。亦借指酒。

［5］折衝：意謂使敵人的戰車後撤。喻指克敵制勝。　斛律明月：人名。即斛律光，字明月。東魏、北齊名將，屢立戰功，官至左丞相。北齊後主忌其功高震主，遂聽信讒言，以謀反罪誅殺之，盡滅其族。《北齊書》卷一七、《北史》卷五四有附傳。

［6］仄目：斜着眼看。多表示畏懼、忌恨等情緒。

［7］六師：本指周天子所統六軍之師。後用以泛稱天子的軍隊。

［8］小司寇：官名。全稱是小司寇上大夫。北周時爲秋官司寇府的次官，置二員，協助長官大司寇卿掌刑法律令，裁斷獄訟，以佐皇帝刑邦國。正六命。　拓拔偉：人名。即元偉。拓拔是其鮮卑舊姓，亦作“拓跋”。北周武帝建德四年官居小司寇上大夫，奉詔任爲聘齊使主，與副使伊婁謙同赴北齊出訪，伺機刺探北齊軍政情形，以助伐齊，但因屬下僚佐高遵泄漏北周軍機，結果被齊人扣留拘禁，直至建德六年北周攻滅北齊，方得釋歸還。傳見《周書》卷三八，《北史》卷一五有附傳。　聘：指國與國之間的出使訪問。

［9］齊主：即北齊後主高緯。紀見《北齊書》卷八、《北史》卷八。按，“齊主”底本原作“齊王”，殿本、庫本與底本同，當訛，今據宋刻遞修本、中華本及《北史》卷七五《伊婁謙傳》改。

［10］僕射：官名。北齊時爲尚書省的次官，左右各置一員，輔助長官尚書令執行政務，參議國家大政。但因北齊尚書令不常置，尚書省政務常由左右僕射主持，僕射則成爲尚書省的實際長官，位列宰相。從二品。　陽休之：人名。北齊後主時官任尚書右僕射。傳見《北齊書》卷四二，《北史》卷四七有附傳。

［11］馬首：此指出征軍隊的前進方向和攻伐目標。

［12］憑式：亦作“憑軾”。意謂人體倚在車前横木之上。喻指駕車出使或出征。

［13］設：推想，設想。　白帝：古城名。在今重慶奉節縣東瞿塘峽口。三國時蜀主劉備在夷陵戰敗後退還於此，起永安宫居之，故又名永安城。

［14］巴丘：山名。在今湖南岳陽市境内。三國時吴將魯肅、萬彧等曾率重兵屯戍於此，其後成爲長江中游的軍事重鎮。

［15］參軍：此是北周出訪使主屬下的參謀僚佐官。屬臨時差遣之職，事罷則廢。　高遵：人名。北周武帝建德四年任爲聘齊使主屬下參軍，隨從使主元偉、副使伊婁謙出使北齊，其間曾向北齊泄漏北周軍機，結果使元偉、伊婁謙均被北齊扣留拘禁。至建德六年北周攻克北齊陪都晋陽時，伊婁謙獲釋，高遵被捕，周武帝令伊婁謙報復高遵，但伊婁謙却奏請赦免高遵之罪，待之如初。事亦見《北史·伊婁謙傳》。

［16］并州：治所在今山西太原市西南古城營。東魏、北齊時在此築宫設朝，建爲陪都。

［17］不圖：不料，没想到。

［18］濟陽縣伯：爵名。北周時爲十一等爵的第八等。正七命。

［19］前驅中大夫：官名。北周時其隸屬未詳，當是統領前驅府兵的軍事長官，掌宿衛侍從。正五命。（參見王仲犖《北周六典》卷七《六官餘録第十三》，第511頁）

［20］大象：北周宣帝和静帝年號（579—580）。

［21］侯：爵名。此當是濟陽縣侯的省稱。北周時爲十一等爵的第七等。正八命。

［22］開府：官名。全稱是開府儀同三司，北周武帝建德四年改稱開府儀同大將軍。北周時屬勳官。北周府兵制中二十四軍的每軍長官均加此勳官名，可開府置官屬。九命。

高祖作相，授亳州總管，[1]俄徵還京。既平王謙，謙耻與逆人同名，因爾稱字。高祖受禪，以彦恭爲左武候將軍，[2]俄拜大將軍，[3]進爵爲公。[4]數年，出爲澤州刺史，[5]清約自處，甚得人和。以疾去職，吏人攀戀，[6]行數百里不絶。數歲，卒於家，時年七十。子傑嗣。[7]

[1]亳州：北周末年改南兖州置，設總管府。治所在今安徽亳州市。

[2]彦恭：伊婁謙之字。　左武候將軍：官名。隋初置左右武候府，掌皇帝出宫巡狩時的先驅後殿、晝夜警備等軍務。左武候將軍是左武候府的次官，置二人。從三品。隋煬帝大業三年改左右武候府爲左右候衛，左武候將軍遂改稱左候衛將軍。

[3]大將軍：官名。爲隋十一等散實官的第四等，可開府置僚佐。正三品。

[4]公：爵名。此當是濟陽縣公的省稱。爲隋九等爵的第五等。從一品。

[5]澤州：隋開皇初改建州置。治所在今山西澤州縣東北高都鎮。

[6]攀戀：意謂攀住車馬，不勝依戀。古時常用於表示對良吏的眷戀。

[7]傑：人名。即伊婁傑。事亦見《北史》卷七五《伊婁謙傳》。

田仁恭

田仁恭字長貴，平凉長城人也。[1]父弘，[2]周大司空。[3]仁恭性寬仁，有局度。[4]在周，以明經爲掌式中士。[5]後以父軍功，賜爵鶉陰子。[6]大冢宰宇文護引爲中外兵曹。[7]後數載，復以父功拜開府儀同三司，遷中外府掾。[8]從護征伐，數有戰功，改封襄武縣公，[9]邑五百户。從武帝平齊，加授上開府，[10]進封淅陽郡公，[11]增邑二千户，拜幽州總管。[12]宣帝時，[13]進爵雁門郡公。[14]

［1］平涼：郡名。治所在今寧夏固原市。　長城：縣名。治所在今寧夏彭陽縣。

［2］弘：人名。即田弘，北魏末至北周時人。官至柱國大將軍、大司空、襄州總管，爵封雁門郡公。傳見《周書》卷二七、《北史》卷六五。

［3］大司空：官名。全稱是大司空卿。北周時爲冬官司空府的長官，置一員，掌邦事，督百工，以五材九範之徒佐皇帝富邦國，營城郭都邑，立社稷宗廟，造宫宅器械。正七命。

［4］局度：即才幹和氣度。

［5］明經：漢代察舉取士的一種科目名。南北朝時沿置，亦爲朝廷選拔人才的考試科目之一，主要考察應舉者對儒家經典的通曉程度，凡合格者即可録用授官。　掌式中士：官名。北周時爲天官府納言曹的屬官，掌理御案筆硯之事，侍從皇帝左右。正二命。

［6］鶉陰子：爵名。全稱是鶉陰縣子。北周時爲十一等爵的第九等。正六命。

［7］大冢宰：官名。全稱是大冢宰卿。西魏恭帝三年仿《周禮》建六官，置大冢宰卿一人爲天官冢宰府的長官，職掌邦治，以建邦之六典輔佐皇帝治邦國。正七命。北周沿置，然其權力則因人而異，若有“五府總於天官”之命，即稱“冢宰”，能總攝百官，實爲大權在握的宰輔；若無此命，即稱“太宰”，與五卿並列，僅統本府官。　宇文護：人名。北周初期的宗室權臣，官居大冢宰，

都督中外諸軍事，至北周武帝建德元年被誅殺。傳見《周書》卷一一，《北史》卷五七有附傳。　中外兵曹：官名。全稱是中外府兵曹參軍事。北周武帝保定元年（561），以大冢宰宇文護爲都督中外諸軍事，開府置官屬，府名簡稱“中外府”，此爲宇文護控制北周朝政的權力機構。至建德元年，周武帝誅殺宇文護，親總朝政，中外府則廢。中外府兵曹參軍事，即爲宇文護中外府所屬列曹參軍之一，掌判府内武官選舉、兵器甲仗等事務。正四命。

［8］中外府掾：官名。北周時爲宇文護中外府的屬官，與“中外府屬”同列，分管府内諸曹事務。正五命。

［9］襄武縣公：爵名。北周時爲十一等爵的第六等，“命數未詳，非正九命則當是九命”（參見王仲犖《北周六典》卷八《封爵第十九》，第548頁）。

［10］上開府：官名。全稱是上開府儀同大將軍。北周武帝建德四年始置，爲北周十一等勳官的第五等，可開府置官屬。九命。

［11］淅陽郡公：爵名。北周時爲十一等爵的第五等。正九命。

［12］幽州：北周武帝建德六年平北齊後置總管府。治所在今北京市西南。

［13］宣帝：即北周宣帝宇文贇。紀見《周書》卷七、《北史》卷一〇。

［14］雁門郡公：爵名。北周時爲十一等爵的第五等。正九命。

高祖爲丞相，徵拜小司馬，[1]進位大將軍。從韋孝寬破尉遲迥於相州，[2]拜柱國。高祖受禪，進上柱國，[3]拜太子太師，[4]甚見親重。嘗幸其第，宴飲極歡，禮賜殊厚。奉詔營廟社，[5]進爵觀國公，[6]增邑通前五千户。未幾，拜右武衛大將軍。[7]歲餘，卒官，時年四十七。贈司空，[8]謚曰敬。子世師嗣。[9]次子德懋，[10]在《孝義傳》。

［1］小司馬：官名。全稱是小司馬上大夫。北周時爲夏官司馬府的次官，置二員，協助長官大司馬卿掌邦政，主征伐，以佐皇帝平邦國，四時則治兵講武，宿衛宫禁。正六命。

［2］尉遲迥：人名。亦省稱“尉迥”。北周末年官任相州總管，起兵反對楊堅篡周，旋被討滅。傳見《周書》卷二一、《北史》卷六二。　相州：北魏天興四年（401）分冀州始置相州，治所在今河北臨漳縣西南。東魏、北齊時改稱司州，爲都城所在地。北周建德六年滅北齊後復名相州。北周大象二年平定相州總管尉遲迥之叛後，因州城被毁，遂移治今河南安陽市。

［3］上柱國：官名。爲隋十一等散實官的第一等，可開府置僚屬。從一品。

［4］太子太師：官名。爲東宫三師之首，置一員，掌教諭太子。實則多爲安置退免大臣的閑職，或用作加官贈銜，皆無官屬。正二品。

［5］廟社：即宗廟和社稷。爲古代帝王祭祀祖先和天地神靈之所。

［6］觀國公：爵名。爲隋九等爵的第三等。從一品。

［7］右武衛大將軍：官名。爲右武衛的長官，置一員，掌領外軍宿衛宫禁。正三品。

［8］司空：贈官。正一品。

［9］世師：人名。即田世師。事亦見《北史》卷六五《田仁恭傳》。

［10］德懋：人名。即田德懋。傳見本書卷七二，《北史》卷六五有附傳。

時有任城郡公王景、鮮虞縣公謝慶恩，[1]並官至上柱國。大義公辛遵及其弟韶，[2]並官至柱國。高祖以其俱佐命功臣，特加崇貴，親禮與仁恭等。事皆亡失云。

[1]任城郡公：爵名。爲隋九等爵的第四等。從一品。按，"任城"底本原作"玉城"，宋刻遞修本、殿本、庫本與底本同，中華本據《周書》卷八《静帝紀》改作"任城"，並作校勘記云："北齊有任城郡，開皇三年郡廢。玉城是縣名，北魏已廢。"岑仲勉亦考校稱："玉城應任城之訛。"（岑仲勉：《隋書求是》，中華書局2004年版，第100頁）今從改。　王景：人名。北周末年爵封任城郡公，位至上柱國；隋文帝時以佐命功臣頗受寵信，官至夏州總管，開皇十八年以罪伏誅。事亦見本書卷二《高祖紀下》、《周書·静帝紀》、《北史》卷一〇《周静帝紀》及卷六五《田仁恭傳》。　鮮虞縣公：爵名。爲隋九等爵的第五等。從一品。　謝慶恩：人名。隋初以佐命功臣深受隋文帝寵信，官至上柱國，爵封鮮虞縣公。事亦見本書卷一《高祖紀上》、《北史》卷一一《隋文帝紀》及卷六五《田仁恭傳》。

[2]大義公：爵名。全稱是大義郡公。爲隋九等爵的第四等。從一品。　辛遵：人名。北周武帝時位居柱國，官任齊州刺史，爵封大義郡公；隋文帝時以佐命功臣頗受禮遇。事亦見本書卷六六《房彦謙傳》、《北史》卷三九《房彦謙傳》及卷六五《田仁恭傳》。　韶：人名。即辛韶。北周武帝時位居柱國，爵封涼城縣公，曾率軍扈從武帝攻伐北齊；隋文帝時以佐命功臣特加尊崇，甚見親待。事亦見《周書》卷六《武帝紀下》、卷三五《薛慎傳》，《北史》卷一〇《周武帝紀》、卷六五《田仁恭傳》等。

元亨

元亨字德良，一名孝才，河南洛陽人也。[1]父季海，[2]魏司徒、馮翊王，[3]遇周、齊分隔，[4]季海遂仕長安。[5]亨時年數歲，與母李氏在洛陽。齊神武帝以亨父在關西，[6]禁錮之。其母則魏司空李冲之女也，[7]素有智謀，遂詐稱凍餒，請就食於滎陽。[8]齊人以其去關西尚遠，老婦弱子，不以爲疑，遂許之。李氏陰托大豪李長壽，[9]携亨及孤侄八人，潛行草間，得至長安。周太祖見而大悦，以亨功臣子，甚優禮之。亨年十二，魏恭帝在儲宫，[10]引爲交友。釋褐千牛備身。大統末，[11]襲爵馮翊王，邑千户。授拜之日，悲慟不能自勝。俄遷通直散騎常侍，[12]歷武衛將軍、勳州刺史，[13]改封平凉王。[14]周閔帝受禪，[15]例降爲公。[16]明、武時，[17]歷隴州刺史、御正大夫、小司馬。[18]宣帝時，爲洛州刺史。[19]

[1]河南：郡名。治所在今河南洛陽市東北。　洛陽：縣名。治所在今河南洛陽市東北白馬寺東。

[2]季海：人名。即元季海。出身北魏宗室，北魏末至西魏時人，官至司徒、中書令、雍州刺史，爵封馮翊郡王。傳見《北史》卷一五。

[3]司徒：官名。西魏時爲三公之一，可開府置僚屬，參議國家大事，實則無具體職掌，多用爲大臣加官。正一品。　馮（píng）翊王：爵名。全稱是馮翊郡王。西魏時爲十二等爵的第一等。正一品。

[4]周、齊分隔：據文中所述事，當時北周、北齊尚未正式建立，故此處“周、齊”當分别代指其前身西魏和東魏。

[5]長安：西魏、北周的都城名。在今陝西西安市西北郊。

[6]齊神武帝：即高歡。東魏執政大臣，北齊的奠基者，北齊立國後被追封爲神武帝。紀見《北齊書》卷一、二，《北史》卷

六。　關西：地區名。亦稱關右、關中、關内。秦至唐時指函谷關或潼關以西、隴阪以東、終南山以北地區。此處代指西魏。

［7］司空：據《魏書》卷五三《李冲傳》及《北史》卷一〇〇《李冲傳》，此處司空是李冲死後的贈官，北魏時爲正一品。　李冲：人名。北魏孝文帝時官至尚書僕射，卒贈司空，爲北魏名臣。傳見《魏書》卷五三、《北史》卷一〇〇。按，文中稱元亨之母李氏乃李冲之女，然則李冲即爲元亨的外祖父。又按，“李冲”底本、宋刻遞修本、殿本、中華本皆同，《北史·元季海傳》亦同，但庫本作“李充”，當訛。

［8］滎陽：郡、縣名。東魏時治所在今河南滎陽市。按，“滎陽”各本皆同，但《北史》卷一五《元亨傳》作“湯陰”，疑誤。

［9］李長壽：人名。北魏末年爲伊川豪强，嘗聚兵討捕河南諸盜，頻戰有功，授爲衛大將軍、北華州刺史，賜爵清河郡公。北魏孝武帝西遷入關時，又率兵抵抗東魏，以功授爲潁川郡太守、廣州（治所在今河南魯山縣）刺史，尋被東魏大將侯景率兵攻殺。事亦見《周書》卷四三《李延孫傳》、《北史》卷一五《元亨傳》及卷六六《李延孫傳》。按，文中所述李長壽受李氏之托而携帶元亨等人潜行入關之事，應當發生在李長壽擔任潁川太守和廣州刺史期間，其兩處治所距離元亨母子就食的滎陽均不遠。

［10］魏恭帝：即西魏恭帝拓跋廓，西魏末代皇帝。紀見《北史》卷五。　儲宫：即太子所居的宫室。

［11］大統：西魏文帝元寶炬年號（535—551）。

［12］通直散騎常侍：官名。西魏時屬散官。正四品下。

［13］武衛將軍：官名。西魏時爲左右衛府的次官，各置二人，協助長官左右衛將軍統領本府禁兵宿衛宫廷。從三品。　勳州：西魏改南汾州置。治所在今山西稷山縣。

［14］平凉王：爵名。全稱是平凉郡王。西魏時爲十一等爵的第一等。正一品。

［15］周閔帝：即北周孝閔帝宇文覺。北周開國皇帝。紀見

《周書》卷三、《北史》卷九。

［16］公：爵名。此當是平涼郡公的省稱。北周時爲十一等爵的第五等。正九命。

［17］明：即北周明帝宇文毓。紀見《周書》卷四、《北史》卷九。　武：即北周武帝宇文邕。紀見《周書》卷五、六，《北史》卷一〇。

［18］隴州：西魏改東秦州置，北周沿之。治所在今陝西隴縣。　御正大夫：官名。北周初於天官府御正曹置御正中大夫、小御正下大夫爲該曹正、副長官，掌草擬詔册文誥，近侍樞機，參議刑罰爵賞及軍國大事。命品分别爲正五命、正四命。北周明帝武成元年又增置御正上大夫四人爲該曹長官，正六命，御正中大夫則退居副貳。此處“御正大夫”，王仲犖列爲御正中大夫（參見王仲犖《北周六典》卷二《天官府第七》，第55頁）。

［19］洛州：北周時治所在今河南洛陽市東北白馬寺東。按，“洛州”底本、宋刻遞修本、中華本、《北史·元亨傳》皆同，但殿本、庫本作“洛陽”，顯誤。

高祖爲丞相，遇尉遲迥作亂，洛陽人梁康、邢流水等舉兵應迥，[1]旬日之間，衆至萬餘。州治中王文舒潛與梁康相結，[2]將圖亨。亨陰知其謀，乃選關中兵，得二千人爲左右，執文舒斬之，以兵襲擊梁康、邢流水，皆破之。高祖受禪，徵拜太常卿，[3]增邑七百户。尋出爲衛州刺史，[4]加大將軍。衛土俗薄，亨以威嚴鎮之，在職八年，風化大洽。後以老病，表乞骸骨，[5]吏人詣闕上表，請留卧治，[6]上嗟歎者久之。其年，亨以篤疾，重請還京，上令使者致醫藥，問動静，相望於道。歲餘，卒于家，時年六十九。謚曰宣。

［1］梁康、邢流水：人名。此二人皆爲北周末年洛陽縣人，嘗聚集萬餘兵衆在本縣發動叛亂，以響應東部相州總管尉遲迥之叛，洛州刺史元亨隨即徵調關中兵擊破之，平息此亂。二人事亦見《册府元龜》卷六九四《牧守部·武功》。

［2］治中：官名。全稱是治中從事史。北周時爲諸州府的屬官，於府内居中治事，主管衆曹文書。其命品按上、中、下三等州分别定爲四命、正三命、三命。　王文舒：人名。北周末年官任洛州治中從事史，嘗與本州叛首梁康暗中勾結謀亂，結果被刺史元亨捕殺。事亦見《册府元龜》卷六九四《牧守部·武功》。

［3］太常卿：官名。爲太常寺的長官，置一員，掌國家禮樂、郊廟社稷祭祀等事務。正三品。

［4］衛州：治所在今河南淇縣東。

［5］乞骸骨：古代官吏自請退職的一種表達方式。意謂使骸骨得以歸葬故鄉。

［6］卧治：典出《史記》卷一二〇《汲鄭列傳》："卧而治之。"後用以稱謂政事清簡，無爲而治。

杜整

杜整字皇育，[1]京兆杜陵人也。[2]祖盛，[3]魏直閤將軍、潁川太守。[4]父闢，[5]渭州刺史。[6]整少有風概，九歲丁父憂，[7]哀毁骨立，[8]事母以孝聞。及長，驍勇有旅力，[9]好讀孫、吴《兵法》。[10]魏大統末，襲爵武鄉侯。[11]周太祖引爲親信。[12]後事宇文護子中山公訓，[13]甚被親遇。俄授都督。[14]明帝時，爲内侍上士，[15]累遷儀同三司，[16]拜武州刺史。[17]從武帝平齊，加上儀同，[18]進爵平原縣公，[19]邑千户，入爲勳曹中大夫。[20]

[1]皇育：底本、宋刻遞修本、中華本同，《北史》卷七七《杜整傳》亦同，但殿本、庫本作“皇甫”，疑訛。

[2]杜陵：縣名。漢時治所在今陝西西安市東南郊。按，此處因言杜氏郡望，故沿用漢舊縣名，隋時無杜陵縣。

[3]盛：人名。即杜盛，北魏至西魏初人，官至直閤將軍、潁川郡太守。事亦見《北史·杜整傳》。

[4]潁川：郡名。西魏時治所在今河南許昌市。

[5]闢：人名。即杜闢，北魏末至西魏時人，官至渭州刺史，爵封武鄉縣侯。事亦見《北史·杜整傳》。

[6]渭州：西魏時治所在今甘肅隴西縣南。

[7]丁父憂：即遭逢父親喪事。古代喪服禮制規定，父母死後，子女須守喪，三年内不得做官、婚娶、赴宴、應考、舉樂，等等。

[8]哀毁骨立：指居親喪哀傷過甚，以致骨瘦如柴。

[9]旅：底本、宋刻遞修本、中華本同，殿本、庫本作“膂”，二字相通。

[10]孫、吴《兵法》：春秋時兵家孫武所著《兵法》十三篇和戰國時兵家吴起所著兵書《吴子》四十八篇的合稱。均爲古代軍事名著。

[11]武鄉侯：爵名。全稱是武鄉縣侯。西魏時爲十一等爵的第五等。正二品。

[12]親信：此指西魏時宇文泰丞相府所轄的侍從衛士。

[13]中山公：爵名。全稱是中山郡公。北周時爲十一等爵的第五等。正九命。　訓：人名。即宇文訓，北周初期宗室權臣宇文護的世子。官至柱國、蒲州刺史，爵封中山郡公，至北周武帝建德元年誅殺宇文護時被連坐賜死。事亦見本書卷七四《崔弘度傳》、《周書》卷五《武帝紀上》及卷一一《晋蕩公護傳》、《北史》卷一

〇《周武帝紀》及卷五七《宇文護傳》等。

［14］都督：官名。北周時屬勳官。北周府兵制中每隊的長官均加此勳官名。七命。

［15］内侍上士：官名。應正作“中侍上士”。隋時因避諱“中”字，故史臣或改中侍爲内侍。北周時中侍上士是天官府左右宫伯曹的屬官，分左右置，左執龍環長刀，右執虎環長刀，並掌御寢之禁戒。正三命。

［16］儀同三司：官名。亦簡稱儀同，北周武帝建德四年改稱儀同大將軍。北周時屬勳官。北周府兵制中儀同府的長官均加此勳官名，可開府置官屬。九命。

［17］武州：北周時治所在今甘肅隴南市東南。

［18］上儀同：官名。全稱是上儀同大將軍。北周武帝建德四年始置，爲北周十一等勳官的第七等，可開府置官屬。九命。

［19］平原縣公：爵名。北周時爲十一等爵的第六等。正九命或九命。

［20］勳曹中大夫：官名。北周時其隸屬、職掌未詳，或當是北周後期改夏官府司勳中大夫之職而置。正五命。（參見王仲犖《北周六典》卷七《六官餘録第十三》，第505頁）

高祖爲丞相，進位開府。及受禪，加上開府，[1]進封長廣郡公，[2]俄拜左武衛將軍。[3]在職數年，以母憂去職，[4]起令視事。[5]開皇六年，突厥犯塞，詔遣衛王爽總戎北伐，[6]以整爲行軍總管兼元帥長史。[7]至合川，[8]無虜而還。整密進取陳之策，上善之，於是以行軍總管鎮襄陽。[9]尋病卒，時年五十五。高祖聞而傷之，贈帛四百匹，米四百石，謚曰襄。子楷嗣。[10]官至開府。[11]

［1］上開府：官名。全稱是上開府儀同三司。爲隋十一等散實官的第五等，可開府置僚佐。從三品。

［2］長廣郡公：爵名。爲隋九等爵的第四等。從一品。

［3］左武衛將軍：官名。爲左武衛府的次官，置二員，協助長官左武衛大將軍掌領外軍宿衛侍從。從三品。

［4］母憂：即遭逢母親喪事。參見前注“丁父憂”。

［5］視事：即就任官職而治理政事。此指服喪期未滿而奉命復官任職。

［6］衛王爽：即隋文帝的異母弟楊爽。傳見本書卷四四、《北史》卷七一。按，“衛王”底本、宋刻遞修本、中華本及《北史》卷七七《杜整傳》皆同，但殿本、庫本作“魏王”，當誤。

［7］元帥長史：此是行軍元帥府長史的省稱。爲北周至隋時出征軍統帥屬下的幕府僚佐，位居衆幕僚之首，掌領幕府行政事務。屬臨時差遣任命之職，事罷則廢。

［8］合川：縣名。治所在今四川若爾蓋縣北境、甘肅迭部縣西北。

［9］襄陽：縣名。治所在今湖北襄樊市。北周至隋初爲攻防南朝陳的軍事重鎮。

［10］楷：人名。杜整的嗣子。隋時官至開府儀同三司。事亦見《北史·杜整傳》。

［11］開府：官名。全稱是開府儀同三司。爲隋十一等散實官的第六等，可開府置僚佐，正四品上。隋煬帝大業三年廢十一等散實官，唯保留開府儀同三司一官，並改爲從一品，位次王公。

整弟肅，[1]亦少有志行。開皇初，爲通直散騎常侍、北地太守。[2]

［1］肅：人名。即杜肅。杜整之弟，隋文帝開皇初年官至通直

散騎常侍、北地郡太守。事亦見《北史》卷七七《杜整傳》。

[2]通直散騎常侍：官名。爲門下省的屬官，置四員，掌陪從朝值，獻納得失，實則爲閑散虛職，多用作加官。正四品下。隋煬帝大業三年罷廢。　北地：郡名。治所在今甘肅慶陽市。

李徹

李徹字廣達，朔方巖緑人也。[1]父和，[2]開皇初爲柱國。[3]徹性剛毅，有器幹，偉容儀，多武藝。大冢宰宇文護引爲親信，[4]尋拜殿中司馬，[5]累遷奉車都尉。[6]護以徹謹厚有才具，甚禮之。護子中山公訓爲蒲州刺史，[7]護令徹以本官從焉。未幾，拜車騎大將軍、儀同三司。武帝時，從皇太子西征吐谷渾，[8]以功賜爵同昌縣男，[9]邑三百户。後從帝拔晋州。[10]及帝班師，徹與齊王憲屯鷄栖原。[11]齊主高緯以大軍至，[12]憲引兵西上，以避其鋒。緯遣其驍將賀蘭豹子率勁騎躡憲，[13]戰於晋州城北。憲師敗，徹與楊素、宇文慶等力戰，[14]憲軍賴以獲全。復從帝破齊師於汾北，[15]乘勝下高壁，[16]拔晋陽，[17]擒高湝於冀州，[18]俱有力焉。録前後功，加開府，别封蔡陽縣公，[19]邑千户。宣帝即位，從韋孝寬略定淮南，[20]每爲先鋒。及淮南平，即授淮州刺史，安集初附，甚得其歡心。

[1]朔方：郡名。治所在今陜西靖邊縣白城子古城。　巖緑：縣名。治所在今内蒙古烏審旗南白城子鎮。

[2]和：人名。即李和，北魏末至隋初時人。北周時位居柱國

大將軍，官至延州刺史、都督延綏銀三州文安伏夷安民周昌梁和五防諸軍事，爵封德廣郡公；隋開皇元年進位上柱國，開皇二年卒。傳見《周書》卷二九、《北史》卷六六。

［3］開皇初爲柱國：“柱國”各本皆同，但據《周書·李和傳》及《北史·李和傳》均載稱李和在北周武帝時已進位柱國大將軍，隋開皇元年又遷上柱國，故可知此處“柱國”當是“上柱國”之脱文（參見唐華全《中華書局點校本〈隋書〉質疑二十九則》，《河北師範大學學報》2012年第1期）。

［4］親信：此指北周初期宇文護中外府所轄的侍從衛士。

［5］殿中司馬：官名。北周時屬散官。正一命。

［6］奉車都尉：官名。北周時屬散官。五命。

［7］蒲州：北周時治所在今山西永濟市西蒲州鎮。

［8］吐谷（yù）渾：古族名。本爲遼東鮮卑之種，姓慕容氏，西晋時西遷至群羌故地，北朝至隋唐時期游牧於今青海北部和新疆東南部地區。傳見本書卷八三、《晋書》卷九七、《魏書》卷一〇一、《周書》卷五〇、《北史》卷九六、《舊唐書》卷一九八、《新唐書》卷二二一上。

［9］同昌縣男：爵名。北周時爲十一等爵的第十等。正五命。按，“同昌”各本皆同，但《北史》卷六六《李徹傳》作“周昌”。

［10］晋州：北齊時治所在今山西臨汾市。北周武帝建德五年被周軍攻克而歸屬北周。

［11］齊王憲：即北周宗室親王宇文憲，周武帝之弟。北周武帝建德五年奉詔領軍爲前鋒，扈從武帝大舉攻伐北齊。傳見《周書》卷一二、《北史》卷五八。　鷄栖原：地名。在今山西霍州市北。

［12］齊主：底本原作“齊王”，殿本、庫本與底本同，當訛，今據宋刻遞修本、中華本及《北史·李徹傳》改。　高緯：人名。北齊末代皇帝。紀見《北齊書》卷八、《北史》卷八。

［13］賀蘭豹子：人名。北齊驍將，北齊武平七年（北周建德五年）十一月扈從齊後主高緯自并州南下争奪晋州，率領精鋭騎兵

追擊北周齊王宇文憲所領的部隊至晉州城北，周軍受挫，但旋即遭到李徹、楊素、宇文慶等周將的力戰反擊，結果被臨陣斬殺，齊軍乃退。事亦見《周書·齊煬王憲傳》《北史·齊煬王憲傳》。

［14］楊素：人名。傳見本書卷四八，《北史》卷四一有附傳。　宇文慶：人名。傳見本書卷五〇，《北史》卷五七有附傳。

［15］汾北：地區名。指今山西新絳縣汾河以北之地。

［16］高壁：山名。在今山西靈石縣南。東、西魏及北齊、北周對峙之際，因其地處軍事要衝，故東魏、北齊在此屯駐重兵據守。

［17］晉陽：都邑名。北齊治所在今山西太原市西南古城營。

［18］高湝：人名。北齊宗室親王，神武帝高歡之子。爵封任城王，北齊後主時官至大丞相。北周攻滅北齊之際募兵據守冀州，結果戰敗被擒，尋卒於長安。傳見《北齊書》卷一〇、《北史》卷五一。　冀州：北齊時治所在今河北冀州市。

［19］蔡陽縣公：爵名。北周時爲十一等爵的第六等。正九命或九命。

［20］淮南：地區名。泛指淮河以南地區。

高祖受禪，加上開府，轉雲州刺史。[1]歲餘，徵爲左武衛將軍。及晉王廣之鎮并州也，[2]朝廷妙選正人有文武才幹者，爲之僚佐。上以徹前代舊臣，數持軍旅，詔徹總晉王府軍事，[3]進爵齊安郡公。[4]時蜀王秀亦鎮益州，[5]上謂侍臣曰：“安得文同王子相，[6]武如李廣達者乎？”其見重如此。

［1］雲州：隋文帝開皇五年改榆關總管府置爲雲州總管府，治所在今内蒙古托克托縣東北，開皇二十年又移治今内蒙古和林格爾縣西北。按，岑仲勉考校稱：“按《地理志》，開皇三年，置榆關總管於陽壽縣，五年，改曰雲州總管。依本傳，則似未有榆關總管前

已有雲州，而《地理志》未之言，待考。”（岑仲勉：《隋書求是》，第 100 頁）

［2］晋王廣：即楊廣。紀見本書卷三、四，《北史》卷一二。并州：北周置總管府，隋開皇二年置河北道行臺，開皇九年改置大總管府。治所在今山西太原市西南古城營。

［3］總晋王府軍事：此當是晋王府司馬之職掌。

［4］齊安郡公：爵名。爲隋九等爵的第四等。從一品。

［5］蜀王秀：即隋文帝第四子楊秀。傳見本書卷四五、《北史》卷七一。　益州：北周置總管府，隋開皇二年置西南道行臺，開皇三年改置大總管府。治所在今四川成都市。

［6］王子相：人名。即王韶，字子相。傳見本書卷六二、《北史》卷七五。

明年，突厥沙鉢略可汗犯塞，[1]上令衛王爽爲元帥，[2]率衆擊之，以徹爲長史。[3]遇虜於白道，[4]行軍總管李充言於爽曰：[5]“周、齊之世，有同戰國，中夏力分，[6]其來久矣。突厥每侵邊，諸將輒以全軍爲計，莫能死戰。由是突厥勝多敗少，所以每輕中國之師。今者沙鉢略悉國内之衆，屯據要險，必輕我而無備，精兵襲之，可破也。”爽從之。諸將多以爲疑，唯徹奬成其計，請與同行。遂與充率精騎五千，出其不意，掩擊大破之。沙鉢略棄所服金甲，潛草中而遁。以功加上大將軍。[7]沙鉢略因此屈膝稱藩。未幾，沙鉢略爲阿拔所侵，[8]上疏請援。以徹爲行軍總管，率精騎一萬赴之。阿拔聞而遁去。及軍還，復領行軍總管，屯平凉以備胡寇，[9]封安道郡公。[10]開皇十年，進位柱國。及晋王廣轉牧淮海，[11]以徹爲揚州總管司馬，[12]改封德廣郡公。[13]尋徙封城陽郡公。[14]其後突厥犯塞，徹復領行軍總管擊破之。

[1]沙鉢略可汗：隋時東突厥的可汗，名攝圖。事見本書卷八四、《北史》卷九九《突厥傳》。可汗是古代鮮卑、柔然、突厥、回紇、蒙古等民族中最高統治者的稱號。

[2]元帥：此指行軍元帥。北周至隋時出征軍的統帥名。根據需要臨時差遣任命，事罷則廢。

[3]長史：此指行軍元帥府長史。參見前注“元帥長史”。

[4]白道：關隘名。在今内蒙古呼和浩特市西北。

[5]李充：人名。傳見本書卷五三，《北史》卷一〇〇有附傳。按，李充之名，《北史》卷一〇〇《序傳》、《舊唐書》卷六二《李大亮傳》、《新唐書·宰相世系表二上》均作“充節”，疑乃隋唐時人習慣省稱兩字名爲單名之故。

[6]中夏：即華夏、中國。古代指中原地區。

[7]上大將軍：官名。爲隋十一等散實官的第三等，可開府置僚佐。從二品。

[8]阿拔：即隋時東突厥“阿波”可汗稱號的異譯，其名大邏便。事見本書卷八四、《北史》卷九九《突厥傳》等。

[9]平涼：縣名。北周始置，隋時沿之。治所在今甘肅平涼市北。　胡：古代對北方和西方少數民族的泛稱。此指突厥。

[10]安道郡公：爵名。爲隋九等爵的第四等。從一品。

[11]牧：此指出任地方長官。　淮海：地區名。泛指淮河以南地區。按，此處“牧淮海”是指楊廣出任揚州總管事。

[12]揚州：隋開皇九年改吴州置，設大總管府。治所在今江蘇揚州市。　總管司馬：官名。爲諸州總管府的上佐官，協助總管統領府中軍務。其品階史無明載，但隋代諸州總管府和諸州府均分爲上、中、下三等，三等州司馬的品階分别爲正五品下、從五品下、

正六品下，故三等總管府司馬的品階亦當與三等州司馬略同。而揚州爲大總管府，其司馬更應高於上州司馬，當在正五品下以上。

[13]德廣郡公：爵名。爲隋九等爵的第四等。從一品。

[14]城陽郡公：爵名。爲隋九等爵的第四等。從一品。

左僕射高熲之得罪也，[1]以徹素與熲相善，因被疏忌，不復任使。後出怨言，上聞而召之，入卧内賜宴，言及平生，因遇鴆而卒。[2]大業中，其妻宇文氏爲孽子安遠誣以咒詛，[3]伏誅。

[1]左僕射：官名。隋時於尚書省置左、右僕射各一人爲副貳，地位僅次於長官尚書令。但因隋代尚書令不常置，僕射則成爲尚書省的實際長官，是宰相之職。從二品。　高熲：人名。傳見本書卷四一、《北史》卷七二。

[2]鴆：用鴆羽浸製的毒酒。亦指以鴆酒毒殺人。

[3]宇文氏：各本皆同，但《北史》卷六六《李徹傳》作“元氏”。　孽子：指非正妻所生的庶子。　安遠：人名。即李安遠，李徹的庶子。少無行檢，隋煬帝大業中嘗誣告其嫡母宇文氏行咒詛事，致使宇文氏被朝廷誅殺。後乃折節向學，官至正平縣令。唐初以元從功臣歷官右武衛大將軍、潞州都督、懷州刺史，爵封廣德郡公。傳見《舊唐書》卷五七、《新唐書》卷八八。

崔彭

崔彭字子彭，博陵安平人也。[1]祖楷，[2]魏殷州刺史。[3]父謙，[4]周荆州總管。[5]彭少孤，事母以孝聞。性剛毅，有武略，工騎射。善《周官》《尚書》，[6]略通大義。周武帝時，爲侍伯上士，[7]累轉門正上士。[8]

［1］博陵：郡名。治所在今河北定州市。　安平：縣名。治所在今河北安平縣。

［2］楷：人名。即崔楷，北魏時人，官至殷州刺史。《魏書》卷五六、《北史》卷三二有附傳。

［3］殷州：北魏孝明帝孝昌二年（526）分定、相二州置。治所在今河北隆堯縣東。

［4］謙：人名。即崔謙，北魏末至北周時人。官至荆州總管，爵封武康郡公。傳見《周書》卷三五，《北史》卷三二有附傳。

［5］荆州：北周時置總管府。治所在今湖北荆州市。

［6］《周官》：即《周禮》的别稱。相傳爲周公所作，實爲戰國時儒家搜集周代官制和戰國時各國制度，比附儒家政治理想彙編而成的一部著作，爲儒家經典之一。　《尚書》：亦簡稱《書》。相傳爲孔子編選而成的一部上古文獻著作彙編，爲儒家經典之一。

［7］侍伯上士：官名。北周時其隸屬未詳，當是掌領侍伯禁兵的軍官。正三命。（參見王仲犖《北周六典》卷七《六官餘録第十三》，第512頁）

［8］門正上士：官名。北周時“或地官之屬”，掌門關啓閉之節及出入門者。正三命。（參見王仲犖《北周六典》卷七《六官餘録第十三》，第497頁）

及高祖爲丞相，周陳王純鎮齊州，[1]高祖恐純爲變，遣彭以兩騎徵純入朝。彭未至齊州三十里，因詐病，止傳舍，[2]遣人謂純曰：“天子有詔書至王所，彭苦疾，不能强步，願王降臨之。”純疑有變，多將從騎至彭所。彭出傳舍迎之，察純有疑色，恐不就徵，因詐純曰：

"王可避人，將密有所道。"純麾從騎，彭又曰："將宣詔，王可下馬。"純遽下，彭顧其騎士曰："陳王不從詔徵，可執也。"騎士因執而鎖之。彭乃大言曰："陳王有罪，詔徵入朝，左右不得輒動。"[3]其從者愕然而去。高祖見而大悦，拜上儀同。

[1]陳王純：即北周宗室親王宇文純，宇文泰之子，爵封陳王。北周宣帝時以太傅出就封國，兼鎮齊州；北周静帝大象二年楊堅執政時，恐其生變，遂矯詔派遣崔彭至齊州將其執送入京，旋即被害。傳見《周書》卷一三、《北史》卷五八。　齊州：北周時治所在今山東濟南市。

[2]傳舍：古時設在交通道路近旁以供行人休息食宿的驛站旅舍。

[3]輒動：擅動，隨便行動。

及踐祚，[1]遷監門郎將，[2]兼領右衛長史，[3]賜爵安陽縣男。[4]數歲，轉車騎將軍，[5]俄轉驃騎，[6]恒典宿衛。性謹密，在省闥二十餘年，[7]每當上在仗，[8]危坐終日，未嘗有怠惰之容，上甚嘉之。上每謂彭曰："卿當上日，我寢處自安。"又嘗曰："卿弓馬固以絶人，頗知學不?"彭曰："臣少愛《周禮》《尚書》，每於休沐之暇，[9]不敢廢也。"上曰："試爲我言之。"彭因説君臣戒慎之義，上稱善，觀者以爲知言。後加上開府，遷備身將軍。[10]

[1]踐祚：本指走上廟寢堂前的阼階主位以行祭祀，後喻指皇帝即位登基。此指楊堅於公元 581 年廢北周静帝，即位稱帝。按，"祚"字底本、宋刻遞修本同，殿本、庫本、中華本作"阼"，

義同。

[2]監門郎將：官名。隋初爲左右監門府的次官，各置二員，協助長官左右監門將軍掌宫殿門禁及守衛之事，正四品下。隋煬帝大業三年又改左右監門將軍稱爲左右監門郎將，是左右監門府的長官，各置一員，掌同隋初，正四品。

[3]右衛長史：官名。隋初爲右衛府的上佐官，置一員，掌判本府行政事務，正七品上。隋煬帝大業三年改左右衛爲左右翊衛，右衛長史遂改稱右翊衛長史，升爲從五品。

[4]安陽縣男：爵名。爲隋九等爵的第九等。正五品上。

[5]車騎將軍：官名。隋初爲府兵制中統領驃騎府兵的軍事副長官。正五品上。隋煬帝大業三年改驃騎府爲鷹揚府，車騎將軍遂改稱鷹揚副郎將，大業五年又改稱鷹擊郎將。降爲從五品。

[6]驃騎：此是驃騎將軍的省稱。官名。隋初爲府兵制中統領驃騎府兵的軍事長官，正四品上。隋煬帝大業三年改驃騎府爲鷹揚府，驃騎將軍遂改稱鷹揚郎將，降爲正五品。

[7]省闥：亦稱“禁闥”。即宫中、禁中。古代中央諸省官署均設於禁中，故亦因以代稱中央政府。

[8]當上在仗：指在宿衛兵仗中輪番值班。

[9]休沐：休息洗沐。亦泛指休假。

[10]備身將軍：官名。據本書《百官志下》和《通典》卷二八《職官·左右驍衛》載，隋文帝開皇十八年始設左右備身府，各置備身將軍一人爲其長官，掌領府兵宿衛。從三品。隋煬帝大業三年改左右備身府爲左右驍騎衛，各置驍騎衛大將軍和將軍爲正副長官；而又另改左右領左右府爲左右備身府，各置備身郎將一人爲長官。此後，備身將軍之名則廢。

上嘗宴達頭可汗使者於武德殿，[1]有鴿鳴於梁上。上命彭射之，既發而中。上大悦，賜錢一萬。及使者反，可汗復遣使於上曰：“請得崔將軍一與相見。”上曰：“此必善射聞於虜庭，所以來請耳。”遂遣之。及至匈奴中，[2]可汗召善射者數十人，因擲肉於野，以集飛鳶，遣其善射者射之，多不中。復請彭射之，彭連發數矢，皆應弦而落。突厥相顧，莫不歎服。可汗留彭不遣百餘日，上賂以繒彩，然後得歸。仁壽末，[3]進爵安陽縣公，[4]邑二千户。

[1]達頭可汗：隋時西突厥的可汗，名玷厥。事見本書卷八四、《北史》卷九九《突厥傳》。　武德殿：隋都長安宫殿名。始建於隋初。位於長安大興宫内東側，與東宫相鄰。隋時皇帝多於此殿舉行大射或宴迎蕃使。

[2]匈奴：古族名。戰國至秦漢時游牧於大漠南北廣大地區，後逐漸衰落西遷或被漢化。此處借指突厥。

[3]仁壽：隋文帝楊堅年號（601—604）。

[4]安陽縣公：爵名。爲隋九等爵的第五等。從一品。

煬帝即位，[1]遷左領軍大將軍。[2]從幸洛陽，彭督後軍。時漢王諒初平，[3]餘黨往往屯聚，令彭率衆數萬鎮遏山東，[4]復領慈州事。[5]帝以其清，賜絹五百匹。未幾而卒，時年六十三。帝遣使弔祭，贈大將軍，[6]謚曰肅。子寶德嗣。[7]

[1]煬帝：即隋煬帝楊廣。紀見本書卷三、四，《北史》卷一二。

[2]左領軍大將軍：官名。按，本書《百官志下》載隋文帝朝置“左右領軍府，各掌十二軍籍帳、差科、辭訟之事。不置將軍。

唯有長史、司馬”等員（《通典》卷二八《職官·左右領軍衛》所載略同）。但考本書和《北史》紀傳，隋文帝時及隋煬帝初年，任左、右領軍大將軍者有高熲、宇文忻、李安、楊秀、崔彭、楊爽、賀若弼、劉升等人，任左、右領軍將軍者有楊處綱、長孫晟、史萬歲、李安、盧賁、史祥、獨孤陀等人。由此可知，《百官志下》所云“不置將軍”當是隋初始設左右領軍府時所定之制，而稍後則與其他衛府一樣實際上各置有大將軍和將軍。左領軍大將軍，當是左領軍府的長官，職掌如前《百官志下》所載，員額和品秩則當與其他各衛府大將軍相同，亦爲一員，正三品。

［3］漢王諒：即隋文帝第五子楊諒。傳見本書卷四五、《北史》卷七一。

［4］山東：地區名。戰國秦漢時期稱崤山或華山以東地區爲山東，魏晋南北朝隋唐時期亦稱太行山以東地區爲山東。

［5］領：官制用語。即以較高官兼理較低官之職事。此處“領慈州事”，即以本官左領軍大將軍兼理慈州刺史之職事。　慈州：隋開皇十年置。治所在今河北磁縣。

［6］大將軍：贈官。正三品。

［7］寶德：人名。即崔寶德。崔彭的嗣子，唐初官至工部、主爵二司郎中。事亦見《北史》卷三二《崔彭傳》、《新唐書·宰相世系表二下》、周紹良主編《唐代墓誌彙編》天寶一四一《唐故新定郡遂安縣尉李府君夫人博陵崔氏墓誌銘并序》及長慶〇二六《唐故朝散大夫光禄卿致仕上柱國賜紫金魚袋崔（廷）公墓誌銘》（上海古籍出版社 1992 年版，第 1631、2077 頁）。

史臣曰：王長述等，或出總方岳，[1]或入司禁旅，咸著聲績，以功名終，有以取之也。伊婁謙志量弘遠，不念舊惡，請赦高遵之罪，有國士之風焉。[2]崔彭巡警巖廊，[3]毅然難犯，禦侮之寄，[4]有足稱乎！

[1]方岳：指地方州郡。

[2]國士：古代對一國之中德行才能最優秀的人物的譽稱。

[3]巖廊：高峻的廊廡。多借指朝廷。

[4]禦侮：抵禦外侮。

今注本二十四史

隋書

二

紀〔二〕志〔一〕

唐 魏徵等 撰

馬俊民 張玉興 主持校注

中国社会科学出版社

隋書　卷四

帝紀第四

煬帝下

八年春正月辛巳，[1]大軍集于涿郡。[2]以兵部尚書段文振爲左候衛大將軍。[3]壬午，下詔曰：

[1]八年：此指隋煬帝大業八年（612）。

[2]涿郡：大業初改幽州置，治所在今北京市西南。

[3]兵部尚書：官名。隋尚書省下轄六部之一兵部的長官。掌全國軍衛武官選授之政令，統兵部、職方、駕部、庫部四曹。置一員，正三品。　段文振：人名。傳見本書卷六〇、《北史》卷七六。　左候衛大將軍：官名。隋文帝時設左右武候，置大將軍各一人。掌皇帝車駕出，先驅後殿，晝夜巡察，執捕奸非，烽候道路等；巡狩時則掌營禁。正三品。煬帝大業三年改左右武候名左右候衛，爲十二衛之一，其他未變。左候衛大將軍是左候衛長官。

天地大德，降繁霜於秋令；聖哲至仁，著甲兵於刑典。故知造化之有肅殺，義在無私；帝王之用干戈，蓋非獲已。版泉、丹浦，[1]莫匪龔行，取亂覆昏，咸由順動。况乎甘野誓師，[2]夏開承大禹之業；商郊問罪，[3]周發成文王之志。[4]永監前載，屬當朕躬。

[1]版泉：古地名。亦作“阪泉”。相傳黄帝與炎帝戰於阪泉之野。其地所在，有三説：一是在今山西陽曲縣東北，相傳舊名漢山；二是在今河北涿鹿縣東南；三是在今山西運城市南。　丹浦：丹水之濱。相傳堯與有苗戰於丹水之浦。

[2]甘野：古地名。夏有扈國南郊地。在今陝西户縣。《尚書·甘誓序》：“啓與有扈戰于甘之野。”

[3]商郊問罪：此指周武王伐紂。商郊，指牧野（一作姆野）。在今河南淇縣以南、衛輝市以北地區。

[4]周發：即周武王姬發。詳見《史記》卷四《周本紀》。文王：即周文王姬昌。詳見《史記·周本紀》。

粵我有隋，誕膺靈命，兼三才而建極，[1]一六合而爲家。[2]提封所漸，細柳、盤桃之外，[3]聲教爰暨，紫舌、黄枝之域，[4]遠至邇安，罔不和會。功成治定，於是乎在。而高麗小醜，迷昏不恭，崇聚勃、碣之間，[5]薦食遼、獩之境。[6]雖復漢、魏誅戮，巢窟暫傾，亂離多阻，種落還集。萃川藪於往代，[7]播實繁以迄今，眷彼華壤，翦爲夷類。歷年永久，惡稔既盈，天道禍淫，亡徵已兆。亂常敗德，非可勝圖，掩慝懷姦，唯日不足。移告之嚴，未嘗面受，朝覲之禮，莫肯躬親。誘納亡叛，不知紀極，充斥邊垂，亟勞烽候，[8]關柝以之不静，生人爲之廢業。在昔薄伐，已漏天網，既緩前禽之戮，[9]未即後服之誅。曾不懷恩，翻爲長惡，乃兼契丹之黨，[10]虔劉海戍，習靺鞨之服，[11]侵軼遼西。[12]又青丘之表，[13]咸修職貢，碧海之濱，同稟正朔，[14]遂復敚攘琛賮，[15]遏絶往來，虐及弗辜，誠而遇禍。輶軒奉使，爰暨海東，旌節所次，途經藩境，而擁塞道路，拒絶王人，無事君之心，豈爲臣之禮！此而可忍，孰不可容！且法令苛酷，賦斂煩重，强臣豪族，咸執國鈞，朋黨比周，以之成俗，賄貨如市，冤枉莫申。重以仍歲災凶，比屋饑饉，兵戈不息，徭役無期，力竭轉輸，身填溝壑。百姓愁苦，爰誰適從？境内哀惶，不勝其弊。迴首面内，各懷性命之圖，黄髮稚齒，咸興酷毒之歎。省俗觀風，爰届幽朔，弔人問罪，無俟再駕。於是親總六師，[16]用申九伐，[17]拯厥阽危，協從天意，殄兹逋穢，克嗣先謨。

［1］三才：天、地、人。

［2］六合：天下，人世間。

［3］細柳：指日落之處。　盤桃：傳説中遥遠的山名。

［4］紫舌：形容語言不同於中原。　黄枝：又作“黄支”。古國名。《漢書》卷一二《平帝紀》注引應劭：“黄支在日南之南，去京師三萬里。”

［5］勃：即今渤海。　碣：古山名。即碣石山。一説即今遼寧綏中縣東南海中姜女墳。一説即今河北昌黎縣北碣石山。

［6］遼：區域名。指遼東或遼西。即泛指今遼河東、西面地區。　獩（huì）：古代東方少數民族名，亦作穢、濊。《吕氏春秋·恃君》：“非濱之東，夷穢之鄉。”高誘注：“穢，夷國名。”詳見《通典》卷三二四《四裔·濊》。宋刻遞修本、汲古閣本、殿本、庫本、中華本同，《北史》卷一二《隋煬帝紀》作“濊”。

［7］川藪：諸本同，李慈銘《隋書札記》指出本爲“淵藪”，唐人避諱改。

［8］烽候：亦作“烽堠”。烽火臺。

［9］禽：“擒”的古字。俘獲，被俘，制伏。

［10］契丹：古部族名。爲鑌鐵或刀劍之意。其族源出於東胡，爲鮮卑之一支。北朝時游牧於西拉木倫河、老哈河一帶。北朝末年逐漸强盛，分爲十部。傳見本書卷八四、《北史》卷九四。

［11］靺鞨：古族名。西漢以前稱肅慎，東漢稱挹婁，南北朝以來稱勿吉，隋唐稱靺鞨。所處東至日本海，西接突厥，南界高麗，北臨室韋。大體以今吉林松花江流域爲中心，分布在東至俄羅斯濱海邊疆區，北至黑龍江、烏蘇里江的廣大地區。分數十部，互不統一，社會發展不平衡。傳見本書卷八一、《北史》卷九四、《舊唐書》卷一九九下、《新唐書》卷二一九。

［12］遼西：地區名。泛指今遼寧遼河以西大凌河流域及其以南、河北樂亭縣以東地區。

［13］青丘：亦作“青邱”。泛指邊遠蠻荒之國。

［14］稟正朔：意同“受正朔”。古代某獨立政權若改爲尊奉另一王朝的正朔，便表示降服，並成爲所尊正朔王朝的一部分。正朔，此謂帝王新頒的曆法。古代帝王易姓受命，必改正（年始）朔（月初），故夏、殷、周、秦及漢初的正朔各不相同。自漢武帝後，直至現今的農曆，都用夏制，即以建寅之月爲歲首。

［15］敚（duó）：“奪”的古字。强取，奪取。　賮（jìn）：同“賮”。進貢的財物。

［16］六師：周天子所統六軍之師。後以爲天子軍隊之稱。

［17］九伐：古代指對九種罪惡的討伐。後泛指征伐。

今宜授律啓行，分麾届路，掩勃澥而雷震，［1］歷夫餘以電掃。［2］比戈按甲，誓旅而後行，先令五申，［3］必勝而後戰。左第一軍可鏤方道。[4]第二軍可長岑道，[5]第三軍可海冥道，[6]第四軍可蓋馬道，[7]第五軍可建安道，[8]第六軍可南蘇道，[9]第七軍可遼東道，[10]第八軍可玄菟道，[11]第九軍可扶餘道，第十軍可朝鮮道，[12]第十一軍可沃沮道，[13]第十二軍可樂浪道，[14]右第一軍可黏蟬道，[15]第二軍可含資道，[16]第三軍可渾彌道，[17]第四軍可臨屯道，[18]第五軍可候城道，[19]第六軍可提奚道，[20]第七軍可踏頓道，[21]第八軍可肅慎道，[22]第九軍可碣石道，[23]第十軍可東暆道，[24]第十一軍可帶方道，[25]第十二軍可襄平道。[26]凡此衆軍，先奉廟略，駱驛引途，總集平壤。[27]莫非如豺如貔之勇，百戰百勝之雄，顧眄則山岳傾頹，叱吒則風雲騰鬱，心德攸同，爪牙斯在。朕躬馭元戎，爲其節度，涉遼而東，[28]循海之右，[29]解倒懸於遐裔，問疾苦於遺黎。其外輕齎游闕，[30]隨機赴響，卷甲銜枚，出其不意。又滄海道軍舟艫千里，[31]高颿電逝，巨艦雲飛，横斷沮江，[32]逕造平壤，島嶼之望斯絶，坎井之路已窮。[33]其餘被髮左衽之人，[34]控弦待發，微、盧、彭、濮之旅，[35]不謀同辭。杖順臨逆，人百其勇，以此衆戰，勢等摧枯。

[1]勃澥：一作渤澥。即今渤海以及東海部分海域。

[2]夫餘：一作扶餘、鳧臾、浮渝。古族名。出自濊族。漢魏時分布在今松花江中游一帶，以今吉林農安縣爲中心。西晋爲鮮卑族慕容氏所破，公元五世紀末，其地爲勿吉人所占，居民分散融合於漢、勿吉、高句麗等族。傳見《後漢書》卷八五、《晋書》卷九七。後借爲假托的國名。

［3］先令五申："先"，宋刻遞修本、汲古閣本、殿本同。庫本作"三"。中華本改爲"三"，校勘記云："'三'原作'先'，據《三國史記》二〇及《北史·隋本紀》下改。"

［4］鏤方：縣名。西漢置。治所在今朝鮮平安南道成川、陽德二郡之間。按，《通鑑》卷一八一《隋紀》大業八年正月條胡三省注："帝指授諸軍所出之道，多用漢縣舊名。《漢志》：鏤方、長岑、朝鮮，屬樂浪郡。蓋馬，屬玄菟郡，有蓋馬大山。遼東，漢郡名。冥海，蓋即漢樂浪郡之海冥縣。建安、南蘇、扶餘，皆高麗國城守之處。沃沮，亦古地名，是時其地已入新羅界。"　道：方向；方位。

［5］長岑：縣名。西漢治所在今朝鮮境内。

［6］海冥：縣名。西漢置。治所在今朝鮮黄海道海州一帶。按，諸本以及《北史》卷一二《隋煬帝紀》皆同。岑仲勉指出據"豆盧寔志，作左第二軍海冥道"（岑仲勉：《隋書求是》，中華書局2004年版，第19頁）。但《通鑑》卷一八一《隋紀》大業八年正月條作"冥海"。中華本校勘記指出："《三國史記》二〇作'冥海道'。"再考《漢書·地理志》，樂浪郡下屬縣名"海冥"。胡三省指出，"帝指授諸軍所出之道，多用漢縣舊名"。可斷"冥海"似是"海冥"之倒文。

［7］蓋馬：縣名。西漢治所在今朝鮮境。蓋馬大山即今朝鮮境狼林山脈。

［8］建安：縣名。西漢治所在今朝鮮境。

［9］南蘇：縣名。西漢治所在今朝鮮境。

［10］遼東：地區名。泛指今遼河以東地區。

［11］玄菟：郡名。西漢元封三年（前108）置。治所在今朝鮮咸鏡南道咸興。

［12］朝鮮：縣名。西漢治所在今朝鮮平壤市西南大同江南岸土城洞。一説即今平壤市。

［13］沃沮：縣名。西漢治所在今朝鮮咸鏡南道咸興市。一説即

咸鏡北道鏡城或咸鏡南道北青。

[14]樂浪：郡名。西漢置。治所在今朝鮮平壤市大同江南岸土城洞。一説即今平壤市。

[15]黏蟬（tí）：縣名。西漢置。治所在今朝鮮平安南道龍崗郡西于乙洞古城。按，《通鑑》卷一八一《隋紀》大業八年正月條胡三省注："《漢志》：黏蟬、含資、渾彌、提奚、東暆、帶方等縣，屬樂浪郡。候城、襄平，屬遼東郡。臨屯，亦漢武帝所置郡名。蹋頓，即漢末遼西烏丸蹋頓所居。肅慎，古肅慎氏之國，其地時爲靺鞨所居。碣石，《禹貢》之碣石也。杜佑以爲此碣石在高麗中。佑曰：碣石山，在漢樂浪郡遂城縣。"

[16]含資：縣名。西漢置。治所即今朝鮮黄海北道瑞興郡。

[17]渾彌：縣名。西漢治所在今朝鮮境。

[18]臨屯：郡名。西漢置。治所在今朝鮮江原道江陵。一説在今江原道元山與德源一帶。

[19]候城：縣名。西漢治所在今遼寧瀋陽市東南二十里古城子。

[20]提奚：縣名。西漢治所在今朝鮮境。

[21]踏頓：地區名。據胡三省注："蹋頓，即漢末遼西烏丸蹋頓所居。"故泛指今遼寧遼河以西大凌河流域及其以南、河北樂亭縣以東地區。

[22]肅慎：地區名。據胡三省注："其地時爲靺鞨所居。"故大體指今以吉林松花江流域爲中心，東至俄羅斯濱海邊疆區，北至黑龍江、烏蘇里江的廣大地區。

[23]碣石：據胡三省注："杜佑以爲此碣石在高麗中。佑曰：碣石山，在漢樂浪郡遂城縣。"即今朝鮮平壤西南西江郡一帶。

[24]東暆（yí）：縣名。西漢置。治所在今朝鮮江原道江陵，一説在今江原道元山、德源一帶。按，"暆"，庫本、中華本作"暆"。但宋刻遞修本、汲古閣本、殿本作"暆"。《北史·隋煬帝紀》作"暆"，底本、《通鑑》卷一八一《隋紀》大業八年正月條

作“𣈆”。考《漢書·地理志》《説文解字》皆載漢朝樂浪郡所轄有“東暆縣”，而楊廣此次東伐高麗所命道名多取漢縣名，故斷東暆道即取漢東暆縣命名，而前引文中“𣈆”“𦛨”“𦖸”均乃因字形近“暆”而訛。據改。

［25］帶方：縣名。西漢治所在今朝鮮黄海道鳳山郡文石井土城内。

［26］襄平：縣名。戰國秦置。治所在今遼寧遼陽市老城區。

［27］平壤：城名。即漢樂浪郡之王險城，高麗國都。在今朝鮮平壤市。

［28］遼：今遼河。流經内蒙古、遼寧地區。

［29］海：今渤海。

［30］游闕：備用的游車。

［31］滄海：大海。因隋水軍從東萊海口出發，斷此泛指渤海。

［32］沮江：宋刻遞修本、汲古閣本、殿本、庫本及《北史·隋煬帝紀》皆同。中華本據《三國史記》卷二〇、本書卷八一《高麗傳》將正文“沮”改作“浿”。再考《漢書·地理志》、《通鑑》卷一八一《隋紀》大業八年六月條也皆作“浿”，此確。浿江，又作浿水。據上引《通鑑》胡三省注“在樂浪界”，當指今朝鮮清川江。

［33］坎井：陷阱。井，通“阱”。喻艱難或險阻。

［34］被髮左衽：頭髮披散不束，衣襟向左掩。古代指中原地區以外少數民族的裝束。

［35］微、盧、彭、濮：語出《尚書·牧誓》。此借指衆多少數民族。

然則王者之師，義存止殺，聖人之教，必也勝殘。天罰有罪，本在元惡，人之多僻，脅從罔治。若高元泥首轅門，[1]自歸司寇，[2]即宜解縛焚櫬，弘之以恩。其餘臣人歸朝奉順，咸加慰撫，各安生業，隨才任用，無隔夷夏。營壘所次，務在整肅，芻蕘有禁，秋毫勿犯，布以恩宥，喻以禍福。若其同惡相濟，抗拒官軍，國有常刑，俾無遺類。明加曉示，稱朕意焉。

［1］高元：人名。高麗國王。詳見本書卷八一、《北史》卷九四《高麗傳》。

［2］司寇：官名。此泛指司法官員。

總一百一十三萬三千八百，號二百萬，其餽運者倍之。癸未，第一軍發，終四十日，引師乃盡，旌旗亘千里。近古出師之盛，未之有也。乙未，以右候衛大將軍衛玄爲刑部尚書。[1]甲辰，內史令元壽卒。[2]

［1］右候衛大將軍：官名。隋文帝時設左右武候，置大將軍各一人。掌皇帝車駕出，先驅後殿，晝夜巡察，執捕奸非，烽候道路等；巡狩時則掌營禁。正三品。煬帝大業三年改左右武候名左右候衛，爲十二衛之一，其他未變。右候衛大將軍是右候衛長官。　衛玄：人名。傳見本書六三、《北史》卷七六。　刑部尚書：官名。隋初沿置都官尚書，開皇三年（583）改爲刑部尚書，是尚書省下轄六部之一刑部的長官。職掌刑法、徒隸、勾覆及關禁之政，總判刑部、都官、比部、司門四曹之事。正三品。

［2］內史令：官名。內史省長官，掌皇帝詔令出納宣行，居宰相之職。正三品。　元壽：人名。傳見本書卷六三、《北史》卷七五。

二月甲寅，詔曰："朕觀風燕裔，[1]問罪遼濱。文武叶力，爪牙思奮，莫不執鋭勤王，捨家從役，罕蓄倉廩之資，兼損播殖之務。朕所以夕惕愀然，慮其匱乏。雖復素飽之衆，情在忘私，悦使之人，宜從其厚。諸行從一品以下，佽飛募人以上家口，[2]郡縣宜數存問。若有糧食乏少，皆宜賑給；或雖有田疇，貧弱不能自耕種，可於多丁富室勸課相助。使夫居者有斂積之豐，行役無顧後之慮。”壬戌，司空、京兆尹、光禄大夫觀王雄薨。[3]

[1]燕：舊時河北省的别稱。亦指今河北北部。　裔：邊遠的地方。

[2]佽（cì）飛：隋府兵總稱衛士，隸諸衛又各有其名。煬帝時隸屬左右候衛的府兵名佽飛。

[3]司空：官名。隋三公之一。隋初參議國家大事，置府僚，但不久就省除府及僚佐，成了榮譽性質的頭銜。正一品。　京兆尹。官名。爲京城長安所在地京兆郡長官。置一員，正三品。　光禄大夫：官名。屬散實官，煬帝大業三年廢特進，改置光禄大夫等九大夫。從一品。　雄：人名。即楊雄。本名惠，隋文帝楊堅之侄。傳見本書卷四三，《北史》卷六八有附傳。

三月辛卯，兵部尚書、左候衛大將軍段文振卒。[1]癸巳，上御師。甲午，臨戎于遼水橋。[2]戊戌，大軍爲賊所拒，不果濟。右屯衛大將軍、左光禄大夫麥鐵杖，[3]武賁郎將錢士雄、孟金义等，[4]皆死之。甲午，車駕度遼。大戰于東岸，擊賊破之，進圍遼東。[5]乙未，大頓，[6]見二大鳥，高丈餘，皜身朱足，游泳自若。上異之，命工圖寫，并立銘頌。[7]

［1］段文振：岑仲勉指出："《寶刻類編》一有兵部尚書段文振碑，潘徽撰，歐陽詢書，大業八年立，在京兆。"（岑仲勉：《隋書求是》，第 19 頁）

［2］遼水：河名。即今内蒙古、遼寧遼河。

［3］右屯衛大將軍：官名。隋文帝置左右領軍府，各掌十二軍籍帳、差科、詞訟之事，不置將軍。煬帝大業三年改左右領軍府爲左右屯衛，所統軍士名御林。並各置大將軍一人，正三品。左右屯衛大將軍總判府事，並統所屬鷹揚府。右屯衛大將軍爲右屯衛長官。　左光禄大夫：官名。屬散實官。隋文帝時置左、右光禄大夫皆正二品，煬帝大業三年定令，"左"爲正二品，"右"爲從二品。　麥鐵杖：人名。傳見本書卷六四、《北史》卷七八。

［4］武賁郎將：官名。隋煬帝大業三年改革官制，十二衛每衛置護軍四人，爲將軍副貳，不久又改護軍名武賁郎將。正四品。　錢士雄、孟金义：皆人名。兩人事迹略見本書卷六四、《北史》卷七八《麥鐵杖傳》。按，"孟金义"，殿本、庫本同底本。但中華本作"孟金叉"。檢《北史》卷一二《隋煬帝紀》及本書卷六四、《北史》卷七八《麥鐵杖傳》也作"孟金叉"。《通鑑》卷一八一《隋紀》大業八年三月條作"孟叉"。而《考異》曰："《雜記》作'錢英、孟金釵'。今從《隋帝紀》。"若此，尚難判斷這兩人確切名爲錢士雄或錢英，孟金义或孟金叉（釵）、孟叉。

［5］遼東：城名。在今遼寧遼陽市老城區。

［6］頓：宿食之所，館舍。按，此指臨海頓。一名望海頓。在今遼寧錦州市東南。

［7］"三月辛卯"至"并立銘頌"：本段記載的一些時間有疑。《通鑑》卷一八一《隋紀》大業八年三月條《考異》曰："《隋·帝紀》：'癸巳，上御師；甲子，臨遼水橋；戊戌，麥鐵杖死；甲午，車駕渡遼；乙未，大頓；丙申，大赦。'按《長曆》，是月庚辰朔，

不容有甲子。又戊戌之下，不容有甲午、乙未、丙申。此必誤也。”中華本校勘記疑“車駕渡遼”上的“甲午”“應作‘甲子’，屬四月”。但未考。對“大頓”前“乙未”，中華本校勘記據本書卷七六《虞綽傳》，認爲隋煬帝於四月丙子至臨海頓，“則此處乙未應屬五月。但五月乙未（十七日）不應在下文‘五月壬申’（四日）前。紀文當有訛誤或顛倒”。岑仲勉考證爲：“《讀史舉正》六：‘八年三月重書甲午，又戊戌誤書甲午上。’據《朔閏考》三，是年三月庚辰朔，十五甲午，十九戊戌，均不誤。十九日既不果濟，則其後度遼殆爲廿五甲辰，後之甲午疑甲辰之誤。又本紀是年祇書三月五月，無四月，而第二甲午下即接‘乙未大頓，見二大鳥，……上異之，命工圖寫，并立銘頌。’證以七六《虞綽傳》，則見大鳥乃班師時事，日在丙子（四月二十七）。由是知乙未實乙亥之訛，即丙子前一日，乙亥上又誤奪‘四月’字也。三月廿五始度遼，中間復有進圍遼東事，故至四月二十七乃得班師回抵遼西之柳城矣。可參《文館詞林》六六九大赦詔。”（岑仲勉：《隋書求是》，第20頁）

五月壬午，納言楊達卒。[1]于時諸將各奉旨，不敢越機。[2]既而高麗各城守，攻之不下。

[1]納言：官名。門下省長官，職掌封駁制敕，並參與軍國大政決策等，居宰相之職。置二員，正三品。　楊達：人名。本書卷四三、《北史》卷六八有附傳。

[2]越機：殿本、庫本及《北史》卷一二《隋煬帝紀》同。汲古閣本、中華本作“赴機”。中華本《北史·隋煬帝紀》校勘記云：“《御覽》卷一〇六、《通鑑》卷一八一作‘赴’。按本書卷九四、《隋書》卷八一《高麗傳》也作‘赴’。”“越機”無義，“赴機”確。

六月己未，幸遼東，責怒諸將。止城西數里，御六合城。[1]

[1]六合城：或稱六合板城。大業四年煬帝出巡長城，行宫始設六合城。此次征遼，也設此城。周回八里，合高十仞。詳見本書《禮儀志》。

七月壬寅，宇文述等敗績于薩水，[1]右屯衛將軍薛世雄死之。[2]九軍並陷，將帥奔還亡者二千餘騎。[3]癸卯，班師。

[1]宇文述：人名。傳見本書卷六一、《北史》卷七九。　薩水：河名。即今朝鮮清川江。

[2]右屯衛將軍：官名。隋文帝置左右領軍府，各掌十二軍籍帳、差科、詞訟之事，不置將軍。煬帝大業三年改爲左右屯衛，各置大將軍一人，總判府事，並統所屬鷹揚府，正三品。將軍各二人，從三品。　薛世雄：殿本、庫本及《北史》卷一二《隋煬帝紀》同。但宋刻遞修本、汲古閣本、中華本作“辛世雄”。中華本《北史·隋煬帝紀》校勘記云：“張森楷云：‘《隋書》“薛”作“辛”，《通鑑》同。按薛世雄從伐遼東，敗還除名，後爲竇建德所襲，慙恚而死，具見本傳（本書卷七六），未曾死是役也。《隋書》爲是。’按張説是。”另，檢薛世雄本傳，其從未任過右屯衛將軍。辛世雄，人名。隋任右屯衛將軍，其他事迹不詳。

[3]將帥奔還亡者二千餘騎：中華本校勘記云：“按：本書《宇文述傳》作‘及還至遼東城，唯二千七百人’。‘亡’，《通志》一八作‘至’。”

九月庚辰，上至東都。[1]己丑，詔曰：“軍國異容，文武殊用，匡危拯難，則霸德攸興，[2]化人成俗，則王道斯貴。[3]時方撥亂，屠販可以登朝，世屬隆平，經術然後升仕。豐都爰肇，[4]儒服無預于周行，[5]建武之朝，[6]功臣不參于吏職。自三方未一，四海交争，不遑文教，唯尚武功。設官分職，罕以才授，班朝治人，乃由勳叙，[7]莫非拔足行陣，出自勇夫，斆學之道，既所不習，政事之方，故亦無取。是非暗于在己，威福專於下吏，貪冒貨賄，不知紀極，蠹政害民，實由於此。自今已後，諸授勳官者，[8]並不得回授文武職事，[9]庶遵彼更張，取類於調瑟，求諸名製，不傷于美錦。若吏部輒擬用者，[10]御史即宜糾彈。"[11]

[1]庚辰：殿本、庫本、中華本同，宋刻遞修本、汲古閣本作"庚寅"。中華書局新修訂本校勘記云："《御覽》卷一〇六《皇王部三一·煬皇帝》引《隋書》、《通鑑》卷一八一《隋紀》五煬帝大業八年同。若作'庚寅'，則不當在下文己丑（十二日）之前。亦或此處紀文有訛誤或顛倒。"　東都：城名。此指隋煬帝所建的洛陽。

[2]霸德：猶霸道，指君主憑借武力、刑法、權勢等進行統治。與"王道"相對而言。

[3]王道：其一，語出《尚書·洪範》，謂先王所行之正道。其二，語出《孟子·梁惠王上》，儒家稱以仁義治天下，與霸道相對。

[4]豐：地名。周文王國都所在地。在今陝西西安市長安區西北灃河西岸。

[5]周行：周官的行列。後用以泛指朝官。

[6]建武：東漢光武帝劉秀年號（25—56）。

［7］勳：功勳，功勞。

［8］勳官：官號。始見於南北朝，本以酬戰士，其後漸及朝流。北周時制勳官十一等，名義即此，自正九命至七命不等。隋因周制改命爲品。以酬勤勞。

［9］回授：轉授（官職）。　職事：此指職事官。即執掌具體政務的官員。隋唐有職事官、散官、勳官、爵號。其賦事受俸者，惟職事一官。

［10］吏部：官署名。隋爲尚書省六部之首。下統吏部、主爵、司勳、考功等曹（司）。以吏部尚書爲長官。掌全國文職官員銓選、勳封、考課之政。

［11］御史：此泛指隋御史臺官員。御史臺長官御史大夫。其屬下有治書侍御史、侍御史、殿内侍御史、監察御史等。職掌國家刑憲典章之政令，司彈劾糾察百官等。

冬十月甲寅，工部尚書宇文愷卒。[1]

［1］工部尚書：官名。尚書省下轄六部之一工部的長官。掌全國百工、屯田、山澤之政令。統工部、屯田、虞部、水部四曹（司）。正三品。　宇文愷：人名。傳見本書卷六八，《北史》卷六〇有附傳。

十一月己卯，以宗女華容公主嫁于高昌王。[1]辛巳，光禄大夫韓壽卒。[2]甲申，敗將宇文述、于仲文等並除名爲民，[3]斬尚書右丞劉士龍以謝天下。[4]是歲，大旱，疫，人多死，山東尤甚。[5]密詔江、淮南諸郡閲視民間童女，姿質端麗者，每歲貢之。

［1］宗女：君主同宗的女兒。即宗室之女。　華容公主：隋煬

帝戚屬宇文氏之女，事見本書卷八三《高昌傳》。　高昌王：此指高昌國王麴伯雅。事見本書卷八三、《北史》卷九七、《舊唐書》卷一九八、《新唐書》卷二二一上《高昌傳》。

［2］韓壽：宋刻遞修本、汲古閣本、殿本、庫本及《北史》卷一二《隋煬帝紀》同。中華本校勘記云："韓壽即韓僧壽，本書有傳。"未考。檢本書卷五二、《北史》卷六八《韓僧壽傳》，不見韓僧壽有光禄大夫銜。故難斷此韓壽即韓僧壽。

［3］于仲文：人名。傳見本書卷六〇，《北史》卷二三有附傳。

［4］尚書右丞：官名。尚書省屬官，與尚書左丞對置，各一人，分掌尚書都省事務，糾駁諸司文案，總判兵、刑、工三部之事。隋初爲從四品下，煬帝大業三年升爲正四品。　劉士龍：弘農人，隋開皇中爲考功侍郎，事略見《通鑑》卷一八一《隋紀》大業八年條。

［5］山東：地區名。戰國、秦、漢時代，通稱華山或崤山以東爲山東。

九年春正月丁丑，徵天下兵，募民爲驍果，[1]集于涿郡。壬午，賊帥杜彦冰、王潤等陷平原郡，[2]大掠而去。辛卯，置折衝、果毅、武勇、雄武等郎將官，[3]以領驍果。乙未，平原李德逸聚衆數萬，[4]稱"阿舅賊"，劫掠山東。靈武白榆妄，[5]稱"奴賊"，劫掠牧馬，北連突厥，[6]隴右多被其患。[7]遣將軍范貴討之，[8]連年不能剋。戊戌，大赦。己亥，遣代王侑、刑部尚書衛玄鎮京師。[9]辛丑，以右驍騎將軍李渾爲右驍衛大將軍。[10]

［1］驍果：軍士名。募民爲之。以折衝、果毅、武勇、雄武等郎將領之；武勇郎將爲副長官，主掌宿衛。上屬於左右備身府。

［2］杜彦冰：人名。事略見《通鑑》卷一八二《隋紀》。另見王永興編《隋末農民戰爭史料彙編》（中華書局 1980 年版），後凡是反隋武裝力量領袖事迹皆可參《通鑑》和此著作。諸本皆作“杜彦冰”，《北史》卷一二《隋煬帝紀》作“杜彦永”。　王潤：人名。隋末農民起義軍領導者。　平原郡：隋大業初改德州置。治所在今山東陵縣。

［3］郎將：官名。隋諸衛府各置郎將爲正或副長官。如鷹揚府有鷹揚郎將、鷹擊郎將爲長貳。折衝、果毅、武勇、雄武等郎將皆是統領各個衛府驍果的長官。

［4］李德逸：人名。隋末農民起義軍領導者。

［5］靈武：郡名。治所在今寧夏靈武市西南。　白榆妄：人名。隋末靈武地區起義軍領導者。按，諸本及《北史・隋煬帝紀》皆同。《通鑑》卷一八二《隋紀》大業九年正月條作“白榆娑”。《考異》云：“《隋書》作‘白榆妄’。今從《略記》。”

［6］突厥：古族名、國名。廣義包括突厥、鐵勒諸部落，狹義專指突厥。公元六世紀時游牧於金山（今阿爾泰山）以南，因金山形似兜鍪，俗稱“突厥”，遂以名部落。西魏廢帝元年（552），土門自號伊利可汗，建立突厥汗國。後分裂爲西突厥、東突厥兩個汗國。傳見本書卷八四、《北史》卷九九、《舊唐書》卷一九四、《新唐書》卷二一五。

［7］隴右：地區名。泛指隴山以西地區，約當今甘肅隴山、六盤山以西和黄河以東一帶。

［8］將軍：據《范安貴墓誌》，大業九年改授左候衛大將軍，此“將軍”當爲左候衛大將軍。　范貴：人名。即范安貴。岑仲勉指出：“近年出土有大業十一年范安貴墓誌，羅振玉疑即此之范貴（松翁未焚稿），從隋人好把兩字名省稱一字觀之，大致可信。”（岑仲勉：《隋書求是》，第 20 頁）生平見《范安貴墓誌》（參見王其禕、周曉薇《隋代墓誌銘彙考》四五七，綫裝書局 2007 年版）。

［9］侑（yòu）：人名。即隋恭帝楊侑。紀見本書卷五、《北史》

卷一二。

［10］右驍騎將軍：官名。隋文帝開皇十八年置備身府，煬帝大業三年改左右備身府爲左右驍騎衛府。右驍騎衛大將軍是右驍騎衛府最高長官。職掌宿衛。從三品。　李渾：人名。本書卷三七、《北史》卷五九有附傳。　右驍衛大將軍：官名。“右驍衛大將軍”當是“右驍騎衛大將軍”脱文（其詳考見《百官志下》“煬帝即位，多所改革”一段注）。右驍騎衛大將軍是右驍騎衛府最高長官。職掌宿衛。正三品。

二月己未，濟北人韓進洛聚衆數萬爲群盜。[1]壬午，[2]復宇文述等官爵。又徵兵討高麗。

［1］濟北：郡名。治所在今山東茌平縣。　韓進洛：人名。隋末農民起義軍領導者。

［2］壬午：諸本及《北史》卷一二《隋煬帝紀》同。《通鑑》卷一八二《隋紀》大業九年二月條也同，《考異》曰：“《雜記》在去年十二月，今從《隋書》。”中華本校勘記云：“此月乙巳朔，無壬午。日干有誤。”檢《雜記》所記大業八年十二月是丙午朔，也無壬午。

三月丙子，濟陰人孟海公起兵爲盜，[1]衆至數萬。丁丑，發丁男十萬城大興。[2]戊寅，幸遼東。以越王侗、民部尚書樊子蓋留守東都。[3]庚子，北海人郭方頂聚徒爲盜，[4]自號盧公，[5]衆至三萬，攻陷郡城，大掠而去。

［1］濟陰：郡名。治所在今山東曹縣西北。　孟海公：人名。隋末農民起義軍領導者，大業九年起事，主要活動於曹、戴二州地區，後爲李世民所敗，武德四年（621）斬於長安。

[2]丁男：隋初規定十八至五十九歲爲丁男，"丁從課役"。開皇三年將初始年齡提到二十一，煬帝時又提到二十二。

[3]侗（tóng）：人名，即楊侗。傳見本書卷五九、《北史》卷七一。　民部尚書：官名。隋沿北魏、北齊置度支尚書，開皇三年改稱民部尚書，是尚書省下轄六部之一民部的長官。職掌全國土地、户口、賦税、錢糧之政令。正三品。　樊子蓋：人名。傳見本書卷六三、《北史》卷七六。

[4]北海：郡名。治所在今山東青州市。　郭方頂：宋刻遞修本、汲古閣本、殿本、庫本同。《北史》卷一二《隋煬帝紀》和《通鑑》卷一八二《隋紀》大業九年三月條則作"郭方預"。中華本校勘記云："郭方預，'預'原作'頂'，據《北史·隋本紀》下、《通鑑·隋紀》六及《御覽》一〇六改。"郭方預，人名。事迹略見《通鑑》卷一八二《隋紀》。

[5]盧公：此是隋末反隋者臨時自稱的爵號。因隋末反隋者臨時自稱的國號、帝號、官名、爵號等均未成定制，無固定内涵。後凡此者均不出注。

夏四月庚午，車駕度遼。壬申，遣宇文述、楊義臣趣平壤。[1]

[1]楊義臣：人名。傳見本書卷六三、《北史》卷七三。

五月丁丑，[1]熒惑入南斗。[2]己卯，濟北人甄寶車聚衆萬餘，[3]寇掠城邑。

[1]五月丁丑：諸本及《北史》卷一二《隋煬帝紀》皆同。但本書《天文志下》記爲"丁未"。考五月甲戌朔，本月有"丁丑"而無"丁未"日。

［2］熒惑入南斗：古人認爲預示“有反臣，道路不通，國大亂，兵大起”。參本書《天文志下》。熒惑，古指火星。因隱現不定，令人迷惑，故名。南斗，星名。即斗宿，有星六顆。在北斗星以南，形似斗，故稱。

［3］甄寶車：人名。隋末農民起義軍領導者。

六月乙巳，禮部尚書楊玄感反於黎陽。[1]丙辰，玄感逼東都。河南贊務裴弘策拒之，[2]反爲賊所敗。戊辰，兵部侍郎斛斯政奔于高麗。[3]庚午，上班師。高麗犯後軍，敕右武衛大將軍李景爲後拒。[4]遣左翊衛大將軍宇文述、左候衛將軍屈突通等馳傳發兵，[5]以討玄感。

［1］禮部尚書：官名。尚書省下轄六部之一禮部的長官。掌禮儀、祭祀、宴享等政令，總判禮部、祠部、主客、膳部四曹。正三品。　楊玄感：人名。傳見本書卷七〇，《北史》卷四一有附傳。　黎陽：縣名。治所在今河南浚縣東。

［2］河南：郡名。指河南郡。隋煬帝大業元年改洛州名豫州，大業三年又改名河南郡。治所在洛陽。　贊務：官名。雍州屬官，居別駕下。正四品。煬帝大業三年罷郡長史、司馬後置贊務一員，爲太守副貳。京兆、河南所置從四品，上郡正五品，中郡從五品，下郡正六品。按，諸本及《北史》卷一二《隋煬帝紀》皆作“贊務”。《通鑑》卷一八二《隋紀》大業九年六月條作“贊治”。檢本書《百官志下》有“贊務”而無“贊治”。中華本校勘記云：“贊務應作‘贊治’，唐人諱改。”　裴弘策：人名。大業九年擔任河南贊治，兵敗楊玄感，爲樊子蓋處死。

［3］兵部侍郎：官名。隋文帝時於兵部四曹之一兵部曹置兵部侍郎一員，爲該曹長官。正六品。煬帝大業三年諸曹侍郎並改稱“郎”，又始置“侍郎”，爲尚書省下轄六部之副長官。此後，兵部

侍郎纔成爲兵部副長官，協助長官兵部尚書掌全國軍衛武官選授之政令等。正四品。　斛斯政：人名。傳見本書卷七〇，《北史》卷四九有附傳。

[4]右武衛大將軍：官名。隋文帝設右武衛，置右武衛大將軍一人爲其首。掌領外軍宿衛宮禁。正三品。　李景：人名。傳見本書卷六五、《北史》卷七六。

[5]左翊衛大將軍：官名。煬帝大業三年改左右衛名左右翊衛，職掌未變。左翊衛大將軍即左衛大將軍之改名。正三品。　左候衛將軍：官名。隋文帝時設左右武候，置大將軍各一人爲長官。掌皇帝車駕出，先驅後殿，晝夜巡察，執捕奸非，烽候道路等；巡狩時則掌營禁。煬帝大業三年改左右武候名左右候衛，爲十二衛之一，其他未變。左候衛將軍是左候衛大將軍的副貳。從三品。按，該處宋刻遞修本、汲古閣本、殿本、庫本、中華本同底本，皆記屈突通爲左候衛將軍，《北史·隋煬帝紀》亦同。然本書卷六一《宇文述傳》、卷七〇《楊玄感傳》，《北史》卷七九《宇文述傳》、卷四一《楊玄感傳》均記其時官武衛將軍。另，《通鑑》卷一八二記屈突通大業九年六月任“右候衛將軍”，但檢本書卷四和《北史·隋煬帝紀》均載大業九年十月右候衛將軍郭榮纔升官，該年十一月條載馮孝慈仍任右候衛將軍，史籍未載此前至六月兩人官位的變化，而隋制右候衛將軍祇有兩員，由此推斷《通鑑》載屈突通此“右候衛將軍”似是“左候衛將軍”之訛。　屈突通：人名。傳見《舊唐書》卷五九、《新唐書》卷八九。　馳傳：駕馭驛站車馬疾行。

秋七月己卯，令所在發人城縣府驛。[1]癸未，餘杭人劉元進舉兵反，[2]衆至數萬。

[1]驛：又名館驛、郵驛、驛舍、傳舍、郵舍。戰國時已設，歷代相傳。供傳達軍政公文者及來往官吏、使臣途中歇宿、換馬

（車船）之處所。

[2]餘杭：郡名。據《通鑑》卷一七七《陳紀》開皇十年十一月條胡三省注："餘杭郡，平陳置杭州。"杭州治所初在今浙江杭州市餘杭區，後移至今杭州市。　劉元進：人名。傳見本書卷七〇。

八月壬寅，左翊衛大將軍宇文述等破楊玄感於閿鄉，[1]斬之，餘黨悉平。癸卯，吴人朱燮、晋陵人管崇擁衆十萬餘，[2]自稱將軍，寇江左。甲辰，制驍果之家蠲免賦役。丁未，詔郡縣城去道過五里已上者，徙就之。戊申，制盗賊籍没其家。乙卯，賊帥陳瑱等衆三萬，[3]攻陷信安郡。[4]辛酉，司農卿、光禄大夫、葛國公趙元淑以罪伏誅。[5]

[1]閿（wén）鄉：縣名。治所在今河南靈寶市。

[2]吴：郡名。治所在今江蘇蘇州市。　朱燮：人名。大業九年八月聚衆起兵反隋，有衆十餘萬，後爲王世充所敗戰死。事見本書卷六四《魚俱羅傳》、卷六五《吐萬緒傳》等。按，本書卷六四《魚俱羅傳》作"朱燮"。　晋陵：郡名。治所在今江蘇常州市。　管崇：人名。大業九年八月聚衆起兵反隋，有衆十餘萬，後爲王世充所敗戰死。事見本書卷六四《魚俱羅傳》、卷六五《吐萬緒傳》等。

[3]陳瑱：人名。事見本卷。

[4]信安郡：治所在今廣東肇慶市。

[5]司農卿：官名。爲司農寺長官。掌倉儲委積之政，統領太倉等署。隋初正三品，煬帝降爲從三品。　葛國公：爵名。隋九等爵的第三等。從一品。　趙元淑：人名。傳見本書卷七〇。

九月己卯，濟陰人吴海流、東海人彭孝才並舉兵爲盗，[1]衆數萬。庚辰，賊帥梁慧尚率衆四萬，[2]陷蒼梧郡。[3]甲午，車駕次上谷，[4]以供費不給，上大怒，免太守虞荷等官。[5]丁酉，東陽人李三兒、向但子舉兵作亂，[6]衆至萬餘。

[1]吴海流：人名。濟陰人。隋末農民起義軍領導者。事略見《通鑑》卷一八二《隋紀》煬帝大業九年。　東海：郡名。治所在今江蘇鎮江市。　彭孝才：人名。東海人。隋末農民起義軍領導者。事略見《通鑑》卷一八二《隋紀》煬帝大業九年。

[2]梁慧尚：人名。其他事迹不詳。

[3]蒼梧郡：治所在今廣東封開縣東南封川鎮。

[4]上谷：郡名。治所在今河北易縣。

[5]虞荷：人名。隋上谷郡太守，其他事迹不詳。

[6]東陽：郡名。治所在今浙江金華市。　李三兒：人名。東陽人，其他事迹不詳。　向但子：人名。東陽人，其他事迹不詳。

閏月己巳，幸博陵。[1]庚午，上謂侍臣曰："朕昔從先朝周旋於此，年甫八歲，日月不居，倏經三紀，追惟平昔，不可復希！"言未卒，流涕嗚咽，侍衛者皆泣下沾襟。

[1]博陵：郡名。治所在今河北正定縣。

冬十月丁丑，賊帥吕明星率衆數千圍東郡，[1]武賁郎將費青奴擊斬之。[2]乙酉，詔曰："博陵昔爲定州，[3]地居衝要，先皇歷試所基，王化斯遠，故以道冠《豳風》，[4]義高姚邑。[5]朕巡撫氓庶，爰届兹邦，瞻望郊廛，緬懷敬止，思所以宣播德澤，覃被下人，崇紀顯號，式光令緒。可改博陵爲高陽郡。[6]赦境内死罪已下。給復一年。”於是召高祖時故吏，皆量材授職。壬辰，以納言蘇威爲開府儀同三司。[7]朱燮、管崇推劉元進爲天子。遣將軍吐萬緒、魚俱羅討之，[8]連年不能剋。齊人孟讓、王薄等衆十餘萬，[9]據長白山，[10]攻剽諸郡，清河賊張金稱衆數萬，[11]渤海賊帥格謙自號燕王，[12]孫宣雅自號齊王，[13]衆各十萬，山東苦之。丁亥，[14]以右候衛將軍郭榮爲右候衛大將軍。[15]

[1]吕明星：人名。隋末農民起義軍領導者。按，本書卷七一《張須陀傳》載大業十年吕明星“帥衆擾濟北”。　東郡：治所在今河南滑縣東舊滑縣鎮。

[2]費青奴：人名。隋末任武賁郎將，曾鎮壓吕明星農民起義，義寧元年（617）二月戰死。事亦見《北史》卷一二《隋煬帝紀》。

[3]定州：治所在今河北定州市。

[4]《豳風》：《詩經》的十五《國風》之一。共計七篇二十七章，都是西周時代的詩歌。

[5]姚：指虞舜。相傳舜爲姚姓。

[6]博陵：郡名。煬帝大業三年改定州名此郡。　高陽郡：治所在今河北定州市。

[7]蘇威：人名。傳見本書卷四一，《北史》卷六三有附傳。　開府儀同三司：官名。隋文帝因改後周之制形成十一等散實官，以酬勤勞。開府是第六等，開府置府佐。正四品。

[8]吐萬緒：人名。傳見本書卷六五、《北史》卷七八。　魚俱羅：人名。傳見本書卷六四、《北史》卷七八。

［9］齊：郡名。治所在今山東濟南市。　孟讓：人名。隋末山東農民起義軍領導者之一。曾任隋齊郡主簿，大業九年起兵反隋，後爲隋將王世充擊敗，投奔瓦崗軍，被封齊郡公。瓦崗軍爲王世充所敗，孟讓去向不明（參見漆俠《隋末農民起義》，上海人民出版社 1954 年版；王永興《隋末農民戰爭史料彙編》）。　王薄：人名。隋末農民起義軍領導者之一，大業七年以長白山（今山東鄒平縣南）爲據點起兵反隋，活動於今山東中部一帶。後爲隋張須陀所敗，武德三年降唐任齊州總管（參見漆俠《隋末農民起義》、王永興《隋末農民戰爭史料彙編》）。

［10］長白山：即今山東鄒平縣西南會仙山。

［11］清河：郡名。治所在今河北清河縣西北。　張金稱：人名。隋末山東農民起義軍領導者之一，大業七年聚衆起義，十三年爲隋將楊義臣擊敗（參見漆俠《隋末農民起義》、王永興《隋末農民戰爭史料彙編》）。事見本卷。

［12］渤海：郡名。治所在今山東陽信縣西南。　格謙：人名。隋末渤海厭次人，大業九年起兵反隋，有衆十餘萬人，自稱燕王，大業十二年爲隋將王世充攻殺。

［13］孫宣雅：人名。隋末渤海人，大業九年於豆子䴚起兵反隋，一度有衆十餘萬，主要治動於河北地區，後不知所終。

［14］丁亥：宋刻遞修本、汲古閣本、殿本、庫本及《北史·隋煬帝紀》皆同。中華本校勘記云："此月辛未朔，丁亥（十七日）應在壬辰（二十二日）前，紀文當有訛誤或顛倒。"

［15］右候衛將軍：官名。隋文帝時設左右武候，置大將軍各一人爲長官。掌皇帝車駕出，先驅後殿，晝夜巡察，執捕奸非，烽候道路等；巡狩時則掌營禁。煬帝大業三年改左右武候名左右候衛，爲十二衛之一，其他未變。右候衛將軍是右候衛大將軍的副貳。從三品。按，本書《郭榮傳》作"左候衛將軍"。　郭榮：人名。傳見本書卷五〇、《北史》卷七五。

十一月己酉，右候衛將軍馮孝慈討張金稱於清河，[1]反爲所敗，孝慈死之。

[1]馮孝慈：人名。《北史》卷七八有附傳。

十二月甲申，車裂玄感弟朝請大夫積善及黨與十餘人，[1]仍焚而揚之。丁亥，扶風人向海明舉兵作亂，[2]稱皇帝，建元白烏。[3]遣太僕卿楊義臣擊破之。[4]

[1]車裂：俗稱五馬分尸。古代酷刑的一種。原爲車裂尸體，亦有車裂活人。本文是後者義。　朝請大夫：官名。散實官。隋煬帝大業三年置，正五品。　積善：人名。楊素之子，楊玄感之弟，隋文帝朝爲上儀同。從楊玄感起兵，兵敗被執，車裂於東都洛陽。事見本書卷七〇、《北史》卷四一《楊玄感傳》。

[2]扶風：郡名。治所在今陝西鳳翔縣。　向海明：人名。於扶風起兵反隋。按，殿本、庫本、中華本同。岑仲勉指出，本書"六三《楊義臣傳》作向海公"（岑仲勉：《隋書求是》，第20頁）。考《北史》卷七三和《通志》卷一六一《楊義臣傳》作"向海公"，而本書《五行志下》、《北史》卷一二《隋煬帝紀》、《通鑑》卷一八二《隋紀》大業九年十二月條皆作"向海明"。尚難斷誰訛。

[3]建元：開國後第一次建立年號。

[4]太僕卿：官名。太僕寺長官，掌國家厩牧、車輿之政令。初總領驊騮、乘黄、龍厩、車府、典牧、牛羊等署，隋煬帝大業三年將驊騮署劃入殿内省。置一員。隋初正三品，煬帝降爲從三品。按，岑仲勉據《金石萃編補略一》隋太僕卿元公墓誌指出，本書紀未載大業九年煬帝車駕次懷遠。並云："是知車駕所幸，本紀漏書者多矣。"（岑仲勉：《隋書求是》，第20頁）

十年春正月甲寅，以宗女爲信義公主，[1]嫁於突厥曷娑那可汗。[2]

[1]信義公主：隋宗室女。事另見本書卷八四《突厥傳》。

[2]曷娑那可汗：又名處羅可汗。事見本書卷八四、《北史》卷九九、《舊唐書》卷一九四、《新唐書》卷二一五《突厥傳》。按，諸本及《北史》卷一二《隋煬帝紀》同。中華本校勘記指出："'娑'，本書《裴矩傳》、又《西突厥傳》作'薩'，音譯異字。"另檢《通鑑》卷一八二《隋紀》大業八年正月條作"婆"（有的版本作"娑"）。《考異》云："《唐李軌傳》作'曷娑那可汗'。今從《隋書》。"是司馬光所見《隋書》與今本不同。

二月辛未，詔百僚講伐高麗，[1]數日無敢言者。戊子，詔曰："竭力王役，致身戎事，咸由徇義，莫匪勤誠。委命草澤，棄骸原野，興言念之，每懷愍惻。往年出車問罪，將届遼濱，廟算勝略，具有進止。而諒惛凶，[2]罔識成敗，高熲愎很，[3]本無智謀，臨三軍猶兒戲，視人命如草芥，不遵成規，坐貽撓退，遂令死亡者衆，不及埋藏。今宜遣使人分道收葬，設祭於遼西郡，[4]立道場一所。恩加泉壤，庶弭窮魂之冤，澤及枯骨，用弘仁者之惠。"辛卯，詔曰：

[1]講：宋刻遞修本、汲古閣本、殿本、庫本、中華本及《北史》卷一二《隋煬帝紀》、《通鑑》卷一八二《隋紀》大業十年正月條皆作"議"，而且"議"義更準確，故"講"似因字形相近而訛。

［2］諒：人名。隋文帝楊堅第五子楊諒。傳見本書卷四五、《北史》卷七一。

［3］高熲愎很：諸本皆同，但《北史·隋煬帝紀》“很”作“狠”。很，狠毒；殘忍。後多作“狠”。高熲，人名。傳見本書卷四一、《北史》卷七二。

［4］遼西郡：大業八年置，治所在今遼寧義縣東南王民屯，大業十一年移至今遼寧朝陽市。

黄帝五十二戰，[1]成湯二十七征，[2]方乃德施諸侯，令行天下。盧芳小盗，[3]漢祖尚且親戎，[4]隗囂餘燼，[5]光武猶自登隴，[6]豈不欲除暴止戈，勞而後逸者哉！

［1］黄帝：古帝名。傳説是中原各族的共同祖先，經五十二戰天下咸服。事見《史記》卷一《五帝本紀》。

［2］成湯：亦作“成商”，商開國之君。事見《史記》卷三《殷本紀》。

［3］盧芳：人名。具體事迹不詳。

［4］漢祖：即漢高祖劉邦。紀見《史記》卷八、《漢書》卷一。

［5］隗囂：人名。王莽末期地方割據勢力，東漢初年占據天水，自稱西州大將軍。傳見《後漢書》卷一三。

［6］光武：東漢皇帝劉秀的帝號。紀見《後漢書》卷一。隴：山名。古時又稱隴坂、隴坻。六盤山南段的别稱。在今陝西寶鷄、隴縣與甘肅清水、張家川之間。

朕纂成寶業，君臨天下，日月所照，風雨所沾，孰非我臣，獨隔聲教。蕞爾高麗，僻居荒表，鴟張狼噬，侮慢不恭，抄竊我邊陲，侵軼我城鎮。是以去歲出軍，問罪遼、碣，殪長蛇於玄菟，戮封豕於襄平。扶餘衆軍，[1]風馳電逝，追奔逐北，徑逾沮水，[2]滄海舟楫，衝賊腹心，焚其城郭，污其宮室。高元伏鑕泥首，[3]送款軍門，尋請入朝，歸罪司寇。朕以許其改過，乃詔班師。而長惡靡悛，宴安鴆毒，此而可忍，孰不可容！便可分命六師，百道俱進。朕當親執武節，[4]臨御諸軍，秣馬丸都，[5]觀兵遼水，順天誅於海外，救窮民於倒懸。征伐以正之，明德以誅之，止除元惡，餘無所問。若有識存亡之分，悟安危之機，翻然北首，自求多福；必其同惡相濟，抗拒王師，若火燎原，刑茲無赦。有司便宜宣布，咸使知聞。

[1]扶餘：借指地理方位。

[2]沮（jū）水："沮"宋刻遞修本、汲古閣本、殿本、庫本同，但中華本及《北史》卷一二《隋煬帝紀》皆作"浿"。考本書卷八一《高麗傳》載平壤城"南臨浿水"。另，沮水地理方位雖數處，但均不出今陝西、山東、湖北省範圍，即與此次用兵區域不合，而浿水則相符。可斷"沮"因字形相近而訛，"浿"確。浿水，古水名。在今朝鮮平壤之北，即今之清川江。一説爲今之大同江或鴨緑江。

[3]鑕（zhì）：古代腰斬人用的砧板。也泛指腰斬的刑具。

[4]武節：古代將帥憑以專制軍事的符節。

[5]丸都：城名。在今吉林集安市西通溝。東漢建安十三年（208）高句麗自國内城徙都於此，至南朝宋元嘉四年（427）遷都平壤。

丁酉，扶風人唐弼舉兵反，[1]衆十萬，推李弘爲天子，[2]自稱唐王。

[1]唐弼：人名。隋末扶風地區起義軍領導者，後爲薛舉所敗，被殺。

[2]李弘：人名。正史無傳，事迹略見《舊唐書》卷五五、《新唐書》卷八六《薛舉傳》。諸本及《北史》卷一二《隋煬帝紀》皆同。《通鑑》卷一八二《隋紀》大業十年二月條作"李弘芝"。《考異》曰："《隋·帝紀》作'李弘'，今從《唐書·薛舉傳》。"

三月壬子，行幸涿郡。癸亥，次臨渝宮，[1]親御戎服，禡祭黄帝，[2]斬叛軍者以釁鼓。[3]

[1]臨渝宮：宮殿名。在今河北撫寧縣東北。

[2]禡（mà）祭：古代出兵，於軍隊所止處舉行的祭禮。

[3]釁鼓：古代戰争時，殺人或殺牲以血塗鼓行祭。

夏四月辛未，彭城賊張大彪聚衆數萬，[1]保懸薄山爲盜。[2]遣榆林太守董純擊破，[3]斬之。甲午，車駕次北平。[4]

[1]彭城：郡名。治所在今江蘇徐州市。　張大彪：人名。彭城人，隋末農民起義軍領導者。按，"彪"諸本及《北史》卷一二《隋煬帝紀》皆同。《通鑑》卷一八二《隋紀》大業十年四月條作"虎"。"虎"確，"彪"是唐避李虎諱改。

[2]懸薄山：今名及具體地點不詳。諸本皆同。《北史·隋煬帝紀》作"縣薄山"。

[3]榆林：郡名。治所在今内蒙古准格爾旗東北十二連城。董純：人名。傳見本書卷六五、《北史》卷七八。

[4]北平：郡名。治所在今河北遵化市東。

五月庚子，詔舉郡孝悌廉潔各十人。壬寅，賊帥宋世謨陷琅邪郡。[1]庚申，延安人劉迦論舉兵反，[2]自稱皇王，建元大世。

[1]宋世謨：人名。其他事迹不詳。　琅邪郡：治所在今山東臨沂市。

[2]延安：郡名。治所在今陝西延安市城東延河東岸。　劉迦論：人名。事見本卷。

六月辛未，賊帥鄭文雅、林寶護等衆三萬，[1]陷建安郡，[2]太守楊景祥死之。[3]

[1]鄭文雅：人名。其他事迹不詳。　林寶護：人名。其他事迹不詳。

[2]建安郡：治所在今福建福州市。

[3]楊景祥：人名。隋末任建安太守，其他事迹不詳。

秋七月癸丑，車駕次懷遠鎮。[1]乙卯，曹國遣使貢方物。[2]甲子，高麗遣使請降，囚送斛斯政。上大悦。

[1]懷遠鎮：在今遼寧遼中縣附近。一説即今遼寧黑山縣東姜家屯東北古城子。

[2]曹國：古國名。昭武九姓之一。分西曹、中曹、東曹三國。西曹，隋時稱曹國。故地在今烏兹别克斯坦撒馬爾罕西北。傳見本書卷八三、《北史》卷九七。

八月己巳，班師。庚午，右衛大將軍、左光禄大夫鄭榮卒。[1]

[1]右衛大將軍：官名。隋文帝設左、右衛，各置大將軍一人，掌宫掖禁禦，督攝仗衛。右衛大將軍爲右衛長官。正三品。　鄭榮：諸本及《北史》卷一二《隋煬帝紀》皆同。但岑仲勉指出並考："鄭榮是郭榮之誤，右下脱'候'字。"（岑仲勉：《隋書求是》，第20頁）中華本《北史·隋煬帝紀》校勘記也指出此點。郭榮，人名。傳見本書卷五〇、《北史》卷七五。

冬十月丁卯，上至東都。己丑，還京師。

十一月丙申，支解斛斯政於金光門外。[1]乙巳，有事於南郊。[2]己酉，賊帥司馬長安破長平郡。[3]乙卯，離石胡劉苗王舉兵反，[4]自稱天子，以其第六兒爲永安王，[5]衆至數萬。將軍潘長文討之，[6]不能剋。是月，賊帥王德仁擁衆數萬，[7]保林慮山爲盜。[8]

[1]金光門：城門名。即大興城西面三門之中門。

[2]郊：古帝王祭祀天地。冬至祭天於南郊，夏至瘞地於北郊。

[3]司馬長安：人名。其他事迹不詳。　長平郡：治所在今山西晋城市東北高都鎮。

[4]離石胡：即居住在離石的少數民族。離石，郡名。治所在今山西吕梁市離石區。胡，古代稱北方和西方的少數民族爲胡。　劉苗王：人名。其他事迹不詳。

[5]六兒：人名。其他事迹不詳。

[6]潘長文：人名。隋軍將軍，大業十二年四月，征討甄翟兒時戰死。

［7］王德仁：人名。汲郡人，後降王世充，後又降唐爲相州刺史。

［8］林慮山：在今河南林州市。

十二月壬申，上如東都。其日，大赦天下。戊子，入東都。庚寅，賊帥孟讓衆十餘萬，據都梁宫。[1]遣江都郡丞王世充擊破之，[2]盡虜其衆。

［1］都梁宫：宫殿名。隋置，在今江蘇盱眙縣東南都梁山上。

［2］江都：郡名。治所在今江蘇揚州市。　郡丞：官名。隋煬帝大業三年復改州爲郡，併長史、司馬之職，置贊治一人，爲郡太守之副貳，尋又改贊治爲郡丞。爲郡副貳官，佐郡太守掌衆務。上郡丞從七品、中郡丞正八品、下郡丞從八品。　王世充：人名。傳見本書卷八五、《北史》卷七九、《舊唐書》卷五四、《新唐書》卷八五。

十一年春正月甲午朔，大宴百僚。突厥、新羅、靺鞨、畢大辭、訶咄、傳越、烏那曷、波臘、吐火羅、俱慮建、忽論、靺鞨、訶多、沛汗、龜兹、疏勒、于闐、安國、曹國、何國、穆國、畢、衣密、失范延、伽折、契丹等國並遣使朝貢。[1]戊戌，武賁郎將高建毗破賊帥顔宣政於齊郡，[2]虜男女數千口。乙卯，大會蠻夷，設魚龍曼延之樂，[3]頒賜各有差。

［1］新羅：古國名。又稱斯羅。故地在今朝鮮半島東南部。傳見本書卷八一、《北史》卷九四。　畢大辭：岑仲勉云："從對音求之，即沙畹初擬爲嚈噠都城之 Badghiz，亦作 Badghis，地在阿富汗

西北哈烈之北。”（岑仲勉：《隋書求是》，第 21 頁）　訶咄：古國名。馮承鈞云：“一作 Khotlan，大食語名 Kutl，《隋書》訶咄，《西域記》訶咄羅，《新唐書・西域傳》骨咄，《地理志》骨咄施，《册府元龜》卷九九九骨吐，今 Khottal，其地在中亞之蘇爾哈布或瓦克什與噴赤二河之間。其主城爲庫利亞布。”（馮承鈞原編、陸峻嶺增訂：《西域地名》，中華書局 1980 年版，第 51 頁）　傳越：古國名。中華本同。《册府元龜》卷九七〇《外臣部・朝貢》亦同。但殿本、庫本及《北史》卷一二《隋煬帝紀》作“傅越”。未詳。烏那曷：古國名。亦作烏那遏。在今中亞阿姆河西安德胡伊一帶。傳見本書卷八三、《北史》卷九七。　波臘：古國名。在今中亞塔什干西。　吐火羅：古國名。亦稱吐呼羅、土豁羅、兜沙羅、覩貨羅、都佉、覩火羅。故地在今阿富汗北部。傳見本書卷八三、《北史》卷九七。　俱慮建：古國名。未詳。　忽論：古國名。馮承鈞云：“在今中亞烏滸河北支卡菲爾尼甘河上游，沙畹以爲其地在愉漫之南。”（《西域地名》，第 49 頁）　靺鞨：殿本、庫本及《北史・煬帝紀》皆同。但上文已見，此似重出。　訶多：古國名。傳見《新唐書》卷二二一。其地在中亞之蘇爾哈布或瓦克什與噴赤二河之間。其主城爲庫利亞布。（《西域地名》，第 53 頁）　沛汗：古國名。西漢稱大宛。又譯作破洛那、撥汗那、判汗、鏺汗等。都渴塞城（今塔什干東南卡散塞）。傳見本書卷八三、《北史》卷九七。　龜兹：古國名。又譯作鳩兹、邱兹、屈支、屈茨、歸兹等。傳見本書卷八三、《北史》卷九七。　疏勒：古國名。亦譯作沙勒、修利、速利、蘇哩，又名佉沙。在今新疆喀什一帶。傳見本書卷八三、《北史》卷九七。　于闐：古國名。亦譯作于窴、于遁、豁丹、屈端、忽炭、赫探等。在今新疆和田一帶。傳見本書卷八三、《北史》卷九七。　安國：古國名。亦稱忸密、布豁、捕喝。故地在今烏兹别克斯坦布哈拉一帶。傳見本書卷八三、《北史》卷九七。何國：古國名。亦稱屈霜你迦、貴霜匿。故地在今烏兹别克斯坦撒馬爾罕西北排香倍一帶。傳見本書卷八三、《北史》卷九七。　穆國：古國名。亦稱木鹿、馬魯、馬盧等（《西域地名》，第 65 頁）。故地在今中亞查爾朱一帶。傳見本書卷八三、《北史》卷九七。畢：古國名。在今中亞布哈拉西南，阿姆河西岸之畢地（《西域地名》，第 14 頁）。詳見《新唐書》卷二二一《西域傳》。　衣密：古國名。未詳。　失范延：古國名。亦稱范陽、范延、帆延、梵延那、犯引等。故地在今阿富汗之喀布爾西北之巴米安。（《西域地名》，第 10 頁）　伽折：古國名。亦作揭職國。故地在今阿富汗境内，巴里黑以南 Gaz 地方（《西域地名》，第 28 頁）。詳見《新唐書》卷二二一《西域傳》。　朝貢：古時謂藩屬國或外國使臣入朝，貢獻本地産物。

[2]高建毗：人名。隋末爲虎賁郎將，其他事迹不詳。　顔宣政：人名。其他事迹不詳。

[3]魚龍曼延：又稱漫衍魚龍、魚龍戲等。是“魚龍”和“曼延”的合稱，爲古代百戲之一，西漢時已有。唐人顔師古説：“漫衍者，即張衡《西京賦》所云‘巨獸百尋，是爲漫延’者也。魚龍者，爲舍利之獸，先戲於庭極，畢乃入殿前激水，化成比目魚，跳躍漱水，作霧障日，畢，化成黄龍八丈，出水敖戲於庭，炫燿日光。”（《漢書》卷九六《西域傳》顔師古注）大致是由人裝扮成珍異動物並表演。

二月戊辰，賊帥楊仲緒率衆萬餘，[1]攻北平，滑公李景破斬之。[2]庚午，詔曰：“設險守國，著自前經，重門禦暴，事彰往策，所以宅土寧邦，禁邪固本。而近代戰争，居人散逸，田疇無伍，郛郭不修，遂使游惰實繁，寇歎未息。[3]今天下平一，海内晏如，宜令人悉城居，田隨近給，使强弱相容，力役兼濟，穿窬無所厝其姦宄，[4]萑蒲不得聚其逋逃。[5]有司具爲事條，務令得所。”丙子，土谷人王須拔反，[6]自稱漫天王，國號燕，賊帥魏刁兒自稱歷山飛，[7]衆各十餘萬，北連突厥，南寇趙。[8]

[1]楊仲緒：人名。隋末幽州地區農民起義軍領導者。

[2]滑公：滑國公的簡稱。

[3]歉：汲古閣本、中華本同。宋刻遞修本、殿本、庫本皆作“歉”，《北史》卷一二《隋煬帝紀》作“攘”。殿本本卷考證云：“監本歉訛歉，從宋本改。按歉與攘同。《詩·大雅》：‘寇攘式内。’《書·費誓》：‘無敢寇攘，踰垣墻。’”

[4]穿窬（yú）：亦作“穿踰”。指小偷。

[5]萑蒲：指蘆葦叢，此指逋逃之人常聚之所。

[6]土谷：宋刻遞修本、汲古閣本同，然殿本、庫本、中華本及《北史·隋煬帝紀》、《通鑑》卷一八二《隋紀》大業十一年二月條皆作“上谷”。可斷“土”字因字形相近而訛，上谷確。　王須拔：人名。隋末河北農民起義軍的首領之一，曾占據高陽郡，擁衆數萬人，後率兵攻打幽州，戰死。

[7]魏刁兒：人名。隋末河北農民起義軍領導者。大業十一年起義，活動於冀州、定州之間，一度有衆十餘萬人。武德元年爲竇建德所殺。（參見漆俠《隋末農民起義》、王永興《隋末農民戰争史料彙編》）按，宋刻遞修本作“魏刀兒”，底本、汲古閣本和殿本此處作“魏刁兒”，而於大業十二年四月記作“魏刀兒”；庫本、中華本兩處均作“魏刁兒”。檢本書卷六四和《北史》卷七八《王辯傳》、卷一二《隋煬帝紀》，《通鑑》卷一八二《隋紀》大業十一年二月條皆作“魏刀兒”。

[8]南寇趙：《通鑑》卷一八二《隋紀》大業十一年二月條作“南寇燕、趙”。由此可斷此“趙”乃是地區名，即泛指戰國時趙國所轄區域。

五月丁酉，[1]殺右驍衛大將軍、光禄大夫、郕公李渾，[2]將作監、光禄大夫李敏，[3]並族滅其家。癸卯，賊帥司馬長安破西河郡。[4]己酉，幸太原，[5]避暑汾陽宫。[6]

[1]五月丁酉：汲古閣本、殿本、庫本、中華本同。但宋刻遞修本、《北史》卷一二《隋煬帝紀》、《通鑑》卷一八二《隋紀》大業十一年皆作“三月丁酉”。

[2]郕公：此是郕國公之簡稱。

[3]將作監：此將作監是“將作大監”的省稱。隋文帝開皇二十年改將作寺爲將作監，改長官將作大匠爲將作大監（煬帝先後又曾改名爲將作大匠、將作令）。領左、右校及甄官署。掌營繕宫室、宗廟、城門、東宫、王府、中央官署及京都其他土木工程。從三品，煬帝降爲正四品。　李敏：人名。本書卷三七、《北史》卷五九有附傳。

[4]西河郡：治所在今山西汾陽市。

[5]太原：郡名。指太原郡，治所在今山西太原市西南古城營。

[6]汾陽宫：宫名。煬帝行宫，大業四年建，在今山西寧武縣西南管涔山上。按，《通鑑》記幸汾陽宫避暑於“四月”。

秋七月己亥，淮南人張起緒舉兵爲盜，[1]衆至三萬。辛丑，光禄大夫、右禦衛大將軍張壽卒。[2]

[1]淮南：地區名。泛指淮河以南。　張起緒：人名。淮南人，其他事迹不詳。

[2]右禦衛大將軍：據《張壽墓誌》，大業二年拜左禦衛大將軍，九年轉右翊衛大將軍，十年詔授光禄大夫。則張壽卒時官職當爲右翊衛大將軍。右翊衛大將軍，官名。煬帝大業三年改左右衛名

左右翊衛，職掌未變。右翊衛大將軍即右衛大將軍之改名。正三品。　張壽：人名。歷北周、隋二朝，官至右翊衛大將軍、光禄大夫。生平見《張壽墓誌》（參見王其禕、周曉薇《隋代墓誌銘彙考》四三九）。按，據墓誌張壽卒於大業十年七月二日，是月丁酉朔，二日爲戊戌日。前後相差一年，當以誌爲準。

八月乙丑，巡北塞。戊辰，突厥始畢可汗率騎數十萬，[1]謀襲乘輿，[2]義成公主遣使告變。[3]壬申，車駕馳幸雁門。[4]癸酉，突厥圍城，官軍頻戰不利。上大懼，欲率精騎潰圍而出，民部尚書樊子蓋固諫乃止。齊王暕以後軍保于崞縣。[5]甲申，詔天下諸郡募兵，於是守令各來赴難。

［1］始畢可汗：事見本書卷八四、《北史》卷九九、《舊唐書》卷一九四、《新唐書》卷二一五《突厥傳》。

［2］乘輿：本指天子或諸侯所坐之車，後作皇帝代稱。

［3］義城公主：隋宗室女，開皇十九年出嫁突厥啓民可汗。啓民死，繼爲處羅、頡利可汗妻。隋亡，數請頡利出兵攻唐，爲隋報仇。頡利敗時被殺。事見本書卷八四、《新唐書》卷二一五《突厥傳》。中華本校勘記云："本書中多作‘義成公主’。‘城’‘成’二字有時通用。"

［4］雁門：郡名。治所在今山西代縣。

［5］暕：人名。隋煬帝第二子楊暕，封齊王。傳見本書卷五九、《北史》卷七一。　崞（guō）縣：治所在今山西原平市北崞陽鎮。

九月甲辰，突厥解圍而去。丁未，曲赦太原、雁門郡死罪已下。[1]

[1]曲赦：猶特赦。不普赦天下，而獨赦太原、雁門郡，故曰曲赦。

冬十月壬戌，上至于東都。丁卯，彭城人魏騏驎聚衆萬餘爲盜，[1]寇魯郡。[2]壬申，賊帥盧明月聚衆十餘萬，[3]寇陳、汝間。[4]東海賊帥李子通擁衆度淮，[5]自號楚王，建元明政，寇江都。

[1]魏騏驎：人名。其他事迹不詳。

[2]魯郡：治所在今山東兖州市。

[3]盧明月：人名。隋末農民起義軍領導者，自稱"無上王"，後爲王世充斬殺。事略見《舊唐書》卷六八《秦叔寶傳》、《新唐書》卷八五《王世充傳》。

[4]陳、汝：《通鑑》卷一八二《隋紀》大業十一年十月壬申條胡三省注："陳州，淮陽郡。汝州，襄城郡。"陳州治所在今河南淮陽縣。汝州治所在今河南汝州市。另，煬帝大業三年已改州爲郡，這裏仍用州名欠妥。

[5]李子通：人名。隋末農民起義軍領導者之一，自稱楚王，主要活動於江淮地區。傳見《舊唐書》卷五六、《新唐書》卷八七。按，岑仲勉云："十月東海賊帥李子通寇江都，《集古録跋九》據《唐實録》，以寇江都之事爲繆。"（岑仲勉：《隋書求是》，第21頁）

十一月乙卯，賊帥王須拔破高陽郡。

十二月戊寅，有大流星如斛，墜明月營，破其衝車。[1]庚辰，詔民部尚書樊子蓋發關中兵，[2]討絳郡賊敬盤陀、柴保昌等，[3]經年不能剋。譙郡人朱粲擁衆數十萬，[4]寇荆、襄，[5]僭稱楚帝，建元昌達。漢南諸郡多爲所陷焉。[6]

[1]有大流星如斛，墜明月營，破其衝車：古人據此天象認爲："奔星所墜，破軍殺將。"預示盧明月破滅。參本書《天文志下》。

[2]關中：地區名。與"關内"意同。秦至唐時稱函谷關或潼關以西、隴坂以東、終南山以北爲關中。

[3]絳郡：治所在今山西新絳縣。　敬盤陀：人名。隋末絳郡地區起義軍領導者。按，其名諸書記載不一，本書卷六三、《北史》卷七六《樊子蓋傳》作"敬槃陀"，《北史》卷一二《隋本紀》載"敬盤陁"。由於史料有限，尚不能判定何者爲確。　柴保昌：人名。隋末絳郡地區起義軍領導者，事亦見《新唐書》卷一《高祖本紀》。

[4]譙郡：治所在今安徽亳州市。　朱粲：人名。隋末唐初群雄之一，大業十一年起事，武德四年爲李世民擊敗，被斬。

[5]荆：州名。煬帝已改名南郡。治所在今湖北江陵縣。　襄：州名。煬帝已改名襄陽郡。治所在今湖北襄樊市襄陽區。

[6]漢：指今長江中游支流漢江。

十二年春正月甲午，雁門人翟松柏起兵於靈丘，[1]衆至數萬，轉攻傍縣。

[1]翟松柏：人名。隋末農民起義軍領導者。　靈丘：縣名。治所在今山西靈丘縣。

二月己未，真臘國遣使貢方物。[1]甲子夜，有二大鳥似雕，飛入大業殿，止于御幄，至明而去。[2]癸亥，[3]東海賊盧公暹率衆萬餘，[4]保于蒼山。[5]

[1]真臘國：古國名。或稱吉蔑。即今柬埔寨。傳見本書卷八二、《北史》卷九五。

[2]“有二大鳥”至“至明而去”：古人認爲不詳之兆。大業殿，宫殿名。隋東都洛陽大業門内四十步，有大業殿，規模小於乾陽殿而雕綺過之。

[3]癸亥：諸本及《北史》卷一二《隋煬帝紀》皆同。中華本校勘記云：“此月戊午朔，癸亥（六日）應在甲子（七日）前。紀文當有訛誤或顛倒。”

[4]東海：郡名。治所在今江蘇連雲港市西南。　盧公暹：人名。隋末農民起義軍領導者。

[5]蒼山：蒼山有多座，此似指今山東臨沂市東之蒼山。

夏四月丁巳，顯陽門灾。[1]癸亥，魏刀兒所部將甄翟兒復號歷山飛，[2]衆十萬，轉寇太原。將軍潘長文討之，反爲所敗，長文死之。

[1]顯陽門：隋正殿南宫城正門，舊作廣陽門，避楊廣諱改。

[2]魏刀兒：人名。參大業十一年二月條注。　甄翟兒：人名。隋末農民起義軍領導者。

五月丙戌朔，日有蝕之，[1]既。癸巳，大流星隕于吴郡，爲石。[2]壬午，[3]上於景華宫徵求螢火，[4]得數斛，夜出游山，放之，光遍巖谷。

[1]日有蝕之：古人認爲此天象是“人主亡”“下伐上”的徵兆，預示宇文化及政變殺煬帝。參本書《天文志下》。

[2]大流星隕于吴郡，爲石：古人認爲此天象是“有亡國，有死王，有大戰，破軍殺將”的徵兆，預示斬劉文進。參本書《天文

志下》。

［3］壬午：諸本及《北史》卷一二《隋煬帝紀》皆同。中華本校勘記云："此月丙戌朔，無壬午。日干有誤。"《北史》中華本校勘記也指出此誤，但認爲："閏五月丙辰朔，壬午爲二十七日。非'壬午'誤，則'壬午'上當脱'閏五月'三字。"《通鑑》卷一八三《隋紀》大業十二年五月壬午條校勘記指出，"張：'壬午'作'甲午'"。

［4］景華宫：宫殿名。煬帝所造，在東都洛陽會通苑内（徐松：《唐兩京城坊考》）。

秋七月壬戌，民部尚書、光禄大夫齊北公樊子蓋卒。[1]甲子，幸江都宫，[2]以越王侗、光禄大夫段達、太府卿元文都、檢校民部尚書韋津、右武衛將軍皇甫無逸、右司郎盧楚等總留後事。[3]奉信郎崔民象以盗賊充斥，[4]於建國門上表，[5]諫不宜巡幸。上大怒，先解其頤，乃斬之。戊辰，馮翊人孫華自號總管，[6]舉兵爲盗。高凉通守冼瑶徹舉兵作亂，[7]嶺南溪洞多應之。[8]己巳，熒惑守羽林，[9]月餘乃退。車駕次汜水，[10]奉信郎王愛仁以盗賊日盛，[11]諫上請還西京。[12]上怒，斬之而行。

［1］齊北公：爵名。殿本、庫本同，宋刻遞修本、汲古閣本、中華本和《北史》卷一二《隋煬帝紀》作"濟北公"。《通鑑》卷一八三《隋紀》大業十二年七月條作"濟景公"。本書卷六三、《北史》卷七六《樊子蓋傳》皆作"濟公"。並云："言其功濟天下，特爲立名，無此郡國也。"考"齊"通"濟"，而"景"乃謚號，"北"似衍文。"濟（齊）公"確。另，據前引《樊子蓋傳》文，此爵當是郡公級。即隋九等爵的第四等，從一品。

［2］江都宫：宫殿名。隋煬帝置，在今江蘇揚州市西。

［3］段達：人名。傳見本書卷八五、《北史》卷七九。　太府卿：官名。太府寺長官，掌庫儲出納。在大業三年（此據本書《百官志下》和《通鑑》卷一八〇《隋紀》；《唐六典》卷二二《少府監》、《通典》卷二七《少府監》則爲“大業五年”）從太府寺分出少府監前，還兼管百工技巧、官府手工業。大業四年前正三品，此年降爲從三品。　元文都：人名。傳見本書卷七一、《北史》卷一七。　檢校：官制用語。初謂代理，隋及唐初皆有。即尚未實授其官，但已掌其職事。中唐已後“檢校”含義有變。　韋津：人名。事見本書卷四七《韋世康傳》、《北史》卷六四《韋孝寬傳》。　右武衛將軍：官名。右武衛府的軍官，輔助長官右武衛大將軍領外軍宿衛。從三品。　皇甫無逸：人名。本書卷七一有附傳。　右司郎：官名。煬帝大業三年，於尚書都司始置左、右司郎各一人。爲尚書左右丞之副貳，掌駁正違失，署覆文書及知省内宿直等事。從五品上。　盧楚：人名。傳見本書卷七一、《北史》卷八五。　總留後事：皇帝外出巡幸，以後事付留臺官總之。

［4］奉信郎：官名。煬帝大業三年以後置。隸謁者臺，奉命出使。從九品。　崔民象：人名。其他事迹不詳。

［5］建國門：東都洛陽羅城正南門。

［6］馮翊：郡名。治所在今陝西大荔縣。　孫華：人名。其他事迹不詳。

［7］高凉：郡名。治所在今廣東陽江市西。　通守：官名。煬帝大業三年以後，諸郡加置通守一員，位次太守，協助掌本郡政務。　洗珤（bǎo）徹：人名。其他事迹不詳。

［8］嶺南：地區名。一作嶺外、嶺表。泛指五嶺以南地區，相當今廣東、廣西兩省及越南北部一帶。　溪洞：亦作“溪峒”。古代指今部分苗族、侗族、壯族及其聚居地區。

［9］熒惑守羽林：古人據天人感應論認爲此天象預示“衛兵反”。

［10］汜水：河名。源出今河南鞏義市東南，北流今滎陽市西北汜水鎮西，北入黄河。

［11］王愛仁：人名。其他事迹不詳。

［12］西京：此指隋文帝所建的大興城。在今陝西西安市及其南郊。

八月乙巳，賊帥趙萬海衆數十萬，[1]自恒山寇高陽。[2]壬子，有大流星如斗，出王良閣道，聲如隤墻。癸丑，大流星如甕，出羽林。[3]

［1］趙萬海：人名。其他事迹不詳。

［2］恒山：郡名。即恒山郡，隋大業三年改恒州置，治所在今河北正定縣南。

［3］"有大流星如斗"至"出羽林"：古人認爲此天象是"主以兵去，天之所伐"的徵兆，預示宇文化及殺帝僭號。參本書《天文志下》。

九月丁酉，[1]東海人杜伏威、揚州沈覓敵等作亂，[2]衆至數萬。右禦衛將軍陳稜擊破之。[3]戊午，有二枉矢出北斗魁，委曲蛇形，注於南斗。[4]壬戌，安定人荔非世雄殺臨涇令，[5]舉兵作亂，自號將軍。

［1］丁酉：中華書局新修訂本校勘記云："是月甲寅朔，無丁酉，疑此日應繫於八月，或爲丁巳之訛。"

［2］東海人杜伏威、揚州沈覓敵：殿本、庫本及《北史》卷一二《隋煬帝紀》皆同。宋刻遞修本、汲古閣本作"東海人杜揚州沈覓敵"，中華本標點作"東海人杜揚州、沈覓敵"。另，《册府元

龜》卷一二一《帝王部·征討》載："東海人杜揚州、沈覓敵等作亂。"中華本《北史·隋煬帝紀》校勘記云："按《舊唐書》卷五六《杜伏威傳》，伏威齊州章丘人，並不起於東海。下十三年，又記'齊郡賊杜伏威率衆渡淮'。與此顯是兩支。疑'伏威'二字衍文，'杜揚州'乃人名。"沈覓敵，人名。其他事迹不詳。

[3]右禦衛將軍陳稜擊破之：據前引《册府元龜》還載："遣右禦衛將軍陳稜擊破之。"故知本書此處脱一"遣"字。右禦衛將軍，官名。煬帝大業三年置，爲禁軍指揮機構右禦衛長官右禦衛大將軍的屬官。佐長官總府事，統所屬府兵。從三品。陳稜，人名。傳見本書卷六四、《北史》卷七八。

[4]有二枉矢出北斗魁，委曲蛇形，注於南斗：古人認爲此天象是"以亂代亂，執矢者不正"的徵兆，預示王世充殺楊侗，篡號鄭。參本書《天文志下》。

[5]安定：郡名。治所在今甘肅涇川縣北涇河北岸。　荔非世雄：人名。其他事迹不詳。　臨涇：縣名。治所在今甘肅鎮原縣。

冬十月己丑，開府儀同三司、左翊衛大將軍、光禄大夫、許公宇文述薨。[1]

[1]許公：爵名。許國公的簡稱。

十二月癸未，鄱陽賊操天成舉兵反，[1]自號元興王，建元始興，攻陷豫章郡。[2]乙酉，以右翊衛大將軍來護兒爲開府儀同三司、行左翊衛大將軍。[3]壬辰，鄱陽人林士弘自稱皇帝，[4]國號楚，建元太平，攻陷九江、廬陵郡。[5]唐公破甄翟兒於西河，[6]虜男女數千口。

［1］鄱陽：郡名。治所在今江西鄱陽縣。　操天成：人名。隋末農民起義軍領導者。岑仲勉指出："《新唐書·林士弘傳》以操天成爲號，《姓氏辨誤》一〇爲當從《新書》。"（岑仲勉：《隋書求是》，第21頁）又《通鑑》卷一八三《考異》引《唐高祖實録》作"操師乞"。

［2］豫章郡：治所在今江西南昌市。

［3］乙酉，以右翊衛大將軍來護兒爲開府儀同三司、行左翊衛大將軍：諸本均載來護兒爲開府儀同三司、行左翊衛大將軍的時間在"大業十二年十二月"，《北史》卷一二《隋煬帝紀》、卷七六《來護兒傳》亦同。但本書卷六四《來護兒傳》記於"十三年"，當誤。來護兒，人名。傳見本書卷六四、《北史》卷七六。行，官制用語。指官闕未補，暫由他官兼攝其事。漢朝用此制較普遍，後朝也沿襲。唐時其義有不同。

［4］林士弘：人名。隋末鄱陽湖地區起義軍領導者，後建楚稱帝，武德五年爲唐軍擊敗。《舊唐書》卷五六、《新唐書》卷八七有附傳。按，《通鑑》卷一八三《隋紀》大業十二年十二月壬辰條《考異》，對載籍所記林士弘的國號、年名歧異有考。

［5］九江：郡名。治所在今江西九江市。　廬陵郡：治所在今江西吉水縣東北。

［6］唐公：爵名。唐國公的簡稱。從一品。此指李淵，唐人因避諱缺其名。紀見《舊唐書》卷一、《新唐書》卷一。　西河：此是郡名。

十三年春正月壬子，齊郡賊杜伏威率衆度淮，攻陷歷陽郡。[1]丙辰，勃海賊竇建德設壇於河間之樂壽，[2]自稱長樂王，建元丁丑。辛巳，賊帥徐圓朗率衆數千，[3]破東平郡。[4]弘化人劉企成聚衆萬餘人爲盜，[5]傍郡苦之。

［1］歷陽郡：治所在今安徽和縣。

［2］勃海：郡名。治所在今山東陽信縣西南。　竇建德：人名。隋末反隋主力之一。傳見《舊唐書》卷五四、《新唐書》卷八五。　河間：郡名。治所在今河北河間市。　樂壽：縣名。治所在今河北獻縣。

［3］徐圓朗：人名。隋大業十三年，徐圓朗以兖州爲中心聚衆反隋，同年依附李密瓦崗軍，後降王世充。《舊唐書》卷五五、《新唐書》卷八六有附傳。

［4］東平郡：治所在今山東鄆城縣東。

［5］弘化：郡名。治所在今甘肅慶陽市。　到仚（xiān）成：人名。按，宋刻遞修本、汲古閣本、殿本、庫本及《北史》卷一二《隋煬帝紀》皆同。中華本改作"劉企成"。校勘記云："原作'到仚成'。《舊唐書·梁師都傳》、又《建成傳》，《新唐書·梁師都傳》，《通鑑·唐紀》五作'劉仚成'；《元龜》四四九、九七七、九八五作'劉企成'。'仚'是'企'的別體字。今改。"岑仲勉也指出此歧異，並云"到、劉形近也"，"當時俗名往往用仚字"（岑仲勉：《隋書求是》，第21頁）。但未明斷確切姓名。綜考上引史籍，可判定"到"因與"劉"形近而訛。此外，前引除類書《册府元龜》以外的史籍均作"仚"；岑先生還引《通鑑》卷一八六"旁仚地"爲據，證"當時俗名往往用仚字"；再者，仚、企兩字寫法、讀音、字義均不同，中華本校勘記斷"'仚'是'企'的別體字"，又未提出根據。故當從大多數而且比類書《册府元龜》史料價值更高的史籍記載，即"仚"字。綜上，此人姓名作"劉仚成"更確切。

二月壬午，朔方人梁師都殺郡丞唐世宗，［1］據郡反，自稱大丞相。遣銀青光禄大夫張世隆擊之，［2］反爲所敗。

戊子，賊帥王子英破上谷郡。[3]己丑，馬邑校尉劉武周殺太守王仁恭，[4]舉兵作亂，北連突厥，自稱定楊可汗。庚寅，賊帥李密、翟讓等陷興洛倉。[5]越王侗遣武賁郎將劉長恭、光禄少卿房崱擊之，[6]反爲所敗，死者十五六。庚子，李密自號魏公，稱元年，開倉以振群盜，衆至數十萬，河南諸郡相繼皆陷焉。壬寅，劉武周破武賁郎將王智辯于桑乾鎮，[7]智辯死之。

[1]朔方：郡名。治所在今陝西靖邊縣東北白城子。　梁師都：人名。仕隋爲鷹揚郎將，後反隋。唐初稱帝建立梁國，貞觀二年(628)兵敗被殺。傳見《舊唐書》卷五六、《新唐書》卷八七。　唐世宗：人名。隋末任朔方郡丞，其他事迹不詳。

[2]銀青光禄大夫：官名。屬散官，隋文帝時爲正三品，煬帝大業三年降爲從三品。　張世隆：人名。隋朝將領，其他事迹不詳。

[3]王子英：人名。具體事迹不詳。　上谷郡：治所在今河北易縣。

[4]馬邑：地名。在今山西朔州市。　校尉：官名。隋府兵鷹揚府之下設團，其長官爲校尉。正六品。　劉武周：人名。隋末群雄之一。傳見《舊唐書》卷五五、《新唐書》卷八六。　王仁恭：人名。傳見本書卷六五、《北史》卷七八。

[5]李密：人名。傳見本書卷七〇、《舊唐書》卷五三、《新唐書》卷八四，《北史》卷六〇有附傳。　翟讓：人名。隋末農民起義瓦崗軍早期領導人之一，大業十三年，被李密殺害。事亦見本書卷四《煬帝紀》、卷七一《馮慈明傳》、卷七一《張須陁傳》，《新唐書》卷九三《李勣傳》等。　興洛倉：倉名。又名洛口倉。在今河南鞏義市東南。隋大業二年置，周二十餘里，穿窖三千。

[6]劉長恭：人名。隋朝將領，隋末爲武賁郎將，義寧二年

(618) 五月，隨王世充攻打李密，戰死。事亦見本書卷五《恭帝紀》，北史卷一二《隋煬帝紀》、卷六〇《李密傳》，《舊唐書》卷五三、《新唐書》卷八四《李密傳》，《通鑑》卷一八三《隋紀》。光禄少卿：官名。爲光禄寺貳官。輔長官光禄卿掌祭祀、朝會、宴饗之供設，政令仰承禮部。隋初正四品上，煬帝降爲從四品。房崱（zè）：人名。隋朝人，其他事迹不詳。

[7]王智辯：人名。隋末爲虎賁郎將，大業十三年爲劉武周擊敗。　桑乾鎮：《通鑑》卷一八三《隋紀》義寧元年二月條胡三省注云："桑乾，漢縣，後魏爲桑乾郡，後周廢，隋以爲鎮，在馬邑郡善陽縣界。"善陽縣一作鄯陽縣。治所在今山西朔州市。

三月戊午，廬江人張子路舉兵反。[1]遣右禦衛將軍陳稜討平之。丁丑，賊帥李通德衆十萬寇廬江，[2]左屯衛將軍張鎮州擊破之。[3]

[1]廬江：郡名。治所在今安徽合肥市西。　張子路：人名。其他事迹不詳。

[2]李通德：人名。其他事迹不詳。

[3]左屯衛將軍：官名。隋文帝置左右領軍府，各掌十二軍籍帳、差科、詞訟之事，不置將軍。煬帝大業三年改爲左右屯衛，各置大將軍一人，總判府事，並統所屬鷹揚府。正三品。將軍各二人，從三品。　張鎮州：人名。按，本書本卷、《食貨志》、卷八一《流求國傳》，以及《舊唐書》卷五六《蕭銑傳》、卷六〇《李孝恭傳》、卷六七《李靖傳》均作"張鎮州"；但本書卷六四、《北史》卷七八《陳稜傳》，以及《通鑑》卷一八一《隋紀》大業六年、卷一八五《唐紀》武德元年均作"張鎮周"。

夏四月癸未，金城校尉薛舉率衆反，[1]自稱西秦霸王，建元秦興，攻陷隴右諸郡。己丑，賊帥孟讓，夜入東都外郭，燒豐都市而去。[2]癸巳，李密陷迴洛東倉。[3]丁酉，賊帥房憲伯陷汝陰郡。[4]是月，光禄大夫裴仁基、淮陽太守趙佗等並以衆叛歸李密。[5]

[1]金城：郡名。治所在今甘肅蘭州市。　薛舉：人名。傳見《舊唐書》卷五五、《新唐書》卷八六。

[2]豐都市：市名。隋、唐洛陽城東市。在今河南洛陽市東。

[3]迴洛東倉：倉名。迴洛倉在今河南洛陽市隋洛陽故城北七里。倉城周圍十里，穿三百窖。迴洛東倉，《通鑑》卷一八三《隋紀》義寧元年四月條同；《舊唐書》卷五三和《新唐書》卷八四《李密傳》則作“迴洛倉”。故迴洛東倉當是迴洛倉東面的部分，非是另一處倉名。迴，諸本及《舊唐書》同，《新唐書》作“回”。

[4]房憲伯：人名。武德元年爲唐軍討平，其他事迹不詳。　汝陰郡：治所在今安徽阜陽市。

[5]裴仁基：人名。傳見本書卷七〇、《北史》卷三八。　淮陽：郡名。治所在今河南淮陽縣。　趙佗：人名。其他事迹不詳。岑仲勉指出：“《李密傳》作趙他，（佗、他）古通用。”（岑仲勉：《隋書求是》，第21頁）

五月辛酉，夜有流星如甕，墜於江都。[1]甲子，唐公起義師於太原。丙寅，突厥數千寇太原，唐公擊破之。

[1]五月辛酉，夜有流星如甕，墜於江都：古人認爲此天象是“其下有大兵戰，流血破軍殺將”的徵兆。參本書《天文志下》。按，辛酉，殿本、庫本、中華本皆同，本書《天文志下》作“辛

亥”。宋刻遞修本、汲古閣本及《北史》卷一二《隋煬帝紀》作“辛卯”，中華本《北史》該條校勘記云：“按是年五月庚戌朔，無辛卯。辛亥是二日，辛酉是十二日。‘卯’必誤，‘酉’‘亥’未知孰是。”

秋七月壬子，熒惑守積屍。[1]丙辰，武威人李軌舉兵反，[2]攻陷河西諸郡，[3]自稱涼王，建元安樂。

[1]熒惑守積屍：古人認爲此爲天下大亂徵兆。熒惑，古指火星。因隱現不定，令人迷惑，故名。積屍，星名。亦作積尸。

[2]武威：郡名。治所在今甘肅武威市。　李軌：人名。隋末涼州土豪，起兵反隋稱帝，後敗於唐軍。傳見《舊唐書》卷五五、《新唐書》卷八六。

[3]河西：地區名。亦稱河右。指今甘肅、青海兩省黄河以西，即河西走廊和湟水流域一帶。

八月辛巳，唐公破武牙郎將宋老生於霍邑，[1]斬之。

[1]武牙郎將：官名。煬帝大業三年十二衛護軍改爲武賁郎將後置，爲武賁郎將副貳。從四品。　宋老生：人名。隋朝將領。事略見《通鑑》卷一八三《隋紀》義寧元年、《舊唐書》卷一《高祖紀》。　霍邑：縣名。治所在今山西霍州市。

九月己丑，[1]帝括江都人女寡婦，以配從兵。是月，武陽郡丞元寶藏以郡叛歸李密，[2]與賊帥李文相攻陷黎陽倉。[3]彗星見於營室。[4]

［1］九月己丑：諸本及《北史》卷一二《隋煬帝紀》皆同。中華本校勘記云："此月己酉朔，無己丑。日干有誤。"岑仲勉指出此誤，認爲"殆乙丑之訛"，並考（岑仲勉：《隋書求是》，第21頁）。

［2］武陽：郡名。治所在今河北大名縣東北。　郡丞：官名。煬帝時爲郡屬官之首，爲太守之貳，通判郡事。上郡從七品，中郡正八品，下郡從八品。　元寶藏：人名。隋武陽郡丞，大業十三年九月投降李密，封以上柱國、武陽公、魏州總管，武德二年降唐。事亦見本書卷七三《魏德深傳》、卷八五《宇文化及傳》，《通鑑》卷一八四、卷一八七等。

［3］李文相：人名。號李商胡，隋末農民起義領導者之一，聚衆五千餘人，活動範圍以河陽中潬城爲中心，事略見《通鑑》卷一八八。　黎陽倉：倉名。在今河南浚縣西南。

［4］彗星見於營室：古人認爲此天象預示兵起大亂。營室，星名。即室宿，二十八宿之一。

冬十月丁亥，太原楊世洛聚衆萬餘人，[1]寇掠城邑。丙申，羅令蕭銑以縣反，[2]鄱陽人董景珍以郡反，[3]迎銑於羅縣，號爲梁王，攻陷傍郡。戊戌，武賁郎將高毗敗濟北郡賊甄寶車於嵫山。[4]

［1］楊世洛：人名。其他事迹不詳。按，"楊"《北史》卷一二《隋煬帝紀》作"陽"。

［2］羅：縣名。治所在今湖南汨羅市北。　蕭銑：人名。傳見《舊唐書》卷五六、《新唐書》卷八七。

［3］董景珍：人名。隋末任岳州校尉，起兵反隋，依附於蕭銑。

［4］高毗：人名。隋朝將領，具體事迹不詳。　濟北郡：治所在今山東茌平縣西南。　嵫山：即今山東平陰縣西南五十里大

塞山。

十一月丙辰，唐公入京師。辛酉，遥尊帝爲太上皇，[1]立代王侑爲帝，改元義寧。[2]上起宫丹楊，[3]將遜于江左。有烏鵲來巢幄帳，驅不能止。[4]熒惑犯太微。[5]有石自江浮入于楊子。[6]日光四散如流血。上甚惡之。

[1]帝：指煬帝。　太上皇：皇帝父親的尊號。

[2]義寧：隋恭帝楊侑年號（617—618）。

[3]丹楊：郡名。治所在今江蘇南京市。按，《北史》卷一二《隋煬帝紀》同。但本書宋刻遞修本、汲古閣本、殿本、庫本、中華本及《通鑑》卷一八五《隋紀》義寧元年均作“丹陽”。胡三省注云：“帝改蔣州爲丹陽郡，蓋欲都建康也。”另檢本書《地理志》也作“丹陽郡”。故知雖“陽”一作“楊”，但寫前者更普遍。

[4]有烏鵲來巢幄帳，驅不能止：古人認爲此現象預示煬帝在政變中被殺（參本書《五行志下》）。

[5]熒惑犯太微：此與“日光四散如流血”的天象，據本書《天文志下》，發生在“辛酉”日。古人認爲它是“賊入宫，主以急兵見伐”和“臣逆君”的徵兆。明年三月，化及等殺隋煬帝，諸王及幸臣並被戮。

[6]楊子：宋刻遞修本、《北史·隋煬帝紀》同。但汲古閣本、殿本、庫本、中華本皆爲“揚子”。後者確。揚子，江名。此指今江蘇揚州市附近的長江。

二年三月，[1]右屯衛將軍宇文化及，[2]武賁郎將司馬德戡、元禮，[3]監門直閣裴虔通，[4]將作少監宇文智及，[5]武勇郎將趙行樞，[6]鷹揚郎將孟景，[7]内史舍人元敏，[8]符璽郎李覆、牛方裕，[9]千牛左右李孝本、弟孝質，[10]直長許弘仁、薛世良，[11]城門郎唐奉義，[12]醫正張愷等，[13]以驍果作亂，入犯宮闈。上崩于溫室，時年五十。蕭后令宮人撤床簀爲棺以埋之。[14]化及發後，右禦衛將軍陳稜奉梓宮於成象殿，[15]葬吴公臺下。[16]發斂之始，容貌若生，衆咸異之。大唐平江南之後，改葬雷塘。[17]

［1］二年：牛運震《讀史糾謬》卷一四云："當書義寧二年。"

［2］宇文化及：人名。傳見本書卷八五，《北史》卷七九有附傳。

［3］司馬德戡：人名。傳見本書卷八五，《北史》卷七九有附傳。　元禮：人名。隋末爲虎賁朗將，參與縊殺煬帝的江都宮變。事略見《通鑑》卷一八五《隋紀》。

［4］監門直閣：官名。爲禁衛軍指揮機構左右監門府的軍官。大業三年置。正五品。　裴虔通：人名。傳見本書卷八五，《北史》卷七九有附傳。

［5］將作少監：官名。將作監副官。佐長官將作大監領左、右校及甄官署，掌營繕宮室、宗廟、城門、東宮、王府、中央官署及京都其他土木工程。正五品。　宇文智及：人名。本書卷八五有附傳。

［6］武勇郎將：官名。煬帝大業三年置爲左、右雄武府貳官，佐長官雄武郎將領其府驍果禁軍。從五品。　趙行樞：人名。事見本書卷六一、《北史》卷七九《雲定興傳》。

［7］鷹揚郎將：官名。煬帝大業三年改驃騎府爲鷹揚府，隨府名改驃騎將軍名鷹揚郎將，爲鷹揚府長官。統領本府兵。正五品。　孟景：人名。亦作"孟秉"，隋末爲禁軍鷹揚郎將，參與縊殺隋煬帝的江都宮變，武德二年爲竇建德所殺。事亦見《北史》卷七九

《宇文化及傳》、《通鑑》卷一八五《唐紀》武德元年。按，景，諸本及《北史》卷一二《隋煬帝紀》皆同，但本書《宇文化及傳》和《通鑑》卷一八五《唐紀》武德元年條作“秉”。中華本校勘記云：“‘景’應作‘秉’。唐人諱‘昞’，因‘秉’‘昞’同音，遂改‘秉’爲‘景’。”

[8]内史舍人：官名。内史省屬官。隋初正六品，開皇三年加爲從五品。　元敏：人名。事見本書卷六三、《北史》卷七五《元壽傳》。

[9]符璽郎：官名。隋於門下省符璽局置符璽監爲長官，正六品。煬帝大業三年改名符璽郎，降爲從六品。掌保管天子印璽符節。　李覆：人名。隋末任符璽郎，其他事迹不詳。　牛方裕：人名。牛弘次子，事見本書卷四九、《北史》卷七二《牛弘傳》。

[10]千牛左右：官名。煬帝大業三年改左右領左右府爲左右備身府後，各置千牛左右十六員，掌執千牛刀宿衛。正六品。　李孝本、弟孝質：二人皆爲李孝常之弟。其他事迹不詳。

[11]直長：官名。《通鑑》卷一八五《唐紀》武德元年三月條胡三省注云：“隋初，門下省統城門、尚食、尚藥、符璽、殿内等六局，各有直長。煬帝以城門、尚食、尚藥、御府等五局隸殿内省。”另，隋於左右監門府也置直長，爲宿衛武官。正七品。　許弘仁：人名。隋末爲監門直長，參與縊殺隋煬帝的江都宫變。事見《通鑑》卷一八五《唐紀》。　薛世良：人名。隋末爲監門直長，參與縊殺隋煬帝的江都宫變，入唐曾任絳州刺史。按，本書《宇文化及傳》作“薛良”，羅振玉《隋書斠議》云：“此避唐太宗諱省‘世’字。”

[12]城門郎：官名。煬帝大業三年改門下省城門局校尉而置。掌京城、皇城、宫殿諸門啓閉等事。從六品。　唐奉義：人名。隋末爲城門郎，事略見《通鑑》卷一八五《唐紀》。

[13]醫正：官名。煬帝大業三年始置。爲太常寺太醫署屬官。掌醫療疾病。　張愷：人名。隋末爲醫正，參與縊殺隋煬帝的江都

宫變，後隨宇文化及北上魏縣，謀叛被誅。事略見《通鑑》卷一八五《唐紀》。

［14］蕭后令宫人撤床簀爲棺以埋之：《北史·隋煬帝紀》同，《通鑑》卷一八五《唐紀》武德元年三月條則載："蕭后與宫人撤漆板牀爲小棺"，"殯於西院流珠堂"。蕭后，傳見本書卷三六、《北史》卷一四。簀，音 zé。泛指席子。

［15］成象殿：江都宫中的宫殿名。

［16］吴公臺：地名。又名鬭鷄臺。在今江蘇揚州市西北。

［17］雷塘：地名。《通鑑》卷一九〇《唐紀》武德五年八月條胡三省注云："雷塘，漢所謂雷陂也，在今揚州城北平岡上。"

初，上自以藩王，[1]次不當立，每矯情飾行，以釣虚名，陰有奪宗之計。[2]時高祖雅信文獻皇后，[3]而性忌妾媵。[4]皇太子勇内多嬖幸，以此失愛。帝後庭有子，皆不育之，示無私寵，取媚於后。大臣用事者，傾心與交。中使至第，[5]無貴賤，皆曲承顔色，申以厚禮。婢僕往來者，無不稱其仁孝。又常私入宫掖，[6]密謀於獻后，楊素等因機構扇，[7]遂成廢立。

［1］藩王：藩國之王。據隋封爵制，皇子爲親王。此指楊廣初封晋王。

［2］宗：嫡長子。此指楊勇太子位。

［3］高祖：此是隋文帝楊堅的廟號。帝王死後，在太廟立室奉祀，並追尊某祖某宗的名號，稱廟號。紀見本書卷一、二，《北史》卷一一。　文獻皇后：亦簡稱獻皇后、獻后。即文帝獨孤皇后的謚號。傳見本書卷三六、《北史》卷一四。

［4］妾媵（yìng）：古代諸侯貴族女子出嫁，以侄娣（侄女和妹妹）從嫁，稱媵。後因以妾媵泛指侍妾。

[5]中使：宮中派出的使者。多指宦官。

[6]宮掖：皇宮。掖，掖廷，宮内的旁舍，是妃嬪居住的地方，因稱皇宮爲宮掖。

[7]楊素：人名。傳見本書卷四八，《北史》卷四一有附傳。

自高祖大漸，暨諒闇之中，[1]烝淫無度，[2]山陵始就，[3]即事巡游。以天下承平日久，士馬全盛，慨然慕秦皇、漢武之事，乃盛治宮室，窮極侈靡，召募行人，分使絶域。諸蕃至者，[4]厚加禮賜，有不恭命，以兵擊之。盛興屯田於玉門、柳城之外。[5]課天下富室，益市武馬，匹直十餘萬，富强坐是凍餒者十家而九。帝性多詭譎，所幸之處，不欲人知。每之一所，輒數道置頓，[6]四海珍羞殊味，水陸必備焉，求市者無遠不至。郡縣官人，競爲獻食，豐厚者進擢，疏儉者獲罪。姦吏侵漁，内外虚竭，頭會箕斂，人不聊生。

[1]諒闇：亦作“諒陰”。居喪時所住的房子。借指居喪。多用於皇帝。

[2]烝（zhēng）淫：指和母輩通奸的淫行。

[3]山陵：帝王或皇后的墳墓。

[4]蕃：指中原王朝的侯國或屬國、屬地。

[5]屯田：利用戍卒或農民等墾殖荒地。漢以後歷代政府沿用此措施取得軍餉和税糧。　玉門：關名。即玉門關。西漢武帝置。故址在今甘肅敦煌市西北小方盤城；一説本在今甘肅玉門市西北赤金堡一帶，後始遷至小方盤城。六朝時關址東移今甘肅安西縣東雙塔堡附近。　柳城：地名。即今新疆鄯善縣西南魯克沁。

[6]頓：宿食之所、館舍。

于時軍國多務，日不暇給，帝方驕怠，惡聞政事，冤屈不治，奏請罕决。又猜忌臣下，無所專任，朝臣有不合意者，必構其罪而族滅之。故高熲、賀若弼先皇心膂，[1]參謀帷幄，張衡、李金才藩邸惟舊，[2]績著經綸，或惡其直道，或忿其正議，求其無形之罪，加以刎頸之誅。其餘事君盡禮，謇謇匪躬，無辜無罪，横受夷戮者，不可勝紀。政刑弛紊，賄貨公行，莫敢正言，道路以目。六軍不息，百役繁興，行者不歸，居者失業。人飢相食，邑落爲墟，上不之恤也。

[1]賀若弼：人名。傳見本書卷五二，《北史》卷六八有附傳。

[2]張衡：人名。傳見本書卷五六、《北史》卷七四。　李金才：人名。即李渾，字金才。本書卷三七、《北史》卷五九有附傳。

東西游幸，靡有定居，每以供費不給，逆收數年之賦。所至唯與後宫流連躭湎，惟日不足，招迎姥媪，朝夕共肆醜言，又引少年，令與宫人穢亂，不軌不遜，以爲娱樂。

區宇之内，盗賊蜂起，劫掠從官，屠陷城邑，近臣互相掩蔽，隱賊數不以實對。或有言賊多者，輒大被詰責。各求苟免，上下相蒙，每出師徒，敗亡相繼。戰士盡力，必不加賞，百姓無辜，咸受屠戮。黎庶憤怨，天下土崩，至於就擒而猶未之寤也。

史臣曰：煬帝爰在弱齡，早有令聞，南平吴、會，[1]北却匈奴，[2]昆弟之中，獨著聲績。於是矯情飾貌，肆厥姦回，故得獻后鍾心，文皇革慮，[3]天方肇亂，遂登儲兩，踐峻極之崇基，承丕顯之休命。地廣三代，威振八紘，單于頓顙，[4]越裳重譯。[5]赤仄之泉，[6]流溢于都内，紅腐之衆，[7]委積於塞下。

［1］會：郡名。指會稽郡。治所在今浙江紹興市。

［2］匈奴：中國古代北方民族之一。此代指隋時突厥等北方少數民族。

［3］文皇：隋高祖楊堅的謚號。

［4］單于：匈奴君長的稱號。此代指突厥等朝貢於隋的北方少數民族及國家的君長。

［5］越裳：古國名。亦作越常、越嘗。此代指朝貢於隋的南方少數民族及國家。裳，宋刻遞修本、汲古閣本、殿本、庫本、中華本皆同，《北史》卷一二《隋煬帝紀》作"常"。

［6］赤仄：亦作赤側。古代一種外邊爲赤銅的錢幣。漢武帝時始鑄。後也泛指錢幣。

［7］紅腐：原謂陳米色紅腐爛。後亦指陳米。　衆：汲古閣本、殿本同。庫本、中華本及《北史·隋煬帝紀》皆作"粟"。

負其富强之資，思逞無厭之欲，狹殷、周之制度，尚秦、漢之規摹。恃才矜己，傲狠明德，内懷險躁，外示凝簡，盛冠服以飾其姦，除諫官以掩其過。[1]淫荒無度，法令滋章，教絶四維，刑參五虐，[2]鋤誅骨肉，屠剿忠良，受賞者莫見其功，爲戮者不知其罪。驕怒之兵屢動，土木之功不息。頻出朔方，三駕遼左，[3]旌旗萬里，徵税百端，猾吏侵漁，人不堪命。乃急令暴條以擾之，嚴刑峻法以臨之，甲兵威武以董之，自是海内騷然，無聊生矣。

[1]諫官：諫諍之官的統稱。歷代名號不一。

[2]五虐：指大辟、割鼻、斷耳、宫、黥等五種酷刑。濫用五刑以殘民故謂“五虐”。

[3]遼左：地區名。遼東的别稱。泛指今遼河以東地區。另，舊也稱今遼寧省一帶爲遼左。

俄而玄感肇黎陽之亂，[1]匈奴有雁門之圍，[2]天子方棄中土，遠之楊、越。[3]姦宄乘釁，强弱相陵，關梁閉而不通，皇輿往而不反。加之以師旅，因之以饑饉，流離道路，轉死溝壑，十八九焉。於是相聚萑蒲，[4]蝟毛而起，大則跨州連郡，稱帝稱王，小則千百爲群，攻城剽邑，流血成川澤，死人如亂麻，炊者不及析骸，食者不遑易子。茫茫九土，並爲麋鹿之場，慄慄黔黎，[5]俱充蛇豕之餌。四方萬里，簡書相續，猶謂鼠竊狗盜，不足爲虞，上下相蒙，莫肯念亂，振蜉蝣之羽，窮長夜之樂。土崩魚爛，貫盈惡稔，普天之下，莫匪仇讎，左右之人，皆爲敵國。

[1]玄感肇黎陽之亂：指大業九年楊玄感起兵反隋。

[2]匈奴有雁門之圍：指大業十一年，隋煬帝爲突厥圍困於雁門關。

[3]楊：宋刻遞修本、汲古閣本、監本同。殿本、庫本、中華本及《北史》卷一二《隋煬帝紀》皆作“揚”。隋有“揚州”無“楊州”，“楊”當是“揚”因字形相似而訛。揚州治所在今江蘇揚州市。　越：州名。治所在今浙江紹興市。

[4]萑（huán）：草名。同“萑”，即荻。

[5]慄（dié）：同“惵”，恐懼，害怕。

終然不悟，同彼望夷，[1]遂以萬乘之尊，死於一夫之手。億兆靡感恩之士，九牧無勤王之師。[2]子弟同就誅夷，骸骨棄而莫掩，社稷顛隕，本枝殄絶，自肇有書契以迄于兹，宇宙崩離，生靈塗炭，喪身滅國，未有若斯之甚也。《書》曰：“天作孽，猶可違，自作孽，不可逭。”[3]《傳》曰：“吉凶由人，祅不妄作。”[4]又曰：“兵猶火也，不戢將自焚。”[5]觀隋室之存亡，斯言信而有徵矣！

[1]望夷：秦代宫名。故址在今陝西涇陽縣東南，因東北臨涇水，以望北夷，故名。秦末，趙高迫殺秦二世於此。

[2]九牧：九州之長。指地方長官。

[3]天作孽，猶可違，自作孽，不可逭：語出《尚書·太甲中》。

[4]吉凶由人，祅不妄作：祅，諸本皆同。但《北史》卷一二《隋煬帝紀》作“妖”。考“吉凶由人”語出《左傳》僖公十六年，而不見“祅不妄作”一句。另，檢本書卷四二《李德林傳》，《周書》卷四五、《北史》卷三〇《盧光傳》，皆作：“吉凶由人，妖不妄作。”“祅”當是“妖”之訛。

[5]兵猶火也，不戢（jí）將自焚：語出《左傳》隱公四年。

隋書　卷五

帝紀第五

恭帝

恭皇帝諱侑，[1]元德太子之子也。[2]母曰韋妃。[3]性聰敏，有氣度。大業三年，立爲陳王。[4]後數載，徙爲代王，邑萬户。[5]及煬帝親征遼東，[6]令於京師總留事。[7]十一年，從幸晋陽，[8]拜太原太守。[9]尋鎮京師。義兵入長安，尊煬帝爲太上皇，[10]奉帝纂業。

[1]恭皇帝：唐予楊侑的謚號。按，王世充殺楊侗後所給的謚號亦曰“恭皇帝”。與前者謚號同，但贈予者、被謚者均不同。參《通鑑》卷一八七《唐紀》武德二年。　諱：對君主、尊長輩的名字避開不直稱，或於人死後書其名，名前稱諱，以示尊敬。此指後者。　侑：人名。指楊侑。隋煬帝之孫，李淵攻占長安立爲帝。紀另見《北史》卷一二。

[2]元德太子：即楊昭。傳見本書卷五九、《北史》卷七一。

[3]韋妃：元德太子楊昭之妃，事另見本書卷五九《煬三子傳》。

［4］大業三年，立爲陳王：諸本及《北史》卷一二《隋恭帝紀》皆同。但本書卷三《煬帝紀上》和《北史》卷一二《隋煬帝紀》、《通鑑》卷一八〇《隋紀》皆載：大業二年八月辛卯封楊侑爲代王。大業，隋煬帝楊廣年號（605—618）。

［5］邑萬户：指受封者食邑萬户。邑，食邑。受封者所享有的封地，收其租税而食。但自三國魏始有"實（真）封"和"虚封"之分。後者有封邑但不食租税。隋、唐即如此。

［6］煬帝：楊廣的謚號。紀見本書卷三、四，《北史》卷一二。遼東：地區名。也稱遼左。泛指今遼河以東地區。

［7］京師：此指長安。在今陝西西安市。　總留事：亦稱總留後事。即皇帝外出巡幸，以後事付留臺官總之。

［8］晋陽：城名。即今山西太原市的别稱。

［9］太原：郡名。指太原郡，治所在今山西太原市西南古城營。

［10］太上皇：皇帝父親的尊號。

義寧元年十一月壬戌，[1]上即皇帝位於大興殿。[2]詔曰："王道喪亂，天步不康，古往今來，代有其事，屬之於朕，逢此百罹，彼蒼者天，胡寧斯忍！襁褓之歲，夙遭憫凶，孺子之辰，太上播越，[3]興言感動，實疚于懷。太尉唐公，[4]膺期作宰，時稱舟楫，大拯横流，糾合義兵，翼戴皇室，與國休戚，再匡區夏，爰奉明詔，弼予幼冲，顯命光臨，天威咫尺，對揚尊號，悼心失圖。一人在遠，三讓不遂，僶俛南面，[5]厝身無所，苟利社稷，莫敢或違，俯從群議，奉遵聖旨。可大赦天下，改大業十三年爲義寧元年。十一月十六日昧爽以前，大辟罪以下，[6]皆赦除之；常赦所不免者，[7]不在赦限。"甲子，以光禄大夫、大將軍、太尉唐公爲假黄鉞、使持節、大都督内外諸軍事、尚書令、大丞相，[8]進封唐王。丙寅，詔曰：“朕惟孺子，未出深宫，太上遠巡，追蹤穆滿。[9]時逢多難，委當尊極，辭不獲免，恭己臨朝，若涉大川，罔知所濟，撫躬永歎，憂心孔棘。民之情僞，曾未之聞，王業艱難，載云其易。賴股肱戮力，上宰賢良，匡佐冲人，輔其不逮。軍國機務，事無大小，文武設官，位無貴賤，憲章賞罰，咸歸相府，[10]庶績其凝，責成斯屬，逖聽前史，兹爲典故。因循仍舊，非曰徒言，所存至公，無爲讓德。”己巳，以唐王子隴西公建成爲唐國世子，[11]敦煌公爲京兆尹，[12]改封秦公，[13]元吉爲齊公，[14]食邑各萬户。太原置鎮北府。[15]乙亥，張掖康老和舉兵反。[16]

[1]義寧：隋恭帝楊侑年號（617—618）。

[2]大興殿：隋文帝名新建的都城曰大興城（在今陝西西安市），正殿曰大興殿。

[3]太上：即太上皇隋煬帝。

[4]太尉：官名。隋三公之一。隋初參議國家大事，置府僚，但不久就省除府及僚佐，成了榮譽性質的頭銜。正一品。　唐公：爵名。唐國公之簡稱。從一品。此指李淵，唐人因避諱缺其名。後文“唐王”亦此，不再注。紀見《舊唐書》及《新唐書》卷一。

[5]僶（mǐn）俛：亦作“僶勉”。努力，勤奮。

[6]大辟：古五刑之一，謂死刑。

[7]常赦：舊時君主發布有固定制度的減免罪刑或賦役命令。以别於曲赦（特赦）。

[8]光禄大夫：官名。屬散實官，煬帝大業三年廢特進，改置光禄大夫等九大夫。光禄大夫，從一品。　大將軍：官名。隋文帝

因改北周十一等勳官之制形成十一等散實官，用以酬勤勞，無實際職掌。大將軍是十一等散實官的第四等，可開府置僚佐。正三品。　假黄鉞：黄鉞即飾以黄金的鉞，本用於皇帝儀仗。三國時特賜出征重臣，以示威重，令其專主征伐。其後相沿爲成制。　使持節：漢朝官員奉使外出時，或由皇帝授予節杖，以提高其威權。魏、晋以後，凡重要軍事長官出征或出鎮時，加使持節，可誅殺二千石以下官員。皇帝派遣大臣出巡或參與祭吊等事時，也使持節，以表示權力和尊崇。　大都督内外諸軍事：魏黄初三年（222）始置此官，及曹真任此職時成爲全國最高軍事統帥。魏晋南北朝隋時，衹有特殊權臣就任，不常置。　尚書令：官名。尚書省長官，爲宰相之職。置一員，正二品。但隋因其位高權重，不常置。　大丞相：官名。魏晋南北朝隋不常置，多用來安置權位極高的重臣。東西魏、北周、隋，得授此官者均係控制朝廷的權臣。

［9］穆滿：指周穆王。詳見《史記》卷四《周本紀》。後借指出巡的帝王。

［10］相府：官署名。即丞相府。是李淵掌控隋軍政大權的機構。

［11］隴西公：爵名。全稱隴西郡公。隋九等爵的第四等。從一品。　建成：人名。即李建成。傳見《舊唐書》卷六四、《新唐書》卷七九。　唐國：唐王李淵的封地。　世子：帝王和諸侯的嫡長子。

［12］敦煌公：指李世民。李世民紀見《舊唐書》卷二、三，《新唐書》卷二。　京兆尹：官名。爲京城長安所在地京兆郡長官。正三品。

［13］秦公：爵名。全稱秦國公。隋九等爵的第三等。從一品。

［14］元吉：人名。即李元吉，李淵第四子，傳見《舊唐書》卷六四、《新唐書》卷七九。　齊公：爵名。全稱齊國公。

［15］鎮北府：治所在今山西太原市。府，行政區劃名。隋、唐都城及陪都皆爲府級建制。太原郡因是李淵起兵建唐基地，故

如此。

［16］張掖：郡、縣名。治所均在今甘肅張掖市。　康老和：人名。隋末反隋力量之一，具體事迹不詳。

十二月癸未，薛舉自稱天子，[1]寇扶風。[2]秦公爲元帥，擊破之。丁亥，桂陽人曹武徹舉兵反，[3]建元通聖。丁酉，義師擒驍衛大將軍屈突通於閿鄉，[4]虜其衆數萬。乙巳，賊帥張善安陷廬江郡。[5]

［1］薛舉：人名。傳見《舊唐書》卷五五、《新唐書》卷八六。

［2］扶風：郡名。治所在今陝西鳳翔縣。

［3］桂陽：郡名。治所在今湖南郴州市。　曹武徹：人名。隋末反隋力量之一，具體事迹不詳。

［4］驍衛大將軍：官名。隋文帝開皇十八年（598）置備身府，煬帝即位改左右備身府爲左右驍騎衛府。驍騎衛大將軍是驍騎衛的最高將領。職掌宿衛。正三品。按，諸本及《北史》卷一二《隋恭帝紀》同。據《舊唐書》卷五九、《新唐書》卷八九《屈突通傳》當爲“左驍衛大將軍”。此脱“左”字。另，“左驍衛大將軍”當是“左驍騎衛大將軍”脱文（其詳考見本書《百官志下》“煬帝即位，多所改革”一段注）。　屈突通：人名。隋、唐名將，爲貞觀時凌煙閣二十四功臣之一。傳見《舊唐書》卷五九、《新唐書》卷八九。　閿（wén）鄉：縣名。治所在今河南靈寶市西北。

［5］張善安：人名。隋末反隋力量之一，具體事迹不詳。　廬江郡：治所在今安徽合肥市西。

二年春正月丁未，詔唐王劍履上殿，[1]入朝不趨，[2]贊拜不名，[3]加前後羽葆鼓吹。[4]壬戌，將軍王世充爲李密所敗，[5]河内通守孟善誼、武賁郎將王辯、楊威、劉長恭、梁德、董智通皆死之。[6]庚戌，[7]河陽郡尉獨孤武都降於李密。[8]

[1]劍履上殿：古代帝王賜給大臣的一種特殊禮遇，受賜者可以佩劍穿履朝見皇帝。

[2]入朝不趨：古代帝王賜給大臣的一種特殊禮遇，受賜者朝見皇帝可不用小步快走。趨，小步快走。

[3]贊拜不名：臣子朝見君王行贊拜禮時無需通報自己的姓名。這是對權臣的一種特殊優待。

[4]羽葆鼓吹：對權臣的一種特殊優待。羽葆，帝王儀中以鳥羽聯綴爲飾的華蓋。鼓吹，演奏樂曲的樂隊。

[5]王世充：人名。傳見本書卷八五、《北史》卷七九、《舊唐書》卷五四、《新唐書》卷八五。　李密：人名。傳見本書卷七〇、《舊唐書》卷五三、《新唐書》卷八四，《北史》卷六〇有附傳。

[6]河内：郡名。治所在今河南沁陽市。　通守：官名。煬帝大業三年以後，諸郡加置通守一員，位次太守，協助掌本郡政務。　孟善誼：人名。隋末爲河内通守，其他事迹不詳。　武賁郎將：官名。隋煬帝大業三年改革官制，十二衛每衛置護軍四人，爲將軍副貳，不久又改護軍名武賁郎將。正四品。　王辯：人名。隋朝將領，義寧二年隨王世充攻打李密，戰死。事亦見本書卷七〇《李密傳》、《北史》卷一二《隋煬帝紀》、《舊唐書》卷五三《李密傳》。“辯”字底本原作“辨”，他史均作“辯”，今從改。　楊威：人名。隋朝將領，隋末爲武賁郎將，隨王世充攻打李密時戰死。事亦見本書《李密傳》、《北史·隋煬帝紀》。　劉長恭：人名。隋朝將領，隋末爲武賁郎將，隨王世充攻打李密時戰死。事亦見本書卷四《煬帝紀下》，《北史》卷一二《隋煬帝紀》、卷六〇《李密傳》，《舊唐書》卷五三、《新唐書》卷八四《李密傳》。　梁德：人名。

隋朝將領，隋末爲武賁郎將，隨王世充攻打李密時戰死，事亦見本書《李密傳》，《北史》卷一二《隋煬帝紀》、卷六〇《李密傳》，《舊唐書·李密傳》。按，本書《李密傳》作“梁德重”。　董智通：人名。隋朝將領，隋末爲武賁郎將，隨王世充攻打李密時戰死。事亦見本書《李密傳》、《北史·隋煬帝紀》、《舊唐書·李密傳》。

[7]庚戌：中華本校勘記云：“此月丁未朔，庚戌（四日）應在壬戌（十六日）前，紀文當有訛誤或顛倒。”

[8]河陽：地名。在今河北孟縣西南。　郡尉：官名。爲郡屬官，位郡丞下。上郡從八品、中郡正九品上、下郡正九品。按，宋刻遞修本、汲古閣本、殿本、庫本、中華本及《北史》卷一二《隋恭帝紀》皆同，但《北史》卷六一《獨孤羅傳》作“都尉”。《通鑑》卷一八四《隋紀》義寧元年九月胡三省注云：“河陽非郡也。隋制，舊有兵處，州刺史帶諸軍事以統之。煬帝罷州置郡，別置都尉領兵，與郡不相知。‘郡尉’當作‘都尉’。”此說是。　獨孤武都：人名。大業末爲河陽郡尉，事見《北史·獨孤羅傳》。

三月丙辰，右屯衛將軍宇文化及殺太上皇於江都宮，[1]右禦衛將軍獨孤盛死之。[2]齊王暕，趙王杲，燕王倓，[3]光禄大夫、開府儀同三司、行右翊衛大將軍宇文協，[4]金紫光禄大夫、内史侍郎虞世基，[5]銀青光禄大夫、御史大夫裴蕴，[6]通議大夫、行給事郎許善心，[7]皆遇害。化及立秦王浩爲帝，[8]自稱大丞相，朝士文武皆受其官爵。光禄大夫、宿公麥才，[9]折衝郎將、朝請大夫沈光，[10]同謀討賊，夜襲化及營，反爲所害。戊辰，詔唐王備九錫之禮，[11]加璽紱、遠游冠、緑綟綬，[12]位在諸侯王上。唐國置丞相已下，[13]一依舊式。

［1］右屯衛將軍：官名。隋文帝置左右領軍府，各掌十二軍籍帳、差科、詞訟之事，不置將軍。煬帝大業三年改爲左右屯衛，各置大將軍一人，總判府事，並統所屬鷹揚府，正三品。將軍各二人，從三品。　宇文化及：人名。傳見本書卷八五，《北史》卷七九有附傳。　江都宫：宫殿名。隋煬帝置，在今江蘇揚州市西。

［2］右禦衛將軍：官名。煬帝大業三年置，爲禁軍指揮機構右禦衛長官右禦衛大將軍的屬官。佐長官總府事，統所屬府兵。從三品。按，諸本及《北史》卷一二《隋恭帝紀》皆同，但本書卷七一、《北史》卷七三《獨孤盛傳》，《通鑑》卷一八五《唐紀》武德元年三月條作"右屯衛將軍"。　獨孤盛：人名。傳見本書卷七一，《北史》卷七三有附傳。

［3］暕：人名。即隋煬帝第二子楊暕。　杲：人名。即隋煬帝第三子楊杲。　倓：人名。即隋煬帝長孫楊倓。以上三人傳皆見本書卷五九、《北史》卷七一。

［4］開府儀同三司：官名。隋文帝因改後周之制形成十一等散實官，以酬勤勞。開府是第六等，開府置府佐。正四品。　行：官制用語。指官闕未補，暫由他官兼攝其事。漢朝用此制較普遍，後朝也沿襲。　右翊衛大將軍：官名。煬帝大業三年改左右衛名左右翊衛，職掌未變。右翊衛大將軍即右衛大將軍之改名。正三品。　宇文協：人名。事見本書卷五〇、《北史》卷五七《宇文慶傳》。

［5］金紫光禄大夫：官名。屬散官，隋文帝置特進、左右光禄大夫等，以加文武官之有德聲者，並不理事。隋初從二品，煬帝大業三年降爲正三品。因其金印紫綬，故名。　内史侍郎：官名。内史省副長官。佐宰相之職的本省長官内史監、令處理政務。正四品。　虞世基：人名。傳見本書卷六七、《北史》卷八三。

［6］銀青光禄大夫：官名。屬散官，隋文帝時爲正三品，煬帝大業三年降爲從三品。　御史大夫：官名。御史臺長官，職掌國家刑憲典章之政令，司彈劾糾察百官等。置一員。其品級，隋大業五年（按，此據本書《百官志下》，而《唐六典》卷一三《御史臺》

爲“大業八年”）前是從三品，此年降爲正四品。　裴藴：人名：傳見本書卷六七、《北史》卷七四。

［7］通議大夫：官名。煬帝大業三年置，屬散實官。從四品。　給事郎：官名。隋文帝開皇六年於尚書省吏部置，爲“八郎”之一，正八品上。爲散官番直，常出使監察。煬帝大業三年罷，並取其名置於門下省，位黄門侍郎下。掌省讀奏案。從五品。　許善心：人名。傳見本書卷五八、《北史》卷八三。

［8］浩：人名。即隋文帝第三子秦孝王楊俊長子楊浩。本書卷四五、《北史》卷七一有附傳。

［9］麥才：諸本皆同，《北史》卷一二《隋恭帝紀》作“麥木”。岑仲勉據本書卷六四《麥鐵杖傳》考證指出：宿公應作宿國公。麥才應作麥孟才。“《北史》一二本或作麥木，更誤。”（岑仲勉：《隋書求是》，中華書局 2004 年版，第 21 頁）麥孟才，人名。事見本書卷六四、《北史》卷七八《麥鐵杖傳》。

［10］折衝郎將：官名。煬帝大業三年置，爲左右備身府屬官。掌領驍果禁軍。正四品。　朝請大夫：官名。隋煬帝大業三年置，正五品。　沈光：人名。傳見本書卷六四、《北史》卷七八。

［11］九錫（cì）：傳説古代帝王尊禮大臣所給的九種器物。不同典籍記九錫名目大同小異，包括車馬、衣服、樂則、朱户、納陛、虎賁、宫矢、鈇鉞、秬鬯等。王莽代“漢”建“新”前，先加九錫，此後掌政大臣奪取政權、建立新王朝前，都加九錫，成爲例行公事。

［12］璽：印章。古代尊卑通用。秦漢以後，惟皇帝印稱璽。　紱（fú）：繫官印的絲帶。　遠游冠：冠名。諸王所服。漢以後歷代沿用，至元代始廢。　緑綟（lì）綬：深緑色的絲帶，用來繫印環。古代用不同顔色的絲帶標識官員的身份和等級。相國金印緑綟綬。

［13］丞相：此是李淵封國的丞相。即輔助權臣李淵獨攬朝政大權的唐國小朝廷衆官之首。

五月乙巳朔，詔唐王冕十有二旒，[1]建天子旌旗，出警入蹕，[2]金根車駕，[3]備五時副車，[4]置旄頭雲罕車，[5]儛八佾，[6]設鍾虡宮懸。[7]王后、王子、王女爵命之號，[8]一遵舊典。戊午，詔曰：

[1]旒：音 liú。同“瑬”。冕冠前後懸垂的玉串。《禮記·禮器》：天子之冠，十有二旒。

[2]出警入蹕（bì）：帝王出入時警戒清道，禁止行人。

[3]金根車：以自然圓曲桑木做車輪裝配起來的車，桑根色黄如金，同時此車又以黄金爲飾，故名金根車。其形制可參《宋書·禮儀志五》。帝王所乘。古代以爲帝王有盛德，則山出根車，爲祥瑞之兆。

[4]五時：指立春、立夏、大暑、立秋、立冬。　副車：皇帝侍從車輛。

[5]旄頭：古代皇帝儀仗中一種擔任先驅的騎兵。　雲罕車：有旌旗之車，駕駟。古代皇帝出外時的輦輿之一。

[6]八佾：也作“八溢”“八羽”。古代天子用的一種樂舞。縱横都是八人，共六十四人。佾，舞列。

[7]鍾虡（jù）：飾以猛獸形象的懸樂鐘的格架。　宮懸：通“宮縣”。古時鐘磬等樂器懸掛於架上，懸掛的形式根據身份地位而不同，帝王懸掛四面，象徵宮室四面的墻壁，故名宮懸。《周禮·春官·小胥》：“正樂縣之位，王宮縣。”

[8]爵命之號：即爵位的等級名稱。隋文帝時爲九等：國王、郡王、國公、郡公、縣公、侯、伯、子、男；煬帝大業三年衹留王、公、侯三等爵位。

天禍隋國，大行太上皇遇盜江都，[1]酷甚望夷，[2]釁深驪北。[3]憫予小子，奄逮丕愆，哀號承感，心情糜潰，仰惟荼毒，仇復靡申，形影相弔，罔知啓處。

[1]大行：古代稱剛死而尚未定謚號的皇帝、皇后。　遇盜江都：指義寧二年三月，禁軍將領宇文化及等於江都（今江蘇揚州市）發動兵變，縊殺隋煬帝。

[2]望夷：秦代宫名。故址在今陝西涇陽縣東南，因東北臨涇水，以望北夷，故名。秦末，趙高迫殺秦二世於此。

[3]驪北：驪，驪山，在陝西臨潼縣東南。相傳周幽王爲犬戎所逐，死於山下。山北有秦始皇墓。

相國唐王，膺期命世，扶危拯溺，自北徂南，東征西怨，總九合於一匡，决百勝於千里，糾率夷夏，大庇氓黎，保乂朕躬，繄王是賴。[1]德侔造化，功格蒼旻，兆庶歸心，曆數斯在，屈爲人臣，載違天命。在昔虞、夏，揖讓相推，苟非重華，[2]誰堪命禹！[3]當今九服崩離，[4]三靈改卜，[5]大運去矣，請避賢路，兆謀布德，顧己莫能，私僮命駕，須歸藩國。

[1]繄（yī）：惟。

[2]重（chóng）華：虞舜的美稱。虞舜爲傳説中的古帝名。詳見《史記》卷一《五帝本紀》。

[3]禹：古帝名。詳見《史記》卷二《夏本紀》。

[4]九服：原指王畿以外的九等地區。後指全國各地區。

[5]三靈：一指日、月、星；二指天、地、人；三指天神、地祇、人鬼。

予本代王，及予而代，天之所廢，豈期如是！庶憑稽古之聖，以誅四凶，[1]幸值惟新之恩，預充三恪。[2]雪冤恥於皇祖，守禋祀爲孝孫，朝聞夕殞，及泉無恨，今遵故事，遜於舊邸。庶官群辟，改事唐朝，宜依前典，趣上尊號。若釋重負，感泰兼懷，假手真人，俾除醜逆。濟濟多士，明知朕意。

[1]四凶：相傳爲堯舜時代四個惡名昭彰的部族首領。

[2]三恪：周朝新立，封前代三王朝的子孫，給以王侯名號，稱三恪，以示敬重。後代王朝沿此制度。

仍敕有司，凡有表奏，皆不得以聞。是日，上遜位於大唐，以爲酅國公。[1]武德二年夏五月崩，[2]時年十五。

[1]酅（xī）國公：爵名。唐封爵第三等，從一品。

[2]武德：唐高祖李淵年號（618—626）。　二年夏五月：諸本及《北史》卷一二《隋恭帝紀》皆同，《舊唐書》卷一《高祖紀》也載於該年“五月己卯”。但《通鑑》卷一八七《唐紀》武德二年和《新唐書》卷一《高祖紀》作該年“八月丁酉”。

史臣曰：恭帝年在幼沖，遭家多難，一人失德，四海土崩。群盜蜂起，豺狼塞路，南巢遂往，[1]流彘不歸。[2]既鍾百六之期，[3]躬踐數終之運，謳歌有屬，笙鏞變響，雖欲不遵堯舜之迹，[4]其庸可得乎！

[1]南巢：古地名。因古代位於華夏族南方，故名。此代指南方。

［2］流彘：《國語·周語上》載："三年，乃流王（厲王）於彘。" 此引典喻煬帝死於江都。彘，古地名。在今山西霍州市東北。

［3］百六：古代以爲厄運。

［4］堯舜之迹：此指堯舜時期禪讓制度。

隋書　卷六

志第一

禮儀一

唐、虞之時，祭天之屬爲天禮，祭地之屬爲地禮，祭宗廟之屬爲人禮。故《書》云命伯夷典朕三禮，[1]所以彌綸天地，經緯陰陽，辨幽賾而洞幾深，[2]通百神而節萬事。殷因於夏，有所損益，旁垂祇訓，以勸生靈。商辛無道，[3]雅章湮滅。周公救亂，[4]弘制斯文，以吉禮敬鬼神，[5]以凶禮哀邦國，[6]以賓禮親賓客，[7]以軍禮誅不虔，[8]以嘉禮合姻好，[9]謂之五禮。故曰"禮經三百，威儀三千，未有入室而不由户者"也。[10]成、康由之，[11]而刑厝不用。

[1]《書》：《尚書》。　伯夷：人名。商臣，周滅商，因耻食周粟，餓死首陽山。傳見《史記》卷六一。按，"夷"，底本、宋刻遞修本原作"𡰥"，汲古閣本、殿本、庫本、中華本作"夷"。"𡰥"爲"夷"的異體字。

[2]幽賾（zé）：幽深精微。

[3]商辛：即商紂王，號帝辛。詳見《史記》卷三《殷本紀》。

[4]周公：西周周公旦。詳見《史記》卷三三《魯周公世家》。

[5]吉禮：古代五種禮制之首。是國家最爲重要的各種祭祀之禮儀制度。如大祀：祭天、地、太廟；中祀：祭社、稷、日、月、星、辰、文宣王、武成王等；小祀：祭司中、司命、司人、風伯、雨師、山林、川澤等。

[6]凶禮：古代五禮之一。凡逢凶事而舉行哀吊的各種禮儀制度。包括喪禮、荒禮、吊禮、襘禮、恤禮五者。

[7]賓禮：古代五禮之一。指接待賓客的各種禮儀制度。

[8]軍禮：古代五禮之一。指軍旅的各種禮儀制度。

[9]嘉禮：古代五禮之一。指冠婚的各種禮儀制度。

[10]禮經三百，威儀三千，未有入室而不由户者：語出《禮記·禮器》。

[11]成、康：周成王與周康王。詳見《史記》卷四《周本紀》。

自犬戎弑后，[1]遷周削弱，禮失樂微，風凋俗敝。仲尼預蜡賓而歎曰：[2]“丘有志焉，禹、湯、文、武、成王、周公未有不謹於禮者也。”[3]於是緝禮興樂，欲救時弊。君棄不顧，道鬱不行。故敗國喪家亡人，必先廢其禮。昭公娶孟子而諱姓，[4]楊侯竊女色而傷人，故曰婚姻之禮廢，則淫僻之罪多矣。群飲而逸，不知其郵，鄉飲酒之禮廢，[5]則争鬬之獄繁矣。魯侯逆五廟之祀，[6]漢帝罷三年之制，[7]喪祭之禮廢，則骨肉之恩薄矣。諸侯下堂於天子，[8]五伯召君於河陽，[9]朝聘之禮廢，[10]則侵陵之漸起矣。

［1］犬戎弑后：指周幽王十一年（前771），申侯引犬戎入宗周攻殺幽王。事見《史記》卷四《周本紀》、卷三八《宋微子世家》。

［2］蜡（zhà）賓：年終祭祀的助祭人。

［3］丘有志焉，禹、湯、文、武、成王、周公未有不謹於禮者也：此句出《禮記·禮運》。

［4］昭公娶孟子而諱姓：魯昭公夫人孟子，吴女，魯人諱娶同姓，但稱孟子。詳見《左傳》魯哀公十二年。

［5］鄉飲酒之禮：周代鄉學三年業成大比，考其德行道藝優異者，薦於諸侯。將行之時，由鄉大夫設酒宴以賓禮相待，謂之鄉飲酒禮。後歷代沿用爲一種學禮，亦用爲地方官按時在學校舉行的一種敬老儀式。

［6］魯侯逆五廟之祀：古代諸侯通常立父、祖、曾祖、高祖、始祖之廟，合稱五廟。通常三年喪畢，致新死者之主於廟，廟之遠主當遷入祧，因是大祭以審昭穆，謂之禘。魯莊公去世纔二年，魯閔公時别立廟，廟成而吉祭，又不於大廟，故稱“逆五廟之祀”。詳見《左傳》魯閔公二年。

［7］漢帝罷三年之制：西漢文帝遺詔改儒家服喪三年制度，變爲三十六天。

［8］諸侯下堂於天子：據《禮記·郊特牲》云：“覲禮，天子不下堂而見諸侯；下堂而見諸侯，天子之失禮也。”

［9］五伯召君於河陽：五伯指春秋時期的五霸，據《左傳》載魯僖公二十八年（前632）晋文公召見周襄王於河陽。

［10］朝聘：古代諸侯親自或派使臣按期朝見天子。

秦氏以戰勝之威，并吞九國，盡收其儀禮，歸之咸陽。[1]唯採其尊君抑臣，以爲時用。至於退讓起於趨步，忠孝成於動止，華葉靡舉，鴻纖並擯。甚芻狗之棄路，[2]若章甫之游越，[3]儒林道盡，《詩》《書》爲煙。[4]

[1]咸陽：縣名。在今陝西咸陽市東北，秦孝公遷都於此，遂置爲縣。

[2]芻狗：古代祭祀時用草扎成的狗。

[3]章甫：古代一種禮帽。

[4]《詩》《書》：指儒家經典《詩經》《尚書》。按，宋刻遞修本、汲古閣本、中華本同底本。殿本、庫本作《詩》《禮》。

漢高祖既平秦亂，[1]初誅項羽，[2]放賞元勳，未遑朝制。群臣飲酒争功，或拔劍擊柱，高祖患之。叔孫通言曰：[3]"儒者難與進取，可與守成。"於是請起朝儀而許焉，猶曰："度吾能行者爲之。"微習禮容，皆知順軌。若祖述文、武，憲章洙、泗，[4]則良由不暇，自畏之也。武帝興典制而愛方術，[5]至於鬼神之祭，流宕不歸。世祖中興，[6]明皇纂位，[7]祀明堂，[8]襲冠冕，登靈臺，[9]望雲物，[10]得其時制，百姓悦之。而朝廷憲章，其來已舊，或得之於升平之運，或失之於凶荒之年。而世載遐邈，風流訛舛，必有人情，將移禮意，殷、周所以異軌，秦、漢於焉改轍。至於增輝風俗，廣樹隄防，非禮威嚴，亦何以尚！譬山祇之有嵩、岱，海若之有滄溟，飾以涓塵，不貽伊敗。而高堂生於所傳《士禮》亦謂之儀，[11]弘暢人情，粉飾行事。洎西京以降，用相裁準，咸稱當世之美，自有周旋之節。黄初之詳定朝儀，[12]太始之削除乖謬，[13]則《宋書》言之備矣。

[1]漢高祖：即劉邦。高祖是其廟號。紀見《史記》卷八、《漢書》卷一。

[2]項羽：人名。紀見《史記》卷七，傳見《漢書》卷三一。

[3]叔孫通：人名。漢初名臣，與儒生共立漢代朝儀典章。傳見《史記》卷九九、《漢書》卷四三。

[4]洙、泗：本指洙水和泗水，在今山東曲阜市北，春秋時屬魯國地。因孔子在洙、泗之間聚徒講學，後以“洙泗”代稱孔子及儒家。

[5]武帝：漢武帝劉徹。紀見《史記》卷一二、《漢書》卷六。方術：泛指天文（包括星占、風角等）、醫學（包括巫醫）、神仙術、房中術、占卜、相術、遁甲、堪輿、讖緯等。《後漢書》卷八二有《方術傳》。

[6]世祖：東漢光武帝劉秀的廟號。紀見《後漢書》卷一。

[7]明皇：東漢明帝劉莊的謚號。紀見《後漢書》卷二。

[8]明堂：古代帝王所建宣明政教的場所，凡朝會、祭祀、慶賞、選士、養老、教學等大典常舉行於此。

[9]靈臺：古時帝王觀察天文星象、妖祥災異的建築。

[10]雲物：雲的色彩，古人認爲通過觀察雲物，可以辨吉凶、豐荒等。

[11]高堂生：人名。西漢初年魯國人。漢興，傳《士禮》十七篇，即今本《儀禮》，載於《漢書·藝文志》。

[12]黄初：三國魏文帝曹丕年號（220—226）。

[13]太始：西漢武帝劉徹年號（前96—前93）。

梁武始命群儒，[1]裁成大典。吉禮則明山賓，[2]凶禮則嚴植之，[3]軍禮則陸璉，[4]賓禮則賀瑒，[5]嘉禮則司馬褧。[6]帝又命沈約、周捨、徐勉、何佟之等，[7]咸在參詳。陳武克平建業，[8]多準梁舊，仍詔尚書左丞江德藻、員外散騎常侍沈洙、博士沈文阿、中書舍人劉師知等，[9]或因行事，隨時取捨。後齊則左僕射陽休之、度支尚書元脩伯、鴻臚卿王晞、國子博士熊安生，[10]在周則蘇綽、盧辯、宇文弢，[11]並習於儀禮者也，平章國典，以爲時用。高祖命牛弘、辛彦之等採梁及北齊《儀注》，[12]以爲五禮云。

[1]梁武：南朝梁武帝蕭衍。紀見《梁書》卷一至三，《南史》卷六、七。

[2]明山賓：人名。南朝梁時禮官。傳見《梁書》卷二七，《南史》卷五〇有附傳。

[3]嚴植之：人名。南朝梁時禮官。傳見《梁書》卷四八、《南史》卷七一。

[4]陸璉：人名。南朝梁武帝時禮官，於當時禮制多所議定。事見《梁書》卷二五《徐勉傳》、卷四七《滕曇恭傳》及《南史》卷六〇《徐勉傳》、卷七一《儒林傳》、卷七四《滕曇恭傳》等。

[5]賀瑒：人名。南朝梁天監初年爲太常丞、五經博士。傳見《梁書》卷四八、《南史》卷六二。

[6]司馬褧（jiǒng）：人名。亦作“司馬絅”。南朝梁武帝時官任祠部郎中，掌治吉凶禮儀。傳見《梁書》卷四〇、《南史》卷六二。

[7]沈約：人名。歷宋、齊、梁三朝，以文學、史學著名，撰有《宋書》。傳見《梁書》卷一三、《南史》卷五七。　周捨：人名。南朝梁武帝時官任祠部郎中，掌治禮儀。傳見《梁書》卷二五，《南史》卷三四有附傳。　徐勉：人名。南朝梁武帝時人。博通經史，對國典朝儀多所議定。傳見《梁書》卷二五、《南史》卷六〇。　何佟之：人名。南朝齊、梁時禮官。傳見《梁書》卷四八、《南史》卷七一。

［8］陳武：南朝陳武帝陳霸先的謚號。紀見《陳書》卷一、《南史》卷九。　建業：地名。南朝都城。在今江蘇南京市。

［9］尚書左丞：官名。爲尚書省佐官，與右丞共掌尚書省庶務，率都令史監督稽核諸尚書曹、郎曹政務，督録文書章奏事，職權甚大。南朝陳第四品。　江德藻：人名。傳見《陳書》卷三四。　員外散騎常侍：官名。爲額外的散騎常侍，無定員。南朝宋以後常用來安置閑退官員。　沈洙：人名。南朝梁、陳時禮官。天嘉元年（560）嘗奏議章皇后爲其母蘇氏服喪之禮制。傳見《陳書》卷三三、《南史》卷七一。　博士：據《陳書》卷三三《沈文阿傳》爲"國子博士"。南朝陳時爲國子學的教官，掌以儒經教授國子學生，國有疑事則掌承問對。第四品。　沈文阿：人名。陳武帝末年官任國子博士、知儀禮。嘗奏議大行皇帝儀注事。傳見《陳書》卷三三，《南史》卷七一有附傳。　中書舍人：官名。全稱中書通事舍人，爲中書省屬官，職掌詔誥兼呈奏之事。南朝陳第八品。　劉師知：人名。南朝梁、陳時人。陳朝建立任中書舍人，掌制誥。傳見《陳書》卷一六、《南史》卷六八。

［10］後齊：即高齊、北齊（550—577），都鄴（今河北臨漳縣西南）。　左僕射：官名。北齊尚書省置左右僕射各一人，地位僅次於尚書令，左僕射領殿中、主客諸曹。北齊第二品。　陽休之：人名。北齊著名學者，官至和州刺史。傳見《北齊書》卷四二，《北史》卷四七有附傳。　度支尚書：官名。三國魏始置度支尚書寺，專掌軍國支計。北齊領度支、倉部、左户、右户、金部、庫部曹，掌會計、事役、倉廩帳籍、田宅租調、度量衡、軍械庫藏之政令。北齊第三品。　元脩伯：人名。北魏文成皇帝拓跋濬後代，北齊末任度支尚書，齊滅入周。事見《北齊書》卷四三《源彪傳》。　鴻臚卿：官名。北齊始置鴻臚寺，設鴻臚卿一員爲長官，掌蕃客接待朝會，吉凶吊祭，兼管佛教、祆教寺廟。領典客、典寺、司儀等署。北齊第三品。　王晞：人名。北齊人，武平初年任鴻臚卿。傳見《北齊書》卷三一，《北史》卷二四有附傳。　國子博士：官

名。北齊屬國子寺國子學。北齊第五品。　熊安生：人名。北朝經學家，歷官北齊、北周。傳見《周書》卷四五、《北史》卷八二。

［11］周：即北周（557—581），都於長安（今陝西西安市西北郊）。　蘇綽：人名。西魏大統十年（544）授大行臺度支尚書。傳見《周書》卷二三、《北史》卷六三。　盧辯：人名。西魏時官至尚書右僕射，爲當時碩儒，北周明帝時進位大將軍。傳見《周書》卷二四，《北史》卷三〇有附傳。　宇文弼：人名。傳見本書卷五六、《北史》卷七五。

［12］高祖：隋文帝楊堅。紀見本書卷一、二，《北史》卷一一。　牛弘：人名。傳見本書卷四九、《北史》卷七二。　辛彦之：人名。傳見本書卷七五、《北史》卷八二。

《禮》曰："萬物本乎天，人本乎祖，所以配上帝也。"秦人蕩六籍以爲煨燼，祭天之禮殘缺，儒者各守其所見物而爲之義焉。一云：祭天之數，[1]終歲有九，祭地之數，一歲有二，圓丘、方澤，[2]三年一行。若圓丘、方澤之年，祭天有九，祭地有二。若天不通圓丘之祭，終歲有八。地不通方澤之祭，終歲有一。此則鄭學之所宗也。[3]一云：唯有昊天，無五精之帝。[4]而一天歲二祭，壇位唯一。圓丘之祭，即是南郊，南郊之祭，即是圓丘。日南至，於其上以祭天，春又一祭，以祈農事，謂之二祭，無别天也。五時迎氣，[5]皆是祭五行之人帝太皞之屬，[6]非祭天也。天稱皇天，亦稱上帝，亦直稱帝。五行人帝亦得稱上帝，但不得稱天。故五時迎氣及文、武配祭明堂，皆祭人帝，非祭天也。此則王學之所宗也。[7]梁、陳以降，[8]以迄于隋，議者各宗所師，故郊丘互有變易。

[1]祭：底本、汲古閣本、殿本、庫本、中華本同，宋刻遞修本作“祀”。

[2]圓丘：亦作“圜丘”。古代帝王冬至祭天的圓形高壇。方澤：亦稱“方丘”。古代夏至祭地祇的方壇。因壇設於澤中，故名方澤。

[3]鄭學：指經學中的東漢鄭玄學派。

[4]五精：五方之星。

[5]五時：指立春、立夏、大暑、立秋、立冬。

[6]太皞：傳説中的古帝名，即伏羲氏。秦漢陰陽家以五帝配四時五方，認爲太皞以木德王天下，故配東方，爲司春之神。

[7]王學：指經學中的三國曹魏王肅學派。

[8]梁：即蕭梁或南朝梁（502—557），都建康（今江蘇南京市）。　陳：即南朝陳（557—589），都建康（今江蘇南京市）。

梁南郊，爲圓壇，在國之南。高二丈七尺，上徑十一丈，下徑十八丈。其外再壝，[1]四門。常與北郊間歲。正月上辛行事，用一特牛，[2]祀天皇上帝之神於其上，[3]以皇考太祖文帝配。[4]禮以蒼璧制幣。五方上帝、五官之神、太一、天一、日、月、五星、二十八宿、太微、軒轅、文昌、北斗、三台、老人、風伯、司空、雷電、雨師，[5]皆從祀。其二十八宿及雨師等座有坎，五帝亦如之，餘皆平地。器以陶匏，席用稿秸。太史設柴壇於丙地。[6]皇帝齋於萬壽殿，乘玉輅，[7]備大駕以行禮。[8]禮畢，變服通天冠而還。[9]

[1]壝（wěi）：指設在壇、墠之外的矮土圍墻。亦用作壇、墠

及其矮土圍墻的總稱。

［2］特牛：公牛。

［3］天皇上帝：天帝。按，宋刻遞修本、汲古閣本作“大帝”。

［4］皇考太祖文帝：梁武帝追尊其父蕭順之的廟號和謚號。

［5］五方上帝：即東、南、西、北和中央的天帝。　五官之神：即五行之神。木正句芒，火正祝融，金正蓐收，水正玄冥，土正后土。　太一：星名。即帝星。又名北極二。因離北極星最近，故隋唐以前文獻多以之爲北極星。　天一：星名。《史記·天官書》：“前列直斗口三星，隨北端兑，若見若不，曰陰德，或曰天一。”　五星：指水、木、金、火、土五大行星，即東方歲星（木星）、南方熒惑（火星）、中央鎮星（土星）、西方太白（金星）、北方辰星（水星）。　二十八宿：中國古代天文學家把周天黄道（太陽和月亮所經天區）的恒星分成二十八個星座。東方：角、亢、氐、房、心、尾、箕；北方：斗、牛、女、虚、危、室、壁；西方：奎、婁、胃、昴、畢、觜、參；南方：井、鬼、柳、星、張、翼、軫。　太微：即太微垣，古代星官名。三垣之一。位於北斗之南，軫、翼之北，大角之西，軒轅之東。諸星以五帝座爲中心，作屏藩狀。古以爲天庭。　軒轅：星座名。在星宿北。共十七星，蜿蜒如龍，故稱。　文昌：星官名，斗魁上六星的總稱。　北斗：指北斗星。　三台：星名。《晋書·天文志上》：三台六星……西近文昌二星曰上台，爲司命，主壽；次二星曰中台，爲司中，主宗室；東二星曰下台，爲司禄，主兵，所以昭德塞違也。　老人：“老人星”省稱。南部天空一顆光度較亮的二等星。古人認爲它象徵長壽，故又名“壽星”。　風伯：神話中的風神。　司空：星名。《史記·天官書》：“危東六星，兩兩相比，曰司空。”張守節《正義》：“危東兩兩相比者，是司命等星也。司空唯一星耳，又不在危東，恐‘命’字誤爲‘空’也。”　雷電：神話中的雷神和電神。　雨師：神話中的雨神。

［6］太史：官名。指太史令，掌三辰時日、祥瑞妖災，歲終奏

新曆等。南朝梁位爲一班。　丙地：位南面的土地。

[7]玉輅：古代帝王所乘之車，以玉裝飾。

[8]大駕：皇帝出行，儀仗隊之規模最大者爲大駕，在法駕、小駕之上，即公卿奉引，大將軍參乘，太僕御，屬車八十一乘，備千乘萬騎。

[9]通天冠：皇帝戴的一種帽子。《續漢書·輿服志下》："通天冠，高九寸，正豎，頂少邪却，乃直下爲鐵卷梁，前有山，展筩爲述，乘輿所常服。"

北郊，爲方壇於北郊。上方十丈，下方十二丈，高一丈。四面各有陛。其外爲壝再重。與南郊間歲。正月上辛，以一特牛，祀后地之神於其上，[1]以德后配。[2]禮以黄琮制幣。五官之神、先農、五岳、沂山、嶽山、白石山、霍山、無閭山、蔣山、四海、四瀆、松江、會稽江、錢塘江、四望，[3]皆從祀。太史設埋坎於壬地焉。[4]

[1]后地之神：亦稱后土之神，指土神或地神。

[2]德后：梁武帝蕭衍追尊其母郗氏的謚號。

[3]先農：古代傳説中最先教民耕種的農神。或謂神農或后稷。　五岳："岳"亦作"嶽"，中國五大名山的總稱。古書中記述略有不同，通常説法爲東岳泰山、南岳衡山、西岳華山、北岳恒山、中岳嵩山。　沂山：又名東泰山。在今山東臨朐縣南，接沂水縣界。　嶽山：一名岳頂山。在今河南宜陽縣西南。一作吴山、岍山，在今陝西隴縣西南。　白石山：古代稱爲"白石山"的有九處，此位於今河北淶源縣南。　霍山：一即今安徽霍山縣天柱山，古時又稱南嶽。一在今山西霍州市東南，又名霍泰山、太嶽山、霍嶽。　無閭山：亦稱閭山、醫無閭山或醫巫閭山，在今遼寧省境内。按，底本、汲古閣本、殿本、庫本、中華本皆作"無閭山"，然宋刻遞修

本作“醫無閭山”，“醫”字恐爲傳刻所漏。中華書局新修訂本校勘記云：“《周禮・夏官・職方氏》：‘東北曰幽州，其山鎮曰醫無閭。’”　蔣山：一即今江蘇南京市中山門外鍾山。一在今安徽寧國市東。　四海：泛指東、南、西、北四方海疆。　四瀆：長江、黄河、淮河、濟水的合稱。　松江：即今江蘇南部、上海市境太湖尾閭吴淞江。　會稽江：會稽郡内之江，具體所指不詳。　錢塘江：在今浙江省，上游指今新安江。塘，宋刻遞修本作“唐”。　四望：四方山川及神靈。

[4]壬地：位北面的土地。壬，天干序數的第九位，在五行屬水，故位北方。

天監三年，[1]左丞吴操之啓稱：[2]“《傳》云‘啓蟄而郊’，郊應立春之後。”尚書左丞何佟之議：“今之郊祭，是報昔歲之功，而祈今年之福。故取歲首上辛，不拘立春之先後。周冬至於圓丘，大報天也。夏正又郊，以祈農事，故有啓蟄之説。自晋太始二年，并圓丘、方澤同於二郊。是知今之郊禋，禮兼祈報，不得限以一途也。”帝曰：“圓丘自是祭天，先農即是祈穀。但就陽之位，故在郊也。冬至之夜，陽氣起於甲子，既祭昊天，宜在冬至。祈穀時可依古，必須啓蟄。在一郊壇，分爲二祭。”自是冬至謂之祀天，啓蟄名爲祈穀。何佟之又啓：“案鬯者盛以六彝，[3]覆以畫冪，[4]備其文飾，施之宗廟。今南北二郊，《儀注》有裸，[5]既乖尚質，謂宜革變。”博士明山賓議，以爲：“《表記》‘天子親耕，粢盛秬鬯，以事上帝’，蓋明堂之裸耳。[6]郊不應裸。”帝從之。又有司以爲祀竟，器席相承還庫，請依典燒埋之。

佟之等議："案《禮》'祭器弊則埋之'。[7]今一用便埋，費而乖典。"帝曰："薦藉輕物，陶匏賤器，方還付庫，容復穢惡。但敝則埋之，[8]蓋謂四時祭器耳。"自是從有司議，燒埋之。

[1]天監：南朝梁武帝蕭衍年號（502—519）。

[2]左丞：官名。尚書左丞的省稱，職掌佐尚書令、尚書僕射理尚書省政事。南朝梁第九班。　吴操之：人名。南朝梁初任尚書左丞，其他事迹不詳。

[3]鬯（chàng）：古代宗廟祭祀用的香酒。以鬱金香合黑黍釀成。　六彝（yí）：祭祀所用的六種酒器。因刻畫圖飾各異，而名目不同。《周禮》鄭玄注"六彝"爲：鷄彝、鳥彝、斝彝、黄彝、虎彝、蜼彝。

[4]盡羃：宋刻遞修本同，汲古閣本作"畫幕"，殿本、庫本、中華本皆爲"畫羃"。羃，爲遮蓋食物的帕子。"畫羃"可釋爲彩繪圖像的帕子。"盡羃"不可釋。另"畫""盡"字形相近，推斷"盡"當是"畫"之訛。"畫羃"確。

[5]祼（guàn）：祭名。以香酒灌地而求神。

[6]天子親耕，粢盛秬鬯，以事上帝：語出《禮記·表記》。

[7]祭器弊則埋之：語出《禮記·曲禮》。

[8]敝：汲古閣本、殿本、庫本、中華本同，宋刻遞修本作"弊"。

四年，佟之云："《周禮》'天曰神，地曰祇'。今天不稱神，地不稱祇，天欑題宜曰皇天座，[1]地欑宜曰后地座。又南郊明堂用沉香，[2]取本天之質，陽所宜也。北郊用上和香，[3]以地於人親，宜加雜馥。"帝並從之。

[1]欑（cuán）：積聚。《禮記·喪大記》："君殯用輴，欑至于上。"鄭玄注："欑猶菆也。"孔穎達疏："欑猶菆也者，謂菆聚其木周於外也。"菆，堆聚。特指把木材堆聚在靈柩的周圍。

[2]沉香：香木名。亦作"沈香"。産於亞熱帶，木質堅硬而重，黄色，有香味。此處指用沉香木製作的香。

[3]上和香：合諸香爲之，不止一香。

五年，明山賓稱："伏尋制旨，周以建子祀天，五月祭地。殷以建丑祀天，六月祭地。夏以建寅祀天，七月祭地。自頃代以來，南北二郊，同用夏正。"[1]詔更詳議。山賓以爲二儀並尊，[2]三朝慶始，同以此日二郊爲允。并請迎五帝於郊，[3]皆以始祖配饗。及郊廟受福，唯皇帝再拜，明上靈降祚，臣下不敢同也。詔並依議。

[1]夏正：夏曆正月的省稱。代指夏曆。夏以正月爲歲首，商以夏曆十二月、周以夏曆十一月爲歲首。秦及漢初曾一度以夏曆十月爲正月。自漢武帝改用夏正後，歷代沿用。

[2]二儀：指祭祀天、地的禮儀。

[3]五帝：上古傳説中的五位帝王。説法不一。

六年，議者以爲北郊有岳鎮海瀆之座，而又有四望之座，疑爲煩重。儀曹郎朱异議曰：[1]"望是不即之名，豈容局於星海，拘於岳瀆？"明山賓曰："《舜典》云'望于山川'。[2]《春秋傳》曰'江、漢、沮、漳，楚之望也'。[3]而今北郊設岳鎮海瀆，又立四望，竊謂煩黷，宜省。"徐勉曰："岳瀆是山川之宗。至於望祀之義，不止於岳瀆也。若省四望，於義爲非。"議久不能決。至十六年，有事北郊，帝復下其議。於是八座奏省四望、松江、浙江、五湖等座。[4]其鍾山、白石，[5]既土地所在，並留如故。

[1]儀曹郎：官名。尚書省儀曹長官，掌吉凶禮制。南朝梁第五班。　朱异：人名。南朝梁武帝時參掌機要，博通禮學，深受武帝寵信。傳見《梁書》卷三八、《南史》卷六二。

[2]望于山川：語出《尚書·舜典》。

[3]江、漢、沮、漳，楚之望也：語出《左傳》哀公六年。

[4]八座：亦作“八坐”。古代中央政府的八種高級官員。歷朝制度不一，所指不同。此指南朝梁八座，即尚書令、尚書二僕射及五曹尚書。　浙江：水名。即錢塘江。詳見前錢塘江注釋。　五湖：歷來注家解釋不一：一説即太湖；一説是太湖及其附近四湖，或與太湖相通的五個湖灣；一説是五個大湖的總稱，而對此“五個大湖”的解説亦衆多。近代一般以洞庭、鄱陽、太湖、巢湖、洪澤爲五湖。

[5]鍾山：即蔣山。

七年，帝以一獻爲質，三獻則文，事天之道，理不應然，詔下詳議。博士陸瑋、明山賓、禮官司馬褧以爲：[1]“宗祧三獻，義兼臣下，上天之禮，主在帝王，約理申義，一獻爲允”。自是天地之祭皆一獻，始省太尉亞獻，[2]光禄終獻。[3]又太常丞王僧崇稱：[4]“五祀位在北郊，[5]圓丘不宜重設。”帝曰：“五行之氣，天地俱有，故宜兩從。”僧崇又曰：“風伯、雨師，即箕、畢星矣。而今南郊祀箕、畢二星，復祭風師、雨師，恐乖祀典。”[6]帝曰：“箕、畢自是二十八宿之名，風師、雨師自是箕、畢星下隸。兩祭非嫌。”

[1]陸瑋：人名。歷南朝齊、梁，入梁爲國子博士。　禮官：主司禮儀的官員。

[2]太尉：官名。多爲大臣加官，無實際職掌。南朝梁十八班。

[3]光禄：官名。即光禄卿。梁武帝改光禄勳置，掌宫殿門户及一部分宫廷供御事務。南朝梁十一班。

[4]太常丞：官名。兩漢魏晋和南朝爲太常副貳，員一人，掌宗廟祭祀禮儀的具體事務，總管本府諸曹，參議禮制。南朝梁第五班。　王僧崇：人名。南朝梁任太常丞，其他事迹不詳。

[5]五祀：古代祭祀五行之神或五官之神。

[6]恐乖祀典：底本原作“恐繁祀典”，中華本改爲“恐乖祀典”。其校勘記云：“‘乖’原作‘繁’，文意不通。按：下文有‘恐乖祀典’語，《元龜》一九三、《通典》四二也都作‘恐乖祀典’。今據改。”今從改。

十一年，太祝牒，[1]北郊止有一海，及二郊相承用染俎盛牲，[2]素案承玉。又制南北二郊壇下衆神之座，悉以白茅，[3]詔下詳議。八座奏：“《禮》云‘觀天下之物，無可以稱其德’，[4]則知郊祭爲俎，理不應染。又藉用白茅，禮無所出。皇天大帝坐既用俎，則知郊有俎義。”於是改用素俎，并北郊置四海座。五帝以下，悉用蒲席稿薦，并以素俎。又帝曰：“《禮》‘祭月於坎’，[5]良由月是陰義。今五帝天神，而更居坎。又《禮》云‘祭日於壇，祭月於坎’，並是别祭，不關在郊，故得各從陰陽，而立壇坎。兆於南郊，就陽之義，居於北郊，就陰之義。既云就陽，義與陰異。星月與祭，理不爲坎。”八座奏曰：“五帝之義，不應居坎。良由齊代圓丘，[6]小而且峻，邊無安神之所。今丘形既大，易可取安。請五帝座悉於壇上，外域二十八宿及雨師等座，[7]悉停爲坎。”自是南北二郊，悉無坎位矣。

[1]太祝：官名。“太祝令”簡稱，掌祭祀讀祝迎送神。南朝梁一班。

[2]染俎：汲古閣本、殿本、庫本同底本，宋刻遞修本、中華本作“桼俎”。“桼”《佩文韻府》云“俗漆字”，“桼俎”即爲髹漆之俎。考《通典》卷四二《禮二》載：“太祝牒：‘壇下神座，悉用白茅，俎以漆。’”則作“桼俎”是。下文“理不應染”亦同。

[3]白茅：植物名。多年生草本，花穗上密生白色柔毛，故名。古代常用以包裹祭品及分封諸侯，象徵土地所在方位之土。

[4]觀天下之物，無可以稱其德：語出《禮記·禮器》。

[5]祭月於坎：語出《禮記·祭義》。

[6]齊：即南朝齊或蕭齊（479—502），都建康（今江蘇南京市）。

[7]外域：宋刻遞修本、汲古閣本、殿本、庫本同底本。中華本改爲“外壝”。校勘記云：“‘壝’原作‘域’，據《通典》四二改。”

十七年，帝以威仰、魄寶俱是天帝，[1]於壇則尊，於下則卑。且南郊所祭天皇，其五帝別有明堂之祀，不煩重設。又郊祀二十八宿而無十二辰，[2]於義闕然。於是南郊始除五帝祀，加十二辰座，與二十八宿各於其方而爲壇。

[1]威仰：似“靈威仰”之省稱，即東方之神青帝。　魄寶：指月亮。

[2]十二辰：即子、丑、寅、卯、辰、巳、午、未、申、酉、戌、亥十二支。古代用以記星次。

陳制，[1]亦以間歲。正月上辛，用特牛一，祀天地於南北二郊。永定元年，[2]武帝受禪，[3]修南郊，圓壇高二丈二尺五寸，上廣十丈，柴燎告天。明年正月上辛，有事南郊，以皇考德皇帝配，[4]除十二辰座，加五帝位，其餘準梁之舊。北郊爲壇，高一丈五尺，[5]廣八丈，[6]以皇妣昭后配，[7]從祀亦準梁舊。及文帝天嘉中，[8]南郊改以高祖配，[9]北郊以德皇帝配天。

[1]陳：即南朝陳（557—589）。

[2]永定：南朝陳武帝陳霸先年號（557—559）。

[3]武帝：南朝皇帝陳霸先的謚號。紀見《陳書》卷一、二，《南史》卷九。

[4]德皇帝：諸本皆同。中華本校勘記云：“德皇帝，《陳書·高祖紀》下作‘景皇帝’。下同。”另，再檢《南史·陳武帝紀》、《通鑑》卷一六七《陳紀》永定元年條，亦皆載陳霸先追贈其父陳文讚的謚號爲“景皇帝”。

[5]高一丈五尺：諸本皆同。岑仲勉指出此與下文太建十一年（579）王元規議作“一丈五寸”之不同（岑仲勉：《隋書求是》，中華書局2004年版，第22頁）。中華本校勘記也指出此點，但均未考。“一丈五尺”確。

[6]廣八丈：諸本皆同。中華本校勘記指出：“下文王元規議作‘九丈三尺’。”檢《册府元龜》卷五七九《掌禮部·奏議第七》亦

載北郊壇廣“九丈三尺”。“九丈三尺”似確。

[7]以皇妣昭后配：諸本皆同。但據《陳書》卷二《高祖紀下》、卷七《高祖章皇后傳》，《南史·陳武帝紀》，《通鑑》卷一六七《陳紀》永定元年條，皆載陳霸先追贈其前夫人錢氏謚號爲“昭后”。“皇妣”乃“董太夫人”，追謚爲“安皇后”。再考前文云祀南郊，以皇考德皇帝配；祀北郊，確當以皇妣配。但陳霸先皇妣是“安皇后”而非“昭后”，故“以皇妣昭后配”之“昭后”似誤，當改爲“安后”。

[8]文帝：南朝陳文帝陳蒨。紀見《陳書》卷三、《南史》卷九。　天嘉：南朝陳文帝陳蒨年號（560—566）。

[9]高祖：即南朝陳霸先的廟號。

太中大夫、領大著作、攝太常卿許亨奏曰：[1]“昔梁武帝云：‘天數五，地數五，五行之氣，天地俱有。’故南北郊内，並祭五祀。臣按《周禮》：‘以血祭社稷五祀。’鄭玄云：‘陰祀自血起，貴氣臭也。五祀，五官之神也。’五神主五行，隸於地，故與埋沈疈辜同爲陰祀。[2]既非煙柴，無關陽祭。故何休云：[3]‘周爵五等者，法地有五行也。’五神位在北郊，圓丘不宜重設。”制曰：“可。”亨又奏曰：“梁武帝議，箕、畢自是二十八宿之名，風師、雨師自是箕、畢下隸，非即星也。故郊雩之所，[4]皆兩祭之。臣案《周禮》大宗伯之職云：‘槱燎祀司中、司命、風師、雨師。’[5]鄭衆云：‘風師，箕也；雨師，畢也。’《詩》云：‘月離于畢，俾滂沱矣。’如此則風伯、雨師即箕、畢星矣。而今南郊祀箕、畢二星，復祭風伯、雨師，恐乖祀典。”制曰：“若郊設星位，任即除之。”亨又奏曰：“《梁儀注》曰：‘一獻爲質，三獻爲文。事天之事，故不三獻。’臣案《周禮》司樽所言，三獻施於宗祧，而鄭注‘一獻施於群小祀’。今用小祀之禮施於天神大帝，梁武此義爲不通矣。且樽俎之物，依於質文，拜獻之禮，主於虔敬。今請凡郊丘祀事，準於宗祧，三獻爲允。”制曰：“依議。”

［1］太中大夫：官名。南北朝多安置老病退免的九卿等大臣。南朝陳第四品。　領：官制用語。初指兼領、暫代，即已有本官本職，又暫行他官他職而不具其位，不任其官。魏晋南北朝隋多爲兼攝之意，常有以卑官領高職。　大著作：官名。三國時魏始置著作郎，掌修國史及起居注。西晋惠帝時改隸秘書省，稱秘書著作，後别置著作省而仍隸秘書，設著作郎一人，稱爲大著作，常由中書監、散騎常侍、給事中等官兼領。南朝沿置。南朝陳六品。　太常卿：官名。掌邦國禮樂，郊廟祭祀。南北朝時因禮儀及郊廟制度等皆由尚書裁定，此職位尊而職閑。南朝陳第三品。　許亨：人名。歷南朝梁、陳。陳朝建立遷太中大夫、領大著作，知梁史事。傳見《陳書》卷三四，《南史》卷六〇有附傳。

［2］埋沈：古代祭川澤之禮。祭山林曰埋，川澤曰沈。　副（pì）辜：分割、肢解牲體意。《周禮·春官·大宗伯》云：“以副辜祭四方百物。”又云：“‘以副辜祭百物’，言分磔牲體以祭也。”

［3］何休：人名。東漢經學家。傳見《後漢書》卷七九下。

［4］雩（yú）：古代爲祈雨而舉行的祭祀。

［5］槱（yǒu）燎：古代封禪祭天的一種儀禮。以牲體置柴堆上焚之，揚其光炎上達於天，以祀天神。

廢帝光大中，[1]又以昭后配北郊。[2]及宣帝即位，[3]以南北二郊卑下，更議增廣。久而不決。至太建十一

年，[4]尚書祠部郎王元規議曰：[5]

[1]廢帝：此即南朝陳被廢黜的皇帝陳伯宗。紀見《陳書》卷四、《南史》卷九。　光大：南朝陳廢帝陳伯宗年號（567—568）。

[2]昭后：南朝陳高祖追謚前夫人錢氏的謚號。

[3]宣帝：南朝陳皇帝陳頊的謚號。紀見《陳書》卷五、《南史》卷一〇。

[4]太建：南朝陳宣帝陳頊年號（569—582）。

[5]尚書祠部郎：官名。魏晉南北朝置祠部郎爲尚書祠部曹長官，亦稱祠部郎中。職掌禮制、祠祀、祭享等事。南朝陳第四品。　王元規：人名。歷仕南朝梁、陳。陳後主時除尚書祠部郎。傳見《陳書》卷三三、《南史》卷七一。

案前漢《黄圖》，[1]上帝壇徑五丈，高九尺；后土壇方五丈，高六尺。梁南郊壇上徑十一丈，下徑十八丈，高二丈七尺，北郊壇上方十丈，下方十二丈，高一丈。即日南郊壇廣十丈，高二丈二尺五寸，北郊壇廣九丈三尺，高一丈五寸。[2]今議增南郊壇上徑十二丈，則天大數，下徑十八丈，取於三分益一，高二丈七尺，取三倍九尺之堂。北郊壇上方十丈，以則地義，下至十五丈，亦取二分益一，高一丈二尺，亦取二倍漢家之數。

[1]《黄圖》：書名。即《三輔黄圖》。記載長安古迹，對宫殿苑囿記述尤詳。缺作者姓名。宋人晁公武《郡齋讀書志》認爲六朝梁、陳間人作，程大昌《雍録》認爲出於唐人。本書《經籍志》作一卷，《郡齋讀書志》作三卷，今本六卷、三十六篇。

[2]高一丈五寸：諸本皆同。岑仲勉指出此與前文所載“高一

丈五尺”之不同，疑“五寸”爲“五尺”之訛（岑仲勉：《隋書求是》，第22頁）。但未提出佐證。中華本校勘記也指出此歧異，同樣未考。檢《册府元龜》卷五七九《掌禮部·奏議第七》載：“北郊壇廣九丈三尺，高一丈五尺。”即與本書前文所載完全相同。可證“高一丈五寸”確爲“高一丈五尺”之訛。中華書局新修訂本亦將“寸”改爲“尺”，並出校勘記。

《禮記》云：“爲高必因丘陵，爲下必因川澤。因名山升中于天，因吉土饗帝于郊。”[1]《周官》云：“冬日至，祠天於地上之圓丘。夏日至，祭地於澤中之方丘。”[2]《祭法》云：“燔柴於泰壇，祭天也。瘞埋於泰折，祭地也。”[3]《記》云：“至敬不壇，掃地而祭。”[4]於其質也，以報覆燾持載之功。[5]《爾雅》亦云：“丘，言非人所造爲。”古圓方兩丘，並因見有而祭。本無高廣之數。後世隨事遷都，而建立郊禮。[6]或有地吉而未必有丘，或有見丘而不必廣絜。故有築建之法，而制丈尺之儀。愚謂郊祀事重，圓方二丘，高下廣狹，既無明文，但五帝不相沿，三王不相襲。[7]今謹述漢、梁并即日三代壇不同，及更增修丈尺如前。聽旨。

[1]“爲高必因丘陵”至“因吉土饗帝于郊”：語出《禮記·禮器》。吉土，古代王者卜居之地。

[2]“冬日至”至“祭地於澤中之方丘”：語出《周禮·春官·大司樂》。

[3]“燔柴於泰壇”至“祭地也”：語出《禮記·祭法》。泰折，古代瘞繒埋牲祭地神之處。

[4]至敬不壇，掃地而祭：語出《禮記·禮器》。

［5］覆燾持載：亦作“覆幬持載”，如天無不施恩，如地能承載萬物。

［6］郊禮：天子祭天地的大禮。

［7］三王：指夏、商、周三代之君。但具體所指有不同，一説夏禹、商湯、周文王；一説夏禹、商湯、周武王。

尚書僕射臣繕，左户尚書臣元饒、左丞臣周確、舍人臣蕭淳、儀曹郎臣沈客卿同元規議。[1]詔遂依用。

［1］尚書僕射：官名。爲尚書省次官，南朝尚書令爲宰相之任，不親庶務，尚書省日常政務常由左右僕射主持。梁、陳常缺尚書令，僕射實成尚書省的主官，位列宰相。南朝陳第二品。　繕：人名。即陸繕。南朝陳太建年間任尚書右僕射，後又遷左僕射。傳見《陳書》卷二三，《南史》卷四八有附傳。　左户尚書：官名。即左民尚書（避唐太宗諱改），爲尚書省左民曹長官，掌計帳、户籍，兼主工官之事。南朝陳第三品。　元饒：人名。即宗元饒。陳宣帝陳頊時歷左户尚書。傳見《陳書》卷二九、《南史》卷六八。　左丞：官名。“尚書左丞”省稱。南朝陳第四品。　周確：人名。陳宣帝陳頊時歷尚書左丞。《陳書》卷二四、《南史》卷三四有附傳。　舍人：官名。似“中書舍人”省稱。南朝諸帝皆非出身高門，遂引用寒士等親信爲之，入直禁中，於收納、轉呈文書之本職外，漸奪中書侍郎草擬詔令之任。陳置五員。八品。　蕭淳：人名。具體事迹不詳。　儀曹郎：官名。三國魏始置，掌吉凶禮制。兩晋、南朝、北齊沿置，爲尚書省儀曹長官通稱。南朝陳四品。　沈客卿：人名。陳後主時曾任中書舍人。傳見《陳書》卷三一、《南史》卷七七。　同元規議：宋刻遞修本、汲古閣本、殿本、庫本均作“周元規議”。中華本改爲“同元規議”。校勘記云：“‘同’原作‘周’，據《元龜》五七九改。”今從改。

後主嗣立，[1]無意典禮之事，加舊儒碩學，漸以凋喪，至於朝亡，竟無改作。

[1]後主：此指南朝陳末代君主陳叔寶。紀見《陳書》卷六、《南史》卷一〇。

後齊制，圓丘方澤，並三年一祭，謂之禘祀。圓丘在國南郊。丘下廣輪二百七十尺，[1]上廣輪四十六尺，高四十五尺。三成，[2]成高十五尺，上中二級，四面各一陛，下級方維八陛。周以三壝，去丘五十步。中壝去内壝，外壝去中壝，各二十五步。皆通八門。又爲大營於外壝之外，輪廣三百七十步。其營壍廣一十二尺，[3]深一丈，四面各通一門。又爲燎壇於中壝之外，當丘之景地。[4]廣輪三十六尺，高三尺，四面各有陛。方澤爲壇在國北郊。廣輪四十尺，高四尺，面各一陛。其外爲三壝，相去廣狹同圓丘。壝外大營，廣輪三百二十步。營壍廣一十二尺，深一丈，四面各通一門。又爲瘞坎於壇之壬地，中壝之外，廣深一丈二尺。

[1]廣（guàng）輪：廣袤。指土地的面積。

[2]成：重，層。

[3]壍：通“塹”。

[4]景地：因“丙”“昺”同音，本書避唐高祖父李昺諱，改“丙”爲“景”字，故“景地”實爲“丙地”。本卷後凡類此者的“景”字一律回改，不再出注。丙地，即位於南面的土地。古代以

十干配五方，丙爲南方之位，因以指南方。

圓丘則以蒼璧束帛，正月上辛，祀昊天上帝於其上，以高祖神武皇帝配。[1]五精之帝，[2]從祀於其中丘，面皆内向。日月、五星、北斗、二十八宿、司中、司命、司人、司禄、風師、雨師、靈星於下丘，[3]爲衆星之位，遷於内壝之中。合用蒼牲九。夕牲之旦，[4]太尉告廟，[5]陳幣於神武廟訖，埋於兩楹間焉。皇帝初獻，太尉亞獻，光禄終獻。[6]司徒獻五帝，[7]司空獻日月、五星、二十八宿，[8]太常丞已下薦衆星。[9]方澤則以黄琮束帛，[10]夏至之日，禘崐崘皇地祇於其上，[11]以武明皇后配。[12]其神州之神、社稷、岱岳、沂鎮、會稽鎮、云云山、亭亭山、蒙山、羽山、嶧山、崧岳、霍岳、衡鎮、荆山、内方山、大别山、敷淺原山、桐柏山、陪尾山、華岳、太岳鎮、積石山、龍門山、江山、岐山、荆山、嶓冢山、壺口山、雷首山、底柱山、析城山、王屋山、西傾朱圉山、鳥鼠同穴山、熊耳山、敦物山、蔡蒙山、梁山、岷山、武功山、太白山、恒岳、醫無閭山鎮、陰山、白登山、碣石山、太行山、狼山、封龍山、漳山、宣務山、閼山、方山、苟山、狹龍山、淮水、東海、泗水、沂水、淄水、濰水、江水、南海、漢水、穀水、洛水、伊水、漾水、沔水、河水、西海、黑水、澇水、渭水、涇水、酆水、濟水、北海、松水、京水、桑乾水、漳水、呼沲水、衛水、洹水、延水，[13]並從祀。其神州位在青陛之北甲寅地，[14]社位赤陛之西未地，[15]稷位白陛之南庚地；自餘並内壝之内，内向，各如其方。合用牲十二，儀同圓丘。其後諸儒定禮，圓丘改以冬至云。

［1］高祖神武皇帝：北齊高歡的廟號和謚號。紀見《北齊書》卷一、二，《北史》卷六。

［2］五精之帝：古代讖緯家所謂五方天帝。即黄帝坐於太微中。四帝星夾黄帝坐：東方蒼帝靈威仰、南方赤帝赤熛怒、西方白帝白招矩、北方黑帝葉光紀。

［3］司中、司命：指司中、司命神，即南斗、北斗星。司中主生，司命主死，故並祀之。　司禄：掌司人間禄籍之神。　靈星：星名。又稱天田星、龍星。主農事。

［4］夕牲：祭祀前夕，查看犧牲。

［5］太尉：官名。戰國始置，魏晋以後多爲大臣加官，無實際職掌。北齊爲一品。

［6］光禄：官名。即光禄卿，掌祭祀、朝會、宴饗等事。北齊爲三品。

［7］司徒：官名。多係榮銜，無實際職掌。北齊爲一品。

［8］司空：官名。多係榮銜，無實際職掌。北齊爲一品。

［9］太常丞：官名。爲太常寺屬官，參領寺務。北齊從六品。

［10］琮（cóng）：六瑞玉之一，外方内圓中間有孔的禮器，以黄琮禮地。

［11］禘（dì）：古代帝王、諸侯舉行各種大祭的總名。凡祀天、宗廟大祭與宗廟時祭均稱爲“禘”。　崐崘：山名。即今新疆、西藏之間的崐崘山脈。　皇地祇：對地神的尊稱。

［12］武明皇后：即高歡武明皇后婁昭君。傳見《北齊書》卷九、《北史》卷一四。

［13］神州：指中原地區。　社稷：古代帝王、諸侯所祭的土神和穀神。　岱岳：東岳泰山的别稱。　沂鎮：即沂山，在今山東臨

胸縣東。　會稽鎮：即會稽山，在今浙江紹興市北。　云云山：在今山東泰安市東南。　亭亭山：在今山東泰安市南五十里。　蒙山：又名東蒙山，在今山東蒙陰縣西南。　羽山：在今山東郯城縣東北。傳説舜殺鯀之處。　嶧山：一作繹山、嶧陽山，又名鄒山、鄒嶧山、朱嶧山。在今山東鄒城市東南。　崧岳：山名。即嵩山。在今河南登封市北。　霍岳：山名。漢武帝以之爲南岳，即今安徽霍山縣西南天柱山。　衡鎮：即衡山，在今湖南衡陽市境内。　荆山：在湖北南漳縣西，古爲豫州與荆州界山。　内方山：《尚書·禹貢》所載的内方山説法有三：一説即今湖北荆門市東南的馬良山；一説是今湖北武漢市武昌區的大洪山；一説在今湖北漢川市西南。再者，今福建長泰縣東北亦有山名此。　大别山：在今湖北東北與安徽西南部交界處。　敷淺原山：此似即指《尚書·禹貢》所載的"敷淺原"。敷淺原今地所在歷來説法不一：一般認爲在今江西德安縣南，又作博陽山、傅陽山；一説即今江西廬山；一説是指今安徽大别山山脈的尾閭。　桐柏山：稱此山名有二：一在今河南桐柏縣西南，接湖北棗陽市及隨州市界；一在今湖南臨武縣西。　華岳：山名。即華山。在今陝西華陰市南。　太岳鎮：即霍山，在今山西霍州市東南。　積石山：即今青海東南部積石山脈。　龍門山：稱此山名者有二：一即伊闕山，在今河南洛陽市南；一在今山西河津市西北與陝西韓城市東北，夾河對峙。又名禹門山。　岐山：在今陝西岐山縣東北。　荆山：宋刻遞修本、汲古閣本、殿本、庫本、中華本皆同。但本段前已列荆山，此又重出，似衍文。　嶓冢山：一作嶓山。名此山名者有二：一在今陝西寧强縣西北；一在今甘肅天水市西南。　壺口山：稱此山名者有三：一在今山西吉縣西南；一在今山西臨汾市西南；一在今山西長治市東南，跨壺關縣界。又名"壺關山""壺山"。　雷首山：又名薄山、襄山。在今山西永濟市南，中條山脈西南端。　底柱山：又名砥柱、砥柱山、三門山。在今河南三門峽市東北黄河中。　析城山：又名析津山。在今山西陽城縣西南。　王屋山：在今山西陽城縣與河南濟源市之間。　西傾朱圉山：《尚書·禹貢》載："西傾、朱圉、鳥鼠，至於泰華。"此似西傾山、朱圉山合稱。西傾山，又作西頃山。在今青海東部和甘肅西南部交界處。朱圉山，又作朱圄山，在今甘肅甘谷縣西南。　鳥鼠同穴山：觀前引《尚書·禹貢》所載，"鳥鼠同穴山"似即鳥鼠山。若此，此山在今甘肅渭源縣西。　熊耳山：在今陝西東南和河南西部。　敦物山：即華山之别名。　蔡蒙山：大約在今山西境内，具體所指不詳。　梁山：稱此山名者有三：一在今陝西乾縣北；一在今陝西韓城市西北；一在今山東梁山縣南，又名"良山"。　岷山：又作汶山。在今四川松潘縣北。　武功山：在今陝西武功縣南。　太白山：此指秦嶺（南山）主峰，在今陝西太白縣東南。　恒岳：山名。即恒山。在今河北曲陽縣西北與山西接壤處。　醫無閭山鎮：即醫無閭山，在今遼寧北寧市西，接義縣境。　陰山：在今内蒙古南部。　白登山：在今山西大同市東北。　碣石山：一説即今遼寧綏中縣東南海中姜女墳。一説即今河北昌黎縣北碣石山。　太行山：又稱五行山。綿亘在今山西、河南、河北三省界。　狼山：此指今内蒙古烏拉特後旗南部之狼山。　封龍山：稱此山名者有二：一在今河北鹿泉市南；一即今山西渾源縣西南龍山。　漳山：在今山東臨朐縣西一百八十里，北臨漳水。　宣務山：又名虚無山、權務山。在今河北隆堯縣西北。　闕山：或指今燕山，在河北北部。　方山：古稱此名之山甚多，根據《禮儀志》山名排列，此方山在山西、河北境内可能性較大。一亦稱"方嶺"，在今山西大同市北；一在今山西壽陽縣東北。　苟山：具體所指不詳。　狹龍山：在今河南禹州市西四十里。　淮水：稱此河名者有二：一即今淮河。古爲四瀆之一。一即今江蘇西南部長江下游支流秦淮河。　東海：海名。所指因時而異。先秦古籍的東海相當今黄海，但戰國時已有兼指今東海北部的；秦漢以後，始以今黄海、東海同稱爲東海；明代以後，其海域始和今東海相當。　泗水：在今山東西南部。　沂水：即今山東南部、江蘇北部沂河。　淄水：即今山東淄河。　濰水：即今山東東部濰河。　江水：又稱大江。即今長江。　南海：所指因時而異。西漢後纔用以專指今南海。　漢水：即今長江中游支流漢江。　穀水：稱此河名者有三：一即今河南澠池縣南澠水及其下游澗水；二即古獲水下游流經今安徽碭山縣北；三即今浙江之衢江。　伊水：即今河南境内伊河。　漾水：一作養水、瀁水，即今漢水南源。　沔水：即今漢江及湖北武漢市以下長江。　河水：又稱大河，即今黄河。　西海：所指因時而異。先秦史籍所載西海泛指西方海域，確指未詳；西漢指今青海湖；東漢指居延海；《水經·河水注》中西海指今新疆博斯騰湖；《通典》引《經行記》中西海指今地中海。　黑水：稱此河名者衆多。一爲古代傳説中的水道，無可確指；二爲今陝西横山縣淖泥河；三爲今四川松潘縣白水江上游支流之一；四即今黑龍江。　澇水：一作潦水，即今陝西渭水支流澇峪河。　渭水：即今黄河中游支流渭河。　涇水：即今陝西涇陽縣渭水支流涇河。　酆水：一作豐水。古號爲關中八川之一。源出陝西秦嶺，北流西安市西北入渭河。　濟水：稱此河名者有二：其一爲"四瀆"之一。包括黄河南、北兩部分，河北部分今仍名濟水。源出今河南濟源市西王屋山，唯其下游入黄河處歷代屢有變遷。其二亦名泲水，又作石濟水，即今河北贊皇、柏鄉二縣境内泲河。　北海：所指因時而異。初爲北方遠僻地域泛稱；春秋戰國又或指今渤海；秦漢以後凡塞北大澤，往往被稱爲北海，如今裏海、貝加爾湖、巴爾喀什湖等。　松水：即今江蘇太湖尾閭吴淞江。　京水：源出今河南滎陽市南，東北流入古濟水。　桑乾水：即今山西北部永定河上游桑乾河。　漳水：一源出今山西長子縣西，東流穿過太行山至河北臨漳縣北。一源出今湖北南漳縣東南流至當陽市東南會沮水南流入長江。　呼沲水：即今山西、河北境内滹沱河。　衛水：古水名。源出河北靈壽縣（今正定縣）東北，東入滹沱河。　洹水：即今河南北部衛河支流安陽河。　延水：即今陝西北部黄河支流延河。

［14］甲寅地：指東北偏南方位。古代陰陽五行家將十二地支和四方相配，子在正北，卯在正東，午在正南，酉在正西。

[15]未地：指西南偏南方位。

其南北郊則歲一祀，皆以正月上辛。[1]南郊爲壇於國南，廣輪三十六尺，高九尺，四面各一陛。爲三壝，内壝去壇二十五步，中壝、外壝相去如内壝。四面各通一門。又爲大營於外壝之外，廣輪二百七十步。營塹廣一丈，深八尺，四面各一門。又爲燎壇於中壝之外丙地，[2]廣輪二十七尺，高一尺八寸，四面各一陛。祀所感帝靈威仰於壇，[3]以高祖神武皇帝配。禮用四圭有邸，[4]幣各如方色。其上帝及配帝，各用騂特牲一，[5]儀燎同圓丘。其北郊則爲壇如南郊壇，爲瘞坎如方澤坎，[6]祀神州神於其上，以武明皇后配。禮用兩圭有邸，各用黄牲一，儀瘞如北郊。

[1]上辛：農曆每月第一個辛日。

[2]燎壇：燎祭天神的高臺。

[3]靈威仰：中國古代指東方之神。

[4]四圭有邸：古代祭祀禮器，由整塊玉雕成，中央爲璧，四面鋭出爲圭邸。

[5]騂（xīng）：赤色馬。亦指赤色牛、羊等。

[6]瘞坎：古代行祭地禮時用以埋牲、玉帛的坑穴。

後周憲章姬周，[1]祭祀之式，多依《儀禮》。司量掌爲壇之制，[2]圓丘三成，成崇一丈二尺，深二丈。上徑六丈，十有二階，每等十有二節。在國陽七里之郊。圓壝徑三百步，内壝半之。方一成，下崇一丈，徑六丈八尺，上崇五尺，方四丈，八方，方一階，階十級，級一尺。[3]方丘在國陰六里之郊。丘一成，八方，下崇一丈，方六丈八尺，上崇五尺，方四丈。方一階，尺一級。其壝八面，徑百二十步，内壝半之。南郊爲方壇於國南五里。其崇一丈二尺，其廣四丈。其壝方百二十步，内壝半之。神州之壇，崇一丈，方四丈，在北郊方丘之右。其壝如方丘。

[1]後周：即北周（557—581），都長安（今陝西西安市西北）。

[2]司量：官名。北周爲冬官府屬官，掌爲壇之制。其司量中士，正二命。司量下士，正一命。

[3]“方一成”至“級一尺”：宋刻遞修本、汲古閣本、殿本、庫本、中華本皆同。中華本校勘記云：“此三十字上無所屬，疑涉下‘方丘’而衍。”

其祭圜丘及南郊，並正月上辛。圜丘則以其先炎帝神農氏配昊天上帝於其上。五方上帝、日月、内官、中官、外官、衆星，[1]並從祀。皇帝乘蒼輅，[2]載玄冕，[3]備大駕而行。預祭者皆蒼服。南郊，以始祖獻侯莫那配所感帝靈威仰於其上。[4]北郊方丘，則以神農配后地之祇。神州則以獻侯莫那配焉。

[1]内官、中官、外官：星位或星區名。錢大昕《廿二史考異·宋史·天文志》：“天文經星，分爲三段：一爲中官，一爲二十八舍，一爲星官在二十八舍之外者。古人謂之外官。……其中官之星，以北極紫宫爲首，而北斗次之。”

[2]蒼輅：皇帝祀天時乘坐的一種車。

[3]玄冕：古代天子、諸侯蠟祭百神、朝日、夕月之禮服。五旒，衣無文，裳刺黻一章。

[4]獻侯莫那：人名。莫那爲北周始祖，始自陰山南徙，居遼西，稱爲獻侯。事見《周書》卷一《文帝紀上》、《北史》卷九《周文帝紀》。

其用牲之制，祀昊天上帝，祭皇地祇及五帝、日月、五星、十二辰、四望、五官，各以其方色毛。宗廟以黄，社稷以黝，散祭祀用純，表狢磔禳用厖。[1]

[1]表狢：亦作"表禡"。古代田獵或出征，於陣前或營前立望表以祭神。　磔（zhé）禳：亦作"磔攘"，分裂牲體祭神以除不祥。　厖（máng）：古通"尨"，雜色。按，底本、汲古閣本作"厖"，宋刻遞修本作"尨"，殿本、庫本作"龐"。

高祖受命，[1]欲新制度。乃命國子祭酒辛彦之議定祀典。[2]爲圓丘於國之南，太陽門外道東二里。[3]其丘四成，各高八尺一寸。下成廣二十丈，再成廣十五丈，又三成廣十丈，四成廣五丈。再歲冬至之日，祀昊天上帝於其上，以太祖武元皇帝配。[4]五方上帝、日月、五星、内官四十二座、次官一百三十六座、外官一百一十一座、衆星三百六十座，並皆從祀。上帝、日月在丘之第二等，北斗五星、十二辰、河漢、内官在丘第三等，二十八宿、中官在丘第四等，外官在内壝之内，衆星在内壝之外。其牲，上帝、配帝用蒼犢二，五帝、日月用方色犢各一，五星已下用羊豕各九。

［1］高祖：隋文帝楊堅的廟號。紀見本書卷一、二，《北史》卷一一。

［2］國子祭酒：官名。爲國子寺長官。初隸太常寺，統國子、太學、四門、書算學。開皇十三年（593）不隸太常寺，改爲國子學長官。仁壽元年（601）罷，唯置太學，以博士領之。大業三年（607）改置國子監依舊置祭酒爲長官。從三品。　辛彦之：人名。傳見本書卷七五、《北史》卷八二。

［3］太陽門：隋都城宫城東門。

［4］太祖武元皇帝：即楊堅父楊忠廟號、謚號合稱。傳見《周書》卷一九。

爲方丘於宫城之北十四里。其丘再成，成高五尺，下成方十丈，上成方五丈。夏至之日，祭皇地祇於其上，以太祖配。[1]神州、迎州、冀州、戎州、拾州、柱州、營州、咸州、陽州九州山、海、川、林、澤、丘陵、墳衍、原隰，[2]並皆從祀。地祇及配帝在壇上，用黄犢二。神州九州神座於第二等八陛之間：神州東南方，迎州南方，冀州、戎州西南方，拾州西方，柱州西北方，營州北方，咸州東北方，陽州東方，各用方色犢一。九州山海已下，各依方面八陛之間。其冀州山林川澤，丘陵墳衍，於壇之南，少西，加羊豕各九。南郊爲壇於國之南，太陽門外道西一里，去宫十里。壇高七尺，廣四丈。孟春上辛，祠所感帝赤熛怒於其上，以太祖武元皇帝配。其禮四圭有邸，牲用騂犢二。[3]北郊孟冬祭神州之神，以太祖武元皇帝配。牲用犢二。

［1］太祖：即楊堅父楊忠廟號。

［2］“神州”至“陽州九州”：古人認爲天有九道，地有九州：東南曰神州、正南曰迎州（一説次州）、西南曰戎州、正西曰拾州、中央曰冀州、西北曰柱州（一作括州）、正北曰玄州（亦曰營州或齊州）、東北曰咸州（一作薄州）、正東曰陽州。　墳衍：水邊和低下平坦的土地。　原隰：廣平低濕之地。

［3］騂犢：赤色小牛。

凡大祀，[1]齋官皆於其晨集尚書省，[2]受誓戒。散齋四日，[3]致齋三日。[4]祭前一日，晝漏上水五刻，到祀所，沐浴，著明衣，[5]咸不得聞見衰絰哭泣。[6]昊天上帝、五方上帝、日月、皇地祇、神州社稷、宗廟等爲大祀，星辰、五祀、四望等爲中祀，司中、司命、風師、雨師及諸星、諸山川等爲小祀。大祀養牲，在滌九旬，中祀三旬，小祀一旬。其牲方色難備者，聽以純色代。告祈之牲者不養。祭祀犧牲，不得捶扑。其死則埋之。

［1］大祀：帝王最隆重的祭祀，如祭祀天地、宗廟等。

［2］齋官：執掌齋祀的官員。　尚書省：官署名。隋尚書省與門下、内史並號三省，共掌軍國大政。尚書省爲全國政務中樞，職事尤重。

［3］散齋：古禮於祭祀父母前七日不御不樂不吊，謂之“散齋”。又古代皇帝祭社稷太歲等壇，行散齋，即在宫中齋戒，以別於祭天地等之行致齋。

［4］致齋：古代在舉行祭祀前清心潔身的禮式。

[5]明衣：古人在齋戒期間沐浴後所穿的乾净内衣。

[6]衰（cuī）絰（dié）：喪服。古人喪服胸前當心處綴有長六寸、廣四寸的麻布，名衰，因名此衣爲衰；圍在頭上的散麻繩爲首絰，纏在腰間的爲腰絰。衰、絰兩者是喪服的主要部分。

初，帝既受周禪，恐黎元未愜，多説符瑞以耀之。[1]其或造作而進者，不可勝計。仁壽元年冬至祠南郊，[2]置昊天上帝及五方天帝位，並于壇上，如封禪禮。[3]板曰：

[1]符瑞：吉祥的徵兆。多指帝王受命的徵兆。

[2]仁壽：隋文帝楊堅年號（601—604）。

[3]封禪：古代帝王祭天地的大典。在泰山上築土爲壇，報天之功，稱封；在泰山下的梁父山上辟場祭地，報地之德，稱禪。

維仁壽元年，歲次作噩，[1]嗣天子臣諱，[2]敢昭告于昊天上帝：璇璣運行，大明南至。臣蒙上天恩造，群靈降福，撫臨率土，安養兆人。顧惟虚薄，德化未暢，夙夜憂懼，不敢荒怠。天地靈祇，降錫休瑞，鏡發區宇，昭彰耳目。爰始登極，蒙授龜圖，遷都定鼎，醴泉出地，平陳之歲，龍引舟師。省俗巡方，展禮東岳，[3]盲者得視，瘖者得言，復有躄人，忽然能步。自開皇已來，[4]日近北極，行於上道，晷度延長。天啓太平，獸見一角，改元仁壽，楊樹生松。石魚彰合符之徵，玉龜顯永昌之慶，山圖石瑞，前後繼出，皆載臣姓名，褒紀國祚。經典諸緯，爰及玉龜，文字義理，遞相符會。

[1]作噩：十二支中酉的别稱，用以紀年，指該年太歲星在酉。按，汲古閣本、殿本、庫本、中華本同底本，然宋刻遞修本作“咢”。

[2]諱：即楊堅。

[3]東岳：山名。即今山東泰山。

[4]開皇：隋文帝楊堅年號（581—600）。

宫城之内，及在山谷，石變爲玉，不可勝數。桃區一嶺，盡是琉璃，黄銀出於神山，碧玉生於瑞巘。[1]多楊山響，三稱國興，連雲山聲，萬年臨國。野鵝降天，仍住池沼，神鹿入苑，頻賜引導。騶虞見質，[2]游驎在野，[3]鹿角生於楊樹，龍湫出於荆谷。慶雲發彩，壽星垂耀。宫殿樓閣，咸出靈芝，山澤川原，多生寳物。威香散馥，零露凝甘。敦煌烏山，黑石變白，弘禄巖嶺，石華遠照。玄狐玄豹，白兔白狼，赤雀蒼烏，野蠶天豆，嘉禾合穗，珍木連理。神瑞休徵，洪恩景福，降賜無疆，不可具紀。此皆昊天上帝，爰降明靈，矜愍蒼生，寧静海内，故錫兹嘉慶，咸使安樂，豈臣微誠，所能上感。虔心奉謝，敬薦玉帛犧齊粢盛庶品，燔祀于昊天上帝。皇考太祖武元皇帝，配神作主。

[1]巘（yǎn）：山，山頂。

[2]騶虞：傳説中的義獸。

[3]驎：即騏驎，同“麒麟”。古人以爲仁獸、瑞獸，拿它象徵祥瑞。形狀像鹿，頭上有角，全身有鱗甲，尾像牛尾。

大業元年，[1]孟春祀感帝，孟冬祀神州，改以高祖文帝配。其餘並用舊禮。十年，冬至祀圓丘，帝不齋于次。詰朝，備法駕，[2]至便行禮。是日大風，帝獨獻上帝，[3]三公分獻五帝。[4]禮畢，御馬疾驅而歸。

[1]大業：隋煬帝楊廣年號（605—618）。

[2]法駕：天子車駕的一種。天子的鹵簿分大駕、法駕、小駕三種，其儀衛之繁簡各有不同。法駕上所乘，曰金根車，駕六馬，有五時副車，皆駕四馬，侍中參乘，屬車三十六乘。

[3]帝：此指隋煬帝。

[4]三公：官名。隋三公爲太尉、司徒、司空的總稱。皆正一品。隋初依舊制，各置府僚，參議國家大事。但不久就省去府及僚佐，置三公則坐於尚書都省，從而失去實權。

明堂在國之陽。梁初，依宋、齊，[1]其祀之法，猶依齊制。禮有不通者，武帝更與學者議之。舊齊儀，郊祀，帝皆以衮冕。[2]至天監七年，始造大裘，[3]而《明堂儀注》猶云衮服。[4]十年，儀曹郎朱异以爲：“《禮》大裘而冕，祭昊天上帝。五帝亦如之。良由天神高遠，義須誠質，今從泛祭五帝，理不容文。”於是改服大裘。异又以爲：“齊儀初獻樽彝，明堂貴質，不應三獻。又不應象樽。《禮》云：‘朝踐用太樽。’[5]鄭云：‘太樽，瓦也。’《記》又云：‘有虞氏瓦樽。’此皆在廟所用，猶以質素，在明堂，禮不容象。今請改用瓦樽，庶合文質之衷。”又曰：“宗廟貴文，故庶羞百品，天義尊遠，則須簡約。今《儀注》所薦，與廟不異，即理徵事，如爲未允。請自今明堂肴膳準二郊。但帝之爲名，本主生育，成歲之功，實爲顯著。非如昊天，義絶言象，雖曰同郊，復應微異。若水土之品，蔬果之屬，猶宜以薦，止用梨、棗、橘、栗四種之果，薑、蒲、葵、韭四種之葅，粳、稻、黍、粱四種之米。自此以外，郊所無者，請並從省除。”

［1］宋：即南朝宋（420—479），都建康（今江蘇南京市）。

［2］衮冕：衮即衮衣，又稱衮服，古代帝王及上公所穿繡龍的禮服。冕，古代帝王、諸侯、卿大夫所戴的禮帽。戴冕加穿衮衣曰衮冕，天子、上公皆有之。

［3］大裘：古時天子祭天的禮服。以黑羔皮製，服以祀天，示質。

［4］《明堂儀注》：《舊唐書·經籍志》載：“《明堂儀注》七卷，姚璠等撰。”

［5］朝踐用太樽：語出《周禮·春官·司尊彝》。

初，博士明山賓制《儀注》，明堂祀五帝，行禮先自赤帝始。异又以爲：“明堂既泛祭五帝，不容的有先後，東階而升，宜先春帝。請改從青帝始。”又以爲：“明堂籩豆等器，[1]皆以雕飾。尋郊祀貴質，改用陶匏，[2]宗廟貴文，誠宜雕俎。[3]明堂之禮，既方郊爲文，則不容陶匏，比廟爲質，又不應雕俎。斟酌二途，須存厥衷，請改用純漆。”异又以“舊儀，明堂祀五帝，先酌鬱鬯，灌地求神，及初獻清酒，[4]次酇，[5]終醁。[6]禮畢，太祝取俎上黍肉，[7]當御前以授。請依郊儀，止一獻清酒。且五帝天神，不可求之於地，二郊之祭，並無黍肉之禮。並請停灌及授俎法。”[8]又以爲：“舊明堂皆用太牢。案《記》云：‘郊用特牲’；[9]又云‘天地之牛，角繭栗’。[10]五帝既曰天神，理無三牲之祭。而《毛詩·我將》篇，云祀文王於明堂，有‘維羊維牛’之説。良由周監二代，其義貴文，明堂方郊，未爲極質，故特用三牲，[11]止爲一代之制。今斟酌百王，義存通典，蔬果之薦，雖符周禮，而牲牢之用，宜遵夏、殷。請自今明堂止用特牛，既合質文之中，又見貴誠之義。”帝並從之。

[1]籩豆：籩和豆。古代祭祀及宴會時常用的兩種禮器。竹製爲籩，木製爲豆。

[2]陶匏（páo）：泛指實用而合於古制的器皿。

[3]雕俎：飾以彩繪、花紋的俎案。

[4]清酒：古代祭祀用的清潔的酒。

[5]酃（líng）：酒名。據説取湘東酃湖水所釀之酒，名爲酃酒。

[6]醁：美酒名。

[7]太祝：官名。隋初於太常寺太祝署置太祝令、丞爲長、貳，掌祭祀祝禱等事。又置太祝二員爲屬官。從九品上。煬帝大業三年罷太祝署而留增太祝八員直屬太常寺，後又增爲十人。

[8]灌：古代祭祀的一種儀式。斟酒澆地以求神降臨。古人以天爲陽，以地爲陰。周人先求於陰，因此在祭祀開始時先行灌禮。授俎：古代祭祀的一種儀式。即祭祀禮畢，太祝取俎上黍肉，當御前以授。

[9]郊用特牲：語出《禮記·郊特牲》。

[10]天地之牛，角繭栗：語出《禮記·王制》。

[11]三牲：宋刻遞修本、汲古閣本、殿本、庫本、中華本皆同底本。中華本校勘記云："《元龜》五七九，'三'作'二'。"

先是，帝欲有改作，乃下制旨，而與群臣切磋其義。制曰："明堂準《大戴禮》：[1]'九室八牖，三十六户。以茅蓋屋，上圓下方。'鄭玄據《援神契》，[2]亦云'上圓下方'，又云'八窗四達'。明堂之義，本是祭五帝神，九室之數，未見其理。若五堂而言，雖當五帝之數，向南則背叶光紀，向北則背赤熛怒，東向西向，又亦如此，於事殊未可安。且明堂之祭五帝，則是總義，在郊之祭五帝，則是别義。宗祀所配，復應有室，若專配一室，則是義非配五，若皆配五，則便成五位。以理而言，明堂本無有室。"朱异以爲："《月令》'天子居明堂左个、右个'。[3]聽朔之禮，[4]既在明堂，今若無室，則於義成闕。"制曰："若如鄭玄之義，聽朔必在明堂，於此則人神混淆，莊敬之道有廢。《春秋》云：'介居二大國之間。'此言明堂左右个者，謂所祀五帝堂之南，又有小室，亦號明堂，分爲三處聽朔。既三處，則有左右之義。在營域之内，明堂之外，則有个名，故曰明堂左右个也。以此而言，聽朔之處，自在五帝堂之外，人神有别，差無相干。"其議是非莫定，初尚未改。十二年，太常丞虞爵復引《周禮》明堂九尺之筵，[5]以爲高下修廣之數，堂崇一筵，故階高九尺。漢家制度，猶遵此禮，故張衡云"度堂以筵"者也。[6]鄭玄以廟寢三制既同，俱應以九尺爲度。制曰："可。"於是毁宋太極殿，[7]以其材構明堂十二間，基準太廟。以中央六間安六座，悉南向。東來第一青帝，第二赤帝，第三黄帝，第四白帝，第五黑帝。配帝總配享五帝，在阼階東上，西向。大殿後爲小殿五間，以爲五佐室焉。

[1]《大戴禮》：又稱《大戴禮記》《大戴記》。本書《經籍志一》云："《大戴禮記》十三卷。漢信都王太傅戴德撰。"

[2]《援神契》：讖緯之書。本書《經籍志二》著録八十一篇。燔燒之後，湮滅者多。自宋以後不見著録。

[3]左个、右个：左邊或右邊的偏室。

[4]聽朔：古代帝王、諸侯於每月初一聽朝治事前所行之禮。

[5]虞爵：人名。具體事迹不詳。按，殿本、庫本同底本。然汲古閣本作"虞蹯"，宋刻遞修本、中華本作"虞嚼"，《册府元龜》卷五六三《掌禮部·制禮》亦作"虞嚼"。

[6]張衡：人名。東漢著名天文學家、文學家。傳見《後漢書》卷五九。

[7]太極殿：南朝宋皇宫正殿。

陳制，明堂殿屋十二間。中央六間，依齊制，安六座。四方帝各依其方，黄帝居坤維，而配饗坐依梁法。武帝時，以德帝配。[1]文帝時，以武帝配。廢帝已後，以文帝配。牲以太牢，粢盛六飯，鉶羹果蔬備薦焉。[2]

[1]德帝：指南朝陳景帝陳文讚，見前文注條。

[2]鉶（xíng）：古通"鉶"，古代盛菜羹的器皿。

後齊採《周官·考工記》爲五室，[1]周採漢《三輔黄圖》爲九室，各存其制，而竟不立。

［1］《周官·考工記》：即《周禮》之第六篇，述百工之事。清人江永考證認爲此書爲戰國時齊人所作。

高祖平陳，收羅杞梓，[1]郊丘宗社，典禮粗備，唯明堂未立。開皇十三年，詔命議之。禮部尚書牛弘、國子祭酒辛彦之等定議，[2]事在弘傳。後檢校將作大匠事宇文愷依《月令》文，[3]造明堂木樣，重檐複廟，五房四達，丈尺規矩，皆有準憑，以獻。高祖異之，命有司於郭内安業里爲規兆。[4]方欲崇建，又命詳定，諸儒争論，莫之能决。弘等又條經史正文重奏。時非議既多，久而不定，又議罷之。及大業中，愷又造《明堂議》及樣奏之。煬帝下其議，但令於霍山採木，而建都興役，其制遂寢。終隋代，祀五方上帝，止於明堂，恒以季秋在雩壇上而祀。[5]其用幣各於其方。人帝各在天帝之左。太祖武元皇帝在太昊南，[6]西向。五官在庭，亦各依其方。牲用犢十二。皇帝、太尉、司農行三獻禮于青帝及太祖。[7]自餘有司助奠。祀五官於堂下，行一獻禮。有燎。其省牲進熟，[8]如南郊儀。

［1］杞梓：杞和梓。兩木皆良材。比喻優秀人才。

［2］禮部尚書：官名。尚書省下轄六部之一禮部的長官。掌禮儀、祭祀、宴享等政令，總判禮部、祠部、主客、膳部四曹。置一員，正三品。

［3］檢校：官制用語。初謂代理，隋及唐初皆有。即尚未實授

其官，但已掌其職事。中唐已後“檢校”含義有變。　將作大匠：官名。隋初仿北齊設將作寺，長官爲將作大匠。職掌國家土木工程修建之政令。置一員，從三品。　宇文愷：人名。傳見本書卷六八，《北史》卷六〇有附傳。　《月令》：《禮記》篇名。傳爲周公所作，實爲秦、漢間人抄合《吕氏春秋》十二月紀之首章，收入《禮記》，題曰《月令》。記述每年農曆十二個月的時令、行政及相關事物。

[4]安業里：里名（隋曰“里”，唐改曰“坊”）。爲隋西京長安縣所領，朱雀門街之西、從北向南數第四個里。　規兆：規劃的區域。

[5]雩壇：古時祈雨所設的高臺。

[6]太昊：傳説中的古帝名，即伏羲氏。

[7]司農：官名。指司農卿，司農寺長官。掌倉儲委積之政，統領太倉等署。隋初正三品，煬帝降爲從三品。

[8]省牲：古代祭祀前，主祭及助祭者須審察祭祀用的牲畜，以示虔誠，稱爲“省牲”。

隋書　卷七

志第二

禮儀二

《春秋》“龍見而雩”，[1]梁制不爲恒祀。[2]四月後旱，則祈雨，行七事：一，理冤獄及失職者；二，振鰥寡孤獨者；三，省繇輕賦；四，舉進賢良；五，黜退貪邪；六，命會男女，[3]恤怨曠；[4]七，撤膳羞，弛樂懸而不作。[5]天子又降法服。[6]七日，乃祈社稷；[7]七日，乃祈山林川澤常興雲雨者；七日，乃祈群廟之主于太廟；[8]七日，乃祈古來百辟卿士有益於人者；[9]七日，乃大雩，[10]祈上帝，遍祈所有事者。大雩禮，立圓壇於南郊之左，[11]高及輪廣四丈，周十二丈，四陛。[12]牲用黄牯牛一。[13]祈五天帝及五人帝於其上，[14]各依其方，以太祖配，[15]位於青帝之南，[16]五官配食於下。[17]七日乃去樂。又遍祈社稷山林川澤，就故地處大雩。國南除地爲墠，[18]舞童六十四人。祈百辟卿士於雩壇之左，除地爲墠，舞童六十四人，皆袨服，[19]爲八列，各執羽翳。[20]每列歌《雲漢》詩一章而畢。[21]旱而祈澍，[22]則報以太牢，[23]皆有司行事。唯雩則不報。若郡國縣旱請雨，則五事同時並行：一，理冤獄失職；二，存鰥寡孤獨；三，省徭役；四，進賢良；五，退貪邪。守令皆絜齋三日，[24]乃祈社稷。七日不雨，更齋祈如初。三變仍不雨，復齋祈其界内山林川澤常興雲雨者。祈而澍，亦各有報。

[1]龍見而雩：語出《左傳》桓公五年，“凡祀，啓蟄而郊，龍見而雩”。楊伯峻注曰：“龍，蒼龍，東方角、亢、氐、房、心、尾、箕七宿之總稱，其中有室女座、天秤座、天蝎座、人馬座之星。見同現，龍見，非謂七宿盡出現，角、亢兩宿（角宿有室女座之二星，亢宿有室女座之四星）黄昏出現于東方，即可謂之‘龍見’，是時當夏正四月，孟夏建巳之月。……雩，祈雨之祭。”（參見楊伯峻編著《春秋左傳注》，中華書局1981年版，第107頁）

[2]梁：即南朝梁（502—557），都建康（今江蘇南京市）。

[3]會男女：舉行婚姻之事。

[4]怨曠：指女無夫，男無妻。

[5]弛樂懸而不作：凡遇灾荒等事，將所懸鐘鼓放下，以示哀傷。

[6]法服：古代根據禮法規定的不同等級的服飾。

[7]社稷：社爲土神，稷爲穀神。設壇於路門外之右，亦即路寢之西。

[8]群廟：諸宗廟。古代帝王、諸侯祭祀祖宗的廟宇。　太廟：帝王的祖廟。

[9]百辟：諸侯。

[10]大雩：求雨之祭，祭時有女巫舞。

[11]圓壇：即圓丘。古代祭天的圓形高壇。　南郊：古代天子

在都城南面的郊外築圓丘以祭天的地方。

［12］陛：臺階。

［13］黄牯牛：黄色的閹割過的公牛。

［14］祈五天帝及五人帝：五天帝指五方天帝，配五行，蒼、赤、黄、白、黑五色，並以人帝配食。關於五天帝及配食之五人帝的名字，有不同説法。鄭玄以爲“五帝：蒼曰靈威仰，大昊食焉；赤曰赤熛怒，炎帝食焉；黄曰含樞紐，黄帝食焉；白曰白招拒，少昊食焉；黑曰汁光紀，顓頊食焉”。金鶚《求古録·禮説·五帝五祀説》：“五帝爲五行之精，佐昊天化育，其尊亞於昊天。有謂五帝即天者，非也。《月令》云：春帝大皞，夏帝炎帝，中央黄帝，秋帝少皞，冬帝顓頊。此五天帝之名也。伏羲、神農、軒轅、金天、高陽五人帝，以五德迭興，故亦以五天帝爲號。”

［15］太祖：此指南朝梁蕭順之。其事略見《梁書》卷一《武帝紀上》。

［16］青帝：五天帝之一，位於東方的司春之神，又稱蒼帝、木帝。

［17］五官：一説爲殷天子之五官，司徒、司馬、司空、司士、司寇。一説爲五行之官，即金、木、水、火、土之官也。《左傳》昭公二十九年：“故有五行之官，是謂五官……木正曰句芒，火正曰祝融，金正曰蓐收，水正曰玄冥，土正曰后土。”　配食：祔祭，配享。

［18］國：國都。　墠：祭祀之場地。

［19］袨服：黑色禮服，指武士之服。

［20］羽翳：羽毛做的華蓋。

［21］《雲漢》：《詩·大雅》中的篇名。全詩八章，八十句。雲漢，天河，銀河。這是在大旱之年，爲求雨祈神而寫的一首詩。

［22］澍：時雨。

［23］太牢：古代祭祀或饗宴，牛羊豕三牲俱備謂之太牢。

［24］絜齋：净潔身心，誠敬齋戒。絜，中華本作“潔”。齋，

古人於祭祀前整潔身心稱齋。

陳氏亦因梁制，[1]祈而澍則報以少牢。[2]武帝時，[3]以德皇帝配，[4]文帝時，[5]以武帝配。廢帝即位，[6]以文帝配青帝。牲用黄牯牛，而以清酒四升洗其首。[7]其壇墠配饗歌舞，[8]皆如梁禮。天子不親奉，則太宰、太常、光禄行三獻禮。[9]其法皆採齊建武二年事也。[10]

[1]陳：即南朝陳（557—589），都建康（今江蘇南京市）。

[2]少牢：古代祭祀或饗宴用一羊一豕爲少牢。

[3]武帝：即南朝陳陳霸先。紀見《陳書》卷一、二，《南史》卷九。

[4]德皇帝：即陳霸先之父陳文讚，其事略見《陳書·高祖紀上》《南史·陳武帝紀》。

[5]文帝：即南朝陳陳蒨。紀見《陳書》卷三、《南史》卷九。

[6]廢帝：即南朝陳陳伯宗。紀見《陳書》卷四、《南史》卷九。

[7]清酒：祭祀用的清潔的酒。

[8]壇墠：古代祭祀的場所。築土曰壇，除地曰墠。

[9]太宰：官名。南朝陳時多用以安置元老勳舊大臣，爲贈官，名義尊榮，無職掌。一品。　太常：官名。全稱爲太常卿。南朝陳時掌宗廟、祭祀、禮樂、賓客、車輿、天文、學校、陵園等事。三品。　光禄：官名。全稱爲光禄卿。南朝陳時掌宫殿門户及一部分宫廷供御事務。三品。　獻：祭社稷五祀之禮。獻謂陳放祭品後向神獻酒。

[10]齊：即南朝齊（479—502），都建康（今江蘇南京市）。　建武：南朝齊明帝蕭鸞年號（494—498）。南齊建武二年制具體内容可參《南齊書·禮志上》。

梁、陳制，諸祠官皆給除穢氣藥，[1]先齋一日服之，以取清潔。

[1]祠官：指祠部官員。南朝梁、陳祠部爲尚書省諸曹之一，負責宗廟、祭祀、禮樂制度，下設祠部、儀曹二郎曹。長官爲尚書，然不常授，如缺則由尚書右僕射兼領。

天監九年，[1]有事雩壇。[2]武帝以爲雨既類陰，而求之正陽，其謬已甚。東方既非盛陽，而爲生養之始，則雩壇應在東方，祈晴亦宜此地。於是遂移於東郊。[3]

[1]天監：南朝梁武帝蕭衍年號（502—519）。

[2]雩壇：古時祈雨所設的高臺。

[3]東郊：國都以東的郊區。

十年，帝又以雩祭燔柴，[1]以火祈水，於理爲乖。儀曹郎朱异議曰：[2]“案周宣《雲漢》之詩，[3]毛注有瘞埋之文，[4]不見有燔柴之説。若以五帝必柴，今明堂又無其事。”[5]於是停用柴，從坎瘞典。[6]

[1]燔柴：祭天。《禮記・祭法》：“燔柴於泰壇，祭天也。”祭時把玉帛、犧牲置於積柴之上，然後燃柴焚燒，使氣達於上天，歆享衆神。

[2]儀曹郎：官名。南朝梁時爲儀曹長官，亦稱郎中。負責車服、羽儀、朝覲、郊廟、饗宴等吉凶禮制。五班。　朱异：人名。南朝梁時人。傳見《梁書》卷三八、《南史》卷六二。

[3]周宣：即周宣王。周朝第十一位王姬静。

[4]毛注：漢代傳授《詩》之一家，爲《詩》流傳至今唯一版本。相傳爲漢初學者毛亨和毛萇所傳。　瘞（yì）埋之文：《詩·雲漢》中有“上下奠瘞，靡神不宗”之句，意謂將所有祭天祭地的禮神之物埋入地下，向所有的神道表示尊敬。

[5]明堂：周代天子聽朔布政、朝會諸侯、宣明教化之所。據近代學者王國維考證，明堂之制，中央大室，大室四方各有室，室旁各有房。室前房前又各有堂。（參見王國維《觀堂集林》，河北教育出版社 2003 年版，第 58—67 頁）

[6]坎瘞：古代行祭地禮時用坑穴以埋牲、玉帛。

十一年，帝曰：“四望之祀，[1]頃來遂絶。宜更議復。”朱异議：“鄭衆云：[2]‘四望謂日月星海。’鄭玄云：[3]‘謂五岳四鎮四瀆。’[4]尋二鄭之説，互有不同。竊以望是不即之名，[5]凡厥遥祭，皆有斯目。豈容局於星漢，[6]拘於海瀆？[7]請命司天，有關水旱之義，爰有四海名山大川，能興雲致雨，一皆備祭。”帝從之。又揚州主簿顧協又云：[8]“《禮》‘仲夏大雩’，[9]《春秋》‘龍見而雩’，則雩常祭也，水旱且又禱之，謂宜式備斯典。”太常博士亦從協議。[10]祠部郎明巖卿以爲：[11]“祈報之祀，[12]已備郊禋，[13]沿革有時，不必同揆。”帝從其議，依舊不改。

[1]四望：遥祭四方大山川之禮稱四望。祭山川曰望。四望所祭爲五岳、四鎮、四瀆，一説爲日、月、星、海。

[2]鄭衆：人名。東漢大儒。傳見《後漢書》卷七八。

[3]鄭玄：人名。東漢大儒。傳見《後漢書》卷三五。

［4］五岳：即中岳嵩山、東岳泰山、西岳華山、南岳衡山、北岳恒山。　四瀆：古人對四條獨流入海的大川之總稱，即長江、黄河、淮河、濟水。

［5］不即：不就。

［6］星漢：天河，銀河。

［7］海瀆：泛稱江海。

［8］揚州：南朝梁時治所在今江蘇南京市。　主簿：官名。州郡官府屬官，典領文書簿籍，經辦事務。丞相或三公府稱黄閣主簿，録省衆事，職權甚重。梁揚州主簿，二班。　顧協：人名。南朝梁時人。傳見《梁書》卷三〇、《南史》卷六二。

［9］仲夏大雩：語出《禮記·月令》："仲夏之月……命有司爲民祈祀山川百源，大雩帝，用盛樂。"

［10］太常博士：官名。爲太常屬官，掌引導乘輿，擬議王公以下謚號，參議朝廷禮儀、典章。梁品位不詳。

［11］祠部郎：官名。尚書祠部曹長官，亦稱祠部郎中，資深勤能者可轉侍郎。多以明禮通儒充任。梁五班。　明巖卿：人名。南朝齊時人。曾擔任平西將軍崔慧景中兵參軍。事略見《南史》卷四五《崔慧景傳》。

［12］祈報：古代祀社，春夏祈而秋冬報。祈，對鬼神禱告懇求。報，祭名。報德之祭。

［13］郊禋：古帝王升煙祭祀天地的大禮。

大同五年，[1]又築雩壇於藉田兆内。[2]有祈禜，[3]則齋官寄藉田省云。[4]

［1］大同：南朝梁武帝蕭衍年號（535—546）。

［2］藉田：古代天子、諸侯徵用民力耕種的田。每逢春耕前，天子、諸侯躬耕藉田，以示對農業的重視。藉，通"籍"。　兆：

界域。

［3］禜（yíng）：古代禳灾之祭。爲禳風雨、雪霜、水旱、癘疫而祭日月星辰、山川之神。

［4］齋官：官名。即齋郎。南朝梁時隸太常屬官太廟令，掌郊廟祭祀、雜役。　藉田省：官署名。南朝梁置，其具體職掌史書未載，應與藉田事務有關。

後齊以孟夏龍見而雩，[1]祭太微五精帝於夏郊之東。[2]爲圓壇，[3]廣四十五尺，高九尺，四面各一陛。爲三壝外營，[4]相去深淺，并燎壇，[5]一如南郊。[6]於其上祈穀實，以顯宗文宣帝配。[7]青帝在甲寅之地，[8]赤帝在丙巳之地，[9]黄帝在己未之地，[10]白帝在庚申之地，[11]黑帝在壬亥之地。[12]面皆内向，藉以藁秸。[13]配帝在青帝之南，[14]小退，藉以莞席，[15]牲以騂。[16]其儀同南郊。又祈禱者有九焉：一曰雩，二曰南郊，三曰堯廟，[17]四曰孔、顔廟，[18]五曰社稷，六曰五岳，七曰四瀆，八曰滏口，[19]九曰豹祠。[20]水旱癘疫，皆有事焉。無牲，皆以酒脯棗栗之饌。[21]若建午、建未、建申之月不雨，[22]則使三公祈五帝於雩壇。[23]禮用玉幣，[24]有燎，不設金石之樂，[25]選伎工端潔善謳詠者，使歌《雲漢》詩於壇南。自餘同正雩。南郊則使三公祈五天帝於郊壇，有燎，座位如雩。五人帝各在天帝之左。其儀如郊禮。堯廟，則遣使祈於平陽。[26]孔、顔廟，則遣使祈於國學，[27]如堯廟。社稷如正祭。五岳，遣使祈於岳所。四瀆如祈五岳，滏口如祈堯廟，豹祠如祈滏口。

[1]後齊：即北齊（550—577），都鄴（今河北臨漳縣西南）。

[2]太微：亦作“大微”。古代星官名。三垣之一。位於北斗之南，軫、翼之北，大角之西，軒轅之東。諸星以五帝座爲中心，作屏藩狀。《史記·天官書》曰：“衡，太微，三光之廷。匡衛十二星，藩臣：西，將；東，相；南四星，執法；中，端門；門左右，掖門。”古以太微爲天庭。　夏郊：夏代郊祀配享之神。《左傳》昭公七年：“昔堯殛鯀于羽山，其神化爲黄熊，以入于羽淵，實爲夏郊，三代祀之。”

[3]壇：高臺。古代祭祀天地、帝王、遠祖或舉行朝會、盟誓及拜將的場所，多用土石等建成。

[4]壝（wěi）：環繞祭壇及行宫的矮墻。　外營：外方位。

[5]燎壇：即燎祭天神的高臺。燎，祭祀名，燒柴祭天。

[6]南郊：帝王祭天的大禮。

[7]顯宗文宣帝：即北齊高洋。顯宗爲其廟號，文宣爲其謚號。紀見《北齊書》卷四、《北史》卷七。

[8]青帝：五天帝之一，位於東方的司春之神。　甲寅：本爲干支名，此處用以表示方位，相當於西南方向。

[9]赤帝：五天帝之一，位於南方的司夏之神。　丙巳：本爲干支名，此處用以表示方位，相當於西北方向。

[10]黄帝：五天帝之一，位於中央之神。　己未：本爲干支名，此處用以表示方位。

[11]白帝：五天帝之一，位於西方的司秋之神。　庚申：本爲干支名，此處用以表示方位，相當於東北方向。

[12]黑帝：五天帝之一，位於北方的司冬之神。　壬亥：本爲干支名，此處用以表示方位，相當於東南方向。

[13]藁秸：祭祀用的草席。

[14]配帝：配祭於天帝。

[15]莞（guān）席：用莞草編織的席子。莞，草名，亦稱水葱、席子草。

［16］騂（xīng）：赤色的牛。

［17］堯：傳説中古帝陶唐氏之號。

［18］孔：即孔子。　顔：即孔子弟子顔回。

［19］滏口：滏水之口。滏，河名。即今河南滏陽河。

［20］豹祠：西門豹的祠堂。西門豹，人名。戰國時魏國人，爲鄴令時帶領當地百姓開渠引水，促進了當地的農業發展。傳見《史記》卷一二六。

［21］酒脯：酒和乾肉。泛指酒肴。

［22］建午、建未、建申：古代天文學稱北斗星斗柄所指爲建。周天分爲子、丑、寅、卯等十二辰，斗柄每月旋轉而依次指向十二辰，稱爲十二月建。夏曆（農曆）的月份即由此而定，如十一月稱建子，十二月稱建丑，正月稱建寅，依次類推。建午爲五月，建未爲六月，建申爲七月。

［23］三公：周朝爲最高輔政大臣的合稱。一説指太師、太傅、太保。戰國至秦習慣上作爲對輔佐君主執掌軍政的最高官員的泛稱。兩漢時亦爲中央最高行政長官。三國以後已非行政首腦，而爲名譽宰相，很少參與朝政，無具體職掌，多作爲大臣的加官、贈官，有時亦備皇帝顧問，參理庶務。北齊三公爲太尉、司徒、司空，後主時爲了激賞人心，常增員而授，或三或四，不可勝數。

［24］玉幣：亦稱幣獻。諸侯朝天子時所獻玉帛之類。

［25］金石：指鐘磬一類樂器。

［26］平陽：地名。傳説爲堯都，在今山西臨汾市西南一帶。

［27］國學：官署名。國子學之省稱，爲國立儒學最高學府。北齊與太學、四門學並隸國子寺。置博士、助教等。

隋雩壇，國南十三里啓夏門外道左。[1]高一丈，周百二十尺。孟夏之月，龍星見，則雩五方上帝，配以五人帝於上，以太祖武元帝配饗，[2]五官從配於下。牲用犢十，[3]各依方色。[4]京師孟夏後旱，則祈雨，理冤獄失職，存鰥寡孤獨，振困乏，掩骼埋胔，[5]省徭役，進賢良，舉直言，退佞諂，黜貪殘，命有司會男女，恤怨曠。七日，乃祈岳鎮海瀆及諸山川能興雲雨者；又七日，乃祈社稷及古來百辟卿士有益於人者；又七日，乃祈宗廟及古帝王有神祠者；又七日，乃修雩，祈神州；[6]又七日，仍不雨，復從岳瀆已下祈如初典。秋分已後不雩，但禱而已。皆用酒脯。初請後二旬不雨者，即徙市禁屠。[7]皇帝御素服，避正殿，減膳撤樂，或露坐聽政。[8]百官斷傘扇。[9]令人家造土龍。[10]雨澍，則命有司報。州郡尉祈雨，則理冤獄，存鰥寡孤獨，掩骼埋胔，潔齋祈于社。七日，乃祈界内山川能興雨者，徙市斷屠如京師。祈而澍，亦各有報。霖雨則禜京城諸門，三禜不止，則祈山川岳鎮海瀆社稷。又不止，則祈宗廟神州。報以太牢。州郡縣苦雨，亦各禜其城門，不止則祈界内山川。及祈報，用羊豕。

[1]啓夏門：城門名。隋大興城南面東門，在今陝西西安市城東南。

[2]太祖武元帝：即楊忠。太祖爲其廟號，武元皇帝爲其謚號。傳見《周書》卷一九。

[3]犢：小牛。

[4]方色：五行家將東、南、西、北、中與青、赤、白、黑、黄相配，一方一色，簡稱“方色”。《禮記·曾子問》：“如諸侯皆在而日食，則從天子救日，各以其方色與其兵。”鄭玄注曰：“方色者，東方衣青，南方衣赤，西方衣白，北方衣黑。”

［5］掩骼埋胔（zì）：謂收葬暴露於野的尸骨。爲古代的恤民之政。

［6］神州：傳説中神仙活動處。

［7］徙市：古禮，天子諸侯喪，庶人不外出求覓財利，以示憂戚，因移市於巷中以供其急需，謂之徙市。後遇旱灾比若天子諸侯喪，亦徙市。　禁屠：因禳灾祈福而禁止屠宰牲畜。

［8］露：露天。

［9］傘扇：古代的兩種儀仗物。均有長柄，上端分别爲傘形和扇形。

［10］土龍：用土製成的龍。古代用以乞雨。

《禮》，[1]天子每以四立之日及季夏，[2]乘玉輅，[3]建大旂，[4]服大裘，[5]各於其方之近郊爲兆，迎其帝而祭之。所謂燔柴於泰壇，[6]掃地而祭者也。春迎靈威仰者，[7]三春之始，萬物稟之而生，莫不仰其靈德，服而畏之也。夏迎赤熛怒者，[8]火色熛怒，[9]其靈炎至明盛也。秋迎白招拒者，[10]招集，拒大也，言秋時集成萬物，其功大也。冬迎叶光紀者，[11]叶拾，光華，紀法也，言冬時收拾光華之色，伏而藏之，皆有法也。中迎含樞紐者，[12]含容也，樞機有開闔之義，紐者結也。言土德之帝，[13]能含容萬物，開闔有時，紐結有法也。然此五帝之號，皆以其德而名焉。梁、陳、後齊、後周及隋，[14]制度相循，皆以其時之日，各於其郊迎，而以太皞之屬五人帝配祭。[15]並以五官、三辰、七宿於其方從祀焉。[16]

［1］《禮》：即《禮記》。

［2］四立：立春、立夏、立秋、立冬四個節氣的合稱。　季夏：夏季的最後一個月，農曆六月。

［3］玉輅（lù）：天子所用五種車之一，飾以玉，因名玉輅。亦稱“玉路”。

［4］大旂（qí）：古代畫有兩龍並在竿頭懸鈴的旗。

［5］大裘：古時天子祭天的禮服。

［6］泰壇：祭壇名。古代祭天之壇，在都城南郊。

［7］靈威仰：即青帝。五帝之一。東方之神，春神。《禮記·大傳》：“禮，不王不禘。王者禘其祖之所自出。以其祖配之。”鄭玄注：“王者之先祖皆感大微五帝之精以生。蒼則靈威仰，赤則赤熛怒，黄則含樞紐，白則白招拒，黑則汁光紀。”宋人李如箎《東園叢説·雜説·感生帝》：“五行之帝，居太微中，受命之君，必感其精氣而生。東方木帝曰靈威仰，西方金帝曰白招拒，北方水帝曰叶光紀，南方火帝曰赤熛怒，中央土帝曰含樞紐。”

［8］赤熛怒：即赤帝。五帝之一。南方之神，夏神。

［9］熛怒：火盛貌。

［10］白招拒：即白帝。五帝之一。西方之神，秋神。

［11］叶光紀：即黑帝。五帝之一。北方之神，冬神。亦稱汁光紀、協光計。

［12］含樞紐：即黄帝。五帝之一。中央之神。

［13］土德：五德之一。古以五行相生相克附會王朝命運，謂土勝者爲得土德。此亦以指黄帝。

［14］後周：即北周（557—581），都長安（今陝西西安市西北郊）。

［15］太皥：即伏羲氏，古帝，尊爲神名。太，庫本作“大”。

［16］三辰：指日月星。《周禮·春官》：“凡以神仕者，掌三辰之法，以猶鬼神示之居，辯其名物。”　七宿：星座。古代天文學家把周天黄道（太陽和月亮所經天區）的恒星分成二十八個星座。二十八宿按東、北、西、南四個方位分作四組，每組七宿，自西向

東排列。

梁制，迎氣以始祖配，[1]牲用特牛一，[2]其儀同南郊。天監七年，尚書左丞司馬筠等議：[3]“以昆蟲未蟄，不以火田，[4]鳩化爲鷹，罻羅方設。[5]仲春之月，[6]祀不用牲，止珪璧皮幣。[7]斯又事神之道，可以不殺，明矣。況今祀天，豈容尚此？請夏初迎氣，祭不用牲。”帝從之。八年，明山賓議曰：[8]“《周官》祀昊天以大裘，[9]祀五帝亦如之。頃代郊祀之服，皆用衮冕，[10]是以前奏迎氣、祀五帝，亦服衮冕。愚謂迎氣、祀五帝亦宜用大裘，禮俱一獻。”[11]帝從之。

[1]迎氣：古人於立春日祭青帝，立夏日祭赤帝，立秋日祭白帝，立冬日祭黑帝。後漢除祭四帝外，又於立秋前十八日祭黄帝。用以迎接四季，祈求豐年，謂之“迎氣”。

[2]特牛：公牛。

[3]尚書左丞：官名。南朝梁時爲尚書省佐官，位次尚書，與右丞共掌尚書都省庶務，率諸都令史監督稽核諸尚書曹、郎曹政務，督録近道文書章奏，監察糾彈尚書令、僕射、尚書等文武百官，號稱“監司”，分管宗廟祠祀、朝儀禮制、選授官吏等文書奏事，職權甚重。九班。　司馬筠：人名。南朝梁大儒。傳見《梁書》卷四八、《南史》卷七一。

[4]火田：以火焚燒草木而田獵。此句語出《禮記·王制》。

[5]罻羅：捕鳥的網。此句語出《禮記·王制》：“鳩化爲鷹，然後設罻羅。”

[6]仲春：農曆二月。

[7]珪璧：古代祭祀或朝拜所用的玉器。　皮幣：毛皮和繒帛。

古代用作聘享的貴重禮物。

［8］明山賓：人名。南朝梁大儒。傳見《梁書》卷二七，《南史》卷五〇有附傳。

［9］《周官》：亦稱《周官經》《周禮》等。爲記述周代官制的著作。與《儀禮》《禮記》並稱“三禮”。　昊天：有兩種解釋。一指蒼天。昊，元氣博大貌。《尚書·堯典》：“乃命羲和，欽若昊天，曆象日月星辰，敬授人時。”另亦可指一定季節的天空。《爾雅·釋天》：“夏爲昊天。”郭璞注：“言氣皓旰。”亦有指春天，《詩·王風·黍離》“悠悠蒼天”，孔穎達疏引今文《尚書》歐陽生説：“春曰昊天。”

［10］衮冕：衮衣和冕。古代帝王與上公的禮服和禮冠。

［11］一獻：古代祭祀和宴飲時進酒一次爲一獻。

陳迎氣之法，皆因梁制。

後齊五郊迎氣，[1]爲壇各於四郊，又爲黄壇於未地。[2]所祀天帝及配帝五官之神同梁。其玉帛牲各以其方色。其儀與南郊同。帝及后各以夕牲日之旦，[3]太尉陳幣，[4]告請其廟，以就配焉。其從祀之官，位皆南陛之東，西向。壇上設饌畢，太宰丞設饌於其座。[5]亞獻畢，[6]太常少卿乃於其所獻。[7]事畢，皆撤。又云，立春前五日，[8]於州大門外之東，造青土牛兩頭，[9]耕夫犁具。立春，有司迎春於東郊，豎青幡於青牛之傍焉。[10]

［1］五郊：謂東郊、南郊、西郊、北郊、中郊。古代禮儀，帝王於五郊設祭迎氣。立春之日，迎春於東郊，祭青帝句芒；立夏之日，迎夏於南郊，祭赤帝祝融；立秋前十八日，迎黄靈於中兆，祭黄帝后土；立秋之日，迎秋於西郊，祭白帝蓐收；立冬之日，迎冬

於北郊，祭黑帝玄冥。

[2]黄壇：郊天迎氣的壇坫。　未地：指西南偏南方位。

[3]夕牲：祭祀前夕，察看犧牲。

[4]太尉：官名。北齊時爲名譽宰相，多爲大臣加官，無實際職掌。一品。

[5]太宰丞：官名。全稱爲太宰署丞。北齊時爲太宰署次官，佐太宰署令負責祭祀諸神時的烹宰及行禮等食物。

[6]亞獻：古代祭祀時獻酒三次，第二次獻酒稱“亞獻”。

[7]太常少卿：官名。北齊時爲太常寺次官，位列諸寺少卿之首，掌宗廟禮儀等事。四品上。

[8]立春：二十四節氣之一。在陽曆二月三、四或五日。

[9]青土牛：用泥土製的牛，色黑。古代在農曆十二月出土牛以除陰氣。後來，立春時造土牛以勸農耕，象徵春耕開始。《續漢書·禮儀志上》：“立春之日，夜漏未盡五刻，京師百官皆衣青衣，郡國縣道官下至斗食令史，皆服青幘，立青幡，施土牛、耕人于門外，以示兆民，至立夏。”

[10]豎：底本原作“登”，諸本作“豎”，據文意，應爲“豎”。因改。　青幡：古代春令作勸耕、護花等用的青旗。

後周五郊壇，其崇及去國，[1]如其行之數。其廣皆四丈，[2]其方俱百二十步。[3]内壝皆半之。祭配皆同後齊。星辰、七宿、岳鎮、海瀆、山林、川澤、丘陵、墳衍，亦各於其方配郊而祀之。其星辰爲壇，[4]崇五尺，方二丈。岳鎮爲坎，[5]方二丈，深二尺。山林已下，亦爲坎。壇，崇三尺，坎深一尺，俱方一丈。其儀頗同南郊。冢宰亞獻，[6]宗伯終獻，[7]禮畢。

[1]崇：高度。從下往上的距離。

[2]廣：指寬度。

[3]方：古代計量面積單位。多用於計量土地。　步：古代的長度單位。歷代定制的實際長度不一。周代以八尺爲步，秦代以六尺爲步，舊制以營造五尺爲步。

[4]岳鎮：指五岳等名山。　海瀆：泛指江海。　墳衍：指水邊和低下平坦的土地。《周禮·夏官·邍師》賈公彦疏："水涯曰墳，下平曰衍。"

[5]坎：掘洞，挖洞。

[6]冢宰：官名。全稱爲大冢宰卿。本爲西周官名。爲六卿之首，亦稱太宰。西魏恭帝三年（556）宇文泰仿《周官》改革官制，設大冢宰卿。爲居六官之首的天官府長官，職掌宫廷供奉、侍御以及全國財政收支、賦役收入、百官俸給等事務。如加"五府總於天官"之詔命，則可總攝百官，執掌朝政。正七命。

[7]宗伯：官名。全稱爲大宗伯卿。本爲西周官名，又稱宗長，禮官之長，卿爵。掌宗室禮法及宗廟社稷禮儀。西魏恭帝三年宇文泰仿《周官》改革官制，設爲春官府長官。掌禮、樂、祭祀、天文曆法、卜祝以及綸誥、著作等方面事務。七命。　終獻：古代祭祀時獻酒三次，第三次獻酒稱"終獻"。

隋五時迎氣。[1]青郊爲壇，國東春明門外道北，[2]去宫八里。高八尺。赤郊爲壇，國南明德門外道西，[3]去宫十三里。高七尺。黄郊爲壇，國南安化門外道西，[4]去宫十二里。高七尺。白郊爲壇，國西開遠門外道南，[5]去宫八里。高九尺。黑郊爲壇，宫北十一里田地。[6]高六尺。並廣四丈。各以四方立日，[7]黄郊以季夏土王日。[8]祀其方之帝，各配以人帝，以太祖武元帝配。

五官及星三辰七宿，亦各依其方從祀。其牲依方色，各用犢二，星辰加羊豕各一。其儀同南郊。其岳瀆鎮海，各依五時迎氣日，遣使就其所，祭之以太牢。

[1]五時：謂春、夏、季夏、秋、冬五個時令。泛指一年四季。

[2]春明門：城門名。大興城東面中門，在今陝西西安市東。

[3]明德門：城門名。大興城南面中門，在今陝西西安市南。

[4]安化門：城門名。大興城南面最西門，在今陝西西安市西南郊。

[5]開遠門：城門名。大興城西面北門，在今陝西西安市西北郊。

[6]田地："田"字中華本作"丑"。

[7]立日：指立春、立夏、立秋、立冬日。

[8]土王：土氣旺盛。古人以爲四季皆有土王日，班固《白虎通·五行》："土王四季……土所以王四季何？木非土不生，火非土不榮，金非土不成，水非土不高，土扶微助衰，歷成其道，故五行更王亦須土也。"

晋江左以後，[1]乃至宋、齊，相承始受命之主，皆立六廟，[2]虚太祖之位。宋武初爲宋王，[3]立廟於彭城，[4]但祭高祖已下四世。

[1]江左：區域名。本指今安徽蕪湖市、江蘇南京市長江以東地區。後亦指東晋南朝統治下的全部區域。

[2]六廟：兩晋南朝時期，從在位皇帝六世祖以下立六親廟。

[3]宋武：南朝宋劉裕的謚號。紀見《宋書》卷一至三、《南史》卷一。　宋王：爵名。東晋時一品。

[4]彭城：郡名。南朝宋時治所在今江蘇徐州市。

中興二年，[1]梁武初爲梁公。[2]曹文思議：[3]"天子受命之日，便祭七廟。[4]諸侯始封，即祭五廟。"[5]祠部郎謝廣等並駁之，[6]遂不施用。乃建臺，於東城立四親廟，并妃郗氏而爲五廟。[7]告祠之禮，並用太牢。其年四月，即皇帝位。謝廣又議，以爲初祭是四時常祭，首月既不可移易，宜依前克日於東廟致齋。[8]帝從之。遂於東城時祭訖，遷神主於太廟。[9]始自皇祖太中府君、皇祖淮陰府君、皇高祖濟陰府君、皇曾祖中從事史府君、皇祖特進府君，[10]并皇考，[11]以爲三昭三穆。[12]凡六廟。追尊皇考爲文皇帝，皇妣爲德皇后，[13]廟號太祖。皇祖特進以上，皆不追尊。擬祖遷於上，[14]而太祖之廟不毀，與六親廟爲七，皆同一堂，共庭而別室。春祀、夏礿、秋嘗、冬蒸并臘，[15]一歲凡五，謂之時祭。[16]三年一禘，[17]五年一祫，[18]謂之殷祭。[19]禘以夏，祫以冬，皆以功臣配。其儀頗同南郊。又有小廟，[20]太祖太夫人廟也。[21]非嫡，故別立廟。皇帝每祭太廟訖，乃詣小廟，亦以一太牢，如太廟禮。

[1]中興：南朝齊和帝蕭寶融年號（501—502）。

[2]梁武：南朝梁蕭衍的謚號。紀見《梁書》卷一至三，《南史》卷六、七。

[3]曹文思：人名。南朝梁時人。具體事迹不詳。

[4]七廟：古代天子立七廟，指四親廟（父、祖、曾祖、高祖）、二祧（遠祖）和始祖廟。《禮記·王制》："天子七廟，三昭

三穆，與太祖之廟而七。”

［5］五廟：古代諸侯立五廟，即父、祖、曾祖、高祖、始祖之廟。《禮記·祭法》：“諸侯立五廟、一壇、一墠。曰考廟，曰王考廟，曰皇考廟，皆月祭之。顯考廟、祖考廟享嘗乃止。”

［6］祠部郎：官名。尚書祠部曹長官，亦稱祠部郎中，資深勤能者可轉侍郎。多以明禮通儒充任。南朝梁五班。　謝廣：人名。南朝梁時人。具體事迹不詳。《通典》卷五〇《吉禮九》亦載其論禮事。

［7］郗氏：蕭衍妃郗徽。傳見《梁書》卷七、《南史》卷一二。“郗”字底本作“郄”，中華本作“郗”，據中華本改。

［8］克日：約定或限定日期。

［9］神主：古代爲已死的君主、諸侯做的牌位，用木或石製成。

［10］皇祖太中府君：即蕭裔。事略見《梁書·武帝紀中》。　皇祖淮陰府君：即蕭整。事略見《梁書·武帝紀中》。　皇高祖濟陰府君：即蕭鎋。事略見《梁書·武帝紀中》。　皇曾祖中從事史府君：即蕭副子。事略見《梁書·武帝紀中》。　皇祖特進府君：即蕭道賜。事略見《梁書·武帝紀中》。

［11］皇考：對亡父的尊稱。此處指蕭順之。事見《梁書·武帝紀上》《南史·梁武帝紀》。

［12］三昭三穆：古代宗法制度，宗廟或宗廟中神主的排列次序，始祖居中，以下父子（祖、父）遞爲昭穆，左爲昭，右爲穆。《周禮·春官·小宗伯》：“辨廟祧之昭穆。”鄭玄注：“父曰昭，子曰穆。”

［13］皇妣爲德皇后：《梁書·武帝紀中》記：“皇妣爲獻皇后，追謚妃郗氏爲德皇后。”卷七《太祖張皇后傳》：“天監元年五月甲辰，追上尊號爲皇后，謚曰獻。”《南史·梁武帝紀》亦記：“皇妣張氏爲獻皇后，陵曰建陵。郗氏爲德皇后，陵曰修陵。”則本書此處有誤，應爲“獻”而非“德”。

［14］擬：揣度。陳戍國以爲此指一堂七廟之制，在擬議中

（參見陳戍國《魏晋南北朝禮制研究》，湖南教育出版社 1995 年版，第 256 頁）。

［15］春祀、夏礿（yuè）、秋嘗、冬蒸：古代宗廟時祭名。《禮記·王制》："天子諸侯宗廟之祭，春曰礿，夏曰禘，秋曰嘗，冬曰烝。"董仲舒《春秋繁露·四祭》："四祭者，因四時之所生孰，而祭其先祖父母也。故春曰祠，夏曰礿，秋曰嘗，冬曰蒸……祠者，以正月始食韭也；礿者，以四月食麥也；嘗者，以七月嘗黍稷也；蒸者，以十月進初稻也。" 臘：祭名。古代稱祭百神爲"蠟"，祭祖先爲"臘"，秦漢以後統稱"臘"。《禮記·月令》："（孟冬之月）天子乃祈來年于天宗，大割祠于公社及門閭，臘先祖五祀，勞農以休息之。"

［16］時祭：四時的祭祀。

［17］禘（dì）：古代帝王、諸侯舉行各種大祭的總名。凡祀天、宗廟大祭與宗廟時祭均稱爲"禘"。《禮記·祭法》："有虞氏禘黄帝而郊嚳。"孔穎達疏："經傳之文，稱禘非一，其義各殊。《論語》云'禘自既灌'及《春秋》'禘于大廟'，謂宗廟之祭也……《爾雅·釋天》云'禘，大祭'，以比餘處爲大祭，總得稱禘。"《爾雅·釋天》："禘，大祭也。"郝懿行義疏："禘者，《説文》云'諦，祭也'，引《周禮》曰'五歲一禘'，本《禮》緯文也。《公羊·文二年傳》'五年而再殷祭'。何休注以爲'五年，禘也'。按禘之名，古多異説。有時祭之禘：則《王制》云'春曰礿，夏曰禘'，《祭義》云'春禘秋嘗'，鄭玄注以爲殷禮也。有殷祭之禘：則《詩序》云'雝，禘大祖也'，鄭玄箋'禘，大祭也。大於四方而小於祫'。又有郊祭之禘：亦《詩序》云'《長發》，大禘也'，鄭玄箋'大禘，郊祭天也'，《祭法》云'有虞氏禘黄帝而郊嚳'，鄭玄注'此禘謂祭昊天於圜丘也'。"

［18］祫（xiá）：古代天子諸侯宗廟祭禮之一。集合遠近祖先的神主於太祖廟大合祭。三年喪畢時舉行一次，次年禘祭後又舉行一次，以後每五年一次。《春秋公羊傳》文公二年："大事者何？大祫

也。大祫者何？合祭也。其合祭奈何？毁廟之主陳于大祖，未毁廟之主，皆升，合食于大祖。五年而再殷祭。”何休注：“殷，盛也。謂三年祫，五年禘。”

[19]殷祭：盛大的祭典。指三年一次的祖廟大祭（禘）及五年一次合祭諸祖神主的大祭（祫）。《禮記·曾子問》：“君之喪服除，而後殷祭，禮也。”孔穎達疏曰：“殷，大也。小大二祥變除之大祭，故謂之殷祭也。”

[20]小廟：帝王之庶出者爲其生母所立之廟。

[21]太祖太夫人：即蕭衍母，蕭順之妻獻皇后張氏。傳見《梁書》卷七、《南史》卷一二。

天監三年，尚書左丞何佟之議曰：[1]“禘於首夏，物皆未成，故爲小。祫於秋冬，萬物皆成，其禮尤大。司勳列功臣有六，[2]皆祭於大蒸，[3]知祫尤大，乃及之也。近代禘祫，並（不）及功臣，[4]有乖典制。宜改。”詔從之。自是祫祭乃及功臣。是歲，都令史王景之，[5]列自江左以來，郊廟祭祀，帝已入齋，百姓尚哭，以爲乖禮。佟之等奏：“案《禮》國門在皋門外，[6]今之籬門是也。[7]今古殊制，若禁凶服不得入籬門爲太遠，[8]宜以六門爲斷。”[9]詔曰：“六門之内，士庶甚多，四時蒸嘗，[10]俱斷其哭。若有死者，棺器須來，既許其大，而不許其細也。到齋日，宜去廟二百步斷哭。”

[1]何佟之：人名。南朝梁時儒生。傳見《梁書》卷四八、《南史》卷七一。

[2]司勳：官名。《周禮》記爲夏官屬官，掌六卿賞地之法，以等其功。此指《周禮》中的司勳篇。

[3]大蒸：即大烝。宗廟之冬祭。《周禮·夏官·司勳》："凡有功者，銘書於王之大常，祭於大烝。"

[4]並（不）及功臣：此句原作"並不及功臣"，中華本校勘記以爲"衍'不'字，今據《通典》五〇、《元龜》五七八删"。從改。

[5]都令史：官名。全稱爲尚書都令史。南朝梁時爲尚書省屬官，位在令史上，協助尚書左、右丞管理都省事務，監督諸曹尚書、尚書郎。二班。　王景之：人名。南朝齊時人。善禮。事見《南齊書》卷四四《徐孝嗣傳》，《新唐書·藝文志二》載其撰《要典》三十九卷。

[6]國門：國都的城門。　皋門：古時王宫的外門。《禮記·明堂位》："大廟，天子明堂；庫門，天子皋門。"皋，通"高"。

[7]籬門：用竹籬做的門，以備防守之用。《通鑑》卷一四二《齊紀》齊東昏侯永元元年八月條胡三省注曰："臺城外城六門皆設籬門。"

[8]凶服：喪服，孝衣。《禮記·祭義》曰："郊之祭也，喪者不敢哭，凶服者不敢入國門，敬之至也。"

[9]六門：即臺城六門，大司馬門、東華門、西華門、萬春門、太陽門、承明門。

[10]四時蒸嘗：泛指祭祀。

四年，何佟之議："案《禮》未祭一日，大宗伯省牲鑊，[1]祭日之晨，君親牽牲麗碑。[2]後代有冒暗之防，[3]而人主猶必親奉，故有夕牲之禮。頃代人君，不復躬牽，相承丹陽尹牽牲，[4]於古無取。宜依以未祭一日之暮，太常省牲視鑊，[5]祭日之晨，使太尉牽牲出入也。[6]少牢饋食殺牲於廟門外，今《儀注》詣廚烹牲，[7]謂宜依舊。"帝可其奏。佟之又曰："鄭玄云：'天子諸侯之祭禮，先有祼尸之事，[8]乃迎牲。’今《儀注》乃至薦熟畢，[9]太祝方執珪瓚祼地，[10]違謬若斯。又近代人君，不復躬行祼禮。太尉既攝位，實宜親執其事，而越使卑賤太祝，甚乖舊典。愚謂祭日之晨，宜使太尉先行祼獻，[11]乃後迎牲。”帝曰：“祼尸本使神有所附。今既無尸，祼將安設？”[12]佟之曰：“如馬、鄭之意，[13]祼雖獻尸，而義在求神。今雖無尸，求神之義，恐不可闕。”帝曰：“此本因尸以祀神。今若無尸，則宜立寄求之所。”祼義乃定。佟之曰：“《祭統》云：[14]‘獻之屬，莫重於祼。’今既存尸卒食之獻，則祼鬯之求，[15]實不可闕。又送神更祼經記無文。宜依禮革。”奏未報而佟之卒。後明山賓復申其理。帝曰：“佟之既不復存，宜從其議也。”自是始使太尉代太祝行祼而又牽牲。太常任昉，[16]又以未明九刻呈牲，[17]加又太尉祼酒，三刻施饌，間中五刻，行儀不辦。近者臨祭從事，實以二更，[18]至未明三刻方辦。明山賓議：“謂九刻已疑太早，況二更非復祭旦。”帝曰：“夜半子時，[19]即是晨始。宜取三更省牲，餘依《儀注》。”又有司以爲三牲或離杙，[20]依制埋瘞，豬羊死則不埋。請議其制。司馬褧等議，[21]以爲“牲死則埋，必在滌矣。[22]謂三牲在滌死，悉宜埋”。帝從之。

[1]牲鑊：古代烹祭牲用的大鍋。

[2]麗：繫，纏縛。

[3]冒暗：謂在昏暗中行動。

[4]丹陽尹：官名。亦作“丹楊尹”。東晉南朝時爲京城所在

郡府長官，掌京城行政諸務並詔獄，一度掌少府職事，地位頗重。南齊位次九卿，南朝梁品秩不詳。

［5］太常：官名。主管宗廟、祭祀、禮樂、賓客、車輿、天文、學校、陵園等事，但梁時禮儀郊廟制度由尚書八座及儀曹裁定，太常位尊職閑。天監九年改稱太常卿。十四班。

［6］太尉：官名。南朝梁時位於三公之首，爲名譽宰相，多爲大臣加官，無實際職掌。十八班。

［7］《儀注》：具體所指不明，本書《經籍志二》載南朝梁嚴植之撰《凶儀注》四百七十九卷，或指此書。

［8］祼（guàn）尸：對尸主行灌禮。尸，代表死者受祭的人。《禮記·祭統》："君執圭瓚祼尸，大宗執璋瓚亞祼。"鄭玄注："圭瓚、璋瓚，祼器也。以圭璋爲柄，酌鬱鬯曰祼……天子諸侯之祭禮，先有祼尸之事，乃後迎牲。"

［9］薦：示祀宗廟進獻祭品。　熟：被加熱到可以食用的食物。

［10］太祝：官名。全稱爲太祝令。南朝梁時職掌大祭祀時宣讀祝文和迎神、送神等事宜。一班。　珪瓚：亦作"圭瓚"。古代的一種玉製酒器，形狀如勺，以圭爲柄，用於祭祀。

［11］祼獻：古代帝王、王后祭祀時，以香酒灌地、以腥熟之食獻神的禮儀。亦泛指祼禮。《周禮·天官·内宰》："大祭祀，后祼獻則瓚，瑶爵亦如之。"鄭玄注："謂祭宗廟。王既祼而出迎牲，后乃從後祼也……獻，謂王薦腥薦孰，后亦從後獻也。"

［12］祼：祭名。以香酒灌地而求神。《尚書·洛誥》："王入太室祼。"孔穎達疏："王以圭瓚酌鬱鬯之酒以獻尸，尸受祭而灌於地，因奠不飲，謂之祼。"

［13］馬：即馬融。東漢時大儒。傳見《後漢書》卷六〇上。

［14］《祭統》：指《禮記》中的《祭統》篇。

［15］祼鬯（chàng）：古代祭祀儀式。以香酒灌地而告神。《尚書·洛誥》"王入太室祼。"孔安國傳："太室，清廟，祼鬯告神。"

［16］任昉：人名。南朝梁時人。傳見《梁書》卷一四、《南

史》卷五九。

[17]刻：計時單位。古代以漏壺計時，一晝夜分爲百刻。漢哀帝建平二年（前5）分晝夜爲百二十刻。梁武帝天監年間，以八刻爲一辰，晝夜十二辰共得九十六刻。未明九刻相當於現在的凌晨二點一刻。

[18]更：量詞。夜間計時的單位，一夜分爲五更，每更約兩小時。二更指晚上九時至十一時。

[19]子時：指晚上十一點到凌晨一點。

[20]杙（yì）：木樁。

[21]司馬褧（jiǒng）：人名。南朝梁時儒生，善禮。傳見《梁書》卷四〇、《南史》卷六二。

[22]滌：指滌宫，養祭牲之室。《公羊傳》宣公三年："帝牲在於滌三月。"何休注："滌，宫名，養帝牲三牢之處也。謂之滌者，取其蕩滌潔清。"

五年，明山賓議："樽彝之制，[1]祭圖唯有三樽：[2]一曰象樽，[3]周樽也；二曰山罍，[4]夏樽也；三曰著樽，[5]殷樽也。徒有彝名，竟無其器，直酌象樽之酒，以爲珪瓚之實。竊尋祼重於獻，[6]不容共樽，宜循彝器，[7]以備大典。案禮器有六彝，[8]春祠夏礿，祼用鷄彝鳥彝。[9]王以珪瓚初祼，[10]后以璋瓚亞祼，[11]故春夏兩祭，俱用二彝。今古禮殊，無復亞祼，止循其二。春夏鷄彝，秋冬斝彝，[12]庶禮物備也。"帝曰："鷄是金禽，亦主巽位。[13]但金火相伏，[14]用之通夏，於義爲疑。"山賓曰："臣愚管，不奉明詔，則終年乖舛。案鳥彝是南方之物，則主火位，[15]木生於火，[16]宜以鳥彝春夏兼用。"帝從之。

［1］樽彝：古代祭祀用的酒器。

［2］祭圖：應指東漢阮諶的《三禮圖》。

［3］象樽：亦作象尊。酒器名。《周禮·春官·司尊彝》："其再獻用兩象尊。"鄭玄注引鄭司農曰："象尊，以象鳳皇。或曰以象骨飾尊。"王肅謂全刻象形，鑿背爲尊。阮諶以爲是畫象以爲飾。後世出土古祭器多如王肅説。

［4］山罍（léi）：古代刻有山雲圖紋的盛酒的祭器。也稱"山尊"。《禮記·明堂位》："山罍，夏后氏之尊也。"孔穎達疏："罍爲雲雷也，畫爲山雲之形也。"

［5］著樽：酒器名。爲祭祀酒器中的較高等級，僅次於太樽。

［6］尋：追索，探求。

［7］彝器：古代宗廟常用的青銅祭器的總稱。如鐘、鼎、尊、罍、俎、豆之屬。

［8］六彝：祭祀所用的六種酒器。因刻畫圖飾各異，而名目不同。《周禮·春官·小宗伯》："辨六彝之名物，以待果將。"鄭玄注："六彝：鷄彝、鳥彝，斝彝、黄彝、虎彝、蜼彝。"

［9］鷄彝：古代祭器之一。刻畫有鷄形圖飾的酒尊。　鳥彝：古代祭器之一。刻有鳳鳥形圖案的祭器。《周禮·春官·司尊彝》："春祠夏禴，祼用鷄彝、鳥彝，皆有舟。"

［10］初祼：行第一次祼禮。

［11］璋瓚：指古代祭祀時打㽲酒的玉器，以璋爲柄。璋，古代的一種玉器，形狀像半個圭。　亞祼：行第二次祼禮。

［12］斝（jiǎ）彝：古代祭器之一。刻畫有禾稼紋飾的酒器。斝，底本作"牛"，中華本作"斝"。《周禮·春官·司尊彝》："秋嘗，冬烝，祼用斝彝、黄彝。"鄭玄注："斝讀爲稼，稼彝，畫禾稼也。"今據中華本改。

［13］巽（xùn）：東南方。《易·説卦》："巽，東南也。"

[14]金火相伏：根據五行説，火克金。伏即屈服的意思。

[15]火位：五行中火行的方位，爲南方。

[16]木生於火：根據五行説，木生火。

七年，舍人周捨以爲：[1]"《禮》'玉輅以祀，金輅以賓'，[2]則祭日應乘玉輅。"詔下其議。左丞孔休源議：[3]"玉輅既有明文，而《儀注》金輅，當由宋、齊乖謬，宜依捨議。"帝從之。又禮官司馬筠議：[4]"自今大事，遍告七廟，小事止告一室。"於是議以封禪，[5]南、北郊，[6]祀明堂，巡省四方，[7]御臨戎出征，[8]皇太子加元服，[9]寇賊平蕩，築宫立闕，纂戎戒嚴、解嚴，[10]合十一條，則遍告七廟。講武修宗廟明堂、臨軒封拜公王，[11]四夷款化貢方物，[12]諸公王以愆削封，[13]及詔封王紹襲，[14]合六條，則告一室。帝從之。

[1]舍人：官名。據《梁書》卷二五《周捨傳》，其所任爲中書通事舍人，則此指中書通事舍人。中書通事舍人，亦稱中書舍人。掌收納、轉呈文書章奏，多任用名流。梁四班。　周捨：人名。南朝梁時人。傳見《梁書》卷二五，《南史》卷三四有附傳。

[2]金輅：天子所用五種車之一，用於載其同姓賓客。飾以金，因名金輅。《周禮·春官·巾車》："金輅，鉤，樊纓九就，建大旂，以賓同姓。"

[3]孔休源：人名。南朝梁時人。傳見《梁書》卷三六、《南史》卷六〇。

[4]禮官：主司禮儀官員的通稱。據上文，司馬筠時任尚書左丞。

[5]封禪：古代祭禮之一。即封土爲壇而祭，是帝王祭祀天地

的儀式，封爲祭天之禮，禪爲祭地之儀。據《史記·封禪書》記載，封禪之禮始於伏羲氏之前的無懷氏，他曾封泰山，其後有伏羲、神農、炎帝、黄帝、顓頊等行封禮，表達了人對自然的崇拜。秦漢以後，歷朝帝王均於泰山舉行封禪祭祀。

[6]北郊：古代帝王舉行祭地之儀的地方。

[7]巡省四方：亦稱巡守。天子所行的規章，即離開國都巡省境内。《禮記·王制》："天子五年一巡守。"鄭玄注曰："天子以海内爲家，時一巡省之五年者，虞夏之制也。周則十二歲一巡守。"

[8]臨戎：親臨戰陣，從軍。

[9]元服：帽子。《儀禮·士冠禮》："令月吉日，始加元服。"

[10]纂戎：謂繼承先人的武功。　戒嚴：在戰時或其他非常情况下，所采取的嚴密防備措施。　解嚴：解除非常的戒備措施。

[11]講武：講習武事。　臨軒：皇帝不坐正殿而御前殿。殿前堂陛之間近簷處兩邊有檻楯，如車之軒，故稱。

[12]方物：本地的産物，土産。

[13]愆：罪過，過失。　封：領地，邦國。

[14]封：帝王以爵位、土地、名號等賜人。　紹襲：承襲。

九年，詔簠簋之實，[1]以藉田黑黍。[2]

[1]簠簋：簠與簋，古代祭祀、宴饗時用以盛黍稷稻粱之禮器。簠，長方形，口外侈，有四短足及二耳。蓋與器形狀相同，合上爲一器，打開則成大小相同的兩個器皿。簋，一般爲圓腹，侈口，圈足。商代的簋多無蓋、無耳或有二耳。西周和春秋的簋常帶蓋，有二耳，四耳。《周禮·地官·舍人》："凡祭祀，共簠、簋，實之陳之。"

[2]黑黍：稻米的一種，又稱黑米，古人常用於煮飯或釀酒。

十二年，詔曰：“祭祀用洗匜中水盥，[1]仍又滌爵。[2]爵以禮神，宜窮精潔，而一器之内，雜用洗手，外可詳議。”於是御及三公應盥及洗爵，各用一匜。

[1]洗匜（yí）：古代一種盛水盥洗的器皿。匜，出現於西周中期，盛行於東周。青銅製，也有陶製的，多是明器。形似瓢，無蓋。有的有足或圈足，並有流、鋬；有的無足，柄中有道。古代盥洗時用以盛水之具。《左傳》僖公二十三年：“奉匜沃盥，既而揮之。”杜預注：“匜，沃盥器也。”楊伯峻注：“匜，音移，古人洗手洗面之具，用以盛水。古人洗盥，一人持匜，灌水於洗盥者之手以洗之，下有槃，以盛盥訖之水。”《説文·匚部》：“匜，似羹魁，柄中有道，可以注水。”亦可用作酒器。　盥：澆水洗手。

[2]爵：古代一種盛酒禮器。青銅製，像雀形，有流、兩柱、三足，用以温酒或盛酒，盛行於殷代和西周初期。

十六年四月，詔曰：“夫神無常饗，[1]饗于克誠，所以西鄰礿祭，[2]實受其福。宗廟祭祀，猶有牲牢，[3]無益至誠，有累冥道。[4]自今四時蒸嘗外，可量代。”八座議：[5]“以大脯代一元大武。”[6]八座又奏：“既停宰殺，無復省牲之事，請立省饌儀。其衆官陪列，並同省牲。”帝從之。十月，詔曰：“今雖無復牲腥，猶有脯脩之類，即之幽明，義爲未盡。可更詳定，悉薦時蔬。”左丞司馬筠等參議：“大餅代大脯，[7]餘悉用蔬菜。”帝從之。又舍人朱异議：“二廟祀，相承止有一鈃羹，[8]蓋祭祀之禮，應有兩羹，相承止於一鈃，即禮爲乖。請加熬油蓴羹一鈃。”[9]帝從之。於是起至敬殿、景陽臺，[10]立七廟座。月中再設净饌。自是訖於臺城破，[11]諸廟遂不血食。

[1]饗：通“享”，祭祀、祭獻。

[2]西鄰：西邊的鄰國。　礿祭：古代宗廟時祭名。在夏商時爲春祭，在周代則爲夏祭。

[3]牲牢：猶牲畜。《詩·小雅·瓠葉序》：“上棄禮而不能行，雖有牲牢饔餼，不肯用也。”鄭玄箋：“牛羊豕爲牲，繫養者曰牢。”

[4]冥道：冥界。

[5]八座：高級官員合稱。東漢用以稱尚書令、僕射、六曹尚書。魏晋至隋用以稱尚書令、左右僕射、諸曹尚書，無論共有幾人，皆沿其稱。

[6]脯：將肉割成條曬成的肉乾。　一元大武：古代祭祀用牛的別稱。

[7]餅：古稱烤熟或蒸熟的麵食。取面水合並之意。後專指扁圓形的用麵粉、米粉等做成的食品。

[8]鈃（xíng）：通“鉶”。盛菜羹的器皿。古常用於祭祀。　羹：用肉類或菜蔬等製成的帶濃汁的食物。

[9]蓴羹：用蓴菜烹製的羹。

[10]敬殿：宫殿名。確址不詳。　景陽臺：地名。確址不詳。按，三國吴時建景陽山於今江蘇南京市鷄鳴山南古臺城華林園内，景陽臺或與之相近。

[11]臺城：地名。在今江蘇南京市鷄鳴山南乾河沿北。本三國吴後苑城，東晋時改建，稱臺城。

普通七年，[1]祔皇太子所生丁貴嬪神主于小廟。[2]其儀，未祔前，先修坎室，[3]改塗。[4]其日，有司行掃除，開坎室，奉皇考太夫人神主於坐。奠制幣訖，[5]衆官入自東門，位定，祝告訖，撤幣，埋於兩楹間。有司遷太夫人神主於上，又奉穆貴嬪神主於下，[6]陳祭器，如時祭儀。禮畢，納神主，閉于坎室。

[1]普通：南朝梁武帝蕭衍年號（520—527）。

[2]祔：在祠廟中配享，附祭。　丁貴嬪：南朝梁武帝蕭衍妃，名令光。傳見《梁書》卷七、《南史》卷一二。

[3]坎室：坑，地洞。

[4]改塗：改變路徑。

[5]奠：謂置祭品祭祀鬼神或亡靈。　制幣：古代祭祀時所供之繒帛。帛的長寬皆有定制，因稱“制幣”。

[6]穆貴嬪：即丁貴嬪。其爲南朝梁簡文帝蕭綱的生母，謚曰穆。

陳制，立七廟，一歲五祠，謂春夏秋冬臘也。每祭共以一太牢，始祖以三牲首，餘唯骨體而已。五歲再殷，殷大祫而合祭也。初文帝入嗣，而皇考始興昭烈王廟在始興國，[1]謂之東廟。天嘉四年，[2]徙東廟神主，祔于梁之小廟，改曰國廟。祭用天子儀。

[1]始興昭烈王：即陳道談。南朝陳高祖之兄，陳世祖之父。事見《陳書》卷一《高祖紀上》、卷二八《始興王伯茂傳》。　始興國：地名。南朝陳時治所在今廣東韶關市東南蓮花嶺下。

[2]天嘉：南朝陳文帝陳蒨年號（560—566）。

後齊文襄嗣位，[1]猶爲魏臣，置王高祖秦州使君、王曾祖太尉武貞公、王祖太師文穆公、王考相國獻武王，[2]凡四廟。文宣帝受禪，置六廟：曰皇祖司空公廟、皇祖吏部尚書廟、皇祖秦州使君廟、皇祖文穆皇帝廟、太祖獻武皇帝廟、世宗文襄皇帝廟，[3]爲六廟。獻武已下不毁，已上則遞毁。並同廟而别室。既而遷神主於太廟。文襄、文宣，並太祖之子，文宣初疑其昭穆之次，欲别立廟。衆議不同。至二年秋，[4]始祔太廟。春祠、夏禴、秋嘗、冬蒸，皆以孟月，[5]并臘，凡五祭。禘祫如梁之制。每祭，室一太牢，始以皇后預祭。河清定令，[6]四時祭廟禘祭及元日廟庭，並設庭燎二所。[7]

[1]文襄：北齊高澄死後被追尊的謚號。紀見《北齊書》卷三、《北史》卷六。

[2]王高祖秦州使君：即高湖。傳見《魏書》卷三二。　王曾祖太尉武貞公：即高謐。《魏書》卷三二有附傳。　王祖太師文穆公：即高樹生。《魏書》卷三二有附傳。　王考相國獻武王：即高歡。紀見《北齊書》卷一、二，《北史》卷六。

[3]皇祖司空公：即高慶。事見《魏書・高湖傳》。　皇祖吏部尚書：即高泰。事見《魏書・高湖傳》。

[4]二年：此指天保二年。天保，北齊文宣帝高洋年號（550—559）。

[5]孟月：四季的第一個月，即農曆正月、四月、七月、十月。

[6]河清：北齊武成帝高湛年號（562—565）。

[7]庭燎：古代庭中照明的火炬。

王及五等開國，[1]執事官、散官從三品已上，[2]皆祀五世。五等散品及執事官、散官正四品已下從五品已上，[3]祭三世。三品已上，牲用一太牢，五品已上，[4]少牢。執事官正六品已下，從七品已上，祭二世，用特牲。[5]正八品已下，達於庶人，祭於寢，[6]牲用特肫，[7]或亦祭祖禰。[8]諸廟悉依其宅堂之制，其間數各依廟多少爲限。其牲皆子孫見官之牲。

[1]王：爵名。多用以封授宗室，少數建有殊勳的功臣亦封王。　五等開國：指公、侯、伯、子、男五等開國爵。開國本指封爵中開國置官食封者，後僅爲爵位名。

[2]執事官：指各級官府内有具體職務的官員，相對於散官而言。　散官：指有官名而無固定職事的官。

[3]正四品：諸本皆作"正三品"，侯旭東以爲當作"正四品"。否則正、從三品官既可祭五世，又可祀三世，就制度言，顯然不妥。（參見侯旭東《〈隋書〉標點勘誤及校勘補遺五則》，《中國史研究》2001 年第 1 期）從改。

[4]五品已上：諸本皆作"五品已下"，侯旭東以爲當作"五品已上"，與上文對應（參見侯旭東《〈隋書〉標點勘誤及校勘補遺五則》）。從改。

[5]特牲：祭禮或賓禮衹用一種牲畜。

[6]寢：臥室。

[7]特肫（chún）：古代祭祀用牲後體的一部分。《儀禮·特牲饋食禮》："尸俎，右肩臂臑肫胳。"

[8]祖禰：祖廟與父廟。《周禮·春官·甸祝》："舍奠于祖禰，乃斂禽，禂牲，禂馬，皆掌其祝號。"

後周之制，思復古之道，乃右宗廟而左社稷。置太祖之廟，并高祖已下二昭二穆，凡五。親盡則遷。其有德者謂之祧，[1]廟亦不毀。閔帝受禪，[2]追尊皇祖爲德皇帝，[3]文王爲文皇帝，[4]廟號太祖。擬已上三廟遞遷，至太祖不毀。其下相承置二昭二穆爲五焉。明帝崩，[5]廟號世宗，武帝崩，[6]廟號高祖，並爲祧廟而不毀。其時祭，各於其廟，祫禘則於太祖廟，亦以皇后預祭。其儀與後齊同。所異者，皇后亞獻訖，后又薦加豆之籩，[7]其實菱芡芹菹兔醢。[8]冢宰終獻訖，皇后親撤豆，降還板位。[9]然後太祝撤焉。[10]

[1]祧（tiāo）：遠祖廟。

[2]閔帝：北周宇文覺的謚號。紀見《周書》卷三、《北史》卷九。

[3]德皇帝：即宇文肱。北魏人，參與六鎮起義，死於與定州軍的戰鬭。事見《周書》卷一《文帝紀上》、《北史》卷九《周太祖紀》。

[4]文皇帝：即宇文泰。紀見《周書》卷一、二，《北史》卷九。

[5]明帝：北周宇文毓的謚號。紀見《周書》卷四、《北史》卷九。

[6]武帝：北周宇文邕的謚號。紀見《周書》卷五、六，《北史》卷一〇。

[7]豆：本指一種食器。亦用作裝酒肉的祭器。形似高足盤，大多有蓋。多爲陶製，也有用青銅、木、竹製成的。此借指食物。 籩（biān）：古代祭祀和宴會時盛果脯的竹器，形狀像木製的豆。

[8]菱：一年生水生草本植物。果實有硬殼，一般有角，俗稱菱角。 芡：水生植物名。又名鷄頭。種子稱“芡實”，供食用，亦可入藥。 芹：即水芹。多年生水生宿根草木。莖葉可做菜。 菹：醃菜。《詩·小雅·信南山》：“疆埸有瓜，是剥是菹。”鄭玄箋：“淹漬以爲菹。” 兔醢：用兔肉做的肉醬。

[9]板位：亦稱“版位”。古代舉行典禮時以板牌標明的參加者的就位處。

[10]太祝：官名。全稱太祝下大夫，北周時爲春官府屬官，掌祭祀祝禱等事，員一人，正四命。

高祖既受命，[1]遣兼太保宇文善、兼太尉李詢，[2]奉策詣同州，[3]告皇考桓王廟，[4]兼用女巫，[5]同家人之禮。上皇考桓王尊號爲武元皇帝，皇妣尊號爲元明皇后，[6]奉迎神主，歸于京師。犧牲尚赤，祭用日出。是時帝崇建社廟，改周制，左宗廟而右社稷。宗廟未言始祖，又無受命之祧，自高祖已下，置四親廟，同殿異室而已。一曰皇高祖太原府君廟，[7]二曰皇曾祖康王廟，[8]三曰皇祖獻王廟，[9]四曰皇考太祖武元皇帝廟。擬祖遷於上，而太祖之廟不毁。各以孟月，饗以太牢。四時薦新於太廟，有司行事，而不出神主。祔祭之禮，並準時饗。其司命、户以春，[10]竈以夏，[11]門以秋，[12]行以冬，[13]各於享廟日，[14]中霤則以季夏祀黄郊日，[15]各命有司，祭於廟西門道南。牲以少牢。三年一祫，以孟冬，[16]遷主、未遷主合食於太祖之廟。五年一禘，以孟夏，其遷主各食於所遷之廟，未遷之主各於其廟。禘祫之月，則停時饗，而陳諸瑞物及伐國所獲珍奇於廟庭，及以功臣配饗。并以其日，使祀先代王公帝堯於平陽，以契配；[17]帝舜於河東，[18]咎繇配；[19]夏禹於安邑，[20]伯益配；[21]殷湯於汾陰，[22]伊尹配；[23]文王、武王於灃渭之郊，[24]周公、召公配；[25]漢高帝於長陵，[26]蕭何配。[27]各以一太牢而無樂。配者饗於廟庭。

[1]高祖：隋文帝楊堅的廟號。紀見本書卷一、二，《北史》卷一一。

[2]兼：官制用語。即以本官兼任、兼行或兼領其他官職。南北朝時凡祭祀、奉使等臨時委官代行某職，皆曰兼某職。　太保：官名。爲三師之一，無職事，不置府僚，與皇帝坐而論道。正一品。煬帝時罷。　宇文善：人名。宇文貴之子，在北周官至上柱國、許國公。隋文帝受禪後，對其更加禮遇。開皇六年（586）受其兄宇文忻謀反事牽連，被除名廢於家，不久後卒。事見本書卷四〇《宇文忻傳》、《北史》卷六〇《宇文貴傳》。　太尉：官名。名義上參議大政，其位多曠，遇有典禮，以他官攝行其事。如置，則坐於尚書都省。正一品。　李詢：人名。北周、隋時人。本書卷三七、《北史》卷五九有附傳。

[3]同州：治所在今陝西大荔縣。隋大業三年（607）廢。

[4]桓王：即楊忠。北周、隋時人，隋文帝楊堅父。傳見《周書》卷一九，事另見《北史·隋文帝紀》。

[5]女巫：古代以歌舞迎神、掌占卜祈禱的女官。

[6]元明皇后：楊忠妻吕氏。事見本書《高祖紀上》、《北史·隋文帝紀》。

[7]太原府君：即楊惠嘏。事見本書《高祖紀上》、《北史·隋文帝紀》。

[8]康王：即楊烈。事見本書《高祖紀上》、《北史·隋文帝紀》。

[9]獻王：即楊禎。事見本書《高祖紀上》、《北史·隋文帝紀》。

[10]司命：神名。《禮記·祭法》："王爲群姓立七祀，曰司命、曰中霤、曰國門、曰國行、曰泰厲、曰户、曰竈。"孔穎達疏："司命者，宫中小神。熊氏云：非天之司命，故祭於宫中。"　户：神名。户神。按，司命與户之間中華本斷以逗號，侯旭東以爲司命、户等乃古代王爲群姓所立七祀，其中應作頓號（侯旭東《〈隋書〉

標點勘誤及校勘補遺五則》)。從改。

[11]竈(zào):灶神。

[12]門:神名。亦稱“國門”,爲主城門之神。

[13]行:神名。行神。《禮記·祭法》:“王爲群姓立七祀,曰司命、曰中霤、曰國門、曰國行、曰泰厲、曰户、曰竈。”孔穎達疏:“國行者,謂行神,在國門外之西。”

[14]享廟:帝王祭祖廟。

[15]中霤(liù):即后土之神。《禮記·郊特牲》:“家主中霤而國主社。”

[16]孟冬:農曆十月。

[17]契:傳説中商的祖先,爲帝嚳之子。舜時佐禹治水有功,任爲司徒,封於商,賜姓子氏。其事參《尚書·舜典》、《史記》卷三《殷本紀》。

[18]舜:即虞舜。相傳受堯禪讓,後禪位於禹,死在蒼梧。其事參《尚書·堯典》、《史記》卷一《五帝本紀》。 河東:地區名。大約在今山西西南部。

[19]咎繇:即皋陶。傳説虞舜時的司法官,爲舜之賢臣。咎,通“皋”。

[20]夏禹:又稱大禹、戎禹。姒姓,名文命,鯀之子。其事詳見《尚書》之《舜典》《大禹謨》《皋陶謨》《益稷》《禹貢》等篇及《史記》卷二《夏本紀》。 安邑:地名。在今山西夏縣西北禹王城。

[21]伯益:人名。爲舜時東夷部落的首領,爲嬴姓各族的祖先。相傳伯益助禹治水有功,禹欲讓位於益,益避居箕山之北。其事略見《尚書·舜典》《孟子·萬章上》。

[22]殷湯:商開國之君。事見《史記·殷本紀》。 汾陰:地名。即今山西萬榮縣西南古城。

[23]伊尹:商湯大臣,名伊,一名摯,尹是官名。事見《尚書》《左傳》及《吕氏春秋》。

[24]灃渭：地名。在今陝西西安市長安區西北灃河西岸。“灃”原作“澧”，中華本據《通典》卷五三改，從改。

[25]周公：即姬旦。事詳見《史記》卷三三《魯周公世家》。　召公：即姬奭。因封地在召，故稱召公或召伯，又作邵公、邵伯。與周公共同輔佐周成帝。事詳見《史記》卷三四《燕召公世家》。

[26]漢高帝：即西漢皇帝劉邦。紀見《史記》卷八，《漢書》卷一、二。　長陵：地名。在今陝西咸陽市東北，爲劉邦所葬之處。

[27]蕭何：人名。西漢初功臣。傳見《史記》卷五三、《漢書》卷三九。

大業元年，[1]煬帝欲遵周法，[2]營立七廟，詔有司詳定其禮。禮部侍郎、攝太常少卿許善心，[3]與博士褚亮等議曰：[4]

[1]大業：隋煬帝楊廣年號（605—618）。

[2]煬帝：隋楊廣的謚號。紀見本書卷三、四，《北史》卷一二。

[3]禮部侍郎：官名。禮部司之長官，掌禮部司事，置一人。正六品上。開皇三年升爲從五品。大業三年，升爲禮部副長官，以佐尚書掌部事。禮部司長官改稱儀曹郎。　攝：代理、兼職。長官兼理部屬職責，低級官員代行較高職權，均可稱攝。　太常少卿：官名。爲太常寺次官，位列諸寺少卿之首。協助太常卿管理禮樂宗廟祭祀事務。四品上。煬帝時降爲從四品。　許善心：人名。南朝陳、隋時人。傳見本書卷五八、《北史》卷八三。

[4]博士：官名。全稱爲太常博士。太常寺屬官，專掌討論禮制。從七品。　褚亮：人名。南朝陳、隋、唐時人。傳見《舊唐

書》卷七二、《新唐書》卷一〇二。

謹案《禮記》:“天子七廟，三昭三穆，與太祖之廟而七。”鄭玄注曰:“此周制也。七者，太祖及文王、武王之祧，與親廟四也。殷則六廟，契及湯，與二昭二穆也。夏則五廟，無太祖，禹與二昭二穆而已。”[1]玄又據王者禘其祖之所自出，而立四廟。案鄭玄義，天子唯立四親廟，并始祖而爲五。周以文、武爲受命之祖，特立二祧，是爲七廟。王肅注《禮記》:[2]“尊者尊統上，卑者尊統下。故天子七廟，諸侯五廟。其有殊功異德，非太祖而不毁，不在七廟之數。”案王肅以爲天子七廟，是通百代之言，又據《王制》之文“天子七廟，諸侯五廟，大夫三廟”，降二爲差。是則天子立四親廟，又立高祖之父，高祖之祖，并太祖而爲七。周有文、武、姜嫄，[3]合爲十廟。漢諸帝之廟各立，無迭毁之義，至元帝時，[4]貢禹、匡衡之徒，[5]始建其禮，以高帝爲太祖，而立四親廟，是爲五廟。唯劉歆以爲天子七廟，[6]諸侯五廟，降殺以兩之義。[7]七者，其正法，可常數也，宗不在數内，有功德則宗之，不可預設爲數也。[8]是以班固稱，[9]考論諸儒之議，劉歆博而篤矣。光武即位，[10]建高廟於雒陽，[11]乃立南頓君以上四廟，[12]就祖宗而爲七。至魏初，高堂隆爲鄭學，[13]議立親廟四，太祖武帝，[14]猶在四親之内，乃虚置太祖及二祧，以待後代。至景初間，[15]乃依王肅，更立五世、六世祖，就四親而爲六廟。晋武受禪，[16]博議宗祀，自文帝以上六世祖征西府君,[17]而宣帝亦序於昭穆,[18]未升太祖，故祭止六也。江左中興，賀循知禮,[19]至於寢廟之儀，皆依魏、晋舊事。宋武帝初受晋命爲王,[20]依諸侯立親廟四。即位之後，增祠五世祖相國掾府君、六世祖右北平府君,[21]止於六廟。逮身殁，主升從昭穆，猶太祖之位也。降及齊、梁，守而弗革，加崇迭毁，禮無違舊。

[1]“天子七廟”至“禹與二昭二穆而已”：引文出於《禮記·王制》。鄭玄注原文爲：“此周制。七者，太祖及文王、武王之祧，與親廟四。太祖、后稷，殷則六廟，契及湯，與二昭二穆。夏則五廟，無太祖，禹與二昭二穆而已。”

[2]王肅：人名。東漢、曹魏時人。《三國志》卷一三有附傳。

[3]姜嫄：人名。亦作“姜原”。周人始祖后稷之母。帝嚳之妻。傳説她於郊野踐巨人足迹懷孕生稷。事見《詩·大雅·生民》、《史記》卷四《周本紀》。

[4]元帝：西漢劉奭的謚號。紀見《漢書》卷九。

[5]貢禹：人名。西漢時人。傳見《漢書》卷七二。　匡衡：人名。西漢時人。傳見《漢書》卷八一。

[6]劉歆：人名。兩漢時人。傳見《漢書》卷三六。

[7]降殺：遞減。

[8]設：原作“毁”，中華本據《册府元龜》卷五八四、《舊唐書》卷七二《褚亮傳》改。從改。

[9]班固：人名。東漢時人。傳見《後漢書》卷四〇。

[10]光武：東漢劉秀的謚號。紀見《後漢書》卷一。

[11]高廟：指宗廟。　雒陽：地名。即今河南洛陽市。

[12]南頓君：即漢劉欽。事見《後漢書·光武帝紀上》。

[13]高堂隆：人名。東漢、曹魏時人。傳見《三國志》卷二五。

[14]太祖武帝：曹操被追封的謚號。紀見《三國志》卷一。

[15]景初：魏明帝曹叡年號（237—239）。

[16]晉武：西晉司馬炎的謚號。紀見《晉書》卷三。

[17]征西府君：即司馬鈞，東漢時曾爲征西將軍，故稱。其事略見《後漢書》卷五《安帝紀》、卷一六《鄧騭傳》、卷五一《龐參傳》、卷八七《西羌傳》。

[18]宣帝：司馬懿被追封的謚號。紀見《晉書》卷一。

[19]賀循：人名。西晉時人。傳見《晉書》卷六八。

[20]宋武帝：南朝宋劉裕的謚號。紀見《宋書》卷一至三、《南史》卷一。

[21]相國掾府君：即劉熙。事見《宋書·武帝紀上》《南史·宋武帝紀》。　右北平府君：即劉旭孫。事見《宋書·武帝紀上》《南史·宋武帝紀》。

臣等又案姬周自太祖已下，皆別立廟，至於禘祫，俱合食於太祖。是以炎漢之初，[1]諸廟各立，歲時嘗享，亦隨處而祭，所用廟樂，皆象功德而歌舞焉。[2]至光武乃總立一堂，而群主異室，斯則新承寇亂，欲從約省。自此以來，因循不變。伏惟高祖文皇帝，睿哲玄覽，神武應期，受命開基，垂統聖嗣，當文明之運，定祖宗之禮。且損益不同，沿襲異趣，時王所制，可以垂法。自歷代以來，雜用王、鄭二義，若尋其指歸，校以優劣，康成止論周代，非謂經通，子雍總貫皇王，事兼長遠。今請依據古典，崇建七廟。受命之祖，宜別立廟祧，百代之後，爲不毀之法。至於鑾駕親奉，申孝享於高廟，有司行事，竭誠敬於群主，俾夫規模可則，嚴祀易遵，表有功而彰明德，大復古而貴能變。

[1]炎漢：即漢朝。因漢自稱以火德王，故稱炎漢。

[2]功德：功業與德行。

臣又案周人立廟，亦無處置之文。據冢人處職而言之，[1]先王居中，以昭穆爲左右。阮忱撰《禮圖》，[2]亦從此議。漢京諸廟既遠，[3]又不序禘祫。今若依周制，理有未安，雜用漢儀，事難全採。謹詳立別圖，附之議末。

[1]冢人：春秋戰國官名。掌墓地兆域。《周禮·春官·冢人》："冢人，掌公墓之地，辨其兆域而爲之圖。"《儀禮·士喪禮》："筮宅，冢人營之。"

[2]阮忱：人名。其事不詳。

[3]漢京：指東漢的都城洛陽。

其圖，太祖、高祖各一殿，准周文武二祧，與始祖而三。餘並分室而祭。始祖及二祧之外，從迭毀之法。詔可，未及創制。

既營建洛邑，帝無心京師，乃於東都固本里北，[1]起天經宮，[2]以游高祖衣冠，[3]四時致祭。於三年，有司奏，請准前議，於東京建立宗廟。帝謂秘書監柳䛒曰：[4]"今始祖及二祧已具，今後子孫，處朕何所？"又下詔，唯議別立高祖之廟，屬有行役，遂復停寢。

[1]東都：即洛陽。在今河南洛陽市。　固本里：地名。位於

洛陽城中，確址不詳。

［2］天經宮：宮名。《通鑑》卷一八〇《隋紀》大業元年三月條胡三省注曰："《經》曰：夫孝，天之經也。故以名宮。"位於固本里（坊）中，確址不詳。

［3］游高祖衣冠：漢代制度，每月初一將高帝的衣冠從陵墓的宮殿中移到祭祀高帝的宗廟裏去，謂之"游衣冠"。後代或有沿襲。游，移置。

［4］秘書監：官名。掌圖書經籍。領著作、太史二曹。初爲正三品，煬帝大業三年改爲從三品。後改名秘書令。　柳䛒：人名。南朝梁、隋時人。傳見本書卷五八、《北史》卷八三。

自古帝王之興，皆稟五精之氣。每易姓而起，以致太平，必封乎太山，[1]所以告成功也。封訖而禪乎梁甫，[2]梁甫者，太山之支山卑下者也，能以其道配成高德。故禪乎梁甫，亦以告太平也。封禪者，高厚之謂也。天以高爲尊，地以厚爲德，增太山之高，以報天也，厚梁甫之基，以報地也。明天之所命，功成事就，有益於天地，若天地之更高厚云。《記》曰："王者因天事天，因地事地。因名山升中于天，而鳳凰降，龜龍格。"[3]齊桓公既霸而欲封禪，[4]管仲言之詳矣。[5]秦始皇既黜儒生，而封太山，禪梁甫，其封事皆秘之，不可得而傳也。漢武帝頗採方士之言，造爲玉牒，[6]而編以金繩，[7]封廣九尺，高一丈二尺。光武中興，聿遵其故。晉、宋、齊、梁及陳，皆未遑其議。後齊有巡狩之禮，并登封之儀，[8]竟不之行也。

［1］太山：即泰山。在今山東泰安市北，爲五岳之一。

［2］梁甫：山名。亦稱梁父山。原在今山東泰安市東南，西連徂徠山。後以徂徠山南隋梁父縣故城北一小山爲梁父山。

［3］“王者因天事天”至“龜龍格”：該句出於《禮記·禮器》。鳳凰，古代傳説中的百鳥之王。雄的叫鳳，雌的叫凰。通稱爲鳳或鳳凰。羽毛五色，聲如簫樂。常用來象徵瑞應。《詩·大雅·卷阿》：“鳳皇鳴矣，于彼高岡。”龜龍，龜和龍。古人以爲均是靈物。格，至，來。

［4］齊桓公：戰國時齊國君主。事詳見《史記》卷三二《齊太公世家》。

［5］管仲：人名。春秋時人。傳見《史記》卷六二。

［6］玉牒：古代帝王封禪、郊祀的玉簡文書。

［7］金繩：黄金或其他金屬製的繩索。用以編連策書。

［8］登封：登山封禪。指古帝王登泰山祭天祭地。

開皇十四年，群臣請封禪。高祖不納。晋王廣又率百官抗表固請，帝命有司草儀注。[1]於是牛弘、辛彦之、許善心、姚察、虞世基等創定其禮，[2]奏之。帝逡巡其事，[3]曰：“此事體大，朕何德以堪之。但當東狩，[4]因拜岱山耳。”十五年春，行幸兗州，[5]遂次岱岳。爲壇，如南郊，又壝外爲柴壇，[6]飾神廟，[7]展宮懸於庭。[8]爲埋坎二，於南門外。又陳樂設位於青帝壇，如南郊。帝服衮冕，乘金輅，備法駕而行。[9]禮畢，遂詣青帝壇而祭焉。

［1］儀注：制度、儀節。

［2］牛弘：人名。北周、隋時人。傳見本書卷四九、《北史》卷七二。　辛彦之：人名。北周、隋時人。傳見本書卷七五、《北

史》卷八二。 姚察：人名。南朝陳、隋時人。傳見《陳書》卷二七、《南史》卷六九。 虞世基：人名。南朝陳、隋時人。傳見本書卷六七、《北史》卷八三。

[3]逡巡：遲疑、猶豫。

[4]狩：同“守”。指帝王視察諸侯所守的地方。

[5]兖州：治所在今山東兖州市。隋大業二年改爲魯州，次年又改爲魯郡。

[6]柴壇：古代焚柴祭天的高臺。

[7]神廟：帝王的宗廟。

[8]宮懸：亦作“宮縣”。古代鐘磬等樂器懸掛在架上，其形制因用樂者身份地位不同而有别。帝王懸掛四面，象徵宮室四面的墻壁，故名“宮縣”。縣，“懸”的古字。《周禮·春官·小胥》：“正樂縣之位：王宮縣，諸侯軒縣，卿大夫判縣，士特縣。”鄭玄注引鄭司農云：“宮縣，四面縣，軒縣去其一面，判縣又去其一面，特縣又去其一面。四面象宮室，四面有墻，故謂之宮縣。”

[9]法駕：天子車駕的一種。天子的鹵簿分大駕、法駕、小駕三種，其儀衛之繁簡各有不同。

開皇十四年閏十月，詔東鎮沂山，[1]南鎮會稽山，[2]北鎮醫無閭山，[3]冀州鎮霍山，[4]並就山立祠。東海於會稽縣界，[5]南海於南海鎮南，[6]並近海立祠。及四瀆、吴山，[7]並取側近巫一人，[8]主知灑掃，並命多蒔松柏。[9]其霍山，雩祀日遣使就焉。十六年正月，又詔北鎮於營州龍山立祠。[10]東鎮晋州霍山鎮，[11]若修造，並准西鎮吴山造神廟。

[1]鎮：古代稱一地區内最大最重要的名山，主山。《周禮·

夏官·職方氏》："其山鎮曰會稽。" 孫詒讓正義："注云：'鎮，名山安地德者也' 者，《廣雅·釋詁》云：'鎮，安也。'《大司樂》'四鎮' 注云：'四鎮，山之重大者。'《書·舜典》'封十有二山'。僞孔傳云：'每州之名山殊大者，以爲其州之鎮。' 此九州九山，亦並當州重大之山，以鎮安地域者，故尊之曰鎮也。" 沂山：又名東泰山。在今山東臨朐縣南，接沂水縣界。

[2]會稽山：即今浙江紹興市東南會稽山。

[3]醫無閭山：亦稱 "醫巫閭山"。在今遼寧北寧市西，接義縣界，北入阜新市境。

[4]冀州：治所在今河北信都縣。隋大業初，改爲信都郡。霍山：又名霍陽山。在今河南汝州市西南。

[5]會稽縣：治所在今浙江紹興市。

[6]南海鎮：治所在今廣東廣州市。

[7]吴山：一名吴岳、岍山、西鎮山。在今陝西隴縣西南。

[8]巫：古代從事祈禱、卜筮、星占，並兼用藥物爲人求福、祛灾、治病的人。商代巫的地位較高。周時分男巫、女巫，司職各異，同屬司巫。春秋以後，醫道漸從巫術中分出，但民間專行巫術、裝神弄鬼爲人祈禱治病者，仍世世不絶。《周禮·春官·司巫》："司巫掌群巫之政令。若國大旱，則帥巫而舞雩；國有大災，則帥巫而造巫恒。"

[9]蒔（shì）：移栽，種植。

[10]營州：治所在今遼寧朝陽縣。隋大業初廢。 龍山：一名和龍山。在今遼寧朝陽縣東。

[11]晋州：治所在今山西臨汾市，隋大業初改臨汾郡，義寧初改平陽郡。 霍山鎮：確址不詳。應在霍山附近。

大業中，煬帝因幸晋陽，[1]遂祭恒岳。[2]其禮頗採高祖拜岱宗儀，增置二壇，命道士女官數十人，於壝中設醮。[3]十年，幸東都，過祀華岳，[4]築場於廟側。事乃不經，蓋非有司之定禮也。

[1]晋陽：縣名。治所在今山西太原市西南古城營西古城。

[2]恒岳：即恒山。在今河北曲陽縣西北與山西接壤處。

[3]醮：道士設壇祈禱。

[4]華岳：即華山。即今陝西華陰市南華山。

《禮》天子以春分朝日於東郊，秋分夕月於西郊。[1]漢法，不俟二分於東西郊，常以郊泰畤。[2]旦出竹宫東向揖日，[3]其夕西向揖月。魏文譏其煩褻，[4]似家人之事，而以正月朝日于東門之外。前史又以爲非時。及明帝太和元年二月丁亥，[5]朝日于東郊。八月己丑，夕月于西郊。始合於古。

[1]《禮》天子以春分朝日於東郊，秋分夕月於西郊：該句出自《周禮·春官·典瑞》。朝日，古代帝王祭日之禮。《周禮·天官·掌次》："朝日，祀五帝，則張大次小次，設重帟重案。"鄭玄注："朝日，春分拜日於東門之外。"夕月，指古代帝王祭月的儀式。《國語·周語上》："古者，先王既有天下，又崇立於上帝、明神而敬事之，於是乎有朝日、夕月以教民事君。"韋昭注："禮，天子搢大圭、執鎮圭，繅藉五采五就，以春分朝日，秋分夕月，拜日於東門之外，然則夕月在西門之外也。"

[2]泰畤：古代天子祭天神之處。

[3]竹宫：用竹建造的宫室，多用於祭祀。

[4]魏文：三國魏曹丕的謚號。紀見《三國志》卷二。

[5]明帝：三國魏曹叡的謚號。紀見《三國志》卷三。　太

和：三國魏明帝曹叡年號（227—233）。

後周以春分朝日於國東門外，爲壇，如其郊。用特牲青幣，[1]青圭有邸。[2]皇帝乘青輅，[3]及祀官俱青冕，[4]執事者青弁。[5]司徒亞獻，[6]宗伯終獻。[7]燔燎如圓丘。[8]秋分夕月於國西門外，爲壇，於坎中，方四丈，深四尺，燔燎禮如朝日。

［1］青幣：青帛。古代春祭時的獻禮之一。

［2］青圭：亦稱“青珪”。古代禮器。用青玉製成，上尖下方。《周禮·春官·大宗伯》：“以青圭禮東方，以赤璋禮南方。”鄭玄注：“圭鋭，象春物初生。” 邸：通“柢”。物的基部。《周禮·春官·典瑞》：“四圭有邸，以祀天旅上帝。”孫詒讓《正義》：“四圭共著一璧爲柢。”

［3］青輅：塗以青色的天子車。

［4］冕：古代天子、諸侯、卿、大夫等行朝儀、祭禮時所戴的禮帽。

［5］弁：古代貴族的一種帽子，通常穿禮服時用之（吉禮之服用冕）。赤黑色的布做的叫爵弁，是文冠；白鹿皮做的叫皮弁，是武冠。

［6］司徒：官名。全稱爲大司徒卿，北周時爲地官府長官，掌民户、土地、賦役、教育、倉廪、關市及山澤漁獵等方面事務。正七命。

［7］宗伯：官名。全稱爲大宗伯卿，北周時爲春官府長官，掌禮、樂、祭祀、天文曆法、卜祝以及綸誥、著作等方面的事務。正七命。

［8］燔燎：燒柴祭天。《禮記·郊特牲》：“取膟膋燔燎升首，報陽也。”

開皇初，於國東春明門外爲壇，如其郊。每以春分朝日。又於國西開遠門外爲坎，深三尺，廣四丈。爲壇於坎中，高一尺，廣四尺。每以秋分夕月。牲幣與周同。

凡人非土不生，非穀不食，土穀不可偏祭，故立社稷以主祀。古先聖王，法施於人則祀之，故以勾龍主社，[1]周棄主稷而配焉。歲凡再祭，蓋春求而秋報，列於中門之外，外門之内，尊而親之，與先祖同也。然而古今既殊，禮亦異制。故左社稷而右宗廟者，得質之道也。右社稷而左宗廟者，文之道也。

[1]勾龍：社神名。

梁社稷在太廟西，其初蓋晋元帝建武元年所創，[1]有太社、帝社、太稷，[2]凡三壇。門墻並隨其方色。每以仲春仲秋，并令郡國縣祠社稷、先農，[3]縣又兼祀靈星、風伯、雨師之屬。[4]及臘，又各祠社稷于壇。百姓則二十五家爲一社，[5]其舊社及人稀者，不限其家。春秋祠水旱，禱祈祠具，隨其豐約。其郡國有五岳者，置宰祝三人，[6]及有四瀆若海應祠者，皆以孟春仲冬祠之。[7]

[1]晋元帝：東晋司馬睿的謚號。　建武：東晋元帝司馬睿年號（317—318）。

[2]太社：古代天子爲百姓祈福、報功而設立的祭祀土神的場

所。　帝社：古代帝王祭祀土神、穀神所設的壇。又名王社、藉田壇、先農壇。　太稷：稷神，即五穀神。太稷即天子爲百姓祈福、報功而設立的祭祀穀神的場所。

[3]先農：古代傳説中最先教民耕種的農神。或謂神農，或謂后稷。

[4]靈星：星名。又稱天田星、龍星。主農事。古代以壬辰日祀於東南，取祈年報功之義。　風伯：神話中的風神。　雨師：神話中司雨的神。

[5]社：祭祀社神之所。《左傳》哀公十五年：子貢謂齊“因與衛地，自濟以西，禚、媚、杏以南，書社五百”。杜預注：“二十五家爲一社，籍書而致之。”

[6]宰祝：本爲春秋戰國時官名，掌獻犧牲以薦祭祝。此應代指祭祀官員。

[7]孟春：農曆正月。　仲冬：農曆十一月。

舊太社，廩犧吏牽牲、司農省牲，[1]太祝吏讚牲。[2]天監四年，明山賓議，以爲：“案郊廟省牲日，則廩犧令牽牲，太祝令讚牲。祭之日，則太尉牽牲。《郊特牲》云‘社者神地之道’，國主社稷，義實爲重。今公卿貴臣，親執盛禮，而令微吏牽牲，頗爲輕末。且司農省牲，又非其義，太常禮官，實當斯職。《禮》，祭社稷無親事牽之文。謂宜以太常省牲，廩犧令牽牲，太祝令讚牲。”帝唯以太祝讚牲爲疑，又以司農省牲，於理似傷，犧吏執紖，[3]即事成卑。議以太常丞牽牲，[4]餘依明議。於是遂定。至大同初，又加官社、官稷，[5]并前爲五壇焉。

[1]廩犧吏：負責管理祭祀所用藏穀養牲的官員。南朝梁廩牲令爲太常屬官，此指廩牲令下的低級官員。　司農：官名。東晋稱大司農，南朝稱司農卿。職掌勸農、倉儲、園苑、供應宫廷膳饈。　省牲：古代祭祀前，主祭及助祭者須審察祭祀用的牲畜，以示虔誠，稱爲“省牲”。

[2]太祝吏：負責祭祀、祝禱的官員。南朝梁太祝令爲太常屬官，掌郊廟贊祝，祭社衣服等。此指太祝令下的低級官員。　讚牲：負責祭祀的官員親自到社稷壇前監督宰牲，主持典禮。

[3]紖（zhèn）：穿在牛鼻子上備牽引的繩子。

[4]太常丞：官名。南朝梁時掌管宗廟祭祀禮儀的具體事務，總管本府諸曹，參議禮制。五班。

[5]官社：帝王祭祀土神的社宫。　官稷：帝王祭祀五穀神的社宫。

陳制皆依梁舊。而帝社以三牲首，餘以骨體。薦粢盛爲六飯：[1]粳以敦，[2]稻以牟，[3]黄粱以簠，[4]白粱以簋，[5]黍以瑚，[6]粢以璉。[7]又令太（中）史署，[8]常以二月八日，於署庭中，以太牢祠老人星，[9]兼祠天皇大帝、太一、日月、五星、鈎陳、北極、北斗、三台、二十八宿、大人星、子、孫星，[10]都四十六坐。[11]

[1]粢：穀物總稱。《周禮·春官·小宗伯》“辨六齍之名物與其用。”鄭玄注：“齍，讀爲粢。六粢，謂六穀：黍、稷、稻、粱、麥、苽。”

[2]粳：稻之不黏者。今指一種介於秈稻、糯稻之間的晚稻品種，米粒短而粗，米質黏性較强，脹性小。　敦（duì）：古代食器。用以盛黍、稷、稻、粱等。形狀較多，一般爲三短足，圓腹，二環耳，有蓋。圈足的敦，蓋上多有提柄。流行於春秋戰國時期。

[3]稻：有水稻、旱稻兩類，通常多指水稻。子實碾製去殼後叫大米，是重要的糧食作物之一。　牟：通“鍪”。釜屬器皿。《禮記·内則》：“敦、牟、卮、匜，非餕莫敢用。”鄭玄注：“齊人呼土釜爲牟。”

[4]黄粱：即黄小米。

[5]白粱：雜糧的一種。

[6]黍：古代專指一種子實稱黍子的一年生草本作物。子實淡黄色者，去皮後北方通稱黄米，性黏，可釀酒。其不黏者，别名穄，亦稱稷，可做飯。　瑚：古代宗廟盛黍稷的禮器。

[7]璉：古代宗廟盛黍稷的禮器。

[8]太史署：官署名。按，此處或有誤。史載南朝陳未置太史署，僅設太史令負責天文曆法的相關事務，隸太常卿。太史令，一班。北齊置太史署。

[9]老人星：星名。亦省稱“老人”。南部天空一顆光度較亮的二等星。古人認爲它象徵長壽，故又名“壽星”。《史記·天官書》：“狼比地有大星，曰南極老人。老人見，治安；不見，兵起。”張守節《正義》：“老人一星，在弧南，一曰南極，爲人主占壽命延長之應。”《史記·封禪書》“壽星祠”，唐司馬貞《索隱》：“壽星，蓋南極老人星也。”

[10]天皇大帝：星官名。屬紫微垣，一星，在仙王座内。　太一：星名。即帝星。又名北極二。因離北極星最近，故隋唐以前文獻多以之爲北極星。《星經》卷上：“太一星，在天一南半度。”　五星：指水、木、金、火、土五大行星，即東方歲星（木星）、南方熒惑（火星）、中央鎮星（土星）、西方太白（金星）、北方辰星（水星）。《史記·天官書》：“水、火、金、木、填星，此五星者，天之五佐。”劉向《説苑·辨物》：“所謂五星者，一曰歲星，二曰熒惑，三曰鎮星，四曰太白，五曰辰星。”　鈎陳：星官名。《文選》揚雄《甘泉賦》：“詔招摇與太陰兮，伏鈎陳使當兵。”李善注引服虔曰：“鈎陳，神名也。紫微宫外營陳星也。”　北極：星名。

即極星。亦稱北辰。是出現於天空北部的一顆亮星。距北天極很近，差不多正對着地軸，從地球上看，其位置幾乎不變，人們常靠它來辨別方向。　北斗：星名。在北天排列成斗形的七顆亮星，屬大熊星座。其名稱爲：一天樞、二天璇（或謂“天璿”）、三天璣、四天權、五玉衡、六開陽、七摇光（或謂“瑶光”）。一至四爲斗魁，又名“璇璣”；五至七爲斗柄，又名“玉衡”。把天璇和天樞連接起來，延長約五倍距離，即可找到現在的北極星。　三台：星名。《晋書·天文志上》：“三台六星，兩兩而居……在人曰三公，在天曰三台，主開德宣符也。西近文昌二星曰上台，爲司命，主壽。次二星曰中台，爲司中，主宗室。東二星曰下台，爲司禄，主兵，所以昭德塞違也。”　大人星：《通典》卷四四《吉禮三》作“丈人星”。大人星，史書中未見，或以《通典》爲是。丈人星，星名。亦稱農丈人星。在南極星的隱西北方向，主糧食收成。《唐開元占經》卷七〇云：“甘氏曰，農丈人一星在南斗西南。郗萌曰：‘農丈人主歲豐秏，在箕東歲大熟；在箕西饑；在箕南小旱穰；在箕北大穰。’”　子、孫星：《通典》卷四四《吉禮三》作“孫星”，無“子”。子星，屬井宿，即天鴿座中間二星。《晋書·天文志上》：“丈人東二星曰子。”孫星，屬井宿，爲子星東面二星。

[11]坐：量詞，通“座”。

凡應預祠享之官，亦太醫給除穢氣散藥，先齋一日服之，以自潔。其儀本之齊制。

後齊立太社、帝社、太稷三壇於國右。每仲春仲秋月之元辰及臘，[1]各以一太牢祭焉。皇帝親祭，則司農卿省牲進熟，[2]司空亞獻，司農終獻。

[1]仲秋：農曆八月。　元辰：良辰，吉辰。

[2]進熟：指祭祀時進熟食。

后周社稷，皇帝親祀，則冢宰亞獻，宗伯終獻。

開皇初，社稷並列於含光門内之右，[1]仲春仲秋吉戊，[2]各以一太牢祭焉。牲色用黑。孟冬下亥，[3]又臘祭之。州郡縣二仲月，並以少牢祭，百姓亦各爲社。又於國城東南七里延興門外，[4]爲靈星壇，立秋後辰，令有司祠以一少牢。

[1]含光門：地名。唐太極宫西有門曰含光門，在朱雀街西，百司庶府居之。或亦即隋之含光門。

[2]吉戊：即戊日，指逢戊子、戊寅、戊辰、戊午、戊申、戊戌之日。其日卜須吉，故稱“吉戊”。

[3]下亥：下旬的亥日。

[4]延興門：地名。隋大興城東面最南門，在今陕西西安市東南。

古典有天子東耕儀。[1]江左未暇，至宋始有其典。梁初藉田，依宋、齊，以正月用事，不齋不祭。天監十二年，武帝以爲：“啓蟄而耕，[2]則在二月節内。[3]《書》云：‘以殷仲春。’[4]藉田理在建卯。”[5]於是改用二月。“又《國語》云：‘王即齋宫，與百官御事並齋三日。’[6]乃有沐浴祼饗之事。前代當以耕而不祭，故闕此禮。《國語》又云：‘稷臨之，太史讚之。’[7]則知耕藉應有先農神座，兼有讚述耕旨。今藉田應散齋七日，[8]致齋三日，[9]兼於耕所設先農神座，陳薦羞之禮。讚辭如社稷法。”又曰：“齊代舊事，藉田使、御史乘馬車,[10]載耒耜,[11]於五輅後。[12]《禮》云:‘親載耒耜,措于參保介之御間。’[13]則置所乘輅上。若以今輅與古不同,則宜升之次輅,[14]以明慎重。而遠在餘處,於義爲乖。且御史掌視,尤爲輕賤。自今宜以侍中奉耒耜,[15]載於象輅,[16]以隨木輅之後。”[17]

[1]東耕:指天子耕於藉田。

[2]蟄:動物冬眠,潛伏起來不食不動。《易·繫辭下》:“龍蛇之蟄,以存身也。”虞翻注:“蟄,潛藏也。”此指驚蟄,二十四節氣之一。在西曆三月五、六或七日。此時氣溫上升,土地解凍,春雷始鳴,蟄伏過冬的動物驚起活動,故名。

[3]二月節:《禮記·月令》“驚蟄始振”,鄭玄注:“漢始,亦以驚蟄爲正月中。”孔穎達疏曰:“前漢之末,劉歆作《三統曆》,改驚蟄爲二月節。”

[4]以殷仲春:此句出自《尚書·堯典》:“日中星鳥,以殷仲春。”

[5]建卯:夏曆二月。夏正建寅,二月爲卯。《晋書·樂志上》:“二月之辰名爲卯,卯者茂也,言陽氣生而孳茂也。”

[6]王即齋宫,與百官御事並齋三日:此句出於《國語·周語上》:“王即齋宫,百官御事各即其齋三日。”

[7]稷臨之,太史讚之:此句亦出《國語·周語上》:“及藉,后稷監之,膳夫、農正陳藉禮,大史贊王。”

[8]散齋:古禮於祭祀父母前七日不御、不樂、不吊,謂之“散齋”。亦稱“散齊”。《禮記·祭義》:“致齊於内,散齊於外。”鄭玄注:“散齊,七日不御不樂不弔耳。”《禮記·祭統》:“散齊七日以定之,致齊三日以齊之。”

[9]致齋:古代在舉行祭祀前清心潔身的禮式。亦稱“致齊”。《禮記·祭統》:“故散齊七日以定之,致齊三日以齊之。定之之謂

齊，齊者精明之至也，然後可以交於神明也。”

［10］藉田使：官名。據《玉海》卷七六《禮儀》記：南朝宋元嘉二十年（443）十二月壬午置藉田使。具體職掌未詳，應與藉田事務有關。南朝齊沿置。　御史：官名。西周時爲侍從屬吏，南朝時爲侍御史、治書侍御史、督軍糧侍御史、殿中侍御史、監國侍御史等的簡稱。

［11］耒耜：古代耕地翻土的農具。耒是耒耜的柄，耜是耒耜下端的起土部分。《禮記·月令》：“（孟春之月）天子親載耒耜，措之于參保介之御間。”鄭玄注：“耒，耜之上曲也。”

［12］五輅：古代帝王所乘的五種車子，即玉輅、金輅、象輅、革輅、木輅。輅亦作“路”。《周禮·春官·巾車》：“王之五路，一曰玉路，錫樊纓，十有再就，建大常，十有二斿，以祀；金路，鉤，樊纓九就，建大旂以賓，同姓以封；象路，朱，樊纓七就，建大赤以朝，異姓以封；革路，龍勒，條纓五就，建大白以即戎，以封四衛；木路，前樊鵠纓，建大麾，以田，以封蕃國。”

［13］親載耒耜，措于參保介之御間：此句出自《禮記·月令》。保介，指古時立於車右，披甲執兵，擔任侍衛的勇士。《詩·周頌·臣工》：“嗟嗟保介，維莫之春，亦又何求，如何新畬。”鄭玄箋：“保介，車右也……介，甲也。車右勇力之士，被甲執兵也。”《禮記·月令》：“（孟春之月）天子親載耒耜，措之于參保介之御間。”鄭玄注：“人君之車必使勇士衣甲居右而參乘，備非常也。保猶衣也；介，甲也。”

［14］次輅：副車。

［15］侍中：官名。南朝陳時爲門下省長官，侍奉皇帝生活起居，侍從左右，有顧問應對，諫諍糾察之職能，同時兼掌出納、璽封詔奏，有封駁權，參預機密政務，上親皇帝，下接百官，官顯職重。多選美姿容、有文才、與皇帝親近者任之。並爲親王之起家官，員四人。三品。

［16］象輅：以象牙爲飾的車子，爲帝王所乘。亦作“象路”。

［17］木輅：指古代帝王所乘的一種車，衹塗漆而不覆以革，亦無金、玉、象牙之飾。亦作“木路”。

普通二年，又移藉田於建康北岸，築兆域大小，[1]列種梨柏，便殿及齋官省，[2]如南北郊。别有望耕臺，[3]在壇東。帝親耕畢，登此臺，以觀公卿之推伐。[4]又有祈年殿云。[5]

［1］兆域：墓地四周的疆界。亦以稱墓地。

［2］便殿：正殿以外的别殿，古時帝王休息消閑之處。

［3］望耕臺：地名。宋人周應和《景定建康志》卷二二《城闕三》考證南朝梁望耕臺在宋建康白上村。

［4］推伐：推耜翻土。古代帝王率領公卿春令郊祀後以示勸農的一種禮儀。

［5］祈年殿：地名。確址不詳。

北齊藉於帝城東南千畝内，種赤粱、白穀、大豆、赤黍、小豆、黑穄、麻子、小麥，[1]色别一頃。自餘一頃，地中通阡陌，[2]作祠壇於陌南阡西，廣輪三十六尺，[3]高九尺，四陛三壝四門。又爲大營於外，[4]又設御耕壇於阡東陌北。每歲正月上辛後吉亥，[5]使公卿以一太牢祠先農神農氏於壇上，無配饗。祭訖，親耕。先祠，司農進穜稑之種，[6]六宫主之。[7]行事之官并齋，設齋省。於壇所列宫懸。又置先農坐於壇上。衆官朝服，司空一獻，不燎。祠訖，皇帝乃服通天冠、青紗袍、黑介幘，[8]佩蒼玉，黄綬，[9]青帶、袜、舄，[10]備法駕，乘木輅。耕官具朝服從。殿中監進御耒於壇南，[11]百官定列。帝出便殿，升耕壇南陛，即御座。應耕者各進於列。帝降自南陛，至耕位，釋劍執耒，三推三反，升壇即坐。耕，官一品五推五反，二品七推七反，三品九推九反。藉田令帥其屬以牛耕，[12]終千畝。以青箱奉穜稑種，跪呈司農，詣耕所灑之。耰訖，[13]司農省功，[14]奏事畢。皇帝降之便殿，更衣饗宴。禮畢，班賚而還。[15]

[1]白穀：作物名。穀之一種。　黑穄：穄，作物名。跟黍子相似，而子實不黏，也叫糜子，可以作飯。黑穄或爲穄之一種。按，侯旭東考北齊藉田千畝合十頃，其中一頃作祠壇，餘下九頃每頃種一種作物，合爲九穀，但志中僅記八種，應據《通典》卷四六《吉禮五》於"小麥"上補"大麥"（參見侯旭東《〈隋書〉標點勘誤及校勘補遺五則》）。

[2]阡陌：田界。阡，田間東西嚮的小路。陌，田間南北嚮的小路。

[3]廣輪：廣袤。指土地的面積。《周禮·地官·大司徒》："以天下土地之圖，周知九州之地域廣輪之數。"賈公彦疏引馬融曰："東西爲廣，南北爲輪。"

[4]營：區域，邊界。

[5]上辛：上旬的辛日。辛，天干的第八位。《穀梁傳》哀公元年："我以十二月下辛卜正月上辛。如不從，則以正月下辛卜二月上辛。如不從，則以二月下辛卜三月上辛。如不從，則不郊矣。"范寧注："郊必用上辛者，取其新潔莫先也。"　吉亥：古禮，天子於每年農曆正月之亥日親耕。其日卜須吉，故稱"吉亥"。先卜上旬之亥日，如不吉，則再卜中旬、下旬。

[6]穜（tóng）稑（lù）：指先種後熟的穀類和後種先熟的穀類。《周禮·天官·内宰》："上春，詔王后帥六宮之人，而生穜稑

之種，而獻之于王。”鄭玄注引鄭司農曰：“先種後孰謂之穜，後種先孰謂之稑。”

［7］六宫：皇后所居之所，此應代指皇后。

［8］通天冠：皇帝戴的一種帽子。《續漢書·輿服志下》：“通天冠，高九寸，正竪，頂少邪却，乃直下爲鐵卷梁，前有山，展筩爲述，乘輿所常服。”　青紗袍：青色的紗袍。袍，中式長衣的通稱。其形制不分上衣下裳。本爲閑居之服，漢以後亦用作朝服。紗，絹之輕細者。　黑介幘：黑色的長頭巾。幘，古代包扎髮髻的巾。漢蔡邕《獨斷》下：“幘者，古之卑賤執事不冠者之所服也……元帝額有壯髮，不欲使人見，始進幘服之，群臣皆隨焉，然尚無巾，如今半頭幘而已。”介幘爲文官所配頭巾。本書《禮儀志六》：“幘，尊卑貴賤皆服之。文者長耳，謂之介幘；武者短耳，謂之平上幘。”

［9］黄綬：古代官員繫官印的黄色絲帶。

［10］青帶：青色的腰帶。　舄：古代一種以木爲複底的鞋。亦可作爲鞋的通稱。

［11］殿中監：官名。北齊時爲門下省殿中局屬官，掌駕前奏引等事。

［12］藉田令：官名。北齊時爲司農寺藉田署長官，管理藉田之事。

［13］耰：本爲農具名。狀如槌，用以擊碎土塊，平整土地和覆種。此處指耕種。

［14］省功：視察農事。

［15］賚：賜予，給予。

隋制，於國南十四里啓夏門外，置地千畝，爲壇，孟春吉亥，祭先農於其上，以后稷配。[1]牲用一太牢。皇帝服兖冕，備法駕，乘金根車。[2]禮三獻訖，因耕。司農授耒，皇帝三推訖，執事者以授應耕者，各以班九推五推（五推九推）。而司徒帥其屬，[3]終千畝。播殖九穀，納于神倉，[4]以擬粢盛。[5]穰稿以餇犧牲云。[6]

[1]后稷：周之先祖。相傳姜嫄踐天帝足迹，懷孕生子，因曾被棄而不養，故名之爲“棄”。虞舜命爲農官，教民耕稼，稱爲“后稷”。《詩·大雅·生民》：“厥初生民，時維姜嫄……載生載育，時維后稷。”

[2]金根車：以黄金爲飾的根車，一般爲帝王所乘。根車，用自然圓曲的樹木做車輪裝配成的車子。古代以爲帝王有盛德，則山出根車，爲祥瑞之兆。蔡邕《獨斷》卷下：“上所乘曰金根車，駕六馬，有五色安車、五色立車各一，皆駕四馬，是爲五時副車。”《舊唐書·輿服志》：“金根車，朱質，紫油通幰，油畫絡帶，朱絲網，常行則供之。”

[3]司徒：官名。三公之一，名義上參議大政，其位多曠，遇有典禮，以他官攝行其事，如置，則坐於尚書都省。正一品。

[4]神倉：古時藏祭祀用穀物的處所。《禮記·月令》：“（季秋之月）乃命冢宰，農事備收，舉五穀之要，藏帝籍之收於神倉，祗敬必飭。”鄭玄注：“藏祭祀之穀爲神倉。”孔穎達疏：“神倉者，貯祀鬼神之倉也。”

[5]粢盛：古代盛在祭器内以供祭祀的穀物。《公羊傳》桓公十四年：“御廩者何，粢盛委之所藏也。”何休注：“黍稷曰粢，在器曰盛。”

[6]穰稿：泛指黍稷稻麥等植物的稈莖。

《周禮》王后蠶於北郊，[1]而漢法皇后蠶於東郊。魏遵《周禮》，蠶于北郊。吴韋昭制《西蠶頌》，[2]則孫氏亦有其禮矣。晋太康六年，[3]武帝楊皇后蠶于西郊，[4]依漢故事。江左至宋孝武大明四年，[5]始於臺城西白石里，[6]爲西蠶設兆域。置大殿七間，又立蠶觀。[7]自是有其禮。

［1］蠶：養蠶。《周禮·天官·掌皮》記："中春，詔后帥外、內命婦始蠶于北郊，以爲祭服。"

［2］韋昭：人名。三國時吴國人，《三國志》因避晋諱稱其"韋曜"。傳見《三國志》卷六五。

［3］太康：西晋武帝司馬炎年號（280—289）。

［4］武帝：西晋司馬炎的謚號。紀見《晋書》卷三。　楊皇后：即西晋楊艷。傳見《晋書》卷三一。楊皇后蠶於西郊事参《晋書·禮志上》。

［5］孝武：南朝宋劉駿的謚號。紀見《宋書》卷六、《南史》卷二。　大明：南朝宋孝武帝劉駿年號（457—464）。

［6］白石里：地名。按，東晋有白石陂，在今江蘇南京市城區西北部，應即此地。

［7］蠶觀：建築名。據稱西晋即有建蠶觀之例，南朝宋乃效晋朝之禮。

後齊爲蠶坊於京城北之西，[1]去皇宫十八里之外，方千步。蠶宫方九十步，[2]墻高一丈五尺，被以棘。其中起蠶室二十七口，[3]别殿一區。置蠶宫令丞佐史，[4]皆宦者爲之。路西置皇后蠶壇，[5]高四尺，方二丈，四出，階廣八尺。置先蠶壇於桑壇東南，[6]大路東，横路之南。[7]壇高五尺，方二丈，四出，階廣五尺。外兆方四十步，面開一門。有緑褠褠、褠衣、黄履，[8]以供蠶母。[9]每歲季春，[10]穀雨後吉日，[11]使公卿以一太牢祀先蠶黄帝軒轅氏於壇上，無配，如祀先農。禮訖，皇后因親桑於桑壇。備法駕，服鞠衣，[12]乘重翟，[13]帥六宮升桑壇東陛，即御座。女尚書執筐，[14]女主衣執鈎，[15]立壇下。皇后（帝）降自東陛，執筐者處右，執鈎者居左，蠶母在後。乃躬桑三條訖，升壇，即御座。内命婦以次就桑，[16]鞠衣五條，展衣七條，[17]褖衣九條，[18]以授蠶母。還蠶室，切之授世婦，[19]灑一簿。[20]領預桑者並復本位。后乃降壇，還便殿，改服，設勞酒，[21]班賚而還。

[1]蠶坊：專用於養蠶的區域。

[2]蠶宫：古代王室養蠶的宫館。

[3]蠶室：古代王室飼蠶之所。

[4]蠶宫令丞佐史：官名。北齊時負責管理蠶宫事。

[5]皇后蠶壇：歷代皆未見皇后蠶壇之説，而有皇后采桑壇，如《晋書·禮志上》記西晋置先蠶壇於皇后采桑壇東南，又下文亦數稱“桑壇”，頗疑“蠶”乃“桑”之誤。

[6]先蠶壇：古代祀先蠶的祭壇。先蠶，古代傳説始教民育蠶之神。相傳周制王后享先蠶，以後歷代王朝皆由皇后主祭先蠶。《續漢書·禮儀志上》：“祠先蠶，禮以少牢。”劉昭注引《漢舊儀》：“祭蠶神曰菀窳婦人、寓氏公主，凡二神。” 桑壇：古代皇后祀先蠶時采桑之所。

[7]横路：横向的道路。

[8]襜襦：内衣，汗衣。 褠衣：袖狹而直，形狀如溝的單衣。《釋名·釋衣服》：“褠，禪衣之無胡者也，言袖夾直形如溝也。”王先謙《疏證補》：“蓋胡是頸咽皮肉下垂之義，因引伸爲衣物下垂者……今袖緊而直無垂下者，故云無胡也。”《通鑑》卷七七《魏紀》魏高貴鄉公甘露元年胡三省注：“褠，單衣，漢魏以來，士庶

以爲禮服。”

［9］蠶母：古時主管蠶事的女官。

［10］季春：農曆三月。

［11］穀雨：二十四節氣之一。在四月十九、二十或二十一日。穀雨前後，中國大部分地區降雨量比之前增加，有利於作物生長。

［12］鞠衣：古代王后六服之一，九嬪及卿妻亦服之。其色如桑葉始生。《周禮·天官·内司服》：“掌王后之六服：褘衣、揄狄、闕狄、鞠衣、展衣、緣衣。”鄭玄注：“鄭司農云：‘鞠衣，黄衣也。’……鞠衣，黄桑服也。色如鞠塵，象桑葉始生。”

［13］重翟：古代王后祭祀時乘坐的車子。《周禮·春官·巾車》：“王后之五路，重翟，鍚面朱總。”鄭玄注：“重翟，重翟雉之羽也……後從王祭祀所乘。”賈公彦疏：“凡言翟者，皆謂翟鳥之羽，以爲兩旁之蔽。言重翟者，皆二重爲之。”

［14］女尚書：官名。北齊時掌管宫中事務的女官。品位不詳。

［15］主衣：官名。北齊時爲主衣局屬官，隸門下省。掌御用衣服器玩。

［16］内命婦：古代宫廷中受封號的嬪妃稱爲内命婦。

［17］展衣：古代王后六服之一，色白。又爲世婦及卿大夫妻之命服。展，通“襢”。《周禮·天官·内司服》：“掌王后之六服：褘衣、揄狄、闕狄、鞠衣、展衣、緣衣，素沙。”鄭玄注：“鄭司農云：‘展衣，白衣也。’……以禮見王及賓客之服。”一説展衣色赤。

［18］褖（tuàn）衣：飾有邊沿的衣服。爲士的禮服或士妻等的命服。《儀禮·士喪禮》：“褖衣。”鄭玄注：“黑衣裳赤緣謂之褖，褖之言緣也，所以表袍者也。”《禮記·玉藻》：“再命褘衣，一命襢衣，士褖衣。”鄭玄注：“此子男之夫人及其卿大夫之妻命服也。”

［19］切之授世婦：“切之”原作“初”，中華本據《通典》卷四六改，從改。世婦，宫中女官。《禮記·曲禮下》：“天子有后，有夫人，有世婦，有嬪，有妻，有妾。”孔穎達疏：“婦，服也，言其進以服事君子也；以其猶貴，故加以世言之，亦廣世胤也。”《周

禮·天官·世婦》："世婦掌祭祀、賓客、喪紀之事。"後世宮庭，每設此官，掌管賓客祭祀事務。

[20]簿：蠶簾，一種用竹篾等編成的養蠶器具。

[21]勞酒：古時天子設宴慰勞群臣謂勞酒。

後周制，皇后乘翠輅，[1]率三妃、三㚤、御媛、御婉、三公夫人、三孤内子至蠶所，[2]以一太牢親祭，進奠先蠶西陵氏神。[3]禮畢，降壇，昭化嬪亞獻，淑嬪終獻，因以公桑焉。[4]

[1]翠輅：以翠羽爲飾的車。古代皇后及諸公夫人乘用。

[2]三妃、三㚤、御媛、御婉：皆爲北周内命婦。三妃，原稱三夫人，武帝建德二年（573）改爲三妃。有貴妃、長貴妃、德妃。建德六年減爲二妃。宣帝時同時立五皇后，除楊后外，其餘四后，其實爲妃。位視三公。三㚤，武帝時稱世婦。後改爲三㚤。位視三孤。御媛，位視大夫。分上、中、下媛婦。御婉，三人，位視士。疑亦分爲上、中、下三等。　三孤：即"三少"。少師、少傅、少保，位卑於公，尊於卿。

[3]西陵氏神：即嫘祖。傳説中黄帝元妃，西陵氏女。傳爲中國最早養蠶的人。自南朝宋元嘉以來，歷代王朝皆設先蠶壇，祀嫘祖爲先蠶（蠶神）。

[4]公桑：指天子、諸侯的桑田。

隋制，於宮北三里爲壇，高四尺。季春上巳，[1]皇后服鞠衣，乘重翟，率三夫人、九嬪、内外命婦，[2]以一太牢制。幣，祭先蠶於壇上，用一獻禮。祭訖，就桑位於壇南，東面。尚功進金鈎，[3]典制奉筐。[4]皇后採三條，反鈎。命婦各依班採，五條九條而止。世婦亦有蠶母受切桑，[5]灑訖，還依位。皇后乃還宫。

［1］上巳：舊時節日名。漢以前以農曆三月上旬巳日爲“上巳”；魏晋以後，定爲三月三日，不必取巳日。

［2］外命婦：古代在宫廷外受封號的大臣妻女稱爲外命婦。

［3］尚功：宫廷女官名。應爲“尚工”，唐改“尚功”。内官六尚之一，掌内宫營造百役，置三員。視從九品。煬帝時置爲尚工局長官，置二員。從五品。

［4］典制：宫廷女官名。煬帝時始置，二十四典之一，屬尚工局。從七品。

［5］切：原作“功”，中華本據《通典》卷四六改，從改。

自後齊、後周及隋，其典大抵多依晋儀。然亦時有損益矣。

《禮》仲春以玄鳥至之日，用太牢祀于高禖。[1]漢武帝年二十九，乃得太子，甚喜，爲立禖祠於城南，[2]祀以特牲，因有其祀。晋惠帝元康六年，[3]禖壇石中破爲二。詔問，石毁今應復不？博士議：“《禮》無高禖置石之文，未知造設所由；既已毁破，可無改造。”更下西府博議。[4]而賊曹屬束晳議：[5]“以石在壇上，蓋主道也。祭器弊則埋而置新，今宜埋而更造，不宜遂廢。”時此議不用。後得高堂隆故事，魏青龍中，[6]造立此石，詔更鐫石，令如舊，置高禖壇上。埋破石入地一丈。

［1］《禮》仲春以玄鳥至之日，用太牢祀于高禖：此句出於《禮記·月令》：“是月（仲春之月）也，玄鳥至。至之日，以太牢

祠于高禖。”玄鳥，燕子。高禖，指媒神。高，通“郊”。

[2]禖祠：禖神之祠廟。《漢書》卷五一《枚皋傳》：“立皇子禖祝。”唐顔師古注：“高禖，求子之神也。武帝晚得太子，喜而立此禖祠。”

[3]晋惠帝：西晋司馬衷的謚號。紀見《晋書》卷四。　元康：晋惠帝司馬衷年號（291—299）。

[4]西府：中華本校勘記曰：“《御覽》卷五二九作‘四府’。”按，西晋未見置西府之記載，或以“四府”爲是。四府，指太傅、太尉、司徒、司空府。有時亦指太尉、司徒、司空、大將軍四府。

[5]賊曹屬：官名。西晋公府置賊曹，主盗賊事。以掾主之，並置屬一人。趙王倫爲相國，增設掾一人。太子二傅、諸大將軍不開府者、三品將軍、諸郡縣亦置。　束晳：人名。西晋時人。傳見《晋書》卷五一。

[6]青龍：曹魏明帝曹叡年號（233—237）。

案梁太廟北門内道西有石，文如竹葉，小屋覆之，宋元嘉中修廟所得。[1]陸澄以爲孝武時郊禖之石。[2]然則江左亦有此禮矣。

[1]元嘉：南朝宋文帝劉義隆年號（424—453）。

[2]陸澄：人名。南朝齊時人。傳見《南齊書》卷三九、《南史》卷四八。

後齊高禖，爲壇於南郊傍，廣輪二十六尺，高九尺，四陛三壝。每歲春分玄鳥至之日，皇帝親帥六宫，祀青帝於壇，以太昊配，而祀高禖之神以祈子。其儀，青帝北方南向，配帝東方西向，禖神壇下東陛之南西向。禮用青珪束帛，牲共以一太牢。祀日，皇帝服衮冕，乘玉輅。皇后服褘衣，[1]乘重翟。皇帝初獻，降自東陛，皇后亞獻，降自西陛，並詣便坐。夫人終獻，上嬪獻于禖神訖。帝及后並詣欑位，[2]乃送神。皇帝皇后及群官皆拜。乃撤就燎，禮畢而還。

[1]褘（huī）衣：繪有野鷄圖紋的王后祭服。古禮規定在從王祭祀先王時所服。《周禮·天官·内司服》："掌王后之六服，褘衣、揄狄、闕狄、鞠衣、展衣、緣衣。"鄭玄注："褘衣，畫翬者……從王祭先王時服褘衣。"

[2]欑（cuán）：積竹杖。聚合細竹爲之。

隋制亦以玄鳥至之日，祀高禖於南郊壇。牲用太牢一。

舊禮祀司中、司命、風師、雨師之法，[1]皆隨其類而祭之。兆風師於西方者，就秋風之勁，而不從箕星之位。[2]兆司中、司命於南郊，以天神是陽，故兆於南郊也。兆雨師於北郊者，就水位，在北也。隋制，於國城西北十里亥地，[3]爲司中、司命、司禄三壇，[4]同壝。祀以立冬後亥。[5]國城東北七里通化門外爲風師壇，[6]祀以立春後丑。[7]國城西南八里金光門外爲雨師壇，[8]祀以立夏後申。[9]壇皆三尺，牲並以一少牢。

[1]司中：星名。文昌宫之第五星，古人以爲主司過詰咎之神。《周禮·春官·大宗伯》："以槱燎祀司中、司命，風師、雨師。"司命：星名。文昌宫之第四星，古人以爲主賞功進賢之神。

[2]箕星：星名。古代二十八宿之一，爲東方蒼龍七宿的第七宿，由四顆星組成，其形體猶如簸箕。

[3]亥地：指位於西北偏北方向的地區。

[4]司禄：官名。西周時置，由中士四人充任，爲教官之屬。可能爲掌穀禄之官。

[5]立冬：二十四節氣之一。在陽曆十一月七或八日，農曆十月初。習慣以爲冬之始。　亥：即亥日。

[6]通化門：地名。在隋大興城東面北門，今陝西西安市城東北。

[7]丑：即丑日。

[8]金光門：地名。隋大興城西面中門，今陝西西安市西南。

[9]立夏：二十四節氣之一。在陽曆五月五、六或七日。　申：即申日。

昔伊耆氏始爲蜡。[1]蜡者，索也。古之君子，使人必報之。故周法，以歲十二月，合聚萬物而索饗之。仁之至，義之盡也。其祭法，四方各自祭之。若不成之方，則闕而不祭。

[1]伊耆氏：古帝號。即神農，一説即帝堯。《禮記·郊特牲》："伊耆氏始爲蜡。"鄭玄注："伊耆氏，古天子號也。"孔穎達疏："《明堂》云：'土鼓、葦籥，伊耆氏之樂。'《禮運》云：'夫禮之初，始諸飲食，蕢桴而土鼓。'俱稱土鼓，則伊耆氏，神農也。以其初爲田事，故爲蜡祭，以報天也。"陸德明釋文："耆，巨夷反，或云即帝堯也。"　蜡（zhà）：古代年終大祭。《禮記·雜記下》："子貢觀於蜡。"鄭玄注："蜡也者，索也。歲十二月，合聚萬物而索饗之也。"

後周亦存其典，常以十一月，祭神農氏、伊耆氏、后稷氏、田畯、鱗、羽、臝、毛、介、水、墉、坊、郵、表、畷、獸、猫之神於五郊。[1]五方上帝、地祇、五星、列宿、蒼龍、朱雀、白獸、玄武、五人帝、五官之神、岳鎮海瀆、山林川澤、丘陵墳衍原隰，[2]各分其方，合祭之。日月，五方皆祭之。上帝、地祇、神農、伊耆、人帝於壇上，南郊則以神農，既蜡，無其祀。三辰七宿則爲小壇於其側，岳鎮海瀆、山林川澤、丘陵墳衍原隰，則各爲坎，餘則於平地。皇帝初獻上帝、地祇、神農、伊耆及人帝，冢宰亞獻，宗伯終獻。上大夫獻三辰、五官、后稷、田畯、岳鎮海瀆，[3]中大夫獻七宿、山林川澤已下。[4]自天帝、人帝、田畯、羽、毛之類，牲幣玉帛皆從燎；地祇、郵、表、畷之類，皆從埋。祭畢，皇帝如南郊便殿致齋，明日乃蜡祭于南郊，如東郊儀。祭訖，又如黄郊便殿致齋，明日乃祭。祭訖，又如西郊便殿，明日乃祭。祭訖，又如北郊便殿，明日蜡祭訖，還宫。

[1]神農氏：傳説中的太古帝王名。始教民爲耒耜，務農業，故稱神農氏。又傳他曾嘗百草，發現藥材，教人治病。也稱炎帝，謂以火德王。　田畯：農神。《周禮·春官·籥章》："擊土鼓以樂田畯。"鄭玄注引鄭司農曰："田畯，古之先教田者。"　鱗：泛指有鱗甲的動物。《禮記·月令》："（孟春之月）其蟲鱗。"鄭玄注："鱗，龍蛇之屬。"　羽：鳥類的代稱。《周禮·冬官·梓人》："天下之大獸五：脂者、膏者、臝者、羽者、鱗者。"鄭玄注："羽，鳥屬。"　臝（luǒ）：短毛的獸類。　毛：借指獸類。　介：指有甲

殼的蟲類或水族。 墉：城墻。 坊：堤防。防水或禦敵的狹長建築物。 郵：驛站。古時設在沿途，供出巡的官員、傳送文書的小吏和旅客歇宿的館舍。馬傳曰置，步傳曰郵。 表：旌旗，徽幟。 畷：通“綴”。連結。《禮記·郊特牲》：“饗農，及郵表畷。”孔穎達疏：“畷者，謂井畔相連畷於此。” 獸：牲畜，家畜。

[2]地祇：地神。 列宿：衆星宿。特指二十八星宿。 蒼龍：星宿名。古代二十八宿中東方七宿的總稱。 朱雀：星宿名。二十八宿中南方七宿的總稱。 白獸：中華本校勘記曰：“‘獸’應作‘虎’，唐人諱改。”白虎，二十八宿中西方七宿的總稱。 玄武：星宿名。二十八宿中北方七宿的合稱，以其排列之形如龜而得名。《史記·天官書》：“北宫玄武。”司馬貞《索隱》：“南斗六星，牽牛六星，並北宫玄武之宿。” 五官之神：五行之官。古代傳説中的五神。《左傳》昭公二十九年：“故有五行之官，是謂五官……木正曰句芒，火正曰祝融，金正曰蓐收，水正曰玄冥，土正曰后土。” 原隰：廣平與低濕之地。《國語·周語上》：“猶其原隰之有衍沃也。”吴韋昭注：“廣平曰原，下濕曰隰。”

[3]上大夫：官名。北周的天官、地官等六府皆置此職，爲六府的副長官。明帝時置御正上大夫。静帝大象元年（579），宣帝又置内史上大夫。正六命。

[4]中大夫：官名。北周時爲六府所轄諸司長官。武帝建德二年罷，宣帝時復置。正五命。

隋初因周制，定令亦以孟冬下亥蜡百神，臘宗廟，祭社稷。其方不熟，則闕其方之蜡焉。又以仲冬祭名源川澤於北郊，用一太牢。祭井於社宫，[1]用一少牢。季冬藏冰，[2]仲春開冰，並用黑牡秬黍，[3]於冰室祭司寒神。[4]開冰，加以桃弧棘矢。[5]

［1］社宫：古代祭祀土神的宫殿。《左傳》哀公七年："初，曹人或夢衆君子立於社宫，而謀亡曹。"杜預注："社宫，社也。"《史記》卷三五《管蔡世家》引此文，裴駰《集解》引鄭衆曰："社宫，中有室屋者。"

［2］季冬：農曆十二月。

［3］黑牡：黑色的雄牲。《左傳》昭公四年："其藏之也，黑牡秬黍，以享司寒。"杜預注："黑牡，黑牲也。"　秬黍：即黑黍。

［4］冰室：藏冰的處所。　司寒神：古代傳説的冬神。《左傳》昭公四年："其藏之也，黑牡、秬黍以享司寒。"杜預注："司寒，玄冥，北方之神。"楊伯峻注："據《禮記·月令》，司寒爲冬神玄冥。冬在北陸，故用黑色。"

［5］桃弧：桃木製的弓，以辟邪。　棘矢：用棘枝做的箭。《左傳》昭公十二年："昔我先王熊繹，辟在荆山……跋涉山林，以事天子。唯是桃弧、棘矢，以共禦王事。"杜預注："桃弧，棘矢，以禦不祥。言楚在山林，少所出有。"

開皇四年十一月，詔曰："古稱臘者，接也。取新故交接。前周歲首，今之仲冬，建冬之月，稱蜡可也。[1]後周用夏后之時，行姬氏之蜡。考諸先代，於義有違。其十月行蜡者停，可以十二月爲臘。"於是始革前制。

［1］建冬：侯旭東考"建冬"應作"建子"（參見侯旭東《〈隋書〉標點勘誤及校勘補遺五則》）。　蜡：底本作"禬"，據中華本改。本段後兩處同此。

後齊，正月晦日，[1]中書舍人奏祓除。[2]年暮上臺，[3]東宮奏擇吉日詣殿堂，貴臣與師行事所須，皆移尚書省備設云。[4]

[1]正月晦日：正月三十日。晦日，農曆每月的最後一天。

[2]中書舍人：官名。北齊時專掌草擬詔令，亦與門下省分任出納之職。六品。　祓除：除灾去邪之祭。

[3]上臺：宫廷，朝廷。

[4]尚書省：官署名。北齊時爲綜理全國政務的外朝最高行政機構，總庶務，行文書，爲樞機之任。以録尚書爲長官，令、僕射副之，下置吏部、殿中、祠部、五兵、都官、度支六曹尚書。祠部或不置尚書，則由右僕射領。

後主末年，[1]祭非其鬼，至於躬自鼓舞，[2]以事胡天。[3]鄴中遂多淫祀，[4]兹風至今不絶。後周欲招來西域，又有拜胡天制，皇帝親焉。其儀並從夷俗，淫僻不可紀也。

[1]後主：即北齊高緯。紀見《北齊書》卷八、《北史》卷八。

[2]鼓舞：擊鼓跳舞。古代常用以祀神。

[3]胡天：亦稱“胡天神”。北朝時稱瑣羅亞斯德教（拜火教）信奉的神。

[4]鄴：縣名。北齊時治所在今河北臨漳縣西南。

隋書　卷八

志第三

禮儀三

陳永定三年七月,[1]武帝崩。[2]新除尚書左丞庾持稱:[3]"晋、宋以來,[4]皇帝大行儀注,[5]未祖一日,[6]告南郊太廟,[7]奏策奉謚。[8]梓宫將登轀輬,[9]侍中版奏,[10]已稱某謚皇帝。遣奠,[11]出於陛階下,[12]方以此時,乃讀哀策。[13]而前代策文,猶云大行皇帝,請明加詳正。"國子博士、領步兵校尉、知儀禮沈文阿等謂:[14]"應劭《風俗通》,[15]前帝謚未定,臣子稱大行,以别嗣主。近檢梁儀,[16]自梓宫將登轀輬,版奏皆稱某謚皇帝登轀輬。伏尋今祖祭已奉策謚,[17]哀策既在庭遣祭,不應猶稱大行。且哀策篆書,藏於玄宫。"[18]謂"依梁儀稱謚,[19]以傳無窮"。詔可之。

[1]陳:即南朝陳(557—589),都於建康(今江蘇南京市)。永定:南朝陳武帝陳霸先年號(557—559)。

［2］武帝：南朝陳開國皇帝陳霸先的謚號。紀見《陳書》卷一、二，《南史》卷九。　崩：古代稱帝王、皇后之死。

［3］除：官制用語。即拜官、授職。　尚書左丞：官名。南朝陳時爲尚書省的屬官，與尚書右丞對置，各一人。輔佐本省正副長官知省事，掌判臺内分職儀及禁令，督録近道文書章表奏事，糾諸不法。第四品。　庾持：人名。陳武帝末年官任尚書左丞，嘗奏議大行皇帝儀注事。傳見《陳書》卷三四，《南史》卷七三有附傳。

［4］宋：即南朝宋（420—479），都於建康（今江蘇南京市）。

［5］大行：古代稱剛死而尚未定謚號的皇帝、皇后。　儀注：即有關禮儀的制度和法式。

［6］祖：指在死者將葬時所舉行的祭祀路神的儀式。

［7］告：祭告，禱告。　南郊：古代天子在京都南面的郊外築圜丘以祭天的地方。亦特指帝王祭天的大禮。　太廟：古代帝王供奉和祭祀祖先神位的宗廟。

［8］謚：古代帝王、貴族、大臣、士大夫或其他有地位的人死後，據其生前業迹評定的帶有褒貶意義的稱號。

［9］梓宫：古代皇帝、皇后的棺材。　輼輬：即輼輬車。古代的喪車。形制如卧車，有窗牖，閉之則温，開之則凉，故名“輼輬車”。

［10］侍中：官名。南朝陳時爲門下省的長官，置四人，掌侍從皇帝左右，擯相威儀，獻納諫正，糾駁制敕，監製御藥，是宰相之職。第三品。　版奏：即持版啓奏。

［11］遣（qiàn）奠：亦稱“遣祭”。古代指將葬時的祭奠。

［12］陛階：宫殿的臺階。

［13］哀策：亦作“哀册”。古代頌揚帝王、后妃生前功德的韵文，多篆書於玉石木竹之上。行葬禮時，由太史令讀後，埋於陵中。

［14］國子博士：官名。南朝陳時爲國子學的教官，掌以儒經教授國子學生，國有疑事則掌承問對。第四品。　領：官制用語。即

以較高官兼理較低官之職事。　步兵校尉：官名。南朝陳時爲禁軍步兵營的長官，掌領本營兵宿衛侍從。第六品。　知儀禮：即主管禮儀之事。屬臨時差遣之職。　沈文阿：人名。陳武帝末年官任國子博士、知儀禮，嘗奏議大行皇帝儀注事。傳見《陳書》卷三三，《南史》卷七一有附傳。

[15]應劭：人名。東漢學者，著有《風俗通義》。傳見《後漢書》卷四八。　《風俗通》：全稱爲《風俗通義》。東漢末應劭撰寫的一部考釋當時名物制度、社會風俗的著作。

[16]梁：即南朝梁（502—557），都於建康（今江蘇南京市）。

[17]祖祭：古代在宗廟舉行的奉祖祭祀。

[18]玄宫：指帝王的陵墓。

[19]謂：底本、宋刻遞修本、殿本、中華本皆同，但庫本及《通典》卷七九《禮三十九·凶禮一》作“請”。

天嘉元年八月癸亥，[1]尚書儀曹請今月晦皇太后服安吉君禫除儀注。[2]沈洙議謂：[3]“至親期斷，[4]加降故再期，[5]而再周之喪，斷二十五月。但重服不可頓除，[6]故變之以纖縞，[7]創巨不可便愈，故稱之以祥禫。[8]禫者，淡也，所以漸祛其情。至如父在爲母出適後之子，[9]則屈降之以期。期而除服，無復衰麻，[10]緣情有本同之義，許以心制。[11]心制既無杖絰可除，[12]不容復改玄綅，[13]既是心憂，則無所更淡其心也。且禫杖期者，[14]十五月已有禫制。今申其免懷之感，[15]故斷以再周，止二十五月而已。所以宋元嘉立義，[16]心喪以二十五月爲限。大明中，[17]王皇后父喪，[18]又申明其制。齊建元中，[19]太子穆妃喪，[20]亦同用此禮。唯王儉《古今集記》云，[21]心制終二十七月，又爲王逡所難。[22]何佟之《儀注》用二十五月而除。[23]案古循今，宜以再周二十五月爲斷。今皇太后於安吉君心喪之期，宜除於再周，無復心禫之禮。”詔可之。

[1]天嘉：南朝陳文帝陳蒨年號（560—566）。

[2]尚書：官署名。即尚書省。南朝陳時爲中央最高行政機關，下統五部二十一曹。　儀曹：官署名。南朝陳時爲尚書省所轄二十一曹之一，掌吉凶禮制之事。　晦：指農曆每月的最後一日。　服：此指服喪或服喪期。　安吉君：封號名。全稱是安吉縣君。爲陳武帝皇后章要兒之母蘇氏的封號，此代指蘇氏其人。事見《陳書》卷七《高祖章皇后傳》、《南史》卷一二《陳武宣章皇后傳》。　禫除：即舉行祭禮除去喪服。

[3]沈洙議謂：中華本將“謂”字斷屬下句，當誤，今據《通典》卷八〇《禮四十・凶禮二》斷屬本句（參見唐華全《中華書局點校本〈隋書〉質疑二十九則》，《河北師範大學學報》2012年第1期）。沈洙，人名。南朝梁、陳時禮官，天嘉元年嘗奏議章皇后爲其母蘇氏服喪之禮制。傳見《陳書》卷三三、《南史》卷七一。

[4]至親期（jī）斷：語出《禮記・三年問》：“至親以期斷。”意謂父母之喪，以服喪一周年而止。至親，此指父母。期，即服喪一周年。

[5]加降：“降”各本皆同，但中華本校勘記據《禮記・三年問》“然則何以三年也？曰加隆焉爾也”，認爲“降”當作“隆”，唐人諱改。所言甚是，當從之。另《通典》卷八〇《禮四十・凶禮二》作“崇”，亦當是杜佑避諱“隆”字而改。　再期：亦稱“再周”。指服喪兩周年。古時父母之喪爲三年，但到兩周年第二個忌日即可除去喪服，故稱三年之喪爲“再期”或“再周”。

[6]重服：隆重的喪服。多指爲父母所服之喪。

［7］繼縞：細白絹。此指用細白絹製成的喪服。

［8］祥禫：古喪祭名。語出《禮記·雜記下》："期之喪，十一月而練，十三月而祥，十五月而禫。"古時居父母、親人之喪，滿一周年而祭稱"小祥"，滿兩周年而祭稱"大祥"。小祥和大祥統稱爲"祥"。禫，即除去喪服的祭禮。禫祭一般在祥祭後間一月舉行，但亦有大祥祭與禫祭同月者。

［9］至如父在爲母出適後之子："如"底本原作"加"，殿本、庫本與底本同，宋刻遞修本作"如"，中華本據《通典》卷八〇《禮四十·凶禮二》改作"如"，當是，今從改。另，中華本校勘記稱："此句文義不明，似仍有訛誤。"考《通典》卷八〇《禮四十·凶禮二》載："如父在爲母屈嫡後之子，則屈降之以周。"意謂父在而母喪，則嫡嗣子不能爲亡母服三年再期之喪，而要屈禮降等爲服一年之期喪。《通典》所載文義甚明，故疑此處"出適"當是"屈嫡"之訛。（參見唐華全《中華書局點校本〈隋書〉質疑二十九則》）

［10］衰（cuī）麻：指由縗衣、麻帶等物組成的喪服。衰，同"縗"，即用粗麻布製成的喪服部件，披在胸前。

［11］心制：亦稱心喪、心憂。指身無喪服或釋除喪服後的深切悼念，哀痛之心有如守喪。

［12］杖絰：指孝杖與喪服。絰，即古時喪服所用的麻帶。扎在頭上的稱首絰，纏在腰間的稱腰絰。

［13］玄緅：黑白相間的絲織衣物。

［14］杖期：古時一種服喪禮制。杖，是居喪時所持的孝棒；期，是一年之喪。期服用杖的稱"杖期"；不用杖的則稱"不杖期"。

［15］免懷：語出《論語·陽貨》："子生三年，然後免於父母之懷。"後因以"免懷"代稱三歲或三年。此處指三年再期之喪。

［16］元嘉：南朝宋文帝劉義隆年號（424—453）。

［17］大明：南朝宋孝武帝劉駿年號（457—464）。

[18]王皇后：即南朝宋孝武帝的皇后王憲嫄。傳見《宋書》卷四一、《南史》卷一一。

[19]齊：即南朝蕭齊（479—502），都於建康（今江蘇南京市）。　建元：南朝齊高帝蕭道成年號（479—482）。

[20]穆妃：南朝齊高帝時太子妃裴惠昭的謚號，齊武帝即位後追尊爲皇后。傳見《南齊書》卷二〇、《南史》卷一一。

[21]王儉：人名。南朝宋、齊時人，博通禮學。傳見《南齊書》卷二三，《南史》卷二二有附傳。　《古今集記》：全稱爲《古今喪服集記》。王儉撰寫的一部喪服禮制著作。

[22]王逡：人名。即“王逡之”的省稱。南朝齊時禮官，嘗駁難王儉《古今喪服集記》十一條，撰有《世行》五卷。傳見《南齊書》卷五二，《南史》卷二四有附傳。　難：問難，責難。

[23]何佟之：人名。南朝齊、梁時禮官。傳見《梁書》卷四八、《南史》卷七一。　《儀注》：此當指何佟之所修撰的《禮記義》《禮答問》等禮制著作。

隋制，諸岳崩瀆竭，[1]天子素服，[2]避正寢，[3]撤膳三日。遣使祭崩竭之山川，牲用太牢。[4]

[1]岳崩瀆竭：高山崩塌與大河乾涸，古時視之爲凶事。岳，古代多指五岳，即東岳泰山、西岳華山、南岳衡山、北岳恒山、中岳嵩山；亦泛指高山。瀆，古代多指四瀆，即長江、黄河、淮河、濟水；亦泛指江河大川。

[2]素服：本色或白色的衣服。古代居喪或遭遇凶事時所穿。

[3]正寢：亦稱“路寢”。古代帝王治事理政的正廳宫室。

[4]太牢：古代祭祀，牛羊豕三牲俱備謂之太牢；亦有專指牛爲太牢者。

皇帝本服大功已上親及外祖父母、皇后父母、諸官正一品喪，[1]皇帝不視事三日。[2]皇帝本服五服内親及嬪、百官正二品已上喪，[3]並一舉哀。[4]太陽虧、國忌日，[5]皇帝本服小功緦麻親、百官三品已上喪，[6]皇帝皆不視事一日。

［1］本服：古代喪禮制度規定的本等喪服。　大功：古喪服名。爲五服中的第三等，服期九個月。其服用熟麻布製成，較齊衰稍細，較小功爲粗。古時凡堂兄弟、未婚的堂姊妹、已婚的姑、姊妹、侄女及衆孫、衆子婦、侄婦等之喪，均服大功；已婚女爲伯父、叔父、兄弟、侄、未婚姑、姊妹、侄女等服喪，也服大功。

［2］視事：指就位治理政事。

［3］五服：古代以親疏爲差等的五種喪服，即斬衰、齊衰、大功、小功、緦麻五等。五服所涉及的親屬包括高祖、曾祖、祖父、父親、己身、子、孫、曾孫、玄孫九代宗親以及三代外親和一代妻親等。　嬪：宫廷女官名。爲皇帝的姬妾之一。隋文帝初置嬪三人，仁壽二年（602）增至九人，掌教四德，視正三品。隋煬帝時置順儀、順容、順華、修儀、修容、修華、充儀、充容、充華爲九嬪，正二品。

［4］舉哀：高聲號哭以示哀悼。

［5］太陽虧：即日食。古代以日食爲凶事。　國忌日：古代指皇帝、皇后逝世之日。

［6］小功：古喪服名。爲五服中的第四等，服期五個月。其服以熟麻布製成，較大功爲細，較緦麻爲粗。古時凡本宗爲曾祖父母、伯叔祖父母、堂伯叔父母，未嫁的祖姑、堂姑，已嫁的堂姊妹，兄弟之妻，從堂兄弟及未嫁的從堂姊妹；外親爲外祖父母、母舅、母姨等，均服小功。　緦麻：古喪服名。爲五服中的第五等，服期三個月。其服用細麻布製成。古時凡本宗爲高祖父母、曾伯叔

祖父母、族伯叔父母、族兄弟及未嫁的族姊妹，外姓中爲表兄弟、岳父母等，均服緦麻。

皇太后、皇后爲本服五服内諸親及嬪，一舉哀。皇太子爲本服五服之内親及東宫三師、三少、宫臣三品已上，[1]一舉哀。

[1]東宫三師：即太子太師、太子太傅、太子太保的合稱。爲隋東宫之官，各置一員，掌教諭太子。均爲正二品。　三少：此指東宫三少，即太子少師、太子少傅、太子少保的合稱。爲隋東宫之官，各置一員，掌輔導太子。均爲正三品。　宫臣：此泛指東宫的臣僚。

梁天監元年，[1]齊臨川獻王所生妾謝墓被發，[2]不至埏門。[3]蕭子晋傳重，[4]諮禮官何佟之。佟之議，以爲："改葬服緦，[5]見柩不可無服故也。[6]此止侵墳土，不及於椁，[7]可依新宫火處三日哭假而已。"[8]帝以爲得禮。二年，何佟之議："追服三年無禫。"[9]尚書議，[10]並以佟之言爲得。

[1]天監：南朝梁武帝蕭衍年號（502—519）。

[2]臨川獻王：即南朝齊高帝第三子蕭映的爵、謚名號，此代指其人。傳見《南齊書》卷三五、《南史》卷四三。　所生：此指生身之母。　謝：此指蕭映的生母、齊高帝的貴嬪謝氏。事見《南齊書》卷三五《高祖十二王傳》、《南史》卷四二《齊高帝諸子傳上》。

[3]埏門：墓道之門。

［4］蕭子晋：人名。蕭映的長子。《南齊書》卷三五有附傳。　傳重：古時指以喪祭及宗廟的重責傳之於孫。古代宗法嚴嫡庶之别，若嫡子殘疾死亡，或子庶而孫嫡，即以孫繼祖。由祖言之，謂之“傳重”；由孫言之，謂之“承重”。

［5］服緦：服緦麻喪服。

［6］柩：已裝有屍體的棺材。

［7］椁：古時套於棺外的大棺。

［8］新宫火：此指春秋時魯宣公的宗廟發生火灾的事例。《春秋》成公三年載：“（二月）甲子，新宫灾，三日哭。”杜預注：“三年喪畢，宣公神主新入廟，故謂之新宫。”　處：各本皆同，但《通典》卷一〇二《禮六十二·凶禮二十四》作“灾”。

［9］追服：指喪期過後而補行服喪。

［10］尚書：官署名。此指尚書省。南朝梁時爲中央最高行政機關，下統六部二十三曹。

又二年，始興王嗣子喪。[1]博士管晅議，[2]使國長從服緦麻。[3]

［1］始興王：南朝梁武帝之異母弟蕭憺的封爵名，全稱爲始興郡王。此代指蕭憺其人。傳見《梁書》卷二二、《南史》卷五二。　嗣子：即嫡長子。古時多以嫡長子承嗣父位，故稱嫡長子爲嗣子。

［2］博士：官名。南朝梁時爲國子學、太學的教官，掌以儒經教授生徒，國有疑事則掌承問對。國子博士爲九班，太學博士爲二班。　管晅：人名。南朝梁武帝時官任博士，兼掌禮儀。其事除見於本志外，未見其他記載。

［3］長從：此指始興王國内的長從侍臣。

四年，掌凶禮嚴植之定《儀注》，[1]以亡月遇閏，[2]後年中祥，疑所附月。帝曰："閏蓋餘分，月節則各有所隸。[3]若節屬前月，則宜以前月爲忌，[4]節屬後月，則宜以後月爲忌。祥逢閏則宜取遠日。"

[1]掌凶禮：指以他官執掌凶禮之事。屬臨時差遣之職。　嚴植之：人名。南朝梁時禮官。傳見《梁書》卷四八、《南史》卷七一。　《儀注》：此指南朝梁武帝時嚴植之奉敕修撰的《凶禮儀注》一書。

[2]閏：閏月。農曆一年較一回歸年相差約 10 日 21 時，故須將所餘的時間積累成一個月而加在一年裏，這在曆法上叫做閏。古代曆法通常定爲三年閏一個月，五年閏兩個月，十九年閏七個月。每逢閏年所加的一個月叫閏月。最初放在歲末，稱"十三月"或"閏月"；後加在某月之後，稱"閏某月"。

[3]月節：指農曆每月所分隸的節氣。

[4]忌：忌日。指父母及其他親屬逝世的日子。古時因禁忌飲酒、作樂等事，故稱。

又四年，安成國刺稱：[1]"廟新建，欲剋今日遷立所生吳太妃神主。[2]國王既有妃喪，[3]欲使臣下代祭。"明山賓議，[4]以爲："不可。宜待王妃服竟，[5]親奉盛禮。"

[1]安成國：即安成王國。爲南朝梁武帝之異母弟安成郡王蕭秀的封國。　刺：書札，書奏。

[2]吳太妃：即安成郡王蕭秀的生母吳氏。早亡，梁武帝稱帝後以子追封爲太妃。事見《梁書》卷二二《太祖五王傳》，《南史》

卷五一、五二《梁宗室傳》等。太妃，是魏晉以後對諸王之母的稱號。　神主：古時爲死者所做的牌位，用木或石製成，立於宗廟以供祭祀。

［3］妃：古代專稱皇帝的姬妾或太子、諸王的正妻爲妃。此指安成郡王蕭秀的正妻，即安成王妃。

［4］明山賓：人名。南朝梁時禮官。傳見《梁書》卷二七，《南史》卷五〇有附傳。

［5］服竟：即服除。指守喪期滿。

五年，貴嬪母車喪，[1]議者疑其儀。明山賓以爲："貴嬪既居母憂，[2]皇太子出貴嬪別第，[3]一舉哀，以申聖情，庶不乖禮。"帝從之。

［1］貴嬪：宮廷女官名。南朝梁時爲皇帝的三夫人之一，位次皇后，職比丞相。此處特指梁武帝的貴嬪、昭明太子蕭統和簡文帝蕭綱的生母丁令光。傳見《梁書》卷七、《南史》卷一二。　車：此指丁貴嬪的母親車氏。

［2］居母憂：處在母親的喪期中守孝。

［3］別第：此指正宮以外的側宮或側室，爲皇帝的嬪妃所居之處。

又五年，祠部郎司馬褧牒：[1]"貴嬪母車亡，應有服制"，謂"宜准公子爲母麻衣之制，[2]既葬而除"。帝從之。

［1］祠部郎：官名。全稱是祠部郎中。南朝梁時爲尚書省祠部所轄四曹之一祠部曹的長官，置一員，掌祠祀、祭享、國忌、廟諱、卜祝、醫藥及死喪贈賜等政令。五班。　司馬褧（jiǒng）：人

名。亦作“司馬絅”。南朝梁武帝時官任祠部郎中，掌治吉凶禮儀。傳見《梁書》卷四〇、《南史》卷六二。　牒：古代官府之間相互往來的一種公文。

[2]准：底本、宋刻遞修本、庫本、中華本皆同，但殿本作“唯”，當訛。　公子爲母麻衣之制：語出《儀禮·喪服》：“公子爲其母，練冠，麻，麻衣縓緣……皆既葬除之。”鄭玄注：“公子，君之庶子也，其或爲母謂妾子也。麻者，緦麻之絰帶也。此麻衣者，如小功布深衣，爲不制衰裳變也。……縓，淺絳也，一染謂之縓。練冠而麻衣縓緣，三年練之受飾也。……諸侯之妾子厭於父，爲母不得伸，權爲制此服，不奪其恩也。”

六年，申明葬制，凡墓不得造石人獸碑，唯聽作石柱，記名位而已。

七年，安成王慈太妃喪，[1]周捨牒：[2]“使安成、始興諸王以成服日一日爲位受弔。”[3]帝曰：“喪無二主。二王既在遠，[4]嗣子宜祭攝事。”[5]周捨牒：“嗣子著細布衣、絹領帶、單衣用十五升葛。[6]凡有事及歲時節朔望，[7]並於靈所朝夕哭。三年不聽樂。”

[1]安成王：南朝梁武帝之異母弟蕭秀的封爵名，全稱爲安成郡王。此代指蕭秀其人。傳見《梁書》卷二二、《南史》卷五二。　慈太妃：此指安成王蕭秀及其胞弟始興王蕭憺的養母、其父的妾室陳氏，梁武帝稱帝後尊爲太妃。事見《梁書》卷二二《太祖五王傳》、《南史》卷五二《梁宗室傳下》。慈，即慈母。古稱撫育自己成長的庶母爲慈母。

[2]周捨：人名。南朝梁武帝時官任祠部郎中，掌治禮儀。傳見《梁書》卷二五，《南史》卷三四有附傳。

[3]成服：古時喪禮大殮之後，親屬按照與死者關係的親疏穿

上不同的喪服，稱爲成服。

[4]二王既在遠：此謂陳太妃喪時，安成王蕭秀正任江州刺史，始興王蕭憺正任荆州刺史，二王均在外地而不在京師。

[5]嗣子：此指安成王蕭秀的承嗣之子。　攝事：代行其事。

[6]領帶：古時衣領上的飾邊。　單衣：單層無裏子的衣服。古時常用爲吊喪之服或士大夫之便服。　葛：葛布。古時多用以製作夏衣及吊服。其粗細以升數計，升數多則細，升數少則粗。十五升葛，屬細葛布。

[7]朔望：指朔日和望日。即農曆每月初一日和十五日。古代常在朔望之日舉行祭拜、朝謁等禮。

十四年，舍人朱异議：[1]“《禮》，[2]年雖未及成人，已有爵命者，則不爲殤。[3]封陽侯年雖中殤，[4]已有拜封，不應殤服。”[5]帝可之。於是諸王服封陽侯依成人之服。

[1]舍人：官名。此指中書通事舍人，後去“通事”而直稱中書舍人。南朝梁時爲中書省的屬官，掌入值閣内，草擬詔誥敕令，參典機要。四班。　朱异：人名。南朝梁武帝時官任中書通事舍人，參掌機要，博通禮學，深受武帝寵信。傳見《梁書》卷三八、《南史》卷六二。

[2]《禮》：原爲《儀禮》的簡稱，後亦泛指《周禮》《儀禮》《禮記》三部言禮之書，合稱“三禮”，均爲儒家經典著作。

[3]殤：古稱未至成年而死爲“殤”。殤有長、中、下三等：十六至十九歲爲長殤，十二至十五歲爲中殤，八至十一歲爲下殤。八歲以下爲無服之殤。但已行冠笄禮者、已成婚嫁或已訂婚約者、已有封爵者、已即位之國君，雖未成年而死，亦不以爲殤，仍歸入成人之服。

[4]封陽侯：爵名。全稱是封陽縣侯。南朝梁時爲十五等爵的第七等。按梁封爵之制，宗室諸王之子除嗣子襲王爵外，衆子均封爲縣侯，故此處“封陽侯”當代指梁武帝時某個宗室親王之子，但因早亡，其名諱無考。

[5]殤服：爲殤亡者居喪的服制。古代喪服禮制規定，凡爲殤者之服，均較原服敘降等服喪。如原服敘是齊衰期服，則長殤降爲大功九月，中殤降爲大功七月，下殤降爲小功；原服敘是大功，則長殤降爲小功，中殤、下殤降爲緦麻；原服敘是小功，則長殤降爲緦麻，中殤、下殤降爲無服。

大同六年，[1]皇太子啓：[2]“謹案下殤之小功，[3]不行婚冠嫁三嘉之禮，[4]則降服之大功，[5]理不得有三嘉。今行三嘉之禮，竊有小疑。”帝曰：“《禮》云：‘大功之末，可以冠子。[6]父小功之末，可以冠子、嫁子、娶婦。己雖小功，既卒哭，[7]可以冠、娶妻。下殤之小功則不可。’晋代蔡謨、謝沈、丁纂、馮懷等遂云：[8]‘降服大功，可以嫁女。’宋代裴松之、何承天又云：[9]‘女有大功之服，亦得出嫁。’范堅、荀伯子等，[10]雖復率意致難，亦未能折。太始六年，[11]虞龢立議：[12]‘大功之末，乃可娶婦。’于時博詢，咸同龢議。齊永明十一年，[13]有大司馬長子之喪，[14]武帝子女同服大功。[15]左丞顧杲之議云：[16]‘大功之末，非直皇女嬪降無疑，[17]皇子娉納，[18]亦在非碍。[19]’凡此諸議，皆是公背正文，務爲通耳。徐爰、王文憲並云：[20]‘期服降爲大功，[21]皆不可以婚嫁。’於義乃爲不乖，而又不釋其意。天監十年，信安公主當出適，[22]而有臨川長子大功之慘，[23]具論此義，粗已詳悉。太子今又啓審大功之末及下殤之小功行婚冠嫁三吉之事。案《禮》所言下殤小功，本是期服，故不得有三吉之禮。况本服是期，降爲大功，理當不可。人間行者，是用鄭玄逆降之義。[24]《雜記》云：[25]‘大功之末，可以冠子嫁子。’此謂本服大功，子則小功，逾月以後，於情差輕，所以許有冠嫁。此則小功之末，通得取婦。[26]前所云‘大功之末，可以冠子嫁子’，此是簡出大功之身，[27]不得取婦。後言‘小功之末，[28]可以冠子嫁子’，非直子得冠嫁，亦得取婦。故有出没。[29]婚禮，國之大典，宜有畫一。[30]今宗室及外戚，不得復輒有干啓，[31]禮官不得輒爲曲議。可依此以爲法。”

［1］大同：南朝梁武帝蕭衍年號（535—546）。

［2］啓：啓奏，禀告。亦指奏疏公文。

［3］下殤之小功：古喪服名。爲殤服的一種。古時凡爲叔父、姑、兄弟、姊妹、衆子、女兒、侄子女、嫡孫等之下殤，均服之。其原服叙本爲齊衰期服，因下殤降二等，故歸入小功服叙。

［4］冠：冠禮。古代男子二十歲（天子、諸侯可提前至十二歲）舉行的加冠之禮，以表示其成人。　三嘉之禮：古代婚禮、冠禮、嫁禮均屬五禮之中的嘉禮，故此處並稱婚、冠、嫁三禮爲“三嘉之禮”，下文又並稱爲“三吉之禮”。

［5］降服：古稱喪服降低一等爲“降服”。

［6］冠子：父親給兒子行加冠禮。

［7］卒哭：古代喪禮在百日祭後，止無時之哭，變爲朝夕一哭，名爲“卒哭”。

［8］蔡謨：人名。兩晋時人，博學通經，於禮儀制度多所議定。

傳見《晉書》卷七七。　謝沈：人名。亦作“謝沉”。東晉時人，博學多識，明練經史，著述宏富。傳見《晉書》卷八二。　丁纂：人名。東晉穆帝時官任黄門郎，有文集四卷傳世。事見《晉書·蔡謨傳》、本書《經籍志四》。　馮懷：人名。東晉成帝時官任太常、侍中，對當時禮制多有議定。事見《晉書·禮志上》、卷三一《后妃傳上》、卷三九《荀奕傳》、卷七七《陸曄傳》、卷八八《顔含傳》、卷九四《任旭傳》等。

[9]裴松之：人名。南朝劉宋時人，博通經史，著作宏富。傳見《宋書》卷六四、《南史》卷三三。　何承天：人名。南朝劉宋時人，博學多聞，經史百家無不通覽，著述甚多。傳見《宋書》卷六四、《南史》卷三三。

[10]范堅：人名。兩晉時人，博學善文，對當時禮制多有駁難。《晉書》卷七五有附傳。　荀伯子：人名。南朝劉宋時人，博通經傳，善於論難。傳見《宋書》卷六〇、《南史》卷三三。

[11]太始：正作“泰始”。南朝宋明帝劉彧年號（465—471）。

[12]虞龢：人名。亦作“虞和”。南朝宋明帝時官任儀曹郎、國子博士，對當時禮制多有議定。傳見《南史》卷七二，事見《宋書·禮志一》《禮志四》等。

[13]永明：南朝齊武帝蕭賾年號（483—493）。

[14]大司馬：官名。南朝齊時與大將軍並稱“二大”，位在三公之上，掌典武事，可開府置官屬。第一品。按，此處“大司馬”是指齊武帝之胞弟豫章王蕭嶷，因其在齊武帝永明年間官任大司馬，故以職官代稱其人。蕭嶷傳見《南齊書》卷二二、《南史》卷四二。

[15]武帝：此指齊武帝蕭賾。紀見《南齊書》卷三、《南史》卷四。

[16]左丞：官名。全稱是尚書左丞。南朝齊時爲尚書省的屬官，與尚書右丞對置，輔佐本省正副長官知省事，分判宗廟郊祠、祥瑞災異、立作格制、諸案糾彈、官吏選用除置等事。第六品。

顧杲之：人名。按此人除見於本志外，未見其他記載。考南朝齊武帝永明年間官任尚書左丞者有庾杲之，傳見《南齊書》卷三四、《南史》卷四九，故疑此處“顧杲之”當是“庾杲之”之誤。

［17］非直：不但，不僅。　嬪降：專指帝王之女下嫁。

［18］娉納：指古代婚禮中的問名、納幣。亦借指娶妻。

［19］硋（ài）：妨礙，阻礙。

［20］徐爰：人名。南朝劉宋時人，通曉朝章，屢撰儀注。傳見《宋書》卷九四、《南史》卷七七。　王文憲：即王儉。“文憲”是其謚號。參見前注“王儉”。

［21］期服：即齊衰爲期一年的喪服，屬五服中的第二等服制。古時凡服喪爲長輩如祖父母、伯叔父母、未嫁的姑母等，平輩如兄弟、姊妹、妻，小輩如侄、嫡孫等，均服期服。又如子之喪，其父反服；已嫁女子爲祖父母、父母服喪，也服期服。

［22］信安公主：南朝梁武帝之女的封號名。此代指其人。　出適：出嫁。

［23］臨川：“臨川郡王”的省稱。爲南朝梁武帝之異母弟蕭宏的封爵名，此代指其人。傳見《梁書》卷二二、《南史》卷五一。　慘：指喪事。

［24］鄭玄：人名。東漢經學家，嘗遍注群經。傳見《後漢書》卷三五。　逆降：指古代喪禮中後升阼階者先降的儀式程序。

［25］《雜記》：《禮記》的篇名。

［26］取婦：娶妻。取，同“娶”。

［27］簡出：挑出，剔出。

［28］後言：底本、宋刻遞修本、庫本、中華本皆同，但殿本作“故有”，當因下文“故有出没”而舛誤。

［29］出没：出入，差異，不同。

［30］畫一：一致，一律，統一。

［31］干啓：干預而陳説之。

後齊定令，[1]親王、公主、太妃、妃及從三品已上喪者，借白鼓一面，[2]喪畢進輸。王、郡公主、太妃、儀同三司已上及令僕，[3]皆聽立凶門柏歷。[4]三品已上及五等開國，[5]通用方相。[6]四品已下，達於庶人，以魌頭。[7]旌則一品九旒，[8]二品、三品七旒，四品、五品五旒，六品、七品三旒，八品已下，[9]達于庶人，唯旐而已。[10]其建旐，三品已上及開國子、男，[11]其長至軫，[12]四品、五品至輪，六品至于九品，至較。[13]勳品達于庶人，[14]不過七尺。

[1]後齊：即北齊（550—577），亦單稱齊，都於鄴（今河北臨漳縣西南鄴鎮東）。

[2]白鼓：古代帝王、貴族喪事儀仗中所用的白色大鼓。

[3]王：爵名。北齊時爲十一等爵的第一等。正一品。　郡公主：女封號名。亦簡稱郡主。北齊時封皇太子之女及少數功臣之妻爲郡公主。視從一品。　儀同三司：官名。亦簡稱儀同。北齊時屬散官。正二品。　令僕：即尚書令和尚書僕射的合稱。北齊時爲尚書省的正副長官，是宰相之職。尚書令爲正二品，尚書僕射爲從二品。

[4]凶門柏歷：古時人始死，立木於庭中，上橫一木叫重，形似凶門。橫木下懸鬲，即“歷”，鬲中盛粥，謂爲死者神所憑依，葬後始改用木主。魏晋以來又有在門外用白絹或白布加柏枝結扎成門形以表喪，謂之“凶門柏歷”，略似後世的喪事牌樓。

[5]五等：此指公、侯、伯、子、男五等之爵。　開國：晋以後在五等封爵前所加的稱號，用以區别不開國的散爵。

[6]方相：上古傳説中驅除疫鬼和山川精怪的神靈。後世民間多以人扮演或以竹紙扎製成方相，用於喪事或其他場合以驅疫

避邪。

［7］魌頭：古代打鬼驅疫時扮神者所戴的面具，其狀猙獰可怖。北齊及隋朝喪禮中亦用之。

［8］旌：此指古代喪事儀仗中所用的旗幟。　旒：旌旗上懸垂的飾物。古代以旌旗所垂旒數的多少來劃分等級的高低。

［9］八品已下："下"字底本、宋刻遞修本、庫本、中華本及《通典》卷八四《禮四十四·凶禮六》皆同，但殿本作"上"，當訛。

［10］旐：古時喪事儀仗中所用的一種招魂幡。古代以旐的長短來劃分等級的高低。

［11］開國子、男：爵名。全稱是開國縣子、開國縣男。北齊時爲十一等爵的第八等、第十等，品階分别爲正四品下、正五品下。

［12］軫：此指喪車後部的横木。

［13］較（jué）：此指喪車前部車箱兩旁板上的横木。

［14］勳品：官品名。北齊時爲流外官吏的第一等品階。

王元軌子欲改葬祖及祖母，[1]列上未知所服。邢子才議曰：[2]"《禮》'改葬緦麻'。鄭玄注：'臣爲君，子爲父，妻爲夫。'唯三人而已。然嫡曾孫、孫承重者，[3]曾祖父母、祖父母改葬，既並三年之服，皆應服緦。而止言三人，若非遺漏，便是舉其略耳。"

［1］王元軌：人名。即王則，字元軌。東魏大臣，終官徐州刺史。傳見《北齊書》卷二〇、《北史》卷五三。

［2］邢子才：人名。即邢邵，字子才。北魏末至北齊時人，通經史，善屬文，於吉凶禮儀多所議定。傳見《北齊書》卷三六，《北史》卷四三有附傳。

［3］承重：指承受宗廟與喪祭的重任。古代宗法制度規定，其

人及父俱係嫡長，而父先死，則祖父母喪亡時，其人稱承重孫。如祖父及父均先死，則於曾祖父母喪亡時，其人稱承重曾孫。凡遇有這類喪事，都稱“承重”。

開皇初，[1]高祖思定典禮。[2]太常卿牛弘奏曰：[3]“聖教陵替，[4]國章殘缺，[5]漢、晋爲法，隨俗因時，未足經國庇人，弘風施化。且制禮作樂，事歸元首，[6]江南王儉，[7]偏隅一臣，私撰儀注，多違古法。就廬非東階之位，[8]凶門豈設重之禮？[9]兩蕭累代，[10]舉國遵行。後魏及齊，[11]風牛本隔，[12]殊不尋究，遥相師祖，[13]故山東之人，[14]浸以成俗。西魏已降，師旅弗遑，[15]賓嘉之禮，[16]盡未詳定。今休明啓運，[17]憲章伊始，[18]請據前經，革兹俗弊。”詔曰：“可。”弘因奏徵學者，撰《儀禮》百卷。[19]悉用東齊《儀注》以爲準，[20]亦微採王儉禮。修畢，上之，詔遂班天下，咸使遵用焉。

[1]開皇：隋文帝楊堅年號（581—600）。

[2]高祖：隋文帝楊堅的廟號。紀見本書卷一、二，《北史》卷一一。

[3]太常卿：官名。爲太常寺的長官，置一員，掌國家禮樂、郊廟社稷祭祀等事務。正三品。按，“太”字底本、宋刻遞修本、殿本、中華本皆同，但庫本作“大”，當訛。　牛弘：人名。傳見本書卷四九、《北史》卷七二。

[4]聖教：古稱堯、舜、周文王、周武王、周公、孔子等聖賢的教義爲聖教。　陵替：衰落，衰敗。

[5]國章：指國家的禮儀典章。

[6]元首：指君主。

［7］江南：地區名。亦稱江表、江外。指長江以南地區。此處借指南朝。

［8］就廬：指居處簡陋廬屋守喪。 東階：指廳堂東面的臺階。古代以爲示遜禮之位。

［9］設重（chóng）：亦稱“懸重”。按古代喪禮，人始死，則立木於庭中，上横一木如門，横木下懸鬲，鬲中盛粥。此懸鬲的横木就叫“重”，謂爲死者神所憑依，葬後則改用木主。魏晋以後的凶門即由古時懸重之禮演變而來，但亦有禮家以爲此違古禮。

［10］兩蕭：指南朝齊、梁兩個朝代。因這兩朝皇室均爲蕭姓，故稱兩蕭。

［11］後魏：即北魏（386—557），亦單稱魏。初都平城（今山西大同市東北），公元494年遷都洛陽（今河南洛陽市東北白馬寺東）。公元534年分裂爲東魏和西魏兩個政權。東魏（534—550）都於鄴（今河北臨漳縣西南鄴鎮東），西魏（535—557）都於長安（今陝西西安市西北郊）。

［12］風牛：即“風馬牛不相及”的略語。比喻事物之間毫不相干或兩地間相隔遥遠。

［13］師祖：師承，效法。

［14］山東：地區名。戰國秦漢時期稱崤山或華山以東地區爲山東，魏晋南北朝隋唐時期亦稱太行山以東地區爲山東。此處借指東魏和北齊。

［15］師旅弗遑：意謂戰事連綿而不得閑暇。

［16］賓嘉之禮：古代五禮中的賓禮和嘉禮。此處泛指所有禮儀制度。

［17］休明啓運：意謂世道美好清明，皇帝開啓世運。古時常用以贊美盛世明君。

［18］憲章：典章制度。 伊始：初始，開端。

［19］《儀禮》：此指隋初牛弘等人奉詔修撰的《隋朝儀禮》。

［20］東齊：北齊的别稱。因其地處北朝之東，故稱東齊。

《儀注》：此指北齊官修的《後齊儀注》一書，共二百九十卷。

其喪紀，[1]上自王公，下逮庶人，著令皆爲定制，無相差越。[2]正一品薨，[3]則鴻臚卿監護喪事，[4]司儀令示禮制。[5]二品已上，則鴻臚丞監護，[6]司儀丞示禮制。[7]五品已上薨、卒，及三品已上有期親已上喪，[8]並掌儀一人示禮制。[9]官人在職喪，聽斂以朝服，[10]有封者，斂以冕服，[11]未有官者，白帢單衣。[12]婦人有官品者，亦以其服斂。棺内不得置金銀珠玉。諸重，[13]一品懸鬲六，[14]五品已上四，六品已下二。[15]輀車，[16]三品已上油幰，[17]朱絲絡網，[18]施襈，[19]兩箱畫龍，[20]幰竿諸末垂六旒蘇。[21]七品已上油幰，施襈，兩箱畫雲氣，垂四旒蘇。八品已下，達於庶人，鱉甲車，[22]無幰襈旒蘇畫飾。執紼，[23]一品五十人，三品已上四十人，四品三十人，並布幘布深衣。[24]三品已上四引、四披、六鐸、六翣。[25]五品已上二引、二披、四鐸、四翣。九品已上二鐸、二翣。四品已上用方相，七品已上用魌頭。在京師葬者，去城七里外。三品已上立碑，螭首龜趺，[26]趺上高不得過九尺。七品已上立碣，[27]高四尺，圭首方趺。[28]若隱淪道素，[29]孝義著聞者，雖無爵，奏，聽立碣。

[1]喪紀：喪事，喪禮。

[2]差越：意謂越序而發生錯亂。

[3]薨：上古稱諸侯之死爲薨，大夫之死爲卒。後世沿以稱三品以上官之死爲薨，五品以上官之死爲卒。

[4]鴻臚卿：官名。爲鴻臚寺的長官，置一員，掌册封諸藩、接待外使及喪葬禮儀等事務。隋初爲正三品，煬帝大業三年（607）降爲從三品。

[5]司儀令：官名。爲鴻臚寺下轄司儀署的長官，置二人，掌高級官員喪葬禮儀之事。隋初爲從八品下，煬帝大業三年升爲正七品。

[6]鴻臚丞：官名。爲鴻臚寺的屬官，置二人，掌判本寺日常公務。隋初爲正七品下，煬帝大業五年升爲從五品。

[7]司儀丞：官名。爲鴻臚寺下轄司儀署的次官，協助長官司儀令掌高級官員喪葬禮儀之事，勾檢得失。從九品下。

[8]期（jī）親：指服喪一年的親屬。參見前注“期服”。

[9]掌儀：吏名。爲鴻臚寺下轄司儀署的屬吏，置二十人，掌喪葬禮儀。屬流外吏職。

[10]朝服：古代君臣在朝會及舉行隆重典禮時所穿的禮服。

[11]冕服：古代君臣在舉行祭祀吉禮時所穿戴的禮冠和服飾。

[12]白帢（qià）：白色便帽。

[13]諸重（chóng）：古代喪禮中在木主未及雕製之前，設置於庭中暫代以依神受祭的各種懸鬲之木。參見前注“設重”。

[14]鬲：古代喪禮中懸於重木下用以盛粥的陶器。重木所懸鬲數的多少則根據死者的等級高低而定。按，“鬲”底本原作“隔”，殿本、庫本與底本同，當訛，據宋刻遞修本、中華本及《通典》卷八四《禮四十四·凶禮六》改。

[15]六品已下二：“六品”底本、宋刻遞修本、中華本及《通典》卷八四《禮四十四·凶禮六》皆同，但殿本、庫本作“五品”，當訛。

[16]輀（ér）車：亦作“輀車”。古時載運棺柩的靈車。

[17]油幰：用油漆塗飾的車帷。

[18]朱絲絡網：用紅色絲綫製成的網狀裝飾物。

[19]褍（zhuàn）：衣服或帷幔的緣邊裝飾。

［20］兩箱：兩旁，兩邊。此指轜車的車箱兩邊。

［21］旒蘇：旌旗或帷幔上懸垂的飾物。

［22］鱉甲車：古時一種車蓋形似鱉甲的靈車。

［23］執紼：指出殯時手執牽引靈車的大繩以助行進的送葬之人。執紼人數的多少則根據死者的等級高低而定。

［24］布幘：布製的頭巾。　布深衣：布製的深衣。深衣，是古時一種上衣和下裳相連綴的服裝。爲古代官宦的家居常服，也是庶人的常禮服。按，“布深衣”底本、宋刻遞修本、中華本皆同，但殿本、庫本脱“布”字。

［25］引：牽引靈車的繩索。　披（bì）：古時一種喪具。用帛做成，繫於靈車兩側，備牽挽之用，以防靈車傾覆。　鐸：古樂器名。是一種銅製的大鈴，形如鉦而有舌。其舌有木製和金屬製兩種，故又有木鐸和金鐸之分。古代軍禮和喪禮儀仗中均用之。　翣（shà）：古代出殯時的一種飾棺儀仗，狀如長柄掌扇，上有圖畫。靈車行進時使人持之以從，葬後樹之於壙中。

［26］螭首：碑額上面的螭龍頭像。　龜趺：碑下的龜形石座。

［27］碣：圓頂的石碑。古時稱方頂石碑爲碑，圓頂石碑爲碣。碑的規格高於碣。

［28］圭首：碑首凹處供刻文字的部分。碑首刻字後則稱碑額。　方趺：碑碣下的方形石座。

［29］隱淪道素：指隱居不仕而德行純樸的人。

三年及期喪，[1]不數閏。大功已下數之。以閏月亡者，祥及忌日，皆以閏所附之月爲正。

［1］三年：此指服喪期爲三年的喪服。　期喪：期服。指服喪期爲一年的喪服。參見前注“期服”。

凶服不入公門。[1]期喪已下不解官者，在外曹襵緣紗帽。[2]若重喪被起者，[3]皂絹下裙帽。[4]若入宫殿及須朝見者，冠服依百官例。

[1]凶服：喪服，孝衣。

[2]外曹：指宫殿以外的官署衙門。　襵（zhě）緣紗帽：帽緣上有褶皺的紗製官帽。隋制規定身居期服以下親喪而不解職的官員在外曹官衙中所戴的帽子。

[3]重喪：重服。多指爲父母所服的三年之喪。

[4]皂絹下裙帽：帽緣周圍垂有薄紗細網的黑色絹製帽子。隋制規定身居父母之喪未滿期而應詔被起復任職的官員在外曹官衙中所戴的帽子。

齊衰心喪已上，[1]雖有奪情，[2]並終喪不弔不賀不預宴。[3]期喪未練，[4]大功未葬，不弔不賀，並終喪不預宴。小功已下，假滿依例。[5]居五服之喪，受册及之職，[6]儀衛依常式，唯鼓樂從而不作。若以戎事，[7]不用此制。

[1]齊（zī）衰（cuī）心喪：古時父在母喪，子女應降服齊衰期服，但除服後仍須守心喪之制，直到三年期滿爲止，此喪禮稱爲“齊衰心喪”。

[2]奪情：亦稱“奪服”。指古代官員服喪期未滿，應詔除去喪服而復官任職。

[3]不弔不賀不預宴：古代居喪期間的三條禁例。不弔，即不得參與吊祭吊唁活動；不賀，即不得參與慶賀活動；不預宴，即不得參與宴會活動。

[4]練：古喪祭名。古代父母、親人喪後一周年之祭稱小祥，此時服喪者可以改穿練過的布帛，故小祥之祭也稱“練”。

[5]假滿依例：此謂官員居小功以下喪假期滿後，可依平常條例行事。按，“滿”底本原作“蒲”，當訛，據宋刻遞修本、殿本、庫本、中華本改。

[6]受册：指接受册命而拜官。　之職：赴任就職。

[7]戎事：戰事，軍事。

自秦兼天下，朝覲之禮遂廢。[1]及周封蕭詧爲梁王，[2]訖於隋，恒稱藩國，[3]始有朝見之儀。梁王之朝周，入畿，[4]大冢宰命有司致積。[5]其饌五牢，[6]米九十筥，[7]醯醢各三十五瓮，[8]酒十八壺，米禾各五十車，[9]薪芻各百車。[10]既至，大司空設九儐以致館。[11]梁王束帛乘馬，[12]設九介以待之。[13]禮成而出。明日，王朝，受享於廟。[14]既致享，大冢宰又命公一人，[15]玄冕乘車，[16]陳九儐，以束帛乘馬，致食于賓及賓之從各有差。[17]致食訖，又命公一人，弁服乘車，[18]執贄，[19]設九儐以勞賓。[20]王設九介，迎於門外。明日，朝服乘車，還贄于公。[21]公皮弁迎於大門，[22]授贄受贄，並於堂之中楹。[23]又明日，王朝服，設九介，乘車，備儀衛，以見于公。事畢，公致享。明日，三孤一人，[24]又執贄勞于梁王。明日，王還贄。又明日，王見三孤，如見三公。明日，卿一人，[25]又執贄勞王。王見卿，又如三孤。於是三公、三孤、六卿，又各饌賓，[26]並屬官之長爲使。牢米束帛同三公。

［1］朝覲：古稱諸侯於春季朝見天子爲“朝”，於秋季朝見天子爲“覲”。後亦泛指藩國封君朝見皇帝。

［2］周：即北周或後周（557—581），都於長安（今陜西西安市西北郊）。　蕭詧：人名。南朝後梁的第一代君主，都於江陵（今湖北荆州市），臣屬西魏、北周，受封爲梁王。傳見《周書》卷四八、《北史》卷九三。　梁王：爵名。北周時爲十一等爵的第一等。正九命。此處亦代指蕭詧其人。

［3］藩國：古稱分封及臣服之國爲藩國。

［4］畿：古稱王都所領轄的千里地面爲“畿”。後多指京城管轄的地區。

［5］大冢宰：官名。全稱是大冢宰卿。西魏恭帝三年（556）仿《周禮》建六官，置大冢宰卿一人，爲天官冢宰府的長官，職掌邦治，以建邦之六典輔佐皇帝治邦國。正七命。北周沿置，然其權力則因人而異，若有“五府總於天官”之命，即稱“冢宰”，能總攝百官，實爲大權在握的宰輔；若無此命，即稱“太宰”，與五卿並列，僅統本府官。　有司：指主管官員。　致積：古代諸侯藩國朝聘，入畿後，主國向來賓贈送食糧薪芻等生活物品。致，即奉獻，贈送。積，指積貯起來的錢物。

［6］餼：指活的牲口。亦指生肉。　牢：古稱牛、羊、豕三牲各一爲一牢。

［7］米：此指稻米。　筥（jǔ）：古時用以盛米糧等物的圓形竹筐。

［8］醯醢：醋與醬。

［9］米禾：此指粟米與帶粟的禾稈。

［10］薪芻：生火的燒柴與喂牲口的飼草。

［11］大司空：官名。全稱是大司空卿。北周時爲冬官司空府的長官，置一人，職掌邦事，督百工，以五材九範之徒佐皇帝富邦國，營城郭都邑，立社稷宗廟，造宫宅器械。正七命。　九儐：亦作“九賓”。古代朝聘大典中主方所設的九個禮儀人員。

［12］束帛：捆爲一束的五匹帛。古代用爲祭祀、聘問、饋贈的禮物。

［13］九介：古代朝聘大典中客方所設的九個禮儀人員。

［14］受享：古代朝聘大典中，主國君主接受來賓進獻的禮物。享，即獻，指朝聘中獻禮的儀式，亦指所獻的禮物。　廟：指太廟。參見前注“太廟”。

［15］公：此指三公。北周稱太師、太傅、太保爲三公。各置一人，名爲訓導之官，掌與天子坐而論道，實無具體職事，多爲元老重臣的榮譽贈銜。均爲正九命。

［16］玄冕：古代帝王、諸侯、公卿在祭祀和朝會時所穿戴的禮冠服飾。

［17］致食：亦稱“致飧”。古代諸侯藩國朝聘，入居賓館後，主國向來賓贈送食品。

［18］弁服：古代貴族公卿所穿戴的禮冠和禮服。隨場合而異，有韋弁服、皮弁服、冠弁服、服弁服等類。《周禮·春官·司服》載：“凡兵事，韋弁服；眂朝，則皮弁服；凡甸，冠弁服；凡凶事，服弁服。”

［19］執贄：古代賓禮中，主國大臣謁見來賓時，携禮物以相贈。贄，所携的禮物。

［20］勞賓：慰勞來賓。勞，慰勞，勞問。

［21］還贄：古代賓禮中，主國大臣執禮謁見來賓後，來賓表示地位相等，不敢當而歸還其禮物。

［22］皮弁：古代貴族公卿朝會時所戴的一種禮冠。因用白鹿皮製成，故名皮弁。

［23］中楹：指廳堂前面的中柱。

［24］三孤：北周稱少師、少傅、少保爲三孤。各置一人，爲三公的副貳之官，輔佐三公訓導論道，實無具體職事，多爲元老重臣的榮譽贈銜。均爲正八命。

［25］卿：此指六卿。北周稱天官大冢宰卿、地官大司徒卿、春

官大宗伯卿、夏官大司馬卿、秋官大司寇卿、冬官大司空卿爲六卿。各置一人，爲中央六官府的最高行政長官，分掌朝廷諸政務。均爲正七命。

[26]餼賓：古代賓禮中，主國大臣在謁見之禮結束後，遣使於賓館設肉食之類以款待來賓。

開皇四年正月，梁主蕭巋朝于京師，[1]次於郊外。[2]詔廣平王楊雄、吏部尚書韋世康，[3]持節以迎。[4]衛尉設次於驛館。[5]雄等降就便幕。[6]巋服通天冠、絳紗袍，[7]端珽，[8]立於東階下，西面。文武陪侍，[9]如其國。雄等立於門右，[10]東面。巋攝内史令柳顧言出門請事。[11]世康曰："奉詔勞于梁帝。"顧言入告。巋出，迎於館門之外，西面再拜。持節者導雄與巋俱入，至于庭下。巋北面再拜受詔訖。雄等乃出，立於館門外道右東向。[12]巋送於門外，西面再拜。及奉見，高祖冠通天冠，服絳紗袍，御大興殿，[13]如朝儀。巋服遠游冠，[14]朝服以入，君臣並拜，禮畢而出。

[1]蕭巋：人名。南朝後梁的第二代君主，臣屬北周和隋朝。傳見本書卷七九，《周書》卷四八、《北史》卷九三有附傳。

[2]次：停駐，留宿。

[3]廣平王：爵名。全稱是廣平郡王。爲隋九等爵的第二等。從一品。　楊雄：人名。傳見本書卷四三，《北史》卷六八有附傳。　吏部尚書：官名。爲尚書省所轄吏部的長官，掌全國文職官員的銓選、考課等政令，統吏部、主爵、司勳、考功四曹。置一員，正三品。　韋世康：人名。傳見本書卷四七，《北史》卷六四有附傳。

[4]持節：魏晋以後，皇帝派遣大臣出使、出巡或迎接外賓等

事時，多授予其節杖，稱作使持節、持節、假節等，以表示權威和尊崇。

［5］衛尉：官署名。此指衛尉寺。爲九寺之一，掌宫廷及祭祀、朝會之儀衛兵仗與帳幕供設等事務，長官爲衛尉卿。　設次：即設置臨時居處的帳棚，以供祭祀或迎賓等活動之用。

［6］便幕：用帳幕圍成的簡便屋舍。

［7］通天冠：古代皇帝所戴的一種帽子。《續漢書·輿服志下》載其形制云："通天冠，高九寸，正豎，頂少邪却，乃直下爲鐵卷梁，前有山，展筩爲述，乘輿所常服。"　絳紗袍：深紅色的紗袍。古代常用爲帝王的朝服。

［8］端珽：意謂雙手捧着玉笏。珽，即古代帝王所持的玉笏。按，中華本於"絳紗袍"和"端珽"之間標點爲頓號，視兩者爲並列關係，當誤，今改作逗號。

［9］文武：指文武官員。

［10］門右：此指賓館門外的西邊方位。右，即西。古時以面南背北爲正位，則右爲西。

［11］攝：官制用語。以本官代理或兼理他官之職事。　内史令：官名。南朝後梁時原稱中書令，至隋初因避隋文帝之父諱而改稱内史令。爲後梁中書省（隋初改稱内史省）的長官，置一人，掌出納宣行皇帝詔命，是宰相之職。十三班。　柳顧言：人名。即柳䛒，字顧言。傳見本書卷五八、《北史》卷八三。

［12］立於館門外道右東向："立"字底本原脱，殿本、庫本與底本同，宋刻遞修本有"立"字，中華本據《通典》卷七四《禮三十四·賓禮一》補"立"字，當是，今從補。

［13］大興殿：隋宫殿名。爲隋都大興城宫城内的正殿。

［14］遠游冠：古代諸侯王所戴的一種帽子。《續漢書·輿服志下》載其形制云："遠游冠，制如通天，有展筩横之於前，無山述，諸王所服也。"

古者天子征伐，則宜于社，[1]造于祖，[2]類于上帝。[3]還亦以牲徧告。梁天監初，陸璉議定軍禮，[4]遵其制。帝曰："宜者請征討之宜，造者稟謀於廟，類者奉天時以明伐，並明不敢自專。陳幣承命可也。"[5]璉不能對。嚴植之又争之，於是告用牲幣，[6]反亦如之。

[1]宜：古祭祀名。即列俎几陳牲以祭土地神，告請天子出征之事宜。　社：社神，土地神。亦指祭土地神的社壇。

[2]造：古祭祀名。即陳牲以祭祖先神靈，稟告天子出征之謀。　祖：指供奉於宗廟的祖先神靈。

[3]類：古祭祀名。即陳牲以祭天神，奉告天子出征之事類。　上帝：天帝，天神。

[4]陸璉：人名。南朝梁武帝時禮官，於當時禮制多所議定。事見《梁書》卷二五《徐勉傳》、卷四七《滕曇恭傳》及《南史》卷六〇《徐勉傳》、卷七四《滕曇恭傳》等。　軍禮：古代禮制的一種，爲五禮（吉、凶、軍、賓、嘉）之一。

[5]幣：繒帛，束帛。古代常用作祭祀或饋贈的禮品。

[6]牲幣：犧牲和幣帛。古代用以祭祀日月星辰、社稷、五岳等神，爲次祀所用之禮。

後齊天子親征纂嚴，[1]則服通天冠，文物充庭。[2]有司奏更衣，乃入，冠武弁，[3]弁左貂附蟬以出。[4]誓訖，[5]擇日備法駕，[6]乘木輅，[7]以造于廟。載遷廟主於齋車，[8]以俟行。[9]次宜于社，有司以毛血釁軍鼓，[10]載帝社石主於車，[11]以俟行。次擇日陳六軍，[12]備大駕，[13]類于上帝。次擇日祈后土、神州、岳鎮、海瀆、源川等。[14]乃爲坎盟，[15]督將列牲於坎南，[16]北首。[17]

有司坎前讀盟文，割牲耳，承血。皇帝受牲耳，遍授大將，乃置于坎。又歃血，[18]歃遍，又以置坎。禮畢，埋牲及盟書。[19]又卜日，[20]建牙旗於墠，[21]祭以太牢，及所過名山大川，使有司致祭。[22]將届戰所，[23]卜剛日，[24]備玄牲，[25]列軍容，設柴於辰地，[26]爲墠而禡祭。[27]大司馬奠矢，[28]有司奠毛血，樂奏《大護》之音。[29]禮畢，徹牲，柴燎。[30]戰前一日，皇帝禱祖，[31]司空禱社。[32]戰勝則各報以太牢。[33]又以太牢賞用命戰士于祖，[34]引功臣入旌門，[35]即神庭而授版焉。[36]又罰不用命于社，即神庭行戮訖，[37]振旅而還。[38]格廟詣社訖，[39]擇日行飲至禮，[40]文物充庭。有司執簡，[41]紀年號月朔，陳六師凱入格廟之事，[42]飲至策勳之美，[43]因述其功，不替賞典焉。[44]

[1]纂嚴：指軍隊集結行裝，戒嚴以待發。

[2]文物：指車服旌旗儀仗之類。

[3]武弁：武冠。古代武官所戴的一種帽子。相傳爲戰國趙武靈王效胡服時始用，趙惠文王加以增飾改制，故稱“惠文冠”。漢以後又名武弁、大冠、繁冠、建冠、籠冠等。若天子、文臣戴武冠，則有各種不同的冠飾。

[4]左貂附蟬：指武冠的冠飾。即以貂尾插飾於冠左，以金蟬附飾於冠前。金取剛固之義，蟬取高潔之義。漢代天子、侍中所戴，後歷代多沿之。

[5]誓：指在軍中發布有關告戒、約束將士的號令。

[6]法駕：古代天子車駕儀仗的一種。按古代天子的車駕分大駕、法駕、小駕三種，其儀衛之繁簡各有不同。漢人蔡邕《獨斷》卷下載漢制稱：“法駕公卿不在鹵簿中，唯河南尹、執金吾、洛陽

令奉引，侍中參乘，奉車郎御，屬車三十六乘。”後歷代多參襲漢制。

［7］木輅：古代帝王所乘的一種大車，爲五輅之一，袛塗漆而不覆以革，亦無金、玉、象牙之飾，多用於田獵及行鄉畿。

［8］廟主：指宗廟中供奉的祖先牌位。　齋車：指祭祀齋戒時用以載神靈之物的車。

［9］俟行：意謂等待行動。俟，等待。

［10］毛血：動物的毛與血。亦指祭祀時所用的犧牲。　釁軍鼓：古祭名。亦稱“釁鼓”。即殺人或殺牲以其血塗抹軍鼓而行祭。

［11］帝社：古代帝王祭祀土神、穀神所設立的神壇。又名太社、王社、藉田壇、先農壇等。　石主：石製的神主牌位。古代用以祭祀土、穀之神，供設於社壇。按，“石主”底本、殿本、庫本、中華本皆同，但宋刻遞修本作“石王”，顯訛。又《通典》卷七六《禮三十六·軍禮一》作“祏主”。考祏主是指藏於宗廟中的神主，亦稱宗主，其與帝社所供的土穀神石主迥然有别，故《通典》作“祏主”當訛。

［12］六軍：亦稱“六師”。原指周天子所統領的六軍之師。後因以爲國家軍隊的統稱。

［13］大駕：古代天子車駕儀仗規模最大的一種，在法駕、小駕之上。蔡邕《獨斷》卷下載漢制稱：“大駕則公卿奉引，大將軍參乘，太僕御，屬車八十一乘，備千乘萬騎。”後歷代多參襲漢制。

［14］祈：向衆神祭告求福。　后土：古時對大地的尊稱。亦指地神。　神州：戰國時齊人鄒衍稱中原華夏之地爲“赤縣神州”。後遂以“神州”爲中國的别稱。　岳鎮：指四岳或五岳等名山。海瀆：指大海與四瀆（長江、黄河、淮河、濟水）。亦泛指江海。　源川：泛指除五岳、四瀆以外的山川。

［15］坎盟：古代天子、諸侯爲釋疑取信，掘地爲坎，在坎前對神盟誓締約，並殺牲歃血，然後埋牲及盟書於坎中的一種儀禮。後世多沿襲爲軍隊出征前的一種誓師典禮。坎，即掘地而成的坑穴。

［16］督將：泛指軍中統兵作戰的各級將領。

［17］北首：面嚮北方。首，面嚮，朝嚮。

［18］歃血：古代盟會中的一種儀式。即在盟約宣讀後，參加者用口微吸所殺牲之血，以示誠意。一説是以指蘸血，塗於口旁。

［19］盟書：古代結盟立誓，舉行歃血盟禮時所載録的文辭。後亦泛指誓約文書。

［20］卜日：占卜時日的吉凶而選擇吉日。

［21］牙旗：旗竿上飾有象牙的大旗。多爲軍隊主帥、主將所建，亦用作儀仗。　墠（shàn）：指經過清掃的平整場地，以供祭祀所用。

［22］致祭：行祭，獻祭，奉祀。

［23］届：至，到達。

［24］剛日：單日，奇數之日。古以十天干紀日，其中甲、丙、戊、庚、壬五日居奇位，屬陽剛，故稱“剛日”。按古禮在外行事，皆用剛日，取外事陽剛之義。

［25］玄牲：古代祭天所用的黑色犧牲。

［26］柴：古代祭天所用的柴堆。　辰地：指東南偏東的地方。古代陰陽五行家將十二地支和四方相配，子在正北，卯在正東，午在正南，酉在正西。辰在卯午之間，於位爲東南偏東之位。

［27］禡祭：古代出兵征伐，於軍隊所駐地舉行的祭禮。

［28］大司馬：官名。北齊時與大將軍並稱“二大”，位在三師之下、三公之上，掌典武事，可開府置官屬。正一品。　奠矢：指薦獻箭矢以行祭的儀式。奠，即置獻祭品祭物。

［29］《大護》：古樂舞名。亦作《大濩》。相傳爲商湯命伊尹所作。按，“護”字底本、宋刻遞修本、中華本同，殿本、庫本作“濩”。

［30］柴燎：古代祭天的儀式。即將牲體、玉帛等祭品置於柴堆上而焚之，使烟氣之味上達於天。

［31］禱祖：指向祖先神主禱告以祈求福佑。

[32]司空：官名。北齊時爲三公之一，掌参議國家大事，可開府置官屬。正一品。

[33]報：指向天地及祖先神主報德的祭祀。

[34]以：底本、殿本、庫本、中華本皆同，宋刻遞修本作"用"。　用命：聽命，效命。亦指聽命、效命之人。　戰士："士"字底本原脱，宋刻遞修本與底本同，據殿本、庫本、中華本補。

[35]旌門：古代帝王出行，張帷幕爲行宫，宫前樹立旌旗爲門，稱作"旌門"。

[36]神庭：指供奉和祭奠神主的處所。　授版：意謂授予官職或爵位。版，指命官或封爵的文書。

[37]行戮：行刑。特指執行死刑。

[38]振旅：此指整隊班師。

[39]格廟詣社：此謂到宗廟和帝社奉還先前所載出的祖先神主和社神石主，使之各歸原位。格、詣，均爲至、到之意。

[40]飲至禮：原指上古諸侯朝會盟伐完畢，祭告宗廟並飲酒慶祝的典禮。後借指天子出征奏凱，至宗廟祭祀宴飲慶功之禮；亦泛指一般的奏凱慶功之宴。

[41]執簡：手持簡册。語出《左傳》襄公二十五年："南史氏聞太史盡死，執簡以往。"後因以"執簡"指任史官或御史之職。

[42]凱入：指奏着勝利的樂曲歸來。

[43]策勳：指記録功勳於策書之上。

[44]不替：意謂永不改變，永不廢棄。

隋制，行幸所過名山大川，[1]則有司致祭。岳瀆以太牢，[2]山川以少牢。[3]親征及巡狩，[4]則類上帝、宜社、造廟，還禮亦如之。將發軔，[5]則軷祭。[6]其禮，有司於國門外，[7]委土爲山象，[8]設埋坎。有司刳羊，[9]陳俎豆。[10]駕將至，委奠幣，[11]薦脯醢，[12]加羊於軷，[13]西首。又奠酒解羊,[14]并饌埋於坎。[15]駕至，太僕祭兩軹及軓前,[16]乃飲，授爵,[17]遂轢軷上而行。[18]

[1]行幸：古代專指皇帝出行。

[2]岳瀆：即五岳和四瀆的並稱。參見前注“岳崩瀆竭”。

[3]少牢：古時祭禮的犧牲，牛、羊、豕三牲俱用稱太牢，祇用羊、豕二牲稱少牢。亦有單稱羊爲少牢者，乃舉羊以概豕。

[4]巡狩：亦作“巡守”。古代指天子出行視察邦國州郡。

[5]發軔：拿掉支住車輪的木頭，使車前進。借指出發、起程。

[6]軷祭：祭奠行道之路神。按，“軷”底本原作“軑”，宋刻遞修本與底本同，當訛，據殿本、庫本、中華本改。下文同改，不再施注。

[7]國門：指國都的城門。

[8]委（wěi）土：積土，堆土。

[9]刳（kū）羊：宰殺羊。

[10]俎豆：古代祭祀、宴饗時所用的兩種禮器。俎，形如几案，用以陳置牲體或其他食物。豆，形似高足盤，大多有蓋，用以裝酒肉食物。

[11]委：放置。　奠幣：指祭奠所用的帛。

[12]薦：進獻，送上。　脯醢：指佐酒的菜肴。

[13]軷：指軷壇。即祭奠路神所用的山形土壇。

[14]奠酒：灑酒於地以祭神。　解羊：分割羊體以祭神。

[15]饌：菜肴，食物。

[16]太僕：官名。指太僕卿。爲太僕寺的長官，置一員，掌國家厩牧、車輿等事務。隋初爲正三品，煬帝大業三年（607）降爲從三品。　兩軹：指車轂兩端伸出的車軸頭。　軓（fàn）：指車軾前掩輿之板。一説是圍車轅之木，形如半圓，位於輿之前軫下正中。按，“軓”底本原作“軌”，宋刻遞修本、殿本、庫本與底本

同，中華本據《周禮·大馭》改作“軓”，《通典》卷七六《禮三十六·軍禮一》亦作“軓”，今從中華本及《通典》改。

[17]授爵：以杯爵送交給對方。爵，是古代一種盛酒和飲酒兼用的禮器，像雀形，比尊彝小，受酒一升。

[18]轢（lì）：指車輪碾軋。

大業七年，[1]征遼東，[2]煬帝遣諸將，於薊城南桑乾河上，[3]築社稷二壇，[4]設方壝，[5]行宜社禮。帝齋於臨朔宮懷荒殿，[6]預告官及侍從，[7]各齋于其所。十二衛士並齋。[8]帝衮冕玉輅，[9]備法駕。禮畢，御金輅，[10]服通天冠，還宮。又於宮南類上帝，積柴於燎壇，[11]設高祖位於東方。帝服大裘以冕，[12]乘玉輅，祭奠玉帛，[13]並如宜社。諸軍受胙畢，[14]帝就位，觀燎，乃出。又於薊城北設壇，祭馬祖於其上，[15]亦有燎。又於其日，使有司并祭先牧及馬步，[16]無鐘鼓之樂。

[1]大業：隋煬帝楊廣年號（605—618）。

[2]遼東：地區名。泛指今遼河以東地區。隋時高麗國在遼東，故亦代指高麗。

[3]薊城：城名。在今北京市西南。　桑乾河：古水名。即今永定河的上游。源出今山西北部管涔山，流經山西東北部、河北西北部，在北京市西南匯入永定河。相傳每年桑椹成熟時河水乾涸，故名桑乾河。

[4]稷：古代祭祀的穀神。亦指祭祀穀神的稷壇。

[5]壝（wěi）：指設在壇、墠之外的矮土圍墻。亦用作壇、墠及其矮土圍墻的總稱。

[6]齋：齋戒。古人在祭祀或舉行其他典禮前沐浴更衣、净身

潔食、清心寡欲，以示莊敬。　臨朔宫：隋行宫名。隋煬帝大業七年建於涿郡薊縣（治所在今北京市西南）。　懷荒殿：臨朔行宫内的主殿名。

［7］預告官：亦稱預祭官、預祭臣。指陪同皇帝祭告神靈的大臣官員。

［8］十二衛士：指十二衛所統領的府兵。隋煬帝大業三年改隋初十二府置十二衛，統轄禁衛軍，即左右翊衛、左右武衛、左右候衛、左右屯衛、左右禦衛、左右驍騎衛。十二衛所領府兵各有其名號，而總稱爲“衛士”。

［9］衮冕：古代帝王與上公的禮服和禮冠。衮，即繪有卷龍的禮服，爲帝王及上公所穿之衣。冕，即頂有延板而垂旒的禮冠，爲大夫以上行朝儀、祭禮時所戴之帽。　玉輅：古代帝王所乘的一種以玉裝飾的大車，爲五輅之一，多在行祭、納后等典禮時乘用。

［10］金輅：古代帝王所乘的一種以金裝飾的大車，爲五輅之一，多在饗、射、祀還時及飲至禮等場合乘用。

［11］燎壇：古代燎祭天神的高臺。燎，即古代燒柴祭天的儀式。參見前注“柴燎”。

［12］大裘：古代帝王祭天時所穿的禮服。用黑羔羊皮製成，以示其質。

［13］玉帛：圭璋和束帛。古代大祭祀、會盟、朝聘等均用之。

［14］受胙：指接受胙肉的儀式。胙，古代祭祀時用以供神的肉。祭神後即分賜予衆人享用，以示賜福。

［15］馬祖：星宿名。即房星，亦稱天駟星。古時以房星象徵天馬，故奉祭爲馬之祖。

［16］先牧：古代傳説的牧馬創始人，後奉祭爲司牧之神。　馬步：古代奉祭的馬神名。

衆軍將發，帝御臨朔宫，親授節度。[1]每軍，大將、亞將各一人。[2]騎兵四十隊。隊百人置一纛。[3]十隊爲團，團有偏將一人。[4]第一團，皆青絲連明光甲、鐵具裝、青纓拂，[5]建狻猊旗。[6]第二團，絳絲連朱犀甲、獸文具裝、赤纓拂，[7]建貔貅旗。[8]第三團，白絲連明光甲、鐵具裝、素纓拂，[9]建辟邪旗。[10]第四團，烏絲連玄犀甲、獸文具裝、建纓拂，[11]建六駮旗。[12]前部鼓吹一部，[13]大鼓、小鼓及鼙、長鳴、中鳴等各十八具，[14]掆鼓、金鉦各二具。[15]後部鐃吹一部，[16]鐃二面，[17]歌簫及笳各四具，[18]節鼓一面，[19]吴吹篳篥、横笛各四具，[20]大角十八具。[21]又步卒八十隊，分爲四團。團有偏將一人。第一團，每隊給青隼蕩幡一。[22]第二團，每隊黄隼蕩幡一。第三團，每隊白隼蕩幡一。[23]第四團，每隊蒼隼蕩幡一。[24]長槊楯弩及甲毦等，[25]各稱兵數。受降使者一人，[26]給二馬軺車一乘，[27]白獸幡及節各一，[28]騎吏三人，車輻白從十二人。[29]承詔慰撫，不受大將制。戰陣則爲監軍。[30]

[1]節度：指調度和指揮軍隊的法則。

[2]亞將：指每軍所置的次將或副將，位在大將之下。

[3]纛：古時軍隊或儀仗隊的大旗。

[4]偏將：副將。隋代府兵制中泛指每團的統兵將官，上隸屬於每軍大將。

[5]青絲連明光甲：用青色絲綫連綴光亮鐵片而製成的鎧甲。　鐵具裝：鐵製的馬的鎧甲。具裝，即套在馬身上的鎧甲。　纓拂：套在馬頸上的革帶及其下垂的穗狀飾物。

[6]狻猊旗：繡有狻猊圖像的旗幟。狻猊，即獅子。

[7]絳絲連朱犀甲：用深紅色絲綫連綴朱紅色犀牛皮或牛皮而製成的鎧甲。　獸文具裝：繪有虎斑紋的馬的鎧甲。按，“獸”應作“虎”，唐人諱改。

[8]貔貅旗：繡有貔貅圖像的旗幟。貔貅，即古代傳説中形似虎或似熊的猛獸，雄者稱貔，雌者稱貅。

[9]白絲連明光甲：用白色絲綫連綴光亮鐵片而製成的鎧甲。

[10]辟邪旗：繡有辟邪圖像的旗幟。辟邪，即古代傳説中的神獸，似鹿而長尾，有兩角。古人言其能辟禦妖邪，故名。

[11]烏絲連玄犀甲：用黑色絲綫連綴黑色犀牛皮或牛皮而製成的鎧甲。　建纓拂：底本與宋刻遞修本原脱此三字，據殿本、庫本、中華本補。另，中華本校勘記云：“對照其他各團所用器物的顔色，第四團用烏絲連玄犀甲，疑此處‘建纓拂’當作‘緇纓拂’。”所言當是。而《通典》卷七六《禮三十六·軍禮一》則作“黑纓拂”。

[12]六駮旗：繡有六駮圖像的旗幟。六駮，即古代傳説中的猛獸，其狀如馬，有一角，倨牙，能食虎豹。

[13]鼓吹：指演奏鼓吹曲的樂隊。最初專用於軍中，後亦用於其他場合，亦泛指演奏樂曲的樂隊。

[14]大鼓：古打擊樂器。爲大型鼓類的通稱。鼓框四周有銅環，平懸於鼓架，發音低沉宏大。　小鼓：古樂器名。爲羯皮鼓之變制，亦稱“單皮鼓”“板鼓”；又以其發聲清脆，俗稱“脆鼓”“崩子鼓”。演奏時以單簽或雙簽敲擊鼓心，爲點拍節奏之用。　鼙：古代軍中所用的一種小鼓，形制較大鼓爲小，漢以後亦名“騎鼓”。　長鳴：古樂器名。即吹奏時能發出高亢聲調的角。　中鳴：古樂器名。即吹奏時能發出低沉聲調的角。

[15]掆鼓：古樂器名。亦作“棡鼓”。爲一種小鼓，長三尺，上有蓋，奏樂時常先敲擊之以引大鼓。　金鉦：古樂器名。亦單稱鉦。用銅製成，形似鐘而狹長，有柄，擊之發聲。多在行軍時用以節止步伐。

［16］鐃吹：指演奏鐃歌的軍樂隊。

［17］鐃：古樂器名。有三種形制：一是古代軍中用以止鼓退軍的鐃，青銅製成，體短而闊，有中空的短柄，插入木柄後可執，無舌，以槌擊之而鳴，常用三個或五個爲一組，大小相次。二是漢代樂舞中始用的舞鐃，其形上圓下方，下作疏櫺，中含銅丸謂之舌，鼓動有聲。三是古代打擊樂中所用的鐃，形制與鈸相似，唯中間隆起部分較小，以兩片爲一副，相擊發聲，音調低於鈸而餘音較長。

［18］歌簫：即用以伴歌的簫，爲一種竹製管樂器。古代的簫有兩種形制：一是用許多竹管編排而成，有封底，橫吹，稱作底簫或排簫；二是衹用一根竹管製成，不封底，直吹，稱作洞簫。按，“歌”底本原作“哥”，宋刻遞修本、殿本、庫本與底本同，兩者乃古今字之别，今據中華本及《通典》卷七六《禮三十六・軍禮一》改。　笳：古樂器名。亦稱“胡笳”。爲一種管樂器，其音悲涼。相傳爲春秋時李伯陽避亂西戎時所造，流行於塞北和西域一帶，漢時由張騫從西域傳入内地。後形制遞變，名稱各異，魏晋以後多用作軍樂。

［19］節鼓：古樂器名。其狀如博局，中開圓孔，恰容其鼓，擊之以節樂。

［20］吴吹篳篥：古時吴地一帶流行的一種六孔篳篥，形制與普通篳篥稍異。篳篥，亦作“觱篥”，爲一種簧管樂器。以竹爲管，管口插有蘆製哨子，一般有九孔。原出於西域龜兹，後傳入内地，成爲隋唐燕樂中的重要樂器。　橫笛：古樂器名。亦稱“橫吹”。即今七孔橫吹之笛，與古直吹之笛相對而言。

［21］大角：古樂器名。爲一種大型號角。古代軍中多用作軍號，以其聲爲晨昏之節，諸營壘皆候以進退。

［22］青隼蕩幡：指青色的繪有隼鳥圖案的軍旗。隼，又名鶻，爲鷹類中最小者，飛速善襲，古人多飼養爲獵鷹。蕩幡，即布幅下垂的軍旗。

［23］白：各本皆同，但《通典》卷七六《禮三十六・軍禮一》

作“蒼”，義與“白”同。

［24］蒼：各本皆同，但《通典》卷七六《禮三十六·軍禮一》作“烏”。按，蒼爲青色或白色，烏爲黑色。再考青、白二色已爲步兵第一團和第三團所用，則第四團不可能再用蒼色，故疑此處“蒼”當是“烏”之誤，應以《通典》所載爲是（參見唐華全《〈隋書〉勘誤18則》，《南昌航空大學學報》2012年第2期）。

［25］長槊：古兵器名。即長矟，長矛。　楯：古兵器名。同“盾”，即盾牌。　弩：古兵器名。用機械發箭的弓。　甲：鎧甲。　毦（ěr）：以鳥羽或獸毛做成的裝飾物，常用以飾頭盔、犬馬或兵器。此處借指頭盔。按，“毦”底本、宋刻遞修本、殿本、中華本及《通典》卷七六《禮三十六·軍禮一》皆同，但庫本作“眊”，當訛。

［26］受降使者：由皇帝派往軍中負責接受敵軍投降事務的使者，可持節便宜行事，而不受軍中大將節制。屬臨時差遣之職，事罷則廢。

［27］二馬軺車：二馬所駕的輕便車。古代多用爲奉使者或地位尊貴的朝臣所乘之車。

［28］白獸幡：應作“白虎幡”，唐人諱改。即繪有白虎圖像的旗幟。古代用作傳布朝廷政令或軍令的符信。　節：指古代皇帝授予使臣持作憑證的符節。

［29］車輻白從：指手持儀仗木棒夾車而行的白衣隨從人員。古代用作使臣之儀衛。

［30］監軍：由皇帝派往軍中監督將士作戰的官員。屬臨時差遣之職，事罷則廢。

軍將發，候大角一通，步卒第一團出營東門，東向陣。第二團出營南門，南向陣。第三團出營西門，西向陣。第四團出營北門，北向陣。陣四面團營，然後諸團嚴駕立。[1]大角三通，則鐃鼓俱振，騎第一團引行。隊間相去各十五步。次第二團。次前部鼓吹，次弓矢一隊，合二百騎。建蹲獸旗，[2]爮槊二張，[3]大將在其下。次誕馬二十匹，[4]次大角，次後部鐃，次第三團，次第四團，次受降使者。次及輜重戎車散兵等，[5]亦有四團。第一輜重出，收東面陣，分爲兩道，夾以行。第二輜重出，收南面陣，夾以行。第三輜重出，收西面陣，夾以行。第四輜重出，收北面陣，夾以行。亞將領五百騎，建騰豹旗，[6]殿軍後。[7]至營，則第一團騎陣於東面，第二團騎陣於南面，鼓吹翊大將居中，[8]駐馬南向。[9]第三團騎陣於西面，第四團騎陣於北面，合爲方陣。四團外向，步卒翊輜重入於陣内，以次安營。營定，四面陣者，引騎入營。亞將率驍騎游弈督察。[10]其安營之制，以車外布，間設馬槍，[11]次施兵幕，内安雜畜。事畢，大將、亞將等，各就牙帳。[12]其馬步隊與軍中散兵，交爲兩番，[13]五日而代。

[1]嚴駕：整備車馬。

[2]蹲獸旗：應作“蹲虎旗”，唐人諱改。即繪有蹲踞之虎像的旗幟。

[3]爮（bó）槊：亦作“爮槊”。即古代儀仗中的金瓜槌。

[4]誕馬：亦作“但馬”。即古代儀仗隊中不施鞍轡的備用馬。

[5]輜重：指隨軍運載的軍用器械、糧秣等物。此指輜重部隊。

[6]騰豹旗：繪有騰躍之豹像的旗幟。

[7]殿軍後：指位居行軍隊伍的最後部。

[8]翊：輔翼，護衛。

[9]駐：底本、宋刻遞修本、中華本及《通典》卷七六《禮三十六・軍禮一》皆同，但殿本、庫本作“騎”，當訛。

[10]游弈：巡邏。按，“弈”底本、宋刻遞修本、中華本同，殿本、庫本作“奕”，二字相通。

[11]馬槍：古兵器名。即馬上使用的長竿上裝有金屬尖頭的一種兵器，宿營時則用作防衛營壘的武器。

[12]大將、亞將等，各就牙帳：“等各”底本、宋刻遞修本、庫本、中華本及《通典》卷七六《禮三十六・軍禮一》皆同，但殿本作“各一”，當因前文而舛誤。牙帳，古代將帥所居的營帳。因其前建牙旗，故名牙帳。

[13]兩番：指兩個輪流更替的班次。

於是每日遣一軍發，相去四十里，連營漸進。二十四日續發而盡。首尾相繼，鼓角相聞，旌旗亘九百六十里。天子六軍次發，[1]兩部前後先置，又亘八十里。通諸道合三十軍，亘一千四十里。諸軍各以帛爲帶，長尺五寸，闊二寸，題其軍號爲記。御營内者，合十二衛、三臺、五省、九寺，[2]並分隸内外前後左右六軍，亦各題其軍號，不得自言臺省。王公已下，至于兵丁厮隸，[3]悉以帛爲帶，綴于衣領，名“軍記帶”。諸軍並給幡數百，[4]有事，使人交相去來者，執以行。不執幡而離本軍者，他軍驗軍記帶，知非部兵，則所在斬之。

[1]六軍：此指皇帝直轄的內、外、前、後、左、右六部禁衛之軍。

[2]十二衛：參見前注“十二衛士”。　三臺：隋煬帝時稱御史臺、謁者臺、司隸臺爲三臺。其中御史臺爲中央監察機關，謁者

臺掌受詔勞問、出使慰撫等事，司隸臺掌諸巡察地方之事。　五省：隋煬帝時稱尚書省、内史省、門下省、秘書省、殿内省爲五省。其中尚書省爲中央行政機關，内史、門下二省爲中央决策機關，秘書省掌國家圖書檔案、天文曆法等事，殿内省掌皇帝衣食住行之事。　九寺：隋朝稱太常寺、光禄寺、衛尉寺、宗正寺、太僕寺、大理寺、鴻臚寺、司農寺、太府寺爲九寺。皆爲中央執行政令的事務機構。

［3］厮隸：亦稱“厮役”。泛指供人驅使、幹雜事勞役的奴僕。

［4］幡：此指軍中用作通行標識的旗幟。

是歲也，行幸望海鎮，[1]於秃黎山爲壇，[2]祀黄帝，行禡祭。詔太常少卿韋霽、博士褚亮奏定其禮。[3]皇帝及諸預祭臣近侍官諸軍將，皆齋一宿。有司供帳設位，爲埋坎神坐西北，内壝之外，建二旗於南門外。以熊席設帝軒轅神坐於壝内，[4]置甲胄弓矢於坐側，[5]建槊於坐後。[6]皇帝出次入門，[7]群官定位，皆再拜奠。禮畢，還宫。

［1］望海鎮：軍鎮名。故址在今遼寧凌海市南。按，“望海鎮”各本皆同，但《通典》卷七六《禮三十六·軍禮一》作“觀海鎮”。

［2］秃黎山：位於今遼寧凌海市南。

［3］太常少卿：官名。爲太常寺的次官，協助長官太常卿掌國家禮樂、郊廟社稷祭祀等事務，通判本寺各署事。隋初置一員，正四品上；煬帝大業三年增置二員，降爲從四品。　韋霽：人名。隋煬帝時官任太常少卿，對當時禮樂制度多所議定。事見本書卷四七《韋壽傳》、卷七三《魏德深傳》及《北史》卷六四《韋孝寬傳》、卷八六《魏德深傳》等。　博士：官名。此指太常博士。爲太常寺

的屬官，置四人，掌辨五禮儀式，贊導大祭祀之禮儀，擬議王公及三品以上官之謚號。從七品下。　褚亮：人名。隋煬帝時官任太常博士，通曉禮儀制度。傳見《舊唐書》卷七二、《新唐書》卷一〇二。

[4]熊席：熊皮坐席。　壝内：底本、宋刻遞修本、庫本、中華本皆同，但殿本作“壝之外”，當因前文而舛誤。

[5]置甲胄：底本、宋刻遞修本、中華本皆同，但庫本作“設甲胄”，而殿本則脱“置甲”二字。

[6]槊：古兵器名。即長矛。

[7]出次：底本、宋刻遞修本、庫本、中華本及《通典》卷七六《禮三十六・軍禮一》皆同，但殿本“出”下有“甲”字，當係前脱文之錯衍。次，指臨時搭設的帳幕。多用於祭祀、會盟或迎賓等活動中以供人暫處。

隋制，常以仲春，[1]用少牢祭馬祖於大澤，諸預祭官，皆於祭所致齋一日，積柴於燎壇，禮畢，就燎。仲夏祭先牧，[2]仲秋祭馬社，[3]仲冬祭馬步，[4]並於大澤，皆以剛日。牲用少牢，如祭馬祖，埋而不燎。

[1]仲春：指春季的第二個月，即農曆二月。

[2]仲夏：指夏季的第二個月，即農曆五月。

[3]仲秋：指秋季的第二個月，即農曆八月。　馬社：古代於養馬之地所設立的祭祀后土之社，以傳説中發明用馬駕車的創始人配食。亦指配食的駕馬之神。

[4]仲冬：指冬季的第二個月，即農曆十一月。

開皇二十年，太尉晋王廣北伐突厥，[1]四月己未，次於河上，[2]禡祭軒轅黄帝，以太牢制幣，[3]陳甲兵，行三獻之禮。[4]

[1]太尉：官名。爲三公之首。隋初可開府置僚佐，參議國家大事，但不久省去其府及僚佐，置於尚書都省閑坐聽政，成爲榮譽性質的頭銜。正一品。　晋王廣：即楊廣。晋王，是楊廣被立爲皇太子之前的封爵名。紀見本書卷三、四，《北史》卷一二。　突厥：古族名、國名。公元六世紀初興起於今阿爾泰山西南麓，公元552年在今鄂爾渾河流域建立突厥汗國，此後其勢力擴展至大漠南北，横跨蒙古高原，隋開皇二年分裂爲東、西兩部。傳見本書卷八四、《周書》卷五〇、《北史》卷九九、《舊唐書》卷一九四、《新唐書》卷二一五。

[2]河：指黄河。

[3]制幣：古代祭祀時所供的繒帛。因帛的長寬皆有定制，故稱制幣。

[4]三獻：古代祭祀時獻酒三次，即初獻爵、亞獻爵、終獻爵，合稱“三獻”。

後齊命將出征，則太卜詣太廟，[1]灼靈龜，[2]授鼓旗於廟。皇帝陳法駕，服衮冕，至廟，拜於太祖。[3]遍告訖，[4]降就中階，引上將，操鉞授柯，[5]曰：“從此上至天，將軍制之。”又操斧授柯，[6]曰：“從此下至泉，將軍制之。”將軍既受斧鉞，對曰：“國不可從外理，軍不可從中制。臣既受命，有鼓旗斧鉞之威，願假一言之命於臣。”[7]帝曰：“苟利社稷，[8]將軍裁之。”將軍就車，載斧鉞而出。皇帝推轂度閫，[9]曰：“從此以外，將軍制之。”

[1]太卜：官名。全稱是太卜局丞。北齊時爲太常寺太史署兼領之太卜局的長官，掌諸卜筮之事。從九品上。

[2]灼靈龜：亦省稱“灼龜”。古代占卜的一種，即用火燒灸龜甲，視其裂紋以測吉凶。

[3]太祖：古代追尊王朝的始建者或開國皇帝爲太祖，供奉於太廟之首。

[4]遍：底本、宋刻遞修本、殿本、中華本及《通典》卷七六《禮三十六·軍禮一》皆同，但庫本作“偏”，當訛。

[5]鉞：古兵器名。即圓刃大斧。古代亦用作天子的儀仗之一，拜將出征時授予將帥，作爲加重其權威的象徵。　柯：斧、鉞之柄。亦象徵權柄。

[6]斧：古兵器名。古代亦用作最高執法權力的象徵。

[7]假：底本原作“無”，宋刻遞修本、殿本、庫本與底本同，中華本據《通典》卷七六《禮三十六·軍禮一》改作“假”，當是，今從改。

[8]社稷：古代帝王所祭祀的土神和穀神。亦用作國家的代稱。

[9]推轂度閫：古代帝王任命將帥的一種隆重禮儀。即由帝王親自推車送出國都門外，以表示對將帥的尊崇。

周大將出征，遣太祝，[1]以羊一，祭所過名山大川。明帝武成元年，[2]吐谷渾寇邊。[3]帝常服乘馬，[4]遣大司馬賀蘭祥於太祖之廟，[5]司憲奉鉞，[6]進授大將。大將拜受，以授從者。禮畢，出受甲兵。

[1]太祝：官名。全稱是太祝下大夫。北周時爲春官府太祝曹的長官，置一人，掌祭祀祈禱之事。正四命。

[2]明帝：北周第二代皇帝宇文毓的謚號。紀見《周書》卷四、《北史》卷九。　武成：北周明帝宇文毓年號（559—560）。

[3]吐谷（yù）渾：古族名。本爲遼東鮮卑之種，姓慕容氏，西晋時西遷至群羌故地，北朝至隋唐時期游牧於今青海北部和新疆東南部地區。傳見本書卷八三、《晋書》卷九七、《魏書》卷一〇一、《周書》卷五〇、《北史》卷九六、《舊唐書》卷一九八、《新唐書》卷二二一上。

[4]常服：古代既指平常之服，亦特指戎服（即軍服）。按，"常服"各本皆同，但《通典》卷七六《禮三十六·軍禮一》作"戎服"，義同。

[5]大司馬：官名。全稱是大司馬卿。北周時爲夏官司馬府的長官，置一人，掌邦政，主征伐，以佐皇帝平邦國，四時則治兵講武，宿衛宫禁。正七命。　賀蘭祥：人名。北周明帝武成元年官任大司馬卿，奉詔統軍征討吐谷渾。傳見《周書》卷二〇、《北史》卷六一。

[6]司憲：官名。全稱是司憲中大夫。北周時爲秋官府司憲曹的長官，置二員，掌五禁、五戒之法，以左右刑罰，糾察百官。正五命。

隋制，皇太子親戎，[1]及大將出師，則以豭肫一釁鼓，[2]皆告社廟。受斧鉞訖，不得反宿於家。開皇八年，晋王廣將伐陳，内史令李德林攝太尉，[3]告于太祖廟。禮畢，又命有司宜于太社。

[1]親戎：親理征伐戰事。

[2]豭（jiā）肫（tún）：亦作"豭豚"。即小公猪。也泛指公猪。古時以豭肫爲勇敢之畜，故常用作血祭之牲。按，"肫"底本、宋刻遞修本、中華本同，殿本、庫本作"豘"，二字相通。

[3]内史令：官名。爲内史省的長官，掌皇帝詔令出納宣行，是宰相之職。隋初内史省置監、令各一人，尋廢監，置令二人。正

三品。煬帝大業末改内史省爲内書省，内史令遂改稱爲内書令。李德林：人名。傳見本書卷四二、《北史》卷七二。

古者三年練兵，[1]入而振旅，[2]至於春秋蒐獮，[3]亦以講其事焉。

[1]練兵：應作"治兵"，唐人避唐高宗李治之諱而改。古時稱在秋季進行的練兵儀式爲治兵，通常三年一教習，以操練出師對陣之法。後亦泛指練兵或治軍。

[2]振旅：古時稱在春季進行的練兵儀式爲振旅，以操練戰止班師之法。後亦泛指整頓部隊，操練士兵。

[3]蒐獮：古稱帝王在春季舉行的田獵爲蒐或春蒐，在秋季舉行的田獵爲獮或秋獮。亦泛指狩獵。按，古代將狩獵與練兵相結合，通常在練兵以後都要舉行大規模的狩獵活動，借以講習武事。

梁、陳時，依宋元嘉二十五年蒐宣武場。[1]其法，置行軍殿於幕府山南岡，[2]并設王公百官幕。先獵一日，遣馬騎布圍。右領軍將軍督右，[3]左領軍將軍督左，[4]大司馬董正諸軍。[5]獵日，侍中三奏，[6]一奏，搥一鼓爲嚴，[7]三嚴訖，引仗爲小駕鹵簿。[8]皇帝乘馬戎服，從者悉絳衫幘，[9]黄麾警蹕，[10]鼓吹如常儀。獵訖，宴會享勞，[11]比校多少。戮一人以懲亂法。[12]會畢，還宫。

[1]宣武場：南朝獵場名。故址在今江蘇南京市西北郊幕府山間。

[2]幕府山：在今江蘇南京市西北郊。相傳東晋元帝時丞相王導曾建幕府於此山，因以爲名。山北臨長江，形勢險要，東晋南朝

時爲都城建康之門户。

［3］右領軍將軍：官名。南朝梁、陳二代於領軍府置左、右領軍將軍各一人，爲本府長官，掌領本府禁軍宿衛宫廷，侍從皇帝左右。梁時爲十五班，陳時爲第三品。

［4］左領軍將軍：官名。參見上注“右領軍將軍”。

［5］大司馬：官名。南朝梁、陳二代時與大將軍並稱“二大”，位在三公之上，掌典武事，可開府置官屬。梁時爲十八班，陳時爲第一品。　董正：監督糾正，督察整頓。

［6］侍中：官名。南朝梁、陳二代時爲門下省的長官，置四人，掌侍從皇帝左右，擯相威儀，獻納諫正，糾駁制敕，監製御藥，是宰相之職。梁時爲十二班，陳時爲第三品。

［7］嚴：古時戒夜稱“嚴”。亦轉指戒夜的更鼓。按，古代皇帝出宫御朝前，天未明依時刻捶鼓三次，以示警戒，並按照一、二、三鼓進行相應的準備，謂之“三嚴”。

［8］小駕：古代天子車駕儀仗的一種，較大駕、法駕減損部分車馬，規模較小，多在祀宗廟、行凶禮或田獵時用之。　鹵簿：古代天子駕出時扈從的儀仗隊。因其甲楯兵衛皆著之簿籍，故名“鹵簿”。按古時天子出行之目的不同，鹵簿儀式和規模亦各有别。自漢以後，鹵簿也用於后妃、太子及王公大臣。

［9］絳衫幘：深紅色的衣衫和頭巾。爲古代宿衛侍從之士的常服。

［10］黄麾：古代天子所乘車輿上用作裝飾的黄色旗幡。　警蹕：古代帝王出入時，於所經路途侍衛警戒，清道止行，謂之“警蹕”。

［11］宴會享勞：會聚宴飲，犒賞慰勞。按，“宴”字底本、宋刻遞修本、殿本、中華本皆同，庫本作“晏”，二字相通。

［12］戮：刑殺，刑罰。

後齊常以季秋，[1]皇帝講武於都外。[2]有司先萊野爲場，[3]爲二軍進止之節。又别墠於北場，[4]輿駕停觀。遂命將簡士教衆，爲戰陣之法。凡爲陣，少者在前，長者在後。其還，則長者在前，少者在後。長者持弓矢，短者持旌旗。勇者持鉦鼓刀楯，爲前行，戰士次之，槊者次之，弓箭爲後行。將帥先教士目，使習見旌旗指麾之踪，[5]發起之意，旗卧則跪。教士耳，使習金鼓動止之節，[6]聲鼓則進，[7]鳴金則止。[8]教士心，使知刑罰之苦，賞賜之利。教士手，使習持五兵之便，[9]戰鬭之備。教士足，使習跪及行列嶮泥之塗。前五日，皆請兵嚴於場所，[10]依方色建旗爲和門。[11]都墠之中及四角，[12]皆建五采牙旗。[13]應講武者，各集於其軍。戒鼓一通，[14]軍士皆嚴備。二通，將士貫甲。[15]三通，步軍各爲直陣，以相俟。大將各處軍中，立旗鼓下。有司陳小駕鹵簿，皇帝武弁，乘革輅，[16]大司馬介胄乘，[17]奉引入行殿。[18]百司陪列。[19]位定，二軍迭爲客主。先舉爲客，後舉爲主。從五行相勝法，[20]爲陣以應之。

[1]季秋：指秋季的最後一個月，即農曆九月。

[2]講武：講習武事，演習戰陣。　都外：指京城郊外之地。

[3]萊野：指在郊野之地清除雜草，整治爲平地。萊，即除草。

[4]墠：清掃場地。

[5]指麾：指揮。麾，同“揮”。

[6]金鼓：鉦和鼓。古代行軍或歌舞時用以指揮進退、動静的兩種樂器。

[7]聲鼓：擊鼓發聲。古代軍中多用作進軍的信號。

［8］鳴金：擊鉦鳴音。古代軍中多用作退軍的信號。

［9］五兵：五種兵器。古代所指不一：或指戈、殳、戟、酋矛、夷矛；或指矛、戟、鉞、楯、弓矢；或指矛、戟、弓、劍、戈。亦泛指各種兵器。　便：底本、宋刻遞修本、庫本、中華本及《通典》卷七六《禮三十六·軍禮一》皆同，但殿本作“使”，當訛。

［10］兵嚴：兵士整裝待發。

［11］方色：古代陰陽五行家將東、南、西、北、中五方分别與青、赤、白、黑、黄五色相配，一方一色，簡稱“方色”。　和門：軍營之門。亦指田獵時所築營壘之門。

［12］都墠：指整個練兵講武的場地。

［13］五采：指青、赤、白、黑、黄五種顔色。亦泛指多種顔色。

［14］戒鼓：擊鼓以警衆。

［15］貫甲：穿上甲胄。

［16］革輅：古代帝王所乘的一種兵車，爲五輅之一，白質而覆之以革，無他飾，多用於講武作戰或巡視國土四境。

［17］大司馬介胄乘：此句各本皆同，但《通典》卷七六《禮三十六·軍禮一》“乘”下有“馬”字，文義更明。介胄，即鎧甲和頭盔。亦指披甲戴盔。

［18］行殿：指古代帝王出行時居處的宫殿。

［19］百司：百官，衆官。

［20］五行相勝：亦稱“五行相克”。古代陰陽五行家所創立的水、火、金、木、土五行互相克制的學説。其順序是：水克火，火克金，金克木，木克土，土克水。

後齊春蒐禮，有司規大防，[1]建獲旗，[2]以表獲車。[3]蒐前一日，命布圍。領軍將軍一人，[4]督左甄，[5]護軍將軍一人，[6]督右甄。大司馬一人，居中，節制諸軍。天子陳小駕，服通天冠，乘木輅，詣行宮。[7]將親禽，[8]服戎服，鈒戟者皆嚴。[9]武衛張甄圍，[10]旗鼓相望，銜枚而進。[11]甄常開一方，以令三驅。[12]圍合，吏奔騎令曰："鳥獸之肉，不登於俎者不射。皮革齒牙，骨角毛羽，不登於器者不射。"甄合，大司馬鳴鼓促圍，衆軍鼓噪鳴角，[13]至期處而止。[14]大司馬屯北旌門，二甄帥屯左右旌門。天子乘馬，從南旌門入，親射禽。謁者以獲車收禽，[15]載還，陳於獲旗之北。王公已下以次射禽，皆送旗下。事畢，大司馬鳴鼓解圍，復屯。殿中郎中率其屬收禽，[16]以實獲車。天子還行宮。命有司，每禽擇取三十，一曰乾豆，[17]二曰賓客，[18]三曰充君之庖。[19]其餘即於圍下量犒將士。禮畢，改服，鈒者韜刃而還。[20]夏苗、秋獮、冬狩，[21]禮皆同。

[1]規大防：此指規劃獵場的重要界限。

[2]獲旗：表示獲車所在處的旗子。

[3]獲車：用以裝載禽獸等獵獲之物的車。

[4]領軍將軍：官名。北齊時爲領軍府的長官，置一人，掌禁衛宮掖，輿駕出入則督攝仗衛。從二品。

[5]左甄：左翼軍，左方的軍陣。甄，指古代打獵或作戰時所布軍陣的左右兩翼。

[6]護軍將軍：官名。北齊時爲護軍府的長官，置一人，掌東西南北四中郎將府及各地關尉、津尉，輿駕出則護駕。從二品。

[7]行宮：古代京城以外供帝王出行時居住的宮室。

[8]親禽：指古代帝王親自射獵鳥獸。禽，鳥獸的總名。

[9]鈒（sà）戟：古代儀衛所用的一種兵器。形如戟而短小，無飛掌而有小横木。　嚴：警戒，戒備，戒嚴。

［10］武衛：此指武衛將軍。官名。北齊時爲左右衛府的次官，左右各置二人，協助長官左右衛將軍掌領左右厢禁軍宿衛侍從。從三品。

［11］銜枚：古代行軍時士卒横銜枚於口中，以防止喧嘩或叫喊。枚，即銜於口中的器具，形如筷子，兩端有帶，可繫於頸上。

［12］三驅：古代帝王田獵之制。謂田獵時須放開一面，圍合三面驅趕禽獸，使之有路可去，以示不忍盡獵而有好生之德。一説指田獵以一年三次爲度。

［13］鼓譟：指出戰或田獵時擂鼓吶喊。　鳴角：吹奏號角。

［14］期處：指事先預定的地點。

［15］謁者：官名。北齊時爲謁者臺的屬官，置三十人，掌凡諸吉凶公事時導相禮儀。正九品下。

［16］殿中郎中：官名。北齊時爲尚書省殿中部所轄四曹之一殿中曹的長官，置一員，掌駕行百官留守名帳、宫殿禁衛、供御衣倉等事。正六品上。

［17］乾豆：放在祭器中供祭祀用的乾肉。亦指可用以做成祭祀之乾肉的禽獸獵物。

［18］賓客：此指可用以做成招待賓客之肉食的禽獸獵物。

［19］充君之庖：指可用以充作國君庖厨之物的禽獸獵物。

［20］刃：底本原作“刀”，宋刻遞修本、殿本、庫本與底本同，中華本據《通典》卷七六《禮三十六·軍禮一》改作“刃”，並作校勘記云：“‘鈒’爲短戟。‘韜刃’，加皮套以保護戟刃。”所言當是，今從改。

［21］夏苗：古稱帝王在夏季舉行的田獵爲夏苗，亦單稱苗。　冬狩：古稱帝王在冬季舉行的田獵爲冬狩，亦單稱狩。

河清中定令，[1]每歲十二月半後講武，至晦逐除。[2]二軍兵馬，右入千秋門，[3]左入萬歲門，[4]並至永巷南下，[5]至昭陽殿北，[6]二軍交。一軍從西上閤，[7]一軍從東上閤，[8]並從端門南，[9]出閶闔門前橋南，[10]戲射並訖，送至城南郭外罷。[11]

[1]河清：北齊武成帝高湛年號（562—565）。

[2]逐除：亦稱“逐疫”。古時於臘月末舉行的禳祭禮，用以驅逐疫鬼。按，“逐”底本原作“遂”，殿本、庫本與底本同，宋刻遞修本作“逐”，中華本據改作“逐”，並作校勘記云：“《吕氏春秋·季冬紀》注：‘今人臘歲前一日，擊鼓驅疫，謂之逐除。’”另《通典》卷七八《禮三十八·軍禮三》亦作“逐”。故從宋刻遞修本、中華本及《通典》改。

[3]千秋門：北齊鄴都宮城之西門。

[4]萬歲門：北齊鄴都宮城之東門。

[5]永巷：北齊鄴都宮城内之巷名。位於昭陽殿北、五樓門南，爲前殿通往後宮的巷道。

[6]昭陽殿：北齊鄴都宮城内之殿名。原稱顯陽殿，文宣帝天保二年（551）改稱昭陽殿。位於太極殿北朱華門内，爲皇帝舉行朝集大會之所。

[7]西上閤：北齊昭陽殿西面之便殿。

[8]東上閤：北齊昭陽殿東面之便殿。

[9]端門：北齊太極殿前之正南門。

[10]閶闔門：北齊鄴都宮城之南門。城門上有清都觀，爲皇帝講武觀兵及大赦之所。

[11]南郭：此指北齊鄴都南面的外郭城。

後齊三月三日，皇帝常服乘輿，詣射所，升堂即坐，皇太子及群官坐定，登歌，[1]進酒行爵。[2]皇帝入便殿，更衣以出，驊騮令進御馬，[3]有司進弓矢。帝射訖，還御坐，射懸侯，[4]又畢，群官乃射五埒。[5]一品三十二發，一發調馬，[6]十發射下，[7]十五發射上，[8]三發射獐，[9]三發射獸頭。[10]二品三十發，一發調馬，十發射下，十發射上，三發射獐，三發射帖，[11]三發射獸頭。三品二十五發，一發調馬，五發射下，十發射上，三發射獐，三發射帖，三發射獸頭。四品二十發，一發調馬，五發射下，八發射上，二發射獐，二發射帖，二發射獸頭。五品十五發，一發調馬，四發射下，五發射上，二發射獐，二發射帖，一發射獸頭。侍官御仗已上十發。[12]一發調馬，四發射下，五發射上。

[1]登歌：升堂奏歌。古代舉行祭典、大朝會時，樂師登堂而歌。

[2]行爵：亦稱“行觴”“行酒”。即依次敬酒。

[3]驊騮令：官名。北齊時爲太僕寺下轄驊騮署的長官，掌御馬及諸鞍乘之事。從八品上。

[4]懸侯：指懸挂着的箭靶。侯，即古時用獸皮或畫有獸形之布做成的箭靶。

[5]埒（liè）：馬射場。因其周匝有矮墻，故名“埒”。

[6]調馬：此謂試射一箭以馴調所騎的馬匹。

[7]下：此指設置於低處位置的箭靶。

[8]上：此指設置於高處位置的箭靶。

[9]獐：此指用獐子皮或畫有獐子圖形之布做成的箭靶。

[10]獸頭：此指畫有虎頭圖形的箭靶。“獸”應作“虎”，唐人諱改。按，底本原脱“三十二發”及以下小字注文，宋刻遞修本、殿本、庫本與底本同，中華本據《通典》卷七七《禮三十七・軍禮二》補，並作校勘記云：“對照下文所列項目，《通典》可能仍脱‘三發射帖’四字；‘三十二發’也應作‘三十五發’，每品差數都是五發。”所校甚是，今從補。

[11]帖：此指畫有紅心和圓環的箭靶。

[12]侍官：此泛指在宮廷中輪番宿衛侍從的武官。 御仗：官名。北齊時爲左右衛府下轄御仗禁軍之屬官，掌執儀仗兵器宿衛侍從。正九品下。

季秋大射，[1]皇帝備大駕，常服，御七寶輦，[2]射七埒。正三品已上，第一埒，一品五十發，一發調馬，十五發射下，二十五發射上，三發射獐，三發射帖，三發射獸頭。二品四十六發。一發調馬，十五發射下，二十二發射上，二發射獐，三發射帖，三發射獸頭。從三品四品第二埒，三品四十二發，一發調馬，十二發射下，二十二發射上，二發射獐，二發射帖，三發射獸頭。四品三十七發。[3]一發調馬，十一發射下，[4]十九發射上，一發射獐，二發射帖，三發射獸頭。五品第三埒，三十二發。一發調馬，九發射下，十七發射上，一發射獐，二發射帖，二發射獸頭。六品第四埒，二十七發。一發調馬，八發射下，十六發射上，一發射獐，一發射帖。七品第五埒，二十一發。一發調馬，六發射下，十二發射上，一發射獐，一發射帖。八品第六埒，十六發。一發調馬，四發射下，九發射上，一發射獐，一發射帖。九品第七埒，十發。一發調馬，三發射下，四發射上，一發射獐，一發射帖。

[1]大射：古代帝王爲祭祀擇士而舉行的射禮。

[2]七寶輦：古代皇帝乘坐的用多種寶物裝飾的車。

[3]三十七發：各本皆同，但《通典》卷七七《禮三十七·軍禮二》作“三十八發”。

[4]十一發：各本皆同，但《通典》卷七七《禮三十七·軍禮二》作“十二發”。

大射置大將、太尉公爲之。射司馬各一人,[1]録事二人。[2]七埒各置埒將、射正參軍各一人,[3]埒士四人,[4]威儀一人,[5]乘白馬以導,的別參軍一人,[6]懸侯下府參軍一人。[7]又各置令史埒士等員,[8]以司其事。

[1]太尉公:官名。亦單稱太尉。北齊時爲三公之首,掌參議國家大事,可開府置官屬。正一品。　射司馬:北齊行大射禮時所置的輔助大將統轄射政的上佐官。屬臨時差遣之職,事罷則廢。

[2]録事:此指北齊行大射禮時掌總録射事文簿、糾彈違失的官員。

[3]埒將:北齊行大射禮時於各射場所置的主將。　射正參軍:北齊行大射禮時在各射場掌判射事法儀的官員。

[4]埒士:在各射場引導衆官行射的軍士。

[5]威儀:指在各射場贊導禮儀的人員。

[6]的別參軍:在各射場掌管箭靶並裁判射靶之成績的官員。

[7]懸侯下府參軍:在各射場掌管懸侯並裁判射侯之成績的官員。

[8]令史:此指在各射場掌管書記文簿事務的胥吏。

後周仲春教振旅,大司馬建大麾於萊田之所。[1]鄉稍之官,[2]以旗物鼓鐸鉦鐃,各帥其人而致。誅其後至者。[3]建麾於後表之中,[4]以集衆庶。質明,[5]偃麾,誅其不及者。乃陳徒騎,[6]如戰之陣。大司馬北面誓之。軍中皆聽鼓角,以爲進止之節。田之日,[7]於所萊之北,建旗爲和門。諸將帥徒騎序入其門。有司居門,以平其人。[8]既入而分其地,[9]險野則徒前而騎後,[10]易野則騎前而徒後。[11]既陣,[12]皆坐,乃設驅逆騎,[13]有司表狢於陣前。[14]以太牢祭黃帝軒轅氏，於狩地爲墠，建二旗，列五兵於坐側，行三獻禮。遂蒐田致禽以祭社。[15]仲夏教茇舍，[16]如振旅之陣，遂以苗田如蒐法，[17]致禽以享礿。[18]仲秋教練兵，如振旅之陣，遂以獮田如蒐法，[19]致禽以祀方。[20]仲冬教大閱，[21]如振旅之陣，遂以狩田如蒐法，[22]致禽以享烝。[23]

[1]大麾：大旗。麾，即古代用以指揮軍隊的旗幟。　萊田：荒地。按，"萊"字底本、宋刻遞修本、殿本、中華本及《通典》卷七六《禮三十六·軍禮一》皆同，但庫本作"菜"，當訛。

[2]鄉稍：周制，王城外百里郊内分鄉，二百里至三百里爲稍。後因以"鄉稍"泛指都城以外的地區。

[3]後至：遲到，晚到。

[4]後表：古代田獵時，從南至北立木爲表，標識步數，以正進退之行列。最北面的一表稱爲後表。

[5]質明：指天剛亮的時候。

[6]徒騎：步兵和騎兵。

[7]田：打獵，狩獵。亦特指春季打獵和習兵之禮。

[8]平（pián）：辨治，辨別。

[9]既：底本、宋刻遞修本、庫本、中華本及《通典》卷七六《禮三十六·軍禮一》皆同，但殿本作"即"，當訛。

[10]險野：指崎嶇難行的原野。

[11]易野：指平坦的原野。

[12]既：底本、宋刻遞修本、庫本、中華本及《通典》卷七六《禮三十六·軍禮一》皆同，但殿本作"即"，當訛。

[13]驅逆：驅趕禽獸，使之進入圍獵圈並阻止其逃逸。

[14]表狢：亦作"表貉""表禡"。古代田獵或出征時，於陣前或營前立望表以祭神，謂之表狢。

[15]蒐田：指春季打獵。亦泛指田獵。　致禽：供獻祭祀所用的禽獸。

[16]茇舍：亦作“拔舍”。古時稱在夏季進行的練兵儀式爲茇舍，以操練行軍宿息草野之法。按，“茇”底本、宋刻遞修本、中華本及《通典》卷七六《禮三十六・軍禮一》皆同，但殿本、庫本作“芨”，當訛。

[17]苗田：指夏季打獵。

[18]享礿（yuè）：古代獻禽祭祀宗廟之禮。礿，是古代宗廟四季之祭名，夏商時爲春祭，周代以後則爲夏祭。

[19]獮田：指秋季打獵。

[20]祀方：指秋祭四方之神。

[21]大閲：古時稱在冬季進行的練兵儀式爲大閲，以操練和檢閲車馬行陣之法。

[22]狩田：指冬季打獵。

[23]享烝：古代在冬季獻禽祭祀宗廟之禮。

孟秋迎太白，[1]候太白夕見於西方。先見三日，大司馬戒期，[2]遂建旗於陽武門外。[3]司空除壇兆，[4]有司薦毛血，登歌奏《昭夏》。[5]在位者拜，事畢出。其日中後十刻，[6]六軍士馬，俱介胄集旗下。左右武伯督十二帥嚴街，[7]侍臣文武，俱介胄奉迎。樂師撞黄鐘，[8]右五鐘皆應。[9]皇帝介胄，警蹕以出，如常儀而無鼓角，出國門而軷祭。至則舍於次。太白未見五刻，中外皆嚴，皇帝就位，六軍鼓噪，行三獻之禮。每獻，鼓噪如初獻。事訖，燔燎賜胙，[10]畢，鼓噪而還。

[1]孟秋：指秋季的第一個月，即農曆七月。　太白：星名。

即金星。早晨出現在東方時叫“啓明”，晚上出現在西方時叫“長庚”。古代星象家以爲太白星主殺伐，故多在秋季奉迎祭之，以喻兵戎。

［2］戒期：確定日期。

［3］陽武門：北周都城長安之西門。

［4］司空：官名。即北周大司空卿的簡稱。參見前注“大司空”。　壇兆：舉行祭典的壇場。兆，指壇之界域。

［5］《昭夏》：古樂章名。爲九夏之一。《周禮·春官·鍾師》載：“凡樂事，以鍾鼓奏九夏：《王夏》《肆夏》《昭夏》《納夏》《章夏》《齊夏》《族夏》《祴夏》《驁夏》。”

［6］日中：正午，中午。　刻：古計時單位。古代以漏壺計時，一晝夜分爲百刻，則每刻當今 14.4 分鐘。漢哀帝建平二年分一晝夜爲一百二十刻，則每刻當今 12 分鐘。南朝梁武帝天監年間，以八刻爲一辰，晝夜十二辰共得九十六刻，則每刻當今 15 分鐘。後歷代多沿用梁制。

［7］左右武伯：官名。全稱是左右武伯中大夫。北周時爲夏官府左右武伯二曹的長官，各置一人，掌京師宿衛、朝廷儀仗等政令，統轄中央十二率之禁旅。正五命。　十二帥：亦作“十二率”。指北周京師所置的十二率禁衛軍，即左右虎賁率、左右旅賁率、左右射聲率、左右驍騎率、左右羽林率、左右游擊率。

［8］黄鐘：古樂器名。屬打擊樂器，多爲廟堂所用。亦指十二樂律中的黄鐘律或以黄鐘調爲基音的樂曲。

［9］五鐘：指青鐘、赤鐘、黄鐘、景鐘、黑鐘五種鐘，皆爲古樂器名。《尚書大傳》卷一載古禮制稱：“天子左五鍾，右五鍾。天子將出，則撞黄鍾，右五鍾皆應；入則撞蕤賓，左五鍾皆應。”

［10］燔燎：燒柴祭天。參見前注“柴燎”。　賜胙：古代帝王於祭祀宗廟或郊社之後，把祭肉分給群臣享用，謂之“賜胙”。

隋制，大射祭射侯於射所，[1]用少牢。軍人每年孟秋閲戎具，[2]仲冬教戰法。及大業三年，煬帝在榆林，[3]突厥啓民及西域、東胡君長，[4]並來朝貢。帝欲誇以甲兵之盛，乃命有司，陳冬狩之禮。詔虞部量拔延山南北周二百里，[5]並立表記。前狩二日，兵部建旗於表所。[6]五里一旗，分爲四十軍，軍萬人，騎五千匹。前一日，諸將各帥其軍，集於旗下。鳴鼓，後至者斬。詔四十道使，並揚旗建節，分申佃令，[7]即留軍所監獵。

[1]射侯：指箭靶。

[2]戎具：兵器。

[3]榆林：郡名。隋煬帝大業初改勝州置。治所在今内蒙古托克托縣西南。

[4]啓民：即啓民可汗。隋時東突厥的可汗，名染干。詳見本書卷八四、《北史》卷九九《突厥傳》等。　西域：地區名。漢以來對玉門關、陽關以西地區的總稱。狹義專指葱嶺以東而言；廣義則指凡通過狹義西域所能到達的地區，包括亞洲中西部、印度半島、歐洲東部和非洲北部在内。　東胡：古代對東北地區少數民族的泛稱。

[5]虞部：官署名。爲尚書省工部下轄四曹之一，掌京師街巷種植、山澤苑囿、百官時蔬薪炭供應及田獵等政務。隋初其長官稱虞部侍郎，煬帝大業三年改稱虞部郎。　拔延山：在今青海化隆回族自治縣西北。　南北周二百里：各本皆同，《通典》卷七六《禮三十六·軍禮一》亦同，但本書卷三《煬帝紀上》作“長圍周亘二千里”，《通鑑》卷一八一《隋紀》煬帝大業五年條又作“長圍亘二十里”，並附《考異》曰：“《隋·帝紀》作‘二千里’，疑二十里字誤。”而據本志下文稱“五里一旗，分爲四十軍”，合計正

當二百里，故疑本紀和《通鑑》所載里數均有訛誤。另據本書《煬帝紀上》，隋煬帝大獵拔延山時在大業五年，與其在榆林朝會諸胡君長並非同一年，故本志將兩事統記於大業三年之下則欠準確。

[6]兵部：官署名。爲尚書省所轄六部之一，下統兵部（煬帝大業三年改稱兵曹）、職方、駕部、庫部四曹。掌武官選授及軍籍、軍訓、地圖、輿馬、甲仗之政。長官爲兵部尚書。

[7]佃：打獵、田獵。佃，通“畋”和“田”。

布圍，圍闕南面，方行而前。[1]帝服紫褲褶、黑介幘，[2]乘闟猪車，[3]其飾如木輅，重輞漫輪，[4]蚪龍繞轂，[5]漢東京鹵簿所謂獵車者也。[6]駕六黑駵。[7]太常陳鼓笳鐃簫角於帝左右，[8]各百二十。百官戎服騎從，鼓行入圍。[9]諸將並鼓行赴圍。[10]乃設驅逆騎千有二百。闟猪停軔，[11]有司斂大綏，[12]王公已下，皆整弓矢，陳於駕前。有司又斂小綏，[13]乃驅獸出，過於帝前。初驅過，有司整御弓矢以前，待詔。再驅過，備身將軍奉進弓矢。[14]三驅過，帝乃從禽，[15]鼓吹皆振，左而射之。[16]每驅必三獸以上。帝發，抗大綏。[17]次王公發，則抗小綏。次諸將發射之，無鼓，驅逆之騎乃止。然後三軍四夷百姓皆獵。[18]凡射獸，自左膘而射之，[19]達于右腢，[20]爲上等。達右耳本，[21]爲次等。自左髀達于右䯚，[22]爲下等。群獸相從，不得盡殺。已傷之獸，不得重射。又逆向人者，不射其面。出表者不逐之。佃將止，虞部建旗於圍內。從駕之鼓及諸軍鼓俱振，卒徒皆噪。諸獲禽者，獻於旗所，致其左耳。大獸公之，以供宗廟，使歸，薦腊于京師。[23]小獸私之。

［1］行：底本原作“幘”，殿本、庫本與底本同，當誤，今據宋刻遞修本、中華本及《通典》卷七六《禮三十六·軍禮一》改。

［2］褲褶（xí）：古服裝名。因上身穿褶，下身着褲，外不加裘裳，故稱褲褶。名起於漢末，始爲騎服。盛行於南北朝，亦用作常服、朝服。唐末漸廢。　介幘：古代一種長耳裹髮的頭巾。始行於漢魏，後漸變爲進賢冠。

［3］闒（tà）猪車：古代帝王乘用的獵車。亦稱“蹋猪車”“踏虎車”“蹋獸車”“闒戟車”。漢·蔡邕《獨斷》卷下載其形制稱：“蹋猪車，慢輪有畫，田獵乘之。”後歷代多參襲漢制。

［4］重輞：亦稱“重牙”。指車輪的雙重外周。以二輪相重而成，取其安穩。　漫輪：亦作“幔輪”“縵輪”。指無文飾的車輪。

［5］虯龍：古代傳説中的一種無角龍。此指虯龍圖畫。按，“虯”底本原作“蚪”，當訛，今據宋刻遞修本、殿本、庫本、中華本改。　轂：車輪的中心部位，周圍與車輻的一端相接，中有圓孔，用以插軸。

［6］東京：指東漢首都洛陽（今河南洛陽市東北）。亦代指東漢。

［7］駵：同“騮”，即紅身黑鬃黑尾的馬。亦泛指駿馬。

［8］太常：官署名。即太常寺。爲九寺之一，掌國家禮樂、郊廟社稷祭祀等事務，政令仰承於尚書省禮部。長官爲太常卿。

［9］鼓行：擊鼓行軍。亦引申爲大張聲勢地前進。

［10］赴：底本、宋刻遞修本、庫本、中華本及《通典》卷七六《禮三十六·軍禮一》皆同，但殿本作“越”，當訛。

［11］停軔：停車，並用木頭支住車輪以防滾動。

［12］大綏：古代天子田獵時所建的旌旗。

［13］小綏：古代諸侯、王公田獵時所建的旌旗。

［14］備身將軍：官名。據本書《百官志下》和《通典》卷二八《職官十·左右驍衛》載，隋文帝開皇十八年始設左右備身府，各置備身將軍一人爲長官，掌領本府兵宿衛侍從，從三品。煬帝大

業三年改左右備身府爲左右驍騎衛，各置驍騎衛大將軍和將軍爲正副長官；而又另改左右領左右府爲左右備身府，各置備身郎將一人爲長官，掌侍衛皇帝左右，正四品。此後，備身將軍之名則廢。而文中所述事在大業五年，故此處“備身將軍”當是“備身郎將”之誤。

[15]從禽：追逐禽獸。亦指田獵。

[16]左：底本原作“坐”，殿本、庫本與底本同，當誤，今據宋刻遞修本、中華本及《通典》卷七六《禮三十六·軍禮一》改。

[17]抗：舉起，樹立。

[18]三軍：古時對全部軍隊的統稱，即全軍。　四夷：古代中原王朝對四方少數民族及外族的統稱。此處泛指參加田獵的各族外賓。

[19]膘（piǎo）：指牲畜小腹兩邊之肉。

[20]髃（ǒu）：肩頭，肩部。

[21]耳本：耳根，耳朵的根部。

[22]髀（bì）：指股部，大腿。　髎（yáo）：指牲畜腰兩側肋與胯之間的虛軟處。按，“髎”底本原作“髃”，宋刻遞修本、殿本與底本同，中華本據《集韵》《新唐書·禮樂志六》改作“髎”，庫本及《通典》卷七六《禮三十六·軍禮一》亦作“髎”，故從中華本、庫本及《通典》改。

[23]腊（xī）：乾肉。

齊制，季冬晦，[1]選樂人子弟十歲以上、十二以下爲侲子，[2]合二百四十人。一百二十人，赤幘、皂褠衣，[3]執鼗。[4]一百二十人，赤布褲褶，執鞞角。[5]方相氏黄金四目，[6]熊皮蒙首，玄衣朱裳，[7]執戈揚楯。[8]又作窮奇、祖明之類，[9]凡十二獸，皆有毛角。鼓吹令率之，[10]中黄門行之，[11]冗從僕射將之，[12]以逐惡鬼于禁中。[13]其日戊夜三唱，[14]開諸里門，[15]儺者各集，[16]被服器仗以待事。[17]戊夜四唱，開諸城門，二衛皆嚴。[18]上水一刻，[19]皇帝常服，即御座。王公執事官第一品已下、從六品已上，[20]陪列預觀。儺者鼓噪，入殿西門，遍於禁内。分出二上閤，[21]作方相與十二獸舞戲，[22]喧呼周遍，前後鼓噪。出殿南門，分爲六道，出於郭外。

[1]季冬：指冬季的最後一個月，即農曆十二月。

[2]樂人：古代對歌舞演奏藝人的泛稱。　侲（zhèn）子：亦稱“侲童”。古時特指作逐鬼之用的童子。

[3]赤幘：赤紅色的頭巾。古代多爲武士所服。　皂褠（gōu）衣：袖狹緊形如溝的黑色單衣。

[4]鼗（táo）：長柄小摇鼓，俗稱撥浪鼓。

[5]鞞角：鼙鼓和號角。鞞，同“鼙”。

[6]方相氏：原是周官名，爲夏官之屬，由武夫充任，職掌驅除疫鬼和山川精怪之事。後亦指以人扮演或以竹紙扎製的方相神靈，用以驅疫避邪。

[7]玄衣朱裳：黑色的上衣和紅色的下裙。

[8]戈：古兵器名。多以青銅製成，横刃，裝有長柄，可持以横擊和鈎援。盛行於商至戰國時期，秦以後漸廢。

[9]窮奇：古代傳説中的食人神獸。其狀如牛，或説似虎，蝟毛，音如嗥狗。後世或製其形用以厭勝。　祖明：古代傳説中的食鬼神獸。後世或製其形用以厭勝。

[10]鼓吹令：官名。北齊時爲太常寺下轄鼓吹署的長官，掌百戲、鼓吹樂人等事。從八品上。

[11]中黄門：官名。北齊時爲長秋寺下轄中黄門署的屬官，以宦者充任，掌宫門管鑰啓閉之事。正九品上。　行：排列成隊。

[12]冗從僕射：官名。北齊時爲左右衛府的屬官，置三十人，

掌轄冗從武士宿衛侍從。正六品下。

［13］禁中：亦稱“禁内”。指古代帝王所居的宫内。因宫門有禁，非侍御者不得入，故稱禁中。

［14］戊夜：古時把從黄昏至拂曉一夜間，分爲甲夜、乙夜、丙夜、丁夜、戊夜五個時段，謂之“五夜”，又稱五更、五鼓。戊夜，指第五更的時候，即天將明時。　三唱：指雄鷄第三遍唱鳴報曉之時。

［15］里門：里巷之門。古代同里的人家聚居一處，設有里門。

［16］儺（nuó）者：指在儺禮中作驅儺表演的人。儺，古代一種迎神以驅逐疫鬼的風俗。儺禮一年舉行數次，大儺則在臘日前舉行。

［17］被（pī）服：即穿着衣物。被，同“披”。

［18］二衛：此指北齊左、右二衛府。掌統左右厢禁軍宿衛侍從，長官爲左右衛將軍。

［19］上水一刻：指白晝漏壺開始上水達到一刻度的時間，即凌晨一刻之時。參見前注“刻”。

［20］執事官：亦作“職事官”。泛指有具體職掌的官員，與散官、勳官對稱。

［21］二上閤：此指北齊宫禁内的東、西二上閤。參見前注“東上閤”“西上閤”。

［22］舞戲：舞蹈和百戲。

隋制，季春晦，[1]儺，磔牲於宫門及城四門，[2]以禳陰氣。[3]秋分前一日，[4]禳陽氣。[5]季冬傍磔、大儺亦如之。[6]其牲，每門各用羝羊及雄鷄一。[7]選侲子，如後齊。冬八隊，二時儺則四隊。問事十二人，[8]赤幘褠衣，執皮鞭。工人二十二人。[9]其一人方相氏，黄金四目，蒙熊皮，玄衣朱裳。其一人爲唱師，著皮衣，執棒。鼓角各十。[10]有司預備雄鷄羝羊及酒，於宮門爲坎。未明，鼓噪以入。方相氏執戈揚楯，[11]周呼鼓噪而出，合趣顯陽門，[12]分詣諸城門。將出，諸祝師執事，[13]預䟣牲胸，[14]磔之於門，酌酒禳祝。[15]舉牲并酒埋之。

[1]季春：指春季的最後一個月，即農曆三月。

[2]磔（zhé）：古代祭祀時分裂牲畜肢體的儀式。

[3]禳：古代除邪消灾的一種祭祀。亦泛指除去灾邪。　陰氣：寒氣，肅殺之氣。

[4]秋分：二十四節氣之一。在每年陽曆九月二十三日或二十四日。此日太陽直射赤道，南北半球晝夜等長。

[5]陽氣：暖氣，生長之氣。

[6]傍磔：亦作"旁磔"。古代於四方之門宰牲禳祭之禮。傍、旁，指四方之門。

[7]羝羊：公羊。

[8]問事：此指在儺禮中用以驅趕窮奇、祖明等十二獸的役卒。

[9]工人：此指在儺禮中戴面具扮方相以及執棒唱歌、擊鼓鳴角共作驅儺表演的樂工。

[10]鼓角各十：此句各本皆同，《通典》卷七八《禮三十八·軍禮三》"十"下有"人"字。

[11]揚：底本、宋刻遞修本、庫本、中華本及《通典》卷七八《禮三十八·軍禮三》皆同，但殿本作"楊"，當訛。

[12]顯陽門：隋都大興城宮城之正南門。隋文帝開皇二年建，初名廣陽門，仁壽元年（601）避太子楊廣諱改稱顯陽門。按，"顯陽門"各本皆同，但《通典》卷七八《禮三十八·軍禮三》作"明陽門"，乃杜佑避唐中宗李顯之諱而改。

[13]祝師：古代主持祭祀祝禱事宜的官吏。　執事：泛指供差遣役使之人。

[14]副（pì）：剖開，解剖。按，“副”底本、宋刻遞修本、殿本、庫本及《通典》卷七八《禮三十八・軍禮三》皆同，中華本作“副”，二字相通。　牲胸：“胸”底本原作“匈”，宋刻遞修本、殿本、庫本與底本同，二字乃古今字之别，今據中華本及《通典》卷七八《禮三十八・軍禮三》改。

[15]禳祝：祭祀和祈禱。

後齊制，日蝕，[1]則太極殿西廂東向，[2]東堂東廂西向，[3]各設御座。群官公服。晝漏上水一刻，[4]内外皆嚴。三門者閉中門，單門者掩之。蝕前三刻，皇帝服通天冠，即御座，直衛如常，[5]不省事。[6]有變，聞鼓音，則避正殿，就東堂，服白祫單衣。[7]侍臣皆赤幘，[8]帶劍，升殿侍。諸司各於其所，[9]赤幘，持劍，出户向日立。有司各率官屬，並行宫内諸門、掖門，[10]屯衛太社。鄴令以官屬圍社，[11]守四門，以朱絲繩繞繫社壇三匝。[12]太祝令陳辭責社。[13]太史令二人，[14]走馬露版上尚書，[15]門司疾上之。[16]又告清都尹鳴鼓，[17]如嚴鼓法。[18]日光復，乃止，[19]奏解嚴。

[1]日蝕：日食。古代視日食爲凶事。

[2]太極殿：北齊鄴都宫城内之正殿。位於閶闔門内，爲皇帝舉行外朝之所。　西廂：古時稱殿堂西側的廂房爲西廂，殿堂東側的廂房爲東廂。按，“廂”字底本、殿本、庫本、中華本皆同，宋刻遞修本作“箱”，二字相通。又下文“東廂”之“廂”字，宋刻遞修本亦作“箱”。

[3]東堂：即北齊太極殿東面之偏殿。按，“東堂”底本原脱“東”字，宋刻遞修本、殿本、庫本與底本同，中華本據《通典》

卷七八《禮三十八·軍禮三》補“東”字，今從補。

［4］晝漏：古代用於白天計時的漏壺。亦指白天的時間。

［5］直衛：指宫中省署的值宿警衛。

［6］省（xǐng）事：視事，處理政務。

［7］白袷（jié）單衣：有白色圓領的單層外衣。古時常用爲吊服或便服。按，“袷”底本、宋刻遞修本、殿本、中華本及《通典》卷七八《禮三十八·軍禮三》皆同，但庫本作“裕”，當訛。

［8］侍臣皆赤幘：“皆”底本、宋刻遞修本、庫本、中華本及《通典》卷七八《禮三十八·軍禮三》均同，但殿本作“背”，當訛。

［9］諸司：指衆官員或衆官署。

［10］掖門：宫殿正門兩旁的邊門。

［11］鄴：縣名。爲北齊都城所在之縣。治所在今河北臨漳縣西南鄴鎮東。

［12］三匝：三周，三圈。

［13］太祝令：官名。北齊時爲太常寺下轄太祝署的長官，掌郊廟贊祝、祭社衣服等事。正九品上。

［14］太史令：官名。北齊時爲太常寺下轄太史署的長官，掌天文地動、風雲氣色、律曆卜筮等事。正九品上。

［15］露版：亦作“露板”。指不緘封的奏章。　尚書：官署名。此指尚書省。北齊時爲中央最高行政機關，下統吏部、殿中、祠部、五兵、都官、度支六部，六部下又統二十八曹。

［16］門司：指守門的吏役。

［17］清都尹：官名。北齊時爲都城所在地清都郡（治所在今河北臨漳縣西南鄴鎮東）的行政長官，地位高於普通郡太守，故稱“尹”。正三品。

［18］嚴鼓：指戒嚴的鼓聲。

［19］乃：底本、宋刻遞修本、中華本及《通典》卷七八《禮三十八·軍禮三》皆同，但殿本、庫本作“圓”。

後魏每攻戰剋捷，欲天下知聞，乃書帛，建於竿上，名爲露布。[1]其後相因施行。開皇中，乃詔太常卿牛弘、太子庶子裴政撰宣露布禮。[2]及九年平陳，元帥晋王，[3]以馹上露布。[4]兵部奏，請依新禮宣行。承詔集百官、四方客使等，並赴廣陽門外，[5]服朝衣，各依其列。内史令稱有詔，在位者皆拜。宣訖，拜，蹈舞者三，[6]又拜。郡縣亦同。

[1]露布：古代軍旅告捷的文書。因以帛書建於竿上，故稱露布。

[2]太子庶子：官名。按，據本書卷六六《裴政傳》，此處“太子庶子”當是“太子左庶子”的省稱或脱文。太子左庶子，爲東宫門下坊的長官，置二員，掌侍從贊相，駁正啓奏，制比朝廷門下省的納言。正四品上。　裴政：人名。傳見本書卷六六、《北史》卷七七。

[3]元帥：此指行軍元帥。隋時出征軍的統帥名。根據需要臨時任命，事罷則廢。　晋王：隋煬帝楊廣在開皇年間的封爵名。此處代指其人。

[4]馹（rì）：古代驛站專用的驛車。後亦指驛馬。專供傳遞軍政公文者及來往官員使用。按，“馹”字底本、宋刻遞修本同，殿本、庫本、中華本及《通典》卷七六《禮三十六·軍禮一》皆作“驛”，二字義同，故仍從底本。

[5]廣陽門：隋都大興城宫城之正南門。隋文帝開皇二年建，仁壽元年避太子楊廣諱改稱顯陽門。門上有樓，門外有朝堂，爲皇帝舉行外朝之處。凡國家大典、大朝會及會見外國賓客使臣，皇帝皆御廣陽門舉行。

[6]蹈舞：舞蹈。古代臣下朝賀時對皇帝表示敬意和稱頌的一種儀節。

隋書　卷九

志第四

禮儀四

周大定元年，[1]静帝遣兼太傅、上柱國、杞國公椿，[2]大宗伯、大將軍、金城公煚，[3]奉皇帝璽綬策書，[4]禪位于隋。[5]司録虞慶則白，[6]請設壇於東第。[7]博士何妥議，[8]以爲："受禪登壇，[9]以告天也。[10]故魏受漢禪，設壇於繁昌，[11]爲在行旅，郊壇乃闕。[12]至如漢高在汜，[13]光武在鄗，[14]盡非京邑所築壇。自晋、宋揖讓，[15]皆在都下，[16]莫不並就南郊，[17]更無别築之義。又後魏即位，[18]登朱雀觀，[19]周帝初立，[20]受朝於路門，[21]雖自我作古，皆非禮也。今即府爲壇，恐招後誚。"[22]議者從之。

[1]周：即北周（557—581），亦稱後周，都於長安（今陝西西安市西北郊）。　大定：北周静帝宇文闡年號（581）。

[2]静帝：即北周末代皇帝宇文闡。紀見《周書》卷八、《北

史》卷一〇。　兼：官制用語。即以本官兼理他官之職事。　太傅：官名。北周時爲三公之一，名爲訓導之官，掌與天子坐而論道，實無具體職事，多爲元老重臣的榮譽贈銜。正九命。　上柱國：官名。北周武帝建德四年（575）始置，爲十一等勳官的第一等，可開府置官屬。正九命。　杞國公：爵名。北周時爲十一等爵的第四等。正九命。　椿：人名。即宇文椿。北周宗室大臣。《周書》卷一〇、《北史》卷五七有附傳。

［3］大宗伯：官名。全稱是大宗伯卿。北周時爲春官宗伯府的長官，置一員，掌禮樂、邦交等政務。正七命。　大將軍：官名。北周時爲十一等勳官的第四等，可開府置官屬。正九命。　金城公：爵名。全稱是金城郡公。北周時爲十一等爵的第五等。正九命。　煚：人名。即趙煚。傳見本書卷四六、《北史》卷七五。

［4］璽綬：古代皇帝、皇后、皇太子等專用的印璽及繫印璽的彩色絲帶，爲皇權的象徵物品之一。按，"綬"宋刻遞修本、殿本、庫本、中華本作"紱"，二字義同。　策書：亦作"册書"。古代帝王用於傳位、册立、封贈及任免官員等事的詔書。

［5］禪位：禪讓帝位。

［6］司録：官名。此指北周末楊堅相國府的司録。爲相國府的上佐官，掌總録一府之事。正七命。　虞慶則：人名。傳見本書卷四〇、《北史》卷七三。　白：即告語，禀報，陳述。按，"白"字底本、宋刻遞修本、中華本皆同，殿本、庫本作"曰"。

［7］壇：古代舉行祭祀、會盟、帝王即位、拜將等隆重典禮的高臺，多用土石築成。　東第：指古代王侯顯貴者的府第。因多居帝城之東，故稱東第。此處特指北周末年權臣楊堅所居的相國府第。

［8］博士：官名。全稱是太學博士下大夫。北周時爲春官府樂部曹下轄太學的教官，置六人，掌以儒經教授太學生，國有疑事則掌承問對。正四命。　何妥：人名。傳見本書卷七五、《北史》卷八二。

［9］受禪：中國古代王朝更迭時，新皇帝承受舊皇帝讓給的帝位，即稱受禪。

［10］告天：祭告天帝。

［11］繁昌：縣名。曹魏黄初元年（220），魏文帝曹丕受漢獻帝禪讓，即皇帝位於潁陰縣南之繁陽亭，遂以其地置爲繁昌縣。治所在今河南許昌市南。

［12］郊壇：古代在都城南郊爲祭天所築的土壇。　闕（quē）：通“缺”，即空缺。

［13］漢高：漢高祖劉邦。西漢開國皇帝。紀見《史記》卷八、《漢書》卷一。　氾：古水名。故道在今山東曹縣北，從古濟水分出，東北流至定陶縣北，注入古菏澤，久湮。公元前202年漢高祖即皇帝位於氾水之陽。按，“氾”底本原作“汜”，宋刻遞修本、殿本、中華本與底本同，當訛，今據庫本及《史記·高祖本紀》、《漢書·高祖紀下》改。（參見唐華全《中華書局點校本〈隋書〉質疑二十九則》，《河北師範大學學報》2012年第1期）

［14］光武：東漢光武帝劉秀。東漢開國皇帝。紀見《後漢書》卷一。　鄗（hào）：縣名。漢時治所在今河北柏鄉縣北。東漢建武元年（25），光武帝劉秀即皇帝位於鄗縣南之千秋亭，遂改縣名爲高邑。

［15］宋：即南朝劉宋（420—479），都於建康（今江蘇南京市）。　揖讓：此指禪讓帝位。

［16］都下：京都，都城。

［17］南郊：古代天子在京都南面的郊外築圜丘以祭天的地方。亦特指帝王祭天的大禮。

［18］後魏：即北魏（386—557），亦單稱魏。初都平城（今山西大同市東北），公元494年遷都洛陽（今河南洛陽市東北白馬寺東）。公元534年分裂爲東魏和西魏兩個政權。東魏（534—550）都於鄴（今河北臨漳縣西南鄴鎮東），西魏（535-–557）都於長安（今陝西西安市西北郊）。

[19]朱雀觀：北魏都城洛陽宮城正南門上的樓觀，爲皇帝舉行即位、外朝及大赦等典禮之所。

[20]周帝：此指北周孝閔帝宇文覺。北周開國皇帝。紀見《周書》卷三、《北史》卷九。

[21]路門：亦作"露門"。即北周都城長安宮城之正殿大門，爲皇帝舉行外朝之所。

[22]誚（qiào）：責備，嘲笑，譏刺。

二月，甲子，椿等乘象輅，[1]備鹵簿，[2]持節，[3]率百官至門下，奉策入次。[4]百官文武，朝服立于門南，[5]北面。高祖冠遠游冠，[6]府僚陪列。記室入白，[7]禮曹導高祖，[8]府僚從，出大門東厢西向。[9]椿奉策書，㬅奉璽紱，[10]出次，節導而進。高祖揖之，[11]入門而左，椿等入門而右。百官隨入庭中。椿南向，讀册書畢，進授高祖。高祖北面再拜，辭不奉詔。上柱國李穆進喻朝旨，[12]又與百官勸進，[13]高祖不納。椿等又奉策書進而敦勸，高祖再拜，俯受策，以授高熲；[14]受璽，以授虞慶則。退就東階位。[15]使者與百官，皆北面再拜，搢笏，[16]三稱萬歲。有司請備法駕，[17]高祖不許，改服紗帽、黄袍，[18]入幸臨光殿。[19]就閤内服衮冕，[20]乘小輿，[21]出自西序，[22]如元會儀。[23]禮部尚書以案承符命及祥瑞牒，[24]進東階下。納言跪御前以聞。[25]内史令奉宣詔大赦，[26]改元曰開皇。[27]是日，命有司奉册祀于南郊。[28]

[1]象輅：古代帝王所乘的一種以象牙裝飾的大車，爲五輅之

一。多在舉行講學、釋奠等典禮時乘用，有時亦特賜予皇太子或重要使臣乘用。

［2］鹵簿：古代天子駕出時扈從的儀仗隊。因其甲楯兵衛皆著之簿籍，故名“鹵簿”。按古時天子出行之目的不同，鹵簿儀式和規模亦各有别。自漢以後，鹵簿也用於后妃、太子及王公大臣。

［3］持節：魏晋以後，皇帝派遣大臣出使、出巡或迎接外賓等事時，多授予其節杖，稱作使持節、持節、假節等名號，以表示權威和尊崇。

［4］入次：進入行列。次，指行列次序。

［5］朝服：古代君臣在朝會及舉行隆重典禮時所穿的禮服。

［6］高祖：隋文帝楊堅的廟號。此代指其人。紀見本書卷一、二，《北史》卷一一。　遠游冠：古代諸侯王所戴的一種帽子。《續漢書·輿服志下》載其形制稱：“遠游冠，制如通天，有展筩横之於前，無山述，諸王所服也。”

［7］記室：官名。此是相國府記室參軍事的省稱。爲北周末楊堅相國府所轄列曹參軍之一，掌判府内章表書記之事。正四命。

［8］禮曹：官名。此是相國府禮曹參軍事的省稱。爲北周末楊堅相國府所轄列曹參軍之一，掌判府内禮儀事務。正四命。

［9］東廂：古時稱殿堂東側的廂房爲東廂，殿堂西側的廂房爲西廂。

［10］綬：宋刻遞修本、殿本、庫本、中華本作“紱”，二字義同。

［11］揖：拱手行禮。亦指古代賓主相見或舉行典禮宴會時揖讓尊者就位。

［12］李穆：人名。傳見本書卷三七、《周書》卷三〇，《北史》卷五九有附傳。　朝旨：朝廷的旨意。

［13］勸進：指勸登帝位。

［14］高熲：人名。傳見本書卷四一、《北史》卷七二。

［15］東階：指廳堂東面的臺階。古代以東階爲示遜禮之位，多

爲主人所居就。

［16］搢笏：插笏。古代君臣朝見時均執笏，用以記事備忘，不用時則插笏於腰帶之上。後亦引申指行朝拜之禮。

［17］有司：指主管官員。　法駕：古代天子車駕儀仗的一種。按古代天子的車駕分大駕、法駕、小駕三種，其儀衛之繁簡各有不同。漢蔡邕《獨斷》卷下載漢制稱："法駕公卿不在鹵簿中，唯河南尹、執金吾、洛陽令奉引，侍中參乘，奉車郎御，屬車三十六乘。"後歷代多參襲漢制。

［18］紗帽：紗製的官帽。爲古代帝王貴臣的常禮帽。　黄袍：黄色的長衣。隋以前官民可同服黄袍，爲百官之常服；隋以後皇帝常服黄袍，唐初禁士庶不得服，黄袍遂爲皇帝之專服。

［19］臨光殿：北周和隋初京都長安宫城内之正殿，爲皇帝舉行大朝會之所。

［20］閤：指宫殿兩旁的便殿。　衮冕：古代帝王與上公的禮服和禮冠。衮，即繪有卷龍的禮服，爲帝王及上公所穿之衣。冕，即頂有延板而垂旒的禮冠，爲大夫以上行朝儀、祭禮時所戴之帽。

［21］小輿：亦名"輿車"。古代帝王及王室成員在宫内乘用的一種輕車。

［22］西序：指殿堂的西厢房。

［23］元會：亦稱"正會"。古代皇帝、皇后及皇太子於元旦（農曆正月初一）朝會群臣、接受朝賀的典禮。始行於漢代，魏晋以後因襲之。

［24］禮部尚書：官名。爲尚書省所轄六部之一禮部的長官，掌禮儀、祭祀、外交、宴享等政令，統禮部、祠部、主客、膳部四曹。置一員，正三品。　符命：指述説帝王受天命之瑞應以頌揚帝王功德的文章。　祥瑞牒：陳奏吉祥徵兆的章表公文。

［25］納言：官名。爲門下省的長官，置二員，掌封駁制敕，參决軍國大政，是宰相之職。正三品。　御前：指皇帝座位之前。御，是古代對帝王所作所爲及其所用之物的敬稱。

［26］内史令：官名。爲内史省的長官，掌皇帝詔令出納宣行，是宰相之職。隋初内史省置監、令各一人，尋廢監，置令二人。正三品。隋煬帝大業末改内史省爲内書省，内史令遂改稱内書令。

［27］開皇：隋文帝楊堅年號（581—600）。

［28］册：指古代帝王用於册立、封贈等事的詔書。亦用作動詞，指册立、册封、册命。此指古代帝王祭告天地神祇的文書。

後齊將崇皇太后，[1]則太尉以玉帛告圓丘方澤，[2]以幣告廟。[3]皇帝乃臨軒，[4]命太保持節，[5]太尉副之。設九儐，[6]命使者受璽綬册及節，[7]詣西上閤。[8]其日，昭陽殿文物具陳，[9]臨軒訖，使者就位，持節及璽綬稱詔。二侍中拜進，[10]受節及册璽綬，以付小黄門。[11]黄門以詣閤。皇太后服褘衣，[12]處昭陽殿，公主及命婦陪列於殿，[13]皆拜。小黄門以節綬入，女侍中受，[14]以進皇太后。皇太后興，[15]受，以授左右。復坐，反節於使者。使者受節出。

［1］後齊：即北齊（550—577），都於鄴（今河北臨漳縣西南鄴鎮東）。　崇：此指加封册立。

［2］太尉：官名。北齊時爲三公之首，掌參議國家大事，可開府置官屬。正一品。　玉帛：圭璋和束帛。古代大祭祀、會盟、朝聘等均用之禮物。　告：祭告，禱告。　圓丘：亦作“圜丘”。古代祭天的圓形高壇。　方澤：亦稱“方丘”。古代祭地神的方壇。因壇設於澤中，故名方澤。

［3］幣：繒帛，束帛。古代常用作祭祀或饋贈的禮品。　廟：指太廟。古代帝王供奉和祭祀祖先神位的宗廟。

［4］臨軒：指皇帝不坐正殿而御前殿。因殿前堂陛之間近檐處

兩邊有檻楯，如車之軒，故稱臨軒。

［5］太保：官名。北齊時爲三師之一，名爲訓導之官，掌與天子坐而論道，實無具體職事，多爲元老重臣的榮譽贈銜，可開府置官屬。正一品。

［6］九儐：亦作“九賓”。指九名傳導禮儀的人員。

［7］節：指古代皇帝授予使臣持作憑證的符節。

［8］詣：前往，到。　西上閤：北齊鄴都宫城内昭陽殿西面的便殿。

［9］昭陽殿：北齊鄴都宫城内之殿名。原稱顯陽殿，文宣帝天保二年（563）改稱昭陽殿。位於太極殿北朱華門内，爲皇帝舉行朝集大會之所。　文物：指車服旌旗儀仗之類。

［10］侍中：官名。北齊時爲門下省的長官，置六員，掌獻納諫正，封駁制敕，及司進御之事，是宰相之職。正三品。

［11］小黄門：官名。亦省稱“黄門”。北齊時爲長秋寺下轄中黄門署的屬官，以宦者充任，掌宫内奉侍傳宣之事。從九品下。

［12］褘（huī）衣：古代皇后和皇太后所服的繪有野鷄圖紋的吉服。多在隨從皇帝祭祀宗廟及行册封、朝會等大典時服用。按，“褘”底本原作“禕”，宋刻遞修本、庫本與底本同，當訛，今據殿本、中華本改。

［13］命婦：古代指受有封號的婦人。在宫廷中則妃嬪等稱爲内命婦，在宫廷外則臣下之母妻稱爲外命婦。

［14］女侍中：女官名。北齊時掌侍從皇后和皇太后，擯相威儀，獻納啓奏，典司宫内諸供奉事，職比外朝門下侍中。視流内二品。

［15］興：起身，起立。

册皇后，如太后之禮。

後齊册皇太子，則皇帝臨軒，司徒爲使，[1]司空副之。[2]太子服遠游冠，入至位。使者入，奉册讀訖，皇太子跪受册於使，以授中庶子。[3]又受璽綬於尚書，[4]以授庶子。[5]稽首以出。[6]就册，[7]則使者持節至東宫，宫臣内外官定列。皇太子階東，[8]西面。若幼，則太師抱之，[9]主衣二人奉空頂幘服從，[10]以受册。明日，拜章表於東宫殿庭，中庶子、中舍人乘軺車，[11]奉章詣朝堂謝。[12]擇日齋於崇正殿，[13]服冕，乘石山安車謁廟。[14]擇日群臣上禮，又擇日會。明日，三品以上箋賀。[15]

[1]司徒：官名。北齊時爲三公之一，掌參議國家大事，可開府置官屬。正一品。

[2]司空：官名。北齊時爲三公之一，位在司徒之下，掌參議國家大事，可開府置官屬。正一品。

[3]中庶子：官名。北齊時爲太子東宫門下坊的長官，置四人，掌侍從贊相，駁正啓奏，統領東宫殿内、典膳、藥藏、齋帥等局，制比朝廷門下侍中。正四品上。

[4]尚書：官名。北齊時爲尚書省所轄六部的長官，各置一人，分掌六部政務。正三品。

[5]庶子：官名。北齊時爲太子東宫典書坊的長官，置四人，掌侍從獻納，撰宣啓奏，兼典東宫經籍、音樂等事，制比朝廷中書監、令。從四品上。

[6]稽首：古代一種跪拜禮，須叩頭至地，是九拜中最恭敬的禮節。

[7]就册：此指使者到東宫舉行册封皇太子之禮。

[8]階東：升登東階之主位。

[9]太師：官名。此指太子太師。北齊時爲東宫三師之首，掌教諭太子。正二品。

［10］主衣：吏名。此指太子主衣。北齊時爲東宫門下坊下轄殿内局的屬吏，掌供奉太子衣冠服玩之事。　空頂幘：亦稱“半頭幘”。古代未成年男子所戴的一種空頂童冠。因其上無頂蓋，故以爲名。

［11］中舍人：官名。北齊時爲太子東宫門下坊的次官，置四人，協助長官中庶子掌侍從贊相，駁正啓奏，通判所轄各局事，制比朝廷給事黄門侍郎。正五品上。　軺車：即一馬所駕的輕便車。亦有二馬所駕者。古代常用爲奉使者和朝廷急命宣召者所乘之車。

［12］朝堂：皇帝舉行正朝與左右大臣議政的殿堂。亦泛指朝廷。

［13］齋：齋戒。古人在祭祀或舉行其他典禮前沐浴更衣、净身潔食、清心寡欲，以示莊敬。　崇正殿：兩晋南北朝時，皇太子所居的東宫正殿多命名爲“崇正殿”。

［14］石山安車：繪有石山圖紋的小型坐車。北齊常用爲皇太子行朝儀、祭禮時所乘坐之車。　謁廟：古代皇帝、皇后、皇太子及諸王等遇有大事時，例須到祖廟舉行拜謁祭告之禮，稱爲“謁廟”，亦稱“告廟”或“拜廟”。

［15］箋賀：以箋奏表示祝賀。箋，是魏晋以後群臣用以上奏皇后、皇太子及諸王的一種文表。

册諸王，[1]以臨軒日上水一刻，[2]吏部令史乘馬，[3]賫召版，[4]詣王第。王乘高車，[5]鹵簿至東掖門止，[6]乘軺車。既入，至席。尚書讀册訖，以授王，又授章綬。[7]事畢，乘軺車，入鹵簿，乘高車，詣閶闔門，[8]伏闕表謝。[9]報訖，拜廟還第。就第，[10]則鴻臚卿持節，[11]吏部尚書授册，[12]侍御史授節。[13]使者受而出，乘軺車，持節，詣王第。入就西階，[14]東面。王入，立於東階，西面。使者讀册，博士讀版，[15]王俯伏。[16]興，進受册章綬茅土，[17]俯伏三稽首，還本位，謝如上儀。在州鎮，[18]則使者受節册，乘軺車至州，如王第。

［1］王：爵名。北齊時爲十一等爵的第一等。正一品。

［2］上水一刻：指白晝漏壺開始上水達到一刻度的時間，即凌晨一刻之時。按，古代以漏壺計時，一晝夜分爲百刻，則每刻當今14.4分鐘。漢哀帝建平二年（前5）分一晝夜爲一百二十刻，則每刻當今12分鐘。南朝梁武帝天監年間，以八刻爲一辰，晝夜十二辰共得九十六刻，則每刻當今15分鐘。後歷代多沿用梁制。

［3］吏部令史：吏名。北齊時爲尚書省吏部的屬吏，掌司本部文書案牘，亦供差遣驅使。

［4］召版：皇帝宣召臣下入朝的詔書。

［5］高車：古代一種車篷高而可供立乘的車，亦名“立車”。多爲王公顯貴者所乘用。

［6］東掖門：北齊鄴都宮城的東面側門。

［7］章綬：古代王公百官所用的印章和繫印章的絲帶。

［8］閶闔門：北齊鄴都宮城之南門。城門上有清都觀，爲皇帝舉行外朝之所。

［9］伏闕表謝：拜伏於宮闕下直接向皇帝上表謝恩。

［10］就第：此指使者到諸王府第去舉行册封諸王之禮。

［11］鴻臚卿：官名。北齊時爲鴻臚寺的長官，置一員，掌蕃客朝會、吉凶吊祭及册封諸藩等事務。正三品。

［12］吏部尚書：官名。北齊時爲尚書省所轄六部之一吏部的長官，置一員，掌官吏銓選、考課、封爵等政令，統吏部、考功、主爵三曹。正三品。

［13］侍御史：官名。北齊時爲御史臺的屬官，置八人，掌糾彈百官，推按獄訟，兼判臺内符節署之事。從七品下。

［14］西階：指廳堂西面的臺階。古代以西階爲示尊禮之位，多

爲賓客使者所居就。

[15]博士：官名。此指太常博士。北齊時爲太常寺的屬官，置四人，掌辨五禮之制，贊導禮儀，擬議王公大臣之封號和謚號。從七品下。　版：此指諸王領受的封國版籍。

[16]俯伏：俯首伏地，以表示敬畏。

[17]茅土：用白茅包裹的社土。古代天子分封王、侯等爵時，用代表方位的五色土築社壇，按封地所在方向取一色土，包以白茅而授之，作爲受封者得以有國建社的表徵。

[18]在州鎮：此指使者到諸王出鎮的地方州府去舉行册封諸王之禮。

諸王、三公、儀同、尚書令、五等開國、太妃、妃、公主恭拜册，[1]軸一枚，長二尺，以白練衣之。[2]用竹簡十二枚，[3]六枚與軸等，六枚長尺二寸。文出集書，[4]書皆篆字。哀册、贈册亦同。[5]

[1]三公：北齊時稱太尉、司徒、司空爲三公。參見前注太尉、司徒、司空。　儀同：官名。全稱是儀同三司。北齊時屬散官。正二品。　尚書令：官名。北齊時爲尚書省的長官，置一員，總領尚書省政務，是宰相之職。正二品。　五等開國：指公、侯、伯、子、男五等開國之爵。北齊時包括開國郡公、開國縣公、開國縣侯、開國縣伯、開國縣子、開國縣男、開國鄉男，品階分別爲從一品、正二品、從二品、正三品、正四品下、正五品下、從五品下。開國，是晋以後在五等封爵前所加的稱號，用以區別不開國的散爵。　太妃：魏晋以後對諸王之母所加的封號。　妃：古代對皇帝的姬妾或太子、諸王的正妻所加的封號。　恭拜：指按禮制拜授封爵、官職或封號。

[2]白練：白色熟絹。　衣（yì）：包裹，包裝。

[3]竹簡：古代用以書寫文字的竹片。按南北朝時仍用竹簡、篆字書寫册書，意在摹擬古禮而示莊敬。

[4]集書：官署名。指集書省。北齊時掌侍從諷諫，獻納得失，擬撰優詔册文，監修起居注。長官爲散騎常侍，次官爲通直散騎常侍，屬官有諫議大夫、散騎侍郎、給事中等。

[5]哀册：亦作“哀策”。古代頌揚帝王、后妃生前功德的韵文，多篆書於玉石木竹之上。行葬禮時，由太史令讀後，埋於陵中。　贈册：古代皇帝對王公大臣的先人或王公大臣本人死後追贈官爵的詔書。

諸王、五等開國及鄉男恭拜，[1]以其封國所在方，取社壇方面土，[2]包以白茅，[3]内青箱中。[4]函方五寸，以青塗飾，封授之，以爲社。[5]

[1]鄉男：爵名。北齊時爲十一等爵的第十一等。從五品下。

[2]社壇：此指古代天子祭祀土神的祭壇。

[3]白茅：亦作“白茆”。一種多年生的草本植物，因花穗上密生白色柔毛，故名白茅。古代常用以包裹祭品及分封諸侯的社土。

[4]内（nà）：同“納”，即放入，收藏。　青箱：古代舉行封爵禮時用以裝封土的青色箱匣。

[5]社：此指受封爵者在其封國内所立的祭祀土神的社壇。

隋臨軒册命三師、諸王、三公，[1]並陳車輅。[2]餘則否。百司定列，[3]内史令讀册訖，受册者拜受出。又引次受册者，如上儀。若册開國，郊社令奉茅土，[4]立於仗南，[5]西面。每受册訖，授茅土焉。

[1]三師：隋代稱太師、太傅、太保爲三師。名爲訓導之官，掌與天子坐而論道，實無具體職事，多爲元老重臣的榮譽贈銜。均爲正一品。　王：爵名。隋代包括國王和郡王兩等，爲九等爵的第一等和第二等，品階分别爲正一品和從一品。　三公：隋代稱太尉、司徒、司空爲三公。隋初依舊制，三公各開府置僚佐，參議國家大事，但不久省去其府及僚佐，置於尚書都省閑坐聽政，三公則成爲榮譽性質的頭銜。均爲正一品。

[2]車輅：車輛。此指三師、諸王、三公所乘用的車輛，各有其等級規制。

[3]百司：百官，衆官。

[4]郊社令：官名。爲太常寺下轄郊社署的長官，置一人，掌郊社和明堂祭祀大典時之位次及授封爵之茅土等事。隋初爲正八品下，煬帝大業三年（607）升爲正六品。

[5]仗：指皇帝視朝時殿堂上所陳列的兵衛儀仗。亦借指朝堂。

後齊皇帝加元服，[1]以玉帛告圓丘方澤，[2]以幣告廟，擇日臨軒。中嚴，[3]群官位定，皇帝著空頂介幘以出。[4]太尉盥訖，[5]升，[6]脱空頂幘，以黑介幘奉加訖，[7]太尉進太保之右，北面讀祝訖，[8]太保加冕，侍中繫玄紘，[9]脱絳紗袍，[10]加衮服。[11]事畢，太保上壽，[12]群官三稱萬歲。皇帝入温室，移御坐，[13]會而不上壽。後日，文武群官朝服，上禮酒十二鍾，[14]米十二囊，牛十二頭。又擇日，親拜圓丘方澤，[15]謁廟。

[1]加元服：古稱行冠禮爲“加元服”。元服，即冠的别稱。按，古代男子到二十歲時（天子、諸侯可提前至十二歲），須舉行加冠之禮，以表示其成人，此禮叫做“冠”或“冠禮”。

[2]玉：底本、宋刻遞修本、庫本、中華本及《通典》卷五六《禮十六·嘉禮一》皆同，但殿本作“王”，顯訛。

[3]中嚴：中庭戒備。古代帝王元旦朝會、郊祀或行冠禮等大典時的儀節之一。

[4]空頂介幘：空頂幘。參見前注“空頂幘”。

[5]盥：洗手。

[6]升：指登上殿堂或廳堂。

[7]介幘：古代一種長耳裹髮的頭巾。始行於漢魏，後漸變爲進賢冠。

[8]祝：指祝賀的文辭。亦用作動詞，指祝賀、祝頌、祝福。

[9]玄紘（hóng）：黑色的冠冕帶子。其繫法是由頷下向上繫於笄，垂餘者爲纓。

[10]絳紗袍：深紅色的紗袍。古代常用爲帝王之朝服。

[11]衮服：衮衣。古代帝王及上公所穿的繪有卷龍的禮服。

[12]上壽：向尊者敬酒，祝頌長壽。

[13]御坐：亦作“御座”。指皇帝的寶座。坐，通“座”。

[14]上禮：獻贈禮品。

[15]丘：底本、宋刻遞修本、殿本、中華本皆同，庫本作“邱”，二字相通。

皇太子冠，則太尉以制幣告七廟，[1]擇日臨軒。有司供帳於崇正殿。[2]中嚴，皇太子空頂幘公服出，[3]立東階之南，西面。使者入，立西階之南，東面。皇太子受詔訖，入室盥櫛，[4]出，南面。使者進揖，詣冠席，西面坐。光禄卿盥訖，[5]詣太子前疏櫛。[6]使者又盥，奉進賢三梁冠，[7]至太子前，東面祝，脱空頂幘，加冠。太子興，入室更衣，出，又南面就席。光禄卿盥櫛。使者又盥祝，脱三梁冠，加遠游冠。太子又入室更衣。設席中楹之西，[8]使者揖就席，南面。光禄卿洗爵酌醴，[9]使者詣席前，北面祝。太子拜受醴，即席坐，祭之，[10]啐之，[11]奠爵，[12]降階，[13]復本位，西面。三師、三少及在位群官拜事訖。[14]又擇日會宫臣，[15]又擇日謁廟。

[1]制幣：古代祭祀時所供的繒帛。因帛的長寬皆有定制，故稱制幣。　七廟：古代稱天子的四親廟（父、祖、曾祖、高祖）、二祧廟（遠祖）和始祖廟爲“七廟”。後亦泛指帝王供奉祖先的宗廟。

[2]供帳：陳設供宴會所用的帷帳、用具、飲食等物。亦指舉行宴會。

[3]公服：古代王公百官所穿的制服。一般按服色分爲朱、紫、緋、緑、青五等。

[4]盥櫛（zhì）：指梳洗整容。櫛，即梳理頭髮。

[5]光禄卿：官名。北齊時爲光禄寺的長官，置一人，掌諸膳食、帳幕器物、宫殿門户等事。正三品。

[6]疏櫛：梳理頭髮。疏，通“梳”。按，“疏”字各本皆同，但《通典》卷五六《禮十六·嘉禮一》作“跪”。

[7]進賢三梁冠：古冠名。即有三梁的進賢冠，爲太子、諸王、公侯所服。按古冠以竹爲襯裏，冠上有横脊梁，梁有一梁至五梁之分，用以區别官位的高低。《續漢書·輿服志下》載進賢冠之形制稱：“進賢冠，古緇布冠也，文儒者之服也。前高七寸，後高三寸，長八寸。公侯三梁，中二千石以下至博士兩梁，自博士以下至小史私學弟子皆一梁。”後代多沿襲漢制。

[8]設席：亦稱“設筵”。即古人宴飲時鋪設坐席。後因以指設宴，置辦酒席。　中楹：指廳堂當中的柱子。楹，即廳堂的前柱。

[9]爵：古代一種盛酒和飲酒兼用的禮器。形制像雀形，比尊

彝小，受酒一升。　醴：甜酒。亦泛指酒。

[10]祭之：此指祭酒。即以酒祭奠神靈。

[11]啐（cuì）之：此指啐醴、啐酒。古代一種酒禮，即祭神後飲福酒。

[12]奠爵：此謂放下酒爵，停止飲酒。

[13]降階：走下臺階，從臺階下來。

[14]三師：此指太子三師，即太子太師、太子太傅、太子太保的合稱。北齊時爲東宮之官，各置一員，掌教諭太子。均爲正二品。　三少：此指太子三少，即太子少師、太子少傅、太子少保的合稱。北齊時爲東宮之官，各置一員，掌輔導太子。均爲正三品。

[15]宮臣：指太子東宮的屬官。

隋皇太子將冠，前一日，皇帝齋於大興殿。[1]皇太子與賓贊及預從官，[2]齋於正寢。[3]其日質明，[4]有司告廟，各設筵於阼階。[5]皇帝衮冕入拜，即御座。賓揖皇太子進，升筵，西向坐。贊冠者坐櫛，[6]設纚。[7]賓盥訖，進加緇布冠。[8]贊冠進設頍纓。[9]賓揖皇太子適東序，[10]衣玄衣素裳以出。[11]贊冠者又坐櫛，賓進加遠游冠。改服訖，賓又受冕。[12]太子適東序，改服以出。賓揖皇太子南面立，賓進受醴，進筵前，北面立祝。皇太子拜受觶。[13]賓復位，東面答拜。贊冠者奉饌於筵前，[14]皇太子祭奠。禮畢，降筵，進當御東面拜。[15]納言承詔，詣太子戒訖，[16]太子拜。贊冠者引太子降自西階。賓少進，[17]字之。[18]贊冠者引皇太子進，立於庭，東面。諸親拜訖，贊冠者拜，太子皆答拜。與賓贊俱復位。納言承詔降，令有司致禮。[19]賓贊又拜。皇帝降復阼階，拜，皇太子已下皆拜。皇帝出，更衣還宮。皇太子從至闕，[20]因入見皇后，拜而還。

[1]大興殿：隋都大興城宫城内的正殿。

[2]賓贊：指舉行典禮時導引和贊唱儀式的人員。賓，通“儐”，即導引禮儀之人。　預從官：指參與典禮的官員。

[3]正寢：指房屋的正廳或正屋。

[4]質明：指天剛亮的時候。

[5]阼階：東階，主位之階。參見前注“東階”。

[6]贊冠者：指在古代男子舉行冠禮時，爲之贊唱司儀的人員。

[7]設纚（xǐ）：用帛爲行冠禮之人束髮。

[8]緇布冠：古代士與庶人常用的一種冠。古人行冠禮時，亦用爲初加之冠。《儀禮·士冠禮》載其形制稱：“緇布冠，缺項，青組纓屬於缺，緇纚，廣終幅，長六尺。”缺項，即冠後當人項處空缺，用青組纓結之。

[9]頍（kuǐ）纓：古代帽冠上用以繫在頷下固冠的帶子。

[10]適：去，往，到。　東序：指殿堂的東厢房。

[11]玄衣素裳：黑色的上衣和白色的下裙。

[12]受冕：此指加冕。受，通“授”。

[13]觶（zhì）：古代一種盛酒和飲酒兼用的禮器。青銅製，圓腹，侈口，圈足，或有蓋，形似尊而小，受酒三升。

[14]饌：菜肴，食物。

[15]當御：指皇帝座位面前。按，“當”底本、宋刻遞修本、殿本、中華本及《通典》卷五六《禮十六·嘉禮一》皆同，但庫本作“常”，應訛。

[16]戒：告誡，戒諭。

[17]少進：稍進居於前。

[18]字：指爲行冠禮者取表字。按，古代男子成人，不便直呼其名，故須在行冠禮時另取一個與本名涵義相關的別名，稱之爲

字，以表其德。此後凡人相敬而呼，必稱其表德之字。

[19]致禮：奉獻禮物。

[20]闕：指古代宮門或城門兩側的高臺，臺上起樓觀。亦借指帝王所居的宮廷。

後齊皇帝納后之禮，[1]納采、問名、納徵訖，[2]告圓丘方澤及廟，如加元服。是日，皇帝臨軒，命太尉爲使，司徒副之。持節詣皇后行宮，[3]東向，奉璽綬册，以授中常侍。[4]皇后受册於行殿。[5]使者出，與公卿以下皆拜。有司備迎禮。[6]太保太尉，受詔而行。主人公服，[7]迎拜於門。使者入，升自賓階，[8]東面。主人升自阼階，西面。禮物陳於庭。設席於兩楹間，[9]童子以璽書版升，[10]主人跪受。送使者，拜于大門之外。有司先於昭陽殿兩楹間供帳，爲同牢之具。[11]皇后服大嚴繡衣，[12]帶綬珮，[13]加幜。[14]女長御引出，[15]升畫輪四望車。[16]女侍中負璽陪乘。鹵簿如大駕。[17]皇帝服衮冕出，升御坐。皇后入門，大鹵簿住門外，小鹵簿入。到東上閤，[18]施步鄣，[19]降車，席道以入昭陽殿。[20]前至席位，姆去幜，[21]皇后先拜後起，皇帝後拜先起。帝升自西階，詣同牢坐，與皇后俱坐。各三飯訖，[22]又各酳二爵一巹。[23]奏禮畢，皇后興，南面立。皇帝御太極殿，[24]王公已下拜，皇帝興，入。明日，后展衣，[25]於昭陽殿拜表謝。又明日，以榛栗棗脩，[26]見皇太后於昭陽殿。擇日，群官上禮。又擇日，謁廟。皇帝使太尉，先以太牢告，[27]而後遍見群廟。[28]

［1］納后：指皇帝娶皇后。納，即娶。

［2］納采：古代婚禮中的六禮之一。指男方向女方送求婚禮物。　問名：古代婚禮中的六禮之一。指男家具書托媒請問女子的名字和出生年月日，女家復書具告。　納徵：納幣。古代婚禮中的六禮之一。指男家納吉之後，擇日具書，送聘禮至女家，女家受物復書，婚姻乃定。亦稱“文定”，俗稱“過定”。

［3］行宫：指古代京城以外供帝后出行時居住的宫室。此處指新皇后未入皇宫前的居所，亦即新皇后的娘家。

［4］中常侍：官名。北齊時爲中侍中省的次官，置四人，多以宦官充任。協助長官中侍中掌宫廷侍奉，傳宣制令，通判本省及所轄諸局日常事務。正四品上。

［5］行殿：指古代帝后出行時居處的宫殿。此處指新皇后娘家的廳堂。

［6］迎禮：此指迎親之禮。

［7］主人：指接待賓客的人。與“客人”相對而稱。此處指新皇后娘家的主事之人。

［8］賓階：西階。古代賓主相見，賓自西階上，故稱西階爲賓階。參見前注“西階”。

［9］兩楹：指房屋正廳當中的兩根柱子。兩楹之間是房屋正中所在，古時爲舉行重大儀式和重要活動的地方。

［10］璽書版：指寫有皇帝詔書並囊封加蓋璽印的木簡。

［11］同牢：古代婚禮中，新夫婦共食一牲的儀式。

［12］大嚴繡衣：妝飾華麗的彩繡絲織衣服。嚴，即“裝”或“妝”，指衣裝、妝飾，因漢代避明帝劉莊之諱而改作“嚴”。

［13］綬珮：以彩色絲帶繫掛於身的玉佩。

［14］幜（jǐng）：古代貴族婦女出行時所穿的罩衣。

［15］女長御：女官名。北齊時掌宫内后妃車駕儀仗之事。

［16］畫輪四望車：車輪有華麗彩飾、四面有窗可供觀望的車子。

[17]大駕：古代天子車駕儀仗規模最大的一種，在法駕、小駕之上。漢蔡邕《獨斷》卷下載漢制稱："大駕則公卿奉引，大將軍參乘，太僕御，屬車八十一乘，備千乘萬騎。"後歷代多參襲漢制。

[18]東上閤：北齊鄴都宫城内昭陽殿東面的便殿。

[19]步鄣：亦作"步障"。古時用以遮蔽風塵或視綫的一種屏幕。

[20]席道：以毯鋪路。

[21]姆：古代以婦道教育女子的女師。

[22]三飯：指第三次用餐。

[23]酳（yìn）：即食畢以酒少飲漱口。古代宴會或祭祀時的一種禮節。　巹（jǐn）：古代婚禮所用的一種酒器。其制是以一瓠破爲兩瓢，謂之"巹"；新夫婦各執一瓢飲，稱爲"合巹"。

[24]太極殿：北齊鄴都宫城内的正殿。位於閶闔門内，爲皇帝舉行外朝之所。

[25]展衣：亦作"襢衣"。古代皇后六服之一，爲皇后禮見皇帝及賓客時所服。其色白，一説色赤。亦用爲世婦和卿大夫之妻的禮服。

[26]榛栗棗脩：即榛子、栗子、棗子和肉脯。古代婦女拜見長輩時所進獻的禮物，諧音取其虔敬戰慄、早起自修之意。

[27]太牢：古代祭祀，牛羊豕三牲俱備謂之太牢；亦有專指牛爲太牢者。

[28]群廟：諸宗廟，各宗廟。參見前注"七廟"。

皇太子納妃禮，皇帝遣使納采，有司備禮物。會畢，使者受詔而行。主人迎于大門外。禮畢，會於聽事。[1]其次問名、納吉，[2]並如納采。納徵，則使司徒及尚書令爲使，備禮物而行。請期，[3]則以太常、宗正卿爲使，[4]如納采。親迎，[5]則太尉爲使。三日，妃朝皇帝於昭陽殿，又朝皇后於宣光殿。[6]擇日，群官上禮。他日，妃還。又他日，皇太子拜閤。[7]

[1]聽事：廳堂。原指官府治事之所，後亦指私宅大廳。聽，同“廳”。

[2]納吉：古代婚禮中的六禮之一。指在納幣之前，男方卜得吉兆，備禮通知女方，决定締結婚姻。

[3]請期：古代婚禮中的六禮之一。指男家行聘禮之後，卜得吉日，使媒人赴女家告知成婚日期。因形式上似由男家請示女家，故稱“請期”。

[4]太常：官名。此指太常卿。北齊時爲太常寺的長官，置一員，掌陵廟群祀、禮樂儀制、天文術數、衣冠服制等事。正三品。宗正卿：官名。全稱是大宗正卿。北齊時爲大宗正寺的長官，置一員，掌皇族宗室屬籍之事。正三品。

[5]親迎：古代婚禮中的六禮之一。指夫婿親至女家迎接新娘入室，行交拜合巹之禮。

[6]宣光殿：北齊鄴都宮城内之殿名。位於昭陽殿後永巷之北五樓門内，爲後宮右院之寢殿，是皇后所居之處。

[7]拜閤：亦作“拜閣”。魏晋南北朝時流行的一種婚俗。即在新婚後，新郎擇日禮拜於女家，女家爲之宴集。猶如後世的拜門禮。

隋皇太子納妃禮，皇帝臨軒，使者受詔而行。主人俟於廟。[1]使者執雁，[2]主人迎拜於大門之東。使者入，升自西階，立於楹間，南面。納采訖，乃行問名儀。事畢，主人請致禮於從者，禮有幣馬。[3]其次擇日納吉，如納采。又擇日，以玉帛乘馬納徵。又擇日告期。[4]又擇日，命有司以特牲告廟，[5]册妃。皇太子將親迎，皇帝臨軒，醮而誡曰：[6]“往迎爾相，[7]承我宗事，[8]勖帥以敬。”[9]對曰：“謹奉詔。”既受命，羽儀而行。[10]主人几筵於廟，[11]妃服褕翟，[12]立於東房。[13]主人迎於門外，西面拜。皇太子答拜。主人揖皇太子先入，主人升，立於阼階，西面。皇太子升進，當房户前，北面，跪奠雁，[14]俯伏，興拜，降出。妃父少進，西面戒之。母於西階上，施衿結帨，[15]及門内，施鞶申之。[16]出門，妃升輅，[17]乘以几。[18]姆加幜。皇太子乃御，[19]輪三周，御者代之。皇太子出大門，乘輅，羽儀還宫。妃三日，鷄鳴夙興以朝。[20]奠笲於皇帝，[21]皇帝撫之。又奠笲於皇后，皇后撫之。席於户牖間，[22]妃立於席西，祭奠而出。

[1]俟：等候，等待。　廟：古時指有廳堂、東西厢、夾室等結構完整的成套大屋。亦特指大廳前堂。

[2]雁：古代婚禮中行納采、問名、納吉、請期、親迎等五禮時所用的聘儀之一。其所以用雁者，漢班固《白虎通義》卷下《嫁娶》釋稱：“贄用雁者，取其隨時南北，不失其節，明不奪女子之時也……又取飛成行，止成列也，明嫁娶之禮，長幼有序，不相逾越也。又婚禮贄不用死雉，故用雁也。”

[3]幣馬：指用作禮物的馬匹。因馬爲古禮六幣之一，故馬亦稱幣。

[4]告期：此指請期。參見前注“請期”。

[5]特牲：指舉行祭禮或賓禮時祇用一種牲畜。古稱一牲爲特牲。

[6]醮（jiào）：古代冠禮、婚禮中的一種簡單儀節。指尊者對

卑者酌酒，卑者接受敬酒後飲盡，不需回敬。

［7］相（xiàng）：此指妻。

［8］宗事：指宗廟之事，宗族之事。

［9］勖帥：亦作“勖率”。即勉力遵循。語出《儀禮·士昏禮》：“父醮子，命之曰：‘往迎爾相，承我宗事，勗帥以敬先妣之嗣，若則有常。’”鄭玄注：“勗，勉也。若，猶女也。勉帥婦道，以敬其爲先妣之嗣，女之行，則當有常。”

［10］羽儀：指儀仗中以羽毛裝飾的旌旗之類。亦泛指儀仗衛隊。

［11］几筵：指爲祭奠所設的席位。

［12］褕翟：亦作“褕狄”。古代王后從王祭祀先公時所穿的祭服，亦用爲三夫人及上公之妻所穿的命服。因服上綴有刻畫爲雉形的彩飾，故名褕翟。

［13］東房：古代指堂屋中央正室東邊的房間。

［14］奠雁：古代婚禮中，新郎到女家迎親，獻雁爲贄禮，稱作“奠雁”。奠，即獻。

［15］施衿：古代嫁女的儀式之一。指女子出嫁時，其母爲之整理衣帶。　結帨（shuì）：古代嫁女的儀式之一。指女子出嫁時，其母爲之繫結佩巾，以示女至男家後要奉事舅姑，操持家務。帨，即古代婦女用以擦拭不潔的佩巾，在家時掛在門右，外出時繫在身左。

［16］施鞶（pán）：古代嫁女的儀式之一。指女子臨嫁將出門時，其母爲之佩帶鞶囊。鞶，即古人佩於腰間用以盛手巾細物的小囊。男鞶用革製，女鞶用絲製。　申：申誡，告誡。此指女子出嫁時，其母以命申誡之。《儀禮·士昏禮》載申誡之語云：“勉之敬之，夙夜無違宮事。”

［17］輅：即“輅車”，亦作“路車”。古代天子或諸侯貴族所乘的一種大車。

［18］几：指古人坐時用以倚靠身體的憑几。亦用爲坐具，則稱

坐几。

[19]御：此指駕馭車馬。按，“御”字各本皆同，《通典》卷五八《禮十八·嘉禮三》作“馭”，下文“御者”亦作“馭者”，義同。

[20]夙興：早起。

[21]奠笲（fán）：古代新婦拜見舅姑時行贄禮的一種儀式。即新婦執笲盛以榛、栗、棗、脩等果品，作爲贄禮進獻於舅姑，舅姑撫而受之。笲，古時一種形似筥的盛物器具，以竹篾編製，衣以青繒，新婦向舅姑行贄禮時常用以盛乾果等物。

[22]席：此指設置筵席。　户牖：門和窗。

後齊娉禮，[1]一曰納采，二曰問名，三曰納吉，四曰納徵，五曰請期，六曰親迎。皆用羔羊一口，[2]雁一隻，酒黍稷稻米麵各一斛。自皇子王已下，至於九品，皆同。流外及庶人，[3]則減其半。納徵，皇子王用玄三匹，[4]纁二匹，[5]束帛十匹，[6]大璋一，[7]第一品已下至從三品，用璧玉，[8]四品已下皆無。獸皮二，[9]第一品已下至從五品，用豹皮二，六品已下至從九品，用鹿皮。錦彩六十匹，[10]一品錦彩四十匹，二品三十匹，三品二十匹，四品雜彩十六匹，[11]五品十匹，六品、七品五匹。絹二百匹，一品一百四十匹，二品一百二十匹，三品一百匹，四品八十匹，五品六十匹，六品、七品五十匹，八品、九品三十匹。羔羊一口，羊四口，犢二頭，[12]酒黍稷稻米麵各十斛。一品至三品，減羊二口，酒黍稷稻米麵各減六斛，四品、五品減一犢，酒黍稷稻米麵又減二斛，六品已下無犢，酒黍稷稻米麵各一斛。諸王之子，已封未封，[13]禮皆同第一品。新婚從車，[14]皇子百乘，一品五十乘，第二、第三品三十乘，第四、第五品二十乘，第六、第七品十乘，八品達於庶人五乘。各依其秩之飾。[15]

[1]娉禮：亦作“聘禮”。即訂婚之禮。亦指訂婚時所備的財禮。

[2]羔羊：即小羊。

[3]流外：指流外官。南北朝隋唐時期對九品以下官員的通稱。與一品至九品的流内官相對而言。流外官本身也有九等品級，經考銓後，可遞升入流成爲流内官，稱爲“入流”。凡京師及地方官署的吏員，多以流外官充任。　庶人：指平民百姓。

[4]玄：指紅黑色的布帛。古代常用爲聘禮，以其象徵天，故用奇數。

[5]纁（xūn）：指淺紅色的布帛。古代常用爲聘禮，以其象徵地，故用偶數。

[6]束帛：捆爲一束的五匹帛。古代用爲祭祀、聘問、饋贈的禮物。

[7]大璋：古代天子巡狩灌祭大山川所用的一種玉製酒器，形狀如勺，以圭爲柄，勺徑九寸，圭長四寸，加有文飾。後亦用爲皇子親王訂婚的一種聘禮。

[8]璧玉：指上等美玉。

[9]獸皮：應作“虎皮”，唐人避太祖李虎之諱而改“虎”爲“獸”。

[10]錦彩：指華美的絲織品。

[11]雜彩：指雜色絲織品。

[12]犢：即小牛。

[13]封：此指封爵。

[14]從車：指扈從之車，跟從之車。

[15]秩：指官位品級。　飾：此指車飾，車上的裝飾物品。按，“飾”字底本、宋刻遞修本、中華本皆同，但殿本、庫本作

"節"，疑訛。

梁大同五年，[1]臨城公婚，[2]公夫人於皇太子妃爲姑侄，[3]進見之制，議者互有不同。令曰：[4]"纁雁之儀，[5]既稱合於二姓，酒食之會，亦有姻不失親。若使榛栗腶脩，[6]贄饋必舉，[7]副笄編珈，[8]盛飾斯備，不應婦見之禮，獨以親闕。頃者敬進酏醴，[9]已傳婦事之則，而奉盤沃盥，[10]不行侯服之家。[11]是知繁省不同，質文異世，[12]臨城公夫人於妃既是姑侄，宜停省。"

[1]梁：即南朝梁（502—557），都於建康（今江蘇南京市）。大同：南朝梁武帝蕭衍年號（535—546）。

[2]臨城公：爵名。全稱是臨城縣公。南朝梁時爲十五等爵的第四等。按，臨城公是梁武帝時皇太子蕭綱之子蕭大連的封爵名，此處代指其人。蕭大連，傳見《梁書》卷四四、《南史》卷五四。

[3]公夫人：此指臨城公蕭大連之妻。夫人，是古代對帝王之妾、五等爵之妻及三品以上官之母或妻所加的封號。

[4]令曰：《通典》卷五八《禮十八·嘉禮三》"令"上有"皇太子"三字。

[5]纁雁：指古時新婦以贄拜見姑（夫母）之禮。

[6]腶（duàn）脩：把肉搗碎加以薑桂佐料而製成的乾肉。古代常用爲婦女拜見長輩時所進獻的禮物之一，取其鍛煉自修之意。

[7]贄饋：指獻贈的見面禮。

[8]副笄編珈：古代貴族婦女的頭飾。即編髮爲假髻稱副，假髻上插以簪稱笄，笄上加以步摇等金玉首飾稱珈。

[9]酏（yí）醴：酒漿。

[10]奉盤沃盥：古代婦女執盤爲長輩澆水洗手之禮。

[11]侯服：服王侯之衣。亦泛指王侯貴族。

[12]質文異世：意謂質樸與華美的禮儀風尚因不同時代而有變化。

後齊將講於天子，[1]先定經於孔父廟，[2]置執經一人，[3]侍講二人，[4]執讀一人，[5]擿句二人，[6]録義六人，[7]奉經二人。[8]講之旦，[9]皇帝服通天冠、玄紗袍，[10]乘象輅，至學，坐廟堂上。講訖，還便殿，[11]改服絳紗袍，乘象輅，還宫。講畢，以一太牢釋奠孔父，[12]配以顔回，[13]列軒懸樂，[14]六佾舞。[15]行三獻禮畢，[16]皇帝服通天冠、絳紗袍，升阼，[17]即坐。宴畢，還宫。皇太子每通一經，亦釋奠，乘石山安車，三師乘車在前，三少從後而至學焉。

[1]講：此指爲皇帝講授儒學經典。

[2]孔父廟：紀念和祭祀孔子的祠廟，多省稱“孔廟”。孔父，指孔子。詳見《史記》卷四七《孔子世家》。

[3]執經：此指爲皇帝主講經義的人。

[4]侍講：此指爲皇帝講解經學的人。

[5]執讀：此指爲皇帝讀念經書的人。

[6]擿句：亦作“摘句”。此指爲皇帝摘録經書章句的人。

[7]録義：此指爲皇帝記録講義的人。

[8]奉經：此指爲皇帝進獻所講經書的人。

[9]旦：清晨，早晨。

[10]通天冠：古代皇帝所戴的一種帽子。《續漢書·輿服志下》載其形制稱：“通天冠，高九寸，正竪，頂少邪却，乃直下爲鐵卷梁，前有山，展筩爲述，乘輿所常服。”　玄紗袍：黑色的紗袍。古代常用爲帝王之祭服。

［11］便殿：指正殿以外的别殿，爲古時帝王休息消閑之處。

［12］釋奠：古代在學校設置酒食以奠祭先聖先師的一種典禮。

［13］顏回：人名。爲孔子的賢弟子之一。魏晋以後被尊奉爲先師，釋奠時配祭於先聖孔子。事見《史記》卷六七《仲尼弟子列傳》。

［14］軒懸：古代諸侯所用的奏樂之制。即陳列樂器於東、西、北三面懸掛以奏樂，其較天子所用的四面宫懸奏樂之制缺少一南面。後世因以爲皇太子、王公重臣或舉行釋奠禮所用的奏樂之制。

［15］六佾（yì）：周代諸侯所用的樂舞之制。即置六舞列，每列六人，共三十六人；一説每列八人，六列共四十八人。後世因以爲皇太子、王公重臣或舉行釋奠禮所用的樂舞之制。佾，即舞列。

［16］三獻：古代祭祀時獻酒三次，即初獻爵、亞獻爵、終獻爵，合稱“三獻”。

［17］阼：指阼階、東階；亦指東序。參見前注“阼階”“東階”“東序”。

梁天監八年，[1]皇太子釋奠。周捨議，[2]以爲：“釋奠仍會，既惟大禮，請依東宫元會，太子著絳紗襮，[3]樂用軒懸。預升殿坐者，皆服朱衣。”[4]帝從之。又有司以爲：“《禮》云：[5]‘凡爲人子者，升降不由阼階。’案今學堂凡有三階，愚謂客若降等，[6]則從主人之階。今先師在堂，[7]義所尊敬，太子宜登阼階，以明從師之義。若釋奠事訖，宴會之時，[8]無復先師之敬，太子升堂，則宜從西階，以明不由阼義。”吏部郎徐勉議：[9]“鄭玄云：[10]‘由命士以上，[11]父子異宫。’宫室既異，無不由阼階之禮。請釋奠及宴會，太子升堂，並宜由東階。若輿駕幸學，[12]自然中陛。[13]又檢《東宫元會儀注》,[14]太子升崇正殿，不欲東西階。責東宫典儀，列云‘太子元會，升自西階’，此則相承爲謬。請自今東宫大公事，太子升崇正殿，並由阼階。其預會賓客，依舊西階。”

[1]天監：南朝梁武帝蕭衍年號（502—519）。

[2]周捨：人名。南朝梁武帝時官任祠部郎中，掌治禮儀。傳見《梁書》卷二五,《南史》卷三四有附傳。

[3]絳紗褾（bó）：繡有黼形花紋的深紅色紗製衣領。古代常以之配朱衣，用爲皇太子的服飾。按，“褾”底本、宋刻遞修本、中華本及《通典》卷五三《禮十三·吉禮十二》皆同，但殿本、庫本作“袍”，疑訛。

[4]朱衣：大紅色的公服。

[5]《禮》：原爲《儀禮》的簡稱，後亦泛指《周禮》《儀禮》《禮記》三部言禮之書，合稱“三禮”，均爲儒家經典著作。此處指《禮記》。

[6]降等：古代賓主相見，客人登東階而上以示謙抑，稱爲“降等”。

[7]先師：此指孔子。

[8]宴：底本、宋刻遞修本、殿本、中華本皆同，庫本作“晏”，二字相通。

[9]吏部郎：官名。全稱是吏部郎中。南朝梁時爲尚書省吏部下轄四曹之一吏部曹的長官，置一員，掌文職官吏銓選之政務。十一班。　徐勉：人名。南朝梁武帝時人，博通經史，對國典朝儀多所議定。傳見《梁書》卷二五、《南史》卷六〇。

[10]鄭玄：人名。東漢經學家，嘗遍注群經。傳見《後漢書》卷三五。

[11]命士：古代稱受有爵命的士爲“命士”。

[12]輿駕：古代指帝、后乘坐的車駕。亦借指帝、后。　幸：古代稱帝王親臨爲“幸”。

[13]中陛：即中階。指殿堂前居中的臺階。

[14]《東宫元會儀注》：南朝梁時頒行的東宫元會禮制之書。

大同七年，皇太子表其子寧國、臨城公入學，[1]時議者以與太子有齒胄之義，[2]疑之。侍中、尚書令臣敬容、尚書僕射臣纘、尚書臣僧旻、臣之遴、臣筠等，[3]以爲：“參、點並事宣尼，[4]回、路同諮泗水，[5]鄒魯稱盛，[6]洙汶無譏。[7]師道既光，得一資敬，[8]無虧亞貳，[9]况於兩公，而云不可？”制曰：[10]“可。”

[1]寧國：爵名。此指寧國公，全稱是寧國縣公。南朝梁時爲十五等爵的第四等。按，寧國公是梁武帝時皇太子蕭綱之子蕭大臨的封爵名，此處代指其人。蕭大臨，傳見《梁書》卷四四、《南史》卷五四。

[2]齒胄：指太子入學與公卿之子依年齡大小爲序，而不以其天子之子爲上。此處意謂太子蕭綱已在學，若其二子蕭大臨、蕭大連亦入學，則父子三人當按齒胄之禮序爲同門學生，有違其父子身份，故議禮者疑之。

[3]侍中：官名。南朝梁時爲門下省的長官，置四人，掌侍從贊相，獻納諫正，糾駁制敕，監製御藥，是宰相之職。十二班。　尚書令：官名。南朝梁時爲尚書省的長官，置一人，掌出納王命，敷奏萬機，總領尚書省政務，是宰相之職。十六班。　臣：古代官員向皇帝上表奏時的自稱。按，此處仍然沿用何敬容等人聯名向梁武帝所上表奏中的自稱，故其各人名前均署有“臣”字。　敬容：人名。即何敬容。梁武帝大同年間官任侍中、尚書令，身居宰相顯位。傳見《梁書》卷三七，《南史》卷三〇有附傳。　尚書僕射：

官名。南朝梁時爲尚書省的副長官，左右各置一人，輔佐尚書令分領尚書省六部政務，若令缺則由左僕射統領省務，若左右僕射並缺則單置尚書僕射以掌左事，是宰相之職。十五班。　纘：人名。即張纘。梁武帝大同年間官任尚書僕射，博聞多識。《梁書》卷三四、《南史》卷五六有附傳。　尚書：官名。南朝梁時爲尚書省下轄六部的長官，各置一人，分掌六部政務。其中吏部尚書爲十四班，其餘五部尚書爲十三班。　僧旻：人名。即沈僧旻。梁武帝大同年間官任左民尚書。事見明人梅鼎祚編《梁文紀》卷一四張纘《故左民尚書忠子沈僧旻墓誌銘》。　之遴：人名。即劉之遴。梁武帝大同年間官任都官尚書，博學善文，明曉朝儀。傳見《梁書》卷四〇，《南史》卷五〇有附傳。　筠：人名。即王筠。梁武帝大同年間官任度支尚書，博學通經，著述甚多。傳見《梁書》卷三三，《南史》卷二二有附傳。

[4]參、點：即曾參與其父曾點（“點”亦作“蒧”）的並稱。其父子二人同爲孔子門下弟子。詳見《史記》卷六七《仲尼弟子列傳》。　宣尼：漢平帝元始元年（1）追謚孔子爲“褒成宣尼公”，後因以稱孔子爲“宣尼”。

[5]回、路：即顔回與其父顔無繇（字路）的並稱。其父子二人同爲孔子門下弟子。詳見《史記·仲尼弟子列傳》。　泗水：古水名。源出今山東泗水縣東蒙山南麓，西流經曲阜、兖州，折南流經江蘇沛縣、徐州，又折東南流至淮安市注入淮河，是淮河下游第一大支流。按，春秋時孔子曾在泗水上游北岸一帶講學授徒，後世遂常以“泗水”或“泗上”代稱孔子設教之所。

[6]鄒魯：古鄒國和魯國的並稱。鄒魯之地是孔子的故鄉，後因以“鄒魯”代指儒學禮義之邦。

[7]洙汶：古洙水和汶水的並稱。春秋時洙汶二水屬魯國地，孔子曾在洙汶以南地區聚徒講學，後因以“洙汶”代指孔子學術之鄉。

[8]資敬：語出《孝經·士》：“資於事父以事君，而敬同。”

意謂用尊敬父親的態度尊敬君長。

[9]亞貳：指尊卑長幼之序。

[10]制：皇帝的詔令。

後齊制，新立學，必釋奠禮先聖先師，[1]每歲春秋二仲，[2]常行其禮。每月旦，[3]祭酒領博士已下及國子諸學生已上，[4]太學、四門博士升堂，[5]助教已下、太學諸生階下，[6]拜孔揖顏。[7]日出行事而不至者，記之爲一負。[8]雨霑服則止。學生每十日給假，皆以丙日放之。[9]郡學則於坊内立孔、顏廟，博士已下，[10]亦每月朝云。

[1]先聖先師：原本指古代聖賢和可以師法的前輩。漢時始尊奉周公爲先聖，孔子爲先師。魏晋以後又尊奉孔子爲先聖，顏回爲先師。

[2]春秋二仲：指春秋兩季中每季的第二個月，即農曆二月和八月。

[3]月旦：指農曆每月初一。

[4]祭酒：官名。全稱是國子祭酒。北齊時爲國子寺的長官，置一人，掌儒學訓導之政，統國子、太學、四門三學。從三品。博士：官名。此指國子博士。北齊時爲國子學的教官，置五人，掌以儒經教授國子學生，國有疑事則掌承問對。正五品上。

[5]太學：官名。此指太學博士。北齊時爲太學的教官，置十人，掌以儒經教授太學生，國有疑事則掌承問對。從七品下。按，“太”字底本、宋刻遞修本、庫本、中華本皆同，殿本作“大”，二字相通。下文凡屬“太”與“大”之别，不再施注。　四門博士：官名。北齊時爲四門學的教官，置二十人，掌以儒經教授四門學生。正九品上。

[6]助教：官名。此指太學助教。北齊時爲太學的副教官，置

二十人，協助太學博士教授太學生。從九品下。

[7]拜孔揖顔：向孔子像行跪拜禮，向顔回像行拱手禮。

[8]一負：北齊時規定官吏犯罪過，鞭杖十下爲一負。亦用作國子寺的學規，以懲罰犯過錯的學官及諸生。

[9]丙日：指農曆每旬的第三天。

[10]博士：官名。此指郡學博士。北齊時爲各郡學的教官，掌以儒經教授郡學生，兼掌郡内文教禮制之事。

隋制，國子寺，[1]每歲以四仲月上丁，[2]釋奠於先聖先師。年别一行鄉飲酒禮。[3]州郡學則以春秋仲月釋奠。州郡縣亦每年於學一行鄉飲酒禮。學生皆乙日試書，[4]丙日給假焉。

[1]國子寺：官署名。隋初隸屬於太常寺，掌儒學訓導之政，下統國子、太學、四門、書算學，是管理教育的國家機關，長官爲國子祭酒。開皇十三年國子寺罷隸太常，並改寺爲學。仁壽元年（601）又罷國子學，唯立太學一所，以太學博士總知學事。煬帝大業三年復立國子學，並改稱國子監，依舊置國子祭酒爲本監長官。

[2]四仲月：指農曆四季中每季的第二個月，即仲春二月、仲夏五月、仲秋八月、仲冬十一月，合稱四仲月。　上丁：指農曆每月上旬的丁日（第四天）。

[3]年别：每年，每歲。　鄉飲酒禮：周代鄉學三年業成大比，考其德行道藝優異者，薦於諸侯。將行之時，由鄉大夫設酒宴以賓禮相待，謂之鄉飲酒禮。後歷代沿用爲一種學禮，亦用爲地方官按時在學校舉行的一種敬老儀式。

[4]乙日：指農曆每旬的第二天。

梁元會之禮，未明，庭燎設，[1]文物充庭。臺門闕，[2]禁衛皆嚴，[3]有司各從其事。太階東置白獸樽。[4]群臣及諸蕃客並集，[5]各從其班而拜。侍中奏中嚴，王公卿尹各執珪璧入拜。[6]侍中乃奏外辦，[7]皇帝服衮冕，乘輿以出。[8]侍中扶左，常侍扶右，[9]黄門侍郎一人，[10]執曲直華蓋從。[11]至階，降輿，納舄升坐。[12]有司御前施奉珪藉。[13]王公以下，至阼階，脱舄劍，升殿，席南奉贄珪璧畢，[14]下殿，納舄佩劍，詣本位。主客郎徙珪璧於東厢。[15]帝興，入，徙御坐於西壁下，[16]東向。設皇太子王公已下位。又奏中嚴，皇帝服通天冠，升御坐。王公上壽禮畢，食。食畢，樂伎奏。[17]太官進御酒，[18]主書賦黄甘，[19]逮二品已上。[20]尚書騶騎引計吏，[21]郡國各一人，皆跪受詔。侍中讀五條詔，[22]計吏每應諾訖，令陳便宜者，[23]聽詣白獸樽，以次還坐。宴樂罷，皇帝乘輿以入。皇太子朝，則遠游冠服，乘金輅，[24]鹵簿以行。預會則劍履升坐。[25]會訖，先興。

[1]庭燎：古代用於庭中照明的火炬。

[2]臺門：指皇宫的大門。因以土臺爲基，故稱臺門。

[3]禁衛：指對京城皇宫的警戒防衛。

[4]太階：宫殿或廟堂的臺階。　白獸樽：應作“白虎樽”，唐人避太祖李虎之諱而改“虎”爲“獸”。白虎樽，古代用以獎勸直言者的一種蓋子上有白虎圖像的飲酒器。

[5]蕃客：古代對外國賓客使者及其商旅的泛稱。蕃，通“番”。

[6]卿尹：泛指高級官員。　珪璧：古代祭祀、朝聘等典禮中所進獻的玉器。

[7]外辦：警衛宫禁，以候帝王出宫。古代舉行元旦朝會、郊

祀等大典時的儀節之一。

［8］輿：車。亦特指帝后所乘坐的車子。

［9］常侍：官名。全稱是散騎常侍。南朝梁時爲集書省的長官，置四人，掌侍從規諫，獻納得失，省駁奏聞，糾諸逋違，擬撰優詔策文，評論文章詩頌。十二班。

［10］黄門侍郎：官名。全稱是給事黄門侍郎。南朝梁時爲門下省的次官，置四人，協助長官侍中掌侍從皇帝左右，擯相威儀，獻納諫正，糾駁制敕，監製御藥。十班。

［11］曲直華蓋：古代帝王或顯貴者車上所用的一種傘蓋。因傘蓋之柄上端横曲而下端竪直，故名曲直華蓋。

［12］納舄（xì）：穿鞋。舄，即古代一種以木爲複底的鞋；亦用爲鞋的通稱。

［13］奉珪藉：古代祭祀、朝聘時用以陳列所獻珪璧等禮品的草席。

［14］奉贄：進獻見面禮品。

［15］主客郎：官名。全稱是主客郎中。南朝梁時爲尚書省祠部下轄四曹之一主客曹的長官，置一人，掌諸蕃朝覲之政，接對外國使臣賓客。五班。按，“郎”字底本原作“即”，中華本與底本同，當訛，今據宋刻遞修本、殿本、庫本及《通典》卷七〇《禮三十·嘉禮十五》改。　廂：底本原作“箱”，宋刻遞修本與底本同，據殿本、庫本、中華本及《通典》卷七〇《禮三十·嘉禮十五》改。

［16］西壁：殿堂西側的墻壁。

［17］樂伎：亦作“伎樂”。指音樂舞蹈。

［18］太官：官名。此指太官令。南朝梁時爲門下省下轄太官署的長官，掌皇帝膳食及朝會宴享之事。一班。

［19］主書：吏名。全稱是主書令史。南朝梁時爲中書省的屬吏，掌司本省文案簿籍，亦供差遣驅使。爲流外三品勳位。　賦：貢獻，供給。　黄甘：水果名。即黄柑。爲柑的一個品種。

[20]逮：及至，達到。此指賜給御酒和黄柑的官員之範圍。

[21]尚書騶騎：指尚書省所統轄的駕馭車馬的侍從差役吏人。計吏：古代州郡及王國地方官在年終將境内户口、賦税、盗賊、獄訟等項目編造計簿，派遣屬吏爲使，上奏於朝廷，借資考績，謂之“上計”。此負責上計的使吏，稱爲“上計吏”，亦省稱“上計”或“計吏”。

[22]五條詔：南北朝時朝廷考察地方官政績的五條詔令。其内容參見本志下文所載北齊頒行的五條詔書之規定。

[23]便宜：指有利於國家而合乎時宜之事。

[24]金輅：古代帝王所乘的一種以金裝飾的大車，爲五輅之一，多在饗、射、祀還時及飲至禮等場合乘用，有時亦特賜與太子乘用。

[25]劍履：即“劍履上殿”的省稱。指經皇帝特許，太子或重臣上朝時可不解劍，不脱履，以示殊榮。

天監六年詔曰：“頃代以來，[1]元日朝畢，[2]次會群臣，則移就西壁下，東向坐。求之古義，王者宴萬國，唯應南面，何更居東面?”於是御坐南向，以西方爲上。皇太子以下，在北壁坐者，悉西邊東向。尚書令以下在南方坐者，悉東邊西向。舊元日，御坐東向，酒壺在東壁下。御坐既南向，乃詔壺於南蘭下。[3]又詔：“元日受五等贄，[4]珪璧並量付所司。”[5]周捨案：“《周禮》冢宰，[6]大朝覲，[7]贊玉幣。[8]尚書，古之冢宰。頃王者不親撫玉，則不復須冢宰贊助。尋尚書主客曹郎，[9]既冢宰隸職，今元日五等奠玉既竟，請以主客郎受。鄭玄注《覲禮》云：[10]‘既受之後，出付玉人於外。’[11]漢時少府，[12]職掌珪璧，[13]請主客受玉，付少府掌。”[14]帝從之。又尚書僕射沈約議：[15]“《正會儀注》，[16]御出，乘輿至太極殿前，[17]納舄升階。尋路寢之設，[18]本是人君居處，不容自敬宫室。案漢氏，[19]則乘小車升殿。[20]請自今元正及大公事，御宜乘小輿至太極階，仍乘版輿升殿。”[21]制：“可。”

[1]頃代：近代，近世。

[2]元日：指農曆正月初一。亦稱元旦、正日、元正、正旦。

[3]南蘭：指殿堂南面門前的欄杆。蘭，通“闌”。

[4]五等贄：指公、侯、伯、子、男五等封爵者在元會時向皇帝進獻的見面禮物。

[5]所司：指主管的官吏或官署。

[6]《周禮》：亦稱《周官》。相傳爲周公所作，實爲戰國時儒家搜集周代官制和戰國時各國制度，比附儒家政治理想彙編而成的一部著作，爲儒家經典之一。　冢宰：官名。亦稱“太宰”。周代爲六卿之首，掌邦治，主國政，統理百官，均平四海。後世多比稱吏部尚書爲冢宰。

[7]大朝覲：古稱諸侯大會同而來朝見天子爲大朝覲。

[8]玉幣：古代諸侯朝見天子或祭祀時所進獻的瑞玉。

[9]尚書主客曹郎：官名。即南朝梁時的主客郎中。參見前注“主客郎”。

[10]《覲禮》：《儀禮》的篇名。

[11]玉人：雕琢玉器的工人。

[12]少府：官名。漢代爲九卿之一，掌山海池澤之税、皇室手工製造及宫中服御珍寶等事。秩中二千石。

[13]掌：底本、宋刻遞修本、中華本及《通典》卷七〇《禮三十・嘉禮十五》皆同，但殿本、庫本作“主”，義同。

[14]少府：官名。南朝梁時爲少府寺的長官，置一人，掌百工

技巧之事。梁武帝天監七年改稱少府卿。十一班。

[15]沈約：人名。梁武帝天監年間官任尚書僕射，博通經史，於國典朝儀多所議定。傳見《梁書》卷一三、《南史》卷五七。

[16]《正會儀注》：南朝梁初頒行的元會禮制之書。

[17]太極殿：南朝梁都建康宮城内的正殿，爲皇帝舉行外朝之所。

[18]路寢：亦稱“正寢”“正殿”。指古代天子、諸侯治事宴享的正廳堂。

[19]漢氏：指漢代、漢朝。

[20]小車：此指手推的小型輕車。

[21]版輿：亦名“步輿”。古代一種以人力抬扛的木製輕便坐車。

陳制，[1]先元會十日，百官並習儀注，[2]令僕已下，[3]悉公服監之。設庭燎，街闕、城上、殿前皆嚴兵，[4]百官各設部位而朝。[5]宮人皆於東堂，[6]隔綺疏而觀。[7]宮門既無籍，[8]外人但絳衣者，[9]亦得入觀。[10]是日，上事人發白獸樽。[11]自餘亦多依梁禮云。

[1]陳：即南朝陳（557—589），都於建康（今江蘇南京市）。

[2]儀注：有關禮儀的制度和法式。

[3]令僕：官名。即尚書令與尚書僕射的合稱。南朝陳時爲尚書省的正副長官，總領尚書省政務，是宰相之職。尚書令爲第一品，尚書僕射爲第二品。

[4]嚴兵：部署軍隊，嚴設兵衛。

[5]部位：底本、殿本、庫本、中華本皆同，但宋刻遞修本、《通典》卷七〇《禮三十·嘉禮十五》作“部伍”，疑訛。

[6]東堂：南朝陳時太極殿東面的便殿。

[7]綺疏：指雕刻成空心花紋的窗户。

[8]籍：此指門籍。古代一種書有當事人姓名、年紀、面色的小牌子，爲出入宫門的通行憑證。

[9]絳衣：深紅色的衣服。古代常用爲低級軍官之服。

[10]入：底本、宋刻遞修本、庫本、中華本及《通典》卷七〇《禮三十·嘉禮十五》皆同，但殿本作“人”，當訛。

[11]上事人：指向朝廷上書言事之人。

後齊正日，侍中宣詔慰勞州郡國使。詔牘長一尺三寸，[1]廣一尺，雌黄塗飾，[2]上寫詔書三。計會日，[3]侍中依儀勞郡國計吏，問刺史太守安不，[4]及穀價麥苗善惡，人間疾苦。[5]又班五條詔書於諸州郡國使人，[6]寫以詔牘一枚，長二尺五寸，廣一尺三寸，亦以雌黄塗飾，上寫詔書。正會日，依儀宣示使人，歸以告刺史二千石。[7]一曰，政在正身，在愛人，[8]去殘賊，擇良吏，正決獄，平徭賦。二曰，人生在勤，勤則不匱，[9]其勸率田桑，無或煩擾。三曰，六極之人，[10]務加寬養，必使生有以自救，没有以自給。四曰，長吏華浮，奉客以求小譽，逐末捨本，政之所疾，宜謹察之。五曰，人事意氣，[11]干亂奉公，外内溷淆，綱紀不設，[12]所宜糾劾。正會日，侍中黄門宣詔勞諸郡上計。[13]勞訖付紙，遣陳土宜。[14]字有脱誤者，呼起席後立。書迹濫劣者，飲墨水一升。文理孟浪，[15]無可取者，奪容刀及席。[16]既而本曹郎中，[17]考其文迹才辭可取者，録牒吏部，[18]簡同流外三品叙。[19]

［1］詔牘：古代用以書寫皇帝詔書的木板。

［2］雌黄：用礦物雌黄（三硫化二砷）製成的黄色顔料。

［3］計會：指各地的上計吏會集於朝廷。

［4］安不：各本皆同，《通典》卷七〇《禮三十・嘉禮十五》作“安否”，義同。

［5］人間：應作“民間”，唐人避太宗李世民之諱而改。

［6］班：頒布，頒發。

［7］二千石：漢制郡太守秩禄爲二千石，後世因以“二千石”代稱郡太守。

［8］愛人：應作“愛民”，唐人避太宗李世民之諱而改。

［9］人生在勤，勤則不匱：語出《左傳》宣公十二年。“人生”《左傳》原文作“民生”，唐人避太宗李世民之諱而改。

［10］六極：古代指六種窮極惡事，即凶短折、疾、憂、貧、惡、弱。

［11］人事意氣：指請托説情，行賄送禮。

［12］綱紀：底本、宋刻遞修本、中華本皆同，殿本、庫本作“綱維”，《通典》卷七〇《禮三十・嘉禮十五》作“紀綱”，義同。

［13］黄門：官名。此是給事黄門侍郎的省稱。北齊時爲門下省的次官，置六員，協助長官侍中掌獻納諫正，封駁制敕，兼司進御奉侍之事。正四品上。

［14］土宜：指各地鄉土所適宜的事物及政策措施。

［15］孟浪：疏闊而不精要，荒誕而無邊際。

［16］容刀：古人作裝飾品用的佩刀。有刀形而無刃，備飾儀容而已，故名容刀。

［17］本曹郎中：官名。此指考功郎中。北齊時爲尚書省吏部所轄三曹之一考功曹的長官，置一員，掌官吏政績考課及策試秀孝貢士等事。正六品上。

［18］録牒：編造名册，並呈送於相關官署。　吏部：官署名。此指吏部曹。北齊時爲尚書省吏部所轄三曹之一，掌官吏銓選及賞

罰之政，長官爲吏部郎中。

［19］簡：銓選，選用。　敘：按規定的等級次第授予官職。

元正大饗，[1]百官一品已下，流外九品已上預會。一品已下、正三品已上、開國公侯伯、散品公侯及特命之官，[2]下代刺史，[3]並升殿。從三品已下、從九品以上及奉正使人比流官者，[4]在階下。勳品已下端門外。[5]

［1］大饗：古代天子招待來朝諸侯及群臣的宴飲大會。

［2］開國公侯伯：爵名。北齊時包括開國郡公、開國縣公、開國縣侯、開國縣伯四等爵，品階分别爲從一品、正二品、從二品、正三品。　散品公侯：爵名。北齊時包括散郡公、散縣公、散縣侯三等爵，品階分别爲正二品、從二品、正三品。

［3］下代刺史：此句各本皆同，但文義費解。考《通典》卷七〇《禮三十·嘉禮十五》單作“刺史”，無“下代”二字，文義可通。再考清人秦蕙田撰《五禮通考》卷一三六《嘉禮九》引本志文作“下逮刺史”，意謂升殿者的下限範圍及至刺史，文義更明，故疑此處“代”當是“逮”之音訛。另按，中華本因不明此處“下代刺史”之誤，而於“特命之官”與“下代刺史”之間標點爲頓號，此亦不妥，今據上考文義標點爲逗號。（參見唐華全《中華書局點校本〈隋書〉質疑二十九則》）

［4］奉正使人：此指奉臨時召命差遣任事而無正式品階的使職人員。　流官：即“流内官”的省稱。南北朝隋唐時期通稱九品至一品官爲流内官，與九品以下的流外官對稱。按，“流官”各本皆同，但《通典》卷七〇《禮三十·嘉禮十五》作“流外官”，當誤。

［5］勳品：官品名。北齊時爲流外官的第一等。　端門：北齊鄴都太極殿前的正南門。

隋制，正旦及冬至，[1]文物充庭，皇帝出西房，[2]即御座。皇太子鹵簿至顯陽門外，[3]入賀。復詣皇后御殿，拜賀訖，還宫。皇太子朝訖，群官客使入就位，再拜。上公一人，[4]詣西階，解劍，升賀；降階，帶劍，復位而拜。有司奏諸州表。群官在位者又拜而出。皇帝入東房，有司奏行事訖，乃出西房。坐定，群官入就位，上壽訖，上下俱拜。皇帝舉酒，上下舞蹈，[5]三稱萬歲。皇太子預會，則設坐於御東南，西向。群臣上壽畢，入，[6]解劍以升。會訖，先興。

[1]冬至：二十四節氣之一。每年在陽曆十二月二十二日前後。這一天太陽經過冬至點，北半球白天最短，夜間最長；南半球則相反。古代每逢冬至日，則舉行大祭祀和大朝會。

[2]西房：古代指殿堂中央正室西邊的房間。

[3]顯陽門：隋都大興城宫城之正南門。隋文帝開皇二年建，初名廣陽門，仁壽元年避太子楊廣諱改稱顯陽門。門上有樓，門外有朝堂，爲皇帝舉行外朝之處。凡國家大典、大朝會及會見外國賓客使臣，皇帝皆御此門舉行。按，“顯陽門”各本皆同，但《通典》卷七〇《禮三十·嘉禮十五》作“明陽門”，乃杜佑避唐中宗李顯之諱而改。

[4]上公：周制三公（太師、太傅、太保）八命，出封時加一命，稱爲上公。隋時沿舊制，亦稱三師（太師、太傅、太保）爲上公。

[5]舞蹈：古代臣下朝賀時對皇帝表示敬意和稱頌的一種儀節。

[6]入：各本皆同，《通典》卷七〇《禮三十·嘉禮十五》“入”下有“位”字。

後齊元日，中宮朝會，[1]陳樂，皇后褘衣乘輿，以出於昭陽殿。坐定，内外命婦拜。皇后興，妃主皆跪。[2]皇后坐，妃主皆起，長公主一人，[3]前跪拜賀。禮畢，皇后入室，乃移幄坐於西廂。[4]皇后改服褕狄以出。坐定，公主一人上壽訖，就坐。御酒食，賜爵，[5]並如外朝會。

［1］中宮：古代皇后所居住的宮殿。亦借指皇后。

［2］主：即公主的省稱。

［3］長公主：古代對皇帝之姊妹所加的封號。

［4］幄坐：指垂有帷帳的皇帝、皇后座位。

［5］賜爵：指内外朝會宴享時，帝后以爵盛酒賜予臣下飲用，以示恩寵。

隋儀如後齊制，而又有皇后受群臣賀禮。則皇后御坐，而内侍受群臣拜以入，[1]承令而出，群臣拜而罷。

［1］内侍：官名。隋初爲内侍省的長官，置二員，以宦者充任，掌宫内供奉及傳宣導引之事。從四品上。隋煬帝大業三年改内侍省爲長秋監，改内侍爲長秋令，置一員，以士人充任，正四品。

後齊皇太子月五朝。未明二刻，[1]乘小輿出，爲三師降。至承華門，[2]升石山安車，三師軺車在前，三少在後，自雲龍門入。[3]皇帝御殿前，設拜席位。至柏閣，[4]齋帥引，[5]洗馬、中庶子從。[6]至殿前席南，北面再拜。

[1]未明二刻：指凌晨二刻之時。參見前注“上水一刻”。

[2]承華門：北齊太子所居東宫的正南門。

[3]雲龍門：北齊鄴都太極殿前的東街之門。凡百官入朝太極殿，須至此門整肅衣冠，而後方能入殿朝拜。

[4]柏閣：北齊鄴都太極殿前雲龍門内所設的朝堂，爲朝官整肅衣冠之處。

[5]齋帥：官名。北齊時爲門下省下轄齋帥局的長官，置四人，掌宫廷鋪設灑掃之事。從七品下。

[6]洗（xiǎn）馬：官名。北齊時爲東宫典書坊下轄典經坊的長官，置八人，掌東宫圖籍文翰，太子出行則當值者前驅導威儀。從五品上。

天保元年，[1]皇太子監國，[2]在西林園冬會。[3]群議，皆東面。二年，於北城第内冬會，[4]又議東面。吏部郎陸卬疑非禮，[5]魏收改爲西面。[6]邢子才議欲依前，[7]曰：

[1]天保：北齊文宣帝高洋年號（550—559）。

[2]監國：古代君主出行離京或因故不能親政時，由太子暫代君主監管國事，稱爲“監國”。

[3]西林園：北齊宫苑名。亦省稱“西園”。位於鄴都宫城西側，爲皇帝及皇室貴族游獵宴享之所。　冬會：古代皇帝於冬至日朝會群臣、接受朝賀的典禮。

[4]北城第内：此指北齊太子所居的東宫府第之内。因北齊太子東宫位於皇宫的東北方向，故稱北城。

[5]吏部郎：官名。全稱是吏部郎中。北齊時爲尚書省吏部下轄三曹之一吏部曹的長官，置二人，掌官吏銓選及賞罰之政。正四品上。　陸卬：人名。北齊文宣帝時官任吏部郎中，通經善文，明悉禮制。傳見《北齊書》卷三五，《北史》卷二八有附傳。

［6］魏收：人名。北齊文宣帝天保初年官任中書令，博學多識，通曉經史文章，對國典朝儀多有議定。傳見《北齊書》卷三七、《北史》卷五六。

［7］邢子才：人名。即邢邵，字子才。北魏末至北齊時人，通經史，善屬文，於禮儀制度多所議定。傳見《北齊書》卷三六，《北史》卷四三有附傳。

凡禮有同者，不可令異。《詩》説，[1]天子至於大夫，皆乘四馬。況以方面之少，何可皆不同乎？若太子定西面者，王公卿大夫士，復何面邪？南面，人君正位。今一官之長，無不南面，太子聽政，亦南面坐。議者言皆晋舊事，太子在東宫西面，爲避尊位，非爲向臺殿也。[2]子才以爲東晋博議，依漢、魏之舊，太子普臣四海，不以爲嫌，又何疑於東面？《禮》“世子絶旁親”，[3]“世子冠於阼”，“冢子生，[4]接以太牢”。漢元著令，[5]太子絶馳道。[6]此皆禮同於君。又晋王公世子，攝命臨國，[7]乘七旒安車，[8]駕用三馬，禮同三公。近宋太子乘象輅，皆有同處，不以爲嫌。況東面者，君臣通禮，獨何爲避？明爲向臺，所以然也。

［1］《詩》：即《詩經》的簡稱。相傳是孔子删定而成的一部上古詩歌總集，爲儒家經典之一。

［2］臺殿：皇帝所居的宫殿。亦省稱“臺”。

［3］世子：帝王和諸侯的嫡長子。後亦特指太子。　旁親：指旁系親屬。

［4］冢子：嫡長子。

［5］漢元：指漢元帝劉奭。紀見《漢書》卷九。

[6]馳道：古代專供帝王行駛車馬的道路。

[7]臨國：治理國事。

[8]七旒安車：用七旒旗作裝飾的小型坐車。古代常用爲王公重臣所乘之車。

近皇太子在西林園，在於殿，猶且東面，於北城非宮殿之處，更不得邪？諸人以東面爲尊，宴會須避。[1]案《燕禮》《燕義》，[2]君位在東，賓位則在西，君位在阼階，故有《武王踐阼篇》，[3]不在西也。《禮》“乘君之車，不敢曠左”。君在，惡空其位，左亦在東，不在西也。“君在阼，夫人在房”。鄭注“人君尊東也”。[4]前代及今，皇帝宴會接客，亦東堂西面。若以東面爲貴，皇太子以儲后之禮，[5]監國之重，别第宴臣賓，[6]自得申其正位。禮者皆東宫臣屬，公卿接宴，觀禮而已。若以西面爲卑，實是君之正位，太公不肯北面説《丹書》，[7]西面則道之，西面乃尊也。君位南面，有東有西，何可皆避？且事雖少異，有可相比者。周公，臣也；太子，子也。周公爲冢宰，太子爲儲貳。明堂尊於别第，[8]朝諸侯重於宴臣賓，南面貴於東面。臣疏於子，冢宰輕於儲貳。周公攝政，[9]得在明堂南面朝諸侯，今太子監國，不得於别第異宫東面宴客，情所未安。且君行以太子監國，君宴不以公卿爲賓，明父子無嫌，君臣有嫌。案《儀注》，[10]親王受詔冠婚，皇子皇女皆東面。今不約王公南面，而獨約太子，何所取邪？議者南尊改就西面，轉君位，更非合禮。方面既少，難爲節文。[11]東西二面，君臣通用，太子宜然，於禮爲允。

［1］宴會須避："須"字底本原脱，中華本據《通典》卷七一《禮三十一·嘉禮十六》、《册府元龜》卷五八三《掌禮部·奏議第十一》及殿本補，而宋刻遞修本、庫本亦有"須"字，故從補。

［2］《燕禮》：《儀禮》的篇名。　《燕義》：《禮記》的篇名。

［3］《武王踐阼篇》：《大戴禮記》的篇名。

［4］鄭：指鄭玄。參見前注"鄭玄"。

［5］儲后：亦稱"儲貳"。即儲君。指太子。

［6］别第：指正宅以外的其他宅邸。此指太子東宫。

［7］太公：即太公望。又名姜尚、吕尚，字子牙。周文王、武王時的元勳大臣，以功封於齊國。詳見《史記》卷三二《齊太公世家》。　《丹書》：《洛書》的别稱。古代傳説夏禹治水時，有洛水神龜負丹書而出，夏禹取法以作《尚書·洪範》"九疇"，後世儒家遂稱"九疇"之文爲《洛書》或《丹書》。

［8］明堂：古代帝王宣明政教的地方。凡朝會、祭祀、慶賞、選士、養老、教學等大典，都在明堂舉行。

［9］攝政：指臣子代替君主處理國政。

［10］《儀注》：此指北齊官修的《後齊儀注》一書，共二百九十卷。

［11］節文：意謂制定禮儀，使行之有度。

魏收議云：

去天保初，皇太子監國。冬會群官於西園都亭，坐從東面，義取於向中宫臺殿故也。二年於宫冬會，坐乃東面，收竊以爲疑。前者遂有别議，議者同之。邢尚書以前定東面之議，[1]復申本懷，此乃國之大禮，無容不盡所見。收以爲太子東宫，位在於震，[2]長子之義也。案《易》八卦，[3]正位向中。皇太子今居北城，於宫殿爲東北，南面而坐，於義爲背也。前者立議，據東宫爲本。又案《東宫舊事》，[4]太子宴會，多以西面爲禮，此又成證，非徒言也。不言太子常無東南二面之坐，但用之有所。至如西園東面，所不疑也。未知君臣車服有同異之議，何爲而發？就如所云，但知禮有同者，不可令異。不知禮有異者，不可令同。苟别君臣同異之禮，恐重紙累札，書不盡也。

[1]邢尚書：指邢子才。因當時邢子才官任殿中尚書，故以職官稱之。

[2]震：八卦名。於自然中象徵雷震，於方位中象徵東方，於人事中象徵長子之位。

[3]《易》：《周易》的簡稱，亦稱《易經》。相傳伏羲畫其卦，文王作其辭，孔子作其傳，爲儒家經典之一。　八卦：《周易》中的八種具有象徵意義的基本圖形，每個圖形用三個分别代表陽的“—”（陽爻）和代表陰的“－－”（陰爻）組成。相傳是伏羲所作。八卦名稱是乾、坤、震、巽、坎、離、艮、兑，分别象徵天、地、雷、風、水、火、山、澤八種自然現象。古代《易》緯家又將八卦與八方相配，形成“九宫八卦”之説，即乾位西北方、坎位北方、艮位東北方、震位東方、巽位東南方、離位南方、坤位西南方、兑位西方，八卦之宫均面向中央宫，共爲九宫。

[4]《東宫舊事》：晋人張敞編撰的一部東宫禮制之書。

子才竟執東面，收執西面，援引經據，大相往復。其後竟從西面爲定。

時議又疑宫吏之姓與太子名同。子才又謂曰：“案《曲禮》：[1]‘大夫士之子，不與世子同名。’鄭注云：

‘若先之生，亦不改。’漢法，天子登位，布名於天下，四海之內，無不咸避。案《春秋經》　‘衛石惡出奔晋’，[2]在衛侯衎卒之前。[3]衎卒，其子惡始立。[4]明石惡於長子同名。諸侯長子，在一國之内，與皇太子於天子，[5]禮亦不異。鄭言先生不改，蓋以此義。衛石惡、宋向戌，[6]皆與君同名，《春秋》不譏。皇太子雖有儲貳之重，未爲海内所避，何容便改人姓。然事有消息，[7]不得皆同於古。宮吏至微，而有所犯。朝夕從事，[8]亦是難安。宜聽出宮，尚書更補他職。”制曰：“可。”

[1]《曲禮》：《禮記》的篇名。以其委曲解説吉、凶、賓、軍、嘉五禮之事，故名《曲禮》。

[2]《春秋經》：即《春秋》。　衛：西周至春秋戰國時國名。始封之君爲周武王弟康叔。公元前 209 年爲秦所滅。　石惡：人名。春秋時衛國人。事見《左傳》襄公二十七年、二十八年。　晋：西周至春秋時國名。始封之君爲周成王弟叔虞。轄地有今山西大部、河北西南部、河南北部及陝西一角。春秋末爲韓、趙、魏三家所分。

[3]衛侯衎（kàn）：春秋時衛國的國君衛獻公，名衎。詳見《史記》卷三七《衛康叔世家》。

[4]惡：人名。即衛獻公的長子，獻公卒後繼位爲衛國國君，謚號衛襄公。詳見《史記·衛康叔世家》。

[5]天子：各本皆同，但《通典》卷七一《禮三十一·嘉禮十六》作“天下”，文義更明，故疑此處“天子”當是“天下”之訛（參見唐華全《〈隋書〉勘誤 18 則》，《南昌航空大學學報》2012 年第 2 期）。

[6]宋：西周至春秋戰國時國名。始封之君爲商紂王的庶兄微

子啓。建都於商丘（今河南商丘市南），戰國初遷都於彭城（今江蘇徐州市）。公元前286年爲齊所滅。　向戌：人名。春秋時宋國執政，官左師。事見《左傳》成公十五年至昭公十九年。

[7]消息：消長，變化。

[8]夕：底本原作“名”，宋刻遞修本、殿本、庫本與底本同，中華本據《通典》卷七一《禮三十一·嘉禮十六》改作“夕”，當是，今從改。

後周制，正之二日，[1]皇太子南面，列軒懸，宮官朝賀。[2]

[1]正：農曆正月。

[2]宮官：太子東宫的屬官。

及開皇初，皇太子勇準故事張樂受朝，[1]宫臣及京官，北面稱慶。高祖誚之。是後定儀注，西面而坐，唯宫臣稱慶，臺官不復總集。[2]煬帝之爲太子，[3]奏降章服，[4]宫官請不稱臣。詔許之。

[1]勇：人名。即隋文帝長子楊勇。開皇元年立爲皇太子，開皇二十年廢爲庶人。傳見本書卷四五、《北史》卷七一。　故事：先例，舊日的典章制度。

[2]臺官：泛指朝廷的公卿官員。

[3]煬帝：即隋煬帝楊廣。紀見本書卷三、四，《北史》卷一二。

[4]章服：古代繡有日月、星辰等圖案的禮服。每圖爲一章，天子有十二章，群臣則按品級以九、七、五、三章遞降。

後齊立春日，[1]皇帝服通天冠、青介幘、青紗袍，[2]佩蒼玉，[3]青帶、青褲、青襪舄，而受朝於太極殿。尚書令等坐定，三公郎中詣席，[4]跪讀時令訖，[5]典御酌酒卮，[6]置郎中前，郎中拜，還席伏飲，禮成而出。立夏、季夏、立秋讀令，[7]則施御座於中楹，南向。立冬如立春，[8]於西廂東向。各以其時之色服，儀並如春禮。

[1]立春：二十四節氣之一。在陽曆二月三、四或五日。古代每逢立春日，天子親率公卿百官迎春於東郊，還朝賞公卿大夫。

[2]青紗袍：青色的紗袍。古代常用爲帝王行春禮之服。

[3]蒼玉：青色的玉。

[4]三公郎中：官名。北齊時爲尚書省殿中部下轄四曹之一三公曹的長官，置二人，掌五時讀時令、諸曹囚帳斷罪、赦日建金鷄等事。正六品上。

[5]時令：亦稱“月令”。古代按季節制定的有關國家典制及農事風俗的政令。

[6]典御：官名。此指尚食典御。北齊時爲門下省所轄尚食局的長官，置二人，掌理皇帝膳食酒席之事。正五品下。　酒卮：古代一種盛酒和飲酒兼用的圓形器皿。

[7]立夏：二十四節氣之一。在陽曆五月五、六或七日。古代每逢立夏日，天子親率公卿百官迎夏於南郊，還朝賞封諸侯。　季夏：指夏季的最後一個月，即農曆六月。　立秋：二十四節氣之一。在陽曆八月七、八或九日，農曆七月初。古代每逢立秋日，天子親率公卿百官迎秋於西郊，還朝賞軍帥及武人。

[8]立冬：二十四節氣之一。在陽曆十一月七或八日，農曆十月初。古代每逢立冬日，天子親率公卿百官迎冬於北郊，還朝賞殉國者，恤孤寡。

後齊每策秀孝,[1]中書策秀才,[2]集書策考貢士,[3]考功郎中策廉良。[4]皇帝常服,乘輿出,坐於朝堂中楹。秀孝各以班草對。[5]其有脱誤、書濫、孟浪者,[6]起立席後,飲墨水,脱容刀。

[1]策:古代考試取士的一種方式,即考官出問題令應試者對答。亦泛指考試。 秀孝:秀才與孝廉的並稱。爲漢代以來至隋唐以前薦舉人才的兩種科目名,州舉者稱秀才,郡舉者稱孝廉,皆屬每年固定舉行的常科科目。

[2]中書:官署名。指中書省。北齊時爲中央最高制令决策機關,掌草擬和宣行皇帝詔令,兼管進御之音樂,内參機密,議决朝政。長官爲中書監、令各一人,居宰相之任。

[3]貢士:泛指地方官府向朝廷舉送的人才。

[4]廉良:孝廉與賢良的並稱。賢良亦爲漢以來薦舉人才的一種科目名,屬皇帝臨時詔令舉行的特科科目。

[5]草對:寫作策文以對答問題。

[6]書濫:指書法潦草惡劣。

後齊宴宗室禮,[1]皇帝常服,别殿西厢東向。[2]七廟子孫皆公服,無官者,單衣介幘,[3]集神武門。[4]宗室尊卑,次于殿庭。七十者二人扶拜,八十者扶而不拜。升殿就位,皇帝興,宗室伏。皇帝坐,乃興拜而坐。尊者南面,卑者北面,皆以西爲上。八十者一坐。再至,進絲竹之樂。[5]三爵畢,[6]宗室避席,待詔而後復位。乃行無算爵。[7]

[1]宗室:特指與帝王同宗族之人,即皇族。

[2]别殿：指正殿以外的殿堂。

[3]單衣：單層無裏子的衣服。古時常用爲士大夫之便服或吊服。

[4]神武門：應作"神虎門"，唐人避太祖李虎之諱而改"虎"爲"武"。神虎門，即北齊鄴都太極殿前的西街之門，爲百官整衣候朝之處。

[5]絲竹之樂：由弦樂器與竹管樂器合奏的樂曲。

[6]三爵：指行飲三杯酒之禮。按古代禮制，臣侍君宴，通常飲酒不得過三爵。

[7]無算爵：指古代某些典禮中不限定飲酒爵數的飲酒禮，至醉而止。

正晦泛舟，[1]則皇帝乘輿，鼓吹至行殿。[2]升御坐，乘版輿，以與王公登舟，置酒。非預泛者，坐於便幕。[3]

[1]正晦：指農曆正月晦日，即正月的最後一天。　泛舟：指坐船游玩。

[2]鼓吹：指用鼓、鉦、簫、笳等樂器合奏的鼓吹樂，漢初專用於軍中以壯聲威，後漸用於朝廷。亦泛指演奏樂曲或演奏樂曲的樂隊。

[3]便幕：指用帳幕圍成的簡便宫室或屋舍。

仲春令辰，[1]陳養老禮。先一日，三老五更齋於國學。[2]皇帝進賢冠、玄紗袍，至璧雍，[3]入總章堂。[4]列宫懸。[5]王公已下及國老庶老各定位。[6]司徒以羽儀武賁安車，[7]迎三老五更于國學。並進賢冠、玄服、黑舄、素帶。[8]國子生黑介幘、青衿、單衣，[9]乘馬從以至。皇帝釋劍，執珽，[10]迎於門内。三老至門，五更去門十步，則降車以入。皇帝拜，三老五更攝齊答拜。[11]皇帝揖進，三老在前，五更在後，升自右階，[12]就筵。三老坐，五更立。皇帝升堂，北面。公卿升自左階，北面。三公授几杖，[13]卿正履，[14]國老庶老各就位。皇帝拜三老，群臣皆拜。不拜五更。乃坐，皇帝西向，肅拜五更。[15]進珍羞酒食，[16]親袒割，[17]執醬以饋，[18]執爵以酳。以次進五更。又設酒醮於國老庶老。[19]皇帝升御坐，三老乃論五孝六順，[20]典訓大綱。[21]皇帝虚躬請受，[22]禮畢而還。又都下及外州人年七十已上，賜鳩杖黄帽。[23]有敕即給，不爲常也。

[1]仲春：指春季的第二個月，即農曆二月。　令辰：指吉日。

[2]三老五更：古代設置的兩個養老之位，掌宣德教。三老與五更各置一人，皆以年老退休且明世事的三公任之。天子則以父禮事三老，以兄禮事五更，皆尊養於國子學或太學中，用以示天下之孝悌。　國學：即國子學。北齊設立的中央最高學府，掌以儒經訓教皇室及公卿之子弟。

[3]璧雍：指古代天子所設立的太學或國子學。因校址呈圓形，圍以水池，其狀如璧，故稱“璧雍”。

[4]總章堂：古代天子所立明堂的西向堂室，名取“西方總成萬物而章明之”之意。亦用爲明堂的别稱。按，古代明堂與太學、國子學多同處一地。

[5]宫懸：古代天子所用的奏樂之制。即將鐘磬等樂器懸挂在東、西、南、北四面的架上以奏樂，象徵宫室四面的墻壁，故名“宫懸”。

［6］國老庶老：古代設置的兩種養老之位，掌助宣教化。國老以告老退休的卿大夫任之，尊養於太學。庶老以告老退休的士任之，尊養於小學。

［7］武賁：應作“虎賁”，唐人避太祖李虎之諱而改。虎賁，指侍從衛士。　安車：古代一種可以坐乘的小車。多供年老的高級官員及貴婦人乘用。凡高官告老還鄉或徵召有重望的人，往往賜乘安車。安車多駕用一馬，禮尊者則駕用四馬。

［8］玄服：黑色的禮服。　素帶：用白絹縫製的大帶，束於腰間，一端下垂。古代天子、諸侯、大夫皆用素帶。

［9］國子生：國子學的學生。　青衿：青色的長衫交領。古代常用爲學子的服飾。

［10］珽：古代帝王所持的玉笏。

［11］攝齊：提起衣擺。古代官員升堂或行拜禮時爲謹防踩着衣擺而跌倒失態，故須提起衣擺，以表示恭敬有禮。

［12］右階：即西階。古時以面南背北爲正位，則右爲西，左爲東。參見前注“西階”“東階”。

［13］几杖：老人所用的憑几和手杖。古代常用爲禮敬老者之物。

［14］卿：官名。指九卿。北齊時爲中央九寺的長官，各置一人，分掌九寺事務。皆爲正三品。　正履：此指替三老整理鞋，以示禮敬。

［15］肅拜：古代九拜禮之一。即兩膝齊跪，手至地而不低頭。

［16］珍羞：亦作“珍饈”。即珍美的菜肴。

［17］袒割：袒露右膊而切割牲肉。古代天子敬老、養老的一種禮節。

［18］饋：指向尊者進食。

［19］酒酏（yí）：酒漿。

［20］五孝：古代指天子、諸侯、卿大夫、士、庶民五等人所行的孝道。　六順：古稱君義、臣行、父慈、子孝、兄愛、弟敬爲

“六順”。

[21]典訓大綱：指古代治國的準則和法紀。

[22]虚躬：即虚心，虚懷。

[23]鳩杖黄帽：即杖頭刻有鳩形的拐杖和黄顔色的帽子。古代常用爲禮敬老者之物。

後周保定三年，[1]陳養老之禮。以太傅、燕國公于謹爲三老。[2]有司具禮擇日，高祖幸太學以食之。[3]事見《謹傳》。[4]

[1]保定：北周武帝宇文邕年號（561—565）。

[2]燕國公：爵名。北周時爲十一等爵的第四等。正九命。　于謹：人名。北周武帝時官居太傅，爵封燕國公，爲北周元老重臣之一。傳見《周書》卷一五、《北史》卷二三。

[3]高祖：北周武帝宇文邕的廟號。此代指其人。紀見《周書》卷五、六，《北史》卷一〇。　太學：北周設立的中央最高學府，掌以儒經訓教公卿大夫之子弟。

[4]《謹傳》：指《周書》卷一五《于謹傳》。

今注本二十四史

隋書

三

志〔二〕

唐 魏徵等 撰

馬俊民 張玉興 主持校注

中國社会科学出版社

隋書　卷一〇

志第五

禮儀五

輿輦之別，[1]蓋先王之所以列等威也。然隨時而變，代有不同。

[1]輿輦：車駕，多指天子所乘。

梁初，[1]尚遵齊制，[2]其後武帝既議定禮儀，[3]乃漸有變革。始永明中，[4]步兵校尉伏曼容奏：[5]“宋大明中，[6]尚書左丞荀萬秋議，[7]金玉二輅，[8]並建碧旂，象革木輅，並建赤旂，非時運所上，又非五方之色。[9]今五輅、五牛及五色幡旗，[10]並請准齊所尚青色。”時議所駁，不行。及天監三年，[11]乃改五輅旗同用赤而旒不異，[12]以從行運所尚也。

[1]梁：即南朝梁（502—557），或稱蕭梁，都建康（今江蘇

南京市）。

［2］齊：即南朝齊（479—502），或稱蕭齊，都建康（今江蘇南京市）。

［3］武帝：即南朝梁武帝蕭衍。紀見《梁書》卷一至三，《南史》卷六、七。

［4］永明：南朝齊武帝蕭賾年號（483—493）。

［5］步兵校尉：官名。此即南朝齊太子步兵校尉，亦稱東宫步兵校尉。南朝宋置，統東宫步兵，爲太子三校之一。齊、梁沿置，梁位七班。按，檢《南齊書·禮志上》《樂志》《輿服志》均作“太子步兵校尉”。　伏曼容：人名。南朝宋、齊時大儒，善《老》《易》之學。傳見《梁書》卷四八、《南史》卷七一。

［6］宋：即南朝宋（420—479），都建康（今江蘇南京市）。大明：南朝宋孝武帝劉駿年號（457—464）。

［7］尚書左丞：官名。與右丞掌尚書省庶務，率諸都令史監察稽核諸尚書曹、郎曹政務，督録近道文書章奏，監察糾彈尚書令、僕射、尚書等文武百官，號稱“監司”，分管宗廟祠祀、朝儀禮制、選授官吏等文書奏事。南朝宋六品。　荀萬秋：人名。南朝宋文帝時曾任太學博士、前殿曹郎等職。《宋書》卷六〇、《南史》卷三三有附傳。

［8］金玉二輅：指金輅與玉輅，同本段後文象輅、革輅、木輅，合稱“五輅”。五輅爲漢代以來帝王所乘的車。據《釋名·釋車》云：天子所乘車稱玉輅，以玉裝飾車。輅亦車，之所以稱爲輅，是説行於道路。象輅、金輅、木輅，各隨所飾爲名。金輅、玉輅、象輅、革輅分别以金、玉、象牙、革裝飾諸末，木輅則衹塗漆而不飾以金、玉、象、革等物。

［9］五方：指東、南、西、北及中央五方。

［10］五牛：五牛旗車。舊五時車，車安五色木牛，竪旗於牛背。　五色：古代五種正色，青、赤、白、黑、黄。按，本句中華本標點作“今五輅五牛及五色幡旗”。五輅指五輅車。五牛指五牛

車，據本卷後文“五牛旗”條云：東晋南遷之後，儀式從簡以五牛車代舊之五時車。五色幡旗爲五輅車及五牛車所對應之旗色，旗隨車色。故此句標點“五輅”與“五牛”之間當有頓號。

［11］天監：南朝梁武帝蕭衍年號（502—519）。

［12］旒：旌旗懸垂之飾物。

七年，帝曰：“據《禮》‘玉輅以祀，金輅以賓’，[1]而今大祀，並乘金輅。”詔下詳議。周捨以爲：[2]“金輅以之齋車，本不關於祭祀。”於是改陵廟皆乘玉輅，大駕則太僕卿御，[3]法駕則奉車郎馭。[4]其餘四輅，則使人執轡，以朱絲爲之。執者武冠、朱衣。[5]

［1］玉輅以祀，金輅以賓：語出《周禮·春官·巾車》。原文爲：“王之五路：一曰玉路，錫，樊纓，十有再就，建大常，十有二斿，以祀。金路，鉤，樊纓，九就，建大旂，以賓，同姓以封。”路，通輅。

［2］周捨：人名。南朝梁武帝時官任祠部郎中，掌治禮儀。傳見《梁書》卷二五，《南史》卷三四有附傳。

［3］大駕：天子出行儀仗隊的一種。天子出行的車駕次第分大駕、法駕、小駕三種，其儀衛繁簡各有不同，規模最大者爲大駕。漢蔡邕《獨斷》：“大駕則公卿奉引，大將軍參乘，太僕御，屬車八十一乘，備千乘萬騎。”　太僕卿：官名。東漢至南北朝前期常作爲太僕的尊稱。南朝梁正式定爲官稱，掌皇帝專用之車馬，爲十二卿之一，位十班。

［4］法駕：天子出行儀仗隊的一種。地位次於大駕。漢蔡邕《獨斷》云：“法駕上所乘，曰金根車，駕六馬，有五時副車，皆駕四馬，河南尹、執金吾、洛陽令奉引，侍中參乘，奉車郎御，屬車三十六乘。”後歷代多參襲漢制。　奉車郎：官名。奉車郎之名乃

沿用古稱，南朝梁置奉車都尉，掌御乘輿車，以宗室、外戚任之，爲三都尉之一。

［5］武冠：亦稱武弁或武弁大冠，東漢時爲武官之服，所服常配以平上幘。本書《禮儀志七》云："其乘輿武弁之服，衣、裳、綬如通天之服。"

又齊永明制，玉輅上施重屋，[1]棲寶鳳皇，[2]綴金鈴，鑷珠璫、玉蜯佩。[3]四角金龍，銜五彩耗。[4]又畫麒麟頭加於馬首者。[5]十二年，帝皆省之。

［1］重屋：重蓋，即車上傘蓋爲雙層。按，《南齊書・輿服志》載："世祖永明初，加玉輅爲重蓋。"

［2］棲寶鳳皇：擱置鳳凰形飾物。

［3］鑷珠璫：垂掛綴珠飾物。

［4］耗（ěr）：以鳥羽或獸毛製成之裝飾物，常飾以冠或頭盔。

［5］又畫麒麟頭加於馬首者：此句之意《南齊書・輿服志》載："又作麒麟頭，采畫，以馬首戴之。"更爲明確。

初齊武帝造大、小輦，[1]並如軺車，[2]但無輪轂，[3]下橫轅軛。[4]梁初，漆畫代之。後帝令上可加笨，輦形如犢車，[5]自兹始也。中方八尺，左右開四望。[6]金爲龍首，飾其五末，謂轅、轂頭及衡端也。[7]金鸞棲軛。[8]其下施重層，以空青雕鏤爲龍鳳象。[9]漆木橫前，名爲望板。[10]其下交施三十六橫。小輿形似軺車，金裝漆畫，但施八橫。元正大會，[11]乘出上殿。西堂舉哀亦乘之。行則從後。一名輿車。

［1］齊武帝：即南朝齊武帝蕭賾。紀見《南齊書》卷三。　輦：小車。一般有兩種，一爲人挽或推，一爲人抬或扛，類似後世轎子。此處形制當爲後一種。按，此處中華本標點作“大小輦”。此當指大輦與小輦，中間應加標點分隔。

［2］軺車：一匹馬拉的輕便車。《晋書・輿服志》：“軺車，古之時軍車也。一馬曰軺車，二馬曰軺傳。”本卷後文載南朝梁二千石四品以上及列侯給軺車，駕牛。按，中華書局新修訂本校勘記云：“周一良《隋書札記・輦制》條，據《續漢書・輿服志》《宋書・禮志》，疑爲‘輜車’形近之誤。本卷下文‘大業元年更製車輦’下‘今輦制象軺車’之‘軺車’亦同。”

［3］輪轂：原指車輪中心裝軸部分，此代指車輪。

［4］轅軛：此指肩輿供抬舉用的直木和套在肩膀上的横木（或布帶、皮帶）。

［5］後帝令上可加笨，輦形如犢車：此句中華本標點作“後帝令上可加笨輦，形如犢車……”。按，《説文・竹部》云：“笨，竹裏也。”竹裏亦稱竹白或竹黄，此指輦車之上以竹裏所製蓬蓋形裝飾物。同卷隋大業時輦制即云：“副輦，加笨，制如犢車，亦通幰，朱絡，謂之蓬輦。自梁武帝始也。”以“笨”裝飾之車，史籍中稱爲“笨車”，《宋書》卷九三《劉凝之傳》載：“（劉凝之）夫妻共乘薄笨車，出市買易。”《宋書》卷七三《顔延之傳》載：“（顔延之）常乘羸牛笨車。”故此條標點改爲“後帝令上可加笨，輦形如犢車”似更妥。　犢車：牛車。《宋書・禮志五》：“犢車，軿車（按：指車有帷）之流也。”

［6］四望：四個窗口。

［7］金爲龍首，飾其五末，謂轅、轂頭及衡端也：此句中華本標點作“金爲龍首。飾其五末，謂轅轂頭及衡端也”。按，可商榷者有二：“金爲龍首，飾其五末”，意思爲輦之五末以金質龍首形飾物爲裝飾，中間不當用句號；“五末”指五個端頭，其數指一轅端、兩轂頭、兩衡端。如“轅”後不標點則句意不明。轅，駕車木，車

前駕牲口用的直木。壓在車軸上，伸出車輿的前端，小車一般單輈，大車則雙輈，左右各一。轂，車輪的中心部位，周圍與車輻的一端相接，中有圓孔，用以插軸。故有左右兩端頭。衡，車轅前端的横木。

[8]軛：駕車時擱在牛馬脖子上的曲形器具。

[9]空青：孔雀石一種，球形、中空、翠緑色。

[10]望板：横前平鋪之木板。

[11]元正大會：每年正月初一之朝會。

羊車一名輦，[1]其上如軺，小兒衣青布袴褶，[2]五辮髻，數人引之。時名羊車小史。漢氏或以人牽，或駕果下馬。[3]梁貴賤通得乘之，名曰牽子。

[1]羊車：此指人挽之車。

[2]袴褶（xí）：袴，没有褲襠的套褲。褶，短袍，騎服。上服褶而下縛袴，其外不再穿裘裳，故稱袴褶。

[3]果下馬：一種高三尺的矮小馬，乘之可行於果樹之下，故名。

畫輪車，[1]一乘，駕牛。乘用如齊制，舊史言之詳矣。

[1]畫輪車：車輪轂用彩漆裝飾之車。其形制《晋書·輿服志》："畫輪車，駕牛，以綵漆畫輪轂，故名曰畫輪車。上起四夾杖，左右開四望，緑油幢，朱絲絡，青交路，其上形制事事如輦，其下猶如犢車耳。"

衣書車，[1]十二乘，駕牛。漢皂蓋朱裏，過江加緑油幢。[2]朱絲絡，[3]青交路，[4]黄金塗五末。一曰副車。[5]梁朝謂之衣書車。

[1]衣書車：天子出行裝載服飾、書籍之從車。

[2]過江：指東晋南遷。　油幢：用塗油織物製作的車蓋。

[3]絲絡：車蓋四周下垂之網狀裝飾物。

[4]交路：亦作"交絡"，車網。

[5]副車：皇帝出行從車。

皇太子鸞輅，駕三馬，左右騑。[1]朱班輪，[2]倚獸較，[3]伏鹿軾，[4]九旒，畫降龍，[5]青蓋畫幡，文輈，[6]黄金塗五末。近代亦謂之鸞輅，即象輅也。梁東宫初建及太子釋奠、元正朝會則乘之。以畫輪爲副。若常乘畫輪，以軺衣書車爲副。畫輪車，上開四望，緑油幢，朱繩絡，兩箱裏飾以錦，[7]黄金塗五末。

[1]騑：駕在車轅兩旁的馬。

[2]朱班：亦作"朱斑"，紅色花紋。

[3]倚獸：當爲"倚虎"，此避唐諱改。　較（jué）：車箱兩旁板上之横木。倚虎較，即較作倚虎形。

[4]伏鹿軾：軾作伏鹿形。軾指設在車箱前供立乘者憑扶之横木。

[5]降龍：下降之龍的圖案。

[6]輈：車轅。用於大車稱轅，用於兵車、田車、乘車稱輈。

[7]兩箱：車箱兩旁。

二千石、四品已上及列侯，[1]皆給軺車，駕牛。伏免箱，青油幢，朱絲絡，轂、輞皆黑漆。[2]天監二年令，三公、開府、尚書令，[3]則給鹿幡軺，[4]施耳，[5]後户，[6]皂輞。尚書僕射、左右光禄大夫、侍中、中書監令、秘書監，[7]則給鳳轄軺，[8]後户，皂輞。領、護、國子祭酒、太子詹事、尚書、侍中、列卿、散騎常侍，[9]給聊泥軺，無後户，漆輪。車騎、驃騎及諸王除刺史、帶將軍，[10]給龍雀軺，以金銀飾。御史中丞給方蓋軺，[11]形如小傘。

[1]二千石、四品已上及列侯：此句中華本標點作“二千石四品已上及列侯”。按，二千石爲漢代官秩等級，因所得俸禄以米穀爲準，故以“石”名之。南北朝亦沿用，與品秩並行。故“二千石”後當用頓號。

[2]轂、輞：中華本標點作“轂輞”。按，轂，爲車輪中心部位；輞，爲車輪外框。故二者爲車的兩個不同部件，中間當用頓號。

[3]三公：官名。南朝梁初，同三公之位者有丞相、太宰、太傅、太保、大將軍、大司馬、太尉、司徒、司空。十八班。　開府：官名。南朝梁開府儀同三司，位次三公，諸將軍、左右光禄大夫優者則加之。十七班。　尚書令：官名。南朝梁尚書省長官。十六班。

[4]幡：諸本皆同，《通典》卷六五《禮·公侯大夫等車輅》作“轓”。

[5]耳：車耳。車箱兩旁反出如耳部分。一説指車屏障。

[6]户：車上之門。

[7]尚書僕射：官名。南朝梁尚書省置左右僕射爲副長官。十五班。　左右光禄大夫：官名。南朝梁屬光禄勳，多爲贈官或加

官。十六班。　侍中：官名。南朝梁門下省置四人，掌擯相威儀，盡規獻納，糾正違闕。十二班。　中書監令：官名。南朝梁中書監與中書令，梁中書省各設一人，掌出内帝命。中書監位十五班，令位十三班。　秘書監：官名。南朝梁秘書省置監一人，掌國之典籍圖書。十一班。

［8］鳳轄：轄爲車軸兩頭的金屬鍵，用以擋住車輪，不使脱落。此爲鳳形轄。

［9］領：指領軍將軍。南朝宋以來掌禁衛軍及京都諸軍。南朝梁十五班。　護：指護軍將軍。掌督護京師以外諸軍。南朝梁十五班。　國子祭酒：官名。隸太常卿，總領國子學、太學。南朝梁十三班。　太子詹事：官名。掌東宫一切事務。南朝梁十四班。　尚書：官名。指尚書省列曹尚書，吏部、祠部、度支、左户、都官、五兵等六尚書。南朝梁吏部尚書十四班，其他十三班。　侍中：前文已叙侍中用鳳轄軺，此又言用聊泥軺，二者重複，恐有一處爲衍文。檢《通典》卷六五《禮·公侯大夫等車輅》亦如此。待考。　列卿：南朝梁天監七年改制，設十二卿，爲具體事務機構。太常卿，十四班；宗正、太府卿，十三班；衛尉卿，十二班；廷尉、大司農、少府、光禄卿，十一班；太僕、大匠卿，十班；鴻臚卿、大舟卿，九班。　散騎常侍：官名。屬集書省，一般爲加官，爲閑散職，無固定職掌。南朝梁十二班。

［10］車騎：官名。南朝梁車騎將軍居諸名號將軍之首，僅作爲軍府名號，加授大臣、重要州郡長官，無具體職掌。一百二十五號將軍第二十四班。　驃騎：官名。即驃騎將軍。職掌及班位同車騎將軍。

［11］御史中丞：官名。南朝梁御史臺長官，置一人，掌督司百僚。十一班。

諸王、三公有勳德者，[1]皆特加皂輪車，駕牛，形如犢車。但烏漆輪轂，黄金雕裝，上加青油幢，朱絲絡，通幰或四望。[2]上臺，[3]三夫人亦乘之，[4]以搨幢涅幰爲副。[5]王公加禮者，給油幢絡車，駕牛。朱輪華轂。天監二年令，上臺，六宫、長公主、公主、諸王太妃、妃，[6]皆乘青油輿幢通幰車，[7]搨幢涅幰爲副。采女、皇女、諸王嗣子、侯夫人，[8]皆乘赤油搨幢車，以涅幰爲副。侍女、直乘涅幰之乘。[9]

[1]諸王、三公：中華本標點作"諸王三公"。

[2]通幰：車子通體覆蓋帷幔，無窗口。

[3]上臺：指宫廷，朝廷。

[4]三夫人：指後宫貴妃、貴嬪、貴姬合稱，地位僅次於皇后。正一品。

[5]搨幢：套上的傘蓋。　涅幰：黑色帷幔。

[6]六宫：泛指皇帝嬪妃中地位在三夫人以下者。

[7]輿：各本均同，《通典》卷六五《禮・主妃命婦等車輅》作"榻"。

[8]采女：宫廷中女官之一。南朝梁制不詳，《後漢書》卷一○《皇后紀序》："又置美人、宫人、采女三等，並無爵秩，歲時賞賜充給而已。"可作參考。

[9]侍女、直：指侍女與侍直。侍女爲侍奉帝后、嬪妃之女子；侍直爲宫廷中伺候聽命或宿夜值班。　乘：車子。

諸王、三公並乘通幰平乘車，[1]竹箕子壁、仰，[2]檳榆爲輞。[3]如今犢車，但舉幰通覆上。[4]

[1]平乘車：南朝梁形制不詳。《宋書・禮志五》有"平乘

舫"，其形制"皆平兩頭作露平形"，或可作參考。又本卷後文北齊之制，"二品、三品得乘卷通幰車"。則通幰車兩頭或有平頭與卷頭之分，待考。

[2]箕：各本同，《南齊書·輿服志》載晋制"平乘車"亦同。《通典》卷六五《禮·公侯大夫等車輅》載晋制作"簟"。　仰：《南齊書·輿服志》載晋制"平乘車"同，《通典》卷六五《禮·公侯大夫等車輅》載晋制無此字。

[3]輞：《南齊書·輿服志》及《通典》卷六五《禮·公侯大夫等車輅》載晋制"平乘車"條作"輪"。

[4]但：底本、汲古閣本、殿本、庫本作"鞞"，中華本據《通典》卷六五《禮·公侯大夫等車輅》、中華書局新修訂本據《晋書·輿服志》改作"但"。今從改。

方州刺史，[1]並乘通幰平肩輿，[2]從横施八横，亦得金渡裝較。天子至于下賤，通乘步輿，[3]方四尺，上施隱膝以及襻，[4]舉之。無禁限。載輿亦如之，但不施脚，以其就席便也。優禮者，人輿以升殿。司徒謝朏，[5]以脚疾優之。

[1]方州：指地方州郡。

[2]平肩輿：步輿之一。步輿以肩扛者，稱肩輿，又名平肩輿；以别於以手挽之腰輿；在輿杠上繫襻帶以肩承之襻輿。

[3]步輿：以人抬的代步工具。

[4]隱膝：擱膝之具。　襻：指襻帶，繫於輿杠上，抬輿之人以肩承之。

[5]司徒：官名。贈官。南朝梁十八班。　謝朏：人名。南朝梁大臣，官至中書監、司徒、衛將軍。傳見《梁書》卷一五，《南史》卷二〇有附傳。

五牛旗，[1]左青赤，右白黑，黄居其中，蓋古之五時副車也。舊有五色立車，[2]五色安車，[3]合十乘，名爲五時車。[4]建旗十二，各如車色。立車則正竪其旗，安車則斜注。[5]馬亦隨五時之色，白馬則朱其鬣尾。左右騑驂，[6]金鋄鏤錫，[7]黄屋，[8]左纛，[9]如金根之制。[10]行則從後。名五時副車。晋過江，不恒有事，則權以馬車代之，建旗其上。後但以五色木牛象車，[11]竪旗於牛背，使人輿之。旗常纏不舒，唯天子親戎，乃舒其旆。[12]周遷以爲晋武帝平吴後造五牛之旗，[13]非過江始爲也。

[1]五牛旗：即五牛旗輿，西晋平吴後所造，車設五牛，竪旗於牛背。

[2]立車：須站立乘行的車輛。《晋書・輿服志》："車，坐乘者謂之安車，倚乘者謂之立車，亦謂之高車。"

[3]安車：坐乘之小車。

[4]五時車：五時出行所乘之車。此沿用漢制，據《續漢書・祭祀志中》載：東漢明帝永平二年（59）采古禮定"五郊迎氣服色"，立春、立夏、先秋十八日、立秋、立冬分别於都城東、南、中、西、北舉行，其車輿及服飾依時節分别用青、赤、黄、白、黑。

[5]斜注：斜插。

[6]騑驂：駕車時位於兩邊的馬。

[7]鋄（wàn）：亦作"錽"，馬冠。按，底本作"炇"，汲古閣本、殿本、庫本同。中華本作"鋄"，其校勘記稱："《續漢書・輿服志》上作'鍐'，據《文選・東京賦》及李善注引《獨斷》

改。”又檢《通典》卷六四《禮・副車》亦作“錽”。今從改。本卷後文同，不再出注。 鍚（yáng）：馬額頭上皮革飾物，亦稱當盧。按，底本作“錫”，汲古閣本、庫本同。據殿本、中華本及《通典》卷六四《禮・副車》改。本卷下同。

[8]黄屋：指車蓋以黄色爲裏，黄屋爲皇帝乘輿之標志。按，此句中華本標點作“黄屋左纛”。“黄屋”指車蓋裏子顔色，而“纛”則是乘輿上之飾物，故二者可讀開。本卷下文同，不再出注。

[9]左纛：皇帝乘輿上的飾物，以犛牛尾或雉尾製成，其位置文獻記載不一。一説設在車衡左邊或左騑上。

[10]金根：即金根車。據《宋書・禮志五》：“古曰桑根車，秦曰金根車也。漢氏因秦之舊，亦爲乘輿，所謂乘殷之路者也。”南北朝沿用。桑根車是以自然圓曲桑木做車輪裝配起來的車，桑根色黄如金，同時此車又以黄金爲飾，故名金根車。其形制可參前引《宋書・禮志五》。

[11]象車：《通典》卷六四《禮・副車》載東晋製作“象五時車”。

[12]旆（pèi）：旗末狀如燕尾的垂旒。

[13]周遷：人名。南朝梁人，具體事迹不詳。《太平御覽》卷三四〇《兵部・旗》曾引周遷《車服雜記》。本書《經籍志二》載有《古今輿服雜事》二十卷，題爲梁人周遷撰。 晋武帝：西晋武帝司馬炎。紀見《晋書》卷三。

指南車，[1]大駕出，爲先啓之乘。漢初，置俞兒騎，[2]並爲先驅。左太冲曰：[3]“俞騎騁路，指南司方。”[4]後廢其騎而存其車。

[1]指南車：用以指示方向之車。其制《宋書・禮志五》載：“制如鼓車，設木人於車上，舉手指南。車雖回轉，所指不移。”

按，《通典》卷六四《禮·指南車》作“司南車”。

[2]俞兒騎：皇帝大駕出行時充當儀仗隊伍先導的騎衛。

[3]左太冲：人名。即西晋文學家左思，字太冲，曾撰《三都賦》，一時洛陽紙貴。傳見《晋書》卷九二。

[4]俞騎騁路，指南司方：語出《文選》所録左太冲撰《吴都賦》。

記里車，[1]駕牛。其中有木人執槌，車行一里，則打一槌。

[1]記里車：又名大章車或記里鼓車，古代一種能標示道路里程的車子。

鼓吹車，[1]上施層樓，四角金龍，銜旒蘇、羽葆。[2]凡鼓吹，陸則樓車，水則樓船，在殿庭則畫筍虡爲樓。[3]樓上有翔鷺、棲烏，[4]或爲鵠形。[5]

[1]鼓吹車：又名白鷺車，因鼓上立鷺而得名，皇帝出行時載樂隊的車子。

[2]旒蘇：旒旗垂飾。　羽葆：帝王儀仗中以鳥羽聯綴爲飾的華蓋。按，此中華本標點作“旒蘇羽葆”。

[3]筍（sǔn）虡：古代懸掛鐘磬的架子。横架爲筍，直架爲虡。

[4]翔鷺、棲烏：中華本標點作“翔鷺棲烏”。按，此指飛翔之鷺與棲止之烏，故中間用頓號。

[5]鵠：各本均同，《通典》卷六四《禮·鼓吹車》作“鶴”。

陳承梁末，王琳縱火，[1]延燒車府。至天嘉元年，[2]

敕守都官尚書、寶安侯到仲舉，[3]議造玉金象革木等五輅及五色副車。皆金薄交龍，爲輿倚、較，[4]文貔伏軾，[5]虯首銜軛，[6]左右吉陽筩，[7]鸞雀立衡，樣文畫轓。[8]緑油蓋，黄紋裏，[9]相思橑，[10]金華末。[11]斜注旂旗於車之左，[12]各依方色。加棨戟於車之右，[13]韜以黻繡之衣。[14]獸頭幡，長丈四尺，懸於戟杪。[15]玉輅，正副同駕六馬，餘輅皆駕四馬。馬並黄金爲乂髦，[16]插以翟尾，玉爲鏤鍚。又以彩畫赤油，長三尺，廣八寸，繫兩軸頭，[17]古曰飛軨，[18]改以彩畫蛙蟆幡，綴兩軸頭，即古飛軨遺象也。五輅兩箱後，皆用玳瑁爲鶡翅，[19]加以金銀雕飾，故俗人謂之金鶡車。兩箱之裏，衣以紅錦，金花帖釘，上用紅紫錦爲後檐，青絞純帶，[20]夏用簟，冬用綺繡褥。此後漸修，具依梁制。

[1]王琳：人名。南北朝時梁、北齊大將。傳見《北齊書》卷三二、《南史》卷六四。

[2]天嘉：南朝陳文帝陳蒨年號（560—566）。

[3]守：官制用語。指低官階署理高官階官職。　都官尚書：官名。掌軍事、刑獄。南朝陳第三品。　寶安侯：爵名。南朝陳十二等爵的第六等。第三品。　到仲舉：人名。南朝陳大臣，官至侍中、尚書右僕射。傳見《陳書》卷二〇，《南史》卷二五有附傳。

[4]輿：車箱。　倚：亦作“輢”，車盤木，供人倚靠之用。按，中華本標點作“倚較”。倚與較爲車兩種不同構件，中間可用頓號。本卷下同。

[5]貔：猛獸，如虎。按，各本均同，《通典》卷六四《禮·五輅》作“豹”。

[6]虯：傳説中的無角龍。按，底本作“蚪”，據汲古閣本、

殿本、庫本、中華本及《通典》卷六四《禮・五輅》改。

[7]吉陽箭：即吉祥筒。

[8]櫖（jù）文：亦作“虡文”或“簴文”，禽獸雲氣文。　轓：車箱兩旁用以遮蔽塵土之屏障。

[9]絞：蒼黃色。按，各本均同，《通典》卷六四《禮・五輅》作“紋”。

[10]相思橑（lǎo）：車蓋傘骨以相思木製。

[11]金華：金花。

[12]旂旗：泛指旗幟，然五輅左方所建之旗幟，各有專名分别與五色相對應：玉輅者名旂，金輅者名旗，象輅者名旌，革輅者名旗，木輅者名旐。注釋詳見後文。

[13]棨戟：有繒衣或油漆之木戟。

[14]韜：包扎、斂束。　黻繡：繡上的黑與青相間的亞形花紋。

[15]杪：末端。

[16]乂：汲古閣本、殿本、庫本同，中華本據《通典》卷六四《禮二十四・五輅》改作“文”，中華書局新修訂本又作“叉”。

[17]軸頭：車軸兩端。

[18]飛軨：車軸兩端所繫之飾物。

[19]玳瑁：爬行動物，形似龜，甲殼可做裝飾品。　鵾（kūn）：古代像鶴的一種鳥。

[20]絞：各本均同，《通典》卷六四《禮・五輅》作“紋”。

後魏天興初，[1]詔儀曹郎董謐撰朝饗儀，[2]始制軒冕，[3]未知古式，多違舊章。孝文帝時，[4]儀曹令李韶，[5]更奏詳定，討論經籍，議改正之。唯備五輅，各依方色，其餘車輦，猶未能具。至熙平九年，[6]明帝又詔侍中崔光與安豐王延明、博士崔瓚採其議，[7]大造車服。定制，五輅並駕五馬。皇太子乘金輅，朱蓋赤質，四馬。三公及王，朱屋青表，[8]制同於輅，名曰高車，駕三馬。庶姓王、侯及尚書令、僕已下，[9]列卿已上，[10]並給軺車，駕用一馬。或乘四望通幰車，駕一牛。自斯以後，條章粗備，北齊咸取用焉。[11]其後因而著令，並無增損。

[1]後魏：即北魏（386—557），亦單稱魏。初都平城（今山西大同市東北），公元494年遷都洛陽（今河南洛陽市東北白馬寺東）。公元534年分裂爲東魏和西魏兩個政權。東魏（534—550）都於鄴（今河北臨漳縣西南鄴鎮東），西魏（535—557）都於長安（今陝西西安市西北郊）。　天興：北魏道武帝拓跋珪年號（398—404）。

[2]儀曹郎：官名。三國魏始置，掌吉凶禮制。北魏第六品下。　董謐：人名。北魏清河東武城人，以碩學知名。事見《魏書》卷二四《崔僧淵傳》。　朝饗儀：《魏書·崔僧淵傳》作“朝覲饗宴郊廟社稷之儀”。

[3]軒冕：車輿與冕服。

[4]孝文帝：即北魏孝文帝元宏。紀見《魏書》卷七。

[5]儀曹令：官名。屬儀曹尚書，掌吉凶禮制。北魏品秩不詳。　李韶：人名。北魏孝文帝延興年間除儀曹令。《魏書》卷三九有附傳。

[6]熙平：北魏孝明帝元詡年號（516—518）。　九年：據《魏書·禮志四之四》崔光等議車服制度在“熙平元年九月”。熙平僅二年餘，此“九”恐爲“元”之誤。

[7]明帝：即北魏孝明帝元詡。紀見《魏書》卷九。　崔光：人名。北魏大臣，太和年間即以本官兼侍中。傳見《魏書》卷六七、《北史》卷四四。　安豐王延明：即元延明。封安豐王，時任

侍中一職。《魏書》卷二〇、《北史》卷一九有附傳。　博士：古代學官名。掌教授生徒。按，《魏書·禮志四之四》載崔瓚爲"太學博士"。　崔瓚：人名。北魏孝明帝熙平年間任太學博士，參議禮制。

[8]表：《通典》卷六五《禮·公侯大夫等車輅》作"蓋"。

[9]僕：《通典》卷六五《禮·公侯大夫等車輅》作"僕射"。

[10]列卿：北魏列卿有太常、光禄、衛尉、太僕、廷尉、大鴻臚、宗正、大司農、太府九卿。正三品。

[11]北齊：即後齊（550—577），或稱高齊，都鄴（今河北臨漳縣西南）。

王、庶姓王、儀同三司已上、親公主，[1]雉尾扇，紫傘。皇宗及三品已上官，青傘朱裏。其青傘碧裏，達於士人，不禁。

[1]儀同三司：官名。三司即三公，儀同三司原意謂"官非三公而儀制待遇同於三司"，原爲皇帝恩賜三公以下大臣的一種特殊榮寵。後來授予範圍不斷擴大，逐漸成爲散官號。北齊正二品。

正從第一品執事官、散官及儀同三司、諸公主，得乘油色朱絡網車，[1]車牛飾得用金塗及純銀。二品、三品得乘卷通幰車，[2]車牛飾用金塗。四品已下，七品已上，得乘偏幰車，[3]車牛飾用銅。

[1]油色朱絡網車：此句意不明，恐有缺字。據其他朝代車輿制度，"油"指"油幰"，即油布所作帷幔。絡網爲帷幔四周下垂之網狀裝飾物。《通典》卷六五《禮·公侯大夫等車輅》無"色"字。

［2］卷通幰車：其制不詳。前文南朝梁制，“諸王、三公並乘通幰平乘車”，則通幰車兩頭或有平頭與卷頭之分，待考。

［3］偏幰車：車帷幔衹掛於車前半部，與通幰車通體覆蓋不同。

尚書令給哄士十五人，[1]左右僕射、御史中丞，[2]各十二人。

［1］哄士：官吏出行時爲之開道前導，喝止行人之隨從。

［2］御史中丞：官名。御史臺長官，置一人，察糾彈劾。北齊從三品。

周氏設六官，[1]置司輅之職，[2]以掌公車之政，辨其名品，與其物色。

［1］周：即北周（557—581），都長安（今陝西西安市西北）。六官：周朝六卿之官。根據《周禮》的記載，周朝以天官冢宰、地官司徒、春官宗伯、夏官司馬、秋官司寇、冬官司空分掌邦國之政，總稱六官或六卿。此指北周仿《周禮》所置六卿之官。

［2］司輅：官名。北周設司車輅下大夫，正四命；小司輅上士，正三命。掌車輿之制。（參見王仲犖《北周六典》卷四《春官府第九》，中華書局1979年版，第306頁）

皇帝之輅，十有二等：[1]一曰蒼輅，以祀昊天上帝。二曰青輅，以祀東方上帝。三曰朱輅，以祀南方上帝及朝日。[2]四曰黄輅，以祭地祇、中央上帝。[3]五曰白輅，以祀西方上帝及夕月。[4]六曰玄輅，以祀北方上帝及感帝，祭神州。此六輅，通漆之而已，不用他物爲飾。皆疏面,[5]旒就以方色，俱十有二。疏面，刻皮當顱。七曰玉輅，以享先皇、加元服、納后。[6]八曰碧輅，以祭社稷、享諸先帝、大貞於龜、食三老五更、享食諸侯及耕籍。[7]九曰金輅，以祀星辰、祭四望、視朔、大射、賓射、饗群臣、巡犧牲、養國老。[8]十曰象輅，以望秩群祀、視朝、燕諸侯及群臣、燕射、養庶老、適諸侯家、巡省、臨太學、幸道法門。[9]十一曰革輅，以巡兵即戎。十二曰木輅，以田獵、行鄉畿。此六輅，又以六色漆而畫之，用玉碧金象革物，以飾諸末。皆錫面、金鉤,[10]就以五采,[11]俱十有二。錫面，鏤金當顱。鉤以屬勒鞶纓。[12]

[1]十有二等：十二等輅，爲北周獨創，以古之五輅，又各依方色立五輅，加蒼輅、碧輅而成十二。

[2]朝日：古代春分祭日儀式。

[3]以祭地祇、中央上帝：此句中華本標點作“以祭地祇中央上帝”。按，地祇指地神，與中央上帝爲兩類神，中間當用頓號。

[4]夕月：古代秋分祭月儀式。

[5]疏面：以鏤刻之皮革裝飾馬額頭。

[6]加元服：古時有未成年繼位帝王，至成年時需舉行加冠典禮，謂“加元服”。

[7]大貞於龜：亦稱貞龜，占卜，因古人灼龜甲以卜，故名。　三老五更：古代設置的兩個養老之位，掌宣德教。三老與五更各置一人，皆以年老退休且明世事的三公任之。天子則以父禮事三老，以兄禮事五更，皆尊養於國子學或太學中，用以示天下之孝悌。　耕籍：籍田之禮。

[8]四望：所祭之四方山川及其神靈。　大射：古射禮之一。天子舉行祭祀大典之前，選擇陪祭之臣而舉行的禮儀。其方法爲：

按等級不同，以虎、熊、豹、麋等形象爲箭靶，靶心設一鵠，數中者可陪祭。　賓射：古射禮之一。天子與賓客行宴飲之禮，之後與之射。　國老：告老退職之國家重臣。

[9]望秩：按等級遥望祭祀山川。　燕射：古射禮之一。指宴飲而射。

[10]金鈎：馬頷間飾物，可承挽馬之帶。

[11]就：五彩絲一匝爲一就。

[12]鞶纓：古者天子諸侯及顯貴挽馬的帶飾。

皇后之車，亦十二等：一曰重翟，[1]以從皇帝，重翟羽爲車蕃。祀郊禖，[2]享先皇，朝皇太后。二曰厭翟，[3]以祭陰社。次其羽也。三曰翟輅，[4]以采桑。翟羽飾之。四曰翠輅，[5]以從皇帝，見賓客。翠羽飾之。五曰雕輅，以歸寧。刻諸末也。六曰篆輅，以臨諸道法門。篆諸飾也。六輅皆錫面，朱總、[6]總以朱絲爲之，置馬勒，直兩耳與兩鑣也。金鈎。七曰蒼輅，以適命婦家。八曰青輅，九曰朱輅，十曰黄輅，十一曰白輅，十二曰玄輅。五時常出入則供之。六輅皆疏面，繢總。[7]以畫繒爲之。

[1]重翟：此亦爲古王后五輅之一，車兩旁屏蔽以兩重翟鳥之羽毛爲之。

[2]郊禖：天子求子所祭之神，因祠在郊，故名。

[3]厭翟：此亦爲古王后五輅之一，車兩旁屏蔽以翟鳥羽毛排列有序，僅後部疊壓。

[4]翟輅：古之翟車，以翟鳥羽毛所飾之車，爲后妃所乘。

[5]翠輅：以翠鳥羽毛所飾之車。

[6]朱總：繫在馬銜鑣上，繪有花紋的紅色短飾帶。

[7]繢總：繫在馬銜鑣上之飾帶，以畫紋絲織物爲之。

諸公之輅九：方輅、各象方之色。[1]碧輅、金輅，皆錫面，鞶纓九就，金鉤。象輅、犀輅、貝輅、革輅、篆輅、木輅，[2]皆疏面，鞶纓九就。凡就，皆以朱白蒼三采。諸侯自方輅而下八，又無碧輅。諸伯自方輅而下七，又無金輅。諸子自方輅而下六，又無象輅。諸男自方輅而下五，又無犀輅。凡就，各如其命。

[1]象方之色：以各方顏色相配之車，如皇帝之輅顏色爲蒼、青、朱、黄、白、玄色。

[2]象輅、犀輅、貝輅、革輅、篆輅：指分別以象牙、犀角、貝殼、皮革、篆刻裝飾諸末之車。

諸公夫人之輅車九：厭翟、翟輅、翠輅，皆錫面，朱總，金鉤。雕輅、篆輅，皆勒面，[1]刻白黑韋爲當顱。繢總。朱輅、黄輅、白輅、玄輅，皆雕面，[2]刻漆韋爲當顱。鷖總。[3]總青黑色繒，其著如朱總。諸侯夫人自翟輅而下八，諸伯夫人自翠輅而下七，諸子夫人自雕輅而下六，諸男夫人自篆輅而下五。鞶纓就數，各視其君。

[1]勒面：以鏤刻黑白顏色去毛熟治獸皮裝飾馬額頭。

[2]雕面：以鏤刻油漆過的去毛熟治獸皮裝飾馬額頭。

[3]鷖（yī）：青黑色的繒。

公、孤、卿、大夫，皆以中之色乘祀輅。[1]士乘祀車。

[1]中之色：中央之方色，即黄色。　祀輅：此輅爲北周新創，比諸公之方輅，然僅有中央之方色。

三公之輅車九：[1]祀輅、犀輅、貝輅、篆輅、木輅、夏篆、夏縵、墨車、輚車。[2]自篆已上，金塗諸末，疏錫，[3]鞶纓，金鈎。木輅已下，銅飾諸末，疏，鞶纓皆九就。三孤自祀輅而下八，[4]無犀輅。六卿自祀輅而下七，[5]又無貝輅。上大夫自祀輅而下六，[6]又無篆輅。中大夫自祀輅而下五，[7]又無木輅。下大夫自祀輅而下四，[8]又無夏篆。士車三：[9]祀車、墨車、輚車。凡就，各如其命之數。自孤下，就以朱緑二采。

[1]三公：指太師、太傅、太保。均正九命。

[2]夏篆：以五彩雕刻爲飾之車。　夏縵：車無雕刻，以五彩畫車爲裝飾。　墨車：車漆以黑色，不加紋飾。　輚（zhàn）車：寢車、卧車。

[3]疏錫：各本均同。然馬面之飾物，有錫面或疏面，而無“疏錫”。上文北周諸公之輅有“錫面”與“疏面”，本句下文亦云“木輅已下，銅飾諸末，疏，鞶纓皆九就”。又《通典》卷六五《禮二五・公侯大夫等車輅》亦稱“錫”，無“疏”字。故此“疏”字當爲衍文。

[4]三孤：指少師、少傅、少保。均正八命。

[5]六卿：官名。北周天官冢宰、地官司徒、春官宗伯、夏官司馬、秋官司寇、冬官司空分掌邦國之政，總稱六官或六卿。正六命。

[6]上大夫：官名。北周正六命。

［7］中大夫：官名。北周正五命。

［8］下大夫：官名。北周正四命。

［9］士：官名。北周上士，正三命；中士，正二命；下士，正一命。

三妃、三公夫人之輅九：[1]篆輅、朱輅、黄輅、白輅、玄輅，皆勒面，繢總。夏篆、夏縵、墨車、輚車，皆雕面，鷖總。三妭、三孤内子，[2]自朱輅已下八。六嬪、六卿内子，[3]自黄輅而下七。上媛婦、中大夫孺人，[4]自玄輅而下五。下媛婦、大夫孺人，自夏篆而下四。御婉、士婦人，[5]自夏縵而下三。其鞶纓就，各以其等。

［1］三妃：北周後宫嬪妃之一，比《周禮》三夫人之位，位視三公，正九命（參見王仲犖《北周六典》卷九《内命婦第二十三》，第613頁）。

［2］三妭：北周後宫嬪妃之一，地位僅次於三妃，位視三孤（參見王仲犖《北周六典》卷九《内命婦第二十三》，第615頁）。　内子：古代卿大夫之嫡妻。

［3］六嬪：北周後宫嬪妃之一，地位僅次於三妃，位視六卿（參見王仲犖《北周六典》卷九《内命婦第二十三》，第615頁）。

［4］上媛：上媛、中媛、下媛均爲御媛，位視大夫。大夫有上、中、下，故御媛亦有上、中、下。（參見王仲犖《北周六典》卷九《内命婦第二十三》，第616頁）　孺人：古稱大夫之妻。

［5］御婉：北周後宫嬪妃之一，位視士（參見王仲犖《北周六典》卷九《内命婦第二十三》，第616頁）。

皆簟笰，[1]漆之。君以赤，卿大夫士以玄。

[1]簟（diàn）笰（fú）：遮蔽車箱後窗或門户的竹席。

君駕四，三軥六轡。卿大夫駕三，二軥五轡。士駕二，一軥四轡。

輅之制，重輪重較而加耳焉。[1]皇帝、皇后之輅，輿廣六尺有六寸，輪高七尺。畫輪轂、軥衡以雲牙，[2]箱軾以虡文，虡内畫以雜獸。獸伏軾，鹿倚、較。諸侯及夫人，命夫、命婦之輅車，廣六尺有二寸，輪崇六尺有六寸。畫轂以雲牙，軾以虡文，虡内畫以雲華。鹿倚、較。士不畫。后、夫人、内子已下，同去獸與鹿。

[1]加：底本誤作“缺”字。據《通典》卷六四《禮・五輅》及他本補。　耳：《通典》卷六四《禮・五輅》作“茸”。

[2]雲牙：雲絲、雲朵。

凡旗，太常畫三辰，日、月、五星。旃畫青龍，[1]皇帝升龍，諸侯交龍。旟畫朱雀，[2]旌畫黄麟，[3]旗畫白獸，[4]旐畫玄武，[5]皆加雲。其旜物在軍，[6]亦書其事號，[7]加之以雲氣。徽幟亦如之。[8]通帛爲旜，雜帛爲物。在軍亦書其人官與姓名之事號。徽幟亦書之，但畫其所書之例。旌節又畫白獸，[9]而析羽於其上。[10]

[1]旃（zhān）：赤色、無飾、曲柄之旗。按，《通典》卷六六《禮・旌旗》作“旂”，中華書局新修訂本亦改作“旂”。

［2］旟（yú）：畫有鳥雀圖案的軍旗。　雀：《通典》卷六六《禮·旌旗》及《太平御覽》卷三四〇《兵部·旗》作“鳥”。

［3］旌：以犛牛尾或兼五采羽毛飾竿頭之旗。

［4］旗：畫有熊虎圖像之旗。　白獸：即白虎，避唐諱改。下文同。

［5］旐（zhào）：畫有龜蛇圖像之旗。

［6］旜物：以純色絲帛所製之旗幟名旜，以雜色絲帛所製之旗幟名物。

［7］事號：軍官之官職與名號。

［8］徽幟：朝廷或軍隊中用以識別歸屬的標志，形似小旌旗。

［9］旌節：古代使者所持之節，亦爲憑信。

［10］析羽：古代用來裝飾旌旗或符節之穗狀羽毛。

司常，[1]掌旗物之藏。通帛之旗六，以供郊丘之祀。一曰蒼旗，二曰青旗，三曰朱旗，四曰黃旗，五曰白旗，六曰玄旗。畫繢之旗六，[2]以充玉輅之等。一曰三辰之常，二曰青龍之旂，三曰朱鳥之旟，四曰黃麟之旌，五曰白獸之旗，六曰玄武之旐。皆左建旗而右建闟戟。[3]又有繼旗四，[4]以施軍旅。一曰麾，以供軍將。[5]二曰旞，[6]以供師帥。三曰旆，[7]以供旅帥。四曰旆，以供倅長。[8]

諸公方輅、碧輅建旂，[9]金輅建旟，象輅建物，木輅建旐。諸侯自金輅而下，如諸公之旗。諸伯自象輅而下，如諸侯之旗。諸子自犀輅而下，如諸伯之旗。諸男自象輅而下，如諸子之旗。三公犀輅、貝輅、篆輅建旜，木輅建旐，夏篆、夏縵及輚車建物。孤卿已下，各以其等建其旗。

[1]司常：官名。北周春官府置司常中士，和司常下士，掌旗物之藏。司常中士，正二命；司常下士，正一命。

[2]畫繢：亦作“畫繪”，繪畫圖案。

[3]闟（xī）戟：古代兵器，長戟。按，闟，底本原作“闒”，中華本改作“闟”，其校勘記云：“‘闟’原作闒，據《續漢志》上及《通典》六六改。下同。”今從改。又《太平御覽》卷三四〇《兵部·旗》作“穆”。

[4]繼旗：所指不明。

[5]軍將：及下文師帥、旅帥，均爲北周仿《周禮》所建軍隊長官名。《周禮·夏官·序官》：“凡制軍：萬有二千五百人爲軍……二千有五百人爲師，師帥皆中大夫；五百人爲旅，旅帥皆下大夫。”

[6]旞：音 suì。

[7]旆（fá）：中華本作“旐”，其校勘記云：“‘旐’原作‘旆’，據《通典》六六改。”《太平御覽》卷三四〇《兵部·旗》作“旐”。

[8]倅長：百兵之長。

[9]旂：圖案兩龍並在竿頭懸鈴之旗。

旌杠，[1]皇帝六刃，[2]諸侯五刃，大夫四刃，士三刃。

[1]旌杠：旗杆。

[2]刃：通“仞”，長度單位，七尺爲一仞，一說八尺。

旒，皇帝曳地，諸侯及軹，[1]大夫及轂，[2]士及軫。[3]凡注毛於杠首曰綏，析羽曰旌，全羽曰旞。其幓，[4]皇帝諸侯加以弧韣。[5]闟戟，方六尺而被之以黻，唯皇帝諸侯輅建焉。闟戟、杠綢與旗同。

[1]軹：車軸頭。

[2]轂：此指車輪。

[3]軫：車後橫木。

[4]幓（shān）：亦作“縿”，旌旗上的飄帶。《通典》卷六六《禮·旌旗》作“縿”。

[5]弧韣（dú）：張旌旗正幅之竹弓和弓衣。

車之蓋圓，以象天，輿方，以象地。輪輻三十，[1]以象日月。蓋橑二十有八，[2]以象列宿。設和鑾以節趨行，[3]被旗旒以表貴賤。其取象也大，其彰德也明，是以王者尚之。

[1]輻：車輪上連接外框和中心轂的直木。

[2]蓋橑（lǎo）：傘蓋骨架。

[3]和鑾：“鑾”亦作“鸞”。車上之鈴鐺。掛於車前衡木上稱“和”，掛於軛首或車架上稱“鸞”。以鈴鐺響動節制前行速度。

皇帝、皇后在喪之車五：一曰木車，[1]初喪乘之。二曰素車，[2]卒哭乘之。[3]三曰藻車，[4]既練乘之。[5]四曰駹車，[6]祥而乘之。[7]五曰漆車，[8]禫而乘之。[9]

[1]木車：不加漆飾之車，用於天子喪事。

[2]素車：古代凶、喪事所用之車，以白土塗刷。

［3］卒哭：古代喪禮百日祭後，止無時之哭，變爲朝夕一哭，名爲卒哭。

［4］藻車：漆以類似水藻青色之車。

［5］既練：亦稱練祥或小祥，古代喪禮的周年祭。

［6］駹（máng）車：車邊用漆飾之車。

［7］祥：亦稱大祥，古代喪禮的兩周年祭。

［8］漆車：漆以黑色之車。

［9］禫（dàn）：除喪服之祭祀。

及平齊，得其輿輅，藏於中府，[1]盡不施用。至大象初，[2]遣鄭譯閱視武庫，[3]得魏舊物，取尤異者，並加雕飾，分給六宮。有乾象輦，羽葆圓蓋，畫日月五星、二十八宿、天街雲罕、山林奇怪及游麟飛鳳、朱雀玄武、騶虞青龍，駕二十四馬，以給天中皇后，助祭則乘。又有大樓輦車，龍輈十二，加以玉飾，四轂六衡，方輿圓蓋，金雞樹羽，寶鐸旒蘇，鸞雀立衡，六螭龍銜軛，建太常，畫升龍、日、月，駕二十牛。又有象輦，左右金鳳，白鹿仙人，羽葆旒蘇，金鈴玉佩，初駕二象，後以六駝代之。并有游觀小樓等輦，駕十五馬車等，合十餘乘，皆魏天興中之所制也。宣帝至是，[4]咸復御之。復令天下車，皆以渾成木爲輪。

［1］中府：即内庫。

［2］大象：北周静帝宇文闡年號（579—580）。

［3］鄭譯：人名。北周時任内史下大夫，周宣帝病死，與劉昉矯詔引楊堅輔政，後任楊堅丞相府長史，入隋官至岐州刺史。傳見本書卷三八，《周書》卷三五、《北史》卷三五有附傳。

［4］宣帝：北周宣帝宇文贇。紀見《周書》卷七、《北史》卷一〇。

開皇元年，[1] 内史令李德林奏，[2] 周、魏輿輦乖制，請皆廢毀。高祖從之。唯留魏太和時儀曹令李韶所製五輅，[3] 齊天保所遵用者。[4] 又留魏熙平中，太常卿穆紹議皇后之輅，[5] 其從祭則御金根車，親桑則御雲母車，[6] 並駕四馬。歸寧則御紫罽車，[7] 游行則御安車，弔問則御紺罽輧車，[8] 並駕三馬。於後著令，制五輅。

［1］開皇：隋文帝楊堅年號（581—600）。

［2］内史令：官名。内史省長官，掌皇帝詔令出納宣行，居宰相之職。隋初内史省置監、令各一人，尋廢監，置令二人，正三品。　李德林：人名。傳見本書卷四二、《北史》卷七二。

［3］太和：北魏孝文帝元宏年號（477—499）。

［4］天保：北齊文宣帝高洋年號（550—559）。

［5］太常卿：官名。掌國家禮樂，郊廟社稷祭祀等事。北魏正三品。　穆紹：人名。北魏宣武帝元恪時授衛將軍、太常卿。《魏書》卷二七有附傳。

［6］雲母車：以雲母爲飾之車。一説以雲母代替車上紗窗，四望透明。

［7］歸寧：已嫁女子回娘家探望父母。　紫罽（jì）車：紫色毛氈帷幕之車。

［8］紺罽輧（píng）車：天青色毛氈帷幕之車。

玉輅，青質，以玉飾諸末。[1] 重箱盤輿，[2] 左青龍，右白虎，金鳳翅，畫虡文鳥獸。黄屋，左纛，金鳳在軾前，[3]八鸞在衡，二鈴在軾。龍輈，前設鄣塵。[4]青蓋、黄裏，[5]繡飾。博山、鏡子，[6]樹羽。[7]輪皆朱斑重牙。[8]左建旗，[9]十有二旒，幓旒皆畫升龍，其長曳地。右載闟戟，長四尺，廣三尺，黻文。旂首金龍頭，銜結綬及鈴、緌。[10]駕蒼龍，[11]金鍐，方釳，[12]插翟尾五隼，[13]鏤錫，鞶纓十有二就。錫馬當顱，鏤金爲之。鞶馬大帶，纓馬鞅，皆以五彩飾之。就成也，一匝爲一就。祭祀、納后則供之。

［1］諸末：車轅、車衡、車轂之端。

［2］重箱：車箱分成前後兩部分，馭者居前，主人居後。　盤輿：車床形狀作盤形。

［3］金鳳在軾前：此句《通典》卷六四《禮・五輅》“金鳳”後有“一”字。

［4］鄣塵：車轅前用以障蔽塵垢的器物。

［5］青蓋、黄裏：此指傘蓋表裏顔色。

［6］博山、鏡子：中華本中間未讀開。“博山”與“鏡子”爲兩物，非一物，“博山”指蓋四周邊緣所裝三角形或拱形凸起如山形之飾物，而“鏡子”則爲蓋四周下垂之飾物。《通典》卷六四《禮・五輅》記載較明確：“……金博山，綴以鏡子。”因此，“博山”與“鏡子”之間應用頓號。

［7］樹羽：蓋頂樹立雉尾。

［8］朱斑：朱色車輪，輪上畫有斑紋。　重牙：牙指接地輪圈，車輪有雙重外周。

［9］旗：此恐爲“旂”之誤。按，天子五輅所建之旗幟各有專名，玉輅建旂，金輅建旜，象輅建旌，革輅建旗，木輅建旐，此處“旂”“旗”二字不通用。如本卷載後周之制：“凡旗，太常畫三

辰，旂畫青龍（原注：皇帝升龍，諸侯交龍），旟畫朱雀，旌畫黄麟，旗畫白獸，旐畫玄武。”檢《説文解字》旂、旟、旌、旗、旐確爲五種不同旗幟。隋初雖廢毁周、魏輿輦，然五輅旗幟似仍沿用後周之制，如本書《禮儀志五》所載隋初五輅制度，除上引玉輅外，其他四輅完全與後周同，如金輅“左建旟”（原注：旟畫鳥隼），象輅“左建旌”（原注：旌畫黄麟），革輅“左建旗”（原注：旗畫白獸），木輅“左建旐”（原注：旐畫龜蛇）。而此條玉輅旗幟所畫爲升龍，亦與後周同。故隋初玉輅沿用自後周，左建之旗幟當爲“旂”，而非“旗”。另，本段後文亦載“旂首金龍頭”，亦可證隋初玉輅左建者爲“旂”。綜上，此條玉輅“左建旗”之“旗”應爲“旂”字之訛。

[10]鈴、綏：中華本標點作“鈴綏”。按，此當爲“鈴”與“綏”，中間用頓號。本卷下文同。

[11]蒼龍：八尺高青色馬。

[12]金鍐，方釳：此句中華本標點作“金鍐方釳”。按，鍐爲馬冠，與釳爲馬頭上兩類飾物，故中間用逗號斷開。本卷下文同。方釳，此指馬頭上飾物，鐵製。《説文·金部》：“釳，乘輿馬頭上防釳，插以翟尾鐵翮，象角。”

[13]隼：《通典》卷六四《禮·五輅》作“焦”，《文獻通考》卷一一六作“隻”。

金輅，赤質，以金飾諸末。左建旟，右建闟戟。旟畫鳥隼。餘與玉輅同。駕赤駵。[1]朝覲、會同、饗射、飲至則供之。[2]

[1]駵（liú）：通“騮”，指紅身黑鬃尾馬。另“騮”亦有黄色者。

[2]朝覲、會同、饗射、飲至則供之：此句中華本標點作“朝

覲會同，饗射飲至則供之”。此爲四種禮儀場合，中間應用頓號。

象輅，黄質，以象飾諸末。左建旌，右建闟戟。旌畫黄麟。駕黄駵。行道則供之。

革輅，白質，輓之以革。[1]左建旗，右建闟戟。旗畫白獸。駕白駱。巡守臨兵事則供之。

[1]輓：《通典》卷六四《禮·五輅》作“鞔”。

木輅，漆之。左建旐，右建闟戟。旐畫龜蛇。[1]駕黑駵。田獵則供之。

[1]龜蛇：《通典》卷六四《禮·五輅》作“玄武”。

五輅之蓋，旌旗之質，及鞶纓，皆從輅之色。蓋之裏，俱用黄。其鏤鍚，五輅同。

安車，飾重輿，[1]曲壁，[2]紫油纁朱裏，[3]通幰，朱絲絡網，朱鞶纓，朱覆髪，[4]具絡。駕赤駵。臨幸則供之。四望車，制同犢車。金飾，青油纁朱裏，通幰。拜陵、臨發弔則供之。

[1]重輿：即重箱，車箱分爲前後兩部分。按，據《通典》卷六四《禮·安車》此句“飾”前少一“金”字，當爲“金飾，重輿”。

[2]曲壁：車箱兩側箱壁呈彎曲弧形。

[3]朱裏：《通典》卷六四《禮·安車》作“纁裏”，無“朱”字。本段四望車亦同。

[4]覆髮：覆蓋馬鬃毛之絲織物。

皇后、皇太后重翟，青質，金飾諸末。朱輪，金根朱牙。其箱飾以重翟羽，青油纁朱裏，[1]通幰，繡紫帷，朱絲絡網，繡紫絡帶。[2]八鑾在衡，錫，鞶纓十二就，金鍐，方釳，插翟尾，朱總。總以朱爲之，如馬纓而小，著馬勒，在兩耳兩鑣也。駕蒼龍。受册、從郊禖、享廟則供之。

[1]油纁：《通典》卷六五《禮·皇太后皇后車輅》作“油幢”。按，“油幢”指用塗油織物製作的車蓋。作“油纁”意不可解。故此“油纁”恐爲“油幢”之訛。又本卷隋代其他輿車之“油纁”當同此。

[2]絡帶：挽馬之帶，同鞶纓。

厭翟，赤質，金飾諸末。輪畫朱牙。[1]其箱飾以次翟羽，[2]紫油纁朱裏，通幰，紅錦帷，朱絲絡網，紅錦絡帶。其餘如重翟。駕赤騮。親桑則供之。翟車，黄質，金飾諸末。輪畫朱牙。[3]其車側飾以翟羽，黄油纁黄裏，通幰，白紅錦帷，朱絲絡網，白紅錦絡帶。其餘如重翟。駕黄騮。歸寧則供之。諸鞶纓之色，皆從車質。安車，赤質，金飾。紫通幰朱裏。駕四馬。臨幸及弔則供之。

[1]輪：《通典》卷六五《禮·皇太后皇后車輅》作“朱輪”。

[2]次翟羽：翟鳥羽毛依次排列有序。

[3]輪：《通典》卷六五《禮·皇太后皇后車輅》作“朱輪”。

皇太子金輅，赤質，金飾諸末。重較，箱畫虡文鳥獸，黄屋，伏鹿軾，龍輈。金鳳一，在軾前。設鄣塵。朱蓋黄裏。輪畫朱牙。左建旂，九旒，右載闟戟。旂首金龍頭，銜結綬及鈴、緌。駕赤騮四。八鑾在衡，二鈴在軾。金鍐，方釳，插翟尾五隼，[1] 鏤鍚，鞶纓九就。從祀享、正冬大朝、納妃則乘之。軺車，金飾諸末。紫通幰，朱裏。駕一馬。五日常朝及朝饗宫臣，出入行道乘之。四望車，金飾諸末。紫油纁通幰，朱裏，朱絲絡網。駕一馬。弔臨則乘之。

[1]隼：《通典》卷六五《禮·皇太子皇子車輅》作“焦”，《文獻通考》卷一一六作“隻”。

公及一品象輅，[1] 黄質，以象飾諸末。建旟，畫以鳥隼。受册、告廟、升壇、上任、親迎及葬則乘之。侯、伯及二品、三品革輅，[2] 白質，以革飾諸末。建旟，畫熊獸。受册、告廟、親迎及葬則乘之。子、男及四品木輅，[3] 黑質，以漆飾之。建旐，畫以龜蛇。受册、告廟、親迎及葬則乘之。

[1]公：爵名。隋九等爵制，第三至五等分别爲國公、郡公、縣公。均爲從一品。

[2]侯：爵名。隋九等爵的第六等。正二品。　伯：爵名。隋九等爵的第七等。正三品。

[3]子：爵名。隋九等爵的第八等。正四品下。　男：爵名。

隋九等爵的第九等。正五品。

象輅已下，旒及就數，各依爵品，雖依禮製名，未及創造。開皇三年閏十二月，並詔停造，而盡用舊物。至九年平陳，又得輿輦。舊著令者，以付有司，所不載者，並皆毀棄。雖從儉省，而於禮多闕。

十四年，詔又以見所乘車輅，因循近代，事非經典，令更議定。於是命有司詳考故實，改造五輅及副。玉輅青質，祭祀乘之。金輅赤質，朝會禮還乘之。象輅黄質，臨幸乘之。革輅白質，戎事乘之。木輅玄質，耕藉乘之。五輅皆朱斑輪、龍輈、重輿，建十二旒，[1]並畫升龍。左建闟戟。[2]旂旒與輅同色。樊纓十有二就。[3]王、五等開國、第一第二品及刺史輅，[4]朱質，朱蓋，斑輪。左建旂，旂畫龍，一升一降。右建闟戟。第三第四品輅，朱質，朱蓋，左建旜，通帛爲之，旂、旜皆赤。其旒及樊纓就數，各依其品。

[1]建十二旒：此句有脱文，當爲“左建旗，十二旒”。據前代五輅之制，所建者非“旒”，乃是“旗”，衹是五輅之“旗”各有專名。又後文“旂旒與輅同色”，亦説明此十二旒爲所建旗之旒。

[2]左：各本均同。按，《通典》卷六四《禮二四・五輅》載隋代五輅皆“右建闟戟”。本卷所載後周及隋代五輅之制均爲左建旌旗，而右建闟戟，惟此作“左建闟戟”。若爲隋文帝開皇十四年所改，此爲變更古制之大事，煬帝大業改制必當提及。又，本段後文載王、五等開國、第一第二品及刺史輅皆爲“右建闟戟”。可知此處“左”應爲“右”傳刻致訛。

[3]樊纓：鞶纓，挽馬帶飾。

［4］五等開國：公、侯、伯、子、男五等爵，均置開府。

大業元年，[1]更製車輦，五輅之外，設副車。詔尚書令楚公楊素、吏部尚書奇章公牛弘、工部尚書安平公宇文愷、内史侍郎虞世基、禮部侍郎許善心、太府少卿何稠、朝請郎閻毗等，[2]詳議奏决。於是審擇前朝故事，定其取捨云。

［1］大業元年：本書卷三《煬帝紀上》載時間在“大業二年二月”，《通鑑》卷一八〇《隋紀》大業二年二月條亦同。本紀及《通鑑》所載時間更確，故此“元年”當爲“二年”。大業，隋煬帝楊廣年號（605—618）。

［2］尚書令：官名。尚書省長官，爲宰相之職。置一員，正二品。　楊素：人名。傳見本書卷四八，《北史》卷四一有附傳。　吏部尚書：官名。尚書省下轄六部之一吏部的長官。掌全國文職官員銓選、考課等政令。置一員，正三品。　奇章公：爵名。全稱爲奇章郡公，隋九等爵的第四等。　牛弘：人名。傳見本書卷四九、《北史》卷七二。　工部尚書：官名。隋文帝開皇二年始置，掌全國百工、屯田、山澤之政令，統工部、屯田、虞部、水部四曹。正三品。按，本書《煬帝紀上》此條載宇文愷官職“大將軍”。檢《通鑑》卷一八〇《隋紀》大業二年正月載：“東京成，進將作大匠宇文愷位開府儀同三司。”不載其任工部尚書。又本書《煬帝紀上》載大業四年三月宇文愷始由將作大匠升任工部尚書。故此言大業二年二月宇文愷所任官職爲工部尚書，誤，當爲將作大匠。另《煬帝紀》所載“大將軍”亦誤，據本書卷六八、《北史》卷六〇本傳，宇文愷不曾出任大將軍一職，其大業二年正月所進散官爲“開府儀同三司”。　安平公：爵名。全稱爲安平郡公，隋九等爵的第四等。　宇文愷：人名。傳見本書卷六八，《北史》卷六〇有附

傳。　内史侍郎：官名。隋内史省副長官，佐宰相之職的本省長官内史監、令處理政務。初設四員，大業三年減爲二員。正四品。　虞世基：人名。傳見本書卷六七、《北史》卷八三。　禮部侍郎：官名。隋文帝時於禮部四曹之一禮部曹置禮部侍郎一員，爲該曹長官，正六品。煬帝大業三年諸曹侍郎並改稱郎，又始置侍郎爲尚書省下轄六部之副長官，正四品。此後，禮部侍郎纔成爲禮部副長官。按，本書《煬帝紀上》載同，本書《禮儀志七》亦云大業元年（當爲大業二年）許善心以給事郎參議輿服制度。然《通鑑》卷一八〇《隋紀》大業二年二月條不載許善心參與此事。司馬光《考異》曰："善心於帝即位之初已左遷。蓋《紀》誤也。"　太府少卿：官名。太府寺副長官。太府少卿協助本司長官太府卿掌管倉儲出納及所轄各署事。隋初置一員，正四品上。煬帝增置二員，改從四品。　何稠：人名。傳見本書卷六八、《北史》卷九〇。　朝請郎：官名。隋文帝開皇三年於吏部置朝請等八郎，散官番直，常出使監檢。正五品。　閻毗：人名。傳見本書卷六八，《北史》卷六一有附傳。

玉輅，禋祀所用，飾以玉。《白武通》云：[1]"玉輅，大輅也。"《周禮》巾車氏所掌，"鏤鍚，樊纓十有再就，建太常，十有二斿"。[2]虞氏謂之鸞車，夏后氏謂之鈎車，殷謂之大輅，周謂之乘輅。《大戴禮》著其形式：[3]上蓋如規象天，二十八橑象列星，下方輿象地，三十輻象一月。[4]前視則睹鑾和之聲，側觀則睹四時之運。昔成湯用而郊祀，[5]因有山車之瑞，亦謂桑根車。[6]蔡邕《獨斷》論漢制度，[7]凡乘輿車，皆有六馬，羽蓋金爪，[8]黄屋，左纛，鏤鍐，方釳，重轂，繁纓，[9]黄繒爲蓋裏也。左纛，以旄牛尾建於竿上，其大如斗，立于左騑也。鏤鍐高闊各五寸，上如傘形，施於髮上，而插翟尾也。方釳當顱，蓋馬冠也。繁纓，膺前索也。重轂，重施轂也。應劭《漢官》，[10]大輅龍旂，畫龍於旂上也。董巴《志》謂爲瑞山車，[11]秦謂金根，即殷輅矣。司馬彪志亦云：[12]“漢備五輅，或謂德車，其所駕馬，皆如方色。”唯晋太常卿摯虞，[13]獨疑大輅，謂非玉輅。摯虞之説，理實可疑，而歷代通儒，混爲玉輅，詳其施用，義亦不殊。左建太常。案《釋名》：“日月爲常，畫日月於旗端，言常明也。”又云：“自夏始也。”[14]奚仲爲夏車正，[15]加以旂常，於是旒就有差，用明尊卑之别也。董巴所述，全明漢制。天子建太常，十二斿，曳地，日月升龍，象天明也。今之玉輅，參用舊典，消息取捨，裁其折中。以青爲質，玉飾其末。重箱盤輿，左龍右獸，金鳳翅，畫虡文。輒左立纛。金鳳一，在軾前。八鸞在衡，二鈴在軾。龍輈之上，前設鄣塵。青蓋黄裏，繡游帶。金博山，綴以鏡子，下垂八佩。樹四十葆羽。輪皆朱斑重牙，[16]復轄。左建太常，十有二旒，皆畫升龍日月，其長曳地。右載闟戟，長四尺，闊三尺，黻文。旗首金龍頭，銜鈴及緌，垂以結綬。駕蒼龍，金鍐，方釳，插翟尾五隼，鏤鍚，鞶纓十有二就，皆五繒罽，[17]以爲文飾。天子祭祀、納后則乘之。馭士二十八人，[18]餘輅准此。

[1]《白武通》：即《白虎通》，亦稱《白虎通義》，避唐諱“虎”改。東漢章帝建初四年（79），召集各經文大家，於白虎觀講義五經異同，漢章帝親自裁决其經義奏議，會議結果由班固整理

成《白虎通義》一書。

［2］“鏤錫”至“十有二旒”：語出《周禮・春官・巾車》。

［3］《大戴禮》著其形式：此句中華本標點作頓號。按，後文爲《大戴禮記》不完全引用，似用冒號更準確。《大戴禮》，即《大戴禮記》，相傳爲西漢時戴德選編。本書《經籍志一》載有《大戴禮記》十三卷，漢信都王太傅戴德撰。

［4］“上蓋如規象天”至“三十輻象一月”：語出《大戴禮記・保傅》，原文爲：“古之爲路車也，蓋圓以象天，二十八橑以象列星，軫方以象地，三十輻以象月。”規，圓形。

［5］成湯：即商湯。詳見《史記》卷三《殷本記》。

［6］桑根車：亦稱金根車。

［7］蔡邕：人名。東漢著名文學家、書法家，師從胡廣。傳見《後漢書》卷六〇下。　《獨斷》：東漢蔡邕撰。該書僅萬餘字，記述漢代，兼述漢以前有關禮制、車服、帝系等内容。

［8］爪：底本原作“瓜”，中華本作“爪”，其校勘記云：“‘爪’原作‘瓜’，形近而訛，今改正。《續漢志》上：‘羽蓋華蚤’。‘爪’即‘蚤’，指蓋弓的木端。”今從改。

［9］繁纓：輅車馬帶飾。“繁”指馬腹帶，“纓”指馬頸革。

［10］應劭：人名。東漢學者，著有《風俗通義》。傳見《後漢書》卷四八。　《漢官》：東漢應劭所撰。介紹漢代禮儀、典章制度之書。本書《經籍志二》載有應劭所注《漢官》五卷，所撰《漢官儀》十卷。

［11］董巴：人名。三國時魏國人。事略見《三國志》卷二《魏書・文帝紀》。　《志》：指董巴所撰《輿服志》，本書《經籍志二》載有其撰《大漢輿服志》一卷。按，此中華本標點未加書名號，今補。

［12］司馬彪：人名。西晉史家。著有《續漢書》，其中有《輿服志》，今《後漢書》中的《輿服志》即取其文。傳見《晉書》卷八二。

［13］摯虞：人名。西晋懷帝時爲太常卿。傳見《晋書》卷五一。

［14］《釋名》：東漢劉熙撰，爲探求事物名源之專書。　自夏始也：語出《釋名·釋兵》。

［15］奚仲：相傳其因造車有功，被夏禹封爲“車服大夫”，即“車正”。

［16］輪：底本原作“輗”，中華本據《通典》卷六四《禮·五輅》改作“輪”，今從改。

［17］五繒罽：《通典》卷六四《禮·五輅》作“五采繒罽”，意思更爲明確。

［18］馭士：亦稱馭人，駕馭車馬之人。

副車，案蔡邕《獨斷》，五輅之外，乃復設五色安車、立車各一乘，皆駕四馬，是爲五時副車。俗人名曰五帝車者，蓋副車也。故張良狙擊秦皇帝，誤中副車。[1]漢家制度，亦備副車。司馬彪云：“德車駕六，後駕四，是爲副車。”《魏志》亦云：“天子命太祖駕金根六馬，設五時副車。”[2]江左乃闕，[3]至梁始備。開皇中，不置副車，平陳得之，毀而弗用。至是復並設之。副玉輅，色及旗章，一同正輅，唯降二等。駕用四馬，馭士二十四人。餘四副准此。

［1］張良狙擊秦皇帝，誤中副車：典出《史記》卷五五《留侯世家》：“秦皇帝東游，良與客狙擊秦皇帝博浪沙中，誤中副車。”

［2］天子命太祖駕金根六馬，設五時副車：典出《三國志》卷一《魏書·武帝紀》，原文爲：“天子（指東漢獻帝）命王（指魏太祖曹操）冕十有二旒，乘金根車，駕六馬，設五時副車。”

[3]江左：指東晋南渡之後所建立的政權。

金輅，案《尚書》，即綴輅也。[1]《周官》："金輅，鏤錫，繁纓九就，建大旂，以賓，同姓以封。"[2]夫禮窮則通，下得通於上也，故天子乘之，接賓宴，同姓諸侯，受而出封。是以漢太子、諸王，皆乘金輅及安車，並朱斑輪，倚獸較，伏鹿軾，黑櫖文，畫藩，青蓋，金華施橑，朱畫轅，金塗飾。非皇子爲王，不錫此乘，[3]皆左右騑，駕三馬。旂九旒，畫降龍。皇孫乘緑車，亦駕之。魏、晋制，太子及諸王，皆駕四馬。依摯虞議，天子金輅，次在第二。又云，金輅以朝，象輅以賓。則是晋用輅與周異矣。《宋起居注》，[4]泰始四年，[5]尚書令建安王休仁議：[6]"天子之元子，[7]士也，故齒胄於辟雍，[8]欲使知教而後尊，不得生而貴矣。既命之後，禮同上公，故天子賜之金輅，但減旂章爲等級。象及革木，賜異姓諸侯。在朝卿士，亦准斯例。"此則皇太子及帝子王者，通得乘之。自晋過江，王公以下，車服卑雜，唯有太子，禮秩崇異。又乘山石安車，[9]義不經見，事無所出。賜金輅者，此爲古制，降乘輿二等，駕用四馬。唯天子五輅，通駕六馬。旗旌旗旐，並十二旒。左建旟。案《爾雅》：[10]"錯革鳥曰旟。"[11]郭璞云：[12]"此謂全剥鳥皮毛，置之竿上也。"舊説，刻爲革鳥。孫叔然云：[13]"革，急也。言畫急疾鳥於旒上也。"《周官》所謂鳥隼爲旟，[14]亦是急義。今之金輅，赤質，黄金飾諸末。左建旟，畫飛隼，右建闟戟，鞶輿鳳翅等，並同玉輅。駕赤駵。臨朝、會同、饗射、飲至則用之。

［1］綴輅：見《尚書・顧命》："綴輅在阼階面。"

［2］"金略"至"同姓以封"：語出《周禮・春官・巾車》，原文爲："金路，鉤，樊纓九就，建大旂，以賓，同姓以封。"

［3］此：各本均同，恐應作"以"。《續漢書・輿服志上》載："皇太子、皇子皆安車……皇子爲王，錫以乘之。"此言非皇子爲王者，據《後漢書》文意，當作"不錫以乘"。

［4］《宋起居注》：此指南朝宋明帝劉彧《泰始起居注》。本書《經籍志二》載有《宋泰始起居注》十九卷，已亡佚。

［5］泰始：南朝宋明帝劉彧年號（465—471）。

［6］建安王休仁：即南朝宋劉休仁，封建安王。傳見《宋書》卷七二、《南史》卷一四。

［7］元子：嫡長子。

［8］齒冑：指太子入學與公卿之子依年齡爲序。　辟雍：此指西周所設太學。

［9］山石安車：以山石花紋裝飾之安車。按，本書《禮儀志四》、《晋書・輿服志》、《宋書・禮志五》均作"石山安車"。

［10］《爾雅》：秦漢間學者綴輯增益而成，爲中國最早解釋詞義的專著。

［11］錯革鳥曰旟：語出《爾雅・釋天・旌旂》。

［12］郭璞：人名。兩晋時人，今傳本《爾雅》注作者。傳見《晋書》卷七二。

［13］孫叔然：人名。即孫炎，字叔然。東漢經學家鄭玄的學生，撰有《爾雅音義》，惜已失傳。"然"底本作"敖"，據中華本改。事見《三國志》卷一三《魏書・王肅傳》。

［14］《周官》所謂鳥隼爲旟：語出《周禮・春官・司常》。

皇太子輅，古者金飾。宋、齊以來，並乘象輅。宇文愷、閻毗奏："案宋大明六年，初備五輅，有司奏云：'秦改周輅，創制金根，漢、魏因循，其形莫改。而金玉二輅，雕飾略同，造次瞻睹，殆無差別。若錫於東儲，在禮嫌重，非所以崇峻陛級，表示等威。今皇太子宜乘象輅，碧旂九葉，進不斥尊，退不逼下，酌時沿古，於禮爲中。'[1]觀宋此義，乃無副車。新置五輅，金玉同體，至象已下，即爲差降。所以太子不得乘金輅，欲示等威，故令給象。今取《周禮》之名，依漢家之制，天子五輅，形飾並同。旒及繁纓，例皆十二，黄屋，左纛，金根重轂，無不悉同，唯應五方色以爲殊耳。若用此輅，給於太子，革木盡皆不可，何况金象者乎？既製副車，駕用四馬，至於金輅，自有等差。《春秋》之義，降下以兩。今天子金輅，駕用六馬，十二旒，太子金輅，駕用四馬，降龍九旒，制頗同於副車，又有旌旗之别。并嫡皇孫及親王等輅，並給金輅，而减其雕飾，合於古典。臣謂非嫌。"制曰："可。"於是太子金輅，赤質，制同副車，具體而小，亦駕四馬，馭士二十人。皇嫡孫金輅，緑質，降太子一等。去盤輿重轂，轅上起箱，末以金飾，旌長七刃，七旒。駕用四馬，馭士一十八人。親王金輅，以赤爲質，餘同於皇嫡孫。唯在其國及納妃親迎則給之，常朝則乘象輅。

［1］"秦改周輅"至"於禮爲中"：此段奏議可參《宋書·禮志五》南朝宋泰始四年（268）尚書令建安王休仁議。

象輅，案《尚書》，即先輅也。[1]《周禮》："象輅，朱，繁纓五就，建大赤，以朝，異姓以封。”[2]左建旟。案《爾雅注》“旄首曰旟”，許慎所説“游車載旟”。[3]《廣雅》云：[4]“天子旟高九刃，諸侯七刃，大夫五刃。”[5]《周書·王會》：“張羽鳧旟。”[6]《禮記》云：“龍旂九旒，天子之旌也。”[7]今象輅，以黄爲質，象飾諸末。左建旟，畫緑麟，右建闟戟。駕黄騂。祀后土則用之。

[1]先輅：見《尚書·顧命》：“先輅在左塾之前。”

[2]“象輅”至“異姓以封”：語出《周禮·春官·巾車》。按，“朱，繁纓五就”，中華本標點作“朱繁纓五就”。此“朱”意指以朱飾輅，中華本標點誤解爲繁纓之色爲朱。故中間應用逗號分開。“五就”，各本均同，然《周禮·春官·巾車》原文作“七就”。

[3]許慎：人名。東漢經學家。著有《説文解字》一書。傳見《後漢書》卷七九下。　游車載旟：語出《説文解字·㫃部·旟》。游車，指巡游之戰車。

[4]《廣雅》：書名。三國魏人張揖所撰，爲仿《爾雅》體例所編纂的一部詞典。

[5]天子旟高九刃，諸侯七刃，大夫五刃：語出《廣雅》卷九《旗幟》，原文爲：“全羽曰旞，析羽曰旌，熊虎曰旗，天子杠高九仞，諸侯七仞，大夫五仞。”

[6]《周書·王會》：《周書》的《王會篇》。

[7]龍旂九旒，天子之旌也：語出《禮記·樂記》。

革輅，案《釋名》“天子車也”。《周禮》：“革輅，龍勒，條纓五就，建大白，用之即戎，以封四衛。”[1]古者革輓而漆之，更無他飾。又有“戎輅之萃，廣車之萃，闕車之萃，輕車之萃”。[2]此皆兵車，所謂五戎。然革輅亦名戎輅，天子在軍所乘。廣車，橫陣車也。闕車，補闕車也。飾並以革，故“師，供革車，各以其萃”。[3]摯虞議云，革輅第四。左建旃。案《釋名》“熊獸爲旗”。[4]《周官》“龍旂九旒，以象大火”。[5]今革輅白質，鞔之以革。左建旗，畫騶虞，右建闟戟。駕白駱。巡守、臨兵則用之。三品已下，[6]並乘革輅，朱色爲質。馭士十六人。

［1］“革輅”至“以封四衛”：語出《周禮·春官·巾車》。

［2］“戎輅之萃”至“輕車之萃”：語出《周禮·春官·車僕》。按，此言“五戎”，然所引僅四，檢《周禮》原文，“輕車之萃”前有“苹車之萃”，本志漏引，當補入。萃，底本原作“革”，殿本同。汲古閣本、庫本作“萃”，中華本據《周禮·春官·車僕》改。今從改。

［3］師，供革車，各以其萃：語出《周禮·春官·車僕》。

［4］熊獸爲旗：語出《釋名·釋兵》。原文爲“熊虎爲旗”。此處“獸”字，避唐諱改。

［5］龍旂九旒，以象大火：語出《周禮·冬官·輈人》。

［6］下：各本均同。按，五輅爲天子顯貴所乘，三品以下爲中下層官員，本無資格乘坐，此“下”當爲“上”之誤。又《通典》卷六五《禮·公侯大夫等車輅》亦云：“（隋）侯伯及二品、三品革輅。”

木輅，案《尚書》，即次輅也。[1]《周官》：“木輅，緇樊鵠纓，建麾，以畋，以封藩國。”[2]晉摯虞云，畋輅第五。唯宋泰始詔，乘木輅以耕稼。徐爰《釋疑略》曰：[3]“天子五輅，晋遷江左，闕其三，唯有金輅以郊，木輅即戎。宋大明時，始備其數。”凡五輅之蓋，旌旗之質及鞶纓，皆從方色。蓋裹並黄，雕飾如一。沈約曰：[4]“金象革木，《禮圖》不載其形。”[5]今旒數羽葆，並同玉輅。左建旐。案《周官》：“龜蛇爲旐。”[6]《釋名》云：“龜知氣兆之吉凶也。”[7]許慎云：“旐有四斿，以象營室。”[8]今木輅黑質，漆之。左建旐，畫玄武，右建闟戟。駕黑騑。畋獵用之。四品方伯乘木輅，赤質，駕士十四人。

[1]次輅：見《尚書·顧命》：“次輅在右塾之前。”

[2]“木輅”至“以封藩國”：語出《周禮·春官·巾車》。

[3]徐爰：人名。南朝劉宋時人。通曉朝章，屢撰儀注。傳見《宋書》卷九四、《南史》卷七七。　《釋疑略》：書名。已亡佚。

[4]沈約：人名。歷宋、齊、梁三朝，以文學、史學著名，撰有《宋書》。傳見《梁書》卷一三、《南史》卷五七。

[5]金象革木，《禮圖》不載其形：語出沈約撰《宋書·禮志五》。原文爲：“象、革、木路，《周官》《輿服志》《禮圖》並不載其形段。”

[6]龜蛇爲旐：語出《周禮·春官·司常》。

[7]龜知氣兆之吉凶也：語出《釋名·釋兵》。

[8]旐有四斿，以象營室：語出《説文解字·㫃部·旐》。原文爲：“旐，龜蛇四游，以象營室。”

安車，案《禮》，卿大夫致事則乘之。其制如輜軿。[1]蔡邕《獨斷》有五色安車，皆畫輪重轂。今畫輪，重輿，曲壁，紫油幢絳裏，通幰，朱絲絡網，赤鞶纓。駕四馬。省問、臨幸則乘之。皇太子安車，斑輪，赤質，制略同乘輿，亦駕四馬。

[1]輜軿：四面有屏蔽之車。

四望車，案晉《中朝大駕鹵簿》，[1]四望車，駕牛，中道。[2]《東宮舊儀》皇太子及妃，[3]皆有畫輪四望車。今四望車，制同犢車，黃金飾，青油幢朱裏，紫通幰，紫絲網。駕一牛。拜陵、臨弔則用之。皇太子四望車，緑油幢，青通幰，朱絲絡網。

[1]《中朝大駕鹵簿》：見於《晉書·輿服志》，記載皇帝出行時大駕所用的儀仗。

[2]駕牛，中道：此句中華本標點作“駕牛中道”。據《晉書·輿服志》加逗號。

[3]《東宮舊儀》：書名。具體内容不詳。

耕根車，[1]案沈約云：“親幸耕籍御之。三蓋車，一名芝車，又名耕根車。置耒耜於軾上。”[2]即潘岳所謂“紺轅屬於黛耜”者也。[3]開皇無之，駕出親耕，則乘木輅，蓋依宋泰始之故事也。今耕根車，以青爲質，三重施蓋，羽葆雕裝，並同玉輅。駕六馬。其軾平，以青囊盛耒而加於上。[4]籍千畝，[5]行三推禮，[6]則親乘焉。

[1]耕根車：古時天子親耕籍田時所乘之車。

[2]“親幸耕籍御之”至“置耒耜於軾上”：語出沈約《宋書·禮志五》。

[3]潘岳：人名。西晋文學家。傳見《晋書》卷五五。此句出自《晋書·潘岳傳》，潘岳爲贊美晋武帝親耕籍田所作之賦。

[4]耒：《通典》卷六四《禮·耕根車》作“耒耜”。

[5]籍千畝：相傳天子籍田千畝，諸侯百畝。此指天子籍田。

[6]三推禮：每年正月天子親臨籍田，扶耒耜往還三次，以示勸農，稱三推禮，亦稱籍田禮或籍禮。

羊車，案晋司隸校尉劉毅，奏護軍羊琇私乘者也。[1]開皇無之，至是始置焉。其制如軺車，金寶飾，紫錦幰，朱絲網。馭童二十人，皆兩鬟髻，[2]服青衣，取年十四五者爲，謂之羊車小史。駕以果下馬，其大如羊。

[1]晋司隸校尉劉毅，奏護軍羊琇私乘者也：典出《晋書·輿服志》。晋武帝時，護軍羊琇私乘羊車，司隸劉毅糾劾其罪，免官。

[2]鬟髻：亦作“鬟結”，環形髮髻。

屬車，[1]案古者諸侯貳車九乘，秦滅九國，兼其車服，故爲八十一乘。漢遵不改。武帝祠太一甘泉，則盡用之。明帝上原陵，又用之。法駕三十六乘，小駕十二乘。[2]開皇中，大駕十二乘，法駕減半。大業初，屬車備八十一乘，並如犢車，紫通幰，朱絲絡網，黄金飾。駕一牛。在鹵簿中，單行正道。至三年二月，帝嫌其多，問起部郎閻毗。[3]毗曰：“臣共宇文愷參詳故實，此起於秦，遂爲後式，故張衡賦云‘屬車九九’是也。[4]

次及法駕，三分減一，此漢制也。故《文帝紀》‘奉天子法駕迎代邸’，[5]如淳曰‘屬車三十六乘’是也。[6]又據宋孝建時，[7]有司奏議，晋遷江左，唯設五乘，尚書令建平王宏曰：[8]‘八十一乘，無所准憑，江左五乘，儉不中禮。但帝王旂旒之數，皆用十二，今宜准此，設十二乘。’[9]開皇平陳，因以爲法令。憲章往古，[10]大駕依秦，法駕依漢，小駕依宋，以爲差等。”帝曰：“大駕宜用三十六，法駕宜用十二，小駕除之可也。”

[1]屬車：亦稱副車，天子出行時侍從車。《文選》張衡《東京賦》：“屬車九九，乘軒並轂。”三國時期薛綜注：“副車曰屬。”

[2]小駕：古時帝王車駕之一。地位次於法駕，較大駕、法駕減損部分車馬儀仗。多在祠宗廟或行凶禮時用。

[3]起部郎：官名。隋煬帝改尚書工部侍郎爲起部郎，掌貳尚書之職。正六品。

[4]張衡：人名。東漢著名天文學家、文學家。傳見《後漢書》卷五九。

[5]奉天子法駕迎代邸：語出《漢書》卷四《文帝紀》。

[6]如淳：人名。三國曹魏人。曾任陳郡丞，爲《漢書》做注。

[7]孝建：南朝宋孝武帝劉駿年號（454—456）。

[8]建平王宏：即南朝宋建平宣簡王劉宏。傳見《宋書》卷七二、《南史》卷一四。

[9]“八十一乘”至“設十二乘”：語出《宋書·禮志五》。

[10]因以爲法令。憲章往古：中華書局新修訂本校勘記云：“‘令’，本書卷六八《閻毗傳》、《册府》卷五八四《掌禮部·奏議》作‘今’，屬下讀。”似句意更明。

輦，案《釋名》“人所輦也”。[1]漢成帝游後庭則乘之。[2]徐爰《釋問》云：“天子御輦，侍中陪乘。”今輦，制象軺車，而不施輪，通幰，朱絡，飾以金玉，用人荷之。

[1]人所輦也：指以人抬。語出《釋名·釋車》。

[2]漢成帝游後庭則乘之：典出《漢書》卷九七下《孝成班倢伃傳》。漢成帝，即西漢皇帝劉驁。紀見《漢書》卷一〇。

副輦，加笨，制如犢車，亦通幰，朱絡，謂之蓬輦。自梁武帝始也。

輿，[1]案《説文》云：“篗，竹輿也。”[2]《周官》曰：“周人上輿。”[3]漢室制度，以雕爲之，[4]方徑六尺。今輿，制如輦而但小耳，宫苑宴私則御之。

[1]輿：此指轎子之類的代步工具。

[2]篗（biān），竹輿也：語出《説文解字·竹部·篗》。

[3]周人上輿：語出《周禮·冬官考工記》。

[4]以雕爲之：中華書局新修訂本“雕”後增一“玉”字，並附校勘記，可參。

小輿，幰方，形同幄帳。[1]自閤出升正殿則御之。

[1]幄帳：指室内所掛帷幔、帳幕。

軺車，案《六韜》，[1]一名遥車，蓋言遥遠四顧之車也。漢武帝迎申公，弟子二人乘軺傳從。[2]此又是馳傳車也。[3]《晋氏鹵簿》，[4]御史軺車行中道。《晋公卿禮秩》云：[5]"尚書令軺，黑耳，後户。"今軺車，青通幰，駕二馬。王侯入學，五品朝婚，通給之。司隸刺史及縣令、詔使品第六七，[6]則並駕一馬。

[1]《六韜》：又稱《太公六韜》或《太公兵法》，成書於戰國時期，僞托西周初年太公望所撰，爲先秦軍事思想集大成之著作。

[2]漢武帝迎申公，弟子二人乘軺傳從：典出《史記》卷一二一《儒林列傳》。原文爲："天子（漢武帝）使使束帛加璧安車駟馬迎申公，弟子二人乘軺傳從。"

[3]馳傳車：古代驛站中一種馬車，駕四匹中等馬。《漢書》卷一下《高帝紀下》"横懼，乘傳詣雒陽"顔師古注引三國魏人如淳曰："律：四馬高足爲置傳，四馬中足爲馳傳。"

[4]《晋氏鹵簿》：書名。不詳。

[5]《晋公卿禮秩》：晋傅暢撰。書已佚，今存清人黄奭輯一卷。

[6]司隸刺史：官名。隋司隸臺設刺史十四人，巡察畿外。正六品。　詔使：皇帝派出的特使。

犢車，案魏武書，贈楊彪七香車二乘，用牛駕之。[1]蓋犢車也。《長沙耆舊傳》曰："劉壽常乘通幰車。"[2]今犢車通幰，自王公已下，至五品已上，並給乘之。三品已上，青幰朱裹，五品已上，紺幰碧裹，皆白銅裝。唯有慘及弔喪者，[3]則不張幰而乘鐵裝車。六品已下不給，任自乘犢車，弗許施幰。初，五品已上，乘偏幰車，其後嫌其不美，停不行用，以亘幰代之。[4]三品已上通幰車則青壁，一品軺車，油幰朱網，唯車輅一等，聽敕始得乘之。

［1］贈楊彪七香車二乘，用牛駕之：典出三國魏武帝曹操《與太尉楊彪書》（一名《與太尉楊文先書》）。楊彪，人名。漢獻帝時位至三公，獻帝東遷，盡節護主。《後漢書》卷五四有附傳。二乘，《與太尉楊彪書》作“一乘”。

［2］《長沙耆舊傳》：本書《經籍志二》載有《長沙耆舊傳贊》三卷，題晋臨川王郎中劉彧撰。該書已佚，今存清人黄奭輯一卷。

［3］慘：喪事。

［4］亘幰：即通幰。亘，遍也。

馬珂，[1]三品已上九子，四品七子，五品五子。

［1］馬珂：指馬攀胸和鞦帶上所裝金屬杏頁。

皇后重翟車，案《周禮》，正后亦有五輅：一曰重翟，二曰厭翟，三曰安車，四曰翟車，五曰輦車。[1]漢制，后法駕，乘重翟車。今重翟，青質，金飾諸末。畫輪，[2]金根朱牙，重轂。其箱飾以重翟羽。青油幢朱裏，通幰，紫繡帷，朱絲絡，紫繡帶。八鑾在衡，鏤錫，鞶纓十有二就，金鍐，方釳，插翟尾，朱總，綴於馬勒及兩金鑣之上。駕蒼龍。受册、從祀郊禖、享廟則供之。

［1］“正后亦有五輅”至“五曰輦車”：見《周禮·春官·巾車》。正后，帝王嫡妻。按，《周禮·春官·巾車》作“王后”。

［2］畫輪：《通典》卷六五《禮·皇太后皇后車輅》及本卷前文所載開皇之制均作“朱輪”。

厭翟，赤質，金飾諸末。朱輪，畫朱牙。其箱飾以次翟羽，紫油幢朱裏，通幰，紅錦帷，朱絲絡網，紅錦帶。其餘如重翟。駕赤騮。采桑則供之。

翟車，黄質，金飾諸末。輪畫朱牙。其箱飾以翟羽，[1]黄油幢黄裏，通幰，白紅錦帷，朱絲絡網，白紅錦帶。其餘如重翟。駕黄騮。歸寧則供之。諸鞶纓之色，皆從車質。

[1]箱：《通典》卷六五《禮・皇太后皇后車輅》及本卷所載開皇之制均作“車側”。

安車，金飾，紫通幰，朱裏。駕四馬。臨幸及弔則供之。

輦車，[1]金飾，同於蓬輦，通幰，斑輪，駕用四馬。宫苑近行則乘之。

[1]輦車：宫中所用之輕便車。《周禮・春官・巾車》：“輦車組輓，有翣羽蓋。”

皇后屬車三十六乘，初宇文愷、閻毗奏定，請減乘輿之半。禮部侍郎許善心奏駁曰：“謹案《周禮》，后備六服，[1]并設五輅，采章之數，並與王同，屬車之制，不應獨異。又宋孝建時，議定輿輦，天子屬車，十有二乘。至大明元年九月，有司奏皇后副車，未有定式，詔下禮官，議正其數。博士王爕之議：[2]‘鄭玄云：后象王立六宫，亦正寢一而燕寢五。[3]推其所立，每與王同，謂十二乘通關爲允。’宋帝從之，遂爲後式。今請依乘輿，不須差降。”制曰：“可。”

［1］六服：古代王后六種禮服，《周禮·天官·内司服》：“掌王后之六服：褘衣、揄狄、闕狄、鞠衣、展衣、緣衣。”

［2］王燮之：人名。南朝宋時任前曹郎、太學博士。按，此議可參見《宋書·禮志五》。

［3］后象王立六宫，亦正寢一而燕寢五：語見《周禮·天官·内宰》“以陰禮教六宫”鄭玄注。

三妃乘翟車，[1]以赤爲質，駕二馬。九嬪已下，[2]並乘犢車，青幰，朱絡網。

［1］三妃：此爲隋煬帝後宫嬪妃，亦稱三夫人。正一品。參本書卷三六《后妃傳》。

［2］九嬪：此爲隋煬帝後宫嬪妃。正二品。參本書《后妃傳》。

皇太子妃乘翟車，以赤爲質，駕三馬，畫輈金飾。犢車爲副，紫幰，朱絡網。良娣已下，[1]並乘犢車，青幰朱裹。

［1］良娣：皇太子之妾，煬帝時地位僅次於太子妃。

三公夫人、公主、王妃，[1]並犢車，紫幰，朱絡網。[2]五品已上命婦，[3]並乘青幰，與其夫同。

［1］三公：隋指太尉、司徒、司空。均正一品。

［2］絡網：底本原作“網絡”，殿本同，汲古閣本作“網絶”，中華書局新修訂本據大德本改作“絡網”。今從改。

［3］命婦：指有封號之婦人，宫廷中嬪妃等稱爲内命婦，朝中大臣之母、妻則稱爲外命婦。

隋書　卷一一

志第六

禮儀六

梁制，[1]乘輿郊天、祀地、禮明堂、祠宗廟、元會臨軒，[2]則黑介幘、通天冠、平冕。[3]俗所謂平天冠者也。[4]其制，玄表，朱緑裏，廣七寸，長尺二寸，加於通天冠上。前垂四寸，後垂三寸，前圓而後方。垂白玉珠，十有二旒，[5]其長齊肩。以組爲纓，[6]各如其綬色，[7]傍垂黈纊，[8]玩珠以玉瑱。[9]其衣，皁上絳下，[10]前三幅，[11]後四幅。衣畫而裳繡。衣則日、月、星辰、山、龍、華蟲、火、宗彝，畫以爲繢。[12]裳則藻、粉米、黼、黻，[13]以爲繡。凡十二章。素帶，[14]廣四寸，朱裏，[15]以朱繡裨飾其側。[16]中衣以絳緣領袖。[17]赤皮爲韠，[18]蓋古之韍也。絳袴襪，[19]赤舄。[20]佩白玉，垂朱黄大綬，黄、赤、縹、紺四采。革帶，[21]帶劍，緄帶以組爲之，[22]如綬色。黄金辟邪，[23]首爲帶鐍，[24]而飾以白玉珠。

［1］梁：即南朝梁（502—557），或稱蕭梁，都建康（今江蘇南京市）。

［2］乘輿：本指天子或諸侯所坐之車，後代指皇帝。　郊天：古代於冬至日至南郊圜丘祭祀天的禮儀。　祀地：古代於夏至日至北郊方澤祭祀大地的禮儀。　明堂：古代帝王所建宣明政教的場所，凡朝會、祭祀、慶賞、選士、養老、教學等大典常舉行於此。　元會：元正朝會，每年正月初一之朝會。　臨軒：皇帝不坐正殿而御殿前平臺，殿前堂陛之間近檐處，兩邊有檻楯，如車之軒，故稱。

［3］介幘：幘之一，頂上部呈屋頂形，其狀如"介"。興起於漢，初通常與進賢冠配合使用。本卷後文："幘，尊卑貴賤皆服之。文者長耳，謂之介幘。"　通天冠、平冕：中華本中間未加頓號。據本段後文所云冕制，乃"加於通天冠之上"，可知此"平冕"爲冠冕組件之一，即在通天冠上加冕。故"平冕"當與"通天冠"並列，中間應加頓號相隔，今補入。通天冠，天子冠制之一。其形制據《續漢書·輿服志下》："高九寸，正竪，頂少邪却，乃直下爲鐵卷梁，前有山，展筩爲述。"《太平御覽》卷六八五引晋徐廣《輿服雜注》云："通天冠，高九寸，黑介幘，金博山。"　平冕：此"平冕"指漢之"冕"。東漢平冕即平天冠，爲冕的俗稱。南朝齊時平天冠成爲冠制之一，梁平天冠之制，爲黑介幘、通天冠制與冕（平冕）制結合而成。

［4］平天冠：《通典》卷五七《禮·君臣冠冕巾幘等制度》作："平天冕"。

［5］旒：冕前的垂珠串。

［6］組：絲帶。

［7］綬：繫官印的絲帶。佩印時，綬縈繞於腰間，其長度與色彩依身份地位高低而不同。

[8]黈纊：亦稱黄纊，黄綿所製小球。懸於冠冕之上，垂兩耳旁，以示不欲妄聽是非。本書《禮儀志七》云："黈纊，黄綿爲之，其大如橘。"因其垂掛於冕兩旁至耳處，故又稱"充耳"。

[9]琉珠：琉耳或充耳，古代冠冕兩側下垂到耳的玉飾。按，《玉海》卷八二《車服・晋平冕》同，《通典》卷五七《禮・冕》作"充耳珠"。

[10]皁上絳下：此爲古上衣下裳之制，上衣爲黑色，下裳爲紅色。

[11]幅：量詞，古制布帛寬二尺二寸爲一幅。

[12]繢：彩色花紋圖案。

[13]藻、粉米、黼、黻：中華本標點爲"藻、粉、米、黼黻"。按，十二章即古代天子之服上所繪之十二種圖案。粉米爲一物或兩物，歷代記載有差異。《大唐郊祀録》卷三引南朝梁崔靈恩《三禮義宗》論十二章之意云："……粉米，亦畫其形，粉潔白，故以名之；米者，人倚之以生者，亦物之所賴以治。黼畫斧形，像王者能割斷，臨事能决也。黻者兩己相背，明民見善惡也。"據崔靈恩所論知南朝梁時粉米實爲一章，即白色米形紋；而黼、黻爲不同圖案，應各爲一章。故此標點當爲"粉米、黼、黻"。中華書局新修訂本已修正，但未出校勘記。

[14]素帶：即紳。白絹縫製之大帶，束於腰間，一端下垂。

[15]朱裏：朱色之裏。

[16]朱繡：《通典》卷六一《禮・君臣服章制度》及《文獻通考》卷一一二《王禮考七・君臣冠冕服章》載："梁因制平天冠服……素帶，朱裏，以朱緣裨飾其側。"作"朱緣"。又《通志》卷四八《器服略第一・君臣服章制度》亦作"朱緣"。又檢《宋書・禮志五》及《南齊書・輿服志》載天子郊祀天地所服之素帶均云"以朱緣裨飾其側"。故此"朱繡"當爲"朱緣"之誤。

[17]中衣：亦爲"中單"或"内單"，穿於祭服或朝服裏之襯衣。

[18]韠（bì）：皮製蔽膝。

[19]袴襪：膝褲（罩在足上的無底襪）。

[20]舄：以木爲複底之鞋。本書《禮儀志七》云："履、舄，案《圖》云：'複下曰舄，單下曰履。夏葛冬皮。'近代或以重皮，而不加木，失於乾腊之義。今（指隋代）取乾腊之理，以木重底。冕服者色赤，冕衣者色烏。"

[21]革帶：皮革製腰帶，帶上飾以不同料質的版或環，以別貴賤。

[22]緄帶：以色絲織成之束帶。

[23]辟邪：古代傳説中的神獸，似鹿，有兩角。常飾以帶鈎、印鈕，寓意辟除邪穢。

[24]帶鐍：腰帶上扣環。

又有通天冠，高九寸，前加金博山、述，[1]黑介幘，絳紗袍，[2]皁緣中衣，黑舄，是爲朝服。[3]元正賀畢，還儲更衣，出所服也。其釋奠先聖，[4]則皁紗袍，絳緣中衣，絳袴襪，黑舄。臨軒亦服衮冕，[5]未加元服，[6]則空頂介幘。拜陵則箋布單衣，[7]介幘。又有五梁進賢冠、遠游、平上幘武冠。[8]單衣，黑介幘，宴會則服之。

[1]金博山：金製山形冠飾，施於冠正前方。　述：冠飾，以翠鳥羽製作。

[2]紗袍：紗製袍服。袍服爲上下相連之衣。袍初爲内衣，至漢代以後纔變爲外衣，有時甚至可作朝服。

[3]朝服：君臣朝會或重大典禮時所穿之服。

[4]釋奠先聖：古時於學校設置酒食以祭奠先聖先師之禮儀。

[5]衮冕：此指衮衣與冕，古代帝王與上公的禮服與禮冠。《周禮·春官·司服》："享先王則衮冕。"鄭注云："衮，卷龍衣

也。”後世一般以畫卷龍之衣爲衮衣。冕則隨衣而名，如衮服所着之冕爲衮冕，後文所論冠冕之制皆同此。

[6]加元服：元服即冠。古時有未成年繼位帝王，至成年時需舉行加冠典禮，謂“加元服”。

[7]箋布：古代細布之一。　單衣：皇帝朝服之一，單層無裏子，所謂巾褠。

[8]五梁進賢冠：進賢冠之一，亦稱梁冠，以冠之梁數辨别品位等級。其形制可參本卷後文載南朝陳制：“進賢冠，古緇布冠遺象也，斯蓋文儒者之服。前高七寸，後高三寸，長八寸。有五梁、三梁、二梁、一梁之别。五梁唯天子所服，其三梁已下，爲臣高卑之别云。”梁代天子之進賢冠亦爲五梁。東漢以來，戴此冠，必襯以介幘。　遠游：即遠游冠。古冠制之一。其形制據《續漢書·輿服志下》載：形制如通天冠，有展筩横之於前，無山、述。　平上幘：亦稱平巾幘。魏晋以來一種武官所戴平頂頭巾。隋代，侍臣及武官通服之。　武冠：亦稱武弁或武弁大冠，東漢時爲武官之服，所服常配以平上幘。其形制《晋書·輿服志》云：“武冠，一名武弁，一名大冠，一名繁冠，一名建冠，一名籠冠，即古之惠文冠。”本書《禮儀志七》云：“其乘輿武弁之服，衣、裳、綬如通天之服。”

單衣、白帢，[1]以代古之疑衰、皮弁爲弔服，[2]爲群臣舉哀臨喪則服之。

[1]白帢：白色便帽。

[2]疑衰：古代王者爲參加大夫或士的喪儀而穿的喪服。疑，通“擬”；衰，通“縗”。　皮弁：古冠名。用白鹿皮縫製而成。天子皮弁每道縫中貫結十二顆五彩玉爲飾。

天監三年，[1]何佟之議：[2]“公卿以下祭服，裏有中衣，即今之中單也。案後漢《輿服志》明帝永平二年，[3]初詔有司採《周官》《禮記》《尚書》，[4]乘輿服，從歐陽説；[5]公卿以下服，從大、小夏侯説。[6]祭服，絳緣領袖爲中衣，絳袴襪，示其赤心奉神。今中衣絳緣，足有所明，無俟於袴。既非聖法，請不可施。”[7]遂依議除之。

[1]天監：南朝梁武帝蕭衍年號（502—519）。　三年：據《梁書》卷四八、《南史》卷七一《何佟之傳》，何佟之卒於天監二年，然此言“天監三年”及下文“四年”恐有誤，抑或何佟之卒年有誤，待考。

[2]何佟之：人名。南朝齊、梁時禮官。傳見《梁書》卷四八、《南史》卷七一。

[3]明帝：即東漢明帝劉莊。紀見《後漢書》卷二。　永平：東漢明帝劉莊年號（58—75）。

[4]《周官》：《周禮》的别稱。相傳爲周公所作，實爲戰國時儒家搜集周代官制和戰國時各國制度，比附儒家政治理想彙編而成的一部著作，爲儒家經典之一。　《禮記》：儒家經典之一，爲上古禮儀彙編，西漢戴德和他的侄子戴勝選編。戴德所編又稱《大戴禮記》，戴勝所編又稱《小戴禮記》。　《尚書》：相傳爲孔子編選而成的一部上古文獻著作彙編，爲儒家經典之一。按，《續漢書·輿服志下》作“《尚書·臯陶篇》”。

[5]歐陽：指西漢歐陽生，治尚書學。傳見《漢書》卷八八。

[6]大、小夏侯：均爲西漢人，治尚書學。大夏侯指夏侯勝，小夏侯指夏侯建。兩人傳均見《漢書》卷七五。

[7]請：汲古閣本、殿本、庫本、中華本均作“謂”。

四年，有司言：平天冠等一百五條，自齊以來，[1]隨故而毀，未詳所送。何佟之議："《禮》'祭服敝則焚之'。"[2]於是並燒除之，其珠玉以付中署。

［1］齊：即南朝齊（479—502），或稱蕭齊，都建康（今江蘇南京市）。

［2］祭服敝則焚之：語出《禮記·曲禮》。

七年，周捨議：[1]"詔旨以王者衮服，宜畫鳳皇，[2]以示差降。按《禮》：'有虞氏皇而祭，深衣而養老。'[3]鄭玄所言皇，[4]則是畫鳳皇羽也。又按《禮》所稱雜服，[5]皆以衣定名，猶加衮冕，[6]則是衮衣而冕。明有虞言皇者，是衣名，非冕，明矣。畫鳳之旨，事實灼然。"制："可。"又王僧崇云：[7]"今祭服，三公衣身畫獸，其腰及袖，又有青獸，形與獸同，義應是蜼，[8]即宗彝也。兩袖各有禽鳥，形類鸞鳳，似是華蟲。今畫宗彝，即是周禮。但鄭玄云：'蜼，蝺屬，[9]昂鼻長尾。'是獸之輕小者，謂宜不得同獸。尋冕服無鳳，應改爲雉。又裳有圓花，於禮無礙，疑是畫師加葩蘤耳。[10]藻、米、黼、黻，並乖古制，今請改正，并去圓花。"帝曰："古文日、月、星辰，此以一辰攝三物也。山、龍、華蟲，又以一山攝三物也。藻、火、粉米，又以一藻攝三物也。是爲九章。今衮服畫龍，則宜應畫鳳明矣。孔安國云：[11]'華者，花也。'則爲花非疑。若一向畫雉，差降之文，復將安寄？鄭義是所未允。"又帝曰："《禮》：'王者祀昊天上帝，則大裘而冕，祀五帝亦如之。'[12]又云：'莞席之安，而蒲越、稿秸之用。'[13]斯皆至敬無文，貴誠重質。今郊用陶匏，[14]與古不異，而大裘蒲秸，獨不復存，其於質敬，恐有未盡。且一獻爲質，其劍佩之飾及公卿所著冕服，可共詳定。"五經博士陸瑋等並云：[15]"祭天猶存掃地之質，而服章獨取黼、黻爲文，於義不可。今南郊神座，皆用莞席，此獨莞類，未盡質素之理。宜以稾秸爲下藉，[16]蒲越爲上席。又《司服》云：'王祀昊天，服大裘'，[17]明諸臣禮不得同。自魏以來，皆用衮服，今請依古，更制大裘。"制："可。"瑋等又尋大裘之制，唯鄭玄注《司服》云"大裘，羔裘也"，既無所出，未可爲據。案六冕之服，[18]皆玄上纁下。今宜以玄繒爲之。其制式如裘，其裳以纁，皆無文繡。冕則無旒。詔："可"。

[1]周捨：人名。南朝梁武帝時官任祠部郎中，掌治禮儀。傳見《梁書》卷二五，《南史》卷三四有附傳。

[2]鳳皇："皇"通"凰"，鳳凰，爲百鳥之王。

[3]有虞氏皇而祭，深衣而養老：語出《禮記·王制》。有虞氏，原爲古部落名，其首領爲舜，後亦指舜。深衣，古時上衣、下裳相連綴之服飾。爲諸侯、大夫、士家居常服，亦爲庶人常禮服。漢代以後，成爲帝后禮服。其形制可參《禮記·深衣篇》。

[4]鄭玄：人名。東漢經學家，嘗遍注群經。傳見《後漢書》卷三五。

[5]雜服：古時所定各色服制。《禮記·學記》："不學雜服，不能安禮。"鄭玄注："雜服，冕服、皮弁之屬。雜或爲推。"《晉書·輿服志》："其雜服，有青、赤、黄、白、緗、黑色。"

[6]加：汲古閣本、殿本、庫本同，《册府元龜》卷五七九

《掌禮部·奏議第七》及中華本皆作“如”，據句意，當改作“如”。

［7］王僧崇：人名。南朝梁任太常丞，參議輿服制度，其他事迹不詳。

［8］蜼：音 wèi。

［9］蝺（yú）：中華書局新修訂本改作“禺”，其校勘記云：“原作‘蝺’，據《册府》卷五七九《掌禮部·奏議》改。《周禮·司尊彝》鄭注：‘蜼，禺屬，卬鼻而長尾。”當從改。

［10］葩（pā）蘤（huā）：指花。

［11］孔安國：人名。西漢經學家，注《古文尚書》。傳見《漢書》卷八八。

［12］“王者祀昊天上帝”至“祀五帝亦如之”：語出《周禮·春官·司服》。原文爲：“王之吉服，祀昊天上帝，則服大裘而冕，祀五帝亦如之。”王，《册府元龜》卷五七九《掌禮部·奏議第七》作“主”。五帝，上古傳説中的五位帝王。説法不一。

［13］莞席之安，而蒲越、稿秸之用：語出《禮記·郊特牲》。原文爲：“莞簟之安，而蒲越稾鞂之尚，明之也。”莞席，即莞簟，指蒲草所編之席與竹席。蒲越、稿秸，此中華本中間未加標點，據《禮記》所載此二者爲兩種材質之席，中間當以頓號相隔。蒲越，蒲草所編之席。稿秸，稾鞂，以禾秆所編之席。

［14］陶匏（páo）：陶製合於古制的器皿。

［15］五經博士：官名。掌教授《詩》《書》《禮》《易》《春秋》五經。梁武帝時五經各設一人。南朝梁位六班。　陸瑋：人名。歷南朝齊、梁，入梁爲國子博士。

［16］藉：祭祀、朝聘時陳設禮品的草墊。

［17］大裘：黑羔裘。古時天子祭天的禮服。

［18］六冕：指周代六種冕服。據《周禮·春官·司服》云：“王之吉服，祀昊天上帝，則服大裘而冕，祀五帝亦如之；享先王則衮冕；享先公、饗射則鷩冕；祀四望山川則毳冕；祭社稷五祀則

希冕；祭群小祀則玄冕。”

又乘輿宴會，服單衣，黑介幘。舊三日九日小會，初出乘今輅服之。[1]八年，帝改去還皆乘輦，服白紗帽。[2]

[1]今：汲古閣、殿本同，庫本、中華本作“金”。中華本校勘記云：“據《册府》五七九改。”當從改。

[2]服白紗帽：白紗帽爲白紗製高頂帽。南朝宋、齊、梁時爲天子所服之一。按，《册府元龜》卷五七九《掌禮部·奏議第七》作“白服紗帽”。

九年，司馬筠等參議：[1]“《禮記·玉藻》云：‘諸侯玄冕以祭，[2]裨冕以朝。[3]’《雜記》又云：[4]‘大夫冕而祭於公，弁而祭於已。’今之尚書，[5]上異公侯，下非卿士，止有朝衣，本無冕服。但既預齋祭，不容同在於朝，[6]宜依太常及博士諸齋官例，著皁衣，[7]絳襈，[8]中單，竹葉冠。[9]若不親奉，則不須入廟。”帝從之。

[1]司馬筠：人名。南朝齊、梁時人，時官任尚書祠部郎。傳見《梁書》卷四八、《南史》卷七一。

[2]玄冕：古代天子、諸侯祭祀禮服之一。東漢鄭玄認爲：“玄者，衣無文，裳刺黻而已，是以謂玄焉。”按，《禮記·玉藻》原文及《册府元龜》卷五七九《掌禮部·奏議第七》則作“玄端”。《禮記·玉藻》鄭玄注云：“端，當爲冕，字之誤也。”

[3]裨冕：着裨衣，戴冕，與衮冕或上一等冕服相對而言。東漢鄭玄認爲：“裨冕者，衣裨衣而冠冕也。裨之爲言埤也。天子六

服，大裘爲上，其餘爲裨，以事尊卑服之，而諸侯亦服焉。”

[4]《雜記》:《禮記》篇名。

[5]尚書：官名。南朝梁尚書省設祠部、吏部、左民、度支、五兵、都官六朝尚書。十三班。

[6]容：各本同，《册府元龜》卷五七九《掌禮部·奏議第七》作“來”。

[7]皁：各本同，《册府元龜》卷五七九《掌禮部·奏議第七》作“白”。

[8]襈：衣服緣邊。

[9]竹葉冠：即竹皮冠。史載秦末劉邦爲亭長時所做之冠，後亦爲宗廟祭祀時所戴。

十一年，尚書參議：“按《禮》，跣襪，[1]事由燕坐，[2]履不宜陳尊者之側。今則極敬之所，莫不皆跣。清廟崇嚴，既絶恒禮，凡有履行者，應皆跣襪。”詔：“可。”

[1]跣襪：脱去襪子，赤脚。

[2]燕坐：安坐、閑坐。

陳永定元年，[1]武帝即位，[2]徐陵白：[3]“所定乘輿御服，皆採梁之舊制。”又以爲“冕旒，後漢用白玉珠，晋過江，服章多闕，遂用珊瑚雜珠，飾以翡翠”。侍中顧和奏：[4]“今不能備玉珠，可用白旋。”[5]從之。蕭驕子云：[6]“白旋，蚌珠是也。”帝曰：“形制依此。今天下初定，務從節儉。應用繡、織成者，[7]並可彩畫，金色宜塗，珠玉之飾，任用蚌也。”至天嘉初，[8]悉改易之，定令具依天監舊事，然亦往往改革。今不同者，皆隨事於注言之；不言者，蓋無所改制云。

[1]陳：南朝陳（557—589），都建康（今江蘇南京市）。　永定：南朝陳武帝陳霸先年號（557—559）。

[2]武帝：即陳霸先。紀見《陳書》卷一、二，《南史》卷九。

[3]徐陵：人名。南朝梁、陳時人。著名文學家，宫體詩代表人物。傳見《陳書》卷二六，《南史》卷六二有附傳。

[4]侍中：官名。門下省官員，掌機要，儼如宰輔。南朝陳第三品。　顧和：人名。此爲南朝陳人，具體事迹不詳。

[5]白琁：蚌珠别名。琁，通“璇”。

[6]蕭驕子：人名。此爲南朝陳人，具體事迹不詳。

[7]織成：古代名貴絲織物之一，魏晋以來此類織物或爲綴織法織成，一般爲帝王公卿大臣所服用。

[8]天嘉：南朝陳文帝陳蒨年號（560—566）。

皇太子，金璽龜鈕，[1]朱綬，三百二十首。[2]朝服，遠游冠，金博山，佩瑜玉翠緌，[3]垂組，朱衣，絳紗袍，皁緣白紗巾衣，[4]白曲領，[5]帶鹿盧劍，[6]火珠首，[7]素革帶，玉鈎燮，[8]獸頭鞶囊。[9]其大小會、祠廟、朔望、五日還朝，皆朝服，常還上宫則朱服。若釋奠，則遠游冠，玄朝服，絳緣中單，絳袴襪，玄舄。講，[10]則著介幘。又有三梁進賢冠。其侍祀則平冕九旒，衮衣九章，白紗絳緣中單，絳繒韠，赤舄，絳韎。若加元服，則中舍執冕從。[11]皇太子舊有五時朝服，[12]自天監之後則朱服。在上省則烏帽，[13]永福省則白帽云。[14]

［1］金璽龜鈕：金質印信，印鼻雕成龜形。古代以不同質地之印分别官員等級，如金、銀、銅質。印不同鈕（印鼻）亦不同，有瓦鈕、環鈕、龜鈕、虎鈕、獅鈕等。下文印章之制同此。

［2］首：古代綬、組計數單位。《漢律》曰："綺絲數謂之絩……綬、組謂之首。"《續漢書·輿服志下》："凡先合單紡爲一系，四系爲一扶，五扶爲一首，五首成一文。"

［3］翠緌：翠羽所製之緌。緌，冠纓下垂部分。

［4］巾：汲古閣、殿本、庫本同底本，中華本作"中"。按，《晋書·輿服志》載皇太子遠游冠制，"其中衣，白曲領"。又本書《禮儀志七》隋制：皇太子遠游冠制，"白紗内單"。内單，中單。中華本是，當從改。

［5］曲領：圓領。

［6］鹿盧劍：亦作"轆轤"，指劍柄形狀。古劍之柄以玉作鹿盧形爲飾，名鹿盧劍。

［7］火珠：火齊珠。《南史》卷七八《扶南國傳》載"（扶南國）獻火齊珠"。一説似珠之石；一説琉璃别名。

［8］鈎燮：《晋書·輿服志》亦同。《禮記》《儀禮》載相關之制作"鈎艓"。本書《禮儀志七》載隋皇太子之制亦作"鈎艓"。故此"燮"當爲"艓"，或二字相通假。鈎，革帶上帶鈎；艓，承鈎之環。

［9］鞶囊：革製之囊，亦謂小囊。繫於帶上，側在腰間，用以盛印綬。

［10］講：講武，講習武事。

［11］中舍：官名。即太子中舍人。與太子中庶子共掌東宫文翰，侍從規諫，儐相威儀，監督醫藥，檢奏更直名册，職如黄門侍郎。南朝梁位八班。

［12］五時：《續漢書·祭祀志中》載：東漢明帝永平二年（59）采古禮定"五郊迎氣服色"，立春、立夏、先秋十八日、立秋、立冬分别於都城東、南、中、西、北舉行，其服飾依時節分别

用青、赤、黄、白、黑，冕色亦如之。

[13]上省：官署名。亦稱尚書上省、尚書都省、都坐，魏晋南北朝爲尚書省長官辦公場所。

[14]永福省：位於皇宫内，南朝宋以來爲太子所居之所，取福祚永長之意。

諸王，[1]金璽龜鈕，纁朱綬，一百六十首。朝服，遠游冠，介幘，[2]朱衣，絳紗袍，皁緣中衣，素帶，黑舄。佩山玄玉，[3]垂組，大帶，獸頭鞶，腰劍。若加餘官，則服其加官之服。

[1]王：爵名。南朝梁十五等爵的第一等。

[2]幘：底本原缺，據汲古閣本、中華本補。

[3]山玄玉：像山一樣的玄色，即赤黑色之玉。

開國公，[1]金章龜鈕，玄朱綬，二百四十首。[2]朝服，紗朱衣，進賢三梁冠，[3]佩山玄玉，獸頭鞶，腰劍。

[1]開國公：爵名。南朝梁十五等爵的第二等。

[2]二：汲古閣本、殿本、庫本同。中華本作“一”。其校勘記云：“‘一’原作‘二’，據《通典》卷六三改。”開國公位低於諸王，根據等級當改爲“一”。

[3]進賢三梁冠：即三梁進賢冠。

開國侯、伯，[1]金章龜鈕，青朱綬，一百二十首。朝服，紗朱衣，進賢三梁冠，佩水蒼玉，[2]獸頭鞶，腰劍。

[1]開國侯、伯：爵名。南朝梁十五等爵的第三、四等。
[2]水蒼玉：深青色之玉。

開國子、男，[1]金章龜鈕，青綬，二百首。[2]朝服。紗朱衣，進賢三梁冠，佩水蒼玉，獸頭鞶，腰劍。

[1]開國子、男：爵名。南朝梁十五等爵的第五、六等。
[2]二百首：各本均同。中華本校勘記云："上文'王、公、侯、伯'璽印的綬首數各以二十爲差，則此處'子、男'當是一百"。所言是，當從改。

縣、鄉、亭、關内、關中及名號侯，[1]金印龜鈕，紫綬，朝服，進賢二梁冠，獸頭鞶，腰劍。關内、關中及名號侯則珪鈕。

[1]縣、鄉、亭、關内、關中及名號侯：爵名。南朝陳時縣侯爲第三品，鄉侯、亭侯爲第八品，關中、關内侯爲第九品。

關外侯，[1]銀印珪鈕，青綬，朝服，進賢二梁冠，獸頭鞶，腰劍。

[1]關外侯：爵名。南朝陳時爲第九品。

諸王嗣子，[1]金印珪鈕，紫綬，八十首。朝服，進賢二梁冠，佩山玄玉，獸頭鞶，腰劍。

[1]嗣子：承嗣之子，多爲嫡長子。

開國公、侯嗣子，銀印珪鈕，青綬，八十首。朝服，進賢二梁冠，佩水蒼玉，獸頭鞶，腰劍。

太宰、太傅、太保、司徒、司空，[1]金章龜鈕，紫綬，八十首。朝服，進賢三梁冠，佩山玄玉，獸頭鞶，腰劍。《陳令》加有相國、丞相，[2]服制同。

[1]太宰、太傅、太保、司徒、司空：官名。均爲贈官，乃德高望重元老重臣的榮銜，名爲輔導天子之官，位極尊而無具體職掌。南朝梁十八班。

[2]相國、丞相：官名。亦均爲贈官。第一品。按，中華本中間未加頓號，據本書《百官志上》陳又置相國，位在丞相之上。知此爲兩職官，當頓開。

大司馬、大將軍、太尉、諸位從公者，[1]金章龜鈕，紫綬，八十首。朝服，武冠，佩山玄玉，獸頭鞶，腰劍。直將軍則不帶劍。

[1]大司馬、大將軍、太尉：官名。均爲贈官，乃德高望重元老重臣的榮銜，名爲輔導天子之官，位極尊而無具體職掌。南朝梁十八班。

凡公及位從公、言以將軍及以左右光禄、開府儀同者，[1]各隨本位號。[2]其文則曰“某位號儀同之章”。五等諸侯，助祭郊廟，皆平冕九旒，青玉爲珠，有前無後。各以其綬色爲組纓，旁垂黈纊。衣，玄上纁下，畫山龍已下九章，備五采，大佩，赤舄，絇屨。[3]録尚書無章綬品秩，[4]悉以餘官總司其任，服則餘官之服，猶執笏、紫荷。[5]其在都坐，[6]則東面最上。

[1]左右光禄：官名。左右光禄大夫，屬光禄勳，多爲贈官或加官。南朝梁十六班。　開府儀同：官名。三司即三公，儀同三司謂“開府之儀制援引三公成例”。位次三公，諸將軍、左右光禄大夫優者則加之。南朝梁十七班。

[2]位號：爵位與名號。

[3]朐屨：用絇裝飾之鞋。絇猶如今鞋梁有孔，可以穿鞋帶。按，汲古閣本、殿本、庫本同。中華本及《通典》卷六一《禮·君臣服章制度》作“絇履”。

[4]録尚書：官名。全稱爲録尚書事，南朝梁多以重臣兼領，總領尚書省政務。故云“無章綬品秩”。

[5]笏：古時朝臣覲見時所執狹長板子，材質有玉、象牙、竹木等。亦曰手板。後世惟品官執之。　紫荷：尚書令、僕射、尚書等高官朝服外負於左肩上之紫色囊。録尚書亦屬尚書省，故有。按，中華本“執笏”“紫荷“二者之間未加頓號相隔，據以上解釋二者非一物。今補。

[6]都坐：官署名。魏晋南北朝爲尚書省長官辦公場所。

尚書令、僕射、尚書，[1]銅印，墨綬，[2]朝服，納言幘、進賢冠，[3]佩水蒼玉，尚書則無印綬。腰劍，紫荷，執笏。陳尚書令、僕射，金章龜鈕，紫綬，八十首。獸頭鞶。尚書無印綬及鞶。餘並同梁。

[1]尚書令、僕射、尚書：官名。南朝梁尚書省設令一人，十六班；左右僕射各一人，十五班。又置吏部、祠部、度支、左户、都官、五兵六尚書。吏部尚書十四班，其他十三班。

[2]銅印，墨綬：中華本“銅印”“墨綬”之間無標點。按，印、綬乃兩種飾物，中間可點開。後文皆同此。

[3]納言幘：晋南朝時爲尚書省令、僕射、尚書所冠。其形制，《晋書·輿服志》《宋書·禮志五》均載爲：幘後收，又一重，方三寸。

侍中、散騎常侍、通直常侍、員外常侍，[1]朝服，武冠貂蟬，[2]侍中左插，常侍右插。皆腰劍，佩水蒼玉，其員外常侍不給佩。舊至尊朝會登殿，侍中、常侍夾御，御下輿，則扶左右。侍中驂乘，[3]則不帶劍。

[1]侍中：官名。門下省置四人，掌擯相威儀，盡規獻納，糾正違闕。南朝梁十二班。按，中華本標點作“侍中散騎常侍”。檢本書《百官志上》，梁天監六年革選常侍、侍中之制，分門下省置侍中四人，集書省置散騎常侍四人，散騎視侍中，通直視中丞，員外視黄門郎。無侍中散騎常侍一職。故“侍中”“散騎常侍”爲兩官職，中間當用頓號。　散騎常侍、通直常侍、員外常侍：官名。南朝梁均屬集書省。通直常侍即通直散騎常侍，員外常侍即員外散騎常侍。散騎常侍、通直散騎常侍，均設四人，員外散騎常侍無常員。一般爲加官，爲閑散職，無固定職掌。散騎常侍，十二班；通直散騎常侍，十一班；員外散騎常侍，十班。

[2]貂蟬：指貂尾和附蟬，爲侍中、常侍等天子近臣之冠飾。侍臣班位在左者插冠左邊，班位在右者插冠右邊。

[3]驂乘：陪乘。

中書監、令、秘書監，[1]銅印，墨綬，朝服，進賢兩梁冠，佩水蒼玉，腰劍，獸頭鞶。陳制，銀章龜鈕，青綬，八十首，獸頭鞶，腰劍。餘同梁。

[1]中書監、令：官名。南朝梁中書省置監、令各一人，掌出納帝命。中書監，十五班；中書令，十三班。　秘書監：官名。南朝梁秘書省置監一人，掌國之典籍圖書。十一班。

左、右光禄大夫，皆與加金章紫綬同。其但加金紫者，謂之金紫光禄，[1]但加銀青者，謂之光禄大夫。《陳令》有特進，[2]進賢二梁冠，朝服，佩水蒼玉，腰劍。《梁令》不載。

[1]金紫光禄：官名。南朝梁金紫光禄大夫，晋初有光禄大夫，授銀章青綬。如加賜金章紫綬，則爲金紫光禄大夫。梁位十四班。

[2]特進：官名。南朝陳爲加官，用以安置閑退大臣，無固定職掌。第二品。

光禄、太中、中散大夫，[1]太常、光禄、弘訓太僕、太僕、廷尉、宗正、大鴻臚、大司農、少府、大匠諸卿，[2]丹陽尹，[3]太子保、傅，[4]大長秋，[5]太子詹事，[6]銀章龜鈕，青綬，獸頭鞶，朝服，進賢冠二梁，佩水蒼玉。卿大夫助祭，則冠平冕五旒，黑玉爲珠，有前無後。各以其綬采爲組纓，旁垂黈纊。衣，玄上纁下，畫華蟲七章，皆佩五采大佩，赤舄，絇履。陳宫卿改云慈訓，餘皆同梁。又有大舟卿，[7]服章同。

[1]光禄、太中、中散大夫：官名。南朝梁掌備顧問應對，無常事。光禄大夫，十三班；太中大夫，十一班；中散大夫，十班。

[2]諸卿：南朝梁天監七年改制，設十二卿，爲具體事務機構。其品秩：太常卿，十四班；宗正、太府卿，十三班；衛尉卿，十二

班；廷尉、大司農、少府卿、光禄卿，十一班；太僕、大匠卿，十班；鴻臚卿、大舟卿，九班。

［3］丹陽尹：官名。亦稱京尹。東晋太興元年（318）改丹楊内史置，南朝梁爲京城所在郡府長官，掌京城行政事務及詔獄。

［4］太子保、傅：官名。南朝梁設太子太傅一人，位視尚書令，十六班。少傅一人，位視左僕射，十五班。太子太保、太子少保梁官制未載。

［5］大長秋：官名。領諸宦者，管理宫闈。南朝梁九班。

［6］太子詹事：官名。掌東宫一切事務。南朝梁十四班。

［7］大舟卿：官名。南朝梁武帝天監七年改都水使者置。掌船舶航運河堤修治等事務。位九班。陳沿置，與其餘列卿皆位三品，秩中二千石。

驃騎、車騎、衛將軍、中軍、冠軍、輔國將軍、四方中郎將，[1]金章紫綬，中郎將則青綬。朝服，武冠，佩水蒼玉。《陳令》：鎮、衛、驃騎、車騎、中軍、中衛、中撫軍、中權、四征、四鎮、四安、四翊、四平將軍，金章獸鈕。其冠軍、四方中郎將，金章豹鈕，並紫綬，八十首，獸頭鞶，朝服，武冠，佩水蒼玉。自中軍已下諸將軍及冠軍、四方中郎將，並官不給佩。

［1］"驃騎"至"四方中郎將"：以上均爲南朝梁雜號將軍，班位參本書《百官志上》。

領、護軍，[1]中領、護軍，[2]五營校尉，[3]銀印青綬，朝服，武冠，佩水蒼玉，獸頭鞶。其屯騎，夾御日，假給佩，[4]餘校不給。《陳令》：領、護，金章龜鈕，紫綬，八十首。中領、護，銀章龜鈕，青綬，八十首。其五營校尉，銀印珪鈕，青綬，八十首。官不給佩。餘並同梁。

［1］領、護軍：官名。指領軍將軍與護軍將軍。領軍將軍南朝宋以來掌禁衛軍及京都諸軍，南朝梁位十五班。護軍將軍掌督護京師以外諸軍，南朝梁位十五班。

［2］中領、護軍：官名。指中領軍與中護軍。中領軍掌京師駐軍及禁軍，中護軍掌外軍。南朝梁位十四班。

［3］五營校尉：官名。指屯騎、步騎、越騎、長水、射聲等五營校尉。位七班。屯騎校尉，掌宿衛兵，但兵員常缺，與其他四營兵合爲一營。步騎、越騎、長水、射聲四校尉爲侍衛武官，不領兵，仍隸中領軍（領軍將軍），用以安置勳舊武臣。

［4］假：暫且、權宜。

弘訓衛尉，衛尉，陳宫卿云慈訓，服同諸卿，但武冠。司隸校尉，陳無官服。左右衛、驍騎、游擊、前、左、右、後軍將軍，龍驤、寧朔、建威、振威、奮威、揚威、廣威、武威、建武、振武、奮武、揚武、廣武等將軍，積弩、積射、强弩將軍，監軍，銀章青綬，朝服，武冠，佩水蒼玉，獸頭鞶。驍、游已下，並不給佩。驍、游夾侍日，假給。[1]《陳令》：左、右衛，銀章龜鈕，不給劍。左、右驍騎、游擊、雲騎、游騎、前、左、右、後軍將軍，左、右中郎將，銀印珪鈕。餘服飾同梁，亦官不給佩。其驍、游、雲騎，夾御日，假給。其積弩、積射、强弩，銅印環鈕，墨綬，帶劍。餘服同梁。又有忠武、軍師、武臣、爪牙、龍騎、雲麾、鎮兵、翊帥、宣惠、宣毅、智威、仁威、勇威、信威、嚴威、智武、仁武、勇武、信武、嚴武，金章豹鈕，紫綬，八十首。官不給。輕車、鎮朔、武旅、貞毅、朔威、寧遠、安遠、征遠、振遠、宣遠等將軍，金章貔鈕，紫綬，並獸頭鞶，朝服，武冠，佩水蒼玉。

[1]“弘訓衛尉”至“假給”：此段所言均指武職服飾。班位參本書《百官志上》。

國子祭酒，[1]皁朝服，進賢二梁冠，佩水蒼玉。

[1]國子祭酒：官名。南朝梁隸太常卿，總領國子學、太學。十三班。

御史中丞、都水使者，[1]銀印，墨綬，朝服，進賢二梁冠，獸頭鞶，腰劍，佩水蒼玉。陳中丞，銀章龜鈕，青綬，八十首，二梁冠。餘同梁。其都水，陳、梁改爲太舟卿，服在諸卿中見。

[1]御史中丞：官名。御史臺長官，置一人，掌督司百僚。南朝梁十一班。　都水使者：官名。南朝梁改爲太舟卿，掌理河渠陂池灌溉。

謁者僕射，[1]銅印環鈕，墨綬，八十首。朝服，高山冠，[2]獸頭鞶，佩水蒼玉，腰劍。

[1]謁者僕射：官名。謁者臺長官，置一人，掌朝覲賓饗之事。南朝梁六班。

[2]高山冠：古代冠制之一。晋代形制：“一名側注，高九寸，鐵爲卷梁，制似通天。頂直竪，不斜却，無山、述、展筩。”宋齊梁陳，歷代因之。

諸軍司，[1]銀章龜鈕，青綬，朝服，武冠，獸頭鞶。

［1］軍司：即監軍。

給事中、黄門侍郎、散騎通直、員外散騎侍郎、奉朝請、太子中庶子、庶子、武衛將軍、武騎常侍，[1]朝服，武冠，腰劍。《陳令》：庶子已上簪筆。[2]其武衛不劍，正直夾御，白布袴褶。[3]

［1］給事中：官名。隸集書省。南朝梁班位不詳，陳爲第七品。　黄門侍郎：官名。即門下省給事黄門侍郎，置四人。南朝梁十班。　散騎通直：官名。散騎通直郎省稱，也稱通直散騎侍郎，集書省設四人。南朝梁六班。按，此處中華本標點作“散騎通直員外、散騎侍郎”，有誤。　員外散騎侍郎：官名。隸集書省。南朝梁三班。　奉朝請：官名。隸集書省。南朝梁二班。　太子中庶子：官名。太子府設四人，功高者一人爲祭酒。行則負璽，前後部護駕。南朝梁十一班。　庶子：官名。太子府設庶子四人，掌侍從左右，獻納得失。高功者一人，與高功舍人共掌其坊之禁令。南朝梁九班。　武衛將軍：官名。殿中將軍，比員外散騎常侍，權任漸輕。齊、梁沿置。南朝梁二班。　武騎常侍：官名。南朝宋大明中復置，爲侍從武官，用以安置閑散，隸中領軍（領軍將軍），位比奉朝請。齊、梁因之。南朝梁二班。

［2］簪筆：即白筆。秦漢時稱“簪白筆”，文官上朝插之於冠，用以隨時記録言行或皇帝口諭於執笏。漢代亦稱之爲“珥筆”。其後珥筆儀式化成爲“白筆”，成爲一種冠飾，但一般爲文官所飾。其制亦可參本書《禮儀志七》隋制“白筆”條。

［3］袴褶（xí）：袴，没有褲襠的套褲。褶，短袍，騎服。上服褶而下縛袴，其外不再穿裘裳，故稱袴褶。原爲胡人裝束，斜領、左衽、窄袖，南北朝時用爲武服，並雜糅漢制，改爲右衽、大袖。

中書侍郎，[1]朝服，進賢一梁冠，腰劍。冗從僕射、太子衛率，[2]銅印，墨綬，獸頭鞶，朝服，武冠。陳衛率，銀章龜鈕，青綬，不劍。冗從，銅印環鈕，墨綬，腰劍。餘並同梁。

[1]中書侍郎：官名。中書省置四人，功高者一人主省内事。南朝梁九班。

[2]冗從僕射：官名。即太子冗從僕射。南朝宋置，爲東宫侍從武官，職掌略同冗從僕射。南朝梁沿置，位五班。　太子衛率：官名。太子左、右衛率，各置一人，掌東宫禁軍。南朝梁十一班。

武賁中郎將、羽林監，[1]銅印環鈕，墨綬，朝服，武冠，獸頭鞶，腰劍。其在陛牙及備鹵簿，[2]著鶡尾，[3]絳紗縠單衣。

[1]武賁中郎將：官名。即虎賁中郎將，唐人避諱而稱“虎”爲“武”。主宿衛。南朝梁六班。　羽林監：官名。主宿衛。南朝梁六班。

[2]陛牙：指在陛下侍衛。　鹵簿：帝王出行時扈從儀仗。

[3]鶡（hé）尾：“鶡”通“鶡”，鶡雞尾。

護匈奴中郎將，護羌、戎、夷、蠻、越、烏丸、西域校尉，銀印珪鈕，青綬，朝服，武冠，獸頭鞶。《陳令》無此官。其庶子，鎮蠻、寧蠻、平戎、西戎校尉，平越中郎將，服章同。[1]

[1]“護匈奴中郎將”至“服章同”：此段指管理少數民族事

務的將軍之服飾。其班位與品秩隨府主號輕重而不爲定。

安夷、撫夷護軍，[1]州、郡、國都尉，[2]奉車、駙馬、騎都尉，[3]諸護軍，銀印珪鈕，青綬，獸頭鞶，朝服，武冠。陳安遠、鎮蠻護軍，州、郡、國都尉，奉車、駙馬、騎都尉，諸護軍，服章同。無餘文。

[1]安夷、撫夷護軍：皆立府，隨府主號輕重而不爲定。

[2]州、郡、國都尉：官名。指地方行政制度中掌軍事之官員。南朝梁班位不詳。

[3]奉車、駙馬、騎都尉：官名。據本書《百官志上》云："駙馬、奉車、車騎三都尉，並無員。駙馬以加尚公主者，無班秩。"

州刺史，銅印，墨綬，獸頭鞶，腰劍，絳朝服，進賢二梁冠。陳銅章龜鈕，青綬。餘同梁。

郡國太守、相、内史，[1]銀章龜鈕，青綬，獸頭鞶，單衣，介幘。加中二千石，依卿尹冠服劍佩。

[1]郡國太守、相、内史：官名。郡最高行政長官爲太守，王國或諸侯國最高行政長官稱爲相，西晋時改爲内史。

尚書左、右丞，[1]秘書丞，[2]銅印環鈕，黄綬，獸爪鞶，朝服，進賢一梁冠。

[1]尚書左、右丞：官名。尚書省置左、右丞各一人。輔佐尚書令、尚書僕射理尚書省政事，左丞位在右丞之上。南朝梁左丞九班，右丞八班。

[2]秘書丞：官名。秘書省屬官，佐秘書監掌國之典籍圖書，置一人。南朝梁八班。

尚書、秘書、著作郎，[1]太子中舍人、洗馬、舍人，[2]朝服，進賢一梁冠，腰劍。

[1]尚書：官名。即尚書郎中，尚書省郎曹長官。南朝梁爲五班。　秘書：官名。即秘書郎。南朝梁秘書省置四人，掌國之典籍圖書。南朝梁爲二班。　著作郎：官名。南朝梁秘書省置著作郎一人，佐郎八人，掌國史，集注起居。南朝梁爲六班。按，本句中華本標點作“尚書，秘書著作郎”。檢本書《百官志上》，南朝梁尚書省置吏部等六尚書，位十三班，乃高官，不應與秘書、著作郎同列。南朝梁尚書省官位自高及低依次爲尚書令、僕射、諸曹尚書、尚書左右丞、尚書郎、尚書令史等，本卷前文已載尚書令、僕射、尚書，“銅印墨綬，朝服，納言幘、進賢冠，佩水蒼玉，腰劍，紫荷，執笏”。此處“尚書”不應重出。又本條前一句爲“尚書左、右丞，秘書丞”之服制，按行文，此句當敘尚書郎之服制。故此“尚書”之後當用頓號，與後文相連，指“尚書郎”。南朝梁尚書郎位五班。

[2]太子中舍人、洗馬、舍人：官名。南朝梁均爲太子府屬官，中舍人四人，功高者一人，與中庶子祭酒共掌其坊之禁令，八班。太子府典經局有洗馬八人，六班。舍人十六人，掌文記，三班。

諸王友、文學，[1]朱服，進賢一梁冠。《陳令》，諸王師服同。

[1]王友：官名。掌陪侍、輔助規諷。南朝王或皇弟、皇子皆設。南朝梁位八班。　文學：官名。太子及諸王、侯均置，掌輔導

王侯讀書作文。南朝梁皇弟皇子府文學位五班。

治書侍御史、侍御史，[1]朝服，腰劍，法冠。[2]治書侍御史，則有銅印環鈕，墨綬。陳又有殿中、蘭臺侍御史，朝服，法冠，腰劍，簪筆。

[1]治書侍御史、侍御史：官名。南朝梁御史臺置治書侍御史二人，掌舉劾官品第六以下，分統侍御史。侍御史九人，掌曹事，糾察不法。治書侍御史，六班；侍御史，一班。

[2]法冠：一名獬豸冠，爲御史等執法官吏所服之冠。其形制據《晋書·輿服志》："高五寸，以縰爲展筩。鐵爲柱卷，取其不曲撓也。侍御史、廷尉正監平，凡執法官皆服之。"

諸博士，[1]給皁朝服，進賢兩梁冠，佩水蒼玉。

[1]博士：古代學官名。掌教授生徒。

太學博士，[1]正限八人，著佩，限外六人不給。

[1]太學博士：官名。掌教授太學生，亦備咨詢，參議禮儀，隸國學。南朝梁二班。

廷尉律博士，[1]無佩。並簪筆。

[1]廷尉律博士：官名。三國魏明帝時置，掌法律教授並保管法律典籍，屬廷尉。晋、南朝宋因之，齊亦置，梁改稱胄子律博士，南朝梁位三班。

國子助教,[1]皁朝服，進賢一梁冠，簪筆。

[1]國子助教：官名。掌協助博士教授生徒儒學，置十人。南朝梁二班。

公府長史,[1]獸頭鞶。諸卿、尹丞,[2]黄綬，獸爪鞶，簪筆。諸縣、署令、秩千石者，獸爪鞶，銅印環鈕，墨綬，朝服，進賢兩梁冠。長史朱服，諸卿尹丞、建康令，玄服。

[1]長史：官名。公府及各軍府屬官，總管府内行政事務。南朝梁班位隨府級别不同而有差别。
[2]諸卿、尹丞：指十二卿及丹陽尹副屬官。

公府掾屬、主簿、祭酒,[1]朱服，進賢一梁冠。公府令史亦同。

[1]掾屬、主簿、祭酒：均爲公府佐官。南朝梁公府掾屬位八班，公府主簿位四班，公府祭酒位三班。

領、護軍長史,[1]朱服，獸頭鞶。諸軍長史，單衣，介幘，獸頭鞶。

[1]領、護軍長史：官名。領、護軍府屬官，南朝梁位六班。

諸卿部丞、獄丞,[1]並皁朝服，一梁冠，黄綬，獸爪鞶，簪筆。

［1］諸卿部丞：指諸卿官署之丞。太常丞，五班；宗正、太府、衛尉、司農、少府、廷尉等丞，四班；光禄丞、太僕丞、大匠丞，三班；鴻臚丞，二班。 獄丞：官名。建康舊置獄丞一人。南朝梁班位不詳。

太子保、傅、詹事丞，[1]皁朝服，一梁冠，簪筆，獸爪鞶，黄綬。

［1］太子保、傅、詹事丞：官名。南朝梁太子太保、太子少保、太子太傅、太子少傅丞位五班，太子詹事丞位四班。

郡國相、内史丞、長史，[1]單衣，介幘。長史，獸頭鞶，其丞，黄綬，獸爪鞶。

［1］郡國相、内史丞、長史：官名。郡國屬官。南朝梁班位隨府主班位不同而異。

諸縣署令、長、相，[1]單衣，介幘，獸頭鞶，銅印環鈕，墨綬，朝服，進賢一梁冠。諸署令，朱衣，武冠。州都大中正、郡中正，單衣，介幘。

［1］諸縣署令、長、相：此指諸縣署長官。南朝梁縣爲國曰相，大縣爲令，小縣爲長。諸署長官曰令。

太子門大夫，[1]獸頭鞶，陵令、長，[2]獸爪鞶，銅印環鈕，墨綬，朝服，進賢一梁冠。令、長朱服，率更、家令、僕，[3]朝服，兩梁冠，獸頭鞶，腰劍。

[1]太子門大夫：官名。南朝梁東宫置一人，主通遠近箋表，宫門禁防。六班。

[2]陵令、長：官名。陵令隸太常卿，掌守衛皇帝陵園。王國設陵長。南朝梁明堂二廟帝陵令，二班。

[3]率更、家令、僕：此指太子率更令、太子家令、太子僕，合稱太子三卿，南朝梁各置一人，均爲十班。

黄門諸署令、僕、長、丞，[1]朱服，進賢一梁冠，銅印環鈕，墨綬。丞，黄綬。黄門冗從僕射監、太子寺人監，[2]銅印環鈕，墨綬，朝服，武冠，獸頭鞶。

[1]黄門：指宦官、太監，因東漢黄門令、中黄門諸官皆爲宦官充任，故名。　令、僕、長、丞：宦官所擔任諸署長官與次官，班位不詳。按，此中華本標點作“令、僕、長丞”。據此段文意，指令、僕、長、丞四種官職之服飾，衹是“丞”綬爲黄色。又《宋書·禮志五》載：“黄門諸署令、僕、長，銅印，墨綬。”與梁制大體同，亦可參考。故此“長”“丞”之間當用頓號相隔。

[2]黄門冗從僕射監：官名。以宦官任之，掌皇宫禁衛。南朝梁位五班。　太子寺人監：官名。負責管理太子府太監的宦官，梁官制未載，當沿用前代之制。

公府司馬，[1]領、護軍司馬，諸軍司馬，護匈奴中郎將，護羌、戎、夷、蠻、越、烏丸、戊己校尉長史、司馬，銅印環鈕，墨綬，獸頭鞶，朝服，武冠。諸軍司馬，單衣，平巾幘。長史，介幘。《陳令》：公府司馬，領、護軍司馬，諸軍司馬，鎮安蠻安遠護軍，蠻、戎、越校尉中郎將長史、司馬，其服章與梁官同。

[1]司馬：官名。南朝梁諸公府、軍府皆置，位僅次於長史，掌參贊軍務，管理本府武職。其品秩隨府主地位而定。

公府從事中郎，[1]朱服，進賢一梁冠。諸將軍開府功曹、主簿，[2]單衣，介幘，革帶。

[1]從事中郎：官名。公府屬官。南朝梁皇弟皇子公府從事中郎，九班；嗣王庶姓公府從事中郎，八班。

[2]功曹：官名。亦稱功曹史、主吏。南朝梁皇弟皇子府、嗣王府皆置，自六班至二班不等。　主簿：官名。典領文書簿籍，經辦事務。南朝梁公王府及軍府均置主簿。司徒府主簿位六班，嗣王庶姓公府主簿位四班。

廷尉，建康正、監、平，[1]銅印環鈕，墨綬，皁零辟，[2]朝服，法冠，獸爪鞶。

[1]建康正、監、平：中華本標點作“建康正、監平”。按，據本書《百官志上》，梁廷尉“有正、監、平三人”，即廷尉正、廷尉監、廷尉平。建康所設亦同。故中華本標點誤。廷尉正、監、平，南朝梁位六班。建康正、監、平，南朝梁位四班。

[2]零辟：所指不詳。

左、右衛司馬，銅印環鈕，墨綬，單衣，帶，平巾幘，獸頭鞶。

諸府參軍，[1]單衣，平巾幘。

[1]參軍：官名。即參軍事，南朝梁各級官府及軍府均設不同員數及名目參軍。其品秩隨府主地位而定。

諸州別駕、治中、從事、主簿、西曹從事，[1]玄朝服，進賢一梁冠，簪筆。常公事，單衣，介幘，朱衣。

[1]別駕：官名。州府屬官，置一人，亦稱別駕從事、別駕從事史。班位因州等級不同而異，如揚州別駕位十班。　治中：官名。州府屬官，治中從事（史）省稱，置一人。梁隨州之大小位從九班至一班不等。　從事：官名。此爲州府屬官。據梁官制，有西曹從事、議曹從事、祭酒從事、部傳從事、文學從事，各因其州之大小而置員。班位因州等級不同而異。

直閤將軍，[1]朱服，武冠，銅印珪鈕，青綬，獸頭鞶。

[1]直閤將軍：官名。亦稱朱衣直閤將軍，簡稱朱衣直閤。掌宮内侍衛，屬中領軍（領軍將軍），爲皇帝親信。南朝梁位十班。

直閤將軍諸殿主帥，[1]朱服，武冠。正直絳衫，從則裲襠衫。

[1]直閤將軍諸殿主帥：本句中華本標點作“直閤將軍、諸殿主帥”。檢本條上句爲“直閤將軍，朱服，武冠，銅印珪鈕，青綬，獸頭鞶”，則此條不當再敘“直閤將軍”，“直閤將軍”與“諸殿主

帥”中間不應點斷，指“直閤將軍諸殿主帥”。檢本書《禮儀志七》南朝梁警衛之制云：“梁武受禪于齊，侍衛多循其制。正殿便殿閣及諸門上下，各以直閤將軍等直領。”故此“直閤將軍諸殿主帥”即直閤將軍所領諸殿。

諸開國郎中令、大農、公、傅、中尉，[1]銅印環鈕，青綬，朝服，進賢兩梁冠，中尉武冠，皆獸頭鞶。

[1]開國郎中令：官名。南朝梁與大農、中尉並稱王國三卿，侍從左右，戍衛王宫，地位頗重，公、侯等國亦或置，其品秩隨國主地位高低不等。　大農、公、傅、中尉：中華本此標點作“大農，公、傅中尉”，恐有誤。檢《通典》卷六三《禮·天子諸侯玉佩劍綬璽印》標點作“公傅、中尉”，未言所據。本書《百官志上》梁制亦未載有“公傅”一職。“中尉”爲王國三卿之一，當斷開。然“公傅”是否爲一職，抑或爲“公、傅”，當再考。大農，官名。南朝梁王國皆置，公國不常置，與郎中令、中尉合稱三卿。梁位自三班至位不登二品者六班不等。中尉，官名。諸侯國軍事長官，掌國中軍兵。南朝梁位自三班至位不登二品者四班不等。

諸開國三將軍，[1]銅印環鈕，青綬，朝服，武冠。限外者不給印。[2]陳制：墨綬，餘並同梁。

[1]開國三將軍：官名。南朝梁王國皆置將軍，皇弟皇子國三將、五班。其他王國府班位不詳。

[2]限外者：超出制度規定人數以外的人員。

開國掌書中尉、司馬，[1]陵廟食官，[2]廐牧長，[3]典醫、典府丞，[4]銅印。

[1]掌書中尉：官名。本書《百官志上》南朝梁官制未載此官職，王國屬官有典書令，或爲此職。典書令，梁位自位不登二品者六班至一班不等。

[2]陵廟食官：官名。南朝梁陵長與廟長，掌王國陵廟之制。班位不詳。

[3]厩牧長：官名。掌馬匹放牧之制。班位不詳。

[4]典醫、典府丞：官名。典醫丞與典府丞。三國魏始置，爲諸王、公、侯、伯、子國屬官。兩晋、南朝沿置。

常侍、侍郎、世子、庶子、謁者、中大夫、舍人，不給印。典書、典祠、學官令，典膳丞、長，銅印。限外者不給印。左右常侍、侍郎，典衛中尉司馬，朝服，武冠。典書、典祠、學官令，朝服，進賢一梁冠。餘悉朱服，一梁冠。常侍、侍郎、典書、典祠、學官令，簪筆，腰劍。[1]

[1]“常侍”至“腰劍”：此段言開國府屬官印綬及服飾制度。

太子衛率、率更、家令丞，[1]銅印環鈕，黄綬，皁朝服，進賢一梁冠，獸爪鞶。太子常從武賁督，[2]銅印環鈕，墨綬，朝服，武冠，獸爪鞶。殿中將軍、員外將軍，[3]朱服，武冠。

[1]太子衛率、率更、家令丞：太子衛率、太子率更令、太子家令屬官皆置丞。太子家令丞，位不登二品者七班。

[2]太子常從武賁督：官名。掌東宫宿衛，東晋置，南朝沿襲，

然梁官制未載。

［3］殿中將軍、員外將軍：官名。南朝梁太子左右衛率各置殿中將軍十人，員外將軍十人。殿中將軍，一班；員外將軍，位不登二品者七班。

州郡國都尉、司馬，[1]銅印環鈕，墨綬，朱服，武冠，獸頭鞶。

［1］州郡國都尉、司馬：官名。南朝梁州郡國軍事長官，協助州郡國長官典掌軍事。三國、晋五品，梁官制未載。按，此中華本標點爲“州郡國都尉司馬”。

諸謁者，[1]朝服，高山冠。

［1］謁者：官名。南朝梁謁者臺屬官謁者十人，掌奉詔出使拜假，朝會擯贊。高功者一人爲假史，掌差次謁者。又有勸農謁者、河堤謁者，王國屬官亦有謁者。

中書通事舍人門下令史、主書典書令史、門下朝廷局書令史、太子門下通事守舍人、主書典守舍人、二宫齋内職、左右職局齋幹已上，[1]朱服，武冠。

［1］“中書通事舍人門下令史”至“左右職局齋幹已上”：此段言令史、守舍人、齋幹等低級官員冠服。二宫，指皇宫及太子宫。齋幹，指在齋室中執役童僕。

殿中内外局監、太子内外監殿中守舍人，[1]銅印環鈕，朱服，武冠。内外監典事書吏，朱服，進賢一梁冠。内監朝廷人領局典事、外監統軍隊諮詳發遣局典事，武冠。外監及典事書吏，悉著朱衣，唯正直及齋監并受使，不在例。其東宫内外監、殿典事書吏，依臺格。五校、三將將軍主事，内監主事，外監主事，三校主事，朱服，武冠。

［1］殿中内外局監：官名。此指殿中内監，殿中外監。殿中外監爲三品蘊位；南朝梁殿中内監爲三品勳位。　太子内外監殿中守舍人：官名。此指太子内監殿中守舍人，爲三品蘊位；太子外監殿中守舍人，南朝梁爲三品勳位。按，此句中華本標點作“殿中内外局監、太子内外監、殿中守舍人”。按，“太子内外監”與“殿中守舍人”之間不需點斷。檢本書《百官志上》南朝梁官品，三品蘊位有“東宫内監殿中守舍人”，三品勳位有“東宫外監殿中守舍人”，中華書局修訂本及原點校本均將“殿中守舍人”之前斷開，作爲兩個職官。僅從職官角度看，“殿中守舍人”不可能既是三品蘊位又是三品勳位，“殿中守舍人”必須與“東宫内監”或“東宫外監”連在一起表述，即“東宫内監殿中守舍人”或“東宫外監殿中守舍人”。南朝梁建立之初，“官班多同宋、齊之舊”，東宫内外監的殿中守舍人南朝宋已有設置，《宋書・符瑞志下》載宋文帝元嘉二十二年七月，東宫玄圃園池二蓮同幹，即由“（東宫）内監殿守舍人宫勇民”以聞。故而此條材料中“太子内外監、殿中守舍人”爲“太子内監殿中守舍人”與“太子外監殿中守舍人”之合稱，中間不應有頓。

尚書都令史，都水參事，門下書令史，集書、中書、尚書、秘書著作掌書主書主圖主譜典客令史書令史，[1]監、令、僕射省事，[2]蘭臺、殿中蘭臺、謁、都水令史，公府令史書令史，太子導客、次客守舍人及諸省典事，朱衣，進賢一梁冠。尚書都算、度支算、左右校史，朱服，進賢一梁冠。

[1]集書、中書、尚書、秘書著作掌書主書主圖主譜典客令史書令史：此句指集書省、中書省、尚書省、秘書省著作郎，下屬掌書、主書、主圖、主譜、典客各官署之令史及書令史職官。按，汲古閣本無“書令史”三字。

[2]省事：低級辦事吏職。

諸縣署丞、太子諸署丞、王公侯諸署及公主家令丞、僕，銅印環鈕，黄綬，朱服，進賢一梁冠。太官、太醫丞，武冠。

諸縣尉，銅印環鈕，單衣，介幘，黄綬，獸爪鞶。節騎郎，朱服，武冠。其在陛列及備鹵簿者，髦尾，絳紗縠單衣。御節郎、黄鉞郎，朝服，赤介幘，簪筆。典儀、唱警、唱奏事、持兵、主麾等諸職，公事及備鹵簿，朱服，武冠。

殿中中郎將、校尉、都尉，銀印珪鈕，青綬，朱服，武冠，獸頭鞶。

城門侯，銅印環鈕，墨綬，朱服，武冠，獸頭鞶。

部曲督、司馬吏、部曲將，銅印環鈕，朱服，武冠。司馬吏，假墨綬，獸爪鞶。

太中、中散、諫議大夫，議郎、中郎、郎中、舍人，朱服，進賢一梁冠。

諸門郎、僕射、佐吏，東宫門吏，其郎朱服，僕射皁零辟，朝服，進賢冠，吏却非冠，[1]佐吏著進賢冠。

［1］却非冠：據《續漢書·輿服志下》及《晋書·輿服志》其形制記載："似長冠，下促。宫殿門吏僕射冠之。"

總章、協律，[1]銅印環鈕，艾綬，獸爪鞶，朱服，武冠。

［1］總章：官名。南朝梁設總章校尉，樂官，掌宫廷舞蹈。協律：官名。南朝梁設協律校尉。屬太常，掌舉麾節樂，調和樂律，監試樂人典課。按，中華本兩官職之間未加標點，今補入。

黄門後閤舍人、主書、齋帥、監食、主食、主客、扶侍、鼓吹，朱服，武冠。鼓吹進賢冠，齋帥墨綬，獸頭鞶。

殿中司馬，銅印環鈕，墨綬，朱服，武冠，獸頭鞶。

總章監、鼓吹監，[1]銅印環鈕，艾綬，朱服，武冠。

［1］鼓吹監：官名。南朝梁太常卿統鼓吹令，屬官有丞、監等。

諸四品將兵都尉、牙門將、崇毅、材官、折難、輕騎、揚烈、威遠、寧遠、宣威、光威、驤威、威烈、威虜、平戎、綏遠、綏狄、綏邊、綏戎、獸威、威武、烈武、毅武、奮武、討寇、討虜、殄難、討難、討夷、厲武、橫野、陵江、鷹揚、執訊、蕩寇、蕩虜、蕩難、蕩逆、殄虜、掃虜、掃難、掃逆、掃寇、厲鋒、武奮、武牙、廣野。[1]領兵滿五十人，給銀章，不滿五十，除板而已，[2]不給章，朱服，武冠。以此官爲刺史、太守，皆青綬。此條已下，皆陳制，與梁不同。

[1]“諸四品將兵都尉”至“廣野”：此段指南朝陳四品戎官服飾。

[2]板：指手板，笏。

典儀但帥、典儀正帥，[1]朱衣，武冠。其本資有殿但、正帥，得帶艾綬，獸頭鞶。殿但帥、正帥，艾綬，獸頭鞶，朱服，武冠。殿帥、羽儀帥、員外帥，朱衣，武冠。

[1]但帥：典禮儀式中備用之帥，或副帥，以別於正帥。

威雄、猛、烈、振、信、勝、略、風、力、光等十威將軍，武猛、略、勝、力、毅、健、烈、威、鋭、勇等十武將軍，並銀章熊鈕，青綬，獸頭鞶，武冠，朝服。猛毅、烈、威、鋭、震、進、智、武、勝、駿等十猛將軍，[1]銀章羆鈕，青綬，獸頭鞶，武冠，朝服。壯武、勇、烈、猛、鋭、威、毅、志、意、力等十壯將軍，驍雄、桀、猛、烈、武、勇、鋭、名、勝、迅等十驍將軍，雄猛、威、明、烈、信、武、勇、毅、壯、健等十雄將軍，並銀章羔鈕，青綬，獸頭鞶，武冠，朝服。忠勇、烈、猛、鋭、壯、毅、捍、信、義、勝等十忠將軍，明智、略、遠、勇、烈、威、勝、進、鋭、毅等十明將軍，光烈、明、英、遠、勝、鋭、命、勇、武、野等十光將軍，飈勇、猛、烈、鋭、奇、决、起、略、勝、出等十飈將軍。並銀章鹿鈕，青綬，獸頭鞶，武冠，朝服。[2]

[1]武：底本作“威”，中華本校勘記云：“‘武’原作‘威’，與上文復出，據《通典》六三改。”今從改。

[2]“威雄”至“朝服”：此段爲南朝陳戎號擬官，十威、十武、十猛、十壯、十驍、十雄、十忠、十明、十光、十飈將軍，共一百人。品第六。均爲銀章，惟鈕頭有別。

龍驤、武視、雲旗、風烈、電威、雷音、馳鋭、進鋭、羽騎、突騎、折衝、冠武、和戎、安壘、起猛、英果、掃虜、掃狄、武鋭、摧鋒、開遠、略遠、貞威、决勝、清野、堅鋭、輕鋭、拔山、雲勇、振旅等三十號將軍。[1]銀印菟鈕，青綬，獸頭鞶，朝服，武冠。

[1]“龍驤”至“振旅等三十號將軍”：此段爲南朝陳戎號擬官。品第七。武視，當作“虎視”，避唐諱改。進鋭，本書《百官志上》作“追鋭”。起猛，本書《百官志上》作“超猛”。輕鋭，本書《百官志上》作“輕車”。

超武、鐵騎、樓船、宣猛、樹功、剋狄、平虜、稜威、戎昭、威戎、伏波、雄戟、長劍、衝冠、雕騎、佽飛、勇騎、破敵、剋敵、威虜、前鋒、武毅、開邊、招遠、全威、破陣、蕩寇、殄虜、橫野、馳射等三十號將軍。[1]銅印環鈕，墨綬，獸頭鞶，朝服，武冠。并左十二件將軍，除並假給章印綬，板則止朱服、武冠而已。其勳選除，亦給章印。

[1]“超武”至“馳射等三十號將軍”：此段爲南朝陳戎號擬官。“前鋒”之前品第八，“前鋒”之後品第九。

建威、牙門、期門已下諸將軍。[1]並銅印環鈕，墨綬，獸頭鞶，朱服，武冠。板則無印綬，止冠服而已。其在將官，以功次轉進，應署建威已下諸號，不限板除，悉給印綬。若武官署位轉進，登上條九品馳射已上諸戎號，亦不限板除，悉給印綬。

[1]建威、牙門、期門已下諸將軍：建威、牙門、期門三將軍陳品秩不詳，梁爲將軍位其不登二品者第八班。

千人督、校督司馬，武賁督、牙門將、騎督督、守將兵都尉、太子常從督別部司馬、假司馬，假銅印環鈕，朱服，武冠，墨綬，獸頭鞶。[1]

[1]“千人督”至“獸頭鞶”：以上爲低級武官服飾，具體品秩不詳。

武猛中郎將、校尉、都尉，銅印環鈕，朱服，武冠。其以此官爲千人司馬、道賁督已上及司馬，皆假墨綬，獸頭鞶。已上陳制，梁所無及不同者。

陛長、甲僕射、主事吏將騎、廷上五牛旗假吏武賁，[1]在陛列及備鹵簿，服錦文衣，[2]武冠，髭尾。陛長者，假銅印環鈕，墨綬，獸頭鞶。

[1]陛長：官名。南朝梁爲低級武官，朝會時立殿中侍衛。五牛旗：五牛旗輿。晋所造皇帝乘輿，南朝沿用。車設五牛，竪旗於牛背。　武賁：虎賁，避唐諱改。勇士之稱。

[2]錦文：指織錦。

假旄頭羽林，[1]在陛列及備鹵簿，服絳單衣，上著韋畫腰襦，假旄頭。輿輦、迹禽、前驅、由基强弩司馬，[2]給絳科單衣，[3]武冠。其本位佩武猛都尉已上印者，假墨綬，别部司馬已下假墨綬，並獸頭鞶。

[1]假旄頭羽林：官名。南朝梁皇帝儀仗隊中擔任前驅騎兵的羽林禁軍。旄頭，以犛牛尾所做頭飾。

[2]輿輦、迹禽、前驅、由基强弩司馬：指皇帝儀仗隊中的禁軍。

[3]絳科：絳色規格、等級。

殿中冗從武賁、殿中武賁、持鈒戟冗從武賁，假青綬，絳科單衣，武冠。《陳令》：絳科單衣，其本位職佩武猛、都尉等印，假鞶綬，依前條。

持椎斧武騎武賁、五騎傳詔武賁、殿中羽林、太官尚食武賁、稱飯宰人、諸宫尚食武賁，[1]假墨綬，給絳褠，武冠。其佩武猛、都尉等位印，皆依上條假鞶綬之例。

[1]尚：底本作“嘗”，中華本校勘記云：“‘尚’原作‘嘗’，據《宋書·禮志五》改。”今從改。

其在陛列及備鹵簿，五騎武賁，服錦文衣，髦尾。宰人服離支衣。領軍捉刃人，烏緫帽，袴褶，皮帶。

絓是羽葆旄鼓吹，[1]悉改著進賢冠，外給系旄。鼓吹著武冠。諸官鼓吹，尚書廊下都坐門下使守藏守閤、殿中威儀騶，武賁常直殿門雲龍門者、門下左右部武賁羽林騶，給傳事者諸導騶門下中書守閤、尚書門下武賁羽林騶，蘭臺五曹節藏僕射廊下守閤、威儀發符騶，都水使者廊下守給騶，謁者威儀騶，諸宫謁者騶，絳褠，武冠，衣服如舊。大誰、天門士，皁科單衣，樊噲冠。[2]衛士，涅布褠，[3]却敵冠。[4]

[1]絓是羽葆旄鼓吹：此句意指鼓吹之絓爲連綴鳥羽飾物者。

[2]樊噲冠：古冠名。相傳鴻門宴上，劉邦部將樊噲，爲救主，裂裳裹盾爲冠，後人壯噲意，摹其裹盾的冠狀製冠，因名“樊噲冠”。其形制《續漢書·輿服志下》云：“廣九寸，高七寸，前後出各四寸，制似冕。”

[3]涅布：指黑布。

[4]却敵冠：古冠名。其制本卷後又云：“高四寸，通長四寸，後高三寸，制似進賢冠。”

諸將軍、使持節、都督執節史，朱衣，進賢一梁冠。自此條已下皆陳制，梁所無。

持節節史，單衣，介幘。其纂戎戒嚴時，同使持節。制假節節史，單衣，介幘。凡節趺，[1]以石爲之。持節皆刻爲鞶螭形，假節及給蠻夷節，皆刻爲狗頭趺。

［1］趺：底座。

諸王典籤帥，[1]單衣，平巾幘。典籤書吏，袴褶，平巾幘。

［1］典籤帥：官名。爲王府中處理文書的吏員。

諸王書佐，[1]單衣，介幘。

［1］書佐：掌管文書的佐吏。

公府書佐，朱衣，進賢冠。

諸王國舍人、司理、謁者、閤下令史、中衛都尉，朱衣，進賢一梁冠。司理假銅印，謁者高山冠，令史已下武冠。

太子太傅五官、功曹、主簿，[1]阜朝服，進賢一梁冠。

［1］太子太傅五官、功曹、主簿：此中華本標點作"太子太傅五官功曹、主簿"。按，據本書《百官志上》梁制："（太子）二傅及詹事，各置丞、功曹、主簿、五官。"知此"五官、功曹、主簿"乃太子太傅府所屬三個並列官署。故中華本標點誤，今改。

太子二傅門下主記、録事、功曹書佐，[1]門下書佐，記室帳下督、都督省事，法曹書佐，太傅外都督，阜衣，進賢一梁冠。

[1]太子二傅：即太子太傅與太子少傅。

太子妃家令，絳朝服，進賢一梁冠。

太子三校、二將，[1]積弩、殿中將軍，衣服皆與上宫官同。

[1]太子三校：指太子府屯騎、步兵、翊軍三校尉。　二將：指太子府旅賁中郎將、冗從僕射。

太子正員司馬督、題閤監，銅印墨綬。三校内主事、主章、扶侍，守舍人，衣帶仗局、服飾衣局、珍寶朝廷主衣統，奏事幹，内局内幹，朱衣，武冠。

諸公府御屬及省事，録尚書省事，太子門下及内外監丞、典事、導客、算書吏，次功、典書函、典書、典經、五經典書諸守宫舍人，市買清慎食官督，内直兵吏，宣華、崇賢二門舍人，諸門吏，朱衣，進賢一梁冠。

太子妃傳令，朱衣，武冠，執刀，烏信幡。

太子二傅騎吏，玄衣，赤幘，武冠，常行則袴褶。執儀、齋帥、殿帥、典儀帥、傳令、執刀戟、主蓋扇麾傘、殿上持兵、車郎、扶車、注疏、蔄床、齋閤食司馬、唱導飯、主食、殿前帥、殿前威儀、武賁威儀、散給使、閤將、鼓吹士帥副，武冠，絳褠。案輀、小輿、持車、軺車給使，[1]平巾幘，黄布袴褶，赤罽帶。[2]

[1]給使：官府中供役使之人。

[2]罽（jì）：毛織物。

太子諸門將，涅布褠，樊噲冠。

太子鹵簿戟吏，赤幘，武冠，絳褠。廉帥、整陣、禁防，平巾幘，白布袴褶。鞉角五音帥、長麾，青布袴褶，岑帽，[1]絳絞帶。[2]都伯，平巾幘，黄布袴褶。

[1]岑帽：其制不詳。

[2]絞帶：以絞麻爲繩作帶。

文官曹幹，[1]白紗單衣、介幘。尚書二臺曹幹亦同。

[1]曹幹：諸曹辦事人員。

武官問訊、將士給使，[1]平巾幘，白布袴褶。

[1]問訊：武官所屬打探消息之人。

通天冠，高九寸，正竪，頂少斜却，乃直下鐵爲卷梁。[1]前有展筩，[2]冠前加金博山、述。乘輿所常服。

[1]“通天冠”至“乃直下鐵爲卷梁”：中華本此標點作“通天冠，高九寸，正竪頂，少斜却，乃直下，鐵爲卷梁……”。標點不妥。本書《禮儀志七》引三國魏人董巴《輿服志》云：“（通天冠）冠高九寸，形正豎，頂少邪卻，後乃下直爲鐵卷梁，前有高

山。”則“正豎”者乃冠形，“斜卻”者乃冠頂，冠後直下爲鐵製卷梁。又《隋書》此條文字與《後漢書·輿服志下》幾乎相同，中華本《後漢書·輿服志下》標點爲：“通天冠，高九寸，正豎，頂少邪卻，乃直下爲鐵卷梁。”故此條似標點“通天冠，高九寸，正豎，頂少斜卻，乃直下鐵爲卷梁”更妥。

[2]展筩：冠前飾物，由冠體轉化而來。

遠游冠，制似通天，而前無山、述，有展筩，横于冠前。皇太子及王者後、諸王服之。諸王加官者，自服其官之冠服，唯太子及王者後常冠焉。太子則以翠羽爲緌，綴以白珠。其餘但青絲而已。

進賢冠，古緇布冠遺象也，[1]斯蓋文儒者之服。前高七寸，後高三寸，長八寸。有五梁、三梁、二梁、一梁之别。五梁唯天子所服，其三梁已下，爲臣高卑之别云。

[1]緇布冠：古冠名。古人行冠禮，初加緇布冠。其形制《儀禮·士冠禮》：“緇布冠，缺項，青組纓屬于缺，緇纚，廣終幅，長六尺。”鄭玄注大意云：缺讀如頍，固冠之帶。此冠後當人項處空缺，用青組纓結之。

武冠，一名武弁，一名大冠，一名繁冠，一名建冠，今人名曰籠冠，即古惠文冠也。[1]天子元服，亦先加大冠。今左右侍臣及諸將軍武官通服之。侍中常侍，則加金璫附蟬焉，[2]插以貂尾，黄金爲飾云。

[1]惠文冠：冠名。相傳爲趙惠文王創制，故稱。

[2]金璫附蟬：冠飾。璫當冠前，以金爲飾。璫上裝飾蟬形圖案。

高山冠，一名側注，高九寸，鐵爲卷梁。制似通天，頂直豎，不斜，無山、述、展筩。[1]高山者，取其矜莊賓遠，中外謁者僕射服之。

[1]無山、述、展筩：中華本標點作“無山述展筩”。據歷代服飾，此爲三類飾物，中間當加頓號。

法冠，一名柱後，或謂之獬豸冠，高五寸，以縰爲展筩，[1]鐵爲柱卷，[2]取其不曲撓也。侍御史、廷尉正監平，凡執法官皆服之。

[1]縰（xǐ）：亦作“纚”，束髮之帛。

[2]柱卷：法冠後部上端卷曲的兩根鐵柱。

鶡冠，[1]猶大冠也，[2]加雙鶡尾，竪插兩邊，故以名焉。武賁中郎將、羽林監、節騎郎，在陛列及鹵簿者服之。

[1]鶡冠：以鶡羽爲飾之冠，爲武官之冠。

[2]大冠：武弁大冠。

長冠，一名齋冠。高七寸，廣三寸，漆纚爲之。制如版，以竹爲裏。漢高祖微時，[1]以竹皮爲此冠，所謂劉氏冠。後除竹，用漆纚焉。司馬彪曰：[2]“長冠，楚制也。人間或謂之鵲尾冠，非也。”後代以爲祭服，尊敬之也。至天監三年，祠部郎沈宏議：[3]“案竹葉冠，是高祖爲亭長時所服，[4]安可綿代爲祭服哉？《禮》：‘士弁祭於公。’[5]請令太常丞、博士奉齋之服，宜改用爵弁。”[6]明山賓同宏議。[7]司馬褧云：[8]“若必遵三王，則懼所改非一。長冠謂宜仍舊。案今之宗丞博士之服，未有可非。”帝竟不改。

[1]漢高祖：即劉邦。紀見《史記》卷八、《漢書》卷一。

[2]司馬彪：人名。西晋史家。著有《續漢書》，其中有《輿服志》，今《後漢書》中的《輿服志》取其文。傳見《晋書》卷八二。

[3]祠部郎：官名。梁尚書省設祠部郎，職掌禮制、祠祀、祭享等事。南朝梁五班。　沈宏：人名。南朝梁時任五經博士、祠部郎。

[4]亭長：秦漢時期基層管理人員。劉邦曾爲泗水亭長。

[5]士弁祭於公：語出《禮記·雜記》。

[6]爵弁：“爵”通“雀”，其冠形及顏色如雀頭，亦稱作“雀弁”。隋爲六品以下、九品以上官助祭所服。古代形制，《儀禮·士冠禮》：“爵弁服。”鄭玄注：“爵弁者，冕之次。其色赤而微黑，如爵頭然。”

[7]明山賓：人名。南朝梁時禮官。傳見《梁書》卷二七，《南史》卷五〇有附傳。

[8]司馬褧（jiǒng）：人名。亦作“司馬絅”。南朝梁武帝時官任祠部郎中，掌治吉凶禮儀。傳見《梁書》卷四〇、《南史》卷六二。

建華冠，[1]以鐵爲柱卷，貫大銅珠九枚。祀天地、五郊、明堂，舞人服之。

[1]建華冠：古冠名。其形制《續漢書·輿服志下》："建華冠……制似縷鹿。"劉昭注："《獨斷》曰：'其狀若婦人縷鹿。'薛綜曰：'下輪大，上輪小。'"

樊噲冠，廣九寸，高七寸，前後出各四寸，制似平冕。凡殿門司馬衛士服之。

却敵冠，高四寸，通長四寸，後高三寸，制似進賢冠。凡宮殿門衛士服之。

却非冠，高五寸，制似長冠。宮殿門吏僕射冠之。

幘，[1]尊卑貴賤皆服之。文者長耳，謂之介幘；武者短耳，謂之平上幘。各稱其冠而制之。尚書令、僕射、尚書幘，收方三寸，名曰納言。未冠童子幘，[2]無屋，[3]施假髻者，示未成人也。

[1]幘：包扎髮髻之巾。

[2]未冠童子：古禮男子二十而冠，未滿二十稱爲"未冠"或"童子"。

[3]屋：指覆蓋物。

帢，[1]《傅子》云：[2]"先未有歧，[3]荀文若巾觸樹成歧，[4]時人慕之，因而弗改。"今通爲慶弔之服。白紗爲之，或單或裌。[5]初婚冠送餞亦服之。

[1]帢（qià）：包頭巾之一，前代之制不詳。

[2]《傅子》：西晋傅玄所撰，論經國九流及三史故事，並評斷得失之書，詳參《晋書》卷四七《傅玄傳》。

[3]歧：分岔。

[4]荀文若：人名。即荀彧，字文若。傳見《後漢書》卷七〇、《三國志》卷一〇。

[5]裌（jiá）：夾層。

巾，國子生服，白紗爲之。晋太元中，[1]國子生見祭酒博士，單衣，角巾，執經一卷，以代手版。[2]宋末，闕其制。齊立學，太尉王儉更造。[3]今形如之。

[1]太元：東晋孝武帝司馬曜年號（376—396）。

[2]手版：亦稱手板，古笏。手板與笏的區别，據《宋書·禮志五》，笏爲手板頭復有白筆，以紫皮裹之。

[3]王儉：人名。南朝宋、齊時人。博通禮學。傳見《南齊書》卷二三，《南史》卷二二有附傳。

帽，自天子下及士人，通冠之。以白紗者，名高頂帽。[1]皇太子在上省則烏紗，在永福省則白紗。又有繒皁雜紗爲之，高屋下裙，[2]蓋無定准。

[1]高頂帽：亦稱白紗帽或白高帽，白紗製高頂帽。以烏紗爲之，稱爲烏紗帽。

[2]裙：指帽緣周圍下垂的薄紗細網。

袴褶，近代服以從戎。今纂嚴，[1]則文武百官咸服之。車駕親戎，則縛袴，[2]不舒散也。中官紫褶，外官絳褶，腰皮帶，以代鞶革。

[1]纂嚴：謂軍隊嚴裝、戒備，天子親征前所舉行戒嚴之禮。

[2]縛：捆扎。

笏，中世以來，[1]唯八座尚書執笏。[2]笏者白筆綴其頭，以紫囊裹之。其餘公卿，但執手版。荷紫者，[3]以紫生爲袷囊，[4]綴之服外，加於左肩。周遷云：[5]"昔周公負成王，[6]制此衣，至今以爲朝服。"蕭驕子云："名契囊。"案《趙充國傳》云："張子孺持囊簪筆，事孝武帝。"[7]張晏云：[8]"囊，契囊也。近臣負囊簪筆，從備顧問，有所記也。"

[1]中世：此大體指漢代以來。

[2]八座尚書：歷代所指各有差異，大體而言東漢以六曹尚書並令、僕射爲"八座"；三國魏、南朝宋齊以五曹尚書、二僕射、一令爲"八座"。

[3]荷紫：指佩帶紫色荷囊，俗稱紫荷。

[4]紫生：《宋書·禮志五》同，《晋書·輿服志》作"生紫"。

[5]周遷：人名。南朝梁人。具體事迹不詳。《太平御覽》卷三四〇《兵部·旗》引周遷《車服雜記》記載知此書爲周遷所撰。本書《經籍志二》載有《古今輿服雜事》二十卷，題爲梁代周遷撰，恐爲一書。

[6]周公負成王：指西周武王死後，成王年幼，周公旦懷抱成王輔政。

[7]張子孺持囊簪筆，事孝武帝：語出《漢書》卷六九《趙充

國傳》。張子孺，人名。即西漢大臣張安世，字子孺。傳見《漢書》卷五九。囊，《漢書・趙充國傳》作“橐”。孝武帝，即漢武帝劉徹。紀見《漢書》卷六。

[8]張晏：人名。三國魏人，曾注《史記》《漢書》。

入殿門，有籠冠者著之，有纓則下之。緣厢行，得提衣。省閤内得著履、烏紗帽。[1]入齋閤及横度殿庭，[2]不得人提衣及捉服飾。入閤則執手板，自搵衣。几席不得入齋正閤。介幘不得上正殿及東西堂。儀仗傘扇，有幰牽車，不得入臺門。[3]臺官問訊皇太子，亦皆朱服，著襪；謁諸王，單衣，幘；庶姓，單衣，帢。詣三公，必衣帢。至黄閤，[4]下履，過閤還，著履。

[1]省閤：指中樞機構。

[2]齋閤：書房。

[3]臺門：皇帝宫室之門。

[4]黄閤：三公官署之門，廳門塗黄色，故名。

古者君臣佩玉，尊卑有序，綬者，所以貫佩相承受也。又上下施韍，如蔽膝，貴賤亦各有殊。五霸之後，戰兵不息，佩非兵器，韍非戰儀，於是解去佩韍，留其繫襚而已。[1]韍、佩既廢，秦乃以采組連結於襚，轉相結受，又謂之綬。漢承用之。至明帝始復制佩，而漢末又亡絶。魏侍中王粲識其形，[2]乃復造焉。今之佩，粲所制也。

[1]繫襚：各本均同。中華本《宋書・禮志五》校勘記云：

“‘繫襚’，《初學記》二六、《御覽》六八二引董巴《志》作‘絲襚’。《續漢書·輿服志》作‘繫璲’。劉昭注引徐廣曰：‘今名璲爲綖’。按繫襚不訛。”繫襚指繫衣服的帶子，襚泛指衣物。《西京雜記》卷一：“趙飛燕爲皇后，其女弟在昭陽殿遺飛燕書曰：‘今日嘉辰，貴姊懋膺洪册，謹上襚三十五條，以陳踴躍之心。’”可作參考。

[2]王粲：人名。東漢末著名文學家，“建安七子”之一。傳見《三國志》卷二一。

皇后謁廟，服袿襹大衣，[1]蓋嫁服也，謂之褘衣，[2]皁上皁下。親蠶則青上縹下。[3]皆深衣制，[4]隱領袖，緣以縧。首飾則假髻、步摇，[5]俗謂之珠松是也。簪珥、步摇，[6]以黄金爲山題，[7]貫白珠，爲支相繆。[8]八爵九華，[9]熊、獸、赤羆、天鹿、辟邪、南山豐大特六獸。[10]諸爵、獸皆以翡翠爲華。[11]綬佩同乘輿。

[1]袿襹大衣：指上衣下裳相連之衣。袿，婦人上衣，《釋名·釋衣服》：“婦人上服曰袿，其下垂者上廣下狹，如刀圭也。”

[2]褘（huī）衣：繪有錦鷄紋飾的皇后禮服。

[3]親蠶：每年季春之月，皇后躬親蠶事，以種農桑。

[4]皆：底本原作“比”。中華本校勘記云：“‘皆’原作‘比’，據《續漢志》改。”今從改。　深衣：古時上衣、下裳相連綴之服飾。爲諸侯、大夫、士家居常服，亦爲庶人常禮服。漢代以後，成爲帝后禮服。其形制可參《禮記·深衣篇》。

[5]假髻：假髮所作之髻。　步摇：上有垂珠，行步則摇的一種首飾。《釋名·釋首飾》：“步摇，上有垂珠，步則摇也。”

[6]簪珥：髮簪及耳飾。

[7]山題：步摇等首飾底座，因其形象山，著於前額，故名。

[8]支：中華本作“桂枝”。其校勘記云：“《續漢志》下作‘假結、步摇、簪珥。步摇以黄金爲山題，貫白珠，爲桂枝相繆’。本志，‘桂枝’原作‘支’，今據《續漢志》改。”

[9]爵：雀。　華：指花釵。婦女頭上飾物，由兩股合成，上有飾物。

[10]獸：前一個“獸”原指“虎”，避唐諱改。

[11]諸爵、獸皆以翡翠爲華：中華本據《續漢志》下在“華”字前補入“毛羽。金題，白珠璫繞，以翡翠爲”。

貴妃、貴嬪、貴姬，是爲三夫人，金章龜紐，紫綬，八十首。佩于闐玉，獸頭鞶。

淑媛、淑儀、淑容、昭華、昭儀、昭容、修華、修儀，修容，是爲九嬪，金章龜鈕，青綬，八十首。獸頭鞶，佩采瓄玉。

婕好、容華、充華、承徽、列榮五職，亞九嬪，銀印珪鈕，艾綬，獸頭鞶。

美人、才人、良人三職，散位，銅印環鈕，墨綬，獸頭鞶。

皇太子妃，金璽龜鈕，纁朱綬，一百六十首。佩瑜玉，獸頭鞶。

良娣，銀印珪鈕，佩采瓄玉，青綬，八十首。獸爪鞶。

保林，銀印珪鈕，佩水蒼玉，青綬，八十首。獸爪鞶。

諸王太妃、妃、諸長公主、公主、封君，金印龜鈕，紫綬，八十首。佩山玄玉，獸頭鞶。

開國公、侯太夫人，銀印珪鈕，青綬，八十首。佩水蒼玉，獸頭鞶。

公主、三夫人，大手髻，[1]七鏌蔽髻。[2]九嬪及公夫人，五鏌；世婦，三鏌。其長公主得有步摇。公主、封君已上，皆帶綬。以綵組爲緄帶，各以其綬色。金辟邪，首爲帶玦。

[1]大手髻：在自己頭髮的基礎上，接上一些假髮爲髻。

[2]鏌：鈿，以金翠珠寶製成花形首飾。　蔽髻：一種假髻，《北堂書鈔》卷一三五“假髻”注引成公綏《蔽髻銘》曰：“或造兹蔽，南金翠翼，明珠星列，繁華致飾。”

公、特進、列侯、卿、校、中二千石夫人，紺繒幗，[1]黄金龍首銜白珠，魚須擿，[2]長一尺，爲簪珥。入廟佐祭者，皁絹上下，助蠶者，縹絹上下，皆深衣制，緣。自二千石夫人已上至皇后，皆以蠶衣爲朝服。

[1]幗：婦女覆於髮上的飾物。

[2]擿（zhì）：簪股，俗稱搔頭。

自晉左遷，中原禮儀多缺。後魏天興六年，[1]詔有司始制冠冕，各依品秩，以示等差，然未能皆得舊制。至太和中，[2]方考故實，正定前謬，更造衣冠，尚不能周洽。及至熙平二年，[3]太傅、清河王懌、黄門侍郎韋廷祥等，[4]奏定五時朝服，准漢故事，五郊衣幘，各如方色焉。及後齊因之。[5]河清中，[6]改易舊物，著令定制云。

［1］後魏：即北魏（386—557），亦單稱魏。初都平城（今山西大同市東北），公元494年遷都洛陽（今河南洛陽市東北白馬寺東）。公元534年分裂爲東魏和西魏兩個政權。東魏（534—550）都於鄴（今河北臨漳縣西南鄴鎮東），西魏（535—557）都於長安（今陝西西安市西北郊）。　天興：北魏道武帝拓跋珪年號（398—404）。

［2］太和：北魏孝文帝元宏年號（477—499）。

［3］熙平：北魏孝明帝元詡年號（516—518）。

［4］太傅：官名。與太師、太保並號三師，位雖尊榮，多安置元老勳舊，無職司。北魏爲第一品。　清河王懌：即元懌。北魏孝文帝之子。傳見《魏書》卷二二、《北史》卷一九。　韋廷祥：人名。北魏孝明帝時任黄門侍郎，其他事迹不詳。

［5］後齊：即北齊（550—577），或稱高齊，都鄴（今河北臨漳縣西南）。

［6］河清：北齊武成帝高湛年號（562—565）。

乘輿，平冕，黑介幘，垂白珠十二旒，飾以五采玉，以組爲纓，色如其綬，黈纊，玉笄。白玉璽，黄赤綬，五采，黄、赤、縹、緑、紺，純黄質，長二丈九尺，五百首，廣一尺二寸。小綬長三尺二寸，與綬同采，而首半之。衮服，皁衣，絳裳，裳前三幅，後四幅，織成爲之，十二章，緣絳中單，織成緄帶，朱紱，佩白玉，帶鹿盧劍，絳袴襪，赤舄。未加元服，則空頂介幘。又有通天金博山冠，[1]則絳紗袍，皁緣中單。其五時服，則五色介幘，進賢五梁冠，五色紗袍。又有遠游五梁冠，並不通于下。四時祭廟、圓丘、方澤、明堂、五郊，[2]封禪、大雩、出宮行事、正旦受朝及臨軒拜王公，[3]皆服衮冕之服。還宮及齋，則服通天冠。籍田則冠冕，[4]璪十二旒，[5]佩蒼玉，黄綬，青帶，青襪，青舄。拜陵則黑介幘，白紗單衣。釋奠則服通天金博山冠，玄紗袍。春分朝日，[6]則青紗朝服，青舄；秋分夕月，[7]則白紗朝服，緗舄，[8]俱冠五梁進賢冠。合朔，[9]服通天金博山冠，絳紗袍。季秋講武、出征告廟，冠武弁，黄金附蟬，左貂。禡、類、宜社，[10]武弁，朱衣。纂嚴升殿，服通天金博山冠，絳紗袍。入温、凉室，冠武弁，右貂附蟬，絳紗服。征還飲至，[11]服通天冠。廟中遣上將，[12]則衮冕，還宮則通天金博山冠。賞祖、罰社，[13]則武弁，左貂附蟬。元日、冬至大小會，[14]皆通天金博山冠。四時畋、出宮，服通天冠，並赤舄。明堂則五時俱通天冠，各以其色服。東、西堂舉哀，服白帢。

[1]通天金博山冠：即通天冠，加金博山。

[2]四時祭廟、圓丘、方澤、明堂、五郊：此中華本標點“五郊”之後用頓號。按，據古禮，此句五項均爲祭之禮儀，與封禪等典禮稍有不同，故“五郊”之後用逗號分開。四時，每年立春、立夏、立秋、立冬，天子需舉行相應祭祀典禮。圓丘，冬至日祭天之所。方澤，夏至日祭地祇之所。

[3]封禪：古代帝王祭天地大典。在泰山上築土爲壇，報天之功，稱封；在泰山下之梁父山上辟場祭地，報地之德，稱禪。　大雩：求雨的祭祀。　正旦：指農曆正月初一。

［4］籍田：指籍禮，天子徵民力耕種之田曰“籍田”。每逢春耕前，天子執耒耜於籍田上三推或一撥，稱爲“籍禮”，以示重農。

［5］璪：貫穿玉珠的彩色絲綫。古制，天子五彩，有青、赤、黄、白、黑五彩。

［6］朝日：古代天子於春分祭日儀式。

［7］夕月：古代天子於秋分祭月儀式。

［8］緗（xiāng）：淺黄色。

［9］合朔：日月運行處於同宫同度，謂之合朔。《續漢書·律曆志下》：“日月相推，日舒月速，當其同〔所〕，謂之合朔。”此時要舉行相應典禮。

［10］禡（mà）、類、宜社：此中華本標點作“禡類宜社”。據古禮，此爲三種不同祭祀禮儀，中間當用頓號。禡，古時軍隊出征，於軍隊所止處舉行的祭禮。《禮記·王制》：“天子將出征……禡於所征之地。”類，古代出兵前所舉行的祭天儀式。宜社，古時發兵前，天子至社神之所祈禱平安。

［11］征還飲至：征討得勝歸來於廟堂飲酒慶賀。

［12］廟中遣上將：出征前於廟堂舉行命帥拜將的儀式。

［13］賞祖、罰社：此中華本標點作“賞祖罰社”。據古禮，此爲兩種不同祭祀禮儀，中間當用頓號。賞祖，在祖廟賞功。罰社，罰者，伐也。古時天子爲討伐叛逆，發兵前到社神之所舉行禱祝儀式。罰社與宜社不同在於前者爲討伐而祝，後者爲出師而禱。

［14］元日：正旦，正月初一。

天子六璽：文曰“皇帝行璽”，封常行詔敕則用之。“皇帝之璽”，賜諸王書則用之。“皇帝信璽”，下銅獸符，[1]發諸州征鎮兵，下竹使符，拜代徵召諸州刺史，則用之。並白玉爲之，方一寸二分，螭獸鈕。“天子行璽”，封拜外國則用之。[2]“天子之璽”，賜諸外國書則用之。“天子信璽”，發兵外國，若徵召外國，及有事鬼神，則用之。並黄金爲之，方一寸二分，螭獸鈕。又有傳國璽，白玉爲之，方四寸，螭獸鈕，上交五蟠螭，隱起鳥篆書。[3]文曰“受天之命，皇帝壽昌”，凡八字。在六璽外，唯封禪以封石函。[4]又有督攝萬機印一鈕，以木爲之，長一尺二寸，廣二寸五分。背上爲鼻鈕，鈕長九寸，厚一寸，廣七分。腹下隱起篆書爲“督攝萬機”，凡四字。此印常在内，唯以印籍縫。用則左户郎中、度支尚書奏取，[5]印訖輸内。[6]

[1]獸符：即虎符，避唐諱改。

[2]封：《通典》卷六三《禮·天子諸侯玉佩劍綬璽印》作“册”。

[3]隱起：凸起，此指字爲陽文。　鳥篆：篆體古字，因形如鳥之爪迹，故稱。

[4]封禪以封石函：意指封禪刻石立銘之時，刻在封石上之印璽。

[5]左户郎中：官名。尚書省度支尚書下設有左户郎中一人，掌天下計帳、户籍等事。北齊正六品。　度支尚書：官名。尚書省設度支尚書，領度支、倉部、左户、右户、金部、庫部曹，掌會計、事役、倉廩帳籍、田宅租調、度量衡、軍械庫藏之政令。北齊正三品。

[6]内：《通典》卷六三《禮·天子諸侯玉佩劍綬璽印》作“納”。

皇太子平冕，黑介幘，垂白珠九旒，飾以三采玉，以組爲纓，色如其綬。金璽，朱綬，四采，赤、黄、縹、紺。綬朱質，[1]長二丈一尺，三百二十首，廣九寸。小綬長三尺二寸，與綬同色，而首半之。衮服，同乘輿而九章，絳紱，佩瑜玉，玉具劍、火珠標首，[2]絳袴襪，赤舄。非謁廟則不服。未加元服，則空頂黑介幘，雙童髻，[3]雙玉導。中舍人執遠游冠以從。[4]其遠游三梁冠，黑介幘，翠緌纓，絳紗袍，皁緣中單，黑舄。大朝所服，[5]亦服進賢三梁冠，黑介幘，皁朝服，絳緣中單，玄舄。爲宫臣舉哀，白帢，單衣，烏皮履。未加元服，則素服。

[1]綬：中華書局新修訂本據“宋乙本、至順本、汲本”改作“純”。

[2]玉具劍：以玉劍具裝飾之劍名玉具劍。玉劍具共四件，即摽，通鏢，劍鞘底端的包頭；首，劍柄頂端飾片；鐔，劍格；衛，劍鞘外供穿帶用之劍鼻。

[3]雙童髻：兒童在頭頂或腦後盤成的髮髻。其制不詳，或以爲古時“總角”。

[4]中舍人：官名。即太子中舍人。北齊正五品上。

[5]大朝：天子大會群臣。

皇太子璽，黄金爲之，方一寸，龜鈕，文曰“皇太子璽”。宫中大事用璽，小事用門下、典書坊印。[1]

[1]門下、典書坊：中華本標點作“門下典書坊”，據本書《百官志中》所載北齊官制，當指門下坊及典書坊，中間當用頓號。此亦可參本書《禮儀志七》隋皇太子璽，“小事用左、右庶子印”。門下坊，官署名。即太子門下坊，掌東宫供奉事務。典書坊，官署

名。即太子典書坊，掌東宫行令書、表啓等。

諸公卿平冕，黑介幘，青珠爲旒，上公九，[1]三公八，諸卿六，以組爲纓，色如其綬。衣皆玄上纁下。三公山、龍八章，[2]降皇太子一等，九卿藻、火六章，[3]唯郊祀天地宗廟服之。

[1]上公：北齊以太師、太傅、太保爲三師，擬古上公。

[2]山、龍：中華本標點作“山龍”。按，據十二章之制，山與龍各爲一章，中間用頓號。

[3]藻、火：中華本標點作“藻火”。按，據十二章之制，藻與火各爲一章，中間用頓號。

遠游三梁，諸王所服。其未冠，則空頂黑介幘。開國公、侯、伯、子、男及五等散爵未冠者，[1]通如之。

[1]五等散爵：北齊散公、散侯、散伯、散子、散男五等爵，散爵各降正爵一等。

進賢冠，文官二品已上，並三梁，四品已上，並兩梁，五品已下，流外九品已上，[1]皆一梁。致事者，[2]通著委貌冠。[3]主兵官及侍臣，通著武弁。侍臣加貂璫。[4]御史、大理著法冠。[5]諸謁者、太子中導客舍人，著高山冠。宫門僕射、殿門吏、亭長、太子率更寺、宫門督、太子内坊察非吏、諸門吏等，皆著却非冠。羽林、武賁，著鶡。録、令已下，[6]尚書以上，著納言幘。又有赤幘，卑賤者所服。救日蝕，文武官皆免冠，著赤介幘，對朝服。賤者平巾，赤幘，示威武，以助於陽也。止雨亦服之。請雨則服緗幘，東耕則服青幘，[7]庖人則服緑幘。

[1]流外：北朝時期流内九品以下官員通稱。流外官亦分品級，經過一定考銓，可以遞升爲九品官，稱之爲“入流”。

[2]致事：猶致仕，辭官。

[3]委貌冠：古冠名，以皂絹爲之。《續漢書·輿服志下》載其形制：“委貌冠、皮弁冠同制，長七寸，高四寸，制如覆杯，前高廣，後卑鋭，所謂夏之毋追，殷之章甫者也。委貌以皁絹爲之。”

[4]貂璫：加金璫，插以貂尾。

[5]大理：官署名。即大理寺。爲北齊的最高審判機構，負責司法刑獄方面的事務。此指大理寺所屬官員。

[6]録、令：中華本標點作“録令”。按，據本書《百官志中》北齊官制，此指録尚書及尚書令二官職，中間當用頓號。

[7]東耕：天子籍田。

印綬，二品已上，並金章，紫綬；三品銀章，青綬；三品已上，凡是五省官及中侍中省，[1]皆爲印，不爲章。四品得印者，銀印，青綬；五品、六品得印者，銅印，墨綬，四品已下，凡是開國子、男及五等散品名號侯，皆爲銀章，不爲印。七品、八品、九品得印者，銅印，黄綬。金銀章、印及銅印，並方一寸，皆龜鈕。東西南北四蕃諸國王章，上蕃用中金，中蕃用銀，[2]並方寸，龜鈕。佐官唯公府長史、尚書二丞，[3]給印綬。六品已下，九品已上，唯當曹爲官長者給印。餘自非長官，雖位尊，並不給。

［1］五省：指尚書、門下、中書、秘書、集書五省。

［2］中籓：《通典》卷六三《禮·天子諸侯玉佩劍綬璽印》作“下籓”。又中華書局新修訂本據“宋乙本、南監本、北監本、汲本、殿本”在“中藩用”之後補入“下金下藩用”五字。

［3］尚書二丞：官名。北齊尚書左、右丞。左丞，從四品上；右丞，從四品下。

諸王纁朱綬，四采，赤、黄、縹、紺，純朱質，纁文織，長二丈一尺，二百四十首，廣九寸。開國郡縣公、散郡縣公，[1]玄朱綬，四采，玄、赤、縹、紺，朱質，玄文織，長一丈八尺，百八十首，廣八寸。開國縣侯伯、散縣侯伯，青朱綬，四采，青、赤、白、縹，朱質，青文織，長一丈六尺，百四十首，廣七寸。[2]開國縣子男、散縣子男、名號侯、開國鄉男，[3]素朱綬，三采，青、赤、白，朱質，白文織，長一丈四尺，百二十首，廣六寸。一品、二品，紫綬，三采，紫、黄、赤，純紫質，長一丈八尺，百八十首，廣八寸。三品、四品，青綬，三采，青、白、紅，純青質，長一丈六尺，百四十首，廣七寸。五品、六品，墨綬，二采，青、紺，純紺質，長一丈四尺，百首，廣六寸。七品、八品、九品，黄綬，二采，黄、白，純黄質，長一丈二尺，六十首，廣五寸。官品從第二已上，小綬間得施玉環。凡綬，先合單紡爲一絲，絲四爲一扶，扶五爲一首，首五成一文。采純爲質。首多者絲細，首少者絲粗。官有綬者，則有紛，[4]皆長八尺，廣三寸，各隨綬色。若服朝服則佩綬，服公服則佩紛。[5]官無綬者，不合佩紛。

［1］開國郡縣公、散郡縣公：爵名。北齊開國郡公，從一品；開國縣公、散郡公，正二品；散縣公，從二品。

［2］“開國縣侯伯”至“廣七寸”：底本原無，今據《通典》卷六三《禮・天子諸侯玉佩劍綬璽印》及中華本補入。開國縣侯伯、散縣侯伯，爵名。北齊開國縣伯，從二品；開國縣伯、散縣侯，正三品；散縣伯，從三品。

［3］開國縣子男、散縣子男、名號侯、開國鄉男：爵名。北齊開國縣子，正四品下；散縣子，從四品下；開國縣男，正五品下；散縣男、名號侯、開國鄉男，從五品下。

［4］紛：彩色絲帶，比綬窄。又《説文》：“紛，馬尾韜也。”馬尾後飾物爲紛，則人佩之紛當在身後。

［5］公服：朝廷之服，即處理公事所着之服。

鞶囊，二品已上金縷，三品金銀縷，四品銀縷，五品、六品綵縷，七、八、九品綵縷，獸爪鞶。官無印綬者，並不合佩鞶囊及爪。

一品，玉具劍，佩山玄玉。二品，金裝劍，[1]佩水蒼玉。三品及開國子男、五等散品名號侯雖四、五品，並銀裝劍，佩水蒼玉。侍中已下，通直郎已上，[2]陪位則像劍。[3]帶真劍者，入宗廟及升殿，若在仗内，皆解劍。一品及散郡公、開國公侯伯，皆雙佩。二品、三品及開國子男、五等散品名號侯，皆雙佩。綬亦如之。

［1］金裝劍：以金裝飾之劍，下銀裝劍亦同。

[2]侍中：官名。北齊正三品。　通直郎：官名。即通直散騎侍郎，北齊集書省設六人，掌諷議左右，從容獻納。從五品上。

[3]像劍：木劍，言其像劍。

百官朝服、公服，皆執手板。尚書録、令、僕射、吏部尚書，[1]手板頭復有白筆，以紫皮裹之，名曰笏。朝服綴紫荷，録、令、左僕射左荷，右僕射、吏部尚書右荷。七品已上文官朝服，皆簪白筆。正王公侯伯子男、卿尹及武職，並不簪。朝服，冠、幘各一，絳紗單衣，白紗中單，皁領袖，皁襈，革帶，曲領、方心，蔽膝，白筆、舄、襪，兩綬，劍佩，簪、導，[2]鉤、艓，[3]爲具服。[4]七品已上服也。公服，冠、幘，紗單衣，深衣，革帶，假帶，[5]履、襪，鉤、艓，謂之從省服。八品已下，流外四品已上服也。

[1]尚書録：官名。録尚書，北齊尚書省置一人，位在尚書令上，掌與令同，但不糾察。　令：官名。即尚書令。尚書省長官，北齊正二品。　僕射：官名。尚書省置左、右僕射各一人，位列宰相。北齊從二品。　吏部尚書：官名。掌官吏銓選考課獎勵，職權甚重。北齊正三品。

[2]簪：冠飾之一。爲一種大型長針，通過冠上之紐自右至左穿過髮髻，用於固定冕、弁、冠等首服。天子玉製，臣下則象牙、犀角等。　導：冠飾之一，髮簪。用於固定髮髻形狀，其制比簪短小。亦天子玉製，臣下象牙、犀角等。

[3]鉤：革帶上帶鉤。　艓：承鉤之環。按，“鉤、艓”中華本未加點讀，據本書《禮儀志七》云：“革帶……今博三寸半，加金縷艓，螳蜋鉤，以相拘帶。”知鉤與艓爲兩件飾物，中間應用頓號

相隔。本卷下同。

[4]具服：朝服。

[5]假帶：大帶。

流外五品已下，九品已上，皆著褠衣爲公服。[1]

[1]褠衣：爲袖狹而直，形狀如溝之單衣。

皇后璽、綬、佩同乘輿，假髻，步摇，十二鏌，八雀九華。助祭、朝會以褘衣，祠郊禖以褕狄，[1]小宴以闕狄，[2]親蠶以鞠衣，[3]禮見皇帝以展衣，[4]宴居以褖衣。[5]六服俱有蔽膝、織成緄帶。皇太后、皇后璽，並以白玉爲之，方一寸二分，螭獸鈕，文各如其號。璽不行用，有令，則太后以宫名衛尉印，[6]皇后則以長秋印。[7]

[1]郊禖：天子求子所祭之神，因祠在郊，故名。　褕狄：亦作褕翟或揄翟，古代王后祭服之一。《詩·鄘風·君子偕老》："其之翟也。"毛傳曰："褕翟、闕翟，羽飾衣也。"則褕翟原指以翟羽裝飾之衣，以後則指畫雉之衣。《周禮·天官·内司服》："掌王后之六服：褘衣、揄狄、闕狄、鞠衣、展衣、緣衣。"鄭玄注："狄當爲翟。翟，雉名。……江淮而南，青質，五色皆備成章曰摇。……揄翟畫摇者。"

[2]闕狄：古代王后祭服之一。《周禮·天官·内司服》："内司服掌王后之六服：褘衣、揄狄、闕狄、鞠衣、展衣、緣衣。"鄭玄注："狄當爲翟。翟，雉名……王后之服，刻繒爲之形而采畫之，綴於衣以爲文章。……闕翟刻而不畫。"

［3］鞠衣：古代王后親蠶禮服，其色淺黄，似桑葉初生之色。《釋名·釋衣服》亦云："鞠衣，黄如鞠花色也。"鞠花，菊花。

［4］展衣：古代王后六服之一，後亦爲世婦及卿大夫妻之命服。色白。《周禮·天官·内司服》："掌王后之六服：褘衣、揄狄、闕狄、鞠衣、展衣、緣衣，素沙。"鄭玄注引鄭司農云："展衣，白衣也。"一説展衣色赤。

［5］褖（tuàn）衣：爲古王后燕居或進御時所穿之服，後亦爲世婦及卿大夫妻之命服。按，《周禮·天官·内司服》作"緣衣"，東漢鄭玄注："此緣衣者，實作褖衣也。褖衣，御于王之服，亦以燕居。"

［6］宫名衛尉印：指太后所居宫尉衛之印。

［7］長秋：官署名。即長秋寺，爲宦者官署，負責管理後宫諸宫閣事務。

内外命婦從五品已上，[1]蔽髻，唯以鏌數花釵多少爲品秩。二品已上金玉飾，三品已下金飾。内命婦、左右昭儀、三夫人視一品，假髻，九鏌，金章，紫綬，服褕翟，雙佩山玄玉。九嬪視三品，五鏌蔽髻，銀章，青綬，服鞠衣，佩水蒼玉。世婦視四品，[2]三鏌，銀印，青綬，服展衣，無佩。八十一御女視五品，[3]一鏌，銅印，墨綬，服褖衣。又有宫人女官服制，第二品七鏌蔽髻，服闕翟；三品五鏌，鞠衣；四品三鏌，展衣；五品一鏌，褖衣；六品褖衣；七品青紗公服。俱大首髻。[4]八品、九品，俱青紗公服，偏髾髻。[5]

［1］命婦：指有封號的婦人，宫廷中嬪妃等稱爲内命婦，朝中大臣之母、妻則稱爲外命婦。

[2]世婦：女官名。掌賓客祭祀，北齊位次九嬪。

[3]御女：女官名。北齊掌女工絲枲。

[4]大首髻：形制不詳。檢《續漢書·輿服志下》婦人之首飾有“大手結”。《通典》卷六二《禮·后妃命婦首飾制度》載三國魏貴人夫人以下助蠶，晋、南朝宋皇后首飾均有“大首髻”。然《宋書·禮志五》引晋《先蠶儀注》作“大手髻”。則“大首”亦或作“大手”，惜均未載其具體形制。

[5]偏髾（shāo）髻：指髻後下垂之頭髮梢向一邊偏。

皇太子妃璽、綬、佩同皇太子，假髻，步摇，九鏌，服褕翟。從蠶則青紗公服。

皇太子妃璽，以黄金，方一寸，龜鈕，文曰“皇太子妃之璽”。若有封書，則用内坊印。[1]

[1]内坊：官名。太子家令領有内坊令，掌諸知閤内諸事。北齊第九品。

郡長公主、公主、王國太妃、妃，[1]纁朱綬，髻章服佩同内命婦一品。

[1]郡長公主：皇帝之姊妹封號。　公主：指郡公主。皇帝之女封號。　王國太妃：諸王之母封號。　妃：諸王之妻封號。

郡長君七鏌蔽髻，[1]玄朱綬，闕翟，章佩與公主同。

[1]郡長君：外官之母封號。唐制爲四品以上官母，可作參考。

郡君、縣主，[1]佩水蒼玉，餘與郡長君同。

[1]郡君：外官之妻封號。唐制爲四品以上官妻，可作參考。　縣主：皇族及其諸王之女封號。

太子良娣視九嬪服。[1]縣主青朱綬，餘與良娣同。

[1]良娣：皇太子之妾，地位次於太子妃。

女侍中五鏁，[1]假金印、紫綬，服鞠衣，佩水蒼玉。

[1]女侍中：宫内女官。

縣君銀章，[1]青朱綬，餘與女侍中同。

[1]縣君：外官母、妻封號。唐制爲五品以上官母、妻，可作參考。

太子孺人同世婦。[1]太子家人子同御女。[2]

[1]孺人：太子之妾，地位次於良娣。
[2]太子家人子：太子之妾，地位次於孺人。

鄉主、鄉君，[1]素朱綬，佩水蒼玉，餘與御女同。

[1]鄉主：諸王之孫女。　鄉君：外官母妻封號。唐制爲勳官四品，可作參考。

外命婦章印綬佩，皆如其夫。若夫假章印綬佩，妻則不假。一品、二品，七鏌蔽髻，服闕翟。三品，五鏌，服鞠衣。四品，三鏌，服展衣。五品，一鏌，服褖衣。

内外命婦、宫人女官從蠶，則各依品次，還著蔽髻，皆服青紗公服。如外命婦，綬帶鞶囊，皆准其夫公服之例。百官之母詔加太夫人者，朝服公服，各與其命婦服同。

後周設司服之官，[1]掌皇帝十二服。祀昊天上帝，則蒼衣蒼冕；祀東方上帝及朝日，則青衣青冕；祀南方上帝，則朱衣朱冕；祭皇地祇、祀中央上帝，[2]則黄衣黄冕；祀西方上帝及夕月，則素衣素冕；祀北方上帝，祭神州、社稷，則玄衣玄冕；享先皇、加元服、納后、朝諸侯，則象衣象冕。十有二章，日、月、星辰、山、龍、華蟲六章在衣，[3]火、宗彝、藻、粉米、黼、黻六章在裳，[4]凡十二等。享諸先帝、大貞於龜、食三老五更、享諸侯、耕籍，[5]則服衮冕，自龍已下，凡九章十二等。[6]宗彝已下五章在衣，[7]藻、火已下四章在裳，[8]衣重宗彝。祀星辰、祭四望、視朔、大射、饗群臣、巡犧牲、養國老，[9]則服山冕，[10]八章十二等。衣、裳各四章，衣重火與宗彝。群祀、視朝、臨太學、入道法門、宴諸侯與群臣及燕射、養庶老、適諸侯家，則服鷩冕，[11]七章十二等。衣三章，裳四章，衣重三章。衮、山、鷩三冕，皆裳重黼、黻，[12]俱十有二等。通以升龍爲領、褾。[13]冕通十有二旒。巡兵、即戎，則服韋弁，[14]謂以韎韋爲弁，又以爲裳衣也。田獵、行鄉畿，則服皮弁，謂以鹿子皮爲弁，白布衣而素裳也。皇帝凶服斬衰。[15]父母之喪上下達。其弔服，錫衰以哭三公，緦衰以哭諸侯，皆十五升抽其半。錫者，涜其布，不涜其縷，哀在內；緦者，涜其縷，不涜其布，哀在外也。疑衰以哭大夫，十四升。[16]皆素弁，如爵弁之數。環絰。一服纏絰。凡大疫、大荒、大灾則素服縞冠。[17]凡疫病、荒飢、年災水旱也。

[1]後周：即北周（557—581），都長安（今陝西西安市西北）。　司服：官名。北周天官府設司服上士二人，司服中士二人，掌天子吉凶服飾。司服上士正三命；司服中士，正二命。

[2]皇地祇：對地神的尊稱。

[3]十有二章，日、月、星辰、山、龍、華蟲六章在衣：六章之間中華本未加標點，今據十二章之制補。又《周禮·春官·司服》鄭玄注引《繢人職》云：“‘鳥獸蛇雜四時五色以章之謂’是也。……王者相變，至周而以日月星辰畫於旌旗，所謂三辰旌旗，昭其明也。而冕服九章，登龍於山，登火於宗彝，尊其神明也。九章，初一曰龍，次二曰山，次三曰華蟲，次四曰火，次五曰宗彝，皆畫以爲繢；次六曰藻，次七曰粉米，次八曰黼，次九曰黻。”後文所載“火”在“宗彝”之前，則此句“龍”亦當在“山”前。（參見閻步克《宗經、復古與尊君、實用（上）——中古《周禮》六冕制度的興衰變異》，《北京大學學報》2005年第6期）

[4]火、宗彝、藻、粉米、黼、黻六章在裳：此句六章之間中華本未加標點，今據十二章之制補。

[5]大貞於龜：亦稱貞龜，占卜，因古人灼龜甲以卜，故名。

三老五更：古代設置的兩個養老之位，掌宣德教。三老與五更各置一人，皆以年老退休且明世事的三公任之。天子則以父禮事三老，以兄禮事五更，皆尊養於國子學或太學中，用以示天下之孝悌。

［6］則服衮冕，自龍已下，凡九章十二等：此句所言九章不詳。按，後周章服之制參《周禮》而定，據前文所引《周禮·春官·司服》鄭玄注引《繢人職》，此衮冕九章之順序亦同鄭玄注所言，故此言自龍以下九章。

［7］已下：此恐爲“已上”之誤，據此段注［3］，宗彝已上五章爲龍、山、華蟲、火、宗彝，符合《周禮》及歷代服章之制（參見閻步克《宗經、復古與尊君、實用（上）——中古《周禮》六冕制度的興衰變異》）。

［8］藻、火已下四章：此句“火”恐衍。據此段注［3］，“藻”以下四章爲“藻、粉米、黼、黻”，“火”章爲第四，當在衣。又此段後云“衮、山、鷩三冕，皆裳重黼、黻”，則“黼、黻”二章在裳。檢歷代《周禮》及歷代服章之制，“粉米”均在裳，後周當不例外。此衮冕裳之四章當爲“藻、粉米、黼、黻”。故“火“字衍。（參見閻步克《宗經、復古與尊君、實用（上）——中古《周禮》六冕制度的興衰變異》）

［9］四望：所祭之四方山川及其神靈。　大射：古射禮之一。天子舉行祭祀大典之前，選擇陪祭之臣而舉行的禮儀。其方法爲：按等級不同，以虎、熊、豹、麋等形象爲箭靶，靶心設一鵠，數中者可陪祭。　國老：告老退職的國家重臣。

［10］山冕：天子服飾中繪有山形圖案者及其相應之冕。

［11］鷩（bì）冕：指鷩衣加冕，古禮服。鷩爲一種好鬬之鳥，《釋名·釋首飾》云：“鷩冕：鷩、雉之憋者，山雞是也。鷩、憋也，性急憋，不可生服，必自殺。故畫其形於衣，以象人執耿介之節也。”鷩冕之制漢晋及南朝未有，北周宗《周禮》，復行此制。

［12］黼、黻：中華本標點作“黼黻”。按，據十二章之制，此

爲二章，中間當用頓號。本卷下同。

［13］升龍："乘龍升天"紋飾圖案。　領、褾：指衣領及袖端。按，中華本標點作"領褾"。領與褾爲服飾的兩個不同部位，中間當用頓號。本卷下同。

［14］韋弁：天子禮服及冠制之一。用熟皮製成，淺朱色，制如皮弁。《周禮·春官·司服》："凡兵事，韋弁服。"鄭玄注："韋弁，以韎韋爲弁。"孫詒讓《正義》引任大椿曰："韋弁爲天子諸侯大夫兵事之服。戎服用韋者，以韋革同類，服以臨軍，取其堅也。《晋志》韋弁制似皮弁，頂上尖，韎草染之，色如淺絳。然則形狀似皮弁矣。"

［15］斬衰：古代五種喪服中最重一種。用粗麻布製成，左右和下邊不縫。服制三年。子及未嫁女爲父母服斬衰。諸侯爲天子、臣爲君亦服斬衰。

［16］"其弔服"至"十四升"：此段言天子參加臣子喪禮所着之服，依臣子地位不同而異。錫衰、緦衰、疑衰均爲古代王爲臣所穿喪服。《周禮·春官·司服》云："王爲三公六卿錫衰，爲諸侯緦衰，爲大夫士疑衰。"鄭玄注云："君爲臣服弔服也。鄭司農云：'錫，麻之滑易者，十五升去其半，有事其布，無事其縷。緦亦十五升去其半，有事其縷，無事其布。疑衰，十四升衰。'玄謂無事其縷，哀在内；無事其布，哀在外。疑之言擬也，擬於吉。""升"，古代布八十縷（綫）爲升，十五升約二尺二寸，幅内含一千二百縷，爲細布。"十五升去其半"，即六百縷。錫衰與緦衰皆以十五升布爲之，惟疑衰十四升。"有事"亦即此段"浣"之意，指以水鍛濯漂白，去其污垢。錫衰與緦衰區別在於，錫漂織成的布而不漂縷，緦則相反。

［17］縞冠：白色生絹所製之帽。

諸公之服九：［1］一曰方冕。［2］二曰衮冕，九章，［3］宗彝已上五章在衣，藻已下四章在裳。三曰山冕，八章，衣、裳各四章，衣重宗彝，爲九等。四曰驚冕，七章，衣三章，裳四章，衣重火與宗彝。五曰火冕，[4]六章，衣、裳各三章，衣重宗彝及藻，裳重黻。六曰毳冕，[5]五章，衣三章，裳二章，衣重藻、粉米，[6]裳重黼、黻。山冕已下俱九等，皆以山爲領、褾，冕俱九旒。七曰韋弁。八曰皮弁。九曰玄冠。[7]

［1］公：爵名。北周封爵有國公、郡公，均爲正九命；縣公，命數不詳（參見王仲犖《北周六典》卷八《封爵第十九》，中華書局1979年版，第538—553頁）。

［2］方冕：北周新創，《周禮》未載有此冕。王仲犖認爲："方冕者，即皇帝祀昊天上帝時服蒼衣蒼冕；祀東方上帝及朝日時服青衣青冕；祀南方上帝時服朱衣朱冕；祭皇地祇祀中央上帝時服黄衣黄冕；祀西方上帝及夕月時服素衣素冕；祀北方上帝祭神州社稷時服玄衣玄冕。但天子冕服十二章，有日、月、星辰，公九章，無日、月、星辰耳。"（參見王仲犖《北周六典》卷四《春官府第九》，第195頁）可作參考。

［3］九章：指衣龍、山、華蟲、火、宗彝五章，裳藻、粉米、黼、黻四章。以下諸冕依次減少一章。

［4］火冕：北周新創，《周禮》未載有此冕，形制不詳。

［5］毳（cuì）冕：指毳衣加冕，古禮服。毳爲獸細毛織物。

［6］藻、粉米：中華本標點作"藻粉米"。據十二章之制加頓號。

［7］玄冠：即委貌冠。《儀禮·士冠禮》："主人玄冠。"鄭玄注："玄冠，委貌也。"委貌冠參本卷前文注。

諸侯服，[1]自方冕而下八，無袞冕。山冕八章，衣、裳各四章。鷩冕七章，衣三章，裳四章，衣重宗彝。火冕六章，衣、裳各三章，衣重藻，裳重黻。毳冕五章，衣三章，裳二章，衣重粉米，裳重黼、黻。鷩冕已下俱八等，皆以華蟲爲領、褾。冕俱八旒。

[1]侯：爵名。北周封爵有縣侯，正八命（參見王仲犖《北周六典》卷八《封爵第十九》，第553頁）。

諸伯服，[1]自方冕而下七，又無山冕。鷩冕七章，衣三章，裳四章。火冕六章，衣、裳各三章，裳重黻。毳冕五章，衣三章，裳二章，裳重黼、黻。火冕已下俱七等，皆以火爲領、褾。冕俱七旒。

[1]伯：爵名。北周封爵有縣伯，正七命（參見王仲犖《北周六典》卷八《封爵第十九》，第554頁）。

諸子服，[1]自方冕而下六，又無鷩冕。火冕六章，衣、裳各三章。毳冕五章，衣三章，裳二章，裳重黻。毳冕已下俱六等，皆以宗彝爲領、褾。冕俱六旒。

[1]子：爵名。北周封爵有縣子，正六命（參見王仲犖《北周六典》卷八《封爵第十九》，第555頁）。

諸男服，[1]自方冕而下五，又無火冕。毳冕五章，衣三章，裳二章。以藻爲領、褾。冕五旒。

[1]男：爵名。北周封爵有縣男，正五命（參見王仲犖《北周六典》卷八《封爵第十九》，第556頁）。

三公之服九：[1]一曰祀冕。[2]二曰火冕，六章，衣、裳各三章，衣重宗彝與藻，裳重黻。三曰毳冕，五章，衣三章，裳二章，衣重藻與粉米，裳重黼、黻。四曰藻冕，[3]四章，衣、裳俱二章，衣重藻與粉米，裳重黼、黻。五曰繡冕，[4]三章，衣一章，裳二章，衣重粉米，裳重黼、黻。俱九等，皆以宗彝爲領、褾。六曰爵弁。七曰韋弁。八曰皮弁。九曰玄冠。

[1]三公：指太師、太傅、太保。均正九命。

[2]祀冕：形制不詳。

[3]藻冕：北周新創，《周禮》未載有此冕，形制不詳。

[4]繡冕：形制不詳。

三孤之服，[1]自祀冕而下八，無火冕。毳冕五章，衣三章，裳二章，衣重粉米，裳重黼、黻。藻冕四章，衣、裳各二章，衣重藻與粉米，裳重黼、黻，俱八等，皆以藻爲領、褾。繡冕三章，衣一章，裳二章，衣重粉米，裳重黼、黻，爲八等。

[1]三孤：指少師、少傅、少保。均正八命。

公卿之服，[1]自祀冕而下七，又無毳冕。藻冕四章，衣、裳各二章，衣重粉米，裳重黼、黻，爲七等，皆以粉米爲領、褾，各七。[2]繡冕三章，衣一章，裳二章，衣重粉米，裳重黼、黻，爲七等。

[1]公卿：《通典》卷五七《禮》、王仲犖《北周六典》均同。然北周官制，有太師、太保、太傅爲三公，正九命；有少師、少傅、少保爲三孤，正八命；其下大冢宰等六卿，正七命。雖然北周有大丞相、相國，大象元年（579）又置四輔（大前疑、大右弼、大左輔、大後丞），但它們不會低於三孤而與六卿同級。所以，北周别無與六卿同級之公。公、六形近易訛，“公卿”或爲“六卿”。又所載印綬制度：“三公之綬，如諸公；三孤之綬，如諸侯；六卿之綬，如諸伯。”可見在三公、三孤之下，所列正是“六卿”，而非“公卿”。故“公卿”或爲“六卿”之訛。（參見閻步克《宗經、復古與尊君、實用（上）——中古《周禮》六冕制度的興衰變異》）。六卿，官名。北周天官冢宰、地官司徒、春官宗伯、夏官司馬、秋官司寇、冬官司空分掌邦國之政，總稱六官或六卿。正六命。

[2]各七：據上下文述冕服格式，此二字恐衍。

上大夫之服，[1]自祀冕而下六，又無藻冕。繡冕三章，衣一章，裳二章，衣重粉米，裳重黼，爲六等。

[1]上大夫：官名。北周正六命。

中大夫之服，[1]自祀冕而下五，又無皮弁。繡冕三章，衣一章，裳二章，衣重粉米，爲五等。

[1]中大夫：官名。北周正五命。

下大夫之服，[1]自祀冕而下四，又無爵弁。繡冕三章，衣一章，裳二章，衣重粉米，爲四等。

[1]下大夫：官名。北周正四命。

士之服三：[1]一曰祀弁，[2]二曰爵弁，三曰玄冠。玄冠皆玄衣。其裳，上士以玄，中士以黄，下士雜裳，謂前玄後黄也。庶士之服一：玄冠。庶士，庶人在官，[3]府史之屬。其服緇衣裳。

[1]士：官名。北周上士，正三命；中士，正二命；下士，正一命。

[2]祀弁：形制不詳。

[3]官：底本原作“宫”，據汲古閣本、殿本、庫本、中華本改。

後令文武俱著常服，冠形如魏帢，無簪有纓。其凶服皆與庶人同。其弔服，諸侯於其卿大夫，錫衰；同姓，緦衰；於士，疑衰。其當事則弁絰，[1]否則皮弁。公、孤、卿、大夫之弔服，[2]錫衰、弁絰，皮弁亦如。[3]士之弔服，疑衰素裳，當事弁絰，否則徒弁。[4]

[1]弁絰：吊喪時所戴加麻素冠。

[2]公、孤、卿、大夫：中華本標點作“公孤卿大夫”。按，據上文此當指三公、三孤、六卿、大夫，故中間應加頓號。

[3]皮弁亦如：中華本“如”後有“之”字。

[4]徒弁：形制不詳。

皇后衣十二等。其翟衣六，[1]從皇帝祀郊禖，享先皇，朝皇太后，則服翬衣。素質，五色。祭陰社，朝命婦，則服褕衣。[2]青質，五色。祭群小祀，受獻璽，[3]則服鷩衣。赤衣。采桑則服鳪衣。[4]黄色。從皇帝見賓客，聽女教，則服鵫衣。[5]白色。食命婦，歸寧，則服翐衣。[6]玄色。俱十有二等，以翬雉爲領、褾，各有二。臨婦學及法道門，命婦，[7]有時見命婦，則蒼衣。春齋及祭還，則青衣。夏齋及祭還，則朱衣。采桑齋及采桑還，則黄衣。秋齋及祭還，則素衣。冬齋及祭還，則玄衣。自青衣而下，其領、褾以相生之色。

［1］翟衣：此指繪有翟羽紋飾的禮服。

［2］褕衣：《通典》卷六二《禮·后妃命婦服章制度》作“揄衣”。

［3］璽：汲古閣本、殿本、庫本同，中華本作“繭”。其校勘記云：“‘繭’原作‘璽’，據《通典》卷六二改。”

［4］鳪（bú）：黄色野鷄，故鳪衣色黄。

［5］鵫（zhuó）：鳥名，白色，一説即白鷴。故鵫衣色白。

［6］翐：鳥名，黑色。故翐衣色玄。

［7］命婦：汲古閣本、殿本、庫本同，中華本前有“燕”字。檢《通典》卷六二《禮·后妃命婦服章制度》作“燕命婦”，中華本恐據此補。

諸公夫人九服，其翟衣雉皆九等，俱以褕雉爲領、褾，各九。自褕衣已下五，曰褕衣、鷩衣、鳪衣、鵫衣、翐衣。并朱衣、黄衣、素衣、玄衣而九。自朱衣而下，其領、襟亦同用相生之色。

諸侯夫人，自鷩而下八。其翟衣雉皆八等，俱以鷩雉爲領、襟。無褕衣。

諸伯夫人，自鳪而下七。其翟衣雉皆七等，俱以鳪雉爲領襟，又無鷩衣。

諸子夫人，自鵫而下六。其翟衣俱以鵫雉爲領、襟。又無鳪衣。

諸男夫人，自翶而下五。其翟衣雉皆五等，俱以翶雉爲領、襟。又無鵫衣。

三妃，[1]三公夫人之服九：一曰鳪衣，二曰鵫衣，三曰翶衣，四曰青衣，五曰朱衣，六曰黄衣，七曰素衣，八曰玄衣，九曰髾衣。[2]似髮。華皆九樹。其雉衣亦皆九等，以鳪雉爲領、襟，各九。

[1]三妃：北周後宫嬪妃之一，比《周禮》三夫人之位，位視三公，正九命（參見王仲犖《北周六典》卷九《内命婦第二十三》，第613頁）。

[2]髾衣：紋飾如髮髾之衣，其制不詳。

三妀，[1]三孤之内子，[2]自鵫衣而下八。雉衣皆八等，以鵫雉爲領、襟，各八。六嬪，[3]六卿之内子，自翶衣而下七。雉衣皆七等，以翶雉爲領、襟，各七。上媛，[4]上大夫之孺人，[5]自青衣而下六。中媛，中大夫之孺人，自朱衣而下五。下媛，下大夫之孺人，自黄衣而下四。御婉，[6]士之婦人，自素衣而下三。中宫六尚，一曰緅衣。[7]其色赤而微玄。

[1]三妜：北周後宮嬪妃之一。地位僅次於三妃，位視三孤（參見王仲犖《北周六典》卷九《内命婦第二十三》，第615頁）。

[2]内子：古代卿大夫之嫡妻。

[3]六嬪：北周後宮嬪妃之一。地位僅次於三妃，位視六卿（參見王仲犖《北周六典》卷九《内命婦第二十三》，第615頁）。

[4]上媛：上媛、中媛、下媛均爲御媛，位視大夫。大夫有上、中、下，故御媛亦有上、中、下。（參見王仲犖《北周六典》卷九《内命婦第二十三》，第616頁）

[5]孺人：古稱大夫之妻。

[6]御婉：北周後宮嬪妃之一。位視士（參見王仲犖《北周六典》卷九《内命婦第二十三》，第616頁）。

[7]一曰：此二字衍。中華本去此二字，其校勘記云："'尚'下原衍'一曰'二字。按：'六尚'指尚食、尚藥、尚衣、尚舍、尚乘、尚輦等六種女官，'緅衣'指其服色。《通典》卷六二作'中宫六尚，緅衣'。今據删。"所言是，當從删。

諸命秩之服，[1]曰公服，其餘常服，曰私衣。皇后華皆有十二樹。諸侯之夫人，亦皆以命數爲之節。三妃，三公夫人已下，又各依其命。一命再命者，又俱以三爲節。

[1]命秩：猶如官爵之意。

皇后及諸侯夫人之服，皆舄履。三妃，三公夫人已下，翟衣則舄，其餘皆屨。舄、履各如其裳之色。

皇后之凶服，斬衰、齊衰，降旁期已下。弔服，[1]

爲妃、嬪、三公之夫人、孤卿内子之喪，錫衰。錫者，十五升去其半。無事其縷，有事其布，哀在内也。爲諸侯夫人之喪，緦衰。緦亦十五升去其半。有事其縷，無事其布，哀在外也。爲媛、御婉及大夫孺人、士之婦人之喪，疑衰。十四升，疑於吉。皆吉笄，無首。象笄，去首飾。太陰虧則素服。[2]蕩天下之陰事。諸侯之夫人及三妃與三公之夫人已下凶事，則五衰：自緦已上皆服之。其弔，諸侯夫人於卿之内子、大夫孺人，錫衰。於己之同姓之臣，緦衰。於士之婦人，疑衰。皆吉笄，無首。其三妃已下及媛，三公夫人已下及孺人，其弔服錫衰。御婉及士之婦人，弔服疑衰，疑衰同笄。九族已下皆骨笄。

[1]降旁期已下。弔服：此句中華本標點作“皇后之凶服，斬衰、齊衰，降旁期已下吊服。”按，此句“吊服”二字應斷入後句。北周推崇古制，車服器用多依《周禮》。凶服指服喪之服，《周禮·春官·司服》云：“凡凶事，服弁服”，東漢鄭玄注：“其服斬衰、齊衰。”《周禮·春官·司服》又云：“其凶服，加以大功、小功。”旁期，指旁系親屬之凶服，《周禮·春官·司服》唐賈公彦疏：“天子諸侯絶旁期，正統之期猶不降，故兼云齊衰，其正服大功，亦似不降也。”顯然此條凶服指斬衰、齊衰。吊服爲吊喪之服，《周禮·春官·司服》云：“凡吊事，弁絰服。”其制有三，“王爲三公六卿錫衰，爲諸侯緦衰，爲大夫士疑衰”。故本書此條所載錫衰、緦衰、疑衰乃皇后之吊服，故“吊服”二字應斷入下句。又本卷前文北周皇帝服制云：“皇帝凶服斬衰。其吊服，錫衰以哭三公，緦衰以哭諸侯，疑衰以哭大夫。”亦可資佐證。綜上，此句標點應作“皇后之凶服，斬衰、齊衰，降旁期已下。吊服……”。

[2]太陰虧：指發生月食，太陰指月亮。

韠，皇帝三章，龍、火、山；諸侯二章，去龍；卿大夫一章，以山。皆織綵以成之。

皇帝八璽，有神璽，有傳國璽，皆寶而不用。神璽明受之於天，傳國璽明受之於運。皇帝負扆，[1]則置神璽於筵前之右，置傳國璽於筵前之左。又有六璽。其一“皇帝行璽”，封命諸侯及三公用之。其二“皇帝之璽”，與諸侯及三公書用之。其三“皇帝信璽”，發諸夏之兵用之。其四“天子行璽”，封命蕃國之君用之。其五“天子之璽”，與蕃國之君書用之。其六“天子信璽”，徵蕃國之兵用之。六璽皆白玉爲之，方一寸五分，高寸，螭獸鈕。

[1]負扆：原意指背靠屏風，此引申爲臨朝聽政。

皇后璽，文曰“皇后之璽”，白玉爲之，方寸五分，高寸，麟鈕。

三公諸侯皆金印，方寸二分，高八分，龜鈕。七命已上銀，四命已上銅，皆龜鈕。三命已上，銅印銅鼻。其方皆寸，其高六分，文曰“某公官之印”。

皇帝之組綬以蒼，以青，以朱，以黄，以白，以玄，以纁，以紅，以紫，以緅，以碧，以緑，十有二色。諸公九色，自黄以下。諸侯八色，自白以下。諸伯七色，自玄以下。諸子六色，自纁已下。諸男五色，自紅已下。三公之綬，如諸公。三孤之綬，如諸侯。六卿之綬，如諸伯。上大夫之綬，如諸子。中大夫之綬，如諸男。下大夫綬，自紫已下。士之綬，自緅已下。其璽印之綬，亦如之。

保定四年，[1]百官始執笏，常服上焉。宇文護始命袍加下襴。[2]

[1]保定：北周武帝宇文邕年號（561—565）。

[2]宇文護：人名。西魏權臣宇文泰之侄。北周建立，宇文護專政。傳見《周書》卷一一，《北史》卷五七有附傳。　襴：織物界道。

宣帝即位，[1]受朝於路門，初服通天冠，絳紗袍。群臣皆服漢魏衣冠。大象元年，[2]制冕二十四旒，衣服以二十四章爲準。二年下詔，天臺近侍及宿衛之官，[3]皆著五色衣，以錦綺繢繡爲緣，名曰品色衣。有大禮則服冕。内外命婦皆執笏，其拜俯伏方興。

[1]宣帝：北周宣帝宇文贇。紀見《周書》卷七、《北史》卷一〇。

[2]大象：北周静帝宇文闡年號（579—580）。

[3]天臺：北周大象元年周宣帝禪位周静帝，自稱天元皇帝，住處稱天臺。

隋書　卷一二

志第七

禮儀七

高祖初即位，[1]將改周制，[2]乃下詔曰："宣尼制法，[3]云行夏之時，乘殷之輅。[4]弈葉共遵，理無可革。然三代所尚，[5]衆論多端，或以爲所建之時，或以爲所感之瑞，或當其行色，因以從之。今雖夏數得天，[6]歷代通用，漢尚於赤，魏尚於黄，驪馬玄牲，已弗相踵，明不可改，建寅歲首，常服於黑。朕初受天命，赤雀來儀，兼姬周已還，於兹六代，三正迴復，[7]五德相生，[8]總以言之，並宜火色。垂衣已降，[9]損益可知，尚色雖殊，常兼前代。其郊丘廟社，[10]可依衮冕之儀，[11]朝會衣裳，[12]宜盡用赤。昔丹烏木運，[13]姬有大白之旗，[14]黄星土德，[15]曹乘黑首之馬，[16]在祀與戎，其尚恒異。今之戎服，皆可尚黄，在外常所著者，通用雜色。祭祀之服，須合禮經，[17]宜集通儒，更可詳議。"

［1］高祖：隋文帝楊堅廟號。紀見本書卷一、二，《北史》卷一一。

［2］周：即北周（557—581），都長安（今陝西西安市西北）。

［3］宣尼：即孔子。漢平帝元始元年（1）追謚孔子爲褒成宣尼公，後因稱孔子爲宣尼。

［4］行夏之時，乘殷之輅：語出《論語·衛靈公》："顔淵問爲邦。子曰：'行夏之時，乘殷之輅，服周之冕。'"夏之時，指以建寅之月爲歲首的夏曆；殷之輅，指殷商之輅車，歷代帝王多沿用。按，《册府元龜》卷五八四《掌禮部·奏議第一二》下有"服周之冕"四字，參中華本校勘記。又本段後文云"三代所尚"，然此衹云夏、殷，故"服周之冕"句當補入。

［5］三代：指夏、商、周。

［6］夏數：即夏曆。

［7］三正：指三代曆法歲首，夏正建寅，殷正建丑，周正建子，合稱三正。

［8］五德：此指陰陽家所謂金、木、水、火、土五行。

［9］垂衣："垂衣裳"省稱，典出《易·繫辭下》："黄帝、堯、舜垂衣裳而天下治。"此代指黄帝、堯、舜所處時代。 已：《文獻通考》卷一一二《王禮考七·君臣冠冕服章》同，《册府元龜》卷五八四《掌禮部·奏議第一二》作"以"。

［10］郊丘廟社：指祭祀天地、宗廟、社稷。

［11］衮冕：此指衮衣與冕，古代帝王與上公的禮服與禮冠。《周禮·春官·司服》："享先王則衮冕。"鄭注云："衮，卷龍衣也。"後世一般以畫卷龍之衣爲衮衣。冕則隨衣而名，如衮服所着之冕爲衮冕，後文所論冠冕之制皆同此。

［12］朝會：百官或外國使臣朝見天子。

［13］丹烏木運：典出《三國志》卷二九《魏書·管輅傳》裴松之注引《輅别傳》："文王受命，丹烏銜書，此乃聖人之靈祥，周室之休祚。"丹烏即丹鳥，乃國之祥瑞。古陰陽五行學説，木德尚

紅，以木德稱王者，有丹烏現。

[14]姬：周的代稱。　大白之旗：相傳牧野之戰時周武王姬發持大白旗指麾諸侯。

[15]黄星：黄色之星，國之祥瑞。古陰陽五行學説，土德尚黄，以土德王者，多有黄星之現。按，土，各本及《通典》卷六一《禮·君臣服章制度》、《册府元龜》卷五八四《掌禮部·奏議第一二》均同；但《文獻通考》卷一一二《王禮考七·君臣冠冕服章》作“尚”，誤。

[16]曹乘黑首之馬：曹指曹魏。按照陰陽家説法，曹魏爲土德，本尚黄，然稱黑首之馬，説明祭祀與軍事顏色不一。

[17]禮經：古代講禮之經典，常指《儀禮》。

太子庶子、攝太常少卿裴政奏曰：[1]“竊見後周制冕，加爲十二，[2]既與前禮數乃不同，[3]而色應五行，[4]又非典故。謹案三代之冠，[5]其名各別。六等之冕，[6]承用區分，璪玉五采，[7]隨班異飾，都無迎氣變色之文。[8]唯《月令》者，[9]起于秦代，乃有青旗赤玉，白駱黑衣，[10]與四時而色變，全不言於弁冕。五時冕色，[11]《禮》既無文，[12]稽於正典，[13]難以經證。且後魏已來，[14]制度咸闕。[15]天興之歲，[16]草創繕修，所造車服，多參胡制。故魏收論之，[17]稱爲違古，[18]是也。周氏因襲，將爲故事，[19]大象承統，[20]咸取用之，輿輦衣冠，甚多迂怪。今皇隋革命，憲章前代，[21]其魏、周輦輅不合制者，已敕有司盡令除廢，然衣冠禮器，尚且兼行。乃有立夏衮衣，以赤爲質，迎秋平冕，[22]用白成形，既越典章，須革其謬。謹案《續漢書·禮儀志》云：立春之日，京都皆著青衣，秋夏悉如其色。逮于魏、晉，迎氣五郊，[23]行禮之人，皆同此制。考尋故事，唯幘從衣色。[24]今請冠及冕，色並用玄，唯應著幘者，任依漢、晉。”制曰：“可。”

[1]太子庶子：官名。此爲太子左庶子，東宫門下坊置二員，掌侍從贊相，駁正啓奏，制比門下省侍中。正四品上。按，據本書卷六六、《北史》卷七七《裴政傳》“太子庶子”當爲“太子左庶子”。又裴政任太子左庶子在修訂律令之後，此蓋以後官名之。　攝：兼理。　太常少卿：官名。輔太常卿掌宗廟郊社禮樂，通判寺事。正四品上。按，本書卷六六及《北史》卷七七《裴政傳》不載其攝太常少卿一職。　裴政：人名。傳見本書卷六六、《北史》卷七七。按，“政”底本作“正”，據本書本傳改。

[2]加爲十二：本書《禮儀志六》云：“後周設司服之官，掌皇帝十二服。”即蒼衣蒼冕、青衣青冕、朱衣朱冕、黄衣黄冕、素衣素冕、玄衣玄冕、象衣象冕、衮冕、山冕、鷩冕、韋弁、皮弁。

[3]前禮數：此指古制天子之服九，祭服六：大裘冕、衮冕、鷩冕、毳冕、絺冕、元冕，常服三：韋弁、皮弁、冠弁。故此云周制冕十二“與前禮數乃不同”。

[4]色應五行：陰陽家以金、木、水、火、土五行所屬爲五種顔色，金德尚白，木德尚青、水德尚黑、火德尚赤、土德尚黄。

[5]冠：指首服，夏商周時主要有冕、弁、冠。

[6]六等之冕：即本段注[3]所云：大裘冕、衮冕、鷩冕、毳冕、絺冕、元冕。

[7]璪玉五采：璪玉，冕前所垂掛用於裝飾的玉珠，因狀如水藻而得名。璪，貫穿玉珠的彩色絲綫，有青、赤、黄、白、黑五彩。古制，天子五彩，其下按爵位、品秩遞減，分爲四彩、三彩、二彩、一彩，後文所云“隨班異飾”。按，璪，各本同，唯《册府元龜》卷五八四《掌禮部·奏議第一二》作“璅”。

[8]迎氣變色：指帝王於立春、立夏、立秋、立冬四時至郊外舉行迎氣儀典，其服飾旌旗隨季節不同而變化不同顏色。迎氣之制起於春秋戰國，後代沿襲，故三代未載。

[9]《月令》：《禮記》篇名。禮家合抄《吕氏春秋》十二月紀之首章而成。内容爲農曆十二個月的時令、行政及相關事物。

[10]駱：各本均同，《文獻通考》卷一一二《王禮考七·君臣冠冕服章》及《玉海》卷八二《車服·冕》亦同。唯《册府元龜》卷五八四《掌禮部·奏議第一二》作"輅"。按，《禮記·月令》云："孟秋駕白駱。"作"輅"誤。

[11]五時冕色：《續漢書·祭祀志中》載：東漢明帝永平二年（59）采古禮定五郊迎氣服色，立春、立夏、先秋十八日、立秋、立冬分别於都城東、南、中、西、北舉行，其服飾依時節分别用青、赤、黄、白、黑，冕色亦如之。

[12]《禮》：《儀禮》《周禮》《禮記》三書合稱。

[13]典：各本均同，《文獻通考》卷一一二《王禮考七·君臣冠冕服章》亦同。《册府元龜》卷五八四《掌禮部·奏議第一二》作"色"。

[14]後魏：即北魏（386—557），亦單稱魏。初都平城（今山西大同市東北），公元494年遷都洛陽（今河南洛陽市東北白馬寺東）。公元534年分裂爲東魏和西魏兩個政權。東魏（534—550）都於鄴（今河北臨漳縣西南鄴鎮東），西魏（535—557）都於長安（今陝西西安市西北郊）。

[15]咸：各本均同，《册府元龜》卷五八四《掌禮部·奏議第一二》作"全"。

[16]天興：北魏道武帝拓跋珪年號（398—404）。

[17]魏收：人名。北齊文宣帝天保初年官任中書令，博學多識，通曉經史文章，對國典朝儀多有議定。傳見《魏書》卷一〇四、《北齊書》卷三七、《北史》卷五六。

[18]爲：各本均同，《册府元龜》卷五八四《掌禮部·奏議第

一二》作“於”。

［19］故事：指以往的典章制度或舊有的慣例。

［20］大象：北周静帝宇文闡年號（579—580）。

［21］憲章：效法。

［22］平冕：此即南朝梁平天冠制（參見本書《禮儀志六》），爲天子郊祭及臨軒，皇太子侍祭，王公、大臣等助祭時戴的冕冠。東漢平冕即平天冠，爲冕的俗稱。至南朝齊時平天冠成爲冠制之一，非獨指冕，《南齊書·輿服志》曰：“平冕，黑介幘，今謂平天冠。”此後平冕即指平天冠。

［23］迎氣五郊：參本段注［11］。

［24］幘：包扎髮髻的巾。西漢史游《急就篇》顔師古注云：“幘者，韜髮之巾，所以整亂髮也。當在冠下，或單著之。”本書《禮儀志六》云：“幘，尊卑貴賤皆服之。文者長耳，謂之介幘；武者短耳，謂之平上幘。”

於是定令，采用東齊之法。[1]乘輿衮冕，[2]垂白珠十有二旒，[3]以組爲纓，[4]色如其綬，[5]黈纊充耳，[6]玉笄。[7]玄衣，纁裳。[8]衣，山、龍、華蟲、火、宗彝五章；裳，藻、粉米、黼、黻四章。[9]衣重宗彝，裳重黼、黻，爲十二等。[10]衣褾、領織成升龍，[11]白紗内單，[12]黼領，[13]青褾、襈、裾。[14]革帶，[15]玉鈎、鰈；[16]大帶，素帶朱裏，[17]紕其外，[18]上以朱，下以緑。韍隨裳色，[19]龍、火、山三章。鹿盧玉具劍，[20]火珠鏢首。[21]白玉雙佩，[22]玄組。雙大綬，六采，玄、黄、赤、白、縹、緑，純玄質，[23]長二丈四尺，五百首，[24]廣一尺；小雙綬，長二尺六寸，色同大綬，而首半之，間施三玉環。朱襪，赤舄，[25]舄加金飾。祀圓丘、方澤、感帝、明堂、五郊、雩、禮、封禪、朝日、夕月、宗廟、社稷、籍田、廟遣上將、征還飲至、元服、納后、正月受朝及臨軒拜王公，[26]則服之。通天冠，[27]加金博山，[28]附蟬，[29]十二首，[30]施珠翠，[31]黑介幘，[32]玉簪、導。[33]絳紗袍，[34]深衣制，[35]白紗内單，皁領、褾、襈、裾，絳紗蔽膝。[36]白假帶。[37]方心、曲領。[38]其革帶、劍、佩、綬、舄，與上同。若未加元服，則雙童髻，[39]空頂黑介幘，[40]雙玉導，加寶飾。[41]朔日受朝、元會及冬會、諸祭還，[42]則服之。武弁，[43]金附蟬，[44]平巾幘，[45]餘服具服。[46]講武、出征、四時蒐狩、大射、禡、類、宜社、賞祖、罰社、纂嚴，[47]則服之。黑介幘，白紗單衣，[48]烏皮履，拜陵則服之。白紗帽，[49]白練裙、襦，[50]烏皮履，視朝、聽訟及宴見賓客，皆服之。白帢，[51]白紗單衣，烏皮履，舉哀則服之。

[1]東齊：即北齊（550—577），或稱高齊，都鄴（今河北臨漳縣西南）。

[2]乘輿：本指天子或諸侯所坐之車，後作皇帝代稱。

[3]旒：冕前後之垂珠。按，三代之制，冕前後之垂珠爲白玉珠，由青、白、赤、黄、玄五色組成，東漢明帝改革冕制，僅用白珠。隋沿其制。

[4]組：絲帶。　纓：繫冠帶子，其作用爲固定冕冠。《釋名·釋首飾》云："纓，頸也，自上而繫於頸也。"

[5]綬：本爲繫官印之帶，其長度和顏色依身份高低而不同。漢代佩印時，綬縈繞於腰間。然隋官印並歸於官府，身不自配，爲衣裝平整，綬遂被剪斷，成爲兩層相疊的垂飾。隋天子之綬有雙大綬與小雙綬，顏色爲六彩：玄、黄、赤、白、縹、緑，純玄質，參

本段後文。

［6］黈纊：即黄纊，黄綿所製小球。懸於冠冕之上，垂兩耳旁，以示不欲妄聽是非。本卷後文云："黈纊，黄綿爲之，其大如橘。"又引《禮含文嘉》："加以黈纊，不聽讒也。" 充耳：亦稱琉耳，古代冠冕兩側下垂到耳的玉飾。

［7］玉笄：玉製長簪。冕冠兩旁有孔，玉笄自左至右横穿而過，將冕固定於髮髻之上。

［8］玄衣，纁裳：玄色上衣，纁色下裳。古制，祭服上衣下裳不連屬。

［9］衣，山、龍、華蟲、火、宗彝五章；裳，藻、粉米、黼、黻四章：此句言上衣下裳紋飾圖案。衣爲五章，山、龍、華蟲（即雉。《周禮·春官·司服》鄭玄注："雉，謂華蟲也。"）、火、宗彝（即虎、蜼）。裳爲四章，藻（水草有文者）、粉米（細點狀繡紋）、黼（斧形）、黻（亞形）。衮冕九章依周朝之制而定，初爲九章，至漢明帝時，始爲"乘輿備文，日月星辰十二章"。

［10］十二等：每章一行爲等，共十二行。

［11］褾：袖端。 織成：古代名貴的絲織物。以彩絲及金縷交織出花紋圖案，漢以來一般爲帝王公卿大臣所服用。 升龍："乘龍升天"紋飾圖案。

［12］内單：亦爲"中單"或"中衣"，穿於祭服或朝服裹的襯衣。

［13］黼領：黑白相間圖案之領。

［14］襈：衣服緣邊。 裾：衣服前後襟。

［15］革帶：皮革製腰帶，帶上飾以不同料質的版或環，以別貴賤。

［16］鉤：革帶上帶鉤。 艓：承鉤之環。按，"鉤、艓"中華本未加點讀，據本卷後文云："革帶……今博三寸半，加金縷艓，螳蜋鉤，以相拘帶。"知鉤與艓爲兩件飾物，中間應用頓號相隔。本卷下同。

［17］素帶：紳，白絹縫製之大帶，束於腰間，一端下垂。　朱裏：朱色之裏。

［18］紕：大帶的鑲邊。

［19］韍（fú）：蔽膝，圍於衣服前的大巾。

［20］鹿盧：亦作“轆轤”，指劍柄形狀。古劍之柄以玉作鹿盧形爲飾，名鹿盧劍。　玉具劍：以玉劍具裝飾之劍名玉具劍。玉劍具共四件，即摽，通鏢，劍鞘低端的包頭；首，劍柄頂端飾片；鐔，劍格；衛，劍鞘外供穿帶用的劍鼻。

［21］火珠：即火齊珠。《南史》卷七八《扶南國傳》載“（扶南國）獻火齊珠”。一説似珠之石，寶珠之一；一説琉璃別名。　鏢首：劍鞘末端。

［22］白玉雙佩：佩又稱大佩，着冕服者必有大佩，大佩分兩組，掛於左右腰旁。隋佩玉本卷後文云：“天子白玉，太子瑜玉，王山玄玉。”

［23］純玄質：指綬的底色爲純玄。

［24］首：古代綬、組計數單位。《續漢書·輿服志下》：“凡先合單紡爲一系，四系爲一扶，五扶爲一首，五首成一文。”

［25］舄：專用於祭服或朝服的鞋，重底。重底以木爲之，浸塗蠟，不畏濕泥。冕服舄色赤，具服舄色烏，詳本卷後文。

［26］圓丘：冬至日祭天之所。　方澤：夏至日祭地祇之所。　感帝：即感生帝。古代認爲王者之先祖皆感太微五帝之精以生，因稱其祖所感生之帝爲感生帝。　明堂：古代帝王所建宣明政教場所，凡朝會、祭祀、慶賞、選士、養老、教學等大典常舉行於此。　五郊：謂東郊、南郊、西郊、北郊、中郊。《續漢書·祭祀志中》載：東漢明帝永平二年采古禮定五郊迎氣，立春、立夏、先秋十八日、立秋、立冬分別於都城東、南、中、西、北舉行。隋沿用。　雩：求雨的祭祀。　禬（zhà）：亦通“蠟”，年終祭祀百神的大祭。　封禪：古代帝王祭天地大典。在泰山上築土爲壇，報天之功，稱封；在泰山下之梁父山上辟場祭地，報地之德，稱禪。　朝

日：古代天子於春分祭日儀式。　夕月：古代天子於秋分祭月儀式。　籍田：指籍禮，天子徵民力耕種之田曰“籍田”。每逢春耕前，天子執耒耜於籍田上三推或一撥，稱爲“籍禮”，以示重農。　廟遣上將：古時出征前於廟堂舉行命帥拜將的儀式。　征還飲至：古時征討得勝歸來於廟堂飲酒慶賀。　元服：指冠。古時有未成年繼位帝王，至成年時需舉行加冠典禮，謂“元服”。　臨軒拜王公：皇帝不坐正殿而御殿前平臺，殿前堂陛之間近檐處，兩邊有檻楯，如車之軒，故謂之“臨軒”。因天子册拜王公多於殿前舉行，謂“臨軒拜王公”。

［27］通天冠：天子冠制之一。其形制據《續漢書・輿服志下》：“高九寸，正豎，頂少邪却，乃直下爲鐵卷梁，前有山，展筩爲述。”《太平御覽》卷六八五引晋徐廣《輿服雜注》云：“通天冠，高九寸，黑介幘，金博山。”隋采漢晋之制，其形或同此。

［28］金博山：金製山形冠飾，施於冠正前方。

［29］蟬：指用玉、金、銀等所製成蟬形器物。此爲玉製冠飾，蟬形，飾於金博山上。

［30］十二首：此所指不詳。

［31］珠翠：指珍珠與翡翠。

［32］介幘：幘之一，頂上部呈屋頂形，其狀如“介”。興起於漢，初一般與進賢冠配合使用。本卷後云：“幘，尊卑貴賤皆服之。文者長耳，謂之介幘。”

［33］簪：冠飾之一。爲一種大型長針，通過冠上之紐自右至左穿過髮髻，用於固定冕、弁、冠等首服。天子玉製，臣下象牙、犀角等。　導：冠飾之一，髮簪。用於固定髮髻形狀，其制比簪短小。天子玉製，臣下象牙、犀角等。

［34］紗袍：紗製袍服。袍服爲上下相連之衣。袍初爲内衣，至漢代以後纔變爲外衣，有時甚至可作朝服。

［35］深衣：古時上衣、下裳相連綴之服飾。爲諸侯、大夫、士家居常服，亦爲庶人常禮服。漢代以後，成爲帝后禮服。其形制可

参《禮記·深衣篇》。　制：底本作“製”，中華本校勘記云：“‘制’原作‘製’，據《通典》六一改。”今從改。

［36］蔽膝：参本段注“韍”。

［37］白假帶：白大帶。

［38］方心、曲領：即圓領、方心。

［39］雙童髻：兒童在頭頂或腦後盤成的髮髻。其制不詳，或以爲古時“總角”。

［40］空頂黑介幘：幘頂中空露髮髻也。《續漢書·輿服志下》云：“未冠童子幘無屋者，示未成人也。”無屋，幘頂不隆起。

［41］寶飾：鑲嵌珠玉的飾物。

［42］朔日：每月初一日。　元會：元正朝會，每年正月初一之朝會。　冬會：冬至日之朝會。　諸祭還：祭祀禮儀完畢後回宮或駐蹕之所。隋制，舉行祭祀着衮冕，禮畢返回則服通天冠。

［43］武弁：東漢時爲武官之服，所服常配以平上幘。其形制《晋書·輿服志》云：“武冠，一名武弁，一名大冠，一名繁冠，一名建冠，一名籠冠，即古之惠文冠。”本卷後云：“其乘輿武弁之服，衣、裳、綬如通天之服。”

［44］金附蟬：加金博山，附蟬。

［45］平巾幘：魏晋以來一種武官所戴平頂頭巾。隋代，侍臣及武官通服之。本卷後文云：“幘……承武弁者，施以笄導，謂之平巾。”

［46］具服：朝服，隋代爲從七品以上官員陪祭、朝饗、拜表等大事時所服。其形制，本卷後文云：“其朝服，亦名具服。絳紗單衣，白紗内單，玄領、裾、襈、袖，革帶，金鈎、艓，假帶，曲領方心，絳紗蔽膝，白襪，烏皮舄。雙佩、綬，如遠游之色。”

［47］四時蒐狩：古時天子每季舉行一次狩獵，以示不忘弓馬。　大射：古射禮之一。天子舉行祭祀大典之前，選擇陪祭之臣而舉行的禮儀。其方法爲：按等級不同，以虎、熊、豹、麋等形象爲箭靶，靶心設一鵠，數中者可陪祭。　禡（mà）：古時軍隊出征，於

軍隊所止處舉行的祭禮。《禮記·王制》："天子將出征……禡於所征之地。"　類：古代出兵前所舉行的祭天儀式。　宜社：古時發兵前，天子至社神之所祈禱平安。　賞祖：在祖廟賞功。　罰社：罰者，伐也。古時天子爲討伐叛逆，發兵前至社神之所舉行禱祝儀式。罰社與宜社不同在於前者爲討伐而祝，後者爲出師而禱。　纂嚴：謂軍隊嚴裝、戒備，天子親征前所舉行戒嚴之禮。

［48］單衣：皇帝朝服之一，單層無裏子，所謂巾襟。

［49］白紗帽：白紗製高頂帽。

［50］白練：黍絹。　裙：即裳，下體之衣。　襦：有裏子短上衣。

［51］白帢：白色便帽。起於魏太祖曹操，以白色縑帛裁製的高頂尖帽，其形制仿自皮弁。

神璽，[1]寶而不用。受命璽，[2]封禪則用之。"皇帝行璽"，[3]封命諸侯及三師、三公則用之。[4]"皇帝之璽"，賜諸侯及三師、三公書則用之。"皇帝信璽"，徵諸夏兵則用之。"天子行璽"，封命蕃國之君則用之。"天子之璽"，賜蕃國之君書則用之。"天子信璽"，徵蕃國兵則用之。常行詔敕，則用内史門下印。[5]

［1］神璽：天子玉璽之一。《晋書·輿服志》《宋書·禮志五》均載：乘輿六璽及傳國璽，未載神璽。又《北史》卷五《西魏文帝紀》："（大統）三年春二月，槐里獲神璽，大赦。"本書《禮儀志六》載："（北周）皇帝八璽，有神璽，有傳國璽，皆寶而不用。神璽明受之於天，傳國璽明受之於運。皇帝負扆，則置神璽於筵前之右，置傳國璽於筵前之左。"知神璽非漢制，爲西魏所制，經北周，爲隋所沿襲。

［2］受命璽：即傳國璽。相傳爲秦始皇取藍田玉刻而成，歷代

傳襲，隋開皇二年（582）正月甲子，文帝改傳國璽爲受命璽。

[3]皇帝行璽：此璽以下六璽，合稱“天子六璽”，爲秦漢所傳，自晋至隋其制屢變，而其名不改。《宋書·禮志五》載：“乘輿六璽，秦制也。《漢舊儀》曰：‘皇帝行璽，皇帝之璽，皇帝信璽，天子行璽，天子之璽，天子信璽。’此則漢遵秦也。”

[4]三師：指太師、太傅、太保。不主事，與天子坐而論道，各置一員。隋煬帝時廢除。正一品。　三公：指太尉、司徒、司空。掌參議國之大事，各一員。正一品。

[5]内史：官署名。即内史省。隋文帝至煬帝大業十二年（616），因避諱將中書省改爲内史省，掌草擬詔敕等。長官爲内史令。　門下：官署名。即門下省。與尚書、内史合稱三省，掌封駁制詔章表。長官爲侍中，隋改爲納言。

皇帝臨臣之喪，三品已上，服錫衰；五等諸侯，緦衰；四品已下，疑衰。[1]

[1]“皇帝臨臣之喪”至“疑衰”：此段言天子參加臣子喪禮所着之服，依臣子官階不同而異。錫衰、緦衰、疑衰均爲古代王臨臣喪所穿之服。《周禮·春官·司服》云：“王爲三公六卿錫衰，爲諸侯緦衰，爲大夫士疑衰。”

皇太子衮冕，垂白珠九旒，青纊充耳，犀笄。[1]玄衣，纁裳。衣，山、龍、華蟲、火、宗彝五章；裳，藻、粉米、黼、黻四章。織成爲之。白紗内單，黼領，青褾、襈、裾。革帶，金鉤、艓；大帶，素帶不朱裏，亦紕以朱、緑。黻隨裳色，[2]火、山二章。玉具劍，火珠鏢首。瑜玉雙佩，朱組。雙大綬，四采，赤、白、縹、紺，純朱質，長一丈八尺，三百二十首，廣九寸；小雙綬，長二尺六寸，色同大綬，而首半之，間施二玉環。朱襪，赤舄，以金飾。侍從皇帝祭祀及謁廟、元服、納妃，[3]則服之。

[1]犀笄：以犀牛角所製之笄。

[2]黻：《通典》卷六一《禮·君臣服章制度》作"韍"。

[3]元服：《通典》卷六一《禮·君臣服章制度》前有"加"字。

遠游三梁冠，[1]加金附蟬，九首，施珠翠，黑介幘，纓翠緌，[2]犀簪、導。絳紗袍，白紗内單，皁領、褾、襈、裾，白假帶，方心曲領，絳紗蔽膝，襪，舄。其革帶、劍、佩、綬與上同。未冠則雙童髻，空頂黑介幘，雙玉導，加寶飾。謁廟、還宫、元日、朔日入朝、釋奠，則服之。

[1]遠游三梁冠：遠游冠制之一。《續漢書·輿服志下》："遠游冠，制如通天，有展筩横之於前，無山、述，諸王所服也。"《晋書·輿服志》引傅玄言略同。隋遠游冠之制大體沿襲漢晋，但略有差異。漢無金博山，隋加以金博山，附蟬。三梁冠，爲太子、諸王所冠服。

[2]翠緌：翠羽所製之緌。緌，冠纓下垂部分。

遠游冠，公服。[1]絳紗單衣，革帶，金鈎、艓，假帶，方心。紛長六尺四寸，[2]廣二寸四分，色同其綬。金縷鞶囊，[3]襪，履。五日常朝，[4]則服之。

［1］公服：朝廷之服，即處理公事所着之服。

［2］紛：彩色絲帶，比綬窄。又《説文》："紛，馬尾韜也。"馬尾後飾物爲紛，則人佩之紛當在身後。

［3］鞶囊：革製之囊，亦謂小囊。繫於帶上，側在腰間，用以盛印綬。本書《禮儀志六》載北齊之制："鞶囊，二品已上金縷，三品金銀縷，四品銀縷，五品、六品綵縷，七、八、九品綵縷，獸爪鞶。官無印綬者，並不合佩鞶囊及爪。"隋代鞶囊用於公服之制，二品以上亦金縷，見本卷後文。皇太子位高品尊，故用金縷。

［4］常朝：朝臣對天子的一般朝見。

白帢，單衣，烏皮履，爲宫臣舉哀，[1]則服之。

［1］宫臣：内臣。

皇太子璽，宫内大事用之。小事用左、右庶子印。[1]

［1］左、右庶子：官名。東宫門下坊置左庶子二員，掌侍從贊相，駁正啓奏，制比門下省侍中。典書坊置右庶子二人，掌侍從、獻納、啓奏，制比中書省中書令。均爲正四品。

皇太子臨弔三師、三少，[1]則錫衰；宫臣四品已上，緦衰；五品已下，疑衰。

［1］三師：太子太師、太子太傅、太子太保。掌教諭太子，各一員。正二品。　三少：指太子少師、太子少傅、太子少保。亦掌教諭太子，各一員。正三品。

衮冕，青珠九旒，以組爲纓，色如其綬。自此已下，纓皆如之。服九章，同皇太子。王、國公、開國公，[1]初受册、執贄、入朝、祭、親迎，[2]則服之。三公助祭者亦服之。

[1]國公：爵名。隋九等爵的第三等。從一品。　開國公：爵名。全稱爲開國郡公或開國縣公。隋九等爵的第四等與第五等。從一品。

[2]受册：指天子將爵位授與異姓王、公等，宣讀册文，授與印璽。按，《通典》卷五七《禮・君臣冠冕巾幘等制度》“册”後有一“命”字。　執贄：古代謁人之禮。贄，亦作“摯”。《儀禮・士相見禮》：士相見之禮，摯。冬用雉，夏用腒。鄭玄注：“摯，所執以至者，君子見於所尊敬，必執摯以將其厚意也。”　祭：《通典》卷六一《禮・君臣服章制度》及卷五七《禮・君臣冠冕巾幘等制度》“祭”後有一“祀”字，當補入。　親迎：古婚禮“六禮”之一，新婿親至女家迎娶。此指王、國公、開國公大婚迎娶之禮。

鷩冕，[1]侯八旒，[2]伯七旒。[3]服七章。衣，華蟲、火、宗彝三章；裳，藻、粉米、黼、黻四章。[4]八旒者，重宗彝。侯、伯初受册，執贄，入朝，祭，[5]親迎，則服之。

[1]鷩（bì）冕：指鷩衣加冕，古禮服。鷩爲一種好鬬之鳥，《釋名・釋首飾》云：“鷩冕：鷩、雉之憋者，山雞是也。鷩、憋也，性急憋，不可生服，必自殺。故畫其形於衣，以象人執耿介之節也。”鷩冕之制漢晋及南朝未有，北周宗《周禮》，復行此制，隋沿用。

［2］侯：爵名。隋九等爵的第六等。正二品。

［3］伯：爵名。隋九等爵的第七等。正三品。

［4］藻、粉米、黼、黻四章：此中華本標點爲“藻、粉、米、黼黻四章”。十二章古代天子之服上所繪之十二種圖案。粉米爲一物或兩物，歷代記載有差異。《大唐郊祀録》卷三引南朝梁崔靈恩《三禮義宗》論十二章之意云：“……粉米，亦畫其形，粉潔白，故以名之；米者，人侍之以生者，亦物之所賴以治。黼畫斧形，像王者能割斷，臨事能决也。黻者兩己相背，明民見善惡也。”據崔靈恩所論知南朝梁時粉米實爲一章，白色米形紋；而黼、黻爲不同圖案，應各爲一章。故此標點當爲“粉米、黼、黻”。

［5］祭：《通典》卷六一《禮·君臣服章制度》“祭”後有一“祀”字，當補入。

毳冕，[1]子六旒，[2]男五旒。[3]服五章。衣，宗彝、藻、粉米三章，裳，黼、黻二章。六旒者裳重黻。子、男初受册，執贄，入朝，祭，[4]親迎，則服之。

［1］毳（cuì）冕：指毳衣加冕，古禮服。毳爲獸細毛織物。

［2］子：爵名。隋九等爵的第八等。正四品下。

［3］男：爵名。隋九等爵的第九等。正五品上。

［4］祭：《通典》卷六一《禮·君臣服章制度》“祭”後有一“祀”字，當補入。

絺冕，[1]三品七旒，四品六旒，五品五旒。服三章。七旒者，衣，粉米一章爲三重，裳，黼、黻二章各二重。六旒者，減黼一重。五旒，又減黻一重。正三品已下，從五品已上，助祭則服之。

［1］襺冕：各本同。《通典》記載無"襺冕"，卷五七《禮·君臣冠冕巾幘等制度》作"繡冕"，《通典》卷六一《禮·君臣服章制度》及《文獻通考》卷一一二《王禮考七·君臣冠冕服章》作"絺冕"。襺冕，考諸前代所無。《釋名·釋首飾》曰："黻冕：黻，紩也。"畢沅疏證："'黻冕'當爲'黹冕'。"故此"襺"恐爲"黻"誤字，即"黹冕"。又《周禮·春官·司服》："祭社稷、五祀則希冕。"鄭玄注曰："'希'讀爲'絺'，或作'黹'，字之誤也。"《尚書·益稷篇》孔穎達疏引鄭玄注："'絺'讀爲'黹'。'黹'，紩也。"則"黹冕"即"希冕"，而"希"與"絺"相通。又《周禮·春官·司服》賈公彥疏云："'希繡'者，孔君以爲細葛，上爲繡；鄭君讀'希'爲'黹'，'黹'，紩也，謂刺繒爲繡次。……今希冕三章，在裳者自然刺繡。但粉米不可畫之物，今雖在衣，亦刺之不變，故得希名。"則繡冕與希冕同義。綜上，此襺冕恐爲上古希冕（或作黹冕）。

自王公已下服章，[1]皆繡爲之。祭服冕，皆簪、導，青纊充耳。玄衣，纁裳。白紗内單，黼領、襺冕已下，内單青領。青褾、襈、裾。革帶，鉤、艓，大帶，王、三公及公、侯、伯、子、男，素帶，不朱裹，皆紕其外，上以朱，下以綠。正三品已下，從五品已上，素帶，紕其垂，外以玄，内以黄。紐約皆用青組。[2]朱韍，凡韍皆隨裳色，衮、鷩、毳，火、山二章。襺，山一章。劍，佩，綬，襪，赤舄。

［1］服章：汲古閣本、中華本同，殿本、庫本作"章服"。

［2］紐約：繫衣服的繩帶與帶扣，作用類似於今紐扣。

爵弁，[1]玄纓無旒，從九品已上，助祭，則服之。其制服簪、導，玄衣，纁裳，無章。白絹内單。青領、襟、襈、裾，革帶，大帶，練帶紕其垂，[2]内外以緇。紐約用青組。爵韠，[3]襪，赤履。

[1]爵弁："爵" 通 "雀"，其冠形及顏色如雀頭，亦稱作 "雀弁"。隋爲六品以下、九品以上官助祭所服。古代形制，《儀禮·士冠禮》"爵弁服"，鄭玄注："爵弁者，冕之次。其色赤而微黑，如爵頭然。"

[2]練帶：白色熟絹所製之帶。

[3]爵韠：雀色韠。

武弁，平巾幘，諸武職及侍臣通服之。侍臣加金璫附蟬，[1]以貂爲飾，[2]侍左者左珥，右者右珥。

[1]金璫附蟬：冠飾。璫當冠前，以金爲飾，故名。璫上裝飾蟬形圖案。

[2]貂：指貂尾。侍臣班位在左者插冠左邊，班位在右者插冠右邊。

遠游三梁冠，黑介幘，諸王服之。

進賢冠，[1]黑介幘，文官服之。從三品已上三梁，從五品已上兩梁，流内九品已上一梁。[2]

[1]進賢冠：亦稱梁冠，以冠之梁數辨别品位等級。其形制如《續漢書·輿服志下》所載："進賢冠，古緇布冠也，文儒者之服也。前高七寸，後高三寸，長八寸。"本書《禮儀志六》載南朝陳制云："進賢冠，古緇布冠遺象也，斯蓋文儒者之服。前高七寸，後高三寸，長八寸。有五梁、三梁、二梁、一梁之别。五梁唯天子

所服，其三梁已下，爲臣高卑之别云。”隋代沿襲前代之制，内外文官通服之，亦以梁數辨等級。東漢以來，戴此冠，必襯以介幘。

[2]流内：古代官制等級從魏晋開始分爲九品，隋代沿用。隋代從一品至從九品下稱爲流内，不入九品者則稱爲流外。流外官亦分品級，經過一定考銓，可以遞升爲流内，稱之爲“入流”。

法冠，[1]一名獬豸冠，鐵爲柱，其上施珠兩枚，爲獬豸角形。法官服之。

[1]法冠：取義於獬豸，爲御史等執法官吏所服之冠。獬豸冠，戰國時楚王好服，其形制據《晋書·輿服志》亦云：“法冠，一名柱後，或謂之獬豸冠。高五寸，以縰爲展筩。鐵爲柱卷，取其不曲撓也。”隋沿漢晋之制，開皇中法冠上有兩真珠，爲獬豸角形，大業中改制一角，爲御史臺、司隸臺官吏所服。

高山冠，[1]謁者服之。[2]

[1]高山冠：《續漢書·輿服志下》：“高山冠，一曰側注。制如通天，（頂）不邪却，直竪，無山、述、展筩，中外官、謁者、僕射所服。太傅胡廣説曰：‘高山冠，蓋齊王冠也。秦滅齊，以其君冠賜近臣謁者服之。’”《晋書·輿服志》載：“高山冠，一名側注，高九寸，鐵爲卷梁，制似通天。頂直竪，不斜却，無山、述、展筩。高山者，《詩》云‘高山仰止’，取其矜莊賓遠者也。”本書《禮儀志六》所載南朝陳制與晋同。隋沿前代之制，爲謁者所服。《通典》卷五七《禮·君臣冠冕巾幘等制度》載高山冠：“魏明帝因改之，卑下於通天、遠游，除去卷筩，加介幘，幘上加物以象山，行人使者服之。晋宋齊梁陳，歷代因之。隋依魏制，參用之，形如進賢冠，加三峰，謁者大夫以下服之，梁數依其品降殺。”

[2]謁者：煬帝大業三年置謁者臺，與御史大夫、司隸臺合稱三臺。置謁者大夫爲謁者臺長官，掌執詔勞問、出使慰撫，受理冤枉而申奏之，爲皇帝近臣。置司朝謁者二人爲副，從五品。後文所云煬帝之制，高山冠爲謁者大夫已下服之，即此意。然此言隋文帝時亦爲謁者所服，或指内史省通事舍人，煬帝改爲謁者臺職。

却非冠，[1]門者及禁防伺非服之。[2]

[1]却非冠：《續漢書·輿服志下》："却非冠，制似長冠，下促。宫殿門吏僕射冠之。"《晋書·輿服志》記載同。隋代記載不詳，《通典》卷五七《禮·君臣冠冕巾幘等制度》云隋依漢梁之制，但未詳載。本卷後文"獬豸冠"條云："開皇中，御史戴却非冠，而無此色。新制又以此而代却非。"則開皇中却非冠似亦爲法官所服，煬帝時爲獬豸冠取代。

[2]門者：宫殿門吏。

黑介幘，平巾黑幘，應服者，並上下通服之。庖人則緑幘。[1]

[1]庖人：職掌貢膳之人。

白帢，白紗單衣，烏皮履，上下通服之。

委貌冠，[1]未冠則雙童髻，空頂黑介幘，皆深衣，青領，烏皮履。國子、太學、四門生服之。[2]

[1]委貌冠：古冠名，以皂絹爲之。《續漢書·輿服志下》載其形制："委貌冠、皮弁冠同制，長七寸，高四寸，制如覆杯，前

高廣，後卑鋭，所謂夏之毋追，殷之章甫者也。委貌以皂絹爲之。”隋代委貌冠除爲國子、太學、四門生所服外，亦爲文舞者所服，《新唐書·禮樂志十一》載：隋代有文、武舞者六十四人，“文舞：左籥右翟，與執纛而引者二人，皆委貌冠”。

［2］國子：指國子學，是隋最高學府。初隸國子寺，置博士、助教各五人。後隸國子監，置博士、助教各一人。學生無常員。　太學：學校名。爲隋僅次於國子學的中央學府。置博士、助教各五人，學生三百六十人。隋初隸國子寺，後有變化。　四門：學校名。爲隋國家中央第三級學府。置博士、助教、學生數及隸屬皆同太學。

朝服，亦名具服。冠，幘，簪、導，白筆。[1]絳紗單衣，白紗内單，皂領、袖，皂襈，革帶，鉤、艓，[2]假帶，曲領方心，絳紗蔽膝，襪，舃，綬，劍，佩。從五品已上，陪祭、朝饗、拜表，[3]凡大事則服之。六品已下，從七品已上，去劍、佩、綬，餘並同。

［1］白筆：初爲“簪筆”，秦漢時曰“簪白筆”，文官上朝插之於冠，用以隨時記録言行或皇帝口諭於執笏。漢代亦稱之爲“珥筆”。其後珥筆儀式化爲“白筆”，成爲一種冠飾，但一般爲文官所飾。其制亦可參本卷後文“白筆”條。

［2］艓：底本原無，據中華本及《通典》卷六一《禮·君臣服章制度》補入。

［3］朝饗：天子祭祀宗廟，此亦陪祭之一。　拜表：拜章，拜受表彰之意。

自餘公事，皆從公服。亦名從省服。冠，幘，簪、導，絳紗單衣，革帶，鉤、艓，假帶，方心，襪，履，紛，鞶囊。從五品已上服之。

絳褠衣公服，[1]褠衣即單衣之不垂胡也。[2]袖狹，形直如褠内。[3]餘同從省。流外五品已下、九品已上服之。[4]

[1]褠衣：直袖單衣。《釋名·釋衣服》："褠，禪衣之無胡者也，言袖夾直，形如溝也。"胡，古指頸咽皮肉下垂之意，引申爲衣物下垂者。

[2]垂胡：古人衣袖廣大，其臂肘以下袖下垂，謂之垂胡。褠衣袖緊而直，故云不垂胡。

[3]褠：《釋名·釋衣服》："褠……言袖夾直，形如溝也。"《舊唐書·輿服志》亦載："褠衣……制同絳公服，袖狹形直，如溝不垂。"

[4]流外：隋唐時期流内九品以下官員通稱。流外官亦分品級，經過一定考銓，可以遞升爲九品官，稱之爲"入流"。

綬，王，纁朱綬，四采，赤、黄、縹、紺，純朱質，纁文織，[1]長一丈八尺，二百四十首，廣九寸。公，玄朱綬，四采，玄、赤、縹、紺，純朱質，玄文織，長一丈八尺，二百四十首，廣九寸。侯、伯，青朱綬，四采，青、赤、白、縹，純朱質，青文織，長一丈六尺，百八十首，廣八寸。子、男，素朱綬，三采，青、赤、白，純朱質，白文織成，一丈四尺，百四十首，廣七寸。正、從一品，緑綟綬，四采，緑、紫、黄、赤，純緑質，長一丈八尺，二百四十首，廣九寸。從三品已上，紫綬，三采，紫、黄、赤，純紫質，長一丈六尺，百八十首，廣八寸。銀青光禄大夫，朝議大夫及正、從四品，[2]青綬，三采，青、白、紅，純青質，長一丈四尺，百四十首，廣七寸。正、從五品，墨綬，二采，青、紺，純紺質，長一丈二尺，百首，廣六寸。自王公已下，皆有小雙綬，長二尺六寸，色同大綬，而首半之。正、從一品，施二玉環，已下不合。其有綬者則有紛，皆長六尺四寸，廣二寸四分，各隨其綬色。

[1]纁文織：《通典》卷六三《禮·天子諸侯玉佩劍綬璽印》作"纁文織成"。本段下文"玄文織""青文織"亦同。

[2]銀青光禄大夫：官名。屬散官，隋文帝時爲正三品，煬帝大業三年降爲從三品。　朝議大夫：官名。屬散官，隋文帝時爲從三品，煬帝大業三年廢。

鞶囊，二品已上金縷，三品金銀縷，四品及開國男銀縷，五品綵縷。

官無綬者，則不合劍佩。一品及五等諸侯，並佩山玄玉。[1]五品已上，佩水蒼玉。[2]

[1]山玄玉：像山一樣的玄色，即赤黑色之玉。

[2]水蒼玉：深青色之玉。

年高致仕及以理去官，[1]被召謁見，皆服前官從省服。州郡秀孝，[2]試見之日，皆假進賢一梁冠，絳公服。

[1]致仕：辭去官職。

[2]秀孝：指秀才與孝廉。漢魏南北朝時期選拔人才的兩種科目。由州郡推舉，皇帝面試，中者即可授予官職。隋初沿其制。

隱居道素之士，[1]被召入謁見者，黑介幘，白單衣，革帶，烏皮履。

[1]道素之士：德行純樸之士，亦指方士。

左右衛、左右武衛、左右武候大將軍、領左右大將軍，[1]並武弁，絳朝服，劍，佩，綬。侍從則平巾幘，紫衫，大口袴褶，[2]金玳瑁裝兩襠甲。[3]唯左右武衛大將軍執赤檉杖。[4]左右衛、左右武衛、左右武候將軍、領左右將軍、左右監門衛將軍，太子左右衛、左右宗衛、左右内等率，[5]左右監門郎將及諸副率，[6]並武弁，絳朝服，劍，佩，綬。侍從則平巾幘，紫衫，大口袴，金裝兩襠甲。唯左右武衛將軍、太子左右宗衛率，執白檀杖。[7]

[1]左右衛：官名。即左右衛大將軍。隋文帝設左右衛，各置大將軍一人，掌宫掖禁禦，督攝仗衛。正三品。　左右武衛：官名。即左右武衛大將軍。隋文帝設左右武衛，各置大將軍一人。掌領外軍宿衛宫禁。正三品。　左右武候大將軍：官名。隋初置左右武候府，掌皇帝出宫巡狩時的先驅後殿、晝夜警備等軍務。武候大將軍，是武候府的長官，左右各置一員，正三品。　領左右大將軍：官名。隋文帝設左右領左右府，各置大將軍一人，掌侍衛左右，供御兵仗。正三品。

[2]袴褶（xí）：袴，没有褲襠的套褲。褶，短袍，騎服。上服褶而下縛袴，其外不再穿裘裳，故稱袴褶。原爲胡人裝束，斜領、左衽、窄袖，南北朝時用爲武服，並雜糅漢制，改爲右衽、大袖。隋沿用爲武官戎服。

［3］玳瑁：爬行動物，形似龜，甲殼可做裝飾品。此指甲上有金鑲玳瑁做裝飾。　兩襠甲：亦名“裲襠甲”或“兩當甲”，指前當胸後當背之甲。其制如今之大背心，無領、袖，甲身直垂式。

［4］檉杖：檉木所做的儀杖，非兵器。

［5］左右衛：官名。即左右衛將軍。隋中央十二衛有左右衛，掌宫掖禁衛，督仗儀衛，設將軍二人。從三品。　左右武衛：官名。即左右武衛將軍。隋中央十二衛有左右武衛府，置將軍二人，輔助大將軍領外軍宿衛。從三品。　左右武候將軍：官名。隋中央十二衛有左右武候衛，各置將軍二人，掌車駕出，輔助大將掌先驅後殿，晝夜巡察，執捕奸非，烽候道路，水草所置。巡狩師田，則掌其營禁。武候將軍，從三品。　領左右將軍：官名。隋中央十二衛有左右領左右府，各置將軍二人，掌侍衛左右，供御兵仗。從三品。　左右監門衛將軍：官名。隋中央十二衛有左右監門衛，各置將軍一人，掌門禁與守衛之事。從三品。　太子左右衛：官名。即太子左右衛率。太子東宫有左右衛率各一人，掌東宫禁衛。正四品上。　左右宗衛：官名。即左右宗衛率。隋時太子東宫掌統宗人侍衛太子，左、右各一員。大業三年改爲太子左、右武侍率。正四品上。　左右内率：官名。太子東宫有左右内衛，各置率各一人，掌領備身以上禁内侍衛，供奉兵仗。正四品上。

［6］左右監門郎將：官名。隋中央左右監門府，掌宫殿門禁及守衛事，各設郎將二人。正四品。　副率：官名。太子東宫各衛率副職，此指太子左右衛、左右宗衛、左右内衛副率。從四品。

［7］白檀杖：白檀木所做的儀杖，非兵器。

直閤將軍、直寢、直齋、太子直閤，[1]武弁，絳朝服，劍，佩，綬。侍從則平巾幘，絳衫，大口袴褶，銀裝兩襠甲。

[1]直閤將軍：官名。隋中央左右衛各置直閤將軍六人，掌宫掖禁衛，督攝仗衛。從四品。　直寢：官名。隋中央左右衛各置直寢十二人，並掌宿衛侍從。太子東宫左右衛亦設。中央直寢從五品，太子直寢從六品。煬帝大業三年廢。　直齋：官名。隋中央左右衛各置直齋十五人，並掌宿衛侍從。太子東宫左右衛、左右宗衛亦設直齋。中央左右衛直齋從五品，太子直齋從六品。煬帝大業三年罷。後煬帝改左右領左右府爲左右備身府，又設直齋二人，以貳備身郎將，正四品。　太子直閤：官名。隋太子東宫左右衛設直閤四人，掌宫中禁衛。從五品。

皇后首飾，花十二樹。[1]皇太子妃，公主，王妃，三師、三公及公夫人，一品命婦，[2]並九樹。侯夫人，二品命婦，並八樹。伯夫人，三品命婦，並七樹。子夫人，世婦及皇太子昭訓，[3]四品已上官命婦，並六樹。男夫人，五品命婦，五樹。女御及皇太子良娣，[4]三樹。自皇后已下，小花並如大花之數，[5]并兩博鬢也。[6]

[1]花：指花釵。婦女頭上飾物，由兩股合成，上有飾物。花釵有大、小之别。　樹：量詞。即株，猶如枝或支。

[2]命婦：指有封號之婦人，宫廷中嬪妃等稱爲内命婦，朝中大臣之母、妻則稱爲外命婦。

[3]世婦：女官名。掌賓客祭祀，位次九嬪。隋文帝初置九員，視正五品，仁壽初增至二十七員。煬帝置美人、才人一十五員，是爲世婦，正四品。　昭訓：皇太子之妾，地位次於妃。

[4]女御：女官名。亦稱御女，掌女工絲枲。隋文帝初置三十八員，視正七品。仁壽初增至八十一員。煬帝置二十四員，正六品。　良娣：皇太子之妾，地位次於昭訓。

[5]數：《通典》卷六二《禮·后妃命婦首飾制度》作“形”。

[6]兩博鬢：爲一種假鬢，與髮髻、花釵、服飾等相配合以表等級，隋代爲后妃及内外命婦在一定禮儀場合所服。

皇后褘衣，[1]深青織成爲之。爲翬翟之形，[2]素質，五色，十二等。青紗内單，[3]黼領，羅縠褾、襈。[4]蔽膝，隨裳色，[5]用翟爲章，三等。大帶，隨衣色，朱裏，紕其外，上以朱錦，下以緑錦。紐約用青組。以青衣。[6]革帶，青襪、舄，舄加金飾。白玉佩，玄組、綬。章采尺寸，與乘輿同。祭及朝會，凡大事則服之。

[1]褘（huī）衣：繪有錦鷄紋飾的皇后禮服。

[2]翬（huī）翟：泛指雉鳥之一種。《周禮·天官·内司服》："褘衣"條鄭玄注云："翟，雉名……伊洛而南，素質，五色皆備成章曰翬。"

[3]青紗：《通典》卷六二《禮·后妃命婦首飾制度》作"素紗"。

[4]羅縠：一種疏細絲織品。按，《通典》卷六二《禮·后妃命婦首飾制度》"羅縠褾、襈"後有"色皆以朱"四字。

[5]隨裳色：《通典》卷六二《禮·后妃命婦首飾制度》"隨裳色"後有"以緅爲緣"四字。

[6]青衣：前文已言"深青織成爲之"，此又言"以青衣"，不應重複。按，《通典》卷六二《禮·后妃命婦首飾制度》及本卷後文煬帝之制載："褘衣……大帶隨衣裳（按，此'裳'恐爲'色'誤），飾以朱緑之錦，青緣。"故此"青衣"恐爲"青緣"之誤。

鞠衣，[1]黄羅爲之。應服者皆同。其蔽膝、大帶及衣、革帶、舄，[2]隨衣色。餘與褘衣同，唯無雉。親蠶則服之。[3]應服者皆以助祭。

[1]鞠衣：古代王后親蠶禮服，其色淺黄，似桑葉初生之色。《釋名·釋衣服》亦云："鞠衣，黄如鞠花色也。"鞠花，菊花。

[2]其蔽膝、大帶及衣、革帶、舄：據文意，此"衣"字當衍。

[3]親蠶：每年季春之月，皇后躬親蠶事，以重農桑。

青衣，青羅爲之，制與鞠衣同。去花、大帶及佩、綬。以禮見皇帝則服之。

朱衣，緋羅爲之，制如青衣。宴見賓客則服之。

皇太后服與皇后同。皇太后璽，不行用，若封令書，則用宫官之印。

皇后璽，不行用，若封令書，則用内侍之印。[1]

[1]内侍：官名。隋内侍省置内侍二人，以宦官爲之，領内尚食、掖庭、宫闈、奚官、内僕、内府等局。從四品上。

皇太子妃褕翟，[1]青織成爲之。爲摇翟之形，青質，五色，九等。青紗内單，黼領，羅縠褾、襈，[2]蔽膝，随衣色，以摇翟爲章，三等。大帶，隨衣色，下朱裹，[3]紕其外，上以朱錦，下以緑錦。紐約用青組。以青衣，[4]革帶，青韈，舄，舄加金飾。瑜玉佩，純朱綬。章采尺寸，與皇太子同。助祭、朝會，[5]凡大事則服之。亦有鞠衣。

[1]褕翟：亦作揄翟，古王后禮服之一。《詩·鄘風·君子偕

老》：“其之翟也。”《毛傳》曰：“褕翟、闕翟，羽飾衣也。”則褕翟原指以翟羽裝飾之衣，以後則指畫雉之衣。《周禮·天官·内司服》：“掌王后之六服：褘衣、揄狄、闕狄、鞠衣、展衣、緣衣。”鄭玄注：“玄謂狄當爲翟。翟，雉名。……江淮而南，青質，五色皆備成章曰摇。……揄翟畫摇者。”隋文帝用爲太子妃禮服，其制同皇后褘衣，唯色較淺。

[2]羅縠：《通典》卷六二《禮·后妃命婦首飾制度》無“縠”字。

[3]下：據大帶之制，此字恐衍。《通典》卷六二《禮·后妃命婦首飾制度》云：“大帶隨衣裳。”檢褘衣大帶之制，亦衹云“朱裏”，無“下”字。

[4]青衣：此“青衣”亦恐爲“青緣”之誤，校注同前文皇后褘衣注[7]。

[5]助祭、朝會：中華本此句未加頓號。按，“助祭”與“朝會”爲隋代兩種不同典禮儀式，中間應用頓號相隔，本卷下同。

皇太子妃璽，不行用，若封書，則用典内之印。[1]

[1]典内：官名。隋太子東宫内坊設典内二人，隋代職掌未詳，唐沿隋制，典内掌東宫閤門禁令及宫人衣廩出入之事，可資參考。從六品。

公主，王妃，三師、三公及公侯伯夫人，服褕翟。繡爲之。公主，王妃，三師三公及公夫人爲九等，侯夫人八等，伯夫人七等。助祭、朝會，凡大事則服之。亦有鞠衣。

子、男夫人，服闕翟。[1]緋羅爲之。刻赤繒爲翟形，[2]不繡，綴於服上。子夫人六等，男夫人五等。助祭朝會，凡大事則服之。亦有鞠衣。

[1]闕翟：古皇后禮服之一。《周禮·天官·内司服》："掌王后之六服：褘衣、揄狄、闕狄、鞠衣、展衣、緣衣。"鄭玄注："狄當爲翟。翟，雉名……王后之服，刻繒爲之形而采畫之，綴於衣以爲文章。……闕翟刻而不畫。"

[2]繒：帛之厚者。

諸王、公、侯、伯、子、男之母，與妃、夫人同。其郡縣君，[1]各視其夫及子。若郡縣君品高及無夫、子者，准品。

[1]郡縣君：婦人封君號。即郡君與縣君合稱。秦漢以來婦人始有封君之號，然唐代以前史籍缺載。唐代外命婦之制或可參考：唐代，諸王母妻及妃、文武一品及國公，母妻爲國夫人；三品以上母妻爲郡夫人；四品以上母妻爲郡君；五品以上母妻爲縣君，散官同職事。

嬪及從三品已上官命婦，青服。制與褕翟同，青羅爲之，唯無雉。助祭朝會，凡大事則服之。亦有鞠衣。

世婦及皇太子昭訓，從五品已上官命婦，服青服。助祭、從蠶、朝會，[1]凡大事則服之。

[1]助祭、從蠶、朝會：此句中華本標點中間未加頓號。按，"助祭""從蠶""朝會"爲三種典禮儀式，中間當用頓號相隔。下同。

女御及皇太子良媛，[1]朱服。制與青服同，去佩綬。助祭、從蠶、朝會，凡大事則服之。

[1]良媛：皇太子之妾，地位次於昭訓。

六尚，[1]朱絲布公服。助祭、從蠶、朝會，凡大事則服之。

[1]六尚：女官名。尚宫、尚儀、尚服、尚食、尚寢、尚工合稱。其職掌及設置據本書卷三六《后妃傳》載：隋文帝采晋、魏之制，置女官數員，一曰尚宫，掌導引皇后及閨閤廪賜。管司令三人，掌圖籍法式，糾察宣奏；典琮三人，掌綜璽器玩。二曰尚儀，掌禮儀教學。管司樂三人，掌音律之事；典贊三人，掌導引内外命婦朝見。三曰尚服，掌服章寶藏。管司飾三人，掌簪珥花嚴；典櫛三人，掌巾櫛膏沐。四曰尚食，掌進膳先嘗。管司醫三人，掌方藥卜筮；典器三人，掌樽彝器皿。五曰尚寢，掌幃帳床褥。管司筵三人，掌鋪設灑掃；典執三人，掌扇傘燈燭。六曰尚工，掌營造百役。管司製三人，掌衣服裁縫；典會三人，掌財帛出入。六尚各三員，視從九品，六司視勳品，六典視流外二品。

六司、六典及皇太子三司、三典、三掌，[1]青紗公服。助祭、從蠶、朝會，凡大事則服之。

[1]六司：女官名。隋後宫司令、司樂、司飾、司醫、司筵、司製合稱。參前文“六尚”注。　六典：女官名。隋後宫典琮、典贊、典櫛、典器、典執、典會合稱。參前文“六尚”注。　皇太子三司：指司閨、司則、司饌。　三典：具體所指不詳。　三掌：具體所指不詳。

佩、綬，嬪同九卿，[1]世婦及皇太子昭訓同五品，公主、王妃同諸王，三師、三公、五等國夫人及從五品已上官命婦，皆准其夫。無夫者准品。

定令訖。

[1]九卿：指太常、光禄、衛尉、宗正、太僕、大理、鴻臚、司農、太府等九寺卿，各置一人。正三品。

高祖元正朝會，方御通天服，郊丘宗廟，盡用龍衮衣，大裘、毳、絺，皆未能備。至平陳，[1]得其器物，衣冠法服，始依禮具。然皆藏御府，弗服用焉。百官常服，同於匹庶，皆著黄袍，出入殿省。高祖朝服亦如之，唯帶加十三環，以爲差異。蓋取於便事。及大業元年，[2]煬帝始詔吏部尚書牛弘、工部尚書宇文愷、兼内史侍郎虞世基、給事郎許善心、儀曹郎袁朗等，[3]憲章古制，創造衣冠，自天子逮于胥皁，[4]服章皆有等差。若先所有者，則因循取用。弘等議定乘輿服，合八等焉。

[1]陳：即南朝陳（557—589），都建康（今江蘇南京市）。

[2]大業元年：本書卷三《煬帝紀上》載時間在“大業二年二月”，《通鑑》卷一八〇《隋紀》大業二年二月條亦同。紀及《通鑑》所載時間更確，故此“元年”當爲“二年”。大業，隋煬帝楊廣年號（605—618）。

[3]煬帝：楊廣的謚號。紀見本書卷三、四，《北史》卷一二。 吏部尚書：官名。尚書省下轄六部之一吏部的長官。掌全國文職官員銓選、考課等政令。置一員，正三品。 牛弘：人名。傳見本

書卷四九、《北史》卷七二。　工部尚書：官名。隋文帝開皇二年始置，掌全國百工、屯田、山澤之政令，統工部、屯田、虞部、水部四曹。正三品。按，本書《煬帝紀上》此條載宇文愷官職“大將軍”。檢《通鑑》卷一八〇《隋紀》大業二年正月載：“東京成，進將作大匠宇文愷位開府儀同三司。”不載其任工部尚書。又本書《煬帝紀上》載大業四年三月宇文愷始由將作大匠升任工部尚書。故此言大業二年二月宇文愷所任官職爲工部尚書，誤，當爲將作大匠。　宇文愷：人名。傳見本書卷六八，《北史》卷六〇有附傳。　内史侍郎：官名。隋内史省副長官，佐宰相之職的本省長官内史監、令處理政務。初設四員，大業三年減爲二員。正四品。　虞世基：人名。傳見本書卷六七、《北史》卷八三。　給事郎：官名。隋初尚書吏部置給事郎，爲散官番直。隋初品秩不祥，大業三年移於門下省，置四員，從五品。按，本書《煬帝紀上》載“禮部侍郎許善心”，本書《禮儀志五》亦云大業元年（按，當爲大業二年）禮部侍郎許善心參議輿輦制度。《通鑑》卷一八〇《隋紀》大業二年二月條不載許善心參予此事。司馬光《考異》曰：“善心於帝即位之初已左遷。蓋《紀》誤也。”　許善心：人名。傳見本書卷五八、《北史》卷八三。　儀曹郎：官名。隋煬帝大業三年改尚書省禮部曹禮部侍郎爲儀曹郎，掌禮儀、祭祀、宴享等事務。正六品。按，據本書《百官志下》載大業三年煬帝始改尚書省諸曹侍郎爲“郎”。而此時纔大業二年，故袁朗官職爲禮部侍郎更確切。　袁朗：人名。歷南朝陳、隋、唐初。傳見《舊唐書》一九〇上、《新唐書》卷二〇一。

[4]胥皁：即胥吏。因其着黑色之服，故名。

大裘冕之制，[1]案《周禮》：[2]“大裘之冕，無旒。”《三禮衣服圖》：[3]“大裘而冕，王祀昊天上帝及五帝之服。”[4]至秦，除六冕，[5]唯留玄冕。[6]漢明帝永平中，[7]

方始創制。董巴《志》云：[8]“漢六冕同制，皆闊七寸，長尺二寸，前圓後方。”於是遂依此爲大裘冕制，青表、朱裏，[9]不施旒、纊，[10]不通於下。其大裘之服，案《周官》注“羔裘也”。[11]其制，准《禮圖》，以羔正黑者爲之，取同色繒以爲領、袖。其裳用纁，而無章飾，絳韈，赤舄。祀圓丘、感帝、封禪、五郊、明堂、雩、禬，皆服之。

[1]大裘冕：衣大裘而冠冕，古代天子祭祀冕服之一。《周禮·夏官·節服氏》：“郊祀裘冕。”鄭玄注：“裘，大裘也。”大裘，黑羔裘。

[2]《周禮》：十三經之一，相傳爲周公所作，實爲戰國時儒家搜集周代官制和戰國時各國制度，比附儒家政治理想彙編而成的一部著作。

[3]《三禮衣服圖》：《三禮圖》中有關服飾圖。《三禮圖》爲東漢鄭玄、阮諶等人所撰的一部圖解“三禮”的著作，已失傳，宋人聶崇義有《三禮圖集注》二十卷傳世。

[4]五帝：上古傳説中的五位帝王。説法不一。

[5]六冕：指周代六種冕服。據《周禮·春官·司服》云：“王之吉服，祀昊天上帝，則服大裘而冕，祀五帝亦如之；享先王則衮冕；享先公、饗射則鷩冕；祀四望山川則毳冕；祭社稷五祀則希冕；祭群小祀則玄冕。”

[6]玄冕：古禮服之一。《周禮·春官·司服》：“祭群小祀則玄冕。”鄭玄注：“玄者，衣無文，裳刺黻而已，是以謂玄焉。”

[7]漢明帝：即東漢皇帝劉莊。紀見《後漢書》卷二。　永平：東漢明帝劉莊年號（58—75）。

[8]董巴：人名。三國時魏國人。本書《經籍志二》載有其撰《大漢輿服志》一卷。事見《三國志》卷二《魏書·文帝紀》。

[9]青表、朱裏：指冕板上面爲青色，下面爲朱色。

[10]旒、纊：中華本此未加頓號。按，旒與纊爲兩種不同裝飾，當加。

[11]《周官》：《周禮》别稱。

衮冕之制，案《禮·玉藻》：[1]“十有二旒”。《大戴禮》云：[2]“冕而加旒，以蔽明也，琇纊塞耳，以蔽聰也。”又《禮含文嘉》：[3]“前後邃延，[4]不視邪也，加以黈纊，不聽讒也。”三王之冕，既不通制，故夫子云：“行夏之時，服周之冕。”今以采綖貫珠，爲旒十二。邃延者，出冕前後而下垂之，旒齊於髆，[5]纊齊於耳，組爲纓，玉笄導。其爲服之制，案《釋名》云：“衮，卷也”，謂畫龍於上也。是時虞世基奏曰：

[1]《禮·玉藻》：指《禮記》中《玉藻》篇。其原文云：“天子玉藻，十有二旒。”

[2]《大戴禮》：即《大戴禮記》，相傳爲西漢時戴德選編。本書《經籍志一》載有《大戴禮記》十三卷，漢信都王太傅戴德撰。此句出《大戴禮記》卷八《子張問入官第六十五》。

[3]《禮含文嘉》：緯書之一。

[4]邃延：下垂延覆。

[5]髆：同“膊”。

後周故事，升日月於旌旗，乃闕三辰，而章無十二。但有山、龍、華蟲作繪，宗彝、藻、火、粉米、黼、黻，乃與三公不異。開皇中，[1]就裏欲生分別，[2]故衣重宗彝，裳重黼、黻，合重二物，[3]以就九章，爲十二等。但每一物，上下重行。衮服用九，鷩服用七，今重此三物，乃非典故。且周氏執謙，不敢負於日月，所以綴此三象，唯施太常，[4]天王衮衣，章乃從九。但天子譬日，德在照臨，辰爲帝位，月主正后，負此三物，合德齊明，自古有之，理應無惑。周執謙道，殊未可依，重用宗彝，又乖法服。

[1]開皇：隋文帝楊堅年號（581—600）。

[2]就裏：内中、個中。

[3]二：各本均同。然十二章之制，黼與黻爲兩章，加衣之宗彝，當爲三章。又後文有“今重此三物”句，與之照應。故此“二”當爲“三”。

[4]太常：天子旌旗畫日、月者。

今准《尚書》：“予欲觀古人之服，日、月、星辰、山、龍、華蟲作會，宗彝、藻、火、粉米、黼、黻絺繡。”[1]具依此，於左右髆上爲日月各一，當後領下而爲星辰，又山、龍九物，各重行十二。又近代故實，依《尚書大傳》：[2]“山龍純青，華蟲純黄，作會；宗彝純黑，藻純白，火純赤。”以此相間，而爲五采。鄭玄議已自非之，云：“五采相錯，非一色也。”今並用織成於繡，五色錯文。准孔安國，[3]衣質以玄，加山、龍、華蟲、火、宗彝等，並織成爲五物，裳質以纁，加藻、粉米、黼、黻之四。衣裳通數，此爲九章，兼上三辰，而備十二也。衣褾、領上各帖升龍，漢、晋以來，率皆如此。既是先王法服，不可乖於夏制，徵而用之，理將爲允。

［1］“予欲觀古人之服”至“黻絺繡”：語出《尚書·益稷篇》。服，原文作“象”。按，中華本將“粉米”分作二章、將“黼黻”視爲一章，中華書局新修訂本已做訂正，然修訂本新在“絺繡”前補入一頓號，則不妥。絺繡指在服飾上刺繡，乃工藝手法，不應與十二章並列。此與前“作會（繪）”，即將“日、月、星辰、山、龍、華蟲”等繪畫於服飾之上同理。故此句“絺繡”與“黼、黻”之間不必點斷。

［2］《尚書大傳》：舊題漢代伏勝撰。本書《經籍志一》有《尚書大傳》三卷，未題撰者，衹言鄭玄注。《四庫全書》收録該書三卷，補遺一卷，爲清代孫之騄輯佚。

［3］孔安國：人名。西漢經學家，注《古文尚書》。傳見《漢書》卷八八。

墨敕曰：[1]“可。”承以單衣。又案董巴《輿服志》宗廟冕服云：“絳領、袖爲内單衣。”又《車服雜記》曰：[2]“天子釋奠、郊祭而單衣，以絳緣。”今用白紗爲内單，黼領，絳褾，青裾及襈。革帶，玉鉤、褋，大帶朱裏，紕其外。紐約用組，上加朱韍。[3]又案《説文》：“韠，韍也。所以蔽前。”《禮記》曰：“有虞氏韍，夏后氏山，殷火，周龍章。”[4]鄭玄曰：“冕之韍也，舜始作之，以尊祭服。禹、湯至周，增以文飾。”[5]《禮記》曰：“君朱韠。”[6]鄭曰：“韠象裳色。”[7]今依《白武通》注，[8]以蔽裳前，上闊一尺，象天數也；下闊二尺，象地數也；長三尺，象三才也；加龍章、山、火，[9]以備三代之法也。於是制衮冕之服，玄衣，纁裳，合九章爲十二等。白紗内單，黼領，青褾、襈。革帶，玉鈎、艓，大帶，韍，鹿盧玉具劍，火珠鏢首，白玉雙佩，玄組，大、小綬。朱襪，赤舄，舄飾以金。宗廟、社稷、籍田、方澤、朝日、夕月、遣將授律、征還飲至、加元服、納后、正冬受朝、臨軒拜爵，[10]皆服之。

[1]墨敕：由皇帝親筆書寫，不經外廷蓋印而直接下達的命令。

[2]《車服雜記》：該書已亡佚，記載不詳。據《太平御覽》卷三四〇《兵部·旗》引周遷《車服雜記》記載知此書爲周遷所撰。本書《經籍志二》載有《古今輿服雜事》二十卷，題爲梁代周遷撰，恐爲一書。

[3]韍：汲古閣本、殿本、庫本同底本，中華本作"韨"。據後文所釋當用"韍"。

[4]"有虞氏韍"至"周龍章"：語出《禮記·明堂位》。原文"有虞氏"後有一"服"字。

[5]"冕之韍也"至"增以文飾"：原文爲："韍，冕服之韠也，舜始作之，以尊祭服。禹、湯至周，增以畫文，後王彌飾也。"

[6]君朱韠：語出《禮記·玉藻》。原文爲："韠，君朱。"

[7]韠象裳色：原文爲："凡韠，以韋爲之，必象裳色。"

[8]《白武通》：即《白虎通》，亦稱《白虎通義》，避唐諱改。東漢章帝建初四年（79），召集各經文大家，於白虎觀講義五經異同，漢章帝親自裁決其經義奏議，會議結果由班固整理成《白虎通義》一書。

[9]龍章、山、火：中華本中間未加標點。按，據十二章之制當用頓號。

[10]正冬：冬至日。按，隋文帝衮冕應用場合有"正月受朝"。

通天冠之制，案董巴《志》："冠高九寸，形正竪，頂少邪却，後乃下直爲鐵卷梁，[1]前有高山。”故《禮圖》或謂之高山冠也。[2]《晋起居注》，[3]成帝咸和五年，[4]制詔殿内曰：“平天、通天冠，並不能佳，可更修理之。”雖在《禮》無文，故知天子所冠，其來久矣。又徐氏《輿服注》曰：[5]“通天冠，高九寸，黑介幘，金博山。”徐爰亦曰：[6]“博山附蟬，謂之金顔。”今制依此，不通於下，獨天子元會臨軒服之。其服，絳紗袍，深衣制，白紗内單，皁領、褾、裾、襈，絳紗蔽膝，白假帶，方心曲領。其劍、佩、綬、舄、革帶，皆與上同。元冬饗會、諸祭還，則服之。四時視朔，[7]則内單領、襈，[8]各隨其方色。[9]唯秋方色白，以緑代之。

[1]下直：中華本作“直下”。按，董巴《志》所載爲漢代形制，檢《續漢書·輿服志下》、《通典》卷五七《禮·通天冠》、《玉海》卷八一《車服·漢通天冠》均爲“直下”。中華本是，當從改。

[2]《禮圖》：《三禮圖》的簡稱。

[3]《晋起居注》：書名。本書《經籍志二》載有《晋起居注》三百一十七卷，（南朝）宋北徐州主簿劉道會撰。又有《晋咸和起居注》十六卷，李軌撰。

[4]成帝：東晋成帝司馬衍。紀見《晋書》卷七。　咸和：東晋成帝司馬衍年號（326—334）。

[5]徐氏《輿服注》：《太平御覽》卷六八五載通天冠之制，引晋徐廣《輿服雜注》，及《後漢書》卷七九上《儒林傳序》言“天子始冠通天”，李賢注亦引徐廣《輿服雜注》。知此“徐氏”即“徐廣”，《輿服注》當爲《輿服雜注》。又本書《經籍志二》載有徐廣撰《車服雜注》一卷，二者當爲一書。

[6]徐爰：人名。南朝劉宋時人，通曉朝章，屢撰儀注。傳見《宋書》卷九四、《南史》卷七七。

[7]四時視朔：指皇帝於每年四季第一月初一日，祭告祖廟後於太廟聽政。

[8]内單領、襈：中華本此標點作“内單、領、襈”，有誤。按，隋代服制内單通常爲白紗所製，不隨四時方色改變，如本卷前文載皇帝冕服，“絳紗袍，深衣制，白紗内單，皁領、褾、襈、裾”，皇太子冕服，“白紗内單，黼領，青褾、襈、裾”。隨四時方色所改者乃内單之領、褾、裾、襈等服飾緣邊裝飾部分。又本段前文亦云：“通天冠之制。……今制依此，不通於下，獨天子元會臨軒服之。其服，絳紗袍，深衣制，白紗内單，皁領、褾、裾、襈……元冬饗會、諸祭還，則服之。”故此條“領、襈”實爲内單之邊飾，“内單”二字之後不應有頓號。正因爲内單爲白紗製，而秋季方色用白，致使無法區分，故後文云“以緑代之”。

[9]方色：五行家將東、南、西、北、中與青、赤、白、玄、黄相配，一方一色，簡稱“方色”。春、夏、秋、冬四時，亦比四方，春用青、夏用赤、秋用白、冬用玄。故下句言“秋方色白”，惟以緑代白。

遠游冠之制，案《漢雜事》曰：[1]“太子諸王服之。”故《淮南子》曰：“楚莊王冠通梁，組纓。”[2]注云：“通梁，遠游也。”晋令：“皇太子、諸王，給遠游冠。”[3]徐氏《雜注》曰：[4]“天子雜服，遠游五梁。太子、諸王三梁。”董巴《志》曰：“制如通天，有展筩，横之幘上。”今制依此，天子加金博山，九首，施珠翠，黑介幘，金緣，以承之。翠緌纓，犀簪、導。太子、親王加金附蟬，宗室王去附蟬，並不通於庶姓。其乘輿遠游冠服，白紗單衣，承以裙襦，烏皮履。拜山陵則服之。

［1］《漢雜事》：該書不詳。

［2］楚莊王冠通梁，組纓：此句今二十一卷殘本《淮南子》不載，《玉海》卷八一《車服·遠游冠》引《淮南子》與此同。

［3］皇太子、諸王，給遠游冠：此句據《晋書·輿服志》載："皇太子及王者後、帝之兄弟、帝之子封郡王者服之。諸王加官者自服其官之冠服，惟太子及王者後常冠焉。"

［4］《雜注》：徐廣《輿服雜注》省稱。

武弁之制，案徐爰《宋志》，[1]謂籠冠是也。《禮圖》曰："武士服之。"董巴《輿服志》云："諸常侍、内常侍，加黄金附蟬、珥尾，[2]謂之惠文冠。"[3]今制，天子金博山，三公已上玉冠枝，[4]四品已上金枝。侍臣加附蟬，珥豐貂，[5]文官七品已上珥白筆，八品已下及武官，皆不珥筆。其乘輿武弁之服，衣、裳、綬如通天之服。講武、出征、四時蒐狩、大射、禡、類、宜社、賞祖、罰社、纂嚴，皆服之。

［1］《宋志》：該書不詳。本書《經籍志二》録有"宋中散大夫徐爰撰《宋書》六十五卷"，此《宋志》或爲該書中之志。

［2］珥（ěr）：以鳥羽或獸毛製成的裝飾物，飾以冠或頭盔。

［3］惠文冠：官名。相傳爲趙惠文王所創，故稱。漢謂之武弁大冠，參《續漢書·輿服志下》。

［4］冠枝：其制不詳。從此段看，亦爲冠上飾物，有玉、金之别，玉等級高於金。

［5］豐貂：指珍貴貂尾，爲天子進侍之臣冠飾。

弁之制，案《五經通義》：[1]“高五寸，前後玉飾。”《詩》云：“璯弁如星。”[2]董巴曰：“以鹿皮爲之。”《尚書·顧命》：“四人綦弁，[3]執戈。”故知自天子至于執戈，通貴賤矣。《魏臺訪議》曰：[4]“天子以五采玉珠十二飾之。”今參准此，[5]通用烏漆紗而爲之。天子十二琪，[6]皇太子及一品九琪，二品八琪，三品七琪，四品六琪，五品五琪，六品已下無琪。唯文官服之，不通武職。案《禮圖》，有結纓而無笄導。少府少監何稠，[7]請施象牙簪、導。詔許之。弁加簪、導，自兹始也。乘輿鹿皮弁服，緋大襦，白羅裙，金烏皮履，革帶，小綬長二尺六寸，色同大綬，而首半之，間施三玉環，白玉佩一雙。視朝、聽訟則服之。凡弁服，自天子已下，内外九品已上，弁皆以烏爲質，並衣袴褶。五品已上以紫，六品已下以絳。宿衛及在仗内，加兩襠，螣蛇絳褠衣，連裳。典謁贊引，[8]流外冗吏，通服之，以縵。[9]後制鹿皮弁，以賜近臣。

［1］《五經通義》：西漢經學家劉向所撰寫的一部解析五經的著作。

［2］璯弁如星：語出《詩·衛風·淇奥》。原文爲：“會弁如星。”會，通“璯”，謂弁縫中的玉飾。

［3］綦弁：一種青黑色鹿皮冠。

［4］《魏臺訪議》：書名，不詳。《太平御覽》卷三三《時序部·臘》引有高堂隆《魏臺訪議》。高堂隆爲三國時魏人，《三國

志》卷二五有傳。檢本書《經籍志二》收録高堂隆《魏臺雜訪議》三卷，不載《魏臺訪議》。《玉海》卷六一《藝文》及《新唐書·藝文志》同時收録《魏臺訪議》與高堂隆《魏臺雜訪議》兩書，各爲三卷，《魏臺訪議》未載撰者。則《魏臺訪議》很可能不是高堂隆所撰。

[5]今：底本原作"命"，中華本作"今"。據文意從中華本改。

[6]琪：美玉。

[7]少府少監：官名。大業三年，分太府寺爲少府監，置監及少監各一人，統左尚、右尚、内尚、司織、司染、鎧甲、弓弩、掌治等署。從四品。按，據本書《百官志下》載，大業三年分太府寺爲少府監，置監及少監各一人。檢本書卷六八、《北史》卷九〇《何稠傳》，何稠不曾擔任少府少監。本書《何稠傳》載："大業初，煬帝將幸揚州，謂稠曰：'今天下大定，朕承洪業，服章文物，闕略猶多。卿可討閱圖籍，營造輿服羽儀，送至江都也。'其日，拜太府少卿。……魏晋以來，皮弁有纓而無笄導。稠曰：'此古田獵之服也。今服以入朝，宜變其制。'故弁施象牙簪導，自稠始也。……以稠守太府卿。後三歲，兼領少府監。"又本書卷三《煬帝紀上》亦載：大業二年三月，"太府少卿何稠、太府丞雲定興盛修儀仗"。則何稠變革弁之制時所任官職爲"太府少卿"，後所兼領者乃"少府監"非"少府少監"。

[8]典謁贊引：皇帝朝會時引導官。

[9]縵：無文彩之帛。

帽，古野人之服也。董巴云："上古穴居野處，衣毛帽皮。"以此而言，不施衣冠明矣。案宋、齊之間，[1]天子宴私，著白高帽，[2]士庶以烏，其制不定。或有卷荷，或有下裙，或有紗高屋，或有烏紗長耳。後周之時，[3]咸著突騎帽，[4]如今胡帽，垂裙覆帶，蓋索髪之遺象也。又文帝項有瘤疾，不欲人見，每常著焉。相魏之時，著而謁帝，故後周一代，將爲雅服，小朝公宴，咸許戴之。開皇初，高祖常著烏紗帽，自朝貴已下，至于冗吏，通著入朝。今復制白紗高屋帽，其服，練裙襦，烏皮履。宴接賓客則服之。

[1]宋：即南朝宋（420—479），都建康（今江蘇南京市）。齊：即南朝齊（479—502），或稱蕭齊，都建康（今江蘇南京市）。

[2]白高帽：亦稱白紗帽，白紗製高頂帽。以烏紗爲之，稱爲烏紗帽。

[3]後周：《太平御覽》卷六八七《服章部四·帽》引《隋書》記載同，《通典》卷五七《禮·帽》、《玉海》卷八一《冕服》作“後魏”。

[4]突騎帽：北方鮮卑族所戴之帽，特點爲後垂披覆。

白帢，案《傅子》：[1]“魏太祖以天下凶荒，資財乏匱，擬古皮弁，裁縑帛以爲之。”[2]蓋自魏始也。《梁令》，[3]天子爲朝臣等舉哀則服之。今亦准此。其服，白紗單衣，承以裙襦，烏皮履。舉哀臨喪則服之。

[1]《傅子》：西晋人傅玄所撰，論經國九流及三史故事，並評斷得失之書，參《晋書》卷四七《傅玄傳》。

[2]“魏太祖以天下凶荒”至“裁縑帛以爲之”：此句《三國志》卷一《魏書·武帝紀》裴松之注引《傅子》記載同。魏太祖，即曹操。紀見《三國志》卷一。

[3]《梁令》：本書《經籍志二》收有《梁令》三十卷，録一

卷，未載作者。

幘，案董巴云："起於秦人，施於武將，初爲絳袙，[1]以表貴賤焉。至漢孝文時，[2]乃加以高顔。"[3]孝元帝額有壯髮，[4]不欲人見，乃始進幘。又董偃召見，[5]緑幘傅韝。[6]《東觀記》云：[7]"詔賜段熲赤幘大冠一具。"[8]故知自上已下，至于皁隸，及將帥等，皆通服之。今天子畋獵御戎，文官出游田里，武官自一品已下，至于九品，并流外吏色，皆同烏。厨人以緑，卒及馭人以赤，[9]舉輦人以黄。[10]駕五輅人，[11]逐其車色。承遠游、進賢者，施以掌導，謂之介幘。承武弁者，施以笄導，謂之平巾。其乘輿黑介幘之服，紫羅褶，南布袴，玉梁帶，紫絲鞋，長靿靴。[12]畋獵豫游則服之。

[1]袙：通"帕"，巾也。宋高承《事物紀原》卷三《幘》引本書《禮儀志》作"帕"。

[2]漢孝文：即漢文帝劉恒。紀見《史記》卷一〇、《漢書》卷四。

[3]高顔：漢初巾幘無頂，庶民不戴冠，以之束髮。文帝時將巾幘額前部分加高，即爲高顔。顔，額也，指巾幘額前部分。

[4]孝元帝：即漢元帝劉奭。紀見《漢書》卷九。　壯髮：額前叢生突下之髮。

[5]董偃：人名。漢武帝時館陶公主男寵，事見《漢書》卷六五《東方朔傳》。

[6]韝（gōu）：臂衣、臂套，猶今之套袖。

[7]《東觀記》：即《東觀漢記》。記載東漢光武帝至靈帝之間歷史的紀傳體史書。

［8］段熲：人名。東漢名將。傳見《後漢書》卷六五。

［9］馭人：駕車之人。

［10］舉輦人：爲皇帝抬輿輦的宦官。

［11］五輅：皇帝所乘的五種輅車，玉輅、金輅、象輅、革輅、木輅，車色分别爲青、赤、黄、白、黑。

［12］靿（yào）：靴、襪之筒。

皇太子服六等，[1]衮冕九旒，朱組纓，青纊琉耳，犀簪、導。紺衣，纁裳，去日、月、星辰爲九章。[2]白紗内單，黼、黻領，青褾、襈、裾。革帶，金鈎、艓，大帶，韍二章，玉具劍。侍從祭祀，及謁廟、加元服、納妃，則服之。據晋咸寧四年故事，[3]衣色用玄，改用紺。舊章用織成，降以繡。玉具劍，故事以火珠鏢首，改以白珠。開皇中，皇太子冕同天子，貫白珠。及仁壽元年，[4]煬帝爲太子，以白珠太逼，表請從青珠。於是太子衮冕與三公、王等，皆青珠九旒。旒短不及髆，降天子二寸。

［1］六等：指後文介紹的皇太子六種服飾：衮冕、遠游冠、遠游三梁冠、鹿皮弁、平巾幘、白帢。

［2］去日、月、星辰爲九章：中華本“日、月、星辰”中未加頓號，據十二章之制補。

［3］咸寧：西晋武帝司馬炎年號（275—280）。　故事：此指司馬炎於咸寧四年改冕服之制，衣色去玄用紺。

［4］仁壽：隋文帝楊堅年號（601—604）。

遠游冠，金附蟬，加寶飾珠翠，九首，珠纓翠緌，犀簪、導。絳紗袍，白紗内單，皁領、褾、襈、裾。白假帶，方心曲領，絳紗蔽膝。襪，舄，革帶，劍，佩，綬同衮冕。未冠則雙童髻，空頂黑介幘，雙玉導，加寶飾珠翠，二首。謁廟還、元日、朔旦入朝、釋奠，[1]則服之。

[1]朔旦：朔日，農曆每月初一。

始後周采用《周禮》，皇太子朝駕，皆衮冕九章服。開皇初，自非助祭，皆冠遠游冠。至此，牛弘奏云："皇太子冬正大朝，[1]請服衮冕。"帝問給事郎許善心曰：[2]"太子朝謁，著遠游冠，有何典故？"對曰："晋令：皇太子給五時朝服、遠游冠。至宋泰始六年，[3]更議儀注，儀曹郎丘仲起議：[4]'案《周禮》，公自衮冕已下，至卿大夫之玄冕，皆其朝聘之服也。[5]伏尋古之公侯，尚得服衮，以入朝見，况皇太子儲副之尊，謂宜式遵盛典，服衮朝賀。'兼左丞陸澄議：[6]'服冕以朝，實著經典，自秦除六冕之制，後漢始備古章。魏、晋以來，非祀宗廟，不欲令臣下服於衮冕，位爲公者，必加侍官，故太子入朝，因亦不著。但承天作副，禮絶群后，宜遵前王之令典，革近代之陋制，皇太子朝，請服冕。'自宋以下，始定此儀。至梁簡文之爲太子，[7]嫌於上逼，還冠遠游，下及於陳，皆依此法。後周之時，亦言服衮入朝。至于開皇，復遵魏、晋故事。臣謂衮冕之服，章玉雖差，一日而觀，頗欲相類。臣子之道，義無上逼。故晋武帝太始三年，詔太宰安平王孚著侍内之服，[8]四年，又賜趙、燕、樂安王等散騎常侍之服。[9]自斯以後，台鼎貴臣，並加貂璫武弁，故皇太子遂著遠游，謙不逼尊，於理爲允。”帝曰：“善。”竟用開皇舊式。

[1]冬正：正冬，指冬至日。

[2]給事郎：按此處官職有誤，考證見本卷前文。

[3]泰始：南朝宋明帝劉彧年號（465—471）。

[4]丘仲起：人名。宋元徽中爲太子領軍長史，官至廷尉卒。事見《南齊書》卷五三《沈憲傳》。

[5]“案《周禮》”至“皆其朝聘之服也”：此句《宋書·禮志五》原文爲：“案《周禮》，公自衮冕以下。鄭注：‘衮冕以至卿大夫之玄冕，皆其朝聘天子之服也。’”

[6]左丞：官名。尚書左丞，爲尚書省佐官，位次尚書，與右丞掌尚書省庶務，率諸都令史監察稽核諸尚書曹、郎曹政務，督録近道文書章奏，監察糾彈尚書令、僕射、尚書等文武百官，號稱“監司”，分管宗廟祠祀、朝儀禮制、選授官史等文書奏事。南朝宋第六品。　陸澄：人名。南朝宋泰始六年官通直郎兼左丞。傳見《南齊書》卷三九。

[7]梁簡文：南朝梁簡文帝蕭綱。紀見《梁書》卷四、《南史》卷八。

[8]太宰：官名。西晋置太師、太傅、太保三上公，因避司馬師諱，改太師爲太宰，居上公之首。常與太傅、太保並掌朝政，爲宰相之任。　安平王孚：即司馬孚，宣帝司馬懿之弟。傳見《晋書》卷三七。　侍内：官名。即侍中，隋避“忠”諱改。門下侍中省長官，員四人，常侍衛皇帝左右，管理門下衆事，侍奉生活起居，出行則護駕；與門下其他官員同掌顧問應對，拾遺補缺，諫諍糾察，儐相威儀，平議尚書奏事，有異議得駁奏。或加予宰相、尚

書等高級官員，令其出入殿省，入宫議政。

[9]趙：即西晋趙王司馬倫，字子彝，宣帝第九子也。傳見《晋書》卷五九。 燕：即西晋文帝之子燕王司馬機。事見《晋書》卷三八《清惠亭侯京傳》。 樂安：即西晋樂安平王司馬鑒。傳見《晋書》卷三八。 散騎常侍：官名。西晋散騎省長官，置四人，位比侍中，爲門下重職。三品秩比二千石。

遠游三梁冠，從省服，絳紗單衣，革帶，金鉤、艓，假帶，方心，佩一隻，紛長六尺四寸，闊二寸四分，色同於綬。金縷鞶囊，白襪，烏皮履，金飾。五日常朝則服之。

鹿皮弁，九琪，服絳羅襦，白羅裙，革帶，履，襪，佩，紛，如從省服。在宫聽政則服之。

平巾，黑幘，玉冠枝，金花飾，犀簪、導，紫羅褶，南布袴，玉梁帶，長靿靴。侍從、田狩則服之。

白帢，素單衣，烏皮履。爲宫臣舉哀弔喪則服之。

諸王、三公已下，爲服之制，衮冕九章服。[1]三公攝祭及諸王初受册、執贄、入朝、助祭、親迎，[2]則服之。綬各依其色。

[1]衮冕九章服：指十二章中去日、月、星辰三章的衮冕服。

[2]攝祭：佐理祭祀禮儀。 執：底本原無，今據它本補入。

鷩冕，案《禮圖》："王祭先公及卿之服。"天子九旒，用玉二百一十六。侯、伯服以助祭，七旒，用玉八十。[1]新制依此。服七章。三品及公、侯助祭則服之。

[1]八十：此侯、伯服七旒用玉“八十”，恐爲“九十八”之訛。“旒”亦作“瑬”或“斿”，《説文·玉部》：“瑬，垂玉，冕飾。”冕旒之旒數及垂玉《禮記》《周禮》有詳細規定，《禮記·禮器》云：“天子之冕，朱緑藻，十有二旒，諸侯九，上大夫七，下大夫五，士三。”《周禮·夏官·弁師》亦云：“弁師掌王之五冕。……五采繅，十有二就，皆五采玉十有二。”東漢鄭玄注：“繅，雜文之名也。合五采絲爲之繩，垂於延之前後，各十二，所謂邃延也。就，成也。繩之每一匝而貫五采玉，十二斿則十二玉也。”則天子之冕前後垂旒，每旒十二就，即每旒用玉十二顆。因此，鄭玄此條進一步解釋説：“衮衣之冕十二斿，則用玉二百八十八。鷩衣之冕繅九斿，用玉二百一十六。毳衣之冕七斿，用玉百六十八。希衣之冕五斿，用玉百二十。玄衣之冕三斿，用玉七十二。”衮冕、鷩冕、毳冕、希冕、玄冕均爲每旒用玉十二顆。《周禮·夏官·弁師》又云：“諸侯（按，此爲‘公’之誤）之繅斿九就。……諸侯及孤卿大夫之冕、韋弁、皮弁、弁絰，各以其等爲之。”鄭玄注：“每繅九成，則九旒也。公之冕用玉百六十二。……侯伯繅七就，用玉九十八。子男繅五就，用玉五十，繅玉皆三采。”説明諸公之冕前後各九旒，每旒垂玉九顆；侯伯冕前後各七旒，每旒垂玉七顆；子男冕前後各五旒，每旒垂玉五顆。據此，此條隋代“鷩冕”云“天子九旒，用玉二百一十六”，與《周禮》相符。而侯、伯“七旒，用玉八十”，據《周禮》及鄭玄注每旒用玉七顆，應當爲九十八顆。另一方面，冕均爲前後垂旒，隋制云侯伯冕爲七旒，前後垂則爲十四旒，八十無法爲十四旒均分，此亦表明“八十”記載有誤。

毳冕，案《禮圖》：“王祀四望山川之服。”[1]天子七旒，用玉百六十八。子、男服以助祭，五旒，用玉五十。新制依此。服五章。四品及伯助祭則服之。

[1]四望：指所祭之四方山川及神靈。

絺冕，案《禮圖》："王者祭社稷、五祀之服。"[1]天子五旒，用玉百二十。孤卿服以助祭，四旒，用玉三十二。新制依此。服三章。五品及子、男助祭則服之。

[1]社稷、五祀：中華本中間未加標點，今據《周禮》補入。五祀，指所祭五種神祇。《周禮·春官·大宗伯》："以血祭祭社稷、五祀、五嶽。"鄭玄注："此五祀者，五官之神。"

玄冕，案《禮圖》："王祭群小祀及視朝服。"天子四旒，用玉三十二。諸侯服以祭其宗廟，三旒，用玉十八。新制依此。服三章。通給庶姓。[1]一品已下，五品已上，自製于家，祭其私廟。三品省衣粉米，加三重；裳黼、黻，加二重。四品減黼一重，五品減黻一重。禮自玄冕以上，加旒一等，天子祭祀，節級服之。

[1]庶姓：此指非帝王宗室封侯者。

開皇以來，天子唯用衮冕，自鷩之下，不施於尊，具依前式。而六等之冕，皆有黈纊，黄綿爲之，其大如橘。自皇太子以下，三犀導，青纓爵弁。案董巴《志》："同於爵形，一名冕，有收持笄，所謂夏收、殷冔者也。"[1]祠天地、五郊、明堂，《雲翹》舞人服之。[2]《禮》云："朱干玉戚，冕而舞《大夏》。"[3]此之謂也。

《禮圖》云："士助君祭服之，色如爵頭，無旒有纊。"新制依此。角爲簪、導，衣青，裳纁，[4]並縵無章。六品已下，皆通服之。

[1]夏收、殷冔（xǔ）：指夏與商代祭祀之冠。《儀禮·士冠禮》："周弁、殷冔、夏收。"鄭玄注："收，言所以斂髮也。"賈公彦疏："云冔，名出於幠，幠，覆也。言所以自覆飾也。"

[2]《雲翹》：祭祀時樂舞之一。

[3]朱干玉戚，冕而舞《大夏》：語出《禮記·明堂位》。原文爲："朱干玉戚，冕而舞《大武》。皮弁素積，裼而舞《大夏》。"然《續漢書·輿服志下》、《玉海》卷八一《漢爵弁》均爲"朱干玉戚，冕而舞《大夏》"。朱干玉戚，古代武舞所持赤盾與玉飾之斧。

[4]纁（quán）：淺紅色。

遠游冠服，王所服也。衣裳内單。如皇太子，佩山玄玉，金章龜鈕。[1]宋孝建故事亦謂之璽，[2]今文曰印。又並歸於官府，身不自佩，例以銅易之。大綬四采，小綬同色，施二玉環，玉具劍，烏皮舄，舄加金飾。唯帝子、宗室、封國王者服之。

[1]金章龜鈕：金質印章，印鼻雕成龜形。古代以不同質地之印分别官員等級，如金、銀、銅質。印不同鈕（印鼻）亦不同，有瓦鈕、環鈕、龜鈕、虎鈕、獅鈕等。下文印章之制同此，不再出注。

[2]孝建：南朝宋孝武帝劉駿年號（454—456）。

進賢冠，案《漢官》云：[1]“平帝元始五年，[2]令公卿列侯冠三梁，二千石兩梁，千石以下一梁。”梁別貴賤，自漢始也。董巴釋曰：“如緇布冠，文儒之服也。”前高七寸而却，後高三寸而立。王莽之時，以幘承之。新制依此。内外文官通服之。三品已上三梁，五品已上兩梁，九品已上一梁，用明尊卑之等也。其朝服，亦名具服。絳紗單衣，白紗内單，玄領、裾、襈、袖，革帶，金鉤、艓，假帶，曲領方心，絳紗蔽膝，白襪，烏皮舄。雙佩、綬，如遠游之色。自一品已下，五品已上，衣服盡同，而綬依其品。陪祭、朝饗、拜表，凡大事皆服之。六品、七品，去劍、佩、綬。八品、九品，去白筆、内單，而用履代舄。其五品已上，一品已下，又有公服，亦名從省服。並烏皮履，去曲領、内單、白筆、蔽膝。開皇故事，亦去鞶囊、佩、綬。何稠請去大綬，而偏垂一小綬，綴於獸頭鞶囊，獨一隻佩，正當於後。詔從之。一品已下，五品已上，同。

[1]《漢官》：東漢應劭所撰，介紹漢代禮儀、典章制度的書。本書《經籍志二》載有應劭所撰《漢官》五卷，《漢官儀》十卷。

[2]平帝：即漢平帝劉衎。紀見《漢書》卷一二。　元始：漢平帝劉衎年號（1—5）。

高山冠，案董巴《志》云：“一曰側注，謁者、僕射之所服也。”[1]胡伯始以爲齊王冠，[2]秦滅齊，以賜謁者。《傅子》曰：“魏明帝以高山冠似通天，[3]乃毁變其形，除去卷筩，令如介幘。幘上加物，以象山峰，行人使者，通皆服之。”新制参用其事，形如進賢，於冠前加三峰，以象魏制。謁者大夫已下服之。[4]梁依其品。

[1]謁者、僕射：中華本此未標點，據西漢官制及《續漢書·輿服志下》加。

[2]胡伯始：人名。東漢著名學者胡廣，字伯始。漢靈帝時位至三公。傳見《後漢書》卷四四。

[3]魏明帝：三國魏明帝曹叡。紀見《三國志》卷三。

[4]謁者大夫：官名。煬帝大業三年始置謁者臺，與御史臺、司隸臺合稱三臺。謁者大夫爲謁者臺長官，掌執詔勞問、出使慰撫，受理冤枉而申奏之。從四品。

獬豸冠，案《禮圖》曰：“法冠也，一曰柱後惠文。”如淳注《漢官》曰：[1]“惠，蟬也，細如蟬翼。”今御史服之。《禮圖》又曰：獬豸冠，高五寸，秦制也。法官服之。”董巴《志》曰：“獬豸，神羊也。”蔡邕云：[2]“如麟，一角。”應劭曰：[3]“古有此獸，主觸不直，故執憲者，[4]爲冠以象之。秦滅楚，以其冠賜御史。”此即是也。開皇中，御史戴却非冠，而無此色。新制又以此而代却非。御史大夫以金，[5]治書侍御史以犀，[6]侍御史已下，[7]用麢羊角，獨御史、司隸服之。

[1]如淳：人名。三國曹魏人，曾任陳郡丞，爲《漢書》做注。

[2]蔡邕：人名。東漢著名文學家、書法家。師從胡廣，撰有《獨斷》一書，萬餘字，記述漢代，兼述漢以前有關禮制、車服、帝系等内容。傳見《後漢書》卷六〇下。

[3]應劭：人名。東漢學者，著有《風俗通義》。傳見《後漢書》卷四八。

[4]執憲：司法、執法者。

[5]御史大夫：官名。御史臺長官，職掌國家刑憲典章之政令，司彈劾糾察百官等。置一員。其品級，隋大業五年（按，此據本書《百官志下》，而《唐六典》卷一三《御史臺》爲“大業八年”）前是從三品，此年降爲正四品。

[6]治書侍御史：官名。隋御史臺副長官，佐御史大夫掌彈劾百官。從五品。

[7]侍御史：官名。隋御史臺設侍御史八人，掌糾彈百僚，推按獄訟。從七品。

巾，案《方言》云：[1]“巾，趙、魏間通謂之承露。”《郭林宗傳》曰：“林宗嘗行遇雨，巾沾角折。”[2]又袁紹戰敗，[3]幅巾渡河。此則野人及軍旅服也。制有二等。今高人道士所著，是林宗折角；庶人農夫常服，是袁紹幅巾。故事，用全幅皁而向後樸髮，俗人謂之樸頭。[4]自周武帝裁爲四脚，[5]今通於貴賤矣。

[1]《方言》：書名。西漢揚雄撰。

[2]林宗嘗行遇雨，巾沾角折：典出《後漢書》卷六八《郭太傳》。郭太，字林宗。

[3]袁紹：人名。漢末群雄之一。傳見《後漢書》卷七四上、《三國志》卷六。

[4]樸（fú）頭：古代包頭軟巾，有四帶，二帶繫腦後垂之，二帶反繫頭上，令曲折附頂。也稱四脚、折上巾。

[5]周武帝：北周武帝宇文邕。紀見《周書》卷五、六，《北史》卷一〇。

簪、導，案《釋名》云：[1]“簪，建也，所以建冠於髮也。一曰笄。笄，係也，所以拘冠使不墜也。導所以導擽鬢髮，使入巾幘之裹也。”今依《周禮》，天子以玉笄，而導亦如之。又《史記》曰：“平原君誇楚，爲玳瑁簪。”[2]班固《與弟書》云：[3]“今遺仲升以黑犀簪。”[4]《士燮集》云：[5]“遺功曹史貢皇太子通天犀導。”故知天子獨得用玉，降此通用玳瑁及犀。今並准是，唯弁用白牙笄導焉。

[1]《釋名》：書名。東漢劉熙撰，爲探求事物名源的專書。

[2]平原君誇楚，爲玳瑁簪：語出《史記》卷七八《春申君列傳》。

[3]班固：人名。東漢史官，著有《漢書》。傳見《後漢書》卷四〇，另事見《漢書》卷一〇〇《叙傳》。　《與弟書》：《太平御覽》卷六八八《服章部五・簪導》及《北堂書鈔》卷一二七《衣冠部一・簪六》均云“《與弟超書》”。此“弟”指班超。

[4]今遺仲升以黑犀簪：此句《太平御覽》卷六八八《服章部五・簪導》及《北堂書鈔》卷一二七《衣冠部一・簪六》均載爲“令遺仲叔玳瑁黑犀簪”。

[5]《士燮集》：爲三國時人士燮所撰。《舊唐書・經籍志下》《新唐書・藝文志四》均載《士燮集》五卷。士燮傳見《三國志》卷四九。

貂蟬，案《漢官》：“侍内金蟬左貂，[1]金取剛固，蟬取高潔也。”董巴《志》曰：“内常侍，右貂金璫，銀附蟬，内書令亦同此。”今宦者去貂，内史令金蟬右貂,[2]納言金蟬左貂。[3]開皇時，加散騎常侍在門下者,[4]皆有貂蟬，至是罷之。唯加常侍聘外國者，特給貂蟬，還則輸納於内省。

[1]侍内：官名。即侍中。隋避“忠”諱改。　金蟬左貂：指貂尾和附蟬，爲侍中、常侍等天子近臣之冠飾。侍臣班位在左者插冠左邊，班位在右者插冠右邊。

[2]内史令：官名。内史省長官，掌皇帝詔令出納宣行，居宰相之職。隋初内史省置監、令各一人，尋廢監，置令二人。正三品。

[3]納言：官名。門下省長官，掌侍從規諫，拾遺補缺，總判省事。正三品。

[4]散騎常侍：官名。爲門下省屬官，置四員，掌陪從朝值，獻納得失，實則爲閑散虚職，多用作加官。從三品。煬帝大業三年罷廢。

白筆，案徐氏《雜注》云：“古者貴賤皆執笏,[1]有事則書之，故常簪筆。今之白筆，是遺象也。”《魏略》曰:[2]“明帝時大會而史簪筆。”今文官七品已上，通玨之。武職雖貴，皆不玨也。

[1]笏：古時朝臣覲見時所執狹長板子，材質有玉、象牙、竹木等。亦曰手板。後世唯品官執之。其制亦可參本卷後文“笏”條。

[2]《魏略》：三國時魏郎中魚豢所撰，記魏國史事，原書已佚。《新唐書・藝文志二》載：“《魏略》五十卷。”

纓，案《儀禮》曰："天子朱纓，諸侯丹組纓。"今冕，天子已下皆朱纓。又《尉繚子》曰：[1]"天子玄纓，諸侯素纓。"别尊卑也。今不用素，並從冠色焉。

[1]《尉繚子》：相傳爲戰國時雜家尉繚所撰。

佩，案《禮》，天子佩白玉。董巴、司馬彪云：[1]"君臣佩玉，尊卑有序，所以章德也。"今參用杜夔之法，[2]天子白玉，太子瑜玉，王山玄玉。自公已下，皆水蒼玉。

[1]司馬彪：人名。西晋史家，著有《續漢書》，其中有《輿服志》，今《後漢書》中的《輿服志》即取其文。傳見《晋書》卷八二。

[2]杜夔：漢末三國曹魏時人。擅長音律，魏文帝時爲太樂令、協律都尉。傳見《三國志》卷二九。

綬，案《禮》："天子玄組綬，侯伯朱組綬，大夫純組綬，世子綦組綬。"[1]《漢官》云："蕭何爲相國，[2]佩緑綬，公侯紫，卿二千石青，令長千石黑。"今大抵准此。天子以雙綬，六采，玄、黄、赤、白、縹、緑，純玄質，長二丈四尺，五百首，闊一尺；雙小綬，長二尺六寸，色同大綬，而首半之，間施四玉環。開皇用三，今加一。皇太子，朱雙綬，四采，赤、白、縹、紺，純朱質，長一丈八尺，三百二十首，闊九寸；雙小綬，長一尺六寸，色同大綬，而首半之，間施三玉環。

開皇用二，今加一。三公，緑綟綬，四采，緑、黄、縹、紫，純緑質，黄文織之，長一丈八尺，二百四十首，闊九寸，與親王綬，俱施二玉環。諸王，纁朱綬，四采，赤、黄、縹、紺，純朱質，纁文織之，長一丈八尺，二百四十首，闊九寸。公，玄朱綬，四采，赤、縹、玄、紺，純朱質，玄文織之，長一丈八尺，二百四十首，闊九寸。侯、伯，青朱綬，四采，青、赤、白、縹，純朱質，青文織，長一丈六尺，百八十首，闊八寸。子、男，素朱綬，三采，青、赤、白，純朱質，素文織之，長一丈四尺，百四十首，闊七寸。二品已上，纁紫綬，四采，纁、紫、赤、黄，純紫質，纁文織之，長一丈四尺，百四十首，闊八寸。[3]三品，紺紫綬，四采，紫、紺、黄、縹，純紫質，紺文織之，長一丈六尺，百八十首，闊八寸。四品，青綬，三采，青、白、紅，純青質，長一丈四尺，百四十首，闊七寸。五品，墨綬，二采，青、紺，純紺質，長一丈二尺，百二十首，闊六寸。自王公已下，皆有小綬二枚，色同大綬，而首半之。正、從一品，施二玉環。凡有綬者，皆有紛，並長六尺四寸，闊二寸四分，隨於綬色。

[1]“天子玄組綬”至“世子綦組綬”：語出《禮記·玉藻》。原文爲：“天子佩白玉而玄組綬，公侯佩山玄玉而朱組綬，大夫佩水蒼玉而純組綬，世子佩瑜玉而綦組綬，士佩瓀玟而緼組綬。”綦，蒼白色或青黑色。

[2]蕭何：人名。西漢開國功臣。傳見《史記》卷五三、《漢書》卷三九。　相國：官名。初爲春秋戰國時期對輔政大臣的尊

稱。後漸成爲官稱，爲百官之長，與丞相略同而位稍尊。秦不置。漢魏晋南北朝不常置，位尊於丞相，職權品秩略同，非尋常人臣之位。

[3]長一丈四尺，百四十首：按，本條大業綬制“二品已上”綬長及首數低於“三品”，記載有誤。中華本未出注，中華書局新修訂本校勘記亦指出：“‘二品已上’綬長及首數，均低於下文‘三品’，疑有誤。”惜未做進一步考證。檢本卷前文隋初定令綬制：“正、從一品……長一丈八尺，二百四十首，廣九寸。從三品已上……長一丈六尺，百八十首，廣八寸”，且“正、從一品”綬長及首數與“公”同，“從三品已上”綬長及首數與“侯、伯”同。而本條前文亦載大業綬制：“公……長一丈八尺，二百四十首，廣九寸。侯、伯……長一丈六尺，百八十首，闊八寸”。疑本條“二品已上”綬長及首數恐爲“長一丈八尺，二百四十首，廣九寸”之誤。又唐沿隋制，《舊唐書·輿服志》載百官綬制：“一品……長一丈八尺，二百四十首，廣九寸。”“二品、三品……長一丈六尺，百八十首，廣八寸。”亦可資參考。

鞶囊，案《禮》：“男鞶革，女鞶絲。”[1]《東觀書》：[2]“詔賜鄧遵獸頭鞶囊一枚。”[3]班固《與弟書》：“遺仲升獸頭旁囊，金錯鉤也。”[4]古佩印皆貯懸之，故有囊稱。或帶於旁，故班氏謂爲旁囊，綬印鈕也。今雖不佩印，猶存古制，有佩綬者，通得佩之。無佩則不。今採梁、陳、東齊制，品極尊者，以金織成，二品以上服之。次以銀織成，三品已上服之。下以綖織成，[5]五品已上服之。分爲三等。

[1]男鞶革，女鞶絲：語出《禮記·内則》。

[2]《東觀書》：書名。即《東觀漢記》。

[3]鄧遵：人名。東漢將領。事見《後漢書》卷五《孝安帝紀》及卷八七《西羌傳》。

[4]金錯：古代金屬工藝之一。用黃金在器物上塗飾或鑲嵌文字或花紋。

[5]綎：通“綫”。按，隋文帝時五品鞶囊以“彩縷”。

革帶，案《禮》“博二寸”。《禮圖》曰：“瑠綴於革帶。”阮諶以爲有章印則於革帶佩之。[1]《東觀記》：“楊賜拜太常，[2]詔賜自所著革帶。”故知形制尊卑不别。今博三寸半，加金縷鰈，螳蜋鈎，以相拘帶。自大裘至于小朝服，皆用之。

[1]阮諶：人名。東漢時人。造《三禮圖》傳於世。事略見《三國志》卷一六《魏書·杜恕傳》。

[2]楊賜：人名。東漢熹平四年（175）拜太常，漢靈帝賜御府衣一襲，自所服冠幘綬，玉壺革帶，金錯鈎佩。傳見《後漢書》卷五四。　太常：官名。即九卿之一的太常卿。

劍，案漢自天子至于百官，無不佩刀。蔡謨議云：[1]“大臣優禮，皆劍履上殿。非侍臣，解之。”蓋防刃也。近代以木，未詳所起。東齊著令，謂爲象劍，[2]言象於劍。周武帝時，百官燕會，並帶刀升座。至開皇初，因襲舊式，朝服登殿，亦不解焉。十二年，因蔡徵上事，[3]始制凡朝會應登殿坐者，劍履俱脱。其不坐者，敕召奏事及須升殿，亦就席解劍乃登。納言、黄門、内史令、侍郎、舍人，既夾侍之官，則不脱。其劍皆真刃，非假。既合舊典，弘制依定。又准晋咸康元年定令故事，[4]自天子已下，皆衣冠帶劍。今天子則玉具火珠鏢首，餘皆玉鏢首。唯侍臣帶劍上殿，自王公已下，非殊禮引升殿，皆就席解而後升。六品以下，無佩綬者，皆不帶。

[1]蔡謨：人名。晋成帝司馬衍時拜太傅、太尉、司空等職。傳見《晋書》卷七七。

[2]象劍：木劍。

[3]蔡徵：人名。南朝陳後主時官任中領軍。傳見《陳書》卷二九，《南史》卷六八有附傳。

[4]咸康：東晋成帝司馬衍年號（335—342）。

曲領，案《釋名》，在單衣内襟領上，横以雍頸。七品已上有内單者則服之，從省服及八品已下皆無。

珽，[1]案《禮》："天子搢珽，方正於天下也。"[2]又《五經異義》：[3]"天子笏曰珽，珽直無所屈也。"今制准此，長尺二寸，方而不折。以球玉爲之。

[1]珽：帝王所持的玉笏。

[2]天子搢珽，方正於天下也：語出《禮記·玉藻》。

[3]《五經異義》：書名。東漢許慎撰，述今文與古文經學異同，已亡佚。本書《經籍志一》載有："《五經異義》十卷，後漢太尉祭酒許慎撰。"

笏，案《禮》："諸侯以象，大夫魚須文竹，士以竹，本象可也。"[1]凡有指畫於君前，受命書於笏，笏畢用也。《五經要義》曰：[2]“所以記事，防忽忘。”《禮圖》云：“度二尺有六寸，中博二寸，[3]其殺六分去一。”[4]晋、宋以來，謂之手板，此乃不經，今還謂之笏，以法古名。自西魏以降，五品已上，通用象牙，六品已下，兼用竹木。

[1]“諸侯以象”至“本象可也”：語出《禮記・玉藻》。魚須文竹，竹飾以鯊魚鬚紋，一説鯊魚皮紋。

[2]《五經要義》：本書《經籍志一》載有：“《五經要義》五卷，梁十七卷，雷氏撰。”

[3]二寸：《禮記・玉藻》載爲“三寸”，故《禮圖》恐非古制。

[4]殺：猶“杼”，削薄、削尖。《周禮・考工記・玉人》賈公彦疏云：“謂於三尺圭上除六寸之下兩畔殺去之，使已上爲椎頭。”

履、舄，案《圖》云：“複下曰舄，[1]單下曰履。夏葛冬皮。”近代或以重皮，而不加木，失於乾腊之義。今取乾腊之理，[2]以木重底。冕服者色赤，冕衣者色烏，履同烏色。諸非侍臣，皆脱而升殿。凡舄，唯冕服及具服著之，履則諸服皆用。唯褶服以靴。靴，胡履也，取便於事，施於戎服。

[1]複下：鞋重底。

[2]乾腊之理：指不畏泥濕。晋人崔豹《古今注・輿服》：“舄，以木置履下，乾腊不畏泥濕也。”

諸建華、鵔鸃、鶡冠、委貌、長冠、樊噲、却敵、巧士、術氏、却非等，[1]前代所有，皆不採用。

[1]建華、鵔（jùn）鸃（yí）、鶡冠、委貌、長冠、樊噲、却敵、巧士、術氏、却非：冠名。以上均爲東漢明帝永平二年恢復輿服制度以來，所立之冠制，隋未采用，故不出注。其具體形制參《續漢書·輿服志》。

皇后服四等，有褘衣、鞠衣、青服、朱服。

褘衣，深青質，織成領袖，文以翬翟，五采重行，十二等。首飾，花十二鈿，[1]小花毦十二樹，并兩博鬢。素紗内單，黼領，羅穀褾、襈，色皆以朱。蔽膝隨裳色，以緅爲緣，用翟三章。大帶隨衣裳，飾以朱緑之錦，青緣。革帶，青韈、舄，舄以金飾。白玉佩，玄組，綬，章采尺寸同於乘輿。祭及朝會，凡大事皆服之。

[1]鈿：以金翠珠寶製成花形首飾。

鞠衣，黄羅爲質，織成領袖，小花十二樹。蔽膝，革帶及舄，隨衣色。餘准褘衣，親蠶服也。

青服，去花、大帶及佩綬，金飾履。禮見天子則服之。

朱服，制如青服。宴見賓客則服之。

有金璽，盤螭鈕，文曰“皇后之璽”。冬正大朝，則并黄琮，各以笥貯，進於座隅。

皇太后服，同於后服。而貴妃以下，並亦給印。

貴妃、德妃、淑妃，是爲三妃。[1]服褕翟之衣，首飾花九鈿，并二博鬢。金章龜鈕，文從其職。紫綬，一百二十首，長一丈七尺，金縷織成，獸頭鞶囊，佩于闐玉。

[1]三妃：此爲隋煬帝後宫嬪妃，亦稱三夫人。正一品。參本書卷三六《后妃傳》。

順儀、順容、順華、修儀、修容、修華、充儀、充容、充華，是爲九嬪。[1]服闕翟之衣，首飾花八鈿，并二博鬢。金章龜鈕，文從其職。紫綬，一百首，長一丈七尺，金縷織成，獸頭鞶囊，佩采瓄玉。

[1]九嬪：此爲隋煬帝後宫嬪妃。正二品。參本書卷三六《后妃傳》。

婕妤，[1]銀縷織成，獸頭鞶囊，首飾花七鈿。他如嬪服。

[1]婕妤：隋煬帝後宫嬪妃，設十三人。正三品。參本書卷三六《后妃傳》。

美人、才人，[1]服鞠衣，首飾花六鈿，并二博鬢。銀印珪鈕，文從其職。青綬，八十首，長一丈六尺。綵縷織成，獸爪鞶囊，佩水蒼玉。

［1］美人、才人：隋煬帝後宮嬪妃，各設十五人，是爲世婦。正四品。參本書卷三六《后妃傳》。

寶林，[1]服展衣，[2]首飾花五鈿，并二博鬢。銀印環鈕，文如其職。艾綬，[3]八十首，長一丈六尺。鞶囊，佩玉，同於婕好。

［1］寶林：隋煬帝後宮嬪妃，設二十四人。正五品。參本書卷三六《后妃傳》。

［2］展衣：古王后六服之一，後亦爲世婦及卿大夫妻之命服。色白。展，通“襢”。《周禮·天官·內司服》：“掌王后之六服：褘衣、揄狄、闕狄、鞠衣、展衣、緣衣。素沙。”鄭玄注引鄭司農云：“展衣，白衣也。”一説展衣色赤。

［3］艾綬：緑色絲帶，顔色似艾草。

承衣刀人、采女，[1]皆服褖衣，[2]無印綬。參准宋泰始四年及梁、陳故事，增損用之。

［1］承衣刀人：隋煬帝後宮嬪妃，趨侍左右，員數不定。視六品以下。參本書卷三六《后妃傳》。　采女：隋煬帝後宮嬪妃，是爲女御，設三十七人。正七品。參本書《后妃傳》。

［2］褖（tuàn）衣：爲古王后燕居或進御時所穿之服，後亦爲世婦及卿大夫妻之命服。按，《周禮·天官·內司服》作“緣衣”，東漢鄭玄注：“此緣衣者，實作褖衣也。褖衣，御于王之服，亦以燕居。”阮元校勘記：“唐石經諸本同。《釋文》：‘緣衣，或作褖，同。’”又《儀禮·士喪禮》“褖衣”條鄭玄注：“黑衣裳赤緣謂之褖，褖之言緣也，所以表袍者也。”

皇太子妃，服褕翟之衣，青質，五采織成爲摇翟，以備九章。首飾花九鈿，并二博鬢。金璽龜鈕，文如其職。素紗内單，黼領，羅褾、襈，色皆用朱，蔽膝二章。大帶，同褘衣，青緑革帶，朱襪，青舄，舄加金飾。佩瑜玉，纁朱綬，一百六十首，長二丈，獸頭鞶囊，凡大禮見皆服之。唯侍親桑，則用鞠衣之服，花鈿佩綬，與褕衣同。准宋孝建二年故事而增損之。

良娣，鞠衣之服，銀印珪鈕，文如其職。佩采瓄玉，青綬，八十首，長一丈六尺，獸爪鞶囊。餘同世婦。

保林、八子，展衣之服，銅印環鈕，文如其職。佩水蒼玉，艾綬，八十首，長一丈六尺，獸爪鞶囊。自良娣等，准宋大明六年故事而損益之。[1]

[1]大明：南朝宋孝武帝劉駿年號（457—464）。

諸王太妃、妃、長公主、公主、三公夫人、一品命婦，褕翟之服，繡爲九章。首飾花九鈿，佩山玄玉，獸頭鞶囊。綬同夫色。

公夫人，縣主、二品命婦，亦服褕翟，繡爲八章。首飾八鈿。侍從親桑，同用鞠衣。自此之下，佩皆水蒼玉。

侯、伯夫人、三品命婦，亦服褕翟，繡爲七章。首飾七鈿。

子夫人、四品命婦，服闕翟之衣，刻赤繒爲翟，綴於服上，以爲六章。首飾六鈿。

男夫人、五品命婦，亦服闕翟之衣，刻繒爲翟，綴於服上，以爲五章。首飾五鈿。若當從侍親桑，皆同鞠衣。

議既定，帝幸修文殿覽之，[1]乃令何稠、起部郎閻毗等造樣上呈。[2]二年總了，始班行焉，軒冕之盛，貫古今矣。

[1]修文殿：隋宮殿名。舊址不詳。據《通鑑》卷一八二《隋紀》大業十一年春正月條記東都有修文殿。

[2]起部郎：官名。隋煬帝改尚書工部侍郎爲起部郎，掌貳尚書之職。正六品。　閻毗：人名。傳見本書卷六八，《北史》卷六一有附傳。

三年正月朔旦，大陳文物。時突厥染干朝見，慕之，請襲冠冕。帝不許。明日，率左光禄大夫、褥但特勤阿史那職御，左光禄大夫、特勤阿史那伊順，右光禄大夫、意利發史蜀胡悉等，並拜表，固請衣冠。帝大悦，謂弘等曰："昔漢制初成，方知天子之貴。今衣冠大備，足致單于解辮，此乃卿等功也。"弘、愷、善心、世基、何稠、閻毗等賜帛各有差，並事出優厚。

是後師旅務殷，車駕多行幸。百官行從，唯服袴褶，而軍旅間不便。至六年後，詔從駕涉遠者，文武官等皆戎衣。貴賤異等，雜用五色。五品已上，通著紫袍，六品已下，兼用緋緑，胥吏以青，庶人以白，屠商以皂，士卒以黄。

卓彼上天，宫室混成，玄戈居其左，[1]上將居其右，[2]弧矢揚威，[3]羽林置陳。[4]《易》曰："天垂象，聖人則之。"[5]昔軒轅氏之有天下也，[6]以師兵爲營衛，[7]降至三代，其儀大備。西漢武帝，[8]每上甘泉，[9]則列鹵簿，車千乘，騎萬匹。其居前殿，則植戟懸楯，以戒不虞。其所由來者尚矣。

[1]玄戈：古星名。亦稱玄弋，傳其位於天帝左邊。

[2]上將：古星名。傳其位於天帝右邊。

[3]弧矢：古星名。又名天弓，屬井宿，簡稱弧。共九星，在天狼星東南，八星如弓形，外一星象矢，分屬於大犬、南船兩星座。

[4]羽林：古星名。《史記·天官書》："北宫玄武，虚、危……其南有衆星，曰羽林天軍。"

[5]天垂象，聖人則之：語出《易·繫辭上》。垂象，顯示徵兆。

[6]軒轅氏：即黄帝，號軒轅氏。詳見《史記》卷一《五帝本紀》。

[7]師兵：指軍隊。

[8]西漢武帝：即漢武帝劉徹。紀見《漢書》卷六。

[9]甘泉：宫名。甘泉宫。故址在今陝西淳化縣西北甘泉山。本秦宫。漢武帝增築擴建，在此朝諸侯王，饗外國客；夏日亦作避暑之處。

梁武受禪于齊，[1]侍衛多循其制。正殿便殿閤及諸門上下，各以直閤將軍等直領。[2]又置刀鈒、御刀、御楯之屬，[3]直御左右。兼有御仗、鋋矟、赤氅、角抵、勇士、青氅、衛仗、長刀、刀劍、細仗、羽林等左右二百七十六人，以分直諸門。行則儀衛左右。又有左右夾轂、蜀客、楯劍、格獸羽林、八從游蕩、十二不從游蕩、直從細射、廉察、刀戟、腰弩、大弩等隊，凡四十九隊，亦分直諸門上下。行則量爲儀衛。東西掖、端、大司馬、東西華、承明、大通等門，[4]又各二隊，及防殿三隊，雖行幸不從。又有八馬游蕩、馬左右夾轂、左右馬百騎等各二隊，及騎官、閱武馬容、雜仗馬容及左右馬騎直隊，行則侍衛左右，分爲警衛。車駕晨夜出入及涉險，皆作函。[5]鹵簿應宿衛軍騎，皆執兵持滿，[6]各當其所保護方面。天明及度險，乃奏解函，撾鼓而依常列。

[1]梁武：指南朝梁武帝蕭衍。紀見《梁書》卷一至三，《南史》卷六、七。

[2]直閤將軍：官名。亦稱朱衣直閤將軍，簡稱朱衣直閤。掌宮内侍衛，屬中領軍（領軍將軍），爲皇帝親信。南朝梁位十班。

[3]刀鈒：本指一種長柄大鐮刀，此指執此刀的衛士。本卷儀仗之制大體同此，以武器裝備名代指相應的衛士或衛隊。　御楯：儀仗中的盾牌，此指執盾衛士。

[4]東西掖：宮闕南門東、西兩側旁門。　端：端門，宮殿正南門。　大司馬：天子宮門。　東西華：此指東華門與西華門，宮城東西門。　承明：古代天子左右路寢，亦稱正寢或正廳，因承接明堂之後，故稱。　大通：宮殿南門之一。

[5]函：指密布周圍，形成保衛圈。

[6]持滿：指箭上弦。

乘輿行則有大駕、法駕、小駕。[1]大駕以郊饗上天，臨馭九伐。法駕以祭方澤，祀明堂，奉宗廟，藉千畝。小駕以敬園陵，親蒐狩。大駕則公卿奉引，大將軍驂乘，[2]太僕馭。[3]法駕、小駕，皆侍中驂乘，奉車郎馭，[4]公卿不引。其餘行幸，送往勞旋，則槊仗。近宴則隊仗。三駕法天，二仗法地，其動也參天而兩地也。陳氏承梁，亦無改革。

[1]大駕：天子出行儀仗隊的一種。天子出行的車駕以第分大駕、法駕、小駕三種，其儀衛繁簡各有不同，規模最大者爲大駕。漢蔡邕《獨斷》："大駕則公卿奉引，大將軍參乘，太僕御，屬車八十一乘，備千乘萬騎。"　法駕：天子出行儀仗隊的一種。地位次於大駕。漢蔡邕《獨斷》云："法駕上所乘，曰金根車，駕六馬，有五時副車，皆駕四馬，河南尹、執金吾、洛陽令奉引，侍中參乘，奉車郎御，屬車三十六乘。"後歷代多參襲漢制。　小駕：古時帝王車駕之一。地位次於法駕，較大駕、法駕減損部分車馬儀仗。多在祠宗廟或行凶禮時用之。

[2]大將軍：官名。爲將軍最高稱號。南朝梁十八班。　驂乘：亦稱參乘，陪乘。古代乘車，尊者在左，御者在中，一人在右陪坐，稱"參乘"或"車右"。

[3]太僕：官名。太僕卿，爲十二卿之一，掌皇帝專用車馬。南朝梁位十班。

[4]奉車郎：官名。奉車郎之名乃沿用古稱，南朝梁置奉車都尉，掌御乘輿車，以宗室、外戚任之，爲三都尉之一。

齊文宣受禪之後，[1]警衛多循後魏之儀。及河清中定令，[2]宮衛之制：[3]左右各有羽林郎十二隊。[4]又有持鈒隊、鋋槊隊、長刀隊、細仗隊，楯鎩隊、雄戟隊、格獸隊、赤氅隊、角抵隊、羽林隊、步游蕩隊、馬游蕩隊。又左右各武賁十隊：[5]左右翊各四隊，又步游蕩、馬游蕩，左右各三隊，是爲武賁。又有直從武賁，左右各六隊，在左者爲前驅隊，在右者爲後拒隊。又有募員武賁隊、强弩隊，左右各一隊。[6]在左者皆左衛將軍總之，在右者皆右衛將軍總之，以備警衛。其領軍、中領將軍，[7]侍從出入，則著兩襠甲，手執檉杖。左右衛將軍、將軍則兩襠甲，[8]手執檀杖。侍從左右，則有千牛備身、左右備身、刀劍備身之屬，[9]兼有武威、熊渠、鷹揚等備身三隊，皆領左右將軍主之，宿衛左右，而戎服執仗。兵有斧、鉞、弓、箭、刀、矟，旌旗皆囊首，[10]五色節文，旆悉赭黄。天子御正殿，唯大臣夾侍，兵仗悉在殿下。郊祭鹵簿，則督將平巾幘，緋衫甲，大口袴。

[1]齊文宣：北齊文宣帝高洋。紀見《北齊書》卷四、《北史》卷七。

[2]河清：北齊武成帝高湛年號（562—565）。

[3]宫衛之制：此句後中華本標點爲逗號。張金龍認爲應用冒號。其推論云：從上下文記事看，“宫衛之制”是指下文大量的有關事項，即從“左右各有羽林郎十二隊”至段末。中華本標點顯然容易造成北齊宫衛之制僅指左右各有羽林郎十二隊的誤會（參見張金龍《魏晋南北朝禁衛武官制度研究》，中華書局 2004 年版，第 819 頁）。所言是，今從改。

[4]羽林郎：禁衛軍名。漢武帝初設，歷代均設。

[5]又左右各武賁十隊：此句後中華本標點爲逗號。張金龍認爲應用冒號。其推論云：其下“左右翊各四隊，又步游蕩、馬游

蕩，左右各三隊，是爲武賁”顯然是指又左右各武賁十隊，否則左、右翊無所指，“是爲武賁”又與前面“又左右各武賁十隊”重複。中華本標點使得此條中多出二十隊衛隊（左右各十隊）（參見張金龍《魏晋南北朝禁衛武官制度研究》，第819頁）。所言是，今從改。武賁，即虎賁，避唐諱改。勇士之稱。

[6]左右各一隊：此句後中華本標點作逗號，亦左、右衛將軍所總僅指“募員武賁隊、强弩隊，左右各一隊”，張金龍認爲當用句號。後句所言“在左者皆左衛將軍總之，在右者皆右衛將軍總之”，所指乃從“左右各有羽林郎十二隊”至“募員武賁隊、强弩隊，左右各一隊”所有宫廷衛隊皆有左、右將軍統領。因此，後文左、右衛將軍後各有“皆”字修飾（參見張金龍《魏晋南北朝禁衛武官制度研究》，第820頁）。今從改。

[7]領軍：官名。即領軍將軍。北齊領軍府，將軍一人，掌禁衛宫掖。朱華閤外，凡禁衛官，皆主之。輿駕出入，督攝仗衛。從二品。　中領將軍：官名。職掌與領軍將軍同。正三品。

[8]左右衛將軍、將軍：張金龍認爲此處恐有脱漏，似應爲“左右衛將軍、武衛將軍”。其推論爲：“北齊禁衛武官制度中，左、右衛將軍之下有武衛將軍，本段令文中獨無武衛將軍，極不合理，而在‘左、右衛將軍’之後又出現一‘將軍’無從歸屬，故極有可能爲武衛將軍。”（參見張金龍《魏晋南北朝禁衛武官制度研究》，第819頁）左右衛將軍，官名。北齊左、右衛府各設將軍一人，掌宫掖禁禦，督攝杖衛。正三品。武衛將軍，官名。佐左、右衛將軍掌宫掖禁禦。從三品。

[9]刀劍備身之屬：此句中華本標點作“……刀劍備身之屬。兼有武威……”。張金龍認爲：如此使得後文“皆領左右將軍主之”，僅指“武威、熊渠、鷹揚等備身三隊”，而不包括“千牛備身、左右備身、刀劍備身之屬”，使得領左右將軍的主要部屬與其脱離關係。當用逗號（參見張金龍《魏晋南北朝禁衛武官制度研究》，第820頁）。今從改。

［10］囊首：指旌旗上端罩以布袋。

後周警衛之制，置左右宮伯，[1]掌侍衛之禁，各更直於内。小宫伯貳之。[2]臨朝則分在前侍之首，並金甲，各執龍環金飾長刀。行則夾路車。[3]左右中侍，[4]掌御寢之禁，皆金甲，左執龍環，右執獸環長刀，並飾以金。次左右侍，[5]陪中侍之後，並銀甲，左執鳳環，右執麟環長刀。次左右前侍，[6]掌御寢南門之左右，並銀甲，左執師子環，右執象環長刀。次左右後侍，[7]掌御寢北門之左右，並銀甲，左執犀環，右執兕環長刀。左右騎侍，[8]立於寢之東、西階，並銀甲，左執羆環，右執熊環長刀，十二人兼執師子彤楯，[9]列左右侍之外。自左右侍以下，刀並以銀飾。左右宗侍，[10]陪左右前侍之後，夜則衛於寢庭之中，皆服金塗甲，左執豹環，右執貔環長刀，並金塗飾，十二人兼執師子彤楯，列於左右騎侍之外。自左右中侍已下，皆行則兼帶黄弓矢，巡田則常服，帶短刀，如其長刀之飾。左右庶侍，[11]掌非皇帝所御門閤之禁，並服金塗甲，左執獬豸環，右執獜環長劍，並金飾，十二人兼執師子彤楯，列於左右宗侍之外。行則兼帶皓弓矢。左右勳侍，[12]掌陪左右庶侍而守出入，則服金塗甲，左執吉良環，右執狰環長劍，十二人，兼執師子彤楯，列於左右庶侍之外。行則兼帶盧弓矢，巡田則與左右庶侍俱常服，佩短劍，如其長劍之飾。諸侍官，大駕則俱侍，中駕及露寢半之，[13]小駕三分之一。

[1]左右宫伯：官名。即左、右宫伯中大夫，各一人，掌侍衛之禁。北周正五命。

[2]小宫伯：官名。即左、右小宫伯下大夫。北周正四命。

[3]行則夾路車：此句中華本標點作“行則夾路車左右。中侍”。張金龍認爲：中侍前之“左右”，是指中侍分左、右，而非路車之左右，這從其下文載“左執龍環，右執獸環長刀”可得證實。又其長官宫伯分左右，其後諸“侍”（左、右侍，左、右前侍，左、右後侍，左、右騎侍，左、右宗侍，左、右庶侍，左、右勳侍）皆分左、右，則中侍必定亦分左、右。所言是。又檢王仲犖《北周六典》卷二《天官府第七》亦有“左右中侍上士”（參見張金龍《魏晋南北朝禁衛武官制度研究》，第943頁）。今從改。

[4]左右中侍：官名。北周置左、右中侍上士，掌御寢之禁，皇帝出巡及臨朝，亦隨從護衛。正三命。

[5]左右侍：官名。即左、右侍上士。北周正三命。

[6]左右前侍：官名。即左、右前侍中士。北周正二命。

[7]左右後侍：官名。即左、右後侍中士。北周正二命。

[8]左右騎侍：官名。即左、右騎侍下士。北周正一命。

[9]十二人兼執師子彤楯：此句中華本標點作“十二人，兼執師子彤楯”。（以下左右宗侍、左右庶侍、左右勳侍，考證同此條，不再出注。）張金龍認爲應作“十二人兼執師子彤楯”，考證如下：如以中華本標點，“十二人”主要修飾前面文字，左右騎侍員額爲十二人，且他們皆“兼執師子彤楯”。張金龍認爲這樣理解大概是有問題的：首先左右之前諸職（左右侍、中侍、前侍、後侍）均爲載員額，體例不合；其次，如十二人確爲左右騎侍編制，則“執師子彤楯”可不用“兼”字（參見張金龍《魏晋南北朝禁衛武官制度研究》，第943頁）。所言是，今從改。

[10]左右宗侍：官名。即左、右宗侍下士。北周正一命。

[11]左右庶侍：官名。即左、右庶侍下士。北周正一命。

[12]左右勳侍：官名。即左、右勳侍下士。北周正一命。

［13］露寢：當爲路寢，天子正寢。

左右武伯，[1]掌内外衛之禁令，兼六率之士。[2]皇帝臨軒，則備三仗於庭，服金甲，執金釦杖，立於殿上東、西階之側。行則列兵於帝之左右，從則服金甲，被繡袍。左右小武伯各二人，[3]貳之，服執同於武伯，分立於大武伯下及露門之左右塾。[4]行幸則加錦袍。左右武賁率，掌武賁之士，[5]其隊器服皆玄，以四色飾之，各總左右持鈒之隊。皇帝臨露寢，則立於左右三仗第一行之南北。出則分在隊之先後。其副率貳之。左右旅賁率，[6]掌旅賁士，其隊器服皆青，以朱爲飾，立於三仗第二行之南北。其副率貳之。左右射聲率，[7]掌射聲之士，[8]其器服皆朱，以黄爲飾，立於三仗第三行之南北。其副率貳之。左右驍騎率，[9]掌驍騎之士，器服皆黄，以皓爲飾，立於三仗第四行之南北。其副率貳之。左右羽林率，[10]掌羽林之士，其隊器服皆皓，以玄爲飾，立於三仗第五行之南北。其副率貳之。左右游擊率，[11]掌游擊之士，其器服皆玄，以青爲飾。其副率貳之。武賁已下六率，通服金甲師子文袍，執銀釦檀杖。副率通服金甲獸文袍。各有倅長、帥長，[12]相次陪列。行則引前。倅長通服銀甲豹文袍，帥長通服銀甲鶡文袍。自副率已下，通執獸環銀飾長刀。凡大駕則盡行，中駕及露寢則半之，小駕半中駕。常行軍旅，則衣色尚烏。

［1］左右武伯：官名。即左、右武伯中大夫。各一人，掌内外衛之禁令。北周正五命。

[2]六率：即本段後文所云：左右武賁率、左右旅賁率、左右射聲率、左右驍騎率、左右羽林率、左右游擊率。

[3]左右小武伯：官名。即左、右小武伯下大夫。北周正四命。

[4]露門：亦作路門，天子五門之一，宮室最内之正門。

[5]左右武賁率，掌武賁之士：此句中華本標點作“左右武賁，率掌武賁之士”。（以下左右旅賁率、左右射聲率、左右驍騎率、左右羽林率、左右游擊率，考證同此條，不再出注）據上文“兼六率之士”，及下文“武賁已下六率，通服金甲師子文袍”，知此應爲“左右武賁率”（參見張金龍《魏晋南北朝禁衛武官制度研究》，第944頁）。左右武賁率，官名。左、右武賁率上士，武賁即虎賁，避唐諱改。北周正三命。

[6]左右旅賁率：官名。即左、右旅賁率上士。北周正三命。

[7]左右射聲率：官名。即左、右射聲率上士。北周正三命。

[8]射聲：指射技精良之士。

[9]左右驍騎率：官名。即左、右驍騎率上士。北周正三命。

[10]左右羽林率：官名。即左、右羽林率上士。北周正三命。

[11]左右游擊率：官名。即左、右游擊率上士。北周正三命。

[12]倅長：官名。即倅長中士，六率均設。北周正二命。　帥長：官名。即帥長下士，六率均設。北周正二命。

高祖受命，因周、齊宫衛，微有變革。戎服臨朝大仗，則領左右大將軍二人，[1]分在左右廂。左右直寢、左右直齋、左右直後、千牛備身、左右備身等，[2]夾侍供奉於左右及坐後。左右衛大將軍、左右直閤將軍、以次左右衛將軍，[3]各領儀刀，爲十二行。内四行親衛，[4]行别以大都督領。[5]次外四行勳衛，[6]以帥都督領。[7]次外四行翊衛，[8]以都督領。[9]行各二人執金花師子、楯、猨刀。一百四十人，分左右，帶横刀。後監門直長十二人，[10]左青龍旗，右白獸旗。左右武衛開府，[11]各領三仗六行，在大仗内，行别六十人，大都督一人領之，帥都督一人後之。大駕則執黄麾仗。其次戟二十四，左青龍幢，右白獸幢，畢各一，鈒金二十四，金節十二道，蓋獸，又絳引幡，朱幢，爲持鈒前隊，應蹕，大都督二人領之，在御前横街南。左右武衛大將軍，[12]領大仗左右厢，各六行，行别三百六十人，大都督一人領之。

[1]左右大將軍：官名。隋初中央十二衛有左右領左右府，各置大將軍一人，左領左右大將軍與右領左右大將軍。掌領侍衛皇帝左右的親信禁軍，供御兵仗。正三品。

[2]左右直寢：官名。左右衛直寢。隋初於左右衛各置十二員，掌宿衛侍從。從五品上。　左右直齋：官名。左右衛直齋。隋初於左右衛各置十五員，掌宿衛侍從。從五品下。　左右直後：官名。左右衛直後。隋初於左右衛各置直閤將軍十五員爲屬官，掌宿衛侍從。從六品下。　千牛備身：官名。隋初於左右領左右府各置千牛備身十二人，掌執千牛刀宿衛皇帝。正六品下。　左右備身：官名。亦稱備身左右，隋初於左右領左右府各置備身左右十二人，掌供御弓箭。正六品下。

[3]左右衛大將軍：官名。隋初中央十二衛有左右衛，各置大將軍一人，掌宫掖禁禦，督攝仗衛。正三品。　左右直閤將軍：官名。隋初左右衛各置直閤將軍六人爲屬官，掌宿衛侍從。從四品。　左右衛將軍：官名。隋初左、右衛各置左、右衛將軍二員爲副長官。從三品。

[4]親衛：此指左右衛下屬之親衛所領皇帝親信侍從。

[5]大都督：官名。隋爲散實官。隋文帝沿改北周之制形成十一等散實官，大都督位第九等。正六品上。煬帝大業三年罷。

[6]勳衛：此指左右衛下屬之勳衛所領皇帝親信侍從。

[7]帥都督：官名。隋爲散實官。隋文帝沿改北周之制形成十一等散實官，帥都督位第十等。從六品上。煬帝大業三年罷。

[8]翊衛：此指左右衛下屬之翊衛所領皇帝親信侍從。

[9]都督：官名。隋爲散實官。隋文帝沿改北周之制形成十一等散實官，都督位第十一等。正七品下。

[10]左右監門府直長：官名。左右監門府直長。隋於左右監門府置三十員爲屬官，在長官統領下掌宫殿門禁及守衛事。正七品下。

[11]左右武衛開府：官名。隋初設左右武衛府，掌領外軍宿衛宫禁。其開府同左右衛開府。

[12]左右武衛大將軍：官名。隋初設左右武衛府，各置大將軍一員爲長官，總府事，掌領外軍宿衛宫禁。正三品。

及大業四年，煬帝北巡出塞，行宫設六合城。[1]方一百二十步，高四丈二尺。[2]六合，以木爲之，方六尺，[3]外面一方有板，離合爲之，塗以青色。壘六板爲城，高三丈六尺，上加女墻，板高六尺。[4]開南北門。又於城四角起樓敵二，[5]門觀、門樓檻皆丹青綺畫。又造六合殿、千人帳，載以槍車，車載六合三板。其車軨解合交叉，即爲馬槍。每車上張幕，幕下張平一弩，傅矢，五人更守。兩車之間，[6]施車軨馬槍，皆外其轅，以爲外圍。次内布鐵菱，次内施蟄鞬。[7]每一蟄鞬，中施弩床，長六尺，闊三尺。床桄陛插鋼錐，皆長五寸，謂之蝦鬚。皆施機關，張則錐皆外向。其床上施旋機弩，以繩連弩機，人從外來，觸繩則弩機旋轉，向觸所而發。其外又以繒周圍行宫，[8]二丈一鈴一柱，柱舉繒，去地二尺五寸。當行宫南北門，施槌磬，連繒，以機發之。有人觸繒，則衆鈴發響，[9]槌擊兩磬，以知所警，名爲擊警。

[1]六合城：一種行軍所用的活動木城。

[2]方一百二十步，高四丈二尺：《通鑑》卷一八一《隋紀》大業四年三月乙丑條載司馬光《考異》引《雜記》云："帝幸啓民帳時造行城，周二千步，高二十餘丈。"

[3]六尺：《通鑑》卷一八一《隋紀》大業四年三月乙丑條胡三省注作"一尺"。

[4]上加女墻，板高六尺：此句中華本標點作"上加女墻板，高六尺"。按，女墻，指城上開有射孔的小墻，此以木板爲之。故將頓號斷在"女墻"後，更妥。

[5]樓敵：城上瞭望敵情的高樓。

[6]間：底本作"門"，據中華本改。

[7]蟄韃：暗藏的盛弓矢器具。

[8]矰：短箭。

[9]響：底本、汲古閣本原作"饗"，殿本、庫本、中華本作"響"，據文意當是後者，今據改。

八年征遼，又造鈎陳，[1]以木板連如帳子。張之則綺文，卷之則直焉。帝御營與賊城相對，夜中設六合城，周迴八里。城及女垣合高十仞，[2]上布甲士，立仗建旗。又四隅有闕，面別一觀，觀下開三門。其中施行殿，[3]殿上容侍臣及三衛仗，[4]合六百人。一宿而畢，望之若真，高麗旦忽見，謂之爲神焉。

[1]鈎陳：一種用以防衛的儀仗。

[2]女垣：即女墻，城墻上砌有射擊小孔的小墻。

[3]行殿：可移動的宫殿。

[4]三衛：官署名合稱。隋初左、右衛各統親衛、勳衛、翊衛，合簡稱“三衛”。煬帝大業三年改左右衛爲左、右翊衛，並改原左右衛所統的三衛爲親侍、勳侍、翊侍，合簡稱“三侍”。按，此爲大業八年事，“三衛”當爲“三侍”。

隋書　卷一三

志第八

音樂上

夫音本乎太始，[1]而生於人心，隨物感動，[2]播於形氣。[3]形氣既著，協於律吕，[4]宫商克諧，[5]名之爲樂。樂者，樂也。[6]聖人因百姓樂己之德，正之以六律，文之以五聲，[7]詠之以九歌，[8]舞之以八佾。[9]實升平之冠帶，王化之源本。[10]《記》曰：[11]“感於物而動，故形於聲。”夫人者，兩儀之播氣，[12]而性情之所起也，恣其流湎，[13]往而不歸。是以五帝作樂，三王制禮，摽舉人倫，[14]削平淫放。其用之也，動天地，感鬼神，格祖考，[15]諧邦國。樹風成化，象德昭功，啓萬物之情，通天下之志。若夫升降有則，宫商垂範。禮踰其制，則尊卑乖，樂失其序，則親疏亂。禮定其象，樂平其心，外敬内和，合情飾貌，猶陰陽以成化，若日月以爲明也。

[1]太始：天爲萬物之始，故曰太始。《史記·樂書》：“樂著太

始。”《正義》:“著，猶處也。天爲萬物之始，故曰太始。”

[2]生於人心，隨物感動:《史記・樂書》:“凡音之起，由人心生也；人心之動，物使之然也。感於物而動，故形於聲。”《正義》:“物者，外境也。外有善惡來觸於心，則應觸而動，故云物使之然也。”

[3]播於形氣：人之精神、靈感的活動。播，有揚之意，又與“簸”通，故，《説文通訓定聲》:“播，叚借爲簸”，簸有顛動之意，也與揚義相近。形氣，即人的精神和靈感。《樂記》有“在地成形”，鄭氏注:“形，體貌也”；《漢書・藝文志》:“形與氣相首尾。”形體爲表像，氣乃活力之源。故《禮記・祭義》有“氣也者，神之盛也”。

[4]律吕：十二律吕，古稱律名，今作音名，即：黄鐘、大吕、太簇、夾鐘、姑洗、仲吕、蕤賓、林鐘、夷則、南吕、無射、應鐘。

[5]宮商克諧：宮商，即宮、商、角、徵、羽。爲音階名、調名、調式名，也作五聲。克諧，和諧。克，作能解。《尚書・舜典》有“八音克諧，無相奪倫”，音階的流動形成曲調。

[6]樂者，樂也：不同人群對音樂有不同的理解和喜好。引自《樂記》。樂者之樂字即音樂一詞；樂也之樂作喜好解，《論語・雍也》有“知者樂山，仁者樂水”。

[7]正之以六律，文之以五聲：以六律（十二律吕）爲基礎，以五聲音階寫成曲調。六律、六吕或十二律吕有時簡稱六律。

[8]九歌：多段體的組歌。九，非限九段，數始於一而終於九，言其多數之義。九歌是古老的樂曲曲式，屈原《天問》有“啓棘賓商，《九辯》《九歌》。”王逸注:“《九辯》《九歌》，啓所作樂也。”屈原有《九歌》，十一段，爲楚地祀神的樂舞。

[9]八佾：天子舞隊八行八列，共爲六十四人，故稱八佾。佾，舞隊的行列。

[10]升平：謂太平。《漢書》卷六七《梅福傳》有:“升平可

致。”張晏注：“民有三年之儲曰升平。” 冠帶：本爲士人的服飾，謂頂冠和束帶。因士人之彬彬風貌，後以民習禮教之俗的國度喻爲冠帶之國。 王化：天子之教化。《晋書》卷九二《文苑傳》謂“移風俗於王化，崇孝敬於人倫”。

[11]《記》：指《樂記》。《樂記》一文見於秦漢，著者其説不一，在本志下節中沈約對梁武帝奏答説，爲漢武帝時河間獻王劉德所作；另説爲公孫尼子，其人爲孔子再傳弟子，戰國時人。今存《樂記》一見於《禮記》，又在《史記·樂書》中。但《樂書》非司馬遷著，而是後人補入。

[12]兩儀：天地。《易·繫辭上》：“易有太極，是生兩儀。”《正義》：“不言天地，而言兩儀者，指其物體，下與四象相對，故曰兩儀，謂兩體容儀也。”

[13]流湎：放縱。

[14]摽（biāo）舉：顯示，標明。摽，通“標”。 人倫：君臣、父子、兄弟、朋友、夫妻間的關係謂之人倫。《漢書·禮樂志》：“象天地而制禮樂，所以通神明，立人倫，正情性，節萬事者也。”

[15]格：感恩。 祖考：即祖先。

《記》曰：“大夫無故不撤懸，[1]士無故不撤琴瑟。”聖人造樂，導迎和氣，惡情屏退，善心興起。伊耆有葦籥之音，[2]伏犧有網罟之詠，[3]葛天八闋，[4]神農五弦，[5]事與功偕，其來已尚。黄帝樂曰《咸池》，[6]帝嚳曰《六英》，[7]帝顓頊曰《五莖》，[8]帝堯曰《大章》，[9]帝舜曰《簫韶》，[10]禹曰《大夏》，[11]殷湯曰《護》，[12]武王曰《武》，[13]周公曰《勺》。[14]教之以風賦，弘之以孝友，大禮與天地同節，大樂與天地同和，禮意風猷，樂情膏潤。傳曰：“如有王者，必世而後仁。”成、康化致升平，刑厝而不用也。古者天子聽政，公卿獻詩，秦人有作，罕聞斯道。

［1］懸：即樂懸，亦作“樂縣”。周代始，有關宫廷鐘磬樂隊的設置規定稱樂懸。《周禮·春官·小胥》：“正樂縣之位：王宫縣、諸侯軒縣、卿大夫判縣、士特縣。”陳暘《樂書》卷四五説：“宫縣，四面象宫室；軒縣，闕其南；判縣，東、西之象；特縣，則一肆而已。”

［2］伊耆有葦籥之音：伊耆，一説爲官名。《周禮·秋官·伊耆氏》有：“伊耆氏掌國之大祭祀，共其仗咸。”另説爲古帝王號，即神農氏或帝堯。《周禮·秋官司寇》伊耆氏鄭氏注：“伊耆，古王者號，始爲蜡，以息老物。”蜡爲祀神的樂舞，《禮記·郊特牲》記載甚詳，有：“伊耆氏始爲蜡，蜡也者索也，歲十二月合聚萬物而索饗之也……曰‘土反其宅，水歸其壑，昆蟲毋作，草木歸其澤’。”是歲末祭祀司農之神的樂舞，以祈求來年豐收。《禮記·明堂位》稱伊耆氏的音樂爲：“土鼓、蕢桴、葦籥，伊耆氏之樂也。”葦，爲管。籥，編管樂器。

［3］伏犧有網罟之詠：伏犧，傳爲古代部落酋長，即太昊或太暤。又作包犧或庖犧、宓犧。關於伏犧的傳説頗多，《古三墳》有：“因風而生，故風姓……因鳳來而作樂。”他始作八卦，教民畋漁，故有網罟之歌。《史記》唐司馬貞補《三皇本紀》載：“太暤庖犧氏結網罟以教佃漁，作二十五弦之瑟。”《琴操》云：“伏犧作琴，所以禦邪僻，防心淫。”傳伏犧之樂還有《扶來》《立基》《立本》等，唯存曲名而已。

［4］葛天八闋：葛天氏，傳爲古代部落酋長。八闋爲八首歌，《吕氏春秋·古樂》有：“昔葛天氏之樂，三人操牛尾，投足以歌八闋：一曰《載民》，二曰《玄鳥》，三曰《遂草木》，四曰《奮五

穀》，五曰《敬天常》，六曰《建帝功》，七曰《依地德》，八曰《總禽獸之極》。”

［5］神農五弦：《史記》唐司馬貞補《三皇本紀》有“炎帝神農氏作五弦之瑟”之説。

［6］《咸池》：傳爲黄帝時代樂舞，又名《雲門大卷》。一説爲堯帝樂舞。爲周存六代樂舞之一，用以祭祀天神。《周禮·春官·大司樂》有：“奏黄鐘歌大吕舞雲門以祀天神”，鄭氏注：“天神，謂五帝及日月星辰。”

［7］帝嚳：傳爲古代部落酋長，爲黄帝曾孫。　《六英》：帝嚳高辛氏時代的樂舞。《六英》的記載《吕氏春秋》甚詳：“帝嚳命咸黑作爲聲，歌《九招》《六列》《六英》，有倕作爲鼙鼓、鐘磬、吹苓管、壎、篪、鞀、椎鍾。帝嚳乃令人抃，或鼓鼙，擊鐘磬，吹苓，展管、篪。因令鳳鳥、天翟舞之。帝嚳大喜，乃以康帝德。”

［8］顓頊：古帝王名，五帝之一，傳爲黄帝之孫，號高陽氏。《五莖》：顓頊時代的樂舞。顓頊之樂，一作五莖、一爲六莖或承雲。《吕氏春秋·古樂》記載甚詳：“帝顓頊生自若水，實處空桑，乃登爲帝。惟天之合，正風乃行。其音若熙熙凄凄鏘鏘。帝顓頊好其音，乃令飛龍作效八風之音，命之曰《承雲》，以祭上帝。”

［9］《大章》：《史記·樂書》曰：“大章，章之也。”《集解》曰：“鄭玄曰：‘堯樂名，言堯德章明。’”《正義》曰：“《大章》，堯樂也。章，明也。民樂堯德大明，故名樂曰《大章》。”《吕氏春秋·古樂》有：“帝堯立，乃命質爲樂，質乃效山林谿谷之音以歌，乃以麋輅置缶而鼓之，乃拊石擊石，以象上帝玉磬之音，以致舞百獸。瞽叟乃拌五弦之瑟，作以爲十五弦之瑟。命之曰《大章》，以祭上帝。”

［10］帝舜曰《簫韶》：舜，古五帝之一，實爲部族首領，虞姓，又稱有虞氏，虞舜。傳他作《韶》，《竹書紀年》説，帝舜有虞氏元年己未帝即位作《九韶》之樂。《韶》，又稱《簫韶》《箾韶》《九招》。“招”與“韶”通，音亦同。據傳《韶》樂極美，

《尚書·益稷》説："夔曰：'戛擊鳴球，搏拊琴瑟以詠。'祖考來格，虞賓在位，群后德讓。下管鼗鼓，合止柷敔，笙鏞以間，鳥獸蹌蹌，簫韶九成，鳳凰來儀。"《論語·述而》亦贊嘆曰："子在齊聞韶，三月不知肉味，曰：'不圖爲樂之至于斯也。'"

［11］禹曰《大夏》：禹，夏代開國君主，顓頊孫，姓姒，號禹，又稱夏后氏。治水有功，受舜禪爲天子。《大夏》，或曰《夏籥》，爲歌頌禹治水有功的樂舞。《吕氏春秋·古樂》説："禹立，勤勞天下，日夜不懈，通大川，决壅塞，鑿龍門，降通漻水以導河，疏三江五湖，注之東海，以利黔首。於是命皋陶作爲《夏籥》九成，以昭其功。"《禮記·明堂位》記周代之表演，説："皮弁，素積，裼而舞大夏。"

［12］《護》：亦作濩。《吕氏春秋·古樂》記載："夏爲無道，暴虐萬民，侵削諸侯。不用軌度，天下患之。湯於是率六州以討桀罪。功名大成，黔首安寧。湯乃命伊尹作《大護》，歌《晨露》，修《九招》《六列》，以見其善。"

［13］《武》：歌頌周武王伐紂的樂舞。傳爲周公作。《吕氏春秋·古樂》載："武王即位，以六師伐殷，六師未至，以鋭兵克之於牧野。歸，乃薦俘馘于京太室，乃命周公爲作《大武》。"《樂記·賓牟賈》敘述《武》的表演過程甚詳。《詩·周頌》中的《武》《酌》《昊天有成命》《桓》《賚》《般》等六篇應即《武》的歌辭。《武》秦代猶存，但更名爲《五行》。

［14］《勺》：《漢書·禮樂志》："周公作《勺》。《勺》，言能勺先祖之道也。"師古曰："勺，讀曰酌，酌，取也。"勺與酌通。《周頌》有《酌》，爲《武》之一樂章，疑即周公之《勺》。《詩·周頌·酌》集傳説："酌，即勺也。内則十三舞勺，即以此詩爲節而舞也。"《儀禮·燕禮記》也謂"若舞則勺"，鄭玄注："勺，頌篇，告成《大舞》之樂歌也。"

漢高祖時，叔孫通爰定篇章，[1]用祀宗廟。唐山夫人能楚聲，[2]又造房中之樂。[3]武帝裁音律之響，定郊丘之祭，頗雜謳謡，[4]非全雅什。漢明帝時，樂有四品：一曰《大予樂》，[5]郊廟上陵之所用焉。則《易》所謂“先王作樂崇德，殷薦之上帝，以配祖考”者也。二曰雅頌樂，辟雍饗射之所用焉。則《孝經》所謂“移風易俗，莫善於樂”者也。三曰黄門鼓吹樂，[6]天子宴群臣之所用焉。則詩所謂“坎坎鼓我，蹲蹲儛我”者也。其四曰短簫鐃歌樂，[7]軍中之所用焉。黄帝時，岐伯所造，以建武揚德，風敵勵兵，則《周官》所謂“王師大捷，則令凱歌”者也。又採百官詩頌，以爲登歌，[8]十月吉辰，始用蒸祭。[9]董卓之亂，正聲咸蕩。漢雅樂郎杜夔，[10]能曉樂事，八音七始，靡不兼該。魏武平荆州，得夔，使其刊定雅律。魏有先代古樂，自夔始也。自此迄晋，用相因循，永嘉之寇，盡淪胡、羯。於是樂人南奔，穆皇羅鍾磬，苻堅北敗，孝武獲登歌。晋氏不綱，魏圖將霸，道武克中山，太武平統萬，或得其宫懸，或收其古樂，于時經營是迫，雅器斯寢。孝文頗爲詩歌，以勗在位，謡俗流傳，布諸音律。大臣馳騁漢、魏，旁羅宋、齊，功成奮豫，代有制作。莫不各揚廟舞，自造郊歌，宣暢功德，輝光當世，而移風易俗，浸以陵夷。

[1]叔孫通：人名。漢薛（今山東棗莊市西）人。初仕秦，後降漢，拜博士，號薛嗣君。説高祖徵魯諸生定朝儀，采古禮與秦儀雜用之。漢之朝廟典禮多由通訂定。後歷太常徙太子太傅。傳見

《史記》卷九九、《漢書》卷四三。

［2］唐山夫人：漢代帝王之妾爲夫人。故《漢書·禮樂志》"高帝唐山夫人"下，服虔注"高帝姬也"。　楚聲：戰國以至秦漢時楚地的音樂，亦稱楚調或南音。《左傳》成公九年有"使與之琴，操南音"，杜氏注："南音，楚聲。"又《吕氏春秋·季夏紀》："女乃作歌，歌曰：'候人兮猗。'實始作爲南音。"先秦文獻尚存有屬於楚聲的歌辭，如《論語·微子》中的《接輿歌》、《孟子·離婁》中的《滄浪歌》等。詩人屈原的《九歌》等係依據楚地祀神樂舞而作。漢代帝王先後起於楚地，是故《漢書·禮樂志》説："凡樂，樂其所生，禮不忘本，高祖樂楚聲，故房中樂楚聲也。"漢高祖劉邦的《大風歌》，曲調也屬家鄉的楚聲。楚聲還保存在琴曲中，今見南朝丘明傳譜的《碣石調幽蘭》琴譜，其序有："丘公字明，會稽人也……絶妙楚調，於《幽蘭》一曲尤特精絶。"隨着絲綢之路的交通，西域音樂東漸，且風靡朝野，傳統楚調漸爲淡忘，唯琴曲尚有保存，故《新唐書·禮樂志》説："周隋管弦雜曲數百，皆西涼樂也，鼓舞曲皆龜兹樂也。唯琴工猶傳楚漢舊聲及《清調》。蔡邕五弄，楚調四弄，謂之九弄。"

［3］房中之樂：源於周代宫廷音樂。按《漢書·禮樂志》載，"周有房中樂，至秦名曰《壽人》"，後仍用房中樂。房中樂的演奏多在室内，遂有此名，以别於祭祀之樂。房中樂有兩種形式：一爲燕樂，宴饗場合所用，見於《儀禮·燕禮》："若四方之賓燕，有房中之樂"；另爲后夫人之所諷誦以事其君，而不用鐘磬之節，以弦歌《周南》《召南》之詩，曰房中樂。

［4］頗雜謳謡：漢武帝時設立樂府，樂府爲宫廷管理音樂的機構，負責采集民間音樂，並整理、改編、創作。官職爲樂府令。據此，武帝開采風之濫觴。《漢書·禮樂志》載："至武帝定郊祀之禮……乃立樂府，采詩夜誦，有趙、代、秦、楚之謳。"師古注："樂府之名，蓋起於此，哀帝時罷之；采詩，依古遒人徇路，采取百姓謳謡，以知政教得失也。夜誦者，其言辭或秘，不可宣露，故

於夜中歌誦也。”二十世紀七十年代，西安秦始皇陵發現鐘一枚，上錯金銘文“樂府”二字，始知秦時已有樂府之置。可惜，此鐘旋即被盜，追回時發現盜者欲蓋彌彰，將樂府二字剜去，唯留照片可爲依據。

［5］大予：或太予，漢樂名。亦爲管理祭祀音樂的機構，原稱太樂，後改太予，官職太予樂令。據《後漢書》卷二《明帝紀》載：“（永平三年）秋八月戊辰，改大樂爲大予樂。”注：“《尚書琁璣鈐》曰，‘有帝漢出，德洽作樂，名予’，故據《琁璣鈐》改之。”《漢官儀》曰：“大予樂令一人，秩六百石。”

［6］黄門鼓吹：爲天子御用，用於宫廷宴享，天子專用之鹵簿，即儀仗等。黄門，官署，此喻天子所居處。鼓吹，最早見於漢代，由打擊樂器和吹管樂器爲主的樂隊組成。

［7］短簫鐃歌：亦鼓吹的一種形式，鼓吹以鼓與笳爲主，短簫鐃歌以簫和鐃爲主。簫即排簫，古稱籥。鐃，打擊樂器，銅製。

［8］登歌：升堂所奏之歌。用作祭祀宴饗，堂上所奏之歌，亦稱升歌。《周禮·春官·大師》有：“大祭祀帥瞽登歌，令奏擊拊。”注：“登歌，歌者在堂也。”

［9］蒸祭：冬祭。與烝祭同。

［10］杜夔：人名。三國魏河南（今河南洛陽市）人，字公良。漢靈帝時爲雅樂郎，後入魏爲軍謀祭酒，參太樂事，因令創制雅樂。傳見《三國志》卷二九。

梁武帝本自諸生，博通前載，未及下車，意先風雅，爰詔凡百，各陳所聞。帝又自糾擿前違，裁成一代。周太祖發跡關、隴，躬安戎狄，群臣請功成之樂，式遵周舊，依三材而命管，承六典而揮文。而《下武》之聲，豈姬人之唱，登歌之奏，叶鮮卑之音，情動於中，亦人心不能已也。昔仲尼返魯，風雅斯正，[1]所謂有其藝而無其時。高祖受命惟新，八州同貫，制氏全出於胡人，[2]迎神猶帶於邊曲。及顔、何驟請，頗涉雅音，而繼想聞《韶》，去之彌遠。若夫二南斯理，八風揚節，順序旁通，妖淫屏棄，宫徵流唱，翱翔率舞，弘仁義之道，安性命之真，君子益厚，小人無悔，非大樂之懿，其孰能與於此者哉！是以舜詠《南風》而虞帝昌，[3]紂歌北鄙而殷王滅。[4]大樂不紊，則王政在焉。故録其不相因襲，以備于志。《周官·大司樂》一千三百三十九人。漢郊廟及武樂，三百八十人。煬帝矜奢，頗玩淫曲，御史大夫裴蘊，[5]揣知帝情，奏括周、齊、梁、陳樂工子弟，及人間善聲調者，凡三百餘人，並付太樂。倡優獶雜，咸來萃止。其哀管新聲，淫弦巧奏，皆出鄴城之下，高齊之舊曲云。[6]

[1]仲尼返魯，風雅斯正：事出《論語》。《論語·子罕》："子曰，吾自衛返魯，然後樂正，雅頌各得其所。"鄭注："反魯，哀公十一年冬是時道衰樂廢，孔子來還乃正之，故雅頌各得其所。"

[2]制氏：漢代音樂世家。《漢書·禮樂志》有"漢興，樂家有制氏，以雅樂聲律世世在大樂官，但能紀其鏗鎗鼓舞，而不能言其義"。此以制氏喻樂人。

[3]舜詠《南風》：《南風》本古詩篇名，傳爲虞舜作。《禮記·樂記》有："昔者，舜作五弦之琴，以歌《南風》。"《樂府詩集》引《古今樂録》曰："'舜彈五弦之琴，歌《南風》之詩'。《史記·樂書》曰：'舜歌《南風》而天下治。《南風》者，生長之音也。舜樂好之，樂與天地同，意得萬國之歡心，故天下治也。'"傳爲舜作《南風歌》其辭爲"南風之薰兮，可以解吾民之愠兮。南風之時兮，可以阜吾民之財兮"。一説此歌出《尸子》書中。

[4]紂歌北鄙：北鄙，本爲北方邊鄙之地，因北有敗北之義，鄙作鄙陋解，故北鄙之樂視作亡國之樂，後又引申爲靡靡之音。《禮記·樂記》説：“紂爲朝歌，北鄙之音，身死國亡……夫朝歌者，不時也；北者，敗也，鄙者陋也。紂樂好之，與萬國殊心，諸侯不附，百姓不親，天下畔之，故身死國亡。”《淮南子·原道訓》曰：“耳聽朝歌北鄙靡靡之樂。”高誘注：“朝歌，紂都鄙邑。紂使師涓作鄙邑靡靡之樂也。”

[5]裴藴：人名。傳見本書卷六七、《北史》卷七四。

[6]高齊：即北齊（550—577），都鄴（今河北臨漳縣西南）。

梁氏之初，樂緣齊舊。武帝思弘古樂，天監元年，遂下詔訪百僚曰：“夫聲音之道，與政通矣，所以移風易俗，明貴辨賤。而《韶》《護》之稱空傳，《咸》《英》之實靡託，魏晋以來，陵替滋甚。遂使雅鄭混淆，鍾石斯謬，天人缺九變之節，朝醼失四懸之儀。朕昧旦坐朝，思求厥旨，而舊事匪存，未獲釐正，寤寐有懷，所爲歎息。卿等學術通明，可陳其所見。”於是散騎常侍、尚書僕射沈約奏答曰：[1]“竊以秦代滅學，《樂經》殘亡。至于漢武帝時，河間獻王與毛生等，共採《周官》及諸子言樂事者，以作《樂記》。其内史丞王定，傳授常山王禹。劉向校書，[2]得《樂記》二十三篇，與禹不同。向《别録》，有《樂歌詩》四篇、《趙氏雅琴》七篇、《師氏雅琴》八篇、《龍氏雅琴》百六篇。唯此而已。《晋中經簿》，[3]無復樂書，《别録》所載，已復亡逸。案漢初典章滅絶，諸儒捃拾溝渠墻壁之間，得片簡遺文，與禮事相關者，即編次以爲禮，皆非聖人之言。

《月令》取《吕氏春秋》,[4]《中庸》《表記》《防記》《緇衣》,皆取《子思子》,[5]《樂記》取《公孫尼子》,《檀弓》殘雜,[6]又非方幅典誥之書也。禮既是行己經邦之切,故前儒不得不補綴以備事用。樂書事大而用緩,自非逢欽明之主,制作之君,不見詳議。漢氏以來,主非欽明,樂既非人臣急事,故言者寡。陛下以至聖之德,應樂推之符,實宜作樂崇德,殷薦上帝。而樂書淪亡,尋案無所。宜選諸生,分令尋討經史百家,凡樂事無小大,皆别纂録。乃委一舊學,撰爲樂書,以起千載絶文,以定大梁之樂。使《五英》懷慚,《六莖》興愧。"

[1]沈約:人名。仕南朝宋及齊梁,累官至司徒左長史,武帝受禪爲尚書僕射、遷尚書令。封建昌縣侯。卒謚隱。約於詩主四聲八病,重聲律對仗,人稱永明體。著有《晋書》《宋書》等。又撰《四聲韻譜》,分字爲平上去入四聲。所著多佚,明人輯有《沈隱侯集》。傳見《梁書》卷一三、《南史》卷五七。

[2]劉向:人名。西漢經學家、目録學家。成帝時主持整理國家藏書,其校理之經傳、子、詩賦等類,撰成《别録》一書,開目録學之濫觴。又有《新序》《説苑》《列女傳》等存世。《漢書》卷三六有附傳。

[3]《晋中經簿》:文獻名。西晋國家藏書目,亦稱《中經新簿》。原十六卷,梁時佚二卷。本書《經籍志》著録十四卷。荀勗、張華等整理國家藏書,據三國魏秘書郎鄭默之《中經》重分作甲乙丙丁四部,爲中國書目四分法之濫觴。宋時散佚。

[4]《吕氏春秋》:舊題吕不韋撰,實爲吕氏門客所作。全書分八覽、六論、十二紀,共一百六十篇。其十二紀又以月令分,故

説“《月令》取《吕氏春秋》”。

[5]《子思子》：孔子之孫孔伋撰，共四十七篇，即《孔叢子》所謂《中庸》四十七篇，《中庸》疑爲《子思子》首篇之篇目。

[6]《檀弓》：《禮記》篇名。亦人名，魯人，其人善於禮，故著姓名以彰之。

是時對樂者七十八家，咸多引流略，浩蕩其詞，皆言樂之宜改，不言改樂之法。帝既素善鍾律，[1]詳悉舊事，遂自制定禮樂。又立爲四器，名之爲通。[2]通受聲廣九寸，宣聲長九尺，臨岳高一寸二分。[3]每通皆施三絃。一曰玄英通：應鍾絃，用一百四十二絲，[4]長四尺七寸四分差强；黄鍾絃，用二百七十絲，長九尺；大吕絃，用二百五十二絲，長八尺四寸三分差弱。二曰青陽通：太簇絃，用二百四十絲，長八尺；夾鍾絃，用二百二十四絲，長七尺五寸弱；姑洗絃，用二百一十四絲，[5]長七尺一寸一分强。三曰朱明通：中吕絃，用一百九十九絲，長六尺六寸六分弱；蕤賓絃，用一百八十九絲，長六尺三寸二分强；林鍾絃，用一百八十絲，長六尺。四曰白藏通：夷則絃，用一百六十八絲，長五尺六寸二分弱；南吕絃，用一百六十絲，長五尺三寸二分大强；無射絃，用一百四十九絲，長四尺九寸九分强。因以通聲，轉推月氣，悉無差違，而還相得中。[6]又制爲十二笛，黄鍾笛長三尺八寸，大吕笛長三尺六寸，太簇笛長三尺四寸，夾鍾笛長三尺二寸，姑洗笛長三尺一寸，中吕笛長二尺九寸，蕤賓笛長二尺八寸，林鍾笛長二尺七寸，夷則笛長二尺六寸，南吕笛長二尺五寸，無射笛長二尺四寸，應鍾笛長二尺三寸。用笛以寫通聲，[7]飲古鍾玉律并周代古鍾，並皆不差。[8]於是被以八音，施以七聲，莫不和韻。[9]

[1]鍾律：鍾調律所制定的音高標準稱爲鍾律。《國語·周語上》有“度律均鍾”，“均鍾”係一種類似弦樂器之物，用以計算標準音高調校鍾律。從現存漢前鍾的測音分析，所依據的律制多以三分損益律爲主，並加入純律的混合六律制。

[2]通：梁武帝設計四通十二笛時的專有名詞，是類似“均鍾”的弦樂器，但它不是樂器，而是計算音律的工具，稱作律準。“通”這種稱謂頗費解，且僅見於此。“通”與調音有關，爲調製笛律而設，擬或四通即四件爲調製笛律而設的律準。稱通的術語有“通越”，瑟爲調音而在兩端設置的孔穴稱作通越，《史記·禮書》有：“朱弦而通越，一也。”《索隱》：“大瑟而練朱其弦，又通其下孔，使聲濁且遲，上質而貴本，不取其聲文。”濁且遲，音色渾厚且有共鳴。上質而貴本，優美的音質源於樂器的製作，不必聲音之大小。瑟之有通越，與音質有關。“通鼓”，一鼓手領奏，衆鼓應和謂之通鼓。《周禮·地官·鼓人》有：“以金鐸通鼓。”賈公彦疏：“通鼓者，兩司馬振鐸，軍將已下即擊鼓，故云通鼓也。”孫詒讓《正義》：“《説文·辵部》云：‘通，達也。’以鼓者非一人，故振鐸，令其一人先鼓，衆人徧應之，通者，傳達周徧之謂。”尚有“通韻”，詩文中韻母相同之字謂之通韻。以上述舉例觀之，“通”非僅作調音的律準解，而是由律準計算出三個律，用以校製三支笛，一通爲一組，四通，共可調出十二個調的笛。故“通”似是源於像“通鼓”“通韻”那樣的辭語。

[3]臨岳：弦種樂器兩端的碼，其間爲有效弦長。

[4]絲：用以計算直徑的單位。以蠶絲支數的多少表示徑的粗細。

[5]用二百一十四絲：底本誤作“用一百四十二絲”，據中華本改。本段出現的另外三處訛誤徑從中華本改，不再出注説明。

[6]因以通聲，轉推月氣，悉無差違，而還相得中：通聲轉推月氣是將律準計算之十二律與十二月令相分配，此説《禮記·月令》篇記述甚詳。其後漢代，月令與律管相應之説見於《續漢書·律曆志上》，“候氣”篇有“候氣之法，爲室三重，户閉，塗釁必周，密布緹縵。室中以木爲案，每律各一，内庳外高，從其方位，加律其上。以葭莩灰抑其内端，案曆而候之……其爲氣所動者，其灰散”。此爲一説。還相，或稱旋相，十二律的每一律均可建立五個或七個不同的調式，古稱旋宫，即今之轉調或變换調式，此説初見於《禮記·禮運》：“五聲六律十二管旋相爲宫。”

[7]用笛以寫通聲：通聲爲律準計算所得宫音，其目的是爲校調製笛，笛之開孔長度即依此宫音爲標準求出。梁武帝製的笛，調的宫音不在笛自身求得，而以弦律之通聲爲依據，故説“用笛以寫通聲”。

[8]飲古鍾玉律并周代古鍾，並皆不差：玉律即管律，古之定律有用竹管和玉管，皆爲管律。此“古鍾玉律”據梁武帝《鍾律緯》有：“玉律一口，蕭餘定七枚夾鍾，有昔題刻。乃制爲尺，以相參驗。……以新尺制爲四器，名爲通。又依新尺爲笛，以命古鍾。按刻夷則，以笛命飲和韻，夷則定合。”又，《晋書·律曆志》有：“汲郡盜發六國時魏襄王冢，得古周時玉律及鍾、磬，與新律聲韻闇同。于時郡國或得漢時故鍾，吹律命之皆應。”飲，《集韻》曰：“度聲曰飲。”本志卷中有“絃柱相飲爲均”句，亦即此意。

[9]“四通十二笛”的設計是“三分損益”律，此種律制爲不平均律，小二度間有大小之分，因此構成每個調的音階的律，則需有所選擇。故以四通，每通三弦，求出三律，共十二律，作爲笛之調的主音，再以“三分損益”法求出笛的開孔位置。而四通十二律又是以玄英通之黄鍾律、二百七十絲、長九尺（九十寸）爲標準，其餘十一律按“三分損益”法依次求出；通之弦長、絲數有異，且

依一定比例，即，各弦之絲數爲該弦長寸數之三倍。

是時北中郎司馬何佟之上言：[1]“案《周禮》‘王出入則奏《王夏》，[2]尸出入則奏《肆夏》，[3]牲出入則奏《昭夏》’。今樂府之《夏》，唯變《王夏》爲《皇夏》，蓋緣秦、漢以來稱皇故也。而齊氏仍宋儀注，迎神奏《昭夏》，皇帝出入奏《永至》，牲出入更奏引牲之樂。其爲舛謬，莫斯之甚。請下禮局改正。”周捨議，以爲《禮》“王入奏《王夏》”，大祭祀與朝會，其用樂一也。而漢制，皇帝在廟，奏《永至》樂，朝會之日，别有《皇夏》。二樂有異，於禮爲乖，宜除《永至》，還用《皇夏》。又《禮》“尸出入奏《肆夏》，賓入大門奏《肆夏》”，則所設唯在人神，其與迎牲之樂，不可濫也。宋季失禮，頓虧舊則，神入廟門，遂奏《昭夏》，乃以牲牢之樂，用接祖考之靈。斯皆前代之深疵，當今所宜改也。時議又以爲《周禮》云：“若樂六變，天神皆降。”神居上玄，去還怳忽，降則自至，迎則無所。可改迎爲降，而送依前式。又《周禮》云“若樂八變，則地祇皆出，可得而禮”，地宜依舊爲迎神。並從之。又以明堂設樂，[4]大略與南郊不殊，[5]惟壇堂異名，[6]而無就燎之位。[7]明堂則徧歌五帝，其餘同於郊式焉。

[1]何佟之：人名。南朝梁人，字士威。齊建武中，官鎮北記室參軍。是時，國家吉凶之禮皆取決之。入梁爲尚書左丞。傳見《梁書》卷四八、《南史》卷七一。

[2]《王夏》：樂章名。其後《肆夏》《昭夏》皆樂章名。

［3］尸：古代祭祀時，代死者受祭、象徵死者神靈的人，以臣下或死者之孫爲之。

［4］明堂：宣明政教之堂謂之明堂。《周禮·考工記》記載有自夏后氏以來明堂的建築規格。《禮記·明堂位》對明堂中天子、諸侯等位置之排列有嚴格規定，並説："明堂也者，明諸侯的尊卑也。"

［5］南郊：祀天地之祭名，即郊祭。冬至祭天於南郊，夏至祭地於北郊。《禮記·郊特牲》有："郊之祭也，迎長日之至也。"長日指冬至或夏至。

［6］壇堂：謂祭壇及宫室，與壇宇同。《漢書·禮樂志》有："神之揄，臨壇宇。"顔師古注："壇宇，謂祭祀壇場及宫室。"

［7］燎：燎祭，焚柴祭天。焚火祭天之處謂燎壇。

初宋、齊代，祀天地，祭宗廟，准漢祠太一后土，[1]盡用宫懸。又太常任昉，[2]亦據王肅議云：[3]"《周官》'以六律、五聲、八音、六舞大合樂，[4]以致鬼神，以和邦國，以諧兆庶，以安賓客，以悦遠人。'是謂六同，[5]一時皆作。今六代舞，獨分用之，不厭人心。"遂依肅議，祀祭郊廟，備六代樂。至是帝曰："《周官》分樂饗祀，《虞書》止鳴兩懸，求之於古，無宫懸之議。何？事人禮縟，事神禮簡也。天子襲衮，而至敬不文，觀天下之物，無可以稱其德者，則以少爲貴矣。大合樂者，是使六律與五聲克諧，八音與萬舞合節耳。[6]豈謂致鬼神祇用六代樂也？其後即言'分樂序之，以祭以享'。此乃曉然可明，肅則失其旨矣。推檢載籍，初無郊禋宗廟遍舞六代之文。唯《明堂位》曰：'禘祀周公於太廟，朱干玉戚，冕而舞《大武》，皮弁素積，裼而舞《大夏》。納夷蠻之樂於太廟，言廣魯於天下也。'夫祭尚於敬，無使樂繁禮黷。是以季氏逮闇而祭，繼之以燭，有司跛倚。其爲不敬大矣。他日祭，子路與焉，質明而始，晏朝而退。孔子聞之，曰：'誰謂由也不知禮乎？'若依肅議，郊既有迎送之樂，又有登歌，各頌功德，遍以六代，繼之出入，方待樂終。此則乖於仲尼韙晏朝之意矣。"於是不備宫懸，不遍舞六代，逐所應須。即設懸，則非宫非軒，非判非特，宜以至敬所應施用耳。宗廟省迎送之樂，以其閟宫靈宅也。

[1]太一后土：太一，天神之最尊貴者。《史記·天官書》稱："中宫天極星，其一明者，太一常居也。"《正義》："泰一，天帝之别名也。劉伯莊云：'泰一，天神之最尊貴者也。'"后土，土神。《周禮·春官·大宗伯》有"王大封，則先告后土"，鄭玄注："后土，土神也。"《漢書·禮樂志》有："至武帝定郊祀之禮，祀太一於甘泉，就乾位也。"顔師古注："言在京師之西北也。"又，"祭后土於汾陰，澤中方丘也。"顔師古注："汾水之旁，土特堆起，是澤中方丘也。祭地，以方象地形。"

[2]任昉：人名。南朝梁文學家，字彦昇。樂安博昌（今山東壽光市）人。仕宋、齊、梁三朝。官至梁御史中丞、秘書監，義興、新安太守等職。有文集三十四卷，《雜傳》《地記》數百卷，久佚，今存明人所輯《任彦昇集》。傳見《梁書》卷一四、《南史》卷五九。

[3]王肅：人名。三國魏經學家、箋注家。字子雍，東海（今山東郯城縣北）人。初爲散騎黄門郎，後以常侍領秘書監，兼崇文館祭酒，官至中領軍，加散騎常侍。曾采會同異，注《詩》《尚書》《三禮》《左傳》《論語》，並撰定其父王朗所著《易傳》，時

所著皆列於官學，世有“王學”之稱。肅所著多佚，《玉函山房輯佚書》《漢學堂叢書》多有輯録。《三國志》卷一三有附傳。

[4]六舞：謂六代樂舞，即：黄帝《雲門》、堯帝《咸池》、虞帝《簫韶》、禹帝《大夏》、商湯《大護》、武王《大武》。《周禮·春官·大司樂》云：“凡六樂者，文之以五聲，播之以八音。”

[5]六同：即六吕。十二律亦稱十二律吕，或六律、六吕。律爲陽聲，吕爲陰聲。吕或稱同，《周禮·春官·大司樂》有：“以六律六同，五聲八音，六舞，大合樂，以致鬼神。”

[6]萬舞：早見於商代，《墨子·非樂》有：“啓乃淫溢康樂……萬舞翼翼，章聞于天。”商代甲骨文有万（萬）無（舞）連用。萬舞又名干舞，是用以祭祀宗廟、山川的樂舞。《詩·邶風·簡兮》有：“方將萬舞。”毛傳：“以干羽爲萬舞，用之宗廟山川。”干，即盾。《公羊傳》宣公八年：“萬者何，干舞也”何休注：“干，謂楯也。能爲人扞難而不使害人，故聖王貴之，以爲武樂。”

齊永明中，舞人冠幘並簪筆，帝曰：“筆笏蓋以記事受言，舞不受言，何事簪筆？豈有身服朝衣，而足綦讌履？”於是去筆。

又晋及宋、齊，懸鍾磬大准相似，皆十六架。黄鍾之宫：北方，北面，編磬起西，其東編鍾，其東衡大於鎛，不知何代所作。其東鎛鍾。太簇之宫：東方，西面，起北。蕤賓之宫：南方，北面，起東。姑洗之宫：西方，東面，起南。所次皆如北面。設建鼓於四隅，懸内四面，各有柷敔。[1]帝曰：“著晋、宋史者，皆言太元、元嘉四年，四廂金石大備。[2]今檢樂府，止有黄鍾、姑洗、蕤賓太簇四格而已。六律不具，何謂四廂？備樂之文，其義焉在？”於是除去衡鍾，[3]設十二鎛鍾，各依辰位，而應其律。每一鎛鍾，則設編鍾磬各一虡，合三十六架。植建鼓於四隅。元正大會備用之。

［1］建鼓：一種以架高懸之大鼓。　柷敔：爲木製的打擊樂器。敔爲刮奏。

［2］四廂：放置樂器的廂房。

［3］衡鍾：即甬鍾。鍾上之柄曰衡。《周禮·考工記·鳧氏》有："舞上謂之甬，甬上謂之衡。"鄭玄注："此二名者鍾柄。"鍾之肩部稱舞。

乃定郊禋宗廟及三朝之樂，以武舞爲《大壯舞》，取《易》云"大者壯也"，正大而天地之情可見也。以文舞爲《大觀舞》，取《易》云"大觀在上"，觀天之神道而四時不忒也。國樂以"雅"爲稱，取《詩序》云："言天下之事，形四方之風，謂之雅。雅者，正也。"止乎十二，則天數也。乃去階步之樂，增撤食之雅焉。衆官出入，宋元徽三年《儀注》奏《肅咸樂》，齊及梁初亦同。至是改爲《俊雅》，取《禮記》："司徒論選士之秀者而升之學，[1]曰俊士也。"二郊、太廟、明堂，[2]三朝同用焉。皇帝出入，宋孝建二年秋《起居注》奏《永至》，齊及梁初亦同。至是改爲《皇雅》，取《詩》"皇矣上帝，臨下有赫"也。二郊、太廟同用。皇太子出入，奏《胤雅》，取《詩》"君子萬年，永錫爾胤"也。王公出入，奏《寅雅》，取《尚書》《周官》"貳公弘化，[3]寅亮天地"也。上壽酒，奏《介雅》，取《詩》"君子萬年，介爾景福"也。食舉，奏《需雅》，取《易》“雲上於天，需，君子以飲食宴樂”也。撤饌，奏《雍雅》，取《禮記》“大饗客出以《雍》撤”也。並三朝用之。牲出入，宋元徽二年《儀注》奏《引牲》，齊及梁初亦同。至是改爲《滌雅》，取《禮記》“帝牛必在滌三月”也。薦毛血，宋元徽三年《儀注》奏《嘉薦》，齊及梁初亦同。至是改爲《牷雅》，取《春秋左氏傳》“牲牷肥腯”也。北郊明堂、太廟並同用。降神及迎送，宋元徽三年《儀注》奏《昭夏》，齊及梁初亦同。至是改爲《諴雅》，取《尚書》“至諴感神”也。皇帝飲福酒，宋元徽三年《儀注》奏《嘉祚》，至齊不改，梁初，改爲《永祚》。至是改爲《獻雅》，取《禮記·祭統》“尸飲五，[4]君洗玉爵獻卿”。[5]今之福酒，亦古獻之義也。北郊、明堂、太廟同用。就燎位，宋元徽三年《儀注》奏《昭遠》，齊及梁不改。就埋位，齊永明六年《儀注》奏《隸幽》。至是燎埋俱奏《禋雅》，取《周禮·大宗伯》“以禋祀祀昊天上帝”也。其辭並沈約所製。今列其歌詩三十曲云。[6]

[1]秀：底本作“序”。中華本校勘記云：“‘秀’原作‘序’，據《通典》一四二改。按：《禮記·王制》原作‘秀’。”今從改。

[2]二郊：謂南郊、北郊，古代帝王在此祭祀天地。南郊祭天神、北郊祀地祇。《詩·周頌·昊天有成命》《正義》云：“昊天有成命詩者，郊祀天地之樂歌也，謂於南郊祀所感之天神，於北郊祭神州之地祇也。”

[3]貳：底本作“三”。中華本校勘記云：“‘貳’原作‘三’，據《御覽》五六六改。按：僞《古文尚書》《周官》原作‘貳’。”

今從改。

［4］尸飲五：古代祭祀時立尸以代神靈而祭祀，尸以人充當，多以屬下爲之，故説“君洗玉爵獻卿”“尸飲五”。《禮記·祭統》注：“尸飲五，謂酳尸五獻也。”

［5］君洗玉爵獻卿：底本脱“君”字。中華本校勘記云：“原脱‘君’字，據《禮記·祭統》補。”今從改。

［6］今列其歌詩三十曲云：“三”底本作“二”。中華本校勘記云：“‘三’原作‘二’，據《樂府詩集》三改。按：曲數實計共三十一曲。”今從補。

《俊雅》，歌詩三曲，四言：

設官分職，髦俊攸俟。髦俊伊何？貴德尚齒。唐乂咸事，周寧多士。區區衛國，猶賴君子。漢之得人，帝猷乃理。

開我八襲，闢我九重。珩佩流響，纓紱有容。衮衣前邁，列辟雲從。義兼東序，事美西雍。分階等肅，異列齊恭。

重列北上，分庭異陛。百司揚職，九賓相禮。齊、宋舅甥，魯、衛兄弟。思皇藹藹，群龍濟濟。我有嘉賓，實惟愷悌。

《皇雅》，三曲，五言：

帝德實廣運，車書靡不賓。執瑁朝群后，垂旒御百神。八荒重譯至，萬國婉來親。

華蓋拂紫微，勾陳繞太一。容裔被緹組，參差羅罕畢。星回照以爛，天行徐且謐。

清蹕朝萬宇，端冕臨正陽。青絇黄金繶，衮衣文繡裳。既散華蟲采，復流日月光。

《胤雅》，一曲，四言：

自昔殷代，哲王迭有。降及周成，惟器是守。上天乃眷，大梁既受。灼灼重明，仰承元首。體乾作貳，命服斯九。置保置師，居前居後。前星北耀，克隆萬壽。

《寅雅》，一曲，三言：

禮莫違，樂具舉。延藩辟，朝帝所。執桓蒲，列齊、莒。垂衮毳，紛容與。升有儀，降有序。齊簪紱，忘笑語。始矜嚴，終酣醑。

《介雅》，三曲，五言：

百福四象初，萬壽三元始。拜獻惟衮職，同心協卿士。北極永無窮，南山何足擬。

壽隨百禮洽，慶與三朝升。惟皇集繁祉，景福互相仍。申錫永無遺，穰簡必來應。

百味既含馨，六飲莫能尚。玉罍信湛湛，金卮頗摇漾。敬舉發天和，祥祉流嘉貺。

《需雅》，八曲，七言：

實體平心待和味，庶羞百品多爲貴。或鼎或鼒宣九沸，楚桂胡鹽芼芳卉。加籩列俎彫且蔚。

五味九變兼六和，令芳甘旨庶且多。三危之露九期禾，圓案方丈粲星羅。皇舉斯樂同山河。

九州上腴非一族，玄芝碧樹壽華木。終朝采之不盈掬，用拂腥羶和九穀。既甘且飫致遐福。

人欲所大味爲先，興和盡敬咸在旃。碧鱗朱尾獻嘉鮮，紅毛緑翼墜輕翾。臣拜稽首萬斯年。

擊鍾以俟惟大國，況乃御天流至德。侑食斯舉揚盛則，其禮不愆儀不忒。風猷所被深且塞。

膳夫奉職獻芳滋，不麛不夭咸以時。調甘適苦別澠、淄，其德不爽受福釐。於焉逸豫永無期。

備味斯饗惟至聖，咸降人神禮爲盛。或風或雅流歌詠，負鼎言歸啓殷命。悠悠四海同兹慶。

道我六穗羅八珍，洪鼎自爨匪勞薪。荆包海物必來陳，滑甘瀡瀡味和神。以斯至德被無垠。

《雍雅》，三曲，四言：

明明在上，其儀有序。終事靡愆，收鉶撤俎。乃升乃降，和樂備舉。天德莫違，人謀是與。敬行禮達，兹焉讌語。

我餕惟阜，我肴孔庶。嘉味既充，食旨斯飫。屬厭無爽，冲和在御。擊壤齊歡，懷生等豫。蒸庶乃粒，實由仁恕。

百司警列，皇在在陛。既飫且醑，卒食成禮。其容穆穆，其儀濟濟。凡百庶僚，莫不愷悌。奄有萬國，抑由天啓。

《滌雅》，一曲，四言：

將修盛禮，其儀孔熾。有腯斯牲，國門是置。不黎不傢，靡愆靡忌。呈肌獻體，永言昭事。俯休皇德，仰綏靈志。百福具膺，嘉祥允洎。駿奔伊在，慶覃遐嗣。

《牷雅》，一曲，四言：

反本興敬，復古昭誠。禮容宿設，祀事孔明。華俎待獻，崇碑麗牲。充哉繭握，肅矣簪纓。其膋既啓，我豆既盈。庖丁游刃，葛盧驗聲。多祉攸集，景福來并。

《諴雅》，一曲，三言：南郊降神用。

懷忽慌，瞻浩蕩。盡誠潔，致虔想。出杳冥，降無象。皇情肅，具僚仰。人禮盛，神途敞。僾明靈，申敬饗。感蒼極，洞玄壤。

《諴雅》，一曲，三言：北郊迎神用。

地德溥，崐丘峻。揚羽翟，鼓應棘。出尊祇，展誠信。招海瀆，羅岳鎮。惟福祉，咸昭晋。

《諴雅》，一曲，四言：南北郊、明堂、太廟送神同用。

我有明德，馨非稷黍。牲玉孔備，嘉薦惟旅。金懸宿設，和樂具舉。禮達幽明，敬行樽俎。鼓鍾云送，遐福是與。

《獻雅》，一曲，四言：

神宮肅肅，天儀穆穆。禮獻既同，膺此釐福。我有馨明，無愧史祝。

《禋雅》，一曲，四言：就燎。

紫宮昭煥，太一微玄。降臨下土，尊高上天。載陳珪璧，式備牲牷。雲孤清引，栒虡高懸。俯昭象物，仰致高煙。肅彼靈祉，咸達皇虔。

《禋雅》，一曲，四言：就埋。

盛樂斯舉，協徵調宮。靈饗慶洽，祉積化融。八變有序，三獻已終。坎牲瘞玉，酬德報功。振垂成吕，投壤生風。道無虚致，事由感通。於皇盛烈，比祚華、嵩。

普通中，[1]薦蔬之後，改諸雅歌，敕蕭子雲製詞。

既無牲牢，遂省《滌雅》《牷雅》云。

［1］普通：南朝梁武帝蕭衍年號（520—527）。

南郊，舞奏黄鍾，取陽始化也。北郊，舞奏林鍾，取陰始化也。明堂宗廟，所尚者敬，蕤賓是爲敬之名，復有陰主之義，故同奏焉。其南北郊、明堂、宗廟之禮，加有登歌。今又列其歌詩一十八曲云。

南郊皇帝初獻奏登歌，二曲，三言：

暾既明，禮告成。惟聖祖，主上靈。爵已獻，罍又盈。息羽籥，展歌聲。僾如在，結皇情。

禮容盛，樽俎列。玄酒陳，陶匏設。獻清旨，致虔潔。王既升，樂已闋。降蒼昊，垂芳烈。

北郊皇帝初獻奏登歌，二曲，四言：

方壇既坎，地祇已出。盛典弗愆，群望咸秩。乃升乃獻，敬成禮卒。靈降無兆，神饗載謐。允矣嘉祚，其升如日。

至哉坤元，實惟厚載。躬兹奠饗，誠交顯晦。或升或降，摇珠動佩。德表成物，慶流皇代。純嘏不愆，祺福是賚。

宗廟皇帝初獻奏登歌，七曲，四言：

功高禮洽，道尊樂備。三獻具舉，百司在位。誠敬罔愆，幽明同致。茫茫億兆，無思不遂。蓋之如天，容之如地。

殷兆玉筐，周始邠王。於赫文祖，基我大梁。肇土七十，奄有四方。帝軒百祀，人思未忘。永言聖烈，祚我無疆。

有夏多罪，殷人塗炭。四海倒懸，十室思亂。自天命我，殲凶殄難。既躍乃飛，言登天漢。爰饗爰祀，福禄攸贊。

犧象既飾，罍俎斯具。我鬱載馨，黄流乃注。峨峨卿士，駿奔是務。佩上鳴階，纓還拂樹。悠悠億兆，天臨日煦。

猗與至德，光被黔首。鑄鎔蒼昊，甄陶區有。肅恭三獻，對揚萬壽。比屋可封，含生無咎。匪徒七百，天長地久。

有命自天，於皇后帝。悠悠四海，莫不來祭。繁祉具膺，八神聳衛。福至有兆，慶來無際。播此餘休，于彼荒裔。

祀典昭潔，我禮莫違。八簋充室，六龍解騑。神宫肅肅，靈寢微微。嘉薦既饗，景福攸歸。至德光被，洪祚載輝。

明堂遍歌五帝登歌，五曲，四言：

歌青帝辭：

帝居在震，龍德司春。開元布澤，含和尚仁。群居既散，歲云陽止。飭農分地，人粒惟始。雕梁繡栱，丹楹玉墀。靈威以降，百福來綏。

歌赤帝辭：

炎光在離，火爲威德。執禮昭訓，持衡受則。靡草既凋，温風以至。嘉薦惟旅，時羞孔備。齊醍在堂，笙鏞在下。匪惟七百，無絶終始。

歌黄帝辭：

鬱彼中壇，含靈闡化。迴環氣象，輪無輟駕。布德焉在，四序將收。音宫數五，飯稷驂騮。宅屏居中，旁臨外宇。升爲帝尊，降爲神主。

歌白帝辭：

神在秋方，帝居西皓。允兹金德，裁成萬寶。鴻來雀化，參見火邪。幕無玄鳥，菊有黄華。載列笙磬，式陳彝俎。靈罔常懷，惟德是與。

歌黑帝辭：

德盛乎水，玄冥紀節。陰降陽騰，氣凝象閉。司智莅坎，駕鐵衣玄。祁寒坼地，晷度迴天。悠悠四海，駿奔奉職。祚我無疆，永隆人極。

太祖太夫人廟舞歌：

閟宫肅肅，清廟濟濟。於穆夫人，固天攸啓。祚我梁德，膺斯盛禮。文楹達嚮，重檐丹陛。飾我俎彝，潔我粢盛。躬事奠饗，推尊盡敬。悠悠萬國，具承兹慶。大孝追遠，兆庶攸詠。

太祖太夫人廟登歌：

光流者遠，禮貴彌申。嘉饗云備，盛典必陳。追養自本，立愛惟親。皇情乃慕，帝服來尊。駕齊六轡，旂耀三辰。感兹霜露，事彼冬春。以斯孝德，永被蒸民。

《大壯舞》奏夷則，《大觀舞》奏姑洗，取其月王也。二郊、明堂、太廟，三朝並同用。今亦列其歌詩二曲云。

《大壯舞》歌，一曲，四言：

高高在上，實愛期人。眷求聖德，大拯彝倫。率土方燎，如火在薪。慘慘黔首，暮不及晨。朱光啓耀，兆發穹旻。我皇鬱起，龍躍漢津。言屆牧野，電激雷震。闕鞏之甲，彭、濮之人。或貔或武，漂杵浮輪。我邦雖舊，其命惟新。六伐乃止，七德必陳。君臨萬國，遂撫八貪。

《大觀舞》歌，一曲，四言：

皇矣帝烈，大哉興聖。奄有四方，受天明命。居上不怠，臨下唯敬。舉無愆則，動無失正。物從其本，人遂其性。昭播九功，肅齊八柄。寬以惠下，德以爲政。三趾晨儀，重輪夕映。棧壑忘阻，梯山匪夐。如日有恒，與天無竟。載陳金石，式流舞詠。《咸》《英》《韶》《夏》,於兹比盛。

相和五引：[1]

[1]相和五引：引爲相和歌的一種曲式名詞。相和歌爲起源於漢代的音樂形式，據《宋書·樂志》："相和，漢舊歌也，絲竹更相和，執節者歌"，知其爲有樂隊伴奏的歌曲演唱。元人郭茂倩《樂府詩集》引張永《元嘉正聲技録》説，相和有六引，其中《箜篌引》闕，故衹有五引。歌詞爲沈約作，見《宋書·樂志》。

角引：

萌生觸發，歲在春。咸池始奏，德尚仁。惉滯以息，和且均。

徵引：

執衡司事，宅離方。滔滔夏日，火德昌。八音備舉，樂無疆。

宫引：

八音資始，君五聲。興此和樂，感百精。優游律吕，被《咸》《英》。

商引：

司秋紀兑，奏西音。激揚鍾石，和瑟琴。風流福被，樂愔愔。

羽引：

玄英紀運，冬冰折。物爲音本，和且悦。窮高測深，長無絶。

普通中，薦蔬以後，[1]敕蕭子雲改諸歌辭爲相和引，[2]則依五音宫商角徵羽爲第次，非隨月次也。

[1]薦蔬：薦，作獻解。蔬，蔬奠，供祭之粗物，即薄奠。《宋書》卷五三《江夷傳》有："薄斂蔬奠，務存儉約。"

[2]蕭子雲：人名。字景喬，蘭陵（今山東蒼山縣蘭陵鎮）人。《梁書》卷三五有附傳。

舊三朝設樂有登歌，以其頌祖宗之功烈，非君臣之所獻也，於是去之。三朝，第一，奏《相和五引》；第二，衆官入，奏《俊雅》；第三，皇帝入閤，奏《皇雅》；第四，皇太子發西中華門，奏《胤雅》；第五，皇帝進，王公發足；第六，王公降殿，同奏《寅雅》；第七，皇帝入儲變服；第八，皇帝變服出儲，同奏《皇雅》；第九，公卿上壽酒，奏《介雅》；第十，太子入預會，奏《胤雅》；十一，皇帝食舉，奏《需雅》；十二，撤食，奏《雍雅》；十三，設《大壯》武舞；十四，設《大觀》文舞；十五，設《雅歌》五曲；十六，設俳伎；十七，設《鼙舞》；十八，設《鐸舞》；十九，設《拂舞》；二十，設《巾舞》并《白紵》；二十一，設舞盤伎；二十二，設舞輪伎；二十三，設刺長追花幢伎；二十四，設受猾伎；二十五，設車輪折脰伎；二十六，設長蹻伎；二十七，設須彌山、黄山、三峽等伎；二十八，設跳鈴伎；二十九，設跳劍伎；三十，設擲倒伎；三十一，設擲倒案伎；三十二，設青絲幢伎；三十三，設一傘花幢伎；三十四，設雷幢伎；三十五，設金輪幢伎；三十六，設白獸幢伎；三十七，設擲蹻伎；三十八，設獼猴幢伎；三十九，設啄木幢伎；四十，設五案幢呪願伎；四十一，設辟邪伎；四十二，設青紫鹿伎；四十三，設白武伎，作訖，將白鹿來迎下；四十四，設寺子導安息孔雀、鳳凰、文鹿胡舞登連《上雲樂》歌舞伎；[1]四十五，設緣高絙伎；四十六，設變黄龍弄龜伎；四十七，皇太子起，奏《胤雅》；四十八，衆官出，奏《俊雅》；四十九，皇帝興，奏《皇雅》。

[1]導：底本作“遵”。中華本校勘記云：“據陳暘《樂書》一八七改。”今從改。

自宋、齊已來，三朝有鳳凰銜書伎。[1]至是乃下詔曰：“朕君臨南面，道風蓋闕，嘉祥時至，爲愧已多。假令巢侔軒閣，集同昌户，猶當顧循寡德，推而不居。

况於名實頓爽，自欺耳目。一日元會，太樂奏鳳凰銜書伎，至乃舍人受書，升殿跪奏。誠復興乎前代，率由自遠，内省懷慚，彌與事篤。可罷之。”

［1］鳳凰銜書伎：鳳凰銜書之説古已有之，以喻天子使者持敕命之書。《南齊書》有此曲歌辭，並稱“《鳳皇銜書伎歌辭》，蓋魚龍之流也。元會日，侍中於殿前跪取其書。宋世辭云：‘大宋興隆膺靈符，鳳鳥感和銜素書，嘉樂之美通玄虚，惟新濟濟邁唐虞，巍巍蕩蕩道有餘。’齊初詔中書郎江淹改”。梁武帝蕭衍普通時下詔罷之。《南齊書》所記與此大致相同。

天監四年，掌賓禮賀瑒，[1]請議皇太子元會出入所奏。帝命别制養德之樂。瑒謂宜名《元雅》，迎送二傅亦同用之。取《禮》“一有元良，萬國以貞”之義。明山賓、嚴植之及徐勉等，[2]以爲周有九《夏》，梁有十二《雅》。此並則天數，爲一代之曲。今加一雅，便成十三。瑒又疑東宫所奏舞，帝下其議。瑒以爲，天子爲樂，以賞諸侯之有德者。觀其舞，知其德。况皇儲養德春宫，式瞻攸屬。謂宜備《大壯》《大觀》二舞，以宣文武之德。帝從之。於是改皇太子樂爲《元貞》，奏二舞。是時禮樂制度，粲然有序。其後臺城淪没，簡文帝受制於侯景。景以簡文女溧陽公主爲妃，請帝及主母范淑妃宴于西州，奏梁所常用樂。景儀同索超世亦在宴筵。帝潸然屑涕。景興曰：“陛下何不樂也？”帝强笑曰：“丞相言索超世聞此以爲何聲？”景曰：“臣且不知，何獨超世？”自此樂府不修，風雅咸盡矣。及王僧辯破侯景，諸樂並送荆州。經亂，工器頗闕，元帝詔有司補綴纔備。荆州陷没，周人不知采用，工人有知音者，並入關中，隨例没爲奴婢。

[1]賀瑒：人名。字德璉，會稽山陰（今浙江紹興市）人。傳見《梁書》卷四八。

[2]明山賓：人名。字孝若，平原鬲（今山東平原縣）人。官東宫學士兼國子祭酒。傳見《梁書》卷二七。　嚴植之：人名。字孝源，建平秭歸（今湖北秭歸縣）人。初仕齊，爲廣王國右常侍，尋爲康樂侯相。天監中爲五經博士，後遷中撫軍記室參軍，猶兼博士。傳見《梁書》卷四八。　徐勉：人名。字脩任，東海郯（今山東郯城縣）人。歷官吏部尚書，累遷至中書令。傳見《梁書》卷二五、《南史》卷六〇。

鼓吹，宋、齊並用漢曲，[1]又充庭用十六曲。高祖乃去四曲，留其十二，合四時也。更制新歌，以述功德。其第一，漢曲《朱鷺》改爲《木紀謝》，言齊謝梁升也。第二，漢曲《思悲翁》改爲《賢首山》，言武帝破魏軍於司部，肇王迹也。第三，漢曲《艾如張》改爲《桐柏山》，言武帝牧司，王業彌章也。第四，漢曲《上之回》改爲《道亡》，言東昏喪道，義師起樊鄧也。第五，漢曲《擁離》改爲《忱威》，言破加湖元勳也。第六，漢曲《戰城南》改爲《漢東流》，言義師克魯山城也。第七，漢曲《巫山高》改爲《鶴樓峻》，言平郢城，兵威無敵也。第八，漢曲《上陵》改爲《昏主恣淫慝》，言東昏政亂，武帝起義，平九江、姑熟，大破朱雀，伐罪弔人也。第九，漢曲《將進酒》改爲《石首局》，言義師平京城，仍廢昏，定大事也。第十，漢曲《有所思》改爲《期運集》，言武帝應籙受禪，德盛化遠也。十一，漢曲《芳樹》改爲《於穆》，言大梁闡運，君臣和樂，休祚方遠也。十二，漢曲《上邪》改爲《惟大梁》，言梁德廣運，仁化洽也。

[1]漢曲：漢代鼓吹曲。鼓吹是初見於漢代的樂隊，是以管樂器和打擊樂器爲主的合奏，亦稱短簫鐃歌。元人郭茂倩《樂府詩集》録陳釋智匠之《古今樂録》有漢鼓吹鐃歌十八曲之歌詞。此節漢曲十二曲即選自十八曲中。

天監七年，將有事太廟。詔曰："《禮》云'齋日不樂'，今親奉始出宮，振作鼓吹。外可詳議。"八座丞郎參議，請輿駕始出，鼓吹從而不作，還宮如常儀。帝從之，遂以定制。

初武帝之在雍鎮，有童謡云："襄陽白銅蹄，反縛揚州兒。"識者言，白銅蹄謂馬也。白，金色也。及義師之興，實以鐵騎，揚州之士，皆面縛，果如謡言。故即位之後，更造新聲，帝自爲之詞三曲，又令沈約爲三曲，以被絃管。帝既篤敬佛法，又制《善哉》《大樂》《大歡》《天道》《仙道》《神王》《龍王》《滅過惡》《除愛水》《斷苦輪》等十篇，[1]名爲正樂，皆述佛法。又有法樂童子伎、童子倚歌梵唄，[2]設無遮大會則爲之。[3]

[1]輪：底本作"轉"。中華本校勘記云："據《通典》一四二

改。”今從改。

[2]法樂童子伎：法樂是源於東晉至梁代用於佛教法會的音樂。至梁代形成以清商樂爲主的法樂，隋代稱爲法曲。梁武帝蕭衍倡佛教，設少年樂伎組織，謂之法樂童子伎。　梵唄：指佛教徒以短偈形式贊唱佛、菩薩之頌歌。唄，梵文音譯之略，爲贊嘆之意。偈，源於梵文偈佗音譯之簡，爲佛經中的頌詞，《法苑珠林·唄贊篇》有：“唄者短偈以流頌。”唱頌佛經時亦可有樂器伴奏。《高僧傳》卷一三有“天竺方俗，凡是歌詠法言，皆稱爲唄，至於本土，詠經則稱爲轉讀，歌讚則號爲梵唄，昔諸天讚唄，皆以韻入絃綰”。佛教的傳入，隨之帶來佛經的唱誦方法，但中國語言的音韻規律與印度不同，繼而出現了本土化的唱誦佛經的音樂，故《法苑珠林》有“關内關外，吴、蜀唄辭，各隨所好，唄讚多種。但漢、梵既殊，音韻不可互用”之説。三國魏陳思王曹植開創以中國語言音韻唱誦佛經的方法，故《法苑珠林》説：“（陳思王曹植）遂製轉贊七聲，昇降曲折之響，世之諷誦，咸憲章焉。”

[3]無遮大會：無遮，源於梵文，意謂聖賢道俗上下貴賤無遮，平等行財施和法施的法會。據《大唐西域記》載戒日王“五歲一設無遮大會，頃竭府庫惠施群有”。中國的無遮大會始於梁武帝，見《佛祖統記》卷三七。

陳初，武帝詔求宋、齊故事。太常卿周弘讓奏曰：[1]“齊氏承宋，咸用元徽舊式，宗祀朝饗，奏樂俱同，唯北郊之禮，頗有增益。皇帝入壝門，奏《永至》；飲福酒，奏《嘉胙》；太尉亞獻，奏《凱容》；埋牲，奏《隸幽》；帝還便殿，奏《休成》；衆官並出，奏《肅成》。此乃元徽所闕，永明六年之所加也。唯送神之樂，宋孝建二年秋《起居注》云‘奏《肆夏》’，永明中，改奏《昭夏》。”[2]帝遂依之。是時並用梁樂，唯改七室舞辭，今列之云。

皇祖步兵府君神室奏《凱容舞》辭：

於赫皇祖，宫墻高嶷。邁彼厥初，成兹峻極。縵樂簡簡，閟寢翼翼。裸饗若存，惟靈靡測。

皇祖正員府君神室奏《凱容舞》辭：

昭哉上德，浚彼洪源。道光前訓，慶流後昆。神猷緬邈，清廟斯存。以享以祀，惟祖惟尊。

皇祖懷安府君神室奏《凱容舞》辭：

選辰崇饗，飾禮嚴敬。靡愛牲牢，兼馨粢盛。明明列祖，龍光遠映。肇我王風，形斯舞詠。

皇高祖安成府君神室奏《凱容舞》辭：

道遥積慶，德遠昌基。永言祖武，致享從思。九章停列，八舞迴墀。靈其降止，百福來綏。

皇曾祖太常府君神室奏《凱容舞》辭：

肇迹帝基，義標鴻篆。恭惟載德，瓊源方闡。享薦三清，筵陳四璉。增我堂構，式敷帝典。

皇祖景皇帝神室奏《景德凱容舞》辭：

皇祖執德，長發其祥。顯仁藏用，懷道韜光。寧斯閟寢，合此蕭薌。永昭貽厥，還符翦商。

皇考高祖武皇帝神室奏《武德舞》辭：

烝哉聖祖，撫運升離。道周經緯，功格玄祇。方軒邁扆，比舜陵嬀。緝熙是詠，欽明在斯。雲雷遘屯，圖南共舉。大定揚、越，震威衡、楚。四奥宅心，九疇還叙。景星出翼，非雲入吕。德暢容辭，慶昭羽綴。於穆清廟，載揚徽烈。嘉玉既陳，豐盛斯潔。是將是享，鴻獻無絶。

[1]周弘讓：人名。陳人，性簡素，始仕不得志，隱於句容之茅山。天嘉初領太常卿。《南史》卷三四有附傳。

[2]《肆夏》《昭夏》：周代祭祀之樂章，《周禮·鍾師》有："凡樂事以鍾鼓奏《九夏》：《王夏》《肆夏》《昭夏》《納夏》《章夏》《齊夏》《族夏》《祴夏》《驁夏》。"鄭玄注："以鍾鼓者，先擊鍾，次擊鼓，以奏《九夏》。夏，大也，樂之大歌有九。"

天嘉元年，文帝始定圜丘、明堂及宗廟樂。都官尚書到仲舉權奏：[1]"衆官入出，皆奏《肅成》。牲入出，奏《引犧》。上毛血，奏《嘉薦》。迎送神，奏《昭夏》。皇帝入壇，奏《永至》。皇帝升陛，奏《登歌》。皇帝初獻及太尉亞獻、光禄勳終獻，並奏《宣烈》。皇帝飲福酒，奏《嘉胙》；就燎位，奏《昭遠》；還便殿，奏《休成》。"

[1]到仲舉：人名。字德言，南朝陳人。官至侍中、尚書僕射，封建昌縣公。後以其子到郁有異謀，並下獄賜死。傳見《陳書》卷二〇。

至太建元年，定三朝之樂，[1]采梁故事：第一，奏《相和》五引，各隨王月，則先奏其鍾。唯衆官入，奏《俊雅》，林鍾作，太簇參應之，取其臣道也。鼓吹作。皇帝出閤，奏《皇雅》，黄鍾作，太簇、夾鍾、姑洗、大吕皆應之。鼓吹作。皇太子入至十字陛，奏《胤雅》，太簇作，南吕參應之，取其二月少陽也。皇帝延王公登，奏《寅雅》，夷則作，夾鍾應之，取其月法也。皇帝入宁變服，奏《皇雅》，黄鍾作，林鍾參應之。鼓吹作。皇帝出宁及升座，皆奏《皇雅》，並如變服之作。上壽酒，奏《介雅》，太簇作，南吕參應之，取其陽氣盛長，萬物輻湊也。食舉，奏《需雅》，蕤賓作，大吕參應之，取火主於禮，所謂“食我以禮”也。撤饌，奏《雍雅》，無射作，中吕參應之，取其津潤已竭也。武舞奏《大壯》，夷則作，夾鍾參應之，七月金始王，取其堅斷也。鼓吹引而去來。文舞奏《大觀》，姑洗作，應鍾參應之，三月萬物必榮，取其布惠者也。鼓吹引而去來。衆官出，奏《俊雅》，蕤賓作，林鍾、夷則、南吕、無射、應鍾、太簇參應之。鼓吹作。皇帝起，奏《皇雅》，黄鍾作，林鍾、夷則、南吕、無射參應之。鼓吹作。祠用宋曲，宴准梁樂，蓋取人神不雜也。制曰：[2]“可。”

[1]朝：底本作“廟”。中華本校勘記云：“據《通典》一四二改。”今從改。

[2]制：本意爲制度、法式、命令，秦始皇統一六國後定爲皇帝命令文告之一種，又稱制書。漢朝及以後王朝因之。

五年，詔尚書左丞劉平、儀曹郎張崖，[1]定南北郊及明儀注。改天嘉中所用齊樂，盡以“韶”爲名。工就位定，協律校尉舉麾，太樂令跪贊云：“奏《懋韶》之樂。”降神，奏《通韶》；牲入出，奏《潔韶》；帝入壇及還便殿，奏《穆韶》。帝初再拜，舞《七德》，工執干楯，曲終復綴。出就懸東，繼舞《九序》，工執羽籥。獻爵於天神及太祖之座，奏登歌。帝飲福酒，奏《嘉韶》；就望燎，奏《報韶》。

[1]劉平：人名。史無傳。　張崖：人名。南朝陳晋陵（今江蘇常州市）人。傳見《陳書》卷三三、《南史》卷七一。"崖"底本作"崔"。中華本校勘記云："據《陳書》本傳及《通典》一四二改。"今從改。

至六年十一月，侍中尚書左僕射、建昌侯徐陵，[1]儀曹郎中沈罕，[2]奏來年元會儀注，稱舍人蔡景歷奉敕，[3]先會一日，太樂展宫懸、高絙、五案於殿庭。客入，奏《相和》五引。帝出，黄門侍郎舉麾於殿上，掌故應之，舉於階下，奏《康韶》之樂。詔延王公登，奏《變韶》。奉珪璧訖，初引下殿，奏亦如之。帝興，入便殿，奏《穆韶》。更衣又出，奏亦如之。帝舉酒，奏《綏韶》。進膳，奏《侑韶》。帝御茶果，太常丞跪請進舞《七德》，繼之《九序》。其鼓吹雜伎，取晋、宋之舊，微更附益。舊元會有黄龍變、文鹿、師子之類，太建初定制，皆除之。至是蔡景歷奏，悉復設焉。其制，鼓吹一部十六人，則簫十三人，笳二人，鼓一人。東宫一部，降三人，簫減二人，笳減一人。諸王一部，又降一人，減簫一。庶姓一部，又降一人，復減簫一。

[1]徐陵：人名。字孝穆。梁時任東宫學士，南歸後入陳，任尚書左僕射等職。善詩與駢文，多輕靡綺艷之作，與庾信齊名，世

稱徐庾體。傳見《陳書》卷二六。

［2］沈罕：人名。史無傳。

［3］蔡景歷：人名。字茂世，南朝陳考城（今河南蘭考縣）人。武帝時辟記室參軍，及受禪，遷秘書監，中書通事舍人，掌詔誥，進爵爲侯，累遷度支尚書。傳見《陳書》卷一六、《南史》卷六八。

及後主嗣位，耽荒於酒，視朝之外，多在宴筵。尤重聲樂，遣宮女習北方簫鼓，謂之《代北》，酒酣則奏之。[1]又於清樂中造《黃鸝留》及《玉樹後庭花》《金釵兩臂垂》等曲，[2]與幸臣等製其歌詞，綺艷相高，極於輕薄。男女唱和，其音甚哀。

［1］北方簫鼓，謂之《代北》：北方簫鼓係南北朝時北方民族的鼓吹樂，一稱代北、北歌或真人代歌。《舊唐書·音樂志》有："北狄樂其可知者鮮卑、吐谷渾、部落稽三國，皆馬上樂也……後魏樂府始有北歌，即《魏史》所謂《真人代歌》是也。代都時，命掖庭宮女晨夕歌之。周、隋世，與西凉樂雜奏。"西凉樂，是北魏太武帝時以中原音樂與龜兹音樂融合的音樂，龜兹當今之新疆庫車。西凉樂，本志下卷有詳述。陳後主時將鼓吹樂用於宴會，簫鼓的演奏場景，《樂府詩集》引《古今樂録》有如下描述："梁、陳時宮懸圖，四隅各有鼓吹樓而無建鼓，鼓吹樓者，昔簫史吹簫於秦，秦人爲之築鳳臺。故鼓吹，陸則樓車，水則樓船。其在庭則以簨簴爲樓也。"簨簴，鐘磬的架，橫杆爲簨，立柱作簴。

［2］清樂：始作清商樂。是南北朝時承繼漢、魏以來的相和歌而形成新的音樂形式。"絲竹更相和，執節者歌"的演唱形式，由於時代變遷之故中原音樂流至江南，與當地民間音樂融合，稱作清商樂。《舊唐書·音樂志》説："清樂者，南朝舊樂也。永嘉之亂，

五都淪覆，遺聲舊制，散落江左。宋、梁之間，南朝文物，號爲最盛，人謡國俗，亦世有新聲。後魏孝文、宣武，用師淮、漢，收其所獲南音，謂之《清商樂》。隋平陳，因置清商署，總謂之清樂。”隋代稱清商樂爲清樂。清商樂所包括的樂種有中原舊曲、吴歌、西曲。《魏書·樂志》記載較詳：“初，高祖（孝文帝）討淮、漢，世宗（宣武帝）定壽春，收其聲伎。江左所傳中原舊曲……及江南吴歌、荆楚四聲，總稱清商。”吴歌，或吴聲歌曲，流傳於古吴地，長江流域以建業（今江蘇南京市）爲中心的歌曲。《晋書·樂志》説：“吴歌雜曲，並出江南，東晋以來稍有增廣。”吴歌的演唱有樂隊伴奏，《古今樂録》有：“吴聲歌舊器有篪、箜篌、琵琶，今有笙、筝。”《樂府詩集》收有吴歌歌詞數首。西曲是産生於江、漢地區的歌曲，《樂府詩集》保存有西曲歌詞三十四首。清商樂開隋唐燕樂之濫觴。隋代之九部樂、十部樂均列有清商伎。

隋書　卷一四

志第九

音樂中

齊神武霸迹肇創，遷都于鄴，猶曰人臣，故咸遵魏典。及文宣初禪，尚未改舊章。宮懸各設十二鎛鍾，於其辰位，四面並設編鍾磬各一簴，合二十架。設建鼓於四隅。郊廟朝會同用之。其後將有創革，尚藥典御祖珽自言，[1]舊在洛下，曉知舊樂。上書曰："魏氏來自雲、朔，肇有諸華，樂操土風，未移其俗。至道武帝皇始元年，破慕容寶于中山，獲晋樂器，不知采用，皆委棄之。天興初，吏部郎鄧彦海，[2]奏上廟樂，創制宮懸，而鍾管不備。樂章既闕，雜以《簸邏迴歌》。[3]初用八佾，[4]作《皇始》之舞。至太武帝平河西，得沮渠蒙遜之伎，賓嘉大禮，皆雜用焉。此聲所蓋苻堅之末，吕光出平西域，得胡戎之樂，因又改變，雜以秦聲，所謂《秦漢樂》也。[5]至永熙中，録尚書長孫承業，[6]共臣先人太常卿瑩等，斟酌繕修，戎華兼采，至於鍾律，[7]焕然大備。自古相襲，損益可知，今之創制，請以爲准。”珽因采魏安豐王延明及信都芳等所著《樂説》，[8]而定正聲。始具宫懸之器，仍雜西凉之曲，樂名《廣成》，而舞不立號，所謂“洛陽舊樂”者也。

［1］尚藥：官署名。即尚藥局。“藥”底本作“樂”。中華本校勘記云：“據《北齊書·祖珽傳》、《通典》卷一四二改。”今從改。　典御：官職名。　祖珽：人名。北齊范陽（今河北定興縣固城鎮北伏圖城）人，字孝徵。擅詞藻，諳音律，旁通陰陽、占候、醫藥之術。傳見《北齊書》卷三九，《北史》卷四七有附傳。

［2］鄧彦海：人名。史無傳。

［3］《簸邏迴歌》：代北的樂曲名，見於《舊唐書·音樂志》。

［4］八佾：天子舞樂八行八列。《論語集解》有：“佾，舞列也。天子八、諸侯六、大夫四、士二。”

［5］《秦漢樂》：西凉樂亦稱秦漢樂。西凉樂因係中原音樂與西域（主要是龜兹）音樂融合的音樂，故有秦漢樂之稱。

［6］長孫承業：人名。史無傳。

［7］鍾律：鍾或編鍾的定律方法，是以弦律作標準調製鍾的音高，古代稱均鍾，《國語·周語上》有“度律均鍾”一語。

［8］信都芳：人名。北齊人，字玉琳。精通算術，著有重差勾股、四術周髀宗等。傳見《北齊書》卷四九、《北史》卷八九。

武成之時，始定四郊、宗廟、三朝之樂。群臣入出，奏《肆夏》。牲入出，薦毛血，並奏《昭夏》。迎送神及皇帝初獻、禮五方上帝，並奏《高明》之樂，爲《覆壽》之舞。皇帝入壇門及升壇飲福酒，就燎位，還便殿，並奏《皇夏》。以高祖配饗，奏《武德》之樂，爲《昭烈》之舞。祼地，奏登歌。其四時祭廟及禘祫皇六世祖司空、五世祖吏部尚書、高祖秦州刺史、曾祖太尉武貞公、祖文穆皇帝諸神室，並奏《始基》之樂，爲《恢祚》之舞。高祖神武皇帝神室，奏《武德》之樂，爲《昭烈》之舞。文襄皇帝神室，奏《文德》之樂，爲《宣政》之舞。顯祖文宣皇帝神室，奏《文正》之樂，爲《光大》之舞。肅宗孝昭皇帝神室，奏《文明》之樂，爲《休德》之舞。其入出之儀，同四郊之禮。今列其辭云。

大禘圜丘及北郊歌辭：

夕牲群臣入門，奏《肆夏》樂辭：

肇應靈序，奄字黎人。乃朝萬國，爰徵百神。祇展方望，幽顯咸臻。禮崇聲協，贄列珪陳。翼差鱗次，端笏垂紳。來趨動色，式贊天人。

迎神奏《高明樂》辭：登歌辭同。

惟神監矣，北郊云："惟祇監矣。"皇靈肅止。圓璧展事，北郊云："方琮展事。"成文即始。北郊云："即陰成理。"士備八能，樂合六變。北郊云："樂合八變。"風凄伊雅，光華襲薦。扆衛騰景，靈駕霏煙。嚴壇生白，綺席凝玄。

牲出入，奏《昭夏》辭：

剛柔設位，惟皇配之。言肅其禮，念暢在兹。飾牲舉獸，載歌且舞。既捨伊腯，致精靈府。物色惟典，齋沐加恭。宗族咸暨，罔不率從。

薦毛血，奏《昭夏》辭：群臣出，奏《肆夏》，進熟，群臣入，奏《肆夏》，辭同初入。

展禮上月，肅事應時。藾栗爲用，交暢有期。弓矢斯發，盆簝將事。圓神致祀，北郊云："方祇致祀。"率由先志。和以鑾刀，臭以血膋。致哉敬矣，厥義孔高。

進熟，皇帝入門，奏《皇夏》辭：

帝敬昭宣，皇誠肅致。玉帛齊軌，屏攝咸次。三垓上列，北郊云："重垓上列。"四陛旁升。北郊云："分陛旁升。"龍陳萬騎，鳳動千乘。神儀天藹，晬容離曜。金根停軫，奉光先導。

皇帝升丘，奏《皇夏》辭：壇上登歌辭同。

紫壇雲曖，北郊云："層壇雲曖。"紺幄霞褰。北郊云："嚴幄霞褰。"我其陟止，載致其虔。百靈竦聽，萬國咸仰。人神咫尺，玄應肸蠁。

皇帝初獻，奏《高明樂》辭：

上下眷，旁午從。爵以質，獻以恭。咸斯暢，樂惟雍。孝敬闡，臨萬邦。

皇帝奠爵訖，奏《高明樂》《覆燾》之舞辭：

自天子之，會昌神道。丘陵肅事，北郊云："方澤祇事。"克光天保。九關洞開，百靈環列。八樽呈備，五聲投節。

皇帝獻太祖配饗神座，奏《武德》之樂、《昭烈》之舞辭：皇帝小退，當昊天上帝神座前，奏皇夏，辭同上《皇夏》。

配神登聖，主極尊靈。敬宣昭燭，咸達窅冥。禮弘化定，樂贊功成。穰穰介福，下被群生。

皇帝飲福酒，奏《皇夏》之樂：皇帝詣東陛，還便坐，又奏《皇夏》，辭同初入門。

皇心緬且感，吉蠲奉至誠。赫哉光盛德，乾巛詔百靈。報福歸昌運，承祐播休明。風雲馳九域，龍蛟躍四溟。浮幕呈光氣，儷象燭華精。《護》《武》方知恥，《韶》《夏》僅同聲。

送神，降丘南陛，奏《高明樂》辭；皇帝之望燎位，又奏《皇夏》，辭同上《皇夏》。

獻享畢，懸佾周。神之駕，將上游。北郊云："將下游。"超斗極，北郊云："超荒極。"絶河流。北郊云"憩崑丘。"懷萬國，寧九州。欣帝道，心顧留。匝上下，荷皇休。

紫壇既燎，奏《昭夏》樂辭：皇帝自望燎還本位，奏《皇夏》，辭同上《皇夏》。

玄黄覆載，元首照臨。合德致禮，有契其心。敬申事閟，潔誠云報。玉帛載升，北郊云："牲玉載陳。"棫樸斯燎。寥廓幽曖，播以馨香。皇靈惟監，降福無疆。

皇帝還便殿，奏《皇夏》辭：群臣出，奏《肆夏》，辭同上《肆夏》。祠感帝用圜丘辭。

天大親嚴，匪敬伊孝。永言肆饗，宸明增耀。陽丘既暢，北郊云："陰澤云暢。"大典逾光。乃安斯息，欽若舊章。天迴地旋，鳴鑾引警。且萬且億，皇曆惟永。

五郊迎氣樂辭：

青帝降神，奏《高明樂》辭：

歲云獻，谷風歸。斗東指，雁北飛。電鞭激，雷車遽。虹旌靡，青龍馭。和氣洽，具物滋。翻降止，應帝期。

赤帝降神，奏《高明樂》辭：

婺女司旦，中吕宣。朱精御節，離景延。根荄俊茂，温風發。柘火風水，應炎月。執衡長物，德孔昭。赤旂霞曳，會今朝。

黄帝降神，奏《高明樂》辭：

居中匝五運，乘衡畢四時。含養資群物，協德固皇基。嘽緩契王風，持載符君德。良辰動靈駕，承祀昌邦國。

白帝降神，奏《高明樂》辭：

風涼露降，馳景飂寒精。山川摇落，平秩在西成。蓋藏成積，蒸人被嘉祉。從享來儀，鴻休溢千祀。

黑帝降神，奏《高明樂》辭：

虹藏雉化，告寒。冰壯地坼，年殫。日次月紀，方極。九州萬邦，獻力。叶光是紀，歲窮。微陽潜兆，方融。天子赫赫，明聖。享神降福，惟敬。

祠五帝於明堂樂歌辭：

先祀一日，夕牲，群官入自門，奏《肆夏》：

國陽崇祀，嚴恭有聞。荒華胥暨，樂我大君。冕瑞有列，禽帛恭叙。群后師師，威儀容與。執禮辨物，司樂考章。率由靡墜，休有烈光。

太祝令迎神，奏《高明樂》《覆燾舞》辭：

祖德光，國圖昌。祗上帝，禮四方。闢紫宫，洞華闕。龍獸奮，風雲發。飛朱雀，從玄武。攜日月，帶雷雨。耀宇内，溢區中。眷帝道，感皇風。帝道康，皇風扇。粢盛列，椒糈薦。神且寧，會五精。歸福禄，幸閶亭。

太祖配饗，奏《武德樂》《昭烈舞》辭：五方天帝奏《高明》之樂、《覆燾》之舞，辭同迎氣。

我惟我祖，自天之命。道被歸仁，時屯啓聖。運鍾千祀，授手萬姓。夷兇掩虐，匡頹翼正。載經載營，庶士咸寧。九功以洽，七德兼盈。丹書入告，玄玉來呈。露甘泉白，雲郁河清。聲教咸往，舟車畢會。仁加有形，化洽無外。嚴親惟重，陟配惟大。既祐斯歌，率土攸賴。

牲出入，奏《昭夏樂》辭：

孝饗不匱，精潔臨年。滌牢委溢，形色博牷。于以用之，言承歆祀。肅肅威儀，敢不敬止。載飾載省，維牛維羊。明神有察，保茲萬方。

薦血毛，奏《昭夏》辭：群臣出，奏《肆夏》，進熟，群臣入，奏《肆夏》，同上《肆夏》辭。

我將宗祀，夤獻厥誠。鞠躬如在，側聽無聲。薦色斯純，呈氣斯臭。有滌有濯，惟神其祐。五方來格，一人多祉。明德惟馨，於穆不已。

進熟，皇帝入門，奏《皇夏》辭：皇帝升壇，奏《皇夏》，辭同。

象乾上構，儀巛下基。集靈崇祖，永言孝思。室陳簋豆，庭羅懸佾。夙夜畏威，保茲貞吉。舞貴其夜，歌重其升。降斯百禄，惟饗惟應。

皇帝初獻，奏《高明樂》《覆燾舞》辭：

度几筵，闢牖户。禮上帝，感皇祖。酌惟潔，滌以清。薦心款，達神明。

皇帝祼獻，奏《高明樂》《覆燾舞》辭：

帝精來降，應我明德。禮殫義展，流祉邦國。既受多祉，實資孝敬。祀竭其誠，荷天休命。

皇帝飲福酒，奏《皇夏》辭：

恭祀洽，盛禮宣。英猷爛層景，廣澤同深泉。上靈鍾百福，群神歸萬年。月軌咸梯岫，日域盡浮川。瑞鳥飛玄扈，潛鱗躍翠漣。皇家膺寶曆，兩地復參天。

太祝送神，奏《高明樂》《覆燾舞》辭：

青陽奏，發朱明。歌西皓，唱玄冥。大禮罄，廣樂成。神心懌，將遠征。飾龍駕，矯鳳旍。指閶闔，憩層城。出温谷，邁炎庭。跨西汜，過北溟。忽萬億，耀光精。比電騖，與雷行。嗟皇道，懷萬靈。固王業，震天聲。

皇帝還便殿，奏《皇夏》辭：

文物備矣，聲明有章。登薦唯肅，禮邈前王。㲹齊云終，折旋告罄。穆穆旒冕，藴誠畢敬。屯衛按部，鑾蹕迴途。暫留紫殿，將及清都。

享廟樂辭：

先祀一日，夕牲，群臣入，奏《肆夏》辭：

霜凄雨暢，烝哉帝心。有敬其祀，肅事惟歆。昭昭車服，濟濟衣簪。鞠躬貢酎，磬折奉琛。差以五列，和以八音。式祗王度，如玉如金。

迎神奏《高明》登歌樂辭：

日卜惟吉，辰擇其良。奕奕清廟，黼黻周張。大吕爲角，應鍾爲羽。路鼗陰竹，德歌昭舞。祀事孔明，百神允穆。神心乃顧，保兹介福。

牲出入，奏《昭夏樂》辭：

大祀云事，獻奠有儀。既歌既展，贊顧迎犧。執從伊竦，芻飾惟慄。俟用於庭，將升於室。且握且騂，以致其誠。惠我貽頌，降祉千齡。

薦血毛，奏《昭夏》辭：三公出，奏《肆夏》，進熟，群臣入，奏《肆夏》，辭同。

愐彼遐慨，悠然永思。留連七享，纏綿四時。神升魄沈，靡聞靡見。陰陽載俟，臭聲兼薦。祖考其鑒，言萃王休。降神敷錫，百福是由。

進熟，皇帝入北門。奏《皇夏樂》辭：

齊居嚴殿，夙駕層闈。車輅垂彩，旒衮騰輝。聳誠載仰，翹心有慕。洞洞自形，斤斤表步。閟宫有邃，神道依俙。孝心緬邈，爰屬爰依。

太祝祼地，奏登歌樂辭：皇帝詣東陛，奏《皇夏》，升殿，又奏《皇夏》，辭同。

太室肙肙，神居宿設。鬱鬯惟芬，珪璋惟潔。彝斝應時，龍蒲代用。藉茅無咎，福禄攸降。端感會事，儼思修禮。齊齊勿勿，俄俄濟濟。

皇帝升殿，殿上作登歌樂辭：

我祠我祖，永惟厥先。炎農肇聖，靈祉蟬聯。霸圖中造，帝業方宣。道昌基構，撫運承天。奄家六合，爰光八埏。尊神致禮，孝思惟纏。寒來暑反，惕薦在年。匪敬伊慕，備物不愆。設簴設業，鞉鼓填填。辟公在位，有容伊虔。登歌啓佾，下管應懸。厥容無爽，幽明肅然。誠匝厚地，和達穹玄。既調風雨，載協山川。周庭有列，湯孫永延。教聲惟被，邁後光前。

皇帝初獻皇祖司空公神室，奏《始基樂》《恢祚舞》辭：

克明克俊，祖武惟昌。業弘營土，聲被海方。有流厥德，終耀其光。明神幽贊，景祚攸長。

皇帝初獻皇祖吏部尚書神室，奏《始基樂》《恢祚舞》辭：

顯允盛德，隆我前構。瑶源瀰瀉，瓊根愈秀。誕惟有族，丕緒克茂。大業崇新，洪基增舊。

皇帝初獻皇祖秦州使君神室，奏《始基樂》《恢祚舞》辭：

祖德丕顯，明哲知機。豹變東國，鵠起西歸。禮申官次，命改朝衣。敬思孝享，多福無違。

皇帝獻太祖太尉武貞公神室，奏《始基樂》《恢祚舞》辭：

兆靈有業，潛德無聲。韜光戢耀，貫幽洞冥。道弘舒卷，施博藏行。緬追歲事，夜遽不寧。

皇帝獻皇祖文穆皇帝神室，奏《始基樂》《恢祚舞》辭：

皇皇祖德，穆穆其風。語默自已，明叡在躬。荷天之錫，聖表克隆。高山作矣，實祚其崇。離光旦旦，載焕載融。感薦惟永，神保無窮。

皇帝獻高祖神武皇帝神室，奏《武德樂》《昭烈舞》辭：

天造草昧，時難糾紛。孰拯斯溺，靡救其焚。大人利見，緯武經文。顧指惟極，吐吸風雲。開天闢地，峻岳夷海。冥工掩迹，上德不宰。神心有應，龍化無待。義征九服，仁兵告凱。上平下成，靡或不寧。匪王伊帝，偶極崇靈。享親則孝，潔祀惟誠。禮備樂序，肅贊神明。

皇帝獻文襄皇帝神室，奏《文德樂》《宣政舞》辭：

聖武丕基，叡文顯統。眇哉神啓，鬱矣天縱。道則人弘，德云邁種。昭冥咸叙，崇深畢綜。自中徂外，經朝庇野。政反淪風，威還缺雅。旁作穆穆，格于上下。維享維宗，來鑒來假。

皇帝獻顯祖文宣皇帝，奏《文正樂》《光大舞》辭：

玄曆已謝，蒼靈告期。圖璽有屬，揖讓惟時。龍升獸變，弘我帝基。對揚穹昊，實啓雍熙。欽若皇猷，永懷王度。欣賞斯穆，威刑允措。軌物俱宣，憲章咸布。俗無邪指，下歸正路。茫茫九域，振以乾綱。混通華裔，配括天壤。作禮視德，列樂傳響。薦祀惟虔，衣冠載仰。

皇帝還東壁，飲福酒，奏《皇夏》樂辭：

孝心翼翼，率禮兢兢。時洗時薦，或降或升。在堂在户，載湛載凝。多品斯奠，備物攸膺。蘭芬敬挹，玉俎恭承。受祭之祜，知彼岡陵。

送神，奏《高明樂》辭：

仰榱桷，慕衣冠。禮云罄，祀將闌。神之駕，紛弈弈。乘白雲，無不適。窮昭域，極幽塗。歸帝祉，眷皇都。

皇帝詣便殿，奏《皇夏》樂辭：群官出，奏《肆夏》，辭同。

禮行斯畢，樂奏以終。受嘏先退，載暢其衷。鑾軒循轍，麾旌復路。光景徘徊，絃歌顧慕。靈之相矣，有錫無疆。國圖日鏡，家曆天長。

元會大饗，協律不得升陛，黄門舉麾於殿上。今列其歌辭云。

賓入門，四箱奏《肆夏》辭：

昊蒼眷命，興王統天。業高帝始，道邈皇先。禮成化穆，樂合風宣。賓朝荒夏，揚對穹玄。

皇帝出閤，奏《皇夏樂》辭：

夏正肇旦，周物充庭。具僚在位，俛伏無聲。大君穆穆，宸儀動睟。日煦天迴，萬靈胥萃。

皇帝當扆，群臣奉賀，奏《皇夏》辭：

天子南面，乾覆離明。三千咸列，萬國填并。猶從禹會，如次湯庭。奉兹一德，上下和平。

皇帝入宁變服，黄鍾、太簇二箱奏《皇夏》辭：

我應天曆，四海爲家。協同内外，混一戎華。鶴蓋龍馬，風乘雲車。夏章夷服，其會如麻。九賓有儀，八音有節。肅肅於位，飲和在列。四序氤氲，三光昭晰。君哉大矣，軒、唐比轍。

皇帝變服，移幄坐於西箱，帝出升御坐，姑洗奏《皇夏》辭：

皇運應籙，廓定區宇。受終以文，構業以武。堯昔命舜，舜亦命禹。大人馭歷，重規沓矩。欽明在上，昭納入奟。從靈體極，誕聖窮神。化生群品，陶育蒸人。展禮肆樂，協此元春。

王公奠璧，奏《肆夏》辭：

萬方咸暨，三揖以申。垂旒馮玉，五瑞交陳。拜稽有章，升降有節。聖皇負扆，虞、唐比烈。

上壽，黄鍾箱奏上壽曲辭：

仰三光，奏萬壽。人皇御六氣，天地同長久。

皇太子入，至坐位，酒至御，殿上奏登歌辭：

大齊統曆，道化光明。馬圖呈寶，龜籙告靈。百蠻非衆，八荒非逖。同作堯人，俱包禹迹。其一。

天覆地載，成以四時。惟皇是則，比大於兹。群星拱極，衆川赴海。萬宇駿奔，一朝咸在。其二。

齊之以禮，相趨帝庭。應規蹈矩，玉色金聲。動之以樂，和風四布。龍申鳳舞，鸞歌麟步。其三。

食至御前，奏食舉樂辭：[1]

[1]食舉樂：天子用膳時所奏之樂曲稱食舉樂。《樂府詩集·燕射歌辭》有："《王制》曰：'天子食，舉以樂。'《大司樂》：'王大食，三宥，皆令奏鐘鼓。'漢鮑業曰：'古者天子食飲，必順四時五味，故有食舉之樂，所以順天地、養神明、求福應也。'此食舉之有樂也。……漢有殿中御飯食舉七曲，太樂食舉十三曲。"

三端正啓，萬方觀禮。具物充庭，二儀合體。百華照曉，千門洞晨。或華或裔，奉贄惟新。悠悠亘六合，員首莫不臣。仰施如雨，晞和猶春。風化表笙鏞，歌謳被琴瑟。誰言文軌異，今朝混爲一。其一。

彤庭爛景，丹陛流光。懷黄綰白，鵷鷺成行。文贊百揆，武鎮四方。折衝鼓雷電，獻替協陰陽。大矣哉，道邁上皇。陋五帝，狹三王。窮禮物，該樂章。序冠帶，垂衣裳。其二。

天壤和，家國穆。悠悠萬類，咸孕育。契冥化，侔大造。靈效珍，神歸寶。興雲氣，飛龍蒼。麟一角，鳳五光。朱雀降，黄玉表。九尾馴，三足擾。化之定，至矣哉。瑞感德，四方來。其三。

囹圄空，水火菽粟。求賢振滯，棄珠玉。衣不靡，宫以卑。當陽端默，垂拱無爲。云云萬有，其樂不訾。其四。

嗟此舉時，逢至道。肖形咸自持，賦命無傷夭。行氣進皇輿，游龍服帝皁。聖主寧區宇，乾坤永相保。其五。

牧野征，鳴條戰。大齊家萬國，拱揖應終禪。奥主廓清都，大君臨赤縣。高居深視，當扆正殿。旦暮之期，今一見。其六。

兩儀分，牧以君。陶有象，化無垠。大齊德，邈誰群。超鳳火，冠龍雲。露以潔，風以薰。榮光至，氣氤氲。其七。

神化遠，人靈協。寒暑調，風雨燮。披泥檢，受圖諜。圖諜啓，期運昌。分四序，綴三光。延寶祚，眇無疆。其八。

惟皇道，升平日。河水清，海不溢。雲干吕，風入律。驅黔首，入仁壽。與天高，並地厚。其九。

刑以厝，頌聲揚。皇情邈，眷汾、襄。岱山高，配林壯。亭亭聳，云云望。旆葳蕤，駕騤騤。刊金闕，奠玉龜。其十。

文舞將作，先設階步辭：

我后降德，肇峻皇基。揺鈴大號，振鐸命期。雲行雨洽，天臨地持。茫茫區宇，萬代一時。文來武肅，成定於兹。象容則舞，歌德言詩。鏘鏘金石，列列匏絲。鳳儀龍至，樂我雍熙。

文舞辭：

皇天有命，歸我大齊。受兹華玉，爰錫玄珪。奄家環海，實子蒸黎。圖開寶匣，檢封芝泥。無思不順，自東徂西。教南暨朔，罔敢或攜。比日之明，如天之大。神化斯洽，率土無外。眇眇舟車，華戎畢會。祠我春秋，服我冠帶。儀協震象，樂均天籟。蹈武在庭，其容藹藹。

武舞將作，先設階步辭：

大齊統曆，天鑒孔昭。金人降汎，火鳳來巢。眇均虞德，干戚降苗。夙沙攻主，歸我軒朝。禮符揖讓，樂契《咸》《韶》。蹈揚惟序，律度時調。

武舞辭：

天眷横流，宅心玄聖。祖功宗德，重光襲映。我皇恭己，誕膺靈命。宇外斯燭，域中咸鏡。悠悠率土，時惟保定。微微動植，莫違其性。仁豐庶物，施洽群生。海寧洛變，契此休明。雅宣茂烈，頌紀英聲。鏗鍠鍾鼓，掩抑簫笙。歌之不足，舞以禮成。鑠矣王度，緬邁千齡。

皇帝入，鍾鼓奏《皇夏》辭：

禮終三爵，樂奏九成。允也天子，穹壤和平。載色載笑，反寢宴息。一人有祉，百神奉職。

鼓吹二十曲，皆改古名，以敘功德。第一，漢《朱鷺》改名《水德謝》，言魏謝齊興也。第二，漢《思悲翁》改名《出山東》，言神武帝戰廣阿，創大業，破尒朱兆也。第三，漢《艾如張》改名《戰韓陵》，言神武滅四胡，定京洛，遠近賓服也。第四，漢《上之回》改名《殄關隴》，言神武遣侯莫陳悦誅賀拔岳，定關、隴，平河外，漠北款，秦中附也。第五，漢《擁離》改名《滅山胡》，言神武屠劉蠡升，高車懷殊俗，蠕蠕來向化也。第六，漢《戰城南》改名《立武定》，言神武立魏主，天下既安，而能遷於鄴也。第七，漢《巫山高》改名《戰芒山》，言神武斬周十萬之衆，其軍將脱身走免也。第八，漢《上陵》改名《禽蕭明》，言梁遣兄子貞陽侯來寇彭、宋，文襄帝遣太尉、清河王岳，一戰擒殄，俘馘萬計也。第九，漢《將進酒》改名《破侯景》，言文襄遣清河王岳，摧殄侯景，克復河南也。第十，漢《君馬黄》改名《定汝潁》，言文襄遣清河王岳，禽周大將軍王思政於長葛，汝、潁悉平也。第十一，漢《芳樹》改名《克淮南》。言文襄遣清河王岳，南翦梁國，獲其司徒陸法和，克壽春、合肥、鍾離、淮陰，盡取江北之地也。第十二，漢《有所思》改名《嗣丕基》，言文宣帝統纘大業也。第十三，漢《稚子班》改名《聖道洽》，言文宣克隆堂構，無思不服也。

第十四，漢《聖人出》改名《受魏禪》，言文宣應天順人也。第十五，漢《上邪》改名《平瀚海》，言蠕蠕盡部落入寇武州之塞，而文宣命將出征，平殄北荒，滅其國也。第十六，漢《臨高臺》改名《服江南》，言文宣道洽無外，梁主蕭繹來附化也。第十七，漢《遠如期》改名《刑罰中》，言孝昭帝舉直措枉，獄訟無怨也。第十八，漢《石留行》改名《遠夷至》，言時主化霑海外，西夷諸國，遣使朝貢也。第十九，漢《務成》改名《嘉瑞臻》，言時主應期，河清龍見，符瑞總至也。第二十，漢《玄雲》改名《成禮樂》，言時主功成化洽，制禮作樂也。古又有《黄雀》《釣竿》二曲，略而不用。並議定其名，被於鼓吹。諸州鎮戍，各給鼓吹樂，多少各以大小等級爲差。諸王爲州，皆給赤鼓、赤角，皇子則增給吴鼓、長鳴角，上州刺史皆給青鼓、青角，中州已下及諸鎮戍，皆給黑鼓、黑角。樂器皆有衣，並同鼓色。

雜樂有西凉鼙舞、清樂、龜兹等。然吹笛、彈琵琶、五絃及歌舞之伎，自文襄以來，皆所愛好。至河清以後，傳習尤盛。後主唯賞胡戎樂，耽愛無已。於是繁手淫聲，争新哀怨。故曹妙達、安未弱、安馬駒之徒，[1]至有封王開府者，遂服簪纓而爲伶人之事。後主亦自能度曲，親執樂器，悦玩無惓，倚絃而歌。别採新聲，爲《無愁曲》，音韻窈窕，極於哀思，使胡兒閹官之輩，齊唱和之，曲終樂闋，莫不殞涕。雖行幸道路，或時馬上奏之，樂往哀來，竟以亡國。

[1]曹妙達：人名。北朝至隋的宮廷音樂家，曹國（西域古國）人。妙達出自樂人世家，其音樂活動見本志卷下。　安未弱、安馬駒：均人名。皆爲北齊樂人，生平無考。

周太祖迎魏武入關，樂聲皆闕。恭帝元年，平荆州，大獲梁氏樂器，以屬有司。及建六官，乃詔曰："六樂尚矣，其聲歌之節，舞蹈之容，寂寥已絶，不可得而詳也。但方行古人之事，可不本於兹乎？自宜依准，制其歌舞，祀五帝日月星辰。"於是有司詳定：郊廟祀五帝日月星辰，用黄帝樂，歌大吕，舞《雲門》。祭九州、社稷、水旱雩禜，用唐堯樂，歌應鍾，舞《大咸》。祀四望，饗諸侯，用虞舜樂，歌南吕，舞《大韶》。祀四類，幸辟雍，用夏禹樂，歌函鍾，舞《大夏》。祭山川，用殷湯樂，歌小吕，舞《大護》。享宗廟，用周武王樂，歌夾鍾，舞《大武》。皇帝出入，奏《皇夏》。賓出入，奏《肆夏》。牲出入，奏《昭夏》。蕃國客出入，奏《納夏》。有功臣出入，奏《章夏》。皇后進羞，奏《深夏》。宗室會聚，奏《族夏》。上酒宴樂，奏《陔夏》。諸侯相見，奏《驁夏》。皇帝大射，歌《騶虞》，諸侯歌《狸首》，大夫歌《采蘋》，士歌《采蘩》。雖著其文，竟未之行也。

及閔帝受禪，居位日淺。明帝踐阼，雖革魏氏之樂，而未臻雅正。天和元年，武帝初造《山雲舞》，以備六代。南北郊、雩壇、太廟、禘祫，俱用六舞。南郊則《大夏》降神，《大護》獻熟，次作《大武》《正德》《武德》《山雲之舞》。北郊則《大護》降神，《大夏》獻熟，次作《大武》《正德》《武德》《山雲之舞》。雩壇以《大武》降神，《正德》獻熟，次作《大夏》《大護》《武德》《山雲之舞》。太廟祫禘，則《大武》降神，《山雲》獻熟，次作《正德》《大夏》《大護》《武德之舞》。時享太廟，以《山雲》降神，《大夏》獻熟，次作《武德之舞》。拜社，以《大護》降神，《大武》獻熟，次作《正德之舞》。五郊朝日，以《大夏》降神，《大護》獻熟。神州、夕月、籍田，以《正德》降神，《大護》獻熟。

建德二年十月甲辰，六代樂成，奏於崇信殿。群臣咸觀。其宮懸，依梁三十六架。朝會則皇帝出入，奏《皇夏》。皇太子出入，奏《肆夏》。王公出入，奏《鷔夏》。五等諸侯正日獻玉帛，奏《納夏》。宴族人，奏《族夏》。大會至尊執爵，奏登歌十八曲。食舉，奏《深夏》，舞六代《大夏》《大護》《大武》《正德》《武德》《山雲》之舞。於是正定雅音，爲郊廟樂。創造鍾律，頗得其宜。宣帝嗣位，郊廟皆循用之，無所改作。今採其辭云。

員丘歌辭：

降神，奏《昭夏》：

重陽禋祀，大報天。丙午封壇，肅且圜。孤竹之管，雲和弦。神光未下，風肅然。王城七里，通天臺。紫微斜照，影徘徊。連珠合璧，重光來。天策暂轉，鈎陳開。

皇帝將入門，奏《皇夏》：

旌迴外壝，蹕静郊門。千乘按轡，萬騎雲屯。藉茅無咎，掃地惟尊。揖讓展禮，衡璜節步。星漢就列，風雲相顧。取法於天，降其永祚。

俎入，奏《昭夏》：

日至大禮，豐犧上辰。牲牢修牧，繭栗毛純。俎豆斯立，陶匏以陳。大報反命，居陽兆日。六變鼓鐘，三和琴瑟。俎奇豆偶，惟誠惟質。

奠玉帛，奏《昭夏》：

員玉已奠，蒼幣斯陳。瑞形成象，璧氣含春。禮從天數，智總員神。爲祈爲祀，至敬咸遵。

皇帝升壇，奏《皇夏》：

七星是仰，八陛有憑。就陽之位，如日之升。思虔肅肅，施敬繩繩。祝史陳信，玄象斯格。惟類之典，惟靈之澤。幽顯對揚，人神咫尺。

皇帝初獻，作《雲門》之舞：

獻以誠，鬱以清。山罍舉，沈齊傾。惟尚饗，洽皇情。降景福，通神明。

皇帝初獻配帝，作《雲門》之舞：

長丘遠歷，大電遥源。弓藏高隴，鼎没寒門。人生于祖，物本於天。尊神配德，迄用康年。

皇帝初獻及獻配帝畢，奏登歌：

歲之祥，國之陽。蒼靈敬，翠雲長。象爲飾，龍爲章。乘長日，坯蟄户。列雲漢，迎風雨。大吕歌，[1]《雲門舞》。省滌濯，奠牲牷。鬱金酒，鳳凰樽。迴天眷，顧中原。

［1］大：底本作“六”。中華本校勘記云：“《周禮·大司樂》：‘乃奏黄鐘，歌大吕，無《雲門》，以祀天神。’今據改。”今從改。

皇帝飲福酒，奏《皇夏》：

國命在禮，君命在天。陳誠惟肅，飲福惟虔。洽斯百禮，福以千年。鈎陳掩映，天駟徘徊。彫禾飾斝，翠羽承罍。受斯茂祉，從天之來。

撤奠奏《雍樂》：

禮將畢，樂將闌。迴日轡，動天關。翠鳳摇，和鑾響。五雲飛，三步上。風爲馭，雷爲車。無轍迹，有煙霞。暢皇情，休靈命。雨留甘，雲餘慶。

帝就望燎位，奏《皇夏》：

六典聯事，九司咸則。率由舊章，於焉允塞。掌禮移次，燔柴在焉。煙升玉帛，氣歛牲牷。休氣馨香，膋芳昭晰。翼翼虔心，明明上徹。

帝還便座，奏《皇夏》：

玉帛禮畢，人神事分。嚴承乃眷，瞻仰迴雲。輦路千門，王城九軌。式道移候，司方迴指。得一惟清，於萬斯寧。受兹景命，于天告成。

方澤歌辭：

降神，奏《昭夏》：

報功陰澤，展禮玄郊。平琮鎮瑞，方鼎升庖。調歌絲竹，縮酒江茅。聲舒鍾鼓，器質陶匏。列耀秀華，凝芳都荔。川澤茂祉，丘陵容衛。雲飾山罍，蘭浮汎齊。日至之禮，歆兹大祭。

奠玉，奏《昭夏》：

曰若厚載，欽明方澤。敢以敬恭，陳之玉帛。德包含養，功藏靈迹。斯箱既千，子孫則百。

初獻，奏登歌辭：舞詞同員丘。

質明孝敬，求陰順陽。壇有四陛，琮爲八方。牲牷蕩滌，蕭合馨香。和鑾戾止，振鷺來翔。威儀簡簡，鍾鼓喤喤。聲和孤竹，韻入空桑。封中雲氣，坎上神光。下元之主，功深蓋藏。

望坎位，奏《皇夏》：

司筵撤席，掌禮移次。迴顧封壇，恭臨坎位。瘞玉埋俎，藏芬斂氣。是曰就幽，成斯地意。

祀五帝歌辭：

奠玉帛，奏《皇夏》辭：

嘉玉惟芳，嘉幣惟量。成形依禮，稟色隨方。神班有次，歲禮惟常。威儀抑抑，率由舊章。

初獻，奏《皇夏》：

惟令之月，惟嘉之辰。司壇宿設，掌史誠陳。敢用明禮，言功上神。鈎陳旦闢，閶闔朝分。旒垂象冕，樂奏《山雲》。將迴霆策，暫轉天文。五運周環，四時代序。鱗次玉帛，循迴樽俎。神其降之，介福斯許。

皇帝初獻青帝，奏《雲門舞》：

甲在日，鳥中星。禮東后，奠蒼靈。樹春旗，命青史。候雁還，東風起。歌木德，舞震宮。泗濱石，龍門桐。孟之月，陽之天。億斯慶，兆斯年。

皇帝初獻配帝，奏舞：

帝出于震，蒼德於神。其明在日，其位居春。勞以定國，功以施人。言從配祀，近取諸身。

皇帝初獻赤帝，奏《雲門舞》：

招摇指午，對南宫。日月相會，實沈中。離光布政，動温風。純陽之月，樂炎精。赤雀丹書，飛送迎。朱紘絳鼓，罄虔誠。萬物含養，各長生。

皇帝獻配帝，奏舞：

以炎爲政，以火爲官。位司南陸，享配離壇。三和實俎，百味浮蘭。神其茂豫，天步艱難。

皇帝初獻黄帝，奏《雲門舞》：

三光儀表正，四氣風雲同。戊己行初曆，黄鍾始變宫。平琮禮内鎮，陰管奏司中。齋壇芝曄曄，清野桂馮馮。夕牢芬六鼎，安歌韻八風。神光乃超忽，佳氣恒葱葱。

皇帝初獻配帝，奏舞：[1]

[1]奏舞：底本原脱“奏”字，據文意補。

四時咸一德，五氣或同論。猶吹鳳凰管，尚對梧桐園。器圜居土厚，位總配神尊。始知今奏樂，還用我《雲門》。

皇帝初獻白帝，奏《雲門舞》：

肅靈兑景，承配秋壇。雲高火落，露白蟬寒。帝律登年，金精行令。瑞獸霜輝，祥禽雪映。司藏肅殺，萬保咸宜。厥田上上，收功在斯。

皇帝初獻配帝，奏舞：

金行秋令，白帝朱宣。司正五雉，歌庸九川。執文之德，對越彼天。介以福祉，君子萬年。

皇帝初獻黑帝，奏《雲門舞》：

北辰爲政玄壇，北陸之祀員官。宿設玄圭浴蘭，坎德陰風御寒。次律將迴窮紀，微陽欲動細泉。管猶調於陰竹，聲未入於春弦。待歸餘於送曆，方履慶於斯年。

皇帝初獻配帝，奏舞：

地始坼，虹始藏。服玄玉，居玄堂。沐蕙氣，浴蘭湯。匏器潔，水泉香。陟配彼，福無疆。君欣欣，此樂康。

宗廟歌辭

皇帝入廟門，奏《皇夏》：

肅肅清廟，巖巖寢門。欹器防滿，金人戒言。應𨻶懸鼓，崇牙樹羽。階變升歌，庭紛象舞。閑安象設，緝熙清奠。春鮪初登，新萍先薦。僾然入室，儼乎其位。悽愴履之，非寒之謂。

降神奏《昭夏》：

永惟祖武，潛慶靈長。龍圖革命，鳳曆歸昌。功移上墋，德耀中陽。清廟肅肅，猛虡煌煌。曲高大夏，聲和盛唐。牲牷蕩滌，蕭合馨香。和鑾戾止，振鷺來翔。永敷萬國，是則四方。

俎入，皇帝升階，奏《皇夏》：

年祥辯日，上協龜言。奏酎承列，來庭駿奔。彫禾飾斝，翠羽承樽。敬殫如此，恭惟執燔。

皇帝獻皇高祖，奏《皇夏》。

慶緒千重秀，鴻源萬里長。無時猶戢翼，有道故韜光。盛德必有後，仁義終克昌。明星初肇慶，大電久呈祥。

皇帝獻皇曾祖德皇帝，奏《皇夏》：

克昌光上烈，基聖穆西藩。崇仁高涉渭，積德被居原。帝圖張往迹，王業茂前尊。重芬德陽廟，疊慶壽陵園。百靈光祖武，千年福孝孫。

皇帝獻皇祖太祖文皇帝，奏《皇夏》：

雄圖屬天造，宏略遇群飛。風雲猶聽命，龍躍遂乘機。百二當天險，三分拒樂推。函谷風塵散，河陽氛霧晞。濟弱淪風起，扶危頹運歸。地紐崩還正，天樞落更追。原祠乍超忽，畢隴或綿微。終封三尺劍，長卷一戎衣。

皇帝獻文宣皇太后，奏《皇夏》：

月靈興慶，沙祥發源。功參禹迹，德贊堯門。言容典禮，褕狄徽章。儀形溫德，令問昭陽。日月不居，歲時晼晚。瑞雲纏心，閟宮惟遠。

皇帝獻閔皇帝，奏《皇夏》：

龍圖基代德，天步屬艱難。謳歌還受瑞，揖讓乃登壇。升輿芒刺重，入位據關寒。卷舒雲汎濫，游揚日浸微。出鄭終無反，居桐竟不歸。祀夏今惟舊，尊靈謚更追。

皇帝獻明皇帝，奏《皇夏》：

若水逢降君，窮桑屬惟政。丕哉馭帝籙，鬱矣當天命。方定五雲官，先齊八風令。文昌氣似珠，太史河如鏡。南宫學已開，東觀書還聚。文辭金石韻，毫翰風飆竪。清室桂馮馮，齋房芝詡詡。寧思玉管笛，空見靈衣舞。

皇帝獻高祖武皇帝，奏《皇夏》：

南河吐雲氣，北斗降星神。百靈咸仰德，千年一聖人。書成紫微動，律定鳳凰馴。六軍命西土，甲子陳東隣。戎衣此一定，萬里更無塵。煙雲同五色，日月並重輪。流沙既西静，盤木又東臣。凱樂聞朱雁，鐃歌見白麟。今爲六代祀，還得九疑賓。

皇帝還東壁，飲福酒，奏《皇夏》：

禮殫裸獻，樂極休成。長離前掞，宗祀文明。縮酌浮蘭，澄罍合鬯。磬折禮容，旋回靈貺。受釐徹俎，飲福移樽。惟光惟烈，文子文孫。

皇帝還便坐，奏《皇夏》：

庭闋四始，筵終三薦。顧步階墀，徘徊餘奠。六龍矯首，七萃警途。鼓移行漏，風轉相烏。翼翼從事，綿綿四時。惟神降嘏，永言保之。

太祖輔魏之時，高昌款附，乃得其伎，教習以備饗宴之禮。及天和六年，武帝罷掖庭四夷樂。其後帝娉皇后於北狄，得其所獲康國、龜兹等樂，更雜以高昌之舊，並於大司樂習焉。採用其聲，被於鍾石，取《周官》制以陳之。

明帝武成二年正月朔旦，會群臣於紫極殿，始用百戲。武帝保定元年，詔罷之。及宣帝即位，而廣召雜伎，增修百戲。魚龍漫衍之伎，常陳殿前，累日繼夜，不知休息。好令城市少年有容貌者，婦人服而歌舞相隨，引入後庭，與宫人觀聽。戲樂過度，游幸無節焉。

武帝以梁鼓吹熊羆十二案，[1]每元正大會，列於懸間，與正樂合奏。宣帝時，革前代鼓吹，制爲十五曲。第一，改漢《朱鷺》爲《玄精季》，言魏道陵遲，太祖肇開王業也。第二，改漢《思悲翁》爲《征隴西》，言太祖起兵，誅侯莫陳悦，掃清隴右也。第三，改漢《艾如張》爲《迎魏帝》，言武帝西幸，太祖奉迎，宅關中也。第四，改漢《上之回》爲《平竇泰》，言太祖擁兵討泰，悉禽斬也。第五，改漢《擁離》爲《復恒農》，言太祖攻復陝城，關東震肅也。第六，改漢《戰城南》爲《克沙苑》，言太祖俘斬齊十萬衆於沙苑，神武脱身至河，單舟走免也。第七，改漢《巫山高》爲《戰河陰》，言太祖破神武於河上，斬其將高敖曹、莫多婁貸文也。第八，改漢《上陵》爲《平漢東》，言太祖命將平隨郡安陸，俘馘萬計也。第九，改漢《將進酒》爲《取巴蜀》，言太祖遣軍平定蜀地也。第十，改漢《有所思》爲《拔江陵》，言太祖命將禽蕭繹，平南土也。第十一，改漢《芳樹》爲《受魏禪》，言閔帝受終於魏，君臨萬國也。第十二，改漢《上邪》爲《宣重光》，言明帝入承大統，載隆皇道也。第十三，改漢《君馬黄》爲《哲皇出》，言高祖以聖德繼天，天下向風也。第十四，改漢《稚子班》爲《平東夏》，言高祖親率六師破齊，禽齊主於青州，一舉而定山東也。第十五，改古《聖人出》爲《禽明徹》，言陳將吴明徹，侵軼徐部，高祖遣將，盡俘其衆也。宣帝晨出夜還，恒陳鼓吹。嘗幸同州，自應門至赤岸，數十里間，鼓樂俱作。祈雨仲山還，令京城士女，於衢巷奏樂以迎之。公私頓弊，以至於亡。

[1]鼓吹熊羆十二案：起源於南朝宫廷的鼓吹樂。《樂府詩集》有："梁又有鼓吹熊羆十二案，其樂器有龍頭大棡鼓、中鼓、獨揭小鼓，亦隨品秩給賜焉。周武帝每元正大會，以梁案架列於懸間，與正樂合奏。隋又於案下設熊羆貙豹，騰倚承之，以象百獸之舞。唐因之。"鼓吹熊羆十二案應是摹仿動物的樂舞，用鼓吹樂作伴奏。至宋代尚有此遺風。

高祖既受命，定令，宫懸四面各二虡，通十二鎛鍾，爲二十虡。虡各一人。建鼓四人，柷敔各一人。歌、琴、瑟、簫、筑、箏、搊箏、臥箜篌、小琵琶，四面各十人，在編磬下。笙、竽、長笛、横笛、簫、篳篥、篪、壎，四面各八人，在編鍾下。舞各八佾。宫懸簨虡，金五博山，飾以旒蘇樹羽。其樂器應漆者，天地之神皆朱，宗廟加五色漆畫。天神懸内加雷鼓，地祇加靈鼓，宗廟加路鼓。登歌，鍾一虡，磬一虡，各一人；歌四人，兼琴瑟；簫、笙、竽、横笛、篪、壎各一人。其漆畫及博山旒蘇樹羽，與宫懸同。登歌人介幘、朱連裳、烏皮履。宫懸及下管人，平巾幘，朱連裳。凱樂人，武弁，朱褠衣，履韈。文舞，[1]進賢冠，絳紗連裳，帛内單，皁領袖襈，烏皮鞮，左執籥，右執翟。二人執纛，引前，在舞人數外，衣冠同舞人。武弁，朱褠衣，烏皮履。三十二人，執戈，龍楯。三十二人執戚，龜。二人執旍，居前。二人執鼗，二人執鐸，二人執鐃，二人執錞。四人執弓矢，四人執殳，四人執戟，四人執矛。自旍已下夾引，並在舞人數外，衣冠同舞人。

［1］文舞：“舞”底本作“隣”。中華本校勘記云：“據《册府》五六八改。”今從改。

皇帝宫懸及登歌，與前同。應漆者皆五色漆畫。懸内不設鼓。

皇太子軒懸，去南面，設三鎛鍾於辰丑申。三建鼓亦如之。其登歌，去兼歌者，減二人。其簨虡金三博山。樂器漆者，皆朱漆之。其餘與宫懸同。

大鼓、小鼓、大駕鼓吹，並朱漆畫。大鼓加金鐲，凱樂及節鼓，飾以羽葆。其長鳴、中鳴、横吹，皆五采衣幡，緋掌，畫交龍，五采脚。大角幡亦如之。大鼓、長鳴工人，皁地苣文；金鉦、棡鼓、小鼓、中鳴、吴横吹工人，青地苣文；凱樂工人，武弁，朱褠衣；横吹，緋地苣文。並爲帽、袴褶。大角工人，平巾幘、緋衫，白布大口袴。内宫鼓樂服色，皆准此。

皇太子，鐃及節鼓，朱漆畫，飾以羽葆。餘鼓吹並朱漆。大鼓、小鼓無金鐲。長鳴、中鳴、横吹，五采衣幡、緋掌，畫蹲獸，五采脚。大角幡亦如之。大鼓、長鳴、横吹工人，紫帽，緋袴褶。金鉦，棡鼓、小鼓、中鳴工人，青帽，青袴褶。鐃吹工人，武弁，朱褠衣。大角工人，平巾幘，緋衫，白布大口袴。

正一品，鐃及節鼓，朱漆畫，飾以羽葆。餘鼓吹並朱漆。長鳴、中鳴、横吹，五采衣幡，緋掌，畫蹲獸，五采脚。大角幡亦如之。大鼓、長鳴、横吹工人，紫帽，赤布袴褶。金鉦、棡鼓、小鼓、中鳴工人，青帽，青布袴褶。鐃吹工人，武弁，朱褠衣。大角工人，平巾幘，緋衫，白布大口袴。三品以上，朱漆鐃，飾以五采。騶、哄工人，武弁，朱褠衣。餘同正一品。四品，鐃及工人衣服同三品。餘鼓皆緑沈。金鉦、棡鼓、大鼓工人，青帽，青布袴褶。

開皇二年，齊黄門侍郎顔之推上言：[1]“禮崩樂壞，其來自久。今太常雅樂，並用胡聲，請馮梁國舊事，考尋古典。”高祖不從，曰：“梁樂亡國之音，奈何遣我用邪？”是時尚因周樂，命工人齊樹提檢校樂府，[2]改换聲律，益不能通。俄而柱國、沛公鄭譯奏上，[3]請更修正。於是詔太常卿牛弘、國子祭酒辛彦之、國子博士何妥等議正樂。[4]然淪謬既久，音律多乖，積年議不定。高祖大怒曰：“我受天命七年，樂府猶歌前代功德邪？”命治書侍御史李諤，[5]引弘等下，將罪之。諤奏：“武王克殷，至周公相成王，始制禮樂。斯事體大，不可速成。”高祖意稍解。

[1]顔之推：人名。字介，北朝人。傳見《北齊書》卷四五、《北史》卷八三。

[2]齊樹提：人名。具體事迹不詳。

[3]鄭譯：人名。傳見本書卷三八。

[4]牛弘：人名。傳見本書卷四九。　辛彦之：人名。傳見本

書卷七五。　何妥：人名。傳見本書卷七五。

［5］李諤：人名。傳見本書卷六六。

又詔求知音之士，集尚書，參定音樂。譯云："考尋樂府鍾石律吕，皆有宫、商、角、徵、羽、變宫、變徵之名。七聲之内，三聲乖應，每恒求訪，終莫能通。[1]先是周武帝時，有龜兹人曰蘇祇婆，從突厥皇后入國，善胡琵琶。[2]聽其所奏，一均之中間有七聲。因而問之，答云：'父在西域，稱爲知音。代相傳習，調有七種。'以其七調，勘校七聲，冥若合符。一曰'娑陁力'，華言平聲，即宫聲也。二曰'雞識'，華言長聲，即商聲也。[3]三曰'沙識'，華言質直聲，即角聲也。四曰'沙侯加濫'，華言應聲，即變徵聲也。五曰'沙臘'，華言應和聲，即徵聲也。六曰'般贍'，華言五聲，即羽聲也。七曰'俟利箑'，華言斛牛聲，即變宫聲也。"譯因習而彈之，始得七聲之正。然其就此七調，又有五旦之名，旦作七調。以華言譯之，旦者則謂"均"也。[4]其聲亦應黄鍾、太簇、林鍾、南吕、姑洗五均，已外七律，更無調聲。譯遂因其所捻琵琶，絃柱相飲爲均，[5]推演其聲，更立七均。合成十二，以應十二律。律有七音，音立一調，故成七調十二律，合八十四調，[6]旋轉相交，盡皆和合。仍以其聲考校太樂所奏，[7]林鍾之宫，應用林鍾爲宫，乃用黄鍾爲宫；應用南吕爲商，乃用太簇爲商；應用應鍾爲角，乃取姑洗爲角。故林鍾一宫七聲，三聲並戾。其十一宫七十七音，例皆乖越，莫有通者。又以編懸有八，因作八音之樂。七音之外，更立一聲，謂之應聲。[8]譯因作書二十餘篇，以明其指。至是譯以其書宣示朝廷，并立議正之。時邳國公世子蘇夔，[9]亦稱明樂，駁譯曰："《韓詩外傳》所載樂聲感人，及《月令》所載五音所中，並皆有五，不言變宫、變徵。又《春秋左氏》所云：'七音六律，以奉五聲。'准此而言，每宫應立五調，不聞更加變宫、變徵二調爲七調。七調之作，所出未詳。"譯答之曰："周有七音之律，《漢書·律曆志》，天地人及四時，謂之七始。黄鍾爲天始，林鍾爲地始，太簇爲人始，是爲三始。姑洗爲春，蕤賓爲夏，南吕爲秋，應鍾爲冬，是爲四時。四時三始，是以爲七。今若不以二變爲調曲，則是冬夏聲闕，四時不備。是故每宫須立七調。"衆從譯議。

[1]七聲之内，三聲乖應：繆天瑞所著《律學》認爲："從律制看來，《隋書·音樂志》的引文中有'三聲乖應'一語，似指蘇祇婆七調中'沙侯加濫'和'俟利箑'，分别與中國的變徵和變宫在高度上根本不同，而與阿拉伯音階中的中立三度和中立六度有類似之處。"中立三度和中立六度係古代阿拉伯人將主音的大小三度音刪去而代之以介於二者中間音高的音，稱作"中立三度"，"中立六度"亦如法炮製。其原因係龜兹音階與中國音階所依據的音律有别，或由不同的聽覺愛好習慣所致。乖應，即背離，不可對應，不能與龜兹七聲音階相對應。

[2]胡琵琶：唐代之前，琵琶有兩種：一爲秦漢以來在鞉鼓的基礎上製作的弦樂器，竪抱以手彈奏，稱弦鞉或秦漢子，又作秦琵琶，即今阮的前身；另一種琵琶爲南北朝時由西域傳來，半梨形音箱，曲項，四弦或五弦，横置胸前以撥或手彈奏，胡琵琶即此。

［3］商：底本作“南吕”。中華本校勘記云：“據《宋史·律曆志》四改。古樂律‘七聲’中，‘宫’與‘角’之間爲‘商’聲。原文‘南吕’當是‘商’字之訛。參看凌廷堪《燕樂考原》。”今從改。

［4］旦者則謂“均”也：旦，表示調高的術語，首見於本志龜兹樂人蘇祇婆之調式理論的叙述。均，表示音高的分組。二者亦有差别。但所述之“然其就此七調，又有五旦之名，旦作七調。以華言譯之，旦者則謂‘均’也。其聲亦應黄鐘、太簇、林鐘、南吕、姑洗五均”。據此，旦與均意同。五旦即五種調高，在此調高的基礎上，每旦可建立七種不同的調式，共三十五個不同調式。

［5］柱：琵琶上的音柱用以區分音高。　相飲爲均：即彈撥琵琶而推衍出多種宫調及調式。飲，《集韻》曰“度聲曰飲”，度聲猶言揣度聲調，《文選》王褒《洞簫賦》有：“徐聽其曲度兮，廉察其賦歌。”

［6］八十四調：鄭譯在龜兹之五旦（均）七調的宫調理論啓示下，根據中國音樂的實際，推衍出十二均七種調式的八十四調之宫調理論。同時代的另一位音樂家萬寶常也有八十四調宫調理論之説，但他們的演繹方法不盡相同。八十四調之宫調説豐富了作曲理論，不過，當樂器簡單、平均律未形成之時，不能完全實現。

［7］太樂：即太常樂，太常寺下屬的管理音樂機構。太常樂與龜兹樂之調名相當，但調高有别，故産生音階高度的差别，如：“林鍾之宫，應用林鍾爲宫，乃用黄鍾爲宫。”林鍾較黄鍾相差五度，餘可類推。

［8］“編懸有八”至“謂之應聲”：編懸，或作樂懸，其原意爲鍾磬之類懸挂於簨簴謂之樂懸，又謂樂隊按等級的編制排列。《周禮·春官·小胥》有：“正樂縣之位：王宫縣，諸侯軒縣，卿大夫判縣，士特縣。”鄭注：“宫縣，四面縣，軒縣，去其一面，判縣，又去一面，特縣，又去其一面。”八音，原謂樂器的八種分類。前二者皆爲比喻，其本意謂“七音之外，更立一聲，謂之應聲”。

“應聲”一詞唯見於此，“應聲”即七聲音階之外的第八音。“應聲”在七聲音階音列中加於何處，據本志卷下大業中煬帝詔修高廟樂一章有“議修一百四曲，其五曲在宫調，黄鍾也；一曲應調大吕也；十五曲商調，太簇也”推測，“應調大吕”之應調即應聲，大吕一律在黄鍾太簇間，故“應”在宫商間，其音階排列爲：宫、應、商、角、變徵、徵、羽、變宫，八聲音階。應聲的出現不僅可多一調式，也爲某些轉調帶來方便。儘管先秦已有“旋相爲宫”的轉調或轉换調式的理論，然而，當平均律出現之前，自由轉調會有諸多困難或不可能。“應聲”的出現是古代音階理論的新學説，對其解釋頗多微詞，考證詳盡者有：日本人林謙三之《隋唐燕樂調研究》（郭沫若譯）、吴南薰之《律學會通》、丘瓊蓀之《燕樂探微》可參考。

［9］蘇夔：人名。本書卷四一有附傳。

譯又與夔俱云：“案今樂府黄鍾，乃以林鍾爲調首，[1]失君臣之義，清樂黄鍾宫，[2]以小吕爲變徵，乖相生之道。今請雅樂黄鍾宫，以黄鍾爲調首，清樂去小吕，還用蕤賓爲變徵。”衆皆從之。

［1］林鍾爲調首：指樂府黄鍾十二調：林鍾（宫）、夷則、南吕（商）、無射、應鍾（角）、黄鍾、大吕（變徵）、太簇（徵）、夾鍾、姑洗（羽）、仲吕、蕤賓，以林鍾作爲首調。

［2］清樂：即清商樂。

夔又與譯議，欲累黍立分，正定律吕。時以音律久不通，譯、夔等一朝能爲之，以爲樂聲可定。而何妥舊以學聞，雅爲高祖所信。高祖素不悦學，不知樂，妥又恥己宿儒，不逮譯等，欲沮壞其事。乃立議非十二律旋相爲宮，曰："經文雖道旋相爲宮，恐是直言其理，亦不通隨月用調，是以古來不取。若依鄭玄及司馬彪，須用六十律，[1]方得和韻。今譯唯取黄鍾之正宮，兼得七始之妙義。非止金石諧韻，亦乃簨虡不繁，可以享百神，可以合萬舞矣。"而又非其七調之義，曰："近代書記所載，縵樂鼓琴吹笛之人，多云'三調'。[2]三調之聲，其來久矣。請存三調而已。"時牛弘總知樂事，弘不能精知音律。又有識音人萬寶常，[3]修洛陽舊曲，言幼學音律，師於祖孝徵，知其上代修調古樂。周之壁翣，殷之崇牙，懸八用七，盡依周禮備矣。[4]所謂正聲，又近前漢之樂，不可廢也。是時競爲異議，各立朋黨，是非之理，紛然淆亂。或欲令各修造，待成，擇其善者而從之。妥恐樂成，善惡易見，乃請高祖張樂試之。遂先説曰："黄鍾者，以象人君之德。"及奏黄鍾之調，高祖曰："滔滔和雅，甚與我心會。"妥因陳用黄鍾一宮，不假餘律，高祖大悦，班賜妥等修樂者。自是譯等議寢。

[1]六十律：漢代京房提出的一種律制。按三分損益法，仲吕不能復生黄鍾，因而從仲吕繼續相生，計算至六十律，仲吕以後皆創新律名。由於三分損益法相生的十二律是不平均的律，故轉調困難。京房試圖尋求一些新律，即在二律之間計算出幾個有些微音差的新律，用以解決轉調問題，但僅是一種理論，未能付諸實踐，因爲自由轉調衹有在平均律出現後方可實現。六十律僅爲一種先期的理論探索而已。

[2]三調：漢代相和歌與六朝清商樂中三種主要調式，即清調、

平調、瑟調。三調的音階排列，《魏書・樂志》説："瑟調以宫爲主，清調以商爲主，平調以角爲主。"

［3］萬寶常：人名。傳見本書卷七八、《北史》卷九〇。

［4］周之璧翣，殷之崇牙：璧翣、崇牙皆爲簨簴上之飾件，横爲簨，竪爲簴。"周之璧翣"，《禮記・明堂位》有："簨簴所以懸鐘磬……畫繒爲翣，戴以璧，垂五采羽於其下，樹於簨之角上，飾瀰多也。"璧翣，即今以羽和璧所作之流蘇。"殷之崇牙"，《禮記・明堂位》《正義》："殷之崇牙者，謂於簨之上刻畫木爲崇牙之形，以挂鐘磬。"崇牙，即簨上高起之齒形物，用作懸挂鍾磬。

今注本二十四史

隋書

四

志〔三〕

唐 魏徵等 撰

馬俊民 張玉興 主持校注

中国社会科学出版社

隋書　卷一五

志第十

音樂下

開皇九年平陳，獲宋、齊舊樂，詔於太常置清商署，[1]以管之。求陳太樂令蔡子元、于普明等，復居其職。由是牛弘奏曰：

臣聞周有六代之樂，至《韶》《武》而已。秦始皇改周舞曰《五行》，漢高帝改《韶舞》曰《文始》，以示不相襲也。又造《武德》，自表其功，故高帝廟奏《武德》《文始》《五行》之舞。又作《昭容》《禮容》，增演其意。《昭容》生於《武德》，蓋猶古之《韶》也。《禮容》生於《文始》，矯秦之《五行》也。文帝又作《四時》之舞，故孝景帝立，追述先功，采《武德舞》作《昭德舞》，被之管弦，薦於太宗之廟。孝宣采《昭德舞》爲《盛德舞》，更造新歌，薦於武帝之廟。據此而言，遞相因襲，縱有改作，並宗於《韶》。至明帝時，東平獻王采《文德舞》爲《大武》之舞，薦于光武之廟。

[1]清商署：管理清商樂的官署，隸屬太常之下。太常爲掌管禮樂的最高機構，秦時置奉常，漢景帝六年（前151）改名太常，漢以來稱太常寺。最高官職爲太常卿。清商署始於曹操的銅雀臺，置清商令。

漢末大亂，樂章淪缺，魏武平荆州，獲杜夔，以爲軍謀祭酒，使創雅樂。時散騎侍郎鄧静善詠雅歌，樂師尹胡能習宗祀之曲，舞師馮肅曉知先代諸舞。[1]總練研精，復於古樂，自夔始也。文帝黄初，改《昭容》之樂爲《昭業樂》，《武德》之舞爲《武頌舞》，《文始》之舞爲《大韶舞》，《五行》之舞爲《大武舞》。明帝初，公卿奏上太祖武皇帝樂曰《武始》之舞，高祖文帝樂曰《咸熙》之舞。又製樂舞，名曰《章斌》之舞，有事於天地宗廟，及臨朝大饗，並用之。

[1]鄧静：人名。史無傳，具體事迹不詳。　尹胡：人名。史無傳，具體事迹不詳。　馮肅曉：人名。史無傳，具體事迹不詳。

晋武帝泰始二年，遣傅玄等造行禮及上壽食舉歌詩。[1]張華表曰：[2]"按漢、魏所用，雖詩章辭異，興廢隨時，至其韻逗曲折，並繫於舊，一皆因襲，不敢有所改也。"九年，荀勗典樂，[3]使郭夏、宋識造《正德》《大豫》之舞。[4]改魏《昭武舞》曰《宣武舞》，羽籥舞曰《宣文舞》。江左之初，典章堙紊，賀循爲太常卿，始有登歌之樂。大寧末，阮孚等又增益之。[5] 咸和間，鳩集遺逸，鄴没胡後，樂人頗復南度，東晋因之，以具鍾律。太元間，破苻永固，又獲樂工楊蜀等，[6] 閑練舊樂，於是金石。始備尋其設懸音調，並與江左是同。

［1］傅玄：人名。字休奕，晋人。善文，解音律。傳見《晋書》卷四七。

［2］張華：人名。字茂生，范陽（今河北固安縣）人。西晋文學家。傳見《晋書》卷三六。

［3］荀勗：人名。字公曾，晋潁川（今河南許昌市）人。律學家、目録學家。傳見《晋書》卷三九。

［4］宋識：人名。史無傳。

［5］阮孚：人名。字遥集，晋人。元帝朝爲黄門常侍。《晋書》卷四九有附傳。

［6］楊蜀：人名。史無傳。

慕容垂破慕容永於長子，盡獲苻氏舊樂。垂息爲魏所敗，其鍾律令李佛等，將太樂細伎，奔慕容德於鄴。德遷都廣固，子超嗣立，其母先没姚興，超以太樂伎一百二十人詣興贖母。

及宋武帝入關，悉收南度。永初元年，改《正德舞》曰《前舞》，《大武舞》曰《後舞》。文帝元嘉九年，太樂令鍾宗之，更調金石。[1] 至十四年，典書令奚縱，[2] 復改定之。又有《凱容》《宣業》之舞，齊代因而用之。蕭子顯《齊書·志》曰：[3] “宋孝建初，朝議以《凱容舞》爲《韶舞》，《宣業舞》爲《武德舞》。據《韶》爲言，《宣業》即是古之《大武》，非《武德》也。”故《志》有《前舞》《凱容》歌辭，《後舞》《凱容》歌辭者矣。至于梁初，猶用《凱容》《宣業》之舞，後改爲《大壯》《大觀》焉。今人猶喚《大觀》爲《前舞》，故知樂名雖隨代而改，聲韻曲折，理應常同。

[1]鍾宗之：人名。史無傳，《宋書·樂志》所記與此同。

[2]奚縱：人名。史無傳，《宋書·樂志》所記與此同。

[3]蕭子顯：字景陽，南朝梁南蘭陵郡（今江蘇常州市西北）人，南齊高帝蕭道成之孫。傳見《梁書》卷三五。

前克荆州，得梁家雅曲，今平蔣州，又得陳氏正樂。史傳相承，以爲合古。且觀其曲體，用聲有次，請修緝之，以備雅樂。其後魏洛陽之曲，據魏史云“太武平赫連昌所得”，更無明證。後周所用者，皆是新造，雜有邊裔之聲。戎音亂華，皆不可用。請悉停之。

制曰：“制禮作樂，聖人之事也，功成化洽，方可議之。今宇内初平，正化未洽。遽有變革，我則未暇。”晋王廣又表請，帝乃許之。

牛弘遂因鄭譯之舊，又請依古五聲六律，旋相爲宫。[1]雅樂每宫但一調，唯迎氣奏五調，謂之五音。縵樂用七調，[2]祭祀施用。各依聲律尊卑爲次。高祖猶憶妥言，注弘奏下，不許作旋宫之樂，但作黄鍾一宫而已。於是牛弘及秘書丞姚察、通直散騎常侍許善心、儀同三司劉臻、通直郎虞世基等，[3]更共詳議曰：

後周之時，以四聲降神，雖采《周禮》，而年代深遠，其法久絶，不可依用。謹案《司樂》：[4]“凡樂，圜鍾爲宫，黄鍾爲角，太簇爲徵，姑洗爲羽，舞《雲門》以祭天。函鍾爲宫，太簇爲角，姑洗爲徵，南吕爲羽，舞《咸池》以祭地。黄鍾爲宫，大吕爲角，太簇爲徵，圜鍾爲羽，舞韶以祀宗廟。”馬融曰：“圜鍾，應鍾也。”賈逵、鄭玄曰：“圜鍾，夾鍾也。”鄭玄又云：“此樂無商聲，祭尚柔剛，故不用也。”干寶云：[5]“不言商，商爲臣。王者自謂，故置其實而去其名，若曰，有天地人物，無德以主之，謙以自牧也。”先儒解釋，既莫知適從。然此四聲，非直無商，又律管乖次，以其爲樂，無克諧之理。今古事異，不可得而行也。

[1]五聲六律，旋相爲宫：此種理論早見於《禮記·禮運》：“五聲六律十二管旋相爲宫。”五聲，音階名，宫、商、角、徵、羽。六律，即六律、六吕之簡。旋相爲宫，是在十二律的每一律上皆可建立不同音高的音階或調式。即今之轉調或變换調式。宫，有兩重意義，一爲音階名，一作調高解，或稱宫調。

[2]縵樂：指不作爲祭祀的音樂，古稱爲雜樂。《周禮·春官·磬師》有：“教縵樂、燕樂之鐘磬。”《鄭注》：“謂雜聲之和樂者也。”

[3]姚察：人名。字伯審。傳見《陳書》卷二七、《南史》卷六九。　許善心：人名。傳見本書卷五八。　劉臻：人名。傳見本書卷七六、《北史》卷八三。生平亦可見《劉大臻墓誌》（見劉文《陝西新見隋朝墓誌》一四，三秦出版社 2018 年版）。　虞世基：人名。傳見本書卷六七。

[4]《司樂》：此段録自《周禮·春官·大司樂》並鄭玄注。

[5]干寶：人名。字令升，晋新蔡（今河南新蔡縣）人。曾以

著作郎領修國史，著《晋紀》。又輯古今神祇靈異、民間傳説爲《搜神記》。傳見《晋書》卷八二。

按《東觀書·馬防傳》，[1]太子丞鮑鄴等上作樂事，[2]下防。防奏言："建初二年七月鄴上言，天子食飲，必順于四時五味，而有食舉之樂。所以順天地，養神明，求福應也。今官雅樂獨有黄鍾，而食舉樂但有太簇，皆不應月律，恐傷氣類。可作十二月均，各應其月氣。公卿朝會，得聞月律，乃能感天，和氣宜應。詔下太常評焉。太常上言，作樂器直錢百四十六萬，奏寢。今明詔復下，臣防以爲可須上天之明時，因歲首之嘉月，發太簇之律，奏雅頌之音，以迎和氣。"其條貫甚具，遂獨施行。起於十月，爲迎氣之樂矣。又《順帝紀》云："陽嘉二年冬十月庚午，以春秋爲辟雍，隸太學，隨月律。十月作應鍾，三月作姑洗。元和以來，音戾不調，修復黄鍾，作樂器，如舊典。"據此而言，漢樂宫懸有黄鍾均，食舉太簇均，止有二均，不旋相爲宫，亦以明矣。計從元和至陽嘉二年，纔五十歲，用而復止。驗黄帝聽鳳以制律吕，[3]《尚書》曰"予欲聞六律五聲"，《周禮》有"分樂而祭"。此聖人制作，以合天地陰陽之和，自然之理，乃云音戾不調，斯言誣之甚也。

[1]馬防：人名。東漢人。《後漢書》卷二四有附傳。

[2]鮑鄴：人名。史無傳。

[3]黄帝聽鳳以制律吕：《吕氏春秋·古樂篇》有："昔黄帝令

伶倫作爲律。伶倫自大夏之西，乃至阮隃之陰，取竹嶰谿之谷，以生空竅厚鈞者，斷兩節間，其長三寸九分，而吹之，以爲黄鐘之宫，吹曰舍少。次制十二筒，以之阮隃之下，聽鳳凰之鳴，以别十二律。其雄鳴爲六，雌鳴亦六，以比黄鐘之宫適合。黄鐘之宫皆可以生之，故曰：‘黄鐘之宫，律吕之本。’”

今梁、陳雅曲，並用宫聲。按《禮》：“五聲十二律，還相爲宫。”盧植云：[1]“十二月三管流轉用事，當用事者爲宫。宫，君也。”鄭玄曰：“五聲宫、商、角、徵、羽。其陽管爲律，陰管爲吕。布十二辰，更相爲宫，始自黄鍾，終於南吕，凡六十也。”皇侃疏：“還相爲宫者，十一月以黄鍾爲宫，十二月以大吕爲宫，正月以太簇爲宫。餘月放此。凡十二管，各備五聲，合六十聲。五聲成一調，故十二調。”此即釋鄭義之明文，無用商、角、徵、羽爲别調之法矣。《樂稽耀嘉》曰：[2]“東方春，其聲角，樂當宫於夾鍾。餘方各以其中律爲宫。”若有商、角之理，不得云宫於夾鍾也。又云：“五音非宫不調，五味非甘不和。”又《動聲儀》：“宫唱而商和，是謂善本，太平之樂也。”《周禮》：“奏黄鍾，歌大吕，以祀天神。”鄭玄“以黄鍾之鍾，大吕之聲爲均”。均，調也。故崔靈恩云：[3]“六樂十二調，亦不獨論商、角、徵、羽也。”又云：“凡六樂者，皆文之以五聲，播之以八音。”故知每曲皆須五聲八音錯綜而能成也。《禦寇子》云：“師文鼓琴，命宫而總四聲，則慶雲浮，景風翔。”唯《韓詩》云：“聞其宫聲，使人温厚而寬大。聞其商聲，使人方廉而好義。”及古有清角、清徵之流。此則當聲爲曲。今以五引爲五聲，迎氣所用者是也。餘曲悉用宮聲，不勞商、角、徵、羽。何以得知？荀勗論三調爲均首者，得正聲之名，明知雅樂悉在宮調。已外徵、羽、角，自爲謡俗之音耳。且西涼、龜兹雜伎等，曲數既多，故得隸於衆調，調集各别曲，至如雅樂少，須以宫爲本，歷十二均而作，不可分配餘調，更成雜亂也。

其奏大抵如此。帝並從之。故隋代雅樂，唯奏黄鍾一宫，郊廟饗用一調，迎氣用五調。舊工更盡，其餘聲律，皆不復通。或有能爲蕤賓之宫者，享祀之際肆之，竟無覺者。

[1]盧植：人名。字子幹，東漢涿（今北京市房山區南）人。傳見《後漢書》卷六四。

[2]《樂稽耀嘉》：樂緯之一種。書已佚，《古微書》有輯本，中有樂緯三種。

[3]崔靈恩：人名。南朝梁清河東武城（今河北清河縣東北）人。傳見《梁書》卷四八、《南史》卷七一。

弘又修皇后房内之樂，據毛萇、侯苞、孫毓故事，[1]皆有鍾聲，而王肅之意，乃言不可。又陳統云：[2]"婦人無外事，而陰教尚柔，柔以静爲體，不宜用於鍾。"弘等採肅、統以爲取正焉。高祖龍潛時，[3]頗好音樂，常倚琵琶，作歌二首，名曰《地厚》《天高》，託言夫妻之義。因即取之爲房内曲。命婦人并登歌上壽並用之。職在宫内，女人教習之。

［1］毛萇：人名。漢趙人，世稱小毛公。傳見《漢書》卷八八。　侯苞：人名。史無傳。　孫毓：人名。見下陳統注。

［2］陳統：人名。字元方，官徐州從事。修詩與孫毓、王肅相難。事見《經典釋文》序録。

［3］龍潛：帝王未即位時稱龍潛。

初後周故事，懸鍾磬法，七正七倍，合爲十四。蓋準變宫、變徵，凡爲七聲，有正有倍，而爲十四也。長孫紹遠引《國語》泠州鳩云“武王伐殷，歲在鶉火。”[1]自鶉及駟，七位故也。既以七同其數，而以律和其聲，於是有七律。又引《尚書大傳》“謂之七始”，其注云：“謂黄鍾、林鍾、太簇、南吕、姑洗、應鍾、蕤賓也。”歌聲不應此者，皆去之。然據一均言也。宫、商、角、徵、羽爲正，變宫、變徵爲和，加倍而有十四焉。又梁武帝加以濁倍，三七二十一而同爲架，雖取繁會，聲不合古。又後魏時，公孫崇設鍾磬正倍，[2]參懸之。弘等並以爲非，而據《周官·小胥職》“懸鍾磬，半之爲堵，全之爲肆”。鄭玄曰：“鍾磬編懸之，二八十六而在一虡。鍾一堵，磬一堵，謂之肆。”又引《樂緯》“宫爲君，商爲臣，君臣皆尊，各置一副，故加十四而懸十六”。又據漢成帝時，犍爲水濱，[3]得石磬十六枚，此皆懸八之義也。懸鍾磬法，每虡準之，懸八用七，不取近周之法懸七也。

［1］長孫紹遠：人名。字師，北周人。魏孝武西遷，紹遠奔赴，

累遷殿中尚書，拜大司樂。傳見《周書》卷二六。　泠州鳩：周景王時的樂官，亦作伶州鳩，泠或伶是官職稱謂。魯昭公二十年（前522）周景王因將鑄無射鐘曾問律於州鳩，《國語·周語》有："王將鑄無射，問律於伶州鳩……王曰：'何謂七律？'對曰：'昔武王伐殷，歲在鶉火……自鶉及駟，七列也，南北之揆，七同也……以七同其數，以律和其聲，於是乎有七律。'"　歲：歲星，行星，今稱木星。古代用歲星紀年，是將黄赤道帶劃分爲十二份，稱十二次，鶉火爲十二次之一，歲星運行一次爲一地球年。武王伐殷，據今天文學家計算爲公元前1057年，時歲星運行在鶉火。　鶉火：星座名，今稱獅子座。

[2]公孫崇：人名。史無傳。

[3]犍爲：郡名。漢置，故治在今四川宜賓縣。

又參用《儀禮》及《尚書大傳》，爲宫懸陳布之法。北方北向，應鍾起西，磬次之，黄鍾次之，鍾次之，大吕次之，皆東陳。一建鼓在其東，東鼓。東方西向，太簇起北，磬次之，夾鍾次之，鍾次之，姑洗次之，皆南陳。一建鼓在其南，東鼓。南方北向，中吕起東，鍾次之，蕤賓次之，磬次之，林鍾次之，皆西陳。一建鼓在其西，西鼓。西方東向，夷則起南，鍾次之，南吕次之，磬次之，無射次之，皆北陳。一建鼓在其北，西鼓。其大射，則撤北面而加鉦鼓。祭天用雷鼓、雷鼗，祭地用靈鼓、靈鼗，宗廟用路鼓、路鼗。各兩設在懸内。

又準《儀禮》，宫懸四面設鎛鍾十二虡，各依辰位。又甲、丙、庚、壬位，各設鍾一虡，乙、丁、辛、癸位，各陳磬一虡。共爲二十虡。其宗廟殿庭郊丘社並同。樹建鼓于四隅，以象二十四氣。依月爲均，四箱同作，蓋取毛傳《詩》云“四懸皆同”之義。古者鎛鍾據《儀禮》擊爲節檢，而無合曲之義。又大射有二鎛，皆亂擊焉，乃無成曲之理。依後周以十二鎛相生擊之，聲韻克諧。每鎛鍾、建鼓各一人。每鍾、磬簨簴各一人，歌二人，執節一人，琴、瑟、箏、筑各一人。每鍾虡，竽、笙、簫、笛、塤、篪各一人。懸内柷、敔各一人，柷在東，敔在西。二舞各八佾。樂人皆平巾幘、絳褠衣。樂器並采《周官》，參之梁代，擇用其尤善者。其簨簴皆金五博山，飾以崇牙，樹羽旒蘇。其樂器應漆者，天地之神皆朱漆，宗廟及殿庭則五色漆畫。晋、宋故事，箱别各有柷、敔，既同時戛之，今則不用。

又《周官·大司樂》:“奏黄鍾，歌大吕，舞《雲門》，以祀天神。奏太簇，歌應鍾，舞《咸池》，以祭地祇。奏姑洗，歌南吕，舞《大韶》，以祀四望。奏蕤賓，歌函鍾，舞《大夏》，以祭山川。奏夷則，歌小吕，舞《大護》，以享先妣。奏無射，歌夾鍾，舞大武，以享先祖。”此乃周制，立二王三恪，通己爲六代之樂。至四時祭祀，則分而用之。以六樂配十二調，一代之樂，則用二調矣。隋去六代之樂，又無四望、先妣之祭，今既與古祭法有别，乃以神祇位次分樂配焉。奏黄鍾，歌大吕，以祀圓丘。黄鍾所以宣六氣也，耀魄天神，最爲尊極，故奏黄鍾以祀之。奏太簇，歌應鍾，以祭方澤。太簇所以贊陽出滯，崑崙厚載之重，故奏太簇以祀之。奏姑洗，歌南吕，以祀五郊、神州。姑洗所以滌潔百物，五郊神州，天地之次，故奏姑洗以祀之。奏蕤賓，歌函鍾，以祭宗廟。蕤賓所以安静神人，祖宗有國之本，故奏蕤賓以祀之。奏夷則，歌小吕，以祭社稷、先農。夷則所以詠歌九穀，貴在秋成，故奏夷則以祀之。奏無射，歌夾鍾，以祭巡狩方嶽。無射所以示人軌物，觀風望秩，故奏無射以祀之。同用文武二舞。其圜丘降神六變，方澤降神八變，宗廟禘祫降神九變，皆用《昭夏》。其餘祭享皆一變。又《周禮》，王出，奏《王夏》，尸出，奏《肆夏》。叔孫通法，迎神奏《嘉至》。今亦隨事立名。皇帝入出，皆奏《皇夏》。群官入出，皆奏《肆夏》。食舉上壽，奏《需夏》。迎、送神，奏《昭夏》。薦獻郊廟，奏《諴夏》。宴饗殿上，奏登歌。并文舞武舞，合爲八曲。古有宫、商、角、徵、羽五引，梁以三朝元會奏之。今改爲五音，其聲悉依宫商，不使差越。唯迎氣於五郊，降神奏之，《月令》所謂“孟春其音角”是也。通前爲十三曲。并内宫所奏《天高》《地厚》二曲，於房中奏之，合十五曲。

其登歌法，準《禮·郊特牲》“歌者在上，匏竹在下”。《大戴》云：“清廟之歌，懸一磬而尚拊搏。”又在漢代，獨登歌者，不以絲竹亂人聲。近代以來，有登歌五人，别升於上，絲竹一部，進處階前。此蓋《尚書》“戛擊鳴球，搏拊琴瑟以詠，祖考來格”之義也。梁武《樂論》以爲登歌者頌祖宗功業，檢《禮記》乃非元日所奏。若三朝大慶，百辟俱陳，升工籍殿，以詠祖考，君臣相對，便須涕洟。以此説非通，還以嘉慶用之。後周登歌，備鍾、磬、琴、瑟，階上設笙、管。今遂因之。合於《儀禮》荷瑟升歌，及笙入，立於階下，間歌合樂，是燕飲之事矣。登歌法，十有四人，鍾東磬西，工各一人，琴、瑟、筝、筑各一人，并歌者三人，執節七人，並坐階上。笙、竽、簫、笛、塤、篪各一人，並立階下。悉進賢冠，絳公服。斟酌古今，參而用之。祀神宴會通行之。若有大祀臨軒，陳於階壇之上。若册拜王公，設宫懸，不用登歌。釋奠則唯用登歌，而不設懸。

古者人君食，皆用當月之調，以取時律之聲。使不失五常之性，調暢四體，令得時氣之和。故鮑鄴上言，天子食飲，必順四時，有食舉樂，所以順天地，養神明，可作十二月均，感天和氣。此則殿庭月調之義也。祭祀既已分樂，臨軒朝會，並用當月之律。正月懸太簇之均，乃至十二月懸大吕之均，欲感君人情性，允協陰陽之序也。

又文舞六十四人，並黑介幘，冠進賢冠，絳紗連裳，内單，皁褾、領、襈、裾、革帶，烏皮履。十六人執翣。十六人執帗。十六人執旄。十六人執羽，左手皆執籥。二人執纛，引前，在舞人數外，衣冠同舞人。武舞六十四人，並服武弁，朱褠衣，革帶，烏皮履。左執朱干，右執大戚，依朱干玉戚之文。二人執旌，居前，二人執鼗，二人執鐸。金錞二，四人輿，二人作。二人執鐃次之。二人執相，在左，二人執雅，在右，各工一人作。自旌以下夾引，並在舞人數外，衣冠同舞人。

《周官》所謂“以金錞和鼓，金鐲節鼓，金鐃止鼓，金鐸通鼓”也。又依《樂記》象德擬功，初來就位，總干而山立，思君道之難也。發揚蹈厲，威而不殘也。舞亂皆坐，四海咸安也。武，始而受命，再成而定山東，三成而平蜀道，四成而北狄是通，五成而江南是拓，六成復綴，以闡太平。高祖曰：“不須象功德，直象事可也。”然竟用之。近代舞出入皆作樂，謂之階步，咸用《肆夏》。今亦依定，即《周官》所謂樂出入奏鍾鼓也。又魏、晉故事，有《矛俞》《弩俞》及朱儒導引。今據《尚書》直云干羽，《禮》文稱羽籥干戚。今文舞執羽籥，武舞執干戚，其《矛俞》《弩俞》等，蓋漢高祖自漢中歸，巴、俞之兵，執仗而舞也。既非正典，悉罷不用。

十四年三月，樂定。秘書監、奇章縣公牛弘，秘書丞、北絳郡公姚察，通直散騎常侍、虞部侍郎許善心，兼内史舍人虞世基，儀同三司、東宫學士饒陽伯劉臻等奏曰：“臣聞蕢桴土鼓，[1]由來斯尚，雷出地奮，著自《易經》。邃古帝王，經邦馭物，揖讓而臨天下者，禮樂之謂也。秦焚經典，樂書亡缺，爰至漢興，始加鳩採，祖述增廣，緝成朝憲。魏、晉相承，更加論討，沿革之宜，備於故實。永嘉之後，九服崩離，燕、石、苻、姚，遞據華土。此其戎乎，何必伊川之上，吾其左衽，無復微管之功。前言往式，於斯而盡。金陵建社，朝士南奔，帝則皇規，粲然更備，與内原隔絶，三百年於兹矣。伏惟明聖膺期，會昌在運。今南征所獲梁、陳樂人，及晋、宋旗章，宛然俱至。曩代所不服者，今悉服之，前朝所未得者，今悉得之。化洽功成，於是乎在。臣等伏奉明詔，詳定雅樂，博訪知音，旁求儒彦，研校是非，定其去就，取爲一代正樂，具在本司。”於是并撰歌辭三十首，詔並令施用，見行者皆停之。其人間音樂，流僻日久，棄其舊體者，並加禁約，務存其本。

[1]蕢桴土鼓：蕢桴，以草編扎的鼓搥。蕢，草。桴，鼓槌。土鼓，陶鼓。《禮記·明堂位》有：“土鼓、蕢桴、葦籥伊耆氏之樂也。”

先是高祖遣内史侍郎李元操、直内史省盧思道等，[1]列清廟歌辭十二曲。令齊樂人曹妙達，於太樂教習，以代周歌。其初迎神七言，象《元基曲》，獻奠登歌六言，象《傾盃曲》，送神禮畢五言，象《行天曲》。至是弘等但改其聲，合於鍾律，而辭經勑定，不敢易之。至仁壽元年，煬帝初爲皇太子，從饗于太廟，聞而非之。乃上言曰：“清廟歌辭，文多浮麗，不足以述宣功德，請更議定。”於是制詔吏部尚書、奇章公弘，開府儀同三司、領太子洗馬柳顧言，[2]秘書丞、攝太常少卿許善心，内史舍人虞世基，禮部侍郎蔡徵等，[3]更詳故實，創製雅樂歌辭。其祠圓丘，皇帝入，至版位定，奏《昭夏》之樂，以降天神。升壇，奏《皇夏》之樂。受玉帛，登歌，奏《昭夏》之樂。皇帝降南陛，詣罍洗，洗爵訖，升壇，並奏《皇夏》。初升壇，俎入，奏《昭夏》之樂。皇帝初獻，奏《諴夏》之樂。皇帝既獻，作文舞之舞。皇帝飲福酒，作《需夏》之樂。皇帝反爵於坫，還本位，奏《皇夏》之樂。武舞出，作《肆夏》之樂。送神作《昭夏》之樂。就燎位，還大次，並奏《皇夏》。

[1]李元操：人名。史無傳。　盧思道：人名。傳見本書卷五七，《北史》卷三〇有附傳。

[2]柳顧言：人名。史無傳。

[3]蔡徵：人名。字希祥，陳太建中爲太子中舍，後主器其才，任户部尚書。陳亡仕隋，以給事郎終。傳見《陳書》卷二九，《南史》卷六八有附傳。

圜丘：

降神，奏《昭夏》辭：

肅祭典，協良辰。具嘉薦，俟皇臻。禮方成，樂已變。感靈心，迴天眷。闢華闕，下乾宫。乘精氣，御祥風。望爟火，通田燭。膺介圭，受瑄玉。神之臨，慶陰陰。煙衢洞，宸路深。善既福，德斯輔。流鴻祚，遍區宇。

皇帝升壇，奏《皇夏》辭：

於穆我君，昭明有融。道濟區域，功格玄穹。百神警衛，萬國承風。仁深德厚，信洽義豐。明發思政，勤憂在躬。鴻基惟永，福祚長隆。

登歌辭：

德深禮大，道高饗穆。就陽斯恭，陟配惟肅。血膋升氣，冕裘標服。誠感清玄，信陳史祝。祇承靈貺，載膺多福。

皇帝初獻，奏《諴夏》辭：

肇禋崇祀，大報尊靈。因高盡敬，掃地推誠。六宗隨兆，五緯陪營。雲和發韻，孤竹揚清。我粢既潔，我酌惟明。元神是鑒，百祿來成。

皇帝既獻，奏《文舞》辭：

皇矣上帝，受命自天。睿圖作極，文教遐宣。四方監觀，萬品陶甄。有苗斯格，無得稱焉。天地之經，和樂具舉。休徵咸萃，要荒式序。正位履端，秋霜春雨。

皇帝飲福酒，奏《需夏》辭：

禮以恭事，薦以饗時。載清玄酒，備潔薌萁。迴旒分爵，思媚軒墀。惠均撤俎，祥降受釐。十倫以具，百福斯滋。克昌厥德，永祚鴻基。

武舞辭：

御曆膺期，乘乾表則。成功戡亂，順時經國。兵暢五材，武弘七德。憬彼遐裔，化行充塞。三道備舉，二儀交泰。情發自中，義均莫大。祀敬恭肅，鍾鼓繁會。萬國斯歡，兆人斯賴。享兹介福，康哉元首。惠我無疆，天長地久。

送神奏《昭夏》辭：

享序洽，祀禮施。神之駕，嚴將馳。奔精驅，長離耀。牲煙達，潔誠照。騰日馭，鼓電鞭。辭下土，升上玄。瞻寥廓，杳無際。澹群心，留餘惠。

皇帝就燎，還大次，並奏《皇夏》，辭同上。

五郊歌辭五首：迎送神、登歌，與圜丘同。

青帝歌辭，奏角音：

震宫初動，木德惟仁。龍精戒旦，鳥曆司春。陽光煦物，温風先導。巖處載驚，膏田已冒。犧牲豐潔，金石和聲。懷柔備禮，明德惟馨。

赤帝歌辭，奏徵音：

長嬴開序，炎上爲德。執禮司萌，持衡御國。重離得位，芒種在時。含櫻薦實，木槿垂蕤。慶賞既行，高明可處。順時立祭，事昭福舉。

黄帝歌辭，奏宫音：

爰稼作土，順位稱坤。孕金成德，履艮爲尊。黄本内色，宫實聲始。萬物資生，四時咸紀。靈壇汎掃，盛樂高張。威儀孔備，福履無疆。

白帝歌辭，奏商音：

西成肇節，盛德在秋。三農稍已，九穀行收。金氣肅殺，商威飂戾。嚴風鼓莖，繁霜殞蔕。厲兵詰暴，敕法慎刑。神明降嘏，國步惟寧。

黑帝歌辭，奏羽音：

玄英啓候，冥陵初起。虹藏於天，雉化於水。嚴關重閉，星迴日窮。黄鍾動律，廣莫生風。玄樽示本，天産惟質。恩覃外區，福流景室。

感帝奏《誠夏》辭：迎送神、登歌，與圜丘同。

禘祖垂典，郊天有章。以春之孟，於國之陽。繭栗惟誠，陶匏斯尚。人神接禮，明幽交暢。火靈降祚，火曆載隆。烝哉帝道，赫矣皇風。

雩祭奏《誠夏》辭：迎送神、登歌，與圜丘同。

朱明啓候，時載陽。肅若舊典，延五方。嘉薦以陳，盛樂奏。氣序和平，資靈祐。公田既雨，私亦濡。人殷俗富，政化敷。

蜡祭奏《諴夏》辭：迎送神、登歌，與圜丘同。

四方有祀，八蜡酬功。收藏既畢，榛葛送終。使之必報，祭之斯索。三時告勞，一日爲澤。神祇必來，鱗羽咸致。惟義之盡，惟仁之至。年成物阜，罷役息人。皇恩已洽，靈慶無垠。

朝日、夕月歌詩二首：迎送神、登歌，與圜丘同。

朝日奏《諴夏》辭：

扶木上朝暾，嵫山沉暮景。寒來游晷促，暑至馳輝永。時和合璧耀，俗泰重輪明。執圭盡昭事，服冕罄虔誠。

夕月奏《諴夏》辭：

澄輝燭地域，流耀鏡天儀。曆草隨弦長，珠胎逐望虧。成形表蟾兔，竊藥資王母。西郊禮既成，幽壇福惟厚。

方丘歌辭四首：唯此四者異，餘並同圜丘。

迎神奏《昭夏》辭：

柔功暢，陰德昭。陳瘞典，盛玄郊。篚冪清，罍罍馥。皇情虔，具僚肅。笙頌合，鼓鼗會。出桂旗，屯孔蓋。敬如在，肅有承。神胥樂，慶福膺。

奠玉帛登歌：

道惟生育，器乃包藏。報功稱範，殷薦有常。六瑚已饋，五齊流香。貴誠尚質，敬洽義彰。神祚惟永，帝業增昌。

皇地祇歌辭，奏《諴夏》辭：

原載垂德，崑丘主神。陰壇吉禮，北至良辰。鑒水呈潔，牲栗表純。樽壺夕視，幣玉朝陳。群望咸秩，精靈畢臻。祚流於國，祉被於人。

送神歌辭，奏《昭夏》辭：

奠既徹，獻已周。竦靈駕，逝遠游。洞四極，匝九縣。慶方流，祉恒遍。埋玉氣，掩牲芬。晰神理，顯國文。

神州奏《諴夏》辭：迎送神、登歌，與方丘同。

四海之内，一和之壤。地曰神州，物賴生長。咸池既降，泰折斯饗。牲牷尚黑，珪玉實兩。九宇載寧，神功克廣。

社稷歌辭四首：迎送神、登歌，與方丘同。

春祈社，奏《諴夏》辭：

厚地開靈，方壇崇祀。達以風露，樹之松梓。勾萌既申，芟柞伊始。恭祈粢盛，載膺休祉。

春祈稷，奏《諴夏》辭：

粒食興教，播厥有先。尊神致潔，報本惟虔。瞻榆束耒，望杏開田。方憑戩福，佇詠豐年。

秋報社，奏《諴夏》辭：

北墉申禮，單出表誠。豐犧入薦，華樂在庭。原隰既平，泉流又清。如雲已望，高廩斯盈。

秋報稷，奏《諴夏》辭：

人天務急，農亦勤止。或蓘或蔗，惟薑惟芑。涼風戒時，歲云秋矣。物成則報，功施必祀。

先農，奏《諴夏》辭：迎送神，與方丘同。

農祥晨晰，土膏初起。春原俶載，青壇致祀。斂蹕長阡，迴旌外壝。房俎飾薦，山罍沈滓。親事朱弦，躬持黛耜。恭神務穡，受釐降祉。

先聖先師，奏《諴夏》辭：

經國立訓，學重教先。《三墳》肇册，《五典》留篇。開鑿理著，陶鑄功宣。東膠西序，春誦夏弦。芳塵載仰，祀典無騫。

太廟歌辭：

迎神歌辭：

務本興教，尊神體國。霜露感心，享祀陳則。官聯式序，奔走在庭。几筵結慕，祼獻惟誠。嘉樂載合，神其降止。永言保之，錫以繁祉。

登歌辭：

孝熙嚴祖，師象敬宗。惟皇肅事，有來雝雝。雕梁霞複，繡橑雲重。觀德自感，奉璋伊恭。彝斝盡飾，羽綴有容。升歌發藻，景福來從。

俎入歌辭：郊丘、社、廟同。

祭本用初，祀由功舉。駿奔咸會，供神有序。明酌盈樽，豐犧實俎。幽金既薦，繢錯維旅。享由明德，香非稷黍。載流嘉慶，克固鴻緒。

皇高祖太原府君神室歌辭：

締基發祥，肇源興慶。迺仁迺哲，克明克令。庸宣國圖，善流人詠。開我皇業，七百同盛。

皇曾祖康王神室歌辭：

皇條俊茂，帝系靈長。豐功疊軌，厚利重光。福由善積，代以德彰。嚴恭盡禮，永錫無疆。

皇祖獻王神室歌辭：

盛才必達，丕基增舊。涉魏同符，遷邠等構。弘風邁德，義高道富。神鑒孔昭，王猷克懋。

皇考太祖武元皇帝神室歌辭：

深仁冥著，至道潛敷。皇矣太祖，耀名天衢。翦商隆祚，奄宅隋區。有命既集，誕開靈符。

飲福酒歌辭：郊丘、社、廟同。

神道正直，祀事有融。肅雝備禮，莊敬在躬。羞燔已具，奠斝將終。降祥惟永，受福無窮。

送神歌辭：

饗禮具，利事成。佇旒冕，肅簪纓。金奏終，玉俎撤。盡孝敬，窮嚴潔。人祇分，哀樂半。降景福，憑幽贊。

元會：

皇帝出入殿庭，奏《皇夏》辭：郊丘、社、廟同。

深哉皇度，粹矣天儀。司陛整蹕，式道先馳。八屯霧擁，七萃雲披。退揚進揖，步矩行規。勾陳乍轉，華蓋徐移。羽旗照耀，珪組陸離。居高念下，處安思危。照臨有度，紀律無虧。

皇太子出入，奏《肆夏》辭：

惟熙帝載，式固王猷。體乾建本，是曰孟侯。馳道美漢，寢門稱周。德心既廣，道業惟優。傅保斯導，賢才與游。瑜玉發響，畫輪停軔。皇基方峻，匕鬯恒休。

食舉歌辭八首：

燔黍設教，禮之始。五味相資，火爲紀。平心和德，在甘旨。牢羞既陳，鍾石俟。以斯而御，揚盛軌。

養身必敬，禮食昭。時和歲阜，庶物饒。鹽梅既濟，鼎鉉調。特以膚腊，加臐膮。威儀濟濟，懋皇朝。

饔人進羞，樂侑作。川潛之膾，雲飛臛。甘酸有宜，芬勺藥。金敦玉豆，盛交錯。御鼓既聲，安以樂。

玉食惟后，膳必珍。芳菰既潔，重秬新。是能安體，又調神。荆包畢至，海貢陳。用之有節，德無垠。

嘉羞入饋，猶化謐。沃土名滋，帝臺實。陽華之菜，雕陵栗。鼎俎芬芳，豆籩溢。通幽致遠，車書一。

道高物備，食多方。山膚既善，水豢良。桓蒲在位，簨業張。加籩折俎，爛成行。恩風下濟，道化光。

禮以安國，仁爲政。具物必陳，饔牢盛。罝罘斤斧，順時令。懷生熙熙，皆得性。於兹宴喜，流嘉慶。

皇道四達，禮樂成。臨朝日舉，表時平。甘芳既飫，醑以清。揚休玉巵，正性情。隆我帝載，永明明。

上壽歌辭：

俗已乂，時又良。朝玉帛，會衣裳。基同北辰久，壽共南山長。黎元鼓腹樂未央。

宴群臣登歌辭：

皇明馭歷，仁深海縣。載擇良辰，式陳高宴。顒顒卿士，昂昂侯甸。車旗煜爚，衣纓蔥蒨。樂正展懸，司宫飾殿。三揖稱禮，九賓爲傳。圓鼎臨碑，方壺在面。

鹿鳴成曲，嘉魚入薦。筐篚相輝，獻酬交遍。飲和飽德，恩風長扇。

文舞歌辭：

天眷有屬，后德惟明。君臨萬宇，昭事百靈。濯以江、漢，樹之風聲。罄地必歸，窮天皆至。六戎仰朔，八蠻請吏。煙雲獻彩，龜龍表異。緝和禮樂，燮理陰陽。功由舞見，德以歌彰。兩儀同大，日月齊光。

武舞歌辭：

惟皇御宇，惟帝乘乾。五材並用，七德兼宣。平暴夷險，拯溺救燔。九域載安，兆庶斯賴。續地之厚，補天之大。聲隆有截，化覃無外。鼓鍾既奮，干戚攸陳。功高德重，政謐化淳。鴻休永播，久而彌新。

大射登歌辭：

道謐金科照，時乂玉條明。優賢饗禮洽，選德射儀成。鑾旗鬱雲動，寶軑儼天行。巾車整三乏，司裘飾五正。鳴球響高殿，華鍾震廣庭。烏號傳昔美，淇、衛著前名。揖讓皆時傑，升降盡朝英。附枝觀體定，杯水睹心平。豐觚既來去，燔炙復從横。欣看禮樂盛，喜遇黄河清。

凱樂歌辭三首：

述帝德：

於穆我后，睿哲欽明。膺天之命，載育群生。開元創曆，邁德垂聲。朝宗萬宇，祇事百靈。焕乎皇道，昭哉帝則。惠政滂流，仁風四塞。淮海未賓，江湖背德。運籌必勝，濯征斯克。八荒霧卷，四表雲褰。雄圖盛略，邁後光前。寰區已泰，福祚方延。長歌凱樂，天子萬年。

述諸軍用命：

帝德遠覃，天維宏布。功高雲天，聲隆《韶》《護》。惟彼海隅，未從王度。皇赫斯怒，元戎啓路。桓桓猛將，赳赳英謨。攻如燎髮，戰似摧枯。救兹塗炭，克彼妖逋。塵清兩越，氣静三吴。鯨鯢已夷，封疆載闢。班馬蕭蕭，歸旌弈弈。雲臺表效，司勳紀績。業並山、河，道固金石。

述天下太平：

阪泉軒德，丹浦堯勳。始實以武，終乃以文。嘉樂聖主，大哉爲君。出師命將，廓定重氛。書軌既并，干戈是戢。弘風設教，政成人立。禮樂聿興，衣裳載緝。風雲自美，嘉祥爰集。皇皇聖政，穆穆神猷。牢籠虞、夏，度越姬、劉。日月比曜，天地同休。永清四海，長帝九州。

皇后房内歌辭：

至順垂典，正内弘風。母儀萬國，訓範六宫。求賢啓化，進善宣功。家邦載序，道業斯融。

大業元年，煬帝又詔修高廟樂，曰："古先哲王，經國成務，莫不因人心而制禮，則天明而作樂。昔漢氏諸廟别所，樂亦不同，至於光武之後，始立共堂之制。魏文承運，初營廟寢，太祖一室，獨爲别宫。自兹之後，兵車交争，制作規模，日不暇給。伏惟高祖文皇帝，功侔造物，道濟生靈，享薦宜殊，樂舞須别。今若月祭時饗，既與諸祖共庭，至於舞功，獨於一室，交違禮意，未合人情。其詳議以聞。”有司未及陳奏，帝又以禮樂之事，總付秘書監柳顧言、少府副監何稠、著作郎諸葛潁、秘書郎袁慶隆等，[1]增多開皇樂器，大益樂員，郊廟樂懸，並令新製。顧言等後親，帝復難於改作，其議竟寢。諸郊廟歌辭，亦並依舊制，唯新造高祖廟歌九首。今亡。又遣秘書省學士，定殿前樂工歌十四首，終大業世，每舉用焉。帝又詔博訪知鍾律歌管者，皆追之。時有曹士立、裴文通、唐羅漢、常寶金等，[2]雖知操弄，雅鄭莫分，[3]然總付太常，詳令删定。議修一百四曲，其五曲在宫調，黄鍾也；一曲應調，大吕也；二十五曲商調，太簇也；一十四曲角調，姑洗也；一十三曲變徵調，蕤賓也；八曲徵調，林鍾也；二十五曲羽調，南吕也；一十三曲變宫調，應鍾也。其曲大抵以詩爲本，參以古調，漸欲播之弦歌，被之金石。仍屬戎車，不遑刊正，禮樂之事，竟無成功焉。

[1]何稠：人名。傳見本書卷六八、《北史》卷九〇。　諸葛潁：人名。傳見本書卷七六、《北史》卷八三。　袁慶隆：人名。史無傳。

[2]曹士立、裴文通、唐羅漢、常寶金：皆人名。具體事迹不詳。

[3]雅：雅樂，祭祀或典禮音樂。　鄭：鄭衛之音，春秋時鄭、衛二國之樂多淫聲，世謂淫靡之樂曰鄭衛之音。《禮記·樂記》有：“鄭衛之音，亂世之音也，比於慢矣。”

自漢至梁、陳樂工，其大數不相踰越。及周并齊，隋并陳，各得其樂工，多爲編户。至六年，帝乃大括魏、齊、周、陳樂人子弟，悉配太常，並於關中爲坊置之，其數益多前代。顧言等又奏，仙都宫内，四時祭享，還用太廟之樂，歌功論德，别製其辭。七廟同院，樂依舊式。又造饗宴殿庭宫懸樂器，布陳簨簴，大抵同前，而於四隅各加二建鼓、三案。又設十二鎛，鎛别鍾磬二架，各依辰位爲調，合三十六架。至於音律節奏，皆依雅曲，意在演令繁會，自梁武帝之始也，開皇時，廢不用，至是又復焉。高祖時，宫懸樂器，唯有一部，殿庭饗宴用之。平陳所獲，又有二部，宗廟郊丘分用之。至是並於樂府藏而不用。更造三部：五郊二十架，工一百四十三人。廟庭二十架，工一百五十人。饗宴二十架，工一百七人。舞郎各二等，並一百三十二人。

顧言又增房内樂，益其鍾磬，奏議曰："房内樂者，主爲王后弦歌諷誦而事君子，故以房室爲名。燕禮鄉飲酒禮，亦取而用也。故云：'用之鄉人焉，用之邦國焉。'文王之風，由近及遠，鄉樂以感人，須存雅正。既不設鍾鼓，義無四懸，何以取正於婦道也。《磬師職》云：'燕樂之鍾磬。'鄭玄曰：'燕樂，房内樂也，所謂陰聲，金石備矣。'以此而論，房内之樂，非獨弦歌，必有鍾磬也。《内宰職》云'正后服位，詔其禮樂之儀'。[1]鄭玄云：'薦撤之禮，當與樂相應。'薦撤之言，雖施祭祀，其入出賓客，理亦宜同。請以歌鍾歌磬，各設二虡，土革絲竹並副之，并升歌下管，總名房内之樂。女奴肄習，朝燕用之。”制曰：“可。”於是内宫懸二十簴。其鎛鍾十二，皆以大磬充。去建鼓，餘飾並與殿庭同。

[1]内宰：官名。周禮天官之屬，掌王宫内政令，宫中官之長。《周禮・天官》有：“内宰，掌書版圖之灋（法），以治王内之政令……正后之服位，詔其禮樂之儀。”鄭玄注：“薦徹之禮，當與樂相應。位，謂房中户内，及阼所立處。”

皇太子軒懸，去南面，設三鎛鍾於辰丑申，三建鼓亦如之。編鍾三簴，編磬三簴，共三鎛鍾爲九簴。其登歌減者二人。簨簴金三博山。樂器應漆者朱漆之。其二舞用六佾。

其雅樂鼓吹，多依開皇之故。雅樂合二十器，今列之如左：

金之屬二：一曰鎛鍾，每鍾懸一簨簴，各應律吕之音，即黄帝所命伶倫鑄十二鍾，和五音者也。二曰編鍾，小鍾也，各應律吕，大小以次，編而懸之。上下皆八，合十六鍾，懸於一簨簴。

石之屬一：曰磬，用玉若石爲之，懸如編鍾之法。

絲之屬四：一曰琴，神農制爲五弦，周文王加二弦爲七者也。二曰瑟，二十七弦，伏犧所作者也。三曰筑，十二弦。四曰箏，十三弦，所謂秦聲，蒙恬所作者也。

竹之屬三：一曰簫，十六管，長二尺，舜所造者也。二曰篪，長尺四寸，八孔，蘇公所作者也。三曰笛，凡十二孔，漢武帝時丘仲所作者也。京房備五音，有七孔，以應七聲。黄鍾之笛，長二尺八寸四分四釐有奇，其餘亦上下相次，以爲長短。

匏之屬二：一曰笙，二曰竽，並女媧之所作也。笙列管十九，於匏内施簧而吹之。竽大，三十六管。

土之屬一：曰塤，六孔，暴辛公之所作者也。

革之屬五：一曰建鼓，夏后氏加四足，謂之足鼓。殷人柱貫之，謂之楹鼓。周人懸之，謂之懸鼓。近代相承，植而貫之，謂之建鼓。蓋殷所作也。又棲翔鷺於其上，不知何代所加。或曰，鵠也，取其聲揚而遠聞。或曰，鷺，鼓精也。越王勾踐擊大鼓於雷門以厭吴。晋時移於建康，有雙鷺啮鼓而飛入雲。或曰，皆非也。《詩》云："振振鷺，鷺于飛。鼓咽咽，醉言歸。"古之君子，悲周道之衰，頌聲之輟，飾鼓以鷺，存其風流。未知孰是。靈鼓、靈鼗，並八面。雷鼓、雷鼗，六面。路鼓、路鼗，四面。鼓以桴擊，鼗貫其中而手摇之。又有節鼓，不知誰所造也。

木之屬二：一曰柷，如桶，方二尺八寸，中有椎柄，連底動之，令左右擊，以節樂。二曰敔，如伏獸，背有二十七鉏鋙，以竹長尺，横櫟之，以止樂焉。

簨虡，所以懸鍾磬，横曰簨，飾以鱗屬，植曰虡，飾以臝及羽屬。簨加木板於上，謂之業。殷人刻其上爲崇牙，以挂懸。周人畫繒爲翣，戴之以璧，垂五采羽於其下，樹於簨虡之角。近代又加金博山於簨上，垂流蘇，以合采羽。五代相因，同用之。

始開皇初定令，置《七部樂》:[1]一曰《國伎》，二曰《清商伎》，三曰《高麗伎》，四曰《天竺伎》，五曰《安國伎》，六曰《龜兹伎》，七曰《文康伎》。又雜有疏勒、扶南、康國、百濟、突厥、新羅、倭國等伎。[2]其後牛弘請存《鞞》《鐸》《巾》《拂》等四舞，與新伎並陳。因稱:“四舞，按漢、魏以來，並施於宴饗。《鞞舞》，漢巴渝舞也。至章帝造《鞞舞辭》云‘關東有賢女’，魏明代漢曲云‘明明魏皇帝’。《鐸舞》，傅玄代魏辭云‘振鐸鳴金’，成公綏賦云‘《鞞》《鐸》舞庭，[3]八音並陳’是也。《拂舞》者，沈約《宋志》云:‘吴舞，吴人思晋化。’其辭本云‘白符鳩’是也。《巾舞》者，《公莫舞》也。伏滔云:[4]‘項莊因舞，欲劍高祖，項伯紆長袖以扞其鋒，魏、晋傳爲舞焉。’檢此雖非正樂，亦前代舊聲。故梁武報沈約云‘《鞞》《鐸》《巾》《拂》，古之遺風。’楊泓云:[5]‘此舞本二八人，桓玄即真，[6]爲八佾。後因而不改。’齊人王僧虔已論其事。[7]平陳所得者，猶充八佾，於懸内繼二舞後作之，爲失斯大。檢四舞由來，其實已久。請並在宴會，與雜伎同設，於西凉前奏之。”帝曰:“其聲音節奏及舞，悉宜依舊。惟舞人不須捉鞞拂等。”

[1]《七部樂》:爲宫廷燕樂之分類。燕樂亦作宴樂、讌樂，早見於周代，《周禮·春官》即有:“磬師掌教擊磬擊編鐘，教縵樂、燕樂之鐘磬。”原爲宫廷宴饗所設，與雅樂相對，雅樂爲祭祀、廟堂之樂。燕樂逐漸加入民間之優秀樂種，除宴饗功能，亦爲欣賞娱愉的樂舞，如《清商伎》。外族、外國音樂也日漸流入，如龜兹

樂、天竺樂。

［2］倭：底本作“俀”。本書卷八一《倭國傳》中華本校勘記云：“古從‘委’和從‘妥’的字，有時可以通用。如‘桵’或作‘桵’，‘綏’或和‘緌’。‘俀’應是‘倭’的別體。本書《煬帝紀》上作‘倭’。本卷和他處作‘俀’者，今一律改爲‘倭’。”今從改。

［3］成公綏：人名。字子安，晋白馬（今河南滑縣）人，官中書郎，與賈充等參定法律。傳見《晋書》卷九二。

［4］伏滔：人名。字玄度，晋安丘人。傳見《晋書》卷九二。

［5］楊泓：人名。史無傳。

［6］桓玄：人名。字敬道，一名靈寶，晋龍亢（今安徽含山縣南）人。傳見《晋書》卷九九。

［7］王僧虔：人名。南齊臨沂（今山東臨沂市）人。傳見《南齊書》卷三三，《南史》二二有附傳。

及大業中，煬帝乃定《清樂》《西涼》《龜兹》《天竺》《康國》《疏勒》《安國》《高麗》《禮畢》，以爲《九部》。樂器工衣創造既成，大備於兹矣。

《清樂》其始即《清商三調》是也，並漢來舊曲。樂器形制，并歌章古辭，與魏三祖所作者，皆被於史籍。屬晋朝遷播，夷羯竊據，其音分散。苻永固平張氏，始於凉州得之。宋武平關中，因而入南，不復存於内地。及平陳後獲之。高祖聽之，善其節奏，曰：“此華夏正聲也。昔因永嘉，流於江外，我受天明命，今復會同。雖賞逐時遷，而古致猶在。可以此爲本，微更損益，去其哀怨，考而補之。以新定律吕，更造樂器。”其歌曲有陽伴，舞曲有明君、并契。其樂器有鍾、磬、琴、瑟、擊琴、琵琶、箜篌、筑、筝、節鼓、笙、笛、簫、篪、塤等十五種，爲一部。工二十五人。

《西凉》者，[1]起苻氏之末，[2]吕光、沮渠蒙遜等，[3]據有凉州，變龜兹聲爲之，號爲秦漢伎。魏太武既平河西得之，謂之《西凉樂》。至魏、周之際，遂謂之《國伎》。今曲項琵琶、竪頭箜篌之徒，並出自西域，非華夏舊器。《楊澤新聲》《神白馬》之類，生於胡戎。胡戎歌非漢魏遺曲，故其樂器聲調，悉與書史不同。其歌曲有《永世樂》，解曲有《萬世豐》，[4]舞曲有《于闐佛曲》。其樂器有鍾、磬、彈筝、搊筝、卧箜篌、竪箜篌、琵琶、五絃、笙、簫、大篳篥、長笛、小篳篥、横笛、腰鼓、齊鼓、擔鼓、銅拔、貝等十九種，[5]爲一部。工二十七人。

[1]《西凉》：指西凉樂，乃是中原漢族音樂與龜兹等西北民族音樂的融合，故謂“變龜兹聲爲之，號爲秦漢伎”。西凉樂自隋大業中列爲九部樂，後傳至唐代均爲宫廷燕樂的重要部分。《舊唐書·音樂志》述西凉樂説：“西凉樂者，後魏平沮渠氏所得也。晋、宋末，中原喪亂，張軌據有河西，苻秦通凉州，旋復隔絶。其樂具有鐘磬，蓋凉人所傳中國舊樂，而雜以羌胡之聲也。魏世共隋咸重之。工人平巾幘，緋褶。白舞一人，方舞四人。白舞今闕。方舞四人，假髻，玉支釵，紫絲布褶，白大口袴，五彩接袖，烏皮靴。樂用鐘一架，磬一架，彈筝一，搊筝一，卧箜篌一，竪箜篌一，琵琶一，五弦琵琶一，笙一，簫一，篳篥一，小篳篥一，笛一，腰鼓一，齊鼓一，檐鼓一，銅拔一，貝一。編鐘今亡。”西凉，北朝十六國之一，在今甘肅省西北地帶。

[2]苻氏：指東晋、十六國時代前秦主苻堅。字永固，一字文

王，小字堅頭。《晋書》卷一一三、一一四有載記。

［3］吕光：人名。字世明，後凉政權建立者。初事苻堅，堅死後自稱凉州牧，尋稱三河王，又稱天王，在位十三年。傳見《魏書》卷九五，《晋書》卷一二二有其載記。　沮渠蒙遜：人名。十六國時北凉之始祖，盧水（今甘肅鎮原縣西）匈奴人，世爲張掖諸部帥。初附後凉，以從父羅仇、麴粥二人爲吕光所殺，乃叛後凉，與從兄男成推段業爲凉州牧，謀復仇，業以蒙遜爲西安太守。未久，蒙遜殺業，遷姑臧（今甘肅武威市），自稱張掖公，又改稱凉王。南朝宋元嘉中卒，在位三十三年。《晋書》卷一二九有載記，傳見《魏書》卷九九。

［4］解曲：古代曲式用語。由“解”演化而來。解的原意爲樂章或樂段，元人郭茂倩《樂府詩集》有“凡諸調歌辭，並以一章爲一解”，又録有南朝陳釋智匠《古今樂録》説“傖歌以一句爲一解，中國以一章爲一解”。隨着多段體樂曲的發展，“解”又被賦予新的含義，既在樂章、樂段間日漸成爲間奏性的樂句，以爲樂段的補充。故王僧虔《啓》云：“古曰章，今曰解，解有多少，當時先詩而後聲，詩敍事，聲成文，必使志盡於詩，音盡於曲。”日後更發展成由一個樂曲成爲另一樂曲的結尾，即“解曲”。

［5］彈箏、搊箏：彈箏，用義甲彈奏謂之彈。《梁書》卷三九《羊侃傳》有：“侃性豪侈，善音律，自造《采蓮》《棹歌》兩曲，甚有新致。姬妾侍列，窮極奢靡。有彈箏人陸太喜，著鹿角爪長七寸。”搊箏，搊彈，以手指彈奏謂之搊。此二種彈奏法在音色和演奏風格上有所不同，唐人李匡乂所撰《資暇集》中有所描述：“今彈琴或削竹爲甲，以助食指之聲者，亦因汧公也……次棄真用假，捨清從濁，蓋靡知其由也。至如箜篌之與秦箏，若能去假還真，其聲宛美矣。”　長笛：底本作“竪”。中華本校勘記云：“據《通典》一四六改。《舊唐書·音樂志》二作‘笛’，無‘長’字。”今從改。

《龜兹》者，[1]起自吕光滅龜兹，因得其聲。吕氏亡，其樂分散，後魏平中原，復獲之。其聲後多變易。至隋有《西國龜兹》《齊朝龜兹》《土龜兹》等，凡三部。開皇中，其器大盛於閭閈。時有曹妙達、王長通、李士衡、郭金樂、安進貴等，皆妙絶弦管，新聲奇變，朝改暮易，持其音技，估衒公王之間，舉時争相慕尚。高祖病之，謂群臣曰："聞公等皆好新變，所奏無復正聲，此不祥之大也。自家形國，化成人風，勿謂天下方然，公家家自有風俗矣。存亡善惡，莫不繫之。樂感人深，事資和雅，公等對親賓宴飲，宜奏正聲；聲不正，何可使兒女聞也！"帝雖有此敕，而竟不能救焉。煬帝不解音律，略不關懷。後大製艷篇，辭極淫綺。令樂正白明達造新聲，[2]創《萬歲樂》《藏鈎樂》《七夕相逢樂》《投壺樂》《舞席同心髻》《玉女行觴》《神仙留客》《擲磚續命》《鬬雞子》《鬬百草》《汎龍舟》《還舊宫》《長樂花》及《十二時》等曲，掩抑摧藏，哀音斷絶。帝悦之無已，謂幸臣曰："多彈曲者，如人多讀書。讀書多則能撰書，彈曲多即能造曲。此理之然也。"因語明達云："齊氏偏隅，曹妙達猶自封王。我今天下大同，欲貴汝，宜自修謹。"六年，高昌獻《聖明樂》曲，帝令知音者，於館所聽之，歸而肄習。及客方獻，先於前奏之，胡夷皆驚焉。其歌曲有《善善摩尼》，解曲有《婆伽兒》，舞曲有《小天》，又有《疏勒鹽》。其樂器有豎箜篌、琵琶、五弦、笙、笛、簫、篳篥、毛員鼓、都曇鼓、答臘鼓、腰鼓、羯鼓、雞婁鼓、銅拔、貝等十五種，爲一部。工二十人。

［1］《龜茲》：龜茲樂爲南北朝至隋唐間所傳龜茲故地之樂。隋唐宫廷之七部、九部、十部樂中專設龜茲伎或龜茲樂部。本志記當時龜茲樂之起始流傳甚詳。至唐代，龜茲樂尤爲宫廷燕樂所重，故《舊唐書·音樂志》説："自周、隋以來，管絃雜曲將數百曲，多用西涼樂；鼓舞曲多用龜茲樂。其曲度皆時俗所知也。"時龜茲樂已爲胡部諸樂之首。龜茲樂至宋代流傳不衰，宋教坊四部有龜茲部。龜茲當今新疆庫車縣一帶。

［2］白明達：人名。隋唐時代音樂家。傳其爲龜茲人，頗得煬帝寵幸。隋亡入唐，高宗時猶在宫供奉。他的作曲唐時仍在流傳，如《泛龍舟》《七夕相逢樂》。

《天竺》者，[1]起自張重華據有涼州，[2]重四譯來貢男伎，《天竺》即其樂焉。歌曲有《沙石疆》，舞曲有天曲。樂器有鳳首箜篌、琵琶、五弦、笛、銅鼓、毛員鼓、都曇鼓、銅拔、貝等九種，爲一部。工十二人。

［1］《天竺》：天竺樂亦是隋唐燕樂的重要組成部分。《舊唐書·音樂志》載："天竺樂，工人皂絲布頭巾，白練襦，紫綾袴，緋帔。舞二人，辮髮，朝霞袈裟，行纏，碧麻鞋……樂用銅鼓、羯鼓、毛員鼓、都曇鼓、篳篥、横笛、鳳首箜篌、琵琶、銅鈸、貝。毛員鼓、都曇鼓今亡。"樂舞者穿朝霞袈裟應有佛教音樂色彩。稱"重四譯來貢男伎"是説天竺樂通過四種語言的轉譯方進入涼州。

［2］張重華：人名。字泰臨，十六國前涼人。《晋書》卷八六有附傳。

《康國》，[1]起自周武帝娉北狄爲后，[2]得其所獲西戎伎，因其聲。歌曲有《戢殿農和正》，舞曲有《賀蘭鉢鼻始》《末奚波地》《農惠鉢鼻始》《前拔地惠地》等四曲。樂器有笛、正鼓、加鼓、銅拔等四種，爲一部。工七人。

[1]《康國》：康國樂爲隋唐燕樂的重要組成部分。康國樂歷隋至唐代，《舊唐書》載："康國樂，工人皂絲布頭巾，緋絲布袍，錦領。舞二人，緋襖，錦領袖，緑綾渾襠袴，赤皮靴，白袴帑。舞急轉如風，俗稱胡旋舞。樂用笛二，正鼓一，和鼓一，銅拔一。"康國，中亞古國，在今烏兹别克斯坦共和國之撒馬爾罕附近。

[2]周武帝："武"字底本作"代"。中華本校勘記云："據《周書·武帝紀》上、《舊唐書·音樂志》二改。"今從改。

《疏勒》《安國》《高麗》，並起自後魏平馮氏及通西域，[1]因得其伎。後漸繁會其聲，以别於太樂。

[1]馮氏：即馮弘，字文通，北燕信都（今河北冀州市）人，其兄馮跋爲燕王，跋死後，弘殺跋子翼，自立，改元太興，僭位六年。

《疏勒》，[1]歌曲有《亢利死讓樂》，舞曲有《遠服》，解曲有《鹽曲》。[2]樂器有豎箜篌、琵琶、五弦、笛、簫、篳篥、答臘鼓、腰鼓、羯鼓、雞婁鼓等十種，爲一部，工十二人。

[1]《疏勒》：疏勒樂，隋唐九部樂、十部樂之一。傳至唐代，

據《舊唐書·音樂志》載："疏勒樂，工人皂絲布頭巾，白絲布袴，錦襟褾。舞二人，白襖，錦袖，赤皮靴，赤皮帶。樂用竪箜篌、琵琶、五絃琵琶、横笛、簫、篳篥、荅臘鼓、腰鼓、羯鼓、雞婁鼓。"疏勒，中亞古國，地當今新疆疏勒、英吉沙二城。

[2]《鹽曲》："鹽"字底本作"監"。中華本校勘記云："據陳暘《樂書》一五八及《御覽》五六七引《樂部樂志》改。"今從改。

《安國》，[1]歌曲有《附薩單時》，舞曲有《末奚》，解曲有《居和祇》。樂器有箜篌、琵琶、五弦、笛、簫、篳篥、雙篳篥、正鼓、和鼓、銅拔等十種，[2]爲一部。工十二人。

[1]《安國》：安國樂爲隋唐燕樂的重要組成部分。安國樂歷隋至唐代，《舊唐書·音樂志》載："安國樂，工人皂絲布頭巾，錦褾領，紫袖袴。舞二人，紫襖，白袴帑，赤皮靴。樂用琵琶、五絃琵琶、豎箜篌、簫、横笛、篳篥、正鼓、和鼓、銅拔、箜篌。五絃琵琶今亡。"安國，中亞古國，在今烏兹别克斯坦共和國之布哈拉一帶。

[2]正鼓："正"底本作"王"。中華本校勘記云："據《通典》一四六及《舊唐書·音樂志》二改。"今從改。

《高麗》，[1]歌曲有《芝栖》，舞曲有《歌芝栖》。樂器有彈箏、臥箜篌、豎箜篌、琵琶、五弦、笛、笙、簫、小篳篥、桃皮篳篥、腰鼓、齊鼓、擔鼓、貝等十四種，爲一部。工十八人。

[1]《高麗》：高麗樂爲隋唐燕樂的組成部分，傳至唐代的高麗樂據《舊唐書·音樂志》所記："高麗樂……舞者四人……樂用彈箏一，搊箏一，臥箜篌一，豎箜篌一，琵琶一，義觜笛一，笙一，簫一，小篳篥一，大篳篥一，桃皮篳篥一，腰鼓一，齊鼓一，檐鼓一，貝一。武太后時，尚二十五曲，今惟習一曲。"高麗，古朝鮮北方之國名，本稱高句麗。傳見本書卷八一。

《禮畢》者，本出自晉太尉庾亮家。[1]亮卒，其伎追思亮，因假爲其面，執翳以舞，象其容，取其謚以號之，謂之爲《文康樂》。每奏《九部樂》終則陳之，故以禮畢爲名。其行曲有《單交路》，舞曲有《散花》。樂器有笛、笙、簫、篪、鈴槃、鞞、腰鼓等七種，三懸爲一部。工二十二人。

[1]庾亮：人名。字元規，晉明帝庾皇后兄。傳見《晉書》卷七三。

始齊武平中，有魚龍爛漫、俳優、朱儒、山車、巨象、拔井、種瓜、殺馬、剥驢等，奇怪異端，百有餘物，名爲百戲。周時，鄭譯有寵於宣帝，奏徵齊散樂人，並會京師爲之。蓋秦角抵之流者也。開皇初，並放遣之。及大業二年，突厥染干來朝，煬帝欲誇之，總追四方散樂，大集東都。初於芳華苑積翠池側，帝帷宮女觀之。有舍利先來，戲於場内，須臾跳躍，激水滿衢，黿鼉龜鼇，水人蟲魚，遍覆于地。又有大鯨魚，噴霧翳日，倏忽化成黄龍，長七八丈，聳踊而出，名曰《黄龍變》。又以繩繫兩柱，相去十丈，遣二倡女，對舞繩上，相逢切肩而過，歌舞不輟。又爲夏育扛鼎，取車輪石臼大甕器等，各於掌上而跳弄之。并二人戴竿，其上有舞，忽然騰透而换易之。又有神鼇負山，幻人吐火，千變萬化，曠古莫儔。染干大駭之。自是皆於太常教習。每歲正月，萬國來朝，留至十五日，於端門外，建國門内，綿亘八里，列爲戲場。百官起棚夾路，從昏達旦，以縱觀之。至晦而罷。伎人皆衣錦繡繒綵。其歌舞者，多爲婦人服，鳴環佩，飾以花毦者，殆三萬人。初課京兆、河南製此衣服，而兩京繒錦，爲之中虚。三年，駕幸榆林，突厥啓民，朝于行宫，帝又設以示之。六年，諸夷大獻方物。突厥啓民以下，皆國主親來朝賀。乃於天津街盛陳百戲，自海内凡有奇伎，無不總萃。崇侈器玩，盛飾衣服，皆用珠翠金銀，錦罽絺繡。其營費鉅億萬。關西以安德王雄總之，東都以齊王暕總之，金石匏革之聲，聞數十里外。彈弦擫管以上，一萬八千人。大列炬火，光燭天地，百戲之盛，振古無比。自是每年以爲常焉。

故事，天子有事於太廟，備法駕，陳羽葆，以入于次。禮畢升車，而鼓吹並作。開皇十七年詔曰："昔五帝異樂，三王殊禮，皆隨事而有損益，因情而立節文。仰惟祭享宗廟，瞻敬如在，罔極之感，情深兹日。而禮畢升路，鼓吹發音，還入宫門，金石振響。斯則哀樂同日，心事相違，情所不安，理實未允。宜改兹往式，用弘禮教。自今以後，享廟日不須設鼓吹，殿庭勿設樂懸。在廟内及諸祭，並依舊。其王公已下，祭私廟日，不得作音樂。”

至大業中，煬帝制宴饗設鼓吹，依梁爲十二案。案别有錞于、鉦、鐸、軍樂鼓吹等一部。案下皆熊羆貙豹，騰倚承之，以象百獸之舞。其大駕鼓吹，並朱漆畫。大駕鼓吹、小鼓加金鐲、羽葆鼓、鐃鼓、節鼓，皆五采重蓋，其羽葆鼓，仍飾以羽葆。長鳴、中鳴、大小横吹，五采衣幡，緋掌，畫交龍，五采脚。大角幡亦如之。大鼓、長鳴、大横吹、節鼓及横吹後笛、簫、篳篥、笳、桃皮篳篥等工人服，皆緋地苣文爲袍袴及帽。金鉦、棡鼓，其鉦鼓皆加八角紫傘。小鼓、中鳴、小横吹及横吹後笛、簫、篳篥、笳、桃皮篳篥等工人服，並青地苣文袍袴及帽。羽葆鼓、鐃及歌、簫、笳工人服，並武弁，朱袴衣，革帶。大角工人，平巾幘，緋衫，白布大口袴。其鼓吹督帥服，與大角同。以下準督帥服，亦如之。

棡鼓一曲，十二變，與金鉦同。夜警用一曲俱盡，次奏大鼓。大鼓，一十五曲供大駕，一十二曲供皇太子，一十曲供王公等。小鼓，九曲供大駕，三曲供皇太子及王公等。

長鳴色角，一百二十具供大駕，三十六具供皇太子，十八具供王公等。

次鳴色角，一百二十具供大駕，十二具供皇太子，一十具供王公等。

大角，第一曲起捉馬，第二曲被馬，第三曲騎馬，第四曲行，第五曲入陣，第六曲收軍，第七曲下營。皆以三通爲一曲。其辭並本之鮮卑。

鐃鼓，十二曲供大駕，六曲供皇太子，三曲供王公等。其樂器有鼓，并歌、簫、笳。

大横吹，二十九曲供大駕，九曲供皇太子，七曲供王公。其樂器有角、節鼓、笛、簫、篳篥、笳、桃皮篳篥。

小横吹，十二曲供大駕，夜警則十二曲俱用。其樂器有角、笛、簫、篳篥、笳、桃皮篳篥。

隋書　卷一六

志第十一

律曆上[1]

[1]《隋書·律曆志》（三卷），唐朝著名天文曆法和算學家李淳風編著。李淳風，道號黄冠子，岐州雍（今陝西鳳翔縣）人。貞觀元年（627），入太史局供職，專攻天學曆算長達四十年之久，官至太史丞。咸亨元年（670），李淳風卒，高宗頒“追復詔”，追李淳風爲太史令。新、舊《唐書》皆有李淳風傳。

《隋書·律曆志》因出於名家之手，可稱得上是正史“律曆志”中内容最爲科學規範、條理最爲清晰的一篇。由於李淳風眼光獨到，對曆算方面的内容鑒别水準很高，使得本志保存了一些當時處於領先的學術成就。如其中關於祖冲之的圓周率記載等。又，本志全文收録了未被頒行的劉焯《皇極曆》，這是正史曆志中十分罕見之舉。賴此志記載，人們纔知道中國歷史上這些偉大成就，十分珍貴。

此《隋書·律曆志》（上中下）今注，以百衲本爲底本，以中華書局校點本（簡稱中華本）爲對照工作本，對中華本中没有異議的校勘，本今注本直接采用而不再出校勘記。中華本中仍存在的一些句讀錯誤，本注本予以了糾正，但一般不出校勘記。又，古曆算法從隋唐開始有飛躍式的進步，其計算過程或算法公式皆用文字叙述，十分複雜。中華本很多地方雖然斷句不誤，但標點符號使用不盡如人意，本注本有大量的優化，一般也不出注。

《隋書·律曆志》上卷，實際上是五代（梁、陳、周、北齊、隋）的律志，按照《漢志》的體例，分“備數、和聲、審度、嘉量、衡權”五章，分别叙述其概念和原理的發生發展，及其在上述五個朝代的沿革。值得注意，《晋書·律曆志》也出於李淳風之手，因此，《晋志》和本志在律、度、量、衡方面的内容有一些相近的叙述，可以對照研讀。當然，關於律、度、量、衡的發生發展，由於起源很早而不可詳考，往往托以傳説。不論是《晋志》還是本志，律學理論都繼承了《史記·律書》特别是《漢書·律曆志》的學術傳統——“協時月正日，同律度量衡”，且都視之爲“制事立法，物度軌則”的“百王不易之道”，把“律度量衡”的制度、理論與“王道”聯繫在一起。律學、曆法、天學從來就是古代社會上層建築的重要内容，從早期開始就與先民的敬天崇拜密不可分，相關學説一直是古代社會的重大社會政治問題，占據了《史記》八書的《律書》《曆書》《天官書》，又與《禮書》《樂書》緊密聯繫，成爲帝王統治政治學説中的重中之重。“天人合一”學説一經漢代的董仲舒提出，就被歷代帝王奉爲正統。我們今天習慣於將古人的這種傳統學説，用是否具有今天的科學意義來進行評價，還不時地貼上封建迷信的標籤，這是我們的偏執。其實，我們的先民有他們的社會生態與學術傳統，古人也會有自己的“官樣文章”。就在全球化的今天，東西方世界人們的交往仍然存在障礙！何况我們今天讀到的律曆等的文獻學説，基本都是來自正史，它們也是需要政治正確的。不過，以曆法爲例，古人一旦發生關於曆法優劣的辯論，評判的依據往往總是實際天象觀測，拿觀測數據説話，這在今天也是很科學的。至於祭奠天地的禮儀，溝通神人的學問，乃至統治萬民的理論，這些是皇權政治的需要，是君臣之道，本不在科學範疇。

自夫有天地焉，有人物焉，樹司牧以君臨，懸政教而成務，莫不擬乾坤之大象，禀中和以建極，揆影響之幽賾，成律吕之精微。是用範圍百度，財成萬品。昔者淳古葦籥，創睹人籟之源，女媧笙簧，仍昭鳳律之首。後聖廣業，稽古彌崇，伶倫含少，乃擅比竹之工，虞舜昭華，方傳刻玉之美。[1]是以《書》稱："叶時月正日，同律度量衡。"[2]又曰："予欲聞六律、五聲、八音、七始詠，[3]以出納五言。"此皆候金常而列管，憑璿璣以運鈞，統三極之元，紀七衡之響，可以作樂崇德，殷薦上帝。故能動天地，感鬼神，和人心，移風俗，考得失，徵成敗者也。粤在夏、商，無聞改作。其於《周禮》，典同則"掌六律六同之和，以辨天地四方陰陽之聲，以爲樂器"。景王鑄鍾，問律於泠州鳩，對曰："夫律者，所以立鈞出度。"鈞有五，則權衡規矩準繩咸備。[4]故《詩》曰"尹氏太師，執國之鈞，天子是禆，俾不迷"是也。太史公《律書》云："王者制事立法，物度軌則，[5]一禀於六律，爲萬事之本。其於兵械，尤所重焉。故云：'望敵知吉凶，聞聲效勝負'。百王不易之道也。"[6]

［1］"昔者淳古葦籥"至"方傳刻玉之美"：是在説樂器的起

源，所謂淳古、女媧、伶倫、舜等發明樂器的故事，當爲傳説，非信史。籥，古代管樂器，在甲骨文中本作“龠”，象編管之形，似爲排簫的前身。

[2]叶時月正日：“叶”字，《尚書·舜典》作“協”，但李淳風在《晋書·律曆志》中也用“叶”字。故不改。

[3]七始詠：百衲本等皆作“七始訓”，中華本認爲依《漢書·律曆志》當作“七始詠”，今據改。

[4]鈞有五，則權衡規矩準繩咸備：泠州鳩所説的“律者立鈞出度”當僅指樂律而言。其實，律學包含數、聲、度、量、衡五個方面是從劉歆開始的。下文所言“王莽之際，考論音律，劉歆條奏”，説的就是劉歆的規範音律之作，劉氏所上之書今已不傳，但其主要内容被班固收入《漢書·律曆志》。

[5]王者制事立法，物度軌則：此處各本“物”“法”二字倒置，《史記·律書》作“王者制事立法，物度軌則”，當據改。

[6]“是以《書》稱”至“百王不易之道也”：這段文字是在説明音律的發展歷程及其功用，文字乃分别轉述自《尚書》《周禮》《詩經》和《史記·律書》等典籍。

及秦氏滅學，其道浸微。漢室初興，丞相張蒼首言音律，未能審備。孝武帝創置協律之官，司馬遷言律吕相生之次詳矣。及王莽之際，考論音律，劉歆條奏，班固因志之。蔡邕又記建武以後言律吕者，司馬紹統採而續之。[1]炎歷將終，而天下大亂，樂工散亡，器法湮滅。魏武始獲杜夔，使定音律。夔依當時尺度，權備典章。及晋武受命，遵而不革。至泰始十年，光禄大夫荀勖奏造新度，更鑄律吕。元康中，勖子藩復嗣其事，未及成功，屬永嘉之亂。中朝典章，咸没於石勒。及帝南遷，皇度草昧，禮容樂器，掃地皆盡。雖稍加採掇，而多所淪胥，終于恭、安，竟不能備。宋錢樂之衍京房六十律，更增爲三百六十，梁博士沈重，述其名數。[2]後魏、周、齊，時有論者。今依班志，編録五代聲律度量，以志于篇云。

[1]《續漢書·律曆志》是由蔡邕和劉洪編撰的，蔡氏負責律，有《蔡氏月令》之作；劉氏負責曆，有《乾象曆》傳世。參見本志卷中。

[2]此段歷數後漢以來律學名家及其創作。蔡邕、杜夔、荀勗、錢樂之、京房、沈重等人的創作見《續漢書·律曆志》和《晋書·律曆志》。

《漢志》言律，一曰備數，二曰和聲，三曰審度，四曰嘉量，五曰衡權。自魏、晋已降，代有沿革。今列其增損之要云。[1]

[1]到此爲本志論《律》篇的總論。此總論一節與《晋志》相關内容大致相同，衹有個别文字差别，應該是李淳風先寫就《晋志》，後潤色而用作本志。

備數

五數者，一、十、百、千、萬也。《傳》曰："物生而後有象，滋而後有數。"是以言律者，云數起於建子，黄鍾之律。始一，而每辰三之，歷九辰至酉，得一萬九千六百八十三，而五數備成，以爲律法。又參之，終亥，凡歷十二辰，得十有七萬七千一百四十七，而辰數該矣，以爲律積。以成法除該積，得九寸，即黄鍾宫律之長也。[1]此則數因律起，律以數成，故可歷管萬事，綜覈氣象。其算用竹，廣二分，長三寸，正策三廉，積二百一十六枚，成六觚，乾之策也。負策四廉，積一百四十四枚，成方，坤之策也。[2]觚、方皆經十二，[3]天地之大數也。是故探賾索隱，鈎深致遠，莫不用焉。一、十、百、千、萬，所同由也；律、度、量、衡、曆、率，其别用也。[4]故體有長短，檢之以度，則不失毫釐；物有多少，受之以器，則不失圭撮；量有輕重，平之以權衡，則不失黍絫；聲有清濁，協之以律吕，則不失宫商；三光運行，紀以曆數，則不差晷刻；事物糅見，御之以率，則不乖其本。故幽隱之情，精微之變，可得而綜也。

［1］“是以言律者”至“即黄鍾宫律之長也”：叙述“黄鍾律長九寸”的來歷。將十二律與十二辰干支對應，又與從 3^0 到 3^{11} 這一“等比數列”對應起來（見表1）。以 $3^{11}=177147$ 爲分子（律積），以 $3^9=59049$ 爲分母（律法），用 $3^{11}\div 3^9=9$ 爲黄鍾之長，實乃自神其數的數字游戲。

表1　十二律、十二辰對應關係及其數列

十二律	黄鍾	林鍾	太蔟	南吕	姑洗	應鍾	蕤賓	大吕	夷則	夾鍾	無射	中吕
十二辰	子	丑	寅	卯	辰	巳	午	未	申	酉	戌	亥
數列	1	3	9	27	81	243	729	2187	6561	19683	59049	177147

［2］“其算用竹”至“坤之策也”：中國古代常用的計算方法爲“籌算”（明代以後纔盛行珠算），其工具叫“算籌”，算籌一般

是用竹子做的。因爲中國古代很早就有了負數的概念，所以，爲了區别正負數，要有分别表示正數和負數的算籌。由此處記載我們知道，正數用三棱柱形算籌表示，負數則用四棱柱形算籌表示；一個標準的正數算籌包裝單位有 216 根，組成六棱柱形的一握。“六觚”，即六邊形。一個負數算籌的包裝單位是 144 根。而説 216、144 爲所謂的“乾之策”“坤之策”，是因爲《周易》的乾卦、坤卦分别有 6 個陽爻與 6 個陰爻，每個陽爻有策數 36，每個陰爻有策數 24，從而有乾之策爲 $6\times36=216$，坤之策爲 $6\times24=144$。

［3］觚、方皆經十二：觚、方是指正、負算籌的每個包裝單位的横截面，負算籌的横截面是正方形，其邊長包含 12 個“廣二分”的“正”策；而正算籌的横截面爲六邊形，其外接圓直徑包含 12 個“廣二分”的“負”策（如圖 1 所示）。不能理解成“觚”“方”的直徑爲“十二”。

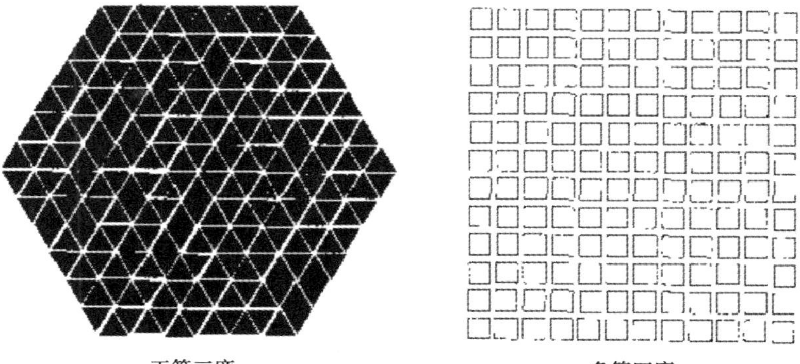

正策三廉　　負策四廉

觚 216：$[6+(7+8+9+10+11)\times2+12]\times2=216$　方 144：$12\times12=144$

圖 1　觚與方徑十二示意圖

［4］一、十、百、千、萬，所同由也；律、度、量、衡、曆、率，其别用也：《續漢書·律曆志上》作“夫一、十、百、千、萬，所同用也；律、度、量、衡、曆，其别用也”。“一、十、百、千、

萬”是計數法的單位，代表抽象的“數”。“數”運用於各個不同的領域，所以叫“所同由也”。而“律、度、量、衡、曆、率”則分别是代表音樂、長度、體積、品質、天體運行和算術等不同的運用領域，故曰“其别用也”，下文“故體有長短，檢之以度，則不失毫釐；……事物糅見，御之以率，則不乖其本”就是解釋這些不同的運用。這裏“率”即“算術”的代名詞，參見下一注釋。

夫所謂率者，有九流焉：[1]一曰方田，以御田疇界域。二曰粟米，以御交質變易。三曰衰分，以御貴賤廩税。四曰少廣，以御積冪方圓。五曰商功，以御功程積實。六曰均輸，以御遠近勞費。七曰盈朒，以御隱雜互見。八曰方程，以御錯糅正負。九曰句股，以御高深廣遠。[2]皆乘以散之，除以聚之，齊同以通之，今有以貫之。[3]則算數之方，盡於斯矣。

[1]夫所謂率者，有九流焉：在中國古代，數學等同於算術，中國古代算術的代表典籍就是《九章算術》，下文從“一曰方田，以御田疇界域”到“九曰句股，以御高深廣遠”正是《九章算術》各章的標題，所以常用“九章”或“九數”作爲算術的代名詞。九數又分别有其發展流變，即所謂“九流焉”。從而此“率”就是指“算術”。魏人劉徽注《九章》，稱“率”是算之綱紀，云“凡九數以爲篇名，可以廣施諸率”，把率作爲古代數學理論的核心。其實，在中國古代確實存在過這樣一個發展階段，即在當時數學家的頭腦裏，比率就是一切。

[2]“一曰方田”至“以御高深廣遠”：是《九章算術》九章之篇名，是中國古代數學傳統内容的規範。

[3]皆乘以散之，除以聚之，齊同以通之，今有以貫之：這裏的“乘”“除”“齊同”“今有”都是關於比率的相關演算法。

古之九數，圓周率三，圓徑率一，其術疏舛。自劉歆、張衡、劉徽、王蕃、皮延宗之徒，各設新率，未臻折衷。宋末，南徐州從事史祖冲之，更開密法，以圓徑一億爲一丈，圓周盈數三丈一尺四寸一分五釐九毫二秒七忽，朒數三丈一尺四寸一分五釐九毫二秒六忽，正數在盈朒二限之間。密率，圓徑一百一十三，圓周三百五十五。約率，圓徑七，周二十二。[1]又設開差冪，開差立，兼以正〔負〕（圓）參之。[2]指要精密，算氏之最者也。所著之書，名爲《綴術》，學官莫能究其深奥，是故廢而不理。[3]

［1］"南徐州從事史"至"周二十二"：此段文字介紹中國古代科學家祖冲之關於圓周率的偉大成就。所謂圓周率就是圓的直徑和圓周的比率，現代數學中記做 π。"正數"即指 π 的值，"盈數"是一大於 π 的數值，"朒數"則是一小於 π 的數值。"圓周盈數三丈一尺四寸一分五釐九毫二秒七忽，朒數三丈一尺四寸一分五釐九毫二秒六忽，正數在盈朒二限之間"。即 $3.1415926 < \pi < 3.1415927$。所謂"密率"和"約率"，"密"精密之意，"約"即簡約，此二率則是祖冲之給出的 π 值的兩個精度不同的近似分數：

$$密率 = \frac{355}{113}，約率 = \frac{22}{7}。$$

［2］開差冪，開差立，兼以正圓參之：此句語義過於簡約，現代數學史家一般認爲，"開差冪"是已知長方形的面積和長寬差，用開平方法求長或寬，即古算中的"開帶從平方"法；"開差立"則是已知四棱柱的體積和長、寬、高的差，用開立方法求其一邊，即"開帶從立方"法。開帶從平方或開帶從立方是古算中的解二次

或三次多項式方程的方法，即求解 $ax^2+bx=c$ 或 $ax^3+bx^2+cx=d$（a、b、c、d 爲正整數）。“兼以正圓參之”，錢寶琮等認爲“圓”字本當是“負”，被誤作成“員”字，而“員”後又改寫成“圓”，參見錢寶琮主編《中國數學史》，科學出版社 1992 年版，第 89～90 頁。果如此，即上述方程的係數 a、b、c、d 可以是負數，在古算中叫“正負開方術”。

［3］《綴術》：祖冲之的《綴術》在唐初被作爲官學教材的“十部算經”之一，本志作者李淳風曾注釋過這“十部算經”。因爲《綴術》是一部高水準的數學著作，唐時官學的算學生要用四年纔學完這部教材。因“學官莫能究其深奧”“廢而不理”，所以很早就失傳了，至少在北宋元豐七年（1084）刻《算經十書》時就没有《綴術》了。

和聲

傳稱黄帝命伶倫斷竹，長三寸九分，而吹以爲黄鍾之宫，曰含少。次制十二管，以聽鳳鳴，以别十二律，此雌雄之聲，以分律吕。[1]上下相生，因黄鍾爲始。《虞書》云：“叶時月正日，同律度量衡。”夏禹受命，以聲爲律，以身爲度。[2]《周禮》，樂器以十二律爲之度數。司馬遷《律書》云：“黄鍾長八寸〔十〕（七）分之一，太蔟長七寸〔十〕（七）分二，林鍾長五寸〔十〕（七）分〔四〕（三），應鍾長四寸〔二分〕三分二。”[3]此樂之三始，十二律之本末也。班固、司馬彪《律志》：“黄鍾長九寸，聲最濁；太蔟長八寸；林鍾長六寸；應鍾長四寸七分四釐强，[4]聲最清。”鄭玄《禮·月令注》、蔡邕《月令章句》及杜夔、荀勗等所論，雖尺有增損，而十二律之寸數並同。《漢志》京房又以隔八相生，一始自黄鍾，終於中吕，十二律畢矣。中吕上生黄鍾，不滿九寸，謂之執始，下生去滅。上下相生，終於南事。更增四十八律，以爲六十。其依行在辰，上生包育，[5]隔九編於冬至之後。分焉、遲内，其數遂減應鍾之清。宋元嘉中，太史錢樂之因京房南事之餘，引而伸之，更爲三百律，終於安運，長四寸四分有奇。總合舊爲三百六十律。日當一管，宫徵旋韻，各以次從。何承天《立法制議》云："上下相生，三分損益其一，蓋是古人簡易之法。猶如古曆周天三百六十五度四分之一，後人改制，皆不同焉。而京房不悟，謬爲六十。"承天更設新率，則從中吕還得黄鍾，十二旋宫，聲韻無失。黄鍾長九寸，太蔟長八寸二釐，林鍾長六寸一釐，應鍾長四寸七分九釐强。其中吕上生所益之分，還得十七萬七千一百四十七，復十二辰參之數。

[1]此雌雄之聲，以分律吕："雌雄"即陰陽；十二律分六陽六陰，陽爲律，陰爲吕。六律爲"黄鍾、太蔟、姑洗、蕤賓、夷則、無射"，六吕爲"大吕、夾鍾、中吕、林鍾、南吕、應鍾"。

[2]以身爲度：言夏禹時以身體的部位作爲長度單位的標準，這是在遠古時代世界各民族、各大文明都曾有過的時代。

[3]"黄鍾長八寸"至"三分二"：中華本校勘記云："應鍾長四寸三分二，今傳本《史記・律書》作應鍾長四寸二分三分二。"並指出，由於《律曆志》中此類數字的訛誤較多，以後凡根據它書或推算而改正的這種數字，一般不一一出校勘記，用圓括號表示删，用方括號表示增。本注以下也采取這個原則。又，此處引文另有三處"七"改"十"和一處"三"改"四"，中華本在《史記・律書》那裏改正，但這裏未改。關於司馬遷所記這十二律之管

長數值的校算，請參見以下相關注釋。

［4］“黄鍾長九寸”至“應鍾長四寸七分四釐强”：這裏班固《漢書·律曆志》的管長資料與《史記》所記不同，鄭玄則以管長九寸，九九八十一，管長六寸，六九五十四，附會《漢書·律曆志》與《史記》的差别，後人多有批評。

［5］包育：中華本校勘記指出：“本志所載京房六十律、錢樂之三百六十律，其中包育、分焉、分居、佚喜、内貞、鮮刑、未印等七律的名稱與《續漢書·律曆志上》不同。”

梁初，因晋、宋及齊，無所改制。其後武帝作《鍾律緯》，論前代得失。其略云：[1]

案律吕，京、馬、鄭、蔡，至蕤賓，並上生大吕；而班固《律曆志》，至蕤賓，仍以次下生。若從班義，夾鍾唯長三寸七分有奇。[2]律若過促，則夾鍾之聲成一調，中吕復去調半，是過於無調。仲春孟夏，正相長養，其氣舒緩，不容短促。求聲索實，班義爲乖。鄭玄又以陰陽六位，次第相生。若如玄義，陰陽相逐生者，止是升陽，其降陽復將何寄？就筮數而論，乾主甲壬而左行，坤主乙癸而右行，故陰陽得有升降之義。陰陽從行者，真性也，六位升降者，象數也。今鄭乃執象數以配真性，故言比而理窮。云九六相生，了不釋十二氣所以相通，鄭之不思，亦已明矣。

案京房六十，凖依法推，乃自無差。但律吕所得，或五或六，此一不例也。而分焉上生，乃復遲内上生盛變，盛變仍復上生分居，此二不例也。[3]房妙盡陰陽，其當有以，若非深理難求，便是傳者不習。

比敕詳求，莫能辨正。聊以餘日，試推其旨，參校舊器，及古夾鍾玉律，更制新尺，以證分毫，制爲四器，名之爲通。四器弦間九尺，臨岳高一寸二分。黄鍾之弦二百七十絲，長九尺，以次三分損益其一，以生十二律之弦絲數及弦長。各以律本所建之月，五行生王，終始之音，相次之理，爲其名義，名之爲通。通施三弦，傳推月氣，悉無差舛。即以夾鍾玉律命之，則還相中。

又制爲十二笛，以寫通聲。其夾鍾笛十二調，以飲玉律，又不差異。山謙之《記》云："殿前三鍾，悉是周景王所鑄無射也。"遣樂官以今無射新笛飲，不相中。以夷則笛飲，則聲韻合和。端門外鍾，亦案其銘題，定皆夷則。其西廂一鍾，天監中移度東。以今笛飲，乃中南吕。驗其鐫刻，乃是太蔟，則下今笛二調。重敕太樂丞斯宣達，令更推校，鍾定有鑿處，表裏皆然。借訪舊識，乃是宋泰始中，使張永鑿之，去銅既多，故其調嘽下。以推求鍾律，便可得而見也。宋武平中原，使將軍陳傾致三鍾，小大中各一。則今之太極殿前二鍾，端門外一鍾是也。案西鍾銘則雲"清廟撞鍾"，秦無清廟，此周制明矣。又一銘云"太蔟鍾徵"，則林鍾宫所施也。[4]京房推用，似有由也。檢題既無秦、漢年代，直云夷則、太蔟，則非秦、漢明矣。古人性質，故作僮僕字，則題而言，彌驗非近。且夫驗聲改政，則五音六律，非可差舛。工守其音，儒執其文，歷年永久，隔而不通。無論樂奏，求之多缺，假使具存，亦不可用。周頌漢歌，各叙功德，豈容復施後王，以濫名實？今率詳論，以言所見，并詔百司，以求厥中。

［1］《鍾律緯》：此梁武帝的《鍾律緯》是在討論律吕相生問題。古代律學中音律相生有所謂的“三分損益法”，是中國古代律學中最基本的原理之一。《史記·律書》中即有相關的上下相生之法，但據《晋書·律曆志上》的意見，三分損益的記載始見於《吕氏春秋》。《晋志》曰：“及秦始皇焚書蕩覆，典策缺亡，諸子瑣言時有遺記。吕不韋《春秋》言：黄鍾之宫，律之本也……三分所生，益其一分以上生；三分所生，去其一分以下生。後代之言音律者多宗此説。”其中，由六律生六吕即陽生陰時，用“三分損一法”，即乘以三分之二，叫作“下生”；而由吕生律即陰生陽時，則“三分益一法”即乘以三分之四，叫作“上生”。司馬遷和班固皆按規則的一上一下的方式進行由黄鍾直至中吕的相生，如《漢書·律曆志上》曰：“參分（黄鍾）損一，下生林鍾。參分林鍾益一，上生太族。參分太族損一，下生南吕。參分南吕益一，上生姑洗。參分姑洗損一，下生應鍾。參分應鍾益一，上生蕤賓。參分蕤賓損一，下生大吕。參分大吕益一，上生夷則。參分夷則損一，下生夾鍾。參分夾鍾益一，上生亡射。參分亡射損一，下生中吕。”（見表2）《晋書·律曆志上》則曰：“淮南、京房、鄭玄諸儒言律曆，皆上下相生，至蕤賓又重上生大吕。”所謂“重上生”，表3中的蕤賓生大吕即是。用“重上生”的原因在於：如按表2相生，則“夾鍾唯長三寸三分有奇”，而中吕僅二寸九分有奇，管過短則聲“過促”。故《晋志》曰：“然則言一上一下者，相生之道；言重上生者，吹候之用也。於蕤賓重上生者，適會爲用之數，故言律者因焉，非相生之正也。”其實《史記》律吕相生是用表2，而管長數據則取表3。可見，陰陽之道是古人的哲學大道，實際應用時還是要變通的。

表 2　司馬遷、班固十二律相生關係及其管長

十二律	相生關係	管長（取整）
黄鍾	81	8 寸 1 分
林鍾	81 ×2/3 =54	5 寸 4 分
太蔟	54 ×4/3 =72	7 寸 2 分
南吕	72 ×2/3 =48	4 寸 8 分
姑洗	48 ×4/3 =64	6 寸 4 分
應鍾	$64\times 2/3=42\frac{2}{3}$	4 寸 2 分 7 釐
蕤賓	$42\times 4/3=56\frac{8}{9}$	5 寸 6 分 9 釐
大吕	$56\times 2/3=37\frac{25}{27}$	3 寸 7 分 9 釐
夷則	$37\times 4/3=50\frac{46}{81}$	5 寸 0 分 6 釐
夾鍾	$50\frac{46}{81}\times 2/3=33\frac{173}{243}$	3 寸 3 分 7 釐
無射	$33\frac{173}{243}\times 4/3=44\frac{692}{729}$	4 寸 4 分 9 釐
中吕	$44\frac{692}{729}\times 2/3=29\frac{2113}{2187}$	2 寸 9 分 9 釐

表 3　京房、鄭玄等十二律相生關係及其管長

十二律	相生關係	《史記》管長
黄鍾	81	8 寸 1 分
林鍾	81 ×2/3 =54	5 寸 4 分
太蔟	54 ×4/3 =72	7 寸 2 分
南吕	72 ×2/3 =48	4 寸 8 分
姑洗	48 ×4/3 =64	6 寸 4 分
應鍾	$64\times 2/3=42\frac{2}{3}$	4 寸 $2\frac{2}{3}$ 分
蕤賓	$42\times 4/3=56\frac{8}{9}$	5 寸 $6\frac{2}{3}$ 分
大吕	$56\times 4/3=75\frac{23}{27}$	7 寸 $5\frac{2}{3}$ 分

十二律	相生關係	《史記》管長
夷則	$75\frac{23}{27}\times 2/3=50\frac{46}{81}$	5 寸$\frac{2}{3}$分
夾鍾	$50\frac{46}{81}\times 4/3=67\frac{103}{243}$	6 寸$\frac{1}{3}$分
無射	$67\frac{103}{243}\times 2/3=44\frac{692}{729}$	4 寸 4$\frac{2}{3}$分
中吕	$44\frac{692}{729}\times 4/3=59\frac{2039}{2187}$	5 寸 9$\frac{2}{3}$分

［2］若從班義，夾鍾唯長三寸七分有奇：當是“若從班義，大吕唯長三寸七分有奇”，見表 2 中的“大吕”。

［3］“但律吕所得”至“此二不例也”：指出京房六十律的兩點不足。關於京房律的上下相生關係，見圖 2。圖中原十二律用陰影表示，有相生關係的用箭頭連接，下生用虚綫，上生用實綫。“圖 2”十分顯著地表現了梁武帝所説的兩個問題：其一，由於律和吕相間並不規則，自然“律吕所得，或五或六”；其二，類似“遲内上生盛變，盛變仍復上生分否”的重上生現象，圖中共有九處。又，從圖 2 可見，“南事”是相生所得的最後一吕，而“蕤賓”則是六十律的最後一律，它不再相生（即不生）。“而分焉上生，乃復遲内上生盛變，盛變仍復上生分居”，前注中華本已經指出本志有七個律名與《續漢書・律曆志上》不同，這裏在説京房律的問題，若按《續漢書・律曆志》的京房律名，這句話當作“而

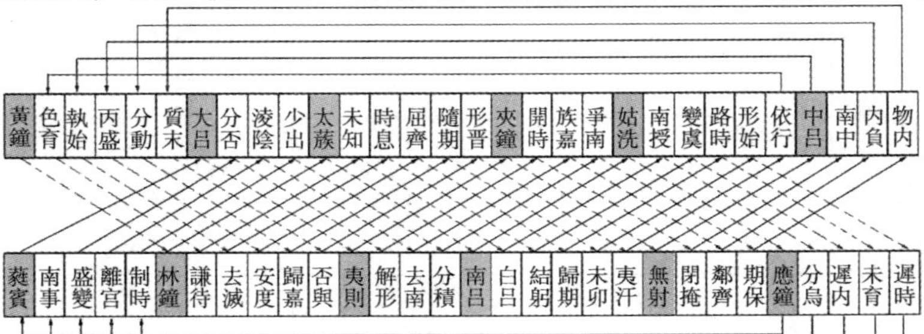

圖 2　京房六十律上下相生關係圖

分烏上生南事，遲内上生盛變，盛變仍復上生分否”。

［4］“太蔟鍾徵”，則林鍾宫所施也：若按十二律，則應該是“黄鍾爲宫，林鍾爲徵，太簇爲商，南吕爲羽，姑洗爲角”，不可能出現“太蔟鍾徵”現象。而在京房六十律中，有將六十律與一年中的日數分配的規定，“當日者各自爲宫，而商徵以類從焉”。《續漢書·律曆志上》所記京房六十律的林鍾律即曰：“林鍾，十一萬八千九十八。上生太蔟。林鍾爲宫，南吕商，太蔟徵。”梁武帝是在此考證了有此銘文的鍾非秦漢時代之物，而是周制的產物，所以説京房之作當有淵源。

未及改制，遇侯景亂。

陳氏制度，亦無改作。

西魏廢帝元年，周文攝政。又詔尚書蘇綽詳正音律。綽時得宋尺，以定諸管，草創未就。會閔帝受禪，政由冢宰，方有齊寇，事竟不行。後掘太倉，得古玉斗，按以造律及衡，其事又多湮没。

至開皇初，詔太常牛弘議定律吕。於是博徵學者，序論其法，又未能決。遇平江右，得陳氏律管十有二枚，並以付弘。遣曉音律者陳山陽太守毛爽及太樂令蔡子元、于普明等，以候節氣，作《律譜》。[1]時爽年老，以白衣見高祖，授淮州刺史，辭不赴官。因遣協律郎祖孝孫就其受法。弘又取此管，吹而定聲。既天下一統，異代器物，皆集樂府，曉音律者，頗議考覈，以定鍾律。更造樂器，以被《皇夏》十四曲，高祖與朝賢聽之，曰：“此聲滔滔和雅，令人舒緩。”

[1]《律譜》：此處所言《律譜》在下文“候氣”一節中有節略引述，從中可知《律譜》由毛爽所作。

然萬物人事，非五行不生，非五行不成，非五行不滅。故五音用火尺，其事火重。用金尺則兵，用木尺則喪，用土尺則亂，用水尺則律呂合調，天下和平。魏及周、齊，貪布帛長度，故用土尺。今此樂聲，是用水尺。江東尺短於土，長於水。俗間不知者，見玉作，名爲玉尺，見鐵作，名爲鐵尺。詔施用水尺律樂，其前代金石，並鑄毀之，以息物議。[1]

[1]此段將度之制度與五行聯繫起來。特别要注意，按照本志這裏的意思，所謂的“五行尺”應該是僅用於“調律，同律度量衡”。李淳風還告誡我們，一定要區别對待“俗間不知者，見玉作，名爲玉尺，見鐵作，名爲鐵尺”。

至仁壽四年，劉焯上啓於東宫，論張胄玄曆，兼論律呂。其大旨曰：“樂主於音，音定於律。音不以律，不可克諧，度律均鍾，於是乎在。但律終小呂，數復黄鍾，舊計未精，終不復始。故漢代京房，妄爲六十，而宋代錢樂之更爲三百六十。考禮詮次，豈有得然，化未移風，將恐由此。匪直長短失於其差，亦自管圍乖於其數。又尺寸意定，莫能詳考，既亂管弦，亦舛度量。焯皆校定，庶有明發。”其黄鍾管六十三爲實，以次每律減三分，以七爲寸法。約之，得黄鍾長九寸，太蔟長八寸一分四釐，林鍾長六寸，應鍾長四寸二分八釐七分之四。[1]其年，高祖崩，煬帝初登，未遑改作，事遂寢廢。其書亦亡。大業二年，乃詔改用梁表律調鍾磬八音之器，[2]比之前代，最爲合古。其制度文議，并毛爽舊律，并在江都淪喪。

［1］“樂主於音”至“七分之四”：劉焯的律一改傳統的“三分損益法”，其律數創用等差數列法，這是很有意思的事，不過没有實際施行。劉焯十二律的構造如下表4。

表4　劉焯十二律構造表

十二律	黄鍾	大吕	太蔟	夾鍾	姑洗	中吕	蕤賓	林鍾	夷則	南吕	無射	應鍾
數列	6300	6000	5700	5400	5100	4800	4500	4200	3900	3600	3300	3000
管長*	900	$857\frac{1}{7}$	$814\frac{2}{7}$	$771\frac{3}{7}$	$728\frac{4}{7}$	$685\frac{5}{7}$	$642\frac{6}{7}$	600	$557\frac{1}{7}$	$514\frac{2}{7}$	$471\frac{3}{7}$	$428\frac{4}{7}$

*管長=數列/7，單位爲“釐”。

［2］梁表律調鍾磬八音之器：即梁代用“表尺”律數所調鍾磬八音之器。“表”是中國古代天文中測量日影長度的儀器名稱，一般是八尺高（後來也有四丈高表等）。“表尺”就是度量表影的尺子，又叫“量天尺”。其單位和民用尺的變化不一樣，一般保持古制。所謂“八音之器”是指金、石、匏、革、絲、竹、土、木八種材質製作的標準樂器。

律管圍容黍[1]

《漢志》云：“黄鍾圍九分，林鍾圍六分，太蔟圍八分。”《續志》及鄭玄並云：“十二律空，皆徑三分，圍九分。”[2]後魏安豐王依班固《志》，林鍾空圍六分，及太蔟空圍八分，作律吹之，不合黃鍾商徵之聲。皆空圍九分，乃與均鍾器合。開皇九年平陳後，牛弘、辛彥之、鄭譯、何妥等，參考古律度，各依時代，制其黃鍾之管，俱徑三分，長九寸。度有損益，故聲有高下。圓徑長短，與度而差，故容黍不同。[3]今列其數云。

晋前尺黃鍾容黍八百八粒。[4]

梁法尺黃鍾容八百二十八。

梁表尺黃鍾三：其一容九百二十五，其一容九百一十，其一容一千一百二十。

漢官尺黃鍾容九百三十九。

古銀錯題黃鍾籥容一千二百。[5]

宋氏尺，即鐵尺，黃鍾凡二：其一容一千二百，其一容一千四十七。

後魏前尺黃鍾容一千一百一十五。

後周玉尺黃鍾容一千二百六十七。

後魏中尺黃鍾容一千五百五十五。

後魏後尺黃鍾容一千八百一十九。

東魏尺黃鍾容二千八百六十九。

萬寶常水尺律母黃鍾容黍一千三百二十。

梁表、鐵尺律黃鍾副別者，其長短及口空之圍徑並同，而容黍或多或少，皆是作者旁庣其腹，使有盈虛。[6]

［1］律管圍容黍：圍，指管口周長；容黍，能容納的黍粒的數量，即容積。度量衡制度是需要標準“原器”的，而且還必須隨時間環境變化不斷校驗。中國古代“律度量衡”的標準“原器”一

般選擇律管，本節實際上是在專門討論管口校驗問題，作爲《和聲》章的下一級小節（《和聲》章共分三節）。所以我們在前注强調過，説李淳風的《隋書・律曆志上》是一篇關於度量衡學方面“内容最爲科學規範、條理最爲清晰”的論著。

［2］徑三分，圍九分：這裏所取圓周率爲 $\pi=3$，故有“徑三圍（周）九”。

［3］與度而差，故容黍不同：此處的“度”即度量衡的度，長度單位。由於不同時代的長度單位不同，所以，儘管黄鍾之管“俱徑三分，長九寸”，但聲調仍有高低的差别。黄鍾管的“容黍不同”，即相應的黄鍾容量不同。下文給出了不同的尺的長度變化與相應的律管的容積對應變化。

［4］晋前尺黄鍾容黍八百八粒：黍，被古人作爲基本的長度和體積的單位，一般取“子穀秬黍中者”。對這種作爲標準單位的黍粒的要求和黍粒大小的變化的影響，古人是有認識的（本志後文即有討論），現代學者也有實驗（見圖3）。

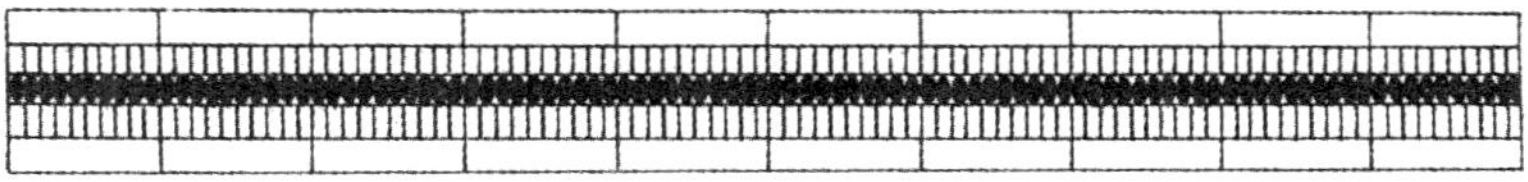

圖3　丘光明《中國古代計量史圖鑒》所示1漢尺與100粒秬黍。

［5］古銀錯題黄鍾籥容一千二百：黄鍾籥，既是一種基本律管，也是一個基本的體積單位，《漢書・律曆志》所謂的“五量”（量者，龠、合、升、斗、斛也）之一。《漢書》所言的“五量”代表原器就是王莽銅斛，有出土文物和相關研究可供參考（參見國家計量總局等編《中國古代度量衡圖集》圖一二六“新莽銅嘉量”，文物出版社1981年版）。

［6］“梁表、鐵尺律黄鍾”至“使有盈虚”：指出上面“梁表黄鍾”容黍有三個數值，“鐵尺黄鍾”有兩個數，其黄鍾的尺寸都是一樣的，而容量不同是因爲“旁庣”有别造成的。“庣”，鄭玄

注“過也”，顔師古注“不滿之處也”，都是指管壁或斛壁的厚度。其實，用容黍之數校驗律管，方法雖然巧妙易行，但這裏涉及到的因製作時産生的旁庣盈虚，是該校驗方法無法測算的。

候氣[1]

後齊神武霸府田曹參軍信都芳，深有巧思，能以管候氣，仰觀雲色。嘗與人對語，即指天曰：“孟春之氣至矣。”人往驗管，而飛灰已應。每月所候，言皆無爽。又爲輪扇二十四，埋地中，以測二十四氣。每一氣感，則一扇自動，他扇並住，與管灰相應，若符契焉。

[1]候氣：候氣之術是古人爲體現天地人三才合一的理念而發展出來的。候氣法的起源應該是很古老的，曾一度失傳，最早記載候氣之術細節見東漢蔡邕的《月令章句》，南北朝時後齊的信都芳巧思建構了一套候氣應答之術，以後逐漸被普遍接受。關於信都芳機巧之術的詳細記載，可見於唐初的《樂書要録》之中。今天看來，它和占星術一樣是没有科學依據的。當然，我們不贊同衹從是否有今天的科學依據來評判它，我們不妨把它看作古人的一種天學信仰。今人不能理解古人“天效以景，地效以響”，或許因爲我們已經遠離大自然了，很難聽到蟲聲、蛙聲、鳥鳴、獸哮等自然之聲。但與今日萬籟俱寂的世界不同，古人與自然渾然一體，大自然是有韻有調的。本志作者李淳風對候氣法是十分重視的，他本人編著的《麟德曆》專門有一段“檢律候氣日術”及“求律吕應日及加時術”。下文所收録的毛爽《律譜》，雖然提到了候氣問題，但主要是叙述尺度變化與律管的關係，李氏没有把它放在上一節“律管圍容黍”中，而放在此節中，反映了李氏對候氣的重視態度。

開皇九年平陳後，高祖遣毛爽及蔡子元、于普明等，以候節氣。依古，於三重密屋之内，以木爲案，十有二具。每取律吕之管，隨十二辰位，置于桉上，而以土埋之，上平於地，中實葭莩之灰，以輕緹素覆律口。每其月氣至，與律冥符，則灰飛衝素，散出于外。而氣應有早晚，灰飛有多少，或初入月其氣即應；或至中下旬間，氣始應者；或灰飛出，三五夜而盡；或終一月，才飛少許者。高祖異之，以問牛弘。弘對曰："灰飛半出爲和氣，吹灰全出爲猛氣，吹灰不能出爲衰氣。和氣應者其政平，猛氣應者其臣縱，衰氣應者其君暴。"高祖駁之曰："臣縱君暴，其政不平，非月别而有異也。今十二月律，於一歲内應並不同。安得暴君縱臣，若斯之甚也？"弘不能對。[1]令爽等草定其法。爽因稽諸故實，以著于篇，名曰《律譜》。其略云：

[1]"高祖駁之曰"至"弘不能對"：此段隋高祖楊堅對牛弘候氣術關於"臣縱君暴"的占語，給出嚴厲地批駁。楊堅指出，十二月各律驗氣隨月不同，君或臣的施政豈能數月内而有暴、賢或縱、良之别！其實，把候氣與人事進行比附，當是"候氣占"了。牛弘自然無言以對，遂罷牛弘改用毛爽。

臣爽按，黄帝遣伶倫氏取竹于嶰谷，聽鳳阿閣之下，始造十二律焉。乃致天地氣應，是則數之始也。陽管爲律，陰管爲吕，其氣以候四時，其數以紀萬物。云隸首作數，蓋律之本也。夫一、十、百、千、萬、億、兆者，引而申焉，曆度量衡，出其中矣。故有虞氏用律和聲，鄒衍改之，以定五始。正朔服色，亦由斯而别也。夏正則人，殷正則地，周正則天。孔子曰："吾得夏時焉。"謂得氣數之要矣。

漢初興也，而張蒼定律，乃推五勝之法，以爲水德。實因戰國官失其守，後秦滅學，其道浸微，蒼補綴之，未獲詳究。及孝武創制，乃置協律之官，用李延年以爲都尉，[1]頗解新聲變曲，未達音律之源，故其服色不得而定也。至于元帝，自曉音律，郎官京房，亦達其妙，因使韋玄成等雜試問房。房自叙云："學焦延壽，用六十律相生之法。以上生下，皆三生二，以下生上，皆三生四。陽下生陰，陰上生陽，乃還相爲宫之正法也。"[2]於後，劉歆典領條奏，著其始末，理漸研精。班氏《漢志》，盡歆所出也。[3]司馬彪《志》，並房所出也。[4]

至于後漢，尺度稍長。魏代杜夔，亦制律吕，以之候氣，灰悉不飛。晋光禄大夫荀勗，得古銅管，校夔所制，長古四分，方知不調，事由其誤。乃依《周禮》，更造古尺，用之定管，聲韻始調。

左晋之後，漸又訛謬。至梁武帝時，猶有汲冢玉律，[5]宋蒼梧時，鑽爲横吹，然其長短厚薄，大體具存。臣先人栖誠，學算於祖暅，問律於何承天，沈研三紀，頗達其妙。後爲太常丞，典司樂職，乃取玉管及宋太史尺，並以聞奏。詔付大匠，依樣制管。自斯以後，律又飛灰。侯景之亂，臣兄喜於太樂得之。後陳宣帝詣荆州爲質，俄遇梁元帝敗，喜没於周。適欲上聞，陳武帝立，遂又以十二管衍爲六十律，私候氣序，並有徵應。至太建時，喜爲吏部尚書，欲以聞奏。會宣帝崩，後主嗣立，出喜爲永嘉内史，遂留家内，貽諸子孫。陳亡之際，竟並遺失。[6]

今正十二管在太樂者，陽下生陰，始於黄鍾，陰上生陽，終於中吕，而一歲之氣，畢於此矣。中吕上生執始，執始下生去滅，終於南事。六十律候，畢於此矣。仲冬之月，律中黄鍾。黄鍾者，首於冬至，陽之始也。應天之數而長九寸，十一月氣至，則黄鍾之律應，所以宣養六氣，緝和九德也。自此之後，並用京房律準，長短宫徵，次日而用。凡十二律，各有所攝，引而申之，至于六十。亦由八卦衍而重之，以爲六十四也。相生者相變，始黄鍾之管，下生林鍾，以陽生陰，故變也。相攝者相通，如中吕之管，攝於物應，以母權子。故相變者，異時而各應；相通者，同月而繼應。應有早晚者，非正律氣，乃子律相感，寄母中應也。[7]

其律，大業末於江都淪喪。

[1]李延年：人名。是中國歷史上執掌中央音樂機構“樂府”的第一人。傳見《史記》卷一二五、《漢書》卷九三。

[2]還相爲宫：《續漢書·律曆志上》引《禮運篇》曰“五聲、六律、十二管還相爲宫”。鄭玄注曰：“宫數八十一，黄鍾長九寸，九九八十一也。三分宫去一生徵，徵數五十四，林鍾長六寸，六九五十四也。三分徵益一生商，商數七十二，太蔟長八寸，八九七十二也。三分商去一生羽，羽數四十八，南吕長五寸三分寸之一，五九四十五又三分寸之一，爲四十八也。三分羽益一生角，角數六十

四，姑洗長七寸九分寸之一，七九六十三，又九分寸之一，爲六十四也。三分角去一生變宫，三分變宫益一生變徵，自此已後，則隨月而變，所謂‘還相爲宫’。”

［3］班氏《漢志》，盡歆所出也：當指《漢書·律曆志》是收録劉歆的“條奏”而成。

［4］司馬彪《志》，並房所出也：京房乃西漢末年人，所以此言當指《續漢書·律曆志上》的大部分篇幅都用來記載京房的六十律了，而不是説該志是京房所作。

［5］汲冢玉律：《晋書·律曆志上》曰：“晋武帝太康元年汲郡盗發六國時魏襄王冢，亦得玉律。”據此記載，汲郡盗發的玉律梁武帝時還存在。本志前此引有梁武帝《鍾律緯》，其中即有“考校舊器”的叙述。

［6］“臣先人栖誠”至“竟並遺失”：記述了毛爽的父親毛栖誠、兄長毛喜，在音律方面的職掌與製作，可見毛氏乃音律學和曆算方面的世家。

［7］子律相感，寄母中應也：毛爽雖然接受了牛弘失敗的教訓，將候氣難驗的原因含糊地解釋爲“子律相感，寄母中應也”，畢竟候氣是玄妙的東西，“天象效應”推動了中國古代天文曆法的發展，而“地響效應”的候氣術却常常不能靈驗，所以毛爽的音律和候氣之術在隋大業末就失傳了。

律直日[1]

宋錢樂之因京房南事之餘，更生三百律。至梁博士沈重《鍾律議》曰：“《易》以三百六十策當期之日，此律曆之數也。《淮南子》云：‘一律而生五音，十二律而爲六十音，因而六之，故三百六十音，以當一歲之日。律曆之數，天地之道也。’此則自古而然矣。”重乃依《淮南》本數，用京房之術求之，得三百六十律。[2]

各因月之本律，以爲一部。以一部律數爲母，以一中氣所有日爲子，以母命子，隨所多少，各一律所建日辰分數也。[3]以之分配七音，則建日冬至之聲，黄鍾爲宫，太蔟爲商，林鍾爲徵，南吕爲羽，姑洗爲角，應鍾爲變宫，蕤賓爲變徵。五音七聲，於斯和備。其次日建律，皆依次類運行。當日者各自爲宫，而商徵亦以次從。以考聲徵氣，辨識時序，萬類所宜，各順其節。自黄鍾終於壯進，一百五十律，皆三分損一以下生。自依行終於億兆，二百九律，皆三分益一以上生。[4]唯安運一律爲終，不生。[5]其數皆取黄鍾之實十七萬七千一百四十七爲本，以九三爲法，各除其實，得寸分及小分，餘皆委之。即各其律之長也。[6]修其律部，則上生下生宫徵之次也。今略其名次云。

黄鍾：

包育　含微　帝德　廣運　下濟　剋終　執始　握鑒　持樞　黄中　通聖　潛升　殷普　景盛　滋萌　光被　咸亨　乃文　乃聖　微陽　分動　生氣　雲繁　鬱湮　升引　屯結　開元　質未　僾昧　逋建　玄中　玉燭　調風

右黄鍾一部，三十四律。每律直三十四分日之三十一。[7]

大吕：

荄動　始贊　大有　坤元　輔時　匡弼　分否　又繁　唯微　棄望　庶幾　執義　秉强　陵陰　侣陽　識沈　緝熙　知道　適時　權變　少出　阿衡　同雲　承

明　善述　休光

右大吕一部，二十七律。每律直一日及二十七分日之三。[8]

太蔟：

未知　其己　義建　亭毒　條風　湊始　時息　達生　匏奏　初角　少陽　柔橈　商音　屈齊　扶弱　承齊　動植　咸擢　兼山　止速　隨期　龍躍　勾芒　調序　青要　結萼　延敷　刑晋　辨秩　東作　贊揚　顯滯　俶落

右太蔟一部，三十四律。

夾鍾：

明庶　協侣　陰贊　風從　布政　萬化　開時　震德　乘條　芬芳　散朗　淑氣　風馳　佚喜　菒黨　四隙　種生　恣性　逍遥　仁威　争南　旭旦　晨朝　生遂　群分　潔新

右夾鍾一部，二十七律。

姑洗：

南授　懷來　考神　方顯　携角　洗陳　變虞　擢穎　嘉氣　始升　卿雲　媚嶺　疏道　路時　日旅　實沈　炎風　首節　柔條　方結　刑始　方齊　物華　革荑　茂實　登明　壯進下生安運　依行上生包育　少選　道從　朱黻　揚庭　含貞

右姑洗一部，三十四律。

中吕：

朱明　啓運　景風　初緩　羽物　斯奮　南中　離

春　率農　有程　南訛　敬致　相趣　内貞　朱草　含
輝　屈軼　曜疇　已氣　清和　物應　戒蕤　荒落　貞
軫　天庭　祚周

右中吕一部，二十七律。

蕤賓：

南事京房終律　謐静　則選　布萼　滿贏　潛動
盛變　賓安　懷遠　聲曁　軌同　海水　息沴　離躬
安壯　崇明　遠眺　升中　鳳翥　朝陽　制時　瑞通
鶉火　乂次　高焰　其煌

右蕤賓一部，二十七律。

林鍾：

謙侍　崇德　循道　方壯　陰升　靡慝　去滅　華
銷　朋慶　雲布　均任　仰成　寬中　安度　德均　無
蹇　禮溢　智深　任肅　純恪　歸嘉　美音　温風　候
節　蕡華　繡嶺　物無　否與　景口　曜井　日焕　重
輪　財華

右林鍾一部，三十四律。

夷則：

升商　清爽　氣精　陰德　白藏　御叙　鮮刑　貞
剋　金天　劉獮　會道　歸仁　陰侶　去南　陽消　柔
辛　延乙　和庚　靡卉　蕡晋　分積　孔脩　九德　咸
蓋　僉惟　俾乂

右夷則一部，二十七律。

南吕：

白吕　捐秀　敦實　素風　勁物　酋稔　結躬　肥

遁　贏中　晟陰　抗節　威遠　有截　歸期　中德　王
猷　允塞　蓐收　搏響　搖落　未印　質隨　分滿　道
心　貞堅　蓄止　歸藏　夷汗　均義　悦使　亡勞　九
有　光賁

右南吕一部，三十四律。

無射：

思冲　懷謙　恭儉　休老　恤農　銷祥　閉奄　降
婁　藏邃　日在　旋春　閹藏　明奎　鄰齊　軌衆　大
蓄　嗇斂　下濟　息肩　無邊　期保　延年　秋深　野
色　玄月　澄天

右無射一部，二十七律。

應鍾：

分焉　祖微　據始　功成　乂定　静謐　遲内　無
爲　而乂　姑射　凝晦　動寂　應徵　未育　萬機　萬
壽　無疆　地久　天長　脩復　遲時　方制　無休　九
野　八荒　億兆　安運

右應鍾一部，二十八律。

[1]律直日：這是“和聲”章的第三節。李淳風繼承了《漢書·律曆志》中劉歆首創的以律志涵蓋“數”加“律度量衡”五個部分（五章）的傳統，而以律學爲重點，將律學章又細分出三個小節，即律管圍容黍、候氣、律直日。其中“律直日”用來記載南朝宋至梁期間，錢樂之、沈重將音律發展到了三百六十律，並與周年365日對應的新成果。

[2]“宋錢樂之因京房”至“得三百六十律”：這段文字就三百六十律的創立提到兩個人：一是錢樂之，曾任南朝宋的太史令，

指出他從京房六十律的南事開始，接續相生而得三百六十律。二是沈重，字子厚，武康（今浙江德清縣）人。傳見《北史》卷八二。說他是受《易》和《淮南子》啓發，推演出三百六十律。

［3］“以一部律數爲母”至“各一律所建日辰分數也”：一中氣所有日，當指相鄰兩中氣間所含日數取整，如黄鍾所在氣是冬至氣，冬至氣是指由大雪經過冬至到小寒所包含的一節加一氣，其包含的整日數爲31日，黄鍾部共34律，“以母命子”得黄鍾部每律所建的“日辰分數”爲31/34。

［4］“自黄鍾終於壯進”至“皆三分益一以上生”：這句話是説錢樂之、沈重的三百六十律有150律爲下生所得，209律是上生而得。可見有59個重上生，前六十律中的具體重上生之律參見圖2。

［5］唯安運一律爲終，不生：“安運”是三百六十律的最後一律（見下文“應鍾”章），既是最後一律，自然不再向上或向下相生其他律了，故稱之爲“不生”。

［6］“其數皆取黄鍾之實”至“各其律之長也”：“十七萬七千一百四十七”即“十一三”（3^{11}），“九三”爲五萬九千四十九（$3^{9}=59049$），故黄鍾律之長 =177147/59049 =9（尺）。

［7］“右黄鍾一部”至“三十四分日之三十一”：由於古書是竪排的，“右黄鍾一部”即前面黄鍾一部的意思。下同。其$\frac{31}{34}$日的來歷見前注。

［8］“右大吕一部”至“二十七分日之三”：大吕所在氣爲大寒，即由小寒經大寒到立春之節氣，其中包含的整日數爲30，從而，大吕部每律所建“日辰分數”爲$1\frac{3}{27}$日。

審度[1]

《史記》曰：“夏禹以身爲度，以聲爲律。”《禮記》

曰：“丈夫布手爲尺。”《周官》云：“璧羡起度。”鄭司農云：“羡，長也。此璧徑尺，以起度量。”[2]《易緯通卦驗》：“十馬尾爲一分。”《淮南子》云：“秋分而禾蔈定，蔈定而禾熟。律數十二蔈而當一粟，十二粟而當一寸。”蔈者，禾穗芒也。《説苑》云：“度量權衡以粟生，一粟爲一分。”《孫子算術》云：“蠶所生吐絲爲忽，十忽爲秒，十秒爲豪，十毫爲氂，十氂爲分。”此皆起度之源，其文舛互。[3]唯《漢志》：“度者，所以度長短也，本起黄鍾之長。以子穀秬黍中者，一黍之廣度之，九十黍爲黄鍾之長。一黍爲一分，十分爲一寸，十寸爲一尺，十尺爲一丈，十丈爲一引，而五度審矣。”[4]後之作者，又憑此説，以律度量衡，並因秬黍散爲諸法，其率可通故也。黍有大小之差，年有豐耗之異，前代量校，每有不同，又俗傳訛替，漸致增損。今略諸代尺度一十五等，並異同之説如左。[5]

一、周尺

《漢志》王莽時劉歆銅斛尺。

後漢建武銅尺。

晋泰始十年荀勗律尺，爲晋前尺。

祖冲之所傳銅尺。[6]

徐廣、徐爰、王隱等《晋書》云：“武帝泰始九年，中書監荀勗校太樂八音，不和，始知爲後漢至魏，尺長於古四分有餘。勗乃部著作郎劉恭，依《周禮》制尺，所謂古尺也。依古尺更鑄銅律吕，以調聲韻。以尺量古器，與本銘尺寸無差。又，汲郡盗發魏襄王冢，得古周時玉律及鍾磬，與新律聲韻暗同。于時郡國或得漢時故鍾，吹新律命之，皆應。”梁武《鍾律緯》云：“祖冲之所傳銅尺，其銘曰：‘晋泰始十年，中書考古器，揆校今尺，長四分半。所校古法有七品：一曰姑洗玉律，二曰小吕玉律，三曰西京銅望臬，四曰金錯望臬，五曰銅斛，六曰古錢，七曰建武銅尺。姑洗微强，西京望臬微弱，其餘與此尺同。’銘八十（二）字。[7]此尺者，勗新尺也。今尺者，杜夔尺也。雷次宗、何胤之二人作《鍾律圖》，所載荀勗校量古尺文，與此銘同。而蕭吉《樂譜》，謂爲梁朝所考七品，謬也。今以此尺爲本，以校諸代尺”云。

二、晋田父玉尺

梁法尺實比晋前尺，一尺七釐。[8]

《世説》稱，有田父於野地中得周時玉尺，便是天下正尺。荀勗試以校尺，所造金石絲竹，皆短校一米。梁武帝《鍾律緯》稱，主衣從上相承，有周時銅尺一枚，古玉律八枚。檢主衣周尺，東昬用爲章信，尺不復存。玉律一□蕭，[9]餘定七枚夾鍾，有昔題刻。乃制爲尺，以相參。取細毫中黍，積次詶定，今之最爲詳密，長祖冲之尺校半分。以新尺制爲四器，名爲通。又依新尺爲笛，以命古鍾，按刻夷則，以笛命飲，和韻，夷則定合。案此兩尺長短近同。

三、梁表尺　實比晋前尺，一尺二分二釐一毫有奇。

蕭吉云：“出於司馬法。梁朝刻其度於影表，以測影。”案此即奉朝請祖暅所算造銅圭影表者也。經陳滅入朝。大業中，議以合古，乃用之調律，以制鍾磬等八音樂器。

四、漢官尺　實比晉前尺，一尺三分七毫。

晉時，始平掘地得古銅尺。[10]

蕭吉《樂譜》云：“漢章帝時，零陵文學史奚景於泠道縣舜廟下得玉律，度爲此尺。”傅暢《晉諸公讚》云：“荀勗造鍾律，時人並稱其精密，唯陳留阮咸，譏其聲高。後始平掘地，得古銅尺，歲久欲腐，以校荀勗今尺，短校四分。時人以咸爲解。”此兩尺長短近同。

五、魏尺　杜夔所用調律，比晉前尺，一尺四分七釐。[11]

魏陳留王景元四年，劉徽注《九章》云，王莽時劉歆斛尺，弱於今尺四分五釐，比魏尺，其斛深九寸五分五釐。[12]即晉荀勗所云“杜夔尺長於今尺四分半”是也。

六、晉後尺　實比晉前尺，一尺六分二釐。

蕭吉云，晉氏江東所用。

七、後魏前尺　實比晉前尺，一尺二寸七釐。

八、中尺　實比晉前尺，一尺二寸一分一釐。

九、後尺　實比晉前尺，一尺二寸八分一釐。即開皇官尺及後周市尺。

後周市尺比玉尺，一尺九分三釐。

開皇官尺，即鐵尺，一尺二寸。

此後魏初及東西分國，後周未用玉尺之前，雜用此等尺。

甄鸞《算術》云："周朝市尺，得玉尺九分二釐。"或傳梁時有誌公道人作此尺，寄入周朝，云與多鬚老翁。周太祖及隋高祖，各自以爲謂己。周朝人間行用。及開皇初，著令以爲官尺，百司用之，終于仁壽。大業中，人間或私用之。[13]

十、東後魏尺　實比晋前尺，一尺五寸八毫。[14]

此是魏中尉元延明，累黍用半周之廣爲尺，齊朝因而用之。魏收《魏史·律曆志》云："公孫崇永平中更造新尺，以一黍之長，累爲寸法。尋太常卿劉芳受詔脩樂，以秬黍中者一黍之廣，即爲一分。而中尉元匡，以一黍之廣，度黍二縫，以取一分。三家紛競，久不能決。太和十九年高祖詔，以一黍之廣，用成分體，九十之黍，黄鍾之長，以定銅尺。有司奏從前詔，而芳尺同高祖所制，故遂典脩金石。迄武定未有論律者。"

十一、蔡邕銅籥尺

後周玉尺實比晋前尺，一尺一寸五分八釐。

從上相承，有銅籥一，以銀錯題，其銘曰："籥，黄鍾之宫，長九寸，空圍九分，容秬黍一千二百粒，稱重十二銖，兩之爲一合。三分損益，轉生十二律。"祖孝孫云："相承傳是蔡邕銅籥。"

後周武帝保定中，詔遣大宗伯盧景宣、上黨公長孫紹遠、岐國公斛斯徵等，累黍造尺，從横不定。後因脩倉掘地，得古玉斗，以爲正器，據斗造律度量衡。因用此尺，大赦，改元天和，百司行用，終於大象之末。其律黄鍾，與蔡邕古籥同。

十二、宋氏尺　實比晋前尺，一尺六分四釐。

錢樂之渾天儀尺。

後周鐵尺。

開皇初調鍾律尺及平陳後調鍾律水尺。

此宋代人間所用尺，傳入齊、梁、陳，以制樂律。與晋後尺及梁時俗尺、劉曜渾天儀尺，略相依近。當由人間恒用，增損訛替之所致也。周建德六年平齊後，即以此同律度量，頒于天下。其後宣帝時，達奚震及牛弘等議曰：

竊惟權衡度量，經邦懋軌，誠須詳求故實，考校得衷。謹尋今之鐵尺，是太祖遣尚書故蘇綽所造，當時檢勘，用爲前周之尺。驗其長短，與宋尺符同，即以調鍾律，並用均田度地。今以上黨羊頭山黍，依《漢書·律曆志》度之。若以大者稠累，依數滿尺，實於黄鍾之律，須撼乃容。若以中者累尺，雖復小稀，實於黄鍾之律，不動而滿。計此二事之殊，良由消息未善，其於鐵尺，終有一會。且上黨之黍，有異他鄉，其色至烏，其形圓重，用之爲量，定不徒然。正以時有水旱之差，地有肥瘠之異，取黍大小，未必得中。案許慎解，秬黍體大，本異於常。疑今之大者，正是其中，累百滿尺，即是會古。實籥之外，纔剩十餘，此恐圍徑或差，造律未妙。就如撼動取滿，論理亦通。今勘周漢古錢，大小有合，宋氏渾儀，尺度無舛。又依《淮南》，累粟十二成寸。明先王制法，索隱鈎深，以律計分，義無差異。

《漢書·食貨志》云："黄金方寸，其重一斤。"今鑄金校驗，鐵尺爲近。依文據理，符會處多。且平齊之始，已用宣布，今因而爲定，彌合時宜。至於玉尺累黍，以廣爲長，累既有剩，實復不滿。尋訪古今，恐不可用。其晋、梁尺量，過爲短小，以黍實管，彌復不容，據律調聲，必致高急。且八音克諧，明王盛範，同律度量，哲后通規。臣等詳校前經，斟量時事，謂用鐵尺，於理爲便。

未及詳定，高祖受終，牛弘、辛彦之、鄭譯、何妥等，久議不決。既平陳，上以江東樂爲善，曰："此華夏舊聲，雖隨俗改變，大體猶是古法。"祖孝孫云："平陳後，廢周玉尺律，便用此鐵尺律，以一尺二寸即爲市尺。"

十三、開皇十年萬寶常所造律吕水尺　實比晋前尺，一尺一寸八分六釐。

今太樂庫及内出銅律一部，是萬寶常所造，名水尺律。説稱其黄鍾律當鐵尺南吕倍聲。南吕，黄鍾羽也，故謂之水尺律。

十四、雜尺　趙劉曜渾天儀土圭尺，長於梁法尺四分三釐，實比晋前尺，一尺五分。

十五、梁朝俗間尺　長於梁法尺六分三釐，於劉曜渾儀尺二分，實比晋前尺，一尺七分一釐。[15]

梁武《鍾律緯》云："宋武平中原，送渾天儀土圭，云是張衡所作。驗渾儀銘題，是光初四年鑄，土圭是光初八年作。並是劉曜所制，非張衡也。制以爲尺，長今新尺四分三釐，短俗間尺二分。”新尺謂梁法尺也。

［1］審度：在本章中，李淳風首先回顧了典籍中關於度的基本單位之定義，即起度。上古，人們把度的單位與人的身體部位聯結而予以定義。至《漢書》，用積黍定義長度單位，度與律相通，建立了度的制度與理論雛形。但《漢書·律曆志》度量衡理論的原器概念還不明確，黍作爲原器是不合格的。其實，劉歆對此或許是清楚的，所以有始建國製作精良的“新莽銅嘉量”之作。李淳風更是在下文明確指出“黍有大小之差，年有豐秏之異，前代量校，每有不同，又俗傳訛替，漸致增損”。李氏也因此在審度章，用大量篇幅給出了一十五種尺度變化的考證。

［2］“《周官》云”至“以起度量”：這句話是在討論所謂的“璧羨起度”問題。《周禮》記載：“典瑞璧羨以起度，玉人璧羨度尺，好三寸，以爲度。”典瑞、玉人，皆《周禮》中的官名；璧，一種圓環型的玉佩；羨，鄭玄注“長也”。又，本志第五章《衡權》中有“令之肉倍好者”一語，説的也是璧。《爾雅》曰：“肉倍好，謂之璧。”意思是説這種圓環型的玉佩，中孔叫做“好”，環的部分則稱作“肉”。若“好”是三寸，則璧之直徑爲九寸，而一尺比璧長（羨）一寸。見圖4所示。

［3］“《史記》曰”至“其文舛互”：這段話列舉了前代文獻記載中各種不同的“起度”方法，李淳風知道每種起度方法的關鍵是度量單位的原器的選取，除了璧羨起度外，還有身體部位、粟粒、馬尾毛、禾穗芒等，所以李氏明確指出，這些“皆起度之源，其文舛互”。

［4］而五度審矣：這裏指出《漢書·律曆志》的“分、寸、尺、丈、引”五種基本長度單位，皆十進位制，是一種好的度量制度。這也是李氏考察了古代相關典章制度後給出的結論。

［5］今略諸代尺度一十五等，並異同之説如左：以下關於十五

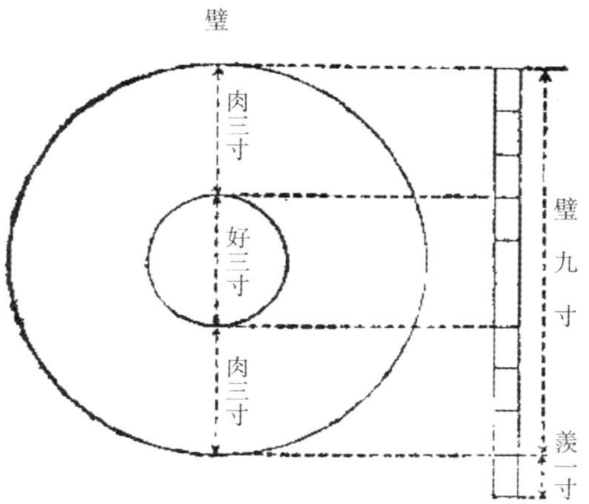

圖4 “璧羡起度”示意圖

種尺度異同的辨證，加上《嘉量》和《衡權》章關於容積和重量問題的相關考證，給出了上自周、漢，下到魏、晉、南北朝及隋度量衡的變遷，是李氏留給我們的極其珍貴的隋以前中國度量衡史文獻。如左，於今横排即“如下”。

［6］“周尺”至“祖冲之所傳銅尺”：這是一組長度相同的尺度，被李淳風定爲以下考證比較的標準尺度，稱之爲“晋前尺”。“晋前尺”是武帝泰始十年（274），中書監荀勗依據《周禮》所考訂製作的標準尺子。荀勗，字公曾，潁川潁陰（今河南許昌市）人。傳見《晋書》卷三九。又，李氏引梁武《鍾律緯》中的“祖冲之所傳銅尺”銘文，認爲祖冲之所傳銅尺即“勗新尺也”。

［7］銘八十（二）字：這裏給出的銘文實際衹有八十字。

［8］梁法尺實比晋前尺，一尺七釐：這句話相當於給出這樣的比例式：“梁法尺：晋前尺＝1：1.007”，以下其他14種尺度比較同此，一併説明。

［9］玉律一□蕭：中華本校勘記曰：“蕭”前爲缺文。並認爲此

句可能仍有訛誤。

［10］始平掘地得古銅尺：本章提到幾件出土文物，用來考證古度量之值。吴承洛對此有專門的考辨（參見吴承洛《中國度量衡史》，上海書店 1984 年版）。

［11］比晋前尺，一尺四分七釐：各本皆同。但此章考辨了十五種尺，其他各例皆作“實比晋前尺……”，此處似不應例外。

［12］“王莽時劉歆斛尺”至“九寸五分五釐”：見《九章算術・商功》第二十五問，其中“程粟一斛，積二尺七寸”下的劉徽注。劉徽在其注文中用他自己的圓周率值校算了王莽時劉歆銅斛。特别值得注意的是，劉徽注《九章》時是見到新莽嘉量實物的，並進行了實際測量和驗算。

［13］“或傳梁時”至“人間或私用之”：魏晋南北朝時期，社會動蕩激烈，民間多有用大尺謀利的亂象。李淳風在此生動地展示了這一社會問題。

［14］東後魏尺實比晋前尺，一尺五寸八毫：馬衡認爲這裏的“一尺五寸八毫”當爲“一尺三寸八毫”（參見馬衡《凡將齋金石叢稿》，中華書局 1977 年版，第 48 頁）。又，據杜永清等考證，“一尺五寸八毫”或不誤（參見杜永清等《“東後魏尺”考》，《物理通報》2011 年第 8 期）。

［15］本章（《審度》）所涉及的十五種尺子的長度，折合成現代市尺或公制（釐米），如圖 5 所示。

嘉量

《周禮》㮚氏“爲量，鬴深尺，内方尺而圓其外，其實一鬴；其臀一寸，其實一豆；其耳三寸，其實一升。重一鈞。其聲中黄鍾。概而不税。其銘曰：時文思索，允臻其極。嘉量既成，以觀四國。永啓厥後，兹器維則”。《春秋左氏傳》曰：“齊舊四量，豆、區、鬴、

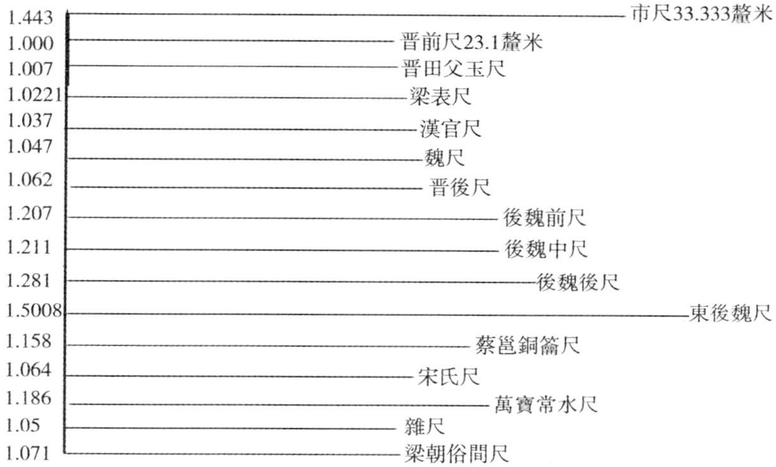

圖5　《隋書·律曆志·審度》十五等尺示意圖

鍾。四升曰豆，各自其四，以登於鬴。”六斗四升也。“鬴十則鍾”，六十四斗也。[1]鄭玄以爲方尺積千寸，比九章粟米法少二升八十一分升之二十二。祖冲之以算術考之，積凡一千五百六十二寸半。方尺而圓其外，減傍一釐八毫，其徑一尺四寸一分四毫七秒二忽有奇而深尺，即古斛之制也。[2]《九章·商功》法，程粟一斛，積二千七百寸；米一斛，積一千六百二十寸；菽荅麻麥一斛，積二千四百三十寸。此據精粗爲率，使價齊而不等其器之積寸也，以米斛爲正，則同于《漢志》。[3]《孫子算術》曰：“六粟爲圭，十圭爲秒，十秒爲撮，十撮爲勺，十勺爲合。”應劭曰：“圭者自然之形，陰陽之始。四圭爲撮。”孟康曰：“六十四黍爲圭。”《漢志》曰：“量者，籥、合、升、斗、斛也，所以量多少也。

本起於黄鍾之龠。用度數審其容，以子穀秬黍中者千有二百實其龠，以井水准其概。十龠爲合，十合爲升，十升爲斗，十斗爲斛，而五量嘉矣。其法用銅，方尺而圜其外，旁有庣焉。其上爲斛，其下爲斗，左耳爲升，右耳爲合、龠。其狀似爵，以縻爵禄。上三下二，參天兩地。圓而函方，左一右二，陰陽之象也。圓象規，其重二鈞，備氣物之數，各萬有一千五百二十也。聲中黄鍾，始於黄鍾而反復焉。”其斛銘曰：“律嘉量斛，方尺而圜其外，庣旁九釐五毫，冪百六十二寸，深尺，積一千六百二十寸，容十斗。”[4]祖冲之以圓率考之，此斛當徑一尺四寸三分六釐一毫九秒二忽，庣旁一分九毫有奇。劉歆庣旁少一釐四毫有奇，歆數術不精之所致也。[5]

魏陳留王景元四年，劉徽注《九章·商功》曰：“當今大司農斛圓徑一尺三寸五分五釐，深一尺，積一千四百四十一寸十分之三。王莽銅斛於今尺爲深九寸五分五釐，徑一尺三寸六分八釐七毫。以徽術計之，於今斛爲容九斗七升四合有奇。”此魏斛大而尺長，王莽斛小而尺短也。[6]

梁、陳依古。

齊以古一斗五升爲一斗。[7]

後周武帝“保定元年辛巳五月，晋國造倉，獲古玉升。暨五年乙酉冬十月，詔改制銅律度，遂致中和。累黍積龠，同兹玉量，與衡度無差。准爲銅升，用頒天下。内徑七寸一分，深二寸八分，重七斤八兩。天和二年丁亥，正月癸酉朔，十五日戊子校定，移地官府爲式。”[8]此銅升之銘也。其玉升銘曰：“維大周保定元年，歲在重光，月旅蕤賓，晋國之有司，修繕倉廩，獲古玉升，形制典正，若古之嘉量。太師晋國公以聞，敕納於天府。暨五年歲在協洽，皇帝乃詔稽準繩，考灰律，不失圭撮，不差累黍。遂鎔金寫之，用頒天下，以合太平權衡度量。”今若以數計之，玉升積玉尺一百一十寸八分有奇，斛積一千一百八寸五分七釐三毫九秒。[9]又甄鸞《算術》云：[10]“玉升一升，得官斗一升三合四勺。”此玉升大而官斗小也。以數計之，甄鸞所據後周官斗，積玉尺九十七寸有奇，斛積九百七十七寸有奇。後周玉斗并副金錯銅斗及建德六年金錯題銅斗，實同以秬黍定量。以玉稱權之，一升之實，皆重六斤十三兩。

開皇以古斗三升爲一升。大業初，依復古斗。

[1]“齊舊四量”至“六十四斗也”：此處指出《左傳》記述的一種量制，即 1 鍾 = 10 鬴 = 40 區 = 160 豆 = 640 升 = 64 斗。

[2]“祖冲之以算術考之”至“即古斛之制也”：在本志開篇總論的最後，李淳風曾提到祖冲之的《綴術》，並記載了其中的圓周率的密率值 355/113。這段文字就是用祖冲之密率來考訂古斛之形制。如圖 6，内接圓面積 $= \left(\frac{\text{直徑}}{2}\right)^2 \times \frac{355}{113} = 1.5625$ 平方尺。從而，内接圓直徑 ≈ 1.410472 尺。减傍，即下文“律嘉量斛”的“庣旁”。

[3]“程粟一斛”至“則同于《漢志》”：這段文字解釋了爲什麽《九章·商功》裏有一斛粟、米和一斛菽、荅、麻、麥，它們的體積是不一樣的。《九章》這裏是在講比率演算法，是説明同樣的

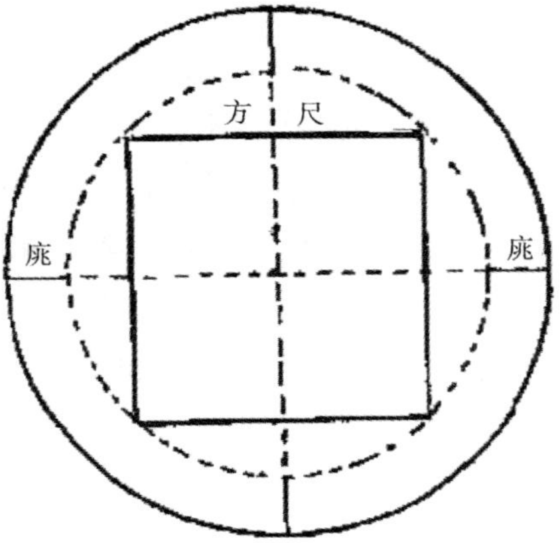

圖6　古斛截面示意圖

價錢買粟、米和菽、荅、麻、麥各多少，而不是説斛的容量有變化，且有"米一斛，積一千六百二十寸"正好是《漢志》所載的斛的容積。

[4]"《漢志》曰"至"容十斗"：這裏所記載的"律嘉量斛"就是"新莽銅嘉量"，有原物出土（見圖7，《中國古代度量衡圖集》之圖一二六有其詳細的測量資料説明）。從其結構示意圖中，可清楚地理解所謂"其上爲斛，其下爲斗，左耳爲升，右耳爲合、龠"，及"上三下二，參天兩地""左一右二，陰陽之象也"等語的含義。

[5]"祖冲之以圓率考之"至"不精之所致也"：這裏又是用祖冲之密率校算新莽嘉量。如果圓周率用355/113，則：內接圓面積 $=\left(\frac{\text{直徑}}{2}\right)^2\times\frac{355}{113}=162$。從而，內接圓直徑≈1.436192尺，即"當徑一尺四寸三分六釐一毫九秒二忽"。

[6]"劉徽注《九章·商功》"至"王莽斛小而尺短也"：這裏是用劉徽的圓周率157/50＝3.14，校算魏斛和王莽銅斛。魏斛積＝

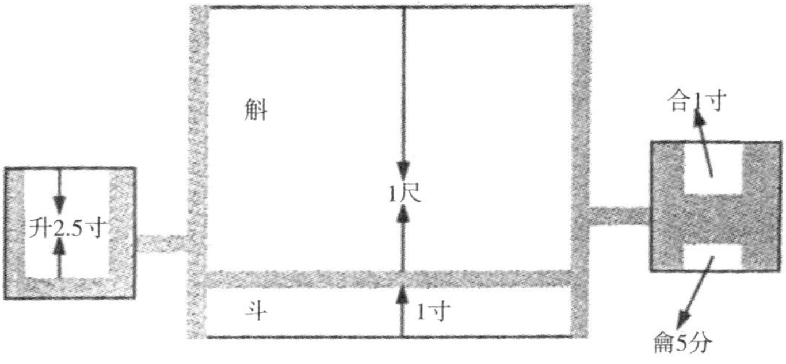

圖 7　新莽銅嘉量

内接圓面積 × 斛深 = 10 × （13. 55/2）^{2} × 3. 14 = 1441. 27 ≈ 1441. 3。王莽銅斛積 = 9. 55 × （13. 687/2）^{2} × 3. 14 = 1404. 39 ≈ 1404. 4，1404. 4/1441. 3 ≈ 0. 9744 魏斛，即“於今斛爲容九斗七升四合有奇”。

［7］齊以古一斗五升爲一斗：各本作“齊以古升五升爲一斗”。因齊的量制一般都是本志所謂的古制的一倍半，不應該僅斗是古制的一半，當改。中華本改爲“齊以古升一斗五升爲一斗”。又，吴

承洛在其《中國度量衡史》中認爲，這裏“梁、陳依古”和“齊以古”，乃至本志中所稱的古制，皆應指新莽創建的律度量衡制度。

［8］十五日戊子校定，移地官府爲式：中華本校勘記指出，該十五日的干支爲丁亥，此處或日期誤或干支誤。式，當作“式樣”解，對於度量衡制度來説，指標準原器。古代應由中央政府製作或中央政府批准製作，並由府庫收藏。

［9］“今若以數計之”至“斛積一千一百八寸五分七釐三毫九秒”：此處李淳風考算該“玉升”所用圓周率的取值爲祖冲之的密率355/113，故稱“今若以數計之”。

［10］甄鸞《算術》：甄鸞著有兩部算經，即《五曹算經》及《五經算術》，皆被收入唐代國子監算學館作爲教材的《算經十書》。

衡權

衡者，平也；權者，重也。衡所以任權而鈞物平輕重也。其道如底，以見準之正、繩之直。左旋見規，右折見矩。其在天也，佐助琁璣，斟酌建指，以齊七政，故曰玉衡。權者，銖、兩、斤、鈞、石也，以秤物平施，知輕重也。古有黍、絫、錘、錙、鐶、鈞、鋝、鎰之目，歷代差變，其詳未聞。前志曰：[1]權本起於黄鍾之重。一籥容千二百黍，重十二銖。兩之爲兩，二十四銖爲兩。十六兩爲斤。三十斤爲鈞。四鈞爲石。五權謹矣。其制以義立之，以物鈞之。其餘大小之差，以輕重爲宜。圜而環之，令之肉好者，周旋亡端，終而復始，亡窮已也。[2]權與物鈞而生衡，衡運生規，規圓生矩，矩方生繩，繩直生準。準正則衡平而鈞權矣。是爲五則，備于鈞器，以爲大範。案《趙書》，石勒十八年七月，造建德殿，得圓石，狀如水碓。其銘曰：“律權石，重四鈞，同律度量衡。有辛氏造。”續咸議，是王莽時物。後魏景明中，并州人王顯達獻古銅權一枚，上銘八十一字。其銘云：“律權石，重四鈞。”又云：“黄帝初祖，德帀于虞。虞帝始祖，德帀於新。歲在大梁，龍集戊辰。戊辰直定，[3]天命有人。據土德，受正號即真。改正建丑，長壽隆崇。同律度量衡，稽當前人。龍在己巳，歲次實沈，初班天下，萬國永遵。子子孫孫，享傳億年。”此亦王莽所制也。[4]其時太樂令公孫崇依《漢志》先修稱、尺，及見此權，以新稱稱之，重一百二十斤。新稱與權，合若符契。於是付崇調樂。孝文時，一依《漢志》作斗尺。

梁、陳依古稱。

齊以古稱一斤八兩爲一斤。

周玉稱四兩，當古稱四兩半。

開皇以古稱三斤爲一斤，大業中，依復古秤。

[1]前志：當指《漢書·律曆志》。此章的主要文字皆爲從《漢志》潤色而采録。

[2]周旋亡端，終而復始，亡窮已也：其中的兩個“亡”字，《漢志》作“無”。

[3]戊辰直定：此“戊辰”二字各本脱，今從中華本據出土銘文補。

[4]“後魏景明中”至“此亦王莽所制也”：這段文字記録了有一個叫王顯達的人向朝廷進獻了一古銅權，權上有八十一字的銘文，銘文中有“虞帝始祖，德帀於新”字樣，李淳風也認定它是“王莽所制也”。下文進一步指出，太樂令公孫崇用新莽的稱和權與此權比較，結果也“合若符契”

隋書　卷一七

志第十二

律曆中[1]

[1]《隋書·律曆志》中卷記載了梁、陳、北齊、北周、隋初的曆法沿革及其改曆過程中各家之間的争論，以及隋開皇四年（584）頒行的道士張賓所造《開皇曆》和開皇十七年頒行、大業五年（609）重修的張冑玄《大業曆》。

本卷共記述了五次因改革曆法而引起的争訟。第一次是在南朝的梁代，祖暅爲争取頒行其父祖冲之《大明曆》的申論。《大明曆》撰成於劉宋大明六年（462），是中國天文學史上一部著名的曆法（其中包含諸多思想方法上的創新，如首先把歲差概念引入曆法，冬至時刻測算的新方法等；以及一些優秀的天文數據，如回歸年長度取365.2428日，朔望月長度取29.5309日，特别是最先引入交點月，並測算出長度爲27.2122日，與現代理論值僅有1.3秒的誤差）。但當時受朝中權臣戴法興的反對，未被采用。《宋書·律曆志下》記載了祖、戴當時的辯論，在曆法史上寫下了濃墨重彩的一筆。祖暅也是著名的科學家，天監三年（504）他上書請求改曆，但當時梁武帝蕭衍初登大實，未遑曆事，或許祖暅的表文也未説到關鍵處。梁武帝算得上文治武功的帝王，治下學術繁榮，梁武帝本人對經、史、佛乃至天文學都有鑽研和創作，曾主持實施了漏刻制度的改革，支持了一批重要天文學著作的編撰，也包括祖暅和虞劆等的學術工作。天監六年，“帝以舊漏乖舛”，委祖暅以改革重任。祖暅不辱使命，創製了帶有水準的新型銅表，“揆測日晷，求其盈縮”，並對其父《大明曆》的晝夜漏刻表和晷長表等進行了修訂。天監八年，祖暅在充分準備的基礎上，再次“上疏論之”，梁武帝即命太史令將匠道秀等，“候新舊二曆氣朔、交會及七曜行度”，先給期限百日後又追加百日，道秀等得出“新曆密，舊曆疏”的結論。梁武帝最終下令“（天監）九年正月，用祖冲之所造《甲子元曆》頒朔”。所幸，《大明曆》終於在其問世47年以後被行用。且其後的南朝陳也一直行用《大明曆》，其曆全文見《宋書·律曆志下》。

北魏初年，時局動亂，有數次改曆動議和争論，先後有崔浩、公孫崇獻曆都無果而終。直到北魏孝明帝神龜元年（518），再次啓動新曆編制，有九家曆法參與競争，張龍祥和李業興的曆法勝出，於正光三年（522）頒行（故稱《正光曆》），前後經歷了百餘年。北魏分裂爲東西魏後，東魏改曆，又有一次曠日持久的測驗辯論，主要是在信都芳和李業興之間進行的，最終於興和二年（540）頒行李業興的《興和曆》。550年，高洋爲證明其受禪的合法性，即命宋景業協圖讖，造《天保曆》，次年（551）立即施行。這種以圖讖説倉促而就的應景之作，自然是一部平庸的曆法。

本志記載的第二次争論發生在北齊武平七年（576），有劉孝孫和張孟賓同鄉且同知曆事，二人各自編制了自己的曆法（《武平曆》和《張孟賓曆》），另有董峻、鄭元偉的《甲寅元曆》，以及趙道嚴（不知是否有曆法）等，都要求與宋景業

《天保曆》進行優劣檢驗。劉孝孫和張孟賓的新曆法都不同程度地吸收了張子信的新發現，當爲優秀之作。本志作者李淳風即用溢美之詞贊曰“上拒春秋，下盡天統，日月虧食及五星所在，以二人新法考之，無有不合”。這裏説出了古人批判曆法優劣的兩個標準：一是用它推算典籍上的相關記録，看是否能吻合。二是預推即將發生的天象，一般都用日月食，然後實際觀測，看是否合天。這實際上是中國古代天文學家的優秀學術傳統。適逢當年六月戊申朔有日食，朝廷於是同意以實測日食來檢驗諸位的法術高低。“劉孝孫言食於卯時，張孟賓言食於甲時，鄭元偉、董峻言食於辰時，宋景業言食於巳時。至日食，乃於卯甲之間，其言皆不能中”。但還没來得及做進一步檢驗，北齊亡國，此次改曆争論也就不了了之。

第三次争論是在北周武帝時，馬顯等針對《明克讓曆》和參用的甄鸞《天和曆》的抗争，北周當時行用和參用的這兩部曆法的確平庸，從本志收録的馬顯抗表可知，北周武帝對當時行用的曆法並不滿意，“爰降詔旨，博訪時賢，並敕太史上士馬顯等，更事刊定，務得其宜”。參與這次曆争者有八家，規模氣勢宏大。但北周當時缺乏曆學大家，經過一段時間的討論驗證，判定馬顯等勝出，於大象元年（579）頒行《大象曆》。

隋初曆法争訟十分激烈。一是以劉孝孫爲主針對張賓的《開皇曆》，是爲本卷的第四次争辯，劉孝孫失敗，張賓的曆法繼續行用；二是以劉焯爲代表針對張賓和張胄玄曆法的兩個階段論戰。第一階段開始時，張胄玄聯合劉孝孫、劉焯和張賓論戰，張胄玄勝出，頒行張胄玄的曆法，是爲本卷的第五次争論。旋即轉入第二階段論戰，即劉焯對張胄玄抗争（見本志卷下），劉焯失敗。

581 年，楊堅取代北周建立隋朝。“方行禪代之事，欲以符命曜於天下”，新帝國需要一部新的曆法。楊堅登基前，道士張賓便揣知上意，張賓對楊堅説“上儀表非人臣相”，張賓“由是大被知遇”，隋文帝於是令其主持編制新曆法的工作，參與者有儀同劉暉、太史司曆劉宜，另有馬顯、鄭元偉等十餘人。開皇四年，張賓等編成新曆，隋文帝隨即下詔頒行，即《開皇曆》。

《開皇曆》雖然在曆元的設置、回歸年長度（365.24342日）、考慮月亮視差影響等方面有一些特點。但總體而論，它是落伍的。“張賓所創之曆既行，劉孝孫與冀州秀才劉焯，並稱其失，言學無師法，刻食不中”，提出了六條批評意見。特别是，他們用劉孝孫所制《甲子元曆》，就日月食、冬至日所在宿度及冬至時日等三方面進行了推算，並與實測值及前代有關記録進行比較。這是在用古代曆家學術傳統，真刀真槍地比武。

劉孝孫和劉焯力主曆法必須引進歲差，並指出了《開皇曆》交食預報和驗影定氣等存在的一系列問題，證明了《甲子元曆》的相對精確。總之，他們對《開皇曆》的批評是得體的，要求以《甲子元曆》替代《開皇曆》也是恰當的。可是，這場曆法之争却罕見地發展成政治上的上綱上綫。當時，張賓受寵於高祖，他和太史令劉暉共同指責孝孫“非毁天曆，率意迂怪，焯又妄相扶證，惑亂時人”。這第四場争論就此不歡而散。

再看第五場。數年以後，張賓去世。劉孝孫伺機上表重提舊案。但太史令還是劉暉，他狡詐地將劉孝孫留在太史院，“累年不調，寓宿觀臺”。劉孝孫被逼無奈，“乃抱其書，弟子輿櫬，來詣闕下，伏而慟哭”。此舉驚動了朝廷，高祖問國子祭酒何妥，何妥説了公道話。隋文帝隨即任命劉孝孫爲大都督，並下令重啓校驗新舊曆法疏密的工作。

至開皇十四年七月，皇上過問日食事。楊素等奏報：張胄玄曆法合如符契，孝孫之術驗亦過半，而《開皇曆》幾乎無驗。就是説，重開曆法校驗時，張胄玄加入了競争。於是，高祖接見了孝孫、胄玄等。可是，孝孫堅持“請先斬劉暉，乃可定曆，高祖不懌，又罷之”。劉孝孫不久抱憾而終。

張冑玄，渤海（今河北景縣）人，本書有傳。開皇五年，他曾與李文琮一起編成一部曆法，其曆法當時在坊間“散寫甚多”，産生了一些影響。約開皇十年，經人舉薦至太史院任職。劉孝孫去世以後，楊素等推薦張冑玄繼續新曆的制定工作。隋文帝因此召見了他，張冑玄趁機説他測算出當時午中日影的長度較前代爲短，説明日行軌道偏上，自古有“太平日行上道”的説法，就是説當時是前所未有的太平盛世。隋文帝自然大悦，讓他參定新曆。劉焯，字士元，信都昌亭（今河北冀縣）人，本書有傳。當他得知隋文帝起用張冑玄後，便“增損孝孫曆法，更名《七曜新術》”，也要求參與校驗。但冑玄和袁充聯手，成功地爲難了劉焯，劉焯衹得再回老家，繼續鑽研著述。

到開皇十七年，張冑玄參考《劉孝孫曆》編成了新曆，請求朝廷頒行。隋文帝令楊素等見證，讓他和太史令劉暉、司曆劉宜等争個“短長”。劉暉等雖然明知他們的曆法弱，但他們制定了上乘的辯論戰略，《張賓曆》回歸年長度值的精度優勢明顯，於是，他們以己之長攻敵之短，雙方“迭向駁難，高祖惑焉，逾時不決”。楊素等又立議六十一事，讓暉與冑玄答辯。暉一無所答，冑玄中五十四。或許，楊素等所擬題目有傾向性，但畢竟冑玄曆術占優勢。在楊素等的支持下，主要還是冑玄的日長影短説歡了龍心，争訟就此了結。隋文帝下詔：“朕應運受圖，君臨萬宇，思欲興復聖教，恢弘令典，上順天道，下授人時。”可見，皇上存心要儘快頒布新曆，是要證明自己應受天命。隋文帝下令將劉暉、劉宜等革職，提升張冑玄爲“員外散騎侍郎、兼太史令，賜物千段”。

夫曆者，紀陰陽之通變，極往數以知來，可以迎日授時，先天成務者也。然則懸象著明，莫大於二曜，[1]氣序環復，無信於四時。日月相推而明生矣，寒暑迭進而歲成焉，遂能成天地之文，[2]極乾坤之變。天數五，地數五，五位相乘而各有合。天數二十有五，地數三十，凡天地之數五十有五，所以成變化而行鬼神也。[3]乾之策二百一十有六，坤之策一百四十有四，凡三百六十，以當期之日也。[4]至乃陰陽迭用，剛柔相摩，四象既陳，八卦成列，此乃造文之元始，創曆之厥初者歟？洎乎炎帝分八節，[5]軒轅建五部，[6]少昊以鳳鳥司曆，顓頊以南正司天，陶唐則分命和、仲，夏后乃備陳《鴻範》，[7]湯、武革命，咸率舊章。[8]然文質既殊，正朔斯革，故天子置日官，諸侯有日御，以和萬國，以協三辰。至于寒暑晦明之徵，陰陽生殺之數，啓閉升降之紀，消息盈虚之節，皆應躔次而不淫，遂得該浹生靈，堪輿天地，開物成務，致遠鈎深。周德既衰，史官廢職，疇人分散，禨祥莫理。秦兼天下，頗推五勝，自以獲水德之瑞，以十月爲正。漢氏初興，多所未暇，百有餘載，猶行秦曆。[9]至于孝武，改用夏正。[10]時有古曆六家，學者疑其紕繆，劉向父子，咸加討論，班固因之，採以爲志。[11]光武中興，未能詳考。逮于永平之末，乃復改行四分，[12]七十餘年，儀式方備。其後復命劉洪、蔡邕，共修律曆，司馬彪用之以續“班史”。[13]當塗受命，亦有史官，韓翊創之於前，楊偉繼之於後，咸遵劉洪之術，未及洪之深妙。[14]中、左兩晋，迭有增損。至於西凉，亦爲蔀法，事迹糾紛，未能詳記。宋氏元嘉，何承天造曆，[15]迄于齊末，相仍用之。梁武初興，因循齊舊，天監中年，方改行宋祖冲之《甲子元曆》。[16]陳武受禪，亦無創改。後齊文宣，用《宋景業曆》。[17]西魏入關，行《李業興曆》。[18]逮於周武帝，乃有甄鸞造《甲寅元曆》，遂參用推步焉。大象之初，太史上士馬顯，又上《丙寅元曆》，便即行用。迄于開皇四年，乃改用《張賓曆》，十七年，復行《張胄玄曆》，至于義寧。[19]今采梁天監以來五代損益之要，[20]以著于篇云。

[1]二曜：即指日、月。

[2]天地之文：當偏指“天文”。文，即象。值得注意的是，這裏將“天地之文”與“乾坤之變”並列，和下文所説的曆與《易》關聯，同屬古人的一種學術傳統。

[3]“天數五”至“成變化而行鬼神也”：此語來自《易經》，《易·繫辭上》曰：“天一地二，天三地四，天五地六，天七地八，天九地十。天數五，地數五，五位相得而各有合。天數二十有五，地數三十，凡天地之數五十有五，此所以成變化而行鬼神也。”天數五，即一、三、五、七、九，其和爲二十五；地數五，即二、四、六、八、十，其和爲三十。合，和也。古代曆法學家往往將其曆法和《周易》關聯起來，以增加其曆法的神秘性和權威性，後漢劉歆的《三統曆》爲最甚。《周易》是中國傳統自然哲學的淵藪，古代學者把曆法之學作爲闡發自然與人（或是天、神與人間的聖賢）之間的微言大義的神聖之學問，因此這種關聯應是很自然的事。

[4]“乾之策”至“以當期之日也”：《周易》的乾卦、坤卦分别有6個陽爻與6個陰爻，而每個陽爻有策數36，每個陰爻有策數

24，從而有乾策爲 6 × 36 = 216；坤策爲 6 × 24 = 144；216 + 144 = 360。策，即《周易》占揲所用的蓍草，古代曆算的計算工具爲算籌，一般也稱作“策”。當期之日，與一年的日數相當。

［5］八節：當指分（春分、秋分），至（冬至、夏至），啓（立春、立夏），閉（立秋、立冬）。也泛指二十四節氣。

［6］五部：即五行。《史記·曆書》曰：“蓋聞昔者黄帝合而不死，名察度驗，定清濁，起五部，建氣物分數。”應劭注曰：“五部，金木水火土也，建氣物分數，皆叙曆之意也。”孟康注曰：“合，作也，黄帝作曆，曆終復始無窮已，故曰不死。清濁，律聲之清濁也。五部，五行也，天有四時，分爲五行也。氣，二十四氣。物，萬物也。分，曆數之分也。”

［7］《鴻範》：《尚書》篇名，亦作《洪範》。漢代以後學者論“天人感應”常以此篇爲立論依據。

［8］“洎乎炎帝分八節”至“咸率舊章”：這段文字是説明傳説中的古帝如炎帝、軒轅黄帝、少昊、顓頊、陶唐（即堯）等對天文曆法起源的貢獻。其實早期天文曆法知識的起源已經大多不可詳考，由於古人把天文曆法作爲溝通神人的工具，所以往往就把曆法的創始托以古帝。如《史記·曆書》曰：“太史公曰：神農以前尚矣。蓋黄帝考定星曆，建立五行，起消息，正閏餘，於是有天地神祇物類之官，是謂五官。各司其序，不相亂也。民是以能有信，神是以能有明德。民神異業，敬而不瀆，故神降之嘉生，民以物享，灾禍不生，所求不匱。”《漢書·律曆志》則曰：“曆數之起上矣。傳述顓頊命南正重司天，火正黎司地……堯復育重、黎之後，使纂其業。……以授舜曰：‘咨爾舜，天之曆數在爾躬。舜亦以命禹。’”而關於帝王與曆法的關係，《後漢書》説的最爲透徹：“夫能貞而明之者，其興也勃焉；回而敗之者，其亡也忽焉。巍巍乎若道天地之綱紀，帝王之壯事，是以聖人寶焉，君子勤之。夫曆有聖人之德六焉……大業載之，吉凶生焉，是以君子將有興焉，咨焉而以從事，受命而莫之違也。若夫用天因地，揆時施教，頒諸明堂，以爲民極

者，莫大乎月令。帝王之大司備矣，天下之能事畢矣。”

［9］“夫曆者”至“猶行秦曆”：此段概述商承夏制以及周秦的曆法情況，基本是承襲《史記》和《漢書》的傳說，文字則和《晋書·律曆志》大致相同，可以互相參閲。

［10］夏正：指人們習慣所説的夏商周三代曆法取用不同歲首之事，夏正就是以寅月爲正月。此指漢武帝時的太初改曆。

［11］“時有古曆六家”至“採以爲志”：古曆六家，即所謂的古六曆。太初改曆以前的古代曆法都是四分法，太初改曆用了鄧平等的“八十一分曆”，行用到漢章帝元和二年（85），又改回到四分法，下文“光武中興……復改行四分”指的就是這件事，新四分曆叫做《後漢四分曆》（古六曆因此是爲“古四分曆”）。雖然都是四分法，但實質已經有了很大進步。劉向、劉歆父子對曆學都有深刻研究，《漢書·律曆志》曰：“至孝成世，劉向總六曆，列是非，作《五紀論》。向子歆究其微眇，作《三統曆》。”可惜劉向《五紀論》現已不傳，當是一部總結先秦《皇帝曆》《顓頊曆》《夏曆》《殷曆》《周曆》和《魯曆》的重要著作；劉歆的《三統曆》是在《太初曆》基礎上改編而成，劉歆也在實測和研究中有創新，如對回歸年、朔望月和木星恒星周期等數據做出了改進。班固在《漢書·律曆志》中收録了劉歆的《三統曆》，所謂“採以爲志”即指此。

［12］永平之末，乃復改行四分：永平年間，由於《太初曆》用了一百多年，誤差積累已經明顯，永平五年（62）、九年和十二年，楊岑、董萌和張盛等分别提出異議，楊岑和張盛僅在個别演算法上有小修改，雖被采納，但並未給出取代《太初曆》的新曆法。所言“復改行四分”則是在元和二年由編訢、李梵等獻上的新曆法被漢章帝采納頒行時纔實現的，並不在“永平之末”。

［13］“其後覆命劉洪”至“以續‘班史’”：是説光和元年（178），議郎蔡邕、郎中劉洪受命爲司馬彪的《續漢書》編撰《律曆志》。“邕能著文，清濁鍾律；洪能爲算，述叙三光。”也就是説

蔡邕主要負責律、劉洪負責曆，兩人分工合作，完成了《續漢書·律曆志》。

［14］“當塗受命”至“未及洪之深妙”：曹魏代漢，魏文帝曹丕十分重視“王者易姓受命，必慎始初，改正朔”的傳統，於黄初元年（220）即命史官造曆，太史丞韓翊獻《黄初曆》，是在劉洪《乾象曆》基礎上編制，却引起了一場長達七年的曆法争論，直到魏文帝駕崩而擱置，《黄初曆》未能頒行。楊偉於魏明帝景初元年（237）推出《景初曆》，雖然朝臣博議也是衆説紛紜，魏明帝還是果斷下詔頒行。《景初曆》也是繼承《乾象曆》主要成果而作，李淳風認爲《景初曆》“未及洪之深妙”。據陳美東的研究（陳美東：《古曆新探》，遼寧教育出版社1995年版），《黄初曆》和《景初曆》相比，除有個别進步外，總體的創新確實都遠不及《乾象曆》。

［15］宋氏元嘉，何承天造曆：劉宋文帝元嘉二十年（443），何承天撰成《元嘉曆》。《元嘉曆》是何氏在其舅父徐廣工作的基礎上，加上他自己約四十年鑽研的結晶，其中有很多重要的創造，是中國曆法史上的一部優秀曆法。445年起在劉宋朝實行，後又分别被齊和梁采用。

［16］祖冲之《甲子元曆》：又稱《大明曆》。祖冲之是中國古代著名的數學家與天文學家，《大明曆》是一代名曆，在劉宋孝武帝大明六年（462）就完成並獻上朝廷，但由於戴法興的反對未能在劉宋朝頒行。直到梁天監九年（510），纔在其兒子祖暅的促成下被梁武帝采納。祖氏曆法是在劉宋大明年間完成的，所以得名《大明曆》，現在由梁武帝來頒行，當然需要改名，因該曆以甲子年爲曆元，所以稱《甲子元曆》。《甲子元曆》後來又在陳朝被使用了三十三年。

［17］《宋景業曆》：即《天保曆》，是北齊文宣帝取東魏而代之之後命宋景業所作。該曆使用當時早已衰微的圖讖之説爲立法之本，是一部很平庸的曆法。

[18]《李業興曆》：李業興有兩部曆法曾被頒行，一是《正光曆》(520)，曾在北魏、東魏、西魏、北周行用；一是《興和曆》(540)，行於東魏和北齊。所以，這裏所說的李業興曆當指《正光曆》。

[19]十七年，復行《張胄玄曆》，至于義寧：雖然從開皇十七年開始直到隋亡都是使用張胄玄的曆法，但在大業四年劉焯去世後，張胄玄曾對自己的曆法做過重要的修訂，從大業五年開始用新法推算，曆法史家習慣上把張胄玄曆法的前段叫《張胄玄曆》，後段叫《大業曆》。義寧，隋恭帝楊侑年號（617—618）。

[20]五代：這裏所說的五代是指梁、陳、後齊、北周、隋。

梁初因齊，用宋《元嘉曆》。天監三年下詔定曆，員外散騎侍郎祖暅奏曰："臣先在晋已來，世居此職。仰尋黄帝至今十二代，曆元不同，周天、斗分，疏密亦異，當代用之，各垂一法。宋大明中，臣先人考古法，以爲正曆，垂之于後，事皆符驗，不可改張。"八年，暅又上疏論之。詔使太史令將匠道秀等，候新舊二曆氣朔、交會及七曜行度，起八年十一月，訖九年七月，新曆密，舊曆疏。暅乃奏稱："史官今所用何承天曆，稍與天乖，緯緒參差，不可承案。被詔付靈臺，與新曆對課疏密，前期百日，并又再申。[1]始自去冬，終于今朔，得失之效，並已月别啓聞。夫七曜運行，理數深妙，一失其源，則歲積彌爽。所上脱可施用，宜在來正。"至九年正月，用祖冲之所造《甲子元曆》頒朔。至大同十年，制詔更造新曆，以甲子爲元，[2]六百一十九爲章歲，[3]一千五百三十六爲日法，一百八十三年冬至差一度，[4]月朔以遲疾定其小餘，有三大二小。[5]未及施用而遭侯景亂，遂寢。

［1］前期百日，并又再申：是説梁武帝應祖暅之請，命史官比較新曆（《大明曆》）和舊曆（《元嘉曆》）的疏密，先所給定期限爲“百日”，但對觀測天象來説，“百日”時限實在太短，所以又應史官的申請，再給增加了百日。

［2］制詔更造新曆，以甲子爲元：大同九年（543），太史令虞劆等上奏所發明的由“夜半中星”法測算“冬至太陽所在”的新方法，並提出改曆的建議。次年，梁武帝頒旨讓虞劆等制定新曆，即《大同曆》（和《大明曆》一樣，也是以甲子年爲曆元）。《大同曆》已經得到梁武帝的認可準備頒行，但太清二年（548）侯景舉兵造反，次年梁武帝去世，該曆也就被擱置了。

［3］六百一十九爲章歲：是指《大同曆》使用了“619 年 228 閏”的新閏周。

［4］一百八十三年冬至差一度：是指《大同曆》使用“183 年差 1 度”的新歲差。

［5］月朔以遲疾定其小餘，有三大二小：當指《大同曆》采用了計算月行不均匀影響的定朔法，這是中國曆法史上一個引起長期爭論的曆法項目。《大同曆》用定朔法是很有積極意義的選擇，衹可惜定朔法再次夭折。

陳氏因梁，亦用祖冲之曆，更無所創改。

後齊文宣受禪，命散騎侍郎宋景業協圖讖，造《天保曆》。景業奏：“依《握誠圖》及《元命包》，言齊受録之期，當魏終之紀，[1]得乘三十五以爲蔀，應六百七十六以爲章。”文宣大悦，乃施用之。期曆統曰：“上元甲子，至天保元年庚午，積十一萬五百二十六算外，章歲六百七十六，度法二萬三千六百六十，斗分五千七百八十七，[2]曆餘十六萬二千二百六十一。”[3]至後主武平七年，董峻、鄭元偉立議非之曰：“宋景業移閏於天正，退命於冬至交會之際，承二大之後，三月之交，妄減平分。臣案，景業學非探賾，識殊深解，有心改作，多依舊章，唯寫子換母，頗有變革，妄誕穿鑿，不會真理。[4]乃使日之所在，差至八度，節氣後天，閏先一月。朔望虧食，既未能知其表裏，遲疾之曆步，又不可以傍通。妄設平分，虛退冬至。冬至虛退，[5]則日數減於周年；平分妄設，故加時差於異日。五星見伏，有違二旬，遲疾逆留，或乖兩宿。軌筴之術，[6]妄刻水旱。今上《甲寅元曆》，並以六百五十七爲章，二萬二千三百三十八爲蔀，五千四百六十一爲斗分，[7]甲寅歲甲子日爲元紀。”又有廣平人劉孝孫、張孟賓二人，同知曆事。孟賓受業於張子信，[8]並棄舊事，更制新法。又有趙道嚴，準晷影之長短，定日行之進退，更造盈縮，以求虧食之期。[9]劉孝孫以〔六〕百一十九爲章，八千四十七爲紀，一千九百六十六爲歲餘，[10]甲子爲上元，命日度起虛中。[11]張孟賓以六百一十九爲章，四萬八千九百〔一〕爲紀，九百四十八爲日法，萬（四）〔一〕千九百四十五爲斗分。元紀共命，法略旨遠。日月五星，並從斗十一起。[12]盈縮轉度，陰陽分至，與漏刻相符，其日影俱合，循轉無窮。上拒春秋，下盡天統，日月虧食及五星所在，以二人新法考之，無有不合。[13]其年，[14]訖干敬禮及曆家豫刻日食疏密。[15]六月戊申朔，太陽虧，劉孝孫言食於卯時，張孟賓言食於甲時，鄭元偉、董峻言食於辰時，宋景業言食於巳時。至日食，乃於卯甲之間，其言皆不能中。争論未定，遂屬國亡。

［1］言齊受録之期，當魏終之紀：宋景業在此强調，北齊立國的日子正是東魏壽終正寢的期限，齊代魏是天命轉顧。這種奉承話文宣帝聽了當然大悦！

［2］“上元甲子”至“斗分五千七百八十七”：從上元年（甲子年）到天保元年（550）相隔110526周年。算外，是古曆的演算法用語，“算在外”的意思。是説這110526年没把天保元年計算在内的意思。古曆裏還常見有“算盡”或“算上”之語，是指“所求年”當年被“算在内”的意思。天保元年是庚午年，庚午的甲子序號是7，庚午年被算外，則距離甲子年爲6年，$110526-6=60\times1842$。章歲，是表示閏周的數據（常和“章月”成對，其實有了章歲即可推出章月，如這裏即有$676\times7/19\approx249$，故《天保曆》章月爲$676\times12+249=8361$）。古曆常把“章”作爲回歸年和朔望月的共同周期，即“章歲”個回歸年=“章月”個朔望月。度法，是回歸年的分母，斗分是回歸年不足整日數之餘分的分子，所以《天保曆》的回歸年爲“$365+5787\div23660=365.24459$”日。從而即可推出朔望月爲：

$$\frac{365\times23660+5758}{23660}\times\frac{676}{8361}=29\frac{155272}{292635}=29.5305996\text{ 日}$$

《開元占經》卷一〇五中所記《天保曆》的章月、日法、朔餘分别是8361、292635和155272，與以上推算吻合。

［3］曆餘十六萬二千二百六十一：此“曆餘”當是《天保曆》遲疾曆即（近點月）的餘分，《天保曆》的近點月值爲$27+162261/292635=27.554483$日，《開元占經》卷一〇五記作：“周日二十七，餘一十六萬二千二百六十一。”一般地，曆法設近點月都

是爲考慮月行不均匀性問題。

［4］“宋景業移閏於天正”至“不會真理”：董峻、鄭元偉批評宋景業學業不精，所作改動不過是把前代曆法的數據换换分子、分母，且冬至所在、節氣、置閏、交食、五星運動等的測算誤差都很大，一無是處。考察現在還可見到的若干《天保曆》數據，人們認爲董、鄭的批評或許是中肯的。

［5］冬至，虚退：中華本校勘記指出此處“虚退”之前當有“冬至”二字。今據補。

［6］筭：指占卜用的籌策。

［7］蔀：即回歸年分母。　斗分：乃回歸年的餘分，二者給出了回歸年值爲365.244471日，再由“章（法）”和回歸年可推出朔望月爲39.530595日。其精度都優於《天保曆》。由於日、月、地球和行星攝動的影響，相關的運行周期長度都不是常數，而是隨時間變化的變數。不過其變化量非常小，按照現代的理論計算，回歸年和朔望月在1900年的數值分别爲365.24219878日和29.53058867日。

［8］孟賓受業於張子信：關於張子信其人，李淳風説“至後魏末，清河張子信，學藝博通，尤精曆數。因避葛榮亂，隱於海島中，積三十許年，專以渾儀測候日、月、五星差變之數，以算步之”。而北宋周琮則説“北齊學士張子信因葛榮亂，隱居海島三十餘年，專以圓儀揆測天道”。所謂“葛榮亂”是指北魏孝明帝孝昌二年（526）至孝莊帝建義元年（528）間，發生在華北一帶由鮮于脩禮和葛榮發動的一場農民起義。兩説並無矛盾，就是説張子信主要活動於後魏到北齊間。清河，指今河北清河縣，至於海島，大約應指山東半島周邊的某一海島。圓儀，即渾儀。三十餘年遠離塵囂的相對安定的環境，勤勉、精心的觀測，讓張子信掌握了大量的關於日、月、五星運行的第一手資料，從而取得了具有劃時代意義的三大發現，爲隋初曆法演算法的飛躍奠定了基礎。

［9］“又有趙道嚴”至“虧食之期”：這句話説明趙道嚴在晷影測算上有所創獲，對太陽運動不均匀性做出了定量描述，並使用

盈縮演算法求交食時刻。由此可知，其一，趙道嚴在曆算之學方面有深刻的研究和很高的造詣。其二，張子信的發現或許當時已經在北方天文曆法界産生了相應的影響。但由於本志没有交代，趙道嚴是否編有曆法不得而知。

［10］紀：這裏指回歸年分母。　歲餘：意思同斗分。由此章、紀、歲餘三個數據，可知劉孝孫《武平曆》的回歸年爲365.244315日，朔望月爲29.530594日。

［11］命日度起虚中：當指劉孝孫《武平曆》上元之時，日、月、五星皆從虚宿5度起算。由於歲差的關係，到武平年間，冬至時太陽所在宿度應爲斗13度。

［12］日月五星，並從斗十一起：指《張孟賓曆》冬至所在宿爲"斗11度"，這和當時的理論值是很接近的，這是《張孟賓曆》的一大亮點。同時，由章、紀、斗分可推出《張孟賓曆》的回歸年爲365.244269日，朔望月爲29.530591日，其精度達到了當時的先進水準。

［13］"上拒春秋"至"無有不合"：指以張孟賓和劉孝孫二人的曆法推算從《春秋》以來典籍中的天象記載，都能相合。在古代，曆法學家們比較曆法優劣一般用兩種方法，一是推算典籍記事，二是測驗天象。下文就説測驗日食的事了。此處李淳風對劉孝孫和張孟賓的曆法或有溢美之辭，但李氏的評價我們還是應該高度重視的。劉孝孫後來在隋初的曆法争論中有重要表現，但這位張子信的弟子張孟賓後來就不知去向了。

［14］其年：指武平七年（576）。

［15］訖干敬禮：各本"干"字作"于"。本書《天文志》則有"訖干景禮"，此據中華本校改。　曆家豫刻日食疏密：指朝廷決定用驗證天象來考核曆家曆法的疏密。驗證的結果是，張孟賓和劉孝孫二人曆法預報當年六月日食的誤差皆爲2.1刻（約半小時），而鄭元偉的誤差爲12.5刻，宋景業的誤差達20.8刻。證明了張孟賓和劉孝孫二人曆法的優越性。

西魏入關，尚行李業興《正光曆》法。至周明帝武成元年，始詔有司造周曆。[1]於是露門學士明克讓、麟趾學士庾季才及諸日者，採祖暅舊議，通簡南北之術。自斯已後，頗覩其謬，故周、齊並時，而曆差一日。克讓儒者，不處日官，以其書下于太史。[2]及武帝時，甄鸞造《天和曆》。上元甲寅至天和元年丙戌，積八十七萬五千七百九十二算外，章歲三百九十一，蔀法二萬三千四百六十，日法二十九萬一百六十，朔餘十五萬三千九百九十一，斗分五千七百三十一，會餘九萬三千五百一十六，曆餘一十六萬八百三十，冬至斗十五度。[3]參用推步，終於宣政元年。

[1]造周曆：指周明帝決定要造北周自己的曆法。北周雖然僅存二十五年，但却有下文所提到的三部曆法：第一是明克讓、庾季才所編制的曆法，第二是甄鸞編制的《天和曆》，第三是馬顯等編制的《丙寅元曆》。

[2]以其書下于太史：即將明克讓等所上的曆書頒太史院執行。明克讓等的曆法今已不傳，其基本數據也不見記載。

[3]“上元甲寅至天和元年丙戌”至“冬至斗十五度”：這段文字給出了甄鸞《天和曆》的基本數值。“冬至斗十五度”不算差，但其他數據都很差了。回歸年 = 365 + 斗分/蔀法 = 365.244288 日，朔望月 = 29 + 朔餘/日法 = 29.53071 日，從而可推出：章月 = 4836，章閏 = 144。又，近點月 = 27 + 曆餘/日法 = 27.55428 日，交點年 = 346 + 2 × 會餘/日法 = 346.64458 日。

大象元年，太史上士馬顯等，又上《丙寅元曆》，[1]

抗表奏曰：

臣案九章、五紀之旨，三統、四分之説，咸以節宣發斂，考詳晷緯，布政授時，以爲皇極者也。而乾維難測，斗憲易差，盈縮之期致舛，咎徵之道斯應。寧止蛇或乘龍，水能沴火，[2]因亦玉羊掩曜，金雞喪精。[3]王化關以盛衰，有國由其隆替，曆之時義，於斯爲重。

自炎漢已還，迄於有魏，運經四代，事涉千年，日御天官，不乏於世，命元班朔，互有沿改。驗近則疊璧應辰，經遠則連珠失次，[4]義難循舊，其在兹乎？

[1]《丙寅元曆》：又叫《大象曆》。

[2]寧止蛇或乘龍："龍"指四象之南方蒼龍象，蒼龍象又被畫成蛇纏龍之象。　水能沴火：占星之語。指五行中的水星與火星的相克之兆。

[3]玉羊掩曜，金雞喪精：玉羊、金雞皆是星占術語。《開元占經》卷一一九："玉羊見，《瑞應圖》曰，鍾律調，五音當節，則玉羊見，師曠時。"《宋書·符瑞志下》曰："玉羊，師曠時來至。玉雞，王者至孝則至。"《宋書》卷八〇《劉子鸞傳》："俟玉羊之晨照，正金雞之夕臨。"

[4]疊璧、連珠：《開元占經》卷一有曰："上元之初，日月如疊璧，五星如連珠，故曰重光"，即所謂"日月合璧、五星連珠"之象也。

大周受圖膺録，牢籠萬古，時夏乘殷，斟酌前代，曆變壬子，元用甲寅。高祖武皇帝索隱探賾，盡性窮理，以爲此曆雖行，未臻其妙，爰降詔旨，博訪時賢，并敕太史上士馬顯等，更事刊定，務得其宜。然術藝之士，各封異見，凡所上曆，合有八家，精粗踳駁，未能盡善。去年冬，孝宣皇帝乃詔臣等，監考疏密，更令同造。謹案史曹舊簿及諸家法數，棄短取長，共定今術。開元發統，肇自丙寅，至於兩曜虧食，五星伏見，參校積時，最爲精密。庶鐵炭輕重，無失寒燠之宜，灰箭飛浮，不爽陰陽之度。[1]上元丙寅至大象元年己亥，積四萬一千五百五十四算上。日法五萬三千五百六十三，亦名蔀會法。章歲四百四十八，斗分三千一百六十七，蔀法一萬二千九百九十二。章中爲章會法。（日法五萬三千五百六十三）曆餘二萬九千六百九十三，[2]會日百七十三，會餘一萬六千六百一十九，冬至日在斗十二度。[3]小周餘，盈縮積。[4]其曆術别推入蔀會，分用陽率四百九十九，陰率九。每十二月下各有日月蝕轉分，推步加減之，乃爲定蝕大小餘，而求加時之正。[5]

［1］“庶鐵炭輕重”至“不爽陰陽之度”：鐵炭輕重、灰箭飛浮皆古代測候節氣的方法。鐵炭輕重，乃用等重的鐵和炭懸挂在支架兩端使平衡，當冬、夏至時，由於氣候乾燥和潤澤不同，炭的重量會變化，支架不再平衡。灰箭飛浮，乃用不同的律管内裝特製的葭莩灰，不同季節之應的漏刻之箭浮起時，則相應管内的灰飛起。《續漢書·律曆志》曰：“陰陽和則景至，律氣應則灰除。……土炭輕而衡仰……土炭重而衡低。”又曰：“候氣之法，爲室三重，户閉，塗釁必周，密布緹縵。室中以木爲案，每律各一，内庳外高，從其方位，加律其上，以葭莩灰抑其内端，案曆而候之。氣至者灰動。”

［2］日法五萬三千五百六十三：這裏同一日法數值在本段重複出現，當屬衍文。

［3］“上元丙寅至大象元年己亥”至“冬至日在斗十二度”：由此相關數據可以推算出《大象曆》的基本情況。“冬至日在斗十二度”比《天和曆》的值更好。蔀法是回歸年的分母，日法是朔望月的分母，所以，回歸年＝365＋斗分/蔀法＝365.243765日，由回歸年和章歲，可推出章月＝5541，章閏＝165。從而，朔望月＝29.5306275日。近點月＝27＋曆餘/日法＝27.5543566日，交點年＝2×（會日＋會餘/日法）＝2×（173＋16619/53563）＝364.62054日。

［4］小周餘，盈縮積：中華本認爲此句及其下文當有脱文。

［5］“每十二月下各有日月蝕轉分”至“求加時之正”：這是説在計算交食時刻時，於各月份設置日月蝕轉分（即改正差），或許是考慮日、月不均匀運動對交食的影響，但演算法的細節不詳。後來張胄玄批評馬顯等改正算法時説：“加時先後，逐氣參差，就月爲斷，於理未可。”（見本書卷七〇《張胄玄傳》）看來馬顯等没有真正理解張子信的發現。

其術施行。

時高祖作輔，方行禪代之事，欲以符命曜于天下。道士張賓，揣知上意，自云玄相，洞曉星曆，因盛言有代謝之徵，又稱上儀表非人臣相。由是大被知遇，恒在幕府。及受禪之初，擢賓爲華州刺史，使與儀同劉暉、驃騎將軍董琳、索盧縣公劉祐、前太史上士馬顯、太學博士鄭元偉、前保章上士任悦、開府掾張徹、前蕩邊將軍張膺之、校書郎衡洪建、太史監候粟相、太史司曆郭翟、劉宜、兼算學博士張乾敘、門下參人王君瑞、荀隆伯等，議造新曆，仍令太常卿盧賁監之。賓等依何承天法，微加增損，四年二月撰成奏上。高祖下詔曰：“張賓等存心算數，通洽古今，每有陳聞，多所啓沃。畢功表奏，具已披覽。使後月復育，不出前晦之宵，前月之餘，罕留後朔之旦。減朓就朒，懸殊舊準。月行表裏，厥途乃異，日交弗食，由循陽道。[1]驗時轉算，不越纖毫，逖德前修，斯秘未啓。有一於此，實爲精密，宜頒天下，依法施用。”

張賓所造曆法，[2]其要：

以上元甲子已來，至開皇四年歲在甲辰，積四百一十二萬九千一，算上。[3]

蔀法，一十萬二千九百六十。

章歲，四百二十九。

章月，五千三百六。

通月，五百三十七萬二千二百九。

日法，一十八萬一千九百二十。

斗分，二萬五千六十三。[4]

會月，一千二百九十七。

會率，二百二十一。

會數，一百一十半。

會分，一十一億八千七百二十五萬八千一百八十九。

會日法，四千二十萬四千三百二十。

會日，百七十三。餘，五萬六千一百四十三。小分，一百一十。[5]

交法，五億一千二百一十萬四千八百。

交分法，二千八百一十五。

陰陽曆，一十三。餘，十一萬二百六十三。小分，二千三百二十八。[6]

朔差，二。餘，五萬七千九百二十一。小分，九百七十四。

蝕限，一十二。餘，八萬一千三百三。小分，四百三十三半。[7]

定差，四萬四千五百四十八。

周日，二十七。餘，一十萬八百五十九。[8]亦名少大法。

木精曰歲星，合率四千一百六萬三千八百八十九。

火精曰熒惑，合率八千二十九萬七千九百二十六。

土精曰鎮星，合率三千八百九十二萬五千四百一十三。

金精曰太白，合率六千一十一萬九千六百五十五。

水精曰辰星，合率一千一百九十三萬一千一百二十五。[9]

[1]"賓等依何承天法"至"由循陽道"：張賓的曆法雖然頒行，但其推算之術本志全略了，其曆法的具體細節我們今天不得而知。一部頒行的曆法在本志中僅記載了這樣一些曆法數據，可見該曆在李淳風眼裏的分量很輕。隋文帝頒曆詔書裏的這些肯定意義不大，不過這裏有兩點值得注意。一是"後月復育，不出前晦之宵，前月之餘，罕留後朔之旦"，這是說朔望月的問題，"前月餘不留後朔"或許是指《開皇曆》運用了某種方法計算定朔，因爲劉焯等在下文批評他們的演算法還不能算是計算日月同黃經的定朔法。二是"月行表裏，厥途乃異，日交弗食，由循陽道"。當是在交食演算法中考慮月亮視差的影響。又，從下面注文中我們知道，《開皇

曆》的回歸年值十分優秀，但朔望月值精度較差。從上述這幾點來看，《開皇曆》還是有一些特點的。

［2］張賓所造曆法：即《開皇曆》。該曆開皇四年頒行，乃“依何承天法，微加增損”所成。從其反對者的批評中我們知道，它仍采用了一系列同當時曆法演算法重大進步不相協調的傳統方法，因而相對落伍。所以一經頒行，旋即引起了一場大争論，於開皇十七年即被《張胄玄曆》取代。

［3］上元甲子已來：底本等在“甲子”下有“己巳”二字，中華本認爲“己巳”二字當爲衍文，今據改。因爲是“算上”，所以《開皇曆》從開皇四年（甲辰年）向前推（4129001—1）年爲上元年，是爲甲子年。

［4］“蔀法”至“二萬五千六十三”：蔀法，回歸年的分母。通月，朔望月值的分子，通常又叫“朔實”。日法是朔望月值的分母。《開皇曆》使用429年158閏的閏周，即429年有12×429+158=5306個朔望月，429、5306就是“章歲”和“章月”。由以上諸數據可知，《開皇曆》回歸年=365+斗分/蔀法=365.243425日；朔望月=通月/日法=29.530612日。據陳美東研究，《開皇曆》回歸年值的誤差爲90秒，相比其之前的曆法僅次於《大明曆》；但朔望月值是以往各曆中最差的，説明它的閏周取值不好；特别是它的金星會合周期誤差僅爲12.5分鐘，優於其之前各曆；其他數據的精度水準一般。

［5］“會月”至“一百一十”：會月、會率、會數，是一組關於交食周期的數據。《開皇曆》以1297個月爲推算交食的循環周期，經這一周期後，交食情況將重複出現。該曆測算出交食發生的頻率爲1297個月將發生221次交食。又因爲一個交食周期内有兩個交點，所以“會數”爲110.5，是“會率”的一半。因“交點年=（會月/會數）×朔望月”，所以《開皇曆》交點年的值爲346.617229日，即：

$$交點年=\frac{1297}{110.5}\times\frac{5372209}{181920}=2\left(\frac{1297}{221}\times\frac{5372209}{181920}\right)=2\times會月\times\frac{會分}{會日法}$$

$$=2\left(173+\frac{56143\frac{110}{221}}{181920}\right)$$

從以上算式可知，“會分”與“會日法”分別是通月和日法與會率的乘積，是曆法演算中的中間數據；“會日，百七十三”，“餘，五萬六千一百四十三”，“小分，一百一十”分別是半個交點年數值的整日數、分子和分子的小分。

［6］“交法”至“二千三百二十八”：陰陽曆，在古曆中一般是表示交點月的術語，而這裏的陰陽曆、餘、小分則分別是半個交點月值的整日、分子和分子的餘分，小分的分母就是交分法。由：

$$13\frac{110263\frac{2328}{2815}}{181920}=13\frac{110263\times2815+2328}{181920\times2815}=13\frac{310392673}{512104800}$$

可知，“交法”就是“交分法”與“通月”的乘積，也是演算的中間數據。

［7］“朔差”至“四百三十三半”：朔差、蝕限，都是判斷是否有交食發生的判據。白道和黄道有約5°的交角，所以衹有當朔或望發生在交點兩側附近時纔有交食發生，這就是食限的由來。朔差的一半是判斷朔或望在交點前是否有食的值，蝕限是判斷朔或望在交點後是否有食的值。朔差值等於朔望月減去交點月，蝕限值等於交點月減去半個朔望月：

$$朔差=29\frac{96529}{181920}=27\frac{38607\frac{1841}{2815}}{181920}=2\frac{57921\frac{974}{2815}}{181920}$$

$$蝕限=27\frac{38607\frac{1841}{2815}}{181920}-\frac{1}{2}\left(29\frac{96529}{181920}\right)=27\frac{38607\frac{1841}{2815}}{181920}-$$

$$14\frac{139224.5}{181920}=12\frac{81303\frac{433.5}{2815}}{181920}$$

從以上算式即可看出朔差和蝕限數據中的餘和小分的來歷。

［8］“周日”至“一十萬八百五十九”：周日、餘是相當於近點月的數值參數，所以有：《開皇曆》的近點月 $= 27 + \frac{100859}{181920} =$ 27.55441 日。

［9］“木精曰歲星”至“合率一千一百九十三萬一千一百二十五”：合率，指五星的會合周期，其數值乃會合周期值的分子，分母都是蔀法。所以《開皇曆》的木星、火星、土星、金星、水星的會合周期分别爲：398.833421 日、779.894386 日、378.063452 日、583.912733 日、115.881167 日。五星會合周期的理論值爲：木，398.88405 日；火，779.93609 日；土，378.09190 日；金，583.92138 日；水，115.87748 日。

張賓所創之曆既行，劉孝孫與冀州秀才劉焯，並稱其失，言學無師法，刻食不中，所駁凡有六條：其一云，何承天不知分閏之有失，而用十九年之七閏。其二云，賓等不解宿度之差改，而冬至之日守常度。其三云，連珠合璧，七曜須同，乃以五星别元。其四云，賓等唯知日氣餘分恰盡而爲立元之法，不知日月不合，不成朔旦冬至。其五云，賓等但守立元定法，不須明有進退。其六云，賓等唯識轉加大餘二十九以爲朔，不解取日月合會准以爲定。[1]此六事微妙，曆數大綱，聖賢之通術，而暉未曉此，實管窺之謂也。若乃驗影定氣，何氏所優，賓等推測，去之彌遠。合朔順天，何氏所劣，賓等依據，循彼迷蹤。蓋是失其菁華，得其糠粃者也。又云，魏明帝時，有尚書郎楊偉，修《景初曆》，乃上表立義，駁難前非，云：“加時後天，食不在朔。”然觀楊偉之意，故以食朔爲真，未能詳之而制其法。至宋元嘉中，何承天著曆，其上表云："月行不定，或有遲疾，合朔月食，不在朔望，亦非曆之意也。"然承天本意，欲立合朔之術，遭皮延宗飾非致難，故事不得行。[2]至後魏獻帝時，有龍宜弟復修延興之曆，又上表云："日食不在朔，而習之不廢，據《春秋》書食，乃天之驗朔也。"此三人者，[3]前代善曆，皆有其意，未正其書。但曆數所重，唯在朔氣。朔爲朝會之首，氣爲生長之端，朔有告餼之文，氣有郊迎之典，故孔子命曆而定朔旦冬至，以爲將來之範。今孝孫曆法，並按明文，以月行遲疾定其合朔，欲令食必在朔，不在晦二之日也。縱使頻月一小三大，得天之統。[4]大抵其法有三，今列之云。

[1]"其一云"至"不解取日月合會准以爲定"：這是劉孝孫等對《開皇曆》的批評。其一是批評《開皇曆》所用閏周（乃沿用何承天的舊值，其實是19年7閏的古閏章），導致《開皇曆》所取朔望月的值偏大。其二是説《開皇曆》不用歲差法，而使"冬至之日守常度"。其三是責怪《開皇曆》取多曆元法，這是見仁見智的問題，現代的觀點反而認爲多曆元法更簡潔實用。其四是指出《開皇曆》推算曆元時忽略朔望月周期，從而"不成朔旦冬至"。其五是指出《開皇曆》未用歲差法的問題。其六是批評《開皇曆》計算朔望月的方法還不能算是真正"定朔法"。劉焯等給朝廷上書，目的是要和張賓、劉暉曆法競争，是必須要"勘典籍、驗天象"的。所以接下來就從日食記録、冬至所在、晷影長短三個方面比勘典籍。同時，他們也要求檢驗天象，並指出"若乃驗影定氣，何氏所優，賓等推測，去之彌遠"。既然張賓的曆法論推驗天象還不如何承天的曆法精密，就更比不上劉孝孫和劉焯的曆法了。

［2］“然承天本意”至“故事不得行”：何承天是中國古代重要的天文學家之一，他是主張定朔演算法的，但因太史令錢樂之和員外散騎郎皮延宗等的反對而改回平朔。他也支持虞喜發明的歲差説，他測算並正確地指出當時曆書給出的二至非天之二至，天之南至日在斗十三四（實際理論值應爲12.9°）。因此，劉孝孫和劉焯在此指責張賓等用何承天舊術但没有理解何氏本意。

［3］此三人：指楊偉、何承天、龍宜弟。

［4］“但曆數所重”至“得天之統”：劉孝孫等特别强調了朔和氣合天的重要性，從萬物生長、郊迎典禮到聖人命曆，且認爲唯有用定朔纔能保證日食在朔，縱然曆法的朔望月會頻頻出現一小三大，但它是“得天之統”的。

第一，勘日食證恒在朔。[1]

引《詩》云：“十月之交，朔日辛卯，日有食之。”今以《甲子元曆》術推算，符合不差。《春秋經》書日（合）〔食〕三十五。二十七日食，經書有朔，推與《甲子元曆》不差。八食，經書並無朔字。《左氏傳》云：“不書朔，官失之也。”《公羊傳》云：“不言朔者，食二日也。”《穀梁傳》云：“不言朔者，食晦也。”今以《甲子元曆》推算，俱是朔日。丘明受經夫子，於理尤詳，《公羊》《穀梁》皆臆説也。

《春秋左氏》隱公三年二月己巳，日有食之。推合己巳朔。

莊公十八年春三月，日有食之。推合壬子朔。

僖公十二年三月庚午，日有食之。推合庚午朔。

十五年夏五月，日有食之。推合癸未朔。

襄公十五年秋八月丁巳，日有食之。推合丁巳朔。

前、後漢及魏、晋四代所記日食，朔、晦及先晦，都合一百八十一，今以《甲子元曆》術推之，並合朔日而食。

前漢合有四十五食。三食並先晦一日，三十二食並皆晦日，十食並是朔日。

後漢合有七十四食。三十七食並皆晦日，三十七食並皆朔日。

魏合有十四食。四食並皆晦日，十食並皆朔日。

晋合有四十八食。二十五食並皆晦日，二十三食並皆朔日。

[1]以下用劉孝孫的《甲子元曆》勘驗《春秋經》日食記載，認爲《春秋經》的日食記載即使其中“無朔字”的八條記載，用《甲子元曆》推算皆在朔。《左氏傳》說“不書朔，官失之也”，《公羊傳》《穀梁傳》說法則不可靠，即所謂“丘明受經夫子，於理尤詳，《公羊》《穀梁》皆臆説也”。關於《春秋經》《傳》日食記録問題，可參見關立言《春秋日食三十七事考》，《史學月刊》1998年第2期，第95—103頁；王化鈺《〈春秋經〉〈傳〉日月食考》，《吉林大學社會科學學報》1988年第2期，第90—97頁。

第二，勘度差變驗。[1]

《尚書》云：“日短星昴，[2]以正仲冬。”即是唐堯之時，冬至之日，日在危宿，合昏之時，昴正午。[3]案《竹書紀年》，堯元年丙子。今以《甲子元曆》術推算得合堯時冬至之日，合昏之時，昴星正午。《漢書》武帝太初元年丁丑歲，落下閎等考定《太初曆》冬至之日，日在牽牛初。今以《甲子元曆》術算，即得斗末牛初矣。晋時有姜岌，又以月食驗於日度，[4]知冬至之日日在斗十七度。宋文帝元嘉十年癸酉歲，何承天考驗乾度，亦知冬至之日日在斗十七度。雖言冬至後上三日，前後通融，袛合在斗十七度。但堯年漢日，所在既殊，唯晋及宋，所在未改，故知其度，理有變差。至今大隋甲辰之歲，考定曆數象，以稽天道，知冬至之日日在斗十三度。

[1]勘度差變驗：此段是在説歲差問題。劉孝孫考定當年（584）"冬至之日日在斗十三度"（實際應在斗宿10.8°，劉孝孫的測算精度並不高，劉焯定爲斗十一度，非常精密，之後劉孝孫從劉焯），他還認爲漢武帝太初元年（前104）冬至日在牽牛初度（實際應在斗宿21.6°），姜岌時（384）冬至日在斗宿十七度（實際應在斗宿14°）。顯然，劉孝孫是依據這些不準確的度值來推算其歲差值的，他大約取歲差值爲51年差1度，確實偏大了。

[2]日短：即冬至。冬至日乃一年之内白天時間最短的一天。

[3]昴正午：即昴星中天（在子午圈上）。

[4]以月食驗於日度：這是姜岌發明的一種測算太陽所在位置的新方法，叫做月食衝法。月食時，月與日相差180°（衝），故測定了月食食甚時刻月亮的宿度，太陽的宿度即可算出。姜岌，天水（今甘肅天水市）人，主要活動在後秦姚興時期。

第三，勘氣影長驗。[1]

《春秋緯命曆序》云："魯僖公五年正月壬子朔旦冬至。"今以《甲子元曆》術推算，得合不差。《宋書》元嘉十年，何承天以土圭測影，知冬至已差三日。詔使付外考驗，起元嘉十三年爲始，畢元嘉二十年，八年之中，冬至之日恒與影長之日差校三日。今以《甲子元曆》術推算，但是冬至之日恒與影長之符合不差。詳之如左：

十三年丙子，天正十八日曆注冬至，十五日影長，即是今曆冬至日。

十四年丁丑，天正二十九日曆注冬至，二十六日影長，即是今曆冬至日。

十五年戊寅，天正十一日曆注冬至，陰，無影可驗，今曆八日冬至。

十六年己卯，天正二十一日曆注冬至，十八日影長，即是今曆冬至日。

十七年庚辰，天正二日曆注冬至，十月二十九日影長，即是今曆冬至日。

十八年辛巳，天正十三日曆注冬至，十（一）日影長，即是今曆冬至日。

十九年壬午，天正二十五日曆注冬至，[2]陰，無影可驗，今曆二十二日冬至。

二十年癸未，天正六日曆注冬至，三日影長，即是今曆冬至日。

于時新曆初頒，賓有寵於高祖，劉暉附會之，被升爲太史令。二人協議，共短孝孫，言其非毁天曆，率意迂怪，焯又妄相扶證，惑亂時人。[3]孝孫、焯等，竟以他事斥罷。後賓死，孝孫爲掖縣丞，委官入京，又上，前後爲劉暉所詰，事寢不行。仍留孝孫直太史，累年不調，寓宿觀臺。乃抱其書，弟子輿櫬，來詣闕下，伏而慟哭。執法拘以奏之，高祖異焉，以問國子祭酒何妥。妥言其善，即日擢授大都督，遣與賓曆比校短長。先是信都人張胄玄，以算術直太史，久未知名。至是與孝孫共短賓曆，異論鋒起，久之不定。至十四年七月，上令參問日食事。楊素等奏："太史凡奏日食二十有五，唯一晦三朔，依剋而食，尚不得其時，又不知所起，他皆無驗。胄玄所剋，前後妙衷，時起分數，合如符契。孝孫所尅，驗亦過半。"[4]於是高祖引孝孫、胄玄等，親自勞徠。孝孫因請先斬劉暉，乃可定曆。高祖不懌，又罷之。俄而孝孫卒，楊素、牛弘等傷惜之，又薦胄玄。上召見之，胄玄因言日長影短之事，高祖大悦，賞賜甚厚，令與參定新術。[5]劉焯聞胄玄進用，又增損孝孫曆法，更名《七曜新術》以奏之，與胄玄之法，頗相乖爽。[6]袁充與胄玄害之，[7]焯又罷。至十七年，胄玄曆成，奏之。上付楊素等校其短長。劉暉與國子助教王頍等執舊曆術，迭相駁難，與司曆劉宜援據古史影等，駁胄玄云：[8]

[1]勘氣影長驗：劉孝孫以劉宋元嘉十三年至二十年（436—443）這八年間，有實測晷影記録可查的六年冬至時日（其中十五年和十九年因陰天而無影可驗），與用《甲子元曆》所推結果做比較。這是應用冬至之日晷影最長原理，證明《甲子元曆》推算的"冬至之日"恒與實測"影長之日"符合不差。

[2]天正二十五日曆注冬至：二十五日，底本作二十九日，今依中華本改正。

[3]"于時新曆初頒"至"惑亂時人"：張賓和劉暉指責劉孝

孫和劉焯“（孝孫）非毀天曆，率意迂怪，焯又妄相扶證，惑亂時人”。這是把曆法優劣問題引到了政治陷害。

［4］“楊素等奏”至“驗亦過半”：楊素等的奏報説，開皇年間測驗了二十五次日食，《張賓曆》衹有四次合，且推算的日食發生時刻不準，又不知日食所起方位。由此看來，《張賓曆》的確是没法再用了。同時指出，《張胄玄曆》二十五食皆中，而《劉孝孫曆》合驗也超過了一半。楊素等的説法是否可靠，我們今天也不得而知了。不過，根據本志的記載，楊素支持張胄玄的傾向十分明顯。

［5］“上召見之”至“令與參定新術”：日長影短事，是説由於太陽軌道更高了，冬至日晷影因而變短，白晝變長，占驗則是“太平盛世”。本志作者李淳風對此顯然是持批評態度的，説“高祖大悦，賞賜甚厚”，其言下之意十分玄妙。但個中原理古人不甚清晰，所以其中情節也就曲折複雜。現代研究者的傾向是，當時人們可能將一年中影長與晝刻長度的周年變化，移植爲不同年份了；當年的影長數據還有分别測自洛陽和長安的情況，洛陽和長安的緯度有别，但古人那時還不知地理緯度對影長的影響。

［6］“又增損孝孫曆法”至“頗相乖爽”：本志前文説過，劉焯曾和劉孝孫一起與張賓争論，當時劉焯應有曆法，但本志及其他史料没有給劉焯這次編制的曆法命名，不妨叫做《劉焯曆》。那次辯論是以劉孝孫爲主，《劉孝孫曆》的“冬至所在”還在辯論過程中從斗 13 度改到斗 11 度，當是參考了《劉焯曆》。本志卷下記載劉焯批評張胄玄剽竊他和孝孫曆法時説：“胄玄以開皇五年與李文琮於《張賓曆》行之後，本州貢舉，即齎所造曆擬以上應。其曆在鄉陽流布，散寫甚多。今所見行，與焯前曆不異。玄前擬獻，年將六十，非是忽迫倉卒始爲，何故至京未幾，即變同焯曆，與舊懸殊？焯作於前，玄獻於後，捨己從人，異同暗會。且孝孫因焯，胄玄後附孝孫，曆術之文，又皆是孝孫所作，則元本偷竊，事甚分明。”這次，劉焯説他參考了孝孫曆法，把自己的曆法修訂更名爲

《七曜新術》，最後到開皇二十年，劉焯又上《皇極曆》。總之，劉焯在隋初改曆辯論中屢屢受挫，但他執著探索，至少三易其稿，不斷完善其曆法演算法，終使《皇極曆》成爲中國天文學史上最偉大的曆法之一。

[7]袁充與胄玄害之：本志此處直接用“害之”字眼，説明作者認爲袁充、張胄玄與劉焯交鋒時，袁、張所用的手段已不是學術争論之道。

[8]駁胄玄云：以下由劉宜主筆的這篇奏表長篇大論，支持劉暉反對張胄玄。其中有兩處“宜案”，一處“宜又案”，主要涉及《春秋》日食記録、測影定氣、開皇年間的交食測驗等三個方面問題。這篇奏表的辯論策略十分高明，他用足了《張賓曆》回歸年值精準的優勢，在上述前兩個方面讓《張賓曆》占上風，而在第三個問題上，他的結論衹説“胄玄不能盡中”，不提《張賓曆》，意思應該是説：在這方面我是不行，但你也不怎麽樣。

《命曆序》僖公五年天正壬子朔旦，日至，《左氏傳》僖公五年正月辛亥朔，日南至。《張賓曆》，天正壬子朔，冬至，合《命曆序》，差《傳》一日。《張胄玄曆》，天正壬子朔，合《命曆序》，差《傳》一日；三日甲寅冬至，差《命曆序》二日，差《傳》三日。成公十二年，《命曆序》天正辛卯朔旦，日至。《張賓曆》，天正辛卯朔，冬至，合《命曆序》。《張胄玄曆》，天正辛卯朔，合《命曆序》；二日壬辰冬至，差《命曆序》一日。昭公二十年，《春秋左氏傳》二月己丑朔，日南至，準《命曆序》庚寅朔旦，日至。《張賓曆》，天正庚寅朔，冬至，並合《命曆序》，差《傳》一日。《張胄玄曆》，天正庚寅朔，合《命曆序》，差《傳》一日；二日辛卯冬至，差《命曆序》一日，差《傳》二日。宜案《命曆序》及《春秋左氏傳》，並閏餘盡之歲，皆須朔旦，冬至。若依《命曆序》勘《春秋》三十七食，合處至多；若依《左傳》，合者至少，是以知《傳》爲錯。今張冑玄信情置閏，《命曆序》及《傳》氣朔並差。[1]

又宋元嘉冬至影有七，《張賓曆》合者五，差者二，亦在前一日。《張冑玄曆》合者三，差者四，在後一日。元嘉十二年十一月甲寅朔，十五日戊辰冬至，日影長。《張賓曆》合戊辰冬至，《張冑玄曆》己巳冬至，差後一日。十三年十一月己酉朔，二十六日甲戌冬至，日影長。《張賓曆》癸酉冬至，差前一日，《張冑玄曆》合甲戌冬至。十五年十一月丁卯朔，十八日甲申冬至，日影長。二曆並合甲申冬至。十六年十一月辛酉朔，二十九日己丑冬至，日影長。《張賓曆》合己丑冬至，《張冑玄曆》庚寅冬至，差後一日。十七年十一月乙酉朔，十日甲午冬至，日影長。《張賓曆》合甲午冬至，《張冑玄曆》乙未冬至，差後一日。十八年十一月己卯朔，二十一日己亥冬至，日影長。《張賓曆》合己亥冬至，《張冑玄曆》庚子冬至，差後一日。十九年十一月癸卯朔，三日乙巳冬至，影長。《張賓曆》甲辰冬至，差前一日，《張冑玄曆》合乙巳冬至。[2]

又周從天和元年丙戌至開皇十五年乙卯，合得冬夏至日影一十四。《張賓曆》合得者十，差者四，三差前一日，一差後一日。《張冑玄曆》合者五，差者九，八差後一日，一差前一日。天和二年十一月戊戌朔，三日庚子冬至，日影長。《張賓曆》合庚子冬至，《張胄玄曆》辛丑冬至，差後一日。三年十一月壬辰朔，十四日乙巳冬至，日影長。《張賓曆》合乙巳冬至，《張胄玄曆》丙午冬至，差後一日。建德元年十一月己亥朔，二十九日丁卯冬至，日影長。《張賓曆》丙寅冬至，差前一日，《張胄玄曆》合丁卯冬至。二年五月丙寅朔，三日戊辰夏至，日影短。《張賓曆》己巳夏至，差後一日，《張胄玄曆》庚午夏至，差後二日。三年十一月戊午朔，二十日丁丑冬至，日影長。《張賓曆》合丁丑冬至，《張胄玄曆》戊寅冬至，差後一日。六年十一月庚午朔，二十三日壬辰冬至，日影長。《張賓曆》合壬辰冬至，《張胄玄曆》癸巳冬至，差後一日。宣政元年十一月甲午朔，五日戊戌冬至，日影長。兩曆並合戊戌冬至。開皇四年十一月己未朔，十一日己巳冬至，日影長。《張賓曆》合己巳冬至，《張胄玄曆》庚午冬至，差後一日。五年十一月甲寅朔，二十二日乙亥冬至，日影長。《張賓曆》甲戌冬至，差前一日，《張胄玄曆》合庚辰冬至。[3]七年五月乙亥朔，九日癸未夏至，日影短。《張賓曆》壬午夏至，差前一日，《張胄玄曆》合癸未夏至。十一月壬申朔，十四日乙酉冬至，日影長。《張賓曆》合乙酉冬至，《張胄玄曆》丙戌冬至，差後一日。十一年十一月己卯朔，二十八日丙午冬至，日影長。《張賓曆》合丙午冬至，《張胄玄曆》丁未冬至，差後一日。十四年十一月辛酉朔旦冬至。《張賓曆》合十一月辛酉朔旦冬至，《張胄玄曆》十一月辛酉朔，二日壬戌冬至，差後一日。建德四年四月大，乙酉朔，三十日甲寅，月晨見東方。《張賓曆》四月大，乙酉朔，三十日甲寅，月晨見東方，《張胄玄曆》四月小，乙酉朔，五月大，甲寅朔，月晨見東方。宜案影極長爲冬至，影極短爲夏至，二至自古史分可勘者二十四，其二十一有影，三有至日無影。見行曆合一十八，差者六。旅騎尉《張胄玄曆》合者八，差者一十六，二差後二日，一十四差後一日。又開皇四年，在洛州測冬至影，與京師二處，進退絲毫不差。[4]周天和已來，案驗並在後。更檢得建德四年，晦朔東見。《張胄玄曆》，五月朔日，月晨見東方。今十七年，《張賓曆》閏七月，《張胄玄曆》閏五月。又審至以定閏，《胄玄曆》至既不當，故知置閏必乖。見行曆四月、五月頻大，《張胄玄曆》九月、十月頻大，爲胄玄朔弱，頻大在後，[5]故朔日殘月晨見東方。[6]

［1］“《命曆序》僖公五年”至“《傳》氣朔並差”：在此段，劉宜指出《春秋緯·命曆序》的三處朔旦，冬至記録，《張賓曆》皆合，《張胄玄曆》多不合。在此基礎上，劉宜進一步聲明，用《命曆序》考《春秋》日食，多相合，《左傳》則差些，而《張胄玄曆》更差。用《張胄玄曆》推算的結果與《命曆序》和《左傳》皆不合，《張賓曆》的推算結果與《命曆序》多相合。至於説胄玄“信情置閏”，現在已無法置評了。

［2］“又宋元嘉冬至”至“合乙巳冬至”：劉宜奏表的這一段，考察了劉宋元嘉年間的測影定冬至問題。關於這個問題，前面劉孝

孫和張賓辯論時已經討論過，劉孝孫的著眼點在説其孝孫曆推算的冬至日與何承天測算的結果相合，而當時行用的曆法冬至已後天三日。劉宜在此則是要説明，七個數據中張賓合五個張胄玄衹合三個。又，在下面一段劉宜給出當時太史院簿記的從北周天和元年（566）到開皇十五年（595）十四個冬夏至晷影，“《張胄玄曆》合者五差者九”，且“八差後一日”。張胄玄曆所取回歸年長度值已不得而知，若依劉宜的上述推算結果看，應是偏大了。關於古代測影定氣問題，可參見金祖孟《我國測影驗氣的歷史發展》，《華東師範大學學報》（自然科學版）1982 年第 1 期，第 83—92 頁。

［3］《張胄玄曆》合庚辰冬至：此句文意不可解。開皇五年十一月二十二日乙亥與此處庚辰相差五日，這不可能是《張胄玄曆》的推算結果。開皇六年的冬至是庚辰，故中華本指出此句有脱漏，可補爲“《張胄玄曆》合乙亥冬至。六年十一月丁丑朔，四日庚辰冬至，日影長。兩曆並合庚辰冬至”。

［4］“又開皇四年”至“進退絲毫不差”：這裏説開皇四年在洛州測冬至影，與京城的測影“進退絲毫不差”。關於當時洛陽和長安兩地測影的數據和相應的結果分析，可參見宋神秘《隋朝“日長影短”探析》，《科學技術哲學研究》2016 年第 3 期，第 72—77 頁。

［5］頻大在後：各本皆作“頻大在後晨”。中華本指出“晨”字當爲衍文，但未删。

［6］故朔日殘月晨見東方：朔見東方，本段有數次提及。日月合朔後，由於月行速，月亮在軌道上自西向東運行到太陽的前面，所以新月應該傍晚出現在西方地平綫上。晨見東方則説明日月尚未合朔，劉宜用多個晨見東方的實測案例，證明《張胄玄曆》的朔望月值應該是取大了，這個論證的方法和結論都是成立的。

宜又案開皇四年十二月十五日癸卯，[1]依曆月行在鬼三度，時加酉，月在卯上，食十五分之九，虧起西北。今伺候，一更一籌起食東北角，十五分之十，至四籌還生，至二更一籌復滿。五年六月三十日，依曆太陽虧，日在七星六度，加時在午少强上，食十五分之一半强，虧起西南角。今伺候，日乃在午後六刻上始食，虧起西北角，十五分之六，至未後一刻還生，至五刻復滿。六年六月十五日，依曆太陰虧，加時酉，在卯上，食十五分之九半弱，虧起西南。當其時陰雲不見月。至辰巳，雲裏見月，已食三分之二，虧從東北，既還雲合，至巳午間稍生，至午後，雲裏暫見，已復滿。十月三十日丁丑，依曆太陽虧，日在斗九度，時加在辰少弱上，食十五分之九强，虧起東北角。今候所見，日出山一丈，辰二刻始食，虧起正西，食三分之二，辰後二刻始生，入巳時三刻上復滿。十年三月十六日癸卯，依曆月行在氐七度，時加戌，月在辰太半上，食十五分之七半强，虧起東北。今候，月初出卯南，帶半食，出至辰初三分，可食二分許，漸生，辰未巳復滿。見行曆九月十六日庚子，月行在胃四度，時加丑，月在未半强上，食十分之三半强，虧起正東。今伺候，月以午後二刻，食起正東，須臾如南，至未正上，食南畔五分之四，漸生，入申一刻半復滿。十二年七月十五日己未，依曆月行在室七度，時加戌，月在辰太强上，食十五分之十二半弱，虧起西北。今伺候，一更三籌起西北上，食准三分之二强，與曆注同。十三年七月十六日，依曆月在申半强上，食十五分之半弱，虧起西南。十五日夜，從四更候月，五更一籌起東北上，食半强，入雲不見。十四年七月一日，依曆時加巳弱上，食十五分之十二半强。至未後三刻，日乃食，虧起西北，食半許，入雲不見，食頃暫見，猶未復生，因即雲鄣。十五年十一月十六日庚午，依曆月行在井十七度，時加亥，月在巳半上，食十五分之九半强，虧西北。其夜一更四籌後，月在辰上起食，虧東南，至二更三籌，月在巳上，食三分之二許，漸生，至三更一籌，月在丙上，復滿。十六年十一月十六日乙丑，依曆月行在井十七度，時加丑，月在未太弱上，食十五分之十二半弱，虧起東南。十五日夜伺候，至三更一籌，月在丙上，雲裏見，已食十五分之三許，虧起正東，至丁上，食既，後從東南生，至四更三籌，月在未末，復滿。而冑玄不能盡中。

［1］“宜又案”這一段是關於開皇年間六次月食和三次日食預報與實測的比較情況，所有“依曆”皆是依《張冑玄曆》推算的預報結果。從總體情況來看，按當時的精度標準，應該還算不錯的，但劉宜的結論是“而冑玄不能盡中”，責之過苛。

迭相駁難，高祖惑焉，逾時不決。[1]會通事舍人顏慜楚上書云：“漢落下閎改《顓頊曆》作《太初曆》，云後八百歲，此曆差一日。”語在《冑玄傳》。[2]高祖欲神其事，遂下詔曰：“朕應運受圖，君臨萬宇，思欲興復聖教，恢弘令典，上順天道，下授人時，搜揚海内，廣延術士。旅騎尉張冑玄，理思沉敏，術藝宏深，懷道白首，來上曆法。令與太史舊曆，並加勘審。仰觀玄象，參驗璿璣，胄玄曆數與七曜符合，太史所行，乃多疏舛，群官博議，咸以胄玄爲密。太史令劉暉，司曆郭翟、劉宜，驍騎尉任悦，往經修造，致此乖謬。通直散騎常侍、領太史令庾季才，太史丞邢儁，司曆郭遠，曆博士蘇粲，曆助教傅儁、成珍等，既是職司，須審疏密。遂虚行此曆，無所發明。論暉等情狀，已合科罪，方共飾非護短，不從正法。季才等附下罔上，義實難容。”[3]於是暉等四人，元造詐者，並除名；季才等六人，容隱姦慝，俱解見任。胄玄所造曆法，付有司施行。擢拜胄玄爲員外散騎侍郎，領太史令。胄玄進袁充，[4]互相引重，各擅一能，更爲延譽。胄玄言充曆妙極前賢，充言胄玄曆術冠於今古。胄玄學祖冲之，兼傳其師法。[5]自兹厥後，剋食頗中。其開皇十七年所行曆術，命冬至起虚五度。後稍覺其疏，至大業四年劉焯卒後，[6]乃敢改法，命起虚七度，諸法率更有增損，朔終義寧。今録戊辰年所定曆術著之于此云。[7]

[1]迭相駁難，高祖惑焉，逾時不決：本書卷七八《張胄玄傳》有這樣一段話：“令楊素與術數人立議六十一事，皆舊法久難通者，令暉與胄玄等辯析之。暉杜口一無所答，胄玄通者五十四焉。”説明在高祖下令比較新舊曆法優劣之後，劉宜上書説了這麽多胄玄新曆的問題，使得高祖無法定奪。楊素等則幫了張胄玄。下文又説有顔慜楚助陣，張胄玄纔勝出。當然，主要還是張胄玄之前在皇上面前説了日長影短事。

[2]語在《胄玄傳》：本書《張胄玄傳》曰：“改定新曆，言前曆差一日。内史通事顔敏楚上言曰：‘漢時落下閎改《顓頊曆》作

《太初曆》，云後當差一日。八百年當有聖者定之。計今相去七百一十年，術者舉其成數，聖者之謂，其在今乎！' 上大悦，漸見親用。" 而 "高祖欲神其事"，自然還是冲着 "當有聖者定之"。李淳風這裏不交待前因後果，僅用 "語在胄玄傳，高祖欲神其事" 兩句，容易讓人摸不着頭腦。

［3］"遂下詔曰" 至 "義實難容"：詔書這裏説 "季才等附下罔上，義實難容" 而 "解見任"。從本志記載的争論情况來看，這件事似與庾季才關係不大。庾季才是當時的著名學者，受皇上之命編撰《靈臺秘苑》一百二十卷、《垂象志》一百四十二卷、《地形志》八十七卷等，是有功之臣，怎麽就此被罷官了呢？其實本書卷七八《庾季才傳》道出了真正原因：帝曾以張胄玄、袁充所言日長影短事問於庾季才，"季才因言充謬，上大怒，由是免職，給半禄歸第"。

［4］胄玄進袁充：張胄玄因其曆法被頒行而獲得領太史令之職，於是他推薦袁充當太史令。之後，兩人聯手一起對付劉焯至其抱恨而終，本志卷下載有其事。

［5］胄玄學祖冲之，兼傳其師法：這是指出張胄玄曆法繼承了祖冲之的方法，本志也指出張賓曆法繼承的是何承天的方法，都是古代著名的曆法。至於張胄玄的老師是誰，其師法的具體所指，已不得而知了。

［6］至大業四年劉焯卒：本書卷七五《劉焯傳》曰："大業六年卒，時年六十七。" 即本書這兩處記載是相互矛盾的。又本志卷下有記載："（大業）四年，駕幸汾陽宫，太史奏曰：'日食無效'。帝召焯，欲行其曆。袁充方幸於帝，左右胄玄，共排焯曆，又會焯死，曆竟不行。" 張胄玄的曆法是在 "劉焯卒後，乃敢改法"，《大業曆》定稿於大業四年，且其上元積年正是算到大業四年，故當取此處大業四年劉焯卒説爲是。

［7］今録戊辰年所定曆術著之于此："戊辰年" 即大業四年。李淳風在此明確指出，本志所收入的張胄玄曆法，是大業四年最終修

訂版。所以天文學史上稱之爲《大業曆》。張胄玄前後兩次修訂其曆法，既有他自己的創造，也有受劉孝孫、劉焯的啓發，還有對張子信發現的發揚光大，是隋代行用的一部好曆法，李淳風也説“自兹厥後，剋食頗中”。本志以下全文收録了其曆法術文。

自甲子元至大業四年戊辰，百四十二萬七千六百四十四年，算外。

章歲，四百一十。

章閏，百五十一。

章月，五千七十一。

日法，千一百四十四。

月法，三萬三千七百八十三。

辰法，二百八十六。

歲分，一千五百五十七萬二千九百六十三。

度法，四萬二千六百四十。

没分，五百一十九萬一千三百（一）〔二〕十一。

没法，七萬四千五百二十一。

周天分，一千五百五十七萬四千四百六十六。[1]

斗分，一萬八百六十六。

氣法，四十六萬九千四十。

氣時法，一萬六百六十。

周日，二十七。日餘，一千四百一十三。

周通，七萬二百九。

周法，二千五百四十八。[2]

[1]周天分，一千五百五十七萬四千四百六十六：有歲差的曆

法，周天和回歸年不再是同一數值，叫作“天爲天，歲爲歲”，周天是指太陽在恒星間運行一周的時間，而回歸年則是太陽從冬至點到冬至點的時間，冬至點本身是退行的，所以回歸年小於周天。《大業曆》周天＝周天分/度法＝365＋斗分/度法＝365.25483度；歲差分＝周天分－歲分。

［2］“章歲，四百一十”至“二千五百四十八”：根據給出的《大業曆》基本數據，朔望月＝月法/日法＝33783/1144＝29.53059日，辰法＝日法/4，回歸年＝歲分/度法＝15573963/42640＝365.243035日。可見，《大業曆》的朔望月和回歸年值的精度皆屬上乘。轉周（近點月）＝周通/周法＝周日＋日餘/周法＝70209/2548＝$27\frac{1413}{2548}$日。没分、没法的含義見下文“推没日術”注。

推積月術：

置入元已來至所求年，以章月乘之，如章歲得一，爲積月，餘爲閏餘。[1]閏餘三百九十七已上，若冬至不在其月，加積月一。

推月朔弦望術：

以月法乘積月，如法得一，爲積日，餘爲小餘。以六十去積日，餘爲大餘，命以甲子算外，[2]爲所求年天正月朔日。天正月者，建子月也，今爲去年十一月。凡朔小餘五百四十七已上，其月大。加大餘七，小餘四百三十七太，凡四分一爲少，二爲半，三爲太。小餘滿日法去之，從大餘，滿六十去之，命如前，爲上弦日。又加，得望、下弦、後月朔。朔餘滿五百三十七，其月大，減者小。

［1］“置入元已來至所求年”至“餘爲閏餘”：古曆用干支紀

年、月、日，上元時必爲朔旦冬至，即回歸年、朔望月的共同起點（非多元曆法的五星等起點也在上元），曆法中求年、月、日的術文，一般就是要求出它們的干支序號及其餘分。“推積月術”和“推月朔弦望術”兩術是要推算所求年天正（十一月）朔日、望日和上下弦日的干支。先求出積月數，再把“積月”數中滿六十的部分都去掉（即拿甲子周這把尺子量下來）。此處“閏餘三百九十七已上，若冬至不在其月，加積月一”，是説閏餘 390 以上，則快到下一個冬至了（滿 410 就到），所以，若冬至不在其月，“積月”數加 1。

[2]命以甲子算外：算外，即不算在内。由於古曆求年、月或節氣，都是求相應曆法周期的起點位置。古曆的年從正月開始，而曆年的推算起點是天正（實際上是所求年的前一年的十一月），所以，天正冬正、天正朔等都不包括在所求年之内。另外，古曆往往把相關的曆法周期的起點算在相應時間段之外，這樣的周期時段即今天數學的開區間，起始端點没包含在内。凡“命以某某算外”都是在求相應的起點，如下文“命朔算外”，等等。

推二十四氣術：[1]

以月法乘閏餘，又以章歲乘朔小餘，加之，如氣法得一，爲日。命朔算外，爲冬至日。不盡者，以十一約之，爲日分。

求次氣：

加日十五，日分九千三百一十五，小分一，小分滿八從日分一，日分滿度法從日一，如月大小去之，日不滿月，算外，爲次氣日。其月無中氣者，爲閏。

二十四氣	損益率	盈縮數[2]

冬至十一月中	益七十	縮初
小寒十二月節	益三十五	縮七十
大寒十二月中	益三十五	縮百五
立春正月節	益二十	縮百四十
雨水正月中	益三十	縮百六十
啓蟄二月節	益三十五	縮百九十
春分二月中	損五十五	縮二百二十五
清明三月節	損四十五	縮百七十
穀雨三月中	損四十	縮百二十五
立夏四月節	損三十	縮八十五
小滿四月中	損五十五	縮五十五
芒種五月節	益六十五	盈初
夏至五月中	益五十五	盈六十五
小暑六月節	益四十	盈百二十
大暑六月中	益二十五	盈百六十
立秋七月節	益五	盈百八十五
處暑七月中	益三十	盈百九十
白露八月節	益四十	盈二百二十
秋分八月中	損六十	盈二百六十
寒露九月節	損五十五	盈二百

霜降九月中	損五十	盈百四十五
立冬十月節	損四十五	盈九十五
小雪十月中	損四十	盈五十
大雪十一月節	損十	盈十

[1]推二十四氣術：此與接下來的“求次氣”是爲求所求年的二十四氣的整日部分的甲子序數及其餘分（不滿整日的零頭）。此術大意可用公式推導如下：

$$所求氣=\frac{月法\times閏餘+章歲\times朔小餘}{氣法}=\frac{閏餘}{章歲}\times\frac{月法}{日法}+\frac{朔小餘\times章歲}{度法\times11}$$

式中第一項是計算閏餘折合的日數及餘，第二項則是朔餘折合的日數及餘。

[2]盈縮數：張子信發現太陽運動的不均勾性以後，隋代的兩部重要曆法《皇極曆》和《大業曆》同時給出了相應的改正演算法，且都是用數表加分段插值法，其數表一般稱作日躔表。《大業曆》此表以二十四節氣分段，其中“損益率”是段内的改正數，“盈縮數”則是損益率的逐段求和所得。《大業曆》此日躔表的數據結構如圖1。圖1顯示，《大業曆》的“損益率”在春分和秋分兩處有跳躍，這是不符合實際的。《皇極曆》的相應數值也存在同樣的問題，這或許是從張子信乃至隋唐之際，曆家關於太陽運動不均勾認識的階段性痕迹，這個問題直到唐代僧一行的《大衍曆》纔得以糾正。

求朔望入氣盈縮術：

以入氣日算乘損益率，如十五得一，餘八已上，從一，以損益盈縮數，爲定盈縮。其入氣日十五算者，如

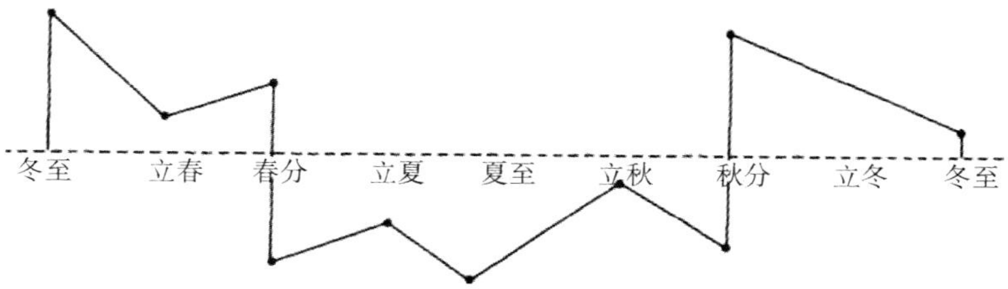

圖1　《大業曆》日躔表示意圖

十六得一，餘半法已上亦從一，以下皆准此。

推土王術：[1]

加分至日二十七，日分一萬六千七百六十七，小分九，小分滿四十從日分一，滿去如前，即分至後土始王日。

[1]推土王術：古曆往往依五行説，把一年五等分，前四等分分别作爲金、木、水、火，第五等分再平分成四份，每個小等分都是土王用事，分置於金、木、水、火之内。"推土王術"就是分置這四份土王用事的方法。《大業曆》將金、木、水、火置於八節（分、至、四立）中的四立，土王用事則置於分、至之後，曰"土始王日"。術文中的數字來源是：

$$\frac{15572963}{42640\times 8}-\frac{15572963}{42640\times 20}=\frac{15572963\times 5}{42640\times 40}-\frac{15572963\times 2}{42640\times 40}=$$

$$\frac{46718889}{42640\times 40}=27\ \frac{16767\ \frac{9}{40}}{42640}$$

推没日術：[1]

其氣有小分者，以八乘日分，内小分，又以十五乘之，以減没分。無小分者，以百二十乘日分，以減之。滿没法爲日，不盡爲日分，以其氣去朔日加之，去命如前。

求次没：

加日六十九，日分四萬九千三百六十二。[2] 日分滿没法從日，去命如前。

[1] 推没日術：若記回歸年爲$\frac{T}{A}$日，$\frac{T}{A}=360+\frac{R}{A}$，T 爲歲實，R 爲歲餘，又記 M 爲没分，m 爲没法，n 爲冬至小餘，設冬至到其後鄰近的没日相隔 k 日。早期曆法是從上元或近距元開始推没，從《大業曆》開始，對推没術做了進一步的改進，推没改直接從有没之氣開始。有

$$k=\frac{M-\frac{M-m}{A}n}{m}=\frac{5191311-120n}{74521}$$

根據這個公式，《大業曆》的推没術就好理解了：$120=15\times8$，故“其氣有小分者，以八乘日分，内小分，又以十五乘之，以減没分；無小分者，以百二十乘日分”。

由於古曆氣朔等皆用干支命名，所以求冬至日位置衹需考慮 N（積年數）、$\frac{R}{A}$之值，而回歸年不滿甲子周期的日數 R/A，正好是 1 年内所含没的次數，推没的意義可以順着這個綫索追下去。且不難推出“有没之氣”的判定條件（“没限”）爲：氣小餘 $n<\frac{R}{24}$。但《大業曆》没有給出没限，應爲脱漏。因氣推没的完善演算法由《大衍曆》首先給出，後世曆法遵循爲定式。進一步瞭解古曆推没術，可參見：王榮彬《中國古代曆法推没滅術意義探秘》，《自然科學史研究》1995 年第 3 期，第 254—261 頁；大橋由紀夫《没日

滅日起源考》，《自然科學史研究》2000 年第 3 期，第 264—270 頁；曲安京《爲什麽計算没日與滅日？》，《自然科學史研究》2005 第 2 期，第 190—195 頁。

［2］四萬九千三百六十二：底本作“四萬九千三百七十二”。因爲 $1\text{没}=\frac{\text{没分}}{\text{没法}}=\frac{5191311}{74521}=69\frac{49362}{74521}$，所以“求次没加日六十九，日分四萬九千三百六十二”。當改正。

推入遲疾曆術：

以周通去朔積日，餘以周法乘之，滿周通又去之，餘滿周法得一日，餘爲日餘，即所求年天正朔算外夜半入曆日及餘。

求次月：

大月加二日，小月加一日，日餘皆千一百三十五，滿周日及日餘去之。

求次日：加一，滿去如前。

求朔望加時入曆術：

以四十九乘朔小餘，滿二十二得一，爲日餘，不盡爲小分，以加夜半入曆日及餘分。

求次月：

加日一，餘二千四百八十六，小分二十一，滿去如前，即次月入曆日及餘。

求望：

加日十四日，餘千九百四十九，小分二十一半，滿去如前，爲望入曆日及餘。

曆日	轉分	轉法	損益率	盈縮積分	差法[1]
一日	六百一	退六	益二百三十八	盈初	五千六百
二日	五百九十五	退七	益二百一十一	盈六十萬五千一百五十九	五千五百四十
三日	五百八十八	退八	益一百七十九	盈一百一十四萬一千六百七十八	五千四百七十
四日	五百八十	退九	益一百四十三	盈一百五十九萬八千一百一十七	五千三百九十
五日	五百七十一	退九	益一百三	盈一百九十六萬三千三十六	五千三百
六日	五百六十二	退九	益六十二	盈二百二十二萬四千九百九十五	五千二百一十
七日	五百五十三	退十	益二十二	盈二百三十八萬三千九百九十四	五千一百二十
八日	五百四十三	退十	損二十三	盈二百四十四萬三十三	五千二十
九日	五百三十三	退九	損六十八	盈二百三十八萬一千六百七十二	四千九百二十
十日	五百二十四	退八	損一百八	盈二百二十萬八千九百一十一	四千八百三十
十一日	五百一十六	退七	損一百四十四	盈一百九十三萬三千一百九十	四千七百五十

十二日	五百九	退七	損一百七十六	盈一百五十六萬五千九百四十九	四千六百八十
十三日	五百二	退六	損二百七	盈一百一十一萬八千六百二十八	四千六百一十
十四日	四百九十六	進二	損二百三十四	盈五十九萬一千二百二十七	四千五百五十
十五日	四百九十八	進六	益二百二十五	縮四千八百一十四	四千五百七十
十六日	五百四	進七	益一百九十八	縮五十七萬七千九百七十五	四千六百三十
十七日	五百一十一	進八	益一百六十七	縮一百八萬二千四百九十六	四千七百
十八日	五百一十九	進八	益一百三十一	縮一百五十萬六千九百三十七	四千七百八十
十九日	五百二十七	進九	益九十五	縮一百八十三萬九千八百五十八	四千八百六十
二十日	五百三十六	進九	益五十四	縮二百八萬一千二百五十九	四千九百五十
二十一日	五百四十五	進十	益十四	縮二百二十一萬九千七百	五千四十
二十二日	五百五十五	進九	損三十一	縮二百二十五萬五千一百八十一	五千一百四十

二十三日	五百六十四	進九	損七十一	縮二百一十七萬六千二百六十二	五千二百三十
二十四日	五百七十三	進八	損一百一十二	縮一百九十九萬四千三百八十三	五千三百二十
二十五日	五百八十一	進八	損一百四十八	縮一百七十萬九千五百四十四	五千四百
二十六日	五百八十九	進六	損一百八十四	縮一百三十三萬三千一百八十五	五千四百八十
二十七日	五百九十五	進五	損二百一十一	縮八十六萬五千三百六	五千五百四十
二十八日	六百	進一	損二百三十三	縮三十二萬八千七百八十七	五千五百九十

[1]此數表一般叫做月離表，以近點月爲周期，以日爲單位分段，對月亮運動的不均勻性進行改正。月亮改正最早由劉洪在《乾象曆》（編制時間在179—184年間）中創立。《大業曆》月離表各個欄目的意義及其數據結構如下：

月離表中有“轉分、轉法、損益率、盈縮積分、差法”等欄，轉分表示月亮實行分，轉換爲實行度時，需要乘以一個因數10，再除以章歲，即月亮每日實行度爲：10×轉分/章歲。損益率＝（10×轉分—平行分）×日法/周法。盈縮積分＝Σ（損益率分－17）。盈縮積分含有“日法”因數，是爲了把盈縮積分從度、分换算成了時間單位，使得下文定朔演算法敘述更簡潔。最後，差法＝月每日實行分－日每日平行分，差法用來作爲月亮改正的分母。月亮改正爲什麽要用這樣的“差法”，不太容易理解。如圖2，太陽在黄道上運行，月亮在白道上運行，按平均運動計算，它們到達S和M時爲合朔（平朔）。但此時真正太陽在 S′，月亮在 M′，要等月亮走到 M″，此時太陽也到達 S″時，纔是真正的合朔（定朔）。數學上，這是一個追趕問題。設定朔時刻 T" 和平朔時刻 T 之間有個時間差 △T，有

$$\triangle T = T - T'' = \frac{S'S''}{\text{日速}} = \frac{M'M''}{\text{月速}} = \frac{M'M'' - S'S''}{\text{月速} - \text{日速}}$$

$$= \frac{M'M}{\text{月速} - \text{日速}} + \frac{SS'}{\text{月速} - \text{日速}}$$

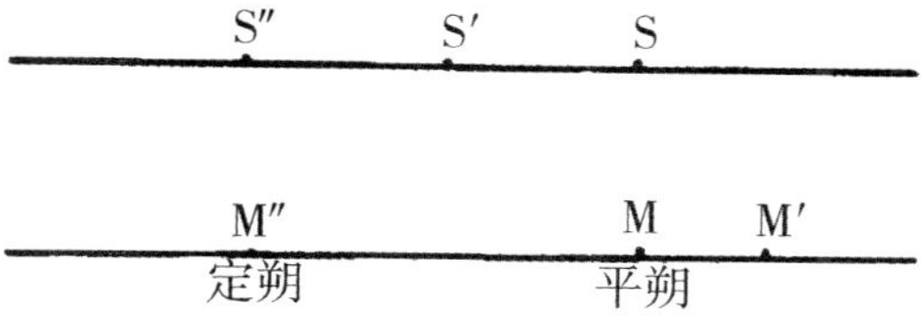

圖 2　平朔與定朔示意圖

推朔望加時定日及小餘術：[1]

以入曆日餘乘所入曆日損益率，以損益盈縮積分，如差法而一，爲定積分。[2] 乃與入氣定盈縮，[3] 皆以盈減、縮加本朔望小餘。不足減者，加日法乃減之。加時在往日，加之，滿日法者去之，則在來日，餘爲定小餘。無食者不須氣盈縮。[4]

角十二度，亢九度，氐十五度，房五度，心五度，尾十八度，箕十一度。

東方七宿七十五度。

斗二十六度，[5] 牛八度，女十二度，虛十度，危十七度，室十六度，壁九度。

北方七宿九十八度。

奎十六度，婁十二度，胃十四度，昴十一度，畢十六度，觜二度，參九度。

西方七宿八十度。

井三十三度，鬼四度，柳十五度，星七度，張十八度，翼十八度，軫十七度。

南方七宿百一十二度。

[1]朔望加時定日及小餘：即定朔、望時刻，古曆一般用“定時”表示由“平時”（均匀運動對應的時間）經過改正算法而得到的相應時間。定日及小餘，定朔、望時刻包含的整日數及其小分。小餘，一般用時刻制換算成時和刻（即現代的鐘點）叫“加時”。

[2]爲定積分：後衍“如差法”三字，今依中華本删。此入曆“定積分”爲月亮改正，定積分 =（盈縮積分 ± 入曆日餘 × 損益率）/差法。

[3]入氣定盈縮：即爲太陽改正入，入氣日定盈縮 = 盈縮數 ± 入氣日 × 損益率/15。可見，《大業曆》的定朔演算法是綜合考慮月亮不均匀運動和太陽不均匀運動而設計的演算法。關於張胄玄對定朔演算法的認識，本書卷七八《張胄玄傳》稱：“胄玄以爲加時先後，逐氣參差，就月爲斷，於理未可。乃因二十四氣，列其盈縮所出，實由日行遲，則月逐日易及，令合朔加時早。日行速，則月遂日少遲，令合朔加時晚。檢前代加時早晚，以爲損益之率。日行，自秋分已後至春分，其勢速。計一百八十二日而行一百八十〔八〕度；自春分已後至秋分，日行遲，計一百八十二日而行一百七十六度。每氣之下，即其率也。”

[4]無食者不須氣盈縮：此指《大業曆》的定朔演算法主要是爲了交食計算，對沒有日月食發生的月份，直接用何承天以來的月亮改正演算法即可。其實，中國古代圍繞定朔問題有長期的争論，

引入定朔演算法的曆法大多都是爲交食計算而設，唐代李淳風《麟德曆》首先使用定朔注曆，但編制曆譜仍用平朔，民用曆書用定朔推算則直到清代《時憲曆》，那是用西方天文學系統了。

［5］斗二十六度：其後應有“斗分一萬八百六十六”，但各本皆無。不過，下文有多處“經斗去其分”。

推日度術：

置入元至所求年，以歲分乘之，爲通實，滿周天分去之，餘如度法而一，爲積度，不盡爲度分。命度以虚七度，宿次去之，經斗去其分，度不滿宿，算外，[1]即所求年天正冬至日所在度及分。以冬至去朔日，以減分度數，分不足減者，減度一，加度法，乃減之，命如前，即天正朔前夜半日所在度及分。須求朔共度者，用去定用日數減之，俟後所須。

求次月：

大月加度三十，小月加度二十九，宿次去之，經斗去其分。[2]

求次日：加度一，去命如前。

［1］算外：“算外”二字之前各本皆有“度以虚七度宿次去之經斗去其分度不滿宿”十八字，中華本認爲是衍文但未删，今删。

［2］宿次去之，經斗去其分：各本皆作“宿次去去其分”，文意不通，今依中華本校補。

求朔望加時日所在度術：

各以定小餘乘章歲，滿十一爲度分，以加其前夜半度分，滿之去如前。凡朔加時，日月同度。

求轉分：以千四十約度分，不盡爲小分。

求望加時月所在度術：

置望加時日所在度及分，加度一百八十二，轉分二十五，小分七百五十三，小分滿千四十從轉分一，轉分滿四十一從度，去命如前。經斗去轉分十，小分四百六十六。[1]

求月行遲疾日轉定分術：

以夜半入曆日餘乘轉差，滿周法得一，爲變差。以進加、退減日轉分，爲定分。

推朔望夜半月定度術：

以定小餘乘所入曆日轉定分，滿日法得一，爲分，分滿四十一爲度。各以減加時月所在度，即各其前夜半定度。

求次日：

以日轉定分加轉分，滿四十一從度，去命如前。朔日不用前加。

［1］“求朔望加時日所在度術”至“小分四百六十六”：以定小餘乘章歲，滿十一爲度分是因爲：度法/日法 = 章歲/11，即 42640/1144 = 410/11。而求“轉分”時用：度法 42640 = 1040 × 41，故半周天 = 7787233/42640 = $182\,\frac{25\frac{753}{1040}}{41}$。又因爲，斗分 = $\frac{10866}{42640} = \frac{10\frac{466}{1040}}{41}$，所以，“經斗去轉分十，小分四百六十六”。

推五星術：[1]

木數，千七百萬八千三百三十二四分。

火數，三千三百二十五萬六千二十六。

土數，千六百一十二萬一千七百六十七。

金數，二千四百八十九萬八千四百一十七。

水數，四百九十四萬一千九十八。

木終日，三百九十八，日分，三萬七千六百一十二，四分。

火終日，七百七十九，日分，三萬九千四百六十六。

土終日，三百七十八，日分，三千八百四十七。

金終日，五百八十三，日分，三萬九千二百九十七。晨見伏，三百二十七日，分同。夕見伏，二百五十六日。[2]

水終日，百一十五，日分，三萬七千四百九十八。晨見伏，六十三日，分同。夕見伏，五十二日。[3]

[1]推五星術：以下給出的是《大業曆》五星基本數據，即《大業曆》所取五星會合周期值。其中，"木數""火數"等是五星會合周期分值，分母爲度法（42640）。"木終日""火終日"等即是它的曆取五星會合周期值，其木、火、土、金、水星的會合周期依次爲：398.8821日、779.9256日、378.0902日、583.9216日、115.8794日，誤差分别爲2.8分鐘、15.1分鐘、2.4分鐘、0.3分鐘、2.8分鐘，平均誤差爲4.7分鐘。由此可見，《大業曆》土星會合周期精度特别出色，五星會合周期的平均精度水準在古代傳統曆法中算得上是佼佼者。

[2]"晨見伏"至"二百五十六日"：因爲地内行星一個會周之内兩次與日相合，即上合與下合。古曆把"上合→東大距→下合"區段稱爲"夕見伏"，"下合→西大距→上合"稱爲"晨見

伏”。其中，金、水的晨見伏下皆有“分同”字樣，是二星會合周期皆有餘分，該餘分都被放在晨見伏區段了。

［3］古代各曆金水二星的會合周期分爲晨見伏與夕見伏兩段，且一般都符合這樣的規律：晨見伏：夕見伏≈9：7。

求星見術：[1]

置通實，各以數去之，餘以減數，其餘如度法得一，爲日，不盡爲日分。即所求年天正冬至後晨平見日及分。其金、水，以夕見伏日去之，得者、餘爲夕平見日及分。

求平見見月日：[2]

置冬至去朔日數及分，各以冬至後日數及分加之，分滿度法從日。起天正月，依大小去之，不滿月者爲去朔日，命日算外。即星見所在月日及分。

求後見：

各以終日及分加之，滿去如前。其金、水各以晨夕加之，滿去如前。加晨得夕，加夕得晨。

［1］求星見術：《大業曆》五星演算法分爲兩個主要層次，先求五星的平運動，再進行不均勻運動的改正，這也是之後中國古曆的慣例。前者就是此“求星見術”，後者放在下文的“行五星法”中。五星運動的不均勻性是由張子信首先發現的，同時被劉焯和張胄玄引入到各自的曆法計算中。又，從此“求星見術”的演算法可以看出，《大業曆》五星會合周期從“晨始見”起算，故在其曆法的上元時刻，五星皆應“晨始見”。而所求年天正冬至後的晨始見當爲五星的近距離起算點。

［2］平見見月日：所求星按勻速運動，其晨始見的時刻所在的月與日及其餘分，“即星見所在月日及分”。

木：[1]平見，在春分前者，以三千三百四十乘去大寒後十日數，以加平見分，滿法去之，以爲定見日及分。立秋後者，以四千二百乘去寒露日，加之，滿同前。春分至清明均加四日，後至立夏五日，以後至芒種加六日，均至立秋。小雪前者，以七千四百乘去寒露日數，以減平見日分。冬至後者，以八千三百乘去大寒後十日數，以減之。小雪至冬至均減八日，爲定日數。初見伏去日各十四度。

火：平見，在雨水前，以二萬六千八百八十乘去大寒日數；在立夏後，以萬三千四百四十乘去立秋日數，以加見日分，滿去如前。雨水至立夏，均加二十九日。小雪前，以萬一千五百八十乘去處暑日數；冬至後，以三萬四千三百八十乘去大寒日數，滿去如前，以減之。小雪至冬至，均減二十五日。初見伏去日各十七度。

土：平見，在處暑前，以萬二千三百七十乘去大暑日數；白露後，以八千三百四十乘去霜降日數，以加見日分，滿去如前。處暑至白露均加九日。小寒前，以四千九百八十乘去霜降日數，小寒至立春均減九日，立春後減八日，啓蟄後去七，氣別去一，至穀雨去三，夏至後十日去一，至大暑去盡。初見伏去日各十七度。

金：晨平見，在立春前者，以四千一百二十乘去小寒日數；小滿後，以四千一百二十乘去夏至日數，以加見日分，滿去如前。立春至小滿均加三日。立秋前，以四千一百二十乘去小暑日數，小雪後以四千一百二十乘去冬至日數，滿去如前，以減之。立秋至小雪均減三日。[2]夕平見，在啓蟄前，以六千二百九十乘去小雪日數。清明後，以六千二百九十乘去芒種日數，滿去如前，以減之。啓蟄至清明均減九日。處暑前，以六千二百九十乘去夏至日數，寒露後，以六千二百九十乘去大雪日數，以加之。處暑至寒露均加九日。初見伏去日各十一度。

水：晨平見，在雨水後、立夏前者，應見不見。啓蟄至雨水，去日十八度外、三十六度内，晨有木、火、土、金一星已上者，見。無者不見。立夏至小滿，去日度如前，晨有木、火、土、金一星已上者，見。無者亦不見。從霜降至小雪加一日，冬至至小寒減四日，立春至雨水減三日。冬至前，一去三，二去二，三去一。夕平見，在處暑後、霜降前者，應見不見。立秋至處暑，夕有星，去日如前者，見。無者亦不見。霜降至立冬，夕有星，去日如前者，見。無者亦不見。從穀雨至夏至減二日。初見伏去日各十七度。

[1]木：求得行星平見時刻之後，需對平見日進行修正（行星改正），從而得定見日。有：定見時刻 = 平見時刻 ± 行星改正。本術以下就是《大業曆》關於木星的“行星改正”演算法。張胄玄的行星改正演算法的思路是，分别對五星按節氣分八段做經驗性的改正，被叫做“入氣加減法”。其實張子信以後，天文曆法家發現實際觀測到的五星晨見東方真實時間較推算出來的平見時間往往有後延或超前（這一現象的産生部分原因是由於行星本身運動的軌道爲橢圓形軌道所致，日、月運動不均勻性的原理同此，這種因橢圓

而非圓形軌道引起的不均勻運動改正一般叫做中心差)，於是，古人不斷探索測算這些不均勻運動的改正演算法。張胄玄的入氣加減法雖然僅是經驗性的方法，但改正的效果明顯，以木星爲例，其入氣加減差曲綫與理論曲綫的比較見圖3。

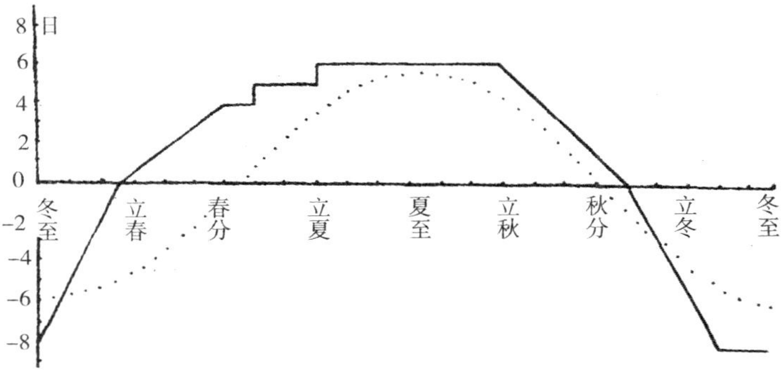

圖3 《大業曆》木星入氣加減差曲綫

［2］“晨平見”至“均減三日”：這段文字是爲金星的晨平見部分的動態表，包括了相關的“入氣加減差”算法，其中的數據有較多舛誤，好在此晨平見段與其夕平見段的算法及其數據是對稱的，所以不難通過核算予以校正。中華本指出了其中的錯脱但未改正，今依算理改正。百衲本此段原文爲：“晨平見，在立春前者，以四千一百二十乘去小滿後，以乘去夏至日數，以加見日分，滿均加三日。立秋前，以乘去冬至日數，滿去如前，以減之，立秋至小雪均減三日。”

行五星法：[1]

置星定見之前夜半日所在宿度算及分，各以定見日分加其分，滿度法從度。又以星初見去日度數，晨減、夕加之，滿去如前，即星初見所在度及分。

求次日：

各加一日所行度及分，有小分者，各日數爲母，小分滿其母去從分，分滿度法從度。其行有益疾遲者，副置一日行分，各以其分疾益遲損之。[2]留者因前，退則減之，伏不注度，順行出斗去其分，退行入斗先加分。訖，皆以千四十約分，爲大分。以四十一爲母。

木：初見，順，日行萬六百一十八分，日益遲六十分，一百一十四日行十九度、萬三千八百三十二分而留。二十六日乃退，日六千一百一分，八十四日退十二度、八百四分。又留二十五日、三萬七千六百一十二分、小分四，乃順。初日行三千八百三十七分，日益疾六十分，百一十四日行十九度、萬三千七百一十八分而伏。

土：初見，順，日行三千八百一十四分，八十三日行七度、萬八千八十二分而留。三十八日乃退，日二千五百六十三分，百日退六度、四百六十分。又留三十七日、三千八百四十七分乃順，日三千八百一十三分，八十三日行七度、萬七千九百九十九分，如初乃伏。[3]

火：初見已後，各如其法。[4]

損益日度各一	冬至初	二百四十一日	行百六十三度
二日損一	盡百二十八日	百七十七日	行九十九度盡百六十一日同

三日損一	盡百八十二日	百七十日	行九十二度盡百八十八日同
三日益一	盡二百二十七日	百八十三日	行一百五度
二日益一	盡二百四十九日	百九十四日	行百一十六度
一日益一	盡三百一十日	二百五十五日	行百七十七度盡三百三十七日同
二日損一	盡三百六十五日	復二百四十一日	行百六十三度

見在雨水前，以見去小寒日數，小滿後，以去大暑日數，三約之，所得減日，爲定日。雨水至小滿，均去二十日爲定日。已前，皆前疾日數及度數。各計冬至後日數，依損益之，爲定日數及度數。以度法乘定度，如定日得一，即平行一日分，不盡爲小分。大寒至立秋差行，餘平行。處暑至白露，皆去定日，定度六。[5]白露至寒露，初日行半度，四十日行二十度，餘日及餘度續同前。置日數減一，以三十乘之，加平行一日分，爲初日分。差行者，日益遲六十分，各盡其日度而遲。初日行二萬六百分，日益遲百分，六十日行二十四度、三萬五千六百四十分其前疾去度六者，此遲初日加四千二百六十四分，六十日行三十度，分同。而留。十三日前去日者，分、日於二留，奇從後留。乃退，日萬二千八十二分，六十日退十七度、四十分。又留，十二日三萬九千四百六十六分。又順，遲，初日行萬四千

七百分，日益疾百分，六十日行二十四度，分同前，此遲在立秋至秋分加一日，行分四千二百六十四，六十日行四十度，分同前。而後疾。

損益	冬至初	二百一十四日	行百三十六度
一日損一	盡三十七日	百七十七日	行九十九度
二日損一	盡五十七日	一百六十七日	行八十九度盡七十九日同
三日益一	盡百三十日	百八十四日	行百六度
二日益一	盡百四十四日	百九十一日	行百一十三度[6]
一日益一	盡百九十日	二百三十七日	行百五十九度
一日益二	盡二百日	二百五十七日	行百七十九度
一日益一	盡二百一十三日	二百六十七日	行百八十九度盡二百五十九日同
二日損一	盡三百六十五日	復二百一十四日	行百三十六度

後遲加六度者，此後疾去度爲定度，已前，皆後疾日數及度數。其在立夏至小暑，日行半度，盡六十日，

行三十度。[7]小暑至立秋，盡四十日，行二十度。計餘日及度，從前法。前法皆平行。求行分亦如前。各盡其日度而伏。

金：[8]晨初見，乃退，日半度，十日退五度而留。九日乃順，遲，差行，先遲日益五百分，四十日行三十度。小暑前，以去芒種日數，十日減一度；立冬後，以去大雪日數，十日減一度；小暑至立冬，均減三度爲定度。大雪至芒種不加減。求初日，以三十乘度法，四十得一，爲平分。又以三十九乘二百五十，以減平分，爲初日行分。平行，日一度，十五日行十五度。小寒後十日，益日度各一，至雨水二十一日，行二十一度。均至春分後十日減一，至小滿，復十五日行十五度。其後六日減一，至處暑，日及度皆盡。至霜降後，四日益一，至冬至，[9]復十五日行十五度。疾，百七十日行二百四度。前順遲減度者，計減數益此度，爲定度。求一日行度分者，以百七十日，日一度，以減定度，餘乘度法，如百七十得一，爲一日平行度分。晨伏東方。夕初見，順，疾，百七十日行二百四度。夏至前，以見去小滿日數，六日加一度。小暑後，以去立秋日數，六日加一度。夏至至小暑均加五度，爲定度。白露至清明，差行，先疾，日益遲百分。清明至白露，平行，求一日平行，同。晨疾，求差行，以五十乘百六十九，加之，爲初日行度分。平行，日一度，十五日行十五度。冬至後十日減日度各一，至啓蟄九日行九度。均至夏至後五日益一，至大暑復十五日行十五度。均至立秋後六日益一，至寒露二十五日行二十五度。後六日減一，至大雪復十五日行十五度，均至冬至。順，遲，差行，先疾，日益五百分，四十日行三十度。前加度者，此依數減之，求初日行分，如晨遲，唯減者爲加之。又留，九日乃退，日半度，十日退五度，而夕伏西方。

水：晨初見，留六日。順，遲，日行萬六百六十分，四日行一度。大寒至雨水，不須此遲行。平行，日一度，十日行十度。大寒後二日，去日度各一，盡二十日，日及度俱盡。疾，日行一度三萬八千三百七十六分，十日行十九度，前無遲行者，減此分萬二千七百九十二分，十日行十六度。晨伏東方。夕初見，順，疾，日行一度三萬八千三百七十六分，十日行十九度。小暑至白露，減萬二千七百九十二分，十日行十六度。平行，日一度，十日行十度。大暑後二日，去日度各一，盡二十日，日及度俱盡。遲，日行萬六百六十分，四日行一度。疾減萬二千七百九十二分者，不須此遲。行又留。六日，夕伏西方。

[1]行五星法：即先根據經過前術改正得到的“星定見”位置，推算出其“真”的初位置，以真初位置爲基準描述五星各自動態。接下來的術文就是分别描述五星在其一會合周期内的動態，即視運動的情况。關於五星的動態描述，李淳風在本志中給出了基本合於現代天文觀念的解釋，反映出在隋唐之際中國古代曆家的認識已經有相當高的水準。據《大業曆》的“行五星法”，其地外行星的動態可歸納爲：合→順，先疾漸遲→留→逆行→留→順，先遲漸疾→合（見圖4）。《大業曆》在此術中還對木星在初順段先疾後遲以及後順段先遲後疾的速度變化，采取等差數列求和的方法進行計算，實際上就是把這兩段的運動看成是匀加速的而進行擬合。土星的術文中也有同樣的擬合。

[2]各以其分疾益遲損之：各本皆作“各以其分疾遲損乃加之”，文意不通。中華本提出了改正意見但未做校改，今依算理改正。

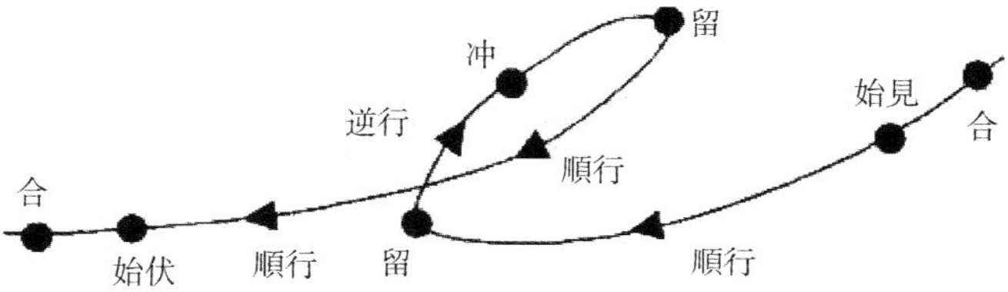

圖4　地外行星視運動示意圖

［3］古曆對行星動態描述有一個共同的原則“伏不注度”，即在行星與日相合的時段中不標明行星的行度，這就使得我們難以完整地考察行星在整個會合周期内的總行度。

［4］火：初見已後，各如其法：對火、金等星，《大業曆》還采用了一種根據季節來確定行星的不同速度的改正方法，這種改正演算法被學者稱作“地球改正”。根據相對運動原理，地球運動加快，地内行星視運動減慢，而地外行星視運動變化同地球速度變化一致。古曆的太陽不均勻運動改正一般以節氣分段列出日躔表，故行星的這一改正也與節氣相關，但由於這一改正使得日行度和行星行度的變化摻雜在一起，表現地較爲繁複，而且尤以火星爲甚。《大業曆》因此在“行五星法”的火星部分給出兩張數表，其演算法的意義也比較複雜。李淳風《麟德曆》也有同樣數表，可參見劉金沂《麟德曆行星運動計算法》，《自然科學史研究》1985年第2期，第141—158頁。

［5］皆去定日，定度六：各本皆作“皆去定度度六日”，文意不通。中華本提出了改正意見但未做校改，今依算理改正。

［6］“二日益一”至“行百一十三度”：本表此行各本脱漏，中華本指出了此錯脱，並依算理提出補正數據，今依中華本補。

［7］小暑，日行半度，盡六十日，行三十度：此十四字，各本脱漏。中華本指出了此脱誤而未補，當依算理校補。

［8］金：金、水二星爲地内行星，它們在一個會合周期内又有

上合和下合，地球上觀測者看到的視運行情況大概是：上合之後，金水二星偏離太陽向東，因而每天日落後出現在西方（即昏星），此後與太陽角距漸漸增大，至東大距後慢慢靠近太陽，再與日相合（即下合）；下合之後地内行星偏離太陽往西，先於太陽落山，傍晚不見，但先於太陽升起，黎明可見（即晨星），當角距增至到西大距之後，又一天天靠近太陽與日相合。故地内行星運行動態如下：上合→夕見→順行漸遲→留→逆行→下合（夕伏）；下合→晨見→逆行→留→順行漸疾→上合（晨伏）。圖5爲2004年水星在恒星間的一個會合周期的視運動。

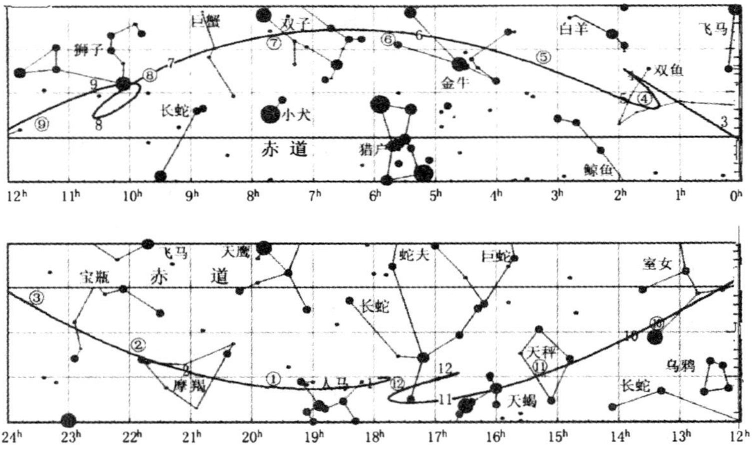

圖5　2004年水星在星座間的視運動

[9]至冬至：各本脱“冬至”二字。按照上下文，霜降後“四日益一”，依此比率增加到“復十五日行十五度”，總共需要60日，所以應補正爲“至冬至”。

推交會術：[1]

會通，千六十四萬六千七百二十九。

朔差，九十萬七千五十七。

望差，四十五萬三千五百二十八半。

單數，五百三十二萬三千三百六十四半。

時法，三萬二千六百四。

望數，五百七十七萬六千八百九十三。

外限，四百八十六萬九千八百三十六。

内限，千一十九萬三千二百半。

中限，五百六十四萬九千四百四半。

次限，千三十二萬六百八十九。

[1]推交會術：此段給出了《大業曆》交食計算的基本數據，包括：交食周期、交點月、交點年、食限等。《大業曆》的這些數值都是“分”值，所以數字比較大，且應特别注意這些分值相應的分母。比如，“會通千六十四萬六千七百二十九”是交點月長度的分值，交點月 $=\dfrac{會通}{342\times1144}=27\dfrac{242\frac{269}{342}}{1144}$日 $=27.212226$ 日。其中，1144 是日法，前面已給出，但 342《大業曆》没有給出，可以根據交點月、朔望月和交食周期的關係推導出來。其他數據的意義如下：

朔差 $=342\times$ 月法 $-$ 會通 $=2\dfrac{364\frac{73}{342}}{1144}$日，望差 $=\dfrac{1}{2}$朔差，即爲白道食限。

單數 $=\dfrac{1}{2}$會通 $=13\dfrac{693\frac{134.5}{342}}{1144}$日，望數 $=\dfrac{1}{2}$月法 $\times342=14$

$\frac{875.5}{1144}$日，外限 = 單數 - 望差 = $12\frac{511\frac{98}{342}}{1144}$日，内限 = 會通 - 望差 = $26\frac{60\frac{323.5}{342}}{1144}$日，中限 = 單數 + 時法 ×10，次限 = 會通 - 時法 ×10。而，時法 = $\frac{342\times1144}{12}$。

推入交法：[1]

以會通去積月，餘以朔望差乘之，滿會通又去之，餘爲所求年天正朔入交餘。

求望：望數加之，滿去如前。[2]

求次月：以朔差加之，滿去如前。

[1]推入交法：是要推算所求年天正（十一月）的“朔”離黄道與白道交點的距離，目的是先找到交會算法的近距離起點。

[2]滿去如前：其中“滿去”（或“去命”）是一種算法，即前注文中我們説過的拿某種周期值作爲尺度去“量”積日數，若用“六十甲子周”作尺度，則所剩餘數即甲子序號。其實，這種算法就是現代數學中的同餘式算法。中國古代曆法中的這種算法是十分巧妙的，一般還會避免用天文周期中的複雜分數作爲“尺度”（同餘式的模），而是先用分值爲尺度滿去，求出不足一個周期的部分的分值，再化爲整日數和小餘。

推交道内外及先後去交術：[1]

其朔望在啓蟄前，以一千三百八十乘去小寒日數，在穀雨後，以乘去芒種日數，爲氣差，以加之。啓蟄至穀雨，均加六萬三千六百。滿會通去之，餘爲定餘。其小寒至春分、立夏至芒種，朔值盈二時已下，皆半氣差而加之，二時已上，皆不加。朔入交餘如望差、望數已下，中限已上，有星伏，木、土去見十日外，火去見四十日外，金、晨伏去見二十二日外，有一星者，不加氣差。朔望在白露前者，以九百乘去小暑日數，在立冬後者，以千七百七十乘去大雪日數，以減之。白露至立冬，均減五萬五千，不足減者，加會通乃減之，餘爲定餘。朔入交餘如外限、内限已上，單數、次限已下，有星伏，如前者，不減氣差。定餘不滿單數者，爲在外，滿去之，餘在内。其餘如望差已下、外限已上，望則月食。在内者，朔則日食。其餘如望差已下者，即爲去先交餘。如外限已上者，以減單數，餘爲去後交餘。如時法得一，然爲去交時數。

[1]推交道内外及先後去交術：這是兩個計算問題合在一起。推交道内外，是推算所求的朔、望時刻月亮與黄道的相對位置，考慮月亮在日道内（南）還是在外（北），是考慮月亮視差對交食的影響問題（詳見下文注）。推先後去交術，則是計算所求朔、望時刻離交點的距離。《大業曆》此算法中“入交日”再次考慮了太陽不均匀運動的改正（即計算太陽中心差），但此處是將太陽的周年

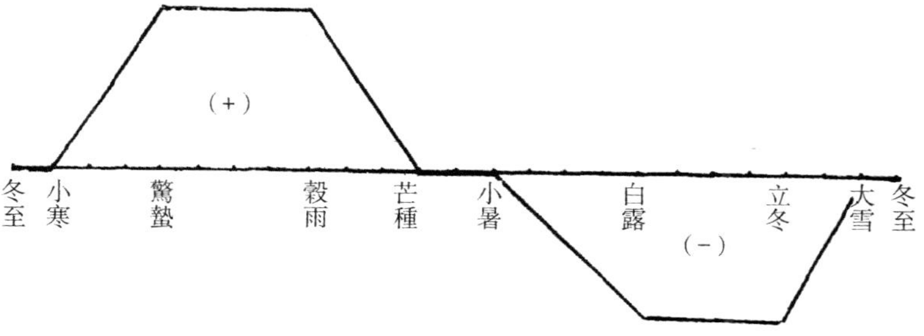

圖6　《大業曆》氣差改正曲綫

運動分了八段，逐段進行經驗性處理，這是張胄玄的改正算法還不成熟的表現。劉焯在《皇極曆》中開創性地給出了相應的改正算法公式，現代天文學史家對劉焯的算法公式給予了高度評價。不過，張胄玄此分段式經驗改正計算出的“氣差”值的分布，却很好地擬合了太陽中心差曲綫（正弦曲綫，見圖6）。特別值得指出的是，《大業曆》二十四節氣中的驚蟄與雨水兩節氣順序倒互。

推月食加時術：[1]

置食定日小餘，三之，如辰法得一辰。命以子算外，即所在辰。不盡爲時餘，四之，如法。無所得爲辰初，一爲少，二爲半，三爲太。又不盡者，三之，如法。得一爲强，以并少爲少强，并半爲半强，并太爲太强。得二强者爲少弱，并少爲半弱，并半爲太弱，并太爲辰末。此加時謂食時月在衝也。[2]

[1]推月食加時術：此及下文的“推日食加時術”都是要把判斷有食的朔、望加時换算成辰刻制。《大業曆》的辰法（286）是日法（1144）的四分之一，所以有：日小餘×3/辰法 = 日小餘×12/日法。又，時法（32604）×12 = 342×1144，即：1去交日 = 12去交時。去交日、去交時是用來判斷是否入食限的數據。從本術文相關計算還可以得出，《大業曆》1刻 = 60分，1辰 = 8刻20分，1日 = 12辰。

[2]此加時謂食時月在衝也：按照交食原理，若“此加時”時刻月在“衝”，則這時刻應爲食甚時刻。

推日食加時術：

置食定日小餘，秋三月，内道，去交八時已上，加二十四，十二時，以加四十八；春三月，内道，去交七時已上，加二十四。乃以三乘之，如辰法得一辰。以命子算外，即所在辰。[1]不盡爲時餘。副置時餘，仲辰不滿半辰，減半辰，已上去半辰，季辰者直加半辰，孟辰者減辰法，餘加半辰，爲差率。

又，置去交時數，三已下加三，六已下加二，九已下加一，九已上依數，十二已上從十二，以乘差率，如十四得一，爲時差。子半至卯半、午半至酉半，以加時餘；卯半至午半、酉半至子半，以減時餘。加之，滿辰法去之，進一辰，減之若不足，退一辰，[2]餘爲定時餘。乃如月食法，子午卯酉爲仲，辰戌丑未爲季，寅申巳亥爲孟。日出前，入後各二時外，不注日食。三乘氣時，法得一，命子算外，爲時。

［1］以命子算外，即所在辰：此處術文没有明確説明“子”辰的起點（即子初）。從下文日出入表進行核算，可得到《大業曆》的子正應在夜半。

［2］減之若不足，退一辰：此八字各本脱漏，今根據中華本的校算補正。

求外道日食法：[1]

去交一時内者，食。夏去交二時内，加時在南方三辰者，食。若去分、至十二時内，去交六時内者，亦食。若去春分三日内，後交二時内，秋分三日内，先交二時内者，亦食。先交二時内，值盈二時外，及後交二時内，值縮二時外，亦食。諸去交三時内，星伏如前者，食。

求内道日不食法：

加時南方三辰，五月朔先交十三時外，六月朔後交十三時外，不食。啓蟄至穀雨，先交十三時外，值縮加時在未以西者，不食。處暑至霜降，後交十三時外，值盈加時在巳以東者，不食。

［1］求外道日食法：此術及“求内道日不食法”，這兩個術文是在考慮月亮視差對交食的影響。前面已經指出，月亮視差對交食的影響是張子信的三大發現之一。如圖7，由於觀測者在地面上所見到的月亮視位置，總要比在地心看到的真位置低，月亮視、真位置的高度差叫做月亮視差。同樣，太陽視、真位置的高度差，稱爲太陽視差，衹是它較月亮視差要小得多，在古代的精度水準下可以略而不計。若合朔時刻進入食限，月又在日之北，由於月亮視差的影響，月亮的真位置更接近太陽，所以，必發生日食。若月在日之南，月亮的真位置距離太陽要遠些，於是，雖已入食限，還是可能

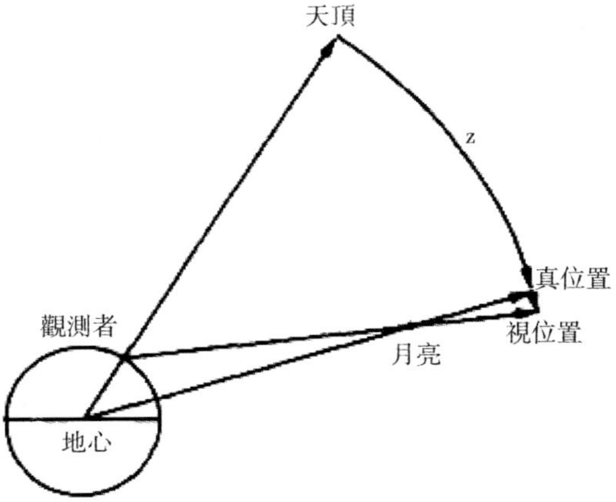

圖7　月亮視差示意圖

不發生日食。《大業曆》在此兩術中，分所在節氣以及所處的方位列出約十種不同的情況，也是在進行經驗性地處理，但大體符合月亮視差對日食是否發生影響的原理。

求月食分：[1]

春後交、秋先交、冬後交，皆去不食餘一時，不足去者，食既。餘以三萬二百三十五爲法，得一，爲不食分。不盡者，半法已上爲半强，已下爲半弱，以減十五，餘爲食分。

推日食分術：[2]

在秋分前者，以去夏至日數乘二千，以減去交餘，餘爲不食餘；不足減者，反減十八萬四千，餘爲不食餘。亦減望差爲定法。其後交值縮，並不減望差，直以望差爲定法。在啓蟄後者，以去夏至日數乘千五百，以減之；秋分至啓蟄，均減十八萬四千，不足減者，如前；大寒至小滿，去後交五時外，皆去不食餘一時。時差減者，先交減之，後交加之，不足減者食既。值加，先交加之，後交減之。[3]不足減者食。

[1]求月食分：此術給出了《大業曆》關於月食食分計算方法，該算法與古曆一般方法不同，是一個新演算法。術文給出的求月食食分的計算公式爲：當月食發生在春分後交、秋分先交、冬至後交時，月食分 $=\frac{15\text{（去交餘}-32604\text{）}}{30235}=\frac{\text{望差}-\text{去交餘}+32604}{\text{望差}}\times 15$；當月食發生在春分先交、秋分後交、冬至先交及夏至先、後交時，月食分 $=15\times$ 去交餘/30235。又，由此食分算式，令月食分爲0，可得月食食限的數值：去交餘 = 16.61 度，或去交餘 = 15.50

度，它們應分别是必不發生月食和必發生月偏食的限度，但此兩值的準確度均不高。

[2]推日食分術：《大業曆》的日食食分計算公式爲：日食食分$=\frac{望差-不食餘}{望差}\times 15=\frac{望差-（去交餘-\triangle）}{望差}\times 15$，其中△是與日食所在節氣有關的數值，具體天文意義不明，當是相應的經驗性改正。

[3]先交加之，後交減之：各本皆作“先交減之”，中華本指出此處的脱誤而未校改，依算理當補。

求所起：

内道西北，虧東北。外道西南，虧東南。十三分以上，正左起。虧皆據甚時，月則行上起。

氣	日出	日入[1]
冬至	辰六十分刻之五十	申七刻分刻之三十
小寒大雪	辰三十二分	申七刻四十八分
大寒小雪	卯八刻四十九分	酉一分
立春立冬	卯七刻二十八分	酉五十二分
啓蟄霜降	卯六刻二十五分	酉一刻五十五分
雨水寒露	卯五刻十三分	酉三刻七分
春分秋分	卯三刻五十五分	酉四刻二十五分

清明白露	卯二刻三十七分	酉五刻四十三分
穀雨處暑	卯一刻二十八分	酉六刻五十二分
立夏立秋	卯二十八分	酉七刻五十二分
小滿大暑	寅八刻三分	戌十七分
芒種小暑	寅七刻三十六分	戌四十四分
夏至	寅七刻三十分	戌五十分

[1]此“日出日入”表被認爲是中國古代曆法中第一張日出日入時刻表，表中的驚蟄在雨水前。《皇極曆》的“夜漏表”和此“日出日入表”的作用是相通的。此表及下文“求日出入所在術”，在《大衍曆》規範古曆的結構之後，屬於步晷漏的内容。

求日出入所在術：

以所入氣辰刻及分，與後氣辰刻及分相減，餘乘入氣日算，如十五得一。以損益所入氣，依刻及分爲定刻。

隋書　卷一八

志第十三

律曆下[1]

［1］《隋書·律曆志》下卷載開皇二十年（600）劉焯所造的《皇極曆》及其改曆過程的鬭争。北魏至北齊間，天文學家張子信在一海島從事天文觀測三十年，發現並測算了太陽和五星的不均勾運動，提出月亮視差對交食計算的影響等，正是張子信的這三大發現，爲隋唐時期的天文曆法發展開創了新局面。

開皇二十年，爲了“研著日長之候”，太子徵天下曆算之士，咸集於東宫，却引起了新一輪曆法論争。劉焯此次帶來了他多年精心打磨的《皇極曆》，欲“駁正胄玄（曆）之短”。太子楊廣雖看重劉焯的曆法，但僅升劉焯爲太學博士，曆法校驗之事一直没排上日程。而劉焯意在取代張胄玄，太學博士頭銜不是他的興趣，不久稱病返鄉。

到仁壽四年（604），劉焯再次上書皇太子，歷數《張胄玄曆》六個方面失誤，提議“請徵胄玄答，驗其長短”。次年楊廣繼位，著作郎王劭、諸葛潁二人，趁侍宴之機推薦劉焯，帝曰：“知之久矣，乃下其書與胄玄參校。”張胄玄本也是辯論高手，何况其在曆法方面造詣甚好，知己知彼。於是，他僅攻擊劉焯《皇極曆》采用定朔法。曰:“故張衡及何承天創有此意，爲難者執數以校其率，率皆自敗，故不克成。”言下之意，你劉焯何德何能？劉焯雖爲大儒且以雄辯著名，也無能爲力。雙方“互相駁難，是非不决”。劉焯又憤而辭職，再歸故里。這已是他四戰四敗。

大業四年（608），“太史奏曰，日食無效”。隋煬帝又想起劉焯，“召焯，欲行其曆”。但當時袁充是紅人，“左右胄玄，共排焯曆”。袁充，字德符，陳郡陽夏（今河南淮陽縣）人，本書有傳。開皇十四年，袁充因上“晷影漏刻”進入太史院。張胄玄言日長影短之瑞時，袁充極力附會之。開皇二十年廢立太子，“充奏此事深得其宜”，隋文帝順勢改開皇二十一年爲仁壽元年。隋煬帝即位，袁充又奏“去歲冬至，日影愈長”，不久又奏“陛下修德，熒惑退舍”，是以取媚於上。劉焯雖據理力争，事情就是没有進展。當年（大業四年）劉焯也抱恨離世。

李淳風對《皇極曆》的評價是“術士咸稱其妙”，今天看來，《皇極曆》的一系列創新對後世曆法産生了極其深遠的影響，《皇極曆》雖未被頒行，李氏仍全文收入本志。這不僅是劉焯也是李淳風對中國天文學史的巨大貢獻。

劉焯去世以後，張胄玄對自己的曆法進行了系統地修改，加入他的新研究成果，也包括消化吸收多年來論戰的啓發，“諸法率更有增損”，從而推出一部新曆法，即《大業曆》。張胄玄早就知道自己曆法尚有不足，曾參考劉孝孫法有過修訂，但被劉焯發現，批評他偷竊。現代研究證明，《大業曆》也是一部優秀的曆法，其中有不少張胄玄的創新。

有隋一代雖然僅三十餘年，但却出現了劉孝孫、劉焯、張胄玄三位曆法大家。他們三人都是張子信的傳人，並且都有所發揚光大，共同開創了隋唐天文曆法的新時代。此三人，兩個學究（二劉）一個學霸（一張）。本志作者李淳風既是同行翹楚又愛恨分明，對學究寄予了深深的同情，對學霸也給予了無情的鞭撻。

開皇二十年，袁充奏日長影短，高祖因以曆事付皇太子，遣更研詳著日長之候。太子徵天下曆算之士，咸集于東宫。劉焯以太子新立，復增修其書，名曰《皇極曆》，駁正胄玄之短。太子頗嘉之，未獲考驗。焯爲太學博士，負其精博，志解胄玄之印，官不滿意，又稱疾罷歸。至仁壽四年，焯言胄玄之誤於皇太子：[1]

其一曰，張胄玄所上見行曆，日月交食，星度見留，雖未盡善，得其大較，官至五品，誠無所愧。但因人成事，非其實録，就而討論，違舛甚衆。

其二曰，胄玄弦望晦朔，違古且疏，氣節閏候，乖天爽命。時不從子半，晨前别爲後日。日躔莫悟緩急，月逡妄爲兩種，月度之轉，輒遺盈縮，交會之際，意造氣差。七曜之行，不循其道，月星之度，行無出入，應黄反赤，當近更遠，虧食乖準，陰陽無法。星端不協，珠壁不同，盈縮失倫，行度愆序。去極晷漏，應有而無，食分先後，彌爲煩碎。測今不審，考古莫通，立術之疏，不可紀極。今隨事糾駁，凡五百三十六條。

其三曰，胄玄以開皇五年與李文琮於《張賓曆》行之後，本州貢舉，即齎所造曆擬以上應。其曆在鄉陽流布，散寫甚多，今所見行，與焯前曆不異。玄前擬獻，年將六十，非是忽迫倉卒始爲，何故至京未幾，即變同焯曆，與舊懸殊？焯作於前，玄獻於後，捨己從人，異同暗會。且孝孫因焯，胄玄後附孝孫，曆術之文，又皆是孝孫所作，則元本偷竊，事甚分明。恐胄玄推諱，故依前曆爲駁，凡七十五條，并前曆本俱上。

其四曰，玄爲史官，自奏虧食，前後所上，多與曆違，今算其乖舛有一十三事。又前與太史令劉暉等校其疏密五十四事，云五十三條新。計後爲曆應密於舊，見用算推，更疏於本。今糾發并前，凡四十四條。

其五曰，胄玄於曆，未爲精通。然孝孫初造，皆有意徵天推步，[2]事必出生，不是空文，徒爲臆斷。

其六曰，焯以開皇三年，奉敕修造，顧循記注，自許精微，秦漢以來，無所與讓。尋聖人之迹，悟曩哲之心，測七曜之行，得三光之度，正諸氣朔，成一曆象，會通今古，符允經傳，稽於庶類，信而有徵。胄玄所違，焯法皆合，胄玄所闕，今則盡有，隱括始終，謂爲總備。

仍上啓曰："自木鐸寢聲，緒言成燼，群生蕩析，諸夏沸騰，曲技雲浮，疇官雨絶，曆紀廢壞，千百年矣。焯以庸鄙，謬荷甄擢，專精藝業，耽玩數象，自力群儒之下，冀睹聖人之意。開皇之初，奉敕修撰，性不諧物，功不克終，猶被胄玄竊爲己法，未能盡妙，協時多爽，尸官亂日，實點皇猷。請徵胄玄答，驗其長短。"

焯又造曆家同異，名曰《稽極》。[3]大業元年，著作郎王劭、諸葛潁二人，因入侍宴，言劉焯善曆，推步精審，證引陽明。帝曰："知之久矣。"仍下其書與胄玄參校。胄玄駁難云："焯曆有歲率、月率，而立定朔，月有三大、三小。案歲率、月率者，平朔之章歲、章月也。以平朔之率而求定朔，值三小者，猶以減三五爲十四；[4]值三大者，增三五爲十六也。校其理實，並非十五之正。故張衡及何承天創有此意，爲難者執數以校其率，率皆自敗，故不克成。今焯爲定朔，則須除其平率，然後爲可。"互相駁難，是非不决，焯又罷歸。

四年，駕幸汾陽宫，太史奏曰："日食無效。"帝召焯，欲行其曆。袁允方幸於帝，左右胄玄，共排焯曆，又會焯死，曆竟不行。[5]術士咸稱其妙，故録其術云。[6]

甲子元，距大隋仁壽四年甲子，積一百萬八千八百四十算。

歲率，六百七十六。

月率，八千三百六十一。[7]

朔日法，千二百四十二。

朔實，三萬六千六百七十七。

旬周，六十。

朔辰，百三半。

日干元，五十二。[8]

日限，十一。

盈泛，十六。

虧總，十七。[9]

[1]焯言胄玄之誤於皇太子：劉焯向太子上書中對《張胄玄曆》提出的這六條申述意見，陳美東曾逐條予以分析評價。參見陳美東《中國科學技術史·天文學卷》，科學出版社 1997 年版，第

315—317 頁。

［2］皆有意徵天推步：中華本認爲“皆有意”之後當有脱文。總覽劉焯所提的這六條申述意見，每條都有具體的評價或批評内容，此第五條僅説“胄玄於曆，未爲精通”，没有説具體的事項，此處或許有較多的脱文。

［3］《稽極》：劉焯的《稽極》今不傳，當是一部重要的中國古代曆法理論與曆法史著作。

［4］減三五爲十四：即將十五減小爲十四。三五，即十五。

［5］又會焯死，曆竟不行：這裏劉焯去世之事即在“（大業）四年”下叙述的。

［6］術士咸稱其妙，故録其術云：這實際上是李淳風對《皇極曆》的高度評價，因此把没有頒行的曆法全文收入到正史。其實，李淳風也是在《皇極曆》的基礎上，優化改作而編制成了《麟德曆》，使得《皇極曆》間接地被使用了。《皇極曆》在天文數據、天文表格、天文測算方法，特别是在數學方法運用等方面，都做出了出色的創造，《皇極曆》因而成爲一部劃時代的優秀曆法。也由於《皇極曆》在數學方法上有大量創造，很多算法使用了比較複雜的計算公式，而古代没有引入現代數學符號，用文字叙述這些公式，其複雜性是可以想象的。所以，本卷以後涉及複雜的計算公式時，在注中將按照曆家的原意用現代數學公式形式或符號表述古曆的推算過程，在此一併説明。

［7］歲率：即章歲。　月率：即章月。從而，可得：閏率 $=8361-12\times676=249$，249 爲每年的閏衰分，$249/12=20\frac{3}{4}$爲每月的閏衰分，每年有 249/676 個閏月。《皇極曆》的回歸年 = 歲數/氣日法 = 17036466.5/46644 = 365.2445 日，朔望月 = 朔實/朔日法 = 36677/1242 = 29.5306 日，朔辰 = 朔日法/12 = 1242/12 = 103.5。又，還有一個數值叫“小周”，下文將會用到但没有在這裏直接給出。“小周”即月亮的每日平行分，有：小周 = 歲率 + 月率 = 9037，

從而，月每日平行度＝（歲率＋月率）∕歲率$=13\frac{249}{676}$度。

［8］日干元：與下文的“餘通”分别是“氣日法”的兩個因數，即：氣日法＝日干元×餘通（46644＝52×897）。

［9］盈泛，十六；虧總，十七：盈泛、虧總，又總稱爲“泛總”，這兩個常數是由《皇極曆》最先引入曆法，這裏應該做個介紹。在本志卷中的注中我們曾指出，張子信發現日月五星的不均勻運動後，《皇極曆》首先創造了數學方法把它們引入到曆法推算中。我們知道日月五星的視運動不均勻的主要原因是地球、月球、五星等繞日運動的軌道是橢圓而不是正圓引起的。由於太陽處在地球公轉橢圓軌道的一個焦點上而不是橢圓的中心上，所以與太陽視運動周期相關的二十四節氣（構成回歸年）就不再是均等的了，古曆一般把由回歸年平分成二十四等分而得的節氣叫做“平氣”，經過太陽不均勻運動改正後所得的節氣叫做“定氣”。其中，春分後經夏至到秋分這半年，太陽運行慢，所用時間超過半個回歸年，常稱作“春分後”；秋分後經冬至到春分這半年，太陽運行快，所用時間不到半個回歸年，常稱作“秋分後”。《皇極曆》取：秋分後（h_1）：春分後（h_2）＝盈泛：虧總＝16：17，由：$\begin{cases}h_1+h_2=365.2445\\h_1:h_2=16:17\end{cases}$，可得$h_1=177.0882$日，$h_2=188.1563$日。

推經朔術：

置入元距所求年，月率乘之，如歲率而一，爲積月。不滿爲閏衰。朔實乘積月，滿朔日法得一，爲積日。不滿爲朔餘。旬周去積日，不盡爲日，即所求年天正經朔日及餘。

求上下弦、望：

加經朔日七、餘四百七十五小，即上弦經日及餘。

又加得望、下弦及後月朔。就徑求望者，加日十四、餘九百五十半。下弦加日二十二、餘百八十三大。後月朔加日二十九，餘六百五十九。每月加閏衰二十大，即各其月閏衰也。

凡月建子爲天正，建丑爲地正，建寅爲人正。即以人正爲正月，統求所起，本於天正。若建歲曆從正月始，氣、候、月、星所值節度，雖有前却，並亦隨之。其前地正爲十二月，天正爲十一月，并諸氣度皆屬往年。其日之初，亦從星起，晨前多少，俱歸昨日。若氣在夜半之後，量影以後日爲正。諸因加者，各以其餘減法，殘者爲全餘。若所因之餘滿全餘以上，皆增全一而加之，減其全餘，即因餘少於全餘者，不增全加，皆得所求。分度亦爾。凡日不全爲餘，積以成餘者曰秒。度不全爲分，積以成分者曰篾。其有不成秒曰麽，不成篾曰幺。其分、餘、秒、篾，皆一爲小，二爲半，三爲大，四爲全，加滿全者從一。其三分者，一爲少，二爲太。若加者，秒篾成法從分餘，分餘滿法從日度一，日度有所滿，則從去之。而日命以日辰者，滿旬周則亦除。命有連分、餘、秒、篾者，亦隨全而從去。其日度雖滿，而分秒不滿者，未可從去，仍依本數。若減者，秒篾不足，減分餘一，加法而減之。分餘不足減者，加所從去或前日度，乃減之。即其名有總，而日度全及分餘共者，須相加除，當皆連全及分餘共加除之。若須相乘，有分餘者，母必通全内子，乘訖報除。或分餘相并，母不同者，子乘而并之，母相乘爲法。其并，滿法從一爲全，此即齊同之也。既除爲分餘而有不成，若例有秒篾，法乘而又法除，得秒篾數。已爲秒篾及正有分餘，而所不成不復須者，須過半從一，無半棄之。若分餘其母不等，須變相通，以彼所法之母乘此分餘，而此母除之，得彼所須之子。所有秒篾者，亦法乘，不滿此母，又除而得其數。麽幺亦然。其所除去而有不盡全，則謂之不盡，亦曰不如。其不成全，全乃爲不滿分、餘、秒、篾，更曰不成。凡以數相減，而有小及半、太須相加減，同於分餘法者，皆以其母三四除其氣度日法，以半及太、大本率二三乘之，少、小即須因所除之數，隨其分餘而加減焉。秋分後春分前爲盈泛，春分後秋分前爲虧總，須取其數。泛總爲名，指用其時，春分爲主，虧日分後，盈日分前。凡所不見，皆放於此。[1]

氣日法，四萬六千六百四十四。

歲數，千七百三萬六千四百六十六半。

度準，三百三十八。

約率，九。

氣辰，三千八百八十七。

餘通，八百九十七。[2]

秒法，四十八。

麽法，五。

[1]“凡月建子爲天正”至“皆放於此”：劉焯在其《皇極曆》的開頭部分用了這麽大段文字來總體上介紹三個問題：年月日等曆法項目的分界點，曆法數據的奇零部分處理技術，不均匀運動引起周期分段比率的運用。最後還指出《皇極曆》以後術文中遇同類問

題，仿照此論述處理，不一一贅述，“凡所不見，皆放於此”。這種大段的緒論，特別是關於奇零數字處理的説明，在古代曆法和數學典籍中都是十分罕見的記載，因而特別珍貴。

第一，“凡月建子爲天正，建丑爲地正，建寅爲人正”。這是古代天文學常説的“三正”問題。由於古曆有上元的緣故，很多曆法項目計算得從天正開始，但這裏指出“若建歲曆從正月始”，即曆法的“年”還是從正月開始，同時，“氣、候、月、星所值節度，雖有前却，並亦隨之”。所謂“前却”，即“地正爲十二月，天正爲十一月，并諸氣度皆屬往年”的意思。至於“日”，這裏明確説明“日界”爲“夜半”，凡曆法數據出現“晨前多少”，俱歸昨日。而且“氣在夜半之後，量影以後日爲正”。

第二，大量的天文數據都是包含奇零且精度要求很高，《皇極曆》把古代曆算的概念、方法和精度都帶到了新高度，故其對奇零部分的數值處理要求也更高。《皇極曆》很多改正算法涉及的量有時比較小，必須考慮誤差範圍、考慮精度要求或者説考慮系統誤差的控制問題，所以處理奇零小數尤爲重要。中國古代没有引進十進小數，數學和曆算中的奇零部分數值都是用不同“法度”爲分母的分數表示，其中要考慮的問題比起我們今天面對的情況複雜許多。值得提醒注意的是，應留心並記住這段文字中的一些專有名詞。如：分、秒、麽，餘、篾、幺；小（1/4），半（2/4），大（3/4），全（4/4 = 1）；少（1/3），太（2/3）；少之小（1/12），少之半（2/12），小（3/12），小太、少（4/12），半步（5/12），半（6/12），半太（7/12），大少、太（8/12），大（9/12），大太（10/12），窮辰少（11/12）。又，這裏還有幾個重要的專有名詞值得特别説明。一是“因”，當作“因數”或“小分數”解，不能作原因的“因”理解，如這裏的 1/4、2/3 等就是所謂的“因”：“諸因加者”“若所因之餘滿全餘以上”“即因餘少於全餘者”等，在這段術文中有很多這樣用法的“因”字。二是“須”字，當作“奇零”解，不能理解成必須的“須”。如“須相加除”“若須相乘”“得彼所須之子”，等等。三是“報除”，當是指某些數相乘所得之“積”用某個“法”去除，但除不盡，且要連除成“復分數”，所謂“乘訖報除”即是。這和我們今天除不盡繼續除得數爲十進小數是有區别的，應該仔細去體會。術文中有句“命有連分、餘、秒、篾者，亦隨全而從去”，若按此説，報除的結果應叫“連分數”，但現代數學連分數有特指，所以我們還是建議把類似$\frac{8154\frac{10\frac{2}{5}}{48}}{46644}$的分數叫復分數。還應强調指出，《皇極曆》關於奇零小數最終還有“須過半從一，無半棄之”（即“四捨五入”）的規定，以及“强、弱”的約定（見後注），都是關於奇零和誤差處理的重要問題。

第三，從“秋分後春分前爲盈泛”到“皆放於此”，總論盈泛、虧總的意義（見前注）和用法：“泛總爲名，指用其時”，在其後的算法公式中當需用盈泛或虧總時，常直接説泛總，不再細分它是春分前或春分後了。

[2] 氣日法 = 日干元 × 餘通，即 46644 = 52 × 897；氣日法 = 度準 × 138，氣辰 = 氣日法/12。秒法 48 與麼法 5，則是日分制復分數的小分母，其中日分制分爲：日、餘、秒、麼；而度分制分爲：度、分、篾、幺。

推氣術：[1]

半閏衰乘朔實，又度準乘朔餘，加之，如約率而一，所得滿氣日法爲去經朔日，不滿爲氣餘。以去經朔日，即天正月冬至恒日定餘，乃加夜數之半者，減日一，滿者因前，皆爲定日。命日甲子算外，即定冬至日。其餘如半氣辰千九百四十三半以下者，爲氣加子半後也；過以上，先加此數。乃氣辰而一，命以辰算外，即氣所在辰。十二辰外，爲子初以後餘也。又十二乘辰餘，四爲小太，亦曰少；五爲半少；六爲半；七爲半太；八爲大少，亦曰太；九爲大；[2]十爲大太；十一爲窮辰少。其又不成法者，半以上爲進，以下爲退。退以配前爲强，進以配後爲弱。[3]即初不成一而有退者，謂之沾辰；初成十一而有進者，謂之窮辰。未旦其名有重者，則於間可以加之，命辰通用其餘，辨日分辰而判諸日。因别亦皆準此。因冬至有減日者，還加之。每加日十五、餘萬一百九十二、秒三十七，即各次氣恒日及餘。諸月齊其閏衰，如求冬至法，亦即其月中氣恒日去經朔數。其求後月節氣恒日，如次之。求前節者減之。

月	氣	躔衰	衰總	陟降率	遲速數[4]
十一月	大雪				
	冬至中	增二十八	先端	陟五十	速本
十二月	小寒節	增二十四	先二十八	陟四十三	速五十
	大寒中	增二十	先五十二	陟三十六	速九十三
正月	立春節	增二十	先七十二	陟三十六	速一百二十九
	雨水中	增二十四	先九十二	陟四十三	速一百六十五
二月	驚蟄節	增二十八	先一百一十六	陟五十	速二百八
	春分中	損二十八	先一百四十四	降五十	速二百五十八
三月	清明節	損二十四	先一百一十六	降四十三	速二百八
	穀雨中	損二十	先九十二	降三十六	速一百六十五

四月	立夏節	損二十	先七十二	降三十六	速一百二十九
	小滿中	損二十四	先五十二	降四十三	速九十三
五月	芒種節	損二十八	先二十八	降五十	速五十
	夏至中	增二十八	後端	陟五十	遲本
六月	小暑節	增二十四	後二十八	陟四十三	遲五十
	大暑中	增二十	後五十二	陟三十六	遲九十三
七月	立秋節	增二十	後七十二	陟三十六	遲一百二十九
	處暑中	增二十四	後九十二	陟四十三	遲一百六十五
八月	白露節	增二十八	後一百一十六	陟五十	遲二百八
	秋分中	損二十八	後一百四十四	降五十	遲二百五十八
九月	寒露節	損二十四	後一百一十六	降四十三	遲二百八
	霜降中	損二十	後九十二	降三十六	遲一百六十五
十月	立冬節	損二十	後七十二	降三十六	遲一百二十九
	小雪中	損二十四	後五十二	降四十三	遲九十三
十一月	大雪節	損二十八	後二十八	降五十	遲五十
	冬至				

[1]推氣術：《皇極曆》的“推氣術”是十分有特色的，它先直接從近距“元”開始計算，近距元處必朔旦、冬至，用閏衰入算，從而有效地達到了省算的目的。在前面“推經朔術”中已經求出所求年十一月平朔大小餘及其閏衰，“閏”把年和月連接起來，所求年年前的冬至與天正朔之間的距離又叫“冬至月齡”，即冬至所在月的閏衰。每個月的閏餘之分值是：閏衰 = 閏率/12 = $20\frac{3}{4}$（二十大）。從而，按推氣術術文有：

$$\frac{(\text{半閏衰}\times\text{朔實}+\text{度準}\times\text{朔餘})/\text{約率}}{\text{氣日法}}=\text{去經朔日}+\frac{\text{氣餘}}{\text{氣日法}}$$

於是，天正冬至大餘＝天正經朔大餘＋去經朔日，天正冬至小餘＝氣餘。大餘“命日甲子算外”，小餘换算成辰刻（即現代的鐘點）。

［2］九爲大：各本皆誤爲“九爲太”，當改正。

［3］“半以上爲進”至“進以配後爲弱”：即奇零計算到最後截取定數的時候，大於1/2的進1，小於1/2的捨去；取進1的得數爲“弱”，取捨去的得數爲“强”。

［4］此表即《皇極曆》的日躔表，該表是用24節氣分段的太陽不均匀運動改正數表。其中第一、二欄是各月及其所包含的節氣。躔衰，即相鄰兩節氣初日之間太陽實行度與平行度之差，分母爲日干元（52），爲單位换算性質的因數；衰總，是爲躔衰的累積值，亦即自冬至初日到某節氣初之間的太陽實行度與平行度之差；陟降率，相鄰兩節氣初日間因太陽運動不均匀而産生的應加於平朔望的改正量的日分值；遲速數，是爲陟降率的累積值，亦即某節氣時段因太陽運動不均匀多造成的應加於平朔望的改正量的日分值。由於地球的公轉軌道是橢圓，太陽處在其中一個焦點上而不是在其橢圓軌道的中心，現代天文學把這種地球公轉的實際行度與平均行度之差稱爲中心差。太陽視運動中心差的理論曲綫爲正弦曲綫，《皇極曆》此日躔表中的衰總和遲速數和正弦曲綫是吻合的（見圖1），但圖1左側的躔衰曲綫在春分、秋分兩處有跳躍，這是不符合實際的。又，本日躔表中的數據有若干處舛誤，已經根據校算結果

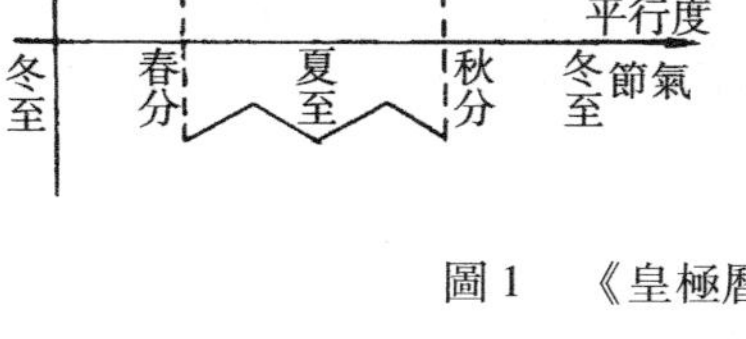

圖1　《皇極曆》躔衰及衰總圖

進行了改正，不一一出注。

推每日遲速數術：[1]

見求所在氣陟降率，并後氣率半之，以日限乘而泛總除，得氣末率。又日限乘二率相減之殘，泛總除，爲總差。其總差亦日限乘而泛總除，爲別差。率前少者，以總差減末率，爲初率，半別差加之。[2]前多者，即以總差加末率，〔半別差減之〕。[3]皆爲氣初日陟降數。以別差前多者日減、前少者日加初數，得每日數。所曆推定氣日隨算其數，陟加、降減其遲速，爲各遲速數。其後氣無同率及有數同者，[4]皆因前末，以末數爲初率，加總差爲末率，及差漸加初率，爲每日數。通計其秒，調而御之。

[1]推每日遲速數術：此術即劉焯關於太陽不均勻運動改正演算法的偉大創造，其中包含著名的二次等間距内插法，因此，這段術文值得逐句分析。依術文有：

$$氣末率=\frac{所求氣陟降率（\Delta_1）+後氣陟降率（\Delta_2）}{2}\times\frac{日限}{泛總}$$

其中（$\Delta_1+\Delta_2$）/2 就是所求氣與後氣陟降率的平均數，將這個平均值“乘以日限，除以泛總”，即相當於除以節氣的長度 h，h =（泛總/日限）×10，乘以 10 在籌算中相當於將算籌“進一等”，在術文中都被省略了。總差 = | 所求氣陟降率 − 後氣陟降率 | ×日限/泛總 = $|\Delta_1-\Delta_2|/h$，別差（d）=（總差×日限）/泛總 = $|\Delta_1-\Delta_2|/h^2$。實際上，總差即相隔一節氣長度的兩日陟降數之差，亦即氣初率與氣末率之差，別差爲相鄰兩日的陟降率之差（《大衍曆》以後皆稱別差爲日差）。以運動學的概念來看，別差即爲太陽

不均匀運動的加速度。術文接着給出：初日陟降數 = 氣末率 + 總差 − 別差/2。此計算步驟的含義是，當陟降率前少時（$\Delta_1 < \Delta_2$），必有末率大於初率，則氣初率（δ_0） = 氣末率（δ） − 總差；$\delta_k = \delta_{k-1} + d$（$\delta_k$ 爲第 k 日陟降率）。從而，$\delta_k = \delta_{k-1} + d = \delta_{k-2} + 2d = \cdots = \delta_1 + (k-1)d$，可見，劉焯這裏是將每日陟降率構造成一個等差數列，求遲速數就變成了等差數列求和，所以，第 n 日的遲速數 $p(x_n)$ 爲

$$p(x_n) = f(x_0) + \sum_{k=1}^{n}\delta_k = f(x_0) + n\cdot\delta_1 + \frac{n(n-1)}{2}d$$

其中 $f(x_0)$ 爲所求氣下的遲速數，可從日躔表中得到。對《皇極曆》推每日遲速數的深入研究參見：王榮彬《劉焯〈皇極曆〉插值法的構建原理》，《自然科學史研究》1994 年第 4 期；劉鈍《〈皇極曆〉中等間距二次插值方法術文釋義及其物理意義》，《自然科學史研究》1994 年第 4 期。

［2］半：傳本誤作“乃”。今依算理改正。

［3］半別差減之：此五字傳本無。但從上下文排比句式來看，亦可認爲此五字爲省文而不必補出，故存括弧内。

［4］其後氣無同率及有數同者：這是對“後氣無同率”和“有數同者”兩種特例的處理，因爲總差 = $|\Delta_1 - \Delta_2| / h$，若出現 Δ_1 與 Δ_2 正負符號相反（無同率者），或 $\Delta_1 = \Delta_2$（有數同者），則必須有此特殊處理。

求月朔弦望應平會日所入遲速：[1]

各置其經餘爲辰，[2] 以入氣辰減之，[3] 乃日限乘日、日内辰爲入限，以乘其氣前多之末率、前少之初率，日限而一，爲總率。其前多者，入限減泛總之殘，乘總差，泛總而一，爲入差。并於總差，入限乘，倍日限除，以加總率。[4] 前少者，入限再乘別差，[5] 日限自乘，倍而除，亦加總率。皆爲總數。乃以陟加、降減其氣遲

速數爲定，即速加、遲減其經餘，各其月平會日所入遲速定日及餘。

[1]求月朔弦望應平會日所入遲速：求平朔、望改正時，平朔望時刻往往不在某氣後的整日子上，就是一般都有朔望大小餘，所以需設計計算任一時刻（包括小餘部分）遲速數的插值公式，此術即爲此目的而設，其造術思路與前術相同，不再詳解。

[2]經餘：即平朔、望到其前甲子日夜半之時距。

[3]入氣辰：即節氣點到甲子日夜半的時距，二者都化爲辰數再相減，所得爲經朔、望到節氣點的距離（氣朔距或氣望距），即術文中的“日、日内辰”（圖 2 中的 t）。

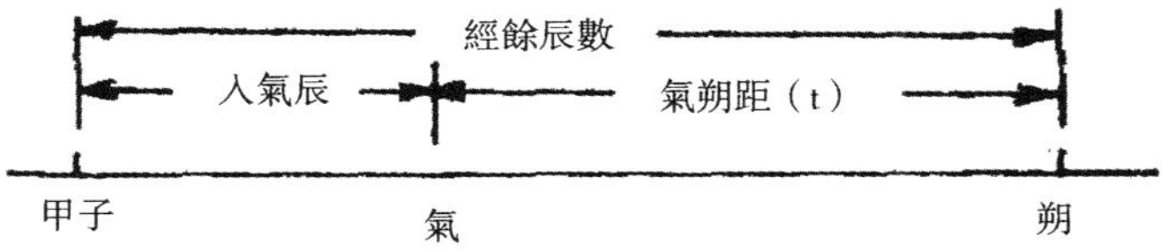

圖 2　氣朔距示意圖

[4]以加總率：“加”字傳本脱。今據下文“前少者……亦加總率”句例此，當補。中華本校補爲“加以總率”，似與古算用語不符。

[5]入限再乘别差：意爲入限乘别差二次，原文不誤。中華本補爲“入限自乘，再乘别差”，似無必要。

求每日所入先後：[1]

各置其氣躔衰與衰總，皆以餘通乘之，所乃躔衰如陟降率，衰總如遲速數，亦如求遲速法，即得每所入先後及定數。

求定氣：[2]

其每日所入先後數即爲氣餘，其所曆日皆以先加之，以後減之，隨算其日，通准其餘，滿一恒氣，即爲二至後一氣之數。以加二氣，如法用别其日而命之。又算其次，每相加命，各得其定氣日及餘也。亦以其先後已通者，先減後加其恒氣，即次氣定日及餘。亦因别其日，命以甲子，各得所求。

求土王：[3]

距四立各四氣外，所入先後加減，滿十二日、餘八千一百五十四、秒十、麼二。除所滿日外，即土始王日。

求候日：[4]

定氣即初候日也。三除恒氣，各爲平候日。餘亦以所入先後數爲氣餘，所曆之日皆以先加、後減，隨計其日，通準其餘，每滿其平，以加氣日而命之，即得次候日。亦算其次，每相加命，又得末候及次氣日。

氣	初候	次候	末候	夜半漏	昏去中星[5]
冬至 夜五十九刻八十六分	武始交[6]	芸始生	荔挺出	二十七刻分四十三	八十二度轉分四十七
小寒	蚯蚓結	麋角解	水泉動	二十七刻二十六	八十三度十六
大寒	雁北向	鵲始巢	雉始雊	二十六刻七十六	八十五度六

立春	雞始乳	東風解凍	蟄蟲始振	二十五刻九十八半	八十七度四十九
雨水	魚上冰	獺祭魚	鴻雁來	二十四刻九十六半	九十一度三十六
驚蟄	始雨水	桃始華	倉庚鳴	二十三刻七十七半	九十六度三
春分	鷹化爲鳩	玄鳥至	雷始發聲	二十二刻五十	一百度三十七半
清明	電始見	蟄蟲咸動	蟄蟲啓户	二十一刻二十二半	百五度二十一
穀雨	桐始華	田鼠爲鴽	虹始見	二十刻三半	百九度三十九
立夏	萍始生	戴勝降桑	螻蟈鳴	十九刻一半	百一十三度二十五
小滿	蚯蚓出	王瓜生	苦菜秀	十八刻二十三	百十六度十九
芒種	靡草死	小暑至	螳蜋生	十七刻六十九	百一十八度十八
夏至夜四十刻十四分	鶪始鳴	反舌無聲	鹿角解	十七刻五十七	百一十八度四十

小暑	蟬始鳴	半夏生	木堇榮	十七刻六十九	百一十八度十八
大暑	温風至	蟋蟀居壁	鷹乃學習	十八刻二十三	百一十六度十九
立秋	腐草爲螢	土潤溽暑	凉風至	十九刻一半	百一十三度二十五
處暑	白露降	寒蟬鳴	鷹祭鳥	二十刻三半	百九度三十九
白露	天地始肅	暴風至	鴻雁來	二十一刻二十二半	百五度二十一
秋分	玄鳥歸	群鳥養羞	雷始收聲	二十二刻五十	百度三十七半
寒露	蟄蟲附户	殺氣盛	陽氣始衰	二十三刻七十七半	九十六度三
霜降	水始涸	鴻雁來賓	雀入水爲蛤	二十四刻九十六半	九十一度三十六
立冬	菊有黄華	豺祭獸	水始冰	二十五刻九十八半	八十七度四十九
小雪	地始凍	雉入水爲蜃	虹藏不見	二十六刻七十六	八十五度六

大雪	冰益壯	地始坼	曷旦鳴	二十七刻二十六	八十三度十六

[1]求每日所入先後：此術是求太陽改正涉及的距離或者位置的變化量，即“先”或“後”之數。 躔：即“日所行”。其計算方法與前面求“遲速數”術的插值公式完全一樣：“乃躔衰如陟降率，衰總如遲速數，亦如求遲速法。”

[2]求定氣：此術實質上就是在做這樣的公式運算：定氣時刻＝平氣時刻±太陽改正。

[3]求土王：《皇極曆》求土王術與之前各曆含義是一樣的，特別之處在於，之前的古曆推土王都用平氣入算，此術則用定氣，即“所入先後加減”。從而，《皇極曆》“求土王”術給出的算式爲：四立日及餘＋1/6回歸年±所入先後＋（1/5－1/6）回歸年。其中“（1/5－1/6）回歸年”即4段土王日中的1段，即爲

$$\frac{17036466.5}{46644\times 30}=12\frac{8154\frac{10\frac{2}{5}}{48}}{46644}$$

日。傳本此段術文有脱誤，“滿”字後脱“十”字，“麽”字後脱“二”字，今依算理校補。

[4]求候日：古曆有物候之説，全年分七十二候，則每個節氣包含三候，故“三除恒氣，各爲平候日”，再作“先後”改正。

[5]這個表其實是物候與漏刻的合併表，其中“夜半漏”和“昏去中星”兩欄屬於晷漏，把步晷漏作爲曆法的獨立章節，要等到唐代一行的《大衍曆》。《皇極曆》的晷漏演算法和《大業曆》一樣，還不成系統。

[6]武始交：中華本校勘記指出“武”當作“虎”，唐人諱改。

〔求晝夜刻〕[1]

倍夜半之漏，得夜刻也。以減百刻，不盡爲晝刻。每減晝刻五，以加夜刻，即其晝爲日見、夜爲不見刻數。刻分以百爲母。

求日出入辰刻：

十二除百刻，得辰刻數，爲法。半不見刻，以半辰加之，爲日出實。又加日出見刻，爲日入實。如法而一，命子算外，即所在辰。不滿法，爲刻及分。

求辰前餘數：

氣、朔日法乘夜半刻，百而一，即其餘也。

求每日刻差：[2]

每氣準爲十五日，全刻二百二十五爲法。其二至各前後於二分，而數因相加減，間皆六氣。各盡於四立，爲三氣。至與前日爲一，乃每日增太；又各二氣，每日增少；其末之氣，每日增少之小；而末六日，不加而裁焉。二至前後一氣之末日，[3]終於十少；二氣初日，稍增爲十一半步，終於二十大；[4]三氣初日，二十一，終於三十少；四立初日，三十一，終於三十五太；五氣亦少增，初日三十六太，終四十一少；末氣初日，四十一少，終於四十二。每氣前後累算其數，又百八十乘爲實，各泛總乘法而除，得其刻差。隨而加減夜刻而半之，各得入氣夜半定刻。其分後十五日外，累算盡日，乃副置之，百八十乘，虧總除，爲其所因數。以減上位，不盡爲所加也。不全日者，隨辰率之。

求晨去中星：

加周度一，各昏去中星減之，不盡爲晨去度。[5]

求每日度差：

準日因增加裁，累算所得，百四十三之，四百而一，亦百八十乘，泛總除，爲度差數。滿轉法爲度，隨日加減，各得所求。分後氣間，亦求準外與前求刻，至前加減，皆因日數逆算求之。亦可因至向背其刻，冬減夏加，而度冬加夏減。若至前，以入氣減氣間，不盡者，因後氣而反之，以不盡日累算乘除所定，從後氣而逆以加減，皆得其數。此但略校其總，若精存于《稽極》云。[6]

［1］求晝夜刻：此四字底本脱，查《皇極曆》各術皆有名稱，獨此求晝夜刻數之術無術名，或爲脱漏，當補正。今存方括號内。

［2］求每日刻差：日出入辰刻和晝刻、夜刻是關於晝夜長短的問題，這是由於地球的自轉軸與公轉軌道面有夾角引起的，冬至夜刻最大，夏至夜刻最小。此“求每日刻差”術則是要給出一年中每相鄰兩日的夜刻（或晝刻）的差，以便推求每日的晝、夜刻。但學者認爲這段文字有錯漏，術文的意義不容易理解。其實，本術可分爲三層意思，僅有個别文字錯漏。第一層次從“每氣準爲十五日”到“不加而裁焉”，説明全年刻差構造的方法和總體情況：1 年分成 4 段，每段包含 6 個節氣，如圖 3 左。第二層次從“二至前後”到“終於四十二”，給出每段的各個節氣的初、末數及其公差，從而各自構造出一個等差數列，作爲各氣内的每日刻差的增量，見圖 3 右和表 1。第三層次從“每氣前後累算其數”到本術結尾，用等差數列求和的方法推算每日刻差，實際上是得出了每日刻差爲勻加速變化的，如下二次多項式，原理和太陽不均勻運動改正的二次内插法如出一轍。

$$入氣定刻=\frac{1}{2}\left[夜刻+\frac{180}{225\times泛總}\sum_{1}^{t}\left(a+(t-1)d_i\right)\right]$$，其中 a

爲初數，d_i 爲表 1 中數列，t 爲所求入氣時刻。若 t 爲春秋分後 15 日之外，則入氣定刻 $=\frac{1}{2}\left[\text{夜刻}+\frac{180-\text{虧總}}{\text{虧總}}\sum_1^t(a+(t-1)d_i)\right]$。

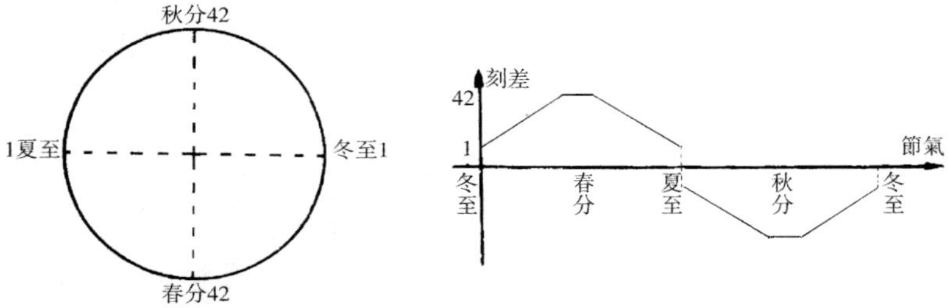

圖 3　《皇極曆》刻差示意圖

表 1　《皇極曆》每日刻差表

冬至		小寒		大寒		立春		驚蟄		雨水	
1	1	1	$11\frac{5}{12}$	1	21	1	31	1	$36\frac{2}{3}$	1	$41\frac{5}{12}$
2	$1\frac{2}{3}$	2	$12\frac{1}{12}$	2	$21\frac{2}{3}$	2	$31\frac{1}{3}$	2	37	2	$41\frac{6}{12}$
3	$2\frac{1}{3}$	3	$12\frac{3}{4}$	3	$22\frac{1}{3}$	3	$31\frac{2}{3}$	3	$37\frac{1}{3}$	3	$41\frac{7}{12}$
4	3	4	$13\frac{5}{12}$	4	23	4	32	4	$37\frac{2}{3}$	4	$41\frac{8}{12}$
5	$3\frac{2}{3}$	5	$14\frac{1}{12}$	5	$23\frac{2}{3}$	5	$32\frac{1}{3}$	5	38	5	$41\frac{9}{12}$
6	$4\frac{1}{3}$	6	$14\frac{3}{4}$	6	$24\frac{1}{3}$	6	$32\frac{2}{3}$	6	$38\frac{1}{3}$	6	$41\frac{10}{12}$
7	5	7	$15\frac{5}{12}$	7	25	7	33	7	$38\frac{2}{3}$	7	$41\frac{11}{12}$
8	$5\frac{2}{3}$	8	$16\frac{1}{12}$	8	$25\frac{2}{3}$	8	$33\frac{1}{3}$	8	39	8	42
9	$6\frac{1}{3}$	9	$16\frac{3}{4}$	9	$26\frac{1}{3}$	9	$33\frac{2}{3}$	9	$39\frac{1}{3}$	9	42
10	7	10	$17\frac{5}{12}$	10	27	10	34	10	$39\frac{2}{3}$	10	42

冬至		小寒		大寒		立春		驚蟄		雨水	
11	$7\frac{2}{3}$	11	$18\frac{1}{12}$	11	$27\frac{2}{3}$	11	$34\frac{1}{3}$	11	40	11	42
12	$8\frac{1}{3}$	12	$18\frac{3}{4}$	12	$28\frac{1}{3}$	12	$34\frac{2}{3}$	12	$40\frac{1}{3}$	12	42
13	9	13	$19\frac{5}{12}$	13	29	13	35	13	$40\frac{2}{3}$	13	42
14	$9\frac{2}{3}$	14	$20\frac{1}{12}$	14	$29\frac{2}{3}$	14	$35\frac{1}{3}$	14	41	14	42
15	$10\frac{1}{3}$	15	$20\frac{3}{4}$	15	$30\frac{1}{3}$	15	$35\frac{2}{3}$	15	$41\frac{1}{3}$	15	42

[3]二至前後：傳本作“二望至前後”，依中華本改。

[4]稍增爲十一半步，終於二十大：傳本作“稍增爲十二半，終於二十大”，中華本改作“稍增爲十二半，終於二十太”，按照表1中的數列構造，中華本的校改與初、末數和“每日增太”數字不合。所以王應偉在《中國古曆通解》（遼寧教育出版社1998年版）中又依據後氣初數分别爲二十一、三十一等，將“十二半”改作“十一”，依中華本改“二十大”爲“二十太”，顯然也不妥。

[5]“求晨去中星”至“不盡爲晨去度”：所謂晨去中星或昏去中星是指日出或日没時太陽去中天（子午圈）的弧度。如圖4，

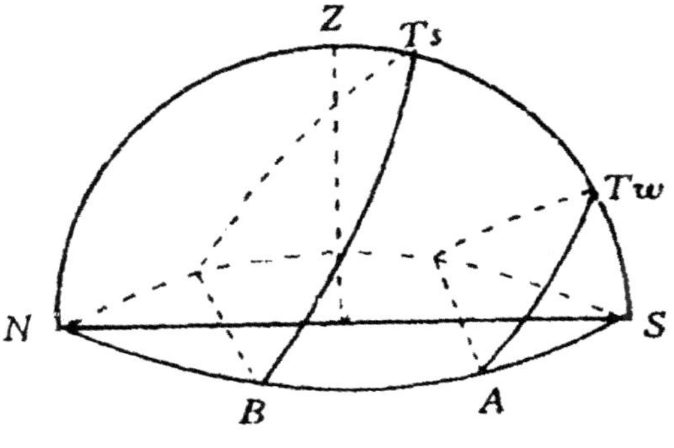

圖4　晨（昏）去中星示意圖

AT_w 和 BT_s 分別爲冬至和夏至日的晨去中星度，可見，晨（昏）去中星與晝（夜）漏刻緊密關聯。《皇極曆》此術的算法思路就是：根據前術求出的刻差，將之换算成度差而求去中星度，有

$$\text{每日晨去中星} = \text{氣初晨去中星} \pm \frac{143}{400} \times \text{所求日刻差}$$

［6］若精存于《稽極》云：這是本志第二次提及《稽極》，可見《稽極》既有總結前代諸家曆法的内容，又存録有一些曆法算法的詳細演算過程。

轉終日，二十七；餘，千二百五十五。

終法，二千二百六十三。

終實，六萬二千三百五十六。

終全餘，千八。

轉法，五十二。

篾法，八百九十七。

閏限，六百七十六。[1]

推入轉術：

終實去積日，不盡，以終法乘而又去，不如終實者，滿終法得一日，不滿爲餘。即其年天正經朔夜半入轉日及餘。

求次日：

加一日，每日滿轉終則去之，其二十八日者，加全餘爲夜半入初日餘。

求弦望：

皆因朔加其經日，各得夜半所入日餘。

求次月：

加大月二日，小月一日，皆及全餘，亦其夜半

所入。

求經辰所入朔弦望：

經餘變從轉，不成爲秒，加其夜半所入，皆其辰入日及餘。因朔辰所入，每加日七、餘八百六十五、秒千一百六十大，秒滿日法成餘，亦得上弦。[2]望、下弦、次朔經辰所入徑求者，加望日十四、餘千七百三十一、秒千七十九半，下弦日二十二、餘三百三十四、秒九百九十八小，次朔日一、餘二千二百八、秒九百一十七。亦朔望各增日一，減其全餘，望五百三十一、秒百六十二半，朔五十四、秒三百二十五。

求月應平會日所入：[3]

以月朔弦望會日所入遲速定數，亦變從轉餘，乃速加、遲減其經辰所入餘，即各平會所入日餘。

轉日	速分	速差	加減	朓朒積[4]
一日	七百六十四	消七	加六十八	朓初
二日	七百五十七	消八	加六十一	朓百二十三
三日	七百四十九	消十一	加五十三	朓二百三十四
四日	七百三十八	消十二	加四十二	朓三百三十一
五日	七百二十六	消十三	加三十一	朓四百八
六日	七百一十三	消十三	加十八	朓四百六十四

七日	七百	消十二	加五　八加 減秒太　一減	朓四百九十六
八日	六百八十八	消十四	減七	朓五百五
九日	六百七十四	消十四	減二十一	朓四百九十二
十日	六百六十	消十二	減三十四	朓四百五十四
十一日	六百四十八	消九	減四十六	朓三百九十一
十二日	六百三十九	消七	減五十五	朓三百七
十三日	六百三十二	消六	減六十二	朓二百七
十四日	六百二十六	息二	減五十六 七減　加十 六　二加	朓九十四
十五日	六百二十八	息七	加六十六	朒二十八
十六日	六百三十五	息九	加五十九	朒百四十八
十七日	六百四十四	息十一	加五十	朒二百五十六
十八日	六百五十五	息十一	加三十九	朒三百四十七
十九日	六百六十六	息十三	加二十九	朒四百一十九
二十日	六百七十九	息十四	加十六	朒四百七十一

二十一日	六百九十三	息十二	加三　六加 減大　三減	朒五百
二十二日	七百五	息十四	減十	朒五百五當日自減，減見爲五百四。
二十三日	七百一十九	息十三	減二十三	朒四百八十七
二十四日	七百三十二	息十二	減三十六	朒四百四十六
二十五日	七百四十四	息十	減四十八	朒三百八十一
二十六日	七百五十四	息七	減五十八	朒二百九十三
二十七日	七百六十一	息五 篾四	減六十五	朒百八十八
二十八日	七百六十六 篾四	平五息 四消	減七十三 十八少終餘 三十一太 全餘	朒七十

［1］“轉終日”至“六百七十六”：“轉終”是相當於近點月的數據，近點月 = 終實/終法 = 62356/2263 = 27 + 1255/2263 = 27.55457 日，終全餘 = 終法 − 1255 = 1008。《皇極曆》的近點月長度與理論值之差僅 0.8 秒，在傳統曆法中其精度乃屬上乘。轉法 × 篾法 = 氣日法，“閏限”數值和歲率相同，閏限 = 小周 − 月率 = 歲率，前注已經給出：小周 = 歲率 + 月率。

［2］“經餘變從轉”至“亦得上弦”：月亮改正相當於月亮運

動的中心差。中心差以近點月爲周期計算，而近點月則是以月亮運動軌道的近（或遠）地點爲基準，月亮連續兩次經過近地點所需的時間。所以，做月亮改正計算時先要求出合朔時刻入近點月的位置，從而需“經餘變從轉”，經餘，即經朔大小餘；從轉，即换算成入轉日及分。以四分之一朔望月 $7\frac{475\frac{1}{4}}{1242}$ 爲例，設 $\frac{475\frac{1}{4}}{1242}=\frac{x}{2263}$，則 $x=865\frac{1160\frac{9}{12}}{1242}$。所以求上弦的術文曰“餘八百六十五、秒千一百六十大”。以下求望、下弦和次月同此算理。

［3］求月應平會日所入：傳本皆作“求月平應會日所入”。以之前推太陽改正時的“求月朔弦望應平會日所入遲速”術例此，平、應二字誤倒，當改。《皇極曆》推月亮改正的思路是，先按“推入轉術”確定平朔、弦、望時入近點月的位置，再由此“求月應平會日所入”術計算經過太陽改正後的朔、弦、望過近地點後的日數及餘分。其整日部分的月亮改正由下文月離表的朓朒積欄直接查出，“入餘”部分的改正將由下文插值法計算。

［4］此數表即《皇極曆》的月離表。其中，轉日 = 月過近點後的日數，速分 = 月亮實行度 × 轉法（52），速差 = 次日速分 − 本日速分，加減數 = 月實行分 − 月平行分，朓朒積 = Σ（加減數 × 2263/1242）。其中 1242 爲朔日法，2263 爲終法，一乘一除即將“加減數”原朔分值化爲轉終分值。又，此月離表中的數據亦有若干錯訛，已經根據算理校算改正，不一一出注。

推朔弦望定日術：[1]

各以月平會所入之日加減限，限并後限而半之，爲通率。又二限相減，爲限衰。前多者，以入餘減終法，殘乘限衰，終法而一，并於限衰而半之。前少者，半入餘乘限衰，亦終法而一，〔減限衰〕。[2]皆加通率，入餘乘之，日法而一，所得爲平會加減限數。其限數又别從轉餘爲變餘，朓減、朒加本入餘。限前多者，朓以減與未減，朒以加與未加，皆減終法，并而半之，以乘限衰。前少者，亦朓朒各并二入餘，半之，以乘限衰。皆終法而一，加於通率，變餘乘之，日法而一。所得以朓減、朒加限數，加減朓朒積而定朓朒。乃朓減、朒加其平會日所入餘，滿若不足進退之，即朔弦望定日及餘。不滿晨前數者，借減日算，命甲子算外，各其日也。不減與減，朔日立算與後月同。若俱無立算者，月大，其定朔算後加所借減算。閏衰限滿閏限，定朔無中氣者爲閏。滿之前後，在分前若近春分後、秋分前，而或月有二中者，皆量置其朔，不必依定。其後無同限者，亦因前多，以通率數爲半衰而減之。[3]前少，即爲通率。其加減變餘進退日者，分爲一日，隨餘初末如法求之，所得并以加減限數。凡分餘秒篾，事非因舊，文不著母者，皆十爲法。若法當求數，用相加減，而更不過通遠，率少數微者，則不須算。其入七日餘二千一十一、十四日餘千七百五十九、二十一日餘千五百七、二十八日始終餘，以下，爲初數，各減終法。以上，爲末數。其初、末數皆加減相返，其要各爲九分。初則七日八分，十四日七分，二十一日六分，二十八日五分；末則七日一分，十四日二分，二十一日三分，二十八日四分。雖初稍弱而末微强，餘差止一，理勢兼舉。皆今有轉差，各隨其數。若恒算所求，七日與二十一日得初衰數，而末、初加隱而不顯，且數與平行正等。亦初末有數而恒算所無，其十四日、二十八日既初、末數存，而虛衰亦顯，其數當去，恒法不見。

求朔弦望之辰所加：[4]

定餘半朔辰五十一大以下，爲加子過。以上，加此數，乃朔辰而一，亦命以子，十二算外。又加子初。以後其求入辰强弱，如氣。[5]

[1]推朔弦望定日術：其術文給出了月亮改正公式，它是《皇極曆》最重要的術文之一，詳解如下。月平會所入之日，即經太陽改正後的朔（弦、望）過近地點後的時日。通率 =（所求日限 + 後日限）/2，即爲平均算子；限衰 = | 所求日限 − 後日限 |，是爲朓朒積的二階差分。平會加減限數，指平會時刻入近點月的“入餘”部分的月亮改正（Δt）。依術文其計算公式爲：

$$\Delta t=\begin{cases}\left[\text{通率}+\dfrac{1}{2}\left(\dfrac{\text{終法}-\text{入餘}}{\text{終法}}\cdot\text{限衰}+\text{限衰}\right)\right]\cdot\dfrac{\text{入餘}}{\text{日法}} & (\text{前多})\\[2ex] \left(\text{通率}+\dfrac{1}{2}\dfrac{\text{入餘}}{\text{終法}}\cdot\text{限衰}-\text{限衰}\right)\cdot\dfrac{\text{入餘}}{\text{日法}} & (\text{前少})\end{cases}$$

入餘是入近點月的不足整日部分的分值，近點月的法度爲終法，並非日法，故有：入餘/日法 =（入餘/終法）·（終法/日法）。從而上式前多時即爲：

$$\begin{aligned}\Delta t&=\left(\text{通率}+\text{限衰}-\frac{1}{2}\frac{\text{入餘}}{\text{終法}}\cdot\text{限衰}\right)\cdot\frac{\text{入餘}}{\text{終法}}\cdot\frac{\text{入餘}}{\text{日法}}\ (\text{前多})\\&=\left(\text{通率}\cdot\frac{\text{入餘}}{\text{終法}}+\text{限衰}\cdot\frac{\text{入餘}}{\text{終法}}-\frac{1}{2}\frac{\text{入餘}}{\text{終法}}\cdot\text{限衰}\cdot\frac{\text{入餘}}{\text{終法}}\right)\cdot\\&\quad\frac{\text{終法}}{\text{日法}}\\&=\left(\text{日末率}+\text{總差}-\frac{1}{2}\frac{\text{入餘}}{\text{終法}}\cdot\text{總差}\right)\cdot\frac{\text{終法}}{\text{日法}}\end{aligned}$$

意爲先將日末差加總差移至日初率，再將之向後移“$\frac{1}{2}\cdot\frac{入餘}{終法}$”段，得入餘段的加減限數。“前少時”公式中正負號相反。

上述求 Δt 的算法，僅爲月亮改正的一級改正。考慮到月亮每日行度達 13 度有餘，則在改正值 Δt 時段上，月亮的行度亦爲可觀，爲減小誤差，《皇極曆》又設計了二級改正。取：變餘 = Δt，對變餘如上法再求其月亮改正 Δt′，即“變餘加減限數”。當其加減限前多時，取［終法 − （入餘 ± Δt） + （終法 − 入餘）］/2 = 終法 − （入餘 ± Δt/2）；前少時，取（2 入餘 ± Δt）/2 = （入餘 ± Δt/2）。則（Δt′）爲：

$$\Delta t' = \begin{cases} \left\{通率 + \dfrac{\left[終法 - \left(入餘 \pm \dfrac{\Delta t}{2}\right)\right]\cdot 限衰}{終法}\right\}\cdot\dfrac{變餘}{日法} & （前多）\\ \left[通率 + \dfrac{\left(入餘 \pm \dfrac{\Delta t}{2}\right)\cdot 限衰}{終法}\right]\cdot\dfrac{變餘}{日法} & （前少）\end{cases}$$

$$= \begin{cases} \left(通率\cdot\dfrac{變餘}{終法} + 限衰\cdot\dfrac{變餘}{終法} - \dfrac{入餘 \pm \dfrac{\Delta t}{2}}{終法}\cdot\dfrac{限衰\cdot變餘}{終法}\right)\cdot\dfrac{終法}{日法} & （前多）\\ \left(通率\cdot\dfrac{變餘}{終法} + \dfrac{入餘 \pm \dfrac{\Delta t}{2}}{終法}\cdot\dfrac{限衰\cdot變餘}{終法}\right)\cdot\dfrac{終法}{日法} & （前少）\end{cases}$$

$$= \begin{cases} \left(日末率 + 總差 - \dfrac{入餘 \pm \dfrac{\Delta t}{2}}{終法}\cdot 總差\right)\cdot\dfrac{終法}{日法} & （前多）\\ \left(日初率 + \dfrac{入餘 \pm \dfrac{\Delta t}{2}}{終法}\cdot 總差\right)\cdot\dfrac{終法}{日法} & （前少）\end{cases}$$

綜合以上推算，定朔（弦、望）的月亮改正爲：

定朓朒 = 朓朒積 ± 平會加減限數（Δt） ± 變餘加減限數（Δt′）

最後，以定朓朒加減平會日及餘即得定朔（弦、望）之日及餘。

［2］減限衰：三字傳本無，中華本補。依算理“減限衰”乃將末率移至初率位置。李善蘭有種理解：“後限”即指比所求限少之限，因而當前少時，“後限”當爲所求限之前一日之限。如此理解，則通率除以終法即爲初率而不必再減限衰做移動了。考慮到《麟德曆》《大衍曆》相應處皆無此三字，以及《皇極曆》下文的“月亮極黄緯”同類演算法中亦有相同的情況，李善蘭的理解當爲可信，故僅存括弧内。

［3］亦因前多，以通率數爲半衰而減之：文意可通。中華本認爲當校改爲“亦因前限，前多，以通率爲初數，半衰而減之”，無必要。

［4］求朔弦望之辰所加：是把定朔弦望的小餘換算成辰刻。此術再次明確指出了《皇極曆》的日界（子初）爲夜半。

［5］如氣：即和步算節氣時推算加時的方法一樣。

求入辰法度：[1]

度法，四萬六千六百四十四。

周數，千七百三萬七千七十六。

周分，萬二千一十六。

轉，十三。

篾，三百五十五。

周差，六百九半。

在日謂之餘通，在度謂之篾法，亦氣爲日法、爲度法，隨事名異，其數本同。女末接虚，謂之周分。[2]變周從轉，謂之轉。晨昏所距日在黄道中，準度赤道計之。

斗二十六，牛八，女十二，虚十，危十七，室十六，壁九。

北方玄武七宿九十八度。

奎十六，婁十二，胃十四，昴十一，畢十六，觜二，參九。

西方白虎七宿八十度。

井三十三，鬼四，柳十五，星七，張十八，翼十八，軫十七。

南方朱雀七宿百一十二度。

角十二，亢九，氐十五，房五，心五，尾十八，箕十一。

東方蒼龍七宿七十五度。

前皆赤道度，其數常定，紘帶天中，儀極攸準。

[1]求入辰法度：由周數、度法，給出周天度數：周天 $=\frac{周數}{度法}=365\frac{12016}{46644}=365.2576$ 度，12016 即周分，度法和氣日法相同。周差即歲差的分值，周差 = 周數 - 歲數 = 609.5。

[2]女末接虛，謂之周分：是説周天不滿整度的奇零分（周分）放在女宿末。

推黄道術：[1]

準冬至所在爲赤道度，後於赤道四度爲限。初數九十七，每限增一，以終百七。其三度少弱，平。乃初限百九，亦每限增一，終百一十九，春分所在。因百一十九每限損一，又終百九。亦三度少弱，平。乃初限百七，每限損一，終九十七，夏至所在。又加冬至後法，得秋分、冬至所在數。各以數乘其限度，百八而一，累而總之，即皆黄道度也。度有分者，前後輩之，宿有前却，度亦依體，數逐差遷，道不常定，準令爲度，見步天行，歲久差多，隨術而變。

斗二十四，牛七，女十一半，虚十，危十七，室十七，壁十。

北方九十六度半。

奎十七，婁十三，胃十五，昴十一，畢十五半，觜二，參九。

西方八十二度半。

井三十，鬼四，柳十四半，星七，張十七，翼十九，軫十八。

南方一百九度半。

角十三，亢十，氐十六，房五，心五，尾十七，箕十半。

東方七十六度半。

前皆黄道度，步日所行。月與五星出入，循此。

［1］推黄道術：即由赤道度求黄道度。依本術文，將赤道從冬至到春分這一個象限，每4度分爲“一限”，共22限，分兩段各11限，每限增1，中間放了一個3.3144度（三度少弱）的特别的“平限”，爲減少小數計算，將它移到最後。根據從“於赤道四度爲限”到“得秋分冬至所在數”這段術文，可以構造出一個黄赤道差數表，以冬至到春分象限爲例，見表2。春分到夏至也爲一個象限，可以構造同樣的數表，但第三列“增”改爲“損”。又“加冬至後法”，即言同理可得夏至到秋分、秋分到冬至兩個象限的數

表。“累而總之”即可得黄赤道度的差：$\Delta = \sum 數 \times \frac{限度}{108}$，則：黄道度 = 冬至赤道度 ± Δ。式中的 108 乃由第三列的“限”88，以及第三列“增”的總和 20 而得；式中的“數”即表 2 第四列各項，構成一等差數列。第三列各數相等，它們分别是第四列各相鄰兩數的差，這種算法被稱爲“二次差内插法”。

表 2　冬至到春分象限黄赤道差

赤道	限	增	數	赤道	限	增	數
4	初	0	97	48	初	0	109
8	二	1	98	52	二	1	110
12	三	1	99	56	三	1	111
16	四	1	100	60	四	1	112
20	五	1	101	64	五	1	113
24	六	1	102	68	六	1	114
28	七	1	103	72	七	1	115
32	八	1	104	76	八	1	116
36	九	1	105	80	九	1	117
40	十	1	106	84	十	1	118
44	十一	1	107	88	十一	1	119
				91. 3144	平		

推月道所行度術：[1]

準交定前後所在度半之，亦於黄道四度爲限，[2]初十一，每限損一，以終於一。其三度强，平。乃初限數一，每限增一，亦終十一，爲交所在。即因十一，每限損一，以終於一。亦三度强，平。又初限數一，每限增一，終於十一，復至交半。返前表裏。仍因十一增損，如道得後交及交半數。各積其數，百八十而一，即道所行每與黄道差數。其月在表，半後交前，損減增加，交後半前，損加增減於黄道。其月在裏，各返之，即得月道所行度。其限未盡四度，以所直行數乘入度，四而一。若月在黄道度，增損於黄道之表裏，不正當於其極，可每日準去黄道度，增損於黄道，而計去赤道之遠近，準上黄道之率以求之。遁伏相消，朓朒互補，則可知也。積交差多，隨交爲正。其五星先候，在月表裏出入之漸，又格以黄儀，準求其限。若不可推明者，依黄道命度。

[1]推月道所行度術：是由黄道度推白道度的演算法，其方法和前注“推黄道術”相同。根據從“亦於黄道四度爲限”到“如道得後交及交半數”術文，可構造出計算黄白道差的數表，以先交到交半象限爲例，見表3。依術文有：$\Delta = \frac{\sum 數}{180}$，白道度 = 黄道度 ±Δ。“±”號的取法爲“其月在表，半後交前，損減增加；交後半前，損加增減於黄道。其月在裏，各返之”，如圖5，其中的①段即爲月在表的半後交前，②段爲月在表的交後半前，當“損加增減”，③則爲月在裏的半後交前，④爲月在裏的交後半前，當返之爲“損減增加”。

表3　先交到交半象限黄白道差

黄道	限	損	數	黄道	限	增	數
4	初	0	11	48	初	0	1
8	二	1	10	52	二	1	2
12	三	1	9	56	三	1	3

黄道	限	損	數	黄道	限	增	數
16	四	1	8	60	四	1	4
20	五	1	7	64	五	1	5
24	六	1	6	68	六	1	6
28	七	1	5	72	七	1	7
32	八	1	4	76	八	1	8
36	九	1	3	80	九	1	9
40	十	1	2	84	十	1	10
44	十一	1	1	88	十一	1	11
				91.3144	平		

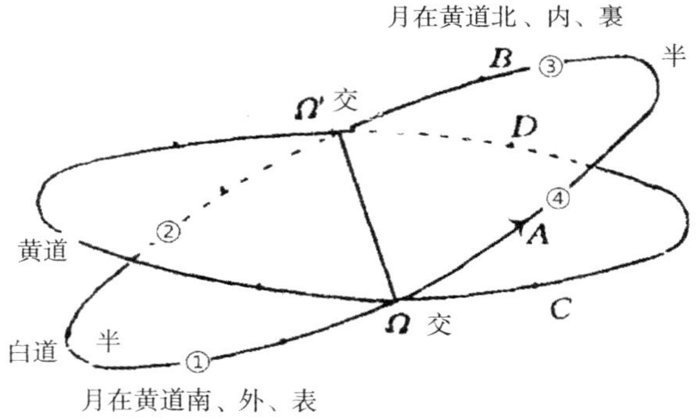

圖5　黄白道差示意圖

［2］黄道：各本“黄”字皆誤作“赤”，當改正。因本術是在由黄道推月道，即推算黄白道差，本術下文求出了黄白道差度時則曰“即道所行每與黄道差數”，可爲證。

推日度術：

置入元距所求年，歲數乘之，爲積實，周數去之，不盡者，滿度法得積度，不滿爲分。以冬至餘減分，命積度以黄道起於虚一，[1]宿次除之，不滿宿算外，即所求年天正冬至夜半日所在度及分。

[1]黄道起於虚一：《皇極曆》上元和近距元時刻，日月在黄道虚宿1度。

求天正定朔度：[1]

以定朔日至冬至每日所入先後餘爲分，日爲度，加分以減冬至度，即天正定朔夜半日所在度分。亦去朔日乘衰總已通者，以至前定氣除之。又如上求差加，以并去朔日，乃減度，亦即天正定朔日所在度。皆日爲度，餘爲分。其所入先後及衰總用增損者，皆分前增、分後損其平日之度。

求次日：

每日所入先後分增損度，以加定朔度，得夜半。

求弦望：

去定朔每日所入分，累而增損去定朔日，乃加定朔度，亦得其夜半。

求次月：

曆算大月三十日，小月二十九日，每日所入先後分增損其月，以加前朔度，即各夜半所在。至虚去周分。

求朔弦望辰所加：

各以度準乘定餘，約率而一，爲平分。又定餘乘其日所入先後分，日法而一，乃增損其平分，以加其夜半，即各辰所加。其分皆篾法約之，爲轉分，不成爲篾。凡朔辰所加者，皆爲合朔日月同度。[2]

［1］求天正定朔度：各本作“求年天正定朔度”，其中“年”字爲衍文，當删。　即天正定朔夜半日所在度分：各本“日所在度分”皆作“日在所度分”，文意欠通。以下文“亦即天正定朔日所在度”例此，當改正。此術計算“所求年”天正（十一月）朔的真時間，即定朔。有：

定朔時刻 = 平朔時刻 ± 太陽改正 ± 月亮改正

其中，太陽改正、月亮改正已經在之前推算出來了，加減後再“去命”而得定大小餘。這種同時考慮日與月不均匀運動對真合朔時間影響的改正算法，在中國傳統曆法史上，是劉焯首創的，這個創造是劉焯《皇極曆》諸多創新中最重要的成就。

［2］凡朔辰所加者，皆爲合朔日月同度：此術所求的“朔辰所加”即爲定朔時刻换算成的時辰，《皇極曆》在此明確指出，定朔時刻必爲日、月同度，這是有了以上真正的定朔算法的結果。以下求朔、弦、望即可計算日、月同黄經或日、月相距四分之一周或日、月相距半周，“推月而與日同度術”與“求月弦望定辰度”正是用這樣的思路。

推月而與日同度術：

各以朔平會加减限數加减朓朒，爲平會朓朒。以加减定朔，度準乘，約率除，以加减定朔辰所加日度，即平會辰日所在。又平會餘乘度準，約率除，减其辰所在，爲平會夜半日所在。乃以四百六十四半乘平會餘，亦以周差乘，朔實除，從之，以减夜半日所在，即月平會夜半所在。三十七半乘平會餘，增其所减，以加减半，得月平會辰平行度。五百二乘朓朒，亦以周差乘，朔實除而從之，朓減、朒加其平行，即月定朔辰所在度，而與日同。若即以平會朓朒所得分，加減平會辰所在，亦得同度。

求月弦望定辰度：

各置其弦望辰所加日度及分，加上弦度九十一，轉分十六，篾三百一十三；望度百八十二，轉分三十二，篾六百二十六；下弦度二百七十三，轉分四十九，篾四十二。皆至虚，去轉周求之。

定朔夜半入轉：

經朔夜半所入準於定朔日，有增損者，亦以一日加減之；否者，因經朔爲定。其因定求朔次日、弦、望、次月夜半者，如於經月法爲之。

推月轉日定分術：[1]

以夜半入轉餘乘逡差，終法而一，爲見差。以息加、消減其日逡分，爲月每日所行逡定分。

求次日：

各以逡定分加轉分，滿轉法從度，皆其夜半。因日轉若各加定日，皆得朔、弦、望夜半月所在定度。其就辰加以求夜半，各以半逡差減逡分，消者，定餘乘差，終法除，并差而半之；息者，半定餘以乘差，終法而一。皆加所減，乃以定餘乘之，日法而一，各減辰所加度，亦得其夜半度。因夜半亦如此求逡分，以加之，亦得辰所加度。諸轉可初以逡分及差爲篾，而求其次，皆訖，乃除爲轉分。因經朔夜半求定辰度者，以定辰去經朔夜半減，而求其增損數，乃以數求逡定分，加減其夜半，亦各定辰度。

［1］推月轉日定分術：此術及下術中出現了“逡差”“逡分”和“逡定分”等術語，但本卷之前和之後皆没有這些術語的交待或具體數據。其實，在前面劉焯給皇太子的上書中，把月逡與日躔並列，則逡與躔同義。因此這裏的“逡差”“逡分”和“逡定分”當爲與近點月相關的數據，它們可以理解成：轉差、轉分、轉定分。

求月晨昏度：［1］

如前氣與所求每日夜漏之半，以逡定分乘之，百而一，爲晨分。減逡定分，爲昏分。除爲轉度，望前以昏，後以晨，加夜半定度，得所在。

求晨昏中星：［2］

各以度數乘夜半定度，［3］即中星度。其朔、弦、望，以百刻乘定餘，滿日法得一刻，即各定辰近入刻數。皆減其夜半漏，不盡爲晨，初刻不滿者屬昨日。

［1］月晨昏度：在有了每日夜漏數以及月亮改正後，可求出每日月實行分（逡定分），將二者相乘並進行單位换算，可得月亮從每日夜半到晨時時段的行度。接下來，再把這求得的每日月夜刻“行度”加到夜半時月亮所在的宿度，即可求得每日晨時月亮所在宿度。

［2］晨昏中星：是指晨或昏時與中天的距離，用度值（參見圖4）。本術的算式爲：中星度 = 1/2（周天度 × 夜定漏數）。

［3］各以度數乘夜半定度：“乘”字各本訛作“加”，依算理當改。又，李淳風《麟德曆》的“求昏旦去中星度術”不誤，可證此。其術曰：“每日求其晝漏刻數，以乘期實，二百乘總法而除之，

得昏去中星度。”“期實/總法”即《麟德曆》的周天度值。

復月，五千四百五十八。

交月，二千七百二十九。

交率，四百六十五。

交數，五千九百二十三。

交法，七百三十五萬六千三百六十六。

會法，五十七萬七千五百三十。

交復日，二十七；餘，二百六十三；秒，三千四百三十五。

交日，十三；餘，七百五十二；秒，四千六百七十九。

交限，日，十二；餘，五百五十五；秒，四百七十三半。

望差，日，一；餘，百九十七；秒，四千二百五半。

朔差，日，二；餘，三百九十五；秒，二千四百八十八。

會限，百五十八；餘，六百七十六；秒，五十半。

會日，[1]百七十三；餘，三百八十四；秒，二百八十三。

［1］“復月”至“會日”：這些項目給出了《皇極曆》關於交食計算的一系列基本數據。其中，交點月 $= \frac{復月}{交數} \times \frac{朔實}{朔日法} = 27$

$\frac{263\frac{3435}{5923}}{1242}$日；交點年 = $\frac{復月}{交率}\times\frac{朔實}{朔日法}=346\frac{769\frac{101}{465}}{1242}$日；會限 = （交點年 − 朔望月）/2 = $\left(346\frac{769\frac{101}{465}}{1242}-29\frac{659}{1242}\right)/2=158\frac{676\frac{50.5}{465}}{1242}$日。這裏要特别注意，$\frac{交數}{交率}=\frac{交點年}{交點月}$是理解下文推月行入交術和日行入會術的關鍵，參見“求定朔望入交定日”注。

推月行入交表裏術：

置入元積月，復月去之，不盡，交率乘而復去，不如復月者，滿交月去之，爲在裏數，不滿爲在表數，即所求年天正經入交表裏數。

求次月：

以交率加之，滿交月去之，前表者在裏，前裏者在表。

入交日	去交衰	衰積[1]
一日	進十四	衰始
二日餘百九十八以下食限[2]	進十三	十四
三日	進十一半	二十七
四日	進九半	三十八半
五日	進七	四十八
六日	進四	五十五

七日	進二退一五分四進强一退弱	五十九
八日	退二	六十六十又一分一分當日退
九日	退五	五十八
十日	退八	五十三
十一日	退十半	四十五
十二日	退十二半	三十四半
十三日餘五百五十五以上食限	退十三半	二十二
十四日	退十四小三退强二進弱	八半

［1］此表即爲交點月改正算法的數表，以“入交日”爲數表的行，説明該數表以距離交點的時間爲引數，交點月爲 27 度多，黄白道有兩個交點，把每個交點月分成兩半，故本表分 14 行。

［2］餘百九十八以下食限：此處及下文的“餘五百五十五以上食限”，分别爲交點後（圖 5 中的 $\Omega'A$）和交點前（$B\Omega'$）的食限。

推月入交日術：

以朔實乘表裏數，爲交實，滿交法爲日。不滿者交數而一，爲餘，不成爲秒。命日算外，即其經朔月平入交日餘。

求望：[1]

以望差加之，滿交日去之，則月在表裏與朔同，不滿者與朔返。其月食者，先交與當月朔，後交與月朔表裏同。

求次月：

朔差加月朔所入，滿交日去之，表裏與前月返，不滿者與前月同。

求經朔望入交常日：

以月入氣朔望平會日遲速定數，速加、遲減其平入交日餘，爲經交常日及餘。

求定朔望入交定日：[2]

以交率乘定朓朒，交數而一，所得以朓減、朒加常日餘，即定朔望所入定日及餘。其去交如望差以下、交限以上者月食，月在裏者日食。

推日入會日術：

會法除交實爲日，不滿者，如交率爲餘，不成爲秒。命日算外，即經朔日入平會日及餘。

求望：

加望日及餘，次月加經朔，其表裏皆準入交。

求入會常日：[3]

以交數乘月入氣朔望所平會日遲速定數，交率而一，以速加、遲減其入平會日餘，即所入常日餘。亦以定朓朒，而朓減、朒加其常日餘，即日定朔望所入會日及餘。皆滿會日去之，其朔望去會，如望以下、會限以上者，亦月食。月在日道裏則日食。

求月定朔望入交定日夜半：

交率乘定餘，交數而一，以減定朔望所入定日餘，即其夜半所定入。

求次日：

以每日遲速數，分前增、分後損定朔所入定日餘，以加其日，各得所入定日及餘。

求次月：

加定朔，大月二日，小月一日，皆餘九百七十八，秒二千四百八十八。各以一月遲速數，分前增、分後損其所加，爲定。其入七日，餘九百九十七，秒二千三百三十九半以下者，進。其入此以上，盡全餘二百四十四，秒三千五百八十三半者，退。其入十四日，如交餘及秒以下者，退。其入此以上，盡全餘四百八十九，秒千二百四十四者，進而復也。其要爲五分，初則七日四分，十四日三分，末則七日後一分，十四日後二分。雖初强末弱，衰率有檢。

求月入交去日道：[4]

皆同其數，以交餘爲秒積，以後衰并去交衰，半之，爲通數。進則秒積減衰法，以乘衰，交法除，而并衰以半之。退者，半秒積以乘衰，交法而一。皆加通數，秒積乘，交法除，所得以進退衰積，十而一爲度，不滿者求其强弱，則月去日道數。月朔望入交，如限以上，減交日，殘爲去後交數。如望差以下，即爲去先交數。有全日同爲餘，各朔辰而一，得去交辰。其月在日道裏，日應食而有不食者；月在日道表，日不應食而亦有食者。

[1]先交："先交"古曆又稱爲"交初"或"正交"，即現代天文學所謂的升交點（上元時刻在升交點的曆法）。　後交：又叫"交終"或"交中"，即降交點，從先交到後交之間的中點叫"交半"（見圖5）。此術前後多處出現"入交表、裏"概念，表、裏又叫南、北或外、内，是指日、月運行所在的位置相對黄白交點的關係，參見圖5。黄白交點以及黄道與白道的交角都是不斷變化的，這些變化對交食計算影響很大，比較複雜，是交食計算的難點所在。

[2]求定朔望入交定日：記月亮運行到某個位置與黄白交點的距離爲P，即本術所要推算的"定朔望入交定日"，同時再記之前的太陽改正爲T_1，月亮改正爲T_2，則先經過上文的"求經朔望入交常日"，再由此"求定朔望入交定日"所做計算，相當於公式：

$$\mathrm{P} = \text{月入交平日及餘}\ P_1 \pm T_1 \pm T_2 \times \frac{\text{交率}}{\text{交數}}。$$

其中，T_2乘以交率、除以交數，涉及對交點退行的正確認識。總而言之，劉焯這一算法既考慮了日、月運動不均匀性的影響，又慮及黄白交點退行的因素，具有深刻的天文意義，被後世曆法繼承。關於這個算法的解釋參見（日）藪内清著，杜石然譯《中國的天文曆法》，北京大學出版社2017年版；劉金沂《隋唐曆法中入交定日術的幾何解釋》，《自然科學史研究》1983年第4期。

[3]求入會常日：此"入會常日"和"定朔望所入會日及餘"是關於太陽運行到某個位置與黄白交點的距離的計算問題。記太陽與黄白交點的時距爲Q，T_1、T_2的含義如上注，從而，Q = 日入會平日及餘（Q_1） $\pm T_1 \times \frac{\text{交率}}{\text{交數}} \pm T_2$。由於有了以上劉焯關於月入交和日入會這兩個算法的創造，已經基本解决了交食推算的重要參量P、Q計算的嚴密性問題，對交食推算精度的提高具有重要的意義。

[4]求月入交去日道：此術即計算所謂的"月亮極黄緯"。它是中國古曆中的一個很特别的概念，中國古代天文的黄道座標没有黄極，黄道座標和赤道座標共用一個"極"，乃赤道的極。就是説

黄道坐標系的緯度是沿着赤經綫度量的，不是真正的黄緯，被天文史家稱爲“極黄緯”。從而“月入交去日道”就是月亮離開交點後在黄道内、外（或表、裏），離開黄道的距離（以度數計量），如圖6中的MM′。顯然，MM′是沿着赤經圈PM″度量的。至於本術叙述的算法，其方法和原理與月亮改正的二次内插相同，不再詳解。

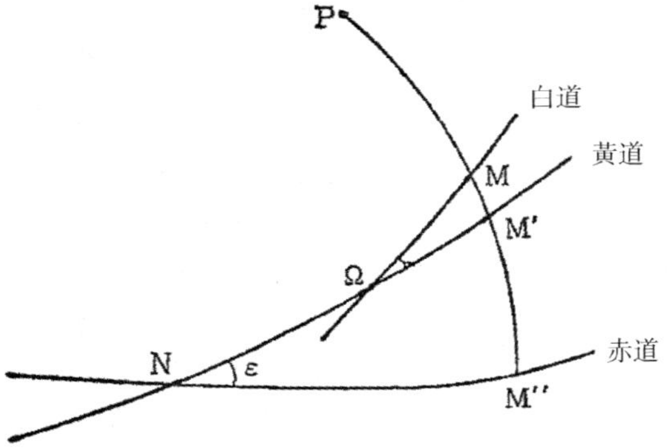

圖6　月亮極黄緯示意圖

推應食不食術：[1]

朔先後在夏至十日内，去交十二辰少；二十日内，十二辰半；一月内，十二辰大太；[2]閏四月、六月，十三辰以上，加南方三辰。[3]若朔在夏至二十日内，去交十三辰，以加辰、申半以南四辰。閏四月、六月，亦加四辰。穀雨後、處暑前，加三辰；清明後、白露前，加巳半以西、未半以東二辰；春分、秋分前後，[4]加午一辰。[5]皆去交十三辰半以上者，並或不食。

[1]推應食不食術：此術和下面的“推不應食而食術”，是關

於日食是否發生的更深層次的判别方法。一方面，日去黄白交點的度數已小於可能發生日偏食的限度，但在某種條件下却無日食。另一方面，雖然日在黄道南，理不應食，但在某種條件下却發生日食現象。“推應食不食術”共列出了九種日應食不食的判據，“推不應食而食術”則列出了七種日不應食而食的判據，每一種判據均與定朔時日月去黄白交點的度數、所在節氣以及距午正的時刻等三個因素相關。研究者分析了劉焯這十六種判據，認爲它們都定性地與月亮視差對日食影響的原理相符合。參見陳美東《古曆新探》，遼寧教育出版社1995年版，第377—382頁。

［2］十二辰大太：各本脱漏“太”字，依算理當補。

［3］南方三辰：本術及下文中的“南方三辰”“加辰”“以南四辰”等用語的含義可參見圖7所示。其中加辰的“辰”是指與午正的距離。

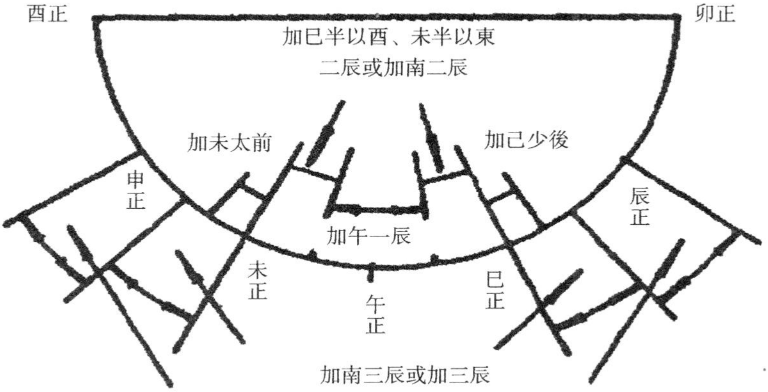

圖7　陳美東《古曆新探》“加辰”方法的示意圖

［4］春分、秋分前後：各本皆作“春分前”，今依陳美東的校算補正（參見陳美東《古曆新探》，第379頁）。

［5］加午一辰：本術的加辰之數值（即去午正）與發生交食時所

在的節氣有關，就是説《皇極曆》在考慮應食不食、不應食而食問題時，進一步分析了合朔時刻日、月的天頂距以及其所在節氣的位置，這兩點的天文意義見下注。節氣因素的考量方法可如圖 8 所示。

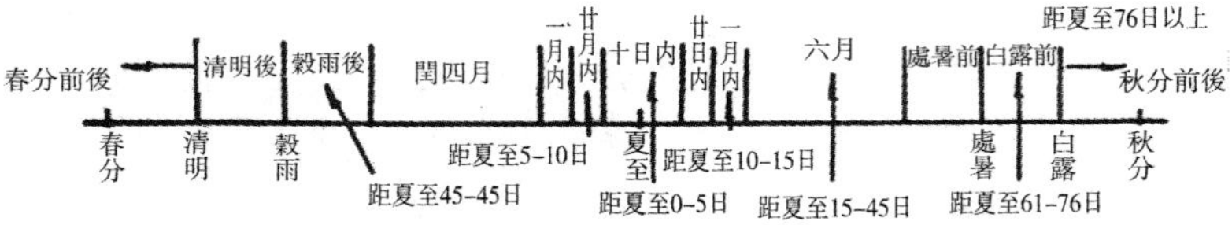

圖 8　陳美東《古曆新探》應食不食的節氣因素

推不應食而食術：

朔在夏至前後一月内，去交二辰；四十六日内，一辰半，以加二辰。又一月内，亦一辰半，加三辰。去交一辰，[1]與四十六日内，加三辰。穀雨後、處暑前，加巳少後、未太前；清明後、白露前，加二辰；春分、秋分前後，[2]加一辰。[3]皆去交半辰以下者，並得食。

［1］去交一辰：各本誤作“及加四辰”，今依陳美東校算改正（參見陳美東《古曆新探》，第 380 頁）。

［2］春分、秋分前後：各本皆作“春分後秋分前”，今依陳美東校算改正（參見陳美東《古曆新探》，第 380 頁）。

［3］加一辰：本術中的加辰數值和上術一樣，與合朔時刻所在節氣相關，其對應關係如圖 9 所示。

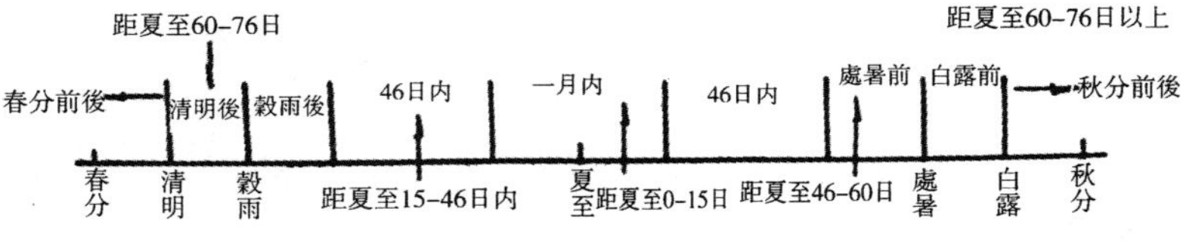

圖 9　陳美東《古曆新探》不應食而食的節氣因素

推月食多少術：[1]

望在分後，以去夏至氣數三之；其分前，又以去分氣數倍而加分後者。皆又以十加去交辰倍而并之，減其去交餘，爲不食定餘。乃以減望差，殘者九十六而一，不滿者求其强弱，亦如氣辰法，以十五爲限，命之，即各月食多少。

[1]推月食多少術：此術乃計算月食的食分。記月食食分爲 G_1，此術給出了如下計算公式：

$$G_1=\frac{\text{望差}-\{\text{去交日分}-[3K_1+2(10+S)+2K_2]\}}{96}$$

其中，望差 $=\frac{1}{2}\cdot$ 朔差 $=\frac{1}{2}$（朔望月 - 交點月），去交日分即前注的 P 值，S 爲去交日分所對應時辰數（0 - 14），K_1 爲發生在春分（或秋分）前後的“望”所在節氣距夏至的節氣數（0 - 12），K_2 爲發生在春分（或秋分）前的“望”所在節氣距春分（或秋分）的節氣數（0 - 6），若“望”在春分（或秋分）後，$K_2=0$。又，望差 $=1439\frac{4205.5}{5923}\approx 96\times 15$，則上式可以改寫爲：

$$G_1=\frac{\text{望差}-P}{\text{望差}}\times 15+\frac{3K_1+2K_2}{96}+\frac{2S}{96}+\frac{20}{96}$$

該式右邊首項分式的天文學含義是：月面直徑被遮掩部分與月面直徑的比，15 係月面直徑的總份數。這一項與《皇極曆》以前曆家的傳統算法是等價的，是劉焯對前人工作的繼承。第二項是與“望”所在節氣有關的食分改正值，它實際上是考慮了發生月食時，太陽與近地點（或遠地點）相對位置不同對月食食分的影響，這是一個非常重要的發現。而第三項改正則是一個問題了，因爲 S 大時，G_1 理當小，此項改正的效果適得其反，或許此處術文的加減符號舛誤。若令 $G_1=15$，K_1、K_2、S 均爲 0，代入上式可得 P = 20 分 $=\frac{20}{1242}$ 日 $=\frac{20}{1242}\times 13.36879$ 度 = 0.21 度（13.36879 爲月亮每日平均行度）。這就是説，當月亮距黄白交點小於 0.21 度時，必定要發生月全食現象。若令 $G_1=15$，$K_1=12$，$K_2=6$，S = 14，代入上式可得：P = 96 分 = 1.03 度，這是可能發生月全食的最大限度。在《皇極曆》之前各曆法，均以爲衹有當 P = 0 度時，纔發生月全食現象，因此這些多出的改正項具有重要的意義，包含有劉焯對交食現象認識的諸多創新。

此外，上式還包含了前人已經發明的可能發生月偏食和必定發生月偏食的食限概念和數值：令 $G_1=0$，$K_1=12$，$K_2=6$，S = 14，代入上式得：P = 1536 分 = 16.54 度；令 G_1、K_1、K_2、S 均等於 0，代入上式得：P = 1460 分 = 15.72 度。但這後兩種食限的精度較差，甚至不如前代曆法準確，這或許是因爲劉焯追求用統一的算式表達四種食限的負作用。

推日食多少術：[1]

月在内者，朔在夏至前後二氣，加南二辰，增去交餘一辰太；加三辰，增一辰少；加四辰，增太。三氣内，加二辰，增一辰少；[2]加三辰，增太；加四辰，增少。四氣内，加二辰，增太；加三辰及五氣内，加二辰，增少。自外所加辰，立夏後、立秋前，依本其氣内加四辰，五氣内加三辰，六氣内加二辰者，[3]亦依平。自外所加之北諸辰，各依其去立夏、立秋日數，[4]隨其依平辰，辰北每辰以其數三分減去交餘。雨水後、霜降前，又半其去分日數，以加二分去二立之日，乃減去交餘。其在冬至前後，更以去霜降、雨水日數三除之，以加霜降雨水當氣所得之數，而減去交餘。皆爲定不食餘。以減望差，乃如月食法。月在外者，其去交辰數，若日氣所繫之限，止一而無等次者，加所去辰一，即爲食數。若限有等次，加別繫同者，隨所去交辰數而返其衰，以少爲多，以多爲少，亦加其一，以爲食數。皆以十五爲限，乃以命之，即各日之所食多少。

凡日食，月行黄道，體所映蔽，大較正交如累璧，漸減則有差，在内食分多，在外無損。雖外全而月下，内損而更高，交淺則閑遥，交深則相搏而不淹。因遥而蔽多，所觀之地又偏，所食之時亦别。月居外道，此不見虧，月外之人反以爲食。交分正等，同在南方，冬損則多，夏虧乃少。假均冬夏，早晚又殊。處南辰體則高，居東西傍而下視有邪正。理不可一，由準率若實而違。古史所詳，事有紛互，今故推其梗概，求者知其指歸。苟地非於陽城，皆隨所而漸異。[5]然月食以月行虚道，暗氣所衝，日有暗氣，天有虚道，正黄道常與日對，如鏡居下，魄耀見陰，名曰暗虚，奄月則食，故稱“當月月食，當星星亡”。[6]雖夜半之辰，子午相對，正隔於地，虚道即虧。既月兆日光，當午更耀，時亦隔地，無廢稟明。諒以天光神妙，應感玄通，正當夜半，何害虧稟。月由虚道，表裏俱食。日之與月，體同勢等，校其食分，月盡爲多，容或形差，微增虧數，疏而不漏，綱要克舉。

[1]推日食多少術：此術乃計算日食的食分。記日食食分爲

G_2，劉焯也給出了類似的算式：

$$G_2=\frac{望差-去交日分}{望差}\times 15\pm\frac{M}{96}$$

式中的M是與日食發生時所在的節氣以及距午正辰刻有關的數值。月亮視差的大小是與月亮天頂距的大小成正比的，而月亮天頂距的大小則與所在節氣及距午正辰刻的多少相關。所以，該式第二項就是考慮月亮視差對日食食分的影響。其第一項的含義則與前術注相同。同理，該式亦包含了與上注類似的關於日食的四種食限，也是劉焯的重要發現。

［2］增一辰少：各本脱漏"少"字，今依陳美東校算補（見陳美東《古曆新探》，第376頁）。

［3］六氣内加二辰：此處這六個字重複出現兩遍，依算理校算當爲衍文，今删其復出衍文。

［4］各依其去立夏、立秋日數：各本誤作"各依其去立夏、立秋、白露數"，今依陳美東校算改正（見陳美東《古曆新探》，第376頁）。中華本改爲"各依其去立夏、立秋、清明、白露數"，不妥。

［5］"凡日食"至"皆隨所而漸異"：這段論述可以看作劉焯對日食有見食帶的初步認識。

［6］"然月食以月行虚道"至"當星星亡"：此段術文關於所謂日體暗虚之説，乃由蕭梁時的蕭子顯最先提出。古人認爲暗氣是因爲陽光照射在一面帶有微斑（魄）的鏡子上，則鏡面反射陽光時即會産生相應的影像，也就是説暗氣即微斑的陰影。於是，因從太陽上照射出來的光中包含有暗氣（暗虚），當月運行到與日對衝的位置時，便會在通過暗虚之時而虧蝕。這種關於月食成因的錯誤見解，主要還是與中國古代渾天説模型的固有缺陷有關。

推日食所在辰術：[1]

置定餘，倍日限，克減之，月在裏，三乘朔辰爲法，除之，所得以艮巽坤乾爲次。[2]命艮算外。[3]不滿法者半法減之，無可減者爲前，所減之殘爲後，前則因餘，後者減法，各爲其率。乃以十加去交辰，三除之，以乘率，十四而一，爲差。其朔所在氣，二分前後一氣内，即爲定差。近冬至，以去寒露、驚蟄，近夏至，以去清明、白露氣數，倍而三除去交辰，增之。近冬至，艮巽以加，坤乾以減；[4]近夏至，艮巽以減，坤乾以加其差爲定差。乃艮以坤加，巽以乾減定餘。月在外，直三除去交辰，以乘率，十四而一，亦爲定差。艮坤以減，巽乾以加定餘，皆爲食餘。如氣求入辰法，即日食所在辰及大小。其求辰刻，以辰克乘辰餘，朔辰而一，得刻及分。若食近朝夕者，以朔所入氣日之出入刻，校食所在，知食見否之少多所在辰，爲正見。

[1]推日食所在辰術：在《皇極曆》以前的曆法中，已經包含有月行不均匀的改正演算法，用於計算交食的食甚時刻。《皇極曆》此“推日食所在辰術”則給出了由定朔時刻求食甚時刻的新方法：日食食甚時刻 = 定朔時刻 + H。首先，這裏的“定朔時刻”是同時進行了日、月改正的真合朔時刻（日月同度）。其次，式中 H 是與日食發生時所在的節氣以及距午正辰刻相關的改正算子，説明劉焯把定朔時刻與食甚時刻區别對待了。這裏改正算子 H，正是考慮月亮視差影響所導致的改正值。按中國古代曆法的算法特點來看，導致定朔時刻與日食食甚時刻不同的原因主要有二種。其一，日月黄經相同時爲定朔時刻，由於中國古代的所謂黄經圈是從赤極作的大圈（可稱爲極黄經圈），它與赤道垂直而與黄道及白道均斜交。如圖 10 所示，MS 弧垂直於赤道，而不與黄道、白道垂直。所以，定

朔時並不是太陽和月亮最接近的時刻，要等月亮運行到 M_1 時日月纔是食甚時刻，故必須考慮月亮從 M 到 M_1 的時間。其二，由於月亮視差的影響，定朔時，我們看到的月亮在 M_2，MM_2 是從天頂畫的大弧，它垂直於地平綫，同白道及視白道斜交，當月亮從 M 運行到 M_1 時，視月亮則從 M_2 運行到 M_3，這還不是距太陽最近的時候，M_4 纔是食甚時刻，故還須考慮月亮從 M_3 到 M_4 的時間。因爲黄白交角不大，所以，第一種影響没有第二種影響大。造成日食食甚時刻與定朔時刻差異的主要原因就是月亮視差，所以，劉焯此食甚時刻算法的天文含義是正確的。

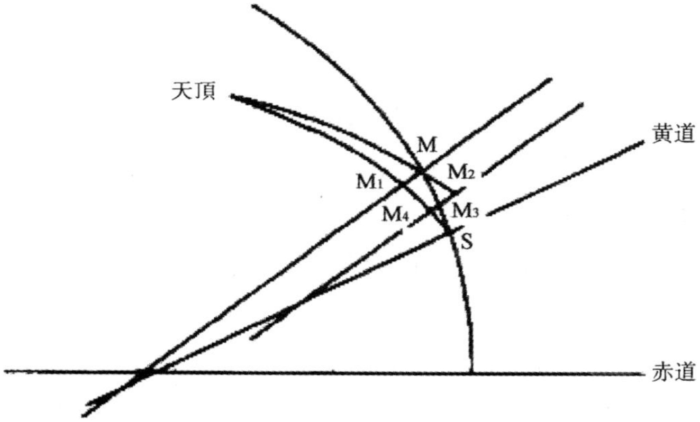

圖 10　定朔至食甚時刻改正示意

［2］以艮巽坤乾爲次：這是把日食食甚時刻分成艮、巽、坤、乾四象限。

［3］命艮算外：艮、乾屬夜刻，交食不可見。

［4］艮巽以加，坤乾以減：乃言相關改正值在不同節氣、不同象限取不同的正負號。

推月食所在辰術：[1]

置望之所入氣日不見刻，[2]朔日法乘之，百而一，所得若食餘與之等、以下，又以此所得減朔日法，其殘食餘與之等、以上，爲食正見數。其食餘亦朔辰而一，如求加辰所在。又如前求刻校之，月在衝辰食。日月食既有起訖晚早，亦或變常進退，皆於正見前後十二刻半候之。

[1]推月食所在辰術：由此術可見，劉焯認爲對於月食，定望時刻即可作爲月食的食甚時刻。這與前術日食的情況是不同的，也是劉焯通過對大量觀測資料的分析研究獲得的正確結論。

[2]置："置"字前各本衍"三日阻減望定餘半"八個字，這八字文意晦澀，且下文算法的算理也不需要它們，當删。中華本指出此八字當爲衍文，但未删。

推日月食起訖辰術：[1]

準其食分，十五分爲率，全以下各爲衰。十四分以上，以一爲衰，以盡於五分。每因前衰，每降一分，積衰增二，以加於前，以至三分。每積增四，二分增六，[2]一分增十九，皆累算爲各衰。三百爲率，各衰減之，各以其殘乘朔日法，皆率而一，所得爲食衰數。其率全，即以朔日法爲衰數，以衰數加減食餘，其減者爲起，加者爲訖，數亦如氣。

求入辰法及求刻：

以加減食所刻等，得起訖晚早之辰，與校正見多少之數。史書虧復起訖不同，今以其全一辰爲率。

［1］推日月食起訖辰術：此術即計算日月食初虧和復圓時刻的方法。本術文所給的算式爲：初虧時刻 = 食甚時刻 − h，復圓時刻 = 食甚時刻 + h。其中，$h=\frac{(300-d)\times1242}{300\times103.5}=\left(12-\frac{d}{25}\right)$刻，d 爲與食分大小有關的數值。從“十四分以上”到“皆累算爲各衰”又是用等差數列的方法構造 d 的取值（見表 4）。求出復圓和初虧時刻，日月食的全部見食時刻則爲兩者之差，亦即 2h。設食分爲 15，則 d = 0，由上式可得全部見食時刻爲 24 刻，其數值顯然偏大了，其他各見食時刻也同樣偏大。

表 4　《皇極曆》日月食食分和見食時間表

食分	積衰增值	衰	累衰 l	全部見食刻數	食分	積衰增值	衰	累衰 l	全部見食刻數
1	19	54	283	1.4	9	2	15	60	19.2
2	6	35	229	5.7	10	2	13	45	20.4
3	4	29	194	8.5	11	2	11	32	21.4
4	2	25	165	10.8	12	2	9	21	22.3
5	2	23	140	12.8	13	2	7	12	23.0
6	2	21	117	14.6	14	2	5	5	23.6
7	2	19	96	16.3	15	0	0	0	24
8	2	17	77	17.8					

［2］二分增六：其前衍“二分每增四”五字，依校算當删。中華本指出此五字應爲衍文，但未删。

推日月食所起術：[1]

月在内者，其正南，則起右上，虧左上。若正東，月自日上邪北而下。其在東南維前，東向望之，初不正，橫月高日下。乃月稍西北，日漸東南，過於維後，南向望之，月更北，日差西南。以至於午之後，亦南望之，月歙西北，日復東南。西南維後，西向而望，月爲東北，日則西南。正西，自日北下邪虧，而亦後不正，横月高日下。若食十二分以上，起右虧左。其正東，起上近虧下而北，午前則漸自上邪下。維西，起西北，虧東南。維北，起西南，虧東北，午後則稍從下傍下。維東，起西南，虧東北。維南，起西北，虧東南。在東則以上爲東，在西則以下爲西。

月在外者，其正南，起右下，虧左上。在正東，月自日南邪下而映。維北，則月微東南，日返西。維西南，日稍移東北，以至於午，月南日北，過午之後，月稍東南，日更西北。維北，月有西南，日復東北。正西，月自日下邪南而上。皆凖此體以定起虧，隨其所處，每用不同。其月之所食，皆依日虧起，每隨類反之，皆與日食限同表裏，而與日返其逆順，上下過其分。

［1］推日月食所起術：本術論述交食的虧起方位，考慮了發生交食時月亮在黄道南或北，交食發生的方位，以及食分的大小等三方面因素對交食虧起方位的影響。分月在黄道南或在黄道北，食分小於 12 分或大於 12 分，交食發生的方位在正東、正東至東南、東南至正南、正南、正南至西南、西南至正西、正西等，計 21 種不同情況下的交食虧起方位。如當交食發生的方位在正南方、食分大於 12 分、月在黄道北時，日食“起右上，虧左上”；若月在黄道南，日食“起右下，虧左下”。又如當交食發生的方位在正東、月在黄道北、食分小於 12 分時，日食“月自日上邪北而下”；若食分大於 12 分時，日食“起上虧下而近北”；若月在黄道南時，日食“月自日南邪下而映”。

五星：[1]

歲爲木

熒惑爲火

鎮爲土

太白爲金

辰爲水

木數，[2]千八百六十萬五千四百六十八。

伏半平，八十三萬六千八百四十八。

復日，三百九十八；餘，四萬一千一百五十六。

歲一，殘日，三十三；餘，二萬九千七百四十九半。[3]

見去日，十四度。[4]

平見，[5]在春分前，以四乘去立春日；小滿前，又三乘去春分日，增春分所乘者；白露前，以四乘去小暑日；[6]白露後，亦四乘去寒露日；小暑，加七日；小雪前，以八乘去寒露日；冬至後，以八乘去立春日，爲減，小雪至冬至減七日。

見，[7]初日行萬一千八百一十八分，日益遲七十分，百一十日行十八度、分四萬七百三十八而留。二十八日乃逆，日退六千四百三十六分，八十七日退十二度、分二百四。又留二十八日。初日行四千一百八十八分，日益疾七十分，百一十日亦行十八度、分四萬七百三十八而伏。

火數，[8]三千六百三十七萬七千五百九十五。

伏半平，三百三十七萬九千三百二十七半。

復日，七百七十九；餘，四萬一千九百一十九。

歲再，殘日，四十九；餘，萬九千一百六。

見去日，十六度。

平見，[9]在雨水前，以十九乘去大寒日，清明前，又十八乘去雨水日，增雨水所乘者；清明至夏至，加二十七日；[10]夏至後，以十六乘去處暑日；處暑後，二十八乘去白露日，減處暑所乘者；[11]寒露前，以十八乘去白露日；小雪前，又十七乘去寒露日，增寒露所乘者；大雪後，二十九乘去大寒日，爲減，小雪至大雪減二十五日。

見，[12]初在冬至，則二百三十六日行百五十八度，以後日度隨其日數增損各一；盡三十日，一日半損一；又八十六日，二日損一；復三十八日，同；又十五日，三日損一；復十二日，同；又三十九日，三日增一；又二十四日，二日增一；又五十八日，一日增一；復三十三日，同；又三十日，二日損一，還終至冬至，二百三十六日行百五十八度。其立春盡春分，夏至盡立夏，八日減一日；春分至立夏，減六日；立秋至秋分，減五度，各其初行日及度數。白露至寒露，初日行半度，四十日行二十度。以其殘日及度，計充前數，皆差行，日益遲二十分，各盡其日度乃遲，初日行分二萬二千六百六十九，日益遲一百一十分，六十一日行二十五度、分萬五千四百九。初減度五者，於此初日加分三千八百二十三、篾十七；以遲日爲母，盡其遲日行三十度，分同，而留十三日。

前減日分於二留，乃逆，日退分萬二千五百二十六，六十三日退十六度、分四萬二千八百三十四。又留十三日而行，初日萬六千六十九，日益疾百一十分，六十一日行二十五度、分萬五千四百九。立秋盡秋分，增行度五，加初日分同前，更疾。在冬至則二百一十三日行百三十五度；盡三十六日，一日損一；又二十日，二日損一；復二十四日，同；又五十四日，三日日增一；又十二日，二日增一；又四十二日，一日增一；又十四日，一日增一半；又十二日，增一；復四十五日，同；又一百六日，二日損一，亦終冬至二百一十三日，行百三十五度。

前增行度五者，於此亦減五度，爲疾日及數。其立夏盡夏至初，日行半度，六十日行三十度。夏至盡立秋，亦初日行半度，四十日行二十度。其殘亦計充如前，皆差行，日益疾二十分，各盡其日度而伏。

土數，[13]千七百六十三萬五千五百九十四。

伏半平，八十六萬四千九百九十五。

復日，三百七十八；餘，四千一百六十二。

歲一，殘日，十二；餘，三萬九千三百九十九半。

見去日，十六度半。

平見，在大暑前，以七乘去小滿日；寒露後，九乘去小雪日，爲加。大暑至寒露加八日。小寒前，以九乘去小雪日；雨水後，以四乘去小滿日；立春後，又三乘去雨水日，增雨水所乘者，爲減。小寒至立春減八日。[14]

見，日行分四千三百六十四，八十日行七度、分二萬二千六百一十二而留，三十九日乃逆，日退分二千八百二十，百三日退六度、分萬五百九十六。又留三十九日，亦行分日四千三百六十四，八十日行七度、分二萬二千六百一十二而伏。

金數，[15]二千七百二十三萬六千二百八。

晨伏半平，百九十五萬七千一百四。

復日，五百八十三；餘，四萬二千七百五十六。

歲一，殘日，二百一十八；餘，三萬一千三百四十九半。

夕見伏，二百五十六日。

晨見伏，三百二十七日；餘與復同。[16]

見去日，十一度。

夕平見，在立秋前，以六乘去芒種日；秋分後，以五乘去小雪日；小雪後，又四乘去大雪日，增小雪所乘者，爲加。立秋至秋分加七日。立春前，以五乘去大雪日；雨水前，又四乘去立春日，增立春所乘者；清明後，以六乘去芒種日，爲減。雨水至清明減七日。

晨平見，[17]在小寒前，以〔五〕乘去冬至日；立春前，又〔六〕乘去小寒日，增小寒所乘者；芒種〔後〕，以〔五〕乘去夏至日；立夏〔後〕，又〔六〕乘去芒種日，增芒種所乘者，爲加。立春至立夏加五日。小暑前，以〔五〕乘去夏至日；立秋前，又〔六〕乘去小暑日，增小暑所乘者；大雪後，以〔五〕乘去冬至日；立冬後，又〔六〕乘去大雪日，增大雪所乘者，爲減。立秋至立冬減五日。

夕見，[18]百七十一日行二百六度。其穀雨至小滿、白露至寒露，皆十日加一度；小滿至白露，加三度。乃十二日行十二度。冬至後，十二日減日度各一，雨水盡夏至，日度七；夏至後六日增一。大暑至立秋，還日度十二；至寒露，日度二十二，後六日減一。自大雪盡冬至，又日度十二而遲。日益疾五百二十分，初日行分二萬三千七百九十一、篾三十五，行日爲母，四十三日行三十二度。

前加度者，此依減之。留九日乃逆，日退太半度，九日退六度，而夕伏晨見。日退太半度，九日退六度。復留，九日而行，日益遲五百二十分，初日行分四萬五千六百三十一、篾三十五，四十三日行三十二度。芒種至小暑，大雪至立冬，十五日減一度；小暑至立冬，減二度。又十二日行十二度。冬至後，十五日增日度各一。驚蟄至春分，日度十七，後十五日減一，盡夏至，還日度十二。後六日減一，至白露，日度皆盡。霜降後，五日增一，盡冬至，又日度十二。乃疾，百七十一日行二百六度。前減者，此亦加之，而晨伏。

水數，[19]五百四十萬五千六。

晨伏半平，七十九萬九十九。

復日，百一十五；餘，四萬九百四十六。

夕見伏，五十一日。

晨見伏，六十四日；餘與復同。

見去日，十七度。

夕應見，在立秋後小雪前者不見；其白露前立夏後，時有見者。

晨應見，在立春後小滿前者不見；其驚蟄前立冬後，時有見者。[20]

夕見，[21]日行一度太，十二日行二十度。小暑至白露，行度半，十二日行十八度，乃八日行八度。大暑後，二日去度一，訖十六日，而日度俱盡。而遲，日行半度，四日行二度。益遲，日行少半度，三日行一度。前行度半者，去此益遲。乃留四日而夕伏晨見，留四日，爲日行少半度，三日行一度。大寒至驚蟄，無此行，更疾，日行半度；四日行二度；又八日行八度。亦大寒後，二日去度一；訖十六日，亦日度俱盡。益疾，日行一度太，十二日行二十度。初無遲者，此行度半，十二日行十八度而晨伏。

[1]五星：關於五星算法，在隋代之前，行星運動的計算以平均速度步算，即將行星的一個會合周期分成若干段，各段采用各自的平均速度，一個會合周期以後再循環。若求某時刻的行星位置，衹要知道該時刻在一會合周期裏的時間點即可。古曆一般以所求日距五星晨見（或合）的日數爲引數，利用測定的五星動態表，即可求得五星與太陽的度距，從而可根據太陽所在的宿度推知五星所在宿度。張子信發現行星視運動不均匀以後，這種平均狀態的描述方法，不足以準確地表達五星運行的實際狀況，劉焯《皇極曆》首創五星不均匀運動的改正算法，提出了諸多新方法，較其之前的古曆，《皇極曆》在五星算法方面做出了很多重要的創新，爲後代曆法所繼承並發揚光大。劉焯的五星改正算法既考慮了行星運動不均匀，也考慮了太陽視運動不均匀的改正。

古曆的五星章節一般是比較難讀的部分，《皇極曆》尤爲甚者。爲了後面解讀方便，這裏先做一點鋪墊。由於地球和行星都在繞日的橢圓軌道上運動，速率各不相同且不均勻，所引起的地球、行星、太陽三者之間的位置關係和行星、太陽在恒星背景上的位置變化十分複雜。對於地球上的觀測者來説，引起行星視運動變化的要素可大致分解成三類：位相因素、地球改正和行星改正。

所謂的位相因素（見圖11），設地球 E 和行星 V 以速度 e 和 v 繞日運行，單位時間内走過相同的角度，當行星到達 1、2、3、4……時，則地球到達 a、b、c、d……諸點，但從地球上看去，行星在恒星背景上的視運動不僅速度是不均勻的，還有順行、逆行和留等現象，内、外行星都有這種情況。稱這種現象引起的行星位置變化量爲位相改正，古曆一般在行星動態表中給出。

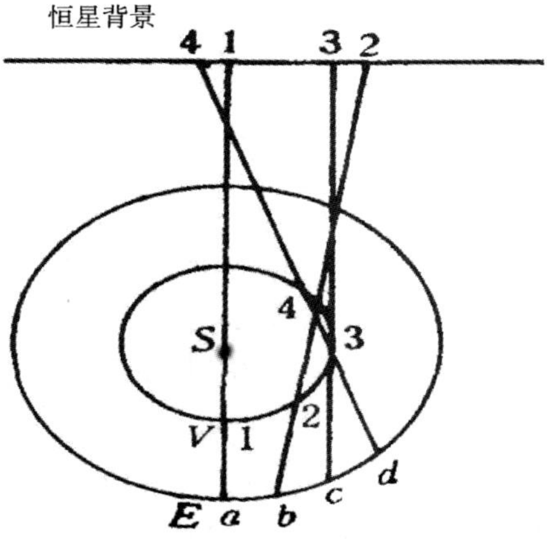

圖 11　位相改正示意圖

太陽視運動是地球繞日公轉的反映，本來不會引起行星視運動的變化。但古曆中計算行星的視位置是以它們同太陽的角距來表示，因而太陽視位置的不均勻變化也得考慮，稱爲“地球改正”。設地球繞日運動的速度爲 e，行星運動的速度爲 v。當地球運動加快，則内行星視運動減慢（速度爲 $v-e$），外行星視運動加快（速度爲 $e-v$）。地球速率的變化跟它所在軌道上的位置（即節氣）有關，於是，地球改正即爲與節氣有關的數值，古曆一般也放在行星動態表裏。

至於行星改正，則因爲行星自身的運動軌道是橢圓，今天我們知道有開普勒三定律，因而也應有相當於中心差的改正，《皇極曆》的行星改正由其首創的五星"入氣加減差"給出。

[2]木數，千八百六十萬五千四百六十八：是木星會合周期的分子，分母是日法。所以《皇極曆》的木星會合周期值爲398.8823日，誤差僅2.5分鐘，精度比其前代各曆都有明顯提高。

[3]殘日＝復日－歲一×歲實＝（木數－歲數）/氣日法＝$33\frac{29749.5}{46644}$日。

[4]見去日，十四度：當指木星定見日與太陽的距離爲14度。

[5]"平見"至"小雪至冬至減七日"：《皇極曆》五星之下皆有一段以"平見"開頭的術文，此段術文給出曆法史家稱之爲"入氣加減差"的算法，一般認爲是張子信發明的。本術給出的算法是爲了校正木星實際晨見東方時間比推算的平見時間或提前或滯後的時差。這種改正與節氣相關，用分段擬合的方法，雖然是經驗性的演算法，但擬合效果還是不錯的，見圖12。又，《皇極曆》開創的此入氣加減差演算法，其天文意義應該就是前注所説的"行星改正"，日本學者藪内清對此有精到的研究，參見藪内清《中國歷法における五星運動論》，《東方學報（京都）》1956年第26册。

[6]白露前，以四乘去小暑日：此十字各本脱誤，今依陳美東校算補正（見陳美東《古曆新探》，第434頁）。

[7]"木數"至"分四萬七百三十八而伏"：此以"見"開頭一段的術文，即所謂的"五星動態"。《皇極曆》的此木星動態，仍取《三統曆》以來傳統的六段分法，但在"晨始見"和"又留"之後有兩段順行，劉焯視爲勻加速運動並用等差數列求和算法進行

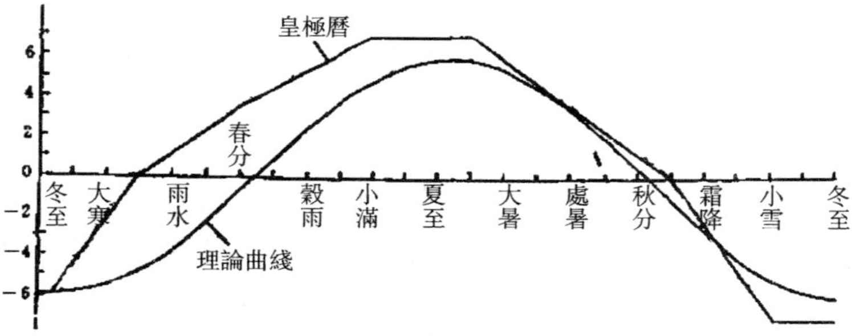

圖 12　《皇極曆》木星入氣加減差曲綫

擬合，這是《皇極曆》的又一項重大創新。

［8］“火數”至“十六度”：此段是火星的會合周期值。《皇極曆》火星會合周期是 779.8987 日，誤差 53.8 分鐘。火星殘日 = 復日 - “歲再（二）”× 歲實 =（火數 - 2 × 歲數）/氣日法 = $49\frac{19106}{46644}$日。火星初見時與太陽角距離爲 16 度。

［9］“平見”至“大雪減二十五日”：平見：此以“平見”開頭的這段術文，是《皇極曆》的火星“入氣加減差算法”，依術文逐氣計算可得出如圖 13 的擬合效果圖，其精度還是不錯的。

［10］清明至夏至，加二十七日：此十字各本脱漏，今依陳美東校算補正（見陳美東《古曆新探》，第 435 頁）。

［11］處暑後，二十八乘去白露日，減處暑所乘者：各本誤作“小滿後，又十五日”，今依陳美東校算改正（見陳美東《古曆新探》，第 435—436 頁）。

［12］“火數”至“各盡其日度而伏”：“見”以下三段術文皆爲《皇極曆》的火星動態較前代曆法内容多出很多（之後的金星和水星也同樣）。它們給出了隨火星晨見東方的時日不同以及隨火星順行段速度由慢變快的時日不同而變化的動態，由於考慮的變化情況多，所以相應地動態表就複雜得多。比如在此術文中，《皇極

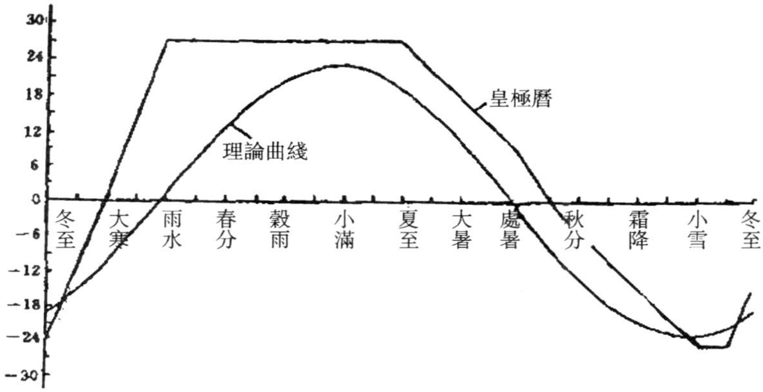

圖 13　《皇極曆》火星入氣加減差曲綫

曆》給出了火星晨見所在不同位置（以距離冬至的日數爲引數）的不同初速度表。如晨見在冬至初日，初速度爲 158/236、在冬至後 1 日，速度爲 157/235、在冬至後 2 日爲 156/234，等等。求得火星晨見初速度之後，火星的動態先是每日運動速度遞減 20 分（1 度爲 46644 分），直至其運動速度爲 260 分爲止，因其初速度各異，火星的這一運動狀態所經歷的時間自然也各不相同。此後，火星每日運行速度遞減 110 分，這種狀況共持續 61 日，計運行 25 $\frac{5409}{46644}$ 度。計算火星行度的算法再次運用了等差級數求和算法。它還認爲火星後留到伏期間的動態也並非是恒定不變的。後留之後，火星行速先每日遞增 110 分，在行速增至某特定值時，火星運行的加速度變爲每日遞增 20 分，直至伏而不見。《皇極曆》指出這特定值的多少也是與後留所在的時日有關的，並具體列表給出了兩者之間的對應關係。如後留在冬至初日，火星行速先每日遞增 10 分，當其行速達 135/213 度後，變爲每日遞增 20 分，在冬至後 1 日達 134/212 度、在冬至後 2 日達 133/211 度，等等。這種與節氣相關的改正，被認爲或許與地球改正有關。

［13］土數："土數"以下給出了《皇極曆》的土星會合周期值是378.0892日，誤差3.9分鐘，精度水準上乘。

［14］"平見，在大暑前"至"立春減八日"：依土星的此段入氣加減差術文逐氣推算，可得《皇極曆》土星入氣加減差曲綫如圖14。

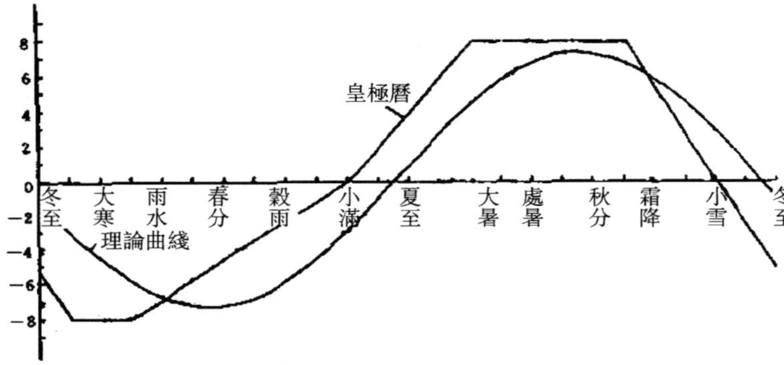

圖14　《皇極曆》土星入氣加減差曲綫

［15］金數：金星的一個會合周期包括兩次與日合，《皇極曆》的金星會合周期值是583.9166日，誤差6.9分鐘，其精度也很好。

［16］餘與復同：即"晨見伏"段有餘分，其餘分值同復日的餘分。

［17］晨平見：此段術文傳本舛誤很多，凡〔〕内的文字都是校正後的文字。兩處"後"字原文皆誤作"前"字，所有"五"和"六"皆互誤，今依陳美東校算改正，放在括弧裏是爲了一併出注方便（見陳美東《古曆新探》，第438頁）。

［18］夕見：因爲金星一個會合周期有兩次合，所以其入氣加減差算法也分爲"夕平見"和"晨平見"兩段。依這兩段術文，亦逐氣推算可得《皇極曆》金星入氣加減差曲綫，如圖15。其精度相對較差。

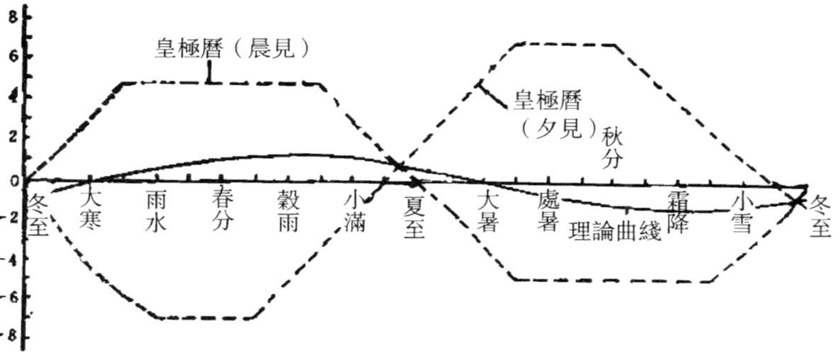

圖 15　《皇極曆》金星入氣加減差曲綫

［19］水數：《皇極曆》水星會合周期爲水星 115.878 日，誤差 0.5 分鐘，其精度比前代各曆都高出很多。

［20］“夕應見”至“立冬後，時有見者”：《皇極曆》的水星入氣加減差算法没能給出像其他行星那樣的分段擬合算法，此處“夕應見”和“晨應見”術文僅是兩句定性的叙述，且僅言“時有見者”。《大業曆》僅小有進步，直到李淳風《麟德曆》仍没有多大提升。

［21］“水數”至“十二日行十八度而晨伏”：此“夕見”開頭這段術文是水星動態，雖然《皇極曆》水星入氣加減差改正相形見絀，但其動態計算與其他行星差距不大，其中也包含了與節氣相關的複雜的改正描述，同樣有等差數列插值算法。

推星平見術：[1]

各以伏半減積實，[2] 乃以其數去之。殘返減數，滿氣日法爲日，不滿爲餘，即所求年天正冬至後平見日餘。金、水滿晨見伏日者，去之，晨平見。

求平見月日：

以冬至去定朔日、餘，加其後日及餘，滿復日又去，起天正月，依定大小朔除之，不盡算外日，即星見所在。

求後平見：

因前見去其歲一、再，皆以殘日加之，亦可。其復日，金水準以晨夕見伏日，加晨得夕，加夕得晨。

求常見日：[3]

以轉法除所得加減者，爲日。其不滿，以餘通乘之，爲餘。并日，皆加減平見日餘，即爲常見日及餘。

求定見日：[4]

以其先後已通者，先減後加常見日，即得定見日餘。

求星見所在度：[5]

置星定見其日夜半所在宿度及分，以其日先後餘，分前加、分後減氣日法，而乘定見餘，氣日法而一，所得加夜半度分，乃以星初見去日度數，晨減夕加之，即星初見所在宿度及分。

求次日：

各加一日所行度及分。[6]其有益疾、遲者副置一日行分，各以其分疾增、遲損，乃加之。有篾者，滿法從分，其母有不等，齊而進退之。留即因前，逆則依減入虛去分，逆出先加。皆以篾法除，爲轉分。其不盡者，仍謂之篾，各得每日所在去日度。[7]增以日所入先後分，定之諸行星度。求其外内，準月行增損黄道而步之。[8]不明者，依黄道而求所去日度。先後分亦分明前加後减。其金、火諸日度，計數增損定之者。其日少度多，以日減度之殘者，與日多度少之度，皆度法乘之，日數而一，所得爲分。不滿篾，以日數爲母。日少者，以分并減之一度，日多者，直爲度分，即皆一日平行分。其差行者，皆減所行日數一，乃半其益疾、益遲分而乘之，益疾以減、益遲以加一日平行分，皆初日所行分。有計日加減，而日數不滿未得成度者，以氣日法若度法乘，見已所行日即日數除之，所得以增損其氣日疾法，爲日及度。其不成者，亦即爲篾。其木、火、土，晨有見而夕有伏，金、水即夕見還夕伏，晨見即晨伏。然火之初行及後疾，距冬至日計日增損日度者，皆當先置從冬至日餘數，累加於位上，以知其去冬至遠近，乃以初見與後疾初日去冬至日數而增損定之，而後依其所直日度數行之也。

［1］推星平見術：依此術可知，《皇極曆》上元時刻應是五星晨始見。記所求日爲A，其推五星平見的思路是：先求出自曆元到所求日的積日數，減去五星伏日數的一半，所得數以五星會合周期除之，其餘數（設爲B）是A與最臨近的一次五星晨始見時刻（平見日）的時距，即平見日 $T_0 = A - B$。又以積日數除以回歸年長度，所得餘數（設爲C）則爲所求年冬至夜半到所求日的時距，由此亦可知A所在節氣的入氣時距。

［2］減積實：各本誤作“減積半實”，“半”爲衍文，當删。中華本指出此衍文，但未删。

［3］求常見日：在上文求得某星平見入某節氣的大小餘C（星見所在）後，即用C爲引數，代入其入氣加減算法，求得加減日及餘分（記爲行星改正 T_1），加減平見日即爲常見日：常見日 = 平見

日 ± 行星改正 = $T_0 \pm T_1$。

[4]求定見日：因上術所説的平見日 T_0 是相對於太陽所在位置而言的，所以，必須考慮太陽運動不均勻的影響，即應加上另一改正值 T_2。該值可用 $C \pm T_1$ 爲引數，由日躔表推算而得。《皇極曆》稱 $T_0 \pm T_1 \pm T_2$ 爲定見日，記爲 T。"先減後加"是一個簡約叙述，把推算太陽改正的過程一語帶過。所求得的太陽改正"或加或減"，這加或減也有豐富的天文意義：因爲行星晨始見時，它必在太陽之西一定的角距。若此時太陽改正爲"先"，即真太陽比平太陽運行得快，在平太陽之東，故在常見時刻之前同該行星的距離已達到可見角距，應減去這"先"數，從而得定見時刻。反之，若真太陽行得較慢，在平太陽之西，爲"後"，應在常見時刻上加上"後"數纔是定見時刻。求得了行星的定晨始見時刻，即可根據各行星的動態段推算其後相應各段内的位置。

[5]求星見所在度：此術目的是把行星定見的時間距離换算成黄道度值，記其值爲 R。《皇極曆》取曆元年冬至夜半時太陽位於虚宿一度，由此推算自曆元年到所求年的年距乘以黄道歲差之值，即可得所求年冬至夜半時太陽所在黄道宿度 R_0。又以 $C \pm T_1 \pm T_2$ 爲引數，由日躔表求得相應的改正值 T_3，則定見日太陽所在黄道度應等於 $R_0 + T \pm T_3$。又，已知五星定見時與太陽的距度（記爲 F）分别爲：木星 14 度，火星 16 度，土星 16.5 度，金星 11 度和水星 17 度。於是，$R = R_0 + T \pm T_3 + F$。

[6]各加一日所行度及分：是説有了星定見所在度，加上各行星的每日平行度（記爲 V），再對 V 進行遲疾改正得 ΔV，從而可推算出行星的每日所在度。平行度 V = 周天/行星會合周期，遲疾改正的術文叙述也很簡約："其有益疾、遲者副置一日行分。"其總的思路是套用交食章節裏的"月與日會"的計算法，來推算"星與日合"，用交點月算法中求月亮改正的二次等間距内插法算法，推求 ΔV。

[7]各得每日所在去日度：各本在"去日度"前有一"知"

字，當删。中華本指出“知”疑爲衍文，但未删。

［8］定之諸行星度。求其外内，準月行增損黄道而步之：此句術文又是非常簡約的敘述。當是説由於行星軌道與日道皆有夾角，有“外”與“内”之别，可按月亮入交點月的改正算法，“增損黄道”而步算。又，“諸行星度求其外内”各本皆作“諸行星度求水其外内”，文意不通，中華本認爲“水”字當爲衍文，今删。

隋書　卷一九

志第十四

天文上[1]

[1]天文上:《隋書·天文志》,唐人李淳風撰。李淳風,岐州雍(今陝西鳳翔縣)人,精天文與曆算。主要的天文著作有《乙巳占》《晉書·天文志》《隋書·天文志》等。傳見《舊唐書》卷七九、《新唐書》卷二〇四。《晉書·天文志》今注對其生平已作詳細介紹,可以參閱。《明史·天文志》開卷説"論者謂《天文志》首推晉、隋",可見《隋書·天文志》是歷代《天文志》中的範本。由於《隋書·天文志》原本是爲五代史寫的,它所涉及的範圍,不僅起自梁朝和北魏,在很多地方還從魏晉説起,甚至與漢代連在一起介紹。故《隋書·天文志》與《晉書·天文志》有許多重複的文字。往往整段整段一字不差,故《隋書·天文志》衹是在《晉書·天文志》的基礎上做出增損而已。當然,也補充了晉以後五個朝代的許多資料。因此,爲了顯示出《隋書·天文志》的成就,我們用對比的形式予以介紹。二書《天文志》上卷,均介紹了"天體",即所謂漢朝論天三家和六朝論天三家。內容基本一致,有大段文字重複,衹做了個別文字的增删。明顯的不同之處是在《隋書·天文志》中補充了劉宋何承天論渾天象體和梁朝祖暅論渾天的

内容。在儀象部分，由於魏晋僅王蕃陸續造有渾象，故除追述歷史以外，可寫的内容不多。《隋書・天文志》則將渾天儀和渾天象分列介紹。由於南北朝時不僅有劉曜光初年間孔挺造的渾儀，和對後世很有影響的北魏鐵儀，劉宋錢樂之又造有渾象，故與《晋書・天文志》天體部分比，内容就要豐富得多。在《隋書・天文志》上卷中，還新增加了論蓋圖、論地中、論晷影、論漏刻内容，記載得較爲新鮮而且精彩，這是對撰寫正史《天文志》做出的創新，爲歷代寫志者所遵循。《隋書・天文志》所載蓋圖，實際是討論渾天和蓋天學説的延伸，具體涉及到蓋天基礎上建立起來的日影千里差一寸觀念真僞問題的討論。《隋書・天文志》所載地中，介紹了古人關於地中的觀念，並且記載了祖暅推求地中的一種錯誤。晷影則記載了南北朝時天文學家關於圭表的製造和議論，並且摘録了一批上古以來測影方面的有價值的資料。漏刻記載了自創漏刻記時以來，歷史上記時制度的改革，並記載了劉宋何承天對漏刻的改革和梁祖暅撰寫的《漏刻經》，並留下了一批不同節氣太陽出入時刻的資料。《晋書・天文志》和《隋書・天文志》均載有經陳卓整理過的星官和星數，此二志均將它們分爲中官、二十八舍、二十八宿外星官三部分予以介紹。其内容和文字幾乎完全一致。不同之處在於，大約顧慮到《隋書・天文志》上卷篇幅太大，《隋志》將《晋志》分在上卷的二十八宿和宿外星官，均移置於中卷。並且删去了《晋志》中有關分野州郡躔次的内容。記載了以上内容之後，晋隋書二《天文志》還各記載了天文星占的占文，和天變與人間灾變的情況，二《天文志》所載星占占文的内容幾乎完全一致，衹是表述的文字略有差異。按照《晋書・天文志》的分類，中國星占的内容可大致分爲三類：其一是包括日月五星在内的七曜占，包括七曜的盈縮失行、月和五星犯列宿、月犯五星、五星聚合、日食、月度等；其二是雜星占，包括瑞星、客星、流星等；第三星氣占，包括雲氣、十輝、雜氣等。關於這些内容，《隋書・天文志》均有與之對應的標題和文字，衹是具體用辭和分卷略有差異。通過對比，可以看出

《晋書·天文志》更嚴密，文字更簡煉。最後，二《天文志》也都載有相應時期的星占占事，即記載了某年某月某日出現了某異常天象，社會上便發生了合於星占占文的應驗。《隋志》稱爲“五代災變應”，晋志稱爲“史傳事驗”。其含義相同，僅名稱不同而已。《隋書·天文志》與《晋書·天文志》所載占事的内容是一致的，但所包含的歷史年代不同。《晋志》包括兩晋，而《隋志》則涵蓋五代。更重要的是，此二《天文志》從體例説是不同的，《晋志》按天變、日食、月變、月掩、犯五緯、五星聚合、月五星犯列宿、妖星、流星、隕星、雲氣分類排列，《隋志》則按年代順序將各類天變混在一起排列。還有一個特點是，晋占事中，有中卷後半部和整個下卷，而《隋志》僅占下卷的後半部，顯然《晋志》占事的内容比隋志具體和豐富。

若夫法紫微以居中，擬明堂而布政，依分野而命國，體衆星而效官，動必順時，教不違物，故能成變化之道，合陰陽之妙。[1]爰在庖犧，仰觀俯察，謂以天之七曜、二十八星，周於穹圓之度，以麗十二位也。[2]在天成象，示見吉凶。五緯入房，啓姬王之肇迹，長星孛斗，鑒宋人之首亂，[3]天意人事，同乎影響。自夷王下堂而見諸侯，赧王登臺而避責，[4]《記》曰：“天子微，諸侯僭。”於是師兵吞滅，僵仆原野。秦氏以戰國之餘，怙兹凶暴，小星交鬬，長彗横天。漢高祖驅駕英雄，墾除灾害，五精從歲，[5]七重暈畢，[6]含樞曾緬，道不虚行。自西京創制，多歷年載。世祖中興，當塗馭物，金行水德，祇奉靈命，玄兆著明，天人不遠。昔者滎河獻籙，温洛呈圖，[7]六爻摛範，三光宛備，[8]則星官之書，自黄帝始。高陽氏使南正重司天，北正黎司地，帝堯乃命羲、和，欽若昊天。[9]夏有昆吾，殷有巫咸，周之史佚，宋之子韋，魯之梓慎，鄭之裨竈，魏有石氏，齊有甘公，皆能言天文、察微變者也。[10]漢之傳天數者，則有唐都、李尋之倫。[11]光武時，則有蘇伯況、郎雅光，[12]並能參伍天文，發揚善道，補益當時，監垂來世。而河、洛圖緯，雖有星占星官之名，未能盡列。

圖1　明代人想像中的
玉皇大帝神像

［1］“若夫法紫微以居中”至“合陰陽之妙”：開頭這句話便點明了帝王重視天文的宗旨。其含義是説：帝王當效法紫微垣居住於國都的中心地帶；在明堂的地方頒布政令；依據分野的對應關係而命令國君；體察衆多天體而效法官員；帝王的行動必須應循時節；教導百姓不違反事物的規律；由此能形成變化的道理，符合陰陽對應的關係。

［2］“以天之七曜”至“以麗十二位也”：是説庖犧氏就觀察

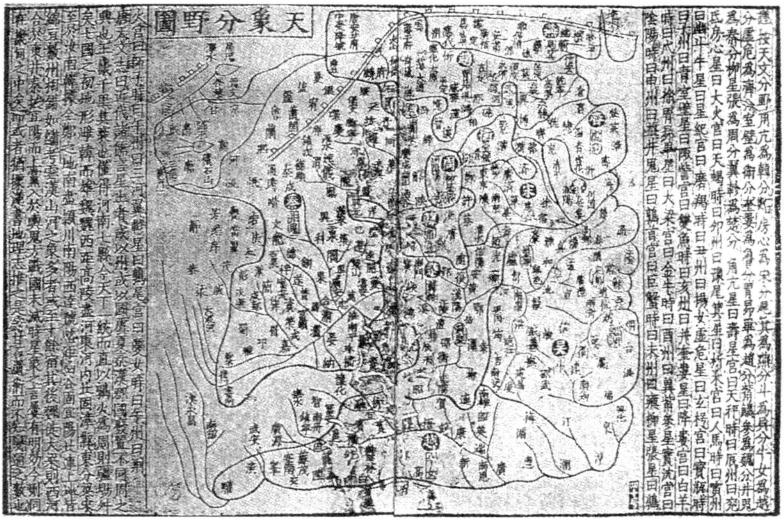

圖2　天象分野圖（引自《三才圖會》）。分野説是中國星占術的一種觀念，它認爲地上有各州、郡，天上有其相對應的星座。異常天象在星空出現，將在對應的州域顯現災異。

七曜在十二星次中的運行來判斷吉凶。

［3］“五緯入房”至“鑒宋人之首亂”：言五星聚於房的天象，開啓了姬姓稱王八百年的天下；彗星出現在北斗星天空，顯示出宋君横霸中原的首亂。

［4］夷王下堂而見諸侯，赧王登臺而避責：夷王、赧王分别爲西周、東周的天子。下堂見諸侯、登臺避責，均爲天子失去威嚴、失德的一種行爲。故下文曰“天子微，諸侯僭”。

［5］五精從歲：指漢高祖元年（前206），五星聚於東井的天象。故占文曰高祖以義致天下。

［6］七重暈畢：指《漢書·天文志》載漢高祖“七年月暈圍參畢七重”，應指高祖於七年擊匈奴，被圍平城七日之難。

［7］滎河獻籙，温洛呈圖：即《易·繫辭上》説：“河出圖，洛

出書，聖人則之。”傳説伏羲時有龍馬從黄河出現，背負河圖；有神龜從洛水出現，背負洛書。聖人根據圖書，畫成八卦，這便是《周易》的來源。籙指符籙，圖指河圖。即爲河獻圖、洛出書的説法。

[8]六爻摛範，三光宛備：爻是構成易卦的基本符號。“━”是陽爻，“╍”是陰爻。每三爻合成一卦，可得八卦。兩卦（六爻）相重，可得六十四卦。卦的變化，取决於爻的變化，故爻表示交錯和變動的意義。日月星稱爲三光。六爻的循環變化和三光的運行顯映，這就構成了星官之書。“爻”字底本作“文”，今據文意改。

[9]南正重司天，北正黎司地：南正，觀測昴星以定春夏的曆官。火正，觀測大火星以定秋冬的曆官。民族史家何光岳在《南蠻源流史》和《楚源流史》、王大有在《三皇五帝時代》中均指出，重爲東夷族的天文官，黎爲少昊與南蠻、九黎結合體的天文官。羲、和：羲、和之官可推至黄帝時代。《史記·曆書》《索隱》引《系本》説：“黄帝使羲和占日，常儀占月。”《尚書·堯典》説：“乃命羲和，欽若昊天。曆象日月星辰，敬授人時。”後禹和夏代均有羲和之官。

[10]昆吾：《史記·天官書》《正義》引虞翻云“昆吾名樊，爲己姓，封昆吾”。　巫咸：《史記·天官書》《正義》曰：“巫咸，殷賢臣也，本吴人，冢在蘇州常熟海隅山上。子賢，亦在此也。”《史記志疑》疑爲“巫覡”之誤。　史佚：《史記·天官書》《正義》曰：“史佚，周武王時太史尹佚也。”　子韋：春秋時宋國司星，事見《史記》卷三八《宋微子世家》。　梓慎：春秋時魯國人，事見《左傳》昭公七年至昭公二十四年。　裨竈：《史記·天官書》《正義》曰：“裨竈，鄭大夫也。”事見《左傳》襄公二十八年至昭公十八年。　石氏：即石申夫。《史記·天官書》《正義》引《七録》云：“石申，魏人，戰國時作《天文》八卷也。”石氏姓名，《漢書·藝文志》《續漢書·天文志》都寫作“石申夫”。甘公：《史記·天官書》《集解》引徐廣曰：“或曰甘公名德也，本

是魯人。”《正義》引《七録》云：楚人，戰國時作《天文星占》八卷。

［11］唐都：人名。在西漢太初年間參加曆法改革，他提出了分天部的標準，詳見《史記·曆書》和《漢書·律曆志》。　李尋：人名。西漢哀平時人，好洪範灾民之術。傳見《漢書》卷七五。

［12］蘇伯況、郎雅光：東漢光武帝時人，好天文星占之學。

後漢張衡爲太史令，[1]鑄渾天儀，總序經星，謂之《靈憲》。其大略曰：“星也者，體生於地，精發於天。紫宫爲帝皇之居，太微爲五帝之坐，在野象物，在朝象官。居其中央，謂之北斗，動係於占，實司王命。四布於方，爲二十八星，日月運行，歷示休咎。五緯經次，用彰禍福，則上天之心，於是見矣。中外之官，常明者百有二十，可名者三百二十，爲星二千五百；微星之數萬一千五百二十，庶物蠢動，咸得繫命。”而衡所鑄之圖，遇亂堙滅，星官名數，今亦不存。三國時，吴太史令陳卓，始列甘氏、石氏、巫咸三家星官，著於圖録。并注占贊，總有二百五十四官，一千二百八十三星，并二十八宿及輔官附坐一百八十二星，總二百八十三官，一千五百六十五星。[2]宋元嘉中，太史令錢樂之所鑄渾天銅儀，[3]以朱黑白三色，用殊三家，而合陳卓之數。

［1］張衡：人名。中國古代著名的天文學家、科學家和文學家。曾兩度出任太史令，著《靈憲》、制渾象、創渾天説。明人輯有《張河間集》。傳見《後漢書》卷五九。

［2］“總有二百五十四官”至“一千五百六十五星”：《晋書·天文志上》曰：“太史令陳卓總甘、石、巫咸三家所著星圖，大凡

二百八十三官，一千四百六十四星，以爲定紀。”二志所述星數不同。經考證，《隋志》一千五百六十五星當爲一千四百六十五星之誤。至於二志一星之差，潘鼐《中國恒星觀測史》說：“《隋志》天將軍既作12星，又在二十八宿尾宿内增添神空一星，故較《寫本》多出一星，爲1465星。”中國傳統星座的總星數，都按1464星爲標準，故本志多出一星，即增加神宫一星。

[3]錢樂之：人名。劉宋元嘉時太史令，曾造銅渾象，其所用星數，與《晋志》所引星數一致。詳見《宋書·天文志》。

高祖平陳，得善天官者周墳，[1]并得宋氏渾儀之器。乃命庾季才等，[2]參校周、齊、梁、陳及祖暅、孫僧化官私舊圖，[3]刊其大小，正彼疏密，依準三家星位，以爲蓋圖。[4]旁摛始分，甄表常度，并具赤黄二道，内外兩規。懸象著明，纏離攸次，星之隱顯，天漢昭回，宛若穹蒼，將爲正範。以墳爲太史令。墳博考經書，勤於教習，自此太史觀生，始能識天官。[5]煬帝又遣宫人四十人，就太史局，别詔袁充，教以星氣，業成者進内，以參占驗云。[6]

[1]周墳：人名。陳朝太史令，精通星座知識。

[2]庾季才：人名。北周和隋時曾掌太史局，曾依據南北朝各家舊星圖，整理作蓋圖，載三家星位，具内外規，黄赤道。

[3]祖暅：人名。又名祖暅之，祖沖之之子，梁朝天文學家。《南史》卷七二有附傳。　孫僧化：人名。北魏歷史學家。《魏書》卷九一有附傳。

[4]以爲蓋圖：以北極爲中心的蓋天星圖。

[5]自此太史觀生，始能識天官：從此太史觀的天文生，纔能

認識天上的星座。

［6］“煬帝又遣宫人四十人”至“以參占驗云”：隋煬帝爲了嚴密監視天象，以占人事，於宫廷内外各設觀象機構，禁其互通信息，隨時向皇帝報告異常天象，以供占驗使用。袁充，人名。隋朝天文學家。傳見本書卷六九、《北史》卷七四。

史臣於觀臺訪渾儀，見元魏太史令晁崇所造者，[1]以鐵爲之，其規有六。其外四規常定，一象地形，二象赤道，其餘象二極。其内二規，可以運轉，用合八尺之管，以窺星度。周武帝平齊所得。隋開皇三年，新都初成，以置諸觀臺之上。大唐因而用焉。[2]

馬遷《天官書》及班氏所載，[3]妖星暈珥，雲氣虹霓，存其大綱，未能備舉。[4]自後史官，更無紀録。《春秋傳》曰：“公既視朔，遂登觀臺，凡分至啓閉，必書雲物。”神道司存，安可誣也！今略舉其形名占驗，次之經星之末云。[5]

［1］史臣於觀臺訪渾儀，見元魏太史令晁崇所造者：元魏太史令晁崇所造鐵渾儀，即後世文獻所載都匠斛蘭所造鐵儀。可聯繫下文“渾天儀”有關注文閱讀。

［2］大唐因而用焉：這架鐵儀在觀臺上一直使用到唐朝初年。其構造在下文注中一併陳述。

［3］馬遷《天官書》：即司馬遷《史記·天官書》。　班氏所載：即《漢書·天文志》。

［4］未能備舉：即上書所述異常天象衹存大綱，不甚詳備。

［5］今略舉其形名占驗，次之經星之末云：下文有總序經星一欄，言本文所述異星形名占驗，附於經星之後。

天體

古之言天者有三家，一曰蓋天，二曰宣夜，三曰渾天。[1]

蓋天之説，即《周髀》是也。[2]其本庖犧氏立周天曆度，其所傳則周公受於殷商，周人志之，故曰《周髀》。[3]髀，股也；股者，表也。其言天似蓋笠，地法覆槃，天地各中高外下。北極之下，爲天地之中，其地最高，而滂沲四隤，三光隱映，以爲晝夜。天中高於外衡冬至日之所在六萬里，北極下地高於外衡下地亦六萬里，外衡高於北極下地二萬里。天地隆高相從，日去地恒八萬里。[4]日麗天而平轉，分冬夏之間日所行道爲七衡六間。[5]每衡周徑里數，各依算術，用句股重差，推晷影極游，以爲遠近之數，皆得於表股也，[6]故曰《周髀》。

[1]一曰蓋天，二曰宣夜，三曰渾天：天體這部分，是記述古人對天體結構運動狀態的認識，相當於今天的宇宙觀。即大體可分爲蓋天、宣夜、渾天三種，以下是對三種學説的分別討論。

[2]蓋天之説，即《周髀》是也：言蓋天説有多種不同的觀念，據今人的分析，至少有《周髀》説、周髀家説和平天説三種，它還不包括先秦的天圓地方説和八柱撑天説。因此，《周髀》是蓋天説的代表，是《周髀算經》的簡稱。

[3]周人志之，故曰《周髀》：這是對《周髀算經》書名含義的一種解釋。認爲周代人寫下了這本書，故名《周髀》。但實際上，它是漢代以後的著作。周人志之，衹是托辭。

[4]“其言天似蓋笠”至“日去地恒八萬里”：《周髀算經》

曰："極下者，其地高人所居六萬里，滂沲四隤而下。天之中央，

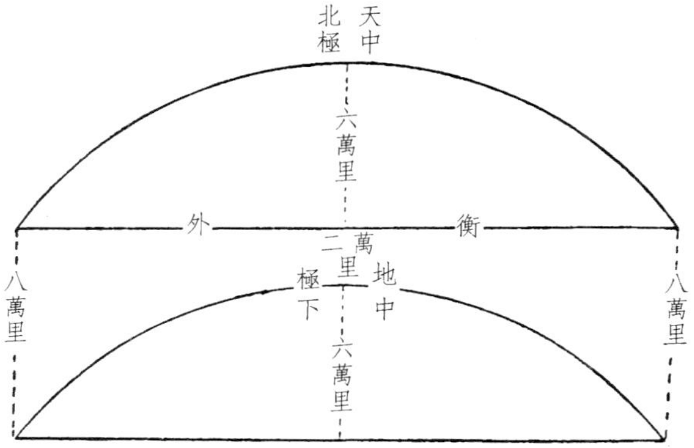

圖 3　蓋天圖

亦高四旁六萬里。""天象蓋笠，地法覆槃。天離地八萬里。冬至之日，雖在外衡，常出極下地上二萬里。"依據這一説法，可畫出蓋天圖。如圖 3。

［5］依據《周髀算經》所載七衡之間與二十四節氣的對應關係如下表：

七衡六間與二十四氣的關係

七衡六間	二十四氣			
第一衡	┌夏			至┐
第一間	芒	種	小	暑
第二衡	小	滿	大	暑
第二間	立	夏	立	秋
第三衡	穀	雨	處	暑
第三間	清	明	白	露
第四衡	春	分	秋	分
第四間	驚	蟄	寒	露
第五衡	雨	水	霜	降
第五間	立	春	立	冬

七衡六間	二十四氣
第六衡	大寒　小雪
第六間	小寒　大雪
第七衡	冬至

［6］《周髀算經》所推每衡周徑里數如下表：

七衡徑周及各衡周一度的里數

七衡	徑一	周三	
	里	步	里
第一衡	238，000		714，000
第二衡	277，666	200	833，000
第三衡	317，333	100	952，000
第四衡	357，000		1，071，000
第五衡	396，666	200	1，190，000
第六衡	436，333	100	1，309，000
第七衡	476，000		1，428，000
四極	810，000		2，430，000

又《周髀》家云：[1]

“天圓如張蓋，地方如棋局。天旁轉如推磨而左行，日月右行，天左轉，故日月實東行，而天牵之以西没。譬之於蟻行磨石之上，磨左旋而蟻右去，磨疾而蟻遲，故不得不隨磨以左迴焉。[2]天形南高而北下，日出高故見，日入下故不見。天之居如倚蓋，故極在人北，是其證也。極在天之中，而今在人北，所以知天之形如倚蓋也。日朝出陰中，暮入陰中，陰氣暗冥，故從没不見也。夏時陽氣多，陰氣少，陽氣光明，與日同暉，故日出即見，無蔽之者，故夏日長也。冬時陰氣多，陽氣少，陰氣暗冥，掩日之光，雖出猶隱不見，故冬日

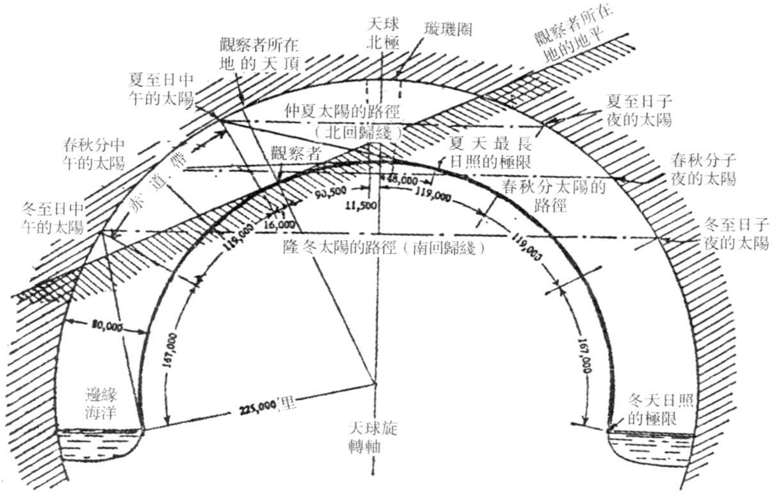

圖4　李約瑟《中國科學技術史》中的蓋天説世界圖式復原圖
（引自恰特萊的圖）

短也。”[3]

［1］《周髀》家云：是漢代另一種蓋天學説，它的觀點與《周髀算經》有很大的差異。不過，其流傳的記載僅見於此。揚雄《論衡·説日篇》記載了第三種蓋天學説，人們稱之爲平天説，此處並未介紹。關於平天説的評論，參見薄樹人主編《中國天文學史》（臺灣文津出版社 1996 年版）。

［2］“譬之於蟻行磨石之上”至“故不得不隨磨以左迴焉”：爲了解釋日月的東升西落及在恒星間的位置移動，《周髀》家説采納了蟻行磨石之上的模型。認爲天象磨石，每天從東到西轉動，同時，日月就象螞蟻一樣，在磨石上自西向東緩慢地爬行。由於天蓋轉動速度比日月東移快，儘管日月本身是向東運動的，但還是被天蓋帶着自東向西做周日運動，就像螞蟻不得不隨磨石轉動那樣。

[3]薄樹人《中國天文學史》指出："在三種蓋天説中，最缺乏説服力的可能要算周髀家説。因爲第一，它所堅持的'地方如棋局'的觀念，實際上是從'天圓地方'説中來的，這種觀念，早已受到曾參的批駁。從他開始，人們一般把'地方'理解成'地道曰方'，即認爲方指的僅僅是静止的性質，而不是實際的形體。第二，它過分依重陰陽學説，難以令人信服，王充對它的批判就説明了此點。相比之下，《周髀》説和平天説對個别天象的解釋却有一定的道理。"

漢末，揚子雲難蓋天八事，[1]以通渾天。其一云："日之東行，循黄道。晝〔夜〕中規，牽牛距北極(北)〔南〕百一十度，東井距北極南七十度，并百八十度。周三徑一，二十八宿周天當五百四十度，今三百六十度，[2]何也？"其二曰："春秋分之日正出在卯，入在酉，而晝漏五十刻。即天蓋轉，夜當倍晝。[3]今夜亦五十刻，何也？"其三曰："日入而星見，日出而不見，即斗下見日六月，不見日六月。北斗亦當見六月，不見六月。今夜常見，何也？"其四曰："以蓋圖視天河，起斗而東入狼弧間，曲如輪。今視天河直如繩，[4]何也？"其五曰："周天二十八宿，以蓋圖視天，星見者當少，不見者當多。今見與不見等，何出入無冬夏，而兩宿十四星當見，[5]不以日長短故見有多少，何也？"其六曰："天至高也，地至卑也。日託天而旋，可謂至高矣。縱人目可奪，水與影不可奪也。今從高山上，以水望日，日出水下，影上行，何也？"其七曰："視物，近則大，遠則小。今日與北斗，近我而小，遠我而大，何也？"

其八曰："視蓋橑與車輻間，近杠轂即密，益遠益疏。今北極爲天杠轂，二十八宿爲天橑輻。以星度度天，南方次地星間當數倍。今交密，[6]何也？"

其後桓譚、鄭玄、蔡邕、陸績，各陳《周髀》考驗天狀，多有所違。[7]逮梁武帝於長春殿講義，[8]別擬天體，全同《周髀》之文，蓋立新意，以排渾天之論而已。

[1]揚子雲：人名。即揚雄，字子雲。西漢文學家、哲學家。以文章名世。初信蓋天，在與桓譚的争論中轉變觀念，撰難蓋天八事。揚雄的難蓋天八事，就他個人而言，是由蓋天説徹底轉向渾天説的一個標志。對當時的渾蓋之争而言，是對蓋天説的一次沉重打擊，並爲渾天説的發展做了一次强有力的推動。難蓋天八事雖不盡善，但其功績與影響却著於春秋。

[2]"晝夜中規"至"今三百六十度"：牽牛與東井相對，將牽牛和東井的去極度相加，當小於周天半徑，今相加得 180 度，據周三徑一，可求得二十八宿周天爲 540 度。與二十八宿一周爲 360 度不合。

[3]夜當倍晝：據《周髀》人在極南，春秋分人見日出正東、日入正西，自然不及天蓋之半，故曰夜當倍晝。

[4]"蓋圖視天河"至"今視天河直如繩"：天河自斗宿至狼星、弧星之間，依蓋天圖，天河應當彎曲如車輪，但實際看到的都如一條拉直的繩。

[5]何出入無冬夏，而兩宿十四星當見：爲什麽無論冬夏，晚上所見均爲十四宿呢？此處的兩宿實即兩夜，而十四星即爲二十八宿之半爲十四宿。

[6]"其八曰"至"今交密"：按蓋天説，天體如車輪，當近軸處星密，遠軸疏，今南方處星反密，可見蓋天不合實情。

［7］“其後桓譚、鄭玄、蔡邕、陸績”至“多有所違”：桓譚、鄭玄、蔡邕、陸績等的論述，詳見《晉書·天文志》和本志。

［8］梁武帝於長春殿講義：記載請見《開元占經》卷一和本志。

宣夜之書，絶無師法。唯漢秘書郎郗萌記先師相傳云：[1]

“天了無質，仰而瞻之，高遠無極，眼瞀精絶，故蒼蒼然也。譬之旁望遠道之黄山而皆青，俯察千仞之深谷而窈黑，夫青非真色，而黑非有體也。[2]日月衆星，自然浮生虚空之中，其行其止，皆須氣焉。[3]是以七曜或逝或住，或順或逆，伏見無常，進退不同，由乎無所根繫，故各異也。[4]故辰極常居其所，而北斗不與衆星西没也。”[5]

［1］自英國科學史家李約瑟在其《中國科學技術史·天文卷》中盛贊以來，很多天文史家都特别推崇宣夜説。陳美東在其《中國科學技術史·天文學卷》中説：宣夜説的這些觀念，既打破了蓋天説形如車蓋或蓋笠的天殼，也打破了渾天説球形的天殼，描繪了一幅日月星辰在充滿氣的無限空間、按各自的規律運動的壯麗圖景，與蓋天説和渾天説相比，更接近我們今天對天的總體認識，以及對日月星辰總體分布的認識，具有十分重大的理論意義。可是，郗萌所提及的宣夜説，對於地、對於地與天的關係却未置一詞，這不能不説是一個大疏漏。此外，宣夜説對於日月星辰運動具體狀況的描述，衹是泛泛而談，對其具體機制與規律的討論，也僅有“皆須氣焉”和“遲疾任情”這八個字，自然帶有極大的思辨色彩。在解釋天文現象方面，它也没有提供必要的説明。這些缺點，大大局限

了宣夜説的天文學意義和社會影響。

［2］“天了無質”至“而黑非有體也”：説明天是無形、無體、無質的，其高遠無極。

［3］“日月衆星”至“皆須氣焉”：是説天上的日月星辰懸浮在無邊無際的虚空之中，這虚空中充滿了氣，日月星辰或者運動、或者停止不動，都是氣推動或者維持它們的行止。

［4］“是以七曜”至“故各異也”：宣夜説認爲，不能用日月五星附着於同一個天球來解釋它們的各種運動，却是無所根系、不綴附於天體的很好證明。

［5］而北斗不與衆星西没也：與《晋書·天文志》相比，《隋書·天文志》删除了以下文字：“攝提、填星皆東行。日行一度，月行十三度，遲疾任情，其無所繫著可知矣。若綴附天體，不得爾也。”與渾天説、蓋天説相比宣夜説畢竟内容太簡略，現引《列子·天瑞》中的宣夜説作爲補充：杞國有人憂天地崩墜，身亡所寄，廢寢食者。又有憂彼之所憂者，因往曉之，曰：“天積氣耳，亡處亡氣，若屈伸呼吸，終日在天中行止，奈何憂崩墜乎？”其人曰：“天果積氣，日月星宿不當墜邪？”曉之者曰：“日月星宿，亦積氣中之有光耀者，衹使墜，亦不能有所中傷。”其人曰：“奈地壞何？”曉之者曰：“地積塊耳，充塞四虚，亡處亡塊。若躇步跐蹈，終日在地上行止，奈何憂其壞？”其人舍然大喜，曉之者亦舍然大喜。

晋成帝咸康中，會稽虞喜因宣夜之説，作《安天論》，[1]以爲：“天高窮於無窮，地深測於不測。天確乎在上，有常安之形，地魄焉在下，有居静之體，當相覆冒，方則俱方，圓則俱圓，無方圓不同之義也。其光曜布列，各自運行，猶江海之有潮汐，萬品之有行藏也。”[2]葛洪聞而譏之曰：“苟辰宿不麗於天，天爲無用，便可言無。何必復云有之而不動乎?”[3]由此而談，葛洪可謂知言之選也。

［1］《安天論》：陳美東《中國科學技術史·天文學卷》對安天論評價説：質言之，虞喜確實是看到了當時的渾天説和蓋天説存在的理論缺欠，而轉向宣夜説的，但他的安天説也没有提出什麽令人信服的論據，對諸多天文現象也未做出任何具體的、必要的論述，對渾天説和蓋天説的批評又多軟弱無力，其安天説對於宣夜説僅有小補而已。

［2］“天高窮於無窮”至“萬品之有行藏也”：安天論的内容太簡略，《太平御覽》卷二還輯有虞喜對蓋天説和渾天説的責難，可以看作對安天論的補充：渾蓋之家，依《易》立説。云天運無窮，或謂渾然包地，或謂渾然而蓋。愚謂若必天裹地，似卵中黄，則地是天中一物，聖人何别爲名而配天乎？或難曰：《周禮》有方圓之丘祭天地，則知乾坤有方圓體也。答曰：郊祭大報天而主日配，日月形圓，圓丘似之，非天體也。祭方者别之於天，尊卑異位，何足怪哉！古之遺語，日月行於飛谷，謂在地中也。不聞列星復流於地，又飛谷一道，何以容此。且谷有水體，日爲火精，冰炭不共器，得無傷日之明乎？

［3］“葛洪聞而譏之曰”至“何必復云有之而不動乎”：葛洪對安天論持反對態度，批評説：如果星辰不附於天，天是無用之物，還説天不動，那麽，還要這個天層做什麽呢？

喜族祖河間相聳，又立《穹天論》云：[1]“天形穹隆如鷄子，幕其際，周接四海之表，浮乎元氣之上。[2]譬如覆奩以抑水而不没者，氣充其中故也。日繞辰極，没西還東，而不出入地中。天之有極，猶蓋之有斗也。[3]天北下於地三十度，極之傾在地卯酉之北亦三十度。人在卯酉之南十餘萬里，故斗極之下，不爲地中，當對天地卯酉之位耳。日行黃道繞極。極北去黃道百一十五度，南去黃道六十七度，二至之所舍，以爲長短也。”[4]

［1］《穹天論》：虞翻在東吴作官，學問廣博，是著名經學家。有子八人，皆好鑽研學問。其第八子虞昺（一説第四子虞汜）作《穹天論》曰：“天形穹隆如笠，而冒地之表，浮元氣之上。譬覆奩以抑水而不没者，氣充其中也。日繞辰極，没西而還東，不入地中也。”由於其與第六子虞聳的穹天説有别，我們稱之爲第一穹天説。虞聳是爲了修正第一穹天説的，故稱第二穹天説。

［2］“天形穹隆如鷄子”至“浮乎元氣之上”：此處借用渾天説的天形如鷄子和天地浮於水、氣之上，用於改正第一穹天説的天形如蓋笠和天蓋於地之上的觀念。

［3］“譬如覆奩”至“猶蓋之有斗也”：天如覆奩、日西没不入地中、蓋之有斗這些觀念，都是典型的蓋天説。

［4］“天北下於地三十度”至“以爲長短也”：這兩種穹天説的共同之處有：天在上，地在下，天並不繞到地下去，這是蓋天説的基本特徵。兩者都試圖給蓋天説的“天之所以不墜”一個物理解釋，在天之内充滿了元氣、天又有水和地承托，所以是穩定的。

吴太常姚信，造《昕天論》云：[1]“人爲靈蟲，形最似天。今人頤前侈臨胸，而項不能覆背。[2]近取諸身，故知天之體，南低入地，北則偏高也。又冬至極低，而天運近南，故日去人遠，而斗去人近，北天氣至，故水寒也。夏至極起，而天運近北，而斗去人遠，日去人近，南天氣至，故蒸熱也。極之高時，日行地中淺，故夜短；天去地高，故晝長也。極之低時，日行地中深，故夜長；天去地下，故晝短也。”[3]

自虞喜、虞聳、姚信，皆好奇徇異之說，非極數談天者也。[4]

[1]姚信：人名。在吴國任太常。他創立的昕天說，除《隋志》這段記載外，還有《宋書·天文志》：“嘗覽《漢書》云：冬至日在牽牛，去極遠；夏至日在東井，去極近。欲以推日之長短，信以太極處二十八宿之中央，雖有遠近，不能相倍。”又《太平御覽》卷二說：“若使天裹地如卵含鷄，地何所倚立而自安固？若有四維柱石，則天之運轉將以相害；使無四維因水勢以浮，則非立性也。若天經地行於水中，則日月星辰之行將不得其性。是以兩地之說，下地則上地之根也，天行乎兩地之間矣。”

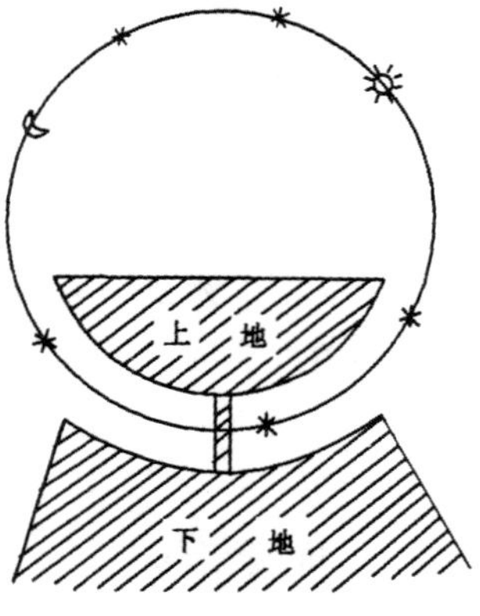

圖5　陳美東《中國科學技術史·天文學卷》中昕天說示意圖

[2]“人爲靈蟲”至“而項不能覆背”：陳美東《中國科學技術史·天文學卷》說：“他認爲人乃是天之驕子，所以，人的形態應與天最爲相似。這一觀念自漢代以來相當流行。姚信正以此立

說。由此出發，他以爲人的頭是圓的，天也是圓的；人頭與身子通過頸項相聯繫，可以作向前俯到胸、而不可以作向後仰到背的運動。於是他認爲天亦在做類似的活動，可以‘南低入地，北則偏高’，即以爲天以一年爲周期，沿子午圈作有限度的仰俯運動。”胸，底本作“匈”，今據中華本改。

[3]“冬至極低”至“故晝短也”：《疇人傳》卷五《姚信》評論曰：“昕天之説，以北極去人有遠近，冬至時極去人較二分爲近，故冬至之日道在二分之日道南；夏至時極去人較二分爲遠，故夏至之日道在二分之日道北。在北則行地中淺，斗與日俱在人之北，有如蓋之覆於上，故曰夏依於蓋；在南則行地中深，斗在人之北，而日在人之南，有如渾之包乎外，故曰冬依於渾。日之南北，因乎極之遠近，然則昕天之説止有赤道，而無黄道矣。”極之高時，“高”字諸本作“立”，據《太平御覽》卷二引文改正。

[4]非極數談天者也：這是李淳風對魏晉三家談天家的總的評論。説虞喜、虞聳、姚信這些人衹是喜好奇異之説，並不是嚴格依據數學知識的推導來談天。

前儒舊説，天地之體，狀如鳥卵，天包地外，猶殼之裹黄，周旋無端，其形渾渾然，故曰渾天。[1]又曰：“天表裏有水，兩儀轉運，各乘氣而浮，載水而行。”[2]漢王仲任，[3]據蓋天之説以駁渾儀云：“舊説，天轉從地下過。今掘地一丈輒有水，天何得從水中行乎?[4]甚不然也。日隨天而轉，非入地。夫人目所望，不過十里，天地合矣。實非合也，遠使然耳。今視日入，非入也，亦遠耳。[5]當日入西方之時，其下之人亦將謂之爲中也。四方之人，各以其近者爲出，遠者爲入矣。何以明之?今試使一人把大炬火，夜行於平地，去人十里，火光滅矣。非火滅也，遠使然耳。今日西轉不復見，是火滅之類也。日月不圓也，望視之所以圓者，去人遠也。夫日，火之精也；月，水之精也。水火在地不圓，在天何故圓?”

圖6　鄭文光、席澤宗《中國古代的宇宙理論》中的渾天説示意圖

［1］“前儒舊説”至“故曰渾天”：見王蕃《渾天象説》。

［2］“又曰”至“載水而行”：見《渾天儀圖注》。

［3］王仲任：人名。東漢王充字仲任，唯物主義哲學家，主蓋天説。傳見《後漢書》卷四九。

［4］“舊説”至“天何得從水中行乎”：天不能從水中通過，當然更不能從地中通過。

［5］今視日入，非入也，亦遠耳：太陽由於距人遠，視之似入，是由於遠的原因。這是典型的蓋天説。

丹陽葛洪釋之曰：[1]

《渾天儀注》云：[2]“天如鷄子，地如中黄，孤居於天内，天大而地小。天表裹有水，天地各乘氣而立，載水而行。周天三百六十五度四分度之一，又中分之，則半覆地上，半繞地下，故二十八宿半見半隱。天轉如車轂之運也。”諸論天者雖多，然精於陰陽者少。張平子、陸公紀之徒，咸以爲推步七曜之道，以度曆象昏明之證候，校以四八之氣，[3]考以漏刻之分，占晷影之往來，求形驗於事情，莫密於渾象也。張平子既作銅渾天儀，於密室中，以漏水轉之，與天皆合如符契也。崔子玉爲其《碑銘》曰：“數術窮天地，制作侔造化。高才偉藝，與神合契。”蓋由於平子渾儀及地動儀之有驗故也。若天果如渾者，則天之出入，行於水中，爲必然矣。故《黄帝書》曰：“天在地外，水在天外。水浮天而載地者也。”又《易》曰：“時乘六龍。”[4]夫陽爻稱龍，龍者居水之物，以喻天。天陽物也，又出入水中，與龍相似，故比以龍也。聖人仰觀俯察，審其如此。故《晋》卦坤上離下，以證日出於地也。又《明夷》之卦離下坤上，以證日入於地也。又《需》卦乾下坎上，此亦天入水中之象也。天爲金，金水相生之物也。天出入水中，當有何損，而謂爲不可乎？然則天之出入水中，無復疑矣。

又今視諸星出於東者，初但去地小許耳。漸而西行，先經人上，後遂轉西而下焉，不旁旋也。其先在西之星，亦稍下而没，無北轉者。日之出入亦然。若謂天磨石轉者，衆星日月，宜隨天而迴，初在於東，次經於南，次到於西，次及於北，而復還於東，不應横過去也。今日出於東，冉冉轉上，及其入西，亦復漸漸稍下，都不繞邊北去。了了如此，王生必固謂爲不然者，疏矣。

今日徑千里，其中足以當小星之數十也。若日以轉遠之故，但當光曜不能復來照及人耳，宜猶望見其體，不應都失其所在也。日光既盛，其體又大於星。今見極北之小星，而不見日之在北者，明其不北行也。若日以轉遠之故，不復可見，其比入之間，應當稍小。而日方入之時，反乃更大，此非轉遠之徵也。王生以火炬喻日，吾亦將借子之矛，以刺子之盾焉。把火之人，去人轉遠，其光轉微，而日月自出至入，不漸小也。王生以火喻之，謬矣。

又日之入西方，視之稍稍去，初尚有半，如横破鏡之狀，須臾淪没矣。若如王生之言，日轉北去者，其北都没之頃，宜先如竪破鏡之狀，不應如横破鏡也。[5]如此言之，日入北方，不亦孤孑乎？又月之光微，不及日遠矣。月盛之時，雖有重雲蔽之，不見月體，而夕猶朗然，是月光猶從雲中而照外也。日若繞西及北者，其光故應如月在雲中之狀，不得夜便大暗也。又日入則星月出焉。明知天以日月分主晝夜，相代而照也。若日常出者，不應日亦入而星月出也。

又案河、洛之文，皆云水火者，陰陽之餘氣也。夫言餘氣，則不能生日月可知也，顧當言日精生火者可耳。若水火是日月所生，則亦何得盡如日月之圓乎？今火出於陽燧，[6]陽燧圓而火不圓也。水出於方諸，[7]方諸方而水不方也。又陽燧可以取火於日，而無取日於火之理，此則日精之生火明矣。方諸可以取水於月，無取月於水之道，此則月精之生水了矣。王生又云："遠故視之圓。"若審然者，月初生之時及既虧之後，何以視之不圓乎？而日食，或上或下，從側而起，或如鈎至盡。若遠視見圓，不宜見其殘缺左右所起也。此則渾天之體，信而有徵矣。

[1]葛洪：人名。東晋人，號抱樸子，在煉丹、道教理論、中醫藥等方面有重大貢獻。傳見《晋書》卷七二。

[2]《渾天儀注》：請注意此處未説明作者是誰。注者曾作文論述《渾天儀注》非張衡所作，主要觀點爲：《後漢書》卷五九《張衡傳》説"作渾天儀，著《靈憲》《算罔論》……所著《詩》《賦》《銘》《七言》《靈憲》《應閒》《七辯》《巡誥》《懸圖》凡三十二篇"。衹説張衡著《靈憲》，作渾天儀，未説張衡著《渾天儀注》；《渾天儀注》首見於東晋葛洪的引文，未説作者；《隋書·經籍志》首載張衡《靈憲》，後載王蕃《渾天象説》，繼載《渾天儀》二卷，同樣不注作者姓名，這種排列方式説明，它絶對不是簡單失載作者姓名，而是認爲《渾天儀注》並非張衡所作；蔡邕欲寢伏儀下尋求研究舊文而不得，著《月令章句》，也合於顏延之"張衡創物，蔡邕造論的説法"；《渾天儀注》的天體模型與《靈憲》有很大出入，不是一個人的觀點，故《渾天儀注》實即有人研究張衡製造的渾儀做出的注文。陳美東先生堅决反對《渾天儀注》非張衡所作的意見，衹好留待後人評説。

[3]四八之氣：即四時八節之氣。

[4]時乘六龍：六個爻位之龍象。

[5]宜先如竪破鏡之狀，不應如横破鏡也：太陽入山時圓面陽光被遮擋比喻，下面被擋則如横破鏡，北面被擋則如竪破鏡。

[6]陽燧：古人日下取火的一種用具。金屬製成的尖底杯，放在日光下，使光綫聚在杯底尖處，杯底置艾絨之類，遇光即能燃火。一説用銅製的凹鏡向日取火。

[7]方諸：古代月下承露取水的器具。《周禮·司烜氏》曰："以鑒取明水於月。"鄭玄注："鑒，鏡屬，取水者，世謂之方諸。"

宋何承天論渾天象體曰：[1]"詳尋前説，因觀渾儀，研求其意，有悟天形正圓，而水居其半，地中高外卑，水周其下。言四方者，東曰暘谷，日之所出，西曰蒙汜，日之所入。《莊子》又云：'北溟有魚，化而爲鳥，將徙於南溟。'斯亦古之遺記，四方皆水證也。四方皆水，謂之四海。凡五行相生，水生於金。是故百川發源，皆自山出，由高趣下，歸注於海。日爲陽精，光曜炎熾，一夜入水，所經焦竭。百川歸注，足以相補，故旱不爲減，浸不爲益。"[2]

又云："周天三百六十五度、三百四分之七十五。天常西轉，一日一夜，過周一度。南北二極，相去一百一十六度、三百四分度之六十五强，即天經也。黄道袤帶赤道，[3]春分交於奎七度，秋分交於軫十五度，冬至斗十四度半强，夏至井十六度半。從北極扶天而南五十五度强，則居天四維之中，最高處也，即天頂也。其下則地中也。"自外與王蕃大同。王蕃《渾天説》，具於《晋史》。[4]

舊説渾天者，以日月星辰，不問春秋冬夏，晝夜晨昏，上下去地中皆同，無遠近。[5]

[1]何承天：人名。劉宋天文學家，造《元嘉曆》。傳見《宋書》卷六四。

[2]“詳尋前説”至“浸不爲益”：又見《宋書·天文志》，但删去“天徑之數，蕃説近之”八字。

[3]衺：通“斜”。

[4]《晋史》：即《晋書·天文志》。實際上，《晋志》未涉及王蕃《渾天説》具體内容，當見《宋書·天文志》。

[5]“舊説渾天者”至“無遠近”：以下列子、桓譚、張衡、束皙、姜岌、祖暅言，均爲議論“日月星辰，不問春秋冬夏，晝夜晨昏，上下去地中皆同，無遠近”的。

《列子》曰：“孔子東游，見兩小兒鬭。問其故，一小兒曰：‘我以日始出去人近，而日中時遠也。’一小兒曰：‘我以爲日初出遠，而日中時近也。’言初出近者曰：‘日初出，大如車蓋，及其日中，裁如盤蓋。此不爲遠者小，近者大乎？’[1]言日初出遠者曰：‘日初出時，滄滄涼涼，及其中時，熱如探湯。此不爲近者熱，遠者涼乎？’”[2]

[1]“日初出”至“近者大乎”：一小兒以日出時大如車輪、日中時小如菜盤爲理由，遠則視物小、近則視物大，故曰日出時距日近，日中時距日遠。

[2]“日初出時”至“遠者涼乎”：另一小兒以日出時日光涼爽、日中時就如燒開的水那樣熱，近火者熱、遠火者涼，故曰日出時距日遠，日中時距日近。

桓譚《新論》云：“漢長水校尉平陵關子陽，[1]以爲日之去人，上方遠而四傍近。[2]何以知之？星宿昏時出東方，其間甚疏，相離丈餘。及夜半在上方，視之甚數，相離一二尺。以準度望之，逾益明白，故知天上之遠於傍也。[3]日爲天陽，火爲地陽。地陽上升，天陽下降。今置火於地，從傍與上，診其熱，遠近殊不同焉。日中正在上，覆蓋人，人當天陽之衝，故熱於始出時。[4]又新從太陰中來，故復涼於其西在桑榆間也。[5]桓君山曰：子陽之言，豈其然乎？"[6]

[1]關子陽：人名。西漢平陵（今陝西咸陽市西北）人。曾任長水校尉。桓譚在《新論》中記述了關子陽關於太陽距人遠近的觀點。

[2]上方遠而四傍近：關子陽以學者的觀點支持第一個小兒的觀點。

[3]"何以知之"至"故知天上之遠於傍也"：關子陽舉出以星宿爲例，看上去近地平時星宿寬大，在天頂時相距較近。甚數，較狹小。準度望之，逾益明白，如果加以度量，便更加明白。實際上，這是説者猜度之辭。

[4]"日爲天陽"至"故熱於始出時"：説者自設天陽與地陽兩種不同熱源的輻射方向不同，來解釋爲什麽日始出時涼、中天時熱，從而否定了日出時涼、距人遠的觀點。

[5]又新從太陰中來，故復涼於其西在桑榆間也：説者又進一步以晨出太陽從太陰中來故涼的觀點，來解釋日落前比日出後更熱的道理。

[6]豈其然乎：桓譚祇記載了這種説法，最終以設問的方式問道，這種説法對嗎？

張衡《靈憲》曰：[1]“日之薄地，暗其明也。由暗視明，明無所屈，是以望之若大。方其中，天地同明，明還自奪，故望之若小。[2]火當夜而揚光，在晝則不明也。月之於夜，與日同而差微。”

[1]《靈憲》：此處所引，顯然不是《靈憲》的全文，而衹是引述其與日遠近有關的論述。《靈憲》全文，見《續漢書·天文志》注。

[2]“日之薄地”至“故望之若小”：作者引用《靈憲》的這段文字，目的衹是爲了説明張衡《靈憲》的觀點，早晨、中午太陽距人並無遠近的變化。

晋著作郎陽平束皙，[1]字廣微，以爲傍方與上方等。傍視則天體存於側，故日出時視日大也。日無小大，而所存者有伸厭。厭而形小，伸而體大，蓋其理也。[2]又日始出時色白者，雖大不甚，始出時色赤者，其大則甚，此終以人目之惑，無遠近也。[3]且夫置器廣庭，則函牛之鼎如釜，堂崇十仞，則八尺之人猶短，物有陵之，非形異也。夫物有惑心，形有亂目，誠非斷疑定理之主。[4]故仰游雲以觀月，月常動而雲不移；乘船以涉水，水去而船不徙矣。[5]

[1]束皙：人名。字廣微，陽平元城（今山東莘縣）人。曾任著作郎等，撰史書，教授門徒，是當時有名的學者。傳見《晋書》卷五一。

[2]“傍視則天體存於側”至“蓋其理也”：日出入時，人目傍視太陽，日中時，人目仰視太陽，人目平視物體則大，仰視則

小，這是人目的錯覺造成的。

［3］“又日始出時色白者”至“無遠近也”：日出時，有時太陽色白，有時色赤。色白時，人們看到的是不甚大的太陽圓面，而色赤時，人們看到的是比色白時更大的太陽圓面。同是日出之時，太陽的圓面應是一樣大的，亦無遠近的不同，但是，在不同的氣象條件下，人們看到的却是太陽大小不同的圓面。這是人們無法排除氣象條件干擾而産生的錯覺。所以，不能以錯覺作爲太陽有遠近的證據。

［4］“且夫置器廣庭”至“誠非斷疑定理之主”：在一個廣大的庭院中，一個可以裝得下牛的大鼎看上去衹是如釜那麼小；八尺高的男子，在十仞高的大堂中也顯得短小。周制仞高八尺，十仞爲八十尺。物有陵之，非形異也，感覺上物體大小的不同，並不是其形體有變化，而是感覺上産生的差異。

［5］“故仰游雲以觀月”至“船不徙矣”：月在雲中游，水流船不動，這更是人們普遍認知的視覺上的錯誤事例。

姜岌云：[1]“余以爲子陽言天陽下降，日下熱，束晳言天體存於目，則日大，頗近之矣。渾天之體，圓周之徑，詳之於天度，驗之於晷影，而紛然之説，由人目也。參伐初出，在旁則其間疏，在上則其間數。以渾檢之，度則均也。[2]旁之與上，理無有殊也。夫日者純陽之精也，光明外曜，以眩人目，故人視日如小。及其初出，地有游氣，以厭日光，不眩人目，即日赤而大也。無游氣則色白，大不甚矣。地氣不及天，故一日之中，晨夕日色赤，而中時日色白。地氣上升，蒙蒙四合，與天連者，雖中時亦赤矣。日與火相類，火則體赤而炎黄，日赤宜矣。然日色赤者，猶火無炎也。光衰失常，則爲異矣。”[3]

[1]姜岌：人名。主要活動於後秦姚興時，相當於東晋後期。當時北方的天文曆法家。諸本作“安岌”，《疇人傳》卷六《姜岌》引錢大昕曰：“安岌當爲姜岌，字脱其半耳。”今據改。

[2]“余以爲子陽言天陽下降”至“度則均也”：關子陽説星宿近地則疏、遠地則數，衹是視覺上的差誤，衹有姜岌，對參宿和伐星在日出和日中時做過實際觀測，並無度數上的差别。以渾檢之，“檢”字底本作“驗”，今據中華本改。

[3]“及其初出”至“則爲異矣”：姜岌在這裏提出了游氣對日面大小影響的問題，這是束皙未曾論及的。他指出，同是日初出時，有時日色赤，有時日色白，這與東方地平方向上地之游氣多少有關。游氣多，則日色赤，背景暗、視日面大；游氣亮，視日面不甚大。日中時，無游氣或游氣很少，故日色白。但若日中之時地氣上升蒙蔽天日，日色也將變赤，視面也將大些。姜岌從正反兩面論證了游氣多寡與日色赤白、視日面大小之間的關係，較前人的相關論述前進了一大步。天體輻射，受到地球大氣的吸收和散射，造成輻射强度減弱和顔色變化，這一現象叫作大氣消光。一般而言，天體愈近地面，入射方向愈傾斜，大氣消光愈嚴重。姜岌地有游氣的概念，與大氣消光作用頗有相通之處，與太陽顔色變化的解釋也相一致。

梁奉朝請祖暅曰：

自古論天者多矣，而群氏糾紛，至相非毁。竊覽同異，稽之典經，仰觀辰極，傍矚四維，睹日月之升降，察五星之見伏，校之以儀象，覆之以晷漏，則渾天之理，信而有徵。輒遺衆説，附渾儀云。《考靈曜》先儒求得天地相去十七萬八千五百里，以晷影驗之，失於過多。既不顯求之術，而虛設其數，蓋夸誕之辭，宜非聖人之旨也。學者多固其説而未之革，豈不知尋其理歟，抑未能求其數故也？[1]

王蕃所考，校之前説，不啻減半。雖非揆格所知，而求之以理，誠未能遥趣其實，蓋近密乎？輒因王蕃天高數，以求冬至、春分日高及南戴日下去地中數。法，令表高八尺與冬至影長一丈三尺，各自乘，并而開方除之爲法。天高乘表高爲實，實如法，得四萬二千六百五十八里有奇，即冬至日高也。以天高乘冬至影長爲實，實如法，得六萬九千三百二十里有奇，即冬至南戴日下去地中數也。求春秋分數法，令表高及春秋分影長五尺三寸九分，各自乘，并而開方除之爲法。因冬至日高實，而以法除之，得六萬七千五百二里有奇，即春秋分日高也。以天高乘春秋分影長實，實如法而一，得四萬五千四百七十九里有奇，即春秋分南戴日下去地中數也。南戴日下，所謂丹穴也。推北極里數法，夜於地中表南，傅地遥望北辰紐星之末，[2]令與表端參合。以人目去表數及表高各自乘，并而開方除之爲法。天高乘表高數爲實，實如法而一，即北辰紐星高地數也。天高乘人目去表爲實，實如法，即去北戴極下之數也。[3]北戴斗極爲空桐。

日去赤道表裏二十四度，遠寒近暑而中和。二分之日，去天頂三十六度。日去地中，四時同度，而有寒暑者，地氣上騰，天氣下降，故遠日下而寒，近日下而暑，非有遠近也。猶火居上，雖遠而炎，在傍，雖近而微。視日在傍而大，居上而小者，仰矚爲難，平觀爲易也。由視有夷險，非遠近之效也。今懸珠於百仞之上，或置之於百仞之前，從而觀之，則大小殊矣。先儒弗斯取驗，虛繁翰墨，夷途頓轡，雄辭析辯，不亦迂哉！今大寒在冬至後二氣者，寒積而未消也。大暑在夏至後二氣者，暑積而未歇也。寒暑均和，乃在春秋分後二氣者，寒暑積而未平也。譬之火始入室，而未甚温，弗事加薪，久而逾熾。既已遷之，猶有餘熱也。[4]

[1]“學者多固其説而未之革”至“抑未能求其數故也”：祖暅對《考靈曜》所用天地相去之數持反對和批判態度。

[2]紐星之末：“紐星”諸本作“細星”，今據《開元占經》改正。

[3]“以人目去表數及表高各自乘”至“即去北戴極下之數也”：在祖暅的《渾天論》中，他以王蕃渾天説的忠實追隨者的面目出現，沿着王蕃的思路，補充了王蕃尚未論及的冬至和春秋分時太陽的高度，以及觀測者同地上與太陽垂直的那一點之間距離的計算。與王蕃天徑大小的計算存在許多失誤一樣，祖暅所作的補充也漏洞百出，同樣没有實際意義。

[4]“日去赤道表裏二十四度”至“猶有餘熱也”：祖暅對一年四季寒暑變化的原因做了頗有見地的論述。他指出寒暑的變化不是太陽遠近的結果，太陽一年之中與地的距離都是一樣的。他把關子陽對一日内温凉變化的解説，應用於一年四季寒暑變化的説明。他指出，當在火焰上騰的部分，即便距火遠也熱，而在火焰側面，即使距火近也不覺得熱。故冬至遠日下而寒，夏天近日下而暑。這裏的遠日下和近日下，是指人與太陽相對位置而言。遠日下是太陽斜射，近日下是太陽直射。祖暅還指出一年之中大寒最冷、大暑最

熱、穀雨和霜降寒暑均和的原因。他認爲這是積寒而寒甚積熱而熱極的結果，即提出了熱量逐漸積累或消減的機制，用以説明最冷最熱或冷熱均和的時日不在二至和二分的滯後現象。並以室内剛生火時不會立即暖和而撤火後不致馬上冷爲例加以説明。祖暅强調平視與仰視的不同效果，造成日在傍視大、在上視小。並以球爲例，相同距離的水平處大，高處小，由此證明太陽日出時較日中時大的道理。不過，祖暅將太陽視大小的原因僅限於此，實際是否定了前人多方面因素的探索，未免以偏概全。

渾天儀[1]

案《虞書》："舜在琁璣玉衡，以齊七政。"則《考靈曜》所謂觀玉儀之游，昏明主時，乃命中星者也。琁璣中而星未中爲急，急則日過其度，月不及其宿。琁璣未中而星中爲舒，舒則日不及其度，月過其宿。琁璣中而星中爲調，調則風雨時，庶草蕃蕪，而五穀登，萬事康也。所言琁璣者，謂渾天儀也。故《春秋文耀鉤》云："唐堯即位，羲、和立渾儀。"[2]而先儒或因星官書，北斗第二星名琁，第三星名璣，第五星名玉衡，仍七政之言，即以爲北斗七星。載筆之官，莫之或辨。史遷、班固，猶且致疑。[3]馬季長創謂璣衡爲渾天儀。[4]鄭玄亦云："其轉運者爲璣，其持正者爲衡，皆以玉爲之。七政者，日月五星也。以璣衡視其行度，以觀天意也。"故王蕃云："渾天儀者，羲、和之舊器，積代相傳，謂之璣衡。其爲用也，以察三光，以分宿度者也。又有渾天象者，以著天體，以布星辰。而渾象之法，地當在天中，其勢不便，故反觀其形，地爲外匡，於已解者，無異在内。詭狀殊體，而合於理，可謂奇巧。然斯二者，以考於天，蓋密矣。”又云：“古舊渾象，以二分爲一度，周七尺三寸半〔分〕。而莫知何代所造。”今案虞喜云：“落下閎爲漢孝武帝於地中轉渾天，定時節，作《泰初曆》。”或其所製也。[5]

[1]渾天儀：渾儀和渾象，在中國上古時曾混合使用，分辨不清。至《宋書·天文志》，二者纔有了明確的定義，測角用的稱爲渾儀或渾天儀，演示用的稱爲渾象或渾天象。但仍合在一起稱爲渾象，至《隋書·天文志》，纔將二者分開獨立介紹。渾天一名，源於渾天説。渾天儀者，其基本結構包含機、衡兩部分。渾天象者，是對渾天形象的顯示和表述，爲一個布滿全天星宿的可以繞極軸旋轉的天球，現代的名稱爲天球儀。

[2]“案《虞書》”至“羲、和立渾儀”：渾儀的歷史，可以追溯到《尚書·舜典》：“舜在琁璣玉衡，以齊七政。”李淳風贊成《考靈曜》的説法，這個琁璣玉衡就是玉儀，從而將渾儀的創造追溯到唐堯時代。

[3]“而先儒或因星官書”至“猶且致疑”：李淳風對先儒將琁璣玉衡解釋爲北斗七星，從而將七政定名爲北斗七星持批評態度，也不滿意於《史記·天官書》和《漢書·天文志》模棱兩可的説法。

[4]馬季長：人名。即馬融，字季長，右扶風茂陵（今陝西興平市）人，經學家。首先提出璣衡爲渾天儀，鄭玄跟隨其説。

[5]“今案虞喜云”至“或其所製也”：渾儀起源於何時，没有可靠的文獻記載。大致有了渾天觀念纔有渾天儀。徐振韜曾探討過先秦渾儀，其主要理由是石申夫二十八宿星表有入宿度和去極度。有了度數纔會有記録。但石申夫的二十八宿度數記録，很可能是石申夫學派繼承人所補測。故以此作爲先秦即有渾儀證據不足。

同理，陳美東以西漢鮮于妄人可能是石氏星表主要觀測者，而石氏星表除赤道度以外還有黄道度，從而推論出渾儀的黄道環爲鮮于妄人所加亦不可靠。此處虞喜説落下閎爲漢武帝於地中轉渾天，與《漢書・律曆志》説唐都分天部相應證，將渾儀的製作和使用上推到西漢太初年間還是可信的。

漢孝和帝時，太史揆候，皆以赤道儀，與天度頗有進退。以問典星待詔姚崇等，皆曰《星圖》有規法，日月實從黄道。官無其器。[1]至永元十五年，詔左中郎將賈逵，[2]乃始造太史黄道銅儀。[3]至桓帝延熹七年，太史令張衡更以銅製，以四分爲一度，周天一丈四尺六寸一分。亦於密室中以漏水轉之，令司之者，閉户而唱之，以告靈臺之觀天者。琁璣所加，某星始見，某星已中，某星今没，皆如合符。[4]蕃以古製局小，以布星辰，相去稠概，不得了察。張衡所作，又復傷大，難可轉移。蕃今所作，以三分爲一度，周一丈九寸五分、四分〔分〕之三。張古法三尺六寸五分、四分分之一，減衡法亦三尺六寸五分、四分分之一。渾天儀法，黄赤道各廣一度有半。故今所作渾象，黄赤道各廣四分半，相去七寸二分。[5]又云："黄赤二道，相共交錯，其間相去二十四度。以兩儀準之，二道俱三百六十五度有奇。又赤道見者，常一百八十二度半强。又南北考之，天見者亦一百八十二度半强。[6]是以知天之體圓如彈丸，南北極相去一百八十二度半强也。而陸績所作渾象，形如鳥卵，以施二道，不得如法。若使二道同規，則其間相去不得滿二十四度。若令相去二十四度，則黄道當長於赤道。又兩極相去，不翅八十二度半强。[7]案績説云：‘天東西徑三十五萬七千里，直徑亦然。’則績意亦以天爲正圓也。器與言謬，頗爲乖僻。”[8]然則渾天儀者，其制有機有衡。既動静兼狀，以效二儀之情，又周旋衡管，用考三光之分。所以揆正宿度，準步盈虚，來古之遺法也。[9]則先儒所言圓規徑八尺，漢候臺銅儀，蔡邕所欲寢伏其下者是也。

[1]“漢孝和帝時”至“官無其器”：是説太史測候的數據，與天象的實際行度有出入。這是太史測候時，均以赤道儀所致。官府責問爲什麼測候有出入，答曰日月的運行是沿着黄道的，靈臺没有沿黄道測量的器物。

[2]賈逵：人名。字景伯，扶風平陵（今陝西咸陽市）人，東漢經學家，在天文學上也頗多貢獻。傳見《後漢書》卷三六。

[3]乃始造太史黄道銅儀：根據以上的要求便開始建造太史臺黄道銅儀。根據這些理由，可知在此之前的渾儀是没有黄道圈的。

[4]“至桓帝延熹七年”至“皆如合符”：此處衹説張衡“更以銅製”，“亦於密室中以漏水轉之”，“琁璣所加”，“皆如合符”。並没有説張衡製造的是什麽，而據《後漢書》卷五九《張衡傳》則説“作渾天儀，著《靈憲》《算罔論》”。但據以上記載，便可推知張衡製造的是渾象，而不是渾儀，可見漢晋時人對渾儀和渾象之名是混用的。

[5]“故今所作渾象”至“相去七寸二分”：是説王蕃製作的渾象，由於以三分爲一度，比張衡的小一分，比古制又大一分，所以王蕃渾象的黄赤道寬度比張衡的也小，衹有四分半寬。黄赤道相距達七寸二分。故今，諸本作“汝今”，今據《開元占經》改正。

[6]“又云黄赤二道”至“天見者亦一百八十二度半强”：是説王蕃製的渾象，在天球的中腰有一塊隔板，此極在板上三十六

度，南極隱没在板下三十六度，黄赤二道相交，板上各見一百八十二度半强。

［7］“而陸績所作渾象”至“不翅八十二度半强”：是説陸績設計的渾象形如鳥卵，那麽二道相交，總有一道比另一道長。不翅一百八十二度半强，諸本在“八十”前缺“一百”二字，今補。其義爲極軸的兩翼不少於一百八十二度半强。

［8］“案績説云”至“頗爲乖僻”：言陸績既云天形如鳥卵，又云“天東西徑三十五萬七千里，直徑亦然”，那麽他也承認天爲正圓形的，故他的學説自相矛盾。

［9］“然則渾天儀者”至“來古之遺法也”：渾天儀是用旋轉游動環來對準天象，又旋轉衡管來對準日月星三光，測定它們的宿度的，這是自古以來的方法。

梁華林重雲殿前所置銅儀，其制則有雙環規相並，間相去三寸許，正竪當子午。其子午之間，應南北極之衡，各合而爲孔，以象南北樞。植楗於前後，以屬焉。[1]又有單横規，高下正當渾之半。皆周匝分爲度數；署以維辰之位，以象地。[2]又有單規，斜帶南北之中，與春秋二分之日道相應。亦周匝分爲度數，而署以維辰，並相連著。屬楗植而不動。[3]其裏又有雙規相並，如外雙規。内徑八尺，周二丈四尺，而屬雙軸。軸兩頭出規外各二寸許，合兩爲一。内有孔，圓徑二寸許，南頭入地下，注於外雙規南樞孔中，以象南極。北頭出地上，入於外雙規規北樞孔中，以象北極。其運動得東西轉，以象天行。[4]其雙軸之間，則置衡，長八尺，通中有孔，圓徑一寸。當衡之半，兩邊有關，各注著雙軸。衡即隨天象東西轉運，又自於雙軸間得南北低仰。所以準驗辰曆，分考次度，其於揆測，唯所欲爲之者也。[5]檢其鐫題，是僞劉曜光初六年，史官丞南陽孔挺所造，則古之渾儀之法者也。[6]而宋御史中丞何承天及太中大夫徐爰，各著《宋史》，咸以爲即張衡所造。其儀略舉天狀，而不綴經星七曜。魏、晋喪亂，沉没西戎。義熙十四年，宋高祖定咸陽得之。梁尚書沈約著《宋史》，亦云然，皆失之遠矣。[7]

[1]“其制則有雙環規相並”至“以屬焉”：其外子午雙環，並於南北極結於一處。以下詳述梁華林重雲殿銅儀的各個部件性能及功用，計有五項。

[2]“又有單横規”至“以象地”：這是説地平環有刻度。其與子午雙環相結。

[3]“又有單規”至“屬楗植而不動”：這是與外雙環相垂直又於中腰相結的赤道環，有刻度。

[4]“其裏又有雙規相並”至“以象天行”：外雙環内的游動雙環，俗稱四游儀。内徑八尺，周二丈四尺。内雙環於南北極處相結，軸頭出規外二寸許，插入外雙規南北極孔中，可以沿東西方向運轉，以象天球的周日運動。

[5]“其雙軸之間”至“唯所欲爲之者也”：這是游動雙環之間夾着衡管，亦稱望筒。長八尺，中通有孔，圓徑一寸。衡管既可隨游動雙環東西運轉，在游動雙環内又可南北移動，用於對準所測天象。

[6]“檢其鐫題”至“則古之渾儀之法者也”：在這架渾儀上刻有光初六年（323）史官丞南陽孔挺造字樣。故該銅儀的製造者是明確的。由以上記載可知，孔挺渾儀由外重定環和内重動環和一根窺管組成。這是中國古代關於渾儀具體形制最早的詳細記載。孔挺，人名。曾任前趙史官丞。於劉曜光初六年造銅渾儀。

［7］“而宋御史中丞何承天”至“皆失之遠矣”：當年宋何承天、徐爰和梁沈約各寫《宋史》時，均以爲該銅儀爲張衡所造，還説它略舉天狀，不綴經星七曜，漢亡後流落於西戎，至宋高祖平定咸陽時纔得以回還。他們未能對該銅儀進行實際考察，僅憑推想著文，與實際相去甚遠。沈約，字休文，吴興武康（今浙江德清縣武康鎮）人，南朝文學家，歷士宋齊梁三代，官至尚書令，其所著《宋書》，至今流傳。傳見《梁書》卷一三〇。被李淳風批評的這段文字，見《宋書·天文志一》。由以上介紹可知，孔挺製造的渾儀，還祇是中國古代渾儀的最基本形式。由於它是當時北方十六國之一的前趙製成的，其尺寸不小，而且堅固實用，也應在中國渾儀史上占有重要的一頁。它於東晋安帝義熙十四年（418）平定後秦時在咸陽獲得，被運到建康，一直沿用到梁代，安置在華林重雲殿前。這時距它製造時已有二百餘年的歷史。

後魏道武天興初，命太史令晁崇修渾儀，以觀星象。十有餘載，至明元永興四年壬子，詔造太史候部鐵儀，以爲渾天法，[1]考琁璣之正。其銘曰：“於皇大代，配天比祚。赫赫明明，聲烈遐布。爰造兹器，考正宿度。貽法後葉，永垂典故。”其製並以銅鐵，唯誌星度以銀錯之。[2]南北柱曲抱雙規，東西柱直立，下有十字水平，以植四柱。[3]十字之上，以龜負雙規。[4]其餘皆與劉曜儀大同。即今太史候臺所用也。

［1］“後魏道武天興初”至“以爲渾天法”：北魏道武天興初，命太史令晁崇修渾儀。其後没有下文。十餘年之後，明元帝繼位，於永興四年（412）再次下詔造太史臺供測候用的鐵儀。後世稱都匠斛蘭鐵儀，都是指同一件儀器。大約由太史令籌劃設計，都匠斛

蘭製造。

[2]唯誌星度以銀錯之：儀器的主體以銅鐵製造，唯於刻度盤處鑲嵌銀，以示醒目。

[3]“南北柱曲抱雙規”至“以植四柱”：儀的定環由四個立柱托起，南北立柱托住子午雙環，東西立柱托住赤道環。四根立柱由十字水平架支撑。

[4]十字之上，以龜負雙規：托起定環的立柱，一般製成龍柱形，此以龜托柱較爲少見，大約北魏統治者自認爲是夏人後裔，取自龜蛇圖騰崇拜。

渾天象

渾天象者，其制有機而無衡，[1]梁末秘府有，以木爲之。其圓如丸，其大數圍。南北兩頭有軸。遍體布二十八宿、三家星、黄赤二道及天漢等。别爲横規環，以匡其外。高下管之，以象地。[2]南軸頭入地，注於南植，以象南極。北軸頭出於地上，注於北植，以象北極。正東西運轉。昏明中星，既其應度，分至氣節，亦驗，在不差而已。[3]不如渾儀，别有衡管，測揆日月，分步星度者也。[4]吴太史令陳苗云：[5]“先賢制木爲儀，名曰渾天。”即此之謂耶？由斯而言，儀象二器，遠不相涉。則張衡所造，蓋亦止在渾象七曜，而何承天莫辨儀象之異，亦爲乖失。[6]

[1]有機而無衡：渾象能够運轉但無用於觀測的窺管，即不能用於觀測天體的位置。

[2]“以木爲之”至“以象地”：説渾象以木製作，爲正球形。南北兩頭有軸，可以繞軸旋轉。球上分布着三垣二十八宿和銀河

等。又另外置一横環，環繞在球的周圍，水平放置於球的中腰，以象徵地平。其大數圍，雙臂合抱爲一圍。數圍，足有幾個合圍那麽大。

［3］“南軸頭入地”至“在不差而已”：南軸頭没在地平圈以下，北軸頭高在地平圈之上，以象南北極。南北軸頭，各插入固定的南北極點之中，使球體可以繞正東西方向運轉，於是，昏明中星、分至節氣也絲毫不差。

［4］“不如渾儀”至“分步星度者也”：它不像渾儀，有窺管，可以測度日月星辰的行度。

［5］陳苗：人名。曾任吴國太史令，身份不詳。

［6］“儀象二器”至“亦爲乖失”：可見渾儀和渾象，結構和性能各不相同。何承天著文儀象不分，差誤大了。

宋文帝以元嘉十三年詔太史更造渾儀。太史令錢樂之依案舊説，[1]采效儀象，鑄銅爲之。五分爲一度，徑六尺八分少，周一丈八尺二寸六分少。地在天内，不動。立黄赤二道之規，南北二極之規，布列二十八宿、北斗極星。置日月五星於黄道上。爲之杠軸，以象天運。昏明中星，與天相符。[2]梁末，置於文德殿前。至如斯制，以爲渾儀，儀則内闕衡管。以爲渾象，而地不在外。是參兩法，别爲一體。就器用而求，猶渾象之流，外内天地之狀，不失其位也。吴時又有葛衡，明達天官，能爲機巧。改作渾天，使地居于天中。以機動之，天動而地止，以上應晷度，則樂之之所放述也。[3]

到元嘉十七年，又作小渾天，二分爲一度，徑二尺二寸，周六尺六寸。安二十八宿中外官星備足。以白青黄等三色珠爲三家星。其日月五星，悉居黄道。亦象天運，而地在其中。

宋元嘉所造儀象器，開皇九年平陳後，並入長安。大業初，移於東都觀象殿。

[1]錢樂之：人名。劉宋太史令，宋文帝時在任，曾製大小兩個渾象。其事迹亦見《宋書·天文志》。

[2]“采效儀象”至“與天相符”：據此記載，此渾象以五分爲一度，是自此之前所見最大渾象，它以銅爲球，中空。地在球内，固定不動，銅球固定在杠軸之上，可以繞杠軸旋轉。二十八宿等分布於球上。立黄赤二道，置日月五星於黄道之上。

[3]“吴時又有葛衡”至“則樂之之所放述也”：言吴時葛衡能爲機巧，改作渾天象，地居天中，機動之天動而地止，故曰錢樂之倣此而造渾象。葛衡，字思真。放述，倣述。天動而地止，諸本“止”作“上”，據《太平御覽》引《晋陽秋》改正。

蓋圖

晋侍中劉智云：“顓頊造渾儀，黄帝爲蓋天。”然此二器，皆古之所制，但傳説義者，失其用耳。昔者聖王正曆明時，作圓蓋以圓列宿。極在其中，迴之以觀天象。分三百六十五度、四分度之一，以定日數。[1]日行於星紀，轉迴右行，故圓規之，以爲日行道。欲明其四時所在，故於春也，則以青爲道；於夏也，則以赤爲道；於秋也，則以白爲道；於冬也，則以黑爲道。四季之末，各十八日，則以黄爲道。蓋圖已定，仰觀雖明，而未可正昏明，分晝夜，故作渾儀，以象天體。[2]今案自開皇已後，天下一統，靈臺以後魏鐵渾天儀，測七曜盈縮，以蓋圖列星坐，分黄赤二道距二十八宿分度，而莫有更爲渾象者矣。

［1］“然此二器”至“以定日數”：錢寶琮《蓋天説源流考》指出，漢代有一種稱爲蓋圖的星圖，它原是配合蓋天説而出現的一種儀器，類似於現代所用的活動星圖。它用兩幅方繒重疊起來。下面一幅塗成黄色，以中心爲北天極，畫上周天二十八宿等星官。上面一幅也畫一個圓，代表人目所能見的天空範圍，圓内塗成青色。把黄圖畫中心和青圖畫中心按天北極和觀測的關係安排好。這樣，青圖畫透視下的黄圖畫部分就是在該地人目所見的星空。如果把黄方繒繞北天極順時針旋轉，在青圖畫内就可以演示該地人目所見星

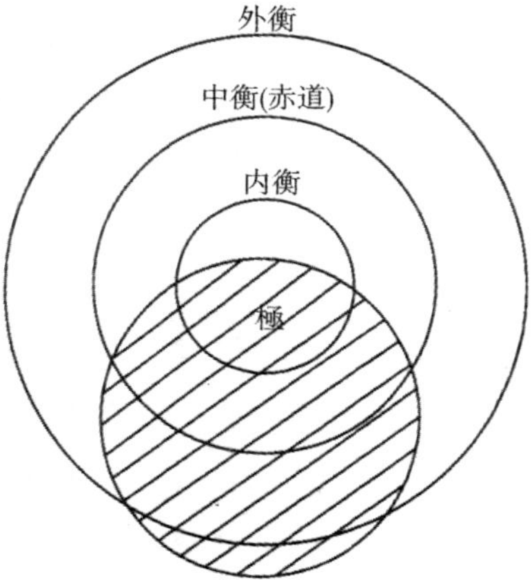

圖7　漢代蓋圖

空的變化。實際上，黄圖畫就是一幅以北天極爲中心的恒星圖，後來的星圖，大約便是在此基礎上發展起來的。

［2］“蓋圖已定”至“以象天體”：蓋天儀便於演示四季星空的變化，但難以表示昏明晝夜的變化，所以作渾天儀，以象晝夜的

運轉。

仁壽四年，河間劉焯造《皇極曆》，[1] 上啓於東宫。論渾天云：

璿璣玉衡，正天之器，帝王欽若，世傳其象。漢之孝武，詳考律曆，糺落下閎、鮮于妄人等，共所營定。逮于張衡，又尋述作，亦其體制，不異閎等。雖閎制莫存，而衡造有器。至吴時，陸績、王蕃，並要修鑄。績小有異，蕃乃事同。宋有錢樂之，魏初晁崇等，總用銅鐵，小大有殊，規域經模，不異蕃造。觀蔡邕《月令章句》，鄭玄注《考靈曜》，勢同衡法，迄今不改。[2]

焯以愚管，留情推測，見其數制，莫不違爽。失之千里，差若毫釐，大象一乖，餘何可驗。況赤黄均度，月無出入，至所恒定，氣不别衡。分刻本差，輪迴守故。其爲疏謬，不可復言。亦既由理不明，致使異家間出。蓋及宣夜，三説並驅，平、昕、安、穹，四天騰沸。至當不二，理唯一揆，豈容天體，七種殊説？[3] 又影漏去極，就渾可推，百骸共體，本非異物。此真已驗，彼僞自彰，豈朗日未暉，爝火不息，理有而闕，詎不可悲者也？昔蔡邕自朔方上書曰："以八尺之儀，度知天地之象，古有其器，而無其書。常欲寢伏儀下，案度成數，而爲立説。"邕以負罪朔裔，書奏不許。邕若蒙許，亦必不能。邕才不逾張衡，衡本豈有遺思也？則有器無書，觀不能悟。焯今立術，改正舊渾。又以二至之影，定去極晷漏，并天地高遠，星辰運周，所宗有本，皆有其率。祛今賢之巨惑，稽往哲之群疑，豁若雲披，朗如霧散。爲之錯綜，數卷已成，待得影差，謹更啓送。[4]

又云：《周官》夏至日影，尺有五寸。張衡、鄭玄、王番、陸績先儒等，皆以爲影千里差一寸。言南戴日下萬五千里，表影正同，天高乃異。考之算法，必爲不可。寸差千里，亦無典説，明爲意斷，事不可依。今交、愛之州，表北無影，計無萬里，南過戴日。是千里一寸，非其實差。[5]焯今説渾，以道爲率，道里不定，得差乃審。既大聖之年，升平之日，釐改群謬，斯正其時。請一水工并解算術士，取河南、北平地之所，可量數百里，南北使正。審時以漏，平地以繩，隨氣至分，同日度影。得其差率，里即可知。[6]則天地無所匿其形，辰象無所逃其數，超前顯聖，效象除疑。請勿以人廢言。不用。至大業三年，敕諸郡測影，而焯尋卒，事遂寢廢。

[1]劉焯：人名。字士元，信都昌亭（今河北冀州市）人。聰敏沈深，以儒學知名，爲州博士。傳見《北史》卷八二。　《皇極曆》：《隋書·律曆志》有記載。

[2]“璿璣玉衡”至“迄今不改”：自此以下爲劉焯上《皇極曆》表文中撰寫的渾天論。該段陳述渾天儀象的發展歷史。

[3]“焯以愚管”至“七種殊説”：劉焯這裏批評了以往七種殊説的乖謬。這七種殊説是：古渾天説、蓋天説、平天説、宣夜説、昕天説、安天説和穹天説。

[4]“又影漏去極”至“謹更啓送”：渾天是科學的觀念，但

世上有儀而無論，昔蔡邕要想立論而没有獲允，但蔡邕衹是一介儒生，即使給他機會也不能成書。我今天立法，改正舊渾，推算天地的高遠，星辰的運周，將會去除學術上的難解之惑，有如雲消霧散。

［5］“《周官》夏至日影”至“非其實差”：舊渾天家皆用千里差一寸之説，但考之算法，一定不符合事實。千里差一寸，也無經典的記載。現今交、愛兩州之地，即是日中無影，但相距並無萬里。交愛之州，指交州和愛州，地域歷代有變，大致在廣西和越南北部。

［6］“焯今説渾”至“里即可知”：劉焯提出一個沿着正南北方向，同日測影的方法，量其相距里數，即可得到實差之數。這個建議實際就是相當於測量子午綫長度的方法，從而也可得到地球半徑的長度。這個建議雖然未能實現，但爲唐人僧一行等的實測做了建言。

地中[1]

《周禮·大司徒職》：“以土圭之法，測土深，正日景，以求地中。”此則渾天之正説，立儀象之大本。[2]故云：“日南則景短多暑，日北則景長多寒，日東則景夕多風，日西則景朝多陰。日至之景，尺有五寸，謂之地中。天地之所合也。四時之所交也，風雨之所會也，陰陽之所和也。然則百物阜安，乃建王國焉。”[3]又《考工記·匠人》：“建國，水地以縣。置槷以縣，眡以景。爲規，識日出之景與日入之景。晝參諸日中之影，夜考之極星，以正朝夕。”[4]案土圭正影，經文闕略，先儒解説，又非明審。[5]

［1］地中：大致可以理解爲天地的中心。

［2］“《周禮·大司徒職》”至“立儀象之大本”：由《周禮·大司徒職》的記載可以看出，此處所載，即爲地中一名的經典出處。它爲渾天的正説，是設立儀象的根本。據此理解，這個地中之地，爲國都觀測者觀測宇宙的基地，是天地的中心，也是立渾儀的中心。

［3］“日南則景短多暑”至“乃建王國焉”：如果僅僅據夏至日中之影尺有五寸來尋找日中之地，那麽它衹給出了一條緯度帶，尚不能確定地中究竟在哪裏。但它還有“日東則景夕多風、日西則景朝多陰”等的説法，還有乃建王國焉等語，可見這個地中即是指當時的王都洛邑。它與後人附會的城也相去不遠，可以理解爲同一個地區。事實上，所謂“日東則景夕多風，日西則景朝多陰”衹是一種没有實際意義似是而非的説法，是理想中的風調雨順、百物阜安的建都之地。

［4］“又《考工記·匠人》”至“以正朝夕”：《考工記》記載選擇建國之地，也是用測景之法，用以定南北、正朝夕，也是似是而非的説法。

［5］“案土圭正影”至“又非明審”：是説如何以土圭來正日影，這地中，經文缺載，先儒的解説又不明確。

祖暅錯綜經注，以推地中。其法曰：[1]

先驗昏旦，定刻漏，分辰次。乃立儀表於準平之地，名曰南表。漏刻上水，居日之中，更立一表於南表影末，名曰中表。夜依中表，以望北極樞，而立北表，令參相直。三表皆以懸準定，乃觀。三表直者，其立表之地，即當子午之正。三表曲者，地偏僻。每觀中表，以知所偏。中表在西，則立表處在地中之西，當更向東求地中。若中表在東，則立表處在地中之東也，當更向西求地中。取三表直者，爲地中之正。[2]又以春秋二分之日，旦始出東方半體，乃立表於中表之東，名曰東表。令東表與日及中表參相直。（是）〔視〕日之夕，日入西方半體，又立表於中表之西，名曰西表。亦從中表西望西表及日，參相直。乃觀三表直者，即地南北之中也。若中表差近南，則所測之地在卯酉之南。中表差在北，則所測之地在卯酉之北。進退南北，求三表直正東西者，則其地處中，居卯酉之正也。[3]

[1]祖暅錯綜經注，以推地中。其法曰：祖暅詳考經傳，提出如下推地中的方法。

[2]“先驗昏旦”至“爲地中之正”：祖暅稱圭表爲南表，日中圭表影端立中表，中表與北極同一直綫上設此表，他認爲這三表若在同一直綫上，便爲地中之正。

[3]“又以春秋二分之日”至“居卯酉之正也”：祖暅又於春秋分之日，日出時於中表與日一直綫上立東表，於日落時於中表與日一直綫上立西表，三表在一直綫之上，此地即爲南北之中，若不相直，則進退東西或南北求地中。若以此法求地中，則處處爲地中。

晷影

昔者周公測晷影於陽城，以參考曆紀。其於《周禮》，在《大司徒之職》：“以土圭之法，測土深，正日景，以求地中。日至之景，尺有五寸，則天地之所合，四時之所交。百物阜安，乃建王國。”然則日爲陽精，玄象之著然者也。生靈因之動息，寒暑由其遞代。觀陰陽之升降，揆天地之高遠，正位辨方，定時考閏，莫近於兹也。古法簡略，旨趣難究，術家考測，互有異同。先儒皆云："夏至立八尺表於陽城，其影與土圭等。"案《尚書考靈曜》稱："日永，景尺五寸；日短，丈三尺。"[1]《易通卦驗》曰："冬至之日，樹八尺之表，日中視其晷景長短，以占和否。夏至景一尺四寸八分，冬至一丈三尺。"《周髀》云："成周土中，夏至景一尺六寸，冬至景一丈三尺五寸。"劉向《鴻範傳》曰："夏至景長一尺五寸八分，冬至一丈三尺一寸四分，春秋二分，景七尺三寸六分。"後漢《四分曆》、魏《景初曆》、宋《元嘉曆》、大明祖冲之曆，皆與《考靈曜》同。漢、魏及宋，所都皆别，四家曆法，候影則齊。[2]且緯候所陳，恐難依據。[3]劉向二分之影，直以率推，[4]非因表候定其長短。然尋晷影尺丈，雖有大較，或地域不改，而分寸參差，或南北殊方，而長短維一。蓋術士未能精驗，馮古所以致乖。今删其繁雜，附於此云。

[1]日短，丈三尺：諸本均作"日短景尺三寸"，今據《周髀算經》李淳風注引《考靈曜》作"日短一十三尺"改正。"一十三尺"正合"丈三尺"之數。

[2]所都皆别，四家曆法，候影則齊：言兩漢、魏、宋四家都城不同，但所用晷影則同，這些數據是成問題的。不過兩漢及魏都城長安、洛陽的地理緯度大致相同，所測晷影數值相同不成問題，僅劉宋都城遠在江南，當爲儒家借用，並非實測。

[3]緯候所陳，恐難依據：緯書所説晷影，難以作實測的依據。

因爲它不一定是實測。緯候，緯書的測候，緯指《尚書考靈曜》和《易通卦驗》。

[4]劉向二分之影，直以率推：劉向《鴻範傳》春秋分晷影，可以算得它是依據算法推出來的。

梁天監中，祖暅造八尺銅表，其下與圭相連。圭上爲溝，置水，以取平正。揆測日晷，求其盈縮。至大同十年，太史令虞劆，[1]又用九尺表，格江左之影。[2]夏至一尺三寸二分，冬至一丈三尺七分，立夏、立秋二尺四寸五分，春分、秋分五尺三寸九分。陳氏一代，唯用梁法。齊神武以洛陽舊器，並徙鄴中，[3]以暨文宣受終，竟未考驗。至武平七年，訖干景禮始薦劉孝孫、張孟賓等於後主。劉、張建表測影，以考分至之氣。草創未就，仍遇朝亡。周自天和以來，言曆者紛紛復出。亦驗二至之影，以考曆之精粗。

[1]虞劆：人名。南朝梁太史令。本書《天文志》《律曆志》均載其事。

[2]用九尺表，格江左之影：虞劆造九尺長的圭表用以測量江南的季節日影之長。梁國首都建於江南，故曰格江左之影。格，測量。

[3]齊神武以洛陽舊器，並徙鄴中：公元 550 年，高歡子高洋代東魏稱帝，國號齊，建都鄴，史稱北齊。文宣是其帝號。

及高祖踐極之後，大議造曆。張胄玄兼明揆測，言日長之瑞。[1]有詔司存，而莫能考決。至開皇十九年，袁充爲太史令，[2]欲成胄玄舊事，復表曰："隋興已後，日景漸長。開皇元年冬至之影，長一丈二尺七寸二分，自爾漸短。至十七年冬至影，一丈二尺六寸三分。四年冬至，在洛陽測影，長一丈二尺八寸八分。二年夏至影，一尺四寸八分，自爾漸短。至十六年夏至影，一尺四寸五分。其十八年冬至，陰雲不測。元年、十七年、十八年夏至，亦陰雲不測。《周官》以土圭之法正日影，日至之影，尺有五寸。鄭玄云：'冬至之景，一丈三尺。'今十六年夏至之影，短於舊五分，十七年冬至之影，短於舊三寸七分。[3]日去極近，則影短而日長；去極遠，則影長而日短。行内道則去極近，行外道則去極遠。《堯典》云：'日短星昴，以正仲冬。'據昴星昏中，則知堯時仲冬，日在須女十度。以曆數推之，開皇以來冬至，日在斗十一度，與唐堯之代，去極俱近。謹案《元命包》云：'日月出内道，琁璣得其常，天帝崇靈，聖王初功。'京房《别對》曰：'太平日行上道，升平日行次道，霸代日行下道。'伏惟大隋啓運，上感乾元，影短日長，振古希有。"是時廢庶人勇，晋王廣初爲太子，充奏此事，深合時宜。上臨朝謂百官曰："景長之慶，天之祐也。今太子新立，當須改元，宜取日長之意，以爲年號。"由是改開皇二十一年爲仁壽元年。此後百工作役，並加程課，以日長故也。[4]皇太子率百官詣闕陳賀。案日徐疾盈縮無常，充等以爲祥瑞，大爲議者所貶。[5]

［1］張胄玄：人名。渤海蓨（今河北景縣）人，因懂天文曆法進太史局任職。　言日長之瑞：張胄玄和袁充據京房《别對》和

《元命包》有日行上道、次首、下道之説，引伸出冬夏至日影有長短之别，日行上道則日影短，日影短則日長，按以上占語，日長爲瑞象，應在“大隋啓運，上感乾元，影短日長，振古希有”。楊廣初爲太子，惑其説，予以慶祝，上書更改年號。冬夏至日中影長，確有周期性的變化，大約四年變化一周，但影長變化量很小，八尺之表幾乎測不出來。張胄玄所説的日長之瑞，可能是一場騙局，陳美東《中國科學技術史·天文學卷》稱其爲“兩人主演了一出接一出天文鬧劇”。

[2]袁充：人名。字德符，陳郡陽夏（今河南淮陽縣）人，懂天文曆法，任職太史局。

[3]十七年冬至之影，短於舊三寸七分：如果説，冬夏至日，因不同時刻交氣而會導致冬夏至日中影長發生變化，那麽這種變化是微小的，按袁充的奏表，開皇十七年（597）冬至影長比舊測竟然短了三寸七分，從科學上説，這是不可能的，由此可見，這不是實測，而是造假，所報其他冬夏至日短之影也不是實測。

[4]此後百工作役，並加程課，以日長故也：以後各種工匠做工，都要從工資中加收税，這是因爲慶祝日長的原因。可見這場日長鬧劇甚至殃及百工。

[5]充等以爲祥瑞，大爲議者所貶：袁充等以爲日長事是祥瑞，但被議論批評貶斥之辭不斷。

又《考靈曜》、《周髀》、張衡《靈憲》及鄭玄注《周官》，並云：“日影於地，千里而差一寸。”案宋元嘉十九年壬午，使使往交州測影。夏至之日，影出表南三寸二分。何承天遥取陽城，云夏至一尺五寸。計陽城去交州，路當萬里，而影實差一尺八寸二分。是六百里而差一寸也。[1]又梁大同中，二至所測，以八尺表率取之，夏至當一尺一寸七分强。[2]後魏信都芳注《周髀四術》，稱永平元年戊子，當梁天監之七年，見洛陽測影，又見公孫崇集諸朝士，共觀秘書影。同是夏至日，其中影皆長一尺五寸八分。[3]以此推之，金陵去洛，南北略當千里，而影差四寸。則二百五十里而影差一寸也。[4]況人路迂迴，山川登降，方於鳥道，所校彌多，則千里之言，未足依也。其揆測參差如此，故備論之。

［1］"案宋元嘉十九年壬午"至"是六百里而差一寸也"：爲了檢驗古代日影千里差一寸之説的正誤，李淳風在這裏整理了幾個有關數據。宋元嘉十九年（442），派使者到交州測影，得夏至中午日影出表南三寸二分，以陽城一尺五寸計，去交州以萬里計，則影差一尺八寸二分，爲六百里差一寸。

［2］"又梁大同中"至"夏至當一尺一寸七分强"：梁大同中所測夏至中午日影一尺一寸七分强，爲於金陵所測，故影長與古代傳統一尺五寸不同。

［3］"後魏信都芳注《周髀四術》"至"其中影皆長一尺五寸八分"：北魏信都芳於永平元年（508）在洛陽測夏至影長一尺五寸八分。並有公孫崇等朝士共見。信都芳，字玉琳，河間人。明天文算術，兼有巧思。北齊時人。公孫崇，魏高祖時太樂令，事見《魏書·律曆志》。

［4］"以此推之"至"則二百五十里而影差一寸也"：根據金陵和洛陽所測兩地夏至影長，南北相去約千里，影差四寸，當爲二百五十里差一寸。故結論是，千里之言，未足依也。

漏刻

昔黄帝創觀漏水，制器取則，以分晝夜。其後因以命官，《周禮》挈壺氏則其職也。其法，總以百刻，分于晝夜。冬至晝漏四十刻，夜漏六十刻。夏至晝漏六十刻，夜漏四十刻。春秋二分，晝夜各五十刻。日未出前二刻半而明，既没後二刻半乃昏。減夜五刻，以益晝漏，謂之昏旦。漏刻皆隨氣增損。冬夏二至之間，晝夜長短，凡差二十刻。每差一刻爲一箭。冬至互起其首，凡有四十一箭。[1]晝有朝，有禺，有中，有晡，有夕。夜有甲、乙、丙、丁、戊。昏旦有星中。每箭各有其數，皆所以分時代守，更其作役。

漢興，張蒼因循古制，猶多疏闊。及孝武考定星曆，下漏以追天度，亦未能盡其理。劉向《鴻範傳》記武帝時所用法云："冬夏二至之間，一百八十餘日，晝夜差二十刻。"大率二至之後，九日而增損一刻焉。[2]至哀帝時，又改用晝夜一百二十刻，尋亦寢廢。至王莽竊位，又遵行之。[3]光武之初，亦以百刻九日加減法，編於《甲令》，爲《常符漏品》。至和帝永元十四年，霍融上言："官曆率九日增減一刻，不與天相應。或時差至二刻半，不如夏曆漏刻，隨日南北爲長短。"乃詔用夏曆漏刻。依日行黄道去極，每差二度四分，爲增減一刻。凡用四十八箭，終於魏、晋，相傳不改。[4]

[1]"昔黄帝創觀漏水"至"凡有四十一箭"：所謂黄帝創漏刻，衹是後人的傳説和想象，没有文獻依據。漏壺最早的文獻記載爲《周禮·挈壺氏》，知周代不但有漏壺，官府還設有挈壺氏以管理漏壺。其使用方法是設一晝夜爲一百刻，以晝夜分開計算，冬至晝漏四十刻，夜漏六十刻。夏至相反。春秋分晝夜各五十刻。以日出前二刻半爲明，日入後二刻半爲昏。故每天晝漏比夜漏各加五

刻。這樣，冬夏至之間晝夜長短各差二十刻。晝夜長短每差一刻換一支箭，全年共有四十一支箭。

［2］“漢興”至“九日而增損一刻焉”：西漢早期的漏壺如何使用，未見文獻記載。劉向《鴻範傳》記武帝漏刻的用法，大致是二至後九日增損一刻，也即以九日換一箭，一百八十日換二十支箭，冬夏至各一箭，合爲四十一箭。

［3］“至哀帝時”至“又遵行之”：哀帝時將漏刻制由每天一百刻改爲一百二十刻，這樣使用起來自有它的方便之處，故當其恢復古制以後，王莽時又恢復一百二十刻制。

［4］“至和帝永元十四年”至“相傳不改”：霍融所説的夏曆漏刻法，是主張“漏刻以日長短爲數，率日南北二度四分而增減一刻”。即以爲一年中漏刻長度的變化，理當與午正時黄道去極度的變化相對應。從冬至到夏至太陽去極度相差48度，但冬至到夏至晝漏或夜漏的長度增減了二十刻，所以，需令太陽去極南北每隔2.4度，使漏刻增減一刻。夏曆漏刻法正確地把漏刻長度的變化同太陽去極度的變化有機地聯繫起來，雖然兩者之間並非簡單的綫性關係，但用綫性關係加以表達，已相當接近於實際情況，這在古代已相當可貴了。

宋何承天，以月蝕所在，當日之衝，考驗日宿，知移舊六度。[1]冬至之日，其影極長，測量晷度，知冬至移舊四日。[2]前代諸漏，春分晝長，秋分晝短，差過半刻。皆由氣日不正，所以而然。遂議造漏法。春秋二分，昏旦晝夜漏各五十五刻。齊及梁初，因循不改。[3]至天監六年，武帝以晝夜百刻，分配十二辰，辰得八刻，仍有餘分。乃以晝夜爲九十六刻，一辰有全刻八焉。至大同十年，又改用一百八刻。依《尚書考靈曜》

晝夜三十六頃之數，因而三之。冬至晝漏四十八刻，夜漏六十刻。夏至晝漏七十刻，夜漏三十八刻。春秋二分，晝漏六十刻，夜漏四十八刻。昏旦之數各三刻。先令祖暅爲《漏經》，皆依渾天黄道日行去極遠近，爲用箭日率。陳文帝天嘉中，亦命舍人朱史造漏，依古百刻爲法。周、齊因循魏漏。晋、宋、梁大同，並以百刻分于晝夜。[4]

［1］“以月蝕所在”至“知移舊六度”：日光强烈，日星不能同時並見，故古人難以測知冬至等日所在位置。何承天據姜岌衝日法栓日宿度，得知冬至日度，已移故所六度。知爲歲差所致。當日之衝，“衝”字諸本誤作“衡”。“當日之衡”，語義不通。《宋書·律曆志中》載何承天上曆表文曰：“月盈則蝕，必當其衝，以月推日，則躔次可知焉。”又引太史令錢樂之奏文曰：“以月蝕所衝考之”，“以月衝一百八十二度半考之”等，均作以月衝日，無有以月衡日之理，今據以改正。

［2］“冬至之日”至“知冬至移舊四日”：利用冬至日中圭影最長的道理，測得冬至日誤差已達四日。

［3］“前代諸漏”至“因循不改”：何承天知舊曆春分晝長，秋分晝短，甚不合理，春秋二分，昏旦晝漏刻各爲五十五刻。於是做了改正，至齊梁沿用不改。

［4］“至天監六年”至“並以百刻分于晝夜”：按通常將百刻分配於十二辰的辦法，每辰得八刻有餘。爲了方便，梁武帝天監六年（507）改用九十六刻制，則一辰正好爲八刻。至大同十年（544）又改用一百零八刻制，每辰爲九刻。以後陳朝和北魏、北齊、北周均用百刻制。

隋初，用周朝尹公正、馬顯所造《漏經》。[1]至開皇十四年，鄜州司馬袁充上晷影漏刻。充以短影平儀，均布十二辰，立表，隨日影所指辰刻，以驗漏水之節。十二辰刻，互有多少，時正前後，刻亦不同。[2]其二至二分用箭辰刻之法，今列之云。

冬至：日出辰正，入申正，晝四十刻，夜六十刻。

子、丑、亥各二刻，寅、戌各六刻，卯、酉各十三刻，辰、申各十四刻，巳、未各十刻，午八刻。[3]

右十四日改箭。

春秋二分：日出卯正，入酉正，晝五十刻，夜五十刻。

子四刻，丑、亥七刻，寅、戌九刻，卯、酉十四刻，辰、申九刻，巳、未七刻，午四刻。

右五日改箭。

夏至：日出寅正，入戌正，晝六十刻，夜四十刻。

子八刻，丑、亥十刻，寅、戌十四刻，卯、酉十三刻，辰、申六刻，巳、未二刻，午二刻。

右一十九日，加減一刻，改箭。

袁充素不曉渾天黄道去極之數，苟役私智，變改舊章，其於施用，未爲精密。[4]

[1]馬顯：人名。北周太史上士，《隋書·律曆志中》載其造曆法丙寅元術。

[2]“充以短影平儀”至“刻亦不同”：袁充設計出一套與衆不同的晷影漏刻制度，其百刻與十二辰相配，並不是均等的，而是十二辰中的刻數各不相等，互有多少。即使是時正前後，其刻數也

不相同。

[3]“冬至”至“午八刻”：冬至前後的辰刻分配，全天相加衹有九十八刻，與春秋分、夏至全天一百刻不相對應，甚不合理，必有一處錯誤。

[4]“袁充素不曉渾天黃道去極之數”至“未爲精密”：李淳風説“袁充素不曉渾天黃道去極之數”，“其於施用，未爲精密”，對他這種改革，不合科學原理，持否定意見是明確的。

開皇十七年，張胄玄用後魏渾天鐵儀，測知春秋二分，日出卯酉之北，不正當中。與何承天所測頗同，皆日出卯三刻五十五分，入酉四刻二十五分。晝漏五十刻一十分，夜漏四十九刻四十分，晝夜差六十分刻之四十。[1]仁壽四年，劉焯上《皇極曆》，有日行遲疾，推二十四氣，皆有盈縮定日。春秋分定日，去冬至各八十八日有奇，去夏至各九十三日有奇。二分定日，晝夜各五十刻。又依渾天黃道，驗知冬至夜漏五十九刻、一百分刻之八十六，晝漏四十刻一十四分，夏至晝漏五十九刻八十六分，夜漏四十刻一十四分。冬夏二至之間，晝夜差一十九刻、一百分刻之七十二。[2]胄玄及焯漏刻，並不施用。然其法制，皆著在曆術，推驗加時，最爲詳審。[3]

[1]“開皇十七年”至“晝夜差六十分刻之四十”：張胄玄用後魏鐵儀測得春秋二分日出入卯酉不正當中，而都要偏北一些，日出也較卯正早些，日入晚些。證實何承天所言不差。

[2]“仁壽四年”至“一百分刻之七十二”：劉焯未能使用觀臺儀器，衹能使用算法和曆理推演，指出日行有遲疾，二十四節氣

皆有盈縮定日。

［3］“胄玄及焯漏刻”至“最爲詳審”：張胄玄和劉焯定漏刻，都是經過實測的，雖未得到行用，但很具體，故曰推驗加時，最爲詳審。

大業初，耿詢作古欹器，[1]以漏水注之，獻于煬帝。帝善之，因令與宇文愷，依後魏道士李蘭所修道家上法稱漏制，[2]造稱水漏器，以充行從。又作候影分箭上水方器，置於東都乾陽殿前鼓下司辰。又作馬上漏刻，以從行辨時刻。[3]揆日晷，下漏刻，此二者，測天地正儀象之本也。晷漏沿革，今古大殊，故列其差，以補前闕。

［1］耿詢：人名。字敦信，丹陽（今江蘇南京市）人。伎巧絶人。是隋計時器製造家。傳見本書卷七八、《北史》卷八九。

［2］李蘭：人名。北魏道士，唐人徐堅等編《初學記》卷二五載其漏刻法曰：“以銅爲渴烏，狀如鈎曲，以引器中水，於銀龍口中吐入權器。漏水一升，秤重一斤，時經一刻。”稱漏與漏刻計時原理的不同之處在於，前者以水重量計時，後者以水的體積計時。

［3］“大業初”至“以從行辨時刻”：在隋代時，耿詢曾製作與張衡所造類似的“以漏水轉渾天儀”的水運渾象，又據李蘭的發明制稱漏爲馬上漏刻，有利於部隊行軍打仗時使用。

經星[1]

中宫[2]

北極五星，鈎陳六星，皆在紫宫中。[3]北極，辰也。其紐星，天之樞也。天運無窮，三光迭耀，而極星不移。[4]故曰："居其所而衆星共之。"賈逵、張衡、蔡邕、王蕃、陸績，皆以北極紐星爲樞，是不動處也。祖暅以儀準候不動處，在紐星之末，猶一度有餘。北極大星，太一之座也。[5]第一星主月，太子也。第二星主日，帝王也。第三星主五星，庶子也。所謂第二星者，最赤明者也。北極五星，最爲尊也。中星不明，主不用事。右星不明，太子憂。鈎陳，後宫也，太帝之正妃也，太帝之坐也。北四星曰女御宫，八十一御妻之象也。鈎陳口中一星，曰天皇太帝。其神曰耀魄寶，主御群靈，秉萬神圖。[6]抱極樞四星曰四輔，所以輔佐北極，而出度授政也。太帝上九星曰華蓋，蓋所以覆蔽太帝之坐也。又九星直曰杠。蓋下五星曰五帝内坐，設敘順，帝所居也。客犯紫宫中坐，大臣犯主。華蓋杠旁六星曰六甲，可以分陰陽而紀節候，故在帝旁，所以布政教而授人時也。極東一星曰柱下史，主記過。古者有左右史，此之象也。柱史北一星曰女史，婦人之微者，主傳漏。故漢有侍史。傳舍九星在華蓋上，近河，賓客之館，主胡人入中國。客星守之，備姦使，亦曰胡兵起。傳舍南河中五星曰造父，御官也，一曰司馬，或曰伯樂。星亡，馬大貴。西河中九星如鈎狀，曰鈎星，伸則地動。天一一星，在紫宫門右星南，天帝之神也，主戰鬬，知人吉凶者也。太一一星，在天一南，相近，亦天帝神也，主使十六神，知風雨水旱，兵革饑饉，疾疫灾害所生之國也。

紫宫垣十五星，[7]其西蕃七，東蕃八，在北斗北。

一曰紫微，太帝之坐也，天子之常居也，主命，主度也。一曰長垣，一曰天營，一曰旗星，爲蕃衛，備蕃臣也。宮闕兵起，旗星直，天子出，自將宮中兵。東垣下五星曰天柱，建政教，懸圖法之所也。[8]常以朔望日懸禁令於天柱，以示百司。《周禮》以正歲之月，懸法象魏，此之類也。門内東南維五星曰尚書，主納言，夙夜諮謀，龍作納言，此之象也。尚書西二星曰陰德、陽德，[9]主周急振無。宮門左星内二星曰大理，主平刑斷獄也。門外六星曰天床，主寢舍，解息燕休。西南角外二星曰内厨，主六宮之飲食，主后夫人與太子宴飲。東北維外六星曰天厨，主盛饌。

［1］《隋書·天文志》三卷，包括三大部分内容，第一部分爲天文學的基本觀念和儀象，其中包括天體、蓋圖、地中、晷影、渾天儀、渾天象、漏刻；第二部分是星占的基本理論和占辭，包括恒星占、七曜占、天占、變星占、雜氣占等。恒星占包括中宮、二十八舍、二十八宿之外者；七曜包括日月五星的特徵及其淩犯應驗；天占就是北極光和地震；變星占包括瑞星、妖星、雜星、客星、流星等；雜氣占即包括天空中出現的各類雲氣占。第三部分爲五代災變應，即星空出現的異常天象和地面上出現的對應灾變關係。本志中大小目雖然區分得不十分明確，但就其内容的編撰上是十分明確的。故讀者在閱讀時心中應該有一個明確的分類。星占的理論和占辭，是占卜活動的基礎，是對具體占卜對象行占的依據。第三類是顯占象對異常天象出現後所做判辭和對灾變的應驗狀況。經星與下文的中宮不是一個概念，不當連排連讀。就本志而言，經星是星空中的星座星名之義，其中包括中宮、二十八舍、星官在二十八宿之外者三部分。這部分内容，與《晋書·天文志》中的文字僅個别有

出入，内容幾無差别。爲了避免出現與《晋書·天文志》大量相同的重複注文，本注這部分注從簡，衹作必不可少的注，同時增補《晋書·天文志今注》中注得不充分的内容，以供讀者對比參閲。在《晋書·天文志》中，這部分内容的總目稱爲天文經星，下轄中宫、二十八舍、二十八宿以外者、天漢起没。在《隋書·天文志》中，因天漢起没内容不多，不再以子目出現。而《隋書·天文志》在天文經星與中宫之間，則省去了《晋書·天文志》做綜合説明的大段文字。

［2］中宫：就字面含義而言，中宫即中央宫殿，指紫微垣、太微垣、天市垣。但對《史記·天官書》而言，則將全天分爲中宫、東宫、南宫、西宫、北宫五宫。中宫即紫微垣，東南西北宫即是指黄道上的四象。

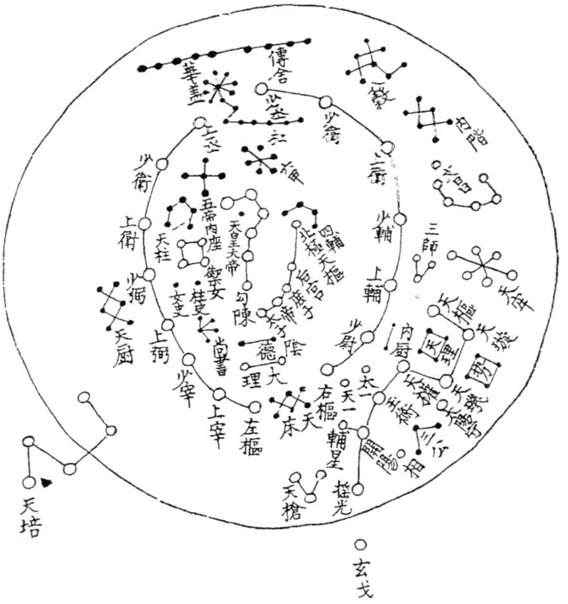

圖 8　紫微垣星圖（引自明人顧錫疇《天文圖》。紫微垣爲天帝的居所，後宫中的人員配備、管理機構和生活用品一應俱全。）

［3］北極五星，鉤陳六星，皆在紫宮中：紫微垣墻内星官衆多，其中鉤陳六星和北極五星爲兩個主要星座。其中鉤陳一、二、三、四、增九外加北極五星中的帝星和太子星，構成希臘星座中小熊星座的七顆主星。鉤陳六星中的另外兩顆星落入仙王座内。其中帝星和鉤陳一爲紫微垣墻内兩顆最明亮的星，均爲二等星。其餘都在3等以下。北極五星除帝和太子外，還有庶子、後宫和天樞星。天樞星即紐星，是漢以後的北極星。近代的北極星爲鉤陳一，即小熊之星。

［4］而極星不移：極星不移，有兩種含義：一是天球做晝夜運轉，但極星不動。二是自虞喜、何承天、祖冲之以來，人們做了大量論證和觀測，證明冬至點也是緩慢動的，這便是歲差，事實上，由於歲差的原因，古今北極星也在變换。例如：最早時人們曾將北斗星看作極星，故稱北辰，以後人們又將帝星作爲北極星，以紐星作爲北極星，還衹是漢代以來的事。雖然祖暅用渾儀已觀測到紐星距北極不動處一度有餘，但由於習慣的原因，人們尚未意識到北極星也在移動。而李淳風又是著文反對有歲差的最後一位天文學家，那就更不會造成極星移動了。

［5］北極大星，太一之座也：這句話難以理解，它顯然不是指北極紐星，也不是指顧錫疇《天文圖》紫微垣星圖中的太一星。因爲顧錫疇星圖中的太一星，位於垣墻外少尉與北斗玉衡星的中間，已遠離了北極。《晋書·天文志》有如下説法："第一星主月，太子也。第二星主日，帝王也；亦太乙之坐，謂最赤明者也。第三星主五星，庶子也……北四星曰女御宫，八十一御妻之象也……抱北極四星曰四輔。"由此看來，此處所説的北極大星太一，就是指帝星。因此，所謂北極五星，即紫微垣星圖中的太子、帝星、庶子、後宫、天樞（即紐星）。天樞有四輔。

［6］"鉤陳後宫也"至"秉萬神圖"：鉤陳六星爲後宫，有正妃、次妃。北四星曰八十一御妻，所謂鉤陳之口也。鉤陳口中一星，名曰天皇大帝。

[7]紫宫垣十五星：即紫微垣的東西垣墻，西垣七星，東垣八星，均以文武大臣官員命名，取以守衛帝宫之義。十，底本作“下”，今據中華本及下文改。

[8]東垣下五星曰天柱，建政教，懸圖法之所也：言天柱星，象徵皇家於朔望之日頒布政令的地方。

[9]尚書西二星曰陰德、陽德：在一般的星表、星圖中，衹載陰德二星。陰德、陽德二星，是李淳風的發揮，後世也未尊用。

北斗七星，輔一星在太微北，七政之樞機，陰陽之元本也，故運乎天中，而臨制四方，以建四時而均五行也。魁四星爲琁璣，杓三星爲玉衡。[1]又象號令之主，又爲帝車，取乎運動之義也。又魁第一星曰天樞，二曰琁，三曰璣，四曰權，五曰玉衡，六曰開陽，七曰摇光。一至四爲魁，五至七爲杓。樞爲天，琁爲地，璣爲人，權爲時，玉衡爲音，開陽爲律，摇光爲星。石氏云：“第一曰正星，主陽德，天子之象也。二曰法星，主陰刑，女主之位也。三曰令星，主禍害也。四曰伐星，主天理，伐無道。五曰殺星，主中央，助四旁，殺有罪。六曰危星，主天倉五穀。七曰部星，亦曰應星，主兵。”又云：“一主天，二主地，三主火，四主水，五主土，六主木，七主金。”又曰：“一主秦，二主楚，三主梁，四主吴，五主趙，六主燕，七主齊。”

魁中四星，爲貴人之牢，曰天理也。輔星傅乎開陽，所以佐斗成功也。又曰：“主危正，矯不平。”又曰：“丞相之象也。”[2]七政星明，其國昌。不明，國殃。斗旁欲多星則安，斗中少星則人恐上，天下多訟法者。

無星二十日有赦。[3]有輔星明而斗不明，臣强主弱。斗明輔不明，主强臣弱也。杓南三星及魁第一星，皆曰三公，宣德化，調七政，和陰陽之官也。

文昌六星，在北斗魁前，天之六府也，主集計天道。一曰上將，大將建威武。二曰次將，尚書正左右。三曰貴相，太常理文緒。四曰司禄、司中，司隸賞功進。五曰司命、司怪，太史主滅咎。六曰司寇，大理佐理寶。所謂一者，起北斗魁前，近内階者也。明潤，大小齊，天瑞臻。[4]

文昌北六星曰内階，天皇之陛也。相一星在北斗南。相者總領百司而掌邦教，以佐帝王，安邦國，集衆事也。其明吉。太陽守一星，在相西，大將大臣之象也，主戒不虞，設武備也。非其常，兵起。西北四星曰勢。勢，腐刑人也。天牢六星在北斗魁下，貴人之牢也，主愆過，禁暴淫。[5]

[1]魁四星爲琁璣，杓三星爲玉衡：北斗七星由於是北極附近特别顯著明亮的星座，古人賦予它建四時、均五行的特殊功能。《尚書·堯典》有琁璣玉衡以齊七政之説，李淳風用以解釋説，北斗星中的斗魁四星爲琁璣，即渾儀中的四游儀，杓三星則爲渾儀中的窺管，是用於觀測的。

[2]“輔星傅乎開陽”至“丞相之象也”：古人將開陽旁的一顆小星稱爲開陽的輔星。此星雖小，其含義却大，把它比附爲輔國的丞相。此處兩處引文“又曰”，觀上下文，似爲上引之“石氏云”，但查對《開元占經·石氏中官》北斗星占，則載有《援神契》曰：“輔星正，矯不平。”《荆州占》曰：“輔星，丞相之象也。”故李淳風撰寫的《隋書·天文志》引文，並不完全明確，尚需核對原文。

圖9　漢武梁祠畫象石斗爲帝車圖　天帝坐在北斗組成的帝車中，由祥雲托着，正接受諸大臣的朝拜，周圍有四象圍繞，右面的馬車爲“斗爲帝車”的象徵。

［3］“斗旁欲多星則安”至“無星二十日有赦”：此處斗旁星多則安，與郗萌曰“北斗旁多星則國家安”含義正好相同。又《荆州占》曰：“北斗中多小星者，民怨上，天下多訟法者。”此説與《隋書·天文志》相反。又下文本志諸本皆曰：“無星二十日。”與上下文不相涉，當有缺漏。上引《荆州占》接着説：“無星，二十日有赦。”故知此處當補“有赦”二字語義纔完整。

［4］“文昌六星”至“天瑞臻”：中國星占家認爲文昌星是主管文人功名的星，其六顆星分別對應六部衙門。

［5］“文昌北六星曰内階”至“禁暴淫”：以上諸星官，均屬紫微垣的範圍。按《史記·天官書》所述中宫，就是指紫微垣。因此，自此以下已不屬中宫。按本志的分類，經星當包括中宫、二十八宿以内星官、二十八舍、二十八宿以外星官、天漢起没五部分，故自太微至本卷末當缺少小標題“二十八宿以内星官”。這部分星官，雖然都在二十八宿以北，但有若干星官已在赤道以南，决不能歸入中宫範圍，也不僅僅屬於太微垣和天市垣範圍之内。

太微，天子庭也，五帝之坐也，亦十二諸侯府也。其外蕃，九卿也。一曰太微爲衡。衡，主平也。又爲天庭，理法平辭，監升授德，列宿受符，諸神考節，舒情稽疑也。南蕃中二星間曰端門。東曰左執法，廷尉之象也。西曰右執法，御史大夫之象也。執法，所以舉刺凶姦者也。左執法之東，左掖門也。右執法之西，右掖門也。東蕃四星，南第一曰上相，其北東太陽門也。第二星曰次相，其北中華東門也。第三星曰次將，其北東太陰門也。第四星曰上將。所謂四輔也。西蕃四星：南第一星曰上將，其北西太陽門也。第二星曰次將，其北中華西門也。第三曰次相，其北西太陰門也。第四星曰上相。亦四輔也。[1]東西蕃有芒及摇動者，諸侯謀天子也。執法移則刑罰尤急。月、五星所犯中坐，成刑。月、五星入太微軌道，吉。

西南角外三星曰明堂，天子布政之宫也。明堂西三星曰靈臺，觀臺也。主觀雲物，察符瑞，候灾變也。左執法東北一星曰謁者，主贊賓客也。謁者東北三星曰三公内坐，朝會之所居也。三公北三星曰九卿内坐，主治萬事。九卿西五星曰内五諸侯，内侍天子，不之國者也。辟雍之禮得，則太微諸侯明。[2]

黄帝坐一星，在太微中，含樞紐之神也。天子動得天度，止得地意，從容中道，則太微五帝坐明，坐以光。黄帝坐不明，人主求賢士以輔法，不然則奪勢。又曰太微五坐小弱青黑，天子國亡。四帝坐四星，四星俠黄帝坐。東方星，蒼帝靈威仰之神也。南方星，赤帝熛怒之神也。西方星，白帝招距之神也。北方星，黑帝叶光紀之神也。[3]

五帝坐北一星曰太子，帝儲也。太子北一星曰從官，侍臣也。帝坐東北一星曰幸臣。屏四星在端門之内，近右執法。屏，所以壅蔽帝庭也。執法主刺舉，臣尊敬君上，則星光明潤澤。郎位十五星，在帝坐東北，一曰依烏，郎位也。周官之元士，漢官之光禄、中散、諫議、議郎、三署郎中，是其職也。或曰今之尚書也。郎位主衛守也。其星明，大臣有劫主。又曰客犯上。其星不具，后死，幸臣誅。客星入之，大臣爲亂。郎將一星在郎位北，主閲具，所以爲武備也。武賁一星，在太微西蕃北，下台南，静室旄頭之騎官也。常陳七星，如畢狀，在帝坐北，[4]天子宿衛武賁之士，以設强毅也。星摇動，天子自出，明則武兵用，微則武兵弱。

三台六星，兩兩而居，起文昌，列招摇、太微。一曰天柱，三公之位也。在天曰三台，主開德宣符也。西近文昌二星曰上台，爲司命，主壽。次二星曰中台，爲司中，主宗。東二星曰下台，爲司禄，主兵，所以昭德塞違也。又曰三台爲天階，太一躡以上下。一曰泰階，上星爲天子，下星爲女主；中階，上星爲諸侯三公，下星爲卿大夫；下階，上星爲士，下星爲庶人。所以和陰陽而理萬物也。其星有變，各以所主占人。君臣和集，如其常度。[5]

南四星曰内平，近職執法平罪之官也。中台之北一星曰大尊，貴戚也。下台南一星曰武賁，衛官也。[6]

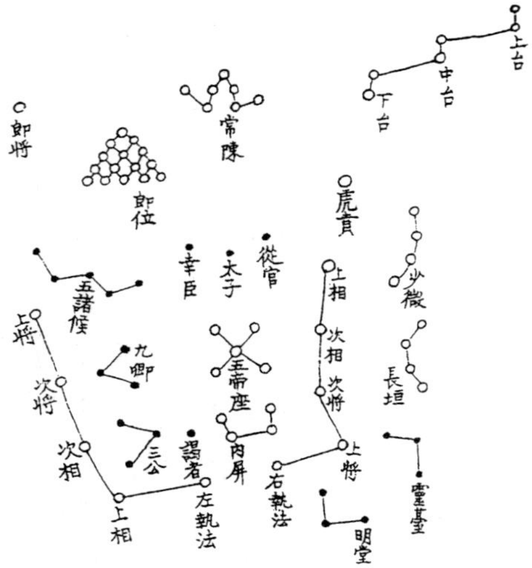

圖 10　太微垣星圖（引自顧錫疇《天文圖》。天帝辦公的地方稱爲太微垣，天帝坐於五帝的位置，由三公、九卿、五諸侯等伴隨。）

［1］“太微”至“亦四輔也”：二十八宿内官自太微垣介紹起。太微垣包括垣墻十星和内外諸星官。垣墻分東西二外，東垣墻自南到北順次爲左執法、左上相、左次相、左次將、左上將，西垣墻順次爲右執法、右上將、右次將、右次相、右上相。左右執法間爲端門，自南往北順次爲左右掖門、東西太陽門、東西中華門、東西太陰門。左右執法以外的四星，亦稱左右四輔。

［2］“西南角外三星曰明堂”至“則太微諸侯明”：在太微垣内，有兩個標志性的建築，一是天子布政之地明堂，二是用於觀測天象雲物的靈臺。辟雍是國家祭祀之所，但是中國的星官系統，並没有設辟雍的星名。辟雍之禮得，則太微諸侯明，天子按祭祀之禮在辟雍祭祀，那麽，太微中的諸侯星就明。這是星占上的用語。反過來説，如果諸侯星不明，就表明天子祭祀之禮有欠缺。諸侯星，即内五諸侯，在太微垣内左上側。所謂内五諸侯，是指並不返回封

國而居住在京都、協助天子處理朝政者。

［3］“黄帝坐一星”至“黑帝叶光紀之神也”：在南方朱雀七宿的北面有軒轅星座，軒轅是黄帝的號，所以有人也稱軒轅爲黄帝星。但此處的黄帝一星並非指軒轅星，而是太微垣中的唯一二等星。位於太微垣的中央。它的正式名字爲五帝一，即獅子座β星。五帝座其餘四星，分布在黄帝坐的四周，故曰四星俠黄帝坐。它象徵着對應於四季的蒼帝、赤帝、白帝、青帝。實際上，它象徵着《周禮》中規定的天帝於四季所坐的座位。

［4］如畢狀，在帝坐北：諸本在“坐北”前缺“在帝”二字，據《晉書·天文志》補。

［5］“三台六星”至“如其常度”：三台六星，兩兩爲組，共分三組。其含義有不同的解釋：一爲三公之位，主司命、司中、司禄。又爲天階，爲天帝上下的臺階。又爲二個階層的人物，上階爲天子、女主，中爲諸侯、三公、卿大夫，下爲士和庶人。

［6］“太微，天子庭也”至“衛官也”：均爲太微垣内星官，計二十座。太微垣諸星，在南方朱雀翼軫二宿的北面。

攝提六星，直斗杓之南，主建時節，[1]伺機祥。攝提爲楯，以夾擁帝席也，主九卿。明大，三公恣，客星入之，聖人受制。西三星曰周鼎，主流亡。大角一星，在攝提間。大角者，天王座也。又爲天棟，正經紀。北三星曰帝席，主宴獻酬酢。梗河三星，在大角北。梗河者，天矛也。一曰天鋒，主胡兵。又爲喪，故其變動應以兵喪也。星亡，其國有兵謀。招摇一星在其北，一曰矛楯，主胡兵。占與梗河略相類也。招摇與北斗杓間曰天庫。星去其所，則有庫開之祥也。招摇欲與棟星、梗河、北斗相應，則胡常來受命於中國。招摇明而不正，胡不受命。玄戈二星，在招搖北。玄戈所主，與招搖同。[2]或云主北夷。客星守之，胡大敗。天槍三星，在北斗杓東。一曰天鉞，天之武備也。故在紫宫之左，所以禦難也。女床三星，在其北，後宫御也，主女事。天棓五星，在女床北，天子先驅也，主忿争與刑罰，藏兵，亦所以禦難也。槍棓皆以備非常也。一星不具，國兵起。

東七星曰扶筐，盛桑之器，主勸蠶也。七公七星，在招搖東，天之相也，三公之象，主七政。[3]貫索九星在其前，賤人之牢也。一曰連索，一曰連營，一曰天牢，主法律，禁暴强也。牢口一星爲門，欲其開也。九星皆明，天下獄煩。七星見，小赦；五星，大赦。動則斧鑕用，中空則更元。《漢志》云十五星。天紀九星，在貫索東，九卿也。九河主萬事之紀，理怨訟也。明則天下多辭訟，亡則政理壞，國紀亂，散絶則地震山崩。織女三星，在天紀東端，天女也，主果蓏絲帛珍寶也。王者至孝，神祇咸喜，則織女星俱明，天下和平。大星怒角，布帛貴。東足四星曰漸臺，臨水之臺也。主晷漏律吕之事。[4]西之五星曰輦道，王者嬉游之道也，漢輦道通南、北宫象也。[5]

左右角間二星曰平道之官。平道西一星曰進賢，主卿相舉逸才。角北二星曰天田。亢北六星曰亢池。亢，舟航也；池，水也。主送往迎來。氐北一星曰天乳，主甘露。房中道一星曰歲，守之，[6]陰陽平。房西二星南北列，曰天福，主乘輿之官，若《禮》巾車、公車之政。主祠事。東咸、西咸各四星，在房、心北，日月五星之道也。房之户，所以防淫佚也。星明則吉，暗則凶。月、五星犯守之，有陰謀。東咸西三星，南北列，曰罰星，主受金贖。鍵閉一星，在房東北，近鈎鈐，主關鑰。[7]

[1]攝提六星，直斗杓之南，主建時節：攝提六星，左右各三顆，中間夾着大角星，它正對着北斗星柄的南方。斗柄可以用來指示時節，故曰攝提主建時節。

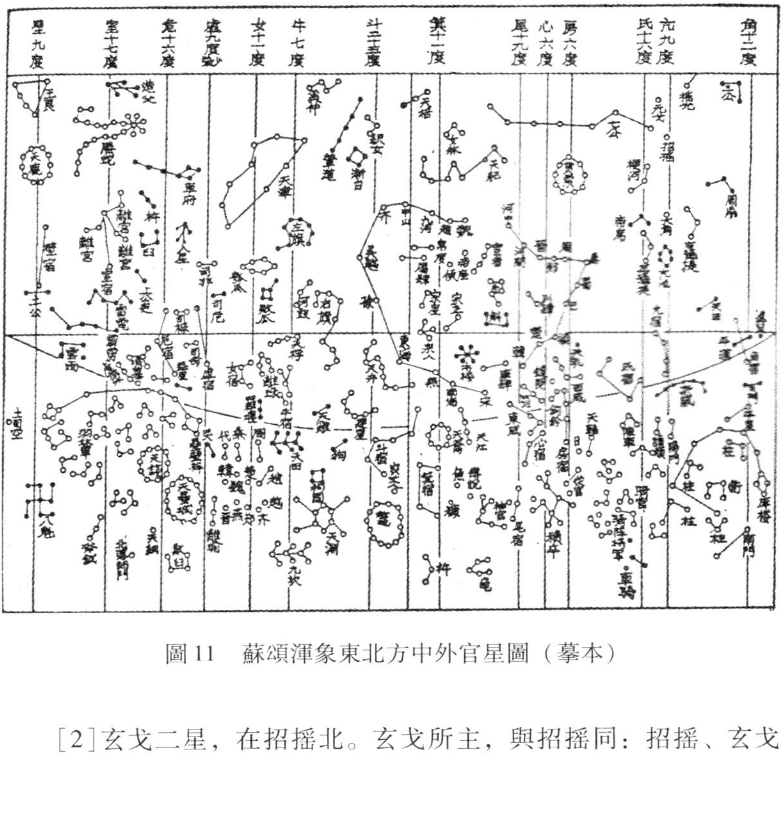

圖 11　蘇頌渾象東北方中外官星圖（摹本）

[2]玄戈二星，在招摇北。玄戈所主，與招摇同：招摇、玄戈

與大角、攝提，同在北斗斗柄所指的延長綫上。除北斗七星以外，還有北斗九星之説。北斗九星，可能就是指第八招摇，第九玄戈。故此處曰“玄戈所主，與招摇同”。《淮南子·時則訓》載有每一個月的招摇指示時節的記載，便是北斗九星説的證明。

［3］“七公七星”至“主七政”：中國星名，既有三公，又有七公。三公與七公的含義有何異同？此處解釋説，七公七星，“三公之象，主七政”，便説明了二者之間的關係。故此處的七公星，就是三公的象徵。由於三公是主持七政的，故又對應於七公星。

［4］“織女三星”至“主晷漏律吕之事”：織女計三顆星，其主星是赤道以北最亮的恒星。兩顆小星面向東方的天河，稱爲織女的足。足的東南方近銀河處的四顆星稱爲漸臺星，在星占上是主管晷漏律吕之事的。

［5］“西之五星曰輦道”至“北宫象也”：天帝的紫宫曰北宫，營室曰離宫，也曰南宫。由輦道連通兩宫之間。甘氏贊曰：“輦道逍遥，優游私行。”帝后來往南北宫之間屬私行，故又曰“王若嬉游之道”。民間流傳的織女下凡與牛郎相會的故事，其想象就是通過這條輦道進行的。

［6］房中道一星曰歲，守之：語義不詳，中華本校勘記曰“此段當有脱文”。

［7］“攝提六星”至“主關鑰”：以上諸座，爲東方蒼龍角元氐房宿以北諸星宫。

天市垣二十二星，在房心東北，主權衡，[1]主聚衆。一曰天旗庭，主斬戮之事也。市中星衆潤澤則歲實，星稀則歲虚。熒惑守之，戮不忠之臣。又曰，若怒角守之，戮者臣殺主。慧星除之，爲徙市易都。客星入之，兵大起，出之有貴喪。市中六星臨箕，曰市樓市府也，[2]主市價律度。其陽爲金錢，其陰爲珠玉。變見，各以所主占之。北四星曰天斛，主量者也。斛西北二星曰列肆，主寶玉之貨。市門左星内二星曰車肆，主衆賈之區。

帝坐一星，在天市中，候星西，天庭也。[3]光而潤則天子吉，威令行。微小凶，大人當之。候一星，在帝坐東北，主伺陰陽也。明大輔臣强，四夷開。候細微則國安，亡則主失位，移則主不安。宦者四星，在帝坐西南，侍主刑餘之人也。星微則吉，明則凶，非其常，宦者有憂。斗五星，在宦者南，主平量。仰則天下斗斛不平，覆則歲穰。宗正二星，在帝坐東南，宗大夫也。慧星守之，若失色，宗正有事。客星守動，則天子親屬有變。客星守之，貴人死。宗星二，在候星東，宗室之象，帝輔血脉之臣也。客星守之，宗人不和。[4]東北二星曰帛度，東北二星曰屠肆，各主其事。[5]

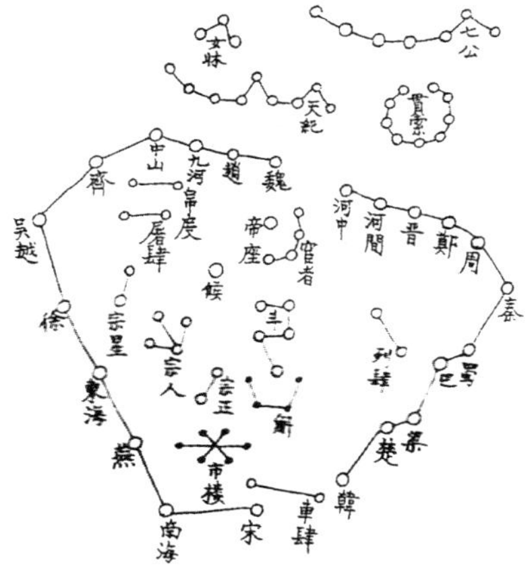

圖12　天市垣星圖（引自顧錫疇《天文圖》。天市垣爲在天帝統率下各地進行貿易的場所。天帝坐鎮帝座，由市樓進行市場具體管理。有斗、斛等度量工具，有屠肆、列肆等商店進行交易。）

[1]天市垣二十二星，在房心東北，主權衡：天市垣二十二星，是指組成天市垣墻的二十二顆星：自東北向西南再自西南向北排列爲：魏、趙、九河、中山、齊、吴越、徐、東海、燕、南海、宋、韓、楚、梁、巴、蜀、秦、周、鄭、晋、河間、河中。天市垣在房、心二宿的東北。主權與衡。權衡，即是指度量衡，引申爲負責貿易方面的事情。

[2]市中六星臨箕，曰市樓市府也：天市垣中在其下方面臨箕宿的地方，爲市樓六星，是市場政府之義。市府不是星名。

[3]帝坐一星，在天市中，候星西，天庭也：帝坐一星，在天市的中央偏北，在候星的西面，是天上朝廷之義。候是爲測候市場變化之義。天市垣中的星都不明亮，其中帝坐和魏星是兩顆主要亮星，爲3等星。帝坐，爲天帝管理市地的座位，是權力的象徵。

[4]“宗正二星”至“宗人不和”：這裏有宗正星、宗星、宗人三個星座。宗正爲宗大夫，是管理皇族事務的官員。宗星爲皇族的象徵，宗人就是皇族中的成員。爲什麽在天市垣中設立三個與皇族有關的星座？這是因爲上面述及的天市二十二星，象徵全國各個地區，而皇族中的大部分成員，都被封於各地爲王、爲侯，爲了使他們之間能做到公平貿易，所以要設宗正加以管理。

[5]“天市垣二十二星”至“各主其事”：其中各星，均爲天市垣的範圍，共十九個星座，在房、心、尾、箕以上。

天江四星在尾北，主太陰。江星不具，天下津河關道不通。明若動摇，大水出，大兵起。參差則馬貴。熒惑守之，有立王。客星入之。河津絶。

天籥八星，在南斗杓西，主關閉。建星六星，在南斗北，亦曰天旗，天之都關也。爲謀事，爲天鼓，爲天馬。南二星，天庫也。中央二星，市也，鈇鑕也。[1]上二星，旗跗也。斗建之間，三光道也。星動則人勞。月暈之，蛟龍見，牛馬疫。月、五星犯之，大臣相譖，臣謀主；亦爲關梁不通，有大水。東南四星曰狗國，主鮮卑、烏丸、沃且。熒惑守之，外夷爲變。太白逆守之，其國亂。客星犯守之，有大盜，其王且來。[2]狗國北二星曰天鷄，主候時。天弁九星在建星北，市官之長也。主列肆闤闠，若市籍之事，以知市珍也。星欲明，吉。慧星犯守之，糴貴，囚徒起兵。[3]

河鼓三星，旗九星，在牽牛北，天鼓也，主軍鼓，主鈇鉞。一曰三武，主天子三將軍。中央大星爲大將軍，左星爲左將軍，右星爲右將軍。左星，南星也，所以備關梁而距難也，設守阻險，知謀徵也。旗即天鼓之旗，所以爲旌表也。左旗九星，在鼓左旁。鼓欲正直而明，色黄光澤，將吉；不正，爲兵憂也。星怒馬貴，動則兵起，曲則將失計奪勢。旗星戾，亂相陵。旗端四星南北列，曰天桴。桴，鼓桴也。星不明，漏刻失時。前近河鼓，若桴鼓相直，皆爲桴鼓用。[4]

離珠五星，在須女北，須女之藏府也，女子之星也。星非故，後宮亂。客星犯之，後宮凶。虚北二星曰司命，北二星曰司禄，又北二星曰司危，又北二星曰司非。司命主舉過行罰，滅不祥。司禄增年延德，故在六宗北。犯司危，主驕佚亡下。司非以法多就私。瓠瓜五星，在離珠北，主陰謀，主後宫，主果食。明則歲熟，微則歲惡，后失勢。非其故，則山摇，谷多水。旁五星曰敗瓜，主種。天津九星，梁，所以度神通四方也。一星不備，津關道不通。星明動則兵起如流沙，死人亂麻。微而參差，則馬貴若死。星亡，若從河水爲害，或曰水賊稱王也。東近河邊七星曰車府，主車之官也。車府東南五星曰人星，主静衆庶，柔遠能邇。一曰卧星，主防淫。其南三星内析，東南四星曰杵臼，主給軍糧。客星入之，兵起，天下聚米。[5]天津北四星如衡狀，曰奚仲，古車正也。

［1］中央二星，市也，鈇鑕也：諸本脱“鑕也”二字，據《晋書·天文志》補。

［2］“東南四星曰狗國”至“其王且來”：黄道帶這個天區爲北方玄武七宿，玄武爲北方民族的圖騰。此處有狗國四星，狗國星的西北，還有狗星兩顆。志文曰：“狗星，主鮮卑、烏丸、沃且。”這三個國家均爲中國北方少數民族所建，以狗國或狗爲象徵，説明中國北方的少數民族以犬爲圖騰，故有這種比附。事實上，中國史書中不乏以犬爲圖騰的少數民族，如《山海經·海内北經》有“‘犬’封國，曰犬戎國，狀如犬。”周、漢時有强盛的犬戎民族，曾長期成爲北方的外患。南方的苗瑶民族，至今還相傳狗王爲自己的族祖。

［3］“天弁九星在建星北”至“囚徒起兵”：天弁九星，在建星西北。事實上，它更靠近天市垣左垣墻的東海星。通常地説，屬天市垣範圍的大都在天市垣内，這個星座例外，它雖屬天市垣的重要星官，却分布在市外。據本志志文，它是市官之長，即管理市場的長官。

［4］“河鼓三星”至“皆爲桴鼓用”：河鼓的主星，是全天21顆1等大星之一。正因爲它很明亮，很受人們的關注，所以流傳在民間與之有關的故事也特别多。《爾雅》曰：“河鼓謂之牽牛。”又《詩·大東》有“跂彼織女”，“睆彼牽牛”。《古詩十九首》有“迢迢牽牛星，皎皎河漢女”。人們將這兩個星座串連起來形成了牛

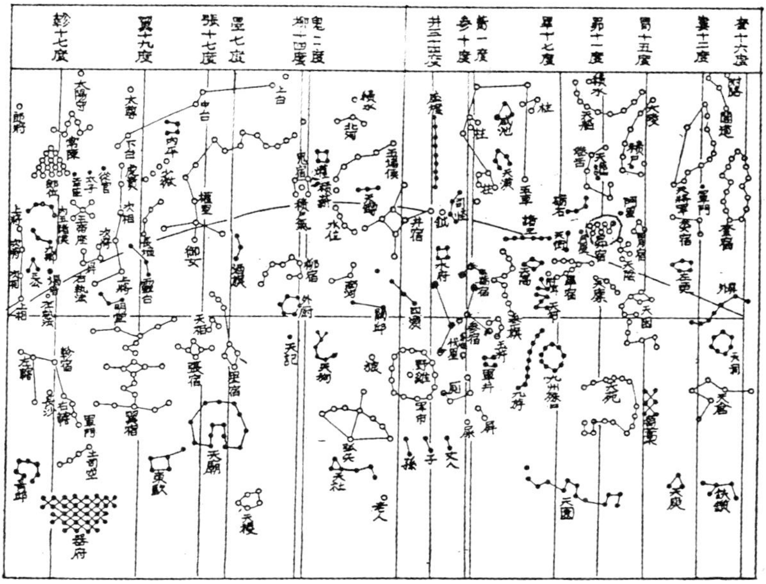

圖 13　蘇頌渾象西南方中外官星圖（摹本）

郎織女的戀愛故事。這個故事可能産生得很早，一直在民間流傳，但中國封建社會形成之後，神人之間不同階層的男女自由戀愛不合封建禮數。當中國星座系統形成之後更不合中國星官體系，故星占家將牽牛星更名叫河鼓星，讓織女星作爲天帝孫女獨立存在。據本志解釋，河鼓即爲銀河邊上的軍鼓。另一種説法河鼓三星爲天帝的三將軍。爲了與軍鼓相配，特將河鼓的東西設立了左旗九星和右旗九星。左右旗星，也是與軍鼓相配的指揮作戰的軍旗。

［5］“離珠五星”至“天下聚米”：在星圖上可以看出，北方玄武七宿的上下左右多是與水有關的星座。首先是銀河最明亮的部分，分布在箕斗之間，並向上流向東北方向，穿過了黄道帶北方星空的中部。在銀河北段河中横跨着巨大的天津星座。天津一名，爲天上的河渠通道，津梁爲橋梁關卡。本志説：“天津九星，梁，所

以度神通四方也。"《晋書·天文志》則説："天津九星，横河中……主四瀆津梁，所以度神通四方也。"我們説不準是漏掉"主四瀆津"四字，還是有意省去，因爲本志的"天津九星，梁，所以度神通四方也"，也是通的。在斗宿的西邊有天江星，天江中有魚星。在斗宿的東南有天淵星，都是大量水面積聚的地方。農業離不開水，正是在這種理想水鄉之地，中國星占家在星空中設計出一組完整的農業社會圖象：斗宿東北的牛宿和女宿，組成了男耕女織的農業社會的基本細胞農民家庭。牛宿是牛郎星，女即婺女，即以織布爲主的農婦。在斗宿南方有農丈人星，爲農民的代表星。女宿西北的離珠，即爲農婦生産出準備敬獻給帝后的衣服和珠寶飾物。離珠北面的敗瓜星和瓠瓜星，敗是農民生産出的蔬果準備上交給政府之用。瓠瓜星的東北面有人星、臼星和杵星，是農夫爲皇家舂碓軍糧的場面。

騰蛇二十二星，在營室北，天蛇星主水蟲。星明則不安，客星守之，水雨爲灾，水物不收。王良五星，在奎北，居河中，天子奉車御官也。其四星曰天駟，旁一星曰王良，亦曰天馬。其星動，爲策馬，車騎滿野。亦曰王良梁，爲天橋，主御風雨水道，故或占津梁。其星移，有兵，亦曰馬病。客星守之，橋不通。前一星曰策，王良之御策也，主天子僕，在王良旁。若移在馬後，是謂策馬，則車騎滿野。閣道六星，在王良前，飛道也。從紫宫至河，神所乘也。一曰閣道，主道里，天子游别宫之道也。亦曰閣道，所以扞難滅咎也。一曰王良旗，一曰紫宫旗，亦所以爲旌表，而不欲其動摇。旗星者，兵所用也。傅路一星，在閣道南，旁别道也。備閣道之敗，復而乘之也。一曰太僕，主禦風雨，亦游從之義也。[1]東壁北十星曰天厩，主馬之官，若今驛亭也，主傳令置驛，逐漏馳騖，謂其行急疾，與晷漏競馳。[2]

［1］“王良五星”至“亦游從之義也”：這是一組與車、馬、道有關的星座。首先是王良五星，其中大星爲王良，爲天帝的御馬官。王良原本是晋趙襄子御手，因駕車立功而著名，成爲天上的星座，餘四星爲四匹千里馬。故有“王良策馬，車騎滿野”之説。在駟前一大星曰策星。何爲策馬?《開元占經》石氏中官引《黄帝》曰:“駟馬參差，不行列，天下安；若駟馬齊行，王良舉策，天子自臨兵，國不安。”可見策星就是馬鞭星。按古代星占家的想象，王良是軍車，它是國家是否安定、是否要行軍打仗的標志。在星占家看來，王良和策星是會移動的。宋均曰:“策馬在王良傍，若移在王良前，居馬後，是謂策馬。”《開元占經》注曰:“策馬謂有光芒也。”故衹要策星有光芒便叫策馬。閣道六星，在王良前，飛道也，閣道爲飛道，天子的御道。它從紫宫越過銀河，通向天大將軍等組成的西方戰場。閣道旁還有附路一星，爲閣道的備用車道。王良的馬車，正是通過閣道，駛向遠方的。王良一、四和策星，是這組星座中的二等大星，它與閣道中的二、三，組成了希臘星座中的仙后座。

［2］“河鼓三星”至“與晷漏競馳”：爲北方玄武七宿以北諸星官。與晷漏競馳，諸本“與”作“興”，據《晋書·天文志》改正。

天將軍十二星，在婁北，主武兵。中央大星，天之大將也。外小星，吏士也。大將星摇，兵起，大將出。小星不具，兵發。南一星曰軍南門，主誰何出入。[1]太陵八星，在胃北。陵者，墓也。太陵卷舌之口曰積京，主大喪也。積京中星絶，則諸侯有喪，民多疾，兵起，粟聚。少則粟散。星守之，有土功。太陵中一星曰積尸，明則死人如山。[2]天船九星，在太陵北，居河中。一曰舟星，主度，所以濟不通也，亦主水旱。不在漢中，津河不通。中四星欲其均明，即天下大安。不則兵若喪。客彗星出入之，爲大水，有兵。中一星曰積水，候水灾。昴西二星曰天街，[3]三光之道，主伺候關梁中外之境。天街西一星曰月。[4]卷舌六星在北，主口語，以知佞讒也。曲者吉，直而動，天下有口舌之害。中一星曰天讒，主巫醫。

五車五星，三柱九星，在畢北。五車者，五帝車舍也，五帝坐也，主天子五兵，一曰主五穀豐耗。西北大星曰天庫，主太白，主秦。次東北星曰獄，主辰星，主燕、趙。次東星曰天倉，主歲星，主魯、衛。次東南星曰司空，主填星，主楚。次西南星曰卿星，主熒惑，主魏。五星有變，皆以其所主而占之。三柱，一曰三泉，一曰休，一曰旗。五車星欲均明，闊狹有常也。天子得靈臺之禮，則五車、三柱均明。中有五星曰天潢。天潢南三星曰咸池，魚囿也。[5]月、五星入天潢，兵起，道不通，天下亂，易政。咸池明，有龍墮死，猛獸及狼害人，若兵起。

五車南六星曰諸王，察諸侯存亡。西五星曰厲石，金若客星守之，兵動。北八星曰八穀，主候歲。八穀一星亡，一穀不登。天關一星，在五車南，亦曰天門，日月所行也，主邊事，主開閉。芒角，有兵。五星守之，貴人多死。[6]

東井鉞前四星曰司怪，主候天地日月星辰變異，及鳥獸草木之妖，明主聞灾，修德保福也。司怪西北九星曰坐旗，君臣設位之表也。坐旗西四星曰天高，臺榭之高，主遠望氣象。天高西一星曰天河，主察山林妖變。南河、北河各三星，夾東井。一曰天高天之闕門，主關梁。南河曰南戍，一曰南宫，一曰陽門，一曰越門，一曰權星，主火。北河一曰北戍，一曰北宫，一曰陰門，一曰胡門，一曰衡星，主水。兩河戍間，日月五星之常道也。河戍動摇，中國兵起。[7]南河三星曰闕丘，[8]主宫門外象魏也。五諸侯五星，在東井北，主刺舉，戒不虞。又曰理陰陽，察得失。亦曰主帝心。一曰帝師，二曰帝友，三曰三公，四曰博士，五曰太史。此五者常爲帝定疑議。星明大潤澤，則天下大治，角則禍在中。五諸侯南三星曰天樽，主盛饘粥，以給酒食之正也。積薪一星，在積水東，供給庖厨之正也。水位四星，在東井東，主水衡。客星若水火守犯之，百川流溢。

軒轅十七星，在七星北。軒轅，黄帝之神，黄龍之體也。后妃之主，士職也。一曰東陵，一曰權星，主雷雨之神。南大星，女主也。次北一星，妃也。次，將軍也。其次諸星，皆次妃之屬也。女主南小星，女御也。左一星少民，少后宗也。右一星大民，太后宗也。欲其色黄小而明也。[9]軒轅右角南三星曰酒旗，酒官之旗也，主饗宴飲食。五星守酒旗，天下大酺，有酒肉財物，賜若爵宗室。酒旗南二星曰天相，丞相之象也。軒轅西四星曰爟，[10]爟者烽火之爟也，邊亭之警候。

爟北四星曰内平。少微四星，在太微西，士大夫之位也。一名處士，亦天子副主，或曰博士官。一曰主衛掖門。南第一星處士，第二星議士，第三星博士，第四星大夫。明大而黄，則賢士舉也。月、五星犯守之，處士、女主憂，宰相易。南四星曰長垣，主界域及胡夷。熒惑入之，胡入中國。太白入之，九卿謀。[11]

[1]"天將軍十二星"至"主誰何出入"：天將軍星簡稱天將星。天將中央大星即天將一，爲天將星中唯一大星（2 等星）。軍南門星，又叫軍門星，位於奎宿和天將星之間。主誰何出入，即軍士出入。

[2]"太陵八星"至"明則死人如山"：《晋書·天文志上》曰："積京中星衆，則諸侯有喪，民多疾，兵起。太陵中一星曰積尸，明則死人如山。"本志曰積京中星絶諸侯有喪，星絶當爲無星之義，則二志説法不同。又下文均曰積尸明則死人如山，二志説法又相同。綜合看來，本志"星絶"，當爲"星衆"方纔一致。本志和《晋書·天文志》均星名太陵，但其餘各家星表均稱大陵。大、太雖無太大差别，但仍有微差。

[3]昴西二星曰天街：《晋書·天文志》相同。但核對諸家星表，天街二星均介於昴宿和畢宿之間。《宋史·天文志四》亦説："昴、畢間爲天街"。故此處"昴西"當爲"昴東"之誤。

[4]天街西一星曰月：中國古代有於春分祭日、秋分祭月的習俗，春分對應於東方七宿，秋分對應於西方七宿，故在中國的傳統星圖上，常將太陽畫在東方七宿，將月亮畫在西方七宿。與此相對應，又有日一星，月一星，日星在東方七宿的房宿附近，月星在昴宿附近。此處曰天街西一星曰月，月即月星。在傳統星圖上，確實天街二星之西爲月星，月星以西爲昴宿。由此再次證明"昴西二星

曰天街”的説法有誤。

［5］“五車五星”至“魚囿也”：五車五星，與三柱相配。五車五星，在畢宿的北面，五車五星均較明亮，尤以五車二爲全天第五大星，爲0等星，五車三、五爲2等星，一、四爲3等星。五車主天子五兵，即象徵天子的五種兵車。《周禮·車僕》將天子的五種兵車分爲戎車、廣車、闕車、苹車、輕車。各有各的分工。柱爲軍上軍族的族杆。天潢和咸池都是積水之處，故有魚囿之説。

［6］“天將軍十二星”至“貴人多死”：均屬西方白虎七宿以北星官。

［7］“南河北河各三星”至“中國兵起”：南河、北河星的正式稱呼爲南河戍、北河戍，各三星。戍爲駐守之義。南北河戍星也很明亮，南河三爲全天第八大星，爲0等。北河三也爲1等大星。

［8］南河三星曰闕丘：此句當有缺漏文字。《晋書·天文志上》爲：“南河南三星曰闕丘”。在中國傳統星圖上，南河星以南有闕丘星二顆。可見本志在“南河”二字後當缺“南”字，“三”字當爲“二”字之誤。

［9］“軒轅十七星”至“欲其色黄小而明也”：軒轅十七星是南北河戍之後又一重要星座。其中南大星即軒轅十四稱爲女主星，即正妃皇后。是該星座中最亮的星，爲1等大星。以上第二星即軒轅十二爲2等星。

［10］軒轅西四星曰爟：諸本“爟”作“權”，據《晋書·天文志》改正。

［11］“東井鉞前四星曰司怪”至“九卿謀”：以上諸座均屬西方玄武七宿以北星官。

今注本二十四史

隋書

五

志〔四〕

唐 魏徵等 撰

馬俊民 張玉興 主持校注

中国社会科学出版社

隋書　卷二〇

志第十五

天文中[1]

二十八舍[2]

東方：角二星，爲天闕，其間天門也，其内天庭也。故黄道經其中，七曜之所行也。[3]左角爲天田，爲理，主刑，其南爲太陽道。右角爲將，主兵，其北爲太陰道。[4]蓋天之三門，[5]猶房之四表。其星明大，王道太平，賢者在朝。動摇移徙，王者行。

亢四星，天子之内朝也。總攝天下奏事，聽訟理獄録功者也。一曰疏廟，主疾疫。星明大，輔納忠，天下寧，人無疾疫。動則多疾。

氐四星，王者之宿宫，后妃之府，休解之房。前二星適也，後二星妾也。將有徭役之事，氐先動。星明大則臣奉度，人無勞。

房四星爲明堂，天子布政之宫也，亦四輔也。下第一星，上將也；次，次將也；次，次相也；上星，上相也。南二星君位，北二星夫人位。又爲四表，中間爲天衢之大道，爲天闕，黄道之所經也。南間曰陽環，其南曰太陽。北間曰陰間，其北曰太陰。七曜由乎天衢，則天下平和。由陽道則主旱喪，由陰道則主水兵。亦曰天駟，爲天馬，主車駕。南星曰左驂，次左服，次右服，次右驂。亦曰天廐，又主開閉，爲畜藏之所由也。房星明則王者明。驂星大則兵起，星離則人流。又北二小星曰鈎鈐，房之鈐鍵，天之管籥，主閉藏。鍵天心也。王者孝則鈎鈐明。近房，天下同心，遠則天下不和，王者絶後。房鈎鈐間有星及疏坼，則地動河清。

心三星，天王正位也。中星曰明堂，天子位，爲大辰，主天下之賞罰。天下變動，心星見祥。星明大，天下同，暗則主暗。前星爲太子，其星不明，太子不得代。後星爲庶子，後星明，庶子代。心星變黑，大人有憂。直則王失勢，動則國有憂急，角摇則有兵，離則人流。[6]

尾九星，後宫之場，妃后之府。上第一星，后也；次三星，夫人；次星，嬪妾。第三星傍一星，名曰神宫，解衣之内室。尾亦爲九子。星色欲均明，大小相承，則後宫有叙，多子孫。星微細暗，后有憂疾。疏遠，后失勢。動摇則君臣不和，天下亂。就聚則大水。[7]

箕四星，亦後宫妃后之府。亦曰天津，一曰天鷄。主八風，凡日月宿在箕、東壁、翼、軫者，風起。[8]又主口舌，主客蠻夷胡貉，故蠻胡將動，先表箕焉。星大明直則穀熟，内外有差。就聚細微，天下憂。動則蠻夷有使來。離徙則人流動，不出三日，大風。[9]

［1］天文中：《晋書·天文志》與本志的内容分類基本相同，但二志的分卷方式不同，《晋志》上卷至經星結束，而《隋志》中卷則自二十八舍開始，二十八舍、宿外諸官和天漢起止均屬經星範圍，可見本志分卷的原則以篇幅大小爲主要依據。

［2］二十八舍：下文小標題爲星官在二十八宿之外者，可見本志爲舍宿並稱。宿舍，人的住宿之處。此處借用爲月亮在黄道附近每夜處一個星座，將此星座稱爲舍或宿。

［3］“角二星”至“七曜之所行也”：角宿爲二十八宿的第一宿，具有特殊含義，它象徵着帝庭前左右的高建築物，又黄道經過其中，正是七曜出入的場所，故稱爲天門。

［4］“左角爲天田”至“其北爲太陰道”：角宿象徵蒼龍星座的兩隻角。《易·乾卦》文言“九二曰見龍在田”，正是天田星的出處。天田二星，在角宿左星的上方，故曰左角爲天田。爲理，爲理獄之官。故曰主刑。星占家將角宿左右二星比喻爲理官和武將。黄道的北面對應於左角星的南面，稱爲陽道，黄道的南面對應於左角星的北面，稱爲陰道。陽道和陰道，都是對應於月和五星而言的，它們出入其中。

［5］天之三門：黄道二十八宿中被稱爲天上的三座大門，角宿是其中之一。在角宿的南方，又另有天門二星，這個天門星，大約是因角宿爲天門而得名。本志所説天之三門，除角宿外，可能是指東井八星和南門二星。東井是南方七宿的當頭星。南門星也在角宿南方，其中南門二是全天第五大星。其實，稱爲門的星座不衹三座，天將軍十二星有軍南門一星，軫宿西南有軍門二星，庫樓星的上方有陽門二星，羽林軍南還有北落師門星一顆。

［6］“心三星”至“離則人流”：心宿三星，在中國古代受到

特别的重視。心大星即心宿二，是全天第十五大星，又稱大火，中國古代有專以觀測大火星定季節的官員，稱之爲火正，正因爲如此，它還有一個特定的名稱大辰。星占學家將心宿二比附爲天子，上星心宿一比附爲太子，下星心宿三比附爲庶子。還以其星各自明暗變化，視爲其勢力興衰的象徵。

［7］“尾九星”至“就聚則大水”：尾宿九星也較爲明亮，其中尾宿二、五、八爲2等大星。星占家將屬宿比附爲后妃之象，又比附爲天帝的九個兒子，亦稱龍有九子。

［8］“箕四星”至“風起”：星占家有一種説法，將箕看作簸箕，其簸揚穀物時便産生風，將混在穀子中的糠等雜物吹走。正是憑這一想象，箕宿口外正有一顆糠飛出。

［9］“東方”至“大風”：爲黄道帶東方蒼龍七宿。

北方：南斗六星，天廟也，丞相太宰之位，主褒賢進士，禀授爵禄，又主兵。一曰天機。南二星魁，天梁也。中央二星，天相也。北二星杓，天府庭也，亦爲天子壽命之期也。將有天子之事，占於斗。斗星盛明，王道平和，爵禄行。芒角動摇，天子愁，兵起移徙，其臣逐。[1]

牽牛六星，天之關梁，主犧牲事。其北二星，一曰即路，一曰聚火。又曰，上一星主道路，次二星主關梁，次三星主南越。摇動變色則占之。星明大，王道昌，關梁通，牛貴。怒則馬貴。不明失常，穀不登。細則牛賤。中星移上下，牛多死。小星亡，牛多疫。又曰，牽牛星動爲牛灾。[2]

須女四星，天之少府也。須，賤妾之稱，婦職之卑者也，主布帛裁製嫁娶。星明，天下豐，女功昌，國充富。小暗則國藏虛。動則有嫁娶出納裁製之事。[3]

虛二星，冢宰之官也。主北方，主邑居廟堂祭祀祝禱事，又主死喪哭泣。[4]

危三星，主天府天庫架屋，餘同虛占。星不明，客有誅。動則王者作宫殿，有土功。墳墓四星，屬危之下，主死喪哭泣，爲墳墓也。星不明，天下旱。動則有喪。

營室二星，天子之宫也。一曰玄宫，一曰清廟，又爲軍糧之府及土功事。星明國昌，小不明，祠祀鬼神不享，國家多疾。動則有土功，兵出野。離宫六星，天子之别宫，主隱藏休息之所。[5]

東壁二星，主文章，天下圖書之秘府也，主土功。星明，王者興，道術行，國多君子。星失色，大小不同，王者好武，經士不用，圖書隱。星動則有土功。離徙就聚，爲田宅事。[6]

［1］“北方”至“其臣逐”：由於兩漢以後冬至點已自牽牛移至斗宿，爲曆元起點，在星占家的心目中就顯得十分重要。雖然斗宿六星較爲暗淡，仍將其與北斗相比，將其比爲丞相、太宰之位，將有天子之事，占於南斗。

［2］“牽牛六星”至“牽牛星動爲牛災”：很多學者都認爲，中國早期二十八宿中的牛女二宿爲河鼓和織女，由於距黄道太遠纔移至牛宿和女宿，但保留了原有的名稱，這是牛女二宿名稱的來歷。盡管有些星占家將牛宿比附爲關梁，即銀河邊上的關卡和橋梁，《黄帝占》曰：“牽牛，不與織女星直者，天下陰陽不和”，更可以看出牛宿和女宿之間存在的微妙關係。此處《黄帝占》所説的牽牛、織女，就是指牛宿和女宿。

［3］“須女四星”至“動則有嫁娶出納裁製之事”：須女即女宿，又稱婺女。本志此處特别指出，是賤妾之稱，婦職之卑者，以示與織女星的貴族身份相區别。此處牛宿和女宿，分明是一對農民夫婦的象徵。是向國家提供穀物、蔬果、布帛貢品的主要承擔者和納税人。

［4］“虚二星”至“又主死喪哭泣”：前人往往將虚宿的含義解釋爲空虚之虚，並與冬季寒冷蕭索的環境相對應。我以爲這種解釋不得要領。本志説虚宿主北方邑居廟堂祭祀祝禱事。那麽，北方主祭的是什麽神呢？《禮記·月令》仲冬之月説：“仲冬之月，日在斗……其日壬癸，其帝顓頊，其神玄冥，其蟲介。”冬季與北方玄武七宿相對應，介蟲即玄武。祭祀的先帝是顓頊，祭祀的神是脩。那這裏的虚宿很可能就是顓頊之頊的同音異寫。

［5］“營室二星”至“主隱藏休息之所”：營室二星爲天子之宫，即天帝的南宫。由於處於北方七宿，文稱玄宫。離宫爲天子别宫。其實它與營室的玄宫没有區别，離宫六星與營室二星也緊密相連。天帝與嬪妃常通過閣道往來於紫宫和離宫别院之間。

［6］“北方”至“爲田宅事”：以上諸宿星官均爲北方七宿。

西方：奎十六星，天之武庫也。一曰天豕，亦曰封豕。主以兵禁暴，又主溝瀆。西南大星，所謂天豕目，亦曰大將，欲其明。若帝淫佚，政不平，則奎有角。角動則有兵，不出年中，或有溝瀆之事。又曰，奎中星明，水大出。[1]

婁三星，爲天獄，主苑牧犧牲，供給郊祀，亦爲興兵聚衆。星明，天下平和，郊祀大享，多子孫。動則有聚衆。星直則有執主之命者。就聚，國不安。[2]

胃三星，天之厨藏，主倉廩五穀府也。明則和平倉實，動則有輸運事，就聚則穀貴人流。

昴七星，天之耳目也，主西方，主獄事。又爲旄頭，胡星也。又主喪。昴畢間爲天街，天子出，旄頭罕畢以前驅，此其義也。黄道之所經也。昴明則天下牢獄平。昴六星皆明，與大星等，大水。七星黄，兵大起。一星亡，爲兵喪。揺動，有大臣下獄，及白衣之會。大而數盡動，若跳躍者，胡兵大起。一星獨跳躍，餘不動者，胡欲犯邊境也。[3]

畢八星，主邊兵，主弋獵。其大星曰天高，一曰邊將，主四夷之尉也。星明大則遠夷來貢，天下安。失色則邊亂。一星亡，爲兵喪。動揺，邊城兵起，有讒臣。離徙，天下獄亂。就聚，法令酷。附耳一星在畢下，主聽得失，伺愆邪，察不祥。星盛則中國微，有盗賊，邊候驚，外國反，鬬兵連年。若移動，佞讒行，兵大起，邊尤甚。[4]月入畢，多雨。[5]

觜觿三星，爲三軍之候，行軍之藏府，主葆旅，收斂萬物。明則軍儲盈，將得勢。動而明，盗賊群行，葆旅起。動移，將有逐者。

參十星，一曰參伐，一曰大辰，一曰天市，一曰鈇鉞，主斬刈。又爲天獄，主殺伐。又主權衡，所以平理也。又主邊城，爲九譯，故不欲其動也。參，白獸之體。其中三星横列，三將也。東北曰左肩，主左將。西北曰右肩，主右將。東南曰左足，主後將軍。西南曰右足，主偏將軍。故《黄帝占》參應七將。中央三小星曰伐，天之都尉也，主胡、鮮卑、戎狄之國，故不欲明。

七將皆明大，天下兵精也。王道缺則芒角張。伐星明與參等，大臣皆謀，兵起。參星失色，軍散。參芒角動摇，邊候有急，天下兵起。又曰，有斬伐之事。參星移，客伐主。參左足入玉井中，兵大起，秦大水，若有喪，山石爲怪。參星差戾，王臣貳。[6]

［1］“奎十六星”至“水大出”：奎宿十六星，在星占上的含義有武庫和天豕二種解釋。考古發掘證實，石器時代的先民自從飼養家豬以後，開始出現豬崇拜的痕迹。首先是人們將北斗看作豬神，有關豬神崇拜的觀念，由《明皇雜録》一行勸玄宗大赦天下的故事中可以得到證實。奎爲天豕的觀念，可能由北斗的豬崇拜演化而來。由奎爲天豕演示出奎主溝瀆，由奎爲武庫演示出奎大星爲大將、有兵等。在奎宿十六星中，以東北方的奎宿九最爲明亮，故稱奎大星，爲 2 等星。

［2］“婁三星”至“國不安”：婁爲天獄，僅巫咸一家之説。大多數星占家都主苑牧犧牲説。它與下一宿胃宿主倉廪正好互相配合，成爲天帝的牧場和倉庫。由此在此二宿的南方更衍生出天苑、天園、天囷、天倉等星座。

［3］“昴七星”至“胡欲犯邊境也”：昴宿七星，七顆星聚集在 2 度的範圍之内。故又稱昴星團。通常肉眼衹能看到七顆，而且最暗的一顆已經暗至 6 等多了。昴宿七星均不明亮，最亮的昴宿六爲 3 等星。星占家將昴宿稱爲胡人之星，由此演示出中國和西方、北方胡人政權强弱興衰的諸多判語。

［4］“畢八星”至“邊尤甚”：昴爲胡星，畢爲中國，這兩個星座在中國星占家看來是一對矛盾體，中國强盛則胡人弱，胡人强則中國受殃，均以昴宿和畢宿的光體變化爲判據。作爲中國星占家，他總是希望中國勝。畢宿八星，狀似畢網，其中畢宿五爲 1 等大星，其餘則爲 3 至 5 等小星。在畢宿瓜叉的齒尖下方，有一顆小

星叫附耳，它雖然衹是一顆4等小星，但中國星占家對它却十分重視，將其作爲判斷西北有無戰事的標志。畢宿諸星也是一個疏散星團，但畢大星却不屬於星團的成員，它比星團距我們的距離要近得多。

［5］月入畢，多雨：《詩・漸漸之石》曰："月離於畢，俾滂沱矣。"朱注曰：離，月所宿也；畢，將雨之宿也。這裏講的是一句農諺，由於是詩歌，不能用太多的文字説清楚，後世注家也含糊其辭。其實，這句農諺缺少了外界條件，就會成爲一句没有意義的空話。月亮每月都要經過畢宿一次，難道都要下一場大雨嗎？由此可知，詩中缺少季節月份。《月令》曰："孟秋完堤防，謹壅塞，以備水潦。"鄭注云："備八月也。八月宿直畢，畢好雨。"是説八月的時候，月亮經過畢宿就要下大雨。每年農曆八月是黄河流域下大雨的季節，故有此説。

［6］"參十星"至"王臣貳"：參宿十星，包括横三星、左右肩、左右股，稱爲七將，中央小三星稱爲伐。計爲十星。參宿十星非常明亮，七將都爲2等以上大星，參宿七爲0等星，參宿四爲1等星。在春季黄昏的星空中十分顯著。在星占家看來，七將都是中國的將軍，故要求其安定明大。伐星則主胡、鮮卑、戎狄。故其不欲明則對中國有利。參星差戾，王臣貳，指參星乖張，王臣反叛。按照本志的説法：參爲白獸之體。又《天官書》稱觜觿爲白虎首。那麽，觜參二宿，當爲白虎的主體。"西方"至"王臣貳"爲西方白虎七宿。

南方：東井八星，天之南門，黄道所經，天之亭候。主水衡事，法令所取平也。王者用法平，則井星明而端列。鉞一星，附井之前，主伺淫奢而斬之，故不欲其明。明與井齊，則用鉞，大臣有斬者，以欲殺也。月宿井，有風雨。[1]

輿鬼五星，天目也，主視，明察姦謀。東北星主積馬，東南星主積兵，西南星主積布帛，西北星主積金玉，隨變占之。中央爲積尸，主死喪祠祀。一曰鈇質，主誅斬。鬼星明大，穀成。不明，人散。動而光，上賦斂重，徭役多。星徙，人愁，政令急。鬼質欲其忽忽不明則安，明則兵起，大臣誅。[2]

柳八星，天之厨宰也，主尚食，和滋味，又主雷雨，若女主驕奢。一曰天相，一曰天庫，一曰注，又主木功。星明，大臣重慎，國安，厨食具。注舉首，王命興，輔佐出。星直，天下謀伐其主。星就聚，兵滿國門。

七星七星，[3]一名天都，主衣裳文綉，又主急兵，守盗賊，故欲明。星明，王道昌，暗則賢良不處，天下空，天子疾。動則兵起，離則易政。

張六星，主珍寶，宗廟所用及衣服，又主天厨，飲食賞賚之事。星明則王者行五禮，得天之中。動則賞賚，離徙天下有逆人，就聚有兵。

翼二十二星，天之樂府，主俳倡戲樂，又主夷狄遠客，負海之賓。星明大，禮樂興，四夷賓。動則蠻夷使來，離徙則天子舉兵。

軫四星，主冢宰輔臣也，主車騎，主載任。有軍出入，皆占於軫。又主風，主死喪。軫星明，則車駕備。動則車騎用。離徙，天子憂。就聚，兵大起。轄星，傅軫兩傍，主王侯。左轄爲王者同姓，右轄爲異姓。星明，兵大起。遠軫凶。軫轄舉，南蠻侵。車無轄，國主憂。長沙一星，在軫之中，主壽命。明則主壽長，子孫昌。[4]

右四方二十八宿并輔官一百八十二星。

［1］“東井八星”至“有風雨”：井宿八星，在中國天文學上也較有名。它是南方七宿的帶頭星。其入星左右各四顆，排列呈井壁狀。其中井宿三爲2等星，一、四、五爲3等星。月宿井，有風雨，無典出。井與水有關，月爲陰性。二者相遇，則有風雨。據研究，按分野理論，井宿對應於關中秦之分野，源出於西周的井國。

［2］“輿鬼五星”至“大臣誅”：輿鬼即鬼宿。外四星似梯形，中央一星爲積尸氣。石氏曰：“鬼宿中央色白，如粉絮者，所謂積尸氣也，一曰天尸，故主死喪。”積尸氣就是天上的雲氣，也就是西方人所説的星雲。但星占家認爲，這塊星雲既然出現在鬼宿之中，就應該是鬼氣，是一種不祥的雲氣。故星占家常用這團雲氣的明暗程度來判斷民間死人多少和水旱灾害的狀況。鬼宿中的星雲，實際是一組密集狀態的恒星集團，稱爲鬼星團。在天氣晴朗的夜晚，視力好的人，還可以用肉眼看到積尸氣中的若干微星，故古人稱爲色白如粉絮狀態。

［3］七星七星：前七星爲星名，後七星爲星數。

［4］“軫四星”至“子孫昌”：軫的直接含義是車上的四根横木，故以四星爲象徵。軫既象徵輔臣，又主車騎、主軍事、也主風。但其基本的一條爲主車騎，它象徵着軍車。由於車行速則生風，軍車則象徵軍事。其兩旁又附有左右轄星，它雖不明亮但在星占上却是有無戰事的風向標。在軫宿四星的内部，又有長沙一星，主長壽。“南方”至“子孫昌”，其中諸座爲南方朱雀七宿。

星官在二十八宿之外者[1]

庫樓十星，其六大星爲庫，南四星爲樓，在角南。

一曰天庫，兵車之府也。旁十五星，三三而聚者，柱也。中央四小星，衡也。主陳兵。又曰，天庫空則兵四合。東北二星曰陽門，主守隘塞也。南門二星在庫樓南，天之外門也。主守兵。平星二星，在庫樓北，平天下之法獄事，廷尉之象也。天門二星，在平星北。[2]

亢南七星曰折威，主斬殺。頓頑二星，在折威東南，主考囚情狀，察詐僞也。

騎官二十七星，在氐南，若天子武賁，主宿衛。東端一星，騎陣將軍，騎將也。南三星車騎，車騎之將也。陣車三星，在騎官東北，革車也。

積卒十二星，在房心南，主爲衛也。他星守之，近臣誅。從官二星，在積卒西北。[3]

龜五星，在尾南，主卜，以占吉凶。傅説一星，在尾後。傅説主章祝巫官也。章，請號之聲也。主王后之内祭祀，以祈子孫，廣求胤嗣。《詩》云："克禋克祀，以弗無子。"此之象也。星明大，王者多子孫。魚一星，在尾後河中，主陰事，知雲雨之期也。星不明，則魚多亡，若魚少。動摇則大水暴出。出漢中，則大魚多死。

杵三星，在箕南，杵給庖舂。客星入杵臼，天下有急。糠一星，在箕舌前，杵西北。[4]

［1］星官在二十八宿之外者：以下諸官，爲二十八宿以南至南極附近諸星。分四象述説。

［2］"庫樓十星"至"在平星北"：庫樓十星，包括北面的六顆庫星和南面的四顆樓星。這是天帝駐兵之所。凡軍車和士兵都駐扎在内。其内有衡四星，主陳兵。在庫樓星旁有五柱星計五組十五

顆星，爲插軍旗的地方。庫樓星的四周計有四道門：其南爲南門，其北爲天門，東北爲陽門，青丘西爲軍門。青丘爲南方蠻夷的國號，是東甌、東越之地。從庫樓在南方七宿、面對的又是南蠻之地，可見此處之駐兵，主要是防止南夷的。

［3］“騎官二十七星”至“在積卒西北”：此處的騎官，騎陣將軍、車騎、積卒、從官，爲軍隊的官員和士兵，它是與庫樓的兵營相呼應的。組成了一組完整的南方戰場的態勢。敵對一方就是南蠻和百越。

［4］“庫樓十星”至“杵西北”：爲東方七宿以南諸星官。

鼈十四星，在南斗南。鼈爲水蟲，歸太陰。有星守之，白衣會，主有水令。農丈人一星，在南斗西南，老農主稼穡也。[1]狗二星，在南斗魁前，主吠守。[2]

天田九星，在牛南。羅堰九星，在牽牛東，岠馬也，以壅畜水潦，灌溉溝渠也。[3]九坎九星，在牽牛南。坎，溝渠也，所以導達泉源，疏瀉盈溢，通溝洫也。九坎間十星曰天池，一曰三池，一曰天海，主灌溉事。[4]九坎東列星：北一星曰齊，齊北二星曰趙，趙北一星曰鄭，鄭北一星曰越，越東二星曰周，周東南北列二星曰秦，秦南二星曰代，代西一星曰晋，晋北一星曰韓，韓北一星曰魏，魏西一星曰楚，楚南一星曰燕。其星有變，各以其國。[5]秦、代東三星南北列，曰離瑜。離圭衣也，瑜玉飾，皆婦人之服星也。[6]

虛南二星曰哭，哭東二星曰泣，泣哭皆近墳墓。泣南十三星，曰天壘城，如貫索狀，主北夷丁零、匈奴。[7]敗臼四星，在虛危南，知凶灾。他星守之，飢兵起。

危南二星曰蓋屋，主治宫室之官也。虚梁四星，在蓋屋南，主園陵寢廟。非人所處，故曰虚梁。

室南六星曰雷電。室西南二星曰土功吏，主司過度。

壁南二星曰土公，土公西南五星曰礔礰，礔礰南四星曰雲雨，皆在壘壁北。

羽林四十五星，在營室南。[8]一曰天軍，主軍騎，又主翼王也。壘壁陣十二星，在羽林北，羽林之垣壘也，主軍位，爲營壅也。五星有在天軍中者，皆爲兵起，熒惑、太白、辰星尤甚。北落師門一星，在羽林南。北者，宿在北方也。落，天之蕃落也。師，衆也。師門猶軍門也。長安城北門曰北落門，以象北也。主非常，以候兵。有星守之，虜入塞中，兵起。[9]北落西北有十星，曰天錢。北落西南一星，曰天綱，主武帳。北落東南九星，曰八魁，主張禽獸。客星入之，多盜賊。八魁西北三星曰鈇質，一曰鈇鉞。有星入之，皆爲大臣誅。[10]

[1]“農丈人一星”至“老農主稼穡也”：在中國星座系統中，特地設立農丈人一星，以示對農業生産的重視。它與二十八宿中的牛宿、女宿的農民家庭是對應的。

[2]狗二星，在南斗魁前，主吠守：此處的狗二星，使我們聯想到狗星東南的狗國星，二者當有連帶關係。前已述及狗國爲中國北方少數民族的地方政權，那麽狗星當屬狗國的人民。當然，此處狗二星還可以作另外的解釋，它與附近的天鷄等同屬農民飼養的

畜類。

［3］“羅堰九星”至“灌溉溝渠也”：此處的羅堰九星，就是與農丈人等農業社會相匹配的灌溉溝渠。

［4］“九坎九星”至“主灌溉事”：九坎星與羅堰星也是與農業生産相匹配的水利系統，不過羅堰是直接用來爲灌溉服務的人工渠道，而九坎則是從大的方面將各地河水相連，除用於灌溉外，還兼及引水、排水航運和水産等。疏瀉盈溢，“盈”字原作“瀛”，據《晋志》改。

［5］“九坎東列星”至“各以其國”：在天田、九坎以東，載十二諸侯國星。《涉天歌》也有簡單的陳述，但星名不全，令我們驚奇的是，《晋志》前後文都有，獨缺這十二諸侯國星。它的含義值得進一步研究，是否象徵着晋代時這十二諸侯國星名尚未形成呢？既然在天市垣中設立了二十二諸侯星，此處再設十二諸侯星又有什麽新的含義呢？我們以爲，天市垣中的二十二諸侯或地區，表明參加全國性的集市貿易的地區之多，而此處的十二諸侯國，反映的却是各地農業豐欠的狀態，作用各不相同。

［6］“秦、代東三星南北列”至“皆婦人之服星也”：在後世星圖中，離瑜三星不在秦、代東，而在晋燕之東南。離瑜三星，當與其女宿以北的離珠五星加以對比，離珠爲飾有珍珠的衣服，離瑜爲飾有美玉的衣服，均爲農民生産進貢給貴族婦女的珍貴服飾。自農丈人至此，組成了一套完整的農業社會和農業生産的系統，它爲帝王生産出糧食和布帛等生活必需品。

［7］“泣南十三星”至“主北夷丁零、匈奴”：在中國古代星官系統中，各民族和地區的分布，總是與黄道帶的四方相對應的，前已述及與北方七宿對應的犬戎，與西方七宿對應的胡人鮮卑、戎狄，與南方七宿對應的青丘南蠻東甌、東越，此處對應於北方七宿的少數民族爲匈奴和丁零。再次證明恒星分野中的四象與中國少數民族的方向分布是一致的。

［8］羽林四十五星：爲中國諸星座中星數最多的一個星座。每

三顆星爲一組，計十五組。羽林軍爲漢武帝創建的宿衛營騎。爲皇帝的護衛軍，後演變爲禁衛軍，爲皇帝的親軍。星占家將羽林軍布置在營室之南，象徵羽林軍守衛着帝王的宫殿。

［9］“北落師門一星”至“兵起”：北落師門爲羽林軍軍門的名稱。這個名稱比較怪，不好理解。本志解釋説，北落就是北方之義；師門即軍門。

［10］“鼈十四星”至“皆爲大臣誅”：以上諸座，均爲二十八宿北方七宿之南諸星官。

奎南七星曰外屏。外屏南七星曰天溷，厠也。屏所以障之也。天溷南一星曰土司空，主水土之事故，又知禍殃也。客星入之，多土功，天下大疾。[1]婁東五星曰左更，山虞也，主澤藪竹木之屬，亦主仁智。婁西五星曰右更，牧師也，主養牛馬之屬，亦主禮義。二更，秦爵名也。[2]

天倉六星，在婁南，倉穀所藏也。星黄而大，歲熟。西南四星曰天庾，積厨粟之所也。天囷十三星在胃南。囷，倉廩之屬也，主給御糧也。星見則囷倉實，不見即虚。天廩四星在昴南，一曰天廥，主畜黍稷，以供饗祀，《春秋》所謂御廩，此之象也。天苑十六星，在昴畢南，天子之苑囿，養禽獸之所也，主馬牛羊。星明則牛馬盈，希則死。苑西六星曰芻藁，以供牛馬之食也。一曰天積，天子之藏府也。星盛則歲豐穰，希則貨財散。苑南十三星曰天園，植果菜之所也。[3]

畢附耳南八星，曰天節，主使臣之所持者也。天節下九星，曰九州殊口，[4]曉方俗之官，通重譯者也。畢柄西五星曰天陰。

參旗九星在參西，一曰天旗，一曰天弓，主司弓弩之張，候變禦難。玉井四星，在參左足下，主水漿，以給厨。西南九星曰九游，天子之旗也。玉井東南四星曰軍井，行軍之井也。軍井未達，將不言渴，名取此也。屏二星在玉井南，屏爲屏風。客星入之，四足蟲大疾。天厠四星，在屏東，溷也，主觀天下疾病。天矢一星在厠南，色黄則吉，他色皆凶。[5]軍市十三星，在參東南，天軍貿易之市，使有無通也。野鷄一星，主變怪，在軍市中。軍市西南二星曰丈人，丈人東二星曰子，子東二星曰孫。[6]

［1］“天溷南一星曰土司空”至“天下大疾”：土司空一星在天溷南，在奎宿之南。主水土之事。石氏曰：“司空，水土司察者，星黄潤則吉。”《巫咸贊》曰：“土司空，主界域，族神，土糞。”

［2］“婁東五星曰左更”至“秦爵名也”：左更爲管理山的官，主管澤藪竹木，右更爲放牧牲畜之官，主管牛羊馬。

［3］“天倉六星”至“植果菜之所也”：天倉六星在婁南，爲穀物的倉庫，其西南爲天庾四星，爲積厨房粟米的地方。天廩四星在昴宿之南，廩即米倉。天苑十六星，在昴畢之南，爲天帝養禽獸之處，主馬牛羊。希則死，天苑星稀少，則牛馬死亡。“希”通“稀”。芻藁六星，在天苑之西，爲牛馬的食料。苑南十三星名天園，爲天帝種植蔬菜果品的場地。由此可知，在軫宿至昴宿之南的廣大區域的星空，玄武七宿之南爲農業區，白虎之奎婁胃昴之南爲天帝的倉庫和園苑區。其中土司空、左更、右更，爲這些地區的管理官員。

［4］“畢附耳南八星”至“曰九州殊口”：畢宿左叉下方一星

爲附耳星，附耳以南八星爲天節星，天節下九星爲九州殊口星。九州殊口者，九州之人各有不同語言，九州殊口爲溝通各地語言的譯官。

［5］“屏二星在玉井南”至“他色皆凶”：屏星、厠星、天矢星爲一組軍用厠所星。除天厠四星外，屏星爲遮擋厠所的障礙物，天矢星與天屎星異。

［6］“奎南七星曰外屏”至“子東二星曰孫”：以上星座爲西方七宿以南諸星官。

東井西南四星曰水府，主水之官也。東井南垣之東四星，曰四瀆，江、河、淮、濟之精也。[1]狼一星，在東井東南。狼爲野將，主侵掠。色有常，不欲變動也。角而變色動摇，盗賊萌，胡兵起，人相食。躁則人主不静，不居其宫，馳騁天下。北七星曰天狗，主守財。弧九星在狼東南，天弓也，主備盗賊，常向於狼。弧矢動移，不如常者，多盗賊，胡兵大起。狼弧張，害及胡，天下乖亂。又曰，天弓張，天下盡兵，主與臣相謀。[2]弧南六星爲天社。昔共工氏之子句龍，能平水土，故祀以配社，其精爲星。老人一星在弧南，一曰南極。常以秋分之旦見于丙，春分之夕而没于丁。見則化平，主壽昌，亡則君危代天。常以秋分候之南郊。[3]

柳南六星曰外厨。厨南一星曰天紀，主禽獸之齒。

稷五星在七星南。稷，農正也。取乎百穀之長，以爲號也。

張南十四星曰天廟，天子之祖廟也。客星守之，祠官有憂。

翼南五星曰東區，蠻夷星也。[4]

軫南三十二星曰器府，樂器之府也。青丘七星在軫東南，蠻夷之國號也。[5]青丘西（四星曰土司空，主界域，亦曰司徒。土司空北）二星曰軍門，主營候豹尾威旗。[6]

自攝提至此，大凡二百五十四官，[7]一千二百八十三星。并二十八宿輔官，名曰經星常宿。遠近有度，小大有差。苟或失常，實表災異。[8]

圖 14　南極老人星神像（老人星的出現，是君王和國家壽昌的標志）
引自《芥子園畫譜》

［1］“東井西南四星曰水府”至“江、河、淮、濟之精也”：銀河於北方七宿箕斗處向東北流，於奎宿天船處繞過北方，經井宿向東南流，越老人星繞過南方再回到箕斗處。銀河達井宿處又開始明亮起來，井宿西南的水府四星爲主管水事的官員。井宿南面的四瀆四星，爲長江、黄河、淮河和濟河四條河流的象徵。

［2］“狼一星”至“主與臣相謀”：井宿東南天狼星，爲全天最亮的恒星，爲一 4.3 等。它象徵野將，即與中國敵對方的將軍。

主管侵掠之事。在天狼星的東南方，又有弧九星。弧星又名弧矢星，它的第一顆星爲箭頭，指向天狼星，其餘八星似弓狀。故古代文獻中載有弧矢射天狼之説。

［3］“老人一星在弧南”至“常以秋分候之南郊”：在弧矢星的南方，還有一顆老人星，它是全天第二亮星，達－0.9等。但由於過於偏向南方，長江以北的人很少能見到它，僅能在秋分黎明和春分黄昏的短暫時刻見到它。

［4］翼南五星曰東區，蠻夷星也：翼宿屬南方七宿，分野對應於中國南方，其相應的星座也與南方有關，故將翼南五星稱爲蠻夷星。蠻夷指南方少數民族。東區，即東甌。甘氏曰：“東甌五星，在翼南。”可見本志之東區與甘氏之東甌一致。

［5］青丘七星在軫東南，蠻夷之國號也：《甘氏贊》曰：“南夷，蠻貊大赫青丘。”

［6］“青丘西”至“主譽候豹尾威旗”：此處曰青丘西四星曰土司空，前已述及天溷下一星曰土司空。前人對此矛盾的説法没有評説。《晋志》説法與此相同。中國星名不可能真有兩處土司空。在中國星圖上，衹標明天溷星下爲土司空，那麽，這段文字該如何解説呢?《宋史·天文志四》末尾説：“軍門二星，在青丘西……主譽候，設豹尾旗。”可見本志與《宋史·天文志》關於軍門二星的説法是一致的，本志曰“二星曰軍門”，《宋志》曰“軍門二星”没有差别。由此可知，所謂青丘西四星曰土司空者，爲衍文也。故括號中“四星曰土司空主界域亦曰司徒土司空北”十七字爲衍文，當删。

［7］大凡二百五十四官：諸本“官”作“宫”，今據宋小字本、元九行本改正。

［8］“東井西南四星曰水府”至“實表灾異”：以上諸座爲南方七宿以南諸星官。

天漢，起東方，[1]經尾箕之間，謂之漢津。乃分爲二道，其南經傅説、魚、天籥、天弁、河鼓，其北經龜，貫箕下，次絡南斗魁、左旗，至天津下而合南道。[2]乃西南行，[3]又分夾匏瓜，絡人星、杵、造父、騰蛇、王良、傅路、閣道北端、太陵、天船、卷舌而南行，[4]絡五車，經北河之南，入東井水位而東南行，絡南河、闕丘、天狗、天紀、天稷，在七星南而没。[5]

[1]天漢，起東方：《晋志》對這部分專以小目“天漢起没”標出。天漢即銀河。起東方，即銀河自下而上，升起於東方七宿。

[2]“乃分爲二道”至“至天津下而合南道”：晋隋二志對天漢起没的描述很具體，其中尤其對箕斗以上銀河分叉部分的描述最爲詳細，但仔細核對分叉南北各星，有些方位有問題，今以（明）梅静復《乾象圖》中銀河畫得較爲清楚的七月之圖爲例加以説明。首先説南道，其中傅説星、魚星、河鼓星確實都在銀河南道附近，描述還是較爲準確的，但另外天籥實際位於兩道之間，尤其是天弁星，確在銀道之北，就明顯地不能説在南道了。將南道諸星爲基礎與北道加以對比，問題就更多了。其一，龜星在傅説星的南方，將龜星作爲北道的起點就不準確；其二，箕宿在天籥星的下方，將天籥作爲南道星、箕宿作爲北道星就明顯不對了；第三，南斗的斗魁明顯在銀河的南岸，本志將南斗魁歸入北道實有錯誤。另外，左旗星大部分星在河中，另有兩顆是在南道，本志將其歸入北道也失當。因此，銀河的北道似乎應該是尾宿、天籥、天弁星等。

[3]西南：似爲東北之誤。

[4]傅路：諸本作“傳路”，今據《晋志》改正。

[5]“天漢”至“在七星南而没”：馬端臨《文獻通考》卷二八〇《象緯考三》“天漢起没”：天河亦一名天漢，起自東方箕、尾間，遂乃分爲南北道。南經傅説入魚淵，開籥載弁鳴河鼓。北經

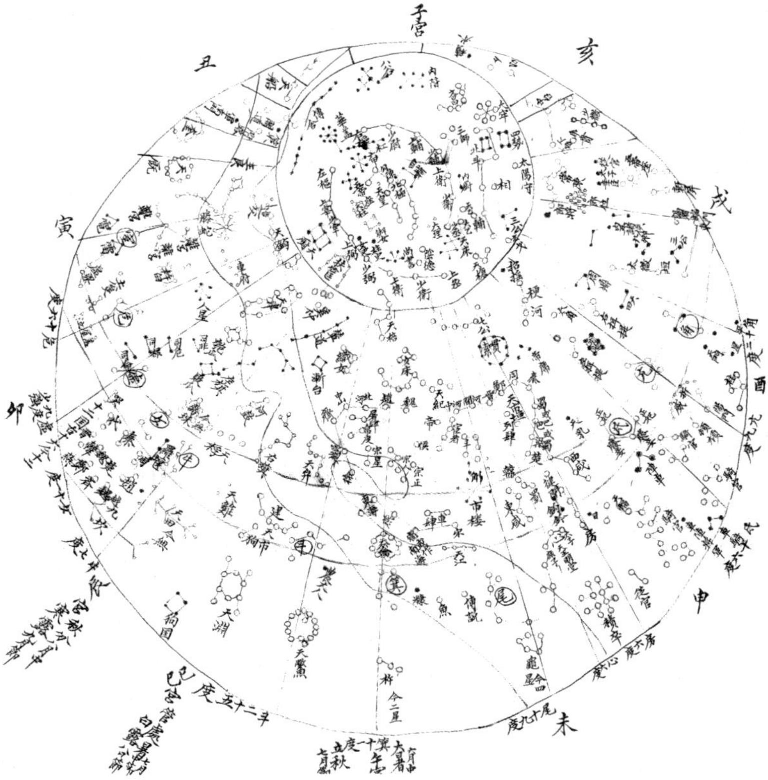

圖 15　（明）梅静復《乾象圖》中七月之
圖上所附銀河分叉的狀況

龜宿貫箕邊，次絡斗魁冒左旗，又合南道天津湄。二道相合西南行，分夾匏瓜絡人星，杵畔造父、騰蛇精，王良、附路、閣道平，登此太陵泛天船，直到卷舌又南征，五車駕向北河南，東井、水位入吾驂，水位過了東南游，經次南河向闕邱，天狗、天紀與天稷，七星南畔天河没。其說法與本書完全一致，衹是更具體通俗一些。

天占[1]

《鴻範五行傳》曰："清而明者，天之體也，天忽變色，是謂易常。天裂，陽不足，是謂臣强，[2]下將害上，國後分裂，其下之主當之。[3]天開見光，流血滂滂。天裂見人，兵起國亡。[4]天鳴有聲，至尊憂且驚。皆亂國之所生也。"

漢惠帝二年，天開東北，長三十餘丈，廣十餘丈。後有吕氏變亂。

晋惠帝太安二年，天中裂。穆帝升平五年，又裂，廣數丈，並有聲如雷。其後皆有兵革之應。[5]

[1]天占：是中國星占的一個門類，它與前面的經星占和下文的七曜占、妖星占、雜星占等並列，之所以這裹稱天占而其他門類不稱占，衹是爲了省約。其經星、七曜等標題雖不帶占字，但文中所述均爲星占的理論，就可明白其所述均爲相應占文。

[2]天裂，陽不足，是謂臣强：《星經》曰："天裂陽不足，皆下盛强，將害君之變也。"天裂，又稱天開眼。是黑暗的北方夜空突然出現赤色、白色等光焰，就如天開裂的狀態。據今人研究，此是地球兩極夜空因電磁效應出現的光亮。陽不足，暗示天子軟弱不够强大。强臣，控制國家實權的大臣。

[3]下將害上，國後分裂，其下之主當之：兩個下字含義不同，前一個"下"字指臣下，後一個"下"字是指星座對應的地區。整句的含義是説，出現天開裂，就將發生臣子謀害國君之事，國家將分裂，應發生在星座分野對應地區的國君身上。

[4]"天開見光"至"兵起國亡"：《天鏡》曰："天裂見光，流血汪汪；天裂見人，兵起國亡。"用字略有不同，含義則一致。

[5]"漢惠帝二年"至"其後皆有兵革之應"：列舉漢惠帝二

年（前193）天開東北和晋惠帝太安二年（303）天裂兩個歷史應驗事例，用以説明天裂這樣的天變預示着人間政治將會有大的動亂，必須充分加以重視。

七曜[1]

日循黄道東行，一日一夜行一度，三百六十五日有奇而周天。行東陸謂之春，行南陸謂之夏，行西陸謂之秋，行北陸謂之冬。行以成陰陽寒暑之節。是故《傳》云："日爲太陽之精，主生養恩德，人君之象也。"又人君有瑕，必露其慝，以告示焉。故日月行有道之國則光明，人君吉昌，百姓安寧。日變色，有軍軍破，無軍喪侯王。其君無德，其臣亂國，則日赤無光。日失色，所臨之國不昌。日晝昏，行人無影，到暮不止者，上刑急，下人不聊生，不出一年，有大水。日晝昏，烏鳥群鳴，國失政。日中烏見，主不明，爲政亂，國有白衣會。日中有黑子、黑氣、黑雲，乍三乍五，臣廢其主。日食，陰侵陽，臣掩君之象，有亡國，有死君，有大水。日食見星，有殺君，天下分裂。王者修德以禳之。[2]

［1］七曜：指日月和五星。此處講七曜的運動特性，目的衹是述説建立七曜占的理論依據。以下星雜變、流星、雲氣、十輝、雜氣等，都同此義。

［2］"日循黄道東行"至"王者修德以禳之"：此是日變引起的社會動亂的總叙。按中國古代傳説的觀念，日爲君象，日變將應驗在國君身上。日變有晝昏、日失色、有黑子、黑氣、黑雲、日食

等。其在國君身上的對應便是國不昌、主不明、民不聊生，國失政、臣廢主，君死、國亡等。最嚴重的情況就是發生日全食，這時星占家將要勸國君采取禳救措施。

月者，陰之精也。其形圓，其質清，日光照之，則見其明。日光所不照，則謂之魄。故月望之日，日月相望，人居其間，盡睹其明，故形圓也。二弦之日，日照其側，人觀其傍，故半明半魄也。[1]晦朔之日，日照其表，人在其裏，故不見也。其行有遲疾。其極遲則日行十二度强，極疾則日行十四度半强。遲則漸疾，疾極漸遲，二十七日半强而遲疾一終矣。[2]又月行之道，斜帶黄道。[3]十三日有奇在黄道表，又十三日有奇在黄道裏。[4]表裏極遠者，去黄道六度。[5]二十七日有奇，陰陽一終。張衡云："對日之衝，其大如日，日光不照，謂之暗虚。暗虚逢月則月食，值星則星亡。"今曆家月望行黄道，則值暗虚矣。值暗虚有表裏深淺，故食有南北多少。月爲太陰之精，以之配日，女主之象也。以之比德，刑罰之義。列之朝廷，諸侯大臣之類。故君明則月行依度，臣執權則月行失道。大臣用事，兵刑失理，則月行乍南乍北。女主外戚擅權，則或進或退。月變色，將有殃。月晝明，姦邪並作，君臣争明，女主失行，陰國兵强，中國饑，天下謀僭。數月重見，國以亂亡。[6]

[1]"日光所不照"至"故半明半魄也"：李淳風采用劉歆的觀點，魄爲月光之黑暗部分。故曰月有半明半魄也。

[2]二十七日半强而遲疾一終矣：遲疾一終即月行快慢一周爲

27 天半多一點。這個周期就是近點月，古曆稱爲遲疾曆。

［3］月行之道，斜帶黄道：月道與黄道斜交，故白道半在日道裏，半在日道外。

［4］十三日有奇在黄道表，又十三日有奇在黄道裏：黄道北即黄道裏，黄道南即黄道表。故表者外也。月亮由黄白升交點起經降交點又回到升交點，運行一周稱之爲交點月。交點月的周期爲 27.2122 日，比近點月小一些。

［5］表裏極遠者，去黄道六度：白道距黄道南北的最大距離各爲六度。

［6］“月爲太陰之精”至“國以亂亡”：古人將太陽和月亮並稱爲大明。月亮受日光所照而放光，月與日相配，故古人以日比君，以月爲女主之象。在朝則月似諸侯大臣。故古代星占家常以月行的失當與否來預言女主或大臣行爲之得失。

歲星曰東方春木。於人五常，仁也；五事，貌也。[1]仁虧貌失，逆春令，傷木氣，則罰見歲星。歲星盈縮，以其舍命國。其所居久，其國有德厚，五穀豐昌，不可伐。其對爲衝，歲乃有殃。歲星安静中度，吉。盈縮失次，其國有變，不可舉事用兵。又曰，人主出象也。色欲明光潤澤，德合同。又曰，進退如度，姦邪息；變色亂行，主無福。又主福，主大司農，主齊、吴，主司天下諸侯人君之過，主歲五穀。赤而角，其國昌；赤黄而沉，其野大穰。[2]

熒惑曰南方夏火。禮也，視也。禮虧視失，逆夏令，傷火氣，罰見熒惑。熒惑法使行無常，出則有兵，入則兵散。以舍命國，爲亂，爲賊，爲疾，爲喪，爲飢，爲兵，居國受殃。環繞勾巳，芒角動摇變色，乍前乍後，乍左乍右，其殃愈甚。其南丈夫、北女子喪。周旋止息，乃爲死喪，寇亂其野，亡地。其失行而速，兵聚其下，順之戰勝。又曰，熒惑主大鴻臚，主死喪，主司空，又爲司馬，主楚、吴、越以南，又司天下群臣之過，司驕奢亡亂妖孽，主歲成敗。又曰，熒惑不動，兵不戰，有誅將。其出色赤怒，逆行成鉤巳，戰凶，有圍軍。鉤巳，有芒角如鋒刃，人主無出宫，下有伏兵。芒大則人民怒，君子湟湟，小人浪浪，不有亂臣，則有大喪，人欺吏，吏欺王。又爲外則兵，内則理政，爲天子之理也。故曰，雖有明天子，必視熒惑所在。其入守犯太微、軒轅、營室、房、心，主命惡之。[3]

填星曰中央季夏土。信也，思心也。仁義禮智，以信爲主，貌言視聽，以心爲政，故四星皆失，填乃爲之動。動而盈，侯王不寧。縮，有軍不復。所居之宿，國吉，得地及女子，有福，不可伐。去之，失地，若有女憂。居宿久，國福厚，易則薄。失次而上二三宿曰盈，有主命不成，不乃大水。失次而下曰縮，后戚，其歲不復，不乃天裂，若地動。一曰，填爲黄帝之德，女主之象，主德厚，安危存亡之機，司天下女主之過。又曰，天子之星也。天子失信，則填星大動。[4]

太白曰西方秋金。義也，言也。義虧言失，逆秋令，傷金氣，罰見太白。太白進退以候兵，高埤遲速，静躁見伏，用兵皆象之，吉。其出西方，失行，夷狄敗；出東方，失行，中國敗。未盡期日，過參天，病其對國。若經天，天下革，人更王，是謂亂紀，人民流亡。晝與日爭明，强國弱，小國强，女主昌。又曰，太白大臣，其號上公也，大司馬位謹候此。[5]

辰星曰北方冬水。智也，聽也。智虧聽失，逆冬令，傷水氣，罰見辰星。辰星見，主刑，主廷尉，主燕、趙，又爲燕、趙、代以北，宰相之象，亦爲殺伐之氣，戰鬭之象。又曰，軍於野，辰星爲偏將之象，無軍爲刑事。和陰陽，應其時。不和，出失其時，寒暑失其節，邦當大饑。當出不出，是謂擊卒，兵大起。在於房心間，地動。亦曰，辰星出入躁疾，常主夷狄。又曰，蠻夷出星，亦主刑法之得失。色黄而小，地大動。[6]

[1]於人五常，仁也；五事，貌也：五星與五行、五方、五季、五常、五色、五帝等的對應關係，都是人爲分配的，没有什麽科學依據，但是，它在天文界和學術界已經普遍采用，而且廣爲流行，它們之間的對應關係，今列表陳述如下：

五星	歲星	熒惑	填星	太白	辰星
五行	木	火	土	金	水
五時	春	夏	季夏	秋	冬
五方	東	南	中	西	北
五獸	蒼龍	朱鳥	黄龍	白虎	玄武
五色	青	赤	黄	白	黑
五帝	太昊	炎帝	黄帝	少昊	顓頊
五佐	勾芒	祝融	后土	蓐收	玄冥
五常	仁	禮	信	義	智

星占家使用五星淩犯占卜時，其所考慮的基本出發點就是以上五星本身的特性在特定條件下所産生的影響。

［2］“歲星盈縮”至“其野大穰”：正是由於歲星具有仁這個基本特點，造成了歲星是一顆德星、吉星和福星。歲星運動到哪裏，其星座所對應的地區就有福，五穀豐登，國家安定。而與其相對的國家則有災殃。如果歲星在這個星座中久留，則對應的地區其國有厚德，五穀豐昌。如歲星變色亂行，則所當對應的地區無福。

［3］“熒惑曰南方夏火”至“主命惡之”：根據該星的行爲，它是主禮之星，一切與禮有關的事情都由它主管。失去了禮，就會受到報應，就會在熒惑的運動變化上顯現出來。熒惑的不同變化，可以顯現出爲亂、爲賊、爲疾、爲喪、爲飢、爲兵等，所居之國受殃。因此，熒惑是一顆名符其實的災星。

［4］“填星曰中央季夏土”至“則填星大動”：填星又叫鎮星，是主管誠信的星，它是誠信的象徵，故所居之宿國吉，可以得到土地和女子，國家有福，故别國不可以侵犯這個國家。填星在這個星宿居留時間越久，所對應的國家就越有厚福；停留的時間短則福薄。反之，也可以用填星的出没動態來檢驗帝王后妃的行爲過失，失信，則填星大動。

［5］“太白曰西方秋金”至“大司馬位謹候此”：太白與五常的對應上是義。這個義字的主要含義是正義。不過它在星占方面却没有太具體的對應關係。就星占而言，太白爲兵象。與兵事有關的事情，主要依靠太白來占取。其行占主要有三個方面的内容。一是太白的性狀和行度，是用兵現象的參照，進退以太白爲候。又太白出西方失行，則夷狄敗，太白出東方失行，則中國敗。其二是太白不能經天晝見。若發現經天晝見，這一定是凶象，將有天下革政、人更王、人民流亡之事發生。太白晝見，這是與日争明的反映，故問題嚴重。其三是太白出現異常天象，也是大臣有殃的表徵，這個大臣主要應在大司馬上。

［6］“辰星曰北方冬水”至“地大動”：辰與五常的對應關係是智。人主智虧失聽則應在辰星上。辰星又主刑事、廷尉，刑法有闕失也可從辰星的失行上反映出來。辰星亦是殺伐之星，戰鬬之象。

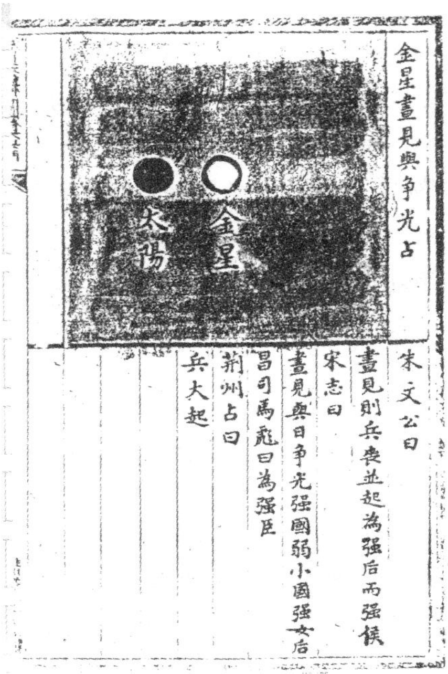

圖16　金星晝見與日争光之狀（與日争光，即象徵着争奪帝王的統治權）

凡五星有色，大小不同，各依其行而順時應節。色變有類。凡青皆比參左肩，赤比心大星，黄比參右肩，白比狼星，黑比奎大星。[1]不失本色，而應其四時者，吉；色害其行，凶。

凡五星所出所行所直之辰，其國爲得位者，歲星以德，熒惑有禮，填星有福，太白兵强，辰星陰陽和。所行所直之辰，順其色而有角者勝，其色害者敗。居實，有德也。居虚，無德也。[2]色勝位，行勝色，行得盡勝之。營室爲清廟，歲星廟也。心爲明堂，熒惑廟也。南斗爲文太室，填星廟也。亢爲疏廟，太白廟也。七星爲員官，辰星廟也。五星行至其廟，謹候其命。[3]

凡五星盈縮失位，其精降于地爲人。歲星降爲貴臣；熒惑降爲童兒，歌謡嬉戲；填星降爲老人婦女；太白降爲壯夫，[4]處於林麓；辰星降爲婦人。吉凶之應，隨其象告。

凡五星，木與土合，爲内亂、饑；與水合，爲變謀而更事；與火合，爲饑，爲旱；與金合，爲白衣之會，合鬭，國有内亂，野有破軍，爲水。太白在南，歲星在北，名曰牡年，穀大熟。太白在北，歲星在南，年或有或無。火與金合，爲爍爲喪，不可舉事用兵。從軍爲軍憂，離之軍却。出太白陰，分宅，出其陽，偏將戰。與土合，爲憂，主孽。與水合，爲北軍，用兵舉事大敗。一曰，火與水合爲焠，不可舉事用兵。土與水合，爲壅沮，不可舉事用兵，有覆軍下師。一曰，爲變謀更事，必爲旱。與金合，爲疾，爲白衣會，爲内兵，國亡地。與木合，國饑。水與金合，爲變謀，爲兵憂。入太白中而上出，破軍殺將，客勝。下出，客亡地，視旗所指，以命破軍。環繞太白，若與鬭，大戰，客勝。凡木、火、土、金與水鬭，皆爲戰，兵不在外，皆爲内亂。凡同舍爲合，相陵爲鬭。二星相近，其殃大，相遠無傷，七寸以内必之。[5]

凡月蝕五星，其國亡。歲以饑，熒惑以亂，填以殺，太白以强國戰，辰以女亂。

凡五星入月，其野有逐相。太白，將僇。

凡五星所聚，其國王，天下從。歲以義從，熒惑以禮從，填以重從，太白以兵從，辰以法，各以其事致天下也。三星若合，是謂驚立絶行，其國外内有兵，天喪人民，改立侯王。四星若合，是謂太陽，其國兵喪並起，君子憂，小人流。五星若合，是謂易行，有德受慶，改立王者，奄有四方，子孫蕃昌；亡德受殃，離其國家，滅其宗廟，百姓離去，被滿四方。五星皆大，其事亦大；皆小，事亦小。[6]

凡五星色，其圜白，爲喪，爲旱；赤中不平，爲兵，爲憂；青爲水；黑爲疾疫，爲多死；黄爲吉。皆角，赤，犯我城；黄，地之争；白，哭泣聲；青，有兵憂；黑，有水。五星同色，天下偃兵，百姓安寧，歌舞以行，不見灾疾，五穀蕃昌。[7]

凡五星，歲，政緩則不行，[8]急則過分，逆則占；熒惑，緩則不入，急則不出，違道則占；填，緩則不還，急則過舍，逆則占；太白，緩則不出，急則不入，逆則占；辰星，緩則不出，急則不入，非時則占。五星不失行，則年穀豐昌。

凡五星分天之中，積于東方，中國；積于西方，外國。用兵者利。辰星不出，太白爲客；其出，太白爲主。出而與太白不相從，及各出一方，爲格，野有軍不戰。[9]

[1]“凡五星有色”至“黑比奎大星”：以上五色的標志星，見《史記·天官書》記載。

［2］“凡五星所出所行所直之辰”至“居虚，無德也”：這是李淳風對五星運行瞭解得更詳細之後，對五星占所作進一步的明確解釋。是以推步所得之辰，其國爲得位，即歲星得位是有德，熒惑得位則國家有禮，填星有福，太白得位之國兵强，辰星則陰陽調和即國家上下和同，社會和諧。這裏所説的所行所直，要求居實而不是居虚。

［3］“營室爲清廟”至“謹候其命”：水、金、火、木、土之五星之廟分列爲七星、亢宿、心宿、營室、南斗。這是五星之神供奉祭祀的地方。

［4］壯夫：本志諸本均作“仕夫”，據《晋志》改正。五星失位，其精降地爲人之説，祇是隨意編造，毫無根據，於中國星占也不起什麽作用。

［5］“凡五星”至“七寸以内必之”：述説五星中二星相合後在星占上的應驗。這些應驗的觀念，主要是建立在五行觀念基礎之上的。例如，水星有水的性質，火星有火的焠火，故不可舉事用兵。又如土星有土的性質，它與水星的水相遇，就將發生壅塞現象，故不可舉事用兵。按照通常的説法，兩星相遇於一宿爲合，七寸以内爲犯、爲凌、爲鬬。

［6］“凡五星所聚”至“事亦小”：以上講述五星中三星聚、四星聚、五星聚出現後社會發生的動亂情况。按星占理論，均將發生大的動亂，星愈多，星愈亮，動亂愈大。即使三星相聚，也將發生内外有兵、改立王侯的大事，五星相聚那就要發生改朝换代的大事了。

［7］“凡五星色”至“五穀蕃昌”：言五星出現不同的顔色，將發生的灾異：白色爲喪、爲旱；青色有兵憂；黑色有水災，爲疾疫；赤色爲不平，爲憂；唯黄色爲吉。凡五星同色，則爲天下安寧、五穀繁昌、歌舞昇平的年代。

［8］凡五星，歲，政緩則不行：歲，諸本均作“爲”，今據《晋志》改正。中華本作“凡五星歲政緩則不行”。這種句讀法，

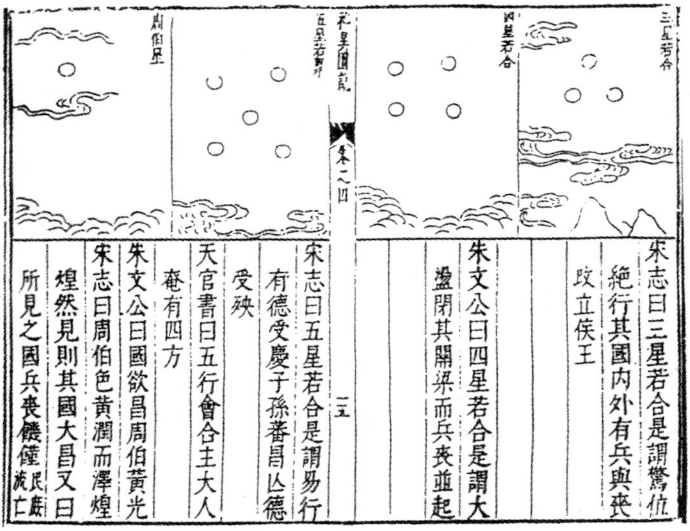

圖 17　五星四星聚合圖（引自明《天元玉曆祥異賦》。文中的朱文公，可能就是明仁宗朱高熾）

就不知表達的是什麼意思了。歲政連續，按通常的理解，當爲每歲的政策，故當理解爲每歲的政策，緩了就貫徹不下去，急了則做過了頭。若作這樣理解，就完全誤解了文義。事實上，這裹是述説政策的緩急，在五星運行上的不同徵兆。故此處之歲字當是指歲星，它與以下之熒惑、填星、太白、辰星相對應。正確的句讀當爲：凡五星，歲，政緩則不行，急則過分，逆則占；熒惑，緩則不入……；填，緩則不還……太白……；辰星……。”

［9］野有軍不戰：自此以往，本志所載七曜文全引自《晉志》，没有差異。

五星爲五德之主，[1]其行或入黄道裹，或出黄道表，猶月行出有陰陽也。終出入五常，不可以算數求也。[2]其東行曰順，西行曰逆，順則疾，逆則遲，通而率之，終爲東行矣。不東不西曰留。與日相近而不見，曰伏。伏與日同度曰合。其留、行、逆、順、掩、合、犯（法）、陵、變色、芒角，[3]凡其所主，皆以時政五常、五官、五事之得失，而見其變。

木、火、土三星行遲，夜半經天。其初皆與日合度，而後順行漸遲，追日不及，晨見東方。行去日稍遠，朝時近中則留。留經旦過中則逆行。逆行至夕時近中則又留。[4]留而又順，先遲漸速，以至于夕伏西方，乃更與日合。金、水二星，行速而不經天。自始與日合之後，行速而先日，夕見西方。去日前稍遠，夕時欲近南方則漸遲，遲極則留。留而近日，則逆行而合日，在于日後。晨見東方。逆極則留，留而後遲。遲極去日稍遠，旦時欲近南方，則速行以追日，晨伏于東方，復與日合。此五星合見、遲速、逆順、留行之大經也。昏旦者，陰陽之大分也。南方者，太陽之位，而天地之經也。七曜行至陽位，當天之經，則虧昃留逆而不居焉。此天之常道也。三星經天，二星不經天，三天兩地之道也。[5]

凡五星見伏留行，逆順遲速，應曆度者，爲得其行，政合于常。違曆錯度，而失路盈縮者，爲亂行。亂行則爲天矢彗孛，而有亡國革政，兵饑喪亂之禍云。[6]

古曆五星並順行，秦曆始有金火之逆。又甘、石並時，自有差異。漢初測候，乃知五星皆有逆行，其後相承罕能察。至後魏末，清河張子信，學藝博通，尤精曆數。因避葛榮亂，隱於海島中，積三十許年，專以渾儀測候日月五星差變之數，以算步之，始悟日月交道，有表裏遲速，五星見伏，有感召向背。言日行在春分後則遲，秋分後則速。合朔月在日道裏則日食，若在日道外，雖交不虧。月望值交則虧，不問表裏。又月行遇木、火、土、金四星，向之則速，背之則遲。五星行四方列宿，各有所好惡。所居遇其好者，則留多行遲，見早。遇其惡者，則留少行速，見遲。與常數並差，少者差至五度，多者差至三十許度。其辰星之行，見伏尤異。晨應見在雨水後立夏前，夕應見在處暑後霜降前者，並不見。啓蟄、立夏、立秋、霜降四氣之内，晨夕去日前後三十六度内，十八度外，有木、火、土、金一星者見，無者不見。後張胄玄、劉孝孫、劉焯等，依此差度，爲定入交食分及五星定見定行，與天密會，皆古人所未得也。[7]

[1]五星爲五德之主：自此以下的三段，爲《晋志》言七曜星占的補充（其中凡“五星見伏”至“兵饑喪亂之禍”數十字一段仍爲《晋志》固有）。爲天文學自南北朝以來發展後對有關星占的新認識。

[2]“其行或入黄道裏”至“不可以算數求也”：自北齊張子信和唐李淳風以後，天文學家事實上已經發現了五星均在類似於月亮的沿黄道南北運動的交點運動。推算月亮交點運動位置的方法，早在漢末劉洪的乾象曆中就已經創立了，但與此相類似的五星交點運動的推算方法，却在一個相當長的時間内，遲遲没有建立起來。

這個方法，大致到明初的回回曆纔得以建立。故此處説“不可以算數求也”。

[3]其留、行、逆、順、掩、合、犯（法）、陵、變色、芒角：此句爲表示五星運行中的各種運動狀態，留爲停留，行爲行進，逆爲逆行，掩爲掩蓋，合爲兩行星同宿，犯爲相犯，陵爲淩犯（陵爲淩的假借詞），變色是行星顔色發生變化，芒角是行星發出刺眼的光芒（形容較爲明亮）。法是衍字當刪除。

[4]“朝時近中則留”至“逆行至夕時近中則又留”：説在火木土三個外行星的會合運動中，早晨晨出東方後，當星近午正時出現了停留，其逆行後至傍晚時見、其午正時再次出現停留，然後再順行至伏，完成一個會合周期。

[5]“木火土三星行遲”至“三天兩地之道也”：此處概括地介紹了五星各自的會合運動狀態，其規律是水金二星不經天，火木土三星經天，總結爲三天兩地之道。

[6]“凡五星見伏留行”至“兵饑喪亂之禍云”：這幾句話，在《晋志》中即有，它説明了天體得行和亂行的區别。得行即五星按正常運動，這時天下太平，一旦發生了異常天象，社會就有亡國革政之變。

[7]“古曆五星並順行”至“皆古人所未得也”：敍述了日月五星運動的發展歷史，並重點介紹了張子信在觀測上的新發現，由此推動了曆法推步的進步。不過這段内容對推動星占理論的發展似無直接關係。

梁奉朝請祖暅，[1]天監中，受詔集古天官及圖緯舊説，撰《天文録》三十卷。逮周氏克梁，獲庾季才，[2]爲太史令，撰《靈臺秘苑》一百二十卷，占驗益備。今略其雜星、瑞星、妖星、客星、流星及雲氣名狀，次之於此云。[3]

［1］祖暅：人名。梁代天文學家，祖沖之之子。曾撰《漏經》和《天文録》三十卷，今佚。《南史》卷七二有附傳。

［2］庾季才：人名。字叔弈，曾在南朝梁、周、隋等朝做官，擅天文，曾撰《靈臺秘苑》一百二十卷，後散亡，後世有托名之作。

［3］“梁奉朝請祖暅”至“次之於此云”：爲了撰寫本志，李淳風除撰有以上恒星占、七曜占等内容外，還重點參考、引録了祖暅和庾季才的星占内容，以下雜星、瑞星、妖星、客星、流星、雲氣，主要出自他們兩人的著作。

瑞星

一曰景星，如半月，生於晦朔，助月爲明。或曰，星大而中空。或曰，有三星，在赤方氣，與青方氣相連。黄星在赤方氣中，亦名德星。二曰周伯星，黄色煌煌然，所見之國大昌。三曰含譽，光耀似彗，喜則含譽射。[1]

［1］“瑞星”至“喜則含譽射”：以往正史中的瑞星景星，衹是出自傳説中的聖王黄帝和帝堯。人們對景星形狀的描述也很模糊，至此除景星外，又新提出另二種瑞星周伯星和含譽星。周伯星的形狀爲黄色，煌煌然。有關周伯星的故事，在北宋年間還引起一場大的風波。而《晋志》中的瑞星又有四種。除景星、周伯、含譽星外，還有一顆格澤星。而格澤星，在《史記·天官書》中並不是瑞星，關於這些瑞星，在古代星占家中間尚有争議。《隋志》和《晋志》中所用小標題令人費解，中華本的二志分類也不相同。僅就這些變異星氣而言，《晋志》用雜星氣作標題，它實際可以包括

以下瑞星、妖星、客星、流星、雲氣等。而《隋志》以星雜變爲標題，它僅包括星晝見、恒星不見、星鬬、星摇、星隕五種星變，瑞星則置於星雜變之前，以下妖星、彗星、雜妖、客星、流星、運氣，均各自成類。

星雜變

一曰星晝見。若星與日並出，名曰嫁女。星與日争光，武且弱，文且强，女子爲王，在邑爲喪，在野爲兵。又曰，臣有姦心，上不明，臣下從横，大水浩洋。又曰，星晝見，虹不滅，臣人生明，星奪日光，天下有立王。二曰恒星不見。恒星者，在位人君之類。不見者，象諸侯之背畔，不佐王者奉順法度，無君之象也。又曰，恒星不見，主不嚴，法度消。又曰，天子失政，諸侯横暴。又曰，常星列宿不見，象中國諸侯微滅也。三曰星鬬，星鬬天下大亂。四曰星摇，星摇人衆將勞。五曰星隕。大星隕下，陽失其位，灾害之萌也。又曰，衆星墜，人失其所也。凡星所墜，國易政。又曰，星墜，當其下有戰場，天下亂，期三年。又曰，奔星之所墜，其下有兵，列宿之所墜，滅家邦，衆星之所墜，衆庶亡。又曰，填星墜，海水泆，黄星騁，海水躍。又曰，黄星墜，海水傾。亦曰，驥星墜而勃海決。星隕如雨，天子微，諸侯力政，五伯代興，更爲盟主，衆暴寡，大并小。又曰，星辰附離天，猶庶人附離王者也。王者失道，綱紀廢，下將畔去。故星畔天而隕，以見其象。國有兵凶，則星墜爲鳥獸。天下將亡，則星墜爲飛蟲。天下大兵，則星墜爲金鐵。天下有水，則星墜爲土。國主亡，有兵，則星墜爲草木。兵起，國主亡，則星墜爲沙。星墜，爲人而言者，善惡如其言。又曰，國有大喪，則星墜爲龍。[1]

[1]"星雜變"至"則星墜爲龍"：星雜變，是指星體發生各種不同的變化，這裏記述了五種，一是恒星晝見，二是恒星不見，三是星鬬，四是星揺動，五是星隕落。所有這些星變，都足以引起天下大亂、兵起和國主亡。

妖星

妖星者，五行之氣，五星之變名，見其方，以爲殃災。各以其日五色占，知何國吉凶决矣。行見無道之國，失禮之邦，爲兵爲饑，水旱死亡之徵也。又曰，凡妖星所出，形狀不同，爲殃如一。其出不過一年，若三年，必有破國屠城。其君死，天下大亂，兵士亂行，戰死於野，積尸從横。餘殃不盡，爲水旱兵飢疾疫之殃。又曰，凡妖星出見，長大，災深期遠；短小，災淺期近。三尺至五尺，期百日。五尺至一丈，期一年。一丈至三丈，期三年。三丈至五丈，期五年。五丈至十丈，期七年。十丈以上，期九年。審以察之，其災必應。[1]

彗星，世所謂掃星，本類星，末類彗，小者數寸，長或竟天。見則兵起，大水。主掃除，除舊布新。有五色，各依五行本精所主。史臣案，彗體無光，傅日而爲光，故夕見則東指，晨見則西指，在日南北，皆隨日光而指。頓挫其芒，或長或短，光芒所及則爲災。[2]

又曰，孛星，彗之屬也。偏指曰彗，芒氣四出曰孛。[3]孛者，孛然非常，惡氣之所生也。内不有大亂，則外有大兵，天下合謀，暗蔽不明，有所傷害。晏子曰："君若不改，孛星將出，彗星何懼乎？"由是言之，灾甚於彗。

[1]"妖星"至"其灾必應"：什麽叫妖星？本志説："五行之氣，五星之變名，見其方，以爲殃灾。"因此，妖星的觀念是明確的，它是五行之氣，是五星的變化所至。它的出現，是專門顯示灾殃的。所謂五星之變名，那麽它應該具有五星的特徵。這個特徵就是可以運動。它們區别於五星的特徵有二：一是有尾；二是出没無常。由此可以判定，古人所説的妖星，主要是指彗星。《晋志》雜星氣欄中衹有妖星、客星、流星，而無彗星，在其妖星欄二十一種中，其第一第二就是彗星和孛星，足見彗星類是妖星中的主要成員。

[2]"彗星"至"光芒所及則爲灾"：妖星涉及的具體星象，首先就是彗星和孛星。按照本志的説法，彗星除舊布新，見則兵起，大水。對具體的彗星而言，要依據具體情况加以選擇。古人早已明白，彗星自身不發光，傅日而爲光。對它的尾巴指向背日方向，也是很清楚的。即所謂夕見則東指，晨見則西指。灾應之地爲"光芒所及"。

[3]偏指曰彗，芒氣四出曰孛：彗尾指向一方爲彗，它的光芒指向四方爲孛。這是彗與孛的根本區别。

歲星之精，流爲天棓、天槍、天猾、天衝、國皇、反登。一曰天棓，一名覺星，或曰天格。本類星，末鋭，長四丈。主滅兵，主奮争。又曰，天棓出，其國凶，不可舉事用兵。又曰，期三月，必有破軍拔城。又

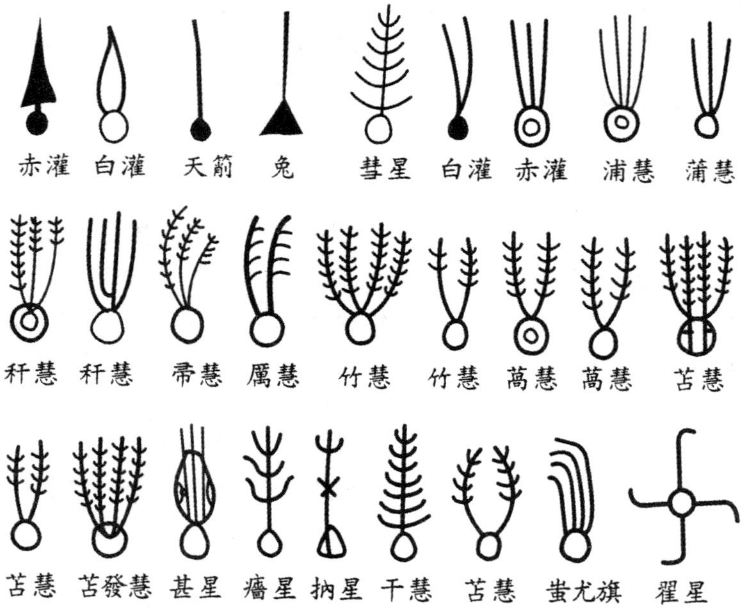

圖 18　馬王堆漢墓中《天文氣象雜占》中 29 種形態的彗星（摹本）

曰，天棓見，女主用事。其本者爲主人。二曰天槍，主捕制。或曰，攙雲如牛，槍雲如馬。或曰，如槍，左右鋭，長數丈。天攙本類星，末鋭，長丈。三曰天猾，主招亂。又曰，人主自恣，逆天暴物，則天猾起。四曰天衝，狀如人，蒼衣赤首，不動。主滅位。又曰，衝星出，臣謀主，武卒發。又曰，天衝抱極泣帝前，血濁霧下，天下寃。五曰國皇。或曰，機星散爲國皇。國皇之星，大而赤，類南極老人星也。主滅姦，主内寇難。見則兵起，天下急。或云，去地一二丈，如炬火狀。後客星内亦有國皇，名同而占狀異。六曰反登，主夷分，皆少陽之精，司徒之類，青龍七宿之域。有謀反，若恣虐爲害，主失春政者，以出時衡爲期。皆主君徵也。

熒惑之精，流爲析旦、蚩尤旗、昭明、司危、天攙。一曰析旦，或曰昭旦，主弱之符。又曰，析旦横出，参懼百尺，爲相誅滅。二曰蚩尤旗。或曰，旋星散爲蚩尤旗。或曰，蚩尤旗，五星盈縮之所生也。狀類彗而後曲，象旗。或曰，四望無雲，獨見赤雲，蚩尤旗也。或曰，蚩尤旗如箕，可長二丈，末有星。又曰，亂國之王，衆邪並積，有雲若植藋竹長，黄上白下，名曰蚩尤旗。主誅逆國。又曰，帝將怒，則蚩尤旗出。又曰，虐王反度，則蚩尤旗出。或曰，本類星，而後委曲，其像旗旛，可長二三丈。見則王者旗鼓，大行征伐，四方兵大起。不然，國有大喪。三曰昭明者，五星變出於西方，名曰昭明，金之氣也。又曰，赤彗分爲昭明。昭明滅光，象如太白，七芒，故以爲起霸之徵。或曰，機星散爲昭明。又曰，西方有星，望之去地可六丈而有光，其類太白，數動，察之中赤，是謂西方之野星，名曰昭明。出則兵大起。其出也，下有喪。出南方，則西方之邦失地。或曰，昭明如太白，不行，主起有德。又曰，西方有星，大而白，有角，目下視之，名曰昭明。金之精，出則兵大起。若守房心，國有喪，必有屠城。昭明下則爲天狗，所下者大戰流血。四曰司危。或曰，機星散爲司危。又曰，白彗之氣，分爲司危。司危平，以爲乖争之徵。或曰，司危星大，有毛，兩角。又曰，司危星類太白，數動，察之而赤。司危出，强國盈，主擊强侯兵也。又曰，司危見則主失法，期八年，豪傑起，天子以不義失國。有聲之臣，行主德也。又曰，司危見，則其下國相殘賊。又曰，司危星出正西，西方之野星，去地可六丈，大而白，類太白。一曰，見，兵起强。又曰，司危出則非，其下有兵衝不利。五曰天攙，其狀白小，數動，是謂攙星，一名斬星。天攙主殺罰。[1]又曰，天攙見，女主用事者，其本爲主人。又曰，天攙出，其下相攙，爲饑爲兵，赤地千里，枯骨籍籍。亦曰，天攙出，其國内亂。又曰，太陽之精，赤鳥七宿之域，有謀反，恣虐爲害，主失夏政。

填星之精，流爲五殘、六賊、獄漢、大賁、炤星、絀流、茀星、旬始、擊咎。一曰五殘。或曰，旋星散爲五殘。亦曰，蒼彗散爲五殘。故爲毁敗之徵。或曰，五殘五分。亦曰，一本而五枝也。期九年，姦興。[2]三九二十七，大亂不可禁。又曰，五殘者，五行之變，出於東方，五殘木之氣也。一曰，五鏠又曰五殘，星出正東，東方之野星，狀類辰星，可去地六七丈，大而白，主乖亡。或曰，東方有星，望之去地可六丈，大而赤，察之中青。或曰，星表青氣如暈，有毛，其類歲星，是謂東方之野星，名曰五殘。出則兵大起。其出也，下有喪。出北則東方之邦失地。又曰，五殘出，四蕃虚，天子有急兵。或曰，五殘大而赤，數動，察之有青。又曰，五殘出則兵起。二曰六賊者，五行之氣，出於南方。或曰，六賊火之氣也。或曰，六賊星形如彗。又曰，南方有星，望之可去地六丈，赤而數動，察之有光，其類熒惑，是謂南方之野星，名曰六賊。出則兵起，其國亂。其出也，下有喪。出東方則南方之邦失地。又曰，六賊星見，出正南，南方之星，去地可六丈，大而赤，數動有光。三曰獄漢，一曰咸漢。或曰，權星散爲獄漢。又曰，咸漢者，五行之氣，出於北方，水之氣也。獄漢青中赤表，下有三彗從横，主逐王刺王。又曰，北方有星，望之可去地六丈，大而赤，數動，察之中青黑，其類辰星，是謂北方之野星，名曰咸漢。出則兵起，其下有喪。出西方則北方之邦失地。又曰，獄漢動，諸侯驚，出則陰横。四曰大賁，主暴衝。五曰炤星，主滅邦。六曰紲流，動天下赦主伏逃。又曰，紲流，主自理，無所逃。七曰茀星，在東南，本有星，末類茀，所當之國，實受其殃。八曰旬始。或曰，樞星散爲旬始。或曰，五星盈縮之所生也。亦曰，旬始妖氣。又曰，旬始蚩尤也。又曰，旬始出於北斗旁，狀如雄鷄。其怒青黑，象伏鼈。又曰，黄彗分爲旬始。旬始者，今起也。狀如雄鷄，土含陽，以交白接，精象鷄，故以爲立主之題。期十年，聖人起代。又曰，旬始主争兵，主亂，主招横。又曰，旬始照，其下必有滅王。五姦争作，暴骨積骸，以子續食。見則臣亂兵作，諸侯爲虐。又曰，常以戊戌日，視五車及天軍天庫中有奇怪，曰旬始。狀如烏有喙，而見者則兵大起，攻戰當其首者破死。又曰，出見北斗，聖人受命，天子壽，王者有福。九曰擊咎，出，臣下主。一曰，臣禁主，主大兵。又曰，土精，斗七星之域，以長四方，司空之位，有謀反恣虐者，占如上。

太白之精，散爲天杵、天柎、伏靈、大敗、司姦、天狗、天殘、卒起。一曰天杵，主鮃羊。二曰天柎，主擊殃。三曰伏靈，主領讒。伏靈出，天下亂復人。四曰大敗，主鬬衝。或曰，大敗出，擊咎謀。五曰司姦，主見妖。六曰天狗。亦曰，五星氣合之變，出西南，金火氣合，名曰天狗。或曰，天狗星有毛，旁有短彗，下有如狗形者，主徵兵，主討賊。亦曰，天狗流，五將鬬。又曰，西北方有星，長三丈，而出水金氣交，名曰天狗。亦曰，西北三星，大而白，名曰天狗。見則大兵起，天下饑，人相食。又曰，天狗所下之處，必有大戰，破軍殺將，伏尸流血，天狗食之。皆期一年，中二年，遠三年，各以其所下之國，以占吉凶。後流星内天狗，名同，占狀小異。七曰天殘，主貪殘。八曰卒起。卒起見，禍無時，諸變有萌，臣運柄。又曰，少陰之精，大司馬之類，白獸七宿之域，有謀反，若恣虐爲害，主失秋政者，期如上占，禍亦應之。

辰星之精，散爲枉矢、破女、拂樞、滅寶、繞廷、驚理、大奮祀。一曰枉矢。或曰，填星之變爲枉矢。又曰，機星散爲枉矢。亦曰，枉矢，五星盈縮之所生也，弓弩之像也。類大流星，色蒼黑，蛇行，望之如有毛目，長數匹，著天。主反萌，主射愚。又曰，黑彗分爲枉矢。枉矢者，射是也。枉矢見，謀反之兵合，射所誅，亦爲以亂伐亂。又曰，人君暴專己，則有枉矢動。亦曰，枉矢類流星，望之有尾目，長可一匹布，皎皎著天。見則大兵起，大將出，弓弩用，期三年。曰，枉矢所觸，天下之所伐，射滅之象也。二曰破女。破女若見，君臣皆誅，主勝之符。三曰拂樞。拂樞動亂，駭擾無調時。又曰，拂樞主制時。四曰滅寶。滅寶起，相得之。又曰，滅寶主伐之。五曰繞廷。繞廷主亂孳。六曰驚理。驚理主相署。七曰大奮祀。大奮祀主招邪。或曰，大奮祀出，主安之。太陰之精，玄武七宿之域，有謀反，若恣虐爲害，主失冬政者，期如上占，禍亦應之。又曰，五精潛潭，皆以類逆所犯，行失時指，下臣承類者，乘而害之，皆滅亡之徵也。入天子宿，主滅，諸侯五百謀。[3]

［1］主殺罰："罰" 字諸本作 "時"，據《晋志》改。

［2］姦興："興" 字諸本作 "與"，據《開元占經》改正。

［3］"歲星之精" 至 "諸侯五百謀"：歲星之精、熒惑之精、填星之精、太白之精、辰星之精，此處的 "精" 字，按通常的説法當釋作精氣。但這裏可直接釋作妖。即歲星之妖、熒惑之妖、填星之妖、太白之妖、辰星之妖。這裏傳衍的文字雖然不少，但均缺乏嚴密的理論依據。祇是依據各五星本身的特性、方向、季節的分配和對應的五行特性加以鋪陳，没有多少科學價值。

雜妖[1]

一曰天鋒。天鋒，彗象矛鋒者也，主從横。天下從横，則天鋒星見。

二曰燭星，狀如太白，其出也不行，見則不久而滅。或曰，主星上有三彗上出。燭星所出邑反。又曰，燭星所燭者城邑亂。又曰，燭星所出，有大盜不成。

三曰蓬星，一名王星，狀如夜火之光，多即至四五，少即一二。亦曰，蓬星在西南，修數丈，左右鋭，出而易處。又曰，有星，其色黄白，方不過三尺，名曰蓬星。又曰，蓬星狀如粉絮，見則天下道術士當有出者，布衣之士貴，天下太平，五穀成。又曰，蓬星出北斗，諸侯有奪地，以地亡，有兵起。星所居者，期不出三年。又曰，蓬星出太微中，天子立王。[2]

四曰長庚，狀如一匹布著天。見則兵起。

五曰四填，星出四隅，去地六丈餘。或曰，四填去地可四丈。或曰，四填星大而赤，去地二丈，當以夜半時出。四填星見，十月而兵起。又曰，四填星見四隅，皆爲兵起其下。[3]

六曰地維臧光。地維臧光者，五行之氣，出於四季土之氣也。又曰，有星出，大而赤，去地二三丈，如月，始出謂之地維臧光。四隅有星，望之可去地四丈，而赤黄摇動，其類填星，是謂中央之野星，出於四隅，名曰地維臧光。出東北隅，天下大水。出東南隅，天下大旱。出西南隅，則有兵起。出西北隅，則天下亂，兵大起。又曰，地維臧光見，下有亂者亡，有德者昌。[4]

七曰女帛。女帛者，五星氣合變，出東北，水木氣合也。又曰，東北有星，長三丈而出，名曰女帛，見則天下兵起，若有大喪。又東北有大星出，名曰女帛，見則天下有大喪。[5]

八曰盜星。盜星者，五星氣合之變，出東南，火木氣合也。又曰，東南有星，長三丈而出，名曰盜星，見則天下有大盜，多寇賊。

九曰積陵。積陵者，五星氣合之變，出西北，金水氣合也。又曰，西南有星，長三丈，名曰積陵，見則天下隕霜，兵大起，五穀不成，人饑。

十曰端星。端星者，五星氣合之變，出與金木水火合於四隅。又四隅有星，大而赤，察之中黄，數動，長可四丈。此土之氣，效於四季，名曰四隅端星，所出，兵大起。

十一曰昏昌。有星出西北，氣青赤以環之，中赤外青，名曰昏昌，見則天下兵起，國易政。先起者昌，後起者亡。高十丈，亂一年。高二十丈，亂二年。高三十丈，亂三年。

十二曰莘星。有星出西北，狀如有環二，名山勤。一星見則諸侯有失地，西北國。

十三曰白星。有如星非星，狀如削瓜，有勝兵，名曰白星。白星出，爲男喪。

十四曰菟昌。西北菟昌之星，有赤青環之，有殃，有青爲水。此星見，則天下改易。

十五曰格澤，狀如炎火。又曰，格澤星也，上黄下白，從地而上，下大上鋭，見則不種而獲。又曰，不有土功，必有大客鄰國來者，期一年、二年。又曰，格澤氣赤如火，炎炎中天，上下同色，東西絙天，若於南北，長可四五里。此熒惑之變，見則兵起，其下伏尸流血，期三年。

十六曰歸邪，狀如星非星，如雲非雲。或曰，有兩赤彗上向，上有蓋狀如氣，下連星。或曰，見必有歸國者。

十七曰濛星，夜有赤氣如牙旗，長短四面，西南最多。又曰刀星，亂之象。又曰，遍天薄雲，四方生赤黄氣，長三尺，乍見乍没，尋皆消滅。又曰，刀星見，天下有兵，戰鬬流血。或曰，遍天薄雲，四方合有八氣，蒼白色，長三尺，乍見乍没。

［1］雜妖：雜妖星和妖星，均是各種類型的妖星。本志所述妖星，專以五行之氣和五星之精所生。其餘各種妖星則稱之爲雜妖星。本志所載雜妖星，又分爲兩類，前一類即是《史記·天官書》以來的傳統説法，《晋志》集合爲二十一種，本志抽出彗、孛等三種前置爲十八種。第二類即下文所引京房《風角書·集星章》所載妖星三十五種。

［2］“一曰天鋒”至“天子立王”：天鋒、燭星、蓬星等，這類星名，均以形狀得名。天鋒星其尾象矛鋒，天燭星其光似燭，天蓬星狀如粉絮。

［3］“五曰四填”至“皆爲兵起其下”：因星出四隅，去地六丈，故稱四隅星。

［4］地維臧光：按其解説，地維臧光源出於五行之氣中的土氣，土氣對應於土星，而地候、地維又源出於填星的異名，故有此星名。

［5］“七曰女帛”至“見則天下有大喪”：爲五行之氣合變而生，出東北，爲水木二氣相合。北方爲水，東方爲木，故曰水木合氣生成女帛妖星。自此以下至十曰端星均仿此，不再解説。

漢京房著《風角書》，有《集星章》，所載妖星，皆見於月旁，互有五色方雲，以五寅日見，各五星所生云。

天槍星生箕宿中，天根星生尾宿中，天荆星生心宿中，真若星生房宿中，天猿星生氐宿中，天樓星生亢宿中，天垣星生左角宿中，皆歲星所生也。見以甲寅日，其星咸有兩青方在其旁。

天陰星生軫宿中，晋若星生翼宿中，官張星生張宿中，天惑星生七星中，天雀星生柳宿中，赤若星生鬼宿中，蚩尤星生井宿中，皆熒惑之所生也。出在丙寅日，有兩赤方在其旁。

天上、天伐、從星、天樞、天翟、天沸、荆彗，皆鎮星之所生也。出在戊寅日，有兩黄方在其旁。

若星生参宿中，帚星生觜宿中，若彗星生畢宿中，竹彗星生昴宿中，墻星生胃宿中，榱星生婁宿中，白藋星生奎宿中，皆太白之所生也。出在庚寅日，有兩白方在其旁。

天美星生壁宿中，天毚星生室宿中，天杜星生危宿中，天麻星生虚宿中，天林星生女宿中，天高星生牛宿中，端下星生斗宿中，皆辰星之所生也。出以壬寅日，有兩黑方在其旁。

已前三十五星，即五行氣所生，皆出月左右方氣之中，各以其所生星將出不出日數期候之。當其未出之前而見，見則有水旱兵喪饑亂，所指亡國失地，王死，破軍殺將。[1]

［1］“漢京房著《風角書》”至“破軍殺將”：如前所述，雜妖星又分二類，此第二類爲京房《風角書·集星章》所載。其特點是皆見於月旁，與五色五方雲有關，爲五星所生，均以寅日見。按其解説，這類妖星共有三十五種，其中天槍星、天根星、天荆星、真若星、天猿星、天樓星、天垣星，生於東方蒼龍箕、尾、心、房、氐、亢、角宿中，皆歲星所生，以甲寅日見。天陰星、晋若星、官張星、天惑星、天雀星、赤若星、蚩尤星，生於南方朱雀軫、翼、張、星、柳、鬼、井宿中，皆熒惑星所生，以丙寅日見。天上、天伐、從星、天樞、天翟、天沸、荆彗星皆爲填星所生，見於戊寅日。若星、帚星、若彗星、竹彗星、墻星、榬星、白藋星，生於西方白虎七宿參、觜、畢、昴、胃、婁、奎宿中，皆太白所生，見於庚寅日。天美星、天毚星、天杜星、天麻星、天林星、天高星、端下星，生於北方玄武七宿壁、室、危、虚、女、牛、斗宿中，皆爲辰星所生，見於壬寅日。以上都是嚴格按照二十八宿與五星、天干地支的對應關係分配的，其實並非星占家實際觀測所見。其中“天惑星生七星中”，諸本均作“七宿”，中華本亦誤，今按文義改正。

客星

客星者，周伯、老子、王蓬絮、國皇、温星，凡五星，皆客星也。行諸列舍，十二國分野，各在其所臨之邦，所守之宿，以占吉凶。周伯，大而色黄，煌煌然。見其國兵起，若有喪，天下饑，衆庶流亡去其鄉。瑞星中名狀與此同，而占異。老子，明大，色白，淳淳然。所出之國，爲饑，爲凶，爲善，爲惡，爲喜，爲怒。常出見則兵大起，人主有憂。王者以赦除咎則灾消。王蓬絮，狀如粉絮，拂拂然。見則其國兵起，若有喪，白衣之會，其邦饑亡。又曰，王蓬絮，星色青而熒熒然。所見之國，風雨不如節，焦旱，物不生，五穀不成登，蝗蟲多。國皇星，出而大，其色黄白，望之有芒角。見則兵起，國多變，若有水饑，人主惡之，衆庶多疾。温星，色白而大，狀如風動摇，常出四隅。出東南，天下有兵，將軍出於野。出東北，當有千里暴兵。出西北，亦如之。出西南，其國兵喪並起，若有大水，人饑。又曰，温星出東南，爲大將軍服屈不能發者。出於東北，暴骸三千里。出西亦然。[1]

凡客星見其分，若留止，即以其色占吉凶。星大事大，星小事小。星色黄得地，色白有喪，色青有憂，色黑有死，色赤有兵，各以五色占之，皆不出三年。又曰，客星入列宿中外官者，各以其所出部舍官名爲其事。所之者爲其謀，其下之國，皆受其禍。以所守之舍爲其期，以五氣相賊者爲其使。

［1］“客星者”至“出西亦然”：以上占語出自黄帝占。《開元占經·客星占》引《黄帝》曰：“客星者，周伯、老子、王蓬絮、國皇、温星，凡五星，皆客星也。行諸列舍，十二國分野，各在其所臨之邦，所守之宿，以占吉凶。”又曰：“客星大而色黄，煌煌然，名曰周伯，見其國兵起，若有喪，天下大饑，人民流亡，去其鄉。”又曰：“客星明大白淳然，名曰老子，所出之國，爲饑、爲凶、爲善、爲惡、爲喜、爲怒，常出見，則兵大起，人主有憂。王者以赦除咎，則灾消。”又曰：“客星狀如粉絮，拂拂然，名曰王蓬絮，見則其國兵起，若有喪，白衣會，其邦饑亡。”《荆州占》曰：“王蓬絮星，色青而熒熒然，所見之國，風雨不如節，燋旱，物不生，五穀不登，多蝗蟲。”《黄帝》曰：“客星出而大，其色黄白，望之上有芒角，名曰國皇。見則兵大起，國多變，若有水饑，人主

惡之，人多疾。”又曰：“客星色白而大，狀如風動摇，名曰温星。常出四隅。出東南，天下有兵，將軍出於野；出東北，有千里暴兵；出西北，亦如之；出西南，其國兵喪並起，若大水，人饑。”石氏曰：“温星出東南，爲大將軍服屈，不能發者；出於東北，暴骸三千里；西出亦然。”《黄帝》曰：“客星見其分。若留止，即以其色占吉凶。星大事大，星小事小。星色黄得地，色白有喪，色青有憂，色黑有死，色赤有兵。各以五色占之，皆不出三年。”巫咸曰：“客星入列宿中外官者，各以其所部舍官名，爲其事。所之者，爲其謀。其下之國，皆受其禍。以所守之舍，爲其期。以五氣相賊者爲其使。”從以上所引《開元占經》占語可以看出，本志所引客星占語，實出多家不同的觀念，李淳風將其全部吸收，融爲一體，成爲一家之説。其注文曰：“瑞星中名狀與此同，而占異”，是指本志客星周伯星是凶星，而瑞星周伯星却是吉星。瑞星，諸本作“端星”，今據宋小字本和元九行本改正。

流星

流星，天使也。自上而降曰流，自下而升曰飛。大者曰奔，奔亦流星也。[1]星大者使大，星小者使小。聲隆隆者，怒之象也。行疾者期速，行遲者期遲。大而無光者，衆人之事。小而光者，貴人之事。大而光者，其人貴且衆也。乍明乍滅者，賊敗成也。[2]前大後小者，恐憂也。前小後大者，喜事也。蛇行者，姦事也。往疾者，往而不返也。長者，其事長久也。短者，事疾也。奔星所墜，其下有兵。無風雲，有流星見，良久間乃入，爲大風發屋折木。小流星百數，四面行者，庶人流移之象。流星異狀，名占不同。

今略古書及《荆州占》所載云：流星之尾，長二三丈，暉然有光竟天，其色白者，主使也，色赤者，將軍使也。流星有光，其色黄白者，從天墜有音，如炬熛火下地，野雉盡鳴，斯天保也。所墜國安有喜，若水。流星其色青赤，名曰地雁，其所墜者起兵。[3]流星有光青赤，其長二三丈，名曰天雁，軍之精華也。其國起兵，將軍當從星所之。流星暉然有光，白，長竟天者，人主之星也，主將相軍從星所之。凡星如甕者，爲發謀起事。大如桃者爲使事。流星大如缶，其光赤黑，有喙者，名曰梁星，其所墜之鄉有兵，君失地。

飛星大如缶若甕，後皎然白，前卑後高，此謂頓頑，其所從者多死亡，削邑而不戰。有飛星大如缶若甕，後皎然白，前卑後高，摇頭，乍上乍下，此謂降石，所下民食不足。飛星大如缶若甕，後皎然白，星滅後，白者曲環如車輪，此謂解銜。其國人相斬爲爵禄，此謂自相齧食。有飛星大如缶若甕，其後皎然白，長數丈，星滅後，白者化爲雲流下，名曰大滑，所下有流血積骨。有飛星大如缶若甕，後皎白，縵縵然長可十餘丈而委曲，名曰天刑，一曰天飾，將軍均封疆。[4]

天狗，狀如大奔星，色黄有聲，其止地類狗，所墜，望之如火光，炎炎衝天，其上鋭，其下圓，如數頃田處。或曰，星有毛，旁有短彗，下有狗形者。或曰，星出，其狀赤白有光，下即爲天狗。一曰，流星有光，見人面，墜無音，若有足者，名曰天狗。[5]其色白，其中黄，黄如遺火狀。主候兵討賊，見則四方相射，千里破軍殺將。或曰，五將鬭，人相食，所往之鄉有流血。

其君失地，兵大起，國易政，戒守禦。餘占同前。營頭，有雲如壞山墮，所謂營頭之星，所墮，其下覆軍，流血千里。亦曰，流星晝隕，名營頭。[6]

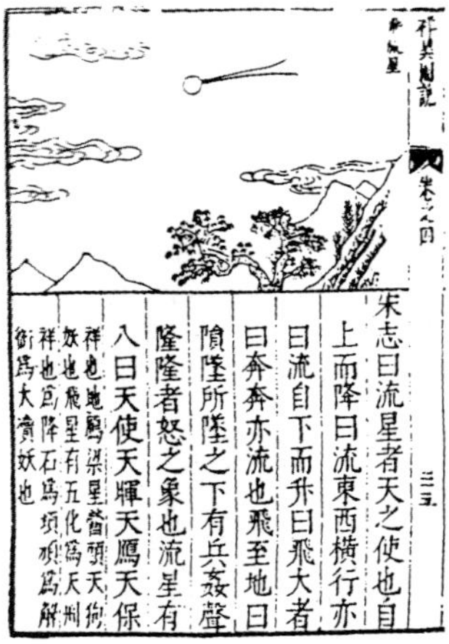

圖 19　《天元玉曆祥異賦》中的流星自上而降

［1］“流星，天使也”至“奔亦流星也”：通常地説，星占家將流星看作使星，即傳達天帝旨意的星。根據流星的不同形態，又有不同的名稱：自上而降者稱爲流星，自下而上者爲飛星，大的流星又稱爲奔星。《開元占經·流星》引孟康曰：“流星，光相連也，大如瓜桃，名曰使星。飛星主謀事，流星主兵事，使星主行事。以所出入宿占之。”

［2］賊敗成也：《晋志》同。中華本從宋殘本，作“賊成賊敗”。不過其義似是而非，以不改爲妥。

［3］“今略古書及《荆州占》所載云”至“其所墜者起兵”：《開元占經·流星》引《荆州占》曰：“流星之尾，長二三丈，耀然

有光，竟天。其色白者，主使也。其色赤者，將軍使也。”《雒書》曰：“飛星大如缶甕，而行絶迹，色如煙火。墜，名曰天保。此星所往者，其分受福有利。若有吉事，期不出年。”《文耀鈎》曰：“流星有光，夜見墻垣，而有聲者，野雞盡响，名天保。所止之野大兵起。”《荆州占》曰：“流星有光，黄白，從天墜，有音，如炬煙火下地，雞盡鳴，名天保也。所墜國安，有喜，若水。”中華本將“今略古書及《荆州占》所載云”一句置於上段末尾，句後用句號。這句話置於段前和段後的文義是不同的，段前是引語，段後是概括和小結。考查文義，當置於本段之前纔合文義，句末且用冒號。故中華本斷句有誤，今改正。

［4］“飛星大如缶若甕”至“將軍均封疆”：古代的天文學家對流星的大小喜歡用大如桃、缶、甕來比仿。缶和甕均爲陶器，甕比缶稍大，缶爲盛酒器，甕可盛水和糧食等。此處根據飛星前進中的不同形狀，將其分爲頓頑、降石、解銜、大滑、天刑等名稱，並附有不同的占語。

［5］“天狗，狀如大奔星”至“名曰天狗”：天狗是一大奔星，下落過程中狀如天狗，曰有面、有身、有足、有毛，其狀赤白有光。落在地面即爲石塊。

［6］流星晝隕，名營頭：流星白天隕落的，稱爲營頭星。《開元占經·流星》引《洛書摘亡辟》曰：“流星晝行，亡君之誡。”甘氏曰：“星晝行，名曰營首。營首所在，有流血滂沱，則天下不通。一曰大旱，赤地千里。所謂晝行者，日未入也。”巫咸曰：“流星晝行，名曰争明，其分有兵，國破君亡。”故營頭星又名營首星。

雲氣

瑞氣[1]

一曰慶雲，若煙非煙，若雲非雲，郁郁紛紛，蕭索輪囷，是謂慶雲，亦曰景雲。此喜氣也，太平之應。一曰昌光，赤如龍狀。聖人起，帝受終則見。[2]

妖氣

一曰虹蜺，日旁氣也。斗之亂精，主惑心，主内淫，主臣謀君，天子詘后妃，顓妻不一。二曰牂雲，如狗，赤色長尾，爲亂君，爲兵喪。[3]

［1］瑞氣：與下文妖氣當爲雲氣下的兩個子目。

［2］“一曰慶雲”至“帝受終則見”：瑞雲、景雲一名，正與以上瑞星、景星相對應。

［3］“妖氣”至“爲兵喪”：妖氣一名，又與妖星相對應。虹蜺和牂雲，均爲日旁出現的雲氣，與太陽無關，實爲地球表面的雲彩。因在日旁出現，星占家便與天子安危相聯繫。

隋書　卷二一

志第十六

天文下

十煇[1]

《周禮》，眡祲氏掌十煇之法，以觀妖祥，辨吉凶。一曰祲，謂陰陽五色之氣，祲淫相侵。或曰，抱珥背璚之屬，如虹而短是也。二曰象，謂雲如氣，成形象，雲如赤烏，夾日以飛之類是也。三曰鑴，日旁氣刺日，形如童子所佩之鑴也。四曰監，謂雲氣臨在日上也。五曰暗，謂日月蝕，或日光暗也。六曰瞢，謂瞢瞢不光明也。七曰彌，謂白虹彌天而貫日也。八曰序，謂氣若山而在日上。或曰，冠珥背璚，重疊次序，在于日旁也。九曰隮，謂暈氣也。或曰，虹也。《詩》所謂"朝隮于西"者也。十曰想，謂氣五色，有形想也，青飢，赤兵，白喪，黑憂，黃熟。或曰，想，思也，赤氣爲人獸之形，可思而知其吉凶。[2]

[1]十煇：這是《隋書·天文志》下的一個小標題，在其後包括十煇、日面雜氣、日暈等内容。其實，十煇衹是《周禮》一書中使用的十種日面雲氣，後世星占家所使用的名稱也都已改變，它實際是指日面旁邊的各種形狀的雲氣。

[2]"《周禮》"至"可思而知其吉凶"：此是專講十煇的。其十種氣煇的形狀和名稱爲一曰祲，二曰象，三曰鑴，四曰監，五曰暗，六曰瞢，七曰彌，八曰序，九曰隮，十曰想。此是《周禮》中就已記載的十煇之法。

自周已降，術士間出，今採其著者而言之。[1]日，君乘土而王，其政太平，則日五色。又曰，或黑或青或黄，師破。又曰，[2]游氣蔽天，日月失色，皆是風雨之候也。若天氣清静，無諸游氣，日月不明，乃爲失色。或天氣下降，地氣未升，厚則日紫，薄則日赤，若於夜則月白，皆將雨也。或天氣未降，地氣上升，厚則日黄，薄則日白，若於夜則月赤，將旱且風。亦爲日月暈之候，雨少而多陰。或天氣已降，地氣又升，上下未交則日青，若於夜則月緑色，將寒候也。或天地氣雖交而未密，則日黑，若於夜則月青，將雨不雨，變爲雺霧，暈背虹蜺。又曰，沉陰，日月俱無光，晝不見日，夜不見星，皆有雲鄣之，兩敵相當，陰相圖議也。[3]日曚曚光，士卒内亂。日薄赤，見日中烏，將軍出，旌旗舉，此不祥，必有敗亡。又曰，數日俱出若鬬，天下兵大戰。日鬬下有拔城。[4]

日戴者，形如直狀，其上微起，在日上爲戴。戴者德也，國有喜也。一云，立日上爲戴。青赤氣抱在日上，小者爲冠，國有喜事。青赤氣小，而交於日下，爲纓。青赤氣小而圓，一二在日下左右者，爲紐。青赤氣如小半暈狀，在日上爲負。負者得地爲喜。又曰，青赤氣長而斜倚日傍爲戟。青赤氣圓而小，在日左右爲珥。黄白者有喜。又曰有軍。日有一珥爲喜，在日西，西軍戰勝，在日東，東軍戰勝。南北亦如之，無軍而珥，爲拜將。又日旁如半環，向日爲抱。青赤氣如月初生，背日者爲背。又曰，背氣青赤而曲，外向爲叛象，分爲反城。璚者如帶，璚在日四方。青赤氣長，而立日旁，爲直。日旁有一直，敵在一旁欲自立，從直所擊者勝。日旁有二直三抱，欲自立者不成。順抱擊者勝，殺將。氣形三抱，在日四方，爲提。青赤氣横在日上下爲格。氣如半暈，在日下爲承。承者，臣承君也。又曰，日下有黄氣三重若抱，名曰承福，人主有吉喜，且得地。青白氣如履，在日下者爲履。日旁抱五重，戰順抱者勝。日一抱一背爲破走。抱者，順氣也，背者，逆氣也。兩軍相當，順抱擊逆者勝，故曰破走。日抱且兩珥，一虹貫抱，抱至日，[5]順虹擊者勝。日重抱，内有璚，順抱擊者勝；[6]亦曰軍内有欲反者。日重抱，左右二珥，有白虹貫抱，順抱擊勝，得二將。有三虹，得三將。日抱黄白潤澤，内赤外青，天子有喜，有和親來降者。軍不戰，敵降，軍罷。色青，將喜；赤，將兵争；白，將有喪；黑，將死。日重抱且背，順抱擊者勝，得地，若有罷師。日重抱，抱内外有璚，兩珥，順抱擊者勝，破軍，軍中不和，不相信。[7]

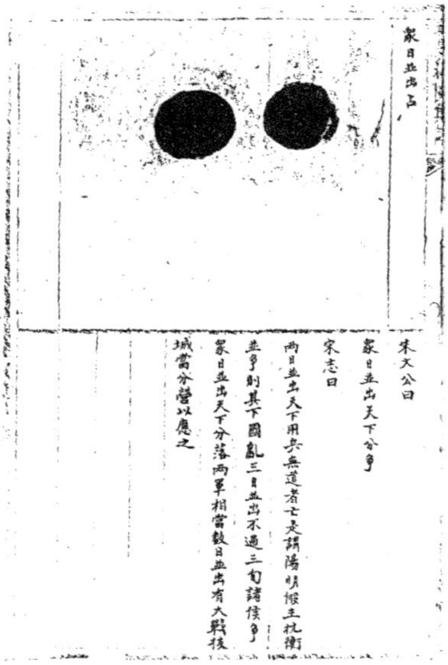

圖 20　兩日並出，天下爭權之形態

［1］自周已降，術士間出，今採其著者而言之：以上數字，諸本均附於上段末尾。根據前注相同的理由，這些術士所言內容均在下面，故將其移置本段之首。

［2］“日，君乘土而王”至“師破。又曰”：以上數字，爲李淳風撰本志時，從《晋志》中引用時所加，以下至“軍中不和，不相信”，文字全同。

［3］“游氣蔽天”至“陰相圖議也”：是作者李淳風在講述日旁雲氣占以前，講述他所認識的因天氣變化而引起日面雲氣、顏色變化的科學道理。這段話與星占無直接關係。

［4］“日薄赤”至“日鬬下有拔城”：日中烏和數日俱出，一是日中見黑子，二是大氣現象引起數日並出的錯覺。此二條均與日旁氣現象無關。

［5］一虹貫抱，抱至日：有一條蜺虹，穿過日抱，發生日抱的那一天。《晋志》與本志均載有這句話。但中華本校勘記均認爲兩抱相重爲衍字，故删掉下面抱字，成爲“一虹貫抱，至日”，這是什麼意思呢？至哪一日呢？當然是抱至日那一天。故原文不能删。

［6］“順虹擊者勝”至“順抱擊者勝”：這句話，似乎可以連通。但若校對《晋志》，便可發現破綻。《晋志》曰：“日抱且兩珥，一虹貫抱，抱至日，順虹擊者勝，〔殺將。日抱兩珥且璚，二虹貫抱至日，順虹擊者勝。日重抱，内有璚，順抱擊者勝〕。”其間漏掉“殺將。日抱兩珥且璚，二虹貫抱至日，順虹擊者勝”二十字。當補正。

［7］“日戴者”至“軍中不和，不相信”：介紹了自周代以來諸術士有關日旁雲氣的狀態和占語，其中有日戴、日抱、日冠、日纓、日紐、日負、日戟、日珥、日背、日璚、日直、日提、日格、承福、日履等。這些日旁雲氣占，在《開元占經·日占》中也有記載。

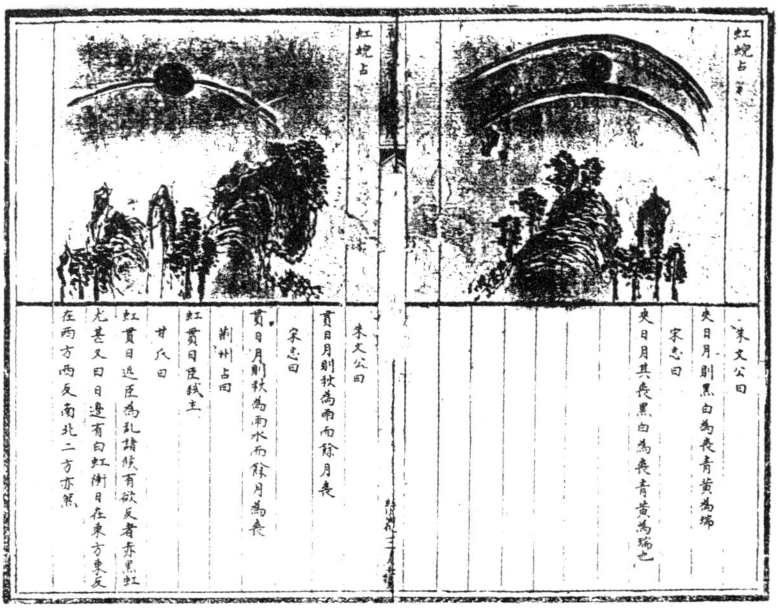

圖21　夾日蜺虹之氣和貫日蜺虹之氣

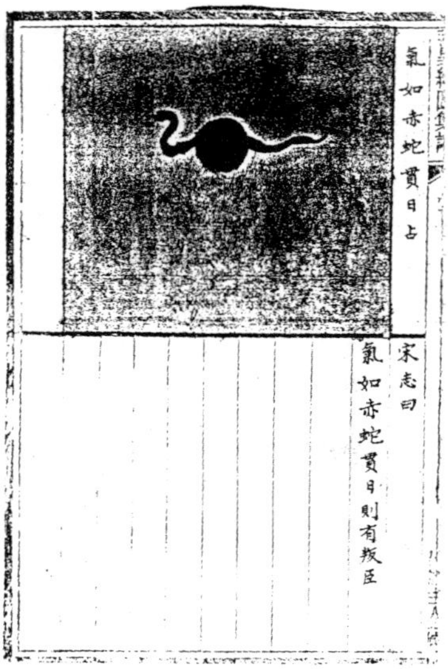

圖 22　氣如赤蛇貫日之形態

圖 23　日珥、日背並出之形態

圖 24　日有抱氣之形態

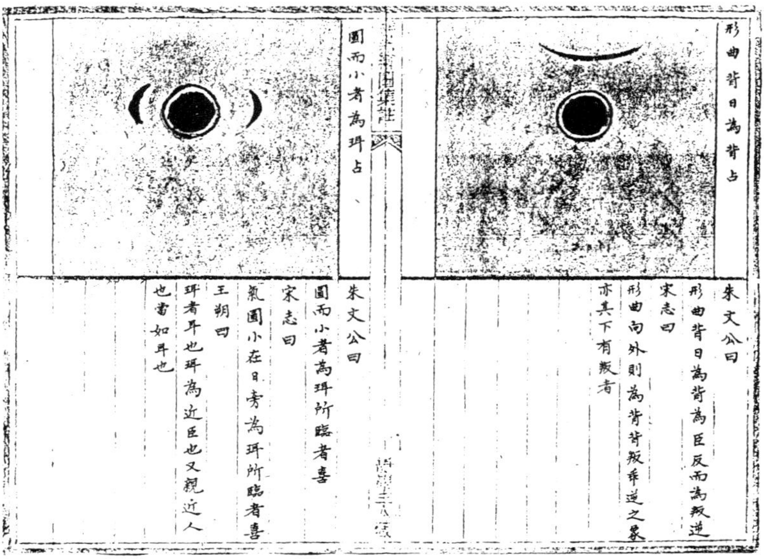

圖 25　日月兩珥和背氣之形態

圖 26　日月氣直之形態

圖 27　日月格氣之形態

日旁有氣，圓而周匝，内赤而外青，名爲暈。日暈者，軍營之象。周環匝日無厚薄，敵與軍勢齊等。若無軍在外，天子失御，民多叛。日暈有五色，有喜；不得五色，有憂。[1]凡占兩軍相當，必謹審日月暈氣，知其所起，留止遠近，應與不應，疾遲大小，厚薄長短，抱背爲多少，有無實虚久亟，密疏澤枯。相應等者勢等。近勝遠，疾勝遲，大勝小，厚勝薄，長勝短，抱勝背，多勝少，有勝無，實勝虚，久勝亟，密勝疏，澤勝枯。重背大破，重抱爲和親，抱多親者益多，背爲不和。分離相去，背於内者離於内，背於外者離於外也。[2]

凡占分離相去，赤内青外，以和相去；青内赤外，以惡相去。日暈明久，内赤外青，外人勝；内青外赤，内人勝；内黄外青黑，内人勝；外黄内青黑，外人勝；外白内青，外人勝；内白外青，内人勝，内黄外青，外人勝；内青外黄，内人勝。日暈周匝，東北偏厚，厚爲軍福，在東北戰勝，西南戰敗。日暈黄白，不鬬兵未解；青黑，和解分地；色黄，土功動，人不安；日色黑，有水，陰國盛。日暈七日無風雨，兵大作，不可起，衆大敗。不及日蝕，日暈而明，天下有兵，兵罷；無兵，兵起不戰。日暈始起，前滅而後成者，後成面勝。日暈有兵在外者，主人不勝。日暈，内赤外青，群臣親外；外赤内青，群臣親内其身，身外其心。日有朝夕暈，是謂失地，主人必敗。[3]

日暈而珥，主有謀，軍在外，外軍有悔。日暈抱珥上，將軍易。日暈而珥如井幹者，國亡，有大兵交。日暈上西，將軍易，兩敵相當。日暈兩珥，平等俱起而色同，軍勢等，色厚潤澤者賀喜。日暈有直珥爲破軍，貫至日爲殺將。日暈員且戴，國有喜，戰從戴所擊者勝，得地。日暈而珥背左右，如大車輞者，兵起，其國亡城，兵滿野而城復歸。[4]

日暈，暈内有珥一抱，所謂圍城者在内，内人則勝。日暈有重抱，後有背，戰順抱者勝，得地有軍。日暈有一抱，抱爲順，貫暈内，在日西，西軍勝，有軍。[5]

日暈有一背，背爲逆，在日西，東軍勝。餘方放此。日暈而背，兵起，其分，失城。日暈有背，背爲逆，有降叛者，有反城。在日東，東有叛。餘方放此。日暈背氣在暈内，此爲不和，分離相去。其色青外赤内，節臣受王命有所之。日暈上下有兩背，無兵兵起，有兵兵入。日暈四背在暈内，名曰不和，有内亂。日暈而四背如大車輞者四提，設其國衆在外，有反臣。日暈四提，必有大將出亡者。日暈有四背璚，其背端盡出暈者，反從内起。[6]

日暈而兩珥在外，有聚雲在内與外，不出三日，城圍出戰。日暈有背珥直，而有虹貫之者，順虹擊之，大勝得地。日暈，有白虹貫暈至日，從虹所指戰勝，破軍殺將。日暈，有虹貫暈，不至日，戰從貫所擊之勝，得小將。日暈，有一虹貫暈内，順虹擊者勝，殺將。日暈，二白虹貫暈，有戰，客勝。日重暈，有四五白虹氣，從内出外，以此圍城，主人勝，城不拔。[7]

［1］“日旁有氣”至“不得五色，有憂”：原置於前段末尾。從各段論述内容來看，這幾句話當置於本段前。但不知從何時開始，這幾句文字錯附於前段末尾，《晋志》亦然。當調整爲是。

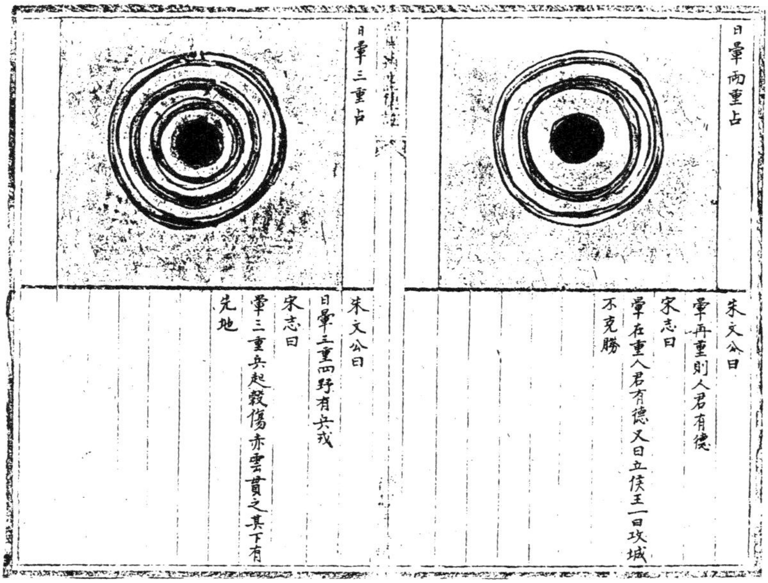

圖28　日有二重、三重日暈之狀

［2］“日旁有氣”至“背於外者離於外也”：分别論述日暈、日抱、日背對國家、天子、軍情影響的嚴重程度。

［3］“凡占分離相去”至“主人必敗”：以日暈内外顔色的變化不同區别吉凶及有關事項。

［4］“日暈而珥”至“兵滿野而城復歸”：本段論述日暈與日珥相對位置的不同在星占内容上的區别。

［5］“日暈，暈内有珥一抱”至“西軍勝，有軍”：本段論述日暈與日抱相對位置的不同在星占内容上的區别。

［6］“日暈有一背”至“反從内起”：本段論述日暈與日背相對位置的不同在星占内容上的區别。

［7］“日暈而兩珥在外”至“主人勝，城不拔”：論述在有日暈、日珥蜺虹等情況下的戰場形勢和正確的出軍方向等。

又日重暈，攻城圍邑不拔。日暈二重，其外清内濁不散，軍會聚。日暈三重，有拔城。日交暈無厚薄，交争，力勢均，厚者勝。日交暈，人主左右有争者，兵在外戰。日在暈上，軍罷。交暈貫日，天下有破軍死將。日交暈而争者先衰，不勝即兩敵相向。交暈至日月，順以戰勝，殺將。一法日在上者勝。日有交者，赤青如暈狀，或如合背，或正直交者，偏交也，兩氣相交也，或相貫穿，或相向，或相背也。交主内亂，軍内不和。日交暈如連環，爲兩軍兵起，君争地。日有三暈，軍分爲三。日方暈而上下聚二背，將敗人亡。日暈若井垣，若車輪，二國皆兵亡。又曰，有軍。[1]日暈不匝，半暈在東，東軍勝，在西，西軍勝。南北亦如之。日暈如車輪半，軍在外者罷。日半暈東向者，西夷羌胡來入國。半暈西向者，東夷人欲反入國。半暈北向者，南夷人欲反入國。半暈南向者，北夷人欲反入國。[2]

又曰，軍在外，月暈師上，其將戰必勝。月暈黄色，將軍益秩禄，得位。月暈有兩珥，白虹貫之，天下大戰。月暈而珥，兵從珥攻擊者利。月暈有蜺雲，乘之以戰，從蜺所往者大勝。月暈，虹蜺直指暈至月者，破軍殺將。[3]

［1］“又日重暈”至“又曰，有軍”：本段論述日重暈三重暈等和日交等相對位置在星占内容上的區别。《開元占經·日占》引王朔曰：“日有交：交者，青赤如暈狀，或如合背，或正、直交者。偏交者，兩氣相交也。或相貫穿，或相背交，主内亂，軍中不和。”石氏曰：“日交，人受淫勃之氣。”京氏曰：“偏交在日傍，從交在日，傍交所擊者勝。”甘氏曰：“常以九月上景候日，傍交赤雲，其下有兵。”

［2］“日暈不匝”至“北夷人欲反入國”：本段論述日暈不匝及環不齊全衹有半邊的情况下在星占上的内容。

［3］“又曰，軍在外”至“破軍殺將”：本段論述月暈不同方位在星占内容上的區别。“月暈師上”指月暈出現在軍隊的上方。“月暈而珥，兵從珥攻擊者利”，即在月有暈的情况下有珥，則兵從有珥的方向開始攻擊有利。

雜氣[1]

天子氣，内赤外黄正四方，所發之處，當有王者。若天子欲有游往處，其地亦先發此氣。或如城門，隱隱在氣霧中，恒帶殺氣森森然，或如華蓋在氣霧中，或有五色，多在晨昏見。或如千石倉在霧中，恒帶殺氣，或如高樓在霧氣中，或如山鎮。蒼帝起，青雲扶日。赤帝起，赤雲扶日。黄帝起，黄雲扶日。白帝起，白雲扶日。黑帝起，黑雲扶日。或曰氣象青衣人，無手，[2]在日西，天子之氣也。敵上氣如龍馬，或雜色鬱鬱衝天者，此帝王之氣，不可擊。若在吾軍，戰必大勝。凡天子之氣，皆多上達於天，以王相日見。[3]

凡猛將之氣如龍。兩軍相當，若氣發其上，則其將猛鋭。或如虎，在殺氣中。猛將欲行動，亦先發此氣；

若無行動，亦有暴兵起。或如火煙之狀，或白如粉沸，或如火光之狀，夜照人，或白而赤氣繞之，或如山林竹木，或紫黑如門上樓，或上黑下赤，狀似黑旌，或如張弩，或如埃塵，頭鋭而卑，本大而高。兩軍相當，敵軍上氣如囷倉，正白，見日逾明，或青白如膏，將勇。大戰氣發，漸漸如雲，變作此形，將有深謀。凡氣上與天連，軍中有貞將，或云賢將。[4]

凡軍勝氣，如堤如坂，前後磨地，此軍士衆强盛，不可擊。軍上氣如火光，將軍勇，士卒猛，好擊戰，不可擊。軍上氣如山堤，山上若林木，將士驍勇。軍上氣如埃塵粉沸，其色黄白，旌旗無風而颺，揮揮指敵，此軍必勝。敵上有白氣粉沸如樓，繞以赤氣者，兵鋭。營上氣黄白色，重厚潤澤者，勿與戰。兩敵相當，有氣如人持斧向敵，戰必大勝。兩敵相當，上有氣如蛇舉首向敵者戰勝。敵上氣如一匹帛者，此雍軍之氣，不可攻。望敵上氣如覆舟，雲如牽牛，有白氣出，似旌幟，在軍上，有雲如鬭鷄，赤白相隨，在氣中，或發黄氣，皆將士精勇，不可擊。軍營上有赤黄氣，上達於天，亦不可攻。[5]

[1]雜氣：此處之雜氣，與本志中之雲氣不同，雲氣屬星空中的星體類，夜間觀看。此處之雜氣，主要在白天或早晨、傍晚時觀看。從高度上説，這類氣離地面不遠，或竟然與地面相連接。此處之雜氣，也有類似於地面上的雲彩處。

[2]或曰氣象青衣人，無手："曰"字諸本均作"日"，中華本亦作"日"，唯此處將地面之氣釋作"日氣"不通。又考《晉志》

相應處則爲“或氣象青衣人，無手”。即不用“日”，也不用“曰”，但考其文義，顯係地面之氣而非日面之氣。故當改正爲“或曰氣象青衣人，無手”。

［3］“天子氣”至“以王相日見”：這段論述天子氣即王者之氣的特徵。天子氣五色，如山鎮，有氣扶日，上達於天。

［4］“凡猛將之氣如龍”至“或云賢將”：這段論述猛將軍之氣的形狀和特徵。其氣如龍似虎，或如火煙之狀，頭鋭而卑，本大而高。

［5］“凡軍勝氣”至“亦不可攻”：這段論述勝軍之氣的形狀和特徵。其氣如堤如坂，前後磨地。軍上氣如火光。營上氣黄白色，重厚潤澤。

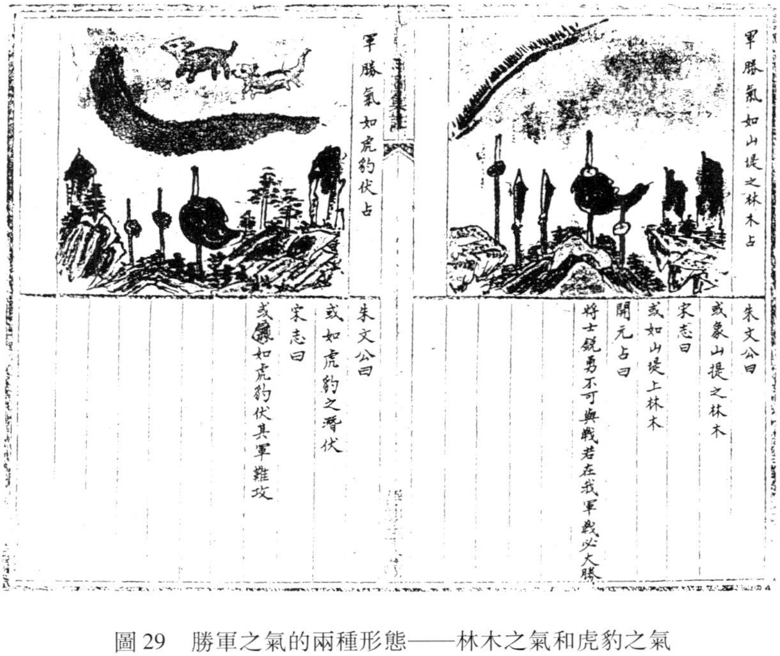

圖29　勝軍之氣的兩種形態——林木之氣和虎豹之氣

凡軍營上五色氣，上與天連，此天應之軍，不可擊。其氣上小下大，其軍日增益士卒。軍上氣如堤，以覆其軍上，前赤後白，此勝氣。若覆吾軍，急往擊之，大勝。天氣鋭，黄白團團而潤澤者，敵將勇猛，且士卒能强戰，不可擊。雲如日月而赤氣繞之，如日月暈狀有光者，所見之地大勝，不可攻。

凡雲氣，有獸居上者勝。軍上有氣如塵埃，前下後高者，將士精鋭。敵上氣如乳武豹伏者，難攻。軍上恒有氣者，其軍難攻。軍上雲如華蓋者，勿往與戰。雲如旌旗，如蜂向人者，勿與戰。兩軍相當，敵上有雲如飛鳥，徘徊其上，或來而高者，兵精鋭，不可擊。軍上雲如馬，頭低尾仰，勿與戰。軍上雲如狗形，勿與戰。望四方有氣如赤鳥，在烏氣中，如烏人在赤氣中，如赤杵在烏氣中，如人十十五五，或如旌旗，在烏氣中，有赤氣在前者，敵人精悍，不可當。敵上有雲如山，不可説。有雲如引素，如陣前鋭，或一或四，黑色有陰謀，赤色饑，青色兵有反，黄色急去。[1]

[1]“凡軍營上五色氣”至“黄色急去”：以上兩段，是對各類勝軍之氣的歸納和總結。

凡氣，上黄下白，名曰善氣。所臨之軍，欲求和退。若氣出北方，求退向北，其衆死散。向東則不可信，終能爲害。向南將死。敵上氣囚廢枯散。或如馬肝色，如死灰色，或類偃蓋，或類偃魚，皆爲將敗。軍上氣乍見乍不見，如霧起，此衰氣，可擊。上大下小，士卒日滅。

凡軍營上十日無氣發，則軍必勝。而有赤白氣乍出即滅，外聲欲戰，其實欲退散。黑氣如壞山墮軍上者，名曰營頭之氣，其軍必敗。軍上氣昏發連夜，夜照人，則軍士散亂。軍上氣半而絶，一敗，再絶再敗，三絶三敗。在東發白氣者，灾深。軍上氣中有黑雲如牛形，或如猪形者，此是瓦解之氣，軍必敗。敵上氣如粉如塵者，勃勃如煙，或五色雜亂，或東西南北不定者，其軍欲敗。軍上氣如群羊群猪在氣中，此衰氣，擊之必勝。軍上有赤氣，炎降於天，則將死，士衆亂。赤光從天流下入軍，軍亂將死。彼軍上有蒼氣，須臾散去，擊之必勝。在我軍上，須自堅守。軍有黑氣如牛形，或如馬形，從氣霧中下，漸漸入軍，名曰天狗下食血，則軍破。軍上氣或如群鳥亂飛，或如懸衣，如人相隨，或紛紛如轉蓬，或如揚灰，或雲如卷席，如匹布亂穰者，皆爲敗徵。氣乍見乍没，乍聚乍散，如霧之始起，爲敗氣。氣如繫牛，如人卧，如敗車，如雙蛇，如飛鳥，如決堤垣，如壞屋，如人相指，如人無頭，如驚鹿相逐，如兩鷄相向，皆爲敗氣。[1]

凡降人氣，如人十十五五，皆叉手低頭。又云，如人叉手相向。白氣如群鳥，趣入屯營，連結百餘里不絶，而能徘徊，須臾不見者，當有他國來降。氣如黑山，以黄爲緣者，欲降服。敵上氣青而高漸黑者，將欲死散。軍上氣如燔生草之煙，前雖鋭，後必退。黑氣臨營，或聚或散，如鳥將宿，敵人畏我，心意不定，終必逃背，逼之大勝。[2]

凡白氣從城中南北出者，不可攻，城不可屠。城中有黑雲如星，名曰軍精，急解圍去，有突兵出，客敗。城上白氣如旌旗，或青雲臨城，有喜慶。黄雲臨城，有大喜慶，青色從中南北出者，城不可攻。或氣如青色，如牛頭觸人者，城不可屠。城中氣出東方，其色黄，此太一。城白氣從中出，青氣從城北入，反向還者，軍不得入。攻城圍邑，過旬雷雨者，爲城有輔。疾去之，勿攻。城上氣如煙火，主人欲出戰。其氣無極者，不可攻。城上氣如雙蛇者，難攻。赤氣如杵形，從城中向外者，内兵突出，主人戰勝。城上有雲，分爲兩彗狀，攻不可得。赤氣在城上，黄氣四面繞之，城中大將死，城降。城上赤氣如飛鳥，如敗車，及無雲氣，士卒必散。城營中有赤黑氣，如狸皮斑及赤者，並亡。城上氣上赤而下白色，或城中氣聚如樓，出見於外，城皆可屠。城營上有雲如衆人頭，赤色，下多死喪流血。城上氣如灰，城可屠。氣出而北，城可克。其氣出復入，城中人欲逃亡。其氣出而覆其軍，軍必病。氣出而高，無所止，用日久長。有白氣如蛇來指城，可急攻。白氣從城指營，宜急固守。攻城若雨霧日死風至，兵勝。日色無光爲日死。雲氣如雄雉臨城，其下必有降者。濛氛圍城而入城者，外勝，得入。有雲如立人五枚，或如三牛，邊城圍。[3]

凡軍上有黑氣，渾渾圓長，赤氣在其中，其下必有伏兵。白氣粉沸起，如樓狀，其下必有藏兵萬人，皆不可輕擊。伏兵之氣，如幢節狀，在烏雲中，或如赤杵在烏雲中，或如烏人在赤雲中。[4]

［1］“凡氣，上黄下白”至“皆爲敗氣”：這兩段論述各種形態的敗軍、敗將之氣。

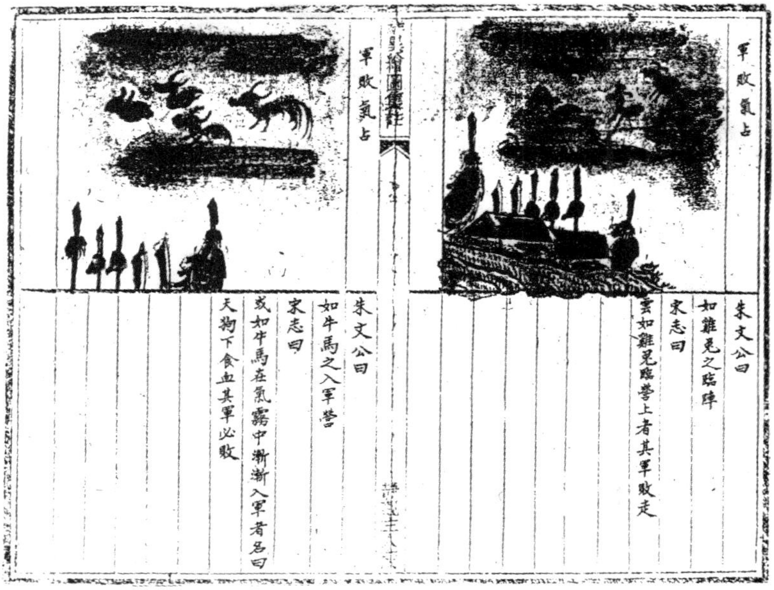

圖30　敗軍之氣的兩種形態——雞兔之氣和牛馬之氣

［2］“凡降人氣”至“逼之大勝”：本段論述各種形態的降人、降軍、降國和散敗之氣。

［3］“凡白氣從城中南北出者”至“邊城圍”：本段專門論述處於圍城下的各種形態的戰争之氣，或勝、或降、或亡、或難攻、或勿攻等各種狀態。

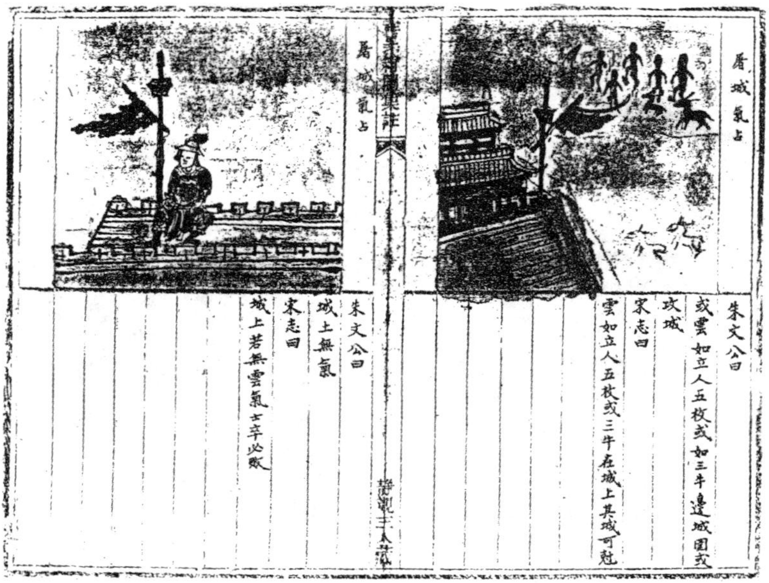

圖31　屠城之氣的兩種形態——立人之氣和無雲之氣

［4］“凡軍上有黑氣”至“或如烏人在赤雲中”：這段專論伏兵之氣。

凡暴兵氣，白如瓜蔓連結，部隊相逐，須臾罷而復出，至八九來而不斷，急賊卒至，宜防固之。白氣如仙人衣，千萬連結，部隊相逐，罷而復興，如是八九者，當有千里兵來，視所起備之。黑雲從敵上來，之我軍上，欲襲我。敵人告發，宜備不宜戰。壬子日，候四望無雲，獨見赤雲如旌旗，其下有兵起，若遍四方者，天下盡有兵。若四望無雲，獨見黑雲極天，天下兵大起。

半天，半起。三日内有雨，灾解。敵欲來者，其氣上有雲，下有氛零，中天而下，敵必至。雲氣如旌旗，賊兵暴起。暴兵氣，如人持刀楯，雲如人，赤色，所臨城邑，有卒兵至，驚怖，須臾去。赤氣如人持節，兵來未息。雲如方虹，有暴兵。赤雲如火者，所向兵至。天有白氣，狀如匹布，經丑未者，天下多兵。[1]

凡戰氣，青白如膏，將勇。大戰氣，如人無頭，如死人卧。敵上氣如丹蛇，赤氣隨之，必大戰，殺將。四望無雲，見赤氣如狗入營，其下有流血。[2]

凡連陰十日，晝不見日，夜不見月，亂風四起，欲雨而無雨，名曰蒙，臣謀君。故曰，久陰不雨臣謀主。霧氣若晝若夜，其色青黄，更相掩冒，乍合乍散，臣謀君，逆者喪。山中冬霧十日不解者，欲崩之候。視四方常有大雲，五色具者，其下有賢人隱也。青雲潤澤蔽日，在西北爲舉賢良。雲氣如亂穰，大風將至，視所從來避之。雲甚潤而厚，大雨必暴至。四始之日，有黑雲氣如陣，厚重大者，多雨。氣若霧非霧，衣冠不雨而濡，見則其城帶甲而趣。日出没時，有雲横截之，白者喪，烏者驚。三日内雨者各解。有黑氣入營者，兵相殘。有赤青氣入營者，兵弱。有雲如蛟龍，所見處將軍失魄。有雲如鵠尾，來蔭國上，三日亡。有雲如日月暈，赤色，其國凶。青白色，有大水。有雲狀如龍行，國有大水，人流亡。有雲赤黄色，四塞終日，竟夜照地者，大臣縱恣。有雲如氣，昧而濁，賢人去，小人在位。

凡白虹者，百殃之本，衆亂所基。霧者，衆邪之氣，陰來冒陽。

凡遇四方盛氣，無向之戰。甲乙日青氣在東方，丙丁日赤氣在南方，庚辛日白氣在西方，壬癸日黑氣在北方，戊己日黄氣在中央。四季戰當此日氣，背之吉。日中有黑氣，君有小過而臣不諫，又掩君惡而揚君善，故日中有黑氣不明也。

凡白虹霧，姦臣謀君，擅權立威。晝霧夜明，臣志得申，夜霧晝明，臣志不申。霧終日終時，君有憂。色黄小雨。白言兵喪，青言疾，黑有暴水，赤有兵喪，黄言土功，或有大風。

凡夜霧，白虹見，臣有憂。晝霧白虹見，君有憂。虹頭尾至地，流血之象。

凡霧氣不順四時，逆相交錯，微風小雨，爲陰陽氣亂之象。從寅至辰巳上，周而復始，爲逆者不成。積日不解，晝夜昏暗，天下欲分離。

凡霧四合，有虹各見其方，隨四時色吉，非時色凶。氣色青黄，更相掩覆，乍合乍散，臣欲謀君，爲逆者不成，自亡。

凡霧氣四方俱起，百步不見人，名曰晝昏，不有破國，必有滅門。

凡天地四方昏濛若下塵，十日五日以上，或一日，或一時，雨不霑衣而有土，名曰霾。故曰，天地霾，君臣乖，大旱。[3]

［1］“凡暴兵氣”至“天下多兵”：本段專門論述各種形態的暴兵之氣。暴兵者，突然出現的軍事行動。

圖 32　暴兵之氣的兩種形狀——赤杵氣和火雲氣

［2］“凡戰氣”至“其下有流血”：這段論戰氣和大戰氣的形態。

［3］“凡連陰十日”至“天地霾，君臣乖，大旱”：這幾段專門論述連陰天、晝不見日、夜不見月、亂風四起、霧氣若晝、黑氣入營、白虹霧見、霧氣四方、百步不見人、昏濛若下塵等狀態下的戰場形勢。

凡海傍蜃氣，象樓臺，廣野氣，成宮闕。北夷之氣，如牛羊群畜穹閭，南夷之氣，類舟船幡旗。[1]自華以南，氣下黑上赤。嵩高、三河之郊，氣正赤。恒山之北，氣青。勃、碣、海、岱之間，氣皆正黑。江湖之間，氣皆白。[2]東海氣如圓簦。附漢、河水，氣如引布。江、漢氣勁如杼。濟水氣如黑㹠。滑水氣如狼白尾。淮南氣如帛。少室氣如白兔青尾。恒山氣如黑牛青尾。東夷氣如樹，西夷氣如室屋，南夷氣如闍臺，或類舟船。[3]陣雲如立垣，杼軸雲類軸摶，兩端鋭。杓雲如繩，居前亘天，其半半天，其蛪者類闕旗，故鉤雲勾曲。諸此雲見，以五色占而澤摶密。其見，動人及有兵，必起合鬬。其直，雲氣如三匹帛，廣前鋭後，大軍行氣也。韓雲如布，趙雲如牛，楚雲如日，宋雲如車，魯雲如馬，衛雲如犬，周雲如車輪，秦雲如行人，魏雲如鼠，鄭、齊雲如絳衣，越雲如龍，蜀雲如囷。[4]車氣乍高乍下，往往而聚。騎氣卑而布，卒氣摶。前卑後高者疾，前方而高，後鋭而卑者却。其氣平者，其行徐。前高後卑者，不止而返。校騎之氣正蒼黑，長數百丈，游兵之氣如彗掃，一云長數百丈，無根本。喜氣上黄下白，怒氣上下赤，憂氣上下黑，土功氣黄白，徙氣白。

凡候氣之法，氣初出時，若雲非雲，若霧非霧，髣髴若可見。初出森森然，在桑榆上，高五六尺者，是千五百里外。平視則千里，舉目望則五百里。仰瞻中天，則百里内。平望桑榆間二千里，登高而望，下屬地者，三千里。[5]

凡欲知我軍氣，常以甲巳日及庚、子、辰、戌、午、未、亥日，及八月十八日，去軍十里許，登高望之可見，依別記占之。百人以上皆有氣。

凡占灾異，先推九宮分野，六壬日月，不應陰霧風雨而陰霧者，乃可占。對敵而坐，氣來甚卑下，其陰覆人，上掩溝蓋道者，是大賊必至。敵在東，日出候。在南，日中候。在西，日入候。在北，夜半候。王相色吉，囚死色凶。

凡軍上氣，高勝下，厚勝薄，實勝虚，長勝短，澤勝枯。我軍在西，賊軍在東，氣西厚東薄，西長東短，西高東下，西澤東枯，則知我軍必勝。[6]

凡氣初出，似甑上氣，勃勃上升。氣積爲霧，霧爲陰，陰氣結爲虹蜺暈珥之屬。

凡氣不積不結，散漫一方，不能爲灾。必須和雜殺氣，森森然疾起，乃可論占。軍上氣安則軍安，氣不安則軍不安。氣南北則軍南北，氣東西則軍亦東西。氣散則爲軍破敗。

候氣，常以平旦、下晡、日出没時處氣，以見知大。占期内有大風雨久陰，則灾不成。故風以散之，陰以諫之，雲以幡之，雨以厭之。[7]

[1]“凡海傍蜃氣”至“類舟船幡旗”：從海邊的海市蜃樓現象加以引申，説明一個地方有一個地方的氣、有一個地方特點。即北夷之氣如群畜穹廬，南夷之氣類舟船。

[2]“自華以南”至“江湖之間，氣皆白”：此是根據各個地域的實際情況加以描述，與傳統的五方色不協調。

[3]“東海氣如圓簦”至“或類舟船”：又以動物用品或建築，類比各地氣之不同。圓簦，是一種帶把的笠，類似於雨傘。闍臺，

城門上的臺。

［4］“韓雲如布”至“蜀雲如囷”：一個地域以一種物品相比，這是李淳風寫本志時的創造。

［5］“車氣乍高乍下”至“下屬地者，三千里”：此處車氣、騎氣、校騎之氣、望氣之高下遠近，在《史記·天官書》中已有類似的説法，但不完全一致。

［6］“凡軍上氣，高勝下”至“則知我軍必勝”：高勝下、厚勝薄、實勝虚、長勝短、澤勝枯，是古代星占家望氣判斷軍情的一個基本原則。

［7］“占期内有大風雨久陰”至“雨以厭之”：此處幡之即擋之，厭之即壓之。總之認爲，在占期内有大風雨久陰，則不成灾。

五代灾變應[1]

梁武帝天監元年八月壬寅，熒惑守南斗。占曰：“糴貴，五穀不成，大旱，多火灾，吴、越有憂，宰相死。”是歲大旱，米斗五千，人多餓死。其二年五月，尚書范雲卒。[2]

二年五月丙辰，月犯心。占曰：“有亂臣，不出三年，有亡國。”其四年，交州刺史李凱舉兵反。七月丙子，太白犯軒轅大星。

四年六月壬戌，歲星晝見。占曰：“歲色黄潤，立竿影見，大熟。”是歲大穰，米斛三十。又曰：“星與日争光，武且弱，文且强。”自此後，帝崇尚文儒，躬自講説，終於太清，不修武備。八月庚子，老人星見。占曰：“老人星見，人主壽昌。”自此後，每年恒以秋分後見於參南，至春分而伏。武帝壽考之象云。[3]

七年九月己亥，月犯東井。占曰：“有水灾。”其年京師大水。

十年九月丙申，天西北隆隆有聲，赤氣下至地。占曰：“天狗也，所往之鄉有流血，其君失地。”其年十二月，馬仙琕大敗魏軍，斬馘十餘萬，克復朐山城。[4]十二月壬戌朔，日食，在牛四度。

十三年二月丙午，太白失行，在天關。占曰：“津梁不通，又兵起。”其年填星守天江。占曰：“有江河塞，有決溢，有土功。”其年，大發軍衆造浮山堰，以堨淮水。至十四年，填星移去天江而堰壞，奔流決溢。

十四年十月辛未，太白犯南斗。

十七年閏八月戊辰，月行掩昴。

[1]五代災變應：五個朝代災異變化在星占上的應驗。《晋志》相應部分的標題爲“史傳事驗”即歷史事件在星占上的應驗。其文義完全一致。衹是《晋志》是記載魏晋的星占應驗，本書在星占上的應驗包括南北朝時南方的梁代、陳代和北方的北齊、北周，還有統一後的隋代。據此統計，當爲五代，正與這個標題相合。晋以前的災變應，《晋志》中已有記載；劉宋的災變應在《宋書·天文志》；齊代的災變應，載在《南齊書·天文志》；魏的災變應，已載在《魏書·天象志》，故從梁代開始記述。

[2]“梁武帝天監元年八月壬寅”至“尚書范雲卒”：是説梁天監元年（502）八月壬寅這一天，發生了熒惑守候在南斗星的天象。這時星占家作出占辭説：“該年糧價貴，五穀不收，地區大旱，多處發生火災，吴越地區有憂，宰相死。”最終得到的驗辭爲：是歲大旱，米價每斗高達五千，人多餓死。第二年五月，尚書范雲去世。從以上驗辭與占辭核對來看，星占家所作幾項預言幾乎都應驗了。梁國的首都在建康（南京），位於吴地。尚書即宰相，故可以

説全部應驗。當然不是信口胡言，還是有一定依據的，這個依據就是本志以上所載七曜占、恒星占、妖星占、雜星占、流星占、客星占、日月食占、十輝占、雲氣占等。這些星占占辭，也即星占理論，雖然對民間是保密的，但對中央政權、尤其是對皇帝並不保密，故星占家並不能胡亂編造星占預言來蒙騙皇帝。對於這些星占理論，皇帝雖然不能精通，但多少也是知道一些的。這裏先解説一下爲什麽星空出現熒惑犯南斗，就會發生以上灾害？首先，本志南斗條説："南斗六星，天廟也，丞相太宰之位……中央二星，天相也……將有天子之事，占於斗。斗星盛明，王道平和，爵禄行。芒角動摇，天子愁，兵起移徙，其臣逐。"又斗宿與牛宿經常是聯繫在一起的，這兩個星宿也交織在一起，本志牛宿説：牽牛六星"不明失常，穀不登"。又《春秋緯》曰："熒惑入南斗，先潦後大旱。"《海中占》曰："熒惑守南斗，旱，多火灾。"陳卓曰："熒惑守南斗，五穀不成。"再看本志七曜中關於熒惑占的説法：熒惑"爲亂，爲賊，爲疾，爲喪，爲饑，爲兵，居國受殃"。可見熒惑是一顆典型的灾星，賊亂之星，所見之國有灾。故灾害落在對應的國家梁國。由以上占語可以看出，星占家所作預言，是合於中國星占傳統理論的。必須指出，星占家在建立星占理論時，往往備有數套互不相關的灾異供星占家選擇。例如，就熒惑犯南斗而言，除以上占辭外，還有亡國、主死、大臣反、其國絶嗣等占辭，對某具體異常天象出現時，星占術士就會根據當時實際政治狀態作出最佳選擇。但即使這樣，星占術士選擇不當也是經常發生的。但據各《天文志》所載占辭，大多預言得很準，這是爲什麽呢？原因是星占術士對預言相合的事例作了大量誇張的宣傳，史臣編寫《天文志》時也作了有利於星占預言的選擇。自此以下天象記事的格式大多與此一致，不再一一重複解説，僅擇重要記事和典型事例作出注釋。

［3］"八月庚子，老人星見"至"武帝壽考之象云"：人們於梁天監四年八月庚子看到了老人星，星占家的占辭曰："老人星見，人言壽昌。"也就是説，老人星是長壽之星，看到了老人星，就象

徵着皇帝長壽。漢朝就有於二月春分夕和八月秋分晨觀看老人星以判斷壽昌的習俗。當時都城在長安洛陽，緯度較高，難以得見，現都城遷到長江以南的建康，雖然也不可能經常看到，但在春秋分時看到的機會就多一些了。故此處驗辭説：“自此後，每年恒以秋分後見於參南，至春分而伏。武帝壽考之象。”説老人星見，是梁武帝長壽的徵兆，這是星占家恭維梁武帝的套話。但梁武帝蕭衍（464—549）共活了八十五歲，確實長壽。

［4］“十年九月丙申”至“克復朐山城”：據記載該年（511）九月丙申有天狗即隕失落在北魏境内，占曰“所往之鄉有流血，其君失地”。結果果然於當年梁將馬仙琕克復朐山（即今連雲港西南的錦屏山）城。這個占辭也是符合星占理論的，不過其下落之鄉衹是泛指北魏國土而已。

普通元年春正月丙子，日有食之。占曰：“日食，陰侵陽，陽不克陰也。爲大水。”其年七月，江、淮、海溢。九月乙亥，有星晨見東方，光爛如火。占曰：“國皇見，有内難，有急兵反叛。”其三年，義州刺史文僧朗以州叛。

四年十一月癸未朔，日有食之，太白晝見。

六年三月丙午，歲星入南斗。庚申，月食。五月己酉，太白晝見。六月癸未，太白經天。九月壬子，太白犯右執法。

七年正月癸卯，太白歲星在牛相犯。占曰：“其國君凶，易政。”明年三月，改元，大赦。大通元年八月甲申，月掩填星。閏月癸酉，又掩之。占曰：“有大喪，天下無主，國易政。”其後中大通元年九月癸巳，上又幸同泰寺捨身，王公以一億萬錢奉贖。十月己酉還宮，大赦，改元。中大通三年，太子薨，皆天下無主、易政及大喪之應。[1]

中大通元年閏月壬戌，熒惑犯鬼積尸。占曰："有大喪，有大兵，破軍殺將。"其二年，蕭玩帥衆援巴州，爲魏梁州軍所敗，玩被殺。

四年七月甲辰，星隕如雨。占曰："星隕，陽失其位，灾害之象萌也。"又曰："星隕如雨，人民叛，下有專討。"又曰："大人憂。"其後侯景狡亂，帝以憂崩，人衆奔散，皆其應也。

五年正月己酉，長星見。

六年四月丁卯，熒惑在南斗。占曰："熒惑出入留舍南斗中，有賊臣謀反，天下易政，更元。"[2]其年十二月，北梁州刺史蘭欽舉兵反，後年改爲大同元年。

大同三年三月乙丑，歲星掩建星。占曰："有反臣。"其年，會稽山賊起。其七年，交州刺史李賁舉兵反。

五年十月辛丑，彗出南斗，長一尺餘，東南指，漸長一丈餘。十一月乙卯，至婁滅。占曰："天下有謀王者。"其八年正月，安成民劉敬躬挾左道以反，黨與數萬。其九年，李賁僭稱皇帝於交州。

太清二年五月，兩月見。占曰："其國亂，必見於亡國。"

三年正月壬午，熒惑守心。占曰："王者惡之。"乙酉，太白晝見。占曰："不出三年，有大喪，天下革政更王，强國弱，小國强。"三月丙子，熒惑又守心。占曰："大人易政，主去其宫。"又曰："人饑亡，海内哭，天下大潰。"是年，帝爲侯景所幽，崩。七月，九江大饑，人相食十四五。九月戊午，月在斗，掩歲星。占曰："天下亡君。"其後侯景篡殺。[3]

簡文帝大寶元年正月丙寅，月晝光見。占曰："月晝光，有隱謀，國雄逃。"又云："月晝明，姦邪並作，擅君之朝。"其後侯景篡殺，皆國亂亡君。大喪更政之應也。

元帝承聖三年九月甲午，月犯心中星。占曰："有反臣，王者惡之，有亡國。"其後三年，帝爲周軍所俘執，陳氏取國，梁氏以亡。

[1]"大通元年八月甲申"至"易政及大喪之應"：這裏記載了一件非常有趣的故事，大通元年（527）八月甲申，月掩填星，閏月癸酉又掩之。占曰："有大喪，天下無主，國易政。"月掩填星就是填星被月亮掩蓋，這是很少見到的天象。在一年中兩次發生月掩填星就更爲少見了。星占家作出的占辭是：有大喪，國無主，國易政。大喪是指皇帝死，當然儲君死亦可稱大喪。國無主，即國家没有皇帝了，即老皇帝死了，或是不當皇帝了。國易政，即政權發生了改變，通常是指更换了帝王或宰輔。本志雖然記載了恒星占、七曜占、·妖、雜星占、流星占、客星占等，却没有記載日占和月占，月掩填星，當載在月占中。《開元占經·月占》引《河圖帝覽嬉》曰："填星入月中，臣賊其主。"《黄帝占》曰："若貴人絶嗣，不出其年，王者當之。"這些占語，確實與本志的占辭一致。本志驗辭曰："中大通元年九月癸巳，上又幸同泰寺捨身，王公以一億萬錢奉贖。十月己酉還宫，大赦，改元。中大通三年，太子薨，皆天下無主、易政及大喪之應。"

［2］“六年四月丁卯”至“天下易政，更元”：熒惑在南斗即守南斗。在中大通年間再次發生這種天象。本志的占辭説有賊臣謀反，天下易政更元。本志没有驗辭。這次熒惑在南斗的異常天象，在《通鑑》卷一五六《梁紀》中却作了更爲有趣的記載：“熒惑入南斗，去而復還，留止六旬。上以諺云‘熒惑入南斗，天子下殿走’，乃跣而下殿以禳之。及聞魏主西奔，慚曰：‘虜亦應天象邪！’”

［3］“三年正月壬午”至“其後侯景簒殺”：太清三年（549）正月壬午，發生了熒惑守心的天象。三月丙子，熒惑又守心。星占家作出的占辭爲“大人易政，主去其宫”，“人饑亡，海内哭，天下大潰”。本志有關熒惑守心的占辭較爲簡單，祇是説犯心“主命惡之”。不過，《開元占經·熒惑占》却有豐富的記載，其引陳卓曰：“熒惑留心，近臣爲亂。”《黄帝占》曰：“熒惑宿心，色青有喪，色赤有兵。”《文耀鉤》曰：“熒惑與心合，主死，不死出走。又曰易帝。”果然不出所料，蕭衍在這次侯景叛亂中被囚死亡。人相食十四五，“五”字底本原作“年”，今據《梁書》卷四《簡文帝紀》改。

陳武帝永定三年九月辛卯朔，月入南斗。占曰：“月入南斗，大人憂。”一曰：“太子殃。”後二年，帝崩，太子昌在周爲質，文帝立。後昌還國，爲侯安都遣盜迎殺之。

三年五月丙辰朔，日有食之。占曰：“日食君傷。”又曰：“日食帝德消。”[1]六月庚子，填星鉞與太白并。[2]占：“太白與填合，爲疾爲内兵。”

文帝天嘉元年五月辛亥，熒惑犯右執法。占曰：“大臣有憂，執法者誅。”後四年，司空侯安都賜死。

九月癸丑，彗星長四尺，見芒，指西南。占曰："彗星見則敵國兵起，得本者勝。"[3]其年，周將獨孤盛領衆趣巴湘，侯瑱襲破之。

二年五月己酉，歲星守南斗。六月丙戌，熒惑犯東井。七月乙丑，熒惑入鬼中。戊辰，熒惑犯斧質。十月，熒惑行在太微右掖門内。

三年閏二月己丑，熒惑逆行，犯上相。甲子，太白犯五車、填星。七月，太白犯輿鬼。八月癸卯，月犯南斗。丙午，月犯牽牛。庚甲，太白入太微。十一月丁丑，月犯畢左股。辛巳，熒惑犯歲星。戊子，月犯角。庚寅，月入氐。

四年六月癸丑，太白犯右執法。七月戊子，熒惑犯填星。八月甲午，熒惑犯軒轅大星。丁未，太白犯房。九月戊寅，熒惑入太微，犯右執法。癸未，太白入南斗。占曰："太白入斗，天下大亂，將相謀反，國易政。"又曰："君死，不死則廢。"又曰："天下受爵禄。"其後安成王爲太傅，廢少帝而自立，改官受爵之應也。辛卯，熒惑犯左執法。十一月辛酉，熒惑犯右執法。甲戌，月犯畢左股。

[1]"三年五月丙辰朔"至"日食帝德消"：這與《乙巳占》"德傷則亡，故日食"的説法是一致的。還有一種傳統的説法是陰侵陽。

[2]填星鉞與太白并：填星在鉞星處與太白星重叠在一起。

[3]得本者勝：彗星出現，互相敵對的國家兵起，彗頭對應的國家勝利，彗星對應、掃過的國家失敗。

五年正月甲子，月犯畢大星奎。丁卯，月犯星。[1]四月庚子，太白歲星合在奎，金在南，木在北，相去二尺許。[2]壬寅，月入氐，又犯熒惑，太白歲星又合，在婁，相去一尺許。癸卯，月犯房上星。五月庚午，熒惑逆行二十一日，犯氐東南、西南星。[3]占曰："月有賊臣。"又曰："人主無出，廊廟間有伏兵。"[4]又曰："君死，有赦。"後二年，少帝廢之應也。六月丙申，月犯亢。七月戊寅，月犯畢大星。閏十月庚申，月犯牽牛。丙子，又犯左執法。十一月乙未，月食畢大星。

六年正月己亥，太白犯熒惑，相去二寸。占曰："其野有兵喪，改立侯王。"三月丁卯，日入後，衆星未見，有流星白色，大如斗，從太微間南行，尾長尺餘。占曰："有兵與喪。"四月丁巳，月犯軒轅。占曰："女主有憂。"五月丁亥，太白犯軒轅。占曰："女主失勢。"又曰："四方禍起。"其後年，少帝廢，廢後慈訓太后崩。六月己未，月犯氐。辛酉，有彗長可丈餘。占曰："陰謀姦宄起。"一曰："宫中火起。"後安成王録尚書、都督中外諸軍事，廢少帝而自立，陰謀之應。八月戊辰，月掩畢大星。丙子，月與太白並，光芒相着，在太微西蕃南三尺所。九月辛巳，熒惑犯左執法。癸未，太白犯右執法。辛卯，犯左執法。乙巳，月犯上相，太白犯熒惑。其夜，月又犯太白。占曰："其國内外有兵喪，改立侯王。"明年，帝崩，又少帝廢之應也。

七年二月庚午，日無光，烏見。占曰："王者惡之。”其日庚午，吴、楚之分野。[5]四月甲子，日有交暈，白虹貫之。是月癸酉，帝崩。

廢帝天康元年五月庚辰，月犯軒轅女御大星。[6]占曰：“女主憂。”後年，慈訓太后崩。癸未，月犯左執法。

光大元年正月甲寅，月犯軒轅大星。占曰：“女主當之。”八月戊寅，月食哭星。占曰：“有喪泣事。”明年，太后崩，臨海王薨，哭泣之應也。壬午，鎮星辰星合於軫。九月戊午，辰星太白相犯。占曰：“改立侯王。”己未，月犯歲星。占曰：“國亡君。”十二月辛巳，月又犯歲星。辛卯，月犯建星。占曰：“大人惡之。”

二年正月戊申，月掩歲星。占曰：“國亡君。”五月乙未，月犯太白。六月丙寅，太白犯右執法。壬子，客星見氐東。八月庚寅，月犯太微。九月庚戌，太白逆行，與鎮星合，在角。占曰：“爲白衣之會。”又曰：“所合之國，爲亡地，爲疾兵。”戊午，太白晝見。占曰：“太白晝見，國更政易王。”十一月丙午，歲星守右執法，甲申，月犯太微東南星。戊子，太白入氐。十二月甲寅，慈訓太后廢帝爲臨海王，太建二年四月薨，皆其應也。

宣帝太建七年四月丙戌，有星孛于大角。占曰：“人主亡。”五月庚辰，熒惑犯右執法。壬子，又犯右執法。

十年二月癸亥，日上有背。[7]占曰：“其野失地，有叛兵。”甲子，吴明徹軍敗於吕梁，將卒並爲周軍所虜。

來年，淮南之地，盡没于周。十月癸卯，月食熒惑。占曰：“國敗君亡，大兵起，破軍殺將。”來年三月，吴明徹敗於吕梁，十三年帝崩，敗國亡君之應也。

十一年四月己丑，歲星太白辰星合于東井。

十二年二月壬寅，白虹見西方。占曰：“有喪。”其後十三年帝崩。十月戊午，月犯牽牛吴越之野。占曰：“其國亡，君有憂。”後年帝崩。辛酉，歲星犯執法。十二月癸酉，辰星在太白上。甲戌，辰星太白交相掩。占曰：“大兵在野，大戰。”辛巳，彗星見西南。占曰：“有兵喪。”明年帝崩，始興王叔陵作亂。

後主至德元年正月壬戌，蓬星見。占曰：“必有亡國亂臣。”後帝於太皇寺捨身作奴，以祈冥助，不恤國政，爲施文慶等所惑，以至國亡。[8]

［1］“五年正月甲子”至“丁卯，月犯星”：這是一個連續的月行記録，正月甲子日月在畢宿大星處。以下“奎”字爲衍文。奎宿在畢宿前二宿，與此無關，當爲下句中奎字衍入。正月甲子後二日爲丁卯，月行二十餘度至星宿。這個星字當釋爲星宿。

［2］“四月庚子”至“相去二尺許”：庚子這一天，太白與歲星相遇在奎宿，太白在南，歲星在北，兩星相距約二尺，即緯度相距約二度。

［3］熒惑逆行二十一日，犯氐東南、西南星：熒惑逆行從氐宿東南星、西南星旁通過。

［4］人主無出，廊廟間有伏兵：皇帝不要外出，注意廊廟裏有伏兵害主。這是星占家據熒惑作出的占語。驗辭皇帝並未受到殺害，但最終少帝仍然被廢。

［5］“七年二月庚午”至“吴、楚之分野”：烏見，是日中見

黑子。言七年二月庚午這一天見日中有黑子，對皇帝不利。但其下“其日庚午，吴、楚之分野”九字，疑爲衍文。因爲前已説了二月庚午，下面就不必再重複了。吴楚之分野是無的放矢。這時太陽即不在吴楚之分野，也無其他異常天象出現在此，故這九字當删。

[6]月犯軒轅女御大星：軒轅大星爲軒轅十四、女御爲軒轅之附座。故這句話當調整爲：月犯軒轅大星、女御。

[7]日上有背：即太陽旁出現背氣。本志十輝説：“日一抱一背爲破走。抱者，順氣也，背者，逆氣也。”《開元占經·日占》引京氏曰：“日中赤外青，曲向外，名爲背。”蔡伯喈曰：“气見於日傍，外曲曰背。”

[8]“後主至德元年正月壬戌”至“以至國亡”：陳後主是一個昏傭的皇帝，不懂得治理國家，衹懂得寫詩作畫。當國家敗亡日顯之時，竟然不恤國政，捨身於太皇寺作奴，以祈冥助，這種愚腐思想更加速了國家的滅亡。

魏普泰元年十月，歲星熒惑填星太白聚於觜參，色甚明大。占曰：“當有王者興。”其月，齊高祖起於信都，至中興二年春而破尒朱兆，遂開霸業。[1]

魏武定四年九月丁未，高祖圍玉壁城，有星墜於營，衆驢皆鳴。占曰：“破軍殺將。”高祖不豫，五年正月丙午崩。[2]

齊文宣帝天保元年十二月甲申，熒惑犯房北頭第一星及鈎鈐。占曰：“大臣有反者。”其二年二月壬辰，[3]太尉彭樂謀反，誅。

八年二月己亥，歲星守少微，經六十三日。占曰：“五官亂。”五月癸卯，歲星犯太微上將。占曰：“大將憂，大臣死。”其十年五月，誅諸元宗室四十餘家，乾明元年，誅楊遵彦等，皆五官亂，大將憂，大臣死之應也。[4]

八年七月甲辰，月掩心星。占曰："人主惡之。"十年十月，帝崩。

九年二月，熒惑犯鬼質。占曰："斧質用，有大喪。"三月甲午，熒惑犯軒轅。占曰："女主惡之。"其十年五月，誅魏氏宗室，十月帝崩，斧質用，有大喪之應也。

十年六月庚子，填星犯井鉞，與太白并。占曰："子爲玄枵，齊之分野，君有戮死者，大臣誅，斧鉞用。"其明年二月乙巳，太師常山王誅尚書令楊遵彦、右僕射燕子獻、領軍可朱渾天和、侍中宋欽道等。八月壬午，廢少帝爲濟南王。[5]

廢帝乾明元年三月甲午，熒惑入軒轅。占曰："女主凶。"後太寧二年四月，太后崩。

肅宗皇建二年四月丙子，日有食之。子爲玄枵，齊之分野。[6]七月乙丑，熒惑入鬼中，戊辰，犯鬼質。占曰："有大喪。"十一月，帝以暴疾崩。

武成帝河清元年七月乙亥，太白犯輿鬼。占曰："有兵謀，誅大臣，斧質用。"其年十月壬申，冀州刺史平秦王高歸彦反，段孝先討禽，斬之於都市，又其二年，殺太原王紹德，皆斧質用之應也。八月甲寅，月掩畢。占曰："其國君死，大臣有誅者，有邊兵大戰，破軍殺將。"其十月，平秦王歸彦以反誅，其三年，周師與突厥入并州，大戰城西，伏屍流血百餘里，皆其應也。

四年正月己亥，太白犯熒惑，相去二寸，在奎。甲辰，太白、熒惑、歲星合在婁。占曰："甲爲齊。[7]三星若合，是謂驚立絶行，其分有兵喪，改立侯王，國易政。"三月戊子，慧星見。占曰："除舊布新，有易王。"至四月，傳位於太子，改元。

[1]"魏普泰元年十月"至"遂開霸業"：這説在魏普泰元年（531）十月，歲星、熒惑、填星、太白，四大行星聚會於觜參宿，這當有王者興的吉兆，當月，齊高祖高歡，起兵於信都，遂開霸業。

[2]"魏武定四年九月丁未"至"五年正月丙午崩"：言東魏武定四年（546）九月丁未有流星墜於高祖營，預示着齊高祖將於五年崩。這兩條記事的紀年雖記於魏，但實寫北齊開國之事。

[3]壬辰：底本作"壬申"，中華本校勘記云："'辰'原作'申'，據《北齊書·文宣帝紀》改。此月乙亥朔，有'壬辰'，無'壬申'。"今從改。

[4]"八年二月己亥"至"大臣死之應也"：歲星守少微，占曰"五官亂"；歲星犯太微上將，占曰"大將憂，大臣死"。應在文宣帝天保十年（559）誅諸元宗室四十餘家和廢帝乾明元年（560）誅楊遵彦等大臣。太微垣，國家權政之所在，歲星犯之，故有此應。

[5]"十年六月庚子"至"廢少帝爲濟南王"：填星犯井鉞，應在大臣誅，斧鉞用。但"子爲言枵，齊之分野，君有戮死者"，似無出處。異常天象出現在井宿，不當在齊。此占似有不當之處。若以庚子的子作爲出處，則與分野無關。

[6]"肅宗皇建二年"至"齊之分野"：此説與上注所引，皆以干支之子釋爲子方，在星占上有誤。

[7]甲爲齊：甲辰日，太白、熒惑、歲星聚合於婁，是謂驚立絶行。爲改王易政之候。但此處又以甲辰之甲釋爲星占上之甲方，又誤。

後主天統元年六月壬戌，[1]彗星見於文昌，長數寸，入文昌，犯上將，然後經紫微宫西垣入危，漸長一丈餘，指室壁。後百餘日，在虚危滅。占曰："有大喪，有亡國易政。"其四年十二月，太上皇崩。[2]

三年五月戊寅，甲夜，西北有赤氣竟天，夜中始滅。十月丙午，天西北頻有赤氣。[3]占曰："有大兵大戰。"後周武帝總衆來伐，大戰，有大兵之應也。

四年六月，彗星見東井。占曰："大亂，國易政。"七月，孛星見房心，白如粉絮，大如斗，東行。八月，入天市，漸長四丈，犯瓠瓜，歷虚危，入室，犯離宫。九月入奎，至婁而滅。孛者，孛亂之氣也。占曰："兵喪並起，國大亂易政，大臣誅。"其後，太上皇崩。至武平二年七月，領軍庫狄伏連、治書侍御史王子宜，[4]受琅邪王儼旨，矯詔誅録尚書、淮南王和士開於南臺，伏連等即日伏誅，右僕射馮子琮賜死。此國亂之應也。

五年二月戊辰，歲星逆行，掩太微上將。占曰："天下大驚，四輔有誅者。"五月甲午，熒惑犯鬼積尸。甲，齊也。占曰："大臣誅，兵大起，斧質用，有大喪。"[5]至武平二年九月，誅琅邪王儼，三年五月，誅右丞相、咸陽王斛律明月，四年七月，誅蘭陵王長恭，皆懿親名將也。四年十月，又誅崔季舒等，此斧質用之應也。

武平三年八月癸未，填星、歲星、太白合於氐，宋之分野。占曰：“其國内外有兵喪，改立侯王。”[6]其四年十月，陳將吴明徹寇彭城，右僕射崔季舒，國子祭酒張雕，黄門裴澤、郭遵，尚書左丞封孝琰等，諫車駕不宜北幸并州。帝怒，並誅之，内外兵喪之應也。九月庚申，月在婁，食既，至旦不復。占曰：“女主凶。”其三年八月，廢斛律皇后，立穆后。四年，又廢胡后爲庶人。十一月乙亥，天狗下西北。占曰：“其下有大戰流血。”後周武帝攻晋州，進兵平并州，大戰流血。

三年十二月辛丑，日食歲星。占曰：“有亡國。”至七年，而齊亡。

四年五月癸巳，熒惑犯右執法。占曰：“大將死，執法者誅，若有罪。”其年，誅右丞相斛律明月，明年，誅蘭陵王長恭，後年，誅右僕射崔季舒，皆大將死，執法誅之應也。

[1]後主：即北齊後主高緯。　天統：北齊後主高緯年號（565—569）。

[2]“後主天統元年”至“太上皇崩”：彗星在星占上爲除舊布新，占曰有大喪，亡國易政，理所當然應在太上皇，即武成帝高湛。

[3]“三年五月戊寅”至“天西北頻有赤氣”：均爲北極光出現。甲夜相當於初庚。

[4]王子宜：《北齊書》卷八《後主紀》“宜”作“宣”。

[5]“五月甲午”至“有大喪”：即熒惑犯鬼宿中的積尸氣，其所用占辭合適。但以甲午日之甲判定在齊，未見以往星占家有此用法。

［6］“武平三年八月癸未”至“改立侯王”：星合於氐宿，宋之分野。陳兵攻彭城，齊危，帝欲北逃避兵，故有大臣進諫被誅。導致武平七年（576）國亡。

周閔帝元年五月癸卯，太白犯軒轅。占曰：“太白行軒轅中，大臣出令。”又曰：“皇后失勢。”辛亥，熒惑犯東井北端第二星。占曰：“其國亂。”又曰：“大旱。”其年九月，冢宰護逼帝遜位，幽於舊邸，月餘殺崩，司會李植、軍司馬孫恒及宫伯乙弗鳳等被誅害。其冬大旱。皆大臣出令、大臣死、旱之應也。

明帝二年三月甲午，熒惑入軒轅。占曰：“王者惡之，女主凶。”其月，王后獨孤氏崩。六月庚子，填星犯井鉞，與太白并。占曰：“傷成於鉞，君有戮死者。”其年，太師宇文護進食，帝遇毒崩。[1]

武帝保定元年九月乙巳，客星見於翼。十月甲戌，日有食之。戊寅，熒惑犯太微上將，合爲一。

二年閏正月癸巳，太白入昴。二月壬寅，熒惑犯太微上相。三月壬午，熒惑犯左執法。七月乙亥，太白犯輿鬼。九月戊辰，日有食之，既。十一月壬午，熒惑犯歲星於危南。

三年三月乙丑朔，日有食之。九月甲子，熒惑犯太微上將。占曰：“上將誅死。”十月壬辰，熒惑犯左執法。

四年二月庚寅朔，日有食之。甲午，熒惑犯房右驂。三月己未，熒惑又犯房右驂。占曰：“上相誅，車馳人走，天下兵起。”其年十月，冢宰晋公護率軍伐齊。

十二月，柱國、庸公王雄力戰死之，遂班師。兵起將死之應也。八月丁亥，朔，日有蝕之。

五年正月辛卯，白虹貫日。占曰："爲兵喪。"甲辰，太白、熒惑、歲星合於婁。六月庚申，慧星出三台，入文昌，犯上將，後經紫宫西垣入危，漸長一丈餘，指室壁，後百餘日稍短，長二尺五寸，在虚危滅，齊之分野。七月辛巳，朔，日有食之。

天和元年正月己卯，日有食之。十月乙卯，太白晝見，經天。

二年，正月癸酉朔，日有食之。五月己丑，歲星與熒惑合在井宿，相去五尺。井爲秦分。占曰："其國有兵，爲饑旱，大臣匿謀，下有反者，若亡地。"閏六月丁酉，歲星、太白合，在柳，相去一尺七寸。柳爲周分。占曰："爲内兵。"又曰："主人凶憂，失城。"是歲，陳湘州刺史華皎率衆來附，遣衛公直將兵援之，因而南伐。九月，衛公直與陳將淳于量戰于沌口，王師失利。元定、韋世冲以步騎數千先度，遂没陳。七月庚戌，太白犯軒轅大星，相去七寸。占曰："女主失勢，大臣當之。"又曰："西方禍起。"其十一月癸丑，太保、許公宇文貴薨，大臣當之驗也。十月辛卯，有黑氣一，大如杯，在日中。甲午，又加一，經六日乃滅。占曰："臣有蔽主之明者。"[2]十一月戊戌朔，日有食之。庚子，熒惑犯鈎鈐，去之六寸。占曰："王者有憂。"又曰："車騎驚，三公謀。"

三年三月己未，太白犯井北轅第一星。占曰："將軍惡之。”其七月壬寅，隋公楊忠薨。四月辛巳，太白入輿鬼，犯積尸。占曰：“大臣誅。”又曰：“亂臣在内，有屠城。”六月甲戌，彗見東井，長一丈，上白下赤而鋭，漸東行，至七月癸卯，在鬼北八寸所乃滅。占曰：“爲兵，國政崩壞。”又曰：“將軍死，大臣誅。”七月己未，客星見房心，白如粉絮，大如斗，漸大，東行；八月，入天市，長如匹所，復東行，犯河鼓右將；癸未，犯瓠瓜，又入室，犯離宫；九月壬寅，入奎，稍小；壬戌，至婁北一尺所滅。凡六十九日。占曰：“兵起，若有喪，白衣會，爲饑旱，國易政。”又曰：“兵犯外城，大臣誅。”

［1］“周閔帝元年五月癸卯”至“帝遇毒崩”：這時有閔帝元年（557）五月癸卯太白犯軒轅，九月宇文護逼囚殺帝，明帝二年（558）三月甲午熒惑入軒轅，其年宇文護進毒害帝，連殺二帝的殘暴行逕。對於這二次異常天象的出現，星占家的占辭爲大臣出令，王者惡之，女主凶。導致大臣專權，連殺二帝，王后崩的結局。

［2］“十月辛卯”至“臣有蔽主之明者”：言天和二年（567）十月辛卯見日中有黑氣一，大如杯。甲午日，又增加了一個，經過六天後纔息滅。這是太陽上出現的黑子。星占家占曰：有臣蔽主之明。其年十一月戊戌朔日食，亦占曰王者有憂。均在大臣專權。

四年二月戊辰，歲星逆行，掩太微上將。占曰：“天下大驚，國不安，四輔有誅，必有兵革，天下大赦。”庚午，有流星，大如斗，出左攝提，流至天津滅，有聲如雷。五月癸巳，熒惑犯輿鬼。甲午，犯積尸。占曰："午，秦也。大臣有誅，兵大起。"後三年，太師、大冢宰、晋國公宇文護以不臣誅，皆其應也。

五年正月乙巳，月在氐，暈，有白虹長丈所貫之，而有兩珥連接，規北斗第四星。占曰："兵大起，大戰，將軍死於野。"是冬，齊將斛律明月寇邊，於汾北築城，自華谷至於龍門。其明年正月，詔齊公憲率師禦之。三月己酉，憲自龍門度河，攻拔其新築五城，兵起大戰之應也。

六年二月己丑夜，有蒼雲，廣三丈，經天，自戌加辰。四月戊寅朔，日有蝕之。己卯，熒惑逆行，犯輿鬼。占曰："有兵喪，大臣誅，兵大起。"其月，又率師取齊宜陽等九城。六月，齊將攻陷汾州。六月庚辰，熒惑太白合，在張宿，相去一尺。占曰："主人兵不勝，所合國有殃。"

建德元年三月丙辰，熒惑、太白合壁。占曰："其分有兵喪，不可舉事，用兵必受其殃。"又曰："改立侯王，有德者興，無德者亡。"其月，誅晋公護、護子譚公會、莒公至、崇業公静等，大赦。癸亥，詔以齊公憲爲大冢宰，是其驗也。[1]七月丙午，辰與太白合於井，相去七寸。占曰："其下之國，必有重德致天下。"後四年，上帥師平齊，致天下之應也。九月己酉，月犯心中星，相去一寸。占曰："亂臣在傍，不出五年，下有亡國。"後周武伐齊，平之，有亡國之應也。

二年二月辛亥，白虹貫日。占曰："臣謀君，不出三年。"又曰："近臣爲亂。"後年七月，衛王直在京師舉兵反。癸亥，熒惑掩鬼西北星。占曰："大賊在大人之側。"又曰："大臣有誅。"四月己亥，太白掩西北星，壬寅，又掩東北星。占曰："國有憂，大臣誅。"六月丙辰，月犯心中後二星。[2]占曰："亂臣在傍，不出三年，有亡國。"又曰："人主惡之。"九月癸酉，太白犯左執法。占曰："大臣有憂，執法者誅，若有罪。"十一月壬子，太白掩填星，在尾。占曰："填星爲女主，尾爲後宫。"明年皇太后崩。[3]

三年二月戊午，客星大如桃，青白色，出五車東南三尺所，漸東行，稍長二尺所；至四月壬辰，入文昌；丁未，入北斗魁中，後出魁，漸小。凡見九十三日。占曰："天下兵起，車騎滿野，人主有憂。"又曰："天下有亂，兵大起，臣謀主。"其七月乙酉，衛王直在京師舉兵反，討擒之，廢爲庶人。至十月，始州民王鞅擁衆反，討平之。四月乙卯，星孛於紫宫垣外，大如拳，赤白，指五帝座，漸東南行，稍長一丈五尺；五月甲子，至上台北滅。占曰："天下易政，無德者亡。"後二年，武帝率六軍滅齊。[4]十一月丙子，歲星與太白相犯，光芒相及，在危。占曰："其野兵，人主凶，失其城邑。危，齊之分野。"後二年，宇文神舉攻拔陸渾等五城。十二月庚寅，月犯歲星，在危，相去二寸。占曰："其邦流亡，不出三年。"辛卯，月行在營室，食太白。占曰："其國以兵亡，將軍戰死。營室，衛也，地在齊境。"後齊亡入周。

［1］“四年二月戊辰”至“是其驗也”：“四年二月戊辰，歲星逆行，掩太微”“五月癸巳，熒惑犯輿鬼”“六年四月己卯，熒惑逆行，犯輿鬼”“建德元年三月丙辰，熒惑、太白合壁”，以上占均曰四輔有誅、大臣有誅、大臣誅、改立侯王、有德者興、無德者亡。直至建德元年（572）三月，皇室與宇文護集團的這場矛盾纔得以解决，結果是宇文護及其主要集團成員被殺，兵權纔得以鞏固。

［2］月犯心中後二星：月亮掩犯心宿中間大星和下面一顆心宿二，象徵天子受到侵犯，故曰亂臣在傍、有亡國。

［3］“十一月壬子”至“明年皇太后崩”：太白掩填星在尾，是多重女主、後宫的身份，即填星和尾宿均爲後宫之象，故必爲後宫有殃，驗辭明年皇太后崩。

［4］“三年二月戊午”至“武帝率六軍滅齊”：這裏記載了兩次彗星的出現，一次是建德三年二月戊午，另一次是四月乙卯。彗星既是除舊布新之象，又是兵象。導致衛王直反被廢爲庶人和齊國被滅。

四年三月甲子，月犯軒轅大星。占曰：“女主有憂，又五官有亂。”

五年十月庚戌，熒惑犯太微西蕃上將星。占曰：“天下不安，上將誅，若有罪，其止。”

六年二月，皇太子巡撫西土，仍討吐谷渾。[1]八月，至伏俟城而旋。吐谷渾寇邊，天下不安之應也。六月庚午，熒惑入鬼。占曰：“有喪旱。”其七月，京師旱。十月戊午，歲星犯大陵。又己未、庚申，月連暈，規昴、畢、五車及參。[2]占曰：“兵起争地。”又曰：“王自將兵。”又曰：“天下大赦。”癸亥，帝率衆攻晋州。是日虹見晉州城上，首向南，尾入紫宫，長十餘丈。庚午，克之。丁卯夜，白虹見，長十餘丈，頭在南，尾入紫宫中。占曰："其下兵戰流血。"又曰："若無兵，必有大喪。"至六年正月，平齊，與齊軍大戰。十一月稽胡反，齊王討平之。

七年四月，[3]先此熒惑入太微宫二百日，犯東蕃上相，西蕃上將，句巳往還。[4]至此月甲子，出端門。占曰："爲大臣代主。"[5]又曰："臣不臣，有反者。"又曰："必有大喪。"後宣、武繼崩，高祖以大運代起。十月癸卯，月食，熒惑在斗。占曰："國敗，其君亡，兵大起，破軍殺將。斗爲吴、越之星，陳之分野。"[6]十一月，陳將吴明徹侵吕梁，徐州總管梁士彦出軍與戰，不利。明年三月，郯公王軌討擒陳將吴明徹，俘斬三萬餘人。十一月甲辰，晡時，[7]日中有黑子，大如杯。占曰："君有過而臣不諫，人主惡之。"十二月癸丑，流星大如月，西流有聲，蛇行屈曲，光照地。占曰："兵大起，下有戰場。"戊辰平旦，有流星大如三斗器，色赤，出紫宫，凝著天，乃北下。占曰："人主去其宫殿。"是月，營州刺史高寶寧據州反。其明年五月，帝總戎北伐。後年，武帝崩。

宣政元年正月丙子，月食昴。占曰："有白衣之會。"又曰："匈奴侵邊。"其月，突厥寇幽州，殺略吏人。五月，帝總戎北伐。六月，帝疾甚，還京，次雲陽而崩。[8]六月壬午，癸丑，木火金三星合，在井。占曰："其國霸。"又曰："其國外内有兵喪，改立侯王。"是月，幽州人盧昌期據范陽反，改立王侯，兵喪之驗也。七年辛丑，月犯心前星。占曰："太子惡之，若失位。"後静帝立爲天子，不終之徵也。[9]丙辰，熒惑、太白合，在七星，相去二尺八寸所。占曰："君憂。"又曰："其國有兵，改立王侯，有德興，無德亡。"後年，改置四輔官，傳位太子，改立王侯之應也。己未，太白犯軒轅大星。占曰："女主凶。"後二年，宣帝崩，楊后令其父隋公爲大丞相，總軍國事。隋氏受命，廢后爲樂平公主，餘四后悉廢爲比丘尼。八月庚辰，太白入太微。占曰："爲天下驚。"又曰："近臣起兵，大臣相殺，國有憂。"其後，趙、陳等五王爲執政所誅，大臣相殺之應也。九月丁酉，熒惑入太微西掖門，庚申，犯左執法，相去三寸。占曰："天下不安，大臣有憂。"又曰："執法者誅，若有罪。"是月，汾州稽胡反，討平之。十一月，突厥寇邊，圍酒泉，殺略吏人。明年二月，殺柱國、郯公王軌。皆其應也。十二月癸未，熒惑入氐，守犯之三十日。占曰："天子失其宫。"又曰："賊臣在内，下有反者。"又曰："國君有繫饑死，若毒死者。"静帝禪位，隋高祖幽殺之。[10]

［1］六年二月，皇太子巡撫西土，仍討吐谷渾：據中華本，下文載該年正月大戰平齊，與二月撫西土矛盾。又《周書》本紀在五年，故此處之六年當五年之誤。

［2］月連暈，規昴、畢、五車及參：接連發生月暈之事，並且窺測昴宿、畢宿、五車星和參宿。規，爲窺的假借詞，窺，爲從隱僻處察看之義，此處對月亮作了擬人化的描寫。

［3］七年四月：諸本作“七年四月”，中華本改作六年四月，未説明理由。由於以上已有六年八月、十一月、十二月之事，此當爲七年四月。

［4］句巳：屈曲之狀。巳似蛇形。中華本誤作句已。

［5］“七年四月”至“爲大臣代主”：自此接連發生熒惑入太微、犯上相、上將、出端門，在星占上爲大臣代主之兆。

［6］斗爲吴、越之星，陳之分野：從星占分野上説，斗宿對應於吴越之地。但現在這個地域是陳國，故曰陳之分野。在星占理論上，角亢氐對應於鄭陳之國，星占上所指之陳，爲春秋時淮陽之陳國，與本志之陳代有别。

［7］晡時：下午3—5時。

［8］“宣政元年正月丙子”至“次雲陽而崩”：月食昴，昴爲胡人之星，故這個異常天象對應於胡人匈奴侵邊。月食昴又應在白衣會，即有大喪，即帝王薨的代名詞。故有帝北伐戎而後崩之應。

［9］“月犯心前星”至“不終之徵也”：月犯心前星，即月犯心宿上星。根據星占學家的説法，心前星爲太子，今月犯之，太子有憂，故即使繼位了也會有不終之徵。

［10］“十二月癸未”至“隋高祖幽殺之”：《開元占經·熒惑占》引甘氏曰：“熒惑入天子宫，天子失其宫。”甘氏曰：“熒惑入氐，留守二十日，不下，當有賊臣在内；下，有反者。三十日不下，其國兵起，人主當之。氐爲天子之宫，罰星入之，不祥之徵，所守之國，其君死。”熒惑又稱罰星，氐宿爲天子之宫。熒惑犯天子之宫，象徵着天子失其宫，也就是不在其位了。最終静帝被迫禪位，爲隋高祖幽殺而死。

宣帝大成元年正月丙午、癸丑，日皆有背。[1]占曰：“臣爲逆，有反叛，邊將去之。”又曰：“卿大夫欲爲主。”其後，隋公作霸，尉迥、王謙、司馬消難各舉兵反。

大象元年四月戊子，太白、歲星、辰星合，在井。占曰："是謂驚立，是謂絶行，其國内外有兵喪，改立王公。"又曰："其國可霸，修德者强，無德受殃。"其五月，趙、陳、越、代、滕五王並入國。[2]後二年，隋王受命，宇文氏宗族相繼誅滅。[3]六月丁卯，有流星一，大如鷄子，出氐中，西北流，有尾迹，長一丈所，入月中，即滅。占曰："不出三年，人主有憂。"又曰："有亡國。"静帝幽閉之應也。己丑，有流星一，大如斗，色青，有光明照地，出營室，抵壁入濁。七月壬辰，熒惑掩房北頭第一星。占曰："亡君之誡。"又曰："將軍爲亂，王者惡之，大臣有反者，天子憂。"其十二月，帝親御驛馬，日行三百里。四皇后及文武侍衛數百人，並乘馹以從。房爲天駟，熒惑主亂，此宣帝亂道德，馳騁車騎，將亡之誡。八月辛巳，熒惑犯南斗第五星。占曰："且有反臣，道路不通，破軍殺將。"尉迥、王謙等起兵敗亡之徵也。九月己酉，太白入南斗魁中。占曰："天下有大亂，將相謀反，國易政。"又曰："君死，不死則疾。"又曰："天下爵禄。"皆高祖受命、群臣分爵之徵也。十月壬戌，歲星犯軒轅大星。占曰："女主憂，若失勢。"周自宣政元年，熒惑、太白從歲星聚東井。大象元年四月，太白、歲星、辰星又聚井。十月，歲星守軒轅。其年，又守翼。東井，秦分，翼，楚分，漢東爲楚地，軒轅后族，隋以后族興於秦地之象，而周之后妃失勢之徵也。[4]乙酉，熒惑在虚，與填星合。占曰：

"兵大起，將軍爲亂，大人惡之。"是月，相州段德舉謀反，伏誅。其明年三月，杞公宇文亮舉兵反，擒殺之。

二年四月乙丑，有星大如斗，出天厨，流入紫宫，抵鈎陳乃滅。占曰："有大喪，兵大起，將軍戮。"又曰："臣犯上，主有憂。"其五月，帝崩，隋公執國政，大喪、臣犯主之應。趙王、越王以謀執政被誅。又荆、豫、襄三州諸蠻反，尉迥、王謙、司馬消難各舉兵畔，不從執政，終以敗亡。皆大兵起、將軍戮之應也。五月甲辰，有流星一，大如三斗器，出太微端門，流入翼，色青白，光明照地，聲若風吹幡旗。占曰："有立王，若徙王。"又曰："國失君。"其月己酉，帝崩，劉昉矯制，以隋公受遺詔輔政，終受天命，立王、徙王、失君之應也。七月壬子，歲星、太白合於張，有流星，大如斗，出五車東北流，光明燭地。九月甲申，熒惑、歲星合于翼。

静帝大定元年正月乙酉，歲星逆行，守右執法，熒惑掩房北第一星。占曰："房爲明堂，布政之宫，無德者失之。"二月甲子，隋王稱尊號。[5]

［1］日皆有背：太陽圓面旁都有背氣。背氣，弧狀之氣背向太陽圓面。星占家理解爲與天子背向，爲反叛之義。

［2］趙、陳、越、代、滕五王並入國：即本志上文所載"趙、陳等五王爲執政所誅，大臣相殺之應也"。

［3］後二年，隋王受命，宇文氏宗族相繼誅滅：自建德元年晋公護、譚公會、莒公至、崇業公静被殺、宣政元年（578）周武帝崩，至大定元年（581）静帝禪位，象徵宇文氏宗族的滅亡，隋代

興起。

［4］“周自宣政元年”至“而周之后妃失勢之徵也”：熒惑、太白從歲星聚東井，太白、歲星、辰星聚東井，皆爲東井之地當有王者興之兆。應在隋當興起於秦。歲星守軒轅象徵隋以后族興。歲星守翼，又是周代后妃失勢之徵。這是因爲，在星分野上，東井爲秦分，翼爲楚分，隋以秦興，周以楚滅。

［5］“熒惑掩房北第一星”至“隋王稱尊號”：房宿爲明堂，即帝王頒布政令的地方，是權政的象徵，今受到侵犯，象徵着帝王失去政權，故有隋王稱尊之應。

高祖文皇帝開皇元年三月甲申，太白晝見。占曰：“太白經天晝見，爲臣强，爲革政。”四月壬午，歲星晝見。占曰：“大臣强，有逆謀，王者不安。”其後，劉昉等謀反，伏誅。[1]十一月己巳，有流星，聲如隤墻，光燭地。占曰：“流星有光有聲，名曰天保，所墜國安有喜。”其九年，平陳，天下一統。五年八月戊申，有流星數百，四散而下。占曰：“小星四面流行者，庶人流移之象也。”其九年，平陳，江南士人，悉播遷入京師。[2]

八年二月庚子，填星入東井。占曰：“填星所居有德，利以稱兵。”其年大舉伐陳，克之。十月甲子，有星孛于牽牛。占曰：“臣殺君，天下合謀。”又曰：“内不有大亂，則外有大兵。牛，吴、越之星，陳之分野。”後年，陳氏滅。

九年正月己巳，白虹夾日。占曰：“白虹銜日，臣有背主。”又曰：“人主無德者亡。”是月，滅陳。

十四年十一月癸未，有彗星孛于虚危及奎婁，[3]齊、魯之分野。其後魯公虞慶則伏法，齊公高熲除名。

十九年十二月乙未，星隕於渤海。占曰："陽失其位，灾害之萌也。"又曰："大人憂。"

二十年十月，太白晝見。占曰："大臣强，爲革政，爲易王。"右僕射楊素，熒惑高祖及獻后，[4]勸廢嫡立庶。其月乙丑，廢皇太子勇爲庶人。明年改元。皆陽失位及革政易王之驗也。

仁壽四年六月庚午，有星入于月中。占曰："有大喪，有大兵，有亡國，有破軍殺將。"七月乙未，日青無光，八日乃復。占曰："主勢奪。"又曰："日無光，有死王。"甲辰，上疾甚，丁未，宫車晏駕。漢王諒反，楊素討平之。皆兵喪亡國死王之應。

[1]劉昉等謀反，伏誅：楊堅取得政權，劉昉矯詔隋公輔政功勞甚大。楊堅取得帝位後的當年，就用逆謀的罪名誅殺了劉昉。看來楊堅對劉昉這個人是不放心的。殺劉昉作爲天象上的預兆，爲三月甲申太白晝見和四月壬午歲星晝見。太白和歲星晝見，是與日争明，於此也可見其中的含義。

[2]"十一月己巳"至"悉播遷入京師"：這裏記載了開皇元年十一月己巳和五年八月戊申流星雨，其驗辭爲陳被隋平定，國家歸於統一。星占家認爲這是兩次流星的應驗。通常地説，流星爲信使、爲兵象。將滅陳統一中國這樣的大事歸因於兩次流星顯象，理由不大充分。

[3]有彗星孛于虚危及奎婁：本書卷二《高祖紀下》載"虚危"作"角亢"。不知孰是。

[4]熒惑高祖及獻后：迷惑高祖及獻后。此處"熒惑"二字爲

動詞，非爲星名。

煬帝大業元年六月甲子，熒惑入太微。占曰："熒惑爲賊，爲亂入宫，宫中不安。"

三年三月辛亥，長星見西方，竟天，干歷奎婁、角亢而没；至九月辛未，轉見南方，亦竟天，又干角亢，頻掃太微帝座，干犯列宿，唯不及參、井。經歲乃滅。占曰："去穢布新，天所以去無道，建有德，見久者灾深，星大者事大，行遲者期遠。兵大起，國大亂而亡。餘殃爲水旱饑饉，土功疾疫。"其後，築長城，討吐谷渾及高麗，兵戎歲駕，略無寧息。水旱饑饉疾疫，土功相仍，而有群盗並起，邑落空虚。[1]九年五月，禮部尚書楊玄感於黎陽舉兵反。丁未，熒惑逆行入南斗，色赤如血，如三斗器，光芒震耀，長七八尺，於斗中句巳而行。占曰："有反臣，道路不通，國大亂，兵大起。"斗，吴、越分野，玄感父封於越，後徙封楚地，又次之，天意若曰，使熒惑句巳之，除其分野。[2]至七月，宇文述討平之。其兄弟悉梟首車裂，斬其黨與數萬人。其年，朱燮、管崇亦於吴郡擁衆反。此後群盗屯聚，剽略郡縣，屍横草野，道路不通，賫詔敕使人，皆步涉夜行，不敢遵路。

十一年六月，有星孛于文昌東南，長五六寸，色黑而鋭，夜動摇，西北行，數日至文昌，去宫四五寸，不入，[3]却行而滅。占曰："爲急兵。"其八月，突厥圍帝於雁門，從兵悉馮城禦寇，矢及帝前。七月，熒惑守羽林。占曰："衛兵反。"十二月戊寅，大流星如斛，墜賊盧明月營，破其衝輣，壓殺十餘人。占曰："奔星所墜，破軍殺將。"其年，王充擊盧明月城，破之。

十二年五月丙戌朔，日有食之，既。占曰："日食既，人主亡，陰侵陽，下伐上。"其後宇文化及等行殺逆。癸巳，大流星隕于吴郡，爲石。占曰："有亡國，有死王，有大戰，破軍殺將。"其後大軍破逆賊劉元進于吴郡，斬之。八月壬子，有大流星如斗，出王良閣道，聲如隕墻；癸丑，大流星如甕，出羽林。九月戊午，有枉矢二，出北斗魁，委曲蛇形，注於南斗。占曰："主以兵去，天之所伐。"[4]亦曰："以亂代亂，執矢者不正。"後二年，化及殺帝僭號，王充亦於東都殺恭帝，簒號鄭。皆殺逆無道，以亂代亂之應也。

十三年五月辛亥，大流星如甕，墜於江都。占曰："其下有大兵戰，流血破軍殺將。"六月，有星孛于太微五帝座，色黄赤，長三四尺所，數日而滅。占曰："有亡國，有殺君。"明年三月，宇文化及等殺帝也。十一月辛酉，熒惑犯太微，日光四散如流血。占曰："賊入宫，主以急兵見伐。"又曰："臣逆君。"明年三月，化及等殺帝，諸王及幸臣並被戮。[5]

[1]"三年三月辛亥"至"邑落空虚"：隋煬帝繼位之後，好大喜功，築長城，開運河，征高麗，討吐谷渾，兵戎歲駕，略無寧日，農田荒蕪，國庫空虚，人民處於水深火熱之中。星占家將楊廣這一系列倒行逆施、違反民意的政策與星空中出現大彗星相聯繫。預言爲兵大起，國大亂而亡。

［2］“九年五月”至“除其分野”：大業九年五月丁未，熒惑逆行入南斗，於斗中屈曲而行。正好在該月禮部尚書楊玄感舉兵反。由於楊玄感被封於越，這時星占家正好與楊玄感的起兵相繫，因爲斗宿正好對應於吴越之地。熒惑在其分野遲遲不出，句巳而行，在星占術上顯現的問題就更爲嚴重。當然，本志在這裏還使用了一些誇張不實之詞，如説熒惑色赤如血，如三斗器，光芒震耀，長七八尺。有誰見過熒惑的光芒長達七八尺？衹是用於説明天象顯現之緊迫而已。

［3］去宫四五寸，不入：言彗星現文昌，西北行，至紫宫垣墻外四五寸而滅。

［4］“九月戊午”至“天之所伐”：枉矢爲流星。言有兩顆流星屈曲蛇行於北斗和南斗之間，爲帝宫權政受到侵犯，皇帝將跟兵丁一起消亡。

［5］“六月，有星孛于太微五帝座”至“諸王及幸臣並被戮”：六月彗星犯太微，國家權政受到侵犯。明年三月熒惑又犯太微，象徵賊兵侵犯朝廷。對應於宇文化及殺帝及諸王、幸臣。

隋書　卷二二

志第十七

五行上[1]

《易》以八卦定吉凶，[2]則庖犧所以稱聖也。[3]《書》以九疇論休咎，[4]則大禹所以爲明也。[5]《春秋》以灾祥驗行事，則仲尼所以垂法也。[6]天道以星象示廢興，則甘、石所以先知也。[7]是以祥符之兆可得而言，[8]妖訛之占所以徵驗。[9]夫神則陰陽不測，天則欲人遷善。均乎影響，殊致同歸。漢時有伏生、董仲舒、京房、劉向之倫，[10]能言灾異，顧盼六經，[11]有足觀者。

[1]《漢書》始設《五行志》，以五行（木、火、土、金、水）與五事（貌、言、視、聽、思）和皇極相配搭，解釋地、人、天三界各種灾異現象，以天人感應、天譴灾異説爲框架，彙集伏勝、歐陽生、大小夏侯以下及劉向、劉歆父子等諸家《尚書》、《春秋》、《易》學而成（參見王愛和《古代中國宇宙觀與政治文化的演變》，劍橋大學出版社 2000 年版）。其論述架構，先“經”（《洪範》）；其次“傳”（伏勝《尚書大傳》之《洪範傳》，簡稱《洪範五行

傳》)；其次“説”(引述歐陽生、大小夏侯、劉向、劉歆等諸家詮釋)；再次例證，列舉春秋六國至秦漢的種種符瑞、灾異案例，分門别類，説明其預兆靈驗之處，再引述董仲舒、劉向、劉歆、京房、班固等詮釋具體解説。其後歷代修史，多沿用這一體例。唐代官修梁、陳、北齊、北周、隋諸史，以《隋書》十志總述五朝典章制度，《五行志》爲李淳風所撰。所以《隋書·五行志》所記灾異現象，雖以隋代史事爲詳，也兼叙梁、陳、北齊、北周。

[2]八卦:《周易》中的八種由三個陰陽符號組成的基本圖像。古人不僅用它占卜吉凶，也認爲乾坤象徵天地，餘六卦象徵風雷水火山澤，八卦象徵各種自然和社會人事現象，成爲自然界和人類社會一切現象的概括。《易·繫辭上》説八卦的來源及功用是:“易有太極，是生兩儀，兩儀生四象，四象生八卦，八卦定吉凶，吉凶生大業”“以通神明之德，以類萬物之情”，認爲八卦兆象能够揭示人事與自然的各種情境。

[3]庖犧：又作伏羲、伏戲、庖犧、包羲、宓犧、虙戲、犧皇等，即太昊，或稱黄熊氏。傳説中人類的始祖。相傳爲風姓，都於陳(今河南淮陽縣)。始作八卦，教民結繩，以作網罟，捕魚獵獸，嫁娶以儷皮爲禮，又創製琴瑟。晋人皇甫謐《帝王世紀》、王嘉《拾遺記》及唐人司馬貞《三皇本紀》叙述其傳説事迹。

[4]九疇：亦稱九章，《尚書·洪範》中的重要内容。《漢書·律曆志上》:“箕子言大法九章。”顔師古注:“大法九章即《洪範》九疇也。”九疇，即九類。一曰五行，即金木水火土；二曰敬用五事，即貌言視聽思；三曰農用八政，即食、貨、祀、司空、司徒、司寇、賓、師；四曰協用五紀，即歲月日星辰曆數；五曰建用皇極，即不偏不倚地統治臣民；六曰用三德，即正直、剛克、柔克；七曰明用稽疑，即用占卜决疑難、測吉凶；八曰念用庶徵，即以雨、暘、燠、寒、風等天時現象反映人事的休咎；九曰嚮用五福，威用六極，即賜以壽、富、康寧、攸好德、考終命五福；示以凶短折、疾、憂、貧、惡、弱六極。九疇爲帝王施政規定了一個經典模

式，故曰“帝王之應明”。一般認爲歷代正史《五行志》以《洪範》九疇爲基本理論和根本大綱，其實衹是選擇五行（第一疇）、五事（第二疇）、皇極（第五疇）、庶徵（第八疇）等四疇，與自然、人事、天象相對應，以建構天人感應宇宙觀的詮釋體系。

[5]大禹：傳説中的治水英雄、夏部落首領。《洪範》九疇即假托是天帝賜給大禹的施政大綱。

[6]仲尼：孔子的字。

[7]甘、石：指戰國時齊人甘德與魏人石申，皆擅星占術。甘德，又稱甘公，著《天文星占》八卷，已佚。石申，曾與甘德共同記録黄道附近恒星的位置，及其與北極的距離，製成世界上最早的恒星表。甘德《天文星占》與石申所作《天文》八卷，後人合稱《甘石星經》。二人事迹見《史記·天官書》。

[8]祥符：指吉祥的徵兆。

[9]妖：妖言，具煽動性的不祥之辭。　訛：訛言，民間流傳的有怪異色彩的謡言。

[10]伏生：人名。即伏勝，又稱虙生，濟南（今山東章丘市西）人。秦博士，漢初今文《尚書》的最早傳播者。事見《史記》卷一二一《儒林列傳》。　董仲舒：人名。廣川（今河北冀州市）人，西漢今文經學家，精擅《公羊春秋》學。傳見《漢書》卷五六。　京房：人名。本姓李，字君明，推音律自定爲京氏。東郡頓丘（今河南清豐縣西南）人。西漢元帝時爲郎、魏郡太守。治易學，師從焦延壽，善言灾異，撰有《周易章句》《易傳》《易飛候》《易（妖）占》《風角要占》等，多亡佚。傳見《漢書》卷七五。　劉向：人名。西漢宗室，著名經學家、目録學家、文學家。著有《洪範五行傳論》，以洪範五行説解釋《穀梁春秋》。《漢書·五行志》多引其説，唐以後已佚。《漢書》卷三六有附傳。

[11]六經：指《詩》《書》《禮》《樂》《易》《春秋》六部儒家經典。亦稱六藝。《樂》早佚，漢朝尊《詩》《書》《禮》《易》《春秋》爲五經，立於學官。

劉向曰："君道得則和氣應，休徵生。君道違則乖氣應，咎徵發。"[1]夫天有七曜，地有五行。[2]五事愆違則天地見異，[3]況於日月星辰乎？況於水火金木土乎？若梁武之降號伽藍，[4]齊文宣之盤游市里，[5]陳則蔣山之鳥呼曰"奈何"，[6]周則陽武之魚乘空而鬭，[7]隋則鵲巢黼帳，[8]火炎門闕，[9]豈唯天道，亦曰人妖，[10]則祥眚呈形，[11]于何不至？亦有脱略政教，張羅樽糈，[12]崇信巫史，[13]重增愆罰。

[1]"君道得"至"咎徵發"：這句話未見《漢書》等諸《五行志》引述，可能是《洪範五行傳論》佚文。休徵，吉祥的徵兆。孔穎達《尚書·洪範》正義："叙美行之驗。"咎徵，過失的報應，灾禍應驗。孔穎達《尚書·洪範》正義："叙惡行之驗。"

[2]七曜：日、月和金、木、水、火、土五星。　五行：水、火、木、金、土。先秦指五材（如《洪範》），以稱構成各種物質的五種基本元素，彼此間無相生相克關係。在《五行志》論述中，一般代指各種自然現象，與後來指宇宙運行動力、影響天地間一切活動與人類命運的五行，有很大區别。

[3]五事：九疇之二曰敬用五事，即君主的貌、言、視、聽、思。在《五行志》論述中，一般指各種人事現象。

[4]梁武：即南朝梁武帝蕭衍。紀見《梁書》卷一至三。　降號伽藍：指梁武帝因篤信佛法，在位期間數次捨身出家，迫使群臣、朝廷捐巨資予寺院以"贖回"皇帝。詳《梁書》卷三《武帝紀下》。伽藍，原指衆園或僧院，後引申爲佛寺。

[5]齊文宣：即北齊文宣帝高洋。繼其父高歡、兄高澄爲東魏權臣，然後廢孝静帝自立，國號齊。紀見《北齊書》卷四。　盤游市里：文宣帝即位六七年後自矜功業，沉溺酒色，有時更會在市里

街巷厮混，甚至露體亂逛。詳見《北齊書·文宣帝紀》。

[6]蔣山之鳥：《南史》卷一〇《陳後主紀》："蔣山衆鳥鼓兩翼以拊膺，曰：'奈何帝！奈何帝！'"本志下文亦載其事。蔣山，即鍾山，又名紫金山，在今江蘇南京市東北。

[7]陽武之魚：本志下文載："後周大象元年六月，陽武有鯉魚乘空而鬬。"《周書》《北史》不載其事。

[8]鵲巢黼帳：發生在隋煬帝大業十三年（617）。本志下文載其事。

[9]火炎門闕：本書卷四《煬帝紀下》大業十二年："顯陽門灾"。本志下文亦載其事。

[10]人妖：亦作"人祆"，指人事方面的反常現象、人爲的灾禍。上述灾異徵兆，有人禍，有羽蟲魚火之孽。此處概稱"人妖"，强調妖自人興。

[11]祥眚（shěng）：祥，這裏指由外産生的凶灾、妖異。眚，本義爲目疾、隱疼，引申爲由内産生的怪異。

[12]張羅樽糈：安排祭祀。樽，杯盞。糈，祭神用的清米。

[13]巫史：泛指術數之士。巫，古代從事求神占卜等活動的人。史，掌管天文、星象、曆數、史册的人。

昔懷王事神而秦兵逾進，[1]萇弘尚鬼而諸侯不來。[2]性者，生之静也；欲者，心之使也。置情攸往，引類同歸。雀乳於空城之側，[3]鷂飛于鼎耳之上。[4]短長之制，[5]既曰由人；黔隧崇山，同車共軫。[6]必有神道，裁成倚伏。[7]一則以爲殃釁，[8]一則以爲休徵。故曰，德勝不祥而義厭不惠。[9]是以聖王常由德義消伏灾咎也。

[1]懷王事神：戰國時期的楚懷王熊槐，任用佞臣令尹子蘭、上官大夫靳尚，寵愛南后鄭袖，排斥屈原，受張儀欺騙而與盟友齊

國斷交，與秦國交戰而敗，被扣爲秦國人質，病逝於秦。《史記》卷四〇《楚世家》叙懷王致敗之由，没有提到“事神”。然而《漢書·地理志下》：（楚地）“信巫鬼、重淫祀。”《楚辭·九歌》漢·王逸注：“上陳事神之敬，下見己之冤結。”説懷王事神，也有其根據。

[2]萇弘：人名。東周王室大臣劉文公所屬大夫。以方術侍奉周王室，觀測天象、推演曆法、占卜凶吉。《史記》的《天官書》《孔子世家》諸篇及《淮南子》《孔子家語》等叙其事迹。《史記·封禪書》：“是時，萇弘以方事周靈王，諸侯莫朝周。周力少，萇弘乃明鬼神事，設射《貍首》。《貍首》者，諸侯之不來者，依物怪欲以致諸侯。”

[3]雀乳於空城之側：語出南朝宋人鮑照《空城雀》詩句。《樂府解題》：“鮑照《空城雀》云：‘雀乳四鷇，空城之阿。’言輕飛近集，茹腹辛傷，免網羅而已。”（《樂府詩集》卷六八《雜曲歌辭八》）言亂世灾民之苦。

[4]鷮飛于鼎耳之上：人君失德的徵兆。典出《尚書·商書·高宗肜日》序：“高宗祭成湯，有飛雉升鼎耳而雊。”孔穎達疏：“高宗祭其太祖成湯於肜祭之日，有飛雉來升祭之鼎耳而雊鳴，其臣祖已以爲王有失德而致此祥，遂以道義訓王，勸王改脩德政。”鷮，雉的一種，尾長，走且鳴，性勇健，肉鮮美。鼎耳，鼎上兩耳。

[5]短長：人命之長短。也可引申爲國祚之長短。《尚書·盤庚上》：“矧予制乃短長之命。”

[6]黔隧崇山：《國語·周語上》：“（内史過曰：）昔夏之興也，融降於崇山；其亡也，回禄信於聆隧。”融即祝融，上古神話人物，後人尊爲火神。崇山即嵩山（今河南登封市西北），近夏都古陽城。回禄也是火神，或説即祝融。聆隧當在夏都附近。後人或引作“黔隧”，“聆”“黔”通假。　同車共軫：指同乘一車，同心同志。全句的意思是，王朝之興亡，往往有吉徵凶兆，結伴同行。

[7]倚伏：禍福相因，互相依存，互相轉化。語本《老子》："禍兮福所倚，福兮禍所伏。"

[8]殃釁：殃，禍患、災難。釁，過失、罪過。

[9]德勝不祥而義厭不惠：引自《漢書·藝文志》："人失常則訞興，人無釁焉訞不自作。故曰：'德厭不祥，義厭不惠。'"本志撰者認爲灾異祥瑞可以揭示人事得失，代天示警，消弭灾害的關鍵則在於君主能否修德行義。

《洪範五行傳》曰：[1]木者東方，威儀容貌也。古者聖王垂則，天子穆穆，諸侯皇皇。登輿則有鸞和之節，[2]降車則有佩玉之度，[3]田狩則有三驅之制，[4]飲食則有享獻之禮。[5]無事不出境。此容貌動作之得節，所以順木氣也。如人君違時令，失威儀，田獵馳騁，不反宫室，飲食沉湎，不顧禮制，縱欲恣睢，出入無度，多繇役以奪人時，增賦税以奪人財，則木不曲直。[6]

[1]《洪範五行傳》：後世稱爲《洪範五行傳》者，包括伏勝《尚書大傳》中的《洪範五行傳》和劉向《洪範五行傳論》。班固《漢書·五行志》引伏勝《洪範五行傳》皆稱"傳"，引述、綜合劉向等諸家之説（包括《洪範五行傳論》）而附以己見，皆稱"説"。這段文字應該是依據《漢書·五行志上》"木不曲直"之"説"（可能出自劉向《洪範五行傳論》）而略加闡釋。

[2]鸞和：鸞與和，古代車上的兩種鈴子。《周禮·夏官·大馭》："凡馭路儀，以鸞和爲節。"鄭玄注："鸞在衡，和在軾，皆以金爲鈴。"

[3]佩玉：古代繫於衣帶用作裝飾的玉。《禮記·玉藻》："君子在車，則聞鸞和之聲，行則鳴佩玉。"

[4]三驅：古王者田獵規則。意思是田獵時須讓開一面，三面

驅趕，以示好生之德。《易·比》：“九五，顯比，王用三驅。”孔穎達疏：“褚氏諸儒皆以爲三面著人驅禽。必知三面者，禽唯有背己、向己、趣己，故左右及於後，皆有驅之。”

［5］享獻：祭祀時奉獻供品。《續漢書·五行志一》注引鄭玄注《尚書大傳》曰：“享，獻也。《禮志》曰：‘天子諸侯，無事則歲三田：一爲乾豆，二爲賓客，三爲充君之庖。’《周禮·獸人》，冬獻狼，夏獻麋，春秋獻獸物，此獻禮之大略也。”

［6］木不曲直：出現木性反常的灾害咎徵。《漢書·五行志上》引伏勝《洪範五行傳》，稱君主若有“田獵不宿，飲食不享，出入不節，奪民農時，及有姦謀”五種逆政，則木不曲直。

齊後主武平五年，[1]鄴城東青桐樹，[2]有如人狀。京房《易傳》曰：“王德衰，下人將起，則有木生爲人狀。”[3]是時後主怠於國政，耽荒酒色，威儀不肅，馳騁無度，大發繇役，盛修宫室，後二歲而亡。木不曲直之効也。

［1］齊後主：即北齊後主高緯。　武平：齊後主高緯年號（570—576）。

［2］鄴城：故址在今河北臨漳縣城西南，分南北二城。曹魏、後趙、冉魏、前燕均都鄴北城；東魏、北齊都鄴南城，北周大象二年（580）後廢棄。

［3］王德衰，下人將起，則有木生爲人狀：這則引文也見於《漢書·五行志中之下》。京房所撰多種注《易》之書，多亡佚。《漢書》《後漢書》《宋書》《隋書》等所引京房《易傳》，與今傳三卷本《京氏易傳》文句文義差異較大。清·王保訓輯《京氏易》八卷，包括《周易章句》《易傳》《易占》《易妖占》《易飛候》等。諸史《五行志》所引京房《易傳》，有時專指《易傳》，有時

泛指易傳，即各種《易》注，包括《易妖占》（《易妖變》）《易飛候》等。

七年，宮中有樹，大數圍，夜半無故自拔。齊以木德王，[1]無故自拔，亡國之應也。其年，齊亡。

[1]齊以木德王：三國兩晋南北朝政權更迭的合法性論證，流行讖緯五德相生論述。北魏初自居土德，至孝文帝太和十四年（490）改承水德，以直接承晋之金行。北齊禪東魏，水生木，故自承木德。

開皇八年四月，[1]幽州人家以白楊木懸竈上，[2]積十餘年，忽生三條，皆長三尺餘，甚鮮茂。仁壽二年春，[3]盩厔人以楊木爲屋梁，[4]生三條，長二尺。京房《易傳》曰："妃后有顓，木仆反立，斷枯復生。"[5]獨孤后專恣之應也。[6]

[1]開皇：隋文帝楊堅年號（581—600）。

[2]幽州：北朝至隋治皆薊縣（今北京城區西南）。

[3]仁壽：隋文帝楊堅年號（601—604）。

[4]盩（zhōu）厔（zhì）：縣名。即今陝西周至縣。

[5]妃后有顓，木仆反立，斷枯復生：這是《漢書·五行志中之下》引京房《易傳》之語。顓，通專，即專擅。枯木復生，在《五行志》詮釋體系中屬草妖，常被視爲人君亡子、後宫專擅或民間出天子等人事異動的徵兆。

[6]獨孤后：即隋文獻皇后獨孤氏。傳見本書卷三六、《北史》卷一四。

仁壽元年十月，蘭州楊樹上松生，[1]高三尺，六節十二枝。《宋志》曰：[2]"松不改柯易葉，楊者危脆之木，此永久之業，將集危亡之地也。"[3]是時帝惑讒言，幽廢冢嫡，[4]初立晋王爲皇太子。[5]天戒若曰，皇太子不勝任，永久之業，將致危亡。帝不悟。及帝崩，太子立，是爲煬帝，竟以亡國。

[1]蘭州：隋開皇元年置，治子城縣（今甘肅蘭州市）。

[2]《宋志》：即《宋書·五行志》。

[3]"松不改柯"至"危亡之地也"：《宋書·五行志三》："天戒若曰，松不改柯易葉，楊者柔脆之木，此永久之業，將集危亡之地。"與本志文字略有出入。

[4]幽廢冢嫡：幽禁廢黜嫡長子，即廢黜太子楊勇。

[5]晋王：即楊廣。文帝開皇二十年十月廢太子楊勇，十一月立晋王廣爲太子。

仁壽四年八月，河間柳樹無故枯落，[1]既而花葉復生。京房《易飛候》曰：[2]"木再榮，國有大喪。"[3]是歲，宫車晏駕。[4]

[1]河間：郡名。隋開皇初廢郡，改置瀛州，煬帝大業三年復置河間郡，治河間（今河北河間市）。

[2]《易飛候》：西漢京房所撰注《易》之書，已佚。

[3]木再榮，國有大喪：《南齊書·五行志》引京房《易傳》："木冬生花，天下有喪。"與這則引文意思相近。這句話可能是《易飛候》佚文。

[4]宫車晏駕：古代常用來作皇帝死亡的諱詞。宫車，皇帝、

后妃所乘之車。晏駕，車駕晚出。

《洪範五行傳》曰：金者西方，萬物既成，殺氣之始也。古之王者，興師動衆，建立旗鼓，以誅殘賊，禁暴虐，安天下，殺伐必應義，以順金氣。如人君樂侵陵，好攻戰，貪城邑之賂，以輕百姓之命，人皆不安，外内騷動，則金不從革。[1]

[1]金不從革：出現金屬特性反常的災害咎徵，即“金鐵亦不從人意”（《續漢書·五行志一》劉昭注引《漢書音義》）。《漢書·五行志上》引伏勝《洪範五行傳》，稱君主若“好戰攻，輕百姓，飾城郭，侵邊境，則金不從革”。班固的解釋是，如果君主爲一己之貪欲，好大喜功，不惜犧牲百姓生命來追求國威，“則金失其性”，“乃爲變怪”。《續漢書·五行志一》鄭玄注，天空西方的星宿參宿爲攻戰之象，昴、畢宿爲城郭之象，畢又主邊兵，所以如果君主“好戰攻，輕百姓，飾城郭，侵邊境”，就是“逆天西宫之政。西宫於地爲金，金性從刑，而革人所用爲器者也，無故冶之不銷，或入火飛亡，或鑄之裂形，是爲不從革”。這段文字應該是依據《漢書·五行志上》“金不從革”之“説”（可能出自劉向《洪範五行傳論》）而略加闡釋。

陳禎明二年五月，[1]東冶鐵鑄，[2]有物赤色，大如斗，自天墜鎔所，隆隆有聲，鐵飛破屋而四散，燒人家。時後主與隋雖結和好，[3]遣兵度江，掩襲城鎮，將士勞敝，府藏空竭。東冶者，陳人鑄兵之所。鐵飛爲變者，金不從革之應。天戒若曰，陳國小而兵弱，當以和好爲固，無鑄兵而黷武，以害百姓。後主不悟，又遣僞將陳紀、任蠻奴、蕭摩訶數寇江北，[4]百姓不堪其役。及隋師度江，而二將降款，卒以滅亡。

[1]禎明：南朝陳後主陳叔寶年號（587—589）。

[2]東冶：兩晋南朝官方所設冶鐵工場。置於建康（今江蘇南京市），分東、西，東冶尤重。置令領工徒鼓鑄，東晋南朝隸屬少府。

[3]後主：即陳叔寶，陳宣帝嫡長子。紀見《陳書》卷六、《南史》卷一〇。

[4]陳紀：人名。即陳慧紀，南朝陳人。傳見《陳書》卷一五。　任蠻奴：人名。即任忠，南朝梁、陳時人，小名蠻奴。隋避楊忠諱，改稱其小名。傳見《陳書》卷三一、《南史》卷六七。　蕭摩訶：人名。南朝陳名將，蘭陵（今江蘇常州市西北）人。後主時任車騎大將軍，禎明三年敗於隋將賀若弼，被俘降隋。傳見《陳書》卷三一、《南史》卷六七。　數寇江北：事詳《北史》卷一一《隋文帝紀》、卷一七《元矩傳》、卷六八《韓禽傳》等。

《洪範五行傳》曰：火者南方，陽光爲明也。人君向南，蓋取象也。昔者聖帝明王，負扆攝袂，[1]南面而聽斷天下。攬海内之雄俊，積之於朝，以續聰明，推邪佞之僞臣，投之于野，以通壅塞，以順火氣。夫不明之君，惑於讒口，白黑雜揉，代相是非，衆邪並進，人君疑惑。棄法律，間骨肉，殺太子，逐功臣，以孽代宗，則火失其性。[2]

[1]負扆：亦作“負依”，背靠屏風，指皇帝臨朝聽政。　攝袂：整理衣袖，表示恭敬。

[2]火失其性：出現火性反常的灾異咎徵。火性本炎上，人們向火取暖、用火烹煮。但如君主“棄法律，逐功臣，殺太子，以妾爲妻，則火不炎上”（《漢書·五行志上》引伏勝《洪範五行傳》）。班固的解釋是，如果君主用人唯賢，遠離奸佞，尊重制度、宗法秩序和功勳，“則火得其性矣”。如果言路阻塞，虚僞讒媚的小人得勢，正不勝邪，“則火失其性矣”。火失其性，則“濫炎妄起。灾宗廟，燒宫館，雖興師衆，弗能救也，是爲火不炎上”。《續漢書·五行志二》注引鄭玄注，認爲君主“棄法律，逐功臣，殺太子，以妾爲妻”，是“逆天南宫之政。南宫於地爲火，火性炎上，然行人所用烹飪者也，無故因見作熱，燔熾爲害，是爲火不炎上”。這段文字應該是依據《漢書·五行志上》“火不炎上”之“説”（可能出自劉向《洪範五行傳論》）而略加闡釋。

梁天監元年五月，[1]有盗入南、北掖，[2]燒神武門、總章觀。[3]時帝初即位，而火燒觀闕，不祥之甚也。既而太子薨，皇孫不得立。[4]及帝暮年，惑於朱异之口，[5]果有侯景之亂，[6]宫室多被焚燒。天誡所以先見也。

[1]天監：南朝梁武帝蕭衍年號（502—519）。

[2]南、北掖：指南、北掖門，梁京城建康宫城門。掖，宫殿正門兩旁之門。

[3]神武門：即神虎門，建康宫城西首門，唐避李虎諱改。總章觀：官署名。在宫城内。三國魏至南朝置總章監，梁、陳又置總章校尉、總章工，掌宫廷舞蹈。

[4]太子薨，皇孫不得立：梁武帝長子昭明太子蕭統於中大通三年（531）病逝後，武帝不立嫡孫蕭歡，而立三子蕭綱爲太子（即日後的梁簡文帝）。或説是因爲蕭統在生母丁貴嬪墓地埋蠟鵝等物厭禱，令武帝嫌忌。事詳《南史》卷五三《昭明太子傳》。

[5]朱异：人名。吴郡錢塘（今浙江杭州市）人。傳見《梁書》卷三八、《南史》卷六二。

[6]侯景：人名。小名狗子，南北朝時懷朔鎮（今内蒙古固陽縣西南）人，一説雁門（今山西代縣）人。太清二年（548）勾結臨賀王蕭正德，於壽陽起兵反梁，率軍攻破建康，囚禁梁武帝，廢立蕭綱、蕭棟，動亂歷時四年。梁從此衰敗。傳見《梁書》卷五六、《南史》卷八〇。

普通二年五月，[1]琬琰殿火，[2]延燒後宫三千餘間。中大通元年，[3]朱雀航華表災。[4]明年，同泰寺災。[5]大同三年，[6]朱雀門災。[7]水沴火也。[8]是時帝崇尚佛道，宗廟牲牷，皆以麪代之。又委萬乘之重，數詣同泰寺，捨身爲奴，令王公已下贖之。初陽爲不許，後爲默許，方始還宫。天誡若曰，梁武爲國主，不遵先王之法，而淫於佛道，横多糜費，將使其社稷不得血食也。[9]天數見變，而帝不悟，後竟以亡。及江陵之敗，闔城爲賤隸焉，即捨身爲奴之應也。[10]

[1]普通：梁武帝蕭衍年號（520—527）。

[2]琬琰殿：建康宫城宫殿名。這次火災亦見於《梁書》卷三《武帝紀下》、《南史》卷七《梁武帝紀》。

[3]中大通：梁武帝蕭衍年號（529—534）。

[4]朱雀航：又稱朱雀橋，六朝建康秦淮河上二十四航（浮橋）中最大的一座，在今江蘇南京市鎮淮橋東。以正對宫城正南朱雀門，故名。　華表：古代用以表示王者納諫或指路的木柱。《吕氏春秋·自知》："堯有欲諫之鼓，舜有誹謗之木，湯有司過之士，武王有戒慎之鞀，猶恐不能自知。"東漢開始使用石柱作華表，成

爲竪立在宫殿、橋梁、陵墓等大建築物前做裝飾用的大石柱，柱身多雕刻龍鳳等圖案，上部横插着雕花的石板。

[5]同泰寺：大通年間梁武帝敕建。故址在今江蘇南京市内。同泰寺於中大同元年（546）發生火灾。事見《梁書·武帝紀下》。

[6]大同：梁武帝蕭衍年號（535—546）。

[7]朱雀門：建康宫城正南門，又稱大航門。

[8]水沴火：當五行之火氣病弱時，水能傷火。在洪範五行論述中，水沴火屬於“視之不明”的異象（見下文）。沴，相傷，不和。

[9]社稷不得血食：意爲亡國。血食，受享祭品。古代殺牲取血祭祀，故稱。《左傳》莊公六年：“若不從三臣，抑社稷實不血食，而君焉取餘？”

[10]及江陵之敗，闔城爲賤隸：552年，侯景兵敗江陵、巴陵，梁湘東王蕭繹在江陵稱帝。三年後，西魏宇文泰派于謹、宇文護率軍五萬南攻，江陵城陷，蕭繹被害，諸王群臣以下，悉被俘往長安，選百姓男女數萬口，分爲奴婢。事見《南史》卷八《梁本紀下》。江陵，縣名。治所在今湖北荆州市江陵縣。晋、南朝爲荆州治。　捨身爲奴之應也：梁武帝崇尚佛道、捨身於佛寺諸事，詳見《梁書·武帝紀下》《南史·梁武帝紀》。

陳永定三年，[1]重雲殿灾。[2]

[1]永定：陳武帝陳霸先年號（557—559）。

[2]重雲殿：建康宫城宫殿。

東魏天平二年十一月，[1]閶闔門灾。[2]是時齊神武作宰，[3]而大野拔斬樊子鵠，[4]以州來降，神武聽讒而殺之。司空元暉免。[5]逐功臣大臣之罰也。

［1］天平：東魏孝静帝元善見年號（534—537）。

［2］閶闔門：魏晋北朝洛陽宫城正南門。

［3］齊神武：即高歡，鮮卑名賀六渾，自稱祖籍渤海蓨縣（今河北景縣）。紀見《北齊書》卷一、二。

［4］大野拔：人名。北魏武衛將軍、南青州刺史。　樊子鵠：人名。北魏代郡平城（今山西大同市）人。歷任晋州、兖州刺史。傳見《魏書》卷八〇、《北史》卷四九。

［5］司空：官名。三公之一。魏晋南北朝多爲大臣加官，無實際職掌。　元暉：人名。即元暉業，字紹遠，魏宗室。歷任司空、太尉，加特進，領中書監、録尚書事。傳見《北齊書》卷二八，《北史》卷一七有附傳。

武定五年八月，[1]廣宗郡火，燒數千家。[2]

［1］武定：東魏孝静帝元善見年號（543—550）。

［2］廣宗郡：北魏太和十一年（487）置，屬相州，治廣宗縣（今河北威縣東南古城）。

後齊後主天統三年，[1]九龍殿灾，[2]延燒西廊。四年，昭陽、宣光、瑶華三殿灾，[3]延燒龍舟。是時讒言任用，正士道消，祖孝徵作歌謡，[4]斛律明月以誅死。[5]讒夫昌，邪勝正之應也。京房《易傳》曰："君不思道，厥妖火燒宫。"

［1］後齊後主：即北齊後主高緯。　天統：北齊後主高緯年號（565—569）。

［2］九龍殿：鄴宫城宫殿。顧炎武《歷代宅京記》根據此條記

載，推測九龍殿當在西廊前後。

［3］昭陽、宣光、瑶華三殿：鄴宫城宫殿。北齊文宣帝天保二年（551）改顯陽殿爲昭陽殿。《歷代宅京記》載："《鄴中記》曰：'昭陽殿後有永巷，巷北有五樓門，門内則帝後宫，有左右院。左院有殿，名顯陽，右院有殿，名宣光。'"又，《歷代宅京記》根據此條記載，推測瑶華殿當在後宫，近宣光殿。

［4］祖孝徵：人名。字孝徵，名珽，北齊范陽遒縣（今河北淶水縣）人。有文才，後主時位至尚書左僕射，主管機要。武平三年北周名將韋孝寬派間諜在北齊京師散布歌謡："百升飛上天，明月照長安"；"高山不推自崩，槲木不扶自舉"，中傷北齊名將斛律光。祖珽以私怨，黨附後主親信陸令萱，在歌謡後增衍"盲老公背受大斧，饒舌老母不得語"等句，向後主讒言：百升爲"斛"，"明月"乃斛律光的字；"盲老公"指祖珽本人（祖氏雙目失明）；"饒舌老母"指女侍中陸令萱。歌謡實爲讖語，預言斛律光將篡奪高氏江山，並鏟除忠良如祖氏等人。傳見《北齊書》卷三九，《北史》卷四七有附傳。

［5］斛律明月：人名。複姓斛律，字明月，名光。世居朔州（治所在今山西朔州市一帶），敕勒族酋長斛律金之子。斛律氏數世名將，光本人深受高歡、高澄賞識，屢敗突厥、北周大軍，官至左丞相，封郡公。女兒爲後主皇后，兒子尚公主。因耿直得罪佞臣祖珽、陸令萱等，又以掌重兵招後主疑忌。至北周行反間計，祖珽等趁機挑撥，後主將光誘殺。北周武帝得知斛律光身死，大赦境内以爲慶賀。滅北齊後，追封斛律光爲上柱國、崇國公，並對衆人説："此人若在，朕豈能至鄴！"《北齊書》卷一七、《北史》卷五四有附傳。

開皇十四年，將祠泰山，[1]令使者致石像神祠之所。[2]未至數里，野火欻起，燒像碎如小塊。時帝頗信讒言，猜阻骨肉，滕王瓚失志而死，[3]創業功臣，多被夷滅，[4]故天見變，而帝不悟，其後太子勇竟被廢戮。[5]

[1]泰山：在今山東泰安市北。中國古代五岳之首。秦始皇以來，多位帝王曾來此封禪祭祀，報功告太平，以示受命於天。據本書卷二《高祖紀下》，開皇十四年晉王楊廣率百官請隋文帝封禪泰山。文帝以"此事體大，朕何德以堪之"，於十四年十二月巡狩東方，十五年正月"順便"致祭泰山。

[2]令使者致石像神祠之所：此事未見其他記載，不知這尊石像屬何神祇。

[3]滕王瓚：即楊瓚，隋文帝楊堅同母弟。傳見本書卷四四、《北史》卷七一。

[4]創業功臣，多被夷滅：本書《高祖紀下》評語："其草創元勳及有功諸將，誅夷罪退，罕有存者。"被文帝誅逐的功臣宿將計有：高熲、劉昉、梁士彥、宇文忻、楊雄、王世積、史萬歲、王誼、元楷等人。

[5]太子勇：即楊勇，隋文帝長子。傳見本書卷四五、《北史》卷七一。

大業十二年，[1]顯陽門灾，舊名廣陽，則帝之姓名也。[2]國門之崇顯，號令之所由出也。時帝不遵法度，驕奢荒怠，裴蘊、虞世基之徒，[3]阿諛順旨，掩塞聰明，宇文述以讒邪顯進，[4]忠諫者咸被誅戮。天戒若曰，信讒害忠，則除"廣陽"也。

[1]大業：隋煬帝楊廣年號（605—618）。

[2]顯陽門：隋長安宮城正南正門，開皇二年建，初名廣陽門，仁壽元年改昭陽，後又改顯陽。本志撰者認爲，"廣陽"暗藏煬帝

姓名“楊廣”，故顯陽門火灾，正是上天對煬帝的警誡。

[3]裴藴：人名。傳見本書卷六七、《北史》卷七四。　虞世基：人名。傳見本書卷六七、《北史》卷八三。

[4]宇文述：人名。傳見本書卷六一、《北史》卷七九。

《洪範五行傳》曰：水者，北方之藏，氣至陰也。宗廟者，祭祀之象也。故天子親耕以供粢盛，[1]王后親蠶以供祭服，敬之至也。發號施令，十二月咸得其氣，則水氣順。如人君簡宗廟，不禱祀，逆天時，則水不潤下。[2]

[1]粢盛：盛在祭器内以供祭祀的穀物。

[2]水不潤下：水性反常的灾異咎徵。水性本潤下，人們因勢利導，用以灌溉。但如君主“簡宗廟，不禱祠，廢祭祀，逆天時，則水不潤下”（《漢書·五行志上》引伏勝《洪範五行傳》）。班固的解釋是，如果君主不敬鬼神，政令違反天時，則水失其性，天降暴雨，江河泛濫，城鄉、民衆遭殃，以及陰雨連綿，莊稼歉收，這就叫做水不潤下。鄭玄認爲，北方虚、危二宿爲宗廟，牽牛主祭祀，所以君主“簡宗廟，不禱祠，廢祭祀，逆天時”，是“逆天北宫之政也。北宫於地爲水。水性浸潤下流，人所用灌溉者也。無故源流竭絶，川澤以涸，是爲不潤下”（《續漢書·五行志三》劉昭注引）。這段文字應該是依據《漢書·五行志上》“水不潤下”之“説”（可能出自劉向《洪範五行傳論》）而略加闡釋。

梁天監二年六月，大末、信安、安豐三縣大水。[1]《春秋考異郵》曰：[2]“陰盛臣逆人悲，則水出河决。”是時江州刺史陳伯之、益州刺史劉季連舉兵反叛，[3]師旅數興，百姓愁怨，臣逆人悲之應也。

[1]大末：縣名。又作太末，秦始置，治所在今浙江龍游縣舊城，一説在今浙江金華市西。　信安：縣名。西晋改東陽郡新安縣置，治所在今浙江衢州市。　安豐：縣名。東漢建安四年（199）分太末縣置，治所在今浙江浦江縣西南。

[2]《春秋考異郵》：西漢末至隋流行的緯書之一種，已佚。後人輯佚成果可參見日本學者安居香山、中村璋八編《緯書集成》（河北人民出版社 1994 年版）。

[3]江州：西晋元康元年（291）分荆、揚兩州置，治南昌縣（今江西南昌市）。　陳伯之：人名。南朝齊、梁時人，祖籍濟陽睢陵（今江蘇盱眙縣西）。初從蕭衍起兵，天監元年舉兵叛梁，改投北魏。至天監四年梁北伐，伯之又率衆歸梁。傳見《梁書》卷二〇、《南史》卷六一。　益州：魏晋南朝沿漢置，治成都縣（今四川成都市）。　劉季連：人名。彭城（今江蘇徐州市）人。南齊末爲益州刺史。中興元年（501）蕭衍另委刺史，徵季連還京，於是舉兵反，至天監二年城圍始降，赦爲庶人。傳見《梁書》卷二〇，《南史》卷一三有附傳。

六年八月，建康大水，[1]濤上御道七尺。[2]七年五月，建康又大水。是時數興師旅，以拒魏軍。[3]十二年四月，建康大水。是時大發卒築浮山堰，[4]以遏淮水，[5]勞役連年，百姓悲怨之應也。

[1]建康：縣名。即建康縣（今江蘇南京市）。三國吴、東晋、南朝皆建都於此。

[2]御道：供帝王車駕通行的道路。《梁書》卷二《武帝紀中》，天監六年八月戊戌，“京師大水，因濤入，加御道七尺”。又

據《南史》卷七《梁武帝紀》，武帝中大通五年夏五月，“都下大水，御道通船”。（又見下文）可以想見當時京城水患的情境。

[3]數興師旅，以拒魏軍：天監三年，北魏宣武帝出兵攻梁。天監四年二月，梁武帝策動反擊。天監六年三月，梁軍鍾離大捷，殲北魏軍二十萬。天監七年，陸續收復郢、豫二州各地。

[4]浮山堰：南北朝時期淮河上修建的攔河大壩。位於安徽五河、嘉山及江蘇泗洪三縣交界的淮河浮山峽内。天監十三年十月，梁與北魏争奪壽陽（今安徽壽縣），武帝派康絢主持在浮山築壩壅水以倒灌壽陽城，逼魏軍撤退。

[5]淮水：即今淮河。

中大通五年五月，建康大水，御道通船。京房《易飛候》曰：“大水至國，賤人將貴。”[1]蕭棟、侯景僭稱尊號之應也。[2]

[1]大水至國，賤人將貴：可能是《易飛候》佚文，僅見於本志。

[2]蕭棟：人名。梁昭明太子蕭統之孫，封豫章王。大寶二年（551）侯景廢簡文帝，立其爲帝，改年號爲天正。在位僅四個月，廢爲淮陰王。傳見《南史》卷五三。

後齊河清二年十二月，[1]兖、趙、魏三州大水。[2]天統三年，并州汾水溢。[3]讖曰：“水者純陰之精。陰氣洋溢者，小人專制。”[4]是時和士開、元文遥、趙彦深專任之應也。[5]

[1]河清：北齊武成帝高湛年號（562—565）。

[2]兖、趙、魏三州大水：三州大水事，未見《北齊書》《北

史》記載。《北齊書》卷七《武成帝紀》：河清二年十二月，“是時，大雨雪連月，南北千餘里平地數尺”。兖州，魏晋治廪丘縣（今山東鄆城縣西北），南朝宋移治瑕丘城（今山東兖州市）。北魏、北齊沿置。趙州，北齊天保二年因避太子殷諱，改趙州置，治廣阿縣（今河北隆堯縣東舊城）。魏州，北周大象二年始置，治貴鄉縣（今河北大名縣東北）。北齊不置，疑記載有誤。

[3]并州：治晋陽（今山西太原市西南）。　汾水：黄河支流。在今山西省中部。源出寧武縣管涔山，經太原市南流到新絳縣折向西，在河津市西入黄河。

[4]“水者”至“專制”：此讖語見於《續漢書·五行志三》：“水者，純陰之精也。陰氣盛洋溢者，小人專制擅權，妒疾賢者，依公結私，侵乘君子，小人席勝，失懷得志，故涌水爲灾。”

[5]和士開：人名。清都臨漳（今河北臨漳縣）人。高緯（後主）即位後，封淮陽王，遷尚書令、録尚書事。武平二年七月三十日，爲琅琊王高儼執殺。傳見《北齊書》卷五〇、《北史》卷九二。　元文遥：人名。北魏宗室。官至尚書左僕射，封郡公，賜姓高氏，籍屬宗正。傳見《北齊書》卷三八、《北史》卷五五。

武平六年八月，山東諸州大水。[1]京房《易飛候》曰：“小人踊躍，無所畏忌，陰不制於陽，則涌水出。”[2]是時群小用事，邪佞滿朝。閹豎嬖倖，[3]伶人封王。[4]此其所以應也。

[1]山東：建都平城時的北魏因居太行山西，稱太行山以東爲山東。北齊沿用北魏之稱。

[2]“小人踊躍”至“則涌水出”：可能是《易飛候》佚文，僅見於本志。

[3]閹豎嬖倖：閹豎，掌宫掖掃除事，是後宫太監僕婢的蔑稱。

這裏指北齊後主高緯的乳母陸令萱及她的兒子穆提婆（後宫僕役）。嬖倖，是指二人受寵於後主。此二人事見《北齊書》卷五〇、《北史》卷九二《穆提婆傳》。

[4]伶人封王：北齊後主高緯好樂，宫廷音樂家如安馬駒及曹妙達等俱被封王。本書《音樂志中》："後主唯賞胡戎樂，耽愛無已。於是繁手淫聲，争新哀怨。故曹妙達、安未弱、安馬駒之徒，至有封王開府者，遂服簪纓而爲伶人之事。"

開皇十八年，河南八州大水。是時獨孤皇后干預政事，濫殺宫人，放黜宰相。[1]楊素頗專。[2]水陰氣，臣妾盛强之應也。

[1]宰相：指尚書左僕射高熲。因高熲曾言語間無意傷害獨孤后，而且支持太子楊勇，無形中阻撓改立皇儲的計劃，獨孤后遂向文帝進讒離間。開皇十八年，文帝以泄露宫禁内情的罪名，罷免高熲。

[2]楊素：人名。隋朝重臣。傳見本書卷四八，《北史》卷四一有附傳。

仁壽二年，河南、河北諸州大水。京房《易傳》曰："顓事有智，誅罰絶理，則厥灾水。"[1]亦由帝用刑嚴急，臣下有小過，帝或親臨斬決，又先是柱國史萬歲以忤旨被戮，[2]誅罰絶理之應也。

[1]顓事：專擅用事。顓，通專。《漢書·五行志上》引京房《易傳》："顓事有知，誅罰絶理，厥灾水。"

[2]柱國：官名。隋朝屬散官，煬帝大業三年罷。正二品。史萬歲：人名。隋初名將。傳見本書卷五三、《北史》卷七三。

大業三年，河南大水，漂没三十餘郡。帝嗣位已來，未親郊廟之禮，簡宗廟，廢祭祀之應也。

《洪範五行傳》曰：土者中央，爲内事。[1]宫室臺榭，夫婦親屬也。古者，自天子至于士，宫室寢居，大小有差，高卑異等，骨肉有恩。故明王賢君，修宫室之制，謹夫婦之别，加親戚之恩，敬父兄之禮，則中氣和。[2]人君肆心縱意，大爲宫室，高爲臺榭，雕文刻鏤，以疲人力，淫泆無别，妻妾過度，犯親戚，侮父兄，中氣亂，則稼穡不成。[3]

[1]内事：後宫之事。

[2]中氣：中和之氣。五行方位，土居中央，所以中氣就是土氣。

[3]稼穡不成：指土失其性而爲灾。土性生物，所以人們耕作土地得以收成。但如君主"治宫室，飾臺榭，内淫亂，犯親戚，侮父兄，則稼穡不成"。(《漢書·五行志上》引伏勝《洪範五行傳》)班固的解釋是，如果君主"奢淫驕慢，則土失其性。亡水旱之灾而草木百穀不孰（熟），是爲稼穡不成"。這段文字應該是依據《漢書·五行志上》"稼穡不成"之"説"（可能出自劉向《洪範五行傳論》）而略加闡釋。

齊後主武平四年，山東饑。是時，大興土木之功於仙都苑。[1]又起宫於邯鄲，[2]窮侈極麗。後宫侍御千餘人，皆寶衣玉食。逆中氣之咎也。

[1]仙都苑：北齊武成帝時在華林苑基礎上築成。在今河北臨

漳縣西南。

［2］邯鄲：縣名。三國魏以來屬廣平郡，在今河北省西南部邯鄲市區外圍。東魏天平元年罷縣併入臨漳縣。

煬帝大業五年，燕、代、齊、魯諸郡饑。[1]先是建立東都，[2]制度崇侈。又宗室諸王，多遠徙邊郡。[3]

［1］燕：郡名。十六國後趙改燕國置，爲幽州治所，治薊縣（今北京市西南）。北魏、東魏、北齊沿置。　代：郡名。東魏天平二年僑置，寄治肆州秀容郡城（今山西忻州市西北）。　齊：郡名。原治臨淄（今山東淄博市東），北齊移治東陽城（今山東青州市北）。　魯：郡名。治魯縣（今山東曲阜市東古城）。

［2］東都：即洛陽。故城在今河南洛陽市。

［3］宗室諸王，多遠徙邊郡：如滕王楊綸、衛王楊集、楊勇諸子等。參見本書卷四四。

《洪範五行傳》曰："貌之不恭，是謂不肅，[1]則下不敬。陰氣勝，故厥咎狂，厥罰常雨，厥極惡。[2]時則有服妖，[3]時則有龜孽，[4]有雞禍，[5]有下體生上體之痾，[6]有青眚青祥。[7]惟金沴木。"[8]

［1］貌之不恭，是謂不肅：在《洪範五行傳》論述架構中，貌即體現在行爲舉止上的儀態，居君主修身五事之首。肅，意思是敬。班固解釋説，君主的儀態心態應該恭謹，儀表舉止應該恭敬。如果懈怠傲慢，就不能認真慎重地處理各項事務，其失誤在於狂妄輕率。（《漢書·五行志中之上》）

［2］厥咎狂，厥罰常雨，厥極惡：君主狂妄輕率傲慢，在洪範五行論述中被歸類爲陰氣盛，所以上天的懲罰將是連陰雨。雨水太

多，"水傷百穀，衣食不足，則姦軌並作，故其極惡也。一曰，民多被刑，或形貌醜惡，亦是也。"（《漢書·五行志中之上》）

[3]時則：有時會有，可能會有。　服妖：古人以爲服飾（包括髮式）奇異或不遵禮法，預兆着人事風俗之異變，故稱服妖。《漢書·五行志中之上》："風俗狂慢，變節易度，則爲剽輕奇怪之服，故有服妖。"

[4]龜孽：今本《尚書大傳·洪範五行傳》作"魚孽"。因爲貌不恭則陰氣盛，雨水太多，龜（或魚）"多出而爲害"。孽，萌芽、苗頭。

[5]雞禍：據班固的解説，雞是《周易》中巽卦之象。（雄）雞憑其高冠和利距，兼具文雅威武的氣質。君主儀態皆失，即喪失其君主的威嚴，同類相感，遂有雞禍。另一説是因雨水太多，造成雞的大量死亡或其他異象，即雞禍。

[6]下體生上體之痾：下體生於上體之病，如牛足長於牛背之類的畸形夭胎。《漢書·五行志中之上》："上失威儀，則下有强臣害君上者，故有下體生於上之痾。"痾，病。

[7]青眚青祥：指涉及青色事物（五行中屬木的事物）的怪異現象。"貌之不恭"病木氣，所以會有青眚青祥。

[8]金沴木：當五行之木氣病弱時，金能傷木。《漢書·五行志中之上》："木氣病則金沴之，衝氣相通也。於《易》，《震》在東方，爲春爲木也；《兑》在西方，爲秋爲金也；《離》在南方，爲夏爲火也；《坎》在北方，爲冬爲水也。春與秋，日夜分，寒暑平，是以金木之氣易以相變，故貌傷則致秋陰常雨，言傷則致春陽常旱也。"本段引文出自伏勝《洪範五行傳》。《漢書·五行志中之上》引作："貌之不恭，是謂不肅，厥咎狂，厥罰恒雨，厥極惡。時則有服妖，時則有龜孽，時則有雞禍，時則有下體生上之痾，時則有青眚青祥。唯金沴（水）〔木〕。"文字略有出入。

貌不恭

侯景僭即尊號，[1]升圓丘，[2]行不能正履，有識者知其不免。景尋敗。梁元帝既平侯景，破蕭紀，[3]而有驕矜之色。性又沉猜，由是臣下離貳。即位三年而爲西魏所陷，帝竟不得其死。[4]

[1]侯景僭即尊號：公元551年，侯景立梁豫章王蕭棟爲帝，年號天正。同年再命蕭棟禪讓，自立爲帝，國號漢，改元太始。

[2]圓丘：古代帝王祭天的圓形高壇，也稱圜丘。

[3]梁元帝：梁武帝第七子蕭繹。封湘東王，授荆州刺史。大寶二年四月，派大都督王僧辯追擊侯景，十一月在江陵稱帝，改元承聖。承聖元年（552）四月，侯景兵敗北逃，爲部將所殺。紀見《梁書》卷五、《南史》卷八。　蕭紀：人名。梁武帝第八子。天監十三年封武陵王，大同三年爲都督益梁等十三州諸軍事、益州刺史。大寶二年四月在蜀稱帝，改元天正。承聖二年三月，從益州率兵東襲荆州蕭繹，七月，在峽口兵敗被殺。傳見《梁書》卷五五、《南史》卷五三。

[4]帝竟不得其死：承聖三年九月，西魏宇文泰派兵五萬攻占江陵。十二月，梁元帝兵敗出降，被人以土囊殺死。

陳後主每祀郊廟，必稱疾不行。[1]建寧令章華上奏諫曰：[2]“拜三妃以臨軒，祀宗廟而稱疾，非祗肅之道。”[3]後主怒而斬之。又引江總、孔範等内宴，[4]無復尊卑之序，號爲狎客，專以詩酒爲娱，不恤國政。秘書監傅縡上書諫曰：[5]“人君者，恭事上帝，子愛下人，省嗜慾，遠邪佞，未明求衣，日旰忘食，是以澤被區宇，慶流子孫。陛下頃來，酒色過度，不虔郊廟大神，專媚淫昏之鬼。小人在側，宦竪擅權，惡誠直如仇讎，視時人如草芥。後宫曳羅綺，廄馬餘菽粟，百姓流離，轉屍蔽野。神怒人怨，衆叛親離。臣恐東南王氣，自斯而盡。”[6]後主不聽，驕恣日甚。未幾而國滅。

[1]陳後主：即陳叔寶。太建十四年（582）即位，大造宫室，親信佞臣，不理政事。紀見《陳書》卷六、《南史》卷一〇。　稱疾不行：主持郊祀天地、謁祭宗廟等禮儀活動，是古代帝王的重要職責之一。稱病逃避，既是失職，也是不敬祖先鬼神的失德行爲。

[2]建寧：縣名。三國吴至南朝陳屬長沙郡，治今湖南株洲市。　章華：人名。南朝陳人。曾上書批評朝政，爲後主所殺。《陳書》卷三〇、《南史》卷六九有附傳。

[3]“拜三妃”至“肅之道”：《陳書》卷三〇《章華傳》引作“祠七廟而不出，拜妃嬪而臨軒”。三妃，指陳後主寵愛的貴妃張麗華及龔、孔二貴嬪。臨軒，皇帝不坐正殿而御前殿。

[4]江總：人名。濟陽考城（今河南蘭考縣）人。曾以文學才華獲梁武帝賞識。陳後主時官至尚書令，而不理政事，與後主游宴後庭，乃至亡國。傳見《陳書》卷二七，《南史》卷三六有附傳。　孔範：人名。南朝陳人，後主時拜都官尚書，與江總等並爲後主狎客，深受寵信。傳見《南史》卷七七。

[5]秘書監：官名。東漢始置，南北朝時爲秘書省長官，掌圖書經籍事，領著作省。南朝陳時位四品，秩中二千石。　傅縡：人名。南朝梁、陳人。歷任撰史學士、太子庶子等，後主時遷秘書監，兼中書通事舍人，掌詔誥。傳見《陳書》卷三〇、《南史》卷六九。

[6]“人君者”至“自斯而盡”：這篇奏章見於《陳書》《南史》之《傅縡傳》。當時傅縡被譖受賄，已下獄，所以《全陳文》卷一六及《文苑英華》卷六七三題爲《獄中上陳後主書》。

陳司空侯安都，[1]自以有安社稷之功，驕矜日甚，每侍宴酒酣，輒箕踞而坐。[2]嘗謂文帝曰：[3]“何如作臨川王時？”又借華林園水殿，[4]與妻妾賓客，置酒於其上，帝甚惡之。後竟誅死。

[1]司空：三公之一。魏晋南北朝爲名譽宰相，多作大臣加官，無實際職掌。位一品。　侯安都：人名。始興曲江（今廣東韶關市東南）人。曾輔佐陳霸先建立陳朝。陳武帝駕崩，安都力主定議立陳文帝，進爵清遠郡公，遷司空，恃功驕縱不法。傳見《陳書》卷八、《南史》卷六六。

[2]箕踞：先秦至南北朝，因當時服式與家具的形制，人們多屈膝席地跽坐。箕踞是一種輕慢、不合禮節的坐姿，即隨意張開兩腿而坐，形似簸箕。

[3]文帝：即陳文帝陳蒨。陳武帝霸先兄子，封臨川王。永定三年，武帝崩，當時皇子陳昌在北周爲質子，内無嫡嗣。陳蒨獲侯安都及群臣推戴得立。紀見《陳書》卷三、《南史》卷九。

[4]華林園：六朝時宫苑名。三國吴始建，名後苑，東晋改名華林園。故址在今江蘇南京市區雞鳴山南古臺城内。

東魏武定五年，後齊文襄帝時爲世子，[1]屬神武帝崩，秘不發喪，朝魏帝於鄴。[2]魏帝宴之，文襄起舞。及嗣位，又朝魏帝於鄴，侍宴而惰。[3]有識者知文襄之不免。後果爲盜所害。[4]

[1]文襄帝：即高歡長子高澄。其弟高洋禪東魏後，追尊其爲文襄帝。紀見《北齊書》卷三、《北史》卷六。

[2]神武帝崩，秘不發喪，朝魏帝於鄴：東魏孝静帝武定五年

正月，高歡病逝後不久，久蓄異志的侯景終於背叛。高澄秘不發喪，在晉陽忙於部署征討侯景。四月，纔回鄴城朝見孝静帝。

[3]及嗣位，又朝魏帝於鄴，侍宴而惰：武定五年七月，高澄繼高歡爲使持節、大丞相、都督中外諸軍、録尚書事、大行臺、渤海王。由是對孝静帝脅迫日甚。《魏書》卷一二《孝静帝紀》載，高澄曾迫帝以大觴對飲，呼喝帝爲“狗脚朕”，又令人拳毆孝静帝。

[4]爲盜所害：武定七年八月，高澄被梁人膳奴蘭京刺殺。

神武時，司徒高昂嘗詣相府，[1]將直入門，門者止之。昂怒，引弓射門者，神武不之罪。尋爲西魏所殺。

[1]司徒：官名。三公之一，與太尉、司空同爲名譽宰相，魏晋時多爲大臣加官。一品。　高昂：人名。字敖曹，渤海蓨（今河北景縣西）人。從高歡起兵，東魏初，歷任侍中、司徒公、軍司大都督。元象元年（538）與西魏軍争洛陽，兵敗，逃至河梁南城被殺。《北齊書》卷二一、《北史》卷三一有附傳。

後齊後主爲周師所迫，至鄴集兵。[1]斛律孝卿勸後主親勞將士，[2]宜流涕慷慨，以感激之，人當自奮。孝卿授之以辭，後主然之。及對衆，默無所言，因赧然大笑，左右皆哂。將士怒曰：“身尚如此，吾輩何急！”由是皆無戰心，俄爲周師所虜。

[1]後齊後主爲周師所迫，至鄴集兵：武平七年十二月，北齊後主高緯與北周於晋州城南大戰，齊軍大敗，後主棄軍先還，逃回鄴城，招募軍士。事詳《北齊書》卷八《後主紀》。

[2]斛律孝卿：人名。後主時官至侍中、開府儀同三司、知内省事。後主逃至齊州，令其送禪位詔及傳位璽給任城王高湝。孝卿

却前往鄴城，歸順北周。《北史》卷五三有附傳。

煬帝自負才學，每驕天下之士。嘗謂侍臣曰：“天下當謂朕承藉餘緒而有四海耶？[1]設令朕與士大夫高選，[2]亦當爲天子矣。”[3]謂當世之賢，皆所不逮。《書》云：“謂人莫己若者亡。”[4]帝自矜己以輕天下，能不亡乎？帝又言習吴音，其後竟終於江都，[5]此亦魯襄公終於楚宫之類也。[6]

[1]餘緒：後裔。

[2]高選：以高標準選拔。

[3]亦當爲天子矣：此語未見本書紀、傳記載。

[4]謂人莫己若者亡：語出《尚書·仲虺之誥》。意思是認爲别人不如自己的人，難免失敗。

[5]江都：郡名。隋大業初改揚州置，治江陽縣（今江蘇揚州市）。隋煬帝在郡治附近大築宫苑，定爲行都。

[6]魯襄公：春秋時代魯國的第二十二代君主。　楚宫：《左傳》襄公三十一年：“公作楚宫。穆叔曰：‘《太誓》云：“民之所欲，天必從之。”君欲楚也夫！故作其宫。若不復適楚，必死是宫也。’六月辛巳，公薨於楚宫。”杜預注説，魯襄公訪問楚國，喜歡其宫殿建築，回國後仿造，故稱楚宫。

常雨水

梁天監七年七月，雨，至十月乃霽。《洪範五行傳》曰：陰氣强積，然後生水雨之灾。[1]時武帝頻年興師，是歲又大舉北伐，[2]諸軍頗捷，而士卒罷敝，百姓怨望，陰氣畜積之應也。

［1］陰氣强積，然後生水雨之灾：《漢書·五行志上》引董仲舒説，認爲“百姓愁怨，陰氣盛”，導致大水之灾。

［2］北伐：天監七年九月，梁軍圍攻義陽，十月與北魏争奪懸瓠。

陳太建十二年八月，[1]大雨霪霖。時始興王叔陵驕恣，[2]陰氣盛强之應也。明年，宣帝崩，[3]後主立。叔陵刺後主於喪次。宫人救之，僅而獲免。叔陵出閤，[4]就東府作亂。[5]後主令蕭摩訶破之，[6]死者千數。

［1］太建：南陳宣帝陳頊年號（569—582）。

［2］始興王叔陵：陳叔陵，陳宣帝陳頊第二子。傳見《陳書》卷三六、《南史》卷六五。

［3］宣帝：陳頊，陳文帝弟。紀見《陳書》卷五、《南史》卷一〇。

［4］閤：小門。《爾雅·釋宫》云：“宫中之門謂之闈，其小者謂之閨，小閨謂之閤。”

［5］東府：原爲東晋會稽王司馬道子府宅。孝武帝太元中道子代領揚州事，以東府爲治所。其後爲東晋南朝丞相兼領揚州刺史府邸所在地。《文選》卷六〇謝惠連《祭古冢文》：“東府掘城北壍，入丈餘。”李善注引《丹陽記》：“東府城，西則簡文會稽王時第，東則孝文王道子府。道子領揚州，仍住先舍，故俗稱東府。”

［6］蕭摩訶：南朝陳名將，南蘭陵（今江蘇常州市武進區西北）人。歷任譙州刺史、南徐州刺史，陳亡入隋，授開府儀同三司。後參與漢王楊諒謀反，被殺。傳見《陳書》卷三一、《南史》卷六七。

東魏武定五年秋，大雨七十餘日，元瑾、劉思逸謀殺後齊文襄之應也。[1]

[1]元瑾：人名。東魏宗室。《魏書》卷一八、《北史》卷一六有附傳。　劉思逸：人名。平原（今山東聊城市東北）人。傳見《魏書》卷九四、《北史》卷九二。武定年間，東魏孝静帝不堪高澄凌辱，常侍侍講荀濟、華山王大器與元瑾等密謀殺高澄，事泄。詳《魏書》卷一二《孝静帝紀》。

後齊河清三年六月庚子，大雨，晝夜不息，至甲辰。山東大水，人多餓死。是歲，突厥寇并州，[1]陰戎作梗，[2]此其應也。

[1]突厥：古族名、國名。廣義包括突厥、鐵勒各部落，狹義指突厥汗國。公元六世紀初興起於金山（今阿爾泰山）西南麓，爲一游牧部落。公元522年，建政權於今鄂爾渾河流域，樹庭於鬱督軍山（今蒙古國杭愛山東段）。汗國全盛時期，控制中西交通與絲綢貿易之路，與中原的北齊、北周相抗衡。傳見本書卷八四、《周書》卷五〇、《北史》卷九九、《舊唐書》卷一九四、《新唐書》卷二一五。

[2]陰戎：古族名。西戎之一，即陸渾之戎，因居住於陰地（今陝西商州至河南嵩縣東北，黄河以南熊耳山脉以北一帶），故名。

天統三年十月，積陰大雨。胡太后淫亂之所感也。[1]

[1]胡太后：安定郡（治所在今甘肅涇川縣北）人。北齊武成

帝高湛皇后，後主高緯母。傳見《北齊書》卷九、《北史》卷一四。

武平七年七月，大霖雨，水澇，人户流亡。是時駱提婆、韓長鸞等用事，[1]小人專政之罰也。

[1]駱提婆：即陸令萱子穆提婆。　韓長鸞：即韓鳳，昌黎（今遼寧朝陽市）人。後主時爲侍中、領軍，總知内省機密，與穆提婆、高阿那肱並稱"三貴"，導帝游樂，排斥士族。傳見《北齊書》卷五〇、《北史》卷九二。

後周建德三年七月，[1]霖雨三旬。時衛剌王直潛謀逆亂。[2]屬帝幸雲陽宫，[3]以其徒襲肅章門，[4]尉遲運逆拒破之。[5]其日雨霽。

[1]建德：北周武帝宇文邕年號（572—578）。

[2]衛剌王直：即宇文直，代郡武川（今内蒙古武川縣西）人，周武帝同母弟。北周初封衛國公，建德三年封王。與武帝有積怨。建德三年七月，武帝赴雲陽宫，宇文直在長安舉兵叛變。兵敗逃亡荆州，被俘，隨即被殺。傳見《周書》卷一三、《北史》卷五八。

[3]雲陽宫：即漢甘泉宫，在今陝西淳化縣西北甘泉山上。

[4]肅章門：長安皇宫西門。

[5]尉遲運：人名。代（今山西大同市）人，鮮卑族，尉遲綱之子。傳見《周書》卷四〇、《北史》卷六二。

大雨雪

梁普通二年三月，大雪，平地三尺。《洪範五行傳》

曰：庶徵之常，[1]雨也，然尤甚焉。雨，陰也；雪，又陰畜積甚盛也。皆妾不妾、臣不臣之應。[2]時義州刺史文僧朗以州叛於魏，[3]臣不臣之應也。

[1]庶徵：各種氣象徵候。《尚書·洪範》："庶徵：曰雨，曰暘，曰燠，曰寒，曰風。"僞孔傳："雨以潤物，暘以乾物，燠以長物，寒以成物，風以動物，五者各以其時，所以爲衆驗。"

[2]"庶徵之常"至"臣不臣之應"：《漢書·五行志中之下》引劉向説："凡雨，陰也，雪又雨之陰也，出非其時，迫近象也。"劉向認爲《春秋》所紀魯僖公十年大雨雪，是因爲僖公立妾爲夫人，陰氣盛；魯昭公四年大雨雪，是因爲魯國季孫氏、孟孫氏、叔孫氏三家大夫强盛，而生不臣之心。這段文字應該是對劉向這一論述的概括。

[3]義州：南朝梁置，治苞信縣（今河南商城縣西）。　文僧朗：人名。唐燮軍考證："文僧朗，《梁書》《魏書》《北史》《南史》《資治通鑑》並作'文僧明'，中華書局《梁書·武帝紀下》校勘記第二條云：'此宋刻避宋始祖玄朗諱而改"朗"爲"明"。'"（唐燮軍：《〈隋書·天文志·五代災變應〉勘誤》，《古籍整理研究學刊》2007 年第 6 期）

大同三年七月，青州雪，[1]害苗稼。是時交州刺史李賁舉兵反，[2]僭尊號，置百官，擊之不能克。

[1]青州：南朝宋泰始六年（470）與冀州合僑置於鬱洲（今江蘇連雲港市東雲臺山一帶）。

[2]交州：三國吴至南朝治龍編縣（今越南河内市東天德江北岸）。　李賁：人名。龍興太平（今屬越南）人，曾出仕南朝梁。公元 6 世紀中期越南北部地方領袖，萬春國（前李朝）開國君主。

梁武帝大同七年，李賁連同數州豪傑起事，交州刺史蕭諮逃到廣州。大同十年正月，李賁自稱越帝，置百官，改元天德。至太清二年（548），李賁兵敗被殺。《梁書》《南史》皆稱李賁爲土人（民）、交州人、交州豪士，並無李賁任交州刺史的記載。其生平可參見《大越史記全書·本紀前書·前李紀》。

十年十二月，大雪，平地三尺。是時邵陵王綸、湘東王繹、武陵王紀並權侔人主，[1]頗爲驕恣，皇太子甚惡之，[2]帝不能抑損。上天見變，帝又不悟。及侯景之亂，諸王各擁强兵，外有赴援之名，内無勤王之實，委棄君父，自相屠滅，國竟以亡。

[1]邵陵王綸：即蕭綸，梁武帝蕭衍第六子，天監十三年封邵陵郡王。傳見《梁書》卷二九、《南史》卷五三。　湘東王繹：即梁元帝蕭繹。紀見《梁書》卷五、《南史》卷八。　武陵王紀：即蕭紀，見前注。諸王皆梁皇室至親，雄踞一方，手握强兵。於臺城危急，父兄命懸一綫之際，各懷鬼胎。“委棄君父，自相屠滅，國竟以亡”之批評，可謂精當。

[2]皇太子：即蕭綱，梁武帝第三子，昭明太子同母弟。中大通三年，昭明太子卒，立爲皇太子。紀見《梁書》卷四、《南史》卷八。

東魏興和二年五月，[1]大雪。時後齊神武作宰，發卒十餘萬築鄴城，[2]百姓怨思之徵也。

[1]興和：東魏孝静帝年號（539—542）。

[2]發卒十餘萬築鄴城：《魏書》卷一二《孝静帝紀》：“（興和元年九月甲子）發畿内民夫十萬人城鄴城，四十日罷。”

武定四年二月，大雪，人畜凍死，道路相望。時後齊霸政，[1]而步落稽舉兵反，[2]寇亂數州，人多死亡。

[1]後齊霸政：指高歡强勢柄政東魏。《北史》卷五《魏孝静帝紀》："魏室土崩，始則制屈强胡，終乃權歸霸政。"

[2]步落稽：古族名。即稽胡，又稱山胡。源於南匈奴，南北朝時居今山西、陝西山谷間。傳見《周書》卷四九、《北史》卷九六。史載高歡曾於武定二年十一月討伐山胡。本志所説武定四年"步落稽舉兵反"，史書未詳。

後齊河清二年二月，大雪連雨，南北千餘里，平地數尺，繁霜晝下。是時突厥木杅可汗與周師入并州，[1]殺掠吏人，不可勝紀。

[1]突厥木杅可汗與周師入并州：當時北周與突厥聯姻，意圖聯兵夾擊北齊。北周武帝保定三年（563）十二月，周將楊忠奪北齊境二十餘城，大敗北齊軍於陘嶺，並與突厥可汗會師，直逼晋陽。參見《周書》卷一九《楊忠傳》。

天統二年十一月，大雪；三年正月，又大雪，平地二尺；武平三年正月，又大雪。是時馮淑妃、陸令萱内制朝政，[1]陰氣盛積，故天變屢見，雷雨不時。

[1]馮淑妃：名小憐，原爲北齊後主穆皇后婢女。穆后愛衰，將小憐獻給後主，因而有寵。傳見《北史》卷一四。

陳太建元年七月，大雨，震萬安陵華表，又震慧日寺刹，瓦官寺重閣門下一女子震死。[1]京房《易飛候》曰："雷雨霹靂丘陵者，逆先人令；爲火殺人者，人君用讒言殺正人。"[2]時蔡景歷以姦邪任用，[3]右僕射陸繕以讒毁獲譴，發病而死。[4]

［1］萬安陵：南朝陳武帝陳霸先陵墓，在今江蘇南京市江寧區南方山西北麓。　慧日寺：亦作惠日寺，在建康西尉定陰里。梁武帝天監十八年捨宅造寺，以惠日爲名（參見劉世珩《南朝寺考》，新文豐出版社1976年版）。　瓦官寺：始建於東晋，曾有多位高僧駐錫，聲名頗盛。梁又建瓦官閣。遺址在今江蘇南京市西南鳳凰臺西。三事見於《陳書》卷五《宣帝紀》、《南史》卷一〇《陳宣帝紀》，但皆繫於太建九年，疑本志繫年有誤。

［2］"雷雨霹靂"至"讒言殺正人"：可能是《易飛候》佚文，僅見於本志。

［3］蔡景歷：人名。濟陽考城人。傳見《陳書》卷一六、《南史》卷六八。

［4］右僕射：官名。即尚書右僕射，陳朝尚書省主官。二品。　陸繕：人名。吴郡吴縣（今江蘇蘇州市）人。本志"讒毁獲譴，發病而死"之説，不知有何根據。傳見《陳書》卷二三，《南史》卷四八有附傳。

十年三月，震武庫。[1]時帝好兵，頻年北伐，内外虚竭，將士勞敝。既克淮南，[2]又進圖彭、汴，[3]毛喜切諫，[4]不納。由是吴明徹諸軍皆没，[5]遂失淮南之地。武庫者，兵器之所聚也，而震之，天戒若曰，宜戢兵以安百姓。帝不悟，又大興軍旅。其年六月，又震太皇寺刹、莊嚴寺露槃、重陽閣東樓、鴻臚府門。[6]太皇、莊嚴二寺，陳國奉佛之所，重陽閣每所游宴，鴻臚賓客禮儀之所在，而同歲震者，天戒若曰，國威已喪，不務修德，後必有恃佛道，耽宴樂，棄禮儀而亡國者。陳之君臣竟不悟。至後主之代，灾異屢起，懼而於太皇寺捨身爲奴，以祈冥助，不恤國政，耽酒色，棄禮法，不修鄰好，以取敗亡。

[1]武庫：京師儲藏保管武器裝備的機構。

[2]淮南：這裏泛指淮河以南地區。太建五年，陳宣帝命吴明徹領兵十萬北伐。至太建七年，陳軍大敗北齊軍，攻克數十城池，盡復淮南失地。

[3]彭：地名。即彭城，北周徐州（今江蘇徐州市）治所。汴：地名。即汴州。北周建德五年改梁州置，治所在浚儀縣（今河南開封市）。城臨汴水，故名。陳軍擊敗北齊、收復淮南之際，北周武帝宇文邕乘陳軍牽制一部分北齊兵力，出兵滅齊。陳宣帝這時又想與北周争奪徐、兖，故命吴明徹攻取彭城。

[4]毛喜：人名。南朝梁、陳時人，祖籍滎陽陽武（今河南原陽縣）。傳見《陳書》卷二九、《南史》卷六八。

[5]吴明徹：人名。南朝梁、陳時人，祖籍秦郡（今江蘇南京市六合區北）。傳見《陳書》卷九、《南史》卷六六。

[6]太皇寺：亦作大皇寺。舊已有寺，陳宣帝太建十年被雷震毁，後主禎明元年於建康重建，起七級浮屠，未完工而火從中起，被焚毁，因而被視爲陳亡之徵兆（參見劉世珩《南朝寺考》）。莊嚴寺：晋穆帝永和四年（348）鎮西將軍謝尚捨宅所建，亦號塔寺。其地南直竹格港，臨秦淮。宋大明中，路太后置莊嚴寺，嫌其同名，改此寺爲謝鎮西寺，或稱謝寺。歷代高僧多有駐錫於此者。陳宣帝太建元年寺焚。後五年，豫州刺史程文秀修復，敕改名爲興

嚴。至十年，又震毀其露槃。（参見劉世珩《南朝寺考》） 重陽閣：當爲陳朝宮殿建築之一。 鴻臚府：官署名。南朝陳掌朝祭禮儀之贊導，長官爲鴻臚卿，位三品。

齊武平元年夏，震丞相段孝先南門柱。[1]京房《易傳》曰："震擊貴臣門及屋者，不出三年，佞臣被誅。"[2]後歲，和士開被戮。

[1]段孝先：人名。即段韶，北齊姑臧武威（今甘肅武威市）人，高歡外甥。傳見《北齊書》卷一六，《北史》卷五四有附傳。

[2]震擊貴臣門及屋者，不出三年，佞臣被誅：《漢書·五行志下之上》引京房《易傳》："臣事雖正，專必震，其震，於水則波，於木則摇，於屋則瓦落。"意思相關而文字不同。

木冰[1]

東魏武定四年冬，天雨木冰。《洪範五行傳》曰：陰之盛而凝滯也。木者少陽，貴臣象也。將有害，則陰氣脅木，木先寒，故得雨而冰襲之。木冰一名介，介者兵之象也。[2]時司徒侯景制河南，及神武不豫，文襄懼其爲亂而徵之，景因舉兵反。豫州刺史高元成、襄州刺史李密、廣州刺史暴顯並爲景所執辱，[3]貴臣有害之應也。其後左僕射慕容紹宗與景戰於渦陽，[4]俘斬五萬。

[1]木冰：雨雪霜沾附於樹木遇寒而凝結成冰。古人以爲木冰是木不曲直而失其性之異象。出現木冰，往往是貴臣擅權侵上、强大造反或甲兵争戰的徵兆。

[2]"陰之盛而凝滯"至"介者兵之象"：《漢書·五行志上》

引劉歆説："上陽施不下通，下陰施不上達，故雨，而木爲之冰，雰氣寒，木不曲直也。"意思是木冰現象是因雨霧天寒而形成。劉向的解釋是，"冰者陰之盛而水滯者也，木者少陽，貴臣卿大夫之象也。此人將有害，則陰氣（協）〔脅〕木，木先寒，故得雨而冰也"。意思是陰氣盛而水凝結爲冰，木則是貴人之象，如貴人將有難，則陰氣侵木，雨與寒木，遂有木冰。"或曰，今之長老名木冰爲'木介'。介者，甲。甲，兵象也。"本段文字是對劉向説的概括。

[3]豫州：北魏獻文帝皇興中改司州置，治上蔡縣（今河南汝南縣）。　高元成：人名。《魏書》《北史》無傳。《北史》卷五《魏孝静帝紀》天平四年夏四月"壬辰，武衛將軍高元咸討破之"。中華本校勘記云："《魏書》'咸'作'盛'。按《魏書》下文武定五年見'豫州刺史高元成'，本書卷七、《北齊書》卷三《文襄紀》同。《梁書》卷五六《侯景傳》作'高成'。疑即此人。'咸''盛'皆當是'成'之訛。"　襄州：北魏孝明帝孝昌中置，治北平縣（今河南方城縣東南）。　李密：人名。平棘（今河北趙縣）人。傳見《北齊書》卷二二。　廣州：北魏孝文帝太和中置，後廢。孝莊帝永安元年（528）復置，治魯陽（今河南魯山縣）。暴顯：人名。魏郡斥邱（今河北魏縣西北）人。傳見《北齊書》卷四一、《北史》卷五三。

[4]左僕射：官名。即尚書左僕射，東魏北齊尚書省次官，職掌都省庶務及執法，或兼掌糾彈百官。從二品。　慕容紹宗：人名。東魏昌黎棘城（今遼寧義縣西）人。鮮卑族，前燕王室後裔。傳見《北齊書》卷二〇、《北史》卷五三。　渦陽：郡名。北魏宣武帝景明中置，治渦陽城（今安徽蒙城縣）。

後齊天保二年，[1]雨木冰三日。初，清河王岳爲高歸彦所譖，[2]是歲以憂死。

［1］天保：北齊文宣帝年號（550—559）。

［2］清河王岳：即高岳，高歡堂弟。天保六年十一月暴斃，傳被賜毒酒而死。傳見《北齊書》卷一三、《北史》卷五一。本志繫此事於天保二年，顯係誤植。　高歸彦：人名。高歡族弟。天保元年北齊建國，封平秦王。因支持孝昭帝高演即位，遷司空、尚書令。孝昭帝崩，迎立武成帝高湛，進位太傅，領司徒。威權震主，引起武成帝疑忌，出爲冀州刺史。後陰謀襲鄴事泄，被誅。傳見《北齊書》卷一四、《北史》卷五一。

武平元年冬，雨木冰；明年二月，又木冰。時録尚書事和士開專政。[1]其年七月，太保、琅邪王儼矯詔殺之。[2]領軍大將軍庫狄伏連、尚書右僕射馮子琮，[3]並坐儼賜死。九月，儼亦遇害。

［1］録尚書事：初爲職銜名，始於東漢。當時政令、政務總於尚書臺，太傅、太尉、大將軍等加此名義得總知國事，綜理政務，成爲真宰相。魏晋南北朝多以公卿權重者居之，總領尚書省政務，凡重號將軍、刺史，皆得命曹授用，位在三公上。

［2］太保：官名。北齊三師之一，位居太師、太傅之下。一品。　琅邪王儼：即高儼，北齊武成帝高湛第三子。傳見《北齊書》卷一二、《北史》卷五二。

［3］領軍大將軍：東漢末以來置領軍將軍，掌禁衛軍，權勢極重。北齊文宣帝天保中又置領軍大將軍，位在領軍將軍之上，爲領軍府長官，總禁衛諸軍，權勢極重。位次尚書令。二品。　庫狄伏連：人名。“庫”一作“厙”。本名伏憐，鮮卑族。北齊代郡（今山西大同市西）人。後主時任領軍大將軍，與高儼合謀殺和士開，被賜死。《北齊書》卷二〇、《北史》卷五三有附傳。　馮子琮：人名。北齊長樂信都（今河北冀州市）人，北燕主馮跋後裔。傳見

《北齊書》卷四〇、《北史》卷五五。

六年、七年，頻歲春冬木冰。其年周師入晋陽，[1]因平鄴都。[2]後主走青州，[3]貴臣死散，州郡被兵者不可勝數。

[1]晋陽：縣名。治晋陽城（今山西太原市西南古城營）。東漢後兼爲并州治所。北齊河清四年移治汾水之東。

[2]鄴都：即鄴城。東魏、北齊都鄴南城。北齊武平七年十二月，北周軍先後破晋陽、鄴都。

[3]青州：北魏治東陽城（今山東青州市北）。北周軍破鄴都，後主禪位於幼主高恒，自爲太上皇，隨即携幼主逃往青州，爲周軍所擒。

大雨雹

梁中大通元年四月，大雨雹。《洪範五行傳》曰："雹，陰脅陽之象也。"[1]時帝數捨身爲奴，拘信佛法，爲沙門所制。

[1]雹，陰脅陽之象也：《漢書·五行志中之下》引劉向《洪範五行傳論》："盛陽雨水，温煖而湯熱，陰氣脅之不相入，則轉而爲雹；盛陰雨雪，凝滯而冰寒，陽氣薄之不相入，則散而爲霰。故沸湯之在閉器，而湛於寒泉，則爲冰。及雪之銷，亦冰解而散，此其驗也。故雹者陰脅陽也，霰者陽脅陰也。"反映了古人對冰、霜、雹、霰成因的認識。

陳太建二年六月，大雨雹；十年四月，又大雨雹；

十三年九月，又雨雹。時始興王叔陵驕恣，陰結死士，圖爲不逞，帝又寵遇之，故天三見變。帝不悟。及帝崩，叔陵果爲亂逆。

服妖

後齊婁后卧疾，[1]寢衣無故自舉。俄而后崩。

[1]後齊婁后：即北齊神武婁皇后，名昭君，代郡平城（今山西大同市）人，高歡妻。《北齊書》卷九《神武婁后傳》："大寧二年春，太后寢疾，衣忽自舉，用巫媪言改姓石氏。四月辛丑，崩於北宫。"《北史》卷一四所載同。

文宣帝末年，衣錦綺，傅粉黛，數爲胡服，微行市里。[1]粉黛者，婦人之飾，陽爲陰事，君變爲臣之象也。及帝崩，太子嗣位，被廢爲濟南王。[2]又齊氏出自陰山，[3]胡服者，將反初服也。錦彩非帝王之法服，微服者布衣之事，齊亡之効也。

[1]傅粉黛：《北史》卷七《齊文宣帝紀》："或袒露形體，塗傅粉黛，散髮胡服，雜衣錦綵，拔刃張弓，游行市肆。"可爲證。傳，當作"傅"。粉黛，即用白粉搽臉，黑粉畫眉，本爲古代女性化妝之術。魏晋南北朝社會上層流行人體陰柔美，士族薰衣剃面，傅粉施朱，相當普遍。然北朝赳赳武夫少有粉黛作態者。所以本志視爲服妖。　數爲胡服：自北魏孝文帝推行漢化改革，率群臣皆服漢魏衣冠。本志認爲文宣帝屢著胡服，屬文化上的倒退行爲。　微行市里：微服（即著平民服飾）游逛市場里巷。本志認爲這是文宣帝自甘下賤的敗亡之徵。

［2］太子：即廢帝高殷，文宣帝長子，天保元年被立爲皇太子。即位後信用漢人楊愔。婁太皇太后與高演、高湛等合謀殺愔，廢殷爲濟南王。紀見《北齊書》卷五、《北史》卷七。

［3］陰山：今内蒙古自治區中部山脉。東西走向，包括狼山、烏拉山、色爾騰山、大青山等。高歡自稱祖籍渤海郡蓨縣（今河北景縣），其祖父高謐被流放懷朔鎮，後世居於此，“累世北邊，故習其俗，遂同鮮卑”。（《北齊書》卷一《神武帝紀上》）故史書稱“齊氏出自陰山”。

後主好令宫人以白越布折額，[1]狀如髽幗；[2]又爲白蓋。[3]此二者，喪禍之服也。後主果爲周武帝所滅，[4]父子同時被害。

［1］白越布：細布名。

［2］髽幗：婦人喪冠。

［3］白蓋：白色的車篷，常用於送葬之車。

［4］周武帝：即宇文邕，北周文帝宇文泰第四子。即位後，殺權臣宇文護。親政後，於建德六年滅北齊。紀見《周書》卷五、六，《北史》卷一〇。

武平時，後主於苑内作貧兒村，[1]親衣繿縷之服而行乞其間，以爲笑樂。多令人服烏衣，[2]以相執縛。後主果爲周所敗，被虜於長安而死，妃后窮困，至以賣燭爲業。

［1］貧兒村：北齊後主高緯於華林園内設“貧兒村”，仿效貧民區景觀以嬉戲，“帝自弊衣爲乞食兒。又爲窮兒之市，躬自交易。”（《北齊書》卷八《後主紀》）

[2]烏衣：黑衣。北周軍服用黑色。

後周大象元年，[1]服冕二十有四旒，車服旗鼓，皆以二十四爲節。[2]侍衛之官，服五色，雜以紅紫。[3]令天下車以大木爲輪，不施輻。[4]朝士不得佩綬，[5]婦人墨粧黄眉。又造下帳，如送終之具，令五皇后各居其一，[6]實宗廟祭器於前，帝親讀版而祭之。又將五輅載婦人，[7]身率左右步從。又倒懸鷄及碎瓦於車上，觀其作聲，以爲笑樂。皆服妖也。[8]帝尋暴崩，而政由於隋，周之法度，皆悉改易。

[1]大象：北周静帝宇文闡年號（579—580）。

[2]服冕二十有四旒：天子之冕十二旒。（《周禮·夏官·弁師》）周宣帝以爲自己高於天子，所以加倍。車服旗鼓數目也都加倍。冕旒，古代大夫以上的禮冠。頂有延，前有旒，故曰“冕旒”。

[3]侍衛之官，服五色，雜以紅紫：《周書》卷七《宣帝紀》：“（大象二年三月丁亥）詔天臺侍衛之官，皆著五色及紅紫緑衣，以雜色爲緣，名曰品色衣。有大事，與公服間服之。”五色指青、赤、白、黑、黄五種顔色。古代以此五者爲正色。

[4]輻：即輻條，車輪中連接輪圈與車轂的直木條。輪不施輻，即以實心圓木爲輪。

[5]綬：一種彩色絲帶，用來標志身份、等級，或佩繫官印、勳章。

[6]下帳：陵墓中所設的帷帳。周宣帝不遵禮制，同時册立五位皇后，又將皇后們居住的宫殿，按陵墓風格裝飾。

[7]五輅：亦稱五路，古代帝王御用的五種車輿，即玉路、金路、象路、革路、木路。（《周禮·春官·巾車》）

[8]皆服妖也：冠飾、服色、車輿、室内陳設，皆屬輿服制度，

相關的怪異現象，也就都歸類爲服妖。

開皇中，房陵王勇之在東宫，[1]及宜陽公王世積家，[2]婦人所服領巾製同槊幡軍幟。[3]婦人爲陰，臣象也，而服兵幟，臣有兵禍之應矣。勇竟而遇害，世積坐伏誅。

[1]房陵王勇：即隋文帝長子楊勇。開皇中曾爲太子，死後謚房陵王。傳見本書卷四五、《北史》卷七一。

[2]王世積：人名。傳見本書卷四〇，《北史》卷六八有附傳。

[3]槊幡軍幟：槊，古代兵器，即長矛。幡，旗幟。軍幟，軍旗。

雞禍

開皇中，有人上書，言頻歲已來，雞鳴不鼓翅，類腋下有物而妨之，翮不得舉，[1]肘腋之臣，當爲變矣。書奏不省。京房《易飛候》曰："雞鳴不鼓翅，國有大害。"[2]其後大臣多被夷滅，諸王廢黜，太子幽廢。

[1]翮：翅膀。

[2]雞鳴不鼓翅，國有大害：可能是《易飛候》佚文，僅見於本志。

大業初，天下雞多夜鳴。京房《易飛候》曰："雞夜鳴，急令。"[1]又云："昏而鳴，百姓有事；人定鳴，多戰；夜半鳴，流血漫漫。"[2]及中年已後，軍國多務，用度不足，於是急令暴賦，責成守宰，[3]百姓不聊生矣，各起而爲盜，戰争不息，屍骸被野。

［1］雞夜鳴，急令：可能是《易飛候》佚文，僅見於本志。

［2］人定：亦稱鐘定。指夜深人静時刻。古代亥時（相當於午後九時至十一時）以後，人們開始安息，稱爲人定。人定鳴鐘爲信，故稱。　夜半：古代十二時之一。相當於後來的子時。這幾句可能是《易飛候》佚文，僅見於本志。

［3］守宰：地方官别稱，多稱郡守。

龜孽

開皇中，掖庭宫每夜有人來挑宫人。[1]宫司以聞。[2]帝曰："門衛甚嚴，人何從而入。當是妖精耳。"因戒宫人曰："若逢，但斫之。"其後有物如人，夜來登牀，宫人抽刀斫之，若中枯骨。其物落牀而走，宫人逐之，因入池而没。明日，帝令涸池，得一龜，徑尺餘，其上有刀迹。殺之，遂絶。龜者水居而靈，陰謀之象，晋王諂媚宫掖求嗣之應云。[3]

［1］掖庭宫：隋大興宫西，宫女居住和犯罪官僚家屬婦女配没入宫勞役之處。在今陝西西安市北。

［2］宫司：職掌後宫事宜的官員。

［3］晋王：即楊廣。史稱楊廣迎合獨孤皇后以求嗣位。

青眚青祥

陳禎明二年四月，群鼠無數，自蔡洲岸入石頭淮，[1]至青塘兩岸。[2]數日死，隨流出江。近青祥也。[3]京房《易飛候》曰："鼠無故群居不穴衆聚者，其君死。”[4]未幾而國亡。

[1]蔡洲岸：原爲建康西南長江中的沙洲，今已併入陸地。入石頭淮：《陳書》卷六《後主紀》作：“有群鼠無數，自〔蔡〕洲岸入石頭渡淮，至于青塘兩岸，數日死，隨流出江。”《南史》卷一〇《陳後主紀》：“有群鼠無數，自蔡洲岸入石頭，渡淮至于青塘兩岸，數日自死，隨流出江。”説的是群鼠入石頭城而渡秦淮。“入石頭淮”當點作“入石頭、淮”。

[2]青塘：地名。處於通往石頭城的要道。

[3]近青祥：《漢書·五行志中之上》依顔色歸類“黄鼠舞不休”爲“近黄祥”。本志以群鼠不穴衆聚爲“近青祥”，或因鼠色青黑。

[4]鼠無故群居不穴衆聚者，其君死：可能是《易飛候》佚文，僅見於本志。

金沴木

陳天嘉六年秋七月，[1]儀賢堂無故自壓，[2]近金沴木也。時帝盛修宫室，起顯德等五殿，稱爲壯麗，百姓失業，故木失其性也。儀賢堂者，禮賢尚齒之謂，[3]無故自壓，天戒若曰，帝好奢侈，不能用賢使能，何用虚名也。帝不悟，明年竟崩。

[1]天嘉：南朝陳文帝陳蒨年號（560—566）。

[2]儀賢堂：梁武帝天監六年九月，改閲武堂爲德陽堂，聽訟堂爲儀賢堂。（《南史》卷六《梁武帝紀上》）侯景圍攻臺城，立蕭正德爲帝，就是在儀賢堂舉行登基禮。　自壓：自行崩壞。

[3]禮賢尚齒：禮賢，禮遇賢者。尚齒，尊崇年長者。《禮記·祭義》：“是故朝廷同爵則尚齒。”鄭玄注：“同爵尚齒，老者在

上也。”

禎明元年六月，宫内水殿若有刀鋸斫伐之聲，其殿因無故而倒。七月，朱雀航又無故自沉。時後主盛修園囿，不虔宗廟。水殿者，游宴之所，朱雀航者，國門之大路，而無故自壞。天戒若曰，宫室毁，津路絶。[1]後主不悟，竟爲隋所滅，宫廟爲墟。

[1]津路：水路。

後齊孝昭帝將誅楊愔，[1]乘車向省，入東門，[2]幰竿無故自折。[3]帝甚惡之，歲餘而崩。

[1]孝昭帝：即高演，高歡第六子，文宣帝高洋同母弟。紀見《北齊書》卷六、《北史》卷七。　楊愔：人名。弘農華陰（今陝西華陰市）人。傳見《北齊書》卷三四，《北史》卷四一有附傳。

[2]東門：東城門。《北齊書·楊愔傳》："二叔率高歸彦、賀拔仁、斛律金擁愔等唐突入雲龍門。"東門即雲龍門。

[3]幰：車帷。

河清三年，長廣郡廳事梁忽剥若人狀，[1]太守惡而削去之，明日復然。長廣，帝本封也；[2]木爲變，不祥之兆。其年帝崩。

[1]長廣郡：北齊治黄縣（今山東龍口市），屬光州。

[2]帝本封：武成帝高湛於天保元年六月，自長廣郡公進爵爲王。

武平七年秋，穆后將如晋陽，[1]向北宫辭胡太后。至宫内門，所乘七寶車無故陷入於地，[2]牛没四足。是歲齊滅，后被虜於長安。

[1]穆后：北齊後主皇后，賜姓穆氏。名邪利，小字黄花。傳見《北齊書》卷九、《北史》卷一四。

[2]七寶車：用多種珍寶裝飾的車。亦泛指華貴的車子。《北齊書》卷九《後主穆后傳》："屬周武遭太后喪，詔侍中薛孤、康買等爲弔使，又遣商胡齎錦綵三萬疋與弔使同往，欲市真珠爲皇后造七寶車。"車以木製，所以也屬於木氣病之徵兆。

後周建德六年，青城門無故自崩。[1]青者東方色，春宫之象也。[2]時皇太子無威儀禮節，[3]青城門無故自崩者，皇太子不勝任之應。帝不悟。明年太子嗣位，果爲無道。周室危亡，實自此始。

[1]青城門：漢長安城東南門，本名霸城門。因其門色青，俗稱"青門""青城門"。

[2]春宫：即東宫。《通鑑》卷一七二《陳紀》陳宣帝太建八年："皇太子養德春宫，未聞有過。"胡三省注："太子居東宫，東方主春，故亦曰春宫。"

[3]皇太子：即宇文贇，北周武帝長子，建德元年立爲皇太子。紀見《周書》卷七、《北史》卷一〇。

大業中，齊王暕於東都起第，[1]新構寢堂，[2]其栿無故而折。[3]時上無太子，[4]天下皆以暕次當立，公卿屬望。暕遂驕恣，呼術者令相，又爲厭勝之事。[5]堂栿無故自折，木失其性，姦謀之應也。天見變以戒之，暕不悟，後竟得罪於帝。

[1]齊王暕：即楊暕。傳見本書卷五九、《北史》卷七一。東都：隋大業五年，改東京洛陽（今河南洛陽市）爲東都。

[2]寢堂：原指帝王陵墓的正殿，泛指房舍居室。

[3]栿：房梁。

[4]時上無太子：隋煬帝長子楊昭，大業元年立爲皇太子，次年病故。

[5]厭勝之事：古代一種巫術，以詛咒制勝，壓服人或物。

《洪範五行傳》曰：[1]"言之不從，是謂不乂。[2]厥咎僭，厥罰常陽，厥極憂。[3]時則有詩妖，[4]時則有毛蟲之孽，[5]時則有犬禍。[6]故有口舌之痾，[7]有白眚白祥。[8]惟木沴金。"[9]

[1]本段引文出自伏勝《洪範五行傳》。《漢書·五行志中之上》引作："言之不從，是謂不艾，厥咎僭，厥罰恒陽，厥極憂。時則有詩妖，時則有介蟲之孽，時則有犬旤，時則有口舌之痾，時則有白眚白祥。惟木沴金。"

[2]言之不從，是謂不乂：言爲洪範五行論述中的五事之二。班固的解釋是："'言之不從'，從，順也。'是謂不乂'，乂，治也。"（《漢書·五行志中之上》）言抒心聲，中國傳統智慧一向認爲察其言，觀其人，可觀禍福。從這個意義上說，"言之不從"是一種從現象觀本質、預卜吉凶的方法。

[3]厥咎僭，厥罰常陽，厥極憂：班固解釋說："孔子曰：'君子居其室，出其言不善，則千里之外違之，况其邇者虖！'《詩》云：'如蜩如螗，如沸如羹。'言上號令不順民心，虚譁憒亂，則不

能治海内，失在過差，故其咎僭。”君主言語不當或發出的號令和言論不順民心，虛張聲勢，昏聵混亂，當然就難以有效治理天下。於是“刑罰妄加，群陰不附，則陽氣勝，故其罰常陽也。旱傷百穀，則有寇難，上下俱憂，故其極憂也。”（《漢書·五行志中之上》）陽氣盛而無以制爲常陽，大旱、火災等上天的懲罰因而發生。僭，即僭越失度。

［4］詩妖：指某些爲禍亂徵兆的里巷歌謡，這些歌謡往往蘊含預見、附會和巧合的神秘性，故稱爲妖。《漢書·五行志中之上》：“君炕陽而暴虐，臣畏刑而柑口，則怨謗之氣發於謌謡，故有詩妖。”《南齊書·五行志》説得更透徹：“下既悲苦君上之行，又畏嚴刑而不敢正言，則必先發於歌謡。歌謡，口事也。口氣逆則惡言，或有怪謡焉。”

［5］毛蟲之孽：毛蟲指獸類。劉歆説：“於天文西方參爲虎星，故爲毛蟲。”（《漢書·五行志中之上》）但伏勝《洪範五行傳》作介蟲。介蟲指有殼的昆蟲或水族。《漢書·五行志中之上》：“介蟲孽者，謂小蟲有甲飛揚之類，陽氣所生也，於《春秋》爲螽，今謂之蝗，皆其類也。”

［6］犬禍：與犬有關的灾異現象。班固解釋説，《周易》兑卦之象爲口，“犬以吠守，而不可信，言氣毁故有犬旤。一曰，旱歲犬多狂死及爲怪，亦是也”。（《漢書·五行志中之上》）

［7］口舌之疴：言從口出，言不從，則口舌有病。《漢書·五行志中之上》：“及人，則多病口喉欬者，故有口舌痾。”

［8］白眚白祥：指白色之物（五行中屬金的事物）所産生的預兆灾禍發生的怪異現象。“凡言傷者，病金氣。”按照劉歆的説法，“言之不從”會有毛蟲之孽，而毛蟲“於天文西方參爲虎星”，西方屬金，所以有白眚白祥之出現。（《漢書·五行志中之上》）鄭玄采信伏勝的“介蟲”説，認爲“蝝、螽、蜩、蟬之類，生於火而藏於秋者也，屬金”，所以也是“病金氣”。（《續漢書·五行志一》）

[9]惟木沴金：不同於五行相生或相勝（克）説之依設定次序盛衰輪替，洪範五行之間是此消彼長的辯證關係。如水火之間，五行相勝説以水克火，而在洪範五行論述中，火氣病弱則水沴火，水氣病弱則火沴水。所以金氣病，則木沴之。

言不從

梁武陵王紀僭即帝位，建元曰天正。[1]永豐侯蕭撝曰：[2]“王不克矣。昔桓玄年號大亨，[3]有識者以爲‘二月了’，[4]而玄之敗，實在仲春。今曰天正，正之爲文‘一止’，[5]其能久乎！”果一年而敗。

[1]天正：梁豫章王蕭棟、武陵王蕭紀於公元551年、552年先後稱帝，年號都用天正。

[2]蕭撝：人名。梁武帝弟安成王蕭秀之子。蕭撝博觀經史，擅文學，兼通算數醫方，所著詩賦雜文數萬言。傳見《周書》卷四二、《北史》卷二九。

[3]桓玄：人名。東晉譙國龍亢（今安徽懷遠縣）人，桓温之子。

[4]二月了：《晉書·五行志中》：“桓玄初改年爲大亨，遐邇讙言曰‘二月了’，故義謀以仲春發也。玄篡立，又改年爲建始，以與趙王倫同，又易爲永始，永始復是王莽受封之年也……識者皆以爲言不從之妖僭也。”仲春即農曆二月，因處春季之中，故稱。桓玄稱帝次年之二月，反桓武裝勢力群集而起，桓楚政權不久敗亡。“二月了”是魏晉南北朝時期典型的年號讖，由“亨”字分拆而成。

[5]一止：年號讖。《梁書》卷五五《武陵王紀傳》：“（蕭）紀年號天正，與蕭棟暗合，僉曰天字‘二人’也，正字‘一止’也。棟、紀僭號，各一年而滅。”

後齊文宣帝時，太子殷當冠，[1]詔令邢子才爲制字。[2]子才字之曰正道。帝曰："正，一止也。吾兒其替乎？"子才請改，帝不許，曰："天也。"因顧謂常山王演曰：[3]"奪時任汝，慎無殺也。"及帝崩，太子嗣位，常山果廢之而自立。殷尋見害。

[1]太子殷：即高殷。　當冠：古代男子成年，會舉行加冠禮，並賜以字。一般在二十歲。《禮記·曲禮上》："男子二十冠而字"。高殷於十六歲時被殺，加冠時尚不足二十歲。然孔穎達疏《儀禮·士冠禮》，指出天子、諸侯有十二而冠者。如《左傳》襄公九年："國君十五而生子。冠而生子，禮也。君可以冠矣。"《尚書·金縢》："王與大夫盡弁"，時成王年十五。《大戴禮·公符》："文王十三生伯邑考。"

[2]邢子才：人名。即刑邵，河間鄚（今河北任丘市北）人。仕北魏、北齊兩朝。入齊任太常卿、中書監，攝國子祭酒，文章學問著稱當世。傳見《北齊書》卷三六，《北史》卷四三有附傳。　制字：題表字。

[3]常山王演：即高演。

武成帝時，[1]左僕射和士開言於帝曰："自古帝王，盡爲灰土，堯舜、桀紂，竟亦何異。陛下宜及少壯，恣意歡樂，一日可以當千年，無爲自勤約也。"[2]帝悦其言，彌加淫侈。士開既導帝以非道，身又擅權，竟爲御史中丞所殺。[3]

[1]武成帝：即高湛，北齊武帝高歡第九子，文宣帝高洋同母

弟，於孝昭帝高演死後即位。紀見《北齊書》卷七、《北史》卷八。

［2］“自古帝王”至“自勤約也”：這段話見於《北齊書》卷五〇《和士開傳》。

［3］御史中丞：官名。西漢置爲御史大夫副貳，東漢爲御史臺長官，專掌監察、執法。魏晉南北朝沿置。北齊時爲從三品官，職權甚重。此指琅邪王高儼。

武平中，陳人寇彭城，[1]後主發言憂懼，侍中韓長鸞進曰：[2]“縱失河南，猶得爲龜兹國子。[3]淮南今没，何足多慮。人生幾何時，但爲樂，不須憂也。”[4]帝甚悦，遂耽荒酒色，不以天下爲虞。未幾，爲周所滅。

［1］陳人寇彭城：陳宣帝太建五年，陳軍攻打北齊，至太建七年，盡復淮南失地。太建九年，北周滅齊，陳宣帝欲與北周争奪徐、兖，遣軍攻彭城（北周徐州治所），見前注。本志誤繫其事於北齊後主武平年間。“後主發言憂懼”“韓長鸞進曰”云云，皆發生於陳軍攻取淮南、大敗齊軍之時，與“陳人寇彭城”並不相關。

［2］侍中：官名。北魏、北齊爲門下省長官，常總典機密，受遺詔輔政，權任甚重，時號小宰相。北齊位三品。　韓長鸞：即韓鳳。

［3］龜兹：又作丘兹、鳩兹、屈支、歸兹等。漢西域三十六國之一，屬西域都護府。都城在延城（今新疆庫車縣東郊皮朗舊城）。東漢延光二年（123）屬西域長史。魏晉時遷都於今沙雅縣北，仍稱延城。魏晉南北朝時期仍爲中原王朝附庸。傳見本書卷八三。

［4］“縱失河南”至“不須憂也”：據《北齊書》卷五〇《韓鳳傳》，陳軍收復壽陽（今安徽壽縣），韓鳳與穆提婆知道齊軍大敗的消息，對後主説：“他家物，從他去。”其後後主使韓鳳於黎陽

（今河南浚縣東南）臨黄河築城戍守，企圖劃河自保。韓鳳説："急時且守此作龜兹國子，更可憐人生如寄，唯當行樂，何因愁爲?"與本志所記略有出入。《通鑑》卷一七一《陳紀》太建五年作："齊穆提婆、韓長鸞聞壽陽陷，握槊不輟，曰：'本是彼物，從其取去。'齊主聞之，頗以爲憂，提婆等曰：'假使國家盡失黄河以南，猶可作一龜兹國。更可憐人生如寄，唯當行樂，何用愁爲!'左右嬖臣因共贊和之，帝即大喜，酣飲鼓舞，仍使於黎陽臨河築城戍。"未知本志何所本。

武平七年，後主爲周師所敗，走至鄴，自稱太上皇，傳位於太子恒，改元隆化。時人離合其字曰"降死"。[1]竟降周而死。

[1]降死：年號讖，由"隆化"的筆劃分拆、合併而成。

周武帝改元爲宣政，[1]梁主蕭巋離合其字爲"宇文亡日"。[2]其年六月，帝崩。宣帝在東宫時，不修法度，武帝數撻之。及嗣位，摸其痕而大罵曰："死晚也。"年又改元爲大象，蕭巋又離合其字曰"天子冢"。[3]明年而帝崩。

[1]宣政：周武帝宇文邕所用最後一個年號（578），歷時數月。

[2]蕭巋：即後梁明帝，蕭詧第三子。《周書》卷四八、《北史》卷九三有附傳。　宇文亡日：年號讖。由"宣政"筆劃分拆、合併而成。

[3]天子冢：年號讖。由"大象"筆劃分拆、合併而成。

開皇初，梁王蕭琮改元爲廣運。[1]江陵父老相謂曰："運之爲字，軍走也。[2]吾君當爲軍所走乎？"其後琮朝京師而被拘留不反，[3]其叔父巖掠居人以叛，梁國遂廢。[4]

[1]蕭琮：後梁皇帝，後梁明帝蕭巋子。隋開皇五年六月，巋死，隋文帝命琮繼位。 廣運：蕭琮年號（586—587）。

[2]軍走：年號讖。拆"運"字而成。

[3]京師：即隋京都長安。

[4]巖：人名。即蕭琮叔父蕭巖，蕭巋五弟。開皇七年八月，蕭琮入朝，隋文帝又派崔弘度兵戍江陵。蕭巖懼襲，遂虜居民奔陳。九月，隋文帝廢梁國。

文帝名皇太子曰勇，晋王曰英，[1]秦王曰俊，[2]蜀王曰秀。[3]開皇初，有人上書曰："勇者一夫之用。又千人之秀爲英，萬人之秀爲俊。斯乃布衣之美稱，非帝王之嘉名也。"[4]帝不省。時人呼楊姓多爲嬴者。或言於上曰："楊英反爲嬴殃。"[5]帝聞而不懌，遽改之。其後勇、俊、秀皆被廢黜，煬帝嗣位，終失天下，卒爲楊氏之殃。

[1]晋王曰英：楊廣原名楊英。紀見本書卷三、四，《北史》卷一二。

[2]秦王曰俊：即楊俊，文帝第三子。傳見本書卷四五、《北史》卷七一。

[3]蜀王曰秀：即楊秀，文帝第四子。傳見本書卷四五、《北史》卷七一。

［4］“勇者一夫之用”至“非帝王之嘉名也”：這段話僅見於本志，不見本書紀傳記載。

［5］楊英反爲嬴殃：這是一種接近文字游戲的隱語式表達，將一個雙音節詞語的首字聲母與尾字韻母相拼，再將尾字聲母與首字韻母相拼，反復相切，重組成一組新的雙音節詞語。這種口語表達方式起源很早，東漢至唐甚爲流行，魏晋至隋常被視爲讖語。反即反語。

煬帝即位，號年曰大業。識者惡之，曰：“於字離合爲‘大苦未’也。”[1]尋而天下喪亂，率土遭荼炭之酷焉。

［1］大苦未：年號讖。由“大業”筆劃分拆、重組而成。

煬帝常從容謂秘書郎虞世南曰：[1]“我性不欲人諫。若位望通顯而來諫我，以求當世之名者，彌所不耐。至於卑賤之士，雖少寬假，然卒不置之於地。汝其知之！”時議者以爲古先哲王之馭天下也，明四目，達四聰，[2]懸敢諫之鼓，立書謗之木，[3]以開言者之路，猶恐忠言之不至，由是澤敷四海，慶流子孫。而帝惡直言，讎諫士，其能久乎！竟逢殺逆。

［1］秘書郎：秘書省所置掌管藝文圖籍的官員，隋隸秘書監（令）。初定爲正七品，大業三年升爲從五品。　虞世南：人名。越州餘姚（今浙江餘姚市）人。隋大業時任秘書郎，遷起居舍人。傳見《舊唐書》卷七二、《新唐書》卷一〇二。

［2］四目：洞察四方事物的視力。《尚書·舜典》：“詢于四岳，

闢四門，明四目，達四聰。”孔穎達疏：“明四方之目，使爲己遠視四方也。” 四聰：遠聞四方人情的聽覺。孔穎達疏：“達四方之聰，使爲己遠聽四方也。”

[3]懸敢諫之鼓，立書謗之木：相傳堯舜時於交通要道竪立木柱，讓人在上面寫諫言，稱“謗木”（見《史記》卷一〇《孝文本紀》），即後世之華表；禹於朝廷設鼓，供進諫者敲擊以聞（見《管子·桓公問》），即後世之登聞鼓。或説諫鼓、謗木皆立於堯舜之世。《後漢書》卷五四《楊震傳》：“臣聞堯舜之世，諫鼓謗木，立之於朝。”李賢注引《帝王紀》：“堯置敢諫之鼓，舜立誹謗之木。”

旱

梁天監元年，大旱，米斗五千，人多餓死。《洪範五行傳》曰：君持亢陽之節，興師動衆，勞人過度，以起城邑，不顧百姓，臣下悲怨。然而心不能從，故陽氣盛而失度，陰氣沉而不附。陽氣盛，旱災應也。[1]初帝起兵襄陽，破張沖，[2]敗陳伯之，及平建康，前後連戰，百姓勞弊，及即位後，復與魏交兵不止之應也。

[1]“君持亢陽之節”至“旱災應也”：班固解説“言之不從”“厥罰恒陽”，稱“刑罰妄加，群陰不附，則陽氣勝，故其罰常陽也”。又引董仲舒、劉向等説，以爲春秋時期的旱災，往往是“炕陽失衆”“勞民興役”之應。（《漢書·五行志中之上》）這段文字應該是對《漢書·五行志》諸説的概括和闡釋。

[2]襄陽：郡名。治襄陽縣（今湖北襄樊市）。 張沖：南朝宋、齊吴郡吴縣人。傳見《南齊書》卷四九。

陳太建十二年春，不雨至四月。先是周師掠淮北，始興王叔陵等諸軍敗績，淮北之地皆没於周，蓋其應也。

東魏天平四年，并、肆、汾、建、晋、絳、秦、陝等諸州大旱，[1]人多流散。是歲，齊神武與西魏戰於沙苑，[2]敗績，死者數萬。

[1]肆：州名。北魏太武帝太平真君七年（446）置，治今山西忻州市西北，宣武帝時移治九原城（今山西忻州市）。　汾：州名。北魏孝文帝太和十二年（488）置，治蒲子城（今山西隰縣）。　建：州名。北魏孝莊帝永安中置，治高都縣（今山西晋城市東北高都鎮）。　晋：州名。北魏孝莊帝建義元年（528）改唐州置，治平陽縣（今山西臨汾市）。　絳：州名。北周武成二年（560）改東雍州置，初治龍頭城（今山西聞喜縣東北），後移治柏壁城（今山西新絳縣西南）、玉壁城（今山西稷山縣西南）。隋文帝開皇三年移治臨汾縣（今山西新絳縣）。但北魏、東魏未置絳州，存疑。　秦：州名。西晋武帝泰始五年始置。北魏治上邽縣（今甘肅天水市）。　陝：州名。北魏孝文帝太和十一年置，治北陝縣（今河南三門峽市西舊陝縣）。

[2]沙苑：地名。在今陝西大荔縣東南四十餘里，今名馬坊頭。

東魏武定二年冬春旱。先是西魏師入洛陽，神武親帥軍大戰於芒山，[1]死者數萬。

[1]芒山：即北邙山。在今河南洛陽市北。

後齊天保九年夏，大旱。先是大發卒築長城四百餘里，[1]勞役之應也。

[1]大發卒築長城四百餘里：《北齊書》卷四《文宣帝紀》：（天保六年）“發夫一百八十萬人築長城，自幽州北夏口至恒州九百餘里。”《通鑑》卷一六七《陳紀》永定二年：“齊主北築長城，南助蕭莊，士馬死者以數十萬計。”

乾明元年春，[1]旱。先是發卒數十萬築金鳳、聖應、崇光三臺，[2]窮極侈麗，不恤百姓，亢陽之應也。

[1]乾明：北齊廢帝高殷年號（560）。

[2]金鳳、聖應、崇光三臺：曹操曾於鄴城築銅雀、金虎、冰井三臺。至北齊，文宣帝擴建重築，改名銅雀爲金鳳、金虎爲聖應、冰井爲崇光。事見《北齊書》卷四《文宣帝紀》。

河清二年四月，并、晋已西五州旱。[1]是歲，發卒築軹關。[2]突厥二十萬衆毁長城，寇恒州。[3]

[1]并、晋已西五州：當指并、晋、汾、南汾（今山西吉縣）、東雍（今山西新絳縣）五州。《北齊書》卷七《武成帝紀》，河清二年“夏四月，并、汾、晋、東雍、南汾五州蟲旱傷稼”。

[2]軹關：地名。在今河南濟源市西北十五里。關當軹道之險，故名。

[3]恒州：北魏孝文帝太和十七年改司州置，治平城（今山西大同市東北），孝昌中爲六鎮起義軍所克。東魏天平二年寄治肆州秀容郡城（今山西忻州市西北）。北齊天保七年復還故地，移治今大同市。

後主天統二年春，旱。是時大發卒，起大明宮。[1]

[1]大明宫：北齊河清四年，武成帝禪位於後主，改元天統，而自爲太上皇。“世祖（武成帝）在晋陽，既居舊殿，少帝未有别所，詔（馮）子琮監造大明宫。（《北齊書》卷四〇《馮子琮傳》）

開皇四年已後，京師頻旱。時遷都龍首，[1]建立宫室，百姓勞敝，亢陽之應也。

大業四年，燕、代緣邊諸郡旱。時發卒百餘萬築長城，帝親巡塞表，[2]百姓失業，道殣相望。[3]

[1]龍首：山名。在今陕西西安市舊城北。一名龍首原。西漢筑長安城於其北坡（今陕西西安市西北），未央宫等皆依山而建。隋文帝開皇初徙都於南坡，在今西安市及城東、城南、城西一帶建築都城和宫殿。

[2]塞表：猶塞外。指長城以北的地區。

[3]道殣相望：指路上餓死的人很多。《左傳》昭公三年：“宫室滋侈，道殣相望。”杜預注：“餓死爲殣。”

八年，天下旱，百姓流亡。時發四海兵，帝親征高麗，[1]六軍凍餒，[2]死者十八九。

[1]高麗：古國名。亦作高句麗。都平壤，與新羅、百濟在朝鮮半島鼎立稱雄。傳見本書卷八一、《北史》卷九四、《舊唐書》卷一九九上、《新唐書》卷二二〇。

[2]六軍：天子所統内外前後左右軍隊的統稱。

十三年，天下大旱。時郡縣鄉邑，悉遣築城，發男女，無少長，皆就役。

詩妖

梁天監三年六月八日，武帝講於重雲殿，沙門誌公忽然起舞歌樂，[1]須臾悲泣，因賦五言詩曰："樂哉三十餘，悲哉五十裹！但看八十三，子地妖灾起。佞臣作欺妄，賊臣滅君子。若不信吾語，龍時侯賊起。且至馬中間，銜悲不見喜。"[2]梁自天監至于大同，三十餘年，江表無事。[3]至太清二年，臺城陷，帝享國四十八年，所言五十裹也。[4]太清元年八月十三，而侯景自懸瓠來降，[5]在丹陽之北，子地。[6]帝惑朱异之言以納景。景之作亂，始自戊辰之歲。[7]至午年，[8]帝憂崩。十年四月八日，誌公於大會中又作詩曰："兀尾狗子始著狂，欲死不死齧人傷，須臾之間自滅亡。患在汝陰死三湘，橫尸一旦無人藏。"[9]侯景小字狗子。[10]初自懸瓠來降，懸瓠則古之汝南也。[11]巴陵南有地名三湘，即景奔敗之所。[12]

[1]沙門誌公：人名。即釋寶誌，又稱保誌、誌公。俗姓朱，金城（今江蘇句容市西北）人。與人説話或賦詩，常如作讖語，言未來事多應驗，擅法術，爲齊、梁皇帝所重。所作讖記，世稱誌公符。《南史》卷七六有附傳。

[2]"樂哉三十餘"至"銜悲不見喜"：這是一首隱語式讖詩，史家以爲準確預言了侯景之亂與梁武帝之敗亡等一系列重要歷史事件，然《梁書》《南史》均未載。《南史》卷七《梁武帝紀》："始天監中，沙門釋寶誌爲詩曰：'昔年三十八，今年八十三，四中復有四，城北火酣酣。'帝使周捨封記之。及中大同元年，同泰寺灾，帝啓封見捨手迹，爲之流涕。帝生於甲辰，三十八，剋建鄴之年也。遇灾歲實丙寅，八十三矣。四月十四日而火，火起之始，自浮

屠第三層。三者，帝之昆季次也。”與本志所載讖詩似是而非。疑本志所記讖詩實由好事者依托寶誌舊作，事後附會敷衍而成。

[3]三十餘年：自梁武帝天監元年至大同元年，恰爲三十餘年。江表：古地區名。指長江以南地區，這裏指梁的疆域。從中原人看來，該地在長江之外，故稱江表。

[4]太清二年：侯景攻陷臺城、梁武帝憂憤飢餓而死，事在太清三年。本志作二年，誤。

[5]太清元年八月十三，而侯景自懸瓠來降：太清元年初，侯景叛東魏，向梁請降。六月，東魏軍圍困潁川，侯景出屯懸瓠。七月，梁司州刺史羊鴉仁等軍接收懸瓠，接應侯景，梁復置懸瓠爲豫州治。本志所言，不知何據。然讖語有云“但看八十三”，故本志以“八月十三”應之。懸瓠，又作懸壺城，在今河南汝州市。東晋、南北朝時爲南北軍事要地，常置重兵戍守。

[6]丹陽：郡名。一作丹楊。東漢至南朝屬揚州，孫吴以降治建業（今江蘇南京市）。　子地：北方。“子地妖灾起”於是應驗。

[7]戊辰之歲：即太清二年。辰屬龍，故曰“龍時侯賊起”。

[8]午年：即梁簡文帝大寶元年，是年歲次庚午。午屬馬，故有“且至馬中間，銜悲不見喜”之讖語。

[9]“兀尾狗子”至“無人藏”：《梁書》卷五六、《南史》卷八〇《侯景傳》皆録此讖詩，而文字與本志略有出入：“掘尾狗子自發狂，當死未死嚙人傷，須臾之間自滅亡，起自汝陰死三湘。”

[10]侯景小字狗子：《南史·侯景傳》稱“狗子，景小字”；《梁書·侯景傳》則以爲“掘尾狗子”摹寫猴狀，影射侯景姓氏。可知侯景小字是否狗子，在當時尚無定説。

[11]汝南：郡名。西漢置，治上蔡縣（今河南上蔡縣西南），東漢移治平輿縣（今河南平輿縣北古城），東晋移治懸瓠城。

[12]巴陵：郡名。南朝置，治巴陵縣（今湖南岳陽市）。梁爲巴州治。　三湘：有數説，皆屬較大區域之泛指。然本志此處，似依據《南史·侯景傳》：“巴陵有地名三湘，景奔敗處”，明確指三

湘爲一特定地名，待考。

天監中，茅山隱士陶弘景爲五言詩曰：[1]“夷甫任散誕，[2]平叔坐談空。[3]不意昭陽殿，[4]忽作單于宮。”[5]及大同之季，公卿唯以談玄爲務。夷甫、平叔，朝賢也。侯景作亂，遂居昭陽殿。

[1]陶弘景：人名。南朝齊、梁丹陽秣陵（今江蘇南京市南）人。在南齊歷任諸王侍讀、奉朝請。精通道術、醫學、文學，爲南朝道教重要思想家。後隱居句容句曲山（茅山）。蕭衍禪齊時，曾進獻圖讖，甚爲梁武帝所重。傳見《梁書》卷五一、《南史》卷七六。此讖詩也見於《梁書》卷五六《侯景傳》、《南史》卷七六《陶弘景傳》，文字小異。

[2]夷甫：人名。即王衍，字夷甫。西晋琅邪臨沂（今山東臨沂市北）人。初仕爲太子舍人，賈后專權時，官至中領軍、尚書令，累遷司空、司徒、太尉。雖位居宰輔，而專謀自保，好老莊之學，善清談玄言。《晋書》卷四三有附傳。

[3]平叔：人名。即何晏，字平叔。三國魏南陽宛（今河南南陽市）人。漢外戚何進之孫，娶魏公主。曹爽當政時，官至尚書，主持官員選舉。少以才華名，好老莊之學，主張君主無爲，爲魏晋玄學代表人物之一。《三國志》卷九有附傳。

[4]昭陽殿：東晋南朝建康後宮宮殿名。《南史》卷一一《武穆裴皇后傳》：“舊顯陽、昭陽二殿，太后皇后所居也。永明中無太后皇后，羊貴嬪居昭陽殿西，范貴妃居昭陽殿東。”梁武帝憂憤而死，侯景“密不發喪，權殯于昭陽殿”。“每登武帝所常幸殿，若有芒刺在身，恒聞叱咄者。又處宴居殿，一夜驚起，若有物扣其心。自是凡武帝所常居處，並不敢處。多在昭陽殿廊下。”（《南史》卷八〇《侯景傳》）北齊京師鄴城皇城也有昭陽殿，見前注。

［5］單于宮：侯景爲鮮卑化羯人，故史家視侯景所居昭陽殿爲單于宮。單于，泛指外族首領。

大同中，童謡曰："青絲白馬壽陽來。"[1]其後侯景破丹陽，乘白馬，以青絲爲羈勒。[2]

［1］青絲白馬壽陽來：《梁書》卷五六《侯景傳》、《南史》卷八〇《侯景傳》均收録這首讖謡。惟其流傳年代，《梁書》作普通中，《南史》作大同中，皆早於發生侯景之亂的太清二年，所以視爲讖謡。

［2］乘白馬，以青絲爲羈勒：侯景渦陽戰敗之後，强占壽陽，又向梁廷要求軍需供給。朝廷頒賜青布。至侯景叛亂，用朝廷賞賜的青布爲軍士的戰袍，侯景自己"乘白馬，青絲爲轡，欲以應謡"。（《南史·侯景傳》）

陳初，有童謡曰：[1]"黄班青驄馬，發自壽陽涘。[2]來時冬氣末，去日春風始。"其後陳主果爲韓擒所敗。[3]擒本名擒獸，黄班之謂也。[4]破建康之始，復乘青驄馬，往反時節皆相應。[5]

［1］有童謡曰：這首讖謡也見於本書卷五二《韓擒虎傳》、《北史》卷六八《韓禽傳》，據稱隋平陳之前已流傳於江東。

［2］黄班：也作"黄斑"。本意指馬的皮毛色斑，也是虎的别名。在這裏可以解釋爲雙關語。　青驄馬：青白雜色的馬。　涘：水邊。

［3］韓擒：人名。即韓擒虎。傳見本書卷五二，《北史》卷六八有附傳。

［4］擒本名擒獸，黄班之謂：唐人避李虎諱，史文中遇虎多改

爲武、獸或彪。所以本書、《北史》中韓擒虎多改作韓擒獸或韓擒（禽）。唯本書卷五二韓擒虎本傳稱："擒本名豹。"錢大昕《廿二史考異》指出："此獨更爲'豹'者，欲應'黄斑'之文也。虎豹皆有斑，'黄''韓'聲亦相近。"即豹字本亦當作虎。

［5］"破建康"至"皆相應"：本書《韓擒虎傳》説，隋軍平陳之際，韓擒虎騎的就是青驄馬，往返時節也與歌相應，"至是方悟"童謡之讖應驗了。

陳時，江南盛歌王獻之《桃葉》之詞曰：[1]"桃葉復桃葉，度江不用楫，但度無所苦，我自迎接汝。"[2]晋王伐陳之始，置營桃葉山下，[3]及韓擒度江，大將任蠻奴至新林以導北軍之應。[4]

［1］王獻之：人名。王羲之子，工草隸，善丹青。《晋書》卷八〇有附傳。

［2］"桃葉復桃葉"至"我自迎接汝"：《南史》卷一〇《陳後主紀》亦録此詩讖。宋人郭茂倩《樂府詩集》卷四五《清商曲辭二》無名氏《桃葉歌》引《古今樂録》："《桃葉歌》者，晋王子敬之所作也。桃葉，子敬妾名，緣於篤愛，所以歌之。"

［3］桃葉山：又名晋王山。在今江蘇南京市六合區南六十里。開皇九年正月，晋王楊廣統帥隋軍攻陳，屯兵於桃葉山。

［4］新林：又名新林港。在今江蘇南京市西南。

陳後主造齊雲觀，國人歌之曰："齊雲觀，寇來無際畔。"[1]功未畢，而爲隋師所虜。

［1］齊雲觀，寇來無際畔：《南史》卷一〇《陳後主紀》也收録這首讖謡。

禎明初，後主作新歌，詞甚哀怨，令後宫美人習而歌之。其辭曰："玉樹後庭花，花開不復久。"[1]時人以歌讖，此其不久兆也。

[1]玉樹後庭花，花開不復久：這是典型的詩讖。陳後主作"玉樹後庭花"等曲，見《陳書》卷七《後主張貴妃傳》、《南史》卷一二《陳後主張貴妃傳》等記載。《南史》稱："後主每引賓客，對貴妃等游宴，則使諸貴人及女學士與狎客共賦新詩，互相贈答。采其尤艷麗者，以爲曲調，被以新聲。選宫女有容色者以千百數，令習而歌之，分部迭進，持以相樂。其曲有《玉樹後庭花》《臨春樂》等。其略云：'璧月夜夜滿，瓊樹朝朝新。'大抵所歸，皆美張貴妃、孔貴嬪之容色。"郭茂倩《樂府詩集》卷四七《清商曲辭四·吴聲歌曲四》録陳後主《玉樹後庭花》，作："麗宇芳林對高閣，新妝艷質本傾城。映户凝嬌乍不進，出帷含態笑相迎。妖姬臉似花含露，玉樹流光照後庭。"這些詩句可與《南史》"美張貴妃、孔貴嬪之容色"之概括相印證。至如本志所記歌讖，是無題殘句，旨趣、境界與《陳書》《南史》《樂府詩集》所形容或著録的《玉樹後庭花》大異其趣，其原作者當存疑，也可能有人依托陳後主曲名敷衍而成，但流傳極廣，成爲亡國之音的典範表述，影響深遠。

齊神武始移都于鄴，時有童謡云："可憐青雀子，飛入鄴城裏。作窠猶未成，舉頭失鄉里。寄書與婦母，好看新婦子。"[1]魏孝静帝者，清河王之子也。[2]后則神武之女。[3]鄴都宫室未備，即逢禪代，作窠未成之効也。孝静尋崩，文宣以后爲太原長公主，降於楊愔。[4]時婁后尚在，故言寄書於婦母。[5]新婦子，斥后也。[6]

［1］“可憐青雀子”至“好看新婦子”：《北齊書》卷二《神武帝紀下》所録童謡，與此不同，時序更早：“可憐青雀子，飛來鄴城裏，羽翮垂欲成，化作鸚鵡子。”《北史》卷六《齊高祖神武帝紀》所載同。時人認爲，“青雀子”影射東魏孝静帝。孝静帝元善見，爲北魏孝文帝曾孫，清河王元亶之子，青、清諧音。“鸚鵡”暗喻高歡，因高歡謚號爲獻武（後改神武），而鵡、武諧音。然而東魏遷都鄴城，事在天平元年。至武定八年，高歡卒，始獲謚齊獻武王。以鸚鵡喻高歡，當是武定八年之後的事。本志所録“青雀子”童謡，顯然從上引童謡脱胎而出，所影射的則是十六年後，北齊禪魏、高洋稱帝之後孝静帝夫妻的處境。

［2］清河王：即元亶，北魏孝文帝之孫，襲封清河王，孝武帝時官至司徒。孝武帝與丞相高歡决裂，逃離洛陽，西奔關中。高歡推舉元亶爲大司馬，使居尚書省，承制决事，有立其爲帝之意。元亶“出入已稱警蹕”，引起高歡的警惕，决定立元亶世子元善見爲帝，即孝静帝。元亶不自安，輕騎南逃，被高歡追還。天平三年死，或説爲高歡鴆死。

［3］后：孝静皇后高氏，高歡第二女，天平四年五月立爲后。傳見《魏書》卷一三、《北史》卷一三。

［4］“孝静尋崩”至“降於楊愔”：孝静帝禪位於高洋後，封中山王。孝静皇后隨之降爲中山王妃，封太原公主。因擔心其弟文宣帝高洋會對其丈夫不利，“常爲帝嘗食以護視焉”（《魏書》卷一二《孝静帝紀》）。天保二年，中山王終被高洋毒死。中山王妃再嫁尚書左僕射楊愔，以其帝姊身份，封長公主。

［5］婦母：高歡正妻婁太后爲孝静皇后生母。

［6］斥后：廢后。

武定中，有童謡云：“百尺高竿摧折，水底燃燈澄滅。”[1]高者，齊姓也。澄，文襄名。五年，神武崩，摧折之應。[2]七年，文襄遇盜所害，澄滅之徵也。[3]

[1]百尺高竿摧折，水底燃燈澄滅：《北齊書》卷三《文襄帝紀》録此童謡作："百尺高竿摧折，水底燃燈燈滅。"當時的識者認爲該謡之流傳先於高歡、高澄之死，所以是讖謡。"高竿"巧合高氏之姓氏。"水底燃燈燈滅"的物理現象，被破譯爲暗喻高澄之名的字謎："燈滅"則燈字無火爲登；登在水底，是爲澄字。本志所録，"燈滅"徑作"澄滅"，已非暗喻，當是事後有心人所改。

[2]五年，神武崩，摧折之應：東魏孝静帝武定五年，高歡去世，識者以爲即"高竿摧折"之驗。

[3]澄滅之徵：武定七年，高澄被梁人膳奴蘭京刺殺。此即"澄（燈）滅"之驗。

天保中，陸法和入國，[1]書其屋壁曰："十年天子爲尚可，百日天子急如火，周年天子迭代坐。"[2]時文宣帝享國十年而崩，[3]廢帝嗣立百餘日，用替厥位，[4]孝昭即位一年而崩。[5]此其効也。

[1]陸法和：人名。精道術。傳見《北齊書》卷三二、《北史》卷八九。

[2]"十年天子"至"迭代坐"：《北齊書·陸法和傳》："法和書其所居壁而塗之，及剥落，有文曰：'十年天子爲尚可，百日天子急如火，周年天子遞代坐。'又曰：'一母生三天，兩天共五年。'説者以爲婁太后生三天子，自孝昭即位，至武成傳位後主，共五年焉。"《北史·陸法和傳》同。

[3]文宣帝享國十年而崩：文宣帝高洋在位十年（550—559）。

[4]廢帝：即高殷，天保十年十月即位，乾明元年八月被婁太皇太后廢爲濟南王，在位十月。嗣立百餘日之説並不準確。

［5］孝昭即位一年而崩：孝昭帝高演於皇建元年（560）八月即位，翌年十一月病逝。

武平元年，童謡曰："狐截尾，你欲除我我除你。"[1]其年四月，隴東王胡長仁謀遣刺客殺和士開，事露，[2]返爲士開所譖死。

［1］狐截尾，你欲除我我除你：《北齊書》《北史》未載此謡。

［2］胡長仁：人名。北齊安定臨涇（今甘肅鎮原縣南）人，武成帝皇后兄。後主時官至右僕射、尚書令，封隴東王。傳見《北齊書》卷四八、《北史》卷八〇。

二年，童謡曰："和士開，七月三十日，將你向南臺。"[1]小兒唱訖，一時拍手云："殺却。"[2]至七月二十五日，御史中丞、琅邪王儼執士開，送於南臺而斬之。是歲，又有童謡曰："七月刈禾傷早，九月噢餻正好。十月洗蕩飯甕，十一月出却趙老。"[3]七月士開被誅，[4]九月琅邪王遇害，[5]十一月趙彦深出爲西兗州刺史。[6]

［1］南臺：御史臺。因在宫闕西南，故稱。《通典》卷二四《職官》："後漢以來謂之御史臺，亦謂之蘭臺寺。梁及後魏、北齊，或謂之南臺。後魏之制，有公事，百官朝會，名簿自尚書令、僕以下，悉送南臺。"

［2］"和士開"至"殺却"：《北齊書》《北史》未録此謡。《北史》卷八〇《和士開傳》叙述琅邪王高儼抓捕和士開，送南臺斬殺："先是鄴下童謡云：'和士開，當入臺。'""至是果驗"，也是讖謡。

[3]“七月刈禾”至“出却趙老”：《北齊書》未録此謡。《北史》卷五三《綦連猛傳》：“先是，謡曰：‘七月刈禾太早，九月噉餻未好，本欲尋山射虎，激箭旁中趙老。’”頗近童語童趣。本志所録童謡，文句略有變動，預言意味更濃，言事奇準，有事後附會的嫌疑。

[4]七月士開被誅：禾、和諧音，故以“七月刈禾”爲七月和士開被誅的讖語。

[5]九月琅邪王遇害：餻、高諧音，故以“九月喫餻”爲九月琅邪王遇害的讖語。

[6]趙彦深：人名。名隱。避北齊諱，以字行。南陽宛（今河南南陽市）人。傳見《北齊書》卷三八、《北史》卷五五。　西兖州：北魏孝昌三年（527）置，治定陶縣（今山東定陶縣西北）。本志以“十一月出却趙老”爲趙彦深被排擠出任州郡的讖語。

武平末，童謡曰：“黄花勢欲落，清樽但滿酌。”[1]時穆后母子淫僻，[2]干預朝政，時人患之。穆后小字黄花，尋逢齊亡，欲落之應也。

[1]黄花勢欲落，清樽但滿酌：《北齊書》卷九《後主穆后傳》、《北史》卷一四《齊後主皇后穆氏傳》均收録此謡。這首童謡流傳於後主武平末，其實是對後主和穆后的批評、詛咒。

[2]穆后：即北齊後主穆皇后。穆后出身卑微，而深獲後主寵愛，“自立穆后以後，昏飲無度”。故時論以爲童謡“清樽但滿酌”譏刺後主、穆后及其寵幸近臣。（《北齊書·後主穆后傳》）穆后認陸令萱爲養母，親近穆提婆等佞人，齊亡後淪爲娼妓。其子高恒，即北齊幼主，八歲登基，在位不足一月即禪讓，不久爲北周軍所擒，次年初被殺。“穆后母子淫僻”之説，不知何據。如果説穆后與陸令萱母子狼狽爲奸，干預朝政，倒是符合歷史記載。

鄴中又有童謡曰："金作掃帚玉作把，浄掃殿屋迎西家。"[1]未幾，周師入鄴。

[1]金作掃帚玉作把，浄掃殿屋迎西家：此謡未見他書載録。用語富童趣，内容亦似日常歌謡。但一旦將"西家"解讀爲來自西方的北周軍，該謡就成爲讖謡了。

周初有童謡曰："白楊樹頭金雞鳴，秖有阿舅無外甥。"[1]静帝隋氏之甥，既遜位而崩，諸舅强盛。[2]

[1]白楊樹頭金雞鳴，秖有阿舅無外甥：這也應該是一首普通童謡，經有心人破譯，成爲政治色彩濃厚的讖謡。《北齊書》卷一一《河間王孝琬傳》引北魏童謡："河南種穀河北生，白楊樹頭金雞鳴。"可知"白楊樹頭金雞鳴"是那一歷史時期童謡中經常出現的母題。

[2]静帝：北周静帝宇文衍（後改名闡），北周宣帝宇文贇長子。大成元年（579），宣帝禪位於年僅七歲的宇文衍，改元大象，自稱天元皇帝。次年暴卒。皇太后楊麗華之父、隋國公楊堅，以左大丞相總攬朝政。楊太后雖非静帝生母，但論輩份，楊堅是静帝外公，楊堅諸子乃其諸舅。大定元年（581）二月，静帝禪讓楊堅，五月崩。不久，楊堅諸子封王。

周宣帝與宫人夜中連臂蹋蹀而歌曰："自知身命促，把燭夜行游。"[1]帝即位二年而崩。

[1]自知身命促，把燭夜行游：這首詩讖未見他書載録。即興詩歌往往能真實反映出敏感的作者在特定時空氛圍中的心境、情

緒，因而不幸言中、一語成讖的事例時有所聞，以下數例同此理。

開皇十年，高祖幸并州，[1]宴秦孝王及王子相。[2]帝爲四言詩曰："紅顔詎幾，玉貌須臾。一朝花落，白髮難除。明年後歲，誰有誰無。"[3]明年而子相卒，十八年而秦孝王薨。

[1]高祖：隋文帝楊堅，廟號高祖。

[2]秦孝王：即楊俊，詳前注。　王子相：人名。傳見本書卷六二、《北史》卷七五。

[3]"紅顔詎幾"至"誰有誰無"：這首詩讖未見他書載録。

大業十一年，煬帝自京師如東都，至長樂宫，飲酒大醉，因賦五言詩。其卒章曰："徒有歸飛心，無復因風力。"[1]令美人再三吟詠，帝泣下霑襟，侍御者莫不歔欷。帝因幸江都，復作五言詩曰："求歸不得去，真成遭箇春。鳥聲争勸酒，梅花笑殺人。"[2]帝以三月被弑，[3]即遭春之應也。是年盜賊蜂起，道路隔絶，帝懼，遂無還心。帝復夢二豎子歌曰："住亦死，去亦死。未若乘船度江水。"[4]由是築居丹陽，[5]將居焉。功未就而帝被殺。

[1]徒有歸飛心，無復因風力：此詩未見他書載録。當時隋煬帝三次攻高麗失利，各地武裝舉事，反隋烽烟遍地，波瀾壯闊。大業九年楊玄感起兵反隋，圍攻東都洛陽，焚毁煬帝在御河上的龍舟水殿。煬帝自大業八年起，"每夜眠，恒驚悸，云有賊，令數婦人摇撫，乃得眠"（《通鑑》卷一八三《隋紀》大業十二年）。這一系

列讖詩很可能揭示了煬帝當時内心的焦慮、悲觀。

［2］“求歸不得去”至“梅花笑殺人”：此詩未見他書載録。大業十二年，煬帝第三次巡幸江都，各地形勢日益嚴峻，江都也遭到周圍各路義軍的圍攻。煬帝從此再也没有機會返回京師。

［3］帝以三月被弑：大業十四年三月，許國公宇文化及發動兵變，殺死煬帝及其子孫。

［4］住亦死，去亦死。未若乘船度江水：此歌謡未見他書載録。

［5］築居丹陽：大業十三年十一月，唐國公李淵攻占京師長安，立代王楊侑爲帝，改元義寧，名義上遥尊煬帝爲太上皇。煬帝於是“起宫丹陽，將遜于江左”。（本書卷四《煬帝紀下》）

大業中，童謡曰：“桃李子，鴻鵠遶陽山，宛轉花林裏。莫浪語，誰道許。”[1]其後李密坐楊玄感之逆，[2]爲吏所拘，在路逃叛。潛結群盗，自陽城山而來，[3]襲破洛口倉，[4]後復屯兵苑内。莫浪語，密也。[5]宇文化及自號許國，尋亦破滅。誰道許者，蓋驚疑之辭也。[6]

［1］“桃李子”至“誰道許”：據存世文獻，隋煬帝大業十年至唐高祖武德元年（618）間，此謡（《桃李章》）至少有四個版本先後流傳。一是温大雅《大唐創業起居注》卷一：“桃李子，莫浪語，黄鵠繞山飛，宛轉花園裏。”二即本志所録。三是《舊唐書·五行志》：“隋末有謡云：‘桃李子，洪水繞楊山。’”四是《通鑑》卷一八三《隋紀》大業十二年十月：“桃李子，皇后繞揚州，宛轉花園裏。勿浪語，誰道許。”四個版本皆以桃李子起興。魏晋至隋“李弘當王”讖言信衆廣泛，李氏當王讖語也時有流傳。以“李子”影射李氏，在當時順理成章。進一步的解讀則分兩途：一説以“桃”爲“逃亡者李氏之子”，“莫（勿）浪語”暗喻“密”，認爲讖謡預言李密應於符讖；一説以“桃”爲“陶唐”，“洪水”“鴻”

都與水有關，認爲唐公李淵應讖。預言李密應讖的讖謠應該較早流行，預言李淵應讖的讖謠則應該是在李密勢衰、李淵崛起之際開始盛行。（本賓板橋《李氏之興與一首讖謠》，《美國東方學報》1941第61期）

[2]李密：人名。隋京兆（今陝西西安市）人。傳見《舊唐書》卷五三、《新唐書》卷八四，《北史》卷六〇有附傳。　楊玄感：人名。楊素之子。傳見本書卷七〇，《北史》卷四一有附傳。

[3]陽城山：俗名車嶺山，在今河南登封市東北。即讖謠所說"陽山"。

[4]洛口倉：古糧倉名，又名興洛倉。隋大業二年築，故址在今河南省鞏義市東南，因地處舊洛水入黄河處而得名。《通鑑》卷一八三《隋紀》大業十二年胡三省《考異》引《革命記》："（李）密説（翟）讓曰：'洛口倉米逾巨億，請公發一札之令，使密奉之，告諸道英雄，就倉喫米，必當雲合響應，受命於公，然後稱帝號以定中原。'"

[5]莫浪語：史家視爲隱語，謎底即"密"，暗示李密之名。

[6]宇文化及：人名。傳見本書卷八五，《北史》卷七九有附傳。　誰道許：本驚疑之辭，或被解讀爲預言宇文化及許國的命運。

毛蟲之孽

梁武帝中大同元年，[1]邵陵王綸在南徐州卧内，[2]方晝，有狸鬭於欄上，[3]墮而獲之。太清中，遇侯景之亂，將兵援臺城。至鍾山，[4]有蟄熊無何至，[5]齧綸所乘馬。毛蟲之孽也。綸尋爲王僧辯所敗，[6]亡至南陽，[7]爲西魏所殺。

[1]中大同：梁武帝蕭衍年號（546—547）。

[2]南徐州：南朝宋永初二年（421）改徐州置，治京口（今江蘇鎮江市）。

[3]欄：檐下的走廊。

[4]鍾山：即今江蘇南京市中山門外紫金山。

[5]蟄熊：冬眠的熊。

[6]王僧辯：人名。南朝梁將領。字君才，太原祁縣（今山西祁縣）人。傳見《梁書》卷四五，《南史》卷六三有附傳。

[7]南陽：郡名。治宛縣（今河南南陽市）。

中大同中，每夜狐鳴闕下，[1]數年乃止。京房《易飛候》曰："野獸群鳴，邑中且空虛。"[2]俄而國亂，丹陽死喪略盡。

[1]闕下：宫闕之下。借指帝王所居的宫廷和京城。

[2]野獸群鳴，邑中且空虛：可能是《易飛候》佚文，僅見於本志。

陳禎明初，狐入牀下，捕之不獲。京房《易飛候》曰："狐入君室，室不居。"[1]未幾而國滅。

[1]狐入君室，室不居：可能是《易飛候》佚文，僅見於本志。

東魏武定三年九月，豹入鄴城南門，格殺之。五年八月，豹又上銅爵臺。[1]京房《易飛候》曰："野獸入邑，及至朝廷若道，上官府門，有大害，君亡。"[2]是歲，東魏師敗於玉壁，[3]神武遇疾崩。

[1]銅爵臺：即銅雀臺。在今河北臨漳縣西南鄴鎮北。東漢末曹操所築，爲鄴都三臺之一。

[2]“野獸入邑”至“君亡”：《南齊書·五行志》：“京房《易傳》曰：‘野獸入邑，其邑大虛。’又曰：‘野獸無故入邑朝廷門及宮府中者，邑逆且虛。’”意思相近。《南齊書》所引，應是泛指的京房《易傳》，包括《易飛候》在内。

[3]玉壁：在今山西稷山縣西南。西魏文帝大統四年（538）因此地險要，築城以禦東魏，成爲西魏河東重鎮。并州、南汾州、勳州、絳州先後治此城。大統十二年，東魏高歡率重兵圍攻此城，西魏大將韋孝寬據城堅守。東魏攻五十日而不克，士卒死傷七萬餘，高歡因而積勞成病。

後齊武平二年，有兔出廟社之中。[1]京房《易飛候》曰：“兔入王室，其君亡。”[2]案廟者，祖宗之神室也。後五歲，周師入鄴，後主東奔。

[1]廟社：宗廟和社稷。

[2]兔入王室，其君亡：可能是《易飛候》佚文，僅見於本志。

武平末，并、肆諸州多狼而食人。《洪範五行傳》曰：“狼貪暴之獸，大體以白色爲主，兵之表也。又似犬，近犬禍也。”[1]京房《易傳》曰：“君將無道，害將及人，去之深山以全身。厥妖狼食人。”[2]時帝任用小人，競爲貪暴，殘賊人物，食人之應。尋爲周軍所滅，兵之象也。

[1]“狼貪暴之獸”至“近犬禍也”：這段文字未見《漢書》等諸《五行志》引述，可能是《洪範五行傳論》佚文。

[2]“君將無道”至“厥妖狼食人”：《續漢書·五行志一》“狼食人”條引述了這句話。

武平中，朔州府門外，[1]無何有小兒脚跡，又擁土爲城雉之狀，[2]時人怪而察之，乃狐媚所爲，漸流至并、鄴。與武定三年同占。是歲，南安王思好起兵於北朔，[3]直指并州，爲官軍所敗。鄭子饒、羊法暠等復亂山東。[4]

[1]朔州：北齊天保六年置，治新城縣（今山西朔州市西南），八年移治招遠縣（今山西朔州市）。

[2]城雉：城上短墻。亦泛指城墻。

[3]南安王思好：高思好，高思宗（高歡侄）養弟。後主武平五年舉兵清君側，兵敗於陽曲。《北齊書》卷一四、《北史》卷五一有附傳。

[4]鄭子饒：人名。其事見《北齊書》卷四一《皮景和傳》。羊法暠：人名。事迹不詳。

犬禍

後齊天保四年，鄴中及頓丘，[1]並有犬與女子交。《洪範五行傳》曰：異類不當交而交，誖亂之氣。[2]犬交人爲犬禍。犬禍者，亢陽失衆之應也。時帝不恤國政，恩澤不流於其國。

[1]頓丘：郡名。治頓丘縣（今河南清豐縣西南）。

[2]異類不當交而交，誖亂之氣：《漢書·五行志中之上》："景帝三年二月，邯鄲狗與彘交。悖亂之氣，近犬豕之禍也。……逆言失聽，交於異類，以生害也。"

後主時，犬爲開府、儀同，[1]雌者有夫人、郡君之號，[2]給兵以奉養，食以粱肉，[3]藉以茵蓐。[4]天奪其心，爵加於犬，近犬禍也。天意若曰，卿士皆類犬。後主不悟，遂以取滅。

[1]開府：官名。開府儀同三司簡稱，北魏置。孝文帝太和十七年定爲第一品下，二十三年改爲從一品。北齊沿置，地位漸低。　儀同：官名。儀同三司簡稱，北魏置。孝文帝太和十七年定爲第一品下，二十三年改爲從一品，位開府上。北齊二品，位三公下。北齊後主時，"狗則飼以粱肉。馬及鷹犬，乃有儀同、郡君之號"。"犬於馬上設褥以抱之。鬬雞亦號開府，犬馬雞鷹，多食縣幹"。(《北史》卷八《齊幼主紀》)

[2]夫人：宮中女官名號。北魏孝文帝置三夫人，位視三公。亦爲命婦封號，多封高官、郡公之妻。　郡君：命婦封號。北朝無定制，多封皇后之母，高官之母、妻或郡公之妻，偶而也封宮婢。

[3]粱肉：以粱爲飯，以肉爲肴。指精美的膳食。

[4]茵蓐：亦作"茵褥"。床墊子。

後周保定三年，[1]有犬生子，腰已後分爲兩身，二尾六足。犬猛畜而有爪牙，將士之象也。時宇文護與侯伏侯龍恩等，[2]有謀懷貳。犬體後分，此其應也。

[1]保定：北周武帝宇文邕年號（561—565）。

[2]宇文護：人名。西魏宇文泰之侄。傳見《周書》卷一一，

《北史》卷五七有附傳。　侯伏侯龍恩：人名。據《周書》卷二九《侯植傳》，植從魏武帝西遷，獲賜姓侯伏侯氏。龍恩是植從兄，獲宇文護親信任用，爵號平高公，天和六年封柱國。侯伏侯，複姓。

大業元年，雁門百姓間犬多去其主，[1]群聚於野，形頓變如狼而噉噬行人，數年而止。《五行傳》曰："犬，守禦者也。"[2]而今去其主，[3]臣下不附之象。形變如狼，狼色白，爲主兵之應也。其後帝窮兵黷武，勞役不息。天戒若曰，無爲勞役，守禦之臣將叛而爲害。帝不悟，遂起長城之役。續有西域、遼東之舉，[4]天下怨叛。及江都之變，並宿衛之臣也。[5]

[1]雁門：郡名。隋大業中改代州置，治廣武縣（今山西代縣西南古城）。

[2]犬，守禦者也：《漢書·五行志中之下》："犬守御。"《宋書·五行志二》："犬有守禦之性。"

[3]而今去其主：以下文字，未見《漢書》等諸《五行志》引述，應該是本志撰者的闡釋。

[4]西域、遼東之舉：西域之舉指大業四年三月煬帝駕幸五原，出塞巡長城。遼東之舉指大業七年煬帝征高麗。

[5]宿衛之臣：在宮禁中值宿，擔任警衛之臣。大業十四年三月宇文化及等禁衛軍將領率宿衛軍發動江都之變，煬帝被縊死。

白眚白祥

梁大同二年，地生白毛，[1]長二尺，近白祥也。孫盛以爲勞人之異。[2]先是大發卒築浮山堰，功費鉅億，功垂就而復潰者，數矣。百姓厭役，吁嗟滿道。齊河清元年九月，滄洲及長城之下，[3]地多生毛，或白或黑，長四五寸，近白祥也。時北築長城，内興三臺，人苦勞役。

[1]地生白毛：中國古代記載中的一種自然現象，常在地震前後出現。多爲白色絲狀物，也有黑、黄、紅等色。其理不詳，或説爲黴菌。

[2]孫盛：人名。晋太原中都（今山西平遥縣西南）人。善言名理，精醫卜，著《魏氏春秋》《晋陽秋》等史學名著。傳見《晋書》卷八二。

[3]滄洲：即滄州。北魏熙平二年（517）析瀛、冀二州置，治饒安縣（今河北鹽山縣西南）。

開皇六年七月，京師雨毛，[1]如髮尾。長者三尺餘，短者六七寸。京房《易飛候》曰："天雨毛，其國大飢。"[2]是時關中旱，米粟涌貴。

[1]雨毛：毛下如雨。或説即毛毛細雨，於此不可通。然毛爲何物，不詳。《漢書·五行志中之上》："天漢元年三月，天雨白毛；三年八月，天雨白氂。京房《易傳》曰：'前樂後憂，厥妖天雨羽。'又曰：'邪人進，賢人逃，天雨毛。'"

[2]天雨毛，其國大飢：可能是《易飛候》佚文，僅見於本志。

後齊天統初，岱山封禪壇玉璧自出，[1]近白祥也。[2]岱山，王者易姓告代之所，玉璧所用幣。而自出，將有易姓者用幣之象。其後齊亡，地入于周，及高祖受周禪，天下一統，焚柴太山告祠之應也。

[1]岱山：即泰山，見前注。

[2]白祥：《漢書·五行志上》："劉歆以爲金石同類，是爲金不從革，失其性也。劉向以爲石白色爲主，屬白祥。"按照《漢書·五行志》論述，玉、石均屬白祥。

武平三年，白水巖下青石壁傍，[1]有文曰："齊亡走。"人改之爲"上延"，[2]後主以爲嘉瑞，百僚畢賀。後周師入國，後主果棄鄴而走。

[1]白水：古水名。在今山西晋城市境。

[2]"有文曰"至"上延"：這也是讖語，其意不詳。本應屬"言之不從"，因顯現於石壁旁，故歸之爲白祥。

開皇十七年，石隕於武安、滏陽間十餘。[1]《洪範五行傳》曰：石自高隕者，君將有危殆也。[2]後七載，帝崩。

[1]武安：縣名。隋屬武安郡，治今河北武安市。　滏陽：縣名。北周置，爲成安郡治。治今河北磁縣。隋開皇初爲磁州治。

[2]石自高隕者，君將有危殆：《漢書·五行志下之下》引董仲舒、劉向説："石陰類五陽數，自上而隕，此陰而陽行，欲高反下也。"《宋書·五行志二》："班固以爲石陰類，又白祥，臣將危君。是後司馬氏得政。"

開皇末，高祖於宫中埋二小石於地，以誌置牀之所。未幾，變爲玉。劉向曰：“玉者至貴也。賤將爲貴之象。”[1]及大業末，盜皆僭名號。

[1]玉者至貴也。賤將爲貴之象：此句未見《漢書·五行志》引述，可能是《洪範五行傳論》佚文。《漢書·五行志中之上》：“左氏昭公二十四年十月癸酉，王子鼂以成周之寶圭湛于河，幾以獲神助。甲戌，津人得之河上，陰不佞取將賣之，則爲石。是時王子鼂篡天子位，萬民不鄉，號令不從，故有玉變，近白祥也。癸酉入而甲戌出，神不享之驗云。玉化爲石，貴將爲賤也。”其説可能出自劉向。玉化爲石，預兆貴將爲賤，則石變爲玉，自然預兆賤將爲貴。

大業十三年，西平郡有石，[1]文曰：“天子立千年。”百僚稱賀。有識者尤之曰：“千年萬歲者，身後之意也。今稱立千年者，禍在非遠。”明年而帝被殺。

[1]西平郡：治西都縣（今青海西寧市）。

木沴金

梁大同十二年，曲阿建陵隧口石騏驎動。[1]木沴金也。[2]動者，遷移之象。天戒若曰，園陵無主，石麟將爲人所徙也。後竟國亡。

[1]曲阿：縣名。治今江蘇鎮江市丹徒區。　建陵：南朝梁武帝父之陵，在今江蘇丹陽市東北二十里東城村。　石騏驎：騏驎，亦作麒麟，中國古代傳説中的神獸，被認爲是仁獸、瑞獸。南朝帝陵神道兩側，常置鎮墓石獸一對，道左者獨角，道右者雙角。一説

獨角者爲麒麟，雙角者爲天禄，無角者爲辟邪。或説麒麟、辟邪皆南朝鎮墓石獸統稱。亦有説獨角爲辟邪，雙角爲天禄，或獨角爲天禄，雙角爲辟邪。衆説紛紜，尚無定論。

［2］木沴金：石於五行屬金。金氣病弱時，木可以傷金。

後齊河清四年，殿上石自起，兩兩相擊。眭孟以爲石陰類，下人象。[1]殿上石自起者，左右親人離叛之應。及周師東伐，寵臣尉相願、乞扶貴和兄弟、韓建業之徒，[2]皆叛入周。

［1］眭孟：人名。即眭弘，孟爲其字，西漢魯國蕃縣（今山東滕州市）人。學公羊《春秋》，以明經爲議郎，善推陰陽言灾異。傳見《漢書》卷七五。《漢書·五行志中之上》："孝昭元鳳三年正月，泰山萊蕪山南匈匈有數千人聲。民視之，有大石自立，高丈五尺，大四十八圍，入地深八尺，三石爲足。石立處，有白烏數千集其旁。眭孟以爲石陰類，下民象，泰山岱宗之岳，王者易姓告代之處，當有庶人爲天子者。"眭孟認爲石象徵平民，大石自立，預兆將有庶人爲天子。本志則解讀爲下屬離叛的預兆。

［2］尉相願：人名。代（今山西大同市）人。北齊末爲開府儀同三司、領軍大將軍，計劃殺高阿那肱、廢後主，立廣寧王高孝衍，事未成。　乞扶貴和兄弟：即乞扶貴和（北齊末開府儀同三司）、乞扶令和（北齊末領軍將軍）。事見《北齊書》卷一九《張保洛傳》。　韓建業：人名。北齊時領軍大將軍、并州刺史，後降北周。事見《北齊書》卷一九、《北史》卷五三《張保洛傳》。

梁大同十二年正月，送辟邪二于建陵。左雙角者至陵所。右獨角者，將引，於車上振躍者三，車兩轅俱折。[1]因换車。未至陵二里，又躍者三，每一振則車側人莫不聳奮，去地三四尺，車輪陷入土三寸。木沴金也。劉向曰："失衆心，令不行，言不從，以亂金氣也。石爲陰，臣象也。臣將爲變之應。"[2]梁武暮年，不以政事爲意，君臣唯講佛經、談玄而已。朝綱紊亂，令不行，言不從之咎也。其後果致侯景之亂。

[1]轅：車前駕牲口用的直木。壓在車軸上，伸出車輿的前端。古代大車、柏車、羊車皆用轅，左右各一。

[2]"失衆心"至"爲變之應"：班固解釋周威烈王二十三年（前403）九鼎震的現象，説："金震，木動之也。是時周室衰微，刑重而虐，號令不從，以亂金氣。"（《漢書・五行志中之上》）並没有明確指出引自劉向。本志所引，可能是劉向《洪範五行傳論》佚文。

周建德元年，濮陽郡有石像，[1]郡官令載向府，將刮取金。在道自躍投地，如此者再。乃以大繩縛著車壁，又絶繩而下。時帝既滅齊，又事淮南，征伐不息，百姓疲敝，失衆心之應也。

[1]濮陽郡：治鄄城（今山東鄄城縣北）。

隋書　卷二三

志第十八

五行下

《洪範五行傳》曰：[1]"視之不明，是謂不知。[2]厥咎舒，厥罰常燠，厥極疾。[3]時則有草妖，[4]時則有羽蟲之孽。[5]故有羊禍，[6]故有目疾，有赤眚赤祥。惟水沴火。"[7]

[1]本段引文出自伏勝《洪範五行傳》。《漢書·五行志中之下》引作："視之不明，是謂不悊，厥咎舒，厥罰恒奥，厥極疾。時則有草妖，時則有蠃蟲之孽，時則有羊禍，時則有目痾，時則有赤眚赤祥。惟水沴火。"悊即哲，哲、知（智）同義。恒、常同義。

[2]視之不明：看不清楚，眼光有問題。《續漢書·五行志二》劉昭注引鄭玄説："君視不明，則是不能瞭其事也。"　不知：不智。

[3]厥咎舒：班固解釋説，君主看人看事不明智，昏庸受蒙蔽，"則不能知善惡。親近習，長同類，亡功者受賞，有罪者不殺，百官廢亂"，於是有遲鈍不振的咎徵。（《漢書·五行志中之下》）舒，

緩。厥罰常燠，厥極疾：班固解釋説，“盛夏日長，暑以養物”，施政遲鈍不振，上天的懲罰是冬季變暖，四季氣候失調，“傷病民人，故極疾也”。（《漢書·五行志中之下》）

[4]草妖：指冬季桃李開花、伐木出血、稗草化爲稻、桑化爲柏等植物類的變異。班固解釋説：“誅不行則霜不殺草，繇臣下則殺不以時，故有草妖。”“故聖人以爲草妖，失秉之明者也。”（《漢書·五行志中之下》）

[5]羽蟲之孽：羽蟲指有羽毛的鳥類。《漢書·五行志》《續漢書·五行志》皆作“臝蟲”，即不長羽毛鱗甲的昆蟲。但兩漢志也引劉歆《視傳》，認爲應當是羽蟲。其列舉史例，也多屬於羽蟲之孽。本志從劉歆説，徑作“羽蟲之孽”，以指鳥類中發生的灾異現象，如群鳥大集、燕生鷹等。

[6]羊禍：指羊疫或闕足多角等與羊有關的灾異現象。視不明與羊禍的關係，班固認爲是因爲“羊上角下（號）〔蹏〕，剛而包柔，羊大目而不精明”（《漢書·五行志中之下》）。

[7]赤眚赤祥。惟水沴火：按照洪範五行論述，“凡視傷者，病火氣”（《漢書·五行志中之下》）。火氣病弱，水能傷火，於是出現涉及赤色事物的怪異現象。

常燠

後齊天保八年三月，大熱，人或暍死。[1]劉向《五行傳》曰：“視不明，用近習，賢者不進，不肖不退，百職廢壞，庶事不從，其過在政教舒緩。”[2]時帝狂躁、荒淫無度之應。

[1]暍（yē）死：中暑而死。

[2]“視不明”至“政教舒緩”：前注引班固解釋“言上不明”，“親近習，長同類，亡功者受賞，有罪者不殺，百官廢亂，失

在舒緩，故其咎舒也”，與這段文意大致相近。這段話可能是劉向《洪範五行傳論》的佚文。用近習，指君主重用親信。

草妖

高祖時，[1]上黨有人，[2]宅後每夜有人呼聲，求之不得。去宅一里所，但見人參一本，枝葉峻茂。因掘去之，其根五尺餘，具體人狀，呼聲遂絶。蓋草妖也。視不明之咎。時晋王陰有奪宗之計，諂事親要，以求聲譽。譖皇太子，高祖惑之。人參不當言，有物憑之。上黨，黨，與也。[3]親要之人，乃黨晋王而譖太子。高祖不悟，聽邪言，廢無辜，有罪用，[4]因此而亂也。

[1]高祖：隋文帝楊堅。

[2]上黨：縣名。隋開皇中置，屬潞州，治今山西長治市。

[3]黨：結成朋黨。　與：結盟。上黨本是地名，史家視之爲讖語，於是“上黨”“草妖”，被賦予特殊的預兆意義。

[4]廢無辜，有罪用：中華本校勘記云：“廢無辜有罪用，疑應作‘廢無辜，用有罪’。”

羽蟲之孽

梁中大同元年，邵陵王綸在南徐州，坐聽事。有野鳥如鳶數百，[1]飛屋梁上，彈射不中。俄頃失所在。京房《易飛候》曰：“野鳥入君室，其邑虚，君亡之他方。”[2]後綸爲湘東王所襲，竟致奔亡，爲西魏所殺。

[1]鳶：鳥名。即鷙鳥，屬猛禽類。俗稱鷂鷹、老鷹。

[2]“野鳥入君室”至“亡之他方”：《漢書·五行志中之下》：

"野鳥入處，宫室將空。王不寤，卒以亡。京房《易傳》曰：'辟退有德，厥咎狂，厥妖水鳥集于國中。'"意思與這段引文相近。賈誼《鵩鳥賦》："發書占之，讖言其度，曰'野鳥入室，主人將去'。"可知西漢初已視野鳥入室爲屋主命運的不祥之兆了。

侯景在梁，將受錫命，[1]陳備物於庭。有野鳥如山鵲，[2]赤嘴，集於册書之上，[3]鵂鶹鳴於殿。[4]與中大同元年同占。景尋敗，將亡入海中，爲羊鵾所殺。[5]

[1]錫命：天子有所賜予的詔命，這裏指九錫之命，即天子賜給諸侯、大臣有殊勳者九種禮器的詔命，是人臣所能獲得的最高禮遇。漢魏南北朝挾天子以令諸侯的權臣往往於受禪之前領受九錫。侯景廢梁簡文帝，另立蕭棟爲帝之後，"自加九錫之禮，置丞相以下百官。陳備物於庭，忽有野鳥翔於景上，赤足丹觜，形似山鵲，賊徒悉駭，競射之不能中"（《梁書》卷五六《侯景傳》）。

[2]山鵲：古稱鷽，鳴禽類。狀如鵲而色深青，有文彩，彩嘴赤足，頭上有白冠，尾白而長，不能遠飛。

[3]册書：册命之書，古代帝王用於册立、封贈等事的詔書。

[4]鵂鶹：亦稱梟，俗稱貓頭鷹。外形和鴟鴞相似，但頭部没有角狀的羽毛。常在晝間飛動，入夜更形活躍。鳴聲淒厲。捕食鼠、兔等，對農業有益，但在古書中却常常視爲不祥之鳥。侯景稱帝之後，"所居殿常有鵂鶹鳥鳴，景惡之，每使人窮山野討捕焉"（《梁書·侯景傳》）。

[5]羊鵾：人名。字子鵬，泰山梁甫（今山東泰安市東南）人，梁名將羊侃第三子。建康城陷，爲侯景召入軍中，景軍敗，殺景歸梁元帝，授青州刺史。《梁書》卷三九、《南史》卷六三有附傳。其名、字皆以"鳥"爲偏旁。侯景死於羊鵾之手，正應羽蟲之孽。

陳後主時，蔣山有衆鳥，鼓翼而鳴曰："奈何帝。"京房《易飛候》曰："鳥鳴門闕，如人音，邑且亡。"[1]蔣山，吴之望也。[2]鳥於上鳴，吴空虚之象。及陳亡，建康爲墟。又陳未亡時，有一足鳥，集于殿庭，以嘴畫地成文，曰："獨足上高臺，盛草變成灰。"獨足者，叔寶獨行無衆之應。[3]盛草成灰者，陳政蕪穢，被隋火德所焚除也。[4]叔寶至長安，館於都水臺上，[5]高臺之義也。

[1]"鳥鳴門闕"至"邑且亡"：可能是《易飛候》佚文，僅見於本志。

[2]望：名望。

[3]叔寶：即陳叔寶。

[4]火德：北周受禪於魏，自居木德。隋朝代興，自然稱火德。陳朝自居土德，經隋火焚除，於是"盛草變成灰"了。

[5]都水臺：官署名。西晋始置，掌舟船水運河渠灌溉事務。南朝或罷或置。北朝仍置。隋文帝開皇三年（583）省併入司農寺，十三年復置。

後齊孝昭帝，即位之後，有雉飛上御座。占同中大同元年。又有鳥止於後園，其色赤，形似鴨而有九頭。其年帝崩。

天統三年九月，萬春鳥集仙都苑。[1]京房《易飛候》曰："非常之鳥，來宿於邑中，邑有兵。"[2]周師入鄴之應也。

［1］萬春鳥：不詳。《太平御覽》卷九二四引唐人丘悅《三國典略》："北齊高緯時，有萬春鳥見齊仙都苑。上爲造萬春堂，以應嘉瑞。"

［2］"非常之鳥"至"邑有兵"：可能是《易飛候》佚文，僅見於本志。

武成胡后，生後主初，有梟升后帳而鳴。[1]梟不孝之鳥，不祥之應也。後主嗣位，胡后淫亂事彰，遂幽后於北宫焉。

［1］梟：貓頭鷹一類的鳥，亦爲鳥綱鴟鴞科各種鳥的泛稱。舊傳梟食母，故常以喻惡人。亦見前"鵂鶹"注。

武平七年，有鸛巢太極殿，[1]又巢并州嘉陽殿。雉集晋陽宫御座，獲之。京房《易飛候》曰："鳥無故巢居君門及殿屋上，邑且虚。"[2]其年國滅。

［1］鸛：水鳥名。長頸，體型較大。

［2］"鳥無故"至"邑且虚"：可能是《易飛候》佚文，僅見於本志。前文引《易飛候》："野鳥入君室，其邑虚，君亡之他方"，與此意思相近。

周大象二年二月，有秃鶖集洛陽宫太極殿。[1]其年帝崩，後宫常虚。

［1］秃鶖：亦作秃秋。水鳥名，頭項無毛，狀如鶴而體型稍大，色蒼灰，好啖蛇。

開皇初，梁主蕭琮新起後，[1]有鵂鳥集其帳隅。[2]未幾，琮入朝，被留於長安。梁國遂廢。

[1]蕭琮新起後：指蕭琮於天保二十四年（585）蕭巋死後，即西梁皇帝位。

[2]鵂鳥：即鵂鶹。見前注。

大業末，京師宮室中，恒有鴻雁之類無數，[1]翔集其間。俄而長安不守。

[1]鴻雁：俗稱大雁，一種候鳥。群居在水邊，飛時一般排列成行。

十三年十一月，烏鵲巢帝帳幄，[1]驅不能止。帝尋逢弒。

[1]烏鵲：烏鴉和喜鵲。一説指喜鵲，或指烏鴉。《漢書·五行志中之下》："昭帝元鳳元年，有烏與鵲鬭燕王宮中池上，烏墮池死，近黑祥也。時燕王旦謀爲亂，遂不改寤，伏辜而死。楚、燕皆骨肉藩臣，以驕怨而謀逆，俱有烏鵲鬭死之祥。"

羊禍

開皇十二年六月，繁昌楊悦，[1]見雲中二物，如羝羊，[2]黄色，大如新生犬，鬭而墜。悦獲其一，數旬失所在。近羊禍也。《洪範五行傳》曰："君不明，逆火政之所致也。"[3]狀如新生犬者，羔類也。雲體掩蔽，邪佞之象。羊，國姓。[4]羔，羊子也。皇太子勇，既升儲貳，晋王陰毀而被廢黜。二羔鬬，一羔墜之應也。

[1]繁昌：縣名。隋屬潁川郡，治今河南臨潁縣西北繁城鎮。楊悦：人名。事迹不詳。

[2]羝羊：公羊。

[3]君不明，逆火政之所致也：此句未見《漢書·五行志》引述，可能是《洪範五行傳論》佚文。

[4]國姓：本朝帝王的姓氏。隋朝的國姓是楊，“羊”“楊”諧音。

恭帝義寧二年，[1]麟游太守司馬武，[2]獻羊羔，生而無尾。時議者以爲楊氏子孫無後之象。是歲，煬帝被殺於江都，恭帝遜位。

[1]義寧：隋恭帝楊侑年號（617—618）。

[2]麟游：郡名。隋義寧二年改鳳棲郡置，治麟游縣（今陝西麟游縣西）。

赤眚赤祥

梁天監十五年七月，荆州市殺人而身不僵，[1]首墮于地，動口張目，血如竹箭，直上丈餘，然後如雨細下。是歲荆州大旱。近赤祥，冤氣之應。

[1]荆州市：荆州城中的市場。

陳太建十四年三月，御座幄上見一物，如車輪，色正赤。尋而帝患，無故大叫數聲而崩。

至德三年十二月，[1]有赤物隕于太極殿前，初下時，鐘皆鳴。又嘗進白飲，[2]忽變爲血。又有血霑殿階，瀝瀝然至御榻。尋而國滅。

[1]至德：南朝陳後主陳叔寶年號（583—586）。

[2]白飲：白色的飲料。

後齊河清二年，太原雨血。[1]劉向曰："血者陰之精，傷害之象。僵尸之類也。"[2]明年，周師與突厥入并州，大戰城西，伏屍百餘里。京房《易飛候》曰："天雨血染衣，國亡君戮。"[3]亦後主亡國之應。

[1]太原：郡名。東漢至北周爲并州治。治晋陽縣（今山西太原市西南晋源鎮）。　雨血：紅色雨水。其成因有多種假説。或説是一種特殊的沙塵暴。

[2]"血者陰之精"至"僵尸之類也"：此句未見《漢書·五行志》引述，可能是《洪範五行傳論》佚文。

[3]天雨血染衣，國亡君戮：《漢書·五行志中之下》引京房《易傳》："歸獄不解，茲謂追非，厥咎天雨血；茲謂不親，民有怨心，不出三年，無其宗人。""佞人禄，功臣僇，天雨血。"本志所引可能是《易飛候》佚文。

四年三月，有物隕於殿庭，色赤，形如數斗器，[1]衆星隨者如小鈴。四月，婁太后崩。

[1]數斗器：數斗之器，形容隕石的大小。

武平中，有血點地，自咸陽王斛律明月宅，而至于太廟。大將，社稷之臣也，後主以讒言殺之。天戒若曰，殺明月，則宗廟隨而覆矣。後主不悟，國祚竟絶。

《洪範五行傳》曰：[1]“聽之不聰，是謂不謀。[2]厥咎急，厥罰寒，厥極貧。[3]時則有鼓妖，[4]有魚孽，[5]有彘禍，[6]有黑眚黑祥，[7]惟火沴水。”

[1]本段引文出自伏勝《洪範五行傳》。《漢書·五行志中之下》引作《洪範五行傳》：“聽之不聰，是謂不謀，厥咎急，厥罰恒寒，厥極貧。時則有鼓妖，時則有魚孽，時則有豕禍，時則有耳痾，時則有黑眚黑祥。惟火沴水。”文字略有出入。

[2]聽之不聰，是謂不謀：班固解釋説，“言上偏聽不聰，下情隔塞，則不能謀慮利害”。（《漢書·五行志中之下》）君主偏聽偏信，則言路閉塞，輿情、信息不能上達，朝廷的政策規劃自然也就難以周全。

[3]厥咎急：君主偏聽偏信，言路閉塞，弊端在於施政苛刻激烈。　厥罰寒：“常寒”的天罰，表現在時令不正之下出現的連雨雪及霜、雹、霰、雷電等造成的灾禍。　厥極貧：“寒則不生百穀，上下俱貧，故其極貧也。”（《漢書·五行志中之下》）

[4]鼓妖：“君嚴猛而閉下，臣戰栗而塞耳，則妄聞之氣發於音聲，故有鼓妖。”（《漢書·五行志中之下》）西漢陰陽灾異名家李尋的解釋是“有聲無形，不知所從生”（《漢書·五行志中之下》）。所以聲若牛、鼓鳴、石鳴等特異現象，雷霆、有聲如雷等自然現象，都屬於鼓妖。

[5]魚孽：常寒則極陰。“魚去水而死，極陰之孽也”（《漢書·五行志中之下》）。

[6]彘禍：指與豬有關的灾異徵兆。彘即豕（猪）。“豕大耳而不聽察，聽氣毁，故有豕禍也。一曰，寒歲豕多死，及爲怪，亦是

也。"（《漢書·五行志中之下》）

［7］黑眚黑祥：聽之不聰，則水氣病弱。水色黑，所以發生種種與黑色有關的災異徵兆，如黑氣、黑霧等。

寒

東魏武定四年二月，大寒。人畜凍死者，相望於道。京房《易飛候》曰："誅過深，當燠而寒。"[1]是時後齊神武作相。先是尒朱文暢等謀害神武，[2]事泄伏誅，諸與交通者，多有濫死。

［1］誅過深，當燠而寒：《漢書·五行志中之下》引京房《易傳》："誅過深，當奧而寒，盡六日，亦爲雹。"

［2］尒朱文暢：人名。北秀容（今山西朔州市北）人，契胡族，尒朱榮第四子。其姊本是北魏孝莊帝皇后，後爲高歡所納，遂厚待其家人。文暢爲肆州刺史，密謀於正月十五夜，乘觀燈打簇戲之際謀殺高歡，事敗被殺。傳見《北齊書》卷四八，《北史》卷四八有附傳。

河清元年，歲大寒。京房《易傳》曰："有德遭險，兹謂逆命。厥異寒。"[1]讖曰："殺無罪，其寒必異。"[2]是時，帝淫於文宣李后，[3]因生子，后愧恨，不舉之。帝大怒，於后前殺其子太原王紹德。[4]后大哭，帝倮后而撻殺之，投于水中，良久乃蘇。冤酷之應。

［1］"有德遭險"至"厥異寒"：出自《漢書·五行志中之下》所引京房《易傳》。

［2］殺無罪，其寒必異：《續漢書·五行志三》劉昭注引袁山

松《後漢書》:"是時群賊起，天下始亂。讖曰：'寒者，小人暴虐，專權居位，無道有位，適罰無法，又殺無罪，其寒必暴殺。'"

[3]文宣李后：北齊文宣帝高洋皇后李氏，名祖娥。傳見《北齊書》卷九。

[4]太原王紹德：文宣帝與李皇后之子，封太原王。武成帝因怒其母，罵他説："你父打我時，竟不來救!"當李后面將他殺死。傳見《北齊書》卷一二、《北史》卷五二。

梁天監三年三月，六年三月，並隕霜殺草。京房《易傳》曰："興兵妄誅，謂亡法，厥罰霜。"[1]是時，大發卒，拒魏軍於鍾離，[2]連兵數歲。

[1]"興兵妄誅"至"厥罰霜"：《漢書·五行志中之下》引京房《易傳》："興兵妄誅，兹謂亡法，厥災霜，夏殺五穀，冬殺麥。"江南地區，初霜一般在農曆九、十月間。三月及下文之六月、八月降霜，皆有違時令。

[2]鍾離：郡名。東晋安帝時置，治燕縣（今安徽鳳陽縣東北）。

大同三年六月，朐山隕霜。[1]

[1]朐山：城名。在今江蘇連雲港市西南錦屏山側。

陳太建十年八月，隕霜，殺稻菽。[1]是時，大興師選衆，遣將吴明徹，與周師相拒於吕梁。[2]

[1]菽：豆類農作物。

[2]吕梁：古城名。在今江蘇銅山縣東南廢。

鼓妖

梁天監四年十一月，[1]天清朗，西南有電光，有雷聲二。《易》曰："鼓之以雷霆。"[2]霆近鼓妖。《洪範五行傳》曰："雷霆託於雲，猶君之託於人也。君不恤於天下，故兆人有怨叛之心也。"[3]是歲，交州刺史李凱舉兵反。

[1]梁天監四年十一月：《梁書》卷二《武帝紀中》序此事於天監四年（505）二月壬辰。

[2]鼓之以雷霆：《易·繫辭上》："鼓之以雷霆，潤之以風雨。"

[3]"雷霆託於雲"至"有怨叛之心也"：《漢書·五行志中之下》："史記秦二世元年，天無雲而雷。劉向以爲雷當託於雲，猶君託於臣，陰陽之合也。二世不恤天下，萬民有怨畔之心。"《晋書·五行志下》引劉向說："雷當託於雲，猶君託於臣。無雲而雷，此君不恤於下，下人將叛之象也。"

十九年九月，[1]西北隱隱有聲如雷，赤氣下至地。是歲，盜殺東莞、琅邪二郡守，[2]以朐山引魏軍。

[1]十九年九月：梁武帝天監年號（502—519）共十八年，此言十九年，疑誤。《梁書》卷二《武帝紀中》繫此事於天監十年三月。

[2]東莞：郡名。治莒縣（今屬山東）。琅邪：郡名。南齊僑置，治朐山城（今江蘇連雲港市海州區）。

中大通六年十二月，西南有聲如雷。其年北梁州刺史蘭欽舉兵反。[1]

[1]北梁州：南朝梁置，治西城縣（今陝西安康市西北漢水北岸）。　蘭欽：人名。南朝梁人，曾屢敗魏軍，歷任梁、南秦、衡等州刺史。後轉任廣州刺史，至任所，遭前刺史遣人於食物中下毒而死。傳見《梁書》卷三二、《南史》卷六一。《梁書》卷三《武帝紀下》，大同元年（535）十一月“壬戌，北梁州刺史蘭欽攻漢中，剋之，魏梁州刺史元羅降”。可知中大通六年（534）之後蘭欽仍任職梁朝北梁州刺史，與魏軍作戰有功。本志稱他“舉兵反”，本書《天文志下》也説梁武帝中大通六年十二月，“北梁州刺史蘭欽舉兵反”，未知何據。

陳太建二年十二月，西北有聲如雷。其年湘州刺史華皎舉兵反。[1]

[1]湘州：治臨湘縣（今湖南長沙市）。　華皎：人名。南朝梁、陳時人，祖籍晉陵暨陽（今江蘇無錫市北）。傳見《陳書》卷二〇、《南史》卷六八。《陳書》《南史》紀傳叙其事，時序、月份或有出入，但事情都發生在廢帝光大元年（567），與本志所記的陳宣帝太建二年（570），相距三年。

齊天保四年四月，西南有聲如雷。是時，帝不恤天下，興師旅。

後周建德六年正月，西方有聲如雷。未幾，吐谷渾寇邊。[1]

[1]吐谷渾：古族名。也指其所建立的政權。原爲鮮卑慕容部

的一支，三世紀末遷至今甘肅南部、青海等地，征服當地羌、氐等族。以游牧爲主，兼營農業。傳見本書卷八三、《北史》卷九六、《舊唐書》卷一九八、《新唐書》卷二二一。

開皇十四年正月旦，廓州連雲山，[1]有聲如雷。是時五羌反叛，[2]侵擾邊鎮。二十年，無雲而雷。京房《易飛候》曰："國將易君，下人不静，小人先命。國凶，有兵甲。"[3]後數歲，帝崩，漢王諒舉兵反。[4]徙其黨數十萬家。

[1]廓州：北周建德五年（576）取吐谷渾河南地置，治澆河城（今青海貴德縣）。

[2]五羌：指諸羌族群。

[3]"國將易君"至"有兵甲"：可能是《易飛候》佚文，僅見於本志。

[4]漢王諒：即楊諒，隋文帝第五子。傳見本書卷四五、《北史》卷七一。

大業中，滏陽石鼓頻歲鳴。[1]其後，天下大亂，兵戎並起。

[1]滏陽：縣名。北周武帝置，治今河北磁縣。隋文帝開皇時爲磁州治，大業初改屬魏郡。

魚孽

梁大同十年三月，帝幸朱方，[1]至四塹中，[2]及玄武湖，[3]魚皆驤首見於上，[4]若望乘輿者。[5]帝入宫而没。

《洪範五行傳》曰："魚陰類也，下人象。"又有鱗甲，兵之應也。[6]下人將舉兵圍宫，而睥睨乘輿之象也。後果有侯景之亂。

［1］朱方：春秋時期吴國邑名。在今江蘇鎮江市丹徒區。南朝時成爲京口或南徐州的别稱。

［2］四塹中：指建康城中。塹，護城河。

［3］玄武湖：湖名。由三國吴引水入建康城而成，自南朝宋文帝始改此名。在今江蘇南京市區東北。

［4］驤首：抬頭。

［5］乘輿：帝王乘坐的車轎，亦代指皇帝。

［6］"魚陰類也"至"兵之應也"："魚陰類也，下人象"之説，見於《漢書·五行志中之下》引劉向説："魚陰類，民之象，逆流而上者，民將不從君令爲逆行也。"但"有鱗甲，兵之應"的説法，不見於兩漢《五行志》，也未必出自劉向。《續漢書·五行志五》劉昭注引干寶《搜神記》："桓帝即位，有大蛇見德陽殿上，雒陽市令淳于翼曰：'蛇有鱗，甲兵之象也。見於省中，將有椒房大臣受甲兵之誅也。'"《宋書·五行志二》："黿有鱗介，甲兵之象。"《晋書·五行志下》引干寶説："魚有鱗甲，亦兵類也。"可知此説在漢末以後流行。

齊後主武平七年，相州鸕鷀泊，[1]魚盡飛去而水涸。《洪範五行傳》曰："急之所致。魚陰類，下人象也。"[2]晏子曰：[3]"河伯以水爲國，以魚爲百姓。"[4]水涸魚飛，國亡人散之象。明年而國亡。

［1］相州：北魏析冀州置，治鄴縣（今河北臨漳縣西南）。鸕鷀泊：湖名。在相州境内。

[2]“急之所致”至“下人象也”：君主聽之不聰，其咎爲急，即施政嚴苛急躁，因而引發魚孽。

[3]晏子：人名。即晏嬰。傳見《史記》卷六二。

[4]河伯以水爲國，以魚爲百姓：語出《晏子春秋》卷一《内篇諫上·景公欲祠靈山河伯以禱雨晏子諫第十五》。

後周大象元年六月，陽武有鯉魚乘空而鬬。[1]猶臣下興起，小人從之而鬬也。明年帝崩，國失政。尉迥起兵相州，[2]高祖遣兵擊敗之。

[1]陽武：縣名。治今河南原陽縣東南。隋屬滎陽郡。楊堅以周末陽武有鯉魚乘空而鬬爲隋朝興起的祥瑞，而《周書》《北史》無此記載。

[2]尉迥：人名。即尉遲迥，北朝代人，鮮卑族，宇文泰之甥。傳見《周書》卷二一、《北史》卷六二。

開皇十七年，大興城西南四里，[1]有袁村，設佛會。[2]有老翁，皓首，白裙襦衣，[3]來食而去。衆莫識，追而觀之，行二里許，不復見。但有一陂，中有白魚，長丈餘，小魚從者無數。人争射之，或弓折弦斷。後竟中之，剖其腹，得秔飯，[4]始知此魚向老翁也。後數日，漕渠暴溢，射人皆溺死。

[1]大興城：隋朝都城，故址在今陝西西安市。

[2]佛會：禮佛的法會。包括念佛、誦經、拜懺、唱贊等内容。

[3]白裙：白色下裳。　襦衣：短衣、短襖。或説此白魚老翁影射龍王。

［4］秔飯：粳米作的飯。

大業十二年，淮陽郡驅人入子城，[1]鑿斷羅郎郭。[2]至女垣之下，[3]有穴，其中得鯉魚，長七尺餘。昔魏嘉平四年，[4]魚集武庫屋上。[5]王肅以爲魚生於水，[6]而亢於屋，水之物失其所也，邊將殆棄甲之變。後果有東關之敗。[7]是時，長白山賊，[8]寇掠河南，月餘，賊至城下。郡兵拒之，反爲所敗，男女死者萬餘人。

［1］淮陽郡：隋大業初改陳州置，治宛丘縣（今河南淮陽縣）。子城：大城所屬的小城，即内城及附郭的瓮城或月城。

［2］羅郎郭：中華本校勘記："古稱外城爲羅城或羅郭。'郎'字疑衍。"郭，外城，古代在城的外圍加築的一道城墻。

［3］女垣：城墻上砌有射孔的小墻，亦稱女墻。

［4］嘉平：三國魏齊王曹芳年號（249—254）。

［5］魚集武庫屋上：《三國志》卷四《魏書·齊王芳紀》，嘉平四年"夏五月，魚二，見於武庫屋上"。

［6］王肅：人名。三國魏東海郯（今山東郯城縣）人。《三國志》卷一三有附傳。

［7］東關：關隘名。三國吴大將諸葛恪修築，在今安徽含山縣西南濡須山上。嘉平五年初，諸葛恪大敗魏軍於此。《宋書·五行志四》："魏齊王嘉平四年五月，有二魚集于武庫屋上。此魚孽也。王肅曰：'魚生於淵，而亢於屋，介鱗之物，失其所也。邊將其殆有棄甲之變乎。'後果有東關之敗。干寶又以爲高貴鄉公兵禍之應。二説皆與班固旨同。"即本志所本。

［8］長白山賊：指隋末王薄起義軍。大業七年（611），王薄與同郡孟讓首先起兵反隋，占據長白山（今山東鄒平縣南），至衆數萬。

蟲妖

梁大同初，大蝗，[1]籬門松栢葉皆盡。《洪範五行傳》曰：“介蟲之孽也。”[2]與魚同占。京房《易飛候》曰：“食禄不益聖化，天視以蟲。蟲無益於人而食萬物也。”[3]是時公卿皆以虚澹爲美，不親職事，無益食物之應也。

[1]大蝗：蝗群成災。

[2]介蟲：昆蟲之類。依伏勝《洪範五行傳》及《漢書·五行志》的論述，言之不從有介蟲之孽：“介蟲孽者，謂小蟲有甲飛揚之類，陽氣所生也，於《春秋》爲螽，今謂之蝗，皆其類也。”（《漢書·五行志中之上》）本志則視蝗災爲“聽之不聰”之孽。

[3]“食禄不益聖化”至“而食萬物也”：《續漢書·五行志三》劉昭注引京房《易占》：“天生萬物百穀，以給民用。天地之性人爲貴。今蝗蟲四起，此爲國多邪人，朝無忠臣，蟲與民争食，居位食禄如蟲矣。”意思與本則引文相近。

後齊天保八年，河北六州、河南十二州蝗。畿人皆祭之。[1]帝問魏尹丞崔叔瓚曰：[2]“何故蟲？”叔瓚對曰：“《五行志》云：‘土功不時則蝗蟲爲災。’[3]今外築長城，内脩三臺，故致災也。”[4]帝大怒，毆其頰，擢其髮，溷中物塗其頭。[5]役者不止。九年，山東又蝗，十年，幽州大蝗。《洪範五行傳》曰：“刑罰暴虐，貪饕不厭，興師動衆，取城修邑，而失衆心，則蟲爲災。”[6]是時帝用刑暴虐，勞役不止之應也。

［1］畿人：京畿地區的居民。《北齊書》卷四《文宣帝紀》：天保八年“自夏至九月，河北六州、河南十二州、畿内八郡大蝗。是月，飛至京師，蔽日，聲如風雨”。因此京畿地區的居民都祈神護佑。

［2］魏尹丞：東魏天平元年都鄴城（魏郡治），故魏郡相當於京畿，其長官魏尹職掌相當於京兆尹。北齊天保元年改魏尹爲清都尹。三品。史書記載有時仍襲舊稱，稱清都尹爲魏尹。這裏所説的魏尹丞，應即清都郡丞，清都尹的副手。從五品。　崔叔瓚：人名。有學識，性好直言。《北史》卷三二有附傳。

［3］土功不時則蝗蟲爲灾：《北史·崔叔瓚傳》稱語出《漢書·五行志》。查《漢書·五行志下之上》，原文作：“京房《易傳》曰：‘臣安禄兹謂貪，厥灾蟲，蟲食根。德無常兹謂煩，蟲食葉。不絀無德，蟲食本。與東作争，兹謂不時，蟲食節。蔽惡生孽，蟲食心。’”叔瓚所引，是對京房部分占語的概括。

［4］“《五行志》云”至“故致灾也”：叔瓚語見《北史》本傳。

［5］溷中物：污物、糞便。

［6］“刑罰暴虐”至“則蟲爲灾”：此句未見《漢書·五行志》引述，可能是《洪範五行傳論》佚文。

後周建德二年，關中大蝗。

開皇十六年，并州蝗。時秦孝王俊，[1]裒刻百姓，[2]盛修邸第。後竟獲譴而死。

［1］秦孝王俊：即隋文帝第三子秦王楊俊。

［2］裒刻：苛斂。

𦩍禍

開皇末，渭南有沙門三人，[1]行投陁法於人場圃之上。[2]夜見大豕來詣其所，小豕從者十餘，謂沙門曰："阿練，我欲得賢聖道，然猶負他一命。"[3]言罷而去。賢聖道者，君上之所行也。皇太子勇當嗣業，行君上之道，而被囚廢之象也。一命者，言爲煬帝所殺。

[1]渭南：縣名。治所在今陝西渭南市北。　沙門：佛教僧侶。

[2]投陁法：即頭陀法，是佛教中講求少欲、知足、減省煩惱的苦行修持方法。　場圃：農家種蔬菜和收打作物的地方。

[3]"阿練"至"負他一命"：這是大豕對沙門所作關於隋初皇太子楊勇命運的讖言。阿練，對僧道的昵稱。

開皇末，渭南有人寄宿他舍，夜中聞二豕對語。其一曰："歲將盡，阿耶明日殺我供歲。[1]何處避之？"一答曰："可向水北姊家。"因相隨而去。天將曉，主人覓豕不得，意是宿客而詰之。宿客言狀，主人如其言而得豕。其後蜀王秀得罪，[2]帝將殺之，樂平公主每匡救，[3]得全。後數年而帝崩，歲盡之應。

[1]阿耶：即阿爺，這裏指主人。　供歲：歲末祭祀供品。

[2]蜀王秀：即隋文帝第四子楊秀。

[3]樂平公主：即周宣帝皇后楊麗華，楊堅長女。入隋後被封爲樂平公主。傳見《周書》卷九、《北史》卷一四。

黑眚黑祥

梁承聖三年六月，[1]有黑氣如龍，見于殿内。近黑祥也。黑，周所尚之色。[2]今見於殿内，周師入梁之象。

其年，爲周所滅，帝亦遇害。

[1]承聖：梁元帝蕭繹年號（552—555）。

[2]黑，周所尚之色：北周禪西魏，以木德承水德。但因“文王誕玄氣之祥，有黑水之讖，服色宜烏”，故色尚黑。（《周書》卷三《閔帝紀》）

陳太建五年六月，西北有黑雲屬地，散如猪者十餘。《洪範五行傳》曰：“當有兵起西北。”[1]時後周將王軌，[2]軍於吕梁。明年，擒吴明徹，軍皆覆没。

[1]當有兵起西北：此句未見《漢書・五行志》引述，可能是《洪範五行傳論》佚文。

[2]王軌：人名。太原祁（今山西祁縣）人。傳見《周書》卷四〇、《北史》卷六二。

火沴水

後齊河清元年四月，河、濟清。[1]襄楷曰：[2]“河，諸侯之象。應濁反清，諸侯將爲天子之象。”[3]是後十餘歲，隋有天下。

[1]河、濟：河即黄河，濟即濟水。今天的黄河下游是當年的濟水古道。

[2]襄楷：人名。善天文陰陽之術，東漢桓帝時曾上書，借天文星象之變，指斥宦官專政。又獻早期道教經典《太平清領書》。《後漢書》卷三〇下有傳。

[3]“河，諸侯之象”至“天子之象”：《續漢書・五行志三》：“（桓帝）延熹八年四月，濟北〔河〕水清。九年四月，濟陰、東

郡、濟北、平原河水清。襄楷上言：‘河者諸侯之象，清者陽明之徵，豈獨諸侯有規京都計邪？’”當即這則引文的出處。黄河自古水濁，難有清時。《左傳》襄公八年子駟引《詩》：“俟河之清，人壽幾何。”漢魏以來，常以“河清難俟”比喻時久難待。讖緯賦予河清政治符號之意義，視爲聖人受命、天下升平之瑞兆，可能是因爲河水難清，而聖人明君也希出。宋文帝元嘉間，“河、濟俱清，當時以爲美瑞。”（《宋書》卷五一《鮑照傳》）

大業三年，武陽郡河清，[1]數里鏡澈。十二年，龍門又河清。[2]後二歲，大唐受禪。

[1]武陽郡：隋改魏州置，治貴鄉縣（今河北大名縣東北）。

[2]龍門：縣名。北魏始置。治今山西河津市西。北齊、北周爲龍門郡治，隋先後屬蒲州、河東郡。

陳太建十四年七月，江水赤如血，自建康，西至荆州。禎明中，江水赤，自方州，[1]東至海。《洪範五行傳》曰：“火沴水也。法嚴刑酷，傷水性也。五行變節，陰陽相干，氣色繆亂，皆敗亂之象也。”[2]京房《易占》曰：“水化爲血，兵且起。”[3]是時後主初即位，用刑酷暴之應。其後爲隋師所滅。

[1]方州：這裹指帝都建康。

[2]“火沴水也”至“敗亂之象也”：《漢書·五行志中之下》：“史記曰，秦武王三年渭水赤者三日，昭王三十四年渭水又赤三日。劉向以爲近火沴水也。秦連相坐之法，棄灰於道者黥，罔密而刑虐，加以武伐横出，殘賊鄰國，至於變亂五行，氣色謬亂。天戒若曰，勿爲刻急，將致敗亡。”本志引文略舉其大意。

[3]水化爲血，兵且起：《續漢書·五行志三》劉昭注引京房《易占》："流水化爲血，兵且起，以日辰占與其色。"

禎明二年四月，郢州南浦水，[1]黑如墨。黑水在關中，[2]而今淮南水黑，荆、揚州之地，陷於關中之應。

[1]郢州：南朝置，治汝南縣（今湖北武漢市）。　南浦：地名。在今江西南昌市西南，贛江至此分流。

[2]黑水：河名。所指説法不一，如張掖河（在今甘肅張掖市）、淖泥河（在今陝西横山縣西北）等，在南北朝史籍中都稱黑水，也都在北周、隋控制的地域之内，所以説"黑水在關中"。

後周大象元年六月，咸陽池水變爲血。[1]與陳太建十四年同占。是時，刑罰嚴急，未幾國亡。

[1]咸陽：郡名。北魏至隋初治池陽縣（今陝西涇陽縣），屬雍州。

《洪範五行傳》曰：[1]"思心不容，[2]是謂不聖。厥咎霿，[3]厥罰常風，[4]厥極凶短折。[5]有脂夜之妖，[6]有華孽，[7]有牛禍，[8]有心腹之痾，[9]有黄眚黄祥，[10]木金水火沴土。"[11]

[1]本段引文出自伏勝《洪範五行傳》。《漢書·五行志下之上》引作："思心之不睿，是謂不聖，厥咎霿，厥罰恒風，厥極凶短折。時則有脂夜之妖，時則有華孽，時則有牛禍，時則有心腹之痾，時則有黄眚黄祥，時則有金木水火沴土。"

[2]容：《洪範五行傳》原作"睿"，通達、明智的意思。《漢

書·五行志》同。但班固解釋“睿”爲寬容，“言上不寬大包容臣下，則不能居聖位”。《後漢書》以後諸《五行志》，遂多引作“思心不容”。

[3]厥咎霿（mào）：班固解釋説：“貌言視聽，以心爲主，四者皆失，則區霿無識，故其咎霿也。”“瞀”“霿”同義，昏昧愚蒙的意思。

[4]厥罰常風：常風之罰包括不以時出的大風、暴雨造成的折木、毀屋、傷稼等灾禍。常風，即恒風。

[5]厥極凶短折：因常風造成對人畜草木的嚴重傷害，如班固所説：“傷人曰凶，禽獸曰短，中木曰折。一曰，凶，夭也；兄喪弟曰短，父喪子曰折。”

[6]脂夜之妖：亦稱脂妖、夜妖。班固認爲，“在人腹中，肥而包裹心者脂也，心區霿則冥晦，故有脂夜之妖”。意思是，人的心竅如果被肥油淤塞，心智就會愚昧昏暗，於是這一類妖異應運而生。一種是脂妖，即油膩膩濕漉漉的妖物，於夜間作祟，例如“脂水夜汙人衣”，或如孔甲龍漦之類。一種是夜妖，專在月黑風高時作祟，如白晝晦暝、夜間鬼哭等異象。或説夜即液，液妖與脂妖同類。

[7]華孽：指草木不守時令開花引致花妖，也指女色引起的妖孽。華，即花。劉向解釋説，上天對思心不容的懲罰是常風，而《易·巽卦》之象“爲風爲木，卦在三月四月，繼陽而治，主木之華實。風氣盛，至秋冬木復華，故有華孽”。樹木在秋冬季開花，屬於不守時令之妖。《洪範》五事之思，在五行中對應土。所以另一解釋是因“地氣盛”而導致“秋冬復華”。又由此説引申出另一説：“一曰，華者色也，土爲内事，爲女孽也。”即所謂紅顔禍國。

[8]牛禍：與牛有關的灾異徵兆，如牛吐人言、牛犢缺肢少腿等變異。據《漢書·五行志》引劉向的解釋，《易·坤卦》之象“爲土爲牛，牛大心而不能思慮，思心氣毀，故有牛禍。一曰，牛多死及爲怪，亦是也”。

[9]有心腹之痾：人易患心、腹之病。

[10]黄眚黄祥：指涉及黄色事物（五行中屬土的事物）的怪異現象。如黄氣、黄霧或黄鼠變異等。心傷者病土氣，故有黄眚黄祥。

[11]木金水火沴土：即五行中土氣病弱，金木水火之氣可以傷土。

常風

梁天監六年八月戊戌，大風折木。京房《易飛候》曰："角日疾風，天下昏。不出三月中，兵必起。"[1]是歲魏軍入鍾離。

[1]"角日疾風"至"兵必起"：可能是《易飛候》佚文，僅見於本志。角，宫商角徵羽五聲（音）之一。與五行相配，角屬木。

承聖三年十一月癸未，帝閲武於南城，北風大急，普天昏闇。《洪範五行傳》曰："人君瞀亂之應。"[1]時帝既平侯景，公卿咸勸帝反丹陽，帝不從。又多猜忌，有瞀亂之行，故天變應之以風。是歲爲西魏滅。

[1]人君瞀亂之應：此句未見《漢書・五行志》引述，但以疾風爲君主瞀亂之懲罰，是《五行志》中常見的論述。

陳天嘉六年七月癸未，大風起西南，吹倒靈臺候樓。[1]《洪範五行傳》，以爲大臣專恣之咎。[2]時太子冲幼，[3]安成王頊專政，[4]帝不時抑損。明年崩，皇太子嗣位，頊遂廢之。

［1］靈臺：宫廷中觀察天文星象、妖祥灾異的機構。　候樓：靈臺中瞭望用的小樓。

［2］以爲大臣專恣之咎：如《漢書·五行志下之上》："成帝建始元年四月辛丑夜，西北有如火光。壬寅晨，大風從西北起，雲氣赤黄，四塞天下，終日夜下著地者黄土塵也。是歲，帝元舅大司馬大將軍王鳳始用事；又封鳳母弟崇爲安成侯，食邑萬户；庶弟譚等五人賜爵關内侯，食邑三千户。復益封鳳五千户，悉封譚等爲列侯，是爲五侯。"

［3］太子：即陳文帝嫡長子陳伯宗，永定二年（558）立爲臨川王世子，次年文帝即位，立爲皇太子。天嘉六年（565），陳伯宗年約十一歲，故謂冲幼。

［4］安成王頊：即陳頊（日後的陳宣帝），永定三年八月被陳武帝封爲安成王。

太建十二年六月壬戌，大風吹壞臯門中闥。[1]十二年九月，夜又風，發屋拔樹。始興王叔陵專恣之應。

［1］臯門：古時王宫的外門。臯，通"高"。　中闥：内門，小門。

至德中，大風吹倒朱雀門。

禎明三年六月丁巳，[1]大風，自西北，激濤水入石頭、淮。是時，後主任司馬申，誅戮忠諫。[2]沈客卿、施文慶，[3]專行邪僻。[4]江總、孔範等，崇長淫縱。杜塞聰明，瞀亂之咎。

［1］禎明三年六月：陳後主禎明三年（隋文帝開皇九年）正月，隋師攻建康，俘陳後主，陳亡。其事具載於《陳書》卷六《後主紀》、《南史》卷一〇《陳本紀下》、本書卷二《高祖紀下》。所以禎明三年並無六月。《陳書·後主紀》，禎明二年六月"丁巳，大風至自西北激濤水入石頭城，淮渚暴溢，漂没舟乘"。"三年"顯然是"二年"之誤。

［2］司馬申：人名。南朝梁、陳人，祖籍河内温縣（今河南温縣）。傳見《陳書》卷二九、《南史》卷七七。

［3］沈客卿：人名。南朝陳人，祖籍吴興武康（今浙江德清縣西）。後主時爲中書舍人。貪婪殘酷，刻剥百姓。傳見《南史》卷七七。　施文慶：人名。南朝陳人，有吏才，後主時爲中書舍人。傳見《南史》卷七七。

［4］專行邪僻：禎明三年隋軍大舉伐陳，四方州鎮相繼表奏告急，沈客卿、施文慶却以私心抑而不奏，以致陳無防備，隋軍順利平陳。

後齊河清二年，大風，三旬乃止。時帝初委政佞臣和士開，專恣日甚。天統三年五月，大風，晝晦，發屋拔樹。天變再見，而帝不悟。明年帝崩。後主詔内外表奏，皆先詣士開，然後聞徹。[1]趙郡王叡、馮翊王潤，[2]按士開驕恣，不宜仍居内職，反爲士開所譖，叡竟坐死。士開出入宫掖，生殺在口，尋爲琅邪王儼所誅。

［1］聞徹：聞達。

［2］趙郡王叡：即高叡。高歡侄，北齊初封趙郡王。後主時，與馮翊王高潤、安化王高延宗等上疏，建議驅逐幸臣和士開，被胡太后與和士開合謀殺害。《北齊書》卷一三、《北史》卷五一有附傳。　馮翊王潤：即高潤。高歡第十四子，齊天保初封馮翊王。傳

見《北齊書》卷一〇、《北史》卷五一。

七年三月，[1]大風起西北，發屋拔樹。五日乃止。時高阿那瓌、駱提婆等專恣之應。[2]

［1］七年三月：北齊後主天統年號共五年（565—569），無七年。《北齊書》卷八《後主紀》，武平七年"二月丙寅，風從西北起，發屋拔樹，五日乃止"。此條當繫於武平七年。又，《北齊書》本紀作"二月丙寅"，本志作"三月"。中華本《北齊書·後主紀》校勘記指出，上文已見"二月辛酉"，這裏不應重出二月。本書《五行志下》作"三月"，但這年三月又没有丙寅。姑且存疑。

［2］高阿那瓌：人名。即高阿那肱。北齊善無（今山西右玉縣南）人。傳見《北齊書》卷五〇、《北史》卷九二。

開皇二十年十一月，京都大風，發屋拔樹，秦、隴壓死者千餘人。[1]地大震，鼓皆應。浄刹寺鐘三鳴，佛殿門鎖自開，銅像自出户外。鐘鼓自鳴者，近鼓妖也。揚雄以爲人君不聰，爲衆所惑，空名得進，則鼓妖見。[2]時獨孤皇后干預政事，左僕射楊素權傾人主。帝聽二人之讒，而黜僕射高熲，廢太子勇爲庶人，晋王鈞虚名而見立。思心瞀亂，陰氣盛之象也。鎖及銅像，並金也。金動木震之，水沴金之應。[3]《洪範五行傳》曰："失衆心甚之所致也。"高熲、楊勇，無罪而咸廢黜，失衆心也。

［1］"開皇"至"千餘人"：本書卷二《高祖紀下》，開皇二十年"十一月戊子，天下地震，京師大風雪。以晋王廣爲皇太子"，

就是記載這一風灾。隴，州名。北周、隋初治汧陰縣，開皇五年改汧源縣（今陝西隴縣）。

[2]揚雄：人名。西漢蜀郡成都（今屬四川）人。博覽群書，善辭賦。傳見《漢書》卷八七。"人君不聰"至"則鼓奴見"：此處引文出自《漢書·五行志中之下》。鼓妖本屬"聽之不聰"的灾異徵兆，但由地震引發，所以列舉於此。

[3]金動木震之，水沴金之應：本節主要討論思心不容導致木金水火諸氣對土氣的傷害。"金動木震之，水沴金"之説，不見於諸史《五行志》。《漢書·五行志中之上》："史記周威烈王二十三年，九鼎震。金震，木動之也。""九鼎之震，木沴金，失衆甚。"則"水沴金"或當作"木沴金"。

仁壽二年，西河有胡人，[1]乘騾在道，忽爲迴風所飄，[2]并一車上千餘尺，乃墜，皆碎焉。京房《易傳》曰："衆逆同志，至德乃潛，厥異風。"[3]後二載，漢王諒在并州，潛謀逆亂，車及騾騎之象也。[4]升空而墜，顛隕之應也。天戒若曰，無妄動車騎，終當覆敗，而諒不悟。及高祖崩，諒發兵反，州縣響應，衆至數十萬。月餘而敗。

[1]西河：縣名。隋開皇初改永安縣置，治所在今山西臨汾市北，屬晋州。大業初廢。　胡人：中國古代對北方邊地及西域各民族人民的稱呼。隋唐時亦特指中亞粟特人。

[2]迴風：迴旋之風，能將騎騾的人和大車席捲上天千餘尺，可能就是龍捲風。

[3]"衆逆同志"至"厥異風"：《漢書·五行志下之上》引京房《易傳》："潛龍勿用，衆逆同志，至德乃潛，厥異風。"

[4]車、騎：在古代象徵兵馬戰事。

夜妖

梁承聖二年十月丁卯，[1]大風，晝晦，天地昏暗。近夜妖也。京房《易飛候》曰：“羽日風，天下昏，人大疾。不然，多寇盜。”[2]三年爲西魏所滅。

[1]丁卯：梁元帝承聖二年十月，庚寅朔。這個月並没有丁卯日。

[2]“羽日風”至“多寇盜”：可能是《易飛候》佚文，僅見於本志。羽，宫商角徵羽五聲（音）之一。與五行相配，羽屬水。

陳禎明三年正月朔旦，[1]雲霧晦冥，入鼻辛酸。後主昏昧，近夜妖也。《洪範五行傳》曰：“王失中，臣下强盛，以蔽君明，則雲陰。”[2]是時北軍臨江，柳莊、任蠻奴並進中款，[3]後主惑佞臣孔範之言，而昏闇不能用，以至覆敗。

[1]朔旦：每月初一。

[2]“王失中”至“則雲陰”：《漢書·五行志下之上》作：“雲起於山，而彌於天；天氣亂，故其罰常陰也。一曰，上失中，則下强盛而蔽君明也。”可能引述的是劉向《洪範五行傳論》的説法。但這種異象，在洪範五行論述中屬於“皇之不極”，“人君貌言視聽思心五事皆失，不得其中”之罰。本志却據以解釋夜妖異象。

[3]柳莊：人名。南朝陳人，陳宣帝柳皇后從祖弟。事見《陳書》卷七《高宗柳皇后傳》。　中款：出於内心的真誠情意。亦指出於内心的懇摯之言。

東魏武定四年冬，大霧六日，晝夜不解。《洪範五行傳》曰："晝而晦冥若夜者，陰侵陽，臣將侵君之象也。"[1]明年，元瑾、劉思逸謀殺大將軍之應。

[1]"晝而晦冥"至"侵君之象也"：《漢書·五行志下之上》引劉向說，"正晝皆瞑，陰爲陽，臣制君也"，"向又以爲此皆所謂夜妖者也"。應該就是這則引文的出處。

周大象二年，尉迥敗於相州。坑其黨與數萬人於游豫園。[1]其處每聞鬼夜哭聲。《洪範五行傳》曰："哭者死亡之表，近夜妖也。鬼而夜哭者，將有死亡之應。"[2]京房《易飛候》曰："鬼夜哭，國將亡。"[3]明年，周氏王公皆見殺，周室亦亡。

[1]游豫園：北齊文宣帝天保九年，在鄴城於曹操所築銅雀等三臺舊址擴建重築三臺，又大起宫室及供皇家游樂的游豫園。北周末尉遲迥起兵反楊堅，韋孝寬奉命討伐，攻破鄴城，"兵士在小城中者，盡坑於游豫園"。(《周書》卷三一《韋孝寬傳》)

[2]"哭者死亡"至"死亡之應"：這則引文未見他書引述。

[3]鬼夜哭，國將亡：這則引文未見他書引述。

仁壽中，仁壽宫及長城之下，[1]數聞鬼哭。尋而獻后及帝，[2]相次而崩於仁壽宫。

[1]仁壽宫：隋開皇十三年修建的離宫，在今陝西麟游縣西。文帝於仁壽四年七月在此病故。

[2]獻后：即隋文獻皇后獨孤氏。獨孤后於仁壽二年（602）

八月在永安宫去世。傳見書卷三六、《北史》卷一四。

大業八年，楊玄感作亂於東都。[1]尚書樊子蓋，坑其黨與於長夏門外，[2]前後數萬。洎于末年，[3]數聞其處鬼哭，有呻吟之聲。與前同占。其後王世充害越王侗于洛陽。

[1]大業八年：楊玄感作亂於東都，當在大業九年。

[2]長夏門：隋東都外郭城東南門。

[3]洎：至，到。

華孽

後齊武平元年，槐華而不結實。[1]槐，三公之位也，[2]華而不實，萎落之象。至明年，録尚書事和士開伏誅。隴東王胡長仁，太保、琅邪王儼皆遇害。左丞相段韶薨。[3]

[1]華而不結實：開花而不結果實或種子。

[2]槐：周代朝廷種三槐、九棘，公卿大夫分坐其下。後世以槐喻三公等最高輔政大臣之位。

[3]段韶：即段孝先，見前注。

陳後主時，有張貴妃、孔貴嬪，[1]並有國色，稱爲妖艷。後主惑之，寵冠宫掖，每充侍從，詩酒爲娱。一入後庭，數旬不出，荒淫侈靡，莫知紀極。府庫空竭，頭會箕斂，[2]天下怨叛，將士離心。敵人鼓行而進，莫有死戰之士。女德之咎也。[3]及敗亡之際，後主與此姬俱投於井，隋師執張貴妃而戮之，以謝江東。《洪範五行傳》曰：華者，猶榮華容色之象也。以色亂國，故謂華孽。[4]

[1]張貴妃：即張麗華，後主爲太子時，選入東宫，即位後拜貴妃。《陳書》卷七、《南史》卷一二有附傳。　孔貴嬪：史書無傳。

[2]頭會箕斂：按人數徵税，用畚箕裝取所徵的穀物。謂賦税苛刻繁重。

[3]女德：女色。

[4]"華者"至"故謂華孽"：此句未見《漢書·五行志》引述。《漢書·五行志下之上》引劉向説："華者色也，土爲内事，爲女孽也。"

齊後主有寵姬馮小憐，[1]慧而有色，能彈琵琶，尤工歌儛。後主惑之，拜爲淑妃。選綵女數千，爲之羽從，一女之飾，動費千金。帝從禽於三堆，[2]而周師大至，邊吏告急，相望於道。帝欲班師，小憐意不已，更請合圍。帝從之。由是遲留，而晋州遂陷。後與周師相遇於晋州之下，坐小憐而失機者數矣，因而國滅。齊之士庶，至今咎之。

[1]馮小憐：即馮淑妃，見前注。

[2]從禽：狩獵。　三堆：地名。在今山西静樂縣。

牛禍

梁武陵王紀祭城隍神，[1]將烹牛，忽有赤蛇繞牛口。

牛禍也。象類言之，又爲龍蛇之孽。魯宣公三年，郊牛之口傷，時以爲天不享，棄宣公也。[2]《五行傳》曰：逆君道傷，故有龍蛇之孽。[3]是時紀雖以赴援爲名，而實妄自尊亢。思心之咎，神不享，君道傷之應。果爲元帝所敗。

[1]城隍神：守護城池的神祇。

[2]“魯宣公三年”至“棄宣公也”：《春秋》宣公三年：“春王正月，郊牛之口傷，改卜牛，牛死。乃不郊。”《漢書·五行志下之上》引劉向説，以爲近牛禍也。

[3]逆君道傷，故有龍蛇之孽：此句未見《漢書·五行志》引述。在洪範五行論述中，龍蛇之孽屬於“皇之不極”，“人君貌言視聽思心五事皆失，不得其中”之罰。五事皆失時，君道傷、君氣毁，有篡弑之禍。(《漢書·五行志下之上》)

後齊武平二年，并州獻五足牛。牛禍也。《洪範五行傳》曰：“牛事應，宫室之象也。”[1]帝尋大發卒，於仙都苑穿池築山，樓殿間起，窮華極麗。功始就而亡國。

[1]牛事應，宫室之象也：此句未見《漢書·五行志》引述。《漢書·五行志下之上》：“秦孝文王五年，斿朐衍，有獻五足牛者。劉向以爲近牛禍也。先是文惠王初都咸陽，廣大宫室，南臨渭，北臨涇，思心失，逆土氣。足者止也，戒秦建止奢泰，將致危亡。”又引京房《易傳》：“興繇役，奪民時，厥妖牛生五足。”意思相近。

後周建德六年，陽武有獸三，狀如水牛，一黄，一赤，一黑。與黑者鬭久之，[1]黄者自傍觸之，黑者死，黄赤俱入于河。近牛禍也。黑者，周之所尚色。死者，滅亡之象。後數載，周果滅而隋有天下，旗牲尚赤，戎服以黄。[2]

[1]與黑者鬭：從上下文看，與黑獸鬭的應該是赤獸。

[2]旗牲尚赤，戎服以黄：隋朝代周，按五德行序屬火德，所以朝會禮服、旗幟犧牲皆尚赤。但皇帝服飾和軍服則采用黄色。

大業初，恒山有牛，[1]四脚膝上，各生一蹄。其後建東都，築長城，開溝洫。[2]

[1]恒山：郡名。隋大業初改恒州置，治真定縣（今河北正定縣南）。

[2]溝洫：原指田間小道，借指農田水利。此處是指開鑿運河。

心腹之痾

陳禎明三年，隋師臨江，後主從容而言曰："齊兵三來，周師再來，無復摧敗。彼何爲者？"都官尚書孔範曰："長江天塹，古以爲限隔南北。今日北軍豈能飛度耶？臣每患官卑，彼若度來，臣爲太尉矣。"[1]後主大悦，因奏妓縱酒，賦詩不輟。心腹之痾也。[2]存亡之機，定之俄頃，君臣旰食不暇，後主已不知懼，孔範從而蕩之，天奪其心，曷能不敗。陳國遂亡，範亦遠徙。

[1]"齊兵三來"至"臣爲太尉矣"：陳後主與孔範的對話，分見於《南史》卷一〇《陳後主紀》、卷七七《孔範傳》。都官尚

書，官名。南北朝尚書省都官曹長官。南朝職掌軍事刑獄、徒隸囚犯、水利工程、庫藏、官吏考課等事務。

［2］心腹之疴：本意指人内臟器官所患疾病。這裏引申爲思心之患。

齊文宣帝，嘗宴於東山，[1]投杯赫怒，下詔西伐，極陳甲兵之盛。既而泣謂群臣曰："黑衣非我所制。"[2]卒不行。有識者，以帝精魄已亂，知帝祚之不永。帝後竟得心疾，耽荒酒色，性忽狂暴，數年而崩。

［1］東山：也稱東譀山，在北齊京師鄴城東（今河北臨漳縣西南）。東魏時高澄在此鑿池，後成爲北齊帝王游宴之所。

［2］黑衣：據《北齊書》卷一〇《上黨剛肅王渙傳》，東魏有術士預言"亡高者黑衣"，所以自高歡以下，北齊諸帝出行，都不願意見到僧人，忌諱黑衣者。北齊最終亡於北周，黑衣恰爲北周軍服之色。

武成帝丁太后憂，緋袍如故。[1]未幾，登三臺，置酒作樂，侍者進白袍，[2]帝大怒，投之臺下。未幾而崩。

［1］緋袍：紅色袍服。大寧二年（562）四月神武婁太后去世，其子武成帝高湛在丁憂（守喪）期間不遵禮儀，仍常服，不改喪服。據説婁太后去世前，有童謡流傳"九龍母死不作孝"。高湛在高歡諸子中，排行第九。童謡至此應驗。（《北齊書》卷九《神武婁后傳》）

［2］白袍：白色爲喪服的顔色。

黄眚黄祥

梁大同元年，天雨土。二年，天雨灰，其色黄。近黄祥也。京房《易飛候》曰：“聞善不及，兹謂有知。厥異黄，厥咎龍，厥災不嗣。蔽賢絶道之咎也。”[1]時帝自以爲聰明博達，惡人勝己。又篤信佛法，捨身爲奴，絶道蔽賢之罰也。

［1］“聞善不及”至“絶道之咎也”：《漢書·五行志下之上》引京房《易傳》：“言大臣之義，當觀賢人，知其性行，推而貢之，否則爲聞善不與，兹謂不知，厥異黄，厥咎聾，厥災不嗣。黄者，日上黄光不散如火然，有黄濁氣四塞天下。蔽賢絶道，故災異至絶世也。”與本志所引，文字略有出入。

大寶元年正月，[1]天雨黄沙。二年，簡文帝夢丸土而吞之。[2]尋爲侯景所廢，以土囊壓之而斃，諸子遇害，不嗣之應也。

［1］大寶：梁簡文帝蕭綱年號（550—551）。
［2］簡文帝夢丸土而吞之：事見《南史》卷八《梁簡文帝紀》。

陳後主時，夢黄衣人圍城。後主惡之，遶城橘樹，盡伐去之。隋高祖受禪之後，上下通服黄衣。[1]未幾隋師攻圍之應也。

［1］黄衣：隋自承火德，但皇帝服飾和軍服則采用黄色，見前注。

後周大象二年正月，天雨黄土，移時乃息。與大同元年同占。時帝昏狂滋甚，期年而崩，至于静帝，用遜厥位。[1]絶道不嗣之應也。

[1]用遜厥位：遜位禪讓。

開皇二年，京師雨土。是時，帝懲周室諸侯微弱，以亡天下，故分封諸子，並爲行臺，[1]專制方面。失土之故，有土氣之祥，其後諸王各謀爲逆亂。京房《易飛候》曰："天雨土，百姓勞苦而無功。"[2]其時營都邑。後起仁壽宫，頹山堙谷，[3]丁匠死者太半。

[1]行臺：魏晋以來尚書省臨時在外設置的分支機構，也稱行尚書臺或行臺省，代表中央發號施令。北魏、北齊設置漸多，成爲地方最高行政機構。北周改置總管府。隋初設行臺，非常制。

[2]天雨土，百姓勞苦而無功：可能是《易飛候》佚文，僅見於本志。

[3]頹山堙谷：挖山填谷。

裸蟲之孽[1]

梁太清元年，丹陽有莫氏妻，生男，眼在頂上，大如兩歲兒。墜地而言曰："兒是旱疫鬼，[2]不得住。"母曰："汝當令我得過。"疫鬼曰："有上官，何得自由。母可急作絳帽，[3]故當無憂。"母不暇作帽，以絳繫髮。自是旱疫者二年，揚、徐、兖、豫尤甚。莫氏鄉鄰，多以絳免，他土効之無驗。

[1]裸蟲：於五行屬土，指包括人在内的身體表面無毛或短淺

毛髮的動物，如海豚、鯨類、河馬、海牛、海豹、青蛙、蚯蚓、大鯢（娃娃魚）等，因身體裸露而得名。《漢書·五行志下之上》指出，氣候溫暖而有風，就會有"裸（蠃）蟲之孽"。裸，亦作蠃。

[2]旱疫鬼：在大旱之季傳播瘟疫的鬼神。疫鬼，是古代傳説中傳播瘟疫的鬼神。《續漢書·禮儀志中》劉昭注引《漢舊儀》："顓頊氏有三子，生而亡去爲疫鬼。一居江水，是爲（虎）〔虐鬼〕；一居若水，是爲罔兩蜮鬼；一居人宫室區隅（漚庾），善驚人小兒。"

[3]絳：大紅色。

大寶二年，京口人於藏兒，[1]年五歲，登城西南角大樓，打鼓作長江檑。[2]鼓，兵象也。是時侯景亂江南。

[1]京口：地名。長江下游軍事重鎮，即今江蘇鎮江市。　於藏兒：人名。事迹不詳。

[2]檑：擂，擊。

陳永定三年，有人長三丈，見羅浮山，[1]通身潔白，衣服楚麗。京房占曰："長人見，亡。"[2]後二歲，帝崩。

[1]見：現身。　羅浮山：在今廣東中部、東江右側，跨博羅、增城、龍門三地。

[2]長人見，亡：本志之外，京房此占語未見他書引述。《宋書·五行志一》："案古長人見，爲國亡。"

後主爲太子時，有婦人突入東宫而大言曰："畢國主。"[1]後主立而祚終之應也。

[1]畢國主：終結國家的君主。《南史》卷一〇《陳後主紀》記其事，視爲陳亡的讖語。

至德三年八月，建康人家婢死，埋之九日而更生。有牧牛人聞而出之。

禎明二年，有船下，忽聞人言曰："明年亂。"視之，得死嬰兒，長二尺而無頭。明年陳滅。

齊天保中，臨漳有婦人産子，[1]二頭共體。是後政由姦佞，上下無別，兩頭之應也。

[1]臨漳：縣名。治所在今河北臨漳縣西南。

後主時，有桑門，[1]貌若狂人，見烏則向之作禮，見沙門則毆辱之。烏，周色也。未幾，齊爲周所吞，滅除佛法。

[1]桑門：佛教僧侣，沙門的異譯。

後周保定三年，有人産子男，陰在背上如尾，兩足指如獸爪。陰不當生於背而生於背者，陰陽反覆，君臣顛倒之象。人足不當有爪而有爪者，將致攫人之變也。是時，晋蕩公宇文護，專擅朝政，征伐自己，陰懷篡逆。天戒若曰，君臣之分已倒矣，將行攫噬之禍。帝見變而悟，遂誅晋公，親萬機，躬節儉，克平齊國，號爲高祖。轉禍爲福之効也。

武帝時，有强練者，[1]佯狂，持一瓠，[2]至晋蕩公護門，而擊破之，曰：“身尚可，子苦矣。”時護專政，因朝太后，帝擊殺之。發兵捕其諸子，皆備楚毒而死。强練又行乞於市，人或遺之粟麥，輒以無底帒受之。[3]因大笑曰：“盛空。”未幾，周滅，高祖移都，長安城爲墟矣。

[1]强練：人名。善作讖語，事後常能應驗，所以當時人頗敬信他。傳見《北史》卷八九，《周書》卷四七有附傳。

[2]瓠：葫蘆，與宇文護之名同音。

[3]帒：同“袋”。

開皇六年，霍州有老翁，[1]化爲猛獸。

[1]霍州：地名。南朝梁天監六年（507）置，治岳安縣（今安徽霍山縣）。北齊廢州，隋初廢郡，縣改名霍山。

七年，相州有桑門，變爲蛇，尾繞樹而自抽，長二丈許。

仁壽四年，有人長數丈，見於應門，[1]其迹長四尺五寸。其年帝崩。

[1]應門：中華本校勘記云：“本書《高祖紀下》作‘雁門’。”

大業元年，雁門人房回安，[1]母年百歲，額上生角，長二寸。《洪範五行傳》曰：“婦人，陰象也。角，兵象也。下反上之應。”[2]是後天下果大亂，陰戎圍帝於雁門。

［1］房回安：人名。事迹不詳。

［2］“婦人”至“下反上之應”：這段文字未見《漢書·五行志》引述。但人或馬生角爲兵戎之象，預示將有以下犯上的武裝叛亂，在《漢書·五行志》中有數處論及。

四年，雁門宋谷村，有婦人生一肉卵，大如斗，埋之。後數日，所埋處雲霧盡合，從地雷震而上，視之洞穴，失卵所在。

六年，趙郡李來王家婢，[1]產一物，大如卵。

［1］趙郡：隋大業初改欒州置，治平棘縣（今河北趙縣）。

六年正月朔旦，有盜衣白練裙襦，[1]手持香花，自稱彌勒佛出世。[2]入建國門，[3]奪衛士仗，將爲亂。齊王暕遇而斬之。後三年，楊玄感作亂，引兵圍洛陽，戰敗伏誅。

［1］白練裙襦：白色熟絹縫製的裙裳和短襖。

［2］彌勒佛：大乘佛教八大菩薩之一。在佛教信仰中，是釋迦牟尼佛在未來的繼任者，佛典稱彌勒降世救苦救難，救度衆生。南北朝至隋，借彌勒下生信仰，發起動亂的歷史記載很多。如大業九年扶風人宋子賢、向海明自稱彌勒佛出世，起事作亂。

［3］建國門：隋東都洛陽外郭城正南門。

八年，有澄公者，[1]若狂人，於東都大叫唱賊。帝聞而惡之。明年，玄感舉兵，圍洛陽。

[1]澄公：此非十六國時期的澄公（佛圖澄），生平不詳。

十二年，澄公又叫賊。李密逼東都，孟讓燒豐都市而去。[1]

[1]孟讓：人名。隋齊郡（治所在今山東濟南市）人。大業九年起兵，與王薄聯合，轉戰山東諸郡，後移兵江淮，據都梁山。被王世充擊敗後，北投瓦崗軍。　豐都市：洛陽東市。

九年，帝在高陽。[1]唐縣人宋子賢，[2]善爲幻術。[3]每夜，樓上有光明，能變作佛形，自稱彌勒出世。又懸大鏡於堂上，紙素上畫爲蛇爲獸及人形。有人來禮謁者，轉側其鏡，遣觀來生形像。或映見紙上蛇形，子賢輒告云："此罪業也，當更禮念。"又令禮謁，乃轉人形示之。遠近惑信，日數百千人。遂潛謀作亂，將爲無遮佛會，[4]因舉兵，欲襲擊乘輿。事泄，鷹揚郎將以兵捕之。[5]夜至其所，遶其所居，但見火坑，兵不敢進。郎將曰："此地素無坑，止妖妄耳。"及進，無復火矣。遂擒斬之，并坐其黨與千餘家。其後復有桑門向海明，於扶風自稱彌勒佛出世，[6]潛謀逆亂。人有歸心者，輒獲吉夢。由是人皆惑之，三輔之士，[7]翕然稱爲大聖。因舉兵反，衆至數萬。官軍擊破之。京房《易飛候》曰："妖言動衆者，兹謂不信。路無人行。不出三年，起兵。"[8]自是天下大亂，路無人行。

[1]高陽：縣名。治所在今河北高陽縣東舊城。

[2]唐縣：隋治左人城（今河北唐縣西）。　宋子賢：人名。事迹不詳。

[3]幻術：方士、術士的法術或魔術。

[4]無遮佛會：以布施供養爲主要内容的佛教齋會。無遮，指寬容一切，解脱諸惡，不分貴賤、僧俗、智愚、善惡。

[5]鷹揚郎將：官名。隋煬帝大業三年，改府兵制的軍府名稱，以驃騎府爲鷹揚府，長官驃騎將軍改名鷹揚郎將。正五品。

[6]扶風：郡名。隋治雍縣（今陝西鳳翔縣）。

[7]三輔：西漢治理京畿地區的三個職官的合稱。亦指其所轄地區。

[8]“妖言動衆”至“起兵”：《漢書·五行志下之上》引京房《易傳》作：“妖言動衆，兹謂不信，路將亡人，司馬死。”

木金水火沴土

梁天監五年十一月，京師地震，木金水火沴土也。《洪範五行傳》曰：“臣下盛，將動而爲害。”[1]京房《易飛候》曰：“地動以冬十一月者，其邑飢亡。”[2]時交州刺史李凱舉兵反。明年，霜，歲儉人飢。

[1]臣下盛，將動而爲害：《漢書·五行志下之上》解釋地震時引劉向説：“天戒若曰，臣下强盛者將動爲害。”

[2]地動以冬十一月者，其邑飢亡：可能是《易飛候》佚文，僅見於本志。

普通三年正月，建寧地震。是時，義州刺史文僧朗以州叛。[1]

[1]“普通三年”至“以州叛”：唐燮軍考證：“文僧朗之叛，

《梁書·武帝紀下》《南史·梁本紀中》及《資治通鑑》卷一百四十九皆稱時在普通二年六月丁卯，此云普通三年，誤。”（唐燮軍：《〈隋書·天文志·五代灾變應〉勘誤》，《古籍整理研究學刊》2007年第6期）

六年十二月，地震。京房《易飛候》曰：“地冬動有音，以十二月者，其邑有行兵。”[1]是時，帝令豫章王琮，[2]將兵北伐。

[1]“地冬動”至“有行兵”：可能是《易飛候》佚文，僅見於本志。

[2]豫章王琮：即蕭琮，見前注。

中大通五年正月，建康地震。京房《易飛候》曰：“地以春動，歲不昌。”[1]是歲，大水，百姓飢饉。

[1]地以春動，歲不昌：可能是《易飛候》佚文，僅見於本志。

大同三年十一月，建康地震。京房《易飛候》曰：“地震以十一月，邑有大喪及飢亡。”[1]明年，霜爲灾，百姓飢。三年十月，建康地震。是歲，會稽山賊起。[2]

[1]地震以十一月，邑有大喪及飢亡：前引京房《易飛候》作：“地動以冬十一月者，其邑饑亡。”意思相同。

[2]會稽：郡名。東漢至南朝治山陰縣（今浙江紹興市）。

七年二月，建康地震。是歲，交州人李賁舉兵，逐刺史蕭諮。[1]

[1]蕭諮：人名。南朝梁宗室，鄱陽王蕭恢子，封武林侯，官衛尉卿，爲侯景所殺。《南史》卷五二有附傳。

九年閏正月，地震。李賁自稱皇帝，署置百官。

太清三年四月，建康地再震。時侯景自爲大丞相、録尚書事，帝所須不給。是月，以憂憤崩。

陳永定二年五月，建康地震。時王琳立蕭莊於郢州。[1]

[1]王琳：人名。南朝會稽山陰（今浙江紹興市）人。傳見《北齊書》卷三二、《南史》卷六四。

太建四年十一月，地震。陳寶應反閩中。[1]

[1]陳寶應：人名。南朝陳晋安侯官（今福建福州市）人。傳見《陳書》卷三五、《南史》卷八〇。　閩中：泛指今福建中部地區。

禎明元年正月，地震。施文慶、沈客卿專恣之應也。

東魏武定二年十一月，西河地陷而且然。京房《易妖占》曰："地自陷，其君亡。"[1]祖暅曰：[2]"火，陽精也。地者，陰主也。地然，越陰之道，行陽之政，臣下擅恣，終以自害。"[3]時後齊神武作宰，而侯景專擅河南。後二歲，神武果崩，景遂作亂，而自取敗亡之應。

[1]地自陷，其君亡：可能是《易妖占》佚文，僅見於本志。

[2]祖暅：人名。亦作祖暅之。南朝梁人，祖冲之之子。《南史》卷七二有附傳。

[3]“火，陽精也”至“終以自害”：北周庾季才撰、北宋王安禮重修《靈臺秘苑》卷六《地占》有類似陳述。

後齊河清二年，并州地震。和士開專恣之應。

後周建德二年，凉州地頻震。[1]城郭多壞，地裂出泉。京房《易妖占》曰：“地分裂，羌夷叛。”[2]時吐谷渾頻寇河西。

[1]凉州：魏晋南北朝治姑臧縣（今甘肅武威市）。

[2]地分裂，羌夷叛：《續漢書·五行志四》引京房《易傳》作：“地裂者，臣下分離，不肯相從也。”“羌夷叛”占辭僅見於本志。

開皇十四年五月，京師地震。京房《易飛候》曰：“地動以夏五月，人流亡。”[1]是歲關中飢，帝令百姓就糧於關東。[2]

[1]地動以夏五月，人流亡：可能是《易飛候》佚文，僅見於本志。

[2]關東：泛指函谷關或潼關以東地區。

仁壽二年四月，岐、雍地震。[1]京房《易飛候》曰：

"地動以夏四月，五穀不熟，人大飢。"[2]

[1]岐：岐州。北魏始置，隋沿置，治雍縣（今陝西鳳翔縣），大業三年廢。　雍：雍州。隋治長安（今陝西西安市西北）。

[2]"地動以"至"人大飢"：可能是《易飛候》佚文，僅見於本志。

三年，梁州就谷山崩。[1]《洪範五行傳》曰："崩散落，背叛不事上之類也。"[2]梁州爲漢地。[3]明年，漢王諒舉兵反。

[1]梁州：隋初治南鄭縣（今陝西漢中市東），大業三年廢。就谷：地名。不詳。

[2]崩散落，背叛不事上之類也：《漢書・五行志下之上》解釋春秋時期山麓崩塌現象，引述"劉向以爲臣下背叛，散落不事上之象也"，應該就是這則引文的出處。

[3]梁州爲漢地：秦亡，項羽封劉邦爲漢王，都南鄭，其轄境曾包括隋梁州之地。楊諒封漢王，其封國範圍不詳。

大業七年，砥柱山崩，[1]壅河，逆流數十里。劉向《洪範五行傳》曰："山者，君之象。水者，陰之表。人之類也。天戒若曰，君人擁威重，將崩壞，百姓不得其所。"[2]時帝興遼東之師，百姓不堪其役，四海怨叛。帝不能悟，卒以滅亡。

[1]砥柱山：也稱三門山，在今河南三門峽市東北黃河中。三門即神門、鬼門、人門。

［2］“山者”至“不得其所”：《漢書·五行志下之上》解釋春秋時期梁山崩，壅河三日不流，引劉向説：“山陽，君也，水陰，民也，天戒若曰，君道崩壞，下亂，百姓將失其所矣。”應該就是這段引文的出處。

《洪範五行傳》曰：[1]“皇之不極，是謂不建。[2]厥咎瞀，厥罰常陰，厥極弱。[3]時則有射妖，[4]則有龍蛇之孽，[5]則有馬禍。”[6]

［1］《漢書·五行志下之上》引伏勝《洪範五行傳》：“皇之不極，是謂不建，厥咎眊，厥罰恒陰，厥極弱。時則有射妖，時則有龍蛇之孽，時則有馬禍，時則有下人伐上之痾，時則有日月亂行，星辰逆行。”本段引文依據《洪範五行傳》，但省略了“下人伐上之痾”和“日月亂行，星辰逆行”等異象。

［2］皇之不極，是謂不建：意指君主施政，須不偏不倚、中和公正、恰如其分。皇即君主，極即中，建即立。皇極是五事的延伸。君主在貌言視聽思五事中任何一事有失誤，都會導致程度不等的五行失調，引發不同類型的自然與人事灾異。“皇之不極”，就意味着五事皆失，會徹底喪失天命，受傷害的不是五行之氣，而是“君道”和“天氣”，因而不但導致自然、人事的灾異，還會引發下位者的篡弑之禍和“日月亂行，星辰逆行”的異變。本志撰者可能因某些考慮，省略了“下人伐上之痾”和“日月亂行，星辰逆行”，所以未能全面展示皇之不極的嚴重後果。

［3］瞀：昏昧愚蒙。《漢書·五行志》作“眊”，與“瞀”意思相近。　厥罰常陰：班固在《漢書·五行志》中的解釋是：“王者自下承天理物。雲起於山，而彌於天；天氣亂，故其罰常陰也。”也就是説，君主代天治民，負有理順人間和自然界終極秩序的責任。“皇之不極”會導致天氣紊亂，於是有常陰的天罰。所謂常陰，

既指天久陰不雨，也指下位者將有陰謀。　厥極弱：班固的解釋是，“《易》曰‘亢龍有悔，貴而亡位，高而亡民，賢人在下位而亡輔’，如此，則君有南面之尊，而亡一人之助，故其極弱也”。

[4]射妖：因射箭造成的事故或灾異。班固解釋説，朝廷在春季要舉行大射禮儀，以順應陽氣。但“上微弱則下奮動，故有射妖”。鄭玄以射喻政，認爲射手要仔細觀察目標，然後瞄準，纔能一發中的；君主施政出令，也應該先經朝議，權衡量度，這樣纔能順應民心。否則就會出現射妖類灾異。

[5]龍蛇之孽：班固的解釋是：“《易》曰‘雲從龍’，又曰‘龍蛇之蟄，以存身也’。陰氣動，故有龍蛇之孽。”也就是説，涉及龍、蛇的妖孽異象，因“常陰”之罰而引發。

[6]馬禍：班固的解釋是：“於《易》，乾爲君爲馬，馬任用而强力，君氣毁，故有馬禍。一曰，馬多死及爲怪，亦是也。”與馬有關的異象（如頭生角、怪胎、悲鳴等）都被視作凶兆，再附會人事，視爲馬禍。

雲陰

開皇二十年十月，久陰不雨。劉向曰：“王者失中，臣下强盛而蔽君明，則雲陰。”[1]是時，獨孤后遂與楊素，陰譖太子勇，廢爲庶人。

[1]“王者失中”至“則雲陰”：可能是《洪範五行傳論》佚文，僅見於本志。

射妖

東魏武定四年，後齊神武作宰，親率諸軍，攻西魏於玉壁。其年十一月，帝不豫，班師。將士震懼，皆曰：“韋孝寬以定功弩射殺丞相。”[1]西魏下令國中曰：

“勁弩一發，凶身自殞。”[2]神武聞而惡之，其疾暴增，近射妖也。《洪範五行傳》曰：“射者，兵戎禍亂之象，氣逆天則禍亂將起。”[3]神武行，殿中將軍曹魏祖諫曰：[4]“王以死氣逆生氣，爲客不利，主人則可。”[5]帝不從，頓軍五旬，頻戰沮衄。又聽孤虛之言，[6]於城北斷汾水，起土山。其處天險千餘尺，功竟不就，死者七萬。氣逆天之咎也。其年帝崩。明年，王思政擾河南。[7]

[1]韋孝寬：人名。西魏、北周名將，歷任南兗州、晋州、勳州刺史。傳見《周書》卷三一、《北史》卷六四。　定功弩：應該是弩的一種，不詳。弩射程遠、殺傷力大而發射緩慢，利於防守而不便於騎射，所以北朝軍隊較少使用。《北史》卷六《齊高祖神武帝紀》：“是時，西魏言神武中弩，神武聞之，乃勉坐見諸貴。使斛律金敕勒歌，神武自和之，哀感流涕。”《通鑑》卷一五九《梁紀》中大同元年十二月：“軍中訛言韋孝寬以定功弩射殺丞相。”可知這是西魏故意散布的一則謡言，而在東魏軍中流傳。

[2]勁弩一發，凶身自殞：這句話於本志外，僅見於《通鑑》。可能是西魏當時利用該則謡言擴大宣傳效應而在國内虚報的戰果。

[3]“射者”至“禍亂將起”：此句未見他書引述，可能是《洪範五行傳論》佚文。

[4]曹魏祖：人名。西魏時任殿中將軍及員外司馬督臣，常在朝廷上作望氣、星象占語。中華本校勘記：“原作‘曹魏’。錢大昕《廿二史考異》：‘《北史·神武紀》作“曹魏祖”，此脱“祖”字。’今據補。”

[5]“王以死氣”至“主人則可”：曹魏祖的占語全文見《北齊書》卷二《神武帝紀下》：“今八月西方王，以死氣逆生氣，爲客不利，主人則可。兵果行，傷大將軍。”西方指西魏。

[6]孤虛：運用計日、時的干支推算吉凶禍福的一種方術。古代常用於預測軍事行動的成敗。高歡圍攻玉壁時，曾用李業興孤虛術，集中主力於城北（《北齊書》卷二《神武帝紀下》）。

[7]王思政：人名。北朝太原祁（今山西祁縣）人。傳見《周書》卷一八、《北史》卷六二。

武平，[1]後主自并州還鄴，至八公嶺，[2]夜與左右歌而行。有一人忽發狂，意後主以爲狐媚，[3]伏草中彎弓而射之。傷數人，幾中後主。後主執而斬之。其人不自覺也。狐而能媚，獸之妖妄也。時帝不恤國政，專與内人閹豎酣歌爲樂。或衣繿縷衣，行乞爲娱。此妖妄之象。人又射之，兵戎禍亂之應也。未幾而國滅。

[1]武平：中華本校勘記："按：'武平'下疑脱年份或'中'字。"

[2]八公嶺：不詳。

[3]狐媚：狐狸作怪。《北齊書》卷八《後主紀》武平四年正月："鄴都、并州並有狐媚，多截人髮。"

龍蛇之孽

梁天監二年，北梁州潭中有龍鬬濆霧數里。[1]龍蛇之孽。《洪範五行傳》曰："龍，獸之難害者也。天之類，君之象。天氣害，君道傷，則龍亦害。鬬者兵革之象也。"[2]京房《易飛候》曰："衆心不安，厥妖龍鬬。"[3]是時帝初即位，而有陳伯之、劉季連之亂，國内危懼。

［1］濆：即噴。

［2］“龍，獸之難害”至“兵革之象也”：可能是《洪範五行傳論》佚文，僅見於本志。

［3］衆心不安，厥妖龍鬬：《漢書·五行志下之上》引京房《易傳》同。

普通五年六月，龍鬬于曲阿王陂，因西行，至建陵城，所經之處，樹木皆折開數十丈。與天監二年同占。經建陵而樹木折者，國有兵革之禍，園陵殘毁之象。時帝專以講論爲務，不崇耕戰，將輕而卒惰。君道既傷，故有龍孽之應。帝殊不悟。至太清元年，黎州水中又有龍鬬。[1]波浪涌起，雲霧四合，而見白龍南走，黑龍隨之。其年，侯景以兵來降，帝納之而無備，國人皆懼。俄而難作，帝以憂崩。

［1］黎州：梁大同年間改西益州置，治興安縣（今四川廣元市）。

大同十年夏，有龍，夜因雷而墮延陵人家井中。[1]明旦視之，大如驢。將以戟刺之，俄見庭中及室中各有大蛇，如數百斛船，家人奔走。《洪範五行傳》曰：龍，陽類，貴象也。上則在天，下則在地，不當見庶人邑里室家。井中，幽深之象也，諸侯且有幽執之禍，皇不建之咎也。[2]後侯景反，果幽殺簡文于酒庫，宗室王侯皆幽死。

［1］延陵：縣名。治今江蘇丹陽市西南延陵鎮。

［2］“龍，陽類”至“皇不建之咎也”：《漢書·五行志下之上》引劉向説：“龍貴象而困於庶人井中，象諸侯將有幽執之禍。”本志據以引申闡發。

陳太建十一年正月，龍見南兖州池中。[1]與梁大同十年同占。未幾，後主嗣位，驕淫荒怠，動不得中。其後竟以國亡，身被幽執。

［1］南兖州：陳朝治廣陵縣（今江蘇揚州市西北蜀崗）。

東魏武定元年，有大蛇見武牢城。[1]是時，北豫州刺史高仲密妻李氏，[2]慧而艷。世子澄悦之，[3]仲密内不自安，遂以武牢叛，陰引西魏，大戰於河陽。[4]神武爲西兵所窘，僅而獲免，死者數千。

［1］武牢：縣名。即虎牢縣（今河南滎陽市西北汜水西）。唐避李虎諱，改稱武牢。

［2］北豫州：南朝宋改司州置，治虎牢縣。北魏太和十九年（495）改東中府，東魏天平初復改北豫州。　高仲密：人名。名慎，字仲蜜。《北史》卷三一有附傳。

［3］世子澄：即高澄。

［4］河陽：縣名。治所在今河南孟州市西北。

後齊天保九年，有龍長七八丈，見齊州大堂。[1]占同大同十年。時常山、長廣二王權重，[2]帝不思抑損。明年帝崩，太子殷嗣立。常山王演，果廢帝爲濟南王，幽而害之。

［1］齊州：北魏皇興三年（469）改冀州置，治歷城縣（今山東濟南市）。

［2］長廣王：即後來的武成帝高湛。

河清元年，龍見濟州浴堂中。[1]占同天保九年。先是平秦王歸彦，[2]受昭帝遺詔，[3]立太子百年爲嗣。[4]而歸彦遂立長廣王湛，是爲武成帝。而廢百年爲樂陵王，竟以幽死。

［1］濟州：北魏泰常八年（423）置，治碻磝城（今山東茌平縣西南）。

［2］平秦王歸彦：即高歸彦，詳前注。

［3］昭帝：即北齊孝昭帝。

［4］百年：人名。高百年，孝昭帝高演次子。傳見《北齊書》卷一二、《北史》卷五二。

天統四年，貴鄉人伐枯木，[1]得一黄龍，折脚，死於孔中。齊稱木德。龍，君象。木枯龍死，不祥之甚。其年武成崩。

［1］貴鄉：縣名。東魏天平二年（535）置，治趙城（今河北大名縣西北）。

武平三年，龍見邯鄲井中，其氣五色屬天。又見汲郡佛寺涸井中。[1]占同河清元年。後主竟降周，後被誅。

[1]汲郡：西晋泰始二年（266）置，治汲縣（今河南衛輝市西南）。

武平七年，并州招遠樓下，有赤蛇與黑蛇鬬，數日，赤蛇死。赤，齊尚色。[1]黑，周尚色。鬬而死，滅亡之象也。後主任用邪佞，與周師連兵於晋州之下。委軍於孽臣高阿那肱，竟啓敵人，皇不建之咎也。後主遂爲周師所虜。

[1]赤，齊尚色：北齊禪魏，自承木德。稱齊色尚赤，不詳有何根據。據《北史》卷六、七《齊本紀》等，高氏家族屢有赤光、赤氣、赤蛇、赤雀之瑞，不知是否因此而尚赤。

琅邪王儼壞北宫中白馬浮圖，[1]石趙時澄公所建。[2]見白蛇長數丈，迴旋失所在。時儼專誅失中之咎也。見變不知戒，以及於難。

[1]北宫：一般作爲后妃、太后居所。北齊鄴城北宫，有時也成爲太子或諸皇子居所。武成帝死後，後主令其弟琅邪王高儼居北宫，“五日一朝，不復得每日見太后”。（《北齊書》卷一二《琅邪王儼傳》） 浮圖：通“浮屠”，梵語音譯，指佛塔。

[2]石趙：即十六國之一的後趙，由石勒所建，故稱石趙。澄公：即佛圖澄，一作竺佛圖澄。傳見《晋書》卷九五。

後周建德五年，黑龍墜於亳州而死。[1]龍，君之象。黑，周所尚色。墜而死，不祥之甚。時皇太子不才，[2]帝每以爲慮，直臣王軌、宇文孝伯等，[3]驟請廢立，帝不能用。後二歲，帝崩，太子立，虐殺齊王及孝伯等，因而國亡。

[1]亳州：北周改南兗州置，治小黄縣（今安徽亳州市）。

[2]皇太子：即宇文贇，後來的周宣帝。

[3]宇文孝伯：人名。西魏、北周代郡武川（今内蒙古武川縣西）人。傳見《周書》卷四〇，《北史》卷五七有附傳。

仁壽四年，龍見代州總管府井中。[1]其龍或變爲鐵馬甲士彎弓上射之象。變爲鐵馬，近馬禍也。彎弓上射，又近射妖。諸侯將有兵革之變，以致幽囚也。[2]是時漢王諒潛謀逆亂，故變兵戒之。諒不悟，遂興兵反，事敗，廢爲庶人，幽囚數年而死。

[1]代州：隋開皇五年改肆州置，治廣武縣（今山西代縣）。大業中改爲雁門郡。　總管府：官署名。北周明帝武成元年（559）改行臺置，爲地方最高行政機構，管理所屬地區的軍事民政。轄區無常，一般數州，有時可達數十州。隋初沿置，分三等。

[2]幽囚：即前文所謂龍困於井中，預兆諸侯將有幽執之禍。

馬禍

侯景僭尊號於江南，每將戰，其所乘白馬，長鳴蹀足者輒勝，垂頭者輒不利。西州之役，[1]馬臥不起，景拜請，且箠之，竟不動。近馬禍也。《洪範五行傳》曰：馬者兵象。將有寇戎之事，故馬爲怪。[2]景因此大敗。

[1]西州：城名。東晋筑，爲揚州刺史治所。故址在今江蘇省南

京市朝天宫東南。侯景兵敗江陵、巴陵後，王僧辯、陳霸先等進攻建康，與侯景殘部在西州决戰。詳見《陳書》卷一《高祖紀上》。

［2］“馬者兵象”至“故馬爲怪”：《漢書·五行志下之上》解釋馬禍（馬生人、牡馬生子而死）引劉向説：“其象將以兵革抗極成功，而還自害也。”《宋書·五行志五》解釋馬禍（馬生角）：“按劉向説，此兵象也。”本志據以引申闡發。

陳太建五年，衡州馬生角。[1]《洪範五行傳》曰：“馬生角，兵之象，敗亡之表也。”是時宣帝遣吴明徹出師吕梁，與周師拒。連兵數歲，衆軍覆没，明徹竟爲周師所虜。

［1］衡州：梁天監六年置，治含洭縣（今廣東英德市西北浛洸鎮）。

天保中，廣宗有馬，兩耳間生角，如羊尾。京房《易傳》曰：“天子親伐，則馬生角。”[1]四年，契丹犯塞，[2]文宣帝親御六軍以擊之。

［1］天子親伐，則馬生角：《漢書·五行志下之上》引京房《易傳》：“天子親伐，馬生角。”

［2］契丹：古族名。屬東胡系。初附宇文部，後分離獨立。北魏時有八部。

大業四年，太原厩馬死者太半，[1]帝怒，遣使案問。主者曰：“每夜厩中馬無故自驚，因而致死。”帝令巫者視之。巫者知帝將有遼東之役，[2]因希旨言曰：[3]“先帝令楊素、史萬歲取之，將鬼兵以伐遼東也。”[4]帝大悦，因釋主者。《洪範五行傳》曰：“逆天氣，故馬多死。”[5]是時，帝每歲巡幸，北事長城，西通且末，[6]國内虚耗，天戒若曰，除廄馬，無事巡幸。帝不悟，遂至亂。

[1]廄馬：朝廷在各地設置馬場所養之馬。

[2]遼東之役：見前“遼東之舉”注。

[3]希旨：迎合上意。

[4]“先帝令楊素”至“以伐遼東也”：巫者的這句話僅見本志記載。

[5]逆天氣，故馬多死：《南齊書》卷一九《五行志》引《洪範五行傳論》：“《易》曰‘乾爲馬’。逆天氣，馬多死，故曰有馬禍。”

[6]且末：古西域國名。漢時王治且末城（今新疆且末縣西南）。北魏時屬吐谷渾。隋大業五年平吐谷渾，置且末郡，隋末地入吐谷渾。

十一年，河南、扶風三郡，[1]並有馬生角，長數寸。與天保初同占。是時，帝頻歲親征高麗。

[1]三郡：中華本校勘記云：“‘三’疑應作‘二’。”

義寧元年，帝在江都宫，龍廄馬無故而死，[1]旬日，死至數百匹。與大業四年同占。

[1]龍廄：隋太僕寺下有龍廄署，大業三年改名典廄署，置令、丞，管理皇家馬廄。

隋書　卷二四

志第十九

食貨

王者量地以制邑，度地以居人，總土地所生，料山澤之利，式遵行令，敬授人時，農商趣向，各本事業。《書》稱懋遷有無，[1]言穀貨流通，咸得其所者也。《周官》太府，[2]掌九貢九賦之法，[3]王之經用，各有等差。所謂取之有道，[4]用之有節，故能養百官之政，勖戰士之功，救天灾，服方外，活國安人之大經也。爰自軒、頊，[5]至于堯、舜，皆因其所利而勸之，因其所欲而化之。不奪其時，不窮其力，輕其征，薄其賦，此五帝三皇不易之教也。古語曰："善爲人者，愛其力而成其財。"若使之不以道，斂之如不及，財盡則怨，力盡則叛。昔禹制九等而康歌興，[6]周人十一而頌聲作。[7]於是東周遷洛，[8]諸侯不軌，魯宣初税畝，[9]鄭産爲丘賦，[10]先王之制，靡有孑遺。秦氏起自西戎，[11]力正天下，驅之以刑罰，棄之以仁恩，以太半之收，[12]長城絶於地脉，以頭會之斂，[13]屯戍窮於嶺外。[14]漢高祖承秦凋敝，[15]十五税一，中元繼武，[16]府廪彌殷。世宗得之，[17]用成雄侈，開邊擊胡，蕭然咸罄。宫宇揞於天漢，巡游跨於海表，旱歲除道，凶年嘗秣，户口以之減半，盗賊以之公行。[18]於是譎詭賦税，異端俱起，賦及童齓，算至船車。[19]光武中興，[20]聿遵前事，成賦單薄，足稱經遠。靈帝開鴻都之牓，[21]通賣官之路，公卿州郡，各有等差。漢之常科，[22]土貢方物，[23]帝又遣先輸中署，[24]名爲導行，[25]天下賄成，人受其敝。自魏、晋二十一帝，宋、齊十有五主，[26]雖用度有衆寡，租賦有重輕，大抵不能傾人産業，道闕政亂。[27]

[1]懋遷有無：語出《尚書·益稷》："懋遷有無化居。"孔安國傳："勉勸天下，徙有之無，魚鹽徙山，林木徙川澤，交易其所居積。"懋遷，即貿易。

[2]《周官》：《周禮》的别稱，儒家經典之一。　太府：官名。周時掌府藏會計。

[3]九貢：周代徵收貢物的九種類别。《周禮·天官·大宰》："以九貢致邦國之用：一曰祀貢，二曰嬪貢，三曰器貢，四曰幣貢，五曰材貢，六曰貨貢，七曰服貢，八曰斿貢，九曰物貢。"　九賦：周代的九類賦税。後泛指各類賦税。《周禮·天官·大宰》："以九賦斂財賄：一曰邦中之賦，二曰四郊之賦，三曰邦甸之賦，四曰家削之賦，五曰邦縣之賦，六曰邦都之賦，七曰關市之賦，八曰山澤之賦，九曰幣餘之賦。"鄭玄注："邦中在城郭者，四郊去國百里，邦甸二百里，家削三百里，邦縣四百里，邦都五百里，此平民也。關市、山澤謂占會百物，幣餘謂占賣國中之斥幣，皆末作當增賦者，若今賈人倍算矣。"按，前六種賦税皆以地區遠近爲區别，徵

土地産物；關市之賦徵商旅税；山澤之税徵礦、漁、林業税；幣餘之賦指不屬以上各類的其他賦税。

［4］取之有道：底本、殿本、庫本皆同，宋刻遞修本、宋殘本、中華本“有”作“以”。

［5］軒：指軒轅。傳説中的古帝名。　項：指顓頊。傳説中的古帝名。

［6］禹：又稱大禹、夏禹、戎禹。原爲夏后氏部落領袖，因治理洪水有功，被選爲虞舜的繼承人，建立夏朝。後世視之爲聖王。事見《尚書》之《舜典》《大禹謨》《皋陶謨》《益稷》《禹貢》等篇。　九等：此指徵收賦税的九個等級。《周禮·地官·大司徒》：“以土均之法，辨五物九等，制天下之地征。”鄭玄注：“九等，騂剛、赤緹之屬；征，税也。”　康歌：“康哉之歌”的省稱。古歌謡名。歌詞出於《尚書·益稷》。後用以泛指頌太平之歌。

［7］十一：亦作“什一”。指十分中取其一分的賦税制度。《周禮·地官·載師》：“凡任地，國宅無征，園廛二十而一，近郊十一。”賈公彦疏：“云‘近郊十一’者，即上經宅田、士田、賈田任在近郊者，同十一而税也。”　頌聲：歌頌贊美之聲。《公羊傳》宣公十五年：“什一者，天下之中正也。什一行而頌聲作矣。”何休注：“頌聲者，太平歌頌之聲。帝王之高致也。”

［8］東周遷洛：指公元前770年周平王把國都從鎬京（今陝西西安市西南）東遷至洛邑（今河南洛陽市），史稱東周。

［9］魯宣：即魯宣公。春秋時魯國國君。事見《史記》卷三三《魯周公世家》。　初税畝：指魯宣公十五年開始徵收田賦。税畝即履畝而税，是以土地面積爲根據向田主徵税的一種税制。《穀梁傳》宣公十五年：“初税畝，非正也。……初税畝者，非公之去公田而履畝，十取一也。”

［10］鄭産：指春秋時鄭國的卿大夫子産。傳見《史記》卷一一九。　丘賦：春秋時鄭國的一種軍賦制度。《左傳》昭公四年：“鄭子産作丘賦。”杜預注：“丘，十六井，當出馬一匹、牛三頭。

今子産别賦其田，如魯之田賦。”

［11］西戎：古代泛指西北各少數民族。

［12］太半之收：即按百分之五十以上的税率徵收租賦。

［13］頭會之斂：即按人頭數徵税。意指賦税苛刻繁重。

［14］嶺外：地區名。亦稱“嶺南”“嶺表”。指今南嶺以南地區。

［15］漢高祖：即劉邦。西漢開國皇帝。紀見《史記》卷八、《漢書》卷一。

［16］中元：漢景帝在位中期的紀年。此代指漢景帝。紀見《史記》卷一一、《漢書》卷五。　繼武：意謂足迹相接，比喻繼續前人的事業。武，即足迹。

［17］世宗：漢武帝的廟號。紀見《史記》卷一二、《漢書》卷六。

［18］盜賊以之公行：“賊”字底本原作“賦”，據宋刻遞修本、宋殘本、殿本、庫本、中華本改。

［19］算至船車：指漢武帝時對車船徵收算緡錢。算，即徵税。

［20］光武：即東漢光武帝劉秀。東漢開國皇帝。紀見《後漢書》卷一。

［21］靈帝：即東漢靈帝劉宏。紀見《後漢書》卷八。　鴻都之牓：漢靈帝光和元年（178），於鴻都門張榜公布賣官爵之令，規定自公卿州郡以下各官爵，皆可納錢買之，各有等差。“鴻都之牓”即指此賣官爵令。鴻都，即鴻都門。東漢宫門名。

［22］常科：此指經常徵收的賦税科目。

［23］土貢：即“任土作貢”之意。指地方臣民或藩屬向君主進獻土産。

［24］中署：指宫廷内府。

［25］導行：即“導行費”的省稱。漢靈帝時，地方進貢朝廷，須先另送物品給中署，稱爲“導行費”，與後來的“門包”略同。參見《後漢書》卷七八《吕强傳》。

［26］宋：即南朝劉宋（420—479），都建康（今江蘇南京市）。

齊：即南朝蕭齊（479—502），都建康（今江蘇南京市）。

［27］道闕政亂："闕"字底本、殿本、庫本皆同，宋刻遞修本、宋殘本、中華本作"關"。

隋文帝既平江表，[1]天下大同，躬先儉約，以事府帑。開皇十七年，[2]户口滋盛，中外倉庫，無不盈積。所有賚給，不逾經費，京司帑屋既充，積於廊廡之下，高祖遂停此年正賦，[3]以賜黎元。煬皇嗣守鴻基，[4]國家殷富，雅愛宏玩，肆情方騁，初造東都，[5]窮諸巨麗。帝昔居藩翰，[6]親平江左，[7]兼以梁、陳曲折，[8]以就規摹。曾雉逾芒，[9]浮橋跨洛，[10]金門象闕，咸竦飛觀，頹巖塞川，構成雲綺，移嶺樹以爲林藪，包芒山以爲苑囿。長城御河，[11]不計於人力，運驢武馬，指期於百姓，天下死於役而家傷於財。既而一討渾庭，[12]三駕遼澤，[13]天子親伐，師兵大舉，飛糧輓秣，水陸交至。疆埸之所傾敗，勞敝之所殂殞，雖復太半不歸，而每年興發，比屋良家之子，[14]多赴於邊陲，分離哭泣之聲，連響於州縣。老弱耕稼，不足以救飢餒，婦工紡績，不足以贍資裝。九區之内，[15]鑾和歲動，[16]從行宫掖，常十萬人，所有供須，皆仰州縣。租賦之外，一切徵斂，趣以周備，不顧元元，[17]吏因割剥，盜其太半。遐方珍膳，必登庖厨，翔禽毛羽，用爲玩飾，買以供官，千倍其價。人愁不堪，離棄室宇，長吏叩扉而達曙，猛犬迎吠而終夕。自燕、趙跨於齊、韓，[18]江、淮入於襄、鄧，[19]東周洛邑之地，西秦隴山之右，[20]僭僞交侵，[21]盜賊充斥。宫觀鞠爲茂草，[22]鄉亭絶其煙火，人相啖食，十而四五。關中癘疫，炎旱傷稼，代王開永豐之粟，[23]以振飢人，去倉數百里，老幼雲集。吏在貪殘，官無攸次，[24]咸資鏹貨，[25]動移旬月，頓卧墟野，欲返不能，死人如積，不可勝計。雖復皇王撫運，天禄有終，而隋氏之亡，亦由於此。

［1］隋文帝：即楊堅。紀見本書卷一、二及《北史》卷一一。　江表：地區名。亦稱江南。指長江以南地區。此借指南朝陳。

［2］開皇：隋文帝楊堅年號（581—600）。

［3］高祖：隋文帝的廟號。　正賦：指正式的賦税。與“雜賦”對稱。

［4］煬皇：即隋煬帝楊廣。紀見本書卷三、四及《北史》卷一二。

［5］東都：即洛陽（今河南洛陽市東北）。隋煬帝即位初營建洛陽爲東京，大業五年（609）又改東京稱爲東都。

［6］藩翰：即藩國。此指隋煬帝即位前受封爲晋王爵。

［7］江左：地區名。指長江下游以東地區。此借指南朝陳。

［8］梁：即南朝梁（502—557），都建康（今江蘇南京市）。　陳：即南朝陳（557—589），都建康（今江蘇南京市）。

［9］芒：指邙山。在今河南洛陽市北。

［10］洛：指洛水。即今河南洛河。

［11］御河：運河名。即隋煬帝時期所開鑿的通濟渠、永濟渠。因係皇帝開用，故稱御河。

［12］一討渾庭：指隋煬帝於大業五年征伐吐谷渾。渾庭，指吐谷渾所處之地。

［13］三駕遼澤：指隋煬帝於大業八年、九年、十年三次征伐高麗。遼澤，指高麗國所在的遼東地區。

［14］良家：指平民之家。

［15］九區：即古“九州”。此代指全國。

［16］鸞和：古代裝置在車上的兩種鈴子。此借指出行的車馬儀仗。

［17］元元：指庶民百姓。

［18］自燕、趙跨於齊、韓：燕、趙、齊、韓，皆爲戰國時的國名。此泛指這四國所在的地區。

［19］襄：州名。指襄州。治所在今湖北襄樊市。　鄧：州名。指鄧州。治所在今河南鄧州市。

［20］西秦：指古秦國之地。因其地處西方，故稱西秦。　隴山：六盤山南段的別稱。在今陝西隴縣西北，延伸於陝、甘邊境。

［21］僭僞：指割據一方的非正統的王朝政權。

［22］鞠爲茂草：意謂雜草塞道，形容衰敗荒蕪的景象。鞠，通“鞫”，窮盡之意。

［23］代王：即隋恭帝楊侑。紀見本書卷五、《北史》卷一二。　永豐：即永豐倉。原名廣通倉。隋文帝開皇三年置於華州華陰縣（治所在今陝西華陰市）東北渭水南岸廣通渠口。隋煬帝大業初改名永豐倉。

［24］攸次：即法度、規矩。

［25］鏹貨：指錢幣。

馬遷爲《平準書》，[1]班固述《食貨志》，[2]上下數千載，損益粗舉。自此史官曾無概見。夫厥初生人，[3]食貨爲本。聖王割廬井以業之，[4]通貨財以富之。富而教之，仁義以之興，貧而爲盗，刑罰不能止。故爲《食貨志》，用編前書之末云。

［1］馬遷：人名。即司馬遷的省稱。西漢史官，著有《史記》。傳見《漢書》卷六二，另事見《史記》卷一三〇《太史公自序》。

《平準書》:《史記》的篇名。見《史記》卷三〇。

[2]班固：人名。東漢史官，著有《漢書》。傳見《後漢書》卷四〇，另事見《漢書》卷一〇〇《叙傳》。　《食貨志》:《漢書》的篇名。見《漢書》卷二四。

[3]厥初生人：語出《詩·大雅·生民》:"厥初生民，時維姜嫄。"意指人類誕生。"人"當作"民"，唐人諱改。

[4]廬井：泛指房舍田園。

晋自中原喪亂，元帝寓居江左，[1]百姓之自拔南奔者，並謂之僑人。皆取舊壤之名，僑立郡縣，往往散居，無有土著。[2]而江南之俗，火耕水耨，土地卑濕，無有蓄積之資。諸蠻陬俚洞，[3]霑沐王化者，各隨輕重，收其賧物，[4]以裨國用。又嶺外酋帥，[5]因生口翡翠明珠犀象之饒，[6]雄於鄉曲者，朝廷多因而署之，[7]以收其利。歷宋、齊、梁、陳，皆因而不改。其軍國所須雜物，隨土所出，臨時折課市取，乃無恒法定令。列州郡縣，制其任土所出，以爲徵賦。

[1]元帝：即東晋元帝司馬睿。東晋開國皇帝，建都於建康(今江蘇南京市)。紀見《晋書》卷六。

[2]土著：此指世代定居之地。

[3]蠻陬(zōu)俚洞：泛指南方邊遠地區各少數民族的聚居處。

[4]賧(tàn)物：指南方少數民族向朝廷輸納的賦税貨物。

[5]酋帥：古代對少數民族部落首領的統稱。

[6]生口：此指奴隸。

[7]署：任命爲官吏。

其無貫之人，不樂州縣編户者，謂之浮浪人，樂輸亦無定數，任量，准所輸，[1]終優於正課焉。[2]都下人多爲諸王公貴人左右、佃客、典計、衣食客之類，[3]皆無課役。[4]官品第一第二，佃客無過四十户。第三品三十五户。第四品三十户。第五品二十五户。第六品二十户。第七品十五户。第八品十户。第九品五户。其佃穀，皆與大家量分。[5]其典計，官品第一第二，置三人。第三第四，置二人。第五第六及公府參軍、殿中監、監軍、長史、司馬、部曲督、關外侯、材官、議郎已上，[6]一人。皆通在佃客數中。官品第六已上，并得衣食客三人。第七第八二人。第九品及轝輦、迹禽、前驅、由基、强弩司馬，[7]羽林郎，[8]殿中冗從武賁、殿中武賁、持椎斧武騎武賁、持鈒冗從武賁、命中武賁武騎，[9]一人。客皆注家籍。[10]其課，丁男調布絹各二丈，絲三兩，綿八兩，禄絹八尺，禄綿三兩二分，租米五石，禄米二石。丁女並半之。男女年十六已上至六十，爲丁。男年十六，亦半課，年十八正課，六十六免課。女以嫁者爲丁，若在室者，年二十乃爲丁。其男丁，每歲役不過二十日。又率十八人出一運丁役之。[11]其田，畝税米二斗。蓋大率如此。其度量，斗則三斗當今一斗，[12]稱則三兩當今一兩，尺則一尺二寸當今一尺。

[1]准所輸："准"字各本皆同，但《通典》卷五《食貨》、《通志》卷六一《食貨略一》作"惟"，《文獻通考》卷二《田賦考二》作"唯"。

[2]正課：指正式的賦税。與"雜課"對稱。

［3］都下：即京都。此指東晋南朝都城建康地區。　左右：指主人身邊的侍從之人。　佃客：世族豪强蔭庇下的一種依附農民。　典計：指爲主人管理家計財物的管家。　衣食客：世族豪强蔭庇下的一種與奴僕相似的僕役之人。

［4］課役：指賦税和徭役。

［5］大家：依附民對其主人的稱呼。　量分：即按一定的比例分配。

［6］公府參軍：官名。晋時爲三公府的屬官，分掌公府庶務。六品。　殿中監：官名。晋時屬門下省，掌宫殿陳設及駕前奉引事務。七品。　監軍：官名。晋時亦稱軍司。凡諸軍皆置，掌監督軍中諸將，節量軍中各事宜。五品。　長史：官名。晋時凡公府、諸軍、州郡、王國皆置，掌所屬各官署的行政事務。官品視府主地位的高低而爲六品至八品不等。　司馬：官名。晋時凡公府、諸軍、州郡、王國皆置，掌所屬各官署的軍事事務。官品視府主地位的高低而爲六品至八品不等。　部曲督：官名。晋時掌領部曲兵衆。七品。　關外侯：爵名。晋時爲十五等爵的第十五等。七品。　材官：軍名號。此當指晋時掌領材官兵士的材官將軍、材官校尉、材官都尉，爲武官名。官品分别爲五品、六品、八品。　議郎：官名。晋時屬門下省，掌顧問應對。七品。

［7］舉輦、迹禽、前驅、由基、强弩司馬：官名。晋時舉輦、迹禽、前驅、由基、强弩皆爲左右二衛下屬的禁軍名號，各置别部司馬領其兵，掌宿衛侍從。九品。

［8］羽林郎：官名。晋時掌領羽林禁軍宿衛侍從。八品。

［9］殿中冗從武賁、殿中武賁、持椎斧武騎武賁、持鈒冗從武賁、命中武賁武騎：皆是晋代不同名號的禁軍步騎衛士，負責宿衛侍從。“武賁”當作“虎賁”，唐人諱改。

［10］客皆注家籍：客，指前文所述王公貴人的左右、佃客、典計、衣食客之類人。客户是王公貴族蔭庇下的依附人口，按晋制規定皆須注籍於其主人的户籍之下，其自身没有獨立的户籍。

[11]運丁：指從事漕糧搬運一類徭役的民丁。

[12]今：此指唐代。

其倉，京都有龍首倉，[1]即石頭津倉也，臺城内倉，[2]南塘倉，[3]常平倉，[4]東、西太倉，[5]東宫倉，[6]所貯總不過五十餘萬。在外有豫章倉、釣磯倉、錢塘倉，[7]並是大貯備之處。自餘諸州郡臺傳，[8]亦各有倉。大抵自侯景之亂，[9]國用常褊。[10]京官文武，月别唯得廩食，多遥帶一郡縣官而取其禄秩焉。揚、徐等大州，比令、僕班。[11]寧、桂等小州，[12]比參軍班。[13]丹楊、吴郡、會稽等郡，[14]同太子詹事、尚書班。[15]高凉、晋康等小郡，[16]三班而已。大縣六班，小縣兩轉方至一班。[17]品第既殊，不可委載。[18]州郡縣禄米絹布絲綿，當處輸臺傳倉庫。若給刺史守令等，先准其所部文武人物多少，由敕而裁。凡如此禄秩，既通所部兵士給之，其家所得蓋少。諸王諸主，出閤就第婚冠所須，及衣裳服飾，并酒米魚鮭香油紙燭等，並官給之。王及主婿外禄者，不給。解任還京，仍亦公給云。

[1]龍首倉：倉廩名。又名石頭津倉。其地當在今江蘇南京市清涼山下，南臨秦淮河口。

[2]臺城内倉：倉廩名。臺城是東晋南朝的臺省和宫殿所在地，故址在今江蘇南京市鷄鳴山南，乾河沿北。臺城内倉當在臺城之内。

[3]南塘倉：倉廩名。南塘是東晋南朝時石頭城外的一個地名，南塘倉即當在此地附近。

[4]常平倉：倉廩名。是東晋南朝時爲調節糧價而設置的一種

倉廪。穀賤時用較高價糴入，穀貴時減價糶出，以平衡糧價。

［5］東、西太倉：倉廪名。是東晋南朝時京師儲穀的兩個大倉。

［6］東宫倉：倉廪名。是東晋南朝時東宫管轄的一個倉廪。

［7］豫章倉：倉廪名。其地當在豫章郡（治所在今江西南昌市）境内。　釣磯倉：倉廪名。當因釣磯山（在今江西都昌縣南）而得名。　錢塘倉：倉廪名。其地當在錢塘縣（治所在今浙江杭州市）境内。

［8］臺傳：官署名。是東晋南北朝時各州郡向中央輸送租調的一種專門機構。

［9］侯景之亂：南朝梁武帝末年東魏降將侯景發動的一場叛亂，歷時五年（548—552）。侯景，人名。傳見《梁書》卷五六、《南史》卷八〇。

［10］褊（biǎn）：匱乏之意。

［11］揚：州名。南朝梁時治所在今江蘇南京市。　徐：州名。南朝梁時爲僑州，又稱南徐州。治所在今江蘇鎮江市。　令：官名。指尚書令。南朝梁時爲尚書省的長官，總領尚書省政務。十六班。　僕：官名。指尚書僕射。南朝梁時爲尚書省的副長官，置左右二員，輔助尚書令掌尚書省政務；若尚書令缺，則由僕射總領省務。十五班。按，此句意謂揚、徐等大州的刺史，其官階比同於中央尚書令和尚書僕射的班階。下兩句之意與此句類同。

［12］寧：州名。東晋時治所在今雲南曲靖市，南朝齊梁時移治今雲南陸良縣東北。　桂：州名。南朝梁天監六年（507）置，治所在今廣西柳州市，大同六年（540）移治今廣西桂林市。

［13］參軍：官名。據《通典》卷五《食貨》、卷三五《職官》杜佑注，此指公府參軍。南朝梁時爲三公府的屬官，分掌公府庶務。六班。

［14］丹楊：亦作“丹陽”。郡名。南朝梁時治所在今江蘇南京市。　吴郡：南朝梁時治所在今江蘇蘇州市。　會稽：郡名。南朝梁時治所在今浙江紹興市。

[15]太子詹事：官名。南朝梁時爲東宫詹事府的長官，掌領東宫政務。十四班。　尚書：官名。南朝梁時爲尚書省六曹的長官，分掌六曹政務。其中吏部尚書爲十四班，其餘列曹尚書爲十三班。

[16]高凉：郡名。南朝梁時治所在今廣東陽江市西。　晋康：郡名。南朝梁時治所在今廣東德慶縣。

[17]轉：此指遷任官職。

[18]委：底本原作“妄”，宋刻遞修本、宋殘本、殿本、庫本與底本同，中華本據《通典》卷三五《職官》改作“委”（按《通典》卷五《食貨》亦作“委”），當是，故從改。

魏自永安之後，[1]政道陵夷，[2]寇亂實繁，農商失業。官有征伐，[3]皆權調於人，[4]猶不足以相資奉，乃令所在迭相糾發，百姓愁怨，無復聊生。尋而六鎮擾亂，[5]相率内徙，寓食於齊、晋之郊。[6]齊神武因之，[7]以成大業。魏武西遷，[8]連年戰争，河、洛之間，[9]又並空竭。天平元年，[10]遷都於鄴，[11]出粟一百三十萬石，以振貧人。是時六坊之衆，[12]從武帝而西者，不能萬人，餘皆北徙，並給常廪，春秋二時賜帛，以供衣服之費。常調之外，[13]逐豐稔之處，折絹糴粟，以充國儲。於諸州緣河津濟，[14]皆官倉貯積，以擬漕運。於滄、瀛、幽、青四州之境，[15]傍海置鹽官，以煮鹽，每歲收錢，軍國之資，得以周贍。自是之後，倉廪充實，雖有水旱凶饑之處，皆仰開倉以振之。元象、興和之中，[16]頻歲大穰，[17]穀斛至九錢。是時法網寬弛，百姓多離舊居，闕於徭賦。神武乃命孫騰、高隆之，[18]分括無籍之户，得六十餘萬。於是僑居者各勒還本屬，是後租調之入有加焉。及文襄嗣業，[19]侯景背叛，河南之地，困於兵革。尋而侯景亂梁，乃命行臺辛術，[20]略有淮南之地。其新附州郡，羈縻輕税而已。[21]

［1］魏：即北魏（386—557）。初都平城（今山西大同市東北），公元494年遷都洛陽（今河南洛陽市東北白馬寺東）。公元534年分裂爲東魏和西魏兩個政權。東魏（534—550）都於鄴（今河北臨漳縣西南鄴鎮東），西魏（535—557）都於長安（今陝西西安市西北郊）。　永安：北魏孝莊帝元子攸年號（528—530）。

［2］陵夷：衰頽、衰落之意。

［3］伐：底本原作“代”，殿本、庫本與底本同，據宋刻遞修本、宋殘本、中華本改。

［4］權調：即加重徵斂租調。

［5］六鎮擾亂：北魏孝文帝遷都洛陽後，北邊六鎮的地位開始下降。至孝明帝正光四年（523），六鎮戍兵和各族邊民在破六韓拔陵等人的領導下起兵反魏，旋被北魏軍所鎮壓，六鎮兵民被遷徙於河北一帶，隨即又爆發杜洛周、葛榮等人領導的起兵反魏活動。六鎮，指北魏初年爲防禦柔然侵擾，在京都平城以北，陰山南北，自西而東所設置的沃野鎮（今内蒙古五原縣北）、懷朔鎮（今内蒙古固陽縣西南）、武川鎮（今内蒙古武川縣西土城）、撫冥鎮（今内蒙古四子王旗東南土城子）、柔玄鎮（今内蒙古興和縣臺基廟東北）、懷荒鎮（今河北張北縣境）六個軍鎮。

［6］齊、晋之郊：指春秋時的齊國和晋國所轄之地，約當今山東北部、河南西北部、河北中南部、山西南部及陝西東部地區。

［7］齊神武：即高歡。北魏末年至東魏時期的執政大臣，北齊的奠基者。紀見《北齊書》卷一、二及《北史》卷六。

［8］魏武西遷：北魏永熙三年（534），孝武帝在高歡的逼迫下西奔長安，投靠割據關中的宇文泰，高歡另立孝静帝，隨後北魏遂

分裂爲東魏和西魏兩個政權。魏武，即北魏末代皇帝孝武帝。紀見《魏書》卷一一、《北史》卷五。

[9]河、洛之間：指今河南洛陽一帶地區。

[10]天平：東魏孝静帝元善見年號（534—537）。

[11]鄴：都邑名。爲東魏、北齊的都城，在今河北臨漳縣西南。

[12]六坊之衆：《通鑑》卷一五六《梁紀》武帝中大通六年條胡三省注云："魏蓋以宿衛之士分爲六坊。"又同書卷一六三《梁紀》簡文帝大寶元年條胡三省注云："魏、齊之間，六軍宿衛之士，分爲六坊。"由此可知，六坊之衆是指北魏宿衛京師的禁軍兵衆，多由遷居洛陽的鮮卑族人充任。

[13]常調：指經常徵收的絹、綿等調賦。

[14]津濟：即渡口。

[15]滄：州名。東魏、北齊時治所在今河北鹽山縣西南。　瀛：州名。東魏、北齊時治所在今河北河間市。　幽：州名。東魏、北齊時治所在今北京市西南。　青：州名。東魏、北齊時治所在今山東青州市。

[16]元象：東魏孝静帝元善見年號（538—539）。　興和：東魏孝静帝元善見年號（539—542）。

[17]大穰：指農業大豐收。

[18]孫騰：人名。東魏大臣。武定年間奉命出使青州，檢括逃匿户口。傳見《北齊書》卷一八、《北史》卷五四。　高隆之：人名。東魏大臣。武定年間奉命出使河北，檢括逃匿户口。傳見《北齊書》卷一八、《北史》卷五四。

[19]文襄：高澄的謚號。高澄是高歡的長子，東魏後期的執政大臣。紀見《北齊書》卷三、《北史》卷六。

[20]行臺：官署名。即行臺尚書省的簡稱，是東魏、北齊時期中央尚書省派駐於地方軍政特區的機構，掌一道或數道軍政事務，隨宜設置有行臺尚書令、行臺尚書僕射、行臺諸曹尚書等官屬。據

《北齊書》卷三八《辛術傳》，此處的行臺乃是職官名的省稱，指東南道行臺尚書。 辛術：人名。東魏武定八年（550）出任東南道行臺尚書，率軍擊破侯景，乘勝攻略淮南之地。傳見《北齊書》卷三八，《北史》卷五〇有附傳。

[21]羈縻：以籠絡和懷柔之策實行較寬松的統治。

及文宣受禪，[1]多所創革。六坊之内徙者，更加簡練，每一人必當百人，任其臨陣必死，然後取之，謂之百保鮮卑。[2]又簡華人之勇力絶倫者，[3]謂之勇夫，[4]以備邊要。始立九等之户，[5]富者稅其錢，貧者役其力。北興長城之役，[6]南有金陵之戰。[7]其後南征諸將，頻歲陷没，士馬死者，以數十萬計。重以修創臺殿，所役甚廣。而帝刑罰酷濫，吏道因而成姦，豪黨兼并，户口益多隱漏。舊制，未娶者輸半床租調，[8]陽翟一郡，[9]户至數萬，籍多無妻。有司劾之，帝以爲生事。由是姦欺尤甚。户口租調，十亡六七。

[1]文宣：北齊開國皇帝高洋的謚號。紀見《北齊書》卷四、《北史》卷七。 受禪：中國古代王朝更迭時，新皇帝承受舊皇帝讓給的帝位，即稱受禪。此指高洋於公元550年廢東魏孝静帝，自稱皇帝，正式建立北齊王朝。

[2]百保鮮卑：《通鑑》卷一六三《梁紀》簡文帝大寶元年條胡三省注云："百保，言其勇可保一人當百人也。高氏以鮮卑創業，當時號爲健鬬，故衛士皆用鮮卑，猶今北人謂勇士爲霸都魯也。"由此可知，百保鮮卑是北齊文宣帝從徙居鄴城的六坊禁軍中簡選以一當百的勇士所組成的一支侍從禁衛部隊，其種族皆爲内遷的鮮卑族人，素號强勇。

[3]華人：即漢族人。

[4]夫：底本、殿本、庫本皆同，宋刻遞修本、宋殘本、中華本作“士”。

[5]九等之户：北齊沿襲北魏前期的舊制而施行的一種户等制度。其做法是由政府將民户按資産多寡劃分爲上上、上中、上下、中上、中中、中下、下上、下中、下下九個等級，以分别徵調數量不等的賦税和徭役。

[6]長城之役：北齊天保六年（555），文宣帝徵發民衆一百八十萬修築長城，自幽州夏口西至恒州達九百餘里，命定州刺史高叡將兵監役。參見《通鑑》卷一六六《梁紀》敬帝紹泰元年條。

[7]金陵之戰：北齊天保四年，文宣帝乘侯景亂梁後蕭梁勢衰之機，命大將郭元建等率水陸軍數萬進至合肥，謀襲梁都建康，結果爲梁將王僧辯等所敗。參見《通鑑》卷一六五《梁紀》元帝承聖二年條。金陵，即南朝都城建康的别稱。

[8]半床租調：北魏、北齊實行均田制和租調制，皆以一夫一婦的小家庭作爲受田和輸納租調的基本單位，稱作一床。因此，半床租調即爲一夫一婦所納租調的一半。

[9]陽翟：郡名。北齊時治所在今河南禹州市。

是時用度轉廣，賜與無節，府藏之積，不足以供。乃減百官之禄，撤軍人常廪，併省州郡縣鎮戍之職。又制刺史守宰行兼者，[1]並不給幹，[2]以節國之費用焉。

[1]守宰：指郡太守和縣令長。　行兼：以本官兼攝其他官職。

[2]幹（gàn）：即幹禄。南北朝時，官僚勳貴對在官府中服雜役的幹吏收取免役錢絹，以作爲一種額外的俸給，稱作幹禄。此處當指兼攝官所能獲得的幹禄。

天保八年,[1]議徙冀、定、瀛無田之人,[2]謂之樂遷,於幽州范陽寬鄉以處之。[3]百姓驚擾。屬以頻歲不熟,米糴踊貴矣。廢帝乾明中,[4]尚書左丞蘇珎芝,[5]議修石鱉等屯,[6]歲收數萬石。自是淮南軍防,糧廪充足。孝昭皇建中,[7]平州刺史嵇曄建議,[8]開幽州督亢舊陂,[9]長城左右營屯,歲收稻粟數十萬石,北境得以周贍。又於河内置懷義等屯,[10]以給河南之費。[11]自是稍止轉輸之勞。

[1]天保:北齊文宣帝高洋年號(550—559)。

[2]冀:州名。北齊時治所在今河北冀州市。　定:州名。北齊時治所在今河北定州市。

[3]范陽:郡名。北齊時治所在今河北涿州市。　寬鄉:指人少田多的地區。與"狹鄉"對稱。

[4]廢帝:即北齊第二代皇帝高殷。紀見《北齊書》卷五、《北史》卷七。　乾明:北齊廢帝高殷年號(560)。

[5]尚書左丞:官名。北齊時爲尚書省的屬官,與尚書右丞對置,分掌吏部、考功、主爵、殿中、儀曹、三公、祠部、主客、左右中兵、左右外兵、都官、二千石、度支、左右户十七曹,糾彈見事;又主管臺中違失,並得糾駁之。從四品上。　蘇珎芝:人名。即蘇瓊。北齊乾明年間官任尚書左丞,建議在南邊石鱉等地修治屯田,獲利甚多。傳見《北齊書》卷四六、《北史》卷八六。按,《北齊書》《北史》本傳均載蘇瓊之字爲"珍(珎)之",故此處"芝"字當是"之"字的音訛。(參見唐華全《〈隋書〉勘誤18則》,《南昌航空大學學報》2012年第2期)

[6]石鱉:屯田地名。據《通鑑》卷一六八《陳紀》文帝天嘉元年條胡三省注引杜佑曰:"石鱉,在楚州安宜縣西八十里,鄧艾

築城於此，作白水塘，北接連洪澤，屯田一萬三千頃。”可知北齊的石鱉屯當在今江蘇寶應縣西。

［7］孝昭：北齊第三代皇帝高演的謚號。紀見《北齊書》卷六、《北史》卷七。　皇建：北齊孝昭帝高演年號（560—561）。

［8］平州：北齊時治所在今河北盧龍縣北。　嵇曄：人名。北齊皇建年間官任平州刺史，建議在北邊幽州之地興修水利，開置屯田，獲利甚多。事見《北齊書》卷三〇《崔暹傳》、卷三一《王昕傳》及《北史》卷二四《王昕傳》、卷三二《崔暹傳》。

［9］督亢：水陂名。據《通鑑》卷一六八《陳紀》文帝天嘉元年條胡三省注，其地在唐涿州新城縣（今河北高碑店市東南）境内。

［10］河内：郡名。北齊時治所在今河南沁陽市。　懷義：屯田地名。其地當在北齊河内郡境内。

［11］河南：地區名。此指黄河中下游以南地區。

至河清三年定令，[1]乃命人居十家爲比鄰，五十家爲閭里，百家爲族黨。男子十八以上，六十五已下爲丁；十六已上，十七已下爲中；六十六已上爲老；十五已下爲小。率以十八受田，輸租調，二十充兵，六十免力役，六十六退田，免租調。

［1］河清：北齊武成帝高湛年號（562—565）。

京城四面，諸坊之外三十里内爲公田。受公田者，三縣代遷户執事官一品已下，[1]逮于羽林武賁，[2]各有差。其外畿郡，華人官第一品已下，羽林武賁已上，各有差。

[1]三縣代遷户：北魏孝文帝遷都洛陽後，次年詔令舊都平城的貴族官吏、軍士和部分民衆隨其遷居洛陽，因平城屬代郡，故這些遷居洛陽之人就被稱爲“代遷户”。代遷户大多是鮮卑族人，北魏、北齊時期一直享有特殊優待。三縣，當指代遷户著籍的洛陽附近三縣，但其具體地點不詳。　執事官：亦作“職事官”。是對有實際職掌且有品階之官的統稱，與散官、勳官對稱。

[2]羽林武賁：即羽林禁軍衛士，負責宿衛侍從。“武賁”應作“虎賁”，唐人諱改。

職事及百姓請墾田者，名爲永業田。[1]奴婢受田者，親王止三百人；[2]嗣王止二百人；[3]第二品嗣王已下及庶姓王，[4]止一百五十人；正三品已上及皇宗，止一百人；七品已上，限止八十人；八品已下至庶人，限止六十人。奴婢限外不給田者，皆不輸。其方百里外及州人，一夫受露田八十畝，[5]婦四十畝。奴婢依良人，[6]限數與在京百官同。丁牛一頭，[7]受田六十畝，限止四牛。[8]又每丁給永業二十畝，爲桑田。其中種桑五十根，榆三根，棗五根。不在還受之限。非此田者，悉入還受之分。土不宜桑者，給麻田，如桑田法。

[1]永業田：北齊至隋唐均田令中，對於人户世業、身死不還、子孫相承的土地，稱爲“永業田”，必須按規定種植一定數量的樹木。北魏均田令中稱作“桑田”，北齊均田令中則“桑田”和“永業田”並稱。按，“永業田”底本原作“永田”，宋刻遞修本、宋殘本與底本同，殿本、庫本作“受田”，中華本據《册府元龜》卷四九五《邦計部·田制》、《通典》卷二《食貨·田制下》改作“永業田”，當是，今從改。

［2］親王：爵名。北齊時爲六等爵的第一等。正一品。

［3］嗣王：爵名。北齊時爲諸王之子世襲王爵者，有嗣親王和嗣郡王兩種，其品階須按例下降一階，分别爲從一品和正二品。

［4］庶姓王：指非北齊高氏宗室而被封爲王爵者，其品階比宗室諸王略低。

［5］露田：北魏至隋代均田令中，對於按一定年限進行還受、不得世襲和買賣的土地，稱爲"露田"，規定不准種樹。唐代均田令中稱作"口分田"。

［6］良人：指平民百姓。

［7］丁牛：指成年的耕牛。

［8］牛：底本原作"年"，宋刻遞修本、宋殘本、殿本、庫本與底本同，中華本據《通典》卷二《食貨·田制下》改作"牛"，當是，今從改。

率人一床，[1]調絹一匹，綿八兩，凡十斤綿中，折一斤作絲，墾租二石，[2]義租五斗。[3]奴婢各准良人之半。牛調二尺，墾租一斗，義租五升。墾租送臺，[4]義租納郡，以備水旱。墾租皆依貧富爲三梟。[5]其賦税常調，則少者直出上户，中者及中户，多者及下户。上梟輸遠處，中梟輸次遠，下梟輸當州倉。三年一校焉。租入臺者，五百里内輸粟，五百里外輸米。入州鎮者，輸粟。人欲輸錢者，准上絹收錢。諸州郡皆别置富人倉。[6]初立之日，准所領中下户口數，得支一年之糧，逐當州穀價賤時，斟量割當年義租充入。穀貴，下價糶之；賤則還用所糶之物，依價糴貯。

［1］一床：指一夫一妻。

[2]墾租：北齊均田農户向國家繳納的一種地租。

[3]義租：北齊均田農户向地方政府繳納的一種地租，以備水旱灾害之用。

[4]臺：即臺傳。參見前注。

[5]三梟：北齊施行的一種收租制度。即把均田農户按貧富劃分爲上、中、下三個等級，以分别徵收地租，且其輸送地租的路程遠近亦有等差。梟，即等級。

[6]富人倉：北齊各州郡劃割一部分義租而設置的一種糧倉，其作用是通過糶糴倉糧來調節穀價，以救濟貧弱民户。“富人”當作“富民”，唐人諱改。

每歲春月，各依鄉土早晚，課人農桑。[1]自春及秋，男十五已上，[2]皆布田畝。[3]桑蠶之月，婦女十五已上，皆營蠶桑。孟冬，刺史聽審邦教之優劣，定殿最之科品。[4]人有人力無牛，或有牛無力者，須令相便，[5]皆得納種。使地無遺利，人無游手焉。

[1]人：底本原作“入”，宋殘本、殿本、庫本與底本同，宋刻遞修本作“人”，中華本據《册府元龜》卷四九五《邦計部·田制》、《通典》卷二《食貨·田制下》改作“人”，當是，今從宋刻遞修本、中華本改。

[2]男十五：底本原作“男二十五”，宋殘本、殿本、庫本與底本同，宋刻遞修本作“男子十五”，中華本作“男十五”。檢《册府元龜》卷四九五《邦計部·田制》、《通典》卷二《食貨·田制下》、《文獻通考》卷二《田賦考二·歷代田賦之制》均作“男子十五”，故可斷“二”字或衍或當是“子”之訛。今從中華本删“二”字。

[3]布：底本原作“有”，據宋刻遞修本、宋殘本、殿本、庫

本、中華本改。

［4］殿最：古代考核政績或軍功，下等稱爲“殿”，上等稱爲“最”。此處泛指等級的高低上下。　科品：即等級。

［5］相便：即互利。此處是指人力與牛力互相交换，以達到互助互利之效。

緣邊城守之地，堪墾食者，皆營屯田，置都使、子使以統之。[1]一子使當田五十頃，歲終考其所入，以論褒貶。

［1］都使、子使：北齊所置管理屯田事務的兩級職官，屬臨時差遣之職，無固定品階。

是時頻歲大水，州郡多遇沉溺，穀價騰踊。朝廷遣使開倉，從貴價以糶之，而百姓無益，飢饉尤甚。重以疾疫相乘，死者十四五焉。

至天統中，[1]又毁東宫，[2]造修文、偃武、隆基嬪嬙諸院，[3]起玳瑁樓。[4]又於游豫園穿池，[5]周以列館，中起三山，構臺，以象滄海，[6]并大修佛寺，勞役巨萬計。財用不給，乃減朝士之禄，斷諸曹糧膳，及九州軍人常賜以供之。武平之後，[7]權幸並進，[8]賜與無限，加之旱蝗，國用轉屈。乃料境内六等富人，調令出錢。而給事黄門侍郎顔之推奏請立關市邸店之税，[9]開府鄧長顒贊成之，[10]後主大悦。[11]於是以其所入，以供御府聲色之費，[12]軍國之用不豫焉。未幾而亡。

［1］天統：北齊後主高緯年號（565—569）。按，“天”字底本原作“大”，宋刻遞修本、宋殘本、殿本、庫本與底本同，中華本據《通典》卷五《食貨》改作“天”，當是，今從改。

［2］東宫：古代太子所居住的宫殿。

［3］修文、偃武、隆基：均是北齊武成帝、後主時的後宫宫院之名，爲後宫嬪妃所居之處。

［4］玳瑁樓：北齊武成帝、後主時修建的一座後宫門樓，位於聖壽宫北，因用玳瑁爲龜甲文加以裝飾，故名“玳瑁樓”。

［5］游豫園：北齊宫苑名。據顧炎武《歷代宅京記》卷一三《鄴》記載，此園建於北齊天保七年，位於鄴都銅雀臺西、漳水之南，周圍十二里，内包葛屨山，山上築有臺閣，爲北齊帝王游獵之所。

［6］滄海：此爲古代神話傳説中的海島名。

［7］武平：北齊後主高緯年號（570—576）。

［8］權幸：亦作“權倖”。指有權勢而得到帝王寵信的奸佞之人。

［9］給事黄門侍郎：官名。北齊時爲門下省的副長官，置六員，協助長官侍中參議政令的制定。正四品上。　顔之推：人名。北齊後主時官任給事黄門侍郎，其間曾奏請徵收關市邸店之税，以足國用。傳見《北齊書》卷四五、《北史》卷八三。

［10］開府：官名。全稱是開府儀同三司。北齊時屬加官名號，位次三公。從一品。　鄧長顒：人名。北齊後主時官居侍中、開府儀同三司，是後主最寵信的宦官之一。事見《北齊書》卷五〇、《北史》卷九二《恩倖傳》。

［11］後主：即北齊末代皇帝高緯。紀見《北齊書》卷八、《北史》卷八。

［12］御府：指帝王的内宫府庫。

後周太祖作相，[1]創制六官。[2]載師掌任土之法，[3]辨夫家田里之數，會六畜車乘之稽，審賦役斂弛之節，制畿疆修廣之域，頒施惠之要，審牧産之政。司均掌田里之政令。[4]凡人口十已上，宅五畝；口九已上，[5]宅四畝；口五已下，[6]宅三畝。[7]有室者，[8]田百四十畝，丁者田百畝。司賦掌功賦之政令。[9]凡人自十八以至六十有四，與輕癃者，[10]皆賦之。其賦之法，有室者，歲不過絹一匹，綿八兩，粟五斛；丁者半之。其非桑土，有室者，布一匹，麻十斤；丁者又半之。豐年則全賦，中年半之，下年三之，[11]皆以時徵焉。若艱凶札，[12]則不徵其賦。司役掌力役之政令。[13]凡人自十八以至五十有九，皆任於役。豐年不過三旬，中年則二旬，下年則一旬。凡起徒役，無過家一人。其人有年八十者，一子不從役，百年者，家不從役。廢疾非人不養者，[14]一人不從役。若凶札，[15]又無力征。掌鹽掌四鹽之政令。[16]一曰散鹽，[17]煮海以成之；二曰盬鹽，[18]引池以化之；三曰形鹽，[19]物地以出之；四曰飴鹽，[20]於戎以取之。凡盬鹽形鹽，每地爲之禁，百姓取之，皆税焉。司倉掌辨九穀之物，[21]以量國用。國用足，即蓄其餘，以待凶荒；不足則止。餘用足，則以粟貸人。春頒之，秋斂之。

[1]後周太祖：即宇文泰。西魏的執政大臣，北周的奠基者。紀見《周書》卷一、二及《北史》卷九。

[2]六官：西魏恭帝三年（556），宇文泰命盧辯依《周禮》建置天官冢宰、地官司徒、春官宗伯、夏官司馬、秋官司寇、冬官司

空，分掌邦國之政，總稱爲“六官”。

[3]載師：官名。全稱是載師中大夫。西魏、北周時爲地官府的屬官，掌土地、畜牧、賦役等政令。正五命。

[4]司均：官名。西魏、北周時爲地官府的屬官，掌土地户口之政令。置有司均上士和司均中士兩級，官品分别爲正三命和正二命。

[5]口九已上：底本、宋刻遞修本、宋殘本、殿本、中華本皆同，庫本作“口七以上”，但中華本校勘記云：“應作‘口九已下’，才能和下文‘口五已下’相銜接。”所言當是，應從之。

[6]口五已下：底本、宋刻遞修本、宋殘本、中華本皆同，殿本作“五口已下”，庫本作“五口以下”。

[7]宅三畝：底本、宋刻遞修本、宋殘本、中華本皆同，但殿本、庫本作“宅二畝”，疑訛。

[8]有室者：指已婚的丁男，包括一夫一妻。下文與之對稱的“丁者”，則指未婚的丁男。

[9]司賦：官名。西魏、北周時爲地官府的屬官，掌租調賦稅之政令。置有司賦上士和司賦中士兩級，官品分别爲正三命和正二命。

[10]輕癃（lóng）：指不太嚴重的衰老病弱之人。癃，即衰老病弱之人。

[11]三：底本、殿本、庫本皆同，但宋刻遞修本、宋殘本、中華本作“一”。

[12]艱凶札：概指發生災害、饑荒和疫病的年份。艱，即災難；凶，即五穀歉收而饑荒；札，即疫病流行而死亡。

[13]司役：官名。西魏、北周時爲地官府的屬官，掌勞役之政令。置有司役上士和司役中士兩級，官品分别爲正三命和正二命。

[14]廢疾：指有殘疾而不能做事之人。

[15]札：底本原作“扎”，據宋刻遞修本、宋殘本、殿本、庫本、中華本改。

[16]掌鹽：官名。西魏、北周時爲地官府的屬官，掌鹽業之政令。置有掌鹽中士和掌鹽下士兩級，官品分别爲正二命和正一命。

[17]散鹽：亦稱“末鹽”。是用海水煮成的一種粉狀鹽。

[18]鹽（gǔ）鹽：亦稱“顆鹽”。即産自鹽池的池鹽。

[19]形鹽：特製成虎形的鹽，供祭祀之用。

[20]飴鹽：是一種帶有甜味的岩鹽。古代多來自境外少數民族地區。

[21]司倉：官名。全稱是司倉下大夫。西魏、北周時爲地官府的屬官，掌倉廪出納之政令。正四命。

閔帝元年，[1]初除市門稅。[2]及宣帝即位，[3]復興入市之稅。武帝保定元年，[4]改八丁兵爲十二丁兵，[5]率歲一月役。建德二年，[6]改軍士爲侍官，[7]募百姓充之，除其縣籍。[8]是後夏人半爲兵矣。[9]宣帝時，發山東諸州，[10]增一月功爲四十五日役，[11]以起洛陽宫。并移相州六府於洛陽，[12]稱東京六府。[13]

[1]閔帝：即北周開國皇帝孝閔帝宇文覺。紀見《周書》卷三、《北史》卷九。

[2]市門稅：是對出入市門的商品貨物所徵收的商業稅。

[3]宣帝：即北周第四代皇帝宇文贇。紀見《周書》卷七、《北史》卷一〇。

[4]武帝：即北周第三代皇帝宇文邕。紀見《周書》卷五、六及《北史》卷一〇。　保定：北周武帝宇文邕年號（561—565）。

[5]八丁兵：北周武帝即位之前實行的一種兵徭制度。據《通鑑》卷一六八《陳紀》文帝天嘉二年條胡三省注云：“八丁兵者，凡境内民丁分爲八番，遞上就役。”可知其做法是把境内民丁分爲八番輪换服役，每番民丁一年服役四十五天。　十二丁兵：北周武

帝即位後施行的一種兵徭制度。其做法是把境内民丁分爲十二番輪換服役，每番民丁一年服役一個月。

[6]建德：北周武帝宇文邕年號（572—578）。　二年：各本皆同，但《周書·武帝紀上》和《北史·周武帝紀》均載爲“三年”。

[7]侍官：北周武帝建德年間，把輪番宿衛的府兵軍士改稱爲“侍官”。其意義是强調府兵須隸屬於皇帝，作皇帝的侍從。

[8]縣籍：指各縣官府所掌管的民户户籍。按，北周實行府兵制，府兵有獨立的軍籍，與民户户籍嚴格區分開來，故民户凡被徵募爲府兵，就必須除去其縣籍而加入軍籍。

[9]夏人：指漢族人民。

[10]山東：地區名。戰國秦漢時期稱崤山或華山以東地區爲山東；魏晋南北朝隋唐時期亦稱太行山以東地區爲山東。此處當指後者。

[11]一月功：指一個月（三十天）的勞役。

[12]相州：北周武帝建德六年滅北齊後，改北齊司州置。治所在北齊舊都鄴城（今河北臨漳縣西南）。　六府：北周武帝滅北齊後，仿北周六官之制，在相州建置六府官，以取代舊有的北齊諸省機構。

[13]東京：北周宣帝大成元年（579），詔改洛陽爲東京。

武帝保定二年正月，初於蒲州開河渠，[1]同州開龍首渠，[2]以廣溉灌。

[1]蒲州：北周明帝二年（558）改泰州置。治所在今山西永濟市西蒲州鎮。　河渠：水渠名。北周武帝時自蒲坂引黄河水而開鑿的一條水渠，用以灌溉蒲州境内農田。

[2]同州：西魏廢帝三年（554）改華州置。治所在今陝西大

荔縣。　龍首渠：水渠名。始鑿於漢武帝時，相傳開鑿時掘得龍骨，故名“龍首渠”。此渠從今陝西澄城縣西南引北洛水東南流，至今大荔縣西回流入洛，可灌溉北洛水下游東岸萬餘頃農田。北周武帝時又重加開浚。

高祖登庸，[1]罷東京之役，除入市之税。是時尉迥、王謙、司馬消難，[2]相次叛逆，興師誅討，賞費巨萬。及受禪，又遷都，[3]發山東丁，毁造宫室。仍依周制，役丁爲十二番，匠則六番。[4]及頒新令，制人五家爲保，保有長。保五爲閭，閭四爲族，皆有正。畿外置里正，[5]比閭正，[6]黨長比族正，[7]以相檢察焉。男女三歲已下爲黄，十歲已下爲小，十七已下爲中，十八已上爲丁。丁從課役，六十爲老，乃免。自諸王已下，至于都督，[8]皆給永業田，各有差。多者至一百頃，少者至四十畝。[9]其丁男、中男永業露田，皆遵後齊之制。[10]並課樹以桑榆及棗。其園宅，率三口給一畝，奴婢則五口給一畝。丁男一床，租粟三石。桑土調以絹絁，麻土以布。絹絁以匹，[11]加綿三兩。布以端，[12]加麻三斤。單丁及僕隸各半之。未受地者皆不課。有品爵及孝子順孫義夫節婦，並免課役。京官又給職分田。[13]一品者給田五頃。每品以五十畝爲差，至五品，則爲田三頃，六品二頃五十畝。其下每品以五十畝爲差，至九品爲一頃。外官亦各有職分田。又給公廨田，[14]以供公用。

[1]登庸：意謂登上帝位或王位。文中是指楊堅登上隋王之位。

[2]尉迥：人名。即尉遲迥。北周末年官任相州總管，起兵反

對楊堅篡周，旋被討滅。傳見《周書》卷二一、《北史》卷六二。　王謙：人名。北周末年官任益州總管，起兵反對楊堅篡周，旋被討滅。傳見《周書》卷二一，《北史》卷六〇有附傳。　司馬消難：人名。北周末年官任鄖州總管，起兵反對楊堅篡周，旋被討滅，逃奔南朝陳。傳見《周書》卷二一，《北史》卷五四有附傳。

[3]遷都：此指隋文帝開皇三年將都城從北周舊都長安（今陝西西安市西北郊）遷至大興城（今陝西西安市及其南郊）。

[4]六番：隋初工匠服徭役之制。其做法是把境内工匠分爲六番輪换服役，每番工匠一年服役兩個月。

[5]里正：隋朝在京畿以外地區設置的基層鄉吏。其職責是協助官府維持一里（二十五家）之内的社會治安，檢查户口，催徵賦役。

[6]閭正：隋朝在畿内地區設置的基層鄉吏。其職責與畿外里正相同。

[7]黨長：隋朝在京畿以外地區設置的基層鄉吏。其職責是協助官府維持一黨（百家）之内的社會治安，檢查户口，催徵賦役。　族正：隋朝在畿内地區設置的基層鄉吏。其職責與畿外黨長相同。

[8]都督：官名。按，隋文帝時期主要有三種都督：一爲在府兵系統中實際領兵、有固定職掌的隊級軍官，隋煬帝大業三年改稱隊正。其官品爲正七品下。二爲第十一等散實官，用以酬勤勞，無實際職掌。其官品亦爲正七品下。三爲臨時差遣之職，即在戰事發生時，由皇帝臨時任命朝臣軍將爲都督，領兵出征，戰事結束即撤罷，無常設官品，其地位視本官而定。文中當指前兩種都督。

[9]四十畝：各本皆同，但《册府元龜》卷四九五《邦計部·田制》、《通典》卷二《食貨·田制下》、《文獻通考》卷六五《職官考十九·職田》均作“三十頃”，疑誤。

[10]後齊：即北齊（550—577），都於鄴（今河北臨漳縣西南）。

[11]絹絁以匹：中華本把“絹”字斷屬上句，顯誤，今據文意斷屬本句。（參見唐華全《中華書局點校本〈隋書〉質疑二十九則》，《河北師範大學學報》2012年第1期）

[12]端：古代計量布帛長度的單位名稱。漢以前以二丈爲端，漢以後多以六丈爲端，亦有以八丈爲端者。

[13]職分田：北朝至隋唐均田令中，對職事官按品階高低授予數量不等的公田，使其收取公田地租作爲額外俸禄，這種土地就稱爲“職分田”。北魏太和九年（485）均田令中，已對地方官按品級分授公田，此爲職分田之始。以後歷代相沿，唯授田數量各有增減，至隋時遂正式稱爲職分田。職分田按規定衹有現任職事官纔能享有，職官更代時必須如數移交給繼任官，不得買賣。

[14]公廨田：隋唐均田令中，對内外各官署按等級高低授予數量不等的公田，使其收取公田地租充作官署的辦公費用，這種土地就稱爲“公廨田”。隋代給公廨田的具體數目不詳，唐代則規定在京各官署給公廨田自二十六頃至二頃，在外各官署給公廨田自四十頃至一頃。公廨田按規定不得買賣，長官更代時必須如數移交給繼任者。

開皇三年正月，帝入新宫。[1]初令軍人以二十一成丁。減十二番每歲爲二十日役，減調絹一匹爲二丈。先是尚依周末之弊，[2]官置酒坊收利，鹽池鹽井，皆禁百姓採用。至是罷酒坊，通鹽池鹽井與百姓共之。遠近大悦。

[1]新宫：此指隋文帝新建的大興城，在今陝西西安市及其南郊。

[2]周：即北周（557—581），都於長安（今陝西西安市西北郊）。

是時突厥犯塞，[1]吐谷渾寇邊，[2]軍旅數起，轉輸勞敝。帝乃令朔州總管趙仲卿，[3]於長城以北，大興屯田，以實塞下。又於河西，[4]勒百姓立堡，營田積穀。京師置常平監。[5]

[1]突厥：古族名、國名。公元六世紀初興起於今阿爾泰山西南麓，552年在今鄂爾渾河流域建立突厥汗國，此後其勢力擴展至大漠南北，横跨蒙古高原，隋開皇二年分裂爲東、西兩部。傳見本書卷八四、《周書》卷五〇、《北史》卷九九、《舊唐書》卷一九四、《新唐書》卷二一五。

[2]吐谷（yù）渾：古族名。本遼東鮮卑之種，姓慕容氏，西晋時西遷至群羌故地，北朝至隋唐時期游牧於今青海北部和新疆東南部地區。傳見本書卷八三、《晋書》卷九七、《魏書》卷一〇一、《周書》卷五〇、《北史》卷九六、《舊唐書》卷一九八、《新唐書》卷二二一上。

[3]朔州：治所在今山西朔州市。　總管：官名。全稱是總管刺史加使持節。北周始置諸州總管，隋承繼，又有增置。總管的統轄範圍可達數州至十餘州，實爲一軍政轄區的最高長官。隋文帝在并、益、荆、揚四州置大總管，其餘州置總管。總管分上、中、下三等，品秩分别爲流内視從二品、視正三品、視從三品。　趙仲卿：人名。傳見本書卷七四，《北史》卷六九有附傳。

[4]河西：地區名。指今甘肅、青海兩省黄河以西地區，即河西走廊和湟水流域一帶。

[5]常平監：官署名。主管常平倉糧。穀賤時增價而糴，穀貴時減價而糶，以平衡穀價。

是時山東尚承齊俗，機巧姦僞，避役惰游者十六七。四方疲人，或詐老詐小，規免租賦。高祖令州縣大索貌閱，[1]户口不實者，正長遠配，而又開相糾之科。大功已下，[2]兼令析籍，各爲户頭，以防容隱。於是計帳進四十四萬三千丁，新附一百六十四萬一千五百口。

[1]大索貌閱：隋文帝開皇五年令各州縣搜括隱漏户口、核實人口年齡，以防民户逃避賦役的一種措施。大索，即嚴厲搜括隱匿户口；貌閱，即閱其貌以驗老小之實。規定凡查得户口不實者，其主管里正、黨長皆坐罪流配遠方。

[2]大功：古代喪服名。爲"五服"之一，服期爲九個月。其服叙包括堂兄弟、未婚的堂姊妹等親屬。

高熲又以人間課輸，[1]雖有定分，年常徵納，除注恒多，長吏肆情，文帳出没，復無定簿，難以推校，乃爲輸籍定樣，[2]請遍下諸州。每年正月五日，縣令巡人，各隨便近，五黨三黨，共爲一團，依樣定户上下。帝從之。自是姦無所容矣。

[1]高熲：人名。傳見本書卷四一、《北史》卷七二。　課輸：即徵調賦役。

[2]輸籍定樣：又稱輸籍法。是隋文帝開皇五年采納高熲的建議而實施的一種劃分户等的辦法。其做法是由中央將劃分户等的標準即"定樣"頒發各地，規定每年正月五日縣令出查户口，令民户各隨近便，五黨或三黨爲一團，依定樣確定户等上下，並定出納税服役的數額。其目的是爲了防止地方官吏與豪强相勾結，利用户籍、户等營私舞弊，逃避賦役。

時百姓承平日久，雖數遭水旱，而户口歲增。諸州調物，每歲河南自潼關，[1]河北自蒲坂，[2]達于京師，相屬於路，晝夜不絕者數月。帝既躬履儉約，六宫咸服澣濯之衣。[3]乘輿供御有故敝者，隨令補用，皆不改作。非享燕之事，所食不過一肉而已。有司嘗進乾薑，以布袋貯之，帝用爲傷費，大加譴責。後進香，復以氈袋，因笞所司，以爲後誡焉。由是内外率職，[4]府帑充實，百官禄賜及賞功臣，皆出於豐厚焉。九年陳平，帝親御朱雀門勞凱旋師，[5]因行慶賞。自門外，夾道列牛帛之積，[6]達于南郭，以次頒給，所費三百餘萬段。帝以江表初定，給復十年。[7]自餘諸州，並免當年租賦。十年五月，又以宇内無事，益寬徭賦。百姓年五十者，輸庸停防。[8]十一年，江南又反，越國公楊素討平之，[9]師還，賜物甚廣。其餘出師命賞，亦莫不優隆。十二年，有司上言，庫藏皆滿。帝曰："朕既薄賦於人，又大經賜用，何得爾也?"對曰："用處常出，納處常入。略計每年賜用，至數百萬段，曾無減損。"於是乃更闢左藏之院，[10]構屋以受之。下詔曰："既富而教，方知廉耻，寧積於人，無藏府庫。河北、河東今年田租，[11]三分減一，兵減半，功調全免。"[12]

[1]潼關：關隘名。故址在今陝西潼關縣東南，地處今陝西、山西、河南三省之要衝，素稱險要。

[2]河北：地區名。指黄河中下游以北地區。　蒲坂：此指蒲坂津。古黄河津渡名。因其東岸在蒲坂縣而得名。故址在今山西永濟市西蒲州鎮。自古爲河東通往關中的咽喉要衝。

[3]六宫：古代皇后的寢宫，因有正寢一、燕寢五，合稱六宫。後泛指后妃所居之地，亦代指后妃。　澣（huàn）濯之衣：指洗過多次的舊衣服。

[4]率職：奉行職事，盡忠職守。

[5]朱雀門：隋唐都城長安皇城的正南門。開皇二年建。其北與宫城廣陽門，南與郭城明德門相對。隋唐兩代，皇帝多在此門勞師賞軍。按，"朱雀門"各本皆同，但本書卷二《高祖紀下》載爲"廣陽門"。

[6]夾道列牛帛之積："牛"字底本、宋殘本、殿本、庫本皆同，宋刻遞修本、中華本作"布"。按，《册府元龜》卷五〇四《邦計部·絲帛》、《通鑑》卷一七七《隋紀》文帝開皇九年條、《文獻通考》卷二三《國用考一·歷代國用》"牛"均作"布"，中華本似當據此及宋刻遞修本而改。然此處"牛帛"可釋作"帛馱於牛背之上"，這既能保持絲帛乾净，又便於馱運，文意甚明，故底本並無訛誤。中華本雖改之有據，但却有損文意，故不從之。

[7]給復：即免除賦税徭役。

[8]輸庸停防：隋唐時期實行的一種納絹代役制度。按隋唐賦役法規定丁男每年戍邊服役二十日，若不服役則須按日繳納絹數尺，以代替其力役，這種代役絹謂之"庸"。隋代輸庸停防者尚有一定年齡限制，唐代則無年齡限制。

[9]越國公：爵名。爲隋九等爵的第三等。從一品。　楊素：人名。傳見本書卷四八，《北史》卷四一有附傳。

[10]左藏（zàng）：古代儲藏錢帛的國庫之一，因其位於禁宫左方，故稱左藏。隋時左藏置有令，以掌錢帛出納，上屬太府寺。

[11]河東：地區名。指黄河以東、太行山以西地區。

[12]功調：此指徭役和户調。

時天下户口歲增，京輔及三河，[1]地少而人衆，衣食不給。議者咸欲徙就寬鄉。其年冬，帝命諸州考使議之。[2]又令尚書，[3]以其事策問四方貢士，[4]竟無長筭。帝乃發使四出，均天下之田。其狹鄉，[5]每丁纔至二十畝，老小又少焉。[6]

[1]京輔：亦稱京畿。指京城及其附近地區。　三河：地區名。漢代稱河東、河内、河南三郡爲“三河”，包括今山西省西南部和河南省中北部。此泛指這一帶地區。

[2]考使：每年冬季各州派到中央彙報政績以待朝廷考核的使者，一般由州長官或州上佐官充任。

[3]尚書：官名。爲尚書省所屬六部的長官，分掌六部政務。正三品。

[4]貢士：此指各地方向朝廷薦舉的人才。

[5]狹鄉：指人多田少的地區。與“寬鄉”對稱。

[6]老小：此指家中没有丁男而惟有老小的民户。

十三年，帝命楊素出，於岐州北造仁壽宫。[1]素遂夷山堙谷，營構觀宇，崇臺累榭，宛轉相屬。役使嚴急，丁夫多死，疲敝顛仆者，推填坑坎，覆以土石，因而築爲平地。死者以萬數。宫成，帝行幸焉。時方暑月，而死人相次於道，素乃一切焚除之。帝頗知其事，甚不悦。及入新宫游觀，乃喜，又謂素爲忠。後帝以歲暮晚日，登仁壽殿，[2]周望原隰，見宫外燐火彌漫，又聞哭聲。令左右觀之，報曰：“鬼火。”帝曰：“此等工役而死，既屬年暮，魂魄思歸耶？”乃令灑酒宣敕，以咒遣之。自是乃息。

［1］岐州：治所在今陕西鳳翔縣。按，“岐”底本原作“歧”，宋殘本與底本同，今據宋刻遞修本、殿本、庫本、中華本改。　仁壽宫：隋離宫名。始建於開皇十三年。位於今陕西麟游縣西天臺山上。因其凉爽宜人，且離京城不遠，故爲隋代帝王消夏避暑之所。

［2］仁壽殿：仁壽宫中的主殿。

開皇三年，朝廷以京師倉廩尚虚，議爲水旱之備，於是詔於蒲、陜、虢、熊、伊、洛、鄭、懷、邵、衛、汴、許、汝等水次十三州，[1]置募運米丁。又於衛州置黎陽倉，[2]洛州置河陽倉，[3]陜州置常平倉，[4]華州置廣通倉，[5]轉相灌注。漕關東及汾、晋之粟，[6]以給京師。又遣倉部侍郎韋瓚，[7]向蒲、陜以東，募人能於洛陽運米四十石，經砥柱之險，[8]達于常平者，免其征戍。[9]其後以渭水多沙，流有深淺，漕者苦之。四年，詔曰：

［1］蒲：州名。治所在今山西永濟市西蒲州鎮。　陜：州名。治所在今河南三門峽市西陜縣大營鎮。　虢：州名。隋開皇三年改東義州置。治所在今河南盧氏縣。　熊：州名。治所在今河南宜陽縣西。　伊：州名。治所在今河南嵩縣東北。　洛：州名。治所在今河南洛陽市東北。　鄭：州名。隋開皇元年改滎州置。治所在今河南滎陽市西北汜水鎮，煬帝大業初移治今河南鄭州市。　懷：州名。治所在今河南沁陽市。　邵：州名。治所在今山西垣曲縣東南。　衛：州名。治所在今河南淇縣。　汴：州名。治所在今河南開封市。　許：州名。治所在今河南許昌市。　汝：州名。治所在今河南汝州市。　水次：靠近河流之意。此指靠近黄河。

［2］黎陽倉：倉廩名。隋開皇三年置於衛州黎陽縣（治所在今河南浚縣東南）黄河西岸，設有倉督管理之。

［3］河陽倉：倉廩名。隋開皇三年置於洛州河陽縣（治所在今河南孟州市南）黄河北岸，設有倉監管理之。

［4］常平倉：倉廩名。隋開皇三年置於陝州陝縣（治所在今河南陝縣大營鎮）黄河南岸，屬京師常平監管轄，具有轉運漕糧和調節穀價的雙重功用。

［5］華州：治所在今陝西華縣。　廣通倉：倉廩名。參見前注“永豐倉”。

［6］關東：地區名。指潼關或函谷關以東地區。　汾、晋：均爲古水名。此指汾水和晋水流域一帶地區，約當今山西省。

［7］倉部侍郎：官名。爲尚書省民部所轄四曹之一倉部曹的長官，置一員，掌倉廩之政務。隋初爲正六品上，開皇三年升爲從五品。隋煬帝大業三年改諸曹侍郎爲郎，倉部侍郎遂改稱倉部郎。　韋瓚：人名。隋開皇三年官任倉部侍郎，負責經營關東漕運事務。事見《舊唐書》卷一〇一《韋湊傳》。

［8］砥柱：山名。又稱“底柱山”“三門山”。在今河南三門峽市東北黄河之中。以山在黄河激流中矗立如柱，故名。

［9］征戍：指戍守邊疆的兵役。

京邑所居，五方輻湊，重關四塞，水陸艱難。大河之流，波瀾東注，百川海瀆，萬里交通。雖三門之下，[1]或有危慮，但發自小平，[2]陸運至陝，還從河水，入於渭川，[3]兼及上流，控引汾、晋，舟車來去，爲益殊廣。而渭川水力，大小無常，流淺沙深，即成阻閡。計其途路，數百而已，動移氣序，[4]不能往復，泛舟之役，人亦勞止。朕君臨區宇，[5]興利除害，公私之弊，情實愍之。故東發潼關，西引渭水，因藉人力，開通漕渠，量事計功，易可成就。已令工匠，巡歷渠道，觀地理之宜，審終久之義，一得開鑿，萬代無毁。可使官及私家，方舟巨舫，晨昏漕運，沿泝不停，旬日之功，堪省億萬。誠知時當炎暑，動致疲勤，然不有暫勞，安能永逸。宣告人庶，知朕意焉。

[1]三門：即三門山。以山有中神門、南鬼門、北人門三門，故名。參見前注“砥柱”。

[2]小平：即小平津。古黄河津渡名。在今河南孟津縣東北黄河南岸。

[3]渭川：即渭水，今陝西渭河。

[4]氣序：即季節、節氣。

[5]區宇：即天下、境域。

於是命宇文愷率水工鑿渠，[1]引渭水，自大興城東至潼關，三百餘里，名曰廣通渠。[2]轉運通利，關内賴之。[3]諸州水旱凶飢之處，亦便開倉振給。

[1]宇文愷：人名。傳見本書卷六八，《北史》卷六〇有附傳。

[2]廣通渠：運河名。隋開皇四年開鑿。起自隋都大興城西北，引渭水東絶灞水，略循漢漕渠故道，東至潼關達於黄河，全長三百餘里。因渠經渭水入黄口廣通倉下，故名“廣通渠”。又因渠成後轉運漕糧便利，關中賴之，故亦稱“富民渠”。仁壽四年（604）改名“永通渠”。

[3]關内：地區名。亦稱“關中”。秦至唐時稱函谷關或潼關以西、隴坂以東、終南山以北地區爲關内、關中。

五年五月，工部尚書、襄陽縣公長孫平奏曰：[1]

“古者三年耕而餘一年之積，九年作而有三年之儲，雖水旱爲灾，而人無菜色，皆由勸導有方，蓄積先備故也。去年亢陽，[2]關内不熟，陛下哀愍黎元，甚於赤子。運山東之粟，置常平之官，開發倉廩，普加賑賜。少食之人，莫不豐足。鴻恩大德，前古未比。其强宗富室，家道有餘者，皆競出私財，遞相賙贍。此乃風行草偃，從化而然。但經國之理，須存定式。”於是奏令諸州百姓及軍人，勸課當社，[3]共立義倉。[4]收穫之日，隨其所得，勸課出粟及麥，於當社造倉窖貯之。即委社司，執帳檢校，每年收積，勿使損敗。若時或不熟，當社有飢饉者，即以此穀振給。自是諸州儲峙委積。[5]其後關中連年大旱，而青、兖、汴、許、曹、亳、陳、仁、譙、豫、鄭、洛、伊、潁、邳等州大水，[6]百姓飢饉。高祖乃命蘇威等，[7]分道開倉振給。又命司農丞王亶，[8]發廣通之粟三百餘萬石，以拯關中。又發故城中周代舊粟，[9]賤糶與人。買牛驢六千餘頭，分給尤貧者，令往關東就食。其遭水旱之州，皆免其年租賦。

[1]工部尚書：官名。爲尚書省所轄六部之一工部的長官，掌全國百工、屯田、山澤之政令，統工部、屯田、虞部、水部四曹。置一員，正三品。　襄陽縣公：爵名。爲隋九等爵的第五等。從一品。　長孫平：人名。傳見本書卷四六，《北史》卷二二有附傳。按，本書《長孫平傳》和《北史·長孫平傳》記載長孫平上奏令立義倉的時間爲“開皇三年”，時官“度支尚書”，與此處所記載的時間和職官有所不同。

[2]亢陽：指旱灾。

［3］社：古代一種鄉村社會組織。或以地方六里爲一社，或以民户二十五家爲一社。每社擇年高曉事者爲之長，以管理社内事務。

［4］義倉：古代民間爲備水旱荒灾而設置的一種公共糧倉。因其設於鄉社，並由社長管理其事，故又名“社倉”。隋以後各地設置義倉逐漸成爲一種固定的制度，且多由地方官府管理其事。

［5］儲峙：亦作“儲偫”“儲跱”。指物資儲備。

［6］青：州名。北周置總管府，隋初沿之，開皇十四年府廢。治所在今山東青州市。　兖：州名。治所在今山東兖州市。　曹：州名。治所在今山東曹縣西北。　亳：州名。治所在今安徽亳州市。　陳：州名。隋初治所在今河南沈丘縣，開皇十六年移治今河南淮陽縣。　仁：州名。治所在今安徽宿州市南。　譙：州名。治所在今安徽蒙城縣。　豫：州名。隋時有兩個豫州：一是隋初沿襲北周所置的豫州，治所在今河南汝南縣，至煬帝大業元年（605）改爲溱州，又改稱蔡州，後改爲汝南郡；二是大業元年改洛州所置的豫州，治所在今河南洛陽市東北，大業三年改爲河南郡。文中當指前者。　潁：州名。治所在今安徽阜陽市。按，“潁”底本原作“頴”，據宋刻遞修本、宋殘本、殿本、庫本、中華本改。　邳：州名。治所在今江蘇睢寧縣北。

［7］蘇威：人名。傳見本書卷四一，《北史》卷六三有附傳。

［8］司農丞：官名。爲司農寺的屬官，置五員，掌判本寺内部日常公務。隋初爲正七品下，煬帝時改爲從五品。　王亶：人名。隋開皇五年官任司農丞，奉命發廣通倉糧於關中賑灾。其事除見於本志外，未見其他記載。

［9］故城：此指北周舊都長安城，在今陝西西安市西北郊。

十四年，關中大旱，人饑。上幸洛陽，因令百姓就食。從官並准見口賑給，不以官位爲限。明年，東巡狩，[1]因祠泰山。[2]是時義倉貯在人間，多有費損。十五年二月，詔曰："本置義倉，止防水旱，百姓之徒，不思久計，輕爾費損，於後乏絶。又北境諸州，異於餘處，雲、夏、長、靈、鹽、蘭、豐、鄯、凉、甘、瓜等州，[3]所有義倉雜種，[4]並納本州。若人有旱儉少糧，先給雜種及遠年粟。"[5]十六年正月，又詔秦、叠、成、康、武、文、芳、宕、旭、洮、岷、渭、紀、河、廓、豳、隴、涇、寧、原、敷、丹、延、綏、銀、扶等州社倉，[6]並於當縣安置。二月，又詔社倉，准上中下三等税，上户不過一石，中户不過七斗，下户不過四斗。其後山東頻年霖雨，杞、宋、陳、亳、曹、戴、譙、潁等諸州，[7]達于滄海，[8]皆困水灾，所在沉溺。十八年，天子遣使，將水工，巡行川源，相視高下，發隨近丁以疏導之。困乏者，開倉賑給，前後用穀五百餘石。[9]遭水之處，租調皆免。自是頻有年矣。

[1]巡狩：指天子出行，去視察邦國州郡。

[2]祠泰山：指古代帝王在泰山舉行祭祀天地的封禪大典。

[3]雲：州名。隋開皇五年改榆關總管府置雲州總管府。治所在今内蒙古托克托縣東，開皇二十年移治今内蒙古和林格爾縣西北。　夏：州名。北周置夏州總管府，隋初沿之。治所在今陝西靖邊縣東北白城子。　長：州名。治所在今内蒙古鄂托克旗東南城川古城。　靈：州名。北周置靈州總管府，隋初沿之。治所在今寧夏靈武市西南。　鹽：州名。治所在今陝西定邊縣。　蘭：州名。隋初置蘭州總管府。治所在今甘肅蘭州市。　豐：州名。隋開皇五年升永豐鎮置，仁壽元年（601）置總管府。治所在今内蒙古五原縣西南。　鄯：州名。治所在今青海樂都縣。　凉：州名。北周置凉

州總管府，隋初沿之。治所在今甘肅武威市。　甘：州名。治所在今甘肅張掖市。　瓜：州名。治所在今甘肅敦煌市西。

［4］雜種：此指雜糧。

［5］遠年粟：指多年的陳舊粟糧。

［6］秦：州名。北周置秦州總管府，隋初沿之。治所在今甘肅天水市。　疊：州名。北周置，隋開皇四年置總管府。治所在今甘肅迭部縣。　成：州名。治所在今甘肅禮縣南。　康：州名。治所在今甘肅成縣。　武：州名。治所在今甘肅隴南市東南。　文：州名。治所在今甘肅文縣西。　芳：州名。治所在今甘肅迭部縣東南。　宕：州名。治所在今甘肅宕昌縣東南。　旭：州名。治所在今甘肅碌曲縣境。　洮：州名。治所在今甘肅臨潭縣。　岷：州名。治所在今甘肅岷縣。　渭：州名。治所在今甘肅隴西縣東南。　紀：州名。治所在今甘肅秦安縣北。按，據本書《地理志上》載，開皇十八年始改交州曰紀州，故文中開皇十六年詔不當有紀州，而當爲交州；亦或此詔不誤，而《地理志》有誤。　河：州名。治所在今甘肅臨夏市。　廓：州名。治所在今青海貴德縣。　豳：州名。治所在今陝西彬縣。　隴：州名。治所在今陝西隴縣。　涇：州名。治所在今甘肅涇川縣西北。　寧：州名。治所在今甘肅寧縣。　原：州名。北周置原州總管府，隋初沿之。治所在今寧夏固原市。　敷：州名。治所在今陝西黄陵縣東南。　丹：州名。治所在今陝西宜川縣東北。　延：州名。治所在今陝西延安市東北。　綏：州名。治所在今陝西綏德縣。　銀：州名。治所在今陝西榆林市東南。　扶：州名。隋文帝時有兩個扶州：一是開皇元年改北周扶州總管府所置的扶州，治所在今四川松潘縣，開皇七年州廢；二是開皇七年改鄧州所置的扶州，治所在今甘肅舟曲縣南，煬帝時廢入同昌郡。文中當指後者。

［7］杞：州名。隋文帝時有兩個杞州：一是開皇九年改東郡所置的杞州，治所在今河南滑縣，開皇十六年改爲滑州，煬帝大業二年改爲兖州，大業三年復爲東郡；二是開皇十六年始置的杞州，治

所在今河南杞縣，大業初廢入梁郡。文中當指後者。　宋：州名。隋文帝時有兩個宋州：一是北周改潼州所置的宋州，隋初沿之，治所在今安徽泗縣，開皇十八年廢爲夏丘縣，屬泗州；二是開皇十六年始置的宋州，治所在今河南商丘市南，煬帝大業初改爲梁郡。文中當指後者。　戴：州名。開皇十六年置。治所在今山東成武縣。　潁：底本原作"頴"，據宋刻遞修本、宋殘本、殿本、庫本、中華本改。

[8]滄海：古代或泛指大海，或專指東海。

[9]五百餘石：各本皆同，但中華本校勘記引陸錫熊《炳燭偶鈔》云："按文當作'五百餘萬石'，疑脱'萬'字。"所言當是，應從之。

開皇八年五月，高熲奏諸州無課調處，及課州管户數少者，官人禄力，[1]乘前已來，恒出隨近之州。但判官本爲牧人，[2]役力理出所部。請於所管户内，計户徵税。帝從之。先是京官及諸州，並給公廨錢，[3]迴易生利，[4]以給公用。至十四年六月，工部尚書、安平郡公蘇孝慈等，[5]以爲所在官司，因循往昔，以公廨錢物，出舉興生，[6]唯利是求，煩擾百姓，敗損風俗，莫斯之甚。於是奏皆給地以營農，[7]迴易取利，一皆禁止。十七年十一月，詔在京及在外諸司公廨，在市迴易，及諸處興生，並聽之。唯禁出舉收利云。

[1]官人禄力：此指地方官吏的俸給。

[2]判官：即輔助地方長官理政的僚屬。此泛指地方僚佐官吏。　牧人：此指管理民事的地方官吏。

[3]公廨錢：全稱爲公廨本錢。指官府經營的商業資本和高利

貸資本。北朝至隋唐時期，官府常用公款或賦税錢物充作本錢，投入商業貿易或貸放市肆，收取利息以給公用。朝廷對此屢罷屢禁，但總未徹底消除。

[4]迴易：即貿易、交易。

[5]安平郡公：爵名。爲隋九等爵的第四等。從一品。　蘇孝慈：人名。傳見本書卷四六、《北史》卷七五。

[6]出舉：即放貸。　興生：指經商求利。

[7]給地：此指給公廨田以代替公廨錢。

煬帝即位，是時户口益多，府庫盈溢，乃除婦人及奴婢部曲之課。[1]男子以二十二成丁。始建東都，以尚書令楊素爲營作大監，[2]每月役丁二百萬人。徙洛州郭内人及天下諸州富商大賈數萬家，以實之。新置興洛及迴洛倉。[3]又於皂澗營顯仁宫，[4]苑囿連接，北至新安，[5]南及飛山，[6]西至澠池，[7]周圍數百里。課天下諸州，各貢草木花果，奇禽異獸於其中。開渠，引穀、洛水，[8]自苑西入，而東注于洛。又自板渚引河，[9]達于淮海，謂之御河。河畔築御道，樹以柳。又命黄門侍郎王弘、上儀同於士澄，[10]往江南諸州採大木，引至東都。所經州縣，遞送往返，首尾相屬，不絶者千里。而東都役使促迫，僵仆而斃者，十四五焉。每月載死丁，東至城皋，[11]北至河陽，[12]車相望於道。時帝將事遼、碣，[13]增置軍府，掃地爲兵。自是租賦之入益減矣。

[1]部曲：古代人身依附性較强的農民。部和曲本爲兩漢以來的軍隊建制，後變成士卒的代稱。魏晋南北朝時期，部曲泛指豪强大族的私家兵卒，具有且耕且戰的性質，對主人有較强的依附性。

隋代的部曲由南北朝發展而來，主要從事農業生産。其身份屬私家所有，無人身自由，未經主人允許不得擅自離開土地。部曲死後，其家屬亦歸主人處置。

［2］尚書令：官名。爲尚書省的長官，置一員，總領尚書省政務，是宰相之職。正二品。但隋代因其位高權重，故不常置。　營作大監：即執掌某項工程營造的大總管。屬臨時差遣之職，工程結束即罷。

［3］興洛：倉廩名。即興洛倉。隋煬帝大業二年置於洛陽城東的鞏縣（治所在今河南鞏義市東）。因其地處洛水入黄口，故又稱“洛口倉”。倉城周圍二十餘里，有窖三千個，每窖儲糧八百石。　迴洛倉：倉廩名。隋煬帝大業二年置於洛陽城北。倉城周圍十餘里，有窖三百個，每窖儲糧八百石。

［4］皂澗：古水名。又名“黑澗”。即今河南宜陽縣西南洛河南岸的支流澗河。　顯仁宫：隋離宫名。隋煬帝大業元年建，在壽安縣（治所在今河南宜陽縣東南）境内。

［5］新安：縣名。治所在今河南新安縣。

［6］飛山：其地當在今河南嵩縣或宜陽縣境内。

［7］澠池：縣名。治所在今河南澠池縣東南。

［8］穀：古水名。指穀水。即今河南澠池縣南澠水及其下游澗水，東流至洛陽市西注入洛河。

［9］板渚：全稱爲板城渚口。是古黄河中段的一個重要渡口。故址在今河南滎陽市西北牛口峪附近黄河南岸。

［10］黄門侍郎：官名。隋初在門下省置給事黄門侍郎四員，爲門下省的副長官，協助長官納言參議政令的制定。正四品上。隋煬帝大業三年改革官制，始改稱給事黄門侍郎爲黄門侍郎，並減置二員。正四品。按，文中所述事在大業元年，此時給事黄門侍郎尚未改稱，故此處稱王弘的官銜爲黄門侍郎，有欠準確。　王弘：人名。隋大業元年官任給事黄門侍郎，奉煬帝之命前往江南各地采集大樹木，用以營建東都，甚傷民力。事見本書卷四一《蘇威傳》、

卷四四《楊綸傳》、卷七三《辛公義傳》以及《北史》卷六三《蘇威傳》、卷八六《辛公義傳》等。　上儀同：官名。全稱是上儀同三司。爲十一等散實官的第七等，可開府置僚佐。從四品上。　於士澄：人名。隋大業元年官居上儀同三司，奉煬帝之命前往江南各地采集大樹木，用以營建東都，甚傷民力。事見本書卷三《煬帝紀上》、卷八〇《南陽公主傳》及《北史》卷一二《隋煬帝紀》。

［11］城皋：亦作“成皋”。縣名。治所在今河南滎陽市西北汜水鎮。按，據本書《地理志中》，隋文帝開皇十八年已改成皋縣爲汜水縣，而文中所述事在隋煬帝大業元年，故此處所稱“城皋”當是沿用舊縣名，有欠準確。

［12］河陽：縣名。治所在今河南孟州市南。

［13］遼、碣：遼，指今遼河；碣，指碣石山（今河北昌黎縣北）。因兩地都臨近渤海，故常並稱，用以泛指渤海北部和東部地區。文中借指遼東地區的高麗國。

又造龍舟鳳艒，[1]黃龍赤艦，[2]樓船篾舫。[3]募諸水工，謂之殿脚，[4]衣錦行縢，[5]執青絲纜挽船，[6]以幸江都。[7]帝御龍舟，文武官五品已上給樓船，九品已上給黃篾舫，舳艫相接，二百餘里。所經州縣，並令供頓，[8]獻食豐辦者，[9]加官爵，[10]闕乏者，譴至死。又盛修車輿輦輅，旌旗羽儀之飾。課天下州縣，凡骨角齒牙，皮革毛羽，可飾器用，堪爲氅毦者，[11]皆責焉。徵發倉卒，[12]朝命夕辦，百姓求捕，網罟遍野，[13]水陸禽獸殆盡，猶不能給，而買於豪富蓄積之家，其價騰踊。是歲，翟雉尾一，[14]直十縑，[15]白鷺鮮半之。[16]

［1］龍舟：裝飾成龍形的大船。隋煬帝巡游江都時，專供皇帝

乘御。 鳳艒（tà）：裝飾成鳳形的大船。隋煬帝巡游江都時，專供皇后乘坐。

［2］黄龍赤艦：隋煬帝巡游江都時，專供嬪妃、諸王、公主等乘坐的彩色大船。

［3］樓船：造有層樓的大船。隋煬帝巡游江都時，專供五品以上官員乘坐。 篾舫：隋煬帝巡游江都時，專供六品以下官員及其他隨行者乘坐的船隻。

［4］殿脚：此指牽挽大船的船工。據《通鑑》卷一八〇《隋紀》煬帝大業元年條記載，隋煬帝沿運河往江都巡游時，其所專乘者爲“龍舟”，另有“翔螭”“浮景”“漾彩”“朱鳥”“蒼螭”等各種形制的船隻數千艘隨行，挽船者共達八萬餘人。又因“漾彩”以上諸船均巨大無比，形制如同水殿，故挽“漾彩”以上大船的船工九千餘人，即被稱爲“殿脚”。殿脚皆以錦彩爲袍，與其他船工穿着不同。

［5］行縢（téng）：亦作“行縢”。即用布綁腿，以便於行走跳躍。

［6］纜：底本原作“攬”，據宋刻遞修本、宋殘本、殿本、庫本、中華本改。

［7］江都：郡名。隋大業初改揚州置。治所在今江蘇揚州市。煬帝在此建宫苑，定爲行都。

［8］供頓：指供給行旅宴飲所需之物。

［9］辦：底本原作“辨”，乃古今字之别，據宋刻遞修本、宋殘本、殿本、庫本、中華本改。下文“朝命夕辦”之“辦”同此。

［10］爵：底本、殿本、庫本、中華本皆同，宋刻遞修本、宋殘本作“賞”。

［11］氅毦（ěr）：即羽毛裝飾之物。按,“毦”底本原作“毦”，據宋刻遞修本、宋殘本、殿本、庫本、中華本改。

［12］倉卒（cù）：同“倉猝”。

［13］網罟（gǔ）：捕魚、捕鳥獸的工具。

[14]翟（dí）雉尾：一種長尾野鷄的尾羽。古代取來用以裝飾輿服器物。

[15]縑：用雙絲織成的淺黄色細絹。古代可作貨幣之用。

[16]白鷺鮮：指白鷺生殖期間所長出的兩根長翎和蓬鬆蓑羽，生殖期後即消失。古代取來用以裝飾衣帽。

乃使屯田主事常駿使赤土國，[1]致羅刹。[2]又使朝請大夫張鎮州擊流求，[3]俘虜數萬。士卒深入，蒙犯瘴癘，餧疾而死者十八九。又以西域多諸寶物，[4]令裴矩往張掖，[5]監諸商胡互市，[6]啖之以利，勸令入朝。自是西域諸蕃，往來相繼，所經州郡，疲於送迎，縻費以萬萬計。

[1]屯田主事：吏名。隋初於尚書省工部所轄四曹之一屯田曹置屯田主事令史，掌管本曹署覆文書案牘之事。爲流外吏職，無品階。隋煬帝大業三年改革官制，乃去"令史"之名，但稱"屯田主事"，而於其下另置屯田令史若干人歸其掌領。　常駿：人名。隋大業年間任屯田主事，曾奉命出使赤土、羅刹等國。事見本書卷八二、《北史》卷九五《赤土傳》。　赤土國：古國名。其故地有在今巨港、馬六甲或宋卡等説，而當以在今馬來半島之説較妥，或以爲即羯荼國的異譯。傳見本書卷八二、《北史》卷九五。

[2]羅刹：古國名。其地在婆利國（故地在今印度尼西亞加里曼丹島或巴厘島）東。參見《新唐書》卷二二二下《南蠻下·婆利傳》。

[3]朝請大夫：官名。隋煬帝大業三年置，爲散實官。正五品。　張鎮州：人名。隋大業六年官居朝請大夫，奉煬帝之命率軍攻打流求，俘獲甚衆，死傷亦多。事見本書卷三《煬帝紀上》、卷四《煬帝紀下》、卷八一《流求國傳》，《北史》卷一二《隋煬帝紀》、

卷九四《流求傳》,《舊唐書》卷五六《蕭銑傳》、卷六〇《河間王孝恭傳》,《新唐書》卷七八《河間王孝恭傳》、卷八七《蕭銑傳》。流求：古國名。即今臺灣島。傳見本書卷八一、《北史》卷九四。

[4]西域：地區名。漢以來對玉門關、陽關以西地區的總稱。狹義專指葱嶺以東而言；廣義則指凡通過狹義西域所能到達的地區，包括亞洲中西部、印度半島、歐洲東部和非洲北部在内。

[5]裴矩：人名。傳見本書卷六七、《北史》卷三八、《舊唐書》卷六三、《新唐書》卷一〇〇。　張掖：郡名。隋大業三年改甘州置。治所在今甘肅張掖市。

[6]商胡：古稱到中國經商的胡人。多指西域的粟特、大食等國商人。　互市：指不同民族或國家之間的商業貿易活動。

明年，帝北巡狩。又興衆百萬，北築長城，西距榆林,[1]東至紫河,[2]綿亘千餘里，死者太半。四年，發河北諸郡百餘萬衆，引沁水,[3]南達于河，北通涿郡。[4]自是以丁男不供，始以婦人從役。五年，西巡河右。[5]西域諸胡，佩金玉，被錦罽,[6]焚香奏樂，迎候道左。帝乃令武威、張掖士女,[7]盛飾縱觀。衣服車馬不鮮者，州縣督課，以誇示之。其年，帝親征吐谷渾，破之於赤水。[8]慕容佛允,[9]委其家屬，西奔青海。[10]帝駐兵不出，遇天霖雨，經大斗拔谷,[11]士卒死者十二三焉，馬驢十八九。於是置河源郡、積石鎮。[12]又於西域之地，置西海、鄯善、且末等郡。[13]謫天下罪人，配爲戍卒，大開屯田，發西方諸郡運糧以給之。道里懸遠，兼遇寇抄，死亡相續。

[1]榆林：郡、縣名。治所均在今内蒙古托克托縣西南。

［2］紫河：古水名。亦作“紫乾河”。即今内蒙古和林格爾縣南渾河，蒙古語名“烏蘭穆倫河”。

［3］沁水：古水名。即今沁河。源出今山西沁源縣北太岳山東麓，南流至河南武陟縣注入黄河。

［4］涿郡：隋大業初改幽州置。治所在今北京市西南。

［5］河右：地區名。乃“河西”的别稱。指今甘肅、青海兩省黄河以西地區，即河西走廊和湟水流域一帶。

［6］罽（jì）：毛織物。

［7］武威：郡名。隋大業三年改凉州置。治所在今甘肅武威市。

［8］赤水：古城名。即赤水城。故址在今青海興海縣東南。

［9］慕容佛允：人名。隋末唐初吐谷渾的君王。事見本書卷八三、《北史》卷九六、《舊唐書》卷一九八、《新唐書》卷二二一上《吐谷渾傳》。按，“佛”上列各書《吐谷渾傳》皆作“伏”，中華本校勘記認爲是“音譯異字”，當是。

［10］青海：湖名。即今青海省境内的青海湖。

［11］大斗拔谷：地名。亦作“達斗拔谷”“大斗谷”。即今甘肅民樂縣東南扁都口。因地處祁連山東端，自古爲青海湟中和甘肅河西走廊之間的交通捷徑。

［12］河源郡：治所在今青海興海縣東南。　積石鎮：隋煬帝大業五年在河源郡赤水縣積石山附近設置的軍鎮，位於今青海興海縣南。鎮，是隋唐時期設置的邊防軍事機構之一。

［13］西海：郡名。治所在今青海剛察縣西南青海湖西岸。　鄯善：郡名。治所在今新疆若羌縣。　且末：郡名。治所一説在今新疆且末縣城西南附近，一説即今且末縣城。

六年，將征高麗，[1]有司奏兵馬已多損耗。詔又課天下富人，量其資産，出錢市武馬，[2]填元數。限令取足。復點兵具器仗，皆令精新，濫惡則使人便斬。於是馬匹至十萬。七年冬，大會涿郡。分江淮南兵，配驍衛大將軍來護兒，[3]別以舟師濟滄海，舳艫數百里。並載軍糧，期與大兵會平壤。[4]是歲山東、河南大水，漂没四十餘郡，重以遼東覆敗，[5]死者數十萬。因屬疫疾，山東尤甚。所在皆以徵斂供帳軍旅所資爲務，百姓雖困，而弗之恤也。每急徭卒賦，有所徵求，長吏必先賤買之，然後宣下，乃貴賣與人，旦暮之間，價盈數倍，裒刻徵斂，[6]取辦一時。彊者聚而爲盜，弱者自賣爲奴婢。九年，詔又課關中富人，計其資産出驢，往伊吾、河源、且末運糧，[7]多者至數百頭，每頭價至萬餘。又發諸州丁，分爲四番，於遼西柳城營屯，[8]往來艱苦，生業盡罄。盜賊四起，道路南絶，隴右牧馬，[9]盡爲奴賊所掠，楊玄感乘虚爲亂。[10]時帝在遼東，聞之，遽歸于高陽郡。[11]及玄感平，帝謂侍臣曰："玄感一呼而從者如市，益知天下人不欲多，多則爲賊。不盡誅，後無以示勸。"乃令裴蘊窮其黨與，[12]詔郡縣坑殺之，死者不可勝數。所在驚駭。舉天下之人十分，九爲盜賊，皆盜武馬，始作長槍，攻陷城邑。帝又命郡縣置督捕以討賊。[13]益遣募人征遼，馬少不充八馱，[14]而許爲六馱。又不足，聽半以驢充。在路逃者相繼，執獲皆斬之，而莫能止。帝不懌。遇高麗執送叛臣斛斯政，[15]遣使求降，發詔赦之。囚政至于京師，於開遠門外，[16]磔而射殺之。[17]遂幸太原，[18]爲突厥圍於雁門。[19]突厥尋散，遽還洛陽，募益驍果，[20]以充舊數。

［1］高麗：古國名。亦稱“高句麗”。南北朝至隋唐時期位於今朝鮮半島北部及遼河以東地區。傳見本書卷八一、《魏書》卷一〇〇、《周書》卷四九、《北史》卷九四、《舊唐書》卷一九九上、《新唐書》卷二二〇。

［2］武馬：即軍馬。

［3］驍衛大將軍：官名。按，據本書《百官志下》和《通典》卷二八《職官·左右驍衛》載，隋文帝開皇十八年置左右備身府，煬帝大業三年改爲左右驍騎衛，而又另改左右領左右府置爲左右備身府。唐初始改左右驍騎衛爲左右驍衛府，唐高宗龍朔二年（662）徑稱左右驍衛。由此可知，隋時尚無“驍衛”之稱，而有其前身“驍騎衛”之名。故此處“驍衛大將軍”當是“驍騎衛大將軍”之脱文，亦或是史臣徑用唐官名之誤。隋時左右驍騎衛各置大將軍一員，爲本府最高長官，掌領本府兵宿衛宫禁，外出征伐。正三品。　來護兒：人名。傳見本書卷六四、《北史》卷七六。

［4］平壤：古城名。即今朝鮮首都平壤。

［5］遼東：地區名。指今遼河以東地區。因高麗在遼東，故文中借指隋煬帝征高麗之事。

［6］裒（póu）刻：即苛刻斂財。

［7］伊吾：郡名。治所在今新疆哈密市。

［8］遼西：郡名。治所在今遼寧朝陽市。　柳城：縣名。治所在今遼寧朝陽市。

［9］隴右牧：官署名。統轄隴右地區諸牧，掌管諸牧馬牛等畜繁育之政務，置有總監、副監、丞等官職。

［10］楊玄感：人名。傳見本書卷七〇，《北史》卷四一有附傳。

［11］高陽郡：隋煬帝大業九年改博陵郡爲高陽郡。治所在今河北定州市。

［12］裴藴：人名。傳見本書卷六七、《北史》卷七四。

［13］督捕：隋煬帝大業末年在地方郡縣設置的職官，負責鎮壓

轄境内叛亂之事。屬臨時差遣之職，無固定品階。

［14］八馱：即由八匹馱馬組成的一個運輸單位。此爲隋時運送軍需物資的常規編制。

［15］斛斯政：人名。傳見本書卷七〇，《北史》卷四九有附傳。

［16］開遠門：隋都大興城西面三門之北門。按，本書卷四《煬帝紀下》和卷七〇《斛斯政傳》、《北史》卷一二《隋煬帝紀》和卷四九《斛斯政傳》、《通鑑》卷一八二《隋紀》煬帝大業十年十一月條均載爲“金光門”（隋都大興城西面三門之中門）。考言處決斛斯政於金光門外者見於多處記載，而言處決斛斯政於開遠門外者僅見於本志，故頗疑此處“開遠門”當是“金光門”之誤。（參見唐華全《〈隋書〉勘誤18則》）

［17］磔（zhé）：古代一種肢解人體的酷刑。

［18］太原：郡名。隋大業初改并州置。治所在今山西太原市西南古城營。

［19］雁門：郡名。隋大業三年改代州置。治所在今山西代縣。

［20］驍果：軍士名。隋煬帝大業八年始募民爲驍果，以折衝郎將、果毅郎將掌領之。驍果分置爲左右雄武府，各設雄武郎將、武勇郎將爲正副長官，上統於左右備身府。

是時百姓廢業，屯集城堡，無以自給。然所在倉庫，猶大充牣，[1]吏皆懼法，莫肯振救，由是益困。初皆剥樹皮以食之，漸及於葉，皮葉皆盡，乃煮土或擣藁爲末而食之。其後人乃相食。十二年，帝幸江都。是時李密據洛口倉，[2]聚衆百萬。越王侗與段達等守東都。[3]東都城内糧盡，布帛山積，乃以絹爲汲綆，[4]然布以爨。[5]代王侑與衛玄守京師，[6]百姓飢饉，亦不能救。義師入長安，[7]發永豐倉以振之，百姓方蘇息矣。

[1]充牣：亦作“充仞”。充滿、豐足之意。

[2]李密：人名。傳見本書卷七〇、《舊唐書》卷五三、《新唐書》卷八四，《北史》卷六〇有附傳。　洛口倉：倉廩名。參見前注“興洛倉”。

[3]越王侗：即楊侗。傳見本書卷五九、《北史》卷七一。　段達：人名。傳見本書卷八五、《北史》卷七九。

[4]汲綆：汲水用的繩子。

[5]然：同“燃”。

[6]代王侑：即隋恭帝楊侑。紀見本書卷五、《北史》卷一二。　衛玄：人名。傳見本書卷六三、《北史》卷七六。

[7]義師：此指唐高祖李淵所統領的反隋軍隊。

晋自過江，凡貨賣奴婢馬牛田宅，有文券，[1]率錢一萬，輸估四百入官，[2]賣者三百，買者一百。無文券者，隨物所堪，亦百分收四，名爲散估。[3]歷宋齊梁陳，如此以爲常。以此人競商販，不爲田業，故使均輸，[4]欲爲懲勵。雖以此爲辭，其實利在侵削。又都西有石頭津，[5]東有方山津，[6]各置津主一人，[7]賊曹一人，[8]直水五人，[9]以檢察禁物及亡叛者。其荻炭魚薪之類過津者，並十分税一以入官。其東路無禁貨，故方山津檢察甚簡。淮水北有大市百餘，小市十餘所。大市備置官司，税斂既重，時甚苦之。

[1]文券：即契約、文契。

[2]輸估：東晋南朝時對立有契約的大宗買賣行爲所徵收的交易税。類似後代的契税和營業税。

[3]散估：東晋南朝時對無契約的小買賣行爲所徵收的交易雜税。

[4]均輸：漢武帝實行的一項國家官營商業措施。其做法是在大司農屬下置均輸令、丞，統一徵收各地租賦貨物，經易地買賣，輾轉交易，最後纔把關中所需貨物運達京師。其目的是要由官府盡籠天下貨物，平抑物價，防止民間商人囤積居奇，牟取暴利。漢武帝以後，均輸法時廢時興。東晋南朝時復興均輸法，名義上是爲了抑制民間商業貿易，促商歸農，但實質上是與商人争利，以增加國家財政收入。

[5]石頭津：津渡名。是東晋南朝都城建康西面石頭城外的一個重要渡口。故址在今江蘇南京市清涼山下，南臨秦淮河口。

[6]方山津：津渡名。是東晋南朝都城建康東面的一個重要渡口。故址在今江蘇南京市東長江沿岸。

[7]津主：東晋南朝在石頭津和方山津所置的職官，總領津渡事務。

[8]賊曹：東晋南朝在石頭津和方山津所置的職官，負責稽查過往津渡的亡叛之人，位在津主之下。

[9]直水：東晋南朝在石頭津和方山津所置的職官，負責檢察過往津渡的違禁之物，位在賊曹之下。

梁初，唯京師及三吴、荆、郢、江、湘、梁、益用錢。[1]其餘州郡，則雜以穀帛交易。交、廣之域，[2]全以金銀爲貨。武帝乃鑄錢，[3]肉好周郭，[4]文曰“五銖”，[5]重如其文。而又别鑄，除其肉郭，謂之女錢。[6]二品並行。百姓或私以古錢交易，有直百五銖、五銖、女錢、太平百錢、定平一百、五銖雉錢、五銖對文等號。[7]輕重不一。天子頻下詔書，非新鑄二種之錢，並不許用。而趣利之徒，私用轉甚。至普通中，[8]乃議盡罷銅錢，更鑄鐵錢。人以鐵賤易得，並皆私鑄。及大同已後，[9]所在鐵錢，遂如丘山，物價騰貴。交易者以車載錢，不復計數，而唯論貫。[10]商旅姦詐，因之以求利。自破嶺以東，[11]八十爲百，名曰東錢。[12]江、郢已上，七十爲百，名曰西錢。[13]京師以九十爲百，名曰長錢。[14]中大同元年，[15]天子乃詔通用足陌。[16]詔下而人不從，錢陌益少。[17]至于末年，遂以三十五爲百云。

[1]三吴：地區名。東晋南朝時所指説法不一：一説指吴郡（治所在今江蘇蘇州市）、吴興（治所在今浙江湖州市）、會稽（治所在今浙江紹興市）三郡；一説指吴郡、丹陽（治所在今江蘇南京市）、吴興三郡；一説指吴郡、吴興、義興（治所在今江蘇宜興市）三郡。　荆：州名。指荆州。南朝梁時治所在今湖北荆州市。　郢：州名。指郢州。南朝梁時治所在今湖北武漢市武昌區。　江：州名。指江州。南朝梁時治所在今江西九江市。　湘：州名。指湘州。南朝梁時治所在今安徽廬江縣。　梁：州名。指梁州。南朝梁時治所在今陝西安康市。　益：州名。指益州。南朝梁時治所在今四川成都市。

[2]交：州名。指交州。南朝梁時治所在今越南河内市東北。　廣：州名。指廣州。南朝梁時治所在今廣東廣州市。

[3]武帝：即南朝梁開國皇帝蕭衍。紀見《梁書》卷一至三及《南史》卷六、七。

[4]肉好周郭：此言外圓内方的古錢形制。肉，指古錢的圓形實體部分；好，指古錢中心的方孔；周郭，指古錢的外圓邊和内方孔邊上凸起的輪廓。

[5]五銖：五銖錢上所鑄的文字，亦用作此錢之名。五銖錢始鑄於漢武帝元狩五年（前118），其徑一寸，重五銖（一銖等於二十四分之一兩），上篆有“五銖”二字，故名“五銖錢”。自漢歷

魏晋南北朝至隋皆續有鑄造，惟形制大小不一，唐武德四年（621）廢。按，據《通典》卷九《食貨·錢幣下》載，梁武帝時所鑄的五銖錢重四銖三絫二黍，而非文中所言“重如其文”。

［6］女錢：又名“公式女錢”。梁武帝時所鑄的一種錢幣。其形制大小輕重與當時新鑄的五銖錢略同，唯外圓邊上没有凸起的輪廓。

［7］直百五銖：三國蜀漢時所鑄的一種錢幣。其徑一寸一分，重八銖，鑄有“五銖直百”四字。　太平百錢：古錢名。始鑄年代不詳。據明人胡我琨《錢通》卷七《雜品》記載，此錢有三種形制，分别以大篆、小篆、隸書鑄有“太平百錢”四字，大小輕重各不同。　定平一百：古錢名。始鑄年代不詳。據《錢通·雜品》記載，此錢徑六分，重一銖半，鑄有“定平一百”四字。　五銖雉錢：古錢名。亦作“五銖稚錢”。始鑄年代不詳。據《錢通·雜品》記載，此錢大者徑八分半、重四銖，小者徑六分、重二銖半，皆鑄有“五銖”二字。因有世人用此錢射雉爲戲，故稱“五銖雉錢”。　五銖對文：古錢名。據《錢通·雜品》記載，此是梁武帝時民間剪鑿舊五銖錢的輪郭後所形成的一種輕小五銖錢。

［8］普通：南朝梁武帝蕭衍年號（520—527）。

［9］大同：南朝梁武帝蕭衍年號（535—546）。

［10］貫：本爲古代串錢用的繩索，後亦用作制錢的計量單位，即一千錢爲一貫。

［11］破嶺：山名。亦稱“破岡”。在今江蘇丹陽市境内。

［12］東錢：南朝梁武帝後期私鑄鐵錢的一種。因其流通於破嶺以東地區，以錢八十枚充作一陌（百枚），故稱“東錢”。

［13］西錢：南朝梁武帝後期私鑄鐵錢的一種。因其流通於江州、郢州以西地區，以錢七十枚充作一陌，故稱“西錢”。

［14］長錢：南朝梁武帝後期私鑄鐵錢的一種。因其流通於京師建康一帶地區，以錢九十枚充作一陌，已接近百數，故稱“長錢”。

［15］中大同：南朝梁武帝蕭衍年號（546—547）。

[16]足陌：即足陌錢。古代制錢每貫十陌均足够百枚，稱“足陌錢”。陌，通“百”。

[17]錢陌：本爲一百枚制錢的錢串，後成爲制錢的計量單位，名爲一陌而實際多不足百枚。

陳初，承梁喪亂之後，鐵錢不行。始梁末又有兩柱錢及鵝眼錢，[1]于時人雜用，其價同，但兩柱重而鵝眼輕。私家多鎔錢，又間以錫鐵，兼以粟帛爲貨。至文帝天嘉五年，[2]改鑄五銖。初出，一當鵝眼之十。宣帝太建十一年，[3]又鑄大貨六銖，[4]以一當五銖之十，與五銖並行。後還當一，人皆不便。乃相與訛言曰：“六銖錢有不利縣官之象。”[5]未幾而帝崩，遂廢六銖而行五銖。竟至陳亡。其嶺南諸州，多以鹽米布交易，俱不用錢云。

[1]兩柱錢：南朝梁末流通的一種錢幣。因錢孔上下各鑄有一顆凸起的小星，故稱“兩柱錢”。　鵝眼錢：古代一種劣質的錢幣。始鑄於南朝宋廢帝景和元年（465）。因其薄而小，每千錢長不過三寸，重不過三四斤，形制如同鵝眼，故稱“鵝眼錢”。

[2]文帝：即陳文帝陳蒨。紀見《陳書》卷三、《南史》卷九。　天嘉：陳文帝陳蒨年號（560—566）。

[3]宣帝：即陳宣帝陳頊。紀見《陳書》卷五、《南史》卷一〇。　太建：陳宣帝陳頊年號（569—582）。

[4]大貨六銖：南朝陳宣帝太建十一年始鑄的一種錢幣。其實體内外皆有周郭，徑一寸，鑄有篆書“大貨六銖”四字，重如其文。

[5]縣官：此爲天子的别稱。按，據清人倪濤《六藝之一録》

卷一九《金器款識》云，因篆書“六”字類似“人”字之乂（刈）腰，故大貨六銖錢通行後，當時即有謡言：“大貨六銖錢，乂腰哭天子。”此説似可解釋六銖錢何以有“不利縣官之象”。

齊神武霸政之初，[1]承魏猶用永安五銖。[2]遷鄴已後，百姓私鑄，體制漸别，遂各以爲名。有雍州青赤，[3]梁州生厚、緊錢、吉錢，[4]河陽生澀、天柱、赤牽之稱。[5]冀州之北，錢皆不行，交貿者皆以絹布。神武帝乃收境内之銅及錢，仍依舊文更鑄，流之四境。未幾之間，漸復細薄，姦僞競起。文宣受禪，除永安之錢，改鑄常平五銖，[6]重如其文。其錢甚貴，且制造甚精。至乾明、皇建之間，往往私鑄。鄴中用錢，有赤熟、青熟、細眉、赤生之異。[7]河南所用，有青薄鉛錫之别。青、齊、徐、兖、梁、豫州，[8]輩類各殊。武平已後，私鑄轉甚，或以生鐵和銅。至于齊亡，卒不能禁。

[1]霸政：指以武力權勢實現的統治。此指高歡在北魏孝武帝和東魏孝静帝時實際執掌國政的史實。

[2]永安五銖：北魏孝莊帝永安二年（529）始鑄的一種五銖錢。其徑九分，鑄有“永安五銖”四字，重如其文。

[3]雍州：此指東雍州。東魏、北齊時治所在今山西新絳縣。　青赤：東魏時期東雍州境内民間私鑄的一種錢幣名號。

[4]梁州：東魏、北齊時治所在今河南開封市。　生厚、緊錢、吉錢：均爲東魏時期梁州境内民間私鑄的錢幣名號。

[5]河陽：縣名。東魏時治所在今河南孟州市西。北齊時縣廢。　生澀、天柱、赤牽：均爲東魏時期河陽縣境内民間私鑄的錢幣名號。

［6］常平五銖：北齊文宣帝即位後所鑄的一種五銖錢。其徑一寸，鑄有“常平五銖”四字，重如其文。

［7］赤熟、青熟、細眉、赤生：均爲北齊時期民間私鑄的錢幣名號，流通於鄴都地區。

［8］齊：州名。北齊時治所在今山東濟南市。　徐：州名。北齊時治所在今江蘇徐州市。　兗：州名。北齊時治所在今山東兗州市。　豫：州名。北齊時治所在今河南汝南縣。

後周之初，[1]尚用魏錢。及武帝保定元年七月，乃更鑄布泉之錢，[2]以一當五，與五銖並行。時梁、益之境，[3]又雜用古錢交易。河西諸郡，或用西域金銀之錢，而官不禁。建德三年六月，更鑄五行大布錢，[4]以一當十，大收商估之利，與布泉錢並行。四年七月，又以邊境之上，人多盜鑄，乃禁五行大布，不得出入四關，布泉之錢，聽入而不聽出。五年正月，以布泉漸賤而人不用，遂廢之。初令私鑄者絞，[5]從者遠配爲户。[6]齊平已後，山東之人，猶雜用齊氏舊錢。至宣帝大象元年十一月，[7]又鑄永通萬國錢，[8]以一當十，與五行大布及五銖，凡三品並用。

［1］後周：即北周（557—581），都長安（今陝西西安市西北郊）。

［2］布泉：北周武帝保定元年（561）始鑄的一種錢幣。其徑一寸，左鑄篆書“布”字，右鑄篆書“泉”字，故名“布泉錢”。

［3］梁：州名。指梁州。北周時治所在今陝西漢中市。　益：州名。指益州。北周時治所在今四川成都市。

［4］五行大布錢：北周武帝建德三年始鑄的一種錢幣。其大者

徑一寸一分，小者徑六分，所鑄篆文上“五”、下“行”、左“大”、右“布”，亦有“大布”二字分鑄在上下者。

[5]絞：指絞刑。即對被判死刑的人用繩勒死或用絞架絞死。

[6]户：此指罰充官户。即將犯罪者及其家屬没入官府服役或遠流戍邊，並編入特殊户籍，其身份低於普通平民。

[7]大象：北周宣帝宇文贇和静帝宇文闡年號（579—580）。

[8]永通萬國錢：北周宣帝大象元年始鑄的一種錢幣。其徑一寸三分，重十二銖，背面肉好皆有周郭，鑄有“永通萬國”四字；又有徑一寸二分半，重八銖以下者；還有徑一寸五分，重十八銖者。

高祖既受周禪，以天下錢貨輕重不等，乃更鑄新錢。背面肉好，皆有周郭，文曰“五銖”，而重如其文。每錢一千，重四斤二兩。是時錢既新出，百姓或私有鎔鑄。三年四月，詔四面諸關，各付百錢爲樣。從關外來，勘樣相似，然後得過。樣不同者，即壞以爲銅，入官。詔行新錢已後，前代舊錢，有五行大布、永通萬國及齊常平，所在用以貿易不止。四年，詔仍依舊不禁者，縣令奪半年禄。然百姓習用既久，尚猶不絶。五年正月，詔又嚴其制。自是錢貨始一，所在流布，百姓便之。是時見用之錢，皆須和以錫鑞。[1]錫鑞既賤，求利者多，私鑄之錢，不可禁約。其年，詔乃禁出錫鑞之處，並不得私有採取。十年，詔晋王廣，[2]聽於揚州立五鑪鑄錢。[3]其後姦狡稍漸，磨鑢錢郭，取銅私鑄，又雜以錫錢，遞相放效，錢遂輕薄。乃下惡錢之禁。[4]京師及諸州邸肆之上，[5]皆令立榜，置樣爲准。不中樣者，不入於市。十八年，詔漢王諒，[6]聽於并州立五鑪鑄錢。[7]是時江南人間錢少，晋王廣又聽於鄂州白紵山有銅礦處，[8]錮銅鑄錢。於是詔聽置十鑪鑄錢。又詔蜀王秀，[9]聽於益州立五鑪鑄錢。[10]是時錢益濫惡，乃令有司，括天下邸肆見錢，非官鑄者，皆毁之，其銅入官。而京師以惡錢貿易，爲吏所執，有死者。數年之間，私鑄頗息。大業已後，[11]王綱弛紊，巨姦大猾，遂多私鑄，錢轉薄惡。[12]初每千猶重二斤，後漸輕至一斤。或翦鐵鍱，[13]裁皮糊紙以爲錢，相雜用之。貨賤物貴，以至於亡。

[1]鑞（là）：錫和鉛的合金。

[2]晋王廣：即楊廣。紀見本書卷三、四及《北史》卷一二。

[3]揚州：隋開皇九年改吴州置，設大總管府。治所在今江蘇揚州市。

[4]惡錢：泛指質料低劣、不合規格的錢幣。

[5]邸肆：即邸店。

[6]漢王諒：即楊諒。傳見本書卷四五、《北史》卷七一。

[7]并州：隋開皇二年置河北道行臺，九年改置大總管府。治所在今山西太原市西南古城營。　鑪：底本、宋刻遞修本、宋殘本、殿本、庫本皆同，但中華本作“鑢”，顯訛，故不從之（參見唐華全《中華書局點校本〈隋書〉質疑二十九則》）。

[8]鄂州：隋開皇九年改郢州置。治所在今湖北武漢市武昌區。　白紵山：在今湖北鄂州市南。

[9]蜀王秀：即楊秀。傳見本書卷四五、《北史》卷七一。

[10]益州：北周置總管府，隋開皇二年置西南道行臺，三年改置大總管府。治所在今四川成都市。

[11]大業：隋煬帝楊廣年號（605—618）。

［12］錢轉薄惡："薄"字底本原作"簿"，據宋刻遞修本、宋殘本、殿本、庫本、中華本改。又，"惡"字底本、宋刻遞修本、殿本、庫本、中華本皆同，但宋殘本作"亞"，顯訛。

［13］鐵鍱（yè）：即薄鐵片。

今注本二十四史

隋書

六

志〔五〕

唐 魏徵等 撰

馬俊民 張玉興 主持校注

中国社会科学出版社

隋書　卷二五

志第二十

刑法

夫刑者，制死生之命，詳善惡之源，翦亂誅暴，禁人爲非者也。聖王仰視法星，[1]旁觀習坎，[2]彌縫五氣，[3]取則四時，[4]莫不先春風以播恩，後秋霜而動憲。是以宣慈惠愛，導其萌芽，刑罰威怒，隨其肅殺。仁恩以爲情性，禮義以爲綱紀，養化以爲本，明刑以爲助。上有道，刑之而無刑；上無道，殺之而不勝也。《記》曰："教之以德，齊之以禮，則人有格心。教之以政，齊之以刑，則人有遁心。"[5]而始乎勸善，終乎禁暴，以此字人，必兼刑罰。至於時逢交泰，[6]政稱忠厚，美化與車軌攸同，[7]至仁與嘉祥間出，[8]歲布平典，年垂簡憲。昭然如日月，望之者不迷，曠乎如大路，行之者不惑。

[1]法星：星名。一指北斗七星第二星天璇的別名，天文中反

映人間刑罰的星象。參見《晋書·天文志》。

［2］習坎：重重險阻。

［3］五氣：五行之氣。

［4］四時：四季。

［5］“教之以德”至“人有遁心”：語出《禮記·緇衣》。格心，歸正之心。

［6］交泰：天地之氣和祥，萬物通泰。典出《易·泰卦》：“天地交，泰。”

［7］車軌：以車同軌意指天下一統。

［8］至：宋刻遞修本、宋殘本、汲古閣本作“自”，殿本、庫本、中華本與底本同。“至仁”與“嘉祥”並列，爲仁德之意，作“至”是。

刑者甲兵焉，[1]鈇鉞焉，[2]刀鋸鑽鑿，[3]鞭朴榎楚，[4]陳乎原野而肆諸市朝，其所由來，亦已久矣。若夫龍官之歲，[5]鳳紀之前，[6]結繩而不違，不令而人畏。五帝畫象，[7]殊其衣服，三王肉刑，[8]刻其膚體。若重華之眚災肆赦，[9]文命之刑罰三千，[10]而都君恤刑，[11]尚奉唐堯之德，[12]高密泣罪，[13]猶懷虞舜之心。殷因以降，去德滋遠。若紂能遵成湯，[14]不造炮烙，[15]設刑兼禮，守位依仁，則西伯斂轡，[16]化爲田叟。周王立三刺以不濫，[17]弘三宥以開物，[18]成、康以四十二年之間，[19]刑厝不用。薰風潛暢，頌聲遐舉，越裳重譯，萬里來歸。若乃魯接燕、齊，荆鄰鄭、晋，時之所尚，資乎辯舌，國之所恃，不在威刑。是以纔鼓夷蒐，宣尼致誚；[20]既鑄刑辟，叔向貽書。[21]夫勃澥之浸，[22]霑濡千里，列國之政，豈周之膏潤者歟！

［1］甲兵：古者兵刑不分，用兵即用刑。

［2］鈇（fū）鉞：指斫刀與大斧，腰斬、砍頭的刑具。

［3］刀鋸鑽鑿：古代用以執行肉刑的四種刑具。

［4］榎（jiǎ）楚：以榎木荆條製成刑具用以笞打。按，“榎”字宋殘本、汲古閣本、中華本同，殿本、庫本作“夏”。

［5］龍官之歲：太皞之時以龍命官，此代指其時。

［6］鳳紀：亦指“鳳曆”。代指少皞之時。

［7］五帝：上古傳説中的五位帝王。説法不一，此代指上古之時。　畫象：亦稱“畫衣冠”，傳説上古有象刑，以異常的衣着象徵五刑表示懲誡，犯人穿着特殊標志的衣冠代替刑罰。參見《慎子·逸文》。

［8］三王：指夏、商、周三代之君。説法不一：一説夏禹、商湯、周武王。一説夏禹、商湯、周文王。

［9］重華：虞舜的美稱。詳見《史記》卷一《五帝本紀》。　眚災肆赦：語出《尚書·舜典》。指寬待或赦免罪犯。

［10］文命：傳説爲夏禹的名字。詳見《史記》卷二《夏本紀》。

［11］都君：此亦指虞舜。《孟子·萬章上》：“謨蓋都君咸我績。”孫奭疏：“都君，即象稱舜也。”

［12］唐堯：傳説中的古帝陶唐氏之號。詳見《史記·五帝本紀》。

［13］高密泣罪：夏禹在路見犯人，下車悲傷詢問罪因。典出劉向《説苑》卷一。高密，爲夏禹所封之國，此代指夏禹。

［14］紂：人名。商代最後一位君主紂王。詳見《史記》卷三《殷本紀》。　成湯：亦作“成商”。商開國之君。詳見《史記》卷三《殷本紀》。

［15］炮烙：宋殘本、汲古閣本、殿本、庫本同，宋刻遞修本、

中華本作“炮格”。

[16]西伯：指周文王或周武王，商紂王命爲西方之長，故稱。詳見《史記》卷四《周本紀》。

[17]三刺：周代治理重案，必依次與群臣、群吏和百姓反復計議，然後定罪判決。參《周禮·秋官·司刺》云：“司刺掌三刺、三宥、三赦之法，以贊司寇聽獄訟。壹刺曰訊群臣，再刺曰訊群吏，三刺曰訊萬民。”

[18]三宥：周代對犯人可從輕處理的三種情況。《周禮·秋官·司刺》云：“壹宥曰不識，再宥曰過失，三宥曰遺忘。”

[19]成、康：指周成王與周康王。詳見《史記》卷四《周本紀》。

[20]鑱鼓夷蒐，宣尼致誚：典出《左傳》昭公二十九年。魯昭公二十九年（前513）冬，晉國鑄刑典於鐵鼎。宣尼，即孔子，漢平帝元始元年（1）追謚孔子爲褒成宣尼公。

[21]叔向貽書：典出《左傳》昭公六年：“三月，鄭人鑄刑書。叔向使詒子産書。”叔向，春秋時晉國大夫羊舌肸。

[22]勃澥：亦作“勃解”。指渤海。

秦氏僻自西戎，[1]初平區夏，于時投戈棄甲，仰恩祈惠，乃落嚴霜於政教，揮流電於邦國，棄灰偶語，[2]生愁怨於前，毒網凝科，害肌膚於後。玄鉞肆於朝市，[3]赭服飄於路衢，[4]將閭有一劍之哀，[5]茅焦請列星之數。[6]漢高祖初以三章之約，[7]以慰秦人，孝文躬親玄默，[8]遂疏天網。孝宣樞機周密，[9]法理詳備，選于定國爲廷尉，[10]黄霸以爲廷平。[11]每以季秋之後，諸所請讞，帝常幸宣室，[12]齋居決事，[13]明察平恕，號爲寬簡。光武中興，[14]不移其舊，是以二漢群后，罕聞殘酷。魏武造易鈦之科，[15]明皇施減死之令，[16]中原凋敝，[17]吴、蜀三分，哀矜折獄，亦所未暇。晋氏平吴，九州寧一，乃命賈充，[18]大明刑憲。内以平章百姓，外以和協萬邦，實曰輕平，稱爲簡易。是以宋、齊方駕，[19]轥其餘軌。若乃刑隨喜怒，[20]道暌正直，布憲擬於秋荼，設網逾於朝脛，恣興夷翦，取快情靈。若隋高祖之揮刃無辜，[21]齊文宣之輕刀臠割，[22]此謂匹夫私仇，非關國典。

[1]西戎：古代西北戎族的總稱。

[2]棄灰：指刑棄灰爈於路者。典出《史記》卷八七《李斯列傳》。　偶語：指相聚議論或竊竊私語。典出《史記》卷八《高祖本紀》。

[3]玄鉞：指古代鐵製斧刑兵器，常用以施斬刑。

[4]赭服：古代囚衣，此用指囚犯。

[5]將閭：人名。秦始皇之子，爲秦二世所殺。事見《史記》卷六《秦始皇本紀》。

[6]茅焦：人名。戰國時齊國人，秦王嬴政時封爲上卿。事見《史記·秦始皇本紀》、劉向《説苑·正諫》。

[7]漢高祖：即劉邦。紀見《史記》卷八、《漢書》卷一。

[8]孝文：漢文帝劉恒。紀見《史記》卷一〇、《漢書》卷四。

[9]孝宣：漢宣帝劉詢。紀見《漢書》卷八。

[10]于定國：人名。漢宣帝時任廷尉，執法公正，後任丞相。傳見《漢書》卷七一。　廷尉：官名。秦漢九卿之一，掌刑辟。秩中二千石。

[11]黄霸：人名。漢宣帝時爲廷尉正，五鳳三年（前55）任丞相。傳見《史記》卷九六、《漢書》卷八九。　廷平：官名。亦作“廷尉平”，漢廷尉屬官，漢宣帝地節三年（前67）始置，初置四人，稱左右平，掌平決詔獄事。秩六百石。按，《漢書·刑法志》

載宣帝以黄霸爲“廷平”，然檢《漢書·黄霸傳》宣帝以爲“廷尉正”。

［12］宣室：古代宫殿名。此指漢代未央宫中宣室殿。

［13］居：宋殘本、汲古閣本、殿本、庫本同，宋刻遞修本、中華本作“而”。

［14］光武：指東漢光武帝劉秀。紀見《後漢書》卷一。

［15］魏武造易釱之科：魏武帝曹操定甲子科條，犯釱左右趾的人，易以木械。典出《晋書·刑法志》。魏武，三國魏武帝曹操。紀見《三國志》卷一。

［16］明皇：三國魏明帝曹叡。紀見《三國志》卷三。

［17］敝：殿本、庫本、中華本同，宋殘本、宋刻遞修本、汲古閣本作“弊”。

［18］賈充：人名。西晋開國元勳。傳見《晋書》卷四〇。

［19］宋：即南朝宋（420—479），都建康（今江蘇南京市）。齊：即南朝齊或蕭齊（479—502），都建康（今江蘇南京市）。

［20］乃：殿本、庫本、中華本同，宋刻遞修本、宋殘本、汲古閣本作“亦”。

［21］隋高祖：隋文帝楊堅廟號。紀見本書卷一、二，《北史》卷一一。

［22］齊文宣：北齊文宣帝高洋。紀見《北齊書》卷四、《北史》卷七。

孔子曰：“刑亂及諸政，政亂及諸身。”心之所詣，則善惡之本原也。彪、約所製，[1]無刑法篇，臧、蕭之書，[2]又多漏略，是以撮其遺事，以至隋氏，附于篇云。

［1］彪、約：彪，指司馬彪，晋人，曾著《後漢書》；約，指沈約，南朝梁人，著有《宋書》。

［2］臧、蕭：臧，指臧榮緒，南朝齊人，曾著《晋書》，書已失傳；蕭，指蕭子顯，南朝梁人，著《南齊書》。

梁武帝承齊昏虐之餘，[1]刑政多僻。既即位，乃制權典，[2]依周、漢舊事，有罪者贖。其科，[3]凡在官身犯，罰金。鞭杖杖督之罪，悉入贖停罰。其臺省令史士卒欲贖者，[4]聽之。時欲議定律令，得齊時舊郎濟陽蔡法度，[5]家傳律學，云齊武時，[6]删定郎王植之，[7]集注張、杜舊律，[8]合爲一書，凡一千五百三十條，事未施行，其文殆滅，法度能言之。於是以爲兼尚書删定郎，使損益植之舊本，以爲《梁律》。天監元年八月，[9]乃下詔曰："律令不一，實難去弊。[10]殺傷有法，昏墨有刑，此蓋常科，易爲條例。至如三男一妻，[11]懸首造獄，[12]事非慮内，法出恒鈞。前王之律，後王之令，因循創附，良各有以。[13]若游辭費句，無取於實録者，[14]宜悉除之。求文指歸可適變者，載一家爲本，用衆家以附。丙丁俱有，[15]則去丁以存丙。若丙丁二事，注釋不同，則二家兼載。咸使百司，議其可不，取其可安，以爲標例。宜云：'某等如干人同議，以此爲長'，則定以爲《梁律》。留尚書比部，[16]悉使備文，若班下州郡，止撮機要。可無二門侮法之弊。"[17]法度又請曰："魏、晋撰律，止關數人，今若皆諮列位，恐緩而無決。"

［1］梁武帝：南朝梁武帝蕭衍。紀見《梁書》卷一至三、《南史》卷六、七。

［2］權典：臨時法律。

［3］科：條文。

［4］臺省：尚書省别稱。　令史：尚書省專管文書簿册的吏員。

［5］濟陽：郡名。南朝梁治所在今河南蘭考縣東北。　蔡法度：人名。梁武帝天監二年（503），上《梁律》二十卷，《令》三十卷，《科》四十卷。

［6］齊武：南朝齊武帝蕭賾。紀見《南齊書》卷三、《南史》卷四。

［7］删定郎：官名。即删定曹郎，南朝齊尚書省屬官之一，掌删定律令。齊官品不詳。　王植之：人名。南朝齊人，事略見《南齊書》卷四八《孔稚珪傳》、卷四九《王奂傳》。按，《通典》卷一六四《刑法二・刑制中》、《册府元龜》卷六一〇《刑法部・定律令》同底本作“王植之”，然《南齊書・孔稚珪傳》、《南齊書・王奂傳》、《南史》卷四九《孔珪傳》、《南史》卷五七《范雲傳》均作“王植”。

［8］張、杜：指晋時張斐與杜預，二人曾爲《晋律》作注。事分别見《晋書》卷三〇《刑法志》及卷三四《杜預傳》。

［9］天監：南朝梁武帝蕭衍年號（502—519）。

［10］弊：諸本均同，然中華本校勘記云：“‘弊’，《册府元龜》六一〇作‘取’。”

［11］三男一妻：漢宣帝時，有三男同娶一女爲妻，生兩子。後爲争兩子打官司。黄霸正爲廷平，便殺三男，把兩子判歸其母所養。典見《棠陰比事》。

［12］懸首造獄：漢元帝時，王尊爲美陽令，有繼母告繼子要娶她爲妻，王尊審得實情後將繼子吊在樹上，用箭射殺。典出《漢書》卷七六《王尊傳》。

［13］良各有以：“有”，惟宋殘本無。

［14］實録：此指專門記載某一皇帝一朝事的編年史。

［15］丙丁：漢代帝王所發之令，均分類彙編爲《令甲》《令乙》《令丙》《令丁》之别。

［16］尚書比部：官署名。尚書省諸曹之一，南朝梁掌刑法，兼掌稽覈詔書律令等事。

［17］二門侮法：“刑開二門”，意指法令不統一，可任意輕重，同罪異罰，使官吏可借此舞文弄法。典出《後漢書》卷二八上《桓譚傳》。

於是以尚書令王亮、侍中王瑩、尚書僕射沈約、吏部尚書范雲、長兼侍中柳惲、給事黄門侍郎傅昭、通直散騎常侍孔藹、御史中丞樂藹、太常丞許懋等，[1]參議斷定，定爲二十篇：一曰刑名，二曰法例，三曰盜劫，四曰賊叛，五曰詐僞，六曰受賕，七曰告劾，八曰討捕，九曰繫訊，十曰斷獄，十一曰雜，十二曰户，十三曰擅興，十四曰毁亡，十五曰衛宫，十六曰水火，十七曰倉庫，十八曰廄，十九曰關市，二十曰違制。其制刑爲十五等之差：棄市已上爲死罪，大罪梟其首，其次棄市。刑二歲已上爲耐罪，言各隨伎能而任使之也。有髡鉗五歲刑，[2]笞二百，收贖絹，男子六十匹。又有四歲刑，男子四十八匹。又有三歲刑，男子三十六匹。又有二歲刑，男子二十四匹。罰金一兩已上爲贖罪。贖死者金二斤，男子十六匹。贖髡鉗五歲刑笞二百者，金一斤十二兩，男子十四匹。贖四歲刑者，金一斤八兩，男子十二匹。贖三歲刑者，金一斤四兩，男子十匹。贖二歲刑者，金一斤，男子八匹。罰金十二兩者，男子六匹。罰金八兩者，男子四匹。罰金四兩者，男子二匹。罰金二兩者，男子一匹。罰金一兩者，男子二丈。女子各半之。五刑不簡，正于五罰，五罰不服，正于五過，[3]以贖論，故爲此十五等之差。[4]又制九等之差：有一歲刑，半歲刑，百日刑，鞭杖二百，鞭杖一百，鞭杖五十，鞭杖三十，[5]鞭杖二十，鞭杖一十。有八等之差：[6]一曰免官，加杖督一百；二曰免官；三曰奪勞百日，[7]杖督一百；四曰杖督一百；五曰杖督五十；六曰杖督三十；[8]七曰杖督二十；八曰杖督一十。論加者上就次，當减者下就次。

[1]尚書令：官名。尚書省長官，梁時政令機要在中書、門下，尚書令但聽命受事而已。南朝梁十六班。　王亮：人名。歷宋、齊、梁三朝，梁武帝受禪遷侍中、尚書令。傳見《梁書》卷一六，《南史》卷二三有附傳。　侍中：官名。掌侍從左右，擯相威儀，盡規獻納，糾正違闕。南朝梁第十二班。　王瑩：人名。梁武帝受禪，遷侍中、撫軍將軍。傳見《梁書》卷一六，《南史》卷二三有附傳。　尚書僕射：官名。尚書省次官，與尚書令同居宰相之任。南朝梁十五班。　沈約：人名。歷宋、齊、梁三朝，以文學、史學著名，撰有《宋書》。傳見《梁書》卷一三、《南史》卷五七。　吏部尚書：官名。尚書省下轄六部之一吏部的長官。掌全國文職官員銓選、考課等政令。南朝梁十四班。　范雲：人名。梁武帝受禪，任爲侍中，遷散騎常侍、吏部尚書。傳見《梁書》卷一三、《南史》卷五七。　長兼侍中：指非正式任命之侍中。　柳惲：人名。梁武帝受禪爲侍中。傳見《梁書》卷二一、《南史》卷三八。　給事黄門侍郎：官名。與侍中同掌侍從左右，擯相威儀，盡規獻納，糾正違闕。監合嘗御藥，封璽書等職掌。南朝梁第十班。　傅昭：人名。歷宋、齊、梁三朝，梁武帝受禪遷給事黄門侍郎，領著作郎。傳見《梁書》卷二六、《南史》卷六〇。　通直散騎常侍：官名。南朝梁散騎省官員，位比侍中，侍從左右，備顧問，不典事。第十一班。　孔藹：人名。事迹不詳。　御史中丞：官名。掌

督司百僚，皇太子以下，其在宫門行馬内違法者，皆糾彈之。雖在行馬外而監司不糾，亦得奏之。南朝梁第十一班。　欒藹：人名。歷宋、齊、梁三朝，梁武帝受禪升驍騎將軍，遷御史中丞。傳見《梁書》卷一九、《南史》卷五六。　太常丞：官名。太常寺次官，佐卿掌宗廟郊社禮樂事。南朝梁第五班。　許懋：人名。梁天監初，參議五禮，傳見《梁書》卷四〇、《南史》卷六〇。

[2]髡鉗：刑罰之一，指剃去頭髮，以鐵圈束頸。

[3]五刑不簡，正于五罰，五罰不服，正于五過：語出《尚書·吕刑》。

[4]十五等之差：《册府元龜》卷六一〇《刑法部·定律令》、《文獻通考》卷一六五《刑考四》同，《通典》卷一六四《刑法二·刑制中》"十五"作"十四"，"差"作"制"。此"十五"當爲上文"制刑爲十五等之差"，應包含死罪、耐罪、贖罪，故作"十五"，是。

[5]鞭杖二百，鞭杖一百，鞭杖五十，鞭杖三十：《册府元龜》卷六一〇《刑法部·定律令》同，《通典》卷一六四《刑法二·刑制中》、《文獻通考》卷一六五《刑考四》無"鞭杖二百"，有"鞭杖四十"，亦爲九等。

[6]有八等之差：汲古閣本、殿本、庫本同，然宋刻遞修本、宋殘本、中華本及《册府元龜》卷六一〇《刑法部·定律令》"有"前有"又"字。《文獻通考》卷一六五《刑考四》作"又八等之差"。

[7]奪勞：對犯罪官吏剥奪職務，令服一定勞役的制度。

[8]三十：《册府元龜》卷六一〇《刑法部·定律令》同，《通典》卷一六四《刑法二·刑制中》、《文獻通考》卷一六五《刑考四》作"四十"。

凡繫獄者，不即答款，應加測罰，不得以人士爲隔。[1]若人士犯罰，違扞不款，宜測罰者，先參議牒啓，然後科行。斷食三日，聽家人進粥二升。女及老小，一百五十刻乃與粥，[2]滿千刻而止。囚有械、杻、斗械及鉗，[3]並立輕重大小之差，而爲定制。其鞭，有制鞭、法鞭、常鞭，凡三等之差。制鞭，生革廉成；法鞭，生革去廉；常鞭，熟靼不去廉。[4]皆作鶴頭紐，長一尺一寸。梢長二尺七寸，廣三分，[5]靶長二尺五寸。杖皆用生荆，長六尺。有大杖、法杖、小杖三等之差。大杖，大頭圍一寸三分，小頭圍八分半。法杖，圍一寸三分，小頭五分。小杖，圍一寸一分，小頭極杪。諸督罰，大罪無過五十、三十，小者二十。當笞二百以上者，笞半，餘半後決，中分鞭杖。老小於律令當得鞭杖罰者，皆半之。其應得法鞭、杖者，以熟靼鞭、小杖。過五十者，稍行之。將吏已上及女人應有罰者，以罰金代之。其以職員應罰，[6]及律令指名制罰者，[7]不用此令。其問事諸罰，[8]皆用熟靼鞭、小杖。其制鞭制杖，法鞭法杖，自非特詔，皆不得用。詔鞭杖在京師者，皆於雲龍門行。[9]女子懷孕者，勿得決罰。其謀反、降叛、大逆已上皆斬。[10]父子同産男，無少長，皆棄市。母妻姊妹及應從坐棄市者，妻子女妾同補奚官爲奴婢。[11]貲財没官。劫身皆斬，妻子補兵。遇赦降死者，黵面爲劫字，[12]髡鉗，補冶鎖士終身。[13]其下又讁運配材官冶士、尚方鎖士，[14]皆以輕重差其年數。其重者或終身。

[1]人士：宋刻遞修本、殿本、庫本、中華本同，宋殘本、汲古閣本作“人事”。下句“若人士犯罰”與此同。按，此“人士”

指士族，故作“士”是。

［2］一百五十刻：《通典》卷一六四《刑法二·刑制中》、《文獻通考》卷一六五《刑考四》“百”前無“一”字，《册府元龜》卷六一〇《刑法部·定律令》作“一百十刻”。

［3］斗：底本原作“升”，中華本爲“斗”，其校勘記云：“‘斗’原作‘升’，據《册府元龜》六一〇改。下文‘斗械’，據《册府元龜》二六一改。”《文獻通考》卷一六五《刑考四》亦作“斗”。按，“斗械”即爲魏武帝易鈦之具，見《魏書·刑罰七》。今從改，本卷後同。

［4］靼：底本及他本均作“鞊”，唯中華本改爲“靼”，其校勘記云：“‘靼’原作‘鞊’。《御覽》六四九引《晋令》也作‘鞊’，《御覽》注：‘柔革也。’按：《説文解字》‘靼，柔革也’；‘鞊’始見于《廣韻》。是此字應作‘靼’，不作‘鞊’，今改正。下同。”所考是，今亦從改，本卷後同。

［5］分：底本、宋刻遞修本、宋殘本、汲古閣本、殿本、庫本作“寸”，中華本作“分”，其校勘記云：“‘分’原作‘寸’，據《御覽》六四九改。”按，中華本所據爲《御覽》所引《晋令》，又《文獻通考》卷一六五《刑考四》亦作“寸”。今從改。

［6］其以職員應罰：各本均同，中華本校勘記云：“‘員’疑當作‘負’。下文，北齊‘鞭杖十爲一負’，隋‘贖銅一斤爲一負’。”

［7］指名制罰：律令規定應這樣處罰。

［8］問事諸罰：訊問、拷訊罪犯時所用刑罰。

［9］雲龍門：南朝梁宫門之一，在今江蘇南京市鷄鳴山南。

［10］其謀反、降叛、大逆已上皆斬：《通典》卷一六四《刑法二·刑制中》、《文獻通考》卷一六五《刑考四》均作“其反、叛、大逆以上，皆斬”。

［11］奚官：官署名。即奚官署，南朝均設，掌管皇宫内宫人疾病、喪葬及罪罰等事，多以犯罪者家屬從坐爲之。

［12］黥面：古代刑罰之一，在臉上刺字塗墨，亦稱黥刑、

墨刑。

[13]冶鎖士：冶士與鎖士。南朝梁設立東西兩冶署，掌管冶鐵業，在冶署供役者稱爲冶士與鎖士。

[14]謫運配：指謫運與謫配。　材官冶士：梁少府所屬材官將軍所領之冶士，掌製造軍器。　尚方鎖士：南朝梁左、中、右三尚方署所領之鎖士，掌製造皇帝御用刀劍等器物。

士人有禁錮之科，[1]亦有輕重爲差。其犯清議，[2]則終身不齒。耐罪囚八十已上，十歲已下，及孕者、盲者、侏儒當械繫者，及郡國太守相、都尉、關中侯已上，亭侯已上之父母、妻、子及所生，[3]坐非死罪、除名之罪，二千石已上非檻徵者，[4]並頌繫之。[5]

[1]禁錮之科：起於漢代，禁止犯罪士人做官或參加政治活動。

[2]犯清議：鄉里社會輿論認爲其犯法。清議，指社會輿論。

[3]郡國太守相、都尉、關中侯已上，亭侯已上：《册府元龜》卷六一〇《刑法部·定律令》無“亭侯已上”四字，《通典》卷一六四《刑法二·刑制中》、《文獻通考》卷一六五《刑考四》作“關中侯已下，亭侯已上”。中華本《通典》校勘記云：“‘下’，《隋書·刑法志》作‘上’，非。”此“上”恐爲“下”之誤。郡國太守相，指郡太守、國相。按，此沿用漢代地方長官名稱，南朝梁郡稱太守，國稱内史，已不稱相。都尉，此亦漢官名。漢景帝改秦郡尉爲都尉，佐郡守掌一郡軍事。關中侯，爵名。南朝梁十三等爵的第七等。亭侯，爵名。南朝梁十三等爵的第十三等。　生：《册府元龜》卷六一〇《刑法部·定律令》、《通典》卷一六四《刑法二·刑制中》、《文獻通考》卷一六五《刑考四》均無此字。

[4]二千石：此沿用漢代以米計算官俸方法，二千石爲郡守國相俸禄。自魏晋九品官人法實行以來，南朝梁官品已不用此計算方

法。　檻徵：官吏罪情重大者，逮捕後以囚車送往京師。

[5]頌繫：謂有罪入獄，寬容不加刑具。

丹楊尹月一詣建康縣，[1]令三官參共録獄，[2]察斷枉直。其尚書當録人之月者，[3]與尚書參共録之。大凡定罪二千五百二十九條。

[1]丹楊尹：官名。爲梁京師所在地丹陽郡的主官。南朝梁品秩不詳。宋殘本、宋刻遞修本、殿本同，汲古閣本、庫本、中華本作“丹陽”。　建康：縣名。治所在今江蘇南京市。

[2]三官：此指建康縣獄正、獄監、獄平。據本書《百官志上》載：“建康舊置獄丞一人。天監元年，詔依廷尉之官，置正、平、監……又令三官更直一日，分受罪繫。”三官位視給事中。

[3]尚書：官名。此指尚書省都官尚書，掌軍事、刑獄等事。南朝梁第十三班。

二年四月癸卯，法度表上新律，又上《令》三十卷，《科》三十卷。[1]帝乃以法度守廷尉卿，[2]詔班新律於天下。

[1]科：晉將律令以外各種規章制度編製成篇，稱爲故事，梁改爲科。　三十卷：各本均同。然本書《經籍志二》云：“《梁律》二十卷，梁義興太守蔡法度撰。……《梁科》四十卷。”《梁書》卷二《武帝紀》、《南史》卷六《梁本紀》天監二年四月癸卯載法度所上《梁科》“四十卷”。《通鑑》卷一四五《梁紀》“天監二年四月”條亦載：“蔡法度上《梁律》二十卷。……《科》四十卷。”據此，疑志文有誤。（參見顧吉辰《〈隋書·刑法志〉考異》，《歷史文獻研究》，北京燕山出版社 1992 年版，第 232 頁）

［2］守：官制用語。暫時代理職務。　廷尉卿：官名。梁初曰大理，天監元年復改爲廷尉，長官爲卿，掌司法。南朝梁第十一班。

三年八月，建康女子任提女，坐誘口當死。[1]其子景慈對鞫辭云，[2]母實行此。是時法官虞僧虬啓稱：[3]“案，子之事親，有隱無犯，直躬證父，仲尼爲非。[4]景慈素無防閑之道，死有明目之據，陷親極刑，傷和損俗。凡乞鞫不審，[5]降罪一等，豈得避五歲之刑，忽死母之命！景慈宜加罪辟。”詔流于交州。[6]至是復有流徒之罪。[7]其年十月甲子，[8]詔以金作權典，宜在蠲息。於是除贖罪之科。

［1］誘口：誘拐人口。

［2］景慈：人名。事迹不詳。　對鞫：對質，當面質証。

［3］虞僧虬：人名。事迹不詳。

［4］“案”至“仲尼爲非”：意指父子當相互隱瞞罪行。典出《論語·子路》。

［5］乞鞫：亦作“乞鞠”，罪人家屬不服判决請求復審。

［6］交州：南朝梁治所在今越南北寧省仙游東。

［7］流徒：宋刻遞修本、宋殘本、中華本同，汲古閣本、殿本、庫本均作“徒流”。

［8］十月甲子：十月無甲子日，此乃“十一月甲子”之誤（參見顧吉辰《〈隋書·刑法志〉考異》，第232頁；牛繼清、張林祥《十七史疑年録》，黄山書社2007年版，第177頁）。

武帝敦睦九族，優借朝士，有犯罪者，皆諷群下，屈法申之。百姓有罪，皆案之以法。其緣坐則老幼不免，一人亡逃，則舉家質作。[1]人既窮急，姦宄益深。後帝親謁南郊，秣陵老人遮帝曰：[2]"陛下爲法，急於黎庶，緩於權貴，非長久之術。誠能反是，天下幸甚。"帝於是思有以寬之。舊獄法，夫有罪，逮妻子，子有罪，逮父母。十一年正月壬辰，乃下詔曰："自今捕謫之家，及罪應質作，若年有老小者，可停將送。"十四年，又除黥面之刑。

[1]質作：質其身使居作。
[2]秣陵：建康的别稱。

帝鋭意儒雅，疏簡刑法，自公卿大臣，咸不以鞫獄留意。姦吏招權，巧文弄法，貨賄成市，多致枉濫。大率二歲刑已上，歲至五千人。是時徒居作者具五任，[1]其無任者，著斗械。若疾病，權解之。是後囚徒或有優劇。大同中，[2]皇太子在春宫視事，[3]見而愍之，乃上疏曰：[4]"臣以比時奉敕，權親京師雜事。[5]切見南北郊壇、材官、車府、太官下省、左裝等處上啓，[6]並請四五歲已下輕囚，助充使役。自有刑均罪等，愆目不異，而甲付錢署，[7]乙配郊壇。錢署三所，於辛爲劇，[8]郊壇六處，在役則優。今聽獄官詳其可否，舞文之路，自此而生。公平難遇其人，流泉易啓其齒，[9]將恐玉科重輕，全關墨綬，金書去取，更由丹筆。愚謂宜詳立條制，以爲永准。"帝手敕報曰：[10]"頃年已來，處處之役，唯資徒謫，逐急充配。若科制繁細，義同簡約，[11]切須之處，終不可得。引例興訟，紛紜方始。防杜姦巧。自是爲難。更當别思，取其便也。”竟弗之從。

［1］徒居作：命處徒刑者在一定區域内服勞役。徒居，《通典》卷一七〇《刑法八·舞紊》、《文獻通考》卷一六五《刑考四》、《通鑑》卷一五九《梁紀》大同十一年十二月條同，《太平御覽》卷六三六《刑法部二·敘刑下》作“居徒”。《册府元龜》卷二六一《儲宫部》作“從居”。　五任：《通鑑》卷一五九《梁紀》大同十一年十二月條胡三省注云：“任，謂其人巧力所任也。五任，謂任攻木者則役之攻木，任攻金者則役之攻金，任攻皮者則役之攻皮，任設色者則役之設色，任摶埴者則役之摶埴。”

［2］大同：南朝梁武帝蕭衍年號（535—546）。

［3］春宫：東宫，太子所居之所。

［4］疏：奏章。

［5］權親：此爲“權視”之誤（參見顧吉辰《〈隋書·刑法志〉考異》，第232頁）。

［6］車府：官署名。南朝梁隸尚書駕部，掌皇帝之車輿。長官爲令。南朝梁第一班。按，《册府元龜》卷二六一《儲宫部》作“軍府”。　太官下省：官署名。隸門下省，掌皇帝御膳。長官爲太官令。南朝梁第一班。按，南朝梁太官府屬門下省，無“太官下省”官署，疑爲原文小注“門下省”，缺“門”字後衍入。然《通典》《文獻通考》《册府元龜》等書此均爲“太官下省”。　左裝：官署名。具體不詳，惟本書《百官志上》載：南朝梁左右二裝，爲三品藴位。　啓：此指奏疏、公文。

［7］錢署：官署名。南朝梁隸少府之左中右尚方署，掌錢幣鑄造。故下文云“錢署三所”。

［8］辛：諸本均同，《文獻通考》卷一六八《刑考七》亦作“辛”，中華本改作“事”，其校勘記云：“‘事’原作‘辛’，據

《册府元龜》二六一改。”又，《通典》卷一七〇《刑法八·舞紊》亦作“事”。按，“辛”實爲“辛”之誤。“辛”音 qiān，《説文解字》注云：“辠也。辠，犯法也。”此指罪犯服勞役。故“辛”應爲“辛”傳抄之誤，中華本改爲“事”不妥。（本《沈寄簃遺書·刑法分考》卷一三）

［9］流泉：指錢幣。

［10］手敕：手詔，皇帝親自所書之命令。

［11］約：底本、宋殘本、汲古閣本、殿本、庫本均同，宋刻遞修本、中華本及《册府元龜》卷二六一《儲宫部·忠諫》作“絲”。

是時王侯子弟皆長，而驕蹇不法。武帝年老，厭於萬機，又專精佛戒，每斷重罪，則終日弗懌。嘗游南苑，[1]臨川王宏伏人於橋下，[2]將欲爲逆。事覺，有司請誅之。帝但泣而讓曰：“我人才十倍於爾，[3]處此恒懷戰懼。爾何爲者？我豈不能行周公之事，[4]念汝愚故也。”免所居官。頃之，還復本職。由是王侯驕横轉甚，或白日殺人於都街，劫賊亡命，咸於王家自匿，薄暮塵起，則剥掠行路，謂之打稽。武帝深知其弊，而難於誅討。十一年十月，復開贖罪之科。中大同元年七月甲子，[5]詔自今犯罪，非大逆，父母、祖父母勿坐。自是禁網漸疏，百姓安之，而貴戚之家，不法尤甚矣。尋而侯景逆亂。[6]

［1］南苑：地名。在今江蘇南京市鷄鳴山南。

［2］臨川王宏：即蕭宏，梁武帝蕭衍之弟。傳見《梁書》卷二二、《南史》卷五一。

[3]十倍：《南史·臨川靖惠王宏傳》及《通鑑》卷一四八《梁紀》天監十七年五月條作“百倍”。

[4]周公：即周公旦。詳見《史記》卷三三《魯周公世家》。

[5]中大同：南朝梁武帝蕭衍年號（546—547）。

[6]侯景逆亂：南朝梁武帝末年東魏降將侯景發動的一場叛亂，歷時五年（548—552）。侯景，人名。傳見《梁書》卷五六、《南史》卷八〇。

及元帝即位，[1]懲前政之寬，且帝素苛刻，及周師至，[2]獄中死囚且數千人，有司請皆釋之，以充戰士。帝不許，並令棒殺之。事未行而城陷。敬帝即位，[3]刑政適陳矣。[4]

[1]元帝：南朝梁元帝蕭繹。紀見《梁書》卷五、《南史》卷八。

[2]周：即北周（557—581），都長安（今陝西西安市西北）。

[3]敬帝：南朝梁敬帝蕭方智。紀見《梁書》卷六、《南史》卷八。

[4]陳：即南朝陳（557—589），都建康（今江蘇南京市）。

陳氏承梁季喪亂，刑典疏闊。及武帝即位，[1]思革其弊，乃下詔曰：“朕聞唐、虞道盛，設畫象而不犯，夏、商德衰，雖孥戮其未備。[2]洎乎末代，綱目滋繁，矧屬亂離，憲章遺紊。朕始膺寶曆，思廣政樞，外可搜舉良才，刪改科令，群僚博議，務存平簡。”於是稍求得梁時明法吏，令與尚書刪定郎范泉參定律令。[3]又敕尚書僕射沈欽、吏部尚書徐陵、兼尚書左丞宗元饒、兼尚書左丞賀朗參知其事，[4]制《律》三十卷，《令律》

四十卷。[5]採酌前代，條流冗雜，[6]綱目雖多，博而非要。其制唯重清議禁錮之科。若縉紳之族，犯虧名教，不孝及内亂者，發詔棄之，[7]終身不齒。先與士人爲婚者，許妻家奪之。其獲賊帥及士人惡逆，免死付治，[8]聽將妻入役，不爲年數。又存贖罪之律，復父母緣坐之刑。自餘篇目條綱，輕重簡繁，一用梁法。

[1]武帝：南朝陳武帝陳霸先。紀見《陳書》卷一、二，《南史》卷九。

[2]雖孥戮其未備：《册府元龜》卷六一一《刑法部·定律令第三》作“雖孥戮其備有”。孥戮，出《尚書·甘誓》：“予則孥戮汝。”意指誅及子孫。

[3]范泉：人名。南朝陳任尚書比部郎，本書《經籍志二》載：“《陳律》九卷，范泉撰。”《舊唐書·經籍志上》載：“《陳令》三十卷，范泉等撰。”按，《陳書》卷三三、《南史》卷七一《沈洙傳》載范泉删定律令時爲“比部郎”。

[4]尚書僕射：《册府元龜》卷六一一《刑法部·定律令第三》記載與此同，然《陳書》及《南史·武帝紀》載：永定元年冬十月癸未，“詔立删定郎，治定律令”。而《通典》卷一六四《刑法二·刑制中》、《文獻通考》卷一六五《刑考四》亦祇載“又令徐陵等知其事”。檢《陳書》卷七《沈欽傳》云：“（廢帝）光大中，爲尚書右僕射，尋遷左僕射。”又《陳書》卷四《廢帝紀》亦云：天康元年五月“丁酉，……吴興太守沈欽爲尚書右僕射。……（光大元年）三月甲午，以尚書右僕射沈欽爲侍中、尚書左僕射”。是以沈欽任僕射是在陳廢帝時，而非武帝時。檢《陳書》及《南史·廢帝紀》，以及《通典》《文獻通考》《册府元龜》等書不載廢帝時曾詔修律令。故此言“尚書僕射”，誤，蓋修史者以後任官加之。　沈欽：人名。《陳書》卷七、《南史》卷一二有附傳。　吏

部尚書：《册府元龜》卷六一一記載與此同，而《通典》卷一六四《刑法二·刑制中》、《文獻通考》卷一六五《刑考四》衹載“又令徐陵等知其事”，《唐六典》卷六《刑部尚書》“郎中”注云：“陳令范泉、徐陵等參定律令。”均未載其官職。檢《陳書》卷二六《徐陵傳》、《陳書·廢帝紀》，徐陵任吏部尚書在廢帝天康元年（566）。故此言“吏部尚書”，誤。　徐陵：人名。南朝梁、陳時人，陳後主時，官至太子少傅。傳見《陳書》卷二六，《南史》卷六二有附傳。　尚書左丞：官名。職掌佐尚書令、尚書僕射理尚書省政事。南朝梁第九班。　宗元饒：人名。陳宣帝時爲通直散騎常侍、兼尚書左丞。傳見《陳書》卷二九、《南史》卷六八。　賀朗：人名。事迹不詳。

［5］《律》三十卷，《令律》四十卷：宋刻遞修本、汲古閣本及《册府元龜》卷六一一《刑法部·定律令第三》作“《律》三十卷、《令科》四十卷”，《通典》卷一六四《刑法二·刑制中》、《文獻通考》卷一六五《刑考四》作“《律》三十卷、《科》三十卷”，《唐六典》卷六《刑部尚書》“郎中”注云：“（陳）《律》三十卷、《令》三十卷、《科》三十卷。”本書《經籍志二》載：范泉撰《陳律》九卷、《陳令》三十卷、《陳科》三十卷。各書所記均有差異。

［6］冗雜：《册府元龜》卷六一一《刑法部·定律令第三》作“雜件”。

［7］發詔棄之：《通典》卷一六四《刑法二·刑制中》與《文獻通考》卷一六五《刑考四》均無此四字。

［8］免死付治：《册府元龜》卷六一一《刑法部·定律令第三》同，《通典》卷一六四《刑法二·刑制中》、《文獻通考》卷一六五《刑考四》前有“雖經赦”三字。“治”，中華本及中華書局新修訂本據宋甲本改爲“冶”。

其有贓驗顯然而不款，[1]則上測立。[2]立測者，以土爲垛，高一尺，上圓，劣容囚兩足立。鞭二十，笞三十訖，著兩械及杻，上垛。一上測七刻，日再上。三七日上測，七日一行鞭。凡經杖，[3]合一百五十，得度不承者，免死。其髡鞭五歲刑，降死一等，鎖二重。[4]其五歲刑已下，並鎖一重。五歲四歲刑，若有官，准當二年，餘並居作。其三歲刑，若有官，准當二年，餘一年贖。若公坐過誤，[5]罰金。其二歲刑，有官者，贖論。一歲刑，無官亦贖論。寒庶人，[6]准決鞭杖。囚並著械，徒並著鎖，不計階品。死罪將決，乘露車，[7]著三械，[8]加壺手。[9]至市，脱手械及壺手焉。當刑於市者，夜須明，雨須晴。晦朔、八節、六齊、月在張心日，[10]並不得行刑。廷尉寺爲北獄，[11]建康縣爲南獄，並置正、監、平。又制，常以三月，侍中、吏部尚書、尚書三公郎、部都令史、三公録冤局令、御史中丞、侍御史、蘭臺令史，[12]親行京師諸獄及冶署，[13]理察囚徒冤枉。

[1]其有贓驗顯然而不款：《册府元龜》卷六一一《刑法部·定律令第三》無“其有”二字。《通典》卷一六四《刑法二·刑制中》、《文獻通考》卷一六五《刑考四》“顯”作“昭”，“款”後有“伏”字。

[2]上測：站測，施行測刑。測，刑具名，見後文。

[3]凡經杖：《册府元龜》卷六一一《刑法部·定律令第三》同，《通典》卷一六四《刑法二·刑制中》、《文獻通考》卷一六五《刑考四》作“凡經鞭杖”。按，視此上下文，似脱一“鞭”字，當增入（本顧吉辰《〈隋書·刑法志〉考異》，第234頁）。

[4]鎖：《通典》卷一六四《刑法二·刑制中》、《文獻通考》卷一六五《刑考四》同，《册府元龜》卷六一一《刑法部·定律令

第三》“鎖”作“鉗”，下“並鎖一重”同。

［5］公坐：因公務犯罪。“坐”字宋刻遞修本、汲古閣本、殿本、庫本、中華本同，宋殘本作“主”。

［6］寒庶人：指寒族與庶族，在魏晋南北朝時期門閥制度下與士族相對而言。

［7］露車：指没有蓬和蓋的車。

［8］三械：手足所帶刑具。《周禮·秋官·掌囚》鄭玄注云械在手部梏，械在足部爲桎，兩手共一木爲拲。

［9］壺手：《册府元龜》卷六一一《刑法部·定律令第三》、《唐六典》卷六《刑部尚書》同作“壺手”，然《通典》卷一六四《刑法二·刑制中》、《文獻通考》卷一六五《刑考四》作“拲手”。若作“拲手”，則與《周禮》所言三械不符，此“壺手”是否爲當時所創之新刑具？抑或前“三械”乃“二械”之誤？

［10］晦朔：《册府元龜》卷六一一《刑法部·定律令第三》同，《通典》卷一六四《刑法二·刑制中》、《文獻通考》卷一六五《刑考四》作“朔日”。　八節：古代以立春、立夏、立秋、立冬、春分、夏至、秋分、冬至爲八節。　六齊：“齊”當爲“齋”之誤（參見顧吉辰《〈隋書·刑法志〉考異》，第235頁）。六齋，指六齋日，陰曆每月八日、十四日、十五日、二十三日、二十九日、三十日。佛教認爲此六日是“惡日”，應持齋修福。　月在張心日：古代天文學者將周天黄道（太陽與月亮所經區域）分爲二十八個星座，稱二十八宿。張宿在南，心宿在東，“月在張心日”，月亮運行至張宿、心宿所在時日。

［11］廷尉寺：官署名。南朝梁初曰大理，天監元年復改爲廷尉寺，長官爲卿，掌司法。

［12］尚書三公郎：官名。尚書省吏部尚書所領諸曹郎之一，主法制，並奏讀春夏秋冬四時令。南朝梁第十一班。按，《通典》卷一六四《刑法二·刑制中》、《文獻通考》卷一六五《刑考四》無“尚書”二字。　部都令史：官名。晋始置，有八人，秩二百石，

與左右丞總知都臺事。梁設五人，謂之五都令史，職掌與晋同。舊用人常輕，梁武帝天監九年以視奉朝請。本書《百官志上》及《通典》卷二二《職官·歷代都事主事令史》載五都分别是：殿中都、吏部都、金部都、左民都、中兵都。南朝梁第二班。　三公録冤局令：宋殘本、汲古閣本、殿本同，中華本“令”後有“史”，其標點爲“三公録冤局，令史”，殿本作“三公録冤屈令”，改“局”爲“屈”，又《通典》卷一六四《刑法二·刑制中》《文獻通考》卷一六五《刑考四》亦作“三公録冤屈”，但無“令”字。按，前引本書《百官志上》及《通典》卷二二《職官·歷代都事主事令史》載梁武帝天監九年詔云：“尚書五都，職参政要，非但總領衆局，亦乃方軌二丞。”《通鑑》卷一四七《梁紀》天監九年三月條同，知部都令史下屬機構當爲“局”，“録冤局”或爲部都令史下屬機構。又“局”長官多爲“令”，如太史局，可以推知“三公録冤局令”應爲一個職官，此其一。其二，若爲“三公録冤屈”，“令”字斷後，作“令御史中丞……”，則“三公”無從解釋。南朝梁時三公可指太尉、司徒、司空，亦可指尚書省三公曹。此置“三公”於“部都令史”下，共同“録冤屈”，均解釋不通。且此言“録冤屈”與後文“理察囚徒冤枉”實爲同意，有重復之嫌。故《通典》《文獻通考》將“局”改爲“屈”，删“令”，乃曲解文意，不妥。其三，以“吏部尚書、尚書三公郎、部都令史、三公録冤局令”，爲尚書省系列官員，與後文御史臺官員共録刑獄，亦符合當時録囚之制。　侍御史：官名。梁御史臺置九人，居曹，掌居其事，糾察不法。南朝梁第一班。　蘭臺令史：官名。南朝梁御史臺屬官，掌文書簿籍。品秩不詳。

［13］冶署：掌冶煉之官署，南朝梁罪徒多發往冶署充鎖士或冶士服役。

文帝性明察，[1]留心刑政，親覽獄訟，督責群下，政號嚴明。是時承寬政之後，功臣貴戚有非法，帝咸以法繩之，頗號峻刻。及宣帝即位，[2]優借文武之士，崇簡易之政，上下便之。其後政令即寬，刑法不立，又以連年北伐，疲人聚爲劫盜矣。後主即位，[3]信任讒邪，群下縱恣，鬻獄成市，賞罰之命，不出于外。後主性猜忍疾忌，威令不行，左右有忤意者，動至夷戮。百姓怨叛，以至於滅。

[1]文帝：南朝陳文帝陳蒨。紀見《陳書》卷三、《南史》卷九。

[2]宣帝：南朝陳宣帝陳頊。紀見《陳書》卷五、《南史》卷一〇。

[3]後主：指南朝陳後主陳叔寶。紀見《陳書》卷六、《南史》卷一〇。

齊神武、文襄，[1]並由魏相，[2]尚用舊法。及文宣天保元年，[3]始命群官刊定魏朝《麟趾格》。[4]是時軍國多事，政刑不一，决獄定罪，罕依律文，相承謂之變法從事。清河房超爲黎陽郡守，[5]有趙道德者，[6]使以書屬超。超不發書，棒殺其使。文宣於是令守宰各設棒，以誅屬請之使。後都官郎中宋軌奏曰：[7]“昔曹操懸棒，[8]威於亂時，今施之太平，未見其可。若受使請賕，猶致大戮，身爲枉法，何以加罪？”於是罷之。即而司徒功曹張老上書，[9]稱大齊受命已來，律令未改，非所以創制垂法，革人視聽。於是始命群官，議造《齊律》，積年不成。其决獄猶依魏舊。是時刑政尚新，吏皆奉法。

自六年之後，帝遂以功業自矜，恣行酷暴，昏狂酗醬，[10]任情喜怒。爲大鑊、長鋸、剉、碓之屬，[11]並陳於庭，意有不快，則手自屠裂，或命左右臠啖，以逞其意。時僕射楊遵彦，[12]乃令憲司先定死罪囚，置于仗衛之中，[13]帝欲殺人，則執以應命，謂之供御囚。經三月不殺者，則免其死。帝嘗幸金鳳臺，[14]受佛戒，多召死囚，編籧篨爲翅，命之飛下，謂之放生。墜皆致死，帝視以爲歡笑。時有司折獄，又皆酷法。訊囚則用車輻搊杖，[15]夾指壓踝，又立之燒犁耳上，或使以臂貫燒車釭。既不勝其苦，皆致誣伏。七年，豫州檢使白擲，[16]爲左丞盧斐所劾，[17]乃於獄中誣告斐受金。文宣知其姦罔，詔令按之，果無其事。乃敕八座議立案劾格，[18]負罪不得告人事。於是挾姦者畏糾，乃先加誣訟，以擬當格，吏不能斷。又妄相引，大獄動至十人，[19]多移歲月。然帝猶委政輔臣楊遵彦，彌縫其闕，故時議者竊云，主昏於上，政清於下。

[1]神武：北齊神武帝高歡。紀見《北齊書》卷一、二及《北史》卷六。　文襄：指北齊文襄皇帝高澄，高歡長子。紀見《北齊書》卷三、《北史》卷六。

[2]魏相：高歡及高澄均曾任東魏大丞相、相國。

[3]文宣：北齊文宣帝高洋。紀見《北齊書》卷四、《北史》卷七。　天保：北齊文宣帝高洋年號（550—559）。

[4]《麟趾格》：東魏以格代科，興和三年（541），高澄與封述等編製新朝制度於麟趾殿，稱《麟趾格》。

[5]清河：郡名。治所在今河北清河縣西北。　房超：人名。

東魏孝静帝武定末年任司徒録事参軍、濟州大中正。事見《魏書》卷七二《房亮傳》。　黎陽：郡名。北齊治所在今河南浚縣西南。

［6］趙道德：人名。北齊有直長趙道德，不知是否即爲此人。

［7］都官郎中：官名。屬尚書省都官曹，掌司法事務。北齊正六品。　宋軌：人名。即宋世軌，避唐諱省“世”字，北齊任廷尉卿。《北齊書》卷四六、《北史》卷二六有附傳。

［8］懸棒：《册府元龜》卷六一一《刑法部·定律令第三》無“懸”字。

［9］司徒功曹：官名。司徒府功曹參軍事，掌文書簿籍等事。北齊正六品。《通鑑》卷一六三《梁紀》大寶元年八月條作“司都功曹”。　張老：人名。事迹不詳。

［10］醬（yòng）：酗酒。

［11］剉、碓：中華本中間未頓開。按，此指剉、碓兩種刑具，先將人以剉殺死，再將其放入碓中舂爛，故中間應加頓號。

［12］楊遵彦：人名。即楊愔，字遵彦，北齊天保初還尚書右僕射。傳見《北齊書》卷三四，《北史》卷四一有附傳。

［13］仗衛：執杖宿衛的衛隊。

［14］金鳳臺：地名。原名金虎臺，東漢建安十八年（213）曹魏建。故址在今河北臨漳縣城西南三臺村。

［15］杖：用以夾人的棍棒。按，《文獻通考》卷一六五《刑考四》作“搊杖”，《通典》卷一七〇《刑法八·峻酷》作“拱杖”。

［16］豫州：北齊治所在今河南汝南縣。　檢使：官名。檢校御史，掌監察地方州郡。北齊從八品上。　白擲：人名。事迹不詳。

［17］盧斐：人名。傳見《北齊書》卷四七，《北史》卷三〇有附傳。

［18］八座：此沿用漢、晋制度，以尚書令、左右僕射及五曹尚書爲“八座”，共同議政。

［19］十：宋殘本、宋刻遞修本、汲古閣本、殿本、庫本同。中華本及《文獻通考》卷一六五《刑考四》作“千”。按，依常理，

十人太少，當作“千”。

孝昭在藩，[1]已知其失，即位之後，將加懲革，未幾而崩。武成即位，[2]思存輕典，大寧元年，[3]乃下詔曰：“王者所用，唯在賞罰，賞貴適理，罰在得情。然理容進退，事涉疑似，盟府司勳，[4]或有開塞之路，三尺律令，[5]未窮畫一之道。想文王之官人，[6]念宣尼之止訟，刑賞之宜，思獲其所。自今諸應賞罰，皆賞疑從重，罰疑從輕。”又以律令不成，頻加催督。河清三年，[7]尚書令、趙郡王叡等，[8]奏上《齊律》十二篇：一曰名例，二曰禁衛，三曰婚户，四曰擅興，五曰違制，六曰詐僞，七曰鬪訟，八曰賊盜，[9]九曰捕斷，十曰毁損，十一曰廄牧，十二曰雜。其定罪九百四十九條。又上《新令》四十卷，[10]大抵採魏、晋故事。

[1]孝昭：指北齊孝昭帝高演。紀見《北齊書》卷六、《北史》卷七。

[2]武成：指北齊武成帝高湛。紀見《北齊書》卷七、《北史》卷八。

[3]大寧：北齊武成帝高湛年號（561—562）。

[4]盟府：古代保管受勳記録的機構。見《左傳》僖公五年。司勳：古代主管功賞之事職官。見《周禮·夏官·司勳》。

[5]三尺律令：指三尺法，紙張尚未發明以前，法律大都刻在三尺長的竹片上。詳見《史記》卷一二二《杜周傳》。

[6]想：《册府元龜》卷一九一《閏位部·政令》作“思”。

[7]河清：北齊武成帝高湛年號（562—565）。

[8]趙郡王叡：即高叡，北齊神武帝高歡之侄。傳見《北齊

書》卷一三、《北史》卷五一。

[9]賊盗：《通典》卷一六四《刑法二・刑制中》、《文獻通考》卷一六五《刑考四》同，《册府元龜》卷六一一《刑法部・定律令第三》、《唐六典》卷六《刑部尚書》"郎中"條注作"盗賊"。《唐律疏議》卷一七《賊盗一》篇題疏議云："自秦、漢逮至後魏皆名《賊律》《盗律》，北齊合爲《賊盗律》。"

[10]四十卷：《册府元龜》卷六一一《刑法部・定律令第三》同，《通典》卷一六四《刑法二・刑制中》、《文獻通考》卷一六五《刑考四》作"三十卷"，《唐六典》卷六《刑部尚書》"郎中"條注云"趙郡王叡等撰令五十卷"。又本書《經籍志二》亦載："《北齊令》五十卷。"

其制，刑名五：一曰死，重者轘之。其次梟首。並陳屍三日，無市者，列於鄉亭顯處。其次斬刑，殊身首。其次絞刑，死而不殊。凡四等。二曰流刑，謂論犯可死，原情可降，鞭笞各一百，髡之，投于邊裔，以爲兵卒。未有道里之差。其不合遠配者，男子長徒，女子配舂，[1]並六年。三曰刑罪，即耐罪也。有五歲、四歲、三歲、二歲、一歲之差。凡五等。各加鞭一百。其五歲者，又加笞八十，四歲者六十，三歲者四十，[2]二歲者二十，一歲者無笞。並鎖輸左校而不髡。[3]無保者鉗之。婦人配舂及掖庭織。[4]四曰鞭，有一百、八十、六十、五十、四十之差，凡五等。五曰杖，有三十、二十、十之差，凡三等。大凡爲十五等。[5]當加者上就次，當減者下就次。贖罪舊以金，皆代以中絹。死一百匹，流九十二匹，刑五歲七十八匹，四歲六十四匹，三歲五十匹，二歲三十六匹。各通鞭笞論。[6]一歲無笞，則通鞭二十四匹。鞭杖每十，贖絹一匹。至鞭百，則絹十匹。無絹之鄉，皆准絹收錢。自贖笞十已上至死，又爲十五等之差。當加減次，如正決法。

[1]配舂：爲女犯所服舂米的力役。

[2]四十：《通典》卷一六四《刑法二·刑制中》、《文獻通考》卷一六五《刑考四》、《册府元龜》卷六一一《刑法部·定律令第三》同，《唐六典》卷六《刑部尚書》“郎中”條注作“三十”。

[3]並鎖輸左校而不髡：《通典》卷一六四《刑法二·刑制中》、《文獻通考》卷一六五《刑考四》“輸”後有一“作”字。《唐六典》卷六《刑部尚書》“郎中”條注作“並鎖輸左校”，無“不髡”二字。左校，北齊官署名。左校署，隸太府寺，掌營構、木作、采材等事，長官爲令。從九品上。

[4]掖庭：官署名。掖庭署，隸長秋寺，掌宫人名籍，公桑養蠶及女工等事，長官爲令。北齊從八品上。

[5]大凡爲十五等：《通典》卷一六四《刑法二·刑制中》、《文獻通考》卷一六五《刑考四》、《唐六典》卷六《刑部尚書》“郎中”無此句，《册府元龜》卷六一一《刑法部·定律令第三》作“大凡爲十等”。按，據上文五種刑名相加，死刑四、流行一、耐罪五、鞭五、杖三，當爲十八等。若以死罪通爲一等，則爲十五等，後文贖罪計算方法如此。若以鞭、杖爲附加刑，則爲十等。

[6]各通鞭笞論：意指以上贖罪應納絹匹數額包括徒刑及附加鞭笞在内。

合贖者，謂流内官及爵秩比視、老小閹癡并過失之屬。[1]犯罰絹一匹及杖十已上，皆名爲罪人。盜及殺人而亡者，即懸名注籍，[2]甄其一房配驛户。[3]宗室則不注盜，及不入奚官，不加宫刑。[4]自犯流罪已下合贖者，及婦人犯刑已下，侏儒、篤疾、癃殘非犯死罪，皆頌繫之。罪刑年者鎖，[5]無鎖以枷。流罪已上加杻械。死罪者桁之。[6]決流刑鞭笞者，鞭其背。五十，一易執鞭人。鞭鞘皆用熟皮，削去廉棱。鞭瘡長一尺。笞者笞臀，而不中易人。杖長三尺五寸，大頭徑二分半，小頭徑一分半。決三十已下杖者，長四尺，大頭徑三分，小頭徑二分。在官犯罪，鞭杖十爲一負。[7]閑局六負爲一殿，平局八負爲一殿，繁局十負爲一殿。[8]加於殿者，復計爲負焉。赦日，則武庫令設金雞及鼓於閶闔門外之右。[9]勒集囚徒於闕前，撾鼓千聲，釋枷鎖焉。又列重罪十條：一曰反逆，二曰大逆，三曰叛，四曰降，五曰惡逆，六曰不道，七曰不敬，八曰不孝，九曰不義，十曰内亂。其犯此十者，不在八議論贖之限。[10]是後法令明審，科條簡要，又敕仕門之子弟，常講習之。齊人多曉法律，蓋由此也。

［1］流内官：北齊沿用九品官人法，凡一品至九品叫流内官，九品以外爲流外官。　爵秩比視：指爵禄比視官階。　癡：底本原作“凝”。中華本作“癡”，《通典》卷一六四《刑法二・刑制中》、《文獻通考》卷一六五《刑考四》、《册府元龜》卷六一一《刑法部・定律令第三》同。按，此“癡”與“閹”並列，指身體有障礙者。今從改。

［2］懸名注籍：張榜公布名姓，並登記入册。

［3］驛户：在驛站終身服役的户口。

［4］宫：底本、宋刻遞修本、宋殘本、汲古閣本、殿本、庫本原作“害”，中華本作“宫”，其校勘記云：“據《册府元龜》六一一改。”又《通典》卷一六四《刑法二・刑制中》、《文獻通考》卷

一六五《刑考四》亦作“宫”。

[5]罪刑年者：所犯罪以年計算的人，如耐罪。

[6]桁（héng）：鎖住犯人兩頸的大械。

[7]鞭杖十爲一負：每鞭杖十下記過失一次。負，罪責、過失。

[8]“閑局六負”至“十負爲一殿”：閑散機構犯六次過失爲一殿，平常者八次，繁劇者十次。

[9]武庫令：官名。爲衛尉寺下轄武庫署長官，掌甲兵及吉凶儀仗。北齊從八品上。　閶闔門：宫門名。爲北齊宫城城門之一。

[10]八議：指八種可以減輕刑罰的情形。據《唐律疏議·名例》云：“八議：一曰議親，謂皇帝袒免以上親，及太皇太后、皇太后緦麻以上親，皇后小功以上親；二曰議故，謂故舊；三曰議賢，謂有大德行；四曰議能，謂有大才藝；五曰議功，謂有大功勳；六曰議貴，謂職事官三品以上，散官二品以上，及爵一品者；七曰議勤，謂有大勤勞；八曰議賓，謂承先代之後爲國賓者。”

其不可爲定法者，别制《權令》二卷，與之並行。後平秦王高歸彦謀反，[1]須有約罪，律無正條，於是遂有《别條權格》，[2]與律並行。大理明法，上下比附，欲出則附依輕議，欲入則附從重法，姦吏因之，舞文出没。至于後主，[3]權幸用事，有不附之者，陰中以法。綱紀紊亂，卒至於亡。

[1]高歸彦：人名。北齊宗室，河清元年（562）於冀州起兵謀反，不久被平定。傳見《北齊書》卷一四、《北史》卷五一。

[2]《别條權格》：《文獻通考》卷一六五《刑考四》同，《太平御覽》卷六三八《刑法部四·律令》作《别條權令》，《通典》卷一七〇《刑法八·舞紊》原作《别條權令》，中華本將其校改爲《别條權格》。

[3]後主：北齊後主高緯。紀見《北齊書》卷八、《北史》卷八。

周文帝之有關中也，[1]霸業初基，典章多闕。大統元年，[2]命有司斟酌今古通變，可以益時者，爲二十四條之制，奏之。七年，又下十二條制。十年，魏帝命尚書蘇綽，[3]總三十六條，更損益爲五卷，班於天下。其後以河南趙肅爲廷尉卿，[4]撰定法律。肅積思累年，遂感心疾而死。乃命司憲大夫託拔迪掌之。[5]至保定三年三月庚子乃就，[6]謂之《大律》，凡二十五篇：一曰刑名，二曰法例，三曰祀享，[7]四曰朝會，五曰婚姻，六曰户禁，[8]七曰水火，八曰興繕，九曰衛宫，十曰市廛，十一曰鬬競，十二曰劫盗，十三曰賊叛，十四曰毁亡，十五曰違制，十六曰關津，[9]十七曰諸侯，十八曰厩牧，十九曰雜犯，二十曰詐僞，二十一曰請求，二十二曰告言，[10]二十三曰逃亡，[11]二十四曰繫訊，二十五曰斷獄。大凡定罪一千五百三十七條。其制罪，一曰杖刑五，自十至五十。二曰鞭刑五，自六十至于百。三曰徒刑五，徒一年者，鞭六十，笞十；徒二年者，鞭七十，笞二十；徒三年者，鞭八十，笞三十；徒四年者，鞭九十，笞四十；徒五年者，鞭一百，笞五十。四曰流刑五，流衛服，去皇畿二千五百里者，鞭一百，笞六十。流要服，去皇畿三千里者，鞭一百，笞七十。流荒服，去皇畿三千五百里者，鞭一百，笞八十。流鎮服，去皇畿四千里者，鞭一百，笞九十。流蕃服，去皇畿四千五百里者，鞭一百，笞一百。五曰死刑五，一曰磬，二曰絞，三曰斬，四曰梟，五曰裂。五刑之屬各有五，合二十五等。不立十惡之目，而重惡逆、不道、大不敬、不孝、不義、内亂之罪。凡惡逆，肆之三日。[12]盗賊群攻鄉邑及入人家者，殺之無罪。若報仇者，告於法而自殺之，不坐。經爲盗者，注其籍。唯皇宗則否。凡死罪枷而拲，[13]流罪枷而梏，徒罪枷，鞭罪桎，杖罪散以待斷。皇族及有爵者，死罪已下鎖之，徒已下散之。獄成將殺者，書其姓名及其罪於拲，而殺之市。唯皇族與有爵者隱獄。[14]

［1］周文帝：北周皇帝宇文泰。紀見《周書》卷一、二及《北史》卷九。　關中：地區名。與“關内”意同。秦至唐時稱函谷或潼關以西、隴坂以東、終南山以北爲關中。

［2］大統：西魏文帝元寶炬年號（535—551）。

［3］蘇綽：人名。西魏大統十年授大行臺度支尚書。傳見《周書》卷二三、《北史》卷六三。

［4］河南：郡名。治所在今河南洛陽市。　趙肅：人名。西魏大統十六年除廷尉卿。傳見《周書》卷三七、《北史》卷七〇。

［5］司憲大夫：官名。北周秋官府有司憲中大夫二人，辨國之五禁，掌丞司寇之法，以左右刑罰。正五命。（參見王仲犖《北周六典》卷六《秋官府第十一》，中華書局 1979 年版，第 406 頁）託拔迪：人名。北周任司憲大夫，其他事迹不詳。按，“託”宋殘本、汲古閣本、中華本同，殿本、庫本、《册府元龜》卷六一一《刑法部・定律令第三》、《通典》卷一六四《刑法二・刑制中》、《文獻通考》卷一六五《刑考四》作“拓”。

［6］保定：北周武帝宇文邕年號（561—565）。　三月庚子：據《周書》卷五《武帝紀上》、《北史》卷一〇《周本紀下》作

“二月庚子”。檢陳垣《二十史朔閏表》保定三年二月“乙未”朔，故三月無“庚子”日。此“三月”當爲“二月”之誤。

［7］祀享：《册府元龜》《通典》《文獻通考》同，《唐六典》卷六《刑部尚書》“郎中”注文作“祠享”。

［8］户禁：《册府元龜》《通典》《文獻通考》《唐六典》均同，《唐律疏議》卷一二《户婚上》篇題疏議云：“迄至後周，皆名户律。”

［9］關津：《册府元龜》《通典》《文獻通考》同，《唐六典》卷六作“關市”。

［10］告言：《册府元龜》《通典》《文獻通考》同，《唐六典》卷六作“告劾”。

［11］逃亡：《册府元龜》《通典》《文獻通考》《唐六典》均同，《唐律疏議》卷二八《捕亡》篇題疏議云：“至後魏名捕亡律，北齊名捕斷律，後周名逃捕律，隋復名捕亡律。”

［12］肆：處死刑後陳屍示衆。

［13］拲：宋刻遞修本、汲古閣本、殿本、庫本、中華本同，宋殘本作“拳”。按，拲，爲刑具，作“拳”誤。

［14］隱獄：在監獄内執行死刑。

其贖杖刑五，金一兩至五兩。贖鞭刑五，金六兩至十兩。贖徒刑五，一年金十二兩，二年十五兩，三年一斤二兩，四年一斤五兩，五年一斤八兩。贖流刑，一斤十二兩，俱役六年，不以遠近爲差等。贖死罪，金二斤。鞭者以一百爲限。加笞者，合二百止。應加鞭、笞者，皆先笞後鞭。婦人當笞者，聽以贖論。徒輸作者，皆任其所能而役使之。杖十已上，當加者上就次，數滿乃坐。當減者，死罪流蕃服，蕃服已下俱至徒五年。五年以下，各以一等爲差。盜賊及謀反、大逆、降叛、惡逆罪當流者，皆甄一房配爲雜户。[1]其爲盜賊事發逃亡者，[2]懸名注配。若再犯徒、三犯鞭者，一身永配下役。應贖金者，鞭杖十，收中絹一匹。流徒者，依限歲收絹十二匹。死罪者一百匹。其贖刑，死罪五旬，流刑四旬，徒刑三旬，鞭刑二旬，杖刑一旬。限外不輸者，歸於法。貧者請而免之。大凡定法一千五百三十七條，班之天下。其大略滋章，條流苛密，比於齊法，煩而不要。

[1]雜户：人身關係隸屬於官府，爲官府供應力役，介於普通民衆與奴隸之間的一種户口。

[2]盜賊：宋刻遞修本、宋殘本、汲古閣本、中華本同，殿本、庫本作“賊盜”。按，據前句此作“盜賊”是。

又初除復仇之法，犯者以殺論。時晋公護將有異志，[1]欲寬政以取人心，然暗於知人，所委多不稱職。既用法寬弛，不足制姦，子弟僚屬，皆竊弄其權，百姓愁怨，控告無所。武帝性甚明察，[2]自誅護後，躬覽萬機，雖骨肉無所縱捨，用法嚴正，中外肅然。自魏、晋相承，死罪其重者，妻子皆以補兵。魏虜西凉之人，[3]没入名爲隸户。[4]魏武入關，隸户皆在東魏，[5]後齊因之，仍供廝役。建德六年，[6]齊平後，帝欲施輕典於新國，乃詔凡諸雜户，悉放爲百姓。自是無復雜户。其後又以齊之舊俗，未改昏政，賊盜姦宄，頗乖憲章。其年，又爲《刑書要制》以督之。其大抵持仗群盜一匹以上，不持仗群盜五匹以上，監臨主掌自盜二十匹以上，盜及詐請官物三十匹以上，[7]正長隱五户及丁以上、及地頃以上皆死。[8]自餘依《大律》。由是澆詐頗息焉。

[1]晋公護：即宇文護，西魏權臣宇文泰之侄，北周建立，宇文護專政。傳見《周書》卷一一，《北史》卷五七有附傳。

[2]武帝：北周武帝宇文邕。紀見《周書》卷五、六及《北史》卷一〇。

[3]西涼：十六國之一（400—421），都敦煌（今甘肅敦煌市）。

[4]隸户：同“雜户”。

[5]東魏：北朝時東魏（534—550），都於鄴（今河北臨漳縣西南）。

[6]建德：北周武帝宇文邕年號（572—578）。

[7]盜及詐請官物三十匹以上：《通典》卷一六四《刑法二·刑制中》、《文獻通考》卷一六五《刑考四》同。《周書》卷六《武帝紀下》、《北史》卷一〇《周本紀下》作“小盜及詐僞請官物三十匹以上”。又宋人葉適所撰《習學記言》卷三五《北史·後周書》所引亦同《周書·武帝紀》。

[8]正長隱五户及丁以上、及地頃以上：宋殘本、汲古閣本、殿本、庫本同。中華本“丁”上有“十”、“頃”上有“三”兩字，其校勘記云：“‘丁’上原脱‘十’字，‘頃’上原脱‘三’字，據《周書·武帝紀下》補。《通鑑》一七三，‘三頃’作‘頃’。”按，此句《通典》卷一六四《刑法二·刑制中》作“正長隱五户及丁五以上、及地頃以上”，《文獻通考》卷一六五《刑考四》唯“正”訛作“主”。《册府元龜》卷六一一《刑法部·定律令第三》、前引《周書》及《北史·武帝紀》、《習學記言》卷三五《北史·後周書》均載爲：“正長隱五户及十丁以上、及地三頃以上。”《通鑑》

卷一七三《陳紀》太建九年十一月條載："……及正、長隱五丁、若地頃以上。"正長，鄉官名。本書《百官志下》載：隋因周制，在京畿基層中制五家爲一保，保有長；保五爲閭，閭四爲族，皆有正。畿外置里正，比閭正；黨長，比族正。此正、長，即指此類鄉官。

宣帝性殘忍暴戾，[1]自在儲貳，惡其叔父齊王憲及王軌、宇文孝伯等。[2]及即位，並先誅戮，由是内外不安，俱懷危懼。帝又恐失衆望，乃行寬法，以取衆心。宣政元年八月，[3]詔制九條，[4]宣下州郡。大象元年，[5]又下詔曰："高祖所立《刑書要制》，用法深重，其一切除之。"然帝荒淫日甚，惡聞其過，誅殺無度，疏斥大臣。又數行肆赦，爲姦者皆輕犯刑法，政令不一，下無適從。於是又廣《刑書要制》，而更峻其法，謂之《刑經聖制》。宿衛之官，一日不直，罪至削除。逃亡者皆死，而家口籍没。上書字誤者，科其罪。鞭杖皆百二十爲度，名曰天杖。其後又加至二百四十。又作礔礰車，[6]以威婦人。其決人罪，云與杖者，即一百二十，多打者，即二百四十。帝既酣飲過度，嘗中飲，有下士楊文祐白宫伯長孫覽，[7]求歌曰："朝亦醉，暮亦醉。日日恒常醉，政事日無次。"鄭譯奏之，[8]帝怒，命賜杖二百四十而致死。後更令中士皇甫猛歌，[9]猛歌又諷諫。鄭譯又以奏之，又賜猛杖一百二十。是時下自公卿，内及妃后，咸加棰楚，上下愁怨。及帝不豫，而内外離心，各求苟免。隋高祖爲相，又行寬大之典，删略舊律，作《刑書要制》。既成奏之，静帝下詔頒行。[10]諸有犯罪未科决者，並依制處斷。

[1]宣帝：北周宣帝宇文贇。紀見《周書》卷七、《北史》卷十。

[2]齊王憲：北周宇文泰第五子宇文憲，封齊王。傳見《周書》卷一二、《北史》卷五八。　王軌：人名。北周名將，官至上大將軍，封郯國公。周宣帝即位不久被殺。傳見《周書》卷四〇、《北史》卷六二。　宇文孝伯：人名。北周大臣，深受周武帝宇文邕器重，周宣帝即位，賜死於家。傳見《周書》卷四〇，《北史》卷五七有附傳。

[3]宣政：北周武帝宇文邕年號（578）。

[4]九條：内容較多，詳見《周書·宣帝紀》。

[5]大象：北周宣帝和静帝年號（579—580）。

[6]礔礰：宋刻遞修本、宋殘本、中華本同，汲古閣本、殿本、庫本作"霹靂"。

[7]下士：官名。此具體所指不詳。　楊文祐：人名。正史無傳。　宫伯：官名。北周天官府有左右宫伯，掌侍衛之禁，各更直於内。正五命。（參見王仲犖《北周六典》卷二《天官府第七》，第47頁）按，《周書》卷六《武帝紀下》載："（天和六年）右宫伯長孫覽爲薛國公。"　長孫覽：人名。傳見本書卷五一，《北史》卷二二有附傳。

[8]鄭譯：人名。傳見本書卷三八，《北史》卷三五有附傳。

[9]中士：官名。此具體所指不詳。　皇甫猛歌：人名。事迹不詳。《文獻通考》卷一六五《刑考四》作"皇甫猛"。

[10]静帝：北周皇帝宇文闡的謚號。紀見《周書》卷八、《北史》卷一〇。

高祖既受周禪，開皇元年，[1]乃詔尚書左僕射、勃海公高熲，[2]上柱國、沛公鄭譯，[3]上柱國、清河郡公楊素，[4]大理前少卿、平源縣公常明，[5]刑部侍郎、保城縣公韓濬，[6]比部侍郎李諤，[7]兼考功侍郎柳雄亮等，[8]更定新律，奏上之。其刑名有五：一曰死刑二，有絞，有斬。二曰流刑三，有一千里、千五百里、二千里。應配者，一千里居作二年，一千五百里居作二年半，二千里居作三年。應住居作者，[9]三流俱役三年。近流加杖一百，一等加三十。三曰徒刑五，有一年、一年半、二年、二年半、三年。四曰杖刑五，自五十至于百。[10]五曰笞刑五，自十至于五十。而蠲除前代鞭刑及梟首、轘、裂之法。其流徒之罪，[11]皆減縱輕。唯大逆、謀反叛者，父子兄弟皆斬，家口没官。又置十惡之條，多採後齊之制，而頗有損益。一曰謀反，二曰謀大逆，三曰謀叛，四曰惡逆，五曰不道，六曰大不敬，七曰不孝，八曰不睦，九曰不義，十曰內亂。犯十惡及故殺人獄成者，[12]雖會赦，猶除名。

[1]開皇：隋文帝楊堅年號（581—600）。

[2]尚書左僕射：官名。隋尚書省置左右僕射各一人，地位僅次於尚書令。由於隋尚書令不常置，僕射成爲尚書省實際長官，是宰相之職。從二品。　勃海公：爵名。全稱爲渤海郡公。隋九等爵的第四等。從一品。　高熲：人名。傳見本書卷四一、《北史》卷七二。

[3]上柱國：官名。隋文帝因改後周之制形成十一等散實官，以酬勤勞。上柱國是第一等，開府置府佐。從一品。

[4]楊素：人名。傳見本書卷四八，《北史》卷四一有附傳。

［5］大理前少卿：官名。大理少卿，隋大理寺副長官，協助大理卿掌刑獄之事。正四品。前，指前任官。 平源縣公：爵名。隋九等爵的第五等。從一品。 常明：人名。事迹不詳。

［6］刑部侍郎：官名。尚書省都官尚書刑部長官，掌刑罰之事。正六品上。 韓濬：人名。事迹不詳。

［7］比部侍郎：官名。尚書省都官尚書比部的長官，掌中央財務審計。正六品上。 李諤：人名。傳見本書卷六六、《北史》卷七七。

［8］考功侍郎：官名。尚書省吏部考功曹長官，掌全國文武官員的考課和生平事迹。正六品上。 柳雄亮：人名。本書卷四七、《北史》卷六四有附傳。

［9］住居作者：指因贖等原因不發配遠方的流犯，在當地服勞役。

［10］五十：《通典》卷一六四《刑法二·刑制中》、《文獻通考》卷一六五《刑考四》、《册府元龜》卷六一一《刑法部·定律令第三》均作“六十”。按，自六十至百，以十爲等差，正爲五等，作“六十”是。

［11］流：底本原作“法”，中華本校改爲“流”，其校勘記云：“據《册府元龜》六一一改。”今據改。又《通典》卷一六四《刑法二·刑制中》《文獻通考》卷一六五《刑考四》亦作“流”。

［12］犯：此字《册府元龜》卷六一一《刑法部·定律令第三》有，《通典》卷一六四《刑法二·刑制中》、《文獻通考》卷一六五《刑考四》無。

其在八議之科，及官品第七已上犯罪，皆例減一等。其品第九已上犯者，聽贖。應贖者，皆以銅代絹。贖銅一斤爲一負，[1]負十爲殿。笞十者銅一斤，加至杖百則十斤。徒一年，贖銅二十斤，每等則加銅十斤，三年則六十斤矣。流一千里，贖銅八十斤，每等則加銅十斤，二千里則百斤矣。二死皆贖銅百二十斤。犯私罪以官當徒者，五品已上，一官當徒二年；九品已上，一官當徒一年；當流者，三流同比徒三年。[2]若犯公罪者，徒各加一年，當流者各加一等。其累徒過九年者，流二千里。

[1]贖銅一斤爲一負：此與《北齊律》“在官犯罪，鞭杖十爲一負”意同，即在官者，每交納贖銅一斤則記過錯一次。贖，《册府元龜》卷六一一《刑法部·定律令第三》有，《通典》卷一六四《刑法二·刑制中》、《文獻通考》卷一六五《刑考四》無。按，據文意此特指贖罪之銅，當有“贖”字。

[2]同：底本原作“周”，中華本作“同”，其校勘記云：“‘同’原作‘周’，據《通典》一六四、《册府元龜》六一一、《唐律疏議·名例》改。”今從改。

定訖，詔頒之曰：“帝王作法，沿革不同，取適於時，故有損益。夫絞以致斃，斬則殊形，[1]除惡之體，於斯已極。梟首轘身，義無所取，不益懲肅之理，徒表安忍之懷。鞭之爲用，殘剥膚體，徹骨侵肌，酷均臠切。雖云遠古之式，事乖仁者之刑，梟轘及鞭，並令去也。貴礪帶之書，[2]不當徒罰，[3]廣軒冕之廕，[4]旁及諸親。流役六年，改爲五載，[5]刑徒五歲，變從三祀。其餘以輕代重，化死爲生，條目甚多，備於簡策。宜班諸海内，爲時軌範，雜格嚴科，並宜除削。先施法令，欲人無犯之心，國有常刑，誅而不怒之義。措而不用，庶或非遠，萬方百辟，知吾此懷。”自前代相承，有司訊考，皆以法外。或有用大棒束杖，車輻鞋底，壓踝杖桄之屬，[6]楚毒備至，多所誣伏。雖文致於法，而每有枉濫，莫能自理。至是盡除苛慘之法，訊囚不得過二百，枷杖大小，咸爲之程品，[7]行杖者不得易人。帝又以律令初行，人未知禁，故犯法者衆。又下吏承苛政之後，[8]務鍛煉以致人罪。乃詔申敕四方，敦理辭訟。有枉屈縣不理者，令以次經郡及州，至省仍不理，[9]乃詣闕申訴。有所未愜，聽撾登聞鼓，[10]有司録狀奏之。

[1]形：汲古閣本、殿本、庫本同，宋殘本、宋刻遞修本及《册府元龜》卷六一一《刑法部·定律令第三》作“刑”。

[2]礪帶：“礪帶河山”簡稱，喻指封爵與國共存。此指受過封爵之人。典出《漢書》卷一六《高惠高后文功臣表》。

[3]罰：《册府元龜》卷六一一《刑法部·定律令第三》作“法”。

[4]軒冕：古時大夫以上官員的車乘及冕服，是其身份的象徵。此指做過大官的人。

[5]五載：《册府元龜》卷六一一《刑法部·定律令第三》、《通典》卷一六四《刑法二·刑制中》、《文獻通考》卷一六五《刑考四》及《通鑑》卷一七五《陳紀》開皇元年十月條記載均同。按，前文流刑所載“……二千里居作三年。應住居作者，三流俱役三年”。最多不過三年，與此不符。（本高其邁《隋唐刑法志注釋》，法律出版社 1987 年版，第 55 頁）

[6]杖：《册府元龜》卷六一一《刑法部·定律令第三》作“拔”。

[7]程品：法式、規範。

［8］又：《册府元龜》卷六一一《刑法部·定律令第三》無。

［9］至：底本及他本原無此字，中華本有，其校勘記云："原脱'至'字，據《通典》一六四、《册府元龜》六一一補。"又中華書局新修訂本删"至"，標點作"令以次經郡及州省，仍不理，乃詣闕申訴"，似更合理。

［10］登聞鼓：古代帝王爲表示聽取臣民諫議或冤情，在朝堂外懸鼓，許臣民擊鼓上聞，謂之"登聞鼓"。

帝又每季親録囚徒。常以秋分之前，[1]省閲諸州申奏罪狀。三年，因覽刑部奏，[2]斷獄數猶至萬條。以爲律尚嚴密，故人多陷罪。又敕蘇威、牛弘等，[3]更定新律。除死罪八十一條，流罪一百五十四條，徒、杖等千餘條，定留唯五百條。凡十二卷。一曰名例，二曰衛禁，三曰職制，四曰户婚，五曰厩庫，六曰擅興，七曰賊盗，[4]八曰鬬訟，九曰詐僞，十曰雜律，十一曰捕亡，十二曰斷獄。自是刑網簡要，疏而不失。於是置律博士弟子員。[5]斷決大獄，皆先牒明法，[6]定其罪名，然後依斷。五年，侍官慕容天遠糾都督田元冒請義倉，[7]事實而始平縣律生輔恩，[8]舞文陷天遠，遂更反坐。[9]帝聞之，乃下詔曰："人命之重，懸在律文，刊定科條，俾令易曉。分官命職，恒選循吏，小大之獄，理無疑舛。而因襲往代，别置律官，報判之人，推其爲首。殺生之柄，常委小人，刑罰所以未清，威福所以妄作，爲政之失，莫大於斯。其大理律博士、尚書刑部曹明法、州縣律生，並可停廢。"自是諸曹决事，皆令具寫律文斷之。六年，敕諸州長史已下，[10]行參軍已上，[11]並令習律，集京之日，試其通不。又詔免尉迥、王謙、司馬消難三道逆人家口之配没者，[12]悉官酬贖，使爲編户。[13]因除孥戮相坐之法，[14]又命諸州囚有處死，不得馳驛行决。

[1]秋分之前：古以秋氣肅殺理論，執行死刑多在秋後。《禮記·月令》："孟秋之月……决獄訟。"

[2]刑部：官署名。隋初沿置都官，開皇三年改爲刑部，是尚書省下轄六部之一。職掌刑法、徒隸、勾覆及關禁之政，領刑部、都官、比部、司門四司。

[3]又：底本原無，宋殘本、汲古閣本、殿本、庫本、中華本有。今據補。　蘇威：人名。傳見本書卷四一，《北史》卷六三有附傳。　牛弘：人名。傳見本書卷四九、《北史》卷七二。

[4]賊盜：《通典》卷一六四《刑法二·刑制中》、《文獻通考》卷一六五《刑考四》、《通鑑》卷一七五《陳紀》開皇三年十二月條同，《册府元龜》卷六一一《刑法部·定律令第三》作"盜賊"，誤。考証參前文注。

[5]律博士弟子：指隨律博士官學習法律之弟子。律博士，官名。大理寺設律博士八人，掌教授律令。正九品上。

[6]明法：官名。隋大理寺有明法二十人，尚書刑部曹及左右領軍府亦設數人，掌律令輕重，解釋法律等事。品秩不詳。

[7]侍官：此指宫廷中輪番宿衛的軍士。　慕容天遠：人名。事迹不詳。　都督：官名。據後文全稱爲領左右都督。隋左右領左右府，將軍之下置正副都督，煬帝改爲左右備身府。正七品。　田元：人名。事迹不詳。　義倉：隋始設立於各地備荒性質的糧倉。

[8]始平：縣名。治所在今陝西興平市東南南佐村。　律生：官名。州縣設立判處案件的官吏。　輔恩：人名。事迹不詳。

[9]反坐：對誣告罪的懲罰，將被誣告人所應得的刑罰加到誣告人身上。

[10]長史：官名。此爲州府上佐之一，佐理一州事務，開皇三年改別駕爲長史。上州正五品，中州從五品，下州正六品。

[11]行參軍：官名。此爲州府屬官，隋代州府設户、兵等曹參軍事，法、士曹等行參軍，及行參軍等佐官。上州諸曹行參軍事正八品，中州諸曹行參軍從八品，下州諸曹行參軍事及上州行參軍正九品，下州行參軍從九品。

[12]尉迥：人名。即尉遲迥，北周太祖宇文泰之甥，周宣帝時任大前疑、相州總管。傳見《周書》卷二一、《北史》卷六二。王謙：人名。北周柱國大將軍，因反對楊堅輔政，兵敗被殺。傳見《周書》卷二一，《北史》卷六〇有附傳。　司馬消難：人名。初仕北齊，官至北豫州刺史，後被猜忌迫害舉州降周，歷遷大後丞，出爲鄖州總管。傳見《周書》卷二一，《北史》卷五四有附傳。道逆人：有地位而參與叛逆的人。《册府元龜》卷一五〇《帝王部·寬刑》無"道"字。

[13]編户：編入國家正式户口的普通民户。

[14]孥戮相坐：誅及子孫的連坐之法。

高祖性猜忌，素不悦學，既任智而獲大位，因以文法自矜，明察臨下。恒令左右覘視内外，[1]有小過失，則加以重罪。又患令史贓污，[2]因私使人以錢帛遺之，得犯立斬。每於殿廷打人，一日之中，或至數四。嘗怒問事揮楚不甚，[3]即命斬之。十年，尚書左僕射高熲、治書侍御史柳彧等諫，[4]以爲朝堂非殺人之所，殿庭非決罰之地。帝不納。熲等乃盡詣朝堂請罪，曰："陛下子育群生，務在去弊，而百姓無知，犯者不息，致陛下決罰過嚴。皆臣等不能有所裨益，請自退屏，以避賢路。"帝於是顧謂領左右都督田元曰："吾杖重乎？"元曰："重。"帝問其狀，元舉手曰："陛下杖大如指，棰楚人三十者，比常杖數百，故多致死。"帝不懌，乃令殿内去杖，欲有决罰，各付所由。[5]後楚州行參軍李君才，[6]上言帝寵高熲過甚，上大怒，命杖之，而殿内無杖，遂以馬鞭笞殺之。自是殿内復置杖。未幾怒甚，又於殿庭殺人，兵部侍郎馮基固諫，[7]帝不從，竟於殿庭行决。帝亦尋悔，宣慰馮基，而怒群僚之不諫者。

[1]覘：《太平御覽》卷六五〇《刑法部十六·杖》、《文獻通考》卷一六五《刑考四》同，《通典》卷一七〇《刑法八·峻酷》原作"觀"。

[2]令史：吏職名。隋尚書省六部諸司、諸臺省，東宫詹事府、左右春坊及其下各局署皆置令史。九寺、諸監、衛所置的則稱府史。這些吏職掌文書案牘，亦常差充他職。

[3]問事：吏職名。行杖之人。參《通鑑》卷一七七《隋紀》開皇十年四月條胡三省注。　捶楚不甚：打得不够用力。楚，荆條，用以捶人。

[4]治書侍御史：官名。佐御史大夫掌彈劾百官。從五品下。　柳彧：人名。傳見本書卷六二、《北史》卷七七。

[5]所由：指有關官吏，因事必經其手，故稱。

[6]楚州：隋開皇十二年置，治所在今江蘇淮安市。　李君才：人名。具體事迹不詳。

[7]兵部侍郎：官名。隋文帝時於兵部四曹之一兵部曹置兵部侍郎一員，爲該曹長官，正六品。煬帝大業三年諸曹侍郎並改稱"郎"，又始置"侍郎"，爲尚書省下轄六部之副長官。此後，兵部侍郎才成爲兵部副長官，協助長官兵部尚書掌全國軍衛武官選授之政令等。正四品。　馮基：人名。即馮世基。傳見本書卷四六。

十二年，帝以用律者多致踳駁，罪同論異。詔諸州死罪不得便決，悉移大理案覆，事盡，然後上省奏裁。[1]十三年，改徒及流並爲配防。[2]十五年，[3]制死罪者三奏而後決。十六年，[4]有司奏合川倉粟少七千石，[5]命斛律孝卿鞫問其事，[6]以爲主典所竊。[7]復令孝卿馳驛斬之，没其家爲奴婢，鬻粟以填之。是後盜邊糧者，一升已上皆死，[8]家口没官。上又以典吏久居其職，肆情爲姦。諸州縣佐史，三年一代，經任者不得重居之。[9]十七年，詔又以所在官人，不相敬憚，多自寬縱，事難克舉。諸有殿失，雖備科條，或據律乃輕，論情則重，不即決罪，無以懲肅。其諸司屬官，[10]若有愆犯，聽於律外斟酌決杖。於是上下相驅，迭行棰楚，以殘暴爲幹能，以守法爲懦弱。

[1]上省奏裁：《通鑑》卷一七七《隋紀》開皇十二年九月條同，《通典》卷一七〇《刑法八·峻酷》、《文獻通考》卷一六五《刑考四》作"上奏取裁"。中華本《通典》校改爲"上取奏裁"。

[2]配防：發配罪人戍邊。

[3]十五年："制死罪者三奏而後決"事，據本書卷二《高祖紀下》、《北史》卷一一《隋文帝紀》、《通鑑》卷一七八《隋紀》均將此事繫於"開皇十六年八月"。故此"十五年"當爲"十六年"（參見顧吉辰《〈隋書·刑法志〉考異》，第237頁）。

[4]十六年：隋文帝詔"盜邊糧者一升已上皆死"事，據本書《高祖紀下》、《北史·隋文帝紀》、《通鑑》卷一七八《隋紀》、《册府元龜》卷六一一《刑法部·定律令第三》均將此事繫於"開皇十五年十二月"，《通典》卷一七〇《刑法八·峻酷》亦作"十五年"。故此"十六年"爲"十五年"之誤（參見顧吉辰《〈隋

書·刑法志〉考異》，第237頁）。又，《文獻通考》卷一六五《刑考四》作“十六年”，亦誤。

［5］合川倉：置於合川縣，在今四川若爾蓋縣北。

［6］斛律孝卿：人名。隋開皇年間曾任太府卿、卒於民部尚書。《北齊書》卷二〇、《北史》卷五三有附傳。

［7］主典：掌管者。

［8］升：《通典》卷一七〇《刑法八·峻酷》《文獻通考》卷一六五《刑考四》作“斗”。

［9］諸州縣佐史，三年一代，經任者不得重居之：此制據本書《高祖紀下》、《北史·隋文帝紀》、《册府元龜》卷六二九《銓選部·條制》載在“開皇十四年十一月”，唯“佐史”作“佐吏”。故將此事繫於開皇十六年，誤。又《文獻通考》卷一六五《刑考四》作“開皇十五年”，亦誤。佐史，吏職名。此指古代地方官員的僚屬，州、縣均設一定員數，供驅使，並掌管文書簿籍等事。

［10］其諸司屬官：本書《高祖紀下》“開皇十七年”詔：“其諸司論屬官”，《通鑑》卷一七八《隋紀》開皇十七年三月條載：“諸司論屬官罪。”

是時帝意每尚慘急，[1]而姦回不止，京市白日，公行掣盜，人間强盜，亦往往而有。帝患之，問群臣斷禁之法，楊素等未及言，帝曰：“朕知之矣。”詔有能糾告者，没賊家産業，以賞糾人。時月之間，内外寧息。其後無賴之徒，候富人子弟出路者，而故遺物於其前，偶拾取則擒以送官，而取其賞。大抵被陷者甚衆。帝知之，乃命盜一錢已上皆棄市。[2]行旅皆晏起早宿，[3]天下懔懔焉。此後又定制，行署取一錢已上，聞見不告言者，坐至死。自此四人共盜一榱桷，[4]三人同竊一瓜，事發即時行決。有數人劫執事而謂之曰：[5]"吾豈求財者邪？但爲枉人來耳。而爲我奏至尊，自古以來，體國立法，未有盜一錢而死也。而不爲我以聞，吾更來，而屬無類矣。"帝聞之，爲停盜取一錢棄市之法。

[1]慘急：指嚴厲而殘酷的法律。

[2]棄市：《隋律》死罪有絞及斬，無棄市之法，此當爲隋文帝於律外用刑。

[3]早：底本原作"晚"，中華本校改爲"早"，其校勘記云："據《御覽》六四六改。"按，又《通鑑》卷一七八《隋紀》開皇十七年三月條考異曰："《刑法志》作'晚宿'，必'早'字誤耳。"據文意當爲"早"，今從改。

[4]榱桷：屋椽。《太平御覽》卷九七八《菜茄部三・瓜》作"欀桶"，《文獻通考》卷一六五《刑考四》作"榱桶"。

[5]執事：主管官員。

帝嘗發怒，六月棒殺人。大理少卿趙綽固争曰：[1]"季夏之月，天地成長庶類。不可以此時誅殺。"帝報曰："六月雖曰生長，此時必有雷霆。天道既於炎陽之時震其威怒，我則天而行，[2]有何不可！"遂殺之。大理掌固來曠上封事，[3]言大理官司恩寬。帝以曠爲忠直，遣每旦於五品行中參見。曠又告少卿趙綽濫免徒囚，帝使信臣推驗，初無阿曲。帝又怒曠，命斬之。綽因固争，以爲曠不合死。帝乃拂衣入閤，綽又矯言："臣更不理曠，自有他事未及奏聞。"帝命引入閤，綽再拜請曰："臣有死罪三。臣爲大理少卿，不能制馭掌固，使曠觸掛天刑，死罪一也。囚不合死，而臣不能死争，死罪二也。臣本無他事，而妄言求入，死罪三也。”帝解顏。會獻皇后在坐，[4]帝賜綽二金杯酒，飲訖，并以杯賜之。曠因免死，配徙廣州。[5]

[1]趙綽：人名。傳見本書卷六二、《北史》卷七七。

[2]我則天而行：《通典》卷一七〇《刑法八·峻酷》、《文獻通考》卷一六五《刑考四》無“我”字。

[3]大理掌固：官名。蓋即漢之掌故，掌管律令制度之故實。隋設置不詳，《唐六典》卷一八載唐代大理寺設掌故十八人。　來曠：人名。事亦見《通鑑》卷一七八《隋紀》開皇十七年三月條。

[4]獻皇后：隋文帝文獻皇后，名獨孤伽羅。傳見本書卷三六、《北史》卷一四。

[5]廣州：治所在今廣東廣州市。

帝以年齡晚暮，尤崇尚佛道，又素信鬼神。二十年，詔沙門道士壞佛像天尊，百姓壞岳瀆神像，皆以惡逆論。帝猜忌，二朝臣僚，用法尤峻。御史監師，[1]於元正日不劾武官衣劍之不齊者，[2]或以白帝，帝謂之曰：“爾爲御史，何縱捨自由。”命殺之。諫議大夫毛思祖諫，[3]又殺之。左領軍府長史考校不平，[4]將作寺丞以諫麥䴬遲晚，[5]武庫令以署庭荒蕪，[6]獨孤師以受蕃客鸚鵡，[7]帝察知，並親臨斬決。

[1]御史：官名。御史臺長官御史大夫下有治書侍御史、侍御史、殿内侍御史、監察御史等。職掌國家刑憲典章之政令，司彈劾糾察百官等。此具體所指不明。　監師：人名。隋任御史，事迹不詳。

［2］元正日：正月初一。

［3］諫議大夫：官名。隋初門下省置七人，掌顧問應對，從四品。煬帝廢。　毛思祖：人名。事亦見《通鑑》卷一七八《隋紀》開皇十七年三月條。

［4］左領軍府長史：隋文帝置左右領軍府，各掌十二軍籍帳、差科、詞訟之事。長史爲其僚佐之首，掌管府事。從六品上。

［5］將作寺丞：官名。將作寺屬官，專管營繕宮室、宗廟、城門、東宫、王府、中央官署及京都其他土木工程。正七品下。　諫麥䴵："諫"乃是"課"之訛。《通典》卷一七〇《刑法八·峻酷》、《文獻通考》卷一六五《刑考四》俱作"課"。按，麥䴵即麥，建築所需，故將作寺徵之。（參中華本《通典》卷一七〇校勘記"一四四"；顧吉辰《〈隋書·刑法志〉考異》，第237頁）

［6］武庫令：官名。爲衛尉寺下轄武庫署長官。掌兵器及吉凶儀仗。正八品下。大業三年升爲正六品。

［7］獨孤師：人名。事迹不詳。

仁壽中，[1]用法益峻，帝既喜怒不恒，[2]不復依準科律。[3]時楊素正被委任，[4]素又禀性高下，公卿股慄，不敢措言。[5]素於鴻臚少卿陳延不平，[6]經蕃客館，[7]庭中有馬屎，又庶僕氈上樗蒲。[8]旋以白帝，帝大怒曰："主客令不灑掃庭内，[9]掌固以私戲污敗官氈，[10]罪狀何以加此！"皆於西市棒殺，[11]而榜棰陳延，殆至於斃。大理寺丞楊遠、劉子通等，[12]性愛深文，每隨牙奏獄，能承順帝旨。帝大悦，並遣於殿庭三品行中供奉，每有詔獄，專使主之。候帝所不快，則案以重抵，無殊罪而死者，不可勝原。遠又能附楊素，每於塗中接候，而以囚名白之，皆隨素所爲輕重。其臨終赴市者，莫不塗中呼枉，仰天而哭。越公素侮弄朝權，帝亦不之能悉。[13]

[1]仁壽：隋文帝楊堅年號（601—604）。

[2]恒：《册府元龜》卷一八〇《帝王部·失政》、《通典》卷一七〇《刑法八·峻酷》、《文獻通考》卷一六五《刑考四》均作“常”，或避宋真宗趙恒諱改。

[3]科律：《册府元龜》卷一八〇《帝王部·失政》同，《通典》卷一七〇《刑法八·峻酷》、《文獻通考》卷一六五《刑考四》作“科條”。

[4]時楊素正被委任：《册府元龜》卷一八〇《帝王部·失政》作“時越國公楊素素被委任”。

[5]措：《册府元龜》卷一八〇《帝王部·失政》作“參”。

[6]鴻臚少卿：官名。鴻臚寺副長官，佐鴻臚卿掌册封諸藩、接待外使及凶儀等事。開皇三年曾廢鴻臚寺，將其職能歸入太常寺；開皇十二年又恢復。卿置一員，隋初正四品上，煬帝降爲從四品。　陳延：人名。事迹不詳。

[7]蕃客館：招待外國商旅客客館。

[8]庶僕：供役之人。　樗蒲：一種賭博游戲。

[9]主客令：《册府元龜》卷一八〇《帝王部·失政》同。按，據本書《百官志下》載：“鴻臚寺統典客、司儀、崇玄三署。各置令。”又《通典》卷二六《職官·典客署》亦載：“後魏初曰典客監，太和中置主客令。北齊有典客署。後周置東南西北四掌客上士下士。隋初又曰典客署，置令、丞，煬帝改爲典藩署。”《唐六典》卷一八《鴻臚寺》載略同。知隋文帝當爲典客令，作“主客令”，誤，此或沿用古稱。典客令，官名。鴻臚寺典客署主官，掌諸蕃朝貢、接待給事等事。正八品下。

[10]掌固：官名。具體不詳。按，本書《百官志下》載：“鴻臚寺……典客署有掌客，十人。”未載“掌固”。然《唐六典》卷

一八《鴻臚寺》目録衹載：典客署有掌固二人，亦未知其詳。

［11］西市：隋長安城西部商業貿易區，常爲死刑犯人行刑之所。

［12］大理寺丞：官名。大理寺屬官，置二員，隋初僅掌寺務，煬帝增至六員，始判獄事。正七品下。　楊遠：人名。事略見本書卷七九《獨孤陁傳》，其他事迹不詳。　劉子通：人名。事迹不詳。

［13］悉：汲古閣本、殿本、庫本、中華本同，宋刻遞修本、宋殘本作“委”。

煬帝即位，[1]以高祖禁網深刻，又敕修律令，除十惡之條。時斗稱皆小舊二倍，[2]其贖銅亦加二倍爲差。[3]杖百則三十斤矣。徒一年者六十斤，每等加三十斤爲差，三年則一百八十斤矣。流無異等，贖二百四十斤。二死同贖三百六十斤。其實不異。開皇舊制，釁門子弟，不得居宿衛近侍之官。先是蕭巖以叛誅，[4]崔君綽坐連庶人勇事，[5]家口籍没。巖以中宫故，[6]君綽緣女入宫愛幸，帝乃下詔革前制曰：“罪不及嗣，既弘至孝之道，[7]恩由義斷，以勸事君之節。故羊鮒從戮，彌見叔向之誠。[8]季布立勳，無預丁公之禍。[9]用能樹聲往代，貽範將來。朕虚己爲政，思遵舊典，推心待物，每從寬政。六位成象，[10]美厥含弘，一眚掩德，甚非謂也。諸犯罪被戮之門，期已下親，[11]仍令合仕，聽預宿衛近侍之官。”[12]

［1］煬帝：隋煬帝楊廣的謚號。紀見本書卷三、四及《北史》卷一二。

［2］斗：底本原作“升”，中華本校勘記云：“‘斗’原作

‘升’，據《册府元龜》六一一改。”按，《通典》卷一六四《刑法二·刑制中》亦作“斗”。今據改。

［3］二倍：《册府元龜》卷六一一《刑法部·定律令第三》同，《通典》卷一六四《刑法二·刑制中》作“三倍”。按，上文云：“杖百則十斤。徒一年，贖銅二十斤。”此處後云：“杖百則三十斤矣。徒一年者六十斤。”是爲三倍之差，故此“二倍”當爲“三倍”之誤（參《通典》卷一六四校勘記；顧吉辰《〈隋書·刑法志〉考異》，第238頁）。

［4］蕭巖：人名。南朝後梁皇帝蕭琮的叔父。《周書》卷四八、《北史》卷九三有附傳。

［5］崔君綽：人名。隋封東郡公，具體事迹不詳。　庶人勇：指隋文帝長子楊勇。傳見本書卷四五、《北史》卷七一。

［6］中宫：指皇后。隋煬帝蕭皇后是蕭巖侄女。

［7］孝：《册府元龜》卷六一一《刑法部·定律令第三》作“公”。

［8］羊鮒從戮，彌見叔向之誠：此句意思是，春秋時晋國羊鮒（即羊舌鮒）貪贓枉法爲仇家所殺，其異母胞兄叔向（即羊舌肸）時做大夫，以爲羊鮒之罪當戮屍棄市，以明國法。典出《左傳》昭公十四年。

［9］季布立勳，無預丁公之禍：此句意思是，季布與丁公同母異父，丁公後爲漢高祖所殺，而用季布。典出《史記》卷一〇〇《季布傳》。

［10］六位：《易》卦之六爻。

［11］期：《册府元龜》卷六一一《刑法部·定律令第三》同，《通典》卷一六四《刑法二·刑制中》、《文獻通考》卷一六五《刑考四》作“周”。

［12］預：《册府元龜》卷六一一《刑法部·定律令第三》《文獻通考》卷一六五《刑考四》同，《通典》卷一六四《刑法二·刑制中》作“參”，其校勘記云：“《通典》避代宗諱改。”

三年，新律成。凡五百條，爲十八篇。詔施行之，謂之《大業律》。一曰名例，二曰衛宮，[1]三曰違制，四曰請求，五曰户，六曰婚，七曰擅興，八曰告劾，九曰賊，十曰盜，十一曰鬭，十二曰捕亡，十三曰倉庫，十四曰厩牧，十五曰關市，十六曰雜，十七曰詐僞，十八曰斷獄。其五刑之内，降從輕典者，二百餘條。其枷杖决罰訊囚之制，並輕於舊。是時百姓久厭嚴刻，喜於刑寬。後帝乃外征四夷，内窮嗜欲，兵革歲動，賦斂滋繁。有司皆臨時迫脅，苟求濟事，憲章遐棄，賄賂公行，窮人無告，聚爲盜賊。帝乃更立嚴刑，敕天下竊盜已上，罪無輕重，不待聞奏，皆斬。百姓轉相群聚，攻剽城邑，誅罰不能禁。帝以盜賊不息，乃益肆淫刑。九年，又詔爲盜者籍没其家。自是群賊大起，郡縣官人，又各專威福，生殺任情矣。及楊玄感反，[2]帝誅之，罪及九族。其尤重者，行轘、裂、梟首之刑。或磔而射之。命公卿已下，臠啖其肉。百姓怨嗟，天下大潰，及恭帝即位，[3]獄訟有歸焉。

[1]衛宮：《通典》卷一六四《刑法二·刑制中》、《文獻通考》卷一六五《刑考四》同，《册府元龜》卷六一一《刑法部·定律令第三》作“衛官”。

[2]楊玄感：人名。傳見本書卷七〇，《北史》卷四一有附傳。

[3]恭帝：隋恭帝楊侑。紀見本書卷五、《北史》卷一二。

隋書　卷二六

志第二十一

百官上

《易》曰：“天尊地卑，乾坤定矣，卑高既陳，貴賤位矣。”是以聖人法乾坤以作則，因卑高以垂教，設官分職，錫珪胙土。[1]由近以制遠，自中以統外，内則公卿大夫士，[2]外則公侯伯子男。[3]咸所以協和萬邦，平章百姓，[4]允釐庶績，[5]式叙彝倫。[6]其由來尚矣。然古今異制，文質殊途，或以龍表官，[7]或以雲紀職，[8]放勛即分命四子，[9]重華乃爰置九官，[10]夏倍於虞，殷倍於夏，周監二代，沿革不同。其道既文，置官彌廣。逮于戰國，戎馬交馳，雖時有變革，然猶承周制。秦始皇廢先王之典，焚百家之言，創立朝儀，事不師古，始罷封侯之制，立郡縣之官。太尉主五兵，[11]丞相總百揆，[12]又置御史大夫，[13]以貳於相。自餘衆職，各有司存。漢高祖除暴寧亂，輕刑約法，而職官之制，因於嬴氏。[14]其間同異，抑亦可知。光武中興，聿遵前緒，唯廢丞相與御史大夫，而以三司綜理衆務。[15]洎于叔世，[16]事歸臺閣，論道之官，備員而已。魏、晋繼及，[17]大抵略同，爰及宋、齊，[18]亦無改作。梁武受終，多循齊舊。然而定諸卿之位，各配四時，置戎秩之官，百有餘號。[19]陳氏繼梁，[20]不失舊物。高齊創業，[21]亦遵後魏，[22]臺省位號，與江左稍殊，所有節文，備詳於志。有周創據關右，[23]日不暇給，洎乎克清江、漢，爰議憲章。酌酆鎬之遺文，[24]置六官以綜務，[25]詳其典制，有可稱焉。高祖踐極，百度伊始，復廢周官，還依漢、魏。唯以中書爲内史，[26]侍中爲納言，[27]自餘庶僚，頗有損益。煬帝嗣位，意存稽古，建官分職，率由舊章。大業三年，[28]始行新令。于時三川定鼎，萬國朝宗，衣冠文物，足爲壯觀。既而以人從欲，待下若讎，號令日改，官名月易。尋而南征不復，朝廷播遷，圖籍注記，多從散逸。今之存録者，不能詳備焉。

[1]錫：賜予。　珪：瑞玉。古代封爵授土時，賜珪以爲信，後因以代指官位。　胙土：賜予、分封土地。

[2]公卿大夫士：周代官僚體系中的五種等列。主要擔任行政方面的職責，没有世襲權力。

[3]公侯伯子男：周代爵位的五等，可按父系系統世襲。

[4]平章：使平和章明。

[5]允釐：治理得當。　庶績：各種職業。

[6]式叙：按次第，順序。　彝倫：倫常，倫理道德。

[7]龍：古代傳説中的官名。

[8]雲：古代傳説中的官名。據説黄帝受命時有雲瑞，因此以雲紀官。

［9］放勛：帝堯的名字。　四子：指羲仲、羲叔、和仲、和叔。傳説羲和氏族世代掌管天文曆算，到了堯舜時分化爲四支，即爲羲仲、羲叔、和仲、和叔。

［10］重華：對虞舜的美稱。典出《尚書·舜典》："曰若稽古帝舜，曰重華，協于帝。"　九官：傳説中舜統治時期的九個大臣，即：禹、棄、契、咎繇、垂、益、伯夷、夔、龍。

［11］太尉：官名。秦始置，爲最高武官，與丞相、御史大夫並爲三公。漢初或置或省。元狩四年（前119），置大司馬，實爲太尉改名。東漢改大司馬置，列三公之首，與司徒、司空共同行使宰相職權。魏晋以後多爲大臣加官，無實際職掌。南朝宋一品，梁十八班。陳、北魏、北齊皆一品。　五兵：泛指軍隊。

［12］百揆：原爲堯時所置官，其職爲統領百官。西周改稱冢宰。後多以總百揆指總領各種政務。

［13］御史大夫：官名。先秦時期已有設置，秦時御史大夫是國家最高監察官，官位僅次於左右丞相。

［14］嬴氏：代指秦朝，因秦國君主以嬴爲姓。

［15］三司：指太尉（光武初時稱大司馬）、司徒、司空。東漢時期，廢除了丞相和御史大夫，而以三司作爲負責軍政的最高長官。

［16］叔世：指末世，衰落的時代。

［17］魏：即曹魏（220—265），都洛陽（今河南洛陽市東）。　晋：即西晋（265—316）和東晋（317—420）。西晋都洛陽（今河南洛陽市東），東晋都建康（今江蘇南京市）。

［18］宋：即南朝宋（420—479），都建康（今江蘇南京市）。　齊：即南朝齊（479—502），都建康（今江蘇南京市）。

［19］"然而定諸卿之位"至"百有餘號"：此處指梁武帝天監七年（508）對官制進行的改革。模仿古制，設春、夏、秋、冬之卿。以太常爲太常卿，加置宗正卿，以大司農爲司農卿，這三卿稱爲春卿。又加設太尉卿，以少府爲少府卿，加置太僕卿，這三卿稱

爲夏卿。以衛尉爲衛府卿，廷尉爲廷尉卿，將作大匠爲大匠卿，這三卿稱爲秋卿。以光禄勳爲光禄卿，大鴻臚爲鴻臚卿，都水使者爲太舟卿，這三卿稱爲冬卿。這十二卿均置丞及功曹、主簿。此外武官系列設置了一百二十五個將軍號，分爲二十四班。

［20］陳：即南朝陳（557—589），都建康（今江蘇南京市）。　梁：即南朝梁（502—557），都建康（今江蘇南京市）。

［21］高齊：即北齊（550—577），都鄴（今河北臨漳縣西南）。

［22］後魏：即北魏（386—557），亦單稱魏。初都平城（今山西大同市東北），公元494年遷都洛陽（今河南洛陽市東北白馬寺東）。公元534年分裂爲東魏和西魏兩個政權。東魏（534—550）都於鄴（今河北臨漳縣西南鄴鎮東），西魏（535—557）都於長安（今陝西西安市西北郊）。

［23］周：即北周（557—581），都長安（今陝西西安市西北）。　關右：地區名。主要指故函谷關（今河南靈寶市東北）或潼關以西地區。

［24］酆：古地名。周文王滅崇侯虎後曾都於此，後爲周武王之弟的封國。故地在今陝西户縣北。　鎬：古地名。西周的國都，故地在今陝西西安市西南。此處用以代指西周。

［25］六官：周朝六卿之官。根據《周禮》的記載，周朝以天官冢宰、地官司徒、春官宗伯、夏官司馬、秋官司寇、冬官司空分掌邦國之政，總稱六官或六卿。

［26］中書：官名。指中書監、令。始置於西漢武帝時期，最早以宦官擔任，稱中書謁者令，掌傳宣詔命等。西漢後期改爲中謁者令。三國魏文帝初年分秘書置中書省，以秘書左、右丞劉放、孫資分任中書監、令，並掌收納章奏、草擬及發布皇帝詔令等機要政務，皆位三品，不分高下，唯入朝時監班次略高於令，職權甚重。西晋沿置，傳宣皇帝旨意，貴重尤甚，雖資位遜於尚書令，實權則過之。入選者皆文學之士，常以宰相、諸公兼領。東晋納奏、擬詔、出令之職移歸散騎省、西省，中書省遣侍郎一員分任草詔，中

書監、令遂爲閑職，兩官不常並置，多授予宗室親王、大臣以示禮遇，或由宰相、諸公兼領。南朝中書省復掌納奏、擬詔、出令，然權歸中書舍人，監、令名義上爲長官，品秩升高，多用作重臣加官，時人視爲閑地。梁、陳或委任庶姓，且不令宰相兼之。梁明令中書令品秩低於中書監。梁中書監位十五班，令位十三班。

[27]侍中：官名。秦始置。即原丞相史，往來殿中奏事，故名。西漢爲加官，凡列侯、將軍、卿大夫、將、都尉、尚書以至郎中，加此即可入侍宫禁。多授外戚、親信、文學侍從、材武之士、武臣子弟等。侍從皇帝左右，侍奉生活起居，無定員，以功高者一人爲僕射。武帝以後常授重臣儒者，與聞朝政，顧問應對，評議尚書奏事，爲中朝要職。東漢爲正式職官，居首者稱祭酒，不常授。職掌殿内門下衆事，侍從左右，顧問應對，諫諍糾察，向公卿傳諭御旨，皇帝出行則參乘騎從，名義上隸少府。多授碩儒，以備咨詢。或用外戚。章帝時復居宫外，東漢後期與給事黄門侍郎組成侍中寺，管理宫門内外衆務。獻帝時與給事黄門侍郎出入禁中，入侍帷幄，省尚書事。三國魏、西晋置爲門下之侍中省長官，常侍衛皇帝左右，管理門下衆事，侍奉生活起居，出行則護駕；與門下其他官員同掌顧問應對，拾遺補缺，諫諍糾察，儐相威儀，平議尚書奏事，有異議得駁奏。或加予宰相、尚書等高級官員，令其出入殿省，入宫議政。魏省祭酒，而加官不在數。三品。東晋、南朝梁、陳爲門下省長官。於侍從本職外，兼掌出納、璽封詔奏，有封駁權，參預機密政務，上親皇帝，下接百官，官顯職重，時號“門下”，或以宰相目之。多選美姿容、有文才、與皇帝親近者任之。齊以高功者一人爲祭酒，陳亦用作親王之起家官。南朝宋三品，梁十二班。　納言：官名。始見於《尚書·堯典》，負責宣達帝命。

[28]大業：隋煬帝楊廣年號（605—618）。

梁武受命之初，官班多同宋、齊之舊，有丞相、太宰、太傅、太保、大將軍、大司馬、太尉、司徒、司空、開府儀同三司等官。[1]諸公及位從公開府者，置官屬。有長史，司馬，諮議參軍，掾、屬，從事中郎，記室，主簿，列曹參軍、行參軍，舍人等官。[2]其司徒則有左、右二長史，[3]又增置左西掾一人，自餘僚佐，同於二府。有公則置，無則省。而司徒無公，唯省舍人，餘官常置。開府儀同三司，位次三公，諸將軍、左右光禄大夫，[4]優者則加之，同三公，置官屬。

[1]太宰：官名。相傳殷置太宰。周稱冢宰，爲天官之長，掌建邦之六典，以佐王治邦國。春秋列國亦多置太宰之官，職權不盡相同。秦、漢、魏皆不置。晋以避司馬師諱，置太宰以代太師。南朝齊、梁沿用。　太傅：官名。始置於周代，三公之一。春秋、戰國時置，執掌軍政，輔佐君王。西漢平帝時與太師、太保、少傅合稱四輔，位上公，無實際職司。新莽沿置。東漢以授元老重臣，居百官之首。明帝以後，諸帝即位時皆置，兼録尚書事，行使宰相職權，有缺不補。魏、晋、南朝沿置。一品。北魏、北齊與太師、太保並號三師，位雖尊榮，多安置元老勳舊，無職司。一品。　太保：官名。春秋時置，輔佐君主，職掌軍政。戰國後廢。西漢復置，與太師、太傅、少傅並稱四輔，位上公，但無實際職掌，旋罷。三國魏末復置，安置元老重臣，位高而無實權。晋初沿之，爲八公之一，與太宰、太傅同爲上公，執掌朝政，開府置僚佐，無其人則缺。南北朝沿置，爲三公之一。南朝多用以安置元老勳舊或作爲贈官。　大將軍：官名。爲將軍最高稱號。魏晋時均置，掌統兵征伐，其位或在三公之上，或在三公之下，置長史、司馬、主簿、諸曹官署。不開府者，秩二品，其禄與特進同。南朝宋、梁亦置，梁位十八班。　大司馬：官名。《周禮》爲夏官之長，掌管武事。

楚漢戰争時，項羽曾置爲武將名號。西漢武帝時置爲加官號，以冠大將軍、驃騎將軍、車騎將軍等。初授此官者多功勳卓著，以後則常授予顯貴外戚，成爲執掌國政中樞的中朝領袖官號。綏和元年（前8），出居外朝，單置爲官，當太尉之職，不冠諸將軍，賜金印紫綬，置官屬，位列三公之首，與丞相（大司徒）、御史大夫（大司空）並爲宰相，共同主持政務。新莽、東漢沿置。新莽末曾分置前、後、左、右、中五人，分掌軍政。東漢建武二十七年（51），改名太尉。東漢末與太尉並置，位在三公之上。三國因之，號上公，皆爲高級將帥，不預政務。兩晋十六國多爲大臣加官，八公之一，居三公之上、三師之下，開府置僚屬，然無具體職掌。南朝不常授，多用作贈官。梁十八班。　司徒：官名。東漢時改大司徒爲司徒，掌民事，與太尉、司空合稱三公。建安十三年（208），罷三公官，置丞相、御史大夫。三國魏黄初元年（220），復置司徒，蜀、吴司徒與丞相並置。晋初爲八公之一。後或與丞相、相國並置，或輪置，或廢置。南朝宋時掌民事與郊祀，齊時掌州郡名數、户口名簿籍。司徒於魏晋南北朝時多係榮銜，但也主持九品中正制。梁位十八班。　司空：官名。三公之一。東漢改大司空爲司空，與太尉、司徒並爲三公，分掌宰相職能。掌水土工程，名義上分管宗正、少府、大司農三卿，並參議大政，實際上權歸尚書，三公上下行文，受成而已。歷代沿置，名列三公之末。魏晋南北朝爲名譽宰相，多爲大臣加官，無實際職掌。梁位十八班。　開府儀同三司：官名。三司即三公，儀同三司謂“開府之儀制援引三公成例”。東漢始有“同三司”“儀同三司”之名，三國魏始置開府儀同三司。兩晋、南北朝大多沿襲其制，光禄大夫以上並得儀同三司。南朝齊開府儀同三司如公。梁則位次三公，諸將軍、左右光禄大夫優者則加之，同三公均置官屬。十七班。

［2］“有長史”至“舍人等官”：此句中華本標點作“長史、司馬、諮議參軍，掾屬從事中郎、記室、主簿、列曹參軍、行參軍、舍人等官”。據《唐六典》卷二九《親王府》，可知“掾”

“屬”是兩類官員，按體例中間應加頓號。後同者皆如此，不再加注説明。又“從事中郎”等官非爲掾、屬，“掾、屬”與“從事中郎”間應以逗號斷開。“舍人”爲公府屬官，而非列曹官，不應與列曹參軍、行參軍並列，改此句斷句。　長史，官名。戰國時秦國置，掌顧問參謀。秦沿置，西漢丞相、太尉、御史大夫府及大將軍、車騎將軍等主要將軍幕府皆置，爲所在府署諸掾屬之長，秩皆千石。掌府中諸務，並佐府主參預國政，其中丞相長史職權尤重。東漢三公府、諸主要將軍府皆沿置，秩千石。魏晋南北朝時公府及諸大將軍位從公者多置，掌府事，爲文職上佐，職任類似於總管。多以世族子弟爲之。州郡官代將開府者亦置。魏晋公府長史六品，南朝梁庶姓公府長史九班。　司馬，官名。兩漢至南北朝諸公府、軍府皆置，位僅次於長史，掌參贊軍務，管理本府武職。其品秩隨府主地位而定。　諮議參軍，官名。又稱諮議參軍事。府屬僚佐之一。兩晋公府皆置諮議參軍，掌諮詢謀議軍事，其位在諸參軍之上。南朝齊、梁、陳皆有。掾、屬，魏晋南北朝時自三公至郡、縣府皆置。主要負責府中諸曹的事務。正職爲掾，副職爲屬。掾、屬皆由府主自行辟舉。魏晋以後改由吏部任免，三國魏及南朝宋、陳，公府掾屬官七品，梁皇子皇弟公府掾屬爲八班，嗣王庶姓公府掾屬六班。　從事中郎，官名。東漢司隸校尉、大將軍府設置從事中郎，主要的職責是參與謀議。東漢末年，州牧也設置從事中郎。三國魏司馬昭爲相國時，設從事中郎四人。晋初諸公及開府位從公加兵者，均置從事中郎二人，職主吏事，官六品，秩比千石。司馬睿爲鎮東大將軍及丞相時亦置，分掌諸曹，有録事、度支、左兵等中郎。南朝宋公府沿置，官六品。齊置二人。梁皇弟、皇子府置，位爲九班。　記室，官名。東漢諸王、三公及大將軍屬官有記室令史，爲書記官，掌表疏、箋記、書檄。建安十年，曹操使陳琳、阮瑀主管記室。三國魏、蜀丞相府均置記室。晋咸寧初，改太尉府爲大司馬府，增記室一人。南朝宋、齊凡公督府均置記室一人。梁、陳大體相同。　主簿，官名。兩漢中央官署均置，典領文書簿籍，經辦事務。丞相或三公府稱黄閤主簿，録省衆事，職權甚重。三國魏末丞相府置。西晋初，三公及位從公者加兵，始置。東晋則諸公皆置，與祭酒、舍人主閣内事。南北朝沿之，其品秩隨府主地位高下而異。此處指公府主簿。公府主簿主要負責公府内事務。三國魏司馬昭爲相國，置主簿四人。晋初，凡位從公以上加兵者，置主簿一人。東晋後，諸公均置主簿二人。南朝梁司徒府主簿位六班，嗣王庶姓公府主簿位四班。　參軍，官名。即參軍事。東漢末車騎將軍幕府置爲僚屬，掌參謀軍務。曹操爲丞相時，總攬軍政，僚屬常有參丞相軍事，職任頗重。西晋公以上領兵持節都督者，置參軍，協助治理府事。東晋公府等所設僚屬諸曹置，爲諸曹長官，人數依曹而異，不開府將軍出征時亦置。南北朝王、公、將軍府、都水臺以及諸州多置爲僚屬，由朝廷除授。　舍人，官名。兩晋、南北朝公府之屬官。三國魏司馬昭爲相國，府置舍人十九人。晋初，凡位從公加兵者，置舍人四人。東晋以來，諸公置舍人二人。職主閣内事。

[3]左、右二長史：官名。即司徒長史。東漢始置，爲司徒府僚屬之長。佐司徒總管府内諸曹，亦參預政務。三國魏以後分置左、右長史。左長史位在右長史上。兩晋、南朝沿置，南朝或不設司徒，其府則常置，管理州郡農桑户籍、官吏考課，皆由左、右長史主持。魏、晋、南朝宋，司徒左長史六品，梁十二班，司徒右長史六品、十班。

[4]將軍：名譽職銜。魏、晋、南朝將軍名號繁多，品秩不等，多用作諸王、大臣、地方長官的加官榮銜，又有虎賁、積射、强弩等將軍，充任侍衛，分司丹禁。　左右光禄大夫：官名。三國魏始置。作爲在朝顯職的加官，以示優崇，或授予年老有病者爲致仕之官，亦常用爲卒後贈官。無職掌。西晋時假金章紫綬、禄賜、班位、冠幘、車服、佩玉、置吏卒及諸所給與特進同。其爲加官者，唯章綬、禄賜、班位而已，不别給車服、吏卒。卒贈此位者，如本已有卿官，不復重給吏卒，其餘皆給。光禄大夫在漢代屬光禄勳，

魏晋時地位提高，不復屬之，南朝時仍屬光禄勳。梁十六班，位在金紫光禄大夫上，加開府儀同三司者，升爲十七班。

特進，[1]舊位從公。武帝以鄧禹列侯就第，[2]特進奉朝請，是特引見之稱，無官定體。於是革之。

[1]特進：官名。西漢末期始置。初爲賜列侯中有特殊地位者，亦或賜諸侯王。三國、兩晋、南北朝成爲正式加官名號，用作安置閑退大臣。梁十五班。

[2]鄧禹：人名。東漢時人。傳見《後漢書》卷一六。

尚書省，[1]置令，[2]左、右僕射各一人。[3]又置吏部、祠部、度支、左户、都官、五兵等六尚書。[4]左右丞各一人。[5]吏部、删定、三公、比部、祠部、儀曹、虞曹、主客、度支、殿中、金部、倉部、左户、駕部、起部、屯田、都官、水部、庫部、功論、中兵、外兵、騎兵等郎二十三人。[6]令史百二十人，書令史百三十人。[7]

[1]尚書省：官署名。東漢時稱尚書臺，亦稱中臺，下設三公、吏部、民、客、二千石、中都官六曹，六曹尚書合令、僕二人爲“八座”，得參與機要，權勢很大。時“雖置三公，事歸臺閣”。三國沿置，魏始稱尚書省，然常臺、省互稱。下分吏、左民、客、五兵、度支五曹，以尚書郎（郎中、侍郎）爲長官，分曹處理具體政務。魏晋以後，擬詔出令納奏封駁之權轉歸中書、門下（散騎、集書）等省，尚書之職稍以疏遠，變爲政務執行機構，權勢已遜於中書。尚書省雖仍設於宫禁中，實已成爲綜理全國政務的外朝最高行政機構，組織機構逐漸完備，分爲都省（都堂）、尚書曹、郎曹三

級。都省即總辦公廳，置令、左右僕射（或置一僕射）爲正副長官，總領省務，參議國政，並參與議政，與令、僕射合稱八座。魏置吏部、左民、客曹、五兵、度支五曹，郎曹以尚書郎爲長官，分隸列曹尚書，處理具體政務。兩晋南北朝大體相沿，都省增置都令史，協助左、右丞監督諸曹。東晋帝室衰微，政出權臣，然尚書省職權仍承西晋，故權臣多任“録尚書事”，以總攬朝政。南朝尚書省亦爲行政機關，名望甚高，令、僕射被稱爲宰相，但尚書省長官多不問事，職事成於令史。梁、陳以中書省總機要，置諸局對口監管尚書省諸曹，尚書聽受成命而已。

［2］令：官名。秦、西漢爲尚書署長官，掌收發文書，隸少府。漢武帝以後職權稍重，爲宫廷機要官員，掌傳達記録詔命章奏，並有權審閱宣讀裁决章奏。東漢爲尚書臺長官，兼具宫官、朝官職能。掌决策出令，綜理政務，權任極重。名義上仍隸少府。秩千石。其上常置録尚書事，以太傅、太尉、大將軍等重臣兼領。三國沿置，而不隸少府。主掌文節、奏事、選舉、典綱紀，然權力漸爲中書官分減。所居爲尚書臺。三品。兩晋至南朝宋爲尚書省長官，出居外朝，綜理全國政務，成爲高級政務官。皆三品。齊録尚書事定爲官號，成尚書省長官，尚書令爲副。梁罷録尚書事，復以令爲尚書省長官，此職正式成爲最高政務長官，居宰相之位。十六班。

［3］左、右僕射：官名。秦、西漢爲尚書令副貳，東漢爲尚書臺次官，職權益重。掌拆閲封緘章奏文書，參議政事，諫諍駁議，監察百官。令不在，則代理其職。建安四年分置左、右。秩六百石。魏、晋置爲尚書省次官，或單置，或並置左、右，或單置左或右僕射。以左爲上。職在輔助尚書令執行政務，參議大政，諫諍得失，監察糾彈百官，可封還詔旨，常受命主管官吏選舉。皆三品。南朝尚書令爲宰相之任，位尊權重，不親庶務，尚書省日常政務由僕射主持，諸曹奏事由左、右僕射審議聯署。左僕射兼掌糾彈百官，又領殿中、主客二郎曹，右僕射與祠部尚書通職，不並置，置則領祠部、儀曹二郎曹。梁、陳常缺尚書令，僕射實爲尚書省主

官，列位宰相。南朝宋三品，梁十五班。

［4］吏部：官名。即吏部尚書，又稱大尚書。東漢置，稱吏曹尚書或吏部曹尚書，後改名選部尚書。三國魏改選部尚書置，爲尚書省（臺）吏部曹長官。兩晋、南北朝沿置，位居列曹尚書之上。掌官吏銓選考課獎勵，職權甚重。然重要任免須與諸執政大臣合議，皇帝、宰相裁定，亦常令尚書僕射領吏部事或任命大臣參掌選事，以分其權任。南朝宋吏部尚書領吏部、删定、三公、比部四曹。宋文帝時曾置二吏部尚書以輕其任，廢五兵尚書，尋復舊。自魏至宋三品，梁十四班。　祠部：官名。即祠部尚書。三國魏尚書有祠部曹。東晋設祠部尚書，職掌禮儀、郊廟、社稷之事，常與右僕射通職，不常置，多以右僕射攝之。若右僕射缺，則以祠部尚書代行其事。　度支：官名。即度支尚書。三國魏始置度支尚書寺，專掌軍國支計，下設度支郎。三國吴有户部尚書。晋置度支尚書，掌軍國財政的收支會計及事役漕運物價屯田之政令。常參與制定克敵、安邊之謀略，領度支、金部、倉部、起部四曹及郎官。三品。或説魏領度支、庫部、倉部、金部諸郎曹，西晋增領運部、起部，東晋又省這兩部。南朝領度支、金部、倉部、起部曹。南朝宋、齊、陳三品，梁十三班。　左户：官名。即左户尚書。原爲左民尚書。三國魏置，主繕修工役之事。西晋初省，太康年間復置。南朝梁改稱左户尚書。　都官：官名。即都官尚書。三國魏時置都官郎，職掌軍事刑獄，晋沿置。南朝梁始置都官尚書。　五兵：官名。即五兵尚書。三國魏始置。掌軍事樞務，主管全國軍事行政，領中兵、外兵、騎兵、別兵、都兵。西晋初不置，武帝太康間復置，分中兵、外兵爲左右，共領七郎曹，仍稱五兵。東晋、南朝沿置。但宋、齊僅領中兵、外兵二曹，梁、陳僅領中兵、外兵、騎兵三曹。南朝宋、齊、陳三品，梁十三班。

［5］左右丞：官名。即尚書左右丞。西漢始置，初爲尚書丞，輔助尚書行事。東漢光武帝時改置左、右丞各一人。爲尚書臺佐貳官，左丞居右丞上。左丞總領尚書臺庶務，主管吏民掌奏及臺内小

吏。右丞掌授廩假錢穀，假署印綬，管理尚書臺專用文具及諸財用庫藏，並與左丞通掌臺内庶務，保管文書章奏。秩四百石。魏、晋、南朝爲尚書省佐官，位次尚書。共掌尚書都省庶務，率諸都令史監督稽核諸尚書曹、郎曹政務，督録近道州郡文書掌奏，監察糾彈尚書令、僕射、尚書等文武百官，號稱“監司”。左丞分管宗廟祠祀、朝儀禮制、選授官吏等文書奏事，職權甚重。右丞掌本省庫藏廬舍、督録遠道州郡文書掌奏，凡兵士百工名籍、内外庫藏穀帛、刑獄訴訟、軍械、田地、户籍、行政區劃，州郡縣長免贈收捕等文書奏事皆屬之。自魏至南朝宋、齊皆六品，梁左丞九班，右丞八班。

［6］吏部：官名。即吏部郎。三國魏始置。吏部尚書統吏部曹，置二郎中主事，謂之吏部郎，例高於諸曹郎一品。職掌選舉、考課等。梁十一班。　刪定：官名。即刪定曹郎。南朝宋始置，主刪定律令。齊、梁沿置。梁五班。　三公：官名。即三公郎。三國魏始置。爲三公曹郎官，主法制，並奏讀春、夏、秋、冬四時令。兩晋南北朝沿置。梁五班。　比部：官名。即比部郎。三國魏始置。職掌法制、詔書、律令、考校等事，其長官大都由吏部尚書兼任。兩晋南北朝沿置。梁五班。　祠部：官名。即祠部郎。三國魏始置。職掌禮制、祠祀、祭享等事。兩晋南北朝沿置。梁五班。　儀曹：即儀曹郎。官名。三國魏始置。掌吉凶禮制。兩晋南北朝沿置。梁五班。　虞曹：官名。即虞曹郎。亦稱虞曹郎中。三國魏始置，職掌山澤、苑囿、田獵、林牧漁等事。西晋沿置，東晋康帝、穆帝後省。南朝梁復置，五班。　主客：官名。即主客郎。三國魏始置。職掌諸蕃雜客等事，兩晋南北朝沿置。梁五班。　度支：官名。即度支郎。魏晋南北朝時與“度支郎中”互稱。三國魏始置。職掌全國財賦統計和支調，兩晋南北朝沿置。梁五班。　殿中：官名。即殿中郎。三國魏始置。職掌表疏，亦負責宫廷禮樂之事，由尚書左僕射或祠部尚書兼任。兩晋南北朝沿置。梁五班。　金部：官名。即金部郎。三國魏始置。職掌財帛運輸。兩晋南北朝沿置。梁五

班。　倉部：官名。即倉部郎。晋、南朝亦稱倉部郎中。三國魏始置。職掌諸倉帳出入等事。兩晋南北朝沿置。梁五班。　左户：官名。即左户曹郎。三國魏始置。原爲左民曹郎，職掌户口、籍帳、賦役等事。南朝沿置，改左户曹郎。梁五班。　駕部：官名。即駕部郎。三國魏始置。職掌帝王車乘及全國驛站、畜牧等。也稱駕部尚書郎、駕部郎中、駕部侍郎等。梁五班。　起部：官名。即起部郎。西晋始置。職掌營造、工匠事。東晋、南朝沿置。梁五班。　屯田：官名。即屯田郎。西晋始置。職掌屯田事。梁五班。　都官：官名。即都官郎。三國魏始置。職掌軍事、刑獄等事。梁五班。　水部：官名。即水部郎。三國魏始置。職掌舟船、津梁及公私水事。梁五班。　庫部：官名。即庫部郎。三國魏始置。職掌兵仗器械及鹵簿、儀仗等事。梁五班。　功論：官名。即功論郎。南朝宋始置。職掌官吏考功等事。梁五班。　中兵：官名。即中兵郎。三國魏始置。職掌都城之軍隊。梁五班。　外兵：官名。即外兵郎。三國魏始置，職掌京城外軍隊。梁五班。　騎兵：官名。即騎兵郎。三國魏始置。職掌騎兵等事。梁五班。按，關於郎的員數，底本作“二十二人”，中華本作“二十三人”，根據上文所列有二十三曹，則此處應爲二十三人，從中華本。

［7］令史：官名。戰國秦始置，縣府屬吏，一般低級官吏皆稱令史。漢代蘭臺、尚書臺、三公府及大將軍等府皆置，位在諸曹掾下。有記室令史、門令史、閣下令史等多種名稱。三國、晋皆沿置。除尚書臺、蘭臺置令史外，諸公及開府位從公者，府屬諸曹亦置。所主除文書，又有主圖、主譜令史等。實已成爲各機構皆設的一種低級辦事員吏。然尚書諸曹之令史頗有實權。南朝梁沿置。　書令史：官名。三國魏始置，爲朝中各府署掌文書簿記的低級官吏，位令史下，各署員額不等，皆九品。兩晋南北朝時期在省、臺、府、寺等中央官署中多置此官，位次令史，主要負責佐理文書案牘，三國魏、兩晋、南朝宋時爲流内九品官，南朝梁爲流外吏職。

尚書掌出納王命，敷奏萬機。令總統之。僕射副令，又與尚書分領諸曹。令闕，則左僕射爲主。其祠部尚書多不置，以右僕射主之。若左、右僕射並闕，則置尚書僕射，以掌左事，置祠部尚書，以掌右事。然則尚書僕射、祠部尚書不恒置矣。又有起部尚書，營宗廟宫室則權置之。事畢則省，以其事分屬都官、左户二尚書。左、右丞各一人，佐令、僕射知省事。左掌臺内分職、儀、禁令、報人章，督録近道文書章表奏事，[1]糾諸不法。右掌臺内藏及廬舍，凡諸器用之物，督録遠道文書章表奏事。凡諸尚書文書，詣中書省者，密事皆以挈囊盛之，[2]封以左丞印。自晋以後，八座及郎中，多不奏事。天監元年詔曰：[3]“自禮闈陵替，歷兹永久，郎署備員，無取職事。糠粃文案，[4]貴尚虚閑，空有趨墀之名，[5]了無握蘭之實。[6]曹郎可依昔奏事。”自是始奏事矣。三年，置侍郎，視通直郎。[7]其郎中在職勤能，滿二歲者，轉之。又有五都令史，[8]與左、右丞共知所司。舊用人常輕，九年詔曰：“尚書五都，職參政要，非但總領衆局，亦乃方軌二丞。頃雖求才，未臻妙簡，可革用士流，每盡時彦，庶同持領，秉此群目。”於是以都令史視奉朝請。其年，以太學博士劉納兼殿中都，[9]司空法曹參軍劉顯兼吏部都，[10]太學博士孔虔孫兼金部都，[11]司空法曹參軍蕭軌兼左户都，[12]宣毅墨曹參軍王顒兼中兵都。[13]五人並以才地兼美，首膺兹選矣。駕部又别領車府署，[14]庫部領南、北武庫二署令丞。[15]

[1]分職：分掌職務，分治其事。　儀：禮儀。　禁令：禁律和號令。　人章：應爲“民章”，避唐太宗李世民諱。　文書：公文，案牘。　章表：奏表。　奏事：向皇帝奏請的事務。

[2]挈囊：古代尚書攜帶的紫色袷囊稱挈囊，因而也稱掌文書之官爲挈囊。

[3]天監：南朝梁武帝蕭衍年號（502—519）。

[4]穅粃：比喻粗劣而無價值的事情。這裏指將尚書省中的文案事務視爲粗劣而無價值的事情。

[5]趨墀：此處代指尚書郎屬的官員地位高。墀，臺階。典出應劭《漢官儀》：“尚書郎奏事明光殿，省中皆胡粉塗壁，其邊以丹漆地，故曰丹墀。尚書郎含雞舌香，伏其下奏事。黄門侍郎對揖跪受。”

[6]握蘭：典與上同出應劭《漢官儀》，後多以代指皇帝左右處理政務的近臣。蘭，香草。

[7]通直郎：官名。即通直散騎侍郎。西晋置員外散騎侍郎，東晋使之與散騎侍郎通直，故名。職同散騎侍郎，參平尚書奏事，兼掌侍從、諷諫，地位較高。屬門下省，員二人，後增至四人，屬散騎省。南朝宋沿置，隸集書省，地位漸低，常授衰老之士，多爲加官，不爲人所重。齊爲東省官，梁屬散騎省，位六班。

[8]五都令史：官名。西漢始置尚書令史，輔助尚書郎處理文案事。東漢時尚書置令史二十一人，分隸各曹，與尚書郎分職受事。三國魏時員數愈增，遂置都令史以總之，爲令、僕、左右丞之屬吏。晋有尚書都令史，爲令、僕、左右丞之屬吏。與左、右丞總知都臺事，八人。十六國南燕及南朝宋、齊均置，權任雖重，而用人常輕。八人。梁天監元年改制，減爲五人，稱五都令史，始改用士人，位視奉朝請。二班。

［9］太學博士：官名。三國時魏始置。凡博士任職太學即爲太學博士，爲太常屬官，一般分掌各經，定員不等。歷代沿置。　劉納：人名。爲南朝梁南康王、湘州刺史蕭會理行軍。事見《南史》卷五三《蕭會理傳》。

［10］司空法曹參軍：官名。法曹參軍爲法曹長官，負責郵驛科程事。西晋末丞相府置。東晋、南朝宋公府、將軍府沿置。亦爲法曹行參軍、法曹參軍事省稱。南朝齊公府、將軍府置。梁、陳沿置，梁三班至位不登二品者五班，又爲尚書令、僕射子起家官之一。司空法曹參軍即爲司空府的法曹參軍。　劉顯：人名。傳見《梁書》卷四〇，《南史》卷五〇有附傳。

［11］孔虔孫：人名。南朝陳會稽山陰（今浙江紹興市）人，孔奂叔父。事見《陳書》卷二一《孔奂傳》。

［12］蕭軌：人名。南朝梁宗室，封番禺侯。事見《梁書》卷八《昭明太子傳》。

［13］宣毅墨曹參軍：爲宣毅將軍府的墨曹參軍。墨曹參軍，官名。西晋始置。南朝齊公府、將軍府置，爲墨曹長官。掌文翰。梁、陳公府、將軍府沿置，梁自三班至位不登二品者四班，陳自八品至九品。　王顒（yóng）：人名。南朝梁昭明太子舍人。事見《梁書》卷二七《明山賓傳》。

［14］駕部：官署名。魏、晋、南朝爲尚書省諸曹之一，設郎（郎中）爲長官。西晋一度設尚書主之。掌車輿畜牧之政。當時戰爭頻繁，故馬政尤重。或説魏隸左民尚書，西晋初有駕部尚書，當隸之。南朝隸左民尚書，兼轄車府署。　車府署：官署名。掌王公以下車輅及馴馭之法，置令、丞。

［15］庫部：官署名。魏、晋、南朝尚書省諸曹之一。多設郎（郎中）爲長官。掌軍械製造、保管之政事。或説魏、晋隸度支尚書。南朝隸都官尚書，兼領武庫署。　南、北武庫二署令丞：武庫署，官署名。掌收藏兵械、金鼓等。梁置南、北署，各設有令、丞爲其長官。武庫令、丞，西漢初爲中尉屬官，武帝太初元年（前

104）改中尉爲執金吾，仍隸之，有三丞，掌京師武庫兵器，洛陽、大將軍等處亦置。東漢、三國魏沿置。西晉隸衛尉，出征時主武庫，領兵器。東晉省，南朝宋復置，隸尚書省庫部曹，齊沿置，梁隸衛尉卿及尚書省庫部，又分南、北武庫二署令、丞，位一班。

門下省置侍中、給事黄門侍郎各四人，[1]掌侍從左右，擯相威儀，盡規獻納，糾正違闕。監合嘗御藥，[2]封璽書。侍中高功者，[3]在職一年，詔加侍中祭酒，[4]與侍郎高功者一人，對掌禁令。公車、太官、太醫等令，[5]驊騮廄丞。[6]

[1]門下省：官署名。東漢有侍中寺，侍中、給事黄門侍郎等顧問侍從官員居之。三國魏、西晉門下設侍中省，置侍中、給事黄門侍郎，與散騎省共平尚書奏事，有異議可以駁奏。東晉時增設西省，以供禁軍直宿，遂有門下三省之稱。當時移中書省納奏、擬詔、出令之職歸門下之散騎省。南北朝時皆沿置，權力漸重。南朝宋改散騎省爲集書省，主掌圖書文翰之事。南朝齊、梁、陳門下省成爲侍中省專稱，除領内侍諸署、侍奉皇帝生活起居、顧問應對、諫諍糾察等侍從本職外，兼出納、璽封詔奏，地位漸與中書、尚書比肩。其官上親皇帝，下接百官，官顯職重，多選親近及美姿容者爲之。時號侍中爲門下，侍郎爲小門下，或以宰相目之。　給事黄門侍郎：官名。東漢合併黄門侍郎與給事黄門而置。亦簡稱黄門、黄門郎、黄門侍郎。掌侍從左右、關通内外，與侍中平省尚書奏事。曾一度改名侍中侍郎，後旋復故。魏、晉、南朝置爲侍中省或門下省次官，與侍中俱掌門下衆事，職掌略同，地位隨皇帝旨意或侍中地位而上下。南朝齊時知詔令，被稱爲小門下。梁位爲十班。

[2]合：底本、庫本皆作“令”，中華本作“合”。查《通典》卷二一《職官》門下省條作“合”，又《文獻通考》卷五〇《職官

考四》門下省條及《册府元龜》卷四五七《臺省部·總序》亦作“合”。今從改。

［3］侍中高功者：中華本校勘記認爲“下文已有‘侍郎高功者’，此處‘郎’字當是衍文”。《册府元龜》卷四五七《臺省部·總序》作“侍中”，無“郎”字。今從改。

［4］祭酒：官名。古代貴族大夫饗宴，以長者酹酒祭神，稱祭酒，後漸演變爲官名。漢以後多用以稱主管長官，如侍中祭酒等。三國魏以後加散騎常侍高功者，爲祭酒散騎常侍。

［5］公車：官名。即公車令。西漢置公車司馬令，爲公車長官，隸衛尉。掌皇宫司馬門警衛，夜則徼巡宫中。東漢時掌宫南門闕門，下設丞、尉各一人，秩六百石。漢制，凡吏民上書，四方貢獻，以及徵詣公車者，均由公車司馬令呈達。三國魏沿置，六品。西晋改公車令，爲衛尉屬官，東晋罷衛尉後，改隸門下省。南朝宋沿置，掌受章表。齊隸尚書省。梁復隸門下省，三班。另又設公車司馬令於衛尉下，掌宫門禁衛。　太官：官名。即太官令。掌宫廷飲食。時設太官、湯官令、丞。太官令、丞主膳食，湯官令、丞主餅餌。太官令，秩一千石。東漢桓帝時使太官令得補二千石，下設左丞、甘丞、湯官丞、果丞。三國魏沿置，七品。吴亦置。兩晋改隸光禄勳，西晋屬光禄勳，東晋一度因省光禄勳而隸司徒。南朝宋屬門下省侍中，齊改隸尚書省，梁復屬門下省，一班，下有市買丞、正厨丞。　太醫：官名。即太醫令。戰國時秦置太醫令，爲侍醫之長。秦漢沿置，下設太醫丞爲其副貳，隸少府，掌宫廷醫藥諸事。無員，多至數十人。領諸員醫，如太醫監、侍醫、醫工長、醫侍詔、乳醫、本草待詔等。秦奉常、漢太常亦置爲屬官，或説主治百官之病。東漢僅於少府置，掌諸醫，六百石。下設藥丞、方丞、員醫、員吏。三國魏沿置，七品，下有丞、藥丞。吴亦置。西晋改屬宗正。東晋省宗正而屬門下省。南朝宋隸門下省侍中，齊隸尚書省。梁復隸門下省，一班。丞三品蘊位。中華本校勘記認爲依文例，“公車”前應有“統”字。

[6]驊騮厩丞：官名。三國魏始置，因古有良馬名驊騮而置。掌乘輿及御馬，屬太僕卿。西晋因之，東晋省太僕，改隸門下省。南朝宋隸侍中，齊屬尚書起部，亦屬領軍。梁復隸門下省。

集書省置散騎常侍、通直散騎常侍各四人。[1]員外散騎常侍無員，[2]散騎侍郎、通直郎各四人。[3]又有員外散騎侍郎、給事中、奉朝請。[4]常侍、侍郎，[5]掌侍從左右，獻納得失，省諸奏聞文書。意異者，隨事爲駮。集録比詔比璽，[6]爲諸優文策文，平處諸文章詩頌。常侍高功者一人爲祭酒，與侍郎高功者一人，對掌禁令，糾諸逋違。

[1]集書省：官署名。原稱散騎省，三國魏時始置，掌規諫得失。西晋太始中，始稱散騎省。至東晋又分中書省職入散騎省，爲皇帝之侍從顧問機構，掌規諫，亦掌表詔，但不典事。南朝宋改稱集書省。齊亦稱東省。梁稱集書省或散騎省，皆可。其屬官有散騎常侍、散騎侍郎、通直散騎常侍、通直散騎侍郎、員外散騎常侍、員外散騎侍郎等，號稱六散騎。又有給事中、奉朝請等，員額各有差。　散騎常侍：官名。秦置散騎，傍乘輿，備皇帝顧問。又置中常侍，出入禁中，侍從皇帝左右。漢沿置，並用士人，無常員，皆加官。東漢省散騎，中常侍以宦官爲之。三國魏時合散騎與中常侍爲之，置四員。掌規諫，典章表詔命手筆之事，及平尚書奏事，出入侍從，承答顧問。後不典事，爲加官。東晋將中書省的一部分併入散騎省，此職選任甚重，與侍中相當，同黄門侍郎合稱黄散。南朝宋隸集書省，掌圖書文翰之事，爲閑散職，資望漸輕。南朝齊爲東省官。　通直散騎常侍：官名。三國魏末散騎常侍有在員外者，西晋使員外二人與散騎常侍通員當值，故名通直散騎常侍。東晋屬散騎省，職同散騎常侍，爲皇帝之顧問，侍從左右，掌規諫，不典

事。南朝屬集書省，多以衰老之士擔任，地位漸低。梁常爲加官，十一班。

［2］員外散騎常侍：官名。三國魏置員外散騎常侍，初爲正員之外添差之散騎常侍，無員數，後爲定員官。初多授公族、宗室，雖是閑職，仍爲顯官。南朝宋以後常用以安置閑退官員、衰退之士，地位漸低。梁復重其選，但終不爲人所重。位十班。

［3］散騎侍郎：官名。三國魏始置散騎侍郎，與散騎常侍、侍中、黄門侍郎等侍從皇帝左右，顧問應對，諫諍拾遺，共平章尚書奏事。西晋沿置，與散騎常侍、侍中、黄門侍郎等侍從皇帝左右，顧問應對，諫諍拾遺，共平尚書事。東晋罷，南朝宋復置，爲集書省官，掌文學侍從，諫諍糾劾，收納章奏，地位漸輕。五品。梁選高功者一人，與散騎常侍祭酒同掌糾劾禁令。位八班。

［4］員外散騎侍郎：官名。西晋始置，初爲正員之外添差之散騎侍郎，無員數，後成定員官。多以公族、功臣子充任，爲閑散之職，常用以安置閑退官員，衰老人士。梁位三班。　給事中：官名。秦始置，西漢因之，爲加官。加此號者得每日上朝參謁，平尚書奏事，分爲左、右。多名儒、國親爲之，掌左右顧問。東漢省。三國魏或爲加官，或爲正官。五品。晋不爲加官，亦無常員，隸散騎省，位次散騎常侍。五品。宋、齊隸集書省，位次諸散騎下、奉朝請上。梁、陳與諸散騎常侍侍從左右，獻納得失，省諸奏聞。地位漸低，選輕用卑。宋五品，梁四班。　奉朝請：官名。本爲兩漢朝廷給予退休大臣、列侯、宗室、外戚等的一種政治優待。西漢授此者特許參加朝會，班次亦可提高。武帝時，以皇帝外戚爲三都尉而奉朝請。東漢所施甚廣，地位漸輕。西晋成爲加官名號。東晋獨立爲官，亦作加官。唯留駙馬都尉奉朝請。南朝宋朝請選雜，不爲加官。齊隸集書省，安置閑散，所施益濫。武帝永明中至六百餘人。梁二班。

［5］常侍、侍郎：官名。兩者均爲官署屬官。按中華本此處標點作“奉朝請、常侍侍郎”，查南朝梁並無常侍侍郎職銜。熊清元

認爲此應爲散騎常侍、散騎侍郎之簡稱，接前叙散騎常侍、散騎侍郎之職掌，不當與“員外散騎侍郎、給事中、奉朝請”等官職並列，因之“奉朝請”後應改爲句號，“常侍”與“侍郎”間斷開。從改。（參見熊清元《〈隋書·百官志上〉點校匡補》，《黄岡師範學院學報》2000年第2期）

［6］比：比照，核對。

駙馬、奉車、騎三都尉，[1]並無員。駙馬以加尚公主者，無班秩。

［1］駙馬：官名。全稱駙馬都尉。西漢武帝始置，皇帝出行時掌副車，秩比二千石。爲侍從近臣，常用作加官。東漢名義上隸屬光禄勳。魏、西晋沿之，以宗室、外戚爲奉車、駙馬、騎三都尉。東晋唯留駙馬都尉，餘皆罷。南朝宋尚公主者多加此號，梁、陳漸成定制，專加尚公主者。梁無班秩。　奉車：官名。全稱爲奉車都尉。西漢始置，掌皇帝車輿，入侍從左右，多由皇帝親信充任。秩比二千石。東漢名義上隸光禄勳，三國因之，地位漸低。魏、晋用作加官，與駙馬都尉、騎都尉並號“三都尉”，名義上隸散騎省，多任宗室、外戚、並奉朝請。六品。西晋末司馬叡爲晋王時，其府參軍悉加此官，後罷其奉朝請。南朝隸集書省，無員額，梁無班秩。　騎：官名。即騎都尉。秦末漢初爲統領騎兵之武職，無員，無固定職掌，不統兵時爲侍衛武官。西漢宣帝時以一人監羽林騎，又以一人領西域都護，秩比二千石。後又有領三輔胡越騎、監河堤事者。因親近皇帝，多以侍中兼任。東漢名義上隸光禄勳，秩比二千石。三國沿置，吴或以其統羽林兵，宿衛左右。魏、晋與奉車都尉、駙馬都尉並號“三都尉”，皆爲親近侍從武官，多用作皇族、外戚的加官，奉朝請。六品。西晋末，司馬睿爲晋王，其府行參軍、舍人悉委此職。後罷，南朝復置，宋六品，梁無班秩。十六國

多置。按，諸本作“車騎都尉”。熊清元考三都尉爲“奉車、駙馬、騎”，以“車”爲衍字（參見熊清元《〈隋書·百官志上〉點校匡補》）。今從改。

散騎常侍、通直散騎常侍、員外散騎常侍，舊並爲顯職，與侍中通官。宋代以來，或輕或雜，其官漸替。天監六年革選，詔曰：“在昔晋初，仰惟盛化，常侍、侍中，並奏帷幄，員外常侍，特爲清顯。陸始名公之胤，[1]位居納言，曲蒙優禮，方有斯授。可分門下二局，委散騎常侍尚書案奏，[2]分曹入集書。通直常侍，本爲顯爵，員外之選，宜參舊准人數，依正員格。自是散騎視侍中，通直視中丞，[3]員外視黄門郎。

[1]陸始：人名。東晋大臣陸玩之子，曾任東晋侍中尚書。事見《晋書》卷七七《陸玩傳》。

[2]委散騎常侍尚書案奏：《通典》卷二一《職官》此句作“委散騎常侍、侍中並參侍帷幄，尚書案奏”。或疑本志有訛脱（參見熊清元《〈隋書·百官志上〉點校匡補》）。

[3]中丞：官名。即御史中丞。西漢始置。爲御史大夫副貳，簡稱中丞、中執法。職掌爲監察、執法，掌管蘭臺所藏圖籍秘書、文書檔案；外督諸監郡御史（武帝以後爲諸州刺史），監察考核郡國行政；内領侍御史，監督殿庭、典禮威儀，受公卿奏事，關通中外朝；考核四方文書計簿，劾按公卿章奏，監察糾劾百官，參治刑獄，收捕罪犯等。元壽二年（前1），改名御史長史。東漢復稱中丞，獨立爲御史臺長官，名義上隸少府，專掌監察、執法，常受命領兵，出督軍旅。號爲憲臺。與尚書令、司隸校尉合稱“三獨坐”，同居尊位。三國魏文帝曾改爲宫正，不久又復爲中丞。南朝亦稱南

司，其職雖重，世族名士多不樂爲之。兩晋、南朝並爲御史臺臺主，四品，梁十一班。

中書省置監、令各一人，[1]掌出内帝命。侍郎四人，[2]功高者一人，主省内事。又有通事舍人、主事、令史等員，[3]及置令史，以承其事。通事舍人，舊入直閤内。梁用人殊重，簡以才能，不限資地，多以他官兼領。其後除通事，直曰中書舍人。

[1]中書省：官署名。三國魏文帝初分秘書始置，爲掌機要、出納政令章奏的宫廷政治機構。以中書監、令爲長貳，下設侍郎、通事郎、黄門郎、通事舍人。明帝增置著作郎，掌國史。西晋沿置。初兼領秘書、著作，惠帝後秘書獨立爲監，著作亦歸之，中書專掌納奏、擬詔、出令。東晋納奏、擬詔、出令諸職移歸門下之散騎省、西省，監、令皆成閑職，而以中書侍郎一員值西省，分掌詔命。南朝復掌納奏、擬詔、出令之職。宋、齊、梁、陳引寒人爲中書通事舍人（中書舍人），入值禁中，於呈奏案章之本職外，漸奪中書侍郎擬詔之權，後尚書省奏事亦歸其處置，組成舍人省，名義上隸屬中書省，實則直接聽命於皇帝，權位極重，成爲實際的政務中樞。

[2]侍郎：官名。即中書侍郎。三國魏文帝黄初初年設中書省，在中書監、令下設通事郎，後增設中書郎，亦稱中書侍郎。五品。西晋沿置，五品。魏、西晋時中書監、令承受、宣布皇帝旨意，由侍郎草擬成詔令，呈送皇帝批准後頒下。職任機要，地位不高，但頗清貴，多用文學之士，亦爲宗室起家之階梯。東晋中書納奏、擬詔、出令之權轉歸他省，以此職一員值班西省，分任詔令起草。一度改爲中書通事郎，尋復舊。十六國多有設立，其中北凉、前秦權任頗重，掌管機密。南朝宋、齊擬詔出令之職仍歸中書省，但事權

歸中書舍人，侍郎職閑官清，成爲諸王起家官。如缺監、令，或亦主持中書省務。宋五品。梁九班，功高者一人主省内事。

[3]通事舍人：官名。即中書通事舍人。三國魏始置。初稱中書通事，爲中書省屬官，掌呈奏案章。正始時改爲通事舍人，西晋分爲通事、舍人二職，東晋合併，後省，以中書侍郎兼其職。南朝宋初復置中書通事舍人四員，入值閣内，出宣詔命。齊沿之，或簡稱中書舍人，時稱“四户”。梁掌詔誥兼呈奏之事，四班。

秘書省置監、丞各一人，[1]郎四人，[2]掌國之典籍圖書。著作郎一人，[3]佐郎八人，[4]掌國史，集注起居。著作郎謂之大著作，梁初周捨、裴子野，[5]皆以他官領之。又有撰史學士，[6]亦知史書。佐郎爲起家之選。

[1]秘書省：官署名。東漢末置秘書監，掌圖書秘記，屬太常，後省。獻帝建安十八年曹操爲魏公後，置秘書令、丞，典尚書奏事。三國魏黄初年間置中書令，典尚書奏事，秘書令改爲秘書監，下設秘書丞，掌藝文圖籍，稱秘書署。西晋武帝時將秘書併入中書省，稱秘書局。惠帝永平元年（291），復置秘書監，統著作局，掌國史並管理中外三閣圖書，稱秘書寺，亦稱秘書省，亦有一説至南朝梁改稱秘書省。與尚書、中書、門下、集書並稱五省。　監、丞：即秘書監、丞。東漢時始置秘書監，掌圖書秘籍。建安中，曹操爲魏王，置秘書令、丞，兼典尚書奏事。三國魏時，改令爲監，别掌文籍，列三品，設左、右丞。初隸少府，後不復屬。蜀有秘書令，吴有秘書郎。西晋以秘書併入中書省，省其監。惠帝時復别置秘書監一人，統著作局，三閣圖書。南朝沿之。梁秘書監位十一班，秘書丞位八班。

[2]郎：官名。即秘書郎。又稱秘書郎中。三國魏黄初年間始置，兩晋沿置，爲秘書監、丞之屬官。主管三閣圖書典籍，分掌

經、史、子、集四部之書。南朝沿置。江左多任貴游子弟，梁尤盛，二班。

［3］著作郎：官名。三國魏明帝太和中始置著作郎一員，爲著作局長官，隸中書省，掌修國史及起居注。六品。西晋惠帝時改隸秘書寺。後别自置著作省，仍以爲長官。六品。亦稱大著作郎、大著作、著作、正郎等。隸秘書省。職掌修國史及起居注，有時亦兼管秘書省所藏典籍。兩晋南北朝時爲清要之官，爲士族起家之選。南朝宋、齊爲六品，梁六班。

［4］佐郎：官名。即著作佐郎。三國魏始置，稱佐著作郎，協助著作郎修撰國史及起居注。東晋或南朝宋改爲著作佐郎。六品。主要負責搜集史料，供著作郎撰史。南朝江左多以貴游子弟爲之。梁二班。

［5］周捨：人名。南朝梁時人。傳見《梁書》卷二五，《南史》卷三四有附傳。　裴子野：人名。南朝梁時人。傳見《梁書》卷三〇，《南史》卷三三有附傳。

［6］撰史學士：官名。南朝梁始置，職責爲輔佐著作郎撰史。

御史臺，[1]梁國初建，置大夫，天監元年，復曰中丞。置一人，掌督司百僚，皇太子已下，其在宫門行馬内違法者，[2]皆糾彈之。雖在行馬外，而監司不糾，亦得奏之。專道而行，逢尚書丞郎，亦得停駐。其尚書令、僕、御史中丞，各給威儀十人。[3]其八人武冠絳韝，[4]執青儀囊在前。囊題云："宜官吉"，以受辭訴。一人緗衣，執鞭杖，依列行，七人唱呼入殿，引喤至階。一人執儀囊，不喤。屬官治書侍御史二人，[5]掌舉劾官品第六已下，分統侍御史。[6]侍御史九人，居曹，掌知其事，糾察不法。殿中御史四人，[7]掌殿中禁衛内。

又有符節令史員。[8]

[1]御史臺：官署名。秦漢以御史掌糾察之任。其所居之所，西漢稱御史府，亦稱御史大夫寺或憲臺。東漢始稱御史臺。設於禁中蘭臺，別稱蘭臺、憲臺，與尚書、謁者臺並稱“三臺”，名義上隸屬少府。職掌保管宫廷所藏圖籍秘書、文書律令檔案，監察、彈劾百官，復查疑獄等。長官爲御史中丞，屬官有治書侍御史，掌覆核疑獄；侍御史，分掌令、印、供、尉馬、乘五曹，監察舉劾百官；蘭臺令史，掌管章奏文書、印工。三國沿置。魏初曾改御史中丞名宫正，旋復。西晋沿置，以符節臺併入，侍御史分領吏、課第、直事、印、中都督、外都督等十三曹。東晋省課第曹，置庫曹，又置檢校御史，監察地方行政。南朝其職雖重，但其官爲世族所輕。宋、齊沿革，侍御史分領十一曹；梁設符節令史。

[2]行馬：設於宫府門前以攔阻人馬通行的障礙物。魏晋時期的制度規定，三公及位從公者門前可以設置行馬。其形狀爲一木横中，兩木互穿，以成叉狀，施之於門前。

[3]威儀：兩晋及南朝官員特賜之隨從，因手持儀仗，稱爲威儀。

[4]韝：古代射箭時所戴皮製袖套。

[5]治書侍御史：官名。亦稱治書御史，簡稱御史、侍御。秦始置，或説西漢宣帝時令侍御史二人治書（管理圖籍文書），遂有其名。東漢爲御史臺屬官，依據法律審理疑獄，與符節郎共平廷尉事，選御史考試高第、明習法律者充任。魏、晋、南朝爲御史中丞佐貳，分領侍御史諸曹，監察、彈劾較高級官員，亦奉命出使，收捕犯官等。梁六班。

[6]侍御史：官名。亦簡稱御史、侍御。西周有柱下史，掌法制。秦改爲侍御史。西漢沿置，爲御史臺屬官。掌受公卿奏事，舉劾按章，監察文武官員，分令、印、供、尉馬、乘五曹，監領律

令、刻印、齋祀、厩馬、護駕等事宜，或供臨時差遣，出監郡國，持節典護大臣喪事，收捕、審訊有罪官吏等。武帝時，侍御史中有繡衣直指，出討奸滑，治大獄。後不常置。新莽時改侍御史名執法，東漢復舊，皆公府掾屬高第者爲之，所掌有五曹：令曹、印曹、供曹、尉馬曹、乘曹。常奉命出使州郡，巡行風俗，督察軍旅，職權頗重。三國魏所掌八部，有持書曹、課第曹等。六品。西晉所掌十三曹：吏曹、課第曹、直事曹、印曹、中都督曹、外都督曹、媒曹、符節曹、水曹、中壘曹、營軍曹、法曹、算曹。六品。東晉初，省課第曹，置庫曹，後又分庫曹爲外左庫曹、内左庫曹。南朝宋元嘉中，省二庫曹，稱左庫。大明中復置二曹，後復省之。昇明初，省營軍曹，併入水曹，省算曹，併入法曹，罷吏曹。南朝其職雖重，其官爲世族所輕。宋六品，梁一班。

[7]殿中御史：官名。亦稱殿中侍御史。三國魏始置。居宮殿中糾察非法，隸御史臺。西晉南朝沿置。梁爲位不登二品者七班。

[8]符節令史：官名。東漢爲符節臺屬官，掌文書，南朝梁轉爲御史臺屬官，掌符節事。

謁者臺，[1]僕射一人，[2]掌朝覲賓饗之事。屬官謁者十人，掌奉詔出使拜假，朝會擯贊。高功者一人爲假史，掌差次謁者。

[1]謁者臺：官署名。東漢始置。掌朝會典禮，遣使傳宣詔命，巡視監察。天子出常奉引。三國魏沿置，掌授官時禮儀及百官班次。東晉復置，後又省。南朝宋復置，職與魏同。齊因之。梁掌朝覲賓饗吉凶典禮之司儀，安排朝會班次，傳宣詔命，職權漸輕。

[2]僕射：官名。即謁者僕射。秦、西漢隸郎中令（光禄勳），統領諸謁者，職掌朝會司儀，傳達策書，皇帝出行時在前奉引。東漢爲謁者臺長官，名義上隸光禄勳，侍從皇帝左右，關通内外，職

權頗重。三國沿置，西晉武帝時省，東晉省置無常。南朝復置爲謁者臺長官，職權較漢爲輕。梁六班。

諸卿，梁初猶依宋、齊，皆無卿名。天監七年，以太常爲太常卿，[1]加置宗正卿，[2]以大司農爲司農卿，[3]三卿是爲春卿。加置太府卿，[4]以少府爲少府卿，[5]加置太僕卿，[6]三卿是爲夏卿。以衛尉爲衛尉卿，[7]廷尉爲廷尉卿，[8]將作大匠爲大匠卿，[9]三卿是爲秋卿。以光禄勳爲光禄卿，[10]大鴻臚爲鴻臚卿，[11]都水使者爲太舟卿，[12]三卿是爲冬卿。凡十二卿，皆置丞及功曹、主簿。[13]而太常視金紫光禄大夫，[14]統明堂、二廟、太史、太祝、廩犧、太樂、鼓吹、乘黄、北館、典客館等令丞，[15]及陵監、國學等。[16]又置協律校尉，[17]總章校尉、監，[18]掌故，[19]樂正之屬，[20]以掌樂事。太樂又有清商署丞，[21]太史别有靈臺丞。[22]詔以爲陵監之名，不出前誥，且宗廟憲章，既備典禮，園寢職司，理不容異，諸正陵先立監者改爲令。於是陵置令矣。

[1]太常卿：官名。秦時設奉常，西漢景帝時將奉常改名太常，一説西漢初已有太常，惠帝時改爲奉常，景帝時復舊。以列侯忠孝敬慎者居之，秩中二千石，位列九卿之首，官居清要，掌宗廟禮儀、祭祀，負責朝會和喪葬禮儀，管理皇帝陵墓、寢廟所在縣邑，每月巡視諸陵，兼掌教育，主持博士及博士弟子的考核、薦舉、補吏等。西漢中期以後職權逐漸分化削弱，考試之權轉歸尚書，陵邑劃屬三輔。王莽改稱秩宗。東漢復名太常，但不必以列侯任職。典宗廟禮儀、祭祀；行事，掌贊天子；並選試博士，奏其能否。三國魏、晉因之。南北朝時因禮儀及郊廟制度等皆由尚書裁定，此職位

尊而職閑。梁太常卿定爲官名，掌宗廟、祭祀、禮樂、賓客、車輿、天文、學校、陵園等事。十四班。

[2]宗正卿：官名。西周至戰國已置宗正，掌君主宗室親族事務。秦置宗正，掌親屬，位列九卿。西漢沿置，秩中二千石，由宗室擔任，掌皇族外戚名籍，分别嫡庶親疏，編纂世系譜牒，參與審理諸侯王犯法事件。平帝朝改名宗伯。王莽併宗伯於秩宗。東漢復舊名宗正，職如西漢。三國沿置。西晋兼用庶姓，又增領太醫令史等。東晋和南朝宋、齊不置，職屬太常。梁天監七年復置宗正卿，並定爲正式官稱，皆以皇族爲之，主皇室外戚之籍。十三班。

[3]司農卿：官名。秦置治粟内史，掌穀貨。西漢景帝時更名大農令，武帝時更名大司農，掌管全國賦税收入和國家財政開支，凡百官俸禄、軍費、各級政府機構經費等皆由其支付，兼理各地倉儲、水利、官府農業、手工業、商業的經營，調運貨物，管制物價等。秩中二千石。新莽時先後改名羲和、納言。東漢復稱大司農。三國魏因之，三品。東晋哀帝時省併入都水，孝武帝時復置。所掌唯倉儲園苑及供膳等庶務。南朝宋、齊因之。梁正式稱司農卿，十一班。

[4]太府卿：官名。南朝梁武帝置，掌國家財帛庫藏出納、關市税收，轄左右藏、上庫、太倉、南北市及各地關津等。十三班。

[5]少府卿：官名。秦始置，原稱少府。掌皇帝財政，供宫廷日常開支，管理宫廷侍從及宫廷手工業。新莽時改稱共工。東漢復置，魏晋以後主要掌管宫廷手工業。南朝梁改名少府卿，位爲十一班。

[6]太僕卿：官名。秦始置太僕，掌輿馬。西漢因之，下設兩丞，屬官有大廄、未央廄、家馬三令，車府、路軨、騎馬、駿馬四令、丞，龍馬、閑駒、槖泉、騊駼、承華五監長、丞，邊郡六牧師苑令，又有中太僕，掌皇太后輿馬，不常置。東漢統車府、未央廄、長樂廄令、丞。三國魏因之。晋四品，下有丞、部丞，統典農、典虞都尉，典虞丞，牧官都尉，左、右中典牧都尉、典牧令，

諸羊牧丞，乘黄、騨騮、龍馬三厩令。東晋初省，後復置。其後有事則權置，無事則省。南朝宋、齊亦因東晋，梁正式定爲官名，十班。

[7]衛尉卿：官名。秦有衛尉，掌宫門衛屯兵。漢因之，屬官有公車司馬、衛士、旅賁三令、丞，及轄諸屯衛候司馬二十二官等。新莽改名大衛。東漢復舊名，增領南宫、北宫令、丞。西晋衛尉三品；東晋省，亦爲贈官。南朝宋復置，專掌宫禁及京城防衛。齊因之。東漢、魏晋衛尉卿常作爲“衛尉”的尊稱，梁正式定爲官名，掌宫門宿衛屯兵，巡行宫外，糾察不法，管理武器庫藏，領武庫、公車司馬令。十二班。

[8]廷尉卿：官名。戰國秦始置，原稱廷尉。秦、西漢沿置，景帝時改名大理，後復故，爲最高司法審判機構主官，遵照皇帝旨意修改法律，匯總全國斷獄數，負責詔獄。哀帝時改稱大理，新莽時改稱士，東漢復稱廷尉。魏、晋、南朝沿置，政令仰承尚書省，職權漸輕。梁改稱廷尉卿，十一班。

[9]大匠卿：官名。西漢時改將作少府置將作大匠，亦簡稱將作、大匠。掌領徒隸修建宫室、宗室、陵寢及其他土木工程。植樹於道旁。秩二千石，或以功勞增秩中二千石。設兩丞，左、右中候，屬官有石庫、東園主章（木工）、左右前後中五校令、丞，主章長、丞。陽朔三年（前22）罷左、右中候，又省左、右、前、後、中五校丞，但置令。新莽改名都匠，東漢復舊，然初不置專官，常以謁者兼領其事，至章帝始真授設丞，屬官減省，唯置左、右校令。三國、魏沿置。魏三品，有丞。兩晋、南朝有事則臨時設置，事訖即罷，常以他官兼領。南朝梁改名大匠卿，遂常置，掌管土木工程事務，屬官有丞、功曹、主簿等。領左、右校諸署。十班。

[10]光禄卿：官名。西漢時改郎中令置光禄勳。掌宫殿門户宿衛，兼侍從皇帝左右。宫中宿衛、侍從、傳達諸官皆隸屬之。新莽改名司中，東漢復舊。三國、魏、西晋沿置，掌宫殿門户名籍。東

晋一度省其官。南朝職任愈輕，梁改稱光禄卿，十一班。

［11］鴻臚卿：官名。秦時稱典客，西漢景帝時稱大行令，武帝時改稱大鴻臚。掌少數民族君長、諸侯王、列侯之迎送接待，安排朝會、封授等事，以及百官朝會，京師郡國邸舍及郡國上計吏接待。河平元年（前28）省典屬國併入，遂又兼管少數民族朝貢使節、侍子。有丞一員，屬官有行人（大行）、譯官、別火令丞，郡邸長丞。新莽改爲典樂。東漢復故。屬官僅置大行令、丞，餘皆省。三國因之，魏三品。其屬官大行令改爲客館令。西晋沿置，屬官有大行、典客、園池、華林園、鈎盾等令。原屬少府的青宫列丞、鄴玄武苑丞等亦劃歸之。東晋、南朝宋、齊有事權置兼官，事畢即省。掌贊導拜授諸王。南朝梁改稱鴻臚卿，九班。

［12］太舟卿：官名。西漢始置，稱都水使者。管理河渠陂池灌溉，不常置。東漢省。三國魏又置。西晋置都水使者爲都水臺長官。南朝宋一度廢，改置水衡令，尋復。南朝梁改稱太舟卿，九班。

［13］丞：官名。輔佐官統稱。戰國時縣丞稱丞，爲縣令副職。漢沿用，爲各官署長官副職。中央官署置令（長）、丞，郡、縣有郡守、郡丞、縣令、縣丞。魏晋南朝諸卿、諸署令、太子詹事府、公主家令、郡縣等官署亦置。　功曹：官名。亦稱功曹史、主吏。漢代郡縣官府所屬功曹之長。主選署功勞、職掌吏員賞罰任免事宜。由守、相委任，職統諸曹，在諸曹掾中地位最高，甚至權逾郡丞、長史。三國時郡及晋代不開府將軍、太子二傅、特進、郡縣置。南朝宋沿之。梁皇弟皇子府、嗣王府皆置，自六班至二班不等。

［14］金紫光禄大夫：官名。晋初有光禄大夫，授銀章青綬。如加賜金章紫綬，則爲金紫光禄大夫，禄賜、班位、冠幘、車服、佩玉，置吏卒羽林及卒，諸所賜給皆與特進同。其以爲加官者，唯假章綬、禄賜班位，不別給車服吏卒。南朝宋、齊皆有。南朝梁有左右金紫光禄大夫，位十四班。

[15]明堂：官名。即明堂令、丞。東漢始設明堂令，掌明堂事。屬太常屬官太史令下。南朝宋置明堂令，設丞爲其副，直屬太常。南朝齊、梁沿置，梁明堂令位爲二班。　二廟：官名。即二廟令、丞。二廟令，南朝梁始置，管理太廟、小廟日常事務。二廟丞爲其屬官。梁二廟令位爲二班。　太史：官名。即太史令、丞。相傳夏置，掌文書。秦置爲奉常屬官。西漢沿置，景帝時隸屬太常，掌天文、曆法及修撰史書。東漢不再撰史。專掌天時、星曆。歲終奏新年曆，國祭、喪、娶奏良日及時節禁忌，有瑞應、災異則記之。秩六百石。三國沿置，魏、蜀亦不撰史。東漢以降，其屬官有丞、靈臺丞、中郎、待詔、監候郎、候部史等，設置不一。西晋沿置，别有靈臺丞。南朝皆置，宋掌三辰時日祥瑞妖災，歲終奏新曆。齊沿置，梁隸太常卿，一班。太史丞爲其屬官，三品藴位。　太祝：官名。即太祝令、丞。太祝令，秦置太祝令，掌祭祀祝禱等，屬奉常。西漢沿置，景帝時改令稱祠祀。武帝時又更名廟祀。東漢置太祝令，掌大祭祀時宣讀祝文和迎神、送神等。三國魏沿置，七品。西晋、南朝沿置。南朝宋設一員，齊沿置。梁一班。太祝丞爲其屬官。　廪犧：官名。即廪犧令。秦漢設廪犧令、丞、尉，爲内史、左馮翊屬官，掌藏穀養牲以供祭祀，後屬大司農。東漢爲河南尹屬官。東晋初未置，後復置。南朝亦置，隸太常。梁位三品勳位。　太樂：官名。即太樂令。秦代置，爲奉常屬官。西漢時隸太常，掌大祭祀及大饗時之樂舞。哀帝時罷樂府，其所領一部分器樂、歌舞演員亦歸太樂。東漢沿置，秩六百石。永平三年改爲大予樂令。三國魏復置，七品。下設丞、歌舞師等。西晋沿置，東晋初省併鼓吹令，成帝咸和中復置。南朝宋掌宫廷諸樂事，齊沿置。梁一班。　鼓吹：官名。即鼓吹令。西漢有鼓角横吹者，由張騫使西域得西域曲而設。東漢少府屬官有承華令，典黄門鼓吹一百三十五人，百戲師二十七人。西晋設鼓吹令、丞，屬太常。東晋初省太樂並入鼓吹，成帝咸和中復分置。南朝宋、齊或設鼓吹監。梁復置。　乘黄：官名。即乘黄令、丞。乘黄令，東漢末曹操始置，

亦稱乘黄厩令。魏、晋因置，隸太僕。職掌皇帝乘輿及御厩諸馬。東晋或省。南朝復置，隸太常，掌按皇帝出行的不同規模、用途，保管供給各類車輛。乘黄丞爲其屬官。梁乘黄丞爲三品勳位。　北館：官名。即北館令、丞。南朝梁置，具體職掌不詳。北館令位不登二品者三班。　典客館：官名。即典客館令、丞。典客令，西晋改客館令置典客令，爲典客署長官，隸大鴻臚。南朝復改名客館令。南朝梁稱典客館令，典客館丞爲其屬官。梁典客館令爲三品勳位。

[16]陵監：官名。南朝梁初置，掌守衛皇帝陵園。隸太常卿，後改名陵令。梁二班。　國學：官名。此處應指國子典學。南朝齊置，管理國學庶務。梁國學亦置，位爲三品藴位。

[17]協律校尉：官名。東漢末曹操於荆州得杜夔，因其能識舊樂章，以之爲協律都尉，非常設。西晋改名爲協律校尉，屬太常，掌舉麾節樂，調和樂律，監試樂人典課。南朝沿置。

[18]總章校尉：官名。南朝梁、陳置，掌宫廷舞蹈。　監：官名。即總章監。三國魏始置，兩晋南朝沿置，掌宫廷舞蹈。

[19]掌故：官名。亦稱掌固。西漢始置，屬太常，亦稱太常掌故。秩百石。又有文學掌故、太史掌故、治禮掌故等。熟習禮樂制度等典章制度，備咨詢。武帝時，丞相公孫弘請置博士弟子，一歲皆試，能通一藝以上，補文學掌故。擇太常掌故補中二千石曹史，文學掌故補郡屬曹史。後遂成爲定制，歲課甲、乙、丙三科，其丙科即補文學掌故，射策得乙科可爲太常掌故、太史掌故。南朝梁、陳太常卿屬官亦置，爲樂官。

[20]樂正：官名。樂官之長，相傳堯時已置。春秋戰國沿之，分大、小樂正。後世樂正地位較低。南朝梁時樂正爲太常卿屬官，掌樂事。

[21]清商署丞：官名。南朝梁、陳置。掌清商音樂及樂隊、歌舞演員，隸太常卿所屬太樂令。梁位爲三品藴位。

[22]靈臺丞：官名。西漢始置。掌候日月星氣，觀測天象。

魏、晋、南朝沿置。

國學，有祭酒一人，[1]博士二人，[2]助教十人，[3]太學博士八人。[4]又有限外博士員。天監四年，置五經博士各一人。[5]舊國子學生，限以貴賤，帝欲招來後進，五館生皆引寒門儁才，[6]不限人數。大同七年，[7]國子祭酒到溉等，[8]又表立正言博士一人，位視國子博士。置助教二人。

[1]祭酒：官名。即國子祭酒。東漢以博士聰明有威重者一人爲祭酒，居博士之長。三國魏因之，吴稱都講祭酒，西晋咸寧中立國子學，置國子祭酒爲長官，掌教授生徒儒學，主管國子學，參議禮制，隸太常。南朝宋國子學雖省置不常，祭酒則常置。南朝齊亦有，位比諸曹尚書。梁總領國子學、太學，隸太常卿，十三班。

[2]博士：官名。即國子博士。西晋武帝咸寧中立國子學，始置國子博士，掌教授生徒儒學，取履行清淳、通明典義者爲之，隸國子祭酒。後沿置。南朝宋不置學，亦常置二員。南齊建元四年（482）置國學，設二員，位比中書郎。梁國學沿置，九班。

[3]助教：官名。即國子助教。西晋咸寧中於國子學初置十五員，東晋太元十年（385）減爲十員。協助博士教授國子學生徒儒學，南朝宋沿置，分掌《周易》《尚書》《毛詩》《禮記》《周禮》《儀禮》《春秋左氏傳》《公羊傳》《穀梁傳》及《論語》《孝經》十一經，或不置學，則唯置一員。齊建元四年置學，復設助教，位比侍御史。梁沿置，位二班。

[4]太學博士：官名。漢、魏設五經博士，分經教授生員。東晋不復分經，統稱太學博士，掌教授太學生，亦備咨詢，參議禮儀，隸太常。南朝宋、齊或置或省。梁沿置，二班。

[5]五經博士：官名。西漢始置。掌議政、制禮、藏書、顧問

應對，策試官吏等事，並於太學中教授儒家經典等。有時亦奉命出使，到各地巡行，受命視察災情或賑濟災民。秩卑而任重，常可直達九卿、守相、刺史等官。以後歷朝雖置其官，但已專司教授經學。三國魏沿置，但另設太常博士掌導引、制禮，位在其上。五經博士不再議禮。南朝梁復置，六班。

[6]五館生：五館招收的生員。五館，南朝梁武帝設立的修制五禮的機構。

[7]大同：南朝梁武帝蕭衍年號（535—546）。

[8]到溉：人名。南朝梁時人。傳見《梁書》卷四〇，《南史》卷二五有附傳。

宗正卿，位視列曹尚書，主皇室外戚之籍。以宗室爲之。

司農卿，位視散騎常侍，主農功倉廩。統太倉、導官、籍田、上林令，[1]又管樂游、北苑丞，[2]左右中部三倉丞，莢庫、荻庫、箬庫丞，湖西諸屯主。[3]天監九年，又置勸農謁者，視殿中御史。

[1]太倉：官名。即太倉令。秦始置，屬治粟内史。西漢初隸大農令，太初元年以後隸大司農。東漢主受郡國漕穀，掌國家糧倉。三國魏、晋、南朝沿置。　導官：官名。即導官令。西漢始置，屬少府，主擇米以供祭祀及御饌。東漢改隸大司農，令六百石，丞三百石。三國魏、兩晋、南朝皆置。梁位爲三品藴位。　籍田：官名。即籍田令。亦作藉田令。西漢始置，管理籍田事宜，隸大司農。東漢省。西晋武帝泰始十年（274）復置，東晋省，南朝復置，仍隸大司農（司農卿），梁位爲三品勳位。　上林令：官名。西漢始置。初隸少府，武帝時改歸水衡都尉，掌上林苑中禽獸宫館之事。東漢改置上林苑令，或亦省稱上林令。南朝梁復置，管理苑

囿園池。

[2]樂游：官名。即樂游丞。約始置於南朝宋，掌樂游苑，最初稱樂游苑丞，後改。　北苑丞：官名。南朝梁置，管理北苑。陳沿置，隋省。

[3]左右中部三倉丞：官名。南朝梁置，陳沿置。　莢庫：官名。即莢庫丞。據本卷後文及《通典》卷三七《職官》，"莢"似應作"茭"。　荻庫：官名。即荻庫丞。　箬庫丞：官名。《歷代職官表》記："謹案梁代置茭庫、荻庫、箬庫諸丞隸於司農者，蓋其物皆倉廪貯穀所需，故特設官以掌之。"　湖西諸屯主：官名。據本卷後文有湖西磚屯主，三品藴位。《通典》卷三七《職官》記南朝梁職官有湖西磚屯主、湖東磚屯主，或疑"湖西諸屯主"與"湖西磚屯主"爲同一官職。南朝梁始置，陳沿置。

太府卿，位視宗正，掌金帛府帑。統左右藏令、上庫丞，掌太倉。[1]南北市令，[2]關津亦皆屬焉。

[1]左右藏令：官名。西晉始置，爲少府屬官。東晉省。南朝梁復置，三品勳位。按，《册府元龜》卷四八三《邦計部》、《太平御覽》卷二三二《職官部三十》"左右藏令"作"右藏令"。　上庫丞：官名。南朝梁置，上庫令副長官，協助上庫令工作。按，據本卷後文記上庫令，三品藴位。或疑"丞"前漏"令"字。　太倉：官署名。漢代設太倉，爲國家糧食總倉庫。設太倉令、丞主之。魏、晉南朝沿置。

[2]南北市令：官名。春秋時楚國始置，主管市場交易。漢大城市均置市長，唯長安兩市，一市置長，一市置令。長安市令屬京兆尹，南朝梁沿置。

少府卿，位視尚書左丞。置材官將軍、左中右尚方、甄官、平水署、南塘邸税庫、東西冶、中黄、細作、炭庫、紙官、柒署等令丞。[1]

[1]材官將軍：官名。三國魏置材官校尉，主全國材木事。屬右校令。東晋改材官校尉爲材官將軍，主工匠土木之事。南朝宋、齊材官將軍隸尚書起部及領軍，下有司馬一人。南朝梁改隸少府卿，二班。　左中右尚方：官名。即左中右尚方令、丞。秦始置尚方，有尚方令、丞，隸少府。兩漢沿置，東漢常以宦者爲之。職掌製造兵器及宮内器用。東漢末分置左、中、右三尚方。三國魏、吴、西晋沿置。東晋唯置尚方令，哀帝時改隸丹楊尹。南朝宋武帝時分左、右，仍隸少府。齊因宋制置左、右二尚方令。梁復置左中右三尚方令，一班。左中右尚方丞，三國魏置，爲左中右尚方令之副貳，西晋南朝沿置，梁屬少府卿，三品勳位。　甄官：官名。即甄官令、丞。東漢始置，有前、後、中甄官令、丞，屬將作大匠。晋有甄官署令，掌供磚瓦石器陶瓷等事，隸少府。南朝宋、齊有東西陶官，瓦署督令。南朝梁復置甄官令、丞。令爲長，丞爲其副貳。　平水署：官名。此處指平水令、丞。平水令，西漢始置，原稱平準令，掌平抑物價，隸大司農。東漢沿置，掌知物價，主練染，作采色。和帝時，改中準令。晋復舊稱，隸少府。南朝宋避順帝諱，改染署令。南朝齊復舊，梁改稱平水令，位三品藴位。平水丞，南朝梁置，爲平水署次官，陳沿置。　南塘邸税庫：官名。即南塘邸税庫令、丞。南塘在今江蘇南京市西南秦淮河南岸。南塘邸税庫令、丞，南朝梁置，具體職掌不詳。　東西冶：官名。即東西冶令、丞。西晋置諸冶令，並屬衛尉。東晋、南朝宋、齊唯置東、南冶令，隸少府。掌鼓鑄鍛冶，領工徒。東冶尤重。南朝梁改置東西冶令，位一班。東西冶丞，東西冶令之副貳。　中黄：官名。即中黄令、丞，掌宮中金帛庫藏。　細作：官名。即細作令、丞，南朝宋始置，由原相府細作署劃歸宮廷，設置令、丞掌其事。主要負

責監製供奉御用精巧珍寶器玩，隸門下省，後改名御府、中署。齊復名細作，梁改屬少府卿。細作令，南朝梁三品蘊位。　炭庫：官名。即炭庫令、丞。南朝梁置，陳沿置，具體職掌不詳。　紙官：官名。即紙官令、丞。《六朝事迹編類》卷下引《輿地志》稱南朝宋永初中置紙官署，製銀光紙。紙官令、丞或爲其長官。　柒署：底本、庫本"柒"作"柴"，中華本校勘記稱改"柒"乃"從宋小字本，别本作'柴'。《册府》四八二作'漆'"。今從改。

太僕卿，位視黄門侍郎，統南馬牧、左右牧、龍厩、内外厩丞。[1]又有弘訓太僕，[2]亦置屬官。

[1]南馬牧：官名。即南馬牧丞。南朝梁置，掌飼宫廷用馬，陳沿置。　左右牧：官名。即左右牧丞。南朝梁始置，掌宫廷用馬，陳沿置。　龍厩：官名。即龍厩丞。掌宫廷用馬。　内外厩丞：官名。南朝梁置，掌太子車馬事，陳沿置。

[2]弘訓太僕：官名。西晋置，爲景獻羊皇后弘訓宫三卿之一，泰始九年罷。南朝宋復置，爲後廢帝明恭太后弘訓宫三卿之一，掌太后宫内車馬，職比太僕。梁沿置。

衛尉卿，位視侍中，掌宫門屯兵。卿每月、丞每旬行宫徼，[1]糾察不法。統武庫令、公車司馬令。[2]又有弘訓衛尉，[3]亦置屬官。

[1]丞：官名。即衛尉丞。秦始置，爲衛尉副貳，協掌宫門禁衛。漢、魏、晋、南朝皆置。南朝梁位四班。

[2]武庫令：官名。西漢初爲中尉屬官，太初元年改中尉爲執金吾，仍隸之，有三丞，掌京師武庫兵器，洛陽、大將軍等處亦置。東漢沿置，秩六百石，主兵器，有丞。三國魏置，七品，主藏

兵器。西晋沿置，隸衛尉，出征時主武庫、領兵器。東晋省。南朝宋置，掌軍器，隸尚書省庫部曹。齊沿置，梁隸衛尉卿及尚書省庫部，又分南、北武庫二署令，位一班。　公車司馬令：官名。省稱公車令。西漢始置，公車長官，隸衛尉。東漢下設丞、尉。三國魏沿置，西晋以後稱公車令。南朝梁復稱公車司馬令。

［3］弘訓衛尉：官名。南朝宋置，爲後廢帝明恭太后弘訓宫三卿之一，掌宫門禁衛，職比衛尉。梁沿置。

廷尉卿，梁國初建，曰大理，天監元年，復改爲廷尉。有正、監、平三人。[1]元會，[2]廷尉三官，與建康三官，[3]皆法冠玄衣朝服，以監東、西、中華門。手執方木，長三尺，方一寸，謂之執方。四年，置胄子律博士，位視員外郎。

［1］正：官名。即廷尉正。秦、漢時廷尉的副職，地位相當於列卿丞，爲高級審判官，掌審理判決疑難案件，可代表廷尉參加詔獄會審。漢代地位高於廷尉監、平，但公牘須三官聯署，以相互監督。魏、晋、南朝宋、齊沿置。梁爲廷尉卿屬官，六班。　監：官名。即廷尉監。秦始置，西漢分左、右，隸廷尉，秩禄與廷尉正相當而位稍次之。掌收捕罪犯，亦參議案例，審理疑獄，與正、平通署公牘。東漢唯置左監。魏、晋、南朝去“左”，置一人。南朝梁六班。　平：官名。即廷尉平，簡稱廷平，亦稱廷評、廷尉評。西漢因廷尉史任重禄薄而增置，分左右。東漢唯置廷尉左平，魏、晋、南朝去“左”，置一人。爲廷尉屬官，參議案例律條，覆核平决疑獄，可駁回廷尉所奏罪案。與正、監通署公牘，相互制約。梁六班。

［2］元會：皇帝於元旦朝會群臣稱正會，也稱元會。始於漢，魏、晋因之。

［3］建康三官：建康正、建康監、建康平的合稱。南朝梁武帝天監元年於京畿建康縣置獄司比廷尉，設三官掌其事，職掌與廷尉三官略同。

大匠卿，位視太僕，[1]掌土木之工。統左、右校諸署。[2]

［1］太僕：官名。西周置，亦作大僕、大僕正、太僕正。《周禮》列爲夏官司馬屬官，下大夫，掌供天子輿馬，傳達王命。秦、漢爲九卿之一，掌御用車馬和畜牧業。新莽改稱太御。東漢復原名，除御用車馬外，兼掌兵器製作。三國魏掌皇帝車馬、田獵、兵器製作及畜牧業。西晉沿置，唯不復掌兵器製作。東晉省置無常。南朝宋、齊唯於郊祀典禮時權置此職，事畢即省。南朝梁改稱太僕卿。

［2］左、右校諸署：官署名。南朝梁置左、右校署，掌宫室修築及梓匠之事，有令、丞掌之。

光禄卿，位視太子中庶子，[1]掌宫殿門户。統守宫、黄門、華林園、暴室等令。[2]又有左右光禄、金紫光禄、太中、中散等大夫，[3]並無員，以養老疾。

［1］太子中庶子：官名。秦始置，西漢置庶子，隸太子太傅。王莽改曰中尚翼子。東漢置太子中庶子，隸太子少傅，職如侍中，秩六百石。三國魏沿置。西晉隸太子詹事，高功中庶子與高功中舍人共掌禁令，糾正違闕，侍從規諫，儐相威儀，奏事文書皆典綜之。五品。東晉南朝沿置，南朝梁時以中庶子功高者一人爲祭酒，行則負璽，與高功中舍人一人共掌其坊之禁令。南朝宋五品，梁十一班。

［2］守宫：官名。即守宫令。東漢始置，屬少府，掌管御用文具、尚書臺財物、封泥等。靈帝曾以其監修渠道。原任用士人，桓帝曾以小黄門充任。晋、南朝改隸光禄勳。　黄門：官名。即黄門令。西漢少府屬官，掌宫中乘輿狗馬倡優鼓吹等事。職任親近，由宦者充任。有技藝才能者常在其署待詔。東漢名義上隸少府，主宫中諸宦者。中葉以後多以中常侍兼任，或典禁軍，或持節收捕大臣，權勢尤盛。三國沿置，管理宦者、宫人。魏晋改隸光禄勳，侍從皇帝左右，頗有權勢，或非宦者。南朝宋、齊不詳，梁、陳隸光禄卿。　華林園：官名。即華林署令。三國魏始置，稱華林園令，主華林園，屬光禄勳。西晋沿置，東晋南遷，又以三國吴所建華林園爲御苑，南朝繼續擴建，仍置令主其事。梁於大長秋置華林署，改園令爲署令，掌御苑林木。　暴室：官名。即暴室令。漢掖庭令下有暴室丞。三國魏始置令，管理後宫受罰宫人。兩晋南朝沿置，隸光禄勳，梁、陳於大長秋下又别置暴室署，其長官爲令。

［3］太中：官名。即太中大夫。亦作大中大夫。秦始置。西漢沿置，位居諸大夫之首，武帝太初元年後位在光禄大夫下，無員額。侍從皇帝左右，掌顧問應對，參謀議政，奉詔出使等，多以寵臣貴戚充任。名義上隸屬光禄勳（郎中令）。東漢後期權任漸輕。魏、晋皆七品，品秩雖低，但禄賜或與卿同。南北朝多安置老病退免的九卿等大臣，梁十一班。　中散：官名。即中散大夫。西漢後期置。東漢時隸光禄勳，無員限。與光禄、太中、諫議大夫等皆備顧問應對，無常事，唯詔令所使。魏、晋、南北朝多養老疾，無職事。梁十一班。

鴻臚卿，位視尚書左丞，掌導護贊拜。

大舟卿，梁初爲都水臺，[1]使者一人，[2]參軍事二人，[3]河堤謁者八人。[4]七年，改焉。位視中書郎，列卿之最末者也。主舟航堤渠。

［1］都水臺：官署名。西晋始置，掌舟船水運河渠灌溉事務。長官爲都水使者，屬官有河堤謁者、参軍及令史若干員。東晋改河堤謁者爲都水謁者，惠帝元康中復置水衡都尉，亦隸之。南朝宋孝武帝初罷，改置水衡令。尋復置。南朝梁天監七年改置大舟卿。

［2］使者：官名。即都水使者。西漢於太常、少府、大司農、三輔等處均設都水官，管理河渠陂池灌溉，武帝時以都水官多，置左、右都水使者總領三輔都水官，或稱領護三輔都水，不常置。東漢省，其職併於少府，需要時暫置水衡都尉。三國魏置水衡都尉管理全國河渠灌溉水運事務，或説亦置都水使者。西晋省水衡都尉，置都水使者爲都水臺長官，掌舟船水運河渠灌溉事務。屬官有左、右、前、後、中五水衡都尉及河堤謁者等。四品。東晋省河堤謁者，置謁者。南朝宋初沿置。南朝宋孝武帝一度廢，改置水衡令，尋復。齊有都水臺使者一人。梁初與齊同，天監七年改爲大舟卿，九班，吏員依晋，加當關四人。

［3］参軍事：官名。即都水参軍事，亦稱都水参軍。兩晋、南朝都水臺屬官。天監七年改都水臺爲大舟卿，遂省。

［4］河堤謁者：官名。或稱河堤使者。西漢始置，掌治河，不常置。東漢有時亦置，以三府掾屬爲謁者領之。三國魏爲都水使者屬官，隸都水臺，分部巡視天下河渠。西晋基本沿襲魏制。東晋省，南朝梁復置。初隸都水臺，天監七年改隸大舟卿。

大長秋，[1]主諸宫者，以司宫闈之職。統黄門、中署、奚官、暴室、華林等署。[2]

［1］大長秋：官名。西漢景帝中元六年（前144）改將行置。或用士人，或用宦者，宣達皇后旨意，領受皇帝詔命，與詹事（中少府）、中太僕等並爲皇后宫内高級官員。其職尊顯，多由高級宦

官遷任。三國、兩晋、南朝沿置，領諸宦者，管理宫闈。或任士人。梁九班。

[2]黄門：官署名。即黄門署。漢始置黄門，管理宫中乘輿狗馬倡優鼓吹等事，職任親近。三國沿置，管理宦者、宫人。魏晋南朝主要負責侍從皇帝左右，南朝梁改稱黄門署。　中署：官署名。東漢靈帝置，設於宫中，收取天下珍玩，聚爲私藏，以宦者掌之。三國魏沿置，以中署監爲長官。南朝宋後廢帝元徽初，省御府而置，掌製作御刀、綬、劍等玩好器物，隸少府右尚方令。南朝梁爲大長秋所統諸署之一。　奚官：官署名。即奚官署。南朝齊、梁隸屬大長秋，負責管理宫人疾病、罪罰、喪葬等事，以及從坐没入宫中爲奴的罪犯家屬。其屬官由宦官擔任。　暴室：官署名。即暴室署。亦作薄室。在皇宫掖庭内，主織作染練之事，有宫人獄。屬官由宦者充任，宫中婦人有病及皇后、貴人有罪，均就此室。　華林：官署名。即華林署。南朝梁置，掌御苑林木。

領軍，[1]護軍，[2]左、右衛，[3]驍騎，[4]游騎等六將軍，[5]是爲六軍。又有中領、中護，[6]資輕於領、護。又左右前後四軍將軍，[7]左右中郎將，[8]屯騎、步騎、越騎、長水、射聲等五營校尉，[9]武賁、冗從、羽林三將軍，[10]積射、强弩二軍，[11]殿中將軍、武騎之職，[12]皆以分司丹禁，侍衛左右。天監六年，置左右驍騎、左右游擊將軍，[13]位視二率。[14]改舊驍騎曰雲騎，游擊曰游騎，降左右驍、游一階。又置朱衣直閤將軍，[15]以經爲方牧者爲之。其以左右驍、游帶領者，量給儀從。

[1]領軍：官名。即領軍將軍。東漢延康元年（220）曹丕置。職掌與中領軍同，但任職者資望重於中領軍，省稱領軍。三國魏沿

置，爲禁衛軍最高統帥，由親信和宗室擔任，權勢極重。吴亦置。西晋初省，惠帝時復置，仍爲禁衛軍最高統帥。東晋改置北軍中候，尋復。成帝時又改爲北軍中候，尋又復。三國魏、西晋時有營兵，並轄護軍將軍；東晋時無營兵，亦不再領護軍事。南朝宋時掌禁衛軍及京都諸軍，梁十五班。

［2］護軍：官名。即護軍將軍。東漢建安十二年曹操改丞相府護軍爲中護軍，其資重得遷護軍將軍，職掌相同，典武官選舉，與中領軍（領軍將軍）同掌禁軍，出征時督護諸將，隸屬領軍。四品。西晋不典選舉，不隸領軍，自領禁衛營兵。三品。東晋永昌元年（322）省併入領軍，太寧二年（324）復分置。南朝沿置，掌督護京師以外諸軍，屬官有長史、司馬、功曹、主簿、五官等，出征時置參軍。權任頗重，諸將軍皆敬之。南朝宋三品，梁十五班。

［3］左、右衛：官名。即左、右衛將軍。秦、漢始置衛將軍，東漢及三國魏並因之，然增其班秩。魏末司馬昭又置中衛將軍，三國魏咸熙二年（265），司馬炎分中衛將軍爲左、右衛將軍。掌佽飛虎賁及前驅、由基、强弩三部司馬，屬下還有虎賁、羽林、上騎、異力、命中虎賁五部督，負責宫禁宿衛。西晋初，屬中軍將軍，後屬領軍將軍（中領軍），爲禁衛軍主要統帥之一，多由皇帝親信擔任。與領軍、護軍、驍騎、游擊四將軍合稱爲六軍。南朝齊曾詔二衛將軍每晚留一人宿直宫中。南朝後期，亦統兵出征。梁十二班。

［4］驍騎：官名。即驍騎將軍。雜號將軍之一，三國魏置爲内軍將領，兩晋與領軍、護軍、左右衛、游擊諸將軍合稱六軍，擔當宿衛之任。魏、晋皆定爲四品，南朝宋、齊沿置，四品。梁武帝天監六年，置左、右驍騎將軍，隨後即改驍騎爲雲騎將軍，十班。

［5］游騎：官名。即游騎將軍。西漢始置游擊將軍，爲雜號將軍之一。魏晋時爲禁軍將領，與驍騎將軍分領命中虎賁，掌宿衛之任，隸中將軍（領軍將軍）。南朝梁天監六年置左、右游擊將軍，原游擊改游騎將軍，十班。

［6］中領：官名。即中領軍。東漢建安中曹操改領軍置（一説

延康元年始置)。與中護軍皆典禁兵，屬丞相府。三國魏時又置領軍將軍，職掌同，以資格較深者任之。爲禁衛軍最高統領，有營兵，主五校、中壘、武衛三營，並管中護軍。三國蜀亦置。西晉省並北軍中候，惠帝時復置（一説永嘉中始復）。東晉改爲北軍中候，尋復，成帝時又改爲北軍中候，尋又復。東晉時無營兵，總統二衛、驍騎、材官諸營禁軍，不再管中護軍。南朝掌京師駐軍及禁軍，而由中護軍掌外軍。梁十四班。　中護：官名。即中護軍。東漢置，掌軍中參謀，協調諸部。建安十二年曹操改護軍置。曹魏沿置，資重者可遷護軍將軍，掌武官選舉，與中領軍同掌禁軍，出征則督護諸將；隸中領軍（領軍將軍）。蜀亦置。入晉則不隸領軍，亦不典武選，自領營兵。三品。東晉省併入領軍，後復分置，掌督護京師以外地方諸軍。南朝沿置，梁十四班。

[7]左右前後四軍將軍：官名。漢置，爲重號將軍之一。左、前、右、後將軍並位上卿，位次大將軍及驃騎、車騎、衛將軍。有兵事則典掌禁兵，戍衛京師，或任征伐。設長史、司馬等僚屬。平時無具體職務，一般兼任他官，常加諸吏、散騎、給事中等號，成爲中朝官，宿衛皇帝左右，參與朝議。如加領尚書事銜則負責實際政務。不常置。魏、晉爲常設官職，權位漸低，僅爲武官名號，略高於一般雜號將軍，不典禁兵，不與朝政。初猶領兵征戰，東晉、南朝成爲軍府名號，用作加官，常不載官品。左右前後四軍將軍，諸本作“左右前後四將軍”。熊清元考“四將軍”與“四軍將軍”屬於南朝職官不同系列。四將軍爲虚號將軍，不應屬於領護至五校尉之列（參見熊清元《〈隋書·百官志上〉點校匡補》）。今從改。

[8]左右中郎將：官名。西漢始置，隸光禄勳。居宫禁中，與五官分領中郎，更直宿衛，協助光禄勳考核管理郎官、謁者、從官。多由外戚及親近之臣充任。東漢領左、右署中郎、侍郎、郎中，職掌訓練、管理、考核後備官員，出居外朝。三國沿置。魏、西晉初不設五官、左右三郎署，其官仍置，職任漸輕，居宫禁之外。西晉泰始九年罷。南朝復置，爲侍從武官，改隸中領軍（領軍

將軍）。梁八班。

［9］屯騎：官名。即屯騎校尉。西漢始置，爲北軍八校尉之一。掌騎士，戍衛京師，兼任征伐。秩二千石。東漢初改爲驍騎，後復舊。掌宿衛兵。屬北軍中候，爲五校尉（五營）之一。東漢五校尉所掌北軍五營爲京師主要禁軍，故地位清要，官顯職閑，而府寺寬敞，輿服光麗，伎巧畢給。故多以外戚近臣任之。地位親要，官顯職閑，秩比二千石。三國魏隸中領軍（領軍將軍），四品。但所掌營兵常缺，或與其餘四校尉之兵合爲一營。晋沿之，四品。但因二衛、四軍之設而職任漸輕，後罷其兵，旋省其官。南朝復置，爲侍衛武官，不領兵，仍隸中領軍，用以安置勳舊武臣。宋四品，梁七班。　步騎：官名。西漢始置。爲北軍八校尉之一，位次列卿。領上林苑屯兵，防戍京師，兼任征伐。東漢爲北軍五校尉之一，秩比二千石，隸北軍中候。掌宿衛禁兵，有司馬一員。當時五校尉所掌北軍五營爲京師主要的常備禁軍，故地位親要，官顯職閑，府寺寬敞，輿服光麗，伎巧畢給，多以宗室外戚近臣充任。三國魏、晋、南朝沿置。魏、西晋隸中領軍（領軍將軍），領宿衛營兵。四品。東晋初猶領營兵，後職任漸輕。其時别置二衛、四軍諸禁軍掌宿衛，五校職任漸輕。後罷其兵，旋省其官。十六國多置。南朝復置，爲皇帝的侍衛武官，不領營兵，仍隸中領軍（領軍將軍），用以安置勳舊武臣，梁改稱步騎校尉。南朝宋四品，梁七班。　越騎：官名。即越騎校尉。西漢始置。爲北軍八校尉之一，領内附越人騎士，戍衛京師，兼任征伐。秩二千石。東漢初罷，後改青巾左校尉置，爲五校尉之一，隸北軍中候，掌宿衛兵。地位親要，官顯職閑，秩比二千石。三國魏時隸中領軍（領軍將軍），四品。晋沿之，亦四品。但因二衛、四軍之設而職任漸輕，後罷其兵，旋省其官。南朝復置，爲侍衛武官，不領兵，仍隸中領軍，用以安置勳舊武臣。宋四品，梁七班。　長水：官名。即長水校尉。西漢始置，爲北軍八校尉之一，領長水宣曲胡騎，屯戍京師，兼任征伐。東漢初省，後復置。爲五校尉之一，隸北軍中候，掌宿衛兵。地位親

要，官顯職閑，秩比二千石。三國魏隸中領軍（領軍將軍），四品。晉沿之，四品。但因二衛、四軍之設而職任漸輕，後罷其兵，旋省其官。南朝復置，爲侍衛武官，不領兵，仍隸中領軍，用以安置勳舊武臣。宋四品，梁七班。　射聲：官名。即射聲校尉。西漢始置，爲北軍八校尉之一，領待詔射士，掌常備精兵，屯戍京師，亦任征伐。秩二千石。東漢初省，後復置，爲五校尉之一，隸北軍中候，掌宿衛兵。地位親要，官顯職閑，秩比二千石。三國魏隸中領軍（領軍將軍），四品。晉沿之，四品。但因二衛、四軍之設而職任漸輕，後罷其兵，旋省其官。南朝復置，爲侍衛武官，不領兵，仍隸中領軍，用以安置勳舊武臣。宋四品，梁七班。

［10］武賁：官名。即虎賁中郎將，唐人避諱而稱“虎”爲“武”。西漢元始年間更期門爲虎賁郎，置虎賁中郎將統領。隸光禄勳，秩二千石。東漢因之，主虎賁禁軍。光武帝、明帝時常以侍中兼領之，其後多以貴戚充任，或領兵出征。三國魏、蜀、吴沿置，隸光禄勳，統率宿衛兵。西晉時領有營兵，與羽林監、冗從僕射合稱三將。東晉無營兵，興寧二年（364）罷。南朝宋永初元年（420）復置，屬領軍。三國魏、晉、南朝宋爲五品。齊、梁、陳沿置，梁五班。　羽林：官名。即羽林監。東漢置羽林左、右監，秩六百石，屬光禄勳。三國魏（一説西晉）省其左而置，掌宿衛送從。五品。晉唯置羽林左監，領營兵。南朝宋永初元年復置。齊、梁沿置。西晉領營兵，南朝多以文職領此銜，梁六班。　冗從：官名。即冗從僕射。三國魏置，爲統營兵，爲皇帝侍衛首領，掌宫禁侍衛，隸光禄勳。五品。西晉沿置，與虎賁中郎將、羽林監合稱三將。五品。東晉以後無營兵，南朝屬領兵將軍（中領軍）。宋泰始以後，多以軍功得之，無復員限，五品。梁五班。

［11］積射：官名。即積射將軍。東漢初置，統兵，爲雜號將軍。西晉太康十年（289）復置（一説三國魏時復置），領積射營。轄三千五百人，擔當宿衛之任。四品。東晉沿之。十六國西秦亦置。南朝宋泰始以後，多以軍功得此，無員限。五品。梁四班。

强弩：官名。即强弩將軍。西漢元朔五年（前124）置，以李沮任之，統兵伐匈奴。兩漢爲雜號將軍，省置無常。三國魏末，司馬昭受封晋王後，置以掌宿衛。四品。西晋太康十年時設立弩營，以爲長官，充任皇帝侍衛。最初設一人，東晋桓玄篡立後，增置員數。四品。南朝宋泰始以後，多以軍功得之，成爲將軍名號。齊、梁沿置，梁四班。

[12]殿中將軍：官名。三國魏置，掌典禁兵督守殿廷。六品。西晋分隷左、右衛將軍，朝會宴饗及乘輿出入，直侍左右，夜開宮城諸門，則執白虎幡監之，多選清望之士充任。六品。東晋太元中改選，多以門閥子弟居之。南朝沿置，爲侍衛武職，不典兵，員額漸多，品秩漸低。宋初員二十人，定員之外又設殿中員外將軍，後無定員，六品。梁一班。　武騎：官名。即武騎常侍。西漢置爲加官，亦稱常侍武騎，皇帝近侍護衛之一，多以郎官爲之，車駕游獵，常侍左右。秩八百石，一説六百石。東漢省。南朝宋大明中復置，爲侍從武官，用以安置閑散，隷中領軍（領軍將軍），位比奉朝請。南朝齊、梁因之，梁二班。

[13]左右驍騎：官名。即左右驍騎將軍。掌管宿衛事務，多由侍中、散騎常侍等文職清官所兼領，梁十一班。　左右游擊將軍：官名。充當侍衛之任，有時亦率衆出征，梁十一班。

[14]二率：官名。指太子二率，即太子左、右衛率。秦置太子衛率，掌東宮門衛士，隷太子詹事。西漢沿置，成帝鴻嘉三年（前18）改隷大長秋。東漢隷太子少傅，三國魏沿置。西晋隷太子詹事，掌東宮禁軍。武帝泰始五年分置左、右，惠帝時又增前後，號太子四率。東晋初唯置左、右衛率，孝武帝太元中復置前、後衛率。南朝以後僅置左、右衛率。

[15]朱衣直閤將軍：官名。簡稱朱衣直閤。南朝梁始置，都督南兖等五州諸軍事。輔國將軍、南兖州刺史昌義之首任此職。掌宮内侍衛，屬中領軍（領軍將軍），爲皇帝親信，梁十班。

太子太傅一人,[1]位視尚書令。少傅一人,[2]位視左僕射。天監初，又置東宫常侍，皆散騎常侍爲之。

[1]太子太傅：官名。西漢始置，掌保養、監護、輔翼太子，昭宣以後，兼掌教諭訓導，並與太子少傅同領東宫官屬，管理衆務，秩二千石。新莽改稱太子師。東漢復舊，但唯掌輔導太子，不領東宫官署及管庶務，秩中二千石。魏、晋如未置詹事則領東宫官屬，掌衆務。南朝宋以後不復領東宫官署，宋三品，梁十六班。

[2]少傅：官名。即太子少傅。西漢始置，佐太子太傅輔導太子，並與其同領東宫官屬，管理衆務，秩二千石。東漢時除輔導太子外，總領東宫官屬，管理衆務，秩中二千石。魏、晋如未置詹事則領東宫官屬，掌衆務。南朝宋以後不復領東宫官屬。梁十五班。

詹事,[1]位視中護軍，任總宫朝。二傅及詹事,[2]各置丞、功曹、主簿、五官。[3]家令、率更令、僕各一人。[4]家令，自宋、齊已來，清流者不爲之。天監六年，帝以三卿陵替，乃詔革選。家令視通直常侍,[5]率更、僕視黄門三等,[6]皆置丞。中大通三年,[7]以昭明太子妃居金華宫,[8]又置金華家令。

[1]詹事：官名。全稱爲太子詹事。詹，古碑志亦作“瞻”。戰國時秦置，爲管理太后、王后、太子諸宫庶務的官員。秦、西漢皇太后、皇后、太子宫皆置，秩二千石，亦有秩中二千石者。皇太后宫所置冠以宫名，稱長信詹事，位在九卿之上，掌宫内大小庶務，景帝時改名少府。哀帝時曾置左、右詹事，旋罷。皇后宫所置亦稱中少府，掌宫内供御侍奉事務。太子宫所置職掌略同，兼掌警衛、刑獄、食邑車馬等事，領諸供奉之官。東漢省，其屬官改隸太

子少傅。魏晋以來唯置於太子宫，故亦稱太子詹事。掌東宫内外庶務，明帝後省。西晋復置，領東宫庶務，後或省或置。太安後常置。自後太子諸師雖以輔導爲名，詹事實負輔翊教導太子之責，兼掌東宫一切事務、官屬。兩晋南北朝東宫地位極重，官屬齊備，擬於朝廷，時號宫朝。詹事任總宫朝，當時稱其職比朝廷之尚書令、領軍將軍，位權甚重，或亦參預朝政。晋、南朝宋皆三品，梁十四班。

[2]二傅：指太子太傅和太子少傅。

[3]丞：官名。全稱爲太子詹事丞，初爲詹事副貳官，協掌宫内庶務，戰國秦太后、王后、太子諸宫皆設。秦、西漢沿置，秩從六百石。太后宫所置詹事丞，在景帝以後改名少府丞，冠以太后所居宫名。皇后宫所置詹事丞，成帝時省。太子宫所置，東漢省。魏、晋以來，唯置於太子東宫，管理詹事府内事務，掌文書，亦稱太子詹事丞。魏、晋、南朝宋七品，梁四班。　五官：官名。魏晋時領軍將軍、護軍將軍、太常等列卿，太子太傅與太子少傅二府之屬官。“官”底本、庫本作“宫”，中華本作“官”。但查諸史書，僅有職官“五官”，而無“五宫”，故“宫”應爲“官”之誤。另，此句中華本標點作“主簿。五官、”熊清元以爲五官亦屬於南朝梁太子二傅及詹事之屬官，標點有誤（參見熊清元《〈隋書·百官志上〉點校匡補》）。今從改。

[4]家令：官名。即太子家令。秦始置，隸太子詹事。西漢沿置，管理太子湯沐邑，兼掌東宫刑獄、飲食、倉庫等。秩千石。新莽改稱中更。東漢復置，領太子倉令、食官令等，不掌刑獄。改隸太子少傅，與太子率更令、太子僕合稱東宫三卿。魏、晋、南朝宋皆五品，梁十班。　率更令：即太子率更令。秦始置，西漢沿置，隸太子詹事，掌知漏刻，主東宫值宿事，秩千石。東漢改隸太子少傅，主太子庶子、舍人值宿事。魏晋以後不領庶子、舍人、掌太子宫殿門户及賞罰等事。魏、晋、南朝宋皆五品，梁十班。　僕：官名。即太子僕。秦始置。西漢沿置，主東宫車馬，職如太僕，隸詹

事。秩千石。東漢改隸太子少傅。三國魏時與太子家令、率更令合稱太子三卿，隸詹事。五品。晋、南朝宋皆五品，梁十班。

[5]通直常侍：官名。通直散騎常侍的省稱。

[6]黄門：官名。黄門侍郎的省稱。

[7]中大通：南朝梁武帝蕭衍年號（529—534）。

[8]昭明太子妃：即蔡氏，蔡撙女。蔡撙，南朝梁時人，傳見《梁書》卷二一。　金華宫：宫名。南朝梁大同年間所建，爲昭明太子妃蔡氏所居，在青溪東去臺城（今南京市鷄鳴山南乾河沿北一帶）三里。

左、右衛率各一人，位視御史中丞。各有丞。左率領果毅、統遠、立忠、建寧、陵鋒、夷冠、祚德等七營，[1]右率領崇榮、永吉、崇和、細射等四營。二率各置殿中將軍十人，員外將軍十人，[2]正員司馬四人。[3]又有員外司馬督官。[4]其屯騎、步兵、翊軍三校尉各一人，[5]謂之三校。旅賁中郎將、冗從僕射各一人，[6]謂之二將。左、右積弩將軍各一人。[7]門大夫一人，[8]視謁者僕射。

[1]冠：底本、庫本同，中華本作“寇”。

[2]員外將軍：官名。西晋初殿中將軍定員二十人，過員者爲殿中員外將軍，十六國後趙亦置。南朝隸左、右衛，梁位不登二品者七班。

[3]正員司馬：官名。即太子正員司馬，又稱太子司馬督。三國魏始置，爲太子侍從武官，南朝梁隸太子左、右衛率，位不登二品者五班。

[4]員外司馬督官：官名。即太子員外司馬督官。在正員限額

以外添授的司馬。梁位不登二品者五班。

[5]屯騎：官名。即太子屯騎校尉。南朝宋置，東宮侍從武官，掌騎兵，爲太子三校之一。齊、梁沿置，七班。　步兵：官名。即太子步兵校尉，亦稱東宮步兵校尉。南朝宋置，統東宮步兵，爲太子三校之一。齊、梁沿置，七班。　翊軍：官名。即太子翊軍校尉。南朝宋置，爲太子三校之一，齊、梁沿置，七班。

[6]旅賁中郎將：官名。即太子旅賁中郎將。南朝宋置，掌侍從迎送太子，職掌同虎賁中郎將，爲東宮二將之一。齊、梁沿置，梁五班。　冗從僕射：官名。即太子冗從僕射。南朝宋置，爲東宮侍從武官，職掌略同冗從僕射。梁沿置，五班。

[7]左、右積弩將軍：官名。即太子左右積弩將軍。南朝宋置，爲東宮侍從武官。齊、梁沿置，梁四班。

[8]門大夫：官名。即太子門大夫。秦始置，掌東宮門禁。西漢沿置，職比中郎將，隸太子太傅、少傅。東漢隸太子少傅，秩六百石。三國魏沿置，六品。西晋改隸太子詹事，主通遠近箋表，宫門禁防，六品。南朝宋亦爲六品。梁三班。

中庶子四人，功高者一人爲祭酒。行則負璽，前後部護駕。

中舍人四人，[1]功高者一人，與中庶子祭酒共掌其坊之禁令。又有通事守舍人、典事守舍人、典法守舍人員。[2]

[1]中舍人：官名。即太子中舍人。秦、漢有太子舍人，在東宮更直宿衛，西晋咸寧四年（278）置中舍人，選舍人中才學俱佳者爲之，與太子中庶子共掌東宮文翰，侍從規諫太子。糾正違闕，儐相威儀，綜典奏事文書，監督醫藥，檢奏更直名册，職如黄門侍郎。位在太子中庶子下，洗馬上。六品。東晋南北朝沿置，宋六

品，梁八班。

[2]通事守舍人：官名。南朝齊置爲東宫屬官，隸太子中庶子，掌傳達令旨内外啓奏。梁沿置，隸太子中舍人，三品勳位。　典事守舍人：官名。南朝梁置，東宫屬官，具體職掌不詳。　典法守舍人：官名。南朝梁置，東宫屬官，具體職掌不詳。

庶子四人，[1]掌侍從左右，獻納得失。高功者一人，與高功舍人共掌其坊之禁令。

[1]庶子：官名。即太子庶子。秦始置。西漢沿置，隸太子太傅，輪流直宿東宫，太子庶子職如三署郎（一説三署中郎），無員數，秩四百石。東漢改隸太子少傅，魏晋以後成爲太子侍從官員，獻納規諫，職比散騎常侍。魏、晋皆五品。南朝隸太子詹事，宋五品，梁九班。

舍人十六人，[1]掌文記。通事舍人二人，[2]視南臺御史，[3]多以餘官兼職。典經局洗馬八人，[4]位視通直郎。置典經守舍人、典事守舍人員。又有外監殿局，[5]内監殿局，[6]導客局，[7]齋内局，[8]主璽、主衣、扶侍等局，[9]門局，[10]錫庫局、内廄局，[11]中藥藏局，[12]食官局，[13]外廄局，[14]車廄局等，[15]各置有司，以承其事。

[1]舍人：官名。即太子舍人。秦始置，掌行書令、表啓等。兩漢沿置，秩二百石，無員限，輪流宿衛，職如三署郎中。西漢時隸太子太傅、少傅，東漢隸於少傅。三國魏七品，晋掌文章書記，職比散騎、中書侍郎，七品。南朝宋七品，梁三班。

[2]通事舍人：官名。即太子通事舍人，亦稱東宫通事舍人。

南朝梁置，爲東宫官屬，多以他官兼任，一班。

［3］南臺御史：官名。南北朝時俗稱御史臺爲南臺，南臺御史即指御史中丞。

［4］典經局：官署名。屬東宫，掌經籍。　洗馬：官名。即太子洗馬。秦始置，時亦作先馬，掌賓贊受事，太子出行則爲前導，西漢屬太子太傅、少傅，秩比六百石。東漢屬太子少傅。三國魏因之，七品。蜀亦置。晉改屬太子詹事，掌太子圖籍、經書，太子出行則前導威儀。七品。南朝因之，宋七品，梁隸於詹事所轄典經局，六班。

［5］外監殿局：官署名。屬東宫，設中舍人、守舍人等官。具體職掌不詳。

［6］内監殿局：官署名。屬東宫，設中舍人、守舍人等官。具體職掌不詳。

［7］導客局：官署名。南朝梁置，屬東宫，負責選供東宫所用糧米。

［8］齋内局：官署名。南朝梁置，屬東宫，負責東宫湯沐、燈燭、灑掃、鋪設等事。

［9］主璽：官署名。即主璽局。南朝梁置，屬東宫，掌太子符璽之事。　主衣：官署名。即主衣局。屬東宫，掌太子衣服器玩等事。　扶侍：官署名。即扶侍局。南朝梁置，屬東宫。具體職掌不詳。

［10］門局：官署名。南朝梁置，屬東宫。具體職掌不詳。

［11］錫庫局：官署名。南朝梁置，屬東宫。具體職掌不詳。　内厩局：官署名。南朝梁置，掌東宫用馬。

［12］中藥藏局：官署名。南朝梁置，爲東宫諸局之一。設丞爲其長官，三品藴位。

［13］食官局：官署名。南朝梁置，爲東宫諸局之一。

［14］外厩局：官署名。南朝梁置，爲東宫諸局之一，掌東宫用馬，屬太子僕。

[15]車廄局：官署名。南朝梁置，爲東宫諸局之一。

皇弟、皇子府，置師，[1]長史，司馬，從事中郎，諮議參軍，及掾屬、中録事、中記室、中直兵等參軍，[2]功曹史，録事、記室、中兵等參軍，[3]文學，[4]主簿，正參軍、行參軍、長兼行參軍等員。[5]嗣王府則減皇弟皇子府師、友、文學、長兼行參軍。[6]蕃王府則又減嗣王從事中郎，諮議參軍，掾屬録事、記室、中兵參軍等員。自此以下，則並不登二品。

[1]師：官名。亦稱王師，相傳殷代已置，西周、春秋戰國沿置。其後不設。西晋武帝復置爲王國官，掌輔導諸王。後避諱改爲傅，南朝宋復舊，六品。齊、梁、陳沿置。梁十一班。

[2]掾屬、中録事：中華本“掾屬中録事”間未斷開。按，南朝梁時並無掾屬中録事參軍等職，此處應指皇弟、皇子府掾屬，掾屬後應加頓號。中録事，官名。即中録事參軍。南朝梁置爲皇弟皇子府、嗣王蕃王府、庶姓公府、庶姓持節府僚屬。自七班至三班不等。梁武帝時都督府亦增置。

[3]録事：官名。即録事參軍。西晋丞相府始置，爲録事曹長官，掌總録衆曹文簿，舉彈善惡，位在列曹參軍上。東晋、南朝公府、將軍府、州刺史開軍府者皆置。南朝梁皇弟皇子府録事參軍六班。　記室：官名。即記室參軍，又稱記室參軍事。西晋始置，爲記室曹長官，掌文疏表奏。南朝時，皇弟皇子府、嗣王蕃王府、公府、持節都督府皆置。梁皇弟皇子府記室參軍六班。　中兵：官名。即中兵參軍。西晋末司馬叡置，爲丞相府中兵曹長官。掌府中親兵及江東事務。東晋諸公及主要將軍府皆置爲主要僚屬之一，亦稱中兵參軍事，掌本府中兵曹事務，兼備咨詢。其品階隨府主地位高下不等。東晋末至南朝宋諸公府省，由中直兵參軍兼領中兵曹。

齊、梁沿置。梁皇弟皇子府中兵參軍六班。

[4]文學：官名。漢置，爲州、郡及王國屬官，選用明經者充任，掌地方教育。亦作文學掾。三國魏以後，太子及諸王、侯均置，掌輔導王侯讀書作文。晉、南朝沿置。梁皇弟皇子府文學五班。

[5]正參軍：官名。晉制，諸公府置諸曹參軍，又有正參軍、行參軍、兼行參軍及長兼行參軍等員。除拜者爲正參軍。南朝沿置，梁皇弟皇子府正參軍四班。　行參軍：官名。三國始置，晉初制度，中朝除拜者爲參軍，諸府自辟者爲行參軍。晉末以後，行參軍亦可除拜，唯品階例低於參軍。梁皇弟皇子府行參軍三班。　長兼行參軍：官名。晉制爲諸公府、王府掾屬。南朝沿置。

[6]友：官名。三國魏黄初年間始置。諸王、公設一人。異族諸王亦設，掌陪侍、輔助規諷。晉、南朝王或皇弟、皇子皆設。梁八班。

王國置郎中令、將軍、常侍官。[1]又置典祠令、廟長、陵長、典醫丞、典府丞、典書令、學官令、食官長、中尉、侍郎、執事中尉、司馬、謁者、典衛令、舍人、中大夫、大農等官。[2]嗣王國則唯置郎中令、中尉、常侍、大農等員。蕃王則無常侍。自此以下，並不登二品。

[1]郎中令：官名。西漢時爲諸侯王國屬官，侍從左右，戍衛王宫，職權甚重。初秩二千石，武帝時减爲千石，後更爲六百石。魏、晉、南朝時爲王國三卿之一，地位頗重，公、侯等國亦或置，其品秩隨國主地位高低不等。梁皇弟、皇子國郎中令五班。　常侍：官名。魏時始爲王、公國屬官。侍從左右，贊相禮儀，獻替諫諍。兩晉、南朝分置左右，員額依國之大小不等。魏、晉、南朝宋

八品，梁自二班至一班不等。

［2］典祠令：官名。三國魏始置，爲諸王、公、侯、伯、子國屬官。兩晋、南朝沿置。梁制，王國置者依國主地位高低，自位不登二品者五班至一班不等，其他則自選補。　廟長：官名。諸王國置。　陵長：官名。諸王國置。　典醫丞：官名。三國魏始置，爲諸王、公、侯、伯、子國屬官。兩晋、南朝沿置。　典府丞：官名。王國屬官，西晋始置於平原、汝南、琅邪、扶風等大國，初名典府，位於舍人下。後逐漸演變爲典府丞。掌知府内雜事。南朝梁爲流外官。　典書令：官名。原爲吏部尚書之職。西晋王國置典書令、丞各一人。典書令在常侍下、侍郎上。東晋時，典書令居郎中令等三卿之下。南朝沿置。梁自位不登二品者六班至一班不等。　學官令：官名。西晋王國置。東晋、南朝沿置。梁依王國等級不同，自位不登二品者五班至一班不等。　食官長：官名。諸侯王府屬官。南朝宋、齊、梁王國並有，掌營造、膳食事。　中尉：官名。西漢時爲諸侯國屬官，主管軍事。初由諸侯國自置，景帝以後由朝廷委派。統領國中軍兵，監察軍吏，維護國内治安，秩二千石。東漢沿置。魏、晋、南朝時期地位稍減，與郎中令、大農並稱爲王國三卿，掌國中軍兵。其品秩隨國主地位而高下不等。梁位自三班至位不登二品者四班不等。　侍郎：官名。西漢置爲諸侯王國屬官，掌侍從左右，隸郎中令。魏、晋、南朝亦置，掌贊相威儀，通傳教令。魏、西晋王、公、侯等國皆置，位在典書令下，八品。東晋改在常侍下，侯國以下不置。南朝或分置左、右，宋八品，梁皇弟、皇子國侍郎一班。　執事中尉：官名。諸王國置。　典衛令：官名。諸王國置。　中大夫：官名。漢置，爲王國官，多以文學之士充任，常受任奉使京師或出使諸王國。晋、南朝沿置。　大農：官名。東漢末魏王國列卿之一。曹丕稱帝後，改名爲大司農。諸王國仍置，與郎中令、中尉合稱三卿。兩晋因之，公國亦置。南朝王國皆置，公國不常置。宋六品。梁自三班至位不登二品者六班不等。

諸王皆假金獸符第一至第五左,[1]竹使符第一至第十左。[2]諸公侯皆假銅獸符,竹使符第一至第五。名山大澤不以封。鹽鐵金銀銅錫,及竹園别都,宫室園圃,皆不以屬國。

[1]假金獸符:即假金虎符,唐人避諱乃稱"虎"爲"獸"。虎符是古代帝王授予臣下兵權和調發軍隊的信物,爲虎形。初時以玉爲之,後改用銅。背有銘文,剖爲兩半,右半留中央,左半給予地方官吏或統兵的將帥。調發軍隊時,朝廷使臣須持符驗對,符合,始能發兵。此制盛行於戰國、秦、漢時期,直至隋。假金虎符或假銅虎符主要是表明身份的憑證。

[2]竹使符:漢代皇帝向郡國傳達重要命令或征調兵將時所使用的憑證,以竹製成,需交驗符合後方得行動。竹使符京師與郡國各存其半,朝廷有命於郡國,需遣使持其半與郡國之左半合符,符合,郡國守相乃受命。魏、晋、南朝時給郡國竹使符。

諸王言曰令,境内稱之曰殿下。公侯封郡縣者,言曰教,境内稱之曰第下。自稱皆曰寡人。相以下,[1]公文上事,皆詣典書。世子主國,[2]其文書表疏,儀式如臣,而不稱臣。文書下群官,皆言告。諸王公侯國官,皆稱臣。上於天朝,皆稱陪臣。有所陳,皆曰上疏。其公文曰言事。五等諸公,位視三公,班次之。開國諸侯,[3]位視孤卿、重號將軍、光禄大夫,[4]班次之。開國諸伯,位視九卿,班次之。開國諸子,位視二千石,班次之。開國諸男,位視比二千石,班次之。公已下,各置相、典祠、典書令、典衛長一人。而伯子典書謂之長，典衛謂之丞。男典祠謂之長，典書謂之丞，無典衛。諸公已下，臺爲選置相，[5]掌知百姓事。典祠已下，自選補上。諸列侯食邑千户已上，置家丞、庶子員。不滿千户，則但置庶子員。

［1］相：官名。西漢初諸侯王國置相國、丞相，景帝中元五年（前145）改諸侯王國相國、丞相名而稱相。職掌輔導、匡正、監督諸侯王，有諫諍舉奏之責。爲王國最高行政長官，位高於郡守，尊顯權重，多由朝廷代置，選派功臣或有才能者充任。統領王國衆官。其後諸侯王勢力逐漸削弱，相的地位也逐漸下降。初元三年（前46）令諸侯王相位在郡守下。成帝時廢王國内史，改令相治民政，職如郡守。又，武帝時改列侯國令長爲相，由朝廷直接派遣，治民如縣令、長，隸郡國守相，唯將應得户租與列侯。西域諸國亦多置，掌民政。東漢、三國沿置。魏咸熙元年（264）置公、侯、伯、子、男爵，各有封國，並王國皆設相，悉由朝廷選置，實爲國家委派的行政長官，與郡、縣守令無異。王、公國相職如太守。侯、伯、子、男國相皆職如縣令、長。西晋初沿置，太康十年改王國相爲内史，公國以下仍置。東晋、南朝因之，品秩隨民户多少而定。

［2］世子：太子、帝王和諸侯的嫡長子。此處指諸侯的嫡長子。

［3］開國：晋以後在五等封爵前所加的稱號。

［4］孤卿：少師、少傅、少保的合稱。　重號將軍：相對於小號、雜號將軍而言，用以稱地位重要的名號將軍，各代所包含的將軍名號不同。

［5］臺：某些官署名的省稱，如東漢以後，尚書臺、御史臺，亦常稱臺。兩晋、南朝又作爲朝廷禁省及中樞政權機構的代稱。

州刺史二千石，[1]受拜之明日，辭宫廟而行。州置別駕、治中從事各一人，[2]主簿，西曹、議曹從事，[3]祭酒從事，[4]部傳從事，[5]文學從事，[6]各因其州之大小而置員。郡置太守，[7]置丞。國曰内史。[8]郡丞，三萬户以上，置佐一人。[9]

[1]州：地方行政區劃。周代爲王畿六鄉所屬。春秋時齊國沿置，爲鄉屬行政單位。漢代爲監察郡國行政而置，武帝時於司隸校尉之外分全國爲十三州，東漢則將司隸校尉列入十三州之數，以刺史（州牧）主其事。西晋武帝省司隸，置司州，天下共置十九州，統一百七十三郡，以刺史統之。東晋、南朝沿置。　刺史：官名。漢武帝元封五年（前106）始置，分全國爲十三部（州），各置刺史一人，秩六百石。無治所。奉詔巡行諸郡，省察治政，斷理冤獄。所察對象主要是二千石長吏。成帝綏和元年更名州牧，秩真二千石。哀帝建平二年（前5）復舊制，元壽二年又改名州牧。東漢建武十一年(35)省，十八年復置，秩六百石。西漢刺史常以八月巡視所部郡國，歲盡詣京都奏事。東漢不令自詣。屬吏有從事史、假佐，員職略與司隸校尉同，有固定治所，實際上成爲比郡守高一級的地方行政長官，權力增大，除監察權外，又有選舉、彈劾之權，有權干預地方行政，又常擁有領兵之權。靈帝時期改置州牧。三國魏州或置牧、或置刺史。置刺史領兵者爲四品，不領兵者則爲單車刺史，五品。蜀、吴皆置，已成爲一州行政長官。除治民外，領兵者兼掌武事。晋刺史分三級，領兵且加都督者，二品；領兵者四品；不領兵者五品。凡領兵即加將軍者皆可開府，置府僚。加都督者權頗重。南朝宋同，齊亦置，制不詳。梁州分六等，刺史選擬視内職，班品不詳。大致大州比令、僕班，小州比參軍班。凡刺史多有加持節、假節之號者，然與官品無關。

[2]别駕：官名。亦稱别駕從事、别駕從事史。漢代州部佐吏。因從刺史行部，别乘傳車，故謂之别駕。秩輕職重，與治中從事同爲州之上佐，事無不統。三國魏、蜀、吴皆置。晋沿魏制。南朝宋

主吏員選舉，多以六品官出任。齊沿之。南朝宋以後，其位雖日崇，而職任漸爲州佐所侵。梁揚州别駕十班。　治中從事：官名。治中從事史的省稱。漢代爲州之佐吏。主選署及文書案卷，有書佐。三國魏、蜀、吴皆置，晋亦置。魏晋之世，治中身份雖低，職權極重。東晋、南朝治中、别駕雖地位尊崇，但職任日漸削弱。南朝宋治中掌衆曹文書事，多以六品官爲之，齊沿置，梁隨州之大小自從九班至一班不等。

［3］西曹：官名。即西曹從事。魏、晋、南朝時三公及諸州長官皆自辟僚屬，統稱從事。晋州置有西曹書佐。晋以後則稱西曹從事，主選用，位在諸曹從事之上，相當於主簿。　議曹從事：官名。即議曹從事史。東漢爲刺史（州牧）屬吏。東漢末，劉備爲益州牧，曾任命議曹從事，職参謀議。晋不詳。南朝以來，州府皆置，員額多寡各隨州，無定制。梁自一班至位不登二品者四班不等。

［4］祭酒從事：官名。亦稱祭酒從事史。晋始置，掌州所置兵、賊、倉、户、水、鎧諸曹事，不設之州則以主簿治事。南朝沿置，無定員，梁位不登二品者一班至四班不等。

［5］部傳從事：官名。三國始置，由州郡自辟。魏稱郡國從事，掌督促文書、察舉非法，爲州之佐吏。蜀、吴、南朝亦置。南朝宋置員數各隨州之大小。梁改稱部傳從事，一班。

［6］文學從事：官名。州府屬官，掌教育。南朝梁自位不登二品者七班至三班不等。

［7］太守：官名。戰國時爲郡守尊稱。秦統一後分全國爲三十六郡，郡置守、尉、監。西漢景帝中元二年更名郡守爲太守。新莽改名大尹。東漢復故，秩二千石。爲一郡最高行政長官，掌管郡之民政、司法、監察、軍事、財賦。西漢置丞、都尉爲佐官，邊郡或增置長史。東漢置丞、長史，内郡不置都尉。屬吏有功曹、五官掾、督郵、主簿及户、比、時、田、水、倉、金、集、漕、法、兵、尉、賊、辭、决等諸曹掾史。自後歷代沿置，或置州刺史。三

國魏置，掌治民、進賢、決訟、檢奸，並舉孝廉。五品，秩二千石，加將軍名號。有丞或長史。中正、都尉、司馬爲之佐，又置功曹、五官門下、文學、督郵、主簿等屬吏。蜀、吴略同。晋制，太守屬吏亦大體相同。南朝沿置。

[8]内史：官名。西漢初諸王國置，掌國中民政。成帝綏和元年省，改由國相治民。西晋復改諸王國相置，掌民政，職掌、品秩與郡太守同。東晋、南朝沿置。

[9]佐：官名。地方各級機構屬吏。晋於千户以上鄉置一人，五千户以上鄉置二人。南朝梁三萬户郡丞置一人。

縣爲國曰相，大縣爲令，[1]小縣爲長，[2]皆置丞、尉。郡縣置吏，亦各准州法，以大小而制員。郡縣吏有書僮，[3]有武吏，[4]有醫，[5]有迎新、送故等員。[6]亦各因其大小而置焉。

[1]令：官名。即縣令。爲縣級行政機構長官，掌一縣之政令。戰國時韓、趙、魏、秦、齊已稱令。縣令本直隸於國君，戰國末年，郡縣兩級制度形成，縣屬於郡，縣令成爲郡守的下屬。秦確立郡縣制度，萬户以上的縣設令。秩千石至六百石。漢承秦制，略有小異，如邊地縣不滿萬户亦稱令。令長區别及其本身秩位高低除依户口多少、地區大小外，還包括治理難易及治績好壞。魏、晋、南朝承秦漢之制，長官治千户以上大縣者稱令，不足千户之縣爲長。晋縣千户以上，州郡治所五百户以上，皆爲令。南朝宋、齊同。但邊境、少數民族之縣數百户乃至數十户亦有置令者。縣令總理一縣政務，既可决獄，又能掌兵，故常帶雜號將軍名。其任職者身份不一，大多由州、郡僚佐遷升就任，爲前代所罕見。梁大縣六班，小縣兩轉方至一班。

[2]長：官名。即縣長。秦置，爲萬户以下縣之行政長官。兩

漢、三國、魏晋南朝沿置。

[3]書僮：吏名。南朝梁置，在官府協助抄寫或辦雜務。

[4]武吏：吏名。兩晋及南朝時州、郡、縣地方官府役人之一。晋武帝滅吴後，詔天下罷軍役，悉罷州郡兵，大郡置武吏百人，小郡置五十人。南朝時亦按州、郡、縣户口多少置武吏員額。服吏役之民户稱吏户，世代相承服役，非經皇帝或官府放員，不能解除吏名。武吏一般用於軍事，東晋以後亦耕種官田並納租。因課賦沉重，致有産子不養，甚至自殘手足者。

[5]醫：吏名。南朝梁置，爲郡縣屬吏。具體職掌不詳。

[6]迎新：吏名。南朝梁置，爲郡縣屬吏。職掌迎接由京師或其他任所來任長官。　送故：吏名。南朝梁置，爲郡縣屬吏。職掌送離任長官至京師或其他任所，多由長官親信擔任。

建康舊置獄丞一人。[1]天監元年，詔依廷尉之官，置正、平、監，革選士流，務使任職。又令三官更直一日，分受罪繫，事無小大，悉與令籌。若有大事，共詳，三人具辨。脱有同異，各立議以聞。尚書水部郎袁孝然、儀曹郎孔休源，[2]並爲之。位視給事中。

[1]建康：縣名。東晋、南朝皆建都於此。治所在今江蘇南京市。

[2]袁孝然：人名。南朝梁時人，生平事迹不詳。　儀曹郎：按諸本皆作“議曹郎”，但查南朝梁尚書省未設議曹，更無議曹郎一職。又據《梁書》卷三六《孔休源傳》，梁武帝初年孔休源曾任儀曹郎中，後遷任建康獄正。時間正與此符合。可見此處應作“儀曹郎”。因改。　孔休源：人名。南朝梁時人。傳見《梁書》卷三六、《南史》卷六〇。

天監初，武帝命尚書删定郎濟陽蔡法度，[1]定令爲九品。秩定，帝於品下注一品秩爲萬石，第二第三爲中二千石，第四第五爲二千石。至七年，革選，徐勉爲吏部尚書，[2]定爲十八班。以班多者爲貴，同班者，則以居下者爲劣。

[1]濟陽：縣名。治所在今河南蘭考縣東北。 蔡法度：人名。家傳律學，梁武帝時兼尚書删定郎，損益南齊舊律，修成新律二十卷，令、科各三十卷。後任廷尉卿。其事可參《南史》卷六《梁武帝紀上》。

[2]徐勉：人名。南朝梁時人。傳見《梁書》卷二五、《南史》卷六〇。

丞相、太宰、太傅、太保、大司馬、大將軍、太尉、司徒、司空，爲十八班。

諸將軍開府儀同三司、左右光禄開府儀同三司，爲十七班。

尚書令、太子太傅、左右光禄大夫，爲十六班。

尚書左僕射，太子少傅，尚書僕射、右僕射，中書監，特進，領、護軍將軍，爲十五班。

中領、護軍，吏部尚書，太子詹事，金紫光禄大夫，太常卿，爲十四班。

中書令，列曹尚書，國子祭酒，宗正、太府卿，光禄大夫，爲十三班。

侍中，散騎常侍，左、右衛將軍，司徒左長史，衛尉卿，爲十二班。

御史中丞，尚書吏部郎，秘書監，通直散騎常侍，太子左、右二衛率，左、右驍騎，左、右游擊，太中大夫，皇弟皇子師，司農、少府、廷尉卿，太子中庶子，光禄卿，爲十一班。

給事黄門侍郎，員外散騎常侍，皇弟皇子府長史，太僕、大匠卿，太子家令、率更令、僕，揚州别駕，[1]中散大夫，司徒右長史，雲騎，游騎，皇弟皇子府司馬，朱衣直閣將軍，爲十班。

［1］揚州：地名。治所在今江蘇南京市。

尚書左丞，鴻臚卿，中書侍郎，國子博士，太子庶子，揚州中從事，皇弟皇子公府從事中郎，太舟卿，大長秋，皇弟皇子府諮議，嗣王府長史，前左右後四軍、嗣王府司馬，庶姓公府長史、司馬，爲九班。

秘書丞，太子中舍人，司徒左西掾，司徒屬，皇弟皇子友，散騎侍郎，尚書右丞，南徐州别駕，[1]皇弟皇子公府掾屬，皇弟皇子單爲二衛司馬，嗣王庶姓公府從事中郎，左、右中郎將，嗣王庶姓公府諮議，皇弟皇子之庶子府長史、司馬，蕃王府長史、司馬，庶姓持節府長史、司馬，[2]爲八班。

［1］南徐州：地名。治所在今江蘇鎮江市。

［2］持節府：官署名。其長官爲持節都督，三國魏黄初三年始在地方州郡設持節都督，代皇帝統領諸州軍事，兼任地方行政長官。開府置掾屬，有長史、司馬、主簿、記室督、舍人等。晋、南

朝宋沿置。

五校，東宫三校，皇弟皇子之庶子府中録事、中記室、中直兵參軍，[1]南徐州中從事，皇弟皇子之庶子府、蕃王府諮議，爲七班。

[1]之庶子：熊清元以爲當爲衍文（參見熊清元《〈隋書·百官志上〉點校匡補》）。

太子洗馬，通直散騎侍郎，司徒主簿，尚書侍郎，著作郎，皇弟皇子府功曹史，五經博士，皇弟皇子府録事、記室、中兵參軍，皇弟皇子荆江雍郢南兖五州别駕，[1]領、護軍長史、司馬，嗣王庶姓公府掾屬，南臺治書侍御史，廷尉三官，謁者僕射，太子門大夫，嗣王庶姓公府中録事、中記室、中直兵參軍，庶姓府諮議，爲六班。

[1]荆：州名。治所在今湖北荆州市。　江：州名。自東晋至南朝陳，治所屢有遷徙，或治今湖北鄂州市，或治今江西九江市。　雍：地名。東晋太元中在今湖北襄樊境内僑置，南朝宋元嘉二十六年（449）割荆州北部五郡爲雍州，而僑郡縣猶寄治諸郡界。大明中，又分實土郡縣以爲僑郡縣境。　郢：州名。治所在今湖北武漢市。　南兖：州名。治所在今江蘇揚州市西北蜀岡上。

尚書郎中，皇弟皇子文學及府主簿，太子太傅、少傅丞，皇弟皇子湘豫司益廣青衡七州别駕，[1]皇弟皇子荆江雍郢南兖五州中從事，嗣王庶姓荆江雍郢南兖五州別駕，太常丞，[2]皇弟皇子國郎中令、三將，東宫二將，嗣王府功曹史，庶姓公府録事、記室、中兵參軍，皇弟皇子之庶子府、蕃王府中録事、中記室、中直兵參軍，爲五班。

[1]湘：州名。西晋永嘉元年（307）分荆、廣兩州置，以州治西臨湘水爲名。治所在今湖南長沙市。東晋以後屢有廢置，轄境亦有增減。南朝宋、齊時陸水流域割屬郢州，增轄今廣西東北部湘江上游、漓江和賀江流域以及廣東北部北江流域大部。梁時南部地區分置衡（今廣東英德市西北）、東衡（今廣東韶關市南）、桂（今廣西桂林市）等州，轄境縮小。　豫：州名。東晋、南朝屢有移徙，最北治在今河南汝南縣，最南治在今湖北黄岡市西北。轄境伸縮不常，最大時相當今江蘇、安徽長江以西，安徽望江縣以北的淮河南北地區。　司：州名。治所在今河南信陽市。梁大通二年（528）改爲北司州。　益：州名。治所在今四川成都市。　廣：州名。治所在今廣東廣州市。　青：州名。南朝宋時青州有兩處，此處應指南朝梁太清二年（548）所置青州，治所在齊通郡齊通縣（今四川眉山縣）。　衡：州名。治所在今廣東英德市西北。

[2]太常丞：官名。秦始置奉常丞，西漢因之，秩比千石。魏、晋、南朝宋、齊、梁皆置一人，掌舉陵廟非法。五班。

給事中，皇弟皇子府正參軍，中書舍人，建康三官，皇弟皇子北徐北兖梁交南梁五州别駕，[1]皇弟皇子湘豫司益廣青衡七州别駕、中從事，嗣王庶姓湘豫司益廣青衡七州别駕，嗣王庶姓荆江雍郢南兖五州中從事，宗正、太府、衛尉、司農、少府、廷尉、太子詹事等丞，積射、强弩將軍，太子左右積弩將軍，皇弟皇子國大農，嗣王國郎中令，嗣王庶姓公府主簿，皇弟皇子之庶子府蕃王府功曹史，皇弟皇子之庶子府蕃王府録事、記室、中兵參軍，爲四班。

[1]北徐：州名。治所在今安徽鳳陽縣東北。　北兗：州名。治所在今江蘇淮安市西南。　梁：州名。治所在今陜西漢中市東。　交：州名。治所在今越南河北省仙游東。　南梁：州名。梁南梁州有兩處，一處以北梁州改名，治所在今陜西安康市西北漢江北岸。一處治所在今四川劍閣縣，後改爲安州。

太子舍人，司徒祭酒，皇弟皇子公府祭酒，員外散騎侍郎，皇弟皇子府行參軍，太子太傅少傅五官功曹主簿，二衛司馬，公車令，胄子律博士，皇弟皇子越桂寧霍四州别駕，[1]皇弟皇子北徐北兗梁交南梁五州中從事，嗣王庶姓北徐北兗梁交南梁五州别駕，湘豫司益廣青衡七州中從事，嗣王庶姓公府正參軍，皇弟皇子之庶子府蕃王府曹主簿，武衛將軍，[2]光禄丞，皇弟皇子國中尉，太僕大匠丞，嗣王國大農，蕃王國郎中令，庶姓持節府中録事、中記室、中直兵參軍，北館令，爲三班。

[1]越：州名。治所在今廣西合浦縣東北。　桂：州名。治所在今廣西桂林市。　寧：州名。治所在今雲南陸良縣東北，梁大寶元年（550）以後廢。　霍：州名。治所在今安徽霍山縣。

[2]武衛將軍：官名。三國魏置，權任甚重，吴亦置。西晋、東晋或置或省，十六國漢、前凉、前秦、西凉、西秦、南凉、西燕亦置。南朝宋大明年間復置，代殿中將軍之任，比員外散騎常侍，權任漸輕。齊、梁沿置。

秘書郎，著作佐郎，揚、南徐州主簿，嗣王庶姓公府祭酒，皇弟皇子單爲領護詹事二衛等五官、功曹、主簿，太學博士，皇弟皇子國常侍，奉朝請，國子助教，皇弟皇子越桂寧霍四州中從事，皇弟皇子荆江雍郢南兗五州主簿，嗣王庶姓越桂寧霍四州别駕，嗣王庶姓北徐北兗梁交南梁五州中從事，鴻臚丞，[1]尚書五都令史，武騎常侍，材官將軍，明堂二廟帝陵令，嗣王府庶姓公府行參軍，皇弟皇子之庶子府正參軍，蕃王國大農，庶姓持節府録事、記室、中兵參軍，庶姓持節府功曹史，爲二班。

[1]鴻臚丞：官名。秦設典客丞，西漢武帝改稱大鴻臚丞，爲大鴻臚屬官，協助大鴻臚職掌諸侯及周邊少數族事務。秩比千石。東漢員一人，秩比千石。魏、晋皆因之。東晋省。南朝梁復置。

揚南徐州西曹祭酒從事，[1]皇弟皇子國侍郎，嗣王國常侍，揚南徐州議曹從事，東宫通事舍人，南臺侍御史，太舟丞，二衛殿中將軍，太子二率殿中將軍，皇弟皇子之庶子府蕃王府行參軍，蕃王國中尉，皇弟皇子湘豫司益廣青衡七州主簿，皇弟皇子荆雍郢南兗四州西曹祭酒議曹從事，皇弟皇子江州西曹從事、祭酒議曹祭酒部傳從事，嗣王庶姓越桂寧霍四州中從事，嗣王庶姓荆江雍郢南兗五州主簿，庶姓持節府主簿，汝陰巴陵二國郎中令，[2]太官、太樂、太市、太史、太醫、太祝、東西冶、左右尚方、南北武庫、車府等令，[3]爲一班。

[1]西曹：官署名。掌府吏署用事，屬官有參軍、掾、佐等。

[2]汝陰：州名。若爲封國則爲汝陰國。治所在今安徽合肥市。巴陵：州名。若爲封國則爲巴陵國。治所在今湖南岳陽市。

[3]車府：官名。即車府令。秦朝以趙高爲中車府令。漢朝爲太僕屬官，主乘輿諸車。東漢秩六百石。三國魏沿置，七品。東晉、南朝皆隸尚書省駕部，梁爲車府署長官。

位不登二品者，又爲七班。皇弟皇子府長兼參軍，皇弟皇子國三軍、嗣王國侍郎、蕃王國常侍、揚南徐州文學從事，殿中御史、庶姓持節府除正參軍、太子家令丞、二衛殿中員外將軍、太子二率殿中員外將軍、鎮蠻安遠護軍度支校尉等司馬，[1]皇弟皇子北徐北兗梁交南梁五州主簿、皇弟皇子湘豫司益廣青衡七州西曹祭酒議曹從事，皇弟皇子荊雍郢三州從事史，江州議曹從事，南兗州文學從事，嗣王庶姓湘豫司益廣青衡七州主簿、嗣王庶姓荊雍郢南兗四州西曹祭酒議曹從事，嗣王庶姓江州西曹從事、祭酒部傳從事、勸農謁者，汝陰巴陵二王國大農，郡公國郎中令，爲七班。

[1]鎮蠻：官名。即鎮蠻護軍。東晉、南朝置。職掌如將軍，而地位略低。統兵，管理少數民族事務。不兼太守者減太守一階；如其上别設將軍，亦減一階。　安遠護軍：官名。東晉南朝置，職掌如將軍，而地位略低。統兵，管理少數民族事務，置於武陵郡，多由武陵内史領之，立府，僚屬隨府主名號輕重而定。若單任此職，則減太守、内史一階；如其上設有將軍，亦減一階。　度支校尉：官名。三國魏置，掌諸軍兵田。職與典農校尉相通。隸大司

農。兩晋、南朝宋置於諸郡，掌財富會計漕運。常簡稱度支。梁則唯置巴陵郡，皆立府，管理郡務。

皇弟皇子國典書令，嗣王國三軍，蕃王國侍郎，領護詹事五官功曹，皇弟皇子府參軍督護，[1]嗣王府長兼參軍，庶姓公府長兼參軍，庶姓持節府板正參軍，[2]皇弟皇子越桂寧霍四州主簿，皇弟皇子北徐北兖梁交南梁五州西曹祭酒議曹從事，嗣王庶姓北徐北兖梁交南梁五州主簿，嗣王庶姓湘豫司益廣青衡七州西曹祭酒議曹從事，皇弟皇子豫司益廣青五州文學從事，湘衡二州從事，嗣王庶姓荆霍郢三州從事史，江州議曹從事，南兖州文學從事，汝陰巴陵二王國中尉，皇弟皇子之庶子縣侯國郎中令，郡公國大農，縣公國郎中令，爲六班。

[1]參軍督護：官名。東晋置，領營兵，有部曲。南朝沿置，不領營兵。三公府、諸王府、持節都督府及將軍開府皆置，地位較低，在長兼行參軍之下。

[2]板：西晋時王公大臣自委任屬官，皆書於板而除授。南北朝時，諸府除官亦稱板。承制除假職，未經敕授者也稱之爲板。老人官雖由朝廷封授，亦爲板除假職，以別於通常之詔敕任命。

皇弟皇子國三令，嗣王國典書令，蕃王國三軍，皇弟皇子公府東曹督護，嗣王府庶姓公府參軍督護，皇弟皇子之庶子長兼參軍，蕃王府長兼參軍，二衛正員司馬督，太子二率正員司馬督，領護主簿，詹事主簿，二衛功曹，太常五官功曹，石頭戍軍功曹，[1]庶姓持節府行參軍，皇弟皇子越桂寧霍四州西曹祭酒議曹從事，皇弟皇子北徐北兖梁交南梁五州文學從事，嗣王庶姓越桂寧霍四州主簿，嗣王庶姓北徐北兖梁交南梁五州西曹祭酒議曹從事，嗣王庶姓豫司益廣青五州文學從事，湘衡二州從事，汝陰巴陵二王國常侍，郡公國中尉，縣侯國郎中令，皇弟皇子府功曹督護，爲五班。

[1]石頭：山名。即今江蘇南京市西清凉山。因江流緊逼山麓，山壁受江水冲刷近乎垂直，崖石暴露在外而得名。一説自江北而來，山皆無石，至此山始有石，故名。因山上有城（即石頭城），又名石城山。六朝時爲都城建康江防要地。　戍：地方軍事行政機構。南朝置，設於邊境軍事要地，隸於州。以戍主爲長官，下設戍副、戍將、掾、隊主、隊副等，或設驛將。掌轄區内軍務，拱衛邊防，干預民政和財政。

嗣王國三令，蕃王國典書令，嗣王府功曹督護，庶姓公府東曹督護，皇弟皇子之庶子府參軍督護，蕃王府參軍督護，二衛員外司馬督，太子二率員外司馬督，二衛主簿，太常主簿，宗正等十一卿五官功曹，石頭戍軍主簿，庶姓持節府板行參軍，[1]皇弟皇子越桂寧霍四州文學從事，嗣王庶姓越桂寧霍四州西曹祭酒議曹從事，嗣王庶姓北徐北兖梁交南梁五州文學從事，汝陰巴陵二王國侍郎，縣公國中尉，爲四班。

[1]板行：晋、南北朝大臣任命僚屬謂之“板行”，以示與朝廷詔授有别。

蕃王國三令，皇弟皇子之庶子府蕃王府功曹督護，宗正等十一卿主簿，庶姓持節府長兼參軍，嗣王庶姓越桂寧霍四州文學從事，郡公國侍郎，爲三班。

庶姓持節府參軍督護，汝陰巴陵二王國典書令，縣公國侍郎，爲二班。

庶姓持節府功曹督護，汝陰巴陵二王國三令，郡公國典書令，爲一班。

又著作正令史，[1]集書正令史，尚書度支三公正令史，函典書、殿中外監、齋監、東堂監、尚書都官左降正令史，[2]諸州鎮監、石頭城監、琅邪城監、東宫外監、殿中、守舍人，[3]齋監、東宫典經守舍人，上庫令，太社令，[4]細作令，導官令，平水令，太官市署丞，正厨丞，[5]酒庫丞，柴署丞，太樂庫丞，[6]别局校丞，[7]清商丞，太史丞，太醫二丞，中藥藏丞，東治小庫等三丞，作堂金銀局丞，[8]木局丞，[9]北武庫二丞，南武庫二丞，東宫食官丞，上林丞，湖西塼屯丞，[10]茭若庫丞，紋絹簟席丞，[11]國子典學，材官司馬，[12]宣陽等諸門候，[13]東宫導客守舍人，[14]運署謁者，[15]都水左右二裝五城謁者，[16]石城宣城陽新屯謁者，[17]南康建安晋安伐船謁者，[18]晋安練葛屯主，[19]爲三品藴位。

[1]正令史：官名。簡稱令史。佐理案牘文書的管理。秦、漢諸官署多置令史，掌文書。三國魏、兩晋、南朝省，臺、府、寺諸官署沿置，稱正令史，高於書令史。魏、晋、南朝宋爲流内官。梁爲流外吏職。

[2]殿中外監：官名。也稱制局監。領器仗兵役。凡征兵興役，

調動軍隊皆決於外監，實際權力在領兵將軍之上。但官秩卑微，多由寒人被恩幸者充任。　齋監、東堂監：底本作“齊東堂監”，中華本校勘記據《通典》卷三七改補爲“齋監、東堂監”，今從改。下“齋監”同。東堂監，官名。兩晉南朝時管理皇宫正殿的長官。

［3］州鎮監：官名。南朝梁置，爲朝廷派駐諸州、諸鎮監察政務的官員。　石頭城監：官名。南朝梁置，爲朝廷派駐石頭城監察政務的官員。石頭城，又名石首城，簡稱石城。在今江蘇南京市西清涼山。三國吴、東晋、南朝建都建康，倚此爲守衛都城的軍事重鎮，常以心腹大臣鎮守，爲兵家必争之地。　琅邪城監：官名。爲朝廷派駐琅邪城監察政務的官員。琅邪城，東晋大興三年（320）僑置，無實土。後桓温割丹江郡之江乘縣地爲實土，治蒲州金城（今江蘇句容市西北）。南朝齊移至白下（今江蘇江蘇南京市北金川門外），梁沿置。

［4］太社令：官名。南朝梁置，掌祭社。

［5］正厨丞：官名。南朝梁置，具體職掌不詳。

［6］太樂庫丞：官名。南朝梁置，屬太樂令，掌太樂演奏所需的諸種器物。

［7］别局校丞：官名。具體職掌不詳。

［8］作堂金銀局丞：官名。南朝梁置，具體職掌不詳。

［9］木局丞：官名。南朝梁置，掌木局事務。

［10］湖西塼屯丞：官名。南朝梁置，具體職掌不詳。

［11］紋絹簟席丞：官名。南朝梁置，具體職掌不詳。

［12］材官司馬：官名。爲材官將軍屬官，隸少府卿。

［13］宣陽：即宣陽門。東晋、南朝建康城外城正南門。　門候：官名。西漢始置，主城門或軍營門。三國、兩晋、南朝沿置。

［14］東宫導客守舍人：官名。南朝梁置，爲東宫屬官，具體職掌不詳。

［15］運署謁者：官名。南朝梁置，具體職掌不詳。

［16］謁者：官名。春秋戰國時期爲國君、卿大夫的侍從官，掌

接待引見賓客，朝會時擔任警衛，亦奉命出仕。秦漢宫廷、後宫、太子宫、諸侯王國皆置。西漢本職爲侍從皇帝，擔任賓禮司儀，宿衛宫廷及供其他臨時差遣，常充任皇帝使者，出使諸侯王國、少數民族，巡視地方，派往災區宣慰存問、發放賑貸，或收捕、考案貴戚、大臣，主持水利工程等。東漢或遣謁者監軍及監領築城和水利工程等，後設專職謁者。魏晋爲謁者臺屬官，掌賓禮司儀，傳宣詔命，奉命出使。又有監國謁者，監察諸侯王，權勢頗重。晋一度省謁者臺，南朝復置，並設都水、河堤等專職謁者，宦官有中謁者、内謁者等，諸王、公、侯等國亦置爲屬官。都水謁者，官名。東晋置，都水臺屬官，南朝沿置，梁亦稱河堤謁者。

[17]宣城：郡名。郡治宛陵縣（今安徽宣城市宣州區）。　陽新：縣名。治所在今湖北陽新縣西南陽新鎮。　屯：戍所、駐地。

[18]南康：郡名。治贛縣（今江西贛州市）。轄境相當於今江西贛州地區。　建安：郡名。治建安縣（今福建建甌市）。轄境約在今福建的西北部。　晋安：郡名。治侯官縣（今福建福州市），轄境相當今福建東部地區。　伐船謁者：官名。南朝梁置，具體職掌不詳。

[19]練葛屯主：官名。南朝梁置，具體職掌不詳。

又門下集書主事通正令史，中書正令史，尚書正令史，尚書監籍正令史，都正令史，殿中内監，題閣監，[1]婚局監，[2]東宫門下通事守舍人，東宫典書守舍人，東宫内監殿中、守舍人，題閣監，乘黄令，右藏令，籍田令，廩犧令，梅根諸冶令，[3]典客館令，太官四丞，庫丞，[4]太樂令，[5]東冶大庫丞，左尚方五丞，右尚方四丞，東宫衛庫丞，司農左右中部倉丞，廷尉律博士，[6]公府舍人，諸州别署監，[7]山陰獄丞，[8]爲三品勳位。其州二十三，並列其高下，選擬略視内職。郡守及丞，[9]各爲十班。縣制七班。用人各擬内職云。

[1]題閣監：官名。南朝梁置，具體職掌不詳。

[2]婚局監：官名。南朝梁置，具體職掌不詳。

[3]梅根：地名。即梅根冶，又稱錢溪，在今安徽池州市貴池區東北梅龍（梅埂），因梅根河得名。六朝以後在此冶鼓鑄，所鑄錢幣在南朝宋時已聞名遠近。

[4]庫丞：官名。南朝梁置，具體職掌不詳。

[5]太樂令：中華本"令"作"丞"，《通典》作"大樂丞"。本志前有"太樂令"，應以底本爲是。

[6]廷尉律博士：官名。三國魏明帝時置律博士，掌刑律教授並保管法律典籍，屬廷尉。兩晉、南朝宋、齊、梁沿置，隸廷尉。

[7]别署監：官名。南朝梁置，具體職掌不詳。

[8]山陰：縣名。治所在今浙江紹興市。

[9]郡守：官名。始見於戰國。初爲武職，防守邊郡，後漸演變爲郡級行政機構最高長官，省稱守。西漢因之，後改名太守，魏晋時也爲郡太守代稱。　丞：官名。即郡丞。秦漢郡置，爲郡守（太守）副貳，佐郡守掌衆事。邊郡别有長史，掌兵馬，由朝廷任命。東漢若郡太守病，丞、長史代行其事。後又罷邊郡丞，以長史領丞職。三國魏、蜀、吴皆置，稱府丞。西晋沿置，東晋罷，南朝宋復置，梁、陳沿置。

又詔以將軍之名，高卑舛雜，命更加釐定。於是有司奏置一百二十五號將軍。以鎮衛、驃騎、車騎，[1]爲二十四班。内外通用。四征、東南西北，止施外。四中，軍、衛、撫、權，[2]止施内。爲二十三班。八鎮東南西北，止施在外。左右前後，止施在内。爲二十二班。八安東西南北，止施在外。左右前後，止施在内。爲二十一班。四平、東南西北。四翊，左右前後。爲二十班。凡三十五號，爲一品。是爲重號將軍。忠武、軍師，爲十九班。武臣、爪牙、龍騎、雲麾，爲十八班。代舊前後左右四將軍。鎮兵、翊師、宣惠、宣毅，爲十七班。代舊四中郎。十號爲一品。智威、仁威、勇威、信威、嚴威，爲十六班。代舊征虜。智武、仁武、勇武、信武、嚴武，爲十五班。代舊冠軍。十號爲一品，所謂五德將軍者也。輕車、征遠、鎮朔、武旅、貞毅，爲十四班。代舊輔國。凡將軍加大者，唯至貞毅而已。通進一階。優者方得比加位從公。凡督府，置長史司馬諮議諸曹，有録事記室等十八曹。天監七年，更置中録事、中記室、中直兵參軍各一人。寧遠、明威、振遠、電耀、威耀，爲十三班。代舊寧朔。十號爲一品。武威、武騎、武猛、壯武、飇武，爲十二班。電威、馳鋭、追鋒、羽騎、突騎，爲十一班。十號爲一品。折衝、冠武、和戎、安壘、猛烈，爲十班。掃狄、雄信、掃虜、武鋭、摧鋒，爲九班。十號爲一品。略遠、貞威、决勝、開遠、光野，爲八班。厲鋒、輕鋭、討狄、蕩虜、蕩夷，爲七班。十號爲一品。武毅、鐵騎、樓船、宣猛、樹功，爲六班。克狄、平虜、討夷、平狄、威戎，爲五班。十號爲一品。伏波、雄戟、長劍、衝冠、雕騎，爲四班。佽飛、安夷、克戎、綏狄、威虜，爲三班。十號爲一品。前鋒、武毅、開邊、招遠、金威，爲二班。綏虜、蕩寇、殄虜、横野、馳射，爲一班。十號爲一品。凡十品，二十四班。亦以班多爲貴。其制品十，取其盈數。班二十四，以法氣序。制簿悉以大號居後，以爲選法自小遷大也。前史所記，以位得從公，故將軍之名，次于台槐之下。[3]至是備其班品，叙於百司之外。其不登二品，應須軍號者，有牙門、代舊建威。期門，代舊建武。爲八班。候騎、代舊振威。熊渠，代舊振武。爲七班。中堅、代舊奮威。典戎，代舊奮武。爲六班。戈船、代舊揚威。繡衣，代舊揚武。爲五班。執訊、代舊廣威。行陣，代舊廣武。爲四班。鷹揚爲三班。陵江爲二班。偏將軍、裨將軍，爲一班。凡十四號，别爲八班，以象八風。所施甚輕。又有武安、鎮遠、雄義，擬車騎。爲二十四班。四撫東南西北，擬四征。爲二十三班。四寧東南西北，擬四鎮。爲二十二班。四威東南西北，擬四安。爲二十一班。四綏東南西北，擬四平。爲二十班。凡十九號，爲一品。安遠、安邊，擬忠武、軍師。爲十九班。輔義、安沙、衛海、撫河，擬武臣等四號。爲十八班。平遠、撫朔、寧沙、航海，擬鎮兵等四號。爲十七班。凡十號，爲一品。翊海、朔野、拓遠、威河、龍幕，擬智威等五號。爲十六班。威隴、安漠、綏邊、寧寇、梯山，擬智武等五號。爲十五班。凡十號，爲一品。寧境、綏河、明信、明義、威漠，擬輕車等五號。爲十四班。安隴、向義、宣節、振朔、候律，擬寧遠等五號。爲十三班。凡十號，爲一品。平寇、定遠、陵海、寧隴、振漠，擬武威等五號。爲十二班。馳義、横朔、明節、執信、懷德，擬電威等五號。爲十一班。凡十號，爲一品。撫邊、定隴、綏關、立信、奉義，擬折衝等五號。爲十班。綏隴、寧邊、定朔、立節、懷威，擬掃狄等五號。爲九班。凡十號，爲一品。懷關、静朔、掃寇、寧河、安朔，擬略遠等五號。爲八班。揚化、超隴、執義、來化、度嶂，擬厲鋒等五號。爲七班。凡十號，爲一品。平河、振隴、雄邊、横沙、寧關，擬武毅等五號。爲六班。懷信、宣義、弘節、浮遼、鑿空，擬克狄等五號。爲五班。凡十號，爲一品。扞海、款塞、歸義、陵河、明信，擬伏波等五號。爲四班。奉忠、守義、弘信、仰化、立義，擬佽飛等五號。爲三班。凡十號，爲一品。綏方、奉正、承化、浮海、度河，擬先鋒等五號。爲二班。懷義、奉信、歸誠、懷澤、伏義，擬綏虜等五號。爲一班。凡十號，爲一品。大凡一百九號將軍，亦爲十品，二十四班。正施於外國。

［1］鎮衛：官名。即鎮衛將軍。十六國後趙石虎建武年間置，位在車騎將軍之上。中華本此處標點作“鎮、衛”，但查南朝梁無鎮將軍、衛將軍之名（參見熊清元《〈隋書·百官志上〉點校匡補》），因改。下與此同。　驃騎：官名。即驃騎將軍，“驃”亦作“票”。西漢武帝置爲重號將軍，僅次於大將軍。東漢位比三公，地位尊崇。魏、晉、南朝因之，居諸名號將軍之首，僅作爲軍府名號，加授大臣、重要州郡長官，無具體職掌。　車騎：官名。即車騎將軍。西漢初將車騎士，故名。後遂爲高級武官稱號，位次大將軍，且文官輔政者亦加此銜。東漢權勢尤重。三國魏車騎將軍爲都督，儀與四征同。若不爲都督，雖持節屬四征者，與前後左右雜號將軍同。晉、南朝宋不復爲四征所督。車騎將軍，魏晉南朝時仍爲重號將軍，但多作爲加官授予朝中大臣及地方長官，無具體職掌。魏、晉二品，南朝宋二品。

［2］權：諸本作“護”。熊清元考南朝梁無中護將軍之號，而有中權將軍。又本志後叙陳代將軍，“四中”爲軍、撫、衛、權，可斷“護”應爲“權”字之訛（參見熊清元《〈隋書·百官志上〉點校匡補》）。今從改。

［3］台槐：即三公。古以三台星象徵，周在外朝種槐樹，以定三公之位，後因以“台槐”稱宰輔之位。

及大通三年，有司奏曰：“天監七年，改定將軍之名，有因有革。普通六年，[1]又置百號將軍，更加刊正，雜號之中，微有移異。大通三年，奏移寧遠班中明威將軍進輕車班中，以輕車班中征遠度入寧遠班中。又置安遠將軍代貞武，宣遠代明烈。其戎夷之號，亦加附擬。選序則依此承用。”遂以定制。轉則進一班，黜則退一班。班即階也。同班以優劣爲前後。有鎮衛、驃騎、車騎同班。四中、四征同班。八鎮同班。八安同班。四平、四翊同班。忠武、軍師同班。武臣、爪牙、龍騎、雲麾、冠軍同班。鎮兵、翊師、宣惠、宣毅四將軍，東南西北四中郎將同班。[2]智威、仁威、勇威、信威、嚴威同班。智武、仁武、勇武、信武、嚴武同班。謂爲五德將軍。輕車、鎮朔、武旅、貞毅、明威同班。寧遠、安遠、征遠、振遠、宣遠同班。威雄、威猛、威烈、威振、威信、威勝、威略、威風、威力、威光同班。武猛、武略、武勝、武力、武毅、武健、武烈、武威、武鋭、武勇同班。猛毅、猛烈、猛威、猛鋭、猛震、猛進、猛智、猛武、猛勝、猛駿同班。[3]壯武、壯勇、壯烈、壯猛、壯鋭、壯盛、壯毅、壯志、壯意、壯力同班。驍雄、驍桀、驍猛、驍烈、驍武、驍勇、驍鋭、驍名、驍勝、驍迅同班。雄猛、雄威、雄明、雄烈、雄信、雄武、雄勇、雄毅、雄壯、雄健同班。忠勇、忠烈、忠猛、忠鋭、忠壯、忠毅、忠捍、忠信、忠義、忠勝同班。明智、明略、明遠、明勇、明烈、明威、明勝、明進、明鋭、明毅同班。光烈、光明、光英、光遠、光勝、光鋭、光命、光勇、光戎、光野同班。飈勇、飈猛、飈烈、飈鋭、飈奇、飈决、飈起、飈略、飈勝、飈出同班。龍驤、武視、雲旗、風烈、電威、雷音、馳鋭、追鋭、羽騎、突騎同班。[4]折衝、冠武、和戎、安壘、超猛、英果、掃虜、掃狄、武鋭、摧鋒同班。[5]開遠、略遠、貞威、决勝、清野、堅鋭、輕鋭、拔山、雲勇、振旅同班。超武、鐵騎、樓船、宣猛、樹功、克狄、平虜、稜威、昭威、威戎同班。伏波、雄戟、長劍、衝冠、雕騎、佽飛、勇騎、破敵、克敵、威虜同班。前鋒、武毅、開邊、招遠、金威、破陣、蕩寇、殄虜、横野、馳射同班。[6]牙門、期門同班。候騎、熊渠同班。中堅、典戎同班。執訊、行陣同班。伏武、懷奇同班。偏、裨將軍同班。[7]凡二百四十號，爲四十四班。[8]

[1]普通：南朝梁武帝蕭衍年號（520—527）。

[2]東南西北四中郎將：官名。即東、南、西、北中郎將。東中郎將，東漢靈帝時所置四中郎將之一，率師征伐，時以董卓任之。魏晋南北朝沿置，地位重要，多有較固定的轄區和治所。晋、南朝宋時多兼任刺史，或持節、都督相鄰數州軍事，銀印青綬。南朝宋、齊常以宗室諸王任之。梁或置或罷。南中郎將，東漢末年置，爲四中郎將之一。魏晋南北朝沿置，多率師征戰，職權頗重。或兼荆、江、梁等州刺史，或持節，銀印青綬。南朝宋、齊多用宗室諸王。梁時一度罷其職，後復置。西中郎將，東漢獻帝時所置四

中郎將之一，率師征伐。魏晋南北朝沿之，或鎮守某地。魏、西晋多兼凉州刺史，東晋、南朝多兼豫州刺史，鎮歷陽，或持節都督司、豫、冀、并等州軍事，銀印青綬。南朝宋、齊多以宗室諸王任之。梁或置。北中郎將，東漢末年置，爲四中郎將之一，率師征伐。魏晋南北朝沿置，地位重要，多有較爲固定的轄區和治所。西晋時多鎮鄴，東晋及南朝常兼徐、兖等州刺史，或持節，都督徐、兖、幽、并等州軍事，銀印青綬。南朝宋、齊多以宗室任之。梁時或置或罷。

［3］武：底本原作“威”，中華本校勘記以其“與上文重複，據《通典》六三改”。今從改。

［4］武視：中華本校勘記述陳制時稱“當作‘虎視’，唐人諱改”。按，梁時稱名亦爲唐人諱改。下同。

［5］武鋭：前文已有武鋭之號，此處當作“虎鋭”，唐人諱改。

［6］武毅：前文已有武毅之號，此處當作“虎毅”，唐人諱改。

［7］偏：官名。即偏將軍。西漢置。爲主將之下副將、小將。新莽時曾普賜諸郡卒正、連帥、大尹此號。東漢、三國時爲雜號將軍中地位較低者，僅高於裨將軍。魏、晋、南朝沿置。　裨將軍：官名。西漢置。初爲主將之下副將，後成爲低級將軍名號。新莽時賜諸縣屬令長皆爲裨將軍。魏、晋、南朝位列諸雜號將軍之末。

［8］四十四班：總計前列班數三十四班，“四”或爲“三”之誤。又中華本稱計三十三班，未將偏、裨將軍計入，有誤。

又雍州置寧蠻校尉，[1]廣州置平越中郎將，[2]北凉、南秦置西戎校尉，[3]南秦、梁州置平戎校尉，[4]寧州置鎮蠻校尉，[5]西陽、南新蔡、晋熙、廬江等郡，[6]置鎮蠻護軍，武陵郡置安遠護軍，巴陵郡置度支校尉。皆立府，隨府主號輕重而不爲定。其將軍施於外國者，雄義、鎮遠、武安同班，擬鎮、衛等三號。四撫同班，擬四征。

四威同班，擬四安。四綏同班，擬四平。安遠、安邊同班，擬忠武等號。撫河、衛海、安沙、輔義同班，擬武臣等號。航海、寧沙、撫朔、平遠同班，擬鎮兵等號。龍幕、威河、和戎、拓遠、朔野、翊海同班，擬智威等號。梯山、寧寇、綏邊、安漠、威隴五號同班，擬智武等號。威漠、明義、昭信、綏河、寧境同班，擬輕車等號。候律、振朔、宣節、向義、安隴同班，擬寧遠等號。振漠、寧隴、陵海、安遠、平寇同班，擬威雄等號。懷德、執信、明節、横朔、馳義同班，擬武猛等號。安朔、寧河、掃寇、静朔、懷關同班，[7]擬驍雄等號。度嶂、奉化、康義、超隴、揚化同班，擬猛烈等號。寧關、横沙、雄邊、振隴、平河同班，擬忠勇等號。鑿空、浮遼、弘節、宣義、懷信同班，擬明智等號。明信、陵河、歸義、款塞、扞海同班，擬光烈等號。立義、仰化、弘信、守義、奉忠同班，擬飆勇等號。奉誠、立誠、建誠、顯誠、義誠同班，擬龍驤等號。[8]尉遼、寧渤、綏嶺、威塞、通候同班，擬折衝等號。掃荒、威荒、定荒、開荒、理荒同班，擬開遠等號。奉節、建節、效節、伏節同班，擬超武等號。渡河、陵海、承化、奉正、綏方同班，擬伏波等號。伏義、懷澤、歸誠、奉信、懷義同班，擬前鋒等號。凡一百二十五將軍，二十八班，[9]並施外國戎號，准于中夏焉。大同四年，魏彭城王尒朱仲遠來降，[10]以爲定洛大將軍，仍使其北討，故名云。

［1］寧蠻校尉：官名。東晋時置，南朝沿置。掌管雍州（今湖北襄樊市）的少數民族事務。領兵，設府於襄陽，稱小府。多由其他將軍或刺史兼任，若單任，則減刺史一階。

［2］平越中郎將：官名。西晋武帝置，東晋、南朝沿置。主管南越事務，設府置僚佐，治廣州（今廣東廣州市番禺區），多兼任廣州刺史。

［3］北凉：地名。指張掖。《通鑑》卷一一一《晋紀》隆安三年胡三省注曰："河西四郡，張掖在北，故號北凉。"治所在今甘肅張掖市西北。　南秦：州名。十六國前秦建元七年（371）平仇池氐楊氏置。治所在今甘肅西和縣南洛峪。後秦建初四年（389）地復入楊氏，遂廢。北魏正始初復置。　西戎校尉：官名。亦稱護西戎校尉。三國魏置，西晋初治長治，掌雍州少數民族事務。領兵，多以征西、鎮西等將軍領之，並兼雍州刺史。東晋後改治漢中，或兼梁州刺史。梁置於北凉、南秦州，立府，有長史、司馬、主簿、牙門等僚屬。

［4］平戎校尉：官名。南朝梁置，設於南秦州、梁州，由刺史或將軍兼領，負責鎮撫少數民族。其官府稱小府，府佐品級隨府主軍號輕重而定，一般減大府一階。

［5］鎮蠻校尉：官名。東晋改南夷校尉置，掌管寧州少數民族事務。領兵，立府，置長史、司馬、參軍等僚屬。南朝沿置。

［6］西陽：郡名。治所在今湖北黄岡市東。　南新蔡：郡名。僑置郡縣。治所在今湖北黄梅縣西北。　晋熙：郡名。治所在今安徽潜山縣。　廬江：郡名。治所在今安徽舒城縣。

［7］"懷德"至"懷關同班"：底本脱"懷德"至"静朔"二十五字，據中華本補。

［8］擬龍驤等號：底本脱"龍"字，據中華本補。

［9］凡一百二十五將軍，二十八班：今計止一百一十五號將軍，二十五班。

［10］魏：即北魏（386—557）。初都平城（今山西大同市東

北），公元494年遷都洛陽（今河南洛陽市東北白馬寺東）。公元534年分裂爲東魏和西魏兩個政權。東魏（534—550）都於鄴（今河北臨漳縣西南鄴鎮東），西魏（535—557）都於長安（今陝西西安市西北郊）。 尒朱仲遠：人名。北魏時人。《魏書》卷七五、《北史》卷四八有附傳。

陳承梁，皆循其制官，而又置相國，位列丞相上。并丞相、太宰、太傅、太保、大司馬、大將軍，並以爲贈官。定令，尚書置五員，郎二十一員。其餘並遵梁制，爲十八班，而官有清濁。[1]自十二班以上並詔授，表啓不稱姓。從十一班至九班，禮數復爲一等。又流外有七班，此是寒微士人爲之。從此班者，方得進登第一班。其親王起家則爲侍中。若加將軍，方得有佐史，無將軍則無府，止有國官。皇太子冢嫡者，[2]起家封王，依諸王起家。餘子並封公，起家中書郎。諸王子并諸侯世子，起家給事。三公子起家員外散騎侍郎，令僕子起家秘書郎。若員滿，亦爲板法曹，雖高半階，望終秘書郎下。次令僕子起家著作佐郎，亦爲板行參軍。此外有楊州主簿、太學博士、王國侍郎、奉朝請、嗣王行參軍，並起家官，未合發詔。諸王公參佐等官，仍爲清濁。或有選司補用，亦有府牒即授者，不拘年限，去留隨意。在府之日，唯賓游宴賞，時復修參，更無餘事。若隨府王在州，其僚佐等，或亦得預催督。若其驅使，便有職務。其衣冠子弟，多有修立，非氣類者，唯利是求，暴物亂政，皆此之類。國之政事，並由中書省。有中書舍人五人，領主事十人，書吏二百人。書吏不足，并取助書。分掌二十一局事，各當尚書諸曹，並爲上司，總國内機要，而尚書唯聽受而已。被委此官，多擅威勢。其庶姓爲州，若無將軍者，謂之單車。[3]郡縣官之任代下，有迎新送故之法，餉饋皆百姓出，並以定令。其所制品秩，今列之云。

[1]清濁：官職制度。魏、晋、南北朝時期官職有清、濁之分，士族高門衹出任與自己身份相應的“清官”，寒門衹能任“濁官”。由濁官遷任清官，可大大提高社會地位。

[2]冢嫡：即嫡長子。

[3]單車：官名。即單車刺史。刺史等級之一，魏晋南朝時期，凡庶姓任州刺史而未加將軍號者爲單車刺史。

相國，丞相，太宰，太傅，太保，大司馬，大將軍，太尉，司徒，司空，開府儀同三司，已上秩萬石。巴陵王、汝陰王後，尚書令，已上秩中二千石。品並第一。

中書監，尚書左右僕射，特進，太子二傅，左右光禄大夫，已上中二千石。品並第二。

中書令，侍中，散騎常侍，領、護軍，中領、護軍，[1]吏部尚書，列曹尚書，金紫光禄大夫，光禄大夫，已上並中二千石。左右衛將軍，御史中丞，已上二千石。太后衛尉、太僕、少府三卿，太常、宗正、太府、衛尉、司農、少府、廷尉、光禄、大匠、太僕、鴻臚、太舟等卿，太子詹事，國子祭酒，已上中二千石。揚州刺史，凡單車刺史，加督進一品，[2]都督進二品。[3]不論持節假節，揚州、徐州加督，進二品右光禄已下。加都督，第一品尚書令下。南徐、東揚州刺史，[4]皇弟皇子封國王世子，品並第三。

［1］中領、護軍：底本原無此四字，中華本校勘記云："宋小字本此處泐四字，别本脱，據《通典》三八補。"今從補。

［2］督：官名。東漢常命御史、中郎將等出督州郡軍事，具有臨時差遣的性質。三國吴亦置於沿江要地，統兵屯守。兩晋以督某州諸軍事爲該地區軍政長官，南朝沿置。

［3］都督：官名。三國魏黄初初年置，稱都督諸州軍事，領駐在州刺史，兼管民政。無固定品級，多帶將軍名號。蜀、吴亦置。晋、南朝沿置，分使持節、持節、假節三種，職權有所不同。

［4］東揚州：治所在今浙江紹興市。

通直散騎常侍，員外散騎常侍，黄門侍郎，已上二千石。秘書監，中二千石。左右驍騎、左右游擊等將軍，太子中庶子，已上二千石。太子左右衛率，二千石。朱衣直閣，雲騎、游騎將軍，中書侍郎，已上千石。尚書左右丞，尚書、吏部侍郎、郎中，已上六百石。尚書郎中與吏部郎同列，今品同。太子三卿，太中、中散大夫，司徒左右長史，已上千石。諸王師，依秩減之例。國子博士，千石。荆江南兗郢湘雍等州刺史，六州加督，進在第三品東揚州下。加都督，進在第二品右光禄下。嗣王、蕃王、郡公、縣公等世子，[1]品並第四。

［1］郡公：爵名。魏晋始置，初定爲"公"的一個等級，高於縣公。其後各朝多置。晋武帝咸寧三年（277）定大、次、小王國制，規定郡公制如小國王。　縣公：爵名。春秋時楚國縣大夫僭稱。南北朝亦置，常爲開國縣公簡稱。

秘書丞，明堂、太廟、帝陵等令，已上六百石。散騎侍郎，前左右後軍將軍，左右中郎將，已上千石。大長秋，二千石。太子中舍人、庶子，六百石。豫益廣衡等州，青州領冀州，北兖北徐等州，梁州領南秦州，司南梁交越桂霍寧等十五州，加督，進在第四品雍州下。加都督，進在第三品南徐州下。不言秩。丹揚尹，[1]中二千石。會稽太守，[2]二千石。加督，進在第四品雍州下。加都督，進在第三品南徐州下。諸郡若督及都督，皆以此差次爲例。吴郡吴興二太守，[3]二千石。侯世子，不言秩。皇弟皇子府諮議參軍，八百石。皇弟皇子府板諮議參軍，不言秩。皇弟皇子府長史，千石。皇弟皇子府板長史，不言秩。皇弟皇子府司馬，千石。皇弟皇子府板司馬，不言秩。皇弟皇子公府從事中郎，六百石。品並第五。

[1]丹揚尹：官名。一作丹陽尹。東晋太興元年（318）改丹楊内史置，爲京城所在郡府長官，掌京城行政事務及詔獄，一度兼掌少府職事。亦稱京尹。

[2]會稽：郡名。治所在今浙江紹興市，曾屢爲東揚州治。

[3]吴郡：治所在今江蘇蘇州市。　吴興：郡名。治所在今浙江湖州市。

通直散騎侍郎，千石。著作郎，六百石。步兵、射聲、長水、越騎、屯騎五校尉，並千石。太子洗馬，六百石。太子步兵、翊軍、屯騎三校尉，並秩同臺校。司徒左西掾屬，並本秩四百石。依減秩例。皇弟皇子友，依減秩例。皇弟皇子公府屬，本秩四百石。依減秩例。五經博士，六百石。子男世子，不言秩。萬户以上郡太守、内史、相，嗣王府、皇弟皇子之庶子府諮議參軍，六百石。板者不言秩。嗣王府、皇弟皇子之庶子府長史、司馬，並八百石。嗣王府官減正王府一階。其板長史、司馬，並不言秩。庶姓公府諮議參軍，六百石。與嗣王府同。其板者並不言秩。庶姓公府長史、司馬，並八百石。其板者並不言秩。嗣王庶姓公府從事中郎，六百石。皇弟皇子府中録事參軍、板府中録事參軍，中記室參軍、板中記室參軍，中直兵參軍、板中直兵參軍，揚州別駕中從事，皇弟皇子南徐荆江南兗郢湘雍州別駕中從事，並不言秩。品並第六。

給事中，六百石。員外散騎侍郎，秘書著作佐郎，並四百石。依減秩例。奉車、駙馬都尉，武賁中郎將，羽林監，冗從僕射，已上並六百石。謁者僕射，千石。南臺治書侍御史，六百石。太子舍人，二百石。依減秩例。太子門大夫，六百石。太子旅賁中郎將、冗從僕射，並秩同臺將。司徒主簿，依減秩例。司徒祭酒，不言秩。領護軍長史、司馬，廷尉正、監、平，並六百石。皇弟皇子府録事記室中兵等參軍、板録事記室中兵等參軍、功曹史、主簿，公府祭酒，並不言秩。皇弟皇子文學，依減秩例。嗣王庶姓公府掾屬，並本秩四百石。依減秩例。太子二傅丞，並六百石。蕃王府諮議參軍，四百石。蕃王府板諮議參軍，不言秩。蕃王府長史、司馬，六百石。板者並不言秩。庶姓持節府諮議參軍，四百石。庶姓非公不持節將軍置長史，六百石。庶姓持節府板諮議參軍，不言秩。庶姓持節府長史、司馬，並六百石。板者皆不言秩。嗣王府、皇弟皇子之庶子、及庶姓公府中録事中記室中直兵參軍、及板中録事中記室中直兵參軍，並不言秩。不滿萬户太守、内史、相，二千石。丹楊會稽吴郡吴興及萬户郡丞，並六百石。建康令，千石。建康正、監、平，秩同廷尉。品並第七。

中書通事舍人，依減秩例。積射、强弩、武衛等將軍，公車令，太子左右積弩將軍，並六百石。奉朝請武騎常侍，依減秩例。太后三卿、十二卿、大長秋等丞，並六百石。左右衛司馬，不言秩。太子詹事丞，胄子律博士，並六百石。皇弟皇子府正參軍、板正參軍、行參軍、板行參軍，嗣王府、皇弟皇子之庶子府録事記室中兵參軍、板録事記室中兵參軍、功曹史、主簿，[1]庶姓非公不持節諸將軍置主簿，庶姓公府録事記室中兵參軍、板録事記室中兵參軍、主簿，嗣王庶姓公府祭酒，蕃王府中録事記室直兵參軍、板中録事記室直兵參軍，庶姓持節府中録事記室直兵參軍、及板中録事記室直兵參軍，太子太傅、五官功曹史、主簿，少傅、五官功曹史、主簿，已上並不言秩。太學博士，六百石。國子助教，司樽郎，安蠻戎越校尉中郎將府等長史，六百石。蠻戎越等府佐無定品。自隨主軍號輕重。小府減大府一階。蠻戎越校尉中郎將等府板長史，不言秩。蠻戎越校尉中郎將等司馬，六百石。板者不言秩。庶姓南徐荆江南兖郢湘雍等州別駕中從事，不言秩。不滿萬户已下郡丞，[2]六百石。五千户已上縣令、相，一千石。皇弟皇子國郎中令、大農、中尉，並六百石。品並第八。

[1]板録事記室中兵參軍：底本作“板參軍記室中兵參軍”，南朝梁並無板參軍一職，從中華本改。

[2]下：底本作“上”，語義不通，從中華本改。

左右二衛殿中將軍，不言秩。南臺侍御史，依秩減例。東宫通事舍人，不言秩。材官將軍，六百石。太子左右二衛率、殿中將軍及丞、嗣王府、皇弟皇子之庶子府正參軍、板正參軍、行參軍、板行參軍，庶姓公府正參軍、板正參軍，蕃王府録事記室中兵等參軍、板録事記室中兵等參軍、功曹史、主簿、正參軍、板正參軍、行參軍、板行參軍，庶姓持節府録事記室中兵等參軍、板録事記室中兵等參軍、功曹史、主簿，庶姓豫益廣衡青冀北兗北徐梁秦司南徐等州别駕中從事史，揚州主簿、西曹及祭酒、議曹二從事，南徐州主簿、西曹、祭酒議曹二從事，皇弟皇子諸州主簿、西曹，已上並不言秩。不滿五千户已下縣令、相，六百石。皇弟皇子國常侍、侍郎，不言秩。嗣王國郎中令、大農、中尉，並四百石。嗣王國常侍，不言秩。蕃王國郎中令、大農、殿中，並二百石。品並第九。

又有戎號擬官，自一品至于九品，凡二百三十七。鎮衛、驃騎、車騎等三號將軍，擬官品第一。比秩中二千石。四中軍、撫、衛、權。四征、東南西北。八鎮東南西北，左右前後。等十六號將軍，擬官品第二。秩中二千石。八安左前右後，東南西北。四翊左前右後。四平東南西北。等十六號將軍，擬官品第三。秩中二千石。忠武、軍師、武臣、爪牙、龍騎、雲麾、冠軍、鎮兵、翊師、宣惠、宣毅等將軍，四中郎將，智、仁、勇、信、嚴等五威、五武將軍，合二十五號，擬官品第四。秩中二千石。輕車、鎮朔、武旅、貞毅、明威等將軍，將軍加大者至此。凡加大，通進一階。寧、安、征、振、宣等五遠將軍，寧蠻校尉，雍州小府、蠻越校尉中郎將，隨府主軍號輕重。若單作，則減刺史一階。若有將軍，減將軍一階。合十八號，擬官品第五。威雄、猛、烈、震、信、略、勝、風、力、光等十威，武猛、略、勝、力、毅、健、烈、威、鋭、勇等十武，猛毅、烈、威、震、鋭、進、智、武、勝、駿等十猛，[1]壯武、勇、烈、猛、鋭、威、力、毅、志、意等十壯，驍雄、桀、猛、烈、武、勇、鋭、名、勝、迅等十驍，雄猛、威、明、烈、信、武、勇、毅、壯、健等十雄，忠勇、烈、猛、鋭、壯、毅、捍、信、義、勝等十忠，明智、略、遠、勇、烈、威、鋭、毅、勝、進等十明，光烈、明、英、遠、勝、鋭、命、勇、戎、野等十光，飆勇、烈、猛、鋭、奇、決、起、勝、略、出等十飆將軍，平越中郎，廣、梁、南秦、南梁、寧等州小府。西戎、平戎、鎮蠻三校尉等，擬官一百四號，品第六。並千石。龍驤、武視、雲旗、風烈、電威、雷音、馳鋭、追鋭、羽騎、突騎、折衝、冠武、和戎、安壘、超猛、英果、掃虜、掃狄、武鋭、摧鋒、開遠、略遠、貞威、決勝、清野、堅鋭、輕車、拔山、雲勇、振旅等將軍，擬官三十號，品第七。並六百石。超武、鐵騎、樓船、宣猛、樹功、克狄、平虜、稜威、戎昭、威戎、伏波、雄戟、長劍、衝冠、雕騎、佽飛、勇騎、破敵、克敵、威虜等將軍，鎮蠻護軍，西陽、南新蔡、晋熙、廬江郡小府、鎮蠻安遠護軍、度支校尉，隨府主號輕重。若單作，則減太守内史相一階。若有將軍，減一階。安遠護軍，度支校尉巴陵郡丞等，擬官二十三號，品第八。並六百石。前鋒、武毅、開邊、招遠、金威、破陣、蕩寇、殄虜、横野、馳射等將軍，擬官十號，品第九。並四百石。諸將起自第六品已下，板則無秩。其雖除不領兵，領兵不滿百人，并除此官而爲州郡縣者，皆依本條減秩石。二千石減爲千石，千石降爲六百石。自四百石降而無秩。其州郡縣，自各以本秩論。凡板將軍，皆降除一品。諸依此減降品秩。其應假給章印，各依舊差，不貶奪。

［1］“猛毅”至“十猛”：自猛毅至駿僅有九猛，中華本校勘記稱“據上文梁制，‘智’下當補‘武’字”。今從改。

其封爵亦爲九等之差。郡王第一品秩萬石。嗣王、蕃王、開國郡縣公，第二品。開國郡、縣侯，第三品。開國縣伯，第四品。並視中二千石。開國子，第五品。開國男，第六品。並視二千石。湯沐食侯，[1]第七品。鄉、亭侯，[2]第八品。並視千石。關中、關外侯，[3]第九品。視六百户。

［1］湯沐食侯：指被皇帝賜予湯沐邑和食邑的封侯。湯沐邑，周代諸侯有朝見天子之禮，天子在王畿之内賜其封邑，以供住宿和齋戒沐浴之用，故稱湯沐邑。漢代皇帝、皇后、公主以及諸侯王列侯，皆有收取賦税以供私人奉養的封邑，沿稱湯沐邑。食邑，古代君主賜予臣下作爲世禄的封地。

［2］鄉：封爵名。即鄉侯。漢制次於縣侯，高於亭侯。　亭侯：封爵名。漢代食禄於亭的列侯。

［3］關中：封爵名。即關中侯。東漢始置，十七級爵名，無食邑租税之虚封，三國、晋、南朝沿置。　關外侯：封爵名。東漢建

安年間曹操始置，十六級爵名，無食邑租税之虚封。三國魏、晋、南朝沿置。

陳依梁制，年未滿三十者，不得入仕。唯經學生策試得第，[1]諸州光迎主簿，[2]西曹左奏及經爲挽郎得仕。[3]其諸郡，唯正王任丹楊尹經迎得出身，庶姓尹則不得。必有奇才異行殊勳，别降恩旨叙用者，不在常例。其相知表啓通舉者，每常有之，亦無年常考校黜陟之法。既不爲此式，所以勤惰無辨。凡選官無定期，隨闕即補，多更互遷官，未必即進班秩。其官唯論清濁，從濁官則微清，則勝於轉。若有遷授，或由别敕，但移轉一人爲官，則諸官多須改動。其用官式，吏部先爲白牒，録數十人名，吏部尚書與參掌人共署奏。敕或可或不可。其不用者，更銓量奏請。若敕可，則付選，更色别，量貴賤，内外分之，隨才補用。以黄紙録名，八座通署，奏可，即出付典名。[4]而典以名帖鶴頭板，[5]整威儀，送往得官之家。其有特發詔授官者，即宣付詔誥局，作詔章草奏聞。敕可，黄紙寫出門下。門下答詔，請付外施行。又畫可，付選司行召。得詔官者，不必皆須待召。但聞詔出，明日，[6]即與其親入謝後，詣尚書，上省拜受。若拜王公則臨軒。[7]

［1］策試：選舉制度。謂以對策試士。策是寫在簡册上的試題。漢以來作爲取士的主要方法。隋唐以後實行科舉制度，亦爲考試的重要内容之一。

［2］光迎主簿：官名。南朝陳置諸州置，掌迎接新任長官之事，

能優先入仕。品秩不詳。

［3］西曹左："左"字《册府元龜》卷六二九《貢舉部》作"佐"。或疑即爲西曹書佐爲公府、州屬官，掌府吏屬用事及選舉事。　經：《通典》卷一四《選舉二》、《册府元龜》卷六二九《貢舉部》作"嘗"。　挽郎：執事於皇帝、皇后等喪禮之儀仗隊員。又稱挽僮。晋制，帝后出殯，選公卿以下六品子弟爲挽郎，牽行靈柩唱挽歌。南朝宋選六品以上子弟爲之，人數自二十至六十不等，陳選品官子弟擔任，爲入仕途徑之一。另《通典》卷一四《選舉二》、《册府元龜》卷六二九《貢舉部》"仕"前有"未壯而"三字。

［4］典名：官名。南朝時掌分送朝廷任命名帖。品秩不詳。

［5］鶴頭：書法筆法名。古時朝廷徵辟賢士的詔書用鶴頭書體寫成。

［6］明日：底本作"明白"，語義不通，從中華本改。

［7］臨軒：皇帝不坐正殿而御前殿。殿前堂陛之間近檐處兩邊有檻楯，如車之軒，故稱。

隋書　卷二七

志第二十二

百官中

後齊制官，[1]多循後魏，[2]置太師、太傅、太保，[3]是爲三師，擬古上公，[4]非勳德崇者不居。次有大司馬、大將軍，[5]是爲二大，並典司武事。次置太尉、司徒、司空，[6]是爲三公。三師、二大、三公府，三門，當中開黄閤，[7]設内屏。各置長史，[8]司馬，[9]諮議參軍，[10]從事中郎，[11]掾、屬，[12]主簿，[13]録事、功曹、記室、户曹、金曹、中兵、外兵、騎兵、長流、城局、刑獄等參軍事，[14]東西閤祭酒及參軍事，[15]法、墨、田、水、鎧、集、士等曹行參軍，[16]兼左户右户行參軍，[17]長兼行參軍，[18]參軍，督護等員。[19]司徒則加有左右長史。[20]三公下次有儀同三司加開府者，[21]亦置長史已下官屬，而減記室、倉、城局、田、水、鎧、士等七曹，[22]各一人。其品亦每官下三府一階。三師、二大置佐史，[23]則同太尉府。乾明中，[24]又置丞相。河清中，[25]分爲左右，亦各置府僚云。

[1]後齊：即北齊（550—577），都鄴（今河北臨漳縣西南）。

[2]後魏：即北魏（386—557），亦單稱魏。初都平城（今山西大同市東北），公元494年遷都洛陽（今河南洛陽市東北白馬寺東）。公元534年分裂爲東魏和西魏兩個政權。東魏（534—550）都於鄴（今河北臨漳縣西南鄴鎮東），西魏（535—557）都於長安（今陝西西安市西北郊）。

[3]太師：官名。春秋時置，輔導君王，執掌國政，督師征伐。戰國後廢。西漢復置，與太傅、太保、少傅並號四輔，名爲皇帝師傅，位上公，無實際職掌。新莽時亦列位四輔。名崇位尊，無實際職掌。東漢省，至末年董卓自爲之，位在諸侯王上。西晋復置，因避司馬師諱，改名太宰。東晋、南朝沿置，用作贈官，名義尊榮，無職掌，多用以安置元老勳舊大臣。南朝宋一品，梁十八班。十六國、北魏仍稱太師，爲三師之一，位在太傅、太保之上。居百官之首，名位極尊。一品。北齊後主爲激賞人心，增員而授，遂不可勝數。一品。　太傅：官名。北魏、北齊與太師、太保並號三師，位雖尊榮，多安置元老勳舊，無職司。一品。　太保：官名。北魏、北齊爲三師之一，或理朝政。一品。

[4]上公：秩位名。西周時居三公上。西漢平帝加王莽號曰“宰衡”，位上公。新莽以太師、太傅、國師、國將四輔爲上公，王莽子孫亦加此位。東漢唯置太傅一人。三國魏相國（丞相）、太傅、大司馬、大將軍位上公。兩晋南北朝太宰（太師）、太傅、太保位上公。唯十六國漢（前趙）以相國（丞相）、太師、太傅、太保、大司徒、大司空、大司馬七公並位上公。

[5]大司馬：官名。北魏、北齊爲加官，北齊後主時增員冗濫，不復尊貴。一品。　大將軍：官名。戰國、秦、漢置，爲高級軍事統帥，非常設，遇有戰事，臨時委任統兵，事畢即罷。西漢武帝以

後，成爲高級軍政官員，大將軍常冠大司馬之號，領尚書事，執掌朝政，成爲中朝官最高領袖，權力常在外朝丞相之上。新莽地皇元年（20）曾作爲官號授諸州牧。東漢復置，不冠大司馬，成爲獨立官職。多授予貴戚，常兼録尚書事，且開府置僚屬，與太傅、太尉等共同主持政務。後成爲外朝職官，權任稍減。三國魏多以之屯駐長安以備蜀，蜀爲最高軍事長官，吴位上大將軍下。西晋爲八公之一，位居三師、大司馬下，三公上，開府置僚屬。仍爲朝中大臣，或加授重要地方長官。東晋、十六國頗重其任，常專擅軍政事務。南朝不常授，或以爲贈官。宋一品，梁十八班，陳一品。北魏、北齊仍爲加官，皆一品。

［6］太尉：官名。魏晋以後多爲大臣加官，無實際職掌。南朝宋一品，梁十八班，陳、北魏、北齊皆一品。　司徒：官名。西漢元壽二年（前1）改丞相爲大司徒，東漢建武二十七年（51）改名司徒，爲三公之一，分掌宰相職能。本職掌民政，年終考課州郡長官，名義上分部太僕、大鴻臚、廷尉三卿，並參議大政，實際上權歸尚書，三公上下行文，受成而已。東漢末罷，改置丞相。三國魏黄初元年（220）恢復三公制，改相國爲司徒，管理民政，主持九品中正制，公務繁多。蜀、吴則司徒與丞相並置，無實際職權。兩晋沿魏制，與丞相通職，一般不並置，爲名譽宰相。亦常參録朝政，然僅掌事務，政務决策執行權仍歸尚書，司徒加録尚書事銜者得爲真宰相。南朝或與丞相、相國並置。職掌依兩晋之舊。南朝宋時掌民事與郊祀，齊時掌州郡名數、户口名簿籍。南朝齊、陳，丞相、相國皆爲贈官，司徒則實授。梁十八班，陳一品。北魏、北齊亦置。一品。　司空：官名。西漢綏和元年（前8）改御史大夫爲大司空，東漢建武二年改爲司空，與太尉、司徒並爲三公，分掌宰相職能。掌水土工程，名義上分部宗正、少府、大司農三卿，並參議大政，實際上權歸尚書，三公上下行文，受成而已。歷代沿置，名列三公之末。魏晋南北朝爲名譽宰相，多爲大臣加官，無實際職掌，皆一品，梁十八班，陳一品。

［7］黄閤：本爲漢代丞相三公處理政事之處，因官署避用朱門，廳門塗成黄色，故名。北齊三師二大三公府中門亦用黄閤。

［8］長史：官名。魏晋南北朝時王府、公府及諸大將軍位從公者多置，掌府事，爲文職上佐，職任類似於總管。多以世族子弟爲之。州郡官代將開府者亦置，官上品，餘依府主官品高低而遞減至七品、八品。魏晋公府長史六品，南朝梁庶姓公府長史九班，陳六品。北齊三公府長史從八品。

［9］司馬：官名。兩漢至南北朝諸公府、軍府皆置，掌參贊軍務，管理本府武職。其品秩隨府主地位而定。魏晋公府司馬六品，南朝梁庶姓公府司馬九班，陳六品，北魏二大二公司馬四品上，北齊三公府司馬四品。

［10］諮議參軍：官名。又稱諮議參軍事，府屬僚佐之一。兩晋南北朝公府皆置諮議參軍，掌咨詢謀議軍事，其品秩隨府主地位而定。南朝梁庶姓公府諮議參軍八班，陳六品。北魏司徒諮議參軍四品，二大二公諮議參軍從四品上。北齊三師、二大、三公府置。三公府諮議參軍從四品上。

［11］從事中郎：官名。東漢司隸校尉、大將軍府設置從事中郎，掌參與謀議。東漢末年，州牧亦置。三國魏晋南朝沿置。北魏二大二公府從事中郎五品上，北齊三公府從事中郎五品上。

［12］掾、屬：此句中華本標點本作“掾屬”，據《唐六典》卷二九《親王府》，可知“掾”“屬”是兩類官員，按體例中間應加頓號。後同者皆如此，不再加注説明。掾，北齊屬官統稱。兩漢三國兩晋南朝公府皆置。北齊三公府亦置，從五品。屬，北齊屬官統稱。兩漢三國兩晋南朝公府皆置，北齊三公府亦置。從五品上。

［13］主簿：官名。兩漢中央官署均置，典領文書簿籍，經辦事務。魏晋南北朝沿置，其品秩隨府主地位高下而異。北魏二大二公府主簿六品上，北齊三公府主簿六品上。

［14］録事：官名。即録事參軍事。西晋丞相府始置，稱録事參軍，爲録事曹長官，掌總録衆曹文簿，舉彈善惡，位在列曹參軍

上。東晋、南朝公府、將軍府、州刺史開軍府者皆置。北魏、北齊稱録事參軍事，仍高於列曹參軍。南朝梁公府録事參軍事六班，陳庶姓公府參軍八品。北魏二大二公府録事參軍事六品上，北齊三公府録事參軍事六品上。　功曹：官名。即功曹參軍事。南朝宋以後爲功曹之長。南朝宋將軍兼刺史者置一員，爲僚屬，位記室下，户曹上。掌糾駁獻替。北魏二大、二公、皇子、將軍、蕃王諸府置。北齊三公、諸開府置，北齊三公府功曹參軍事六品上。　記室：官名。即記室參軍事，也稱記事參軍。西晋始置，爲記室曹長官，掌文疏表奏。南北朝沿置，北魏二大二公府記室六品上，北齊三公府記室六品上。　户曹：官名。即户曹參軍事。西晋末置，爲丞相府户曹長官，多省稱爲户曹參軍。掌民户、祠祀、農桑事。東晋、南北朝時諸公府、將軍府多沿置，品秩隨府主地位高下不等。北齊三公府户曹六品上。　金曹：官名。即金曹參軍事。西晋末置，爲丞相府金曹長官，多省稱爲金曹參軍。東晋、南北朝時諸公府、將軍府多沿置，品秩隨府主地位高下不等。北齊三公府金曹參軍事從六品上。　中兵：官名。即中兵參軍事。西晋末置，爲丞相府中兵曹長官，掌府中親兵及江東事務。北魏、北齊亦置，北齊三公府中兵參軍事六品上。　外兵：官名。即外兵參軍事。三國魏公府及位從公開府者有兵曹掾，掌兵事。西晋亦設。東晋元帝爲鎮東大將軍時，分兵曹置中兵、外兵參軍，中兵曹典掌近衛親兵，其餘兵將皆以外兵參軍主之。南北朝沿置，爲幕府僚屬，凡公府、位從公開府者、將軍都督府及州刺史府等多有之。北齊三公府外兵參軍事從六品上。　騎兵：官名。即騎兵參軍事。西晋末置，爲丞相府騎兵曹長官。東晋諸公、將軍府置，南朝沿置。北魏公府、將軍府置，北齊三公、將軍府置，三公府騎兵參軍事從六品上。　長流：官名。即長流參軍事，亦稱長流參軍。三國魏、西晋時公府及位從公開府者均有賊曹掾，主緝捕盜賊事。東晋元帝爲鎮東大將軍時，其府置長流、賊曹二參軍。南朝宋公府有長流賊曹參軍一人，小府則置禁防參軍。南朝齊復東晋之制，公督府佐吏有長流、賊曹二參軍。北齊三公府長流參軍事從六品上。　城局：官名。即城局參軍事，亦稱城局參軍。東晋公府及節鎮等幕府僚屬有城局參軍。南朝宋公府置城局賊曹參軍，掌盜賊勞作事。南朝齊公督府復置城局參軍。北齊三師二大三公府多置之。三公府城局參軍事從六品上。　刑獄：官名。即刑獄參軍事，亦稱刑獄參軍、刑獄賊曹參軍等。東晋公府及將軍府等幕府僚屬始有刑獄參軍，掌盜賊刑獄。南朝宋公府置爲刑獄賊曹長官。北魏、北齊三師、二大、三公、將軍及州刺史府等多有之。北齊三公府刑獄參軍事從六品上。

[15]東西閤祭酒：官名。東漢末年曹操爲司空時置，爲王府、公府、丞相府、將軍府僚屬。三國魏沿置。西晋諸公及開府位從公者各置一人，西閤祭酒位東閤祭酒上，共掌禮賢良、導賓客之事。楊駿爲太傅，各增置一人。趙王倫爲相國，增爲四人。東晋復各置一人。西閤祭酒位東閤祭酒下，與主簿、舍人主閤内事。南朝宋沿置，南齊三公、公督府各置一人。北魏亦置，北齊三師二大三公府置，三公府東西閤祭酒七品上。　參軍事：官名。亦稱參軍。東漢末車騎將軍幕府置爲僚屬，掌參謀軍務。曹操爲丞相時，總攬軍政，僚屬常有參丞相軍事，職任頗重。兩晋南北朝王、公、將軍府、都水臺以及諸州多置爲僚屬。北齊三公府參軍事七品上。

[16]法：官名。即法曹行參軍。爲法曹長官，負責郵驛科程事。北魏公府、將軍府、諸州府置。太和二十三年（499）定爲七品上至九品，北齊沿置，三公府法曹行參軍七品上。　墨：官名。即墨曹行參軍。掌文翰。北齊公府、護軍府、諸州府亦置，多以文學之士擔任。三公府墨曹行參軍七品上。　田：官名。即田曹行參軍。南朝齊王府、公府、督府置，爲田曹長官，掌農政。梁、陳沿置，梁自三班至位不登二品者五班，陳自八品至九品。北齊王府、公府、將軍府亦置，三公府田曹行參軍七品上。　水：官名。即水曹行參軍。南朝齊王府、公府、督府置，爲水曹長官，主管水利事務。梁、陳沿置，梁自三班至位不登二品者五班，陳自八品至九品。北齊王府、公府、將軍府亦置，三公府水曹行參軍七品上。

鎧：官名。即鎧曹行參軍。南朝齊王府、公府、督府置，爲鎧曹長官，掌鎧甲軍器事。梁、陳沿置，梁自三班至位不登二品者五班，陳自八品至九品。北魏、北齊王府、公府、將軍府亦置，北齊三公府鎧曹行參軍七品上。　集：官名。即集曹行參軍。南朝齊王府、公府、督府置，爲集曹長官，掌郡國上計。梁、陳沿置，梁自三班至位不登二品者五班，陳自八品至九品。北魏亦置，初設員若干，永平二年（509）併爲一員，自七品上至九品，北齊王府、公府、將軍府亦置，北齊三公府集曹行參軍七品上。　士：官名。即士曹行參軍。北魏置，初設若干員，永平二年併爲一員，依所隸府的地位高低，自七品上至九品。東魏、北齊均置。北齊三公府士曹行參軍七品上。

［17］左户：官名。即左户行參軍。北齊置左户曹，爲諸公、都督府僚屬諸曹之一。設行參軍爲其長官。北齊三公府長兼左右户行參軍從八品上。　右户行參軍：官名。北齊置右户曹，爲諸公、都督府僚屬諸曹之一。設行參軍爲其長官。北齊三公府長兼左右户行參軍從八品上。

［18］長兼行參軍：官名。長兼，官制用語。兩晋、南北朝時期多見。原指長期兼任某職，後發展爲一種任官形式。自太尉、侍中至行參軍皆可設。其秩位低於正員，成爲正式之副職官，職掌與正員同。長兼可以除正，正職亦可降爲長兼。長兼行參軍，晋制爲諸公府、王府掾屬。南北朝沿置。北齊三公府長兼行參軍從八品上。

［19］督護：官名。州、郡及出鎮方面將軍府皆設，掌兵事。兩晋時常派出統軍征伐，祇督一軍。東晋、南朝時又各加專稱，如中督護，即中軍督護。隸州、郡者地位較低，北齊亦置，三公府參軍督護九品上。

［20］左右長史：官名。即司徒左、右長史。東漢始置，爲司徒府僚屬之長。北魏太和十七年定司徒左長史爲四品上，二十三年改從三品，司徒右長史四品上。北齊司徒左長史從三品，司徒右長史正四品上。

［21］儀同三司：官號。三司即三公，儀同三司原意謂“官非三公而儀制待遇同於三司”，爲東漢時皇帝恩賜三公以下大臣的一種特殊榮寵。魏晋時，授予開府位從三公之文武官。南北朝時授予範圍不斷擴大，逐漸成爲官號。北魏太和十七年定爲一品下，二十三年以後改爲從一品，位開府上。北齊位三公下，正二品。　開府：官名。原用以指開設府署，辟置僚屬。西漢始置，通常衹許三公開府。東漢初平三年（192），又許車騎將軍開府。魏始置開府儀同三司。晋、南朝時期，常以此作爲對高級官員的優待。南朝梁十七班，陳一品。北魏孝文帝時正式成爲官名，太和十七年定開府儀同三司爲一品下，二十三年改爲從一品。北齊沿置，二品。但末年地位漸低，除授冗濫，宫中所養斗鷄亦加此號。

［22］倉：官署名。即倉曹。西漢丞相府僚屬諸曹之一。東漢三公府沿置，主倉穀事，以掾、屬爲長官。魏晋南北朝時諸公府及主要將軍府皆置。魏及西晋時以掾、屬爲長官，西晋末司馬睿爲丞相，府中諸曹以參軍爲長官，東晋沿置。南北朝時多以參軍爲長官，亦有以掾、屬爲長官者。

［23］佐史：戰國時期秦始置，爲斗食一類的小吏，後爲朝廷各機構低級屬吏的泛稱。

［24］乾明：北齊廢帝高殷年號（560）。

［25］河清：北齊武成帝高湛年號（562—565）。

特進，[1]左右光禄，[2]金紫、銀青等光禄大夫，[3]用人俱以舊德就閑者居之。自一品已下，從九品已上，又有驃騎、車騎、衛、四征、四鎮、中軍、鎮軍、撫軍、翊軍、四安、冠軍、輔國、龍驤、鎮遠、安遠、建忠、建節、中堅、中壘、振威、奮威、廣德、弘義、折衝、制勝、伏波、陵江、輕車、樓船、勁武、昭勇、明威、顯信、度遼、横海、踰岷、越嶂、戎昭、武毅、雄烈、恢猛、揚麾、曜鋒、蕩邊、開城、静漠、綏戎、平越、殄夷、飛騎、隼擊、武牙、武奮、清野、横野、偏、裨等將軍，[4]以褒賞勳庸。

[1]特進：官名。西漢末期始置。列侯功德優盛，爲朝廷所敬異者，賜位特進，位在三公下。亦或賜諸侯王。三國以後成爲正式加官名號。北魏、北齊二品。

[2]左右光禄：官名。即左右光禄大夫。秦時有中大夫，隸光禄勳。西漢太初元年（前104）更名光禄大夫，掌議論。無常事，唯顧問應對，詔命所使，無員。東漢置三人，凡諸國嗣王喪則掌吊。三國魏時作爲在朝顯職的加官，以示優崇，或授予年老有病者爲致仕之官，亦常用爲卒後贈官。無職掌。因地位提高，不復屬光禄勳。西晋始置左右光禄大夫，假金章紫綬、禄賜、班位、冠幘、車服、佩玉、置吏卒，諸所給與特進同。其爲加官者，唯章綬、禄賜、班位而已，不别給車服、吏卒。亦用於卒後贈官。晋三品。南朝光禄大夫仍屬光禄勳，齊左右光禄大夫皆據舊齒，位從公開府置佐吏，梁左右光禄大夫視諸曹，並養老病，陳因之。南朝宋三品，梁十六班，位在金紫光禄大夫上，加開府儀同三司者，升爲十七班。陳二品。北魏初定爲從一品，太和二十三年定爲二品。北齊皆以舊德就閑者居之，與特進同。二品。

[3]金紫：官名。即金紫光禄大夫。晋初有光禄大夫，授銀章青綬。如加賜金章紫綬，則爲金紫光禄大夫，禄賜、班位、冠幘、車服、佩玉，置吏卒羽林及卒，諸所賜給皆與特進同。其以爲加官者，唯假章綬、禄賜班位，不别給車服吏卒。三品。南北朝沿置。南朝宋三品，梁十四班，陳三品，北魏、北齊皆從二品。　銀青：官名。即銀青光禄大夫，東晋始置。原爲光禄大夫，魏晋以來，又設光禄大夫重者爲金紫光禄大夫，故稱原光禄大夫爲銀青光禄大夫，皆爲銀章青綬，南北朝沿置。南朝梁十三班，陳三品，北魏、

北齊皆三品。

[4]驃騎：官名。即驃騎將軍，驃亦作票。西漢武帝置爲重號將軍，僅次於大將軍。東漢位比三公，地位尊崇。魏晋南朝因之，居諸名號將軍之首。北魏、北齊亦置爲雜號將軍，二品。　車騎：官名。即車騎將軍。西漢初將車騎士，故名。後遂爲高級武官稱號，位次大將軍，且文官輔政者亦加此銜。魏晋南北朝時仍爲重號將軍，但多作爲加官授予朝中大臣及地方長官，無具體職掌。北魏制與驃騎同。北魏、北齊亦置爲雜號將軍，二品。　衛：官名。即衛將軍。西漢初爲將軍名號之一，統兵征戰，事訖則罷。文帝時成爲重要武職，總領南、北軍。其後屢典京城、皇宫禁衛軍隊。東漢位次大將軍、驃騎將軍、車騎將軍，開府置官署。魏晋南北朝沿置，位在諸名號大將軍上，多作爲軍府名號，以加大臣、重要州郡長官，無具體職掌。東晋南朝甚重之，常以中書監、尚書令等權臣兼領，統兵出征。梁、陳改爲鎮衛將軍，北魏、北齊仍稱衛將軍，爲雜號將軍。二品。　四征：官名合稱。即征東、征南、征西、征北將軍。漢魏以來置，各一人。魏二品，南朝梁爲雜號將軍第二十三班，北魏、北齊二品。　四鎮：官名合稱。即鎮東、鎮南、鎮西、鎮北將軍。漢魏以來置，各一人。南朝宋時爲雜號將軍。三國魏二品，北魏、北齊從二品。　中軍：官名。即中軍將軍。西漢武帝置，爲雜號將軍。後省。西晋復置，統左、右衛，前、後、左、右驍騎等宿衛七營禁軍，主管京師及宫廷警衛，後罷，置北軍中候代其職。後復置爲將軍名號，不再領宿衛禁軍，可離開京師，出任持節都督，鎮守一方。十六國前秦時爲四軍將軍之一，南燕亦置。南朝置爲重號將軍，梁、陳爲四中將軍之一，專授予在京師任職的官員，地位顯要。梁爲雜號將軍第二十三班。北魏位在四鎮將軍下，從二品。北齊用以安置罷任武官，成爲無實權的閑職，從二品。　鎮軍：官名。即鎮軍將軍。東漢建安末劉備置。三國魏、蜀、吴亦置。西晋武帝時罷而復置，主要爲中央軍職，但亦可出任地方軍事長官，並領刺史等地方官，兼領民政。三品。十六國成

漢、前秦、北凉沿置，北魏置。北齊用以安置罷任武官，成爲無實權的閑職。從二品。　撫軍：官名。即撫軍將軍。三國蜀始置，吴亦置。兩晋、十六國前凉、北燕，南北朝皆置。北齊用以安置罷任武官，成爲無實權的閑職。從二品。　翊軍：官名。即翊軍將軍。東漢建安末劉備置，統兵。三國蜀、十六國成漢沿置。北齊用以安置罷任武官，成爲無實權的閑職。從二品。　四安：官名合稱。即安東、安西、安南、安北將軍。漢魏以來置，各一人。北魏、北齊三品。　武牙：中華本校勘記云："當作'虎牙'，唐人諱改。"偏：官名。即偏將軍。西漢置。爲主將之下副將、小將。後成爲低級將軍名號。北魏、北齊從九品上。　裨將軍：官名。西漢置。初爲主將之下副將，後成爲低級將軍名號。北魏從九品上，北齊從九品。

尚書省，[1]置令、僕射，[2]吏部、殿中、祠部、五兵、都官、度支等六尚書。[3]又有録尚書一人，[4]位在令上，掌與令同，但不糾察。令則彈糾見事，與御史中丞更相廉察。[5]僕射職爲執法，置二則爲左、右僕射，皆與令同。左糾彈，而右不糾彈。録、令、僕射，總理六尚書事，謂之都省。[6]其屬官，左丞、掌吏部、考功、主爵、殿中、儀曹、三公、祠部、主客、左右中兵、左右外兵、都官、二千石、度支、左右户十七曹，并彈糾見事。又主管轄臺中，有違失者，兼糾駁之。右丞各一人。[7]掌駕部、虞曹、屯田、起部、都兵、比部、水部、膳部、倉部、金部、庫部十一曹。[8]亦管轄臺中。又主凡諸用度雜物、脂、燈、筆、墨、幃帳。唯不彈糾，餘悉與左同。并都令史八人，[9]共掌其事。其六尚書，分統列曹。吏部統吏部、掌褒崇、選補等事。考功、掌考第及秀孝貢士等事。[10]主爵掌封爵等事。三曹。殿中統殿中、掌駕行百官留守名帳，宮殿禁衛，供御衣倉等事。[11]儀曹、掌吉凶禮制事。三公、掌五時讀時令，諸曹囚帳，斷罪，赦日建金鷄等事。[12]駕部掌車輿、牛馬厩牧等事。四曹。祠部統祠部、掌祠部醫藥，死喪贈賜等事。[13]主客、掌諸蕃雜客等事。虞曹、掌地圖，山川遠近，園囿田獵，殽膳雜味等事。屯田、掌藉田、諸州屯田等事。[14]起部掌諸興造工匠等事。五曹。祠部，無尚書則右僕射攝。五兵統左中兵、掌諸郡督告身、諸宿衛官等事。[15]右中兵、掌畿内丁帳、事力、蕃兵等事。[16]左外兵、掌河南及潼關已東諸州丁帳，[17]及發召征兵等事。右外兵、掌河北及潼關已西諸州，[18]所典與左外同。都兵掌鼓吹、太樂、雜户等事。[19]五曹。都官統都官、掌畿内非違得失事。二千石、掌畿外得失等事。比部、掌詔書律令勾檢等事。[20]水部、掌舟船、津梁，公私水事。膳部掌侍官百司禮食肴饌等事。[21]五曹。度支統度支、掌計會，凡軍國損益、事役糧廪等事。倉部、掌諸倉帳出入等事。左户、掌天下計帳、户籍等事。右户、掌天下公私田宅租調等事。[22]金部、掌權衡量度、内外諸庫藏文帳等事。庫部掌凡是戎仗器用所須事。六曹。凡二十八曹。吏部、三公，郎中各二人，餘並一人。凡三十郎中。[23]吏部、儀曹、三公、虞曹、都官、二千石、比部、左户，各量事置掌故、主事員。[24]

[1]尚書省：官署名。東漢時稱尚書臺，得參與機要。三國沿置，魏始稱尚書省，以尚書郎（郎中、侍郎）爲長官，分曹處理具體政務。魏晋以後，擬詔出令納奏封駁之權轉歸中書、門下（散騎、集書）等省，尚書之職稍以疏遠，變爲政務執行機構，權勢已遜於中書。尚書省雖仍設於宮禁中，實已成爲綜理全國政務的外朝

最高行政機構，北魏亦置尚書省。初置令、僕射、尚書等官。後機構和官員多有所變化。孝文帝改革後，以録尚書爲長官，令、僕射副之，下置六尚書。權任頗重，不僅總庶務，而且任樞機。北齊因之。置吏部、殿中、祠部、五兵、都官、度支六曹尚書。

[2]令：官名。即尚書令。秦、西漢爲尚書署長官，漢武帝以後職權稍重，東漢爲尚書臺長官，兼具宫官、朝官職能。掌决策出令，綜理政務，權任極重。其上常置録尚書事，以太傅、太尉、大將軍等重臣兼領。三國兩晋至南朝宋爲尚書省長官，南朝齊録尚書事定爲官號，置爲尚書省長官，尚書令爲副；南朝梁罷録尚書事，復以令爲尚書省長官，自此尚書令正式成爲最高政務長官，居宰相之位。陳位尊權重，常缺，以僕射主省務。北魏初不常置，亦不掌實際政務。孝文帝改制後，尚書省權任頗重，以録尚書、尚書令爲長貳官，皆爲宰相，兼掌監察百官。二品。北齊置尚書令爲尚書省長官。二品。　僕射：官名。即尚書僕射。秦、西漢爲尚書令副貳，東漢爲尚書臺次官。掌拆閲封緘章奏文書，參議政事，諫諍駁議，監察百官。令不在，則代理其職。建安四年（199）分置左、右。魏、晋置爲尚書省次官，或單置，或並置左、右，或單置左或右僕射。以左爲上。南朝尚書令爲宰相之任，位尊權重，不親庶務，尚書省日常政務由僕射主持，諸曹奏事由左、右僕射審議聯署。梁、陳常缺尚書令，僕射實爲尚書省主官，列位宰相。北魏、北齊亦置左右僕射，列位宰相，然録尚書、尚書令常置，故其地位稍遜南朝，職掌都省庶務及執法，或典選舉，左僕射兼掌糾彈百官。皆從二品。

[3]吏部：官名。即吏部尚書。東漢置，稱吏曹尚書或吏部曹尚書，後改名選部尚書。三國魏改選部尚書置，爲尚書省（臺）吏部曹長官。兩晋、南北朝沿置，北魏太和十七年定爲二品下，二十三年改三品，北齊三品。　殿中：官名。即殿中尚書。西晋武帝始置，職掌不詳。東晋南朝省，唯設殿中郎領尚書省殿中曹。北魏復置，掌殿内兵馬倉庫。三品。或説領殿中、直事、三公、駕部四郎

曹。北齊沿置，管理宮殿警衛、禮制、宮廷車馬及倉庫等事。三品。　祠部：官名。即祠部尚書。三國魏尚書有祠部曹。東晋設祠部尚書，職掌禮儀、郊廟之政令。北魏或稱儀曹、祠曹、神部尚書，職掌略同。北齊因之，皆三品。　五兵：官名。即五兵尚書。三國魏始置，掌軍事樞務，主管全國軍事行政。西晋初不置，武帝太康間復置，東晋、南朝沿置。十六國後燕及北魏稱七兵尚書。三品。北齊初沿北魏之制稱七兵，後復稱五兵。領左中兵、右中兵、左外兵、右外兵、都兵五曹，管理全國兵籍、徵兵、儀仗等軍事行政。但因北齊於尚書省外别置外兵省、騎兵省管理全國兵事，所以五兵之權較以前爲輕。三品。　都官：官名。即都官尚書。三國魏時置都官郎，職掌軍事刑獄，晋沿置。十六國夏始置，南北朝皆置。北齊三品。　度支：官名。即度支尚書。三國魏始置度支尚書寺，專掌軍國支計，下設度支郎。晋置度支尚書，南朝沿置。北魏、北齊領度支、倉部、左户、右户、金部、庫部曹，掌會計、事役、倉廩帳籍、田宅租調、度量衡、軍械庫藏之政令。皆三品。

[4]録尚書：官號。全稱爲録尚書事。初爲職銜名，始於東漢。當時政令、政務總於尚書臺，太傅、太尉、大將軍等加此名義始得總知國事，綜理政務，爲真宰相。魏晋南北朝多以公卿權重者居之，總領尚書省政務，凡重號將軍、刺史皆得命曹授用，唯不得施陳及加節，位在三公上。或以二人以上並録、參録，又有録尚書六條、關尚書七條事等名義。南朝宋孝建中，不欲威權外假，遂省。大明末復置，此後或置或省。齊始單拜，成爲正式官號，爲尚書省長官。位在尚書令上，掌與令同。梁陳以其威權過重，常闕不授。北魏、北齊定爲官號，爲尚書省長官，尚書令、僕射爲其副貳，職權甚重。

[5]御史中丞：官名。西漢始置，爲御史大夫副貳，其主要職掌爲監察、執法；東漢獨立爲御史臺長官，專掌監察、執法，常受命領兵，出督軍旅。三國魏黄初年間，改中丞爲宫正。後又爲中丞。兩晋、南朝並爲御史臺臺主。北魏改名御史中尉，太和十七年

定品爲三品上，二十三年改爲從三品。北齊復稱中丞，從三品。

[6]都省：官署名。即尚書都省。爲魏晋南北朝時期尚書省長官的辦公場所，亦稱尚書上省、尚書都座。

[7]左丞、右丞：官名。即尚書左、右丞。西漢始置，初爲尚書丞，輔助尚書行事。東漢光武帝時改置左、右丞各一人。爲尚書臺佐貳官，魏晋南朝爲尚書省佐官，位次尚書。北魏略同。北齊沿置。兩丞除共掌尚書都省庶務外，左丞還可彈劾三師以下百官，監察本省諸官，監督吏部、考功、主爵、殿中、儀曹、三公、祠部、主客、左右中兵、左右外兵、都官、二千石、度支、左右户諸郎曹政務；右丞管理省内用度雜物，監督駕部、虞曹、屯田、起部、都兵、比部、水部、膳部、倉部、金部、庫部諸郎曹政務。北魏、北齊左丞從四品上，右丞從四品。　吏部：官署名。即吏部曹。尚書省郎曹之一。東漢始於尚書臺置吏曹（一説名吏部曹），掌選舉祠祀事，後改名選部，專掌官吏的任免考選。三國魏改名吏部，職掌官吏任免考選，兼典法制，隸尚書臺（省），設尚書爲長官，武官選舉歸中護軍；或説領吏部、考功、定課、比部等郎曹。兩晋沿置，所領郎曹或有增減，兼掌武官選舉。南朝定制，置爲尚書省六曹之一，設吏部尚書，置二郎（郎中）主事，謂之吏部郎，例高於諸曹郎一品。主管官吏選任銓叙調動事務，對五品以下官吏之任免有建議權。南朝如加“參掌大選”名義，則可參議高級官吏之任免。領吏部、删定、三公、比部四郎曹。自魏、晋至南北朝，居尚書列曹之首，其職極重，其官品秩常比他曹爲高。南朝宋大明二年（458），因不欲威權在下，增尚書爲二員以削弱其權任，尋復置一員。北魏前期或稱選部，孝文帝改制後定置爲尚書省六曹之一，或説領吏部、考功、南北主客四曹。北齊領吏部、考功、主爵三郎曹，掌文武官吏任免考選封爵之政。　考功：官署名。即考功曹。尚書省郎曹之一。三國魏始置，掌考第及秀孝、貢士等事。以侍郎、郎中、郎爲主官。屬吏有典事、令史等。晋及南朝不置。北魏復置，以郎中爲主官。屬吏有主事令史等。北齊隸吏部尚書，掌官

吏考課、選舉秀才孝廉貢士等。以郎中爲主官，屬吏有令史、主事、掌故等。　主爵：官署名。即主爵曹。北齊時置爲吏部三曹之一，掌封爵事，設郎或郎中。　殿中：官署名。即殿中曹。尚書省郎曹之一。三國魏始置，設殿中郎主其事，西晋隸殿中尚書，東晋南朝直屬尚書左僕射。北魏、北齊隸殿中尚書，領宫内兵馬，典宫殿禁衛、倉庫。設郎或郎中。　儀曹：官署名。尚書省郎曹之一。三國魏始置。掌車服、羽儀、朝覲、郊廟、饗宴等吉凶禮制，設郎或郎中爲其長官。西晋沿置。或説隸尚書右僕射。東晋南朝隸祠部尚書，若祠部尚書闕則隸尚書右僕射。北魏前期直屬尚書省，設尚書爲長官，置郎、令、長等官。太和改制後復爲郎曹，隸殿中尚書。北齊因之，設郎中。　三公：官署名。即三公曹。尚書省郎曹之一。三國魏始置，隸吏部尚書。掌斷獄及宣讀五季時令儀注。設郎或郎中主其事。兩晋南朝沿置，南朝與比部曹同掌擬定、解釋法制律令。北魏職掌略同，一説屬殿中尚書。北齊隸殿中尚書，掌宣讀五季時令、囚犯名册及斷獄等事。　祠部：官署名。即祠部曹。尚書省郎曹之一。三國魏始置，隸祠部尚書。其官如闕，則隸尚書右僕射。職掌参議、制定郊祀、宗廟、吉凶禮儀制度。設郎或郎中主其事。兩晋南北朝沿置，唯北齊專掌祠祀醫藥、死葬贈賜，吉凶禮儀歸儀曹。　主客：官署名。即主客曹。尚書省郎曹之一。三國魏始置南主客曹，設郎。西晋分爲南、北、左、右主客曹，掌少數民族蕃國朝聘接待之政令，皆設郎（郎中）主其事，隸客曹尚書。太康以後省客曹尚書，其隸屬不詳。東晋併爲一主客曹，旋省。南朝復置，皆一曹，隸尚書左僕射，職掌諸蕃客雜事。或説北魏孝文帝時有南、北主客曹，隸吏部尚書；左、右主客曹，隸儀曹尚書。北齊唯置主客曹，隸祠部尚書。設郎中。　左右中兵：官署名。即左、右中兵曹。尚書省郎曹之一。三國魏始置中兵曹，並掌都城畿内軍隊政令軍務，隸五兵尚書。西晋分中兵曹爲左、右中兵曹，東晋、南朝併省爲中兵曹。北魏復置，與中兵曹並屬七兵尚書。北齊罷中兵曹，唯置左、右中兵曹，掌諸郡督告身、諸宿衛官等事。設郎中。　左右外兵：官署名。即左、右外兵曹。尚書省郎曹之一。三國魏置外兵曹，掌京畿以外各地軍隊政令軍務，隸五兵尚書。西晋分外兵曹爲左、右外兵曹。東晋、南朝省併爲一外兵曹。北魏復置，與外兵曹並屬七兵尚書。北齊罷外兵曹，唯置左、右外兵曹，掌河南及潼關以東諸州兵士名籍及發召徵兵之政令。　都官：官署名。即都官曹。尚書省郎曹之一。三國魏始置，掌刑獄徒隸、劾治違法案件，遇戰事或佐督軍事。以郎（郎中）主其事。或說三國魏隸尚書左僕射，西晋隸三公尚書，南朝隸都官尚書。北齊專掌京畿以内刑獄訴訟，亦隸都官尚書。　二千石：官署名。即二千石曹。尚書省郎曹之一。三國魏始置，或説屬尚書左僕射。西晋沿置，或説屬三公尚書。設郎（郎中）。東晋康、穆帝以後省。北魏孝文帝改制後復置，掌監督京師以外地區非違得失等事，兼典儀注，一説屬都官尚書。北齊沿置，屬都官尚書。　度支：官署名。即度支曹。尚書省郎曹之一。三國魏始置，掌會計軍國財用，隸度支尚書。晋、南北朝沿置，設郎或郎中。　左右户：官署名。即左、右户曹。尚書省郎曹之一。北魏置左户曹，隸度支尚書，掌全國計帳、户籍等事。設郎（郎中）。北齊增設右户曹，掌天下公私田宅租調等事。

[8]駕部：官署名。即駕部曹。尚書省郎曹之一。三國魏始置，掌車輿畜牧之政。或説魏隸左民尚書。當時戰争頻繁，故馬政尤重。西晋初有駕部尚書，當隸之。南朝隸左民尚書，兼轄車府署。北魏前期直隸尚書省，亦稱乞銀曹，設尚書、令、給事中、郎、校尉等官。太和改制後復爲郎曹，隸殿中尚書，北齊沿置。設郎中。　虞曹：官署名。尚書省郎曹之一。三國魏始置。或説隸左尚書，設郎（郎中）爲其長官。掌山澤、苑囿、田獵、林牧漁等事。西晋因之，東晋康、穆後省。南朝梁、陳復置，仍隸左民尚書。北魏前期直隸尚書省，以虞曹尚書爲長官，設虞曹令等。太和改制以後仍爲郎曹，隸儀曹尚書。北齊隸祠部尚書，掌地圖、山川遠近、園囿田獵、肴膳雜味等事。　屯田：官署名。即屯田曹。尚書省郎曹之

一。三國魏始置（亦有説西晋始置）。掌管屯田事務，以郎（郎中）爲長官。東晋省。南朝宋、齊以民部郎中兼理屯田事務。梁復置，隸左民尚書。陳沿置，北魏亦置，一説隸儀曹尚書。北齊沿置，掌籍田及諸州屯田事務，隸祠部尚書。設郎中。　起部：官署名。即起部曹。尚書省郎曹之一。西晋始置，掌土木工程、匠役。或説隸度支尚書，東晋康、穆帝以後省。南北朝復置，南朝隸度支尚書，北魏或説隸儀曹尚書，北齊隸祠部尚書。設郎中。　都兵：官署名。即都兵曹。尚書省郎曹之一。三國魏始置，西晋沿置，隸五兵尚書。掌鼓吹、太樂、雜户等軍政雜事。東晋省，北魏復置，隸七兵尚書，北齊沿置，隸五兵尚書。按，《通典》卷二三《職官》作"兵部"。　比部：官署名。即比部曹。尚書省郎曹之一。三國魏始置，西晋沿置。或説魏、晋隸吏部尚書。南朝隸吏部尚書，與三公曹同掌擬定、修改法制，收藏稽核律文，設郎（郎中），資深者可稱侍郎。北魏前期直隸尚書省，設尚書、侍郎、郎中等官。或説太和改制後稱郎曹，屬都官尚書。北齊隸都官尚書，掌收藏稽核詔書律令，設郎中。　水部：官署名。即水部曹。尚書省郎曹之一。三國魏始置，掌水道工程、舟楫橋梁之政令。具體事務則分屬都水使者（太舟卿）等官。以郎（郎中）爲其長官，資深者稱侍郎。或説隸左民尚書，或説隸度支尚書。西晋沿置，或説隸屯田（田曹、左民）尚書。東晋中葉省。南朝復置，隸都官尚書，北魏、北齊隸都官尚書。　膳部：官署名。即膳部曹。尚書省郎曹之一。北齊置，掌侍官百司禮食肴饌等事，設郎中。　倉部：官署名。即倉部曹。尚書省郎曹之一。三國魏始置。掌全國糧食倉儲出納，以郎（郎中）爲長官，隸度支尚書。晋、南朝沿置，北魏前期設尚書爲長官，直屬尚書省。太和改制後，復爲郎曹，隸度支尚書，北齊沿置。　金部：官署名。即金部曹。尚書省郎曹之一。三國魏始置，掌審核全國庫藏錢帛出納帳籍、錢幣鑄造及有關度量衡的政令，以郎（郎中）爲其長官。晋、南朝沿置。北魏前期置爲尚書曹，設尚書、長、郎等官，太和改制後仍爲郎曹。北齊因之，設郎中。　庫部：官署名。即庫部曹。尚書省郎曹之一。三國魏始置。掌軍械製造、保管之政事。以郎（郎中）爲其長官，或説魏、晋隸度支尚書。南朝沿置，隸都官尚書，兼領武庫署。北魏前期設尚書、令、郎中、少卿、弩庫曹下大夫等職，及内廷派駐的給事中、給事等。太和改制後改爲郎曹，以郎中爲長官，隸度支尚書。北齊沿置。

[9]都令史：官名。即尚書都令史。西晋始置。爲尚書令、僕、二丞之屬吏。梁武帝時減爲五人，稱五都令史，並開始改用士人，提高其地位。陳沿置。北魏、北齊均置，從八品上。

[10]秀孝：秀才孝廉的合稱。秀才，本意指優秀人才。孝廉，指孝子和廉潔之士。漢武帝時定秀才、孝廉爲選舉科目，東漢時秀才因避諱故改稱茂才，孝廉也混同連稱爲一科，所舉不限於孝者和廉吏。三國魏州舉秀才，郡舉孝廉。晋沿之。東晋以學校陵遲，秀才、孝廉一度不策試。通常揚州歲舉二人，諸州舉一人，或三歲一人，隨州大小，並對策問。南北朝略同。時秀才之選最爲重要，多以此出任要職，所舉多世家豪族子弟。孝廉地位不及秀才，但所舉亦世家豪族子弟，無須策試。　貢士：古代向朝廷薦舉人才，泛稱貢士。按，“貢”字諸本皆作“貞”，《通典》二三《職官》、《文獻通考》卷五二《行臺省》作“貢”，今從改。

[11]倉：《册府元龜》卷四五七《臺省部》作“食”。

[12]金鷄：一種金首鷄形，古代頒布赦詔時所用的儀仗。

[13]部：庫本作“祀”。

[14]藉田：古代帝王於春耕前親往農田示耕並祀先農，有勸農祈豐收之意。漢代正式規定天子行藉田之禮，其後歷代沿襲。或置官署，或設專官，掌藉田事。藉亦作“籍”。　屯田：亦稱屯墾。即對田地所行之有組織墾種。西漢以後，歷代爲解决軍糧供給、軍費開支及補充國庫儲備，多組織兵士、利用人犯或召募農户墾種。主要采取軍屯和民屯兩種形式。關於屯田事宜，一般設有專門機構進行管理。

［15］告身：授官之符。北朝授官即給告身。

［16］事力：又稱“力”。南北朝時按品級授予官吏無償役使之勞動者。其時官吏有禄有力，力爲所役之人。南朝以軍人爲之，可以隨官吏遷轉，並從事農業生産勞動。北齊則以州、郡、縣之白直爲之。　蕃兵：軍種名。北魏、北齊用以指稱蕃附的少數民族兵。

［17］河南：地區名。泛指黄河以南地區。　潼關：地名。北齊時在今陝西潼關縣（吴村）東北黄河南岸潼關。　已：庫本、《册府元龜》卷四五七《臺省部》作“巴”。

［18］河北：地區名。泛指黄河以北地區。

［19］鼓吹：官署名。即鼓吹署。西晋始置，掌皇帝儀仗所用鼓吹樂隊。設令、丞爲其長貳。隸太常。東晋初省太樂併入鼓吹，成帝咸和中復分置。南朝宋、齊或設鼓吹監。梁、陳隸太常卿。北魏亦置，北齊隸太常寺，兼掌百戲。　太樂：官署名。即太樂署。掌宫廷諸樂及行禮節奏事務，設令、丞爲其長貳，兼領清商部丞，隸太常寺。　雜户：北魏時又稱隸户。乃征討西凉等地所俘人户，分配給官府及貴族、官吏，以從事雜役。有伎作户、鹽户、綾羅户、細繭户、金户、兵户、營户、佛圖户、寺户等。雜户身份低於良人，高於奴婢，且世代相襲，不能遷徙、改業，不得讀書、做官。偶有做官者亦不得任清官。雜户雖可賞賜，然不許買賣。

［20］勾檢：考核檢查。

［21］百：庫本作“有”。　肴：《通典》卷二三《職官》作“餚”。

［22］租調：即田租和户調。

［23］郎中：官名。即尚書郎中。西漢武帝時常以郎官供尚書署差遣，掌收發文書章奏庶務，後漸成定制，成爲中朝常設官職，分隸諸曹尚書。東漢設爲固定官職，置三十六員（或説三十五員、三十四員），分隸尚書臺六曹尚書。初上尚書臺任職稱守尚書郎中，滿一年稱尚書郎（一説初上臺稱守尚書郎，滿歲稱尚書郎中），任職滿三年者始得稱侍郎。通稱尚書郎，郎官秩輕而職顯權重，升遷

頗速。秩四百石。魏、晋出居外朝，爲尚書省諸郎曹長官，隸列曹尚書，分曹執行政務，奏對擬詔之職則移歸中書。職任清美，凡政事須議者先由其立意，文書庶務則由令史、書令史等屬吏處理。尚書郎（郎中）資深勤能者可轉侍郎。三國魏置殿中、吏部、駕部、金部、虞曹、比部、南主客、祠部、度支、庫部、農部、水部、儀曹、三公、倉部、民曹、二千石、中兵、外兵、都兵、别兵、考功、定課、都官、騎兵二十五郎。六品。西晋罷農部、定課。增直事、屯田、左士、右士、運曹，分民曹、中兵、外兵爲左、右，分主客爲左、右、南、北，凡三十五曹，設二十三郎分領之，或一曹數郎，或數曹一郎。六品。東晋幾經省併，最後唯置殿中、祠部、儀曹、吏部、比部、左民、駕部、度支、金部、倉部、庫部、中兵、外兵、三公、都官十五郎。六品。南朝宋、齊定置二十郎：吏部、删定、三公、比部隸吏部尚書；祠部、儀曹隸祠部尚書或尚書右僕射；度支、金部、倉部、起部隸度支尚書；左民、駕部隸左民尚書；都官、水部、庫部、功論隸都官尚書；中兵、外兵隸五兵尚書。六品。梁增三郎：虞曹、屯田隸左民，騎兵隸五兵。吏部郎十一班，諸曹侍郎六班，郎中五班，陳四品。北魏前期尚書省諸曹皆置尚書爲長官，下設郎及令、長、給事中等員。太和改制後，復以尚書郎爲諸郎曹長官，分隸六曹尚書。尚書郎可直接向皇帝奏報本職政務。太和十七年定郎中五品上，郎從五品中，二十三年皆稱郎中，六品，仍可通稱爲郎。北齊置郎曹二十八，郎中三十員。六品。郎，底本、庫本作“部”，中華本、《通典》卷二二《職官》作“郎”。從中華本改。

［24］掌故：官名。亦稱掌固。西漢始置，屬太常，亦稱太常掌故。又有文學掌故、太史掌故、治禮掌故等。熟習禮樂制度等典章制度，備咨詢。南朝梁、陳太常卿屬官亦置，爲樂官。北齊尚書省吏部等郎曹置，爲吏職。　主事：官名。漢設南北廬主事，三署主事，隸光禄勳。乃於諸郎中察茂才高第者爲之，秩四百石。三國魏沿置，屬中書，七品。西晋門下、中書亦置，八品。東晋、南朝及

北魏沿置，北齊置於尚書省諸曹、門下、中書省，稱主事令史。此指尚書省諸曹主事。

門下省，[1]掌獻納諫正，及司進御之職。[2]侍中、給事黃門侍郎各六人，[3]録事四人，[4]通事令史、主事令史八人。[5]統局六。領左右局，[6]領左右各二人，[7]掌知朱華閣内諸事。[8]宣傳已下，[9]白衣齋子已上，[10]皆主之。左右直長四人。[11]尚食局，[12]典御二人，[13]總知御膳事。丞、監各四人。[14]尚藥局，[15]典御及丞各二人，[16]總知御藥事。侍御師、尚藥監各四人。[17]主衣局，[18]都統、子統各二人。[19]掌御衣服玩弄事。齋帥局，[20]齋帥四人。[21]掌鋪設洒掃事。殿中局，[22]殿中監四人。[23]掌駕前奏引行事，[24]制請修補。東耕則進耒耜。[25]

[1]門下省：官署名。東漢有侍中寺，三國魏、西晋門下設侍中省，南北朝時皆沿置，權力漸重。南朝齊、梁、陳門下省成爲侍中省專稱，除領内侍諸署、侍奉皇帝生活起居、顧問應對、諫諍糾察等侍從本職外，兼出納、璽封詔奏，地位漸與中書、尚書比肩。北魏門下省地位尤重，一度獲中書出令之權。其長、貳常總典機密，受遺詔輔政。北齊設侍中、給事黃門侍郎爲長貳官。下轄左右、尚食、尚藥、主衣、齋帥、殿中六局，分管宫廷供奉事務。

[2]進御：即進呈。

[3]侍中：官名。秦始置。西漢爲加官，東漢爲正式職官，三國魏、西晋置爲門下之侍中省長官，東晋、南朝梁、陳爲門下省長官。北魏常總典機密，受遺詔輔政，權任尤重，時號小宰相。初爲第二品上，太和二十三年改爲三品。北齊因之，職掌略同。三品。

給事黃門侍郎：官名。東漢合併黃門侍郎與給事黃門而置。亦簡稱黄門、黄門郎、黄門侍郎。掌侍從左右、關通内外，與侍中評省尚書奏事。魏晋南朝宋置爲侍中省或門下省次官。北魏一度甚重之，肅宗時與侍中一起被稱爲“小宰相”。北魏初定三品中，太和二十三年改爲四品上。北齊因之，所掌與侍中同。正四品上。

［4］録事：官名。三國諸將軍府置，掌管文書，勾稽缺失。晋驃騎將軍以下及諸大將軍不開府、非持節都督者、三品將軍府、太子二傅、司隸校尉、諸州置。此指門下省録事。北魏、北齊門下省、都水臺、司州、御史臺、九寺、郡縣等置。北魏門下録事從八品上，北齊亦從八品上。

［5］通事令史：官名。兩晋中書省、門下省置，掌奏文案、宣詔令。八品。南朝中書省、門下省皆置爲屬吏，北魏、北齊置於門下省。品秩不詳。　主事令史：官名。此指門下省主事令史。品秩不詳。

［6］領左右局：官署名。掌禁中事務。

［7］領左右：官名。北魏置，爲皇帝身邊的親信侍臣，掌禁中事務，權力較大。北齊屬門下省，職掌相近，但權勢較小。五品上。

［8］朱華閤：北齊宫殿名。亦作“朱華閣”，位於禁掖中。“閤”字庫本作“關”。

［9］宣傳：官名。全稱爲宣傳左右。北魏置，爲皇帝左右的親近之職，權勢雖大，品階不高。北齊沿置。

［10］白衣齋子：官名。具體職掌不詳。

［11］左右直長：官名。北魏始置，爲皇帝近侍。間有左、右之分，多以他官兼領。北齊時隸門下省領左、右局。從五品上。

［12］尚食局：官署名。北齊始置，負責御膳事務。

［13］典御：官名。即尚食典御。北魏已置，掌御膳之事，北齊門下省尚食局置爲長官，總知御膳事。五品。

［14］丞：官名。即尚食丞。北齊置門下省尚食局屬官，佐尚食典御負責皇帝飲食。從七品。　監：官名。即尚食監。漢諸侯王國

或置。三國魏置，七品。北齊置門下省尚食局屬官，佐尚食典御、丞等負責皇帝飲食，品秩不詳。

[15]尚藥局：官署名。北齊始置，負責皇帝醫藥。

[16]典御：官名。即尚藥典御。北魏置，北齊沿置爲門下省尚藥局長官，總知御藥事，以精通醫術之人充任。五品。　丞：官名。即尚藥丞。北齊置爲門下省尚藥局屬官，佐尚藥典御負責皇帝醫藥，選擅長醫藥之術者任職。從七品。

[17]侍御師：官名。北魏置，爲皇帝及皇后等看病，北齊屬門下省尚藥局。六品。　尚藥監：官名。三國魏置，七品。北齊亦置，爲門下省尚藥局屬官，佐尚藥典御、丞等負責皇帝醫藥。品秩不詳。

[18]主衣局：官署名。北齊始置，掌管御用衣服器玩等事務。

[19]都統：官名。即主衣都統。北魏置，掌管御用衣服器玩等事務，西魏、東魏、北齊沿置。爲皇帝左右親近之職，地位很高，多以散騎常侍兼領。五品。　子統：官名。即主衣子統。屬門下省主衣局，協助主衣都統管理御用衣服器玩等事務。品秩不詳。

[20]齋帥局：官署名。北齊始置，門下省、東宮門下坊皆設，掌鋪設灑掃等事務。

[21]齋帥：官名。南朝宋、梁始置。在皇帝、諸王及州郡長官左右擔任侍衛及灑掃、鋪設等職。地位較低，多由寒人充任。北魏在皇帝左右的齋帥地位較高，常兼任其他較重要的官職。北齊門下省齋帥局設齋帥，除擔任侍衛及負責灑掃、鋪設外，還有伺察百官的作用。從七品。

[22]殿中局：官署名。北齊置，負責皇帝出行時導引帝王車駕，制請修補，東耕時進耒耜。

[23]殿中監：官名。三國魏始置，掌皇帝服御之事，總領宫内衣、食、住、行各主管機構之官屬，然資品極下。兩晋、南朝皆設。北魏、北齊亦設，掌駕前奉引。品秩不詳。

[24]駕前奉引行事：底本“駕”後無“前”字，庫本、中華

本皆有，從改。另“奏”字諸本皆同，《唐六典》卷一一《殿中省》、《通典》卷二六《職官》、《册府元龜》卷六二〇《卿監部》作“奉”。“奉引”多見於史籍記載，《後漢書·百官志二》：“謁者僕射……天子出，奉引。”此處應以“奉”爲是。奉引，導引帝王車駕。

[25]東耕：指天子春耕於藉田。西漢始有此禮，每年春正月皇帝帶領百官始耕於藉田，祠神農氏，以提倡耕作。東漢、西晋皆有。東晋未行，南朝宋重新恢復。北朝沿之。

中書省，[1]管司王言，[2]及司進御之音樂。監、令各一人，[3]侍郎四人。[4]并司伶官西凉部直長、伶官西凉四部、伶官龜兹四部、伶官清商部直長、伶官清商四部。[5]又領舍人省，[6]掌署敕行下，宣旨勞問。中書舍人、主書各十人。[7]

[1]中書省：官署名。三國魏文帝初分秘書始置，爲掌機要、出納政令章奏的政治機構。西晋南朝沿置，職權有所變化。北魏前期，職任不定，或兼掌侍從、出納。太和改制後，始專掌出令、納奏之職。並兼領宫廷伎樂等。北齊沿置，職掌略同。

[2]王言：指制詔之職。

[3]監、令：官名。即中書監、中書令。始置於西漢武帝時期，最早稱中書謁者令，掌傳宣詔命等。西漢後期改爲中謁者令。三國魏文帝初年分秘書置中書省，設中書監、令，並掌收納章奏、草擬及發布皇帝詔令等機要政務，皆三品。西晋沿置，南朝時中書省權歸中書舍人，監、令名義上爲長官，品秩升高，多用作重臣加官，時人視爲閑地。梁、陳或委任庶姓，且不令宰相兼之。北魏、北齊與南朝略同，北魏置監、令各一人。監，太和十七年定爲從一品中，二十三年改爲從二品。令，太和十七年定爲二品中，二十三年

改爲三品。北齊亦置，爲中書省正副長官，負責出令、納奏及宫廷伎樂等事。中書監從二品，中書令三品。

［4］侍郎：官名。即中書侍郎。三國魏始置。初稱通事郎，爲中書省屬官。掌草擬詔令，多選用文學之士。後增設中書郎，亦稱中書侍郎。西晋沿置，東晋一度改爲中書通事郎。南朝擬詔、出令之權歸中書舍人，侍郎職閑官清，成爲諸王起家官。北魏、北齊略同，俱設四員。北魏太和十七年定爲四品上，二十三年改從四品上。北齊兼管伎樂，從四品上。

［5］伶官：官名。周代置，掌樂舞之事。又稱伶、伶人、泠人。亦以稱供職宫廷的伶人，後世多號樂官爲伶官。　西涼：樂曲名。十六國時期，吕光、沮渠蒙遜據有涼州，融合中原音樂與龜兹聲，謂秦漢伎。北魏太延五年（439），太武帝滅涼而得之，稱之西涼樂。　清商：樂曲名。亦稱清商、法樂。初名清商三調，爲漢魏六朝民間樂舞曲。北魏孝文帝、宣武帝時，集中原舊曲及江南吴歌、荆楚西曲，總爲清商樂。

［6］舍人省：官署名。南朝齊置，屬中書省。以中書通事舍人四人爲長官，實際不受中書令控制，直接受命於皇帝。負責草擬詔書，受理文書章奏，監督指導尚書省及中央、地方各機構執行政務，成爲政權的中樞。梁、陳沿置，改中書通事舍人爲中書舍人，陳設詔誥局等二十一局。北魏亦置，但職掌較南朝爲輕。北齊屬中書省，齊亡，罷。

［7］中書舍人：官名。三國魏始置，爲中書省屬官，與通事共掌收納、轉呈章奏。一説魏唯置通事，西晋始增設舍人。東晋合爲一官，稱通事舍人，專掌呈奏，後復省之，而以侍郎兼其職。七品。南朝宋復名中書通事舍人，省稱通事舍人、中書舍人、舍人。入直閤内，出宣詔命，奪侍郎之權。七品。齊沿置，時謂之“四户”，權重天下。七品。梁用人殊重，不限資地，擇選有才能者任之，專掌中書詔誥，兼呈奏之任。後省“通事”二字，直曰“中書舍人”。陳沿之。北魏、北齊亦置，六品上。　主書：官名。戰

國魏置，掌文書檔案。魏晋南北朝尚書、中書、秘書等官署置主書令史，掌文書，位在正、書令史之上。中書省初用武官，南朝宋以後改用文吏。魏、晋八品。北魏亦置於中央官署，太和十七年定爲七品上，二十三年改從八品上。北齊唯置爲中書省屬官，稱主書。八品。

秘書省，[1]典司經籍。監、丞各一人，[2]郎中四人，[3]校書郎十二人，[4]正字四人。[5]又領著作省，[6]郎二人，[7]佐郎八人，[8]校書郎二人。[9]

[1]秘書省：官署名。西晋始置。一説西晋稱秘書寺，至南朝梁末改稱秘書省，掌管國史的修撰及管理中外三閣圖書。陳朝因之。北魏亦以秘書省爲五省之數，又設秘書令，位在監下。秘書省長官常參議制度，因設有内秘書，亦稱秘書省爲外秘書。北齊沿置。

[2]監：官名。即秘書監。東漢始置，掌禁中圖書秘記，屬太常。秩六百石。後省。曹操爲魏王時，置秘書令，典尚書奏事，兼掌圖書秘記。魏文帝黄初年間，置爲秘書署長官，掌管藝文圖籍。初屬少府，後不復屬。西晋以秘書併入中書省，罷此職。後復置，爲秘書寺長官，掌中外三閣圖書。三品。南朝宋、齊沿置，品階不變。梁寺改爲省，秘書監地位提高，位十一班。陳沿置，四品。十六國亦置。北魏秘書監爲秘書省長官，仍掌圖書經籍之事，領著作省。太和十七年定爲從二品中，二十三年改爲三品。北齊沿置，亦三品。　丞：官名。即秘書丞。東漢末曹操始置，輔佐秘書令典尚書奏事，職權甚重。三國魏文帝黄初年間，分秘書立中書，秘書長官改稱秘書監，下設丞，多由秘書郎遷任。西晋武帝以中書秘書丞爲秘書局長官。後復置秘書監，丞爲其次官。負責典籍圖書的管理和整理校定，爲清要之官。南朝宋六品，陳五品。北魏時多參領著

作事，主修撰國史及起居注，並得參預議定禮儀制度。太和十七年定爲四品下，二十三年改爲五品上。北齊五品上。

[3]郎中：官名。即秘書郎中。三國魏置，爲秘書署屬官。兩晋因之。南朝宋以後多稱秘書郎，或亦稱此名。陳制，令、僕子起家爲秘書郎。北魏初稱秘書郎，掌秘閣圖書。太和十七年定爲從五品上，二十三年改爲七品下。北齊因之。七品。

[4]校書郎：官名。即秘書省校書郎。東漢始於東觀置校書郎中，即以郎官典校皇家秘籍圖書。三國魏校書郎隸秘書（一云自漢、魏歷宋、齊、梁、陳，常以博學之士以他官典校秘書，至北魏秘書省始置校書郎），八品。十六國北凉及北魏、北齊沿置。北魏屬秘書省，亦稱秘書校書郎，太和十七年定爲從六品上，二十三年改九品上。北齊秘書省置，掌整理、考校典籍，兼參預修史、修正曆法等事。正九品上。

[5]正字：官名。即秘書省正字。北齊始置，掌校定典籍，刊正文字。從九品上。

[6]著作省：官署名。西晋改著作局置，隸秘書省。負責國史與起居注修撰，或兼管秘書省所藏典籍。南朝、北魏沿置，北齊因别置起居省，著作省僅負責國史修撰。

[7]郎：官名。即著作郎。三國魏始置，隸屬中書省。掌修國史及起居注，或以他官兼任。西晋惠帝時改隸秘書省，稱秘書著作，後别置著作省而仍隸秘書，設著作郎一人，南朝沿置。北魏中期於秘書省置著作局，太和十七年定爲五品上，二十三年改爲從五品上。北齊屬著作省。從五品上。

[8]佐郎：官名。即著作佐郎。三國魏始置，稱佐著作郎，佐修國史，魏晋沿置。南朝宋初曾廢此職。宋、齊以後改稱著作佐郎。陳制，令、僕子起家爲之。北魏中期於秘書省置著作局，太和十七年定爲從五品上，二十三年改爲七品下。北齊屬著作省。七品。

[9]校書郎：官名。即著作省校書郎。掌整理、考校典籍、兼

參預修史及修正曆法之事。九品上。

集書省，[1]掌諷議左右，從容獻納。散騎常侍、通直散騎常侍各六人，[2]諫議大夫七人，[3]散騎侍郎六人，[4]員外散騎常侍二十人，[5]通直散騎侍郎六人，[6]給事中六人，[7]員外散騎侍郎一百二十人，[8]奉朝請二百四十人。[9]又領起居省，[10]散騎常侍、通直散騎常侍、散騎侍郎、通直散騎侍郎各一人，[11]校書郎二人。[12]

[1]集書省：官署名。原稱散騎省，三國魏始置，掌規諫得失。西晋太始中，始稱散騎省。南朝宋改稱集書省。齊亦稱東省。梁、陳稱集書省或散騎省，皆可。北魏前期置散騎省，孝文帝時改名集書省，職掌與南朝略同，兼修起居注，地位略高於南朝，然亦多委積冗官。北齊因之，並領起居省。

[2]散騎常侍：官名。三國魏合散騎與中常侍爲散騎常侍。掌規諫，平尚書奏事，亦掌表詔。後不典事，爲加官。三品。東晋此職選任甚重，與侍中相當，同黄門侍郎合稱黄散。南朝宋隸集書省，掌圖書文翰之事，爲閑散職，資望漸輕。梁以功高者一人爲祭酒，與侍中高功者一人對掌禁令糾諸逋違。陳因之。北魏亦置，掌諷議左右，從容獻納。曾一度掌出令，位在中書令之上。太和十七年定爲二品下，二十三年改爲從三品。北齊集書省置，從三品。通直散騎常侍：官名。東晋時始置。爲皇帝之顧問，侍從左右，掌規諫，不典事。屬散騎省。南朝宋沿置，隸集書省。齊爲東省官，梁又屬散騎省，北魏屬集書省，太和十七年定爲三品下，二十三年改爲四品中。北齊集書省置，四品。

[3]諫議大夫：官名。秦始置諫大夫，屬郎中令。專掌論議。無常員，多至數十人。西漢亦置，東漢置十三人。掌侍從顧問，參與謀議，名義上隸光禄勳。三國魏沿置。兩晋、南朝省。北魏復

置，隸集書省，掌諫議議論。太和十七年定爲四品下，二十三年改爲從四品下。北齊沿置。從四品。

［4］散騎侍郎：官名。三國魏始置。與散騎常侍、侍中、黄門侍郎共平章尚書奏事。西晋沿置，員額增加。東晋廢，南朝宋復置，齊、梁、陳爲集書省官。北朝兼修史，地位略高於南朝。太和十七年定爲四品上，二十三年改爲五品上。北齊集書省置，正五品上。

［5］員外散騎常侍：官名。三國魏末置，爲額外的散騎常侍，無定員。一般以衰老人士充任。南朝梁沿置。北魏太和十七年定爲從三品上，二十三年改爲五品上。北齊沿置，五品上。

［6］通直散騎侍郎：官名。東晋始置，爲皇帝之顧問，侍從左右，掌規諫，不典事，職同散騎侍郎。南朝宋沿置，隸集書省，地位漸低，齊爲東省官，梁屬散騎省。北魏沿置。北齊集書省置，從五品上。

［7］給事中：官名。三國魏始置。掌左右顧問。西晋爲正員，屬散騎，南朝沿置。北魏則爲内朝官，常派往尚書省諸曹，參領政務，並負有監察之責。太和十七年定爲從三品上，二十三年改爲從六品上。北齊隸集書省，掌諫議獻納。從六品上。

［8］員外散騎侍郎：官名。西晋始置，無定員。南朝梁時屬集書省，參掌侍從左右，獻納得失等職，南朝陳爲三公之子起家官。北魏初沿例授予南朝北奔之士，班比吏部郎。太和十七年定爲從四品下，二十三年改七品上。北齊此官授予頗濫，七品上。

［9］奉朝請：官名。漢代本爲達官顯貴定期朝見皇帝的儀式。南朝齊時成爲正式的官名，屬集書省。梁、陳沿置。北魏亦爲冗散官，有俸無職。從七品。北齊改爲職事官，掌獻納諫諍。從七品。

［10］起居省：官署名。掌起居注修撰，屬集書省。

［11］散騎常侍：官名。此指起居省散騎常侍。北齊置，從三品。　通直散騎常侍：官名。此指起居省通直散騎常侍。北齊置，四品。　散騎侍郎：官名。此指起居省散騎侍郎。北齊置，五品

上。　通直散騎侍郎：官名。此指起居省通直散騎侍郎。北齊置，從五品上。

［12］校書郎：官名。此指起居省校書郎。北齊始置起居省，下設校書郎。掌整理、考校典籍，兼參預修史及修正曆法之事。九品上。

中侍中省，[1]掌出入門閤。[2]中侍中二人，[3]中常侍、中給事中各四人。[4]又有中尚藥典御及丞，[5]并中謁者僕射，[6]各二人。中尚食局，[7]典御、丞各二人，[8]監四人。[9]内謁者局，[10]統、丞各一人。[11]

［1］中侍中省：官署名。北齊置，爲管理宫中事務的最高行政機構。掌皇宫警衛、管理皇宫諸門，並掌皇帝飲食、藥物等事務。其屬官皆由宦官擔任。

［2］門閤：門户、門扇。

［3］中侍中：官名。侍中本以士人擔任，北魏始以宦官充任侍中，稱中侍中。北齊中侍中爲中侍中省長官，掌出入門閤。從三品。

［4］中常侍、中給事中：此句中華本斷作“中常侍中、給事中”。《通典》卷二七《職官》内侍省條下有“北齊中侍中省有中給事中四人”。可知北齊設中給事中一職，中華本標點有誤，頓號應斷在“中常侍”後。因改。中常侍，官名。秦、西漢爲加官。初稱常侍，元帝以後稱中常侍。凡列侯、將軍、卿大夫、將、都尉、尚書以至郎中，加此得出入禁中，常侍皇帝左右。武帝以後參與朝議，成爲中朝官。無定員，或多至數十人，任用士人。東漢改爲專職官員，侍從皇帝左右，出入皇宫，贊導宫内諸事，顧問應對。初秩千石，後增爲比二千石。名義上隸屬少府，實際上直達皇帝。初雜用士人、宦者，明帝時定員四人。和帝時增至十人，兼領卿署之

職。安帝時成爲高級宦官的專職，把持朝政，權傾人主。三國魏初與散騎合併，改稱散騎常侍，以士人任之。吴稱散騎中常侍，簡稱中常侍，亦用士人。蜀以宦者爲之，爲皇帝親近之職，干預朝政。兩晋南朝不置。十六國成漢置爲高級宦官，寵信用事。西秦則置中、左、右常侍，並爲中樞長官，執掌國事，任用士人。北魏置爲高級宦官，地位與諸少卿相等，侍從帝后左右，傳達詔命，受理尚書、門下奏事，職權甚重。太和十七年定爲三品上，二十三年改四品上。北齊置，四品上。末年齊主寵信宦官，宦者帶此職者數十人，多封王、開府。中給事中，官名。十六國北燕置，原稱中給事，以宦官充任，爲皇帝親信，負責宫中與外朝的聯繫。北魏沿置，太和十七年定爲從三品中，二十三年改名中給事中，從五品。北齊屬中侍中省，掌後宫事，並負責與外朝的聯繫，由宦官充任。從五品。

[5]中尚藥典御：官名。北齊置，負責皇帝的醫療診治及藥物等事務，由宦官充任。從五品上。　丞：官名。即中尚藥丞。北齊置，輔佐中尚藥典御負責皇帝的醫療診治及藥物等事務，由宦官充任。從七品。

[6]中謁者僕射：官名。北魏置，統諸中謁者。由宦者充任，太和十七年定爲五品上，二十三年改爲從八品上。北齊沿置，掌宗親謁見時的通報、導引等。從八品上。

[7]中尚食局：官署名。掌管皇帝的飲食事務，其屬官皆由宦官充任。

[8]典御：官名。即中尚食典御。北齊置，負責皇帝的飲食事務，由宦官充任。從五品上。　丞：官名。即中尚食丞。北齊置，輔佐中尚食典御負責皇帝的飲食事務，由宦者充任。從七品。

[9]監：官名。即中尚食監。北齊置，輔佐中尚食典御、丞負責皇帝的飲食事務，由宦者充任。品秩不詳。

[10]内謁者局：官署名。北齊置，掌導引諸命婦入宫朝會，並定其班位。

［11］統：官名。即内謁者局統。北齊置爲内謁者局長官。負責導引諸命婦入宫朝會，並定其班位。九品上。　丞：官名。即内謁者局丞。北齊置，内謁者局次官，輔佐内謁者統導引諸命婦入宫朝會。品秩不詳。

御史臺，[1]掌察糾彈劾。中丞一人，治書侍御史二人，[2]侍御史八人，[3]殿中侍御史、檢校御史各十二人，[4]録事四人。[5]領符節署，[6]令一人，[7]符璽郎中四人。[8]

［1］御史臺：官署名。東漢始稱御史臺。設於禁中蘭臺，别稱蘭臺、憲臺。職掌保管宫廷所藏圖籍秘書、文書律令檔案，監察、彈劾百官，復查疑獄等。三國兩晋南朝沿置，機構有所改革。北魏長官名御史中尉，權威甚重。宣武帝延昌後，每臺更换長官，則由其自行更選御史。北齊長官復名御史中丞。

［2］治書侍御史：官名。秦始置。東漢爲御史臺屬官。職掌依據法律審理疑獄，與符節郎共平廷尉奏事。三國魏爲御史中丞副貳，西晋初曾置黄沙獄治書侍御史，專掌審理疑獄，旋罷。南朝不爲世族所重，梁、陳稱南臺治書侍御史。北魏則威權甚重，北齊位六品。

［3］侍御史：官名。秦置，西漢爲御史臺屬官，掌受公卿奏事，舉劾按章，監察文武官員，或供臨時差遣，出監郡國，持節典護大臣喪事，收捕、審訊有罪官吏等。東漢皆公府掾屬高第者爲之，職權頗重。三國兩晋南朝分掌諸曹，亦奉命監國，督查巡視州郡，收捕官吏，宣示詔命等。北魏頗重其選，必以對策高第者補之，分掌諸曹内外督令史以下。太和十七年定品爲從五品中，二十三年改爲八品下。北齊沿置，從七品。

［4］殿中侍御史：官名。三國魏始置殿中侍御史，亦稱殿中御

史，居殿中糾察非法，隸御史臺。兩晋南北朝沿置，梁、陳爲流外官。北朝地位較重。北魏殿中侍御史晝則外臺受事，夜則番直内臺。或掌宿衛禁軍。太和十七年定品爲從五品中，二十三年改爲八品上。北齊八品。　檢校御史：官名。東晋太元中始置，掌監察宫外百官，隸御史臺。南朝省。北魏太和末復置，宿直御史臺，不得入宿宫省。九品上。北齊沿置，從八品上。

［5］録事：官名。指御史臺録事。北魏、北齊門下省、都水臺、司州、御史臺、九寺、郡縣等置録事。

［6］符節署：官署名。北齊置，管理符節事。

［7］令：官名。即符節令。秦置符璽令，掌管皇帝璽印。西漢改名符節令，兼保管銅虎符、竹使符，遣使掌授節，職任頗重。下有丞、尚符璽郎，隸少府。東漢秩六百石，位次御史中丞，其官署亦稱臺，領尚符璽郎中四員及符璽令史。三國沿置。西晋泰始九年（273）省，其職歸御史臺，置符節御史。南朝或於御史臺置主璽令史、符節令史。北魏仍置，隸御史臺，領符璽郎中。太和十七年定爲四品中，二十三年改從八品上。北齊爲御史臺符節署長官，領符璽郎中。

［8］符璽郎中：官名。漢朝有尚符璽郎（尚符璽郎中），爲符節令屬官，掌保管璽印符節，三國魏稱符璽郎（符璽郎中）。七品。西晋省。北魏復置，仍隸符節令。太和十七年定爲從四品中，二十三年改從六品上。北齊沿置，從六品上。

都水臺，[1]管諸津橋。使者二人，[2]參事十人。[3]又領都尉、合昌、坊城等三局。[4]尉皆分司諸津橋。[5]

［1］都水臺：官署名。西晋始置，掌舟船水運河渠灌溉等事務。東晋南朝沿置，南朝梁武帝天監七年（508）罷，改置太舟卿。北魏仍置，多設二使者，有參軍、録事等屬官。北齊亦設使者、

参事。

[2]使者：官名。即都水使者。西漢設都水官，管理河渠陂池灌溉。東漢省，其職併於少府，需要時暫置水衡都尉。三國魏置水衡都尉管理全國河渠灌溉水運事務，或説亦置都水使者。西晋省水衡都尉，置都水使者爲都水臺長官，南朝宋孝武帝一度廢，改置水衡令，尋復。齊有都水臺使者一人。梁初與齊同，天監七年改爲太舟卿，陳因之。北魏置都水使者，太和十七年定品爲四品中，二十三年改從五品上。北齊沿置，從五品。

[3]参事：官名。即都水参事。西漢時置都水丞，爲都水使者屬官。東漢省。西晋置都水参軍二人爲都水使者屬官，宋沿置，後省。梁亦置都水丞，一班。陳因之。北魏亦置都水参事，北齊因之，九品上。

[4]都尉：官署名。即都尉局。北齊置，隸都水臺，管理諸津橋梁。　合昌：官署名。即合昌局。北齊置，隸都水臺。　坊城：官署名。即坊城局。北齊置，隸都水臺。《通典》卷三八《職官》記作“方城”。

[5]尉：官名。即都尉。執行特定職務的專職官員。西漢中央有常設的水衡都尉，非常設的搜粟都尉、協律都尉，分掌行政事務，位次九卿；奉車都尉、駙馬都尉侍從皇帝左右，騎都尉監領羽林騎，或護西域事務；大司馬、大將軍屬官有護軍都尉，掌監督節制諸軍。地位皆頗高，秩比二千石。諸郡或置農都尉、關都尉。三國有水衡、撫軍、典弩、典鎧等都尉，各有職事，權任頗重；度支、典農等都尉掌諸軍、郡縣屯田事務；各地或置司金、司鹽、司竹都尉，分掌冶金、鹽務等具體事務。十六國前凉置五都尉，專主監伺刺舉。北齊都水臺、太僕寺屬下諸局亦置，爲低級事務官員。

謁者臺，[1]掌凡諸吉凶公事，導相禮儀事。僕射二人，[2]謁者三十人，[3]録事一人。[4]

[1]謁者臺：官署名。東漢始置。掌朝會典禮，遣使傳宣詔命，巡視監察。天子出常奉引。三國魏沿置，西晋省併入御史臺。東晋廢置無常。南朝宋復置，齊因之。梁掌朝覲賓饗吉凶典禮之司儀，安排朝會班次，傳宣詔命，職權漸輕，陳因之。北魏、北齊沿置。

[2]僕射：官名。即謁者僕射。秦、西漢隸郎中令（光禄勳），統領諸謁者，職掌朝會司儀，傳達策書，皇帝出行時在前奉引。東漢爲謁者臺長官，名義上隸光禄勳，職權頗重。三國魏沿置，西晋武帝時省，東晋省置無常。南朝宋復置，齊因之，梁僕射掌朝覲賓饗事，或奉命出使。職權較漢爲輕。北魏太和十七年定爲從四品上，二十三年改爲六品上。北齊亦置，六品上。

[3]謁者：官名。春秋戰國時期爲國君、卿大夫的侍從官員，掌導引。秦亦置於宫廷，西漢宫廷、王國皆置，東漢名義上隸屬光禄勳，實自爲一臺，以謁者僕射爲長官，職權甚重。曹魏時期爲謁者臺屬官，又有監國謁者，監察諸侯王，權勢頗重。西晋一度省謁者臺，以謁者併入御史臺，南朝宋復置謁者臺，謁者爲其屬官。齊因之。梁掌奉詔出使，拜假朝會賓贊。功高者一人爲假史，掌差次謁者。陳亦置。梁、陳皆爲流外官。北魏太和十七年定爲從五品中，二十三年改爲九品。北齊沿置，九品。

[4]録事：官名。此指謁者臺録事。爲謁者臺屬官，掌管臺中文書等事務。

太常、光禄、衛尉、宗正、太僕、大理、鴻臚、司農、太府，[1]是爲九寺。置卿、少卿、丞各一人。[2]各有功曹、五官、主簿、録事等員。[3]

[1]太常：官署名。即太常寺。北齊始置，位列九寺之首。負責安排皇帝宗廟陵寢的祭祀活動，爲朝廷制定禮樂典章以及掌管與天文術數、服飾相關的事務。　光禄：官署名。即光禄寺。北齊始

置，爲九寺之一。負責宫廷的門户護衛，帳幕器物，百官朝會時的飲食供應等事務。　衛尉：官署名。即衛尉寺。北齊始置，爲九寺之一。負責宫殿、京城諸門的禁衛，以及宫廷的儀仗和庫藏、武器等事務。　宗正：官署名。即大宗正寺。北齊始置，爲九寺之一。管理皇族外戚名籍事務。　太僕：官署名。即太僕寺。北齊始置，爲九寺之一。負責有關宫廷車馬及畜牧業方面的事務。　大理：官署名。即大理寺。北齊始置，爲九寺之一。爲國家的最高審判機構，負責司法刑獄方面的事務。　鴻臚：官署名。即鴻臚寺。北齊始置，爲九寺之一。負責有關外國、少數民族賓客接待、朝會及吉凶禮儀的事務，兼管佛教、祆教寺廟。　司農：官署名。即司農寺。北齊始置，爲九寺之一。主要管理國家的倉儲庫藏，市場貿易等事務，並負責供應宫廷的糧食薪菜，發放百官俸禄等。　太府：官署名。即太府寺。北齊始置，爲九寺之一。掌管國庫中金銀錢帛的存儲出納，宫廷手工業以及冶鑄、染織等事務。

［2］卿：官名。九寺長官之職。太常卿，西漢時置太常，掌宗廟禮儀、祭祀，及歲舉孝廉等。王莽改稱秩宗。東漢復名太常，三國魏、晋因之，南北朝時其職掌不少轉至尚書，位尊而職閑。北魏名太常，初爲從一品下，後改第三品。北齊始置太常寺，以太常卿爲長官，三品。光禄卿，秦有郎中令，掌宫殿門户。西漢武帝時改郎中令置光禄勳。掌宫殿門户宿衛，兼侍從皇帝左右，宫中宿衛、侍從、傳達諸官如大夫、郎官、謁者等皆隸屬之。兼典期門（虎賁）、羽林諸禁衛軍。官署設宫禁中，宫内設獄，稱光禄外部。屬官衆多，機構龐大，有丞、掾、主事、主簿等，領諸大夫，五官、左、右中郎將，郎中車、户、騎三將，期門僕射、羽林中郎將、諸郎署長等。秩中二千石。新莽改名司中。東漢復舊，職司機構有所變動，以掌宫殿門户宿衛爲主，罷郎中三將，五官、左、右三中郎將署，分領中郎、侍郎、郎中，名義上備宿衛，實爲後備官員儲備之所。虎賁、羽林中郎將、羽林左右監仍領禁軍，掌宿衛侍從。職掌顧問參議的大夫、掌傳達招待的謁者及騎、奉車、駙馬三都尉名

義上隸屬之。兩漢郎官爲選拔人才的重要途徑，故光禄勳對簡選官吏負有重要責任。獻帝末改名郎中令。三國魏文帝復名光禄勳，仍掌宫殿門户名籍，其官署不再居禁中，五官、左、右中郎將雖存，其署已罷，無選舉之任；禁衛軍改由中領軍典掌，虎賁、羽林漸爲侍從武官之職，無宿衛之責；大夫、謁者、三都尉與光禄勳亦無隸屬關係。三品。西晋因之，兼掌原屬少府的一部分宫廷供御事務，領虎賁中郎將、羽林郎將、冗從僕射、羽林左監、五官左右中郎將，東園匠、太官、御府、守宫、黄門、掖庭、清商、華林園、暴室等令。三品。東晋一度省其官。南朝職任愈輕，所領武官悉屬中領軍，太官、御府、清商等宫廷供御官署改隸門下省、尚書省、太常、少府、大長秋等官府，諸大夫名義上仍隸之。南朝宋三品。梁改光禄勳爲光禄卿，掌宫殿門户及一部分宫廷供御事務。十一班。陳因之。三品。北魏初光禄卿從一品下，後改第三品。北齊始置光禄寺，設光禄卿爲長官，三品。衛尉卿，秦有衛尉，掌宫門衛屯兵。漢因之，新莽改名大衛。東漢復舊名，西晋沿置；東晋省，亦爲贈官。南朝宋復置，專掌宫禁及京城防衛。齊因之。東漢、魏晋衛尉卿常作爲衛尉的尊稱，梁正式定爲官名。北魏初衛尉卿從一品下，後降爲第三品。北齊始置衛尉寺，設衛尉卿爲長官，三品。宗正卿，西周至戰國已置宗正，掌君主宗室親族事務。秦、漢、三國沿置，東晋和南朝宋、齊不置，職屬太常。梁天監七年復置宗正卿，並定爲正式官稱。北魏亦置宗正卿，初二品上，後改三品。北齊宗正卿三品。太僕卿，秦始置太僕，掌輿馬。兩漢、三國、西晋沿置，東晋初省，後復置。其後有事則權置，無事則省。南朝宋、齊亦因東晋，梁正式定爲官名。北魏初太僕卿二品上，太和二十三年改爲三品。北齊始置太僕寺，設太僕卿爲長官，三品。大理卿，戰國秦始置，原稱廷尉。秦、西漢沿置，景帝中元六年（前 144）改名大理，建元四年（前 137）復故，爲中央最高司法審判機構長官，遵照皇帝旨意修訂法律，匯總全國斷獄數，主管詔獄。文武大臣有罪，由其直接審理收獄，重大案件由皇帝派人會審。又爲地方司法案件的上訴機關，負責復核審决郡國疑獄，或上報皇帝，有時也派員至郡國協助審理重要案件。屬官有廷尉正，左、右監，宣帝時增置左、右平。元壽二年改名大理。新莽改名作士。東漢復名廷尉，省右平、右監。當時御史中丞、司隸校尉也有治獄奏讞之責，重大案件或由三方會審。魏晋南朝沿置，屬官有丞、正、監、平、律博士各一員。當時修訂法律及刑獄之政令仰承尚書省，南朝又置建康三官分掌刑獄，廷尉職權較漢爲輕。魏、晋、南朝宋三品。梁初稱大理卿，後改稱廷尉卿，十一班。陳因之，三品。北魏稱廷尉，三品。北齊始置大理寺，設大理卿爲長官，三品。鴻臚卿，西漢時置，掌少數民族君長、諸侯王、列侯之迎送接待等。新莽改爲典樂。東漢復故，三國魏、西晋沿置。東晋、南朝宋、齊有事權置兼官，事畢即省。南朝梁改稱鴻臚卿。北魏初大鴻臚卿二品上，太和二十三年改爲三品。北齊始置鴻臚寺，設鴻臚卿爲長官，三品。魏晋南北朝接待賓客、管理少數民族事務之職移歸尚書省主客曹，本官漸成專司朝會禮儀之官。司農卿，西漢時置大司農，掌管全國賦税收入和國家財政開支，新莽時先後改名羲和、納言。東漢復稱大司農。三國魏、晋因之，東晋哀帝時省併入都水，孝武帝時復置，職任有變。南朝宋、齊因之。梁正式稱司農卿。北魏初大司農二品上，太和二十三年改爲三品。北齊稱司農卿，三品。太府卿，南朝梁天監七年始置太府卿，掌金帛庫藏收納、關市税收，以供國家、宫廷用度。轄左右藏、上庫、大倉、南北市及各地關津。十三班。陳因之，三品。北魏太和中始改少府爲太府卿，掌財物庫藏。三品。北齊置太府卿爲太府寺長官，掌金帛府庫、營造器物。三品。　少卿：官名。九寺次官之職。太常少卿，北魏太和十五年始置太常少卿一人，爲太常副貳。初三品上，後改四品上。北齊置爲太常寺貳官，四品上。光禄少卿，北魏太和十五年始置光禄少卿一人，爲光禄勳副貳，初三品上，後改四品上。北齊置爲光禄寺貳官。四品上。衛尉少卿，北魏太和十五年始置衛尉少卿一人，爲衛尉副貳。初三品上，後改正四品上。北齊置衛尉少卿一人，爲衛尉寺貳官，四品上。宗正少卿，北魏太和中初置大宗正少卿，省稱宗正少卿。三品，後改四品。北齊置大宗正少卿爲大宗正寺貳官。四品上。太僕少卿，北魏太和十五年始置太僕少卿一人，爲太僕副貳。初三品上，後改四品上。北齊置太僕少卿一人爲太僕寺貳官，四品上。大理少卿，北魏始置，初三品上，後改四品上。北齊置爲大理寺貳官。一員，四品上。鴻臚少卿，北魏太和十五年始置鴻臚少卿一人，爲大鴻臚卿副貳。初三品上，後改四品上。北齊置鴻臚少卿一人，爲鴻臚寺貳官。四品上。司農少卿，北魏始置。初三品上，後改四品上。北齊置爲司農寺貳官，四品上。太府少卿，北魏孝文帝改少府名太府，始置太府少卿爲太府卿副貳。四品上。北齊置太府少卿爲太府寺貳官，四品上。　丞：官名。九寺屬官。太常丞，秦始置奉常丞，西漢因之，魏晋南朝皆置一人，掌舉陵廟非法。北魏增置太常少卿爲太常卿之副，丞降爲佐官。太和十七年定爲五品下，二十三年改爲從六品下。北齊因之，從六品。宗正丞，西漢置宗正丞爲宗正副貳，秩千石，協助長官掌皇族外戚事務等，由皇族充任。元始四年（4）改宗正爲宗伯後罷。東漢復置，秩比千石。魏、西晋沿置，或以他姓暫代任。七品。東晋省。南朝復置，宋七品，梁四班，陳八品。北魏增置宗正少卿爲宗正卿之副，丞降爲佐官，爲大宗正丞的省稱。太和初五品中，後改七品下。北齊因之。光禄丞，西漢置光禄勳丞一人，爲光禄勳副職，權位較重，多以博士、議郎充任。秩比千石。魏、晋因之。南朝宋、齊列卿丞並視朝請，梁三班，陳因之，八品。北魏增置光禄少卿爲光禄卿之副，丞降爲佐官。太和十七年定爲從五品中，二十三年改爲七品上。北齊因之，從六品。衛尉丞，秦置，漢魏兩晋南朝沿置。北魏增置光禄少卿爲光禄卿之副，丞降爲佐官。孝文帝太和十七年定爲從五品中，二十三年改爲七品上。北齊因之，從六品。太僕丞，秦、西漢置二員，爲太僕副貳，秩千石，協掌車輿馬政，判本署事務。東漢置一員，秩比二千石。魏、西晋沿置，七品。東晋或省或置。南朝梁置太僕丞，三班。陳因之，八品。北魏增置宗正少卿爲宗正卿之副，丞降爲佐官。太和初定從五品中，後改七品下。北齊置爲太僕寺佐官，參領寺務。七品。大理丞，西晋咸寧中始置廷尉丞，南朝宋、齊、梁各置一人。宋、齊七品，梁四班，陳八品。北魏增置大理少卿爲大理卿之副，丞降爲佐官。或稱大理丞，或大理寺丞，太和十七年定爲從五品中，二十三年改爲七品下。北齊置爲大理寺屬官。七品。鴻臚丞，秦設典客丞，西漢武帝改稱大鴻臚丞，協助大鴻臚職掌諸侯及周邊少數民族事務。東漢、魏、晋皆因之。東晋省。南朝梁、陳置。北魏增置鴻臚少卿爲鴻臚卿之副，丞降爲佐官。太和十七年定爲從五品中，二十三年改爲七品下。北齊因之，七品。司農丞，秦治粟内史下置兩丞，西漢武帝時置大司農丞，桑弘羊爲大司農，置部丞數十人，分部主郡國。東漢置司農丞一人，秩比千石，部丞一人，秩六百石。部丞主帑藏。三國魏、晋因之，七品。南朝亦置，梁四班，陳八品。北魏增置司農少卿爲司農卿之副，丞降爲佐官。太和十七年定爲從五品中，二十三年改爲七品下。北齊因之，七品。太府丞，南朝梁始置太府丞一人，四班。陳因之，八品。北魏增置太府少卿爲太府卿之副，丞降爲佐官，亦置一人。七品下。北齊因之，七品。

［3］功曹：官名。亦稱功曹史、主吏。此指九寺功曹。功曹史，漢代郡縣官府所屬功曹之長。主選署功勞、職掌吏員賞罰任免事宜。由守、相委任，職統諸曹，在諸曹掾中地位最高，甚至權逾郡丞、長史。三國時郡及晋不開府將軍、太子二傅、特進、郡縣置。南北朝沿置，北齊太常、光禄、衛尉三寺置功曹，從九品上。　五官：官名。此指九寺五官。全稱爲五官掾，漢朝爲郡國屬吏，地位僅次於功曹，祭祀居諸吏之首，無固定職掌，凡功曹及諸曹員吏出缺即代理其職務。兩晋沿置，中央政府諸卿、領軍、護軍、太子太傅、少傅等及諸郡、國皆置爲僚屬。南朝宋自太常至長秋、領軍、護軍等將軍、太子二傅、諸郡亦置，主諸曹事，爲重要屬吏之一。齊沿之。梁諸卿、太子二傅、詹事、領軍、護軍、左右衛等將軍，諸郡皆置。位自三班至位不登二品者四班不等。陳沿之，位八、九

品不等。北齊諸卿、領護軍、太子詹事、諸郡皆置。太常、光禄、衛尉寺五官，從九品。　主簿：官名。九寺屬官。太常寺主簿，漢已置。魏、晋亦置。南朝梁天監七年置太常主簿一人，位爲位不登二品者四班。陳因之。北齊太常寺置。光禄寺主簿，西漢始置。晋亦置。南朝宋、齊因之。梁天監七年定光禄主簿品秩爲位不登二品者三班。陳因之。北齊光禄寺置。衛尉寺主簿，漢已置。晋置衛尉主簿二人。南朝宋、齊因之。梁天監七年定衛尉主簿品秩爲位不登二品者三班。陳因之。北齊衛尉寺置。宗正寺主簿，南朝梁天監七年置宗正主簿，定品秩爲位不登二品者三班。陳因之。北齊宗正寺置。太僕寺主簿，南朝梁天監七年置太僕主簿，定品秩爲位不登二品者三班。陳因之。北齊太僕寺置。大理寺主簿，魏晋南朝皆置大理主簿。晋至陳俱二人，七品上。北齊大理寺亦置。鴻臚寺主簿，西漢鴻臚有主簿。晋大鴻臚亦置。南朝梁天監七年置鴻臚主簿，定品秩爲位不登二品者三班。陳因之。北齊鴻臚寺置。司農寺主簿，晋太康中置。自後無聞。南朝梁置司農主簿，定品秩爲位不登二品者三班。陳因之。北齊司農寺置司農主簿。太府寺主簿，南朝梁置太府主簿一人，定品秩爲位不登二品者三班。陳因之。北魏置，北齊太府寺置。　録事：官名。此指九寺録事。太常寺録事，晋置太常録事。北齊太常寺亦置爲僚屬。光禄寺録事，西晋光禄勳置録事史。北齊光禄寺置爲僚屬。衛尉寺録事，亦稱衛尉録事。北齊衛尉寺置爲僚屬。宗正寺録事，亦稱宗正録事。北齊大宗正寺置爲僚屬。太僕寺録事，亦稱太僕録事。北齊太僕寺置爲僚屬。大理寺録事，亦稱大理録事。北齊大理寺置爲僚屬。鴻農寺録事，亦稱鴻臚録事。北齊鴻臚寺置爲僚屬。司農寺録事，亦稱司農録事。北齊司農寺置爲僚屬。太府寺録事，亦稱太府録事。北齊太府寺置爲僚屬。

太常，掌陵廟群祀、禮樂儀制，天文術數衣冠之屬。其屬官有博士、四人，掌禮制。[1]協律郎、二人，掌監調律吕音樂。[2]八書博士二人。[3]等員。統諸陵、掌守衛山陵等事。[4]太廟、掌郊廟社稷等事。[5]太樂、掌諸樂及行禮節奏等事。[6]衣冠、掌冠幘、舄履之屬等事。[7]鼓吹、掌百戲、鼓吹樂人等事。[8]太祝、掌郊廟贊祝，祭社衣服等事。[9]太史、掌天文地動，風雲氣色，律曆卜筮等事。[10]太醫、掌醫藥等事。[11]廪犧、掌養犧牲，供祭群祀等事。[12]太宰掌諸神祀烹宰行禮事。[13]等署令、丞。而太廟兼領郊祠、掌五郊群神事。[14]崇虚掌五岳四瀆神祀，在京及諸州道士簿帳等事。[15]二局丞，太樂兼領清商部丞，[16]掌清商音樂等事。鼓吹兼領黄户局丞，[17]掌供樂人衣服。太史兼領靈臺、掌天文觀候。[18]太卜掌諸卜筮。[19]二局丞。

[1]博士：官名。即太常博士。春秋戰國始置博士，充當皇帝顧問，參與議政、制禮，典守書籍。秦時設諸家博士，掌通古今，名義上隸屬太常。秩比六百石。漢初諸子、儒經、術數、方伎等皆立博士，武帝時改置五經博士，兼教授經學、考核人才、奉命出使等事。東漢、三國魏、晋沿置。南朝宋、齊亦稱太學博士，仍屬太常府。梁、陳兼統國學博士。北魏從七品下，北齊沿置，從七品。

[2]協律郎：官名。漢朝有協律都尉，北魏始置協律郎，初爲從五品，太和二十三年改爲八品。北齊爲太府寺屬官，負責對律吕音樂的監控和調試。八品上。　律吕：古代校正樂律的器具。用竹管或金屬管製成，共十二管，管徑相等，以管的長短來確定音的不同高度。從低音管算起，成奇數的六個管叫做“律”，成偶數的六個管叫做“吕”，合稱律吕。

[3]八書博士：官名。八書即秦代統一文字後所定的大篆、小篆、刻符書、蟲書、摹印、署書、殳書、隸書八種書體。北魏延昌

三年（514）詔符節令江式於太常寺兼教八書吏，北齊正式設置八書博士教八書吏。

［4］諸陵：官署名。即諸陵署。主管山陵事務。設令、丞爲其長貳。西漢置諸陵令、丞，屬太常，管理先王陵墓。東漢先帝陵每陵設令一人，秩六百石，每陵所置萬户。西晋改陵園令置，設陵令、丞，屬太常，管理守衛帝王陵寢。下置主簿、録事、户曹史、禁備吏、侍、凡吏、卒。南朝宋、齊皆設陵令，齊一人，舊用三品勳位，後改爲二品。梁始設陵監，後改爲令，二班。陳因之，五品。北齊設諸陵令、丞爲太常寺諸陵署長官。令，從八品上。

［5］太廟：官署名。即太廟署。掌郊廟社稷等事務，設令、丞爲其長貳。兼領郊祀、崇虚二局事。太廟令、丞，三國魏始置，隸太常，負責太廟的清掃與日常管理。七品。晋、南朝宋皆七品。南朝梁改設二廟令，兼掌小廟。陳復置，五品。北魏亦置，下設太廟博士、太廟門僕等。北齊設太廟令、丞爲太常寺太廟署長官。令，從八品上。

［6］太樂：官署名。即太樂署。掌宫廷諸樂及行禮節奏事務，設令、丞爲其長貳，兼領清商部丞。太樂令，又作大樂令，秦奉常屬官之一。西漢隸太常，掌大祭祀及大饗時之樂舞。東漢曾改爲大予樂令。三國魏至南朝時有興廢。北齊設太樂令爲太常寺太樂署長官。從八品上。太樂丞，又作大樂丞。秦奉常屬官，太樂令副貳。漢景帝中元六年隸太常，東漢改稱大予樂丞。三國魏沿置，九品。南朝皆置。梁三品勳位。北齊太樂令從八品上。　節奏：禮節制度，指有關禮儀的各種規定。

［7］衣冠：官署名。即衣冠署。掌供祭祀典禮用服飾衣冠。設令、丞爲其長貳。衣冠令、丞，北齊設爲太常寺衣冠署長次官。官品不詳。　幘（zé）：古代包扎髪髻的巾。　舄（xì）履：即鞋。

［8］鼓吹：官署名，即鼓吹署。西晋始置，隸太常。掌皇帝儀仗所用鼓吹樂隊。東晋初省太樂併入鼓吹，成帝咸和中復分置。南朝宋、齊或設鼓吹監。梁、陳隸太常卿。北朝亦置，北齊隸太常

寺，兼掌百戲。設令、丞爲其長貳。鼓吹令、丞，西晋設鼓吹令、丞，屬太常。東晋初省太樂併入鼓吹，成帝咸和中復分置。南朝宋、齊或設鼓吹監。梁復置，陳因之。北魏置官不詳，北齊設鼓吹令、丞爲太常寺鼓吹署長官。令，從八品上。　百戲：古代樂舞雜技的總稱。

[9]太祝：官署名。即太祝署。北齊置，掌郊廟贊祝，祭社衣服等，設令、丞爲其長貳。太祝令，秦置太祝令，掌祭祀祝禱等，屬奉常。西漢沿置，景帝時改令稱祠祀。武帝時又更名廟祀。東漢置太祝令，三國魏、西晋、南朝沿置。北魏太祝令初爲從五品中，太和二十三年改爲九品上。北齊設太祝令爲太常寺太祝署長官。九品上。太祝丞，西漢置爲太祝令副貳，助令掌祭祀。東漢沿置，掌祝小神事，秩三百石。三國魏、南朝宋、齊、梁皆置。北齊設爲太常寺太祝署次官。

[10]太史：官署名。即太史署。北齊置，掌天文地動，風雲氣色，律曆卜筮，設令、丞爲其長貳。太史令，相傳夏置，掌文書。秦屬奉常。西漢隸太常。東漢不再撰史，魏晋南朝沿置。十六國亦多置，前燕其地位頗重，間或參咨重要政務。北魏置多人，主律曆。九品上。北齊掌天文地動、風雲氣色、律曆卜筮。九品上。太史丞，秦奉常屬官，爲太史令副貳。西漢隸太常，東漢置，三國魏八品。晋、南朝沿置，梁隸太常卿，三品蘊位。北齊爲太常寺太史署次官。

[11]太醫：官署名。即太醫署。北齊置，掌全國醫藥事務，設令、丞爲其掌貳。太醫令、丞，戰國時秦置太醫令，爲侍醫之長。秦漢沿置，下設太醫丞爲其副貳，隸少府，掌宫廷醫藥諸事。秦奉常、漢太常亦置爲屬官。東漢僅於少府置，西晋改屬宗正。東晋省宗正而屬門下省。南朝宋隸門下省侍中，齊隸尚書省。梁復隸門下省，陳沿置。北魏亦置，另有太醫博士、助教，隸屬不詳。北齊設太醫令、丞爲太常寺太醫署長官，掌醫藥等事。令九品上。

[12]廪犧：官名。即廪犧令、丞。秦漢設廪犧令、丞、尉，掌

藏穀養牲以供祭祀。東漢爲河南尹屬官。東晋初未置，後復置。南朝亦置，隸太常。北魏太和十七年定爲從五品下，二十三年職員令未載。北齊設廩犧令、丞爲太常寺廩犧署長貳。令從九品上。 犧牲：供祭祀用的純色全體牲畜。

[13]太宰：官署名。即太宰署。北齊置，掌祭祀諸神時的烹宰及行禮等事務。設令、丞爲其長貳。太宰令、丞，西漢始置，掌宫廷宰工之事，祭祀時供應食物及鼎俎等器用，隸太常。東漢沿置，令秩六百石。北魏亦置，太和十七年定爲從五品下。北齊設太宰令、丞爲太常寺太宰署長官，令從九品上。 烹宰：宰殺、烹煮牲畜。

[14]郊祠：官名。即郊祀局丞。北齊置，爲郊祀局長官，負責管理五郊群神祭祀等事務。

[15]崇虚：官名。即崇虚局丞。北齊置，爲崇虚局長官，負責五岳四瀆諸神的祭祀事務以及全國道士的名册管理。

[16]清商部丞：官名。北齊置，爲清商部長官。負責管理清商音樂（南北朝時期的民間音樂）及樂隊、歌舞演員。

[17]黄户局丞：官名。北齊置，爲黄户局長官，負責管理樂人服裝。

[18]靈臺：官名。即靈臺局丞。北齊置，爲靈臺局長官，負責觀察天象。

[19]太卜：官名。即太卜局丞。爲太卜局長官，負責卜筮等事務。

光禄寺，掌諸膳食，帳幕器物，宫殿門户等事。統守宫、掌凡張設等事。[1]太官、掌食膳事。[2]宫門、主諸門籥事。[3]供府、掌供御衣服玩弄之事。[4]肴藏、掌器物鮭味等事。[5]清漳、主酒，歲二萬石。春秋中半。[6]華林掌禁籞林木等事。[7]等署。宫門署，置僕射六人，[8]以司其事。餘各有令、丞。[9]又領東園局丞員。[10]掌諸凶具。

[1]守宫：官署名。即守宫署。北齊置，掌供設宫廷鋪陳張設之物。　張設：部署，擺設。

[2]太官：官署名。即太官署。北齊置，掌百官食膳事。

[3]宫門：官署名。即宫門署。北齊置，掌諸宫門禁，設僕射六人。　龠（yuè）：通“鑰”，門下上貫横閂、下插入地的直木或直鐵棍。

[4]供府：官署名。即供府署。北齊置，掌供奉宫廷衣服玩物之事。　玩弄：供玩賞的器具。

[5]肴藏：官署名。即肴藏署。北齊置，掌供奉宫廷膳食及其用具。　鮭（xié）：古代魚類菜肴的總稱。

[6]清漳：官署名。即清漳署。北齊置，掌宫廷用酒。　中半：對半。

[7]華林：官署名。即華林署。北齊置，掌禁中皇家園林。

[8]僕射：官名。即宫門僕射。北魏始置，負責諸宫宫門的守衛。北齊沿置，從八品。

[9]餘各有令、丞：此指守宫等令、丞。守宫令、丞，東漢置，屬少府，掌管御紙、筆、墨，尚書臺財務、封泥等。晋、南朝改屬光禄寺。北齊設守宫令、丞爲光禄寺守宫署長官。令，從八品上。太官令、丞，又作大官令、丞。秦漢時爲少府屬官，掌宫廷飲食。三國魏、吴亦置。兩晋改隸光禄勳，南朝宋屬門下省侍中，齊改隸尚書省，梁復屬門下省，陳因之。北魏分太官令爲尚食、中尚食。尚食，隸門下省，知御膳；而太官令、丞各一人，屬光禄卿，掌知百官之饌。北齊設太官令、丞爲光禄寺太官署長官，掌食膳而不主御膳。令，從八品上。供府令、丞，北齊設爲光禄寺供府署長官，管理皇帝衣物器用。令，從九品上。肴藏令、丞，東漢設甘丞，主膳具；果丞，負責皇宫水果供應。隸少府。西晋設餳官史、果官各

二人。北齊設肴藏令、丞爲光禄寺肴藏署長官。令，從九品上。清漳令、丞，東漢設湯官丞，主酒。隸少府。西晋設監釀吏四人，酒丞一人。屬太官。南朝齊有酒吏，隸食官局，一人。梁有酒庫丞。北齊設清漳令、丞爲光禄寺清漳署長官。華林令、丞，三國魏始置華林園令，負責管理華林園。屬光禄勳。七品。西晋沿置，東晋以三國吴所建華林園爲御苑，南朝擴建，仍以令主其事。梁置華林署，隸大長秋，改園令爲署令，掌御苑林木。北魏、東魏以洛陽華林園爲宫苑，置華林都將掌管。十六國、北齊亦以華林園爲宫苑，置華林令、丞主其事。北齊華林令從九品上。

［10］東園局丞：官名。北齊置，爲東園局長官，負責管理宫廷喪葬器用事務。　凶具：供喪葬使用的物品、器具。

衛尉寺，掌禁衛甲兵。統城門寺，[1]置校尉二人，[2]以司其職。掌宫殿城門，并諸倉庫管籥等事。又領公車、掌尚書所不理，有枉屈，經判奏聞。[3]武庫、掌甲兵及吉凶儀仗。[4]衛士掌京城及諸門兵士。[5]等署令。武庫又有修故局丞。[6]掌領匠修故甲等事。

［1］城門寺：官署名。北齊置，隸衛尉寺，掌宫殿城門宿衛及諸倉庫管匙。

［2］校尉：官名。即城門校尉。西漢征和二年（前91）始置，掌京城長安諸城門警衛，領城門屯兵，屬官有司馬一員及十二城門候。職顯任重，每以重臣監領。秩二千石。王莽居攝時，更名爲城門將軍，諸城門各置校尉。東漢復舊，秩比二千石。當時洛陽十二城門，唯北宫門屬衛尉，其餘十一門各設門候，隸城門校尉。位在北軍五校尉之上，多以外戚重臣領之。三國魏沿置，屬官有司馬一員，十二城門候、候副。西晋沿置，四品。東晋、南朝罷。十六國後秦仍置，北魏、北齊置，職權漸輕，北魏太和十七年定爲三品

下，二十三年改爲四品上。北齊爲城門寺長官，掌宫殿、城門並諸倉庫門禁管匙。四品上。别有衛士署掌京城及諸門士兵。

[3]公車：官名。即公車署令。西漢置公車司馬令，爲公車長官，東漢時掌宫南門闕門，三國魏沿置，西晋改公車令，東晋罷衛尉後，改隸門下省。南朝宋沿置，齊隸尚書省。梁復隸門下省，陳沿置。北魏置爲公車署長官，掌受章奏，以理冤事。太和二十三年定爲從八品上。北齊爲衛尉寺公車署長官，從七品。

[4]武庫：官名。即武庫署令，亦稱武庫令。西漢初爲中尉屬官，掌京師武庫兵器。東漢、三國魏、西晋沿置。東晋省。南朝宋置，掌軍器，隸尚書省庫部曹。齊沿置，梁隸衛尉卿及尚書省庫部，又分南、北武庫二署令。陳衛尉卿下置。北齊爲衛尉寺武庫署長官，掌兵器及吉凶儀仗。從八品上。

[5]衛士：官名。即衛士署令，亦稱衛士令。秦置，西漢因之，秩六百石。有丞，領未央宫衛士，管理宫城諸門警衛，隸衛尉（中大夫令）。其餘諸宫亦置，分隸諸宫衛尉。東漢南、北宫各置一員，皆隸衛尉。三國魏、西晋沿置，七品。東晋、南朝省。北齊復置，爲衛尉寺衛士署長官，掌京城及諸門屯衛士兵。

[6]修故局丞：官名。北齊置，爲修故局長官，掌領工匠修理兵器甲胄事務。

大宗正寺，掌宗室屬籍。統皇子王國、諸王國、諸長公主家。[1]

[1]長公主：公主之尊崇者爲長公主。漢多封皇帝長女或長姊，後代沿之。

太僕寺，掌諸車輦、馬、牛、畜産之屬。統驊騮、掌御馬及諸鞍乘。[1]左右龍、左右牝、掌駝馬。[2]駝牛、掌飼駝騾驢牛。[3]司羊、掌諸羊。[4]乘黄、掌諸輦輅。[5]車府掌諸雜車。[6]等署令、丞。驊騮署，[7]又有奉承直長二人。[8]左龍署，[9]有左龍局。[10]右龍署，[11]有右龍局。[12]左牝署，[13]有左牝局。[14]右牝署，[15]有右牝局。[16]駝牛署，[17]有典駝、特牛、牸牛三局。[18]司羊署，[19]有特羊、牸羊局。[20]諸局並有都尉。[21]寺又領司訟、典腊、出入等三局丞。[22]

[1]驊騮：官名。即驊騮令、丞。三國魏始置驊騮厩令，因古有良馬名驊騮而置。掌乘輿及御馬，屬太僕卿。七品。西晋因之，七品。東晋以後常省太僕，改置驊騮厩丞，隸門下省。掌飼宫廷用馬。南朝宋隸侍中，齊屬尚書起部，亦屬領軍。梁復隸門下省。北齊設驊騮署，以驊騮令爲其長官。從八品上。設丞爲其副貳。

[2]左右龍：官名。即左右龍署令、丞。北齊置，爲左右龍署長貳。令，從八品上。　左右牝：官名。即左右牝令、丞。北齊置，爲左右牝署長貳，掌駝馬。令，從八品上。

[3]駝牛：官名。即駝牛令、丞。北齊置，爲駝牛署長官，負責飼養駝、騾、驢、牛。令，從八品上。

[4]司羊：官名。即司羊令、丞。北齊置，爲司羊署長官，負責牧養諸羊事務。令，從八品上。

[5]乘黄：官名。即乘黄令、丞。乘黄令，東漢末曹操始置，亦稱乘黄厩令。魏、晋因置，東晋或省。南朝復置，北齊爲乘黄署長官，隸太僕寺，職掌略同。從九品上。乘黄丞，魏、晋爲乘黄令副貳，九品。南北朝沿置，北齊爲乘黄署次官。

[6]車府：官名。即車府令、丞。車府令，秦朝以趙高爲中車府令。漢朝爲太僕屬官，主乘輿諸車。東漢、三國魏、東晋、南朝沿置，梁、陳爲車府署長官。北魏亦置，北齊爲太僕寺車府署長官，掌諸雜車。從九品上。車府丞，漢太僕所統車府令副貳。三國

魏沿置，九品。東晉、南朝皆置，隸尚書省駕部，梁、陳爲車府署次官。

［7］驊騮署：官署名。北齊置，掌御馬及諸鞍乘。

［8］奉承直長：官名。北齊置，爲太僕寺屬官。品秩不詳。

［9］左龍署：官署名。北齊置，隸太僕寺，設令、丞。《欽定歷代職官表》卷三九："謹案齊與魏同制，其左右龍蓋如今之左司、右司。"

［10］左龍局：官署名。北齊置，隸太僕寺左龍署，設都尉爲其長官。

［11］右龍署：官署名。北齊置，隸太僕寺，設令、丞。《欽定歷代職官表》卷三九："謹案齊與魏同制，其左右龍蓋如今之左司、右司。"

［12］右龍局：官署名。北齊置，隸太僕寺右龍署，設都尉爲其長官。

［13］左牝署：官署名。北齊置，隸太僕寺，掌駝馬。

［14］左牝局：官署名。北齊置，隸太僕寺左牝署，設都尉爲其長官。

［15］右牝署：官署名。北齊置，隸太僕寺，掌駝馬。

［16］右牝局：官署名。北齊置，隸太僕寺右牝署，設都尉爲其長官。

［17］駝牛署：官署名。北魏置，掌飼駝騾驢牛。北齊沿置，設令、丞。亦常作爲囚禁官員之所。

［18］典駝：官署名。即典駝局。北齊置，隸太僕寺駝牛署。管理駱駝的飼養及役使，設都尉。　特牛：官署名。即特牛局。北齊置，隸太僕寺駝牛署。管理公牛之牧養。設都尉。　牸（zì）牛：官署名。即牸牛局。北齊置，隸太僕寺駝牛署。管理母牛之牧養。設都尉。

［19］司羊署：官署名。北齊置，掌牧養諸羊事務，設令、丞。

［20］特羊：官署名。即特羊局。北齊置，隸太僕寺司羊署。管

理公羊之牧養。設都尉。 牸羊局：官署名。隸太僕寺司羊署。管理母羊之牧養。設都尉。

[21]都尉：官名。此指左龍都尉、右龍都尉、左牝都尉、右牝都尉、典駝都尉、特牛都尉、牸牛都尉、特羊都尉、牸羊都尉。北齊置，爲各局長官。皆爲從九品上。

[22]司訟：官名。即司訟局丞。北齊置，掌司訟局，隸太僕寺，職掌不詳。 典腊：官名。即典腊局丞。北齊置，掌典腊局，隸太僕寺，職掌不詳。 出入：官名。即出入局丞。北齊置，掌出入局，隸太僕寺，職掌不詳。

大理寺，掌決正刑獄。正、監、評各一人，[1]律博士四人，[2]明法掾二十四人，[3]檻車督二人，[4]掾十人，[5]獄丞、掾各二人，[6]司直、明法各十人。[7]

[1]正：官名。即大理正，亦稱大理寺正。秦置廷尉正，爲廷尉副職，視列卿丞，爲高級審判官，掌審理判決疑難案件，可代表廷尉參加詔獄會審。漢沿置，與“監”“平”共謂“廷尉三官”。地位高於廷尉監、平，但公牘須三官聯署，以相互監督。秩千石。西漢景帝中元六年改大理正，建元四年復改廷尉正。元壽二年改大理正。東漢獻帝建安末魏、吴建國初皆置，六品。稱帝後復名廷尉正，掌平決訟獄。三品。晉、南朝宋、齊沿置，三品。梁爲廷尉卿屬官，六班。陳亦置，三品。北魏初五品中，太和二十三年改爲六品下。曾一度改稱大理正。北齊置爲大理寺屬官，改名大理正，掌議獄，正科條。六品。 監：官名。即大理監，亦稱大理寺監。秦始置廷尉監，西漢分左、右，隸廷尉，秩禄與廷尉正相當而位稍次之。掌收捕罪犯，亦參議案例，審理疑獄，與正、平通署公牘。西漢中元六年更名大理監，建元四年復舊，元壽二年又改。東漢唯置左監。東漢獻帝建安末，魏、吴建國初皆置，六品。魏、晉、南朝

去“左”，三品。南朝梁六班。北魏初五品中，太和二十三年改爲六品下。北齊置爲大理寺屬官，稱大理監。掌議獄，正科條。六品。　評：官名。即大理評，亦稱大理寺評。“評”亦作“平”。西漢因廷尉史任重禄薄而增置廷尉平，分左、右，其務在平刑獄，秩六百石。東漢唯置廷尉左平。魏、晋、南朝去“左”，設爲廷尉屬官，參議案例律條，覆核平决疑獄，可駁回廷尉所奏罪案。與正、監通署公牘，相互制約。南朝齊六品，梁六班，陳七品。北魏初五品中，太和二十三年改爲六品下。北齊置爲大理寺屬官，稱大理評，負責審核刑獄。六品。

[2]律博士：官名。亦稱律學博士，三國魏時始置，教授刑律，咨詢法律。兩晋、南朝宋、齊沿置，屬廷尉衛。南朝梁改置胄子律博士，屬廷尉，陳亦置律博士。北魏、北齊仍置律博士。九品上。

[3]明法掾：官名。晋朝置，屬廷尉。由通曉法令者擔任。北齊亦置，屬大理寺。

[4]檻車督：官名。北齊置，隸大理寺。其具體職掌不詳。

[5]掾：官名。此指大理寺掾，北齊置，大理寺低級官員。

[6]獄丞：官名。南朝宋時唯置於建康，爲縣佐吏，掌刑獄事。齊建元三年（481），會稽山陰縣亦置。梁初沿置。北齊大理寺亦置爲屬官。　掾：官名。即獄掾。秦漢時爲縣級行政機構屬吏，職掌刑獄。十六國前秦時郡置，北魏亦置，北齊沿之。

[7]司直：官名。西漢始置，負責協助丞相糾舉不法，爲丞相屬官之首，職任甚重。秩比二千石。東漢改屬司徒，輔助司徒督録諸州郡上奏，後不屬司徒，掌督京師百官。曹操爲司空時，置司空司直，職權同於西漢。三國至晋不常置。北魏初置爲廷尉屬官，稱五局司直，專主刑獄，後罷。復置廷尉司直，隸廷尉，位在正、監上，不署曹事，唯覆理御史檢劾事。視五品。北齊稱大理司直，位在大理正、監、評上。從五品。　明法：官名。北齊置，掌律令輕重。

鴻臚寺，掌蕃客朝會，[1]吉凶弔祭。統典客、典寺、司儀等署令、丞。[2]典客署，[3]又有京邑薩甫二人，[4]諸州薩甫一人。典寺署，[5]有僧祇部丞一人。[6]司儀署，[7]又有奉禮郎三十人。[8]

[1]蕃客：古代對外國商旅的泛稱。

[2]典客：官名。即典客署令、丞。典客令，西晋改客館令置，爲典客署長官，隸大鴻臚。南朝復改名客館令。梁、陳稱典客館令。北齊復置，爲典客署長官。典客丞，西晋、北齊時置爲典客署次官。　典寺：官名。即典寺署令、丞。典寺署令，亦稱典寺令，北魏置，管理佛教寺廟僧侣。北齊沿置，爲典寺署長官。典寺署丞，亦稱典寺丞。北魏、北齊置，爲典寺令副貳。　司儀：官名。即司儀署令、丞。西漢置治禮郎，隸大鴻臚。北魏太和十五年置司儀官，北齊置司儀令、丞，爲司儀署長貳。負責掌管喪葬凶禮用具。司儀令，從九品上。

[3]典客署：官署名。西晋置，掌接待少數民族事，隸屬於大鴻臚。北齊沿置，設令、丞爲其長貳。典客令、丞，西漢置行人，隸鴻臚，武帝時改爲大行令，三國魏改客館令，西晋改名典客，南朝宋，分置南、北客館令、丞。齊有客館令，梁有典客館令、丞，令三品勳位。陳因之。北魏有典客監，初爲五品上，太和十五年置典客令。北齊沿置。

[4]薩甫：官名。亦稱薩寶、薩保。爲梵語音譯，北齊在京邑和州郡皆置，負責管理境内波斯商人及祆教（瑣羅亞斯德教）的祠宇祭祀。

[5]典寺：官署名。北魏始置，管理佛教寺廟僧侣。北齊沿置，設令、丞爲其長官。

[6]僧祇部：官署名。北齊置，負責管理佛教僧侣事務，設丞爲其長官。

［7］司儀：官署名。即司儀署。北齊置，負責掌管喪葬凶禮用具。設令、丞爲其長貳。

［8］奉禮郎：官名。“奉”應爲“治”，唐爲避高宗諱改。治禮郎，西漢置，屬大鴻臚屬官大行令，掌朝會時贊禮儀。東漢、魏晋沿置。東晋、南朝大鴻臚常省，其官亦省置無常。北魏仍置，爲冗散之官，有俸無常職。太和十七年定爲從六品下，二十三年改爲從九品。北齊爲鴻臚寺司儀署屬官，從九品。

司農寺，掌倉市薪菜，園池果實。統平準、太倉、鈎盾、典農、導官、梁州水次倉、石濟水次倉、藉田等署令、丞。[1]而鈎盾又別領大囿、上林、游獵、柴草、池藪、苜蓿等六部丞。[2]典農署，[3]又別領山陽、平頭、督亢等三部丞。[4]導官署，[5]又有御細部、麴麵部、典庫部等倉督員。[6]

［1］平準：官名。即平準署令、丞。西漢始置，主平抑物價，東漢除管理物價之外，還主練染，作采色。後改名中準令、丞，以宦者爲之。令，秩六百石。三國魏復舊，隸少府。西晋沿置。南朝宋曾改名染署令、丞，唯掌染事。齊復舊。梁、陳爲平水令、丞。北齊爲平準署長貳。負責管理市場物價。令，六品。　太倉：官名。即太倉署令、丞。秦始置，屬治粟内史。西漢沿置，隸大司農。東漢、三國魏、兩晋、南朝沿置。北齊太倉署設令、丞爲其長貳，掌管國家倉庫儲存糧穀等事務。令，從八品上。　鈎盾：官名。即鈎盾署令、丞。西漢始置，由宦者充任，隸少府，掌管京城附近的皇家苑囿。東漢職任擴大，管理京城内外園苑中離宫池觀，有時也改用士人擔任。三國魏、西晋沿置。東晋、南朝不常置。北魏仍置，任者仍用宦者，北齊爲鈎盾署長貳，負責供應薪菜果實，管理園池。不設於宫禁中，任用士人。　典農：官名。即典農署

令、丞。北齊置，爲典農署長貳，掌勸課農桑，亦主屯田事。令，從八品上。　導官：官名。即導官署令、丞。西漢始置，主擇米以供祭祀及御饌。東漢、三國魏、兩晋、南朝皆置。北齊爲導官署長貳。令，從八品上。　梁州水次倉：官名。即梁州水次倉署令、丞。梁州，北齊治所在今河南開封市西北。水次倉，建於水陸交通要地的用以儲糧的機構。供發放軍月糧及駐防過往官兵糧餉之用。北齊於梁州置水次倉署，以令、丞爲其長貳。品秩不詳。　石濟水次倉：官名。即石濟水次倉署令、丞。石濟，即石濟津。一名棘津、南津。在今河南滑縣西南古黄河上。北齊於石濟亦置水次倉署，以令、丞爲其長貳。品秩不詳。　藉田：官名。即藉田署令、丞。藉田署令，亦稱藉田令。西漢始置，管理藉田事宜。西晋復置，東晋省，南朝復置。北齊爲藉田署長官，掌耕種藉田，奉宗廟祭祀。從九品上。藉田署丞，亦稱藉田丞、籍田丞。秦置，屬治粟内史，爲藉田令副貳。西漢因之。景帝時更屬大農令，武帝太初元年更屬大司農。東漢省。北齊復置爲藉田署次官。

[2]鈎盾：官署名。即鈎盾署。北齊置，負責供應薪菜果實，管理園池。設令、丞爲其長貳。　大囿：官名。即大囿部丞。北齊置，爲大囿部長官，掌管苑囿禽獸等事務。品秩不詳。　上林：官名。即上林部丞。北齊置，爲上林部長官，管理上林苑中禽獸宫館等事。　游獵：官名。即游獵部丞。北魏有游獵曹，北齊置部，設丞爲其長官。具體職掌不詳。　柴草：官名。即柴草部丞。北齊置，爲柴草部長官，具體職掌不詳。　池藪（sǒu）：官名。即池藪部丞。北齊置，爲池藪部長官，管理池沼湖澤所産物。　苜蓿：官名。即苜蓿部丞。北齊置，爲苜蓿部長官。苜蓿部丞所掌史書並未確載，查苜蓿爲豆科植物，一年生或多年生草本，原産伊朗，後傳至中亞，自西漢以後成爲宫廷養馬的主要飼料。推測苜蓿部可能與養馬飼料有關。

[3]典農署：官署名。北齊置，掌勸課農桑，亦主屯田事。設令、丞爲其長貳。

[4]山陽：官署名。即山陽部。北齊置，負責掌管山陽地區（即今河南焦作市一帶）的農業生産，以丞爲其長官。　平頭：官署名。即平頭部。北齊置，以丞爲其長官，具體職掌不詳。　督亢：官署名。即督亢部。北齊置，負責掌管督亢地區（即今河北涿州市一帶）的農業生産，以丞爲其長官。

[5]導官署：官署名。北齊置，負責選擇米麥上供之事。設令、丞爲其長貳。

[6]御細部：官署名。北齊置，設倉督爲其長官。　麴麵部：官署名。北齊置，設倉督爲其長官。　典庫部：官署名。北齊置，設倉督爲其長官。　倉督：官名。北齊置，諸府州縣皆置，員額不等，掌倉糧出納。

太府寺，掌金帛府庫，營造器物。統左、中、右三尚方，[1]左藏、司染、諸冶東西道署、黄藏、右藏、細作、左校、甄官等署令、丞。[2]左尚方，又別領別局、樂器、器作三局丞。[3]中尚方，又別領別局、涇州絲局、雍州絲局、定州紬綾局四局丞。[4]右尚方，又別領別局丞。[5]司染署，又別領京坊、河東、信都三局丞。[6]諸冶東道，[7]又別領滏口、武安、白間三局丞。[8]諸冶西道，[9]又別領晋陽冶、泉部、大邳、原仇四局丞。[10]甄官署，[11]又別領石窟丞。[12]

[1]左、中、右三尚方：官署名。亦名上方。西漢始置，隸少府。掌使役工徒，製造新奇貴重手工藝品及精美的宫廷器用、刀劍等兵器，專供御用。東漢末分中、左、右三署。三國魏、西晋沿置。東晋唯置一署，或省或置。南朝宋沿置，以尚方署爲右尚方，改原相府作部爲左尚方，仍隸少府，負責製作一般軍械，精巧器玩

兵器之製造則歸門下省的細作署負責。後改細作署爲中署，隸右尚方。南朝齊因之，梁、陳增中尚方，復置三署。北魏仍置，並兼掌絲織品、樂器的製作。北齊沿置。

[2]左藏：官名。即左藏署令、丞。西晋始置，爲少府屬官。東晋省，南朝梁、陳皆置，隸太府卿。北齊爲左藏署長官，掌錢帛、雜彩庫藏。令，從八品上。　司染：官名。即司染署令、丞。北齊置，爲太府寺司染署長貳，令，從八品上。　諸冶東西道署：官名。即諸冶東、西道署令、丞。諸冶東道署令、丞，北齊置，爲諸冶東道署長貳，掌東部地區諸冶。令，從八品上。諸冶西道署令、丞，北齊置，爲諸冶西道署長貳，掌西部地區諸冶。令，從八品上。　黄藏：官名。即黄藏署令、丞。西晋始置，稱中黄藏令，南朝設中黄令，掌宫中庫藏。北齊亦置，負責掌管宫中金銀幣帛庫藏。　右藏：官名。即右藏署令、丞。西晋始置，隸少府。東晋省，南朝梁、陳皆置。梁，令爲三品勳位。北齊，令從八品上。細作：官名。即細作署令、丞。南朝宋將東晋相府細作署劃歸宫廷，設令、丞。負責監製供奉御用精巧珍寶器玩，隸門下省。後改名御府、中署。齊、梁、陳復名細作。北齊沿置，九品上。　左校：官名。即左校署令、丞。左校署令，亦稱左校令。西漢始置，隸將作少府。領本署工徒修造宫室、宗廟、陵園、道路等。官吏犯法，常輸左校爲工徒。三國魏以其主天下木材，併入材官校尉。西晋亦置，東晋省，併入材官將軍。十六國後趙亦置，掌土木工程。南朝宋、齊不置（一説宋仍置），梁、陳復置，隸大匠卿。北魏、北齊沿置。從九品上。左校署丞，亦稱左校丞。漢爲左校令副貳，秩三百石。西漢陽朔三年（前22）省，東漢復置。北齊爲左校署次官。　甄官：官名。即甄官令、丞。東漢有前、後、中甄官令、丞，隸將作大匠。西晋改爲甄官署令，屬少府。南朝宋、齊設有東、西陶官，瓦署督令。梁、陳仍置甄官令、丞。北齊沿置，甄官令，從九品上。

[3]别局：官名。此指左尚方别局丞。北齊置，太府寺左、中、

右尚方署下皆置别局，設丞爲其長官。品秩不詳。底本無“别”字，據庫本、中華本補。　樂器：官名。即樂器局丞。北齊置，爲樂器局長官，掌宫廷樂器製作。品秩不詳。　器作：官名。即器作局丞。北齊置，爲器作局長官，隸太府寺左尚方署。品秩不詳。

［4］别局：官名。此指中尚方别局丞。北齊置，太府寺左、中、右尚方署下皆置别局，設丞爲其長官。　涇州絲局：官名。即涇州絲局局丞。北齊置。爲涇州絲局長官，其職掌應與絲織有關。涇州，北齊時治所在今甘肅涇川縣北涇河北岸。　雍州絲局：官名。即雍州絲局局丞。北齊置。爲雍州絲局長官，其職掌應與絲織有關。雍州，北齊時治所在今陝西西安市西北。　定州紬（chóu）綾局：官名。即定州紬綾局局丞。北齊置。爲定州紬綾局長官，其職掌應與織紝有關。品秩不詳。定州，北齊時治所在今河北定州市。

［5］别局丞：官名。此指右尚方别局丞。北齊置，太府寺左、中、右尚方署下皆置别局，設丞爲其長官。品秩不詳。

［6］京坊：官名。即京坊局丞。北齊置，爲京坊局長官。　河東：官名。即河東局丞。北齊置。爲河東局長官。品秩不詳。河東，北齊治所在今山西永濟市西南蒲州鎮。　信都：官名。即信都局丞。北齊置，爲信都局長官。品秩不詳。信都，北齊治所在今河北冀州市。

［7］諸冶東道：官署名。即諸冶東道署。北齊置，掌東部地區諸冶。

［8］滏口：官名。即滏口局丞。北齊置，爲滏口局長官。品秩不詳。滏口，北齊時在今河北磁縣西北、武安市南石鼓山，今滏陽河的發源地。太行八陘之一。　武安：官名。即武安局丞。北齊置，爲武安局長官。品秩不詳。武安，縣名。北齊時治所在今河北武安市西南。　白間：官名。即白間局丞，北齊置，爲白間局長官。品秩不詳。白間，具體位置不詳。按，《職官分紀》卷二二《少府監》作“白澗”，北齊有白澗山，在今山西陽城縣西北。

[9]諸冶西道：官署名。即諸冶西道署。北齊置，掌西部地區諸冶。

[10]晋陽冶：官名。即晋陽冶局丞。北齊置，爲晋陽冶長官。品秩不詳。晋陽，縣名。北齊時治所在今山西太原市西南古城營東汾水之東。　泉部：官名。即泉部局丞。北齊置，爲泉部局長官。品秩不詳。清《欽定歷代職官表》卷一六："自晋以後，諸冶署令、丞掌鼓鑄金銀銅鐵之屬，至北齊而冶署所屬遂有泉部局丞。是南北朝鑄錢之事，當爲冶令所兼司。"　大邬（yù）：官名。即大邬局丞。北齊置，爲大邬局長官，掌冶鑄事務。品秩不詳。　原仇：即原仇局丞。北齊置，爲原仇局長官。品秩不詳。原仇，地名。即原仇山。在今山西盂縣北。《元和郡縣圖志》卷一六《河南道》："原仇山，在縣北三十里。出人参鐵礦。"

[11]甄官署：官署名。西晋始置，隸少府。東晋併歸丹陽尹，南朝復隸少府。北齊屬太府寺，主要負責供應宮廷所需磚瓦石器陶瓷等。設令、丞爲其長貳。

[12]石窟丞：官名。北齊置，爲太府寺甄官署屬官，具體職掌不詳。

國子寺，[1]掌訓教胄子。[2]祭酒一人，[3]亦置功曹、五官、主簿、録事員。[4]領博士五人，[5]助教十人，[6]學生七十二人。[7]太學博士十人，[8]助教二十人，[9]太學生二百人。四門學博士二十人，[10]助教二十人，[11]學生三百人。

[1]國子寺：官署名。古代中央官學之一，爲國立儒學最高學府。西晋咸寧中始置國子學，隸太常，設國子祭酒、博士、助教。以儒家經典教授生徒。東晋沿置。南朝宋以助教分掌教十經；若不置學，則助教祇設一員，祭酒、博士爲常設；泰始六年廢學，改置

總明觀。齊建元四年復置，尋廢。永明三年（485）復立，設國子祭酒、博士、助教，選用以經學爲先，下設典學、户曹、儀曹、白簿治禮吏、保學醫、威儀，同時省總明觀。梁沿置，隸太常卿，兼領太學，設祭酒、博士、助教、太學博士，又有限外博士。天監四年又置五經博士，大同七年（541），又立正言博士、助教。陳沿置，有國子祭酒、國子博士、五經博士、太學博士、國子助教等。北魏先立太學，天興二年（399）增置國子學，太宗改爲中書學，立教授、博士。太和中復爲國子學，遷都洛陽則立國子太學，設國子祭酒、國子博士、國子助教等員。北齊國子寺置學，與太學、四門學並隸。負責教育貴族子弟，以及管理中央和地方的學校。

［2］胄子：古稱帝王或貴族的長子。

［3］祭酒：官名。此指國子祭酒。西晋始置，爲國子學長官，掌教授生徒儒學，參議禮制，隸太常。南朝宋、齊亦置。位比諸曹尚書。梁、陳國子祭酒總領國子學、太學，隸太常卿。北魏專領國子學，太和十七年定爲四品上，二十三年升爲從三品。北齊不隸太常，爲國子寺長官，與九卿地位相當，主管全國教育行政。從三品。

［4］功曹：官名。此指國子寺功曹。爲國子寺重要僚屬之一。 五官：官名。此指國子寺五官。爲國子寺重要僚屬，地位僅次於功曹。 主簿：官名。此指國子寺主簿。爲國子寺重要僚屬，掌印，負責文書的勾檢稽失。 録事：官名。此指國子寺録事，掌管寺中文書等事務。

［5］博士：官名。即國子博士。西晋始置，掌教授生徒儒學。東晋沿置。南朝宋不置學，但常置國子博士。齊復置，陳沿置。北魏太和十七年定爲從五品上，二十三年升爲五品上。北齊國子寺國子學置五員。五品上。

［6］助教：官名。即國子助教。西晋始置，協助博士教授國子學生徒儒學，東晋、南朝沿置。北魏太和二十三年定爲從七品。北齊國子寺國子學置，從七品，與太學博士品同而位稍低。

[7]學生：指在國子學肄業的學生，一般爲官員子弟。

[8]太學博士：官名。東晋置，掌教授太學生，亦備咨詢，參議禮儀，隸太常。南朝或置或省。北魏國子學、太學置博士，教授學生。從七品。北齊太學隸國子寺，置博士。從七品。

[9]助教：官名。即太學助教。北魏始置，協助太學博士教授學生。北齊沿置，從九品。

[10]四門學：北齊學校名。即四門小學。北魏太和二十年始置東、西、南、北四門小學，教育皇宗子弟，屬太常。北齊亦置，隸國子寺。　博士：官名。即四門博士或四門小學博士。北魏始置，掌四門小學教授之事，檢試諸郡學生成績，參預禮儀的議定及整理秘書省典籍。北齊改稱四門學博士，九品上。

[11]助教：官名。即四門學助教。協助四門博士教授四門學生。

長秋寺，[1]掌諸宫閣。卿、中尹各一人，[2]並用宦者。丞二人。[3]亦有功曹、五官、主簿、録事員。[4]領中黄門、掖庭、晋陽宫、中山宫、園池、中宫僕、奚官等署令、丞。[5]又有暴室局丞。[6]其中黄門，[7]又有冗從僕射及博士四人。[8]掖庭、晋陽、中山，[9]各有宫教博士二人。[10]中山署，又别有麵豆局丞。[11]園池署，[12]又别有桑園部丞。[13]中宫僕署，[14]又别有乘黄局教尉、細馬車都督、車府部丞。[15]奚官署，[16]又别有染局丞。[17]

[1]長秋寺：官署名。北齊置，爲宦者官署，負責管理後宫諸宫閣事務。

[2]卿：官名。即長秋卿。北齊置，爲長秋寺長官，以宦者爲之。從三品。　中尹：官名。即長秋中尹。北齊置，爲長秋寺次

官，以宦者爲之。四品上。

［3］丞：官名。即長秋丞。北齊置，爲長秋寺屬官。從七品上。

［4］功曹：官名。此指長秋寺功曹。爲長秋寺重要僚屬之一。五官：官名。此指長秋寺五官。北齊置，爲長秋寺重要僚屬，地位僅次於功曹。 主簿：官名。此指長秋寺主簿。北齊置，爲長秋寺重要僚屬，掌印，負責文書的勾檢稽失。品秩不詳。 録事：官名。此指長秋寺録事。北齊置，掌管長秋文書等事務。品秩不詳。

［5］中黄門：官名。即中黄門令、丞。中黄門令，始見於十六國後燕時，領中黄門等宦者。隸屬不詳。北魏例由宦者擔任，屬長秋卿，有丞一人。太和十七年定爲四品中，二十三年改爲從八品上。北齊沿置，爲長秋寺中黄門署長官。中黄門丞，北魏置，爲中黄門令副貳，由宦官充任。 掖庭：官名。即掖庭令、丞。西漢時由永巷令改置，掌後宫宫女及供御雜務，管理宫中詔獄，由宦者充任，侍從皇帝左右，權勢頗重。東漢沿置。魏、晋改隸光禄勳，任用士人。南朝不置。北齊復置，以宦者爲之。令，從八品上。 晋陽宫：官名。即晋陽宫令、丞。北齊置，爲晋陽宫署長貳，負責管理晋陽宫事務。令，北齊從九品上。晋陽宫，東魏始建，在今山西太原市西南古城營西古城。 中山宫：官名。即中山宫令、丞。北齊置，爲中山宫署長貳，負責管理中山宫事務。中山宫，十六國後燕時建，在今河北定州市城内。 園池：官名。即園池令、丞。園池令，西晋置，隸大鴻臚。東晋省，北齊復置，爲園池署長官。園池丞，北齊置，爲園池令副貳。 中宫僕：官名。即中宫僕令、丞。中宫僕令，東漢始置中宫僕，掌皇后車馬。由宦官充任，隸大長秋。秩千石。北齊復置，稱中宫僕令，爲中宫僕署長官，仍以宦官充任。從九品上。中宫僕丞，北齊置，爲中宫署次官。 奚官：官名。即奚官令、丞。西晋始置，掌管宫人疾病、罪罰、喪葬等事，管理使役從坐爲奴罪犯家屬。東晋或省。南北朝仍置，南朝梁、陳八品下，北齊從九品上。奚官丞，北齊置，爲奚官署次官，以宦者充任。

[6]暴室局丞：官名。漢少府掖庭令下有暴室丞，主中婦人疾病者就此室，其皇后貴人有罪亦就此室。西晋置暴室令，屬光禄勳。北齊置爲暴室局長官，以宦者爲之。品秩不詳。

[7]中黄門：官署名。十六國後燕、北魏、北齊皆置，北齊屬長秋寺，以令、丞爲其長貳，領中黄門冗從僕射、中黄門博士等官，皆用宦者。

[8]冗從僕射：官名。即中黄門冗從僕射。東漢始置，統領中黄門冗從，掌侍衛皇宫，護衛車駕。魏晋南朝不置。北魏北齊復置。從八品上。　博士：官名。即中黄門博士。具體職掌不詳。

[9]掖庭：官署名。即掖庭署。北齊置，掌宫女之事，以宦者爲之。設令、丞爲其長貳。　晋陽：官署名。即晋陽宫署。北齊置，負責管理晋陽宫事務。設令、丞爲其長貳。　中山：官署名。即中山宫署。北齊置，負責管理中山宫事務。設令、丞爲其長貳。

[10]宫教博士：官名。北齊長秋寺掖庭署、晋陽宫署、中山宫署置，中山宫署宫教博士掌後宫教授。各二員，以宦者爲之。從九品上。

[11]麵豆局丞：官名。北齊置，爲麵豆局長官，職掌不詳。

[12]園池署：官署名。北齊置，管理皇家園林、温泉。設令、丞爲其長貳。

[13]桑園部丞：官名。北齊置，爲桑園部長官，以宦者充任。

[14]中宫僕署：官署名。北齊置，掌後宫車馬。設令、丞爲其長貳。

[15]乘黄局教尉：官名。北齊置，爲乘黄局長官，掌後宫車馬，以宦者充任。品秩不詳。　細馬車都督：官名。北齊置，爲細馬車部長官，以宦者充任。品秩不詳。　車府部丞：官名。北齊置，爲車府部長官，管理後宫諸車。以宦者充任。品秩不詳。

[16]奚官：官署名。即奚官署。南朝齊、梁設奚官局，負責管理宫人使藥、疾病、罪罰、喪葬等事。以宦官充任。北齊改名奚官署，職掌不變。設令、丞爲其長貳。

［17］染局丞：官名。北齊置，掌後宫染織，以宦者擔任。

將作寺，[1]掌諸營建。大匠一人，[2]丞四人。[3]亦有功曹、主簿、録事員。[4]若有營作，則立將、副將、長史、司馬、主簿、録事各一人。[5]又領軍主、副，[6]幢主、副等。[7]

［1］將作寺：官署名。北齊置，掌諸營建土木工程。

［2］大匠：官名。即將作大匠。西漢時由將作少府改名。掌領徒隸修建宫室、宗室、陵寢及其他土木工程，植樹於道旁。新莽改名都匠。東漢復舊，三國、魏沿置，兩晋、南朝有事則臨時設置，事訖即罷，常以他官兼領。南朝梁改名大匠卿，遂常置，陳沿置。北魏仍置，領將作都將、將作監等官，太和十七年定爲從二品下，二十三年改爲從三品。北齊爲將作寺長官，從三品。

［3］丞：官名。即將作丞。西漢始置，爲將作大匠副貳。東漢沿置，秩六百石。三國魏，七品。兩晋、南朝省。北魏、北齊置，北齊從七品上。

［4］功曹：官名。此指將作寺功曹。爲將作寺重要僚屬之一。　主簿：官名。此指將作寺主簿。爲將作寺重要僚屬，掌印，負責文書的勾檢稽失。品秩不詳。　録事：官名。此指將作寺録事。掌管寺中文書等事務。品秩不詳。

［5］將：官名。北齊置，將作大匠所領屬官，若有營作則置，負責營造事務。品秩不詳。　副將：官名。北齊置，將作大匠所領屬官，若有營作則置。品秩不詳。　長史：官名。此指將作大匠所領。品秩不詳。　司馬：官名。此指將作大匠所領司馬。品秩不詳。　主簿：官名。此指將作大匠所領主簿。掌印，負責文書的勾檢稽失。品秩不詳。　録事：官名。此指將作大匠所領録事。掌文書等事務。品秩不詳。

[6]軍主：官名。南北朝置，爲軍的主將。所統兵力無定員，自數百人至萬人以上不等。軍主名號衆多，統率步兵的軍主之外，還有馬軍主、水軍主、帳内軍主、臺軍主等。北齊時與幢主、别將、統軍、都將合爲負責宫禁守衛的備身武職。當時除作戰、警衛外，亦有屬將作大匠，負責營造事務的軍主。軍主在南朝無固定品階，多以將軍領之，最高者爲三品將軍。北朝地位稍低，在此職上設有相當於南朝軍主的統軍。此指將作大匠所領軍主，負責營造事務。北齊從七品。　副：官名。即軍副。南北朝時期軍的副長官，協助軍主管理軍務，軍主有闕則代領其衆。南朝無品階，多以將軍、中郎將等領之，北朝地位較低。此指將作大匠所領軍副，負責營造事務。北齊八品。

[7]幢主：官名。南北朝置，爲幢的主將。北魏以百人爲幢，宿衛禁中。幢主即旗主、旗頭之意。所領人數近於隊主，主要用於儀衛，有時亦參加作戰。多以他職兼領。北齊時，宿衛宫禁的諸備身武職中皆置此職，將作寺亦置，負責營造。從九品。　副：官名。即幢副。南北朝時期幢的副長官，協助幢主管理軍務，幢主有闕則代領其衆。品秩不詳。

昭玄寺，[1]掌諸佛教。置大統一人，[2]統一人，[3]都維那三人。[4]亦置功曹、主簿員，[5]以管諸州郡縣沙門曹。[6]

[1]昭玄寺：官署名。北魏始置，稱監福曹。主管全國佛教事務。北齊改名昭玄寺，職掌如故。

[2]大統：官名。即昭玄大統。北魏和平初改道人統爲沙門統，爲全國最高僧官，主持昭玄事務，管理全國僧衆。僧徒除殺人外，皆由昭玄以内律僧制治罪。北齊設昭玄大統掌全國各處佛教寺院及僧衆。品秩不詳。

[3]統：官名。即昭玄統。北齊置，協助大統管理佛教事務，亦稱“沙門統”。品秩不詳。

[4]都維那：官名。北魏始置，北齊沿置。輔佐大統、統管理全國佛教事務，位在各寺寺主之上。品秩不詳。

[5]功曹：官名。此指昭玄寺功曹。爲昭玄寺重要僚屬之一。品秩不詳。　主簿：官名。此指昭玄寺主簿。爲昭玄寺重要僚屬，掌印，負責文書的勾檢稽失。品秩不詳。

[6]沙門曹：官署名。北齊州、郡、縣置，管理境内寺院僧務。以都統、統、維那爲長官。

領軍府，[1]將軍一人，[2]掌禁衛宫掖。朱華閣外，凡禁衛官，皆主之。輿駕出入，督攝仗衛。中領軍亦同。[3]有長史、司馬、功曹、五官、主簿、録事，[4]釐其府事。又領左右衛、領左右等府。[5]

[1]領軍府：官署名。北齊置，負責宫廷的守護保衛。

[2]將軍：官名。即領軍將軍。東漢置，三國魏沿置，爲禁衛軍最高統帥。吴亦置。西晋初省，惠帝時復置。東晋屢次改爲北軍中候，尋復。北魏時如以侍臣帶此職，則稱中領軍將軍。永平中，將四中郎將劃屬領軍將軍。太和十七年定爲二品上，二十三年改爲從二品。東魏將四中郎將還屬護軍。北齊以之爲領軍府長官，負責宫廷的護衛保護。從二品。北齊後期，官爵濫授，同時任此職者有二十人之多，文宣帝後設領軍大將軍，位在其上。

[3]中領軍：官名。東漢始置，與中護軍皆典禁兵。三國魏、蜀皆置。西晋省併北軍中候，惠帝時復置（一説永嘉中始復）。東晋屢次改爲北軍中候，尋復。南朝沿置。北魏侍臣帶“領軍”者，稱中領軍，太和十七年定爲二品中，二十三年改爲三品。北齊負責宫廷的守護保衛。三品。

[4]長史：官名。此指領軍府長史。掌府事，爲文職上佐，職任類似於總管。品秩不詳。　司馬：官名。此指領軍府司馬。掌參贊軍務，管理本府武職。品秩不詳。　功曹：官名。此指領軍府功曹。爲領軍府重要僚屬之一。品秩不詳。　五官：官名。此指領軍府五官。爲領軍府重要僚屬，地位僅次於功曹。品秩不詳。　主簿：官名。此指領軍府主簿。爲領軍府重要僚屬，掌印，負責文書的勾檢稽失。品秩不詳。　録事：官名。此指領軍府録事。掌管領軍府文書等事務。品秩不詳。

[5]左右衛：官署名。即左、右衛府。是左衛、右衛的合稱。西晋泰始元年分中衛而置。設左、右衛將軍各一員，又置長史、司馬、功曹、主簿等屬員。掌領宿衛營兵。並掌前驅、由基、强弩三部司馬，熊渠、佽飛虎賁，及虎賁、羽林、異力、上騎、命中虎賁五督。東晋罷長史。南朝沿晋制。北魏增置左、右衛將軍員額，並依第三品將軍例置僚屬。北齊開府，爲左、右衛府，置左、右衛將軍爲長官。隸領軍府。分掌左、右厢，共主朱華閤外禁衛官。以武衛將軍爲副長官，有司馬、功曹、主簿、録事釐其事務。下轄御仗、直蕩、直衛、直突、直閤等屬官。又有武騎、雲騎、驍騎等禁衛官。　領左右：官署名。即領左右府。北齊置，侍衛皇帝左右，供御兵杖。以領左右將軍爲長官，後又設左右大將軍，位在領左右將軍之上。

左右衛府，將軍各一人，[1]掌左右厢。[2]所主朱華閤以外，各武衛將軍二人貳之。[3]皆有司馬、功曹、主簿、録事，[4]釐其府事。其御仗屬官，有御仗正副都督、御仗五職、御仗等員。[5]其直盪屬官，有直盪正副都督、直入正副都督、勳武前鋒正副都督、勳武前鋒五藏等員。[6]直衛屬官，有直衛正副都督、翊衛正副都督、前鋒正副都督等員。[7]直突屬官，有直突都督、勳武前鋒散都督等員。[8]直閤屬官，有朱衣直閤、直閤將軍、直寢、直齋、直後之屬。[9]又有武騎、雲騎將軍各一人，[10]驍騎、游擊、前後左右等四軍將軍，[11]左右中郎將，[12]各五人，步兵、越騎、射聲、屯騎、長水等校尉，[13]奉車都尉等，[14]各十人，武賁中郎將、羽林監各十五人，[15]冗從僕射三十人，[16]騎都尉六十人，[17]積弩、積射、强弩等將軍及武騎常侍，[18]各二十五人，殿中將軍五十人，[19]員外將軍一百人，[20]殿中司馬督五十人，[21]員外司馬督一百人。[22]

[1]將軍：官名。即左、右衛將軍。魏末司馬炎即晋王位，分中衛將軍爲左、右衛將軍。兩晋南朝沿置。北魏亦置左、右衛將軍，太和初爲從二品上，後降爲三品。北齊左、右衛府置左、右衛將軍各一員爲長官，分掌左、右廂，共主朱華閤外禁衛。三品。

[2]左右廂：即禁衛兵。

[3]武衛將軍：官名。三國魏、吴皆置。兩晋時或置或省。南朝宋復置，齊、梁、陳沿置。十六國漢、前凉、前秦、西凉、西秦、南凉、西燕亦置。北魏時仍掌宿衛禁軍，太和十七年定爲從二品下，二十三年改爲從三品。北齊佐左、右衛將軍掌宫禁宿衛。從三品。

[4]司馬：官名。此指左右衛府司馬。掌參贊軍務，管理本府武職。北齊左右衛府司馬，七品。　功曹：官名。此指左右衛府功曹。爲左右衛府重要僚屬之一。品秩不詳。　主簿：官名。此指左右衛府主簿。爲左右衛府寺重要僚屬，掌印，負責文書的勾檢稽失。品秩不詳。　録事：官名。此指左右衛府寺録事。掌管左右衛府文書等事務。品秩不詳。

[5]御仗正副都督：官名。皇帝侍從武官首領之一，掌輿駕出

入仗衛。御仗正都督，從四品上。御仗副都督，從五品上。　御仗五職：北齊所置御仗屬官的合稱，分别爲御仗都將、御仗别將、御仗統軍、御仗軍主、御仗幢主等。負責輿駕出入仗衛。從八品。　御仗：官名。北齊置，負責輿駕出入仗衛等事務。九品。

［6］直盪正副都督：官名。北齊置，負責輿駕出入之侍衛。直盪正都督，從四品上。直盪副都督，從五品上。　直入正副都督：官名。北齊置，負責輿駕出入之侍衛。直入正都督，五品上。直入副都督，六品。　勳武前鋒正副都督：官名。北齊置，統勳武前鋒五職等，掌禁衛宫掖。勳武前鋒正都督，七品上。勳武前鋒副都督，從七品上。　勳武前鋒五藏：北齊所置勳武前鋒都督屬下五官的合稱，分别爲勳武前鋒都將、勳武前鋒别將、勳武前鋒統軍、勳武前鋒軍主、勳武前鋒幢主。負責禁衛宫掖。

［7］直衛正副都督：官名。北齊置，負責輿駕出入之侍衛。直衛正都督，五品上。直衛副都督，從六品。　翊衛正副都督：官名。北齊置，負責輿駕出入之侍衛。翊衛正都督，從五品。翊衛副都督，七品。　前鋒正副都督：官名。北齊置，負責輿駕出入之侍衛。前鋒正都督，七品。前鋒副都督，從七品上。

［8］直突都督：官名。北齊置，負責輿駕出入之侍衛。從六品上。　勳武前鋒散都督：官名。北齊置，負責輿駕出入之侍衛。從七品。

［9］朱衣直閤：官名。即朱衣直閤將軍。南朝梁始置，陳沿置，四品。北齊從四品。　直閤將軍：官名。南朝始置。爲皇帝左右侍衛之官，梁時亦領兵出征。北魏沿置，以宗室任此職。北魏孝文帝太和十七年定爲從三品下。北齊時爲左右衛府直閤屬官，從四品。　直寢：官名。北魏始置，爲皇帝左右的侍衛武官，多選用功臣子弟充任。北齊時爲左右衛府直閤屬官。從五品。　直齋：官名。北魏始置，以直殿内齋閤而得名。孝武帝時，加强宿衛，增武直人數，自直閤以下分别增爲數百人，選輕捷虓悍者充任。北齊時爲左右衛府直閤屬官。從五品。　直後：官名。北魏始置，爲皇帝左右

侍衛武官，亦或以給事中、宣威將軍等領之。原爲比視官，有罪不得除刑。孝明帝時，胡太后從任城王元澄之議，得依中正例當刑。南朝齊亦置。北齊爲左右衛府直閣屬官，從六品上。

[10]武騎：官名。即武騎將軍。南朝梁始置，普通六年（525）刊正將軍名號時罷。北齊時屬左、右衛府，爲侍衛朱華閣以外的禁衛武官。四品上。　雲騎將軍：官名。南朝梁改驍騎將軍爲雲騎將軍，陳沿置。北齊亦置，四品上。

[11]驍騎：官名。即驍騎將軍。雜號將軍之一。三國魏置爲中軍，晋領營兵，掌宮掖及京城宿衛，南朝沿置。北魏、北齊亦置。四品上。　游擊：官名。雜號將軍之一。西漢始置，魏晋南朝沿置，南朝梁天監六年置左、右游擊將軍。原游擊將軍改游騎將軍。十六國前凉、北燕亦置。北魏置爲侍衛武職，四品上。北齊沿置，四品上。　前後左右：官名。即前後左右四軍將軍，又稱四軍、四將軍。三國魏有前、後、左、右將軍，合稱四軍將軍，掌兵及四夷，四品。吴、蜀亦置。西晋沿置。南朝並有之。北魏亦置，太和十七年定爲從三品上，二十三年改爲從四品上。北齊沿之，從四品上。

[12]左右中郎將：官名。西漢置，居宮禁中，與五官分領中郎，更直宿衛，協助光禄勳考核管理郎官、謁者、從官。東漢出居外朝。三國沿置。魏、西晋仍置，職任漸輕。西晋罷，南朝復置。北魏爲冗職，用以安置閑散武臣。從四品。北齊沿之，從四品。

[13]步兵：官名。即步兵校尉。西漢始置，領上林苑屯兵，防戍京師，兼任征伐。東漢、三國魏、晋、南朝沿置。北魏又稱步兵校尉，初領營兵，位次列卿，後罷其兵，成爲武臣散官，無職掌。太和十七年定爲從三品中，二十三年改爲五品。北齊沿置，從四品。　越騎：官名。即越騎校尉。西漢始置。東漢初罷，後改青巾左校尉置，三國魏、晋、南朝沿置。北魏初典掌禁軍，位次列卿，後成爲武散官，不領兵。太和十七年定爲從三品中，二十三年改爲五品。北齊從四品。　射聲：官名。即射聲校尉。西漢始置，領待

詔射士，掌常備精兵，屯戍京師，亦任征伐。東漢初省，後復置，三國魏、晋、南朝沿置。北魏初典掌禁軍，位次列卿，後成爲武散官，不領兵。太和十七年定爲從三品中，二十三年改爲五品。北齊從四品。　屯騎：官名。即屯騎校尉。西漢始置，東漢初改爲驍騎，後復舊。三國魏、晋、南朝沿置。北魏初典掌禁軍，位次列卿，後成爲武散官，不領兵。太和十七年定爲從三品中，二十三年改爲五品。北齊從四品。　長水：官名。即長水校尉。西漢始置，屯戍京師，兼任征伐。東漢初省，後復置。三國魏、晋、南朝沿置。北魏初典掌禁軍，位次列卿，後成爲武散官，不領兵。太和十七年定爲從三品中，二十三年改爲五品。北齊，從四品。

［14］奉車都尉：官名。西漢始置，掌皇帝車輿，入侍左右，多由皇帝親信充任。東漢、三國沿置。魏、晋用作加官。南朝隸集書省。北魏列爲冗職，太和十七年定爲從四品上，二十三年改爲從五品上。北齊沿之，從五品。

［15］武賁中郎將：官名。即虎賁中郎將，唐人因諱改。西漢時更期門爲虎賁郎，置虎賁中郎將統領。東漢、三國魏、蜀、吴、西晋沿置，東晋興寧二年（364）罷。南朝宋復置，齊、梁、陳沿置。北魏亦置，太和二十三年定爲六品。北齊屬左右衛府，六品。　羽林監：官名。東漢置羽林左、右監。三國魏（一説西晋）省其左而置，掌宿衛送從。晋唯置羽林左監。南朝宋復置，齊、梁、陳沿置。北魏沿置，六品。北齊因之。

［16］冗從僕射：官名。三國魏置，爲統營兵，爲皇帝侍衛首領，掌宫禁侍衛，隸光禄勳。五品。西晋沿置，與虎賁中郎將、羽林監合稱三將。五品。東晋以後無營兵，南朝屬領兵將軍（中領軍）。宋泰始以後，多以軍功得之，無復員限。五品。梁五班，陳七品。北魏屬領軍將軍，統領直齋，侍衛皇宫。太和十七年定爲從四品上，二十三年改爲六品。北齊沿置，六品。

［17］騎都尉：官名。秦末漢初爲統領騎兵之武職，無員，無固定職掌，不統兵時爲侍衛武官。西漢宣帝時以一人監羽林騎，又以

一人領西域都護，後又有領三輔胡越騎、監河堤事者。東漢、三國沿置，魏、晋時爲親近侍從武官，多用作皇族、外戚的加官，奉朝請。西晋末罷，南朝復置。十六國多置，北魏爲冗職，太和十七年定爲從四品上，二十三年改爲從六品上。北齊因之，從六品上。

［18］積弩：官名。即積弩將軍。三國魏置左右積弩將軍，爲雜號將軍。四品。西晋罷振威、揚威護軍，置左右積弩將軍。四品。南朝宋、齊時，東宫亦置左右積弩將軍。南朝宋多以軍功得此職。梁沿置，四班。十六國亦有置。北魏沿置，太和十七年定爲從四品下，二十三年改爲七品上。北齊因之，七品上。　積射：官名。即積射將軍。東漢初置，統兵，爲雜號將軍。西晋復置（一説三國魏時復置），領積射營。東晋沿之。十六國西秦亦置。南朝宋泰始以後，多以軍功得此，無員限。梁、陳沿置。北魏太和二十三年定爲七品上。北齊時屬左右衛府，七品上。　强弩：官名。即强弩將軍。西漢元朔五年（前124）置，以李沮任之，統兵伐匈奴。兩漢爲雜號將軍，省置無常。三國魏末置以掌宿衛。四品。西晋立弩營，以爲長官，充任皇帝侍衛。南朝宋泰始以後成爲將軍名號。齊、梁、陳沿置。北魏太和十七年定爲從四品下，二十三年改爲從七品上。北齊，從七品上。　武騎常侍：官名。西漢置爲加官，亦稱常侍武騎，皇帝近侍護衛之一，東漢省。南朝宋大明中復置，爲侍從武官，齊、梁、陳因之。北齊沿置，從七品。

［19］殿中將軍：官名。三國魏置，掌典禁兵督守殿廷。兩晋、南朝沿置。北魏沿置，太和十七年定爲五品中，二十三年改爲八品上。北齊因之，八品上。

［20］員外將軍：官名。即殿中員外將軍。爲正員以外添授的將軍。西晋初殿中將軍定員二十人，過員者爲殿中員外將軍，十六國後趙亦置。南朝沿置。北魏太和十七年定爲從五品中，二十三年改爲從八品，北齊從八品。

［21］殿中司馬督：官名。西晋始置，統領禁軍，負責宫殿内的宿衛，分隸於左、右衛將軍，六品。東晋始任用士族。南朝宋初增

爲二十人，後無員限。六品。梁爲侍從武官，位爲位不登二品者五班。北魏太和十七年定爲從六品中，二十三年改爲九品。北齊沿置，九品。

[22]員外司馬督：官名。即殿中員外司馬督。爲正員以外添授的司馬督。南朝宋時，殿中司馬督定員二十人，過員者稱殿中員外司馬督。梁位爲位不登二品者七班。北魏太和二十三年定爲從九品，北齊因之，從九品。

領左右府，有領左右將軍、領千牛備身，[1]又有左右備身正副都督、左右備身五職、左右備身員。[2]又有刀劍備身正副都督、刀劍備身五職、刀劍備身員。[3]又有備身正副督、備身五職員。[4]

[1]領左右將軍：官名。北齊置，侍衛皇帝左右，爲領左右府長官。後於其上置領左右大將軍，遂降爲此官。從三品。　領千牛備身：官名。亦稱千牛備身。北魏始置，掌乘輿御刀，宿衛侍從。北齊沿置，六品。

[2]左右備身正副都督：官名。北齊置，皇帝侍從武官首領之一，掌宿衛侍從。左右備身正都督，從四品上。左右備身副都督，從五品上。　左右備身五職：北齊所置左右備身正副都督屬下五官的合稱，分別爲左右備身都將、左右備身别將、左右備身統軍、左右備身軍主、左右備身幢主。負責宿衛侍從。七品。　左右備身：官名。北齊置，爲侍衛武官，掌宿衛侍從。從七品。

[3]刀劍備身正副都督：官名。北齊置，掌執刀劍宿衛侍從。刀劍備身正都督，從四品上。刀劍備身副都督，從五品上。　刀劍備身五職：北齊所置刀劍備身正副都督屬下五官合稱，分别爲刀劍備身都將、刀劍備身别將、刀劍備身統軍、刀劍備身軍主、刀劍備身幢主。負責侍衛皇帝左右。八品。

[4]備身正副督：官名。北齊置，掌宫禁侍衛。備身正督，從四品。備身副督，從五品。　備身五職：北齊所置備身正副督屬下五官合稱，分别爲備身别將、備身都將、備身統軍、備身軍主、備身幢主。負責宫禁侍衛。從八品。

護軍府，[1]將軍一人，[2]掌四中、關津。[3]輿駕出則護駕。中護軍亦同。[4]有長史、司馬、功曹、五官、主簿、録事，[5]釐其府事。其屬官，東西南北四中府皆統之。四府各中郎將一人，[6]長史、司馬、録事參軍、統府録事各一人。[7]又有統府直兵及功曹、倉曹、中兵、外兵、騎兵、長流、城局等參軍各一人，[8]法、田、鎧等曹行參軍各一人。[9]又領諸關尉、津尉。[10]

[1]護軍府：官署名。北齊置，爲護軍將軍、中護軍府署。

[2]將軍：官名。即護軍將軍。東漢末曹操改丞相府護軍爲中護軍，其資重得遷護軍將軍，職掌相同，典武官選舉，與中領軍（領軍將軍）同掌禁軍，出征時督護諸將，隸屬領軍。四品。西晋職權减少，東晋省併入領軍，後復分置。南朝沿置。北魏沿置，太和十七年定爲二品上，二十三年改爲從二品。北齊爲護軍府長官，皆金章紫綬。魏、晋、南朝宋、陳其品皆與中護軍同，梁、北魏、北齊則比中護軍高一階。從二品。

[3]四中：官署名。指東、西、南、北四中郎將府。北齊置，爲東、西、南、北四中郎將管理機構。

[4]中護軍：官名。東漢置，掌軍中參謀、協調諸部。東漢末曹操改護軍置，曹魏、蜀亦置。西晋職權减少。東晋省併入領軍，後復分置。南朝沿置。北魏則侍臣帶護軍始加中字，太和十七年定爲二品中，二十三年改爲三品。北齊沿置，三品。

[5]長史：官名。此指領軍府長史。掌府事，爲文職上佐，職

任類似於總管。五品。　司馬：官名。此指領軍府司馬。掌參贊軍務，管理本府武職。五品。　功曹：官名。此指領軍府功曹。爲領軍府重要僚屬之一。從九品。　五官：官名。此指領軍府五官。爲領軍府重要僚屬，地位僅次於功曹。品秩不詳。　主簿：官名。此指領軍府主簿。爲領軍府重要僚屬，掌印，負責文書的勾檢稽失。品秩不詳。　録事：官名。此指領軍府録事。掌管領軍府文書等事務。品秩不詳。

[6]中郎將：官名。即東、西、南、北中郎將。東中郎將，東漢末年置，率師征伐。魏晋南北朝沿置，地位重要，多有較固定的轄區和治所。東魏都鄴後，於礓石橋置東中郎將府。北魏初，屬中護軍（護軍將軍），世宗永平中暫時隸屬中領軍（領軍將軍）。東魏武定七年復屬中護軍，北齊亦屬護軍府，從三品。西中郎將，東漢末年置，率師征伐。魏晋南北朝沿之，或鎮守某地。東魏都鄴後，於蒲泉置西中郎將府。北魏初，屬中護軍（護軍將軍）。世宗永平中，暫時隸屬中領軍（領軍護軍）。東魏武定七年復屬中護軍，北齊亦屬護軍府，從三品。南中郎將，東漢末年置，率師征伐。魏晋南北朝沿置，多率師征戰，職權頗重。東魏都鄴後，於濟北置南中郎將府。北魏初，屬中護軍（護軍將軍），世宗永平中權隸中領軍（領軍將軍）。東魏武定七年（549）復屬中護軍，北齊亦屬護軍府，從三品。北中郎將，東漢末年置，率師征伐。魏晋南北朝沿置，地位重要，多有較爲固定的轄區和治所。東魏都鄴後，於洺水置北中郎將府。北魏初，屬中護軍（護軍將軍），世宗永平中暫時隸屬中領軍（領軍將軍）。東魏武定七年復屬中護軍，北齊亦屬護軍府，從三品。

[7]長史：官名。此指四中郎將府長史。掌府事，爲文職上佐，職任類似於總管。六品上。　司馬：官名。此指四中府司馬。掌參贊軍務，管理本府武職。六品。　録事參軍：官名。此指四中郎將府録事參軍事。負責總録文簿，舉彈善惡。七品上。　統府録事：官名。此指四中郎將府統府録事。具體職掌不詳。

[8]統府直兵：官名。此指四中郎將府統府直兵，具體職掌不詳。　功曹：官名。此指四中郎將府功曹參軍。掌糾駁獻替。七品。　倉曹：官名。此指四中郎將府倉曹參軍。掌倉穀事，七品。　中兵：官名。此指四中郎將府中兵參軍。爲幕府僚屬，七品。　外兵：官名。此指四中郎將府外兵參軍。爲幕府僚屬，從七品上。　騎兵：官名。此指四中郎將府騎兵參軍。爲幕府僚屬，從七品上。　長流：官名。此指四中郎將府長流參軍。爲幕府僚屬，從七品上。　城局：官名。此指四中郎將府城局參軍。掌盜賊勞作事。從七品上。

[9]法：官名。此指四中郎將府法曹行參軍。八品上。　田：官名。此指四中郎將府田曹行參軍。八品上。　鎧：官名。此指四中郎將府鎧曹行參軍。八品上。

[10]關尉：官名。秦始置，掌稽查出入吏民，徵收關税。後代沿置。北齊置於諸關，掌關隘守衛，控制人員進出，屬護軍府。從九品上。　津尉：官名。北齊置，管理河津渡口。從九品上。

行臺，[1]在令無文。其官置令、僕射。[2]其尚書丞郎，[3]皆隨權制而置員焉。其文未詳。

[1]行臺：魏晋南北朝時期尚書臺（省）臨時在外設置的分支機構。"臺"指中央尚書省，出征時於其駐地設立代表中央的臨時機構稱行臺。兩晋時多爲權臣自行建立，以發號施令。又稱行尚書臺或行臺省。若任職者權位特重，稱大行臺。北魏、北齊時設置漸多，成爲地方最高行政機構。

[2]令：官名。即行臺尚書令。北魏設爲諸行臺最高長官，總管所轄地區軍政、民政。北齊沿置。　僕射：官名。即行臺尚書僕射。北魏設爲諸行臺高級官員，爲行臺尚書令副職，尚書令缺或未置，則爲行臺最高長官，分左、右則左居右上。北齊沿置。

[3]尚書丞：官名。有行臺尚書左、右丞之分。行臺尚書左丞，北魏置，東魏、北齊沿置，多省稱爲行臺左丞，在行臺内職掌同尚書左丞。行臺尚書右丞，北魏置，東魏、西魏、北齊沿置，多省稱爲行臺右丞。在行臺内職掌同尚書右丞。　郎：官名。即行臺郎中，亦稱行臺郎。北魏置，東魏、西魏、北齊沿置，爲行臺諸曹郎中的泛稱，各曹皆冠以曹名。有時以稱不理具體曹務的官員。

太子太師、太傅、太保，[1]是爲三師，掌師範訓導，輔翊皇太子。少師、少傅、少保，[2]是爲三少，各一人，掌奉皇太子，以觀三師之德。出則三師在前，三少在後。

[1]太子太師：官名。西晋始置，爲東宫三師之首。掌輔導太子，因避景帝司馬師之諱，時稱太子太帥。三品。東晋、南朝省，北魏、北齊復置，皆二品。　太傅：官名。即太子太傅。西漢始置，掌保養、監護、輔翼太子，昭、宣以後，兼掌教諭訓導，並與太子少傅同領東宫官屬，管理衆務。新莽改稱太子師，東漢復舊，但唯掌輔導太子。魏、晋時若未置詹事則領東宫官屬，掌衆務。南朝宋以後不復領東宫官屬。北魏、北齊復置，皆二品。　太保：官名。即太子太保。西晋始置。掌輔導太子。三品。東晋、南朝省，北魏、北齊復置，皆二品。

[2]少師：官名。即太子少師。西晋始置。掌輔導太子。三品。東晋、南朝省，北魏、北齊復置，皆三品。　少傅：官名。即太子少傅。西漢始置，佐太子太傅輔導太子，並與其同領東宫官屬，管理衆務。東漢時除輔導太子外，總領東宫官屬，管理衆務。魏、晋時若未置詹事則領東宫官屬。南朝宋以後不復領東宫官屬。北魏、北齊皆三品。　少保：官名。即太子少保。西晋始置。掌輔導太子。三品。東晋、南朝省，北魏、北齊復置，皆三品。

詹事,[1]總東宫内外衆務,事無大小,皆統之。府置丞、功曹、五官、主簿、録事員。[2]領家令、率更令、僕等三寺,[3]左、右衛二坊。[4]三寺各置丞,[5]二坊各置司馬,[6]俱有功曹、主簿,[7]以承其事。

[1]詹事:官名。即太子詹事。戰國時秦國置,爲管理太后、王后、太子諸宫庶務的官員。秦、西漢皇太后、皇后、太子宫皆置。東漢省,其屬官改隸太子少傅。魏晋以來唯置於太子宫,故亦稱太子詹事。掌東宫内外庶務,明帝後省。西晋復置,領東宫庶務,後或省或置。太安後常置。自後太子諸師雖以輔導爲名,詹事實負輔翊教導太子之責,兼掌東宫一切事務、官屬。北魏初分置左、右,太和十七年定爲二品下,後併爲一員,二十三年改爲三品。北齊沿置,亦三品。詹,古碑志亦作“瞻”。

[2]府:官署名。即太子詹事府。管理東宫事務的官署,以詹事爲長官。南北朝時設,東宫内外大小事務及輔翼太子之職皆屬之,職權甚重。　丞:官名。即太子詹事丞,初爲詹事副貳官,協掌宫内庶務,戰國秦太后、王后、太子諸宫皆設。秦、西漢沿置,後或改或省。魏晋以來,唯置於太子東宫,管理詹事府内事務,掌文書。北魏太和十七年定爲從五品中,二十三年改七品。北齊七品。　功曹:官名。此指詹事府功曹。爲詹事府重要僚屬之一。從九品。　五官:官名。此指詹事府五官,爲詹事府重要僚屬,地位僅次於功曹。品秩不詳。　主簿:官名。此指詹事府主簿,爲詹事府重要僚屬,掌印,負責文書的勾檢稽失。品秩不詳。　録事:官名。此指詹事府録事,掌管詹事府文書等事務。品秩不詳。

[3]家令:官署名。即太子家令寺。北齊置,主管東宫刑獄、膳食、倉儲、奴婢諸務。以太子家令爲其長官。太子家令,秦始置,隸太子詹事。西漢沿置,管理太子湯沐邑,兼掌東宫刑獄、飲

食、倉庫等。新莽改稱中更。東漢復置，魏晋南朝沿置。北魏從四品上，北齊沿之，亦從四品上。　率更：官署名。即太子率更令寺。北齊置，掌東宫周衛禁防，漏刻鐘鼓。以太子率更令爲其長官。太子率更令，秦始置，西漢沿置，掌知漏刻，主東宫值宿事。東漢魏晋南朝沿置。北魏從四品上。置詹事時則隸之，不置詹事則隸太子二傅。北齊置爲太子率更寺長官。從四品上。　僕：官署名。即太子僕寺。北齊置，掌東宫輿馬諸務。以太子僕爲其長官。太子僕，秦始置。西漢沿置，主東宫車馬。東漢、三國魏、兩晋南朝沿置。北魏從四品上，北齊從四品上。

［4］左、右衛二坊：官署名。即太子左、右衛二坊。北齊置，隸太子詹事府，共掌東宫禁衛。長官爲率，屬官有司馬等。左、右衛坊各領騎官備身、内直備身、備身、直閣、直前、直後，太子旅騎、屯衛、典軍校尉，騎尉等侍衛武職。

［5］丞：官名。即太子家丞、太子率更丞、太子僕丞。太子家丞，秦始置，爲太子家令副貳。兩漢沿置，秩四百石。魏晋八品，南朝宋九品，梁位不登二品者七班，北魏九品，北齊爲太子家令寺次官，掌判寺事，九品。太子率更丞，秦始置，爲太子率更令副貳。西漢沿置，秩四百石。魏晋八品，南朝宋九品，梁位不登二品者七班，北魏九品。北齊置爲太子率更寺次官，掌判寺事。太子僕丞，秦始置，西漢沿置，佐太子僕掌東宫車馬諸務。三國魏、南朝梁亦置，北魏定爲從八品下，北齊置爲太子僕寺次官，九品。

［6］司馬：官名。此指太子左、右衛二坊司馬。從七品上。

［7］功曹：官名。此指太子左、右衛二坊功曹。爲左、右衛二坊重要僚屬之一。品秩不詳。　主簿：官名。此指太子左、右衛二坊主簿，爲左、右衛二坊重要僚屬，掌印，負責文書的勾檢稽失。品秩不詳。

家令，領食官、典倉、司藏等署令、丞。[1]又領内坊令、丞。[2]掌知閤内諸事。其食官，[3]又別領器局、酒局二丞，[4]典倉又別領園丞，[5]司藏又別領仗庫、典作二局丞。[6]率更領中盾署令、丞各一人。[7]掌周衛禁防，漏刻鐘鼓。僕寺領厩牧署令、丞，[8]署又別有車輿局丞[9]。

[1]食官：官名。即太子食官令、丞。太子食官令，東漢始置，掌東宫飲膳事務，隸太子少傅。秩六百石。三國魏改隸太子家令。七品。兩晋不復屬太子家令，職掌同太官令，七品。南朝宋屬太子中庶子，七品。北魏太和十七年定爲五品上，北齊爲太子食官署長官，九品。太子食官丞，北齊置爲太子食官署次官。品秩不詳。典倉：官名。即太子典倉令、丞。太子典倉令，北齊置爲太子典倉署長官，管理東宫糧食倉儲事務。九品。太子典倉丞，北齊置爲太子典倉署次官。品秩不詳。　司藏：官名。即太子司藏令、丞。太子司藏令，北齊置爲太子司藏署長官，負責東宫庫藏、財貨出納及土木營繕等事務。從九品。太子司藏丞，北齊置爲太子司藏署次官，員一人。品秩不詳。

[2]内坊令：官名。即太子内坊令。北齊置，太子内坊長官，具體職掌不詳。九品上。　丞：官名。即太子内坊丞。北齊置，太子内坊次官。品秩不詳。

[3]食官：官署名。即太子食官署。掌太子飲膳事務，以令、丞爲其長貳。

[4]器局：官名。即太子器局丞。北齊置爲太子器局長官，具體職掌不詳，流外官。　酒局：官名。即太子酒局丞。北齊置爲太子酒局長官，具體職掌不詳。

[5]典倉：官署名。即太子典倉署。北齊置，掌東宫糧食倉儲事務。以令、丞爲其長貳。　園丞：官名。西漢始置，屬太常，掌守陵園。東漢沿置，秩三百石。北齊掌園圃種植之事。

[6]司藏：官署名。即司藏署。北齊置，掌東宫庫藏、財貨出

納及土木營繕等事。以令、丞爲其長貳。　仗庫：官名。即太子仗庫局丞。北齊置爲太子仗庫局長官，爲流外官。　典作：官名。即太子典作局丞。北齊置爲太子典作局長官，爲流外官。

[7]中盾署令：官名。即太子中盾署令。兩漢時爲太子官屬，北魏置，掌周衛禁防、漏刻鐘鼓。太和十七年定爲五品上。北齊爲太子中盾署長官，九品。　丞：官名。即太子中盾署丞。北齊置爲太子中盾署次官。

[8]厩牧署令：官名。即太子厩牧署令，北齊置爲太子厩牧署長官，掌東宫車馬、閑厩、牧畜。從九品上。　丞：官名。即太子厩牧署丞。北齊置爲太子厩牧署次官。品秩不詳。

[9]署：官署名。即太子厩牧署。北齊置，掌東宫車馬、閑厩、牧畜。設令、丞爲其長貳。　車輿局丞：官名。即太子車輿局丞。北齊置爲太子車輿局長官。品秩不詳。

左、右衛坊率，[1]各領騎官備身正副都督、騎官備身五職、騎官備身員。[2]又有内直備身正副都督、内直備身五職、内直備身員。[3]又有備身正副都督、備身五職員。[4]又有直閣、直前、直後員。[5]又有旅騎、屯衛、典軍等校尉各二人，[6]騎尉三十人。[7]

[1]左、右衛坊率：官名。即太子左、右衛坊率。北齊置爲太子左、右衛坊長官，屬太子詹事府，掌東宫禁衛。

[2]騎官備身正副都督：官名。即太子騎官備身正、副都督。北齊置，掌東宫侍衛。騎官備身正都督，從四品。騎官備身副都督，從五品。　騎官備身五職：北齊太子騎官備身正、副都督下所置五官合稱。分别爲太子騎官備身都將、别將、統軍、軍主、幢主。皆爲東宫侍衛武官。七品。　騎官備身：官名。北齊置，即太子騎官備身。爲東宫侍衛武官。從七品。

［3］内直備身正副都督：官名。即太子内直備身正、副都督。北齊置，掌東宫侍衛。太子内直備身正都督，從四品。太子内直備身副都督，從五品。　内直備身五職：北齊太子内直備身正、副都督下所置五官合稱。北齊置，分别爲太子内直備身都將、别將、統軍、軍主、幢主，皆侍衛東宫。從七品。　内直備身：官名。即太子内直備身。北齊置，爲東宫侍衛武官。八品。

［4］備身正副都督：官名。即太子備身正、副都督。北齊置，掌東宫侍衛。太子備身正都督，五品。太子備身副都督，六品。　備身五職：北齊太子備身正、副都督下所置五官合稱。分别爲太子備身都將、别將、統軍、軍主、幢主，皆侍衛東宫。從八品。

［5］直閤：官名。即太子直閤。北齊置，掌東宫禁衛。從五品。　直前：官名。即太子直前。北齊置，掌侍衛太子。從六品。　直後：官名。即太子直後。北齊置，掌侍衛太子。從七品。

［6］旅騎：官名。即太子旅騎校尉。北齊置，爲東宫侍從武官。五品。　屯衛：官名。即太子屯衛校尉。南朝宋始置，爲東宫侍從武官，掌騎兵。齊沿置。北魏亦置，從五品。北齊沿之。　典軍：官名。即太子典軍校尉。北齊置，爲東宫侍從武官。五品。

［7］騎尉：官名。北齊置，爲東宫侍從武官。七品。

門下坊，[1]中庶子、中舍人、通事守舍人、主事守舍人，[2]各四人。又領殿内、典膳、藥藏、齋帥等局。[3]殿内局有内直監二人，[4]副直監四人。[5]典膳、藥藏局，監、丞各二人。[6]藥藏又有侍醫四人。[7]齋帥局，齋帥、内閣帥各二人。[8]

［1］門下坊：官署名。即太子門下坊。北齊置，掌東宫供奉事務。

［2］中庶子：官名。即太子中庶子。秦始置，西漢置庶子。王

莽改曰中尚翼子。東漢置太子中庶子，三國魏、兩晋、南朝沿置。北魏四品上，北齊四品上。　中舍人：官名。即太子中舍人。秦、漢有太子舍人，在東宫更直宿衛。西晋置中舍人，東晋南北朝沿置。北魏太和十七年定爲四品中，二十三年改五品上。北齊隸太子門下坊，五品上。　通事守舍人：官名。南朝齊始置爲東宫屬官，掌傳達令旨，内外啓奏。梁、陳沿置。北齊太子門下坊置通事守舍人。負責宣傳令書，導引賓客。　主事守舍人：官名。南朝梁置爲東宫屬官，職掌不詳。北齊沿置。

[3]殿内：官署名。即太子殿内局。北齊置，掌東宫衣服、筆硯等事務。　典膳：官署名。即太子典膳局。北齊置，掌東宫進膳、嘗食等事務。以監、丞爲其長貳。　藥藏：官署名。即太子藥藏局。北齊置，掌皇太子疾病診視及醫藥諸務。以監、丞爲其長貳。太子藥藏丞八品。　齋帥：官署名。即太子齋帥局。北齊置，掌東宫灑掃、鋪設諸事務。

[4]内直監：官名。亦稱太子内直監。北齊爲太子殿内局長官，六品。

[5]副直監：官名。亦稱太子副直監。北齊爲太子殿内局次官，從六品。

[6]監：官名。即太子典膳監。北齊置爲太子典膳局長官，掌東宫進膳、嘗食。品秩不詳。　丞：官名。即太子典膳丞。北齊置爲太子典膳局次官，八品。

[7]侍醫：官名。即太子侍醫。北齊置，掌侍奉太子疾病，診候議方。七品。

[8]齋帥：官名。即太子齋帥。北魏始置，北齊沿置，掌東宫侍衛及灑掃等事務。八品。　内閣帥：官名。即太子内閣帥。北齊置，掌東宫閣内侍衛。品秩不詳。

典書坊，[1]庶子四人，[2]舍人二十人。[3]又領典經坊，[4]洗馬八人，[5]守舍人二人，[6]門大夫、坊門大夫、主簿各一人。[7]并統伶官西涼二部、伶官清商二部。

[1]典書坊：官署名。即太子典書坊。北齊置，掌東宫行令書、表啓等。

[2]庶子：官名。即太子庶子。秦始置。兩漢沿置，魏晋以後成爲太子侍從官員，獻納規諫。北魏沿置，從四品上，北齊亦從四品上。

[3]舍人：官名。即太子舍人。秦始置，掌行書令、表啓等。兩漢、三國、魏晋南朝沿置。北魏從六品下，北齊亦從六品。

[4]典經坊：官署名。即太子典經坊。北齊置，爲東宫官署，掌經籍等。設洗馬、守舍人。

[5]洗馬：官名。亦稱太子洗馬。秦始置，時亦作先馬，掌賓贊受事，太子出行則爲前導。兩漢、魏晋、南朝沿置。北魏太和十七年定爲從四品上，二十三年改爲從五品上。北齊亦從五品上。

[6]守舍人：官名。即太子守舍人。北魏置，爲東宫屬官，太和十七年定爲從六品下。北齊沿置。

[7]門大夫：官名。即太子門大夫。秦始置，掌東宫門禁。兩漢、魏晋、南朝沿置。北魏從六品上，北齊亦從六品上。　坊門大夫：官名。即太子坊門大夫。北齊置，爲東宫屬官。品秩不詳。　主簿：官名。此指太子典書坊主簿。品秩不詳。

自諸省臺府寺，各因其繁簡而置吏。有令史、書令史、書吏之屬。[1]又各置曹兵，[2]以共其役。其員因繁簡而立。其餘主司專其事者，各因事立名，條流甚衆，不可得而具也。

[1]令史：官名。漢始置，魏晋南朝沿置。公府、將軍府、御

史臺及尚書、門下、中書等省皆置令史，掌文書。尚書各曹郎以下置令史、書令史，分曹任事，有品秩，無定員，限滿可補郎。北魏亦同。北齊亦中央各機構皆置，均有品秩。　書令史：官名。三國魏始置，爲朝中各府署掌文書簿記的低級官吏，位令史下，各署員額不等。兩晋南北朝時期在省、臺、府、寺等中央官署中多置此官，位次令史。三國魏、兩晋、南朝宋、北魏時爲流内九品官，南朝梁、陳、北齊皆爲流外吏職。　書吏：吏名。西漢始置，承辦官府文書案牘之吏員。魏晋南北朝時中書省均設，歷代員額不等，陳時員額達二百人，位主事之下。書吏不足，並取助書。北魏置於諸局，太和十七年定爲九品上。北齊沿置，位書令史之下。

［2］曹兵：北齊時爲各級官署配備以供役使之人，無定員，諸省臺府寺因繁簡而補增或删減之。

王，[1]位列大司馬上。非親王則位在三公下。[2]置師一人，[3]餘官大抵與梁制不異。[4]其封内之調，[5]盡以入臺，[6]三分食一。公已下，[7]四分食一。

［1］王：爵名。漢代以後王爲爵位的最高一等，多用以封授宗室，少數建有殊勳的功臣亦封王，但歷代皆不多見。三國魏、南朝陳、北魏、北齊皆一品。

［2］親王：爵名。其稱始於南北朝時，指皇族中封王者。

［3］師：官名。亦稱王師。西晋置爲王國官，掌輔導諸王。後避諱改爲傅，南朝宋復舊，齊、梁、陳沿置。北魏、北齊亦置。北魏太和十七年定爲三品上，二十三年改三品。北齊三品。

［4］梁：即南朝梁（502—557），都建康（今江蘇南京市）。

［5］封：帝王賜予臣子的土地。　調：即户調。古代按户徵收的一種賦税。

［6］臺：指尚書省。其下度支尚書管理全國賦税收入。

[7]公：爵名。西周時定爲五等爵制第一等，僅次於王，位在侯上。一説西周時爵位等級劃分尚不嚴格，春秋、戰國時期始形成嚴格的五等爵制。秦統一後罷。東漢末復置，有封邑，置官署。魏晉時依封邑規模，分郡公、縣公、鄉公三等。皆一品。南北朝時省鄉公，並於始受封者前加"開國"二字，以別於承襲爵位者。南朝陳，郡公、縣公皆二品，北魏一品，北齊從一品。

皇子王國，置郎中令，[1]大農，[2]中尉，[3]常侍，[4]各一人。侍郎，[5]二人。上、中、下三將軍，[6]各一人。上、中大夫，[7]各二人。防閤，[8]四人。典書、典祠、學官、典衛等令，[9]各一人。齋帥、四人。食官、厩牧長、各一人。典醫丞、二人。典府丞、一人。執書、二人。謁者、四人。舍人十人。等員。[10]

[1]郎中令：官名。西漢時爲諸侯王國屬官，侍從左右，戍衛王宫。魏晉南朝時爲王國三卿之一，公、侯等國亦或置，其品秩隨國主地位高低不等。北朝時諸王、公、侯、伯、子、男國皆置。北魏皇子郎中令七品上，北齊皇子郎中令六品上。

[2]大農：官名。東漢末魏王國列卿之一。曹丕稱帝後，改名爲大司農。諸王國仍置。兩晋公國亦置。南朝王國皆置，公國不常置。其品秩隨國主地位高低而定。北魏、北齊王、公、侯、伯、子、男國皆置。北魏皇子大農從六品上，北齊亦從六品上。

[3]中尉：官名。西漢時爲諸侯國屬官，主管軍事。東漢沿置。魏晋南北朝時期地位稍減，掌國中軍兵。其品秩隨國主地位而高下不等。北魏皇子國中尉七品上，北齊亦七品上。

[4]常侍：官名。魏晋南朝王、公等國置爲屬官。侍從左右，贊相禮儀，獻替諫諍。兩晋、南朝皆分置左右，員額依國之大小不等。兩晋、南朝、北魏、北齊沿置，分置左右，員額依國之大小不

等。北魏皇子常侍從七品，北齊皇子常侍亦從七品。

[5]侍郎：官名。西漢置爲諸侯王國屬官，掌侍從左右。魏晋南北朝亦置，掌贊相威儀，通傳教令。魏、西晋王、公、侯等國皆置。南朝或分置左、右。北魏、北齊略同，皇子侍郎八品上。

[6]上：官名。即上將軍。戰國時魏、秦、燕、齊國皆置此官，爲督軍征戰的主帥，一説爲前軍之將。西漢亦置，位極尊。北魏置爲諸皇子及王、公國屬官，諸皇子所屬爲從八品，北齊沿置，品秩皆同。　中：官名。即中將軍。北魏始置，爲諸皇子及王、公國屬官，統國中軍兵。品秩隨國主地位而高下不等，皇子中將軍從八品。北齊沿置，品秩皆同。　下：官名。即下將軍。北魏始置，爲諸皇子及王、公國屬官，統國中軍兵。品秩隨國主地位而高下不等，皇子國下將軍從八品。北齊沿置，品秩皆同。

[7]上：官名。即上大夫。北齊置，輔佐諸皇子、王、公。品秩隨國主地位而高下不等，皇子上大夫從八品。　中大夫：官名。西漢置爲王國屬官，晋、南北朝沿置。北齊品秩隨國主地位而高下不等，皇子國中大夫從八品。

[8]防閤：官名。亦作防閤。南朝時諸王、都督、刺史置防閤，以勇略之士防衛齋閤。北齊亦置，皇子防閤九品上。

[9]典書：官名。即典書令。原爲吏部尚書之職，西晋王國置典書令一人。東晋、十六國前燕、南朝皆置，北魏、北齊沿置，皇子典書令皆九品上。　典祠：官名。即典祠令。三國魏始置，爲諸王、公、侯、伯、子國屬官。兩晋南北朝沿置。北魏太和二十三年定皇子典祠令爲從九品上，北齊亦同。　學官：官名。即學官令。西晋王國置，東晋南朝沿置。北魏皇子學官令從九品上，北齊亦同。　典衛：官名。三國魏晋諸公、侯國所置侍衛官。掌守衛居宅事。南朝因之。北魏僅皇子國置，從九品上。北齊皇子典衛令從九品上。

[10]齋帥：官名。此指皇子齋帥。掌鋪設灑掃事。　食官：官名。即食官長。南朝始爲諸侯王府屬官，掌營造、膳食事。北齊亦

置。　廐牧長：官名。又稱牧長。西晋時諸王國府置牧長，掌知畜牧牛馬事，南朝宋因之，齊改名廐牧長，北齊因之。　典醫丞：官名。南朝始爲諸侯王府屬官，掌醫藥等事。北齊亦置。　典府丞：官名。王國屬官，西晋始置，初名典府，後逐漸演變爲典府丞。掌知府内雜事。陳及北齊因之。　執書：官名。北齊置爲皇子及諸王國屬官。職掌不詳。　謁者：官名。此指皇子國謁者。秦始置爲諸侯王國屬官，掌關通内外，導引賓客。漢魏晋南北朝沿置。　舍人：官名。三國時置爲王國屬官，掌文檄之事。魏晋南北朝沿置。

諸王國，則加有陵長、廟長、常侍各一人，[1]而無中將軍員。上、中大夫各減一人。諸公又減諸王防閤、齋帥、典醫丞等員。[2]諸侯伯子男國，[3]又減諸公國將軍、大夫員。諸公主則置家令、丞、主簿、録事等員。[4]

[1]陵長：官名。南朝梁諸王國置，北齊王國及公侯國亦置。　廟長：官名。南朝梁諸王國置，北齊王國及公侯國亦置。　常侍：官名。此指諸王國常侍。從八品。

[2]公：爵名。西周五等爵之一。魏晋以後，開始依照封國規模，分郡公、縣公、鄉公、開國公、開國郡公、開國縣公等名目。三國魏咸熙元年（264）定制：凡公爵，賜地方七十里、邑一千八百户，許置相一人，職如太守，又置郎中令、中尉、大農、司馬、常侍、侍郎、家令、典祠、典書、典衛、典禮等屬官。一品。西晋咸寧三年（277）置大、次、小王國，凡大國、次國始封王之支子封爲公，置公國如五千户王國，設官因魏制，無定制。許置軍千人，以中尉領之。一品。東晋諸公仍置國，無常侍，罷中尉，不置軍。南朝宋因之。齊唯置郎中令一卿。梁置相，掌民政，由朝廷選差；典祠令、典書令、典衛長等，得自選補。諸公位視三公，班次

之。陳分開國郡公、開國縣公兩等，皇子皆封公。北魏天賜元年(404)，定王、公、侯、子四等爵，公二品，封小郡。太和二十三年定制：開國郡公一品，開國縣公從一品。北齊開國郡公從一品，散郡公、開國縣公二品，散縣公從二品，其國各設郎中令、大農、中尉、常侍、侍郎、上下將軍等官，典書、典祠、典衛等令。

［3］侯：爵名。西周五等爵之一。戰國秦至秦朝行二十等爵，十九級爲關内侯，居京畿無國邑；二十級爲徹侯，有食邑。東漢後期列侯依其封邑地區等級，又有縣侯、鄉侯、都鄉侯、亭侯、都亭侯之别，末期曹操所設關中侯、關外侯爲虚封，不食租。三國魏復五等爵制，侯次公，居第二等。兩晉至南北朝有郡侯、縣侯、鄉侯、亭侯、開國侯、散侯、關内侯等名號。三國魏咸熙元年定制，諸侯國地方七十里，邑一千六百户，官屬同公，設相一人，職如縣令，又有傅、家令、丞、庶子、文學、司馬、旅賁。凡侯爵皆一品。西晉咸寧三年定大、次、小王國之制，大國、次國承封王之支子爲侯，侯國制度同不滿五千户王國，置軍一千人，以中尉領之。東晉罷中尉，不置軍，又省大農、常侍及侍郎。南朝宋因之，自三品至六品不等。齊侯國置郎中令一卿。梁置相，由朝廷選任，掌民政；典祠令、典書令、典衛長等，得自選補。其食邑千户已上，置家丞、庶子。陳制，自三品至九品不等。北魏天賜元年定制，侯封大縣，三品。太和二十三年定爲二品或從二品。北齊開國縣侯從二品，散縣侯三品，侯國設官減公國將軍、大夫員，封内之調，四分食一。北魏、北齊侯國設郎中令、大農、中尉、常侍、侍郎、典書、典祠、學官、典衛等令，食官、廄牧等長。　伯：爵名。西周五等爵之一。三國魏咸熙元年復五等爵，定諸伯地方六十里，邑千二百户，一品。西晉始對立國建官食封邑之伯爵加“開國”之號。咸寧三年定爵制，規定大國、次國繼承封王之支子爲伯，不置軍，官屬減公侯國。南北朝沿置。　子：爵名。西周五等爵之一。三國魏咸熙元年定爵制，諸子地方五十里，邑八百户。凡子爵，官一品。晉咸寧三年定大、次、小王國制，其五千户以上之小國，始封

王之支子爲子。東晋南朝沿置。北魏天賜元年定制，子封小縣。男：爵名。西周五等爵之一。三國魏咸熙元年復五等爵，定諸男地方三十五里，邑四百户，位一品。晋朝始對立國建官食封邑之男爵加“開國”之稱。西晋咸寧三年定王國制，規定不滿五千户始封王之支子、始封公侯之支子皆爲男。男國不置軍，官屬减公國，無定制。東晋南北朝沿置。

[4]家令：官名。即公主家令。西漢始置，隸宗正，掌公主家中諸項事務。東漢沿置，秩六百石，有丞。魏八品。晋、南朝省置無常。晋八品，北魏太和十七年爲七品中，二十三年定爲九品上，北齊九品上。　丞：官名。即公主家丞。東漢時置爲公主家令副職，佐令執掌公主家事務，隸宗正。秩三百石。北齊亦置。品秩不詳。　主簿：官名。此指公主主簿。爲公主家重要僚屬，掌印，負責文書的勾檢稽失。品秩不詳。　録事：官名。此指公主録事。掌管公主家文書等事務。品秩不詳。

司州，[1]置牧。[2]屬官有别駕從事史，[3]治中從事史，[4]州都，[5]主簿，[6]西曹書佐，[7]記室，[8]户曹，[9]功曹，[10]金曹，[11]租曹，[12]兵曹、騎曹，[13]都官、法曹、部郡等從事員。[14]主簿置史，[15]西曹已下各置掾史。[16]又領西、東市署令、丞，[17]及統清都郡、諸畿郡。[18]

[1]司州：北齊時治所在今河北臨漳縣西南。

[2]牧：官名。西漢成帝時改州刺史置牧，秩二千石，位次九卿，監察州郡。後廢置不常。東漢靈帝時復置，掌一州軍政大權，位高於郡守。自三國至南朝，成爲一州最高長官，與刺史並置時位高於刺史。其間，亦有遥領之制。南朝宋以後僅揚州、豫州等置，爲榮譽稱號，授丞相等權臣。北魏、北齊司州置，從二品。

[3]别駕從事史：官名。簡稱别駕。西漢時置爲州之佐吏。爲

州之上佐，職權甚重，事無不統。三國魏、蜀、吴皆置。晋沿魏制，南朝主吏員選舉。十六國前秦、前凉、後秦皆置。北魏亦置，太和二十三年改定官品，司州别駕爲從四品上，他州别駕依州等不同，自五品至七品不等。北齊沿置，司州從四品上，上州六品上，下州七品上。魏、晋、北魏前期，别駕例用本州人，由刺史自行辟除。其後，漸爲朝廷任命。

［4］治中從事史：官名。簡稱治中。西漢時置爲州之佐吏。主選署及文書案卷，三國魏、蜀、吴皆置。晋、南朝亦置。十六國前凉置。北魏亦置，州或一至三人不等，太和二十三年定司州治中爲從四品下，他州治中自正五品至正七品不等，治中多遷别駕。北齊司州治中從事史從四品，上州治中從事史六品，中州從六品，下州無。

［5］州都：官名。此指司州州都。原爲魏晋南朝各州大中正的别稱，也有説是州都大中正的省稱，亦稱都士。掌一州之人物品第，以爲吏部銓選之根據，並有委任州主簿及從事之權。北魏爲州牧屬官，掌評士族内部品第。職似中正，在九品中正制度下依品第選任官吏，其任頗重。北齊爲州刺史屬官，視從七品，地位遠低於州大中正。

［6］主簿：官名。西漢州郡官府置，典領文書簿籍，經辦事務。東漢、三國、魏、晋、南朝沿之。北朝州郡亦置，雖非掾吏之首，但地位較高。北齊司州主簿視從七品。

［7］西曹書佐：官名。西晋改功曹書佐置，爲州刺史佐吏，掌諸吏及選舉事，位别駕、治中下，與主簿相亞而略低，在諸從事之上。北齊司州所置視八品。

［8］記室：官名。即記室從事。漢朝自三公府至郡縣皆置爲佐吏，具體名稱不一，太尉屬吏有記室令史，郡府有主記室史，縣府有記室史，皆主文書表報。三國魏定諸府記室官七品。兩晋南北朝以來有記室令史、記室督、記室參軍、中記室參軍等名目，省稱記室。品秩不詳。

［9］户曹：官名。即户曹從事。漢三公府及郡府置，爲户曹長官，掌民户、祠祀、農桑等事務。三國魏、晋、南朝及北魏、北齊沿置，僅置於州郡縣户曹。品秩不詳。

［10］功曹：官名。即功曹從事。漢縣府所屬功曹之長，亦稱主吏掾。掌選舉，兼參諸曹事務。北齊司州置爲功曹長官，視從八品。

［11］金曹：官名。即金曹從事。東漢末州郡置，但非定制。北齊司州置，爲金曹長官，視從八品。

［12］租曹：官名。即租曹從事。北齊司州置，爲租曹長官，視從八品。

［13］兵曹：官名。即兵曹從事。北齊司州置，爲兵曹長官，視從八品。　騎曹：官名。即騎曹從事，北齊置於京畿州、郡、縣府。州設從事，爲騎曹長官，管理軍馬。郡、縣設掾掌騎曹事。視從八品。

［14］都官：官名。即都官從事。北魏置爲司州牧、司州刺史屬官。太和十七年定爲從四品中。北齊沿置。視從八品。　法曹：官名。即法曹從事，北齊司州置爲法曹長官，視從八品。　部郡：官名。即部郡從事，亦稱部郡從事史。三國始置，掌督促文書、察舉非法，爲州之佐吏。南朝沿置。北齊諸州亦置，視九品。

［15］史：官府佐吏統稱。西漢郡縣皆置史，主文書。名目不一，郡府屬吏曰卒史，縣丞、尉屬吏曰丞史、尉史，縣令屬吏曰令史。晋沿置，爲郡縣諸曹屬吏，與掾同置而位低於掾。南北朝沿置。

［16］掾：官府佐吏統稱。西漢置於三公府及其他重要官府，分曹治事。三國、晋、南北朝公府皆置，北齊除大理寺外，並置於郡縣。

［17］西、東市署令、丞：官名。春秋時楚國置市令，主管市場交易。漢代大城市均置市長，然長安兩市，一市置長，一市置令。南北朝或置或廢。北齊司州内設西、東市署令、丞爲市署長貳，京

邑二市署令從七品。

［18］清都郡：都城所在郡。　畿郡：京師附近的郡。

清都郡，置尹，[1]丞，[2]中正，[3]功曹、主簿，[4]督郵，[5]五官，[6]門下督，[7]録事，[8]主記，[9]議生，[10]及功曹、記室、户、田、金、租、兵、騎、賊、法等曹掾，[11]中部掾等員。[12]

［1］尹：官名。即清都尹。北齊置爲都城所在郡長官，多由宗室擔任。三品。

［2］丞：官名。即清都郡丞。北齊置爲都城所在郡副長官。秦漢郡置丞，爲郡守（太守）副貳，佐郡守掌衆事。秩六百石，由朝廷任命。東漢沿置，後又罷邊郡丞，以長史領丞職。三國置，魏八品，亦稱府丞。西晋沿置，東晋罷。南朝宋復置，梁、陳沿置。西晋、南朝宋皆八品，梁郡丞十班，陳萬户郡丞七品，萬户以下郡丞八品。北魏、北齊亦置，北齊清都郡丞從五品。

［3］中正：官名。即郡中正。又稱小中正、郡正。三國魏曹丕始置，掌考察州郡人才品德。三國魏時由各郡長官推選，晋例由司徒選授，掌一郡人物之品第，以爲吏部銓選官吏之依據。南北朝沿置。北齊清都郡中正，視八品。

［4］功曹：官名。此指清都郡功曹。北齊爲視第八品。　主簿：官名。此指清都郡主簿。北齊爲視從八品。

［5］督郵：官名。西漢始置，爲郡府屬吏。本名督郵書掾（或謂督郵曹掾），省稱督郵掾、督郵。主要職掌除督送郵書外，又代表郡守督察諸縣、宣達教令，兼及案繫盗賊，點録囚徒，催繳租賦等。由郡守自辟，職權甚重，分有二部、三部、四部、五部不等，其職名或冠以東、西、南、北、中，或稱五部督郵。秩六百石。三國、魏、晋皆置，晋督郵因事而立，多者一郡達三十餘人。十六國

之後凉，南朝宋、齊、梁及北齊沿置。

［6］五官：官名。此指清都郡五官。

［7］門下督：官名。西漢郡縣屬官，主盗賊事。亦稱門下督盗賊。東漢、魏、晋、南朝沿置，北齊爲清都郡及上上州、郡、縣屬官。

［8］録事：官名。此指清都郡録事。

［9］主記：官名。三國魏置爲郡府官，爲長官親近之吏，掌記録、文書。北齊清都郡，鄴、臨漳、成安三縣置。

［10］議生：官名。晋郡縣屬吏中散吏之一，職掌謀議。北齊清都郡，鄴、臨漳、成安三縣置。

［11］功曹：官名。即功曹掾，漢縣府所屬功曹之長，亦稱主吏掾。掌選署功勞。北齊司州及諸州置爲曹屬官，清都郡，鄴、臨漳、成安三縣置掾主其曹事。　記室：官名。即記室掾。北齊司州及諸州置爲曹屬官，清都郡，鄴、臨漳、成安三縣置掾主其曹事。　户：官名。即户曹掾。漢三公府及郡府置，爲户曹長官。主户曹事。三國、西晋沿之。東晋、南朝僅置於州郡縣户曹、公府、將軍府。北齊司州及諸州置爲曹屬官，清都郡，鄴、臨漳、成安三縣置掾主其曹事。　田：官名。即田曹掾，西漢置爲郡縣屬官，掌農政。北魏一度置，北齊司州及諸州置爲曹屬官，清都郡，鄴、臨漳、成安三縣置掾主其曹事。　金：官名。即金部掾。漢三公府置金曹，掌貨幣、鹽鐵事，以掾主其事。郡國亦置，兼掌市政。三國、西晋丞相、相國府，諸公府，大將軍府皆置。東晋諸縣亦置。北齊司州及諸州置爲曹屬官，清都郡，鄴、臨漳、成安三縣置掾主其曹事。　租：官名。即租曹掾。北齊司州及諸州置爲曹屬官，清都郡，鄴、臨漳、成安三縣置掾主其曹事。　兵：官名。東漢太尉府設兵曹，以掾爲其長官，主兵事。秩比三百石。郡縣亦置。北齊司州及諸州置爲曹屬官，清都郡，鄴、臨漳、成安三縣置掾主其曹事。　騎：官名。即騎曹掾。北齊司州及諸州置爲曹屬官，清都郡，鄴、臨漳、成安三縣置掾主其曹事。管理軍馬。　賊：官名。

即賊曹掾。東漢置爲郡縣屬官，掌盜賊事，秩百石。西晋郡縣亦置。北齊司州及諸州置爲曹屬官，清都郡，鄴、臨漳、成安三縣置掾主其曹事。　法：官名。即法曹掾。北齊司州及諸州置爲曹屬官，清都郡，鄴、臨漳、成安三縣置掾主其曹事。

[12]中部掾：官名。漢諸郡置五部督郵，爲郡府屬吏，職司監察屬縣，地位重要。督郵分部設置，其職名有中、東、西、南、北之稱。其中河南尹置四部督郵，中部爲掾。北齊鄴、臨漳、成安三縣亦置中部掾。

鄴、臨漳、成安三縣令，[1]各置丞、中正、功曹、主簿、門下督、録事、主記，[2]議及功曹、記室、户、田、金、租、兵、騎、賊、法等曹掾員。[3]鄴又領右部、南部、西部三尉，[4]又領十二行經途尉。[5]凡一百三十五里，[6]里置正。[7]臨漳又領左部、東部二尉，[8]左部管九行經途尉。凡一百一十四里，里置正。成安又領後部、北部二尉，[9]後部管十一行經途尉，七十四里，里置正。清都郡諸縣令已下官員，悉與上上縣同。[10]諸畿郡太守已下，悉與上上郡同。[11]

[1]鄴：縣名。北齊時治所在今河南安陽市。　臨漳：縣名。北齊時治所在今河北臨彰縣西南。　成安：縣名。北齊時治所在今河北臨彰縣西南，後移治今河北成安縣。　縣令：官名。省稱令。戰國時始置，爲縣級行政機構長官，掌一縣之政令。秦漢魏晋南北朝沿置，令長區别及其本身秩位高低除依户口多少、地區大小外，還包括治理難易及治績好壞。北魏重京縣，洛陽令爲從五品。外縣則初期有令有長，天賜二年（405）縣置三令長，八品，後多爲令。太和二十三年定上縣令正六品下，中縣令正七品下，下縣令正八品

下。北魏後期多選用厩令史擔任，縉紳耻居其位。北齊鄴、臨漳、成安三縣令從五品。

[2]丞：官名。即縣丞。戰國時置，爲縣令副佐。協助縣令治理一縣政事。秦漢沿置，秩四百石至二百石，由中央任命。職掌文書及倉獄事宜。三國魏、吴置，魏大縣縣丞秩四百石，八品；次縣、小縣九品。西晋沿置。南朝宋皆九品，但不常置。梁置，北齊鄴、臨漳、成安置，他縣亦置，皆從九品上。　中正：官名。北齊鄴、臨漳、成安三縣及其他諸縣置爲縣屬官。　功曹：官名。此指鄴、臨漳、成安三縣功曹。　主簿：官名。漢時已於縣置主簿，至晋南北朝沿置，例由縣令自辟署。北齊沿置，諸縣皆置。　門下督：官名。此指鄴、臨漳、成安三縣門下督。　録事：官名。此指鄴、臨漳、成安三縣録事。　主記：官名。此指鄴、臨漳、成安三縣主記。

[3]議及功曹：中華本校勘記以爲："按上文清都郡條，'議'下當有'生'字。"議生，官名。此指鄴、臨漳、成安三縣議生。　功曹：官名。此指鄴、臨漳、成安三縣功曹掾。　記室：官名。此指鄴、臨漳、成安三縣記室掾。　户：官名。此指鄴、臨漳、成安三縣户曹掾。　田：官名。此指鄴、臨漳、成安三縣田曹掾。　金：官名。此指鄴、臨漳、成安三縣金曹掾。　租：官名。此指鄴、臨漳、成安三縣租曹掾。　兵：官名。此指鄴、臨漳、成安三縣兵曹掾。　騎：官名。此指鄴、臨漳、成安三縣騎曹掾。　賊：官名。此指鄴、臨漳、成安三縣賊曹掾。　法：官名。此指鄴、臨漳、成安三縣法曹掾。

[4]右部、南部、西部三尉：官名。即右部尉、南部尉、西部尉。西漢時置部尉，爲掌管一部的治安之官。部爲區域單位，或一郡分爲幾部，或一大城市分爲幾部。西漢長安有四部尉，東漢洛陽亦有四部尉。西晋洛陽，東晋建康亦設六部尉。北齊在京畿周圍共設七部尉。

[5]行經途尉：官名。北魏於京師洛陽各處置經途尉，分屬六

部尉，負責京師治安管理。初職任較輕，從九品。北齊沿置，以稱行經途尉，置於京師鄴城各處。從九品。

[6]里：古代基層行政單位。周制，二十五家爲里。秦漢時以里爲一級基層單位，設里正爲其長。晋制，縣率百户置里吏一人。北魏立三長制，五家一鄰，五鄰一里，設里長。北齊沿之。

[7]正：官名。即里正。春秋始置，爲一里之長。戰國、秦漢沿置，東漢又稱里魁。北魏置，掌管京師諸坊内事務，先爲流外四品，後爲流外勳品。北齊每坊置二人。

[8]左部、東部二尉：官名。北齊置，即左部尉、東部尉，負責京畿周圍地區治安。

[9]後部、北部二尉：官名。北齊置，即後部尉、北部尉，負責京畿周圍地區治安。

[10]上上縣：北齊制度，全國諸縣分爲上中下三等，每等又有上中下之差，自上上縣至下下縣凡九等。

[11]上上郡：北齊制度，全國諸郡分爲上中下三等，每等又有上中下之差，自上上郡至下下郡凡九等。

上上州刺史，[1]置府。屬官有長史，[2]司馬，[3]録事、功曹、倉曹、中兵等參軍事及掾、史，[4]主簿及掾，[5]記室掾、史，[6]外兵、騎兵、長流、城局、刑獄等參軍事及掾、史，[7]參軍事及法、墨、田、鎧、集、士等曹行參軍及掾史，[8]右户掾史，[9]行參軍，[10]長兼行參軍，[11]督護，[12]統府録事，統府直兵，箱録事等員。[13]州屬官，有别駕從事史，[14]治中從事史，[15]州都，[16]光迎主簿，[17]主簿，[18]西曹書佐，[19]市令及史，[20]祭酒從事史，[21]部郡從事，[22]皂服從事，[23]典籤及史，[24]門下督，[25]省事，[26]都録事及史，[27]箱録事及史，朝直、刺姦、記室掾，[28]户曹、田曹、金曹、租曹、兵曹、左户等掾史等員。[29]

[1]上上州：北齊制度，全國諸州分爲上中下三等，每等又有上中下之差，自上上州至下下州凡九等。　刺史：官名。西漢始置，分全國爲十三部（州），部置刺史一人，無治所，奉詔巡行諸郡，監察二千石長吏及强宗豪右、諸侯王。其後屢有廢置改名。逐漸成爲實際上比郡高一級的地方行政長官，除監察權外，又有選舉、劾奏之權，有權干預地方行政，又擁有領兵之權。三國魏州或置牧，或置刺史。蜀、吴皆置，晋刺史分級，南朝宋同，齊亦置，制不詳。梁、陳亦置。北魏孝文帝時司州置刺史，官極崇重，爲二品中。至太和二十三年時改爲司州牧，從二品。外州則例置刺史。天賜二年制，諸州置三刺史，宗室一人，異姓二人。皇興中亦有一州置二刺史者。以後不見。至太和二十三年，定上州刺史三品，中州從三品，下州正四品下。北齊三等上州刺史，三品。

[2]長史：官名。西漢置爲地方官府佐官，諸邊郡於丞外復置此職，佐太守掌兵馬，秩六百石。内郡亦有置者。東漢時諸邊郡、屬國不置丞而置此職，掌兵馬，常稱爲將兵長史。不置西域都護時，以西域長史代行其職，負責處理西域各國事務。度遼將軍、護羌校尉、護烏桓校尉亦置。魏晋南北朝地方官府及諸護夷蠻中郎將、校尉多置。其品秩隨府主地位而定。北齊三等上州長史爲從四品上。

[3]司馬：官名。此指上上州刺史府司馬。北齊三等上州司馬從四品上。

[4]録事：官名。此指上上州録事參軍事。北齊三等上州録事參軍事六品。　功曹：官名。此指上上州功曹參軍事。北齊三等上州功曹參軍事從六品上。　倉曹：官名。此指上上州倉曹參軍事。北齊三等上州倉曹參軍事從六品上。　中兵：官名。此指上上州中

兵參軍事。北齊三等上州中兵參軍事從六品上。　掾、史：官府佐吏統稱。此指上上州録事參軍事掾、史，功曹參軍事掾、史，倉曹參軍事掾、史，中兵參軍事掾、史。

[5]主簿：官名。此指上上州刺史府主簿。北齊三等上州主簿七品上。　掾：官府佐吏統稱。此指上上州刺史府主簿掾。

[6]記室掾：官名。此指上上州刺史府記室掾。　史：官名。即記室史，西晋置，爲郡府屬官，掌文書記録，位在主記室下。北齊置爲州刺史府屬官。

[7]外兵：官名。此指上上州刺史府外兵參軍事。北齊三等上州外兵參軍事七品上。　騎兵：官名。此指上上州刺史府騎兵參軍事。北齊三等上州騎兵參軍事七品上。　長流：官名。此指上上州刺史府長流參軍事。北齊三等上州長流參軍事七品上。　城局：官名。此指上上州刺史府城局參軍事。北齊三等上州城局參軍事七品上。　刑獄：官名。此指上上州刺史府刑獄參軍事。北齊三等上州刑獄參軍事七品上。　掾、史：官府佐吏統稱。此指上上州外兵參軍事掾、史，騎兵參軍事掾、史，長流參軍事掾、史，城局參軍事掾、史，刑獄參軍事掾、史。

[8]參軍事：官名。此指上上州刺史府參軍事。北齊三等上州參軍事從七品上。　法：官名。此指上上州刺史府法曹行參軍。北齊三等上州法曹行參軍從七品上。　墨：官名。此指上上州刺史府墨曹行參軍。北齊三等上州墨曹行參軍從七品上。　田：官名。此指上上州刺史府田曹行參軍。北齊三等上州田曹行參軍從七品上。　鎧：官名。此指上上州刺史府鎧曹行參軍。北齊三等上州鎧曹行參軍從七品上。　集：官名。此指上上州刺史府集曹行參軍。北齊三等上州集曹行參軍從七品上。　士：官名。此指上上州刺史府士曹行參軍。北齊三等上州士曹行參軍從七品上。　掾史：官府佐吏統稱。此指上上州法曹行參軍掾、史，墨曹行參軍掾、史，田曹行參軍掾、史，鎧曹行參軍掾、史，集曹行參軍掾、史，士曹行參軍掾、史。

[9]右户掾史：官名。北齊上上州刺史府置右户曹，設掾、史等員。

[10]行參軍：官名。三國蜀諸葛亮丞相府所置，無固定職掌。兩晋、南朝、北魏、北齊公府、將軍府、州府亦置，不署曹，員額不定。北魏從七品上至流外，北齊三等上州行參軍八品上。

[11]長兼行參軍：官名。此指上上州刺史府長兼行參軍。北齊三等上州長兼行參軍九品上。

[12]督護：官名。此指上上州刺史府督護。北齊三等上州督護從九品上。

[13]箱録事：官名。北齊置，爲州刺史府及州屬官，具體職掌不詳。

[14]别駕從事史：官名。此指上上州别駕從事史。北齊三等上州别駕從事史六品上。

[15]治中從事史：官名。此指上上州治中從事史。北齊三等上州治中從事史六品。

[16]州都：官名。此指上上州州都。北齊諸州州都視八品。

[17]光迎主簿：官名。爲州、郡、縣屬官，與光迎功曹專掌迎接新任長官之事，位在同級功曹、主簿之上，能優先入仕。品秩不詳。

[18]主簿：官名。此指上上州主簿。北齊三等上州主簿七品上。

[19]西曹書佐：官名。此指上上州西曹書佐。

[20]市令：官名。此指上上州市令。

[21]祭酒從事史：官名。亦稱祭酒從事。晋始置爲州府主要僚屬，掌州所置兵、賊、倉、户、水、鎧諸曹事，不設之州則以主簿治事。南朝沿置。北齊諸州置，視九品。

[22]部郡從事：官名。此指上上州部郡從事。北齊諸州部郡從事視從九品。

[23]皂服從事：官名。即地位較低的從事。爲州刺史屬官，位

在典籤上。皂服，穿黑色衣服的官吏，表明身份較低。

[24]典籤：官名。南北朝置，亦稱典籤帥或籤帥、主帥。原爲州、府掌管文書的佐吏。由於南朝宋時多以年幼的皇子出鎮，皇帝委派親信擔任此職協助處理政事，故品階雖不高，實權在長史上。典籤有時亦可帶縣令。出任者多爲寒人，每州、府員數人，一歲中輪番還都，匯報當地情況，成爲皇帝升黜地方長官的主要依據。以後其權愈重，即使年長皇子或其他人出任刺史，亦爲其所控制。南朝齊時，連皇子的飲食起居都由其控制，明帝以後其權任始漸輕。北朝各州亦置，但權任遠較南朝爲輕。北齊三等上州典籤從八品。　史：官府佐吏統稱。此指州典籤史。

[25]門下督：官名。此指上上州門下督。

[26]省事：官名。此指上上州省事。

[27]都録事：官名。南朝梁置爲郡屬官，掌文簿。北齊諸州亦置。　史：官府佐吏統稱。此指州都録事史。

[28]朝直：官名。即朝直掾，北齊置爲州屬官，職掌不詳。　刺姦：官名。即刺姦掾。東漢獻帝建安年間曹操置爲屬官，分左、右，掌管司法事務。三國魏自一至三品將相公府皆置，因所屬不同而有刺姦掾、刺姦主簿、刺姦都督等稱。均可省爲刺姦，品級不一。吴亦置。西晋諸公及將軍開府者，置刺姦都督一人以爲僚屬。十六國後趙置刺姦外部都督，掌糾舉不法。南北朝時唯北齊定刺姦掾爲州屬官。　記室掾：官名。此指上上州記室掾。

[29]户曹：官名。此指上上州户曹掾。　田曹：官名。此指上上州田曹掾。　金曹：官名。此指上上州金曹掾。　租曹：官名。全稱爲租曹掾，此指上上州租曹掾。　兵曹：官名。此指上上州兵曹掾。　左户：官名。此指上上州左户掾。

上上州，府、州屬官佐史，合三百九十三人。[1]上中州減上上州十人。上下州減上中州十人。中上州減上下州五十一人。中中州減中上州十人。中下州減中中州十人。下上州減中下州五十人。下中州減下上州十人。下下州減下中州十人。

[1]“上上州”至“合三百九十三人”：中華本標點作“上上州府，州屬官佐史，合三百九十三人”。侯旭東以爲首句標點誤，三百九十三人乃是通計府屬官與州屬官而得，從改。（參見侯旭東《〈隋書〉標點勘誤及校勘補遺五則》，《中國史研究》2001年第1期）

上上郡太守，[1]屬官有丞，[2]中正，[3]光迎功曹，[4]光迎主簿，[5]功曹，[6]主簿，[7]五官，[8]省事，[9]録事，[10]及西曹、户曹、金曹、租曹、兵曹、集曹等掾、佐，[11]太學博士，[12]助教，[13]太學生，市長，[14]倉督等員。[15]合屬官佐史二百一十二人。上中郡減上上郡五人。上下郡減上中郡五人。中上郡減上下郡四十五人。中中郡減中上郡五人。中下郡減中中郡五人。下上郡減中下郡四十人。下中郡減下上郡二人。下下郡減下中郡二人。

[1]太守：官名。戰國時爲郡守尊稱。秦統一後分全國爲三十六郡，郡置守、尉、監。西漢更名郡守爲太守。新莽改名大尹。東漢復故。爲一郡最高行政長官，掌管郡之民政、司法、監察、軍事、財賦。三國、兩晋、南朝沿置。北魏分上、中、下郡三等，各爲四、五、六品。北齊於上、中、下三等之内又各分上、中、下，合九等。三等上郡太守從三品。

[2]丞：官名。此指上上郡丞。北齊三等上郡丞，六品。

[3]中正：官名。此指上上郡中正。北齊諸郡中正視從八品。

[4]光迎功曹：官名。爲州、郡、縣屬官，與光迎主簿專掌迎

接新任長官之事，位在同級功曹、主簿之上，能優先入仕。

［5］光迎主簿：官名。此指上上郡光迎主簿。品秩不詳。

［6］功曹：官名。此指上上郡功曹。北齊諸郡功曹視從八品。

［7］主簿：官名。此指上上郡主簿。北齊諸郡主簿視從九品。

［8］五官：官名。此指上上郡五官。

［9］省事：官名。此指上上郡省事。

［10］録事：官名。此指上上郡録事。

［11］西曹：官名。即西曹掾、佐。西曹掾，東漢、三國魏、晋朝諸公、位從公僚屬，爲西曹長官，掌府吏署用事。北齊司州、諸郡、諸縣亦置。西曹佐，北齊諸郡屬官，位在西曹掾下。　户曹：官名。即户曹掾、佐。户曹掾，此指上上郡户曹掾。户曹佐，北齊諸郡屬官，位在户曹掾下。　金曹：官名。即金曹掾、佐。金曹掾，此指上上郡金曹掾。金曹佐，北齊諸郡屬官，位在金曹掾下。　租曹：官名。即租曹掾、佐。租曹掾，此指上上郡租曹掾。租曹佐，北齊諸郡屬官，位在租曹掾下。　兵曹：官名。即兵曹掾、佐。兵曹掾，此指上上郡兵曹掾。兵曹佐，北齊諸郡屬官，位在兵曹掾下。　集曹：官名。即集曹掾、佐。集曹掾，北齊置爲郡屬官，此指上上郡集曹掾。集曹佐，北齊諸郡屬官，位在集曹掾下。

［12］太學博士：官名。此指郡太學博士，掌教授生徒。

［13］助教：官名。此指郡太學助教，輔助太學博士教授生徒。

［14］市長：官名。秦漢大城市商業區均置。西漢長安有兩市，一市設令，屬京兆尹；一市設長，屬左馮翊。洛陽、邯鄲、臨淄、宛、成都皆設市長。西漢洛陽市長屬大司農，東漢改屬河南尹，秩四百石。三國魏於鄴、洛陽均設，十六國前凉亦置。北齊諸郡縣皆置。

［15］倉督：官名。此指郡倉督。

上上縣令，[1]屬官有丞，[2]中正，光迎功曹，[3]光迎主簿，[4]功曹，主簿，録事，及西曹、户曹、金曹、租曹、兵曹等掾，[5]市長等員。[6]合屬官佐史五十四人。上中縣減上上縣五人。上下縣減上中縣五人。中上縣減上下縣六人。中中縣減中上縣五人。中下縣減中中縣一人。下上縣減中下縣一人。下中縣減下上縣一人。下下縣減下中縣一人。

[1]上上縣令：官名。北齊三等上縣令六品。

[2]丞：官名。即上上縣丞。北齊諸縣丞從九品上。

[3]光迎功曹：官名。此指上上縣光迎功曹。

[4]光迎主簿：官名。此指上上縣光迎主簿。

[5]西曹：官名。此指上上縣户西曹掾。　户曹：官名。此指上上縣户曹掾。　金曹：官名。此指上上縣金曹掾。　租曹：官名。此指上上縣租曹掾。　兵曹：官名。此指上上縣兵曹掾。

[6]市長：官名。此指上上縣市長。

自州、郡、縣，各因其大小置白直，[1]以供其役。

[1]白直：兩晋南北朝時在官當值無月薪的小吏。北齊時自一品至流外勳各給事力，而力役則由郡縣白直充當。

三等諸鎮，[1]置鎮將、副將，[2]長史，[3]録事參軍，[4]倉曹、中兵、長流、城局等參軍事，[5]鎧曹行參軍，[6]市長，[7]倉督等員。[8]

[1]鎮：捍防守禦據點。北魏於各地置，地位與州等同。不置州郡的西、北地區則兼統軍政、民政，與州郡並置地區僅掌軍政，

若兼所在州刺史則仍兼掌軍政、民政。孝文帝改制後内地多廢，北魏末年北地亦改爲州。北齊沿置，分三等。

[2]鎮將：官名。北魏置，爲鎮的長官。在不設州郡的地區，如西邊、北邊諸鎮，兼統領軍民；在設州郡的内地，主要掌軍政；兼任駐在州刺史時，則兼理民政。北魏前期多以宗室或鮮卑貴族爲之，多兼刺史，亦並持節、都督鄰近州鎮，地位高於刺史，孝文帝改制以後，地位漸低。北齊沿置，三等鎮將皆四品。　副將：官名。即鎮副將。北魏置爲鎮的副長官，佐鎮將掌鎮務。重要之鎮置都副將，職掌同，而品秩在其上。太和十七年職員令及二十三年復次職令皆未載其品秩。北齊亦置，三等鎮副將從四品。

[3]長史：官名。此指鎮長史。北齊三等鎮長史，六品上。

[4]録事參軍：官名。此指鎮録事參軍。負責總録文簿，舉彈善惡。北齊三等鎮録事參軍七品。

[5]倉曹：官名。此指鎮倉曹參軍事。北齊三等鎮倉曹參軍事從七品上。　中兵：官名。此指鎮中兵參軍事。北齊三等鎮中兵參軍事從七品上。　長流：官名。此指鎮長流參軍事。北齊三等鎮長流參軍事從七品。　城局：官名。此指鎮城局參軍事。北齊三等鎮城局參軍事從七品。

[6]鎧曹行參軍：官名。此指鎮鎧曹行參軍。北齊三等鎮鎧曹行參軍八品。

[7]市長：官名。此指鎮市長。

[8]倉督：官名。此指鎮倉督。

三等戍，[1]置戍主、副，[2]掾，[3]隊主、副等員。[4]

[1]戍：南北朝時所置地方軍事行政機構。設於邊境軍事要地，隸於州。掌轄區内軍務，拱衛邊防，干預民政和財政。北魏隸於鎮，北齊沿置。

［2］戍主：官名。南北朝時爲戍的主將，掌防守捍禦之事，除管理軍政，還干預民政和財政。多以郡太守、縣令、州參軍及雜號將軍等官兼領。北齊諸戍主從七品。　副：官名。即戍副。南北朝時置，爲戍的副主將，協助戍主管理軍政等事務。北魏孝昌三年(527)，曾因政權不穩，詔留戍副質子於京師。北齊沿置，從八品。

［3］掾：官府佐吏統稱。此指戍掾。

［4］隊主：官名。東晉、南北朝時軍事編制單位隊的主將，上屬軍主。其所指揮的兵力無定員，自數十人至數百人不等，南朝多以雜號將軍領之，北魏爲比視官，犯譴本不得當刑，孝明帝時依中正之例可當刑。擔任儀衛等任務時可有較高品階。北齊太子二衛亦置，從五品。太子諸隊主，從六品。依所率領的部衆不同，有馬隊主、白丁隊主、白直隊主、宗子隊主、羽林隊主等。此指戍的屬官。　副：官名。即隊副。東晉、南北朝置，爲隊主副貳。北魏初爲比視官，犯譴本不得當刑，孝明帝時依中正之例可當刑。北齊太子二衛置，從七品。太子諸隊副，從八品。此指戍的屬官。

官一品，每歲禄八百匹，[1]二百匹爲一秩。[2]從一品，七百匹，一百七十五匹爲一秩。

［1］禄：官員所得薪水。

［2］秩：官吏俸禄，也指官吏的職位或品級。漢朝官秩以石計，自二千石至百石不等。西漢主要爲穀，東漢爲半錢半穀。兩晉南北朝大體沿襲漢制。北齊分品官歲禄爲四秩，官一品，歲禄八百匹，一秩二百匹；官九品，歲禄二十八匹，一秩爲七匹。事繁者優一秩，閑者降一秩。即同一品内，事繁之官增一秩，增該品歲禄總額的四分之一，事閑之官，減該品歲禄總額的四分之一。

二品，六百匹，一百五十匹爲一秩。從二品，五百匹，一百二十五匹爲一秩。

三品，四百匹，一百匹爲一秩。從三品，三百匹，七十五匹爲一秩。

四品，二百四十匹，六十匹爲一秩。從四品，二百匹，五十匹爲一秩。

五品，一百六十匹，四十匹爲一秩。從五品，一百二十匹，三十匹爲一秩。

六品，一百匹，二十五匹爲一秩。從六品，八十匹，二十匹爲一秩。

七品，六十匹，十五匹爲一秩。從七品，四十匹，十匹爲一秩。

八品，三十六匹，九匹爲一秩。從八品，三十二匹，八匹爲一秩。

九品，二十八匹，七匹爲一秩。從九品，二十四匹，六匹爲一秩。

禄率一分以帛，一分以粟，一分以錢。事繁者優一秩，平者守本秩，閑者降一秩。長兼、試守者，[1]亦降一秩。官非執事、不朝拜者，[2]皆不給禄。又自一品已下，至於流外勳品，[3]各給事力。一品至三十人，下至於流外勳品，或以五人爲等，或以四人、三人、二人、一人爲等。繁者加一等，平者守本力，閑者降一等焉。

[1]試守：官制用語。西漢確立任用官吏有試、守之制。試者任期一年，僅得半俸。若試用稱職，滿歲爲真，得全俸。

[2]執事：專司某一職事的屬官。

[3]流外勳品：流外官品級，自勳品至九品，共九級。

州、郡、縣制禄之法，刺史、守、令下車，[1]各前取一時之秩。

[1]下車：初即位或到任爲“下車”。典出《禮記·樂記》:“武王克殷，反商，未及下車，而封黄帝之後於薊。”

上上州刺史，歲秩八百匹，與司州牧同。上中、上下各以五十匹爲差。中上降上下一百匹，中中及中下，亦以五十匹爲差。下上降中下一百匹，下中、下下，亦各以五十匹爲差。

上上郡太守，[1]歲秩五百匹，降清都尹五十匹。上中、上下各以五十匹爲差。中上降上下四十匹，中中及中下，各以三十匹爲差。下上降中下四十匹，下中、下下各以二十匹爲差。

[1]上上郡太守：各本皆作“上郡太守”。依前句上上州刺史，及後接上中、上下各以五十匹爲差，推測句首脱“上”字，應爲上上郡太守。（參見王化昆《〈隋書〉勘誤四則》，《中國史研究》2002年第3期）

上上縣，歲秩一百五十匹，與鄴、臨漳、成安三縣同。上中、上下各以十匹爲差。中上降上下三十匹，中中及中下，各以五匹爲差。下上降中下二十匹，下中、下下各以十匹爲差。

州自長史已下，逮于史吏，郡縣自丞已下，逮于掾佐，亦皆以帛爲秩。郡有尉者，[1]尉減丞之半。皆以其所出常調課之。其鎮將，戍主，軍主、副，幢主、副，逮于掾史，亦各有差矣。

[1]尉：官名。即郡尉。秦始皇統一後分天下爲三十六郡，郡置守、尉、監。郡尉協助郡守典武職甲卒，爲郡守主要佐官，秩比千石，有丞。漢因之，景帝中元二年更名“都尉”。協助太守典掌軍事，維護治安，統率、訓練本郡軍隊，職權頗重。自置府，有丞、主簿、諸曹掾史等屬吏。有時代理太守職務。邊郡往往分置爲數部。秩比二千石。新莽曾改名太尉，東漢内地諸郡省，併其職於太守，如有緊急軍情，亦臨時設置。邊郡仍置，多分部。三國、晋諸郡皆置，五品。大郡多候、右都候，隸屬衛尉，秩分置數部。後省。北齊設郡尉。

諸州刺史、守、令已下，幹及力，[1]皆聽敕乃給。其幹出所部之人。一幹輸絹十八匹，幹身放之。力則以其州、郡、縣白直充。

[1]幹：官吏名。漢代郡縣官府閣下及諸曹皆置，爲官府中的低級官吏，主管文書。魏晋南北朝除郡縣外，中央如尚書諸曹亦置，地位卑下。

三師、王、二大、大司馬、大將軍。三公，爲第一品。開府儀同三司、開國郡公，[1]爲從一品。

[1]開府儀同三司：官名。三國魏始置開府儀同三司，爲大臣加號，許開設府署。兩晋南北朝大多沿襲其制，光禄大夫以上並得

儀同三司。北魏孝文帝時正式成爲官名，太和十七年定開府儀同三司爲一品下，二十三年改爲從一品。北齊沿置，但末年地位漸低，除授冗濫，宮中所養鬬鷄亦加此號。

儀同三司，太子三師，特進，尚書令，驃騎、車騎將軍，二將軍加大者，在開國郡公下。衛將軍，加大者，在太子太師上。四征將軍，加大者，次衛大將軍。左右光禄大夫，散郡公，開國縣公，爲第二品。

尚書僕射，置二，左居右上。中書監，[1]四鎮，加大者，次四征。中、鎮、撫軍將軍，三將軍，武職罷任者爲之。領軍、加大者，在尚書令下。護軍、翊軍將軍，金紫光禄大夫，散縣公，開國縣侯，爲從二品。

[1]中書監：《通典》卷三八《職官》"中書監"後有"司州牧"。

吏部尚書，四安將軍，中領、護，太常、光禄、衛尉卿，太子三少，中書令，太子詹事，侍中，列曹尚書，四平將軍，[1]大宗正、太僕、大理、鴻臚、司農、太府卿，清都尹，三等上州刺史，左右衛將軍，秘書監，銀青光禄大夫，散縣侯，開國縣伯，爲第三品。

[1]四平將軍：《通典》卷三八《職官》"四平將軍"後有"諸王師"。

散騎常侍、三等中州刺史、司徒左長史、四方中郎將、四護匈奴、羌戎、夷、蠻越。中郎將、國子祭酒、御史中丞、中侍中、長秋卿、將作大匠、冠軍將軍、太尉長史、領左右將軍、武衛將軍、太子左右衛率、輔國將軍、四護校尉、太中大夫、龍驤將軍、三等上郡太守、散縣伯，[1]爲從第三品。

[1]散縣伯：《通典》卷三八《職官》中此官在“三等上郡太守”上。

鎮遠、安遠將軍，太常、光禄、衛尉少卿，尚書吏部郎中，[1]給事黄門侍郎，太子中庶子，司徒右長史，司空長史，太宗正、太僕、大理、鴻臚、司農、太府少卿，[2]三公府司馬，中常侍，中尹，城門校尉，武騎、雲騎、驍騎、游擊將軍，[3]已前上階。建忠、建節將軍，通直散騎常侍，諸開府長史、中散大夫，[4]三等下州刺史，三等鎮將，諸開府司馬，開國縣子，爲第四品。

[1]尚書吏部郎中：中華本此處標點作“尚書、吏部郎中”，北齊並無尚書一職，此處標點有誤。從中華本《通典》改。

[2]太宗正：中華本作“大宗正”。另《通典》卷三八《職官》“大宗正、太僕、大理、鴻臚、司農、太府少卿”在“游擊將軍”後。

[3]武騎：《通典》卷三八《職官》作“虎騎”，本書當因避諱改。

[4]中散大夫：諸本作“中大夫”，中華本《通典》卷三八《職官》以爲《隋書》有誤，應作“中散大夫”。

中堅、中壘將軍，尚書左丞，三公府諮議參軍事，司州别駕從事史，三等上州長史，太子三卿，前、左、右、後軍將軍，中書侍郎，太子庶子，三等中郡太守，左右備身、刀劍備身、備身、衛仗、直盪等正都督，三等上州司馬，已前上階。振威、奮威將軍，[1]諫議大夫，尚書右丞，諸開府諮議參軍，司州治中從事史，左右中郎將，步兵、越騎、射聲、屯騎、長水校尉，朱衣直閤，直閤將軍，太子騎官備身、内直備身等正都督，三等鎮副將，散縣子，爲從第四品。

[1]奮威將軍：諸本皆作"奮武將軍"，中華本《通典》卷三八《職官》據本志前述改"奮武"作"奮威"，從改。

廣德、弘義將軍，太子備身、直入、直衛等正都督，領左右、三等中州長史，三公府從事中郎，秘書丞，皇子友，國子博士，散騎侍郎，太子中舍人，員外散騎常侍，三等中州司馬，已前上階。折衝、制勝將軍，主衣都統，尚食、尚藥二典御，太子旅騎、屯衛、典軍校尉，領護府長史、司馬，諸開府從事中郎，開國縣男，爲第五品。

伏波、陵江將軍，[1]三等下州長史，三公府掾屬，著作郎，通直散騎侍郎，太子洗馬，左右備身、刀劍備身、御仗、直盪等副都督，[2]左右直長，中尚食、中尚藥典御，[3]三等下州司馬，已前上階。輕車、樓舡將軍，駙馬都尉，[4]翊衛正都督，直寢，直齋，奉車都尉，都水使者，諸開府掾屬，崇聖、歸義、歸正、歸命、歸德侯，清都郡丞，治書侍御史，鄴、臨漳、成安三縣令，中給事中，三等下郡太守，大理司直，太子直閤、二衛隊主，太子騎官、内直備身副都督，開國鄉男，散縣男，爲從第五品。

[1]陵江：《通典》卷三八《職官》作"凌江"。

[2]御仗、直盪："仗"底本作"使"，"盪"底本作"塗"，從中華本校勘記改。

[3]中尚食、中尚藥典御：《通典》卷三八《職官》作"中尚藥、中尚食典御"。

[4]駙馬都尉：官名。簡稱駙馬。西漢武帝時始置，皇帝出行時掌副車，爲侍從近臣，常用作加官。東漢、魏、晋沿置，多用作宗室、外戚、功臣子、貴族、親近之臣的加官，或亦加於尚公主者。至梁、陳漸成定制，專加於尚公主者。北朝略同，專加於帝婿，雖位至卿尹，此號不去。北魏太和十七年定爲從四品上，二十三年改六品，北齊爲從五品。

勁武、昭勇將軍，尚書諸曹郎中，中書舍人，三公府主簿，三等上州别駕從事史，四中府、三等鎮守長史，三公府録事參軍事，皇子郎中令，[1]三公府功曹、記室、户、倉、中兵參軍事，[2]皇子文學，謁者僕射，已前上階。明威、顯信將軍，太子備身副都督，四中府司馬，武賁中郎將，[3]羽林監，冗從僕射，直入副都督，千牛備身，大理正、監、評，侍御師、諸開府録事、功曹、記室、倉、中兵等曹參軍事，[4]三等上州録事參軍事，治中從事史，三等上郡丞，三等上縣令，太子内直監，平準署令，爲第六品。

[1]皇子郎中令：《通典》卷三八《職官》此官列於謁者僕射後。

[2]三公府功曹、記室、户、倉、中兵參軍事：《通典》卷三八《職官》將此系列官與三公府録事參軍事並列。

[3]武賁中郎將：《通典》卷三八《職官》作"虎賁中郎將"。

[4]侍御師、諸開府録事：中華本此句"侍御師"與"諸開府録事"之間未斷開，此應爲兩官職。從《通典》卷三八《職官》改。

度遼、横海將軍，直突都督，三等中州别駕從事史，三公府列曹參軍事，[1]給事中，太子門大夫，三等上州功、倉、中兵等參軍事，皇子大農，騎都尉，直後，符璽郎中，三等中州録事參軍事，已前上階。蹹岷、越嶂將軍，[2]直衛副都督，三等中州從事史，[3]諸開府主簿、列曹參軍事，[4]三等中州功、倉、中兵等參軍事，[5]太子舍人，三寺丞，太子直前，太子副直監，太子諸隊主，爲從第六品。

[1]三公府列曹參軍事：《通典》卷三八《職官》作"三公府諸曹行參軍事"。

[2]越嶂：《通典》卷三八《職官》作"越障"。

[3]三等中州從事史：《通典》卷三八《職官》作"三等中州治中從事史"。

[4]列曹參軍事：《通典》卷三八《職官》作"諸曹行參軍"。

[5]三等中州功、倉、中兵等參軍事：《通典》卷三八《職官》此系列官在"太子舍人"後。

戎昭、武毅將軍，勳武前鋒正都督，三公府東西閤祭酒，三等下州别駕從事史，三等上州府主簿、列曹參軍事，三等下州録事參軍事，四中府録事參軍事，王公國郎中令，積弩、積射將軍，員外散騎侍郎，皇子中尉，三公府參軍事、列曹行參軍，已前上階。雄烈、恢猛將軍，翊衛副都督，諸開府東西閤祭酒參軍事、列曹行參軍，三等下州功、倉、中兵參軍事，四中府功、倉、中兵參軍事，三等中州府主簿、列曹參軍事，[1]二衛府司馬，詹事府丞，左右備身五職，三等鎮録事參軍事，六寺丞，秘書郎中，著作佐郎，太子侍醫，太子騎尉，太子騎官備身五職，三等中郡丞，三等中縣令，爲第七品。

[1]三等中州府主簿、列曹參軍事：《通典》卷三八《職官》作“三等中州參軍事”。

楊麾、曜鋒將軍，[1]勳武前鋒副都督，强弩將軍，三公府行參軍，三等上州參軍事、列曹行參軍，三等下州府主簿、列曹參軍事，四中府列曹參軍事，王公國大農，長秋、將作寺丞，太子二率坊司馬，三等鎮倉、中兵參軍事，已前上階。蕩邊、開域將軍，勳武前鋒散都督，太學博士，皇子常侍，太常博士，武騎常侍，左右備身，刀劍備身五職，都將、别、統、軍主、幢主。三等中州參軍事、列曹行參軍，諸開府行參軍，奉朝請，國子助教，公車、京邑二市署令，三等鎮列曹參軍事，三縣丞，侍御史，尚食、尚藥丞，齋帥，中尚食、中尚藥丞，太子直後、二衛隊副，前鋒正都督，太子騎官備身，太子内直備身五職，已見前。諸戍主、軍主，爲從第七品。

[1]楊：庫本、中華本作“揚”。 曜：《通典》卷三八《職官》作“耀”。

静漠、綏戎將軍，協律郎，三等上州行參軍，三等下州參軍事、列曹參軍事，四中府列曹行參軍，侯、伯國郎中令，殿中將軍，皇子侍郎，已前上階。平越、殄夷將軍，刀劍備身五職，已見前。前鋒副都督，太子内直備身，主書，殿中侍御史，太子典膳、藥藏丞，太子齋帥，三等中州行參軍，王、公國中尉，[1]三等鎮鎧曹行參軍，三等下郡丞，三等下縣令，爲第八品。

[1]王、公國中尉：《通典》卷三八《職官》此官後有“三公府典籤”。

飛騎、隼擊將軍，三公府長兼左右户行參軍、長兼行參軍，門下録事，尚書都令史，檢校御史，諸署令，[1]諸開府典籤，中謁者僕射，中黄門冗從僕射，已前上階。武牙、武奮將軍，[2]備身御仗五職，宫門署僕射，太子備身五職，侯、伯國大農，皇子上、中、下將軍，皇子上、中大夫，[3]王、公國常侍，諸開府長兼左右户行參軍，諸開府長兼行參軍，員外將軍，勳武前鋒五職，司州及三等上州典籤，太子諸隊副，諸戍諸軍副，清都郡丞，[4]爲從第八品。

[1]諸署令：《通典》卷三八《職官》詳列了諸署令，包括“諸陵、太廟令，大樂、武庫諸署令，衣冠將軍，太倉、典客、驊騮、鈎盾、鼓吹、守宫、左右尚方、左藏、太官、掖庭、司染、典農、左右龍、左右牝、冶東西、駝牛、司羊諸署令”。

[2]武牙、武奮：《通典》卷三八《職官》作“虎牙、虎奮”。

[3]皇子上、中大夫：《通典》卷三八《職官》作“皇太子上、中大夫”。

[4]清都郡丞：其官品已見於上，從五品。《文獻通考》卷六七《職官考二十一》將“清都郡丞”記在從八品。按三等上郡丞爲六品，清都郡丞官品應高於或與之相當，從五品更爲合理。此處應爲衍文。

清野將軍，子、男國郎中令，諸署、内謁者局統，[1]三等上州長兼行參軍，中黄門、太子内坊令，[2]公主家令，皇子防閤、典書令，四門博士，大理律博士，校書郎，三公府參軍督護，都水參軍事，七部尉，諸郡尉，已前上階。横野將軍，王、公國侍郎，侯、伯國中尉、謁者，太子三寺丞，諸開府參軍督護，殿中司馬督，御仗，太子食官、中省、典倉等令，[3]太子備身，平準、公車丞，三等中州典籤，爲第九品。

[1]諸署、内謁者局統：中華本“諸署”與“内謁者局統”間未斷開，不通，因改。《通典》卷三八《職官》詳述諸署包括“太祝、導官、太史、太醫、黄藏、衛士、細作諸署令”。

[2]中黄門：官名。西漢置，掌皇宫黄門之内諸伺應雜事，持

兵器宿衛宫殿，爲服役於宫廷中的低級宦官。名義上隸屬少府，無定員。東漢宦官專權，其職任稍重，位次小黄門。秩比百石，後增爲比三百石。魏、晋沿置，隸屬不詳。七品。東晋南朝省。十六國後漢（前趙）、南燕、後燕皆置，侍從左右，出納王命，寵幸用事。北魏、北齊亦置，隸中黄門令，位在小黄門上。北魏太和十七年定爲五品中，二十三年定爲九品上，北齊九品上。

[3]中省：《通典》卷三八《職官》作“中盾”。

偏將軍，諸宫教博士，太子司藏、廄牧令，太子校書，諸署别局都尉，諸尉，[1]諸關津尉，三等上州參軍督護，三等中州長兼行參軍，秘書省正字，皇太子三令，[2]王、公國上中下將軍及上中大夫，諸署令，[3]諸縣丞，已前上階。裨將軍，領軍護軍府、太常光禄衛尉寺、詹事府等功曹、五官、奉禮郎，[4]子、男國大農，小黄門，員外司馬督，太學助教，諸幢主、遥途尉，[5]中侍中省録事，[6]三等下州典籤，尚書、門下、中書等省醫師，[7]爲從第九品。

[1]諸尉：《通典》卷三八《職官》作“合昌、方城局都尉”。

[2]皇太子三令：《通典》卷三八《職官》作“皇子典書、典祠、學官、典衛等令”。

[3]諸署令：《通典》卷三八《職官》作“廩犧、太宰、司儀、左校、中宫僕、奚官、肴藏、清潭、典寺、乘黄、車府、籍田、華林、甄官諸署令”。

[4]奉禮郎：《通典》卷三八《職官》作“治禮郎”。

[5]遥：中華本以爲當作“經”。又中華本《通典》卷三八《職官》作“廷尉”。以爲《隋書》有誤，但廷尉之官品不應如此

之低，《通典》誤。

[6]中侍中省録事：中華本此句原標點作“中侍中、省録事”。按，中侍中官品已見前，爲從三品。中華本標點有誤。

[7]醫師：官名。北齊尚書、門下、中書省置，具體職掌不詳，應與醫療有關。

流内比視官十三等。第一領人酋長，[1]視從第三品。第一不領人酋長，視第四品。第二領人酋長，第一領人庶長，視從第四品。諸州大中正，[2]第二不領人酋長，第一不領人庶長，視第五品。諸州中正，[3]畿郡邑中正，[4]第三領人酋長，第二領人庶長，視從第五品。第三不領人酋長，第二不領人庶長，視第六品。第三領人庶長，視從第六品。第三不領人庶長，視第七品。司州州都、主簿，國子學生，視從第七品。諸州州都督簿，[5]司州西曹書佐，清都郡中正、功曹，視第八品。司州列曹從事，諸州西曹書佐，諸郡中正、功曹，清都郡主簿，視從第八品。司州部郡從事，諸州祭酒從事史，視第九品。諸州部郡從事，司州守從事，[6]諸郡主簿，司州武猛從事，[7]視從第九品。

[1]領人酋長："人"字中華本以爲當作“民”，唐人諱改。領民酋長，官名。北魏始置，委任依附其政權的少數民族首領爲之，可世襲，未列入中央政權的正式官職。太和十七年職員令及太和二十三年復次職員令，均未載此品階。北魏末期戰亂後，北方邊鎮的軍人集團地位提高，進入中央政權。北齊沿置，有第一領民酋長、第一不領民酋長、第二領民酋長、第一領民庶長、第二不領民酋長、第一不領民庶長、第三領民酋長、第二領民庶長、第三不領民

酋長、第二不領民庶長、第三領民庶長、第三不領民庶長之別。

［2］大中正：官名。東漢末始置中正，負責評定士族品第。三國魏齊王曹芳時在郡中正之上設州大中正，核實郡中正所報的品、狀，主管州内士族品第的評定，並有推舉和罷免郡中正的權力（須經司徒府通過）。本官的設立是當時地方士族勢力擴大的結果。兩晋、南北朝沿襲此制。州大中正由司徒選授，本鄉内鄉品二品的士族高門可以參預其推舉，出任者皆爲鄉品二品的士族高門，許多家族世代相襲。北魏後期選授較濫，恩幸、閹宦亦有任此職者。北齊時規定州大中正須由京官擔任，如官職調出京師，則不能擔任此職。

［3］州中正：官名。東漢末置中正，由各郡長官推選籍貫本郡，任職於朝廷的有名望士人兼任，無品、無禄。掌將本郡士族依家世與本人才德劃分爲第一品至第九品九個等級，並寫出“品”與“狀”，作爲吏部委任官職的依據之一。三國、晋、南北朝沿置。有州中正，郡國大中正和小中正，北齊時畿郡邑亦設中正。

［4］邑：即食邑。受封者所享有的封地，因收其租税而食，而稱之爲食邑。亦稱爲采邑。春秋時晋國將縣邑分封給大夫，作爲俸禄形式。漢初，諸侯王、列侯對其封邑還享有一定的行政管理權，景帝後逐漸被剥奪，僅可斂取封邑内民户的租税，數量按户數多少計算，食邑隨爵位黜升而損益，亦得世襲。魏晋南北朝沿置，其制大抵是受封者分成食封户所納租税，其邑可在本封邑内，亦可不在本封邑。北齊王、公、侯、伯、子、男開國食邑者，王三分食一，公以下四分食一。自三國魏始，有些爵位是虚封的，有爵位但不食租，没有食邑。需加“真食”名號纔得食租。

［5］諸州州都督簿：“督簿”一官史書中未見，但查本書《百官志下》記隋“諸州州都、主簿”視從八品。隋朝官制沿襲北齊甚多，或疑此處爲“諸州州都、主簿”之誤。

［6］司州守從事：官名。西晋司隸校尉下置守從事，東晋改司隸校尉爲揚州刺史，是否仍置守從事不詳。北齊司州置守從事，具

體職掌不詳。

［7］武猛從事：官名。東漢末臨時設爲州刺史僚屬。三國魏、西晋司隸校尉及諸州刺史皆置，參掌軍事。北齊唯司州置。

周太祖初據關内，[1]官名未改魏號。及方隅粗定，改創章程，命尚書令盧辯，[2]遠師周之建職，置三公三孤，[3]以爲論道之官。次置六卿，[4]以分司庶務。其所制班序：[5]

［1］周太祖：北周宇文泰的謚號。紀見《周書》卷一、二，《北史》卷九。　關内：地區名。指今故函谷關（今河南靈寶市東北）或今潼關以西地區。

［2］尚書令：官名。西魏北周時爲尚書省長官，主持尚書省事務，爲最高行政官員。　盧辯：人名。北周時人。傳見《周書》卷二四，《北史》卷三〇有附傳。

［3］三公：官名。指太師、太傅、太保。據《唐六典》卷一《三師三公尚書都省》注云："後周依周官，以太師太傅太保爲三公，不置府僚。"員各一人。正九命。　三孤：官名。指少師、少傅、少保。此三官相傳西周置，佐太師、太傅、太保輔弼君王，後省。北周復置，爲大臣加官，位尊而無職司。正八命。按，武帝保定三年（563）亦以太傅燕國公于謹爲三老，位居三公之上。

［4］六卿：官名。《周禮》天官冢宰、地官司徒、春官宗伯、夏官司馬、秋官司寇、冬官司空的合稱。西魏仿《周禮》，以天官大冢宰卿、地官大司徒卿、春官太宗伯卿、夏官大司馬卿、秋官大司寇卿、冬官大司空卿爲六卿。

［5］其所制班序：關於西魏、北周依《周禮》建六官一事，本書語焉不詳，多有缺漏，下據《周書》卷二四《盧辯傳》、《唐六典》、《通典》、王仲犖《北周六典》等相關材料略加補充。

西魏、北周建六官，分别爲天官府、地官府、春官府、夏官府、秋官府、冬官府。

天官府掌管宫廷供奉、侍御、警衛及全國財政收支、賦役調發、百官俸給等事務。在下“五府總於天官之詔”時，成爲全國最高行政機構，總管全國各項事務。其屬官有：大冢宰卿，掌邦治，以建邦之六典，佐皇帝治邦國。一人，正七命。小冢宰上大夫，二人，正六命。天官府都上士，正三命。司會中大夫，掌管全國財政。正五命。司會上士，正三命。司會中士，正二命。司會旅下士，正一命。司書上士，正三命。宗師中大夫，掌皇室，定世系，辨昭穆，訓以孝悌。正五命。小宗師下大夫，正四命。小宗師上士，正三命。小宗師中士，正二命。宗正上士，正三命。宗正中士，正二命。宗正下士，正一命。左右宫伯中大夫，掌侍衛之禁，各更直於内。正五命。左右小宫伯下大夫，正四命。左右宫伯都上士，正三命。左右中侍上士，掌御寢之禁。正三命。左右侍上士，正三命。左右侍中士，正二命。左右前侍中士，正二命。掌御寢南門之左右。左右後侍中士，正二命。掌御寢北門之左右。左右騎侍下士，正一命。左右宗侍下士，陪左右前侍之後，夜則衛於寢庭之中。正一命。左右庶侍下士，掌非皇帝所御門閣之禁。左右勳侍下士，正一命。掌陪左右庶侍而守出入。御正上大夫，職在弼諧。凡諸刑罰爵賞，爰及軍國大事，皆須參議。四人，正六命。御正中大夫，正五命。小御正下大夫，正四命。小御正上士，正三命。小御正中士，正二命。主寢上士，正三命。主寢中士，正二命。司服上士，掌皇帝十二服。二人，正三命。司服中士，二人，正二命。納言中大夫，掌出入侍從。天子出入，則侍從左右。大祭祀盥洗，則授巾。二人，正五命。納言下大夫，掌貳納言中大夫之職。二人，正四命。納言上士，正三命。納言中士，正二命。給事上士，掌理六經及諸文志，給事於帝左右。正三命。給事中士，六十人，正二命。掌式上士，正三命。掌式中士，正二命。主璽下士，掌神璽、傳國璽與六璽之藏。四人，正一命。膳部中大夫，掌飲食，凡飲食必先嘗之。一人，正五命。小膳部下大夫，正四命。小膳部上士，正三命。小膳部下士，正一命。内膳上士，二人，正三命。内膳中士，四人，正二命。主食十二人。食醫下士，正一命。外膳上士，正三命。外膳中士，正二命。外膳下士，正一命。典庖中士，正二命。典庖下士，正一命。典饎中士，正二命。典饎下士，正一命。酒正中士，二人，正二命。酒正下士，四人，正一命。餚藏中士，一人，正二命。餚藏下士，一人，正一命。掌醢中士，一人，正二命。掌醢下士，十二人，正一命。司鼎俎中士，正二命。司鼎俎下士，正一命。掌冰中士，正二命。掌冰下士，正一命。太醫下大夫，正四命。小醫下大夫，正四命。小醫上士，正三命。主藥下士，六人，正一命。醫正上士，正三命。醫正中士，正二命。醫正下士，正一命。醫生三百人。瘍醫上士，正三命。瘍醫中士，正二命。瘍醫下士，正一命。太府中大夫，掌貢賦貨賄，以供國用。正五命。太府上士，一人，正三命。玉府上士，正三命。玉府中士，正二命。内府上士，正三命。内府中士，正二命。外府上士，二人，正三命。外府中士，二人，正二命。左府上士，正三命。左府中士，正二命。右府上士，正三命。右府中士，正二命。縫工上士，正三命。縫工中士，正二命。染工上士，一人，正三命。染工中士，正二命。計部中大夫，一人，正五命。小計部下大夫，正四命。小計部上士，正三命。掌納上士，正三命。掌納中士，正二命。掌出上士，正三命。掌出中士，正二命。司内上士，正三命。小司内中士，正二命。内小臣奄中士，正二命。内小臣奄下士，正一命。内司服奄中士，掌皇后衣。正二命。内司服奄下士，正一命。典婦功奄中士，正二命。典婦功奄下士，正一命。巷伯中士，正二命。巷伯下士，正一命。

地官府，掌民户、土地、賦役、倉廩、教育、關市及山澤漁獵諸事。其下屬官有：大司徒卿，掌邦教。一人，正七命。小司徒上大夫，二人，正六命。地官府都上士，正三命。民部中大夫，掌丞司徒教，以籍帳之法，贊計人民之多寡。二人，正五命。民部吏上士，正三命。民部吏中士，正二命。鄉伯中大夫，正五命。小鄉伯下大夫，正四命。小鄉伯上士，正三命。小鄉伯中士，正二命。鄉大夫每鄉下大夫，正四命。鄉正上士，正三命。鄉正中士，正二命。州長每州上士，正三命。州長每州中士，正二命。左右遂伯每方中大夫，正五命。小遂伯下大夫，正四命。小遂伯上士，正三命。小遂伯中士，正二命。遂大夫每遂下大夫，正四命。遂正上士，正三命。遂正中士，正二命。稍伯每方中大夫，正五命。小稍伯下大夫，正四命。小稍伯上士，正三命。小稍伯中士，正二命。稍大夫每稍下大夫，正四命。稍正上士，正三命。稍正中士，正二命。縣伯每方中大夫，正五命。小縣伯下大夫，正四命。小縣伯上士，正三命。小縣伯中士，正二命。縣大夫每縣下大夫，正四命。縣正上士，正三命。縣正中士，正二命。畿伯每方中大夫，正五命。小畿伯下大夫，正四命。小畿伯上士，正三命。小畿伯中士，正二命。畿大夫每畿下大夫，正四命。畿正上士，正三命。畿正中士，正二命。黨正每黨旅下士，正一命。載師中大夫，掌任土之法，辨夫家田里之數，會六畜車乘之稽，審賦役斂弛之節，制畿疆修廣之域，頒施會之要，審牧產之政。正五命。小載師下大夫，正四命。小載師上士，正三命。司封中士，正二命。司封下士，正一命。司農上士，掌三農九穀稼穡之政令，一人，正三命。司農中士，一人，正二命。司均上士，掌田里之政令，正三命。司均中士，正二命。司賦上士，掌功賦之政令，正三命。司賦中士，正二命。司役上士，掌力役之政令，正三命。司役中士，正二命。掌鹽每地中士，正二命。掌鹽下士，正一命。掌遺中士，正二命。掌堰下士，正一命。典牧中士，正二命。典牧下士，正一命。典牛中士，一人，正二命。典牛下士，正一命。師氏中大夫，正五命。小師氏下大夫，正四命。小師氏上士，正三命。保氏下大夫，掌規諫，一人，正四命。保氏上士，正三命。司諫上士，正三命。司諫中士，正二命。司救上士，正三命。司救中士，正二命。司媒上士，正三命。司媒中士，正二命。上訓中士，正二命。上訓下士，正一命。誦訓中士，正二命。誦訓下士，正一命。司倉中大夫，掌辨九穀之物，以量國用。正五命。司倉下大夫，一人，正四命。小司倉上士，一人，正三命。舍人上士，正三命。司禄上士，正三命。神倉中士，正二命。神倉下士，正一命。黍倉中士，正二命。黍倉下士，正一命。稷倉中士，正二命。稷倉下士，正一命。稻倉中士，正二命。稻倉下士，正一命。豆倉中士，正二命。豆倉下士，正一命。麥倉中士，正二命。麥倉下士，正一命。米倉中士，正二命。米倉下士，正一命。鹽倉中士，正二命。鹽倉下士，正一命。典麴中士，正二命。典麴下士，正一命。典舂中士，正二命。典舂下士，正一命。典磑中士，正二命。典磑下士，正一命。司門下大夫，正四命。小司門上士，正三命。掌節中士，正二命。掌節下士，正一命。宫門中士，掌皇城五門之禁令。一人，正二命。宫門下士，一人，正一命。城門中士，掌皇城十二門之禁令，一人，正二命。城門下士，一人，正一命。司關中士，正二命。司關下士，正一命。司市下大夫，一人，正四命。小司市上士，一人，正三命。均工中士，正二命。均工下士，正一命。平準中士，正二命。平準下士，正一命。泉府中士，正二命。泉府下士，正一命。虞部下大夫，掌山澤草木鳥獸而蕃阜之。一人，正四命。小虞部上士，正三命。山虞中士，正二命。山虞下士，正一命。澤虞中士，正二命。澤虞下士，正一命。林衡中士，正二命。林衡下士，正一命。川衡中士，正二命。川衡下士，正一命。掌禽中士，正二命。掌禽下士，正一命。掌囿中士，正二命。掌囿下士，正一命。掌圃下士，正一命。掌炭中士，正二命。掌炭下士，正一命。掌薪下士，正一命。掌芻中士，正二命。掌芻下士，正一命。

春官府，制訂國家各項禮儀，主持祭祀儀式，守護宗廟陵墓，撰寫皇帝詔命，修撰國史以及音樂、卜、祝、僧、道等方面的事務。其屬官有：大宗伯卿，掌邦禮，以佐皇帝和邦國。一人，正七命。小宗伯上大夫，二人，正六命。春官府都上士，正三命。司宗中大夫，正五命。司宗上士，正三命。司宗中士，正二命。司宗旅下士，正一命。守廟中大夫，正五命。小守廟下大夫，正四命。小守廟上士，正三命。小守廟下士，正一命。典祀中大夫，一人，正五命。小典祀下大夫，正四命。小典祀上士，正三命。司几筵中士，正二命。司几筵下士，正一命。司罇彝中士，正二命。司罇彝下士，正一命。掌鬱中士，正二命。掌鬱下士，正一命。司鬯中士，正二命。司鬯下士，正一命。司犧中士，正二命。司犧下士，正一命。司雞中士，正二命。司雞下士，正一命。司郊上士，一人，正三命。司郊中士，一人，正二命。司郊下士，一人，正一命。司社中士，一人，正二命。司社下士，一人，正一命。掌次上士，正三命。掌次下士，正一命。内史上大夫，一人，正六命。内史中大夫，二人，正五命。小内史下大夫，二人，正四命。小内史上士，二人，正三命。小内史中士，正二命。小内史下士，正一命。御史上士，正三命。御史中士，正二命。御史下士，正一命。外史下大夫，掌書王言及動作之事，以爲國志。掌書籍。正四命。外史上士，正三命。著作上士，掌綴國録。二人，正三命。著作中士，四人，正二命。校書下士，十二人，正一命。禮部下大夫，掌内外九族之差，及玉帛衣服之令，沙門道士之法。原稱典命中士，尋改大司禮，後又改爲禮部下大夫。正四命。小禮部上士，正三命。典瑞中士，正二命。典瑞下士，正一命。典服中士，正二命。典服下士，正一命。司寂上士，掌法門之政。正三命。司寂中士，正二命。司玄中士，掌道門之政。正二命。司玄下士，正一命。治禮中士，一人，正二命。治禮下士，一人，正一命。司謁中士，正二命。司謁下士，正一命。太史中大夫，掌歷家之法。一人，正五命。太史上士，正三命。小史下大夫，正四命。小史上士，正三命。馮相上士，正三命。馮相中士，正二命。保章上士，正三命。保章中士，正二命。樂部中大夫，掌成均之法。原稱司樂中大夫。正五命。小樂部下大夫，正四命。小樂部上士，正三命。小樂部中士，正二命。太學博士下大夫，六人，正四命。太學助教上士，六人，正三命。小學博士上士，正三命。小學助教中士，正二命。樂師上士，一人，正三命。樂師中士，一人，正二命。樂胥中士，正二命。樂胥下士，正一命。司歌中士，正二命。司歌下士，正一命。司鍾磬中士，正二命。司鍾磬下士，正一命。司鼓中士，正二命。司鼓下士，正一命。司吹中士，正二命。司吹下士，正一命。司舞中士，正二命。司舞下士，正一命。籥章中士，正二命。籥章下士，正一命。掌散樂中士，正二命。掌散樂下士，正一命。典夷樂中士，正二命。典夷樂下士，正一命。典庸器中士，正二命。典庸器下士，正一命。太卜下大夫，正四命。小卜上士，正三命。龜占中士，正二命。龜占下士，正一命。筮占中士，正二命。筮占下士，正一命。夢占中士，正二命。夢占下士，正一命。視祲中士，正二命。視祲下士，正一命。太祝下大夫，一人，正四命。小祝上士，正三命。司巫中士，正二命。司巫下士，正一命。喪祝中士，正二命。喪祝下士，正一命。甸祝中士，正二命。甸祝下士，正一命。詛祝中士，正二命。詛祝下士，正一命。神士中士，正二命。神士下士，正一命。司車輅下大夫，掌公車之政，辨其名品，與其物色。正四命。小司車輅上士，正三命。典路中士，正二命。典路下士，正一命。司車中士，正二命。司車下士，正一命。司常中士，掌旗物之藏。正二命。司常下士，正一命。夏采下大夫，正四命。小夏采上士，正三命。守陵每陵上士，一人，正三命。守陵每陵中士，正二命。掌墓中士，正二命。掌墓下士，正一命。職喪中士，正二命。職喪下士，正一命。

夏官府掌軍政，主持征伐及四時治兵講武，並掌官員遷調之權。統率宿衛將士，掌管軍用庫藏及牲畜、車輛等。其屬官有：大司馬卿，掌邦政，以建邦國之九法，佐皇帝平邦國，大祭祀掌其宿衛。一人，正七命。小司馬上大夫，二人，正六命。夏官府都上士，正三命。軍司馬中大夫，正五命。軍司馬上士，正三命。軍司馬中士，正二命。軍司馬旅下士，正一命。職方中大夫，正五命。小職方下大夫，正四命。小職方上士，正三命。土方中士，正二命。土方下士，正一命。山師中士，正二命。山師下士，正一命。

川師中士，正二命。川師下士，正一命。懷方中士，正二命。懷方下士，正一命。訓方中士，正二命。訓方下士，正一命。吏部中大夫，掌群臣及諸子之簿，辨其貴賤，與其年歲，歲登下其損益之數。依六勳之賞，頒禄之差。掌選舉。一人，正五命。小吏部下大夫，一人，正四命。小吏部上士，正三命。司士中大夫，正五命。司士上士，正三命。司士中士，正二命。司勳中大夫，正五命。司勳下大夫，正四命。司勳上士，一人，正三命。司勳中士，正二命。司録上士，正三命。司録中士，正二命。左右武伯中大夫，掌内外衛之禁令，兼六率之士。皇帝臨軒，則備三仗於庭。服金甲，執金鉫仗，立於殿上東西階之側。行則列兵於帝之左右。從則服金甲，被繡袍。各一人，正五命。左右小武伯下大夫，各二人，正四命。左右小武伯上士，正三命。左右虎賁率上士，正三命。虎賁率倅長中士，正二命。左右虎賁倅長下士，正一命。左右旅賁率上士，掌旅賁之事。其隊器服皆青，以朱爲飾。立於三仗第二行之南北。正三命。左右旅賁率倅長中士，正二命。左右旅賁倅長下士，正一命。左右射聲率上士，掌射聲之士。其隊器服皆朱，以黄爲飾。立於三仗第三行之南北。正三命。左右射聲率倅長中士，正二命。左右射聲倅長下士，正一命。左右驍騎率上士，掌驍騎之士。其隊器服皆黄，以皓爲飾。立於三仗第四行之南北。各二人，正三命。左右驍騎率倅長中士，正二命。左右驍騎倅長下士，正一命。左右羽林率上士，掌羽林之士。其隊器服皆皓，以玄爲飾。立於三仗第五行之南北。各二人，正三命。左右羽林率倅長中士，各二人，正二命。左右羽林倅長下士，正一命。左右游擊率上士，掌游擊之士。其隊器服皆玄，以青爲飾。正三命。左右游擊率倅長中士，正二命。左右游擊倅長下士，正一命。兵部中大夫，正五命。小兵部下大夫，正四命。小兵部上士，正三命。武環率下大夫，二人，正四命。武環率上士，正三命。武環倅長下士，正一命。武候率下大夫，二人，正四命。武候率上士，正三命。武候倅長下士，正一命。司固上士，正三命。司固中士，正二命。司火中士，正二命。司火下士，正一命。司辰中士，正二命。司辰下士，正一命。大馭中大夫，正五命。小馭下大夫，正四命。戎馭下大夫，正四命。齋馭下大夫，正四命。道馭上士，正三命。田馭上士，正三命。銜枚中士，正二命。銜枚下士，正一命。司右中大夫，正五命。小司右下大夫，正四命。小司右上士，正三命。小司右中士，正二命。戎右下大夫，正四命。齋右下大夫，正四命。賓右上士，正三命。道右上士，正三命。田右上士，正三命。司射下大夫，正四命。小司射上士，正三命。司仗上士，正三命。司仗中士，正二命。駕部中大夫，一人，正五命。小駕部下大夫，正四命。小駕部上士，一人，正三命。左右厩上士，各一人，正三命。左右厩中士，正二命。左右厩閑長下士，正一命。左右厩奉乘，各二十人。左右厩馭夫，各一百三十人。典牝上士，一人，正三命。典牝中士，一人，正二命。典牡上士，一人，正三命。典牡中士，一人，正二命。典駝中士，一人，正二命。典駝下士，正一命。典羊中士，一人，正二命。典羊下士，正一命。獸醫上士，正三命。獸醫中士，正二命。獸醫下士，正一命。武藏中大夫，一人，正五命。小武藏下大夫，一人，正四命。司袍襖中士，正二命。司袍襖下士，正一命。司弓矢中士，正二命。司弓矢下士，正一命。司甲中士，正二命。司甲下士，正一命。司稍中士，正二命。司稍下士，正一命。司刀盾中士，正二命。司刀盾下士，正一命。

秋官府負責刑法的制定和執行，掌朝儀並負責接待四方使者，管理各種徒隸和罪犯。其屬官有：大司寇卿，掌刑邦國。一人，正七命。小司寇上大夫，二人，正六命。秋官府都上士，正三命。司憲中大夫，辨國之五禁，掌丞司寇之法，以左右刑罰。二人，正五命。司憲上士，二人，正三命。司憲中士，正二命。司憲旅下士，八人，正一命。刑部中大夫，掌五刑之法，附萬民之罪。正五命。小刑部下大夫，一人，正四命。小刑部上士，正三命。小刑部下士，正一命。司刺上士，正三命。司刺中士，正二命。鄉法上士，正三命。鄉法中士，正二命。遂法上士，正三命。遂法中士，正二命。稍法上士，正三命。稍法中士，正二命。縣法上士，正三命。縣法中士，正二命。畿法上士，正三命。畿法中士，正二命。方憲上士，正三命。方憲中士，正二命。掌囚中士，正二命。掌囚下士，正一命。掌朝下大夫，掌朝典筆硯，持至御坐，則承御大夫取以進之。正四命。小掌朝上士，正三命。掌察上士，正三命。掌察中士，正二命。掌察下士，正一命。司約中士，正二命。司約下士，正一命。司盟中士，正二命。司盟下士，正一命。職金中士，正二命。職金下士，正一命。掌璧中士，正二命。掌璧下士，正一命。司厲中士，掌諸奴男女，男子入於罪隸，女子入於舂饎之事。正二命。司厲下士，正一命。布憲中大夫，正五命。布憲下大夫，正四命。小布憲上士，正三命。脩閭中士，正二命。脩閭下士，正一命。掌墐中士，正二命。掌墐下士，正一命。禁殺戮中士，正二命。禁殺戮下士，正一命。禁游中士，正二命。禁游下士，正一命。禁暴中士，正二命。司寤中士，正二命。司寤下士，正一命。蕃部中大夫，掌諸侯朝覲之叙。正五命。小蕃部下大夫，正四命。小蕃部上士，正三命。小蕃部下士，正一命。掌交上士，正三命。掌交中士，正二命。司匡上士，正三命。司匡中士，正二命。賓部中大夫，正五命。小賓部下大夫，一人，正四命。小賓部上士，一人，正三命。司儀上士，一人，正三命。司儀中士，二人，正二命。東掌客上士，一人，正三命。東掌客中士，正二命。南掌客上士，一人，正三命。南掌客中士，正二命。西掌客上士，一人，正三命。西掌客中士，正二命。北掌客上士，一人，正三命。北掌客中士，正二命。司行下士，正一命。掌訝中士，正二命。掌訝下士，正一命。司環中士，正二命。司環下士，正一命。野盧中士，正二命。野盧下士，正一命。象謂中士，正二命。象謂下士，正一命。掌貨賄中士，正二命。掌貨賄下士，正一命。司要下大夫，正四命。小司要上士，正三命。司烜中士，正二命。司烜下士，正一命。伊耆氏中士，正二命。伊耆氏下士，正一命。司調下大夫，正四命。司調中士，正二命。司調下士，正一命。司柞中士，正二命。司柞下士，正一命。司薙中士，正二命。司薙下士，正一命。田正下大夫，正四命。小田正上士，正三命。掌犬中士，正二命。掌犬下士，正一命。司迹中士，正二命。司迹下士，正一命。弋禽中士，正二命。弋禽下士，正一命。捕獸中士，正二命。捕獸下士，正一命。掌皮中士，正二命。掌皮下士，正一命。弭妖中士，正二命。弭妖下士，正一命。翦蠹中士，正二命。翦蠹下士，正一命。庶蠹中士，正二命。庶蠹下士，正一命。司隸下大夫，掌五隸及徒者，捕盜賊囚執之事。正四命。小司隸上士，正三命。掌罪隸中士，正二命。掌罪隸下士，正一命。掌夷隸中士，正二命。掌夷隸下士，正一命。掌蠻隸中士，正二命。掌蠻隸下士，正一命。掌戎隸中士，正二命。掌戎隸下士，正一命。掌狄隸中士，正二命。掌狄隸下士，正一命。掌徒中士，正二命。掌徒下士，正一命。

冬官府掌國家各種工匠，負責興造、製作事務，以及金屬開采煉制、河道疏浚、舟船運輸等。其屬官有：大司空卿，掌邦事，以五材九範之徒，佐皇帝富邦國。大祭祀行灑掃。廟社四望，則奉豕牲。一人，正七命。小司空上大夫，二人，正六命。冬官府都上士，正三命。工部中大夫，掌司空之事，掌百工之籍，而理其政令。二人，正五命。工部上士，正三命。工部中士，正二命。工部旅下士，正一命。匠師中大夫，掌城郭宮室之制，及諸器物度量。一人，正五命。小匠師下大夫，一人，正四命。小匠師上士，一人，正三命。小匠師中士，正二命。内匠上士，正三命。内匠中士，正二命。外匠上士，正三命。外匠中士，正二命。司量中士，掌爲壇之制。正二命。司量下士，正一命。司準中士，正二命。司準下士，正一命。司度中士，正二命。司度下士，正一命。掌材上士，二人，正三命。掌材中士，二人，正二命。掌材下士，正一命。司木中大夫，掌木工之政令，一人，正五命。小司木下大夫，正四命。小司木上士，正三命。車工中士，正二命。車工下士，正一命。角工中士，正二命。角工下士，正一命。彝工中士，正二命。彝工下士，正一命。器工中士，正二命。器工下士，正一命。

弓工中士，正二命。弓工下士，正一命。箭工中士，正二命。箭工下士，正一命。盧工中士，正二命。盧工下士，正一命。司土中大夫，正五命。小司土下大夫，正四命。小司土上士，正三命。復工中士，正二命。復工下士，正一命。陶工中士，一人，正二命。陶工下士，一人，正一命。塗工中士，正二命。塗工下士，正一命。司金中大夫，正五命。小司金下大夫，正四命。小司金上士，正三命。小司金中士，正二命。典丱中士，正二命。典丱下士，正一命。冶工中士，一人，正二命。冶工下士，正一命。鑄工中士，正二命。鑄工下士，正一命。鍛工上士，正三命。鍛工中士，正二命。鍛工下士，正一命。函工上士，正三命。函工中士，正二命。函工下士，正一命。雕工中士，正二命。雕工下士，正一命。司水中大夫，一人，正五命。小司水下大夫，正四命。小司水上士，正三命。典甕上士，正三命。典甕中士，正二命。典甕下士，正一命。掌津中士，掌津渡川瀆之制，而爲之橋梁。一人，正二命。掌津下士，正一命。舟工中士，一人，正二命。舟工下士，正一命。典魚中士，正二命。典魚下士，正一命。典龜中士，正二命。典龜下士，正一命。司玉下大夫，正四命。小司玉上士，正三命。小司玉中士，正二命。琱工中士，正二命。琱工下士，正一命。磬工中士，正二命。磬工下士，正一命。石工中士，正二命。石工下士，正一命。司皮下大夫，正四命。小司皮上士，正三命。裘工中士，正二命。裘工下士，正一命。履工中士，正二命。履工下士，正一命。鞄工中士，正二命。鞄工下士，正一命。韗工中士，正二命。韗工下士，正一命。韋工中士，正二命。韋工下士，正一命。膠工中士，正二命。膠工下士，正一命。毳工中士，正二命。毳工下士，正一命。司色下大夫，一人，正四命。小司色上士，正三命。繢工中士，正二命。繢工下士，正一命。漆工中士，正二命。漆工下士，正一命。油工中士，正二命。油工下士，正一命。司織下大夫，掌凡機材之工。一人，正四命。小司織上士，正三命。弁工中士，正二命。弁工下士，正一命。織絲中士，正二命。織絲下士，正一命。織綵中士，正二命。織綵下士，正一命。織枲中士，正二命。織枲下士，正一命。織組中士，正二命。織組下士，正一命。司卉下大夫，正四命。小司卉上士，正三命。竹工中士，正二命。竹工下士，正一命。籍工中士，正二命。籍工下士，正一命。罟工中士，正二命。罟工下士，正一命。紙工中士，正二命。紙工下士，正一命。

在六官之外，傳世文獻與碑志中另可見一些北周職官，但其隸屬和職掌不詳，其官稱及命品如下：御飾□大夫，正□命。御飾下士，正一命。宣納下大夫，正四命。宣納上士，正三命。宣納中士，正二命。少府下大夫，正四命。御府□大夫，正□命。門正上士，正三命。掌禮上士，正三命。掌冶上士，正三命。掌教上士，正三命。掌教中士，正二命。司成中大夫，正五命。司成下大夫，正四命。麟趾殿學士，掌著述，刊校經史，考校圖籍，五日番上。露門學文學博士□大夫，北周武帝天和二年（567）置露門學，以蕭撝、唐瑾、元偉、王褒任之，教授學子。四人皆爲公卿中的文學之士，任官中大夫。學生大多爲大臣子弟，亦有大臣帶職入學，皇太子亦曾在此受教。四人，正□命。露門學博士下大夫，正四命。露門學士，露門學屬官，教授生徒。亦稱“虎門學士”。露門學生，七十二人。通道觀學士，百二十人。軍正中大夫，正五命。軍正下大夫，正四命。侯正。左右勳曹中大夫，正五命。左右勳曹下大夫，正四命。左右司武上大夫，總宿衛軍事。正六命。左右小司武□大夫，正□命。司武上士，正三命。司武中士，正二命。勁捷左旅上大夫，正六命。果毅右旅下大夫，正四命。左旅下大夫，正四命。右旅侍。忠義都上士。勇猛中大夫，正五命。英果中大夫，正五命。雄俊（峻）中大夫，正五命。雄峻中士，正二命。折衝中大夫，正五命。折衝上士，正三命。振威中大夫，正五命。熊渠中大夫，正五命。佽飛中大夫，正五命。佽飛右旅下大夫，正四命。前驅中大夫，正五命。前侍伯中大夫，正五命。左右侍伯中大夫，正五命。侍伯中旅下大夫，正四命。小侍伯下大夫，正四命。侍伯上士，正三命。右侍伯中士，正二命。右侍下大夫，正四命。胥附中大夫，正五命。小胥附下大夫，正四命。胥附上士，正三命。典馭下大夫，正四命。司馭中大夫，正五命。司御上士，正三命。大駙都下士，正一命。輿正上士，正三命。承御中大夫，正五命。小承御下大夫，正四命。小承御上士，正三命。小承御中士，正二命。小承御下士，正一命。司城中大夫，正五命。司寺下大夫，正四命。成都上士，正三命。

六官之外，可知的北周中央機構還有軍器監，負責軍事器械製造。其屬官有軍器大監、軍器副監。營作監，主要負責宫室建築事宜。其屬官有營作大監、營作副監、營構監。

内命，[1]謂王朝之臣。三公九命，三孤八命，六卿七命，上大夫六命，[2]中大夫五命，[3]下大夫四命，[4]上士三命，[5]中士再命，[6]下士一命。[7]

[1]内命：指在朝廷中任職之官。

[2]上大夫：官名。原爲官爵名。周代官制大夫爵中最高的一等。春秋時大國之上大夫相當於次國下卿、小國中卿之位。西魏時在天官、地官等六府中皆置此職，爲六府的副長官。

[3]中大夫：官名。原爲官爵名，周代官制大夫爵中的第二等。春秋時晋、齊等國大夫分上、中、下三等，此爲第二等。西魏、北周置爲六府諸司長官。

[4]下大夫：官名。原爲官爵名，周代官制大夫爵中的第三等。春秋時大國下大夫相當於小國下卿。西魏、北周時天官、六官等六府皆置，多爲各司次官。

[5]上士：官名。原爲官爵名，周代官制士一級爵位的最高一等。西魏、北周天官、地官等六府及下屬諸司皆置。依職掌不同，各冠以所屬官署名。

[6]中士：官名。原爲官爵名，周代官制士一級爵位的第二等。西魏、北周天官、地官等六府及下屬諸司皆置，依職掌不同，各冠以所屬官署名。

[7]下士：官名。原爲官爵名，周代官制士一級爵位的最低級。西魏、北周天官、地官等六府及下屬諸司皆置，多爲佐貳官。依職掌不同，各冠以所屬官署名。

按，另據《北周六典》，内命官還包括内命婦系列，見於史料者如下：

三妃，原稱三夫人，武帝建德二年（573）改爲三妃。三妃，有貴妃，長貴妃，德妃。建德六年減爲二妃。宣帝時同時立五皇后，除楊后外，其餘四后，其實爲妃。三妃位視三公。三䠷，武帝時稱世婦。後改爲三。三䠷，位視三孤。六嬪，位視六卿。御媛，位視大夫。分上、中、下媛婦。御婉，三人，位視士。疑亦分爲上、中、下三等。

東宫官屬系列，見於史料者如下：太子太師，一人。太子太傅，一人。太子太保，一人。太子少師，一人。太子少傅，一人。太子少保，一人。太子左右宫正□大夫，正□命。太子宫尹下大夫，《通鑑》胡三省注曰："周置太子宫尹，蓋即詹事之職。"正四命。太子小宫尹上士，正三命。太子小宫尹中士，正二命。太子諫議大夫，四人。太子文學，十人。太子侍讀。左右司衛上大夫，由左右二衛率所改而置。正六命。左右司衛中大夫，正五命。左右司衛上士，正三命。左右司衛中士，正二命。左宗衛。左親衛。左勳衛。左屯衛。太子司旅下大夫，正四命。太子車右中士，正二命。

外命，[1]謂諸侯及其臣。諸公九命，[2]諸侯八命，[3]諸伯七命，[4]諸子六命，[5]諸男五命，[6]諸公之孤卿四命，[7]侯之孤卿、公之大夫三命，子男之孤卿，侯伯之大夫、公之上士再命，子男之大夫、公之中士、侯伯之上士一命，公之下士、侯伯之中士下士、子男之士不命。[8]

[1]外命：指封建王侯及其臣屬。

[2]諸公：爵名。包括國公、郡公、縣公。爲五等爵中之第一等。有開國、襲封之别。北周初行周禮，天子稱天王，故王爵不以封皇帝親子弟，諸親子弟僅封爲國公，食邑萬户，武帝建德三年以後得進爵爲王。國公正九命，食邑自三千户至萬户，以封宗室、異姓功臣。郡公、縣公命品史書没有明載，據王仲犖《北周六典》考證，郡公爲正九命，食邑自一千户至八百户。縣公非正九命則當是九命，食邑自五百户至四千七百户。北周封爵正九命者還有國王、郡王和縣王。（參見王仲犖《北周六典》卷八《封爵第十九》，中華書局 1979 年版，第 537—538 頁）

[3]諸侯：爵名。爲五等爵中之第二等。縣侯正八命，食邑自五百户至一千八百户（參見王仲犖《北周六典》卷八《封爵第十九》，第 554 頁）。

[4]諸伯：爵名。爲五等爵中之第三等。縣伯正七命，食邑自五百户至一千九百户（參見王仲犖《北周六典》卷八《封爵第十九》，第 554—555 頁）。

[5]諸子：爵名。爲五等爵中之第四等。縣子正六命，食邑自二百户至二千户（參見王仲犖《北周六典》卷八《封爵第十九》，第 555—556 頁）。

[6]諸男：爵名。爲五等爵中之第五等。縣男正五命，食邑自二百户至八百户（參見王仲犖《北周六典》卷八《封爵第十九》，第 556—558 頁）。

[7]公之孤卿：指諸公之少師、少傅、少保。

[8]據《北周六典》，北周外命官見於史料者，另有王友，二人。王文學，六人。王侍讀。府長史。府司馬。府司録。府從事中郎。府掾。府屬。府列曹參軍。府參軍事。府郎中令。府中尉。府

典籤。府典衛，掌守衛之事。府中大夫。府園苑。府圉官，王公府養牛馬之吏。亦作國官。

外命婦見於史料者，另有大長公主。長公主。公主。王太妃。王妃。太夫人。夫人，北周制，公侯伯子男五等爵之妻皆得稱夫人。郡君。縣君。

其制禄秩，下士一百二十五石，中士已上，至於上大夫，各倍之。上大夫是爲四千石。卿二分，孤三分，公四分，各益其一。公因盈數爲一萬石。[1]其九秩一百二十石，八秩至於七秩，每二秩六分而下各去其一，二秩一秩俱爲四十石。[2]凡頒禄，視年之上下。畝至四釜爲上年，[3]上年頒其正。三釜爲中年，中年頒其半。二釜爲下年，下年頒其一。無年爲凶荒，不頒禄。六官所制如此。[4]

[1]盈數：指十、百、萬等整數。

[2]一秩：二字原脱，據中華本補。

[3]釜：古量器。也叫“鬴”。春秋戰國時流行於齊國。現存有戰國時的子禾子釜和陳純釜，都作壇形，小口大腹，有兩耳。

[4]本書並未提到北周軍事職官系統的設置，此據王仲犖《北周六典》略補如下：

都督中外諸軍事府，其長官爲都督中外諸軍事，國家軍事最高統帥，多由權臣擔任。其下屬官有長史。司馬。司録。從事中郎。府掾。府屬。記室參軍。功曹參軍。户曹參軍。倉曹參軍。兵曹參軍。外兵曹參軍。禮曹參軍。樂曹參軍。賓曹參軍。田曹參軍。水曹參軍。參軍事。行參軍。領親信。北周武成元年（559），改都督諸州軍事爲總管，加使持節，管理轄區軍政民政。所轄區域增減無常，一般轄數州，多者可達數十州。總管開府置僚屬，其下屬官包括：副總管。長史。司馬。司録。治中。中郎。府掾。府屬列曹參軍。參軍事。防主，始置於東西魏分峙之際，爲防之主將，掌轄區軍政事務，多以刺史、郡守或都督數州或數防諸軍事兼領。副防主，北周唯江陵置。城主，周陳、周齊交戰時置。爲城之主將，多以刺史、郡守等兼領。鎮將。副鎮將。别將，秦漢時别將泛指率部分兵力與主力分道而進的次要將領。北魏中葉以後，軍之元帥稱都督，與主力分道而行爲之輔翼的别將稱别道都將，其後遂稱别將。正六命。統軍，北魏始置，最初爲統率營士，其後遂成偏裨之官稱。正五命。軍主，始置於南朝宋，爲統領士兵之軍將，領兵自一千人至三千人也。北魏、北周亦置，領兵數不定。四命。幢主，南朝宋始置，北魏軍中亦置，領馬步五百。北齊、北周沿置。正三命。戍主，西晋末始置，爲戍的主將。掌防守捍禦之事，除管理軍政，還干預民政和財政。多以郡太守、縣令、州參軍及雜號將軍等官兼領。北魏亦置，曾因政權不穩，曾詔留戍主、副質子於京師。北齊沿置，從七品。此後，戍分上、中、下三等。北周三命。戍副，北魏始置，北齊沿置，北周二命。烽帥，東漢始置，爲守烽火之吏卒。北周亦置。驛將，掌驛之吏。指驛司、典驛。多以正三命、三命品階者任之，又多帶雜號將軍。出師作戰，則時置行軍元帥，爲最高統兵官，領一道或數道行軍總管征戰，兵罷則罷。行軍元帥開府置僚屬，其府屬官有監軍。府長史。府司馬。府列曹參軍，可見於碑志者，唯兵曹、賓曹而已，其餘曹名無考。另有行軍總管，爲一路兵馬臨時統帥，事訖則罷。遇重大軍事行動，則隸於行軍元帥。亦開府置僚屬，其府屬官見於史料者有監軍、長史。北周亦設水軍總管。地方行政系統，則北周建德六年二月，於相、并二總管各置宫及六府官，六府比照中央六官置官。大象元年（579）二月，移相州六府於洛陽，稱東京六府。東京六府統領河陽、幽、相、豫、亳、青、徐七總管。不備官，以東京小司寇、東京小宫伯分掌之。其下屬官見於史料者有：東京小冢宰上大夫，正六命。東京司門下大夫，正四命。東京小宗伯上大夫，正六命。東京司宗中大夫，正五命。東京吏部下大夫，正四命。東京小吏部上士，正三命。東京小司寇上大夫，正六命。東京司憲中大夫，正五命。另同州、并州、相州置司會。州置刺史，北周明帝時改雍州刺史爲牧，一人，九命。牧下屬官有長史。司馬。司録。大呼藥，正六命。小呼藥，六命。别駕。治中。主簿。列曹參軍。户三萬以上州刺史，正八命。下置長史，六命。司馬，六命。司録，六命。呼藥，五命。别駕，正四命。治中，四命。主簿。列曹參軍，正三命。户二萬以上州刺史，八命。下置長史，正五命。司馬，正五命。司録，正五命。呼藥，正四命。别駕。治中。主簿。列曹參軍，三命。户一萬以上州刺史，正七命。下置長史，五命。司馬，五命。司録，五命。呼藥，四命。别駕，四命。治中，正三命。主簿。列曹參軍，正二命。户五千以上州刺史，七命。下置長史，正四命。司馬，正四命。司録，正四命。呼藥，正三命。别駕。治中。主簿。列曹參軍，二命。户不滿五千以上州刺史，正六命。下置長史，四命。司馬，四命。司録，四命。呼藥，三命。别駕，正三命。治中，三命。主簿。列曹參軍，正一命。郡置郡守，京兆尹，一人，八命，下置郡丞、主簿。户一萬五千以上郡守，七命。下置郡丞，四命。主簿。户一萬以上郡守，正六命。下置郡丞，正三命。主簿。户五千以上郡守，六命。下置郡丞，三命。主簿。户一千以上郡守，正五命。下置郡丞，正二命。主簿。户不滿一千以上郡守，五命。下置郡丞，二命。主簿。縣置縣令。長安、萬年縣令，正五命。下置縣丞。主簿。博士。户七千以上縣令，五命。户四千以上縣令，正四命。户二千以上縣令，四命。户五百以上縣令，正三命。户不滿五百以下縣令，三命。下皆置縣丞。主簿。博士。北周又置勳官，勳官本南北朝時期，用以酬戰士，後漸及朝官，在品階和封爵之外，更爲節級。北魏陸續設其官號，但咸是散秩，無所統御，亦皆雜亂。北周始置勳官十一等，以酬勳勞。其命品如下：上柱國，正九命。下設府僚，長史，正七命。司馬，正七命。司録，正七命。中郎，正五命。掾，正五命。屬，正五命。列曹參軍，正四命。參軍事，正三命。柱國大將軍，十六國後燕始置。北魏初亦置，位在太尉之上，後罷。北魏末復置，位在丞相上，用以安置權臣。西魏任命八人爲柱國，稱八柱國。爲最高官職，其中六人分掌全國府兵。北周除授漸多，成爲没有具體職掌的勳官。周制，授柱國大將軍者，並加使持節大都督。正九命。下設府僚，長史，正七命。司馬，正七命。司録，正七命。中郎，正五命。掾，正五命。屬，正五命。列曹參軍，正四命。參軍事，正三命。上大將軍，正九命。下設府僚，長史，正七命。司馬，正七命。司録，正七命。中郎，正五命。掾，正五命。屬，正五命。列曹參軍，正四命。參軍事，正三命。大將軍，戰國時始置，爲最高軍事統帥。列朝沿置。北周始置爲勳官。正九命。下置府僚，長史，正七命。司馬，正七命。司録，正七命。中郎，正五命。掾，正五命。屬，正五命。列曹參軍，正四命。參軍事，正三命。上開府儀同大將軍，九命。下置府僚，長史，正六命。司馬，正六命。司録，正六命。中郎，五命。掾，五命。屬，五命。列曹參軍，四命。參軍事，三命。開府儀同大將軍，九命。周制，授開府儀同者，並加使持節大都督，其開府，又加驃騎大將軍，侍中。下置府僚，長史，正六命。司馬，正六命。司録，正六命。中郎，五命。掾，五命。屬，五命。列曹參軍，四命。參軍事，三命。上儀同大將軍，九命。下置府僚，長史，六命。司馬，六命。司録，六命。中郎，正四命。掾，正四命。屬，正四命。列曹參軍，正三命。參軍事。儀同大將軍，九命。周制，授開府儀同者，並加使持節大都督，其儀同又加車騎大將軍、散騎常侍。下置府僚，長史，六命。司馬，六命。司録，六命。中郎，正四命。掾，正四命。屬，正四命。列曹參軍，正三命。參軍事。大都督，八命。帥都督，正七命。都督，七命。大都督、帥都督、都督亦置開府置僚屬，但其官屬不可考。北周亦置散官。散官與職事官相對，指有官名而無固定職事的官，亦作爲一種名譽品階。北魏置散官五等，散官不理事，但爲加官，唯假章綬禄賜班位而已，更不别給車服吏卒。因授任僞濫，不限員數，天下賤之。北周沿置，其散官有侍中。散騎常侍。左、右光禄大夫，正八命。左、右金紫光禄大夫，八命。左、右銀青光禄大夫，正七命。太中大夫，七命。中散大夫，七命。誠議大夫，正六命。左、右中郎將，六命。左、右員外常侍，正五命。奉車都尉，五命。奉騎都尉，五命。虎賁給事，正四命。冗從給事，正四命。給事中，四命。奉朝請，四命。左、右員外侍郎，正三命。武騎常侍，三命。武騎侍郎，三命。强弩司馬，正二命。積弩司馬，正二命。武騎司馬，二命。武威司馬，二命。殿中司馬，正一命。員外司馬，正一命。山林都尉，一命。淮海都尉，一命。戎號則有驃騎大將軍，九命。車騎大將軍，九命。驃騎車騎大將軍府長史，正六命。驃騎車騎大將軍府司馬，正六命。驃騎車騎大將軍府司録，正六命。驃騎車騎大將軍列曹參軍，四命。驃騎將軍，正八命。車騎將軍，正八命。驃騎車騎將軍府長史，正五命。驃騎車騎將軍府司馬，正五命。驃騎車騎府司録，正五命。驃騎車騎將軍府列曹參軍，三命。征東將軍，八命。征南將軍，八命。征西將軍，八命。征北將軍，八命。四征將軍府長史，五命。四征將軍府司馬，五命。四征將軍府司録，五命。四征將軍府列曹參軍，正二命。中軍將軍，八命。鎮軍將軍，八命。撫軍將軍，八命。中鎮撫軍府長史，五命。中鎮撫軍府司馬，五命。中鎮撫軍府司録，五命。中鎮撫軍府列曹參軍，正二命。平東將軍，正七命。平南將軍，正七命。平西將軍，正七命。平北將軍，正七命。四平將軍府長史，正四命。四平將軍府司馬，正四命。四平將軍府司録，正四命。四平將軍府列曹參軍，二命。前、後、左、右將軍，正七命。前後左右將軍府長史、司馬、司録正四命。前後左右將軍府列曹參軍，二命。冠軍將軍，七命。輔國將軍，七命。冠軍輔國將軍府長史、司馬、司録，四命。冠軍輔國將軍府列曹參軍，正一命。鎮遠將軍，正六命。建忠將軍，正六命。鎮遠建忠將軍府長史、司馬，正三命。鎮遠建忠將軍府列曹參軍，一命。中堅將軍，六命。寧朔將軍，六命。中堅寧朔將軍府長史、司馬，正三命。中堅寧朔將軍府列曹參軍，一命。寧遠將軍，正五命。揚烈將軍，正五命。寧遠揚烈將軍府長史，三命。寧遠揚烈將軍府列曹參軍，一命。伏波將軍，五命。輕車將軍，五命。伏波輕車將軍府長史，三命。伏波輕車將軍府列曹參軍，一命。宣威將軍，正四命。明威將軍，正四命。襄威將軍，四命。厲威將軍，四命。威烈將軍，正三命。討寇將軍，正三命。蕩寇將軍，三命。蕩難將軍，三命。殄寇將軍，正二命。殄難將軍，正二命。掃寇將軍，二命。掃難將軍，二命。曠野將軍，正一命。横野將軍，正一命。虎威將軍，一命。虎牙將軍，一命。又有千牛備身，千牛左右，不詳官品。

制度既畢，太祖以魏恭帝三年，[1]始命行之。所設官名，訖於周末，多有改更。並具盧傳，[2]不復重序云。

[1]魏恭帝：西魏皇帝元廓的謚號。紀見《北史》卷五，事亦見《周書》卷二《文帝紀下》。

[2]盧傳：指《周書》卷二四《盧辯傳》。

今注本二十四史

隋書

七

志〔六〕

唐　魏徵等　撰

馬俊民　張玉興　主持校注

中國社會科學出版社

隋書　卷二八

志第二十三

百官下

高祖既受命，[1]改周之六官，[2]其所制名，多依前代之法。置三師、三公及尚書、門下、内史、秘書、内侍等省，[3]御史、都水等臺，[4]太常、光禄、衛尉、宗正、太僕、大理、鴻臚、司農、太府、國子、將作等寺，[5]左右衛、左右武衛、左右武候、左右領、左右監門、左右領軍等府，[6]分司統職焉。

[1]高祖：此是隋文帝楊堅的廟號。紀見本書卷一、二，《北史》卷一一。

[2]周：即北周（557—581），都於長安（今陝西西安市西北郊）。　六官：周朝六卿之官。根據《周禮》的記載，周朝以天官冢宰、地官司徒、春官宗伯、夏官司馬、秋官司寇、冬官司空分掌邦國之政，總稱六官或六卿。此指北周仿《周禮》所置六卿之官。

[3]三師：太師、太傅、太保的合稱。北魏始有此稱。名爲輔導天子之官，位極尊而無具體職掌。北齊沿之。北周改稱三公。隋

復舊名，爲贈予德高望重元老大臣的榮銜。煬帝大業三年（607）廢。　三公：隋復置太尉、司徒、司空爲三公。初猶置府僚，名義上參議大政，但其位多曠。尋省府署及僚佐，論道顧問，如置公則坐於尚書都省。　尚書：官署名。此指尚書省。隋朝與門下、内史並號三省，共掌軍國大政。本省爲全國政務中樞，職事尤重。長官爲尚書令，副名左、右僕射。省内設都省爲總辦公廳，政務總匯，置左、右丞及都事，分司管轄。省下轄吏、民（度支）、禮、兵、刑（都官）六曹（部），以尚書爲長官，分司政務。　門下：官署名。此指門下省。隋門下省與内史（中書）、尚書省同爲中樞政務機構。職掌侍從、出納、審議政令、諫議出使。設納言、給事黄門侍郎爲長貳官，以及録事、通事令史。又有散騎常侍、通直散騎常侍、諫議大夫、散騎侍郎、員外散騎常侍等，並掌部從朝直；又有給事、員外散騎侍郎、奉朝請，職掌與散騎常侍略同，兼任出使勞問。省下統城門、尚食、尚藥、符璽、御府、殿内六局。文帝開皇六年（586）罷員外散騎常侍、奉朝請、通事令史。煬帝大業三年並置尚書、門下、内史、秘書、殿内五省，以原隸門下省之城門、尚食、尚藥、御府、殿内五局劃歸殿内省，門下省自是罷去侍奉皇帝生活起居之職，專掌侍從諫諍、審議政令。又改給事黄門侍郎爲黄門侍郎；移吏部給事郎爲門下省職，省讀奏案；罷散騎常侍、通直散騎常侍、諫議大夫、散騎侍郎等員。大業十二年，改納言爲侍内。　内史：官署名。此指内史省，乃隋避諱改中書省爲此稱。與尚書、門下並號三省，共掌軍國大政。置監、令各一員。尋廢監，置令二員爲長官。下置侍郎、舍人、通事舍人等官。掌皇帝詔令出納宣行，爲機要之司。煬帝大業三年加置起居舍人，改通事舍人爲謁者臺職（通事謁者），並消減有的官員名額。大業十二年又改内史省名内書省。　秘書：官署名。此指秘書省。隋初秘書省官員郎除同北齊外，加置録事。領著作、太史二曹。煬帝增置秘書少監爲副長官。又置儒林郎，掌明經待問，唯詔所使；文林郎，掌撰録文史，檢討舊事。加置楷書郎掌抄寫御書。此外，對省内官員名稱、品級、員額等也多有變革。　内侍：官署名。此指内侍省。隋改北齊中侍中省置内侍省。掌宫廷侍奉，傳宣制令。有内侍、内常侍、内給事、内謁者監、内寺伯等各若干員，並用宦者。領内尚食、掖庭、宫闈、奚官、内僕、内府等局。文帝開皇十六年加置内主事，以承門閣。煬帝大業三年改内侍省爲長秋監。

[4]御史：官署名。此指御史臺。秦漢以御史掌糾察之任。隋初避諱，御史臺長官稱御史大夫，以治書侍御史爲副。屬官設侍御史、殿内侍御史、監察御史等。自開皇後，御史由吏部選用。煬帝大業三年省殿内侍御史，增監察御史名額，並罷御史直宿禁中之制，標志徹底脱離與宫内關係。臺中庶務，皆由治書侍御史主持。　都水：官署名。此指都水臺。西晋始置，置都水使者掌舟船水運河渠灌溉事務。隋初設使者、丞爲長貳。屬官有參軍、河堤謁者、録事。領掌船局、都水尉，又領諸津。開皇三年廢都水臺，併入司農寺。十三年復置。仁壽元年（601）改名都水監，更名使者爲監。煬帝大業三年復舊名使者。統舟楫、河渠二署。五年再改稱監，加置少監。後又改名令、少令。

[5]太常：官署名。此指太常寺。北齊始置，位列九寺之首。掌宗廟陵寢祭祀、禮樂儀制、天文術數等。隋初沿置。設卿、少卿爲長貳。屬官有丞、博士、協律郎、奉禮郎等。掌國家禮樂郊廟社稷祭祀等事。總轄郊社、太廟、諸陵、太祝、衣冠、太樂、清商、鼓吹、太醫、太卜、廩犧等署。國子寺也隸之。文帝開皇三年廢衛尉、鴻臚寺，其職掌屬官併入太常寺。開皇十二年復分置。開皇十三年國子寺不再隸之，獨立並改名國子學。煬帝大業三年廢太祝、衣冠、清商署，其他也稍有變革。　光禄：官署名。此指光録寺。北齊始置，爲九寺之一。設光禄卿少卿爲長貳，屬官有丞等。掌宫殿門户、帳幕舖設器物、百官朝會膳食等事務。領守宫、太官、宫門、供府、肴藏、清漳、華林等署及東園局。隋初沿置。設卿、少卿、丞等官，唯掌祭祀及朝會宴享酒食之供設。領太官、肴藏、良醖、掌醢等署。隋文帝開皇三年曾併入司農寺，十二年復置。煬帝

大業三年增少卿員額，其他也稍有變革。　衛尉：官署名。此指衛尉寺。北齊始置，爲九寺之一。設衛尉寺卿、少卿爲長貳。屬官有丞、功曹、五官、主簿、録事等。掌宮殿、京城諸門禁衛，武器及宮廷儀仗庫藏。隋初衛尉寺統公車、武庫、守宮等署，各置令、丞等官。開皇三年罷，其職分隸太常寺、尚書省。十二年復置，宮門屯兵劃屬監門衛，本寺唯掌軍器、儀仗、帳幕之事。　宗正：官署名。此指宗正寺。北齊有大宗正寺，隋朝改名宗正寺。掌皇室親族屬籍等事務。設宗正卿、少卿爲長貳，屬官有丞、主簿等。不領署。　太僕：官署名。此指太僕寺。北齊始置，爲九寺之一。掌宮廷車馬、全國畜牧之事。設太僕卿、少卿、丞。隋初沿置，掌中央厩牧、車輿之事。設卿、少卿爲長貳。屬官有丞、主簿、録事、獸醫博士等。轄驊騮、乘黄、龍厩、車府、典牧、牛羊諸署。煬帝大業三年罷驊騮署，以其職改隸殿内省尚乘局；改龍厩名典厩署；罷牛羊署。增置主乘、司庫、司廩官。又有左、右駁皂二厩。　大理：官署名。此指大理寺。北齊改廷尉爲大理寺，爲九寺之一。掌判決刑獄，爲國家最高審判機構。設大理寺卿爲長官。隋初沿置。屬官有少卿、丞、主簿、録事及正、監、評、司直、律博士、名法、獄掾等。文帝開皇三年罷監、評、律博士，增正員額。煬帝大業三年改丞爲勾檢官；又增正員額，分判獄事；也增司直、評事員額。　鴻臚：官署名。此指鴻臚寺。北齊始置，爲九寺之一。設鴻臚寺卿爲長官，屬官有少卿、丞等。掌蕃客接待朝會，吉凶吊祭，兼管佛教、祆教寺廟。領典客、典寺、司儀等署。隋初沿置。設鴻臚寺卿爲長官，屬官有少卿、丞、主簿、録事等。統典客、司儀、崇玄署。崇玄署由北齊典寺署所改，掌管佛道寺觀。隋文帝開皇三年廢鴻臚寺入太常寺，十二年復置。煬帝大業三年改典客署爲典蕃署。又别置四方館，接待各蕃國使者，管理與蕃國互市事務，名義上隸屬鴻臚寺。　司農：官署名。此指司農寺。北齊始置，爲九寺之一。是管理倉儲市易，供應宮廷糧食薪菜、百官禄廩的機構。設司農寺卿爲長官，屬官有少卿、丞等。隋沿置。設卿、少卿爲長貳官。屬官有丞及主簿、録事等。領太倉、典農、平準、京（廪）市、鈎盾、華林、上林、導官等署。煬帝大業三年罷典農、華林，以平準、京市隸太府。　太府：官署名。此指太府寺。北齊九寺之一。長官爲太府寺卿。掌金帛府庫、營造器物。屬官有少卿、丞等。隋初因之。設卿、少卿爲長貳。屬官有丞及主簿、録事等。掌國家財貨之事。煬帝大業三年分置少府監，以營造、冶鑄、織染等事歸之，太府寺但管京都市五署及平準、左右藏，凡八署。　國子：官署名。此指國子寺。北齊改國子學稱國子寺。掌訓教胄子，管理中央、地方學校之政。置祭酒及功曹、五官、主簿録事等官。領國子、太學、四門學，各有博士、助教、學生。諸郡太學亦隸之。隋初沿置。隸太常寺。設國子祭酒爲長官。屬官有主簿、録事等。統國子、太學、四門、書算學。各置博士、助教、學生等。文帝開皇十三年罷隸太常寺而獨立，改名國子學。仁壽元年省國子祭酒、博士；罷國子學，唯立太學一所，置太學博士五人總知學事。煬帝大業三年改置國子監。　將作：官署名。此指將作寺。北齊始置。掌營建土木工程。設將作大匠爲長官，屬官有丞等。若有營作，設將、副將、長史、司馬等官。隋初沿置。將作大匠爲長官，屬官有丞、主簿、録事。領左右校署。文帝開皇二十年改將作寺名將作監。

［6］左右衛：官署名。即左衛、右衛合稱，隋代中央十二衛府之一。各置左右衛大將軍、將軍爲長貳官。掌宫掖禁禦，督攝仗衛。又各有直閣、直寢、直齋、直後等將軍，並掌宿衛侍從。奉車都尉，掌馭副車。武騎常侍、殿内將軍、員外將軍、殿内司馬督、員外司馬督，並以參軍府朝，出使勞問。左右衛又各統親、勳、翊衛，置開府。開府有長史、司馬、録事，及倉、兵、騎等曹參軍，法、鎧曹行參軍，行參軍等。又有儀同府。諸府皆領軍坊。文帝開皇六年罷殿内將軍、司馬督、武騎常侍等員。煬帝大業三年左右衛改爲左右翊衛。　左右武衛：官署名。左武衛、右武衛的合稱，隋朝中央十二衛府之一。各置左右武衛大將軍、將軍爲長貳官，統領

外軍宿衛。屬官有長史、司馬、録事，及功、倉、兵、騎等曹參軍，法、鎧曹行參軍，行參軍等。煬帝大業三年左右武衛大將軍、將軍總府事，並統諸鷹揚府，軍士名熊渠。又置護軍，掌副貳將軍；尋改護軍爲虎賁郎將，置虎牙郎將爲副。　左右武候：官署名。左武候衛、右武候衛的合稱，隋朝中央十二衛府之一。各置左右武候衛大將軍、將軍爲長貳官。掌皇帝車駕出前後護從，晝夜巡察，執捕奸非，烽候道路，水草所置。巡狩征伐田獵，則掌其營禁。右武候衛加置司辰師、刻漏生。煬帝大業三年改左右武候衛爲左右候衛。　左右領：官署名。指左領左右府、右領左右府，隋朝中央十二衛府之一。各置領左右府大將軍、將軍爲長貳官。掌侍衛皇帝左右的親信禁軍，供御兵仗。領千牛備身，掌執千牛刀；備身左右，掌供御弓箭；備身，掌宿衛侍從。各置長史、司馬、録事，及倉、兵二曹參軍事，鎧曹行參軍等員。煬帝大業三年改左右領左右府爲左右備身府。　左右監門：官署名。左監門府、右監門府的合稱，隋朝中央十二衛府之一。各置監門將軍爲長官。掌宫殿門禁及守衛事。屬官有郎將、校尉、直長、長史、司馬、録事，及倉、兵曹參軍，鎧曹行參軍，行參軍等員。煬帝大業三年改監門將軍爲監門郎將，置直閣。又增左右門尉、門候，以分掌門禁守衛。屬官有長史、録事，及司兵、倉、騎參軍等員。　左右領軍：官署名。左領軍府、右領軍府的合稱，隋朝中央爲十二衛府之一。掌左右十二軍籍帳、差科、詞訟之事。隋初不置將軍，唯有長史、司馬、掾屬、録事，及功、倉、户、騎、兵等曹參軍，法、鎧等曹參軍，行參軍等員。又置名法，隸法司，掌律令輕重。然最遲仁壽末年已置左右領軍大將軍。煬帝大業三年改左右領軍府爲左右屯衛。

三師，不主事，不置府僚，[1]蓋與天子坐而論道者也。

[1]不置府僚：《唐六典》卷一《尚書都省》載，隋因北周“不置府僚，初拜，於尚書省上”。《通典》卷二〇《職官·三公總叙》亦同。然本卷後文載：“三師……置府佐，與柱國同。”意有歧異。

三公，[1]參議國之大事，依後齊置府僚。[2]無其人則闕。祭祀則太尉亞獻，[3]司徒奉俎，[4]司空行掃除。[5]其位多曠，皆攝行事。尋省府及僚佐，置公則坐於尚書都省。[6]朝之衆務，總歸於臺閣。[7]

[1]三公：即後文太尉、司徒、司空。

[2]後齊：即北齊（550—577）或高齊，都鄴（今河北臨漳縣西南）。

[3]太尉：官名。秦置。兩漢時期多爲宰相之職。魏晋南北朝列三公之首，爲名譽宰相，多爲大臣加官，無實際職掌。隋位三公之一。隋初參議國家大事，置府僚，但不久就省除府及僚佐，成了榮譽性質的頭銜。正一品。　亞獻：古代祭祀時獻酒三次，第二次獻酒稱亞獻。

[4]司徒：官名。西漢哀帝改丞相爲大司徒，東漢光武帝改爲司徒，與太尉、司空合稱三公，分掌宰相職能。東漢末罷，改置丞相。三國魏黄初元年（220）復置司徒，管理民政，主持九品中正制。蜀、吴司徒與丞相並置，無實際職權。兩晋沿魏制。與丞相通職，一般不並置。爲名譽宰相，亦常參議朝政，然僅掌全國日常行政事務，政務决策發行權仍歸尚書。司徒加録尚書事銜者方爲真宰相。南朝或與丞相、相國並置，職掌依兩晋之舊。南朝宋時掌民事與郊祀，齊時掌州郡名數、户口名簿籍。北魏、北齊亦設。隋司徒爲三公之一。初依舊制，各置府僚，參議國家大事。但不久就省去府及僚佐，其位多曠，如置則坐於尚書都省，成了榮譽性質的頭

銜。正一品。　俎：古代祭祀、燕饗時陳置牲體或其他食物的禮器。

[5]司空：官名。西漢成帝改御史大夫爲大司空，東漢光武帝改大司空爲司空，與太尉、司徒並爲三公，分掌宰相職能。魏晉南北朝爲名譽宰相，多爲大臣加官，無實際職掌。隋爲三公之一。隋初參議國家大事，置府僚。但不久就省除府及僚佐，其位多曠，如置則坐於尚書都省，成了榮譽性質的頭銜。正一品。　掃除：祭掃。

[6]尚書都省：官署名。魏晉南北朝爲尚書省長官辦公場所，亦稱尚書上省、尚書都坐。録尚書事、尚書令、僕射爲都省長官，屬官有左、右丞，都令史。下統部曹。隋沿置，統六部二十四司。

[7]臺閣：漢時指尚書臺。此指尚書省。

尚書省，事無不總。置令、左右僕射各一人，[1]總吏部、禮部、兵部、都官、度支、工部等六曹事，[2]是爲八座。[3]屬官左、右丞各一人，[4]都事八人，[5]分司管轄。吏部尚書統吏部侍郎二人，[6]主爵侍郎一人，[7]司勳侍郎二人，[8]考功侍郎一人。[9]禮部尚書統禮部、祠部侍郎各一人，[10]主客、膳部侍郎各二人。[11]兵部尚書統兵部、職方侍郎各二人，[12]駕部、庫部侍郎各一人。[13]都官尚書統都官侍郎二人，[14]刑部、比部侍郎各一人，[15]司門侍郎二人。[16]度支尚書統度支、户部侍郎各二人，[17]金部、倉部侍郎各一人。[18]工部尚書統工部、屯田侍郎各二人，[19]虞部、水部侍郎各一人。[20]凡三十六侍郎，分司曹務，直宿禁省，如漢之制。

[1]令：官名。即尚書令。隋朝罷録尚書事，尚書令爲尚書省

長官，居正宰相之任。因位尊權重，偶有除授。正二品。　僕射：官名。隋尚書省置左、右僕射各一人，地位僅次於尚書令。由於隋罷録尚書，又常缺尚書令，僕射成尚書省實際長官，是宰相之職，與門下、内史省長官共秉國政。左僕射掌判吏、禮、兵三部事，兼糾彈御史所糾不當者；右僕射掌判都官、度支、工部三部事。從二品。

［2］吏部：官署名。隋爲尚書省六部之首。下統吏部、主爵、司勳、考功等曹（司）。以吏部尚書爲長官。掌全國文職官員銓選、勳封、考課之政。煬帝大業三年增設侍郎爲貳官。　禮部：官署名。隋始爲尚書省下六部之一。以禮部尚書爲長官。掌禮儀、祭祀、宴享等政令。總判禮部、祠部、主客、膳部四曹。煬帝大業三年增設侍郎爲貳官。　兵部：官署名。隋置爲尚書省下轄六部之一。以兵部尚書爲長官。掌全國軍衛武官選授之政令，統兵部、職方、駕部、庫部四曹。煬帝大業三年增設侍郎爲貳官。　都官：官署名。十六國大夏及南北朝尚書省諸曹之一，設尚書爲長官。職掌制定律令法制、糾劾違法、水利工程、舟船津梁、宮廷百官膳食等務。隋初沿置，是尚書省下轄六部之一。設都官尚書爲長官。職掌刑法、徒隸、勾覆及關禁之政，總判都官、刑部、比部、司門四司事。開皇三年改名刑部，長官也改名刑部尚書。　度支：官署名。魏晋南北朝尚書省諸曹之一，設尚書爲長官。掌軍國財政的收支會計及事役漕運物價屯田之政令。隋初沿置，是尚書省下轄六部之一。設度支尚書爲長官。職掌全國土地、户口、賦税、錢糧之政令，總判度支、户部、金部、倉部四司事。開皇三年改稱民部，長官也改稱民部尚書。　工部：官署名。西魏恭帝三年（556）始置。北周沿置，屬冬官府。隋爲尚書省下轄六部之一，以工部尚書爲長官。掌全國百工、屯田、山澤之政令，總判工部、屯田、虞部、水部四司事。

［3］八座：亦作“八坐”。古代中央政府的八種高級官員。歷朝制度不一，所指不同。

[4]左、右丞：官名。全稱尚書左、右丞。西漢始置，魏晋南北朝沿用，隋左丞通判都省事，監察省内，領左司郎中、員外郎，監督考核吏、户、禮三部十二司。右丞領右司郎中、員外郎，監督稽核兵、刑、工三部十二司。隋初從四品下，煬帝升爲正四品。

[5]都事：官名。兩晋南北朝皆置尚書都令史，協助尚書左、右丞管理都臺事務，監督諸曹尚書、尚書郎。隋初改尚書都令史爲尚書都事，亦簡稱都事，爲尚書都省處理日常事務的官員，掌文書收發、察稽缺失、監印、給紙筆等事。煬帝大業三年，移其職屬都司郎（左、右司郎中），以都事分隸六尚書。大業三年前尚書都事爲從八品上，大業三年後爲正八品。

[6]吏部尚書：官名。隋尚書省下轄六部之一吏部的長官。掌全國文職官員銓選、勳封、考課等政令，總判吏部、司封、司勳、考功四司事。正三品。　吏部侍郎：官名。隋初於吏部四曹之一吏部曹置吏部侍郎一員，爲該曹長官，正六品上。開皇三年加爲從五品。煬帝大業三年諸曹侍郎並改稱“郎”，又始置吏部侍郎爲尚書省下轄六部之副長官，協助長官吏部尚書掌全國文職官員銓選等政令。正四品。

[7]主爵侍郎：官名。北齊吏部主爵曹置郎中爲長官，掌封爵事。隋初於吏部四曹之一主爵曹置主爵侍郎，爲該曹長官，掌封爵等事。正六品上。開皇三年加爲從五品。煬帝大業三年諸曹侍郎並改稱“郎”，主爵侍郎改稱主爵郎。

[8]司勳侍郎：官名。隋初於吏部四曹之一司勳曹置主爵侍郎，爲該曹長官。掌官人之勳級，凡有功之人應授勳官者，皆委之覆定奏擬。正六品上。開皇三年加爲從五品。煬帝大業三年諸曹侍郎並改稱“郎”，司勳侍郎改稱主爵郎。

[9]考功侍郎：官名。隋初爲尚書省吏部考功曹（司）長官。掌内外文武官吏考課。正六品上。開皇三年加爲從五品。大業三年諸曹侍郎並改稱“郎”，考功侍郎改稱考功郎。

[10]禮部尚書：官名。北魏始置，隋爲尚書省下轄禮部的長

官。掌禮儀、祭祀、宴享等政令，總判禮部、祠部、主客、膳部四曹。正三品。　禮部：官名。即禮部侍郎。隋初於禮部四曹之一禮部曹置禮部侍郎一員，爲該曹長官，正六品。開皇三年加爲從五品。煬帝大業三年諸曹侍郎並改稱“郎”，又始置侍郎爲尚書省下轄六部之副長官，正四品。此後，禮部侍郎纔成爲禮部副長官，協助長官掌禮儀、祭祀、宴享等政令。　祠部侍郎：官名。隋初於禮部四曹之一祠部曹置祠部侍郎，爲該曹長官，正六品上。開皇三年加爲從五品。煬帝大業三年諸曹侍郎並改稱“郎”，祠部侍郎改名祠部郎。掌祠祀饗祭，天文漏刻，國忌廟諱，卜筮醫藥，道佛之事。

[11]主客：官名。即主客侍郎。隋初於禮部四曹之一主客曹置主客侍郎，爲該曹長官，正六品上。開皇三年加爲從五品。煬帝大業三年諸曹侍郎並改稱“郎”，主客侍郎改名主客郎，後又改名司蕃郎。掌二王後及諸蕃朝聘之事。　膳部侍郎：官名。隋初於禮部四曹之一膳部曹置膳部侍郎，爲該曹長官，正六品上。開皇三年加爲從五品。煬帝大業三年諸曹侍郎並改稱“郎”，膳部侍郎改名膳部郎。掌國家的祭器、酒膳、食料，辨其品數。

[12]兵部尚書：官名。隋尚書省下轄六部之一兵部的長官。掌全國軍衛武官選授之政令，總判兵部、職方、駕部、庫部四曹事。正三品。　兵部：官名。即兵部侍郎。隋初兵部四曹之一兵部曹置兵部侍郎一員，爲該曹長官，正六品上。開皇三年加爲從五品。煬帝大業三年諸曹侍郎並改稱“郎”，又始置侍郎，爲尚書省下轄六部之副長官。此後，兵部侍郎纔成爲兵部副長官。協助長官兵部尚書掌全國軍衛武官選授之政令等。正四品。　職方侍郎：官名。隋初於兵部四曹之一職方曹置職方侍郎，爲該曹長官，正六品上。開皇三年加爲從五品。煬帝大業三年諸曹侍郎並改稱“郎”，職方侍郎改名職方郎。掌天下地圖、城隍、鎮戍、烽堠等事。

[13]駕部：官名。即駕部侍郎。隋初於兵部四曹之一駕部曹置駕部侍郎，爲該曹長官，正六品上。開皇三年加爲從五品。煬帝大

業三年諸曹侍郎並改稱“郎”，駕部侍郎改名駕部郎。掌輿輦、車乘及全國傳驛、厩牧馬牛等簿籍，辨其出入之政令。　庫部侍郎：官名。魏晋南北朝尚書省庫部曹長官通稱庫部郎（北魏前期爲庫部曹屬官），亦稱庫部郎中，資深者可轉侍郎。隋初於兵部四曹之一庫部曹置庫部侍郎，爲該曹長官，正六品上。開皇三年加爲從五品。煬帝大業三年諸曹侍郎並改稱“郎”，庫部侍郎改名庫部郎。掌國家軍器、儀仗所需供給之政。

［14］都官尚書：官名。隋初沿置魏晋南北朝以來的都官尚書，是尚書省下轄六部之一都官的長官。職掌刑法、徒隸、勾覆及關禁之政，總判刑部、都官、比部、司門四曹事。開皇三年改名刑部尚書。正三品。　都官侍郎：官名。隋初於都官四曹之一都官曹置都官侍郎，爲該曹長官，正六品上。掌非違得失事。開皇三年職掌改爲簿録配没官司奴婢、俘囚等事。加爲從五品。煬帝大業三年諸曹侍郎並改稱“郎”，都官侍郎改名都官郎。

［15］刑部：官名。即刑部侍郎。隋初都官部四曹之一刑部曹置刑部侍郎，爲該曹長官，正六品上。開皇三年改都官部名刑部，侍郎升爲從五品。煬帝大業三年刑曹侍郎改稱憲部郎，又始置刑部侍郎爲尚書省下轄刑部副長官，協助長官刑部尚書掌刑法、徒隸、勾覆及關禁之政，總判刑部、都官、比部、司門四曹事。正四品。　比部侍郎：官名。隋初於都官部四曹之一比部曹置比部侍郎，爲該曹長官，正六品上。開皇三年加爲從五品。煬帝大業三年諸曹侍郎並改稱“郎”，比部侍郎改名比部郎。掌國家經費庫藏的審計出納政令。賦斂、俸禄、公廨、勳賜、贓贖、丁匠工程、軍資器械、和糴、屯田等財務皆由其審計核查。

［16］司門侍郎：官名。北周地官府置司門下大夫，掌授鈅匙，以啓閉國門。隋初爲尚書省都官（刑部）司門曹長官，正六品上。開皇三年加爲從五品。煬帝大業三年諸曹侍郎並改稱“郎”，比部侍郎改名比部郎。掌天下諸門、關禁出入之籍賦，而審其政。

［17］度支尚書：官名。隋初置度支尚書，是尚書省下轄度支部

的長官。職掌全國土地、户口、賦税、錢糧之政令，總判度支、户部、金部、倉部四曹事。開皇三年度支部改稱民部，長官也改稱民部尚書。正三品。　度支：官名。即度支侍郎。魏晋南北朝尚書省度支曹長官通稱度支郎，亦稱度支郎中，資深者可轉侍郎。隋初於度支部下轄度支曹置度支侍郎，爲該曹長官，正六品上。開皇三年升爲從五品。煬帝大業三年諸曹侍郎並改稱"郎"，度支侍郎改稱度支郎。　户部侍郎：官名。隋初於度支部下轄民部曹置民部侍郎，爲該曹長官，正六品上。開皇三年升爲從五品。煬帝大業三年諸曹侍郎並改稱"郎"，民部侍郎改稱民部郎。又始置民部侍郎爲民部副長官，協助長官民部尚書掌全國土地、户口、賦税、錢糧之政令。按，《通典》卷二三《職官》云：户部當爲民部，唐人諱改。後同。

[18]金部：官名。即金部侍郎。隋初於度支部下轄金部曹置金部侍郎爲長官，正六品上。開皇三年加爲從五品。煬帝大業三年諸曹侍郎並改稱"郎"，金部侍郎改爲金部郎。掌庫藏出納之節，金寶財貨之用，權衡度量之制，皆總其文籍而頒其節制。　倉部侍郎：官名。魏晋南北朝尚書省倉部曹長官通稱倉部郎，亦稱倉部郎中，資深者可轉侍郎。隋初於度支部下轄倉部曹置倉部侍郎爲長官，正六品上。開皇三年加爲從五品。煬帝大業三年諸曹侍郎並改稱"郎"，倉部侍郎改爲倉部郎。掌國家倉庾，受納租税，出給禄廪之事。

[19]工部尚書：官名。隋朝始置，是尚書省下轄工部的長官。掌全國百工、屯田、山澤之政令，總判工部、屯田、虞部、水部四曹事。正三品。　工部：官名。即工部侍郎。隋初於工部下轄工部曹置工部侍郎，爲該曹長官，正六品上。開皇三年升爲從五品。煬帝大業三年工部侍郎改爲起部郎，又始置工部侍郎爲工部副長官，協助長官工部尚書掌全國百工、屯田、山澤之政令。　屯田侍郎：官名。隋初於工部下轄屯田曹置屯田侍郎爲長官，正六品上。開皇三年加爲從五品。煬帝大業三年諸曹侍郎並改稱"郎"，屯田侍郎

改爲屯田郎。掌天下屯田之政令。

[20]虞部：官名。即虞部侍郎。隋初於工部下轄虞部曹置虞部侍郎爲長官，正六品上。開皇三年加爲從五品。煬帝大業三年諸曹侍郎並改稱“郎”，虞部侍郎改爲虞部郎。掌天下山林川澤之事，而辨其采捕、畋獵等時禁。　水部侍郎：官名。隋初於工部下轄水部曹置水部侍郎爲長官，正六品上。開皇三年加爲從五品。煬帝大業三年諸曹侍郎並改稱“郎”，水部侍郎改爲水部郎。掌天下水利工程及河運、灌溉等政。

門下省，納言二人，[1]給事黄門侍郎四人，[2]録事、通事令史各六人。[3]又有散騎常侍、通直散騎常侍各四人，[4]諫議大夫七人，[5]散騎侍郎四人，[6]員外散騎常侍六人，[7]通直散騎侍郎四人，[8]並掌部從朝直。[9]又有給事二十人，[10]員外散騎侍郎二十人，[11]奉朝請四十人，[12]並掌同散騎常侍等，兼出使勞問。統城門、尚食、尚藥、符璽、御府、殿内等六局。[13]城門局，校尉二人，[14]直長四人。[15]尚食局，典御二人，[16]直長四人，[17]食醫四人。[18]尚藥局，典御二人，[19]侍御醫、直長各四人，[20]醫師四十人。[21]符璽、御府，殿内局，監各二人，[22]直長各四人。[23]

[1]納言：官名。秦漢魏晋南北朝時期爲侍中的别稱。隋因避諱改稱納言，爲門下省長官。職掌封駁制敕，並參與軍國大政決策等，居宰相之職。正三品。大業十二年改稱侍内。

[2]給事黄門侍郎：官名。隋於門下省置給事黄門侍郎，爲門下省副長官，協助長官納言參議政令的制定。煬帝大業三年改給事黄門侍郎爲黄門侍郎。正四品上。

［3］録事：官名。掌管文書，勾稽缺失。隋門下省、内史省、都水臺、謁者臺、御史臺、諸寺、諸衛府，東宫門下坊、典書坊、家令、諸率府，及都督府、諸州等皆置。隋初門下録事從八品上，大業三年升爲正八品。　通事令史：官名。兩晋南朝中書省、門下省皆置爲屬吏，掌奏文案，宣詔令。北魏、北齊置於門下省，隋初沿置，開皇六年罷。

［4］散騎常侍：官名。三國魏始合散騎與中常侍爲之。掌規諫，掌章表詔命手筆之事，及平尚書奏事，出入侍從，承答顧問。西晋別置散騎省，以之爲長官，隸門下。東晋併中書入散騎省，奪中書出令之權，職任甚重，與侍中相當。南朝出令權復歸中書省，散騎省改名集書省，職以侍從左右，主掌圖書文翰之事，地位驟降。北朝以兼領修史，實際地位略高於南朝，但仍爲閑散之職。唯北魏初一度掌出令權。北齊除集書省外，起居省亦置。北周爲散官名，不理事。隋初罷集書省，置爲門下省屬官，掌部從朝直。從三品。　通直散騎常侍：官名。隋屬門下省，掌部從朝直。正四品下。大業三年罷。

［5］諫議大夫：官名。秦置，掌議論，屬郎中令。隋置於門下省，掌部從朝直。從四品。煬帝大業三年廢。

［6］散騎侍郎：官名。三國魏始置。隋初置於門下省，掌部從朝直。正五品上。煬帝大業三年廢。

［7］員外散騎常侍：官名。三國魏末置。隋置於門下省，掌部從朝直。正五品上。文帝開皇六年廢。

［8］通直散騎侍郎：官名。東晋始置，屬散騎省。隋於門下省置，掌部從朝直。從五品上。煬帝大業三年廢。

［9］部從朝直：侍從、值宿於朝廷。

［10］給事：官名。北魏置。屬内朝官，有内給事、内行給事等，還多被派到尚書各曹及東宫任職，如殿中給事、庫部給事等，不僅處理曹務，還負有監察之責。隋初於門下省置給事二十員，掌部從朝直，兼出使勞問。從六品上。

［11］員外散騎侍郎：官名。簡稱員外郎。隋置於門下省，掌部從朝直，兼出使勞問。從五品下。煬帝大業三年廢。

［12］奉朝請：官名。隋初置於門下省，掌部從朝直，兼出使勞問。從七品下。文帝開皇六年廢。

［13］城門：官署名。指城門局。隋門下省所統諸局之一，置校尉等官。煬帝大業三年城門局改隸殿内省；後再改隸門下省，校尉改名城門郎。掌京城、皇城、宫殿諸門啓閉，出納管鑰。　尚食：官署名。指尚食局。北齊門下省置，總知御膳事。設典御、丞、監等官。隋門下省沿置，置典御、直長、食醫等。掌宫廷膳食，百官宴饗及諸陵月饗之儲供。煬帝大業三年尚食局改隸殿内省。　尚藥：官署名。指尚藥局。北齊門下省置，總知御藥事。設典御、丞等官。隋門下省沿置，置典御、侍御醫等。掌宫廷醫藥與疾病治療。煬帝大業三年尚藥局改隸殿内省。　符璽：官署名。指符璽局。隋門下省置。設符璽監、直長等官。掌符璽。煬帝大業三年改符璽監名符璽郎。　御府：官署名。指御府局。隋初改北齊主衣局爲御府局，爲門下省六局之一，設監爲長官，掌宫廷服用器玩。煬帝大業三年改御府局爲尚衣局，隸殿内省。　殿内：官署名。指殿内局。北齊門下省置殿中局，掌駕前奉引行事等。隋初沿置，改名殿内局，隸門下省，置監爲長官。掌殿庭張設，供湯沐及灑掃等事；皇帝出行，則供帳幕等。煬帝大業三年改名尚舍局，隸殿内省。

［14］校尉：官名。此指城門校尉。隋置城門校尉，爲城門局長官，初隸門下省。從四品上。煬帝大業三年改隸殿内省。

［15］直長：官名。此指城門直長。隋初爲門下省城門局貳官。從六品。煬帝大業三年改隸殿内省。

［16］典御：官名。此指尚食典御。北魏已置。北齊門下省尚食局置爲長官，總知御膳事。隋門下省尚食局沿置爲長官。煬帝大業三年改名尚食奉御，隸殿内省。職掌供皇帝御膳，當進食，必先嘗。

[17]直長：官名。此指尚食直長，爲尚食局貳官。正七品下。煬帝大業三年改隸殿内省。

[18]食醫：官名。此指尚食食醫。爲尚食局屬官。掌和齊膳之所宜。

[19]典御：官名。此指尚藥典御。隋沿襲北朝置爲門下省尚藥局長官。職掌合和御藥及診候方脉之事。正五品下。煬帝大業三年改名尚藥奉御，隸殿内省。

[20]侍御醫：官名。此指尚藥侍御醫。北齊門下省尚藥局有侍御師。隋門下省尚藥局置侍御醫，掌宫内供奉診候。正七品上。煬帝大業三年改隸殿内省。　直長：官名。指尚藥直長。隋爲門下省尚藥局貳官，正七品下。煬帝大業三年改隸殿内省。

[21]醫師：官名。此指尚藥醫師。爲尚藥局屬官，掌分療衆疾。

[22]監：官名。指符璽監、御府監和殿内監。符爾監，隋初門下省符璽局置符璽監爲長官，置二員，正六品下。煬帝大業三年改名符璽郎，降爲從六品。掌保管天子印璽符節。御府監，隋初於門下省御府局置監爲長官，置二員，正六品下。煬帝大業三年改爲尚衣奉御，升爲正五品，隸殿内省。掌供皇帝衣服冠冕等。殿内監，隋初爲門下省殿内局長官，置二員，正六品下。煬帝大業三年改爲殿内省長官，正四品。掌皇帝衣食住行等生活事務。

[23]直長：官名。指符璽直長、御府直長和殿内直長。殿内直長，隋爲門下省符璽局貳官，置四員，從七品上。御府直長，隋初爲門下省御府局貳官，置四員，從七品上。煬帝大業三年置殿内省，御府局改名尚衣局，隸殿内省；殿内直長改名尚衣直長，爲尚衣局貳官，正七品。殿内直長，隋初爲門下省殿内局貳官，置四員，從七品上。煬帝大業三年置殿内省，殿内局改名尚舍局，隸殿内省；殿内直長改名尚舍直長，爲尚舍局貳官，正七品。

内史省，置監、令各一人。[1]尋廢監。[2]置令二人，侍郎四人，[3]舍人八人，[4]通事舍人十六人，[5]主書十人，[6]録事四人。[7]

[1]監、令：官名。指内史監、内史令。隋避諱改漢魏南北朝以來的中書省名内史省，置内史監、令各一人爲長官，掌皇帝詔令出納宣行，居宰相之職。尋廢監，置令二人爲長官，正三品。煬帝大業十二年改名内書令。

[2]尋廢監：其具體時間史籍闕如。考本書卷一《高祖紀上》、《北史》卷一一《隋文帝紀》、《通鑑》卷一七五及一七六同載，虞慶則於開皇元年二月甲子任"内史監兼吏部尚書"，開皇四年四月庚子"以吏部尚書虞慶則爲尚書右僕射"。再考本書《高祖紀上》、《通鑑》卷一七五同記"開皇三年八月壬午"出原州道擊胡（突厥）的虞慶則仍是"内史監"，而且直到"開皇四年四月庚子"爲右僕射，其間不見史籍再記某人任"内史監"。由此可斷隋廢内史監當在開皇三年八月壬午至開皇四年四月庚子間，或即在開皇四年四月庚子。正因爲廢了此官，爲使虞慶則依然爲相，纔以吏部尚書虞慶則爲尚書右僕射，這又恰好接替老病的趙芬之相位。

[3]侍郎：官名。指内史侍郎。隋避諱改中書省名内史省，中書侍郎改名内史侍郎，爲内史省副長官。佐宰相之職的本省長官内史監、令處理政務。置四員，正四品下。煬帝大業三年減爲二員，十二年改名内書侍郎。

[4]舍人：官名。指内史舍人。隋朝隨省名將南北朝以來中書舍人改稱内史舍人，置八員，正六品上。文帝開皇三年升從五品。煬帝大業三年減爲四員，十二年改名内書舍人。掌草擬詔敕，參議表章。

[5]通事舍人：官名。亦稱中書通事舍人，隋初置爲内史省之屬官，員十六人。職掌承旨傳宣之事，從六品上。文帝開皇三年增

爲二十四員。煬帝大業三年改名通事謁者，爲謁者臺屬官，員二十。從六品。

[6]主書：官名。隋内史省置主書令史，簡稱主書，十人，正九品上，用人益輕。煬帝大業三年減爲四人，升爲正九品，大業十二年改名内書主書。主管文書抄寫。

[7]録事：官名。指内史省録事，爲該省屬官，掌管署中文書等事務。正九品上。

秘書省，監、丞各一人，[1]郎四人，[2]校書郎十二人，[3]正字四人，[4]録事二人。[5]領著作、太史二曹。[6]著作曹，置郎二人，[7]佐郎八人，[8]校書郎、正字各二人。[9]太史曹，置令、丞各二人，[10]司曆二人，[11]監候四人。[12]其曆、天文、漏刻、視祲，各有博士及生員。[13]

[1]監：官名。指秘書監。東漢桓帝時始置，歷代皆有設置。隋置秘書監一人爲秘書省長官，掌國家經籍圖書之事，領著作、太史二曹，正三品。煬帝大業三年降爲從三品，其後改名秘書令。丞：官名。指秘書丞。隋初置一員，爲秘書省貳官，佐長官掌國家經籍圖書之事，正五品上。煬帝大業三年增置秘書少監爲貳官，丞降爲佐官。

[2]郎：官名。指秘書郎。隋置四員，爲秘書省屬官，掌四部圖書。初爲正七品下，煬帝大業三年升爲從五品。

[3]校書郎：官名。指秘書省校書郎。隋初置十二人，煬帝大業三年減爲十人；著作曹置校書郎二人，煬帝大業三年增至四十人。掌校讎典籍，刊正文字。皆正九品上。

[4]正字：官名。指秘書省正字。北齊始置，爲秘書省屬官。掌校訂典籍，刊正文字。四人，從九品上。隋因之。於秘書省置四員，著作曹置二員，從九品上。

［5］録事：官名。指秘書省録事。爲該省屬官，二員，掌管文書等事務。

［6］著作：官署名。指秘書省著作曹。隋秘書省下轄機構，置著作郎二員爲長官。屬官有佐郎，及校書郎、正字等。職任爲修撰碑志、祝文、祭文等。　太史：官署名。指秘書省太史曹。隋秘書省下轄機構，置太史令二員爲長官。屬官有丞、司曆、監候，另有曆、天文、漏刻、視祲博士及生員。煬帝大業三年改名太史監。職掌觀察天文，稽定曆數。

［7］郎：官名。指著作郎。隋置著作郎二人爲秘書省著作曹長官。掌修撰碑志、祝文、祭文，與佐郎分判局事。隋初從五品上，大業三年升正五品，後又降爲從五品。

［8］佐郎：官名。指著作佐郎。隋初於秘書省著作曹置著作佐郎八人，正七品下，煬帝大業三年增置十二人，升爲從六品。佐長官著作郎掌修撰碑志、祝文、祭文，及分判局事。

［9］校書郎：官名。指秘書省著作曹校書郎。掌校讎典籍，刊正文字；若本曹無書，兼校本省典籍。隋初秘書省著作曹置校書郎二人，正九品上。煬帝大業三年增校書郎四十人。　正字：官名。此指秘書省著作局正字。隋於秘書省著作曹置二員，掌詳訂典籍，刊正文字。正九品上。

［10］令：官名。指秘書省太史曹太史令。秦置太史令，爲奉常屬官之一。西漢隸太常，掌天文曆法、撰史。隋於秘書省太史曹置太史令二員爲長官，從七品下，煬帝大業三年升爲從五品。職掌觀察天文，稽定曆數。　丞：官名。指秘書省太史曹太史丞。隋於秘書省太史曹置太史丞二員爲貳官，正九品下；煬帝大業三年減爲一員。佐太史令掌觀察天文，稽定曆數。

［11］司曆：官名。指秘書省太史曹司曆。春秋時魯國置司曆，掌曆法制定。西漢太史吏員有治曆六人。至晋，太史令吏員有典曆四人。南朝宋、齊、梁、陳與北魏、北齊皆有典曆。隋改典曆名司曆，置二員，爲秘書省太史曹屬官，掌國之曆法，造曆頒於四方。

從九品下。

[12]監候：官名。指秘書省太史曹監候。掌候天文。三國魏、晋太史令吏員有望候郎二十人、候部吏十五人，皆監候之任。隋初於秘書省太史曹置監候四人，從九品下。煬帝大業三年增至十人。

[13]博士：官名。即曆博士、天文博士、漏刻博士、視祲博士。　曆博士，隋於秘書省太史曹置曆博士一員，掌教曆生曆法。　天文博士，隋於秘書省太史曹置天文博士，掌教天文生天文氣色。　漏刻博士，隋於秘書省太史曹置漏刻博士，掌教漏刻生習漏刻之節。　視祲博士，西魏、北周春官府置視祲中士。正二命。掌觀測太陽及其雲氣的變化，以辨吉凶。隋於秘書省太史曹置視祲博士，掌教視祲生習視祲之法。　生：官名。即曆生、天文生、漏刻生、視祲生。　曆生，隋於秘書省太史曹始置，爲流外官，由曆博士教學曆法。　天文生，隋於秘書省太史曹始置天文生，爲流外官，由天文博士教學天文氣色。　漏刻生，隋於秘書省太史曹始置漏刻生，爲流外官，由漏刻博士教學漏刻之節。此外，右武候衛亦置漏刻生一百一十人。　視祲生，隋於秘書省太史曹始置視祲生，爲流外官，由視祲博士教學視祲之法。

内侍省，内侍、内常侍各二人，[1]内給事四人，[2]内謁者監六人，[3]内寺伯二人，[4]内謁者十二人，[5]寺人六人，[6]伺非八人。[7]並用宦者。領内尚食、掖庭、宫闈、奚官、内僕、内府等局。[8]尚食，置典御及丞各二人。[9]餘各置令、丞，[10]皆二人。其宫闈、内僕，則加置丞各一人。掖庭又有宫教博士二人。[11]

[1]内侍：官名。戰國時有宦者令。秦少府屬官有中書謁者令、丞，又有將行、衛尉少府各一人，爲皇后卿。西漢景帝改將行爲大長秋，或用閹人，或用士人。東漢常用宦者。三國魏改漢太后宫卿

在九卿下。晋大常秋卿有后則置，無則省。南朝宋、齊因之。梁大長秋管諸宦者，以司宫闈之職，統中署、奚官、暴室、華林等署。陳朝亦同。北魏有大長秋，又置内侍長四人，掌顧問、拾遺、應對。北齊中侍中省有中侍中二人爲長官，用宦者，掌出入門閤。北周天官府有司内上士、小司内中士、巷伯中士等官。隋改北齊中侍中省置内侍省，置内侍二人爲長官，以宦者充，從四品上，掌宫廷侍奉，傳宣制令。領内尚食、掖庭、宫闈、奚官、内僕、内府等局。煬帝大業三年改内侍省爲長秋監，置長秋令，一人，正四品，用士人。　内常侍：官名。秦有中常侍，參用士人，給事殿省。北魏置爲高級宦官，侍從皇帝左右，傳達詔命，受理尚書、門下奏事，職權甚重。初定爲三品上，後改四品上。北齊中侍中省置中常侍四員爲貳官，四品上，用宦者，掌出入門禁。隋朝改名内常侍，爲内侍省貳官，用宦者，置二人，正五品上。協助長官内侍掌宫廷侍奉，傳宣制令等。煬帝大業三年改名内承奉。

[2]内給事：官名。北魏有中給事中，太和末改爲中給事。北齊中侍中省有中給事中四人，從五品下。由宦者充任，掌後宫事，並負責與外朝聯繫。隋内侍省置宦者四人爲内給事，從五品下。掌判省事。凡元正、冬至群官朝賀中宫，則出入宣傳，宫人衣服、費用也由其掌管。煬帝大業三年改名内承直。

[3]内謁者監：官名。後漢大常秋屬官有中宫謁者三人，四百石，主管皇后宫報中章，以宦者充。北魏以宦者爲中謁者僕射，初五品上，後改從八品上。北齊屬中侍中省，員二人，爲宦者，從八品上。掌宗室謁見時的通報、導引。隋於内侍省置内謁者監六人，用宦者，從八品上。掌内宣傳。凡命婦朝會，將名册送内侍省。

[4]内寺伯：官名。隋内侍省有内寺伯二人，以宦者充。掌糾察不法事。歲大儺則監其出入。正九品上。

[5]内謁者：官名。漢朝少府屬官，掌宫中雜事。隋朝内侍省置十二員，爲宦官，掌諸親命婦朝集班位。煬帝大業三年罷，五年長秋監又置。

[6]寺人：官名。又作“侍人”。春秋時亦稱“閽”“豎”。掌宫内侍衛、御車、守藏、主屨等事務。三國魏、晋有寺人監。北魏官有寺人，從六品上。隋於内侍省置寺人六員，以宦者充，爲流外官。中宫駕出入則執御刀。

[7]伺非：吏職名。隋於内侍省置八人，以宦者充，位在寺人之下。

[8]内尚食：官署名。即内尚食局。隋内侍省所統，置典御及丞各二員，皆用宦者，掌御膳。煬帝大業三年罷。　掖庭：官署名。即掖庭局。隋爲内侍省所統局，有令、丞、宫教博士等，用宦者。掌宫禁女工之事。煬帝大業三年隸長秋監，改名掖庭署，参用士人。　宫闈：官署名。即宫闈局。隋置爲内侍省所統局，有令、丞，並用宦者。掌宫内門閣之禁，大享太廟出納皇后神主，及内給事名帳糧廩。煬帝大業三年改爲宫闈署。　奚官：官署名。即奚官局。隋置爲内侍省所統局，有令、丞，並用宦者。掌宫人使藥、疾病、罪罰、喪葬等事。煬帝大業三年改名奚官署。　内僕：官署名。即内僕局。隋置爲内侍省所統局，有令、丞，並用宦者。掌中宫車乘出入導引。煬帝大業三年廢。　内府：官署名。即内府局。隋置爲内侍省所統局，有令、丞，並用宦者。掌中宫府藏寶貨，出納名數。煬帝大業三年廢。

[9]典御：官名。指内尚食典御。隋爲内侍省所屬内尚食局長官，置二人，正六品下，以宦者充任，掌御膳。煬帝大業三年廢。　丞：官名。指内尚食丞。隋爲内侍省所屬内尚食局貳官，置二人，正八品下，以宦者充任，佐長官掌御膳。煬帝大業三年廢。

[10]令、丞：官名。指掖庭、宫闈、奚官、内僕、内府局的令、丞。　掖庭令、丞，隋初置令二員，正八品，置丞二員，正九品，爲内侍省所統掖庭局長、貳官，用宦者，掌宫禁女工之事。煬帝大業三年改名掖庭署，令、丞参用士人，隸長秋監。　宫闈令、丞，隋置，爲内侍省所統宫闈局長、貳官。令二員，正八品，丞三員，正九品，並用宦者。掌宫内門閣之禁，大享太廟出納皇后神

主，及内給事名帳糧廩。煬帝大業三年改爲宫闈署，參用士人，隸長秋監。　奚官令、丞，隋置爲内侍省所統奚官局長、貳官。令二員，從八品，丞二員，從九品，並用宦者。掌宫人使藥、疾病、罪罰、喪葬等事。煬帝大業三年改爲奚官署，參用士人，隸長秋監。　内僕令、丞，隋置爲内侍省所統内僕局長、貳官。令二員，從八品，丞三員，從九品，並用宦者。掌中宫車乘出入導引，中宫出，令居左，與居右丞夾引之。煬帝大業三年廢。　内府令、丞，隋内侍省内府局置令二員爲長官，正八品下；丞二員，爲貳官，正九品下。並用宦者。掌中宫府藏寶貨，出納名數。煬帝大業三年廢。

[11]宫教博士：官名。北齊長秋寺掖庭署、中山宫署、晋陽宫署，各有宦者二員爲宫教博士，從九品。隋内侍省掖庭局置二員（一説十三人），從九品上，以宦者充，掌教習宫人書、算、衆藝。

御史臺，大夫一人，[1]治書侍御史二人，[2]侍御史八人，[3]殿内侍御史、監察御史，[4]各十二人，録事二人。[5]後魏延昌中，[6]王顯有寵於宣武，[7]爲御史中尉，[8]請革選御史。[9]此後踵其事，每一中尉，則更置御史。自開皇後，[10]始自吏部選用，仍依舊入直禁中。

[1]大夫：官名。即御史大夫。隋置一員爲御史臺長官，專掌國家刑憲典章之政令，司彈劾糾察百官等。其品級，隋大業五年前是從三品，此年降爲正四品。

[2]治書侍御史：官名。隋初以治書侍御史二員爲御史臺貳官，佐御史大夫監察彈劾百官，並主持臺務，從五品下。煬帝大業三年升爲正五品，後又降爲從五品，原侍御史所掌臺中簿册改爲皆由其主之。

[3]侍御史：官名。秦有侍御史。漢因之，爲御史大夫屬官，由御史中丞統領，入侍禁中蘭臺，給事殿中，故名。隋置八員，從

七品，爲御史臺屬官。文帝開皇後由吏部選用，入直禁中，並掌臺中文書簿令。煬帝大業三年罷禁中直宿之制，唯掌侍從糾察。資位稍輕，正七品。

［4］殿内侍御史：官名。三國魏始置殿中侍御史，亦稱殿中御史。隋初避諱改名殿内侍御史，亦簡稱殿内御史，爲御史臺屬官，置十二員，正八品下。掌殿廷供奉之儀式，有虧缺失儀者則糾察。煬帝大業三年省。　監察御史：官名。亦稱監察侍御史。源於秦以御史監理諸郡，稱監察史，後以名官。隋初改檢校御史爲監察御史，置十二人，掌出使巡察州縣，從八品上。煬帝大業三年增至十六員，升爲從七品（一説：大業三年，加正八品，增至十六人；大業八年，加從七品）。

［5］録事：官名。指御史臺録事。爲該臺屬官，置二員，掌臺文書等事務。

［6］後魏：即北魏（386—557），亦單稱魏。初都平城（今山西大同市東北），公元494年遷都洛陽（今河南洛陽市東北白馬寺東）。公元534年分裂爲東魏和西魏兩個政權。東魏（534—550）都於鄴（今河北臨漳縣西南鄴鎮東），西魏（535—557）都於長安（今陝西西安市西北郊）。

［7］王顯：人名。北魏宣武帝元恪御醫。傳見《魏書》卷九一、《北史》卷九〇。　宣武：北魏皇帝元恪的謚號。紀見《魏書》卷八、《北史》卷四。

［8］御史中尉：官名。十六國前燕曾置。北魏改漢、晋御史中丞名御史中尉，主御史臺。威權甚重。掌督察百官。其出入千步清道，王公百官皆使遜避。初定三品上，後改從三品。

［9］革選御史：指王顯任御史中尉時，認爲屬官不悉稱職，請求改革御史臺屬官選拔制度。宣武帝准奏，改由御史臺長官中尉舉薦選用（參《北史·王顯傳》）。按，此“御史”泛指御史中尉屬官。

［10］開皇：隋文帝楊堅年號（581—600）。

都水臺，使者及丞各二人，[1]參軍三十人，[2]河堤謁者六十人，[3]録事二人。[4]領掌船局都水尉二人，[5]又領諸津。[6]上津每尉一人，[7]丞二人。[8]中津每尉、丞各一人。[9]下津每典作一人，津長四人。[10]

[1]使者：官名。指都水使者。隋初設都水使者一員爲都水臺長官，掌川澤、津梁之政令等。從五品下。開皇三年廢都水臺，併入司農寺。十三年復置。仁壽元年更名都水監，改使者爲監，爲都水監長官。煬帝大業三年復舊名使者，統舟楫、河渠二署，正五品。大業五年再改稱監，加至四品。後又改名都水令，從三品。丞：官名。指都水丞。隋初都水臺置丞二人爲都水臺貳官，掌判臺事及京畿諸水之用，正八品上。煬帝大業三年加從七品。大業五年增置少監（後改名少令）爲都水臺貳官後，都水丞降爲屬官。

[2]參軍：官名。指都水參軍，亦稱都水參軍事。兩晋南北朝都水臺屬官。南朝梁武帝天監七年（508）改都水臺爲太舟卿，遂省。北齊亦不置。隋都水臺置員三十人爲屬官，正九品上。文帝開皇三年廢都水臺，併入司農寺；十三年復置。煬帝置爲都水監屬官。

[3]河堤謁者：官名。或稱河堤使者。隋初置六十員，隸都水臺。文帝開皇三年廢都水臺，併入司農寺；十三年復置。煬帝置爲都水監河渠署屬官。

[4]録事：官名。指都水臺録事。爲該省屬官，掌管臺中文書等事務。

[5]領掌船局都水尉：官名。漢主爵中尉屬官有都船令，水衡都尉有輯濯令。晋水衡令各有舷（一曰“船”）曹吏。南朝齊有船官典軍（一曰“官船典軍”）一人。北周有舟工中士一人。隋初置掌船局都水尉（一曰“船局都尉”）二人，爲都水使者屬官。煬帝

大業三年都水監下置舟楫署，改掌船局都水尉名舟楫署令，置一人，爲署長官。掌公私舟船及運漕之事。按，中華本將“領掌船局都水尉二人”標點爲“領掌船局、都水尉二人”。若此，似掌船局尉是一官名，都水尉又是一官名。據《唐六典》卷二三《舟楫署》所載，可知掌船局都水尉（或作“掌船局都尉”）當是一個官名，故“掌船局”“都水尉”間不應加頓號。

［6］津：渡口。

［7］尉：官名。指津尉。晋諸津渡各置監津吏一人。北齊三局尉皆分司諸津、橋之事。北周有掌津中士一人，掌津渡、川瀆之制，而爲之橋梁。隋爲都水臺（都水監）所屬諸津長官。上津尉一人，從八品下；中津尉一人，正九品上；下津尉一人。掌津濟渡舟梁之事。

［8］丞：官名。指津丞。隋爲都水臺（都水監）所屬諸津貳官。上津丞二員，從九品上；中津丞一員，從九品下；下津不置丞。津丞佐津尉掌津濟渡舟梁之事。

［9］中津每尉、丞各一人：《唐六典》卷二三《諸津》爲“中津尉、丞各一人”，即無“每”字。

［10］下津每典作一人，津長四人：汲古閣本、殿本、庫本、中華本皆同底本。中華本校勘記云：“按：《唐六典》二三作‘下津，尉一人’；又‘每津，典作一人，津長四人’。此處當有脱文。”對讀本書和《唐六典》，《唐六典》所載文確，故按其詮釋本詞條。典作，官名。指諸津典作。隋置爲都水臺（都水監）所屬諸津尉下屬官，每津置一人。津長，隋置爲都水臺（都水監）所屬諸津尉下屬官，每津置四人。

太常、光禄、衛尉、宗正、太僕、大理、鴻臚、司農、太府等九寺，並置卿、少卿各一人。[1]太僕尋加少卿一人。各置丞、太常、衛尉、宗正、大理、鴻臚、將作二人，光禄、太僕各三人，司農五人，太府六人。主簿、太府四人。餘寺各二人。録事各二人。光禄則加至三人，司農、太府則各四人。等員。[2]

[1]卿：官名。即太常寺卿、光禄寺卿、衛尉寺卿、宗正寺卿、太僕寺卿、大理寺卿、鴻臚寺卿、司農寺卿、太府寺卿。　太常寺卿，隋沿北齊之制，設太常寺卿（亦名“太常卿”）一人，爲太常寺長官，掌國家禮樂、郊廟、社稷、祭祀等事。正三品。總轄郊社、太廟、諸陵、太祝、衣冠、太樂、清商、鼓吹、太醫、太卜、廪犧等署，國子寺也隸之。文帝開皇三年廢衛尉寺，其職掌屬官併入太常寺；開皇十二年復分置。開皇十三年國子寺獨立，不再隸之。煬帝大業三年廢太祝、衣冠、清商署，其他也稍有變革。　光禄寺卿，隋初置光禄寺卿（亦名“光禄卿”）一人爲光禄寺長官，唯掌祭祀及朝會宴享酒食之供設，領太官、肴藏、良醖、掌醢等署。文帝開皇三年光禄寺併入司農寺，十二年復置。正三品。煬帝大業三年降爲從三品。　衛尉寺卿，隋初沿北齊制，設衛尉寺卿（亦名“衛尉卿”）一人爲衛尉寺長官。文帝開皇三年罷，其職分隸太常寺、尚書省。開皇十二年復置，但宫門屯兵歸屬監門衛，本寺唯掌軍器、儀仗、帳幕之事。正三品。煬帝降衛尉卿爲從三品。　宗正寺卿，隋沿北齊之制，置宗正寺卿（亦稱“宗正卿”）一人爲宗正寺長官，掌皇九族、六親屬籍，以别昭穆親疏等事務。正三品。煬帝降爲從三品。　太僕寺卿，隋初設太僕寺卿（亦名“太僕卿”）一員爲太僕寺長官，掌宫廷車馬及國家厩牧、車輿之事。初總領驊騮、乘黄、龍厩、車府、典牧、牛羊等署，隋煬帝大業三年將驊騮署劃入殿内省。隋初正三品，煬帝降爲從三品。　大理寺卿，隋沿置大理寺，設大理寺卿（亦名“大理卿”）一員爲長官，掌審獄定刑名，决疑案。正三品。煬帝大業三年降爲從三品。　鴻臚寺卿，隋沿北齊之制，設鴻臚寺卿（亦名“鴻臚卿”）一員爲鴻

臚寺長官，統典客、司儀、崇玄署（由北齊典寺署所改），掌册封諸藩、接待外使，及凶儀及佛道寺觀等事。文帝開皇三年廢鴻臚寺入太常寺，十二年復置。正三品。煬帝大業三年改典客署爲典蕃署，降鴻臚卿爲從三品。　司農寺卿，隋初與北齊同，置司農寺卿（亦名“司農卿”）一員爲司農寺長官，掌國家苑囿、薪芻、藴炭、市易、度量等。正三品。煬帝大業三年降司農卿爲從三品。　太府寺卿，隋因北齊之制，設太府寺卿（亦稱“太府卿”）一人爲太府寺長官，掌國家財貨之事，統左右藏、三尚方、司染、黄藏、掌冶、甄官諸署。正三品。煬帝大業三年分太府寺置少府監，以三尚方、掌冶、司染等事歸之，本寺卿管兩京市、左右藏、平準等署事。降太府卿爲從三品。　少卿：官名。即太常寺少卿、光禄寺少卿、衛尉寺少卿、宗正寺少卿、太僕寺少卿、大理寺少卿、鴻臚寺少卿、司農寺少卿、太府寺少卿。　太常寺少卿，隋初設太常寺少卿（亦稱“太常少卿”）一人爲太常寺貳官，協助長官太常卿掌宗廟郊社禮樂等。正四品上。煬帝增爲二員，改從四品。　光禄寺少卿，隋初設光禄寺少卿（亦名“光禄少卿”）一人爲太常寺貳官，協助長官光禄卿掌祭祀及朝會宴享酒食之供設。正四品上。煬帝增爲二員，改從四品。　衛尉寺少卿，隋初設衛尉寺少卿（亦稱“衛尉少卿”）一人爲衛尉寺貳官，協助長官衛尉卿掌軍器、儀仗、帳幕等事。正四品上。煬帝增爲二員，改從四品。　宗正寺少卿，隋置宗正寺少卿（亦稱“宗正少卿”）一人爲宗正寺貳官，協助長官宗正卿掌皇九族、六親屬籍，以別昭穆親疏等事務。正四品上。煬帝增爲二員，改從四品。　太僕寺少卿，隋初設太僕寺少卿（亦稱“太僕少卿”）一人爲太僕寺貳官，協助長官太僕卿掌宫廷車馬及國家厩牧、車輿之事。正四品上。煬帝增爲二員，改從四品。　大理寺少卿，隋初置大理寺少卿（亦稱“大理少卿”）一人爲大理寺貳官，協助長官大理卿掌審獄定刑名，决疑案。正四品上。煬帝增爲二員，改從四品。　鴻臚寺少卿，隋初沿北齊之制，設鴻臚寺少卿（亦稱“鴻臚少卿”）一人爲鴻臚寺貳官，協助長官鴻臚卿掌册封諸藩、接待外使，及凶儀及佛道寺觀等事。正四品上。煬帝增爲二員，改從四品。　司農寺少卿，隋初因北齊之制，置司農寺少卿（亦稱“司農少卿”）一人爲司農寺貳官，協助長官司農卿掌國家苑囿、薪芻、蘊炭、市易、度量等。正四品上。煬帝增爲二員，改從四品。　太府寺少卿，隋初因北齊之制，置太府寺少卿（亦稱“太府少卿”）一人爲太府寺貳官，協助長官太府卿掌國家財貨之事等。正四品上。煬帝增爲二員，改從四品。

［2］各置丞、主簿、録事等員：中華本標點爲“各置丞，主簿、録事等員”。因丞、主簿、録事三名詞是並列關係，故“丞”後應標點頓號。　丞：指太常寺丞、光禄寺丞、衛尉寺丞、宗正寺丞、太僕寺丞、大理寺丞、鴻臚寺丞、司農寺丞、太府寺丞、將作寺丞。　太常寺丞，隋初在太常寺少卿之下置太常寺丞（亦稱“太常丞”）二員，掌本寺日常公務。從六品下。煬帝大業五年升爲從五品。　光禄寺丞，隋因北齊制，置光禄寺丞（亦稱“光禄丞”）爲光禄寺佐官，增至三員，掌判本寺日常公務。從六品下。煬帝大業五年升從五品。　衛尉寺丞，隋因北齊制，置衛尉寺丞（亦稱“衛尉丞”）爲衛尉寺佐官，增至二員，掌判本寺日常公務，辨器械出納之數。從六品。煬帝大業五年升從五品。　宗正寺丞，隋初置宗正寺丞（亦稱“宗正丞”）二員爲宗正寺佐官，掌判本寺日常公務。正七品下。煬帝大業五年升從五品。　太僕寺丞，隋初置太僕寺丞（亦名“太僕丞”）三員爲太僕寺佐官，掌判本寺公務，考補獸醫、獸醫博士等。正七品下。煬帝大業五年升從五品。　大理寺丞，隋初於大理寺置大理寺丞（亦稱“大理丞”）二員爲屬官，掌判寺務。正七品下。煬帝大業三年增至十六員，並改爲勾檢官，始與大理正分判獄事，定刑之輕重。　鴻臚寺丞，隋沿北齊之制，置鴻臚寺丞（亦稱“鴻臚丞”）二員爲鴻臚寺佐官，掌判本寺事。正七品下。煬帝大業五年升從五品。　司農寺丞，隋於司農寺置司農寺丞（亦稱“司農丞”）五員，判本寺日常公務，掌租税折造轉運京、都之檢閲收納，管理官户、奴婢、籍没犯人的配役等。正七

品下。煬帝大業五年升從五品。　太府寺丞，隋沿北齊之制，於太府寺置太府寺丞（亦稱“太府丞”）六人爲屬官，位次太府少卿，掌判本寺日常公務，管理請受、輸納賬簿等。正七品下。煬帝大業五年升從五品。　將作寺丞，隋初於將作寺置將作寺丞（亦稱“將作丞”）二人爲貳官，文帝開皇二十年改將作寺名將作監，加置副監爲貳官，將作丞降爲佐官。從七品上。煬帝大業三年升從六品，十三年又升從五品。掌判本監日常公務。按，諸本同底本。然讀正文大字“九寺”中無“將作寺”，也無“將作丞”，但小字注却出現“將作二人”，令人不得其解，疑是衍文。　主簿：指太常寺主簿、光禄寺主簿、衛尉寺主簿、宗正寺主簿、太僕寺主簿、大理寺主簿、鴻臚寺主簿、司農寺主簿、太府寺主簿。　太常寺主簿，隋於太常寺置太常寺主簿（亦稱“太常主簿”）二人爲屬官。掌印，勾檢稽失，省署抄目，給紙筆等。　光禄寺主簿，隋於光禄寺置光禄寺主簿（亦稱“光禄主簿”）二人爲屬官，掌印，勾檢稽失。衛尉寺主簿，隋於衛尉寺置衛尉寺主簿（亦稱“衛尉主簿”）二人爲屬官，掌印，勾檢稽失。　宗正寺主簿，隋於宗正寺置宗正寺主簿（亦稱“宗正主簿”）二人爲屬官，掌印，勾檢稽失。　太僕寺主簿，隋於太僕寺置太僕寺主簿（亦稱“太僕主簿”）二人爲屬官，掌印，勾檢稽失，省署抄目。　大理寺主簿，隋於大理寺置大理寺主簿（亦稱“大理主簿”）二人爲屬官，掌印，省署抄目，勾檢稽失；據官吏之負犯並雪冤文牒而立帳簿等。　鴻臚寺主簿，隋於鴻臚寺置鴻臚寺主簿（亦稱“鴻臚主簿”）二人爲屬官，掌印，勾檢稽失。　司農寺主簿，隋於司農寺置司農寺主簿（亦稱“司農主簿”）二人爲屬官，掌印，省署抄目，勾檢稽失。　太府寺主簿，隋於太府寺置太府寺主簿（亦稱“太府主簿”）四人爲屬官，掌印，省署抄目，勾檢稽失。　録事：指太常寺録事、光禄寺録事、衛尉寺録事、宗正寺録事、太僕寺録事、大理寺録事、鴻臚寺録事、司農寺録事、太府寺録事。　太常寺録事，隋於太常寺置太常寺録事（亦稱“太常録事”）二人爲屬官，掌受事發辰。　光禄寺録事，隋於光禄寺置光禄寺録事（亦稱“光禄録事”）三人爲屬官，並以流外官充任，掌受事發辰。　衛尉寺録事，亦稱衛尉録事。北齊衛尉寺置衛尉録事。隋沿置，於衛尉寺置衛尉録事二人爲屬官，掌受事發辰。　宗正寺録事，亦稱宗正録事。北齊大宗正寺置宗正録事。隋沿置，於宗正寺置宗正録事二人爲屬官，掌受事發辰。　太僕寺録事，亦稱太僕録事。隋於太僕寺置太僕録事二人爲屬官，掌受事發辰。　大理寺録事，亦稱大理録事。北齊大理寺置大理録事。隋於大理寺置大理録事二人爲屬官，掌受事發辰。　鴻農寺録事，亦稱鴻臚録事。北齊鴻臚寺置鴻臚録事。隋沿之，於大理寺置大理録事二人爲屬官，掌受事發辰。　司農寺録事，亦稱司農録事。北齊司農寺置司農録事。隋沿之，於司農寺置司農録事四人爲屬官，掌受事發辰。　太府寺録事，亦稱太府録事。北齊太府寺置太府録事。隋沿之，於太府寺置太府録事四人爲屬官，掌受事發辰。

太常寺又有博士四人，[1]協律郎二人，[2]奉禮郎十六人。[3]統郊社、太廟、諸陵、太祝、衣冠、太樂、清商、鼓吹、太醫、太卜、廩犧等署。[4]各置令、並一人。太樂、太醫則各加至二人。丞。[5]各一人。郊社、太樂、鼓吹則各至二人。郊社署又有典瑞。[6]四人。太祝署有太祝。[7]二人。太樂署、清商署，各有樂師員。[8]太樂八人，清商二人。鼓吹署有哄師。[9]二人。太醫署有主藥、二人。醫師、二百人。藥園師、二人。醫博士、二人。助教、二人。按摩博士、二人。祝禁博士二人。等員。[10]太卜署有卜師、二十人。相師、十人。男覡、十六人。女巫、八人。太卜博士、助教、各二人。相博士、助教各一人。等員。[11]

［1］博士：官名。即太常寺博士。隋於太常寺置太常寺博士（亦稱“太常博士”）四人爲屬官，掌辨五禮儀式，大祭祀及有大禮時與長官導贊禮儀，擬議王公以下謚號等。從七品下。

［2］協律郎：官名。隋於太常寺置太常寺協律郎（亦稱“太常協律郎”或“協律郎”）二人爲屬官，掌舉麾節樂，調和六律、六吕，監試樂人典課等。正八品上。

［3］奉禮郎：官名。即太常寺奉禮郎。隋初於太常寺置太常寺奉禮郎（亦稱“太常奉禮郎”“奉禮郎”“奉禮”）十六人爲屬官，掌朝會、祭祀時君、臣版位之次及贊導跪拜之儀。從九品下。煬帝減置六人。按，據《唐六典》卷一四《太常寺·奉禮郎》和《通典》卷二五《職官·諸卿上》，知本書《百官志》所載北齊、隋之“奉禮郎”，皆當爲“治禮郎”。因唐修《五代史志》至顯慶元年（656）乃成，故避李治諱而改。

［4］郊社：官署名。即郊社署。隋太常寺下屬機構，置郊社令、丞各一人爲長貳。掌五郊、社稷、明堂之位，祠祀、祈禱之禮。文帝開皇中署司唯典掌受納，煬帝大業三年後署令爲判首。　太廟：官署名。即太廟署。北齊置，隸太常寺，有太廟令、丞，掌郊廟社稷等事。兼領郊祠、崇虚二局丞，掌五郊群神、五岳四瀆神祀及道士簿帳等事。隋沿置爲太常寺下屬機構，置太廟令、丞爲長貳，掌宗廟祭祀等事。文帝開皇中署司唯典掌受納，煬帝大業三年後署令爲判首；本署並增置陰室丞，守視陰室。　陵：官署名。即陵署。北齊置，隸太常寺，有陵令、丞，掌守衛山陵等事。隋沿置爲太常寺下屬機構，置太廟令、丞爲長貳，掌先帝山陵，率户守衛，及按節日修享祭祀等事。文帝開皇中署司唯典掌受納，煬帝大業三年後署令爲判首。　太祝：官署名。即太祝署。北齊置，隸太常寺，有太祝令、丞，掌郊廟贊祝，祭社衣服等事。隋沿置爲太常寺下屬機構，置太祝令、丞各一人爲長貳，又有太祝二員，掌出納神主於太廟九室，及祭祀皇帝祖先之儀。煬帝大業三年罷太祝署，以太祝屬寺。　衣冠：官署名。即衣冠署。北齊置，隸太常寺，有衣冠令、

丞，掌服飾衣冠鞋履之類事。隋沿置爲太常寺下屬機構，置衣冠令、丞各一人爲長貳，掌供祭祀典禮用衣冠服飾等。煬帝大業三年罷衣冠署。　太樂：官署名。即太樂署。北齊置，隸太常寺，有太樂令、丞，掌諸樂及行禮節奏等事；兼領清商部。隋沿置爲太常寺下屬機構，置太樂令、丞爲長貳，掌教樂人調合鍾律，供國家祭祀、饗燕之用。文帝開皇中署司唯典掌受納，煬帝大業三年後署令爲判首。　清商：官署名。即清商署。南朝梁始置清商署，隸太常卿。掌清商樂（漢魏六朝民間樂舞曲）及樂隊、演員。陳因之。北齊太常寺下太樂署兼領清商部，掌清商音樂等事。隋清商署爲太常寺下轄十一署之一，置令、丞爲長貳官，掌清商樂。煬帝大業三年罷清商署。　鼓吹：官署名。即鼓吹署。隋沿北齊，於太常寺下置鼓吹署，置令、丞爲長貳官，掌皇家儀仗所用鼓吹樂隊。文帝開皇中署司唯典掌受納，煬帝大業三年後署令爲判首。　太醫：官署名。即太醫署。隋沿北齊，於太常寺下置太醫署，設令、丞爲長貳，又有主藥、醫師、藥園師等，掌諸醫療之法。文帝開皇中署司唯典掌受納，煬帝大業三年後署令爲判首；又增置醫監、醫正。　太卜：官署名。即太卜署。隋於太常寺下置太卜署，設令、丞爲長貳，又有卜師、相師、男覡、女巫等。掌卜筮之法，以預測國家行動之吉凶。文帝開皇中署司唯典掌受納，煬帝大業三年後署令爲判首。　廩犧：官署名。即廩犧署。隋於太常寺下置廩犧署，設令、丞爲長貳，掌祭祀之牛羊穀物等用品。文帝開皇中署司唯典掌受納，煬帝大業三年後署令爲判首。

[5]令：官名。即郊社署令、太廟署令、陵署令、太祝署令、衣冠署令、太樂署令、清商署令、鼓吹署令、太醫署令、太卜署令、廩犧署令。　郊社署令，亦稱郊社令。爲隋太常寺郊社署長官。正八品下。文帝開皇中署司唯典掌受納，煬帝大業三年後署令爲判首。掌五郊、社稷、明堂之位，祠祀、祈禱之禮。正六品。　太廟署令，沿北齊之制，於太常寺太廟署置太廟署令（亦稱“太廟令”）一員爲長官，掌宗廟祭祀等事。正八品下。文帝開皇中署司

唯典掌受納，煬帝大業三年後署令爲判首。正七品。　陵署令，隋沿北齊之制，於太常寺陵署置陵署令（亦稱“陵令”）爲長官，每陵一員，掌先帝山陵，率户守衛，及按節日修享祭祀等事。從八品下。文帝開皇中署司唯典掌受納，煬帝大業三年後陵令爲判首。正七品。　太祝署令，隋沿北齊之制，於太常寺太祝署置太祝署令（亦稱“太祝令”）一人爲長官，掌出納神主於太廟九室，及祭祀皇帝祖先之儀。從九品上。煬帝大業三年罷。　衣冠署令，北齊太常寺衣冠署置衣冠令爲長官，掌服飾衣冠鞋履之類事。隋沿置，於太常寺衣冠署置衣冠署令（亦稱“衣冠令”）一人爲長官，掌供祭祀典禮用衣冠服飾等。從八品上。煬帝大業三年罷。　太樂署令，隋沿北齊之制，於太常寺太樂署置太樂署令（亦稱“太樂令”）二人爲長官，掌教樂人調合鍾律，供國家祭祀、饗燕之用。正八品下。文帝開皇中署司唯典掌受納，煬帝大業三年後署令爲判首。正六品。　清商署令，隋清商署爲太常寺下轄十一署之一，置清商署令（亦稱“清商令”）爲長官，掌清商樂。從八品下。煬帝大業三年罷。　鼓吹署令，隋初沿北齊之制，於太常寺鼓吹署置鼓吹署令（亦稱“鼓吹令”）一人爲長官，掌皇家儀仗所用鼓吹樂隊。正八品下。文帝開皇中署司唯典掌受納，煬帝大業三年後鼓吹令爲判首，升爲正六品。　太醫署令，隋沿北齊之制，於太常寺太醫署置太醫署令（亦稱“太醫令”）二員爲長官，掌諸醫療之法。文帝開皇中署司唯典掌受納，從八品上。煬帝大業三年後太醫令爲署司判首。從六品。　太卜署令，隋於太常寺太卜署，設太卜署令（亦稱“太卜令”）一員爲長官，掌卜筮之法，以預測國家行動之吉凶。從八品下。文帝開皇中署司唯典掌受納，煬帝大業三年後太卜令爲判首，升爲正七品。　廩犧署令，隋沿北齊之制，於太常寺廩犧署，設廩犧署令（亦稱“廩犧令”）一人爲長官，掌祭祀之牛羊穀物等用品。從八品下。文帝開皇中署司唯典掌受納，煬帝大業三年後署令爲判首，升爲正七品。　丞：官名。即郊社署丞、太廟署丞、陵署丞、太祝署丞、衣冠署丞、太樂署丞、清商署丞、鼓吹署丞、太醫署丞、太卜署丞、廪犧署丞。　郊社署丞，亦稱郊社丞。爲隋太常寺郊社署副長官，正九品下。煬帝大業三年郊社令爲署司判首後，郊社丞唯掌勾檢；令缺，丞判。五年，升爲從五品。　太廟署丞，隋沿北齊之制，於太常寺太廟署置太廟署丞（亦稱“太廟丞”）一員爲貳官。正九品下。煬帝大業三年太廟令爲署司判首後，太廟丞唯掌勾檢；令缺，丞判。五年，升爲從五品。　陵署丞，隋沿北齊之制，置陵署丞（亦稱“陵丞”）爲太常寺陵署貳官，每陵一員。從九品下。煬帝大業三年陵令爲署司判首後，陵丞唯掌勾檢；令缺，丞判。五年，升爲從五品。　太祝署丞，隋沿北齊之制，於太常寺太祝署置太祝署丞（亦稱“太祝丞”）一人爲貳官，助令掌出納神主於太廟九室，及祭祀皇帝祖先之儀。正九品下。煬帝大業三年罷。　衣冠署丞，北齊太常寺衣冠署置衣冠丞爲貳官，佐長官掌服飾衣冠鞋履之類事。隋沿置，於太常寺衣冠署置衣冠署丞（亦稱“衣冠丞”）一人爲貳官，佐長官掌供祭祀典禮用衣冠服飾等。正九品上。煬帝大業三年罷。　太樂署丞，隋初於太常寺太樂署置太樂署丞（亦稱“太樂丞”）二人爲貳官。正九品下。煬帝大業三年太樂令爲署司判首後，太樂丞唯掌勾檢；令缺，丞判。五年，升爲從五品。　清商署丞，隋清商署爲太常寺下轄十一署之一，置清商署丞（亦稱“清商丞”）一人爲貳官，佐長官掌清商樂。從九品下。煬帝大業三年罷。　鼓吹署丞，隋初沿北齊之制，於太常寺鼓吹署置鼓吹署丞（亦稱“鼓吹丞”）爲貳官。正九品下。煬帝大業三年鼓吹令爲署司判首後，鼓吹丞唯掌勾檢；令缺，丞判。五年，升爲從五品。　太醫署丞，隋沿北齊之制，於太常寺太醫署置太醫署丞（亦稱“太醫丞”）一員爲貳官。從九品上。煬帝大業三年太醫令爲署司判首後，太醫丞唯掌勾檢；令缺，丞判。五年，升爲從五品。　太卜署丞，隋於太常寺太卜署，設太卜署丞（亦稱“太卜丞”）一員爲貳官。從九品下。煬帝大業三年太卜令爲署司判首後，太卜丞唯掌勾檢。　廪犧署丞，隋於太常寺廪犧署，設廪犧署丞（亦稱“廪犧丞”）一人爲貳官。從九品下。煬帝大業三年後廪犧令爲署司判首，廪犧丞唯掌勾檢；令缺，丞判。五年，升爲從五品。

［6］典瑞：吏職名。《周禮》載爲春官之屬，掌玉器收藏，供各種禮儀使用。隋於太常寺郊社署置四人，爲吏職。

［7］太祝：官名。秦、漢、晋、南朝、北魏、北齊皆置太祝令、丞。北周置太祝下大夫，簡稱太祝。隋初於太常寺太祝署置太祝令、丞爲長貳，又置太祝二員爲屬官，從九品上。煬帝大業三年罷太祝署而留增太祝八員直屬太常寺，後又增爲十人。

［8］樂師：官名。北周依《周官》，置樂師上士、中士各一人。隋於太常寺太樂署置八人、清商署置二人爲屬官，掌教習聲樂。皆從九品下。煬帝大業三年改名樂正，置十人。

［9］哄師：吏職名。隋於太常寺鼓吹署置二員。

［10］主藥：吏職名。即太醫署主藥。隋於太常寺太醫署置二人，掌藥物之刮削搗篩等事。　醫師：吏職名。即太醫署醫師。隋於太常寺太醫署置二百人，掌療人疾病，以痊癒數爲考課，爲流外之職。　藥園師：吏職名。即太醫署藥園師。隋於太常寺太醫署置二人，掌藥材種植與收採。　醫博士：官名。即太醫署醫博士。隋於太常寺太醫署置太醫署醫博士二人，掌教授諸生醫學。　助教：官名。即太醫署助教。隋於太常寺太醫署置助教二人，佐醫博士教授諸生醫學。　按摩博士：官名。即太醫署按摩博士。隋於太常寺太醫署置按摩博士二人，掌教按摩生消息導引之法，以除人八疾（風、寒、暑、濕、飢、飽、勞、逸）。　祝禁博士：官名。即太醫署祝禁博士。隋於太常寺太醫署置祝禁博士二人，掌教祝禁生以咒禁祓除邪魅之爲厲者。

［11］卜師：吏職名。即太卜署卜師。隋於太常寺太卜署置卜師二十人，掌占卜。　相師：吏職名。即太卜署相師。隋於太常寺太卜署置相師十人。　男覡（xí）：吏職名。隋於太常寺太卜署置男覡十六人，即爲人禱祝鬼神的男巫。　女巫：吏職名。即太卜署女巫。隋於太常寺太卜署置女巫八人，掌禱祝鬼神。　太卜博士：官

名。即太卜署太卜博士。隋於太常寺太卜署置太卜博士二人，掌教授卜筮之法。煬帝大業三年省太卜博士，置太卜卜正二十人以掌太卜博士之職。　助教：吏職名。即太卜署助教。隋於太常寺太卜署置太卜助教二人。　相博士：官名。即太卜署相博士。隋於太常寺太卜署置相博士一人。　相助教：吏職名。即太卜署相助教。隋於太常寺太卜署置相助教一人。

光禄寺統太官、肴藏、良醖、掌醢等署。[1]各置令、太官三人，肴藏、良醖各二人，掌醢一人。丞。[2]太官八人，肴藏、掌醢各二人，良醖四人。太官又有監膳，[3]十二人。良醖有掌醖，[4]五十人。掌醢有掌醢十人。等員。[5]

[1]太官：官署名。即太官署。北齊光禄寺始置，有令、丞，掌百官食膳事。隋沿置，設令、丞爲長貳官，又有監膳等員。掌供百官膳食等事。　肴藏：官署名。即肴藏署。北齊光禄寺始置，有令、丞，掌膳食器物鮭味等事。隋沿置，設令、丞爲長貳官，掌供祭祀、朝會、賓客之禮所用水、陸産多種美味。　良醖：官署名。即良醖署。隋初光禄寺置爲下屬機構。設令、丞爲正貳官，又有掌醖。掌供國家祭祀五齊（泛齊、醴齊、盎齊、醍齊、沈齊）、三酒（事酒、昔酒、清酒）之事。文帝開皇三年改隸司農寺，十二年復隸光禄寺。　掌醢（hǎi）：官署名。即掌醢署。隋初光禄寺置爲下屬機構。設令、丞爲長貳官，又有掌醢。掌供醓醢之物品，而辨其名物。

[2]令：官名。即太官署令、肴藏署令、良醖署令、掌醢署令。　太官署令，亦稱太官令。隋沿北齊制，於光禄寺太官署置太官令三員爲署長官，掌供祠宴朝會膳食。正八品下。煬帝大業三年升爲正六品，並爲判首。　肴藏署令，亦稱肴藏令。隋沿置，於光禄寺肴藏署置肴藏署令二員爲長官，掌供祭祀、朝會、賓客之禮所用

水、陸産多種美味。從八品。煬帝大業三年升爲正七品，並爲判首。　良醖署令，亦稱良醖令。隋初於光禄寺良醖署置良醖署令二員爲長官，掌供國家祭祀五齊、三酒之事。從八品下。文帝開皇三年改隸司農寺，十二年復隸光禄寺。煬帝大業三年升爲正七品，並爲判首。　掌醢署令，亦稱掌醢令。隋於光禄寺掌醢署置掌醢署令一員爲長官，掌供醯醢之物品，而辨其名物。從八品下。煬帝大業三年升爲正七品，並爲判首。　丞：官名。即太官署丞、肴藏署丞、良醖署丞、掌醢署丞。　太官署丞，亦稱太官丞。隋沿北齊之制，於光禄寺太官署置太官丞八員爲署貳官，佐長官太官令掌供祠宴朝會膳食。正九品下。煬帝大業三年改丞唯掌勾檢；令缺，丞判。五年，升爲從五品。　肴藏署丞，亦稱肴藏丞。北齊光禄寺肴藏署置肴藏署丞爲貳官。隋沿置，於光禄寺肴藏署置肴藏署丞二員爲長官，佐長官肴藏署令掌供祭祀、朝會、賓客之禮所用水、陸産多種美味。從九品。煬帝大業三年改丞唯掌勾檢；令缺，丞判。五年，升爲正五品。　良醖署丞，亦稱良醖丞。隋初於光禄寺良醖署置良醖署丞四員爲貳官，從九品下。佐長官良醖署令掌供國家祭祀五齊、三酒之事。文帝開皇三年改隸司農寺，十二年復隸光禄寺。煬帝大業三年改丞唯掌勾檢；令缺，丞判。五年，升爲正五品。　掌醢署丞，亦稱掌醢丞。隋於光禄寺掌醢署置掌醢署丞二員爲貳官，佐長官掌醢令掌供醯醢之物品，而辨其名物。從九品下。煬帝大業三年改丞唯掌勾檢；令缺，丞判。五年，升爲正五品。

［3］監膳：官名。晋太官令有厨史二十四人。北周有典庖中士、内膳中士。隋於光禄寺太官署置監膳十二員（《唐六典》載“十一員”）爲屬官，掌監供膳食事。從九品下。

［4］掌醖：吏職名。此指良醖署掌醖。隋於光禄寺良醖署置掌醖五十員。

［5］掌醢：吏職名。隋於光禄寺掌醢署置掌醢十員。

衛尉寺統公車、武庫、守宮等署。[1]各置令、公車一人，武庫、守宮各二人。丞公車一人，武庫二人。等員。[2]

[1]公車：官署名。北魏置，掌受章奏，以理冤事，其職頗重，設令、丞。北齊置爲尉衛寺下屬機構，掌尚書所不理之訴訟，有冤屈，經判聞奏，長官爲令，貳官爲丞。隋沿置，衛尉寺統公車署，以令、丞爲長貳官。　武庫：官署名。即武庫署。南朝梁置南、北署，各有令、丞。北齊尉衛寺下置武庫署，有令，掌甲兵及吉凶儀仗；又别領修故局丞，掌修整舊甲等事。隋沿置，於尉衛寺置武庫署，有令、丞各二員爲長貳官，掌天下之兵仗器械。　守宮：官署名。即守宮署。北齊光禄寺置守宮署，設令、丞各一員，掌供設宫廷鋪陳張設之物。隋守宮署改隸尉衛寺，置令二員、丞四員爲長貳官，大祭祀、大朝會、大駕巡幸，則設王公、百官位於正殿南門外；吏、兵等部試人及王公婚禮則供設帳幕。

[2]令：官名。即公車署令、武庫署令、守宮署令。　公車署令，亦稱公車令。隋沿北齊之制，於衛尉寺公車署置一員爲長官，正八品下。煬帝大業三年升爲正六品，並爲判首。　武庫署令，亦稱武庫令。隋沿北齊之制，於尉衛寺武庫署置武庫令二員爲長官，掌天下之兵仗器械收納。正八品下。煬帝大業三年升爲正六品，並爲判首。　守宮署令，亦稱守宮令。隋於衛尉寺守宮署置守宮令二員爲長官。從八品上。大祭祀、大朝會、大駕巡幸，則設王公、百官位於正殿南門外；吏、兵等部試人及王公婚禮則供設帳幕。煬帝大業三年升爲從六品，並爲判首。　丞：官名。即公車署丞、武庫署丞、守宮署丞。　公車署丞，亦稱公車丞。隋沿北齊之制，於尉衛寺公車署置一員爲貳官，正九品下。煬帝大業三年改丞唯掌勾檢，令缺，丞判。五年升爲從五品。　武庫署丞，亦稱武庫丞。隋置武庫丞二員爲尉衛寺武庫署貳官，佐長官武庫令掌天下之兵仗器械。正九品下。煬帝大業三年改丞唯掌勾檢，令缺，丞判。五年升

爲從五品。　守宮署丞，亦稱守宮丞。漢、晋、南北朝凡置守宫令者皆爲其副貳。隋於衛尉寺守宫署置守宫丞四員爲貳官。從九品上。佐長官守宫令於大祭祀、大朝會、大駕巡幸時設王公、百官位於正殿南門外；吏、兵等部試人及王公婚禮供設帳幕。煬帝大業三年改丞唯掌勾檢，令缺，丞判。五年升爲從五品。

宗正寺，不統署。

太僕寺又有獸醫博士員。[1]一百二十人。統驊騮、乘黄、龍厩、車府、典牧、牛羊等署。[2]各置令、二人。乘黄、車府則各減一人。丞二人。乘黄則一人，典牧牛羊則各三人。等員。[3]

［1］獸醫博士：吏職名。隋於太僕寺置一百二十員，掌教獸醫之數。

［2］驊騮：官署名。即驊騮署。北齊隸太僕寺，設令、丞各一員爲驊騮署長貳官，掌御馬及諸鞍乘。隋初沿之，於太僕寺下置驊騮署，設令、丞各二員爲長貳官，掌宫廷用馬。煬帝大業三年罷驊騮署，以其職置尚乘局，改隸殿内省。　乘黄：官署名。即乘黄署。北齊置乘黄署，設令、丞爲長貳官，掌乘輿，隸太僕寺。隋沿置，於太僕寺乘黄署設令、丞爲長貳官，掌乘輿車輅。　龍厩：官署名。即龍厩署。北齊太僕寺統左、右龍等署。隋太僕寺下置龍厩署，設龍厩令、丞爲長貳官。煬帝大業三年改名典厩署。　車府：官署名。即車府署。南朝梁、陳置，隸尚書省駕部。北齊、隋皆於太僕寺下置車府署，置令、丞爲長貳官，掌王公以下車輅，辨其名數及馴馭之法。　典牧：官署名。即典牧署。隋於太僕寺下置典牧署，設令、丞爲長貳官。煬帝大業三年罷牛羊署，將其事併入。掌諸牧雜畜給納之事。　牛羊：官署名。即牛羊署。隋初於太僕寺下置牛羊署，設令、丞爲長貳官，掌牛羊畜牧之事。煬帝大業三年罷

牛羊署，將其職事併入典牧署。

［3］令：官名。即驊騮署令、乘黄署令、龍厩署令、車府署令、典牧署令、牛羊署令。　驊騮署令，亦稱驊騮令。北齊置驊騮令爲太僕寺驊騮署長官，掌御馬及諸鞍乘。從九品上。隋初沿之，於太僕寺下驊騮署設令二員爲長官，掌宫廷用馬。正八品。煬帝大業三年罷，其職入殿内省尚乘局。　乘黄署令，亦稱乘黄令。北齊置乘黄令爲太僕寺乘黄署長官，掌輦輅。從九品上。隋沿置，於太僕寺乘黄署設令一員爲長官，掌天子車輅，辨其名數與馴馭之法。從八品上。煬帝大業三年改名典厩令，升從六品，並爲判首。　龍厩署令，亦稱龍厩令。北齊太僕寺統左、右龍等署。隋太僕寺下置龍厩署，設龍厩令二員爲長官。從八品上。煬帝大業三年改名典厩令，升從六品，並爲判首。　車府署令，亦稱車府令。北齊置車府令爲太僕寺車府署長官，從九品上，掌諸雜車。隋沿置，於太僕寺車府署置車府令一員爲長官，掌王公以下車輅，辨其名數及馴馭之法。從八品下。煬帝大業三年升爲正七品，並爲判首。　典牧署令，亦稱典牧令。隋初置典牧令二員爲太僕寺典牧署長官，掌諸牧雜畜給納之事。從八品上。煬帝大業三年升爲從六品，爲判首；並罷牛羊署令，將其事併入。　牛羊署令，亦稱牛羊令。隋初於太僕寺牛羊署置牛羊令一員爲長官，掌牛羊畜牧之事。從八品上。煬帝大業三年罷牛羊令，將其事併入典牧令。　丞：官名。即驊騮署丞、乘黄署丞、龍厩署丞、車府署丞、典牧署丞、牛羊署丞。　驊騮署丞，亦稱驊騮丞。隋沿北齊之制，於太僕寺驊騮署置丞二員爲貳官，佐長官驊騮令掌宫廷用馬。正九品下。煬帝大業三年罷，其職入殿内省尚乘局。　乘黄署丞，亦稱乘黄丞。隋沿北齊之制，於太僕寺乘黄署設乘黄丞一員爲貳官，佐長官乘黄令掌天子車輅，辨其名數與馴馭之法。從九品上。煬帝大業三年改丞唯掌勾檢，令缺，丞判。五年升爲從五品。　龍厩署丞，亦稱龍厩丞。南朝梁、陳置，掌宫廷用馬，屬太僕卿。隋初於太僕寺龍厩署置二人爲貳官。從九品上。煬帝大業三年改名典厩丞，唯掌勾檢；令缺，丞判。五年升爲

從五品。　車府署丞，亦稱車府丞。隋沿北齊之制，於太僕寺車府署置車府丞二員爲貳官，佐長官車府令掌王公以下車輅，辨其名數及馴馭之法。從九品下。煬帝大業三年改丞唯掌勾檢，令缺，丞判。五年升爲從五品。　典牧署丞，亦稱典牧丞。隋初置典牧丞三員爲太僕寺典牧署貳官，佐長官典牧令掌諸牧雜畜給納之事。從九品上。煬帝大業三年改丞唯掌勾檢，令缺，丞判。五年升爲從五品。　牛羊署丞，亦稱牛羊丞。隋初於太僕寺牛羊署置牛羊丞三員爲貳官，佐長官牛羊令掌牛羊畜牧之事。從九品上。煬帝大業三年罷。

大理寺，不統署。又有正、監、評、各一人。司直、十人。律博士、八人。明法、二十人。獄掾。八人。[1]

[1]正：官名。即大理寺正。亦稱大理正。隋於大理寺置大理正一員爲大理寺屬官，正六品下。開皇三年增爲四員，煬帝大業三年增置六員。掌參議刑獄，詳正科條之事。凡六丞斷罪有不當者，以法正之。五品以上官、爵死罪監決。車駕巡幸則留總持寺事等。　監：官名。即大理寺監。亦稱大理監。隋初沿置，於大理寺置大理監一員爲大理寺屬官，掌執獄。正六品下。文帝開皇三年罷。　評：官名。即大理寺評。亦稱大理評（平）。隋初沿置，於大理寺置大理評一員爲屬官，掌審覈刑獄。正六品下。文帝開皇三年罷。　司直：官名。即大理寺司直。亦稱大理司直。隋於大理寺置大理司直十員爲屬官，掌承制出使推按，若寺有疑獄則參議之。從五品下。煬帝大業三年增置司直爲十六員，降爲從六品；後又加至二十員。　律博士：官名。即大理寺律博士。亦稱律學博士。隋沿置，於大理寺置律博士八員爲屬官，掌教律、令專業生，兼習格、式、法例。正九品上。　明法：官名。即大理寺明法。北齊大理寺置明法十員爲屬官。隋沿之，於大理寺置明法二十員爲屬官，掌律令輕

重。　獄掾：官名。即大理寺獄掾。北齊大理寺置二員爲屬官。隋沿之，於大理寺置八人爲屬官。

鴻臚寺統典客、司儀、崇玄三署。[1]各置令。[2]二人。崇玄則惟置一人。典客署又有掌客，[3]十人。司儀有掌儀二十人。等員。[4]

[1]典客：官署名。即典客署。西晉置，掌接待少數民族等事務。北齊於鴻臚寺置典客署。隋初沿之，於鴻臚寺置典客署，設令、丞爲長貳官，掌管理、接待各少數民族歸化者和外國使節等事。煬帝大業三年改典客署名典蕃署，又於建國門外置四方館以待四方使客，各掌其方國及互市事。　司儀：官署名。即司儀署。北齊鴻臚寺始置司儀署，有令、丞。隋因之，設令、丞爲長貳官，掌凶禮之儀式及供喪葬之具。　崇玄：官署名。即崇玄署。北齊有昭玄寺，掌諸佛教（一説“掌釋、道二教”）；又鴻臚寺置典寺署。北周有司寂上士、中士，掌法門之政；又有司玄中士、下士，掌道門之政。隋初於鴻臚寺下置崇玄署，設令、丞爲長貳官，掌釋、道二教。文帝開皇三年廢鴻臚寺遂隸太常寺，十二年復置鴻臚寺遂又隸之。後煬帝改郡、縣佛寺爲道場，改道觀爲玄壇，各置監、丞。

[2]令：官名。即典客署令、司儀署令、崇玄署令。　典客署令，亦稱典客令。隋初沿北齊制，於鴻臚寺典客署置典客令二員爲長官，掌管理、接待各少數民族歸化者和外國使節等事。正八品下。煬帝大業三年改稱典蕃令，升爲正六品，並爲判首。　司儀署令，亦稱司儀令。隋初沿北齊之制，於齊鴻臚寺司儀署置司儀令二員爲長官，掌凶禮之儀式及供喪葬之具。從八品下。煬帝大業三年升正七品，並爲判首。　崇玄署令，亦稱崇玄令。隋初於鴻臚寺下崇玄署置令一員爲長官，掌釋、道二教。文帝開皇三年廢鴻臚寺，崇玄令遂隸太常寺；十二年復置鴻臚寺，遂又隸之。從八品下。煬

帝大業三年崇玄令升正七品，並爲判首。後煬帝改郡、縣佛寺爲道場，改道觀爲玄壇，各置監、丞。

［3］掌客：官名。即典客署掌客。隋鴻臚寺典客署屬官，置十員。正九品下。煬帝大業三年改典客署爲典蕃署後不置。

［4］掌儀：吏職名。即司儀署掌儀。隋鴻臚寺典客署屬官，置二十員。

司農寺統太倉、典農、平準、廩市、鈎盾、華林、上林、導官等署。[1]各置令。[2]二人。鈎盾、上林則加至三人，華林惟置一人。太倉又有米廩督、二人。穀倉督、四人。鹽倉督，二人。[3]京市有肆長，[4]四十人。導官有御細倉督、二人。麴麵倉督二人。等員。[5]

［1］太倉：官署名。即太倉署。北齊置，隸司農寺。有令、丞。隋因之，掌米、粟等九穀廩藏之事。　典農：官署名。即典農署。北齊置，隸司農寺，設令、丞。掌勸課農桑，又轄山陽、平頭、督亢三部丞。隋初沿置，於司農寺下設典農署，置典農令、丞爲長貳官。煬帝大業三年廢。　平準：官署名。即平準署。北齊置，隸司農寺。有令、丞，掌平準之事。隋初因之，置平準令、丞爲長貳官。掌供官市易之事，凡百司不任用及没官之物，則以時出賣。煬帝大業三年改隸太府寺。　廩市：汲古閣本、殿本、庫本、中華本同底本。但檢《唐六典》《通典》皆不見隋司農寺或太府寺下置有此官署。侯旭東考"'廩市'誤，當作'京市'"（參見《〈隋書〉標點勘誤及校勘補遺四則》，《中國史研究》2001年第2期）。中華書局新修訂本改"廩市"爲"京市"，並出校勘記。京市，官署名。即京市署。隋初於司農寺所置的下屬機構，設令、丞爲長貳官，掌京師市易。煬帝大業三年改置京師、東都凡五市署，隸太府寺。　鈎盾：官署名。即鈎盾署。北齊置，隸司農寺，設鈎盾令、

丞爲長貳官，掌供應薪菜果實，管理園池，領大囿、上林、游獵、柴草、池藪、苜蓿六部丞。隋因之，設令、丞爲長貳官，掌薪炭及家禽水産等物，以供祭祀、朝會及饗宴賓客。　華林：官署名。即華林署。北齊光禄寺下置華林署，有華林令，位從九品上，另有丞。掌禁苑林木等事。隋沿置，改隸司農寺，設華林令爲長官。煬帝大業三年罷。　上林：官署名。即上林署。隋司農寺下設上林署，置令爲長官。掌苑囿園池，果蔬種植，冬季藏冰，以供朝會、祭祀所需。　導官：官署名。即導官署。北齊於司農寺下置導官署，以令、丞掌其事，轄有御細部、曲麵部、典庫部等倉督員。隋沿置，於司農寺下置導官署，設令、丞爲長貳官，掌采擇加工宫廷御用米麥之事。

［2］令：官名。即太倉令、典農令、平準令、廩市令、鈎盾令、華林令、上林令、導官令。　太倉令，隋沿北齊之制，於司農寺太倉署置太倉令二員爲長官，掌米、粟等九穀廩藏之事。正八品下。煬帝大業三年升爲正六品，並爲判首。　典農令，隋初沿北齊之制，於司農寺下典農署置典農令二員爲長官，正八品下。煬帝大業三年廢。　平準令，隋初沿北齊之制，於司農寺平準署置平準令二員爲長官，掌供官市易之事，凡百司不任用及没官之物，則以時出賣。正八品。煬帝大業三年改隸太府寺，升正六品，並爲判首。廩市令，即京市令，隋初於司農寺京師署置京市令貳員爲長官，掌京師市易。正八品下。煬帝大業三年改置京師、東都諸市令五員，隸太府寺。　鈎盾令，隋初沿北齊之制，於司農寺鈎盾署設鈎盾令三員爲長官，掌薪炭及家禽水産等物，以供祭祀、朝會及饗宴賓客。正八品下。煬帝大業三年升正六品，並爲判首。　華林令，隋初沿北齊之制，改隸司農寺，設華林令一員爲長官，從八品上。煬帝大業三年罷。　上林令，隋初沿北齊之制，於司農寺上林署置上林令三員爲長官，掌苑囿園池，果蔬種植，冬季藏冰，以供朝會、祭祀所需。從八品上。煬帝大業三年升爲從六品，並爲判首。　導官令，隋初沿北齊之制，於司農寺導官署置導官令二人爲長官，掌

采擇加工宫廷御用米麥之事。從八品上。煬帝大業三年升從六品，並爲判首。

［3］米廩督：吏職名。隋於太倉署置米廩督二人。　穀倉督：吏職名。隋於太倉署置穀倉督四人。　鹽倉督：吏職名。隋於太倉署置鹽倉督二人。

［4］肆長：吏職名。隋於京市署置肆長四十人。

［5］御細倉督：吏職名。隋於導官署置御細倉督二人。　麴麵倉督：吏職名。隋於導官署置麴麵倉督二人。

太府寺統左藏、左尚方、内尚方、右尚方、司染、右藏、黄藏、掌治、甄官等署。[1]各置令、二人。左、右尚方則加至二人，黄藏則惟置一人。[2]丞四人。左尚則八人，右尚則六人，黄藏則一人。[3]

［1］左藏：官署名。即左藏署。北齊置左藏署，隸太府寺，有令、丞。隋沿置爲太府寺下屬機構，設左藏令、丞爲長貳官，掌國家賦調庫藏之事。　左尚方：官署名。即左尚方署，簡稱左尚署。南朝梁少府卿下屬機構，設令、丞掌之。北齊太府寺下置左尚方署，有令、丞，又别領别局、樂器、器作三局丞。隋初沿置左尚方署，隸太府寺，設左尚方令、丞爲長貳官。掌造車輦、傘扇、稍毦、弓箭、弩戟、器仗、刀鏃、膠漆、竹木、骨角、畫素、刻鏤、蠟燭等。煬帝大業三年改隸少府監。　内尚方：官署名。即内尚方署，簡稱内尚署。隋初於太府寺下置内尚方署，設令、丞爲長貳官，掌諸織作。煬帝大業三年改隸少府監。　右尚方：官署名。即右尚方署，簡稱右尚署。南朝梁少府卿下屬機構，設令、丞掌之。北齊太府寺下置右尚方署，有令、丞，又别領别局丞。隋初沿置右尚方署，隸太府寺，設右尚方令、丞爲長貳官。掌皮毛、膠墨、雜作、席薦等事。煬帝大業三年改隸少府監。　司染：官署名。即司

染署。北齊太府寺下始置司染署，有令、丞，又别領京坊、河東、信都三局丞。隋初沿置，於太府寺置司染署，設司染令、丞爲長貳官。煬帝大業三年改隸少府。大業五年合司織、司染爲織染署。掌供天子、皇太子及群臣之冠冕，辨其制度，而供其職務。　右藏：官署名。即右藏署。北齊置右藏署，隸太府寺，有令、丞。隋沿置爲太府寺下屬機構，設右藏令、丞爲長貳官，掌國家金玉、珠貝、玩好等寶貨之事。煬帝大業三年改隸少府監。　黄藏：官署名。即黄藏署。北齊太府寺下置黄藏署，有令。隋沿置，設黄藏令爲長官，掌宫中金銀幣帛庫藏。煬帝大業三年省。　掌治：汲古閣本、殿本、庫本同底本。中華本改爲“掌冶”，校勘記云：“‘冶’原作‘治’，據下文‘少府監’條及《通典》二七改。”檢《唐六典》卷二〇《太府寺》卷二二《少府監》亦皆作“掌冶”。“治”爲“冶”之訛。掌冶，官署名。即掌冶署。隋太府寺置掌冶署，設令、丞爲長貳官。掌金、銀、銅、鐵器之屬，並管諸冶。煬帝大業三年改隸少府監。　甄官：官署名。即甄官署。北齊太府寺統甄官署。隋初沿置，設甄官令、丞爲長貳官，掌供琢石、陶土之事。煬帝大業三年改隸將作監。

［2］令：官名。即左藏令、左尚方令、内尚方令、右尚方令、司染令、右藏令、黄藏令、掌冶令、甄官令。　左藏令，隋初沿北齊之制，於太府寺左藏署設左藏令二員爲長官，掌國家賦調庫藏之事。煬帝大業三年升正六品，並爲判首。　左尚方令，隋初沿置，於太府寺左尚方署置左尚方令二員（一説“三員”）爲長官，正八品下。煬帝大業三年升爲正六品，改隸少府監。　内尚方令，隋初於太府寺内尚方署置内尚方令二員爲長官，掌諸織作。正八品下。煬帝大業三年改隸少府監。　右尚方令，北齊爲太府寺右尚方署長官。從八品上。隋初沿置，於太府寺右尚方署置右尚方令二員（一説“三員”）爲長官，掌皮毛、膠墨、雜作、蓆薦等事。正八品下。煬帝大業三年升爲正六品，改隸少府監。　司染令，北齊太府寺司染署始設司染令爲長官。從八品上。隋初沿置，置二員爲太府

寺司染署長官。正八品下。煬帝大業三年升爲正六品，改隸少府。大業五年與司織令合併爲織染令。掌供天子、皇太子及群臣之冠冕，辨其制度，而供其職務。　右藏令，隋沿北齊之制，於太府寺右藏署設右藏令二人（一説“三人”）爲長官，掌國家金玉、珠貝、玩好等寶貨之事。從八品上。煬帝大業三年升從六品，並爲判首。按，《唐六典》卷二〇《太府寺·右藏署》云：“隋太府寺統右藏令、丞各三人。”　黄藏令，北齊於太府寺黄藏署置令爲長官，從九品上。隋沿置，掌宫中金銀幣帛庫藏，從八品上。煬帝大業三年省。　掌冶令，北齊太府寺有司冶令。北周有冶工中士、鐵工中士各一人。隋於太府寺掌冶署設掌冶令二員爲長官，掌金、銀、銅、鐵器之屬，並管諸冶。從八品上。煬帝大業三年升從六品，改隸少府監。　甄官令，北齊太府寺甄官署有令，又别領石窟丞。從九品上。北周有陶工中士、下士各一人，掌罇、彝、簠、簋等器。隋沿北齊之制，於太府寺甄官署置甄官令二員爲長官，掌供琢石、陶土之事。從八品下。煬帝大業三年改隸將作監。

［3］丞：官名。即左藏丞、左尚方丞、内尚方丞、右尚方丞、司染丞、右藏丞、黄藏丞、掌冶丞、甄官丞。　左藏丞，隋沿置，四員，佐長官掌國家賦調庫藏之事。正九品下。煬帝大業三年改丞唯掌勾檢，令缺，丞判。五年升爲從五品。　左尚方丞，隋朝沿置八員，佐左尚方令掌造車輦、傘扇、矟毦、弓箭、弩戟、器仗、刀鏃、膠漆、竹木、骨角、晝素、刻鏤、蠟燭等。正九品下。煬帝大業三年改隸少府監。　内尚方丞，隋初於太府寺内尚方署置内尚方丞四員爲貳官，佐内尚方令掌諸織作。正九品下。煬帝大業三年改隸少府監。　右尚方丞，隋朝沿置六員，佐右尚方令掌造皮毛、膠墨、雜作、蓆薦等事。正九品下。煬帝大業三年改隸少府監。　司染丞，隋初沿置，置四員爲太府寺司染署長官。正九品下。煬帝大業三年改隸少府。大業五年與司織丞合併爲織染丞。佐織染令掌供天子、皇太子及群臣之冠冕，辨其制度，而供其職務。　右藏丞，隋因之，於太府寺右藏署設右藏丞四員爲貳官，佐右藏令掌國家金

玉、珠貝、玩好等寶貨之事。從九品上。煬帝大業三年改丞唯掌勾檢，令缺，丞判。五年升爲從五品。　黄藏丞，隋因之，置一人，佐黄藏令掌宫中金銀幣帛庫藏。從九品上。煬帝大業三年省。　掌冶丞，隋於太府寺掌冶署設掌冶丞四員爲貳官，佐掌冶令掌金、銀、銅、鐵器之屬及諸冶。從九品上。煬帝大業三年改隸少府監。　甄官丞，隋於太府寺甄官署置甄官丞四人（《唐六典》二三《將作監·甄官署》作“二人”）爲貳官，佐甄官令掌供琢石、陶土之事。從九品下。煬帝大業三年改隸將作監。

國子寺元隸太常。祭酒，[1]一人。屬官有主簿、録事。[2]各一人。統國子、太學、四門、書算學，[3]各置博士、國子、太學、四門各五人，書、算各二人。助教、國子、太學、四門各五人，書、算各二人。學生國子一百四十人，太學、四門各三百六十人，書四十人，算八十人。等員。[4]

[1]祭酒：官名。即國子祭酒。隋初於太常寺所轄國子寺置祭酒一員爲長官，掌國家儒學訓導之政令，統國子、太學、四門、書算學。從三品。文帝開皇十三年國子寺罷隸太常寺並改名國子學，祭酒仍爲長官；仁壽元年罷國子學，唯立太學，省祭酒，置太學博士總領學事。煬帝大業三年改置國子監，仍置祭酒一員爲長官。

[2]主簿：官名。即國子寺主簿。北齊國子寺置主簿爲屬官。隋初因之，於國子寺置一員，掌本寺庶務；仁壽元年罷國子學，省此官；煬帝大業三年改置國子監，仍置國子主簿一員爲屬官。　録事：官名。即國子寺録事。北齊國子寺置録事爲屬官。隋初因之，於國子寺置一員，掌本寺文書；仁壽元年罷國子學，省此官；煬帝大業三年改置國子監，仍置國子録事一員爲屬官。

[3]國子：學校名。即國子學。隋初爲中央最高學府，置國子博士、助教各五人，學生一百四十人。文帝開皇十三年國子寺罷隸

太常寺並改名國子學；仁壽元年又罷國子學，唯立太學。煬帝大業三年改置國子監，統國子學、太學。國子學置國子博士、助教各一人，學生無常員。　太學：學校名。隋初太學地位是僅次於國子學的學府，置博士、助教各五人，教授經學，學生三百六十人。文帝開皇十三年國子寺罷隸太常寺並改名國子學；仁壽元年又罷國子學，唯立太學，置博士五人總知學事，學生七十二人。煬帝大業三年改置國子監，統國子學、太學。太學置太學博士、助教各二人，學生五百人。　四門：學校名。即四門學。隋初沿北齊之制，爲國子寺所統中央第三級學府。置博士、助教各五員，學生三百六十人。文帝仁壽元年罷。　書算學：學校名。書學置博士、助教各二員，教授學生書法，學生四十人；算學亦置博士、助教各二員，教授學生數學，學生八十人。文帝仁壽元年皆罷。

［4］博士：官名。即國子博士、太學博士、四門博士、書算博士。　國子博士，隋初沿北齊之制，國子寺所統國子學置國子博士五員以教授生徒。正五品上。文帝仁壽元年罷。煬帝大業三年改置國子監，所統國子學置國子博士一員。正五品。　太學博士，隋初沿北齊之制，於國子寺所統太學置太學博士五員教授太學生。從七品下。文帝仁壽元年罷國子學，唯立太學，置太學博士五員。升從五品，總知學事。煬帝大業三年改置國子監，所統太學減置太學博士爲二員，掌教授太學生。從六品。　四門博士，隋初沿北齊之制，於國子寺所統四門學置四門博士五員，掌教授四門學生。從八品上。文帝仁壽元年罷。　書算博士，隋於國子寺所統書、算學始置書學博士、算學博士各二員，掌教授書學生書法、算學生算術。從九品下。文帝仁壽元年罷。　助教：官名。即國子助教、太學助都、四門助都、書算助都。　國子助教，隋初沿北齊之制，於國子寺所統國子學置國子助教五員，佐國子博士教授國子學生儒經。從七品下。文帝仁壽元年罷。煬帝大業三年改置國子監，所統國子學置國子助教一員，職掌依舊。從七品。　太學助教，隋初沿北齊之制，於國子寺所統太學置太學助教五員，佐太學博士教授太學生儒

經。正九品上。煬帝大業三年改置國子監，所統太學置太學助教二員，職掌依舊。　四門助教，北齊始置，員二十人，佐四門博士教授四門學生。隋初沿置，於國子寺所統四門學置四門助教五員，佐四門博士教授四門學生。從九品下。文帝仁壽元年罷。　書算助教，隋於國子寺所統書、算學始置書學助教、算學助教各二員，佐書學博士、算學博士教授書學生書法、算學生算術。文帝仁壽元年罷。　學生：即國子學生、太學學生、四門學生、書學生、算學生。　國子學生，亦簡稱國子生。隋初於國子寺所統國子學置國子生一百四十人，位視從七品。文帝仁壽元年罷國子學及國子生，唯立太學。煬帝大業三年改置國子監，統國子學、太學，國子學復置國子學生，無常員。　太學學生，亦簡稱太學生。隋初太常國子寺所統太學置太學生三百六十人，位視從八品。文帝開皇十三年國子寺罷隸太常寺並改名國子學，仁壽元年又罷國子學，唯立太學，置太學生七十二人。煬帝大業三年改置國子監，統國子學、太學。太學生置五百人。　四門學生，隋初四門學置四門學生三百六十人，位視從九品。文帝開皇十三年罷。　書學生，隋初國子寺所統書學置書學生四十人，文帝仁壽元年罷。　算學生，隋初國子寺所統算學，置算學生八十人，文帝仁壽元年罷。

將作寺大匠、一人。丞、主簿、録事。各二人。[1]統左右校署令、各二人。[2]丞，左校四人，右校三人。[3]各有監作左校十二人，右校八人。[4]等員。

[1]將作寺大匠：官名。簡稱將作大匠，亦簡稱將作、大匠。北齊始置將作寺，設將作大匠一人爲長官，掌營建土木工程。從三品。隋初因之，職掌國家土木工程修建之政令，屬官有丞、主簿、録事。從三品。文帝開皇二十年改將作寺名將作監，以大匠爲大監。煬帝大業三年改大監爲大匠；五年復改大匠爲大監。正四品。

十三年又改大監爲令。　主簿：官名。即將作寺主簿，簡稱將作主簿。北齊將作寺有主簿員。隋沿置，於將作寺置主簿二員爲屬官，掌印，檢核文書簿記，勾稽缺失。　録事：官名。即將作寺録事，簡稱將作録事。北齊將作寺置録事爲低級屬官。隋因之，於將作寺置二員，掌受事發辰。

[2]左右校署令：官名。簡稱左、右校令。左校令，隋初於將作監左校署置二員爲長官，掌營構木作采材等事。從八品上。右校令，爲右校署長官，置二員，掌營土作瓦泥並燒石灰厠溷等事。從八品上。隋煬帝大業三年皆升爲從六品，並爲判首。

[3]丞：官名。即左右校署丞，簡稱左、右校丞，左右校署貳官，各置二員，從九品上。煬帝大業三年改丞唯掌勾檢，令缺，丞判；五年升爲從五品。

[4]監作：官名。即左右校署監作，簡稱左、右校監作。左校監作，隋於將作監左校署置十二員爲屬官，掌監其署中雜作，典工役。從九品下。右校監作，隋於將作監右校署置八員爲屬官，掌監其署中雜作，典工役。從九品下。

左右衛、左右武衛、左右武候，各大將軍、一人。將軍，[1]二人。並有長史，[2]司馬，[3]録事，[4]功、倉、兵、騎等曹參軍，[5]法曹、鎧曹行參軍，[6]各一人。行參軍左右衛、左右武候各六人，左右武衛各八人。等員。[7]

[1]大將軍：官名。即左、右衛大將軍，左、右武衛大將軍，左、右武候大將軍。　左、右衛大將軍，隋初左、右衛各置大將軍一人，掌宫掖禁禦，督攝仗衛。正三品。煬帝大業三年左、右衛改稱左、右翊衛，長官改名左、右翊衛大將軍，總府事，並統諸鷹揚府，軍士名驍騎。自兩漢至北齊，大將軍位視三公；至隋，十二衛大將軍直爲武職，位左、右省臺之下。　左、右武衛大將軍，隋初

設左、右武衛，置左、右武衛大將軍各一員爲長官，總府事，掌領外軍宿衛宫禁。正三品。煬帝大業三年左、右武衛大將軍總府事，並統諸鷹揚府，軍士名熊渠。　左、右武候大將軍，隋文帝於左、右武候衛置左、右武候衛大將軍各一員爲長官，掌皇帝車駕出前後護從，晝夜巡察，執捕奸非，烽候道路，水草所置；巡狩征伐田獵，則掌其營禁。正三品。煬帝大業三年改左、右武候衛爲左、右候衛，置左、右候衛大將軍總府事，並統諸鷹揚府，軍士名佽飛。

將軍：官名。即左、右衛將軍，左、右武衛將軍，左、右武侯將軍。　左、右衛將軍，隋初左、右衛各置左、右衛將軍二員爲副長官，佐長官左、右衛大將軍掌宫掖禁禦，督攝仗衛。從三品。煬帝大業三年左、右衛改稱左、右翊衛，左、右衛將軍改名左、右翊衛將軍，佐長官左、右翊衛大將軍總府事、統諸鷹揚府，軍士名驍騎。　左、右武衛將軍，隋初設左、右武衛，各置左、右武衛將軍二員爲副長官，佐長官左、右武衛大將軍總府事，領外軍宿衛宫禁。從三品。煬帝大業三年佐長官總府事，並統諸鷹揚府，軍士名熊渠。　左、右武候將軍，隋文帝於左、右武候衛各置左、右武候將軍二員爲副長官，佐長官左、右武候大將軍掌皇帝車駕出前後護從，晝夜巡察，執捕奸非，烽候道路，水草所置；巡狩征伐田獵，則掌其營禁。從三品。煬帝大業三年改左、右武候衛爲左、右候衛，左、右武候將軍改名左、右候衛將軍，佐長官左、右候衛大將軍總府事，並統諸鷹揚府，軍士名佽飛。

[2]長史：官名。即左、右衛長史，左、右武衛長史，左、右武候長史。　左、右衛長史，隋左、右衛各置長史一員，爲幕僚之長，掌判諸曹事務。正七品上。凡文簿典職、廪料請給、器械糧儲等，大事則聽命長官，小事則專達，並助長官考課以升降庶官。煬帝大業三年升爲從五品。　左、右武衛長史，隋左、右武衛各置長史一員，爲幕僚之長，掌判諸曹事務。凡文簿典職、廪料請給、器械糧儲等，大事則聽命長官，小事則專達，並助長官考課以升降庶官。正七品上。煬帝大業三年升爲從五品。　左、右武候長史，隋

左、右武候衛各置長史一員，爲幕僚之長，掌判諸曹事務。凡文簿典職、廩料請給、器械糧儲等，大事則聽命長官，小事則專達，並助長官考課以升降庶官。正七品上。煬帝大業三年改左、右武候衛爲左、右候衛，左、右武候長史改名左、右候衛長史，升爲從五品。

[3]司馬：官名。即左、右衛司馬，左、右武衛司馬，左、右武候司馬。　左、右衛司馬，隋左、右衛各置左、右衛司馬一員爲屬官，掌參贊軍務，位僅次長史。正七品下。　左、右武衛司馬，隋於左、右武衛各置左、右武衛司馬一員爲屬官，掌參贊軍務，位僅次長史。正七品下。　左、右武候司馬，隋於左、右武候衛各置左、右武候司馬一員爲屬官，掌參贊軍務，位僅次長史。正七品下。煬帝大業三年改左、右武候衛爲左、右候衛，左、右武候司馬改名左、右候衛司馬。

[4]録事：官名。即左、右衛録事，左、右武衛録事，左、右武候録事。　左、右衛録事，爲左、右衛録事參軍事或左、右衛録事參軍之簡稱。隋於左、右衛各置左、右衛録事一員爲屬官，掌本衛府印，及考核文書簿籍，勾檢稽失。正八品下。　左、右武衛録事，爲左、右武衛録事參軍事或左、右武衛録事參軍之簡稱。隋於左、右武衛各置左、右武衛録事一員爲屬官，掌本衛府印，及考核文書簿籍，勾檢稽失。正八品下。　左、右武候録事，爲左、右武候録事參軍事或左、右武候録事參軍之簡稱。隋於左、右武候衛各置左、右武候録事一員爲屬官，掌本衛府印，及考核文書簿籍，勾檢稽失。正八品下。煬帝大業三年改左、右武候衛爲左、右候衛，左、右武候録事改名左、右候衛録事。

[5]功：官名。即功曹參軍，全稱功曹參軍事，府署僚佐之一。隋初左右衛、武衛、武候衛、領軍府，太子左右衛、宗衛、虞候率府，親王、三公、上柱國至開府儀同三司及諸州府等皆置功曹參軍爲僚屬，品秩依府主地位高低而不等。其左右衛、武衛、武候衛功曹參軍從八品上。　倉：官名。即倉曹參軍，全稱倉曹參軍事，府

署僚佐之一。隋初左右衛、武衛、武候衛等十二衛各置倉曹參軍一員爲僚屬，太子十率各一員，親王至上儀同三司府各一員，品秩依府主地位高低而不等。其左右衛、武衛、武候衛倉曹參軍從八品上。　兵：官名。即兵曹參軍，全稱兵曹參軍事，府署僚佐之一。隋初左右衛、武衛、武候衛等十二衛各置兵曹參軍一員爲僚佐，太子十率各一員，王府、州府皆置，其品秩依府主地位高低而不同。其左右衛、武衛、武候衛兵曹參軍從八品上。　騎：官名。即騎曹參軍，全稱騎曹參軍事，府署僚佐之一。隋初左右衛、武衛、武候衛等十二衛各置騎曹參軍一員爲僚佐，太子十率各一員，王府、州府亦置，品秩依府主地位高低而不同。其左右衛、武衛、武候衛騎曹參軍從八品上。

[6]法曹：官名。即法曹行參軍，府署僚佐之一。隋初左右衛、武衛、武候衛等十二衛各置法曹行參軍一員爲僚佐，諸王府、州府亦置，品秩依府主地位高低而不同。其左右衛、武衛、武候衛法曹行參軍從八品下。　鎧曹行參軍：官名。府署僚佐之一。隋初左右衛、武衛、武候衛等十二衛各置鎧曹行參軍一員爲僚佐，王府、州府等亦置，品秩依府主地位高低而不同。其左右衛、武衛、武候衛鎧曹行參軍從八品下。

[7]行參軍：官名。府署僚佐之一。晋初制度，中央除拜者爲參軍，諸府自辟者爲行參軍。南朝齊梁陳和北魏、北齊公府、將軍府、州府列曹皆置爲僚屬，唯品秩低於參軍。隋初公府、衛府、州府亦置爲僚屬。左右衛、左右武候各置行參軍六人，左右武衛置八人，正九品下。

左右衛，掌宫掖禁禦，督攝仗衛。又各有直閤將軍、六人。直寢、十二人。直齋、直後，[1]各十五人。並掌宿衛侍從。奉車都尉，[2]六人。掌馭副車。武騎常侍、十人。殿内將軍、十五人。員外將軍、三十人。殿内司馬督、二十人。員外司馬督，[3]四十人。並以參軍府朝，出使勞問。左右衛又各統親衛，[4]置開府。[5]左勳衛開府，[6]左翊一開府、二開府、三開府、四開府，[7]及武衛、武候、領軍、東宫領兵開府准此。[8]府置開府，[9]一人。有長史，[10]司馬，[11]録事，[12]及倉、兵等曹參軍，[13]法曹行參軍，[14]各一人。行參軍。[15]三人。又有儀同府。[16]武衛、武候、領軍、東宫領兵儀同皆准此。儀同已下，置員同開府，但無行參軍員。諸府皆領軍坊。[17]每坊東宫軍坊准此。置坊主、一人。佐。[18]二人。每鄉團東宫鄉團准此。置團主、一人。佐。[19]二人。

[1]直閤將軍：官名。或省稱直閤。東晋置，隸於禁衛，總領宿衛侍從。南朝及北魏、北齊均置，爲皇帝左右侍衛之官，地位顯要。南朝梁時亦領兵出征。北魏以宗室任此職，孝文帝定爲從三品下。北齊爲左右衛府直閤屬官，位從四品。隋初左右衛各置直閤將軍六人爲屬官，掌宿衛侍從。從四品。煬帝大業三年改“三衛”（親、勳、翊衛）爲“三侍”（親、勳、武侍），廢直閤將軍。　直寢：官名。即左右衛直寢。隋初於左右衛各置十二員爲屬官，掌宿衛侍從。從五品上。煬帝大業三年改“三衛”爲“三侍”時廢直寢。　直齋：官名。即左右衛直齋。隋初於左右衛各置十五員爲屬官，掌宿衛侍從。從五品下。煬帝大業三年改“三衛”爲“三侍”時廢直齋。　直後：官名。即左右衛直後。隋初於左右衛各置直後十五員爲屬官，掌宿衛侍從。從六品下。煬帝大業三年改“三衛”爲“三侍”時廢直後。

[2]奉車都尉：官名。西漢武帝始置，職掌皇帝車輿，入侍左右，秩比二千石。東漢名義上隸光禄勳。三國因之，地位漸低。西晋亦置，掌御乘輿車，以宗室、外戚任之。東晋元帝以參軍爲奉車都尉。南朝亦置，隸集書省，無員額，宋六品，陳七品。北魏列爲

冗職，孝文帝初定從四品上，後降從五品上。北齊員十人，隸左右衛府，從五品。北周亦置，爲散官，五命。隋初於左右衛各置奉車都尉六員爲屬官，掌馭副車。從五品上。煬帝大業三年廢。

［3］武騎常侍：官名。隋初因北齊制，於左右衛各置武騎常侍十員爲屬官，職掌參軍府朝，出使勞問。從七品下。文帝開皇六年罷。　殿内將軍：官名。即殿中將軍，隋因避諱改。隋初於左右衛各置殿内將軍十五員爲屬官，職掌參軍府朝，出使勞問。正八品上。文帝開皇六年罷。　員外將軍：官名。南北朝時期爲殿中員外將軍的省稱，隋爲殿内員外將軍的省稱，即正員之外添授的殿内將軍。隋於左右衛各置員外將軍三十員，職掌同殿内將軍。從八品下。文帝開皇六年罷。　殿内司馬督：官名。省稱司馬督。隋初左右衛各置二十員爲屬官，職掌參軍府朝，出使勞問。正九品。文帝開皇六年罷。　員外司馬督：官名。隋初沿北齊制，於左右衛各置員外司馬督官四十員爲屬官，職掌參軍府朝，出使勞問。從九品下。文帝開皇六年罷。

［4］左右衛親衛：官名。有時省稱“親衛”。隋初於左右衛各置親衛爲屬官，爲皇帝親信侍從，宿衛内廷。正七品上。煬帝大業三年改名親侍。

［5］開府：官署名。即左右衛親衛開府。隋初於左右衛置親衛開府，所領親衛爲皇帝親信侍從，宿衛内廷。煬帝大業三年改名親侍府。

［6］左勳衛開府：官署名。有時省稱勳衛。隋初於左右衛置左勳衛開府，所領勳衛爲皇帝親信侍從，宿衛内廷。煬帝大業三年改名勳侍府。

［7］左翊一開府、二開府、三開府、四開府：官署名。隋於左、右衛所置四個軍府，各設開府一員，及長史、司馬、録事等官員，所領翊衛爲皇帝親信侍從，宿衛宫禁。煬帝大業三年左右衛改爲左右翊衛，翊衛府也改名武侍府。

［8］武衛、武候、領軍、東宫領兵開府：此指隋初十二衛府之

武衛、武候、領軍衛和太子衛率統領的近衛衛士所置官署。

[9]開府：官名。隋初左右衛、武衛、武候、領軍府下轄的親衛府、左勳衛府、左翊四府及東宫衛率府各置開府一員，統領近衛衛士，宿衛宫禁。

[10]長史：此指隋親衛府、左勳衛府、左翊四府及東宫衛率府所置長史。隋沿前制，所置長史官署衆多，而親衛府、左勳衛府、左翊四府及東宫衛率府之長史是其一類，各置一員，爲官署幕僚之長，掌判諸曹事務。

[11]司馬：此指隋親衛府、左勳衛府、左翊四府及東宫衛率府所置司馬。軍府高級幕僚，掌參贊軍務，管理府内武職，位僅次於長史。隋諸衛府及勳官開府者亦置，而親衛府、左勳衛府、左翊四府及東宫衛率府所置司馬是其中一類，各置一員，掌參贊軍務。

[12]録事：此指隋親衛府、左勳衛府、左翊四府及東宫衛率府所置録事。爲官署幕僚，掌管文書，勾稽缺失。隋於門下省、十二衛府、謁者臺、御史臺、諸寺監、東宫詹事府、左右春坊、諸率府、親王府、都督府、諸府州縣等亦置，其品級隨府主高低而不同。而親衛府、左勳衛府、左翊四府及東宫衛率府之録事是其中一類，各置一員。

[13]倉、兵等曹參軍：官名。此指隋親衛府、左勳衛府、左翊四府及東宫衛率府所置倉、兵等曹參軍，各置一員，爲這些府署僚佐之一。

[14]法曹行參軍：官名。此指隋親衛府、左勳衛府、左翊四府及東宫衛率府之法曹行參軍，各置一員，爲這些府署僚佐之一。

[15]行參軍：官名。此處指隋親衛府、左勳衛府、左翊四府及東宫衛率府之行參軍，各置三員，爲府署僚佐之一。

[16]儀同府：官署名。隋初左右衛、左右武候、左右領軍、東宫領府兵率府下皆置儀同府，有長史、司馬、録事，及倉、兵曹參軍，法曹參軍等屬員。

[17]軍坊：隋初諸衛府及東宫衛率置軍坊，是府兵基層組織，

爲府兵長期集中居住的地方。

［18］坊主：官名。隋初軍坊置坊主一人爲長官，檢查户口，勸課農桑，以本軍坊五品勳官爲之。　佐：官名。即坊佐。隋初軍坊置坊佐二人爲貳官，佐長官坊主檢查户口，勸課農桑。

［19］鄉團：隋諸衛府及東宫衛率下屬府兵基層組織。　團主：官名。隋鄉團置團主一人爲長官，掌檢查户口，勸課農桑。　佐：官名。即團佐。隋鄉團置團佐二人爲貳官，佐長官團主檢查户口，勸課農桑。

左右武衛府，無直閣已下員，但領外軍宿衛。[1]

［1］外軍：此指隋府兵制一種軍制名。隋諸衛府有内、外宿衛的區别，府兵小部分屬内衛，大部分屬外衛，因内、外衛的不同，府兵分爲内軍與外軍。如左右衛之親、勳、翊衛是内衛，其各領的驃騎府、車騎府之府兵爲内軍，十二府所領其他驃騎府、車騎府之府兵則爲外軍。此制可使内、外軍宿衛互相牽制，而皇帝更信任内衛。（參見谷霽光《府兵制度考釋》，上海人民出版社 1962 年版，第 108—120 頁）

左右武候，掌車駕出，先驅後殿，晝夜巡察，執捕奸非，烽候道路，[1]水草所置。[2]巡狩師田，[3]則掌其營禁。右加置司辰師、四人。漏刻生。[4]一百一十人。

［1］烽候：亦作“烽堠”。烽火臺。

［2］置：中華書局新修訂本校勘記云：“‘置’，《唐六典》卷二五《左右金吾衛》注、《通典》卷二八《職官一〇・左右金吾衛》、《職官分紀》卷三五《左右金吾衛將軍》引《隋書・百官志》作‘宜’。”

[3]師田：征伐與田獵。

[4]右加置：諸本皆同。岑仲勉疑“右”是“又”字之訛，但未考（參見岑仲勉《隋書求是》，中華書局2004年版，第29頁）。司辰師：官名。隋於右武候衛置司辰師四員，掌觀測天文。正九品下。煬帝大業三年改隸秘書省太史監，置八員。

左右領左右府，各大將軍、一人。將軍，[1]二人。掌侍衛左右，供御兵仗。領千牛備身，[2]十二人。掌執千牛刀；[3]備身左右，[4]十二人。掌供御弓箭；備身，[5]六十人。掌宿衛侍從。各置長史，[6]司馬，[7]録事，[8]及倉、兵二曹參軍事，[9]鎧曹行參軍各一人。等員。[10]

[1]大將軍：官名。即左、右領左右府大將軍。隋於左、右領左右府置大將軍各一員爲長官，正三品。煬帝大業三年改左、右領左右府爲左、右備身府後，左、右領左右府大將軍廢。　將軍：官名。即左、右領左右府將軍。隋左、右領左右府置左、右領左右府將軍各二員爲貳官，佐左、右領左右府大將軍掌領侍衛左右，供御兵仗。從三品。煬帝大業三年廢。

[2]千牛備身：官名。北魏始置，掌乘輿御刀。北齊領左右府置千牛備身。正六品下。北周亦置，又稱千牛左右、千牛。隋於左右領左右府各置千牛備身十二人，掌執千牛刀宿衛皇帝。正六品下。煬帝大業三年改左右領左右府爲左右備身府，其亦改稱“千牛左右”。隋太子左、右内率亦置千牛備身，注釋詳後文。

[3]千牛刀：語本《莊子·養生主》：“（庖丁）所解數千牛矣，而刀刃若新發於硎。”後因以“千牛刀”稱鋒利的刀，亦代稱御刀。

[4]備身左右：官名。北魏置，宿衛侍從皇帝。隋於左右領左右府各置備身左右十二人，掌供御弓箭。正六品下。煬帝大業三年

改左右領左右府爲左右備身府，其亦改稱“司射左右”。隋太子左、右内率亦置備身左右，注釋詳後文。

[5]備身：官名。隋置，掌皇帝宿衛侍從。初屬左右領左右府，員六十人。從八品上。煬帝大業三年改左右領左右府爲左右備身府，遂罷。隋太子左、右内率亦置備身，注釋詳後文。

[6]長史：官名。此指隋左右領左右府所置長史，各置一員，爲官署幕僚之長，掌判諸曹事務。正七品上。

[7]司馬：官名。此指隋左右領左右府所置司馬，各置一員，掌參贊軍務。正七品下。

[8]録事：官名。此指隋左右領左右府所置録事，各置一員，爲官署幕僚，掌本衛文書，勾稽缺失。正八品下。

[9]倉、兵二曹參軍事：官名。此指隋左右領左右府所置倉、兵等曹參軍，各置一員，爲府署僚佐之一。正八品下。

[10]鎧曹行參軍：官名。此指隋左右領左右府所置鎧曹行參軍，各置一員，爲府署僚佐之一。正八品下。

左右監門府各將軍，[1]一人。掌宫殿門禁及守衛事。各置郎將，[2]二人。校尉，[3]直長，[4]各三十人。長史，[5]司馬，[6]録事，[7]及倉、兵曹參軍，[8]鎧曹行參軍，[9]各一人。行參軍四人。等員。[10]

[1]左右監門府將軍：官名。隋初於左、右監門府置將軍各一員爲長官，掌宫殿門禁及守衛事。從三品。煬帝大業三年改名左、右監門府郎將，職掌同前。正四品。

[2]郎將：官名。即左、右監門府郎將。隋初於左、右監門府置郎將各二員爲貳官，佐長官掌宫殿門禁及守衛事。正四品下。煬帝大業三年改左、右監門府將軍爲左、右監門府郎將，爲左、右監門府長官，隋初所置的左右監門府郎將廢。

[3]校尉：官名。即左右監門府校尉。隋於左右監門府置左右監門府校尉三十員爲屬官，在長官統領下掌宫殿門禁及守衛事。正六品下。

[4]直長：官名。即左右監門府直長。隋於左右監門府置左右監門府直長三十員爲屬官，在長官統領下掌宫殿門禁及守衛事。正七品下。

[5]長史：官名。此指隋左右監門府長史，各置一員，爲官署幕僚之長，掌判諸曹事務。從七品上。

[6]司馬：官名。此指隋左右監門府所置司馬，各置一員，掌參贊軍務。從七品下。

[7]録事：官名。此指隋左右監門府録事，各置一員，爲官署幕僚，掌本衛文書，勾稽缺失。正八品下。

[8]倉、兵曹參軍：官名。此指隋左右監門府倉、兵等曹參軍，各置一員，爲府署僚佐之一。從八品上。

[9]鎧曹行參軍：官名。此指隋左右監門府鎧曹行參軍，各置一員，爲府署僚佐之一。正九品上。

[10]行參軍：官名。此指隋左右監門府之行參軍，各置四員，爲府署僚佐之一。正九品上。

左右領軍府，各掌十二軍籍帳、差科、辭訟之事。[1]不置將軍。[2]唯有長史，[3]司馬，[4]掾屬及録事，[5]功、倉、户、騎、兵等曹參軍，[6]法、鎧等曹行參軍，[7]各一人。行參軍十六人。等員。[8]又置明法，[9]四人。隸於法司，[10]掌律令輕重。

[1]十二軍：即指左右衛、左右武衛府、左右武候、左右領左右府、左右監門府、左右領軍府。　差科：指差役和賦税。

[2]不置將軍：《通典》卷二八《職官·左右領軍衛》所載與

此同。但考本書卷一《高祖紀上》載，開皇五年三月戊午，以高熲爲“左領軍大將軍”，宇文忻爲“右領軍大將軍”。可知至遲此時左右領軍府已置“左、右領軍大將軍”了。又據本書卷二《高祖紀下》載：開皇九年十一月庚子，“右領軍將軍李安爲右領軍大將軍”；本書卷四八《楊素傳》和《通鑑》卷一七七《隋紀》載：開皇十年十一月楊素平定江南之叛後班師，文帝遣“左領軍將軍”獨孤陀迎勞。可推知至遲開皇九年前已置“左右領軍將軍”了。此外本書卷四一《高熲傳》、卷五四《崔彭傳》也均載有任“左領軍大將軍”者；本書卷二《高祖紀下》、卷四〇《宇文忻傳》、卷四四《衛昭王爽傳》、卷四五《庶人秀傳》、卷五〇《李安傳》、卷五二《賀若弼傳》也均載有任“右領軍大將軍”者；本書卷五一《長孫晟傳》、卷五三《史萬歲傳》也均載有任“左領軍將軍”者；本書卷二《高祖紀下》、卷四三《楊處綱傳》也均載有任“右領軍將軍”者。從這些資料可推知：左右領軍府“不置將軍”僅隋初一時之制，後“左右領軍大將軍”“左右領軍將軍”均置，而且成了長期定制。

［3］長史：官名。此指隋左右領軍府長史。各置一員，爲官署幕僚之長，掌判諸曹事務。從六品上。

［4］司馬：官名。此指隋左右領軍府司馬。各置一員，掌參贊軍務。從六品下。

［5］掾屬：官名。此指隋左右領軍府掾屬。各置一員爲僚佐。從七品上。　録事：官名。此指隋左右領軍府録事。各置一員，爲官署幕僚，掌本衛文書，勾稽缺失。正八品上。

［6］功、倉、户、騎、兵等曹參軍：皆官名。功、倉、兵、騎曹參軍，此指隋左右領軍府之功、倉、兵、騎曹參軍。各置一員，爲府署僚佐之一。正八品下。

［7］法、鎧等曹行參軍：皆官名。此指隋左右領軍府法、鎧曹行參軍。各置一員，爲府署僚佐之一。從八品上。

［8］行參軍：官名。此指隋左右領軍府行參軍。各置十六員，

爲府署僚佐之一。正九品上。

［9］明法：官名。即左右領軍府明法。隋初於大理寺置明法二十員爲屬官外，在左右領軍府亦置明法四人爲屬官，掌律令輕重。

［10］法司：古代掌司法刑獄的官署。此指大理寺。

行臺省，［1］則有尚書令，［2］僕射，［3］左、右任置。兵部、兼吏部、禮部。度支兼都官、工部。尚書及丞左、右任置。各一人，［4］都事四人。［5］有考功、兼吏部、爵部、司勳。禮部、兼祠部、主客。膳部、兵部、兼職方。駕部、庫部、刑部、兼都官、司門。度支、兼倉部。户部、兼比部。金部、工部、屯田兼水部、虞部。侍郎，［6］各一人。每行臺置食貨，［7］農圃，［8］武器，［9］百工監、副監，［10］各一人。各置丞、食貨四人，農圃六人，武器二人，百工四人。録事食貨、農圃、百工各二人，武器一人。等員。［11］

［1］行臺省：官署名。全稱行臺尚書省，簡稱行省或行臺。隋文帝初於河北、河南、西南、山南、淮南等道各置行臺尚書省，以行臺尚書令、僕射爲長貳官，還設行臺兵部、度支尚書等衆多官員。代表中央尚書省掌所轄區的地方軍政。

［2］尚書令：官名。即行臺尚書令。隋文帝初於河北等道各置行臺尚書省，以行臺尚書令爲長官，置一員，掌所轄區的地方軍政。流内視正二品。

［3］僕射：官名。即行臺僕射。隋文帝初於河北等道置行臺尚書省，以行臺僕射爲副長官，左、右任置一員，佐長官掌所轄區的地方軍政。流内視從二品。

［4］兵部、度支尚書：官名。即行臺兵部尚書、行臺度支尚書。行臺兵部尚書，隋文帝初於河北等道各置行臺尚書省，以行臺兵

部尚書爲屬官，置一員。在行臺内職掌同兵部尚書，並兼吏部、禮部尚書職權。流内視正三品。　行臺度支尚書，隋文帝初於河北等道各置行臺尚書省，以行臺度支尚書爲屬官，置一員。在行臺内職掌同度支尚書，並兼都官、工部尚書職權。流内視正三品。　丞：官名。即行臺尚書丞，簡稱行臺丞。隋文帝初於河北等道各置行臺尚書省，置行臺丞爲屬官，左、右任置一員，流内視從四品。在行臺内職掌同尚書左、右丞。

［5］都事：官名。即行臺尚書都事，簡稱行臺都事。隋文帝初於河北等道各置行臺尚書省，以行臺都事爲屬官，置四員，流内視從八品。在行臺内職掌同尚書都事。

［6］考功：官名。即行臺考功侍郎。隋文帝初於河北等道各置行臺尚書省，以行臺考功侍郎爲屬官，置一員，流内視正六品。在行臺内職掌同考功侍郎，並兼吏部、爵部、司勳侍郎之職權。　禮部：官名。即行臺禮部侍郎。爲行臺尚書省屬官，置一員。流内視正六品。在行臺内職掌同禮部侍郎，並兼祠部、主客侍郎之職權。　膳部：官名。即行臺膳部侍郎。爲行臺尚書省屬官，置一員，流内視正六品。在行臺内職掌同膳部侍郎。　兵部：官名。即行臺兵部侍郎。爲行臺尚書省屬官，置一員，流内視正六品。在行臺内職掌同兵部侍郎，並兼職方侍郎之職權。　駕部：官名。即行臺駕部侍郎。爲行臺尚書省屬官，置一員，流内視正六品。在行臺内職掌同駕部侍郎。　庫部：官名。即行臺庫部侍郎。爲行臺尚書省屬官，置一員，流内視正六品。在行臺内職掌同庫部侍郎。　刑部：官名。即行臺刑部侍郎。爲行臺尚書省屬官，置一員，流内視正六品。在行臺内職掌同刑部侍郎，並兼都官、司門侍郎之職權。　度支：官名。即行臺度支侍郎。爲行臺尚書省屬官，置一員，流内視正六品。在行臺内職掌同度支侍郎，並兼倉部侍郎之職權。　户部：官名。即行臺户部侍郎。爲行臺尚書省屬官，置一員，流内視正六品。在行臺内職掌同户部侍郎，並兼比部侍郎之職權。　金部：官名。即行臺金部侍郎。爲行臺尚書省屬官，置一員，流内視

正六品。在行臺内職掌同金部侍郎。　工部：官名。即行臺工部侍郎。爲行臺尚書省屬官，置一員，流内視正六品。在行臺内職掌同工部侍郎。　屯田：官名。即行臺屯田侍郎。爲行臺尚書省屬官，置一員，流内視正六品。在行臺内職掌同屯田侍郎，並兼水部、虞部侍郎之職權。

[7]食貨：官署名。即行臺食貨監。隋文帝初於河北等道各置行臺尚書省，下置行臺食貨監，置監一員。流内視正八品。在行臺内掌膳食、財務、賓客、鋪設、音樂、醫藥事。

[8]農圃：官署名。即行臺農圃監。隋文帝初於河北等道各置行臺尚書省，下置行臺農圃監，置監一員。流内視正八品。在行臺内掌倉廩、園圃、柴炭、芻蒿、運漕事。

[9]武器：官署名。即行臺武器監。隋文帝初於河北等道各置行臺尚書省，下置行臺農圃監，置監一員。流内視正八品。在行臺内掌兵仗、廄牧事。

[10]百工監：官署名。即行臺百工監，亦爲本署長官名。隋文帝初於河北等道各置行臺尚書省，下置行臺農圃監，置監一員。流内視正八品。在行臺内掌舟車及營造雜作事。　副監：官名。即行臺食貨副監、行臺農圃副監、行臺武器副監、行臺百工副監。各置一員，流内視從八品。

[11]丞：官名。此指隋所置行臺食貨監丞，四人；行臺農圃監丞，六人；行臺武器監丞，二人；行臺百工監丞，四人。爲各監處理日常事務之佐官。皆流内視從九品。　録事：官名。此指隋所置行臺食貨録事，二人；行臺農圃録事，二人；行臺百工録事，二人；行臺武器録事，一人。爲各監屬官，在監内掌管文書，勾稽缺失。

太子置太師、太傅、太保、少師、少傅、少保。[1]開皇初，置詹事。[2]二年定令，罷之。

［1］太師、太傅、太保、少師、少傅、少保：皆官名。太子三師（太子太師、太子太傅、太子太保）和太子三少（太子少師、太子少傅、太子少保）合稱太子六傅。以道德輔教太子，並於動静起居、言語視聽以師範之。太子三師爲正二品，太子三少爲正三品。

［2］詹事：官名。秦漢爲管理皇后、太子諸宫庶務的官員。兩晋南北朝東宫地位極重，官屬齊備，擬於朝廷，時號宫朝。詹事任總宫朝，當時稱其職比朝廷之尚書令，位權甚重，或亦參預朝政。其官署稱府。隋初沿北齊之制，開皇元年置太子詹事，於二年罷。

門下坊，[1]置左庶子二人，[2]内舍人四人，[3]録事二人，[4]主事令史四人。[5]統司經、宫門、内直、典膳、藥藏、齋帥等六局。[6]司經置洗馬四人，[7]校書六人，[8]正字二人。[9]宫門置大夫二人。[10]内直置監、副監各二人，[11]監殿舍人四人。[12]典膳、藥藏，並置監、丞各二人。[13]藥藏又有侍醫四人。[14]齋帥置四人。[15]

［1］門下坊：官署名。北齊始置，設中庶子、中舍人、通事守舍人、主事守舍人員。領殿内、典膳、藥藏、齋帥等局。隋沿置門下坊，置左庶子二人領之。統司經、宫門、内直、典膳、藥藏、齋帥等六局。掌東宫供奉諸事。

［2］左庶子：官名。隋門下坊置左庶子二員爲長官，掌侍從太子左右，贊相禮儀，駁正啓奏，監省封題，職比朝廷門下省侍中。正四品上。

［3］内舍人：官名。太子内舍人簡稱。隋避諱改太子中舍人稱太子内舍人，初置四員，掌侍從太子，行令書、令旨及表、啓之事。正五品上。煬帝大業三年減爲二員。

［4］録事：官名。此指隋太子門下坊録事。置二員，爲官署幕僚，掌本坊文書，勾稽缺失。

［5］主事令史：官名。此指隋太子門下坊主事令史。隋文帝置爲太子官，門下坊、典書坊各置主事令史四人。開皇十四年諸省各置主事令史員。煬帝大業三年定令，諸司主事並去令史之名。其令史隨曹閑劇而置，每十令史置一主事，不滿十人，亦置一人。其餘四省三臺，亦皆曰令史；九寺五監諸衛府，皆曰府史。爲各官署中掌管署覆文書案牘的低級官員。

［6］司經：官署名。即司經局。南朝梁置典經局，屬東宫，設太子洗馬等官，掌經籍。北齊有典書坊，置太子洗馬等。隋門下坊下置司經局，以太子洗馬爲長官，掌經、史、子、集四庫圖書繕寫刊緝之事，立正本、副本，以備供進。凡天下上東宫圖書，皆受而收藏。　宫門：官署名。即宫門局。隋於門下坊下置宫門局，設宫門大夫二員爲長官，掌東宫門籍。煬帝大業三年改宫門大夫爲宫門監。　内直：官署名。即内直局。北齊門下坊領殿内局。隋於門下坊下置内直局，以内直監爲長官，掌東宫符璽、傘扇、几案、衣服之事。　典膳：官署名。即典膳局。北齊門下坊始置典膳局，設監、丞等官。隋於門下坊下置典膳局，以典膳監爲長官。掌東宫進膳、嘗食之事，每夕局官更值於厨。　藥藏：官署名。即藥藏局。北齊門下坊始置藥藏局，設監、丞等官，掌東宫醫藥。隋因之，於門下坊下置藥藏局，以藥藏監二員爲長官，還設丞二員、侍醫四員，煬帝大業三年減侍醫二員。掌東宫和齊醫藥之事。　齋帥：官署名。即齋帥局。南朝齊有齋居局，梁有齋内局，陳因之。北齊門下省、門下坊皆置齋帥局，設太子齋帥、内閣帥等官，掌鋪設灑掃等事務。隋僅於門下坊置齋帥局，以齋帥爲長官，掌東宫湯沐、燈燭、灑掃、鋪設等事。

［7］洗馬：官名。即司經局洗馬。太子屬官。秦置。隋於門下坊司經局置太子洗馬爲長官。掌經、史、子、集四庫圖書繕寫刊緝之事，立正本、副本，以備供進；凡天下上東宫圖書，皆受而收

藏，從五品上。初置四員，煬帝大業三年减爲二員。

[8]校書：官名。南朝宋孝建中，太子洗馬有校書吏四人，此後無聞。至北齊，有太子校書（一説“太子校書郎”），從九品上。隋於門下坊司經局置太子校書六人，掌校理刊正經、史、子、集四庫之書，從九品上。

[9]正字：官名。此指司經局太子正字。隋於司經局置太子正字二人。掌校理刊正經、史、子、集四庫之書，從九品下。煬帝大業三年改名正書。

[10]大夫：官名。此爲太子宫門大夫、太子門大夫簡稱。隋於門下坊宫門局置太子宫門大夫二員爲長官，掌東宫門籍，從六品上。煬帝大業三年改宫門大夫爲宫門監。

[11]監：官名。此爲太子内直監簡稱。北齊門下坊殿内局，置内直監二員爲長官，正六品下。隋於門下坊宫門局，置太子内直監二員爲長官，掌東宫符璽、傘扇、几案、衣服之事，正六品下。副監：官名。此爲太子内直副監簡稱。北齊殿内局有副直監四人。從六品下。隋於門下坊宫門局，置太子内直副監二員爲貳官，佐長官掌東宫符璽、傘扇、几案、衣服之事，從六品下。

[12]監殿舍人：官名。隋於門下坊内直局置監殿舍人四人，掌文書之事。

[13]監：官名。即典膳監和藥藏監。　典膳監，北齊門下坊始置典膳局，設太子典膳監二員爲長官，正六品下。隋於門下坊典膳局置典膳監爲長官，二員。掌東宫進膳、嘗食之事，每夕局官更值厨。正七品下。　藥藏監，北齊門下坊始置藥藏局，設藥藏監二員爲長官，掌東宫醫藥，正六品下。隋因之，於門下坊藥藏局置藥藏監爲長官，二員，掌東宫和齊醫藥之事，正七品下。　丞：官名。即典膳丞和藥藏丞。　典膳丞，北齊門下坊始置典膳局，設太子典膳丞二員爲貳官，正八品下。隋於門下坊典膳局置典膳丞爲長官，二員，佐長官掌東宫進膳、嘗食等事。正九品下。　藥藏丞，北齊門下坊始置藥藏局，設藥藏丞二員爲貳官，佐長官掌東宫醫藥，正

八品下。隋因之，於門下坊藥藏局置藥藏丞爲長官，二員，佐長官掌東宫和齊醫藥之事，正九品下。

[14]侍醫：官名。隋於藏局置太子侍醫四員，從七品上。太子有疾，侍醫入診候以議方藥。煬帝大業三年減侍醫爲二員。

[15]齋帥：官名。此指太子齋帥。隋門下坊齋帥局置太子齋帥四員爲長官，掌東宫湯沐、燈燭、灑掃、鋪設等事，正七品下。

典書坊，[1]右庶子二人，[2]舍人、通事舍人各八人，[3]録事二人，[4]主事令史四人。[5]

[1]典書坊：官署名。即太子典書坊。北齊始置，以庶子爲長官，還有太子舍人。又領典經坊，並統伶官西凉二部、伶官清商二部。隋沿置典書坊，以右庶子爲長官，掌東宫經籍。煬帝大業三年改太子舍人名管記舍人，通事舍人爲宣令舍人。

[2]右庶子：官名。隋始置右庶子，爲典書坊長官，二員，掌東宫經籍，正四品下。

[3]舍人：官名。此指隋典書坊太子舍人。隋於典書坊置太子舍人八員爲屬官，掌書、令、表、啓之事，從六品下。煬帝大業三年改名管記舍人，減置四員。　通事舍人：官名。隋於典書坊置太子通事舍人爲屬官，八員，掌導引東宫諸臣辭見之禮，及承令勞問之事等，正七品下。煬帝大業三年改名宣令舍人。

[4]録事：官名。此指隋典書坊太子録事。置二員，爲官署幕僚，掌本坊文書，勾稽缺失。

[5]主事令史：官名。此指隋典書坊主事令史。置四員，爲官署幕僚，是掌署覆文書案牘的低級官員。煬帝大業三年定令，諸司主事並去令史之名。其令史隨曹閑劇而置，每十令史置一主事，不滿十人，亦置一人。

内坊典内及丞各二人，[1]丞直四人，[2]録事一人。[3]内厩置尉二人，[4]掌内車輿之事。

[1]内坊典内：官名。此爲隋内坊太子典内簡稱。隋始置内坊太子典内二員爲内坊長官，掌東宫閤内之禁令，及宫人糧廩賜與之出入等。從六品下。　丞：官名。此爲隋太子内坊丞簡稱。隋置太子内坊丞二員爲内坊貳官，佐長官掌太子内坊之事。正八品上。

[2]承直：官名。隋於内坊置太子内坊承直四員爲屬官，掌以儀式導引賓客，從九品上。煬帝大業三年改爲内坊典直。

[3]録事：官名。此指隋太子内坊録事。置一員，爲官署幕僚，掌本坊文書，勾稽缺失。

[4]内厩：官署名。此指隋太子典書坊内厩。置内厩尉爲長官，掌東宫車輿之事。

家令、掌刑法、食膳、倉庫、什物、奴婢等事。率更令、掌伎樂漏刻。僕、掌宗族親疏，車輿騎乘。各一人。[1]三寺各置丞、家令二人，寺各一人。録事。[2]家令二人，寺各一人。家令領食官、典倉、司藏三署令、各一人。丞。[3]食官二人，典倉一人，司藏三人。[4]僕寺領厩牧令一人。員。[5]

[1]家令：官名。此爲太子家令簡稱。隋於家令寺置太子家令一員爲長官，掌東宫刑法、食膳、倉庫、什物、奴婢等事，領食官、典倉、司藏三署令、丞。從四品上。煬帝大業三年改名司府令。　率更令：官名。此爲太子率更令簡稱。隋於太子率更寺置太子率更令一員爲長官，掌東宫伎樂漏刻。從四品上。　僕：官名。此爲太子僕簡稱。隋於太子僕寺置太子僕一員爲長官，掌東宫宗族親疏，車輿騎乘。從四品上。

[2]三寺：即太子家令寺、太子率更令寺、太子僕寺。　丞：官名。即太子家丞、太子率更丞、太子僕丞。太子家丞置二員，太子率更丞、太子僕丞各一人，均爲從八品下。　録事：官名。即太子家録事、太子率更録事、太子僕録事。太子家録事置二員，太子率更録事、太子僕令録事各一人。

[3]令：官名。即食官令、典倉令、司藏令。　食官令，即太子食官令簡稱。隋於太子家令寺食官署置食官令一員爲長官，掌太子飲膳之事。正九品下。　典倉令，即太子典倉令簡稱。隋於太子家令寺典倉署置太子典倉令一員爲長官，掌東宫穀倉出納及醯醢、庶羞、器皿、燈燭之事。正九品下。　司藏令，即太子司藏令簡稱。北齊始置，爲太子家令寺司藏署長官，從九品上。隋沿之，於太子家令寺司藏署置太子司藏令一員爲長官，掌東宫庫藏財貨出納、營繕之事。正九品下。　丞：官名。即食官丞、典倉丞、司藏丞。　食官丞，此太子食官丞簡稱。佐長官掌太子飲膳之事。　典倉丞，此太子典倉丞簡稱。北齊置太子典倉丞爲太子家令寺典倉署貳官。隋沿之，佐長官掌東宫穀倉出納及醯醢、庶羞、器皿、燈燭之事。　司藏丞，此太子司藏丞簡稱。北齊始置，爲太子家令寺司藏署貳官，隋沿之，於太子家令寺司藏署置太子司藏丞爲貳官，三員，佐長官掌東宫庫藏財貨出納、營繕之事。

[4]司藏三人：諸本皆同底本，而《唐六典》卷二七《司藏署》、《通典》卷三〇《職官·太子家令》載“司藏二人”。

[5]僕寺：此指太子僕寺。　厩牧令：官名。太子厩牧令簡稱。隋於太子僕寺厩牧署置厩牧令一員爲長官，掌東宫車馬、閑厩、牧畜之事。從九品上。

左右衛，[1]各置率一人，[2]副率二人，[3]掌宫中禁衛。各置長史，[4]司馬及録事，[5]功、倉、兵、騎兵等曹參軍事，[6]法曹、鎧曹行參軍，[7]各一人，行參軍四人。

員。[8]又各有直閤四人，[9]直寢八人，[10]直齋、直後各十人。[11]

[1]左右衛：官署名。此是太子左右衛簡稱，也是太子左衛、太子右衛的合稱。北齊置太子左右坊，以太子左右坊率爲長官，掌禁衛東宫。隋置太子左右衛，以太子左右衛率爲長官，掌東宫禁衛之職。

[2]率：官名。此是太子左右衛率的簡稱。隋初於太子左右衛置太子左右衛率一員爲長官，掌東宫禁衛之職。正四品上。煬帝大業三年改名左右侍率。

[3]副率：官名。此是太子左右衛副率的簡稱。隋始置，爲太子左右衛率副貳，置二員，佐長官掌東宫禁衛之職。從四品上。煬帝大業三年改名左右侍副率。

[4]長史：官名。此指太子左、右衛長史。各置一員，爲官署幕僚之長，掌判諸曹事務。從七品上。

[5]司馬：官名。此指隋太子左右衛司馬。各置一員，掌參贊軍務。從七品下。　録事：官名。此指隋太子左右衛録事。置一員，爲官署幕僚，掌監本衛印、發付文書、勾稽缺失。從八品上。

[6]功、倉、兵、騎兵：此指隋太子左右衛功、倉、兵、騎兵曹參軍事。皆各置一員，爲衛署僚佐之一。從八品下。

[7]法曹、鎧曹行參軍：官名。此指隋太子左、右衛法曹行參軍與鎧曹行參軍。各置一員，爲府署僚佐之一。正九品上。

[8]行參軍：官名。此指隋太子左、右衛行參軍。各置四員，爲府署僚佐之一。從九品上。

[9]直閤：官名。爲直閤將軍省稱。此指隋太子左、右衛直閤。各置八員，爲府署僚佐之一，掌宿衛侍從太子。從五品下。

[10]直寢：官名。此指隋太子左、右衛直寢。各置八員，爲府署僚佐之一，掌宿衛侍從太子。從六品上。

[11]直齋：官名。此指隋太子左、右衛直齋。各置十員，爲府署僚佐之一，掌宿衛侍從太子。從六品下。　直後：官名。此指隋太子左、右衛直後。各置十員，爲府署僚佐之一，掌宿衛侍從太子。從七品下。

左右宗衛，[1]制官如左右衛，各掌以宗人侍衛。[2]加置行參軍二人，而無直閣、直寢、直齋、直後等員。

[1]左右宗衛：官署名。此是太子左、右宗衛簡稱。隋始置，各設太子宗衛率一員爲長官，此外還有副率二人等，掌以宗人侍衛東宫。煬帝大業三年改太子左、右宗衛爲太子左右武侍。

[2]宗人：指楊姓同族人。

左右虞候，[1]各置開府一人，[2]掌斥候伺非。長史已下如左右衛，[3]而無録事參軍員，減行參軍一人。

[1]左右虞候：官署名。此是太子左、右虞候簡稱。隋始置，各設開府一員爲長官，掌斥候伺奸非。煬帝大業三年改左右虞候開府爲太子左、右虞候率，又各置副率二人。

[2]開府：官名。此指東宫左右虞候府開府，各置一員，正四品上。煬帝大業三年改左、右虞候開府爲太子左、右虞候率。

[3]長史：官名。太子左右虞候府各置一員，從七品上，爲官署幕僚之長，掌判諸曹事務。

左右内率、副率，[1]各一人，掌領備身已上禁内侍衛，[2]供奉兵仗。又無功、騎兵、法等曹及行參軍員，[3]餘與虞候同。有千牛備身八人，[4]掌執千牛刀；備身左右八人,[5]掌供奉弓箭;備身二十人,掌宿衛侍從。

[1]左右内率:官名。爲太子左、右内率簡稱。隋文帝始置。員各一人,掌領太子千牛備身、備身左右、備身等侍衛東宫,供奉兵仗。正四品上。煬帝大業三年降爲正五品。　副率:官名。即左右副率,太子左、右副率簡稱。爲太子左、右内率副貳,員各一人,佐長官掌領千牛備身、備身左右、備身等侍衛東宫,供奉兵仗。從四品上。煬帝大業三年降其品。

[2]備身:官名。此是太子備身省稱。隋太子左、右内率置太子備身爲屬官,員二十人,掌東宫宿衛侍從。正九品上。

[3]功:官署名。此指太子衛率功曹。長官名功曹參軍事。騎兵:官署名。此指太子衛率騎兵曹。長官名騎兵曹參軍事。法:官署名。此指太子衛率法曹。長官名法曹參軍事。

[4]千牛備身:官名。此是太子千牛備身的省稱。爲太子左、右内率的屬官,員八人,掌執千牛刀宿衛侍從太子。正七品下。

[5]備身左右:官名。此是太子備身左右省稱。爲太子左、右内率屬官,正七品下,掌供太子弓箭。煬帝大業三年改爲主射左右。　八人:《唐六典》卷二八《太子左右内率府》云“十六人”。

左右監門,[1]各率一人,[2]副率二人,[3]掌諸門禁。長史已下,[4]同内率府,而各有直長十人。[5]

[1]左右監門:官署名。此是太子左、右監門府簡稱。隋文帝置太子左、右監門府,各設監門率、副率爲長、貳官。掌東宫諸門禁。屬官有長史、直長等。

[2]率:官名。即左右監門率。隋文帝置左、右監門率各一員爲太子左、右監門府之長官,掌東宫諸門禁。從四品上。煬帝大業三年改爲宫門將。

[3]副率：官名。即左右監門副率。隋文帝置左、右監門副率各二員爲太子左、右監門府之貳官，佐長官掌東宫諸門禁。正五品上。

[4]長史：官名。即太子左右監門長史。各置一員，爲官署幕僚之長，掌判諸曹事務。從七品上。

[5]直長：官名。即太子左右監門直長。隋於太子左、右監門各置太子左、右監門府直長十員爲屬官，在長官統領下掌東宫門禁及守衛事。從七品下。煬帝大業三年改爲左、右監門直事。

高祖又採後周之制，置上柱國、柱國、上大將軍、大將軍、上開府儀同三司、開府儀同三司、上儀同三司、儀同三司、大都督、帥都督、都督，[1]總十一等，以酬勤勞。又有特進、左右光禄大夫、金紫光禄大夫、銀青光禄大夫、朝議大夫、朝散大夫，[2]並爲散官，[3]以加文武官之德聲者，並不理事。六品已下，又有翊軍等四十三號將軍，[4]品凡十六等，爲散號將軍，[5]以加汎授。[6]居曹有職務者爲執事官，無職務者爲散官。戎上柱國已下爲散實官，[7]軍爲散號官。諸省及左右衛、武候、領左右、監門府爲内官，[8]自餘爲外官。

[1]上柱國：官名。北周武帝建德四年（575）增置上柱國，以之爲勳官之首，正九命。隋文帝沿改北周之制形成十一等散實官，以酬勤勞。上柱國是第一等，開府置府佐。從一品。煬帝大業三年罷。　柱國：官名。柱國大將軍之簡稱。北魏太武帝初置柱國大將軍，以爲開國元勳長孫嵩的加官。孝莊帝因尒朱榮有擁立之功，特置以授之，位在丞相上。西魏文帝以宇文泰有中興之功，又置此官授之。後凡屬功參佐命，望實俱重的，也得居之。自大統十

六年（550）以前任此官的名義上有八人。但元欣以宗室有名無實權，宇文泰爲統帥，其他六人分掌禁旅。但後功臣位至此官者愈多，遂成爲散秩，無所統御。北周朝已成勳官，正九命。隋文帝沿改北周之制形成十一等散實官，以酬勤勞。柱國是第二等，開府置府佐，正二品。煬帝大業三年罷。　上大將軍：官名。隋文帝沿改北周之制形成十一等散實官，上大將軍是第三等，開府置府佐，從二品。煬帝大業三年罷。　大將軍：官名。此爲隋散實官名。隋文帝沿改北周之制形成十一等散實官，大將軍位爲第四等，開府置府佐。正三品。煬帝大業三年罷。　上開府儀同三司：官名。亦簡稱上開府。北周武帝建德五年因劉雄功加上開府儀同三司，爲勳官，八命。隋文帝沿改北周之制形成十一等散實官，上開府儀同三司位第五等，開府置府佐。從三品。煬帝大業三年罷。　開府儀同三司：官名。亦簡稱開府。隋文帝沿改北周之制形成十一等散實官，開府儀同三司位第六等，開府置府佐。正四品上。煬帝大業三年升爲從一品，位次王、公。　上儀同三司：官名。亦簡稱上儀同。隋文帝沿改北周之制形成十一等散實官，以酬勤勞，並不理事。上儀同三司位第七等，開府置府佐。從四品上。煬帝大業三年罷。　儀同三司：官名。亦簡稱儀同。隋文帝沿改北周之制形成十一等散實官，儀同三司位第八等，開府置府佐。正五品上。煬帝大業三年罷。　大都督：官名。隋文帝沿改北周之制形成十一等散實官，大都督位第九等。正六品上。煬帝大業三年罷。　帥都督：官名。隋文帝沿改北周之制形成十一等散實官，帥都督位第十等。從六品上。煬帝大業三年罷。　都督：官名。隋文帝沿改北周之制形成十一等散實官，都督位第十一等。正七品下。煬帝大業三年罷。

［2］特進：官名。隋初沿革前制，設散官，以加文武官有德聲者，並不理事。特進爲正二品。煬帝大業三年廢。　左右光禄大夫：官名。隋初沿革前制，設散官，左、右光禄大夫皆爲正二品。煬帝大業三年改左光禄大夫正二品，右光禄大夫從二品。　金紫光禄大夫：官名。隋初沿革前制，設散官。金紫光禄大夫爲從二品。

煬帝大業三年改爲正三品。　銀青光禄大夫：官名。簡稱銀青。隋初沿革前制，設散官。銀青光禄大夫爲正三品。煬帝大業三年改爲從三品。　朝議大夫：官名。此爲隋散實官名。隋文帝始置，爲從三品散官。煬帝大業三年廢。　朝散大夫：官名。此爲隋散實官名。隋文帝置，正四品，煬帝改爲從五品。

[3]散官：指有官名而無固定職事的官，與職事官相對而言。漢制，朝廷對大僚重臣於本官之外加賜名號，而實無官守者爲散官，但無散官專名。魏晋南北朝因之。有文散官，如開府儀同三司、特進、光禄大夫等；有武散官，如驃騎將軍、輔國將軍、鎮國將軍等。其名稱、品位、待遇各朝不一。隋始定散官之制，居曹有職事者爲職事官，無職事者爲散官。散官僅加於文、武官有德聲者，並不理事。

[4]翊軍：官名。全稱爲翊軍將軍。東漢建安末劉備置，統兵。三國蜀、十六國成漢沿置。北齊用以安置罷任武官，成爲無實權的閑職，從二品。隋置爲泛授的散號將軍之一，正六品上。煬帝大業三年罷。

[5]散號將軍：將軍號。不統兵、没有實際職掌，僅代表品階待遇的名號將軍。北魏置。孝武帝永熙二年（533）規定任官低於自己應授品階者，可加散號將軍，享受該官的品階待遇。隋沿革並定爲制度，設四十三號將軍爲散號將軍。品秩自正六品上至從九品下，凡十六等，以加泛授。煬帝大業三年罷。

[6]泛授：指不按考績制度規定而普授官職。

[7]戎：中華書局新修訂本校勘記云：“‘戎’，南監本、殿本作‘凡’，張元濟《校勘記》疑殿本是。”

[8]諸省及左右衛、武候、領左右、監門府爲内官：中華本標點爲“諸省及左右衛、武候、領左右監門府爲内官”。因領左右監門府是領左右府和監門府兩個官署的簡稱，故標點爲“領左右、監門府”更確切些。

國王、郡王、國公、郡公、縣公、侯、伯、子、男，[1]凡九等。皇伯叔昆弟、皇子爲親王。[2]置師、友各二人，[3]文學二人，[4]嗣王則無師、友。[5]長史、司馬、諮議參軍事、掾、屬，[6]各一人，主簿二人，[7]録事，[8]功曹，[9]記室，[10]户、倉、兵等曹，[11]騎兵、城局等參軍事，[12]東西閤祭酒，[13]各一人，參軍事四人，[14]法、田、水、鎧、士等曹行參軍各一人，[15]行參軍六人，[16]長兼行參軍八人，[17]典籤二人。[18]

[1]國王：爵名。簡稱王。隋文帝沿革前制，定封爵九等。國王，正一品，開府置僚屬。煬帝大業三年廢九等爵，衹留王、公、侯三等爵位。　郡王：爵名。隋始置，爲九等爵的第二等，從一品，開府置僚屬。　國公：爵名。晋、南北朝即指“公”爵。隋始名“國公”，爲九等爵的第三等，從一品，開府置僚屬。　郡公：爵名。晋朝及以後對初立國建官食邑之爵前加“開國”之號。三國魏、晋始置，初定爲“公”的一個等級，高於縣公。其後各朝多置。隋置開國郡公爲九等爵的第四等，從一品。　縣公：爵名。晋、南北朝常爲開國縣公省稱。隋置開國縣公爲九等爵的第五等，從一品，開府置僚屬。　侯：爵名。隋沿革前制，置開國侯爲九等爵的第六等，正二品，開府置僚屬。　伯：爵名。隋置開國伯爲九等爵的第七等，正三品，開府置僚屬。　子：爵名。隋置開國子爲九等爵的第八等，正四品下，開府置僚屬。　男：爵名。隋置開國男爲九等爵的第九等，正五品上，開府置僚屬。

[2]親王：爵名。其稱始於南北朝，指皇族中封王者。隋文帝沿革前制，定封爵九等，親王（亦稱“國王”）爲最高一等。正一品，於皇伯叔、昆弟、皇子中封之，以區别郡王、嗣王。開親王府，置僚屬。煬帝大業三年廢九等爵制，衹留王、公、侯三等

爵位。

［3］師：官名。指王之傅，隋置親王師二員，掌傅相訓導，匡正過失。從三品。　友：官名。此指隋親王友。隋置親王友二員，掌陪侍游居，規諷道義。從五品下。

［4］文學：官名。此指隋親王文學，隋置親王文學二員，掌校讎典籍，侍從文章。從六品上。

［5］嗣王：爵名。南朝嗣郡王爲王者，稱嗣王。嗣王雖仍爲郡王，但衣服禮制與始封者有别。隋親王嫡子襲封之王爲嗣王。從一品，開府置僚屬。

［6］長史：官名。即親王府長史。置一員，爲府署幕僚之長，掌統理府僚，紀綱職務。從四品上。　司馬：官名。即親王府司馬。置一員，掌統理府僚，紀綱職務。從四品下。　諮議參軍事：官名。即親王府諮議參軍事。隋親王、嗣王、郡王、上柱國、柱國府皆置。親王府諮議參軍事置一員，掌謀劃左右，參議庶事。正五品上。　掾：官名。即親王府掾。隋親王、嗣王、郡王府皆置掾。親王府置一員，掌通判功、户、倉曹事。正六品上。　屬：官名。即親王府屬。隋親王、嗣王、郡王府皆置。親王府置屬一員，掌通判兵、騎、法、士曹事。正六品上。按，中華本標點爲“掾屬”。據《唐六典》卷二九《親王府》，可知“掾”“屬”是兩個官員，按體例中間應加頓號。後同者皆如此，不再出注。

［7］主簿：官名。即親王府主簿。隋親王府置主簿二員，掌覆省親王之教。從六品上。

［8］録事：官名。親王府録事參軍事省稱。隋親王、嗣王府皆置録事參軍事一員，掌王府之付事勾稽，省署鈔目。親王府録事參軍事從六品上。

［9］功曹：官名。親王府功曹參軍事省稱。隋置功曹參軍事之官署衆多，親王府功曹參軍事是其中一類，掌親王府之文官簿書、考課、陳設、儀式等事。從六品下。煬帝大業三年改爲功曹書佐。

［10］記事：官名。親王府記室參軍事省稱。隋親王、嗣王府亦

置。親王府置記室參軍事一員，掌王府表、啓、書、疏。從六品下。

［11］户：官名。此爲親王府户曹參軍事省稱。隋初親王、嗣王府及諸州府、左右領軍府等亦置。親王府户曹參軍事一員，掌王府封户、田宅、僮僕、弋獵等事，從六品下。開皇三年改名司户參軍事，煬帝大業三年改爲司户書佐。　倉：官名。此爲親王府倉曹參軍事省稱。隋親王、嗣王府亦置。親王府置倉曹參軍事一員，掌王府廩禄請給，財物市易等事，從六品下。開皇三年改名司倉參軍事，煬帝大業三年改爲司倉書佐。　兵：官名。此爲親王府兵曹參軍事省稱。隋親王、嗣王府，諸衛、率，諸州皆置爲僚屬。親王府置兵曹參軍事一員，掌王府武官簿書、考課、儀衛、假使等事。從六品下。開皇三年改名司兵參軍事，煬帝大業三年改爲司兵書佐。

［12］騎兵：官名。即騎兵參軍事。此爲親王府騎兵曹參軍事省稱。隋置騎兵曹參軍事的官署諸多，親王府騎兵曹參軍事是其中一類。置一員，掌王府廄牧騎乘、文物、器械等事，從六品下。開皇三年改名司騎參軍事，煬帝大業三年改爲司騎書佐。　城局：官名。即城局參軍事。此爲親王府城局參軍事省稱。隋置城局參軍事的官署衆多。親王府城局參軍事是其中一類。正七品上。煬帝大業三年改爲城局書佐。

［13］東西閤祭酒：官名。此爲親王府東、西閤祭酒。隋親王、嗣王、上柱國府皆置。親王府置東、西閤祭酒各一員，掌接對賢良，導引賓客，從七品上。

［14］參軍事：官名。此指親王府參軍事。隋親王、嗣王府亦置。親王府置參軍事四人，掌出使及雜檢校事，從七品上。煬帝大業三年改爲書佐。

［15］法：官名。即法曹行參軍。此指親王府法曹行參軍。置一員，爲親王府法曹僚佐，從七品下。開皇三年改稱司法行參軍，煬帝大業三年改爲司法行書佐。　田：官名。即田曹行參軍。此指親王府田曹行參軍。隋初置親王府田曹行參軍一員，爲親王府法曹僚

佐，從七品下。煬帝大業三年改爲司田行書佐。　水：官名。即水曹行參軍。此指親王府水曹行參軍。隋置親王府水曹行參軍一員，爲親王府水曹僚佐，從七品下。開皇三年改稱司水行參軍，煬帝大業三年改爲司水行書佐。　鎧：官名。即鎧曹行參軍。此指親王府鎧曹行參軍。隋沿前制，所置鎧曹行參軍官署衆多，親王府鎧曹行參軍是其中一類。置一員，爲府署僚佐之一，從七品下。開皇三年改稱司鎧行參軍，煬帝大業三年改爲司鎧行書佐。　士：官名。即士曹行參軍。此指親王府士曹行參軍。隋親王、嗣王、郡王、上柱國等府及諸州亦置。親王府士曹行參軍置一員，爲府署僚佐之一，從七品下。開皇三年改稱司士行參軍，煬帝大業三年改爲司士行書佐。

[16]行參軍：官名。此指親王府行參軍。隋沿前制，所置行參軍官署衆多，親王府行參軍是其中一類，置六員，佐親王府參軍事掌出使及雜檢校事，正八品上。煬帝大業三年改爲行書佐。

[17]長兼行參軍：官名。隋親王、嗣王府並有長兼行參軍爲府屬員，親王府置長兼行參軍八員，從八品下。煬帝大業三年改爲長兼行書佐。

[18]典籤：官名。此指親王府典籤。隋在親王、嗣王、郡王、上柱國、柱國、上大將軍、大將軍府、上開府諸府及各州皆置典籤。親王府典籤置二人，掌宣傳親王教令事。從八品下。

上柱國、嗣王、郡王，無主簿、録事參軍、東西閤祭酒、長兼行參軍等員，而加參軍事爲五人，行參軍爲十二人。柱國又無騎兵參軍事、水曹行參軍等員，而減參軍事、行參軍各一人。上大將軍又無諮議參軍事，田曹、鎧曹行參軍員，又減行參軍一人。大將軍又無掾、屬員，又減參軍事二人。上開府又無法曹、士曹行參軍，參軍事員。開府又無典籤員，減行參軍二人。上儀同又無功曹、城局參軍事員，又減行參軍二人。儀同又無倉曹員，減行參軍三人。

三師、三公，置府佐，與柱國同。若上柱國任三師、三公，唯從上柱國置。王公已下，三品已上，又並有親信、帳内，[1]各隨品高卑而制員。

[1]親信：吏職名。南朝置，爲高級官員的侍從，由朝廷賜給。西魏大丞相府有親信。隋王公以下、三品以上官亦置親信，員數隨官爵品秩而不同，爲侍從之職。　帳内：吏職名。十六國北凉官員有帳内，爲警衛或親隨一類軍兵。北魏末高歡置爲侍衛近職。西魏宇文泰亦置，掌侍衛。隋王公以下、三品以上官亦置親信，員數隨官爵品秩而不同，爲侍從之職。

諸王置國官。有令、大農各一人，[1]尉各二人，[2]典衛各八人，[3]常侍各二人，[4]侍郎各四人，[5]廟長、學官長各一人，[6]食官，[7]厩牧長、丞各一人，[8]典府長、丞各一人，[9]舍人各四人等員。[10]上柱國、柱國公，[11]減典衛二人，無侍郎員。侯、伯又減典衛二人，食官、厩牧長各一人。子、男又減尉、典衛、常侍、舍人各一人。上大將軍、大將軍公，[12]同柱國、子、男。其侯、伯減公典衛、侍郎、厩牧丞各一人。子、男無令，[13]無典衛，[14]又減舍人一人。上開府、開府公，[15]同大將軍、子、男。其侯、伯又無常侍，無食官、厩牧丞。子、男又無侍郎、厩牧長。上儀同、儀同公，[16]同開府子、男。[17]其侯、伯又無尉，無學官長。子、男又無厩長、食官長。[18]二王後，[19]置國官，與諸王同。郡王與上柱國公同。國公無上開府已上官者，上開府公同。[20]散郡公與儀同侯、伯同。[21]散縣公與儀同子、男同。[22]大長公主、長公主、公主，[23]並置家令、丞各一人，[24]主簿、謁者、舍人各二人等員。[25]郡主唯減主簿員。[26]

[1]令：官名。即國令。隋初諸王國各置國令一人，與王國大農掌通判國司事。王、二王後國令視從六品。煬帝大業三年改國令爲家令。　大農：官名。此指隋王國之大農。隋初諸王國皆置大農一員，與國令協理封國事務。王、二王後大農視正七品。煬帝大業三年廢伯、子、男，改國官爲府官。

[2]尉：官名。此指隋王國之尉。隋王國皆置，二員。國尉掌分判國司事。王、二王後國尉視正七品。煬帝大業三年廢伯、子、男，改國官爲府官。

[3]典衛：官名。此指隋王國之典衛。隋王國皆置，八員，掌守衛居宅事。王、二王後國典衛視正七品。煬帝大業三年廢伯、子、男，改國官爲府官。

[4]常侍：官名。此指隋王國之常侍。隋王國皆置，二員，與師（傅）、侍郎皆掌表啓、書、疏，贊相禮儀。王、二王後國常侍視正八品。煬帝大業三年廢伯、子、男，改國官爲府官。

[5]侍郎：官名。此指隋王國之侍郎。隋王國皆置，四員，掌侍從左右，贊相禮儀。王、二王後國侍郎視正九品。煬帝大業三年廢伯、子、男，改國官爲府官。

[6]廟長：官名。此指隋王國之廟長。隋王國置一人，改名學官長，爲流外官，掌教授王國内人事。

[7]食官：諸本同底本。但考後文記作“食官長”。又《唐六典》卷二九《親王國》亦載“隋親王國有食官長”，而無“食官”。故斷此“食官”或是“食官長”之省稱，或是脱“長”字。食官長，此指王國之食官長。南朝齊、梁、陳及北齊王國俱置。隋王國

亦置一人，爲流外官，掌營造王國膳食事。

［8］厩牧長、丞：官名。此指隋王國之厩牧長、丞。隋王國置厩牧長、丞各一人，爲流外官。掌王國畜牧牛馬事。

［9］典府長、丞：官名。此指隋王國之典府長、丞。隋王國置典府長、丞各一人，爲流外官。掌王國府内雜事。

［10］舍人：官名。此指隋王國之舍人。隋王國置舍人四人，爲流外官。掌供引納驅策事。

［11］上柱國、柱國公:上柱國、柱國和公之官、爵的合稱。

［12］上大將軍、大將軍公:上大將軍、大將軍和公之官、爵的合稱。

［13］子、男無令：諸本同。但本卷後文又載“子、男國令……爲視正八品”。《通典》卷三九《隋官品令》所載同。史文前後記載歧異。

［14］無典衛：諸本同。然本卷後文又載“子、男典衛……爲視從八品”。《通典》卷三九《隋官品令》所載同。史文前後記載歧異。

［15］上開府、開府公:上開府、開府和公之官、爵的合稱。

［16］上儀同、儀同公:上儀同、儀同和公之官、爵的合稱。

［17］開府子、男:開府和子、男之官、爵的合稱。

［18］厩長：即上文厩牧長。

［19］二王後：指古代新朝建立後前兩朝王族受封的後裔。

［20］上開府公同：汲古閣本同，殿本、庫本、中華本皆爲“與開府公同”。推敲前後文，知底本之“上”字訛，“與”字確。

［21］散郡公：爵名。北魏中期置，位第三等，低於開國郡公。隋沿置，位第四等，亦低於開國郡公。　儀同侯、伯:儀同和侯、伯之官、爵的合稱。

［22］散縣公：爵名。隋沿置，位第五等，低於開國縣公。　儀同子、男:儀同和子、男之官、爵的合稱。

［23］大長公主、長公主、公主：封號。漢朝規定，皇帝女封公

主，皇帝姊妹封長公主，皇帝之姑封大長公主。封地稱湯沐邑，有公主家令等官屬掌其事務。歷朝多沿其制，隋亦同。

［24］家令：官名。此指隋公主家令。漢宗正屬官有公主家令。晋爲長山長公主置家令一人。南朝宋、齊以後，時有其職。隋大長公主、長公主、公主各置一人，爲公主邑司之長，掌公主家財貨出入、田園徵封之事。視正九品。　丞：官名。此指隋公主家丞。晋置公主家丞。隋置一人爲公主邑司貳官，流外官，佐長官掌公主家財貨出入、田園徵封之事。

［25］主簿、謁者、舍人各二人等員：中華本標點爲"主簿謁者、舍人各二人等員"。按，"主簿""謁者""舍人"各爲一個官名，中間皆應加頓號。隋公主邑司置公主主簿、謁者、舍人各二人爲僚屬，流外官，佐長官掌公主家財貨出入、田園徵封之事。

［26］郡主：封號名。隋皇太子女封郡主。

雍州，[1]置牧。[2]屬官有別駕，[3]贊務，[4]州都，[5]郡正，[6]主簿，[7]録事，[8]西曹書佐，[9]金、户、兵、法、士等曹從事，[10]部郡從事，[11]武猛從事等員。[12]并佐、史，[13]合五百二十四人。

［1］雍州：治所在今陝西西安市。

［2］牧：官名。州牧的省稱。隋僅於京都長安所在地置雍州牧爲長官，從二品。煬帝大業三年罷州置郡，改爲京兆尹，正三品。

［3］別駕：官名。此指州別駕。漢置州別駕爲佐吏，秩百石，秩輕職重。三國、晋亦置。南朝宋主吏員選舉，多以六品官擔任，南齊同。梁揚州別駕十班，陳爲六品，他州高者六品低者九品。北魏州亦置，司州別駕初爲正四品中，後改從四品上。北齊司州別駕從四品上，他州別駕依州等級而不同。北周州亦置。隋置別駕爲州上佐之一，無實際職任，因品高俸厚，多以位置貶謫大臣，時有廢

罷。從四品上。開皇三年改爲長史。煬帝大業三年罷。

［4］贊務：官名。雍州屬官，居别駕下，正四品。開皇三年改爲司馬。煬帝大業三年罷州置郡，罷司馬，郡置贊務一員，爲太守副貳。京兆、河南所置從四品，上郡正五品，中郡從五品，下郡正六品。

［5］州都：官名。原爲魏晋南朝州大中正的别稱，一説是州都大中正的省稱，亦稱都士。掌一州之人物品第，以爲吏部銓選之根據，並有委任州主簿及從事之權。北魏爲州牧屬官，掌評士族内部品第。北齊爲州刺史屬官，視八品，地位遠低於州大中正。隋初仍置，雍州所屬州都視正八品，其他州所屬的視從八品。北周、北齊州都皆州長官自辟，理時事；隋開皇三年始不理時事，稱鄉官，開皇十五年罷。

［6］郡正：官名。即郡中正，又稱中正、小中正、郡正，亦省稱正。三國魏曹丕始置，掌考察州郡人才品德。由各郡長官推選，晋例由司徒選授，掌一郡人物之品第，以爲吏部銓選官吏之依據。南北朝沿置。北齊清都郡中正視第八品，其他郡中正視從第八品。隋初郡亦置郡正，視正九品。開皇三年始不理時事，稱鄉官。開皇十五年罷。

［7］主簿：官名。西漢州郡官府置，典領文書簿籍，經辦事務。東漢、三國、魏、晋、南朝沿之。北朝州郡亦置，雖非掾吏之首，但地位較高。隋中央和地方置主簿官署衆多，雍州主簿是其中之一，掌監州印，檢核文書簿籍，勾稽缺失。視正八品。煬帝大業三年罷州置郡後廢。

［8］録事：官名。州録事參軍事的省稱。北魏、北齊、北周之州皆置録事參軍，皆由長官自辟除。隋初州亦置録事參軍事，品秩依州之等級而不同。從七品上至從八品上。掌付事勾稽，省署抄目，糾正非違，監守本州符印。開皇三年改長官自闢除爲吏部選授。煬帝大業三年罷州置郡後廢。

［9］西曹書佐：官名。州刺史僚屬。晋改功曹書佐置。南朝、

北魏、北齊、隋俱置。北齊司州西曹書佐視八品，他州視從八品。隋雍州西曹書佐視從八品，他州視正九品。煬帝大業三年罷州置郡後廢。

[10]金、户、兵、法、士等曹從事：官名。漢元帝始置從事爲州部佐吏官名，秩百石。東漢因之，稱從事史，皆爲州長官自辟。三國、晋、南北朝沿置，名目不一。隋初州置金、户、兵、法、士等曹從事爲僚屬。雍州諸曹從事視從八品。開皇十二年改爲金、户、兵、法、士等曹參軍。煬帝大業三年罷州置郡後廢。

[11]部郡從事：官名。隋初州置部郡從事爲僚屬。雍州部郡從事視正九品，其他州視從九品。開皇十二年改爲部郡參軍。煬帝大業三年罷州置郡後廢。

[12]武猛從事：官名。東漢末臨時設置。三國魏、晋司隸校尉、諸州刺史皆置，參掌軍事。北齊唯司州置，視從九品。隋初於雍州置武猛從事爲僚屬，視正九品，其他州視從九品。開皇十二年改爲武猛參軍。煬帝大業三年罷州置郡後廢。

[13]佐、史：此爲州官署内其他低級官、吏的統稱。

京兆郡，[1]置尹，[2]丞，[3]正，[4]功曹，[5]主簿，[6]金、户、兵、法、士等曹佐等員。[7]并佐史，合二百四十四人。

[1]京兆郡：治所在今陝西西安市。

[2]尹：官名。即京兆尹。隋亦於京城長安所在地京兆郡置京兆尹爲長官，正三品。煬帝大業三年罷州置郡，京兆、河南俱爲尹，皆正三品。

[3]丞：官名。即京兆丞。隋中央和地方部分官署多置丞。京兆丞是其中之一，爲處理本官署日常事務之佐官。從五品下。

[4]正：官名。京兆郡正之省稱。職掌同郡正。視從八品。

[5]功曹：官名。即京兆郡功曹。漢郡縣置功曹史，省稱功曹，掌人事，並參與政務。三國魏、晋之不開府將軍、太子二府、特進、郡縣皆置。南朝宋、齊沿之，梁、陳之列卿、皇弟皇子府等置。北魏凡皇子、不開府將軍、太常光禄衛尉、郡，北齊九寺、郡縣皆置，北周郡亦置。職掌吏事或選舉。隋置功曹之官署衆多，京兆郡功曹是其中之一，視從八品。掌京兆郡府之簿書、考課等事。煬帝大業三年改稱司功書佐。

[6]主簿：官名。即京兆郡主簿。隋中央和地方置主簿官署衆多，郡主簿是其中之一。職掌監郡印，檢核文書簿籍，勾稽缺失。京兆郡主簿視正九品，諸郡主簿視從九品。

[7]金、户、兵、法、士等曹佐：官名。隋州、郡、縣、鎮諸曹皆置佐，稱某曹佐。京兆郡金、户、兵、法、士曹佐是其中一類，爲流外官，任各曹職事。

大興、長安縣，[1]置令，[2]丞，[3]正，[4]功曹，[5]主簿，[6]西曹，[7]金、户、兵、法、士曹等員。[8]并佐史，合一百四十七人。

[1]大興：縣名。隋開皇三年改萬年縣爲大興縣，與長安縣同城而治。治所在今陝西西安市。　長安：縣名。治所在今陝西西安市。

[2]令：官名。即大興、長安縣令。西漢京兆郡尹統長安令，東漢河南尹統洛陽令，三國魏、晋以後皆因之。隋於京師長安置大興、長安縣，大興、長安縣令即兩縣長官，職掌治民，舉凡一縣行政、治安、賦役、教化、獄訟等無所不管。初從五品下，煬帝大業三年升正五品。

[3]丞：官名。即大興、長安縣丞。漢長安令即有長安縣丞爲副長官，三國魏、晋以後皆因之。隋大興、長安縣令亦皆置丞，爲

副長官，佐長官職掌治民。從七品下。

[4]正：官名。隋初縣置正爲屬員。大興、長安縣正視從九品，其他爲流外品。隋初縣長官自辟，理時事；開皇三年始不理事，謂鄉官；十五年罷。煬帝大業三年後改縣尉爲縣正，尋又改爲户曹、法曹。

[5]功曹：官名。即縣功曹。隋置功曹之官署衆多，縣功曹是其中之一。掌縣之簿書、考課等事。大興、長安縣功曹視從九品，其他爲流外品。

[6]主簿：官名。即縣主簿。隋中央和地方置主簿官署衆多，縣主簿是其中之一。職掌監縣印，檢核文書簿籍，勾稽缺失。大興、長安縣主簿視從九品，其他爲流外品。

[7]西曹：官名。即縣西曹。此爲縣西曹掾佐省稱。北齊諸縣置西曹掾。隋縣沿置，爲流外官，掌西曹職事。

[8]金、户、兵、法、士曹：官名。北齊諸縣置户、金、租、兵曹掾。隋縣置金、户、兵、法、士曹佐，爲流外官。任各曹職事。

上上州，[1]置刺史，[2]長史，[3]司馬，[4]録事參軍事，功曹，[5]户、兵等曹參軍事，[6]法、士曹等行參軍，[7]行參軍，[8]典籤，[9]州都，光初主簿，[10]郡正，主簿，[11]西曹書佐，祭酒從事，[12]部郡從事，倉督，[13]市令、丞等員。[14]并佐史，合三百二十三人。上中州，減上州吏屬十二人。上下州，減上中州十六人。中上州，減上下州二十九人。中中州，減中上州二十人。中下州，減中中州二十人。下上州，減中下州三十二人。下中州，減下上州十五人。下下州，減下中州十二人。

[1]上上州：地方行政區劃名。西漢武帝爲監察郡國行政，分全國爲十三州，初置十三部刺史。刺史由中央派遣，奉詔條察諸州，秋、冬入奏，居無常所。此時州是監察區域。東漢因之並發展，刺史皆有定所，州逐漸形成郡之上的行政區劃。三國魏、晋、南北朝因之。北魏孝文帝分州爲上、中、下三等。北齊將全國州分上中下三等，每等又有上中下之差，自上上州至下下州凡九等。隋初沿北齊制，亦分州爲九等；開皇十四年改州、縣爲四等；煬帝大業三年罷州置郡。

[2]刺史：官名。隋初一般州置刺史一員爲行政長官，不帶軍號。上州刺史正三品，中州從三品，下州正四品上。舉凡一州行政、治安、賦役、教化、獄訟等無所不統。有兵的州則刺史帶諸軍事（總管刺史加使持節）以統之。煬帝大業三年改州爲郡，刺史爲太守。另於司隸臺置刺史十四人，掌以六條巡察郡縣，與漢制略同。

[3]長史：官名。即州長史。置一員，爲府署幕僚之長，掌統理府僚，紀綱職務。上州長史正五品上，中州從五品上，下州正六品上。

[4]司馬：官名。即州司馬。置一員，位次於長史。掌統理府僚，紀綱職務。上州司馬正五品下，中州從五品下，下州正六品下。

[5]功曹：官名。即州功曹。掌州之簿書、考課等事。煬帝大業三年改稱司功書佐。

[6]户、兵：官名。即州户曹參軍事、州兵曹參軍事。州户曹參軍事，隋初沿前制，所置户曹參軍事官署衆多，州户曹參軍事是其一類。掌州户籍、計帳、道路、旅店、田疇、六畜、過所、蠲符之事，而剖斷人之訴競。上州户曹參軍事從七品下，中州正八品下，下州從八品下。開皇三年改稱司户參軍事，煬帝大業三年改爲司户書佐。州兵曹參軍事，隋初沿前制，所置兵曹參軍事官署衆多，州兵曹參軍事是其一類。開皇三年改稱司兵參軍事，煬帝大業

三年改爲司兵書佐。掌州武官選舉，兵甲器仗，門户管鑰，烽候傳驛之事。上州兵曹參軍事從七品下，中州正八品下，下州從八品下。

［7］法：官名。即法曹等行參軍，隋初沿前制，所置兵曹官署衆多，州法曹行參軍是其一類。掌律、令、格、式，鞫獄定刑，督捕盜賊，糾正奸非之事。上州法曹行參軍正八品上，中州從八品上，下州正九品上。開皇三年改稱司法行參軍，煬帝大業三年改爲司法行書佐。　士曹：官名。即士曹行參軍。隋初沿前制，所置士曹行參軍官署衆多，州士曹行參軍是其一類。掌津梁、舟車、舍宅、百工衆藝之事。上州士曹行參軍正八品上，中州從八品上，下州正九品上。開皇三年改稱司士行參軍，煬帝大業三年改爲司士行書佐。

［8］行參軍：官名。即州行參軍。隋置行參軍官署衆多，州行參軍是其中之一。上州行參軍正九品上，中州正八品下，下州從九品上。煬帝大業三年改爲行書佐。

［9］典籤：官名。即州典籤。隋置典籤的官署衆多，州典籤是其中之一。上州典籤正九品下，中州從九品上，下州從九品下。

［10］州都，光初主簿：中華本標點爲“州都光初主簿”。此不確。因“州都”和“光初主簿”是兩個官名，按本段標點體例中間應加逗號。光初主簿，隋州、郡、縣均置爲屬官。隋初皆地方長官自辟，理時事；開皇三年始不理時事，稱鄉官；開皇十五年罷。

［11］主簿：官名。即州主簿。隋中央和地方置主簿官署衆多，州主簿是其中之一，掌監州印，檢核文書簿籍，勾稽缺失。視從八品。煬帝大業三年罷州置郡後廢。

［12］祭酒從事：官名。晋置爲州府主要僚屬，掌州所置兵、賊、倉、户、水、鎧諸曹事，不設之州則以主簿治事。南朝沿之，無定員，梁自一班至流外四班，陳九品。北齊諸州置，視九品。隋州亦置，視正九品。煬帝大業三年罷州置郡後廢。

［13］倉督：官名。北齊爲郡、鎮屬官。隋州置，爲流外官，掌

倉糧出納。

[14]市令：官名。隋京城、州、郡、縣皆置市令，爲流外官，掌市場交易。　丞：官名。即市丞。隋置爲市令副職，佐長官掌判市事。

郡，[1]置太守，[2]丞，[3]尉，[4]正，光初功曹，[5]光初主簿，縣正，[6]功曹，[7]主簿，西曹，[8]金、户、兵、法、士等曹，[9]市令等員。并佐史，合一百四十六人。上中郡，減上上郡吏屬五人。上下郡，減上中郡四人。中上郡，減上下郡十九人。中中郡，減中上郡六人。中下郡，減中中郡五人。下上郡，減中下郡十九人。下中郡，減下上郡五人。下下郡，減下中郡六人。

[1]郡：地方行政區劃名。隋初沿北齊郡九等之制；開皇三年廢郡，以州轄縣；煬帝大業三年又改州爲郡，仍爲九等，下轄縣。

[2]太守：官名。隋初沿北齊郡三等九階之制，太守爲郡行政長官，凡郡之民政、財政、司法、治安、教化無所不統。上等郡太守從四品上，中等郡從五品上，下等郡六品上。開皇三年罷郡，廢郡太守。煬帝大業三年罷州置郡，又設郡太守爲地方最高一級行政長官。上郡太守從三品，中郡正四品，下郡從四品。

[3]丞：官名。即郡丞。隋初沿北齊制，郡置丞爲太守副貳，佐長官掌郡行政。上郡丞從七品上，中郡丞正八品上，下郡丞從八品上。開皇三年罷郡，廢郡丞。煬帝大業三年罷州置郡，設贊務爲郡太守副貳；其後郡又加置通守爲太守副貳，並改贊務爲丞，位在通守下。

[4]尉：官名。即郡尉。秦統一後分天下爲三十六郡，郡置尉，秩比千石，佐郡守掌武職甲卒。西漢因之，景帝改名都尉。東漢建武七年（31）省諸郡都尉，並職於太守；需要時郡臨時設，事訖

罷；唯邊郡置都尉及屬國都尉。三國時郡置都尉掌兵。自後無聞。隋初郡置尉爲佐官，上郡尉從八品下、中郡尉正九品上、下郡尉正九品下。開皇三年罷郡，廢郡尉。煬帝時別置都尉，又置京輔都尉。

[5]光初功曹：官名。隋諸郡、縣均置爲屬官。隋初皆地方長官自辟，理時事；開皇三年始不理時事，稱鄉官；開皇三年罷郡後廢郡光初功曹，十五年皆罷。

[6]縣正：官名。隋初郡置縣正爲屬員，郡長官自辟，理時事。大興長安縣正視從九品。開皇三年始不理時事，稱鄉官，十五年廢。煬帝大業三年以後改縣尉爲縣正。

[7]功曹：官名。即郡功曹。隋沿前制，所置功曹官署衆多，郡功曹是其一類。掌郡之簿書、考課等事。開皇三年罷郡後廢；煬帝大業三年改州爲郡又置，稱司功書佐。

[8]西曹：官名。即郡西曹。此爲郡西曹掾佐省稱。北齊諸郡置西曹掾佐。隋郡沿置，爲流外官，掌西曹職事。

[9]金、户、兵、法、士等曹：官名。此爲郡金、户、兵、法、士等曹佐省稱。北齊諸郡置户、金、租、兵、集曹掾佐。隋郡置金、户、兵、法、士曹佐，爲流外官。任各曹職事。

縣，[1]置令，[2]丞，[3]尉，[4]正，光初功曹，光初主簿，功曹，主簿，西曹，金、户、兵、法、士等曹佐，及市令等員。合九十九人。上中縣，減上上縣吏屬四人。上下縣，減上中縣五人。中上縣，減上下縣十人。中中縣，減中上縣五人。中下縣，減中中縣五人。下上縣，減中下縣十二人。下中縣，減下上縣六人。下下縣，減下中縣五人。

[1]縣：地方行政區劃名。隋初沿北齊縣三等九階之制，開皇

三年廢郡，以州轄縣。煬帝大業三年又改州爲郡，下轄縣。

[2]令：官名。即縣令。縣級地方行政機構長官。職掌治民，舉凡一縣行政、治安、賦役、教化、獄訟等無所不管。隋大興、長安、河南、洛陽縣令從五品下（煬帝大業三年升正五品）。其他分三等：上縣令從六品上，中縣令從七品上，下縣令正八品上。

[3]丞：官名。即縣丞。隋諸縣置縣丞，由中央任命，盡用他郡之人。佐縣令職掌治民。大興、長安縣丞從七品下，上縣丞從八品下，中縣丞正九品上，下縣丞從九品上。

[4]尉：官名。即縣尉。隋諸縣置縣尉，大興、長安縣無尉，有正，煬帝後置尉。其他縣置尉，上縣尉從九品上，中縣尉從九品下。縣尉親理庶務，分判衆曹，徵收課調。煬帝改縣尉爲縣正，又改縣正爲户曹、法曹。

州，置總管者，[1]列爲上中下三等。總管刺史加使持節。[2]

[1]總管：官名。北周之制，總管加使持節諸軍事。總管或單任，然多兼帶刺史或領、行刺史。故總管職權雖以軍事爲主，實際是一地區若干州、防（鎮）的最高軍政長官。隋初因之，於并、益、揚、荆四州置大總管，并、益、揚由親王臨統。其餘諸州要地設總管，品秩分三等：上總管視從二品，中總管視正三品，下總管視從三品。總管多兼帶刺史，並加使持節。轄一州或數州、十數州軍政事務，爲地方最高軍政長官。煬帝大業三年悉罷諸總管。

[2]使持節：漢朝官員奉使外出時，或由皇帝授予節杖，以提高其威權。魏、晋以後，凡重要軍事長官出征或出鎮時，加使持節，可誅殺二千石以下官員。皇帝派遣大臣出巡或祭吊等事時，也使持節，以表示權力和尊崇。隋亦作爲皇帝賜以調度軍事的符信。時諸州都督、總管、刺史，例加號使持節，以總軍戎，然實際並不

帶節。

鎮，[1]置將、副。[2]戍，[3]置主、副。[4]關，[5]置令、丞。[6]其制，官屬各立三等之差。

[1]鎮：捍防守禦據點。北魏於各地置，地位與州等同，以鎮都大將或鎮將爲長官。不置州郡的西、北地區鎮兼統軍政、民政，與州郡並置地區僅掌軍政，若兼所在州刺史則仍兼掌軍政、民政。孝文帝改制後内地多廢，北魏末年北方亦改爲州。北齊沿置，分上中下三等。隋僅於邊防處設鎮，置鎮將、副將爲長貳官，以捍邊防。

[2]將：官名。即鎮將。隋僅於邊防處設鎮置鎮將爲長官，掌捍衛邊防，總判鎮事。上鎮將從四品下，中鎮將從五品下，下鎮將正六品下。　副：官名。鎮將副貳。佐長官掌捍衛邊防。北魏鎮已置。北齊鎮副將位從四品下。隋上鎮副將從五品下，中鎮副將正六品下，下鎮副將從六品下。

[3]戍：捍防守禦據點。晋已置。南北朝亦置，多設於邊境軍事要地，以戍主爲長官，掌轄區内軍務，守衛邊防。隸屬於州。北魏設鎮處隸於鎮。北齊以防人多少分上、中、下三等。隋僅設於邊防，隸於鎮。置戍主、副爲長貳官，掌捍衛邊防。

[4]主：官名。即戍主。西晋末始置，南北朝沿置，爲戍的主將。掌防守捍禦之事，除管理軍政，還干預民政和財政。多以郡太守、縣令、州參軍及雜號將軍等官兼領。北齊戍主從七品下，北周三命。隋上戍主正七品下，中戍主正八品下，下戍主正九品下。掌捍衛邊防。　副：官名。即戍副。南北朝置，爲戍副主將，佐戍主掌戍軍政事務。北齊戍副從八品，北周二命。隋上戍副正八品下。

[5]關：稽查據點名。隋於山林河口要道置關，設關令、丞爲長貳官，掌稽查行人車馬出入，驗其過所（通行證），禁察奸慝、

游惰者。

[6]令：官名。即關令。隋於關置關令爲長官。上關令從八品上，中關令從八品下，下關令正九品上。　丞：官名。即關丞。隋於關置關丞爲副長官。上關丞正九品上，中關丞從九品上。

同州，[1]總監、副監各一人，[2]置二丞。[3]統食貨農圃二監、副監。[4]岐州亦置監、副監。[5]諸冶亦置三等監。[6]各有丞員。[7]

[1]同州：治所在今陝西大荔縣。

[2]總監：官署名、官名。即同州總監。隋置總監一員，下轄食貨、農圃二監。總管膳食、財務、賓客、鋪設、醫藥、倉廩、園圃、柴炭等事。視從五品。　副監：官名。即同州副監。隋置總副監一員，爲總監副貳。視從六品。

[3]丞：官名。即同州總監丞。隋於同州總監置總監丞二員，爲總監僚屬。視正八品。

[4]食貨監：官名。同州食貨監長官。掌膳食、財務、賓客、鋪設、醫藥等事。視正八品。　食貨副監：官名。隋於同州食貨監置副監爲副長官，視正九品。　農圃監：官員。隋於同州農圃監置監爲長官，掌倉廩、園圃、柴炭等事。視正八品。　農圃副監：官名。隋於同州農圃監置副監爲副長官。視正九品。

[5]岐州：治所在今陝西鳳翔縣。

[6]冶：冶鑄機構。西晋於衛尉下置冶令三十九，掌工徒冶鑄，遂有冶名。東晋省衛尉，冶改隸少府。南朝宋有東、南冶，仍隸少府；齊因之；梁、陳有東、西冶。北齊諸冶東西道署隸太府寺。隋諸冶初隸太府寺，煬帝大業三年分太府寺爲少府監後諸冶改隸少府監。　監：官署名、官名。即冶監。掌鑄造兵農之器。隋置大中小三等冶監，以監爲長官，大冶監視正八品，中冶監視從八品，小冶

監視正九品。隋初隸太府寺，煬帝大業三年分太府寺爲少府監後諸冶改隸少府監。

［7］丞：官名。即冶監丞。爲冶監貳官。大冶監丞視正九品，中冶監丞視從九品。

鹽池，[1]置總監、副監、丞等員。[2]管東西南北面等四監，[3]亦各置副監及丞。[4]隴右牧，[5]置總監、副監、丞，[6]以統諸牧。[7]其驊騮牧及二十四軍馬牧，[8]每牧置儀同及尉、大都督、帥都督等員。[9]驢騾牧，[10]置帥都督及尉。原州羊牧，[11]置大都督并尉。原州駝牛牧，[12]置尉。又有皮毛監、副監及丞、録事。[13]又鹽州牧監，[14]置監及副監，[15]置丞，[16]統諸羊牧，[17]牧置尉。苑川十二馬牧，[18]每牧置大都督及尉各一人，帥都督二人。沙苑羊牧，[19]置尉二人。緣邊交市監及諸屯監，[20]每監置監、副監各一人。[21]畿内者隸司農，自外隸諸州焉。

［1］鹽池：即今山西運城市南中條山北麓解池。

［2］總監：官名。即鹽池總監。隋設總監爲長官，轄東、西、南、北面四監，總掌鹽務。視從六品。　副監：官名。即鹽池副總監。隋鹽池總監貳官。視從七品。　丞：官名。即鹽池總監丞。隋置鹽池總監丞爲鹽池總監僚屬，掌判監事。視從八品。

［3］四監：即鹽池東、西、南、北面四監，簡稱鹽池四面監。隋鹽池總監下轄東、西、南、北面四監之長官，分掌四監鹽務事。視正八品。

［4］副監：官名。即鹽池東、西、南、北面四副監，簡稱鹽池四面副監。隋鹽池東、西、南、北面四監之貳官。視從八品。

丞：官名。即鹽池東、西、南、北面四監丞，簡稱鹽池四面監丞。隋鹽池東、西、南、北面四監之僚佐。視從九品。

[5]隴右牧：官署名。隋諸牧總署，總掌畜牧事務。置總監、副監、丞等官屬。統驊騮牧、二十四軍馬牧、驢騾牧、原州羊牧、原州駝牛牧等，又領皮毛監。隴右，泛指隴山以西地區，約當今甘肅隴山、六盤山以西，黄河以東一帶。

[6]總監：官名。即隴右牧總監。隋隴右牧長官，一員，掌統諸牧。視從五品。　副監：官名。即隴右牧副監。隋隴右牧貳官，一員。視從六品。　丞：官名。即隴右牧丞。隋隴右牧屬官，一員。視正八品。

[7]牧：官署名。隋於國家諸牧場各置牧，管理飼養繁殖的馬、牛、驢、騾、駝、羊等牲畜，以供官用。

[8]驊騮牧：官署名。隋隴右牧總監所轄諸牧之一，置儀同、尉、大都督、帥都督等員，掌牧畜。煬帝大業三年驊騮牧置左、右牧監各一人，以統之。　二十四軍馬牧：官署合稱。隋隴右牧總監所轄軍馬署，每牧置儀同、尉、大都督、帥都督等員，掌軍馬牧畜。煬帝大業三年二十四軍馬牧皆置左、右牧監各一人，以統之。

[9]尉：官名。即牧尉。隋隴右牧、鹽州牧等所轄諸牧皆置，掌糾察。

[10]驢騾牧：官署名。隋隴右牧總監所轄諸牧之一，置帥都督、尉等員，掌牧畜。煬帝大業三年驢騾牧置左、右牧監各一人，以統之。

[11]原州羊牧：官署名。隋隴右牧總監所轄諸牧之一，置大都督、尉等員，掌牧畜。煬帝大業三年原州羊牧置左、右牧監各一人，以統之。原州，治所在今寧夏固原市。

[12]原州駝牛牧：官署名。隋隴右牧總監所轄諸牧之一，置尉掌牧畜。煬帝大業三年原州駝牛牧置左、右牧監各一人，以統之。

[13]皮毛監：官名。隋隴右群牧所轄皮毛監置監爲長官。視正八品。　副監：官名。即皮毛副監。隋隴右群牧所轄皮毛監貳官。

視從八品。　丞：官名。即皮毛監丞。隋隴右群牧所轄皮毛監屬官。視從九品。　録事：官名。即皮毛監録事。隋隴右群牧所轄皮毛監屬官。

［14］鹽州牧監：官署名。鹽州牧監是隋所置管理飼養繁殖牲畜的官署之一，置監、副監、丞，統諸羊牧。鹽州，治所在今陝西定邊縣。

［15］監：官名。即鹽州牧監。隋鹽州牧監之長官，掌鹽州牧牲畜飼養繁殖。視從七品。　副監：官名。即鹽州牧副監。隋鹽州牧監之貳官。

［16］丞：官名。即鹽州牧丞。隋鹽州牧監之屬官。視正九品。

［17］羊牧：官署名。即鹽州羊牧。隋鹽州牧監所轄諸牧之一，置尉等員，掌牧畜。煬帝大業三年鹽州羊牧置左、右牧監各一人，以統之。

［18］苑川十二馬牧：官署名合稱。是隋諸牧之一，各置大都督、尉各一人，帥都督二人，掌牧畜。煬帝大業三年苑川十二馬牧皆置左、右牧監各一人，以統之。苑川，在今甘肅榆中縣苑川河流域。

［19］沙苑羊牧：官署名合稱。沙苑羊牧是隋諸牧之一，置尉二人爲長官，掌牧畜。煬帝大業三年沙苑羊牧置左、右牧監各一人，以統之。沙苑，在今陝西大荔縣南洛、渭兩水之間。

［20］交市監：官署名（官名同）。漢、魏已來，緣邊郡國皆有互市，與少數族群交易，郡縣主之，而不别置官吏。隋緣邊州始置交市監，畿内隸司農寺，畿外分隸諸州，置監、副監等，掌緣邊交易事。　屯監：官署名（官名同）。西魏始置。隋緣邊州置諸屯監，畿内隸司農寺，畿外分隸諸州，置監、副監等，掌屯田稼穡之事。

［21］監、副監：官名。即交市監、交市副監、屯監、屯副監。交市監，隋於交市監置監一人爲長官，掌緣邊交易事。視從八品。交市副監，隋於交市監置副監一人爲貳官。視正九品。屯監，隋於屯監置監一人爲長官，掌屯田稼穡之事。視從七品。屯副監，隋於

屯監置副監一人爲貳官。視從八品。

五岳各置令，[1]又有吴山令，[2]以供其洒掃。

［1］五岳各置令：五岳是中國五大名山總稱。隋於五岳各置令，視從八品，掌灑掃祭祀五岳之事。

［2］吴山令：官名。吴山全國有七處，此指其中位於今陝西隴縣西南之吴山。因《爾雅·釋山》以其爲五岳之一，故雖不在隋朝五岳中，但亦當受崇拜。吴山令爲隋所置掌灑掃祭祀此山之官，視從八品。

三師、王、三公，爲正一品。

上柱國、郡王、國公、開國郡縣公，[1]爲從一品。

［1］開國郡縣公：即始封的郡、縣公爵。開國，古代始封之諸侯開建邦國，稱開國。晋始用於封爵，五等封爵前皆加“開國”稱號。南北朝及隋於始受封者前加“開國”二字，以别承襲爵位者。

柱國、太子三師、特進、尚書令、左右光禄大夫、開國侯，爲正二品。

上大將軍、尚書左右僕射、雍州牧、金紫光禄大夫，爲從二品。

大將軍，吏部尚書，太常、光禄、衛尉等三卿，太子三少，納言，内史令，左右衛、左右武衛、左右武候、領左右等大將軍，禮部、兵部、都官、度支、工部尚書，宗正、太僕、大理、鴻臚、司農、太府等六卿，上州刺史，京兆尹，秘書監，銀青光禄大夫，開國伯，爲正三品。

上開府儀同三司，散騎常侍，左右衛、武衛、武候、領左右、監門等將軍，國子祭酒，御史大夫，將作大匠，中州刺史，親王師，朝議大夫，爲從三品。

驃騎將軍，[1]開府儀同三司，太常、光禄、衛尉等三少卿，太子左右衛、宗衛、内等率，尚書吏部侍郎，給事黄門侍郎，太子左庶子，宗正、太僕、大理、鴻臚、司農、太府等少卿，下州刺史，已前上階。内史侍郎，太子右庶子，通直散騎常侍，左右監門郎將，朝散大夫，開國子，爲正四品。

［1］驃騎將軍：官名。西漢武帝置爲重號將軍，僅次於大將軍。秩萬石。東漢位比三公，地位尊崇。魏、晋、南北朝因之，居諸名號將軍之首，僅作爲軍府名號，加授大臣、重要州郡長官，無具體職掌，漸成武散官名。三國魏、晋、南朝宋二品，開府者一品；梁班第二十四；陳一品。北魏亦置爲雜號將軍，孝文帝初定爲一品下，後改二品。北齊正二品。北周爲九命或正八命。隋初置驃騎將軍爲驃騎府長官，分駐各地，統領府兵經，正四品上。煬帝大業三年隨府名改稱鷹揚郎將。“驃”亦作“票”。

上儀同三司，尚書左丞，太子左右衛、宗衛、内等副率，左右監門率，上郡太守，雍州别駕，親王府長史，太子家令，率更令、僕，内侍，城門校尉，已前上階。尚書右丞，上鎮將軍，[1]雍州贊務，直閣將軍，親王府司馬，諫議大夫，爲從四品。

[1]上鎮將軍：中華書局新修訂本删“軍”字，其校勘記云：“‘將’下，原衍‘軍’，大德本有一字空格，據至順本删。按，本卷上文敘鎮之設官，有鎮將、副；下文敘隋官品秩，從五品下階有‘中鎮將’、正六品下階有‘下鎮將’。”“軍”字當從删。

車騎將軍，[1]儀同三司，内常侍，秘書丞，國子博士，散騎侍郎，太子内舍人，太子左右監門副率，員外散騎常侍，上州長史，親王府諮議參軍事，開國男，已前上階。尚食、尚藥典御，上州司馬，爲正五品。

[1]車騎將軍：官名。隋初置車騎將軍，正五品上。置於驃騎府者爲貳官，置於車騎府者爲長官，領分駐各地的驃騎、車騎府府兵。煬帝大業三年改車騎府、驃騎府爲鷹揚府，改車騎將軍爲鷹揚副郎將。大業五年又改名鷹擊郎將，置一員，皆爲副職。從五品。

著作郎，通直散騎侍郎，中郡太守，直寢，太子洗馬，中州長史，奉車都尉，已前上階。都水使者，治書侍御史，大興、長安令，大理司直，直齋，太子直閤，京兆郡丞，中州司馬，中鎮將，上鎮副，内給事，駙馬都尉，[1]親王友，員外散騎侍郎，爲從五品。

[1]駙馬都尉：官名。西漢武帝始置，皇帝出行時副車，爲侍從近臣，常用作加官，秩比二千石。東漢員五人，名義隸光禄勳。三國魏置，爲六品。西晋沿之，與奉車、騎都尉並號三都尉，以宗室、外戚等爲之。東晋唯留駙馬都尉，餘皆罷。東晋、南朝隸集書省，無定員，無實職。自南朝宋始專以公主夫婿任駙馬都尉；梁無班秩，陳七品。北朝略同。北魏孝文帝初定從四品上，後爲六品

下。北齊爲從五品下。隋初駙馬都尉隸左右衛府，從五品下。煬帝大業三年廢。

翊軍、翊師將軍，尚書諸曹侍郎，内史舍人，下郡太守，大都督，親王府掾、屬，下州長史，已前上階。四征將軍，征東、征南、征西、征北。三將軍，内軍、鎮軍、撫軍。大理正、監、評，千牛備身左右，[1]左右監門校尉，内尚食典御，符璽監，御府監，殿内監，太子内直監，下州司馬，下鎮將，中鎮副，爲正六品。

[1]千牛備身左右：千牛備身、備身左右，是左右領左右府所屬的兩類官，將兩者簡合稱爲“千牛備身左右”令人費解，亦不準確。檢後文列内率府所屬的同類官記爲“太子千牛備身，太子備身左右”，可斷“千牛備身左右”之“左右”前脱“備身”兩字，當作“千牛備身，備身左右”。

四平將軍，平東、平南、平西、平北。四將軍，前軍、後軍、左軍、右軍。通事舍人，親王文學，帥都督，左右領軍府長史，太子直寢，親王府主簿，親王府録事參軍事，太子門大夫，給事，上縣令，已前上階。冠軍、輔國二將軍，太子舍人，直後，三寺丞，親王府功曹、記室、倉户曹參軍事，城門直長，太子直齋，太子副直監，太子典内，左右領軍府司馬，下鎮副，爲從六品。

鎮遠、安遠二將軍，員外散騎侍郎，御醫，左右衛、武衛、武候、領左右等府長史，親衛，親王府諸曹參軍事，已前上階。建威、寧朔二將軍，六寺丞，秘書郎，著作佐郎，太子千牛備身，太子備身左右，尚食、尚藥、左右監門等直長，太子通事舍人，左右衛、武衛、武候、領左右等府司馬，都督，太子典膳、藥藏等監，太子齋帥，上戍主，爲正七品。

寧遠、振威二將軍，左右監門府長史，太子左右衛、宗衛等率，左右虞候、左右内率等府長史，符璽、御府、殿内等直長，上州録事參軍事，左右領軍府掾、屬，親王府東西閤祭酒，中縣令，上郡丞，太子親衛，[1]將作丞，勳衛，親王府參軍事，上鎮長史，[2]已前上階。伏波、輕車二將軍，太學、太常二博士，武騎常侍，奉朝請，國子助教，親王府諸曹行參軍，太子直後，太子左右監門直長，大興、長安縣丞，太子侍醫，侍御史，太史令，上州諸曹參軍事，左右監門府、太子左右衛、左右宗衛、左右虞候、左右内率等司馬，上鎮司馬，[3]爲從七品。

[1]太子親衛：官名。太子左、右衛率府所統之親衛府屬官，爲禁衛官，宿衛東宫内廷。從七品上。煬帝大業三年改名太子功曹。

[2]上鎮長史：官名。隋沿前制，所置長史官署衆多，鎮長史是其一類。爲鎮幕僚之長，掌統理府僚，紀綱職務。上鎮長史從七品下，中鎮長史正八品上，下鎮長史從八品上。

[3]上鎮司馬：官名。隋沿前制，所置司馬官署衆多，上鎮司馬是其一類，掌統理府僚，紀綱職務。從七品下。

宣威、明威二將軍，協律郎，都水丞，殿内將軍，太子左右監門率府長史，別將，[1]下縣令，中郡丞，中州録事參軍事，上上州諸曹行參軍事，親王府行參軍，左右領軍府録事參軍事，中鎮長史，太子内坊丞，太子勳衛，[2]已前上階。襄威、厲威二將軍，殿内御史，[3]掖庭、宫闈二令，上署令，公車、郊社、太廟、太祝、平準、太樂、驊騮、武庫、典客、鈎盾、左藏、太倉、左尚方、右尚方、司染、典農、京市、太官、鼓吹。太子左右監門率府司馬，中州諸曹參軍事，左右衛、武衛、武候等府録事參軍事，左右領軍府諸曹參軍事，内尚食丞，中戍主，上戍副，爲正八品。

[1]別將：官名。秦、漢泛指率部分兵力與主力分道而進的次要將領。北魏中葉以後，出兵之制，軍之統帥爲都督，與主力分道而行的輔翼將領稱別道都將，後"別將"逐漸成爲一級統兵武官名。初權任較重，後期地位漸低。北周別將隸諸州總管，六命。北齊置爲禁軍諸府及太子左、右衛率近衛武官，品級自七品至從八品不等。隋初仍置爲府兵低級武官，正八品上。煬帝大業三年罷。

[2]太子勳衛：官名。太子左、右衛率府所統之勳衛府屬官，爲禁衛官，宿衛東宫内廷。正八品上。煬帝大業三年改名太子勳侍。

[3]殿内御史：諸本同，《通典》卷三九《職官·隋官品令》則爲"殿中（隋避諱當爲'内'）侍御史"。考本卷和《唐六典》卷一三《御史臺》均載，隋開皇初御史臺所置屬官名"殿内侍御史"，可判此"殿内御史"當是"殿内侍御史"之省稱。

威戎、討寇二將軍，四門博士，主書，門下録事，尚書都事，監察御史，内謁者監，上關令，中署令，太醫、右藏、黄藏、乘黄、龍厩、衣冠、守宫、華林、上林、掌治、導官、左校、右校、牛羊、典牧。[1]下郡丞，下州録事參軍事，中州諸曹行參軍，備身，左右衛、武衛、武候、領左右等府諸曹參軍事，左右領軍府諸曹行參軍，太子左右衛、宗衛、率等府録事參軍事，下鎮長史，太子翊衛，[2]已前上階。盪寇、盪難二將軍，親王府長兼行參軍及典籤，員外將軍，統軍，[3]太子三寺丞，中關令，奚官、内僕二令，下署令，諸陵、崇玄、太卜、車府、清商、司儀、肴藏、良醖、掌醢、甄官、廩犧。上津尉，下州諸曹參軍事，左右衛、武衛、武候等府諸曹行參軍，領左右府鎧曹行參軍，左右監門、太子左右衛、宗衛等率，左右虞候、左右内率等府諸曹參軍事，掌船局都尉，上鎮諸曹參軍事，[4]上縣丞，上郡尉，爲從八品。

[1]黄藏：《通典》卷三九《職官·隋官品令》記爲“廣藏”，但本書太府寺所統署兩處均記爲“黄藏”。

[2]太子翊衛：官名。太子左、右衛率府所統之翊衛府屬官，爲禁衛官，宿衛東宫内廷。從八品上。煬帝大業三年改名良曹。

[3]統軍：官名。北魏孝文帝時始置，統兵武官，位在軍主之上，别將之下。由朝廷或州府、都督、鎮將任命，又多以府州之佐僚兼領。北齊領左右府之刀劍備身五職、備身五職等均各有統軍。北周統軍正五命。隋亦置統軍，爲府兵低級武官，從八品下。煬帝大業三年罷。

[4]上鎮諸曹參軍事：官名。隋初沿前制，所置諸曹參軍事官署衆多，鎮諸曹參軍事是其一類。掌鎮倉庫、飲食、醫藥，付事勾稽、省署抄目、監印、市易、防人名帳、戎器、管鑰、差點及土木興造等事。上鎮諸曹參軍事從八品下，中鎮諸曹參軍事正九品上，下鎮諸曹參軍事從九品上。煬帝大業三年改爲書佐。

殄寇、殄難二將軍，太學助教，太子備身，大理寺律博士，諸校書郎，都水參軍事，内史録事，内謁者令，内寺伯，中縣丞，下關令，中津尉，下州諸曹行參軍，上州行參軍，左右監門府鎧曹行參軍，太子左右衛、宗衛、虞候府等諸曹行參軍，太子左右内率府鎧曹行參軍，左右領軍府行參軍，中鎮諸曹參軍事，上鎮士曹行參軍，[1]中郡尉，已前上階。掃寇、掃難二將軍，殿内司馬督，太子食官、典倉、司藏等令，尚食、尚醫、軍主、太史、掖庭、宮闈局等丞，[2]上署令，[3]太子左右監門率府諸曹參軍事，中州行參軍，左右衛、武衛、武候等府行參軍，上州典籤，下戍主，上關丞，太子典膳、藥藏等局丞，下郡尉，典客署掌客，司辰師，爲正九品。

[1]上鎮士曹行參軍：官名。隋初沿前制，所置士曹行參軍官署衆多，鎮士曹行參軍是其一類。上鎮士曹行參軍正九品上，中鎮從九品上，下鎮從九品上。煬帝大業三年改爲司士行書佐。

[2]尚食：官名。即尚食局丞。北齊置門下省尚食局貳官，四員，佐尚食典御負責皇帝飲食，從七品下。隋初爲門下省尚食局屬官，正九品下。煬帝大業三年改爲殿内省尚食局屬官。　尚醫：諸本均同，《通典》卷三九《隋品官令》所載亦同。但檢本卷前載門下省有“尚藥局”，而無“尚醫局”（煬帝朝“尚藥局”歸屬殿内省）。檢《唐六典》卷一一《殿中省》、《通典》卷二六《職官・殿中監》所載同。《唐會要》卷六五《殿中省》載：“尚醫局，（唐高宗）龍朔年改爲奉醫局。”但《新唐書》卷四七《殿中省》又載：“龍朔二年，改尚藥局曰奉醫局。”故《唐會要》記載之“尚醫局”

頗可疑。總之，隋朝有“尚藥局”而無“尚醫局”，此“尚醫”似“尚藥”之訛。尚藥，官名。即尚藥局丞。北齊門下省尚藥局貳官，二員，佐尚藥典御總知醫藥事，從七品。隋初爲門下省尚藥局屬官，正九品下。煬帝大業三年改爲殿内省尚藥局屬官。　軍主：此應指軍主局丞，然檢本書，不見此官。考《通典》卷三九《隋品官令》、《文獻通考》卷六七《官品》皆將“軍主”獨列爲一官名，當從之。軍主，官名。南北朝置，爲軍之主將。南朝無固定品階，多以將軍領之。北朝地位稍低南朝。北齊宿衛宫禁的諸備身五職中皆置軍主，職掌作戰、警衛，從七品下。亦有掌營造事務者，隸將作大匠。隋初爲親、勳、翊三衛屬官，正九品下。煬帝大業三年改三衛爲三侍，遂廢。

[3]上署令：殿本同。中華本作“上署丞”，其校勘記云：“‘丞’原作‘令’，據《通典》三九改。”考庫本爲“上署丞”。另，本卷前文“正八品下”條已列“上署令”，不應在“正九品下”條再列；而此若爲“上署丞”，又恰和“從九品上”條所列“中署丞”邏輯相符。故斷此“上署令”乃“上署丞”之訛。

曠野、横野二將軍，掖庭局宫教博士，太祝，太子厩牧令，太子校書，下縣丞，中署丞，左右監門率府鎧曹行參軍，下州行參軍，中州典籤，左右監門府、太子左右衛、宗衛、虞候、率府等行參軍，正字，太子内坊丞直，中關、上津丞，下鎮諸曹參軍事，中鎮士曹行參軍，上縣尉，已前上階。偏、裨二將軍，四門助教，書算學博士，奉禮郎，員外司馬督，幢主，奚官、内僕等局丞，[1]下署丞，下州典籤，内謁者局丞，中津丞，中縣尉，太子正字，太史監候，太官監膳，御府局監事，[2]左右校及掖庭監作，太史司曆，諸樂師，爲從九品。

［1］幢主，奚官、内僕等局丞：中華本標點爲“幢主、奚官、内僕等局丞”。若此，“幢主”便指“幢主局丞”了。但檢本書隋朝有“幢主”而不載“幢主局丞（幢主丞）”。再考《通典》卷三九《隋品官令》記爲“幢主，奚官局丞，内僕局丞”；《文獻通考》卷六七《官品》在從九品欄亦將“幢主”獨立列爲一官名；且後兩書在從九品欄中亦皆不載隋“幢主局丞（幢主丞）”。故斷此處“幢主”是一獨立官名，中華本將其後標頓號誤，應爲逗號。幢主，官名。南北朝置，爲幢的主將。北齊與軍主、别將、統軍、都將合列爲“備身五職”，備宿衛。從九品下。將作寺亦置，掌營造。隋初爲親、勳、翊三衛屬官，從九品下。煬帝大業三年改三衛爲三侍，遂廢。

［2］御府局監事：官名。隋初置於門下省御府局屬官，從九品下。煬帝大業三年改隸殿内省。按，《通典》卷三九《隋品官令》記爲“御府局監”，但《通典》和本卷於正六品中均已載“御府監”，此不應再列，故斷《通典》“御府局監”似脱“事”字。另，《文獻通考》卷六七《官品》於隋從九品欄記“御府局丞”，而不記“御府局監事”“御府局監”。

又有流内視品十四等：[1]

［1］流内視品：官制術語。在一定官階、品位之内，謂流内，其官稱流内官；相反，則爲流外、流外官。三國魏，官制品級定位九品，歷代相沿。自第一至從九品之官皆稱流内官。南朝梁定流内九品十八班，爲清流；陳沿其制。北魏孝文帝定流内九品官以序士人君子，其外復置流外七品，以序小吏。北齊定九品三十階、視官十三等爲流内官。隋沿之，定九品三十階爲流内；此外，又定十四等也爲流内，稱流内視品。

行臺尚書令，爲視正二品。

上總管、行臺尚書僕射，爲視從二品。

中總管、行臺諸曹尚書，爲視正三品。

下總管，爲視從三品。

行臺尚書左右丞，爲視從四品。

同州總監、隴右牧總監，爲視從五品。

行臺諸曹侍郎，爲視正六品。

上柱國、嗣王、郡王、柱國府長史、司馬、諮議參軍事，[1]鹽池總監，同州、隴右牧總副監，王、二王後國令，爲視從六品。

[1]長史、司馬、諮議參軍事：官名。此爲上柱國、嗣王、郡王、柱國府之長史、司馬、諮議參軍事。長史爲幕僚之長，掌判諸曹事務；司馬爲次，掌統理府僚，紀綱職務；諮議參軍事爲僚屬，掌謀劃左右，參議庶事。皆視從六品。

上大將軍、大將軍府長史、司馬，[1]上柱國、嗣王、郡王、柱國府掾、屬，[2]嗣王文學，[3]公國令，王、二王後大農、尉、典衛，[4]爲視正七品。

[1]上大將軍、大將軍府長史、司馬：官名。長史爲幕僚之長，掌判諸曹事務；司馬爲貳，掌統理府僚，紀綱職務。隋沿前制，上大將軍、大將軍府之長史、司馬皆視正七品。

[2]上柱國、嗣王、郡王、柱國府掾、屬：官名。掾爲長，屬爲貳，分判諸曹事。隋沿前制，上柱國、嗣王、郡王、柱國府掾、屬皆視正七品。

[3]嗣王文學：官名。掌校讎王府典籍，侍從文章。視正七品。

[4]王、二王後大農、尉、典衛：中華本標點爲“王、二王後大農尉、典衛”。按，據本卷前文諸王國官條云：“有令、大農各一人，尉各二人，典衛各八人”，“二王後，置國官，與諸王同”。則“王、二王後大農”和“王、二王後尉”是兩個官名，故中間應加頓號。後“公國大農、尉”，“侯、伯國大農、尉”皆類此，不再出注説明。

上開府、開府府長史、司馬，[1]上大將軍、大將軍府掾、屬，[2]上柱國、嗣王、郡王、柱國府諸曹參軍事，[3]鹽池總副監，鹽州牧監，諸屯監，國子學生，侯、伯國令，[4]公國大農、尉、典衛，[5]雍州薩保，[6]爲視從七品。

[1]上開府、開府府長史、司馬：官名。長史爲幕僚之長，掌判諸曹事務；司馬爲貳，掌統理府僚，紀綱職務。隋沿前制，上開府、開府府長史、司馬視從七品。

[2]上大將軍、大將軍府掾、屬：官名。掾爲長，屬爲貳，分判諸曹事。隋沿前制，上大將軍、大將軍府掾、屬視從七品。

[3]上柱國、嗣王、郡王、柱國府諸曹參軍事：官名合稱。掌出使及雜檢校事。隋沿前制，上柱國、嗣王、郡王、柱國府諸曹參軍事皆視從七品。煬帝大業三年改爲諸司書佐。

[4]侯、伯國令：官名。隋初諸侯、伯國各置國令一人，與國大農通判國司事，皆視從七品。煬帝大業三年改國令爲家令。

[5]公國大農：官名。隋初王、公、侯、伯、子、男國皆置大農，與國令協理封國事務。其中公國大農視從七品。煬帝大業三年廢伯、子、男大農，改王、公、侯國官爲府官。　尉：官名。即公國尉。隋初公國置尉，分判國司事，視從七品。煬帝大業三年改國官爲府官。　典衛：官名。即公國典衛。隋初公國置典尉，掌守衛

居宅事，從七品。煬帝大業三年改國官爲府官。

［6］薩保：官名。隋諸州置掌祆教事務官，雍州薩保視從七品，其他州胡二百户以上所置薩保視正九品。

上儀同、儀同府長史、司馬，[1]上大將軍、大將軍府諸曹參軍事，[2]上柱國、嗣王、郡王、柱國府參軍事、諸曹行參軍，[3]行臺諸監，同州諸監，鹽池四面監，皮毛監，歧州監，[4]同州總監、隴右牧監等丞，諸大冶監，雍州州都、主簿，[5]子、男國令，[6]侯、伯國大農、尉、典衛，[7]王、二王後國常侍，爲視正八品。

［1］上儀同、儀同府長史、司馬：官名。隋沿前制，置長史、司馬官之官署衆多，長史爲幕僚之長，掌判諸曹事務；司馬爲貳，掌統理府僚，紀綱職務。上儀同、儀同府長史、司馬皆視正八品。按，中華本標點爲“上儀同儀同府長史、司馬”。因“上儀同”和“儀同”是兩個勳官名，故中間應加頓號。後同此者徑加，不再出注説明。

［2］上大將軍、大將軍府諸曹參軍事：官名。隋沿前制，置諸曹參軍事之官署衆多，掌出使及雜檢校事。其中上大將軍、大將軍府諸曹參軍事視正八品。煬帝大業三年改爲諸司書佐。

［3］上柱國、嗣王、郡王、柱國府參軍事：官名。隋初置上柱國、嗣王、郡王、柱國府參軍事，掌出使及雜檢校事，皆視正八品。煬帝大業三年改爲書佐。　諸曹行參軍：即上柱國、嗣王、郡王、柱國府諸曹行參軍。隋沿前制，所置諸曹行參軍官署衆多，其中上柱國、嗣王、郡王、柱國府諸曹行參軍皆視正八品，爲各府諸曹僚佐。煬帝大業三年改爲諸司行書佐。

［4］歧州監：汲古閣本同。殿本、庫本、中華本皆爲“岐州監”。本卷前文也載“岐州亦置監”。此處當是釋其官品位。另，

隋有“岐州”而無“歧州”。故斷此“歧”乃“岐”因字形相近而訛，“岐州監”確。

[5]雍州州都、主簿：中華本標點爲“雍州州都主簿”。按，雍州州都和雍州主簿是兩個官名，故中間應加頓號。後同此者徑加，不再出注説明。

[6]子、男國令：官名。隋初子、男國各置國令，與國大農通判國司事，視正八品。煬帝大業三年改國令爲家令。

[7]侯、伯國大農、尉、典衛：官名。大農與國令協理封國事務；尉分判國司事；典尉掌守衛居宅事。隋侯、伯國置大農、尉、典尉，皆視正八品。煬帝大業三年廢伯國大農、尉、典尉，改侯國官爲府官。

行臺尚書都事，上開府、開府府諸曹參軍事，[1]上大將軍、大將軍府參軍事、諸曹行參軍，[2]上柱國、嗣王、郡王、柱國府行參軍，[3]五岳、四瀆、吴山等令，[4]鹽池四面副監，諸皮毛副監，行臺諸副監，諸屯副監，諸中冶監，諸緣邊交市監，鹽池總監丞，諸州州都、主簿，雍州西曹書佐、諸曹從事，京兆郡正、功曹，[5]太學生，子、男國大農、典衛，[6]爲視從八品。

[1]上開府、開府府諸曹參軍事：官名。隋沿前制，置諸曹參軍事之官署衆多，其中上開府、開府府諸曹參軍事，掌出使及雜檢校事，視從八品。煬帝大業三年改爲諸司書佐。

[2]上大將軍、大將軍府參軍事：官名。隋初置上大將軍、大將軍府參軍事，掌出使及雜檢校事，皆視從八品。煬帝大業三年改爲書佐。　諸曹行參軍：官名。即上大將軍、大將軍府諸曹行參軍。隋初上大將軍、大將軍府置諸曹行參軍皆爲各府諸曹僚佐，視

從八品。煬帝大業三年改爲諸司行書佐。

[3]上柱國、嗣王、郡王、柱國府行參軍：官名。隋沿前制，所置行參軍官署衆多，其中上柱國、嗣王、郡王、柱國府行參軍，佐各府參軍事掌出使及雜檢校事，皆視從八品。煬帝大業三年改爲行書佐。

[4]四瀆：官名。即四瀆令。隋置四瀆（長江、黄河、淮河、濟水的合稱）令，掌祭祀四瀆神及判祠事。視從八品。

[5]京兆郡正、功曹：中華本標點爲“京兆郡正功曹”。按，京兆郡正和京兆郡功曹是兩個官名，故中間應加頓號。後同此者徑加，不再出注説明。

[6]子、男國大農、典衛：官名。隋初子、男國置大農、典尉，大農與國令協理封國事務，典尉掌守衛居宅事。皆視從八品。煬帝大業三年皆廢。

開府府法曹行參軍，[1]上儀同、儀同府諸曹參軍事，[2]上大將軍、大將軍府行參軍，[3]上柱國、嗣王、郡王、柱國府典籤，[4]同州諸副監，岐州副監，諸小冶監，鹽州牧監丞，諸大冶監丞，諸緣邊交市副監，諸郡正、功曹，京兆郡主簿，諸州西曹書佐、祭酒從事，雍州部郡從事，公國常侍，[5]王、二王後國侍郎，公主家令，諸州胡二百户已上薩保，爲視正九品。

[1]開府府法曹行參軍：官名。隋沿前制，所置諸法曹行參軍官署衆多，其中開府府法曹行參軍，爲法曹僚佐。開皇三年改稱司法行參軍，煬帝大業三年改爲司法行書佐。

[2]上儀同、儀同府諸曹參軍事：官名。隋初上儀同、儀同府置諸曹參軍事，掌出使及雜檢校事，皆視正九品。煬帝大業三年改爲諸司書佐。

[3]上大將軍、大將軍府行參軍：官名。隋初上大將軍、大將軍府置行參軍，佐各府參軍事掌出使及雜檢校事，皆視正九品。煬帝大業三年改爲行書佐。

[4]上柱國、嗣王、郡王、柱國府典籤：官名。隋沿前制，置典籤官署衆多，其中上柱國、嗣王、郡王、柱國府典籤，掌宣傳府主教令事。皆視正九品。

[5]公國常侍：官名。隋公國置常侍，參掌表啓、書、疏，贊相禮儀，視正九品。煬帝大業三年改國官爲府官。

儀同府法曹行參軍，[1]上開府、開府府行參軍，[2]上大將軍、大將軍府典籤，[3]上儀同、儀同府行參軍，[4]上開府府典籤，行臺諸監丞，鹽池四面監丞，皮毛監丞，諸中冶監丞，四門學生，諸郡主簿，諸州部郡從事，雍州武猛從事，大興、長安縣正、功曹、主簿，侯、伯、子、男國常侍，[5]公國侍郎，[6]爲視從九品。

[1]儀同府法曹行參軍：官名。隋初儀同府所置法曹行參軍視從九品，爲法曹僚佐。開皇三年改稱司法行參軍，煬帝大業三年改爲司法行書佐。

[2]上開府、開府府行參軍：官名。隋初上開府、開府府皆置行參軍，佐各府參軍事掌出使及雜檢校事，視從九品。煬帝大業三年改爲行書佐。

[3]上大將軍、大將軍府典籤：官名。隋沿前制，上大將軍、大將軍府及上開府府皆置典籤，掌宣傳府主號令事，視從九品。

[4]上儀同、儀同府行參軍：官名。隋初上儀同、儀同府皆置行參軍，佐各府參軍事掌出使及雜檢校事，視從九品。煬帝大業三年改爲行書佐。

[5]侯、伯、子、男國常侍：官名。隋初侯、伯、子、男國皆

置常侍，參掌表啓、書、疏，贊相禮儀，視從九品。煬帝大業三年廢伯、子、男常侍，改侯國官爲府官。

［6］公國侍郎：官名。隋初公國亦置侍郎，掌侍從左右，贊相禮儀，視從九品。煬帝大業三年改國官爲府官。

又有流外勳品、二品、三品、四品、五品、六品、七品、八品、九品之差。[1]又視流外，亦有視勳品、視二品、視三品、視四品、視五品、視六品、視七品、視八品、視九品之差。極於胥吏矣，[2]皆無上下階云。

［1］流外勳品：官制術語。在一定官階、品位之外，謂流外，其官稱流外官。南朝梁指不登鄉品二品、十八班之外的七班，皆以寒微士人爲之；陳沿梁制。北魏孝文帝置流外七品，以序小吏。北齊置流外九品。隋流外官置流外勳品至九品、視流外勳品至九品。

［2］胥吏：官府中的小吏。

京官正一品，禄九百石，其下每以百石爲差，至正四品，是爲三百石。從四品，二百五十石，其下每以五十石爲差，至正六品，是爲百石。從六品，九十石，以下每以十石爲差，至從八品，是爲五十石。食封及官不判事者，[1]并九品，皆不給禄。其給皆以春秋二季。刺史、太守、縣令，則計户而給禄，各以户數爲九等之差。大州六百二十石，其下每以四十石爲差，至於下下，則三百石。大郡三百四十石，其下每以三十石爲差，至於下下，則百石。大縣百四十石，其下每以十石爲差，至於下下，則六十石。其禄唯及刺史二佐及郡守、縣令。[2]

[1]食封：受封者享有封邑、封户，收其租税而食，故名。春秋時晋國將縣邑分封給大夫，作爲俸禄形式。西漢初，諸侯王、列侯對封邑不僅享有租税權，還享有一定的行政管理權。景帝後行政權逐漸被剥奪。東漢食封者僅可斂取封户的租税。魏晋南北朝各朝皆置。其制大抵是受封者分成食封户所納租税，西晋諸封國三分食一；東晋九分食一；北魏王食半，公三分食一，侯、伯四分食一，子、男五分食一；北齊王三分食一，公以下四分食一。又，自三國魏始有些食封是"虚封"，即有封户數但不食租税。隋封爵之户、邑率多虚名，其言"食實封""真食"者乃得真户，享受租賦。

[2]刺史二佐：指州長史、司馬。

三年四月，詔尚書左僕射，掌判吏部、禮部、兵部三尚書事，御史糾不當者，兼糾彈之。尚書右僕射，掌判都官、度支、工部三尚書事，又知用度。餘皆依舊。尋改度支尚書爲户部尚書，[1]都官尚書爲刑部尚書。諸曹侍郎及内史舍人，並加爲從五品。增置通事舍人十二員，通舊爲二十四員。廢光禄寺及都水臺入司農，廢衛尉入太常、尚書省，[2]廢鴻臚亦入太常。罷大理寺監、評及律博士員，加置正爲四人。罷郡，以州統縣，改别駕、贊務，以爲長史、司馬。舊周、齊州郡縣職，自州都、郡縣正已下，皆州郡將縣令至而調用，[3]理時事。至是不知時事，直謂之鄉官。[4]别置品官，皆吏部除授，每歲考殿最。刺史、縣令，三年一遷，佐官四年一遷。[5]佐官以曹爲名者，並改爲司。六年，尚書省二十四司，各置員外郎一人，[6]以司其曹之籍帳。侍郎闕，則釐其曹事。吏部又别置朝議、通議、朝請、朝散、給事、承奉、儒林、文林等八郎，[7]武騎、屯騎、驍騎、游騎、飛騎、旅騎、雲騎、羽騎八尉。[8]其品則正六品以下，從九品以上。上階爲郎，下階爲尉。散官番直，常出使監檢。罷門下省員外散騎常侍、奉朝請、通事令史員，及左右衛、殿内將軍，[9]司馬督，武騎常侍等員。

[1]尋改度支尚書爲户部尚書：岑仲勉考此“户部尚書”爲“民部尚書”，乃唐人避諱改（參見岑仲勉《隋書求是》，第29頁）。

[2]廢衛尉入太常、尚書省：中華本標點爲“廢衛尉入太常尚書省”，因太常、尚書省是兩個官署名，中間加頓號更明確。後同者徑加，不再出注。

[3]州郡將：州刺史、郡太守别稱。北周、北齊刺史、郡守常兼領武事，故亦有此稱。

[4]鄉官：秦朝以前大體指鄉級政府治事之所。漢朝沿用。漢朝亦指三老、孝悌、力田等協助郡縣治理一鄉的官吏。通常由政府選任，無一定職掌，有位無禄。隋初指自州都、郡正、縣正及以下光初主簿、光初功曹等佐官，由地方長官署用，不理時事。開皇十五年罷。

[5]刺史、縣令，三年一遷，佐官四年一遷：諸本均同。但本書卷二《高祖紀下》記，開皇十四年“十一月壬戌，制州縣佐吏，三年一代，不得重任”。《北史》卷一一《隋文帝紀》所載同。與此處所記佐官遷轉時間有異。細考本書《百官志》載“佐官四年一遷”的時間是“開皇三年四月”，而本書和《北史》之《隋文帝紀》所載“佐吏三年一代”的時間是開皇十四年十一月壬戌。故前引本書所記佐官遷轉時間的差異反映的是制度前後變化，非有錯

譌。另，本書《刑法志》載：開皇十六年“諸州縣佐史，三年一代”。此時間不確，當以《隋文帝紀》所記時間爲準。其考詳見本書《刑法志》注。

［6］員外郎：官名。隋文帝開皇六年始置，爲尚書省吏、民、禮、兵、刑、工六部二十四司貳官，協助長官侍郎掌本司籍帳等事務。侍郎闕則代理其職。煬帝大業三年廢，後各司置承務郎一員行其職。

［7］朝議、通議、朝請、朝散、給事、承奉、儒林、文林等八郎：官名。屬文散官。隋開皇六年始置，自正、從六品上階，至正、從九品上階。輪番上直，常受命出使監檢。煬帝大業三年廢。

［8］武騎、屯騎、驍騎、游騎、飛騎、旅騎、雲騎、羽騎八尉：官名。屬武散官。隋開皇六年始置，自正、從六品下階，至正、從九品下階。輪番上直，常受命出使監檢。煬帝大業三年廢，但又置建節、奮武、宣惠、綏德、懷仁、守義、奉誠、立信等八尉，自正六品至從九品，仍爲散官。

［9］“罷門下省”至“及左右衛、殿内將軍”：諸本皆同。考本書《高祖紀》開皇六年不見“罷左、右衛”之記載，而檢開皇九年正月虞慶則爲“右衛大將軍”，十一年五月元旻爲“左衛大將軍”，十二年正月楊諒爲“右衛大將軍”。又《唐六典》卷二四《左右衛》注文載：“開皇末年，罷十二衛大將軍員。煬帝大業三年，復置左、右衛爲左、右翊衛。”該書校勘記云：“案：《隋志》及《通典·職官》十《武官上》‘左右衛’條均直云煬帝改左、右衛爲左、右翊衛，未言中間有廢興事。”其又考本書本紀，開皇二十年、仁壽中、大業元年均有人任左右衛大將軍、左武候大將軍、左領軍大將軍、左右武衛大將軍等。故認爲“《六典》原注所謂開皇末年廢（十二衛大將軍）而煬帝復置者，其事蓋有可疑焉”。總之，本書此處載開皇六年“罷左右衛”及《唐六典》載“開皇末年，罷十二衛大將軍員”均可疑。

十二年，復置光禄、衛尉、鴻臚等寺。諸州司以從事爲名者，改爲參軍。

十三年，復置都水臺。國子寺罷隸太常，又改寺爲學。

十四年，諸省各置主事令史員。改九等州縣爲上、中、中下、下，凡四等。

十五年，罷州縣鄉官。[1]

[1]罷州縣鄉官：中華本標點爲“罷州縣、鄉官”，誤。隋文帝從未罷過“州縣”，罷的是州縣之“鄉官”，即州都、郡縣正等。因此“罷州縣鄉官”句中不應加頓號。

十六年，内侍省加置内主事員二十人，[1]以承門閣。

[1]内主事：官名。隋文帝開皇十六年内侍省始置二十員，以承值門閣，由宦官充任。

十八年，置備身府。[1]

[1]備身府：官署名。隋文帝開皇十八年置左、右備身府，職掌宿衛。煬帝大業三年改左、右備身府爲左、右驍騎衛府，所領軍士名豹騎；又改左、右領左右府爲左、右備身府，各置備身郎將一人爲長官，直齋二人爲貳官，統千牛左右、司射左右，侍衛左右。

二十年，改將作寺爲監，[1]以大匠爲大監。[2]初加置副監。[3]

[1]監：官署名。即將作監。隋文帝開皇二十年改將作寺爲將作監，設匠作大監爲長官。領左、右校及甄官署。掌營繕宫室、宗廟、城門、東宫、王府、中央官署及京都其他土木工程。

[2]大監：官名。即將作大監。隋文帝開皇二十年改將作寺爲將作監，改長官將作大匠爲將作大監。煬帝大業三年又改名爲將作大匠；五年又改名將作大監，降爲正四品；十三年改名將作令。領左、右校及甄官署。掌營繕宫室、宗廟、城門、東宫、王府、中央官署及京都其他土木工程。

[3]副監：官名。即將作副監。隋文帝開皇二十年始置，爲將作監貳官。煬帝改副監爲將作少監；大業三年改名爲將作少匠；五年又改名爲將作少監，正五品；十三年改名爲將作少令。

仁壽元年，改都水臺爲監，更名使者爲監。罷國子學，唯立太學一所，置博士五人，從五品，學生七十二人。

三年，監門府又置門候一百二十人。[1]

[1]門候：官名。西漢城門校尉屬官有十二城門候，掌按時開閉城門。東漢沿置，每城門置門候一人，六百石。又，諸將軍營部亦置。隋文帝仁壽三年於左右監門府置門候一百二十人。煬帝大業三年增至二百四十人，與左右門尉分掌門禁守衛。正七品。

煬帝即位，多所改革。三年定令，品自第一至于第九，唯置正從，而除上下階。罷諸總管，廢三師、特進官。分門下、太僕二司，取殿内監名，以爲殿内省，[1]并尚書、門下、内史、秘書，以爲五省。增置謁者、司隸二臺，[2]并御史爲三臺。分太府寺爲少府監。[3]改内侍省爲長秋監，[4]國子學爲國子監，[5]將作寺爲將作監，[6]并都水監，總爲五監。[7]改左、右衛爲左、右翊衛，[8]左、右備身爲左、右騎尉。[9]左、右武衛依舊名。改領軍爲左、右屯衛，[10]加置左、右禦衛。[11]改左、右武候爲左、右候衛。[12]是爲十二衛。又改領左、右府爲左、右備身府，[13]左、右監門依舊名，凡十六府。其朝之班序，以品之高卑爲列。品同則以省府爲前後，省府同則以局署爲前後焉。

［1］殿内省：官署名。隋煬帝大業三年，分門下省之尚食、尚藥、御府、殿内等局，分太僕寺之車府、驊騮等署，始置殿内省。設殿内監爲長官。掌皇帝諸供奉，進御輿馬，統尚食、尚藥、尚舍、尚衣、尚乘、尚輦六局及車府、驊騮等署。

［2］謁者：官署名。即謁者臺。東漢置，設謁者僕射爲長官。三國沿置。晋省併入御史臺。南北朝復置，掌朝覲賓饗吉凶典禮之司儀、安排朝會班次、傳宣詔命，職權減輕。隋初罷。煬帝大業三年復置，與御史、司隸臺合稱三臺。設謁者臺大夫爲長官。掌遣使奉詔勞問，持節察授，受理冤枉而申奏之，駕出，對御史引駕。司隸：官署名。即司隸臺。隋煬帝大業三年始置。設司隸臺大夫爲長官，掌諸巡察。設別駕分察京師、東都；設刺史巡察畿外；設諸郡從事佐刺史巡察。每年二月出巡郡縣，十月入奏。後罷司隸臺，留司隸從事之名，不爲常員，臨時選京官清明者權攝之。

［3］分太府寺爲少府監：觀前文，知此云分太府寺爲少府監亦在大業三年，《通鑑》卷一八〇《隋紀》所載時間同此；考《唐六典》卷二二《少府監》、《通典》卷二七《職官·少府監》、《舊唐書》卷四四《職官三》則均記爲“大業五年”。少府監，官署名。隋煬帝大業三年始由太府寺析置，設監（後改稱“令”）爲長官。統左尚、右尚、内尚、司織、司染、鎧甲、弓弩、掌冶等署。後併

司織、司染爲織染署，廢鎧甲、弓弩二署。

［4］長秋監：官署名。隋煬帝大業三年改内侍省爲長秋監，置令、少令、丞，並用士人。改内常侍爲内承奉，内給事爲内承直，並用宦者。又省所領機構，衹留掖庭、宫闈、奚官三署，並參用士人。掌宫廷侍奉，宣傳制令。

［5］國子監：官署名。隋初置國子寺，隸太常寺。設國子祭酒爲長官。文帝開皇十三年罷隸太常寺而獨立，改名國子學。仁壽元年省國子祭酒、博士；罷國子學，唯立太學一所，置太學博士五人總知學事。煬帝大業三年改國子學爲國子監，依舊置祭酒，加置司業、丞，並置主簿、録事。並恢復國子學，置國子學博士、助教、學生等。

［6］將作寺爲將作監：此云大業三年改將作寺爲將作監，實誤。考本卷前載，文帝"（開皇）二十年，改將作寺爲監"，《唐六典》卷二三《匠作監》、《通典》卷二七《職官·匠作監》所載時間同此，而且均不載大業三年改"將作寺爲將作監"。

［7］"分太府寺爲少府監"至"總爲五監"：經前考，知此列"五監"名稱形成非在同一年，但該句將改制時間不完全相同的事合記在"大業三年"條中欠嚴謹。

［8］左、右翊衛：官署名合稱。煬帝大業三年左右衛改名左右翊衛，改其所統親、勳、翊三衛爲三侍。廢直閤將軍、直寢、奉車都尉、駙馬都尉、直齋、別將、統軍、軍主、幢主等。置左右翊衛大將軍各一員，將軍各二員總府事。又置護軍，掌副貳將軍；尋改護軍爲虎賁郎將，置虎牙郎將爲副。衛還置長史、録事參軍及司倉、兵、騎、鎧等員。左右翊衛統領諸鷹揚府，軍士名驍騎。

［9］左、右騎尉：汲古閣本、殿本、庫本同底本。中華本作"左右騎衛"，校勘記云："'衛'原作'尉'，據《職官分紀》三五改。"中華本確。左右騎衛，關於此官署名，史籍記載多有歧異，如本卷後文不云"左右騎衛"，而稱"左右驍衛"。陳寅恪、岑仲勉、唐長孺對歧異點均有考，但結論不一（參見王永興《陳寅恪先

生史學述論稿》，北京大學出版社 1998 年版，第 271 頁；岑仲勉《隋書求是》，第 30 頁；唐長孺《唐書兵志箋證》，科學出版社 1957 年版，第 1—2 頁）。進一步考證可知，本卷前文所記“左右騎衛”“左右驍衛”，均是“左右驍騎衛”之省稱或脱文（馬俊民《中華書局校點本“兩唐書”質疑二十則》，朱鳳瀚等編《仰止集》，天津人民出版社 2007 年版，第 154—156 頁）。左右驍騎衛，官署名。隋煬帝大業三年改左右備身府置。設左右驍騎衛大將軍各一員、將軍各二員總府事。又置護軍，掌副貳將軍；尋改護軍虎賁郎將，置虎牙郎將爲副。衛還置長史、録事參軍及司倉、兵、騎、鎧等員。左右驍騎衛統諸鷹揚府，軍士名豹騎。

［10］左、右屯衛：官署名。煬帝大業三年改左、右領軍府爲左、右屯衛，設左、右屯衛大將軍各一員、將軍各二員總府事。又置護軍，掌副貳將軍；尋改名虎賁郎將，而置虎牙郎將爲副。衛還置長史、録事參軍及司倉、兵、騎、鎧等員。左右屯衛統諸鷹揚府，所領軍士名羽林。

［11］左、右禦衛：官署名。隋煬帝大業三年置左禦衛、右禦衛，設左、右禦大將軍各一員爲長官，將軍各二員。又置護軍四員，掌副貳將軍。尋改護軍爲虎賁郎將，又置虎牙郎將六員副之。衛還置長史、録事參軍及司倉、兵、騎、鎧等員。左右禦衛統諸鷹揚府兵，軍士名射聲。按，“衛”字原缺，據中華書局新修訂本校勘記補。

［12］左、右候衛：官署名。煬帝大業三年改左、右武候衛爲左、右候衛。各置左、右候衛大將軍一員、將軍二員總府事。置護軍，掌副貳將軍。尋改護軍爲虎賁郎將，置虎牙郎將爲副。左、右候衛統諸鷹揚府，軍士名佽飛。增置察非掾二人，專糾彈之事；將司辰師改隸太史監。

［13］左、右備身府：官署名。煬帝大業三年改左右領左右府爲左、右備身府。各置備身郎將一員、直齋二員爲長貳官，掌侍衛左右。統千牛左右十六人，執千牛刀宿衛；司射左右十六人，掌供御

弓箭。屬官有長史、録事及司兵、倉、騎參軍等員。後又置折衝、果毅、武勇、雄武等郎將，以統領驍果。

尚書省六曹，[1]各侍郎一人，[2]以貳尚書之職。又增左、右丞階，與六侍郎，並正四品。諸曹侍郎，並改爲郎。[3]又改吏部爲選部郎，[4]户部爲人部郎，[5]禮部爲儀曹郎，[6]兵部爲兵曹郎，[7]刑部爲憲部郎，[8]工部爲起部郎，[9]以異六侍郎之名，廢諸司員外郎，而每增置一曹郎，各爲二員。都司郎各一人，[10]品同曹郎，掌都事之職，以都事爲正八品，分隸六尚書。諸司主事，並去令史之名。其令史隨曹閑劇而置。[11]每十令史，置一主事，[12]不滿十者，亦置一以。[13]其餘四省三臺，[14]亦皆曰令史，九寺五監諸衛府，[15]則皆曰府史。[16]後又改主客郎爲司蕃郎。[17]尋又每減一郎，置承務郎一人，[18]同員外之職。

[1]六曹：此指尚書省下轄之吏部、禮部、兵部、刑部（都官)、民部（度支)、工部。曹，官署統稱，即分科辦事機構。

[2]侍郎：官名。隋初於六部下屬各曹置侍郎一員，爲該曹長官，正六品上，開皇三年加爲從五品。煬帝大業三年諸曹（司）侍郎並改稱“郎”，又始置“侍郎”爲尚書省下轄六部之副長官，協助長官諸部尚書掌政令，正四品。此指後者。

[3]郎：官名。此指隋煬帝大業三年諸曹（司）侍郎改稱之“郎”，爲六部下轄諸曹之長官。

[4]選部郎：官名。魏晋南北朝爲尚書吏部郎的别稱。隋煬帝大業三年改吏部侍郎名選部郎，爲吏部選部曹（司）長官，置二員，從五品。

［5］户部:“民部”諱改。　人部郎：官名。隋煬帝大業三年改民部侍郎名人部郎，爲人部曹（司）長官，置二員，從五品。

［6］儀曹郎：官名。魏晋南北朝爲尚書省儀曹長官統稱，亦稱郎中。隋初廢。煬帝大業三年改禮部侍郎名儀曹郎，爲禮部曹（司）長官，置二員，從五品。

［7］兵曹郎：官名。隋煬帝大業三年改兵部侍郎名兵曹郎，爲兵部之兵部曹（司）長官，置二員，從五品。

［8］憲部郎：官名。隋煬帝大業三年改刑部侍郎名憲曹郎，爲刑部憲部曹（司）長官，置二員，從五品。

［9］起部郎：官名。隋煬帝大業三年改工部侍郎名起部郎，爲工部起部曹（司）長官，置二員，從五品。

［10］都司郎：官名。隋煬帝大業三年置都司郎各一員（即左、右司郎中），代替原尚書都事，爲尚書省處理日常事務的官員，掌文書收發，稽查缺失，監印給紙筆等事，從五品。原尚書都事改爲分隸六尚書。

［11］令史：官名。隋初於省寺監衛府之諸司置主事令史，爲官署僚屬。煬帝大業三年改“主事令史”爲“主事”，並於尚書、門下、内史、秘書、殿内五省和御史、謁者、司隸三臺之諸司另置令史，爲主事屬下，是流外勳品，掌文書案牘，亦常差充他職，得官者少。

［12］主事：官名。隋初於省寺監衛府諸司亦置主事令史，爲官署僚屬，是掌署覆文書案牘的低級官員。煬帝大業三年改“主事令史”爲“主事”，並於五省、三臺之諸司另置令史。規定每十令史置一主事，不滿十人，亦置一人，雜用士人。

［13］一以：殿本、庫本同底本，汲古閣本、中華本作“一人”。考《唐六典》卷一《尚書都省》、《通典》卷二二《職官·歷代都事主事令史》皆載：“不滿十者亦置一人。”再讀前後文語意，故可判“以”爲“人”之訛。中華本確。

［14］四省三臺：此指門下、内史、秘書、殿内四省和御史、謁

者、司隸三臺。

［15］九寺五監諸衛府：九寺，指太常、光禄、衛尉、宗正、太僕、大理、鴻臚、司農、太府寺；五監，指少府、長秋、國子、將作、都水監；諸衛府，指左右翊衛、左右驍騎衛、左右武衛、左右屯衛、左右禦衛、左右候衛和左右備身府、左右監門府。

［16］府史：吏職名。隋初於諸省寺監衛府置主事令史，爲官署僚屬。煬帝大業三年改“主事令史”爲“主事”，並於九寺五監諸衛府另置“府史”爲主事屬下，爲流外勳品，掌文書案牘，亦常差充他職。

［17］主客郎：官名。隋初於禮部四曹之一主客曹置主客侍郎。爲該曹長官，正六品。開皇三年加爲從五品。煬帝大業三年諸曹侍郎並改稱“郎”，主客侍郎改名主客郎，後又改名司蕃郎。掌二王後及諸蕃朝聘之事。

［18］承務郎：官名。隋煬帝大業三年置，代原尚書省二十四司員外郎之職，協助本司長官掌籍帳等事。

舊都督已上，至上柱國，凡十一等，及八郎、八尉、四十三號將軍官，[1]皆罷之。并省朝議大夫。自一品至九品，置光禄、從一品。左右光禄、左正二品，右從二品。金紫、正三品。銀青光禄、從三品。正議、正四品。通議、從四品。朝請、正五品。朝散從五品。等九大夫，建節、正六品。奮武、從六品。宣惠、正七品。綏德、從七品。懷仁、正八品。守義、從八品。奉誠、正九品。立信從九品。等八尉，以爲散職。開皇中，以開府儀同三司爲四品散實官，至是改爲從一品，同漢、魏之制，位次王公。門下省減給事黄門侍郎員，置二人，去給事之名，移吏部給事郎名爲門下之職，[2]位次黄門下。置員四人，從五品，省讀奏案。廢散騎常侍、通直散騎常侍、諫議大夫、散騎侍郎等常員。改符璽監爲郎，置員二人，爲從六品。加録事階爲正八品。以城門、殿内、尚食、尚藥、御府等五局隸殿内省。十二年，又改納言爲侍内。

[1]八郎：官名。此指隋文帝開皇六年於吏部所置的文散官，即朝議、通議、朝請、朝散、給事、承奉、儒林、文林八郎。自正、從六品上階，至正、從九品上階。煬帝大業三年罷。　八尉：官名。此指隋文帝開皇六年於吏部所置的武散官，即武騎、屯騎、驍騎、游騎、飛騎、旅騎、雲騎、羽騎八尉。自正、從六品下階，至正、從九品下階。煬帝大業三年罷，又新置八尉，仍爲散職。

[2]給事郎：官名。隋文帝開皇六年於尚書省吏部置給事郎，爲“八郎”之一，正八品上。爲散官番直，常出使監察。煬帝大業三年罷，並取其名置於門下省，位黄門侍郎下。掌省讀奏案，置四員，從五品。

内史省減侍郎員爲二人，減内史舍人員爲四人。加置起居舍人員二人，[1]從六品。次舍人下。改通事舍人員爲謁者臺職。減主書員，置四人，加爲正八品。十二年，改内史爲内書。

[1]起居舍人：官名。隋煬帝大業三年内史省始置，二員。掌記皇帝之言以備修史，録天子制誥德音。從六品。

殿内省置監、正四品。少監、從四品。丞，[1]從五品。各一人，掌諸供奉。又有奉車都尉十二人，[2]掌進御輿馬。統尚食、尚藥、尚衣、尚舍、尚乘、尚輦等六局，[3]各置奉御二人，[4]正五品。皆置直長，[5]以貳之。正七品。尚食直長六人，又有食醫員。尚藥直長四人，又有侍御醫、司醫、醫佐員。[6]尚衣即舊御府也，改名之，有直長四人。尚舍即舊殿中局也，改名之，有直長八人。尚乘局置左右六閑：[7]一左右飛黄閑，二左右吉良閑，三左右龍媒閑，四左右騊駼閑，五左右駃騠閑，六左右天苑閑。有直長十四人，又有奉乘十人。[8]尚輦有直長四人，又有掌輦六人。[9]城門置校尉一人，[10]降爲正五品。後又改校尉爲城門郎，[11]置員四人，從六品。自殿内省隸爲門下省官。

[1]監：官名。即殿内監。隋煬帝大業三年置殿内省，置殿内監一員爲長官，掌皇帝衣食住行等生活事務。正四品。　少監：官名。即殿内少監。隋煬帝大業三年置殿内省，置殿内少監一員爲貳官，佐長官掌皇帝衣食住行等生活事務。從四品。　丞：官名。即殿内丞。隋煬帝大業三年置殿内省，置殿内丞一員爲屬官，掌判監事，兼勾檢稽失，省署抄目。從五品。

[2]奉車都尉：官名。隋初於左右衛各置奉車都尉爲屬官，掌馭副車，煬帝大業三年廢。此是煬帝於殿内省新置的奉車都尉，掌進御輿馬。

[3]尚食：官署名。即尚食局。隋初門下省置。煬帝大業三年尚食局改隸殿内省，置奉御爲長官，直長爲副。掌宫廷膳食，百官宴饗及諸陵月饗之儲供。　尚藥：官署名。即尚藥局。隋初門下省沿置。煬帝大業三年尚藥局改隸殿内省，置奉御爲長官，直長爲副。掌宫廷醫藥與疾病治療。　尚衣：官署名。即尚衣局。隋煬帝大業三年改門下省御府局爲尚衣局，隸殿内省，置奉御爲長官，直長爲副。掌宫廷服用器玩。　尚舍：官署名。即尚舍局。隋煬帝大

業三年改門下省殿内局名尚舍局，隸殿内省，置奉御爲長官，直長爲副。掌殿庭張設，供湯沐，及灑掃等事；皇帝出行，則供帳幕等。　尚乘：官署名。即尚乘局。北齊太僕寺統驊騮等署。隋初因之。煬帝大業三年罷太僕寺驊騮署，以其職置尚乘局，改隸殿内省。置奉御爲長官，直長爲副。掌左右六閑御馬的飼養、訓練。　尚輦：官署名。即尚輦局。煬帝大業三年殿内省置尚輦局，設奉御爲長官，直長爲副。掌宫廷輿輦、傘扇等事務。

［4］奉御：官名。此指隋煬帝大業三年所置尚食、尚藥、尚舍、尚衣、尚乘、尚輦局奉御，爲各局長官。皆置二員，正五品。分掌各局事務。

［5］直長：官名。此指隋煬帝大業三年所置尚食、尚藥、尚舍、尚衣、尚乘、尚輦局直長，爲各局副長官。尚藥、尚衣、尚輦局各置四人，尚食局置六人，尚舍局置八人，尚乘局置十四人，皆正七品。佐長官分掌各局事務。

［6］司醫：官名。即尚藥司醫。煬帝大業三年於殿内省尚藥局置，爲尚藥局屬官。掌與醫佐分療衆疾。　醫佐：官名。即尚藥醫佐。煬帝大業三年於殿内省尚藥局置，爲尚藥局屬官，位次司醫。掌與司醫分療衆疾。

［7］左右六閑：官署名。即指左右飛黄閑、左右吉良閑、左右龍媒閑、左右騊駼閑、左右駃騠閑、左右天苑閑。皆爲尚乘局所屬飼養、訓練御馬的機構。

［8］奉乘：官名。北周左、右廄各置奉承二十人。煬帝大業三年於殿内省尚乘局置十員，爲尚乘局屬官，掌六閑御馬之飼養、調習事務。

［9］掌輦：官名。煬帝大業三年於殿内省尚輦局置六員，爲尚輦局屬官，掌輦輿以供事。

［10］城門校尉：官名。隋初爲門下省城門局長官。煬帝大業三年改門下省城門局隸殿内省，仍置城門校尉爲長官，正五品。

［11］城門郎：官名。隋煬帝改殿内省城門局城門校尉爲城門

郎，復隸門下省，置四員，降爲從六品。

秘書省降監爲從三品，[1]增置少監一人。[2]從四品。增著作郎階爲正五品，減校書郎爲十人。改太史局爲監，[3]進令階爲從五品，又減丞爲一人。置司辰師八人，增置監候爲十人。其後又改監、少監爲令、少令。增秘書郎爲從五品，加置佐郎四人，[4]從六品。以貳郎之職。降著作郎階爲從五品。又置儒林郎十人，[5]正七品。掌明經待問，唯詔所使。文林郎二十人，[6]從八品。掌撰録文史，檢討舊事。此二郎皆上在藩已來直司學士。[7]增校書郎員四十人，加置楷書郎員二十人，[8]從九品。掌抄寫御書。

[1]從三品：汲古閣本、殿本、庫本、中華本原作“從二品”。但《唐六典》卷一〇《秘書省》云：“煬帝大業三年降爲從第三品。”兩者不同。考本卷和《通典》卷三九《職官·隋官品令》及前引《唐六典》，皆載煬帝大業三年改制前秘書監爲“正三品”，此記爲“從二品”是升非“降”，而《唐六典》所記“從第三品”則符合本句“降”的邏輯。故疑“二”爲“三”之訛。今改。

[2]少監：官名。即秘書少監。隋煬帝大業三年置秘書少監一員，爲秘書省貳官，佐長官掌圖書典籍，從四品。後又改稱秘書少令。

[3]改太史局爲監：《唐六典》卷一〇《秘書省》、《通典》卷二六《秘書監》皆云“改太史曹爲太史監”，“大唐初改監爲局”。故此云“太史局”誤，是以唐官署名誤改隋名。太史監，煬帝大業三年改秘書省之太史曹爲太史監。置太史令二員爲長官，進階從五品。屬官在原太史曹的基礎上也有變化，即減太史丞爲一員，置司

辰師八人，增監候爲十六人。職掌觀察天文，稽定曆數。

[4]佐郎：官名。即秘書佐郎。隋煬帝大業三年於秘書省加置秘書佐郎四員，爲貳官，佐長官掌四部圖書。從六品。

[5]儒林郎：官名。隋文帝開皇六年於吏部置儒林郎爲文散官，出使監檢，正九品上。煬帝大業三年罷。改於秘書省置十員，掌明經待問，唯詔所使，正七品。

[6]文林郎：官名。隋文帝開皇六年於吏部置文林郎爲文散官，常出使監檢，正九品上。煬帝大業三年罷，改於秘書省置二十員，掌撰録文史，檢討舊事，從八品。

[7]學士：官名。魏晋南北朝隋皆置，以文學之士充任，掌典禮、編纂、撰述、修史之事，爲文學侍從之臣。

[8]楷書郎：官名。隋煬帝大業三年於秘書省加置楷書郎爲屬員，二十人，掌抄寫御書。從九品。

御史臺增治書侍御史爲正五品。省殿内御史員，增監察御史員十六人，加階爲從七品。開皇中，御史直宿禁中，至是罷其制。又置主簿、録事員各二人。[1]五年，[2]又降大夫階爲正四品，減治書侍御史爲從五品；增侍御史爲正七品，唯掌侍從糾察，其臺中簿領，皆治書侍御史主之。後又增置御史，[3]從九品，尋又省。

[1]又置主簿、録事員各二人：考本卷前載隋初所置御史臺屬官已設録事二人，不見廢省。而此處云“又置録事二人”，是增置録事還是他意，不明。主簿，官名。即御史臺主簿。隋煬帝大業三年始於御史臺增置主簿二員爲屬官，掌印及受事發辰，勾稽缺失。

[2]五年：諸本同，《唐六典》卷一三《御史臺》則爲大業八年。

[3]御史：官名。隋煬帝大業三年於御史臺增置御史，從九品。

尋又省。此外，隋唐以來，御史也成爲對侍御史、治書侍御史、殿中侍御史、監察御史等官的統稱。

謁者臺大夫一人，[1]從四品。五年，改爲正四品。掌受詔勞問，出使慰撫，持節察授，及受冤枉而申奏之。駕出，對御史引駕。置司朝謁者二人以貳之。[2]從五品。屬官有丞一人，[3]主簿、録事各一人等員。[4]又有通事謁者二十人，[5]從六品。即内史通事舍人之職也。次有議郎二十四人，[6]通直三十六人，[7]將事謁者三十人，[8]謁者七十人，[9]皆掌出使。其後廢議郎，通直、將事謁者，謁者等員，而置員外郎八十員。[10]尋詔門下、内史、御史、司隸、謁者五司，監受表，以爲恒式，不復專謁者矣。尋又置散騎郎，[11]從五品，二十人，承議郎、正六品。通直郎，[12]從六品。各三十人，宣德郎、正七品。宣義郎，[13]從七品，各四十人，徵事郎、正八品。將仕郎、從八品。常從郎、正九品。奉信郎，[14]從九品。各五十人，是爲正員。並得禄當品。又各有散員郎，[15]無員無禄。尋改常從爲登仕，奉信爲散從。自散騎已下，皆主出使，量事大小，據品以發之。

[1]謁者臺大夫：官名。隋謁者臺長官，煬帝大業三年置，一員。掌遣使奉詔勞問，持節察授，受理冤枉而申奏之；駕出，對御史引駕。從四品。五年改爲正四品。

[2]司朝謁者：官名。煬帝大業三年始置謁者臺，置司朝謁者二人爲副，佐長官掌執詔勞問、出使慰撫，受理冤枉而申奏之。從五品。

［3］丞：官名。即謁者臺丞。隋於謁者臺置丞一員爲屬官。

［4］主簿、録事：官名。即謁者臺主簿、録事。隋於謁者臺置主簿、録事各一員爲屬官。

［5］通事謁者：官名。隋初於内史省置通事舍人爲屬官，掌承旨傳宣之事。煬帝大業三年改通事舍人名通事謁者，隸謁者臺，爲屬官，員二十，掌出使巡察。從六品。

［6］議郎：官名。即謁者臺議郎。隋謁者臺屬官，煬帝大業三年置，二十四員，掌出使巡察。尋廢。

［7］通直：官名。即謁者臺通直。隋謁者臺屬官，煬帝大業三年置，三十六員，掌出使巡察。尋廢。

［8］將事謁者：官名。即謁者臺將事謁者。隋謁者臺屬官，煬帝大業三年置，三十員，掌出使巡察。尋廢。

［9］謁者：官名。即謁者臺謁者。隋謁者臺屬官，煬帝大業三年置，七十員，掌出使巡察。尋廢。

［10］員外郎：官名。即謁者臺員外郎。隋謁者臺屬官，八十員。

［11］散騎郎：官名。即謁者臺散騎郎。隋謁者臺屬官，二十員，掌出使巡察。從五品。

［12］承議郎、通直郎：官名。即謁者臺承議郎、通直郎。皆爲隋謁者臺屬官，各置三十員，掌出使巡察。前者正六品，後者從六品。

［13］宣德郎、宣義郎：官名。皆爲隋謁者臺屬官，各置四十員。前者正七品，後者從七品。掌出使巡察。

［14］徵事郎、將仕郎、常從郎、奉信郎：官名。皆爲隋謁者臺屬官，各置五十員，均掌出使巡察。分别爲正八品、從八品、正九品、從九品。尋又改常從郎名登仕郎，奉信郎名散從郎。

［15］散員郎：官名。即謁者臺散員郎。爲隋謁者臺屬官，掌出使巡察。無員額俸禄。

司隸臺大夫一人，[1]正四品。掌諸巡察。別駕二人，[2]從五品。分察畿内，一人案東都，一人案京師。刺史十四人，[3]正六品。巡察畿外。諸郡從事四十人，[4]副刺史巡察。其所掌六條：一察品官以上理政能不。二察官人貪殘害政。三察豪强姦猾，侵害下人，及田宅逾制，官司不能禁止者。四察水旱蟲灾，不以實言，枉徵賦役，及無灾妄蠲免者。五察部内賊盗，不能窮逐，隱而不申者。六察德行孝悌，茂才異行，隱不貢者。每年二月，乘軺巡郡縣，[5]十月入奏。置丞、從六品。主簿、從八品。録事從九品。各一人。[6]後又罷司隸臺，而留司隸從事之名，不爲常員。臨時選京官清明者，權攝以行。

[1]司隸臺大夫：官名。簡稱司隸大夫。隋煬帝大業三年置爲司隸臺長官，一員，掌巡察糾劾之事。正四品。後罷。

[2]別駕：官名。即司隸臺別駕。隋煬帝大業三年置爲司隸臺屬官，二員，分察京師、東都。從五品。後罷。

[3]刺史：官名。即司隸臺刺史。隋煬帝大業三年置爲司隸臺屬官，十四員。掌以六條巡察畿外，每年二月出巡，十月入奏。正六品。後罷。

[4]諸郡從事：官名。即司隸臺諸郡從事。簡稱司隸從事。隋煬帝大業三年置爲司隸臺屬官，四十員，佐刺史巡察諸郡。後罷司隸臺，留司隸從事之名，不爲常員，臨時選京官清明者權攝之。

[5]軺（yáo）：使節所用之車。

[6]丞、主簿、録事：官名。即司隸臺丞、主簿、録事。皆爲隋司隸臺屬官，各置一員。分別爲從六品、從八品、從九品。後皆罷。

光禄已下八寺卿，皆降爲從三品。少卿各加置二人，爲從四品。諸寺上署令，[1]並增爲正六品，中署令爲從六品，[2]下署令爲正七品。[3]始開皇中，署司唯典掌受納，至是署令爲判首，取二卿判。丞唯知勾檢。[4]令闕，丞判。五年，寺丞並增爲從五品。

[1]上署令：官名。此指隋公車、郊社、太廟、太祝、平準、太樂、驊騮、武庫、典客、鈎盾、左藏、太倉、左尚方、右尚方、司染、典農、京市、太官、鼓吹署令。隋初爲正八品下，煬帝大業三年升爲正六品。

[2]中署令：官名。此指隋太醫、右藏、黄藏、乘黄、龍厩、衣冠、守宫、華林、上林、掌冶、導官、左校、右校、牛羊、典牧署令。隋初爲從八品上，煬帝大業三年升爲從六品。

[3]下署令：官名。此指隋諸陵、崇玄、太卜、車府、清商、司儀、肴藏、良醖、掌醢、甄官、廪犧署令。隋初爲從八品下，煬帝大業三年升爲正七品。

[4]勾檢：考核檢查。

太常寺罷太祝署，而留太祝員八人，屬寺。後又增爲十人。奉禮減置六人。太廟署又置陰室丞，[1]守視陰室。[2]改樂師爲樂正，[3]置十人。太卜又省博士員，置太卜卜正二十人，[4]以掌其事。太醫又置醫監五人，[5]正十人。[6]罷衣冠、清商二署。

[1]陰室丞：官名。隋煬帝大業三年於太常寺太廟署置，掌守視陰室。

［2］陰室：此指太廟祀殤子之室。

［3］樂正：官名。春秋、戰國時已置，分大、小樂正。後世樂正地位較低。南朝梁太常卿屬下有樂正，掌樂事。隋大業三年改太樂、清商署樂師爲樂正，置十員，掌教習聲樂。

［4］太卜卜正：官名。隋煬帝大業三年太卜署省太卜博士員，置太卜卜正二十人，掌教授卜筮之法，國有祭祀或大事時占卜。

［5］醫監：官名。隋煬帝大業三年始於太醫署置醫監五人爲屬官。

［6］正：官名。即醫正。煬帝大業三年始置十員，爲太常寺太醫署屬官。掌醫療疾病。

太僕減驊騮署入殿内。尚乘局改龍廄曰典廄署，[1]有左、右駁皂二廄。[2]加置主乘、司庫、司廩官。[3]罷牛羊署。

［1］典廄署：官署名。隋煬帝大業三年改太僕寺龍廄署稱典廄署，設令、丞爲長貳官，轄左、右駁皂二廄。掌繫飼馬牛，給養雜畜之事。

［2］左、右駁皂：官署名。即左、右駁皂廄。隋煬帝大業三年所置典廄署下轄的機構，掌馬牛飼養。

［3］主乘：官名。隋煬帝大業三年太僕寺典廄署始置爲屬官。　司庫：官名。隋煬帝大業三年始置爲殿内省尚乘局屬官。　司廩：官名。西周置，主管倉廩糧食。隋煬帝大業三年於殿内省尚乘局置爲屬官。

大理寺丞改爲勾檢官，[1]增正員爲六人，分判獄事。置司直十六人，降爲從六品，後加至二十人。又置評事四十八人，[2]掌頗同司直，正九品。

[1]勾檢官：官名。此類官職掌署名勾訖，發辰檢稽失。如大理正、諸司録事、録事參軍之類官。

[2]評事：官名。即大理評事。隋煬帝大業三年於大理寺置評事四十八人爲屬官，掌推按刑獄。正九品。

鴻臚寺改典客署爲典蕃署。[1]初煬帝置四方館於建國門外，[2]以待四方使者，後罷之，有事則置，名隸鴻臚寺，量事繁簡，臨時損益。東方曰東夷使者，南方曰南蠻使者，西方曰西戎使者，北方曰北狄使者，各一人，掌其方國及互市事。每使者署，[3]典護録事、叙職、叙儀、監府、監置、互市監及副、參軍各一人。[4]録事主綱紀。叙職掌其貴賤立功合叙者。叙儀掌小大次序。監府掌其貢獻財貨。監置掌安置其駝馬船車，并糾察非違。互市監及副，掌互市。參軍事出入交易。

[1]典蕃署：官署名。隋煬帝大業三年改鴻臚寺典客署名典蕃署，設令、丞爲長貳官，掌管理、接待各少數民族歸化者和外國使節等事。

[2]四方館：官署名。隋煬帝大業初始置，以接待四方使者。後罷，有事則置，名隸鴻臚寺，量事繁簡，臨時損益。東夷、南蠻、西戎、北狄各置使者一人，掌其方國及互市事。　建國門：即隋東都洛陽城正南門，在今河南洛陽市南郊（一説即隋洛陽皇城端門，在今河南洛陽市城區西部）。

[3]使者署：官署名。此指隋煬帝大業初所置東夷、南蠻、西戎、北狄使者署，四署各置使者一員爲長官，掌四方方國及互市事。

[4]典護録事、叙職、叙儀、監府、監置、互市監及副、參軍：官名。皆爲四方使者署屬官，各置一員。

司農但統上林、太倉、鈎盾、導官四署，罷典農、華林二署，而以平準、京市隸太府。

太府寺既分爲少府監，而但管京都市五署及平準、左右藏等，凡八署。京師東市曰都會，[1]西市曰利人。[2]東都東市曰豐都，[3]南市曰大同，[4]北市曰通遠。[5]及改諸令爲監，[6]唯市署曰令。[7]

[1]京師東市：此指隋長安城内工商業區，名"都會"。位於皇城東南，占兩坊之地，與西市對稱。市四面有圍墻，每面二門，内設沿墻街和井字形街，沿街店鋪毗連櫛比，四面邸店林立，四方珍奇與商賈皆集於此，分成"行"經營。中心爲市署及平準署，管理市政、貿易、徵税、平抑物價、檢查度量衡商品質量及按時啓閉市門。

[2]西市：此指隋長安城内工商業區，名"利人"。位於皇城西南，占兩坊之地，與東市對稱，其形制、規模、布局、行肆及市制大抵如京師東市。

[3]東都東市：此指隋洛陽城内工商業區，名"豐都"。周八里，占兩坊之地，市四面有圍墻，每面三門。内設衆多邸、行、肆。市傍遠渠，貨物山積。

[4]南市：此指隋洛陽城内工商業區，名"大同"。周四里，四面有圍墻，每面一門。内設衆多邸、行，與通濟、通津兩渠相通水運方便。隋末因戰亂而廢。

[5]北市：此指隋洛陽城内工商業區，名"通遠"。在洛河之北，南沿漕渠，可通大船。

[6]改諸令爲監：此指隋煬帝改太府寺所屬之平準、左右藏署

長官，即平準、左右藏署令，改名爲平準、左右藏署監。

［7］市署：官署名。此指隋管理京師都會、利人市和東都豐都、大同、通遠市的機構。各置市令爲長官。掌市政、貿易、徵税、平抑物價、檢查度量衡商品質量及按時啓閉市門等事。

國子監依舊置祭酒，加置司業一人，[1]從四品，丞三人，[2]加爲從六品。并置主簿、録事各一人。國子學置博士，正五品，助教，從七品，員各一人。學生無常員。太學博士、助教各二人，學生五百人。先是仁壽元年，省國子祭酒、博士，置太學博士員五人，爲從五品，總知學事。至是太學博士降爲從六品。

［1］司業：官名。即國子監司業，亦稱國子司業。隋煬帝大業三年於國子監置，爲貳官，一員，佐長官掌邦國儒學訓導之政令。從四品。

［2］丞：官名。即國子監丞，亦稱國子丞。隋煬帝大業三年於國子監置三員，掌判國子監事。從六品。

將作監改大監、少監爲大匠、少匠，丞加爲從六品。統左右校及甄官署。五年，又改大匠爲大監，正四品，少匠爲少監，正五品。十三年，又改監、少監爲令、少令。[1]丞加品至從五品。

［1］又改監：監，汲古閣本、殿本、庫本、中華本同底本。但讀前文，當爲“大監”。《唐六典》卷二三《匠作監》亦作：“十三年，又改大監爲令。”

少府監置監，[1]從三品，少監，[2]從四品，各一人。丞從五品，[3]二人。統左尚、右尚、内尚、司織、司染、鎧甲、弓弩、掌冶等署。[4]復改監、少監爲令、少令。併司織、司染爲織染署，[5]廢鎧甲、弓弩二署。

[1]少府監監：官名。隋煬帝大業三年始置一員，爲少府監長官，從三品。後改名爲少府監令。

[2]少監：官名。即少府監少監。隋煬帝大業三年始置一員，爲少府監貳官，佐長官掌百工技巧之事，從四品。後改稱少府監少令。

[3]丞：官名。即少府監丞。隋煬帝大業三年始置二員，爲少府監佐官，掌判監内日常公務。從五品。

[4]司織：官署名。即司織署。隋煬帝大業三年於少府監下置司織署，設令、丞爲長貳官。後與司染署合爲織染署。　鎧甲：官署名。即鎧甲署。隋煬帝大業三年於少府監下置鎧甲署，設令、丞爲長貳官。掌製作鎧甲等。後廢。　弓弩：官署名。即弓弩署。隋煬帝大業三年於少府監下置弓弩署，設令、丞爲長貳官。掌製作弓弩等。後廢。

[5]織染署：官署名。隋煬帝大業五年，合司織、司染署爲織染署，置令二員、丞四員爲長貳官。掌供皇帝、太子及群臣之冠冕。

都水監改爲使者，增爲正五品，丞爲從七品。統舟楫、河渠二署。[1]舟楫署每津置尉一人。五年，又改使者爲監，四品，加置少監，爲五品。後又改監、少監爲令，從三品，少令，從四品。[2]

[1]舟楫：官署名。即舟楫署。隋煬帝置爲都水監下轄機構，設令、丞爲長貳官。掌公私舟船及運漕之事。　河渠：官署名。即河渠署。隋煬帝置爲都水監下轄機構，設令一員、丞二員爲長貳官。掌供川澤、魚醢之事。

[2]後又改監、少監爲令，從三品，少令，從四品：殿本、庫本、中華本同底本。讀此句前爲"又改監、少監爲令"，《通典》卷二七《職官·都水使者》亦載"又改監及少監並爲令"，觀此意似將"監""少監"合而爲一改稱"令"。但又觀後文云"少令，從四品"，若"監""少監"合而爲一改稱"令"，"少令"所指未知。考《唐六典》卷二三《都水監》載："復改監爲令，從三品，少監爲少令，從四品。"知本卷此句和前引《通典》所述皆欠準確，當以《唐六典》所載爲確。

長秋監置令一人，[1]正四品，少令一人，[2]從五品，丞二人，[3]正七品。並用士人。改内常侍爲内承奉，[4]置二人，正五品；給事爲内承直，[5]置四人，從五品。並用宦者。罷内謁者官，領掖庭、宫闈、奚官等三署，[6]並參用士人。後又置内謁者員。

[1]長秋監：官署名。隋煬帝大業三年改内侍省爲長秋監，置令、少令、丞，並用士人。改内常侍爲内承奉，内給事爲内承直，並用宦者。又省所領機構，袛留掖庭、宫闈、奚官三署，並參用士人。掌宫廷侍奉，傳宣制令。　令：官名。即長秋監令。簡稱長秋令。隋煬帝大業三年改内侍省爲長秋監時置，設長秋監令一員爲長官，用士人。掌宫廷侍奉，傳宣制令。正四品。

[2]少令：官名。即長秋監少令。簡稱長秋少令。隋煬帝大業三年改内侍省爲長秋監時置，設長秋監少令一員爲貳官，用士人。從五品。

[3]丞：官名。即長秋監丞，簡稱長秋丞。北齊置，爲長秋寺屬官，員二人，從七品上。隋煬帝大業三年改内侍省爲長秋監，設長秋監丞二員爲屬官，用士人，正七品。

[4]内承奉：官名。煬帝大業三年改内侍省爲長秋監，改内常侍爲内承奉，置二員，用宦者爲之。正五品。

[5]内承直：官名。煬帝大業三年改内侍省爲長秋監，改給事爲内承直，置四人，用宦者爲之。從五品。

[6]掖庭：官署名。即掖庭署。煬帝大業三年改掖庭局名掖庭署，隸長秋監，其官員參用宦者、士人。掌宫禁女工之事。　宫闈：官署名。即宫闈署。煬帝大業三年改宫闈局名宫闈署，隸長秋監，其官員參用宦者、士人。掌宫内門閣之禁，大享太廟出納皇后神主，及内給事名帳糧廪。　奚官：官署名。即奚官署。煬帝大業三年改奚官局名奚官署，隸長秋監，其官員參用宦者、士人。掌宫人使藥、疾病、罪罰、喪葬等事。

十二衛，[1]各置大將軍一人，[2]將軍二人，[3]總府事，并統諸鷹揚府。[4]改驃騎爲鷹揚郎將，[5]正五品；車騎爲鷹揚副郎將，[6]從五品；大都督爲校尉；[7]帥都督爲旅帥；[8]都督爲隊正，[9]增置隊副以貳之。[10]改三衛爲三侍。[11]其直閤將軍、直寢、奉車都尉、駙馬都尉、直齋、别將、統軍、軍主、幢主之屬，並廢。以武候府司辰師員，隸爲太史局官。[12]其軍士，左右衛所領名爲驍騎，左右驍衛所領名豹騎，[13]左右武衛所領名熊渠，左右屯衛所領名羽林，左右禦衛所領名射聲，左右候衛所領名佽飛，[14]而總號衛士，每衛置護軍四人，[15]掌副貳將軍。將軍無則一人攝。尋改護軍爲武賁郎將，[16]正四品，而置武牙郎將六人，[17]副焉，從四品。諸衛皆置長史，從五品。又有録事參軍，司倉、兵、騎、鎧等員。[18]翊衛又加有親侍。[19]鷹揚府，每府置鷹揚郎將一人，正五品，副鷹揚郎將一人，從五品，各有司馬及兵、倉兩司。[20]其府領親、勳、武三侍，非翊衛府，皆無三侍。鷹揚每府置越騎校尉二人，[21]掌騎士，步兵校尉二人，[22]領步兵，並正六品。外軍鷹揚官並同。[23]左右候衛增置察非掾二人，[24]專糾彈之事。五年，又改副郎將並爲鷹擊郎將。[25]

［1］十二衛：官署名。此指隋煬帝大業三年改官制後的十二衛，即左、右翊衛，左、右驍騎衛，左、右武衛，左、右屯衛，左、右禦衛，左、右候衛。

［2］大將軍：官名。此指隋煬帝大業三年改官制後的十二衛大將軍：左、右翊衛大將軍（煬帝大業三年改隋初左右衛名左右翊衛，置左右翊衛大將軍各一員爲長官，總府事，統親、勳、武三侍，掌宫掖禁禦，督攝仗衛，並轄諸鷹揚府，軍士名驍騎）；左、右驍騎衛大將軍（煬帝大業三年改左右備身府爲左右驍騎衛，置左右驍騎衛大將軍各一員爲長官，總府事，並統諸鷹揚府，軍士名豹騎）；左、右武衛大將軍（煬帝大業三年未變隋初所置左右武衛名，仍置左右武衛大將軍各一員爲長官，總府事，並統諸鷹揚府，軍士名熊渠）；左、右屯衛大將軍（煬帝大業三年改左右領軍府爲左右屯衛，置左、右屯衛大將軍各一員爲長官，總府事，並統諸鷹揚府，軍士名羽林）；左、右禦衛大將軍（煬帝大業三年加置左右禦衛，設左、右禦衛大將軍各一員爲長官，總府事，並統諸鷹揚府，軍士名射聲）；左、右候衛大將軍（煬帝大業三年改左右武候衛爲左右候衛，置左、右候衛大將軍各一員爲長官，總府事，並統諸鷹揚府，軍士名佽飛）。

［3］將軍：官名。此指隋煬帝大業三年改官制後的十二衛將軍，即左、右翊衛將軍，左、右驍騎衛將軍，左、右武衛將軍，左、右屯衛將軍，左、右禦衛將軍，左、右候衛將軍。各衛皆置二員，爲貳官。

［4］鷹揚府：官署名。煬帝大業三年改驃騎府爲鷹揚府。每府置鷹揚郎將、鷹揚副郎將各一員爲長貳官。各有司馬及兵、倉兩司。左右翊衛之親、勳、武三侍所統的鷹揚府爲内軍鷹揚府，是内軍、内衛；此外分隸十二衛所統的鷹揚府爲外軍鷹揚府，是外軍、外衛。各府府名，前面既係所屬之衛，又冠以地名，分布各州（郡）。每府又置越騎校尉二員，掌騎士；步兵校尉二員，領步兵。大業五年，改鷹揚副郎將爲鷹擊郎將。

［5］鷹揚郎將：官名。隋初置驃騎將軍爲驃騎府長官。煬帝大業三年改驃騎府爲鷹揚府，驃騎將軍隨府名改稱鷹揚郎將，置一員，統領本府兵。正五品。

［6］鷹揚副郎將：官名。煬帝大業三年改車騎府、驃騎府爲鷹揚府，改車騎將軍爲鷹揚副郎將，爲鷹揚府貳官，置一員，從五品。大業五年又改名鷹擊郎將。

［7］校尉：官名。此指隋鷹揚府軍官名。隋文帝初，置左右衛等衛府，各領軍坊、鄉團，以統軍卒。後改置驃騎將軍府，每府置驃騎、車騎二將軍，上轄於衛府大將軍，下設大都督、帥都督、都督領兵。煬帝大業三年改驃騎府爲鷹揚府，改大都督爲校尉，職能依舊。

［8］帥都督：官名。此指隋鷹揚府軍官名。煬帝大業三年改驃騎府爲鷹揚府，改帥都督爲旅帥，職能依舊。

［9］隊正：官名。此指隋鷹揚府軍官名。煬帝大業三年改驃騎府爲鷹揚府，改都督爲隊正，職能依舊。

［10］隊副：官名。此指隋鷹揚府軍官名。煬帝大業三年改驃騎府爲鷹揚府，增置隊副爲隊正副貳。

［11］三衛：官署名。隋初左、右衛各統親衛、勳衛、翊衛，合

稱“三衛”。　三侍：官署名。煬帝大業三年改左右衛爲左、右翊衛，並改原左右衛所統的三衛爲親侍、勳侍、翊侍，合稱“三侍”。

［12］太史局：應爲“太史監”。此是以唐官署名誤改隋名。其考詳見本卷前注。

［13］左右驍衛：此當是“左右驍騎衛”的省稱或脱文。其考詳見本卷前注。

［14］佽：音 cì。

［15］護軍：官名。此指隋十二衛屬官，煬帝大業三年置，衛各四員，爲將軍副職，正四品。尋改名虎賁郎將。

［16］武賁郎將：官名。即虎賁郎將。隋煬帝改十二衛之護軍爲虎賁郎將，四員，正四品。唐人修史避諱改爲武賁郎將。

［17］武牙郎將：官名。即虎牙郎將。隋煬帝改十二衛之護軍爲虎賁郎將，又置虎牙郎將六員爲之副貳，從四品。唐人修史避諱改爲武牙郎將。

［18］司倉、兵、騎、鎧：此爲十二衛屬官司倉、兵、騎、鎧曹參軍或行參軍之簡稱。

［19］親侍：官署名。爲翊衛所轄三侍之一，統内軍鷹揚府宿衛。

［20］司馬：官名。即鷹揚府司馬。煬帝大業三年改驃騎府爲鷹揚府，置鷹揚府司馬爲屬官。　兵、倉兩司：官署名。即鷹揚府兵、倉兩司。煬帝大業三年改驃騎府爲鷹揚府，置鷹揚府兵司、倉司爲下屬機構。

［21］越騎校尉：官名。即鷹揚府越騎校尉。煬帝大業三年改驃騎府爲鷹揚府，每鷹揚府置越騎校尉二員爲屬官，領騎士，正六品。

［22］步兵校尉：官名。即鷹揚府步兵校尉。煬帝大業三年改驃騎府爲鷹揚府，每鷹揚府置步兵校尉二員爲屬官，領步兵，正六品。

［23］外軍鷹揚官：隋煬帝朝左右翊衛之親、勳、武三侍所統的

鷹揚府爲内軍鷹揚府；此外分隸十二衛統領的鷹揚府爲外軍鷹揚府，外軍鷹揚府的官員稱外軍鷹揚官。

[24]察非掾：官名。煬帝大業三年於左、右候衛增置察非掾二員，專掌舉發彈劾之事。

[25]鷹擊郎將：官名。大業五年又改鷹揚副郎將名鷹擊郎將，爲鷹揚府貳官，置一員，從五品。

左右領左右府，改爲左右備身府，各置備身郎將一人。[1]又各置直齋二人，[2]以貳之，並正四品，掌侍衛左右。統千牛左右、司射左右各十六人，[3]並正六品。千牛掌執千牛刀宿衛，司射掌供御弓箭。置長史，[4]正六品，録事，[5]司兵、倉、騎參軍等員，[6]並正八品。有折衝郎將，[7]各三人，正四品，掌領驍果。[8]又各置果毅郎將以領之，以貳之，從四品。[9]其驍果，置左、右雄武府雄武郎將，以領之。[10]以武勇郎將爲副，[11]員同鷹揚、鷹擊。有司兵、司騎二局，[12]並置參軍事。[13]

[1]備身郎將：官名。隋煬帝大業三年改隋初左右領左右府爲左右備身府，各置備身郎將一員爲長官，掌領禁軍，侍衛皇帝，正四品。

[2]直齋：官名。即備身府直齋。隋煬帝大業三年改隋初左右領左右府爲左右備身府，各置備身直齋貳員爲貳官，正四品。

[3]千牛左右：官名。煬帝大業三年改左右領左右府爲左右備身府，各置千牛左右十六員，掌執千牛刀宿衛皇帝，正六品。　司射左右：官名。煬帝大業三年改左右領左右府爲左右備身府，各置司射左右十六員，掌供御弓箭，宿衛皇帝，正六品。

[4]長史：官名。即備身府長史。煬帝大業三年改左右領左右

府爲左右備身府，置長史爲府署幕僚之長，掌統理府僚，紀綱職務，正八品。

[5]録事：官名。即備身府録事。全稱爲備身府録事參軍。煬帝大業三年改左右領左右府爲左右備身府，置録事爲官署幕僚，掌監本府印、發付文書、勾稽缺失，正八品。

[6]司兵、倉、騎參軍等員：中華本標點爲“司兵、倉、騎，參軍等員”，欠準確。因“司兵、倉、騎”均是“參軍”的定語，即司兵參軍、倉參軍、騎參軍。若在其間加逗號斷開，使人會誤以爲一個爲兩個官名。司兵、倉、騎參軍，煬帝大業三年改左右領左右府爲左右備身府，置司兵、倉、騎參軍爲屬官，正八品。

[7]折衝郎將：官名。煬帝大業三年改左右領左右府爲左右備身府，大業九年各置折衝郎將三員爲屬官，掌領驍果，正四品。

[8]驍果：隋煬帝大業九年正月始募民爲驍果，置折衝、果毅、武勇、雄武等郎將官領之。後成爲左右備身府所統的宿衛皇帝的親兵。

[9]又各置果毅郎將以領之，以貳之，從四品：殿本、庫本同底本。汲古閣本、中華本爲：“又各置果毅郎將三人以貳之，從四品。”果毅郎將，煬帝大業三年改左右領左右府爲左右備身府。後各置果毅郎將爲折衝郎將副貳，從四品。

[10]雄武郎將：官名。即左、右雄武府雄武郎將。煬帝大業三年改左右領左右府爲左右備身府。大業九年下設左右雄武府，以左右雄武郎將爲府長官，統領驍果，正五品。

[11]武勇郎將：官名。即左、右雄武府武勇郎將。煬帝大業三年改左右領左右府爲左右備身府。大業九年下設左右雄武府，以左右武勇郎將爲雄武郎將副貳，從五品。按，關於折衝、果毅郎將和雄武、武勇郎將統領“驍果”的問題，唐長孺和谷霽光有分歧，詳見《唐書兵志箋證》卷一（科學出版社 1957 年版，第 4 頁）、《府兵制度考釋》（上海人民出版社 1962 年版，第 119 頁）。

[12]司兵、司騎二局：官署名。隋煬帝大業三年改左右領左右

府爲左右備身府後置司兵、司騎局兩官署，有參軍事員。

[13]參軍事：官名。即司兵同騎局參軍事。爲煬帝朝左右備身府下轄司兵、司騎局的官員。

左右監門府，改將軍爲郎將，[1]各置一人，正四品，直閤各六人，[2]正五品。置官屬，並同備身府。又增左右門尉員一百二十人，[3]正六品；置門候員二百四十人，正七品。並分掌門禁守衛。

[1]郎將：官名。即左右監門府郎將。此指隋煬帝大業三年改隋初左、右監門府將軍所置的，爲左、右監門府長官，各置一員，分掌宮殿門禁守衛，正四品。

[2]直閤：官名。此指隋左右監門府直閤。隋沿前制，所置直閤官署衆多，煬帝大業三年所置左、右監門府直閤是其中一類，各置六員，爲府署僚佐之一，掌宿衛侍從皇帝，正五品。

[3]左右門尉：官吏名。隋煬帝大業三年於左右監門府增置左右門尉一百二十員，與門候分掌門禁守衛，正六品。

門下坊減内舍人、洗馬員，各置二人，減侍醫，置二人。改門大夫爲宮門監，[1]正字爲正書。[2]

[1]宮門監：官名。隋初於門下坊宮門局置太子宮門大夫二員爲長官，掌東宮門籍。煬帝大業三年改宮門大夫爲宮門監。

[2]正書：官名。此指司經局太子正書。隋初於司經局置太子正字二人，煬帝大業三年改名正書。掌校理刊正經、史、子、集四部之書。

典書坊改太子舍人爲管記舍人,[1]減置四人，改通事舍人爲宣令舍人,[2]爲八員。家令改爲司府令,[3]内坊承直改爲典直。[4]

[1]管記舍人：官名。隋初於典書坊置太子舍人八員爲屬官，掌書、令、表、啓之事；煬帝大業三年改名管記舍人，減爲四員。

[2]宣令舍人：官名。隋初於典書坊置太子通事舍人爲屬官，掌導引東宫諸臣辭見之禮，及承令勞問之事等；煬帝大業三年改名宣令舍人，八員。

[3]司府令：隋初於家令寺置太子家令一員爲長官，掌東宫刑法、食膳、倉庫、什物、奴婢等事；煬帝大業三年改太子家令爲司府令。

[4]典直：官名。即内坊典直。隋初於内坊置承直四員爲屬官，掌以儀式導引賓客；煬帝大業三年改内坊承直爲内坊典直。

左右衛率改爲左右侍率,[1]正四品。改親衛爲功曹,[2]勳衛爲義曹,[3]翊衛爲良曹。[4]罷直齋、直閤員。

[1]左右侍率：官名。隋初於太子左右衛置太子左右衛率一員爲長官，煬帝大業三年改名左右侍率，掌東宫禁衛之職，正四品。

[2]功曹：官名。隋初於太子親衛府置太子親衛爲屬官，煬帝大業三年改名功曹，掌宿衛東宫内廷。

[3]義曹：官名。隋初於太子勳衛府置太子勳衛爲屬官，煬帝大業三年改名義曹，掌宿衛東宫内廷。

[4]良曹：官名。隋初於太子翊衛府置太子翊衛爲屬官，煬帝大業三年改名良曹，掌宿衛東宫内廷。

左右宗衛率改爲左右武侍率，[1]正四品。

[1]左右武侍率：官名。隋初於左、右宗衛各置宗衛率一員爲長官。煬帝大業三年改左、右宗衛率爲左、右武侍率，掌以宗人侍衛東宫，正四品。

左右虞候開府改爲左右虞候率，[1]正四品，并置副率。[2]

[1]左右虞候率：官名。隋初於左、右虞候各置左、右虞候開府一員爲長官。煬帝大業三年改左、右虞候開府爲左、右虞候率，掌東宫斥候伺奸非，正四品。

[2]副率：官名。即左右虞候副率。隋煬帝大業三年於左、右虞候府增置左、右虞候副率爲貳官。

左右内率降爲正五品。千牛備身改爲司仗左右，[1]備身左右改爲主射左右。[2]各員八人。

[1]司仗左右：官名。隋初置千牛備身爲太子左、右内率的屬官。煬帝大業三年改千牛備身爲司仗左右，八員，掌執千牛刀宿衛侍從太子。

[2]主射左右：官名。隋初置備身左右爲太子左、右内率屬官。煬帝大業三年改備身左右爲主射左右，八員，掌供太子弓箭。

左右監門率改爲宫門將，[1]降爲正五品。監門直長改爲直事，[2]置六十人。

[1]宫門將：官名。隋初於左、右監門府置左、右監門率各一員爲長官，煬帝大業三年改爲宫門將，掌東宫諸門禁，正五品。

[2]直事：官名。即監門直事。隋初於左、右監門府各置左、右監門直長爲屬官。煬帝大業三年改爲左、右監門直事，置六十人，在長官統領下掌東宫門禁及守衛事。

開皇中，置國王，郡王，國公，郡公，縣公、侯、伯、子、男爲九等者，至是唯留王、公、侯三等。餘並廢之。

王府諸司參軍，更名諸司，[1]屬參軍則直以屬爲名。[2]改國令爲家令。[3]自餘以國爲名者，皆去之。

[1]更名諸司：汲古閣本、殿本、庫本同底本。中華本爲“更名諸司書佐”，其校勘記云:“原脱‘書佐’二字，據《通典》三一補。”考《唐六典》卷二九《親王府》亦載煬帝改諸司參軍爲諸司書佐，故中華本補得是。

[2]屬參軍：官名。即王府屬參軍。隋初王府置屬參軍屬官，分判諸曹事。煬帝大業三年改名爲屬。

[3]家令：官名。即王府家令。隋初諸王置國令，與王國大農通判國司事。煬帝大業三年改國令爲家令。

行宫所在，[1]皆立總監以司之。[2]上宫正五品，中宫從五品，下宫正七品。隴右諸牧，[3]置左、右牧監各一人，以司統之。[4]

[1]行宫：京城以外供帝王出行時居住的宫殿。

[2]總監：官名。即行宫總監。隋煬帝大業三年置，掌皇帝行

宫事務。上宫正五品，中宫從五品，下宫正七品。

[3]隴右：地域名。泛指隴山以西地區，約當今甘肅隴山、六盤山以西，黄河以東一帶。

[4]左、右牧監：官名。隋初於國家諸牧場各置牧爲官署，管理飼養繁殖馬、牛等牲畜，以供官用。煬帝大業三年牧置左、右牧監各一員以掌之。

罷州置郡，[1]郡置太守。[2]上郡從三品，中郡正四品，下郡從四品。京兆、河南則俱爲尹，[3]並正三品。罷長史、司馬，置贊務一人以貳之。京兆、河南從四品，上郡正五品，中郡從五品，下郡正六品。次置東西曹掾，[4]京兆、河南從五品，上郡正六品，中郡從六品，下郡正七品。主簿，司功、倉、户、兵、法、士曹等書佐，[5]各因郡之大小而爲增減。改行參軍爲行書佐。[6]舊有兵處，則刺史帶諸軍事以統之，至是别置都尉，[7]副都尉。[8]都尉正四品，領兵，與郡不相知。副都尉正五品。又置京輔都尉，[9]從三品，立府於潼關，[10]主兵領遏。并置副都尉，[11]從四品。又置諸防主、副官，[12]掌同諸鎮。大興、長安、河南、洛陽四縣令，並增爲正五品。諸縣皆以所管閑劇及衝要以爲等級。丞、主簿如故。其後諸郡各加置通守一人，[13]位次太守，京兆、河南，則謂之内史。[14]又改郡贊務爲丞，位在通守下，縣尉爲縣正，尋改正爲户曹、法曹，[15]分司以丞郡之六司。[16]河南、洛陽、長安、大興，則加置功曹，而爲三司，司各二人。郡縣佛寺，改爲道場，道觀改爲玄壇，各置監、丞。[17]京都諸坊改爲里，[18]皆省除里司，[19]官以主其事。

［1］郡：隋煬帝大業三年改文帝開皇三年所設的州爲郡，下轄縣。

［2］太守：官名。此“太守”，指隋煬帝大業三年罷州置郡所設的太守。爲地方最高一級行政長官。上郡太守從三品，中郡正四品，下郡從四品。

［3］尹：官名。即京兆尹、河南尹。指隋煬帝大業三年罷州置郡後，於京城長安所在地京兆郡、東都洛陽所在地河南郡，置京兆尹、河南尹爲長官。皆正三品。

［4］東西曹掾：官名。即郡東、西曹掾。隋煬帝大業三年罷州置郡後，於郡置東、西曹掾爲屬官，掌東、西曹職事。京兆、河南郡從五品，上郡正六品，中郡從六品，下郡正七品。

［5］司功、倉、户、兵、法、士曹等書佐：官名。隋初沿前制，於郡置司功、倉、户、兵、法、士曹佐等流外官，掌郡之簿書、考課、糧廩等事務。開皇三年罷郡後廢。煬帝大業三年改州爲郡又置，並皆改稱諸司書佐。

［6］行書佐：官名。即郡行書佐。隋初沿前制，於郡置行参軍爲屬官。文帝開皇三年罷郡後廢。煬帝大業三年改州爲郡又置，並改名行書佐。

［7］都尉：官名。隋煬帝時别置都尉領兵，與郡不相知，正四品。按，觀本卷，將置“都尉”列於“罷州置郡”後。一些《辭書》也釋：“煬帝大業三年罷州置郡，各設都尉。”但檢本書卷三《煬帝紀上》和《北史》卷一二《隋煬帝紀》，均載“大業二年二月戊戌，置都尉官”。因不知兩處所記“都尉”是否爲同一官職，故本條注文采《通典》卷三三《職官·總論郡佐》記載。

［8］副都尉：官名。隋煬帝時别置副都尉爲都尉副貳，佐都尉領兵，正五品。

［9］京輔都尉：官名。隋煬帝時立府於潼關，置京輔都尉主兵鎮遏，從三品。

[10]潼關：地名。在今陝西潼關縣東北楊家村附近。

[11]副都尉：官名。隋煬帝時立府於潼關，置京輔副都尉爲貳官，佐京輔都尉領兵鎮遏，從四品。

[12]防主：官名。西魏、北周置，爲防的主將，管理所轄區域的軍政事務。隋煬帝大業三年改州爲郡，置防主，掌同諸鎮。　副官：官名。隋煬帝大業三年改州爲郡，置副官，掌同諸鎮。

[13]通守：官名。煬帝大業三年以後，諸郡加置通守一員，位次太守（《唐六典》卷三〇《三府都護州縣官吏》云“貳太守”），協助掌本郡政務。

[14]内史：官名。即京兆、河南内史。隋煬帝大業三年罷州置郡。其後於京城長安和東都洛陽所在地京兆郡、河南郡俱加置内史，位次長官尹。按，汲古閣本、殿本、庫本、中華本同底本。《唐六典》卷三〇《三府都護州縣官吏》、《通典》卷三三《職官·總論郡佐》記載亦同。檢《通鑑》卷一八四《隋紀》義寧元年九月條胡三省注云“煬帝改京兆、河南尹爲内史”，與前者不同。考此處所記京兆、河南郡“内史”，當與前文諸郡加置的“通守”性質一樣，即皆是位次長官之官員，不是京兆、河南郡長官京兆尹、河南尹之改名。胡三省此注似誤。

[15]户曹、法曹：官名。即縣户曹、法曹。隋煬帝大業三年後改縣尉爲縣正。尋又改縣正爲户曹、法曹，分司承辦郡六司事務。

[16]分司以丞郡之六司：汲古閣本、殿本、庫本同底本。中華本爲“分司以承郡之六司”，校勘記云：“‘承’原作‘丞’，據《通典》三三改。”郡六司，即指郡功、倉、户、兵、法、士六司。

[17]監、丞：官名。即道場、玄壇監、丞。隋煬帝大業三年改郡縣佛寺爲道場，道觀爲玄壇，各置監爲主官，丞爲副職，掌道場、玄壇事。

[18]京都諸坊改爲里：坊、里，此皆指隋兩京及州郡縣郭城内住宅區。

[19]里司：吏名。指里長。隋文帝開皇九年定制，百家爲里，

設里長一人。

帝自三年定令之後，驟有制置，制置未久，隨復改易。其餘不可備知者，蓋史之闕文云。

隋書　卷二九

志第二十四

地理上

京兆郡　馮翊郡　扶風郡　安定郡　北地郡　上郡　雕陰郡　延安郡　弘化郡　平凉郡　朔方郡　鹽川郡　靈武郡　榆林郡　五原郡　天水郡　隴西郡　金城郡　枹罕郡　澆河郡　西平郡　武威郡　張掖郡　敦煌郡　鄯善郡　且末郡　西海郡　河源郡　漢川郡　西城郡　房陵郡　清化郡　通川郡　宕渠郡　漢陽郡　臨洮郡　宕昌郡　武都郡　同昌郡　河池郡　順政郡　義城郡　平武郡　汶山郡　普安郡　金山郡　新城郡　巴西郡　遂寧郡　涪陵郡　巴郡　巴東郡　蜀郡　臨邛郡　眉山郡　隆山郡　資陽郡　瀘川郡　犍爲郡　越嶲郡　黔安郡

自古聖王之受命也，莫不體國經野，[1]以爲人極。上應躔次，下裂山河，分疆畫界，建都錫社。[2]是以放勳御歷，修職貢者九州，文命會同，執玉帛者萬國。[3]

洎乎殷遷夏鼎，周黜殷命，雖質文之用不同，損益之途或革，而封建之制，[4]率由舊章。於是分土惟三，列爵惟五，[5]千里以制畿甸，九服以别要荒。[6]十國爲連，連有帥，倍連爲卒，卒有正。皆所以式固鴻基，蕃屏王室，興邦致化，[7]康俗庇人者歟！周德既衰，諸侯力政，干戈日用，戎馬生郊。强陵弱，衆暴寡，魯滅於楚，[8]鄭滅於韓，[9]田氏篡齊，[10]六卿分晋。[11]其餘弑君亡國，不得守其社稷者，不可勝數。逮于七雄競逐，二帝争强，疆埸之事，一彼一此。秦始皇據百二之巖險，奮六世之餘烈，力争天下，蠶食諸侯，在位二十餘年，遂乃削平宇内，懲周氏之微弱，恃狙詐以爲强，蔑棄經典，罷侯置守。[12]子弟無立錐之地，功臣無尺土之賞，身没而區宇幅裂，及子而社稷淪胥。[13]漢高祖挺神武之宏圖，[14]掃清禍亂，矯秦皇之失策，封建王侯，[15]並跨州連邑，有踰古典，而郡縣之制，無改於秦。逮于孝武，務勤遠略，南兼百越，東定三韓。[16]通邛、筰之險塗，[17]斷匈奴之右臂，雖聲教遠洎，而人亦勞止。昭、宣之後，[18]罷戰務農，户口既其滋多，郡縣亦有增置。至于平帝，郡國一百有三，户一千二百二十三萬。[19]光武中興，[20]承王莽之餘弊，[21]兵戈不戢，饑疫荐臻，[22]率土遺黎，[23]十纔一二，乃併省郡縣，四百餘所。明、章之後，[24]漸至滋繁，郡縣之數，有加曩日。逮炎靈數盡，[25]三國争强，兵革屢興，户口减半。有晋太康之後，[26]文軌方同，大抵編户二百六十餘萬。[27]尋而五胡逆亂，[28]二帝播遷，[29]東晋洎于宋、齊，僻陋江左，苻、姚之與劉、石，[30]竊據中原，事迹糾紛，難可具紀。

[1]體國經野：分劃國都，丈量田野。

[2]躔（chán）次：日月星辰在運行軌道上的位次。　錫社：猶錫土，賜土封國。

[3]放勳：傳説爲堯的名字。　御歷：指皇帝登位，君臨天下。　職貢：古代稱藩屬或外國對於朝廷按時的貢納。　九州：古代分中國爲九州。《尚書·禹貢》作冀、兖、青、徐、揚、荆、豫、梁、雍；《爾雅·釋地》有幽、營而無青、梁；《周禮·夏官·職方氏》有幽、并而無徐、梁。後以"九州"泛指天下、中國。　文命：傳説爲夏禹之名。　會同：古代諸侯朝見天子的通稱。

[4]封建：即封邦建國。古代帝王把爵位、土地分賜親戚或功臣，使之在各自區域内建立邦國。

[5]分土惟三，列爵惟五：語出《尚書·武成》。分土惟三，即列地分國，公、侯方百里，伯七十里，子、男五十里。列爵惟五，即所識政事而法之爵五等，公、侯、伯、子、男。

[6]畿甸：指京城地區。　九服：王畿以外的九等地區。《周禮·夏官·職方氏》："乃辨九服之邦國：方千里曰王畿，其外方五百里曰侯服，又其外方五百里曰甸服，又其外方五百里曰男服，又其外方五百里曰采服，又其外方五百里曰衛服，又其外方五百里曰蠻服，又其外方五百里曰夷服，又其外方五百里曰鎮服，又其外方五百里曰藩服。"　要荒：此指王畿外極遠之地。要，要服，古代五服之一。荒，荒服，古代五服之一。五服，王畿之外，以五百里爲一區劃，由近及遠分爲侯服、甸服、綏服、要服、荒服。

[7]致化：施行教化。

[8]魯滅於楚：此指公元前256年楚考烈王滅魯。

[9]鄭滅於韓：此指公元前375年韓哀侯滅鄭。

[10]田氏簒齊：春秋後期戰國初期齊卿田氏逐漸取代姜氏成爲

齊侯的事件。

［11］六卿分晋：春秋後期，晋國的范氏、中行氏、知氏、韓氏、趙氏、魏氏六卿秉持國政，相互兼併，導致晋室瓦解，最後分立韓、趙、魏三國。

［12］罷侯置守：此指秦始皇廢除分封制改行郡縣制。

［13］區宇：境域，天下。　幅裂：謂如布幅撕裂。　淪胥：泛指淪陷、淪喪。

［14］漢高祖：即劉邦。紀見《史記》卷八、《漢書》卷一。

［15］封建王侯：此指漢初實行的分封制。

［16］孝武：即漢武帝劉徹。紀見《史記》卷一二、《漢書》卷六。　百越：亦作“百粤”。中國古代南方越人的總稱。分布在今浙、閩、粤、桂等地，因部落衆多，故總稱百越。亦指百越居住的地方。　三韓：古代朝鮮半島南部有馬韓、辰韓、弁韓，合稱三韓。此指朝鮮半島。

［17］邛、筰（zuó）：此泛指今四川地區。

［18］昭：即漢昭帝劉弗陵。紀見《漢書》卷七。　宣：即漢宣帝劉詢。紀見《漢書》卷八。

［19］平帝：即漢平帝劉衎。紀見《漢書》卷一二。　户一千二百二十三萬：中華本校勘記云：“‘千’下原脱‘二百’。楊守敬《隋書地理志考證》：‘《漢志》（《漢書·地理志》）作一千二百二十三萬三千六十二，《晋志》（《晋書·地理志》）同。’今據補。”今從補。

［20］光武中興：東漢光武帝劉秀在恢復漢室後，實行了一系列鞏固統治、恢復生産的措施，使漢政權得以再次興盛。光武，即東漢光武帝劉秀。紀見《後漢書》卷一。

［21］王莽：人名。西漢外戚，後篡漢改國號爲“新”，並進行改制。公元 23 年緑林軍攻入長安被殺。紀見《漢書》卷九九。

［22］荐臻：接連地來到，屢次降臨。

［23］遺黎：亡國之民。

[24]明：即東漢明帝劉莊。紀見《後漢書》卷二。　章：即漢章帝劉炟。紀見《後漢書》卷三。

[25]炎靈：此指以火德而王的漢王朝。

[26]太康：晉武帝司馬炎年號（280—289）。

[27]户二百六十餘萬：中華本校勘記云："《晋書·地理志》上，太康元年平吴，大凡户二百四十五萬九千八百四十。"

[28]五胡逆亂：指西晋末年北方匈奴、鮮卑、羯、氐、羌等少數民族進入中原，並建立了數個非漢族政權。

[29]播遷：遷徙、流離。

[30]苻：即苻堅。十六國前秦的建立者。載記見《晋書》卷一一三。　姚：即姚萇。十六國後秦的建立者。載記見《晋書》卷一一六，傳見《北史》卷九三。　劉：即劉淵。十六國漢的建立者。載記見《晋書》卷一〇一。　石：即石勒。十六國後趙的建立者。載記見《晋書》卷一〇四、一〇五。

梁武帝除暴寧亂，[1]奄有舊吴，天監十年，[2]有州二十三，郡三百五十，縣千二十二。[3]其後務恢境宇，頻事經略，開拓閩、越，克復淮浦，平俚洞，[4]破牂柯，[5]又以舊州遐闊，多有析置。大同年中，[6]州一百七，郡縣亦稱於此。既而侯景構禍，[7]臺城淪陷，墳籍散逸，注記無遺，郡縣户口，不能詳究。逮于陳氏，土宇彌蹙，西亡蜀、漢，北喪淮、肥，威力所加，不出荆、揚之域。州有四十二，郡唯一百九，縣四百三十八，户六十萬。後齊承魏末喪亂，與周人抗衡，雖開拓淮南，而郡縣僻小。天保之末，[8]總加併省，洎乎國滅，州九十有七，郡一百六十，縣三百六十五，[9]户三百三萬。周氏初有關中，百度草創，遂乃訓兵教戰，務穀勸農，南清江、漢，西兼巴、蜀，卒能以寡擊衆，戡定强鄰。及于東夏削平，[10]多有省廢。大象二年，[11]通計州二百一十一，郡五百八，縣一千一百二十四。

[1]梁武帝：即蕭衍。紀見《梁書》卷一至三，《南史》卷六、七。

[2]天監：梁武帝蕭衍年號（502—519）。

[3]縣千二十二：《通典》卷一七一《州郡一》作“縣千二十有五”，《文獻通考》卷三一五同。《讀史方輿紀要》記爲“縣千二十有三”。

[4]俚洞：指古代南方黎族聚居的山區。

[5]牂柯：此指今貴州地區。

[6]大同：梁武帝蕭衍年號（535—546）。

[7]侯景：人名。初在北魏邊鎮戍邊，後依附高歡，高歡死後歸附梁。梁太清二年發動叛亂，歷時五年（548—552），後戰敗被殺，史稱“侯景之亂”。傳見《梁書》卷五六、《南史》卷八〇。

[8]天保：北齊文宣帝高洋年號（550—559）。

[9]州九十有七，郡一百六十，縣三百六十五：中華本校勘記云：“《周書·武帝紀》下，建德六年關東平，合州五十五，郡一百六十二，縣三百八十五。《北史·周紀》同。”

[10]東夏：泛指中國東部地區。

[11]大象：周静帝宇文闡年號（579—580）。

高祖受終，[1]惟新朝政，開皇三年，遂廢諸郡。[2]洎于九載，廓定江表，[3]尋以户口滋多，析置州縣。煬帝嗣位，[4]又平林邑，[5]更置三州。[6]既而併省諸州，尋即改州爲郡，乃置司隸刺史，[7]分部巡察。五年，平定吐谷渾，[8]更置四郡。[9]大凡郡一百九十，縣一千二百五十五，户八百九十萬七千五百四十六，[10]口四千六百一萬九千九百五十六。墾田五千五百八十五萬四千四十一頃。其邑居道路，山河溝洫，沙磧鹹鹵，丘陵阡陌，皆不預焉。東西九千三百里，南北萬四千八百一十五里，東南皆至於海，西至且末，[11]北至五原，[12]隋氏之盛，極於此也。

[1]高祖：即隋文帝楊堅。紀見本書卷一、二，《北史》卷一一。　受終：承受帝位。

[2]開皇：隋文帝楊堅年號（581—600）。　遂廢諸郡：此指開皇三年廢郡，地方政區由州郡縣三級變爲州縣二級。

[3]洎于九載，廓定江表：此指開皇九年平陳後，在原陳境内併省州縣。

[4]煬帝：即隋煬帝楊廣。紀見本書卷三、四，《北史》卷一二。

[5]林邑：南海古國名。故地在今越南中南部。

[6]三州：此指農州、冲州、蕩州。

[7]司隸刺史：官名。大業三年（607）置司隸臺，掌諸巡察，下設刺史十四人。正六品。

[8]吐谷渾：古族名。屬鮮卑族的一支，本居遼東，後遷至甘肅、青海一帶居住。傳見本書卷八三、《晋書》卷九七、《宋書》卷九六、《魏書》卷一〇一、《周書》卷五〇、《北史》卷九六。

[9]四郡：即且末、西海、河源、鄯善四郡。

[10]縣一千二百五十五，户八百九十萬七千五百四十六：中華本校勘記云："按，據本志各郡分列的縣數和户數統計，縣一千二百五十二，户九百零七萬五千七百九十一。"

[11]且末：郡名。在今新疆且末縣城西南。

［12］五原：郡名。在今内蒙古包頭市西北。

京兆郡[1]開皇三年，置雍州。[2]城東西十八里一百一十五步，南北十五里一百七十五步。東面通化、春明、延興三門，南面啓夏、明德、安化三門，西面延平、金光、開遠三門，北面光化一門。里一百六，市二。大業三年，改州爲郡，故名焉。置尹。統縣二十二，户三十萬八千四百九十九。

大興[3]開皇三年置。後周于舊郡置縣曰萬年，[4]高祖龍潛，封號大興，故至是改焉。有長樂宫。有後魏杜城縣、西霸城縣、西魏山北縣，並後周廢。長安[5]帶郡。[6]有仙都、福陽、太平等宫。有關官。[7]有舊長安城。[8]始平[9]故置扶風郡，開皇三年郡廢。武功[10]後周置武功郡，建德中郡廢。有永豐渠、普濟渠。盩厔[11]後周置周南郡及恒州，又有倉城、温湯二縣，尋並廢。有司竹園，有宜壽、仙游、文山、鳳皇等宫。有關官。[12]有太一山。有温湯。醴泉[13]後魏曰寧夷，西魏置寧夷郡。後周改爲秦郡，後廢，又以新畤、甘泉二縣入焉。開皇十八年改縣名醴泉。有甘泉水、波水、浪水。有九嵕山、温秀嶺。上宜[14]開皇十七年置。有舊莫西縣，十八年改名好畤，[15]大業三年廢入焉。鄠[16]有甘泉宫。有終南山。有澇水。[17]藍田[18]後周置藍田郡，尋廢郡，及白鹿、玉山二縣入焉。有關官。[19]有滋水。新豐[20]有温湯。華原[21]後魏置北雍州，西魏改爲宜州，又置北地郡，尋改爲通川郡。開皇初郡廢，大業初州廢，及土門縣入焉。有沮水、頻山。宜君[22]舊置宜君郡，開皇初郡廢。有清水。同官[23]　鄭[24]後魏置東雍州，并華山郡。西魏改曰華州。開皇初郡廢，大業初州廢。有少華山。渭南[25]後魏置渭南郡，西魏分置靈源、中源二縣，後周郡及二縣並廢入焉。有步壽宫。萬年[26]　高陵[27]後魏曰高陸，大業初改焉。三原[28]後周置建忠郡，建德初郡廢。涇陽[29]舊置咸陽縣，開皇初廢。有茂農渠。雲陽[30]舊置，後周置雲陽郡，開皇初郡廢。有涇水、五龍水、甘水、走馬水。[31]富平[32]舊置北地郡，後周改曰中華郡，尋罷。有荊山。華陰[33]有興德宫。有關官，[34]有京輔都尉。有白渠。有華山。

[1]京兆郡：隋前期爲雍州，大業三年廢雍州爲京兆郡。治所在今陝西西安市。

[2]開皇三年，置雍州：楊守敬《隋書地理志考證》云："本《禹貢》雍州之地，後漢始置雍州，晋以後廢置不常，至隋開皇遷都龍首川，仍置雍州，故志以爲説，據遷徙之地而言也。"即此開皇三年不是始置雍州，而是遷雍州至龍首川。

[3]大興：縣名。周明帝武成二年（560）分長安置萬年，開皇三年改萬年爲大興。治所在今陝西西安市。

[4]後周于舊郡置縣曰萬年：中華本校勘記云："原脱'于'字，據楊氏所見宋本增。"今從補。

[5]長安：縣名。漢代舊縣。治所在今陝西西安市。

[6]帶郡：此指本縣所屬之郡治於此地，因上文已題"京兆郡"三字，故此處不再重複，而以"帶郡"二字示之（參見施和金《中國行政區劃通史·隋代卷》，復旦大學出版社 2009 年版，第120 頁）。

[7]關官：此指子午關。

[8]舊長安城：即漢長安城，在今陝西西安市西北。

[9]始平：縣名。漢代置平陵縣，魏改爲始平縣。治所在今陝西興平市。

[10]武功：縣名。治所在今陝西武功縣西北武功鎮。

[11]盩厔：縣名。治所在今陝西周至縣。

[12]關官：此指駱谷關。

［13］醴泉：縣名。原名寧夷，開皇十八年改爲醴泉。治所在今陝西禮泉縣東北。

［14］上宜：縣名。治所在今陝西永壽縣西南。

［15］有舊莫西縣，十八年改名好畤：莫西縣，後魏太和年間置。好畤，秦漢舊縣，後廢，晋復置。北周建德三年（574）好畤縣併入莫西縣，開皇十八年改莫西爲好畤。

［16］鄠：縣名。治所在今陝西户縣。

［17］澇水：關中八川之一。即古潦水，源出今陝西户縣牛首山澇谷，北流至咸陽市西南入渭河。

［18］藍田：縣名。秦縣，後魏時有廢置。治所在今陝西藍田縣。

［19］關官：此指嶢關。

［20］新豐：縣名。漢高祖時置。治所在今陝西西安市臨潼區。

［21］華原：縣名。原名泥陽，開皇六年改爲華原。治所在今陝西銅川市耀州區。

［22］宜君：縣名。始置於後魏太平真君七年（446），治所在今陝西銅川市西北。《元和郡縣圖志》卷三記爲："前秦苻堅於祋祤縣故城置宜君護軍，後魏太武帝改爲宜君縣，文帝大統五年又移於今華原縣北。"

［23］同官：縣名。前秦置銅官護軍，後魏改銅官縣，北周始改"銅官"爲"同官"。治所在今陝西銅川市北城關鄉。

［24］鄭：縣名。秦舊縣。治所在今陝西華縣西南。

［25］渭南：縣名。原漢新豐縣地，前秦始置渭南縣，後廢。後魏置南新豐縣，西魏改南新豐縣爲渭南縣。治所在今陝西渭南市。

［26］萬年：縣名。《元和郡縣圖志》記漢分櫟陽置萬年，後省櫟陽入萬年，後魏又分置廣陽縣，周省萬年入廣陽，更於長安城中別置萬年（即前大興縣）。《輿地廣記》記開皇三年改萬年爲大興後，又復改廣陽爲萬年。此記不見於《元和郡縣圖志》。楊守敬《隋書地理志考證》云："按隋宋文彪《造澧水石橋碑》後言'開

皇十六年立'，附列姓名有'翊軍將軍司馬田威，馮翊廣陽人'，然則開皇中尚未改廣陽爲萬年，蓋仁壽初改，避煬帝諱也。"所言是。

［27］高陵：縣名。大業二年改高陸爲高陵。治所在今陝西高陵縣。

［28］三原：縣名。後魏置。治所在今陝西三原縣。

［29］涇陽：縣名。秦舊縣，自秦至隋多有移徙。隋治所在今陝西涇陽縣。

［30］雲陽：縣名。治所在今陝西涇陽縣西北。

［31］涇水：渭河支流，關中八川之一。在今陝西省中部。源出寧夏涇源縣，流經陝西長武、禮泉、涇陽等縣後入渭水。因涇水清、渭水濁，故有"涇渭分明"之説。

［32］富平：縣名。治所在今陝西富平縣西南。

［33］華陰：縣名。治所在今陝西華陰市。

［34］關官：此指潼關。

馮翊郡[1]後魏置華州，西魏改曰同州。統縣八，户九萬一千五百七十二。

馮翊[2]後魏曰華陰。西魏改爲武鄉，置武鄉郡。開皇初郡廢，大業初改名馮翊，置馮翊郡。有沙苑。[3]韓城[4]開皇十八年置。有關官。[5]有梁山，有鬼谷。郃陽[6]　朝邑[7]後魏曰南五泉，西魏改焉。有長春宫。有關官。[8]有朝坂。澄城[9]後魏置澄城郡，後周併五泉縣入焉。開皇初郡廢。蒲城[10]舊置南、北二白水。西魏改爲蒲城，置白水郡，開皇初郡廢。下邽[11]舊置延壽郡。開皇初郡廢，大業初併蓮勺縣入焉。有金氏陂。白水[12]有五龍山、馬蘭山。

[1]馮翊郡：治所在今陝西大荔縣。

[2]馮翊：縣名。《元和郡縣圖志》記本爲漢臨晋縣，晋武帝改爲大荔縣，後魏改爲華陰縣，後以名重，改爲武鄉。大業三年改爲馮翊。治所在今陝西大荔縣。

[3]沙苑：地名。在今陝西大荔縣南洛河、渭河之間。西魏大統三年（537），宇文泰敗高歡於此。

[4]韓城：縣名。隋文帝分郃陽置韓城。治所在今陝西韓城市東南。

[5]關官：此指龍門關。

[6]郃陽：縣名。漢舊縣，因在郃水之陽而名。治所在今陝西合陽縣。

[7]朝邑：縣名。後魏太和十五年（491）置南五泉，西魏時改名爲朝邑。治所在今陝西大荔縣東朝邑鎮。

[8]關官：此指蒲津關。

[9]澄城：縣名。後魏太平真君七年分郃陽置。治所在今陝西澄城縣。

[10]蒲城：縣名。西魏改南白水縣置。治所在今陝西蒲城縣。

[11]下邽：縣名。後魏避道武帝諱改爲下封，隋開皇二年復舊。治所在今陝西渭南市東南。

[12]白水：縣名。此爲上文提到的“北白水”。治所在今陝西白水縣。

扶風郡[1]舊置岐州。統縣九，户九萬二千二百二十三。

雍[2]後魏置秦平郡，[3]西魏改爲岐山郡，開皇三年郡廢。大業初置扶風郡。有岐陽宫。岐山[4]後周曰三龍縣，開皇十六年改名焉。[5]又有後魏周城縣，後周廢。有岐山。陳倉[6]後魏曰宛川，西魏改曰陳倉。後周置顯州，尋州縣俱廢。開皇十八年置，曰陳倉。有陳倉山。有關官。[7]虢[8]後魏置武都郡，西魏改縣曰洛邑。[9]後周置朔州，州尋廢。郡開皇初廢，大業初改縣爲虢。郿[10]舊曰平陽縣，西魏改曰郿城，後周廢入周城縣。開皇十八年改周城爲渭濱，大業二年改爲郿。又後周置雲州，建德中廢。有安仁宫、鳳泉宫。有太白山、五丈原。[11]普閏[12]大業初置。有仁壽宫。有漆水、岐水、杜水。汧源[13]西魏置隴東郡及汧陰縣，後改縣曰杜陽。後周又曰汧陰。開皇三年郡廢，五年縣改曰汧源。又有西魏東秦州，後改爲隴州，大業三年州廢。有關官。[14]有隴山、汧山、汧水。汧陽[15]舊置汧陽郡，後周罷。南由[16]後魏置，西魏改爲鎮，後周復置縣。又有舊長蛇縣，開皇末廢。有關官。[17]有盤龍山。

[1]扶風郡：後魏太和十一年置岐州，隋大業三年罷州爲扶風郡。治所在今陝西鳳翔縣。

[2]雍：縣名。漢縣。治所在今陝西鳳翔縣南。

[3]秦平郡：此應爲平秦郡。楊守敬《隋書地理志考證》云："《地形志》作'平秦'，云太延二年置。《魏書・蕭寶夤傳》'吕伯度封平秦郡公'，《北齊書》有平秦王歸彦、平秦公薛孤延，則當作'平秦'。"

[4]岐山：縣名。治所在今陝西岐山縣東北岐山南。

[5]後周曰三龍縣，開皇十六年改名焉：《元和郡縣圖志》云："周武帝天和四年，割涇州鶉觚縣之南界置三龍縣，隋開皇十六年移三龍縣於岐山南十里，改爲岐山縣。"故開皇十六年不僅僅是改名，同時縣治也有遷移。

[6]陳倉：縣名。治所在今陝西寶鷄市。

[7]關官：此指散關。

[8]虢：縣名。原爲虢縣，後改爲洛邑，大業三年復爲虢縣。治所在今陝西寶鷄市陳倉區。

[9]西魏改縣曰洛邑：《元和郡縣圖志》云："周改爲洛邑縣。"

兩書記載有異。

[10]郿：縣名。治所在今陝西眉縣東渭河北岸。

[11]太白山：秦嶺主峰，在今陝西太白縣東南。　五丈原：地名。在今陝西岐山縣南，東與眉縣相接。

[12]普閏：縣名。大業元年置。治所在今陝西麟游縣西北。

[13]汧源：縣名。治所在今陝西隴縣。

[14]關官：此指大震關。

[15]汧陽：縣名。北周天和五年（570）置。治所在今陝西千陽縣西北。

[16]南由：縣名。在今陝西寶鷄市西北。

[17]關官：此指安夷關。

安定郡[1]舊置涇州。統縣七，户七萬六千二百八十一。

安定[2]帶郡。鶉觚[3]舊置趙平郡。後周廢郡，并以宜禄縣入焉。大業初分置靈臺縣，二年廢。陰盤[4]後魏置平凉郡，[5]開皇初郡廢。有盧水。朝那[6]西魏置安武郡，及析置安武縣。開皇三年郡縣並廢入焉。良原[7]大業初置。臨涇[8]大業初置，初曰湫谷，尋改焉。華亭[9]大業初置。有隴水、芮水。

[1]安定郡：北魏太武帝神䴥三年（430）置涇州，隋大業三年改爲安定郡。治所在今甘肅涇川縣北。

[2]安定：縣名。治所在今甘肅涇川縣北。

[3]鶉觚：縣名。治所在今甘肅靈臺縣東。

[4]陰盤：縣名。治所在今甘肅平凉市東南。

[5]平凉郡：此應爲平原郡。王仲犖《北周地理志》云："按據《地形志》涇州有平凉郡，又有平原郡，《隋志》平凉郡當是平原郡之譌。"（王仲犖：《北周地理志》，中華書局1980年版，第83頁）

[6]朝那：縣名。漢縣。治所在今甘肅靈臺縣西北朝那鎮。

[7]良原：縣名。《元和郡縣圖志》記大業元年分安定縣置，《太平寰宇記》記大業元年分安定、鶉觚二縣置。治所在今甘肅靈臺縣西北梁原鄉。

[8]臨涇：縣名。大業元年置湫谷縣，十二年改臨涇。治所在今甘肅鎮原縣。

[9]華亭：縣名。大業元年置。治所在今甘肅華亭縣。

北地郡[1]後魏置豳州，西魏改爲寧州。大業初復曰豳州。統縣六，户七萬六百九十。

定安[2]舊置趙興郡。開皇初郡廢，大業初置北地郡。羅川[3]舊曰陽周，開皇中改焉。又西魏置顯州，後周廢。有橋山。彭原[4]舊曰彭陽。後魏置西北地郡，有洛蟠城。西魏置蔚州，有豐城。西魏置雲州。後周二州並廢。開皇初郡廢，十八年改縣曰彭原。有珊瑚水。襄樂[5]後魏置襄樂郡，後周廢。又西魏置燕州，後周廢。又有子午山。新平[6]舊曰白土，西魏置豳州。開皇四年改縣爲新平，大業初州廢。三水[7]西魏置恒州，尋廢。

[1]北地郡：治所在今甘肅寧縣。

[2]定安：縣名。後魏太平真君二年置，隋開皇三年移縣入廢趙興郡理。治所在今甘肅寧縣。

[3]羅川：縣名。後魏太和十一年置陽周縣，開皇十八年改爲羅川縣。治所在今甘肅正寧縣西南羅川鄉。

[4]彭原：縣名。後魏置富平縣，後改爲彭陽，開皇十八年改爲彭原縣。治所在今甘肅慶陽市西峰區彭原鄉。

[5]襄樂：縣名。治所在今甘肅寧縣東北湘樂鎮。

[6]新平：縣名。後魏置白水縣，開皇四年改爲新平縣。治所

在今陝西彬縣。

［7］三水：縣名。漢舊縣，魏改三水爲西川縣，後魏於今縣理西二十八里重置三水縣。治所在今陝西彬縣。

上郡[1]後魏置東秦州，後改爲北華州。西魏改爲敷州。大業二年改爲鄜城郡，[2]後改爲上郡。統縣五，户五萬三千四百八十九。

洛交[3]開皇三年置。大業三年置上郡。内部[4]舊置敷州及内部郡。開皇三年郡廢，大業初州廢。三川[5]舊名長城，西魏改焉。又有利仁縣，尋廢入焉。鄜城[6]後魏曰敷城，大業初改焉。洛川[7]有鄜水。

［1］上郡：治所在今陝西富縣。

［2］大業二年改爲鄜城郡：隋代改州爲郡在大業三年，且《太平寰宇記》記："隋大業三年罷州，置鄜城郡"，故此處"大業二年"當爲"大業三年"。

［3］洛交：縣名。隋開皇年間分三川、洛川二縣置。治所在今陝西富縣。

［4］内部：縣名。後秦置中部縣，開皇元年避廟諱改爲内部縣。治所在今陝西黄陵縣西南。

［5］三川：縣名。治所在今陝西富縣西南。

［6］鄜城：縣名。後魏名敷城，大業元年改。治所在今陝西洛川縣東南鄜城村。

［7］洛川：縣名。治所在今陝西洛川縣東北。《魏書·地形志》云："洛川，真君中置。"《元和郡縣圖志》云："後秦姚萇於此置洛川縣，以縣界有洛川水爲名。"《太平寰宇記》亦云"後秦姚萇置縣"。

雕陰郡[1]西魏置綏州。大業初改爲上州。統縣十一，户三萬六千一十八。

上縣[2]西魏置安寧郡，與安寧、綏德、安人三縣同置。[3]開皇初郡廢，改安人爲吉萬。大業初置雕陰郡，廢安寧、吉萬二縣入。又後周置義良縣，亦廢入焉。大斌[4]西魏置，仍立安政郡。開皇初廢。有平水。延福[5]西魏置，曰延陵。開皇中改焉。儒林[6]後周置銀州，開皇三年改名焉。大業初州廢。真鄉[7]西魏置。後周置真鄉郡，開皇初郡廢。開光[8]舊置開光郡，[9]開皇三年郡廢。有圁水。銀城[10]後周置，曰石城，後改名焉。[11]城平[12]西魏置。[13]開疆[14]西魏置，有後魏撫寧郡，開皇三年郡廢。撫寧[15]西魏置。綏德[16]西魏置。

[1]雕陰郡：大業初改爲上州，尋廢州置雕陰郡。治所在今陝西綏德縣。

[2]上縣：縣名。西魏廢帝元年（552）置。治所在今陝西綏德縣。

[3]安人：縣名。原作安民縣，唐人避太宗諱改。

[4]大斌：縣名。本志言西魏置，《元和郡縣圖志》云："後魏孝明帝神龜元年，於今縣東五里置大斌縣。"《太平寰宇記》同。治所在今陝西子洲縣西。

[5]延福：縣名。西魏置延陵，開皇十七年改延福。治所在今陝西吴堡縣北。

[6]儒林：縣名。開皇三年置。治所在今陝西横山縣東黨岔鎮。

[7]真鄉：縣名。本志及《輿地廣記》言西魏置，《元和郡縣圖志》《太平寰宇記》言後周置。同時《太平寰宇記》記真鄉本爲中鄉，開皇元年避廟諱改。治所在今陝西佳縣西北。

[8]開光：縣名。治所在今陝西榆林市東北。

[9]舊置開光郡：王仲犖《北周地理志》云："按據《隋志》例，不言置縣者，例與郡同時置。《元和郡縣圖志》謂周宣帝大象二年廢開光郡置開光縣，疑是大象二年廢開光郡，以開光縣改隸撫寧郡也。縣實與郡同置於周武帝保定二年。"（王仲犖：《北周地理志》，第119頁）所言是。

[10]銀城：縣名。治所在今陝西神木縣。

[11]後周置，曰石城，後改名焉：《元和郡縣圖志》《太平寰宇記》《輿地廣記》均言西魏置石城縣。

[12]城平：縣名。開皇元年改城中縣置。治所在今陝西子長縣東。

[13]西魏置：《元和郡縣圖志》云："後魏孝明帝於今縣理西三十里庫仁川置城中縣，隋改爲城平縣，自庫仁川移於今理。"《太平寰宇記》云："後魏神龜元年于今縣西三十里庫仁川置城中縣。隋諱'中'，改爲城平縣，仍自庫仁川移于今理。"兩書記載基本一致，與本志有異。

[14]開疆：縣名。西魏置。治所在今陝西米脂縣。

[15]撫寧：縣名。西魏置。治所在今陝西米脂縣西。

[16]綏德：縣名。西魏大統十二年分上郡南界丘尼谷置。治所在今陝西清澗縣西北。

延安郡[1]後魏置東夏州。西魏改爲延州，置總管府。[2]開皇中府廢。統縣十一，户五萬三千九百三十九。

膚施[3]大業三年置，及置延安郡。有豐林山。豐林[4]後魏置，曰廣武，及遍城郡。開皇初郡廢，十八年改爲豐林，[5]大業初又併沃野縣入焉。魏平[6]後魏置，并立朔方郡。後周廢郡，併朔方、政和二縣入焉。[7]金明[8]有治官。有清水。臨真[9]有西魏神水郡、真川縣，後周郡廢，大業初廢真川入焉。延川[10]西魏置，曰文安，及置文安郡。開皇初郡廢，改縣爲延川。延安[11]西魏置，又置義鄉縣。大業中廢義鄉入焉。因城[12]後魏置。後周廢，尋又置。義川[13]西魏置汾州、義川郡，後改州爲丹州。後周改縣爲丹陽。[14]開皇初郡廢，改縣曰義川，又廢樂川郡入。大業初州廢，又廢雲巖縣入焉。汾川[15]舊曰安平，後周改曰汾川。大業初廢門山縣入焉。咸寧[16]舊曰永寧，西魏改爲太平。開皇中改爲咸寧。

[1]延安郡：後魏宣武帝置東夏州，西魏廢帝改爲延州，大業三年改爲延安郡。治所在今陝西延安市東。

[2]置總管府：楊守敬《隋書地理志考證》云："當云'後周置總管府'，《周紀》建德四年十月，有延州總管王慶。"所言是。總管始設於後周，在此之前衹有都督，而没有總管、總管府。

[3]膚施：縣名。大業三年分豐林、金明二縣置。治所在今陝西延安市東北。

[4]豐林：縣名。舊爲廣武，後改爲豐林。治所在今陝西延安市東北。

[5]十八年改爲豐林：《元和郡縣圖志》《太平寰宇記》言後周時改爲豐林。

[6]魏平：縣名。治所在今陝西子長縣東南。

[7]政和：底本作"和政"。中華本校勘記云："原作'和政'，據《魏書·地形志》上改。"今從改。

[8]金明：縣名。後魏太武帝置廣洛縣，仁壽元年（601）避太子楊廣諱改。治所在今陝西安塞縣東南。

[9]臨真：縣名。後魏置。治所在今陝西延安市東南臨鎮鎮。

[10]延川：縣名。舊爲文安，開皇十八年改。治所在今陝西延川縣。

[11]延安：縣名。西魏置廣安縣，仁壽元年避太子楊廣諱改爲延安。治所在今陝西延長縣。

［12］因城：縣名。治所在今陝西甘泉縣西北。

［13］義川：縣名。西魏置義川縣，後周改爲丹陽，開皇初復爲義川。治所在今陝西宜川縣東北。

［14］後周改縣爲丹陽：楊守敬以爲後周是改郡爲丹陽。施和金以爲郡縣皆改爲丹陽，疑《隋志》本作“後周改郡、縣爲丹陽”，後脱郡字，使文義不明（參見施和金《中國行政區劃通史·隋代卷》，第140頁）。

［15］汾川：縣名。治所在今陝西宜川縣東。

［16］咸寧：縣名。舊爲永寧，西魏改太平，開皇十八年改咸寧。治所在今陝西宜川縣東南。

弘化郡[1]西魏置朔州，後周廢。開皇十六年，置慶州。統縣七，户五萬二千四百七十三。

合水[2]開皇十六年置，大業初置弘化郡。馬嶺[3]大業初置。華池[4]仁壽初置。又西魏置蔚州，後周廢。歸德[5]西魏置恒州，後周廢。有雕水。洛源[6]大業初置。有博水、洱水。弘化[7]開皇十八年置弘州，大業初州廢。弘德[8]大業初置。

［1］弘化郡：西魏置朔州，後周保定元年（561）廢，開皇十六年割寧州歸德縣置慶州，大業三年改爲弘化郡。治所在今陝西靖邊縣東北白城子。

［2］合水：縣名。治所在今甘肅慶陽市。

［3］馬嶺：縣名。大業元年分合水置，大業十三年因戰亂廢。治所在今甘肅慶城縣西北馬嶺鎮。

［4］華池：縣名。仁壽二年置，大業十三年因被胡人所破，廢。治所在今甘肅華池縣東南。

［5］歸德：縣名。漢舊縣，後廢，西魏復置。《元和郡縣圖志》云：“後魏文帝大統元年，復置歸德縣。隋大業元年改爲洛原縣，

因洛水所出爲名。”則此縣在大業元年後名爲洛源。治所在今甘肅環縣北（一説在今陝西吴旗縣西北）。

[6]洛源：縣名。據上條注釋可知，本縣係大業元年改歸德縣置，兩縣本爲一縣。故楊守敬《隋書地理志考證》云：“按《元和志》《寰宇記》俱謂大業元年改歸德爲洛源縣，今志兩縣並列，恐亦誤也。”此縣大業十二年因被胡人所破，廢。

[7]弘化：縣名。治所在今甘肅慶陽市西北。

[8]弘德：縣名。治所在今甘肅環縣西北洪德鎮。

平凉郡[1]舊置原州，後周置總管府，大業初府廢。統縣五，户二萬七千九百九十五。

平高[2]後魏置太平郡，後改爲平高。[3]開皇初郡廢。大業初置平凉郡。有關官。[4]有笄頭山。百泉[5]後魏置長城郡及黄石縣，西魏改黄石爲長城。開皇初郡廢，大業初縣改爲百泉。平凉[6]後周置。有可藍山。會寧[7]西魏置會州，後周廢，開皇十六年置縣。默亭[8]

[1]平凉郡：大業三年改爲平凉郡。治所在今寧夏固原市。

[2]平高：縣名。漢高平縣，後周改平高。治所在今寧夏固原市。

[3]後改爲平高：《元和郡縣圖志》《太平寰宇記》記後魏置平高縣，但《魏書·地形志》原州下有高平縣，故楊守敬云：“《元和志》《寰宇記》并謂太延二年置平高，誤也。《一統志》：後周改平高。按《周書·藝術傳》謂明帝時有平高公侯伏侯龍恩，則改於周初。”

[4]關官：此指木硤關。

[5]百泉：縣名。後魏置黄石縣，西魏改爲長城，大業二年改

爲百泉。治所在今甘肅平凉市西北。

［6］平凉：縣名。後周建德元年置。治所在今甘肅平凉市西北。

［7］會寧：縣名。開皇十六年置，大業二年改爲凉川縣。治所在今甘肅永登縣。

［8］默亭：縣名。後魏置。治所在今寧夏固原市原州區。

朔方郡[1]後魏置夏州，後周置總管府，大業初府廢。統縣三，户一萬一千六百七十三。

巖緑[2]西魏置弘化郡。開皇初廢，大業初置朔方郡。寧朔[3]後周置。長澤[4]西魏置闡熙郡。又有後魏大安郡，[5]及置長州。開皇三年郡廢，又廢山鹿、新囶二縣入焉。大業三年州廢。

［1］朔方郡：後魏太和十一年置夏州，大業三年改朔方郡。治所在今陝西靖邊縣東北白城子古城。

［2］巖緑：縣名。本漢朔方縣，後魏改巖緑。治所在今陝西靖邊縣東北白城子古城。

［3］寧朔：縣名。治所在今陝西靖邊縣。

［4］長澤：縣名。西魏置。治所在今内蒙古鄂托克前旗東南城川古城。

［5］西魏置闡熙郡。又有後魏大安郡：闡熙郡領山鹿、新囶二縣，大安郡領長澤縣。

鹽川郡[1]西魏置西安州，後改爲鹽州。統縣一，户三千七百六十三。

五原[2]後魏置郡，曰大興。西魏改爲五原，後又爲大興。開皇初郡廢，大業初置鹽川郡。

[1]鹽川郡：西魏廢帝改西安州爲鹽州，大業三年改爲鹽川郡。治所在今陝西定邊縣。

[2]五原：縣名。治所在今陝西定邊縣。

靈武郡[1]後魏置靈州，後周置總管府，大業元年府廢。統縣六，户一萬二千三百三十。

迴樂[2]後周置，帶普樂郡。又西魏置臨河郡。開皇元年改臨河郡曰新昌，三年郡並廢。大業初置靈武郡。弘静[3]開皇十一年置。有賀蘭山。懷遠[4]後周置，仍立懷遠郡。開皇三年郡廢。靈武[5]後周置，曰建安，後又置歷城郡。開皇三年郡廢，十八年改建安爲廣閏，仁壽元年改名焉。鳴沙[6]後周置會州，尋廢。開皇十九年置環州及鳴沙縣。大業三年州廢。有關官。豐安[7]開皇十年置。

[1]靈武郡：後魏孝昌二年（526）置靈州，大業初置靈武郡。治所在今寧夏吴忠市北。

[2]迴樂：縣名。治所在今寧夏吴忠市。

[3]弘静：縣名。治所在今寧夏永寧縣南望洪鄉。

[4]懷遠：縣名。《太平寰宇記》云："周建德三年遷二萬户於此置郡及縣，並名懷遠。"與本書同。《元和郡縣圖志》則云後魏始置。治所在今寧夏銀川市東黄河西岸。

[5]靈武：縣名。治所在今寧夏青銅峽市西北邵崗堡。

[6]鳴沙：縣名。治所在今寧夏中寧縣東北鳴沙鎮。

[7]豐安：縣名。治所在今寧夏青銅峽市西南。

榆林郡[1]開皇二十年，置勝州。統縣三，户二千三百三十。

榆林[2]開皇七年置。大業初置郡。富昌[3]開皇十年置。金河[4]開皇三年置，曰陽壽，及置油雲縣，又置榆關總管。五年改置雲州總管。十八年改陽壽曰金河，二十年雲州移，[5]二縣俱廢。仁壽二年又置金河縣，帶關。

[1]榆林郡：《元和郡縣圖志》云："隋文帝開皇三年於此置榆林關，七年又置榆林縣，屬雲州。二十年，割雲州之榆林、富昌、金河三縣置勝州，立嘉名也。煬帝大業三年以勝州爲榆林郡。"《太平寰宇記》同。治所在今内蒙古准格爾旗東北十二連城。

[2]榆林：縣名。治所在今内蒙古准格爾旗東北十二連城。

[3]富昌：縣名。治所在今陝西府谷縣北古城鄉。

[4]金河：縣名。治所在今内蒙古托克托縣北。

[5]二十年雲州移：《讀史方輿紀要》云："二十年突厥啓民可汗來降，因移雲州於河東之大利城，遣將趙仲卿爲突厥啓民可汗築金河城，二縣俱廢。"前文注釋引《元和郡縣圖志》中亦有開皇二十年（600）割雲州之榆林、富昌、金河三縣置勝州。此爲先移雲州於河東，後又立勝州。

五原郡[1]開皇五年置豐州，仁壽元年置總管府，大業元年府廢。統縣三，户二千三百三十。

九原[2]開皇五年置。大業初置郡。永豐[3]開皇五年置。安化[4]開皇十一年置。

[1]五原郡：治所在今内蒙古烏拉特前旗西北。

[2]九原：縣名。治所在今内蒙古烏拉特前旗西北。

[3]永豐：縣名。治所在今内蒙古巴彦淖爾市臨河區東北。

[4]安化：縣名。治所在今内蒙古烏拉特前旗西北。

天水郡[1]舊秦州。後周置總管府，大業初府廢。統縣六，户五萬二千一百三十。

上邽[2]故曰上邽，[3]帶天水郡。開皇初郡廢，大業初復置郡，縣改名焉。有濛水。冀城[4]後周曰冀城縣，廢入黄瓜縣。[5]大業初改曰冀城。有石鼓崖。清水[6]後魏置，及置清水郡。開皇初郡廢。有關官。有分水嶺。秦嶺[7]後魏置，曰伯陽縣。開皇中改焉。隴城[8]舊曰略陽，置略陽郡。開皇二年郡廢，縣改曰河陽。六年改曰隴城。成紀[9]舊廢，後周置。[10]有龍馬城、仙人硤。

[1]天水郡：治所在今甘肅天水市

[2]上邽：縣名。大業元年復爲上邽。治所在今甘肅天水市。

[3]故曰上邽：此“上邽”當爲“上封”。後魏避道武帝諱改。

[4]冀城：縣名。治所在今甘肅甘谷縣西南。

[5]廢入黄瓜縣：中華本校勘記云：“按前後文例，‘廢’上當有‘尋’字。”

[6]清水：縣名。治所在今甘肅清水縣西北。

[7]秦嶺：縣名。後魏置伯陽，開皇三年改爲秦嶺縣。治所在今甘肅天水市東伯陽鎮。

[8]隴城：縣名。治所在今甘肅張家川回族自治縣。

[9]成紀：縣名。漢舊縣，魏廢，後又置。治所在今甘肅静寧縣西南。

[10]後周置：楊守敬《隋書地理志考證》云：“當作‘西魏置’。《隋書·帝紀》：高祖年十五，封成紀縣公。考文帝生於西魏大統七年，年十五爲西魏恭帝三年，十二月始禪位於周，則縣非置於周明矣。”所言是。

隴西郡[1]舊渭州。統縣五，户一萬九千二百四十七。

襄武[2]帶郡。隴西[3]舊城内陶，[4]置南安郡。開皇初郡廢，改爲武陽，十年改名焉。[5]渭源[6]有鳥鼠山。有渭水。障[7]後魏置。西魏置廣安郡，後周郡廢。長川[8]後魏置安陽郡，領安陽、烏水二縣。西魏改曰北秦州，後又改曰交州。開皇三年郡廢。十八年改州曰紀州，安陽曰長川。大業初州廢，又廢烏水入焉。

[1]隴西郡：後魏永安三年（530）置渭州，大業三年廢州爲隴西郡。治所在今甘肅隴西縣。

[2]襄武：縣名。漢舊縣。治所在今甘肅隴西縣東南。

[3]隴西：縣名。舊爲内陶，開皇初改武陽，後又改爲隴西。治所在今甘肅隴西縣。

[4]舊城内陶："城" 當作 "曰"。

[5]十年改名焉：《元和郡縣圖志》作 "八年改武陽爲隴西"，《太平寰宇記》作 "開皇十八年改爲武陽"，各書所記有異。

[6]渭源：縣名。本漢首陽縣，後魏大統十七分隴西置渭源郡，因渭水以爲名，又改首陽爲渭源縣。治所在今甘肅渭源縣東北。

[7]障：縣名。後魏分武陽置，《魏書·地形志》作彰縣。治所在今甘肅漳縣西南。

[8]長川：縣名。治所在今甘肅秦安縣北。

金城郡[1]開皇初，置蘭州總管府，大業初府廢。統縣二，户六千八百一十八。

金城[2]舊縣曰子城，帶金城郡。開皇初郡廢。大業初改縣爲金城，置金城郡。有關官。[3]狄道[4]後魏置臨洮郡、龍城縣，後周皆廢。又後魏置武始郡，開皇初廢。有白石山。

[1]金城郡：開皇元年置蘭州，大業三年罷州爲金城郡。治所

在今甘肅蘭州市。

[2]金城：縣名。本漢金城縣，後魏改置子城縣，大業初復爲金城縣。治所在今甘肅蘭州市。

[3]關官：此指金城關。

[4]狄道：縣名。治所在今甘肅臨洮縣。

枹罕郡[1]舊置河州。統縣四，户一萬三千一百五十七。

枹罕舊置枹罕郡，開皇初郡廢。大業初置郡。有關官。[2]有鳳林山。龍支[3]後魏曰北金城，西魏改焉。有唐述山。大夏[4]有金紐山。水池[5]後魏曰葦川，後周改焉。[6]

[1]枹罕郡：後魏太平真君六年置枹罕鎮，太和十六年改爲河州，大業三年置郡。治所在今甘肅臨夏市。

[2]關官：此指臨津關。

[3]龍支：縣名。治所在今青海民和回族土族自治縣。

[4]大夏：縣名。漢縣，晋廢。前凉張駿分武始、晋興、廣武置大夏郡及縣。治所在今甘肅廣河縣西。

[5]水池：縣名。治所在今甘肅臨洮縣西南。

[6]後魏曰葦川，後周改焉：王仲犖《北周地理志》云：“考《魏書·地形志》，洪和郡領水池、藍川、葦川三縣，則水池、葦川二縣並立，非以葦川改也。”（王仲犖：《北周地理志》，第187頁）

澆河郡[1]後周武帝逐吐谷渾，以置廓州總管府。開皇初府廢。統縣二，户二千二百四十。

河津[2]後周置洮河郡，領洮河、廣威、安戎三縣。開皇初郡廢，併三縣入焉。大業初置澆河郡。有濫水。達化[3]後周置達化郡。開皇初郡廢，併綏遠縣入焉。有連雲山。

［1］澆河郡：後周建德五年置廓州，大業三年罷州爲郡。治所在今青海貴德縣。

［2］河津：縣名。治所在今青海貴德縣。

［3］達化：縣名。後周建德五年置。治所在今青海尖扎縣。

西平郡[1]舊置鄯州。統縣二，户三千一百一十八。

湟水[2]舊曰西都，後周置樂都郡。開皇初郡廢，十八年改縣曰湟水。又有舊浩亹縣，又西魏置龍居、路倉二縣，並後周廢。大業初置西平郡。有土樓山。化隆[3]舊魏曰廣威，[4]西魏置澆河郡，後周廢郡，仁壽初改爲化隆。有拔延山、湟水、盧水。

［1］西平郡：後魏以西平郡改鄯善鎮，後改鎮立鄯州，大業初復罷州爲西平郡。治所在今青海樂都縣。

［2］湟水：縣名。本漢破羌縣，後魏分置西都縣，開皇十八年改爲湟水。治所在今青海樂都縣。

［3］化隆：縣名。治所在今青海化隆回族自治縣西南。

［4］舊魏曰廣威：澆和郡下有廣威縣於開皇初併入河津縣，此又言仁壽初改爲化隆，似有誤。《太平寰宇記》引《周地圖記》云："後魏景明三年置石城縣。廢帝二年因縣内化隆谷改爲化隆縣，屬澆河郡。"似此化隆應置於隋以前。

武威郡[1]舊置涼州，後周置總管府，大業初府廢。統縣四，户一萬一千七百五。

姑臧[2]舊置武威郡，開皇初郡廢。大業初復置武威郡。又後魏置武安郡、襄武縣，並西魏廢。又舊有顯美縣，後周廢。有第五山。[3]昌松[4]後魏置昌松郡，後周廢郡，以揟次縣入。[5]開皇初改縣爲永世，後改曰昌松。[6]又有後魏魏安郡，後周改置白山縣，尋廢。有白山。番和[7]後魏置番和郡。後周郡廢，置鎮。開皇中爲縣，又併力乾、安寧、廣城、障、燕支五縣之地入焉。有燕支山。[8]允吾[9]後魏置，曰廣武，及置廣武郡。開皇初郡廢，改縣曰邑次，尋改爲廣武，後又改爲邑次。大業初改爲允吾。有青巖山。

[1]武威郡：後魏太和十四年置凉州，大業三年改爲武威郡。治所在今甘肅武威市。

[2]姑臧：縣名。漢縣。後魏改爲林中，後復名姑臧。治所在今甘肅武威市。

[3]第五山：第，底本作"茅"。中華本校勘記云："'第'原作'茅'。《楊考》：據《前凉録》，'茅'疑'第'訛。按：《太平寰宇記》五二正作'第'，今據改。"今從改。

[4]昌松：縣名。本漢蒼松縣，後凉改爲昌松，開皇三年改爲永世，後因重名，復爲昌松。治所在今甘肅武威市東南。

[5]揟次縣：底本作"楡次縣"。中華本校勘記云："原作'楡次'。《考異》：'楡次'當作'揟次'，因并州有楡次縣，相涉而誤。按：《漢書·地理志》下正作'揟次'，今據改。"今從改。

[6]開皇初改縣爲永世，後改曰昌松：前文注釋中已言永世因重名復爲昌松，此次改名，爲時不長，或當年即改回，故諸書皆不記改回時間（参見施和金《中國行政區劃通史·隋代卷》，第160頁）。

[7]番和：縣名。治所在今甘肅永昌縣西。

[8]燕支山：亦名焉支山，在今甘肅山丹縣東南。

[9]允吾：縣名。依本志此縣隋代曾多次改名。治所在今甘肅永登縣。

張掖郡[1]西魏置西凉州，尋改曰甘州。統縣三，户六千一百二十六。

張掖[2]舊曰永平縣，後周置張掖郡。開皇初郡廢，十七年縣改爲酒泉。[3]大業初改爲張掖，置張掖郡。又有臨松縣，後周廢。有甘峻山、臨松山、合黎山，[4]有玉石澗、大柳谷。删丹[5]後魏曰山丹，又有西郡、永寧縣。西魏郡廢，縣改爲弱水。後周省入山丹。大業改爲删丹。[6]又後周置金山縣，尋廢入焉。有祀山。有鹽池。有弱水。[7]福禄[8]舊置酒泉郡，開皇初郡廢。仁壽中以置肅州，大業初州尋廢。又後周置樂涫縣，尋廢。有祁連山、崆峒山、崑崙山，[9]有石渠。

[1]張掖郡：西魏大統十二年分西張掖地置西凉州，廢帝三年改爲甘州。治所在今甘肅張掖市。

[2]張掖：縣名。舊名永平，後改酒泉，大業初改爲張掖。治所在今甘肅張掖市。

[3]十七年縣改爲酒泉：改縣爲酒泉的時間《元和郡縣圖志》記爲開皇三年，《輿地廣記》記爲大業初，《太平寰宇記》記爲仁壽二年。各書所記均不同。

[4]合黎山：因水而名。在今甘肅河西走廊中部和内蒙古邊境。

[5]删丹：縣名。治所在今甘肅山丹縣。

[6]大業改爲删丹："大業"下脱"初"字。

[7]弱水：河名。上源指今甘肅山丹河，下游即今山丹河與甘州河合流後的黑河，入内蒙古境後，稱額濟納河。

[8]福禄：縣名。漢縣。《輿地廣記》云義寧元年（617）改名爲酒泉。治所在今甘肅酒泉市。

[9]祁連山：位於今青海東北部與甘肅西部邊境，東起烏鞘嶺，西與阿爾泰山相接。　崆峒山：在今甘肅高臺縣西南。

敦煌郡[1]舊置瓜州。統縣三，户七千七百七十九。

敦煌[2]舊置敦煌郡，後周併效穀、壽皇二郡入焉。又併敦煌、鳴沙、平康、效穀、東鄉、龍勒六縣爲鳴沙縣。[3]開皇初郡廢。大業置敦煌郡，改鳴沙爲敦煌。有神沙山、三危山，[4]有流沙。常樂[5]後魏置常樂郡。後周併涼興、大至、冥安、閏泉，合爲涼興縣。開皇初郡廢，改縣爲常樂。有關官。[6]玉門[7]後魏置會稽郡。後周廢郡，併會稽、新鄉、延興爲會稽縣。開皇中改爲玉門，併得後魏玉門郡地。

[1]敦煌郡：後魏置瓜州，大業三年罷州爲郡。治所在今甘肅敦煌市。

[2]敦煌：縣名。後周併敦煌等六縣置鳴沙縣，大業二年復爲敦煌。治所在今甘肅敦煌市。

[3]龍勒：勒，底本作“勤”。中華本校勘記云：“‘勒’原作‘勤’，據《漢書·地理志》下、《續漢書·郡國志》五改。”今從改。

[4]神沙山：即鳴沙山。在今甘肅敦煌市南十里。

[5]常樂：縣名。開皇四年改涼興縣置。治所在今甘肅安西縣東南鎖陽城。

[6]關官：此指玉門關。

[7]玉門：縣名。開皇十年改會稽縣置。治所在今甘肅玉門市西北。

鄯善郡[1]大業五年平吐谷渾置，置在鄯善城，即古樓蘭城也。[2]并置且末、西海、河源，總四郡。有蒲昌海、鄯善水。[3]統縣二。

顯武[4]　濟遠[5]

[1]鄯善郡：大業五年置。治所在今新疆若羌縣東北。

［2］古樓蘭城：原爲漢代西域樓蘭國都城，四世紀中葉以後廢棄。在今新疆若羌縣羅布泊西岸。

［3］蒲昌海：即羅布泊。在今新疆東南部，塔克拉瑪干沙漠最東緣。　鄯善水：即若羌水。

［4］顯武：縣名。治所在今新疆若羌縣附近。

［5］濟遠：縣名。治所在今新疆若羌縣附近。

且末郡[1]置在古且末城。有且末水、薩毗澤。統縣二。

肅寧[2]　伏戎[3]

［1］且末郡：大業五年置。治所在今新疆且末縣西南。

［2］肅寧：縣名。治所在今且末縣附近。

［3］伏戎：縣名。治所在今且末縣附近。

西海郡[1]置在古伏俟城，即吐谷渾國都。有西王母石窟、青海、鹽池。[2]統縣二。

宣德[3]　威定[4]

［1］西海郡：治所在今青海共和縣西北石乃亥鄉。

［2］青海：即今青海湖。

［3］宣德：縣名。即吐谷渾都城。治所在今青海共和縣西北石乃亥鄉。

［4］威定：縣名。治所在今青海共和縣西北青海湖西岸。

河源郡[1]置在古赤水城。有曼頭城、積石山，河所出。[2]有七烏海。統縣二。

遠化[3]　赤水[4]

[1]河源郡：治所在今青海興海縣東南。

[2]積石山，河所出：此意爲積石山乃是黄河的源頭。關於黄河源出積石山最早的記載見於《尚書·禹貢》“導河積石，至於龍門”。積石山，即今青海東南部阿尼瑪卿山。

[3]遠化：縣名。治所在今青海共和縣西南。

[4]赤水：縣名。治所在今青海興海縣東南（一説在今青海共和縣）。

《周禮·職方氏》：“正西曰雍州。”上當天文，[1]自東井十度至柳八度，[2]爲鶉首。[3]於辰在未，得秦之分野。[4]考其舊俗，前史言之詳矣。化於姬德，[5]則閑田而興讓，習於嬴敝，[6]則相稽而反脣。斯豈土壤之殊乎？亦政教之移人也。京兆王都所在，俗具五方，人物混淆，華戎雜錯。去農從商，争朝夕之利，游手爲事，競錐刀之末。貴者崇侈靡，賤者薄仁義，豪强者縱横，貧窶者窘蹙。桴鼓屢驚，[7]盜賊不禁，此乃古今之所同焉。自京城至於外郡，得馮翊、扶風，是漢之三輔。其風大抵與京師不異。安定、北地、上郡、隴西、天水、金城，於古爲六郡之地，其人性猶質直。然尚儉約，習仁義，勤於稼穡，多畜牧，無復寇盜矣。雕陰、延安、弘化，連接山胡，性多木强，皆女淫而婦貞，蓋俗然也。平凉、朔方、鹽川、靈武、榆林、五原，地接邊荒，多尚武節，亦習俗然焉。河西諸郡，其風頗同，並有金方之氣矣。[8]

［1］天文：日月星辰等天體在宇宙間分布運行等現象。

［2］東井：星宿名。即井宿，二十八宿之一。因在玉井之東，故稱。　柳：星宿名。二十八宿之一。南方朱鳥七宿的第三宿。

［3］鶉首：星次名。指朱鳥七宿中的井宿和鬼宿。古以爲秦之分野，指秦地。

［4］分野：與星次相對應的地域。故以十二星的位置劃分地面上州、國的位置與之相對應。就天文説，稱作分星；就地面説，稱作分野。如前文提到的鶉首即指秦地。

［5］姬：此指周文王。

［6］嬴：此指秦始皇。

［7］桴鼓：指戰鼓、警鼓。用於報警告急。

［8］金方：即西方。

漢川郡[1]舊置梁州。統縣八，户一萬一千九百一十。

南鄭[2]舊置漢川郡。開皇初郡廢，大業初置郡。又西魏置白雲縣，至是併入焉。有黄牛山、龍岡山。西[3]舊曰嶓冢，大業初改焉。有關官。[4]有定軍山、百牢山、街亭山、嶓冢山。有漢水。[5]褒城[6]開皇初曰褒内。仁壽九年因失印更給，[7]改名焉。有關官。[8]有女郎山。城固[9]　興勢[10]舊置儻城郡，[11]開皇初郡廢。西鄉[12]舊曰豐寧，置洋州，及洋川郡。開皇初廢郡，大業初廢州，改縣曰西鄉。又舊有懷昌郡，後周廢爲懷昌縣，至是入焉。有洋水。黄金[13]　難江[14]後周置集州及平桑郡。開皇初郡廢，大業初州廢。

［1］漢川郡：治所在今陝西漢中市東。

［2］南鄭：縣名。漢舊縣，西魏廢帝三年改名光義，開皇初復爲南鄭。治所在今陝西漢中市東。

［3］西：縣名。後魏宣武帝分沔陽縣置嶓冢縣，大業二年改爲西縣。治所在今陝西勉縣西。

［4］關官：此指白馬關。

［5］漢水：河名。又稱漢江，長江最大的支流。上源玉帶河出陝西寧强縣，東流到勉縣東與褒河合流後稱漢水。

［6］褒城：縣名。本漢褒中縣，開皇元年避廟諱改爲褒内縣，仁壽元年改爲褒城縣。治所在今陝西漢中市西北打鐘寺。

［7］仁壽九年因失印更給：此仁壽九年當爲仁壽元年之誤。仁壽作爲隋文帝的年號衹使用了四年，所以不能出現仁壽九年。《元和郡縣圖志》記仁壽元年改爲褒城，故此應爲仁壽元年。

［8］關官：此指甘亭關。

［9］城固：縣名。漢舊縣，晋以前寫作"成固"，《宋書·州郡志》後始作"城固"。治所在今陝西城固縣東。

［10］興勢：縣名。後魏置。治所在今陝西洋縣東北。

［11］儻城郡：城，底本作"成"。中華本校勘記云："'城'原作'成'，據《周書·楊擿傳》，《寰宇記》一三八改。"今從改。

［12］西鄉：縣名。《太平寰宇記》記西鄉沿革爲："蜀先主分成固之地立南鄉縣，屬漢中郡。至晋太康二年改南鄉爲西鄉，即今縣南十五里平陽故城也。後魏置洋州及豐寧郡、豐寧縣。隋開皇三年罷郡。大業三年廢洋州，改豐寧縣爲西鄉縣。"改豐寧爲西鄉的時間與本書不同。治所在今陝西西鄉縣南。

［13］黄金：縣名。本漢安陽縣地，西魏分置黄金縣。治所在今陝西洋縣東。

［14］難江：縣名。後周天和五年置。治所在今四川南江縣。

西城郡[1]梁置梁州，尋改曰南梁州。西魏改置東梁州，尋改爲金州，置總管府。[2]開皇初府廢。統縣六，户一萬四千三百四十一。

金川[3]梁初曰上廉，後曰吉陽。西魏改曰吉安，後周以西城入焉。舊有金城、吉安二郡，開皇初並廢。十八年改縣爲吉安。[4]大業三年改曰金川，置西城郡。又後周置洵州，尋廢。有焦陵山。石泉[5]舊曰永樂，置晋昌郡。西魏改郡曰魏昌，尋改永樂曰石泉，析置魏寧縣。後周省魏昌郡入中城郡，又省魏寧縣入石泉縣。洵陽[6]舊置洵陽郡，開皇初郡廢。有洵水。安康[7]舊曰寧都，齊置安康郡，後魏置東梁州，後蕭詧改直州。開皇初郡廢，大業初州廢，縣改曰安康。黄土[8]西魏置淯陽郡。後周改郡，[9]置縣曰長岡。後郡省入甲郡，[10]置縣曰黄土，併赤石、甲、臨江三縣入焉。開皇初郡廢。豐利[11]梁置南上洛郡，西魏改郡曰豐利。後周省郡入上津郡，以熊川、陽川二縣入豐利，後又廢上津郡入甲郡。[12]有天心水。

[1]西城郡：治所在今陝西安康市西北。

[2]置總管府：此當爲“後周置總管府”。

[3]金川：縣名。舊名西城，開皇十八年改爲吉安，大業三年又改爲金川。治所在今陝西安康市。

[4]十八年改縣爲吉安：前文已言“西魏改吉安”，此又言十八年改爲吉安，當有誤。《讀史方輿紀要》云：“漢置縣，爲漢中郡治。東漢移郡治南鄭，建安中置西城郡於此。魏爲魏興郡治，晋以後因之。宇文周省西城縣，隋初復置，開皇十八年改爲吉安縣，大業三年又改爲金川縣，十二年廢。義寧二年復置西城縣，爲金州治。”此所云較爲合理（參見施和金《中國行政區劃通史·隋代卷》，第172頁）。

[5]石泉：縣名。治所在今陝西石泉縣南。

[6]洵陽：縣名。漢舊縣，後廢，晋太康中復置。治所在今陝西旬陽縣北。

[7]安康：縣名。漢置安陽縣，晋改爲安康縣，梁又改安康爲

寧郡，大業初復爲安康。治所在今陝西石泉縣東南。

［8］黄土：縣名。治所在今陝西旬陽縣東北。

［9］後周改郡：當作“後周改黄土郡”。

［10］甲郡：楊守敬《隋書地理志考證》：“‘甲’上疑脱‘上’字。下‘併赤石、甲、臨江三縣入焉’及監利縣注‘入甲郡’，並同。”

［11］豐利：縣名。治所在今陝西白河縣南。

［12］後周省郡入上津郡，以熊川、陽川二縣入豐利，後又廢上津郡入甲郡：關於上津郡的置廢《太平寰宇記》云：“後魏廢帝三年爲上州，以晋時于此置洛津戍爲名，仍于州置上津郡及上津縣。隋開皇三年罷郡，以縣屬上州。”即上津郡廢於開皇三年，而非後周。王仲犖《北周地理志》云：“按廢上津郡之説，與《寰宇記》牴牾，不可信。以地望準之，上津郡亦不可越甲郡而轄豐利，蓋豐利郡廢，豐利縣即改隸甲郡也。”（王仲犖：《北周地理志》，第405頁）根據以上内容可知，本書記載有誤，當是後周時廢豐利郡入上甲郡，而非廢豐利入上津後又廢上津入上甲。

房陵郡[1]西魏置光遷國。後周國廢，置遷州。大業初改名房州。統縣四，户七千一百六。

光遷[2]舊曰房陵，置新城郡。梁末置岐州，後周郡縣並改爲光遷。又有舊綏州，開皇初，與郡並廢。大業初置房陵郡。有房山、霍水。永清[3]舊曰大洪，後周改焉。有照珠山、百武山、沮水、汎水。竹山[4]梁曰安城，西魏改焉，置羅州。開皇十八年改曰房州，大業初州廢。有花林山、懸鼓山。上庸[5]梁曰新豐，西魏改焉。後周改曰孔陽。開皇十八年復曰上庸。

［1］房陵郡：西魏置光遷國，後周保定三年（563）改爲遷州。大業初罷州置房陵郡。治所在今湖北房縣。

[2]光遷：縣名。後周武帝保定三年改房陵縣置。治所在今湖北房縣。

[3]永清：縣名。西魏置大洪縣，後周保定二年改爲永清。治所在今湖北保康縣。

[4]竹山：縣名。治所在今湖北竹山縣。

[5]上庸：縣名。治所在今湖北竹溪縣東南。本志言上庸縣在後周時名爲孔陽，但《周書》卷二八《陸騰傳》中記載陸騰"爵上庸縣公"，此説明後周時已有上庸縣。關於上庸縣的沿革，《元和郡縣圖志》云："本漢上庸縣地。按漢上庸縣，今竹山縣理是也。蕭齊武帝分上庸縣地於此立新豐縣，屬上庸郡，後魏改爲孔陽縣，因界内孔陽水爲名。隋開皇三年罷孔陽縣，仍移上庸縣理於廢孔陽縣理。"《太平寰宇記》云："隋開皇三年罷郡，廢孔陽縣，仍于今竹山縣移上庸縣于廢孔陽縣爲理。"根據以上記載不難看出上庸縣在西魏至隋並不存在廢改，本志所言皆爲孔陽縣之沿革。

清化郡[1]舊置巴州。統縣十四，户一萬六千五百三十九。

化成[2]梁曰梁廣，仍置歸化郡。後周改縣曰化成。開皇初郡廢。大業初置清化郡。曾口[3]梁置。清化[4]梁置，曰伏强，有木門郡。開皇三年郡廢，七年縣改曰清化。有伏强山、清水。盤道[5]梁置，曰難江。西魏改焉。有龍腹山。永穆[6]梁置，曰永康，又有萬榮郡。開皇初郡廢，十八年縣改名焉。歸仁[7]梁置，曰平州縣。後周改曰同昌，[8]開皇中改名焉。始寧[9]梁置，并置遂寧郡。開皇初郡廢。有始寧山。其章[10]梁置。恩陽[11]梁置，曰義陽。開皇末改。長池[12]後周置，曰曲細。開皇末改焉。符陽[13]舊置其章郡，開皇初廢。白石[14]有文山。安固[15]梁置。後周置蓬州，大業初州廢。有大蓬山。伏虞[16]梁置，曰宣漢，及置伏虞郡。開皇初郡廢，十八年改焉。

［1］清化郡：後魏延昌三年（514）置巴州，大業三年改巴州爲清化郡。治所在今四川巴中市。

［2］化成：縣名。梁普通六年（525）置梁廣，後周大象二年改化成。治所在今四川巴中市。

［3］曾口：縣名。梁普通六年置。治所在今四川巴中市東南曾口鎮。

［4］清化：縣名。梁普通六年置伏强縣，開皇七年改爲清化。治所在今四川旺蒼縣東南木門鎮。

［5］盤道：縣名。西魏恭帝三年（556）改難江爲盤道。治所在今四川南江縣南。

［6］永穆：縣名。治所在今四川達州市西北。

［7］歸仁：縣名。治所在今四川平昌縣。

［8］後周改曰同昌：《太平寰宇記》和《輿地紀勝》引《元和志》均不載後周改同昌之事，王仲犖《北周地理志》云："按今本《元和志》佚巴州，《輿地紀勝》所引《元和志》并《寰宇記》並不言有北周改平州爲同昌事。然平州語近平周，自是宇文所忌，以此改縣名，恐《隋志》北周改同昌之説有據也。"（王仲犖：《北周地理志》，第352頁）

［9］始寧：縣名。梁普通六年置。治所在今四川巴中市東南。

［10］其章：縣名。梁普通六年置。治所在今四川巴中市東奇章鄉。

［11］恩陽：縣名。梁普通六年置義陽，開皇十八年改恩陽。治所在今四川巴中市西南恩陽鎮。

［12］長池：縣名。治所在今四川南江縣西南長赤鄉。

［13］符陽：縣名。後魏置。治所在今四川通江縣北涪陽鎮。

［14］白石：縣名。西魏置。治所在今四川通江縣東北。

［15］安固：縣名。梁大同元年分宕渠縣置。治所在今四川營山

縣東北安固鄉。

[16]伏虞：縣名。梁大同中置宣漢縣，開皇十八年改爲伏虞。治所在今四川儀隴縣東。

通川郡[1]梁置萬州，西魏曰通州。[2]統縣七，户一萬二千六百二十四。

通川[3]梁曰石城，置東關郡。開皇初郡廢。[4]大業初置通川郡。三岡[5]梁置，屬新安郡。西魏改郡曰新寧。開皇初郡廢。石鼓[6]西魏置遷州。後周廢州，置臨清郡。開皇初廢郡。東鄉[7]西魏置石州。後周廢州，置三巴郡。開皇初郡廢。宣漢[8]西魏置并州及永昌郡。開皇三年郡廢，五年州廢。西流[9]後魏曰漢興。西魏改焉，[10]又置開州，及周安、萬安、江會三郡。後周省江會入周安。開皇初郡並廢，大業初州廢。萬世[11]後周置，及置萬世郡。開皇初郡廢。

[1]通川郡：縣名。梁大同二年置萬州，西魏廢帝二年改爲通州，大業三年罷州爲通川郡。治所在今四川達州市。

[2]西魏曰通州：州，底本作“川”。中華本校勘記云：“‘州’原作‘川’，據《寰宇記》一三七改。”今從改。

[3]通川：縣名。舊爲石城，開皇十八年改爲通川。治所在今四川達州市。

[4]開皇初郡廢：此處衹言通川梁爲石城，開皇初東關郡廢，而不言何時改石城爲通川，故楊守敬《隋書地理志考證》云：“此下當有‘十八年改縣爲通川’八字。”

[5]三岡：縣名。梁大同二年置。治所在今四川達州市西南。

[6]石鼓：縣名。治所在今四川宣漢縣西南。

[7]東鄉：縣名。治所在今四川宣漢縣東北普光鎮。

[8]宣漢：縣名。此縣自宋、齊、梁後多有分置遷徙。《太平寰宇記》云："本漢宕渠縣地，後漢分爲宣漢縣。後魏廢帝二年于今縣東一百五十里梁所置南晋郡西百步置并州，仍自州移理宣漢縣于南晋郡北二百里，今無遺址。按并州領南晋郡，郡領東關、宣漢二縣，理東關。周改南晋郡爲永昌郡，又省郡郭東關入宣漢縣。開皇三年罷郡，以縣屬并州，五年自并州北二百里移宣漢縣理于東關故城是也。尋又廢并州，以縣屬通州。"即隋之宣漢實爲周之東關縣故治。治所在今四川宣漢縣東北。

[9]西流：縣名。治所在今四川宣漢縣東南壩鎮。

[10]西魏改焉：王仲犖《北周地理志》云："後魏地不至此，疑《隋志》有訛。"（王仲犖：《北周地理志》，第379頁）《太平寰宇記》云："後周天和元年又于漢豐縣理置周安郡，領西流一縣。"即改漢豐爲西流的時間應在後周。

[11]萬世：縣名。治所在今重慶開縣東北大進鎮。

宕渠郡[1]梁置渠州。統縣六，户一萬四千三十五。

流江[2]後魏置縣，[3]及置流江郡。開皇初郡廢，大業初置宕渠郡。賨城[4]舊曰始安，開皇十八年改焉。鄰水[5]梁置縣，并置鄰州。後魏改鄰山郡，開皇初郡廢。[6]宕渠[7]梁置，并置境陽郡。[8]開皇初郡廢。咸安[9]梁置，曰綏安。開皇末改名焉。墊江[10]西魏置縣及容川、容山郡。[11]後周改爲魏安縣。開皇初郡廢，十八年縣改名焉。

[1]宕渠郡：梁大同三年置渠州，大業三年罷州爲宕渠郡。治所在今四川南充市東北。

[2]流江：縣名。治所在今四川渠縣。

[3]後魏置縣：《魏書·地形志》無流江郡、流江縣。《太平寰宇記》云："周明帝改爲流江郡，仍于郡理置流江縣。"《舊唐書·

地理志》亦云周置流江縣。

[4]賨城：縣名。梁普通三年置始安縣，開皇十八年改爲賨城縣。治所在今四川廣安市東北。賨城，底本作“賨”，楊守敬《隋書地理志考證》言此當作“賨城”，今據改。

[5]鄰水：縣名。梁大同三年置。治所在今四川鄰水縣北。

[6]開皇初郡廢：楊守敬《隋書地理志考證》云：“《周書·李遷哲傳》‘明帝初，蠻酋蒲微爲鄰州刺史，舉兵反’，則周尚有此州。當是大業初廢州，志脱此五字。”

[7]宕渠：縣名。梁太清元年（547）置。治所在今四川營山縣東。

[8]境陽郡：《通典》《太平寰宇記》均作景陽郡。

[9]咸安：縣名。梁大同年間於宕渠縣地置綏安，開皇十八年改咸安。治所在今四川營山縣東北。

[10]墊江：縣名。西魏分臨江地置墊江，後周天和二年（567）改爲魏安，開皇十八年復爲墊江。治所在今四川墊江縣。

[11]容川：王仲犖認爲此當爲“容州”（參見王仲犖《北周地理志》，第386頁）。

漢陽郡[1]後魏曰南秦州，西魏曰成州。統縣三，户一萬九百八十五。

上禄[2]舊置仇池郡，後魏置倉泉縣，後周廢階陵、豐川、建平、城階四縣入焉。開皇初郡廢，大業初置漢陽郡，改縣曰上禄。有百頃堆。潭水[3]西魏置潭水郡。後周郡廢，并廢甘若、相山、武定三縣入焉。長道[4]後魏置漢陽郡。後周郡廢，又省水南縣入焉。開皇初郡廢，十八年改曰長道。[5]

[1]漢陽郡：西魏廢帝三年改南秦州爲成州，大業三年罷州爲漢陽郡。治所在今甘肅禮縣西南。

[2]上禄：縣名。後魏太和四年置倉泉縣，大業三年改爲上禄。治所在今甘肅禮縣西南。

[3]漒水：縣名。西魏置。治所在今甘肅禮縣。

[4]長道：縣名。治所在今甘肅西和縣北長道鎮。

[5]後魏置漢陽郡。後周郡廢，又省水南縣入焉。開皇初郡廢，十八年改曰長道：此句前先言“後周郡廢”後又言“開皇初郡廢”，當有脱文。據楊守敬考訂，此句應爲：“後魏置蘭倉縣，并置漢陽郡。西魏改縣曰漢陽。後周郡廢。又有後魏天水郡，西魏改爲長道郡，置長道縣，後周又省水南縣入焉。開皇初郡廢，十八年併漢陽入長道。”

臨洮郡[1]後周武帝逐吐谷渾，以置洮陽郡，尋立洮州。開皇初郡廢。統縣十一，户二萬八千九百七十一。

美相[2]後周置縣，及置洮陽郡。開皇初郡廢，併洮陽縣入焉。大業初置臨洮郡。疊川[3]後周置疊州、疊川縣。開皇四年置總管府，大業元年府廢。有洮水、流水。[4]合川[5]後周置，仍立西疆郡。開皇初郡廢。有白嶺山。樂川[6]後周置。歸政[7]開皇二年置，仍立疆澤郡，三年廢。又後周立弘州及開遠、河濱二郡。開皇初州郡並廢。洮源[8]後周置，曰金城，并立旭州，又置通義郡。開皇初郡廢，十八年縣改爲美俗。大業初州廢，縣改名焉。洮陽[9]後周置，曰廣恩，并置廣恩郡。開皇初郡廢，仁壽元年，改縣爲洮河，大業初改曰洮陽。臨潭[10]後周曰汎潭，開皇十一年改名焉。臨洮[11]西魏置，曰溢樂，并置岷州及同和郡。開皇初郡廢，大業初州廢，更名縣曰臨洮。又後周置祐川郡、基城縣，尋郡縣俱廢。有岷山、崆峒山。當夷[12]後周置。又立洪和郡，郡尋廢。又置博陵郡及博陵、寧人二縣。開皇初併入。和政[13]後周置洮城郡，尋廢。

[1]臨洮郡：治所在今甘肅臨潭縣。

[2]美相：縣名。後周保定元年置。治所在今甘肅臨潭縣。

[3]疊川：縣名。後周置。治所在今甘肅迭部縣東南。

[4]洮水：河名。黄河上游支流，在今甘肅西南部。源出甘、青兩省邊界西頃山東麓，東流到岷縣折向北，經臨洮縣到永靖縣附近入黄河。

[5]合川：縣名。後周武成二年置。治所在今甘肅迭部縣西北。

[6]樂川：縣名。治所在今甘肅迭部縣。

[7]歸政：縣名。治所在今甘肅卓尼縣西。

[8]洮源：縣名。治所在今甘肅碌曲縣東南。

[9]洮陽：縣名。治所在今甘肅臨潭縣。

[10]臨潭：縣名。治所在今甘肅臨潭縣。

[11]臨洮：縣名。秦舊縣，西魏改臨洮爲溢樂，大業初復爲臨洮。治所在今甘肅臨洮縣。

[12]當夷：縣名。後周武成元年置。治所在今甘肅臨潭縣東。

[13]和政：縣名。後周保定元年置同和縣，宣政元年（578）改同和置。治所在今甘肅岷縣東北。

宕昌郡[1]後周置宕昌國，天和元年置宕州總管府。開皇四年府廢。統縣三，户六千九百九十六。

良恭[2]後周置，初曰陽宕，置宕昌郡。開皇初郡廢，十八年改名焉。大業初置宕昌郡。和戎[3]後周置。有良恭山。懷道[4]後周置甘松郡，開皇初郡廢。

[1]宕昌郡：後周天和五年置，開皇三年罷郡。治所在今甘肅宕昌縣東南。

[2]良恭：縣名。舊名陽宕，開皇十八年改名。治所在今甘宕

昌縣東南南陽鎮。

［3］和戎：縣名。治所在今甘肅宕昌縣西。

［4］懷道：縣名。後周天和元年置。治所在今甘肅宕昌縣西南。

武都郡[1]西魏置武州。統縣七，户一萬七百八十。

將利[2]舊曰石門，西魏改曰安育。後周改曰將利，置武都郡，後改曰永都郡。開皇初郡廢，大業初置武都郡。又有東平縣，後周併入焉。有河池水。建威[3]後魏置白水郡，後廢，改爲白水縣。西魏復立郡，改爲綏戎。後周郡廢，改爲建威縣，并廢洪化縣入焉。又西魏有孔堤郡及縣，後周並廢。覆津[4]後魏初曰甑當，置武階郡。西魏又置覆津縣，及置萬郡，統赤萬，[5]接難、五部三縣。後周一郡三縣并甑當，並廢入焉。開皇初武階郡又廢。盤堤[6]西魏置，[7]曰南五部縣，後改名焉；并立武陽郡及茄蘆縣。後周郡廢，縣併入焉。長松[8]西魏置，初曰建昌，置文州及盧北郡。開皇初郡廢，十八年縣改曰長松，大業初州廢。曲水[9]西魏置。正西[10]西魏置。

［1］武都郡：漢郡，後廢。後魏又置，後因叛羌荒廢，周復置。治所在今甘肅隴南市武都區。

［2］將利：縣名。治所在今甘肅隴南市武都區。

［3］建威：縣名。治所在今甘肅隴南市武都區龍壩鄉。

［4］覆津：縣名。治所在今甘肅隴南市武都區東。

［5］赤萬：萬，底本作“方”。中華本校勘記：“‘萬’原作‘方’，‘方’當即‘萬’（万）字之訛，據《魏書·地形志》下改。”今從改。

［6］盤堤：縣名。後魏置南五部縣，西魏改爲盤堤。治所在今甘肅文縣東北臨江鄉。

[7]西魏置：《魏書·地形志》云："南五部，太和四年置郡，後改縣。"楊守敬云："則縣爲後魏置，西魏改爲盤堤。"

[8]長松：縣名。治所在今甘肅文縣西北石雞壩鄉。

[9]曲水：縣名。治所在今甘肅文縣西南。

[10]正西：縣名。治所在今甘肅文縣西南。

同昌郡[1]西魏逐吐谷渾，置鄧州。開皇七年改曰扶州。[2]統縣八，户一萬二千二百四十八。

尚安[3]西魏置縣及鄧寧郡。開皇初郡廢，大業初置同昌郡。有黑水。鉗川[4]西魏置。有鉗川山。有白水。帖夷[5]西魏置，又置昌寧郡。開皇三年郡廢。同昌[6]西魏置。有鄧至山，云鄧艾所至，故名焉。嘉誠[7]後周置縣并龍涸郡及扶州總管府。開皇初府廢，三年郡廢，七年州廢。[8]有雪山。封德[9]後魏置，[10]又立芳州，有深泉郡。開皇初郡廢，又省理定縣入焉。大業初州廢。常芬[11]後周置，及立恒香郡。開皇初郡廢。有弱水。金崖[12]後周置。

[1]同昌郡：治所在今四川九寨溝縣西北安樂鄉。

[2]開皇七年改曰扶州：楊守敬《隋書地理志考證》云："按扶州本周置，在嘉誠縣，隋移徙耳。"即隋本有扶州，開皇七年廢鄧州，遷扶州至鄧州理。

[3]尚安：縣名。西魏恭帝三年置。治所在今四川九寨溝縣西北。

[4]鉗川：縣名。西魏廢帝二年置。治所在今四川九寨溝縣西。

[5]帖夷：縣名。西魏廢帝元年置。治所在今四川九寨溝縣東南白水江東岸。

[6]同昌：縣名。治所在今四川九寨溝縣西北安樂鄉。

[7]嘉誠：縣名。後周天和元年置。治所在今四川松潘縣。

[8]七年州廢：此指開皇七年廢鄧州，遷扶州至鄧州理。

[9]封德：縣名。後周置。治所在今甘肅迭部縣東南。

[10]後魏置：楊守敬《隋書地理志考證》云："'魏'字是'周'字之誤。後魏時，此地尚戎也。"

[11]常芬：縣名。治所在今甘肅迭部縣東南達拉鄉。

[12]金崖：縣名。治所在今四川松潘縣北。

河池郡[1]後魏置南岐州，後周改曰鳳州。[2]統縣四，户一萬一千二百二。

梁泉[3]舊曰故道，後魏置郡，曰固道，縣曰凉泉，尋改曰梁泉。西魏改郡曰歸真。後周廢郡，又廢龍安、商樂二縣入。大業初置郡。兩當[4]後魏置，及立兩當郡。[5]開皇初郡廢。河池[6]後魏曰廣化，并置廣化郡。開皇初郡廢，仁壽初縣改名焉。又後魏置思安縣，大業初省入。有河池水。同谷[7]舊曰白石，置廣業郡。西魏改曰同谷，後周置康州。開皇初郡廢，大業初州廢。又有泥陽縣，西魏廢。

[1]河池郡：治所在今陝西鳳縣東北鳳州鎮。

[2]後周改曰鳳州：《周書》卷二《文帝紀》言西魏廢帝三年正月改南岐州爲鳳州。《元和郡縣圖志》《太平寰宇記》《舊唐書·地理志》並言西魏置。故此"後周"當爲"西魏"。

[3]梁泉：縣名。漢縣，後廢。後魏太和元年置。治所在今陝西鳳縣東北鳳州鎮。

[4]兩當：縣名。治所在今甘肅兩當縣東楊家店。

[5]後魏置，及立兩當郡：楊守敬《隋書地理志考證》云："《地形志》無兩當郡。《水經注》'尚婆水歷兩當縣之尚婆城南，魏故道郡治也'，亦無兩當郡。然則縣爲後魏置，郡爲西魏置。"

［6］河池：縣名。後魏置廣化縣，仁壽元年改爲河池。治所在今甘肅徽縣西北銀杏樹鄉。

［7］同谷：縣名。後魏置白石縣，西魏恭帝改爲同谷縣。治所在今甘肅成縣。

順政郡[1]後魏置東益州，梁爲武興蕃王國，西魏改爲興州。統縣四，户四千二百六十一。

順政[2]舊曰略陽。西魏置郡，曰順政，縣曰漢曲；又置仇池縣，後改曰靈道。開皇初郡廢。十八年，縣改名焉。大業初置郡，又省靈道縣併入。鳴水[3]西魏置，曰落叢，并置落叢郡。開皇初郡廢。六年，縣改爲厨北。[4]八年，改曰鳴水。長舉[5]西魏置，又立盤頭郡。後周廢郡。有鳳溪水。修城[6]舊置修城郡，縣曰廣長。後周郡廢，又廢下阪縣入。仁壽初，縣改名焉。又西魏置柏樹縣，後周廢。

［1］順政郡：西魏廢帝二年改東益州爲興州，大業三年罷州爲順政郡。治所在今陝西略陽縣。

［2］順政：縣名。治所在今陝西略陽縣。

［3］鳴水：縣名。治所在今陝西略陽縣西北徐家坪鎮明水壩村。

［4］厨北：《讀史方輿紀要》作"厨谷"。

［5］長舉：縣名。《魏書・地形志》"長"作"萇"。治所在今陝西略陽縣西北白水江鎮。

［6］修城：縣名。治所在今甘肅成縣東南。

義城郡[1]後魏立益州，世號小益州。梁曰黎州。西魏復曰益州，又改曰利州，[2]置總管府。大業初府廢。統縣七，户一萬五千九百五十。

緜谷[3]舊曰興安，置晋壽郡。[4]開皇初郡廢。十八年，縣改名焉。大業初置郡。又有華陽郡，梁置華州。西魏並廢。有龍門山。益昌[5]　義城[6]西魏置。葭萌[7]後魏曰晋安，置新巴郡。開皇初郡廢。十八年，縣改名焉。大業初又併恩金縣入焉。岐坪[8]　景谷[9]舊曰白水，置平興郡。後周省東洛郡入。開皇初郡廢，縣改名平興。[10]十八年，改曰景谷。大業初又省魚盤縣入焉。有關官。[11]有木馬山、良珠山。有涑水。嘉川[12]舊置宋熙郡，開皇初廢。

[1]義城郡：治所在今四川廣元市。

[2]西魏復曰益州，又改曰利州：《元和郡縣圖志》云："正始三年，改西益州爲利州。"《周書》卷二《文帝紀》記廢帝三年正月改西益州爲利州。

[3]緜谷：縣名。東晋太元十五年（390）分晋壽縣置興安縣，開皇十八年改緜谷。治所在今四川廣元市。

[4]晋壽郡：《太平寰宇記》云："齊明帝永泰元年分晋壽郡之興安縣置東晋壽郡于烏奴城北一里，即今州是也。"按此記則"晋壽郡"應爲"東晋壽郡"。

[5]益昌：縣名。治所在今四川廣元市西南昭化鎮。

[6]義城：縣名。西魏恭帝二年分晋壽置義城。治所在今四川廣元市東南。

[7]葭萌：縣名。治所在今四川廣元市南。

[8]岐坪：縣名。《太平寰宇記》云："宋武帝分晋壽置宋安縣。後魏廢帝三年改宋安爲岐坪縣。"《輿地紀勝》引《元和郡縣圖志》云："宋立宋安縣，後魏改岐坪。"治所在今四川蒼溪縣東北岐坪鎮。

[9]景谷：縣名。治所在今四川青川縣東北沙州鎮。

[10]縣改名平興：王仲犖《北周地理志》云："《隋志》謂開

皇初改白水爲平興，其實北周世，白水平興二縣並立，隋廢白水，移平興於白水縣治，後又改名景谷耳。”（王仲犖：《北周地理志》，第316頁）

［11］關官：此指石門關。

［12］嘉川：縣名。宋置興樂縣，西魏恭帝元年改嘉川縣。治所在今四川旺蒼縣西南嘉川鎮。

平武郡[1]西魏置龍州。統縣四，户五千四百二十。

江油[2]後魏置江油郡，開皇三年郡廢，大業初置郡。有關官。[3]馬盤[4]後魏置馬盤郡，開皇三年郡廢。平武[5]梁末，李文智自立爲藩王，西魏廢爲縣。有涪水、潺水。方維[6]舊曰秦興，置建陽郡。開皇初郡廢，縣改名焉。

［1］平武郡：治所在今四川平武縣東南南壩鎮。

［2］江油：縣名。西魏廢帝二年置。治所在今四川平武縣東南南壩鎮。

［3］關官：此指石門戍。

［4］馬盤：縣名。《元和郡縣圖志》云後魏置馬盤郡領馬盤一縣，然《魏書・地形志》無馬盤郡。楊守敬云：“當是孝武、永熙間始置。”治所在今四川青川縣西南清溪鎮。

［5］平武：縣名。治所在今四川青川縣西南（一説在今平武縣東北）。

［6］方維：縣名。治所在今四川青川縣東北。

汶山郡[1]後周置汶州。開皇初改曰蜀州，尋爲會州，置總管府。大業初府廢。統縣十一，户二萬四千一百五十九。

汶山[2]舊曰廣陽。梁改爲北部都尉，置繩州、北部郡。後周改曰汶州。開皇初郡廢，仁壽元年改名焉。[3] 北川[4] 後周置。有龍泉水、鷹門山、襄陽山。[5] 汶川[6] 後周置汝山郡，[7] 開皇初郡廢。交川[8] 開皇初置。[9] 有關官。[10] 通化[11] 開皇初置，曰金川，仁壽初改名焉。[12] 左封[13] 後周置，曰廣年，[14] 及置廣年郡、左封郡。開皇初郡並廢。仁壽初縣改名焉。又周置翼州，大業初廢。有汶山。平康[15] 後周置。有羊腸山。翼水[16] 後周置，曰龍求，及置清江郡。開皇初郡廢，縣改曰清江。十八年，又改名焉。翼針[17] 後周置，及翼針郡。開皇初郡廢。有石鏡山。江源[18] 後周置。通軌[19] 後周置縣及覃州，并覃川、榮鄉二郡。開皇初郡廢，四年州廢。有甘松山。

[1]汶山郡：《太平寰宇記》記後周保定四年置汶州，開皇五年改蜀州，六年改會州（《元和郡縣圖志》言五年改會州，而不言改蜀州），大業三年罷州爲汶山郡。治所在今四川茂縣北。

[2]汶山：縣名。治所在今四川茂縣。

[3]仁壽元年改名焉：《舊唐書·地理志》《太平寰宇記》言後周置汶山縣。《元和郡縣圖志》言開皇十八改廣陽爲汶山。各書所記有異。

[4]北川：縣名。治所在今四川北川羌族自治縣西北開坪鄉。

[5]鷹門山：鷹，底本作“雁”。中華本校勘記云：“‘鷹’原作‘雁’。《寰宇記》七八：‘鷹門山在汶山縣北二十里。山多鷹栖，故名。’今據改。”今從改。

[6]汶川：縣名。治所在今四川汶川縣。

[7]汝山郡：各本均作“汝山郡”，惟汲本、仿汲本作“汶山郡”。《元和郡縣圖志》《太平寰宇記》《通典》諸書均爲“汶山郡”。則此應爲“汶山郡”無誤。

[8]交川：縣名。後周置。治所在今四川松潘縣東南。

[9]開皇初置：《元和郡縣圖志》云：“本周舊縣，天和中置，屬龍涸郡。”《太平寰宇記》云：“後周天和中於此置縣，以領羌夷，屬龍涸郡。”則此縣應爲後周置，而非開皇初置。

[10]關官：此指桃關。

[11]通化：縣名。治所在今四川理縣東北通化鄉。

[12]仁壽初改名焉：《元和郡縣圖志》《太平寰宇記》皆記開皇十八年改名。

[13]左封：縣名。治所在今四川黑水縣東南。

[14]廣年：《元和郡縣圖志》作“廣平”，《舊唐書·地理志》作“廣平”，宋本《輿地廣記》《讀史方輿紀要》作“年”，未知孰是。

[15]平康：縣名。治所在今四川黑水縣東北。

[16]翼水：縣名。治所在今四川茂縣西北岷江東岸。

[17]翼針：縣名。治所在今四川茂縣西北疊溪鎮。

[18]江源：縣名。治所在今四川松潘縣南安宏鄉。

[19]通軌：縣名。治所在今四川黑水縣北。

普安郡[1]梁置南梁州，後改爲安州。[2]西魏改爲始州。統縣七，户三萬一千三百五十一。

普安[3]舊曰南安。[4]西魏改曰普安，置普安郡。開皇初郡廢，大業初置郡焉。永歸[5]舊曰白水，[6]西魏改焉。黄安[7]舊曰華陽，西魏改焉，[8]又置黄原郡。開皇初郡廢。陰平[9]宋置北陰平郡，魏置龍州。西魏改郡爲陰平，又名縣焉。[10]後周從江油郡，[11]改曰静龍，縣曰陰平。開皇初郡廢。梓潼[12]舊曰安壽，西魏置潼川郡。開皇初郡廢。大業初縣改名焉。有五婦山。武連[13]舊曰武功，置輔劍郡。[14]西魏改郡曰安都，縣曰武連。開皇初郡廢。臨津[15]舊曰胡原，開皇七年改焉。

[1]普安郡：西魏廢帝二年改南安郡置。治所在今四川劍閣縣。

[2]梁置南梁州，後改爲安州：《太平寰宇記》云："梁天監中於此立南梁，以在梁州之南故也。梁末改爲安州。"《元和郡縣圖志》云："後魏廢帝二年，先下安州，始通巴、蜀，故改安州爲始州。"《周書》卷二《文帝紀》又云："（廢帝三年春正月改）南梁爲隆州，安州爲始州。"據《太平寰宇記》南梁州已改爲安州，不應出現南梁又改隆州之事，此係《太平寰宇記》所記有誤。檢《輿地紀勝》："梁置南梁州，武陵王紀又分立安州。"可知，南梁州與安州自是兩處，梁天監中先置南梁州，武陵王紀又分南梁州置安州。西魏廢帝又改南梁爲隆州，改安州爲始州。

[3]普安：縣名。治所在今四川劍閣縣。

[4]舊曰南安：《元和郡縣圖志》《輿地紀勝》均記爲宋置南安縣，《嘉慶重修一統志》記爲齊置。按《宋書·州郡志》無南安縣，齊益州南安郡始有南安縣，則此縣當爲齊置。

[5]永歸：縣名。治所在今四川劍閣縣東南店子鄉。

[6]舊曰白水：楊守敬《隋書地理志考證》云："《元和志》《紀勝》俱云宋置白水縣。《一統志》：齊僑置。按《宋》《齊志》梁州晋壽郡之白水縣在昭化縣北，南齊益州南安郡之白水縣則在今劍州東，地雖近實不同也，當從《一統志》。"

[7]黄安：縣名。治所在今四川劍閣縣南王河鎮。

[8]舊曰華陽，西魏改焉：《元和郡縣圖志》及《太平寰宇記》均言宋置華陽，但《宋書·州郡志》南安郡下無華陽縣，楊守敬《隋書地理志考證》云："按《宋志》秦州南安郡無華陽縣，《齊志》益州南安郡有華陽縣，是華陽爲齊置。而《元和志》《寰宇記》言之鑿鑿，或因置在大明間，故《宋志》未詳與？上南安、白水二縣亦同此例。"

[9]陰平：縣名。治所在今四川江油市東北小溪壩鎮。

[10]西魏改郡爲陰平，又名縣焉：楊守敬《隋書地理志考證》云："此誤。按《宋》《齊志》北陰平郡所領俱有陰平縣，非至西魏

始以陰平名縣。觀下又有‘改縣曰陰平’之文，則知陰平先嘗改名。考《寰宇記》引《輿地志》‘西魏廢帝二年定蜀，改陰平爲龍安’，《輿地廣記》同；又考《周書·辛慶之傳》‘族子昂，與尉遲迥伐蜀，蜀平，迥表昂爲龍州刺史，領龍安郡事’；據此則志當云‘西魏改郡爲龍安，又名縣焉。’”

[11]後周從江油郡：楊守敬《隋書地理志考證》：“按‘周’爲‘州’之誤，‘從’爲‘徙’之誤。志於平武郡下云‘西魏置龍州’，可見魏末即徙龍州於江油。”

[12]梓潼：縣名。大業三年改安壽爲梓潼。治所在今四川梓潼縣。

[13]武連：縣名。治所在今四川劍閣縣西南武連鎮。

[14]輔劍郡：楊守敬《隋書地理志考證》認爲此輔劍郡無考，當爲扶風郡。

[15]臨津：縣名。治所在今四川劍閣縣東南香沉鎮。

金山郡[1]西魏置潼州。開皇五年，改曰緜州。統縣七，户三萬六千九百六十三。

巴西[2]舊曰涪，置巴西郡。西魏改縣曰巴西。[3]開皇初郡廢。大業初置金山郡。有鹽井。昌隆[4]有雲臺山。涪城[5]舊置始平郡，西魏改郡爲涪城，後周又改曰安城。開皇初郡廢，改縣曰安城。十六年，改爲涪城。魏城[6]西魏置。萬安[7]舊曰孱亭，西魏改名焉，[8]置萬安郡。開皇初郡廢。神泉[9]舊曰西充國，開皇六年改名焉。金山[10]舊置益昌、晋興二縣，西魏省晋興入益昌，後周别置金山。開皇四年，省益昌入金山。

[1]金山郡：東晋孝武帝分巴西、梓潼置金山郡，後廢。大業三年罷綿州復爲金山郡。治所在今四川綿陽市東涪江東岸。

[2]巴西：縣名。治所在今四川綿陽市東涪江東岸。

[3]西魏改縣曰巴西：《元和郡縣圖志》云："後魏改爲巴中縣，隋開皇元年避廟諱，改爲巴西縣。"《舊唐書·地理志》云隋改涪縣爲巴西縣。各書所記有異。

[4]昌隆：縣名。西魏改漢昌縣置。治所在今四川江油市南彰明鎮。

[5]涪城：縣名。治所在今四川三臺縣西北花園鎮。

[6]魏城：縣名。西魏割涪縣地置。治所在今四川綿陽市東南玉河鎮。

[7]萬安：縣名。治所在今四川德陽市東北羅江縣。

[8]舊曰孱亭，西魏改名焉：《太平寰宇記》云："晋于梓潼水尾萬安故城置萬安縣。晋末亂，移就潺亭。"《讀史方輿紀要》云："晋末置萬安縣，屬梓潼郡，宋、齊因之。梁末移治潺亭，改曰潺亭縣。西魏復曰萬安，置萬安郡。"

[9]神泉：縣名。晋孝武帝僑置西充國於此，開皇六年改爲神泉。治所在今四川安縣南塔水鎮。

[10]金山：縣名。治所在今四川安縣東北。

新城郡[1]梁末置新州。開皇末改曰梓州。統縣五，户三萬七百二十七。

郪[2]舊曰伍城。西魏改曰昌城，仍置昌城郡。開皇初郡廢。大業初置新城郡，改縣名焉。射洪[3]西魏置，曰射江，後周改名焉。鹽亭[4]西魏置鹽亭郡。開皇初郡廢，有高渠縣。大業初併入焉。通泉[5]舊曰通泉，置西宕渠郡。西魏改郡、縣俱曰湧泉。開皇初郡廢，縣改名，又併光漢縣入焉。飛烏[6]開皇中置。

[1]新城郡：梁武陵王蕭紀置新州，開皇十八年改梓州。治所

在今四川三臺縣。

［2］郪：縣名。治所在今四川三臺縣。

［3］射洪：縣名。西魏分郪縣置。治所在今四川射洪縣西北金華鎮。

［4］鹽亭：縣名。《元和郡縣圖志》云："本漢廣漢縣地，梁於此置北宕渠郡及縣，後魏恭帝改爲鹽亭縣，以近鹽井，因名。"《太平寰宇記》《輿地廣記》均言梁置鹽亭縣。治所在今四川鹽亭縣。

［5］通泉：縣名。治所在今四川射洪縣東南。

［6］飛烏：縣名。開皇十年置飛烏鎮，十三年改鎮爲縣。治所在今四川中江縣東南。

巴西郡[1]梁置南梁、北巴州，西魏置隆州。統縣十，户四萬一千六十四。

閬内[2]梁置北巴郡，後魏平蜀，置盤龍郡，開皇初郡廢。大業初置巴西郡。有盤龍山、天柱山、靈山。南部[3]舊曰南充國，梁曰南部，[4]西魏置新安郡，後周郡廢。蒼溪[5]舊曰漢昌，開皇末改名焉。南充[6]舊曰安漢，置宕渠郡。[7]開皇初郡廢。十八年，縣改名焉。相如[8]梁置梓潼郡，後魏郡廢。西水[9]梁置掌天郡，西魏改曰金遷，開皇初郡廢。晋城[10]舊曰西充國，梁置木蘭郡。西魏廢郡，改縣名焉。有閬水。奉國[11]梁置白馬、義陽二郡，開皇初郡廢，并廢義陽縣入焉。儀隴[12]梁置，并置隆城郡。開皇初郡廢。大寅[13]梁置。

［1］巴西郡：西魏廢帝三年改南梁州爲隆州，大業初改州爲巴西郡。治所在今四川閬中市。

［2］閬内：縣名。原爲閬中縣，開皇中避廟諱改。治所在今四川閬中市。

[3]南部：縣名。治所在今四川南部縣。

[4]梁曰南部：《太平寰宇記》云："梁于此置南部郡。後周閔帝元年罷郡，立南部縣，屬盤龍郡，以地居閬中之南，故曰南部。"《輿地紀勝》引《元和郡縣圖志》《輿地廣記》並同，則本志有脱誤。

[5]蒼溪：縣名。開皇十八年改漢昌縣置。治所在今四川蒼溪縣。

[6]南充：縣名。治所在今四川南充市。

[7]舊曰安漢，置宕渠郡：楊守敬《隋書地理志考證》云："《寰宇記》：南充本漢安漢縣地，屬巴郡，宋於安漢城置南宕渠郡，隋開皇十八年改安漢爲南充。按漢、晋之安漢在此是也，而《宋》《齊志》之安漢則不在此。一北巴西之安漢，在今保寧府境；一巴西郡之安漢，在今緜州境；皆非此地，唯《宋》《齊志》南宕渠郡之漢安，其故城在今南充，蓋已改安漢爲漢安也。志例載其近者，當云'舊曰漢安，置南宕渠郡'，方合。"

[8]相如：縣名。治所在今四川蓬安縣西。《太平寰宇記》云："梁天監六年置相如縣，兼立梓潼郡于此。至後周郡廢而縣存，即漢司馬相如所居之地，因以名縣。"《舊唐書·地理志》云："周省郡，立相如縣。"《輿地廣記》記西魏廢梓潼郡，置相如縣。《輿地紀勝》引《元和郡縣圖志》以周閔帝省縣，其後蓬州營山縣下又記周武帝置相如縣，屬果州。楊守敬疑縣置於梁，周閔帝省，武帝復置。

[9]西水：縣名。周閔帝元年（557）置。治所在今四川南部縣西北。

[10]晋城：縣名。治所在今四川南部縣西北。

[11]奉國：縣名。西魏恭帝二年置。治所在今四川閬中市東北。

[12]儀隴：縣名。梁天監元年（502）置。治所在今四川儀隴縣。

［13］大寅：縣名。梁天監元年置。治所在今四川儀隴縣東。

遂寧郡[1]後周置遂州。仁壽二年，置總管府。[2]大業初府廢。統縣三，户一萬二千六百二十二。

方義[3]梁曰小溪，[4]置東遂寧郡。西魏改縣名焉。後周改郡曰石山。開皇初郡廢。大業初置遂寧郡。青石[5]舊曰晋興，西魏改名焉，又置懷化郡。開皇初郡廢。[6]長江[7]舊曰巴興，西魏改名焉，又置懷化郡。開皇初郡廢。

［1］遂寧郡：後周閔帝元年置遂州，大業初置遂寧郡。治所在今四川遂寧市。

［2］仁壽二年，置總管府：本書卷二《高祖紀下》云："（仁壽元年十一月）以資州刺史衛玄爲遂州總管。"故遂州總管府似爲仁壽元年置。

［3］方義：縣名。西魏恭帝改小溪縣置。治所在今四川遂寧市。

［4］梁曰小溪：《元和郡縣圖志》云："本晋小溪縣也，穆帝永和十一年置，屬遂寧郡。"然《晋書·地理志》《宋書·州郡志》均不載小溪縣，楊守敬《隋書地理志考證》云："按《宋志》遂寧郡領巴興、廣漢、晋興、德陽四縣，《齊志》東遂寧郡亦領縣四，三縣之名同，惟廣漢更名曰小漢，意者即小溪之誤。"

［5］青石：縣名。晋、宋名晋興，後魏改爲始興，開皇十八年改青石。治所在今重慶潼南縣西北玉溪鎮。

［6］舊曰晋興，西魏改名焉：《通典》《輿地廣記》《元和郡縣圖志》均言西魏改始興，隋改爲青石。則此句當爲"西魏改始興，開皇十八年改名焉"。

［7］長江：縣名。西魏恭帝改巴興縣置。治所在今四川蓬溪縣西南回馬鎮。

涪陵郡[1]西魏置合州。開皇末改曰涪州。[2]統縣三，户九千九百二十一。

石鏡[3]舊曰墊江，置宕渠郡。西魏改郡爲墊江，縣爲石鏡。開皇初郡廢。大業初置涪陵郡。漢初[4]梁置新興郡。西魏改郡曰清居，名縣曰漢初。[5]開皇初郡廢。赤水[6]開皇八年置。

[1]涪陵郡：治所在今重慶合川市。

[2]開皇末改曰涪州：《太平寰宇記》及《輿地紀勝》引本志均記開皇初改爲涪州，則此“開皇末”應爲“開皇初”之誤。

[3]石鏡：縣名。西魏恭帝三年改墊江爲石鏡。治所在今重慶合川市。

[4]漢初：縣名。治所在今四川南充市青居鎮。

[5]西魏改郡曰清居，名縣曰漢初：《南齊書·州郡志》東宕渠郡下有漢初縣。《太平寰宇記》云：“後魏至恭帝三年于今縣西北六十里置清居郡及立清居縣，以地勢爽塏，故曰清居以稱邑。隋初郡廢，改縣爲漢初縣。”各書所記有異。

[6]赤水：縣名。開皇八年分石鏡縣置。治所在今重慶合川市西北。

巴郡[1]梁置楚州。開皇初改曰渝州。統縣三，户一萬四千四百二十三。

巴[2]舊置巴郡，後周廢枳、墊江二縣入焉。開皇初郡廢。大業初置巴郡。江津[3]舊曰江州縣。西魏改爲江陽，[4]置七門郡。開皇初郡廢。十八年，縣改名焉。涪陵[5]舊曰漢平，置涪陵郡。開皇初郡廢。十三年，縣改名焉。[6]

[1]巴郡：梁武陵王蕭紀於巴郡置楚州，開皇元年改爲渝州，

大業三年罷州爲巴郡。治所在今重慶市江北區。

［2］巴：縣名。本漢江州縣，南齊改墊江縣，後周改爲巴縣。治所在今重慶市。

［3］江津：縣名。治所在今重慶江津市東北。

［4］西魏改爲江陽：《元和郡縣圖志》《太平寰宇記》記周改爲江陽，與本志所記有異。

［5］涪陵：縣名。治所在今重慶涪陵區。

［6］十三年，縣改名焉：《太平寰宇記》記開皇三年改爲涪陵，《輿地廣記》記開皇十八年改。

巴東郡[1]梁置信州，後周置總管府，大業元年府廢。統縣十四，户二萬一千三百七十。

人復[2]舊置巴東郡，縣曰魚復。西魏改曰人復。開皇初郡廢。大業初，置巴東郡。有鹽井、白鹽山。雲安[3]舊曰朐䏰，後周改焉。南浦[4]後周置安鄉郡，後改縣曰安鄉，改郡曰萬川。開皇初郡廢。十八年，縣改名焉。梁山[5]西魏置。[6]有高梁山。有紵溪。大昌[7]後周置永昌郡，尋廢，又廢北井縣入焉。巫山[8]舊置建平郡，開皇初郡廢。有巫山。秭歸[9]後周曰長寧，置秭歸郡。開皇初郡廢，改縣曰秭歸。巴東[10]舊曰歸鄉，梁置信陵郡。後周郡廢，縣改曰樂鄉。開皇末，又改名焉。有巫峽。[11]新浦[12]後周置周安郡，開皇初郡廢。盛山[13]梁曰漢豐，西魏改爲永寧，開皇末，曰盛山。[14]臨江[15]梁置臨江郡，後周置臨州。開皇初郡廢，大業初州廢。有平都山。有彭溪。武寧[16]後周置南州、南都郡、源陽縣，後改郡曰懷德，縣曰武寧。開皇初州郡並廢入焉。石城[17]開皇初置庸州，大業初州廢。務川[18]開皇末置。

［1］巴東郡：梁置信州，大業三年罷州爲巴東郡。治所在今重慶奉節縣。

［2］人復：縣名。治所在今重慶奉節縣白帝城。西魏起名爲“民復”，唐初避太宗諱改。《大隋開府儀同三司龍山公墓誌》云：“公諱質，青州樂安人也，司徒公倉之苗裔，隨宦巴庸，即此民復人。”（《全隋文補遺》，三秦出版社 2004 年版，第 177 頁）

［3］雲安：縣名。周武帝改朐忍爲雲安。治所在今重慶雲陽縣。

［4］南浦：縣名。《元和郡縣圖志》《太平寰宇記》俱言西魏分朐忍置魚泉，後周改爲萬川，隋改爲南浦。與本志有異。治所在今重慶萬州區。

［5］梁山：縣名。治所在今重慶梁平縣西。

［6］西魏置：《輿地紀勝》引《元和郡縣圖志》及《太平寰宇記》均言後周武帝置。

［7］大昌：縣名。原爲泰昌，後周避文帝諱改爲大昌。治所在今重慶巫山縣西北大昌鎮。

［8］巫山：縣名。漢巫縣，隋改爲巫山縣。治所在今重慶巫山縣。

［9］秭歸：縣名。漢縣，後周改秭歸爲長寧，隋復改爲秭歸。治所在今湖北秭歸縣西北歸州鎮。

［10］巴東：縣名。開皇十八年改樂鄉縣置。治所在今湖北巴東縣西北舊縣坪。

［11］巫峽：長江三峽之一，在今重慶巫山縣東。

［12］新浦：縣名。宋武帝永初中分漢豐置。治所在今重慶開縣西南南門鎮。

［13］盛山：縣名。治所在今重慶開縣南。

［14］梁曰漢豐，西魏改爲永寧，開皇末，曰盛山：《太平寰宇記》云：“蜀先主建安二十一年於今縣南二里置漢豐縣，以漢土豐盛爲名。至後周武帝改漢豐爲永寧縣。隋開皇中改永寧爲盛山縣。”

［15］臨江：縣名。漢縣。楊守敬《隋書地理志考證》云：“按

《前漢志》即有臨江縣，爲巴郡治，非後漢末始立也。晉、宋不改，齊始廢。”

［16］武寧：縣名。後周武帝初分臨江地置源陽縣，建德四年改爲武寧。治所在今重慶萬州區武陵鎮。

［17］石城：縣名。開皇五年置，大業二年廢。治所在今重慶黔江區東。

［18］務川：縣名。開皇十九年置。治所在今貴州沿河土家族自治縣東北。

蜀郡[1]舊置益州。開皇初廢後周置總管府。[2]開皇二年，置西南道行臺省，三年，復置總管府，大業元年府廢。統縣十三，户十萬五千五百八十六。

成都[3]舊置蜀郡，又有新都縣。梁置始康郡，西魏廢始康郡。開皇初廢蜀郡，并廢新繁入焉。十八年，改新都曰興樂。大業初置蜀郡，省興樂入焉。舊置懷寧、晉熙、宋興、宋寧四郡，至後周並廢。有武檐山。雙流[4]舊曰廣都，置寧蜀郡，後周郡廢。仁壽元年改縣曰雙流。有女伎山。新津[5]後周置，并置犍爲郡。[6]開皇初郡廢。大業初又廢僰道縣入焉。晉原[7]舊曰江原，及置江原郡。後周廢郡，縣改名焉。清城[8]舊置齊基郡，後周廢爲清城縣。有鳴鵠山、清城山。九隴[9]舊曰晉壽，梁置東益州。後周州廢，置九隴郡，并改縣曰九隴。[10]仁壽初置濛州。開皇初郡廢，并隴泉、興固、青陽三縣入焉。大業初州廢。有太山、道場山。緜竹[11]舊置晉熙郡及長楊、南武都二縣。後周併二縣爲晉熙，後又廢晉熙入陽泉。開皇初郡廢，十八年改爲孝水，大業二年改曰緜竹。有冶官。有緜水。有鹿堂山。郫[12]西魏分置温江縣，開皇初省入。仁壽初復置萬春縣，[13]大業初又廢入焉。有金山、平樂山、天彭門。玄武[14]舊曰伍城，後周置玄武郡。開皇初郡廢，改縣名焉。仁壽初置凱州，大業初廢。有三堆山、郪江。雒[15]舊曰廣漢，[16]又置廣漢郡。開皇初郡廢。十八年，改曰緜竹。大業初改名雒焉。又有西遂寧郡、南陰平郡。後周廢西遂寧，改爲懷中，南陰平郡曰南陰平縣，尋並廢。陽安[17]舊曰牛鞞，西魏改名焉，并置武康郡。開皇初郡廢。仁壽初置簡州，[18]大業初州廢。有鹽井。平泉[19]西魏置，曰婆閏。開皇十八年，改名焉。金泉[20]西魏置縣及金泉郡。後周廢郡，并廢白牟縣入焉。有昌利山、銅官山、石城山。

［1］蜀郡：漢武帝分雍州之南置益州，大業三年罷州爲蜀郡。治所在今四川成都市。

［2］舊置益州。開皇初廢後周置總管府：此句中華本標點爲："舊置益州，開皇初廢。後周置總管府。"因開皇中無廢益州之事，衹有廢總管府之事，故"開皇初廢"不應與"舊置益州"點爲一句。按照本志體例，此句改爲"舊置益州。後周置總管府，開皇初廢"。更爲妥當。（參見施和金《〈隋書地理志〉考辯釋例》，《華中師院學報》1982 年第 1 期）

［3］成都：縣名。漢舊縣。治所在今四川成都市。

［4］雙流：縣名。舊名廣都，仁壽元年避隋煬帝諱改。治所在今四川雙流縣。

［5］新津：縣名。周閔帝元年置。治所在今四川新津縣。

［6］後周置，并置犍爲郡：《太平寰宇記》記爲西魏置。《元和郡縣圖志》記爲後魏置。

［7］晋原：縣名。漢縣。李雄改漢原，晋爲晋原，周立多融，後改爲晋原。治所在今四川崇州市西北懷遠鎮。

［8］清城：縣名。《輿地廣記》云："開元十八年去水，始作青城也。"王仲犖《北周地理志》云：青城均應作清城。治所在今四川都江堰市東南。

[9]九隴：縣名。治所在今四川彭州市西北九隴鎮。

[10]後周州廢，置九隴郡，并改縣曰九隴：《元和郡縣圖志》云："隋開皇三年罷郡爲九隴縣。"

[11]緜竹：縣名。治所在今四川綿竹市。

[12]郫：縣名。秦縣，歷代不改。治所在今四川郫縣西北。

[13]仁壽初復置萬春縣：仁壽三年於郫東境置萬春縣。

[14]玄武：縣名。開皇三年改伍城縣置。治所在今四川中江縣東南。

[15]雒：縣名。漢縣。治所在今四川廣漢市北雒城鎮。

[16]舊曰廣漢：此處記載有誤。楊守敬《隋書地理志考證》云："按漢之廣漢縣在今潼川府遂寧縣東北，晋、宋不改，去今漢州治甚遠。宋、齊寧蜀郡之廣漢則在今成都縣地，而隋之雒縣即漢、晋、宋、齊以來之雒縣，志誤。"

[17]陽安：縣名。西魏恭帝二年改牛鞞置。治所在今四川簡陽市西北絳溪河北岸。

[18]仁壽初置簡州：《元和郡縣圖志》云："隋仁壽三年以此一方地土曠遠，時多寇盜，須以郡府理之，乃分益州之陽安、平泉二縣，資州之資陽一縣，於此置簡州，取界内賴簡池爲名。"大業二年省。

[19]平泉：縣名。西魏恭帝二年置婆閏，開皇十八年改爲平泉。治所在今四川簡陽市西南草池鎮。

[20]金泉：縣名。原作"金淵"，唐人避諱所追改。治所在今四川金堂縣東南。

臨邛郡[1]舊置雅州。[2]統縣九，户二萬三千三百四十八。

嚴道[3]西魏置，曰始陽縣，置蒙山郡。開皇初郡廢。十三年，改曰蒙山，尋置雅州。[4]大業置臨邛郡，縣改名焉。有邛來山。名山[5]舊曰蒙山。開皇十三年，改始陽曰蒙山，改蒙山曰名山。盧山[6]仁壽末置。依政[7]西魏置，及置邛州，大業初廢。臨邛[8]舊置臨邛郡，開皇初廢。有火井。蒲江[9]西魏置，曰廣定，及置蒲原郡。開皇初郡廢。仁壽初縣改名焉。臨溪[10]西魏置。沈黎[11]後周置黎州，尋并縣廢。[12]開皇中置縣。仁壽末置登州，大業初州廢。漢源[13]大業初置。

[1]臨邛郡：仁壽四年置雅州，大業三年罷州爲臨邛郡。治所在今四川雅安市西。

[2]舊置雅州：楊守敬《隋書地理志考證》云："按志例凡梁以前舊州郡以'舊置'二字括之，義最善也。其置於梁、周者，即不當以'舊置'書置。雅州置於隋，直當書'仁壽四年置雅州'，乃合。《元和志》：仁壽四年置，因州境雅安山爲名。《舊唐志》亦云仁壽四年置。《紀勝》云：考大中祥符時張旦《遷州治記》云'自隋仁壽間卜雅安山以爲公宇'，則置雅州在仁壽審矣。"

[3]嚴道：縣名。治所在今四川滎經縣嚴道鎮。

[4]尋置雅州：楊守敬《隋書地理志考證》云："志例郡下載州名，則縣下不複載，此四字衍文。且雅州實置於仁壽四年，此亦未晰。"

[5]名山：縣名。治所在今四川名山縣。

[6]盧山：縣名。仁壽元年置盧山鎮，三年置縣。治所在今四川蘆山縣。

[7]依政：縣名。治所在今四川邛崍市東南牟禮鎮。

[8]臨邛：縣名。後魏平蜀後置。治所在今四川邛崍市。

[9]蒲江：縣名。底本、中華本作"蒱江"。《元和郡縣圖志》《太平寰宇記》均作"蒲江"，而此縣以蒲江水爲名，故當爲"蒲江"（參見施和金《中國行政區劃通史·隋代卷》，第229頁）。治所在今四川浦江縣北。

[10]臨溪：縣名。底本、中華本作"蒱溪"。《元和郡縣圖志》

云："本秦臨邛縣地，後魏恭帝於此置臨溪縣屬蒲源郡，隋開皇三年罷郡，縣屬邛州，後因之。"《太平寰宇記》云："本漢臨邛縣地，後魏恭帝二年分臨邛縣置臨溪縣。"《舊唐書·地理志》亦云："臨溪，後魏分臨邛縣置也。"諸書均作"臨溪"，故楊守敬云："據諸書，則'蒲'爲'臨'誤無疑。"治所在今四川浦江縣北西來鎮。

[11]沈黎：縣名。後周天和三年置。治所在今四川漢源縣東北。

[12]後周置黎州，尋并縣廢：楊守敬《隋書地理志考證》云："按志例似謂周置黎州，故云'尋并縣廢'，然此皆過求簡略之失。當云：'後周置縣，并置黎州，尋并廢。'"《太平寰宇記》云："開皇三年置沈黎鎮，十三年改爲縣。"此即此縣開皇三年廢爲沈黎鎮，十三年又改爲縣（參見施和金《中國行政區劃通史·隋代卷》，第229頁）。

[13]漢源：縣名。仁壽二年平夷獠置漢源鎮，四年罷鎮置縣。治所在今四川漢源縣北九襄鎮。

眉山郡[1]西魏曰眉州。後周曰青州，後又曰嘉州。大業二年又改曰眉州。[2]統縣八，户二萬三千七百九十九。

龍游[3]後周置，曰峨眉，[4]及置平羌郡。開皇初郡廢。九年改縣爲青衣。平陳日，龍見水，隨軍而進，十年改名焉。大業初置眉山郡。平羌[5]後周置，仍置平羌郡。開皇初郡廢。夾江[6]開皇三年置。[7]峨眉[8]開皇十三年置。[9]有峨眉山、綏山。通義[10]舊置齊通郡及青州。西魏改州曰眉州。開皇初郡廢，改齊通曰廣通。仁壽元年改爲通義。大業初州廢。青神[11]後周置，[12]并置青神郡。開皇初郡廢。丹稜[13]後周置，曰齊樂。開皇中改名焉。[14]洪雅[15]開皇十三年置。

[1]眉山郡：治所在今四川樂山市。

[2]“西魏曰眉州”至“又改曰眉州”：《周書》卷二《文帝紀》記西魏廢帝三年改青州爲眉州。本志下文通義縣下亦云“西魏改州爲眉州”。《輿地紀勝》引《嘉定志·安都王廟碑》記周保定二年初置青州。《元和郡縣圖志》云：“梁武陵王蕭紀開通外徼，立青州，遥取漢青衣縣以爲名也。周宣帝二年，改爲嘉州。按州境近漢之漢嘉舊縣，因名焉。隋大業二年，併嘉州入眉州，八年（當爲三年）改爲眉山郡。”有上述記載可知眉州本治通義，由梁之青州改名而來，後周之青州爲保定二年置，後改爲嘉州，此嘉州治龍游。楊守敬《隋書地理志考證》云：“隋大業併嘉州入眉州，因移眉州於嘉州城。旋廢州爲眉山郡，仍治龍游。”

[3]龍游：縣名。治所在今四川樂山市。

[4]後周置，曰峨眉：《元和郡縣圖志》云：“周武帝保定元年於此立平羌縣，隋開皇三年改爲峨眉縣。九年，又於峨眉山下别置峨眉縣，改州理平羌縣爲青衣縣，取青衣水爲名也。十三年（當爲十年）改名龍游。”《太平寰宇記》亦同。楊守敬云：“周之平羌隋改峨眉，志作‘後周置峨眉’誤。”

[5]平羌：縣名。前文注釋中已提到，後周置平羌縣開皇初已改爲峨眉縣，則此縣當爲改峨眉縣後别置。《元和郡縣圖志》云：“周武帝置平羌縣，因境内平羌水爲名。隋開皇四年（前文爲開皇三年），改州理平羌縣爲峨眉縣，仍於今縣東六十里别立平羌縣。大業十一年，夷獠侵没，移於今理。”治所在今四川樂山市。

[6]夾江：縣名。治所在今四川夾江縣西北。

[7]開皇三年置：《元和郡縣圖志》云：“隋開皇十三年，割平羌、龍游二縣地，於夾江廢戍置夾江縣，屬嘉州。”開皇十年始改青衣爲龍游，故夾江應置於開皇十一年，本志脱“十”字。

[8]峨眉：縣名。治所在今四川樂山市西。

[9]開皇十三年置：《元和郡縣圖志》云：“（開皇）九年，又於峨眉山下别置峨眉縣。”《太平寰宇記》云：“隋開皇九年立峨眉

縣，以山爲名。”楊守敬《隋書地理志考證》云：“按開皇九年改州理峨眉爲青衣，即别置峨眉於此，情事甚合，志作‘十三年’，亦誤。”

［10］通義：縣名。治所在今四川眉山市。

［11］青神：縣名。治所在今四川青神縣南瑞峰鎮。

［12］後周置：《元和郡縣圖志》云：“西魏恭帝遥於此置青衣縣，屬眉州之青城郡（當爲青神郡）。隋開皇三年罷郡，徙縣居郡理，屬眉州。”《太平寰宇記》云：“西魏分置青神縣。”《舊唐書·地理志》亦云西魏置。楊守敬《隋書地理志考證》云：“則本是西魏置青衣，或後周改青衣爲青神。”

［13］丹稜：縣名。治所在今四川丹棱縣。

［14］後周置，曰齊樂。開皇中改名焉：《元和郡縣圖志》云：“周明帝置齊樂縣，武帝改爲洪雅縣。隋開皇十二年（當爲十三年），因縣南有洪雅鎮，就立洪雅縣，仍改今理爲丹稜縣，屬眉州。”《舊唐書·地理志》亦云“後周改爲洪雅縣”，則周時有洪雅縣，本志脱後周改齊樂爲洪雅。

［15］洪雅：縣名。開皇十三年洪雅縣改爲丹稜縣，又於此别置洪雅縣。治所在今四川洪雅縣。

隆山郡[1]西魏置陵州。統縣五，户一萬一千四十二。

仁壽[2]梁置懷仁郡，[3]西魏改縣曰普寧。開皇初郡廢，十八年縣改名焉。又西魏置蒲亭。[4]大業初置隆山郡，蒲亭併入焉。有鹽井。貴平[5]西魏置，又立和仁郡。後周又廢可曇、平井二縣入焉。開皇初郡廢。大業初，又廢籍縣入焉。[6]井研[7]　始建[8]開皇十一年置。有鐵山。隆山[9]舊曰犍爲，置江州。西魏改縣曰隆山。後周省州，置隆山郡。開皇初郡廢，又併江陽縣入焉。有冶官。有鼎鼻山。

[1]隆山郡：周閔帝元年置陵州，大業三年罷州爲隆山郡。治所在今四川仁壽縣東。

[2]仁壽：縣名。西魏改懷仁縣爲普寧縣，開皇十八年改爲仁壽。治所在今四川仁壽縣東。

[3]梁置懷仁郡：楊守敬《隋書地理志考證》云："按梁並置懷仁縣，據《李衍傳》則先本有懷仁縣，可知此亦因縣與郡同名，故志不重書也。"

[4]蒲亭：底本作"蒱縣"。中華本校勘記云："原作'蒱縣'，據《舊唐書·地理志》四、《寰宇記》八五改。"今從改。

[5]貴平：縣名。治所在今四川簡陽市西南鎮金鎮。

[6]籍縣：籍，底本作"藉"。中華本校勘記云："'籍'原作'藉'。《元和志》三三：'本漢武陽縣地。周閔帝於此置籍縣，因蜀先主籍田地爲名。'大業二年省。今據改。"今從改。

[7]井研：縣名。大業中升井研鎮置。治所在今四川井研縣南。

[8]始建：縣名。治所在今四川仁壽縣東南。

[9]隆山：縣名。治所在今四川彭山縣。

資陽郡[1]西魏置資州。統縣九，户二萬五千七百二十二。

盤石[2]後周置縣及資中郡，開皇初郡廢。大業初置資陽郡。內江[3]後周置。威遠[4]開皇初置。[5]大牢[6]開皇十三年置。安岳[7]後周置，并置普州。大業初州廢。普慈[8]後周置郡曰普慈，縣曰多業。開皇初郡廢。十三年，縣改名焉。安居[9]後周置，曰柔剛，及置安居郡。開皇初郡廢。十三年，縣改名焉。隆康[10]後周置，曰永康。開皇十八年改焉。資陽[11]後周置。

[1]資陽郡：西魏廢帝二年置資州，大業三年罷州爲資陽郡。治所在今四川資中縣北。

[2]盤石：縣名。漢資中縣，後周於資中故城置盤石縣。治所在今四川資中縣北。

[3]内江：縣名。後周置中江縣，隋文帝時避廟諱改爲内江。治所在今四川内江市西。

[4]威遠：縣名。治所在今四川威遠縣。

[5]開皇初置：《元和郡縣圖志》言開皇三年置威遠戍，十一年改戍爲縣。《太平寰宇記》言開皇二年於威遠舊戍置威遠縣，各書所記不一。

[6]大牢：縣名。開皇十年置大牢鎮，十三年改鎮爲縣。治所在今四川榮縣西。

[7]安岳：縣名。後周建德四年置。治所在今四川安岳縣北。

[8]普慈：縣名。後周建德四年置，開皇十三年改爲普慈縣。治所在今四川樂至縣北。

[9]安居：縣名。後周建德四年置，開皇十三年改爲安居縣。治所在今四川遂寧市安居區。

[10]隆康：縣名。後周建德四年置，開皇十八年改爲隆康縣。治所在今四川安岳縣南。

[11]資陽：縣名。後周分資中縣置。治所在今四川資陽市。

瀘川郡[1]梁置瀘州。仁壽中置總管府，[2]大業初府廢。統縣五，户一千八百二。

瀘川[3]舊曰江陽，并置江陽郡。[4]開皇初郡廢。大業初置瀘川郡，縣改名焉。富世[5]後周置，及置洛源郡。開皇初郡廢。江安[6]舊曰漢安，開皇十八年改名焉。合江[7]後周置。緜水[8]梁置。有緜溪。

[1]瀘川郡：梁大同中置瀘州，大業三年改爲瀘川郡。治所在今四川瀘州市。

［2］仁壽中置總管府：本書卷五五《張威傳》“（周末）及謙平，進位上柱國，拜瀘州總管。”則置總管府不應在仁壽中。

［3］瀘川：縣名。治所在今四川瀘州市。

［4］舊曰江陽，并置江陽郡：《元和郡縣圖志》云：“晋穆帝於縣置東江陽郡，領江陽縣，隋開皇三年廢郡，以縣屬瀘州。大業元年，改江陽縣爲瀘川縣。”然《舊唐書·地理志》《元和郡縣圖志》瀘州序均言梁置瀘川縣。楊守敬《隋書地理志考證》云：“案《宋志》：江陽郡，劉璋分犍爲立，中失本土，寄治武陽，領江陽、緜水、漢安、常安四縣。又東江陽郡，晋安帝初流寓入蜀，今新復，領漢安、緜水二縣。《齊志》江陽郡、東江陽郡領縣并同。然則宋、齊時之江陽郡在武陽，而此地之東江陽郡乃無江陽縣，蓋并江陽於漢安也。志誤以宋、齊置於武陽者屬之漢代舊土，謬也。”故此應爲梁以江陽爲瀘川（參見施和金《中國行政區劃通史·隋代卷》，第238頁）。

［5］富世：縣名。周武帝置。治所在今四川富順縣。

［6］江安：縣名。晋置漢安縣，開皇十八年改爲江安。治所在今四川瀘州市納溪區。

［7］合江：縣名。晋置安樂縣，梁改爲安樂戍，周保定四年改爲合江。治所在今四川合江縣。

［8］緜水：縣名。治所在今四川江安縣東南。

犍爲郡[1]梁置戎州。統縣四，户四千八百五十九。

僰道[2]後周置，曰外江。大業初改曰僰道，置犍爲郡。犍爲[3]後周置，曰武陽。開皇初改焉。南溪[4]梁置，曰南廣，及置六同郡。開皇初郡廢。仁壽初縣改名焉。開邊[5]開皇六年置，七年廢訓州入焉。大業初廢恭州、協州入焉。

［1］犍爲郡：梁大同十年置戎州，大業初改爲犍爲郡。治所在

今四川宜賓市。

[2]僰道：縣名。後周保定三年改僰道爲外江，大業三年復爲僰道。治所在今四川宜賓市。

[3]犍爲：縣名。治所在今四川犍爲縣東南。

[4]南溪：縣名。原名南廣，仁壽元年避諱改。治所在今四川宜賓市東。

[5]開邊：縣名。治所在今雲南鹽津縣西北。

越巂郡[1]後周置嚴州。開皇六年改曰西寧州，[2]十八年又改曰巂州。統縣六，户七千四百四十八。

越巂[3]帶郡。邛都[4] 蘇祇[5]舊置亮善郡，開皇初郡廢。有孫水。可泉[6]舊宣化郡，開皇初廢。臺登[7]舊置白沙郡。[8]開皇初郡廢。邛部[9]舊置邛部郡，又有平樂郡。開皇初並廢。有巂山。

[1]越巂郡：治所在今四川西昌市東南。

[2]開皇六年改曰西寧州：錢大昕《廿二史考異》云："《周書·本紀》天和五年，大將軍鄭恪率師平越巂，置西寧州，則西寧州乃後周所置，非始于隋也。"

[3]越巂：縣名。本漢邛都縣，開皇六年分置。治所在今四川西昌市。

[4]邛都：縣名。漢縣，齊陷於獠廢，後周復置。治所在今四川西昌市東南。

[5]蘇祇：縣名。開皇初置。治所在今四川西昌市西北禮州鎮。

[6]可泉：縣名。後周置。治所在今四川西昌市西南佑君鎮。

[7]臺登：縣名。漢縣，齊陷於獠廢，後周復置。治所在今四川冕寧縣南瀘沽鎮。

[8]舊置白沙郡：白，底本作"曰"。中華本校勘記云："'白'

原作‘曰’，據《輿地廣記》三〇改。”今從改。

［9］邛部：縣名。後周武帝置。治所在今四川越西縣北新民鎮。

牂柯郡[1]開皇初，置牂州。統縣二。

牂柯[2]帶郡。賓化[3]

［1］牂柯郡：治所在今貴州黄平縣西北。

［2］牂柯：縣名。隋初置。治所在今貴州黄平縣西北。

［3］賓化：縣名。隋初置。治所在今貴州貴定縣西南。

黔安郡[1]後周置黔州，不帶郡。統縣二，户一千四百六十。

彭水[2]開皇十三年置。有伏牛山。出鹽井。涪川[3]開皇五年置。

［1］黔安郡：後周建德三年改奉州爲黔州，大業三年改爲黔安郡。治所在今重慶彭水苗族土家族自治縣東北郁山鎮。

［2］彭水：縣名。開皇十三年蠻帥内屬，置彭水縣。治所在今重慶彭水苗族土家族自治縣東北郁山鎮。

［3］涪川：縣名。治所在今貴州思南縣北。

梁州於天官上應參之宿。[1]周時梁州，以併雍部。及漢，又析置益州。[2]在《禹貢》，自漢川以下諸郡，皆其封域。漢中之人，質樸無文，不甚趨利。性嗜口腹，多事田漁，雖蓬室柴門，食必兼肉。好祀鬼神，尤多忌諱，家人有死，輒離其故宅。崇重道教，猶有張魯之風焉。[3]每至五月十五日，必以酒食相饋，賓旅聚會，有甚於三元。傍南山雜有獠户，[4]富室者頗参夏人爲婚，衣服居處言語，殆與華不别。西城、房陵、清化、通川、宕渠，地皆連接，風俗頗同。漢陽、臨洮、宕昌、武都、同昌、河池、順政、義城、平武、汶山，皆連雜氐羌。[5]人尤勁悍，性多質直。皆務於農事，工習獵射，於書計非其長矣。蜀郡、臨邛、眉山、隆山、資陽、瀘川、巴東、遂寧、巴西、新城、金山、普安、犍爲、越巂、牂柯、黔安，得蜀之舊域。其地四塞，山川重阻，水陸所湊，貨殖所萃，蓋一都之會也。昔劉備資之，以成三分之業。自金行喪亂，四海沸騰，李氏據之於前，[6]譙氏依之於後。[7]當梁氏將亡，武陵憑險而取敗，後周之末，王謙負固而速禍。故孟門不祀，古人所以誡焉。其風俗大抵與漢中不别。其人敏慧輕急，貌多蕞陋，頗慕文學，時有斐然，多溺於逸樂，少從宦之士，或至耆年白首，不離鄉邑。人多工巧，綾錦雕鏤之妙，殆侔於上國。貧家不務儲蓄，富室專於趨利。其處家室，則女勤作業，而士多自閑，聚會宴飲，尤足意錢之戲。小人薄於情禮，父子率多異居。其邊野富人，多規固山澤，以財物雄役夷、獠，故輕爲奸藏，權傾州縣。此亦其舊俗乎？又有獽狿蠻賨，其居處風俗，衣服飲食，頗同於獠，而亦與蜀人相類。

[1]梁州：古九州之一。《尚書·禹貢》："華陽黑水惟梁州。"華陽爲華山之南。黑水説法不一，有瀾滄江、怒江、金沙江等説。

[2]益州：漢武帝以《禹貢》梁州益以新開辟西南夷地置，故名。爲十三刺史部之一。察郡八。有今四川、貴州、雲南三省大部，湖北西北部和甘肅小部。後代多有分置，隋大業三年改爲

蜀郡。

[3]張魯：人名。字公祺，沛國豐（今江蘇豐縣）人。祖父張陵創立五斗米道。初益州牧劉焉以魯爲督義司馬，後據漢中，推行五斗米教，實行政教合一。建安二十年（215）與曹操戰敗，不久降曹。傳見《三國志》卷八。

[4]獠：古族名。即僚。分布在今廣東、廣西、湖南、四川、雲南、貴州等地區。亦泛指南方各少數民族。

[5]氐羌：中國古代氐族與羌族的並稱，分布在今西北一帶。

[6]李氏：此指西晋末年由氐族人李雄建立的成漢政權。成漢，又稱成或漢（304—347），都成都（今四川成都市）。

[7]譙氏：此指十六國時期譙縱建立的譙蜀政權。譙蜀，又稱後蜀、西蜀（405—413），都成都（今四川成都市）。

隋書　卷三〇

志第二十五

地理中

河南郡　滎陽郡　梁郡　譙郡　濟陰郡　襄城郡　潁川郡　汝南郡　淮陽郡　汝陰郡　上洛郡　弘農郡　淅陽郡　南陽郡　淯陽郡　淮安郡　東郡　東平郡　濟北郡　武陽郡　渤海郡　平原郡　信都郡　清河郡　魏郡　汲郡　河内郡　長平郡　上黨郡　河東郡　絳郡　文城郡　臨汾郡　龍泉郡　西河郡　離石郡　雁門郡　馬邑郡　定襄郡　樓煩郡　太原郡　襄國郡　武安郡　趙郡　恒山郡　博陵郡　河間郡　涿郡　上谷郡　漁陽郡　北平郡　安樂郡　遼西郡　北海郡　齊郡　東萊郡　高密郡

河南郡[1]舊置洛州。大業元年移都，改曰豫州。[2]東面三門，北曰上春，中曰建陽，南曰永通。南面二門，東曰長夏，正南曰建國。里一百三，市三。三年改爲郡，置尹。統縣十八，户二十萬二千二百三十。

河南[3]帶郡。有關官。[4]有郏山。有瀍水。洛陽[5]有漢已來舊都。後魏置司州，東魏改曰洛州。後周置東京六府、洛州總管。開皇元年改六府，置東京尚書省。其年廢東京尚書省。二年廢總管，置河南道行臺省。三年廢行臺，以洛州刺史領總監。十四年於金墉城別置總監。煬帝即位，廢省。舊河南縣，東魏遷鄴，改爲宜遷縣。後周復曰河南。大業元年徙入新都。又東魏置洛陽郡、河陰縣。開皇初郡並廢，又析置伊川縣。大業初河陰、伊川二縣併入焉。閿鄉[6]舊曰湖城，開皇十六年改焉。[7]有王澗、全鳩澗、秦山。[8]桃林[9]開皇十六年置。有上陽宫。有淄水。陜[10]後魏置，及置陜州、恒農郡。後周又置崤郡。開皇初郡並廢。大業初州廢，置弘農宫。有常平倉、温湯。[11]有砥柱。熊耳[12]後周置，[13]及同軌郡。開皇初郡廢。又有後魏崤縣，大業初廢入。有二崤。有天柱山、大頭山、硤石山、穀水。澠池[14]後周置河南郡，大象中廢。新安[15]後周置中州及東垣縣，州尋廢。開皇十六年置穀州，仁壽四年州廢，又廢新安入東垣。大業初改名新安。有冶官。有騩山、强山、缺門山、孝水、澗水、金谷水。[16]偃師[17]舊廢，開皇十六年置。有關官。有河陽倉。有都尉府。有首陽山、酈山、乾脯山。鞏[18]後齊廢，開皇十六年復。有興洛倉。有九山，有天陵山、緱山、東首陽山。宜陽[19]後魏置宜陽郡，東魏置陽州，後周改曰熊州。又復後魏置南澠池縣，[20]後周改曰昌洛。開皇初郡廢。十八年改昌洛曰洛水。大業初廢熊州，省洛水入宜陽。又東魏置金門郡，後周廢。有福昌宫、金門山、女几山、太陰山、嶕嶢山。壽安[21]後魏置縣曰甘棠，仁壽四年改焉。有顯仁宫。有慈澗。陸渾[22]東魏置伊川郡，領南陸渾縣。[23]開皇初廢郡，改縣曰伏流。大業初改曰陸渾。又有東魏北荆州，後周改曰和州。開皇初又改曰伊州。大業初州廢。又有東魏東亭縣，尋廢。有方山、三塗山、孤山、陽山、王母澗。伊闕[24]舊曰新城，東魏置新城郡。開皇初郡廢。十八年縣改名焉。有伊闕山。興泰[25]大業初置。有鹿蹄山、石墨山、鍾山。緱氏[26]舊廢，東魏置。開皇十六年廢，大業初又置。有緱氏山、轘轅山、景山。[27]嵩陽[28]後魏置，曰潁陽。東魏分置堙陽，後周廢潁陽入。開皇六年改曰武林。十八年改曰輪氏，大業元年改曰嵩陽。又有東魏中川郡，後周廢。有嵩高山、少室山、潁水。陽城[29]後魏置陽城郡，開皇初廢。十六年置嵩州，仁壽四年廢。又後魏置康城縣，仁壽四年廢入焉。有箕山、偃月山、荆山、禹山、崤山。

[1]河南郡：舊置司州，後改洛州，大業元年（605）遷都後改爲豫州，大業三年罷州爲河南郡。《元和郡縣圖志》云："仁壽四年，煬帝詔楊素營東京，大業元年，新都成，遂徙居，今洛陽宫是也。……又改洛州爲豫州，置牧。三年，罷州爲河南郡，置尹。四年，改東京爲東都。十四年，復置洛州。"治所在今河南洛陽市。

[2]大業元年移都：《太平寰宇記》云："大業元年，煬帝命僕射楊素等營構宫室，大業二年，遂成新都而徙居之，今洛陽宫是也。"

[3]河南：縣名。漢舊縣，東魏改爲宜遷，後周復爲河南。《太平寰宇記》云："歷魏、晋及後魏皆理于今苑城東北隅。後周大象二年移于故洛城西。隋大業二年又移于今洛城内寬政坊，即今理所也。"河南縣理至隋多有遷移。治所在今河南洛陽市。

[4]關官：楊守敬《隋書地理志考證》引《讀史方輿紀要》認爲此關爲大谷關或皋門關。

[5]洛陽：縣名。秦舊縣，原治所在今河南洛陽市東北漢魏故城，隋煬帝遷都後，移至今洛陽市。

[6]閿鄉：縣名。北周置。治所在今河南靈寶市西北。

[7]舊曰湖城，開皇十六年改焉：《元和郡縣圖志》云："周明帝二年，置閿鄉郡。按：閿鄉，本湖縣鄉名。……隋開皇三年，廢

閿鄉郡，十六年移湖城縣於今所，改名閿鄉縣，屬陝州。”王仲犖《北周地理志》云：“閿本鄉名，置縣當與郡同時。隋初封閿鄉縣公者見《新唐書·宰相世系表》：路充，閿鄉公。”並且“湖城、閿鄉，實同時並置，非隋改湖城爲閿鄉也”。故此應爲開皇十六年廢湖城入閿鄉。（參見王仲犖《北周地理志》，中華書局 1980 年版，第 578 頁）

［8］全鳩澗：全，底本作“金”。中華本校勘記云：“‘全’原作‘金’，據《水經》四《河水注》改。”今從改。

［9］桃林：縣名。開皇十六年（596）置。治所在今河南靈寶市東北老城。

［10］陝：縣名。《元和郡縣圖志》云：“本漢縣也，歷代不改。後魏改爲陝中縣，西魏去“中”字。”楊守敬《隋書地理志考證》云：“本漢縣，後魏於東南一百十里置陝中縣，而改‘陝’曰‘北陝’。按，未知何時復曰‘陝’，《水經注》祇作‘陝縣’。”治所在今河南三門峽市陝縣老城。

［11］常平倉：古代政府以調節糧價，備荒賑恤爲名設置的糧倉。始設於漢宣帝時，隋常平倉於開皇三年始置。

［12］熊耳：縣名。治所在今河南洛寧縣東北河底鎮。

［13］後周置：《元和郡縣圖志》云：“後魏文帝於今縣東四十里置北宜陽縣，屬宜陽郡，廢帝二年改爲熊耳縣。隋義寧二年置永寧縣。”

［14］澠池：縣名。漢縣，後廢。《魏書·地形志》云：“北澠池，太和十一年置。”後縣治屢有遷徙，《太平寰宇記》云：“《周地圖記》曰：‘魏賈逵爲令時，縣理蠡城。’按《四夷郡國縣道》記云：‘漢澠池城，當與澠池水源南北相對。曹魏移于今福昌縣西六十五里蠡城。後魏初猶屬弘農郡。’大統十一年又移于今縣西十三里故澠池縣爲理，改屬河南郡。周改屬同軌郡。隋大業元年又移于今縣東二十五里新安驛置，屬熊州；十二年復移理大塢城。”隋時治所先在澠池縣西，大業元年移治縣東，十二年移治縣北。

［15］新安：縣名。漢舊縣，後魏太和十三年（489）改爲新安郡，十九年復爲縣。仁壽四年（604）廢入東垣縣。治所在今河南新安縣東。

［16］魏山：魏，底本作“魏”。中華本校勘記云：“‘魏’原作‘魏’，據《水經》四《河水注》改。”今從改。

［17］偃師：縣名。漢縣，晋廢，開皇十六年復置。治所在今河南偃師市。

［18］鞏：縣名。漢縣，後廢，開皇十六年復置。隋時治所先在今河南鞏義市西南，大業元年移治今鞏義市東北老城。

［19］宜陽：縣名。漢縣。治所在今河南宜陽縣西福昌村。

［20］又復後魏置南澠池縣：此“又復”二字當爲衍文。

［21］壽安：縣名。《元和郡縣圖志》云：“後魏分新安置甘棠縣。隋開皇三年，以縣屬熊州，十六年，改爲穀州，仁壽四年，改名壽安縣。”《魏書·地形志》無甘棠縣，《嘉慶重修一統志》記爲東魏置。隋時治所先在今河南宜陽縣，義寧元年（617）移治九曲城（今宜陽縣西北甘棠寨）。

［22］陸渾：縣名。漢縣，後廢，東魏置南陸渾縣，開皇初改爲伏流縣，大業元年改爲陸渾縣。治所在今河南嵩縣東北陸渾村。

［23］領南陸渾縣：楊守敬《隋書地理志考證》云：“按陸渾本漢縣，在今嵩縣東北五十里，宋後廢，東魏於故城置北陸渾縣，而於此置南陸渾縣。《地形志》南陸渾屬伊陽郡，北陸渾屬新城郡。《一統志》：隋省北陸渾入南陸渾。”

［24］伊闕：縣名。本漢新城縣，開皇十八年改爲伊闕。治所在今河南伊川縣西南古城村。

［25］興泰：縣名。大業四年置，隋末廢。治所在今河南宜陽縣西南趙保鎮。

［26］緱氏：縣名。漢縣，後廢，東魏復置，開皇十六年又廢，大業元年又置。治所先在今河南偃師縣緱氏鎮北七里，開皇四年移治今緱氏鎮北十里，大業元年移治緱氏鎮東南十里，十年又移治緱

氏鎮西南三里。縣理多次遷徙。

［27］轘轅山：轘，底本作“軒”。中華本校勘記云：“‘轘’原作‘軒’，據《左傳》襄公二十一年及《元和志》五改。”今從改。

［28］嵩陽：縣名。後魏天安二年（467）置潁陽，太和十三年分潁陽置堙陽，開皇六年改爲武林，十八年改爲輪式，大業元年改爲嵩陽縣。治所在今河南登封市。

［29］陽城：縣名。漢縣。治所在今河南登封市東南告成鎮。

滎陽郡[1]舊鄭州。開皇十六年置管州。大業初復曰鄭州。[2]統縣十一，户十六萬九百六十四。

管城[3]舊曰中牟，東魏置廣武郡。開皇初郡廢，改中牟曰内牟。十六年析置管城。十八年改内牟曰圃田入焉。後魏置曲梁縣，後齊廢。有鄭水。汜水[4]舊曰成皋，即武牢也。[5]後魏置東中府，東魏置北豫州，後周置滎州。開皇初曰鄭州，十八年改成皋曰汜水。大業初置武牢都尉府。有周山、天陵山。滎澤[6]開皇四年置，曰廣武。仁壽元年改名焉。原武[7]開皇十六年置。陽武[8]圃田[9]開皇十六年置，曰郟城。大業初改焉。浚儀[10]東魏置梁州、陳留郡，後齊廢開封郡入，後周改曰汴州。開皇初郡廢，大業初州廢。有關官。有通濟渠、蔡水。酸棗[11]後齊廢，開皇六年復。有關官。新鄭[12]後魏廢，開皇十六年復，大業初併宛陵縣入焉。有關官。有大騩山。滎陽[13]舊置滎陽郡。後齊省卷、京二縣入，改曰成皋郡。開皇初郡廢。有京索水、梧桐澗。開封[14]東魏置郡，後齊廢。

［1］滎陽郡：治所在今河南鄭州市。

［2］“舊鄭州”至“大業初復曰鄭州”：《元和郡縣圖志》云：“晋武帝分河南置滎陽郡。東魏孝静帝分滎陽置成皋郡。高齊文宣

帝又改爲滎陽郡，周改爲滎州。隋開皇三年改滎州爲鄭州。十六年，分置管州。大業二年，廢鄭州，改管州爲鄭州。”《太平寰宇記》鄭州下：“煬帝二年廢鄭州，仍改管州爲鄭州；三年廢鄭州，復爲滎陽郡。”管城縣下：“開皇十六年於此置管城縣，屬管州。大業二年改管州爲鄭州，縣又屬焉。”然則隋之鄭州本爲滎州，後周時治成皋，隋開皇間改滎州爲鄭州，州仍治成皋；開皇十六年分置管州於管城縣，原鄭州一分爲二，大業二年廢鄭州，管州遂統二州之地，州治管城，後又改管州爲鄭州，治管城（參見施和金《中國行政區劃通史·隋代卷》，復旦大學出版社 2009 年版，第 256 頁）。

［3］管城：縣名。舊名中牟，開皇初避諱改爲内牟，十六年分置管城縣。治所在今河南鄭州市。

［4］汜水：縣名。漢成皋縣，開皇十八年改爲汜水。治所在今河南滎陽市西北汜水鎮。

［5］武牢：即爲虎牢，唐避“虎”諱改。

［6］滎澤：縣名。開皇四年分滎陽置，仁壽元年避太子諱改爲滎澤。治所在今河南鄭州市西北古滎鎮。

［7］原武：縣名。漢縣，北齊廢，開皇十六年復置。治所在今河南原陽縣西南原武鎮。

［8］陽武：縣名。漢縣。《太平寰宇記》云：“按《郡國縣道記》云：‘陽武縣所理，晋廢。後魏孝昌中復置。高齊又省。隋開皇六年移理于陽池城，即今原武縣是也。’”楊守敬《隋書地理志考證》云：“按開皇十六年於池陽城（當爲陽池城）置原武縣，不容先有移陽武於池陽城之事。《寰宇記》又云：高齊天保七年自陽武故城移理汴水南一里，今無遺址，隋開皇五年復理陽武故城。爲得其實。”故陽武縣治所開皇五年（585）前在今河南中牟縣西北，後還治河南原陽縣東南。

［9］圃田：縣名。本漢中牟縣，隋初避諱改内牟，開皇十六年改爲郲城，後又改爲圃田。治所在今河南中牟縣東。

［10］浚儀：縣名。漢縣。治所在今河南開封市。

[11]酸棗：縣名。秦縣，北齊併入南燕縣，開皇初復從南燕析置。治所在今河南延津縣。

[12]新鄭：縣名。漢縣，後廢，開皇十六年復置。治所在今河南新鄭市南。

[13]滎陽：縣名。漢縣。治所在今河南滎陽市。

[14]開封：縣名。《元和郡縣圖志》《太平寰宇記》俱言北齊時廢縣，開皇中復置，而本志不載。王仲犖《北周地理志》云："按《寰宇記》謂開封縣開封郡，高齊天保七年郡縣俱廢，不可信。蓋郡廢而縣不廢也。北周末隋初開封縣者見《舊唐書·鄭善果傳》：父誠，周大將軍開封縣公，討尉遲迥戰死。《隋書·烈女·鄭善果母傳》：善果以府誠討尉遲迥死於陣，年數歲，襲爵開封縣公。按據此，可證迄周世開封縣尚未廢。"（王仲犖：《北周地理志》，第643頁）

梁郡[1]開皇十六年置宋州。統縣十三，户十五萬五千四百七十七。

宋城[2]舊曰睢陽，置梁郡。開皇初郡廢，十八年縣改名焉。大業初又置郡。又梁置北新安郡，尋廢。雍丘[3]後魏置陽夏郡。開皇初郡廢，十六年置杞州。大業初州廢。襄邑[4]後齊廢，開皇十六年復。[5]寧陵[6]後齊廢，開皇六年復。虞城[7]後魏曰蕭，後齊廢。開皇十六年置，改名焉。又後魏置沛郡，後齊廢。穀熟[8]後魏廢，開皇十六年復。陳留[9]後魏廢，開皇六年復。[10]十六年析置新里縣，大業初廢入焉。又有小黄縣，後齊廢入。有睢水、渙水。下邑[11]後齊廢巳吾縣入焉。考城[12]後魏曰考陽，置北梁郡。後齊郡縣並廢，爲城安縣。開皇十八年以重名，改曰考城。楚丘[13]後魏曰巳氏，置北譙郡。後齊郡縣並廢。開皇四年又置巳氏，六年改曰楚丘。碭山[14]後魏置，曰安陽。開皇十八年改名焉。有碭山、魚山。圉城[15]舊曰圉，後齊廢。開皇六年復置，曰圉城。有谷水。柘城[16]舊曰柘，久廢。開皇十六年置，曰柘城。

［1］梁郡：治所在今河南商丘市南。

［2］宋城：縣名。本漢睢陽縣，開皇十八年改爲宋城。治所在今河南商丘市南。

［3］雍丘：縣名。漢縣。治所在今河南杞縣。

［4］襄邑：縣名。漢舊縣，北齊文宣帝省入雍丘。後復爲襄邑。治所在今河南睢縣。

［5］後齊廢，開皇十六年復：《元和郡縣圖志》亦云後齊廢，開皇十六年復置，然王仲犖《北周地理志》云："按《元和志》據《隋志》，而《隋志》或不可據。徵之《周書·賀若敦傳》：子弼，'大象末，襄邑縣公'。《隋書·賀若弼傳》：'周宣帝嗣位改封襄邑縣公。'則襄邑周末又復置也。"（王仲犖：《北周地理志》，第644頁）

［6］寧陵：縣名。漢舊縣，北齊廢，開皇六年復置。治所在今河南寧陵縣東南。

［7］虞城：縣名。後魏置蕭縣，理虞城，北齊廢，開皇十六年分下邑置虞城縣。治所在今河南虞城縣北利民鎮。

［8］穀熟：縣名。後漢置，後魏廢，開皇十六年復置。治所在今河南虞城縣西南穀熟鎮。

［9］陳留：縣名。秦置，北齊廢，開皇中復置。治所在今河南開封縣東南陳留鎮。

［10］後魏廢，開皇六年復：《元和郡縣圖志》言開皇三年分浚儀縣置。《輿地廣記》言開皇十六年復置。各書所記不一。

［11］下邑：縣名。漢舊縣。治所在今河南夏邑縣。

［12］考城：縣名。舊名考陽，北齊省，移成安縣理於此，開皇中改爲考城。治所在今河南民權縣東北。

［13］楚丘：縣名。後魏名巳氏，北齊廢，開皇初復置，六年改名楚丘。治所在今河南滑縣東。

［14］碭山：縣名。本漢碭縣，後魏置安陽，開皇十八年改爲碭山縣。治所在今安徽碭山縣東。

［15］圉城：縣名。治所在今河南杞縣西南圉鎮鎮。

［16］柘城：縣名。漢縣，晉廢，開皇十六年復置。治所在今河南柘城縣北。

譙郡[1]後魏置南兖州。後周置總管府，後改曰亳州。開皇元年府廢。統縣六，户七萬四千八百一十七。

譙[2]舊曰小黄，置陳留郡。開皇初郡廢，十六年分置梅城縣。大業三年，改小黄爲譙縣，[3]併梅城入焉。酇[4]舊廢，開皇十六年復。舊有馬頭郡，後魏又置下邑縣，後齊並廢。城父[5]宋置，曰浚儀。開皇十八年改焉。谷陽[6]後齊省，開皇六年復。山桑[7]後魏置渦州、渦陽縣，又置譙郡。梁改渦州曰西徐州。東魏改曰譙州。開皇初郡廢，十六年改渦陽爲肥水。大業初州廢，改縣曰山桑。[8]又梁置北新安郡，東魏改置蒙郡。後齊廢郡，置蒙縣，後又置郡。開皇初郡廢。又梁置陽夏郡，東魏廢。臨涣[9]後魏置臨涣郡，又别置丹城縣。東魏析置白樺縣，後齊郡廢。開皇元年丹城省，大業初白樺又省，並入焉。有嵇山、龍岡。[10]

［1］譙郡：後魏置南兖州，周武帝改亳州，大業三年罷州爲譙郡。治所在今安徽亳州市。

［2］譙：縣名。治所在今安徽亳州市。

［3］大業三年，改小黄爲譙縣：《元和郡縣圖志》《太平寰宇記》《輿地廣記》均作“二年”。

［4］酇：縣名。秦縣，宋廢，開皇十六年復置。治所在今河南

永城縣西酇城鎮。

[5]城父：縣名。宋置浚儀，開皇十八年因重名改爲城父。治所在今安徽亳州市東南城父鎮。

[6]谷陽：縣名。本楚苦縣，晋改谷陽，北齊省入武平縣，開皇六年復置。治所在今河南鹿邑縣。

[7]山桑：縣名。治所在今安徽蒙城縣。

[8]大業初州廢，改縣曰山桑：《元和郡縣圖志》《太平寰宇記》俱言唐武德四年（621）始立山桑縣。所記與本志有異。

[9]臨涣：縣名。本漢銍縣，梁置臨涣郡，後魏爲涣北縣，北齊省郡，改涣北縣爲臨涣縣。治所在今安徽濉溪縣西南臨涣鎮。

[10]嵇山：嵇，底本作"稽"。中華本校勘記云："'嵇'原作'稽'，據《水經》三〇《淮水注》改。"今從改。

濟陰郡[1]後魏置西兖州，後周改曰曹州。統縣九，户十四萬九百四十八。

濟陰[2]後魏置沛郡，後齊廢。又開皇六年分置黄縣，十八年改爲蒙澤，大業初廢入焉。外黄[3]後齊廢成安縣入。又開皇十八年置首城縣，大業初廢入焉。濟陽[4]　成武[5]後齊置永昌郡。開皇初郡廢，十六年置戴州。大業初州廢。冤句[6]　乘氏[7]　定陶[8]　單父[9]後魏曰離狐，置北濟陰郡。後齊郡縣並廢。開皇六年更置，名單父。金鄉[10]開皇十六年分置昌邑縣，大業初併入。

[1]濟陰郡：後魏孝昌中置西兖州，後周武帝改爲曹州，大業三年改爲濟陰郡。治所在今山東曹縣西北。

[2]濟陰：縣名。開皇六年置。治所在今山東曹縣西北。

[3]外黄：縣名。秦縣，後魏廢，北齊復置。治所在今河南民

權縣西北。

［4］濟陽：縣名。漢縣。治所在今河南蘭考縣東北。

［5］成武：縣名。漢縣。治所在今山東武城縣。

［6］冤句：縣名。漢縣，宋無冤句縣，後魏復置。治所在今山東曹縣西北。

［7］乘氏：縣名。後魏太和十二年置乘氏縣。治所在今山東菏澤市。

［8］定陶：縣名。漢縣，大業十三年因亂廢。治所在今山東定陶縣西北。

［9］單父：縣名。治所在今山東單縣南。

［10］金鄉：縣名。後漢置。治所在今山東金鄉縣。

襄城郡[1]東魏置北荆州，後周改曰和州。開皇初改爲伊州，大業初改曰汝州。[2]統縣八，户十萬五千九百一十七。

承休[3]舊曰汝原，置汝北郡，後改曰汝陰郡。後周郡廢。大業初改縣曰承休，置襄城郡。有黄水。梁[4]舊置汝北郡，後齊廢。有濫泉。郟城[5]舊曰龍山。東魏置順陽郡及南陽郡、南陽縣。開皇初改龍山曰汝南，三年二郡並廢。十八年改汝南曰輔城，南陽曰期城。大業初改輔城曰郟城，廢期城入焉。有關官。有大留山。陽翟[6]東魏置陽翟郡，開皇初郡廢。有鈞臺。有九山祠。汝源[7]汝南[8]有後魏汝南郡及符壘縣，並後齊廢。魯[9]後魏置荆州，尋廢，立魯陽郡，後置魯州。[10]開皇初郡廢，大業初州廢。有關官。有和山、大義山。犨城[11]舊曰雉陽。開皇十八年改曰湛水，大業初改名焉。又有後周置武山郡，開皇初廢。後魏置南陽縣、河山縣，大業初並廢入焉。有應山。

［1］襄城郡：治所在今河南汝州市。

[2]“東魏置北荆州”至“大業初改曰汝州”：東魏所置北荆州，後周改和州，已見於本志河南郡陸渾縣下，東魏之荆州、後周之和州治於陸渾，而非襄城。又《元和郡縣圖志》《太平寰宇記》俱言開皇四年自陸渾移伊州理於此，後改爲汝州。則此伊州由陸渾移來，開皇四年始有；其前身雖是北周之和州，然州治移動，轄地不一，不能視爲同一州也。（參見施和金《中國行政區劃通史·隋代卷》，第266頁）

[3]承休：縣名。大業初改汝原縣置。治所在今河南汝州市。

[4]梁：縣名。漢縣。治所在今河南汝州市西汝水南岸石臺村。

[5]郟城：縣名。後魏太和十七年置汝南縣，開皇元年改爲龍山，十八年改輔城，大業四年改輔城爲郟城。治所在今河南郟縣。

[6]陽翟：縣名。漢縣。治所在今河南禹州市。

[7]汝源：縣名。治所在今河南嵩縣西南。

[8]汝南：縣名。後魏太和十八年置汝南縣，北齊天保七年（556）廢，開皇十八年復置。此汝南縣當是開皇十八年改郟城之汝南爲輔城，而於此復置汝南縣（參見施和金《中國行政區劃通史·隋代卷》，第269頁）。治所在今河南郟縣東南。

[9]魯：縣名。本漢魯陽縣，後魏改爲北山縣，後周改魯山縣。此疑脱“山”字。治所在今河南魯山縣。

[10]後置魯州：錢大昕《廿二史考異》言此“魯州”爲“廣州”之誤。王仲犖認爲此是爲避煬帝諱而改。

[11]犨城：縣名。後魏爲翼陽縣，西魏改爲雉陽，開皇十八年改湛水，大業初改爲犨城。治所在今河南魯山縣東南。

潁川郡[1]舊置潁州，東魏改曰鄭州，後周改曰許州。統縣十四，户十九萬五千六百四十。

潁川[2]舊曰長社，置潁川郡。後齊廢潁陰縣入，開皇初廢郡改縣焉。[3]又東魏置黄臺縣，大業初廢入焉，置郡。襄城[4]舊置襄城郡，後周置汝州。開皇初郡廢，大業初州廢。有潕水。**汝墳**[5]後齊置漢廣郡，尋廢。有首山。**葉**[6]後齊置襄州。後周廢襄州，置南襄城郡。開皇初郡廢。又東魏置定南郡，後周廢爲定南縣，大業初省入。**北舞**[7]舊置定陵郡，開皇初廢。有百尺溝。**郾城**[8]開皇初置，十六年置道州，大業初州廢。又後魏置潁川郡，後齊改爲臨潁郡，開皇初郡廢。又有邵陵縣，大業初廢。有潕水。**繁昌**[9]　**臨潁**[10]　**尉氏**[11]後齊廢，開皇六年復。**長葛**[12]開皇六年置。**許昌**[13]　**㶏强**[14]開皇十六年置，曰陶城，大業初改焉。**扶溝**[15]　**鄢陵**[16]東魏置許昌郡，後齊廢縣。開皇初郡廢，七年復鄢陵縣。[17]十六年置洧州，大業初州廢。又開皇十六年置蔡陂縣，[18]至是省入焉。

[1]潁川郡：後魏置潁州，東魏武定七年改鄭州，後周改爲許州，大業初置潁川郡。治所在今河南許昌市。

[2]潁川：縣名。治所在今河南許昌市。

[3]開皇初廢郡改縣焉：《元和郡縣圖志》《太平寰宇記》俱言大業三年改縣爲潁川。

[4]襄城：縣名。秦縣。治所在今河南襄城縣。

[5]汝墳：縣名。本漢昆陽縣，後齊改昆陽爲汝墳。治所在今河南葉縣東北。

[6]葉：縣名。漢縣，宋省，後魏徙置。治所在今河南葉縣南舊縣鄉。

[7]北舞：縣名。後魏皇興元年（467）置北舞陽縣，隋初改爲北舞縣。治所在今河南舞陽縣北舞渡鎮。

[8]郾城：縣名。開皇五年於臨潁廢郡城中置，楊守敬言漢郾縣廢於東晋。治所在今河南郾城縣西南古城村。

[9]繁昌：縣名。《元和郡縣圖志》云："魏文帝行至繁陽亭，

築壇受禪，因置繁昌縣，即此城也。”治所在今河南臨潁縣西北繁城回族鎮。

[10]臨潁：縣名。漢縣。治所在今河南臨潁縣。

[11]尉氏：縣名。治所在今河南尉氏縣。

[12]長葛：縣名。治所在今河南長葛市東北老城鎮。

[13]許昌：縣名。本漢許縣，魏文帝改許昌。治所在今河南許昌市東。

[14]㶏强：縣名。漢縣，後廢，大業年間改陶城復置。治所在今河南臨潁縣東。

[15]扶溝：縣名。漢縣。北齊時自扶溝縣北移縣理於今扶溝縣。治所在今河南扶溝縣。

[16]隔陵：縣名。漢縣，後齊廢，開皇中復置。治所在今河南鄢陵縣西北。

[17]七年復隔陵縣：《元和郡縣圖志》作開皇三年復置。

[18]開皇十六年置蔡陂縣：開皇十六年分長葛、許昌、隔陵三縣置。

汝南郡[1]後魏置豫州，東魏置行臺。後周置總管府，後改曰舒州，尋復曰豫州，及改洛州爲豫州，此爲溱州，又改曰蔡州。統縣十一，户十五萬二千七百八十五。

汝陽[2]舊曰上蔡，置汝南郡。開皇初郡廢。大業初置郡，改縣曰汝陽，[3]并廢保城縣入焉。有鴻郄陂。城陽[4]舊廢，梁置，又有義興縣。後魏置城陽郡，梁置楚州，東魏置西楚州，後齊曰永州。開皇九年，廢入純州。十八年改義興爲純義。大業初州縣並廢入焉。又梁置伍城郡，後齊廢。有十丈山、大木山。真陽[5]舊置郢州。東魏廢州，置義陽郡。後齊廢郡入保城縣。開皇十一年廢縣。十六年置縣，曰真丘。大業初改曰真陽。又有白狗縣，梁置淮州。[6]後齊廢州，以置齊興郡，郡尋廢。開皇初，改縣曰淮川，至是亦省入焉。又有後魏安陽縣，後廢。有汶水。新息[7]後魏置東豫州。梁改曰西豫州，又改曰淮州。東魏復曰東豫州，後周改曰息州，大業初州廢。又後魏置汝南郡，開皇初郡廢。又梁置滇州，尋廢。又梁置北光城郡，東魏廢，又有北新息縣，後齊廢。[8]褒信[9]宋改曰包信。[10]大業初改復舊焉。又梁置梁安郡，開皇初廢。又有長陵郡，後齊廢爲縣。大業初又省縣焉。上蔡[11]後魏置，曰臨汝。後齊廢。開皇中置，曰武津。大業初改名焉。平輿[12]舊廢，大業初改新蔡置焉。有葛陂。新蔡[13]齊置北新蔡郡，魏曰新蔡郡，東魏置蔡州。[14]後齊廢州置廣寧郡。開皇初郡廢。十六年置舒州及舒縣、廣寧縣。[15]仁壽元年改廣寧曰汝北。[16]大業初州廢，改汝北曰新蔡。又後齊置永康縣，後改名曰澺水，至是及舒縣並廢入焉。朗山[17]舊曰安昌，置初安郡。廢，十八年縣改名焉。[18]又梁置陳州，後魏廢，又齊置荆州，尋廢。後周又置威州，後又廢。吴房[19]故曰遂寧，後齊省綏義縣入焉。大業初改曰吴房。西平[20]後魏置襄城郡，後齊改郡曰文城，開皇初郡廢。又有故武陽縣，十八年改曰吴房，大業初省。又有故洧州、灈州，並後齊置，開皇初皆廢。

[1]汝南郡：後魏置豫州，後周大象二年（580）改爲舒州，後又復爲豫州，仁壽四年又改爲溱州，大業二年改蔡州，大業三年罷州爲汝南郡。治所在今河南汝南縣。

[2]汝陽：縣名。隋改上蔡縣置。治所在今河南汝南縣。

[3]大業初置郡，改縣曰汝陽：《太平寰宇記》云：“（開皇）十七年改汝陽爲溵水，屬陳州，今界内有大溵水之名；其年又于上蔡縣東北别置汝陽縣，屬豫州，即今縣是也。”

[4]城陽：縣名。西漢置，東漢廢，梁復置。治所在今河南信陽市東北。

[5]真陽：縣名。本漢慎陽縣，後魏改爲真陽，開皇十一年廢縣，十六年置真丘，大業二年改爲真陽。治所在今河南正陽縣北。

[6]梁置淮州：《魏書·地形志》云："西淮州，蕭衍置，魏因之。治豫州界白苟堆。"楊守敬《隋書地理志考證》云："錢氏《考異》云：淮陰有淮州，故此加'西'字。"

[7]新息：縣名。漢縣。治所在今河南息縣。

[8]又有北新息縣，後齊廢：《讀史方輿紀要》云："劉宋置北新息縣於此，屬汝南郡，蕭齊及後魏因之。高齊以北新息縣并入南新息縣，復曰新息云。"

[9]褒信：縣名。漢鄎縣地，東漢分立褒信，宋改爲包信，大業二年復爲褒信。治所在今河南息縣東北包信鎮。

[10]宋改曰包信：《宋書·州郡志》《魏書·地形志》均作"苞信"。

[11]上蔡：縣名。後魏置臨汝縣，北齊廢，開皇八年置武津縣，大業初改爲上蔡。治所在今河南上蔡縣。

[12]平輿：縣名。漢縣，北齊廢，大業二年析新蔡縣復置。治所在今河南平輿縣北古城。

[13]新蔡：縣名。開皇十六年改新蔡置廣寧縣，仁壽中改廣寧爲汝北，大業二年復爲新蔡。治所在今河南新蔡縣。

[14]東魏置蔡州：底本作"東魏置終蔡州"，錢大昕《廿二史考異》云此"終"字爲衍文，今删。

[15]十六年置舒州及舒縣、廣寧縣：楊守敬《隋書地理志考證》引《嘉慶重修一統志》云："開皇十六年改新蔡置廣寧縣。"

[16]仁壽元年改廣寧曰汝北：《元和郡縣圖志》《太平寰宇記》均作"仁壽二年"。

[17]朗山：縣名。《元和郡縣圖志》云："本漢安昌縣地，屬汝南郡。東漢省。後魏太平真君二年，於朗陵故城復置。隋開皇三年移於今理，屬豫州，十六年改爲朗山縣。"治所在今河南確山縣。

[18]廢，十八年縣改名焉：楊守敬《隋書地理志考證》言

"廢"字前脱"開皇初郡"四字。另《元和郡縣圖志》《太平寰宇記》俱言開皇十六年改名。

[19]吴房：縣名。舊爲遂寧，隋改爲濯陽，大業二年改爲吴房。治所在今河南遂平縣。

[20]西平：縣名。漢舊縣，東漢末廢，後魏復置，大業末廢。治所在今河南西平縣西。

淮陽郡[1]開皇十六年置陳州。[2]統縣十，户十二萬七千一百四。

宛丘[3]後魏曰項，置陳郡。開皇初縣改名宛丘，尋廢郡，後析置臨蔡縣。大業初置淮陽郡，并臨蔡縣入焉。又後魏置南陽郡，東魏廢。西華[4]舊曰長平，開皇十八年改曰鴻溝。大業初改焉。有舊長平縣，後齊廢。溵水[5]開皇十六年置，[6]又有後魏汝陽郡及縣，後齊郡廢，大業初縣廢。扶樂[7]開皇十六年置。有渦水。太康[8]舊曰陽夏，并置淮陽郡。開皇初郡廢，七年更名太康。有洼水。鹿邑[9]舊曰武平，開皇十八年改名焉。項城[10]東魏置揚州及丹陽郡、秣陵縣，梁改曰殷州，東魏又改曰北揚州，後齊改曰信州，後周改曰陳州。開皇初改秣陵爲項縣。[11]十六年分置沈州，大業初州廢。又有項城郡，開皇初分立陳郡，三年並廢。南頓[12]舊置南頓郡。後齊廢郡及平鄉縣入，改曰和城。大業初又改爲南頓。鄲[13]開皇六年置。鮦陽[14]後齊廢，開皇十一年復。又東魏置財州，後齊廢，以置包信縣。開皇初廢。

[1]淮陽郡：治所在今河南淮陽縣。

[2]開皇十六年置陳州：本志下文項城縣下言後周改曰陳州，開皇十六年分置沈州。則此應爲陳州初治項城，開皇十六年徙治宛秋，另於項城置沈州也。（參見施和金《中國行政區劃通史·隋代

卷》，第 278 頁）

［3］宛丘：縣名。本漢陳縣，在今項城縣東北，北齊時移項縣理於今縣，開皇三年改名爲宛丘。治所在今河南淮陽縣。

［4］西華：縣名。漢縣，後廢，宋復置，北齊省西華縣而置長平縣，開皇十八年改爲鴻溝，大業初復爲西華。治所在今河南西華縣南。

［5］溵水：縣名。治所在今河南商水縣。

［6］開皇十六年置：《元和郡縣圖志》云："本漢汝陽縣……（開皇）十六年，改汝陽爲溵水縣。"

［7］扶樂：縣名。治所在今河南太康縣西北扶樂城。

［8］太康：縣名。漢縣，開皇七年改陽夏爲太康，大業十三年李密舉兵於此，縣廢。治所在今河南太康縣。

［9］鹿邑：縣名。後漢置武平縣，晋省，後魏復置，開皇十八年改爲鹿邑縣。治所在今河南鹿邑縣西鹿邑城村。

［10］項城：縣名。開皇初改秣陵縣置。治所在今河南沈丘縣。

［11］開皇初改秣陵爲項縣：此應爲"項城縣"，脱"城"字。

［12］南頓：縣名。漢舊縣，宋立南頓縣，北齊省縣入和城，大業復爲南頓。治所在今河南項城市西南南頓鎮。

［13］鄲：縣名。漢縣，晋廢，開皇六年復置。治所在今河南鄲城縣。

［14］鮦陽：縣名。漢縣，北齊廢，開皇十一年復置。治所在今安徽臨泉縣西鮦城鎮。

汝陰郡[1]舊置潁州。統縣五，户六萬五千九百二十六。

汝陰[2]舊置汝陰郡，開皇初郡廢。大業初復置。潁陽[3]梁曰陳留，并置陳留郡及陳州。東魏廢州。開皇初廢郡，十八年縣改名焉。有鄭縣，後齊廢。清丘[4]梁曰許昌，及置潁川郡。開皇初廢郡，十八年縣改名焉。潁上[5]梁置下蔡郡，後齊廢郡。大業初縣改名焉。[6]下蔡[7]梁置汴郡，後齊郡廢。大業初縣改名焉。又梁置淮陽郡，後齊改曰潁川郡。開皇初郡廢。

[1]汝陰郡：後魏置潁州，大業三年罷州爲汝陰郡。治所在今安徽阜陽市。

[2]汝陰：縣名。漢縣。治所在今安徽阜陽市。

[3]潁陽：縣名。梁武帝時置陳留縣，開皇十八年改爲潁陽。治所在今安徽太和縣東北。

[4]清丘：縣名。梁武帝大通年間置許昌，開皇十八年改爲清丘。治所在今安徽阜陽市東南口孜鎮。

[5]潁上：縣名。治所在今安徽潁上縣南。

[6]大業初縣改名焉：楊守敬《隋書地理志考證》云："按前不云置何縣，此但云'大業初改名'，疏矣。"王仲犖《北周地理志》以爲此縣或本鄭城縣，大業初改名。

[7]下蔡：縣名。王仲犖《北周地理志》云："按《隋志》前不云置何縣，而後但云大業初縣改名，疏矣。疑此本僑置蕭縣，至隋改爲下蔡。"（王仲犖：《北周地理志》，第698頁）治所在今安徽鳳臺縣。

上洛郡[1]舊置洛州，後周改爲商州。統縣五，户一萬五百一十六。

上洛[2]舊置上洛郡，開皇初郡廢，大業初復置。有秦嶺山、熊耳山、洛水、丹水。[3]商洛[4]有關官。洛南[5]舊曰拒陽，置拒陽郡。開皇初郡廢，縣改名焉。有玄扈山、陽虛山。[6]豐陽[7]後周置，[8]開皇初併南陽縣入。有洵水、甲水。[9]上津[10]舊置北上洛郡，梁改爲南洛州，西魏又改爲上州，後周併漫川、開化二縣入，大業初廢州。有天柱山、詔及山、女思山。

[1]上洛郡：後魏太和十一年置洛州，後周宣政元年（578）改爲商州，大業三年罷州爲上洛郡。治所在今陝西商洛市商州區。

[2]上洛：縣名。漢縣。治所在今陝西商洛市商州區。

[3]秦嶺山：亦名南山，主峰爲太白山，在今陝西南部。爲中國地理上的南北分界綫，長江水系與黄河水系的分水嶺。　洛水：亦稱北洛水。即今陝西洛河。源出於陝西定邊縣白於山南麓，河流自西北流向東南，至三河口入渭河。

[4]商洛：縣名。本漢商縣，開皇四年改爲商洛縣。治所在今陝西丹鳳縣西古城。

[5]洛南：縣名。《太平寰宇記》云："本漢上洛縣地，晋太始三年分上洛地，於今縣東北八十里置拒陽縣，屬上洛郡，尋省。後魏真君二年又於今縣東四十里武谷川再置。隋開皇二年罷郡，以拒陽屬商州，五年改拒陽爲洛南縣，取洛水之南爲名。"治所在今陝西洛南縣東南古城鎮。

[6]陽虚山：虚，底本作"靈"。中華本校勘記云："'虚'原作'靈'，據《水經》一五《洛水注》改。"今從改。

[7]豐陽：縣名。治所在今陝西山陽縣。

[8]後周置：《太平寰宇記》云："漢爲商縣地，晋太始三年分商縣之地置豐陽縣，因豐陽川以爲名，尋廢。後魏太安二年於舊縣復置。"楊守敬《隋書地理志考證》云："按《南齊志》梁州北上洛郡、《地形志》洛州上庸郡均有豐陽縣，則志云'後周置'誤，《寰宇記》'後魏置'亦誤也。《一統志》：西魏廢，後周復。按《周書·泉企傳》：企，上洛豐陽人也。子仲遵，年十四，爲本縣令，及長，以功封豐陽縣伯，後襲父爵上洛郡公，舊封聽迴授一子。以其武成初卒官年四十五計之，則封豐陽縣伯正西魏時事。又仲遵子暅亦起家本縣令，足見豐陽縣西魏時未廢。"

[9]甲水：甲，底本作"申"。中華本校勘記云："'甲'原作'申'，據《水經》二七《沔水注》改。"今從改。

[10]上津：縣名。《太平寰宇記》謂西魏廢帝三年置，《讀史

方輿紀要》謂梁置，《嘉慶重修一統志》謂爲隋縣。治所在今湖北鄖西縣上津鎮。

弘農郡[1]大業三年置。統縣四，户二萬七千四百六十六。

弘農[2]舊置西恒農郡，後周廢。大業初置弘農郡。又有石城郡、玉城縣，[3]西魏並廢。有石隍山。盧氏[4]後魏置漢安郡，西魏置義川郡。[5]開皇初郡廢，州改爲虢州。大業初州廢。有關官。有石扇山。長泉[6]後魏曰南陝，西魏改焉。有松楊山、檀山。朱陽[7]舊置朱陽郡，後周郡廢。有邑陽縣，開皇末改爲邑川，大業初併入。有胏山，有湖水。

[1]弘農郡：後魏置東義州，開皇三年改爲虢州，大業三年改爲弘農郡。治所在今河南靈寶市。

[2]弘農：縣名。《元和郡縣圖志》云："本漢舊縣，隋大業二年省，三年復於今湖城縣西南一里置，尋移就郡理。其年，移郡於鴻臚川，縣亦隨徙，即今縣是也。"治所在今河南靈寶市。

[3]玉城縣：玉，底本作"王"。中華本校勘記云："'玉'原作'王'，據《周書·陽雄傳》、《元和志》六、《寰宇記》六改。"今從改。

[4]盧氏：縣名。漢縣。治所在今河南盧氏縣。

[5]西魏置義川郡：中華本校勘記云："楊考：當云'置義州義川郡'，下云'州改虢州'，知有脱文。"

[6]長泉：縣名。後魏分盧氏縣置南陝縣，西魏廢帝改爲長淵。此長泉爲唐避高祖諱改。治所在今河南洛寧縣西長水鎮。

[7]朱陽：縣名。後魏置。治所在今河南盧氏縣西。

淅陽郡[1]西魏置淅州。[2]統縣七，户三萬七千二百五十。

南鄉[3]舊置南鄉郡，[4]後周併龍泉、湖里、白亭三縣入。又有左南鄉縣，并置左鄉郡。西魏改郡爲秀山，改縣爲安山。後周秀山郡廢。開皇初南鄉郡廢。大業初置淅陽郡，併安山縣入焉。有石墨山。内鄉[5]舊曰西淅陽郡，[6]西魏改爲内鄉。後周廢，[7]併淅川、石人二縣入焉。有淅水。丹水[8]舊置丹川郡。後周郡廢，併茅城、倉陵、許昌三縣入。有胡保山。武當[9]舊置武當郡。又僑置始平郡，後改爲齊興郡。梁置興州，後周改爲豐州。開皇初二郡並廢，改爲均州。大業初州廢。有石階山、武當山。均陽[10]梁置。安福[11]梁置，曰廣福，併爲郡。開皇初郡廢，仁壽初改焉。鄖鄉[12]有防山。

[1]淅陽郡：北魏置淅州，大業初改爲淅陽郡。治所在今河南淅川縣南丹江水庫内。

[2]西魏置淅州：楊守敬《隋書地理志考證》云："《地形志》有析州，即此淅州也，不始於西魏。案《周書·泉企傳》'以破蕭賁功，遷左將軍、淅州刺史'，則淅州之置當在永安初矣。"

[3]南鄉：縣名。治所在今河南淅川縣南丹江水庫内。

[4]舊置南鄉郡：《水經·丹水注》："逮晋封宣帝孫暢爲順陽王。因立爲順陽郡，而南鄉爲縣。"楊守敬以爲魏末復改順陽爲南鄉郡，王仲犖以爲西魏分順陽郡南鄉縣别立南鄉郡（參見王仲犖《北周地理志》，第419頁）。

[5]内鄉：縣名。西魏廢帝改西淅陽爲中鄉，隋開皇間避廟諱改。治所在今河南西峽縣。

[6]舊曰西淅陽郡：楊守敬《隋書地理志考證》云："《地形志》淅陽郡領西淅陽、東淅陽二縣，志當云'舊曰西淅陽，並置淅陽郡'。"

[7]後周廢："廢"下脱"郡"字。

[8]丹水：縣名。秦縣，大業十三年省。治所在今河南淅川縣

西寺灣村。

[9]武當：縣名。漢縣。治所在今湖北丹江口市西北。

[10]均陽：縣名。治所在今湖北丹江口市北。

[11]安福：縣名。治所在今湖北鄖縣東南。

[12]鄖鄉：縣名。晋武帝改錫縣爲鄖鄉。治所在今河北鄖縣。

南陽郡[1]舊置荆州。開皇初，改爲鄧州。統縣八，户七萬七千五百二十。

穰[2]帶郡。有白水。新野[3]舊曰棘陽，置新野郡。又有漢廣郡，西魏改爲黄岡郡。又有南棘陽縣，[4]改爲百寧縣。後周二郡並廢，併南棘縣入焉。[5]開皇初更名新野。南陽[6]舊曰上陌，置南陽郡。後周併宛縣入，更名上宛。[7]開皇初郡廢，又改爲南陽。課陽[8]舊曰涅陽，開皇初改焉。有課水、涅水。順陽[9]舊置順陽郡。西魏析置鄭縣，尋改爲清鄉。後周又併順陽入清鄉。開皇初又改爲順陽。冠軍[10]　菊潭[11]舊曰酈，開皇初改焉。有東弘農郡，西魏改爲武關，至是廢入。有梅溪、湍水。新城[12]西魏改爲臨湍，開皇初復名焉。有朝水。

[1]南陽郡：後魏太和年間置荆州，開皇七年，梁王巋入隋，移荆州還江陵，於此置鄧州。治所在今河南鄧州市。

[2]穰：縣名。漢縣。治所在今河南鄧州市。

[3]新野：縣名。漢縣，後周改爲棘陽，開皇初更名爲新野。治所在今河南新野縣。

[4]南棘陽縣：本漢棘陽縣，魏改南棘陽縣，西魏又改爲百寧縣，後縣廢入新野。

[5]併南棘縣入焉：前文已言南棘陽縣改爲百寧縣，則此應爲“併百寧縣入焉”。

[6]南陽：縣名。治所在今河南南陽縣。

[7]更名上宛：上宛，底本作“上苑”，楊守敬《隋書地理志考證》云：“《輿地廣記》作‘上宛’，是。”今據改。

[8]課陽：縣名。舊名涅陽，漢縣，開皇初改爲課陽。治所在今河南鄧州市東北穰東鎮。

[9]順陽：縣名。本西漢博山縣，東漢改爲順陽，西魏析置鄭縣，尋改爲清鄉縣，後周併順陽入清鄉，開皇初又改爲順陽。治所在今鄧州市西。

[10]冠軍：縣名。漢縣。治所在今河南鄧州市西北冠軍村。

[11]菊潭：縣名。本漢酈縣，開皇初改爲菊潭。治所在今河南内鄉縣北酈城村。

[12]新城：縣名。後魏孝文帝分冠軍縣北境置新城縣，西魏廢帝改爲臨湍，開皇初復爲新城。治所在今河南鄧州市西北。

淯陽郡[1]西魏置蒙州。仁壽中，改曰淯州。統縣三，户一萬七千九百。

武川[2]帶郡。有雉衡山。有淯水、潕水、澧水。向城[3]西魏置，又立雉陽郡。開皇初郡廢。方城[4]西魏置，[5]及置襄邑郡。開皇初廢。東魏又置建城郡及建城縣，後齊郡縣並廢。又有業縣，開皇末改爲澧水，大業併入。[6]有西唐山。

[1]淯陽郡：治所在今河南南召縣東南。

[2]武川：縣名。後魏置。治所在今河南南召縣東南。

[3]向城：縣名。治所在今河南南召縣東南皇路店鎮。

[4]方城：縣名。治所在今河南方城縣。

[5]西魏置：楊守敬《隋書地理志考證》云：“《地形志》有方城縣，屬襄城郡，而《水經·潕水注》引方城不云置縣，則知爲東魏置也。”

[6]大業併入："大業"後疑脱"初"字。

淮安郡[1]後魏置東荆州，西魏改爲淮州。開皇五年又改爲顯州。統縣七，户四萬六千八百四十。

比陽[2]帶郡。後魏曰陽平，開皇七年改爲饒良，大業初又改焉。又有後魏城陽縣，置殷州、城陽郡。開皇初郡並廢，[3]其縣尋省。又有昭越縣，大業初改爲同光，尋廢。又有東南陽郡，西魏改爲南郭郡，後周廢。又有比陽故縣，[4]置西郢州。西魏改爲鴻州，後周廢爲真昌郡。開皇初郡廢，大業初縣廢。平氏[5]舊置漢廣郡，開皇初郡廢。有淮水。真昌[6]舊曰北平，開皇九年改焉。顯岡[7]舊置舞陰郡，開皇初郡廢。臨舞[8]東魏置，及置期城郡。開皇初郡廢。又有東舞陽縣，開皇十八年改爲昆水，大業初廢。慈丘[9]後魏曰江夏，并置江夏郡。開皇初郡廢，更置慈丘於其北境。[10]後魏有鄭州、潘州、溱州及襄城、周康二郡，上蔡、青山、震山三縣，並開皇初廢。有比水。桐柏[11]梁置，曰淮安，[12]并立華州，又立上川郡。西魏改州爲淮州，後改爲純州，尋廢。開皇初郡廢，更名縣曰桐柏。又梁置西義陽郡，西魏置淮陽郡及輔州，後周州郡並廢，又置淮南縣。開皇末改爲油水，大業初廢。又有大義郡，後周置，開皇初廢。有桐柏山。

[1]淮安郡：後魏太和中置東荆州於比陽古城，西魏恭帝元年改爲淮州，開皇五年改爲顯州，大業初罷州爲淮安郡。治所在今河南泌陽縣。

[2]比陽：縣名。本漢縣，後魏爲陽平，開皇七年改爲饒良，大業初又改爲比陽。治所在今河南泌陽縣。

[3]開皇初郡並廢：中華本校勘記云："'郡'當作'州郡'。"

[4]比陽故縣：王仲犖《北周地理志》云："按比陽漢縣，屢有

移徙。爲東荆州治所之比陽故城者，漢比陽縣故至也；此比陽縣，後來徙移所治也。”（王仲犖：《北周地理志》，第445頁）

[5]平氏：縣名。漢舊縣，後廢，齊復置。《元和郡縣圖志》又云：“本漢舊縣，屬南陽郡。晋屬義陽郡，其後爲北人侵掠，縣皆丘墟。後魏於平氏故城重置，屬淮州。”治所在今河南桐柏縣西北平氏鎮。

[6]真昌：縣名。治所在今河南方城縣東南。

[7]顯岡：縣名。本漢舞陽縣，開皇初改爲顯岡。治所在今河南泌陽縣西北古城村。

[8]臨舞：縣名。東魏改西舞陽縣置。治所在今河南泌陽縣西北。

[9]慈丘：縣名。後魏置江夏，隋改爲慈丘。治所在今河南泌陽縣東北。

[10]開皇初郡廢，更置慈丘於其北境：《元和郡縣圖志》云：“本漢比陽縣之地，後魏孝文帝於此置江夏縣，并置江夏郡領之。隋開皇三年廢郡，縣屬淮州。十八年改爲慈丘，取慈丘山爲名。”《太平寰宇記》云：“漢比陽縣地，屬南陽郡。後魏于此立江夏郡，尋廢爲戍。隋開皇十八年改爲慈丘縣，取界内山爲名。”此二書所記與本志有異。

[11]桐柏：縣名。治所在今桐柏縣東固縣鎮。

[12]梁置，曰淮安：《元和郡縣圖志》云：“梁於此置義鄉縣，隋開皇十八年改爲桐柏，取桐柏山爲名也。”《太平寰宇記》云：“後周武帝建德三年又分置義鄉縣以屬焉。隋開皇十八年改義鄉爲桐柏。”則當是梁置淮安，後周改爲義鄉，開皇十八年改爲桐柏（參見施和金《中國行政區劃通史·隋代卷》，第294頁）。

豫州於《禹貢》爲荆州之地。其在天官，自氐五度至尾九度，[1]爲大火，[2]於辰在卯，宋之分野，屬豫州。

自柳九度至張十六度，[3]爲鶉火，[4]於辰在午，周之分野，屬三河，[5]則河南。准之星次，[6]亦豫州之域。豫之言舒也，言稟平和之氣，性理安舒也。洛陽得土之中，賦貢所均，故周公作洛，此焉攸在。其俗尚商賈，機巧成俗。故《漢志》云“周人之失，巧僞趨利，賤義貴財”，此亦自古然矣。滎陽古之鄭地，梁郡梁孝故都，[7]邪僻傲蕩，舊傳其俗。今則好尚稼穡，重於禮文，其風皆變於古。譙郡、濟陰、襄城、潁川、汝南、淮陽、汝陰，其風頗同。南陽古帝鄉，搢紳所出，自三方鼎立，地處邊疆，戎馬所萃，失其舊俗。上洛、弘農，本與三輔同俗。自漢高發巴、蜀之人，定三秦，遷巴之渠率七姓，居於商、洛之地，由是風俗不改其壤。其人自巴來者，風俗猶同巴郡。淅陽、淯陽，亦頗同其俗云。

[1]氐：星宿名。二十八宿之一，東方蒼龍七宿的第三宿。有星四顆，也稱天根。　尾：星宿名。二十八宿之一。東方蒼龍七宿的第六宿，有星九顆。

[2]大火：十二星次之一。與十二辰相配爲卯，與二十八宿相配爲氐、房、心三宿。

[3]柳：星宿名。二十八宿之一。南方朱鳥七宿的第三宿。　張：星宿名。二十八宿之一。朱雀七宿的第五宿，有星六顆。

[4]鶉火：星次名。南方有井、鬼、柳、星、張、翼、軫七宿，稱朱鳥七宿。首位者稱鶉首，中部者（柳、星、張）稱鶉火。

[5]三河：漢代稱河内、河東、河南三郡爲三河，即今河南洛陽市黄河南北一帶。

[6]准之星次：准，底本作“淮”，據下文冀州序改。

[7]梁孝：即漢梁孝王劉武。傳見《漢書》卷四七。

東郡[1]開皇九年置杞州，十六年改爲滑州，大業二年爲兗州。統縣九，户十二萬一千九百五。

白馬[2]舊置東郡，後齊併涼城縣入焉。[3]大業初復置郡。靈昌[4]開皇十六年置。衛南[5]開皇十六年置，大業初廢西濮陽入焉。又有後魏平昌、長樂二縣，後齊並廢。濮陽[6]開皇十六年分置昆吾縣，大業初入焉。封丘[7]後齊廢，開皇十六年復。[8]匡城[9]後齊曰長垣，開皇十六年改焉。胙城[10]舊曰東燕，開皇十八年改焉。韋城[11]開皇六年置，十六年分置長垣縣，大業初省入焉。離狐[12]

[1]東郡：治所在今河南滑縣東南城關鎮。

[2]白馬：縣名。漢置。治所在今河南滑縣東南城關鎮。

[3]後齊併涼城縣入焉：楊守敬《隋書地理志考證》云："按《周書·武帝紀》建德五年有涼城公辛韶，似齊尚未廢。"另此句下脱"開皇初郡廢"五字。

[4]靈昌：縣名。開皇十六年分東燕、酸棗二縣置。治所在今河南滑縣西南。

[5]衛南：縣名。開皇十六年置楚丘縣，後因重名，改爲衛南。治所在今河南滑縣東。

[6]濮陽：縣名。漢縣。治所在今河南濮陽縣西南。

[7]封丘：縣名。治所在今河南封丘縣。

[8]後齊廢，開皇十六年復：《元和郡縣圖志》云："後魏并入酸棗。宣武帝又置封丘縣。"所記與本志有異。

[9]匡城：縣名。治所在今河南長垣縣西南司坡村。

[10]胙城：縣名。漢南燕縣，後慕容德改爲東燕，開皇十八年改爲胙城。治所在今河南延津縣東北。

［11］韋城：縣名。《元和郡縣圖志》記開皇六年分白馬縣南境置，《太平寰宇記》記置縣於韋氏之國，故名韋城。治所在今河南滑縣東南。

［12］離狐：縣名。楊守敬《隋書地理志考證》云："《水經·濟水注》：濮水又東逕濮陽城南，有東逕濟陰離狐縣故城北。按此漢離狐也，東晋移單父，隋復置於此。"治所在今河南濮陽市東南。

東平郡[1]後周置魯州，尋廢。[2]開皇十年置鄆州。[3]統縣六，户八萬六千九十。

鄆城[4]後周置，曰清澤，又置高平郡。開皇初郡廢，改縣曰萬安。十八年改曰鄆城。大業初置郡，併廩丘入焉。鄄城[5]舊置濮陽郡，開皇初郡廢，十六年置濮州，大業初州廢。有關官。須昌[6]開皇十六年置。有梁山。宿城[7]後齊曰須昌，開皇十六年改焉。舊置東平郡，後齊並廢。[8]雷澤[9]舊曰城陽，後齊廢。開皇十六年置，曰雷澤，又分置臨濮縣。大業初併入焉。有歷山、雷澤。鉅野[10]舊廢，[11]開皇十六年復，又置乘丘縣，大業初廢入焉。

［1］東平郡：治所在今山東鄆城縣東。

［2］尋廢：楊守敬《隋書地理志考證》云："按《隋書·薛胄傳》：隋受禪，拜魯州刺史。又《柳旦傳》'開皇中歷羅、魯、淅三州刺史'，則隋初未廢也。"

［3］開皇十年置鄆州：《太平寰宇記》記開皇十六年分兖州萬安縣置鄆州。

［4］鄆城：縣名。開皇十八年改萬安縣置。治所在今山東鄆城縣東。

［5］鄄城：縣名。漢置，宋省，後魏復置。治所在今山東鄄城

縣北舊城鎮。

[6]須昌：縣名。開皇十六年改須昌爲宿城，另於宿城西北别置須昌。治所在今山東東平縣須城鎮西北。

[7]宿城：縣名。治所在今山東東平縣西南宿城村。

[8]舊置東平郡，後齊並廢：楊守敬《隋書地理志考證》云："葉氏曰：'郡'字下當有'及無鹽縣'四字。按《元和志》'後齊須昌治無鹽城'，則無鹽爲齊廢審矣。"

[9]雷澤：縣名。治所在今山東菏澤市東北胡集鄉。

[10]鉅野：縣名。漢縣，後廢，開皇十六年復置。治所在今山東巨野縣南。

[11]舊廢：楊守敬《隋書地理志考證》云："自漢至後魏俱有鉅野，蓋廢於齊、周間也。"

濟北郡[1]舊置濟州。統縣九，户十萬五千六百六十。

盧[2]舊置郡，開皇初廢。六年分置濟北縣，大業初省入焉，尋置郡。有關官。[3]有成迴倉。有魚山、游仙山。范[4]後齊廢，開皇十六年置。[5]陽穀[6]開皇十六年置。東阿[7]有浮山、巉山、狼水。平陰[8]開皇十四年置，曰榆山，大業初改焉。長清[9]開皇十四年置。又有東太原郡，後齊廢。濟北[10]開皇十四年置，曰時平，大業初改焉。[11]壽張[12]　肥城[13]宋置濟北郡，後齊廢。後周置肥城郡，尋廢，又復。開皇初又廢。

[1]濟北郡：後魏置濟州，大業三年改爲濟北郡。治所在今山東茌平縣西南。

[2]盧：縣名。後魏置。治所在今山東茌平縣西南。

[3]關官：此指濟州關。

[4]范：縣名。漢縣在壽張范城橋，魏徙治於今地，後齊廢，

開皇中復置。治所在今河南范縣東南張莊鄉。

［5］開皇十六年置：《元和郡縣圖志》《太平寰宇記》均作開皇六年置。

［6］陽穀：縣名。開皇十六年於漢須昌縣地置。治所在今山東陽穀縣東北。

［7］東阿：縣名。漢縣，宋省，魏復置。治所在今山東東阿縣西南。

［8］平陰：縣名。開皇十四年置榆山於今縣西北，大業二年改名並移於今理。治所在今山東平陰縣。

［9］長清：縣名。開皇五年置鎮，十四年廢鎮置縣。治所在今山東濟南市長清區東南。

［10］濟北：縣名。今地不詳。

［11］大業初改焉：楊守敬《隋書地理志考證》云："大業初廢盧縣之濟北，故以此改。"

［12］壽張：縣名。漢置壽良，東漢改爲壽張。治所在今山東東平縣西南。

［13］肥城：縣名。漢置，後廢，後魏復置。治所在今山東肥城市北老城鎮。

武陽郡[1]後周置魏州。統縣十四，户二十一萬三千三十五。

貴鄉[2]東魏置。又有平邑縣，後齊廢，開皇十六年又置。大業初置武陽郡，并省平邑縣入焉。[3]有㤥山。元城[4]後齊廢。開皇六年復，又置馬陵縣，大業初廢入焉。有沙麓山。繁水[5]舊曰昌樂，置昌樂郡。東魏郡廢，後周又置。舊有魏城縣，後齊廢。開皇初廢郡。六年置縣，曰繁水。大業初廢昌樂縣入焉。魏[6]後齊廢，開皇六年復。十六年析置漳陰縣，大業初省入焉。莘[7]舊曰陽平，後齊改曰樂平。[8]開皇六年復曰陽平，[9]八年改曰清邑，十六年置莘州。大業初州廢，改縣名莘，又廢莘亭縣入焉。後周置武陽郡焉，開皇初廢。**頓丘**[10]後齊省，開皇六年置。[11]又有舊陰安縣，後齊廢。**觀城**[12]舊曰衛國，開皇六年改。**臨黄**[13]後魏置，後齊省，開皇六年復，十六年分置河上縣，大業初省入焉。**武陽**[14]後齊省，後周置。**武水**[15]開皇十六年置。**館陶**[16]舊置毛州，大業初州廢。又有舊陽平郡，開皇初廢。**堂邑**[17]開皇六年置。**冠氏**[18]開皇六年置。**聊城**[19]舊置南冀州及平原郡，未幾，州廢。開皇初郡廢。十六年置博州，大業初州廢。

[1]武陽郡：後周分昌樂郡置魏州，大業三年罷州爲武陽郡。治所在今河北大名縣東北大街鄉。

[2]貴鄉：縣名。東魏分館陶置。治所在今河北大名縣東北大街鄉。

[3]并省平邑縣入焉：平，底本作“玄”。中華本校勘記云“‘平邑’原作‘玄邑’。按平邑原是戰國地名。上文‘又有平邑縣’，此處也應指該縣。今據改。”今從改。

[4]元城：縣名。漢縣，後齊廢入貴鄉縣，開皇六年復置。治所在今河北大名縣東。

[5]繁水：縣名。開皇六年分昌樂縣置。治所在今河南南樂縣西北。

[6]魏縣：漢縣，後齊廢入昌樂縣，開皇六年復分昌樂縣置。治所在今河北大名縣西南魏城村。

[7]莘：縣名。大業初以清邑縣改名。治所在今山東莘縣。

[8]舊曰陽平，後齊改曰樂平：楊守敬《隋書地理志考證》云：“按漢東郡有陽平，又有樂平，魏、晋以下亦兩縣並立，後齊蓋省樂平入陽平，又改陽平爲樂平。”

[9]開皇六年復曰陽平：《元和郡縣圖志》云：“隋開皇六年，又於樂平故城置陽平縣。”

［10］頓丘：縣名。漢縣，後齊廢，開皇六年復置。治所在今河南清豐縣西南。

［11］後齊省，開皇六年置：楊守敬《隋書地理志考證》云："按晋有頓丘郡，武帝置，後魏頓丘縣仍屬頓丘郡，志當云'舊置頓丘郡，後齊並縣廢'。"

［12］觀城：縣名。開皇六年改衛國縣置。治所在今河南清豐縣東南。

［13］臨黄：縣名。治所在今河南范縣東南臨黄集。

［14］武陽：縣名。本漢東武陽縣，後魏改爲武陽，後齊廢，後周復置。治所在今山東莘縣西南朝城鎮。

［15］武水：縣名。開皇十六年分清邑縣置。治所在今山東聊城市西南沙鎮。

［16］館陶：縣名。漢縣。治所在今河北館陶縣。

［17］堂邑：縣名。治所在今山東冠縣東。

［18］冠氏：縣名。開皇六年分館陶東界置。治所在今山東冠縣北。

［19］聊城：縣名。治所在今山東聊城市東北王城。

渤海郡[1]開皇六年置棣州，[2]大業二年爲滄州。統縣十，户十二萬二千九百九。

陽信[3]帶郡。樂陵[4]舊置樂陵郡，開皇初郡廢。十六年分置鬲津縣，大業初廢入焉。滳河[5]開皇十六年置。又有後魏濕沃縣，後齊廢。有關官。厭次[6]後齊廢，開皇十六年復。蒲臺[7]開皇十六年置。饒安[8]舊置滄州、浮陽郡，開皇初郡廢，大業初州廢。無棣[9]開皇六年置。鹽山[10]舊曰高成。開皇十六年又置浮水縣。十八年改高成曰鹽山。大業初省浮水入焉。有鹽山、峡山。南皮[11]　清池[12]舊曰浮陽，開皇十八年改。

[1]勃海郡：治所在今山東陽信縣西南。

[2]開皇六年置棣州：《元和郡縣圖志》《太平寰宇記》俱言開皇十六年置。

[3]陽信：縣名。漢縣。治所在今山東陽信縣南西程子塢村。

[4]樂陵：縣名。漢置。治所在今山東樂陵市東南。

[5]滴河：縣名。治所在今山東商河縣。

[6]厭次：縣名。治所在今山東惠民縣東南先棣州村。

[7]蒲臺：縣名。治所在今山東濱州市東南蒲城鄉。

[8]饒安：縣名。漢千童縣，後漢改爲饒安。治所在今河北鹽山縣西南千童鎮。

[9]無棣：縣名。開皇六年割陽信、饒安置。治所在今山東慶雲縣北慶雲舊治。

[10]鹽山：縣名。漢置高城縣，開皇十八年改。治所在今河北黄驊市西南。

[11]南皮：縣名。漢置。治所在今河北南皮縣東北。

[12]清池：縣名。池，底本作“地”。中華本校勘記云：“‘池’原作‘地’，據《元和志》一八、《通典》一八〇、《舊唐書·地理志》二改。”今從改。治所在今河北滄縣東南舊州鎮。

平原郡[1]開皇九年置德州。統縣九，户十三萬五千八百二十二。

安德[2]舊置平原郡，[3]開皇初郡廢，大業初復。又開皇十六年置繹幕縣，至是廢入焉。又有後魏鬲縣，後齊廢。有關官。平原[4]後齊併鄃縣入焉。有關官。又後魏置東青州，置未久而廢。將陵[5]開皇十六年置。平昌[6]後魏置東安郡，後齊廢，并以重平縣入焉。般[7]後齊省，開皇十六年復。長河[8]舊曰廣川。後齊省，開皇六年復置，仁壽初改名焉。弓高[9]舊廢，開皇十六年置。東光[10]舊置渤海郡，開皇初郡廢。九年置觀州，大業初州廢，又併安陵入焉。有天胎山。胡蘇[11]舊廢，開皇十六年置。

[1]平原郡：治所在今山東陵縣。

[2]安德：縣名。德，底本作“樂”。楊守敬《隋書地理志考證》云：“當作‘安德’，本漢縣。《舊唐志》：安德，漢至隋不改。諸書並無隋改安德爲安樂之説，知此‘樂’字爲‘德’字之誤無疑。”今據改。治所在今山東陵縣。

[3]平原郡：楊守敬云此“平原”當作“安德”。

[4]平原：縣名。治所在今山東平原縣西南。

[5]將陵：縣名。治所在今山東陵縣北趙宅鄉。

[6]平昌：縣名。漢縣。治所在今山東臨邑縣北德平鎮。

[7]般：縣名。漢縣，後齊廢，開皇十六年復置。治所在今山東樂陵市西南。

[8]長河：縣名。漢名廣川，後齊省，開皇六年復置，仁壽元年避太子楊廣諱改爲長河。治所在今山東德州市東。

[9]弓高：縣名。漢縣，晋廢，開皇十六年復置。治所在今河北阜城縣東北。

[10]東光：縣名。漢縣。治所在今河北東光縣。

[11]胡蘇：縣名。治所在今山東寧津縣西北保店鎮。

兖州於《禹貢》爲濟、河之地。其於天官，自軫十二度至氐四度，[1]爲壽星，[2]於辰在辰，[3]鄭之分野。兖州蓋取沇水爲名，亦曰兖，兖之爲言端也，言陽精端端，故其氣纖殺也。東郡、東平、濟北、武陽、平原等郡，得其地焉。兼得鄒、魯、齊、衛之交。舊傳太公唐叔之教，亦有周孔遺風。今此數郡，其人尚多好儒學，性質直懷義，有古之風烈矣。

[1]軫：星宿名。二十八宿之一，南方朱雀七宿的最末一宿。有星四顆。

[2]壽星：十二星次之一。在十二支爲辰，在二十八宿則起於軫宿十二度，跨角、亢二宿至氐宿四度。

[3]於辰在辰："在"下原脱"辰"，中華本據李慈銘《隋書札記》補，今從補。

信都郡[1]舊置冀州。統縣十二，户十六萬八千七百一十八。

長樂[2]舊曰信都，帶長樂郡，後齊廢扶柳縣入焉。開皇初郡廢，分信都置長樂縣。十六年又分長樂置澤城縣。大業初廢信都及澤城入焉，置信都郡。堂陽[3]舊縣，後齊廢，開皇十六年復。衡水[4]開皇十六年置。棗强[5]舊縣，後齊廢索蘆、廣川二縣入焉。武邑[6]舊縣，後齊廢。開皇六年置，并得後齊觀津縣地。十六年分武强置昌亭縣，大業初廢入焉。武强[7]舊置武邑郡，後齊郡廢，又廢武遂縣入焉。南宫[8]舊縣，後齊廢，開皇六年復。斌强[9]　鹿城[10]舊曰鄡，[11]後齊改曰安國。開皇六年改爲安定，十八年改。開皇十六年又置晏城，大業初廢入。下博[12]　蓨[13]舊曰脩，開皇五年改。十六年分置觀津縣，大業初廢。阜城[14]

[1]信都郡：後魏置冀州，大業三年改爲信都郡。治所在今河北冀州市。

[2]長樂：縣名。漢置信都縣，開皇六年分信都置長樂，大業二年省信都入長樂，十二年又改長樂爲信都。治所在今河北冀州市。

［3］堂陽：縣名。漢置，後齊廢，開皇十六年復置。治所在今河北新河縣西北。

［4］衡水：縣名。治所在今河北衡水市西南舊城。

［5］棗强：縣名。漢置，後漢廢，晋復。《太平寰宇記》云："高齊天保七年省廣川縣，因移棗强縣理此城，屬長樂郡。隋開皇二年又自故城移棗强于今理。"治所在今河北棗强縣東前舊縣村。

［6］武邑：縣名。漢置，後齊廢，開皇六年復置。治所在今河北武邑縣。

［7］武强：縣名。晋置。治所在今河北武强縣西南舊城村。

［8］南宫：縣名。漢置，後齊天保中廢，開皇六年復置。治所在今河北南宫市西北舊城村。

［9］斌强：縣名。王仲犖《北周地理志》云："按《地形志》，相州廣宗郡有武强縣，即此縣，亦即《隋書·地理志》之信都郡斌强縣也。《地形志》冀州武邑郡别有武强縣，即《隋志》之信都郡武强縣也。隋以信都郡同時有二武强縣，故改後魏廣宗郡之武强縣爲斌强縣以别之。"（王仲犖：《北周地理志》，第953—954頁）治所在今河北中南部。

［10］鹿城：縣名。開皇十八年改安定縣置。治所在今河北辛集市東北舊城鎮。

［11］舊曰鄡：鄡，底本作"郡"。中華本校勘記云："'鄡'原作'郡'，據《漢書·地理志》下、《續漢書·郡國志》二改。"今從改。

［12］下博：縣名。漢置。治所在今河北深州市東南下博鄉。

［13］蓨：縣名。治所在今河北景縣南。

［14］阜城：縣名。漢置。治所在今河北阜城縣東古城鎮。

清河郡[1]後周置貝州。統縣十四，户三十萬六千五百四十四。

清河[2]舊曰武城，[3]置清河郡。開皇初郡廢，改名焉，[4]仍别置武城縣。十六年置夏津縣，大業初廢入，置清河郡。清陽[5]舊曰清河縣，後齊省貝丘入焉，改爲貝丘。開皇六年改爲清陽。又有後魏候城縣，後齊省以入武城，亦入焉。武城[6]舊曰東武城。開皇初改武城爲清河縣，於此置武城。歷亭[7]開皇十六年分武城置焉。漳南[8]開皇六年置，曰東陽，十八年改爲漳南。有後魏故索盧城，後齊以入棗强，至是入。鄃[9]舊廢，開皇十六年置。臨清[10]後齊廢，開皇六年復。又十六年置沙丘縣，大業初廢入焉。清泉[11]後齊廢千童縣入。[12]開皇十六年置貝丘縣，大業二年廢入。清平[13]開皇六年置，曰貝丘，十六年改曰清平。高唐[14]後魏置南清河郡，後齊郡廢。經城[15]後齊廢，開皇六年置，十六年分置府城縣，大業初省入焉。宗城[16]舊曰廣宗，仁壽元年改。博平[17]開皇六年置靈縣，大業初省入。茌平[18]後齊廢，開皇初復。

[1]清河郡：後周建德六年（577）平齊置貝州，大業三年罷州爲清河郡。治所在今清河縣西城關鎮。

[2]清河：縣名。治所在今清河縣西城關鎮。

[3]舊曰武城：《元和郡縣圖志》言本漢信成縣地，後漢省信成置清河，至隋不改。

[4]改名焉：楊守敬《隋書地理志考證》云："'改'上脱'縣'字。"《太平寰宇記》云："後魏移清河郡及清河縣于漢厝城置。高齊自厝城移郡及武城縣于今貝州西北十里故州城，其城即漢信成縣理……（開皇）六年移武城縣還于舊理，自厝城移清河縣于州郭。"

[5]清陽：縣名。開皇六年改貝丘縣置。治所在今臨清市東北。

[6]武城：縣名。開皇中改武城爲清河，於此又置武城。治所

在今山東武城縣西北。

［7］歷亭：縣名。治所在今山東武城縣東。

［8］漳南：縣名。開皇六年於故東陽城復置東陽縣，十八年改爲漳南。治所在今山東武城縣漳南鎮。

［9］鄃：縣名。漢縣，後廢，開皇十六年復置。治所在今山東夏津縣。

［10］臨清：縣名。後魏置，後齊廢，開皇六年復置。治所在今河北臨西縣。

［11］清泉：縣名。楊守敬《隋書地理志考證》云："本漢清淵縣地，後齊徙置。按唐爲高祖諱，故《晋志》《隋志》作'泉'。"治所在今山東冠縣東北清水鎮。

［12］後齊廢千童縣入：楊守敬《隋書地理志考證》云："按前漢千童縣屬渤海郡，後漢省，在今南皮縣東南八十里，去清泉甚遠，安能併入？葉圭綬云：'千童是發干之誤'。按漢發干故城在今堂邑縣西南三十三里，與清泉境相接，葉説是。"

［13］清平：縣名。開皇六年改貝丘爲清陽，於此又置貝丘，十六年改爲清平。治所在今山東臨清市東。

［14］高唐：縣名。治所在今山東高唐縣。

［15］經城：縣名。開皇六年移武强縣，復於此置經城縣。治所在今河北威縣北經鎮。

［16］宗城：縣名。治所在今河北威縣東。

［17］博平：縣名。漢置。治所在今山東茌平縣西北。

［18］茌平：縣名。治所在今山東茌平縣西南。

魏郡[1]後魏置相州，東魏改曰司州牧。後周又改曰相州，置六府。宣政初府移洛，以置總管府，[2]未幾，府廢。統縣十一，户十二萬二百二十七。

安陽[3]周大象初，置相州及魏郡，因改名鄴。開皇初郡廢，十年復，名安陽，分置相縣，鄴還復舊。大業初廢相入焉，置魏郡。有韓陵山。**鄴**[4]東魏都。後周平齊，置相州。大象初縣隨州徙安陽，此改爲靈芝縣。開皇十年又改焉。**臨漳**[5]東魏置。**成安**[6]後齊置。**靈泉**[7]後周置。有龍山。**堯城**[8]開皇十年置，名長樂。十八年改焉。**洹水**[9]後周置。**滏陽**[10]後周置。開皇十年置慈州，大業初州廢。**臨水**[11]有慈石山、鼓山、滏山。**林慮**[12]後魏置林慮郡，後齊郡廢，後又置。開皇初郡廢，又分置淇陽縣。十六年置巖州。大業初州廢，又廢淇陽入焉。有林慮䓣、仙人臺、洹水。**臨淇**[13]東魏置，尋廢，開皇十六年復。有淇水。

[1]魏郡：治所在今河南安陽市。

[2]宣政初府移洛，以置總管府：《周書》卷六《武帝紀》云："（建德六年正月）以上柱國、越王盛爲相州總管。"則置總管府應在宣政前。楊守敬《隋書地理志考證》又云："按：移府於洛在大成元年二月，見志豫州河南郡洛陽縣下，此作'宣政初'，亦誤。"

[3]安陽：縣名。開皇十年改鄴縣置。治所在今河南安陽市西南。

[4]鄴：縣名。漢舊縣，開皇十年改靈芝縣復置。治所在今河北臨漳縣西南鄴鎮。

[5]臨漳：縣名。東魏孝静帝分鄴縣置，周武帝平齊後，自鄴城移今理。治所在今河北臨漳縣西南。

[6]成安：縣名。後齊文宣帝分鄴縣置。治所在今河北成安縣。

[7]靈泉：縣名。治所在今河南安陽市西南。

[8]堯城：縣名。晋置長樂縣，後齊廢入臨漳縣，開皇十年分臨漳、洹水二縣復置長樂縣，十八年改爲堯城。治所在今河南安陽市東。

[9]洹水：縣名。周武帝建德六年分臨漳東北界置。治所在今

河北魏縣西南舊魏縣。

［10］滏陽：縣名。周武帝置。治所在今河北磁縣。

［11］臨水：縣名。三國魏黄初三年（222）置。治所先在今河北涉縣西北，開皇七年移治今涉縣東北，開皇十年又移治今邯鄲市臨水鎮。

［12］林慮：縣名。西漢名隆慮，東漢避殤帝諱改爲林慮，後魏廢入鄴縣，太和二十一年復置。治所在今河南林州市。

［13］臨淇：縣名。東魏分朝歌、林慮、共縣置，後齊廢，開皇十六年復置。治所在今河南林州市東南臨淇鎮。

汲郡[1]東魏置義州，後周爲衛州。[2]統縣八，户十一萬一千七百二十一。

衛[3]舊曰朝歌，置汲郡。後周又分置修武郡。開皇初郡並廢，十六年又置清淇縣。大業初置汲郡，改朝歌縣曰衛，廢清淇入焉。有朝陽山、同山。有紂朝歌城、比干墓。汲[4]東魏僑置七郡十八縣。後齊省，以置伍城郡，後周廢爲伍城縣，開皇六年改焉。隋興[5]開皇六年置。後析置陽源縣，大業初併入焉。有倉巖山。黎陽[6]後魏置黎陽郡，後置黎州。[7]開皇初州郡並廢。十六年又置黎州，大業初罷。有倉。有關官。有大伾山、枉人山。内黄[8]舊廢，開皇六年置。十六年分置繁陽縣，大業初廢入。湯陰[9]舊廢，開皇六年又置。有博望岡。臨河[10]開皇六年置。澶水[11]開皇十六年置。

［1］汲郡：東魏孝静帝興和二年（540）置義州，周武帝改爲衛州，大業三年改爲汲郡。治所在今河南浚縣西南衛賢鄉。

［2］後周爲衛州：楊守敬《隋書地理志考證》云："據《周書·廢帝紀》改義州爲巖州，此云衛州，當是廢義州分置巖、衛二

州也。”

［3］衛：縣名。漢置朝歌縣，大業初改爲衛縣。治所在今河南浚縣西南衛賢鄉。

［4］汲：縣名。開皇六年改伍城縣置。治所在今河南衛輝市。

［5］隋興：縣名。治所在今河南衛輝市北。

［6］黎陽：縣名。漢置。治所在今河南浚縣東。

［7］後置黎州：楊守敬《隋書地理志考證》云：“按《周紀》‘宣政元年分相州黎陽郡置黎州’，志‘後’字下當有‘周’字。”

［8］内黄：縣名。漢置，東魏天平初廢入臨漳縣，開皇六年復置。治所在今河南内黄縣西。

［9］湯陰：縣名。漢置，東魏天平初廢入鄴縣，開皇六年復置。治所在今河南湯陰縣東。

［10］臨河：縣名。開皇六年分黎陽縣置。治所在今河南浚縣東北。

［11］澶水：縣名。原名澶淵，唐初避國諱改爲澶水，此係唐人追改。治所在今河南濮陽縣西。

河内郡[1]舊置懷州。統縣十，户十三萬三千六百六。

河内[2]舊曰野王，置河内郡。開皇初郡廢，十六年縣改焉。[3]有軹縣，大業初廢入，尋置郡。有大行。有丹水。有絺城。温[4]舊廢，開皇十六年置。古温城。濟源[5]開皇十六年置。舊有沁水縣，後齊廢入。有孔山、母山。有濟水、濝水、古原城。[6]河陽[7]舊廢，開皇十六年置。有盟津。有古河陽城治。安昌[8]舊曰州縣，置武德郡。開皇初郡廢，十八年縣改爲邢丘。[9]大業初改名安昌，又廢懷縣入焉。舊有平高縣，後齊廢。王屋[10]舊曰長平，後周改焉，後又置懷州。及平齊，廢州置王屋郡。開皇初郡廢。有王屋山、齊子嶺。有軹關。獲嘉[11]後周置修武郡，開皇初郡廢。十六年置殷州，大業初州廢。新鄉[12]開皇初年置。有關官。舊有獲嘉縣，後齊廢。修武[13]後魏置修武，[14]後齊併入焉。開皇十六年析置武陟，大業初併入焉。又有東魏廣寧郡，後周廢。共城[15]舊曰共，後齊廢。開皇六年復置，[16]曰共城。有共山、白鹿山。

[1]河内郡：後魏置懷州，大業三年改爲河内郡。治所在今河南沁陽市。

[2]河内：縣名。漢置野王縣，開皇中改爲河内。治所在今河南沁陽市。

[3]開皇十六年縣改焉：《元和郡縣圖志》《太平寰宇記》均記開皇十三年改。

[4]温：縣名。漢置，後廢，開皇十六年復置。治所在今河南温縣西南上苑村北。

[5]濟源：縣名。開皇十六年分軹縣置。治所在今河南濟源市。

[6]溹水：溹，底本作“淇”。中華本校勘記云：“‘溹’原作‘淇’，據《水經》四《河水注》改。”今從改。

[7]河陽：縣名。漢置，北齊天保中廢入温、軹二縣，開皇十六年分二縣復置。治所在今河南孟州市南。

[8]安昌：縣名。治所在今河南温縣東北武德鎮。

[9]十八年縣改爲邢丘：《元和郡縣圖志》《太平寰宇記》均記開皇十六年改。

[10]王屋：縣名。後魏皇興四年分垣縣置長平縣，後周武成元年（559）改爲王屋。治所在今河南濟源市西王屋鄉。

[11]獲嘉：縣名。漢縣。治所在今河南獲嘉縣。

[12]新鄉：縣名。開皇六年於汲、獲嘉二縣地古新樂城中置。治所在今河南新鄉市。

[13]修武：縣名。治所在今河南修武縣，大業十年移治今河南武陟縣西南大虹橋鄉。

[14]後魏置修武：楊守敬《隋書地理志考證》云："《地形志》汲郡有南、北修武縣，南修武縣即獲嘉縣治，北修武在今修武縣北，疑志當有'南北'二字。"

[15]共城：縣名。治所在今河南輝縣市。

[16]開皇六年復置：《元和郡縣圖志》《太平寰宇記》均記開皇四年置。

長平郡[1]舊曰建州。開皇初改爲澤州。[2]統縣六，户五萬四千九百一十三。

丹川[3]舊曰高都。後齊置長平、高都二郡，後周併爲高平郡。開皇初郡廢，十八年改爲丹川。大業初置長平郡。有太行山。沁水[4]舊置廣寧郡。後齊郡廢，縣改爲永寧。[5]開皇十八年改焉。有輔山。端氏[6]後魏置安平郡，開皇初郡廢。有巨峻山、秦川水。濩澤[7]有嶕嶢山、濩澤山。高平[8]舊曰平高，齊末改焉，又併泫氏縣入焉。有關官。陵川[9]開皇十六年置。

[1]長平郡：後魏置建州，後改爲澤州，大業初又改爲長平郡。

[2]開皇初改爲澤州：《元和郡縣圖志》記後周改澤州。

[3]丹川：縣名。漢置高都縣，開皇十八年改爲丹川。治所在今山西晋城市東北高都鎮。

[4]沁水：縣名。治所在今山西沁水縣。

[5]縣改爲永寧：《元和郡縣圖志》《太平寰宇記》俱言後魏置東永安縣，後齊省郡而縣存，開皇十八年改爲沁水。未記改永寧之事。

[6]端氏：縣名。漢置，後魏太平真君七年（446）廢，太和二十年復置。治所在今山西沁水縣東端氏鎮。

[7]濩澤：縣名。漢置。治所在今山西陽城縣西北澤城村。

[8]高平：縣名。治所在今山西高平市西北。

[9]陵川：縣名。治所在今山西陵川縣。

上黨郡[1]後周置潞州。統縣十，户十二萬五千五十七。

上黨[2]舊置上黨郡，開皇初郡廢。有壺關縣。大業初復置郡，廢壺關入焉。有羊頭山、抱犢山。長子[3]後齊廢。開皇九年置，曰寄氏縣。[4]十八年改爲長子。舊有屯留、欒陽二縣，後齊廢。有濁漳水、堯水。潞城[5]開皇十六年置。有黄阜山。屯留[6]後齊廢，開皇十六年復。襄垣[7]舊置襄垣郡，後齊郡廢。後周置韓州，大業初州廢。有鹿臺山。黎城[8]後魏以潞縣被誅遺人置，[9]十八年改名黎城。有積布山、松門嶺。涉[10]後魏廢，開皇十八年復。[11]有崇山。鄉[12]石勒置武鄉郡，後魏去“武”字。開皇初郡廢，十六年分置榆社縣，大業初廢。又有後魏南垣州，尋改豐州，後周廢。銅鞮[13]有舊涅縣，後魏改爲陽城。開皇十八年改爲甲水，大業初省入。有銅鞮水。沁源[14]後魏置縣及義寧郡，開皇初廢。[15]十六年置沁州。又義寧縣十八年改爲和川。大業初州廢，又廢和川縣入。

[1]上黨郡：大業三年改潞州置。治所在今山西長治市。

[2]上黨：縣名。開皇十六年分壺關縣置。治所在今山西長治市。

[3]長子：縣名。治所在今山西長子縣。

[4]開皇九年置，曰寄氏縣：《元和郡縣圖志》《太平寰宇記》均言開皇九年是移寄氏縣理至此，則長子縣雖廢於後齊，而寄氏未廢，故開皇九年移理廢長子縣。此處云開皇九年置寄氏縣，不確。（參見施和金《中國行政區劃通史·隋代卷》，第327頁）

[5]潞城：縣名。治所在今山西潞城縣。

［6］屯留：縣名。治所在今山西屯留縣西西故縣村。

［7］襄垣：縣名。漢置。治所在今山西襄垣縣北東故縣村。

［8］黎城：縣名。治所在今山西黎城縣北。

［9］後魏以潞縣被誅遺人置：楊守敬《隋書地理志考證》云：“‘遺’當作‘遣’。‘置’下脱‘刈陵’二字。《地形志》：刈陵，二漢，晋曰‘潞’，屬上黨，真君十一年改，後屬襄垣郡。”

［10］涉：縣名。漢置，後魏廢，開皇中復置。治所在今河北涉縣西北。

［11］開皇十八年復：《元和郡縣圖志》《太平寰宇記》均言開皇十年復置。按，此涉縣開皇十六年已由磁州改屬韓州，則置當在開皇十六年之前，此恐有誤（參見施和金《中國行政區劃通史·隋代卷》，第328頁）。

［12］鄉：縣名。治所在今山西武鄉縣東故縣鄉。

［13］銅鞮：縣名。漢置。治所在今山西沁縣西南。

［14］沁源：縣名。後魏建義元年（528）置。治所在今陝西沁源縣。

［15］開皇初廢：“廢”字上脱“郡”字。

河東郡[1]後魏曰秦州，後周改曰蒲州。統縣十，户十五萬七千七十八。

河東[2]舊曰蒲坂縣，置河東郡。開皇初郡廢，十六年析置河東縣。大業初置河東郡，併蒲坂入。有酒官。有首山。有嬀、汭水。桑泉[3]開皇十六年置。有三疑山。汾陰[4]舊置汾陰郡，開皇初郡廢。有龍門山。龍門[5]後魏置，并置龍門郡。開皇初郡廢。芮城[6]舊置，曰安戎。後周改焉，又置永樂郡，後省入焉。有關官。安邑[7]開皇十六年置虞州，大業初州廢。有鹽池、銀冶。夏[8]舊置安邑郡，開皇初郡廢。有巫咸山、稷山、虞坂。河北[9]舊置河北郡，開皇初郡廢。有關官。有砥柱山。有傅巖。猗氏[10]西魏改曰桑泉，後周復焉。虞鄉[11]後魏曰安定，西魏改曰南解，又改曰綏化，又曰虞鄉。有石錐山、百梯山、百徑山。

［1］河東郡：後魏太武帝神䴥元年置雍州，延和元年（432）改爲秦州，後周明帝改爲蒲州，大業三年罷州爲河東郡。治所在今山西永濟市蒲州鎮。

［2］河東：縣名。開皇十六年移蒲坂縣於城東，於今理别置河東縣。治所在今山西永濟市蒲州鎮。

［3］桑泉：縣名。開皇十六年分猗氏縣置。治所在今山西臨猗縣西南臨晋鎮。

［4］汾陰：縣名。漢置，劉元海省入蒲坂縣，後魏太和十一年復置。治所在今山西萬榮縣西南寶井村。

［5］龍門：縣名。後魏改皮氏縣置。治所在今山西河津市西。

［6］芮城：縣名。北周明帝改安戎縣置。治所在今山西芮城縣東東張村。

［7］安邑：縣名。漢置，後魏析置南安邑縣，隋改爲安邑縣。治所在今山西運城市東北安邑。

［8］夏：縣名。後魏置。治所在今山西夏縣西北禹王城。

［9］河北：縣名。後周改大陽縣置。治所在今山西平陸縣西南舊平陸。

［10］猗氏：縣名。漢置，西魏恭帝二年（555）改爲桑泉，後周明帝復爲猗氏。治所在今山西臨猗縣。

［11］虞鄉：縣名。治所在今山西運城市西南解州。

絳郡[1]後魏置東雍州，後周改曰絳州。統縣八，户七萬一千八百七十六。

正平[2]舊曰臨汾，置正平郡。開皇初郡廢，十八年縣改名焉。大業初置絳郡。又有後魏南絳郡，後周廢郡，又併南絳縣入小鄉縣。開皇十八年改曰汾東，大業初省入焉。**翼城**[3]後魏置，曰北絳縣，并置北絳郡。後齊廢新安縣，并南絳郡入焉。開皇初郡廢，十八年改爲翼城。[4]有烏嶺山、東涇山。有澮水。**絳**[5]舊置絳郡，開皇初郡廢。後周置晋州，建德五年廢。**曲沃**[6]後周置，建德六年廢。[7]有絳山、橋山。**稷山**[8]後魏曰高凉，開皇十八年改焉。有後魏龍門郡，開皇初廢。又有後周勳州，置總管，後改曰絳州，開皇初移。**聞喜**[9]有景山。有董澤陂。**垣**[10]後魏置邵郡及白水縣。後周置邵州，改白水爲亳城。開皇初郡廢。大業初州廢，縣改爲垣縣，又省後魏所置清廉縣及後周所置蒲原縣入焉。有黑山。**太平**[11]後魏置，後齊省臨汾縣入焉。有關官。

[1]絳郡：後魏太武帝置東雍州，孝文帝廢，東魏静帝復置，周明帝武成二年改爲絳州，大業三年改爲絳郡。治所在今山西新絳縣。

[2]正平：縣名。漢置臨汾，開皇十八年改爲正平。治所在今山西新絳縣。

[3]翼城：縣名。治所在今山西翼城縣。

[4]十八年改爲翼城：《太平寰宇記》作開皇十六年改。

[5]絳：縣名。後魏孝文帝置南絳縣，恭帝去“南”字。治所在今山西絳縣南。

[6]曲沃：縣名。後魏太和十一年置。治所在今山西曲沃縣。

[7]後周置，建德六年廢：此恐有脱誤。曲沃縣置於後魏，周時縣治有遷徙而無置廢。

[8]稷山：縣名。開皇十八年改高凉縣置。治所在今山西稷山縣。

[9]聞喜：縣名。漢置。治所先在今山西新絳縣西南柏壁村，開皇十年移治今山西聞喜縣東北。

［10］垣：縣名。大業三年改亳城縣置。治所在今山西垣曲縣東南古城鎮。

［11］太平：縣名。後魏太平真君七年置泰平縣，後周改爲太平。治所在今山西襄汾縣西北古城鎮。

文城郡[1]東魏置南汾州，後周改爲汾州，後齊爲西汾州。[2]後周平齊，置總管府。開皇四年府廢，十六年改爲耿州，後復爲汾州。統縣四，户二萬二千三百。

吉昌[3]後魏曰定陽縣，并置定陽郡。開皇初郡廢，十八年縣改名焉。大業初，置文城郡。有風山。文城[4]後魏置。有石門山。伍城[5]後魏置，曰刑軍縣，後改爲伍城，後又置伍城郡。開皇初郡廢，又廢後魏平昌縣入焉。大業初又廢大寧縣入焉。昌寧[6]後魏置，并内陽郡。[7]開皇初郡廢。有壺口山、㟧山。

［1］文城郡：治所在今山西吉縣。

［2］後齊爲西汾州：楊守敬《隋書地理志考證》云："凡言東西南北者，皆以别其同。建德六年乃周滅齊之歲，是歲改西汾爲石州，有改南汾爲西汾州，將以何别？此必不然。今慈州總序當云：'東魏天平元年置南汾州，後周建德六年改爲汾州。'此説甚辨。余按《北齊書·斛律光傳》'武平元年冬進圍定陽，仍築南汾城，置州以逼之'，則齊仍舊曰南汾州，然則誤'南'爲'西'耳。"

［3］吉昌：縣名。開皇十八年改定陽縣置。治所在今山西吉縣。

［4］文城：縣名。治所在今山西吉縣西北古賢村。

［5］伍城：縣名。治所在今山西吉縣東北。

［6］昌寧：縣名。後魏延興四年（474）分太平縣置。治所在今山西鄉寧縣西。

［7］并内陽郡："并"下脱"置"字。

臨汾郡[1]後魏置唐州，改曰晋州。後周置總管府，開皇初府廢。統縣七，户七萬一千八百七十四。

臨汾[2]後魏曰平陽，并置平陽郡。開皇初改郡爲平河，改縣爲臨汾，尋郡廢。又有東魏西河、敷城、伍城、北伍城、定陽等五郡，後周廢爲西河、定陽二郡。開皇初郡並廢。又有後魏永安縣，開皇初改爲西河，大業初省。又有舊襄城縣，後齊省。有姑射山。襄陵[3]後魏太武禽赫連昌，乃分置禽昌縣。齊併襄陵入禽昌縣。大業初又改爲襄陵。冀氏[4]後魏置冀氏郡，領冀氏、合陽二縣。後齊郡廢，又廢合陽入焉。楊[5]　霍邑[6]後魏曰永安，并置永安郡。開皇初郡廢。十六年置汾州，十八年改爲吕州，縣曰霍邑。大業初州廢。有霍山。有彘水。汾西[7]後魏曰臨汾，并置汾西郡。開皇初郡廢，十八年縣改爲汾西。[8]又有後周新城縣，開皇十年省入。岳陽[9]後魏置，曰安澤。大業初改焉。

[1]臨汾郡：後魏太武帝置東雍州，孝明帝孝昌中改爲唐州，尋改爲晋州，大業三年罷州爲臨汾郡。治所在今山西臨汾市。

[2]臨汾：縣名。後魏置平陽，開皇元年改爲平河縣，三年又改爲臨汾。治所在今山西臨汾市。

[3]襄陵：縣名。大業二年改禽昌縣置。治所在今山西臨汾市東南縣底鎮。

[4]冀氏：縣名。後魏建義元年置。治所在今山西澤縣東南冀氏鎮。

[5]楊：縣名。漢置，義寧元年改爲洪洞縣。治所在今山西洪洞縣東南范村。

[6]霍邑：縣名。開皇十八年改永安置。治所在今山西霍州市。

[7]汾西：縣名。治所在今山西汾西縣。

[8]十八年縣改爲汾西：《元和郡縣圖志》《太平寰宇記》均言

開皇三年改。前文已提到開皇初改平陽爲臨汾，此時若開皇十八年改臨汾爲汾西，則一郡有兩個臨汾縣，不合情理，故此處應以開皇三年改汾西爲是。

［9］岳陽：縣名。後魏建義元年置安澤縣，大業二年改爲岳陽。治所在今山西古縣。

龍泉郡[1]後周置汾州。開皇四年置西汾州總管，五年改爲隰州總管。大業初府廢。統縣五，户二萬五千八百三十。

隰川[2]後周置縣，初曰長壽，又置龍泉郡。開皇初郡廢，縣改曰隰川。[3]大業初置郡。永和[4]後周置，曰臨河縣及臨河郡。開皇初郡廢，十八年縣改名焉。有關官。樓山[5]後周置，曰歸化。開皇十八年改名焉。有北石樓山，有孔山。石樓[6]舊置吐京郡及吐京縣，開皇初郡廢，十八年縣改名。蒲[7]後周置，[8]有伍城郡及石城郡及石城縣，周末並廢。又有後魏平昌縣，開皇中改曰蒲川，大業初廢入焉。

［1］龍泉郡：開皇五年改汾州爲隰州，大業三年改爲龍泉郡。治所在今山西隰縣。

［2］隰川：縣名。後周置長壽縣，隋改爲隰川。治所在今山西隰縣。

［3］開皇初郡廢，縣改曰隰川：《元和郡縣圖志》《太平寰宇記》均作開皇十八年。

［4］永和：縣名。後周宣帝置臨河縣，開皇十八年改爲永和。治所在今山西永和縣西南。

［5］樓山：縣名。開皇十八年改歸化縣置。《讀史方輿紀要》記大業初廢，《嘉慶重修一統志》記大業末廢。治所在今山西永和縣西南。

［6］石樓：縣名。後魏太和年間置吐京縣，開皇十八年改爲石樓縣。治所在今山西石樓縣。

［7］蒲：縣名。後周宣帝置蒲子縣，大業二年改爲蒲縣。治所在今山西蒲縣西南。

［8］後周置：《元和郡縣圖志》云："本漢蒲子縣地，後魏於此置石城縣，後廢。周宣帝於石城故縣置蒲子縣，因漢蒲子縣爲名也，屬定陽郡。隋開皇五年改屬隰州，大業二年改爲蒲縣。"本志疑有脱漏。

西河郡[1]後魏置汾州，後齊置南朔州，後周改曰介州。統縣六，户六萬七千三百五十一。

隰城[2]舊置西河郡，開皇初郡廢，大業初復。有隱泉山。介休[3]後魏置定陽郡、平昌縣。後周改郡曰介休，以介休縣入焉。[4]開皇初郡廢，十八年縣改曰介休。永安[5]有雀鼠谷。平遥[6]開皇十六年析置清世縣，大業初廢入焉。又後魏置蔚州，後周廢。有鹿臺山。靈石[7]開皇十年置。有介山，有靖巖山。綿上[8]開皇十六年置。有沁水。

［1］西河郡：大業三年改介州爲西河郡。治所在今山西汾陽市。

［2］隰城：縣名。本漢兹氏縣，晋改爲隰城縣。治所在今山西汾陽市。

［3］介休：縣名。治所在今山西介休市東南。

［4］後周改郡曰介休，以介休縣入焉：《元和郡縣圖志》云："高齊省介休入永安縣。周武帝省南朔州，復置介休縣，宣帝改介休爲平昌縣，隋開皇末又改平昌爲介休縣。"

［5］永安：縣名。後魏太和十七年分隰城置。治所在今山西霍州市。

［6］平遥：縣名。本漢平陶縣，後魏以太祖名燾，改爲平遥。治所在今山西平遥縣。

［7］靈石：縣名。治所在今山西靈石縣。

［8］綿上：縣名。治所在今山西沁源縣北。

離石郡[1]後齊置西汾州，後周改爲石州。統縣五，户二萬四千八十一。

離石[2]後齊曰昌化縣，置懷政郡。後周改曰離石郡及縣，又置寧鄉縣。開皇初郡廢。大業初置郡，併寧鄉入焉。修化[3]後周置，曰窟胡，并置窟胡郡。開皇初郡廢，後縣改爲修化。又後周置盧山縣，大業初併入焉。有伏盧山。定胡[4]後周置，及置定胡郡。開皇初郡廢。有關官。平夷[5]後周置。太和[6]後周置，曰烏突，及置烏突郡。開皇初郡廢，縣尋改焉。有湫水。

［1］離石郡：後齊天保三年置西汾州，後周建德六年改爲石州，大業三年罷州爲離石郡。治所在今山西吕梁市離石區。

［2］離石：縣名。後齊文宣帝置昌化縣，後周建德六年改爲離石縣。治所在今山西吕梁市離石區。

［3］修化：縣名。治所在今山西中陽縣西北。

［4］定胡：縣名。北周大象元年置。治所在今山西柳林縣西北孟門鎮。

［5］平夷：縣名。後周割離石縣置。治所在今山西中陽縣。

［6］太和：縣名。開皇初改烏突縣置。治所在今山西臨縣西南。

雁門郡[1]後周置肆州。開皇五年改爲代州，置總管府。大業初府廢。統縣五，户四萬二千五百二。

雁門[2]舊曰廣武，置雁門郡。開皇初郡廢，十八年改曰雁門。大業初置雁門郡。有關官。有長城。有纍頭山，有夏屋山。繁畤[3]後魏置，并置繁畤郡。後周郡縣並廢。開皇十八年復置縣。有東魏武州及吐京、齊、新安三郡，寄在城中。後齊改爲北靈州，尋廢。有長城、滹沱水、派水、唐山。崞[4]後魏置，曰石城縣。東魏置廓州。有廣安、永定、建安三郡，寄山城。後齊廢郡，改爲北顯州。後周廢。開皇十年改縣曰平寇。大業初改爲崞縣。又有雲中城，東魏僑置恒州，尋廢。有無京山、崞山。有土城。五臺[5]舊曰慮虒，久廢。後魏置，曰驢夷。大業初改焉。有五臺山。靈丘[6]後魏置靈丘郡，後齊省莎泉縣入焉。後周置蔚州，又立大昌縣。開皇初郡廢，縣併入焉。大業初州廢。

[1]雁門郡：後周大象元年自九原移肆州於今理，開皇五年改爲代州，大業三年改爲雁門郡。治所在今山西代縣。

[2]雁門：縣名。漢置廣武縣，開皇十八年避太子楊廣諱改爲雁門。治所在今山西代縣。

[3]繁峙：縣名。本漢縣，後多有廢置，開皇十八年復置。治所先在今山西繁峙縣東北，大業十二年徙至繁峙縣西。

[4]崞：縣名。後魏永熙二年（533）置石城縣，開皇時乃移平寇縣於此，大業二年改爲崞縣。治所在今山西原平市北崞陽鎮。

[5]五臺：縣名。本漢慮虒縣，晋廢，後魏置驢夷，大業二年改爲五臺縣。治所在今山西五臺縣。

[6]靈丘：縣名。漢縣，後漢省，東魏孝静帝復置。治所在今山西靈丘縣。

馬邑郡[1]舊置朔州。開皇初置總管府，大業初府廢。統縣四，户四千六百七十四。

善陽[2]後齊置縣曰招遠，郡曰廣安。開皇初郡廢。大業初縣改曰善陽，置代郡，尋曰馬邑。又有後魏桑乾郡，後齊以置朔州及廣寧郡。後周郡廢，大業初州廢。神武[3]後魏置神武郡，後齊改曰太平，後周罷郡。有桑乾水。雲内[4]後魏立平齊郡，尋廢。後齊改曰太平縣，後周改曰雲中，開皇初改曰雲内。有後魏都，置司州，又有後齊安遠、臨塞、威遠、臨陽等郡屬北恒州，後周並廢。有純真山、白登山、武周山。[5]有㶟水。開陽[6]舊曰長寧，後齊置齊德、長寧二郡。後周廢齊德郡。開皇初郡廢，十九年縣改曰開陽。

[1]馬邑郡：大業三年改朔州置。治所在今山西朔州市。

[2]善陽：縣名。大業元年改招遠置。治所在今山西朔州市。

[3]神武：縣名。王仲犖《北周地理志》云："《讀史方輿紀要》謂北齊廢殊頽，隋改尖山曰神武。《清一統志》謂周并殊頽尖山二縣爲神武縣，皆無實證。蓋北齊世，别置北朔州於馬邑城，又於此置神武郡并神武縣，以隸北朔州。"（王仲犖：《北周地理志》，第889頁）治所在今山西神武縣東北。

[4]雲内：縣名。後齊置太平縣，後周改爲雲中，開皇元年避諱改爲雲内。治所在今山西大同市。

[5]純真山：楊守敬言"純"當作"紇"。

[6]開陽：縣名。開皇十九年改長寧置。治所在今山西神池縣。

定襄郡[1]開皇五年置雲州總管府，[2]大業元年府廢。統縣一，户三百七十四。

大利[3]大業初置，帶郡。有長城。有陰山。有紫河。

[1]定襄郡：治所在今内蒙古和林格爾縣西北土城子鄉。

[2]開皇五年置雲州總管府：開皇五年於榆林郡置雲州總管府，

開皇二十年移雲州總管府至此。

[3]大利：縣名。治所在今内蒙古和林格爾縣西北土城子鄉。

樓煩郡[1]大業四年置。統縣三，户二萬四千四百二十七。

静樂[2]舊曰岢嵐。開皇十八年改爲汾源，大業四年改焉。有長城。有汾陽宫。有關官。有管涔山、天池、汾水。[3]臨泉[4]後齊置，曰蔚汾。大業四年改焉。秀容[5]舊置肆州，[6]後齊又置平寇縣。後周州徙雁門。開皇初置新興郡、銅川縣。郡尋廢。十年廢平寇縣。十八年置忻州，大業初州廢，又廢銅川。[7]有程侯山、繫舟山。有嵐水。

[1]樓煩郡：大業四年以汾源、臨泉、雁門之秀榮爲樓煩郡。治所在今山西静樂縣。

[2]静樂：縣名。大業四年改汾源縣置。治所在今山西静樂縣。

[3]管涔山：中華本校勘記云：郝懿行《山海經·北山經》管涔之山注：“《寰宇記》引郭璞注‘管音奸’，是‘管’當爲‘菅’。”

[4]臨泉：縣名。大業四年改蔚汾縣置。治所在今山西興縣西北。

[5]秀容：縣名。《元和郡縣圖志》云：“隋開皇十八年，於此置忻州，又於今縣西北五十里秀容故城移後魏明元所置秀容縣於今理”楊守敬《隋書地理志考證》云：“按《輿地廣記》‘開皇十年廢平寇縣，而自今宜芳秀容故城移縣治此’，則廢平寇置秀容俱十年事，疑當從之。”治所在今山西忻州市西北。

[6]肆州：肆，底本作“泗”。中華本校勘記云：“‘肆’原作‘泗’，據《魏書·地形志》上改。”今從改。

[7]又廢銅川：此下應脱“入焉”二字。

太原郡[1]後齊并州，置省，立别宫。後周置并州六府，後置總管，廢六府。開皇二年置河北道行臺，九年改爲總管府，大業初府廢。統縣十五，户十七萬五千三。

晋陽[2]後齊置，曰龍山，帶太原郡。開皇初郡廢，十年改縣曰晋陽，十六年又置清源縣，大業初省入焉。有龍山、蒙山。太原[3]舊曰晋陽，帶郡。開皇十年分置陽真縣，大業初省入焉。有晋陽宫。有晋水。交城[4]開皇十六年置。汾陽[5]舊曰陽曲。開皇六年改爲陽直，十六年又改名焉，復分置盂縣，大業初廢。有摩笄山。文水[6]舊曰受陽，開皇十年改焉。有文水、泌水。[7]祁[8]後齊廢，開皇中復。壽陽[9]開皇十年改州南受陽縣爲文水；分州東故壽陽，置壽陽。[10]有鷰巖。榆次[11]後齊曰中都，開皇中改焉。太谷[12]舊曰陽邑，開皇十八年改焉。樂平[13]舊置樂平郡，開皇初廢郡。十六年分置遼州及東山縣，大業初廢州及東山縣。有皋洛山。有清漳水。和順[14]舊曰梁榆，開皇十年改。有九京山。遼山[15]後魏曰遼陽，後齊省。開皇十年置，改名焉。十六年屬遼州，并置交漳縣。大業初廢州，并罷交漳入焉。有萁轑水。平城[16]開皇十六年置。有涂水。[17]石艾[18]有蒙山。盂[19]開皇十六年置，曰原仇，大業初改焉。有白鹿山。

[1]太原郡：大業三年改并州置。治所在今山西太原市。

[2]晋陽：縣名。《元和郡縣圖志》云："高齊武成帝河清四年，移晋陽縣於汾水東，今太原縣理是也。武平六年，於今理置龍山縣，屬太原郡，因縣西龍山爲名也。……（開皇）十年，廢龍山縣，移晋陽縣理之。"治所在今山西太原市。

[3]太原：縣名。開皇十年移晋陽至原龍山縣地，於此另置太原縣。治所在今山西太原市西南古城營。

[4]交城：縣名。開皇十六年分晋陽縣置。治所在今山西古

交市。

［5］汾陽：縣名。本漢陽曲縣，開皇六年改爲陽直，十六年改爲汾陽，煬帝復改爲陽直。治所在今山西陽曲縣東北故縣。

［6］文水：縣名。開皇十年改受陽縣置。治所在今山西文水縣東舊城莊。

［7］泌水：泌，底本作“沁”。中華本校勘記云：“‘泌’原作‘沁’，據《水經》六《文水注》改。”今從改。

［8］祁：縣名。底本作“祈”，今據《漢書·地理志》《晋書·地理志》《魏書·地形志》改。本漢縣，後齊廢，開皇十年復置。治所在今山西祁縣。

［9］壽陽：縣名。治所在今山西壽陽縣西南。

［10］分州東故壽陽，置壽陽：王仲犖《北周地理志》云：“《周書·宇文神舉傳》，授并州刺史，所部東壽陽縣土人相聚爲盜，率其黨五千人來襲州城，神舉以州兵討平之。按據《隋志》《元和志》，似東壽陽縣久廢，開皇十年又復置。據《宇文神舉傳》，則齊氏滅亡之歲，尚有東壽陽縣，蓋齊復置，隋初又廢，開皇十年復置也。”（王仲犖：《北周地理志》，第865頁）

［11］榆次：縣名。漢縣，後齊省，又移中都縣理至今榆次縣東，開皇十年復改爲榆次。治所在今山西晋中市榆次區。

［12］太谷：縣名。漢置陽邑縣，後魏太平真君九年廢，景明二年（501）復置，開皇十八年改爲太谷縣。治所在今山西太谷縣。

［13］樂平：縣名。後魏置。治所在今山西昔陽縣。

［14］和順：縣名。後齊置梁榆，開皇十年改爲和順。治所在今山西和順縣。

［15］遼山：縣名。治所在今山西左權縣北。

［16］平城：縣名。治所在今山西和順縣西儀城村。

［17］涂水：涂，底本作“徐”。中華本校勘記云：“‘涂’原作‘徐’，據《水經》六《洞過水注》改。”今從改。

［18］石艾：縣名。本漢上艾縣，後廢，晋復，後魏改爲石艾。

治所在今山西平定縣南新城村。

［19］盂：縣名。開皇十六年分石艾縣置原仇縣，大業二年改爲盂縣。治所在今山西盂縣。

襄國郡[1]開皇十六年置邢州。統縣七，户十萬五千八百七十三。

龍岡[2]舊曰襄國，開皇九年改名焉。十六年又置青山縣，大業初省入焉。有黑山。有漲水。南和[3]舊置北廣平郡，後齊省入廣平郡，後周分置南和郡。開皇初郡廢，十六年置任縣，大業初廢入。平鄉[4]　沙河[5]開皇十六年置。有罄山。鉅鹿[6]後齊廢，開皇六年置南欒縣，後廢入焉。[7]内丘[8]有干言山。柏仁[9]有鵲山。

［1］襄國郡：開皇十六年割洺州龍岡、南和、平鄉三縣置邢州，大業三年改爲襄國郡。治所在今河北邢臺市西南。

［2］龍岡：縣名。開皇九年改襄國縣置。治所在今河北邢臺市西南。

［3］南和：縣名。漢置，西晉廢入任縣，後魏太和年間復置。治所在今河北南和縣。

［4］平鄉：縣名。治所在今河北平鄉縣西南大老營。

［5］沙河：縣名。開皇十六年分龍岡縣置。治所在今河北沙河市沙河城鎮。

［6］鉅鹿：縣名。開皇六年置。治所在今河北巨鹿縣北。

［7］後齊廢，開皇六年置南欒縣，後廢入焉：王仲犖《北周地理志》云："按《隋志》文有譌奪，當云：'鉅鹿，後齊廢，開皇六年置。有南欒縣，後廢入焉。'"（王仲犖：《北周地理志》，第956頁）

［8］内丘：縣名。漢置中丘縣，晉廢，後魏太和二十一年復置，隋避諱改爲内丘。治所在今河北内丘縣。

［9］柏仁：縣名。漢置。治所在今河北隆堯縣西南。

武安郡[1]後周置洺州。統縣八，户十一萬八千五百九十五。

永年[2]舊曰廣平，[3]置廣平郡，後齊廢北廣平郡及曲梁、廣平二縣入。開皇初郡廢，復置廣平，後改曰雞澤。仁壽元年改廣平爲永年。[4]大業初置武安郡，又併雞澤縣入。肥鄉[5]東魏省，開皇十年復。清漳[6]開皇十六年置。平恩[7] 洺水[8]舊曰斥漳，後齊省入平恩。開皇六年分置曲周，[9]大業初廢入焉。武安[10]開皇十年分置陽邑縣，大業初廢入焉。有榆溪，有閼與山，有寖水。邯鄲[11]東魏廢。開皇十六年復置陟鄉，大業初省入焉。臨洺[12]舊曰易陽。後齊廢入襄國縣，置襄國郡。後周改爲易陽縣，別置襄國縣。開皇六年改易陽爲邯鄲，十年改邯鄲爲臨洺。開皇初郡廢。有紫山、狗山、塔山。

［1］武安郡：後周分相州廣平郡置洺州，大業三年罷州爲武安郡。治所在今河北永年縣東南廣府鎮。

［2］永年：縣名。治所在今河北永年縣東南廣府鎮。

［3］舊曰廣平：楊守敬《隋書地理志考證》云："當云'廣年'。按廣平、廣年並漢縣，晋永嘉後并廢，後魏太和二十年并復。廣平，今永年縣西北；廣年，今雞澤縣東二十里。"

［4］仁壽元年改廣平爲永年：楊守敬《隋書地理志考證》云："《元和志》：開皇三年廣平縣屬洺州，仁壽元年改廣年爲永年，避煬帝諱也。據此，則志'改廣平'實'改廣年'之誤。蓋上既云改廣平爲雞澤，則廣平已廢。"

［5］肥鄉：縣名。三國魏黄初二年置肥鄉，東魏天平初廢，開皇十年復置。治所在今河北肥鄉縣。

［6］清漳：縣名。治所在今河北廣平縣東北清漳村。

［7］平恩：縣名。漢置，高齊天保七年移於斥漳城，開皇六年又自斥漳移至平恩川。治所在今河北曲周縣東南西呈孟鄉。

［8］洺水：縣名。本漢斥漳縣，後齊省，開皇六年復置。治所在今河北曲周縣東南。

［9］開皇六年分置曲周：楊守敬《隋書地理志考證》云："按當作'開皇六年置洺水，又分置曲周'，不然是平恩分置曲周，曲周又廢入平恩，而洺水之置竟不見，是爲疏也。"

［10］武安：縣名。治所在今河北武安市。

［11］邯鄲：縣名。《太平寰宇記》臨洺縣下云："本漢易陽縣也……後魏省入邯鄲縣，孝文帝于北中府城復置易陽，屬廣平郡，今理是也。隋開皇六年改易陽爲邯鄲縣；十年移邯鄲縣理陟鄉城，在今邯鄲縣界，仍于北中府城別置臨洺縣，北濱洺水爲名，屬磁州。"施和金言："比合諸書所記，當時易陽縣曾省入邯鄲，而邯鄲東魏又廢，易陽却廢而復置，於是易陽便占有原易陽、邯鄲二縣之地，故隋開皇六年改易陽爲邯鄲，此新改名之邯鄲又於開皇十年移理陟鄉城，復於此地別置臨洺縣。因此，此邯鄲當以開皇十年爲始，臨洺縣下原邯鄲則十年爲止。"（施和金：《中國行政區劃通史·隋代卷》，第358頁）治所在今河北邯鄲市。

［12］臨洺：縣名。開皇十年改邯鄲置。治所在今河北永年縣。

趙郡[1]開皇十六年置欒州，大業三年改爲趙州。[2]統縣十一，户十四萬八千一百五十六。

平棘[3]舊置趙郡，開皇初省。有宋子縣，後齊廢。大業初置趙郡，廢宋子縣入焉。高邑[4]　贊皇[5]開皇十六年置。有孔子嶺，有白溝。元氏[6]舊縣，後齊廢，開皇六年置。十六年分置靈山縣，大業初廢入焉。有靈山。廮陶[7]舊曰廮遥，開皇六年改爲"陶"。欒城[8]舊縣，後齊廢，開皇十六年復。大陸[9]舊曰廣阿，置殷州及南鉅鹿郡。後改爲南趙郡，改州爲趙州。開皇十六年分置欒州，仁壽元年改爲象城。大業初州廢，縣改爲大陸。又開皇十六年所置大陸縣，亦廢入焉。柏鄉[10]開皇十六年置。有巏嵍山。房子[11]舊縣，後齊省，開皇六年復。有贊皇山。有彭水。稾城[12]後齊廢下曲陽入焉，改爲高城縣，[13]置鉅鹿郡。開皇初郡廢。十年置廉州，十八年改爲稾城縣，大業初州廢。又開皇十六年置柏鄉縣，亦廢入焉。鼓城[14]舊曰曲陽，後齊廢。開皇十六年分置昔陽縣，[15]十八年改爲鼓城。十六年又置廉平縣，大業初併入。

[1]趙郡：治所在今河北趙縣。

[2]開皇十六年置欒州，大業三年改爲趙州：《元和郡縣圖志》云："後魏明帝又於廣阿城置殷州，高齊改殷州爲趙州，因趙國爲名。隋開皇十六年又於欒城縣置欒州，大業二年廢欒州，以縣並屬趙州。三年，以趙州爲趙郡。"《舊唐書·地理志》云："隋自象城移趙州治所於（平棘）縣置。"則據此可知後魏置殷州，後齊改爲趙州，治所在廣阿（即象城），開皇十六年又分置欒州，趙、欒二州並立，大業二年廢欒州入趙州，移治平棘，大業三年改趙州爲趙郡。本志"大業三年改趙州"應爲"大業二年"之誤。

[3]平棘：縣名。漢置。治所在今河北趙縣。

[4]高邑：縣名。東漢光武帝改鄗縣置。治所在今河北高邑縣。

[5]贊皇：縣名。治所在今河北贊皇縣。

[6]元氏：縣名。漢置，後齊廢，開皇六年復置。治所在今河北元氏縣西北，隋末移治今河北元氏縣。

[7]慶陶：縣名。開皇六年改廮遥縣置。治所在今河北寧晋縣。

[8]欒城：縣名。後魏太和十一年置欒城縣，後齊廢，開皇十六年復置。治所在今河北欒城縣西。

[9]大陸：縣名。後魏置廣阿縣，仁壽元年改爲象城縣，大業二年又改爲大陸縣。治所在今河北隆堯縣東。

[10]柏鄉：縣名。治所在今河北柏鄉縣。

[11]房子：縣名。漢縣，後齊天保七年廢，開皇六年復置。治所在今河北臨城縣。

[12]稾城：縣名。漢置，後齊改爲高城縣，開皇十八年復改爲稾城縣。治所在今河北藁城市西南丘頭鎮。

[13]高城縣：高，底本作“稾”。中華本校勘記云：“‘高’原作‘稾’，據《元和志》一七改。”今從改。

[14]鼓城：縣名。治所在今河北晋州市。

[15]開皇十六年分置昔陽縣：昔，底本作“晋”。中華本校勘記云：“‘昔’原作‘晋’。洪頤煊《諸史考異》：據《水經·濁漳水注》《元和志》，‘晋’當作‘昔’。按：《寰宇記》六一也作‘昔’。今據改。”楊守敬亦云：昔，當爲“晋”。今從改。

恒山郡[1]後周置恒州。統縣八，户十七萬七千五百七十一。

真定[2]舊置常山郡，開皇初郡廢。十六年分置常山縣。大業初置恒山郡，省常山入焉。滋陽[3]開皇六年置。十六年又置王亭縣，大業初省入焉。有大茂山、歲山。行唐[4]　石邑[5]舊縣，後齊改曰井陘，[6]開皇六年改焉。十六年析置鹿泉縣，大業初併入。有封龍山、抱犢山。九門[7]後齊廢，開皇六年復。大業初，又併新市縣入焉。有許春壘。井陘[8]後齊廢石邑，以置井陘。開皇六年復石邑縣，[9]分置井陘。十六年於井陘置井州，及置葦澤縣。大業初廢州，并廢葦澤縣及蒲吾縣入焉。房山[10]開皇十六年置。靈壽[11]後周置蒲吾郡，開皇初郡廢。

[1]恒山郡：後周武帝宣政元年分定州常山郡置。治所在今河北石家莊市東。

[2]真定：縣名。漢置。治所在今河北石家莊市東。

[3]滋陽：縣名。開皇六年析行唐縣置。治所在今河北行唐縣西北上滋洋村。

[4]行唐：縣名。後漢置南行唐縣，後魏改爲行唐縣。治所在今河北行唐縣。

[5]石邑：縣名。漢置，後漢廢，晋復置，後併井陘，改名井陘，開皇六年復置。治所在今河北石家莊市西南。

[6]後齊改曰井陘：楊守敬《隋書地理志考證》云："當云'併井陘入，改曰井陘'。"

[7]九門：縣名。漢置，後齊廢，開皇六年復置。治所在今河北藁城縣西北九門回族鄉。

[8]井陘：縣名。治所在今河北井陘縣西北北陘。

[9]"後齊廢石邑"至"復石邑縣"：楊守敬《隋書地理志考證》云："按石邑、井陘并漢縣，至後魏仍并，屬常山。據《元和志》《寰宇記》亦不言後齊石邑、井陘有分併事，如志所云，是以後齊置井陘于石邑城中，而漢、魏以來之井陘不言廢置何所，殊爲疏漏。即如志説，亦當云'舊縣，後齊併入石邑，又改石邑爲井陘，開皇六年復石邑縣，井陘還故治'，方無不合。"

[10]房山：縣名。治所在今河北平山縣。

[11]靈壽：縣名。漢置。治所在今河北靈壽縣西北故城村。

博陵郡[1]舊置定州。後周置總管府，尋罷。統縣十，户十萬二千八百一十七。

鮮虞[2]舊曰盧奴，置鮮虞郡。後齊廢盧奴入安喜。開皇初廢郡，以置鮮虞縣。大業初置博陵郡，又廢安喜入焉。有盧水。北平[3]舊置北平郡。後齊郡廢，又併望都、蒲陰二縣來入。開皇六年又置望都，大業初又廢。有都山、伊祁山。有濡水。[4]唐[5]舊縣，後齊廢，開皇十六年復。有堯山、郎山、中山。恒陽[6]舊曰上曲陽，後齊去“上”字。開皇六年改爲石邑，七年改曰恒陽。有恒山，有恒陽溪，有范水。新樂[7]開皇十六年置。有黄山。隋昌[8]後魏曰魏昌，後齊廢。開皇十六年復，仍改焉。毋極[9]

義豐[10]開皇六年置。舊有安國縣，後齊廢。深澤[11]後齊廢，開皇六年復。安平[12]後齊置博陵郡，開皇初廢。十六年置深州，大業初州廢。

［1］博陵郡：後魏置安州，後改爲定州，大業三年改爲博陵郡。治所在今河北安平縣。

［2］鮮虞：縣名。開皇初改安喜縣置。治所在今河北定州市。

［3］北平：縣名。本漢曲逆縣地，後漢改爲蒲陰，後魏改爲北平。治所在今河北順平縣。

［4］有都山、伊祁山。有濡水：祁，底本作“祈”，濡，底本作“漂”。中華本校勘記云：“‘祁’原作‘祈’，據《寰宇記》六三改。‘濡’原作‘漂’，據《元和志》六二、《水經》一一《易水注》改。”今從改。

［5］唐：縣名。漢置，後齊省入安喜縣，開皇十六年復置。治所在今河北唐縣西雹水村。

［6］恒陽：縣名。開皇七年置。治所在今河北曲陽縣。

［7］新樂：縣名。治所在今河北新樂市東北承安鎮。

［8］隋昌：縣名。漢置苦陘縣，章帝改爲漢昌，魏文帝改爲魏昌，後齊廢，開皇十六年置隋昌。治所在今河北定州市東南邢邑。

［9］毋極：縣名。漢置，後屢有廢置，後齊重置後，至隋不改。治所在今河北無極縣。

［10］義豐：縣名。治所在今河北安國市。

［11］深澤：縣名。治所在今河北深澤縣。

［12］安平：縣名。漢置。治所在今河北安平縣。

河間郡[1]舊置瀛州。[2]統縣十三，户十七萬三千八百八十三。

河間[3]舊置河間郡，開皇初郡廢。大業初復置郡，併武垣縣入焉。[4]文安[5]有狐狸淀。[6]樂壽[7]舊曰樂城，開皇十八年改爲廣城，仁壽初改焉。東城[8]舊曰東州，後齊廢。開皇十六年置，後改名焉。景城[9]舊曰成平，開皇十八年改焉。高陽[10]舊置高陽郡，開皇初郡廢。十六年置蒲州，大業初州廢，并任丘縣入焉。鄚[11]有易城縣，後齊廢。開皇中置永寧縣，大業初廢入焉。博野[12]舊曰博陸，後魏改爲博野，後齊廢蠡吾縣入焉。有君子淀。清苑[13]舊曰樂鄉。後齊省樊輿、北新城、清苑、樂鄉入永寧，[14]改名焉。[15]開皇十八年改爲清苑。長蘆[16]開皇初置，[17]并立漳河郡，郡尋廢。十六年置景州，大業初州廢。平舒[18]舊置章武郡，開皇初廢。魯城[19]開皇十六年置。饒陽[20]開皇十六年分置安平、蕪蔞二縣，大業初省入焉。

[1]河間郡：後魏太和十一年置瀛州，大業三年改爲河間郡。治所在今河北河間市。

[2]舊置瀛州：瀛，底本作“嬴”，楊守敬云：“‘嬴’，當作‘瀛’。”中華本亦據《太平寰宇記》改爲“瀛”，今從改。

[3]河間：縣名。開皇十六年改武垣縣置。治所在今河北河間市。

[4]大業初復置郡，併武垣縣入焉：《太平寰宇記》云：“十六年改武垣爲河間縣，仍于東武垣故城再置武垣縣。大業二年省。”

[5]文安：縣名。漢置。治所在今河北文安縣東北大柳河鎮。

[6]狐狸淀：淀，底本作“液”，中華本據《太平寰宇記》卷六七改，今從改。

[7]樂壽：縣名。治所先在今河北獻縣西南，大業十三年移治獻縣。

［8］東城：縣名。漢置，後齊廢，開皇十六年復置。治所在今河北河間市東北東城鎮。

［9］景城：縣名。漢置，後漢改爲成平，開始十八年復改爲景城。治所在今河北滄州市景城村。

［10］高陽：縣名。漢置。治所在今河北高陽縣東舊城鎮。

［11］鄚：縣名。漢置。治所在今河北任丘市北鄚州鎮。

［12］博野：縣名。漢置陸城縣，後漢廢，桓帝復置博陵，晋改博陸，後魏宣武帝景明元年改爲博野縣。治所在今河北蠡縣。

［13］清苑：縣名。開皇十八年改永寧縣置。治所在今河北保定市。

［14］樊輿：輿，底本作"與"。中華本校勘記云："'輿'原作'與'，據《水經》——《易水注》改。"今從改。

［15］改名焉：楊守敬《隋書地理志考證》云："'改名焉'三字爲賸文，下文云'開皇改清苑'，知齊未改也。"

［16］長蘆：縣名。後周置。治所在今河北滄州市西。

［17］開皇初置：《元和郡縣圖志》《太平寰宇記》《舊唐書·地理志》均言後周置，則本志有誤。

［18］平舒：縣名。本漢東平舒縣，後魏改爲平舒縣。治所在今河北大城縣。

［19］魯城：縣名。本漢章武縣，後齊廢，開皇十六年復置。治所在今河北黄驊市西北。

［20］饒陽：縣名。漢置。治所在今河北饒陽縣。

涿郡[1]舊置幽州，後齊置東北道行臺。後周平齊，改置總管府。大業初府廢。統縣九，户八萬四千五十九。

薊[2]舊置燕郡，開皇初廢，大業初置涿郡。良鄉[3]　安次[4]　涿[5]舊置范陽郡，開皇初郡廢。固安[6]舊曰故安，開皇六年改焉。[7]雍奴[8]　昌平[9]舊置東燕州及平昌郡。後周州郡並廢，後又置平昌郡。開皇初郡廢，又省萬年縣入焉。有關官。有長城。懷戎[10]後齊置北燕州，領長寧、永豐二郡。後周去“北”字。開皇初郡廢，大業初州廢。有喬山，歷陽山，大、小翮山。有瀞水、溛水、涿水、阪泉水。潞[11]舊置漁陽郡，開皇初廢。

[1]涿郡：大業三年改幽州置。治所在今北京城西南隅。

[2]薊：縣名。秦置。治所在今北京城西南隅。

[3]良鄉：縣名。漢置，後齊天保七年省入薊縣，武平六年（575）復置。治所在今北京市房山區東南竇店西土城。

[4]安次：縣名。漢置。治所在今河北廊坊市西北故縣村。

[5]涿：縣名。治所在今河北涿州市。

[6]固安：縣名。開皇九年置。治所在今河北固安縣。

[7]開皇六年改焉：《太平寰宇記》云：“隋開皇九年自今易州淶水縣移固安縣于此。”另本志上谷郡淶水縣下云：“（開皇）六年改爲固安，八年廢。”則此縣應置於開皇九年，《太平寰宇記》是。

[8]雍奴：縣名。漢置。治所在今天津市武清區西北。

[9]昌平：縣名。漢置，後魏廢，東魏天平中復置。治所在今北京市昌平區。

[10]懷戎：縣名。漢置潘縣，後魏廢，後齊天保六年置懷戎。治所在今河北涿鹿縣西南桑乾河南岸。

[11]潞縣：治所在今河北三河市西南。

上谷郡[1]開皇元年置易州。統縣六，户三萬八千七百。

易[2]開皇初置黎郡，尋廢。十六年置縣。大業初置上谷郡。舊有故安縣，後齊廢。有駁牛山、五迴嶺。有易水、徐水。淶水[3]舊曰遒縣，後周廢。開皇元年，以范陽爲遒，更置范陽於此。六年改爲固安，八年廢。十年又置，爲永陽。十八年改爲淶水。

迺[4]舊范陽居此，俗號小范陽。開皇初改爲迺。遂城[5]舊曰武遂。[6]後魏置南營州，淮營州置五郡十一縣：龍城、廣興、定荒屬昌黎郡；石城、廣都屬建德郡；[7]襄平、新昌屬遼東郡；永樂屬樂浪郡；富平、帶方、永安屬營丘郡。後齊唯留昌黎一郡，[8]領永樂、新昌二縣，餘並省。開皇元年州移，三年郡廢，十八年改爲遂城。有龍山。永樂[9]舊曰北平，後周改名焉。有郎山。飛狐[10]後周置，曰廣昌。仁壽初改焉。有栗山。有巨馬河。

[1]上谷郡：大業三年改易州置。治所在今河北易縣。

[2]易：縣名。開皇十六年於故安故城西北置。治所在今河北易縣。

[3]淶水：縣名。開皇十八年改永陽縣置。治所在今河北淶水縣。

[4]迺：縣名。開皇元年改范陽縣置。治所在今河北定興縣西南。

[5]遂城：縣名。開皇十八年改新昌縣置。治所在今河北徐水縣西遂城。

[6]舊曰武遂：《元和郡縣圖志》云："隋開皇三年，移後魏新昌縣於此，屬易州，十六年改新昌縣爲遂城縣。"楊守敬《隋書地理志考證》云："然則魏時此地本置武遂縣，至永熙二年始爲新昌，志當云'舊曰新昌'。"

[7]"淮營州置五郡十一縣"至"廣都屬建德郡"：淮，中華本作"准"。另底本脱"十"字下十五字，今據錢大昕《廿二史考異》補。

[8]後齊唯留昌黎一郡：底本脱"昌"字，今據錢大昕《廿二史考異》補。

[9]永樂：縣名。後周改北平縣置。治所在今河北滿城縣北。

[10]飛狐：縣名。漢置廣昌縣，後魏省，後周大象二年復置，

仁壽元年改爲飛狐縣。治所在今河北淶源縣。

漁陽郡[1]開皇六年徙玄州於此，并立總管府。大業初府廢。統縣一，户三千九百二十五。

無終[2]後齊置，後周又廢徐無縣入焉。大業初置漁陽郡。有長城。有燕山、無終山。有泃河、如河、庚水、灅水、濫水。[3]有海。

［1］漁陽郡：大業三年改玄州置。治所在今天津市薊縣。

［2］無終：縣名。治所在今天津市薊縣。

［3］泃河：泃，底本作“洵”。中華本校勘記云：“‘泃’原作‘洵’，據《水經》一四《鮑邱水注》改。”今從改。

北平郡[1]舊置平州。統縣一，户二千二百六十九。

盧龍[2]舊置北平郡，領新昌、朝鮮二縣。後齊省朝鮮入新昌，又省遼西郡并所領海陽縣入肥如。開皇六年又省肥如入新昌，十八年改名盧龍。大業初置北平郡。有長城。有關官。有臨渝宮。有覆舟山。有碣石。有玄水、盧水、温水、閏水、龍鮮水、巨梁水。[3]有海。

［1］北平郡：晋置平州，大業三年改爲北平郡。治所在今河北盧龍縣。

［2］盧龍：縣名。開皇十八年改新昌縣置。治所在今河北盧龍縣。

［3］温水：温，底本作“涅”。中華本校勘記云：“‘温’原作‘涅’，據《水經》一四《濡水注》改。”今從改。　巨梁水：巨，底本作“臣”。中華本校勘記云：“‘巨’原作‘臣’，據《水經》一四《鮑邱水注》改。”今從改。

安樂郡[1]舊置安州，後周改爲玄州。開皇十六年州徙，尋置檀州。統縣二，户七千五百九十九。

燕樂[2]後魏置廣陽郡，領大興、方城、燕樂三縣。後齊廢郡，以大興、方城入焉。大業初置安樂郡。有長城。有沽河。密雲[3]後魏置密雲郡，領白檀、要陽、密雲三縣。後齊廢郡及二縣入密雲。又有舊安樂郡，領安市、土垠二縣，後齊廢土垠入安市，後周廢安市入密雲縣。開皇初郡廢。有長城。有桃花山、螺山。有漁水。

[1]安樂郡：大業三年改檀州置。治所在今北京市密雲縣東北。

[2]燕樂：縣名。後魏置。治所在今北京市密雲縣東北。

[3]密雲：縣名。治所在今北京市密雲縣。

遼西郡[1]舊置營州，開皇初置總管府，大業初府廢。統縣一，户七百五十一。

柳城[2]後魏置營州於和龍城，領建德、冀陽、昌黎、遼東、樂浪、營丘等郡，龍城、大興、永樂、帶方、定荒、石城、廣都、陽武、襄平、新昌、平剛、柳城、富平等縣。[3]後齊唯留建德、冀陽二郡，永樂、帶方、龍城、大興等縣，其餘並廢。開皇元年唯留建德一郡，龍城一縣，其餘並廢。尋又廢郡，改縣爲龍山，十八年改爲柳城。大業初，置遼西郡。有帶方山、禿黎山、雞鳴山、松山。有渝水、白狼水。

[1]遼西郡：《太平寰宇記》言煬帝初廢營州置柳城郡。施和金言此營州大業三年改名爲柳城郡，非遼西郡。因遼西郡大業末年曾寄理於此，故易與柳城郡相混。（參見施和金《中國行政區劃通

史·隋代卷》，第377頁）治所在今遼寧朝陽市。

[2]柳城：縣名。開皇十八年改龍山縣置。治所在今遼寧朝陽市。

[3]新昌：新，底本作“親”。中華本校勘記云：“‘新’原作‘親’，據《魏書·地形志》上改。”

冀州於古，堯之都也。舜分州爲十二，冀州析置幽、并。其於天文，自胃七度至畢十一度，[1]爲大梁，[2]屬冀州。自尾十度至南斗十一度，[3]爲析木，[4]屬幽州。自危十六度至奎四度，[5]爲娵訾，[6]屬并州。自柳九度至張十六度，爲鶉火，屬三河，則河内、河東也。准之星次，本皆冀州之域，帝居所在，故其界尤大。至夏廢幽、并入焉，得唐之舊矣。信都、清河、河間、博陵、恒山、趙郡、武安、襄國，其俗頗同。人性多敦厚，務在農桑，好尚儒學，而傷於遲重。前代稱冀、幽之士鈍如椎，蓋取此焉。俗重氣俠，好結朋黨，其相赴死生，亦出於仁義。故《班志》述其土風，[7]悲歌慷慨，椎剽掘冢，亦自古之所患焉。前諺云“仕官不偶遇冀部”，實弊此也。魏郡，鄴都所在，浮巧成俗，雕刻之工，特云精妙，士女被服，咸以奢麗相高，其性所尚習，得京、洛之風矣。語曰：“魏郡、清河，天公無奈何！”斯皆輕狡所致。汲郡、河内，得殷之故壤，考之舊説，有紂之餘教。汲又衛地，習仲由之勇，故漢之官人，得以便宜從事，其多行殺戮，本以此焉。今風俗頗移，皆向於禮矣。長平、上黨，人多重農桑，性尤朴直，蓋少輕詐。河東、絳郡、文城、臨汾、龍泉、西河，土地沃少堉多，是以傷於儉嗇。其俗剛强，亦風氣然乎？太原山川重複，實一都之會，本雖後齊别都，人物殷阜，然不甚機巧。俗與上黨頗同，人性勁悍，習於戎馬。離石、雁門、馬邑、定襄、樓煩、涿郡、上谷、漁陽、北平、安樂、遼西，皆連接邊郡，習尚與太原同俗，故自古言勇俠者，皆推幽、并云。然涿郡、太原，自前代已來，皆多文雅之士，雖俱曰邊郡，然風教不爲比也。

[1]胃：星宿名。二十八宿之一。西方白虎七宿的第三宿。　畢：星宿名。二十八宿之一。西方白虎七宿的第五宿。有星八顆。

[2]大梁：星次名。在十二支中爲酉，在二十八宿爲胃、昴、畢三星。

[3]南斗：星名。即斗宿，有星六顆。在北斗以南，形似斗，故稱。

[4]析木：星宿名。二十八宿之一。與十二辰相配爲寅，與二十八宿相配爲尾、箕兩宿。也爲燕地分野。

[5]危：星宿名。二十八宿之一。北方玄武七宿的第五宿，有星三顆。　奎：星宿名。二十八宿之一。西方白虎七宿的第一宿，有星十六顆。

[6]娵訾：星次名。在二十八宿爲室、壁兩宿。

[7]《班志》：即《漢書·地理志》。

北海郡[1]舊置青州，後周置總管府，開皇十四年府廢。統縣十，户十四萬七千八百四十五。

益都[2]舊置齊郡，開皇初廢，大業初置北海郡。有堯山、猨山。臨淄[3]及東安平、西安，並後齊廢。開皇十六年又置臨淄及時水縣。大業初廢高陽、時水二縣入焉。有社山、葵丘、牛山、稷山。千乘[4]舊置樂安郡，開皇初郡廢。博昌[5]舊曰樂安，開皇十六年改焉。又十八年析置新河縣，大業初廢入焉。壽光[6]開皇十六年置閭丘縣，大業初廢入焉。臨朐[7]舊曰昌國。開皇六年改爲逢山，又置般陽縣。大業初改曰臨朐，并廢般陽入焉。有逢山、沂山、穆陵山、大峴山。[8]有汶水、浯水。[9]都昌[10]有箕山、阜山、白狼山。北海[11]舊曰下密，置北海郡。後齊改郡曰高陽，開皇初郡廢。十六年分置濰州，大業初州廢，縣改名焉。[12]營丘[13]後齊廢，開皇十六年復。有叢角山、女節山。下密[14]後魏曰膠東，後齊廢。開皇六年復，改爲濰水。大業初改名焉。有鐵山。有溉水。

[1]北海郡：大業三年改青州置。治所在今山東青州市北。

[2]益都：縣名。三國魏置。治所在今山東青州市北。

[3]臨淄：縣名。秦置，後齊廢，開皇十六年復置。治所在今淄博市東北臨淄區。

[4]千乘：縣名。漢置，晋廢，宋復置。治所在今山東廣饒縣。

[5]博昌：縣名。開皇十六年改樂安縣置。治所在今山東博興縣南。

[6]壽光：縣名。漢置，宋省，開皇六年於博昌故城復置。治所在今山東壽光市。

[7]臨朐：縣名。漢置昌國縣，開皇六年改爲逢山，大業二年改爲臨朐。治所在今山東臨朐縣。

[8]沂山：沂，底本作“汴”。中華本校勘記云：“‘沂’原作‘汴’，據《水經》二五《沂水注》改。”

[9]浯水：浯，底本作“涪”。中華本校勘記云：“‘浯’原作‘涪’，據《水經》二六《濰水注》改。”

[10]都昌：縣名。楊守敬《隋書地理志考證》云：“漢縣在今

昌邑縣西二里，宋縣寄治青州下，在臨淄，魏縣即隋縣也。志例當云‘後魏置’。”治所在今山東昌樂市東北都昌集。

[11]北海：縣名。治所在今山東濰坊市。

[12]縣改名焉：《元和郡縣圖志》云：“隋開皇三年罷郡，置下密縣於廢郡中……大業二年廢濰州，仍改下密縣爲北海縣。”《太平寰宇記》云：“隋開皇三年罷郡，置下密縣于廢郡城中，屬青州；十六年又于此置濰州，取界内濰水爲名。大業二年州廢，改下密縣爲北海縣。”楊守敬云：“據《通典》‘北齊改平壽爲北海’，則高陽郡當治北海，下密仍在昌邑。志當云‘舊曰平壽，置北海郡；後齊改郡曰高陽，縣曰北海；開皇初郡廢，改縣曰下密，十六年置濰州；大業初州廢，復改縣曰北海’，方合。”

[13]營丘：縣名。治所在今山東昌樂縣東南。

[14]下密：縣名。後魏皇興二年置膠東，後齊天保七年廢，開皇六年置濰水，大業初改爲下密。治所在今山東濰坊市。

齊郡[1]舊曰齊州。統縣十，户十五萬二千三百二十三。

歷城[2]舊置濟南郡，開皇初廢。大業初置齊郡，廢山荏縣入焉。有舜山、雞山、盧山、鵲山、華山、鮑山。祝阿[3]　臨邑[4]　臨濟[5]開皇六年置，曰朝陽。十六年改曰臨濟，別置朝陽。大業初廢入焉。鄒平[6]舊曰平原，開皇十八年改名焉。章丘[7]舊曰高唐，開皇十六年改焉，[8]又置營城縣。大業初廢入焉。又宋置東魏郡，後齊廢。有東陵山、長白山、龍盤山。長山[9]舊曰武强，置廣川郡，併東清河、平原二郡入，[10]改曰東平原郡。開皇初郡廢。又十六年置濟南縣，十八年改武强曰長山。大業初省濟南縣入焉。高苑[11]後齊曰長樂。開皇十八年改爲會城。大業初改焉。亭山[12]舊曰衛國，後齊併土鼓、肥鄉入焉。開皇六年改名亭山。有龍舟山、儒山。淄川[13]舊曰貝丘，置東清河郡。後齊郡廢。開皇十六年置淄州，十八年縣改名焉。大業初州廢。

［1］齊郡：宋元嘉中分青州置冀州，後魏文帝改爲齊州，大業三年罷州爲齊郡。治所在今山東濟南市。

［2］歷城：縣名。漢置，晋廢，宋置廣城，後魏改爲歷城。治所在今山東濟南市。

［3］祝阿：縣名。漢置。治所在今山東禹城市西南。

［4］臨邑：縣名。南朝宋僑置。治所在今山東濟陽縣西南。

［5］臨濟：縣名。開皇十六年改朝陽縣置。治所在今山東章丘市西北臨濟村。

［6］鄒平：縣名。開皇十八年改平原縣置。治所在今山東鄒平縣東北。

［7］章丘：縣名。開皇十六年改高唐縣置。治所在今山東章丘市西北。

［8］開皇十六年改焉：《元和郡縣圖志》《太平寰宇記》俱言開皇十八年改。

［9］長山：縣名。宋武帝置武强縣，開皇十八年改爲長山。治所在今山東鄒平縣東長山鎮。

［10］併東清河、平原二郡入：楊守敬《隋書地理志考證》云："'併'上當有'後齊'二字。"另"平原"當爲"東平原"。

［11］高苑：縣名。大業三年改會城縣置。治所在今山東高青縣東南高城鎮。

［12］亭山：縣名。宋置衛國縣，開皇六年改爲亭山縣。治所在今山東章丘市西南。

［13］淄川：縣名。宋元嘉中置貝丘縣，開皇十八年改爲淄川縣。治所在今山東淄博市西南淄川區。

東萊郡[1]舊置光州，開皇五年改曰萊州。[2]統縣九，户九萬三百五十一。

掖[3]舊置東萊郡，後齊併曲城、當利二縣入焉。開皇初廢郡，大業初復置郡。有缶山。有掖水、光水。膠水[4]舊曰長廣，仁壽元年改名焉。有明堂山。盧鄉[5]後齊盧鄉及挺城並廢。[6]開皇十六年復置盧鄉，并廢挺城入焉。[7]即墨[8]後齊及不其縣並廢。開皇十六年復，并廢不其入焉。有大勞山、馬山。有田横島。觀陽[9]後周廢。開皇十六年復，又分置牟州。大業初州廢。昌陽[10]有巨神山。黄[11]舊置東牟、長廣二郡，後齊廢東牟郡入長廣郡，開皇初郡廢。牟平[12]有牟山、龍山、金山、九目山。文登[13]後齊置。有石橋。有文登山、斥山、之罘山。

[1]東萊郡：大業三年改萊州置。治所在今山東萊州市東北。

[2]開皇五年改曰萊州：《元和郡縣圖志》言開皇二年改爲萊州，且掖、昌陽、膠水等縣下俱言開皇三年罷郡，屬萊州，則本志所記疑誤。

[3]掖：縣名。漢置。治所在今山東萊州市東北。

[4]膠水：縣名。仁壽元年改長廣縣置。治所在今山東平度市。

[5]盧鄉：縣名。治所在今山東平度市西北。

[6]後齊盧鄉及挺城並廢：楊守敬《隋書地理志考證》云：“‘城’字當作‘縣’字。”

[7]并廢挺城入焉：楊守敬《隋書地理志考證》云：“按挺縣已廢於北齊，則此六字似衍。據下即墨亦同此文，當是開皇十六年兩縣並復，則中間有移徙，其地當并入昌陽，尋并挺縣入盧鄉，方合。”

[8]即墨：縣名。治所在今山東即墨市。

[9]觀陽：縣名。漢置，晋省，後魏復置，後周廢，開皇十六年又置。治所在今山東海陽市西北發城鎮。

[10]昌陽：縣名。漢置，晋省，後復置。治所在今山東萊陽市東南。

[11]黄：縣名。治所在今山東龍口市東。

[12]牟平：縣名。治所在今山東蓬萊縣東南馬嶺山南。

[13]文登：縣名。北齊天統四年（568）分牟平縣置。治所在今山東文登市。

高密郡[1]舊置膠州，開皇五年改爲密州。統縣七，户七萬一千九百二十。

諸城[2]舊曰東武，置高密郡。開皇初郡廢，十八年縣改名焉。大業初復置郡。有烽火山。東莞[3]後齊併姑幕縣入焉。有箕山、濰水。郚城[4]舊置平昌郡。後齊廢郡，置琅邪縣，廢朱虚入焉。大業初改名郚城。安丘[5]開皇十六年置，曰牟山。[6]大業初改名，并省安昌入焉。[7]高密[8]後齊廢淳于縣入焉。膠西[9]舊曰黔陬，置平昌郡。開皇初郡廢。十六年置縣，曰膠西。大業初又以黔陬入焉。琅邪[10]開皇十六年置，曰豐泉。大業初改焉。有徐山、盧山、鄣日山、膠水。

[1]高密郡：後魏永安二年（529）分青州置膠州，開皇五年改爲密州，大業三年罷州爲高密郡。治所在今山東諸城市。

[2]諸城：縣名。開皇十八年改東武縣置。治所在今山東諸城市。

[3]東莞：縣名。漢置。治所在今山東沂水縣。

[4]郚城：縣名。大業二年改琅邪縣置。治所在今山東安丘市西南。

[5]安丘：縣名。漢置。後齊天保七年廢，開皇十六年置牟山縣，大業二年復爲安丘。治所在今山東諸城市西北。

［6］開皇十六年置，曰牟山：楊守敬《隋書地理志考證》云："按'開皇'上當有'後齊廢'三字。《元和志》輔唐縣下：安丘，高齊天保七年省。《寰宇記》同。"

［7］并省安昌如焉：楊守敬《隋書地理志考證》云："按當作'昌安'，漢至後魏俱曰昌安。"

［8］高密：縣名。治所在今山東高密市東南故獻村。

［9］膠西：縣名。治所在今山東膠州市西。

［10］琅邪：縣名。大業二年改豐泉縣置。治所在今山東膠南市西南琅琊鎮。

《周禮·職方氏》："正東曰青州。"其在天官，自須女八度至危十五度，[1]爲玄枵，[2]於辰在子，齊之分野。吴札觀樂，[3]聞齊之歌曰："泱泱乎大風也哉，國未可量也。"在漢之時，俗彌侈泰，織作冰紈綺繡純麗之物，號爲冠帶衣履天下。始太公以尊賢尚智爲教，故士庶傳習其風，莫不矜于功名，依於經術，闊達多智，志度舒緩。其爲失也，夸奢朋黨，言與行謬。齊郡舊曰濟南，其俗好教飾子女淫哇之音，能使骨騰肉飛，傾詭人目。俗云"齊倡"，本出此也。祝阿縣俗，賓婚大會，餚饌雖豐，至於蒸膾，嘗之而已，多則謂之不敬，共相誚責，此其異也。大抵數郡風俗，與古不殊，男子多務農桑，崇尚學業，其歸于儉約，則頗變舊風。東萊人尤朴魯，故特少文義。

［1］須女：星宿名。二十八宿之一。北方玄武七宿的第三宿，有星四顆。

［2］玄枵：十二星次之一。與二十八宿相配爲女、虚、危三宿，

與十二辰相配爲子。

［3］吴札：人名。亦名季札，春秋時吴王壽夢第四子。事見《漢書·地理志》《左傳》襄公二十九年。

今注本二十四史

隋書

八

志〔七〕

唐　魏徵等　撰

馬俊民　張玉興　主持校注

中国社会科学出版社

隋書　卷三一

志第二十六

地理下

彭城郡　魯郡　琅邪郡　東海郡　下邳郡　江都郡　鍾離郡　淮南郡　弋陽郡　蘄春郡　廬江郡　同安郡　歷陽郡　丹陽郡　宣城郡　毗陵郡　吴郡　會稽郡　餘杭郡　新安郡　東陽郡　永嘉郡　建安郡　遂安郡　鄱陽郡　臨川郡　廬陵郡　南康郡　宜春郡　豫章郡　南海郡　龍川郡　義安郡　高涼郡　信安郡　永熙郡　蒼梧郡　始安郡　永平郡　鬱林郡　合浦郡　珠崖郡　寧越郡　交趾郡　九真郡　日南郡　比景郡　海陰郡　林邑郡　南郡　夷陵郡　竟陵郡　沔陽郡　沅陵郡　武陵郡　清江郡　襄陽郡　舂陵郡　漢東郡　安陸郡　永安郡　義陽郡　九江郡　江夏郡　澧陽郡　巴陵郡　長沙郡　衡山郡　桂陽郡　零陵郡　熙平郡

彭城郡[1]舊置徐州，後齊置東南道行臺，後周立總管府。開皇七年行臺廢，大業四年府廢。[2]統縣十一，户一十三萬二百三十二。

彭城[3]舊置郡，後周併沛及南陽平二郡入。開皇初郡廢，大業初復置郡。有吕梁山、徐山。蘄[4]梁置蘄郡。後齊置仁州，又析置龍亢郡。開皇初郡廢，大業初州廢。穀陽[5]後齊置穀陽郡，開皇初郡廢。又有巳吾、義城二縣，後齊併以爲臨淮縣，大業初併入焉。沛[6]　留[7]後齊廢，開皇十六年復。有微山、黄山。豐[8]　蕭[9]舊置沛郡，後齊廢爲承高縣。[10]開皇六年改爲龍城，十八年改爲臨沛，大業初改曰蕭。有相山。滕[11]舊曰蕃，置蕃郡。後齊廢。開皇十六年改曰滕縣。[12]蘭陵[13]舊曰承，置蘭陵郡。開皇初郡廢，十六年分承置鄫州及蘭陵縣。[14]大業初州廢，又併蘭陵、鄫城二縣入焉，尋改承爲蘭陵。有抱犢山。符離[15]後齊置睢南郡，開皇初郡廢，有竹邑縣，梁置睢州，開皇三年州廢，又廢竹邑入焉。有女山、定陶山。方與[16]後齊廢，開皇十六年復。

[1]彭城郡：大業三年（607）改徐州置。治所在今江蘇徐州市。

[2]大業四年府廢：本書卷三《煬帝紀上》云：“（大業元年）廢諸州總管府。”則此應爲大業元年。

[3]彭城：縣名。楊守敬疑爲秦置。治所在今江蘇徐州市。

[4]蘄：縣名。秦置，後魏改爲蘄城，隋開皇三年（583）去“城”字。治所在今安徽宿州市南蘄縣鎮。

[5]穀陽：縣名。漢縣，晋廢。楊守敬《隋書地理志考證》云：“志不言置縣始末。《一統志》‘開皇初廢穀陽郡爲縣’，蓋以意説之。《地形志》穀陽郡治高昌縣，是改高昌爲穀陽，而蒙以郡名也。志失之過略。”治所在今安徽固鎮縣。

[6]沛：縣名。秦置。治所在今江蘇沛縣。

［7］留：縣名。漢置，後齊廢，開皇十六年復置。治所在今江蘇沛縣東南。

［8］豐：縣名。漢縣。治所在今江蘇豐縣。

［9］蕭：縣名。秦置，後齊改爲承高，開皇六年改爲龍城，十八年改爲臨沛，大業初復爲蕭縣。

［10］後齊廢爲承高縣：楊守敬《隋書地理志考證》云："《元和志》《輿地廣記》並云北齊改蕭縣爲承高。《寰宇記》：在天保七年。按志當云'舊置縣及沛郡，後齊廢郡，改縣曰承高'，方合。"

［11］滕：縣名。開皇十六年改蕃縣置。治所在今山東滕州市。

［12］開皇十六年改曰滕縣：縣，底本作"郡"，中華本據《元和郡縣圖志》改，今從改。

［13］蘭陵：縣名。大業初改承縣置。治所在今山東棗莊市南嶧城鎮。

［14］十六年分承置鄫州及蘭陵縣：楊守敬《隋書地理志考證》云："按當云'分承置鄫城，并置鄫州'。《寰宇記》'開皇十六年分承立鄫城縣'，是其證。"且本志下文也言"併蘭陵、鄫城二縣入焉"，楊守敬所言是。

［15］符離：縣名。秦縣，宋省，北齊天保七年（556）移斛城縣於古符離城，復置符離，大業二年又移於朝斛城。治所先在今安徽宿州市東北灰古集，大業二年後在今安徽宿州市東北解集。

［16］方與：縣名。漢縣，後齊天保七年廢，開皇十六年復置。治所在今山東魚臺縣。

魯郡[1]舊兖州，大業二年改爲魯郡。[2]統縣十，户十二萬四千一十九。

瑕丘[3]舊廢，開皇十三年復，帶郡。任城[4]舊置高平郡，開皇初廢。鄒[5]有鄒山、承匡山。曲阜[6]舊曰魯郡，後齊改郡爲任城。開皇三年郡廢，四年改縣曰汶陽，十六年改名曲阜。泗水[7]開皇十六年置。有陪尾山、尼丘山、防山。有洙、泗水。平陸[8]後齊曰樂平，開皇十六年改焉。龔丘[9]後齊曰平原縣，開皇十六年改焉。梁父[10]有龜山。博城[11]舊曰博，[12]置泰山郡。後齊改郡曰東平，又併博平、牟入焉。[13]開皇初郡廢，十六年改縣曰汶陽，尋改曰博城。有奉高縣，開皇六年改曰岱山，大業初州廢，又廢岱山縣入焉。有岱山、玉符山。嬴[14]開皇十六年分置牟城縣，大業初併入焉。有艾山。有淄水。

[1]魯郡：大業三年改魯州置。治所在今山東兖州市。

[2]大業二年改爲魯郡：《元和郡縣圖志》云："二年改爲魯州，三年改爲魯郡。"則本志有脱文。楊守敬言，此當云"大業二年改魯州，三年州廢，改魯郡"。

[3]瑕丘：縣名。漢縣，晋廢，開皇十三年復置。治所在今山東兖州市。

[4]任城：縣名。漢置，宋廢，北魏復置。治所在今山東濟寧市南。

[5]鄒：縣名。治所在今山東鄒城市。

[6]曲阜：縣名。漢置魯縣，開皇四年改爲汶陽縣，十六年改爲曲阜。治所在今山東曲阜市東北。

[7]泗水：縣名。治所在今山東泗水縣。

[8]平陸：縣名。本漢東平陸縣，宋改爲平陸，後齊改爲樂平，開皇十六年復爲平陸。治所在今山東汶上縣北。

[9]龔丘：縣名。治所在今山東寧陽縣。

[10]梁父：縣名。漢置。治所在今山東新泰市西。

[11]博城：縣名。漢置博縣，後魏改爲博平，開皇十六年改爲汶陽，尋改爲博城。治所在今山東泰安市東南舊縣鎮。

[12]舊曰博：博下應脱"平"字。楊守敬《隋書地理志考證》云："《地形志》：博平，二漢、晋曰博，後改。然則'博'下當有

‘平’字。”

[13]博平：楊守敬《隋書地理志考證》云：“上文之‘博’即博平也。此又云‘併博平入’，不可通矣。按《地形志》泰山郡有鉅平縣，在泰安西南，此‘博平’當爲‘鉅平’之誤。”

[14]嬴：縣名。治所在今山東萊蕪市西北。

琅邪郡[1]舊置北徐州，後周改曰沂州。統縣七，户六萬三千四百二十三。

臨沂[2]舊曰即丘，帶郡。開皇初郡廢，十六年分置臨沂，大業初併即丘入焉。[3]有大祠山。費[4] 顓臾[5]舊曰南武陽，開皇十八年改名焉。又有南城縣，後齊廢。有開明山。新泰[6]後齊廢蒙陰縣入焉。沂水[7]舊置南青州及東安郡，[8]後周改州爲莒州。開皇初郡廢，改縣曰東安。十六年又改曰沂水。大業初州廢。東安[9]後齊廢，開皇十六年復。有松山。莒[10]舊置東莞郡。後齊廢，後置義唐郡。開皇初廢。

[1]琅邪郡：後魏莊帝永安二年（529）置北徐州，後周武帝改沂州，大業三年改爲琅邪郡。治所在今山東臨沂市。

[2]臨沂：縣名。漢舊縣，後齊廢，開皇十六年復置。治所在今山東臨沂市。

[3]大業初併即丘入焉：楊守敬《隋書地理志考證》言，“大業初”下當有“復置郡”三字。

[4]費：縣名。漢置。治所在今費縣東北。

[5]顓臾：縣名。漢置南武陽，宋改爲武陽，開皇十八年改爲顓臾。治所在今山東平邑縣。

[6]新泰：縣名。西晋武帝時置。治所在今山東新泰市。

[7]沂水：縣名。本漢東莞縣，後魏於此置新泰縣，開皇四年

改爲東安縣，十六年改爲沂水縣。治所在今山東沂水縣。

[8]舊置南青州及東安郡："舊"下應脱"曰新泰"三字。《元和郡縣圖志》云："本漢東莞縣……後魏孝文帝於此置新泰縣，隋開皇四年改爲東安縣，十六年又於古蓋城别置東安縣，而此改名沂水縣。"楊守敬言脱"曰東莞"三字，誤。（參見施和金《中國行政區劃通史・隋代卷》，復旦大學出版社2009年版，第397頁）

[9]東安：縣名。漢縣，後齊廢，開皇十六年復置。治所在今山東沂源縣東南。

[10]莒：縣名。漢縣。治所在今山東莒縣。

東海郡[1]梁置南、北二青州，東魏改爲海州。統縣五，户二萬七千八百五十八。

朐山[2]舊曰朐，置琅邪郡。後周改縣曰朐山，郡曰朐山。開皇初郡廢，大業初復，帶郡。[3]有朐山、羽山。東海[4]舊置廣饒縣及東海郡，後齊分廣饒置東海縣。[5]開皇初廢郡及東海縣，仁壽元年，改廣饒曰東海。有謝禄山、鬱林山。漣水[6]舊曰襄賁，置東海郡。東魏改曰海安。開皇初郡廢，縣又改焉。沭陽[7]梁置潼陽郡。東魏改曰沭陽郡，置縣曰懷文。後周改縣曰沭陽。開皇初郡廢。懷仁[8]梁置南、北二青州。東魏廢州，立義唐郡及懷仁縣。開皇初郡廢。

[1]東海郡：大業三年改海州置。治所在今江蘇連雲港市海州區。

[2]朐山：縣名。後周建德六年（577）改朐縣置。治所在今江蘇連雲港市西南海州鎮。

[3]帶郡：楊守敬《隋書地理志考證》云："志例當無此二字，當有'置東海郡'四字。"

[4]東海：縣名。後齊置東海縣，開皇初廢，仁壽元年（601）改廣饒爲東海。治所在今江蘇連雲港市北南城鎮。

[5]後齊分廣饒置東海縣：《元和郡縣圖志》《太平寰宇記》均記後周置。

[6]漣水：縣名。宋明帝置襄賁縣，開皇五年改爲漣水縣。治所在今江蘇漣水縣。

[7]沭陽：縣名。後周建德七年改懷文縣置。治所在今江蘇沭陽縣。

[8]懷仁：縣名。東魏武定七年（549）置。治所在今江蘇贛榆縣西北舊贛榆。

下邳郡[1]後魏置南徐州，[2]梁改爲東徐州，東魏又改曰東楚州，陳改爲安州，後周改爲泗州。統縣七，户五萬二千七十。

宿豫[3]舊置宿豫郡，開皇初郡廢。大業初置下邳郡。又梁置朝陽、臨沭二郡，後齊置晋寧郡，尋並廢。夏丘[4]後齊置，並置夏丘郡，尋立潼州。後周改州爲宋州，縣曰晋陵。開皇初郡廢，十八年州廢，縣復曰夏丘。又東魏置臨潼郡、睢陵縣，後齊改郡爲潼郡。又梁置潼州，後齊改曰睢州，[5]尋廢，亦入潼郡。[6]開皇初郡縣並廢。徐城[7]梁置高平郡。東魏又併梁東平、陽平、清河、歸義四郡爲高平縣，又併梁朱沛、循儀、安豐三郡置朱沛縣。又有安遠郡，後齊廢，後周又併朱沛入高平。開皇初郡廢，十八年更名徐城。淮陽[8]梁置淮陽郡。東魏併綏化、吕梁二郡置綏化縣。後周改縣爲淮陽。開皇初郡廢。又有梁臨清、天水、浮陽三郡，[9]東魏併爲甬城縣，後齊改曰文城縣，後周又改爲臨清，開皇三年省入焉。下邳[10]梁曰歸政，置武州、下邳郡。魏改縣爲下邳，置郡不改，改州曰東徐。後周改州爲邳州。開皇初郡廢，大業初州廢。有嶧山、磬石山。良城[11]梁置武安郡，[12]開皇初郡廢，十一年縣更名曰良城。[13]有徐山。郯[14]舊置郡，開皇初廢。

［1］下邳郡：大業三年改泗州置。治所在今江蘇宿遷市東南。

［2］後魏置南徐州：《魏書・地形志》無南徐州，而有東徐州，楊守敬以爲本志所記有誤。

［3］宿豫：縣名。治所在今江蘇宿遷市東南。

［4］夏丘：縣名。後齊置，後周改爲晋陵，開皇十八年復爲夏丘。治所在今安徽泗縣東。

［5］後齊改曰睢州：《魏書・地形志》言睢州，蕭衍置潼州，武定六年平，改置。楊守敬以"後齊"當作"東魏"。

［6］亦入潼郡：此"亦"字當爲衍文。

［7］徐城：縣名。開皇十八年改高平縣置。治所在今江蘇泗洪縣南。

［8］淮陽：縣名。東魏置綏化縣，後周改爲淮陽。治所在今江蘇淮陰市西古泗水西岸。

［9］又有梁臨清、天水、浮陽三郡：楊守敬言"郡"字誤，當爲"縣"字。

［10］下邳：縣名。秦置下邳縣，梁改爲歸政，魏復爲下邳。治所在今江蘇睢寧縣西北古邳鎮東。

［11］良城：縣名。漢置武原縣，宋廢，魏復置，開皇十一年改爲良城。治所在今江蘇邳州市西北泇口鄉。

［12］梁置武安郡：楊守敬《隋書地理志考證》云："按當作'魏置武原郡'。《地形志》：武原郡，武定八年分下邳置。而不言梁有武安郡。又《輿地廣記》作'梁置武原郡'。"《北周地理志》亦作武原郡，故楊説是。

［13］十一年縣更名曰良城：楊守敬《元和郡縣圖志》："《地形志》武原郡治武原縣，故知隋改武原爲良城也。志例當云'舊曰武原，置武原郡'，方合。今脱此四字。"

［14］郯：縣名。漢縣，後齊省，後周大象元年（579）復置。治所在今山東郯城縣北。

《禹貢》："海、岱及淮惟徐州。"彭城、魯郡、琅邪、東海、下邳，得其地焉。在於天文，自奎五度至胃六度，[1]爲降婁，[2]於辰在戌。其在列國，則楚、宋及魯之交。考其舊俗，人頗勁悍輕剽，其士子則挾任節氣，[3]好尚賓游，此蓋楚之風焉。大抵徐、兖同俗，故其餘諸郡，皆得齊、魯之所尚。莫不賤商賈，務稼穡，尊儒慕學，得洙泗之俗焉。[4]

［1］奎：星宿名。二十八宿之一，爲西方白虎七宿的第一宿，有星十六顆。　胃：星宿名。二十八宿之一，爲西方白虎七宿的第三宿。

［2］星次名。十二星次之一，與十二辰相配爲戌，與二十八宿相配爲奎、婁兩宿。

［3］挾任：謂心懷誠信。

［4］洙泗：洙水與泗水的合稱。古時二水自今山東泗水縣北合流而下，至曲阜北又分爲二水，洙水在北，泗水在南。春秋時屬魯國地，也是孔子聚徒講學之地，故此言"尊儒慕學"。

江都郡[1]梁置南兖州，後齊改爲東廣州，陳復曰南兖，後周改爲吴州。開皇九年改爲揚州，置總管府，大業初府廢。統縣十六，户十一萬五千五百二十四。

江陽[2]舊曰廣陵，後齊置廣陵、江陽二郡。開皇初郡廢，十八年改縣爲邗江，大業初更名江陽。有江都宫、揚子宫。[3]有陵湖。江都[4]自梁及隋，或廢或置。海陵[5]梁置海陵郡。[6]開皇初郡廢，又併建陵縣入，尋析置江浦縣，大業初省入。寧海[7]開皇初併如皋縣入。高郵[8]梁析置竹塘、三歸二縣，及置廣業郡，尋以有嘉禾，爲神農郡。開皇初郡廢，又併竹塘、三歸、臨澤三縣入焉。安宜[9]梁置陽平郡及東莞郡。開皇初郡廢，又廢石鱉縣入焉。有白馬湖。山陽[10]舊置山陽郡，開皇初郡廢。十二年置楚州，大業初州廢。有後魏淮陰郡，東魏改爲淮州，[11]後齊併魯、富陵立懷恩縣，後周改曰壽張，又僑立東平郡。開皇元年改郡爲淮陰，并立楚州，尋廢郡，更改縣曰淮陰。大業初州廢，縣併入焉。盱眙[12]舊魏置盱眙郡。[13]陳置北譙州，尋省。開皇初郡廢，又併考城、直瀆、陽城三縣入。有都梁山。鹽城[14]後齊置射陽郡，[15]陳改曰鹽城，開皇初郡廢。清流[16]舊曰頓丘，置新昌郡及南譙州。開皇初改爲滁州，郡廢。又廢樂鉅、高塘二縣入頓丘，改曰新昌。十八年又改爲清流。大業初州廢。有白禪山、曲亭山。全椒[17]梁曰北譙，置北譙郡。後齊改郡爲臨滁，後周又曰北譙。[18]開皇初郡廢，改縣爲滁水。大業初改名焉。有銅官山、九鬬山。六合[19]舊曰尉氏，置秦郡。後齊置秦州。後周改州曰方州，改郡曰六合。開皇初郡廢，四年改尉氏曰六合，省堂邑、方山二縣入焉。大業初州廢。又後齊置瓦梁郡，陳廢。有瓜步山、六合山。永福[20]舊曰沛，梁置涇城、東陽二郡。[21]陳廢州，併二郡爲沛郡。後周改沛郡爲石梁郡，改沛縣曰石梁縣，省横山縣入焉。開皇初郡廢。大業初改縣曰永福。有香山、永福山。句容[22]有茅山、浮山、四平山。延陵[23]舊置南徐州、南東海郡，梁改曰蘭陵郡，陳又改爲東海。開皇九年州郡並廢，又廢丹徒縣入焉。十五年置潤州，大業初州廢。有句驪山、黄鵠山、蒜山、長塘湖。曲阿[24]有武進縣，梁改爲蘭陵，開皇九年併入。

[1]江都郡：大業三年改揚州置。治所在今江蘇揚州市。

[2]江陽：縣名。本漢廣陵縣，開皇十八年改爲邗江，大業初改爲江陽。治所在今江蘇揚州市。

[3]江都宫：宫殿名。隋煬帝時建，在今江蘇揚州市西北蜀岡上。

[4]江都：縣名。《讀史方輿紀要》云："漢縣治此。三國時廢，晋太康六年復置。江左時廢時置。隋、唐爲附郭縣。今故城已圮於江。"治所在今江蘇揚州市。

[5]海陵：縣名。漢置。《宋書·州郡志》言三國時廢，晋太康元年（280）復置。但因《後漢書·郡國志》中無海陵，故楊守敬以此縣非三國時始廢。治所在今江蘇泰州市。

[6]梁置海陵郡：楊守敬《隋書地理志考證》云："《宋志》：海陵郡，晋安帝分廣陵立。齊亦有此郡，當云'舊置'。"

[7]寧海：縣名。晋安帝時置。治所在今江蘇如皋市西南。

[8]高郵：縣名。漢縣，三國時廢，晋太康元年復置。治所在今江蘇高郵市。

[9]安宜：縣名。本漢平安縣，後漢改爲安宜縣，晋省，齊復置。治所在今江蘇寶應縣西南。

[10]山陽：縣名。東晋義熙九年（413）置。治所在今江蘇淮安市。

[11]有後魏淮陰郡，東魏改爲淮州：楊守敬據《宋書·州郡志》《南齊書·州郡志》認爲東魏當是改北兗州爲淮州，"志言東魏改淮陰郡爲淮州，尤誤"。

[12]盱眙：縣名。漢置。治所在今江蘇盱眙縣東北。

[13]舊魏置盱眙郡：《宋書·州郡志》言晋安帝時分置盱眙郡，則此"魏"字恐爲衍文。

[14]鹽城：縣名。漢置鹽瀆縣，三國時廢，晋太康二年復置，晋安帝改名爲鹽城。治所在今江蘇鹽城市。

[15]後齊置射陽郡：《輿地紀勝》引本志言後齊置射州及射陽、新城、安樂三縣，則本志有脱誤。

［16］清流：縣名。開皇十八年改新昌縣置。治所在今安徽滁州市。

［17］全椒：縣名。大業初改滁水縣置。治所在今安徽全椒縣。

［18］後周又曰北譙：《陳書》卷五《宣帝紀》（太建七年五月）分北譙縣置北譙郡，領陽平所屬北譙、西譙二縣。楊守敬《隋書地理志考證》云："據此，則陳復爲北譙郡。又有西譙縣，志亦失書。"

［19］六合：縣名。尉氏本漢縣，晋末僑置於此，開皇四年改爲六合。治所在今江蘇南京市六合區。

［20］永福：縣名。宋置沛縣，後周改爲石梁縣，大業初改爲永福。治所在今安徽天長市西石梁鎮。

［21］梁置涇城、東陽二郡：錢大昕《廿二史考異》云："《通鑑》胡注引此云'梁置涇州，領涇城、東陽二郡'，當從之。"

［22］句容：縣名。漢置。治所在今江蘇句容市。

［23］延陵：縣名。晋太康二年分曲阿之延陵鄉置。治所先在今江蘇丹陽市西南延陵鎮，開皇九年移治今江蘇鎮江市。

［24］曲阿：縣名。治所在今江蘇丹陽市。

鍾離郡[1]後齊曰西楚州，開皇二年改曰濠州。[2]統縣四，户三萬五千一十五。

鍾離[3]舊置郡，開皇初郡廢。大業中復置郡。定遠[4]舊曰東城。梁改曰定遠，[5]置臨濠郡。後齊改曰廣安。開皇初郡廢。又有舊九江郡，後齊廢爲曲陽縣，縣尋廢。又有梁置安州，侯景亂廢。化明[6]故曰睢陵，置濟陰郡。後齊改縣曰池南，陳復曰睢陵，後周改爲昭義。開皇初郡廢，大業初縣改名焉。塗山[7]舊曰當塗。後齊改曰馬頭，置郡曰荆山。開皇初改縣曰塗山，廢郡。有當塗山。

[1]鐘離郡：大業三年改濠州置。治所在今安徽鳳陽縣東北。

[2]開皇二年改曰濠州：《元和郡縣圖志》記爲開皇三年改濠州。濠，底本作“豪”，中華本校勘記云：“‘濠’原作‘豪’，據《元和志》九、《寰宇記》一二八改。”今從改。

[3]鍾離：縣名。漢縣。治所在今安徽鳳陽縣東北。

[4]定遠：縣名。梁天監三年（504）置，大業十一年縣廢。治所在今安徽定遠縣東南。

[5]舊曰東城。梁改曰定遠：漢置東城縣，宋廢。故此應作“梁改置定遠”。

[6]化明：縣名。大業元年改昭義縣置。治所在今安徽明光市東北女山湖鎮。

[7]塗山：縣名。開皇初改馬頭縣置。治所在今安徽懷遠縣東南。

淮南郡[1]舊曰豫州，後魏曰揚州，梁曰南豫州，東魏曰揚州，陳又曰豫州，後周曰揚州。開皇九年曰壽州，置總管府，大業元年府廢。統縣四，户三萬四千二百七十八。

壽春[2]舊有淮南、梁郡、北譙、汝陰等郡，開皇初並廢，并廢蒙縣入焉。大業初置淮南郡。有八公山、門溪。安豐[3]梁置陳留、安豐二郡，開皇初並廢。有芍陂。霍丘[4]梁置安豐郡，東魏廢。開皇十九年置縣，名焉。長平[5]梁置北陳郡，開皇初廢，又併西華縣入。

[1]淮南郡：大業三年改壽州置。治所在今安徽壽縣。

[2]壽春：縣名。漢縣。治所在今安徽壽縣。

[3]安豐：縣名。治所在今安徽壽縣南。

[4]霍丘：縣名。開皇十九年置。治所在今安徽霍邱縣。

[5]長平：縣名。治所在今河南西華縣南。

弋陽郡[1]梁置光州。統縣六，户四萬一千四百三十三。

光山[2]舊置光城郡。開皇初郡廢，十八年置縣焉。大業初置光陽郡。[3]又有舊黄川郡，梁廢。樂安[4]梁置宋安郡，及宋安、光城二縣，又有豐安郡，開皇三年並廢入焉。有弋陽山、浮光山、金山、錫山。定城[5]後齊置南郢州，後廢入南、北二弋陽縣，後又省北弋陽入南弋陽，改爲定遠焉。[6]又後魏置弋陽郡，及有梁東新蔡縣。後周改爲淮南郡。又後齊置齊安、新蔡二郡，及廢舊義州，立東光城郡。至開皇初，五郡及郢州並廢。殷城[7]舊曰包信，開皇初改名焉。梁置義城郡及建州，并所領平高、新蔡、新城三郡，開皇初並廢。有大蘇山、南松山。[8]固始[9]梁曰蓼縣。後齊改名焉，置北建州，尋廢州，置新蔡郡。後周改置澮州。開皇初州郡並廢入，又改縣爲固始。[10]有安陽山。[11]期思[12]陳置邊城郡。開皇初郡廢，改縣名焉。有後齊光化郡，亦廢入焉。有大别山。

[1]弋陽郡：大業三年改光州置。治所在今河南光山縣。

[2]光山：縣名。宋大明中置光城縣，開皇三年廢入樂安縣，十八年復置。治所在今河南光山縣。

[3]大業初置光陽郡：楊守敬《隋書地理志考證》云："光陽，弋陽通稱。"

[4]樂安：縣名。宋元嘉中置。治所在今河南光山縣西北。

[5]定城：縣名。治所在今河南潢川縣。

[6]改爲定遠焉：楊守敬《隋書地理志考證》云："《寰宇記》引《輿地志》云：後齊天保元年改南弋陽縣爲定城。《輿地廣記》亦作'定城'，則志'定遠'實爲'定城'之誤。"

[7]殷城：縣名。宋僑置包信縣，開皇四年改爲殷城。治所在

今河南商城縣西。

[8]大蘇山：大，底本作“太”，中華本校勘記云：“‘大’原作‘太’，據《水經》三二《决水注》、《寰宇記》一二七改。”

[9]固始：縣名。治所在今河南固始縣。

[10]又改縣爲固始：此句疑爲衍文，上文已言後齊縣改名，此又言。

[11]山：底本作“郡”，楊守敬據宋本改。今從改。

[12]期思：縣名。開皇初改邊城縣置。治所在今河南商城縣東北。

蘄春郡[1]後齊置雍州，[2]後周改曰蘄州。開皇初置總管府，九年府廢。統縣五，户三萬四千六百九十。

蘄春[3]舊曰蘄陽，梁改曰蘄水。後齊改曰齊昌，置齊昌郡。開皇十八年改爲蘄春。開皇初郡廢。[4]有安山。浠水[5]舊置永安郡，開皇初郡廢。有石鼓山。蘄水[6]舊曰蘄春，梁改名焉。[7]有鼓吹山。有蘄水。黄梅[8]舊曰永興，開皇初改曰新蔡，十八年改名焉。有黄梅山。羅田[9]梁置義州、義城郡，開皇初並廢。

[1]蘄春郡：大業三年改蘄州置。治所在今湖北蘄春縣西北羅州城。

[2]雍州：雍，底本作“羅”，中華本校勘記云：“‘雍’原作‘羅’，據《通典》一八一、《寰宇記》一二七、《輿地廣記》二一改。”今從改。

[3]蘄春：縣名。開皇十八年改齊昌縣置。治所在今湖北蘄春縣西北羅州城。

[4]開皇十八年改爲蘄春。開皇初郡廢：按志例，當依時間順序叙述沿革，此先言開皇十八年縣改名，又言開皇初郡廢，不合志

例，此當爲“開皇初郡廢，十八年改爲蘄春”，方合。

[5]浠水：縣名。治所在今湖北浠水縣東南。

[6]蘄水：縣名。治所在今湖北浠水縣東。

[7]舊曰蘄春，梁改名焉：楊守敬《隋書地理志考證》云：“按漢蘄春縣已改於晋，以後並無置蘄春縣事，不應有一蘄春爲梁所改。且上云梁改蘄陽爲蘄水，此又云梁改蘄春爲蘄水，以今蘄州蘄水計之，相距祇百里，不應有兩蘄水縣。考《宋志》蘄水與希水同置，《南齊志》俱爲左縣，意梁時祇此蘄水，上改蘄陽爲蘄水五字爲衍文，此八字更爲駁文。”可備一説。

[8]黄梅：縣名。南齊置永興縣，開皇九年改爲新蔡，十八年改爲黄梅。治所在今湖北黄梅縣西北。

[9]羅田：縣名。梁置。治所在今湖北羅田縣東魁山之陽。

廬江郡[1]梁置南豫州，又改爲合州。開皇初改爲廬州。統縣七，户四萬一千六百三十二。

合肥[2]梁曰汝陰，置汝陰郡。後齊分置北陳郡。開皇初郡廢，縣改名焉。廬江[3]齊置廬江郡，梁置湘州，後齊州廢，開皇初郡廢。有冶甫山、上薄山、三公山、聖山、藍家山。襄安[4]梁曰蘄，開皇初改焉。有龜山、紫微山、亞父山、半陽山、白石山、四鼎山。慎[5]東魏置平梁郡，陳曰梁郡，開皇初郡廢。有浮闍山。霍山[6]梁置霍州及岳安郡、岳安縣。後齊州廢。開皇初郡廢，縣改名焉。滭水[7]梁置北沛郡及新蔡縣。開皇初郡廢，又廢新蔡入焉。有墜星山。開化[8]梁置。[9]有衡山、九公山、蹋鼓山、天山、多智山。

[1]廬江郡：大業三年改廬州置。治所在今安徽合肥市。

[2]合肥：縣名。漢置合肥縣，梁改爲汝陰，開皇初復爲合肥。

治所在今安徽合肥市。

［3］廬江：縣名。梁武帝天監末置。治所在今安徽廬江縣西。

［4］襄安：縣名。開皇初改蘄縣置。治所在今安徽巢湖市。

［5］慎：縣名。宋僑置。治所在今安徽肥東縣東北梁園鎮。

［6］霍山：縣名。開皇初改岳安縣置。治所在今安徽霍山縣。

［7］灊水：縣名。《讀史方輿紀要》云："梁置北沛郡，治新蔡縣，東魏因之。……隋開皇初郡廢，改置灊水縣，以新蔡縣并入。"治所在今安徽霍山縣東北。

［8］開化：縣名。治所在今安徽六安市西南。

［9］梁置：《宋書·州郡志》言開化縣置於元嘉二十五年（448）。

同安郡[1]梁置豫州，後改曰晋州，後齊改曰江州，陳又曰晋州，開皇初曰熙州。統縣五，户二萬一千七百六十六。

懷寧[2]舊置晋熙郡，開皇初郡廢。大業三年置同安郡。宿松[3]梁置高塘郡。開皇初郡廢，改縣曰高塘，[4]十八年又改名焉。有雷水。太湖[5]開皇初改爲晋熙，十八年復改名焉。望江[6]陳置大雷郡。開皇十一年改曰義鄉，十八年改名焉。同安[7]舊曰樅陽，并置樅陽郡。開皇初郡廢，十八年縣改名焉。有浮度山。

［1］同安郡：大業三年改熙州置。治所在今安徽潜山縣。

［2］懷寧：縣名。本漢皖縣，晋永嘉之亂後廢，晋安帝義熙中置懷寧縣。治所在今安徽潜山縣。

［3］宿松：縣名。開皇十八年改高塘縣置。治所在今安徽宿松縣。

［4］開皇初郡廢，改縣曰高塘：王仲犖《北周地理志》言高唐縣爲梁置。

［5］太湖：縣名。宋元嘉二十五年置，後省，泰始二年（466）

復置，開皇初改爲晋熙，十八年復爲太湖，大業十三年廢。治所在今安徽太湖縣。

[6]望江：縣名。晋安帝置新冶縣，開皇十一年改爲義鄉縣，十八年改爲望江縣。治所在今安徽望江縣。

[7]同安：縣名。開皇十八年改樅陽縣置。治所在今安徽桐城縣。

歷陽郡[1]後齊立和州。統縣二，户八千二百五十四。

歷陽[2]舊置歷陽郡，開皇初郡廢。大業初復置郡。烏江[3]梁置江都郡，後齊改爲齊江郡，陳又改爲臨江郡，周改爲同江郡。開皇初郡廢。大業初置歷陽郡。[4]有六合山。

[1]歷陽郡：大業三年改和州置。治所在今安徽和縣。

[2]歷陽：縣名。漢縣。治所在今安徽和縣。

[3]烏江：縣名。晋太康六年置。治所在今安徽和縣東北烏江鎮。

[4]大業初置歷陽郡：歷陽縣下已言置歷陽郡，則此句爲衍文。

丹陽郡[1]自東晋已後置郡曰揚州。平陳，詔並平蕩耕墾，更於石頭城置蔣州。統縣三，户二萬四千一百二十五。

江寧[2]梁置丹陽郡及南丹陽郡，陳省南丹陽郡。平陳，又廢丹陽郡，并以秣陵、建康、同夏三縣入焉。大業初置丹陽郡。有蔣山。當塗[3]舊置淮南郡。平陳，廢郡，并襄垣、于湖、繁昌、西鄉入焉。[4]有天門山、楚山。溧水[5]舊曰溧陽。開皇九年廢丹陽郡入，[6]十八年改焉。[7]有赭山、廬山、楚山。

[1]丹陽郡：大業三年改蔣州置。治所在今江蘇南京市。

[2]江寧：縣名。《元和郡縣圖志》言晋太康二年改臨江縣置，《太平寰宇記》言晋永嘉中置。治所在今江蘇南京市。

[3]當塗：縣名。晋太康初分丹陽置于湖縣，成帝時於于湖僑置當塗縣。治所先在今安徽南陵縣東南，開皇九年移治今安徽當塗縣。

[4]繁昌：繁，底本作“樊”，錢大昕《廿二史考異》言當作“繁昌”，中華本據《宋書·州郡志一》《南齊書·州郡志上》改，今從改。

[5]溧水：縣名。治所在今江蘇溧水縣。

[6]開皇九年廢丹陽郡入：“郡”當作“縣”，楊守敬《隋書地理志考證》云：“志於江寧縣下云‘平陳，廢丹陽郡’，故知此爲縣也。”

[7]十八年改焉：《元和郡縣圖志》云：“隋開皇十一年宇文述割溧陽之西、丹陽之東置。”楊守敬云：“則是十一年分溧陽置溧水縣，至十八年又廢溧陽入溧水。”

宣城郡[1]舊置南豫州。平陳，改爲宣州。統縣六，户一萬九千九百七十九。

宣城[2]舊曰宛陵，[3]置宣城郡。平陳，郡廢，仍併懷安、寧國、當塗、浚遒四縣入焉。大業初置郡。有敬亭山。涇[4]平陳，省安吴、南陽二縣入焉。有蓋山、陵陽山。南陵[5]梁置，併置南陵郡，陳置北江州。平陳，州郡並廢，并所管石城、臨城、定陵、故治、南陵五縣入焉。秋浦[6]舊曰石城。平陳廢，開皇十九年置，改名焉。永世[7]平陳廢，開皇十二年又置。有靈光山。綏安[8]舊曰石封，平陳，改名焉。梁末立大梁郡，又改爲陳留。平陳，郡廢，省大德、故鄣、安吉、原鄉四縣入焉。

[1]宣城郡：梁置南豫州，隋平陳後改爲宣州，大業三年改爲宣城郡。治所在今安徽宣城市宣州區。

[2]宣城：縣名。治所在今安徽宣城市宣州區。

[3]舊曰宛陵：楊守敬《隋書地理志考證》云："按《漢》《晋》《宋》《齊志》宛陵、宣城並立，此但云宛陵者，當是隋平陳併宛陵於宣城，又以宣城置宛陵。"

[4]涇：縣名。漢置。治所在今安徽涇縣。

[5]南陵：縣名。梁武帝普通六年（525）置。治所在今安徽繁昌縣西北。

[6]秋浦：縣名。開皇十九年於石城故城置。治所在今安徽池州市西。

[7]永世：縣名。吴分溧陽置永平縣，晋太康元年改爲永世，隋平陳廢，開皇十二年復置。治所在今江蘇溧陽市南古縣村。

[8]綏安：縣名。宋永初三年（422）置。治所在今江蘇宜興市西南。

毗陵郡[1]平陳，置常州。統縣四，户一萬七千五百九十九。

晋陵[2]舊置晋陵郡。平陳，郡廢。大業初置郡。有横山。江陰[3]梁置，及置江陰郡。平陳，廢郡及利城梁豐縣入焉。有毗陵山。無錫[4]有九龍山。義興[5]舊曰陽羡，置義興郡。平陳，郡廢，改縣名焉，又廢義鄉、國山、臨津三縣入焉。[6]有計山、洞庭山。

[1]毗陵郡：大業三年改常州置。治所在今江蘇常州市。

[2]晋陵：縣名。漢毗陵縣，晋永嘉五年（311）改爲晋陵。治所在今江蘇常州市。

[3]江陰：縣名。梁敬帝分蘭陵縣置。治所在今江蘇江陰市。

[4]無錫：縣名。《太平寰宇記》云："吴省，屬典農校尉。晋太康元年平吴，復爲縣，屬毗陵。元帝初改爲晋陵郡。隋開皇九年改晋陵郡爲常州，廢縣入晋陵；十三年復舊。大業三年改爲毗陵。"楊守敬言本志是據開皇十三年後之籍著之。治所在今江蘇無錫市。

[5]義興：縣名。開皇九年改陽羨縣置。治所在今江蘇宜興市。

[6]臨津：津，底本作"澤"，中華本校勘記云："'津'原作'澤'，據《宋書·州郡志》一、《南齊書·州郡志》上改。"今從改。

吴郡[1]陳置吴州。平陳，改曰蘇州，大業初復曰吴州。統縣五，户一萬八千三百七十七。

吴[2]舊置吴郡。平陳，郡廢，大業初復置。有胥山、横山、華山、黄山、姑蘇山、太湖。[3]昆山[4]梁置。平陳廢，開皇十八年復。常熟[5]舊曰南沙，[6]梁置信義郡。平陳廢，并所領海陽、前京、信義、海虞、興國、南沙入焉。有虞山。烏程[7]舊置吴興郡。平陳，郡廢，并東遷縣入焉。仁壽中置湖州，大業初州廢。有雉山。長城[8]平陳廢，仁壽二年復。有卞山。

[1]吴郡：大業三年改吴州置。治所在今江蘇蘇州市西南横山東。

[2]吴：縣名。秦置。治所在今江蘇蘇州市西南横山東。

[3]胥山：胥，底本作"首"，中華本校勘記云："'胥'原作'首'。《寰宇記》九一：'胥山在吴縣西南四十里。《吴録》云，吴王殺子胥，投之於江，吴人立祠於江上，因名胥山。'《水經》四〇《漸水注》所記胥山大致相同。今據改。"今從改。

[4]昆山：縣名。梁大同中分信義縣置，平陳廢，開皇十八年復置。治所在今上海市松江區。

[5]常熟：縣名。梁大同六年（540）置。治所在今江蘇常熟市西北。

[6]舊曰南沙：《讀史方輿紀要》云："本吴縣地，晋太康四年分置海虞縣，屬吴郡。東晋又分置南沙縣，屬晋陵郡，宋、齊因之。梁天監六年增置信義郡，南沙屬焉。大同六年又分置常熟縣，亦屬信義郡。隋平陳，徙常熟縣治南沙，以海虞、南沙二縣并入，屬蘇州。"因隋徙縣南沙，故云舊曰南沙。

[7]烏程：縣名。秦置。治所在今浙江湖州市。

[8]長城：縣名。晋太康三年分烏程縣置，開皇九年廢，仁壽二年復。治所在今浙江長興縣東。

會稽郡[1]梁置東揚州。陳初省，尋復。平陳，改曰吴州，置總管府。大業初府廢，置越州。統縣四，户二萬二百七十一。

會稽[2]舊置會稽郡。平陳，郡廢，及廢山陰、永興、上虞、始寧四縣入，大業初置郡。有稷山、種山、會稽山。[3]句章[4]平陳，併餘姚、鄞、鄮三縣入。[5]有太白山、方山。剡[6]有桐柏山。諸暨[7]有泄溪、大農湖。

[1]會稽郡：大業三年改越州置。治所在今浙江紹興市。

[2]會稽：縣名。陳分山陰縣置，隋山陰縣廢入會稽縣。治所在今浙江紹興市。

[3]種山：種，底本作"重"，中華本校勘記云："'種'原作'重'。《寰宇記》九六：'種山在山陰縣北三里餘。《吴越春秋》云，大夫種所葬處。'《水經》四〇《浙水注》官本作'重山'，趙一清校本改爲'種山'。今據改。"今從改。　會稽山：原名茅山，又名苗山、防山。在今浙江紹興市南。

[4]句章：縣名。漢縣。治所在今浙江餘姚市東南。

[5]鄮：底本作"鄮"，中華本據《漢書·地理志上》《續漢

書·郡國志四》改。今從改。

[6]剡：縣名。漢置。治所在今浙江嵊州市。

[7]諸暨：縣名。秦舊縣。治所在今浙江諸暨市。

餘杭郡[1]平陳，置杭州。仁壽中置總管府，大業初府廢。統縣六，户一萬五千三百八十。

錢唐[2]舊置錢唐郡。平陳，廢郡，并所領新城縣入。大業三年置餘杭郡。有粟山、石甑山、臨平湖。富陽[3]有石頭山、鷄籠山。餘杭[4]有由拳山、金鵝山。於潛[5]有天目山、石鏡山。[6]有桐溪。鹽官[7]有蜀山。武康[8]平陳廢，仁壽二年復。有封嵎山、青山、白鵠山。

[1]餘杭郡：開皇九年割吴郡之鹽官，吴興之餘杭，合錢唐、綏安四縣置杭州，大業三年改爲餘杭郡。治所在今浙江杭州市。

[2]錢唐：縣名。楊守敬言隋以前地志俱作‘唐’，唐以後作“塘”。治所在今浙江杭州市。

[3]富陽：縣名。漢舊縣，名富春，晋孝武帝避鄭太后諱，改爲富陽。治所在今浙江富陽市。

[4]餘杭：縣名。秦置。治所在今浙江杭州市餘杭區。

[5]於潛：縣名。漢舊縣。治所在今浙江臨安市西於潛鎮。

[6]天目山：舊名浮玉山。在今浙江西北部，東北－西南走向，爲長江與錢塘江水系的分水嶺。

[7]鹽官：縣名。三國吴時置。治所在今浙江海寧市西南鹽官鎮。

[8]武康：縣名。三國吴置永安縣，晋太康元年改爲武康。治所在今浙江德清縣西。

新安郡[1]平陳，置歙州。統縣三，户六千一百六十四。

休寧[2]舊曰海寧，開皇十八年改名焉。[3]大業初置郡。歙[4]平陳廢，十一年復。黟[5]平陳廢，十一年復。

[1]新安郡：開皇九年置歙州，大業三年改爲新安郡。治所在今安徽休寧縣。

[2]休寧：縣名。三國吴置休陽縣，晋太康元年改爲海寧，開皇十八年改爲休寧。治所在今安徽休寧縣。

[3]開皇十八年改名焉：《元和郡縣圖志》記開皇九年改爲休寧縣，兩書所記不一。

[4]歙：縣名。秦置，開皇九年廢，十一年復置。治所在今安徽歙縣。

[5]黟：縣名。秦置，開皇九年廢，十一年復置。治所在今安徽黟縣。

東陽郡[1]平陳，置婺州。統縣四，户一萬九千八百五。

金華[2]舊曰長山，置金華郡。平陳，郡廢，又廢建德、太末、豐安三縣入，改爲吴寧縣。十二年改曰東陽，十八年改名焉。大業初置東陽郡。有長山、龍山、樓山、丘山。有赤松澗。永康[3]　烏傷[4]有香山、歌山。信安[5]有江山、悲思嶺。有定陽溪。

[1]東陽郡：大業三年改婺州置。治所在今浙江金華市。

[2]金華：縣名。後漢置長山縣，隋平陳改爲吴寧，十二年改爲東陽，十八年改爲金華。治所在今浙江金華市。

[3]永康：縣名。三國吴分烏傷、上浦立。治所在今浙江永康市。

[4]烏傷：縣名。秦縣。治所在今浙江義烏市。

[5]信安：縣名。晋太康元年改新安縣置。治所在今浙江衢州市。

永嘉郡[1]開皇九年置處州，十二年改曰括州。統縣四，户一萬五百四十二。

括倉[2]平陳，置縣，大業初置永嘉郡。有縉雲山、括倉山。永嘉[3]舊曰永寧，置永嘉郡。平陳，郡廢，縣改名焉。有芙蓉山。松陽[4]　臨海[5]舊曰章安，置臨海郡。平陳，郡廢，縣改名焉。[6]有赤山、天台山。[7]

[1]永嘉郡：大業三年改括州置。治所在今浙江麗水市東南。

[2]括倉：縣名。楊守敬言“倉”作“蒼”。治所在今浙江麗水市東南。

[3]永嘉：縣名。開皇九年改永寧縣置。治所在今浙江温州市。

[4]松陽：縣名。開皇九年廢，十二年復置。治所在今浙江松陽縣西北古市鎮。

[5]臨海：縣名。治所在今浙江臨海市。

[6]平陳，郡廢，縣改名焉：楊守敬《隋書地理志考證》云：“按《宋志》：臨海，吴分章安立。《紀勝》：隋開皇九年徙縣於舊始豐縣置，十一年於大固山置臨海鎮，尋移縣於鎮所。據此，則知志所謂改名者，乃省章安入臨海也。”

[7]天台山：在今浙江中東部，主峰華頂山在今天台縣東北。建於隋的國清寺爲佛教天台宗的發源地。

建安郡[1]陳置閩州，仍廢，後又置豐州。平陳，改曰泉州。大業初改曰閩州。統縣四，户一萬二千四百二十。

閩[2]舊曰東侯官，置晋安郡。平陳，郡廢，縣改曰原豐。[3]

十二年改曰閩，大業初置建安郡。有岱山、飛山。建安[4]舊置建安郡。平陳廢。南安[5]舊曰晋安，置南安郡。平陳，郡廢，縣改名焉；又置莆田縣，尋廢入焉。龍溪[6]梁置，開皇十二年併蘭水、綏安二縣入焉。

[1]建安郡：大業三年改閩州置。治所在今福建福州市。

[2]閩：縣名。開皇十二年改原豐縣置。治所在今福建福州市。

[3]縣改曰原豐：楊守敬《隋書地理志考證》云："《宋志》原豐，晋太康三年立。《齊志》有，然則併侯官入原豐也。"由此可知，侯官非改名爲原豐，而是併入。

[4]建安：縣名。孫策分東侯官立，宋廢，南齊又立。治所在今福建建甌市。

[5]南安：縣名。開皇九年改晋安置。治所在今福建南安市豐州鎮。

[6]龍溪：縣名。治所在今福建龍海市西北。

遂安郡[1]仁壽三年置睦州。統縣三，户七千三百四十三。

雉山[2]舊置新安郡。平陳，廢爲新安縣。[3]大業初縣改名焉，置遂安郡。有仙壇山。遂安[4]平陳廢，仁壽中復。桐廬[5]平陳廢，仁壽中復。有白石山。

[1]遂安郡：大業三年改睦州置。治所在今浙江淳安縣西。

[2]雉山：縣名。大業三年改新安縣置。治所在今浙江淳安縣西。

[3]廢爲新安縣：楊守敬《隋書地理志考證》云："本吴始新縣，廢郡時，改始新縣爲新安縣也。"

[4]遂安：縣名。三國吴孫權分歙縣爲新定縣，晋武帝太康元

年改爲遂安，開皇九年廢，仁壽三年復置。治所在今浙江淳安縣西南。

[5]桐廬：縣名。三國吴分富春置，開皇九年廢，仁壽三年復置。治所在今浙江桐廬縣。

鄱陽郡[1]梁置吴州，[2]陳廢。平陳，置饒州。統縣三，户一萬一百二。

鄱陽[3]舊置鄱陽郡。平陳廢，又有陳銀城縣廢入焉。大業初復置郡。餘干[4] 弋陽[5]舊曰葛陽，開皇十二年改。有弋水。

[1]鄱陽郡：大業三年改饒州置。治所在今江西鄱陽縣。

[2]梁置吴州：《元和郡縣圖志》記梁承聖二年（553）改爲吴州，《太平寰宇記》記梁天監中置吴州，二書所記不一。

[3]鄱陽：縣名。漢置。治所在今江西鄱陽縣。

[4]餘干：縣名。開皇九年改餘汗縣置。治所在今江西餘干縣。

[5]弋陽：縣名。開皇十二年改葛陽縣置。治所在今江西弋陽縣。

臨川郡[1]平陳，置撫州。統縣四，户一萬九百。

臨川[2]舊置臨川郡。平陳，郡廢，大業三年復置郡。有銅山、黄山。有夢水。南城[3]有五章山。崇仁[4]梁置巴山郡，領大豐、新安、巴山、新建、興平、豐城、西寧七縣。[5]平陳，郡縣並廢，以置縣焉。邵武[6]開皇十二年置。

[1]臨川郡：大業三年改撫州置。治所在今江西撫州市臨川區。

[2]臨川：縣名。後漢和帝永元八年（96）析南城置臨汝，開皇九年改爲臨川。治所在今江西撫州市臨川區。

[3]南城：縣名。漢縣。治所在今江西南城縣北。

[4]崇仁：縣名。開皇九年廢巴山郡置。治所在今江西崇仁縣。

[5]大豐：本作“廣豐”，隋避楊廣諱改爲大豐。

[6]邵武：縣名。晋武帝太康時改昭武縣置，開皇八年廢，十二年復置。治所在今福建邵武市。

廬陵郡[1]平陳，置吉州。統縣四，户二萬三千七百一十四。

廬陵[2]舊置廬陵郡。平陳廢，大業初復置。泰和[3]平陳置，曰西昌。十一年省東昌入，更名焉。[4]安復[5]舊置安成郡。平陳，郡廢，縣改曰安成。十八年又曰安復。有更生山、長嶺。新淦[6]有玉笥山。

[1]廬陵郡：大業三年改吉州置。治所在今江西吉水縣東北。

[2]廬陵：縣名。開皇十年改石陽縣置。治所在今江西吉水縣東北。

[3]泰和：縣名。開皇九年平陳後分廬陵縣置西昌縣，後改爲泰和。治所在今江西太和縣西。

[4]十一年省東昌入，更名焉：關於改西昌爲泰和的時間，各書所記有異。《元和郡縣圖志》言開皇十八年改，《太平寰宇記》西昌故城下言開皇十年廢西昌置太和。另《太平寰宇記》太和縣下又言隋平陳，改爲安豐，尋改爲太和縣。

[5]安復：縣名。治所在今江西安福縣西。

[6]新淦：縣名。漢置。治所在今江西新干縣。

南康郡[1]開皇九年置虔州。統縣四，户一萬一千一百六十八。

贛[2]舊曰南康，[3]置南康郡。平陳，郡廢。大業初縣改名焉，尋置郡。有儲山。有贛水。虔化[4]舊曰寧都，開皇十八年改名焉。有石鼓山。雩都[5]舊廢，平陳置。有金鷄山、君山。南康[6]舊曰贛，大業初改名焉。有廩山、上洛山、贛山。

[1]南康郡：大業三年改虔州置。治所在今江西贛州市。

[2]贛：縣名。治所在今江西贛州市。

[3]舊曰南康：楊守敬《隋書地理志考證》云："此與下'南康舊曰贛'并誤。按《寰宇記》引《晋太康地志》：贛縣，因水爲名。又引《虔州圖經》：章、貢二水合流爲贛，其間置邑，因爲贛縣，晋太康末徙居葛姥故城，宋昇明初移置贛水東三百步，梁承聖初又遷贛水南。考葛姥城在今縣北五里，然則晋以後雖屢有遷徙，皆不甚相遠，其不在今縣西八十里之南康審矣。按《水經·贛水注》：贛縣，即南康郡治。《元和志》：晋南康郡先理雩都，永和五年移理贛。《寰宇記》：晋永和五年，太守高珪置郡城於章、貢二水間。是南康郡治贛，非治南康也。《輿地廣記》則謂'隋改贛縣爲南康，大業初復改爲贛'。然《廣記》於南康下云'宋改南康曰贛縣，隋大業初復曰南康'，既云宋改南康爲贛縣，而此贛縣又至隋始改爲南康，是宋、齊、梁、陳俱有兩贛縣矣。蓋爲此志所眯，而强爲之説。"

[4]虔化：縣名。宋大明五年（461）置，隋初廢，開皇十八年改寧都縣復置。治所在今江西寧都縣西。

[5]雩都：縣名。治所在今江西于都縣。

[6]南康：縣名。治所在今江西南康縣。

宜春郡[1]平陳，置袁州。統縣三，户一萬一百一十六。

宜春[2]舊曰宜陽。開皇十一年廢吴平縣入，十八年改名

焉。[3]大業初置郡。有廬溪、渝水。萍鄉[4]有宜春江。新喻[5]

[1]宜春郡：大業三年改袁州置。治所在今江西宜春市。

[2]宜春：縣名。治所在今江西宜春市。

[3]十八年改名焉：《元和郡縣圖志》云："隋開皇十一年，於縣置袁州，移縣於城東五里，復改爲宜春。"《太平寰宇記》云："隋開皇十一年廢安成，併于宜陽縣，置袁州，移縣于州東五里；十七年改宜陽爲宜春。"諸書所記不一。

[4]萍鄉：縣名。三國吴寶鼎二年（267）分宜春縣置。治所在今江西萍鄉市東蘆溪鎮。

[5]新喻：縣名。三國吴置。治所在今江西新餘市南。

豫章郡[1]平陳，置洪州總管府。大業初府廢。統縣四，户一萬二千二十一。

豫章[2]舊置豫章郡。平陳，郡廢。[3]大業初復置郡。豐城[4]平陳廢。十二年置，曰廣豐。仁壽初改名焉。建昌[5]開皇九年省并、永修、豫章、新吴四縣入焉。[6]建城[7]有然石。

[1]豫章郡：大業三年改洪州置。治所在今江西南昌市。

[2]豫章：縣名。漢置南昌縣，開皇九年改爲豫章縣。治所在今江西南昌市。

[3]平陳，郡廢：《陳書》卷三《世祖紀》記元嘉六年九月罷豫章郡，與志所記有異。

[4]豐城：縣名。仁壽元年避太子諱改廣豐縣置。治所在今江西豐城市東。

[5]建昌：縣名。東漢永元十六年分海昏縣置。治所在今江西永修縣西北艾城。

［6］并：楊守敬云："當是'艾'字之誤，蓋合艾方有四縣也。"

［7］建城：縣名。漢置。治所在今江西高安市。

南海郡[1]舊置廣州，梁、陳並置都督府。平陳，置總管府。仁壽元年置番州，大業初府廢。統縣十五，户三萬七千四百八十二。

南海[2]舊置南海郡。平陳，郡廢；又分置番禺縣，尋廢入焉。[3]大業初置郡。曲江[4]舊置始興郡。平陳廢，十六年又廢湞陽縣入焉。[5]有玉山、銀山。始興[6]齊曰正階，[7]梁改名焉，又置安遠郡，置東衡州。平陳，改郡置大庾縣，又於此置廣州總管。開皇末移向南海，又十六年廢大庾入焉。翁源[8]梁置，陳又置清遠郡。平陳郡廢。增城[9]舊置東官郡，平陳廢。有羅浮山。寶安[10]　樂昌[11]梁置，曰梁化，又分置平石縣。開皇十二年省平石入，十八年改名焉。四會[12]舊置綏建郡，又有樂昌郡。平陳，二郡並廢。大業初又併始昌縣入焉。化蒙[13]大業初廢威城縣入焉。清遠[14]舊置清遠郡，又分置威正、廉平、恩洽、浮護等四縣。平陳並廢，以置清遠縣。[15]又齊置齊康郡，至是亦廢入焉。含洭[16]梁置衡州、陽山郡。平陳，州改曰洭州，廢郡。二十年州廢。有堯山。政賓[17]舊置東官郡。平陳，郡廢。懷集[18]　新會[19]舊置新會郡。平陳，郡廢，又併盆允、永昌、新建、熙潭、化召、懷集六縣入，爲封州。十一年改爲允州，後又改爲岡州。大業初州廢，并廢封樂縣入。有社山。義寧[20]開皇十年廢新夷、初賓二縣入；又有始康縣，廢入封平。大業初又廢封平入焉。有茂山。

[1]南海郡：大業三年改番州置。治所在今廣東廣州市。

[2]南海：縣名。治所在今廣東廣州市。

[3]又分置番禺縣，尋廢入焉：《元和郡縣圖志》云："隋開皇十年分其地置南海縣，屬廣州。"楊守敬《隋書地理志考證》云："按番禺爲舊縣，此當云'分番禺置南海縣，尋廢番禺入焉'，方合。"

[4]曲江：縣名。漢置。治所在今廣東韶關市東南。

[5]湞陽縣："湞"底本作"須"，中華本據《宋書・州郡志一》改，今從改。

[6]始興：縣名。治所在今廣東始興縣。

[7]齊曰正階，梁改名焉：楊守敬《隋書地理志考證》云："按始興本吴置，在今始興縣西北。《梁書・邵陵王綸傳》'子確，大同二年封正階侯'，蓋至大同後始廢正階，而移始興來治。"

[8]翁源：縣名。梁承聖末分湞陽縣置。治所在今廣東翁源縣西北。

[9]增城：縣名。後漢置。治所在今廣東增城市東北。

[10]寶安：縣名。晋咸和六年（331）置。治所在今廣東深圳市寶安區。

[11]樂昌：縣名。梁武帝分曲江縣置梁化縣，開皇十八年改爲樂昌。治所在今廣東樂昌市西南。

[12]四會：縣名。秦置。治所在今廣東四會市。

[13]化蒙：縣名。宋元嘉十三年分四會縣置。治所在今廣東廣寧縣東鄉鎮。

[14]清遠：縣名。梁析中宿縣置。治所在今廣東清遠市。

[15]以置清遠縣：施和金云："按《隋志》例，郡縣同名即書郡不舉縣，此清苑郡當領有清遠縣。此云平陳廢四縣以置清遠縣，蓋四縣原從清遠分出，平陳後又併入而重置清遠縣。"（施和金：《中國行政區劃通史・隋代卷》，第462頁）

[16]含洭：縣名。漢置。治所在今廣東英德市西北浛洸鎮。

[17]政賓：縣名。治所在今廣東清新縣西北河洞堡。

[18]懷集：縣名。治所在今廣東懷集縣。

[19]新會：縣名。開皇十年置。治所在今廣東江門市新會區北。

[20]義寧：縣名。宋元嘉中置。治所在今廣東開平市西北天露山東。

龍川郡[1]平陳，置循州總管府。大業初府廢。統縣五，户六千四百二十。

歸善[2]帶郡。有歸化山、懷安山。河源[3]開皇十一年省龍川縣入焉。又有新豐縣，十八年改曰休吉，大業初省入焉。有龍山、亢山。有修江。博羅[4] 興寧[5] 海豐[6]有黑龍山。有漲海。

[1]龍川郡：大業三年改循州置。治所在今廣東惠州市惠陽區東北。

[2]歸善：縣名。開皇九年置。《元和郡縣圖志》《舊唐書·地理志》《太平寰宇記》均言宋置，《宋書·州郡志》《南齊書·州郡志》無此縣。《輿地紀勝》引《祥符圖經》言本晋欣樂縣地，陳禎明三年（即開皇九年）改爲歸善。治所在今廣東惠州市惠陽區東北。

[3]河源：縣名。齊置。治所在今廣東河源市源城區。

[4]博羅：縣名。治所在今廣東博羅縣。

[5]興寧：縣名。東晋置。治所在今廣東興寧市西北龍田鎮西。

[6]海豐：縣名。東晋置。治所在今廣東海豐縣。

義安郡[1]梁置東揚州，後改曰瀛州，[2]及陳州廢。平陳，置潮州。統縣五，户二千六十六。

海陽[3]舊置義安郡。平陳，郡廢。大業初置郡。有鳳皇山。程鄉[4]　潮陽[5]　海寧[6]有龍溪山。萬川[7]舊曰義招，[8]大業初改名焉。

[1]義安郡：大業三年改潮州置。治所在今廣東潮州市東北。

[2]瀛洲：瀛，底本作"羸"，中華本據《太平寰宇記》卷一五八改，今從改。

[3]海陽：縣名。晋置，開皇十年省，又立義安縣屬循州，十一年於義安立潮州，又改義安爲海陽。治所在今廣東潮州市東北。

[4]程鄉：縣名。齊置，開皇十年廢，十一年復置。治所在今廣東梅州市。

[5]潮陽：縣名。治所在今廣東潮陽市西北。

[6]海寧：縣名。治所在今廣東惠來縣西。

[7]萬川：縣名。大業初改義昭置。治所在今廣東大埔縣。

[8]義昭：底本作"昭義"，中華本據《宋書・州郡志一》《南齊書・州郡志上》改，今從改。

高凉郡[1]梁置高州。統縣九，户九千九百一十七。

高凉[2]舊置高凉郡。平陳廢，大業初復置。連江[3]梁置連江郡。平陳，郡廢。梁又置梁封縣，開皇十八年改爲義封。梁又置南巴郡。平陳，郡廢爲南巴縣。大業初二縣並廢入。電白[4]梁置電白郡。平陳，郡廢。又有海昌郡廢入焉。杜原[5]舊曰杜陵。梁置杜陵郡，又有永寧、宋康二郡。平陳，並廢爲縣。十八年改杜陵曰杜原，宋康曰義康。大業二年二縣並廢入杜原。海安[6]舊曰齊安，置齊安郡。平陳，郡廢。開皇十八年改縣名焉。陽春[7]梁置陽春郡。平陳，郡廢。石龍[8]舊置羅州、高興郡。平陳，郡廢。大業初州廢。吴川[9]　茂名[10]

［1］高凉郡：大業初改高州置。治所在今廣東陽江市西。

［2］高凉：縣名。漢置高凉縣，三國吴置安寧縣，宋省高凉入安寧，梁復改安寧爲高凉。治所在今廣東陽江市西。

［3］連江：縣名。梁置。治所在今廣東電白縣電城鎮東。

［4］電白：縣名。治所在今廣州高州市。

［5］杜原：縣名。梁置杜陵，開皇十八年改爲杜原。治所在今廣東陽江市西。

［6］海安：縣名。開皇十八年改齊安縣置。治所在今廣東恩平市北。

［7］陽春：縣名。陳置。治所在今廣東陽春市春城鎮。

［8］石龍：縣名。梁置。治所在今廣東化州市。

［9］吴川：縣名。隋置。治所在今廣東吴川市西南吴陽鎮。

［10］茂名：縣名。晋置，後廢，梁復置。治所在今廣東高州市。

信安郡[1]平陳，置端州。統縣七，户一萬七千七百八十七。

高要[2]舊置高要郡。平陳，郡廢。大業初置信安郡。有定山。端溪[3]舊置晋康郡。平陳，郡廢。有端水。樂城[4]開皇十二年廢文招、悦成二縣入。平興[5]舊置宋隆郡，領初寧、建寧、熙穆、崇德、召興、崇化、南安等縣。平陳，郡廢，并所領縣入焉。又梁置梁泰郡及縣。平陳，郡廢，縣改曰清泰。大業初廢入焉。新興[6]梁置新州、新寧郡。平陳，郡廢。大業初州廢，又廢索盧縣入焉。博林[7]大業初廢撫納縣入。銅陵[8]有流南縣，開皇十八年改曰南流。又有西城縣，大業初廢入。

[1]信安郡：大業三年改端州置。治所在今廣東肇慶市。

[2]高要：縣名。漢置。治所在今廣東肇慶市。

[3]端溪：縣名。漢置。治所在今廣東德慶縣。

[4]樂城：縣名。宋置。治所在今廣東德慶縣東悦城鎮。

[5]平興：縣名。宋元嘉二十年置。治所在今廣東高要市東南。

[6]新興：縣名。治所在今廣東新興縣。

[7]博林：縣名。晋末置。治所在今廣東高要市西南。

[8]銅陵：縣名。宋置龍潭縣，隋改爲銅陵。治所在今廣東陽春市北。

永熙郡[1]梁置瀧州。[2]統縣六，户一萬四千三百一十九。

瀧水[3]舊置開陽縣，置開陽、平原、羅陽等郡。平陳，郡並廢，以名縣。開皇十八年改平原曰瀧水，羅陽縣爲正義。大業初置永熙郡，開陽、正義俱廢入焉。懷德[4]舊曰梁德，置梁德郡。平陳，廢郡。十八年改名懷德。良德[5]陳置，曰務德，後改名焉。安遂[6]梁置建州、廣熙郡，尋廢。[7]州大業初廢。永業[8]梁置永業郡，尋改爲縣，[9]後省。開皇十六年又置。永熙[10]大業初併安南縣入。

[1]永熙郡：治所在今廣東羅定市南。

[2]梁置瀧州：《舊唐書·地理志》云："隋永熙郡之瀧水縣。武德四年，平蕭銑，置瀧州。"楊守敬云："然則梁自名雙州，唐武德始改爲瀧州。"

[3]瀧水：縣名。梁置平原縣，開皇十八年改爲瀧水。治所在今廣東羅定市南。

[4]懷德：縣名。梁置梁德縣，開皇十八年改爲懷德。治所在今廣東信宜市東北。

[5]良德：縣名。陳改務德縣置。治所在今廣東高州市東北。

［6］安遂：縣名。宋元嘉中置。治所在今廣東鬱南縣東南連灘鎮。

［7］尋廢：施和金以爲此二字有誤，因《讀史方輿紀要》言隋平陳後廢郡（參見施和金《中國行政區劃通史·隋代卷》，第479頁）。中華本校勘記云："'尋廢'下疑脱'郡'字。"

［8］永業：縣名。治所在今廣西岑溪市東。

［9］梁置永業郡，尋改爲縣：《輿地紀勝》引《元和郡縣圖志》言陳置永業郡，隋開皇十年罷郡爲永業縣。

［10］永熙：縣名。治所在今廣東羅定市西南羅定江東。

蒼梧郡[1]梁置成州，開皇初改爲封州。統縣四，户四千五百七十八。

封川[2]梁曰梁信，置梁信郡。平陳，郡廢。十八年改爲封川。大業初又廢封興縣入焉。都城[3]開皇十二年省威城、晋化二縣入焉。蒼梧[4]舊置蒼梧郡。平陳，郡廢。封陽[5]

［1］蒼梧郡：梁普通四年分廣州置成州，開皇十年改爲封州，大業三年罷州爲蒼梧郡。治所在今廣東封開縣東南封川鎮。

［2］封川：縣名。開皇十八年改梁信縣置。治所在今廣東封開縣東南封川鎮。

［3］都城：縣名。宋分端溪縣置。治所在今廣東鬱南縣都城鎮。

［4］蒼梧：縣名。開皇十年改廣信縣置。治所在今廣西梧州市。

［5］封陽：縣名。漢置。治所在今廣西賀州市東南。

始安郡[1]梁置桂州。平陳，置總管府。大業元年府廢。統縣十五，户五萬四千五百一十七。

始安[2]舊置始安、梁化二郡。平陳，郡並廢。大業初廢興安縣入焉。[3]平樂[4]有目山。[5]荔浦[6]　建陵[7]　陽朔[8]　象[9]　隋化[10]　義熙[11]舊曰齊熙，置齊熙、黄水二郡及東寧州。平陳，郡並廢。十八年改州曰融州，[12]縣曰義熙。大業初州廢，並廢臨牂、黄水二縣入焉。龍城[13]梁置。馬平[14]開皇十二年置象州，大業初州廢。桂林[15]大業初併西寧縣入。陽壽[16]有馬平、桂林、象、韶陽等四郡。平陳，並廢。又有淮陽縣，開皇十八年改曰陽寧。大業初省入焉。富川[17]舊置臨賀、樂梁二郡。平陳，並廢，置賀州。大業初州廢，又置臨賀、綏越、蕩山三縣入焉。龍平[18]梁置静州，梁壽、静慰二郡。平陳，並廢，又置歸化縣。大業初州廢，又廢歸化、安樂、博勞三縣入焉。豪静[19]梁置開江、武城二郡，陳置逍遥郡。平陳，郡並廢。又有猛陵、開江二縣，大業初並廢入焉。

[1]始安郡：大業三年改桂州置。治所在今廣西桂林市。

[2]始安：縣名。漢置。治所在今廣西桂林市。

[3]大業初廢興安縣入焉：楊守敬《隋書地理志考證》云："《寰宇記》：隋仁壽初分始安縣置。志當云'大業初廢梁化郡，又廢興安縣入焉'。"

[4]平樂：縣名。三國吴置。治所在今廣西平樂縣東北。

[5]目山：目下脱"巖"字。《元和郡縣圖志》云："目巖山，在縣北三十八里。"

[6]荔浦：縣名。漢置。治所在今廣西荔浦縣西南。

[7]建陵：縣名。三國吴置。治所在今廣西荔浦縣西南修仁鎮。

[8]陽朔：縣名。開皇十年置。治所在今廣西陽朔縣東北官廳。

[9]象：縣名。《元和郡縣圖志》言陳置象郡，開皇九年廢郡爲縣，施和金言陳置郡時有象縣，開皇九年廢郡存縣（參見施和金《中國行政區劃通史・隋代卷》，第482頁）。治所在今廣西鹿寨縣

西南雒容鎮。

［10］隋化：縣名。開皇十年分荔浦縣置。治所在今廣西蒙山縣。

［11］義熙：縣名。開皇十八年改齊熙縣置。治所在今廣西融水苗族自治縣。

［12］十八年改州曰融州：《元和郡縣圖志》作十一年。

［13］龍城：縣名。梁大同三年置。治所在今廣西柳城縣。

［14］馬平：縣名。梁置，隋平陳廢，開皇十一年復置。治所在今廣西柳州市。

［15］桂林：縣名。治所在今廣西象州縣東南。

［16］陽壽：縣名。《元和郡縣圖志》言本漢中溜縣地，開皇十一年廢中溜入桂林，又析桂林置陽壽。《讀史方輿紀要》言本漢中溜縣地，梁改置陽壽縣。施和金以爲或平陳後暫廢，十一年又復置（參見施和金《中國行政區劃通史·隋代卷》，第483頁）。治所在今廣西象州縣。

［17］富川：縣名。漢置。治所在今廣西鍾山縣。

［18］龍平：縣名。梁置。治所在今廣西昭平縣。

［19］豪静：縣名。梁置。治所在今廣西昭平縣南。

永平郡[1]平陳，置藤州。[2]統縣十一，户三萬四千四十九。

永平[3]舊置永平郡。平陳，郡廢。大業置郡。武林[4]有鷰石山。隋建[5]開皇十九年置。安基[6]梁置建陵郡。平陳，郡廢。隋安[7]開皇十九年置。普寧[8]舊曰陰石，梁置陰石郡。平陳，郡廢，改縣爲奉化。開皇十九年又改名焉。戎成[9]梁置，曰遂成。開皇十一年改名焉。有農山。寧人[10]開皇十五年置，曰安人。十八年改名焉。有壽原山。淳人[11]開皇十九年置。大賓[12]開皇十五年置。賀川[13]開皇十九年置，又陳置建陵、綏越、蒼梧、永建等四郡。平陳，並廢。

［1］永平郡：大業三年改藤州置。治所在今廣西藤縣東北、北流江東岸。

［2］平陳，置藤州：楊守敬《隋書地理志考證》云："按《通鑑》：梁敬帝紹泰元年，陳霸先自表東討，留石州刺史杜稜宿衛臺省。注引《五代志》：永平郡，梁州置石州。然則志'平陳'上原有'梁置石州'四字，胡身之所見本尚不誤。"《五代志》（《五代史志》）即《隋書·地理志》，故"平陳"下確脱四字。

［3］永平：縣名。晋義熙中析安沂縣置夫寧縣，隋平陳後改爲永平縣。治所在今廣西藤縣東北、北流江東岸。

［4］武林：縣名。宋元嘉二年置。治所在今廣西平南縣東南武林鎮。

［5］隋建：縣名。開皇十九年分武林縣置。治所在今廣西平南縣東南大新鄉。

［6］安基：縣名。梁改安沂縣置。治所在今廣西岑溪市西北。

［7］隋安：縣名。治所在今廣西岑溪市西北。

［8］普寧：縣名。梁置陰石縣，隋平陳後改奉化，開皇十九年改爲普寧。治所在今廣西容縣。

［9］戎成：縣名。治所在今廣西蒼梧縣西南。

［10］寧人：縣名。治所在今廣西容縣東北。

［11］淳人：縣名。本名淳民鮮，唐避太宗諱改爲"人"。治所在今廣西藤縣西北。

［12］大賓：縣名。開皇十五年分桂平縣置。治所在今廣西桂平市東南。

［13］賀川：縣名。治所在今廣西岑溪市東北。

鬱林郡[1]梁置定州，後改爲南定州。平陳，改爲尹州。大業初改爲鬱州。統縣十二，户五萬九千二百。

鬱林[2]舊置鬱林郡。平陳，郡廢。大業初又置郡，又廢武平、龍山、懷澤、布山四縣入。鬱平[3] 領方[4]梁置領方郡。平陳，郡廢。阿林[5] 石南[6]陳置石南郡。平陳，廢郡。桂平[7]梁置桂平郡。平陳，郡廢。大業初又廢皇化縣入。馬度[8] 安成[9]梁置安成郡。平陳，郡廢。寧浦[10]舊置寧浦郡，梁分立簡陽郡。平陳，郡廢，置簡州。十八年改爲緣州。大業二年州廢。[11]樂山[12]梁置樂陽郡。平陳，改爲樂陽縣。[13]十八年改名焉。嶺山[14]梁置嶺山郡。平陳，改爲嶺縣。十八年改爲嶺山。大業初併武緣縣入。有武緣山。宣化[15]舊置晋興郡。平陳，廢爲縣。[16]開皇十八年改名焉。

[1]鬱林郡：梁置南定州，開皇十年改爲尹州，大業二年改爲鬱州，大業三年罷州爲鬱林郡。治所在今廣西貴港市東南鬱江南岸。

[2]鬱林：縣名。《元和郡縣圖志》言開皇十年置，《讀史方輿紀要》言梁置。治所在今廣西貴港市東南鬱江南岸。

[3]鬱平：縣名。三國吴置陰平縣，晋武帝太康元年改爲鬱平縣。治所在今廣西貴港市。

[4]領方：縣名。漢縣，三國吴改爲臨浦縣，西晋復爲領方。治所在今廣西賓陽縣東南古城村。

[5]阿林：縣名。漢舊縣。治所在今廣西桂平市東南。

[6]石南：縣名。陳置。治所在今廣西玉林市西北石南鎮。

[7]桂平：縣名。梁置。治所在今廣西桂平市西。

[8]馬度：縣名。《元和郡縣圖志》言開皇十年置，《讀史方輿紀要》言梁置。治所在今廣西貴港市西北。

[9]安成：縣名。梁置。治所在今廣西賓陽縣東安城鎮。

［10］寧浦：縣名。晋太康元年置。治所在今廣西横縣南。

［11］大業二年州廢：《元和郡縣圖志》言大業三年廢。

［12］樂山：縣名。晋置平山縣，隋平陳改爲樂陽縣，開皇十八年改爲樂山。治所在今廣西横縣東北鬱江北岸。

［13］梁置樂陽郡。平陳，改爲樂陽縣：《讀史方輿紀要》云："晋置平山縣，屬寧浦郡。梁置樂陽郡治焉。隋平陳郡廢，改縣曰樂陽，屬簡州。開皇十八年又改樂山縣。"則本志有脱誤。

［14］嶺山：縣名。開皇十八年改嶺縣置。治所在今廣西横縣西鬱江南岸。

［15］宣化：縣名。晋置晋興縣，開皇十八年改爲宣化。治所在今廣西南寧市邕江南岸。

［16］平陳，廢爲縣：《宋書·地理志》晋興郡治晋興縣，縣應爲晋置，此言廢爲縣，當是廢郡存縣之意。

合浦郡[1]舊置越州。大業初改爲禄州，尋改爲合州。統縣十一，户二萬八千六百九十。

合浦[2]舊置合浦郡。平陳，郡廢。大業初置郡。南昌[3]北流[4]大業初廢陸川縣入。封山[5]大業初廢廉昌縣入。定川[6]舊立定川郡。平陳，郡廢。龍蘇[7]舊置龍蘇郡。平陳，郡廢。大業初又併大廉縣入。海康[8]梁大通中，割番州合浦立高州，尋又分立合州。大同末，以合肥爲合州，此置南合州。平陳，以此爲合州，置海康縣。大業初州廢，又廢摸落、羅阿、雷川三縣入。抱成[9]舊曰抱，并置郡。平陳，郡廢。十八年改曰抱成。隋康[10]舊曰齊康，置齊康郡。平陳，郡廢，縣改名焉。扇沙[11]舊有椹縣，開皇十八年改爲椹川，大業初廢入。鐵杷[12]開皇十年置。

[1]合浦郡：大業三年改禄州置。治所在今廣西合浦縣東北。

[2]合浦：縣名。漢置。治所在今廣西合浦縣東北。

[3]南昌：縣名。梁置。治所在今廣西博白縣東南三灘鎮。

[4]北流：縣名。治所在今廣西北流市。

[5]封山：縣名。梁置。治所在今廣西靈山縣南。

[6]定川：縣名。隋平陳後改方度縣置。治所在今廣西玉林市西南成均鎮。

[7]龍蘇：縣名。齊置。治所在今廣西浦北縣北蘇村。

[8]海康：縣名。隋平陳置。治所在今廣東雷州市。

[9]抱成：縣名。開皇十八年改抱縣置。治所無考，當在廣東雷州市境。

[10]隋康：縣名。齊置齊康縣，隋平陳後改爲隋康。治所在今廣東徐聞縣南。

[11]扇沙：縣名。梁置。治所在今廣東遂溪縣西北。

[12]鐵杷：縣名。治所在今廣東湛江市西南。

珠崖郡[1]梁置崖州。統縣十，户一萬九千五百。

義倫[2]帶郡。感恩[3]　顔盧[4]　毗善[5]　昌化[6]有藤山。吉安[7]　延德[8]　寧遠[9]　澄邁[10]　武德[11]有扶山。

[1]珠崖郡：大業初改崖州置。治所在今海南海口市瓊山區東南。

[2]義倫：縣名。《太平寰宇記》言隋爲義倫縣，《讀史方輿紀要》言梁置。治所在今海南儋州市西北南灘。

[3]感恩：縣名。漢九龍縣，大業六年改爲感恩縣。治所在今海南東方市難感城鎮。

[4]顔盧：縣名。大業六年置。治所在今海南海口市瓊山區東。

[5]毗善：縣名。大業六年置。治所在今海南臨高縣西北。

[6]昌化：縣名。大業六年置。治所在今海南昌江黎族自治縣西北昌化鎮。

[7]吉安：縣名。大業六年置。治所在今海南昌江黎族自治縣昌化鎮北。

[8]延德：縣名。大業六年置。治所在今海南樂東黎族自治縣西南黄流、白沙間。

[9]寧遠：縣名。大業六年置。治所在今海南三亞市西北崖城鎮。

[10]澄邁：縣名。隋置。治所在今海南澄邁縣。

[11]武德：縣名。隋置。治所在今海南文昌市西北。

寧越郡[1]梁置安州，開皇十八年改曰欽州。統縣六，户一萬二千六百七十。

欽江[2]舊置宋壽郡。平陳，郡廢。開皇十八年改曰欽江，大業初置寧越郡。安京[3]舊置安京郡。平陳，郡廢。有羅浮山。有武郎江。内亭[4]舊置宋廣郡。平陳，郡廢。十七年改曰新化縣，十八年改名焉。南賓[5]開皇十八年置。遵化[6]開皇二十年置。海安[7]梁置，曰安平，置黄州及寧海郡。平陳，郡廢。十八年改州曰玉州。大業初州廢，其年又省海平、玉山二縣入。

[1]寧越郡：大業三年改欽州置。治所在今廣西欽州市東北。

[2]欽江：縣名。開皇十八年改宋壽縣置。治所在今廣西欽州市東北。

[3]安京：縣名。梁置。治所在今廣西欽州市西北小董西。

[4]内亭：縣名。開皇十七年改宋廣爲新化，十八年改爲内亭。治所在今廣西靈山縣西南陸屋鎮。

[5]南賓：縣名。治所在今廣西靈山縣西舊州鎮。

[6]遵化：縣名。治所在今廣西靈山縣西南。

[7]海安：縣名。梁置安平縣，隋改爲海安。治所在今廣西東興市東南。

交趾郡[1]舊曰交州。統縣九，户三萬五十六。

宋平[2]舊置宋平郡。平陳，郡廢。大業初置交趾郡。龍編[3]舊置交趾郡。平陳，郡廢。朱鳶[4]舊置武平郡。平陳，郡廢。隆平[5]舊曰武定，置武平郡。平陳，郡廢。開皇十八年縣改名焉。平道[6]舊曰國昌，開皇十二年改名焉。交趾[7]　嘉寧[8]舊置興州、新昌郡。平陳，郡廢。十八年改曰峯州，大業初州廢。新昌[9]安人[10]舊曰臨西，開皇十八年改名焉。

[1]交趾郡：大業初改交州置。治所在今越南河内市。

[2]宋平：縣名。宋置。治所在今越南河内市。

[3]龍編：縣名。漢置。治所在今越南仙游縣東。

[4]朱鳶：縣名。漢置。治所在今越南興安省快州附近。

[5]隆平：縣名。治所在今越南河西省山西市。

[6]平道：縣名。治所在今越南永福省安東南。

[7]交趾：縣名。隋置。治所在今越南河内市西北。

[8]嘉寧：縣名。三國吴置。治所在今越南富壽省越池南。

[9]新昌：縣名。治所在今越南永福省。

[10]安人：縣名。治所在今越南永福省錦溪附近。

九真郡[1]梁置愛州。統縣七，户一萬六千一百三十五。

九真[2]帶郡。有陽山、𡵠山。移風[3]舊置九真郡。平陳，郡廢。胥浦[4]　隆安[5]舊曰高安，開皇十八年改名焉。軍

安[6]　安順[7]舊曰常樂，開皇十六年改名焉。日南[8]

[1]九真郡：大業三年改愛州置。治所在今越南清化省清化縣。

[2]九真：縣名。開皇十七年分移風縣置。治所在今越南清化省清化縣。

[3]移風：縣名。本漢居風縣，吴改爲移風。治所在今越南清化省清化北馬江南岸。

[4]胥浦：縣名。漢置。治所在今越南清化省東山縣北。

[5]隆安：縣名。晋武帝置高安縣，開皇十八年改爲隆安。治所在今越南清化省清化縣東南。

[6]軍安：縣名。晋武帝分都龐縣置。治所在今越南清化省安定東馬江南岸。

[7]安順：縣名。吴置常樂縣，開皇十六年改。治所在今越南清化省清化縣東南。

[8]日南：縣名。治所在今越南清化省清化縣東北。

日南郡[1]梁置德州，開皇十八年改曰驩州。統縣八，户九千九百一十五。

九德[2]帶郡。咸驩[3]　浦陽[4]　越常[5]　金寧[6]梁置利州。開皇十八年改爲智州，大業初州廢。交谷[7]梁置明州，大業初州廢。安遠[8]　光安[9]舊曰西安，開皇十八年改名焉。

[1]日南郡：大業三年改驩州置。治所在今越南義安省榮市。

[2]九德：縣名。三國吴置。治所在今越南義安省榮市。

[3]咸驩：縣名。漢置。治所在今越南義安省演州西。

[4]浦陽：縣名。晋武帝置。治所在今越南義安省榮市東南。

[5]越常：縣名。三國吴置。治所在今越南河静省西北甘禄

附近。

[6]金寧：縣名。梁置。治所在今越南河静省河静西南。

[7]交谷：縣名。梁置。治所在今越南河静省河静以南。

[8]安遠：縣名。梁置。治所在今越南河静省河静東南。

[9]光安：縣名。開皇十八年改西安縣置。治所在今越南河静省香山附近。

比景郡[1]大業元年平林邑，置蕩州，尋改爲郡。統縣四，户一千八百一十五。

比景[2]　朱吾[3]　壽泠[4]　西捲[5]

[1]比景郡：大業三年改蕩州置。治所在今越南廣平省宋河下游。

[2]比景：縣名。漢置。治所在今越南廣平省宋河下游。

[3]朱吾：縣名。漢置。治所在今越南廣平省美麗附近。

[4]壽泠：縣名。晋武帝太康十年置。治所在今越南廣治省廣治市北廣治河東岸。

[5]西捲：縣名。漢置。治所在今越南廣治省廣治市廣治河與甘露河合流處。

海陰郡[1]大業元年平林邑，置農州，尋改爲郡。統縣四，户一千一百。

新容[2]　真龍[3]　多農[4]　安樂[5]

[1]海陰郡：大業三年改農州置。治所在今越南承天－順化省廣田縣東。

[2]新容：縣名。大業元年置。治所在今越南承天－順化省廣田縣東。

［3］真龍：縣名。大業元年置。治所在今越南承天－順化省境内。

［4］多農：縣名。大業元年置。治所在今越南承天－順化省農安附近。

［5］安樂：縣名。大業元年置。治所在今越南承天－順化省安居附近。

林邑郡[1]大業元年平林邑，置冲州，尋改爲郡。統縣四，户一千二百二十。

象浦[2]　金山[3]　交江[4]　南極[5]

［1］林邑郡：大業三年改冲州置。治所在今越南廣南省維川縣。

［2］象浦：縣名。大業元年置。治所在今越南廣南省維川縣。

［3］金山：縣名。大業元年置。治所在今越南廣南省桂山附近。

［4］交江：縣名。大業元年置。治所在今越南廣南省境内。

［5］南極：縣名。大業元年置。治所在今越南承天－順化省或廣南省一帶。

揚州於《禹貢》爲淮海之地。在天官，自斗十二度至須女七度，[1]爲星紀，[2]於辰在丑，吴、越得其分野。[3]江南之俗，火耕水耨，[4]食魚與稻，以漁獵爲業，雖無蓄積之資，然而亦無饑餒。其俗信鬼神，好淫祀，父子或異居，此大抵然也。江都、弋陽、淮南、鍾離、蘄春、同安、廬江、歷陽，人性並躁勁，風氣果決，包藏禍害，視死如歸，戰而貴詐，此則其舊風也。自平陳之後，其俗頗變，尚淳質，好儉約，喪紀婚姻，率漸於禮。其俗之敝者，稍愈於古焉。丹陽舊京所在，人物本盛，小人率多商販，君子資於官禄，市廛列肆，[5]埒於二京，人雜五方，故俗頗相類。京口東通吴、會，[6]南接江、湖，西連都邑，亦一都會也。其人本並習戰，號爲天下精兵。俗以五月五日爲鬬力之戲，各料强弱相敵，事類講武。宣城、毗陵、吴郡、會稽、餘杭、東陽，其俗亦同。然數郡川澤沃衍，有海陸之饒，珍異所聚，故商賈並湊。其人君子尚禮，庸庶敦厖，[7]故風俗澄清，而道教隆洽，[8]亦其風氣所尚也。豫章之俗，頗同吴中，其君子善居室，小人勤耕稼。衣冠之人，多有數婦，暴面市廛，競分銖以給其夫。[9]及舉孝廉，更要富者，前妻雖有積年之勤，子女盈室，猶見放逐，以避後人。俗少争訟，而尚歌舞。一年蠶四五熟，勤於紡績，亦有夜浣紗而旦成布者，俗呼爲鷄鳴布。新安、永嘉、建安、遂安、鄱陽、九江、臨川、廬陵、南康、宜春，其俗又頗同豫章，而廬陵人厖淳，率多壽考。[10]然此數郡，往往畜蠱，而宜春偏甚。其法以五月五日聚百種蟲，大者至蛇，小者至蝨，合置器中，令自相啖，餘一種存者留之，蛇則曰蛇蠱，蝨則曰蝨蠱，行以殺人。因食入人腹内，食其五藏，死則其産移入蠱主之家，三年不殺他人，則畜者自鍾其弊。累世子孫相傳不絶，亦有隨女子嫁焉。干寶謂之爲鬼，[11]其實非也。自侯景亂後，蠱家多絶，既無主人，故飛游道路之中則殞焉。

[1]斗：星宿名。二十八宿之一，北方玄武七宿第一宿，又稱南斗，有星六顆。　須女：星宿名。二十八宿之一，北方玄武七宿的第三宿。有星四顆，位於織女星之南。

［2］星紀：星次名。十二次之一。與十二辰之丑相對應，二十八宿之斗、牛二宿屬之。

［3］分野：與星次相對應的地域。古以十二星次的位置劃分地名上州、國的位置與之相對應。就天文説，稱作分星；就地面説，稱作分野。如星紀對應吴越，鶉首對應秦，鶉尾對應楚等。

［4］火耕水耨：古代一種耕種方法。燒去雜草，灌水種稻。

［5］市廛（chán）：市中店鋪；也指店鋪集中的市區。　列肆：開設商鋪；或成列的商鋪。

［6］京口：地名。即今江蘇鎮江市。

［7］敦厖（máng）：敦厚，亦有豐厚、富足之意。

［8］隆洽：謂隆盛周遍。

［9］分銖：形容極少。

［10］壽考：年高、長壽。

［11］干寶：人名。東晋史學家、文學家，著有《晋紀》，已佚。另編有志怪小説集《搜神記》。傳見《晋書》卷八二。

自嶺已南二十餘郡，大率土地下濕，皆多瘴厲，人尤夭折。南海、交趾，各一都會也，並所處近海，多犀象瑇瑁珠璣，[1]奇異珍瑋，故商賈至者，多取富焉。其人性並輕悍，易興逆節，椎結踑踞，[2]乃其舊風。其俚人則質直尚信，諸蠻則勇敢自立，皆重賄輕死，唯富爲雄。巢居崖處，盡力農事。刻木以爲符契，言誓則至死不改。父子别業，父貧，乃有質身於子。諸獠皆然。並鑄銅爲大鼓，初成，懸於庭中，置酒以招同類。來者有豪富子女，則以金銀爲大釵，執以叩鼓，竟乃留遺主人，名爲銅鼓釵。俗好相殺，多搆讎怨，欲相攻則鳴此鼓，到者如雲。有鼓者號爲“都老”，群情推服。本之舊事，尉陀於漢，自稱“蠻夷大酋長、老夫臣”，故俚人猶呼其所尊爲“倒老”也。言訛，故又稱“都老”云。

[1]瑇瑁：即爲玳瑁。指玳瑁的甲殼，亦指用其甲殼製成的裝飾品。

[2]踑踞：箕踞。坐時兩腿張開，形似簸箕。亦指輕慢。

南郡[1]舊置荆州。西魏以封梁爲蕃國，又置江陵總管府。開皇初府廢。七年併梁，又置江陵總管，二十年改爲荆州總管。大業初廢。統縣一十，户五萬八千八百三十六。

江陵[2]帶南郡。開皇初郡廢，大業初復置郡。長楊[3]開皇八年置，并立睦州，十七年州廢。有宜陽山。宜昌[4]開皇九年置松州，又省歸化、受陵二縣入。十一年州廢，又省宜都縣入。有丹山、黄牛山。枝江[5]　當陽[6]後周置平州，領漳川、安遠二郡，屬梁蕃。開皇七年改爲玉州，九年州郡並廢。梁又置安居縣，開皇十八年改曰昭丘，大業初改曰荆臺，尋廢入。有清溪山。松滋[7]江左舊置河東郡。平陳，郡廢。有洈水。長林[8]舊曰長寧縣。開皇十一年省長林縣入，十八年改曰長林。公安[9]陳置荆州。開皇九年省孱陵、永安二縣入。有黄山。有靈溪水。安興[10]舊置廣牧縣，開皇十一年省安興縣入，仁壽初改曰安興。又有定襄縣，大業初廢入。紫陵[11]西魏置華陵縣，後周改名焉。其城南面，梁置都州，又置雲澤縣。大業初州縣俱廢入焉。有硤石山。

[1]南郡：大業初改荆州置。治所在今湖北荆州市荆州區江陵縣。

[2]江陵：縣名。秦置。治所在今湖北荆州市荆州區江陵縣。

［3］長楊：縣名。漢佷山縣，開皇八年改爲長楊縣。治所在今湖北長陽土家族自治縣西。

［4］宜昌：縣名。楊守敬以此宜昌及長楊並隸夷陵，而誤係之南郡。《讀史方輿紀要》云："漢夷道縣，屬南郡，後漢因之。……建安十五年先主置宜都郡治此。吴亦爲宜都郡治，晋仍舊。太和中桓温以父嫌名改曰西道，尋復舊。宋、齊因之。梁末置宜州。陳州廢，改縣曰宜昌。"治所在今湖北宜都市。

［5］枝江：縣名。漢置。治所在今湖北枝江市北。

［6］當陽：縣名。漢置。治所在今湖北當陽市。

［7］松滋：縣名。東晋咸康三年（337）僑置。治所在今湖北松滋市老城西。

［8］長林：縣名。東晋隆安五年（401）置長寧縣，開皇十八年改爲長林縣。治所在今湖北荆門市西北。

［9］公安：縣名。《太平寰宇記》引《荆州記》云："先主敗于襄陽，奔荆州。吴大帝推先主爲左將軍、荆州牧，鎮油口，即居此城。時號先主爲左公，故名其城爲公安也。"楊守敬《隋書地理志考證》云："然第名其城爲公安，如松滋之上明城，江夏置夏口城之類，實未置縣。晋、宋、齊三地志皆無公安，至《水經注》'江水又東合油水，東逕公安縣北'，'油水自孱陵縣之東北逕公安縣西'，始兩見縣治。……細核諸書，當以梁置公安縣爲近之。"治所在今湖北公安縣。

［10］安興：縣名。治所在今湖北荆州市荆州區江陵縣東北。

［11］紫陵：縣名。後周改華陵縣置。治所在今湖北荆州市荆州區江陵縣故城東。

夷陵郡[1]梁置宜州，西魏改曰拓州，後周改曰硤州。統縣三，户五千一百七十九。

夷陵[2]帶郡。有馬穴。夷道[3]舊置宜都郡，開皇七年廢。[4]有女觀山。遠安[5]舊曰高安，置汶陽郡。又周改縣曰安遠。[6]開皇七年郡廢。

[1]夷陵郡：大業三年改硤州置。治所在今湖北宜昌市西北。

[2]夷陵：縣名。秦置，吴改爲西陵，晋太康元年復爲夷陵。治所在今湖北宜昌市西北。

[3]夷道：縣名。梁置。治所在今湖北宜都市西。

[4]開皇七年廢：楊守敬《隋書地理志考證》云："此當云'又省宜都縣入焉'。"

[5]遠安：縣名。北周武成元年（559）改高安縣置。治所在今湖北遠安縣西北舊縣鎮。

[6]又周改縣曰安遠：楊守敬《隋書地理志考證》云："'又'字當作'後'，'安遠'當互倒。"

竟陵郡[1]舊置郢州。統縣八，户五萬三千三百八十五。

長壽[2]後周置石城郡，開皇初郡廢，大業初置竟陵郡。又梁置北新州及梁寧等八郡，[3]後周保定中，州及八郡總管廢入焉。有敖山。藍水[4]宋僑立馮翊郡、蓮勺縣。西魏改郡爲漢東，縣爲藍水。又宋置高陸縣，西魏改曰漖水。開皇初郡廢，大業初省漖水入焉。有唐水。汾川[5]後周置，及置漖川郡。又置清縣，[6]西魏改曰漖陂。開皇初郡廢，大業初省漖陂入焉。漢東[7]齊置，曰上蔡，及置齊興郡。後周郡廢。開皇十八年縣改名焉。有東温山。清騰[8]梁置，曰梁安，又立崇義郡。後周廢郡。後周又有遂安郡，開皇初廢，七年改名焉。有清騰山。樂鄉[9]舊置武寧郡，西魏置都州。又梁置旌陽縣，後改名惠懷，西魏又改曰武山。開皇七年郡廢，大業初州廢，又廢武山入焉。有武陵山。豐鄉[10]西魏置，又置基州及章山郡。開皇七年郡廢，大業初州廢。章山[11]西魏置，曰禄麻，及立上黄郡。開皇七年郡廢，大業初縣改名焉。

[1]竟陵郡：大業三年改郢州置。治所在今湖北鍾祥市。

[2]長壽：縣名。《宋書·州郡志》《南齊書·州郡志》作“萇壽”。治所在今湖北鍾祥市。

[3]梁置北新州：楊守敬《隋書地理志考證》云：“按梁之北新州實置於此，以元樹曾以新陽置新州，故此加‘北’也。志於江夏郡云‘梁置北新州’，誤。”

[4]藍水：縣名。西魏改蓮勺縣置。治所在今湖北鍾祥市西北。

[5]蓩川：縣名。治所在今湖北鍾祥市東北。

[6]又置清縣：楊守敬《隋書地理志考證》云：“當是梁置。志脱‘梁’字，文遂不順。”

[7]漢東：縣名。開皇十八年改上蔡縣置。治所在今湖北鍾祥市北。

[8]清騰：縣名。開皇七年改梁安縣置。治所在今湖北隨州市西南。

[9]樂鄉：縣名。晋安帝隆安五年置。治所在今湖北鍾祥市西北樂鄉關。

[10]豐鄉：縣名。治所在今湖北荊門市東南馬良鎮。

[11]章山：縣名。治所在今湖北荊門市東南。

沔陽郡[1]後周置復州，大業初改曰沔州。統縣五，户四萬一千七百一十四。

沔陽[2]梁置沔陽、營陽、州城三郡。西魏省州陵、惠懷二縣，置縣曰建興。後周置復州，後又省營陽、州城二郡入建興。開皇初州移郡廢，仁壽三年復置州。大業初改建興曰沔陽，州廢，復置沔陽郡焉。監利[3]　竟陵[4]舊曰霄城，置竟陵郡。後周改縣曰竟陵。[5]開皇初置復州，仁壽三年州復徙建興。又有京山縣，齊置建安郡，西魏改曰光川，後周郡廢。大業初京山縣又廢入焉。**甑山**[6]梁置梁安郡。西魏改曰魏安郡，置江州，尋改郡曰汶川。後周置甑山縣，建德二年州廢。開皇初郡廢。有陽臺山。**漢陽**[7]開皇十七年置，曰漢津，大業初改焉。有沌水。

[1]沔陽郡：大業初改沔州置。治所在今湖北仙桃市西南沔城回族鎮。

[2]沔陽：縣名。大業三年改建興縣置。治所在今湖北仙桃市西南沔城回族鎮。

[3]監利：縣名。三國吴置，後廢，晋太康中復置。治所在今湖北監利縣東北。

[4]竟陵：縣名。後周改霄城縣置。治所在今湖北天門市。

[5]後周改縣曰竟陵：漢本有竟陵縣，西魏時廢入霄城，後周又改霄城爲竟陵。

[6]甑山：縣名。後周置。治所在今湖北漢川市東南甑山鎮。

[7]漢陽：縣名。大業二年改漢津縣置。治所在今湖北武漢市蔡甸區東臨嶂山下。

沅陵郡[1]開皇九年置辰州。**統縣五，户四千一百四十。**

沅陵[2]舊置沅陵郡。平陳，郡廢，大業初復。**大鄉**[3]梁置。**鹽泉**[4]梁置。**龍檦**[5]梁置。有武山。**辰溪**[6]舊曰辰陽。平陳，改名；并廢故夜郎郡，置静人縣，尋廢。又梁置南陽郡、建昌縣，陳廢縣。開皇初廢郡，置壽州，十八年改爲充州，大業初州廢。有郎溪。

[1]沅陵郡：大業初改辰州置。治所在今湖南沅陵縣。

[2]沅陵：縣名。漢置。治所在今湖南沅陵縣。

[3]大鄉：縣名。治所在今湖南永順縣東南。

［4］鹽泉：縣名。治所未詳。

［5］龍檦：縣名。治所在今湖南洪江市黔城鎮；一説在今湖南芷江侗族自治縣東北。

［6］辰溪：縣名。隋平陳後改辰陽縣置。治所在今湖南辰溪縣晨陽鎮。

武陵郡[1]梁置武州，後改曰沅州。[2]平陳，爲朗州。統縣二，户三千四百一十六。

武陵[3]舊置武陵郡。平陳，郡廢，并臨沅、沅南、漢壽三縣置武陵縣。大業初復置武陵郡。有望夷山、龍山。龍陽[4]有白查湖。

［1］武陵郡：大業三年改朗州置。治所在今湖南常德市。

［2］後改曰沅州：楊守敬《隋書地理志考證》云："《陳書·宣帝紀》：太建七年三月，改梁武州爲沅州。與志合。然考《陳書·世祖紀》：天嘉元年三年，分荆州之天門、義陽、南平、郢州之武陵四郡，置武州。其刺史督沅州，領武陵太守，治武陵郡。其都尉所部六縣爲沅州。别置通寧郡，以刺史領太守，治都尉城。據此，則陳之沅州不始於太建，沅州之置當在沅陵，與武州非一地。通寧郡之名，志亦未見，《水經注》'沅水又東逕沅陵縣故治北都尉府'，蓋即陳通寧郡也。且《陳書·侯瑱傳》'天嘉元年授使持節、都督湘桂郢巴武沅六州諸軍事'，《徐度傳》'太尉侯瑱薨，以度代瑱，爲都督湘沅武巴郢桂六州諸軍事'，又《吴明徹傳》'世祖即位，授都督武沅二州諸軍事'，《章昭達傳》'天嘉二年，除使持節、都督郢巴武沅四州諸軍事、郢州刺史'，則武、沅二州不得混而爲一明矣。又考《陳書》紀傳自太建以後不見沅州之名，而《岳陽王叔慎傳》'禎明元年出爲使持節、都督湘衡桂武四州諸軍事、湘州刺史'，則陳尚有武州。《叔慎傳》並云'禎明三年隋師

略地至湘州，武州刺史鄔居業來赴難’，是武州至隋滅陳廢。然則《陳書》太建七年當時并沅州入武州，而誤爲改武州爲沅州，《隋志》承其誤也。”《太平寰宇記》云：“隋文帝開皇九年改武州爲辰州，又改爲嵩州，十六年改嵩州爲朗州。”《舊唐書·地理志》云：“隋平陳，復爲嵩州，尋又改爲朗州。”則本志脱置嵩州事。

[3]武陵：縣名。開皇九年置。治所在今湖南常德市。

[4]龍陽：縣名。三國吴置。治所在今湖南漢壽縣。

清江郡[1]後周置亭州，大業初改爲庸州。統縣五，户二千六百五十八。

鹽水[2]後周置縣，并置資田郡。開皇初郡廢，大業初置清江郡。巴山[3]梁置宜都郡、宜昌縣，後周置江州。開皇初置清江縣，十八年改江州爲津州，大業初廢州，省清江入焉。清江[4]後周置施州及清江郡。開皇初郡廢，五年置清江縣，大業初州廢。有陽瞿水。開夷[5]後周置，曰烏飛，開皇初改焉。建始[6]後周置業州及軍屯郡。開皇初郡廢，五年置縣，[7]大業初州廢。

[1]清江郡：大業三年改雍州置。治所在今湖北長陽土家族自治縣西。

[2]鹽水：縣名。治所在今湖北長陽土家族自治縣西。

[3]巴山：縣名。此縣置於何時，各書所記不一。施和金綜合各書所記認爲開皇五年前應爲宜昌縣，開皇五年改爲巴山縣。治所在今湖北長陽土家族自治縣西巴山村。

[4]清江：縣名。開皇五年改沙渠縣置。治所在今湖北恩施市。

[5]開夷：縣名。治所在今湖北恩施市北。

[6]建始：縣名。治所在今湖北建始縣東。

[7]五年置縣：《元和郡縣圖志》言周建德三年置，《舊唐書·地理志》言周分巫縣置。楊守敬云：“按《宋志》‘建始縣，晋初

立，《永初郡國》尚有建始縣’，則建始乃省於宋初之後，謂周以前無縣邑，誤也。《舊唐志》‘周分巫縣置建始縣’，與《元和志》合，當是（周）復置縣爲州郡治也。志并不及周置縣，亦誤。”

襄陽郡[1]江左並僑置雍州。西魏改曰襄州，置總管府。[2]大業初府廢。統縣十一，户九萬九千五百七十七。

襄陽[3]帶襄陽郡。開皇初郡廢，大業初復置。有鍾山、峴山、鳳林山。安養[4]西魏置河南郡，後周廢樊城、山都二縣入，開皇初郡廢焉。穀城[5]舊曰義城，置義城郡。後周廢郡，開皇十八年改縣名焉。又梁有筑陽，開皇初廢。又梁有興國、義城二郡，並西魏廢。有穀城山、闕林山。上洪[6]宋僑立略陽縣，梁又立德廣郡。西魏改縣曰上洪。開皇初郡廢。又梁置新野郡，西魏改曰威寧，後周廢。有亞山。率道[7]梁置。漢南[8]宋曰華山，置華山郡。西魏改縣爲漢南，屬宜城郡。後周廢武建郡及惠懷、石梁、歸仁、鄢等四縣入，後省宜城郡入武泉。又梁置秦南郡，後周并武泉縣俱廢。有石梁山。隂城[9]西魏置酇城郡，後周廢。又梁置南陽郡，西魏改爲山都郡，後周省。義清[10]梁置，曰穰縣。西魏改爲義清，屬歸義郡。後周廢郡及左安、開南、歸仁三縣入焉。又有武泉郡，開皇初廢。有柤山、靈山。[11]有檀溪水、襄水。南漳[12]西魏併新安、武昌、武平、安武、建平五縣置，[13]初曰重陽，又立南襄陽郡。後周置沮州，尋廢，復改重陽縣曰思安。開皇初郡廢，十八年改縣曰南漳。有荆山。常平[14]西魏置，曰義安，置長湖郡，後改縣曰常平。開皇初郡廢。又後魏置旱停縣，大業初廢。鄀[15]

[1]襄陽郡：大業三年改襄州置。治所在今湖北襄樊市漢水南襄陽區。

[2]置總管府：楊守敬《隋書地理志考證》云：“按當曰‘後

周置總管府’。”襄州總管應置於保定二年。

［3］襄陽：縣名。漢置。治所在今湖北襄樊市漢水南襄陽區。

［4］安養：縣名。西魏置。治所在今湖北襄樊市北。

［5］穀城：縣名。開皇十八年改義城縣置。治所在今湖北穀城縣。

［6］上洪：縣名。西魏改略陽縣置。治所在今湖北宜城市東。

［7］率道：縣名。治所在今湖北宜城市北。

［8］漢南：縣名。西魏改華山縣置。治所在今湖北宜城市。

［9］陰城：縣名。西魏改陰縣置。治所在今湖北老河口市西北。

［10］義清：縣名。西魏改穰縣置。治所在今湖北漳縣東北。

［11］柤山：柤，底本作“祖”，中華本據《太平寰宇記》卷一四五改，今從改。

［12］南漳：縣名。開皇十八年改思安縣置。治所在今湖北南漳縣。

［13］西魏併新安、武昌、武平、安武、建平五縣置：“武平”底本作“平武”，“建平”原脱“平”字，中華本據《南齊書·州郡志下》改。楊守敬《隋書地理志考證》云：“按《齊志》南襄郡領新安、武昌、建武、武平四縣。《紀要》‘周主邕封李穆爲安武公，即此城也’，則本有安武，疑此志‘平武’當作‘武平’，‘建’下又脱‘武’字。”今從改。

［14］常平：縣名。後周改義安縣置。治所在今湖北襄樊市襄陽區。

［15］鄀：縣名。秦置。治所在今湖北宜城市東南。

春陵郡[1]後魏置南荆州，西魏改曰昌州。統縣六，户四萬二千八百四十七。

棗陽[2]舊曰廣昌，并置廣昌郡。開皇初郡廢，仁壽元年縣改名焉。大業初置春陵郡。又西魏置東荆州，尋廢。有霸山。有渡水。春陵[3]舊置安昌郡，開皇初郡廢。又後魏置豐良縣，大業初廢。有石鼓山。有四望水。清潭[4]有大洪山。有涓水。湖陽[5]後魏置西淮安郡及南襄州，後郡廢，州改爲南平州。西魏改曰昇州，後又改曰湖州。[6]後周改置昇平郡。開皇初郡廢。仁壽初改曰昇州，大業初州廢。又後魏置順陽郡，西魏改爲柘林郡。後周省郡，改縣曰柘林。大業初縣廢入焉。有蓼山。上馬[7]後魏置，曰石馬，後訛爲上馬，因改焉。有鍾離縣，置洞州、洞川郡。後周州廢，開皇初郡廢。十八年改鍾離曰洞川縣，大業初廢入焉。蔡陽[8]梁置蔡陽郡，[9]後魏置南雍州。西魏改曰蔡州，分置南陽縣，後改曰雙泉；又置千金郡、漻源縣。開皇初郡並廢，大業初州廢，雙泉、漻源二縣並廢入焉。有唐子山、大鼓山。有漻水。

[1]舂陵郡：大業三年改昌州置。治所在今湖北棗陽市。

[2]棗陽：縣名。後漢分蔡陽置襄鄉，後周改爲廣昌，仁壽元年避太子楊廣諱改爲棗陽。治所在今湖北棗陽市。

[3]舂陵：縣名。《讀史方輿紀要》言漢縣，東漢建武六年(30)改爲章陵，魏黄初二年(221)改爲安昌縣，西魏以安昌置安昌郡，並置舂陵縣爲郡治。楊守敬《隋書地理志考證》云："漢置舂陵縣，晋廢。《水經注》謂光武改舂陵爲章陵，魏黄初改爲安昌，誤也。詳趙一清《水經注釋》。《一統志》：周復置舂陵縣。"各書所記不一。治所在今湖北棗陽市南。

[4]清潭：縣名。西魏置。治所在今湖北棗陽市南清潭鎮。

[5]湖陽：縣名。漢縣，晋廢入棘陽，後魏復置。治所在今河南唐河縣南湖陽鎮。

[6]西魏改爲昇州，後又改曰湖州：錢大昕《廿二史考異》云："《本紀》(《周書》卷二《文帝紀下》)魏廢帝三年，改南襄爲湖州，南平爲昇州，是南襄與南平明是兩州，《隋志》似混而爲一。"

[7]上馬：縣名。後魏置。治所在今河南唐河縣。

[8]蔡陽：縣名。漢置，宋大明中廢，齊復置東蔡陽、西蔡陽，後併爲一縣。治所在今湖北棗陽市西南。

[9]梁置蔡陽郡：楊守敬《隋書地理志考證》云："按《齊志》寧蠻府有蔡陽郡，此當云'齊置'。"

漢東郡[1]西魏置并州，後改曰隋州。統縣八，户四萬七千一百九十三。

隋[2]舊置隨郡，西魏又析置溮西郡及溮西縣。梁又置曲陵郡。開皇初郡並廢。大業初廢溮西縣，尋置漢東郡。土山[3]梁曰龍巢，置土州、東西二永寧、真陽三郡，及置石武縣。後周廢三郡爲齊郡，改龍巢曰左陽；又有阜陵縣，改爲漳川縣。開皇初郡廢。十八年改左陽爲真陽，石武爲宜人。大業初又改真陽爲土山，州及宜人、漳川並廢入焉。唐城[4]後魏曰溮西，置義陽郡。西魏改溮西爲下溠，又立肆州，尋曰唐州。後周省均、款、湏、歸四州入，改曰唐州。又有東魏南豫州，至是改爲溮川郡，又置清嘉縣。開皇初郡並廢。十六年改下溠曰唐城，大業初州及諸縣並廢入焉。有清臺山。有溮水。安貴[5]梁置，曰定陽，又置北郢州。西魏改定陽曰安貴，改北郢州爲欵州，又尋廢爲湏水郡，别置戟城郡及戟城縣。後廢戟城郡，改戟城縣曰横山。開皇初湏水郡廢，大業初又廢横山縣入焉。順義[6]梁置北隨郡。西魏改爲南陽，析置淮南郡；以厲城、順義二縣立冀州，尋改爲順州；又置安化縣。開皇初郡並廢，十八年改安化曰寧化。大業初州廢，改厲城爲順義，其舊順義及寧化，並廢入焉。有浮山。平林[7]梁置上明郡，開皇初廢。有漂水。上明[8]西魏置，曰洛平縣，開皇十八年改名焉。有鸚鵡山。光化[9]舊曰安化，西魏改爲新化，後周又改焉。

［1］漢東郡：大業三年改隋州置。治所在今湖北隨州市。

［2］隋：縣名。漢置。治所在今湖北隨州市。

［3］土山：縣名。大業初改真陽縣置。治所在今湖北隨州市東北。

［4］唐城：縣名。後魏置瀙西縣，西魏改爲下溠，開皇十六年改爲唐城。治所在今湖北隨州市西北唐縣鎮。

［5］安貴：縣名。西魏改定陽縣置。治所在今湖北隨州市西北安居鎮。

［6］順義：縣名。西魏置厲城、順義，大業三年改厲城爲順義，並廢原順義縣入。治所在今湖北隨州市北。

［7］平林：縣名。晋置。治所在今湖北隨州市東北。

［8］上明：縣名。治所在今湖北隨州市東北。

［9］光化：縣名。治所在今湖北隨州市東南光化鋪鄉。

安陸郡[1]梁置南司州，尋罷。西魏置安州總管府，[2]開皇十四年府廢。統縣八，户六萬八千四十二。

安陸[3]舊置安陸郡。開皇初郡廢，大業初復置郡。有舊永陽縣，西魏改曰吉陽，至是廢入。孝昌[4]西魏置岳州及岳山郡，後周州郡並廢。又有澴岳郡，開皇初廢。有鳳皇岡。吉陽[5]梁置，曰平陽，及立汝南郡。西魏改郡爲董城，[6]改縣曰京池。後周置澴州，尋州郡並廢。大業初改縣曰吉陽。又梁置義陽郡，西魏改爲南司州，尋廢。應陽[7]西魏置，曰應城，[8]又置城陽郡。開皇初郡廢，大業初縣改名焉。有潼水、温水。雲夢[9]西魏置。京山[10]舊曰新陽，梁置新州、梁寧郡。西魏改州爲温州，改縣爲角陵，又置盤陂縣。開皇初郡廢，大業初州廢；改角陵曰京山，廢盤陂入焉。有角陵山、京山。富水[11]舊曰南新市。西魏改爲富水，又置富水郡。[12]開皇初郡廢。應山[13]梁置，曰永陽，仍置應州，又有平靖郡。西魏又置平靖縣。開皇初郡廢，大業初州廢，又省平靖縣入焉。有大龜山、安居山。

[1]安陸郡：大業三年改安州置。治所在今湖北安陸市。

[2]西魏置安州總管府：安州置於西魏大統十六年（550），而安州總管府則置於後周保定二年。《周書》卷五《武帝紀》記周武帝保定二年（562）六月置安州總管府。

[3]安陸：縣名。漢置。治所在今湖北安陸市。

[4]孝昌：縣名。宋分安陸縣置。治所在今湖北孝昌縣北。

[5]吉陽：縣名。大業二年原吉陽廢入安陸縣又改京池縣爲吉陽。治所在今湖北孝感市北。

[6]董城：底本原作“重城”，中華本據《梁書》卷四《簡文帝紀》、《輿地紀勝》卷七七改，今從改。

[7]應陽：縣名。大業二年改應城縣置。治所在今湖北應城市。

[8]西魏置，曰應城：《元和郡縣圖志》《舊唐書·地理志》《太平寰宇記》均言宋置應城縣，楊守敬《隋書地理志考證》云：“應城置於宋無疑，而《宋志》無之，或偶漏歟？此言西魏置，誤。”

[9]雲夢：縣名。西魏大統十六年於雲夢故城置。治所在今湖北雲夢縣。

[10]京山：縣名。大業初改角陵縣置。治所在今湖北京山縣。

[11]富水：縣名。治所在今湖北京山縣東北。

[12]富水郡：水，底本作“人”，今據宋本改。

[13]應山：縣名。開皇十八年改永陽縣置。治所在今湖北廣水市。

永安郡[1]後齊置衡州，陳廢，後周又置，開皇五年改曰黄州。統縣四，户二萬八千三百九十八。

黄岡[2]齊曰南安，又置齊安郡。開皇初郡廢，十八年改縣曰黄岡。又後齊置巴州，陳廢。後周置，曰弋州，[3]統西陽、弋陽、邊城三郡。開皇初州郡並廢，大業初置永安郡。**黄陂**[4]後齊置南司州。後周改曰黄州，置總管府，又有安昌郡。開皇初府廢。又後齊置滻州，陳廢之。[5]**木蘭**[6]梁曰梁安，置梁安郡，又有永安、義陽二郡。後齊置湘州，後改爲北江州。[7]開皇初别置廉城縣，[8]尋及州、二郡相次並廢。十八年改縣曰木蘭。**麻城**[9]梁置信安，又有北西陽縣。陳廢北西陽，[10]置定州。後周改州曰亭州，[11]又有建寧、陰平、定城三郡。開皇初州郡並廢，十八年縣改名焉。有陰山。

[1]永安郡：大業三年改黄州置。治所在今湖北黄岡市黄州區北。

[2]黄岡：縣名。治所在今湖北黄岡市黄州區北。

[3]“又後齊置巴州”至“曰弋州”：楊守敬、王仲犖均認爲陳未廢巴州，後周亦未改爲弋州，本志有誤。王仲犖《北周地理志》云：“《陳書·周炅傳》：太建五年，隨吴明徹北討，進攻巴州，克之。《周書·静帝紀》：大象二年六月己巳，詔南定、北光、衡、巴四州民爲宇文亮抑爲奴婢者，並免爲民，復其本業。按周大象二年六月之明年，即隋開皇元年，是迄周末無改巴州爲弋州事。隋初任巴州刺史者見《隋書·周法尚傳》：法尚歸周，宣帝拜順州刺史。高祖受禪，拜巴州刺史，從柱國王誼擊走陳寇。按隋初尚曰巴州，則北周更無改巴州爲弋州之事矣。”（王仲犖：《北周地理志》，中華書局1980年版，第523頁）

[4]黄陂：縣名。後周大象元年置。治所在今湖北武漢市黄陂區北郊。

[5]又後齊置滻州，陳廢之：滻，底本作“産”，《陳書》卷五《宣帝紀》言太建五年十月，改滻、湍爲漢陽郡，屬司州，可知此

當作“滻”。今據改。

[6]木蘭：縣名。治所在今湖北武漢市黄陂區北木蘭山附近。

[7]後齊置湘州，後改爲北江州：《魏書·地形志》言：湘州，蕭衍置，魏因之。治大活關城。北江州，蕭衍置，魏因之。治鹿城關。楊守敬《隋書地理志考證》云：“湘州、北江州明係兩地，此志既誤梁爲後齊，又合二州爲一。”

[8]廉城縣：上條注釋中已提到，北江州治鹿城關，故楊守敬疑“廉城”是“鹿城”之誤。

[9]麻城：縣名。治所在今湖北麻城市東。

[10]陳廢北西陽：楊守敬以此“陳”應爲“尋”字之誤。

[11]置定州。後周改州曰亭州：王仲犖據前文注釋中提到的“周静帝大象二年詔南定、北光、衡、巴四州民爲宇文亮抑爲奴婢者，並免爲民”，推斷周末尚爲南定州，未改亭州。施和金又言後周已置亭州於資田郡鹽水縣，此不當再置亭州。所言是。

義陽郡[1]齊置司州。梁曰北司州，後復曰司州。後魏改曰郢州，後周改曰申州，大業二年爲義州。統縣五，户四萬五千九百三十。

義陽[2]舊曰平陽，置宋安郡。開皇初郡廢，縣改名焉。大業初置義陽郡。有大龜山、金山。鍾山[3]舊曰酈。後齊改曰齊安，仍置郡。[4]開皇初郡廢，縣改曰鍾山。有鍾山。羅山[5]後齊置，曰高安。開皇初廢，十六年置，曰羅山。禮山[6]舊曰東隨，開皇九年改焉。有關官。有禮山。淮源[7]後齊置，曰慕化，置淮安郡。開皇初郡廢，大業初縣改名焉。有油水。

[1]義陽郡：大業三年改義州置。治所在今河南信陽市南。

[2]義陽：縣名。開皇三年改平陽縣置。治所在今河南信陽

市南。

[3]鍾山：縣名。開皇三年改齊安縣置。治所在今河南信陽市東北。

[4]後齊改曰齊安，仍置郡：錢大昕《廿二史考異》云："《魏志》南司州齊安郡、齊安縣俱正始元年置，是齊安置名不始於後齊也。"

[5]羅山：縣名。開皇十六年析鍾山縣置。治所在今河南羅山縣西南。

[6]禮山：縣名。開皇九年改東隨縣置。治所在今湖北廣水市東北。

[7]淮源：縣名。治所在今河北信陽市西北。

九江郡[1]舊置江州。[2]統縣二，户七千六百一十七。

湓城[3]舊曰柴桑，置尋陽郡。梁又立汝南縣。平陳，郡廢，又廢汝南、柴桑二縣，立尋陽縣，十八年改曰彭蠡。大業初置郡，縣改名焉。有巢湖、彭蠡湖。[4]有廬山、望夫山。[5]彭澤[6]梁置太原郡，領彭澤、晋陽、和城、天水。平陳，郡縣並廢，置龍城縣。開皇十八年改名焉。有釣磯。

[1]九江郡：大業三年改江州置。治所在今江西九江市。

[2]舊置江州：《宋書·州郡志》言晋惠帝元康元年置。《水經注》言惠帝永平中置。《元和郡縣圖志》言晋武帝太康十年置。諸書所記不一。

[3]湓城：縣名。漢置柴桑縣，隋平陳後廢，又置尋陽縣，開皇十八年改爲彭蠡，大業二年改爲湓城縣。治所在今江西九江市。

[4]巢湖：湖名。即指今安徽中部巢湖。　彭蠡湖：湖名。即指今江西鄱陽湖。古彭蠡應在長江北岸，西漢後逐漸萎縮，彭蠡之名被南移至江南，逐漸擴展成今鄱陽北湖。兩晋後彭蠡已包括鄱陽

湖大部。

[5]廬山：又名南障山。即今江西九江市南廬山。

[6]彭澤：縣名。漢置，隋平陳後廢爲龍城縣，開皇十八年改龍城爲彭澤。治所在今江西彭澤縣西。

江夏郡[1]舊置郢州。梁分置北新州，尋又分北新立土、富、洄、泉、豪五州。[2]平陳，改置鄂州。[3]統縣四，户一萬三千七百七十一。

江夏[4]舊置江夏郡。平陳，郡廢，大業初復置。有烽火山、塗水。武昌[5]舊置武昌郡。平陳，郡廢，又廢西陵、鄂二縣入焉。[6]有樊山、白紵山。永興[7]陳曰陽新。[8]平陳，改曰富川。開皇十一年廢永興縣入，十八年改名焉。有五龍山。蒲圻[9]梁置上雋郡，又有沙陽縣，置沙州，州尋廢。平陳，郡廢。有石頭山、魚嶽山、鮑山。

[1]江夏郡：大業三年改鄂州置。治所在今湖北武漢市江夏區。

[2]梁分置北新州，尋又分北新立土、富、洄、泉、豪五州：楊守敬《隋書地理志考證》云："梁之北新州在竟陵，此志長壽縣下有'梁置北新州'，是也。蓋梁之新州在京山，則江夏郡在南，安得有北新之名：考之史傳地志，並不在此。"則本志有誤。另參見竟陵郡長壽縣下注釋。

[3]平陳，改置鄂州：《元和郡縣圖志》云："宋孝武帝以方鎮太重，分荆、湘、江三州之八郡爲郢州，以分上流之勢。隋平陳，改郢州爲鄂州。"

[4]江夏：縣名。《元和郡縣圖志》言東晋僑置汝南郡，後改爲汝南縣，開皇九年改爲江夏縣。《太平寰宇記》："隋平陳後，置鄂州治於此，以江夏郡爲縣，居舊汝南縣界……隋開皇十年，使人

韋焜就州東南焦度樓下置。大業十三年，州賊董道冲陷没，其縣遂廢。”各書所記不一。

[5]武昌：縣名。漢置鄂縣，三國魏黄初二年改爲武昌。治所在今湖北鄂州市。

[6]鄂：漢之鄂縣已於三國時改爲武昌縣，此鄂縣爲晋武帝太康元年所置。

[7]永興：縣名。開皇十八年改富川縣復永興縣名。治所在今湖北陽新縣。

[8]陳曰陽新：《元和郡縣圖志》言吴大帝分鄂縣置陽新縣。《晋書·地理志》《宋書·州郡志》《南齊書·州郡志》均有此縣，則陽新不應置於陳。

[9]蒲圻：縣名。三國吴置。治所先在今湖北嘉魚縣，開皇十二年移治今湖北赤壁市。

澧陽郡[1]平陳，置松州，尋改爲澧州。統縣六，户八千九百六。

澧陽[2]平陳，置縣，[3]大業初置郡。有藥山。有油水。石門[4]舊置天門郡。[5]平陳，郡廢。孱陵[6]舊曰作唐，[7]置南平郡。平陳，郡廢，縣改名焉。安鄉[8]舊置義陽郡。[9]平陳，郡廢。有皇山。崇義[10]後周置衡州。[11]開皇中置縣，名焉。十八年改州曰崇州，大業初州廢。有澧水。慈利[12]開皇中置，曰零陵，十八年改名焉。有始零山。

[1]澧陽郡：開皇九年置松州，因於宜昌亦置松州，尋改此爲澧州，大業三年改爲澧陽郡。治所在今湖南澧縣東南。

[2]澧陽：縣名。治所在今湖南澧縣東南。

[3]平陳，置縣：《宋書·州郡志》言澧陽置於晋太康四年，

楊守敬《隋書地理志考證》云："按澧陽縣本晋置，在今石門縣，隋徙置於此。"則本志記平陳置縣，當是遷縣治於新地。

［4］石門：縣名。隋平陳後廢天門郡爲石門縣。治所在今湖南石門縣。

［5］舊置天門郡：天門，底本作"石門"，今據《宋書·州郡志三》《太平寰宇記》卷一一八改。

［6］孱陵：縣名。隋平陳後改作唐縣置。治所在今湖南安鄉縣北。

［7］舊曰作唐：唐，底本作"塘"，中華本據《宋書·州郡志三》改，楊守敬亦言"塘"當作"唐"，今從改。

［8］安鄉：縣名。《元和郡縣圖志》言隋置，《讀史方輿紀要》言梁置，楊守敬以《名勝志》所記陳熙作唐縣置爲是。諸書所記不一。治所在今湖南安鄉縣西南。

［9］舊置義陽郡：錢大昕《廿二史考異》云："《宋志》荆州有南義陽郡，晋末以義陽流民僑立，領厥西、平氏二縣，其地在漢東郡唐城縣，《志》稱'唐城後魏曰漈西，置義陽郡'者是也。此安鄉之義陽郡，《宋》《齊》二志俱無之，未詳何代所置。"楊守敬以晋之義陽當在唐城，而此南義陽爲晋末僑置。

［10］崇義：縣名。各書均言開皇中置，施和金以爲當是開皇九年置。治所在今湖南桑植縣。

［11］後周置衡州：《北周地理志》無此衡州，另有一衡州在永安郡内。《北周地理志》又有北周、後梁曾略取之江南州郡，中有治於崇義之衡州，即此衡州。但北周、後梁所取之州郡，至天嘉二年（561）已全被陳所收復，而陳未在此再設衡州。故隋平陳前此地並無衡州，當爲隋平陳後又復置衡州，開皇十八年又改爲崇州。（參見施和金《中國行政區劃通史·隋代卷》，第550頁）

［12］慈利：縣名。開皇九年置零陵縣，十八年改爲慈利。治所在今湖南慈利縣。

巴陵郡[1]梁置巴州。平陳，改曰岳州，大業初改曰羅州。統縣五，户六千九百三十四。

巴陵[2]舊置巴陵郡。平陳，郡廢，大業初復置郡。華容[3]舊曰安南，[4]梁置南安湘郡，[5]尋廢。開皇十八年縣改名焉。沅江[6]梁置，曰藥山，[7]仍爲郡。平陳，郡廢，縣改曰安樂，十八年改曰沅江。湘陰[8]梁置岳陽郡及羅州，陳廢州。平陳，廢郡及湘陰入岳陽縣，置玉州。尋改岳陽爲湘陰，廢玉山縣入焉。十二年廢玉州。羅[9]開皇九年廢吴昌、湘濱二縣入。有湨水、汨水。[10]

[1]巴陵郡：梁元帝置巴州，開皇九年改爲岳州，大業元年改爲羅州，三年改爲巴陵郡。治所在今湖南岳陽市。

[2]巴陵：縣名。《元和郡縣圖志》《舊唐書・地理志》均言三國吴置，《宋書・州郡志》《水經注》均言晋太康元年置。治所在今湖南岳陽市。

[3]華容：縣名。開皇十八年改安南縣置。治所在今湖南華容縣東。

[4]舊曰安南：《宋書・州郡志》言晋武帝置，《元和郡縣圖志》言三國吴置，《讀史方輿紀要》言晋初置，各書所記不一。

[5]梁置南安湘郡：楊守敬《隋書地理志考證》云："《紀要》引劉昫曰：'梁置南安郡'。按《舊唐志》無此説，然'湘'恐是衍文。"

[6]沅江：縣名。開皇十八年改安樂縣置。治所在今湖南沅江市。

[7]梁置，曰藥山：《元和郡縣圖志》云："梁元帝分置重華縣，隋平陳改爲安樂縣，開皇末又改爲沅江縣。"《通典》云："梁置重華縣，隋廢之。"楊守敬以當是梁時並置藥山、重華兩縣，至隋併爲一縣，改名爲安樂。

[8]湘陰：縣名。宋元徽二年（474）分益陽、羅、湘西三縣置，隋平陳後廢入岳陽縣，尋改岳陽爲湘陰。治所在今湖南湘陰縣南。

[9]羅：縣名。秦置。治所在今湖南汨羅市西北。

[10]瀴水："瀴"底本作"渭"，中華本據《水經》卷三八《湘水注》改，今從改。

長沙郡[1]舊置湘州，平陳置潭州總管府，大業初府廢。統縣四，户一萬四千二百七十五。

長沙[2]舊曰臨湘，置長沙郡。平陳，郡廢，縣改名焉。有銅山、錫山。衡山[3]舊置衡陽郡。平陳，郡廢，併衡山、湘鄉、湘西三縣入焉。益陽[4]平陳，併新康縣入焉。有浮梁山。邵陽[5]舊置邵陵郡。平陳，郡廢，併扶夷、都梁二縣入焉。[6]

[1]長沙郡：晋懷帝置湘州，後多有廢置，開皇九年平陳後改爲潭州，大業三年罷州爲長沙郡。治所在今湖南長沙市。

[2]長沙：縣名。漢置臨湘縣，開皇九年改爲長沙縣。治所在今湖南長沙市。

[3]衡山：縣名。三國吴置湘西縣，隋改爲衡山。本志下文又言平陳，併衡山、湘鄉、湘西三縣入焉。《宋書·州郡志》言吴置衡陽，晋改爲衡山。楊守敬《隋書地理志考證》云："其併入之衡山即晋以來之衡山縣也。此志之衡山，則本晋宋之湘西縣也。"即本志所記衡山縣爲隋平陳後改爲湘西爲衡山，又併原衡山縣入新衡山縣。治所在今湖南株洲縣南。

[4]益陽：縣名。西漢置。治所在今湖南益陽市東。

[5]邵陽：縣名。漢置邵陵縣，隋平陳後廢舊邵陽縣入邵陵縣，又改邵陵爲邵陽。治所在今湖南邵陽市。

[6]併扶夷、都梁二縣入：扶夷，《宋書·州郡志》《南齊書·

州郡志》均作“扶縣”，楊守敬言疑是避桓温父諱而去“夷”字。此云扶夷，或爲後齊復改。另《讀史方輿紀要》言晋置武岡縣，隋省入邵陽縣。《元和郡縣圖志》言武岡，梁天監元年，因避太子諱，改爲武强。故楊守敬《隋書地理志考證》云：“志當云‘併扶夷、都梁、武强三縣入焉’。”

衡山郡[1]平陳，置衡州。統縣四，户五千六十八。

衡陽[2]舊置湘東郡。平陳，郡廢，并省臨烝、新城、重安三縣入焉。有衡山、武水、連水。洡陰[3]舊曰洡陽。平陳，改名焉。有肥水、鄙水。湘潭[4]平陳，廢茶陵、攸水、陰山、建寧四縣入焉。有武陽山。有歷水。新寧[5]有宜溪水、舂江。[6]

[1]衡山郡：大業三年改衡州置。治所在今湖南衡陽市。

[2]衡陽：縣名。底本作“衡山”，今據中華本及楊守敬《隋書地理志考證》改。三國吴置臨蒸縣，隋改爲衡陽。治所在今湖南衡陽市。

[3]洡陰：縣名。也作“耒陰”。秦置洡陽縣，隋平陳後改爲洡陰。治所在今湖南耒陽市東北。

[4]湘潭：縣名。梁天監中分陰山縣置。治所在今湖南衡山縣東。

[5]新寧：縣名。三國吴置。治所在今湖南常寧市南。

[6]舂江：舂，底本作“春”，中華本據《水經》卷三八《湘水注》改，今從改。

桂陽郡[1]平陳，置郴州。統縣三，户四千六百六十六。

郴[2]舊置桂陽郡。平陳，郡廢，大業初復置。有萬歲山。有溱水。臨武[3]有華陰山。盧陽[4]陳置盧陽郡。平陳，郡廢。有渌水。

[1]桂陽郡：漢置，開皇九年改爲郴州，大業三年罷州爲桂陽郡。治所在今湖南郴州市。

[2]郴：縣名。漢舊縣。治所在今湖南郴州市。

[3]臨武：縣名。漢置。治所在今湖南臨武縣東古城村。

[4]盧陽：縣名。東晋分郴縣置汝城縣，後改爲盧陽縣。因《太平寰宇記》引《輿地志》言陳盧陽郡領盧陽一縣，則陳時已改爲盧陽縣。治所在今湖南汝城縣南。

零陵郡[1]平陳初，置永州總管府，尋廢府。統縣五，户六千八百四十五。

零陵[2]舊曰泉陵，[3]置零陵郡。平陳，郡廢，又廢應陽、永昌、祁陽三縣入焉。[4]大業初復置郡。湘源[5]平陳，廢洮陽、灌陽、零陵三縣置縣。有黄華山。有觀水、湘水、洮水。永陽[6]舊曰營陽，梁置永陽郡。平陳，郡廢，[7]併營浦、謝沐二縣入焉。[8]營道[9]平陳，併泠道、春陵二縣入。有九疑山、營山。馮乘[10]有馮水。

[1]零陵郡：開皇九年置永州，大業三年改爲零陵郡。治所在今湖南永州市。

[2]零陵：縣名。漢置泉陵縣，開皇九年改爲零陵。治所在今湖南永州市。

[3]泉陵：底本作“泉陽”，今據中華本及楊守敬《隋書地理志考證》改。

[4]祁陽：底本作“初陽”，今據中華本及楊守敬《隋書地理志考證》改。

［5］湘源：縣名。隋平陳後置。治所在今廣西全州縣西。

［6］永陽：縣名。漢營浦縣，隋平陳後改爲永陽。治所在今湖南道縣西。

［7］“舊曰營陽”至“郡廢”：《元和郡縣圖志》言吴分零陵置營陽郡，《太平寰宇記》云：“吴寶鼎元年分零陵北部爲營陽郡，理營浦，今郡是也。……梁天監十四年改爲永陽郡。至隋平陳，郡廢，併其地置永州。”楊守敬《隋書地理志考證》據此云：“是郡改二縣未改也。又《元和志》《寰宇記》：漢營浦縣，隋改爲永陽。是梁、陳尚爲營浦縣，隋始爲永陽也。然則志當作‘舊曰營浦，置營陽郡，梁改郡曰永陽，平陳，郡廢，縣改名焉。’”

［8］併營浦、謝沐二縣入焉：據上文注釋此當云：“併謝沐縣入焉。”

［9］營道：縣名。本漢縣，隋平陳後廢泠道縣入，又徙營道至泠道故城。治所在今湖南寧遠縣東南。

［10］馮乘：縣名。漢置。治所在今湖南江華瑶族自治縣西南。

熙平郡[1]平陳，置連州。統縣九，户一萬二百六十五。

桂陽[2]梁置陽山郡。平陳，郡廢。大業初置熙平郡。有貞女山、方山。有盧水、洭水。[3]陽山[4]有斟水。連山[5]梁置，曰廣德，隋改曰廣澤，仁壽元年改名焉。有黄連山。宣樂[6]梁置，曰梁樂，并置梁樂郡，平陳，郡廢，十八年改爲宣樂。游安[7]熙平[8]舊置齊樂郡，平陳，郡廢。武化[9]梁置。桂嶺[10]舊曰興安，開皇十八年改名焉。開建[11]梁置南静郡，平陳，郡廢。

［1］熙平郡：開皇十年置連州，大業三年改爲熙平郡。治所在今廣東連州市。

［2］桂陽：縣名。漢置。治所在今廣東連州市。

[3]涯水：涯，底本作“淮”，中華本據《水經》卷三九《涯水注》改，今從改。

[4]陽山：縣名。漢置。治所在今廣東陽山縣青蓮鎮東南連江北。

[5]連山：縣名。梁武帝置廣德縣，開皇十年改爲廣澤，仁壽元年避太子諱改爲連山。治所在今廣東連山壯族瑶族自治縣西北。

[6]宣樂：縣名。治所在今廣東陽山縣南。

[7]游安：縣名。《元和郡縣圖志》《太平寰宇記》言蕭齊置，《讀史方輿紀要》言梁陳間置，各書所記不一，未知孰是。治所在今廣東懷集縣西北。

[8]熙平：縣名。三國吴置尚安縣，晋武帝改爲熙平。治所在今廣西陽朔縣東北興坪鎮。

[9]武化：縣名。治所在今廣西連山瑶族壯族自治縣。

[10]桂嶺：縣名。三國吴置建興縣，晋武帝改爲興安，開皇十八年改爲桂嶺。治所在今廣西賀州市東北桂嶺鎮。

[11]開建：縣名。《宋書·州郡志》言宋文帝分封陽縣置，《太平寰宇記》言晋永嘉三年析置，未知孰是。大業十一年廢。治所在今廣東封開縣東北南豐鎮。

《尚書》：“荆及衡陽惟荆州。”上當天文，自張十七度至軫十一度，[1]爲鶉首，[2]於辰在巳，楚之分野。其風俗物産，頗同揚州。其人率多勁悍決烈，蓋亦天性然也。南郡、夷陵、竟陵、沔陽、沅陵、清江、襄陽、舂陵、漢東、安陸、永安、義陽、九江、江夏諸郡，多雜蠻左，其與夏人雜居者，則與諸華不别。其僻處山谷者，則言語不通，嗜好居處全異，頗與巴、渝同俗。諸蠻本其所出，承盤瓠之後，[3]故服章多以班布爲飾。[4]其相呼以蠻，則爲深忌。自晋氏南遷之後，南郡、襄陽，皆爲重鎮，四方湊會，故益多衣冠之緒，稍尚禮義經籍焉。九江襟帶所在，[5]江夏、竟陵、安陸，各置名州，爲藩鎮重寄，人物乃與諸郡不同。大抵荆州率敬鬼，尤重祠祀之事，昔屈原爲制《九歌》，蓋由此也。屈原以五月望日赴汨羅，土人追至洞庭不見，湖大船小，莫得濟者，乃歌曰："何由得渡湖！"因爾鼓櫂争歸，競會亭上，習以相傳，爲競渡之戲。其迅楫齊馳，[6]櫂歌亂響，喧振水陸，觀者如雲，諸郡率然，而南郡、襄陽尤甚。二郡又有牽鈎之戲，云從講武所出，楚將伐吴，以爲教戰，流遷不改，習以相傳。鈎初發動，皆有鼓節，群譟歌謡，振驚遠近，俗云以此厭勝，[7]用致豐穰。其事亦傳于他郡。梁簡文之臨雍部，發教禁之，由是頗息。其死喪之紀，雖無被髮袒踊，亦知號叫哭泣。始死，即出屍於中庭，不留室内。斂畢，送至山中，以十三年爲限。先擇吉日，改入小棺，謂之拾骨。拾骨必須女壻，蠻重女壻，故以委之。拾骨者，除肉取骨，棄小取大。當葬之夕，女壻或三數十人，集會於宗長之宅，著芒心接籬，[8]名曰茅綏。各執竹竿，長一丈許，上三四尺許，猶帶枝葉。其行伍前却，皆有節奏，歌吟叫呼，亦有章曲。傳云盤瓠初死，置之於樹，乃以竹木刺而下之，故相承至今，以爲風俗。隱諱其事，謂之刺北斗。既葬設祭，則親疏咸哭，哭畢，家人既至，但歡飲而歸，無復祭哭也。其左人則又不同，無衰服，不復魄。始死，置屍館舍，鄰里少年，各持弓箭，遶屍而歌，以箭扣弓爲節。其歌詞説平生樂事，以至終卒，大抵亦猶今之挽歌。歌數十闋，乃衣衾棺斂，送往山林，别爲廬舍，安置棺柩。亦有於村側瘞之，[9]待二三十喪，總葬石窟。長沙郡又雜有夷蜒，名曰莫徭，自云其先祖有功，常免徭役，故以爲名。其男子但著白布褌衫，更無巾袴；其女子青布衫、班布裙，通無鞋屩。婚嫁用鐵鈷鉾爲聘財。武陵、巴陵、零陵、桂陽、澧陽、衡山、熙平皆同焉。其喪葬之節，頗同於諸左云。

[1]張：星宿名。二十八宿之一。朱雀七宿的第五宿，有星六顆。　軫：星宿名。二十八宿之一，南方朱雀七宿的最末一宿，有星四顆。

[2]鶉首：此當爲鶉尾之誤，因鶉首指朱鳥七宿中的宿、鬼二宿，爲秦之分野，而本段所述爲朱雀張、軫二宿，楚之分野，則言鶉首誤也。鶉尾，星次名。指翼、軫二宿，爲楚之分野。

[3]盤瓠：古代傳説爲帝高辛氏所畜犬，其毛五彩。時犬戎侵暴，帝募能得犬戎吴將軍頭者，妻以少女，後盤瓠銜其頭來，帝即以女配之。其所繁衍之後，即爲今畲族、瑶族、苗族等南方少數民族。所以盤瓠也被尊奉爲畲族、瑶族等民族的始祖。事見《後漢書》卷八六《南蠻傳》。

[4]班布：一種染以雜色的木棉布。

[5]襟帶：謂山川屏障環繞，如襟似帶。比喻險要的地理形勢。

[6]迅楫：加快划槳。引申爲舟行疾速。

[7]厭勝：古代一種巫術，謂能以詛咒制勝，壓服人或物。

[8]芒心接籬：此指插了芒草芯的帽子。接籬，古代的一種頭巾、帽子。

[9]瘞：埋葬。

隋書　卷三二

志第二十七

經籍一經

夫經籍也者，機神之妙旨，[1]聖哲之能事，所以經天地，緯陰陽，[2]正紀綱，弘道德，顯仁足以利物，[3]藏用足以獨善，[4]學之者將殖焉，[5]不學者將落焉。大業崇之，則成欽明之德，[6]匹夫克念，[7]則有王公之重。其王者之所以樹風聲，流顯號，美教化，移風俗，何莫由乎斯道？故曰："其爲人也，温柔敦厚，《詩》教也；疏通知遠，《書》教也；廣博易良，《樂》教也；潔静精微，《易》教也；恭儉莊敬，《禮》教也；屬辭比事，[8]《春秋》教也。"遭時制宜，質文迭用，[9]應之以通變，通變之以中庸。[10]中庸則可久，通變則可大，其教有適，其用無窮，實仁義之陶鈞，[11]誠道德之槖籥也。[12]其爲用大矣，隨時之義深矣，言無得而稱焉。[13]故曰："不疾而速，[14]不行而至。"今之所以知古，後之所以知今，其斯之謂也。是以大道方行，俯龜象而設卦，[15]後聖有作，仰鳥跡以成文。[16]書契已傳，[17]繩木棄而不用，史官既立，經籍於是興焉。

［1］機神：機，事物樞要、關鍵；神，神奇。

［2］陰陽：古代解釋宇宙萬物化生的理念，凡天地、日月、男女等皆屬陰陽。

［3］顯仁足以利物：與下句源於《易·繫辭上》“顯諸仁，藏諸用，鼓萬物而不與聖人同憂”。利物，濟世利民。

［4］藏用：隱藏於陰陽之道的生育萬物的作用中。

［5］殖：樹立。

［6］欽明：敬仰、顯著。

［7］克念：克，能；念，考慮。

［8］屬辭比事：《春秋》聚合、會同之辭，是屬辭；比次褒貶之事，是比事。此段見《禮記·經解》“孔子曰”。

［9］質文：質樸、文采。

［10］中庸：此爲孔子最高道德標準。中，無過、無不及，居中。庸，平常、平凡。中庸亦可理解爲適度。

［11］陶鈞：製陶器的轉輪。用此比喻對事物的控制和調節。

［12］橐（tuó）籥（yuè）：古代冶煉時所用鼓風的設備。橐，是外置的箱子；籥，是内置的送風管。用以比喻動力、源泉。

［13］言無得而稱焉：没有什麽語言的表達能與經籍的功用相稱。

［14］不疾而速：與下句見於《易·繫辭上》。

［15］龜象：指龜背上的紋理，龜是占卜的用具，依其紋理變化論吉凶。設卦，卦是古代紀事的符號，後成爲占卜的符號，有八卦，傳説是伏羲所作。

［16］鳥跡：本指鳥的爪印，後以其比喻書法。以上兩句即龜文鳥迹之意，指古代文字。

［17］書契：書者，文字；契者，刻木而書其側。即文字。

夫經籍也者，先聖據龍圖，[1]握鳳紀，[2]南面以君天下者，咸有史官，以紀言行。言則左史書之，動則右史書之。故曰“君舉必書”，[3]懲勸斯在。考之前載，則《三墳》《五典》《八索》《九丘》之類是也。[4]下逮殷、周，[5]史官尤備，紀言書事，靡有闕遺，則《周禮》所稱：太史掌建邦之六典、八法、八則，[6]以詔王治；[7]小史掌邦國之志，[8]定世繫，[9]辨昭穆；[10]内史掌王之八柄，[11]策命而貳之；[12]外史掌王之外令及四方之志、[13]三皇、五帝之書；[14]御史掌邦國都鄙萬民之治令，[15]以贊冢宰。[16]此則天子之史，凡有五焉。諸侯亦各有國史，分掌其職。則《春秋傳》，晋趙穿弑靈公，[17]太史董狐書曰“趙盾殺其君”，以示於朝。宣子曰：“不然。”對曰：“子爲正卿，亡不越境，反不討賊，非子而誰？”齊崔杼弑莊公，[18]太史書曰“崔杼弑其君”，崔子殺之。其弟嗣書，死者二人。其弟又書，乃舍之。南史聞太史盡死，執簡以往，聞既書矣，乃還。楚靈王與右尹子革語，[19]左史倚相趨而過。[20]王曰：“此良史也，能讀《三墳》《五典》《八索》《九丘》。”然則諸侯史官，亦非一人而已，皆以記言書事，太史總而裁之，以成國家之典。不虚美，不隱惡，故得有所懲勸，遺文可觀，則《左傳》稱周志，《國語》有鄭書之類是也。

[1]龍圖：即河圖，傳説其由龍馬從黄河負出，故稱龍圖。《竹書紀年》上《黄帝軒轅氏》“鳳鳥至，帝祭于洛水”。沈約注“龍圖出河，龜書出洛，赤文篆字，以授軒轅”。借指神授君權。

[2]鳳紀：猶鳳曆。《左傳》昭公十七年“鳳鳥適至，故紀於

鳥，爲鳥師而鳥名。鳳鳥氏，曆正也”。後以鳳曆稱歲曆，有歷數正朔之意。

[3]君舉必書：見《左傳》莊公二十三年曹劌語。

[4]三墳五典八索九丘：相傳爲古代書名。三墳，三皇時書；五典，五帝之常典；八索，八王之法；九丘，九州之國誠。見《周禮注疏》卷二六。

[5]殷：朝代名，三代之一。殷契佐禹治水有功，封於商，至湯滅夏，建立商朝。傳至盤庚遷至殷，以後或殷、商並舉，或殷、商並稱。見《史記·殷本紀》。周，朝代名，三代之一。周后稷之後人周武王滅商，建立周朝。見《史記·周本紀》。

[6]太史：亦作大史，在六官之春官屬下，爲史官之長。典、法、則，皆法也。六典、八法、八則，由天官冢宰所建，以治百官。

[7]以詔王治：大史掌六典、八法、八則，以爲王迎受其治也。

[8]邦國：即指諸侯。志，記也。小史掌諸侯國内所有記録之事。

[9]定世繫：奠定帝世系、世本類事。

[10]昭穆：古代宗法制度，用以分别宗族内部的長幼、親疏和遠近。

[11]八柄：即爵、禄、廢、置、殺、生、予、奪。

[12]策命：以策書封官授爵。貳，協助。

[13]外令：畿外之令。四方之志，諸侯國之記，若《魯春秋》《晋乘》《楚檮杌》等。

[14]三皇五帝之書：或指三墳五典。三皇五帝，傳説中的古代帝王，具體所指，説法不一，首見於《周禮·春官外史》。

[15]邦國都鄙萬民之治令：即指六典、八則，前者治諸侯國，後者治京都及邊邑萬民。

[16]贊：贊佐。冢宰，天子之大宰。

[17]晋趙穿弑靈公：事見《左傳》宣公二年。趙穿，趙盾堂

兄弟之子，於桃園殺晋靈公。趙盾，晋襄公、靈公時任國政。謚宣孟，故稱宣子。

[18]齊崔杼弒莊公：事見《左傳》襄公二十五年。崔杼迎齊靈公太子光爲莊公，後又殺之。

[19]楚靈王與右尹子革語：事見《左傳》昭公十二年。楚靈王，名圍。右尹，楚官，在令尹屬下。

[20]倚相：楚史名。

暨夫周室道衰，紀綱散亂，國異政，家殊俗，褒貶失實，隳紊舊章。[1]孔丘以大聖之才，當傾頹之運，[2]歎鳳鳥之不至，惜將墜於斯文，乃述《易》道而删《詩》《書》，[3]修《春秋》而正《雅》《頌》。[4]壞禮崩樂，咸得其所。自哲人萎而微言絶，[5]七十子散而大義乖，[6]戰國縱横，[7]真僞莫辨，諸子之言，紛然淆亂。[8]聖人之至德喪矣，先王之要道亡矣，陵夷踳駁，[9]以至於秦。秦政奮豺狼之心，[10]剗先代之跡，[11]焚《詩》《書》，坑儒士，以刀筆吏爲師，[12]制挾書之令。[13]學者逃難，竄伏山林，或失本經，口以傳説。

[1]隳（huī）紊：毁壞、紊亂。舊章，原有的法規。

[2]傾頹：倒塌、墜落。

[3]述易道：孔子喜《易》，撰《十翼》。删詩書，古詩三千餘篇，孔子去其重，定三百五篇；序《書傳》，上紀唐虞之際，下至秦穆。見《史記》卷四七。

[4]修春秋：孔子因史記作《春秋》，上自隱公，下迄哀公十四年，紀十二公。正雅頌，孔子曰“吾自衛反魯，然後樂正，《雅》《頌》各得其所”。見《史記》卷四七。

[5]哲人：明達而有才智的人。微言，精微不顯之言。

[6]七十子散而大義乖：七十子，謂孔子弟子七十二子，此爲約數。大義，孔子思想之要旨。

[7]縱横：或指戰國時期的形勢恣肆横行，無所忌憚。或是合縱連横的縮語，蘇秦主張合縱，合山東六國抗秦；張儀主張連横，説六國以奉秦。於此，前説爲是。

[8]淆亂：雜亂。

[9]陵夷：衰落。踳（chǔn）駁：雜亂。

[10]秦政：即秦始皇，嬴姓，名政。秦昭王四十八年生於邯鄲，十三歲代立爲秦王，先後滅六國，建立統一王朝秦。事見《史記》卷六。

[11]剗（chǎn）：通鏟，剷除。

[12]刀筆吏：刀、筆原爲書寫工具，後引申爲書寫成的文字。刀筆吏則是主辦文案的官吏。

[13]制挾書之令：秦始皇采納李斯言，下令除秦記、醫藥、卜筮、種樹書外，焚毁民間收藏的《詩》《書》、百家語，敢偶語《詩》《書》者處死，以古非今者族。事見《史記》卷六。

漢氏誅除秦、項，[1]未及下車，[2]先命叔孫通草緜蕝之儀，[3]救擊柱之弊。[4]其後張蒼治律曆，[5]陸賈撰《新語》，[6]曹參薦蓋公言黄老，[7]惠帝除挾書之律，[8]儒者始以其業行於民間。猶以去聖既遠，經籍散逸，簡札錯亂，傳説紕繆，遂使《書》分爲二，[9]《詩》分爲三，[10]《論語》有齊、魯之殊，《春秋》有數家之傳。[11]其餘互有踳駁，不可勝言。此其所以博而寡要，[12]勞而少功者也。武帝置太史公，[13]命天下計書，[14]先上太史，副上丞相，[15]開獻書之路，置寫書之官，外有太常、[16]太史、博士之藏，内有延閣、廣内、祕室之府。[17]司馬談父子，[18]世居太史，探采前代，[19]斷自軒皇，[20]逮于孝武，作《史記》一百三十篇。詳其體制，蓋史官之舊也。至於孝成，[21]祕藏之書，頗有亡散，乃使謁者陳農，[22]求遺書於天下。命光禄大夫劉向校經傳諸子詩賦，[23]步兵校尉任宏校兵書，太史令尹咸校數術，[24]太醫監李柱國校方技。[25]每一書就，向輒撰爲一録，論其指歸，辨其訛謬，叙而奏之。向卒後，哀帝使其子歆嗣父之業。[26]乃徙温室中書於天禄閣上。[27]歆遂總括群篇，撮其指要，著爲《七略》：一曰《集略》，[28]二曰《六藝略》，三曰《諸子略》，四曰《詩賦略》，五曰《兵書略》，六曰《術數略》，七曰《方技略》。大凡三萬三千九十卷。王莽之末，[29]又被焚燒。光武中興，[30]篤好文雅，明、章繼軌，[31]尤重經術。四方鴻生鉅儒，負袠自遠而至者，[32]不可勝算。石室、蘭臺，[33]彌以充積。又於東觀及仁壽閣集新書，[34]校書郎班固、傅毅等典掌焉。[35]並依《七略》而爲書部，固又編之，以爲《漢書藝文志》。董卓之亂，[36]獻帝西遷，[37]圖書縑帛，[38]軍人皆取爲帷囊。所收而西，猶七十餘載。兩京大亂，[39]掃地皆盡。

[1]項：即項籍，字羽，下相（今江蘇宿遷市）人。秦末起兵反秦，後自立西楚霸王，與劉邦争天下，兵敗垓下，逃至烏江，自刎。《史記》卷七、《漢書》卷三一有傳。

[2]下車：原指爲送葬明器而製作的粗陋的車，後引申爲即位或到任。

［3］叔孫通：薛（今山東滕縣東南）人。秦時爲待詔博士，後佐漢高祖，任奉常、太子太傅等職，參與制定漢諸儀法。《史記》卷九九、《漢書》卷四三有傳。緜（mián）蕝（jué），亦作緜蕞（zuì），引繩爲緜，束茅以表位爲蕝，後謂制定整頓朝儀典章爲緜蕝。事見《史記》卷九九。

［4］擊柱：刺柱。《史記·叔孫通傳》"群臣飲酒爭功，醉或妄呼，拔劍擊柱，高帝患之"。後指臣下爭功無禮。

［5］張蒼：陽武（今河南原陽縣）人。秦時曾爲御史，後事漢高祖，出任諸王之相，封北平侯。善用算律曆，明習天下圖書計籍。《史記》卷九六、《漢書》卷四二有傳。

［6］陸賈：楚（今江蘇徐州市周邊）人，以客從漢高祖定天下，著《新語》言儒學。後在誅諸吕、立文帝中頗有功。《史記》卷九七、《漢書》卷四三有傳。

［7］曹參：沛（今江蘇徐州市）人。漢高祖起事即追隨左右，後任相國，卒，謚懿侯。《史記》卷五四、《漢書》卷三九有傳。蓋公，膠西（今山東膠縣附近）人，善治道家之言。曹參任齊國丞相用蓋公，齊國安集。事見《史記》卷五四。黄老，黄帝與老子，道家以黄、老爲祖，故謂道家爲黄老。

［8］惠帝：劉盈，高祖與吕后之子，在位七年，史稱"寬仁之主"。《史記》卷九、《漢書》卷二有紀。

［9］書分爲二：指《尚書》分爲《今文尚書》《古文尚書》。

［10］詩分爲三：指《詩》分爲《齊詩》《魯詩》《韓詩》。

［11］春秋有數家之傳：《春秋》於漢有公羊、穀梁、鄒氏、夾氏、左氏數家。王莽亂，鄒氏、夾氏亡。

［12］博而寡要：學識廣博，却少得要領。

［13］武帝：劉徹，漢景帝之子，七歲立爲皇太子。十六歲即皇帝位，在位五十四年，其間開拓疆土、獨尊儒術、開始使用年號等，漢處於興盛時期。謚曰孝武皇帝。《史記》卷一二（此紀乃褚少孫所補）、《漢書》卷六有紀。

[14]計書：計算典籍並造册。

[15]副：貳、次。丞相，漢官，掌丞天子助理萬機。

[16]太常：漢官，掌宗廟禮儀。太史爲其屬官。博士亦屬其下，掌通古今。

[17]延閣廣内祕室：三者皆爲漢宫廷藏書之所。

[18]司馬談父子：司馬談，漢左馮翊夏陽（今陜西韓城市）人，武帝建元、元封年間任太史公，有修史的計劃，並論六家要旨。其子司馬遷，字子長，元封三年繼任太史令，爲完成其父的遺願，忍受宫刑的巨大耻辱，撰成中國第一部紀傳體通史《史記》。其事迹見《史記》卷一三〇及《漢書》卷六二本傳。

[19]探采：探求采集。

[20]軒皇：即黄帝軒轅氏。

[21]孝成：劉驁，字太孫，漢元帝之子，在位二十六年。《漢書》卷一〇有紀。

[22]謁者：官名。漢代屬光禄勳，其職掌賓讚授事。

[23]劉向：字子政，本名更生，高祖同父弟楚元王劉交後裔，居列大夫官前後三十餘年，任光禄大夫期間領銜整理宫廷典籍，撰就《七略别録》。《漢書》卷三六有傳。

[24]數術：亦作術數，古代關於天文、曆法、占卜的學問。

[25]方技：指古代醫卜、星相之術。

[26]哀帝：劉欣，元帝庶孫，定陶恭王劉康子，在位六年。《漢書》卷一一有紀。劉歆，字子駿，與父劉向領校秘書，完成其父未竟事業，撰成《七略》。新莽時，被尊爲國師。《漢書》卷三六有傳，其事迹於卷九九《王莽傳》亦多有記載。

[27]温室：殿名，以冬暖夏涼而得名。天禄閣，漢殿名，以藏秘室、處賢才也。

[28]集略：亦作輯略。

[29]王莽：字巨君，元城（今河北大名縣東）人，漢元帝王皇后之侄，受寵專權。漢平帝崩，立孺子嬰，自稱攝皇帝，三年後

即改國號爲新，地皇四年被農民軍殺。《漢書》卷九九有傳。

［30］光武：劉秀，字文叔，南陽蔡陽（今湖北棗陽市）人，漢高祖九世孫。新莽地皇三年起兵，更始三年（25）即帝位，定都洛陽，是爲東漢。《後漢書》卷一有紀。

［31］明：漢明帝劉莊，光武帝子，在位十八年。《後漢書》卷二有傳。章，漢章帝劉炟（dá），明帝子，在位十四年。《後漢書》卷三有紀。繼軌，接繼前人事業。

［32］袠（zhì）：同帙，書函、書套。

［33］石室：國家藏書之所。蘭臺，漢代宫廷藏書處，設御史中丞掌管，後置蘭臺令史掌書奏。

［34］東觀：位於洛陽南宫，是聚藏圖書之處。仁壽閣，漢殿閣，亦爲藏書之所。

［35］班固：字孟堅，班彪子，扶風安陵（今陝西咸陽市東北）人，明帝時詔爲蘭臺令史，後爲校書郎，典校秘書，獲准撰《漢書》，這是第一部紀傳體斷代史，然表、志尚未完成，就因謀殺竇憲事發，死於獄中。《漢書》卷一〇〇上、《後漢書》卷四〇下有傳。傅毅，字武仲，扶風茂陵（今陝西興平市東北）人。章帝時爲蘭臺令史，拜郎中，與班固、賈逵共典校書，有詩賦、誄頌等傳世。《後漢書》卷八〇上有傳。

［36］董卓：字仲穎，臨洮（今甘肅岷縣）人。東漢末年掌帝王廢立權，挾獻帝至長安，自爲太師。不久被王允設計殺死。《後漢書》卷七二、《三國志》卷六有傳。

［37］獻帝：劉協，靈帝子、少帝弟。靈帝中平六年即帝位，延康元年遜位，曹丕稱帝。魏青龍二年崩。《後漢書》卷九有傳。

［38］縑（jiān）帛：供作書寫用的絹類絲織物，此指絲質的圖書。

［39］兩京：西京長安和東京洛陽。

魏氏代漢，[1]采掇遺亡，藏在秘書中、外三閣。魏秘書郎鄭默，[2]始制《中經》，秘書監荀勖，[3]又因《中經》，更著《新簿》，分爲四部，總括群書。一曰甲部，紀六藝及小學等書；二曰乙部，有古諸子家、近世子家、兵書、兵家、術數；三曰丙部，有史記、舊事、皇覽簿、[4]雜事；四曰丁部，有詩賦、圖讚、汲冢書，[5]大凡四部合二萬九千九百四十五卷。但録題及言，[6]盛以縹囊，[7]書用緗素。[8]至於作者之意，無所論辯。惠、懷之亂，[9]京華蕩覆，渠閣文籍，靡有孑遺。[10]

[1]魏（220—265）：三國之一。漢獻帝建安二十五年，曹丕廢漢稱帝，國號魏，都洛陽。魏主曹奂咸熙二年，司馬炎廢魏稱帝，魏亡。

[2]鄭默：字思元（《三國志》卷一六裴注引《晋陽秋》稱字思玄），滎陽開封（今河南開封市南）人。起家秘書郎，作《中經簿》，後任大司農、光禄勳等。太康元年卒，謚曰成。《晋書》卷四四有傳。

[3]荀勖：字公曾，潁川潁陰（今河南許昌市附近）人。早年仕魏，晋時拜中書監，又領秘書監，與中書令張華依劉向《别録》整理典籍。受詔撰次汲冢中古文竹書。因《中經簿》作《中經新簿》，首以甲乙丙丁四部部次典籍。《晋書》卷三九有傳。本志史、集部有其著述三部。

[4]皇覽簿：類似《皇覽》的典籍。

[5]汲冢書：晋太康二年，汲郡人不准盜發魏襄王（或言魏安釐王）墓，得竹書十車，有《紀年》《穆天子傳》等多種典籍，總稱汲冢書。

[6]但：衹。

［7］縹（piǎo）囊：用淡青色絲帛製成的書囊。

［8］緗素：書寫用的淺黄色縑帛。

［9］惠：晋惠帝司馬衷，字正度。昏聵不堪政事，在位期間發生八王之亂。光熙元年中毒身亡。《晋書》卷四有傳。懷，晋懷帝司馬熾，字豐度。專玩史籍，即位後雖勤於政務，但已無回天之力，永嘉七年遇弑。《晋書》卷五有傳。

［10］孑遺：殘存、剩餘。

東晋之初，[1]漸更鳩聚。[2]著作郎李充，[3]以勖舊簿校之，[4]其見存者，但有三千一十四卷。充遂總没衆篇之名，但以甲乙爲次。自爾因循，無所變革。其後中朝遺書，稍流江左。宋元嘉八年，[5]秘書監謝靈運造《四部目録》，[6]大凡六萬四千五百八十二卷。元徽元年，[7]秘書丞王儉又造《目録》，[8]大凡一萬五千七百四卷。儉又别撰《七志》：一曰《經典志》，紀六藝、小學、史記、雜傳；二曰《諸子志》，紀今古諸子；三曰《文翰志》，紀詩賦；四曰《軍書志》，紀兵書；五曰《陰陽志》，紀陰陽圖緯；六曰《術藝志》，紀方技；七曰《圖譜志》，紀地域及圖書。其道、佛附見。[9]合九條。然亦不述作者之意，但於書名之下，每立一傳，而又作九篇條例，編乎首卷之中。文義淺近，未爲典則。齊永明中，[10]秘書丞王亮、監謝朏，[11]又造《四部書目》，[12]大凡一萬八千一十卷。齊末兵火，延燒祕閣，經籍遺散。梁初，秘書監任昉，[13]躬加部集，[14]又於文德殿内列藏衆書，華林園中總集釋典，[15]大凡二萬三千一百六卷，而釋氏不豫焉。[16]梁有秘書監任昉、殷鈞《四部目録》,[17]又《文德殿目録》。[18]其術數之書，更爲一部，使奉朝請祖暅撰其名。[19]故梁有《五部目録》。普通中,[20]有處士阮孝緒,[21]沉静寡慾，篤好墳史，博采宋、齊已來，王公之家凡有書記，參校官簿，更爲《七録》：一曰《經典録》，紀六藝；二曰《記傳録》，紀史傳；三曰《子兵録》，紀子書、兵書；四曰《文集録》，紀詩賦；五曰《技術録》，紀數術；六曰《佛録》；七曰《道録》。其分部題目，頗有次序，割析辭義，淺薄不經。[22]梁武敦悦詩書,[23]下化其上,[24]四境之内，家有文史。元帝克平侯景,[25]收文德之書及公私經籍，歸于江陵，大凡七萬餘卷。周師入郢,[26]咸自焚之。陳天嘉中,[27]又更鳩集，考其篇目，遺闕尚多。

[1]東晋（317—420）：匈奴劉聰軍攻占長安，西晋亡。司馬睿在建康（今江蘇南京市）稱帝，偏安江南，史稱東晋，共歷十一帝。

[2]鳩聚：聚集。

[3]李充：字弘度，江夏（今湖北安陸市）人，早年辟丞相王導掾，任大著作郎時，删除典籍煩重，以類相從，分爲四部，甚有條貫，祕閣以爲永制。《晋書》卷九二有傳。

[4]勖：即荀勖。

[5]宋（420—479）：南朝之一。東晋末年劉裕代晋稱帝，國號宋，都建康，亦稱劉宋，共歷八帝。元嘉，宋文帝年號（424—453）。

[6]謝靈運：祖籍陽夏（今河南太康縣），謝玄孫，襲封康樂公。文帝時徵爲秘書監，使整祕閣遺闕，又令撰晋書，書竟不就。頗有文才，以山水詩聞名，有詩文集傳世。後以謀反罪被殺。《宋

書》卷六七、《南史》卷一九有傳。本志史、集部有其著述九部。四部目録，當爲謝靈運任秘書監時所撰，此目録《隋志》已無載，亡佚。

［7］元徽：南朝宋廢帝劉昱年號（473—477）。

［8］王儉：字仲寶，琅邪臨沂（今山東臨沂市）人。宋明帝時，超遷秘書丞，依《七略》撰《七志》，元徽年間又撰《四部書目録》。入齊，累遷侍中、中書令、太子太傅、國子祭酒、開府儀同三司。永明七年卒，追贈太尉，謚文憲。《南齊書》卷二三、《南史》卷二二有傳。本志經、史、集部著録王儉九部著述。目録，即《元徽元年四部書目録》四卷，《隋志》有著録。

［9］道：指道家典籍；佛，指佛家典籍，或稱釋氏典籍。

［10］齊（479—502）：蕭道成廢宋順帝自稱帝，國號齊，都建康，共歷七帝。永明，齊武帝蕭頤年號（483—493）。

［11］王亮：字奉叔，琅邪臨沂（今山東臨沂市）人。於宋，任秘書丞。入齊任吏部尚書，入梁，任太常卿、中書監等職。《梁書》卷一六、《南史》卷二三有傳。謝朏（fěi），字敬沖，祖籍陽夏（今河南太康縣）。仕宋齊梁三朝，歷任秘書監、侍中、尚書令等職。《梁書》卷一五、《南史》卷二〇有傳。本志史、集部著録其著述三部。

［12］四部書目：此以四部分類的書目，《隋志》已無著録，亡佚。

［13］任昉（fǎng）：字彦升，博昌（今山東博興縣）人。仕齊，位不過列校。入梁，爲御史、秘書監，手自讎校祕閣四部，編定目録。《梁書》卷一四、《南史》五九有傳。

［14］躬加部集：親自加以部類聚集。

［15］華林園：處於今江蘇南京雞鳴山南古臺城内，三國時吴始建，南朝時又有擴建。

［16］豫：參與。

［17］殷鈞：字季和，陳郡長平（今河南項城市東北）人，好

學，善隸書。梁初，起家秘書郎，任秘書丞期間，啓校定祕閣四部書，更爲目録。又受詔料檢法書古迹，別爲品目。卒，謚貞。《梁書》卷二七、《南史》六〇有傳。四部目録，當爲本志史部所著録之《梁天監六年四部書目録》四卷。

[18]文德殿目録：似爲本志史部所著録之署名劉孝標撰《梁文德殿四部目録》四卷。

[19]祖暅（xuǎn）：《南史》作祖暅之，字景爍，范陽遒（今河北淶水縣）人，祖沖之之子。少傳家業，究極精微，亦有巧思，善算曆、機巧，故撰術數類典籍目録。《南史》卷七二有傳。

[20]普通：梁武帝蕭衍年號（520—527）。

[21]處士：未仕或不仕的人。阮孝緒，字士宗，陳留尉氏（今河南開封市）人。十三歲徧通五經，一生不仕，撰《七録》等書二百五十卷。大通二年卒，謚文貞處士。《梁書》卷五一、《南史》卷七六有傳。本志經、史部著録其著述四部。

[22]不經：不合常規，無依據。

[23]梁武：梁武帝蕭衍，字叔達，南蘭陵中都里（今江蘇常州市）人。仕齊，廢東昏侯，立和帝。次年，弑君自稱帝，國號梁。太清二年接納侯景，不久侯景叛梁，武帝被幽死。武帝有文才，多有著述。佞佛，三次捨身於佛寺。《梁書》卷一、二、三，《南史》卷六，《魏書》卷九八有傳。本志經、史、子、集著録其二十部著述。

[24]下化其上："上"疑爲"土"之誤。

[25]元帝：蕭繹，字世誠，武帝子。簡文帝大寶三年破侯景，於江陵即帝位。承聖三年，江陵被魏軍攻占，元帝遇害，在位僅三年。元帝聰悟嗜書，並多有著述。《梁書》卷五、《南史》卷八有傳。本志史、子、集著録其著述十六部。侯景：字萬景，朔方（今内蒙古鄂爾多斯地區）或曰雁門（今山西代縣西北）人。初爲魏尒朱榮將，後歸高歡，又投梁，不久即叛，幽死梁武帝，縱兵燒殺劫掠，史稱侯景之亂。最終敗於王僧辯，被部下殺死。《梁書》卷

五六、《南史》卷八〇有傳。

［26］周師入郢（yǐng）：周（557—581），鮮卑人宇文覺廢西魏主自立，建國號爲周，都長安，史稱北周、後周，共歷五帝。據《梁書》《南史》記載，破郢之軍乃魏師。郢，在今湖北江陵縣附近。

［27］陳（557—589）：陳霸先廢梁，建國號爲陳，都建康，共歷五帝。天嘉，陳文帝陳蒨年號（560—566）。

其中原則戰争相尋，[1]干戈是務，文教之盛，苻、姚而已。[2]宋武入關，[3]收其圖籍，府藏所有，纔四千卷。赤軸青紙，文字古拙。後魏始都燕、代，[4]南略中原，粗收經史，未能全具。孝文徙都洛邑，[5]借書於齊，祕府之中，稍以充實。暨於尒朱之亂，[6]散落人間。後齊遷鄴，[7]頗更搜聚，迄於天統、武平，[8]校寫不輟。後周始基關右，外逼强鄰，戎馬生郊，[9]日不暇給。保定之始，[10]書止八千，後稍加增，方盈萬卷。周武平齊，[11]先封書府，所加舊本，纔至五千。

［1］相尋：相繼、連續不斷。

［2］苻：指東晋十六國之一的前秦（350—394），氐族苻氏據關中，國號秦，史稱前秦。國盛時，南至邛僰，東抵淮泗，西極西域，北盡大磧。晋太元八年，苻堅攻晋，兵敗淝水，元氣大傷，後爲姚萇所殺。事見《晋書》卷一一二至一一五。姚，指東晋十六國之一的後秦（384—417），羌族人姚萇殺苻堅，後稱帝於長安。東晋義熙十三年被劉裕所滅。

［3］宋武：南朝宋武帝劉裕，字德興，彭城縣（今江蘇徐州市）人。仕東晋，爲北府兵將領，先後攻打孫恩、桓玄，進擊四川

割據勢力，統一江南，兩次北伐，滅南燕、後秦。元熙二年廢晋恭帝，建立宋王朝。《宋書》卷一、《魏書》卷九七、《南史》卷一有傳。關，指陝西潼關。

[4]後魏：鮮卑拓跋部的拓跋珪，先自立爲代王，後稱帝，都平城。明元帝進攻劉宋，奪得黄河以南大片土地。太武帝先後滅北燕、北凉，統一北方。後分裂爲東魏、西魏。見《魏書》本紀。燕，今北京以及以北地區。代，今内蒙、山西、河北境内長城以北地區。

[5]孝文：魏孝文帝拓跋宏，即位後興文治，太和十八年（494）遷都洛陽，不久又改姓元，大力推行漢化。《魏書》卷七、《北史》卷三、《南齊書》卷五七有傳。

[6]尒（ěr）朱之亂：尒朱，此指尒朱榮，字天寶，秀容（今山西朔州市西北）人，世爲部落酋帥。魏明帝時，進封爲博陵郡公，兵威漸盛，朝廷難以控制。胡太后毒殺明帝，尒朱榮起兵進洛陽，立莊帝，遥專朝政，掌廢立大權。永安三年，被莊帝設計殺死於朝中。事見《魏書》卷七四、《北史》卷四八。

[7]後齊（550—577）：北朝之一。534 年北魏分裂爲東魏、西魏，東魏的實權落在大將高歡手中。550 年高歡之子高洋自立爲帝，以北齊取代東魏，遷都於鄴，凡六帝，後爲北周所滅。

[8]天統武平：是北齊後主高緯的兩個年號，前者爲 565—569，後者爲 570—576 年。

[9]戎馬生郊：出於《老子》，牝馬在戰地郊野産駒犢，意謂國家不安定，連懷犢的母馬也得參戰。

[10]保定：北周武帝宇文邕年號（561—565）。

[11]周武：北周武帝宇文邕，字禰羅突，代郡武川（今内蒙古武川縣）人，宇文泰第四子。建德五年率軍東伐，次年攻占鄴城，滅北齊。《周書》卷五、六，《北史》卷一〇有紀。

隋開皇三年，秘書監牛弘，[1]表請分遣使人，搜訪異本。每書一卷，賞絹一匹，校寫既定，本即歸主。於是民間異書，往往間出。及平陳已後，經籍漸備。檢其所得，多太建時書，[2]紙墨不精，書亦拙惡。於是總集編次，存爲古本。召天下工書之士，京兆韋霈、南陽杜頵等，[3]於秘書内補續殘缺，爲正副二本藏於宫中，其餘以實秘書内、外之閣，凡三萬餘卷。煬帝即位，[4]祕閣之書，限寫五十副本，分爲三品：上品紅瑠璃軸，[5]中品紺瑠璃軸，[6]下品漆軸。於東都觀文殿東西廂構屋以貯之，東屋藏甲乙，西屋藏丙丁。又聚魏已來古跡名畫，[7]於殿後起二臺，東曰妙楷臺，藏古跡；西曰寶蹟臺，藏古畫。又於内道場集道、佛經，[8]别撰目録。

[1]牛弘：字里仁，本姓尞氏，魏時賜姓牛，安定鶉觚（今甘肅靈臺縣）人。仕周，官至大將軍、儀同三司。隋初爲秘書監，上表請開獻書之路，使典籍稍備。頗具文才，有文集問世。《周書》卷三、《隋書》卷四九、《北史》卷七二有傳。本志史、集著録其三部著述。

[2]太建：南朝陳宣帝陳頊年號（569—582）。

[3]京兆：今陝西西安周邊。韋霈，生平事迹不詳。南陽，今河南南陽市。杜頵（yūn）：生平事迹不詳。

[4]煬帝：楊廣，一名英，文帝次子。在位十四年，對外大肆用兵，於内大興土木，賦重役繁，民不聊生。義寧二年，被宇文化及等縊殺於宫中。《隋書》卷三、四有傳。

[5]紅瑠璃軸：一種紅色寶石做的用來捲書卷的軸。

[6]紺（gàn）：天青色。

[7]古跡：古人的法書和墨迹。

［8］内道場：隋煬帝大業中改天下寺爲道場，故此指宫内寺廟。

大唐武德五年，[1]克平僞鄭，[2]盡收其圖書及古跡焉。命司農少卿宋遵貴載之以船，泝河西上，[3]將致京師。行經底柱，[4]多被漂没，其所存者，十不一二。其《目録》亦爲所漸濡，[5]時有殘缺。今考見存，分爲四部，合條爲一萬四千四百六十六部，有八萬九千六百六十六卷。其舊録所取，文義淺俗、無益教理者，並删去之。其舊録所遺，辭義可采，有所弘益者，咸附入之。遠覽馬史、班書，近觀王、阮志、録，挹其風流體制，[6]削其浮雜鄙俚，[7]離其疏遠，合其近密，[8]約文緒義，凡五十五篇，各列本條之下，以備《經籍志》。雖未能研幾探賾，[9]窮極幽隱，庶乎弘道設教，[10]可以無遺闕焉。夫仁義禮智，所以治國也，方技數術，所以治身也；諸子爲經籍之鼓吹，文章乃政化之黼黻，[11]皆爲治之具也。故列之於此志云。

［1］武德：唐高祖李淵年號（618—626）。

［2］僞鄭：隋末王世充（因避唐太宗李世民諱，又稱王充）所建政權，武德四年唐太宗率師大破之，投降，鄭亡。

［3］泝（sù）河西上：泝，逆水而上。河，黄河。

［4］底柱：又作砥柱，亦名三門山。三門，南曰鬼門，中曰神門，北曰人門。原在今河南三門峽市東北黄河中，修三門峽水庫後，此山已不見。河水至此分流，繞山而過。南門險急，舟筏入者，往往舟覆人亡。因山在水中若柱，故稱砥柱。

［5］目録：此指《隋大業正御書目録》九卷，本志有著録。漸濡，浸漬、濕潤。

[6]挹（yì）其風流體制：挹，抑制。風流，有才而不拘禮法的氣派。

[7]鄙俚：粗俗。

[8]離其疏遠合其近密：此乃本志部類典籍的原則。

[9]研幾：窮究精微之理。探賾（zé），探尋精微、深奥之事理。

[10]庶乎：希望於、但願於。

[11]黼（fǔ）黻（fú）：原指古代禮服上繪繡的花紋，此言文章是政治化俗的華美修飾和襯托。

《歸藏》十三卷。晋太尉參軍薛貞注。

薛貞：生平事迹不詳。《歸藏》，三《易》之一。後漢桓譚《新論》言《歸藏》四千三百言，藏於太卜。《周禮注疏》卷二四，賈公彦曰“此《歸藏易》以純坤爲首，坤爲地，故萬物莫不歸而藏於中，故名爲《歸藏》也”。《七略》《漢志》無著録。《舊唐志》著録《歸藏》十三卷，司馬膺注。《新唐志》著録《歸藏》十三卷，不署注者名。宋《崇文總目》著録《歸藏》三卷，晋太尉參軍薛正（即薛貞）注。又稱“文多闕亂，不可詳解”。明《文淵閣書目》無著録，亡佚。清王謨、王朝璩、嚴可均、洪頤煊、朱彝尊、觀頮道人皆輯有《歸藏》。1993 年，湖北江陵王家臺出土秦簡《歸藏》，據有關人士研究，此簡本是故楚國地區流傳的本子，與保存下來的《歸藏》佚文有所不同。

《周易》二卷。魏文侯師卜子夏傳，殘缺。梁六卷。

魏文侯：名都或斯，六國之君中最爲好古，受經於子夏。《史記》卷四四有傳。卜子夏：名商，字子夏，春秋衛（今河南温縣）人，孔子弟子。善文學，序《詩》傳《易》，教於河西，爲魏文侯師。《史記》卷六七有傳。此書梁時尚存六卷，《唐會要》引阮孝緒《七録》“《子夏易》六卷，或云韓嬰作，或云丁寬作”。兩《唐志》著録爲二卷。《宋志》著録《易傳》十卷，題卜子夏傳。《郡齋讀書志》則稱“今此書約王弼注爲之者，止《雜卦》”。《四庫全書總目》卷一著録《子夏易傳》十一卷，提要指出此爲僞書。清有孫堂、孫馮翼、張惠言、張澍、黄奭、吴騫所輯《子夏易傳》。

《周易》十卷。漢魏郡太守京房章句。

京房：顔師古曰有兩京房，一爲楊叔元弟子、梁丘賀師。此京房字君明，東郡頓丘（今河南濮陽市）人。本姓李，推律自定爲京氏。受《易》於孟喜之徒梁人焦延壽。元帝時任魏郡太守，後被石顯等譖殺。《漢書》卷七五、卷八八有傳。本志經部、子部尚有署京房名之典籍十九部。《漢志》著録《孟氏京房》十一篇，《經典釋文叙録》載《京氏章句》十二卷。兩《唐志》著録十卷，《宋志》無載，亡佚。清孫堂、張惠言、黄奭、馬國翰、王仁俊、王保訓、胡薇元輯《周易京房章句》。

《周易》八卷。漢曲臺長孟喜章句，殘缺。梁十卷。又有漢單父長費直注《周易》四卷，亡。

孟喜：字長卿，東海蘭陵（今山東棗莊市東南）人。從田何再傳弟子田王孫受《易》，爲《易章句》。舉孝廉爲郎，曲臺長。《漢書》卷八八有傳。《漢志》言“漢興，田何傳之，訖于宣、元，有施、孟、梁丘、京氏列於學官。而民間有費、高二家説”。此書本志著録八卷，並稱梁有十卷，而兩《唐志》則亦著録十卷。《宋志》無載，亡佚。清朱彝尊、王謨、孫堂、張惠言、黄奭、馬國翰、胡薇元輯有孟喜《周易章句》。費直：字長翁，東萊（今山東萊州市）人。治《易》爲郎，至單父令。《漢書》卷八八有傳。獨傳古文《易》，而不列於學官。東漢多人傳《費氏易》，至魏，費氏大興。本志子部著録費直一部撰著。本志言此書已亡佚，然兩

《唐志》著録此書四卷，《宋志》無載，亡佚。清馬國翰、胡薇元有輯本。

《周易》九卷。後漢大司農鄭玄注。梁又有漢南郡太守馬融注《周易》一卷，亡。

鄭玄：字康成，北海高密（今山東高密市）人。曾從師馬融，頗得其讚賞。爲《易》《詩》《尚書》《禮》等儒家經典作注，又多有著述。《後漢書》卷三五有傳。本志經、子部尚有署鄭玄名的典籍二十三部。《舊唐志》著録此書爲九卷，《新唐志》則著録十卷。《宋志》有鄭玄《周易文言注義》一卷，不似此書。此書亡佚。宋王應麟輯《周易鄭康成注》一卷附《易贊易論》一卷，清惠棟、丁杰對其有所補定。另，清朱彝尊、黄奭、袁鈞、孔廣林有此書輯本。馬融：字季長，扶風茂陵（今陝西咸陽市西）人。永初四年拜爲校書郎，詣東觀典校秘書。馬融才高博洽，爲世通儒。注《孝經》《論語》《詩》《易》《尚書》等經典，又撰有賦、頌、表記等二十一篇。《後漢書》卷六〇上有傳。本志經部尚有馬融著述五部。本志稱此書梁已亡，然兩《唐志》皆著録馬融《周易章句》十卷。《宋志》無載，亡佚。清朱彝尊、孫堂、張惠言、黄奭、馬國翰、胡薇元輯有馬融《周易傳》，另有臧庸輯《馬王易義》一卷。

《周易》五卷。漢荆州牧劉表章句。梁有漢荆州五業從事宋忠注《周易》十卷，亡。

劉表：字景升，山陽高平（今山東魚臺縣東北）人。少知名，受學於同郡王暢。獻帝初爲荆州牧，封成武侯。後南受零、桂，北據漢川，雄霸一方。《後漢書》卷七四下、《三國志》卷六有傳。兩《唐志》有著録，《宋志》無載，亡佚。清孫堂、張惠言、黄奭、馬國翰、胡薇元輯劉表《周易章句》。宋忠：又作宋衷，字仲子，南陽章陵（今湖北棗陽市南）人。後漢荆州五業從事。後因數與魏諷謀反，被曹操所殺。見《三國志》卷五七、《經典釋文敘録》。本志史、子部尚有宋衷著述四部。所注《周易》，兩《唐志》著録十卷，《經典釋文敘録》記載九卷，《宋志》無載，亡佚。清孫堂、張惠言、黄奭、馬國翰、胡薇元有輯本。

《周易》十一卷。漢司空荀爽注。

荀爽：又名諝，字慈明，潁川潁陽（今河南許昌市）人。先拜郎，後遭黨錮，隱於海上。獻帝朝，進拜司空。著《易傳》《詩傳》《尚書正經》等，凡百餘篇。《後漢書》卷六二有傳。本志經部尚有荀爽一部著述。兩《唐志》、《經典釋文敘録》皆載十卷，《宋志》無載，亡佚。清孫堂、黄奭、馬國翰、胡薇元有輯本。

《周易》十卷。魏衛將軍王肅注。

王肅：字子雍，東海郯（今山東郯城縣）人。正始初，爲侍中，遷太常。甘露元年卒，追贈衛將軍，謚景侯。善賈逵、馬融之學。爲《尚書》《詩》《論語》等作解。《三國志》卷一三有傳。本志經、子部尚有王肅十九部著述。兩《唐志》有著録，《宋志》著録王肅《周易傳》十一卷，《崇文總目》言此非王肅本書，是後人篡《經典釋文敘録》所取者附益之。此書亡佚。清朱彝尊、孫堂、張惠言、黄奭、馬國翰有輯本。

《周易》十卷。魏尚書郎王弼注《六十四卦》六卷，韓康伯注《繫辭》以下三卷，王弼又撰《易略例》一卷。梁有魏大司農卿董遇注《周易》十卷，魏散騎常侍荀煇注《周易》十卷，亡。

王弼：字輔嗣，山陽（今山東金鄉縣）人。注《易》及《老子》，爲尚書郎。《三國志》卷二八有傳。本志經、子部尚有二部王弼著述。《經典釋文敘録》曰，永嘉之亂後，唯鄭玄、王弼所注《易》行於世，而王氏爲世所重。其言王弼注七卷，即注《易・上下經》六卷、《易略例》一卷。《繫辭》以下王不注，相承以韓康伯注續之。兩《唐志》著録王弼《周易注》七卷和王弼、韓康伯注《易》十卷。《宋志》著録《周易上下經》六卷，未署名，疑即王弼所注，又著録韓康伯《繫辭説卦序卦雜卦》三卷以及王弼《略例》一卷、《易辨》一卷。《四庫全書總目》卷一著録《周易注》十卷，即此書。唐孔穎達以此書爲本作《周易正義》。王弼、韓康伯注《周易》及《易略例》，現存最好的本子是宋刻本，通行的本子是十三經注疏本。20世紀陸續出土的戰國楚竹書《周易》，馬王堆帛書《周易》《二三子問》《繫辭》等，與傳世本《周易》頗有差異，亦多有勝處。韓康伯：名伯，潁川長社（今河南長葛市）人。晋簡文帝居藩時引爲談客，累官至侍中。後改授太常，未拜卒，時年四十九。《晋書》卷七五有傳。本志本部尚有一部韓康伯著述。其注《易·繫辭》以下三卷，與王弼所注《六十四卦》《易略例》一卷，合爲十卷，流傳至今。董遇：字季直，弘農華陰（今陝西華陰市東南）人。漢末關中紛亂，仍手不釋卷。魏明帝時，入爲侍中、大司農。歷注經傳，頗傳於世。事見《三國志》卷一三所引《魏略》。本志經部尚有其一部著述。所注《周易》，《經典釋文叙録》載其爲《章句》十二卷，兩《唐志》著録十卷，《宋志》無載，亡佚。清朱彝尊、孫堂、張惠言、黄奭、馬國翰有輯本。荀煇：字景文，潁川潁陰（今河南許昌市）人。晋太子中庶子，與賈充共定音律，又作《易集解》。事見《三國志》卷一〇所引《荀氏家傳》。兩《唐志》著録此書，《舊唐志》作荀暉。《宋志》無載，亡佚。

《周易》十卷。吴太常姚信注。

姚信：據《經典釋文叙録》載，“字德裕，《七録》云字元直，吴興人，吴太常卿。《七録》云十二卷”。本志子部尚有二部姚信著述。兩《唐志》著録十卷，《宋志》無載，亡佚。清孫堂、張惠言、黄奭、馬國翰有輯本。

《周易》四卷。晋儒林從事黄頴注。梁有十卷，今殘缺。

黄頴：南海（今廣東）人，晋廣州儒林從事。見《經典釋文叙録》。兩《唐志》著録十卷，《宋志》無載，亡佚。清黄奭、馬國翰有輯本。

《周易》九卷。吴侍御史虞翻注。

虞翻：字仲翔，會稽餘姚（今浙江餘姚市）人。事孫策、孫權，爲騎都尉，屢犯顔諫争，被放交州。爲《易》《老子》等作注。《三國志》卷五七有傳。《舊唐志》著録九卷，《新唐志》著録十卷，《宋志》無載，亡佚。清孫堂、黄奭有輯本。

《周易》十五卷。吴鬱林太守陸績注。

陸績：又作陸勣，字公紀，吴郡吴（今江蘇蘇州市）人。仕吴爲鬱林太守，著述不廢，注《易》、釋《玄》。見《後漢書》卷三一，《三國志》卷五七有傳。本志經、子部尚有二部陸績之作。兩《唐志》與《經典釋文叙録》皆著録十三卷，《宋志》無載，亡佚。明姚士粦輯、清孫堂增補，清張惠言、黄奭、馬國翰、汪氏亦有輯本。

《周易》十卷。晋散騎常侍干寶注。

干寶：字令升，新蔡（今河南新蔡縣）人。以才器召爲著作郎，後遷散騎常侍，領國史，著《晋紀》。注《周易》《周官》，撰《搜神記》。《晋書》卷八二有傳。本志經、史、子、集部尚有其著述十一部。兩《唐志》、《宋志》皆有著録，然《郡齋讀書志》《文獻通考》皆無載，亡佚。元屠曾，明姚士粦，清黄奭、汪氏有輯本。

《周易》三卷。晉驃騎將軍王廙注，殘缺。梁有十卷。

王廙（yì）：字世將，琅邪臨沂（今山東臨沂市）人。少能屬文，多所通涉。卒，贈侍中、驃騎將軍，謚曰康。《晋書》卷七六有傳。本志集部尚有王廙兩部著述。《經典釋文敘録》記載十二卷，兩《唐志》著録十卷，《宋志》無載，亡佚。清孫堂、張惠言、黄奭、馬國翰有輯本。

《周易》八卷。晋著作郎張璠注，殘缺。梁有十卷。

張璠：安定（今屬甘肅）人，東晋秘書郎，參著作。《經典釋文敘録》稱此書爲張璠《集解》十二卷，集二十二家解，序云依向秀本。兩《唐志》著録《周易集解》十卷，《宋志》無載，亡佚。清孫堂、黄奭、馬國翰有輯本。

《周易馬鄭二王四家集解》十卷。

不署撰者，集馬融、鄭玄、王弼、王肅四家之説爲一書。

《周易荀爽九家注》十卷。

《經典釋文敘録》記載此書，"不知何人所集，稱荀爽者，以爲主故也。其序有荀爽、京房、馬融、鄭玄、宋衷、虞翻、陸績、姚信、翟子玄"。兩《唐志》有著録，《宋志》無載，亡佚。清王謨、孫堂、張惠言、黄奭有輯本。

《周易楊氏集二王注》五卷。梁有《集馬鄭二王解》十卷，亡。

楊氏：不詳其始末。此書集王弼、王肅《易》注，《舊唐志》著録二王《集注》十卷，《新唐志》著録二王《集解》十卷，皆不署集解者名。《宋志》無載，亡佚。《集馬鄭二王解》即前著録的

《周易馬鄭二王四家集解》，隋時此書實未亡。

《周易》十卷。蜀才注。梁有齊安參軍費元珪注《周易》九卷，謝氏注《周易》八卷，尹濤注《周易》六卷，亡。

蜀才：姓范，名長生，一名賢，隱居青城北，自號蜀才。李雄以爲丞相。見《顔氏家訓·書證》《經典釋文叙録》。兩《唐志》有著録，《宋志》無載，亡佚。清孫堂、張澍、黄奭有輯本，馬國翰補張澍輯本。費元珪：蜀人，齊安（今湖北黄岡市西北）參軍。《經典釋文叙録》則作“齊安西參軍”，於是姚振宗即認爲應是“南齊安西參軍”，安西指的是唐代的安西督護府，在今新疆境内，與南齊疆域相距遥遠，不屬南齊統轄範圍，故本志作“齊安參軍”不誤。兩《唐志》不載，亡佚。謝氏：不詳何人。兩《唐志》不載，亡佚。尹濤：生平始末不詳。《經典釋文叙録》有著録，兩《唐志》不載，亡佚。

《周易》十卷。後魏司徒崔浩注。

崔浩：字伯淵，清河東武城（今山東武城縣）人。博覽經史，百家之言，無不關綜。初給事秘書，轉著作郎。魏世祖時遷司徒。《魏書》卷三五、《北史》卷二一有傳。本志經、子、集部尚有崔浩三部著述。兩《唐志》有著録，《宋志》無載，亡佚。

《周易》十卷。梁處士何胤注。梁有臨海令伏曼容注《周易》八卷，侍中朱异集注《周易》一百卷，又《周易集注》三十卷，亡。

何胤：字子季，廬江灊（今安徽霍山縣東北）人。雖家族貴顯，却歸隱不仕，世號小山，亦曰東山。注《易》《詩》《禮》等。《南齊書》卷五四、《梁書》卷五一、《南史》卷三〇有傳。本志經、史部尚有三部何胤著述。兩《唐志》有著録，《宋志》無載，亡佚。伏曼容：字公儀，平昌安丘（今山東安丘市）人。入梁，召拜司馬，出爲臨海太守。爲《易》《詩》《老》《莊》作注。《梁書》卷四八、《南史》卷七一有傳。兩《唐志》無載，亡佚。清黄奭、馬國翰有輯本。朱异：字彦和，吴郡錢唐（今浙江杭州市）人。官加侍中，遷中領軍。有《易》《禮》講疏等百餘篇。侯景反，遭指責，慚憤而卒。《梁書》卷三八、《南史》卷六二有傳。據《梁書》卷四八、《南史》卷七一《孔子袪傳》言，孔子袪“續朱异《集注周易》一百卷”，此書當爲朱、孔二人合著。《周易集注》三十卷，未署撰者，當爲朱异所作。

《周易》七卷。姚規注。

姚規：不詳何人。兩《唐志》不載，亡佚。清黄奭、馬國翰有輯本。

《周易》十三卷。崔覲注。

崔覲：不詳何人。本志經部尚有崔覲著述一部。兩《唐志》有著録，《宋志》無載，亡佚。清黄奭、馬國翰有輯本。

《周易》十三卷。傅氏注。

傅氏：生平事迹難以查考。兩《唐志》著録十四卷，《宋志》無載，亡佚。清黄奭、馬國翰有輯本。

《周易》一帙十卷。盧氏注。

盧氏：不載其名，姚振宗與馬國翰皆根據北魏盧景裕注《周易》，其注《易》大行於世，而認爲此盧氏即盧景裕。此人於《魏書》卷八四、《北史》卷三〇有傳。兩《唐志》有著録，《宋志》無載，亡佚。清黄奭、馬國翰有輯本。

《周易繫辭》二卷。晋桓玄注。

桓玄：字敬道，譙國龍亢（今安徽懷遠縣西）人。少襲父爵爲南郡公，元興元年舉兵，逼安帝禪位，建國號楚。後被劉裕擊敗，斬於江陵。《晋書》卷九九、《魏書》卷九七有傳。此書衹注《周易》中的《繫辭傳》，兩《唐志》有著録，《宋志》無載，亡佚。清黄奭、馬國翰有輯本。

《周易繫辭》二卷。晋西中郎將謝萬等注。

謝萬：字萬石，江夏（今河南太康縣）人，謝安弟。工言論，善屬文。受命北征，敗歸，廢爲庶人。《晋書》卷七九有傳。本志經、集部尚有其二部著述。兩《唐志》著録謝萬注《周易繫辭》二卷，《宋志》無載，亡佚。

《周易繫辭》二卷。晋太常韓康伯注。

此前已著録韓康伯注《繫辭》以下三卷，此應是韓康伯所注《繫辭》的單行本，兩《唐志》無載。

《周易繫辭》二卷。梁太中大夫宋褰注。又有宋東陽太守卞伯玉注《繫辭》二卷，亡。

宋褰（qiān）：不詳何人。兩《唐志》有著録，《宋志》無載，亡佚。卞伯玉：據《經典釋文叙録》載，濟陰（今江蘇睢寧縣）人，宋東陽太守、黄門郎。兩《唐志》不載，亡佚。

《周易繫辭》二卷。荀柔之注。

荀柔之：潁川潁陰（今河南許昌市）人，宋奉朝請。見《經典釋文叙録》。《舊唐志》著録荀諺注《繫辭》二卷，《新唐志》著録荀諺注《繫辭》二卷、荀柔之注《繫辭》二卷。疑荀諺即荀柔之。《宋志》不載，亡佚。清黄奭、馬國翰有輯本。

《周易集注繫辭》二卷。梁有宋太中大夫徐爰注《繫辭》二卷，亡。

不署撰者。朱彝尊疑此書即下列徐爰注《繫辭》二卷。徐爰：本名瑗，字長玉，南琅邪開陽（今江蘇南京市）人。太宗時，除太中大夫，著作並如故，後被貶交州。《宋書》卷九四、《南史》卷七七有傳。本志經、史、子、集部尚有徐爰五部著述。此二書兩《唐志》不載，亡佚。

《周易音》一卷。東晋太子前率徐邈撰。

徐邈：字仙民，東莞姑幕（今山東安丘市）人。博涉多聞，傳正五經音訓，學者宗之。孝武帝時，爲前衛率，授太子經。《晋書》卷九一有傳。本志經、子、集部尚有徐邈十部著述。兩《唐志》無載，亡佚。清黄奭、馬國翰有輯本。

《周易音》一卷。東晋尚書郎李軌弘範撰。

李軌：字弘範，江夏（今湖北安陸市）人。東晋祠部郎中、都亭侯。見《經典釋文敘録》。本志經、史、子、集部尚有李軌十一部著述。兩《唐志》不載，亡佚。清黄奭、馬國翰有輯本。

《周易音》一卷。范氏撰。

范氏：不詳何人。兩《唐志》不載，亡佚。

《周易并注音》七卷。秘書學士陸德明撰。

陸德明：名元朗，以字行，蘇州吴（今江蘇蘇州市）人。由陳入隋，爲秘書學士。入唐，爲國子博士，封吴縣男。貞觀初卒。著《易疏》《老子疏》，所撰《經典釋文敘録》，是漢魏以來研究古代經典的重要著作。《舊唐書》卷一八九上、《新唐書》卷一九八有傳。本志經部尚有陸德明一部著述。兩《唐志》無載此書，有

《周易文句義疏》二十四卷、《周易文外大義》二卷，《宋志》與《直齋書録解題》著録陸德明《周易釋文》一卷，而《經典釋文叙録》中有《周易音義》一卷，這幾種書之間是何關係，尚待考證。

《周易盡神論》一卷。魏司空鍾會撰。梁有《周易無互體論》三卷，鍾會撰，亡。

鍾會：字士季，潁川長社（今河南長葛市東北）人。有才數技藝。魏景元中，官至司徒。後謀據蜀，爲部將亂兵所殺。《三國志》卷二八有傳。本志經、子部尚有鍾會三部著述。兩《唐志》不載，而著録鍾會《周易論》四卷，《宋志》不載，亡佚。《周易無互體論》《三國志》有提及。

《周易象論》三卷。晋尚書郎欒肇撰。

欒肇：字永初，太山（今山東泰安市東南）人，晋太保掾尚書郎。見《經典釋文叙録》。本志經、集部尚有三部欒肇之作。兩《唐志》著録《周易象論》一卷，《宋志》無載，亡佚。

《周易卦序論》一卷。晋司徒右長史楊乂撰。

楊乂：字玄舒，汝南（今湖北武漢市）人。晋司徒左長史。見《經典釋文叙録》。本志經、集部尚有楊乂二部著述。兩《唐志》有著録，《宋志》無載，亡佚。清黄奭、馬國翰有輯本。

《周易統略》五卷。晋少府卿鄒湛撰。

鄒湛：字潤甫，南陽新野（今河南新野縣）人。少以才學知名。入晋官至散騎常侍、國子祭酒，轉少府。元康末卒。《晋書》卷九二有傳。本志集部尚有其一部著述。兩《唐志》皆著録三卷，《宋志》無載，亡佚。清黄奭、馬國翰有輯本。

《周易論》二卷。晋馮翊太守阮渾撰。

阮渾：字長成，陳留尉氏（今河南尉氏縣）人。太康中爲太子庶子、馮翊太守。事見《晋書》卷四九《阮籍傳》。《舊唐志》著録《周易論》二卷暨長成難，暨仲容答；《新唐志》著録阮長成、阮仲容《難答論》二卷。應即爲此書，《宋志》無載，亡佚。

《周易論》一卷。晋荆州刺史宋岱撰。梁有《擬周易説》八卷，范氏撰；《周易宗塗》四卷，干寶撰；《周易問難》二卷，王氏撰；《周易問答》一卷，揚州從事徐伯珍撰；《周易難王輔嗣義》一卷，晋揚州刺史顧夷等撰；《周易雜論》十四卷。亡。

宋岱：又作宗岱。晋惠帝時任襄陽太守、荆州刺史。《文心雕龍·論説》稱其"鋭思於幾神之區"。本志集部尚有宋岱二部著述。《舊唐志》著録宋處宗《易論》一卷、《新唐志》著録宋處宗《通易論》一卷，疑宋處宗即宋岱，處宗爲其字。《宋志》無載，亡佚。范氏：姚振宗、嚴可均皆認爲當爲范宣。范宣，字宣子，陳留（今河南開封市）人，居豫章，以講誦爲業，著《禮論難》《易論難》。《晋書》卷九一有傳。本志經、集部尚有其二部著述。《擬周易説》：兩《唐志》無載，亡佚。《周易宗塗》：兩《唐志》無載，亡佚。王氏：始末不詳。兩《唐志》無載，亡佚。徐伯珍：字文楚，東陽太末（今浙江衢州市）人。好釋氏、老莊。《南齊書》卷五四、《南史》卷七六有傳。兩《唐志》無載，亡佚。顧夷：字君齊，吴郡人，辟州主簿，不就。見《世説新語文學》。本志史、子部尚有三部顧夷之作。《周易雜論》：不署撰者。

《周易義》一卷。宋陳令范歆撰。

范歆：生平事迹不詳。兩《唐志》無載，亡佚。

《周易玄品》二卷。

不署撰者。《册府元龜·注釋》稱“干寶又撰《周易玄品》二卷”，不知何據？本志子部“五行類”著録此書，亦不署撰者，疑即此書。

《周易論》十卷。齊中書郎周顒撰。梁有三十卷，亡。

周顒（yóng）：字彦倫，汝南安成（今河南汝南縣東南）人。初仕宋，入齊，歷中書郎、國子博士兼著作，卒官。兼善《老》《易》。《南齊書》卷四一、《南史》卷三四有傳。本志集部尚有其一部著述。兩《唐志》無載，亡佚。

《周易論》四卷。范氏撰。

范氏：《補晋書藝文志》據《晋書·范宣傳》，以爲《周易論》爲范宣撰，范氏即指范宣。兩《唐志》著録此書范氏撰，《宋志》無載，亡佚。

《周易統例》十卷。崔覲撰。

兩《唐志》無載，亡佚。

《周易爻義》一卷。干寶撰。

兩《唐志》有著録，《宋志》無載，亡佚。

《周易乾坤義》一卷。齊步兵校尉劉瓛撰。梁又有齊臨沂令李玉之、梁釋法通等《乾坤義》各一卷，亡。

劉瓛（huán）：字子珪，沛國相（今安徽濉溪縣）人。博通五經，聚徒教授。入齊，除步兵校尉，不就。《南齊書》卷三九、《南史》卷五〇有傳。本志經、集部尚有其五部著述。此書兩《唐志》著録《周易乾坤義疏》一卷，《宋志》無載，亡佚。清孫堂、黄奭、馬國翰、王仁俊有劉著輯本，然難以確定其出自哪一書。李玉之：據《南齊書》卷五一載，李玉之被崔慧景收殺之。崔慧景敗死，追贈李玉之給事中。本志經部尚有其一部著述。釋法通：本姓褚，河南陽翟（今河南禹州市）人。十二歲出家，踐跡京城，止定林上寺，晦跡鍾山三十餘載。見《高僧傳》。此二人所撰《乾坤義》，兩《唐志》皆無載，亡佚。

《周易大義》二十一卷。梁武帝撰。

兩《唐志》著録《周易大義》二十卷，《宋志》無載，亡佚。

《周易幾義》一卷。梁南平王撰。梁有《周易疑通》五卷，宋中散大夫何諲之撰；《周易四德例》一卷，劉瓛撰。亡。

南平王：蕭偉，字文達，梁文帝第八子。少好學，趨賢重士。天監七年，改封南平郡王。中大通四年，遷中書令、大司馬。卒，謚元襄。《梁書》卷二二、《南史》卷五二有傳。《舊唐志》著録《周易發題義》一卷、《周易幾義》一卷蕭偉撰。《新唐志》著録蕭偉《發義》一卷，又《幾義》一卷。《宋志》無載，亡佚。何諲（yīn）之：《南齊書·輿服志》稱，太常丞何諲之議服章事。《周易疑通》，兩《唐志》無載，亡佚。《周易四德例》：兩《唐志》無載，亡佚。

《周易大義》一卷。有《周易錯》八卷，京房撰；《周易日月變例》六卷，虞翻、陸績撰；《周易卦象數旨》六卷，東晋樂安亭侯李顒撰；《周易爻》一卷，馬楷撰。亡。

不署撰者，兩《唐志》無載，亡佚。本志子部“五行類”著録《周易錯卦》七卷，京房撰，疑即此書。李顒：江夏（今湖北武漢市武昌區）人，多所述作，郡舉孝廉。附《晋書·李充傳》。本志經、集部尚有其三部著述。馬楷：不詳何人。

《周易大義》二卷。陸德明撰。

參見前注《周易并注音》。

《周易釋序義》三卷。

不署撰者。兩《唐志》有著録，並署“梁蕃撰”。《宋志》無載，亡佚。

《周易開題義》十卷。梁蕃撰。

梁蕃：不詳何人。《舊唐志》著録《周易開題論序疏》十卷，不署撰者；《新唐志》著録梁蕃《開題論序疏》十卷；《宋志》無載，亡佚。

《周易問》二十卷。

不署撰者。姚振宗根據《梁書·武帝本紀》記載，認爲此書是武帝解答群臣質疑的文字，因由臣下所録，故不署名。而朱彝尊、全祖望則以爲此書與著録於《新唐志》子部“五行類”的《周易問》十卷爲一書。此書《宋志》無載，亡佚。

《周易義疏》十九卷。宋明帝集群臣講。梁又有《國子講易議》六卷；《宋明帝集群臣講易義疏》二十卷；《齊永明國學講周易講疏》二十六卷；又《周易義》三卷，沈林撰。亡。

宋明帝：劉彧，字休炳，文帝第十一子。好讀書，有著述行於世。《宋書》卷八、《魏書》卷七九、《南史》卷三有傳。本志經、史、子、集部尚著録其五部著述。兩《唐志》著録宋明帝注《周易義疏》二十卷，《宋志》無載，亡佚。《國子講易議》：不署撰者，疑爲宋國學所講，與下列齊國學所講相類。兩《唐志》無載，亡佚。《宋明帝集群臣講易義疏》：不署撰者，然兩《唐志》則著録張該等注《群臣講易疏》二十卷。張該：事迹不詳。《宋志》無載，亡佚。《齊永明國學講周易講疏》：不署撰者。據《南齊書》之《武帝本紀》《禮志》記載，此書當於國學講誦之作，兩《唐志》無載，亡佚。沈林：不詳何人，姚振宗疑此爲沈洙之誤，可參見《南史》卷七一。兩《唐志》無載，亡佚。

《周易講疏》三十五卷。梁武帝撰。

此書《舊唐志》有著録，《新唐志》無著録，而兩《唐志》又著録梁武帝《周易大義》《周易大義疑問》。此書《宋志》無載，亡佚。

《周易講疏》十六卷。梁五經博士褚仲都撰。

褚仲都：吴郡錢唐（今浙江杭州市）人。善《周易》，爲當時之最。天監中，歷官五經博士。見《梁書》卷四七。本志經部尚有其一部著述。兩《唐志》有著録，《宋志》無載，亡佚。清黄奭、馬國翰有輯本。

《周易義疏》十四卷。梁都官尚書蕭子政撰。

《周易繫辭義疏》三卷。蕭子政撰。

蕭子政：生平事迹不詳，《顔氏家訓·勉學》稱蕭子政兼通文史，不徒講說也。本志經部尚有其二部著述。兩《唐志》著録《周易義疏》十四卷，《新唐志》還著録《繫辭義》二卷。《宋志》均無載，亡佚。

《周易講疏》三十卷。陳諮議參軍張譏撰。

張譏：字直言，清河武城（山東武城市西）人。陳後主時，領南平王諮議參軍。講《周易》《老》《莊》，並多著述。入隋，終於長安，卒年七十六。《陳書》卷三三、《南史》卷七一有傳。本志經、子部尚著録其二部著述。兩《唐志》有著録，《宋志》無載，亡佚。

《周易文句義》二十卷。梁有《擬周易義疏》十三卷。

不署撰者。據兩《唐志》著録梁蕃撰《周易文句義疏》二十卷，可以推測與此書爲一書，爲梁蕃所撰。《擬周易義疏》：不署撰者。嚴可均謂此即前所著録之范氏所撰《擬周易説》八卷。姑備一説。

《周易義疏》十六卷。陳尚書右僕射周弘正撰。

周弘正：字思行，汝南安成（今河南汝南縣東南）人。於梁，講《周易》。陳太建五年，授尚書右僕射、祭酒。著《周易講疏》《論語疏》等，並行於世。《陳書》卷二四、《南史》卷三四有傳。本志經、子、集部尚著録其三部著述。兩《唐志》無載，亡佚。

《周易私記》二十卷。

不署撰者。兩《唐志》無載，亡佚。

《周易講疏》十三卷。國子祭酒何妥撰。

何妥：字棲鳳，西城（今陝西安康市西北）人。北周時，任太子博士。入隋，進爵爲公，後爲國子祭酒。撰《周易講疏》《孝經講疏》《樂要》等，並行於世。《隋書》卷七五、《北史》卷七〇有傳。本志經、子、集部尚著録其四部著述。兩《唐志》有著録，《宋志》無載，亡佚。

《周易繫辭義疏》二卷。劉瓛撰。

兩《唐志》有著録，《宋志》無載，亡佚。

《周易繫辭義疏》一卷。梁武帝撰。

兩《唐志》無載，亡佚。

《周易繫辭義疏》二卷。蕭子政撰。梁有《周易乾坤三象》《周易新圖》各一卷；又《周易普玄圖》八卷，薛景和撰；《周易大演通統》一卷，顔氏撰。

此前已著録蕭子政《周易繫辭義疏》三卷，雖與此書卷數不同，但仍可能是一書重出。《周易乾坤三象》及《周易新圖》：不署撰者。可能是有關《周易》的圖。兩《唐志》無載，亡佚。薛景和：生平事迹不詳，所撰圖，兩《唐志》無載，亡佚。顔氏：不詳何人。所撰書兩《唐志》無載，亡佚。

《周易譜》一卷。

不署撰者。《舊唐志》著録《周易略譜》一卷，沈熊撰；《周易譜》一卷，袁宏撰。《新唐志》著録袁宏《略譜》一卷，沈熊《周易譜》一卷。此書的撰者或是沈熊，或是袁宏。《宋志》無載，亡佚。

右六十九部，五百五十一卷。通計亡書，合九十四部，八百二十九卷。

六十九部：實爲七十部。九十四部：存書七十部，亡書實爲三十七部，故爲九十七部。

昔宓羲氏始畫八卦，[1]以通神明之德，[2]以類萬物之情，蓋因而重之，[3]爲六十四卦。[4]及乎三代，實爲三《易》：夏曰《連山》；[5]殷曰《歸藏》；周文王作卦辭，[6]謂之《周易》。周公又作《爻辭》，[7]孔子爲《彖》《象》《繫辭》《文言》《序卦》《説卦》《雜卦》，[8]而子夏爲之傳。及秦焚書，《周易》獨以卜筮得存，唯失《説卦》三篇。[9]後河内女子得之。漢初，傳《易》者有田何，[10]何授丁寬，[11]寬授田王孫，[12]王孫授沛人施讎、[13]東海孟喜、琅邪梁丘賀。[14]由是有施、孟、梁丘之學。又有東郡京房，自云受《易》於梁國焦延壽，[15]别爲京氏學。嘗立，後罷。後漢施、孟、梁丘、京氏，凡四家並立，而傳者甚衆。漢初又有東萊費直傳《易》，其本皆古字，號曰《古文易》。以授琅邪王璜，[16]璜授沛人高相，[17]相以授子康及蘭陵毋將永。[18]故有費氏之學，行於人間，而未得立。後漢陳元、[19]鄭衆，[20]皆傳費氏之學。馬融又爲其傳，以授鄭玄。玄作《易注》，荀爽又作《易傳》。魏代王肅、王弼，並爲之注。自是費氏大興，高氏遂衰。梁丘、施氏、高氏，亡於西晋。孟氏、京氏有書無師。梁、陳鄭玄、王弼二注，列於國學。齊代唯傳鄭義。至隋，王注盛行，鄭學浸微，今殆絶矣。《歸藏》，漢初已亡，案晋《中經》有之，唯載卜筮，不似聖人之旨。以本卦尚存，故取貫於《周易》之首，以備《殷易》之缺。

[1]宓羲：又作包犧，風姓，古代傳説中的三皇之一，相傳其始作八卦。八卦，是《易》中的八種符號，由陰（--）陽（—）兩種綫形組成，陰陽是八卦的根本。八卦即乾（天）、震（雷）、兑（澤）、離（火）、巽（風）、坎（水）、艮（山）、坤（地）。

[2]以通神明之德：此句與下句“以類萬物之情”，出於《易·繫辭下》。類，類别。情，情狀。

[3]蓋因而重之：重卦爲何人，説法不一。此以爲重卦之人爲

宓羲。參見《周易正義》卷首。

[4]六十四卦：將《易》之八卦，兩兩重複排列爲六十四卦。《易上經》有三十卦，《易下經》有三十四卦。

[5]夏：三代之一。相傳由禹建立，建都安邑。連山，夏《易》爲《連山》，《漢志》《隋志》皆無著録。《周禮·春官·大卜》杜子春注"《連山》伏羲，《歸藏》黄帝"。其疏曰"雲氣出内於山，故名《易》爲《連山》"。

[6]周文王：姬昌，武王父。殷時居岐，一度被囚羑里。獲釋後，爲西方諸侯之長，稱西伯。見《史記》卷四。卦辭，説明六十四卦每卦要義的筮辭，即各卦卦形、卦名後的文辭。

[7]周公：姬旦，文王子。輔助武王滅紂，建立周王朝，封於魯。武王死，成王年幼，周公攝政。見《史記》卷三三。爻辭，説明《易》六十四卦各爻象的文辭。關於爻辭的作者，或曰周文王，或曰周公。本志采後者。

[8]彖象繫辭文言序卦説卦雜卦：即孔子所作十翼，其間《彖》《象》《繫辭》分上下二篇，凡十篇。《史記·孔子世家》首稱十翼爲孔子作，然經後人考證，十翼作者不是一人，大致作於戰國中後期至漢初。

[9]説卦三篇：還應包括《序卦》《雜卦》。王充《論衡·正説》"孝宣帝之時，河内女子發老屋，得逸《易》《禮》《尚書》各一篇，奏之"。《淮南子》曾引《序卦》，司馬遷言及《説卦》，近年馬王堆出土帛書《易》，其中的《繫辭》包括一段《説卦》的内容。由此可以認爲，王充言《易》增加一篇可信，這一篇即是《雜卦》。參見楊伯峻《周易譯注前言》。

[10]田何：淄川（今山東淄博市）人。漢興，由齊徙杜陵，號杜田生。事見《漢書》卷八八。

[11]丁寬：字子襄，梁（今河南虞縣、安徽碭山等地）人。從師田何，又從周王孫受古義。作《易説》。《漢書》卷八八有傳。

[12]田王孫：梁郡碭（今安徽碭山縣）人。從師丁寬學

《易》。事見《漢書》卷八八。

［13］施讎：字長卿，沛（今江蘇沛縣）人。從田王孫受《易》。詔拜博士。《漢書》卷八八有傳。

［14］梁丘賀：字長翁，琅邪諸（今山東諸城市西南）人。初從京房受《易》，後更事田王孫。官至給事中、少府。《漢書》卷八八有傳。

［15］焦延壽：梁人。曾言從孟喜問《易》，然業内人士並不認爲其傳孟氏學。事見《漢書》卷八八。京房從其學，托之孟氏，却自樹一幟。

［16］王璜：字平中，琅邪人。能傳費氏學。事見《漢書》卷八八。

［17］高相：沛人。專説陰陽災異，自言出於丁寬。《漢書》卷八八有傳。

［18］高康：高相子，以明《易》爲郎。由是《易》有高氏學。毌將永，蘭陵（今山東棗莊市）人，官至豫章都尉。

［19］陳元：字長孫，蒼梧廣信（今廣西蒼梧縣）人。少傳父業，習《左氏春秋》。建武初，力主立《左氏傳》博士。後辟司徒歐陽歙府，以病歸家。《後漢書》卷三六有傳。

［20］鄭衆：字仲師，河南開封人。精力於學，從父受《左氏春秋》，兼通《易》《詩》。永平八年，持節使匈奴，不爲所屈。建初六年爲大司農。《後漢書》卷三六有傳。

《古文尚書》十三卷。漢臨淮太守孔安國傳。

孔安國：孔子十一代孫。漢武帝時博士，官至臨淮太守。以今文讀古文《尚書》，又起其家逸《書》，因遭巫蠱，未立於學官。司馬遷曾從安國問學。事見《史記》卷四七、《漢書》卷八八。尚書，古代史官記君主之言，而形成書。至漢代《尚書》成爲其專名。其内容包括典、謨、訓、誥、誓、命六種體裁。其時代上限斷自唐虞（約前2375），下限届至秦穆公（前659—前620）。相傳孔子曾對其進行了删減整理。漢興，有伏生傳之《今文尚書》和孔壁所藏《古文尚書》。《古文尚書》用秦小篆以前的文字寫成，武帝時，發現於孔子舊宅壁中。孔安國將其與伏生所傳二十九篇校對，增多了十六篇（一説二十四篇，其中《九共》又分爲九篇），二十四篇和伏生所傳的三十四篇（原二十九篇中的《盤庚》《泰誓》，都分上、中、下三篇。又從《顧命》中分出《康王之誥》一篇）並爲五十八篇，四十六卷。而且用漢隸改寫過，上於朝廷。成帝時，張霸離析二十九篇成百篇，又將各篇前的序言合編成兩篇，即成《百兩篇》獻與朝廷。當局很快即發現這是張霸的僞作，並予以廢黜。但所載百篇《書序》却流傳並盛行，西漢末年已得到學者認可，東漢就被説成是孔子所作，馬融、鄭玄對此説亦持肯定態度。《古文尚書》在西漢未立學官，東漢又無師説，馬融、鄭玄有關著述亦未提及十六逸篇，疑四十六卷之《古文尚書》亡於魏晋間。東晋元帝時，豫章太守梅賾奏上孔安國作傳的《古文尚書》，它比伏生所傳《尚書》增多了二十五篇，又從伏生所傳諸篇中分出五篇，再加上孔安國撰《書序》一篇，共五十九篇，爲四十六卷。陸德明《經典釋文叙録》稱梅賾所上《古文尚書》亡《舜典》一篇，取王肅注《堯典》從慎徽五典以下，分爲《舜典》篇以續之。後范甯變爲今文集注。齊明帝時，吴興姚方興采馬、王之注，造《孔傳舜典》一篇。唐初，孔穎達領銜作《尚書正義》二十卷、陸德明作《經典釋文叙録》皆以此爲底本。今通行的《尚書正義》十三經注疏本、四部叢刊本，就是在此本上作疏，不計孔安國《書序》，共五十八篇，各篇附百篇《書序》及孔安國的《尚書傳》。此書不再單行。本志與《經典釋文叙録》皆著録此書十三卷。宋代吴域、朱熹即懷疑梅賾所獻《古文尚書》和孔安國傳的真實性。清代閻若璩、崔述等直指其僞，基本定案。然而二十世紀出土的簡帛有引用《古文尚書》和《逸周書》的情況，動摇了《古文尚書》即僞書的觀點，對其還須進一步深入研究。

《今字尚書》十四卷。孔安國傳。

此書是晋范甯將隸古定本的僞古文《尚書》用當時的楷書改寫的，並作了注。見劉起釪《尚書學史》第 182 頁。

《尚書》十一卷。

《後漢書·儒林傳》“扶風杜林傳《古文尚書》，林同郡賈逵爲之作訓，馬融作傳”。此傳當即此書。《經典釋文叙録》著録十一卷，兩《唐志》著録十卷，《宋志》無載，亡佚。清王謨、馬國翰有輯本。

《尚書》九卷。鄭玄注。

《後漢書·儒林傳》曰“鄭玄注解，由是《古文尚書》遂顯於世”。《經典釋文叙録》、兩《唐志》皆有著録。《宋志》無載，亡佚。有宋王應麟輯、清孔廣林增訂本，有王應麟輯、清孫星衍補輯本，又有清黄奭、袁鈞輯本。

《尚書》十一卷。王肅注。

《經典釋文叙録》曰“王肅亦注今文，而解大與古文相類。或肅私見《孔傳》而祕之乎”。《日本國見在書目録》著録《今文尚書》十卷，王肅注。兩《唐志》著録十卷，《宋志》無載，亡佚。清有馬國翰、王仁俊輯本。

《尚書》十五卷。晋祠部郎謝沈撰。

謝沈：字行思，會稽山陰（今浙江紹興市）人。博學多識，明練經史。康帝時，除尚書度支郎，遷著作郎。《晋書》卷八二有傳。本志經、史、集部尚有其五部著述。此書《經典釋文叙録》著録十五卷，兩《唐志》著録十三卷，《宋志》無載，亡佚。

《集解尚書》十一卷。李顒注。

《經典釋文叙録》、兩《唐志》皆著録十卷，《宋志》無載，亡佚。清王仁俊有輯本。

《集釋尚書》十一卷。宋給事中姜道盛注。

姜道盛：天水（今甘肅天水市）人。任晋壽太守討仇池有功，又稱建武將軍。其注《尚書》行於世。見《宋書》卷四七及卷九八、《經典釋文叙録》。《經典釋文叙録》、兩《唐志》皆著録十卷，《宋志》無載，亡佚。

《古文尚書舜典》一卷。晋豫章太守范甯注。梁有《尚書》十卷，范甯注，亡。

范甯：字武子，南陽順陽（今河南淅川縣南）人。初爲餘杭令，遷臨淮太守，封陽遂鄉侯。作《春秋穀梁傳集解》。《晋書》卷七五有傳。本志經、集部尚有其二部著述。范甯爲僞《古文尚書》作注十卷，至唐初亡，唯傳其所注《舜典》一卷。《經典釋文叙録》稱俗間把范甯注的《舜典》補入僞《孔氏傳》中。然齊明帝時，姚方興采王肅、馬融注造《孔傳舜典》。後《孔氏傳》爲正，《舜典》一篇仍用王肅注，故此書亡佚。見《尚書學史》第182頁。清馬國翰輯《古文尚書舜典注》一卷，王仁俊輯《書范氏集解》一卷。

《尚書亡篇序》一卷。梁五經博士劉叔嗣注。梁有《尚書》二十一卷，劉叔嗣注；又有《尚書新集序》一卷，亡。

劉叔嗣：生平事迹不詳。兩《唐志》皆無載，亡佚。

《尚書逸篇》二卷。

不署撰者。本志書類序曰《尚書逸篇》，出於齊、梁之間。《新唐志》著録晋、宋間人徐邈注《尚書逸篇》三卷。

《古文尚書音》一卷。徐邈撰。梁有《尚書音》五卷，孔安國、鄭玄、李軌、徐邈等撰。

《經典釋文叙録》言梅賾上僞孔傳《古文尚書》，徐邈即音此本。兩《唐志》無載，亡佚。清馬國翰有輯本。《尚書音》五卷的四位撰者處於不同時代，而《經典釋文叙録》又曰，“漢人不作音”。疑此書爲後人編輯。兩《唐志》無載，亡佚。

《今文尚書音》一卷。秘書學士顧彪撰。

顧彪：字仲文，餘杭（今浙江杭州市）人。明《尚書》《春秋》。隋煬帝時爲五經博士，撰《古文尚書義疏》，行於世。《隋書》卷七五、《北史》卷八二有傳。本志本部尚有其三部著述。兩《唐志》著録《古文尚書音義》五卷。下又著録《大傳音》二卷，而《大傳》當指今文，故此處應爲《古文尚書音》。《宋志》無載，亡佚。

《尚書大傳》三卷。鄭玄注。

此書《漢志》著録《傳》四十一篇。《經典釋文叙録》著録《尚書大傳》三卷，伏生作。此書（《中興館閣書目》稱鄭玄將四十一篇析爲八十三篇）。《舊唐志》著録《尚書暢訓》三卷，伏勝注。《新唐志》著録伏勝注《大傳》三卷，又《暢訓》一卷。《宋志》著録伏勝《大傳》三卷，鄭玄注。《郡齋讀書志》卷一有著録。清《四庫全書總目》卷一二著録《尚書大傳》四卷，鄭玄注，《補遺》一卷，惠棟撰。稱此書“實則張生、歐陽生等所述，特源出於勝，而非勝自撰也”。此書今流傳有杭州本三卷、揚州本四卷，而《書目答問》則著録《尚書大傳》定本八卷。此書現存較好的本子有清惠棟紅豆齋抄本、雅雨堂叢書本。

《大傳音》二卷。顧彪撰。

此應是顧彪所作《今文尚書音》。

《尚書洪範五行傳論》十一卷。漢光禄大夫劉向注。

《漢書·劉向傳》載，劉向以《洪範五行傳論》，奏之。本志本類序曰“濟南伏生之傳，唯劉向父子所著《五行傳》，是其本法，而又多乖戾”。《漢志》著録劉向《五行傳記》十一卷，班固自注曰“入劉向《稽疑》一篇”。兩《唐志》有著録，《宋志》無載，亡佚。清王謨、黄奭、陳壽祺有輯本。

《尚書駁議》五卷。王肅撰。梁有《尚書義問》三卷，鄭玄、王肅及晋五經博士孔晁撰；《尚書釋問》四卷，魏侍中王粲撰；《尚書王氏傳問》二卷；《尚書義》二卷，吴太尉范順問，劉毅答。亡。

兩《唐志》著録《尚書釋駁》五卷，王肅撰。《宋志》無載，亡佚。《舊唐志》著録《尚書答問》三卷，王肅注；《新唐志》著録王肅、孔安國《尚書答問》三卷。疑孔安國爲孔晁之誤，孔晁：生平事迹不詳。王粲：字仲宣，山陽高平（今山東金鄉縣）人。漢末投劉表，魏時拜侍中。博物多識，著詩、賦、論、議多篇。《三國志》卷二一有傳。本志史、子、集部尚有其三部著述。兩《唐志》著録《尚書釋問》四卷，王粲問，田瓊、韓益正。《尚書王氏傳問》：不署撰者。范順：《三國志·孫登傳》載，范慎爲太子孫登賓客。裴注引《吴録》“慎字孝敬，廣陵人……以爲太尉”。順、慎古通用，此范順即《孫登傳》言之范慎。劉毅：生平事迹不詳。

《尚書新釋》二卷。李顒撰。

兩《唐志》有著録，《宋志》無載，亡佚。

《尚書百問》一卷。齊太學博士顧歡撰。

顧歡：字景怡，一字玄平，吴郡鹽官（今浙江海寧市）人。事黄老道，能解陰陽，注王弼《易·繫辭》，學者傳之。《南齊書》卷五四、《南史》卷七五有傳。本志經、子、集部尚有其五部著述。兩《唐志》有著録，《宋志》無載，亡佚。

《尚書大義》二十卷。梁武帝撰。

《南史·劉之遴傳》稱《尚書》有武帝義疏。兩《唐志》無載，亡佚。

《尚書百釋》三卷。梁國子助教巢猗撰。

巢猗：生平事迹不詳。《日本國見在書目録》、兩《唐志》有著録，《宋志》無載，亡佚。

《尚書義》三卷。巢猗撰。

兩《唐志》著録《尚書義疏》十卷，巢猗撰。《宋志》無載，亡佚。

《尚書義疏》十卷。梁國子助教費甝撰。梁有《尚書義疏》四卷，晋樂安王友伊説撰，亡。

費甝（hán）：江夏（今湖北武漢市）人。北齊儒士罕傳《尚書》，武平末年，劉焯、劉炫始獲費甝《義疏》。見《北史·儒林傳序》《經典釋文叙録》。《日本國見在書目録》、兩《唐志》有著録，《宋志》無載，亡佚。晋樂安王：司馬鑒，字大明，司馬昭之子。武帝爲其高選師友，伊説當爲其一。伊説：生平事迹不詳。本志經部尚有一部伊説之作。兩《唐志》著録伊説《尚書釋義》四卷，《宋志》無載，亡佚。

《尚書義疏》三十卷。蕭詧司徒蔡大寶撰。

蔡大寶：字敬位，濟陽考城（今河南蘭考縣）人。輔蕭詧，徵爲侍中、尚書令。蕭巋嗣位，授司空等職。卒，贈司徒，謚曰文凱。所著《尚書義疏》行於世。《周書》卷四八、《北史》卷九三有傳。兩《唐志》有著録，《宋志》無載，亡佚。

《尚書義注》三卷。吕文優撰。

吕文優：生平事迹不詳。兩《唐志》有著録，《宋志》無載，亡佚。

《尚書義疏》七卷。

不署撰者。《舊唐志》著録劉焯撰《尚書義疏》二十卷、《新唐志》著録劉焯《尚書義疏》三十卷，疑此書是爲劉焯所著之殘本。

《尚書述義》二十卷。國子助教劉炫撰。

劉炫：字光伯，河間景城（今河北滄州市）人。隋牛弘求天下書，劉炫僞造書百餘卷，上呈。後有人訟之，除名歸家，以教授爲務。隋末，凍餓而死，時年六十八。《隋書》卷七五、《北史》卷八二有傳。本志本部尚有其五部著述。兩《唐志》有著録，《宋志》無載，亡佚。

《尚書疏》二十卷。顧彪撰。

兩《唐志》無載，亡佚。

《尚書閏義》一卷。

不署撰者。兩《唐志》無載，亡佚。

《尚書義》三卷。劉先生撰。

劉先生：缺名，不知何人。兩《唐志》無載，亡佚。

《尚書釋問》一卷。虞氏撰。

虞氏：缺名，不詳何人。兩《唐志》無載，亡佚。

《尚書文外義》一卷。顧彪撰。

此書《舊唐志》著録爲三十卷，《新唐志》著録爲一卷。《宋志》無載，亡佚。

右三十二部，二百四十七卷。通計亡書，合四十一部，共二百九十六卷。

《書》之所興，蓋與文字俱起。孔子觀《書》周室，得虞、夏、商、周四代之典，[1]删其善者，上自虞，下至周，爲百篇，編而序之。遭秦滅學，至漢，唯濟南伏生口傳二十八篇。[2]又河内女子得《泰誓》一篇，獻之。伏生作《尚書傳》四十一篇，[3]以授同郡張生，[4]張生授千乘歐陽生，[5]歐陽生授同郡兒寬，[6]寬授歐陽生之子，世世傳之，至曾孫歐陽高，[7]謂之《尚書》歐陽之學。又有夏侯都尉，[8]受業於張生，以授族子始昌，[9]始昌傳族子勝，[10]爲大夏侯之學。勝傳從子建，[11]别爲小夏侯之學。故有歐陽，大、小夏侯，三家並立。訖漢東京，相傳不絶，而歐陽最盛。初漢武帝時，魯恭王壞孔子舊宅，[12]得其末孫惠所藏之書，[13]字皆古文。孔安國以今文校之，得二十五篇。[14]其《泰誓》與河内女子所獻不同。又濟南伏生所誦，有五篇相合。[15]安國並依古文，開其篇第，以隸古字寫之，[16]合成五十八篇。其餘篇簡錯亂，不可復讀，並送之官府。安國又爲五十八篇作傳，[17]會巫蠱事起，[18]不得奏上，私傳其業於都尉朝，[19]朝授膠東庸生，[20]謂之《尚書》古文之學，而未得立。後漢扶風杜林，[21]傳《古文尚書》，同郡賈逵爲之作訓，馬融作傳，鄭玄亦爲之注。然其所傳，唯二十九篇，又雜以今文，非孔舊本。[22]自餘絶無師説。

［1］虞：此指虞舜。姚姓，有虞氏，名重華。由四岳舉薦於堯，年五十攝行天下大事，天下大治。年六十一繼堯位，都於蒲阪，在位三十九年，南巡，死於蒼梧之野。見《史記·五帝本紀》。

［2］伏生：或曰名勝，濟南（今山東濟南市）人。秦博士，秦時禁《書》，伏生壁藏之。漢興，獨得二十九篇，教於齊、魯間。本書卷八八有傳。

［3］四十一篇：《漢志》有著録，《經典釋文叙録》稱《尚書大傳》三卷，伏生作。本志著録《尚書大傳》三卷，鄭玄注。

［4］張生：濟南人，從伏生受《尚書》，爲博士。事見《漢書·儒林傳》。

［5］歐陽生：字伯和，千乘（今山東高青縣）人，事伏生，授倪寬。見《漢書·儒林傳》

［6］兒（ní）寬：治《尚書》，事歐陽生。又受業孔安國，與司馬遷等共定漢《太初曆》。至御史大夫，以官卒。《漢書》卷五八有傳。

［7］歐陽高：字子陽，爲博士。其後人爲王莽講學大夫，由是《尚書》世有歐陽之學。事見《漢書·儒林傳》。

[8]夏侯都尉：缺名，從張生受《尚書》，授於族子始昌。

[9]夏侯始昌：魯人。通五經，以《齊詩》《尚書》教授。深得漢武帝器重，爲昌邑王太傅。《漢書》卷七五有傳。

[10]勝：夏侯勝字長公。從始昌受《尚書》及《洪範五行傳》。宣帝朝，爲太子太傅。受詔撰《尚書》《論語》説。爲大夏侯之學。《漢書》卷七五有傳。

[11]夏侯建：字長卿，勝從父子。師事勝及歐陽高，爲小夏侯之學。官至太子太傅。《漢書》卷七五有傳。

[12]魯恭王：劉餘，漢景帝子。治宫室壞孔子舊宅，於其壁中得古文經傳。《漢書》卷五三有傳。

[13]惠：孔子第九代孫孔惠，《孔子家語》作孔騰，字子襄。畏秦法峻急，藏《尚書》《孝經》《論語》於夫子舊堂壁中。或曰諸書爲其兄弟孔鮒所藏。

[14]得二十五篇：《漢志》作“多十六篇”，此指《逸書》。此作二十五篇，疑爲牽合僞《古文尚書》的篇數。

[15]有五篇相合：《經典釋文敘録》作“又伏生誤合五篇”。據《文選》卷四五孔安國《尚書序》“伏生又以《舜典》合於《堯典》，《益稷》合於《皋陶謨》，《盤庚》三篇合爲一，《康王之誥》合於《顧命》，復出此篇並序，凡五十九篇”。

[16]以隸古字寫之：即以隸書寫定古文。

[17]又爲五十八篇作傳：孔安國爲《古文尚書》作傳，未見漢代記載，而《經典釋文敘録》與《史通》有載。有關記載稱，孔安國所傳乃今文《尚書》，但他又以今文解讀古文《尚書》，使其得以流傳。

[18]巫蠱：巫師使用邪術加禍於人爲巫蠱。此指漢武帝病，江充以巫蠱陷害太子劉據事。

[19]都尉朝：姓都尉，名朝。《漢書·儒林傳》稱，孔安國爲諫大夫，授都尉朝《古文尚書》。

[20]庸生：膠東（今山東平度市）人。從都尉朝受《古文尚

書》。以明《穀梁春秋》爲博士、部刺史，又傳《左氏》。見《漢書》卷八八。

[21]杜林：字伯山，扶風茂陵（今陝西興平市）人。博洽多聞，時稱通儒。於西州獲漆書《古文尚書》一卷，得衛宏、徐益重之，《古文尚書》遂行。官至大司空。《後漢書》卷二七有傳。本志經部有其著述一部。

[22]非孔舊本：杜林所得漆書僅一卷，而杜林本却有二十九篇。孔舊本比今文《尚書》多十六篇《逸書》，此杜本則無，故杜林本不是西漢以來流傳的孔氏《古文尚書》。參見《尚書學史》第129頁。

晋世祕府所存，有《古文尚書》經文，今無有傳者。及永嘉之亂，[1]歐陽，大、小夏侯《尚書》並亡。濟南伏生之傳，唯劉向父子所著《五行傳》，是其本法，[2]而又多乖戾。至東晋，豫章内史梅賾，[3]始得安國之傳，奏之，時又闕《舜典》一篇。齊建武中，[4]吴姚方興，[5]於大桁市得其書，[6]奏上，比馬、鄭所注，多二十八字，[7]於是始列國學。梁、陳所講，有孔、鄭二家，齊代唯傳鄭義。至隋，孔、鄭並行，而鄭氏甚微。自餘所存，無復師説。又有《尚書逸篇》，出於齊、梁之間，考其篇目，似孔壁中書之殘缺者，故附《尚書》之末。

[1]永嘉：晋懷帝司馬熾年號（307—313）。

[2]是其本法：以其原法則爲是。

[3]梅賾：字仲真，汝南（今湖北武漢市）人。造僞孔氏《古文尚書傳》。見《經典釋文叙録》。

[4]建武：齊明帝蕭鸞年號（494—498）。

［5］姚方興：吴興（今浙江湖州市）人。采馬、王之注，僞造一篇孔傳《舜典》，稱購自大航。見《經典釋文叙録》。

［6］大航（héng）：疑爲地名。

［7］多二十八字：即“曰若稽古帝舜曰重華協於帝濬哲文明温恭允塞玄德升聞乃命以位”，對於前十二字，《尚書正義》曰“此十二字是姚方興所上，《孔氏傳》本無”。後十六字，清臧琳、王鳴盛等論定爲劉炫所加。參見《尚書學史》第182頁。

《韓詩》二十二卷。漢常山太傅韓嬰，薛氏章句。

《詩經》是中國最早的詩歌總集。由孔子删定，卜商爲序。漢代經、傳别行。十五國風十五卷，小雅七十四篇爲七卷，大雅三十一篇爲三卷，周頌三十一篇爲三卷，魯、商頌各爲一卷，共三十卷。1977年安徽阜陽雙古堆一號漢墓出土170枚《詩經》簡片，有國風、小雅兩種。國風衹有《檜風》未見，計有殘詩65首（有的僅存篇名）。小雅衹有《鹿鳴之什》中四首詩的殘句，與近本《毛詩》多有不同。《漢書·儒林傳》“言《詩》，於魯則申培公，於齊則轅固生，燕則韓太傅”。韓嬰：又稱韓生，燕（今河北境内）人。景帝朝爲常山王太傅。推《詩》之意而爲《内》《外傳》數萬言。《史記》卷一二一有傳，又見《漢書》卷七一。本志經部尚有一部韓嬰著述。《漢志》著録《韓故》三十六卷、《韓内傳》四卷、《韓外傳》六卷、《韓説》四十一卷，皆無撰者。除《韓外傳》外，書名和卷數皆與此書不同，難以確定它們之間的承接關係。薛氏：《後漢書》卷七九下有記載，薛漢字公子，淮陽人也。世習《韓詩》，父子以章句著名。後坐楚事辭相連，下獄死。又載，杜撫字叔和，少有高才，受業於薛漢，定《韓詩章句》。可以推測薛氏即爲薛漢，其所撰《章句》由弟子杜撫最後完成。《舊唐志》著録《韓詩》二十卷，卜商序，韓嬰撰。《新唐志》著録《韓詩》卜商序，韓嬰注二十二卷。《宋志》無載，亡佚。宋王應麟，清王謨、黄奭、蔣曰豫、馬國翰、阮元、嚴可均，近代龍璋有輯本。

《韓詩翼要》十卷。漢侯苞傳。

侯苞：《漢書·揚雄傳》載，鉅鹿侯芭從揚雄居，揚雄死後，爲其起墳，喪之三年。本志子部著録漢侯苞注《揚子法言》六卷。"芭""苞"形近、義近，疑侯芭即侯苞。《舊唐志》著録《韓詩翼要》十卷，卜商撰。韓詩起自漢，卜商是先秦人，不可能作有關韓詩的著述。《新唐志》著録卜商《集序》二卷，又《翼要》十卷，雖然錯誤不似《舊唐志》明顯，但也難認定卜商有《翼要》之作。此書《宋志》無載，亡佚。清王謨、馬國翰、王仁俊有輯本。

《韓詩外傳》十卷。梁有《韓詩譜》二卷，《詩神泉》一卷，漢有道徵士趙曄撰，亡。

《漢志》著録《韓外傳》六卷，本志作十卷，蓋後人所分。《四庫全書總目》卷一六言，其書雜引古事古語，證以詩詞，與經義不相比附。章學誠《校讎通義·内篇》稱，其記春秋時事，與《詩》意相去甚遠。故曰《外傳》。考《文選》注、《藝文類聚》、《太平御覽》等引《外傳》文，今本無，疑今傳本此書非全帙。現存最早的本子是元至正十五年嘉興路儒學刻明修本。通行本爲四庫本、四部叢刊本。趙曄：字長君，會稽山陰（今浙江紹興市）人。從杜撫受《韓詩》。舉有道。著有《吴越春秋》《詩細》《歷神淵》。《後漢書》卷七九下有傳。本志史部尚有趙曄一部著述。有道，漢代選舉科目之一。朱彝尊《經義考》言，《詩細》，《七録》作《詩譜》二卷；《歷神泉》，《後漢書》作《歷神淵》。此作《詩神泉》，"詩"爲"歷"之誤，"泉"乃唐人爲避李淵諱而改。

《毛詩》二十卷。漢河間太傅毛萇傳，鄭氏箋。梁有《毛詩》十卷，馬融注，亡。

《漢志》著録《毛詩》二十九卷。《毛詩故訓傳》三十卷。《毛詩》經文二十八卷，因《毛詩序》别爲一卷，故爲二十九卷。《詩經》中列於各篇之前，説明詩之大意者，爲小序；而連在首篇小序之後，概言全經主旨者，爲大序。對於《詩序》的作者歷來有四種説法，至今未有定論，宋朱熹甚至認爲《詩序》是僞作，《詩集傳》不予采用。《毛詩故訓傳》未著毛公名，《後漢書·儒林傳》始言“趙人毛萇傳《詩》”。鄭玄爲其作箋發明毛義，而且并卷，故此書作二十卷，署毛萇傳。陸璣《毛詩草木蟲魚疏》曰，“……荀卿授魯國毛亨，亨作《訓詁傳》，以授趙國毛萇。時人謂亨爲大毛公，萇爲小毛公，以其所傳故名其《詩》曰《毛詩》”。《四庫全書總目》卷一五“今參稽衆説，定作傳者爲毛亨，《隋志》題毛萇，誤也”。然今存《毛詩》皆署毛萇傳，鄭玄箋，陸德明釋文。唐孔穎達等作《毛詩正義》即以此爲底本。《舊唐志》著録《毛詩》十卷，毛萇撰；《新唐志》著録毛萇《傳》十卷。此書現存最早刻本爲北宋本，通行本爲十三經注疏本《毛詩正義》。《毛詩》十卷：《經典釋文叙録》有著録，並曰“無下帙”。清有黄奭、馬國翰輯本。

《毛詩》二十卷。王肅注。梁有《毛詩》二十卷，鄭玄、王肅合注；《毛詩》二十卷，謝沈注；《毛詩》二十卷，晋兖州别駕江熙注。亡。

《經典釋文叙録》“魏太常王肅更述毛非鄭”。兩《唐志》皆著録王肅注《毛詩》二十卷，《宋志》無載，亡佚。清黄奭、馬國翰有輯本。鄭玄王肅合注：馬國翰《王注輯本序》“蓋魏晋人取肅注次鄭箋後，以便觀覽，非肅别有注也”。謝沈注：《經典釋文叙録》有著録。江熙：字太和，濟陽（今河南蘭考縣）人，東晋兖州别駕。其注《毛詩》，《經典釋文叙録》亦有著録。

《集注毛詩》二十四卷。梁桂州刺史崔靈恩注。梁有《毛詩序》一卷，梁隱居先生陶弘景注，亡。

崔靈恩：清河東武城（今山東武城縣）人。少篤學，遍習五經，尤精《三禮》《三傳》。天監歸梁，累遷步兵校尉，兼國子博士。出爲桂州刺史，卒官。有《集注毛詩》等諸多著述。《梁書》卷四八、《南史》卷七一有傳。本志經部尚有崔靈恩六部著述。兩《唐志》有著録，《宋志》無載，亡佚。清馬國翰、王仁俊有輯本。陶弘景：字通明，丹陽秣陵（今江蘇南京市）人。自號華陽隱居。好著述，老而彌篤。大同二年卒，詔贈中散大夫，謚貞白先生。《梁書》卷五一、《南史》卷七六有傳。本志經、子、集部尚有陶弘景十一部著述。《毛詩序》，兩《唐志》無載，亡佚。

《毛詩箋音證》十卷。後魏太常卿劉芳撰。梁有《毛詩音》十六卷，徐邈等撰；《毛詩音》二卷，徐邈撰；《毛詩音隱》一卷，干氏撰。亡。

劉芳：字伯文，彭城（今江蘇徐州市）人，楚元王劉交之後。官至侍中、太常卿。劉芳特精經義，博聞强記，尤長音訓，辨析無疑。撰有《毛詩箋音證》等多種著述。《魏書》卷五五、《北史》卷四二有傳。本志經、史部尚有劉芳二部著述。此書兩《唐志》無載，亡佚。清朱彝尊、王謨、馬國翰有輯本。《毛詩音》十六卷：《經典釋文叙録》稱，爲《詩》音者九人，鄭玄、徐邈、蔡氏、孔氏、阮侃、王肅、江惇、干寶、李軌。兩《唐志》著録鄭玄等注《毛詩諸家音》十五卷，疑即此書。《毛詩音》二卷：兩《唐志》無載，可能已統入《毛詩音》十六卷中，而《日本國見在書目録》著録《毛詩音義》一卷，徐仙民撰。清馬國翰有輯本。干氏：疑爲干寶。其書兩《唐志》無載，亡佚。

《毛詩并注音》八卷。秘書學士魯世達撰。

魯世達：餘杭（今浙江杭州市）人。隋大業元年，爲國子助教，撰《毛詩章句義疏》四十二卷，行於世。《隋書》卷七五有傳。本志經部尚有一部魯世達之作。兩《唐志》著録魯世達《毛詩音義》二卷，應即此書。《宋志》無載，亡佚。

《毛詩譜》三卷。吴太常卿徐整撰。

徐整：字文操，豫章（今江西南昌市）人，吴太常卿。熟知《毛詩》傳承。見《經典釋文叙録》。本志經、史部尚有徐整兩部著述。兩《唐志》無載此書，而著録鄭玄《毛詩譜》二卷。《經典釋文叙録》著録鄭玄《詩譜》二卷，徐整暢、太叔裘隱。清王謨、馬國翰有輯本。

《毛詩譜》二卷。太叔求及劉炫注。

太叔求：或作太叔裘，生平事迹不詳。《日本國見在書目録》著録《毛詩譜序》一卷，鄭玄撰、太叔求撰。此書出自劉炫，疑此即劉炫爲太叔求所撰作的注。

《謝氏毛詩譜鈔》一卷。梁有《毛詩雜議難》十卷，漢侍中賈逵撰，亡。

謝氏：不詳何人。兩《唐志》無載，亡佚。賈逵：字景伯，扶風平陵（今陝西咸陽市西）人。父徽通《左氏春秋》，兼習《國語》《周官》，又受《古文尚書》《毛詩》，逵悉傳父業。受詔撰《歐陽大小夏侯尚書古文同異》、撰《齊魯韓詩與毛詩異同》，所著經傳義詁及論難百餘萬言。官至侍中、領騎都尉。《後漢書》卷三六有傳。本志經、集部尚有賈逵四部著述。其書兩《唐志》無載，亡佚。

《毛詩義問》十卷。魏太子文學劉楨撰。

劉楨：字公幹，東平（今山東東平縣）人。曹丕和曹植皆好文學，王粲、徐幹、孔琳、阮瑀、應瑒、劉楨並見友善。被曹操辟爲丞相掾屬，官至魏太子文學。建安二十二年卒。事見《三國志》卷二〇，本志集部尚有一部劉楨之作。兩《唐志》著録此書，《宋志》無載，亡佚。清王謨、馬國翰有輯本。

《毛詩義駁》八卷。王肅撰。

兩《唐志》有著録，皆作《毛詩雜義駁》八卷，《宋志》無載，亡佚。清馬國翰有輯本。

《毛詩奏事》一卷。王肅撰。有《毛詩問難》二卷，王肅撰，亡。

兩《唐志》無載，亡佚。清馬國翰有輯本。《毛詩問難》二卷，兩《唐志》皆有著録，《宋志》無載，亡佚。清馬國翰有輯本。

《毛詩駁》一卷。魏司空王基撰，殘缺。梁五卷。又有《毛詩答問》《駁譜》，合八卷；又《毛詩釋義》十卷，謝沈撰；《毛詩義》四卷，《毛詩箋傳是非》二卷，並魏秘書郎劉璠撰；《毛詩答雜問》七卷，吴侍中韋昭、侍中朱育等撰；《毛詩義注》四卷。亡。

王基：字伯輿，東萊曲城（今山東萊州市）人。黄初中，除郎中。王肅著諸經傳解及定朝儀，改易鄭玄舊説，王基據持玄義，常與抗衡。累官尚書、都督荆州諸軍事。景元二年卒，謚曰景侯。《三國志》卷二七有傳。本志史、子部尚有王基二部著述。此書兩《唐志》有著録，《宋志》無載，亡佚。清黄奭、馬國翰有輯本。《毛詩答問》《駁譜》：不署撰者，疑亦王基所作。《毛詩釋義》：兩《唐志》有著録，《宋志》無載，亡佚。劉璠：不詳何人。所撰二書，兩《唐志》皆無載，亡佚。韋昭：字弘嗣，因避諱或作韋曜，吴郡雲陽（今江蘇丹陽市）人。少好學，能屬文。孫皓即位，封高陵亭侯，爲侍中，常領左國史。後因觸犯龍顔，於鳳凰二年下獄被誅。《三國志》卷六五有傳。本志經、史部尚有七部韋昭著述。朱育：據《三國志·虞翻傳》裴注引《會稽典録》，朱育山陰（今浙江紹興市）人，仕吴，遥拜清河太守，加位侍中。本志經、史部尚有三部朱育之作。兩《唐志》著録此書，作《毛詩雜答問》五卷，不署撰者。《宋志》無載，亡佚。清王謨、馬國翰有輯本。《毛詩義注》：不署撰者。兩《唐志》著録《毛詩義注》五卷，亦無撰者名，疑即此書。

《毛詩異同評》十卷。晋長沙太守孫毓撰。

孫毓：《經典釋文叙録》稱其字休朗，北海平昌（今山東安丘市）人，長沙太守。而《三國志·臧霸傳》載，孫毓，孫觀子，泰山人。官至青州刺史。本志經、子、集部尚有孫毓五部著述。兩《唐志》有著録，《宋志》無載，亡佚。清王謨、黄奭、馬國翰、吴騫有輯本。

《難孫氏毛詩評》四卷。晋徐州從事陳統撰。梁有《毛詩表隱》二卷，陳統撰，亡。

陳統：《經典釋文叙録》稱其字元方。撰此書難孫申鄭。本志經、集部尚有二部陳統著述。兩《唐志》有著録，《宋志》無載，亡佚。清馬國翰有輯本。《毛詩表隱》：兩《唐志》有著録，然《舊唐志》失撰者名。

《毛詩拾遺》一卷。郭璞撰。梁又有《毛詩略》四卷，亡。

郭璞：字景純，河東聞喜（今山西聞喜縣）人。好經術，博學有高才。元帝時，爲尚書郎。王敦起用其爲記室參軍，因觸怒王敦被殺。《晋書》卷七二有傳。本志經、史、子、集部尚有九部郭璞著述。兩《唐志》無載此書，亡佚。清馬國翰有輯本。《毛詩略》：兩《唐志》無載，亡佚。

《毛詩辨異》三卷。晋給事郎楊乂撰。梁有《毛詩背隱義》二卷，宋中散大夫徐廣撰；《毛詩引辨》一卷，宋奉朝請孫暢之撰；《毛詩釋》一卷，宋金紫光禄大夫何偃撰；《毛詩檢漏義》二卷，梁給事郎謝曇濟撰；《毛詩總集》六卷、《毛詩隱義》十卷，並梁處士何胤撰。亡。

兩《唐志》著録《毛詩辨》三卷，楊乂撰，即爲此書。《宋志》無載，亡佚。徐廣：字野民，東莞姑幕（今山東諸城市）人，徐邈之弟。好學，百家數術無不研覽。義熙年間，受敕撰修國史。官歷大司農、秘書監。《晋書》卷八二、《宋書》卷五五、《南史》卷三三有傳。本志經、史、集部尚有徐廣八部著述。此書名《毛詩背隱義》，背隱義之義，即揭前人隱而未發之義。兩《唐志》無載，亡佚。孫暢之：生平事迹不詳。本志經、子部尚有孫暢之著述二部。所撰書兩《唐志》無載，亡佚。何偃：字仲弘，廬江灊（今安徽霍山縣）人。世祖即位，除大司馬長史，遷侍中，領太子中庶子。素好談玄，注《莊子逍遥篇》傳於世。《宋書》卷五九、《南史》卷三〇有傳。本志集部有何偃一部著述。此書兩《唐志》無載，亡佚。謝曇濟：據《南齊書·周顒傳》載，謝曇濟官爲給事中。所撰書兩《唐志》無載，亡佚。《毛詩總集》《毛詩隱義》：《梁書》卷五一《何胤傳》有記載。兩《唐志》無載，亡佚。

《毛詩異義》二卷。楊乂撰。梁有《毛詩雜義》五卷，楊乂撰；《毛詩義疏》十卷，謝沈撰；《毛詩雜義》四卷，晋江州刺史殷仲堪撰；《毛詩義疏》五卷，張氏撰。亡。

《毛詩異義》：兩《唐志》無載，亡佚。殷仲堪：陳郡（今河南境内）人。能清言談理，與韓康伯齊名。孝武帝召爲太子中庶子，後爲荆州刺史，假節鎮江陵。終爲桓玄所獲，被逼自殺。《晋書》卷八二有傳。本志經、子、集部尚有殷仲堪五部著述。張氏：缺名，不詳何人。兩《唐志》有載，《宋志》無載，亡佚。

《毛詩集解叙義》一卷。顧歡等撰。

兩《唐志》無載，亡佚。

《毛詩序義》二卷。宋通直郎雷次宗撰。梁有《毛詩義》一卷，雷次宗撰；《毛詩序注》一卷，宋交州刺史阮珍之撰；《毛詩序義》七卷，孫暢之撰。亡。

雷次宗：字仲倫，豫章南昌（今江西南昌市）人。篤志好學，尤明三禮、《毛詩》。隱退不受徵辟，後徵詣京師。《宋書》卷九三、《南史》卷七五有傳。本志經、史、子部尚有四部雷次宗之作。兩《唐志》無載，亡佚。阮珍之：生平事迹不詳。兩《唐志》無載，亡佚。

《毛詩集小序》一卷。劉炫注。

兩《唐志》無載，亡佚。

《毛詩序義疏》一卷。劉瓛等撰，殘缺。梁三卷。梁有《毛詩篇次義》一卷，劉瓛撰；《毛詩雜義注》三卷。亡。

《經典釋文叙録》曰，“宋徵士雁門周續之、豫章雷次宗、齊沛國劉瓛並爲《詩序義》”。即三人合作此書。兩《唐志》有著録，作《毛詩序義》一卷，劉氏撰。《宋志》無載，亡佚。清馬國翰有輯本。

《毛詩發題序義》一卷。梁武帝撰。

兩《唐志》無載，亡佚。

《毛詩大義》十一卷。梁武帝撰。梁有《毛詩十五國風義》二十卷，梁簡文撰。

兩《唐志》無載，亡佚。梁簡文：蕭綱，字世纘，梁武帝第三子。武帝崩，即帝位，改元大寶。第二年被侯景廢爲晋安王，幽於永福省，十月被弑。簡文幼而聰睿，長而好學，有諸多著述行世。《梁書》卷四、《南史》卷八有傳。本志經、子、集尚有其八部著述。兩《唐志》無載，亡佚。清馬國翰有《毛詩十五國風義》輯本。

《毛詩大義》十三卷。

不署撰者。兩《唐志》無載，亡佚。

《毛詩草木蟲魚疏》二卷。烏程令吴郡陸璣撰。

陸璣：本志原作陸機。《經典釋文叙録》曰，"陸璣《毛詩草木蟲魚疏》二卷，字元恪，吴郡（今江蘇境内）人。吴太子中庶子、烏程令"。《崇文總目》稱，《毛詩草木蟲魚疏》二卷，吴太子中庶子、烏程令陸璣撰。世或以璣爲機，非也。機自爲晋人，本不治《詩》。今應以璣爲正。兩《唐志》著録此書爲陸璣撰。《四庫全書總目》卷一五稱，璣去古未遠，所言猶不甚失真，《詩正義》全用其説。此書現存較早的本子爲明汲古閣刻津逮秘書本，通行本爲四庫本。

《毛詩義疏》二十卷。舒援撰。

舒援：生平事迹不詳。孔穎達《毛詩正義序》曰"近代爲義疏者有全緩、和胤、舒瑗……"。"援""瑗"難辨是非。兩《唐志》無載，亡佚。清馬國翰有輯本。

《毛詩誼府》三卷。後魏安豐王元延明撰。

元延明：博極群書，兼有文藻，與中山王熙、臨淮王彧等，並以才學令望有名於世。莊帝時，兼尚書令、大司馬。因元顥敗，奔梁武帝，客死江南。《魏書》卷二〇、《北史》卷一九有傳。本志經部尚有元延明二部著述。兩《唐志》有著録，《宋志》無載，亡佚。

《毛詩義疏》二十八卷。蕭巋散騎常侍沈重撰。

沈重：字子厚（《周書》作德厚），吴興武康（今浙江德清縣）人。專心儒學，尤明《詩》《左氏春秋》。周武帝派人至梁將沈重徵至京師，授驃騎大將軍、開府儀同三司、露門博士。建德末歸梁，蕭巋拜其爲散騎常侍、太常卿。有《毛詩義》《毛詩音》等諸多撰述行於世。《周書》卷四五、《北史》卷八二有傳。本志經部尚有沈重三部著述。兩《唐志》無載，亡佚。清朱彝尊、王謨、馬國翰、王仁俊有輯本。

《毛詩義疏》二十卷。

《毛詩義疏》二十九卷。

《毛詩義疏》十卷。

《毛詩義疏》十一卷。

《毛詩義疏》二十八卷。

以上五部《毛詩義疏》皆不署撰者。五書大抵出自北朝人之手，《北史·儒林傳》曰，“通《毛詩》者多出於魏朝劉獻之，獻之傳李周仁。周仁傳董令度、程歸則。歸則傳劉敬和、張思伯、劉軌思，其後能言《詩》者，多出二劉之門”。兩《唐志》無載，亡佚。

《毛詩述義》四十卷。國子助教劉炫撰。

《日本國見在書目録》及兩《唐志》著録此書爲三十卷，《宋志》無載，久佚。

《毛詩章句義疏》四十卷。魯世達撰。

《北史》卷八二載，魯世達撰《毛詩章句義疏》四十二卷。兩《唐志》無載，亡佚。

《毛詩釋疑》一卷。梁有《毛詩圖》三卷，《毛詩孔子經圖》十二卷，《毛詩古聖賢圖》二卷，亡。

不署撰者。兩《唐志》無載，亡佚。鄭樵《藝文略》稱，《毛詩圖》《毛詩孔子經圖》《毛詩古聖賢圖》三書並爲蕭梁人作。而王應麟《困學紀聞》卷三則稱晋衛協畫《毛詩圖》，草木鳥獸、古聖賢之像。三書皆不見兩《唐志》，亡佚。

《業詩》二十卷。宋奉朝請業遵注。

《經典釋文叙録》載，業遵字長儒，燕人，宋奉朝請，注《禮記》十二卷。《舊唐志》著録《葉詩》二十卷，葉遵注；《新唐志》著録葉遵《注》二十卷，號《葉詩》。考《廣韻》《氏族略》，無業姓，疑葉爲是。

右三十九部，四百四十二卷。通計亡書，合七十六部，六百八十三卷。

三十九部：實際爲四十部。七十六部：實際爲八十部。

《詩》者，所以導達心靈，歌詠情志者也。故曰：[1]“在心爲志，發言爲詩。”上古人淳俗樸，情志未惑。其後君尊於上，臣卑於下，面稱爲諂，[2]目諫爲謗，[3]故誦美譏惡，以諷刺之。[4]初但歌詠而已，後之君子，因被管絃，[5]以存勸戒。夏、殷已上，詩多不存。周氏始自后稷，[6]而公劉克篤前烈，[7]太王肇基王跡，[8]文王光昭前緒，[9]武王克平殷亂，[10]成王、周公化至太平，[11]誦美盛德，踵武相繼。[12]幽、厲板蕩，[13]怨刺並興。其後王澤竭而詩亡，魯太師摯次而録之。[14]孔子删詩，上采商，下取魯，凡三百篇。至秦，獨以爲諷誦，不滅。漢初，有魯人申公，[15]受《詩》於浮丘伯，[16]作詁訓，是爲《魯詩》。齊人轅固生亦傳《詩》，[17]是爲《齊詩》。燕人韓嬰亦傳《詩》，是爲《韓詩》。終于後漢，三家並立。漢初又有趙人毛萇善《詩》，自云子夏所傳，作《詁訓傳》，是爲《毛詩》古學，而未得立。後漢有九江謝曼卿，[18]善《毛詩》，又爲之訓。東海衛敬仲，[19]受學於曼卿。先儒相承，謂之《毛詩》。序子夏所創，毛公及敬仲又加潤益。鄭衆、賈逵、馬融，並作《毛詩傳》，鄭玄作《毛詩箋》。《齊詩》，魏代已亡；《魯詩》亡於西晋；《韓詩》雖存，無傳之者。唯《毛詩》鄭箋，至今獨立。又有《業詩》，奉朝請業遵所注，立義多異，世所不行。

[1]故曰：見《詩·關雎序》。

[2]面稱：當面稱頌。

[3]目諫：以眼神傳遞勸諫之意。

[4]諷刺：以婉言隱語譏刺他人。

[5]被管絃：配上樂器，即指爲《詩》配曲，可以吟唱。

[6]后稷：姬姓，名棄，因母初欲棄之，故以名之，周之祖先。及長，遂好耕種，被堯舉爲農師。封於邰，號后稷。《史記》卷四

有傳。

[7]公劉：后稷之曾孫，繼修后稷之業，務耕種，民賴其利。周道自此始。見《史記》卷四。克篤前烈，能堅守、發揚前人功業。

[8]太王：即古公亶父，公劉九世孫。復修后稷、公劉之業，積德行義，得國人愛戴。見《史記》卷四。肇基，始創基業。

[9]文王：名昌，即西伯文王，古公亶父之孫、公季之子。遵后稷、公劉之業，則古公、公季之法，士庶皆往歸之。見《史記》卷四。

[10]武王：名發，文王子。滅商，建立周朝。見《史記》卷四。

[11]成王：名誦，武王子。在叔父周公等的輔佐下，平定天下。《史記》卷四有傳。周公，名旦，武王弟。輔翼武王滅商，封於少昊之墟曲阜，是爲魯公。武王崩，成王年幼，攝行政當國。成王能聽政，即還政於成王，並多予勸誡。作《周官》等。《史記》卷三三有傳。

[12]踵武：譬喻繼承前人的事業。武，足迹。

[13]幽：即周幽王，宫涅（shēng），宣王子。在位期間，昏庸暴虐，國人皆怨。申侯聯合繒、犬戎攻幽王，殺之，西周亡。《史記》卷四有傳。厲王，名胡。好利、暴虐、侈傲，堵塞言路。國人積怨爆發，厲王遭到攻擊，出奔彘。召公、周公二相行政，號曰“共和”。厲王死於彘，二相立其太子静爲宣王。見《史記》卷四。板蕩，《詩·大雅》有《板》《蕩》二篇，譏刺周厲王無道，敗壞國家。後即以板蕩喻政治變亂或社會動盪不安。

[14]魯太師摯次而録之：此事《史記》《漢志》《經典釋文叙録》皆無載，待考。

[15]申公：亦作申培公，魯人。事齊人浮丘伯受《詩》。後歸魯，以《詩經》爲訓故以教，是爲《魯詩》。武帝即位召之，以爲太中大夫。《漢書》卷八八有傳。

［16］浮丘伯：齊人，授《詩》。其他事迹不詳。

［17］轅固生：亦作轅固，齊人。因治《詩》，孝景帝時爲博士，所傳爲《齊詩》。拜爲清河太傅。《漢書》卷八八有傳。

［18］謝曼卿：九江（今江西境内）人。《後漢書》卷七九下載，九江謝曼卿善《毛詩》，乃爲其訓。賈逵、衛宏俱從謝曼卿受《毛詩》。

［19］衛敬仲：即衛宏，東海（今山東、江蘇部分地區）人。從謝曼卿受《毛詩》，因作《毛詩序》，後從杜林更受《古文尚書》，爲作《訓旨》。《後漢書》卷七九下有傳。本志經、史部著録其二部著述。

《周官禮》十二卷。馬融注。

亦作《周官》《周禮》，記録周代制度，全書凡六篇，《天官冢宰》第一、《地官司徒》第二、《春官宗伯》第三、《夏官司馬》第四、《秋官司寇》第五、《冬官司空》第六。但《冬官》早佚，漢代以《考工記》補之。今本《周禮注疏》即作《冬官考工記》第六。對於《周官》的來源有二説，一即本志所言，漢時河間獻王得李氏上之《周官》，以千金求購所闕《冬官》，未果，即取《考工記》補之，奏上。王莽時劉歆始置博士，以行於世。而賈公彦《周禮正義序》則引《馬融傳》，稱《周官》與秦苛法相反，故始皇欲滅絶之，是以隱藏百年。武帝時方出於山岩屋壁，復入於祕府。關於《周官》的作者也有二説，古文學家認爲是周公所作，今文學家則認爲是劉歆所僞造。河南緱氏及杜子春受業於劉歆，因以教授，是後馬融作《周官傳》。《經典釋文叙録》著録馬融注《周官》十二卷，《舊唐志》著録《周官》十二卷馬融傳，《新唐志》著録馬融《周官傳》十二卷，《宋志》無載，亡佚。清黄奭、王謨、馬國翰有輯本。

《周官禮》十二卷。鄭玄注。

《後漢書·儒林傳》載，“馬融作《周官傳》授鄭玄，鄭玄作《周官注》”。兩《唐志》著録此書爲十三卷，《經典釋文叙録》《宋志》著録此書爲十二卷。唐賈公彦爲此書作疏，即今傳《周禮注疏》四十二卷。鄭玄注《周禮》現存最早的本子爲宋刻本，通行本爲十三經注疏本、四庫本。

《周官禮》十二卷。王肅注。

《經典釋文叙録》、兩《唐志》皆有著録，《宋志》無載，亡佚。

《周官禮》十二卷。伊説注。

《舊唐志》著録《周官禮》十卷，伊説撰；《新唐志》著録伊説注《周官》十卷。《宋志》無載，亡佚。

《周官禮》十二卷。干寶注。梁又有《周官寧朔新書》八卷，晋燕王師王懋約撰，亡。

《經典釋文叙録》著録干寶注《周官》十三卷，兩《唐志》著録此書十二卷，《宋志》無載，亡佚。清王謨、黄奭、馬國翰有輯本。《舊唐志》著録《周官寧朔新書》八卷，司馬伷序，王懋約注；《新唐志》著録司馬伷《周官寧朔新書》八卷，王懋約注。《經義考》卷一二一以爲，此書當從兩《唐志》，爲司馬伷所撰。司馬伷：伷同冑，字子將，宣帝子。早有才望，起家爲寧朔將軍。武帝時，封琅邪王。平吴之役有大功，進拜大將軍、開府儀同三司。《晋書》卷三八有傳。王懋約：生平事迹不詳。爲文帝子燕王司馬機之師，當與伊説同時。本志經部尚有一部王懋約著述。

《集注周官禮》二十卷。崔靈恩注。

《梁書》卷四八、《北史》卷七一記載，靈恩有《集注周禮》四十二卷等著述行世。《新唐志》著録崔靈恩《周官集注》二十卷，《宋志》無載，亡佚。

《禮音》三卷。劉昌宗撰。

劉昌宗：生平事迹不詳。《顔氏家訓·音辭》提及劉昌宗《周官音》；《經典釋文叙録》載，劉昌宗有《周禮音》《儀禮音》各一卷，《禮記音》五卷。本志經部尚有劉昌宗二部著述。兩《唐志》無載，亡佚。

《周官禮異同評》十二卷。晋司空長史陳劭撰。

陳劭：本傳作陳邵，字節良，東海襄賁（今山東臨沂市西南）人。以儒學徵爲陳留長史，累遷燕王師。撰爲《周禮評》甚有條貫，行於世。《晋書》卷九一有傳。《經典釋文叙録》稱陳劭，下邳人，爲司空長史，然未提及《周官評》。《舊唐志》著録《周官論評》十二卷，陳邵駁，傅玄評；《新唐志》著録傅玄《周官論評》十二卷，陳邵駁。疑此書爲後人編輯而成。《宋志》無載，亡佚。清馬國翰有輯本。

《周官禮駁難》四卷。孫略撰。梁有《周官駁難》三卷，孫琦問，干寶駁，晋散騎常侍虞喜撰。

孫略：《太平御覽·逸民》引《晋中興書目》稱，孫略字文度，吴人。辟命皆不就。《舊唐志》著録《周官駁難》五卷，孫略問，干寶答；《新唐志》著録干寶《答周官駁難》五卷，孫略問。從三志著録的不同，可以推測，《周官禮駁難》四卷和《周官駁難》三卷是一書，“孫琦”是“孫略”之誤，此書爲虞喜編定，故署虞喜撰。虞喜：字仲寧，會稽餘姚（今浙江境内）人。專心經傳，釋《毛詩略》，注《孝經》。屢徵不就。《晋書》卷九一有傳。

本志經、子部尚有虞喜四部著述。

《周官禮義疏》四十卷。沈重撰。

《周書》卷四五、《北史》卷八二《沈重傳》皆提及沈重撰《周禮義》三十一卷、《周禮音》一卷。《日本國見在書目録》著録《周官禮義疏》四十卷，沈重撰；兩《唐志》著録《周禮義疏》四十卷。《宋志》無載，亡佚。清馬國翰有輯本。

《周官禮義疏》十九卷。

《周官禮義疏》十卷。

《周官禮義疏》九卷。

此三部書不署撰者。《日本國見在書目録》著録這三部書，兩《唐志》無載，亡佚。

《周官分職》四卷。

不署撰者。兩《唐志》無載，亡佚。

《周官禮圖》十四卷。梁有《郊祀圖》二卷，亡。

不署撰者。《日本國見在書目録》著録《周禮圖》十五卷、《周禮圖》十卷。兩《唐志》無載，亡佚。《郊祀圖》：不署撰者。兩《唐志》無載，亡佚。

《儀禮》十七卷。鄭玄注。

初名《士禮》，書言古人進退揖讓之節、昏喪燕飲之道。漢興，高堂生傳《士禮》十七篇，是爲今文《士禮》。又有《禮古經》五十六篇，一説得於魯淹中，一説得於孔子壁中，用古文寫成。其中十七篇與高堂生所傳今文《儀禮》同，但文字亦多有差異。餘三十九篇爲《逸禮》“絶無師説，秘在於館”，雖其篇名頗見於他書，然全秩已佚，難以確考。《四庫全書總目》卷二〇稱，高堂生傳《士禮》十七篇在漢代有三本，即戴德本、戴聖本、劉向《别録》本。後漢鄭玄尊劉向《别録》本，並參酌古文爲其作注十七卷。唐賈公彦爲鄭注《儀禮》作疏，其《儀禮疏序》提及黄慶、李孟悊爲《儀禮》作章疏，各有短長。然此二者未見著録。《儀禮》單經本流傳甚少，有明嘉靖六年陳鳳梧刻本。《儀禮》鄭玄注，有明嘉靖吴郡徐氏刻本。《儀禮疏》有清道光影宋本。現通行的是十三經注疏本《儀禮注疏》。1959 年在甘肅武威磨咀子漢墓發現《儀禮》簡 469 枚，可分爲甲、乙、丙三種寫本。這是一個鄭玄注、賈公彦疏以外的新版本。

《儀禮》十七卷。王肅注。梁有李軌、劉昌宗音各一卷，鄭玄音二卷。

《經典釋文叙録》、賈公彦《儀禮注疏序》皆未提及此書，而兩《唐志》則有著録，疑此書唐初佚，以後復出，故兩《唐志》纔有著録。《宋志》無載，亡佚。《經典釋文叙録》記載，李軌、劉昌宗《周禮音》《儀禮音》各一卷，鄭玄三禮《音》各一卷。兩《唐志》無載，亡佚。

《儀禮義疏見》二卷。

《儀禮義疏》六卷。

以上二書皆不署撰者。兩《唐志》無載，亡佚。

《喪服經傳》一卷。馬融注。

《晉書・禮志》曰，“《喪服》本文省略，必待注解事義乃彰；其傳説差詳，世稱子夏所作”。《經典釋文叙録》稱，“唯鄭注《周禮》《儀禮》《禮記》並列學官，而《喪服》一篇又别行於世”。王應麟《漢藝文志考證》曰，“《喪服傳》子夏所爲，《白虎通》謂之

《禮服傳》”。兩《唐志》皆著録馬融《喪服紀》一卷，《宋志》無載，亡佚。清王謨、臧庸、黄奭、馬國翰有輯本。

《喪服經傳》一卷。鄭玄注。

兩《唐志》著録鄭玄注《喪服紀》一卷，《宋志》無載，久佚。

《喪服經傳》一卷。王肅注。

《經典釋文叙録》稱，王肅注《喪服》。《新唐志》著録王肅注《喪服紀》一卷，《宋志》無載，亡佚。清臧庸有輯本。

《喪服經傳》一卷。晋給事中袁準注。

袁準：字孝尼。爲《易》《周官》《詩》傳，以傳於世。泰始中爲給事中。事見《三國志》卷一一裴注所引《袁氏世紀》《九州紀》。本志子、集部尚有三部袁準著述。《舊唐志》著録袁準注《喪服紀》一卷，《新唐志》著録袁準注《儀禮》一卷，《宋志》無載，亡佚。清馬國翰、嚴可均有輯本。

《集注喪服經傳》一卷。晋廬陵太守孔倫撰。

《經典釋文叙録》稱，孔倫字敬序，會稽（今浙江紹興市）人，集衆家注《喪服》。《新唐志》著録孔倫注《儀禮》一卷，《舊唐志》著録《喪服紀》一卷。《宋志》無載，亡佚。清馬國翰有輯本。

《喪服經傳》一卷。陳銓注。

陳銓：不詳其爲何人。《舊唐志》著録陳銓注《喪服紀》一卷，《新唐志》著録陳銓注《儀禮》一卷，《宋志》無載，亡佚。清馬國翰有輯本。

《集注喪服經傳》一卷。宋太中大夫裴松之撰。

裴松之：字世期，河東聞喜（今山西聞喜縣）人。仕晋，除零陵内史，徵爲國子博士。宋元嘉年間，文帝使注《三國志》。十四年致仕，領國子博士，進太中大夫。《宋書》卷六四、《南史》卷三三有傳。本志史、集部尚有裴松之三部著述。兩《唐志》無載，亡佚。清馬國翰有輯本。

《略注喪服經傳》一卷。雷次宗注。

《宋書·雷次宗傳》記載，宋文帝使雷次宗爲皇太子及諸王講《喪服》經。《經典釋文叙録》言其注《喪服》。兩《唐志》無載，亡佚。清王謨、黄奭、馬國翰有輯本。

《集注喪服經傳》二卷。宋丞相諮議參軍蔡超注。梁又有《喪服經傳》一卷，宋徵士劉道拔注，亡。

蔡超：字希遠，濟陽考城（今河南蘭考縣）人。少有才學。孝武帝時，爲南郡内史，封汝南縣侯。後南郡王劉義宣起兵反，蔡超亦伏誅。事見《宋書》卷六八、《經典釋文叙録》。《舊唐志》著録蔡超宗注《喪服紀》二卷，《新唐志》著録蔡超宗注《儀禮》二卷。蔡超宗即蔡超，“宗”爲衍文。《宋志》無載，亡佚。劉道拔：《經典釋文叙録》記載，其爲彭城（今江蘇徐州市）人，宋海豐令，注《喪服》。兩《唐志》無載，亡佚。

《集解喪服經傳》二卷。齊東平太守田僧紹解。

田僧紹：《經典釋文叙録》載，田僑之字僧紹，馮翊（今陝西大荔縣）人，齊東平太守，注《喪服》。《舊唐志》著録田僧紹注《喪服紀》二卷，《新唐志》著録田僧紹注《儀禮》二卷，《宋志》無載，亡佚。

《喪服義疏》二卷。梁步兵校尉、五經博士賀瑒撰。梁又有《喪服經傳義疏》五卷，齊散騎郎司馬憲撰；《喪服經傳義疏》二卷，齊給事中樓幼瑜撰；《喪服經傳義疏》一卷，劉瓛撰；《喪服經傳義疏》一卷，齊徵士沈麟士撰。

賀瑒：字德璉，會稽山陰（今浙江紹興市）人。累官五經博士、步兵校尉。於《禮》尤精，著《禮》《易》《老》《莊》講疏等。《梁書》卷四八、《南史》卷六二有傳。本志經、史部尚有五部賀瑒之作。兩《唐志》無載，亡佚。司馬憲：字景思，河内温（今河南温縣西南）人。官至殿中郎。與伏曼容、陸澄共撰《喪服義》。事見《梁書》卷四八、《南史》卷七二。所撰書兩《唐志》無載，亡佚。樓幼瑜：或作婁幼瑜，字季玉，東陽（今浙江境内）人。專儒學，著《禮捃拾》三十卷。官至給事中。事見《南齊書》卷五四、《南史》卷七六。本志經、集部尚有其二部著述。兩《唐志》無載，亡佚。沈麟士：或作沈驎士，字雲禎，吴興武康（今浙江德清縣）人。博通經史，講經授徒，從學者數十百人。徵辟多不就。注《易》《禮記》《喪服》《尚書》等。《南齊書》卷五四、《南史》卷七六有傳。所撰書，兩《唐志》無載，亡佚。

《喪服經傳義疏》一卷。梁尚書左丞何佟之撰，亡。

對於此條，或曰當在上條的注中，或曰最後之“亡”字爲衍文。何佟之：字士威，廬江灊（今安徽霍山縣）人。少好三禮，手不釋卷。仕齊，爲諸生講《喪服》。梁武帝登基，以爲尚書左丞。《梁書》卷四八、《南史》卷七一有傳。本志經部尚有其二部著述。兩《唐志》無載，久佚。

《喪服傳》一卷。梁通直郎裴子野撰。

裴子野：字幾原，河東聞喜（今山西聞喜縣）人。少好學，善屬文。仕齊入梁，歷領步兵校尉，兼中書通事舍人。集注《喪服》，撰《百官九品》等，並行於世。《梁書》卷三〇、《南史》卷三三有傳。本志史、子、集部尚有四部裴子野之作（其中《衆僧傳》在史、子二部均有著録）。兩《唐志》無載，亡佚。

《喪服文句義疏》十卷。梁國子助教皇侃撰。

皇侃：吴郡（今江蘇境内）人。師事賀瑒，尤明三禮、《論語》。梁武帝時，拜員外散騎侍郎，兼助教。《經典釋文叙録》載，梁國子助教皇侃撰《禮記義疏》，又傳《喪服義疏》。《梁書》卷四八、《南史》卷七一有傳。本志經部尚有五部皇侃之作。兩《唐志》著録皇侃《喪服文句》十卷，《宋志》無載，亡佚。

《喪服義》十卷。陳國子祭酒謝嶠撰。

謝嶠：會稽山陰（今浙江紹興市）人，篤學爲世通儒。事見《陳書》卷一六。兩《唐志》無載，亡佚。

《喪服義鈔》三卷。梁有《喪服經傳隱義》一卷，亡。

二書不署撰者，兩《唐志》皆無載，俱亡佚。

《喪服要記》一卷。王肅注。

兩《唐志》有著録，《宋志》無載，亡佚。清王謨、黄奭、馬國翰、王仁俊有輯本。

《喪服要記》一卷。蜀丞相蔣琬撰。梁有《喪服變除圖》五卷，吴齊王傅射慈撰，亡。

蔣琬：字公琰，零陵湘鄉（今湖南湘鄉市）人。以州書佐隨劉備入蜀。諸葛亮卒，遷大將軍，封安陽亭侯。《三國志》卷四四有傳。兩《唐志》無載，亡佚。射慈：又作謝慈，字孝宗，彭城（今江蘇徐州市）人。齊王（孫奮）傅，因進諫，被殺。撰《喪服圖》及《變除》行於世。事見《三國志·孫奮傳》裴注。馬國翰以爲《七録》合《喪服圖》及《變除》乃爲五卷。《舊唐志》著録射慈《喪服天子諸侯圖》二卷，《新唐志》著録射慈《喪服天子諸侯圖》一卷，然皆非梁時舊本。清馬國翰、嚴可均有輯本。

《喪服要集》二卷。晋征南將軍杜預撰。又有《喪服要記》二卷，晋侍中劉逵撰，亡。

杜預：字元凱，京兆杜陵（今陝西西安市南）人。太康初爲鎮南大將軍，平孫皓，以功進爵，封當陽縣侯。撰《春秋左傳集解》《春秋長曆》等，成一家之學。《晋書》卷三四有傳。本志經、史、集部尚有其七部著述。兩《唐志》著録杜預《喪服要集議》三卷，《宋志》無載，亡佚。清馬國翰有輯本。劉逵：嚴可均《全晋文》卷一〇五稱，劉逵字淵林，濟南人。元康中爲尚書郎，後遷侍中。有《喪服要記》二卷。本志集部尚有其一部著述。

《喪服儀》一卷。晋太保衛瓘撰。梁有《喪服要記》六卷，晋司空賀循撰；《喪服要問》六卷，劉德明撰；《喪服》三十一卷，宋員外郎散騎庾蔚之撰；《喪服要問》二卷，張耀撰；《喪服難問》六卷，崔凱撰；《喪服雜記》二十卷，伊氏撰；《喪服釋疑》二十卷，劉智撰。亡。

衛瓘：字伯玉，河東安邑（今山西運城市）人。仕魏，平蜀，封菑陽侯。仕晋，累遷侍中、尚書令。惠帝即位，輔朝政。因與賈后有隙，被害。後追封蘭陵郡公，謚曰成。《晋書》卷三六有傳。本志經部尚有其一部著述。兩《唐志》無載，亡佚。賀循：字彦先，其先慶普，因避漢安帝諱，改爲賀氏。元帝建武初，拜太常行太子太傅。傳《禮》，世謂慶氏學。《晋書》卷六八有傳。本志經、史、集部尚有其三部著述。兩《唐志》著録賀循撰《喪服要記》

謝微注五卷，又著録賀循撰《喪服譜》一卷。《宋志》無載，亡佚。清馬國翰、嚴可均有輯本。劉德明：此人始末不詳。本志集部尚有其一部著述。兩《唐志》無載，亡佚。庾蔚之：《宋書·雷次宗傳》言，穎川庾蔚之以儒學監總諸生。嚴可均《全宋文》卷五二稱，庾蔚之孝建中歷員外郎、散騎常侍。有《喪服》三十一卷、《喪服要記注》十卷等。其書兩《唐志》無載，亡佚。張耀：生平事迹不詳。兩《唐志》無載，亡佚。崔凱：生平事迹不詳。嚴可均《全宋文》卷五六稱崔凱一作崔元凱，有《喪服難問》六卷。此書久佚。清馬國翰有輯本。伊氏：不詳何人。其書久佚。劉智：字子房，平原高唐（今山東聊城市）人。官至侍中、尚書、太常。《晉書》卷四一有傳。本志子部尚有其一部著述。此書久佚。清王謨、馬國翰、嚴可均有輯本。

《漢荆州刺史劉表新定禮》一卷。

兩《唐志》無載，《通志·藝文略》著録《新定喪禮》一卷，劉表撰。《宋志》無載，亡佚。清馬國翰有輯本。

《喪服要略》一卷。晋太學博士環濟撰。

環濟：嚴可均《全晋文》卷一二八稱，環濟，大興中太學博士，有《喪服要略》一卷、《帝王要略》十二卷。本志史部尚有其二部著述。兩《唐志》無載，亡佚。

《喪服要略》二卷。

不署撰者。兩《唐志》無載，亡佚。

《喪服制要》一卷。徐氏撰。

徐氏：不詳何人。此書大抵言喪服制度之要點。兩《唐志》無載，亡佚。

《喪服譜》一卷。鄭玄注。

兩《唐志》無著録，而著録鄭玄撰《喪服變除》一卷，疑二者即爲一書，此二書皆亡佚。清洪頤煊、黄奭、馬國翰、丁晏、袁鈞、孔廣林有《喪服變除》輯本。

《喪服譜》一卷。晋開府儀同三司蔡謨撰。

蔡謨：字道明，陳留考城（今河南蘭考縣）人。避亂南渡，康帝時，爲侍中、司徒。穆帝在位，被徵，不就，免爲庶人。蔡謨博學，於禮儀宗廟制度多所議定。《晋書》卷七七有傳。本志經、集部尚有其三部著述。兩《唐志》皆著録此書，《宋志》無載，亡佚。清馬國翰有輯本。

《喪服譜》一卷。賀循撰。

兩《唐志》皆有著録，《宋志》無載，亡佚。清馬國翰、王仁俊有輯本。

《喪服變除》一卷。晋散騎常侍葛洪撰。

葛洪：字稚川，號抱朴子，丹陽句容（今江蘇句容市）人。以儒學知名，並好神仙導養之法。選爲散騎常侍，領大著作，固辭不就。撰有《抱朴子》、碑誄詩賦百卷等著述。《晋書》卷七二有傳。本志經、史、子、集部尚有葛洪十六部著述。兩《唐志》已無載，亡佚。清馬國翰有輯本。

《凶禮》一卷。晋廣陵相孔衍撰。

孔衍：字舒元，魯國（今山東境内）人，孔子二十二代孫。西晋末避難江東。中興初，補中書舍人。明舊典、朝儀規制，多所取正。後出爲廣陵郡。《晋書》卷九一有傳。本志經、史、子部尚有其六部著述。兩《唐志》已無載，亡佚，清馬國翰有輯本。

《喪服要記》十卷。賀循撰。梁有《喪服要記》，宋員外常侍庾蔚之注；又《喪服世要》一卷，庾蔚之撰；《喪服集議》十卷，宋撫軍司馬費沈撰。

《舊唐志》著録《喪服要記》十卷，賀循撰，庾蔚之注；《新唐志》著録庾蔚之又注《喪服要記》五卷。《宋志》無載，亡佚。清馬國翰、嚴可均有輯本。《喪服世要》：兩《唐志》無載，亡佚。費沈：《宋書》卷六載，元嘉三十年以"撫軍司馬費沈爲梁、南秦二州刺史"。《宋書》卷九七載，大明四年，遣前朱提太守費沈等率衆南伐，無功，沈下獄死。其書兩《唐志》無載，亡佚。

《喪服古今集記》三卷。齊太尉王儉撰。

兩《唐志》有著録，《宋志》無載，亡佚。清馬國翰有輯本。

《喪服世行要記》十卷。齊光禄大夫王逡撰。

王逡：又作王逡之，字宣約，琅邪臨沂（今山東臨沂市）人。王儉撰《古今喪服集記》，逡難儉十一條，更撰《世行》五卷。歷太中光禄大夫，加侍中。《南齊書》卷五二、《南史》卷二四有傳。本志史部尚有三部王逡之作。《舊唐志》有《喪服五代行要記》十卷，王逡之志；《新唐志》有王逡之注《喪服五代行要記》，即此書。《宋志》無載，亡佚。清馬國翰有輯本。

《喪服答要難》一卷。袁祈撰。

袁祈：生平事迹不詳。《舊唐志》著録《喪服要難》一卷，趙成問，仇祈答；《新唐志》著録《喪服要難》一卷，趙成問，袁祈答。《宋志》無載，亡佚。

《喪服記》十卷。王氏撰。

王氏：缺名，不詳何人。兩《唐志》無載，亡佚。

《喪服五要》一卷。嚴氏撰。

嚴氏：缺名，不詳何人。兩《唐志》無載，亡佚。

《駁喪服經傳》一卷。卜氏撰。

卜氏：不詳何人。兩《唐志》無載，亡佚。

《喪服疑問》一卷。樊氏撰。

《廿二史考異》卷三四曰，“《周書·樊深傳》，《喪服問疑》，蓋即此書”。錢大昕以爲樊氏即北周之樊深。兩《唐志》無載，亡佚。

《喪服圖》一卷。王儉撰。

兩《唐志》無載，亡佚。

《喪服圖》一卷。賀遊撰。

賀遊：始末不詳。兩《唐志》皆著録崔遊撰《喪服圖》一卷，疑賀遊爲崔遊之誤。崔遊，字子相，上黨（今山西潞城市）人。晋武帝時，就家拜郎中。撰《喪服圖》行於世。《晋書》卷九一有傳。兩《唐志》無載，亡佚。

《喪服圖》一卷。崔逸撰。梁有《喪服祥禫雜議》二十九卷，《喪服雜議故事》二十一卷，又《戴氏喪服五家要記圖譜》五卷，《喪服君臣圖儀》一卷，亡。

崔逸：原名景儁，此名乃孝文帝所賜。博陵安平（今河北安平縣）人。好古博涉，徵爲中書博士，參定朝儀。官至通直散騎常侍、廷尉少卿。《魏書》卷五六、《北史》卷三二有傳。兩《唐志》無載，亡佚。《戴氏喪服五家要記圖譜》：《隋書經籍志考證》卷四以爲，“五家”當指漢后倉及所授弟子聞人通、戴德、戴聖、慶普。因兩《唐志》皆著録戴德《喪服變除》一卷，以爲其爲“五家”之一，是此書之佚存者。

《五服圖》一卷。

不署撰者。此書講述古代喪服制度中的五服，即斬衰、齊衰、大功、小功和緦麻。兩《唐志》無載，亡佚。

《五服圖儀》一卷。
《喪服禮圖》一卷。
《五服略例》一卷。
《喪服要問》一卷。

以上四書皆不署撰者。兩《唐志》皆無載，亡佚。

《喪服問答目》十三卷。皇侃撰。

兩《唐志》無載，亡佚。

《喪服假寧制》三卷。

不署撰者。此書講述有關守喪給假的制度。兩《唐志》無載，亡佚。

《喪禮五服》七卷。大將軍袁憲撰。

袁憲：字德章，陳郡陽夏（今河南太康縣）人。梁太康年間爲太子舍人。入齊，爲中書侍郎，兼散騎常侍。入隋，授使持節、開府儀同三司、昌州刺史。《陳書》卷二四、《南史》卷二六有傳。兩《唐志》無載，亡佚。

《論喪服决》一卷。

不署撰者。兩《唐志》無載，亡佚。

《喪禮鈔》三卷。王隆伯撰。

王隆伯：《宋書》卷七九載，“前鄀令王隆伯”，疑此人爲宋人，其他事迹不詳。兩《唐志》無載，亡佚。

《大戴禮記》十三卷。漢信都王太傅戴德撰。梁有《謚法》三卷，後漢安南太守劉熙注，亡。

戴德：《漢書·儒林傳》載，后倉説《禮》數萬言，授梁戴德延君、戴聖次君。德號大戴，聖號小戴，由是《禮》有大戴、小戴之學。戴德授琅邪徐良，大戴有徐氏之學。本志經部尚有戴德著述一部。《漢志》著録《記》百三十一篇，並注此乃“七十子後學者所記也”。漢初，河間獻王將百三十一篇《記》獻上。至劉向考校經籍，檢得一百三十篇，按順序編録。而又得《明堂陰陽記》三十三篇、《王氏史記》二十一篇、《樂記》二十三篇，合計二百十四篇。戴德删其煩重，爲八十五篇，謂之《大戴記》。而戴聖又删大戴之書，爲四十九篇，謂之《小戴記》。然有的學者認爲，《漢書·儒林傳》和《漢志》二戴編撰《大戴記》《小戴記》的明確記載，西漢禮家師承相傳《士禮》時，會同時傳習有關禮制的資料，也就是所謂的《記》。《記》的性質决定了它不出於一時，不成於一手。它隨著時間的推移，不斷有所删益變化。到了東漢，形成和保留了八十五篇本和四十九篇本，前者冠以大戴之名，後者冠以小戴之名。二者是當時已成規模、普遍流行的由儒家後學撰寫的傳習《儀禮》所用之《記》。兩《唐志》、《宋志》皆著録《大戴禮記》十三卷，《郡齋讀書志》和《直齋書録解題》稱《大戴禮記》實存四十篇。《四庫全書總目》卷二一言，《大戴禮記》十三卷，原書八十五篇，今缺四十六篇，存三十九篇。其中《諸侯遷廟》《投壺》《公冠》等皆古經遺文，還保存了十篇《曾子》文。此書八卷有注，五卷則無。宋王應麟以爲此注是北周盧辯所爲。清代有多人研究《大戴禮記》，其中孔廣森《大戴禮記補注》、王聘珍《大戴解詁》爲傑出成果。此書現存最早的本子是元至正十四年嘉興路儒學刻本，通行本爲四庫本和四部叢刊本。劉熙：字成國，北海（今山東境内）人，久居交州。事見《三國志》卷四二、五三及《全後漢文》卷一八六。本志經、子部尚有劉熙三部著述，《謚法》三卷與此著録重複。《舊唐志》經部"經緯類"、《新唐志》經部"經解類"著録《謚法》三卷，荀顗演，劉熙注。沈約曰"劉熙注《謚法》，唯有七十六名，所闕甚多，或有異名殊號，近世所不用耶"。見《玉海》卷五四。此書《宋志》無載，亡佚。

《夏小正》一卷。戴德撰。

《禮記·禮運》"孔子曰，我欲觀夏道，是故之杞，而不足徵也，吾得《夏時》焉"。鄭玄注曰"得夏四時之書，其存者有《小正》一卷"。《四庫全書總目》卷二一稱，《夏小正》本《大戴記》之一篇，《隋志》始於《大戴記》外别出《夏小正》一卷。宋傅崧卿、《四庫全書總目》、畢沅對此多有考論。參見《夏小正戴氏傳序》《夏小正考注序》。因爲此書後别出《大戴記》，故兩《唐志》、《宋志》皆不著録。《直齋書録解題》"時令類"著録《夏小正傳》四卷，漢戴德傳，給事中山陰傅崧卿注，並稱傅崧卿倣《左氏經傳》，列正文其間，而附以傳，且爲之注。據張之洞《書目答問》著録，此書有孫星衍校岱南閣别刻巾箱本《夏小正傳》二卷。現存最早的本子是附傅崧卿注的明嘉靖二十五年袁褧刻本，通行本有四庫本、叢書集成本。

《禮記》十卷。漢北中郎將盧植注。

盧植：字子幹，涿郡涿（今河北涿州市）人。從馬融學，能通古今，好研精，而不守章句學。建寧中徵爲博士，熹平四年（175）拜爲九江太守。董卓當政，被免官，隱於上谷。撰有《尚書章句》《三禮解詁》。《後漢書》卷六四、《三國志》卷二二有傳。《經典釋文叙録》及《舊唐志》著録《禮記》二十卷，盧植注；《新唐志》著録盧植注《小戴禮記》二十卷。唐元行沖稱盧植分合二十九篇，而爲説解，代不傳習。見《舊唐書》卷一〇二。《宋志》無載，亡佚。清臧庸、王謨、黄奭、馬國翰有輯本。

《禮記》二十卷。漢九江太守戴聖撰，鄭玄注。

戴聖：字次君，梁（今河南境内）人。與戴德從后倉學《禮》，號小戴。官至九江太守。授梁橋仁、楊榮，故小戴有橋、楊之學。事見《漢書》卷八八。戴聖删大戴之書爲四十六篇，謂之《小戴記》。後漢馬融傳小戴之學，又定《月令》《明堂位》《樂記》，合四十九篇。鄭玄受業於馬融，又爲之注，即是此書。唐孔穎達以此書爲底本作《禮記正義》七十卷。此書現存最早的本子有宋刻本，通行本多包括《正義》，有十三經注疏本、四庫本、四部備要本。

《禮記》三十卷。王肅注。梁有《禮記》十二卷，業遵注，亡。

《經典釋文叙録》、兩《唐志》皆著録王肅注《禮記》三十卷；《日本國見在書目録》著録《禮記》二十卷，魏將軍王肅注；《宋志》無載，亡佚。清馬國翰有輯本。業遵注《禮記》：《經典釋文叙録》、兩《唐志》皆有著録。唐元行沖言，司馬伷增革《禮記》，超過百篇，業遵删修，僅全十二。見《舊唐書》卷一〇二。業遵所傳爲另一本。

《禮記寧朔新書》八卷。王懋約注。梁有二十卷。

《舊唐志》著録《禮記寧朔新書》二十卷，司馬伷序，王懋約注；《新唐志》著録司馬伷《禮記寧朔新書》二十卷，王懋約注。《宋志》無載，亡佚。

《月令章句》十二卷。漢左中郎將蔡邕撰。

蔡邕：字伯喈，陳留圉（今河南杞縣南）人。少博學，好辭章、數術、天文，妙操音律。曾召拜郎中，校書東觀。初平元年拜左中郎將，封高陽鄉侯。董卓被誅，王允治蔡邕罪，死獄中。所著詩賦文章凡百餘篇，傳於世。《後漢書》卷六〇下有傳。本志經、集部尚有蔡邕六部著述。此書所言月令，即天時制人事，天子發號施令，祀神受職，每月異體。兩《唐志》著録戴顒撰《月令章句》十二卷。《隋書經籍志考證》卷四以爲此即蔡邕《月令章句》。《宋志》子部"農家類"著録蔡邕《月令章句》一卷，後亡佚。清臧庸、王謨、蔡雲、黄奭、陸堯春、馬國翰、王仁俊、曹元忠、陶濬宣、葉德輝有輯本。

《禮記音義隱》一卷。謝氏撰。

謝氏：《經義考》卷一四〇以爲此人即撰《喪服變除圖》五卷之射（或作謝）慈。《舊唐志》著録《禮記音》二卷，謝慈撰；《新唐志》著録射慈《小戴禮記音》二卷；《宋志》無載，亡佚。

《禮記音》二卷。宋中散大夫徐爰撰。梁有鄭玄、王肅、射慈、射貞、孫毓、繆炳《音》各一卷，蔡謨、東晋安北諮議參軍曹耽、國子助教尹毅、李軌、員外郎范宣《音》各二卷，徐邈《音》三卷，劉昌宗《音》五卷，亡。

《經典釋文敘録》著録徐爰《禮記音》三卷，兩《唐志》著録《禮記音》二卷，《宋志》無載，亡佚。《經典釋文敘録》有鄭玄三禮《音》各一卷、王肅三禮《音》各一卷。《經典釋文敘録》載射慈《禮記音》一卷，《舊唐志》著録謝慈《禮記音》二卷，《新唐志》著録射慈《小戴禮記音》二卷。清諸多學者認爲《禮記音義隱》即爲謝慈所作，並與署謝慈（射慈）所撰《禮記音》爲一書，故王謨、馬國翰、黄奭、劉寶楠所輯皆稱《禮記音義隱》。射貞：不詳何人。《經典釋文叙録》載謝楨《禮記音》一卷。清盧文弨《經典釋文考證》稱，《隋志》梁有射貞《禮記音》一卷，蓋即謝楨也。孫毓《禮記音》：《經典釋文叙録》有載，兩《唐志》無載，亡佚。繆炳：生平事迹不詳。《經典釋文叙録》著録其撰《禮記音》，兩《唐志》無載，亡佚。蔡謨《禮記音》：《經典釋文叙録》有載，兩《唐志》無載，亡佚。曹耽：字愛道，譙國（今安徽亳州市）人。東晋爲尚書郎，後任安北諮議參軍。參見《經典釋文叙録》、《全晋文》卷一三三。《舊唐志》著録《禮記音》二卷，鄭玄注，曹耽解；《新唐志》著録鄭玄注《禮記音》三卷，曹耽解。《宋志》無載，亡佚。尹毅：天水（今甘肅天水市）人。東晋國子助教，有《禮記音》一卷。見《經典釋文叙録》。兩《唐志》著録此書皆爲二卷。《宋志》無載，亡佚。李軌《禮記音》：《經典釋文叙録》、兩《唐志》著録二卷。《宋志》無載，亡佚。范宣《禮記音》：兩《唐志》無載，亡佚。清馬國翰有輯本。徐邈《禮記音》：《經典釋文叙録》、兩《唐志》皆有著録，《宋志》無載，亡佚。清馬國翰有輯本。劉昌宗《禮記音》：《經典釋文叙録》有著録，兩《唐志》無載，亡佚。清馬國翰有輯本。

《禮記音義隱》七卷。

　　不署撰者。兩《唐志》無載，亡佚。

《禮記》三十卷。魏秘書監孫炎注。

　　孫炎：字叔然，從鄭玄學，人稱東州大儒。徵爲秘書監，不就。作《易》《毛詩》《禮記》諸注。見《三國志》卷一三。朱彝尊認爲孫炎所注《禮記》不用《小戴禮記》原本。見《經義考》卷一四〇。《經典釋文叙録》著録此書二十九卷，兩《唐志》著録三十卷，《宋志》無載，亡佚。清馬國翰有輯本。

《禮略》二卷。

不署撰者。侯康《補後漢書藝文志》卷一稱，“《隋志》又《禮略》二卷，不著名氏，以《景鸞傳》考之，則鸞撰也”。景鸞：字漢伯，梓潼（今四川梓潼縣）人。少隨師學經，州郡辟命，不就。撰《禮内外紀》，號曰《禮略》，凡著述五十餘萬言。《後漢書》卷七九下有傳。兩《唐志》無載，亡佚。

《禮記要鈔》十卷。緱氏撰。梁有《禮義》四卷，魏侍中鄭小同撰；《摭遺别記》一卷，樓幼瑜撰。亡。

緱氏：據本志本類叙言，河南緱氏受業於劉歆，因以教授。此人失名。兩《唐志》有著録，《宋志》無載，亡佚。鄭小同：鄭玄孫，學綜六經，行著鄉里。高貴鄉公時爲侍中，因被司馬懿懷疑閲其密疏，而被其毒死。見《後漢書》卷三五注、《三國志》卷四裴注。兩《唐志》著録《禮記義記》鄭小同撰，不知是否即此書。《摭遺别記》：《南齊書》卷五四載，樓幼瑜著《禮捃遺》三十卷。此書可能是《禮捃遺》之餘存。

《禮記新義疏》二十卷。賀瑒撰。梁有《義疏》三卷，宋豫章郡丞雷肅之撰，亡。

兩《唐志》無載，亡佚。清馬國翰有輯本。雷肅之：雷次宗之子，明三禮、《毛詩》，官至豫章郡丞。《宋書》卷九三有傳。其書兩《唐志》無載，亡佚。

《禮記講疏》九十九卷。皇侃撰。

《禮記義疏》四十八卷。皇侃撰。

《經典釋文叙録》載皇侃《禮記義疏》五十卷，兩《唐志》著録《禮記講疏》一百卷、《禮記義疏》五十卷。《宋志》無載，亡佚。馬國翰言《禮記正義》多引皇侃説。見其所輯《禮記皇室義疏》。

《禮記義疏》四十卷。沈重撰。

《周書》卷四五載，沈重有《禮記義》三十卷。兩《唐志》著録《禮記義疏》五十卷，《宋志》無載，亡佚。清馬國翰有輯本。

《禮記義》十卷。何氏撰。

兩《唐志》著録《禮記義》十卷，何佟之撰。姚振宗以爲此書即何佟之所撰。見《隋書經籍志考證》卷四。《宋志》無載，亡佚。

《禮記義疏》三十八卷。

不署撰者。兩《唐志》無載，亡佚。

《禮記疏》十一卷。

不署撰者。兩《唐志》無載，亡佚。

《禮記大義》十卷。梁武帝撰。

《梁書》卷四〇《劉之遴傳》載，“是時《周易》《尚書》《禮記》《毛詩》並有高祖義疏”。兩《唐志》著録，《宋志》無載，亡佚。

《禮記文外大義》二卷。秘書學士褚暉撰。

褚暉：又作褚輝，字高明，吴郡（今江蘇境内）人。煬帝時拜爲太學博士，撰《禮疏》一百卷。《隋書》卷七五、《北史》卷八二有傳。兩《唐志》已無載，亡佚。

《禮大義》十卷。

不署撰者。《梁書》卷四載，簡文帝撰《禮大義》二十卷。疑此書爲其佚存者。兩《唐志》無載，亡佚。

《禮記義證》十卷。劉芳撰。

《北史》卷四二載，劉芳有《禮記義證》十卷。兩《唐志》有著録，《宋志》無載，亡佚。清馬國翰有輯本。

《禮大義章》七卷。

不署撰者。兩《唐志》無載，亡佚。

《喪禮雜議》三卷。

不署撰者。兩《唐志》無載，亡佚。

《禮記中庸傳》二卷。宋散騎常侍戴顒撰。

戴顒：字仲若，譙郡銍（今安徽宿州市）人，戴逵子。宋文帝徵散騎常侍，不就。居山林中，著《逍遥論》，注《禮記中庸》。《宋書》卷九三、《南史》卷七五有傳。兩《唐志》有著録，《宋志》無載，亡佚。

《中庸講疏》一卷。梁武帝撰。

《南史》卷六二載，朱异與左丞賀琛遞日述《禮記中庸義》。兩《唐志》無載，亡佚。

《私記制旨中庸義》五卷。

不署撰者。兩《唐志》無載，亡佚。

《禮記略解》十卷。庾氏撰。

兩《唐志》著録《禮記略解》十卷，庾蔚之撰。疑庾氏即庾蔚之。《宋志》無載，亡佚。清馬國翰有輯本。

《禮記評》十一卷。劉雋撰。

劉雋：生平事迹不詳。兩《唐志》有著録，《宋志》無載，亡佚。

《石渠禮論》四卷。戴聖撰。梁有《群儒疑義》十二卷，戴聖撰。

《漢書》卷八載，甘露三年三月詔諸儒講五經同異。卷八八載，（戴）聖號小戴，以博士論石渠。《漢志》六藝"禮類"著録《議奏》三十八篇，有注曰"石渠"。因參與議論的禮家尚有他人，故不能肯定此書即《漢志》所載《議奏》。兩《唐志》無載，亡佚。清王謨、馬國翰、洪頤煊、宋翔鳳、丁杰、黄奭、丁晏輯本。《群儒疑義》：《舊唐志》著録《禮義》二十卷，戴聖等撰。《新唐志》著録鄭玄注《小戴聖禮記》二十卷，又《禮議》二十卷。疑與此書爲一書，其間卷數記載有異。

《禮論》三百卷。宋御史中丞何承天撰。

何承天：東海郯（今山東郯城縣）人。聰明博學，儒史百家莫不該覽。宋文帝時官至御史中丞，元嘉二十四年免官，卒於家。先是《禮論》有八百卷，何承天删減併合，以類相從，凡爲三百卷。《宋書》卷六四、《南史》卷三三有傳。本志經、史、子、集部尚有其十部著述。兩《唐志》著録此書三百七卷，《宋志》無載，亡佚。清馬國翰有輯本。

《禮論條牒》十卷。宋太尉參軍任預撰。

任預：生平事迹不詳。據《高僧傳·釋慧嚴傳》載，任預與何承天均善曆事，别撰《益州記》。本志經部尚有其一部著述。《日本國見在書目録》著録此書二卷，存第四、七卷。兩《唐志》著録此書十卷，《宋志》無載，亡佚。清馬國翰有輯本。

《禮論帖》三卷。任預撰。梁四卷。

兩《唐志》著録三卷，《宋志》無載，亡佚。

《禮論鈔》二十卷。庾蔚之撰。

兩《唐志》有著録，《宋志》無載，亡佚。

《禮論要鈔》十卷。王儉撰。梁三卷。

《南史》卷二二載，何承天《禮論》三百卷，儉抄爲八帙，又别抄條目爲十三卷。此條曰此書十卷、梁三卷，疑是“十三卷”之誤。兩《唐志》有《禮論要鈔》十三卷，不署撰者，似即此書。《宋志》無載，亡佚。

《禮論要鈔》一百卷。賀瑒撰。

兩《唐志》有著録，《宋志》無載，亡佚。

《禮論鈔》六十九卷。

不署撰者。兩《唐志》有任預《禮論鈔》六十六卷，疑即此書。《宋志》無載，亡佚。

《禮論要鈔》十卷。梁有宋御史中丞荀萬秋《鈔略》二卷；尚書儀曹郎丘季彬《論》五十八卷、《議》一百三十卷、《統》六卷。亡。

不署撰者。兩《唐志》無載，亡佚。宋御史中丞，“宋”原作“齊”，據荀萬秋本傳改。荀萬秋：字元寶，潁川潁陰（今河南許昌市）人。宋武帝初，爲晋陵太守。前廢帝末，爲御史中丞，卒官。《宋書》卷六〇、《南史》卷三三有傳。兩《唐志》有著録，作《禮雜鈔略》二卷，《宋志》無載，亡佚。丘季彬：生平事迹不詳。《論》《議》《統》，兩《唐志》皆無載，亡佚。

《禮論答問》八卷。宋中散大夫徐廣撰。

《禮論答問》十三卷。徐廣撰。

《禮答問》二卷。徐廣撰，殘缺。梁十一卷。

《晋書》卷八二、《宋書》卷五五、《南史》卷三三皆載《答禮問》行於世。兩《唐志》著録徐廣《禮論問答》九卷，《宋志》無載，亡佚。清馬國翰有輯本，並認爲《隋志》與《唐志》傳本不同，標題互異，實爲一書。

《禮答問》六卷。庾蔚之撰。

兩《唐志》無載，亡佚。

《禮答問》三卷。王儉撰。梁有晋益陽令吴商《禮難》十二卷、《雜議》十二卷，又《禮議雜記故事》十三卷、《喪雜事》二十卷；宋光禄大夫傅隆《議》二卷、《祭法》五卷。亡。

後又著録王儉《禮義答問》八卷，《舊唐志》著録王儉《禮儀問答》《禮儀答問》各十卷；《新唐志》著録王儉《禮儀答問》十卷，又《禮雜答問》十卷。《宋志》無載，亡佚。清馬國翰有輯本。吴商：仕晋爲國子博士。惠帝時，出爲益陽令。見《全晋文》卷四四。《舊唐志》著録《雜禮義》十一卷，吴商等撰，《禮義雜記故事》十一卷未署撰者。《新唐志》著録吴商《雜禮義》十一卷，《禮儀雜記故事》十一卷無署名。《宋志》無載，亡佚。傅隆：字伯祚，北地靈州（今寧夏靈武市）人。特精三禮。元嘉中爲左民尚書，轉太常。文帝將新撰《禮論》交傅隆使下意，以五十二事呈上。致仕，拜光禄大夫，二十八年卒。《宋書》卷五五、《南史》卷一五有傳。《舊唐志》著録傅伯祚《禮議》一卷；《新唐志》著録傅隆《禮議》一卷。《宋志》無載，亡佚。

《禮答問》十二卷。

不署撰者。兩《唐志》無載，亡佚。

《禮雜問》十卷。范甯撰。

兩《唐志》著録范甯《禮問》九卷、《禮論答問》九卷，《宋志》無載，亡佚。清馬國翰有輯本，並稱“此記其與當代名流問答禮制之語也”。

《禮答問》十卷。何佟之撰。梁二十卷。

兩《唐志》有著録，《宋志》無載，亡佚。

《禮雜問》十卷。

不署撰者。兩《唐志》無載，亡佚。

《禮雜答問》八卷。

不署撰者，兩《唐志》無載，亡佚。

《禮雜答問》六卷。

不署撰者。兩《唐志》無載，亡佚。

《禮雜問答鈔》一卷。何佟之撰。

此書及前未署名三種書，皆似何佟之《禮答問》之別本。

《問禮俗》十卷。董勛撰。

董勛：《北史》卷五六提及晋議郎董勛《答問禮俗》的内容。其他事迹不詳。此書兩《唐志》有著録，《宋志》無載，亡佚。清王謨、馬國翰、黄奭有輯本。

《問禮俗》九卷。董子弘撰。

此書可能是董勛《問禮俗》的别本，子弘似董勛的字。

《答問雜儀》二卷。任預撰。

兩《唐志》無載，亡佚。

《禮義答問》八卷。王儉撰。

見前《禮答問》三卷王儉撰條。

《禮疑義》五十二卷。梁護軍周捨撰。

周捨：字昇逸，汝南安城（今河南汝南縣）人。博學多通，起家太學博士。梁禮儀損益，多出自周捨。官歷中護將軍、太子詹事。《梁書》卷二五、《南史》卷三四有傳。本志史、子、集部尚有其三部著述。兩《唐志》著録《禮疑義》五十卷，《宋志》無載，亡佚。清馬國翰有輯本。

《制旨革牲大義》三卷。梁武帝撰。

《梁書》卷二載，天監十六年四月，初去宗廟牲。冬十月，去宗廟薦羞，始用蔬果。兩《唐志》無載，亡佚。

《禮樂義》十卷。

不署撰者。兩《唐志》無載，亡佚。

《禮祕義》三卷。

不署撰者。兩《唐志》無載，亡佚。

《三禮目録》一卷。鄭玄撰。梁有陶弘景注一卷，亡。

兩《唐志》有著録，《宋志》無載，此一卷單傳本今不存。清王謨、臧庸、黄奭、袁鈞、孔廣林有輯本。現存唐人所作《禮記正義》引此書，各冠當篇之首，於題下繫以“鄭目録云”四字。二者有何關聯，待考。

《三禮義宗》三十卷。崔靈恩撰。

《梁書》卷四八載，《三禮義宗》四十七卷；《南史》卷七一載，《三禮義宗》三十卷；兩《唐志》、《宋志》亦著録《三禮義宗》三十卷。《崇文總目》稱此書“合《周禮》、《儀禮》、二戴之學，敷述貫串，該悉其義，合一百五十六篇”。《郡齋讀書志》言“此書在唐一百五十篇，今存者一百二十七篇”。《直齋書録解題》言此書“凡一百四十九條”。《玉海》卷三九稱《三禮義宗》“始於明天地以下歲祭，終於《周禮》《儀禮》《禮記》興廢義”。疑此書亡於宋元之際。清王謨、黄奭、馬國翰有輯本。

《三禮宗略》二十卷。元延明撰。

兩《唐志》有著録，《宋志》無載，亡佚。

《三禮大義》十三卷。

不署撰者。《日本國見在書目録》有《三禮大義》三十卷，梁武帝撰。疑即爲此書，而“十三”則爲“三十”倒文矣。兩《唐志》無載，亡佚。

《三禮大義》四卷。

不署撰者。兩《唐志》無載，亡佚。

《三禮雜大義》三卷。梁有《司馬法》三卷，《李氏訓記》三卷；又《郊丘議》三卷，魏太尉蔣濟撰；《祭法》五卷，又《明堂議》三卷，王肅撰；《雜祭法》六卷，晋司空中郎盧諶撰；《祭典》三卷，晋安北將軍范汪撰；《七廟議》一卷，又《後養議》五卷，干寶撰；《雜鄉射等議》三卷，晋太尉庾亮撰；《逆降義》三卷，宋特進顔延之撰；《逆降義》一卷，田僧紹撰；《分明士制》三卷，何承天撰；《釋疑》二卷，郭鴻撰；《答問》四卷，徐廣撰；《答問》五十卷，何胤撰；又《答問》十卷。亡。

不署撰者。兩《唐志》無載，亡佚。《司馬法》：本志子部“兵家類”著録《司馬兵法》三卷，齊將司馬穰苴撰，並未亡。《李氏訓記》：李氏缺名，不詳何人。兩《唐志》無載，亡佚。蔣濟：字子通，楚國平阿（今安徽懷遠縣西南）人。魏明帝賜爵關内侯，卒，謚曰景侯。曾與高堂隆議郊祀事。《三國志》卷一四有傳。本志子部尚有其一部著述。其書兩《唐志》無載，亡佚。《祭法》《明堂議》：《三國志》卷一三言，王肅所論駁朝廷典制、郊祀、宗廟、喪紀、輕重，凡百餘篇。此二書可能即是其中一部分。兩《唐志》無載，亡佚。盧諶：字子諒，范陽涿州（今河北涿州市）人。好老莊，善屬文。洛陽淪陷，流離世故二十年，後爲石季龍中書監。撰《祭法》、注《莊子》及文集並傳於世。《晋書》卷四四有傳。本志集部尚有盧諶一部著述。《新唐志》史部“儀注類”有盧諶《雜祭注（當作法）》六卷，《宋志》無載，亡佚。清馬國翰有輯本。范汪：字玄平，南陽順陽（今河南淅川縣）人。博學多通，善談名理。桓温北伐，受命率文武出梁，因失期，免爲庶人。《晋書》卷七五有傳。本志史、子、集部尚有范汪六部著述。《新唐志》史部“儀注類”著録范汪《雜府州郡儀》，又《祭典》三卷，《宋志》無載，亡佚。清馬國翰有輯本。《七廟議》《後養議》：兩《唐志》史部“儀注類”皆著録干寶撰《雜議》五卷、蔡謨《七廟議》三卷。《後養議》無載，亡佚。清馬國翰有輯本，並稱《後養議》論列爲人後者，養親喪祭之禮。《七廟議》一卷，可能是蔡謨所作《七廟議》之佚存。兩《唐志》無載，亡佚。庾亮：字元規，潁川鄢陵（今河南鄢陵縣）人，善談論，好老莊。元帝時累遷給事中、散騎常侍。明帝時，歷征西將軍、開府儀同三司等職。《晋書》卷七二有傳。本志經、集部尚有庾亮二部著述。其書兩《唐志》無載，亡佚。顔延之：字延年，琅邪臨沂（今山東臨沂市）人。好讀書，無所不覽。元嘉中爲秘書監、太常。孝武帝以其爲金紫光禄大夫。《宋書》卷七三、《南史》卷三四有傳。本志經、子、集部尚有四部顔延之之作。《舊唐志》有顔延之《禮論降議》三卷，《新唐志》有顔延之《禮逆降議》三卷。《宋志》無載，亡佚。清馬國翰有輯本。《逆降義》：兩《唐志》無載，亡佚。《分明士制》：兩《唐志》無載，亡佚。郭鴻：生平事迹不詳。兩《唐志》無載，亡佚。《答問》四卷：兩《唐志》無載，亡佚。《答問》五十卷：《梁書》卷五一載何胤撰《禮答問》五十五卷。兩《唐志》無載，亡佚。《答問》十卷：不署撰者。兩《唐志》無載，亡佚。

《三禮圖》九卷。鄭玄及後漢侍中阮諶等撰。

阮諶：字士信，徵辟無所就，造《三禮圖》傳於世。見《三國志》卷一六注。北宋《三禮圖》有梁正題曰“陳留阮士信受《禮》學於潁川綦母君，取其説爲圖三卷，多不按《禮》文而引漢事，與鄭君之文違錯”。《日本國見在書目録》著録《周禮圖》十卷，鄭玄、阮諶等撰。兩《唐志》無載此書，載夏侯伏朗《三禮圖》十二卷，《新唐志》又有張鎰《三禮圖》九卷。今傳宋聶崇義《三禮圖集注》稱宋代《三禮圖》有六本，一鄭玄、二阮諶、三梁正、四夏侯伏朗、五張鎰、六隋開皇敕撰。《四庫全書總目》卷二二稱，聶崇義《集注》全無來歷，抄撮諸家而成，然不盡出於杜撰，並指出鄭玄未曾作《三禮圖》。而宋竇儼序聶氏《三禮圖集注》則明確地說，“崇義博采舊圖，凡得六本，其一本是鄭圖”。鄭玄是否有《三禮圖》，流傳狀況如何，待考。清馬國翰、王謨、孫彤、黄奭有輯本，皆稱此書爲阮諶等撰。

《周室王城明堂宗廟圖》一卷。阮諶撰。梁又有《冠服圖》一卷，《五宗圖》一卷，《月令圖》一卷，亡。

阮諶：原作“祁諶”，據上條及《隋書》卷六八所載改。《隋書》卷六八稱，“自古明堂圖惟有二本：一是宗周，劉熙、阮諶、劉昌宗等作，三圖略同。一是後漢建武三十年作《禮圖》有本，不詳撰人”。此書内容與上條《三禮圖》九卷有關聯，而《日本國見在書目録》著録《三禮圖》爲十卷，此書似當包括其中。

右一百三十六部，一千六百二十二卷。通計亡書，二百一十一部，二千一百八十六卷。

一百三十六部：實際是一百三十七部。二百一十一部：實際是二百一十三部。

自大道既隱，天下爲家，先王制其夫婦、父子、君臣、上下、親疏之節。至于三代，損益不同。周衰，諸侯僭忒，[1]惡其害己，多被焚削。自孔子時，已不能具，至秦而頓滅。漢初，有高堂生傳十七篇，[2]又有古經出於淹中，[3]而河間獻王好古愛學，[4]收集餘燼，得而獻之，合五十六篇，並威儀之事。[5]而又得《司馬穰苴兵法》一百五十五篇，[6]及《明堂陰陽》之記，[7]並無敢傳之者。唯古經十七篇，與高堂生所傳不殊，而字多異。自高堂生至宣帝時后蒼，[8]最明其業，乃爲《曲臺記》。蒼授梁人戴德，及德從兄子聖、沛人慶普，[9]於是有大戴、小戴、慶氏，三家並立。後漢唯曹充傳慶氏，[10]以授其子褒。[11]然三家雖存並微，相傳不絶。漢末，鄭玄傳小戴之學，後以古經校之，取其於義長者作注，爲鄭氏學。其《喪服》一篇，[12]子夏先傳之，諸儒多爲注解，今又别行。而漢時有李氏得《周官》。《周官》蓋周公所制官政之法，上於河間獻王，獨闕《冬官》一篇。獻王購以千金不得，遂取《考工記》以補其處，合成六篇奏之。至王莽時，劉歆始置博士，以行於世。河南緱氏及杜子春受業於歆，因以教授。是後馬融作《周官傳》，以授鄭玄，玄作《周官注》。漢初，河間獻王又得仲尼弟子及後學者所記一百三十一篇獻之，時亦無傳之者。至劉向考校經籍，檢得一百三十篇，向因第而叙之。而又得《明堂陰陽記》三十三篇、《孔子三朝記》七篇、《王氏史記》二十一篇、《樂記》二十三篇，凡五種，合二百十四篇。戴德删其煩重，合而記之，爲八十五篇，謂之《大戴記》。而戴聖又删大戴之書，爲四十六篇，謂之《小戴記》。漢末馬融，遂傳小戴之學。融又定《月令》一篇、《明堂位》一篇、《樂記》一篇，合四十九篇，[13]而鄭玄受業於融，又爲之注。今《周官》六篇、古經十七篇、《小戴記》四十九篇，凡三種。唯《鄭注》立於國學，其餘並多散亡，又無師説。

[1]僭（jiàn）忒（tè）：逾越常規，心懷疑貳。忒，差失。

[2]高堂生：字伯，魯人。《史記》卷一二一稱，《禮》固自孔子時而其經不具，及至秦焚書，書散亡益多，於今獨有《士禮》，高堂生能之。《索隱》引謝承語，秦氏季代有魯人高堂伯。云"生"者，自漢以來，儒者皆號"生"。傳十七篇，指今文《儀禮》。

[3]古經：《漢志》著録《禮古經》五十六卷，《經》十七篇。

[4]河間獻王：劉德，漢景帝子。景帝前二年立爲河間獻王。修學好古，多得古文先秦書，《周官》《尚書》《禮》《孟子》《老子》等。山東諸儒多從而游。《漢書》卷五三有傳。

[5]威儀：威儀三千乃謂冠、婚、吉、凶，蓋《儀禮》是也。見《漢志》顔師古注。

[6]《司馬穰苴兵法》：《漢志》將此書列於《六藝略》"禮類"。據《史記·司馬穰苴傳》載，齊威王使大夫追論古者《司馬兵法》，而附穰苴於其中，因號曰《司馬穰苴兵法》。

[7]《明堂陰陽》：《漢志》言此書多天子諸侯卿大夫之制。

[8]宣帝：劉詢，因祖父戾太子據遭巫蠱事自殺，父母遇害，幼時長於民間，了解百姓疾苦。在位二十五年，勵精圖治，政績顯著。《漢書》卷八有紀。后蒼：字近君，東海郯（今山東郯城縣）人。從孟卿學《禮》，又事夏侯始昌，説《禮》數萬言，號曰《后氏曲臺記》。《漢書》卷八八有傳。

[9]慶普：字孝公，沛（今江蘇沛縣東）人。從后蒼學《禮》，後自成一家，號慶氏學。官至東平太傅。見《漢書》卷八八。

[10]曹充：原作"曹元"，據《後漢書》卷三五改。魯國薛（今山東滕縣東南）人，持《慶氏禮》。建武中，從帝巡狩泰山，定封禪禮。明帝時，拜侍中。《後漢書》卷三五有傳。

[11]曹褒：字叔通，曹充子。博雅疏通，尤好禮事。和帝永元四年（92），遷射聲校尉，歷將作大匠、侍中諸職。傳《禮記》四十九篇，教授諸生千餘人，慶氏學遂行於世。《後漢書》卷三五

有傳。

［12］《喪服》：今《儀禮》亦有《喪服》，自子夏以後諸儒多注解此篇，别行。

［13］合四十九篇：《四庫全書總目》卷二一稱，《月令》《明堂位》《樂記》非馬融所增，四十九篇實爲戴聖原書，《隋志》誤。

《樂社大義》十卷。梁武帝撰。

《隋書·音樂志》稱梁武帝"既素善鍾律，詳悉舊事，遂自制定禮樂"。兩《唐志》有著録，《宋志》無載，亡佚。清馬國翰有輯本，並稱此書名樂社者，緣自《周禮·大司馬》"先凱樂於社"。

《樂論》三卷。梁武帝撰。梁有《樂義》十一卷，武帝集朝臣撰，亡。

兩《唐志》有著録，《宋志》無載，亡佚。《樂義》：天監元年下詔訪百僚，稱"卿等學術通明，可陳其所見"。是時對樂者七十八家。疑此書爲諸家議論之集粹。

《樂論》一卷。衛尉少卿蕭吉撰。

蕭吉：字文休，梁武帝兄蕭懿之孫。博學多通，江陵陷，歸於周。及隋受禪，以本官考定古今陰陽書。煬帝時，拜太府少卿。不久，卒官。著《宅經》《樂譜》等，並行於世。《隋書》卷七八、《北史》卷八九有傳。本志子部尚有蕭吉三部著述。兩《唐志》無載，亡佚。

《古今樂録》十二卷。陳沙門智匠撰。

智匠：生平事迹不詳。兩《唐志》、《宋志》、《中興館書目輯考》卷一皆著録此書十三卷。此書宋時猶存，郭茂倩編《樂府詩集》多有所據，今亡佚。清王謨、黄奭、馬國翰有輯本。

《樂書》七卷。後魏丞相士曹行參軍信都芳撰。

信都芳：字玉琳，河間（今河北河間市）人。少明算術，齊高祖以其爲館客，授參軍。著有《樂書》《四術周髀宗》等。《魏書》卷九一、《北齊書》卷四九、《北史》卷八九有傳。本志子部尚有信都芳二部著述。《舊唐志》著録《樂書》九卷，信都芳注；《新唐志》著録信都芳删注《樂書》九卷。《宋志》無載，亡佚。清馬國翰有輯本。

《樂雜書》三卷。

不署撰者。兩《唐志》無載，亡佚。

《樂元》一卷。魏僧撰。

此書與上《樂雜書》，兩《唐志》皆無載，而著録桓譚《樂元起》二卷、《琴操》二卷，共四卷，與此二書卷數相合。姚振宗推測二者書名不同，實爲一書。桓譚兩漢間人，著有《新論》。魏僧其名不傳，可能是傳録桓譚書的人。

《管絃記》十卷。淩秀撰。

《舊唐志》著録《管絃記》十二卷，留進録、淩秀注；《新唐志》著録留進《管絃記》十二卷、淩秀《管絃志》十卷。《宋志》無載，亡佚。留進、淩秀，生平事迹皆不詳。

《樂要》一卷。何妥撰。

《北史·何妥傳》稱其撰《樂要》一卷。兩《唐志》無載，亡佚。

《樂部》一卷。

不署撰者。兩《唐志》無載，亡佚。清馬國翰有輯本，並稱此書記龜兹、天竺、唐國、疏勒、安國、高麗等樂甚詳。

《春官樂部》五卷。梁有《宋元嘉正聲伎録》一卷，張解撰，亡。

不署撰者。兩《唐志》無載，亡佚。《宋元嘉正聲伎録》：姚振宗依據郭茂倩《樂府詩集》數引張永《元嘉正聲伎録》，認爲此書當爲張永所解，《隋志》有脱誤。

《樂府聲調》六卷。岐州刺史、沛國公鄭譯撰。

鄭譯：字正義，滎陽開封（今河南開封市）人。頗有學識，兼知鍾律。周宣帝時，進封沛國公。隋文帝受禪，詔其參議樂事。譯更修七始之義，名曰《樂府聲調》，凡八篇。不久遷岐州刺史，歲餘奉詔定樂於太常。開皇十一年卒，謚曰達。《周書》卷三五、《隋書》卷三八、《北史》卷三五有傳。《舊唐志》著録《樂府聲調》六卷，《新唐志》著録鄭譯《樂府歌辭》八卷，又《樂府聲調》六卷。《宋志》無載，亡佚。

《樂府聲調》三卷。鄭譯撰。

此書或是定樂太常時所作，或是六卷本的别本。

《樂經》四卷。

不署撰者。《四庫全書總目》卷三八言，沈約稱《樂經》亡於秦，考諸古籍，唯《禮記·經解》有樂教之文，然他書均不云《樂經》。漢王充《論衡》在《超奇》《對作》中提及兩漢間陽成子長作《樂經》。《漢書·王莽傳》稱，元始四年立《樂經》。兩《唐志》不載此書，亡佚。清王謨、馬國翰有輯本。

《琴操》三卷。晉廣陵相孔衍撰。

《舊唐志》著録三卷，《新唐志》著録二卷，《宋志》著録《琴操引》三卷。此書宋代猶存，今亡佚。清王謨有輯本。

《琴操鈔》二卷。

《琴操鈔》一卷。

二書皆不署撰者。兩《唐志》無載，亡佚。

《琴譜》四卷。戴氏撰。

《宋書》卷九三載，戴顒與兄勃皆受琴於父。父死，各造新弄，勃五部，顒十五部。姚振宗據此以爲戴氏當即戴氏父子。兩《唐志》無載，亡佚。

《琴經》一卷。

不署撰者。《日本國見在書目録》有《琴經》一卷，蔡伯喈撰。似即此書。兩《唐志》無載，亡佚。

《琴説》一卷。

不署撰者。兩《唐志》已無載，久佚。

《琴曆頭簿》一卷。

不署撰者。兩《唐志》著録《琴集曆頭拍簿》一卷，《宋志》無載，亡佚。清馬國翰以爲《太平御覽》所引《琴曆》即此書，有此書輯本。

《新雜漆調絃譜》一卷。

不署撰者。姚振宗據《隋書·音樂志》記載，以爲此書記述隋時太樂署典守樂器之程式。兩《唐志》無載，亡佚。

《樂譜》四卷。

不署撰者。《隋書·藝術傳》載，萬寶常撰《樂譜》六十四卷，具論八音旋相爲宫之法，改弦移柱之變。姚振宗據此以爲此書乃萬寶常所作之佚存。兩《唐志》無載，亡佚。

《樂譜集》二十卷。蕭吉撰。

《隋書》《北史》的《藝術傳》載蕭吉撰《樂譜》二十卷。兩《唐志》著録《樂譜集解》二十卷，蕭吉撰。《宋志》無載，亡佚。

《樂略》四卷。

不署撰者。兩《唐志》著録元殷撰《樂略》四卷、《聲律指歸》一卷，疑此書爲元殷撰。元殷，生平事迹不詳。《宋志》無載，亡佚。

《樂律義》四卷。沈重撰。

兩《唐志》無載，亡佚。

《鍾律義》一卷。

《北史》卷八二載，保定末，沈重至於京師，詔令討論五經，並校定鍾律。兩《唐志》著録沈重撰《鍾律》五卷，此卷數與《樂律義》《鍾律義》兩書卷數相合，疑"《鍾律義》一卷"下脱"沈重撰"。《宋志》無載，亡佚。清馬國翰有輯本。

《樂簿》十卷。

《齊朝曲簿》一卷。

《大隋總曲簿》一卷。

三書皆無撰者名。從其書名推測，當是不同朝代的曲譜。兩

《唐志》無載，亡佚。

《推七音》二卷。并尺法。

不署撰者。據《隋書·音樂志》記載，鄭譯議論七音，並作書十二篇，以明其指。《推七音》當與參定音樂有關，此書可能即爲鄭譯所作。兩《唐志》有《推七音》一卷，亦無撰者名。《宋志》無載，亡佚。尺法：參見《隋書·律曆志上》之《律管圍容黍篇》。

《樂論事》一卷。

《樂事》一卷。

二書皆不署撰者。《隋書·蘇威傳》稱，蘇威子夔，以鍾律自命。議樂事，與何妥各爲一議，著《樂志》十五篇。姚振宗據此，疑此二書爲蘇夔所作。兩《唐志》著録《論樂事》二卷，與此二書卷數相合，疑爲此二書之和。《宋志》無載，亡佚。

《正聲伎雜等曲簿》一卷。

不署撰者。此書似《宋元嘉正聲伎録》之別本，或其佚存者。兩《唐志》無載，亡佚。

《太常寺曲名》一卷。

《太常寺曲簿》十一卷。

《魏書·樂志》載，太樂令崔九龍向太常卿祖瑩建言，爲避免諸曲名以後亡失，須當即條記，存之於樂府。此二書可能是在此基礎上形成的。兩《唐志》無載，亡佚。

《歌曲名》五卷。

不署撰者。《舊唐志》著録《外國伎曲》三卷、《外國伎曲名》一卷，《新唐志》著録《外國伎曲》三卷、又一卷。兩《唐志》所著録的二書，似即此《歌曲名》。《宋志》無載，亡佚。

《歷代樂名》一卷。

不署撰者。兩《唐志》著録《歷代曲名》一卷，似即此書。《宋志》無載，亡佚。

《鍾磬志》二卷。公孫崇撰。

公孫崇：北魏給事中，曾與中書監高閭共考音律，上言樂事。又用十餘年繼續高閭草創古樂的事業。疑此書爲任太樂令時所爲。見《魏書》卷一〇九。兩《唐志》有著録，《宋志》無載，亡佚。

《樂懸》一卷。何晏等撰議。

此書當是集有關人士對於樂懸的議論。“樂懸謂鍾磬之屬懸於筍簴（放置鍾磬的架子）者”。見《周禮·春官·小胥》注。何晏：字平叔，南陽（今河南南陽市）人。少以才秀知名，好老莊。作《道德論》及文賦著述數十篇。正始間，遷侍中尚書。後司馬懿誅曹爽，何晏亦伏誅。《三國志》卷九有傳。本志經、史、子、集部尚有何晏六部著述。兩《唐志》無載，亡佚。

《樂懸圖》一卷。

不署撰者。兩《唐志》無載，亡佚。

《鍾律緯辯宗見》一卷。

不署撰者。此書似與後梁武帝撰《鍾律緯》有關係。兩《唐志》無載，亡佚。

《當管七聲》二卷。魏僧撰。

此魏僧與前撰《樂元》者，當爲一人。此兩《唐志》無載，亡佚。

《黄鍾律》一卷。梁有《鍾律緯》六卷，梁武帝撰。

《隋書·律曆志上》記載，牛弘、鄭譯、何妥等人議論鍾律，疑此書爲衆人議論的記述。兩《唐志》無載，亡佚。《鍾律緯》：《隋書·律曆志上》記載，武帝作《鍾律緯》，論前代得失。兩《唐志》無載，《宋志》著録梁武帝《鍾律緯》一卷，今亡佚。清嚴可均有輯文、馬國翰有輯本。

右四十二部，一百四十二卷。通計亡書，合四十六部，二百六十三卷。

四十二部：實際有四十四部。四十六部：實際四十七部。

樂者，先王所以致神祇，[1]和邦國，諧萬姓，安賓客，悦遠人，所從來久矣。周人存六代之樂，[2]曰《雲門》《咸池》《大韶》《大夏》《大護》《大武》。[3]其後衰微崩壞，及秦而頓滅。漢初，制氏雖紀其鏗鏘鼓舞，[4]而不能通其義。其後竇公、河間獻王、常山王禹，[5]咸獻樂書。魏、晉已後，雖加損益，去正轉遠，事在《聲樂志》。[6]今録其見書，以補樂章之闕。

[1]神祇：天地之神。天曰神，地曰祇。

[2]六代：指黄帝、堯、舜、禹、商、周。

[3]《雲門》：相傳黄帝時所制樂，"舞《雲門》以祭天神"。《咸池》，相傳堯時之樂，"舞《咸池》以祭地祇"。《大韶》，又作《大磬》，相傳舜時之樂，"舞《大磬》以祀四望"。《大夏》，相傳夏禹時之樂，"舞《大夏》以祭山川"。《大護》，又作《大濩》，相

傳商湯之樂，“舞《大護》以享先妣”。《大武》，周武王之樂，“舞《大武》以享先祖”。參見《周禮·春官·大司樂》。

［4］制氏：魯人，善樂事。參見《漢書·禮樂志》服虔注。紀，識也。

［5］竇公：《漢志》記載，“魏文侯最爲好古，孝文時得其樂人竇公獻其書，乃《周官·大宗伯》之《大司樂》章也”。據桓譚《新論》，竇公見孝文帝時一百八十歲，然而魏文侯卒年，距孝文帝元年已有二百一十四年，若竇公確實是魏文侯時人，不可能見到漢文帝。本志將竇公置於制氏之後，竇公就應該是漢人。《漢志》記載，可以理解爲孝文帝得到魏文侯的樂人竇公獻的樂書。常山王禹，原作“常山王張禹”，“張”爲衍文，據《漢志》《隋書·音樂志》删。王禹，常山（今河北境内）人。漢成帝時爲謁者，數言樂事之義，獻二十四卷《記》。《漢志》著録《王禹記》二十四篇。

［6］《聲樂志》：今傳《隋書》作《音樂志》。

《春秋經》十一卷。吴衛將軍士燮注。

《春秋》，孔子作。《史記》載，“因史記作《春秋》，上至隱公，下訖哀公十四年，十二公。據魯，親周，故殷，運之三代”。《漢志》著録《春秋古經》十二篇，《經》十一卷，是古文經所藏之書，漢文帝除挾書律後始行於世，自爲一帙。《左氏傳》三十卷雖依此經作，亦自爲一帙。晋杜預作《春秋左傳集解》乃分經之年而居傳之首，於是《春秋古經》不復單行矣。公、穀二家之經相同，是今文經，核今文《春秋經》與古文《春秋經》亦基本相同。《文獻通考》卷九引眉山李氏《古經後序》曰：“《古經》十二篇、十一卷者，本《公羊》《穀梁》二家所傳，吴士燮始爲之注，《隋氏》載焉。……蓋《公羊》得立學官最先，《穀梁》次之，《左氏》最後。故士燮但注二家，不及《左氏》。”士燮：字威彦，蒼梧廣信（今廣西蒼梧縣）人。事潁川劉子奇，治《左氏春秋》。建安末，孫權遷其爲衛將軍，拜龍編侯。耽玩《春秋》，爲之注解。《三國志》卷四九有傳。《經典釋文叙録》、兩《唐志》有著録，《宋志》無載，亡佚。

《春秋左氏長經》二十卷。漢侍中賈逵章句。

《後漢書》卷三六載，漢章帝“善（賈）逵説，使發出《左氏傳》大義長於二傳者”，賈逵即挑出《左氏》三十事尤著名者，以抵《公羊》《穀梁》。《漢志》有《左氏傳》三十卷，左丘明因《春秋》口授弟子，恐弟子各安其意，故論本事而爲《春秋》作傳，然《左氏傳》紀事至悼公四年，較《春秋》本經多十七年事。對於《左傳》的作者，歷來有争論，宋葉夢得、鄭樵認爲應是六國時人。《左傳》的來源有三説，劉歆謂漢時藏於祕府，許慎謂由張蒼所獻，王充謂是魯恭王在孔子舊宅發現的。《經典釋文叙録》追溯了《左傳》的傳習源流，漢有鐸椒、張蒼、劉歆，後漢經賈逵、鄭衆、馬融傳習，《左傳》大興。此書不僅注《左氏傳》，亦注《春秋經》。見《南齊書·陸澄傳》及《春秋左傳正義·襄公三十一年》疏。《舊唐志》著録《春秋左氏長經章句》三十卷，《新唐志》著録《春秋左氏長經章句》二十卷，《宋志》無載，亡佚。清馬國翰有輯本。

《春秋左氏解詁》三十卷。賈逵撰。

《後漢書》卷三六載，賈逵尤明《左氏傳》，爲之解詁三十篇。其書《經典釋文叙録》、兩《唐志》有著録，《宋志》無載，亡佚。清王謨、馬國翰、黄奭有輯本。

《春秋左氏傳解誼》三十一卷。漢九江太守服虔注。

服虔：初名重，又名祇，後改爲虔，字子慎，河南滎陽（今河南滎陽市）人。在太學受業，作《春秋左氏傳解》。靈帝中平末，拜九江太守。著詩賦、碑、誄凡十餘篇。《後漢書》卷七九下有傳。本志經、史部尚有服虔七部著述。本志篇叙稱，晋時服虔、杜預注俱立國學，後唯傳服義。《經典釋文叙録》、兩《唐志》皆著録此書三十卷，《宋志》無載，亡佚。清馬國翰、袁鈞、王謨、黄奭有輯本。

《春秋左氏傳》三十卷。王肅注。

《經典釋文叙録》、兩《唐志》有著録，《宋志》無載，亡佚。清馬國翰有輯本。

《春秋左氏傳》三十卷。董遇章句。

《三國志》卷一三注曰，董遇善《左氏傳》，更爲作朱墨别異。《經典釋文叙録》著録董遇《章句》三十卷，兩《唐志》著録董遇《春秋經傳章句》三十卷，《宋志》無載，亡佚。清馬國翰有輯本。

《春秋左氏傳義注》十八卷。孫毓注。

《經典釋文叙録》著録孫毓《注》二十八卷，兩《唐志》著録《春秋左氏傳義注》三十卷，《宋志》無載，亡佚。清馬國翰有輯本。

《春秋左氏傳》十二卷。魏司徒王朗撰。

王朗：字景興，東海郯（今山東郯城縣）人，王肅之父。漢獻帝時，拜會稽太守。魏文帝時，爲司空，進封樂平侯。後封蘭陵侯，轉爲司徒。著《易》《春秋》等，皆傳於世。《三國志》卷一三有傳。兩《唐志》著録王朗《春秋傳》十卷，《宋志》無載，亡佚。

《春秋左氏經傳集解》三十卷。杜預撰。

杜預《春秋序》稱，專修丘明之傳以釋經，經之條貫必出於傳。而《四庫全書總目》卷二六則曰，杜注多强經以就傳，是篤信專門之過，不能不謂之一失。此書《經典釋文叙録》、兩《唐志》有著録。唐孔穎達爲《春秋左氏經傳集解》作疏，即《春秋左傳正義》。《春秋左傳集解》流傳至今，現存最早的本子爲宋刻本，通行的本子有十三經注疏本、四庫本、四部叢刊本。

《春秋杜氏》《服氏注春秋左傳》十卷。殘缺。

此似前所著録之杜預《春秋左氏經傳集解》及服虔《春秋左氏傳解誼》的殘卷合併本。

《春秋左氏傳音》三卷。魏中散大夫嵇康撰。梁有服虔、杜預《音》三卷，魏高貴鄉公《春秋左氏傳音》三卷，曹耽《音》、尚書左人郎荀訥等《音》四卷，亡。

嵇康：字叔夜，譙國銍（今安徽宿州市）人。少有奇才，長好老莊。官拜中散大夫。因得罪鍾會，被誣入獄而誅。作《廣陵散》《太師箴》等。《三國志》卷二一、《晋書》卷四九有傳。本志史、子部尚有嵇康二部著述。《經典釋文叙録》著録此書，兩《唐志》無載，亡佚。清馬國翰有輯本。服虔杜預《音》：《經典釋文叙録》著録服虔《音》一卷，兩《唐志》著録服虔《春秋左氏音隱》一卷。《宋志》無載，亡佚。杜預《音》，《經典釋文叙録》、兩《唐志》皆著録爲三卷。《宋志》無載，亡佚。曹髦：字彦士，東海定王霖子。正始五年，封郯縣高貴鄉公。齊王曹芳廢，即帝位後被弑。《三國志》卷四有傳。其書兩《唐志》無載，亡佚。曹耽荀訥《音》：《經典釋文叙録》僅著録荀訥音四卷，兩《唐志》著録《春秋左氏音》四卷，曹耽、荀訥撰。《宋志》無載，亡佚。荀訥：字世言，新蔡（今河南新蔡縣）人。東晋左民郎。見《經典釋文叙録》。

《春秋左氏傳音》三卷。李軌撰。

《經典釋文叙録》《新唐志》著録李軌撰，《舊唐志》著録李弘範撰，李軌字弘範。《宋志》無載，亡佚。

《春秋左氏傳音》三卷。徐邈撰。

《經典釋文叙録》有著録。兩《唐志》亦有著録，然撰者誤作孫邈。《宋志》無載，亡佚。清馬國翰有輯本。

《春秋釋訓》一卷。賈逵撰。

《春秋左氏經傳朱墨列》一卷。賈逵撰。

以上賈逵所撰二書，兩《唐志》、《宋志》皆無載，亡佚。

《春秋釋例》十卷。漢公車徵士潁容撰。梁有《春秋左氏傳條例》九卷，漢大司農鄭衆撰。

潁容：字子嚴，陳國長平（今河南西華縣）人。博學多通，善《左氏》。州辟、公車徵，皆不就。著《春秋左氏條例》五萬餘言。《後漢書》卷七九下有傳。杜預《春秋左傳集解序》曰，"……末有潁子嚴者，雖淺近，亦復名家，故特舉劉、賈、許、潁之違以見異同"。《經典釋文叙録》載潁容《春秋條例》，《舊唐志》著録《春秋左氏傳例》七卷，失撰者，《新唐志》著録潁容《釋例》七卷，三者同爲一書。《宋志》無載，亡佚。清馬國翰有輯本。鄭衆：字仲師，河南開封（今河南開封市）人。從父受《左氏春秋》，作《春秋難記條例》，兼通《易》《詩》，知名於世。永平中，以明經爲給事中，再遷越騎司馬。遷馮翊，有政績。建初六年爲大司農。《後漢書》卷三六有傳。本志經部尚有鄭衆一部著述。此書《經典釋文叙録》作《左傳條例章句》，《舊唐志》作《春秋左氏傳條例章句》，《新唐志》作《牒例章句》。《宋志》無載，亡佚。

《春秋左氏膏肓釋痾》十卷。服虔撰。梁有《春秋漢議駮》二卷，服虔撰，亡。

此書針對何休《春秋左氏膏肓》而作。痾（kē）：病。膏肓，喻《左氏》之疾不可爲。兩《唐志》皆著録此書，然作五卷，《宋志》無載，亡佚。清馬國翰有輯文，附《春秋左氏傳解誼》輯本後。《春秋漢議駮》：《後漢書》卷七九下載，服虔"又以《左傳》駮何休之所駮漢事六十條"，疑即此書。《舊唐志》著録作《何氏春秋漢記》十一卷，《新唐志》著録作《駮何氏春秋漢議》十一卷。《宋志》無載，亡佚。

《駮何氏漢議》二卷。鄭玄撰。

此書《日本國見在書目録》有著録，作九卷，鄭玄撰。《舊唐志》著録《何氏春秋漢議》十一卷，何休撰，鄭玄駮，糜信注。《新唐志》著録何休《春秋漢議》十卷，糜信注，鄭玄駮。《宋志》無載，亡佚。

《春秋成長説》九卷。服虔撰。梁有《春秋左氏達義》一卷，漢司徒掾王玢撰，亡。

《周禮·春官·占夢》"以日、月、星辰占六夢知吉凶"下疏引服虔《左傳説》，最後曰"成長以爲誤也"。姚振宗認爲成長是人名，其有《春秋説》，服虔集而論之，故署服虔撰。《春秋左氏達義》：兩《唐志》皆有著録，作《春秋達長義》。《宋志》無載，亡佚。王玢，生平事迹不詳。

《春秋塞難》三卷。服虔撰。梁有《春秋雜議難》五卷，漢少府孔融撰；《春秋左氏釋駮》一卷，王朗撰。亡。

此書兩《唐志》皆有著録，《宋志》無載，亡佚。孔融：字文舉，魯國（今山東境内）人，孔子二十世孫。幼有異才，好學，多涉博覽。獻帝都許，徵爲將作大匠，遷少府，忤曹操免官。歲餘復拜太中大夫，然終下獄棄市。所著詩賦、論議、表檄等二十五篇。《後漢書》卷七〇、《三國志》卷一二有傳。兩《唐志》著録《春秋雜議難》五卷，無撰者名，疑即此書。《宋志》無載，亡佚。《春秋左氏釋駁》：兩《唐志》無載，亡佚。

《春秋説要》十卷。魏樂平太守麋信撰。

麋信：字南山，東海（今山東境内）人。魏樂平太守。見《經典釋文叙録》。本志經部尚有麋信一部著述。兩《唐志》著録此書爲《春秋左氏傳説要》十卷，《宋志》無載，亡佚。

《春秋釋例》十五卷。杜預撰。梁有《春秋釋例引序》一卷，齊正員郎杜乾光撰，亡。

《春秋左傳集解序》曰“又别集諸例及地名、譜第、歷數相與爲部，凡四十部十五卷，皆顯其異同從而釋之，名曰《釋例》”。《晋書》卷三四《杜預傳》載，又參考衆家譜第謂之《釋例》。兩《唐志》、《宋志》、《崇文總目》皆有著録。《四庫全書總目》卷二六曰，“自明以來，是書久佚，唯《永樂大典》中尚存三十篇，並有唐劉蕡原序。其六篇有釋例而無經傳，餘亦多有脱文。謹隨篇掇拾，取孔穎達《正義》及諸書所引《釋例》之文補之，校其訛謬，釐爲四十七篇，仍分十五卷，以還其舊”。可知今傳本乃從《永樂大典》中輯出，有四庫本、武英殿聚珍本、岱南閣叢書本。杜乾光：生平事迹不詳。其書兩《唐志》無載，亡佚。

《春秋左氏傳評》二卷。杜預撰。

此書兩《唐志》均作《左氏杜預評》二卷。《宋志》無載，亡佚。

《春秋條例》十一卷。晋太尉劉寔撰。梁有《春秋公羊達義》三卷，劉寔撰，亡。

劉寔：字子真，平原高唐（今山東禹城市）人。好學，博通古今。泰始初進爵爲伯，元康初進爵爲侯，九年拜司空，遷太保，轉太傅。懷帝即位，授太尉。精於三傳，辯證《公羊》，又撰《春秋條例》十卷。《晋書》卷四一有傳。本志集部尚有一部劉寔著述。此書《舊唐志》著録《春秋左氏條例》十卷，《新唐志》著録《條例》十卷、《左氏牒例》二十卷。《宋志》無載，亡佚。《春秋公羊達義》：兩《唐志》皆著録《春秋公羊違義》三卷，劉寔撰，劉晏注。《宋志》無載，亡佚。

《春秋經例》十二卷。晋方範撰。梁有《春秋釋滯》十卷，晋尚書左丞殷興撰；《春秋釋難》三卷，晋護軍范堅撰。亡。

方範：生平事迹不詳。《舊唐志》著録《春秋左氏經例》十卷，《新唐志》著録《經例》六卷，《宋志》無載，亡佚。殷興：一作殷基，雲陽（今江蘇丹陽市）人。仕吴，爲無難督。入晋，遷尚書左丞。有《春秋釋滯》十卷，《通語》十卷。見《全晋文》卷八一。本志子部尚有其著述一部。兩《唐志》皆著録此書，《宋志》無載，亡佚。范堅：字子常，南陽順陽（今河南淅川縣）人。博學善屬文。永嘉中，避亂江東，拜佐著作郎、撫軍參軍，累遷尚書左丞、護軍長史，卒官。《晋書》卷七五有傳。其書兩《唐志》無載，亡佚。

《春秋左氏傳條例》二十五卷。

《春秋義例》十卷。

以上二書皆不署撰者，兩《唐志》均無載，亡佚。

《春秋左傳例苑》十九卷。梁有《春秋經傳説例疑隱》一卷，吴略撰；《春秋左氏分野》一卷；《春秋十二公名》一卷，鄭玄撰。亡。

不署撰者。兩《唐志》著録《春秋左氏傳例苑》十八卷，梁簡文帝撰。《梁書》卷四、《南史》卷八俱不載簡文帝撰此書。唯《南齊書》卷四〇載，晋安王蕭子懋，字雲昌。永明八年爲鎮南將軍，撰《春秋例苑》三十卷奏之。此應與本志、兩《唐志》所著録爲一書。《宋志》無載，亡佚。《春秋經傳説例疑隱》：兩《唐志》著録吴略撰《春秋經傳詭例疑隱》一卷，《宋志》無載，亡佚。吴略，生平事迹不詳。《春秋十二公名》：兩《唐志》無載，亡佚。

《春秋左氏經傳通解》四卷。王述之撰。

本志本類尚著録王述之撰《春秋旨通》十卷，王述之生平事迹不詳。兩《唐志》著録《春秋旨通》，撰者則爲王延之，却未著録此書。王延之在《宋書》卷六六、《南齊書》卷三二、《南史》卷二四皆有傳，然均未提及其有著述。此書兩《唐志》無載，亡佚。

《春秋左氏傳賈、服異同略》五卷。孫毓撰。

此書當爲孫毓所集賈逵、服虔有關《春秋左氏傳》之異同。兩《唐志》皆有著録，《宋志》無載，亡佚。

《春秋左氏函傳義》十五卷。干寶撰。

《晋書》卷八二載，干寶爲《春秋左氏義外傳》，並未言有此書。兩《唐志》著録此書作《春秋義函傳》十六卷，《宋志》無載，亡佚。清馬國翰有輯本。

《春秋左氏區别》三十卷。宋尚書功論郎何始真撰。

何始真：《宋書》無傳，卷五七載“以何始真爲諮議參軍”，卷八八載"太宗先遣尚書功論郎何如（始）真選青州文武"，其他事迹不詳。此書《舊唐志》作《春秋左氏區分》，《新唐志》作《春秋左氏區别》，皆爲十二卷，《宋志》無載，亡佚。

《春秋文苑》六卷。

不署撰者。兩《唐志》著録此書爲沈宏撰。沈宏：吴興武康（今浙江德清縣）人。天監初爲五經博士，著有《春秋經解》六卷、《春秋文苑》六卷、《春秋嘉語》六卷、《春秋五辯》二卷。見《全梁文》卷五九。此書《宋志》無載，亡佚。

《春秋叢林》十二卷。

不署撰者。兩《唐志》著録此書爲李謐撰。李謐：字永和，趙郡（今河北趙縣周邊）人。少好學，博通諸經，周覽百家。鳩集諸經，廣校同異，比三傳事例，名《春秋叢林》，十有二卷。《魏書》卷九〇有傳。此書《宋志》無載，亡佚。

《春秋義林》一卷。

不署撰者。兩《唐志》無載，亡佚。

《春秋大夫辭》三卷。

不署撰者。兩《唐志》有《春秋辭苑》五卷，亦不署撰者，不知是否與此書爲一書。《宋志》無載，亡佚。

《春秋嘉語》六卷。

不署撰者。兩《唐志》著録沈宏撰《春秋嘉語》六卷，《宋志》無載，亡佚。

《春秋左氏諸大夫世譜》十三卷。

不署撰者。兩《唐志》著録顧啓期撰《春秋大夫譜》十一卷。《文獻通考·經籍考》卷九著録《春秋世譜》一卷，引《崇文總目》“不著撰人名氏。凡七卷。起黄帝至周，見於春秋諸國，世系傳久，稍失其次矣”。馬端臨“疑此乃啓期所撰”。顧啓期：孫吴時人，其他事迹不詳。本志史部尚有顧啓期一部著述。此書宋代尚有存留，今佚。

《春秋五辯》二卷。梁五經博士沈宏撰。

此書兩《唐志》無載，亡佚。

《春秋辯證》六卷。

不署撰者。兩《唐志》有《春秋辯證明經論》六卷，不知是否與此書爲一書，此書《宋志》無載，亡佚。

《春秋旨通》十卷。王述之撰。

兩《唐志》著録此書，然撰者爲王延之，《宋志》無載，亡佚。

《春秋經傳解》六卷。崔靈恩撰。

《春秋申先儒傳論》十卷。崔靈恩撰。

《春秋左氏傳立義》十卷。崔靈恩撰。

以上三書皆崔靈恩所撰。《南史》卷七一《崔靈恩傳》載其“先習《左傳》服氏解，不爲江東所行，乃改説杜義。每文句常申服以難杜，遂著《左氏條義》以明之”。兩《唐志》著録其《春秋立義》十卷，《春秋申先儒傳例》十卷。此三書《宋志》皆無載，亡佚。

劉寔等《集解春秋序》一卷。

兩《唐志》無載，亡佚。

《春秋序論》二卷。干寶撰。

兩《唐志》皆著録此書爲一卷，《宋志》無載，亡佚。

《春秋序》一卷。賀道養注。

賀道養：會稽山陰（今浙江紹興市）人。太學博士、征南將軍。有《賀子述言》十卷、集十卷。見《南史》卷六二、《宋書》卷六六、《全宋文》卷四三。本志子、集部尚有賀道養二部著述。此書兩《唐志》無載，亡佚。

《春秋序》一卷。崔靈恩撰。

此書兩《唐志》無載，亡佚。

《春秋序》一卷。田元休注。

田元休：生平事迹不詳。此書兩《唐志》無載，亡佚。

《春秋左傳杜預序集解》一卷。劉炫注。

兩《唐志》無載，亡佚。

《春秋左氏經傳義略》二十五卷。陳國子博士沈文阿撰。

沈文阿：字國衛，吴興武康（今浙江德清縣）人。少習父業，治三禮、三傳。累遷兼國子助教、五經博士，後遷通直散騎常侍、兼國子博士，領羽林監。天嘉四年卒，詔贈廷尉卿。所撰《儀禮》八十餘卷、《經典大義》十八卷，並行於世。《梁書》卷四八、《陳書》卷三三、《南史》卷七一有傳。本志經部尚有沈文阿一部著述。兩《唐志》著録沈文阿《春秋義略》二十七卷，《宋志》無載，亡佚。清馬國翰有輯本。

王元規《續沈文阿春秋左氏傳義略》十卷。

王元規：字正範，太原晋陽（今山西太原市）人。從沈文阿受業，通《春秋左氏》《孝經》《論語》等。梁爲員外散騎侍郎。陳天嘉年間領國子助教，後遷國子祭酒。禎明三年入隋，年七十四卒。著《春秋發題辭》及《義記》十一卷，《續經典大義》十四卷等。《陳書》卷三三、《南史》卷七一有傳。《經典釋文叙録》載，梁東宫學士沈文阿撰《春秋義疏》闕下帙，陳東宫學士王元規續成之，元規又撰《春秋音》。此書兩《唐志》無載，亡佚。清馬國翰有輯本。

《春秋義略》三十卷。陳右軍將軍張沖撰。

張沖：字叔玄，吴郡（江蘇蘇州市周邊）人。仕陳爲左中郎將，非其好也。撰《春秋義略》，異於杜氏七十餘事。官至漢王侍讀。《隋書》卷七五、《北史》卷八二有傳。本志經部尚有張沖一部著述。此書兩《唐志》皆著録《春秋左氏義略》三十卷，《宋志》無載，亡佚。

《春秋左氏義略》八卷。

不署撰者。兩《唐志》無載，亡佚。

《春秋五十凡義疏》二卷。

不署撰者。兩《唐志》無載，亡佚。

《春秋左氏傳述義》四十卷。東京太學博士劉炫撰。

《隋書》卷七五載，劉炫著《春秋攻昧》十卷、《春秋述議》四十卷。《日本國見在書目録》著録劉炫《春秋述義》三十卷，兩《唐志》著録劉炫《春秋攻昧》十二卷、《春秋規過》三卷、《春秋述議》三十七卷，《宋志》著録劉炫《春秋述議略》一卷，又《春秋義囊》二卷。《崇文總目》著録《春秋述議》一卷，並稱此書本四十篇，唐孔穎達《正義》蓋據以爲説而增損之，今三十九篇亡。此書宋以後亡。清黄奭、王謨、馬國翰有輯本。

《春秋序義疏》一卷。梁有《春秋發題》一卷，梁簡文帝撰《春秋左氏圖》十卷，漢太子太傅嚴彭祖撰《古今春秋盟會地圖》一卷，亡。

不署撰者。兩《唐志》無載，亡佚。《春秋發題》：《日本國見在書目録》有《春秋發題》二卷，亦不署撰者。兩《唐志》無載，亡佚。《春秋左氏圖》：《梁書》卷四、《南史》卷八其本紀皆不載此圖。《通志·藝文略》著録《左氏圖》十卷，梁簡文帝撰，《宋志》無載，亡佚。嚴彭祖：字公子，東海下邳（今江蘇邳州市）人。與顔安樂從眭孟學《公羊春秋》。諸生徒中，唯嚴彭祖、顔安樂爲明，質問疑義，各持己見。眭孟死，二人各自專門教授，由是《公羊春秋》有嚴、顔之學。彭祖爲漢宣帝博士，至河南、東郡太守。以高第入爲左馮翊，遷太子太傅。《漢書》卷八八有傳。本志經部尚有嚴彭祖一部著述。兩《唐志》著録嚴彭祖撰《春秋圖》七卷，《通志·藝文略》著録嚴彭祖《春秋圖》七卷、《春秋盟會地圖》一卷。《宋志》無載，亡佚。清王謨、黄奭各輯《春秋盟會圖》一卷。

《春秋公羊傳》十二卷。嚴彭祖撰。

《春秋公羊傳》是公羊家傳習《春秋》之作。《漢志》著録公羊子《公羊傳》十一卷，徐彦《公羊疏》曰，“《公羊》者，子夏口授公羊高，高五世相授，至漢景帝時，公羊壽共弟子胡毋生乃著竹帛，胡毋生題親師，故曰《公羊》”。《日本國見在書目録》有《春秋公羊傳》十二卷，嚴彭祖注。《舊唐志》著録《春秋公羊傳》

五卷，公羊高傳，嚴彭祖述。《新唐志》著録《春秋公羊傳》五卷，嚴彭祖述。《宋志》無載，亡佚。清馬國翰有輯本。

《春秋公羊解詁》十一卷。漢諫議大夫何休撰。

何休：字邵公，任城樊（今山東兖州市）人。雅有心思，精研六經，世儒無及者。作《春秋公羊解詁》，以《春秋》駁漢事六百餘條，妙得《公羊》本意。又注訓《孝經》《論語》，作《公羊墨守》《左氏膏肓》《穀梁廢疾》。黨禁解，辟司徒，拜議郎，再遷諫議大夫。光和五年卒。《後漢書》卷七九下有傳。本志經部尚有何休六部著述。《郡齋讀書志》卷三稱《公羊》傳至何休，爲經傳集詁，其書遂大傳。鄭玄曰《公羊》善於讖，休之注引讖最多。《直齋書録解題》卷三亦稱何休書多引讖緯。唐徐彦爲此書作疏二十八卷。《四庫全書總目》卷二六曰，“何休《解詁》但釋傳而不釋經，與杜（預）異例，知漢末猶自别行。……今本以傳附經，或徐彦作疏時所合併歟”。此書《日本國見在書目録》著録《春秋公羊集詁》十二卷，《經典釋文叙録》著録何休注《公羊》十二卷，《舊唐志》著録《春秋公羊經傳》十三卷，何休注，《新唐志》著録何休《公羊解詁》十三卷，《宋志》著録何休《公羊傳》十二卷。何休單注本最早爲十二卷宋刻本，通行本爲十三經注疏本、四庫本等。

《春秋公羊經傳》十三卷。晋散騎常侍王愆期注。梁有《春秋公羊傳》十二卷，晋河南太守高龍注；《春秋公羊傳》十四卷，孔衍集解；《春秋公羊音》，李軌、晋徵士江淳撰，各一卷。

王愆期：字門子，河東猗氏（今山西臨猗縣）人。流寓江南，咸和中爲右司馬，加督護，後爲散騎常侍、辰陽伯。緣父本意，更注《公羊》，又集《列女後傳》。見《晋書》卷五一、卷六六，《經典釋文叙録》。本志經、集部尚有王愆期二部著述。此書《經典釋文叙録》與兩《唐志》皆有著録，《宋志》無載，亡佚。高龍：字文，范陽（今北京周邊）人。東晋河南太守。見《經典釋文叙録》。此書《經典釋文叙録》著録高龍《公羊注》十二卷，《舊唐志》作《春秋公羊傳記》十二卷，高襲注，《新唐志》作高襲《傳記》十二卷。《宋志》無載，亡佚。《春秋公羊傳》十四卷：《經典釋文叙録》著録孔衍《公羊集解》十四卷，兩《唐志》著録《公羊集解》，然孔衍作孔氏，《宋志》無載，亡佚。《春秋公羊音》：《經典釋文叙録》亦著録李軌、江淳各一卷，兩《唐志》無載，亡佚。李軌《春秋公羊音》：兩《唐志》無載，亡佚。江淳：一作江惇，字思悛，陳留圉（今河南杞縣南）人，江統子。性好學，儒玄並綜。徵拜博士、著作郎皆不就。見《晋書》卷五六。本志集部尚有江淳一部著述。其書兩《唐志》無載，亡佚。

《春秋繁露》十七卷。漢膠西相董仲舒撰。

董仲舒：廣川（今河北景縣）人。傳《公羊春秋》，孝景帝時爲博士。武帝時爲江都相。居家著灾異之記，下獄當死，詔赦之。後爲膠西王相，恐久任獲罪，病免歸家至卒。其所著，皆明經術之意，及上疏條陳，凡百二十三篇。而説《春秋》得失，《聞舉》《玉杯》《蕃露》《清明》《竹林》之屬，十餘萬言，皆傳於後世。《史記》卷一二一、《漢書》卷五六有傳。本志經部尚有董仲舒一部著述。此書《漢志》未著録，兩《唐志》、《宋志》有著録。《崇文總目》稱《春秋繁露》十七卷八十二篇，義因宏博，非出近世。然其間篇第亡舛，無以是正。《四庫全書總目》卷三〇曰，其立名之義不可解，其書發揮《春秋》之旨多主公羊，而往往及陰陽五行。據董仲舒本傳，《蕃露》《玉杯》《竹林》皆所著書名，而今本《玉杯》《竹林》乃在此書中。觀其文雖未必全出自仲舒，然中多根極理要之言，非後人所能依託也。此書流傳多舛，錯訛、脱漏，已非原貌。《四庫全書總目》著録是書乃以《永樂大典》所存宋樓鑰本詳爲勘訂，號爲永樂大典本，是此書較好的通行本。此書現存最早的本子是宋嘉定四年刻本。通行本有四庫本、四部叢刊本、四部備要本等。

《春秋决事》十卷。董仲舒撰。

《漢書》卷五六載，董仲舒在家，朝廷如有大議，使使者及廷尉張湯就其家而問之，其對皆有明法。《漢志・六藝略》著録《董仲舒治獄》十六篇，《日本國見在書目録》有《春秋斷獄事》十卷，不署撰者。兩《唐志》子部"法家"著録《春秋决獄》十卷，董仲舒撰。《崇文總目》著録董仲舒《春秋决事比》十卷，丁氏平，黄氏正。《宋志》子部"法家"著録董仲舒《春秋决事》十卷，丁氏平，黄氏正。後亡佚。清王謨、洪頤煊、馬國翰、黄奭有輯本。

《春秋决疑論》一卷。

不署撰者，兩《唐志》無載，亡佚。

《春秋左氏膏肓》十卷。何休撰。

《後漢書》卷三五載，何休好《公羊》學，遂著《公羊墨守》《左氏膏肓》《穀梁廢疾》。（鄭）玄乃發《墨守》，鍼《膏肓》，起《廢疾》。兩《唐志》著録《左氏膏肓》十卷，何休撰，鄭玄箴。《郡齋讀書志》卷三著録此書爲九卷，並稱休答賈逵事，因記《左氏》之短，鄭康成嘗著《箴膏肓》，後人附之逐章之下。《直齋書録解題》卷三著録《左氏膏肓》十卷，稱此書並存二家之言，意亦後人所録，已非全書。後佚。清王謨有輯本。

《春秋穀梁廢疾》三卷。何休撰。

兩《唐志》著録何休《春秋穀梁廢疾》三卷，鄭玄釋，張靖箋。《宋志》無載，亡佚。

《春秋漢議》十三卷。何休撰。

　　《後漢書》卷七九下載，何休又以《春秋》駁漢事六百餘條，妙得《公羊》本意。《舊唐志》著録《何氏春秋漢議》十一卷，何休撰，鄭玄駁，糜信注。《新唐志》著録何休《春秋漢議》十卷，糜信注，鄭玄駁。《宋志》無載，亡佚。

《駁何氏漢議》二卷。鄭玄撰。梁有《漢議駁》二卷，服虔撰，亡。

　　此二書前已著録，屬重複著録。

《駁何氏漢議叙》一卷。

　　不署撰者。兩《唐志》無載，亡佚。

《春秋公羊墨守》十四卷。何休撰。

　　此書名意在"《公羊》義理深遠，不可駁難，如墨翟之守城也"。見《後漢書》卷三五注。《舊唐志》著録《春秋公羊墨守》二卷，何休撰，鄭玄發。《新唐志》著録何休《墨守》一卷，鄭玄發。《宋志》無載，亡佚。《四庫全書總目》卷二六著録《箴膏肓》《起廢疾》《發墨守》各一卷，署鄭玄撰。此三書《隋志》皆無載，兩《唐志》則在何休名下，分别署鄭釋、鄭箴、鄭發，可以認爲何撰與鄭撰合併流傳，故《四庫全書》所收此三書其間應有何撰三書的内容。

《春秋公羊例序》五卷。刁氏撰。

　　刁氏：生平事迹不詳。此書兩《唐志》無載，亡佚。

《春秋公羊謚例》一卷。何休撰。梁有《春秋公羊傳條例》一卷，何休撰；《春秋公羊傳問答》五卷，荀爽問，魏安平太守徐欽答；《春秋公羊論》二卷，晋車騎將軍庾翼問，王愆期答。亡。

《春秋公羊傳注疏》卷一稱故何休作《文謚例》云《春秋》五始、三科、九旨、七等、六輔、二類之義，以矯枉撥亂。所言書名與《隋志》不同。此書兩《唐志》無載，亡佚。何休《春秋公羊解詁序》曰，"往者略依胡毋生《條例》，多得其正"。兩《唐志》著録何休《公羊條傳》一卷，《宋志》無載，亡佚。《後漢書》卷六二載，荀爽"又作《公羊問》及《辯讖》，並它所論叙，題爲《新書》。凡百餘篇，今多所亡缺"。徐欽：生平事迹不詳。《三國志》卷二二《徐宣傳》載，有子欽，承其嗣。不知是否即此徐欽。兩《唐志》皆著録此書，《宋志》無載，亡佚。庾翼：字稚康，潁川鄢陵（今河南鄢陵縣）人。少有經綸大略，累遷南蠻校尉、領南郡太守，賜爵都亭侯。後授都督江荆司雍梁益六州諸軍事、安西將軍、荆州刺史鎮武昌。永和元年卒，贈車騎將軍，謚曰肅。《晋書》卷七三有傳。本志經、集部尚有庾翼二部著述。兩《唐志》著録此書，《宋志》無載，亡佚。

《春秋公羊解序》一卷。鮮于公撰。

鮮于公：生平事迹不詳。此書兩《唐志》無載，亡佚。

《春秋公羊疏》十二卷。

不署撰者。此書兩《唐志》無載，《崇文總目》始載，《郡齋讀書志》卷三、《直齋書録解題》卷三亦有載，皆作三十卷，並提及世傳此爲唐徐彦所作，然又不能確定徐彦爲何時人士。《宋志》著録《公羊疏》三十卷，無撰者，又著録徐彦《公羊疏》三十卷。阮元《〈春秋公羊傳注疏〉序》稱，王鳴盛以爲《疏》是北朝徐遵明作。可姑備一説。

《春秋穀梁傳》十三卷。吴僕射唐固注。梁有《春秋穀梁傳》十五卷，漢諫議大夫尹更始撰，亡。

《春秋穀梁傳》乃穀梁家傳習《春秋》之作。《漢志》著録《穀梁傳》十一卷，穀梁子，魯人。顔師古注曰："名喜。"《春秋穀梁傳序疏》曰，穀梁子名俶，字元始，魯人，一名赤。受經於子夏，爲經作傳，故曰《穀梁傳》。傳孫卿，孫卿傳魯人申公，申公傳博士江翁。漢宣帝好《穀梁》，由是《穀梁》之傳大行於世。然何人著於竹帛，則不可考矣。漢有尹更始《穀梁章句》，吴唐固、魏麋信、晋張靖、徐邈等有《春秋穀梁傳》注，晋范甯又有《春秋穀梁傳集解》，唐楊士勳以《集解》爲底本，作《春秋穀梁傳注疏》。唐固：字子正，丹陽（今江蘇境内）人。黄武四年，爲尚書僕射。著《公羊傳》《穀梁傳》注。見《三國志》卷五三。本志經部尚有唐固一部著述。《經典釋文叙録》、兩《唐志》著録此書皆爲十二卷，《宋志》無載，亡佚。尹更始：字翁君，汝南郡邵陵（今河南漯河市）人。從蔡千秋習《穀梁》又受《左氏傳》，取其變合者以爲章句。歷任諫議大夫、長樂户府。見《漢書》卷八八。《經典釋文叙録》著録《穀梁章句》十五卷。《舊唐志》著録《春秋穀梁章句》十五卷，穀梁俶解，尹更始注。《新唐志》著録《春秋穀梁傳》十五卷，尹更始注。《宋志》無載，亡佚。清馬國翰有輯本。又，《漢志》著録《穀梁章句》三十三篇，不署撰者，疑即此書。

《春秋穀梁傳》十二卷。魏樂平太守麋信注。

《南齊書》卷三九載，國學置鄭、王《易》，杜、服《春秋》，何氏《公羊》，麋氏《穀梁》。《經典釋文叙録》、兩《唐志》皆著録麋信注《春秋穀梁傳》，《宋志》無載，亡佚。清王謨、馬國翰、黄奭有輯本。又有羅振玉《鳴沙石室佚書初編》本《春秋穀梁傳解釋》殘一卷。

《穀梁傳》十卷。晉堂邑太守張靖注。梁有《春秋穀梁傳》十三卷，晋給事郎徐乾注；《春秋穀梁傳》十卷，胡訥集解。亡。

張靖：泰始末太常博士。見《全晋文》卷七八。本志經部尚有張靖一部著述。兩《唐志》著録張靖集解《穀梁傳》十一卷，《宋志》無載，亡佚。徐乾：字文祚，東莞（今山東莒縣）人。太元中博士，安帝時進給事中。見《經典釋文叙録》、《全晋文》卷一三八。本志集部尚有徐乾一部著述。兩《唐志》有著録，《宋志》無載，亡佚。清馬國翰有輯本。胡訥：永和末太學博士。見《全晋文》卷一三三。本志經部尚有二部胡訥著述。《經典釋文叙録》有載，兩《唐志》無載，亡佚。

《春秋穀梁傳》十六卷。程闡撰。

程闡：生平事迹不詳。兩《唐志》著録《春秋穀梁經傳》十六卷，程闡集注。《宋志》無載，亡佚。

《春秋穀梁傳》十四卷。孔衍撰。

《經典釋文叙録》載孔衍集解《穀梁》十四卷，兩《唐志》著録《春秋穀梁傳》十三卷，孔衍訓注。《宋志》無載，亡佚。

《春秋穀梁傳》十二卷。徐邈撰。

《晋書》卷七五載，徐邈復爲《穀梁》注，世亦稱之。今存范甯《春秋穀梁傳集解》多引徐邈注，可推測徐邈成書在范甯之前。《經典釋文叙録》、兩《唐志》皆著録此書，《宋志》無載，亡佚。

《春秋穀梁傳》十四卷。段肅注。疑漢人。

段肅：姚振宗引惠棟《九經古義》稱《後漢書》卷四〇下載

班固奏記，言及弘農功曹史殷肅達學洽聞，才能絶倫。李賢注曰“《固集》殷作段”。認爲此書之注者即爲漢弘農功曹史段肅。《經典釋文敘録》著録此書爲十二卷，《舊唐志》著録《春秋穀梁傳》十三卷，段氏注。《新唐志》著録《春秋穀梁傳》段肅《注》十三卷。《宋志》無載，亡佚。清王仁俊有輯本。

《春秋穀梁傳》五卷。孔君揩訓，殘缺。梁十四卷。

兩《唐志》無載，《通志·藝文略》據《隋志》著録，然作孔君指訓，依然缺名。孔君：不詳何人。書已亡。

《春秋穀梁傳》十二卷。范甯集解。梁有《穀梁音》一卷，亡。

范甯乃商略名例，敷陳疑滯，博示諸儒同異之説，以作《集解》。見《春秋穀梁傳集解序》。《四庫全書總目》卷二六稱《漢志》著録《公羊》《穀梁》二家經十一卷，傳亦各十一卷，則經傳初亦别編。范甯《集解》乃併經注之，即甯之所合。唐楊士勛爲此書作疏，今存。現存最早的本子爲宋刻元修本，另有古逸叢書本、影宋紹興本，通行本有十三經注疏本、四庫本等。

《春秋穀梁傳》四卷。殘缺，張、程、孫、劉四家集解。

張程孫劉四家：從本志著録可以推測，張爲張靖，程爲程闡，劉爲劉兆，然孫則難以推測。兩《唐志》無載，亡佚。

麋信《理何氏漢議》二卷。魏人撰。

《舊唐志》著録《何氏春秋漢議》十一卷，何休撰，鄭玄駁，麋信注。《新唐志》著録此書爲十卷，亦稱麋信注。本志有何休《春秋漢議》十三卷和鄭玄《駁何氏漢議》二卷。疑此書爲魏人所編麋注别本。兩《唐志》無載，亡佚。

《春秋穀梁傳義》十卷。徐邈撰。

此書《舊唐志》著録爲十一卷，《新唐志》著録十卷，《宋志》無載，亡佚。

《春秋議》十卷。何休撰。

《日本國見在書目録》載，《春秋漢議》十卷，何休撰。本志前已著録何休《春秋漢議》十三卷，疑此十卷本爲其别本。兩《唐志》無載，亡佚。

徐邈《答春秋穀梁義》三卷。

《舊唐志》有《穀梁傳義》三卷，蕭邕注。《新唐志》有蕭邕《問傳義》三卷。疑即此書，蕭邕問，徐邈答。兩《唐志》無載，亡佚。蕭邕：不詳何人。

薄叔玄《問穀梁義》二卷。梁四卷。

馬國翰以爲此書當署范甯撰，薄叔玄對范甯《穀梁傳集解》有所駁問，范甯隨問逐條答之。兩《唐志》無載，亡佚。清王謨、馬國翰有輯本。

《春秋穀梁傳例》一卷。范甯撰。

范甯在《穀梁傳集解序》中提及商略名例。兩《唐志》無載，亡佚。清王謨有輯本。

《春秋公羊、穀梁傳》十二卷。晋博士劉兆撰。

劉兆：字延世，濟南東平（今山東東平縣）人。五辟公府，三徵博士，皆不就。作《春秋調人》七萬餘言 。又爲《春秋左氏》解，名曰《全綜》，《公羊》《穀梁》解詁皆納經傳中，朱書以别之。卒年六十六。《晋書》卷九一有傳。《舊唐志》著録劉兆《春秋公羊穀梁左氏集解》十一卷，《新唐志》著録劉兆《三家集解》十一卷，《宋志》無載，亡佚。清王謨、馬國翰有輯本。

《春秋穀梁廢疾》三卷。何休撰，鄭玄釋，張靖箋。

兩《唐志》有著録，《宋志》無載，亡佚。

《春秋公羊、穀梁二傳評》三卷。

不署撰者。兩《唐志》著録此書爲江熙撰。《宋志》無載，亡佚。

《春秋三家經本訓詁》十二卷。賈逵撰。宋有《三家經》二卷，亡。

三家經當指《漢志》所著録之《春秋古經》十二篇，《經》十一卷。前者爲古文經，後者爲今文經，分公羊、穀梁二家。兩《唐志》著録此書，《宋志》無載，亡佚。《三家經》：姚振宗認爲當是沿襲王儉《七志》而言。

《春秋三傳論》十卷。魏大長秋韓益撰。

韓益：或作韓蓋，建安末年博士。見《全三國文》卷三六。兩《唐志》有著録，《宋志》無載，亡佚。

《春秋經合三傳》十卷。潘叔度撰。

《北齊書》卷四四載，河北諸儒能通《春秋》者，有潘叔度。其他事迹不詳。兩《唐志》著録《春秋合三傳通論》十卷，潘叔度注。《宋志》無載，亡佚。

《春秋成奪》十卷。潘叔度撰。

兩《唐志》有著録，作《春秋成集》十卷，《宋志》無載，亡佚。

《春秋三傳評》十卷。胡訥撰。梁有《春秋集三師難》三卷、《春秋集三傳經解》十卷，胡訥撰。今亡。

兩《唐志》衹著録《春秋三傳評》十一卷、《春秋三傳經解》十卷。此三書《宋志》皆無載，亡佚。

《春秋土地名》三卷。晋裴秀客京相璠等撰。

《水經注》卷一六《穀水》注，提及京相璠與裴司空季彦修《晋輿地圖》、作《春秋土地名》。京相璠：生平事迹不詳。《舊唐志》著録《春秋土地名》三卷，不署撰者。《新唐志》著録京相璠《春秋土地名》三卷。《宋志》無載，亡佚。清王謨、洪頤炫、馬國翰、黄奭有輯本。

《春秋外傳國語》二十卷。賈逵注。

《漢志·六藝略》著録《國語》二十一篇，左丘明著。《漢書》卷六二《司馬遷傳贊》言及左丘明又纂異同爲《國語》。《史通六家》稱左丘明又稽其逸文纂其别説，分周、魯、齊、晋、鄭、楚、吴、越八國事，起自周穆王，終於魯悼公，别爲《春秋外傳國語》，合爲二十一篇。晋太康二年於汲郡魏襄王墓出土《國語》三篇，記楚、晋事。《國語》今存，多有韋昭注，單行本很少，現存最早的本子爲明刻本。《後漢書》卷三六載，賈逵尤明《左氏傳》《國語》，爲之《解詁》五十一篇。兩《唐志》衹著録左丘明《春秋外傳國語》二十卷，從其著録諸家注《國語》以及所載卷數，可以認爲兩《唐志》所録即賈逵所注《國語》，而漏載注者。《宋志》無載，亡佚。清王謨、馬國翰、黄奭、蔣曰豫、王仁俊有輯本。

《春秋外傳國語》二十一卷。虞翻注。

《三國志》卷五七載，虞翻爲《國語訓注》，傳於世。兩《唐志》有著録，《宋志》無載，亡佚。清馬國翰、黄奭、王仁俊有輯本。

《春秋外傳章句》一卷。王肅撰。梁二十二卷。

此著録一卷，非全本。兩《唐志》著録王肅《春秋外傳國語章句》二十二卷。《宋志》無載，亡佚。清黄奭有輯本。

《春秋外傳國語》二十二卷。韋昭注。

韋昭《國語注序》言及其作注，"因賈君之精實，采虞、唐之信善，亦以所覺增潤補綴。參之以五經，檢之以《内傳》；以《世本》考其流，以《爾雅》齊其訓。去非要存事實，凡所發正三百七事"。宋宋庠《國語補音序》稱，韋氏以鄭、賈、虞、唐爲主而增損之，故其注備而有體，可謂一家之名學。兩《唐志》、《宋志》皆著録此書爲二十一卷，今存。現存最早的本子爲宋刻元明遞修本，通行本爲四庫本、四部叢刊本等。

《春秋外傳國語》二十卷。晋五經博士孔晁注。

《舊唐志》著録《春秋外傳國語》又二十一卷，不署撰者；《新唐志》著録孔鼂《國語解》二十一卷。《宋志》無載，亡佚。清馬國翰、黄奭有輯本。

《春秋外傳國語》二十一卷。唐固注。梁有《春秋古今盟會地圖》一卷，亡。

兩《唐志》著録此書，《宋志》無載，亡佚。清王謨、馬國翰、黄奭有輯本。《春秋古今盟會地圖》：前《春秋序義疏》條下著録嚴彭祖撰《古今春秋盟會地圖》，此《春秋古今盟會地圖》不載撰者，丁國鈞《補晋書藝文志》以爲此書爲杜預所作。

右九十七部，九百八十三卷。通計亡書，合一百三十部，一千一百九十二卷。

九十七部：實爲一百零四部。一百三十部：實爲一百四十部。

《春秋》者，魯史策書之名。[1]昔成周微弱，典章淪廢，魯以周公之故，遺制尚存。仲尼因其舊史，裁而正之。[2]或婉而成章，[3]以存大順；[4]或直書其事，以示首惡。故有求名而亡，[5]欲蓋而彰，亂臣賊子，於是大懼。其所褒貶，不可具書，皆口授弟子，弟子退而異説。左丘明恐失其真，乃爲之傳。遭秦滅學，口説尚存。漢初，有公羊、穀梁、鄒氏、夾氏，[6]四家並行。王莽之亂，鄒氏無師，夾氏亡。初齊人胡毋子都，[7]傳《公羊春秋》，授東海嬴公。[8]嬴公授東海孟卿，[9]孟卿授魯人眭孟，[10]眭孟授東海嚴彭祖、魯人顏安樂。[11]故後漢《公羊》有嚴氏、顏氏之學，與穀梁三家並立。漢末，何休又作《公羊解説》。[12]而《左氏》，漢初出於張蒼之家，[13]本無傳者。[14]至文帝時，[15]梁太傅賈誼爲訓詁，[16]授趙人貫公。[17]其後劉歆典校經籍，[18]考而正之，欲立於學，諸儒莫應。至建武中，[19]尚書令韓歆請立而未行。[20]時陳元最明《左傳》，[21]又上書訟之。於是乃以魏郡李封爲《左氏》博士。[22]後群儒蔽固者，[23]數廷争之。及封卒，遂罷。然諸儒傳《左氏》者甚衆。永平中，[24]能爲《左氏》者，擢高第爲講郎。[25]其後賈逵、服虔並爲訓解。至魏，遂行於世。晋時，杜預又爲《經傳集解》。《穀梁》范甯注，《公羊》何休注，《左氏》服虔、杜預注，俱立國學。然《公羊》《穀梁》，但試讀文，[26]而不能通其義。後學三傳通講，而《左氏》唯傳服義。至隋，杜氏盛行，服義及《公羊》《穀梁》浸微，今殆無師説。

[1]策書：古代記録史事的簡策。

[2]裁而正之：裁斷而訂正。

[3]婉而成章：出自《左傳》成公十四年，其注曰"婉，曲也。謂屈曲其辭有所辟諱，以示大順而成篇章"。

[4]大順：謂順乎倫常天道。參見《禮記·禮運》。

[5]求名而亡：《左傳》昭公三十一年有"或求名而不得，或欲蓋而名章，懲不義也"。謂想追求美名却得不到。

[6]鄒氏：生平事迹不詳。《漢志》著録《鄒氏傳》十一卷。《漢書》卷七二載，王吉能治《騶氏春秋》。夾氏：生平事迹不詳。《漢志》著録《夾氏傳》十一卷，並注"有録無書"。即西京祕府無其書。

[7]胡毋子都：即胡毋生，齊（今山東境内）人。治《公羊春秋》，爲漢景帝博士。年老歸齊，齊言《春秋》者宗事之。《漢書》卷八八有傳。

[8]嬴公：東海（今山東郯城縣周邊）人。《漢書》卷八八、《經典釋文敘録》皆作東平（今山東東平縣）。嬴公從胡母生受業，受學不失師法。授孟卿、眭孟。爲昭帝諫大夫。見《漢書》卷八八。

[9]孟卿：從嬴公學，善爲《禮》《春秋》，授后蒼、疏廣。世所傳《后氏禮》《疏氏春秋》，皆出孟卿。見《漢書》卷八八。

[10]眭孟：名弘，孟爲字，魯國蕃（今山東滕州市）人。從嬴公受《春秋》，以明經爲議郎，至符節令。後因説灾異，被誅。

《漢書》卷七五有傳。

［11］顔安樂：字公孫，魯國薛（今山東棗莊市）人。家貧，爲學精力，官至齊郡太守丞，後爲仇家所殺。授泠豐、任公，由是顔家有泠、任之學。《漢書》卷八八有傳。

［12］《公羊解説》：即《公羊解詁》十一卷。

［13］張蒼：陽武（今河南原陽縣）人。秦時爲御史，主柱下方書。後隨漢王劉邦征戰，封北平侯。高后八年爲御史大夫。《史記》卷九六、《漢書》卷四二有傳。

［14］本無傳者：《經典釋文叙録》載，左丘明作《左傳》傳曾申，曾申傳衛人吴起，吴起傳子吴期，吴期傳楚人鐸椒，鐸椒傳趙人虞卿，虞卿傳荀況，荀況傳張蒼。

［15］文帝：劉恒，漢高祖子。在位二十三年，其間主張清静無爲，與民休息，經濟得到恢復發展，政治穩定。《史記》卷一〇、《漢書》卷四有紀。

［16］賈誼：洛陽（今河南洛陽市）人。文帝召以爲博士，又遷太中大夫。上書所言爲諸臣所忌，出爲梁懷王太傅。梁王墜馬身亡，一年餘，賈誼抑鬱而死。有《新書》傳世。《史記》卷八四、《漢書》四八有傳。

［17］貫公：趙（今河北境内）人，河間獻王博士，從賈誼受《左傳》。而《經典釋文叙録》則曰其從賈誼孫賈嘉習《左傳》。

［18］劉歆：字子駿，劉向少子。成帝河平中，受詔與父劉向領校秘書。哀帝即位，復領五經，卒父前業。集六藝群書，種别爲《七略》。王莽持政，封紅休侯。建平元年改名秀，字穎叔。及王莽篡位，劉歆爲國師。地皇四年，與人欲劫王莽降漢，事泄，自殺。《漢書》卷三六有傳，參見《漢書》卷九九。本志經、史、子部著録劉歆四部著述。

［19］建武：東漢光武帝劉秀年號（25—56）。

［20］韓歆：字翁君，南陽（今河南、湖北部分地區）人。因從帝攻伐有功，封扶陽侯，官尚書令。建武十五年免官，自殺。見

《後漢書》卷二六。

［21］陳元：字長孫，蒼梧廣信（今廣西蒼梧縣）人。從父習《左傳》。建武中，上書言立《左傳》於國學。帝卒立《左傳》學，他却與博士失之交臂。《後漢書》卷三六有傳。

［22］李封：魏郡（今河南境内）人，任司隸從事。《左傳》立於學，爲《左傳》博士。

［23］蔽固：迂拙固執。

［24］永平：東漢明帝劉莊的年號（58—75）。

［25］講郎：講授經籍的官員。

［26］但試讀文：衹是考校、閲讀其文。

《古文孝經》一卷。孔安國傳。梁末亡逸，今疑非古本。

《孝經》是孔子爲弟子曾參説孝道，因明天子庶人五等之孝，事親之法。見《經典釋文叙録》。對於《孝經》的作者有多種説法：班固以爲孔子；《史記·仲尼弟子列傳》以爲曾子；《郡齋讀書志》卷三以爲孔子弟子；王應麟因馮椅説，以爲子思；毛奇齡《孝經問》以爲七十子之徒；朱熹《孝經刊誤後序》引王應辰語，以爲後人附會而成；姚際恒《古今僞書考》以爲漢儒僞作。其間作者爲七十子之徒較接近事實。此書出於孔氏壁中，《漢志》著録《孝經古孔氏》一篇。二十二章。顔師古注曰，“劉向云古文字也。《庶人章》分爲二也，《曾子敢問章》爲三，又多一章，凡二十二章”。《經典釋文叙録》稱《古文孝經》“别有《閨門》一章”。古、今文《孝經》内容基本相同。《經典釋文叙録》與本志明確記述孔安國爲《古文孝經》作傳，本志叙又言，孔安國傳亡於梁亂，隋秘書監王劭訪得《孔傳》，送給劉炫，而劉炫所傳《孔傳》，被指是其自作，非孔原本。《舊唐志》著録《古文孝經》一卷。孔子説，曾子受，孔安國傳。《新唐志》著録《古文孝經》孔安國傳一卷。宋《崇文總目》著録《古文孝經》一卷，並稱“今孔注不存”。《直齋書録解題》《宋志》亦著録《古文孝經》，然未提孔傳。《四庫全書總目》卷三二著録《古文孝經孔氏傳》一卷，附宋本《古文孝經》一卷。舊題漢孔安國傳，日本信陽太宰純音。四庫館臣從其傳淺陋冗漫，不類漢儒釋經之體，並不類唐宋元以前人語，認爲是作者捜諸書所引孔傳，影附爲之。阮元《孝經注疏校勘記序》曰，“孔注今不傳，今出於日本國者，誕妄不可據”。

《孝經》一卷。鄭氏注。梁有馬融、鄭衆注《孝經》二卷，亡。

《日本國見在書目録》、兩《唐志》著録此書爲《孝經》一卷，鄭玄注。然先儒多疑此注非鄭玄所作。《經典釋文叙録》曰，“鄭注相承爲鄭玄，案《鄭志》及《中經簿》無，唯中朝穆帝集解《孝經》云，以鄭玄爲主。檢《孝經注》與康成注五經不同，未詳是非”。唐劉知幾舉出十二條，以證《孝經》非鄭玄注。見《唐會要》卷七七。然嚴可均却認爲鄭氏即指鄭玄。見《鐵橋漫稿·孝經鄭氏注叙》。姚振宗亦同意其看法。《崇文總目》言此書亡於五代，咸平中，日本僧以此書來獻，藏於祕府。《直齋書録解題》亦言此書亡，乾道中，熊克從袁樞處得之，刻於京口。《四庫全書總目》卷三二言，唐開元七年，詔令群儒質定今、古文《孝經》。劉知幾主《古文孝經》，司馬貞主《今文孝經》。殆時閲三年，乃有御注太學刻石。御注既行，孔、鄭兩家遂併廢。此書今亡。清王謨、袁鈞、孔廣林、陳鱣、嚴可均，日本岡田挺之有輯本，皆稱鄭玄注。今傳《孝經正義》乃唐玄宗御注，宋邢昺疏。御注《孝經》，現存最早的本子是元相臺岳氏荆谿家塾刻本；《孝經注疏》九卷，現存最早的本子爲元泰定三年刻本。通行本爲十三經注疏本。《經典釋文叙録》載後漢馬融亦作《古文孝經傳》，而世不傳。兩《唐志》無載，亡佚。清王仁俊有輯本。《經典釋文叙録》載鄭衆注《孝經》，兩《唐志》無載，亡佚。

《孝經》一卷。王肅解。梁有魏散騎常侍蘇林、吏部尚書何晏、光禄大夫劉邵、孫氏等注《孝經》各一卷，亡。

兩《唐志》有著録，《宋志》無載，亡佚。清馬國翰有輯本。蘇林：字孝友，陳留外黄（今河南民權縣）人。建安中爲五官將文學。魏黄初中，爲博士給事中，封安成亭侯。見《三國志》卷二一注引《魏略》、顔師古《漢書叙例》。本志史部尚有其一部著述。此書兩《唐志》有著録，《宋志》無載，亡佚。《經典釋文叙録》載何晏注《孝經》，兩《唐志》無著録，亡佚。劉邵：又作劉劭，字孔才，廣平邯鄲（今河北邯鄲市）人。黄初中爲尚書郎，後爲陳留太守，賜爵關内侯。曾參與編《皇覽》，著《律格論》《人物志》等。《三國志》卷二一有傳。本志史、子部尚有劉邵二部著述。兩《唐志》著録《古文孝經》一卷，劉邵注。《宋志》無載，亡佚。孫氏：於《經典釋文叙録》亦缺名，而兩《唐志》著録《孝經》一卷，孫熙注。《宋志》無載，亡佚。孫熙：生平事迹不詳。

《孝經解讃》一卷。韋昭解。

《經典釋文叙録》載韋昭注《孝經》，兩《唐志》著録《孝經》一卷，韋昭注，未載《孝經解讃》，亡佚。清馬國翰有輯本。

《孝經默注》一卷。徐整注。

兩《唐志》皆有著録，《宋志》無載，亡佚。

《集解孝經》一卷。謝萬集。

《日本國見在書目録》載，《孝經》一卷，謝萬集解。兩《唐志》著録《孝經》一卷，謝萬注。《宋志》無載，亡佚。清馬國翰有輯本。

《集議孝經》一卷。宋中書郎荀昶撰。

"宋"原作"晋"，據《宋書》卷六〇改。"撰"下原有"亡"字，按本志著録原則，當爲衍字，删。荀昶（chǎng）：字茂祖，潁川潁陰（今河南許昌市）人。元嘉初，以文義至中書郎，見《宋書》卷六〇。本志經、子部尚有其二部著述。《經典釋文敘録》載宋中書郎荀昶注《孝經》，《日本國見在書目録》著録《孝經集議》二卷，荀茂祖撰。兩《唐志》著録《講孝經集解》一卷，荀勖撰。"勖"乃"昶"之誤。《宋志》無載，亡佚。

《集議孝經》一卷。晋東陽太守袁彦伯集。梁有《孝經皇義》一卷，宋均撰；又有晋給事中楊泓、處士虞槃佐、孫氏、東陽太守殷仲文、晋陵太守殷叔道、丹陽尹車胤、孔光各注《孝經》一卷；荀昶注《孝經》二卷；宋何承天、費沈，齊光禄大夫王玄載、國子博士明僧紹，梁五經博士嚴植之、尚書功論郎曹思文、羽林監江係之、江遜等注《孝經》各一卷；釋慧始注《孝經》一卷；陶弘景《集注孝經》一卷；諸葛循《孝經序》一卷。亡。

袁彦伯：原作袁敬仲，《經典釋文敘録》載袁宏字彦伯，陳郡（今河南境内）人，東晋東陽太守，注《孝經》。此記載與《晋書》卷九二《袁宏傳》相符，據改。袁宏自吏部郎出爲東陽郡，太元初卒，時年四十九。撰《後漢書》及《竹林名士傳》。本志史部尚有袁宏二部著述。兩《唐志》無載，亡佚。宋均：下著録稱其爲魏博士，應爲曹魏時人，《唐會要》卷七七言乃鄭玄弟子。本志經部尚有其八部著述。此書已亡。楊泓：《經典釋文敘録》載其注《孝經》，天水（今甘肅天水市）人，其他事迹不詳。兩《唐志》無載，亡佚。虞槃佐：《經典釋文敘録》載，虞槃佐字弘猶，高平（今山東鄒縣西南）人，東晋處士，注《孝經》。兩《唐志》著録虞槃佐注《孝經》一卷，《宋志》無載，亡佚。孫氏：不詳何人，若即前所著録之孫氏，此書當屬重複著録。殷仲文：陳郡（今河南境内）人，投義軍，爲鎮軍長史，又任東陽太守。義熙三年被指謀反，伏誅。《晋書》卷九九有傳。本志子部尚有其一部著述。《經典釋文叙録》、兩《唐志》皆著録此書，《宋志》無載，亡佚。清馬國翰有輯本。殷叔道：生平事迹不詳。《晋書》卷一〇載，誅晋陵太守殷道叔。疑殷道叔即殷叔道。兩《唐志》著録殷叔道注《孝經》一卷，《宋志》無載，亡佚。車胤：字武子，南平（今福建南平市）人。寧康中，爲中書侍郎、關内侯。隆安中，加輔國將軍、丹陽尹，又遷吏部尚書。《晋書》卷八三有傳。《經典釋文叙録》有載，兩《唐志》無著録，亡佚。孔光：《經典釋文叙録》載其字文泰，東莞（今山東境内）人，注《孝經》。兩《唐志》著録孔光注《孝經》一卷，《宋志》無載，亡佚。荀昶注《孝經》二卷：此二卷應包括前著録的《集議孝經》一卷。何承天注《孝經》：《宋書》卷六四載，元嘉十九年，皇太子講《孝經》，何承天爲執經。《經典釋文叙録》載何承天注《孝經》，兩《唐志》無載，亡佚。王玄載：字彦休，下邳（今江蘇邳州市）人。仕宋，封鄂縣子。入齊，爲光禄大夫、兖州刺史。《南齊書》卷二七、《南史》卷一六有傳。本志子部尚有其一部著述。《經典釋文叙録》載王玄載注《孝經》，兩《唐志》無載，亡佚。明僧紹：字承烈，平原鬲（今山東平原縣西北）人。明經有儒術。齊武帝敕召，稱疾不見。詔徵國子博士，不就。《南齊書》卷五四、《南史》五〇有傳。《經典釋文叙録》載其注《孝經》，兩《唐志》無載，亡佚。嚴植之：字孝源，建平秭歸（今湖北秭歸縣）人。善莊、老，能玄言，精解《孝經》《論語》。又治《周易》《左氏傳》等。入梁，爲五經博士，開館教授。《梁書》卷四八、《南史》卷七一有傳。本志史部尚有其一部著述。兩《唐志》無載，亡佚。清馬國翰有輯本。曹思文：齊永泰時領國子助教，梁時爲尚書論功郎。見《全梁文》卷五四。所注《孝經》亡。江係之：生平事迹不詳。所注《孝經》亡。江逐：生平事迹不詳。姚振宗稱《梁書》卷四九《何遜傳》載濟陽江避更注《論語》《孝經》。疑江逐爲江避之訛。其書亡。釋慧始：生平事迹不詳。其書亡。《集注孝經》：《南史》卷七六載陶弘景著有《孝經》《論語》集注。此書亡。諸葛循：生平事迹不詳。其《孝經序》亡。

《孝經》一卷。釋慧琳注。梁有晋穆帝時《晋孝經》一卷，武帝時送總明館《孝經講》《議》各一卷，宋大明中《東宫講》，齊永明三年《東宫講》，齊永明中《諸王講》及《賀瑒講》、議《孝經義疏》各一卷，齊臨沂令李玉之爲始興王講《孝經義疏》二卷。亡。

釋慧琳：秦郡秦縣（今江蘇南京市）人，姓劉氏。少出家，兼外内之學。注《孝經》及《莊子·逍遥篇》等，傳於世。《宋書》卷九七有傳。《經典釋文叙録》載慧琳注《孝經》，兩《唐志》無載，亡佚。晋穆帝：名聃，字彭子，康帝子。《晋書》卷八載，穆帝講《孝經》。《經典釋文叙録》亦載，穆帝集解《孝經》以鄭玄爲主。晋武帝：名曜，字昌明，簡文帝子。《晋書》卷九、《世説新語·言語》記載武帝講《孝經》。此書是送到總明館的晋武帝《孝經講》《議》。兩《唐志》無載，亡佚。東宫：此指宋前廢帝劉子業，孝武帝長子。大明二年，出居東宫。四年，講《孝經》。此書當爲其所用之書。《宋書》卷七、《南史》卷二有紀，《魏書》卷九七有傳。《舊唐志》著録《大明中皇太子講孝經義疏》一卷，何約之執經。《新唐志》著録何約之《大明中皇太子講孝經義疏》一卷。《宋志》無載，亡佚。東宫：此指齊文惠太子蕭長懋，字雲喬，齊武帝長子。永明三年，講《孝經》，令太子僕射周顒撰爲《義疏》，即爲此書。《南齊書》卷二一、《南史》卷四四有傳。其書亡佚。《諸王講》：諸王講不知何王所講，兩《唐志》無載，亡佚。清馬國翰有輯本。《賀瑒講》、議《孝經義疏》：兩《唐志》無載，亡佚。李玉之：追贈給事中。其他事迹不詳。見《南齊書》卷五一。始興王：即始興簡王蕭鑑，字宣徹，太祖第十子。好學屬文。《南齊書》卷三五、《南史》卷四三有傳。

《孝經義疏》十八卷。梁武帝撰。梁有皇太子講《孝經義》三卷，天監八年皇太子講《孝經義》一卷，梁簡文《孝經義疏》五卷，蕭子顯《孝經義疏》一卷，亡。

《梁書》卷三八載，梁武帝自講《孝經》。兩《唐志》著録梁武帝撰《孝經疏》十八卷，《宋志》無載，亡佚。清馬國翰有輯本。皇太子：指昭明太子蕭統，字德施，高祖長子。《梁書》卷八、《南史》卷五三有傳。本傳載《孝經義》三卷，當保傅所進講章。載其天監八年講《孝經》，盡通大義。此書當爲其所講大義。《孝經義疏》五卷：《梁書》卷四、《南史》卷八皆未載簡文帝有此書，《陳書》卷三三稱簡文在東宫，出士林館發《孝經》題。蕭子顯：字景陽，蘭陵（今江蘇常州市）人。中大通五年遷吏部尚書。大同三年，出爲仁威將軍、吴興太守，卒。著有《後漢書》《普通北伐記》等。《梁書》卷三五、《南史》卷四二有傳。本志史部尚有其著述二部。兩《唐志》無載，亡佚。

《孝經敬愛義》一卷。梁吏部尚書蕭子顯撰。

兩《唐志》無載，亡佚。

《孝經私記》四卷。無名先生撰。

無名先生：不知何許人，生平無考。兩《唐志》無載，亡佚。

《孝經義》一卷。

不署撰者。兩《唐志》無載，亡佚。

《孝經義疏》一卷。趙景韶撰。

趙景韶：生平事迹不詳。兩《唐志》無載，亡佚。

《孝經義疏》三卷。皇侃撰。

《南史》卷七一載，皇侃尤明《孝經》《論語》。《經典釋文叙録》、兩《唐志》有著録，《宋志》無載，亡佚。清馬國翰有輯本。

《孝經私記》二卷。周弘正撰。

《陳書》卷二四載，周弘正侍東宫，講《孝經》，著有《孝經疏》兩卷，行於世。《日本國見在書目録》有《孝經私記》二卷，周弘正撰。兩《唐志》無載，亡佚。

《古文孝經述義》五卷。劉炫撰。

《北史》卷八二載，劉炫著《孝經述義》五卷。《日本國見在書目録》有《孝經述義》五卷，劉炫撰。兩《唐志》著録劉炫《孝經述義》五卷，《宋志》無載，亡佚。清王謨、馬國翰有輯本。

《孝經講疏》六卷。徐孝克撰。

徐孝克：東海郯（今山東郯城縣）人。陳時，兼國子祭酒，至侍中。入隋，授國子博士。《陳書》卷二六、《南史》六二有傳。本志經部尚有徐孝克一部著述。兩《唐志》無載，亡佚。

《孝經義》一卷。梁揚州文學從事太史叔明撰。梁有《孝經玄》《孝經圖》各一卷，《孝經孔子圖》二卷，亡。

太史叔明：吴興烏程（今浙江湖州市）人。治《孝經》《禮記》，江外人士皆傳其學。《梁書》卷四八、《南史》卷七一有傳。本志經部尚有其一部著述。兩《唐志》著録《孝經發題》四卷，太史叔明撰。《宋志》無載，亡佚。《孝經玄》：不署撰者。此書似以玄義解《孝經》，《日本國見在書目録》有著録，兩《唐志》無載，亡佚。《孝經圖》：不署撰者。兩《唐志》有《孝經瑞應圖》，不知是否即此書。《宋志》無載，亡佚。《孝經孔子圖》：不署撰者。兩《唐志》無載，亡佚。

《國語孝經》一卷。

此書應是侯伏侯可悉陵譯成鮮卑語的《孝經》，兩《唐志》無載，亡佚。

右十八部，合六十三卷。通計亡書，合五十九部，一百一十四卷。

十八部：實際有二十部。五十九部：實際有六十二部。

夫孝者，天之經，地之義，人之行。自天子達於庶人，雖尊卑有差，及乎行孝，其義一也。先王因之以治國家，化天下，故能不嚴而順，不肅而成。斯實生靈之至德，王者之要道。孔子既敘六經，題目不同，指意差別，恐斯道離散，故作《孝經》，以總會之，明其枝流雖分，本萌於孝者也。遭秦焚書，爲河間人顔芝所藏。[1]漢初，芝子貞出之，凡十八章，而長孫氏、[2]博士江翁、[3]少府后蒼、諫議大夫翼奉、[4]安昌侯張禹，[5]皆名其學。又有《古文孝經》，與《古文尚書》同出，而長孫有《閨門》一章，[6]其餘經文，大較相似，篇簡缺解，又有衍出三章，并前合爲二十二章，孔安國爲之傳。至劉向典校經籍，以顔本比古文，除其繁惑，以十八章爲定。[7]鄭衆、馬融，並爲之注。[8]又有鄭氏注，相傳或云鄭玄，其立義與玄所注餘書不同，故疑之。梁代，安國及鄭氏二家，並立國學，而安國之本，亡於梁亂。陳及周、齊，唯傳鄭氏。至隋，秘書監王劭於京師訪得《孔傳》，[9]送至河間劉炫。炫因序其得喪，述其議疏，講于人間，漸聞朝廷，後遂著令，[10]與鄭氏並立。儒者誼誼，[11]皆云炫自作之，非孔舊本，而祕府又先無其書。又云魏氏遷洛，未達華語，孝文帝命侯伏侯可悉陵，[12]以夷言譯《孝經》之旨，教于國人，謂之《國語孝經》。今取以附此篇之末。

[1]顔芝：河間（今河北境内）人，生平事迹不詳。

[2]長孫氏：缺名，生平事迹不詳。漢代傳《孝經》之人，《漢志》著録《長孫氏説》二篇。

[3]江翁：缺名，瑕丘江公之孫，或稱江公、江氏。《漢書》卷八八載“江公著《孝經説》”。《漢志》著録《江氏説》一篇。

[4]翼奉：字少君，東海下邳（今江蘇邳州市）人。治《齊詩》，好律曆陰陽之占。漢元帝即位，徵待詔宦者署，後爲博士、諫大夫，年老以壽終。《漢書》卷七五有傳。《漢志》著録其《翼氏説》一篇。

[5]張禹：字子文，河内軹（今河南濟源市東南）人。從施讎受《易》，從王陽、庸生問《論語》。初元中，授太子《論語》。河平四年，爲丞相，封安昌侯。其所傳《論語》盛行，謂之《張侯論》。《漢志》著録《安昌侯説》一篇。《漢書》卷八一有傳。

[6]長孫有《閨門》一章：這一段介紹《古文孝經》二十二章與顔貞所獻《今文孝經》十八章相較，多出四章，就是“衍出三章”和《閨門》一章。《經典釋文叙録》曰“又有古文出於孔氏壁中，别有《閨門》一章”。故此稱長孫有《閨門》一章，誤。

[7]以十八章爲定：劉向用顔貞本比對《古文孝經》二十二章，除去多而不解者，亦定爲十八章。

[8]並爲之注：前著録梁有馬融、鄭衆注《孝經》二卷，亡。《經典釋文叙録》載，後漢馬融亦作《古文孝經傳》，而世不傳。

[9]王劭：字君懋，太原晋陽（今山西太原市）人。北魏時，

累遷太子舍人、待詔文林館。入隋，遷秘書少監，數載卒官。《隋書》卷六九、《北史》卷三五有傳。本志經、史部著録其著述四部。

［10］著令：書面寫定的規章制度。

［11］諠（xuān）諠：形容聲音大而混雜。

［12］侯伏侯悉可陵：北魏時人，生平事迹不可考。前著録《國語孝經》以及本志“小學類”著録之《國語物名》《國語雜物名》，皆爲其所作。

《論語》十卷。鄭玄注。梁有《古文論語》十卷，鄭玄注；又王肅、虞翻、譙周等注《論語》各十卷。亡。

《論語》是孔子應答弟子及時人所言，或弟子相與言而接聞於夫子之語也，由孔子弟子所録，與再傳弟子共同纂輯而成《論語》，時爲戰國初年。漢初，傳《論語》者有三家，魯人所傳《魯論》二十篇，即今所行篇次；齊人傳《齊論》二十二篇，多《問王》《知道》二篇；《古論語》出自孔氏壁中，二十一篇，兩《子張》。成帝師張禹本授《魯論》，晚講《齊論》，後遂合而考之，删其煩惑，除《齊論》之《問王》《知道》，從《魯論》二十篇定，號《張侯論》，當世尊之。此即今傳《論語》之祖本。漢爲《張侯論》作注者，先有包咸、周氏二家，後有鄭玄。何晏曰“漢末大司農鄭玄就《魯論》篇章考之《齊》《古》，爲之注”（《論語集解序》）。王國維亦有考證，“鄭氏所據本固爲自《魯論》出之《張侯論》，及以《古論》校之，則篇章雖仍《魯論》舊，而字句全從古文”（《觀堂集林》卷四）。魏有何晏等《論語集解》，南朝有皇侃《論語義疏》，唐賈公彦爲《論語》作疏。宋邢昺作《論語注疏》，即今十三經注疏中的《論語正義》，又有朱熹《論語集注》。清有劉寶楠《論語正義》，近代有程樹德《論語集釋》、楊樹達《論語疏證》、楊伯峻《論語譯注》。1973 年河北定縣出土漢簡《論語》，一些學者認爲這是早於《張侯論》的融合《魯論》《齊論》的本子。

兩《唐志》著録鄭玄注《論語》十卷,《宋志》無載,亡佚。清王謨、袁鈞、孔廣林、勞格、錢玫、宋翔鳳、馬國翰、黄奭、王仁俊、俞樾以及民國時龍璋,皆有輯本。王肅注《論語》:兩《唐志》有著録,《宋志》無載,亡佚。清馬國翰、民國龍璋有輯本。虞翻注《論語》:兩《唐志》無載,亡佚。譙周:字允南,巴西西充國(今屬四川)人。建興中,諸葛亮令其爲勸學從事。後主在位,遷光禄大夫。魏攻蜀,譙周説服後主投降,魏封其爲陽城亭侯。入晋,屢徵不起。著有《五經論》《古史考》等。《三國志》卷四二有傳。本志經、史、子部尚有其五部著述。其書兩《唐志》無載,亡佚。清馬國翰有輯本。

《論語》九卷。鄭玄注,晋散騎常侍虞喜讚。

兩《唐志》有載,《宋志》無載,亡佚。姚振宗疑此書即後著録之虞喜撰《新書對張論》十卷。

《集解論語》十卷。何晏集。

《論語集解序》稱,“所見不同,互有得失。今集諸家之善,記其姓名,有不安者頗爲改易,名曰《論語集解》”。《晋書》卷三三載,鄭沖與孫邕、曹羲、荀顗、何晏共集《論語》諸家訓注之善者。《經典釋文叙録》曰,《論語集解》集孔安國、包咸、周氏、馬融、鄭玄、陳群、王肅、周生烈之説,並下己意,爲《集解》十卷。正始上之,盛行於世,今以爲主。兩《唐志》、《宋志》皆有著録,流傳至今,多以附宋邢昺疏之《論語注疏》流傳。單行者較少,現存最早的本子有元岳氏荆谿家塾刻本、日本正平十九年(元至正二十四年)刻本。今通行本爲十三經注疏本等。

《集注論語》六卷。晋八卷,晋太保衛瓘注。梁有《論語補闕》二卷,宋明帝補衛瓘闕,亡。

《宋書》卷八載，宋明帝好讀書，愛文義。在藩時續衛瓘所注《論語》二卷，行於世。兩《唐志》著録宋明帝補衛瓘《論語注》十卷，《宋志》無載，亡佚。清馬國翰有輯本。

《論語集義》八卷。晋尚書左中兵郎崔豹集。梁十卷。

崔豹：字正熊，燕國（今河北、北京一帶）人。晋惠帝時官至太傅（疑“太僕”之誤）丞。見《世説新語·言語》《經典釋文叙録》。本志子部尚有崔豹一部著述。兩《唐志》著録崔豹《論語大義解》十卷，《宋志》無載，亡佚。

《論語》十卷。晋著作郎李充注。

《晋書》卷九二載，李充累遷著作郎、中書侍郎，卒官。注《尚書》及《周易旨》等，行於世。本志集部尚有李充二部著述。《經典釋文叙録》、兩《唐志》皆有著録，《宋志》無載，亡佚。清馬國翰有輯本。

《集解論語》十卷。晋廷尉孫綽解。梁有盈氏及孟整注《論語》各十卷，亡。

孫綽：字興公，太原中都（今山西平遥縣）人。少以文才垂稱，襲爵長樂侯，累遷廷尉卿，領著作，年五十八卒。《晋書》卷五六有傳。本志史、子部尚有其四部著述。兩《唐志》有著録，《宋志》無載，亡佚。清馬國翰有輯本。盈氏：不詳何人。《經典釋文叙録》載《論語》盈氏注十卷，兩《唐志》著録盈氏《論語集義》十卷，《宋志》無載，亡佚。孟整：“整”原作“釐”，據《經典釋文叙録》改。《經典釋文叙録》稱，“一云孟陋。陋字少孤，江夏（今湖北安陸市）人，東晋撫軍參軍，不就”。孟陋《晋書》卷九四有傳，稱其注《論語》，行於世。卒以壽終。兩《唐志》著録孟釐注《論語》九卷，《宋志》無載，亡佚。

《集解論語》十卷。晋兖州别駕江熙解。

皇侃《論語義疏序》稱，此書集衛瓘、繆播、欒肇、郭象、蔡謨、袁喬、江惇、蔡系、李充、孫綽、周懷、范甯、王珉十三家《論語》注。《經典釋文叙録》載此書爲十二卷，兩《唐志》著録《論語》十卷，江熙集解。《宋志》無載，亡佚。清馬國翰有輯本。

《論語》七卷。盧氏注。梁有晋國子博士梁覬、益州刺史袁喬、尹毅、司徒左長史張憑及暢惠明、宋新安太守孔澄之、齊員外郎虞遐及許容、曹思文注，釋僧智略解，梁太史叔明集解，陶弘景集注《論語》各十卷；又《論語音》二卷，徐邈等撰。亡。

盧氏：疑即盧景裕，《北史》卷三〇載其注《孝經》《論語》等。此書兩《唐志》無載，亡佚。梁覬：天水（今甘肅天水市）人，東晋國子博士。見《經典釋文叙録》。兩《唐志》有著録，然《舊唐志》作梁顗《論語注》十卷，《宋志》無載，亡佚。清馬國翰有輯本。袁喬：字彦叔，陳郡陽夏（今河南太康縣）人。爲桓温引爲建武將軍，江夏相。平蜀後，進號龍驤將軍，封湘西伯。三十六歲卒。謚曰簡。注《論語》行於世。《晋書》卷八三有傳。本志集部尚有其一部著述。兩《唐志》有著録，《宋志》無載，亡佚。清馬國翰有輯本。尹毅注《論語》：《經典釋文叙録》、兩《唐志》皆有著録，《宋志》無載，亡佚。張憑：字長宗，吴（今江蘇境内）人。舉孝廉，官至吏部郎、御史中丞。《晋書》卷七五有傳。本志子、集部尚有張憑二部著述。《經典釋文叙録》載張憑注《論語》十卷，《舊唐志》著録《論語》又十卷孫氏注，疑“孫氏”乃“張氏”之誤。《新唐志》著録《論語》十卷張氏注。《宋志》無載，亡佚。清馬國翰有輯本。暢惠明：“暢”原作“陽”，據兩《唐志》、《通志·氏族略》改。生平事迹不詳。兩《唐志》著録暢惠明《論語義注》十卷，《宋志》無載，亡佚。孔澄之：字仲淵，會稽（今浙江紹興市）人，宋新安太守。《經典釋文叙録》有載，兩《唐志》無載，亡佚。虞遐：會稽人，齊員外郎，《經典釋文叙録》有載，兩《唐志》無載，亡佚。許容：生平事迹不詳。《經典釋文叙録》、兩《唐志》皆無載，亡佚。曹思文：齊國子助教。見《南齊書》卷九。《經典釋文叙録》、兩《唐志》皆無載，亡佚。僧智：齊僧人，《高僧傳》提及，始末不詳。所作《論語略解》，兩《唐志》無載，亡佚。太史叔明集解《論語》：《南史》卷七一稱其善《論語》，有《集解論語》。兩《唐志》無載，亡佚。清馬國翰有輯本。陶弘景集注《論語》：《南史》卷七六載其著有《論語集注》。兩《唐志》無載，亡佚。《論語音》二卷：《經典釋文叙録》載《論語音》一卷，兩《唐志》著録爲二卷，《宋志》無載，亡佚。

《論語難鄭》一卷。梁有《古論語義注譜》一卷，徐氏撰；《論語隱義注》三卷，《論語義注》三卷。亡。

不署撰者。兩《唐志》無載，亡佚。徐氏：不詳何人。丁國鈞《補晋書藝文志》推測徐氏爲徐邈。兩《唐志》著録徐氏《古論語義注譜》一卷，《宋志》無載，亡佚。《論語隱義注》：不署撰者。馬國翰以爲郭象有《論語隱》一卷，此書是後人衍郭象義而注之。兩《唐志》著録《論語義注隱》三卷，《宋志》無載，亡佚。清馬國翰、王仁俊有輯本。《論語義注》：不署撰者。兩《唐志》無載，亡佚。

《論語難鄭》一卷。

就前所著録《論語難鄭》而言，應是另一部。兩《唐志》無載，亡佚。

《論語標指》一卷。司馬氏撰。

司馬氏：不詳何人。兩《唐志》無載，亡佚。

《論語雜問》一卷。

不署撰者。兩《唐志》無載，亡佚。

《論語孔子弟子目録》一卷。鄭玄撰。

此書附在《古文論語》篇目之後，鄭玄爲其作注。《日本國見在書目録》著録《弟子録名》一卷，無撰者。兩《唐志》著録《論語篇目弟子》一卷，鄭玄注。《宋志》無載，亡佚。清王謨、馬國翰、孔廣林有輯本。

《論語體略》二卷。晋太傅主簿郭象撰。

郭象：字子玄，河南（今河南洛陽市）人。好老、莊，以文自娱。辟司徒掾，又被引爲太傅主簿。著碑論十二篇。《晋書》卷五〇有傳。本志子、集部尚有其二部著述。兩《唐志》有著録，《宋志》無載，亡佚。清馬國翰有輯本。

《論語旨序》三卷。晋衛尉繆播撰。

繆播：字宣則，蘭陵（今山東蘭陵市）人。懷帝時，爲侍中，徙中書令，被東海王所害。後贈衛尉。《晋書》卷六〇有傳。兩《唐志》著録此書爲二卷，《宋志》無載，亡佚。清馬國翰有輯本。

《論語釋疑》三卷。王弼撰。

《經典釋文叙録》載此書三卷，兩《唐志》著録爲二卷，《宋志》無載，亡佚。清馬國翰有輯本。

《論語釋》一卷。張憑撰。

兩《唐志》無載，亡佚。馬國翰疑其即已亡張憑《論語注》十卷之散佚而存者。

《論語釋疑》十卷。晋尚書郎欒肇撰。梁有《論語釋駁》三卷，王肅撰；《論語駁序》二卷，欒肇撰；《論語隱》一卷，郭象撰；《論語藏集解》一卷，應琛撰；《論語釋》一卷，曹毗撰；《論語君子無所争》一卷，庾亮撰；《論語釋》一卷，李充撰；《論語釋》一卷，庾翼撰；《論語義》一卷，王濛撰；又蔡系《論語釋》一卷，張隱《論語釋》一卷，郄原《通鄭》一卷，王氏《修鄭錯》一卷，姜處道《論釋》一卷。亡。

《經典釋文叙録》、兩《唐志》皆有著録，《宋志》無載，亡佚。《論語釋駁》：兩《唐志》無載，亡佚。《論語駁序》：兩《唐志》著録《論語駁》二卷，《宋志》無載，亡佚。《論語隱》：兩《唐志》無載，亡佚。應琛：生平事迹不詳。其書兩《唐志》無載，亡佚。曹毗：字輔佐，譙國（今安徽亳州市）人。累遷尚書郎、下邳太守，至光禄勳卒。所著文筆十五卷，行於世。《晋書》卷九二有傳。本志史、集部尚有其著述二部。其書兩《唐志》無載，亡佚。《論語君子無所争》：兩《唐志》無載，亡佚。李充《論語釋》：兩《唐志》無載，亡佚。庾翼《論語釋》：兩《唐志》無載，亡佚。清馬國翰有輯本。王濛：字仲祖，太原晋陽（今山西太原市）人。哀靖皇后之父。及簡文帝輔政，益貴幸之，轉司徒左長史。《晋書》卷九三有傳。本志集部有其一部著述。此書兩《唐志》無載，亡佚。蔡系：字子叔，陳留考城（今河南蘭考縣）人。有才學，位至撫軍長史。見《晋書》卷七七、《世説新語·雅量》。本志集部尚有其一部著述。此書兩《唐志》無載，亡佚。張隱：生平事迹不詳，所著兩《唐志》無載，亡佚。郄原：生平事迹不詳。所著兩《唐志》無載，亡佚。王氏：不詳何人。姚振宗疑其即爲江熙《集解論語》所集十三家之一家王瑨。其所著兩《唐志》無載，亡佚。姜處道：生平事迹不詳。其作《論釋》，疑"論"下脱"語"字。姚振宗從於隋衹存張憑一家，餘者十二家兩《唐志》皆無載，而兩《唐志》著録《論語雜議》十三卷，不署撰者，此書則又不見於本志，認爲以上十三家之作合爲《論語雜議》。

《論語别義》十卷。范廙撰。梁有《論語疏》八卷，宋司空法曹張略等撰；《新書對張論》十卷，虞喜撰。

范廙（yì）：馬國翰疑爲“范甯”之誤。兩《唐志》不載此書，然有《論語剔義》十卷，疑即此書，“剔義”爲“别義”之誤。張略：生平事迹不詳。兩《唐志》無載，亡佚。《新書對張論》：《册府元龜·學校·注釋》載虞喜又注《論語》九卷、《新書討張論語》十卷。兩《唐志》無載，亡佚。

《論語義疏》十卷。褚仲都撰。

《日本國見在書目録》著録《論語疏》十卷，褚仲都撰。兩《唐志》著録《論語講疏》十卷，褚仲都撰。《宋志》無載，亡佚。清馬國翰有輯本。

《論語義疏》十卷。皇侃撰。

皇侃《論語義疏序》稱，何晏因《魯論》集馬融等七家，又采《古論》孔注，又自下己意。今日所講，即是《魯論》爲張侯所學、何晏所集者也，又有江熙所集十三家。侃今之講，先通何集，若江集中諸人有可采者亦附而申之，又别有通儒解釋於何集無妨者，亦引取爲説，以示廣聞。《論語義疏》所用底本，不論是正文，還是注文，與後來流行的邢疏本都有較大差異，對了解《論語》及其注本有研究價值。此書《經典釋文叙録》、兩《唐志》、《宋志》皆有著録，《直齋書録解題》即無著録，蓋此書在南宋亡佚。日本桃園天皇寬延三年（1750），平安服元喬《皇侃論語義疏新刻序》謂此書足利學校有藏，新刻本即據其藏本而刻。清乾隆年間開四庫館，鮑廷博得到從日本傳入的《論語義疏》，後收入《知不足齋叢書》及《四庫全書》，另有武英殿本。

《論語述義》十卷。劉炫撰。

《北史》卷八二載，劉炫著《論語述義》十卷。兩《唐志》著録劉炫《論語章句》二十卷，《宋志》無載，亡佚。

《論語義疏》八卷。

不署撰者。兩《唐志》無載，亡佚。

《論語講疏文句義》五卷。徐孝克撰，殘缺。

兩《唐志》無載，亡佚。

《論語義疏》二卷。張冲撰。梁有《論語義注圖》十二卷，亡。

《隋書》卷七五、《北史》卷八二皆載張冲撰《論語義》十卷，而此著録爲二卷。姚振宗疑前《論語義疏》八卷亦爲張冲所撰，與此二卷合，正與本傳記載相符。兩《唐志》無載，亡佚。《論語義注圖》：不署撰者。兩《唐志》無載。《崇文總目》有《論語井田義圖》一卷，並稱“其曰論語者，蓋爲《論語》學者引用”。它可能是《論語義注圖》的一部分。

《孔叢》七卷。陳勝博士孔鮒撰。梁有《孔志》十卷，梁太尉參軍劉被撰，亡。

孔鮒：字甲，孔子八世孫，魏相孔順之子。爲陳勝博士，死陳下。見《史記》卷四七、《漢書》卷八一。此書爲子孫雜記其先世言行之書。《漢志》無載，《舊唐志》著録《孔叢子》七卷，孔鮒撰；《新唐志》著録《孔叢》七卷，不署撰者。《宋志》著録《孔叢子》七卷，漢孔鮒撰，下有注引朱熹語“僞書也”。此書二十一篇，其間記有孔鮒身後事，並記有迄後漢延光三年孔季彦之事，第七卷名曰《連叢子》，乃爲漢武帝時太常孔臧所作賦與書。這些内容都是稱其爲託名孔鮒的僞書證據。1977 年安徽阜陽雙古堆漢墓（漢文帝年間）出土的一件有篇題的木牘，上面有兩篇名與《孔叢子》的篇名相合，加之此書内容的性質以及古代典籍流傳的特點，不便武斷地認爲《孔叢子》就是僞書，還須進一步研究。宋宋咸爲此書作注。此書現存最早的本子爲明刻本，通行本爲四庫本。劉被：生平事迹不詳。其書兩《唐志》無載，亡佚。

《孔子家語》二十一卷。王肅解。梁有《當家語》二卷，魏博士張融撰，亡。

此書内容與《論語》同源，皆爲孔門弟子各自記録的與孔子的問答，一部分輯成《論語》，其餘則集成《孔子家語》。《漢志》著録《孔子家語》二十七卷，不署撰者。顔師古注曰，“非今所有《家語》也”。王肅《孔子家語自序》稱，從孔子二十二世孫孔猛處得其先人之書。《日本國見在書目録》著録《孔子家語》廿一卷，王肅撰；兩《唐志》、《宋志》著録王肅注《孔子家語》十卷。元代王廣謀作《孔子家語注》，明代此書流傳漸稀。清陳士珂作《孔子家語疏證》十卷。《孔子家語》現存最早的本子是明嘉靖刻本，通行本爲四部叢刊本、叢書集成本。後世多指《孔子家語》爲僞書，從對安徽阜陽雙古堆（1973 年發掘）、河北定縣八角廊村（1977 年發掘）兩漢墓出土的竹簡和木牘的研究，發現其不少内容與今傳《孔子家語》相近，所以學者提出應對今本《孔子家語》重新認識。張融：生平事迹不詳。姚振宗以爲此書或爲王肅所注《孔子家語》而作，《日本國見在書目録》有《家語鈔》一卷，似即此書。姑備一説。

《孔子正言》二十卷。梁武帝撰。

《南史》卷七一載，梁武帝撰《孔子正言》。《日本國見在書目録》著録《孔子正言》廿卷，梁武帝撰。兩《唐志》亦有著録，《宋志》無載，亡佚。

《爾雅》三卷。漢中散大夫樊光注。梁有漢劉歆、犍爲文學、中黄門李巡《爾雅》各三卷，亡。

《爾雅》今十三經之一，三卷十九篇，無撰者。王應麟曰，"《釋詁》一篇，蓋周公所作；《釋言》以下仲尼所增，子夏所定，叔孫通所益，梁文所補"見《漢藝文志考證》卷四。鄭玄以爲《爾雅》爲孔子門人所作，以釋六藝之旨。見《駁五經異議》。"今觀其文，大抵采諸書訓詁名物之同異，以廣見聞，實自爲一書，不附經義"（《四庫全書總目》卷四〇）。《漢志》著録《爾雅》三卷二十篇，王鳴盛曰"別有《序篇》一篇"。見《蛾術編·説録》。後世多人爲《爾雅》作注，其間郭璞注爲世人所重，《爾雅》即與郭注並行流傳至今。宋邢昺作《爾雅疏》，鄭樵《爾雅注》三卷，清邵晋涵《爾雅正義》二十卷、郝懿行《爾雅義疏》二十卷等，今人有《爾雅詁林》。《爾雅》單經本罕見，有唐石經本。樊光：《經典釋文叙録》稱其爲京兆（今陝西西安市）人，後漢中散大夫。沈旋（沈約子）疑此注非樊光所作。兩《唐志》著録樊光注《爾雅》六卷，《宋志》無載，亡佚。清馬國翰、黄奭有輯本。劉歆《爾雅》：《經典釋文叙録》著録劉歆《爾雅》三卷，並稱與李巡注正同，疑非歆注。兩《唐志》無載，亡佚。清馬國翰、黄奭有輯本。犍爲文學：《經典釋文叙録》著録其注《爾雅》，稱其"卒史臣舍人，漢武帝時待詔。闕中卷"。或曰此即《漢書》卷六五所言郭舍人。錢大昕則曰"蓋其人姓舍名人"（《廿二史考異》卷三四）。此書兩《唐志》無載，亡佚。清馬國翰、黄奭、王仁俊、王謨有輯本。李巡：汝陽（今河南汝南縣）人，靈帝時宦者，被稱爲清忠，不争威權。見《後漢書》卷七八。此書《經典釋文叙録》、兩《唐志》有著録，《宋志》無載，亡佚。清馬國翰、黄奭、王仁俊有輯本，黄奭又輯樊光、李巡等注爲《爾雅古義》。

《爾雅》七卷。孫炎注。

《經典釋文叙録》著録《爾雅》孫炎注三卷，兩《唐志》著録此書爲六卷，《宋志》無載，亡佚。清馬國翰、王仁俊有輯本，另有吴騫輯《孫氏爾雅正義拾遺》一卷。

《爾雅》五卷。郭璞注。

《經典釋文叙録》稱，《爾雅注》唯郭景純洽聞强識，詳悉古今，作《爾雅注》，爲世所重。宋邢昺爲此書作疏。兩《唐志》、《宋志》、《四庫全書總目》卷四〇皆著録郭璞注《爾雅》。此書現存最早的本子有宋刻本，通行本爲十三經注疏本。

《集注爾雅》十卷。梁黄門郎沈琁注。

沈琁：又作旋、璿，字士規，吴興武康（今浙江德清縣）人，沈約子。爲給事黄門侍郎，出爲招遠將軍，卒於南康内史，謚曰恭侯。集注《邇言》，行於世。《梁書》卷一三、《南史》卷五七有傳。《經典釋文叙録》載，“《爾雅》梁有沈旋，沈約之子集衆家之注”。《舊唐志》載，沈璿《集注爾雅》十卷；《新唐志》載，《爾雅集注》十卷，沈琁注。《宋志》無載，亡佚。清馬國翰、黄奭有輯本。

《爾雅音》八卷。秘書學士江漼撰。梁有《爾雅音》二卷，孫炎、郭璞撰。

江漼：濟陽考城（今河南蘭考縣）人。陳駙馬都尉、秘書郎。隋給事郎、直秘書省學士。見《陳書》卷二七。兩《唐志》著録《爾雅圖贊》二卷、《爾雅音》六卷，撰者爲江灌，疑“江漼”之誤。《宋志》無載，亡佚。孫炎《爾雅音》：《顔氏家訓·音辭》稱孫炎創《爾雅音義》，是漢末人獨知反切，至於魏世，此事大行。兩《唐志》不載此書，亡佚。清黄奭、馬國翰有輯本。郭璞《爾雅音》：《經典釋文敘録》載郭璞《爾雅音》一卷，兩《唐志》著録郭璞《爾雅音義》一卷，《宋志》無載，亡佚。清馬國翰、黄奭有輯本。

《爾雅圖》十卷。郭璞撰。梁有《爾雅圖讚》二卷，郭璞撰，亡。

《晉書》卷七二載，郭璞注釋《爾雅》，别爲《音義》《圖譜》傳於世。《日本國見在書目録》載《爾雅圖》十卷，郭璞撰。兩《唐志》著録此書一卷，《宋志》無載，亡佚。《爾雅圖讚》：《經典釋文敘録》有載，兩《唐志》無載，亡佚。清王謨、孫志祖、黄奭、錢熙祚、馬國翰、嚴可均有輯本。

《廣雅》三卷。魏博士張揖撰。梁有四卷。

張揖：字稚讓，清河（今河北清河縣）人，一曰河間（今河北河間市）人。魏太和中博士。指出《爾雅》尚有不足，而作《廣雅》。“因《爾雅》舊目，博采漢儒箋注及《三倉》《説文》諸書，以增廣之”。見《四庫全書總目》卷四〇。兩《唐志》著録張揖《廣雅》四卷，《直齋書録解題》著録張揖《廣雅》十卷，《崇文總目》著録張揖撰《博雅》十卷，《四庫全書總目》著録張揖《廣雅》十卷，並稱“隋秘書學士曹憲爲之音釋，避煬帝諱改名《博雅》，故至今二名並稱，實一書也”。清王念孫著有《廣雅疏證》十卷。國家圖書館現存《廣雅》十卷，魏張揖撰，隋曹憲音，明刻本；《博雅》十卷，魏張揖撰，隋曹憲音解，明刻本；《博雅音》十卷，隋曹憲撰。通行本有四庫本、叢書集成本等。

《廣雅音》四卷。秘書學士曹憲撰。

曹憲：揚州江都（今江蘇揚州市）人。仕隋，爲秘書學士。訓注張揖所撰《博雅》，分爲十卷。唐貞觀中，以年老不仕，歸家，拜朝散大夫。所撰《文選音義》，甚爲當時所重。《舊唐書》卷一八九上、《新唐書》卷一九八有傳。本志經部尚有曹憲一部著述。《日本國見在書目録》、兩《唐志》皆著録《博雅》十卷，曹憲撰，其中應包括張揖所撰《廣雅》。

《小爾雅》一卷。李軌略解。

《漢志》著録《小雅》一篇。謝啓昆《小學考》曰，"《小爾雅》非《漢志》之《小雅》"。《四庫全書總目》卷四三曰，"《漢書·藝文志》有《小雅》一篇，無撰人名氏。《隋》《唐志》並載李軌注《小爾雅》一卷，其書久佚。今所傳本則《孔叢子》第十一篇，鈔出别行者也"。《舊唐志》著録《小爾雅》一卷，李軌撰；《新唐志》著録李軌解《小爾雅》一卷；《宋志》著録孔鮒《小爾雅》一卷。清王煦著有《小爾雅疏》八卷、宋翔鳳著有《小爾雅訓纂》六卷等，可參考。

《方言》十三卷。漢揚雄撰，郭璞注。

揚雄：字子雲，蜀郡成都（今四川境内）人。成帝時爲待詔，後爲給事黄門。王莽簒位，爲大夫。著有《太玄》《法言》《訓纂》《州箴》，及《反離騷》《甘泉賦》等。《漢書》卷八七有傳。本志經、史、子、集部尚有其五部著述。此書是中國很早記載古代不同方域語言的書，又作《輶軒使者絶代語釋别國方言》。《漢書·揚雄傳》及《藝文志》皆無《方言》有關記載。《劉歆與揚雄書》、應劭《風俗通義序》、《華陽國志》卷一〇上提及揚雄撰《方言》。宋代有人以爲此書是僞託，然至今無明顯證據。周祖謨認爲《方言》普遍流傳於東漢和帝以後。見《方言校箋自序》。郭璞注《方言》，《晋書》卷七二其本傳有記載。《日本國見在書目録》著録

《方言》十卷，揚雄撰，郭璞注；兩《唐志》著録揚雄《別國方言》十三卷；《宋志》著録揚雄《方言》十四卷；《四庫全書總目》卷四〇著録《方言》十三卷，並稱舊題漢揚雄撰，晋郭璞注。後世研究《方言》者有清末王國維、現代周祖謨，續補《方言》者有清杭世駿、戴震等。此書最早的本子是宋慶元六年刻《輶軒使者絶代語釋别國方言解》十三卷，通行本爲四庫本、武英殿聚珍本等。

《釋名》八卷。劉熙撰。

此書從音求義，多以同聲相諧，推見古音，所釋器物亦可推見古制。見《四庫簡明目録》。兩《唐志》、《宋志》有著録，《四庫全書總目》卷四〇著録其八卷，然稱其凡二十篇。清畢沅著有《釋名疏證》八卷、《補遺》一卷。此書現存最早的本子是明嘉靖年間刻本，通行本爲四庫本、四部叢刊本。

《辯釋名》一卷。韋昭撰。

吴鳳凰二年，韋昭在獄中上辭求免，言其作《辯釋名》一卷，欲表上之。見《三國志》卷六五。《新唐志》《宋志》《崇文總目》有載，《郡齋讀書志》《直齋書録解題》無載，疑此書亡於南宋。清任大椿、顧震福有輯文，清馬國翰、黄奭及民國龍璋有輯本。

《五經音》十卷。徐邈撰。

《晋書》卷九一載，徐邈撰正五經音訓，學者宗之。本志分别著録《周易音》一卷、《古文尚書音》一卷、《毛詩音》三卷、《三禮音》三卷、《左氏音》三卷，此書爲其合併爲帙者。兩《唐志》不載，亡佚。

《五經正名》十二卷。劉炫撰。

《隋書》卷七五稱，劉炫著《五經正名》十二卷。《舊唐志》

著録《五經正名》十五卷，疑“五”爲“二”之誤；《新唐志》著録《五經正名》十二卷；《宋志》無載，亡佚。

《白虎通》六卷。

不署撰者。《後漢書》卷四〇下載，天子會諸儒講論五經，作《白虎通德論》，令（班）固撰集其事。《舊唐志》著録《白虎通》六卷，漢章帝撰；《新唐志》著録班固等《白虎通義》六卷；《宋志》著録班固《白虎通》十卷；《崇文總目》著録《白虎通德論》十卷，後漢班固等撰；《四庫全書總目》卷一一八著録《白虎通義》四卷，漢班固撰。其提要曰，“白虎觀諸儒其議奏統名曰《白虎通德論》，固撰集後乃名其書曰《通義》。《唐志》所載蓋其本名，稱《白虎通德論》失其實矣。《隋志》删去‘義’字，蓋流俗省略，有此一名”。清陳立著有《白虎通疏證》十二卷。此書現存最早的本子是《白虎通德論》十卷，元大德年間刻本。通行本爲《白虎通義》四卷，四庫本；《白虎通德論》十卷，四部叢刊本。

《五經異議》十卷。後漢太尉祭酒許慎撰。

許慎：字叔重，汝南召陵（今河南漯河市）人。舉孝廉，再遷除洨長。因五經傳説臧否不同，於是撰《五經異議》，又作《説文解字》，皆傳於世。《後漢書》卷七九下有傳。本志經、子部尚有許慎二部著述。《日本國見在書目録》有《五經異議》十卷，後漢太尉祭酒許慎撰；兩《唐志》著録《五經異議》十卷，許慎撰，鄭玄駁。《宋志》無載，亡佚。清王謨、王仁俊有《五經異議》輯本，王復、袁鈞、孔廣林、黄奭有《駁五經異議》輯本。另清陳壽祺撰《五經異議疏證》三卷。

《五經然否論》五卷。晋散騎常侍譙周撰。

《三國志》卷三八載，譙周少時曾數往秦宓處咨訪，記録其言於《春秋然否論》。疑此應爲《五經然否論》之一。兩《唐志》有著録，《宋志》無載，亡佚。清王謨、馬國翰、黄奭有輯本。

《五經拘沈》十卷。晋高凉太守楊方撰。

楊方：字公回，會稽（今浙江紹興市）人。先爲東安太守、司徒參軍事，後補高凉太守。在郡期間著《五經鉤沉》，更撰《吴越春秋》，皆行於世。年老歸，卒於家。《晋書》卷六八有傳。本志經、史、集部尚有楊方三部著述。兩《唐志》著録楊方《五經鉤沈》十卷，《宋志》《崇文總目》著録楊方《五經鉤沈》五卷，《郡齋讀書志》《直齋書録解題》無載，疑此書亡於南宋。清王謨、馬國翰有輯本。

《五經大義》三卷。戴逵撰。梁有《通五經》五卷，王氏撰；《五經咨疑》八卷，周楊撰；《五經異同評》一卷，賀瑒撰；《五經祕表要》三卷。亡。

戴逵：字安道，譙國（今安徽亳州市）人。孝武帝時，累徵，不就。義熙初，以散騎侍郎徵，不起。不久即卒。《晋書》卷九四有傳。本志史、子、集部尚有其三部著述。兩《唐志》無載，亡佚。清馬國翰有輯本。王氏：不詳何人。其作《兩唐志》無載，亡佚。周楊：生平事迹不詳。兩《唐志》著録《五經咨疑》八卷，楊思撰。《宋志》無載，亡佚。《五經異同評》：《梁書》卷四八載，賀瑒爲五經博士，撰《五經義》。《五經祕表要》：不署撰者。姚振宗據書名，疑此書爲讖緯家之説。

《五經大義》十卷。後周縣伯中大夫樊文深撰。

樊文深：名深，字文深，河東猗氏（今山西臨猗縣）人。北周時爲國子博士，賜姓萬紐於氏。天和二年，遷縣伯中大夫，加開府儀同三司。建德年間卒。撰《七經異同》三卷等。《周書》卷四

五、《北史》卷八二有傳。兩《唐志》無載，亡佚。

《經典大義》十二卷。沈文阿撰。

《南史》卷七一記載，沈文阿撰《經典大義》十八卷。《日本國見在書目録》著録《經典大義》十二卷，《舊唐志》著録《經典大義》十卷，《新唐志》著録《經典玄儒大義叙録》十卷。此書與此後著録之《經典玄儒大義叙録》二卷，同是《經典大義》十八卷的一部分。《宋志》無載，亡佚。

《五經大義》五卷。何妥撰。

兩《唐志》無載，亡佚。

《五經通義》八卷。梁九卷。

不署撰者。兩《唐志》著録《五經通義》九卷，劉向撰。《宋志》無載，亡佚。元陶宗儀《説郛》中有《五經通義》一卷，清王謨、洪頤煊、宋翔鳳、劉學寵、馬國翰、黄奭、王仁俊有輯本。

《五經義》六卷。梁七卷。梁又有《五經義略》一卷，亡。

不署撰者。兩《唐志》著録《五經雜義》七卷，劉向撰。《漢志》著録《五經雜議》十八篇，似與此書有關。《宋志》無載，亡佚。《五經義略》：不署撰者。疑《五經雜義》之節略本。

《五經要義》五卷。梁十七卷，雷氏撰。

雷氏：不詳何人。清王謨等以爲雷氏即雷次宗。兩《唐志》著録《五經要義》五卷，劉向撰，不知與此書有何關聯，待考。《宋志》無載，亡佚。清王謨、馬國翰、黄奭有輯本。

《五經析疑》二十八卷。邯鄲綽撰。

邯鄲綽：生平事迹不詳。《日本國見在書目録》、兩《唐志》皆著録此書爲三十卷，《宋志》無載，亡佚。元陶宗儀《説郛》中有《五經析疑》一卷，清王謨、劉學寵有輯本。

《五經宗略》二十三卷。元延明撰。

《魏書》卷二〇載，元延明又撰《五經宗略》。兩《唐志》著録元延明《五經宗略》四十卷，《宋志》無載，亡佚。

《五經雜義》六卷。孫暢之撰。

兩《唐志》無載，亡佚。

《長春義記》一百卷。梁簡文帝撰。

《梁書》卷四載，簡文帝所著《長春義記》一百卷，行於世。兩《唐志》有著録，《宋志》無載，亡佚。

《大義》九卷。

不署撰者。兩《唐志》無載，亡佚。

《遊玄桂林》九卷。張譏撰。

《南史》卷七一載，張譏撰有《遊玄桂林》二十四卷。本志子部"道家類"著録張譏《遊玄桂林》二十一卷、《目》一卷。兩《唐志》著録此書二十卷，《宋志》無載，亡佚。

《六經通數》十卷。梁舍人鮑泉撰。

鮑泉：字潤岳，東海（今江蘇常熟市周邊）人。梁元帝時，爲郢州長史，行州府事。郢州被侯景將攻破，被殺於江夏。尤明《儀禮》，撰《新儀》四十卷，行於世。《梁書》卷三〇、《南史》卷六二有傳。本志史、集部尚有其作二部。此書兩《唐志》無載，亡佚。

《七經義綱》二十九卷。樊文深撰。

《七經論》三卷。樊文深撰。

《質疑》五卷。樊文深撰。

《周書》卷四五載，樊文深撰《七經異同》三卷，《義綱略論》並《目録》三十一卷，並行於世。兩《唐志》著録樊文深《七經義綱略論》三十卷及《質疑》五卷，不著録《七經論》《七經異同》，疑此二書爲一書。此三書《宋志》皆無載，亡佚。清王謨、馬國翰輯《七經義綱》各一卷。

《經典玄儒大義叙録》二卷。沈文阿撰。

此書應與前所著録《經典大義》合爲一書，本志分别著録有誤。

《玄義問答》二卷。

不署撰者。以玄義釋經之書。兩《唐志》無載，亡佚。

《六藝論》一卷。鄭玄撰。

《日本國見在書目録》著録《六藝論》一卷，鄭玄撰，方叔機注；《舊唐志》著録《六藝論》一卷，鄭玄注；《新唐志》著録鄭玄《六藝論》一卷；《宋志》無載，亡佚。清王謨、袁鈞、孔廣林、陳鱣、臧琳、洪頤煊、馬國翰、黄奭有輯本。皮錫瑞撰《六藝論疏證》一卷。

《聖證論》十二卷。王肅撰。

《三國志》卷一三載，王肅集《聖證論》譏短鄭玄，鄭玄門人孫叔然駁而釋之。《日本國見在書目録》"五經家"著録《聖證論》，王肅撰；“小學家”著録《聖證論》十一卷，無撰者。《舊唐志》著録《聖證論》十一卷，無撰者；《新唐志》著録王肅《聖證論》十一卷；《宋志》無載，亡佚。清王謨、馬國翰有輯本。

《鄭志》十一卷。魏侍中鄭小同撰。

《後漢書》卷三五載，“門人相與撰玄答弟子問五經，依《論語》作《鄭志》”。兩《唐志》著録《鄭志》九卷，無撰者。然不少人仍認爲此書由鄭小同編成。《四庫全書總目》卷三三有《鄭志》三卷、《補遺》一卷，提要曰，《隋志》著録《鄭志》十一卷，已非諸弟子舊本。《崇文總目》始不著録，則全佚於北宋。此本三卷，莫考其出自誰氏。此書有王復輯《鄭志》三卷、《補遺》一卷，袁鈞、孔廣林各輯《鄭志》八卷，黄奭輯《鄭志》一卷，錢東垣等校《鄭志》三卷。又有成蓉鏡撰《鄭志考證》一卷、皮錫瑞撰《鄭志疏證》八卷。

《鄭記》六卷。鄭玄弟子撰。

《四庫全書總目》卷三三稱，《鄭記》皆其門人互相問答之詞。其書久佚，可考見者，尚有《初學記》《通典》《太平御覽》所引三條。兩《唐志》著録《鄭記》六卷，無撰者。《宋志》無載，亡佚。清袁鈞有輯本。

《謚法》三卷。劉熙撰。

本志“禮類”《大戴禮記》條下注曰，“梁有《謚法》三卷，後漢安南太守劉熙注，亡”。而在此又著録此書，而且是以見存書著録的，顯然重複。兩《唐志》著録《謚法》三卷，荀顗演，劉熙注。《宋志》無載，亡佚。清孫馮翼、王仁俊有輯本。

《謚法》十卷。特進、中軍將軍沈約撰。

沈約：字休文，吴興武康（今浙江德清縣）人。宋時爲尚書度支郎。入齊，累遷至司徒左長史、南清河太守。梁武帝受禪，封建昌縣侯，累遷侍中、左光禄大夫加特進。著有《宋書》《邇言》《謚例》等。《宋書》卷一〇〇、《梁書》卷一三、《南史》卷五七有傳。本志經、史、子、集部尚有沈約十五部著述。兩《唐志》著録沈約《謚例》十卷，《宋志》著録《謚法》十卷。《郡齋讀書志》著録《沈賀謚法》，沈約撰《謚法》，凡七百九十四條。《直齋書録解題》無載，亡佚。

《謚法》五卷。梁太府卿賀琛撰。

賀琛："琛"原作"瑒"，據其本傳改。字國寶，會稽山陰（今浙江紹興市）人。普通中，始應辟命，累遷尚書左丞，受詔撰《新謚法》。太清二年，侯景陷城，以爲金紫光禄大夫，卒。撰有《三禮講疏》《五經滯義》等，凡百餘篇。《梁書》卷三八、《南史》卷六二有傳。兩《唐志》、《宋志》著録賀琛《謚法》三卷，《崇文總目》著録此書四卷。《郡齋讀書志》卷二著録《沈賀謚法》四卷，曰"賀琛又加婦人謚二百三十八條"。《直齋書録解題》無載，亡佚。

《江都集禮》一百二十六卷。

不署撰者。《日本國見在書目録》著録《江都集禮》百廿六卷；《舊唐志》"禮類"著録《江都集禮》一百二十卷，潘徽撰；《新唐志》"儀注類"著録牛弘、潘徽《隋江都集禮》一百二十卷；《崇文總目》著録《江都集禮》一百四卷，隋諸儒撰。《宋志》有《江都集禮圖》五十卷，似此書之佚存。今亡。

右七十三部，七百八十一卷。通計亡書，合一百一十六部，一千二十七卷。

七十三部：實爲七十四部。一百一十六部：實爲一百二十六部。

《論語》者，孔子弟子所録。孔子既叙六經，講於洙、泗之上，[1]門徒三千，達者七十。其與夫子應答，及私相講肄，[2]言合於道，或書之於紳，[3]或事之無厭。仲尼既没，遂緝而論之，謂之《論語》。漢初，有齊、魯之説。其齊人傳者，二十二篇；魯人傳者，二十篇。齊則昌邑中尉王吉、少府宋畸、御史大夫貢禹、尚書令五鹿充宗、膠東庸生。[4]魯則常山都尉龔奮、長信少府夏侯勝、韋丞相節侯父子、魯扶卿、前將軍蕭望之、安昌侯張禹，[5]並名其學。張禹本授《魯論》，晚講《齊論》，後遂合而考之，删其煩惑。除去《齊論·問王》、《知道》二篇，[6]從《魯論》二十篇爲定，號《張侯論》，當世重之。周氏、包氏，[7]爲之章句，馬融又爲之訓。又有古《論語》，與《古文尚書》同出，章句煩省，與《魯論》不異，唯分《子張》爲二篇，故有二十一篇。孔安國爲之傳。漢末，鄭玄以《張侯論》爲本，參考《齊論》、古《論》而爲之注。魏司空陳群、太常王肅、博士周生烈，[8]皆爲義説。吏部尚書何晏，又爲集解。是後諸儒多爲之注，《齊論》遂亡。古《論》先無師説，梁、陳之時，唯鄭玄、何晏立於國學，而鄭氏甚微。周、齊，鄭學獨立。至隋，何、鄭並行，鄭氏盛於人間。其《孔叢》《家語》，並孔氏所傳仲尼之旨。《爾雅》諸書，解古今之意，并五經總義，附于此篇。

［1］洙泗：山東曲阜境内的兩條河，洙水在北，泗水在南。孔子居於兩水之間，教授弟子。

［2］講肄：講習。

［3］紳：一種服飾，束在腰間，一頭垂下的大帶。

［4］王吉：字子陽，故又稱王陽，琅邪皋虞（今山東即墨市）人。舉賢良，後累遷益州刺史、博士諫大夫。以《詩》《論語》教授。《漢書》卷七二有傳。　宋畸："宋"原作"宗"，據《漢書》卷八、《經典釋文敘録》改。又作宋疇，字翁壹。宣帝時由左馮翊任少府。見《漢書》卷一九下。　貢禹：字少翁，琅邪（今山東諸城市）人。以明經徵爲博士。元帝時，拜光禄大夫，爲御史大夫數月，卒。《漢書》卷七二有傳。　五鹿充宗：字君孟，代郡（今河北北部）人。宣帝時爲少府，爲《梁丘易》。石顯擅權，爲尚書令。見《漢書》卷八八、《經典釋文敘録》。　膠東：漢國名，在今山東境内。庸生，生平事迹不詳。《經典釋文敘録》言其名譚，從都朝尉習古文《尚書》，授張禹《齊論語》。見《漢書》卷八一、卷八八。

［5］龔奮：《經典釋文敘録》稱其爲常山都尉。　夏侯勝：字長公，東平（今山東東平縣）人。從夏侯始昌受《尚書》及《洪範五行傳》。宣帝時遷長信少府，賜爵關内侯。受詔撰《尚書》《論語説》。《漢書》卷七五有傳。　韋丞相節侯父子：韋賢，字長孺，魯國鄒（今山東鄒城市）人。兼通《禮》《尚書》，以《詩》教授。昭帝時，徵爲給事中，至大鴻臚。宣帝時爲丞相，扶陽侯。子韋玄成，受詔雜論五經同異於石渠閣，條奏其對。永光中，爲丞相。《漢書》卷七三有傳。　魯扶卿：《經典釋文敘録》有注曰，"鄭云扶先，或説先先生"。生平事迹不詳。　蕭望之：字長倩，東海蘭陵（今山東蘭陵縣）人。治《齊詩》，事后蒼。又從夏侯勝問《論語》。官至太傅、御史大夫。後因獲罪自殺。《漢書》卷七八有

傳。　張禹：字子文，河内軹（今河南濟源市）人。從施讎受《易》，從王陽、庸生問《論語》。成帝時，爲丞相，封安昌侯。《漢書》卷八一有傳。

［6］問王：《漢書藝文志講疏》稱，“問王者，問玉也”。其根據爲《説文解字》玉部引《逸論語》，“如玉之瑩”。

［7］周氏：不詳何人。　包氏：《經典釋文叙録》作包咸，字子良，會稽曲阿（今江蘇丹陽市）人。習《魯詩》《論語》。光武朝，除郎中，拜諫議大夫、右中郎將。永平五年，遷大鴻臚。《後漢書》卷七九下有傳。

［8］陳群：字長文，潁川許昌（今河南許昌市）人。魏初建，遷爲御史中丞。明帝即位，進封潁陰侯，不久爲司空。《後漢書》卷六二、《三國志》卷二二有傳。　周生烈：《三國志》卷一三裴注曰，“此人姓周生，名烈”。《經典釋文叙録》曰，周生烈“敦煌人。《七録》云字文逢，本姓唐，魏博士、侍中”。

《河圖》二十卷。梁《河圖洛書》二十四卷，目録一卷，亡。

桓譚《新論》有言，此書後人依託孔丘，誤之甚也。《水經·河水》注引《春秋名曆序》曰“《河圖》帝王之階，圖載江河山川州界之分野”。《日本國見在書目録》著録《河圖》一卷，兩《唐志》無載，亡佚。後人多有輯佚，如孫瑴、黄奭等。《河圖洛書》：《經義考》卷二六四引蔡邕及王充所言《河圖》《洛書》，並著録有關《河圖》《洛書》的篇目有三十餘種。明孫瑴，清黄奭、殷元正等有《河圖》輯本。

《河圖龍文》一卷。

《日本國見在書目録》有著録，兩《唐志》無載。朱彝尊稱，王應麟曰《文選注》引此書。見《經義考》卷二六四。《宋志》無載，亡佚。清喬松年、殷元正有輯本。

《易緯》八卷。鄭玄注。梁有九卷。

《後漢書》卷三五載，鄭玄時覩秘書緯術之奥。《後漢書》卷八二上《樊英傳》列《易緯》篇目有《稽覽圖》等六篇。《日本國見在書目録》著録《易緯》十卷，鄭玄注，兩《唐志》無載，《宋志》著録《易乾鑿度》三卷、《易緯》七卷、《易緯稽覽圖》一卷、《易通卦驗》二卷，並鄭玄注。後亡佚。清四庫館臣從《永樂大典》中輯出《乾坤鑿度》二卷、《周易乾鑿度》二卷、《易緯稽覽圖》二卷、《易緯辨終備》一卷、《易緯通卦驗》二卷、《易緯乾元序制》一卷、《易緯是類謀》一卷。見《四庫全書總目》卷六。另外，明孫瑴，清黄奭、喬松年等亦有輯本。

《尚書緯》三卷。鄭玄注。梁六卷。

《後漢書》卷八二上《樊英傳》注列《書緯》篇目爲《琁機鈐》等五篇。《經義考》卷二六五載，《書緯》篇目又有《帝驗期》等三篇。兩《唐志》著録鄭玄注《書緯》三卷，今亡佚。後人多以篇輯佚，如黄奭、馬國翰、喬松年等。

《尚書中候》五卷。鄭玄注。梁有八卷，今殘缺。

《後漢書》卷八二上《方術列傳序》有注曰“緯，《七經緯》也；候，《尚書中候》也”。朱彝尊言，“《中候》專言符命，當是新莽時所出之書”（《經義考》卷二六五）。兩《唐志》無載，亡佚。清王謨、袁鈞、孔廣林、馬國翰、王仁俊多以篇爲輯本。

《詩緯》十八卷。魏博士宋均注。梁十卷。

《詩緯》有《推度災》等三篇。見《後漢書》卷八二上注。《日本國見在書目録》著録《詩緯》十卷，魏博士宋均注，兩《唐志》亦有著録，《宋志》無載，亡佚。清黄奭、王仁俊、馬國翰多以篇爲輯本。

《禮緯》三卷。鄭玄注，亡。

《禮緯》有《含文嘉》等三篇。見《後漢書》卷八二上注。《日本國見在書目録》著録《禮緯》三卷，鄭玄注。兩《唐志》無載，亡佚。

《禮記默房》二卷。宋均注。梁有三卷，鄭玄注，亡。

《默房》似《禮緯》之一。兩《唐志》著録宋均注《禮緯》三卷，疑即此書。《宋志》無載，亡佚。鄭玄注《禮記默房》，疑即前所著録之《禮緯》三卷。

《樂緯》三卷。宋均注。梁有《樂五鳥圖》一卷，亡。

《樂緯》有《動聲儀》等三篇。見《後漢書》卷八二上注。兩《唐志》有著録，《宋志》無載，亡佚。清馬國翰、王仁俊、黄奭輯其篇。

《春秋災異》十五卷。郗萌撰。梁有《春秋緯》三十卷，宋均注；《春秋内事》四卷，《春秋包命》二卷，《春秋祕事》十一卷，《書易詩孝經春秋河洛緯祕要》一卷，《五帝鉤命决圖》一卷。亡。

郗萌：本書《天文志》曰“漢秘書郎郗萌記先師相傳《宣夜》之説”。本志子部著録郗萌《秦災異》一卷。兩《唐志》無載，亡佚。《春秋緯》：包括《演孔圖》等十三篇。見《後漢書》卷八二上注。《日本國見在書目録》著録《春秋緯》四十卷，宋均注；兩《唐志》著録宋均注《春秋緯》三十八卷。《宋志》無載，亡佚。清馬國翰、黄奭、王仁俊等有輯篇。《春秋内事》：“其事祕密，故稱内”。而“内學謂圖讖之書也”。見《後漢書》卷八二上注。《春秋包命》：疑即《元命包》。《書易詩孝經春秋河洛緯祕要》：不知何人雜録讖緯家言成一書。《五帝鉤命决圖》：不知何經之緯。

《孝經勾命决》六卷。宋均注。

此書爲《孝經緯》之一。《古微書》卷三〇序曰，“參其奥以示人，故以决名”。《日本國見在書目録》著録《孝經勾命决》六卷，宋均注；兩《唐志》無載，亡佚。清馬國翰、黄奭、王仁俊有輯本。

《孝經援神契》七卷。宋均注。

《日本國見在書目録》著録《孝經援神契》七卷，宋均注；兩《唐志》無載，亡佚。清馬國翰、黄奭、王仁俊有輯本。

《孝經内事》一卷。梁有《孝經雜緯》十卷，宋均注；《孝經元命包》一卷，《孝經古祕援神》二卷，《孝經古祕圖》一卷，《孝經左右握》二卷，《孝經左右契圖》一卷，《孝經雌雄圖》三卷，《孝經異本雌雄圖》二卷，《孝經分野圖》一卷，《孝經内事圖》二卷，《孝經内事星宿講堂七十二弟子圖》一卷，又《口授圖》一卷；又《論語讖》八卷，宋均注；《孔老讖》十二卷，《老子河洛讖》一卷，《尹公讖》四卷，《劉向讖》一卷，《雜讖書》二十九卷，《堯戒舜禹》一卷，《孔子王明鏡》一卷，《郭文金雄記》一卷，《王子年歌》一卷，《嵩高道士歌》一卷。亡。

《經義考》卷二六七稱，“此係借經説災祥之書”。《日本國見在書目録》著録《孝經内事》一卷。姚振宗以爲此書是宋均所注《孝經雜緯》十卷的一部分。兩《唐志》無載，亡佚。清王謨有宋均注《孝經内事》輯本。《孝經雜緯》：兩《唐志》著録宋均注《孝經緯》五卷，《宋志》無載，亡佚。《孝經元命包》：兩《唐志》無載，亡佚。《孝經古祕援神》：兩《唐志》無載，亡佚。清馬國翰、黄奭有輯本。《孝經古祕圖》：兩《唐志》無載，亡佚。清黄奭、馬國翰有輯本。《孝經異本雌雄圖》：《日本國見在書目録》著録《孝經雌雄圖》三卷、《孝經雌圖》三卷上中下、《孝經雄圖》一卷。前二書當爲《孝經雌雄圖》三卷，後一書與《孝經異本雌雄圖》二卷爲一書。清馬國翰、黄奭有輯本。《孝經分野圖》：兩《唐志》無載，亡佚。《孝經内事圖》：兩《唐志》無載，亡佚。清馬國翰有輯本。《論語讖》：侯康《補三國藝文志》曰，宋注《論語讖》有《摘輔象》等五篇。兩《唐志》著録宋均注《論語緯》十卷，《宋志》無載，亡佚。《孔老讖》：《宋書》卷二七、《南史》卷四引孔子《河雒讖》，兩《唐志》無載，亡佚。《老子河洛讖》：《南齊書》卷一八引《老子河洛讖》。兩《唐志》無載，亡佚。《尹公讖》：尹公，不詳何人。兩《唐志》無載，亡佚。《劉向讖》：《宋書》卷二七載，太史令駱達上奏，其間引《劉向讖》。兩《唐志》無載，亡佚。《雜讖書》：姚振宗以爲此《雜讖書》大抵爲集録諸家讖記之文。兩《唐志》無載，亡佚。《堯戒舜禹》：兩《唐志》無載，亡佚。《孔子王明鏡》：兩《唐志》無載，亡佚。郭文：字文舉，軹（今河南濟源市東南）人。王導聞其名，遣人迎至西園中。後逃歸臨安，結廬於山中，以病終。《晋書》卷九四有傳。《南齊書》卷一八、《南史》卷四皆引《金雄記》。兩《唐志》無載，亡佚。《王子年歌》：王子年名嘉，隴西安陽（今甘肅秦安縣）人。苻堅屢徵，不起。公侯以下往參未來之事，辭如讖記。後爲姚萇所殺。又著《拾遺録》十卷。《晋書》卷九五有傳。《南齊書》卷一八、《南史》卷四皆引其《王子年歌》。兩《唐志》無載，亡佚。《嵩高道士歌》：嵩高道士可能即魏嵩山道士寇謙之。其歌兩《唐志》無載，亡佚。

右十三部，合九十二卷。通計亡書，合三十二部，共二百三十二卷。

三十二部：實爲四十四部。

《易》曰：“河出圖，洛出書。”[1]然則聖人之受命也，必因積德累業，豐功厚利，誠著天地，澤被生人，[2]萬物之所歸往，神明之所福饗，[3]則有天命之應。蓋龜龍銜負，[4]出於河、洛，以紀易代之徵，其理幽昧，究極神道。先王恐其惑人，祕而不傳。説者又云，孔子既叙六經，以明天人之道，知後世不能稽同其意，[5]故别立緯及讖，[6]以遺來世。其書出於前漢，有《河圖》九篇，《洛書》六篇，云自黄帝至周文王所受本文。又别有三十篇，云自初起至于孔子，九聖之所增演，[7]以廣其意。又有《七經緯》三十六篇，並云孔子所作，并前合爲八十一篇。而又有《尚書中候》《洛罪級》《五行傳》《詩推度災》《汜曆樞》《含神務》《孝經勾命決》《援神契》《雜讖》等書。漢代有郗氏、袁氏説。[8]漢末，郎中郗萌，集圖緯讖雜占爲五十篇，謂之《春秋災異》。宋均、鄭玄，並爲讖律之注。然其文辭淺俗，顛倒舛謬，不類聖人之旨。相傳疑世人造爲之後，或者又加點竄，非其實録。起王莽好符命，[9]光武以圖讖興，遂盛行於世。漢時，又詔東平王蒼，[10]正五經章句，皆命從讖。俗儒趨時，益爲其學，篇卷第目，轉加增廣。言五經者，皆憑讖爲説。唯孔安國、毛公、王璜、賈逵之徒獨非之，[11]相承以爲妖妄，亂中庸之典。[12]故因漢魯恭王、河間獻王所得古文，參而考之，以成其義，謂之古學。當世之儒，又非毁之，竟不得行。魏代王肅，推引古學，以難其義。王弼、杜預，從而明之，自是古學稍立。至宋大明中，[13]始禁圖讖，梁天監已後，又重其制。及高祖受禪，禁之踰切。煬帝即位，乃發使四出，搜天下書籍與讖緯相涉者，皆焚之，爲吏所糾者至死。[14]自是無復其學，祕府之内，亦多散亡。今録其見存，列於六經之下，以備異説。

［1］河出圖洛出書：見《易・繫辭上》。據孔安國、劉歆等解説，伏羲時有龍馬出於黄河，馬背上有旋毛如星點，稱作龍圖，伏羲仿其作八卦。夏禹治水時有神龜出於洛水，背上有裂紋，如文字，禹仿其作《洪範》。

［2］澤被：澤，施恩；被，及、至。

［3］福饗：饗通享，即福享。

［4］龜龍銜負：即指《河圖》《洛書》，古代認爲其出現是帝王、聖者受命的祥瑞。

［5］稽：相合、一致。

［6］緯及讖：緯對經而言，漢人稱其亦爲孔子所作。有《易緯》《書緯》《詩緯》《禮緯》《樂緯》《春秋緯》《孝經緯》七種，與七經相對爲七緯。其書以儒家經義，附會人事吉凶禍福，預言治亂興廢，其間多有怪誕無稽之談。讖，預言吉凶得失的文字、圖記，誕妄不經。

［7］九聖：指伏羲、神農、黄帝、堯、舜、禹、文王、周公、孔子。

［8］袁氏：不詳何人。

［9］符命：古代謂天賜祥瑞與人君，作爲受命的憑證。

［10］東平王蒼：漢光武帝子，建武十七年進爵爲東平王。明帝即位，拜爲驃騎將軍，位在三公之上。《後漢書》卷四二有傳。

［11］毛公：此指傳《毛詩》作者毛萇。王璜：字平中。能傳《費氏易》《古文尚書》，又從徐敖習《毛詩》。見《漢書》卷八八。

［12］中庸：不偏爲中，不變爲庸。儒家以中庸爲最高的道德

標準。

［13］大明：南朝宋孝武帝劉駿年號（457—464）。

［14］糾：舉發、懲治。

《三蒼》三卷。郭璞注。秦相李斯作《蒼頡篇》，漢揚雄作《訓纂篇》，後漢郎中賈魴作《滂喜篇》，故曰《三蒼》。梁有《蒼頡》二卷，後漢司空杜林注，亡。

《漢志》著録《蒼頡》一篇，下有注曰，“上七章，秦丞相李斯作；《爰歷》六章，車府令趙高作；《博學》七章，太史令胡母敬作”。此李斯作《蒼頡篇》當是三篇總合以爲之《蒼頡篇》。據梁庾元威《論書》言，《蒼頡篇》爲《三蒼》上卷；至哀帝元壽中，揚子雲作《訓纂》記滂喜，爲中卷；和帝永元中賈升郎更續記彥均，爲下卷；故人稱《三蒼》。見《全梁文》卷六七。李斯：楚上蔡（今河南上蔡縣西南）人。從荀卿學帝王術，學成赴秦，官至丞相。秦始皇成霸業多得其助。二世時，以謀反罪名被誅，夷三族。《史記》卷八七有傳。《日本國見在書目録》著録《蒼頡篇》一卷，不署撰者。兩《唐志》無載，亡佚。清任大椿、孫星衍、黄奭、顧震福、陳其榮，民國王國維、龍璋有輯本，然皆不署李斯名。《漢志》著録揚雄《蒼頡訓纂》一篇，兩《唐志》無載，亡佚。清馬國翰、黄奭有輯本。賈魴：後漢郎中，其他事迹無考。其《滂喜篇》亡佚。《日本國見在書目録》著録《三蒼》三卷，郭璞注。兩《唐志》著録《三蒼》三卷，李斯等撰，郭璞解。《宋志》無載，亡佚。清任大椿、馬國翰、黄奭、顧震福有輯本。杜林：字伯山，扶風茂陵（今陝西興平市）人，光武帝拜其爲侍御史，問以經書故舊等事。累官少府、大司空。《漢書》卷八五、《後漢書》卷二七有傳。《漢志》著録杜林《蒼頡訓纂》一篇、《蒼頡故》一篇，兩《唐志》皆著録《蒼頡訓詁》二卷，《宋志》無載，亡佚。清馬國翰有輯本。

《埤蒼》三卷。張揖撰。梁有《廣蒼》一卷，樊恭撰，亡。

後魏江式稱，魏初，博士張揖著《埤蒼》《廣雅》《古今字訓》。見《全後魏文》卷四五。《日本國見在書目録》著録此書爲二卷。《通志·藝文略》《玉海·藝文》稱《隋志》著録二卷。兩《唐志》著録此書爲三卷。《宋志》無載，亡佚。清任大椿、馬國翰、黄奭、顧震福，民國龍璋、陶棟有輯本。樊恭：不詳何人。兩《唐志》有著録，《宋志》無載，亡佚。清任大椿、馬國翰、黄奭，民國龍璋有輯本。

《急就章》一卷。漢黄門令史游撰。

史游：漢元帝之世爲黄門令，勤心納忠，有所補益。見《後漢書》卷七八。《郡齋讀書志》卷四稱，“急就者，謂字之難知者，緩急可就而求焉”。《直齋書録解題》卷三言，“其文多古語、古字、古韻，有足觀者”。《四庫全書總目》卷四一曰，“自始至終無一複字，文詞奥雅，亦非蒙求諸書所可及。惟顔師古注一卷存，王應麟又補注之，釐爲四卷”。《漢志》著録《急就》一篇，元帝時黄門令史游作。《日本國見在書目録》著録《急就篇》一卷，史游撰。《舊唐志》著録曹壽解《急就章》一卷、顔之推《急就章注》一卷，顔師古《急就章注》一卷；《新唐志》無顔師古《急就章注》。《四庫全書總目》著録《急就章》四卷。史游《急就章》現存最早的本子爲皇象本《急就章》一卷。顔師古《急就章注》最早的本子爲明抄本，通行本爲四庫本、四部叢刊本、叢書集成本。

《急就章》二卷。崔浩撰。

《魏書》卷三五載，崔浩上《五寅元曆》，提及太宗敕臣解《急救章》。兩《唐志》無載，亡佚。

《急就章》三卷。豆盧氏撰。

豆盧氏：不詳何人。兩《唐志》無載，亡佚。

《吴章》二卷。陸機撰。

陸機：字士衡，吴郡（今江蘇境内）人。陸抗子，父卒，領義兵爲牙門將。入晋，累官太子洗馬、平原内史等。後被誣有異志，害於軍中。《晋書》卷五四有傳。本志史、子部尚有其四部著述。《日本國見在書目録》著録《吴章》一卷，陸機撰。《舊唐志》著録《吴章》一卷，《新唐志》著録《吴章篇》一卷，皆不署撰者。《宋志》無載，亡佚。

《小學篇》一卷。晋下邳内史王義撰。

王義：生平事迹不詳。本志本部尚有其著述一部。《顔氏家訓·書證》載王義之有《小學章》。《日本國見在書目録》著録《小學篇》一卷，王義之撰。兩《唐志》皆著録《小學篇》王羲之撰，然考《晋書·王羲之傳》，其未作過下邳内史，亦無撰《小學篇》之記載。《宋志》無載，亡佚。清任大椿、顧震福，民國龍璋有輯本。

《少學》九卷。楊方撰。

兩《唐志》著録楊方《少學集》十卷，《宋志》無載，亡佚。

《始學》一卷。

不署撰者。兩《唐志》無載，亡佚。

《勸學》一卷。蔡邕撰。有司馬相如《凡將篇》，班固《太甲篇》《在昔篇》，崔瑗《飛龍篇》，蔡邕《聖皇篇》，《黄初篇》，《吴章篇》，蔡邕《女史篇》，合八卷；又《幼學》二卷，朱育撰；《始學》十二卷，吴郎中項峻撰；又《月儀》十二卷。亡。

《後漢書》卷六〇下《蔡邕傳》載，其所著詩、賦、論、議、《勸學》等，凡百四篇，傳於世。兩《唐志》著録蔡邕《勸學篇》一卷，《宋志》無載，亡佚。清任大椿、馬國翰、黄奭、顧震福、王仁俊，民國龍璋有輯本。司馬相如：字長卿，蜀郡成都（今四川成都市）人。因《子虛賦》得武帝賞識。後奉使巴蜀，拜中郎將。病免，居茂陵。《史記》卷一一七、《漢書》卷五七有傳。《漢志》稱《凡將》無重字，亦《蒼頡》中正字也，而且頗有出矣。《漢書藝文志講疏》據《凡將》可考文句，認爲其與《急就》文句相似。《漢志》著録《凡將》一篇，兩《唐志》著録司馬相如《凡將篇》一卷，《宋志》無載，亡佚。清任大椿、馬國翰、黄奭、顧震福，民國龍璋有輯本。班固：字孟堅，扶風安陵（今陝西咸陽市東）人。父彪卒，欲承父修前史之業，則以私改國史入獄，幸有弟超援救，得免。後爲蘭臺令史，並獲准終成前所著書。和帝永元中，班固隨竇憲征匈奴，戰敗，班固免官，入獄，死獄中。除尚未完成的《漢書》外，還有《典引》、《賓戲》、文、賦等四十篇。《漢書》卷一〇〇上、《後漢書》卷四〇有傳。本志史、集部尚有班固兩部著述。《漢志》未著録《太甲》《在昔》。後世疑其續揚雄作即《太甲》《在昔》，仍需考證。兩《唐志》著録《太甲》《在昔》各一卷，《宋志》無載，亡佚。崔瑗：字子玉，涿郡安平（今河北安平縣）人，順帝時，舉茂才，遷汲令。漢安初，遷濟北相。著有《草書勢》，以及賦、碑、銘等，凡五十七篇。《後漢書》卷五二有傳。兩《唐志》著録崔瑗《飛龍篇篆草勢合》三卷，《宋志》無載，亡佚。《聖皇篇》：兩《唐志》皆作《聖草章》一卷。《書斷》言，“漢靈帝熹平年詔蔡邕作《聖皇篇》，成”。《宋志》無載，亡佚。《黄初篇》：不署撰者。兩《唐志》著録《黄初章》一卷，《宋志》無載，亡佚。《吴章篇》：此處不署撰者，前著録陸機《吴章》二卷，疑二者爲一書。《女史篇》：《後漢書》卷六〇下載，蔡邕著有《女訓》等，凡若干篇，傳於世。兩《唐志》無載，亡佚。《幼學》：《舊唐志》著録《初學篇》一卷，朱嗣卿撰；《新唐志》著録朱嗣卿《幼學篇》一卷。嗣卿，蓋朱育字。此書《宋志》無載，亡佚。項峻：吴郎中。《三國志》卷五三載，大皇帝末年，命太史令丁孚、郎中項峻撰《吴書》。兩《唐志》著録《始學篇》十二卷。《宋志》無載，亡佚。《月儀》：不署撰者。其内容是每月致友人的信札。兩《唐志》無載，亡佚。

《發蒙記》一卷。晋著作郎束皙撰。

束皙：字廣微，陽平元城（今河北大名縣）人。任著作郎，得觀太康二年盗發魏襄王墓所出竹書，隨疑分釋，皆有義證。後遷尚書郎，四十歲病卒。其著《發蒙記》、文集數十篇，行於世。《晋書》卷五一有傳。本志史、集部尚有束皙二部著述。史部“地理類”著録束皙《發蒙記》，有注曰，“載物産之異”。與此《發蒙記》有何關聯，待考。兩《唐志》無載，亡佚。元陶宗儀、清馬國翰、民國龍璋有輯本。

《啓蒙記》三卷。晋散騎常侍顧愷之撰。

顧愷之：字長康，晋陵無錫（今江蘇無錫市）人。義熙初，爲散騎常侍。年六十二卒於官。所著文集及《啓曚記》行於世。《晋書》卷九二有傳。本志經、集部尚有顧愷其二部著述。《日本國見在書目録》著録《啓蒙記》一卷，晋散騎常侍顧愷之撰；兩《唐志》無載，亡佚。清馬國翰有輯本。

《啓疑記》三卷。顧愷之撰。

兩《唐志》著録《啓疑》三卷，顧愷之撰，不著録顧愷之《啓蒙記》三卷，而《晋書》本傳載《啓蒙記》，不載《啓疑記》，疑二者爲不同名之一書。

《千字文》一卷。梁給事郎周興嗣撰。

周興嗣：字思纂，陳郡項（今河南項城市）人。梁時，除新安郡丞，遷給事中，佐撰國史。所撰《皇帝實録》《起居注》等百餘卷、文集十卷，行於世。《梁書》卷四九、《南史》卷七二有傳。本志史部尚有其著述一部。《日本國見在書目録》著録《千字文》一卷，周興嗣次韻撰；《舊唐志》著録《千字文》一卷，周興嗣撰；《新唐志》著録周興嗣次韻《千字文》一卷；《宋志》著録《千字文》一卷，梁周興嗣次韻；《郡齋讀書志》《直齋書録解題》《文獻通考》皆無載，亡佚。

《千字文》一卷。梁國子祭酒蕭子雲注。

蕭子雲：字景喬，蘭陵（今江蘇常州市）人。太清元年，爲侍中、國子祭酒。著有《晋書》《東宫新記》。《梁書》卷三五、《南史》卷四二有傳。《梁書》卷三五載，南平王使其兄蕭子範制《千字文》。《日本國見在書目録》著録《千字文》一卷，梁國子祭酒蕭子雲注；兩《唐志》著録《千字文》一卷，蕭子範撰。《小學考》卷一四稱蕭子範作《千字文》，蕭子雲注《千字文》，而《隋志》遺蕭子範作《千字文》。《宋志》無載，亡佚。

《千字文》一卷。胡肅注。

胡肅：不詳何人。兩《唐志》無載，亡佚。

《篆書千字文》一卷。

不署撰者。兩《唐志》有著録，《宋志》無載，亡佚。

《演千字文》五卷。

不署撰者。兩《唐志》有著録，《宋志》無載，亡佚。

《草書千字文》一卷。

不署撰者。兩《唐志》無載，亡佚。

《古今字詁》三卷。張揖撰。梁有《難字》一卷，《錯誤字》一卷，並張揖撰；《異字》二卷，朱育撰；《字屬》一卷，賈魴撰。亡。

《魏書》卷九一載，張揖著《古今字詁》，方之許慎篇，古今體用，或得或失。《顔氏家訓·勉學》提及《古今字詁》。《舊唐志》著録《古文字詁》二卷，張揖撰；《新唐志》著録張揖《古文字訓》二卷；《宋志》無載，亡佚。清任大椿、馬國翰、黄奭、顧震福，民國龍璋有輯本。《難字》：《舊唐志》無載，《新唐志》著録張揖《雜字》一卷。沈濤《銅熨斗齋隨筆》卷三以爲《隋志》作《難字》爲是。馬國翰與姚振宗以爲《新唐志》題爲《雜字》是。《宋志》無載，亡佚。清任大椿、馬國翰，民國龍璋有輯本。《錯誤字》：姚振宗《考證》曰，《册府》卷六〇八載張揖撰《字諟》一卷。《廣韻》引《字諟》四條，不署姓名。證以《册府》所載，蓋即張揖《字諟》。其名當作《錯誤字諟》。兩《唐志》無載，亡佚。《異字》：《三國志》卷五七《虞翻傳》注引《會稽典録》稱，山陰朱育好奇字，造作異字千名以上。奇字爲六體之一，即古文而異者。姚振宗據《玉篇》《廣韻》所引，以爲此書本名爲《異字苑》，似本志脱“苑”字。兩《唐志》無載，亡佚。清馬國翰、民國龍璋有輯本。《字屬》：兩《唐志》有著録，《宋志》無載，亡佚。

《雜字解詁》四卷。魏掖庭右丞周氏撰。梁有《解文字》七卷，周成撰；《字義訓音》六卷，《古今字苑》十卷，曹侯彦撰。亡。

周氏：姚振宗《考證》引馬國翰、沈濤、錢大昕説，以爲周氏即周成，是名宦者。兩《唐志》無載，亡佚。清任大椿、馬國翰、顧震福，民國龍璋有輯本。《解文字》：《舊唐志》著録《解字文》

七卷，周成撰；《新唐志》著録周成《解文字》七卷。姚振宗《考證》推測《解文字》七卷爲其總名，七卷中有《雜字解詁》四卷，另三卷亡佚，唐時全帙復出，故兩《唐志》著録《解文字》七卷，不著録《雜字解詁》四卷。《文選注》引《解字文》，與《舊唐志》著録相合，似其本名。《宋志》無載，亡佚。曹侯彦：沛國譙（今安徽亳州市）人。《三國志》卷九《曹真傳》載，曹真子彦亦封侯，官拜散騎常侍侍講。庾元威《論書》曰，曹産（疑"彦"之訛）開拓許侯，爰成《字苑》。見《全梁文》卷六七。曹侯彦即曹彦。《字義訓音》是否爲曹彦所作，尚無確證。兩《唐志》不載此二書，亡佚。

《雜字指》一卷。後漢太子中庶子郭顯卿撰。

郭顯卿：其他事迹不詳。本類後又著録其《古文奇字》一卷。兩《唐志》著録郭訓《字旨篇》一卷，又《古文奇字》一卷，兩書同一作者，疑顯卿爲郭訓字。《宋志》無載，亡佚。

《字指》二卷。晉朝議大夫李彤撰。梁有《單行字》四卷，李彤撰；又《字偶》五卷。亡。

李彤：其他事迹不詳。本志史部尚有其著述一部。兩《唐志》無載，亡佚。清任大椿、馬國翰、黄奭、顧震福，民國龍璋有輯本。《單行字》：兩《唐志》無載，亡佚。《字偶》：據《册府元龜》卷六〇八載，此書亦爲李彤撰，兩《唐志》無載，亡佚。

《説文》十五卷。許慎撰。梁有《演説文》一卷，庾儼默注，亡。

《後漢書》卷七九下載，許慎作《説文解字》十四篇，傳於世。其子許沖《上書進〈説文〉》稱此書天地鬼神，山川草木，鳥獸昆蟲，雜物奇怪，王制禮儀，世間人事，莫不畢載。凡十五卷，十三萬三千四百四十一字。兩《唐志》、《宋志》皆著録《説文解字》十五卷。《四庫全書總目》卷四一著録其三十卷，其提要曰，是書成於和帝永元十二年，凡十四篇，合目録一篇爲十五篇，分五百四十部，爲文九千三百五十三，重文一千一百六十三，注十三萬三千四百四十字。推究六書之義，分部類從，至爲精密。宋徐鉉爲其注，每卷各分爲二，故爲三十卷。後世研究《説文解字》者頗多，段玉裁《説文解字注》、朱駿聲《説文解字定聲》、丁福保《説文解字詁林》等爲其佼佼者。此書現存最早的本子是宋刻元修十五卷本，《書目答問補正》認爲附孫星衍、顧廣圻跋之重刻宋本較好。通行本有四庫本、四部叢刊本等。《演説文》：此書采用默注的撰述形式，前著録有徐整《孝經默注》。撰者庾儼生平事迹不詳。兩《唐志》無載，亡佚。清馬國翰有輯本。

《説文音隱》四卷。

不署撰者。《顔氏家訓·書證》談及一字讀音《音隱》與《説文》不同，沈濤認爲此《音隱》即《説文音隱》。見《銅熨斗齋隨筆》卷三。兩《唐志》有著録，《宋志》無載，亡佚。清畢沅輯有《説文解字舊音》，王利器以爲即是此書輯本。

《字林》七卷。晋弦令吕忱撰。

吕忱：字伯雍，任城（今山東濟寧市）人。晋義陽王典祠令、弦令。《魏書》卷九一載，吕忱表上《字林》六卷。《封氏聞見記》卷二載，吕忱撰《字林》七卷，亦五百四十部，凡一萬二千八百二十四字。《日本國見在書目録》著録《字林》二卷，《舊唐志》著録《字林》十卷，《新唐志》著録《字林》七卷，《宋志》著録《字林》五卷，《直齋書録解題》著録《字林》五卷，太乙山僧雲勝注，《文獻通考·經籍考》著録《字林》五卷。元陶宗儀《説郛》收其一卷，《面城樓叢刊》收曾釗校增《字林》一卷，任大椿輯本名《字林考逸》。

《字林音義》五卷。宋揚州督護吴恭撰。

吴恭：其他事迹不詳。兩《唐志》無載，《册府元龜》卷六〇八提及吴恭撰《字林音義》五卷，亡佚。

《古今字書》十卷。

《字書》三卷。

《字書》十卷。

以上三字書皆不署撰者。《日本國見在書目録》著録《字書》廿卷，冷泉院（日本冷泉院本）；兩《唐志》著録《字書》十卷，不署撰者；《宋志》《直齋書録解題》無載，亡佚。清任大椿、黄奭、顧震福，民國龍璋有輯本。

《字統》二十一卷。陽承慶撰。

陽承慶：北平無終（今天津薊縣）人，太學博士。繼陽尼所造《字釋》數十篇，續撰爲《字統》二十卷，行於世。見《魏書》卷七二。《封氏聞見記》卷二載，《字統》凡一萬三千七百三十四字，以《説文》爲本，然其論字體，亦時有異。兩《唐志》著録楊承慶《字統》二十卷，《宋志》無載，亡佚。清馬國翰、任大椿、黄奭、顧震福，民國龍璋有輯本。

《玉篇》三十一卷。陳右衛將軍顧野王撰。

右衛將軍，原作“左衛將軍”，據《陳書》《南史》本傳改。顧野王：字希馮，吴郡吴（今江蘇蘇州市）人。梁世，除太學博士，遷中領軍臨賀王記室參軍。陳時，領大著作，掌國史。又遷黄門侍郎、光禄卿。卒，贈右衛將軍。著述頗豐，有《玉篇》《輿地志》等。《陳書》卷三〇、《南史》卷六九有傳。本志史部尚有顧野王一部著述。《玉篇》是中國第一部以楷書爲主體的字典。《四庫全書總目》卷四一著録《重修玉篇》三十卷，稱顧野王撰，宋大中祥符六年陳彭年、吴鋭、邱雍等重修。朱彝尊《玉篇重刊本序》稱，《玉篇》已非顧氏舊矣。《重修玉篇》又名《大廣益會玉篇》，有宋刊本、明内府刻本、曹寅刻本、張士俊刻本等。通行本爲四庫本。1987 年，中華書局影印清康熙張士俊影宋澤存堂本。清末，黎庶昌、羅振玉先後在日本發現原本卷子《玉篇》殘卷，並各自集佚成書。1985 年，中華書局將黎、羅二本彙集影印，使讀者得見《玉篇》真容。

《字類叙評》三卷。侯洪伯撰。

侯洪伯：生平始末不詳。兩《唐志》、《宋志》均無載，《通志·藝文略》有著録，亡佚。

《要字苑》一卷。宋豫章太守謝康樂撰。梁有《常用字訓》一卷，殷仲堪撰；《要用字對誤》四卷，梁輕車參軍鄒誕生撰。亡。

謝康樂：生平事迹不詳。兩《唐志》著録《要用字苑》一卷，葛洪撰，疑即此書。《顔氏家訓·書證》提及晋世葛洪《字苑》。《常用字訓》：《顔氏家訓·書證》有載殷仲堪《常用字訓》。兩《唐志》無載，亡佚。民國有龍璋輯本。鄒誕生：其他事迹不詳。本志史部尚有其著述一部。《日本國見在書目録》著録《周字對語》二卷，疑“周”乃“用”字之誤，“對誤”乃“對語”之誤，疑此書當名《要用字對語》。兩《唐志》無載，亡佚。

《要用雜字》三卷。鄒里撰。梁有《文字要記》三卷，王義撰，亡。

鄒里：生平事迹不詳，或即鄒誕生。《要用雜字》與《要用字對誤》或爲一書。兩《唐志》無載，亡佚。《文字要記》：兩《唐志》著録王氏撰《文字要説》一卷，疑即此書。《宋志》無載，亡佚。

《俗語難字》一卷。秘書少監王劭撰。

兩《唐志》著録《俗語難字》一卷，李少通撰。或書名相同，或即此書而誤題撰人。《宋志》無載，亡佚。

《雜字要》三卷。密州行參軍李少通撰。

李少通：趙郡平棘（今河北趙縣）人，北魏冀州司馬李公緒子，少有學行。與房玄齡父友善。見《北史》卷三三、《隋書》卷六六。本志本類尚有其一部著述。兩《唐志》有《難字要》三卷，不署撰者，疑即此書，而誤“雜”爲“難”。《宋志》無載，亡佚。

《文字整疑》一卷。

不署撰者。兩《唐志》無載，亡佚。

《正名》一卷。

不署撰者。《日本國見在書目録》有《正名要録》二卷，司馬知羊撰，頗似此書。兩《唐志》無載，亡佚。

《文字集略》六卷。梁文貞處士阮孝緒撰。

《一切經音義》卷七六解釋“醍醐”，提及《文字集略》。《日本國見在書目録》著録《文字集略》六卷，阮孝緒撰。兩《唐志》著録此書爲一卷，《宋志》無載，亡佚。清任大椿、馬國翰、黄奭、顧震福、王仁俊，民國龍璋有輯本。

《今字辯疑》三卷。李少通撰。

《日本國見在書目録》有《今字弁疑》三卷，李少通撰，當即此書。兩《唐志》無載，亡佚。

《異字同音》一卷。梁有《釋字同音》三卷，宋散騎常侍吉文甫撰。

不署撰者。《日本國見在書目録》有《異體同音議字》一卷、《異形同字》一卷、《同音遺訓》一卷、《釋字》一卷，皆不署撰者。不知其間是否有與此書有關聯者。兩《唐志》無載，亡佚。吉文甫：其他事迹不詳。據《册府元龜》卷六〇八載，吉文甫撰《釋字同音》三卷，又有《異字同音》一卷。兩《唐志》無載，亡佚。

《字宗》三卷。薛立撰。

薛立：生平事迹不詳。兩《唐志》無載，亡佚。

《文字譜》一卷。梁有《古今文字序》一卷，劉歊撰；《文字統略》一卷，焦子明撰。亡。

不署撰者。兩《唐志》無載，亡佚。劉歊（xiāo）：字士光，平原（今山東平原縣附近）人。及長，隱居山林，與山水書籍相娱。《梁書》卷五一、《南史》卷四九有傳。兩《唐志》無載，亡佚。焦子明：生平事迹不詳。兩《唐志》無載，亡佚。

《文字辯嫌》一卷。彭立撰。

彭立：生平事迹不詳。兩《唐志》有著録，《宋志》無載，亡佚。

《辯字》一卷。戴規撰。

戴規：生平事迹不詳。《日本國見在書目録》有《韻林》二卷，戴規撰；又有《字樣》一卷，戴行方撰。行方似戴規之字，

《字樣》有可能是《辯字》之異名。兩《唐志》有著録，《宋志》無載，亡佚。

《雜字音》一卷。

不署撰者。兩《唐志》無載，亡佚。

《借音字》一卷。

不署撰者。《日本國見在書目録》有《借音》三卷；《借音》一卷，釋道高撰；又有《新抄借音》五卷。三者與此書有何關聯，待考。兩《唐志》無載，亡佚。

《音書考源》一卷。

不署撰者。兩《唐志》無載，亡佚。

《聲韻》四十一卷。周研撰。

周研：生平事迹不詳。《小學考》卷二九載，陸法言《切韻序》提及周思言《音韻》，思言疑即研之字。兩《唐志》無載，亡佚。

《聲類》十卷。魏左校令李登撰。

李登：其他事迹不詳。《魏書》卷九一、《隋書》卷七六皆載，李登撰《聲類》。《封氏聞見記》卷二載，《聲類》十卷，凡一萬一千五百二十字，以五聲命字，不立諸部。兩《唐志》有著録，《宋志》無載，亡佚。清任大椿、馬國翰、章宗源、黄奭、顧震福，民國龍璋有輯本。

《韻集》十卷。

不署撰者。兩《唐志》無載，亡佚。

《韻集》六卷。晉安復令吕静撰。

吕静：任城（今山東濟寧市）人。《日本國見在書目録》著録《韻集》五卷，吕静撰；兩《唐志》亦著録此書爲五卷；《宋志》無載，亡佚。清任大椿、馬國翰、黄奭、顧震福、陳鱣，民國龍璋有輯本。

《四聲韻林》二十八卷。張諒撰。

張諒：生平事迹不詳。兩《唐志》著録《四聲部》三十卷，張諒撰。《宋志》無載，亡佚。

《韻集》八卷。段弘撰。

段弘：生平事迹不詳。此書兩《唐志》無載，亡佚。

《群玉典韻》五卷。梁有《文章音韻》二卷，王該撰；又《五音韻》五卷。亡。

不署撰者。兩《唐志》無載，亡佚。王該：生平事迹不詳。《日本國見在書目録》著録《文章四聲譜》一卷，不知是否與此書有關聯。兩《唐志》無載，亡佚。《五音韻》：不署撰者。《小學考》卷二九以爲此書亦爲王該所撰。兩《唐志》無載，亡佚。

《韻略》一卷。陽休之撰。

陽休之：字子烈，右北平無終（今天津市）人。少勤學，魏元象初，封新泰縣開國伯。齊受禪，除散騎常侍，修起居注。後三領中書監，封燕郡王。周時，進位上開府，除和州刺史。隋開皇二年罷任。有文集、《幽州人物志》行於世。《北齊書》卷四二、《北史》卷四九有傳。兩《唐志》著録陽休之《韻略》一卷，《宋志》無載，亡佚。清任大椿、馬國翰、黄奭、顧震福、王仁俊，民國龍璋有輯本。

《修續音韻决疑》十四卷。李槩撰。

李槩：字季節，趙郡平棘（今河北趙縣）人。少好學，然性倨傲，略無少長禮。爲齊殿中侍御史，修國史，爲太子舍人。撰《戰國春秋》及《音譜》，並行於世。《北史》卷三三有傳。本志經、史部尚有其三部著述。《顔氏家訓·音辭》有載，李季節著《音韻决疑》時有錯失。王利器以爲“音韻”乃“音譜”之誤。《日本國見在書目録》著録《音譜决疑》十卷，齊太子舍人李節撰，又有《音譜决疑》二卷，李槩撰。兩《唐志》無載，亡佚。

《纂韻鈔》十卷。

不署撰者。姚振宗推測此書爲某人鈔節隋潘徽之《韻纂》而成。兩《唐志》無載，亡佚。

《四聲指歸》一卷。劉善經撰。

劉善經：河間（今河北河間市）人。先後任著作郎、太子舍人。著有《諸劉譜》及《四聲指歸》等，並行於世。《隋書》卷七六有傳。《日本國見在書目録》著録此書，兩《唐志》無載，亡佚。

《四聲》一卷。梁太子少傅沈約撰。

《梁書》卷一三載，沈約又撰《四聲譜》。兩《唐志》無載，亡佚。

《四聲韻略》十三卷。夏侯詠撰。

夏侯詠：生平事迹不詳。本志史部尚有其一部著述。陸法言《切韻序》稱，夏侯該《韻略》。疑“該”爲“詠”之誤。兩《唐志》有著録，《宋志》無載，亡佚。

《音譜》四卷。李槩撰。

《小學考》卷二九稱，陸法言《切韻序》所言李季節《音譜》即爲此書。兩《唐志》無載，亡佚。

《韻英》三卷。釋静洪撰。

釋静洪：生平事迹不詳。《新唐志》著録唐玄宗《韻英》五卷，下有注曰，“天寶十四載撰，詔集賢院寫付諸道採訪使，傳佈天下”。姚振宗疑即因此《韻英》而重修之。兩《唐志》無載，亡佚。

《通俗文》一卷。服虔撰。

《顔氏家訓·書證》對《通俗文》爲服虔作，提出質疑。阮孝緒稱《通俗文》謂李虔所造。《日本國見在書目録》著録《通俗章》一卷，服虔撰，又有《通俗文》一卷，不署撰者。兩《唐志》著録《續通俗文》二卷，李虔撰。故洪亮吉、馬國翰推測此書始爲服虔所作，後由李虔續爲二卷。姑備一説。《宋志》無載，亡佚。清任大椿、臧庸、馬國翰、黄奭、顧懷三、顧震福，民國龍璋有輯本。

《訓俗文字略》一卷。後齊黄門郎顔之推撰。

《證俗音字略》六卷。梁有《詁幼》二卷，顔延之撰；《廣詁幼》一卷，宋給事中荀楷撰。亡。

顔之推：字介，琅邪臨沂（今山東臨沂市）人。梁時，爲散騎侍郎，奏舍人事。後攜妻子投奔齊文宣帝，除黄門侍郎。齊亡入周，爲御史上士。隋開皇中，太子召爲學士，尋以疾終。有文集三十卷，《家訓》二十篇，並行於世。《梁書》卷五〇、《北齊書》卷

四五、《北史》卷八三有傳。本志史、子部尚有其著述三部。《日本國見在書目録》著録《證俗音字略》一卷，顔敏楚撰。據《北史》卷八三載，顔之推在齊有二子，長曰思魯，次曰湣楚。《舊唐志》著録《證俗音略》一卷，顔湣楚撰，《筆墨法》一卷，不署撰者。《新唐志》著録顔之推《筆墨法》一卷，張推《證俗音》三卷，顔湣楚《證俗音略》一卷。《宋志》著録顔之推《證俗音字》四卷，又《字始》三卷。《崇文總目》著録《正俗文字》四卷，齊黄門侍郎顔之推撰。史載不一，疑《筆法》《字始》皆爲篇名，“張推”爲“顔之推”之誤。姚振宗以爲《顔氏家訓》之《書證》《音辭》兩篇，可能是此書之大略。《直齋書録解題》《郡齋讀書志》不載此書，亡佚。《詁幼》：兩《唐志》著録顔延之《詁幼文》三卷，《宋志》無載，亡佚。清馬國翰、民國龍璋有輯本。荀楷：生平事迹不詳。兩《唐志》不載《廣詁幼》，載《詁幼文》三卷，疑其包括《詁幼》和《廣詁幼》。姚振宗疑“詁”“詰”皆爲“誥”之誤，即《庭誥》之異名。姑備一説。

《文字音》七卷。晉蕩昌長王延撰。梁有《纂文》三卷，亡。

王延：生平事迹不詳。本志本類尚有其著述一部。兩《唐志》著録王延《雜文字音》七卷，《宋志》無載，亡佚。《纂文》：不署撰者。《宋書》卷六四載，何承天之《纂文》等並傳於世。兩《唐志》著録何承天《纂文》三卷，《宋志》無載，亡佚。清任大椿、馬國翰、茆泮林、黄奭、顧震福、王仁俊，民國龍璋有輯本。

《翻真語》一卷。王延撰。

此書内容可能是從佛書翻譯出的。兩《唐志》無載，亡佚。

《真言鑒誡》一卷。

不署撰者。釋家以佛氏語爲真言，此書抑或譯其可爲鑒誡者。

《宋志》無載，亡佚。

《字書音同異》一卷。

不署撰者。兩《唐志》無載，亡佚。

《叙同音義》三卷。

不署撰者。兩《唐志》有《叙同音》三卷，亦不署撰者，不知是否即此書。《宋志》無載，亡佚。

《河洛語音》一卷。王長孫撰。

王長孫：生平事迹不詳。此書的撰述，可能與魏孝文帝推行漢化有關。參見《魏書》卷七下、卷二一下。兩《唐志》無載，亡佚。

《國語》十五卷。

《國語》十卷。

兩書皆不署撰者。其内容應相同或相近，皆述鮮卑語。兩《唐志》無載，亡佚。

《鮮卑語》五卷。

不署撰者。兩《唐志》無載，亡佚。

《國語物名》四卷。後魏侯伏侯可悉陵撰。

似以鮮卑語記物名。兩《唐志》無載，亡佚。

《國語真歌》十卷。

不署撰者。兩《唐志》無載，亡佚。

《國語雜物名》三卷。侯伏侯可悉陵撰。

其内容應是對《國語物名》的擴充。兩《唐志》無載，亡佚。

《國語十八傳》一卷。

不署撰者。兩《唐志》無載，亡佚。

《國語御歌》十一卷。

不署撰者。疑爲鮮卑語御用之歌。兩《唐志》無載，亡佚。

《鮮卑語》十卷。

不署撰者。與前著録《鮮卑語》應有相通處。兩《唐志》無載，亡佚。

《國語號令》四卷。

不署撰者。《北齊書》卷二四有載，孫搴能通鮮卑語，兼宣傳號令。兩《唐志》無載，亡佚。

《國語雜文》十五卷。

不署撰者。兩《唐志》無載，亡佚。

《鮮卑號令》一卷。周武帝撰。

周武帝：宇文邕，字禰羅突，周太祖第四子。《周書》卷五、六有紀。兩《唐志》無載，亡佚。

《雜號令》一卷。

不署撰者。兩《唐志》無載，亡佚。

《古文官書》一卷。後漢議郎衛敬仲撰。

衛敬仲名衛宏。《舊唐志》著録衛宏《詔定古文官書》一卷，《新唐志》著録衛宏《詔定古文字書》一卷。《藝文類聚》卷四九“太常”條，引衛宏《古文官書》。《宋志》無載，亡佚。清任大椿、馬國翰、顧震福、，民國龍璋、費廷璜有輯本。

《古今奇字》一卷。郭顯卿撰。

郭顯卿或名郭訓。兩《唐志》皆著録《古文奇字》二卷，郭訓撰。《宋志》無載，亡佚。清顧震福、民國龍璋有輯本。

《六文書》一卷。

不署撰者。《日本國見在書目録》著録《六文字》一卷，可能即此書。兩《唐志》無載，亡佚。

《四體書勢》一卷。晋長水校尉衛恒撰。

衛恒：字巨山，河東安邑（今山西運城市）人。先後任太子舍人、黄門郎。因父衛瓘爲楚王所構，遇害。後贈長水校尉，謚蘭陵世貞子。撰《四體書勢》。《晋書》卷三六有傳。兩《唐志》有著録，《宋志》無載。元陶宗儀《説郛》收《四體書勢》一卷，清馬國翰有輯本，嚴可均《全晋文》卷三〇有《四體書勢》文。

《雜體書》九卷。釋正度撰。

釋正度：據梁釋慧皎《高僧傳》載，正度乃僧佑弟子，其他事迹不詳。兩《唐志》著録正度《雜字書》八卷，《宋志》無載，亡佚。

《古今八體六文書法》一卷。

不署撰者。《漢志》注引韋昭曰，“八體，一曰大篆，二曰小篆，三曰刻符，四曰蟲書，五曰摹印，六曰署書，七曰殳書，八曰隸書”。兩《唐志》著録《古今八體六文書法》一卷，《宋志》無載，亡佚。

《古今篆隸雜字體》一卷。蕭子政撰。

　　《日本國見在書目録》著録《古今篆隸文體》一卷，蕭子良撰。《文選》卷四三《北山移文》“鶴書赴隴”下有注引蕭子良《古今篆隸文體》。《封氏聞見記》卷二載，南齊蕭子良撰古文之書五十二種。疑此書爲蕭子良作。兩《唐志》著録蕭子雲《五十二體書》一卷。《宋志》無載，亡佚。

《古今文等書》一卷。

　　不署撰者。《日本國見在書目録》有《古今字》一卷，不知是否即此書，兩《唐志》無載，亡佚。

《篆隸雜體書》二卷。

　　不署撰者。兩《唐志》無載，亡佚。

《文字圖》二卷。

　　不署撰者。姚振宗據梁庾元威《論書》（《全梁文》卷六七），認爲宋齊梁時，圖古今文字者有宗炳、王融、韋仲、謝善勛、庾元威五家，此書屬此類。兩《唐志》無載，亡佚。

《古今字圖雜録》一卷。秘書學士曹憲撰。

　　此書似取《文字圖》雜録成編。兩《唐志》無載，亡佚。

《婆羅門書》一卷。梁有《扶南胡書》一卷。

　　不署撰者。鄭樵《通志·七音略》“切韻之學起自西域，舊所傳十四字貫一切音，文省而義博，謂之婆羅門書，然猶未了，其後又得三十六字母，而音韻之道始備”。兩《唐志》無載，亡佚。《扶南胡書》：不署撰者。扶南，南海古國，盛時擁有湄公、湄南二河下游諸地。胡書當指扶南通行文字。《日本國見在書目録》有《翻胡語》七卷。此書兩《唐志》無載，亡佚。

《外國書》四卷。

不署撰者。姚振宗據慧皎《高僧傳》載，以爲此書即法護從外國傳録的三十六種書。兩《唐志》無載，亡佚。

《秦皇東巡會稽刻石文》一卷。

不署撰者。據《史記》卷六《秦始皇本紀》載，三十七年，始皇巡行至會稽，在此刻石。此書即會稽刻石之文。《漢志·六藝》著録《奏事》二十篇，下有注曰，“秦時大臣奏事及刻石名山文也”。此書也可能是《奏事》之一部分。兩《唐志》無載，亡佚。

《一字石經周易》一卷。梁有三卷。

錢大昕《十駕齋養新餘録》卷中言，“一字”爲漢刻，由蔡邕所書，衹有隸體。此石經又稱熹平石經。詳情可參見《後漢書》卷六《靈帝本紀》、卷六〇下《蔡邕傳》。兩《唐志》有《今字石經易篆》三卷，《宋志》無載，亡佚。

《一字石經尚書》六卷。梁有《今字石經鄭氏尚書》八卷，亡。

《舊唐志》著録《今字石經尚書》五卷，《新唐志》著録《今字石經尚書本》五卷，《宋志》無載，亡佚。清馬國翰有輯本《石經尚書》一卷。《今字石經鄭氏尚書》：兩《唐志》著録《今字石經鄭玄尚書》八卷，《宋志》無載，亡佚。

《一字石經魯詩》六卷。梁有《毛詩》二卷，亡。

兩《唐志》無載，亡佚。清馬國翰有輯本《石經魯詩》一卷。《毛詩》：兩《唐志》著録《今字石經毛詩》三卷，《宋志》無載，亡佚。

《一字石經儀禮》九卷。

兩《唐志》著録《今字石經儀禮》四卷，《宋志》無載，亡佚。清馬國翰有輯本《石經儀禮》一卷。

《一字石經春秋》一卷。梁有一卷。

兩《唐志》著録《今字石經左傳經》十卷，《宋志》無載，亡佚。一卷：疑"一"爲"十"之誤。

《一字石經公羊傳》九卷。

兩《唐志》著録《今字石經公羊傳》九卷，《宋志》無載，亡佚。清馬國翰有輯本《石經公羊傳》一卷。

《一字石經論語》一卷。梁有二卷。

兩《唐志》著録《今字石經論語》二卷，蔡邕注，《宋志》無載，亡佚。清馬國翰有輯本《石經論語》一卷。

《一字石經典論》一卷。

《三國志》卷三載，太和四年春二月，以文帝（曹丕）《典論》刻石，立於廟門外。《洛陽伽藍記》"魏文帝作《典論》六碑，至太和十七年猶有四存"。本志子部著録魏文帝《典論》五卷。此書兩《唐志》無載，亡佚。

《三字石經尚書》九卷。梁有十三卷。

《三字石經尚書》五卷。

錢大昕《十駕齋養新餘録》卷中言，“三字”，爲魏正始年間所刻，有古文、篆、隸三體。兩《唐志》著録《三字石經尚書古篆》三卷，《宋志》無載，亡佚。清馬國翰有輯本《三字石經尚書》一卷。

《三字石經春秋》三卷。梁有十二卷。

兩《唐志》著録《三字石經左傳古篆書》十三卷，《宋志》無載，亡佚。清馬國翰有輯本《三字石經春秋》一卷。

右一百八部，四百四十七卷。通計亡書，合一百三十五部，五百六十九卷。

一百八部：實爲一百一十部。一百三十五部：實爲一百四十部。

孔子曰：[1]“必也正名乎？”名謂書字。[2]“名不正則言不順，言不順則事不成。”説者以爲書之所起，起自黄帝、蒼頡。[3]比類象形謂之文，形聲相益謂之字，著於竹帛謂之書。故有象形、諧聲、會意、轉注、假借、處事六義之别。[4]古者童子示而不誑，[5]六年教之數與方名。[6]十歲入小學，學書計。[7]二十而冠，[8]始習先王之道，故能成其德而任事。然自蒼頡訖于漢初，書經五變：一曰古文，即蒼頡所作。二曰大篆，周宣王時史籀所作。[9]三曰小篆，秦時李斯所作。四曰隸書，程邈所作。[10]五曰草書，漢初作。秦世既廢古文，始用八體，有大篆、小篆、刻符、摹印、蟲書、署書、殳書、隸書。[11]漢時以六體教學童，[12]有古文、奇字、篆書、隸書、繆篆、蟲鳥，[13]并藁書、楷書、懸針、垂露、飛白等二十餘種之勢，[14]皆出於上六書，[15]因事生變也。魏世又有八分書，[16]其字義訓讀，有《史籀篇》《蒼頡篇》《三蒼》《埤蒼》《廣蒼》等諸篇章，《訓詁》《説文》《字林》《音義》《聲韻》《體勢》等諸書。[17]自後漢佛法行於中國，又得西域胡書，能以十四字貫一切音，[18]文省而義廣，謂之婆羅門書。與八體六文之義殊别。[19]今取以附體勢之下。又後魏初定中原，軍容號令，皆以夷語。後染華俗，多不能通，故録其本言，相傳教習，謂之國語。今取以附音韻之末。又後漢鐫刻七經，[20]著於石碑，皆蔡邕所書。魏正始中，[21]又立三字石經，[22]相承以爲七經正字。後魏之末，齊神武執政，[23]自洛陽徙于鄴都，行至河陽，[24]值岸崩，遂没于水。其得至鄴者，不盈太半。至隋開皇六年，又自鄴京載入長安，置于秘書内省，議欲補緝，立于國學。尋屬隋亂，事遂寢廢，營造之司，因用爲柱礎。貞觀初，[25]秘書監臣魏徵，[26]始收聚之，十不存一。其相承傳拓之本，猶在祕府，并秦帝刻石，附於此篇，以備小學。

[1]孔子曰：見《論語·子路》。

[2]書字：文字。

[3]黄帝：傳説中的五帝之一。少典之子，據軒轅之丘，故號軒轅氏。敗炎帝於阪泉，又與蚩尤戰於逐鹿之野，斬殺之，爲諸侯尊爲天子。參見《史記·五帝本紀》。蒼頡：又作倉頡，傳説中始創文字的人。韓非《五蠹》曰，“古者蒼頡之作書也，自環者謂之

私，背私者謂之公”。

［4］象形：畫成其物，隨體詰詘，日、月是也。諧聲，又作形聲，以事爲名，取譬相成，江、河是也。會意，比類合誼，以見指撝，武、信是也。轉注，建類一首，同意相受，考、老是也。假借，本無其字依聲托事，令、長是也。處事，又作指事，視而可見，察而見意，上、下是也。六義，即指以上六種造字條例。

［5］誑：欺騙、迷惑。

［6］方名：東、西、南、北四方的名稱。

［7］書計：文字與籌算。

［8］冠：帽子。古代男子二十歲行成人禮，結髮戴冠。

［9］周宣王：周厲王之子，名静。即位後任用賢臣，爲舊史稱之中興之主。史籀，本序中史籀爲周宣王時太史。《漢志》著録《史籀》十五篇，下有注曰，“周宣王太史作大篆十五篇，建武時亡六篇矣”。班固並未明確太史之姓名爲史籀。王國維以爲“籀”與“讀”古音義相同，史籀實非人名。見《觀堂集林》卷五《史籀篇證序》。

［10］程邈：身爲秦吏，相傳是隸書的創始者。《漢志》顔師古注稱，小篆爲秦始皇使程邈所作，又稱隸書亦程邈所獻。

［11］刻符：刻於符節上的文字。摹印，將小篆稍加變化，字形屈曲縝密，本用於璽文，後也用於一般印章。蟲書，即書幡信者。署書，凡一切封檢題字皆爲署書。殳書，古者文既記笏，武亦書殳，凡兵器之題識，爲殳書。

［12］六體：或指六種造字條例，或指六種字體。

［13］繆篆：《漢志》顔師古注曰，“繆篆謂其文屈曲纏繞，所以摹印章也”，同摹印。蟲鳥，《漢志》顔師古注曰，“蟲書謂爲蟲鳥之形，所以書幡也”，同蟲書。

［14］藳書，即草書。懸針，王愔《文字志》曰，懸針，小篆體也。字必垂畫細末，細末纖直如懸針，故謂之懸針。垂露，亦作垂落。王愔《文字志》曰，垂露書，如懸針而勢不遒勁，阿那若濃

露之垂，故謂之垂露。見《初學記》卷二一。飛白，相傳蔡邕所創。筆劃露白，似枯筆所寫。

［15］六書：亦指六種造字條例。

［16］八分書：一漢字書體。字體似隸書而體勢多波磔（左撇右捺），相傳秦王次仲所造。

［17］訓詁：此與《音義》《聲韻》《體勢》均爲書名，因其下有“等諸書”。

［18］十四字：即十四字音，是通行於東漢至六朝間的一種梵、漢字音對照方法。

［19］六文：在此指六種字體。

［20］七經：後漢熹平四年所刻《易》《詩》《書》《儀禮》《春秋》《公羊》《論語》七經。

［21］正始：三國時魏齊王曹芳年號（240—249）。

［22］三字石經：又名三體石經。《水經注·穀水》言，漢立石經於太學。魏正始中又刻古文、篆、隸三字石經。《北史·江式傳》稱，魏邯鄲淳建三字石經於漢碑西。

［23］齊神武：高歡，字賀六渾，渤海蓨（今河北景縣）人。魏孝静帝朝執政，武定五年崩於晋陽。齊文宣帝天保初，追崇爲獻武帝，廟號太祖。後主天統元年，改謚神武帝，廟號高祖。《北齊書》卷一、《北史》卷六有紀。

［24］河陽：今河南孟州市。

［25］貞觀：唐太宗年號（627—649）。

［26］魏徵：字玄成，魏州曲城（今山東萊州市）人。唐太宗即位後，爲諫議大夫，封鉅鹿縣男。以秘書監參豫朝政，後進左光禄大夫、鄭國公。貞觀十七年卒，謚文貞。貞觀初，受詔總加撰定周、隋、梁、陳、齊史，隋史序論皆其所作。又作《類禮》二十篇。《舊唐書》卷七一、《新唐書》卷九七有傳。

凡六藝經緯六百二十七部，五千三百七十一卷。通計亡書，合九百五十部，七千二百九十卷。

六百二十七部：實爲六百四十五部。九百五十部：實爲一千七十五部。

《傳》曰：[1]“玉不琢，不成器；人不學，不知道。”[2]古之君子，多識而不窮，[3]畜疑以待問；[4]學不踰等，[5]教不陵節；[6]言約而易曉，師逸而功倍；且耕且養，三年而成一藝。自孔子没而微言絶，七十子喪而大義乖，學者離群索居，各爲異説。至于戰國，典文遺棄，六經之儒，不能究其宗旨，多立小數，[7]一經至數百萬言。致令學者難曉，虚誦問答，[8]脣腐齒落而不知益。[9]且先王設教，以防人欲，必本於人事，折之中道。[10]上天之命，略而罕言，方外之理，固所未説。至後漢好圖讖，晋世重玄言，[11]穿鑿妄作，日以滋生。先王正典，雜之以妖妄，大雅之論，汩之以放誕。[12]陵夷至于近代，去正轉疎，無復師資之法。[13]學不心解，專以浮華相尚，豫造雜難，[14]擬爲讎對，遂有芰角、反對、互從等諸翻競之説。[15]馳騁煩言，以紊彝叙，[16]譊譊成俗，[17]而不知變，此學者之蔽也。班固列六藝爲九種，或以緯書解經，合爲十種。

[1]《傳》曰：《禮記·學記》語。

[2]道：此指儒家思想、學説。

[3]不窮：無窮盡。

[4]畜：積貯。

[5]踰等：超越等級。

[6]陵節：超出程式。

[7]小數：小技能。

[8]虚誦：無實際意義的誦讀。

[9]唇腐齒落：衰老的表象。

[10]中：符合。

[11]玄言：精微玄妙之言，一般指佛、道教之義理。

[12]汩（gǔ）：沉淪。

[13]師資：可以效法或引以爲戒的人或事。

[14]豫：同與，參與。

[15]芟（shān）角：割除、角逐。翻競，翻，改變狀態、反覆；競，競争。反覆争論。

[16]彝叙：日常規律。

[17]譊譊（náo）：喧嚷争辯之聲。

今注本二十四史

隋書

九

志〔八〕

唐　魏徵等　撰

馬俊民　張玉興　主持校注

中国社会科学出版社

隋書　卷三三

志第二十八

經籍二史

《史記》一百三十卷。《目録》一卷。漢中書令司馬遷撰。

司馬遷：字子長，漢左馮翊夏陽（今陝西韓城市）人。從小深受其父太史令司馬談的影響，從師董仲舒、孔安國，後又漫游大江南北，爲撰寫《史記》（漢時稱《太史公書》）奠定了雄厚的學識基礎。因李陵之禍遭受腐刑，後爲中書令，忍辱完成《太史公書》。《史記》卷一三〇、《漢書》卷六二有傳。《漢志》著録《太史公》百三十篇，班固注曰，十篇有録無書。又著録《司馬遷賦八篇》。《史記》是中國第一部紀傳體通史，“紀以包舉大端，傳以委曲細事，表以譜列年爵，志以總括遺漏……”（《史通・二體》）。以後的正史皆基本沿襲了這一體例。《史記》有本紀十二、表十、書八、世家三十、列傳七十，共一百三十篇，記載了從傳説的黄帝至漢武帝太初年間近三千年的歷史。魏張晏曰“遷没之後，亡《景紀》《武紀》《禮書》《樂書》《律書》《漢興以來將相年表》《日者列傳》《三王世家》《龜策列傳》《傅靳蒯成列傳》。元成之間，褚先生補闕，作《武帝紀》《三王世家》《龜策》《日者列傳》，言辭鄙陋，非遷本意也”（《史記》卷一三〇裴駰《集解》）。近代學者余嘉錫以爲，補《太史公書》者，除褚少孫之外，尚有馮商、劉向、劉歆、揚雄、馮衍、史岑諸人。本志著録的《史記》注有三種：《史記》八十卷，南朝宋裴駰注；《史記音義》十二卷，南朝宋徐廣注；《史記音》三卷，梁鄒誕生撰。唐代有數種《史記》注，而《新唐志》著録的司馬貞《史記索隱》三十卷、張守節《史記正義》三十卷，與南朝宋裴駰《史記集解》是流傳至今最重要的《史記》三家注。清代研究史學者多涉及《史記》，如趙翼、錢大昕等，其間較深入探求者當屬梁玉繩，撰成《史記志疑》。二十世紀日本學者瀧川資言著《史記會注考證》，可謂《史記》注釋之集大成者。另，清王仁俊輯有《史記佚文》一卷。現存最早附有三家注的《史記》是宋建安黄善夫家塾刻本，通行本有清武英殿本、百衲本、中華書局點校本。

《史記》八十卷。宋南中郎外兵參軍裴駰注。

裴駰：河東聞喜（今山西聞喜縣）人，裴松之之子，宋南中郎參軍。所作《史記集解》與其父所著文論及《晋紀》並行於世。《宋書》卷六四、《南史》卷三三有傳。本志集部尚有裴駰著述一部。《史記集解》是現存《史記》三家注之一。裴駰搜集七十餘家注釋，以徐廣《史記音義》爲主，“采經傳百家並先儒之説，豫是有益，悉皆抄内”，並下己意，可謂集前人注《史記》之大成。此書現存最早的本子是宋紹興淮南路轉運司刻宋元明初遞修本，通行本是還包括唐司馬貞《索隱》、張守節《正義》的三家注《史記》，有武英殿本、百衲本、中華書局點校本等。

《史記音義》十二卷。宋中散大夫徐野民撰。

徐野民：即徐廣，見本書卷三二“詩類”。此書爲徐廣參酌多人注釋而成。兩《唐志》著録《史記音義》十三卷，《宋志》無載，亡佚。

《史記音》三卷。梁輕車録事參軍鄒誕生撰。

鄒誕生：見本書卷三二"小學類"。兩《唐志》有載，《舊唐志》作《史記音義》。《宋志》無載，亡佚。

《古史考》二十五卷。晋義陽亭侯譙周撰。

譙周：見本書卷三二"論語類"。《三國志》本傳載其爲陽城亭侯。兩《唐志》史部"雜史類"著録此書，《宋志》無載，亡佚。清章宗源、黄奭各輯《古史考》一卷。

《漢書》一百一十五卷。漢護軍班固撰，太山太守應劭集解。

班固：見本書卷三二"小學類"。《漢書》包括十二紀、八表、十志、七十列傳，凡一百篇，後人析爲一百二十卷。記漢高祖劉邦元年至王莽地皇四年，約二百三十年的歷史。班固在其父班彪續《史記》之作《後傳》六十五篇的基礎上撰《漢書》，後因受竇憲牽連，死於獄中。當時八表和《天文志》尚未寫就，後由其妹班昭等補作完成。東漢有應劭、服虔爲《漢書》作注。以後陸續爲《漢書》作注者衆，其間影響較大者有唐顔師古，他彙集隋以前二十三家注釋，撰成《漢書注》；又有清王先謙，其作《漢書補注》，徵引與參訂的著述多至六十七家，而且考證翔實。現存《漢書》多附顔師古注，最早的本子是北宋刻遞修本，通行本有武英殿本、金陵書局本、中華書局點校本等。應劭：字仲遠，或作仲瑗，汝南南頓（今河南項城市北）人。靈帝時舉孝廉。中平六年，拜太山太守。著《漢官禮儀故事》，撰《風俗通》等，凡著述百三十六篇，又集解《漢書》，皆傳於時。後卒於鄴。《後漢書》卷四八有傳。本志史、子部尚有應劭四部著述。

《漢書集解音義》二十四卷。應劭撰。

顔師古以爲此書非應劭所作，是晋初臣瓚總集諸家音義附以己見撰成，凡二十四卷，分二帙，而後人不審，乃謂其爲應劭等所作《漢書集解》。見《漢書叙例》。兩《唐志》有載，《宋志》無載，亡佚。

《漢書音訓》一卷。服虔撰。

服虔：見本書卷三二“春秋類”。兩《唐志》有載，《宋志》無載，亡佚。

《漢書音義》七卷。韋昭撰。

韋昭：見本書卷三二“詩類”。兩《唐志》有載，《宋志》無載，亡佚。

《漢書音》二卷。梁尋陽太守劉顯撰。

劉顯：字嗣芳，沛郡相（今安徽濉溪縣）人。天監初舉秀才，累遷尚書儀曹郎、尚書左丞，後爲尋陽太守。《梁書》卷四〇、《南史》卷五〇有傳。兩《唐志》無載，亡佚。

《漢書音》二卷。夏侯詠撰。

夏侯詠：見本書卷三二“小學類”。兩《唐志》著録夏侯泳撰《漢書音》二卷，《宋志》無載，亡佚。

《漢書音義》十二卷。國子博士蕭該撰。

蕭該：蘭陵（今江蘇常州市）人。梁封其爲攸侯。性篤學，尤精《漢書》。開皇初，賜爵山陰縣公，拜國子博士。撰《漢書音義》《文選音義》。《隋書》卷七五、《北史》卷八二有傳。本志史、集部尚有蕭該二部著述。此書兩《唐志》、《日本國見在書目録》皆有著録，然顔師古《漢書注》未提及此書，《宋志·經部·小學類》著録此《漢書音義》三卷。清臧庸輯《漢書音義》三卷。

《漢書音》十二卷。廢太子勇命包愷等撰。

包愷：字和樂，東海（今江蘇境内）人。明五經，又從王仲通受《史記》《漢書》。大業中，爲國子助教，數千人從其學。《隋書》卷七五、《北史》卷八二有傳。兩《唐志》著録包愷撰《漢書音》十二卷，《宋志》無載，亡佚。勇：即楊勇，隋文帝長子，開皇元年立爲太子，二十年廢爲庶人。

《漢書集注》十三卷。晋灼撰。

晋灼：河南（今河南洛陽市）人，晋尚書郎。此書是晋灼集服虔、應劭等注釋爲一部，凡十四卷，又頗以己意增益，號曰《漢書集注》。此書雖存，不至江左，南方學者皆未見之。見《漢書叙例》。兩《唐志》著録《漢書集注》十四卷，而《新唐志》又别出晋灼《漢書音義》十七卷。姚振宗推測當爲《漢書集注》之别本。

《漢書注》一卷。齊金紫光禄大夫陸澄撰。

陸澄：字彦淵，吴郡吴（今江蘇蘇州市）人。仕宋，官至御史中丞。入齊，累遷國子祭酒。隆昌元年，以老疾，轉光禄大夫。《南齊書》卷三九、《南史》卷四八有傳。本志史、子部尚有陸澄六部著述。《漢疏》條下注又載“梁有陸澄注《漢書》一百二卷，亡”。兩《唐志》皆著録陸澄《漢書新注》一卷。《宋志》無載，亡佚。

《漢書續訓》三卷。梁平北諮議參軍韋稜撰。

韋稜：字威直，京兆杜陵（今陝西西安市）人。起家安成王府行參軍，官至光禄卿。《梁書》卷一二、《南史》卷五八有傳。兩《唐志》著録《漢書續訓》二卷，《宋志》無載，亡佚。

《漢書訓纂》三十卷。陳吏部尚書姚察撰。

姚察：字伯審，吴興武康（今浙江湖州市）人。陳時，累遷吏部尚書，領著作。入隋，詔授秘書監，别敕成梁、陳二史。所著《漢書訓纂》及《説林》文集等並行於世。梁、陳二史雖未竟，生前以體例誡約子思廉，最終得以完成。《陳書》卷二七、《南史》卷六九有傳。本志史、集部尚有姚察五部著述。兩《唐志》有著録，《宋志》無載，亡佚。

《漢書集解》一卷。姚察撰。

本傳未提及此書，兩《唐志》無載，亡佚。

《論前漢事》一卷。蜀丞相諸葛亮撰。

諸葛亮：字孔明，琅邪陽都（今山東臨沂市）人。得徐庶賞識薦與劉備，任軍師中郎將。劉備即帝位，以丞相録尚書事，領司隸校尉。建興元年封武鄉侯，十二年卒於軍中，謚忠武侯。《三國志》卷三五有傳。《舊唐志》無載，《新唐志》著録諸葛亮《論前漢事》一卷，又《音》一卷。《宋志》無載，亡佚。

《漢書駁議》二卷。晋安北將軍劉寶撰。

劉寶：字道真，高平（今山東金鄉縣西北）人。晋中書郎，歷任安北將軍等職。侍皇太子講《漢書》，别有《駁議》。見《漢書叙例》。兩《唐志》有載，《宋志》無載，亡佚。

《定漢書疑》二卷。姚察撰。

《陳書》卷二七記劉臻竊於姚察公館，訪《漢書》疑事十餘條，並爲剖析，皆有經據。姚振宗疑此書即爲劉臻所訪十餘條。兩《唐志》無載，亡佚。

《漢書叙傳》五卷。項岱撰。

項岱：生平事迹不詳。此書《舊唐志》著録五卷，《新唐志》著録八卷。本志集部提及梁有項氏注《幽通賦》三卷。《漢書·叙傳》爲《漢書》末卷，其中録有《幽通賦》，疑五卷本爲他人析出别行者。

《漢疏》四卷。梁有《漢書》孟康《音》九卷，劉孝標注《漢書》一百四十卷，陸澄注《漢書》一百二卷，梁元帝注《漢書》一百一十五卷，並亡。

不署撰者。兩《唐志》無載，亡佚。孟康：字公休，安平廣宗（今河北安平縣）人。魏散騎侍郎，歷任弘農太守、中書令，封廣陵亭侯。見《三國志》卷一六裴注引《魏略》、《漢書叙例》。兩《唐志》著録孟康《漢書音義》九卷，《宋志》無載，亡佚。劉孝標：名峻，原名法武，字孝標，平原平原（今山東平原縣）人。天監初，入西省典校秘書。居東陽，吴、會人士多從其學。《梁書》卷五〇、《南史》卷四九有傳。本志史、子、集部尚有劉孝標四部著述。兩《唐志》無載，亡佚。陸澄注《漢書》：《史通·補注》言及陸澄注《漢書》。兩《唐志》無載，亡佚。梁元帝：見本志“大序”。梁簡文帝《答湘東王書》曰，“注《漢》工夫轉有次第，思見此書，有甚饑惄”。見《廣弘明集》卷二七。即指此《漢書注》。兩《唐志》無載，亡佚。

《東觀漢記》一百四十三卷。起光武記注至靈帝，長水校尉劉珍等撰。

劉珍：一名寶，字秋孫，南陽蔡陽（今湖北棗陽市西南）人。永初中，爲謁者僕射。受詔校定東觀五經、諸子傳記、百家藝術。延光四年，拜宗正，轉年遷衛尉，卒官。著誄、頌等七篇，又撰《釋名》。《後漢書》卷八〇上有傳。《日本國見在書目録》稱，“本朝見在百四十二卷”。《舊唐志》著録《東觀漢記》一百二十七卷，劉珍撰；《新唐志》著録劉珍等《東觀漢記》一百二十六卷，又《録》一卷。《宋志》“别史”著録劉珍等《東觀漢記》八卷。《直齋書録解題·傳記》著録《東觀漢記》十卷，漢謁者僕射劉珍、校書郎劉騊駼等撰。《四庫全書總目》卷五〇著録《東觀漢記》二十四卷，提要曰，此書北宋時尚有殘本四十三卷，南宋僅存鄧禹、吴漢等九人傳。四庫館臣據《永樂大典》各韻所載，參考諸書，補其闕疑，所增者幾十之六，並有所勘正，輯成永樂大典本《東觀漢記》二十四卷，即今流傳之本。另有清王仁俊輯《東觀漢記》一卷，陶棟《東觀漢記》二卷、《拾遺》二卷。

《後漢書》一百三十卷。無帝紀，吴武陵太守謝承撰。

謝承：字偉平，會稽山陰（今浙江紹興市）人。拜五官郎中，後遷武陵太守。撰《後漢書》百餘卷。事見《三國志》卷五〇。本志史部尚有謝承一部著述。《舊唐志》著録一百三十三卷；《新唐志》著録一百三十卷，另有《録》一卷。《宋志》無載，亡佚。清有姚之駰、汪文臺、黄奭、王仁俊輯本。

《後漢記》六十五卷。本一百卷，梁有，今殘缺。晋散騎常侍薛瑩撰。

薛瑩：字道言，沛郡竹邑（今安徽宿州市）人。初爲秘府中書郎。孫皓初，領太子少傅，後遷光禄勳。至洛陽，爲散騎常侍。著書八篇，名《新議》。見《三國志》卷五三。兩《唐志》著録《後漢記》一百卷，《宋志》無載，亡佚。清有姚之駰、汪文臺、黄奭輯本。

《續漢書》八十三卷。晋秘書監司馬彪撰。

司馬彪：字紹統，河内温縣（今河南温縣）人。初拜騎都尉。

泰始中，爲秘書郎，轉丞。注《莊子》，作《九州春秋》《續漢書》。惠帝末年卒，時年六十餘。《晋書》卷八二有傳。本志史、子、集部尚有司馬彪四部著述。兩《唐志》皆有著録，《新唐志》則又有《録》一卷。《宋志》無載，亡佚。清有姚之駰、汪文臺輯本。

《後漢書》十七卷。本九十七卷，今殘缺。晋少府卿華嶠撰。

華嶠：字叔駿，平原高唐（今山東禹城市西南）人。累官散騎常侍、領國子博士、侍中。元康初，封樂鄉侯。撰成《後漢書》九十七卷，其中十典尚未完成。卒，追贈少府，謚曰簡。《晋書》卷四四有傳。本志集部尚有其一部著述。《文心雕龍·史傳》稱此書"準當"。兩《唐志》著録華嶠《後漢書》三十一卷，《宋志》無載，亡佚。清有姚之駰、汪文臺、黄奭、王仁俊、杜文瀾輯本。

《後漢書》八十五卷。本一百二十二卷，晋祠部郎謝沈撰。

謝沈：見本書卷三二"尚書類"。兩《唐志》著録謝沈《後漢書》一百二卷、《後漢書外傳》十卷。《宋志》無載，亡佚。清有姚之駰、汪文臺、黄奭輯本。

《後漢南記》四十五卷。本五十五卷，今殘缺。晋江州從事張瑩撰。

張瑩：生平事迹不詳。《世説新語·文學》第二條、《言語》第七條注皆引《漢南記》，李善注干寶《晋紀總論》引張瑩《漢南記》。兩《唐志》著録《漢南記》五十八卷，《宋志》無載。《説郛》存一卷六節，未注出處。

《後漢書》九十五卷。本一百卷，晋秘書監袁山松撰。

袁山松：陳郡陽夏（今河南太康縣）人。著《後漢書》百篇。

官爲吴郡太守。隆安五年，孫恩作亂，守滬瀆，城陷被害。《晋書》卷八三有傳。《舊唐志》著録此書一百二卷，《新唐志》著録此書一百一卷，《録》一卷。《宋志》無載，亡佚。清有姚之駰、汪文臺、黄奭、杜文瀾輯本。

《後漢書》九十七卷。宋太子詹事范曄撰。

范曄：字蔚宗，順陽（今河南淅川縣）人。召爲秘書丞，遷尚書吏部郎。元嘉初，不得志，乃删衆家《後漢書》爲一家之作。後遷左衛將軍、太子詹事。《宋書》卷六九、《南史》卷三三有傳。本志集部尚有其一部著述。兩《唐志》著録范曄《後漢書》九十二卷，又《後漢書論贊》五卷。《郡齋讀書志》卷五著録范曄《後漢書》九十卷、志三十卷，章懷太子李賢注。《宋志》與其同。今流傳本《後漢書》九十卷。四庫館臣稱，此書歷代相傳無所亡佚，祇因不同時期對其卷數有所分合而已。見《四庫全書總目》卷四五。清王先謙、錢大昭、沈欽韓、惠棟，近代楊樹達對此書多有研究。此書現存最早的有宋紹興刻宋元遞修本、王叔邊本，通行本有武英殿本、中華書局點校本等。

《後漢書》一百二十五卷。范曄本，梁剡令劉昭注。

劉昭：字宣卿，平原高唐（今山東禹城市）人。天監初，起家奉朝請，後歷任無錫令、通直郎，出爲剡令，卒官。劉昭集《後漢書》同異以注范曄書，《集注後漢》一百八十卷。又有《幼童傳》十卷、文集十卷。《梁書》卷四九、《南史》卷七二有傳。本志史部尚有其著述一部。兩《唐志》著録劉昭補注《後漢書》五十八卷，《新唐志》又有劉熙注范曄《後漢書》一百二十二卷。章宗源以爲此卷數與范曄紀傳九十二卷加續志三十卷卷數相合，“熙”乃“昭”之誤。《直齋書録解題》卷四著録《後漢志》三十卷，曰劉昭所注，乃司馬彪《續漢書》之八志，其與范曄紀、傳自别爲一書。乾興初，孫奭建議校勘，祇言補亡補缺，將劉昭注、司馬彪之續志與范曄書合併，而不著其爲司馬彪書。此書現存最早的本子爲宋紹興刻宋元遞修本、王叔邊本，通行本有武英殿刻本、中華書局點校本等。

《後漢書音》一卷。後魏太常劉芳撰。

劉芳：見本書卷三二"詩類"。《舊唐志》無載，《新唐志》有著録，《宋志》無載，亡佚。

《范漢音訓》三卷。陳宗道先生臧競撰。

臧競：生平事迹不詳。《雲笈七籤》卷五《唐茅山昇真王先生傳》作臧矜。兩《唐志》著録《後漢書音》三卷，臧兢撰。《宋志》無載，亡佚。

《范漢音》三卷。蕭該撰。

兩《唐志》著録《後漢音》三卷，《宋志》無載，亡佚。

《後漢書讚論》四卷。范曄撰。

兩《唐志》著録《後漢書論贊》五卷。《宋志》無載，疑其論贊已綴各卷末矣。

《漢書纘》十八卷。范曄撰。梁有蕭子顯《後漢書》一百卷，王韶《後漢林》二百卷，韋闡《後漢音》二卷，亡。

兩《唐志》"雜史類"著録范曄《後漢書纘》十三卷，《宋志》無載，亡佚。蕭子顯：見本書卷三二"孝經類"。兩《唐志》無載，亡佚。王韶：生平事迹不詳。姚振宗疑此書即梁王規集《後漢》衆家異同，所注《續漢書》二百卷。見《梁書》卷四一。韋闡：京兆杜陵（今陝西西安市）人。爲建寧令，位通直郎。見

《南史》卷五八。兩《唐志》無載，亡佚。

《魏書》四十八卷。晋司空王沈撰。

王沈：字處道，太原晋陽（今山西太原市）人。與荀顗、阮籍共撰《魏書》。累官守尚書令，轉驃騎將軍，録尚書事等。卒，謚曰元。轉年，贈司空。《晋書》卷三九有傳。本志集部尚有其一部著述。《史通·古今正史》言王沈獨就其業，勒成《魏書》四十四卷。《宋書》的《五行志》和《律曆志》説王沈《魏書》缺志。章宗源據《水經注》引《魏書·郡國志》，以爲《魏書》僅缺《五行》《律曆》而已。此書兩《唐志》有著録，《宋志》無載，亡佚。

《吴書》二十五卷。韋昭撰。本五十五卷，梁有，今殘缺。

韋昭：見本書卷三二“詩類”。《史通·古今正史》稱此書最後由韋昭獨立完成，定爲五十五卷。兩《唐志》皆有著録，《舊唐志》列於“僞史類”，《新唐志》列於“正史類”。《宋志》無載，亡佚。

《吴紀》九卷。晋太學博士環濟撰。晋有張勃《吴録》三十卷，亡。

環濟：見本書卷三二“禮類”。兩《唐志》“編年類”著録環濟《吴紀》十卷，《宋志》無載，亡佚。張勃：《史記·伍子胥傳》《索隱》曰，張勃，晋人，吴鴻臚嚴之子，作《吴録》。兩《唐志》“雜史類”著録此書，《宋志》無載，亡佚。《説郛》存一卷，清杜文瀾、王謨、葉昌熾有輯本。

《三國志》六十五卷。叙録一卷，晋太子中庶子陳壽撰，宋太中大夫裴松之注。

陳壽：字承祚，巴西安漢（今四川南充市）人。仕蜀，爲觀閣令史。蜀平，除佐著作郎，出補陽平令。撰《魏吴蜀三國志》，凡六十五篇。起爲太子中庶子，未拜，病卒。又撰《益都耆舊傳》等傳世。《晋書》卷八二有傳。本志史部尚有其一部著述。《舊唐志》“正史類”著録《魏國志》三十卷，“僞史類”著録《吴國志》二十一卷、《蜀國志》十五卷。《新唐志》“正史類”著録陳壽《魏國志》三十卷、《蜀國志》十五卷、《吴國志》二十一卷，並裴松之注。《宋志》著録陳壽《三國志》六十五卷，裴松之注。裴松之：見本書卷三二“禮類”。《四庫全書總目》卷四五提及裴松之注《三國志》，雜引諸書，亦時下己意。凡六朝舊籍今所不傳者，尚一一見其大略，又多首尾完具，故考證之家取材不竭，轉相引據者反多於陳壽本書焉。《三國志》現存最早的本子有宋刻本，通行本有武英殿本、百衲本、中華書局點校本等。

《魏志音義》一卷。盧宗道撰。

盧宗道：生平事迹不詳。兩《唐志》無載，亡佚。

《論三國志》九卷。何常侍撰。

何常侍：闕名。姚振宗以爲是何琦，字萬倫。屢徵不起，公車再徵通直散騎侍郎、散騎常侍。著《三國評論》等，行於世。《晋書》卷八八有傳。兩《唐志》無載，亡佚。

《三國志評》三卷。徐衆撰。梁有《三國志序評》三卷，晋著作佐郎王濤撰，亡。

徐衆：咸康中爲黄門郎，建元初進侍中。見《全晋文》卷一三一。兩《唐志》“雜史類”著録徐衆《三國評》三卷，《宋志》無載，亡佚。王濤：字茂略，堂邑（今江蘇南京市）人。歷任著作郎、無錫令。見《晋書》卷七一。本志集部尚有其一部著述。《新唐志》“雜史類”著録王濤《三國志序評》三卷，《宋志》無載，亡佚。

《晋書》八十六卷。本九十三卷，今殘缺。晋著作郎王隱撰。

王隱：字處叔，陳郡陳（今河南淮陽縣）人。太興初，召爲著作郎，令撰晋史。後坐事免官，在庾亮的幫助下撰成《晋書》。《晋書》卷八二有傳。《日本國見在書目録》著録王隱《晋書》七十六卷，兩《唐志》皆著録此書八十九卷，《宋志》無載，亡佚。清畢沅、王謨、黄奭、湯球、王仁俊、陶楝有輯本。

《晋書》二十六卷。本四十四卷，訖明帝，今殘缺。晋散騎常侍虞預撰。

虞預：本名茂，字叔寧，會稽餘姚（今浙江餘姚市）人。封平康縣侯，遷散騎侍郎，除散騎常侍。以年老歸，卒於家。著《晋書》四十餘卷、《會稽典録》二十篇等，傳於世。《晋書》卷八二有傳。本志史、集部尚有其二部著述。兩《唐志》著録虞預《晋書》五十八卷，《宋志》無載，亡佚。清湯球、黄奭有輯本。

《晋書》十卷。未成，本十四卷，今殘缺。晋中書郎朱鳳撰，訖元帝。

朱鳳：據《晋書》卷五二載，太興初，秘書監華譚薦晋陵朱鳳爲著作佐郎。兩《唐志》皆有著録，《宋志》無載，亡佚。清湯球、黄奭有輯本。

《晋中興書》七十八卷。起東晋。宋湘東太守何法盛撰。

何法盛：生平事迹不詳。《南史》卷三三載，何法盛竊高平郄紹所作《晋中興書》，據爲己有。《史通·古今正史》曰，“至宋湘東太守何法盛始勒成一家，首尾該備”。兩《唐志》著録何法盛《晋中興書》八十卷，《宋志》無載，亡佚。《説郛》存一卷，清湯球、黄奭、王仁俊、陶棟有輯本。

《晋書》三十六卷。宋臨川内史謝靈運撰。

謝靈運：見本書卷三二“大序”。兩《唐志》著録此書爲三十五卷，《宋志》無載，亡佚。清湯球、黄奭有輯本。

《晋書》一百一十卷。齊徐州主簿臧榮緒撰。

臧榮緒：東莞莒（今山東莒縣）人。括東西晋爲一書，紀、録、志、傳百一十卷。《南齊書》卷五四、《南史》卷七六有傳。本志史部尚有其一部著述。《舊唐書》卷六六載，房玄齡受詔重修《晋書》，奏請以臧榮緒《晋書》爲主，參考諸家，甚爲詳洽。兩《唐志》有著録，《宋志》無載，亡佚。清湯球、黄奭、王仁俊、陶棟有輯本。

《晋書》十一卷。本一百二卷，梁有，今殘缺。蕭子雲撰。

蕭子雲：見本書卷三二“小學類”。兩《唐志》著録此書爲九卷，《宋志》無載，亡佚。清湯球、黄奭有輯本。

《晋史草》三十卷。梁蕭子顯撰。梁有鄭忠《晋書》七卷，沈約《晋書》一百一十一卷，庾銑《東晋新書》七卷，亡。

蕭子顯：見本書卷三二“孝經類”。兩《唐志》“編年類”著録《晋史草》三十卷，蕭景暢撰。蕭子顯字景陽，疑“暢”爲“陽”之誤。《宋志》無載，亡佚。清湯球、黄奭有輯本。鄭忠：生平事迹不詳。所撰《晋書》兩《唐志》無載，亡佚。沈約：見本書卷三二“論語類”。《梁書》卷一三記沈約著《晋書》一百一十卷。兩《唐志》無載，亡佚。庾銑：潁川（今河南漯河市）人。官至大司馬記室參軍。見《南齊書》卷五二。兩《唐志》無載，亡佚。

《宋書》六十五卷。宋中散大夫徐爰撰。

徐爰：見本書卷三二“易類”。《宋書》卷九四載，元嘉中，使何承天草創國史，又使山謙之、蘇寶生踵成之。大明六年，由徐爰完成。兩《唐志》著録此書爲四十二卷，《宋志》無載，亡佚。

《宋書》六十五卷。齊冠軍録事參軍孫嚴撰。

孫嚴：生平事迹不詳。《舊唐志》著録孫嚴《宋書》四十六卷，《新唐志》著録孫嚴《宋書》五十八卷，《宋志》無載，亡佚。

《宋書》一百卷。梁尚書僕射沈約撰。梁有宋大明中所撰《宋書》六十一卷，亡。

沈約《宋書自序》稱，其被敕撰《宋書》，永明六年二月完成。所記始自義熙肇號，終於昇明三年，本紀、列傳合志、表七十卷。《史通·古今正史》則曰，“爲紀十，志三十，列傳六十，合百卷，名曰《宋書》”。《四庫全書總目》卷四五言及《宋書》的卷數記載有異同，以爲此書非沈約原本之舊，已經後人分割編次。兩《唐志》、《宋志》皆著録《宋書》一百卷，今本亦爲一百卷。此書現存最早的本子爲宋刻元明遞修本，通行本有武英殿本、百衲本、中華書局點校本。大明中所撰《宋書》：疑即前列徐爰所撰《宋書》。

《齊書》六十卷。梁吏部尚書蕭子顯撰。

《梁書》卷三五記載，蕭子顯著《齊書》六十卷。《史通·古今正史》言，《齊書》爲紀八、志十一、列傳四十，合成五十九篇。《郡齋讀書志》卷五言，江淹已作十志，沈約又有紀，子顯自表別修。《四庫全書總目》卷四五稱，《齊書》至唐已佚一卷，宋以後又多有缺失。《新唐志》著録六十卷，《舊唐志》《宋志》著録五十九卷，今流傳本亦爲五十九卷。現存最早的本子爲宋刻元明遞修本，通行本有武英殿本、百衲本、中華書局點校本等。

《齊紀》十卷。劉陟撰。

劉陟：爲學士，曾與杜之偉抄撰群書，各爲題目。見《陳書》卷三四、《南史》卷七二。《舊唐志》著録劉陟《齊書》八卷，《新唐志》著録劉陟《齊書》十三卷，《宋志》無載，亡佚。

《齊紀》二十卷。沈約撰。梁有江淹《齊史》十三卷，亡。

《梁書》卷一三載沈約撰《齊紀》二十卷。《日本國見在書目録》著録沈約《齊書》廿卷，兩《唐志》“編年類”著録沈約《齊紀》二十卷，《宋志》無載，亡佚。江淹：字文通，濟陽考城（今河南蘭考縣）人。齊永明初，遷驃騎將軍，掌國史。後以秘書監兼衛尉、吏部尚書。梁天監元年，爲散騎常侍，封醴陵侯。著《齊史》十志。《梁書》卷一四、《南史》卷五九有傳。本志集部尚有其一部著述。兩《唐志》無載，亡佚。

《梁書》四十九卷。梁中書郎謝吴撰，本一百卷。

謝吴：生平事迹不詳。《史通·古今正史》稱，《梁史》在梁武帝時，由沈約與謝昊等相承撰録。錢大昕《十駕齋養新餘録》卷中稱，“吴與昊字形相涉，未知孰是”。《舊唐志》著録謝昊、姚察等《梁書》三十四卷，《新唐志》著録謝昊、姚察《梁書》三十四卷。《宋志》無載，亡佚。

《梁史》五十三卷。陳領軍、大著作郎許亨撰。

許亨：字亨道，高陽新城（今山東淄博市）人。入陳，爲中散大夫，領羽林監，領大著作，知梁史事。初撰《齊書》，遇戰亂亡失，後撰《梁史》五十八卷。《陳書》卷三四、《南史》卷六〇有傳。據《隋書》卷五八載，許亨所撰成《梁史》者凡五十八卷，其子善心所續成者合爲七十卷。五十三卷《梁史》，不知出自誰人，大概皆爲殘本。兩《唐志》無載，亡佚。

《梁書帝紀》七卷。姚察撰。

據《陳書》卷二七載，梁、陳二史本多是察所撰，其臨亡之時，仍以體例誡約子思廉，泣涕奉行。《史通·古今正史》稱，貞觀初，其子思廉爲著作郎，奉詔撰成二史，於是憑其舊稿，加以新録，彌歷九載，方始畢功，定爲《梁書》五十卷，行於世。此書當爲姚思廉撰《梁書》之藍本，兩《唐志》已無載，亡佚。

《通史》四百八十卷。梁武帝撰。起三皇，訖梁。

梁武帝：見本書卷三二“易類”。《梁書》卷三載，武帝又造《通史》，躬制贊序，凡六百卷。兩《唐志》著録此書爲六百二卷。《宋志》無載，亡佚。

《後魏書》一百三十卷。後齊僕射魏收撰。

魏收：字伯起，鉅鹿下曲陽（今河北晋州市）人。齊天保元年除中書令，兼著作郎，封富平縣子。二年，詔撰魏史。五年秋，完成紀、傳，十一月完成十志。河清二年兼僕射。有集七十卷。《魏書》卷一〇四、《北齊書》卷三七、《北史》卷五六有傳。齊天保二年，高洋命魏收撰《魏史》。《史通·古今正史》言魏收所撰《魏書》，世薄其書，號爲穢史。兩《唐志》、《宋志》皆著録《魏書》一百三十卷。其實《魏書》自宋初業已殘缺，《直齋書録解題》卷四稱，“今紀闕二卷，傳闕二十二卷，又三卷不全，志闕《天象》二卷”。《增訂四庫簡明目録標注》卷五曰，“今本又缺卷十二《孝静帝紀》、卷十三《皇后傳》，不知以何書補亡。以《太平御覽》所引魏澹書校之，疑亦取魏澹書也”。今本《魏書》一百一十四卷，現存最早的本子爲宋刻元明遞修本，通行本有武英殿本、百衲本、中華書局點校本等。

《後魏書》一百卷。著作郎魏彦深撰。

魏彦深：名澹，字彦深，鉅鹿下曲陽（今河北晋州市）人。參與修撰《御覽》，書成，除殿中郎中、中書舍人。入隋，爲太子舍人。受詔别撰《魏史》，合九十二卷。六十五歲，卒。《隋書》卷五八、《北史》卷五六有傳。本志子部尚有其一部著述。《日本國見在書目録》著録《後魏書》百卷，隋著作郎魏彦撰（疑脱“深”字）。兩《唐志》著録魏澹《後魏書》一百七卷，《宋志》著録魏澹《後魏書紀》一卷，下有注“本七卷”，疑“七”前脱“一百”二字。《崇文總目》稱，“世以收史爲主，故澹書亡闕，今纔《紀》一卷存”。此書亡佚。

《陳書》四十二卷。訖宣帝，陳吏部尚書陸瓊撰。

陸瓊：字伯玉，吴郡吴（今江蘇蘇州市）人。太建中，累遷太子中庶子，領大著作，撰國史。遷吏部尚書。有集二十卷，行於世。本志史部尚有其一部著述。兩《唐志》無載，亡佚。

《周史》十八卷。未成。吏部尚書牛弘撰。

牛弘：見本書卷三二“大序”。《史通·古今正史》稱，隋開皇中，秘書監牛弘追撰《周紀》十有八篇。兩《唐志》無載，亡佚。

右六十七部，三千八十三卷。通計亡書，合八十部，四千三十卷。

八十部：實際是八十一部。

古者天子諸侯，必有國史，以紀言行，後世多務，其道彌繁。夏、殷已上，左史記言，右史記事，周則太史、小史、内史、外史、御史，分掌其事，而諸侯之國，亦置史官。又《春秋國語》引周志、鄭書之説，推尋事迹，似當時記事，各有職司，[1]後又合而撰之，總成書記。其後陵夷衰亂，史官放絶，秦滅先王之典，遺制莫存。至漢武帝時，始置太史公，命司馬談爲之，以掌其職。時天下計書，皆先上太史，副上丞相，遺文古事，靡不畢臻。談乃據《左氏》《國語》《世本》《戰國策》《楚漢春秋》，[2]接其後事，成一家之言。談卒，其子遷又爲太史令，嗣成其志。上自黄帝，訖于炎漢，合十二本紀、十表、八書、三十世家、七十列傳，謂之《史記》。遷卒以後，好事者亦頗著述，然多鄙淺，不足相繼。至後漢扶風班彪，[3]綴後傳數十篇，并譏正前失。彪卒，明帝命其子固，續成其志。以爲唐、虞、三代，世有典籍，史遷所記，乃以漢氏繼於百王之末，非其義也。故斷自高祖，[4]終於孝平、[5]王莽之誅，爲十二紀、八表、十志、六十九傳，潛心積思，二十餘年。建初中，[6]始奏表及紀傳，其十志竟不能就。固卒後，始命曹大家續成之。[7]先是明帝召固爲蘭臺令史，[8]與諸先輩陳宗、[9]尹敏、[10]孟冀等，[11]共成《光武本紀》。擢固爲郎，典校秘書。固撰後漢事，作列傳載記二十八篇。其後劉珍、劉毅、[12]劉陶、[13]伏無忌等，[14]相次著述東觀，謂之《漢記》。及三國鼎峙，魏氏及吴，並有史官。晋時，巴西陳壽删集三國之事，唯魏帝爲紀，其功臣及吴、蜀之主，並皆爲傳，仍各依其國，部類相從，謂之

《三國志》。壽卒後，梁州大中正范穎表奏其事，[15]帝詔河南尹、洛陽令，就壽家寫之。自是世有著述，皆擬班、馬，以爲正史，作者尤廣。一代之史，至數十家。唯《史記》《漢書》，師法相傳，並有解釋。《三國志》及范曄《後漢》，雖有音注，既近世之作，並讀之可知。梁時，明《漢書》有劉顯、韋稜，陳時有姚察，隋代有包愷、蕭該，並爲名家。《史記》傳者甚微。今依其世代，聚而編之，以備正史。

[1]職司：即職務。

[2]世本：詳見本志本部“譜系類”。　戰國策：詳見本志本部“雜史類”。　楚漢春秋：詳見本志本部“雜史類”。

[3]班彪：字叔皮，扶風安陵（今陝西咸陽市）人。永平中爲郎，篤志於博學，以著述爲業。有感漢太初以後，闕而不録，作後傳數十篇。所著賦、論、書、記、奏事合九篇。《漢書》卷一〇〇、《後漢書》卷四〇上有傳。

[4]高祖：即漢高祖劉邦，字季，沛縣豐邑（今江蘇沛縣）人。秦末起兵反秦，最終擊敗項羽，建立漢王朝，在位十二年。《史記》卷八、《漢書》卷一有紀。

[5]孝平：即漢平帝劉衎，字樂，在位五年。《漢書》卷一二有紀。

[6]建初：東漢章帝年號（76—84）。

[7]曹大家：即班昭，字惠班，一名姬，扶風安陵（今陝西咸陽市）人，和帝詔班昭就東觀藏書閣，完成其兄班固未竟之八表和《天文志》。帝數召其入宫，令皇后等師事之，號曰曹大家。作《女誡》七篇，又有賦、頌、銘、書等十六篇。《後漢書》卷八四有傳。

［8］明帝：即東漢明帝劉莊。《後漢書》卷二有紀。

［9］陳宗：曾任睢陽令，其他事迹不詳。見《後漢書》卷四〇上。

［10］尹敏：字幼季，南陽堵陽（今河南方城縣東）人。建武初，拜郎中，辟大司空府。永平十一年，除郎中，遷諫議大夫。《後漢書》卷七九上有傳。

［11］孟翼：《後漢書》作孟異，官拜司隸從事，其他事迹不詳。見《後漢書》卷四〇上。

［12］劉毅：建初二年，封平望侯。永寧中鄧太后召劉毅與謁者劉珍著《中興以下名臣列士傳》。《後漢書》卷八〇上有傳。

［13］劉陶：字子奇，一名偉，潁川潁陽（今河南許昌市西南）人。明《尚書》，作《中文尚書》。封中陵鄉侯，後又拜諫議大夫。著書數十萬言，又有賦、書、記等。《後漢書》卷五七有傳。

［14］伏無忌：琅邪東武（今山東諸城市）人。襲不其侯。順帝時，爲侍中、屯騎校尉。元嘉中，受詔與崔寔等共撰《漢記》，又採集古今，删著事要，作《伏侯注》（亦名《古今注》）。見《後漢書》卷二六。

［15］范潁：《晋書》卷八二作范頵（yūn）。《晋書》載梁州大中正、尚書郎范頵等上表曰，“臣等案：故治書侍御史陳壽作《三國志》，辭多勸誡，明乎得失，有益風化，雖文艷不若相如，而質直過之，願垂采録”。於是詔下河南尹、洛陽令，就家寫其書。

《紀年》十二卷。汲冢書，并《竹書同異》一卷。

據《晋書》卷五一載，太康初年，汲郡人不準盗魏襄王墓，得竹書數十車，其《紀年》十三篇，記夏以來至周幽王爲犬戎所滅，以事接之，三家分晋，仍述魏事至安釐王之二十年，所載與《春秋》皆多相應。晋杜預《春秋左傳集解後序》提及“《紀年》起自夏、殷”。劉宋裴駰《史記集解》在《夏本紀》《殷本紀》中引

《汲冢紀年》語，唐劉知幾亦有引用。兩《唐志》著録《紀年》十四卷，下有注曰“汲冢書”。《宋志》著録《竹書》三卷，荀勖、和嶠編。而宋《郡齋讀書志》《直齋書録解題》《文獻通考》皆不載此書。今傳《竹書紀年》二卷，並題沈約注。歷代學者多考證今本《竹書紀年》已非晋舊本，疑爲明代人僞造。詳見《四庫全書總目》卷四七、錢大昕《十駕齋養新録》卷一三、姚際恒《古今僞書考》。今傳本現存最早的本子爲明萬曆年間刻本，通行本爲四部叢刊本、四部備要本等。《竹書同異》：兩《唐志》無載，亡佚。

《漢紀》三十卷。漢秘書監荀悦撰。

荀悦：字仲豫，潁川潁陰（今河南許昌市）人。累遷秘書監、侍中。獻帝令其依《左傳》體以爲《漢紀》三十篇。《後漢書》卷六二有傳。本志史部尚有其一部著述。兩《唐志》、《宋志》、《四庫全書總目》皆著録《漢紀》三十卷。此書現存最早的本子爲與《後漢紀》合刻的明嘉靖黄姬水刻本，通行本爲四部叢刊本等。

《後漢紀》三十卷。袁彦伯撰。

袁彦伯：即袁宏，見本書卷三二“孝經類”。《史通·古今正史》曰，“晋東陽太守袁宏抄撮漢氏後書，依荀悦體，著《後漢紀》三十篇”。兩《唐志》、《宋志》、《四庫全書總目》卷四七皆著録《後漢紀》三十卷。此書現存最早的本子爲與《漢紀》合刻的明嘉靖黄姬水刻本，通行本爲四部叢刊本等。

《後漢紀》三十卷。張璠撰。

張璠：見本書卷三二“易類”。裴松之注《三國志》卷四稱，張璠撰《後漢紀》雖似未成，辭藻可觀。兩《唐志》有著録，《宋志》無載，亡佚。清汪文臺、黄奭有輯本。

《獻帝春秋》十卷。袁曄撰。

袁曄：字思光，廣陵（今江蘇揚州市）人。作《獻帝春秋》。見《三國志》卷五七裴松之注。兩《唐志》著録《漢獻帝春秋》十卷，《宋志》無載，亡佚。《説郛》存一卷，清黄奭輯一卷。

《魏氏春秋》二十卷。孫盛撰。

孫盛：字安國，太原中都（今山西平遥縣西北）人。起家佐著作郎，因功進封吴昌縣侯，累遷秘書監，加給事中。著《魏氏春秋》《晋陽秋》，並有詩、賦、論等數十篇。《晋書》卷八二有傳。本志史部、集部尚有其著述二部。兩《唐志》著録《魏武春秋》二十卷，《宋志》無載，亡佚。《説郛》存《魏春秋》一卷，清黄奭輯《魏春秋》一卷。

《魏紀》十二卷。左將軍陰澹撰。

陰澹：晋敦煌太守。永寧初，張軌以陰澹等爲股肱謀主。見《晋書》卷八六、卷九四。兩《唐志》有著録，《宋志》無載，亡佚。

《漢魏春秋》九卷。孔舒元撰。

孔舒元：即孔衍，見本書卷三二“禮類”。兩《唐志》“雜史類”著録孔衍《漢春秋》十卷、《後漢春秋》六卷、《後魏春秋》九卷（疑“後”爲衍文）。《宋志》無載，亡佚。

《晋紀》四卷。陸機撰。

陸機：見本書卷三二“詩類”。兩《唐志》著録《晋帝紀》四卷，《宋志》無載，亡佚。清湯球、黄奭有輯本。

《晋紀》二十三卷。干寶撰。訖愍帝。

干寶：見本書卷三二“易類”。《史通·古今正史》稱《晋紀》“自宣帝訖愍帝五十三年，凡二十三卷。簡略直而能婉，甚爲當時所稱”。兩《唐志》著録《晋紀》二十二卷，干寶撰，又著録《晋紀》六十卷，干寶撰，劉協注。《宋志》無載，亡佚。清湯球、黄奭、陶棟有輯本。

《晋紀》十卷。晋前軍諮議曹嘉之撰。

曹嘉之：或作曹嘉。《三國志》卷二〇裴松之案曰，嘉入晋，封高邑公。元康中，爲國子博士，後爲東莞太守。《世説新語》之《方正》、《賞譽》注及《文選·思舊賦》注皆提及曹嘉之《晋紀》。兩《唐志》有著録，《宋志》無載，亡佚。清湯球、黄奭有輯本。

《漢晋陽秋》四十七卷。訖愍帝。晋滎陽太守習鑿齒撰。

習鑿齒：字彦威，襄陽（今湖北襄樊市襄陽區）人。爲桓温辟爲從事，累遷别駕，又爲滎陽太守。著《漢晋春秋》，起漢光武終於晋愍帝，凡五十四卷。《晋書》卷八二有傳。本志史、集部尚有其二部著述。兩《唐志》著録《漢晋春秋》五十四卷，《宋志》無載，亡佚。清黄奭、湯球、王仁俊有輯本。

《晋紀》十一卷。訖明帝。晋荆州别駕鄧粲撰。

鄧粲：長沙人。應荆州刺史桓沖之請爲别駕，因病篤歸家。著《元明紀》十篇，注《老子》，並行於世。《晋書》卷八二有傳。兩《唐志》有著録，《宋志》無載，亡佚。清湯球、黄奭有輯本。

《晋陽秋》三十二卷。訖哀帝。孫盛撰。

《日本國見在書目録》著録《晋陽秋》三十卷，訖哀帝，孫盛撰。《舊唐志》著録《晋陽春秋》二十二卷，鄧粲撰；《新唐志》著録孫盛《晋陽秋》二十二卷，又著録鄧粲《晋陽秋》三十二卷。

《宋志》著録《晋陽秋》三十卷，孫盛撰。《玉海》卷四一載，“《晋陽秋》孫盛撰，《隋志》本二十二卷，今止存宣帝一卷、懷帝下一卷、唐人所書康帝一卷，餘亡”。清湯球、黄奭有輯本。

《晋紀》二十三卷。宋中散大夫劉謙之撰。

劉謙之：彭城吕（今江蘇徐州市）人。撰《晋紀》二十卷。義熙末，爲始興相，廣州刺史。後爲中散大夫。見《宋書》卷五〇《劉康祖傳》。兩《唐志》著録《晋紀》二十卷，《宋志》無載，亡佚。清湯球、黄奭有輯本。

《晋紀》十卷。宋吴興太守王韶之撰。

王韶之：字休泰，琅邪臨沂（今山東臨沂市）人。私撰《晋安帝陽秋》，即除著作佐郎，使續後事，訖義熙九年。元嘉十二年，爲吴興太守，其年卒。有文集行世。《宋書》卷六〇、《南史》卷二四有傳。本志史、集部尚有其三部著述。兩《唐志》著録王韶之《崇安紀》十卷（安帝年號爲隆安，《唐志》避“隆”故作“崇”），《宋志》無載，亡佚。清黄奭有輯本。

《晋紀》四十五卷。宋中散大夫徐廣撰。

《宋書》卷五五載，義熙十二年，徐廣撰《晋紀》成，凡四十六卷，表上之。兩《唐志》有著録，《宋志》無載，亡佚。清黄奭有輯本。

《續晋陽秋》二十卷。宋永嘉太守檀道鸞撰。

檀道鸞：字萬安，高平金鄉（今山東金鄉縣）人。位國子博士，永嘉太守。撰《續晋陽秋》二十卷。《南史》卷七二有傳。《舊唐志》著録《晋陽秋》二十卷，檀道鸞注；《新唐志》著録檀道鸞《晋陽秋》二十卷。章宗源考證，《舊唐志》之“注”爲

"續"之誤,《新唐志》脱"續"。《宋志》無載,《説郛》存檀道鸞《續晋陽秋》一卷,清湯球輯《續晋陽秋》一卷。

《續晋紀》五卷。宋新興太守郭季産撰。

郭季産:宋前廢帝時,領軍王玄謨有所親故吏郭季産。見《宋書》卷五七《蔡興宗傳》。其他事迹不詳。兩《唐志》著録《晋續紀》五卷,《宋志》無載,亡佚。

《宋略》二十卷。梁通直郎裴子野撰。

裴子野:見本書卷三二"禮類"。《梁書》卷三〇載,齊永明末,沈約所撰《宋書》既行,子野更删撰爲《宋略》二十卷。兩《唐志》、《宋志》著録此書,《崇文總目》《郡齋讀書志》《直齋書録解題》《文獻通考》無載,宋代以後此書亡佚。

《宋春秋》二十卷。梁吴興令王琰撰。

王琰:《法苑珠林·敬佛篇》言太原王琰,於交阯賢法師所受五戒,以觀音令供養,遂奉還揚都。其他事迹不詳。本志史部尚有王琰一部著述。《新唐志》有著録,《宋志》無載,亡佚。

《齊春秋》三十卷。梁奉朝請吴均撰。

吴均:字叔庠,吴興故鄣(今浙江湖州市)人。梁武帝召其爲待詔著作,後遷奉朝請。使撰《通史》,草本紀、世家已畢,列傳未就。普通元年卒。注范曄《後漢書》九十卷,著《齊春秋》三十卷等,又有文集二十卷。《梁書》卷四九、《南史》卷七二有傳。本志史、集部尚有其二部著述。《舊唐志》著録《齊春秋》三卷,《新唐志》著録《齊春秋》三十卷,《宋志》無載,亡佚。《説郛》存一卷,清黄奭輯《齊春秋》一卷。

《齊典》五卷。王逸撰。

王逸：當即王逡之（亦作王逡），見本書卷三二“禮類”。兩《唐志》“儀注類”著録王逸《齊典》四卷，《宋志》無載，亡佚。

《齊典》十卷。

不署撰者。《南齊書》卷五二、《南史》卷七二皆載豫章熊襄著《齊典》，並引其自序言此書又名《河洛金匱》。兩《唐志》“雜史類”著録熊襄《十代記》十卷，《宋志》無載，亡佚。

《三十國春秋》三十一卷。梁湘東世子蕭方等撰。

蕭方等：字實相，梁元帝蕭繹長子。求征伐不受令的河東王，拜爲都督，軍敗溺亡，謚忠壯世子。注范曄《後漢書》未就，所撰《三十國春秋》行於世。《梁書》卷四四、《南史》卷五四有傳。《舊唐志》“編年類”、《新唐志》“僞史類”、《宋志》“編年類”皆著録蕭方等《三十國春秋》三十卷，《郡齋讀書志》《直齋書録解題》《文獻通考》皆無載，此書宋以後亡佚。

《戰國春秋》二十卷。李槩撰。

李槩：見本書卷三二“小學類”。《北史》卷三三載，李公緒弟槩著《戰國春秋》行於世。疑李槩記十六國事。此書又列於“霸史類”，爲是。列於此類，當屬重出。《舊唐志》“編年類”、《新唐志》“僞史類”著録此書，《宋志》無載，亡佚。

《梁典》三十卷。劉璠撰。

劉璠：字寶義，沛國沛（今江蘇徐州市）人。仕梁，爲蜀郡太守。入周，官至内史中大夫，封平陽縣子。天和三年卒。著《梁典》三十卷，未及刊定，臨終託其子休徵，經其治定繕寫，行於世。《周書》卷四二、《北史》卷七〇有傳。唐人稱此書“足爲清典，蓋近代之佳史歟”。見《周書》卷四二。兩《唐志》有著録，《宋志》無載，亡佚。清陶棟有輯本。

《梁典》三十卷。陳始興王諮議何之元撰。

何之元：廬江灊（今安徽霍山縣東北）人。陳時，任諮議參軍。後屏絶人事，專心著述。以爲梁氏肇自武皇，終於敬帝，其興亡之運，盛衰之跡，足以垂鑒戒，定褒貶。七十五年行事，草創爲三十卷，號曰《梁典》。《陳書》卷三四、《南史》卷七二有傳。兩《唐志》有著録，《宋志》無載，亡佚。清陶棟有輯本。

《梁撮要》三十卷。陳征南諮議陰僧仁撰。

陰僧仁：生平事迹不詳。兩《唐志》有著録，《宋志》無載，亡佚。

《梁後略》十卷。姚最撰。

姚最：原作姚勗，據《周書》《北史》其本傳改。字士會，吴興武康（今浙江德清縣）人。隋文帝時，除太子門大夫，襲爵北絳郡公。轉爲蜀王楊秀友，秀有異謀，最竟坐誅。撰《梁後略》十卷，行於世。《周書》卷四七、《北史》卷九〇有傳。本志史、子部尚有其三部著述。《日本國見在書目録》著録《梁後略》十卷，姚最撰；兩《唐志》著録姚最《梁昭後略》十卷；《宋志》無載，亡佚。

《梁太清紀》十卷。梁長沙蕃王蕭韶撰。

蕭韶：字德茂，南蘭陵中都里（今江蘇常州市）人。太清初爲舍人，城陷奉詔西奔。封長沙王，遂官郢州刺史。蕭韶爲《太清紀》，其諸議論，多謝吴爲之。《南史》卷五一有傳。兩《唐志》有著録，《宋志》“傳記類”有著録，《崇文總目》亦載此書，《郡齋讀書志》《直齋書録解題》無載，此書宋以後亡。

《淮海亂離志》四卷。蕭世怡撰。叙梁末侯景之亂。

蕭世怡：名泰，以字行，南蘭陵中都里（今江蘇常州市）人。大同元年，封豐城縣侯。侯景亂，被執，不久逃至江陵，後奔齊。尋歸周，拜開府儀同三司，封義興郡公，授蔡州刺史。《周書》卷四二、《南史》卷五二、《北史》二九有傳。這三史《蕭世怡傳》均未提及蕭世怡撰此書。《周書》卷四二《蕭圓肅傳》則載蕭圓肅撰《淮海亂離志》四卷，行於世。《史通》之《補注》《雜説》中提及《淮海亂離志》，皆稱爲蕭大圜作。《舊唐志》“編年類”、《新唐志》“雜史類”著録《淮海亂離志》四卷，蕭大圓撰（“圜”與“圓”通）。《宋志》無載，亡佚。

《齊紀》三十卷。紀後齊事。崔子發撰。

崔子發：博陵（今河北安平縣）人。北齊時以通經進仕。入隋，與牛弘等論新禮降殺輕重。見《北史》卷八一、《隋書》卷四九。本志集部尚有其一部著述。兩《唐志》無載，亡佚。

《齊志》十卷。後齊事。王劭撰。

王劭：見本書卷三二“孝經序”。《隋書》卷六九載，王劭初撰《齊誌》，爲編年，二十卷，復爲《齊書》紀傳，一百卷。兩《唐志》“編年類”著録王劭《北齊志》十七卷，《新唐志》“正史類”又著録王劭《齊志》十七卷，似爲重出。《宋志》無載，亡佚。

右三十四部，六百六十六卷。

自史官放絶，作者相承，皆以班、馬爲準。起漢獻帝，雅好典籍，以班固《漢書》文繁難省，命潁川荀悅作《春秋左傳》之體，爲《漢紀》三十篇。言約而事詳，辯論多美，大行於世。至晉太康元年，[1]汲郡人發魏襄王冢，[2]得古竹簡書，字皆科斗。[3]發冢者不以爲意，往往散亂。帝命中書監荀勖、[4]令和嶠，[5]撰次爲十五部，八十七卷。多雜碎怪妄，不可訓知，唯《周易》《紀年》，最爲分了。其《周易》上下篇，與今正同。《紀年》皆用夏正建寅之月爲歲首，[6]起自夏、殷、周三代王事，無諸侯國别。唯特記晉國，起自殤叔，[7]次文侯、[8]昭侯，[9]以至曲沃莊伯，[10]盡晉國滅。獨記魏事，下至魏哀王，[11]謂之"今王"，蓋魏國之史記也。其著書皆編年相次，文意大似《春秋經》。諸所記事，多與《春秋》《左氏》扶同。[12]學者因之，以爲《春秋》則古史記之正法，有所著述，多依《春秋》之體。今依其世代，編而敘之，以見作者之别，謂之古史。

[1]太康：晉武帝司馬炎年號（280—289）。

[2]汲郡人：指發魏襄王墓的不準。汲郡：在今河南衛輝市。魏襄王，名嗣。見《史記》卷四四。

[3]科斗：亦作科斗文、科斗書。中國古代文字之一種，其字形以頭粗尾細如蝌蚪而名。

[4]荀勖：字公會，潁川潁陰（今河南許昌市）人。仕魏，辟大將軍曹爽掾。文帝時，賜爵關内侯。晉武帝受禪，封濟北郡公。後領秘書監，與張華依劉向《别録》，整理記籍。及得汲郡冢中古文竹書，受詔撰次之，以爲《中經》，列在秘書。《晉書》卷三九有傳。本志史、集部著録其三部著述。

[5]和嶠：字長輿，汝南西平（今河南西平縣西）人。襲父爵

上蔡伯。爲給事黄門侍郎，遷中書令。惠帝時，拜太子少傅，加散騎常侍、光禄大夫。《晋書》卷四五有傳。

［6］夏正：農曆正月的省稱，夏以正月爲歲首。建寅，夏以寅月爲歲首，寅月即農曆正月。

［7］殤叔：晋穆侯二十七年卒，其弟殤叔自立，太子仇出奔。四年，仇率其徒攻殺殤叔。見《史記》卷三九。

［8］文侯：晋穆侯子，名仇。見《史記》卷三九。

［9］昭侯：晋文侯子，名伯。其元年，封文侯弟成師於曲沃，號爲桓叔。七年，昭侯被潘父弑。見《史記》卷三九。

［10］曲沃莊伯：桓叔子，名鱓，晋孝侯八年代桓叔，是爲曲沃莊伯。見《史記》卷三九。

［11］魏哀王：魏襄王子。《史記集解》引荀勖語，以爲今王當爲魏襄王，非哀王。

［12］扶同：相扶、相同。

《周書》十卷。汲冢書，似仲尼删書之餘。

余嘉錫以爲是書自《隋書》稱汲冢，然《晋書》之《荀勖傳》《束晳傳》載汲冢書無《周書》，《漢志》乃有《周書》七十一篇，與今本合。見《增訂四庫簡明目録標注》史部四。許慎作《説文》、馬融注《論語》、鄭玄注《周禮》皆引《周書》，亦可證《周書》不出於汲冢。此書即《漢志》所著録之《周書》七十一篇，顔師古注曰，劉向云周時誥誓號令也，蓋孔子所論百篇之餘也。今存者四十五篇矣。本志稱《周書》爲汲冢書，誤。《舊唐志》著録《周書》八卷，孔晁注；《新唐志》著録《汲冢周書》十卷、孔晁注《周書》八卷；《宋志》“尚書類”著録《汲冢周書》十卷，晋太康中，於汲郡得之，孔晁注；“别史類”著録《汲冢周書》十卷。此書今稱《逸周書》十卷七十一篇，現存最早的本子爲元至正刻本，通行本有叢書集成本、四部備要本等。

《古文瑣語》四卷。汲冢書。

《晋書》卷五一載，汲冢竹書中有《瑣語》十一篇，諸國卜夢妖怪相書也。兩《唐志》著録《古文鎖語》四卷，《宋志》無載，亡佚。清馬國翰、洪頤煊、王仁俊有輯本。

《春秋前傳》十卷。何承天撰。

《春秋前雜傳》九卷。何承天撰。

何承天：見本書卷三二“禮類”。《宋書》卷六四載，《前傳》《雜語》《纂文》並傳於世。兩《唐志》著録何承天《春秋前傳》十卷，又著録《春秋前傳雜語》十卷，疑即《春秋前雜傳》。《宋志》無載，亡佚。

《春秋後傳》三十一卷。晋著作郎樂資撰。

樂資：生平事迹不詳。《史通·六家》稱，晋著作郎樂資乃追採二史，撰爲《春秋後傳》。其書始以周貞王續魯哀公後，至王赧入秦。又以秦文王之繼周，終於二世之滅，合成三十卷。兩《唐志》著録樂資《春秋後傳》三十卷，《宋志》無載，亡佚。清王謨《漢魏遺書鈔》中有數條此書之佚文。

《戰國策》三十二卷。劉向録。

劉向：見本書卷三二“尚書類”。當時此書名稱繁多，劉向以爲其内容是戰國時游士輔所用之國爲之策謀，宜爲《戰國策》，其事繼春秋以後訖楚漢之起二百四十五年間之事。見《七略别録》。《史通·六家》稱《戰國策》有東西二周，秦、齊、燕、楚、三晋、宋、衛、中山，合十二國，分爲三十三卷。《漢志》“春秋家”著録《戰國策》三十三篇，兩《唐志》著録劉向《戰國策》三十二卷。《宋志》“縱横家”著録高誘注《戰國策》三十三卷。現存最早的本子爲有高誘注的宋紹興刻本，通行本爲四部叢刊本、叢書集成本等。

《戰國策》二十一卷。高誘撰注。

高誘：涿郡涿（今河北涿州市）人。建安中，爲東郡濮陽令，遷監河東。見高誘《淮南子注》自序。本志子部尚有其二部著述。《日本國見在書目録》著録《戰國策》三十二卷，劉向撰高誘注；兩《唐志》著録《戰國策》三十二卷，高誘注；《宋志》子部著録高誘注《戰國策》三十三卷；《崇文總目》曰，高誘注本二十卷，今缺第一、第五、第十一至二十，止存八卷。曾鞏校定序曰，《崇文總目》存者八卷，今存者十篇。《四庫全書總目》卷五一曰，有誘注者僅二卷至四卷，六卷至十卷，與《崇文總目》八篇合。又最末三十二、三兩卷合前八卷，與曾鞏序十篇合。而其餘二十卷則皆宋姚宏所補注。以後又有南宋鮑彪注《戰國策》十卷，元吴師道有《戰國策》校注十卷，清吴曾祺《戰國策補注》三十三卷，又有日人横田惟孝《戰國策正解》十卷等。此書現存最早的本子爲宋紹興刻本，通行本有四部叢刊本、叢書集成本等。

《戰國策論》一卷。漢京兆尹延篤撰。

延篤：字叔堅，南陽犨（河南魯山縣）人。桓帝時以博士徵，拜議郎，著作東觀，遷京兆尹。論解經傳，多所駁正，服虔以爲折中。所作詩、論、銘、書等，凡二十篇。《後漢書》卷六四有傳。兩《唐志》有著録，《宋志》無載，亡佚。

《楚漢春秋》九卷。陸賈撰。

陸賈：楚人。以客從漢高祖定天下，因受命賜趙佗印，功成，拜太中大夫。立孝文帝，鼎力助之。後以壽終。《史記》卷九七、《漢書》卷四三有傳。本志子部尚有其一部著述。《史記集解序》之《索隱》曰《楚漢春秋》，漢太中大夫楚人陸賈所撰，記項氏與漢高祖初起及説惠文間事。《舊唐志》著録《楚漢春秋》二十卷，疑誤。《新唐志》著録《楚漢春秋》九卷，《宋志》無載，亡佚。清洪頤煊、茆泮林、黄奭有輯本。

《古今注》八卷。伏無忌撰。

章懷太子注稱，伏無忌書上自黄帝，下盡漢質帝，爲八卷，見行於今。見《後漢書》卷二六。《舊唐志》史部"雜史類"著録伏無忌《古今注》八卷，《新唐志》子部"雜家類"著録伏侯《古今注》三卷，《宋志》無載，亡佚。清馬國翰、茆泮林、黄奭有輯本。

《越絶記》十六卷。子貢撰。

子貢：即端木賜，字子貢，衛人。孔子弟子。孔子稱其爲瑚璉（宗廟之貴器）。其出，存魯，亂齊，破吴，强晋而霸越。卒於齊。《史記》卷六七有傳。兩《唐志》著録《越絶書》十六卷，子貢撰。《宋志》"霸史類"著録《越絶記》十五卷，注曰或云子貢所作。《崇文總目》著録《越絶記》十五卷，子貢或曰子胥之書也。宋趙希弁則稱或以爲子貢所作，或疑似子胥所作，皆無所據。見《讀書附志》。《四庫全書總目》卷六六著録《越絶書》十五卷，不署撰者。認爲此書爲後漢初會稽袁康所作，同郡吴平所定。此書現存最早的本子爲明嘉靖刻本，通行本有四部叢刊本、四部備要本等。

《吴越春秋》十二卷。趙曄撰。

趙曄：見本書卷三二"詩類"。《後漢書》卷七九下載，趙曄著《吴越春秋》。《郡齋讀書志》卷六曰《吴越春秋》十二卷，吴起泰伯，盡夫差；越起無餘，盡勾踐。《增訂四庫簡明目録標注》史部九曰，《吴越春秋》"元徐天祜注，《隋志》作十二卷，今佚二卷，漢魏叢書本並爲六卷，彌失其初"。此書現存最早的本子爲元大德刻本《吴越春秋》十卷，趙曄撰，徐元祐注。通行本有十卷本的四部叢刊本、四部備要本，六卷本的叢書集成本等。

《吴越春秋削繁》五卷。楊方撰。

楊方：見本書卷三二"論語類"。《晋書》卷六八載楊方更撰《吴越春秋》行於世。兩《唐志》著録《吴越春秋削煩》五卷，《宋志》無載，亡佚。

《吴越春秋》十卷。皇甫遵撰。

皇甫遵：生平事迹不詳。兩《唐志》有著録，《宋志》"别史類"有著録。《崇文總目》稱此書乃爲皇甫遵合趙曄與楊方二家之書，考定而注之。見《崇文總目》卷二。宋以後亡佚。

《吴越記》六卷。

不署撰者。《日本國見在書目録》著録《吴越記》七卷，兩《唐志》著録《吴越記》六卷。《經義考》卷二七五"擬經類"有張遐《吴越春秋外紀》，姚振宗疑此書即《吴越記》，撰者爲後漢張遐。《宋志》無載，亡佚。

《南越志》八卷。沈氏撰。

沈氏：即沈懷遠，吴興武康（今浙江湖州市）人。坐事徙廣州。前廢帝世，流徙者並聽歸本，歸家。官至武康令。撰《南越志》及《懷文文集》，並行於世。見《宋書》卷八二、《南史》卷三四。兩《唐志》、《宋志》"地理類"皆著録沈懷遠《南越志》五卷。《直齋書録解題》卷八著録此書爲七卷。《玉海》卷一六稱《南越志》五卷"載三代至晋南越疆域事迹"。宋以後亡佚。

《小史》八卷。

不署撰者。宋晁載之《續談助》抄《殷芸小説》所引《小史》一條。殷芸爲梁人，可以推測《小史》撰於梁以前。兩《唐志》無載，亡佚。

《漢靈獻二帝紀》三卷。漢侍中劉艾撰。殘缺，梁有六卷。

劉艾：原作“劉芳”，據《後漢書》卷九、兩《唐志》改。《後漢書·獻帝紀》載，興平元年，使侍中劉艾，出讓有司。據《後漢書》卷七二《董卓傳》知其曾爲董卓長史。兩《唐志》著録劉艾《漢靈獻二帝紀》六卷，《宋志》無載，亡佚。

《山陽公載記》十卷。樂資撰。

後漢獻帝於延康元年十月遜位，爲山陽公，魏青龍二年三月薨，以漢天子禮葬於禪陵。其孫劉康繼位。晋永嘉中，山陽公劉秋被胡賊殺，國除。見《後漢書》卷九。《舊唐志》著録《山陽義紀》樂資撰，《新唐志》著録樂資《山陽公載記》十卷，《宋志》無載，亡佚。

《漢末英雄記》八卷。王粲撰。殘缺，梁有十卷。

王粲：見本書卷三二“尚書類”。《舊唐志》著録《漢末英雄記》十卷，王粲等撰；《新唐志》著録王粲《漢書英雄記》十卷。《四庫全書總目》卷六〇著録《漢末英雄記》一卷，此乃王世貞雜抄諸書而成，並非王粲原作，其書久佚。

《九州春秋》十卷。司馬彪撰，記漢末事。

《晋書》卷八二載，司馬彪爲秘書郎轉丞，作《九州春秋》。兩《唐志》著録此書爲九卷，《宋志》“别史類”、“霸史類”皆著録此書十卷，明《世善堂藏書目録》卷上著録《九州春秋》九卷。《説郛》存一卷，清黄奭有輯本。

《魏武本紀》四卷。梁并曆五卷。

不署撰者。《舊唐志》“編年類”著録《魏武本紀》三卷，“雜史類”著録《魏武本紀年曆》五卷；《新唐志》“編年類”著録《魏武本紀》四卷，“雜史類”著録《魏武本紀年曆》五卷；《宋志》無載，亡佚。

《魏尚書》八卷。孔衍撰。梁十卷，成。

孔衍：見本書卷三二“禮類”。《史通·六家·尚書家》提及孔衍所作，“由是有《漢尚書》《後漢尚書》《漢魏尚書》（疑“漢”爲衍文），凡爲二十六卷”。《舊唐志》著録孔衍《漢尚書》十卷、《後漢尚書》六卷、《後漢尚書》十四卷（此當《魏尚書》十卷），《新唐志》著録孔衍《漢尚書》十卷、《後漢尚書》六卷、《後魏尚書》十四卷（此當《魏尚書》十卷），《宋志》無載，亡佚。梁十卷成：“成”字疑爲衍文。

《魏晋世語》十卷。晋襄陽令郭頒撰。

郭頒：生平事迹不詳。《世説新語·方正》注曰，郭頒西晋人，爲《魏晋世語》。《三國志》卷四裴松之注稱，郭頒晋之令史，出爲官長，撰《魏晋世語》。干寶、孫盛等多采其言以爲《晋書》。兩《唐志》著録郭頒《魏晋代説》十卷，《宋志》無載，亡佚。《説郛》存一卷。

《魏末傳》二卷。梁又有《魏末傳》并《魏氏大事》三卷，亡。

不署撰者。《三國志》卷二八有注曰，“臣松之以爲《魏末傳》所言，率皆鄙陋”。兩《唐志》無載，亡佚。《魏末傳》并《魏氏大事》三卷，當是二書合帙者。

《吕布本事》一卷。毛范撰。

毛范：生平事迹不詳。兩《唐志》無載，亡佚。

《晉諸公讚》二十一卷。晉秘書監傅暢撰。

傅暢：字世道，北地泥陽（今甘肅寧縣東南）人。少有重名，爲秘書監。没入石勒，爲大將軍司馬。作《晉諸公敘讚》二十二卷，又爲《公卿故事》九卷。《晉書》卷四七有傳。本志史、集部尚有其二部著述。兩《唐志》有著録，《宋志》無載，亡佚。清黄奭、傅以禮有輯本。

《晉後略記》五卷。晉下邳太守荀綽撰。

荀綽：字彦舒，潁川潁陰（今河南許昌市）人。撰《晉後書》十五篇，傳於世。永嘉末，爲司空從事參軍。没入石勒，爲參軍。《晉書》卷三九有傳。本志史、集部尚有其二部著述。《舊唐志》著録《晉後略記》五卷，《新唐志》著録《晉後略》五卷，《宋志》著録荀綽《晉略》九卷，《崇文總目》《郡齋讀書志》《直齋書録解題》《玉海》皆不載此書，亡佚。清黄奭有輯本。

《晉書鈔》三十卷。梁豫章内史張緬撰。

張緬：字元長，范陽方城（今河北固安縣南）人。起家秘書郎，出爲淮南太守。累遷北中郎諮議參軍，出爲豫章内史。中大通三年，遷侍中，未拜，卒。爲《後漢紀》四十卷、《晉抄》三十卷、文集五卷。《梁書》卷三四、《南史》卷五六有傳。本志史部尚有其著述一部。兩《唐志》有著録，《宋志》無載，亡佚。

《晉書鴻烈》六卷。張氏撰。

疑此書亦張緬所抄，附於《晉書鈔》之後者。

《宋中興伐逆事》二卷。

不署撰者。記宋孝武帝伐元凶劭之事迹。兩《唐志》“故事類”著録《中興伐逆事》二卷，《宋志》無載，亡佚。

《宋拾遺》十卷。梁少府卿謝綽撰。

謝綽：陳郡陽夏（今河南太康縣）人。天監初，爲廷尉卿，終少府卿。有《宋拾遺》十卷。見《全梁文》卷五九。本志集部尚有其著述一部。兩《唐志》著録謝綽《宋拾遺録》十卷，《宋志》無載，亡佚。

《左史》六卷。李槩撰。

李槩：見本書卷三二“小學類”。《新唐志》有著録，《宋志》無載，亡佚。

《魏國統》二十卷。梁祚撰。

梁祚：北地泥陽（今甘肅寧縣東南）人。辟秘書中散，稍遷秘書令。撰並陳壽《三國志》，名曰《國統》，頗行於世。《魏書》卷八四、《北史》卷八一有傳。《舊唐志》著録梁祚《國紀》十卷，《新唐志》著録梁祚《魏書國紀》十卷，《宋志》無載，亡佚。

《梁帝紀》七卷。

不署撰者。疑此書爲“正史類”著録之姚察《梁書帝紀》七卷之重出。兩《唐志》“編年類”著録《皇帝紀》七卷，《宋志》無載，亡佚。

《梁太清録》八卷。

不署撰者。《史通·雜説中·周書》有注曰，其王褒、庾信等事，又多見裴政《太清實録》、杜臺卿《齊紀》。《隋書》卷六六載，裴政著《承聖降録》十卷；《北史》卷七七載，裴政作《承聖實録》十卷。梁元帝於太清六年改元爲承聖，裴政所作可稱《太清實録》，亦可稱《承聖實録》，有可能是此書。兩《唐志》著録《梁太清實録》八卷，亦不署撰者。《宋志》無載，亡佚。

《梁承聖中興略》十卷。劉仲威撰。

劉仲威：南陽涅陽（今河南鎮平縣）人。梁承聖中爲中書侍郎。入齊，終於鄴中。《陳書》卷一八、《南史》卷五〇有傳。兩《唐志》無載，亡佚。

《梁末代紀》一卷。

不署撰者。兩《唐志》“編年類”有著録，《宋志》無載，亡佚。

《梁皇帝實録》三卷。周興嗣撰。記武帝事。

周興嗣：見本書卷三二“小學類”。《梁書》卷四九載，周興嗣所撰《皇帝實録》《皇德記》等百餘卷。《舊唐志》“起居注類”著録《梁皇帝實録》三卷，《新唐志》“實録類”著録《梁皇帝實録》二卷，《宋志》無載，亡佚。

《梁皇帝實録》五卷。梁中書郎謝吴撰。記元帝事。

《舊唐志》“起居注類”在周興嗣《梁皇帝實録》三卷後，有“又三卷”，未署撰者。《新志》“實録類”著録謝吴《梁皇帝實録》二卷，《宋志》無載，亡佚。

《棲鳳春秋》五卷。臧嚴撰。

臧嚴：字彦威，東莞莒（今山東莒縣）人。初爲安成王侍郎，累遷湘東王宣惠輕車府參軍。又爲鎮南諮議參軍，卒官。有文集十卷。《梁書》卷五〇、《南史》卷一八有傳。兩《唐志》"編年類"著録此書，《宋志》無載，亡佚。

《陳王業曆》一卷。陳中書郎趙齊旦撰。

趙齊旦：名知禮，天水隴西（今甘肅隴西縣）人。天嘉元年，進爵爲伯，遷右衛將軍，領前軍將軍。《陳書》卷一六、《南史》卷六八有傳。兩《唐志》著録《王業曆》二卷，趙弘禮撰（"弘"乃"知"之誤），《宋志》無載，亡佚。

《史要》十卷。漢桂陽太守衛颯撰。約《史記》要言，以類相從。

衛颯：字子産，河内修武（今河南境内）人。建武二年，辟大司徒鄧禹府，後除桂陽太守。因有疾歸家，終於家。《後漢書》卷七六有傳。兩《唐志》著録衛颯《史記要傳》十卷，《宋志》無載，亡佚。

《典略》八十九卷。魏中郎魚豢撰。

魚豢：京兆（今陝西西安市周邊）人。《史通·古今正史》曰，"魏時京兆魚豢私撰《魏略》，事止明帝"。《廿二史考異》卷一五有曰，"魚豢《魏略》今已不存，其諸傳標目，多與它史異"。《舊唐志》"雜史類"著録《典略》五十卷，"正史類"著録《魏略》三十八卷；《新唐志》"雜史類"著録《魏略》五十卷（此與《舊唐志》著録之《典略》當爲一書），《宋志》無載，亡佚。《説郛》存魚豢《三國典略》一卷，清王仁俊輯《魏略》一卷。

《史漢要集》二卷。晋祠部郎王蔑撰。抄《史記》，入《春秋》者，不録。

王蔑：生平事迹不詳。兩《唐志》有著録，《宋志》無載，亡佚。

《三史略》二十九卷。吴太子太傅張温撰。

張温：字惠恕，吴郡吴（今江蘇蘇州市）人。以吴輔義中郎將使蜀，蜀亦重其才，故遭孫權猜忌。《三國志》卷五七有傳。兩《唐志》著録《三史要略》三十卷，《宋志》無載，亡佚。

《史記正傳》九卷。張瑩撰。

兩《唐志》有載，《宋志》無載，亡佚。

《後漢略》二十五卷。張緬撰。

《梁書》卷三四載，張緬抄《後漢》衆家異同，爲《後漢紀》四十卷。《舊唐志》“雜史類”著録《後漢書略》二十五卷；《新唐志》“雜史類”著録《後漢書略》二十五卷，“編年類”著録張緬《後漢略》二十七卷，二者當有一爲重出；《宋志》無載，亡佚。

《漢皇德紀》三十卷。漢有道徵士侯瑾撰。起光武，至沖帝。

侯瑾：字子瑜，敦煌（今甘肅敦煌市）人。州郡累召，公車有道徵，稱病不到。按《漢紀》撰中興以後行事，爲《皇德傳》三十篇，行於世。《後漢書》卷八〇下有傳。兩《唐志》“編年類”著録此書，《宋志》無載，亡佚。

《洞紀》四卷。韋昭撰。記庖犧已來，至漢建安二十七年。

韋昭：見本書卷三二“詩類”。《三國志》卷六五載，韋昭獄中上辭稱其作《洞紀》，起自庖犧，至於秦漢，凡爲三卷。《舊唐志》著録《洞紀》九卷，《新唐志》著録《洞紀》四卷，《宋志》無載，亡佚。

《續洞紀》一卷。臧榮緒撰。

兩《唐志》無載，《玉海》卷四七載，臧榮緒《續洞紀》一卷。《宋志》無載，亡佚。

《帝王世紀》十卷。皇甫謐撰。起三皇，盡漢、魏。

皇甫謐：字士安，幼名静，安定朝那（今寧夏固原市東南）人。武帝頻下詔徵爲議郎、著作郎，皆不起。所著《帝王世紀》《年曆》等並重於世。《晋書》卷五一有傳。本志史、子、集部尚有其七部著述。《日本國見在書目録》著録皇甫謐《帝王世紀》卅卷，兩《唐志》著録皇甫謐《帝王代紀》十卷，《宋志》著録皇甫謐《帝王世紀》九卷。《玉海》卷四七載，晋正始初，安定皇甫謐撰《帝王世紀》並《年曆》合十二篇，起太昊迄漢獻帝。清宋翔鳳稱此書唐以後亡。《説郛》存一卷，清宋翔鳳、顧觀光、王仁俊有輯本。

《帝王世紀音》四卷。虞綽撰。

虞綽：字士裕，會稽餘姚（今浙江餘姚市）人。仕陳，爲太學博士。隋大業初，爲秘書學士，與虞世南等撰《長洲玉鏡》等書十餘部。後因楊玄感而徙且末，坐斬。《隋書》卷七六、《北史》卷八三有傳。兩《唐志》無載，亡佚。

《帝王本紀》十卷。來奥撰。

來奥：生平事迹不詳。史部尚有其一部著述。兩《唐志》有著録，《宋志》無載，亡佚。

《續帝王世紀》十卷。何茂材撰。

何茂材：生平事迹不詳。《日本國見在書目録》著録《續帝王紀》十卷，何茂林撰；《舊唐志》著録《續帝王代紀》十卷，何集撰；《新唐志》著録何茂林《續帝王代紀》十卷；《宋志》無載，亡佚。

《十五代略》十卷。吉文甫撰。起庖犧，至晋。

吉文甫：見本書卷三二“小學類”。兩《唐志》有著録，《宋志》無載，亡佚。

《帝王要略》十二卷。環濟撰。紀帝王及天官、地理、喪服。

環濟：見本書卷三二“禮類”。兩《唐志》“雜史類”著録環濟《帝王略要》十二卷，《宋志》無載，亡佚。

《周載》八卷。東晋臨賀太守孟儀撰。略記前代，下至秦。本三十卷，今亡。

孟儀：生平事迹不詳。兩《唐志》著録孟儀注《周載》三十卷，《宋志》無載，亡佚。

《漢書鈔》三十卷。晋散騎常侍葛洪撰。

葛洪：見本書卷三二“禮類”。《晋書》卷七二載，葛洪又鈔五經史漢百家之言、方伎雜事三百一十卷。《新唐志》著録葛洪《漢書鈔》三十卷，《宋志》無載，亡佚。

《拾遺録》二卷。僞秦姚萇方士王子年撰。

王子年：名嘉。見本書卷三二“讖緯類”。《晋書》卷九五載，王子年又著《拾遺録》十卷，其記多詭怪。兩《唐志》著録王嘉《拾遺録》三卷，《宋志》無載，亡佚。

《王子年拾遺記》十卷。蕭綺撰。

蕭綺：生平事迹不詳。《郡齋讀書志》卷九稱，《王子年拾遺記》百二十篇，載伏羲以來異事，前世奇詭之説。《增訂四庫簡明目録標注》卷一四稱《拾遺記》“原本十九卷，百二十篇，經亂佚闕，梁蕭綺掇拾殘文，編爲十卷，並爲叙録”。兩《唐志》“雜史類”著録《拾遺記》十卷，蕭綺録。《宋志》“小説類”著録《王子年拾遺記》十卷，則署晋王嘉撰，其實此爲蕭綺所撰。此書現存最早的本子爲明萬曆漢魏叢書本，通行本有四庫本等。

《華夷帝王世紀》三十卷。楊曄撰。

楊曄：生平事迹不詳。兩《唐志》著録楊曄《華夷帝王記》三十七卷，《宋志》無載，亡佚。

《正史削繁》九十四卷。阮孝緒撰。

阮孝緒：見本書卷三二“小學類”。兩《唐志》著録阮孝緒《正史削繁》十四卷，《宋志》無載，亡佚。

《童悟》十二卷。

不署撰者。兩《唐志》“儀注類”著録《童悟》十三卷，疑此書有便於童蒙，助其穎悟之作用。《宋志》無載，亡佚。

《帝王世録》一卷。甄鸞撰。

甄鸞：生平事迹不詳。《四庫全書總目》卷一〇七《五經算術》提要稱，“北周甄鸞精於步算，仕北周，爲司隸校尉、漢中郡守”。據本志“曆數類”著録《七曜本起》三卷，後魏甄叔遵撰；而《新唐志》“曆算類”著録甄鸞《七曜本起曆》五卷，可知甄鸞字叔遵。本志子部尚有其六部著述。兩《唐志》、《宋志》皆無載，亡佚。

《先聖本紀》十卷。劉縚撰。

劉縚（tāo）：字言明，平原高唐（今山東禹城市）人。大同中，爲尚書祠部郎，不久即去職，不再仕。《南史》卷七二有傳，又見《梁書》卷四九。兩《唐志》有著録，《宋志》無載，亡佚。

《年曆帝紀》三十卷。姚恭撰。

姚恭：生平事迹不詳。兩《唐志》著録姚恭《年曆帝紀》二十六卷，《宋志》無載，亡佚。

《帝王諸侯世略》十一卷。

不署撰者。兩《唐志》無載，亡佚。

《王霸記》三卷。潘傑撰。

潘傑：生平事迹不詳。兩《唐志》無載，亡佚。

《歷代記》三十二卷。

不署撰者。兩《唐志》著録《歷代記》三十卷，庾和之撰。《宋志》無載，亡佚。

《隋書》六十卷。未成。秘書監王劭撰。

《隋書》卷六九載，王劭撰《隋書》八十卷。《舊唐志》"雜史類"、《新唐志》"正史類"著録王劭《隋書》八十卷，《宋志》無載，亡佚。

右七十二部，九百一十七卷。通計亡書七十三部，九百三十九卷。

七十二部：實際是七十一部。七十三部：實際是七十二部。

自秦撥去古文，篇籍遺散。漢初，得《戰國策》，蓋戰國游士記其策謀。其後陸賈作《楚漢春秋》，以述誅鋤秦、項之事。又有《越絶》，相承以爲子貢所作。後漢趙曄，又爲《吴越春秋》。其屬辭比事，皆不與《春秋》《史記》《漢書》相似，蓋率爾而作，[1]非史策之正也。靈、獻之世，[2]天下大亂，史官失其常守。博達之士，愍其廢絶，各記聞見，以備遺亡。是後群才景慕，作者甚衆。又自後漢已來，學者多鈔撮舊史，自爲一書，或起自人皇，[3]或斷之近代，亦各其志，而體制不經。又有委巷之説，[4]迂怪妄誕，[5]真虚莫測。然其大抵皆帝王之事，通人君子，必博采廣覽，以酌其要，故備而存之，謂之雜史。

[1]率爾：輕率的樣子。

[2]靈：漢靈帝劉宏，漢章帝之玄孫。年十二，桓帝崩，無子，迎其即帝位。《後漢書》卷八有紀。獻，漢獻帝劉協，靈帝子。董卓廢少帝，立協爲帝，時年九歲。建安二十一年，曹丕建魏，廢帝爲山陽公，漢亡。《後漢書》卷九有紀。

[3]人皇：三皇（天皇、地皇、人皇）之一，傳説中遠古部落的酋長。

[4]委巷：僻陋曲折的小巷。

[5]迂怪：迂闊荒誕。

《趙書》十卷。一曰《二石集》，記石勒事。僞燕太傅長史田融撰。

《二石傳》二卷。晋北中郎參軍王度撰。

《二石僞治時事》二卷。王度撰。

田融：生平事迹不詳。王度：太原（今山西太原市）人。仕石虎，爲中書著作郎。見《全晋文》卷一四八。《史通・古今正史》載，燕太傅長史田融、宋尚書庫部郎郭仲産、北中郎參軍王度追撰二石事，集爲《鄴都記》《趙記》等書。《史通・雜説》自注曰，田融《趙史》謂勒爲前石，虎爲後石。石勒字世龍，據襄國稱趙，太興二年僭即王位。見《晋書》卷一〇四、《魏書》卷九五。《舊唐志》著録田融《趙石記》二十卷、《二石記》二十卷，王度、隋劇等撰《二石僞事》六卷；《新唐志》著録田融《趙石記》二十卷、又《二石記》二十卷，王度、隨劇《二石僞事》六卷，《二石書》十卷。疑《二石記》與《趙石記》爲一書重出，隋（隨）劇似"陸劇"之誤。此書《宋志》無載，亡佚。清湯球輯王度《二石傳》一卷、田融《趙書》一卷。

《漢之書》十卷。常璩撰。

常璩（qú）：字道將，江原（今四川崇州市）人。李勢時官至散騎常侍。見《四庫全書總目》卷六六。《史通・古今正史》曰，李勢散騎常侍常璩撰《漢書》十卷。後入晋秘閣，改爲《蜀李書》。兩《唐志》著録常璩《蜀李書》九卷，《新唐志》又有《漢之書》十卷。《宋志》無載，亡佚。清湯球輯《蜀李書》一卷。

《華陽國志》十二卷。常璩撰。梁有《蜀平記》十卷，《蜀漢僞官故事》一卷，亡。

《直齋書録解題》卷五稱，《華陽國志》志巴蜀地理、風俗、人物及公孫述、劉焉、劉璋先後主以及李特等事迹。《舊唐志》著録此書三卷（疑"三"前脱"十"），《新唐志》著録此書十三卷，《宋志》著録此書爲十二卷。《增訂四庫簡明目録標注》卷六稱，《四庫全書總目》著録《華陽國志》十二卷，附録一卷，"世所行何鏜、吴琯本不足，以影寫宋本補足，並附以張佳胤所補一卷"。此書現存最早的本子爲明嘉靖張佳胤刻本，通行本爲四庫本、四部叢刊本、叢書集成本等。《蜀平記》《蜀漢僞官故事》皆不署撰者。丁國鈞《補晋藝文志》曰，“此書當是記桓温平李勢事”。

《燕書》二十卷。記慕容儁事。僞燕尚書范亨撰。

范亨：生平事迹不詳。慕容儁，永和五年僭即燕王位。見《晋書》卷一一〇、《魏書》卷九五、《北史》卷九三。兩《唐志》、《宋志》皆著録范亨《燕書》二十卷，然《直齋書録解題》《郡齋讀書志》皆無載，亡佚。清湯球有輯本。

《南燕録》五卷。記慕容德事。僞燕尚書郎張詮撰。

張詮：生平事迹不詳。慕容德，字玄朗，據滑臺稱南燕，隆安四年僭皇帝位。見《晋書》卷一二七、《魏書》卷九五、《北史》卷九三。《舊唐志》著録張詮《南燕書》五卷，《新唐志》著録張詮《南燕書》十卷，《宋志》無載，亡佚。清湯球有輯本。

《南燕録》六卷。記慕容德事。僞燕中書郎王景暉撰。

王景暉：生平事迹不詳。《史通·古今正史》曰，“南燕有趙郡王景暉，嘗事德、超，撰二主起居注。超亡，仕於馮氏，官至中書令，仍撰《南燕録》六卷”。《舊唐志》著録《南燕録》六卷，王景暄撰，《新唐志》著録王景暉《南燕録》六卷，《宋志》無載，亡佚。清湯球有輯本。

《南燕書》七卷。遊覽先生撰。

遊覽先生：生平事迹不詳。兩《唐志》無載，亡佚。

《燕志》十卷。記馮跋事。魏侍中高閭撰。

高閭：字閻士，漁陽雍奴（今天津市）人。太平真君九年，徵拜中書博士。文明太后臨朝，以功進爵爲侯。世祖朝，以光禄大夫致仕，卒於家，謚曰文侯。好爲文章，集詔令碑頌等百餘篇，凡三十卷。《魏書》卷五四、《北史》卷三四有傳。馮跋，字文起。太元二十年，僭稱天王於昌黎，國曰燕。見《晋書》卷一二五、《魏書》卷九七、《北史》卷九三。《魏書》卷六〇載韓顯宗撰《燕志》十卷，其當爲此書撰者，而高閭則因監其事而署名。兩《唐志》著録《燕志》十卷，不署撰者。《宋志》無載，亡佚。清湯球有輯本。

《秦書》八卷。何仲熙撰。記苻健事。

何仲熙：生平事迹不詳。苻健，字建業，永和七年僭稱天王，置百官於長安，稱秦。見《晋書》卷一一三、《魏書》卷九五。兩《唐志》無載，亡佚。

《秦記》十一卷。宋殿中將軍裴景仁撰，梁雍州主簿席惠明注。

裴景仁：生平事迹不詳。《宋書》卷五四載，殿中員外將軍裴景仁助戍彭城，多悉戎荒事。（沈）曇慶使撰《秦記》十卷，叙苻氏僭僞本末，其書傳於世。席惠明：生平事迹不詳。兩《唐志》著録《秦記》十一卷，裴景仁撰，杜惠明注。《宋志》無載，亡佚。清湯球有輯本。

《秦紀》十卷。記姚萇事。魏左民尚書姚和都撰。

姚和都：生平事迹不詳。《史通·古今正史》稱，"和都仕魏，爲左民尚書，又追撰《秦紀》十卷"。姚萇，字景茂。太元十一年僭即皇帝位於長安，國號大秦。見《晋書》卷一一六、《魏書》卷九五、《北史》卷九三。兩《唐志》無載，亡佚。清湯球有輯本。

《涼記》八卷。記張軌事。僞燕右僕射張諮撰。

張諮：生平事迹不詳。張軌，字士彦，安定烏氏（今甘肅平涼市西北）人。晋愍帝拜張軌爲侍中、太尉、涼州牧、西平公。在州十三年卒，謚曰武公。見《晋書》卷八六、《魏書》卷九九。兩《唐志》著録張諮《凉記》十卷，《宋志》無載，亡佚。清湯球有輯本。

《凉書》十卷。記張軌事。僞凉大將軍從事郎劉景撰。

劉景：即劉昞（或作昺），字延明，敦煌（今甘肅敦煌市）人。李嵩私署，徵爲儒林祭酒，又遷撫夷護軍。著有《凉書》十卷、《敦煌實録》二十卷等，世祖平凉州，拜樂平王從事中郎。七十餘歲歸鄉，途中遇疾而卒。《魏書》卷五二、《北史》卷三四有傳。本部尚有其一部著述。《新唐志》著録劉昞《凉書》十卷，《宋志》無載，亡佚。

《西河記》二卷。記張重華事。晋侍御史喻歸撰。

喻歸：《晋書》卷八六作俞歸，生平事迹不詳。張重華，張軌重孫，字泰臨。永和二年自稱持節、護羌校尉、凉州牧、假凉王。升平末，晋詔遣侍御史俞歸拜重華護羌校尉、凉州刺史、假節。將受詔，未及而卒。見《晋書》卷八六、《魏書》卷九九。兩《唐志》著録段龜龍《西河記》二卷，《宋志》無載，亡佚。清張澍、湯球輯有喻歸《西河記》一卷。

《凉記》十卷。記吕光事。僞凉著作佐郎段龜龍撰。

段龜龍：生平事迹不詳。吕光：字世明，略陽（今甘肅天水市一帶）氐人。太元十年九月據姑臧，自稱凉州刺史，二十一年僭即天王位。見《晋書》卷一二二、《魏書》卷九五。《新唐志》著録段龜龍《凉記》十卷，《宋志》無載，亡佚。《説郛》存一卷，名爲《凉州記》，清張澍、湯球有輯本。

《凉書》十卷。高道讓撰。

高道讓：名謙之，渤海蓨（今河北景縣）人。襲父爵，除國子博士。以父舅氏沮渠蒙遜曾據凉土，乃修《凉書》十卷，行於世。後坐事，入獄賜死，時年四十二。見《魏書》卷七七、《北史》卷五〇。兩《唐志》無載，亡佚。

《凉書》十卷。沮渠國史。

不署撰者。《史通·古今正史》“宗欽記沮渠氏”。宗欽，字景若，金城（今甘肅蘭州市）人。仕沮渠蒙遜，爲中書郎、世子洗馬。世祖平凉州，賜爵臥樹男，拜著作郎。崔浩被誅，欽亦賜死。見《魏書》卷五二、《北史》卷三四。疑此書即高道讓所言國書。兩《唐志》無載，亡佚。

《托跋凉録》十卷。

不署撰者。錢大昕稱此書“當時記南凉事，秃發即托跋聲之轉也”。見《廿二史考異》卷三四。秃發烏孤，河西鮮卑人。據凉州稱南凉。見《晋書》卷一二六、《魏書》卷九九。兩《唐志》有著録，《宋志》無載，亡佚。

《敦煌實録》十卷。劉景撰。

此書記李暠事。李暠，字玄盛，隴西狄道（今甘肅臨洮縣）人。隆安四年，據敦煌，私署護羌校尉、秦凉二州牧、凉公。卒，國人上謚曰武昭王。見《晋書》卷八七、《魏書》卷九九、《北史》卷一〇〇。《舊唐志》“雜傳類”著録《燉煌實録》二十卷，劉延明撰；《新唐志》“僞史類”“雜傳記類”皆著録劉昞《燉煌實録》二十卷，其一爲重出。《宋志》無載，亡佚。《説郛》存一卷，清湯球有輯本。

《十六國春秋》一百卷。魏崔鴻撰。

崔鴻：字彦鸞，東清河鄃（今山東平原縣西南）人。孝昌初，拜給事黄門侍郎，尋加散騎常侍、齊州大中正。卒，贈鎮東將軍、青州刺史。崔鴻撰《十六國春秋》，勒成百卷，因其舊記，時有增損褒貶。《魏書》卷六七、《北史》卷四四有傳。兩《唐志》著録崔鴻書爲一百二十卷，《宋志》《直齋書録解題》《郡齋讀書志》皆無載。《四庫全書總目》卷六六稱，此書亡於北宋，現存《十六國春秋》乃明屠嘉孫、項琳之僞作。《增訂四庫簡明目録標注》卷六則言，屠、項刻《十六國春秋》於萬曆中，而汲古閣家藏已有此書抄本，故此書雖爲僞託，但早於屠、項。

《纂録》一十卷。

不署撰者。兩《唐志》無載，亡佚。

《戰國春秋》二十卷。李槩撰。

本書已見本志“古史類”，此係重出。

《漢趙記》十卷。和苞撰。

和苞：劉曜大興土木，建宮、築陵，侍中和苞上疏諫，封其平輿子，領諫議大夫。見《晋書》卷一〇三。漢，即匈奴人劉元海在惠帝永興元年據離石所建立的漢政權。趙，指劉元海族子劉曜在元帝大興元年僭即皇帝位，國號趙。見《晋書》卷一〇一、一〇三。《舊唐志》著録《漢趙記》十卷，《新唐志》著録《漢趙記》十四卷，《宋志》著録《漢趙記》一卷，後亡佚。清湯球有輯本。

《吐谷渾記》二卷。宋新亭侯段國撰。梁有《翟遼書》二卷，《諸國略記》二卷，《永嘉後纂年記》二卷，《段業傳》一卷，亡。

段國：生平事迹不詳。吐谷渾，慕容廆之庶長兄。屬永嘉之亂，始度隴而西。其後子孫據有西零以西甘松之界，極乎白蘭數千里。見《晋書》卷九七。兩《唐志》無載，亡佚。清張澍輯段國《沙州記》一卷，認爲此即《吐谷渾記》。《説郛》存段國《沙州記》一卷。《翟遼書》：記零丁翟遼事。孝武帝太元八年十二月，前句町王翟遼背苻堅舉兵於河南，後自號大魏天王，屯滑臺，十五年敗於王師。見《晋書》卷九、《北史》卷九三。《諸國略記》《永嘉後纂年記》：皆不署撰者。兩《唐志》無載，亡佚。《段業傳》：不署撰者。段業，京兆（今陝西西安市東）人，爲吕光之建康太守。隆安三年，據張掖，自稱北凉王。五年，被沮渠蒙遜殺。見《晋書》卷一〇、一〇一、一二九。兩《唐志》無載，亡佚。

《天啓紀》十卷。記梁元帝子諝據湘州事。

不署撰者。據史載，梁元帝無名爲諝之子。梁元帝臣王琳以功封建寧縣侯，爲湘州刺史。魏克江陵，王琳將年方七歲的元帝子蕭莊迎還湘中。梁敬帝即位，蕭莊出質於齊。王琳請莊於齊以主梁嗣，太平二年二月，即位於郢州，年號天啓。見《南史》卷五四、《北齊書》卷三二。兩《唐志》著録《天啓紀》十卷，守節先生撰。《宋志》無載，亡佚。

右二十七部，三百三十五卷。通計亡書，合三十三部，三百四十六卷。

《傳》曰："不有君子，其能國乎？"[1]自晋永嘉之亂，皇綱失馭，[2]九州君長，據有中原者甚衆。或推奉正朔，[3]或假名竊號，然其君臣忠義之節，經國字民之務，[4]蓋亦勤矣。而當時臣子，亦各記録。後魏克平諸國，據有嵩、華，[5]始命司徒崔浩，博采舊聞，綴述國史。諸國記注，盡集祕閣。尒朱之亂，並皆散亡。今舉其見在，謂之霸史。

［1］傳曰：見《左傳》文公十二年。文曰，不是有了君子，難道能治理國家嗎？

［2］皇綱：封建王朝統治天下的紀綱。

［3］正朔：一年的第一天。古代改朝换代，新王朝要重定正朔，故此正朔表示朝代更迭。

［4］字民：撫養百姓。

［5］嵩華：中岳嵩山與西岳華山。

《穆天子傳》六卷。汲冢書。郭璞注。

郭璞：見本書卷三二“詩類”。束晳稱，《穆天子傳》五篇，言周穆王游行四海，見帝臺、王母。見《晋書》卷五一。荀勖言，此書記見西王母事，與《太史公記》同。見《全晋文》卷三一。兩《唐志》、《宋志》皆著録郭璞注《穆天子傳》六卷。《郡齋讀書志》卷九稱，汲縣人發冢得此書，六卷八千五百一十四字。此書現存最早的本子爲明天一閣奇書本，通行本有四部叢刊本、四部備要本、叢書集成本等。

《漢獻帝起居注》五卷。

不署撰者。袁宏《後漢紀序》提及其撰《後漢紀》，所掇會者有《漢靈獻起居注》等。兩《唐志》有著録，《宋志》無載，亡佚。

《晋泰始起居注》二十卷。李軌撰。

李軌：見本書卷三二“易類”。泰始，晋武帝年號（265—274）。兩《唐志》有著録，《宋志》無載，亡佚。清有黄奭輯本。

《晋咸寧起居注》十卷。李軌撰。

咸寧，晋武帝年號（275—280）。《新唐志》著録《晋咸寧起居注》二十二卷，《宋志》無載，亡佚。清有黄奭輯本。

《晋泰康起居注》二十一卷。李軌撰。

泰康，晋武帝年號（280—289）。兩《唐志》著録此書爲二十二卷，《宋志》無載，亡佚。清有黄奭輯本。

《晋元康起居注》一卷。梁有《永平元康永寧起居注》六卷，又有《惠帝起居注》二卷，《永嘉建興起居注》十三卷，亡。

不署撰者。元康，晋惠帝年號（291—299）。兩《唐志》無載，亡佚。《永平元康永寧起居注》：不署撰者。永平，晋惠帝年號（291）；永寧，晋惠帝年號（301—302）。兩《唐志》著録《晋永平起居注》八卷，李軌撰。《宋志》無載，亡佚。《惠帝起居注》：不署撰者。《宋書》卷五七載，傅亮與蔡廓書信中提及陸士衡《起居注》。此《起居注》有可能爲陸機所作。兩《唐志》無載，亡佚。清有黄奭、湯球輯本。《永嘉建興起居注》：永嘉，懷帝年號（307—313）；建興，愍帝年號（313—317）。兩《唐志》無載，《舊唐志》著録《晋愍帝起居注》三十卷，李軌撰。《宋志》無載，亡佚。

《晋建武大興永昌起居注》九卷。梁有二十卷。

不署撰者。建武（317）、大興（318—321）、永昌（322），皆爲晋元帝年號。兩《唐志》著録此書爲二十二卷，《宋志》無載，亡佚。清黄奭有《建武起居注》《太興起居注》之輯本。

《晋元康起居注》一卷。

不署撰者。此當爲前書之重出。

《晋咸和起居注》十六卷。李軌撰。

咸和：晋成帝年號（326—334）。兩《唐志》著録此書爲十八卷，《宋志》無載，亡佚。清有黄奭輯本。

《晋咸康起居注》二十二卷。

不署撰者。咸康，晋成帝年號（335—342）。兩《唐志》著録《晋咸康起居注》二十二卷，李軌撰。《宋志》無載，亡佚。清黄奭有輯本。

《晋建元起居注》四卷。

不署撰者。建元，晋康帝年號（343—344）。兩《唐志》有著録，《宋志》無載，亡佚。清黄奭輯《晋康帝起居注》。

《晋永和起居注》十七卷。梁有二十四卷。

不署撰者。永和，晋穆帝年號（345—356）。兩《唐志》著録此書二十四卷，《宋志》無載，亡佚。清有黄奭輯本。

《晋升平起居注》十卷。

不署撰者。升平，晋穆帝年號（357—361）。兩《唐志》有著録，《宋志》無載，亡佚。

《晋隆和興寧起居注》五卷。

不署撰者。隆和（362—363）、興寧（363—365），晋哀帝年號。兩《唐志》有著録，《舊唐志》“隆”作“崇”，爲避唐諱。《宋志》無載，亡佚。

《晋咸安起居注》三卷。

不署撰者。咸安，晋簡文帝年號（371—372）。兩《唐志》有著録，《宋志》無載，亡佚。

《晋泰和起居注》六卷。梁十卷。

不署撰者。泰和，晋廢帝年號（366—371）。此書應列在《晋咸安起居注》之前。

兩《唐志》有著録，《宋志》無載，亡佚。

《晋寧康起居注》六卷。

不署撰者。寧康，晋孝武帝年號（373—375），兩《唐志》有著録，《宋志》無載，亡佚。

《晋泰元起居注》二十五卷。梁五十四卷。

不署撰者。泰元，晋孝武帝年號（376—396）。兩《唐志》著録《晋泰元起居注》五十二卷，《宋志》無載，亡佚。

《晋隆安起居注》十卷。

不署撰者。隆安，晋安帝年號（397—401），《舊唐志》著録《晋崇安起居注》十卷，《新唐志》著録《晋崇寧起居注》十卷（“寧”爲“安”之誤），《宋志》無載，亡佚。

《晋元興起居注》九卷。

不署撰者。元興，晋安帝年號（403—404）。兩《唐志》有著録，《宋志》無載，亡佚。

《晋義熙起居注》十七卷。梁三十四卷。

不署撰者。義熙，晋安帝年號（405—418）。兩《唐志》著録《晋義熙起居注》三十四卷，《宋志》無載，亡佚。清黄奭有輯本。

《晉元熙起居注》二卷。

不署撰者。元熙，晉恭帝年號（419—420）。兩《唐志》有著録，《宋志》無載，亡佚。

《晉起居注》三百一十七卷。宋北徐州主簿劉道會撰。梁有三百二十二卷。

劉道會：生平事迹不詳。兩《唐志》著録此書三百二十卷，《宋志》無載，亡佚。清王仁俊輯《晉起居注》一卷，未署原撰者。

《流别起居注》三十七卷。梁有《晉宋起居注鈔》五十一卷，《晉宋先朝起居注》二十卷，亡。

不署撰者。《梁書》卷二五載，徐勉嘗以《起居注》煩雜，乃加删爲《流别起居注》六百卷，《南史》卷六〇作六百六十卷，疑此書爲徐勉所作之殘本。《新唐志》著録《流别起居注》四十七卷，《宋志》無載，亡佚。《晉宋起居注鈔》《晉宋先朝起居注》：皆不署撰者。《新唐志》著録何始真《晉起居鈔》五十一卷、《晉起居注鈔》二十四卷，《宋志》無載，亡佚。

《宋永初起居注》十卷。

不署撰者。永初，宋武帝年號（420—422）。兩《唐志》著録《宋永初起居注》六卷，《宋志》無載，亡佚。

《宋景平起居注》三卷。

不署撰者。景平，宋少帝年號（423—424）。兩《唐志》有著録，《宋志》無載，亡佚。

《宋元嘉起居注》五十五卷。梁六十卷。

不署撰者。元嘉，宋文帝年號（424—453）。《舊唐志》著録此書六十卷，《新唐志》著録此書七十一卷，《宋志》無載，亡佚。《説郛》存一卷。

《宋孝建起居注》十二卷。

不署撰者。孝建，宋孝武帝年號（454—456）。《新唐志》著録《宋孝建起居注》十七卷，《宋志》無載，亡佚。

《宋大明起居注》十五卷。梁三十四卷。又有《景和起居注》四卷，《明帝在藩注》三卷，亡。

不署撰者。大明，宋孝武帝年號（457—464）。《舊唐志》著録此書八卷，《新唐志》著録此書十五卷，《宋志》無載，亡佚。《景和起居注》：景和，宋前廢帝年號（465）。兩《唐志》無載，亡佚。《明帝在藩注》：此書當記明帝元嘉二十五年封淮陽王，景和末入朝被留停都，後與心腹合謀殞廢帝事。兩《唐志》無載，亡佚。

《宋泰始起居注》十九卷。梁二十三卷。

不署撰者。泰始，宋明帝年號（465—471）。兩《唐志》無載，亡佚。

《宋泰豫起居注》四卷。梁有《宋元徽起居注》二十卷，《昇明起居注》六卷，亡。

不署撰者。泰豫，宋明帝年號（472）。兩《唐志》無載，亡佚。《宋元徽起居注》：不署撰者。元徽，宋後廢帝年號（473—477）。兩《唐志》無載，亡佚。《昇明起居注》：不署撰者。昇明，宋順帝年號（477—479）。兩《唐志》無載，亡佚。清王仁俊輯有

《宋起居注》一卷。

《齊永明起居注》二十五卷。梁有三十四卷。又有《建元起居注》十二卷，《隆昌延興建武起居注》四卷，《中興起居注》四卷，亡。

不署撰者。永明，齊武帝年號（483—493）。《南齊書》卷五二載，王逡之撰《永明起居注》，《新唐志》著録《齊永明起居注》二十五卷，《宋志》無載，亡佚。《建元起居注》：不署撰者。建元，齊太祖年號（479—482）。兩《唐志》無載，亡佚。《隆昌延興建武起居注》：不署撰者。隆昌，齊鬱林王年號（494）；延興，齊海陵王年號（494）；建武，齊明帝年號（494—498）。兩《唐志》無載，亡佚。《中興起居注》：不署撰者。中興，齊和帝年號（501—502）。兩《唐志》無載，亡佚。

《梁大同起居注》十卷。

不署撰者。大同，梁武帝年號（535—546）。《新唐志》著録《梁大同七年起居注》十卷，《宋志》無載，亡佚。清王仁俊輯有《梁起居注》一卷、《梁天監起居注》一卷、《梁大同起居注》一卷。

《後魏起居注》三百三十六卷。

不署撰者。《魏書》卷七下載，孝文帝太和十四年“初，詔定起居注制”。卷三九載李伯尚撰《太和起居注》，卷四三載撰《世宗起居注》，卷六七載撰《高祖世宗起居注》。兩《唐志》著録《後魏起居注》二百七十六卷，《宋志》無載，亡佚。

《陳永定起居注》八卷。

不署撰者。永定，陳武帝年號（557—559）。《陳書》卷一六載，“初，世祖敕（劉）師知撰《起居注》，自永定二年秋至天嘉冬，爲十卷”。兩《唐志》無載，亡佚。

《陳天嘉起居注》二十三卷。

不署撰者。天嘉，陳文帝年號（560—566）。兩《唐志》無載，亡佚。

《陳天康光大起居注》十卷。

不署撰者。天康，陳文帝年號（566）；光大，陳廢帝年號（567—568）。兩《唐志》無載，亡佚。

《陳太建起居注》五十六卷。

不署撰者。太建，陳宣帝年號（569—582）。兩《唐志》無載，亡佚。

《陳至德起居注》四卷。

不署撰者。至德，陳後主年號（583—586）。兩《唐志》無載，而著録《陳起居注》四十一卷，不著年號，似殘佚所餘集成一帙。

《後周太祖號令》三卷。

不署撰者。據《周書》卷一載，周太祖宇文泰原爲魏重臣。宇文覺受禪，尊宇文泰爲文王，廟號曰太祖。故此書所記應爲魏之號令。兩《唐志》無載，亡佚。

《隋開皇起居注》六十卷。

不署撰者。開皇，隋文帝年號（581—600）。《隋書》卷六九載，王劭入隋，修《起居注》。《新唐志》著録《隋開皇元年起居注》六卷，疑爲此書之殘本。

《南燕起居注》一卷。

不署撰者。南燕（398—410），慕容德所建政權，傳至其子慕容超乃亡。《史通·古今正史》載，“南燕有趙郡王景暉嘗事德、超，撰二主《起居注》”。兩《唐志》無載，亡佚。

右四十四部，一千一百八十九卷。

四十四部：實際著録四十二部。另有亡書十二部，未載。

起居注者，録紀人君言行動止之事。《春秋傳》曰：“君舉必書，書而不法，後嗣何觀？”[1]《周官》，内史掌王之命，遂書其副而藏之，[2]是其職也。漢武帝有《禁中起居注》，[3]後漢明德馬后撰《明帝起居注》，[4]然則漢時起居，似在宮中，爲女史之職。[5]然皆零落，不可復知。今之存者，有漢獻帝及晋代已來起居注，皆近侍之臣所録。晋時，又得汲冢書，有《穆天子傳》，體制與今起居正同，蓋周時内史所記王命之副也。近代已來，别有其職，[6]事在《百官志》。今依其先後，編而次之。其僞國起居，唯《南燕》一卷，不可别出，附之於此。

[1]此句見《左傳》莊公二十三年。

[2]此句《周官》作“内史掌王命，遂貳之”。其注曰，“副寫藏之”。見《周禮注疏》卷二六。

[3]《禁中起居注》：久佚。《史通·史官建置》有所提及，稱其著述，似出宮中。

［4］明德馬后：伏波將軍馬援之女，明帝皇后。自撰《顯宗起居注》。

［5］女史：屬天官冢宰，掌王后之禮職，掌内治之貳，以詔后治内政。見《周禮注疏》卷八。

［6］别有其職：梁以來，秘書省著作郎掌國史，集注起居。見《隋書》卷二六。

《漢武帝故事》二卷。

不署撰者。《西京雜記》卷末有曰，“（葛）洪家復有《漢武帝禁中起居注》一卷、《漢武故事》二卷，世人稀有之者，今并五卷爲一秩，庶免淪没焉”。兩《唐志》“故事類”著録此書，《宋志》“故事類”著録班固《漢武故事》五卷。《郡齋讀書志》卷九“傳記類”著録《漢武故事》一卷，稱“右世言班固撰。唐張柬之《書洞冥記後》云，《漢武故事》，王儉造”。《四庫全書總目》卷一四二著録《漢武故事》一卷，提要對其内容有所質疑，亦未考其所始。現存最早的本子爲明嘉靖歷代小史本，通行本爲叢書集成本、四庫本。

《西京雜記》二卷。

不署撰者。此書卷末有葛洪序，稱其家有劉子駿《漢書》一百卷，“試以此記考校班固所作，殆是全取劉書有小異同耳，並固所不取，不過二萬許言，今抄出爲二卷，名曰《西京雜記》”。兩《唐志》“傳記類”“地理類”皆著録《西京雜記》二卷，葛洪撰。《宋志》“傳記類”著録葛洪《西京雜記》六卷，《郡齋讀書志》卷六著録此書二卷，《直齋書録解題》卷七著録此書六卷。《四庫全書總目》卷一四〇著録此書六卷，稱舊題晋葛洪撰，此實起于唐。《增訂四庫簡明目録標注》卷一四著録此書六卷，稱“舊本或題漢劉歆撰，或題晋葛洪撰，實則梁吴均撰”。盧文弨《抱經堂校刊序》曰，“此書或以爲晋葛洪著，或以爲梁吴均撰，余則以此漢人所記無疑也”。此書現存最早的本子爲明萬曆本，通行本有四庫本、四部叢刊本等。

《漢魏吴蜀舊事》八卷。

不署撰者。兩《唐志》有著録，《宋志》無載，亡佚。

《晋朝雜事》二卷。

不署撰者。《梁書》卷五一載，庾詵撰有《晋朝雜事》五卷。兩《唐志》有著録，亦不署撰者。《宋志》無載，亡佚。清黄奭有輯本。

《晋宋舊事》一百三十五卷。

不署撰者。兩《唐志》著録《晋宋舊事》一百三十卷，《宋志》無載，亡佚。

《晋要事》三卷。

不署撰者。《舊唐志》無此書，著録《晋故事》三卷，疑即此書。《新唐志》著録《晋要事》三卷，《宋志》無載，亡佚。

《晋故事》四十三卷。

不署撰者。兩《唐志》有著録，《宋志》無載，亡佚。

《晋建武故事》一卷。

不署撰者。兩《唐志》著録《晋建武以來故事》三卷，《宋志》無載，亡佚。

《晋咸和咸康故事》四卷。晋孔愉撰。

孔愉：字敬康，會稽山陰（今浙江紹興市）人。建興初，始出應召，爲丞相掾。累遷尚書僕射、會稽内史，加散騎常侍。後棄官居山陰湖南侯山。《晋書》卷七八有傳。兩《唐志》著録《晋建武咸和咸康故事》四卷，《宋志》無載，亡佚。

《晋修復山陵故事》五卷。車灌撰。

車灌：《晋書》卷八載，永和十二年十一月，遣兼司空、散騎常侍車灌等持節如洛陽，修五陵。《舊唐志》著録《修復山陵故事》五卷，車灌撰；《新唐志》著録車灌《晋修復山陵故事》五卷；《宋志》無載，亡佚。

《交州雜事》九卷。記士燮及陶璜事。

不署撰者。士燮，見本書卷三二"春秋類"。《三國志》卷四九載，士燮爲交阯太守，董督七郡，在郡四十餘歲。陶璜，字世英，丹陽秣陵（今江蘇南京市）人。父陶基爲吴交州刺史，其家族自陶基至陶綏四世五人爲交州。兩《唐志》著録《交州雜故事》九卷，《宋志》無載，亡佚。

《晋八王故事》十卷。

不署撰者。據《晋書》卷五九序稱，"趙倫、齊冏之輩，河間、東海之徒，家國俱亡，身名並裂"。兩《唐志》著録《晋八王故事》十二卷，盧綝撰。《宋志》無載，亡佚。《説郛》存一卷，清黄奭有輯本。

《晋四王起事》四卷。晋廷尉盧綝撰。

盧綝：范陽涿（今河北涿州市）人，官爲尚書郎。見《晋書》卷四四、七一。四王乃爲齊王冏、成都王穎、河間王顒、長沙王乂。惠帝永寧元年，趙王倫篡位，四王起兵討之。兩《唐志》有著録，《宋志》無載，亡佚。清黄奭輯盧綝《晋四王遺事》一卷。

《大司馬陶公故事》三卷。

不署撰者。記陶侃事，《晋書》卷六六有《陶侃傳》。兩《唐志》有著録，《宋志》無載，亡佚。

《郗太尉爲尚書令故事》三卷。

不署撰者。記郗鑒事，《晋書》卷六七有《郗鑒傳》。《舊唐志》著録此書二卷，《新唐志》著録此書三卷，《宋志》無載，亡佚。

《桓玄僞事》三卷。

不署撰者。記桓玄篡位始末，見《晋書》卷一〇、九九。《舊唐志》著録《桓公僞事》二卷，應德詹撰；《新唐志》著録《桓玄僞事》二卷，不署撰者；《宋志》無載，亡佚。

《晋東宫舊事》十卷。

不署撰者。據《顔氏家訓·書證》載，張敞應是《東宫舊事》的作者，其官侍中、尚書、吴國内史。見《宋書》卷五三。《舊唐志》著録《晋東宫舊事》十一卷，張敞撰；《新唐志》著録張敞《東宫舊事》十卷；《宋志》無載，亡佚。《説郛》存一卷。

《秦漢已來舊事》十卷。

不署撰者。《舊唐志》著録《秦漢已來舊事》八卷，《新唐志》著録《秦漢以來舊事》八卷，《宋志》無載，亡佚。

《尚書大事》二十卷。范汪撰。

范汪：見本書卷三二“禮類”。《舊唐志》著録《尚書大事》

二十一卷，不署撰者；《新唐志》著録范汪《尚書大事》二十一卷；《宋志》無載，亡佚。

《汅南故事》三卷。應思遠撰。

應思遠：名應詹，汝南南頓（今河南項城市附近）人。初爲太子舍人，累遷益州刺史、光禄勳，封觀陽縣侯。《晋書》卷七〇有傳。《舊唐志》著録《江南故事》三卷，不署撰者；《新唐志》著録應詹《江南故事》三卷；《宋志》無載，亡佚。

《天正舊事》三卷。釋撰，亡名。

撰者爲僧人，闕名。《梁書》卷五六載，大寶二年，侯景迎豫章王蕭棟即皇帝位，改元爲天正元年。《南史》卷五三載，武陵王蕭紀大寶二年僭號於蜀，改年曰天正，暗與蕭棟同名。此書大抵記其事迹。《新唐志》著録僧亡名《天正舊事》三卷，《宋志》無載，亡佚。

《皇儲故事》二卷。

不署撰者。兩《唐志》無載，亡佚。

《梁舊事》三十卷。内史侍郎蕭大圜撰。

《周書》卷四二載，蕭大圜撰《梁舊事》三十卷。《新唐志》著録蕭大圜《梁魏舊事》三十卷，《宋志》無載，亡佚。

《東宫典記》七十卷。左庶子宇文愷撰。

宇文愷：字安樂，朔方（今内蒙古境内）人。在周，以功臣子封安平郡公。入隋，拜太子左庶子，遷將作少監。《周書》卷一九、《隋書》卷六八、《北史》卷六〇有傳。《隋書》卷五八載，陸爽與左庶子宇文愷等撰《東宫典記》七十卷。《舊唐志》著録《東宫典記》七十卷，宇文愷等撰；《新唐志》“儀注類”著録陸開明、宇文愷《東宫典記》七十卷；《宋志》無載，亡佚。

《開業平陳記》二十卷。

不署撰者。兩《唐志》“雜史類”著録《隋開業平陳記》十二卷，裴矩撰。《舊唐書》卷六三載，裴矩撰《開業平陳記》十二卷。《宋志》無載，亡佚。

右二十五部，四百四卷。

古者朝廷之政，發號施令，百司奉之，藏于官府，各修其職，守而弗忘。《春秋傳》曰，吾視諸故府，則其事也。[1]《周官》，[2]御史掌治朝之法，太史掌萬民之約契與質劑，[3]以逆邦國之治。然則百司庶府，[4]各藏其事，太史之職，又總而掌之。漢時，蕭何定律令，[5]張蒼制章程，[6]叔孫通定儀法，[7]條流派别，制度漸廣。晋初，甲令已下，[8]至九百餘卷，晋武帝命車騎將軍賈充，[9]博引群儒，删采其要，增律十篇。其餘不足經遠者爲法令，施行制度者爲令，品式章程者爲故事，[10]各還其官府。搢紳之士，[11]撰而録之，遂成篇卷，然亦隨代遺失。今據其見存，謂之舊事篇。

[1]春秋傳曰：此句不見今本《春秋左傳注疏》。

[2]周官：以下文字衹是《周官》的大致意思，不是原文。

[3]約契質劑：即《周官》所言約劑，古代用作憑證的契約、文券。其包括邦國之約和萬民之約。

[4]庶府：庶，衆多、諸。此指諸官府衙署。

［5］蕭何：沛（今江蘇境内）人。秦時爲沛主吏掾。劉邦起爲沛公，爲丞督事。漢五年封酇侯，爲漢丞相。《史記》卷五三、《漢書》卷三九有傳。律令，法令、法則。

［6］張蒼：陽武（今河南原陽縣）人。秦時爲御史，主柱下方書。漢時，爲常山守、代相，有功封北平侯。又爲御史大夫。《史記》卷九六、《漢書》卷四二有傳。章程，章術法式。後泛指規程、條例。

［7］叔孫通：薛（今山東滕州市）人。秦時以文學徵，爲待詔博士。漢併天下，爲其制定儀法，拜太常，又爲太子太傅。《史記》卷九九、《漢書》卷四三有傳。儀法，禮制、法規。

［8］甲令：朝廷頒發的重要法令。

［9］賈充：字公閭，平陽襄陵（今山西襄汾縣）人。賈逵子，襲父爵爲侯。晋武帝受禪，有佐命功，累遷司空、尚書令、侍中。《晋書》卷四〇有傳。

［10］品式：標準、法式。故事，先例，舊時的典章制度。

［11］搢紳：古代爲官者垂紳插笏，故稱士大夫爲搢紳。

《漢官解詁》三篇。漢新汲令王隆撰，胡廣注。

王隆：字文山，馮翊雲陽（今陜西淳化縣西北）人。王莽時，避難河西，爲竇融左護軍。建武中，爲新汲令。所著詩賦等凡二十六篇。《後漢書》卷八〇上有傳。胡廣：字伯始，南郡華容（今湖南華容縣）人。察孝廉，到京師，拜尚書郎，五遷尚書僕射。胡廣事六帝，三登太尉，又爲太傅。其所作詩賦及諸解詁，凡二十二篇。《後漢書》卷四四有傳。《舊唐志》著録《漢官解故》三卷，不署撰者。《新唐志》著録王隆《漢官解詁》三卷，胡廣注。《宋志》無載，亡佚。清孫星衍、黄奭有輯本。

《漢官》五卷。應劭注。

《新唐志》著録應劭《漢官》五卷，《宋志》無載，亡佚。清孫星衍、黄奭有輯本，以爲此書撰者不明，其輯本皆不署撰者。

《漢官儀》十卷。應劭撰。

《後漢書》卷四八載，應劭綴集所聞，著《漢官禮儀故事》，凡朝廷制度、百官典式，多劭所立。《日本國見在書目録》著録《漢官職》十卷，漢應劭撰；《舊唐志》著録《漢官儀》十卷，應劭志；《新唐志》著録《漢官儀》十卷；《宋志》著録應劭《漢官儀》一卷。《直齋書録解題》卷六著録應劭《漢官儀》一卷，稱“今惟存此一卷，載三公官名及名姓、州里而已。其全書亡矣”。《説郛》存一卷，清孫星衍、黄奭、王仁俊有輯本。嚴可均有輯文，見《全後漢文》卷三四。

《漢官典職儀式選用》二卷。漢衛尉蔡質撰。梁有荀攸《魏官儀》一卷，韋昭《官儀職訓》一卷，亡。

蔡質：字子文，陳留圉（今河南杞縣南）人。蔡邕叔父，與蔡邕同下獄，棄市。著《漢職儀》。見《後漢書》卷六〇下。《新唐志》著録蔡質《漢官典儀》一卷，《宋志》“儀注類”著録蔡質《漢官典儀》一卷。《直齋書録解題》卷六著録《漢官典儀》一卷，稱此書雜記官制及上書謁見禮式。今存一卷。至清，所存一卷亦亡。孫星衍、黄奭有輯本。荀攸：字公達，潁川潁陰（今河南許昌市）人。初拜黄門侍郎，後入尚書。魏初建，爲尚書令。《三國志》卷一〇有傳。《舊唐志》著録《魏官儀》一卷，荀攸撰；《新唐志》著録荀攸等《魏官儀》一卷。《宋志》無載，亡佚。韋昭：見本書卷三二“詩類”。《三國志》卷六五載，韋昭因獄吏上辭中稱，其作《官職訓》一卷。兩《唐志》無載，《崇文總目》著録《官職訓》一卷，然不署撰者。後亡佚。

《晋公卿禮秩故事》九卷。傅暢撰。

《晋書》卷四七載，傅暢作《公卿故事》九卷。《舊唐志》著録《晋公卿禮秩》九卷，傅暢撰；《新唐志》著録傅暢《晋公卿禮秩故事》九卷；《宋志》無載，亡佚。清王仁俊、傅以禮、黄奭有輯本。

《晋新定儀注》十四卷。梁有徐宣瑜《晋官品》一卷，荀綽《百官表注》十六卷，干寶《司徒儀》一卷，《宋職官記》九卷，《晋百官儀服録》五卷，《大興二年定官品事》五卷，《百官品》九卷，亡。

不署撰者。兩《唐志》無載，亡佚。徐宣瑜：生平事迹不詳。《通典》卷一九《官品》稱，魏秩次多因漢制，更制九品，晋、宋、齊並因之。兩《唐志》不載《晋官品》，亡佚。荀綽：荀勖之孫，《晋書》卷三九不載其涉百官事。太康六年有荀勖議百官表上奏，疑此書爲荀勖所作。兩《唐志》無載，亡佚。《南齊書》卷一六載，晋世王導爲司徒，右長史干寶撰《官府職儀》已具。《舊唐志》"儀注類"、《新唐志》"職官類"著録干寶《司徒儀注》五卷，《宋志》無載，亡佚。《宋職官記》：不署撰者。《宋書》《百官志》，可窺見其内容。兩《唐志》無載，亡佚。《晋百官儀服録》：不署撰者。兩《唐志》無載，亡佚。《大興二年定官品事》：不署撰者。《晋書》卷六載，元帝大興二年有省官之詔。兩《唐志》無載，亡佚。《百官品》：不署撰者。兩《唐志》無載，亡佚。

《百官階次》一卷。

不署撰者。兩《唐志》著録《百官階次》一卷，范曄撰。《南齊書》卷一六提及范曄"選簿梗概"。《宋志》無載，亡佚。

《齊職儀》五十卷。齊長水校尉王珪之撰。梁有王珪之《齊儀》

四十九卷，亡。

王珪之：琅邪臨沂（今山東臨沂市）人，撰《齊職儀》，凡五十卷。《南齊書》卷五二、《南史》卷二四有傳。《舊唐志》著録《齊職儀》五十卷，范曄撰。此載有誤，范曄死於宋元嘉中，不可能撰《齊職儀》。《新唐志》著録王珪之《齊職儀》五十卷，《宋志》無載，亡佚。《齊儀》：兩《唐志》無載，疑爲《齊職儀》之别本。

《齊職儀》五卷。

不署撰者。兩《唐志》無載，疑爲前著録之《齊職儀》的節本。

《梁選簿》三卷。徐勉撰。

徐勉：字脩仁，東海郯（今山東郯城縣）人。梁武帝時，拜中書侍郎，累遷散騎常侍、尚書僕射、中衛將軍。撰《選品》五卷。《梁書》卷二五、《南史》卷六〇有傳。本志集部尚有其一部著述。兩《唐志》有著録，《宋志》無載，亡佚。

《梁勳選格》一卷。

不署撰者。兩《唐志》無載，亡佚。

《職官要録》三十卷。陶藻撰。

陶藻（zǎo）："藻"與"薻"同。生平事迹不詳。《日本國見在書目録》著録《職官要録》卅卷，陶勉撰；《舊唐志》著録《職官要録》三十卷，陶藻撰；《新唐志》著録陶彦藻《職官要録》三十六卷；《宋志》著録陶彦藻《職官要録》七卷，又《職官要録補遺》十八卷；《崇文總目》著録《職官要録》三十卷。《郡齋讀書志》《直齋書録解題》皆無載，亡佚。

《梁官品格》一卷。

不署撰者。兩《唐志》無載，亡佚。

《百官階次》三卷。

不署撰者。兩《唐志》著録《宋百官階次》三卷，荀欽明撰。《宋志》無載，亡佚。

《新定將軍名》一卷。

不署撰者。《梁書》卷二載，天監七年，增置鎮威將軍以下各有差。兩《唐志》無載，亡佚。

《吏部用人格》一卷。

不署撰者。兩《唐志》無載，亡佚。

《官族傳》十四卷。何晏撰。

何晏：見本書卷三二“論語類”。《新唐志》“譜牒類”著録《官族傳》十五卷，然不署撰者。《宋志》無載，亡佚。

《百官春秋》五十卷。王秀道撰。

王秀道：生平事迹不詳。兩《唐志》著録《百官春秋》十三卷，王道秀撰。《宋志》無載，亡佚。

《百官春秋》二十卷。

不署撰者。《新唐志》著録《百官春秋》六卷，亦不署撰者，不知是否即此書。《宋志》無載，亡佚。

《魏晋百官名》五卷。

《晋百官名》三十卷。

兩書皆不署撰者。《舊唐志》著録《百官名》四十卷，《新唐志》著録《百官名》十四卷。裴松之注《三國志》，劉孝標注《世説新語》多引《百官名》《晋百官名》，其内容大抵叙爵里人品，或取時評、褒貶之辭。《宋志》無載，亡佚。

《晋官屬名》四卷。

不署撰者。兩《唐志》有著録，《宋志》無載，亡佚。

《陳百官簿狀》二卷。

不署撰者。兩《唐志》著録《太建十一年百官簿狀》二卷，《宋志》無載，亡佚。

《陳將軍簿》一卷。

不署撰者。兩《唐志》有著録，《宋志》無載，亡佚。

《新定官品》二十卷。梁沈約撰。

《隋書》卷二六載，梁武定諸卿之位，各配四時，置戎秩之官，百有餘號。《宋書》《梁書》《南史》之《沈約傳》皆未載其撰有此書。《新唐志》著録沈約《梁新定官品》十六卷。《宋志》無載，亡佚。

《梁尚書職制儀注》四十一卷。

不署撰者。《梁書》卷四九載，武帝時，給事中周興嗣撰有《起居注》《職儀》等百餘卷。其《職儀》是否即此書。兩《唐志》無載，亡佚。

《職令古今百官注》十卷。郭演撰。

郭演：又作郭演之，生平事迹不詳。《舊唐志》著録《職令百官古今注》十卷，郭演之撰；《新唐志》著録郭演《職令古今百官注》十卷。《宋志》無載，亡佚。

右二十七部，三百三十六卷。通計亡書，合三十六部，四百三十三卷。

三十六部：應爲三十七部，疑其未計王珪之《齊儀》。

古之仕者，名書於所臣之策，[1]各有分職，以相統治。《周官》，冢宰掌建邦之六典，[2]而御史數凡從正者。[3]然則冢宰總六卿之屬，[4]以治其政，御史掌其在位名數，先後之次焉。今《漢書百官表》列衆職之事，記在位之次，蓋亦古之制也。漢末，王隆、應劭等，以《百官表》不具，乃作《漢官解詁》《漢官儀》等書。是後相因，正史表、志，無復百僚在官之名矣。縉紳之徒，或取官曹名品之書，[5]撰而録之，別行於世。宋、齊已後，其書益繁，而篇卷零叠，[6]易爲亡散，又多瑣細，不足可紀，故删。其見存可觀者，編爲職官篇。

[1]名書於所臣之策：將名書寫在所臣屬的簡策上。

[2]冢宰：冢，大也；宰，官也。天子立冢宰使掌邦治，所以總御衆官，使不失職。見《周禮注疏》卷一。

[3]數凡從正：《周禮注疏》卷二七作“凡數從政”，自公卿以下至胥徒在朝者皆是凡數，又是從政之人。

[4]六卿：指六官，即天官冢宰、地官司徒、春官宗伯、夏官司馬、秋官司寇、冬官司空。見《漢書百官公卿表》。

[5]官曹：官吏辦事的處所。名品，名位、品級。

［6］零叠：零落、重叠。

《漢舊儀》四卷。衛敬仲撰。梁有衛敬仲《漢中興儀》一卷，亡。

衛敬仲：名宏，見本書卷三二“詩類序”。《後漢書》卷七九下載，衛宏作《漢舊儀》四篇，以載西京雜事。兩《唐志》著録衛宏《漢舊儀》四卷，《宋志》著録衛宏《漢舊儀》三卷，《直齋書録解題》卷六著録《漢官舊儀》三卷，衛宏撰。《四庫全書總目》卷八二“政書類”著録《漢官舊儀》一卷、《補遺》一卷，自《永樂大典》輯出，未署撰者，然提要則論述此書即衛宏所作，其内容爲西漢典禮。此書通行本爲四庫本。又有清孫星衍、黄奭、王仁俊輯本。《漢中興儀》：兩《唐志》無載，已亡。

《晉新定儀注》四十卷。晉安成太守傅瑗撰。

傅瑗：字叔玉，北地靈州（今寧夏靈武市）人。官歷護軍長史、安成太守。見《晉書》卷四三、《世説新語・識鑒》。《新唐志》著録傅瑗《晉新定儀注》四十卷，《宋志》無載，亡佚。

《晉雜儀注》十一卷。

不署撰者。兩《唐志》著録《晉雜儀注》二十一卷，《宋志》無載，亡佚。

《晉尚書儀》十卷。

不署撰者。兩《唐志》無載，然著録《晉尚書儀曹吉禮儀注》三卷、徐廣《晉尚書儀曹新定儀注》四十一卷，《新唐志》又有《晉尚書儀曹事》九卷。

《甲辰儀》五卷。江左撰。

江左：或是人名，生平事迹不詳；或指建於江南的南朝。兩《唐志》著録《甲辰儀注》五卷，《宋志》無載，亡佚。

《封禪儀》六卷。

不署撰者。兩《唐志》著録令狐德棻《皇帝封禪儀》六卷，《宋志》無載，亡佚。

《宋儀注》十卷。

《宋儀注》二十卷。

《宋尚書雜注》十八卷。本二十卷。

三書皆不署撰者。《舊唐志》著録《宋儀注》三十六卷、《宋儀注》二卷，《新唐志》著録《宋尚書儀注》三十六卷、《宋儀注》二卷。《宋志》無載，亡佚。

《宋東宫儀記》二十三卷。宋新安太守張鏡撰。

張鏡：吴郡吴（今江蘇蘇州市）人。新安太守，有盛名，早卒。見《宋書》卷五三。《舊唐志》“故事類”著録《東宫儀記》二十二卷，張鏡撰；《新唐志》“儀注類”著録張鏡《宋東宫儀記》二十二卷。《宋志》無載，亡佚。

《徐爰家儀》一卷。

徐爰：見本書卷三二“易類”。《新唐志》有著録，《宋志》無載，亡佚。

《東宫新記》二十卷。蕭子雲撰。

《梁書》卷三五載，蕭子雲所著《東宫新記》二十卷。《新唐志》著録蕭子雲《東宫雜事》二十卷，《宋志》無載，亡佚。

《梁吉禮儀注》十卷。明山賓撰。

明山賓：字孝若，平原鬲（今山東平原縣）人。入梁，爲尚書駕部郎，右記室參軍，掌治吉禮。累遷國子博士、大中正等。所著《吉禮儀注》二百二十四卷、《儀禮》二十卷等。《梁書》卷二七、《南史》卷五〇有傳。兩《唐志》著録明山賓等《梁吉禮》十八卷，《宋志》無載，亡佚。

《梁賓禮儀注》九卷。賀瑒撰。案：梁明山賓撰《吉儀注》二百六卷，《録》六卷；嚴植之撰《凶儀注》四百七十九卷，《録》四十五卷；陸璉撰《軍儀注》一百九十卷，《録》二卷；司馬褧撰《嘉儀注》一百一十二卷，《録》三卷。並亡。存者唯《士》《吉》及《賓》，合十九卷。

賀瑒：見本書卷三二“禮類”。《梁書》卷三載，天監初，何佟之、明山賓等撰吉凶軍賓嘉五禮，凡一千餘卷。兩《唐志》著録賀瑒等《梁賓禮》一卷，《宋志》無載，亡佚。嚴植之：見本書卷三二“孝經類”。兩《唐志》著録嚴植之《梁皇帝崩凶儀》十一卷、《梁王侯已下凶禮》九卷。另外《舊唐志》著録嚴植之《梁凶禮天子喪禮》五卷，《新唐志》著録嚴植之《梁皇太子喪禮》五卷，《宋志》均無載，亡佚。陸璉：官任征虜記室參軍。見《梁書》卷二五。兩《唐志》著録陸璉《梁軍禮》四卷，《宋志》無載，亡佚。司馬褧（jiǒng）：字元素，河内温（今河南温縣）人。梁天監初，除尚書祠部郎中，爲長沙内史。十七年遷明威將軍，未幾卒。所撰《嘉禮儀注》一百一十二卷。《梁書》卷四〇、《南史》卷六二有傳。本志尚有其一部著述。兩《唐志》著録司馬褧《梁嘉禮》三十五卷。又，《舊唐志》著録司馬褧《梁嘉禮儀注》二十一卷、《新唐志》著録司馬褧《嘉禮儀注》四十五卷。《宋志》無載，亡佚。

《皇典》二十卷。梁豫章太守丘仲孚撰。

丘仲孚：字公叔，吴興烏程（今浙江湖州市）人。齊永明初，爲國子生，後遷曲阿令。入梁，爲山陰令、豫章内史。撰《皇典》二十卷、《南宫故事》百卷。見《南史》卷七二。《舊唐志》著録《皇典》五卷，丘孝仲撰；《新唐志》著録丘仲孚《皇典》五卷；《宋志》無載，亡佚。

《雜凶禮》四十二卷。

不署撰者。兩《唐志》無載，亡佚。

《政禮儀注》十卷。何胤撰。梁有何胤《士喪儀注》九卷，亡。

何胤：見本書卷三二"易類"。《新唐志》著録何點《理禮儀注》九卷。何點乃何胤兄，隱居，不預此事。原書名爲《治禮儀注》，因避唐諱而改爲《理禮儀注》。《宋志》無載，亡佚。《士喪儀注》：《新唐志》著録何胤《喪服治禮儀注》九卷，《宋志》無載，亡佚。

《雜儀注》一百八十卷。

不署撰者。《舊唐志》著録《雜儀注》一百八卷，《新唐志》著録《雜儀注》一百卷。《梁書》卷二六載范岫著《禮論》《雜儀》《字訓》行於世。姚振宗疑《雜儀》即此書。《宋志》無載，亡佚。

《陳尚書雜儀注》五百五十卷。

《陳吉禮》一百七十一卷。

《陳賓禮》六十五卷。

《陳軍禮》六卷。

《陳嘉禮》一百二卷。

以上五書皆不署撰者。兩《唐志》著録張彦志《陳賓禮儀注》、儀曹撰《陳皇太后崩儀注》四卷及《陳皇太子妃薨儀注》五卷，《陳雜儀注凶儀》十三卷、《陳諸帝后崩儀注》五卷、《陳雜儀注》六卷。另外，《舊唐志》著録《陳尚書曹儀注》二十卷、《陳雜吉儀志》三十卷，《新唐志》著録《陳吉禮儀注》五十卷、《陳雜吉儀注》三十卷。《陳書》卷三三載，沈文阿掌儀禮，撰《儀禮》八十餘卷，張崖廣沈文阿《儀注》，撰《五禮》。五書《宋志》皆無載，亡佚。

《後魏儀注》五十卷。

不署撰者。《魏書》卷八二載，太常劉芳與常景等撰朝令，未及班行，别典儀注，多所草創，未成，劉芳卒，常景纂成其事。《舊唐志》著録常景《後魏儀注》三十二卷，《新唐志》著録常景《後魏儀注》五十卷。《宋志》無載，亡佚。

《後齊儀注》二百九十卷。

不署撰者。兩《唐志》著録趙彦深《北齊吉禮》七十二卷。《舊唐志》又著録《北齊王太子喪禮》十卷；《新唐志》又著録《北齊皇太后喪禮》十卷。此書《宋志》無載，亡佚。

《雜嘉禮》三十八卷。

不署撰者。兩《唐志》無載，亡佚。

《國親皇太子序親簿》一卷。

不署撰者。兩《唐志》“譜牒類”著録《國親皇太子親傳》四卷，賈冠撰。《新唐書》卷一九九卷載，晋賈弼後人賈冠撰《梁國親皇太子序親簿》四篇。《宋志》無載，亡佚。

《隋朝儀禮》一百卷。牛弘撰。

《隋書》卷六載，文帝命牛弘、辛彦之等采梁及《北齊儀注》以爲五禮。卷四九載，牛弘奉敕修撰五禮，勒成百卷。《舊唐志》著録高熲等撰《隋吉禮》五十四卷、《隋書禮》七卷，《新唐志》著録高熲《隋吉禮》五十四卷、牛弘潘徽《隋江都吉禮》一百二十卷。《宋志》無載，亡佚。

《大漢輿服志》一卷。魏博士董巴撰。

董巴：建安、黄初間爲博士，又曾任給事中。見《全三國文》卷二九、《三國志》卷二裴注所引《獻帝傳》。《舊唐志》著録董巴《輿服志》一卷，《新唐志》著録董巴《大漢輿服志》一卷，《宋志》無載，亡佚。

《魏晋謚議》十三卷。何晏撰。

何晏：見本書卷三二“論語類”。兩《唐志》著録何晏《魏明帝謚議》二卷。何晏死于魏正始末年，不可能撰晋之謚議，其間有誤。《宋志》無載，亡佚。

《汝南君諱議》二卷。

不署撰者。《三國志》卷五二載，應劭議宜爲舊君諱，論者皆互有異同。《左傳》成公十年經疏稱，漢末汝南應劭作《舊君諱議》。兩《唐志》無載，亡佚。

《决疑要注》一卷。摯虞撰。

摯虞：字仲洽，京兆長安（今陝西西安市）人。先後任秘書監、太常卿。撰有《文章志》《流别集》等。《晋書》卷五一有傳。本志史、集部尚有其五部著述。《晋書》卷一九載，摯虞討論荀顗所撰新禮，凡十五篇，以元康元年上之。中原覆没，其《决疑注》

是其遺事。《新唐志》著録摯虞《決疑要注》一卷，《宋志》無載，亡佚。

《車服雜注》一卷。徐廣撰。

《晋書》卷八二載，義熙初，徐廣奉詔撰《車服儀注》。兩《唐志》著録徐廣《車服雜注》一卷，《宋志》無載，亡佚。

《禮儀制度》十三卷。王逡之撰。

王逡之：又作王逸。《南齊書》卷五二載，逡之以著作郎兼尚書左丞，參定齊國儀禮。兩《唐志》無載，亡佚。

《古今輿服雜事》二十卷。梁周遷撰。

周遷：生平事迹不詳。兩《唐志》著録周遷《古今輿服雜事》十卷，《宋志》無載，亡佚。

《晋鹵簿圖》一卷。
《鹵簿儀》二卷。
《陳鹵簿圖》一卷。
《齊鹵簿儀》一卷。
《諸衛左右厢旗圖樣》十五卷。

以上五書皆不署撰者。兩《唐志》不載以上五書，而著録《大駕鹵簿》一卷，《宋志》無載，亡佚。

《内外書儀》四卷。謝元撰。

謝元：字有宗，陳郡陽夏（今河南太康縣）人。官尚書左丞、太尉諮議參軍。元嘉年間，被何承天所糾，遣歸田里，禁錮終身。《宋書》卷六四有傳。《新唐志》著録謝允《書儀》二卷，疑“允”

爲“元”之誤。《宋志》無載，亡佚。

《書儀》二卷。蔡超撰。

蔡超：見本書卷三二“禮類”。兩《唐志》無載，亡佚。

《書筆儀》二十一卷。謝朏撰。

謝朏：見本書卷三二本志“總序”。《日本國見在書目録》著録《書筆儀》二十一卷，謝朏撰；《舊唐志》著録《書筆儀》二十卷，謝脁撰，疑誤；《新唐志》著録謝朏《書筆儀》二十卷。《宋志》無載，亡佚。

《宋長沙檀太妃薨弔答書》十二卷。

不署撰者。兩《唐志》無載，亡佚。

《弔答儀》十卷。王儉撰。

王儉：見本書卷三二本志“總序”。兩《唐志》著録王儉《弔答書儀》十卷，《宋志》無載，亡佚。

《書儀》十卷。王弘撰。

王弘：字休元，瑯邪臨沂（今山東臨沂市）人。入宋，爲侍中、太保録尚書事，封華容縣公。《宋書》卷四二、《南史》卷二一有傳。兩《唐志》無載，亡佚。

《皇室儀》十三卷。鮑行卿撰。

鮑行卿：東海（今江蘇境内）人。官至步兵校尉。撰《皇室儀》十三卷、《乘輿飛龍記》二卷。《南史》卷六二有傳。兩《唐志》著録《皇室書儀》十三卷，《新唐志》作鮑衡卿撰，疑“衡”爲“行”之誤。《宋志》無載，亡佚。

《吉書儀》二卷。王儉撰。

《新唐志》著録王儉《吉儀》二卷，《宋志》無載，亡佚。

《書儀疏》一卷。周捨撰。

周捨：見本書卷三二“禮類”。《梁書》卷二五載，“時天下草創，禮儀損益，多自（周）捨出”。兩《唐志》無載，亡佚。

《新儀》三十卷。鮑泉撰。

鮑泉：見本書卷三二“論語類”。《南史》卷六二載，泉於《儀禮》尤明，撰《新儀》三十卷行於世。《舊唐志》著録《雜儀》三十卷，鮑昶撰；《新唐志》著録鮑泉《新儀》三十卷。《宋志》無載，亡佚。

《文儀》二卷。梁修端撰。

梁修端：生平事迹不詳。兩《唐志》無載，亡佚。

《趙李家儀》十一卷。《録》一卷，李穆叔撰。

李穆叔：名公緒，趙郡平棘（今河北趙縣）人。魏末爲冀州司馬，屬疾去官。入齊，不仕。好天文，撰《古今略記》《趙記》《趙語》等，並行於世。《北史》卷三三有傳，又見《北齊書》卷二九。本志子部尚有其一部著述。兩《唐志》無載，亡佚。

《書儀》十卷。唐瑾撰。

唐瑾：字附璘，北海平壽（今山東濰坊市）人。累官驃騎大將軍、吏部中大夫等，賜姓宇文氏。撰《新儀》十篇，所著賦頌碑誄二十餘萬言。《周書》卷三二、《北史》卷六七有傳。兩《唐志》無載，亡佚。

《言語儀》十卷。

不署撰者。兩《唐志》無載，亡佚。

《嚴植之儀》二卷。

《梁書》卷三八、《南史》卷七一，皆未提及嚴植之撰有此書。兩《唐志》無載，亡佚。

《邇儀》四卷。馬樞撰。

馬樞：字要理，扶風郿（今陝西眉縣）人。隱茅山，不仕。撰《道覺論》二十卷，行於世。《陳書》卷一九、《南史》卷七六有傳。兩《唐志》無載，亡佚。

《婦人書儀》八卷。

不署撰者。兩《唐志》著録《婦人書儀》八卷，唐瑾撰。《宋志》無載，亡佚。

《僧家書儀》五卷。釋曇瑗撰。

釋曇瑗：金陵（今江蘇南京市）人，住光宅寺，有集六卷。見《全陳文》卷一八。兩《唐志》無載，亡佚。

《要典雜事》五十卷。

不署撰者。兩《唐志》著録《要典雜事》三十九卷，王景之撰。不知是否爲此書之殘部，《宋志》無載，亡佚。

右五十九部，二千二十九卷。通計亡書，合六十九部，三千九十四卷。

六十九部：因亡書爲六部，故應爲六十五部。

儀注之興，[1]其所由來久矣。自君臣父子，六親九族，[2]各有上下親疏之别。養生送死，弔恤賀慶，則有進止威儀之數。[3]唐、虞已上，分之爲三，[4]在周因而爲五。[5]《周官》，宗伯所掌吉、凶、賓、軍、嘉，[6]以佐王安邦國，親萬民，而太史執書以協事之類是也。是時典章皆具，可履而行。周衰，諸侯削除其籍。至秦，又焚而去之。漢興，叔孫通定朝儀，武帝時始祀汾陰后土，[7]成帝時初定南北之郊，[8]節文漸具。[9]後漢又使曹褒定漢儀，[10]是後相承，世有制作。然猶以舊章殘缺，各遵所見，彼此紛争，盈篇滿牘。而後世多故，事在通變，或一時之制，非長久之道，載筆之士，删其大綱，編于史志。而或傷於淺近，或失於未達，不能盡其旨要。遺文餘事，亦多散亡。今聚其見存，以爲儀注篇。

[1]儀注：禮節制度。

[2]六親：有五種説法，一爲父子、兄弟、姑姊、甥舅、婚媾、姻亞；二爲父、子、兄、弟、夫、婦；三爲父、母、兄、弟、妻、子；四爲父子、兄弟、從父兄弟、從祖兄弟、從曾祖兄弟、同族兄弟；五爲外祖父母、父母、姊妹、妻兄弟之子、從母之子、女之子。九族：有兩説，一爲父族四、母族三、妻族二，共九族；一爲從自己算起，上至高祖，下至玄孫爲九族。

[3]威儀：禮儀細節。

[4]分之爲三：《通典》卷四一《禮序》有曰，“據事天事地與人爲三耳”。三指事天、事地、事人之三禮。

[5]在周因而爲五：五，指吉、凶、賓、軍、嘉五禮。“其實天地唯吉禮也，其餘四禮並人事兼之”。見《通典·禮序》。

［6］宗伯：古代六卿之一，屬春官，掌邦國祭事典禮。

［7］始祀汾陰后土：事指漢元鼎四年，漢武帝行自夏陽，東幸汾陰。十一月甲子，立后土祠於汾陰脽上。見《漢書》卷六。汾陰，在今山西萬榮縣。后土，古代稱地神或土神爲后土。

［8］初定南北之郊：漢成帝建始元年十二月，作長安南北郊，罷甘泉、汾陰祠。二年春正月，上始郊祀南郊。見《漢書》卷一〇。

［9］節文：節制修飾。

［10］曹褒：字叔通，魯國薛（今山東滕州市）人。後漢元和二年受命，乃次序禮事，依準舊典，雜以五經讖記之文，撰次天子至於庶人冠婚吉凶終始制度，以爲五十篇。見《後漢書》卷三五。

《律本》二十一卷。杜預撰。

杜預：見本書卷三二"禮類"。《晋書》卷三四載，杜預與賈充等定律令，既成，預爲之注解。《舊唐志》著録《刑法律本》二十一卷，賈充等撰；《新唐志》著録賈充杜預《刑法律本》二十一卷。《宋志》無載，亡佚。

《漢晋律序注》一卷。晋僮長張斐撰。

《雜律解》二十一卷。張斐撰。案：梁有杜預《雜律》七卷，亡。

張斐：晋僮長，又任明法掾。斐，又作裴、褩、聚。見《全晋文》卷七五、《晋書》卷三〇。《南齊書》卷四八載，張、杜律二十卷，張斐、杜預對晋律，同注一章，而生殺永殊。《舊唐志》著録張斐《律解》二十一卷，《新唐志》著録張斐《律解》二十卷，《宋志》無載，亡佚。杜預《雜律》七卷：疑爲前著録之《律本》的别本。

《晋宋齊梁律》二十卷。蔡法度撰。

《梁律》二十卷。梁義興太守蔡法度撰。

蔡法度：濟陽（今山東濟陽縣）人。曾任尚書删定郎，又任義興太守。《梁書》卷二載，天監二年四月，蔡法度上《梁律》二十卷、《令》三十卷、《科》四十卷。兩《唐志》著録蔡法度《梁律》二十卷。《新唐志》又著録《條鈔晋宋齊梁律》二十卷。此二書《宋志》皆無載，亡佚。

《後魏律》二十卷。

不署撰者。《魏書》卷一一一《刑罰志》載，神䴥中，詔司徒崔浩定律令。正平元年，游雅與胡方回等改定律制。兩《唐志》無載，亡佚。

《北齊律》十二卷。《目》一卷。

不署撰者。《北齊書》卷四三載，河清三年，封述與趙彦深、魏收等議定律令。《隋書》卷二五載，河清三年，尚書令趙郡王叡等奏上《齊律》十二篇。兩《唐志》著録趙郡王高叡《北齊律》二十卷，《宋志》無載，亡佚。

《陳律》九卷。范泉撰。

范泉：陳尚書删定郎。《隋書》卷二五載，陳令尚書删定郎范泉參定律令，又敕沈欽、徐陵参知其事，制《律》三十卷。兩《唐志》著録范泉等撰《陳律》九卷，《宋志》無載，亡佚。

《周律》二十五卷。

不署撰者。《隋書》卷二五載，趙肅爲廷尉卿，撰定法律。其死後由託拔迪掌之。保定三年三月完成，謂之《大律》，凡二十五篇。《舊唐志》著録《周大律》二十五卷，趙肅等撰；《新唐志》

著録趙肅等《周律》二十五卷；《宋志》無載，亡佚。

《周大統式》三卷。

不署撰者。《周書》卷二載，魏大統十年，以周文帝前後所上二十四條及十二條新制，方爲中興永式，乃命蘇綽更損益之，總爲五卷，班於天下。《新唐志》著録蘇綽《大統式》三卷，《宋志》無載，亡佚。

《隋律》十二卷。

不署撰者。《隋書》卷二五載，開皇元年，詔高熲、鄭譯、楊素等更定新律，奏上之。兩《唐志》著録高熲等《隋律》十二卷，《宋志》無載，亡佚。

《隋大業律》十一卷。

不署撰者。《隋書》卷二五載，煬帝即位，又敕修律令。三年，新律成，凡五百條，爲十八篇。兩《唐志》著録《隋大業律》十八卷，《宋志》無載，亡佚。

《晋令》四十卷。

不署撰者。《晋書》卷三〇載，文帝爲晋王，令賈充等定法律。泰始三年表上。《舊唐志》著録賈充等《晋令》四十卷，《新唐志》著録賈充杜預《晋令》四十卷，《宋志》無載，亡佚。

《梁令》三十卷。《録》一卷。

《梁科》三十卷。

二書皆不署撰者。《梁書》卷二、《隋書》卷二五載，天監二年四月，尚書删定郎蔡法度表上《令》三十卷、《科》三十卷。兩《唐志》著録蔡法度《梁令》三十卷、《梁科》二卷，《宋志》著録

《梁令》三十卷，不署撰者。後亡佚。

《北齊令》五十卷。
《北齊權令》二卷。

二書皆不署撰者。《隋書》卷二五載，河清三年，趙郡王高叡等又上新令四十卷，大抵采魏晋故事，其不可爲定法者，別制《權令》二卷，與之並行。兩《唐志》著録趙郡王叡《北齊令》八卷，《宋志》無載，亡佚。

《陳令》三十卷。范泉撰。
《陳科》三十卷。范泉撰。

《隋書》卷二五載，陳武帝令尚書删定郎范泉等，參定律令，制律三十卷、令四十卷。《舊唐志》著録《陳令》三十卷，范泉等撰；《陳科》三十卷，范泉志。《新唐志》著録范泉等《陳令》三十卷、《陳科》三十卷。《宋志》無載，亡佚。

《隋開皇令》三十卷。《目》一卷。

不署撰者。《隋書》卷六六載，開皇元年，詔裴政與蘇威等修定律令。《舊唐志》著録《隋開皇令》三十卷，裴正等撰（“正”乃“政”之誤）；《新唐志》著録牛弘等《隋開皇令》三十卷。《宋志》無載，亡佚。

《隋大業令》三十卷。

不署撰者。《隋書》卷三載，大業三年四月甲申，頒律令，大赦天下。《日本國見在書目録》著録《隋大業令》三十卷，兩《唐志》無載，亡佚。

《漢朝議駁》三十卷。應劭撰。案：梁《建武律令故事》二卷，劉邵《律略論》五卷，亡。

《後漢書》卷四八載，應劭删定律令爲《漢儀》，又集《駁議》三十篇，以類相從，凡八十二事。《舊唐志》著録《漢朝駁義》三十卷，應劭撰；《新唐志》著録應劭《漢朝議駁》三十卷；又在"故事類"著録應劭《漢朝駁》三十卷，此爲重出。《宋志》無載，亡佚。《建武律令故事》：不署撰者。兩《唐志》著録《漢建武律令故事》三卷，《宋志》無載，亡佚。《律略論》：劉邵又作劉劭，見本書卷三二"孝經類"。《三國志》卷二一載，劉邵與議郎庾嶷、荀詵等定科令，著《律略論》。兩《唐志》著録劉邵《律略論》五卷，《宋志》無載，亡佚。

《晋雜議》十卷。

不署撰者。《新唐志》"故事類"著録《晋雜議》十卷，《宋志》無載，亡佚。

《晋彈事》十卷。

不署撰者。兩《唐志》著録《晋彈事》九卷，《宋志》無載，亡佚。

《南臺奏事》二十二卷。

不署撰者。兩《唐志》"刑法類"著録《南臺奏事》二十二卷，《新唐志》"故事類"又著録《南臺奏事》九卷。《宋志》無載，亡佚。

《漢名臣奏事》三十卷。

不署撰者。《舊唐志》著録《漢名臣奏》三十卷，陳壽撰，又二十九卷；《新唐志》著録《漢名臣奏》二十九卷，陳壽《漢名臣奏事》三十卷。《直齋書録解題》卷二二著録《漢名臣奏》一卷。

今亡佚。

《魏王奏事》十卷。

不署撰者。《漢書》卷一下、《後漢書》卷一上之注皆引《魏武奏事》。兩《唐志》無載，亡佚。

《魏名臣奏事》四十卷。《目》一卷，陳壽撰。

本志集部"總集類"著録《梁中表》條下有注曰"梁有《魏名臣奏》三十卷，陳長壽撰"。《三國志》卷四、卷八裴注皆引《魏名臣奏》，但均未標作者。《新唐志》"故事類"著録《魏名臣奏事》三十卷，亦不署撰者。《宋志》無載，亡佚。

《魏臺雜訪議》三卷。高堂隆撰。

高堂隆：字升平，泰山平陽（今山東新泰市）人。黄初中，選爲平原王傅。明帝時，遷侍中，又爲光禄勳。景初年間卒。《三國志》卷二五有傳。本志子部尚有其二部著述。兩《唐志》"儀注類"著録高堂隆《魏臺雜訪議》三卷，《新唐志》"故事類"又有《魏臺訪議》三卷，不署撰者。《宋志》無載，亡佚。

《魏廷尉决事》十卷。

不署撰者。《新唐志》"故事類"著録《魏廷尉决事》十卷，《宋志》無載，亡佚。

《晋駁事》四卷。

不署撰者。兩《唐志》有著録，《宋志》無載，亡佚。

《晋雜制》六十卷。

不署撰者。蓋於晋令之外别有此權宜之制。兩《唐志》無載，亡佚。

《晋刺史六條制》一卷。

不署撰者。前漢刺史乘傳周行郡國，歲終則乘傳詣京師奏事。後漢刺史所治始有定處，以六條詔書察治郡國。見《宋書》卷四〇。兩《唐志》無載，亡佚。

《齊五服制》一卷。

不署撰者。兩《唐志》無載，亡佚。

《陳新制》六十卷。

不署撰者。兩《唐志》無載，亡佚。

右三十五部，七百一十二卷。通計亡書，合三十八部，七百二十六卷。

刑法者，先王所以懲罪惡，齊不軌者也。[1]《書》述唐、虞之世，五刑有服，[2]而夏后氏正刑有五，[3]科條三千。[4]《周官》，司寇掌三典以刑邦國；[5]司刑掌五刑之法，[6]麗萬民之罪；[7]太史又以典法逆于邦國；[8]内史執國法以考政事。《春秋傳》曰："在九刑不忘。"[9]然則刑書之作久矣。蓋藏於官府，懼人之知争端，而輕於犯。及其末也，肆情越法，刑罰僭濫。至秦，重之以苛虐，先王之正刑滅矣。漢初，蕭何定律九章，其後漸更增益，令甲已下，盈溢架藏。晋初，賈充、杜預，删而定之。有律，有令，有故事。梁時，又取故事之宜於時者爲《梁科》。後齊武成帝時，[10]又於麟趾殿删正刑典，謂之《麟趾格》。[11]後周太祖又命蘇綽撰《大統式》。[12]隋則律令格式並行。[13]自律已下，世有改作，事在《刑法志》。漢律久亡，故事、駁議，又多零失。今録其見存可觀者，編爲刑法篇。

[1]齊：整治。

[2]五刑：爲墨、劓、刖、宫、殺五種刑罰。服，服從。

[3]夏后氏：禹受舜禪，建夏王朝，國號夏后，姓姒氏。正刑，《左傳》昭公六年“夏有亂政而作《禹刑》”。

[4]科條：法令條規。

[5]司寇：屬秋官，主管刑獄，六卿之一。三典，“刑新邦用輕典，刑平邦用中典，刑亂邦用重典”。見《漢書》卷二三。

[6]司刑：屬秋官，掌五刑。

[7]麗：猶繫也。

[8]逆：奏事上書。

[9]在九刑不忘：此句見《左傳》文公十八年。五刑加流、贖、鞭、撲，即爲九刑。

[10]後齊武成帝：高湛，渤海蓨（今河北景縣）人。皇建二年即位。《北齊書》卷七、《北史》卷八有紀。

[11]麟趾格：本志未著録，《新唐志》著録《麟趾格》四卷，文襄帝時撰。其成書時間與此記載有異。

[12]後周太祖：宇文泰，字黑獺，代武川（今内蒙古武川縣）人。孝閔帝受禪，追尊爲文王，廟號太祖。《周書》卷一、《北史》卷九有紀。蘇綽，字令綽，武功（今陝西武功縣）人。得周太祖器重，制文案程式，又爲六條詔書。授大行臺度支尚書，兼司農卿。《周書》卷二三、《北史》卷六三有傳。

[13]格：百官有司之所常行之事也。式，百官有司所常守之法也。見《新唐書》卷五六。

《三輔决録》七卷。漢太僕趙岐撰，摯虞注。

趙岐：字邠卿，京兆長陵（今陝西咸陽市東）人。靈帝初，遭黨錮。獻帝時，拜議郎，遷太僕。後拜爲太常。卒，時年九十餘。著《孟子章句》《三輔决録》，傳於時。《後漢書》卷六四有傳。本志子部尚有其著述一部。《日本國見在書目録》著録《三輔决録》七卷，漢太僕趙岐撰，摯虞注；《舊唐志》著録《三輔决録》七卷，趙岐撰，摯虞注；《新唐志》著録趙岐《三輔决録》十卷，摯虞注；《宋志》無載，亡佚。《説郛》存一卷，清張澍、黄奭、茆泮林、王仁俊有輯本。

《海内先賢傳》四卷。魏明帝時撰。

此書多記東漢先賢。《舊唐志》著録《海内先賢傳》四卷，魏明帝撰；《新唐志》著録《海内先賢傳》五卷，魏明帝時撰；《宋志》無載，亡佚。

《四海耆舊傳》一卷。

不署撰者。《舊唐志》著録《四海耆舊傳》一卷，李氏撰；《新唐志》著録韋氏《四海耆舊傳》一卷；《宋志》無載，亡佚。

《海内士品》一卷。

不署撰者。《舊唐志》著録《海内士品録》二卷，魏文帝撰；《新唐志》著録魏文帝《海内士品録》三卷；《宋志》無載，亡佚。

《先賢集》三卷。

不署撰者。兩《唐志》著録李氏《海内先賢行狀》三卷，《宋志》無載，亡佚。

《兖州先賢傳》一卷。

不署撰者。《舊唐志》著録《兖州山陽先賢讚》一卷，仲長統撰；《新唐志》著録仲長統《山陽先賢傳》一卷。姚振宗以爲《兖州先賢傳》即《山陽先賢傳》。唐林寶《元和姓纂》稱，晋太宰仲長穀著《山陽先賢傳》。《宋志》無載，亡佚。

《徐州先賢傳》一卷。

《徐州先賢傳贊》九卷。劉義慶撰。

劉義慶：彭城（今江蘇徐州市）人，永初元年，襲封臨川王。元嘉十六年，改授散騎常侍、開府儀同三司。撰《徐州先賢傳》十卷，奏上之。《宋書》卷五一、《南史》卷一三有傳。本志史、子、集部尚有其五部著述。《舊唐志》著録《徐州先賢傳》一卷、《徐州先賢傳》九卷，皆不署撰者；《新唐志》著録王義度（疑爲“臨川王劉義慶”之脱誤）《徐州先賢傳》九卷、又一卷，劉義慶《徐州先賢傳讚》八卷；《宋志》不載此二書，亡佚。

《海岱志》二十卷。齊前將軍記室崔慰祖撰。

崔慰祖：字悦宗，清河東武城（今山東武城縣）人。爲始安王遥光撫軍刑獄，兼記室。著《海岱志》，起太公迄西晋人物，爲四十卷，半成。臨卒，託於其弟。《南齊書》卷五二、《南史》卷七二有傳。兩《唐志》著録崔慰祖《海岱志》十卷，《宋志》無載，亡佚。

《交州先賢傳》三卷。晋范瑗傳。

范瑗：生平事迹不詳。兩《唐志》著録范瑗《交州先賢傳》四卷，《宋志》無載，亡佚。

《益部耆舊傳》十四卷。陳壽撰。

陳壽：原作陳長壽。據《晋書》卷八二載陳壽撰《益都耆舊傳》十篇而改。兩《唐志》著録陳壽《益部耆舊傳》十四卷，《宋志》無載，亡佚。

《續益部耆舊傳》二卷。

不署撰者。《新唐志》著録《益州耆舊雜傳記》二卷，《宋志》無載，亡佚。

《諸國清賢傳》一卷。

不署撰者。兩《唐志》著録《諸國先賢傳》一卷，《宋志》無載，亡佚。

《魯國先賢傳》二卷。晋大司農白褒撰。

白褒：其曾任散騎郎、左丞。見《晋書》卷四三、四六。《舊唐志》著録白褒《魯國先賢志》十四卷，《新唐志》著録白褒《魯國先賢傳》十四卷，《宋志》無載，亡佚。

《楚國先賢傳贊》十二卷。晋張方撰。

張方：又作張方賢，見《昭明文選》卷二一《百一詩》注。《舊唐志》著録《楚國先賢志》十二卷，楊方撰（“楊”疑爲“張”之誤）；《新唐志》著録張方《楚國先賢傳》十二卷；《宋志》無載，亡佚。《説郛》存一卷，清陳運溶、王仁俊有輯本。

《汝南先賢傳》五卷。魏周斐撰。

周斐：生平事迹不詳。《舊唐志》著録《汝南先賢傳》三卷，周裴撰（“裴”爲“斐”之誤）；《新唐志》著録《汝南先賢傳》五卷，《宋志》無載，亡佚。

《陳留耆舊傳》二卷。漢議郎圈稱撰。

圈稱：字幼舉，見《元和姓纂》。《史通·雜述》曰，“若圈稱《陳留耆舊》、周斐《汝南先賢》、陳壽《益部耆舊》、虞預《會稽典録》，此之謂郡書者也”。兩《唐志》“地理類”著録圈稱《陳留風俗傳》三卷。《新唐志》“雜傳記類”又著録圈稱《陳留風俗傳》三卷，當爲重出，《宋志》無載，亡佚。

《陳留耆舊傳》一卷。魏散騎侍郎蘇林撰。

蘇林：見本書卷三二“孝經類”。《玉海》卷五八載，漢議郎圈稱《陳留耆舊傳》二卷，魏蘇林《廣舊傳》一卷，陳英宗《陳留先賢像贊》一卷。侯康以爲此書是廣圈稱書之作。見《補三國藝文志》。兩《唐志》著録蘇林《陳留耆舊傳》三卷，《宋志》無載，亡佚。

《陳留先賢像贊》一卷。陳英宗撰。

陳英宗：生平事迹不詳。《舊唐志》著録陳英宗《陳留先賢像贊》一卷，《新唐志》著録陳英宗《陳留先賢傳像贊》一卷，《宋志》無載，亡佚。

《陳留志》十五卷。東晋剡令江敞撰。

江敞：生平事迹不詳。《史記》卷五五《索隱》引《陳留志》。《舊唐志》著録江敞《陳留志》十五卷，《新唐志》著録江敞《陳留人物志》十五卷，《宋志》無載，亡佚。

《濟北先賢傳》一卷。

不署撰者。《後漢書》卷六四注，引《濟北先賢傳》。兩《唐志》有著録，《宋志》無載，亡佚。

《廬江七賢傳》二卷。

不署撰者。兩《唐志》著録此書爲一卷，《宋志》無載，亡佚。

《東萊耆舊傳》一卷。王基撰。

王基：見本書卷三二“詩類”。《新唐志》有著録，《宋志》無載，亡佚。

《襄陽耆舊記》五卷。習鑿齒撰。

此書“前載襄陽人物，中載其山川城邑，後載其牧守”。見《郡齋讀書志》卷九。兩《唐志》著録習鑿齒《襄陽耆舊傳》五卷，《宋志》著録習鑿齒《襄陽耆舊記》五卷，後亡佚。《説郛》存一卷，清任兆麟、王仁俊有輯本。

《會稽先賢傳》七卷。謝承撰。

《舊唐志》著録謝承《會稽先賢傳》五卷，《新唐志》著録此書七卷，《宋志》無載，亡佚。

《會稽後賢傳記》二卷。鍾離岫撰。

鍾離岫：生平事迹不詳。兩《唐志》著録鍾離岫《會稽後賢傳》三卷，《宋志》無載，亡佚。

《會稽典録》二十四卷。虞預撰。

《晋書》卷八二載，虞預著《會稽典録》二十篇。兩《唐志》有著録，《宋志》無載，亡佚。

《會稽先賢像贊》五卷。

不署撰者。兩《唐志》“雜傳類”著録賀氏《會稽先賢像讚》

四卷、《會稽太守像讚》二卷。集部“總集類”又著録此二書，重出。《宋志》無載，亡佚。

《漢世要記》一卷。

不署撰者。《宋書》卷六一、《南史》卷一三載，劉義恭撰《要記》五卷，起前漢迄晋太元，表上之。疑即此書。兩《唐志》無載，亡佚。

《吴先賢傳》四卷。吴左丞相陸凱撰。

陸凱：字敬風，吴郡吴（今江蘇蘇州市）人。先後事孫亮、孫休、孫皓，進封嘉興侯，任左丞相。《三國志》卷六一有傳。本志子部尚有其一部著述。《舊唐志》“雜傳類”著録《吴國先賢讚》三卷、集部“總集類”著録《吴國先賢讚論》三卷，均不署撰者；《新唐志》著録陸凱《吴國先賢傳》五卷、《吴國先賢像讚》三卷；《宋志》無載，亡佚。

《東陽朝堂像讚》一卷。晋南平太守留叔先撰。

留叔先：生平事迹不詳。《新唐志》著録留叔先《東陽朝堂書讚》一卷，《宋志》無載，亡佚。

《豫章烈士傳》三卷。徐整撰。

徐整：見本書卷三二“詩類”。《新唐志》有著録，《宋志》無載，亡佚。

《豫章舊志》三卷。晋會稽太守熊默撰。

熊默：生平事迹不詳。兩《唐志》著録徐整《豫章舊志》八卷，《宋志》無載，亡佚。

《豫章舊志後撰》一卷。熊欣撰。

熊欣：生平事迹不詳。兩《唐志》無載，亡佚。

《零陵先賢傳》一卷。

不署撰者。兩《唐志》有著録，《宋志》無載，亡佚。

《長沙耆舊傳讚》三卷。晋臨川王郎中劉彧撰。

劉彧：生平事迹不詳。《舊唐志》著録劉彧《長沙舊邦傳讚》三卷，《新唐志》著録劉彧《長沙舊邦傳讚》四卷，《宋志》無載，亡佚。《説郛》存一卷，清陳運溶有輯本。

《桂陽先賢畫贊》一卷。吴左中郎張勝撰。

張勝：生平事迹不詳。兩《唐志》著録張勝《桂陽先賢畫讚》五卷，《宋志》無載，亡佚。

《武昌先賢志》二卷。宋天門太守郭緣生撰。

郭緣生：生平事迹不詳。兩《唐志》著録郭緣生《武昌先賢傳》三卷，《宋志》無載，亡佚。

《蜀文翁學堂像題記》二卷。

不署撰者。《漢書》卷八九載，景帝末，文翁爲蜀郡守，在成都市中修學官，蜀地學於京師者比齊魯焉。吏民爲立祠堂，歲時祭祀不絶。兩《唐志》著録《益州文翁學堂圖》一卷，《宋志》無載，亡佚。

《聖賢高士傳贊》三卷。嵇康撰，周續之注。

嵇康：見本書卷三二“春秋類”。《晋書》卷四九載，嵇康撰上古以來高士爲之傳贊。周續之：字道祖，雁門廣武（今山西代縣）人。常以嵇康《高士傳》得出入之美，因爲之注。《宋書》卷九三、《南史》卷七五有傳。本志集部尚有其一部著述。《舊唐志》著録嵇康《高士傳》三卷，《新唐志》著録嵇康《聖賢高士傳》三卷。兩《唐志》著録周續之《上古以來聖賢高士傳讚》三卷，《宋志》無載，亡佚。清王仁俊、馬國翰、嚴可均有輯本。

《高士傳》六卷。皇甫謐撰。

《晋書》卷五一載，皇甫謐又撰《帝王世紀》《高士》《逸士》《列女》等傳。《直齋書録解題》卷七著録皇甫謐《高士傳》十卷，有曰"序稱自堯至魏咸熙二千四百餘載，得九十餘人"。《增訂四庫簡明目録標注》卷六稱，"此本乃九十六人，蓋原書散佚，後人摭《太平御覽》所引鈔合成編"。《舊唐志》著録皇甫謐《高士傳》七卷，《新唐志》《宋志》著録此書十卷，《四庫全書總目》著録三卷。此書現存最早的本子爲明嘉靖黄省曾刻本，通行本爲四庫本、叢書集成本、四部備要本。

《逸士傳》一卷。皇甫謐撰。

《新唐志》有著録，《宋志》無載，亡佚。清有王仁俊輯本

《逸民傳》七卷。張顯撰。

張顯：泰始初爲議郎，有《析言》二十卷。見《全晋文》卷三二。本志子部尚有其一部著述。兩《唐志》著録張顯《逸人傳》三卷，《宋志》無載，亡佚。

《高士傳》二卷。虞槃佐撰。

虞槃佐：見本書卷三二"孝經類"。兩《唐志》有著録，《宋志》無載，亡佚。

《至人高士傳讚》二卷。晋廷尉卿孫綽撰。

孫綽：見本書卷三二“論語類”。兩《唐志》無載，亡佚。

《高隱傳》十卷。阮孝緒撰。

《梁書》卷五一載，阮孝緒著《高隱傳》，上自炎黄，終於天監之末，斟酌分爲三品，凡若干卷。《舊唐志》著録阮孝緒《高隱傳》二卷，《新唐志》著録此書爲十卷，《宋志》無載，亡佚。

《高隱傳》十卷。

不署撰者。兩《唐志》有習鑿齒《逸人高士傳》八卷、袁淑《真隱傳》二卷，姚振宗以爲，此二書誤合爲一書，而失撰者名。姑備一説。

《高僧傳》六卷。虞孝敬撰。

虞孝敬：梁湘東王記室，撰《内典博要》，出家改名惠命。見《法苑珠林·傳記篇》。本志史部尚有其一部著述。本志子部“雜家類”著録虞孝敬《高僧傳》，屬重出。《舊唐志》“雜傳類”、《新唐志》“釋家類”著録虞孝敬《高僧傳》六卷，《宋志》無載，亡佚。

《止足傳》十卷。

不署撰者。舊史爲淡泊名利、急流勇退之人立傳，名爲《止足傳》。《舊唐志》著録《止足傳》十卷，王子良撰（疑脱“竟陵”二字）。《新唐志》著録齊竟陵文宣王子良《止足傳》十卷、宗躬《止足傳》十卷，《宋志》無載，亡佚。

《續高士傳》七卷。周弘讓撰。

周弘讓：汝南安成（今河南汝南縣東南）人。陳天嘉初，以白衣領太常卿、光禄大夫，加金章紫綬。見《陳書》卷二四、《南史》卷三四。本志子部尚有其一部著述。兩《唐志》著録周弘讓《續高士傳》八卷，《宋志》無載，亡佚。

《孝子傳讚》三卷。王韶之撰。

《南史》卷二四載，王韶之撰《孝傳》三卷，行於世。《舊唐志》著録王韶之《孝子傳讚》十五卷，《新唐志》著録王韶之《孝子傳》十五卷、《讚》三卷，《宋志》無載，亡佚。清茆泮林有輯本。

《孝子傳》十五卷。晋輔國將軍蕭廣濟撰。

蕭廣濟：生平事迹不詳。兩《唐志》有著録，《宋志》無載，亡佚。清茆泮林、黄奭、陶方琦有輯本。

《孝子傳》十卷。宋員外郎鄭緝之撰。

鄭緝之：生平事迹不詳。兩《唐志》著録鄭緝之《孝子傳讚》十卷，《宋志》無載，亡佚。清王仁俊、茆泮林有輯本。

《孝子傳》八卷。師覺授撰。

師覺授：字覺授，南陽涅陽（今河南鎮平縣南）人。撰《孝子傳》八卷。宋臨川王劉義慶辟其爲祭酒、主簿，皆不就。見《宋書》卷九三，《南史》卷七三有傳。兩《唐志》有著録，《宋志》無載，亡佚。清茆泮林、黄奭有輯本。

《孝子傳》二十卷。宋躬撰。

宋躬：或作宗躬。生平事迹不詳。《舊唐志》著録宗躬《孝子傳》十卷，《新唐志》著録宗躬《孝子傳》二十卷，《宋志》無載，亡佚。清有茆泮林、王仁俊輯本。

《孝子傳略》二卷。

不署撰者。兩《唐志》無載，亡佚。

《孝德傳》三十卷。梁元帝撰。

《梁書》卷五載，梁元帝著有《孝德傳》三十卷，兩《唐志》有著録，《宋志》無載，亡佚。

《孝友傳》八卷。

不署撰者。《舊唐志》著録梁元帝《孝友傳》八卷，《新唐志》著録申秀《孝友傳》八卷，《宋志》無載，亡佚。

《曾參傳》一卷。

不署撰者。兩《唐志》無載，亡佚。

《忠臣傳》三十卷。梁元帝撰。

《梁書》卷五載，梁元帝撰有《忠臣傳》三十卷。兩《唐志》有著録，《宋志》無載，亡佚。

《顯忠録》二十卷。元懌撰。

元懌：字宣仁，魏孝文帝之子。太和二十一年封清河王。孝明帝初，遷太尉。爲《顯忠録》二十卷。《魏書》卷二二有傳。原文於“元懌”前有“梁”字，爲衍文，删之。兩《唐志》有著録，《宋志》無載，亡佚。

《丹陽尹傳》十卷。梁元帝撰。

《梁書》卷五載，梁元帝著《丹陽尹傳》十卷。《南史》卷七六載，湘東王著《丹陽尹録》，並先簡（阮）孝緒而後施行。兩

《唐志》有著録，《宋志》無載，亡佚。

《英藩可録》二卷。張萬賢撰，邵武侯新注。

張萬賢：生平事迹不詳。邵武侯：生平事迹不詳。《舊唐志》著録《英藩可録》二卷，殷系撰；《新唐志》著録殷系《英藩可録事》三卷，一云張萬賢撰。《宋志》無載，亡佚。

《高才不遇傳》四卷。後齊劉晝撰。

劉晝：字孔昭，渤海阜城（今河北阜城縣）人。河清初，考策不第，發憤撰《高才不遇傳》三篇。《北齊書》卷四四、《北史》卷八一有傳。兩《唐志》有著録，《宋志》無載，亡佚。

《良吏傳》十卷。鍾岏撰。

鍾岏（wán）：字長岳，官至府參軍、建康令，撰《良吏傳》十卷。見《梁書》卷四九、《南史》卷七二。兩《唐志》有著録，《宋志》無載，亡佚。

《海内名士傳》一卷。

不署撰者。兩《唐志》無載，亡佚。

《正始名士傳》三卷。袁彦伯撰。

袁彦伯：原作“袁敬仲”，據《晋書》卷九二改。袁彦伯即袁宏，見本書卷三二“孝經類”。《晋書》卷九二載，袁宏撰《後漢紀》三十卷及《竹林名士傳》三卷，傳於世。兩《唐志》著録袁宏《名士傳》三卷，《宋志》著録袁宏《正始名士傳》二卷，《崇文總目》著録袁氏《正始名士傳》三卷，《郡齋讀書志》《直齋書録解題》無載，亡佚。

《江左名士傳》一卷。劉義慶撰。

兩《唐志》無載，亡佚。

《竹林七賢論》二卷。晋太子中庶子戴逵撰。

戴逵：見本書卷三二“論語類”。魏晋時，阮籍、嵇康、山濤、劉伶、阮咸、向秀、王戎七人常集於竹林之下，肆意酣暢，故世謂“竹林七賢”。兩《唐志》有著録，《宋志》無載，亡佚。

《七賢傳》五卷。孟氏撰。

孟氏：兩《唐志》作孟仲暉，武威（今甘肅武威市）人。武定五年，爲洛州開府長史。見《洛陽伽藍記》卷四。《日本國見在書目録》著録孟氏《七賢傳》五卷，兩《唐志》著録孟仲暉《七賢傳》七卷，《宋志》無載，亡佚。

《文士傳》五十卷。張騭撰。

張騭（zhì）：生平事迹不詳。兩《唐志》著録張騭《文士傳》五十卷，《崇文總目》著録張隱《文士傳》十卷，《宋志》著録張隱《文士傳》五卷。《中興館閣書目輯考》卷三稱《文士傳》載六國以來文人，起楚芋原，終魏阮瑀，《崇文目》十卷，終宋謝靈運，已疑不全，今又闕其半。《郡齋讀書志》《直齋書録解題》無載，亡佚。

《列士傳》二卷。劉向撰。

《新唐志》有著録，《宋志》無載，亡佚。

《陰德傳》二卷。宋光禄大夫范晏撰。

范晏：順陽（今河南淅川縣）人。范泰子，官至侍中、光禄大夫。見《宋書》卷六〇。本志集部尚有其一部著述。兩《唐志》

有著録，《宋志》無載，亡佚。

《悼善傳》十一卷。

不署撰者。兩《唐志》著録《悼善列傳》四卷，《宋志》無載，亡佚。

《雜傳》三十六卷。任昉撰。本一百四十七卷，亡。

任昉：見卷三二本志“大序”。《梁書》卷一四載，任昉撰《雜傳》二百四十七卷。《新唐志》著録任昉《雜傳》一百二十卷，《舊唐志》著録三種《雜傳》，皆不署撰者。《宋志》無載，亡佚。

《東方朔傳》八卷。

不署撰者。《史記》《漢書》中皆有東方朔的傳。兩《唐志》有著録，《宋志》無載，亡佚。

《毌丘儉記》三卷。

不署撰者。《三國志》卷二八有《毌丘儉傳》。兩《唐志》有著録，《宋志》無載，亡佚。

《管輅傳》三卷。管辰撰。

管辰：平原（今山東平原縣）人。管輅弟，官至州主簿、部從事，太康之初卒。見《三國志》卷二九“臣松之案”。《三國志》卷二九有《管輅傳》。兩《唐志》著録管辰《管輅傳》二卷，《宋志》無載，亡佚。

《雜傳》四十卷。賀蹤撰。本七十卷，亡。

賀蹤：天監間學士，曾與劉峻典校秘書，與沈約勘任昉書目。見《梁書》卷一四、卷五〇。兩《唐志》著録《雜傳》四十卷，不署撰者。《宋志》無載，亡佚。

《雜傳》十九卷。陸澄撰。

《南齊書》卷三九載，陸澄撰地理書及雜傳，死後乃出。《舊唐志》著録《雜傳》六十五卷、《新唐志》著録《雜傳》六十九卷，皆不署撰者。《宋志》無載，亡佚。

《雜傳》十一卷。

不署撰者。兩《唐志》有《雜傳》九卷，不知是否與此有關，《宋志》無載，亡佚。

《玄晏春秋》三卷。皇甫謐撰。

《晋書》卷五一載，皇甫謐自號玄晏先生，撰《玄晏春秋》，傳於世。兩《唐志》著録此書爲二卷，《宋志》無載，亡佚。

《孔子弟子先儒傳》十卷。

不署撰者。兩《唐志》著録《孔子弟子傳》五卷、《先儒傳》五卷，《宋志》無載，亡佚。

《李氏家傳》一卷。

不署撰者。《世説新語·賞譽》注引《李氏家傳》。兩《唐志》無載，亡佚。

《桓氏家傳》一卷。

不署撰者。兩《唐志》無載，亡佚。

《王朗王肅家傳》一卷。

不署撰者。兩《唐志》無載，亡佚。

《太原王氏家傳》二十三卷。

不署撰者。《舊唐志》"雜譜牒類"、《新唐志》"雜傳記類"著録《王氏家傳》二十一卷，《宋志》無載，亡佚。

《褚氏家傳》一卷。褚覬等撰。

褚覬：生平事迹不詳。《舊唐志》"雜譜牒類"、《新唐志》"雜傳記類"著録《褚氏家傳》一卷，褚結撰，褚陶注。《史記》卷一二篇首《索隱》提及《褚顗家傳》。"覬"與"顗"形近，兩《唐志》作褚結撰，疑誤。《宋志》無載，亡佚。

《薛常侍家傳》一卷。

不署撰者。兩《唐志》著録荀伯子《薛常侍家傳》二卷，《宋志》無載，亡佚。

《江氏家傳》七卷。江祚等撰。

江祚：陳留圉（河南杞縣南）人，江統之父，南安太守。見《晋書》卷五六。《舊唐志》"雜譜牒類"著録江統《江氏家傳》七卷，《新唐志》"雜傳記類"著録江饒《江氏家傳》七卷，《宋志》無載，亡佚。

《庾氏家傳》一卷。庾斐撰。

庾斐：生平事迹不詳。兩《唐志》無載，亡佚。

《裴氏家傳》四卷。裴松之撰。

《南史》卷三三、《梁書》卷三〇載，裴松之曾孫裴子野續《裴氏家傳》。《舊唐志》"雜譜牒類"、《新唐志》"雜傳記類"著録裴松之《裴氏家記》三卷，《宋志》無載，亡佚。

《虞氏家記》五卷。虞覽撰。

虞覽：生平事迹不詳。《舊唐志》“雜譜牒類”、《新唐志》“雜傳記類”著録虞覽《虞氏家傳》五卷，《宋志》無載，亡佚。

《曹氏家傳》一卷。曹毗撰。

曹毗：見本書卷三二“論語類”。兩《唐志》有著録，《宋志》無載，亡佚。

《范氏家傳》一卷。范汪撰。

兩《唐志》無載，亡佚。

《紀氏家紀》一卷。紀友撰。

紀友：丹楊秣陵（今江蘇南京市）人，官至廷尉。見《晋書》卷六八。兩《唐志》無載，亡佚。

《韋氏家傳》一卷。

不署撰者。《舊唐志》“雜譜牒類”、《新唐志》“雜傳記類”著録皇甫謐《韋氏家傳》三卷，《宋志》無載，亡佚。

《何顒使君家傳》一卷。

不署撰者。《後漢書》卷六七《黨錮列傳》有《何顒傳》。兩《唐志》著録《何顒傳》一卷，《宋志》無載，亡佚。

《明氏家訓》一卷。僞燕衛尉明岌撰。

明岌：仕前燕，爲黄門郎。將死，誡其子。見《全晋文》卷一四九。兩《唐志》無載，亡佚。

《明氏世録》六卷。梁信武記室明粲撰。

明粲：生平事迹不詳。《舊唐志》“雜譜牒類”著録明粲《明氏世録》五卷，《新唐志》“雜傳記類”著録明粲《明氏世録》六卷，《宋志》無載，亡佚。

《陸史》十五卷。

不署撰者。《舊唐志》“雜譜牒類”、《新唐志》“雜傳記類”著録陸煦《陸史》十五卷。陸煦：吴郡吴（今江蘇蘇州市）人。官太子家令。著《陸史》十五卷、《陸氏驪泉志》一卷，並行於世。《梁書》卷二六、《南史》卷四八有傳。《宋志》無載，亡佚。

《王氏江左世家傳》二十卷。王褒撰。

王褒：字子淵，琅邪臨沂（今山東臨沂市）人。襲南昌縣侯，事梁武帝、梁元帝。入周，爲車騎大將軍、儀同三司，封石泉縣子，出爲宜州刺史，卒官。《梁書》卷四一、《周書》卷四一、《北史》卷八三有傳。本志子部尚有其一部著述。兩《唐志》無載，亡佚。

《孔氏家傳》五卷。

不署撰者。兩《唐志》無載，亡佚。

《崔氏五門家傳》二卷。崔氏撰。

《新唐志》著録崔鴻《崔氏世傳》七卷，《宋志》無載，亡佚。

《暨氏家傳》一卷。

不署撰者。《舊唐志》“雜譜牒類”、《新唐志》“雜傳記類”有著録，《宋志》無載，亡佚。

《周齊王家傳》一卷。姚氏撰。

姚氏：《周書》卷四七載，姚最特爲周齊王宇文憲禮接，恩顧過隆，乃録其功績爲傳。疑姚氏爲姚最。兩《唐志》無載，亡佚。

《尒朱家傳》二卷。王氏撰。

《舊唐志》“雜譜牒類”著録王卲《爾朱氏家傳》二卷，《新唐志》“雜傳記類”著録王劭《爾朱氏家傳》二卷，《宋志》無載，亡佚。

《周氏家傳》一卷。

不署撰者。兩《唐志》無載，亡佚。

《令狐氏家傳》一卷。

不署撰者。《舊唐志》“雜譜牒類”、《新唐志》“雜傳記類”著録《令狐家傳》一卷，令狐德棻撰，《宋志》無載，亡佚。

《新舊傳》四卷。

不署撰者。本志子部“雜家類”著録此書，爲重出。《新唐志》子部“雜家類”著録此書，《宋志》無載，亡佚。

《漢南庾氏家傳》三卷。

不署撰者。《舊唐志》“雜譜牒類”著録庾守業《庾氏家傳》三卷，《新唐志》“雜傳記類”著録庾守業《漢南庾氏家傳》三卷，《宋志》無載，亡佚。

《何氏家傳》三卷。

不署撰者。《舊唐志》“雜譜牒類”、《新唐志》“雜傳記類”著録《何妥家傳》二卷，《宋志》無載，亡佚。

《童子傳》二卷。王瑱之撰。

王瑱之：生平事迹不詳。《金樓子》卷二《聚書篇》“隱士王瑱之經餉書如《童子傳》之例是也”。兩《唐志》無載，亡佚。

《幼童傳》十卷。劉昭撰。

《梁書》卷四九載，劉昭著《幼童傳》十卷。兩《唐志》有著録，《宋志》無載，亡佚。

《訪來傳》十卷。來奥撰。

兩《唐志》無載，亡佚。

《懷舊志》九卷。梁元帝撰。

《梁書》卷五載，梁元帝著《懷舊志》一卷。《日本國見在書目録》《新唐志》著録梁元帝《懷舊志》九卷，《宋志》無載，亡佚。

《知己傳》一卷。盧思道撰。

盧思道：字子行，小字釋奴，范陽（今河北涿州市南）人。仕北齊、後周。隋開皇初，起爲散騎侍郎，奏内史侍郎事，卒於京師，時年五十二。《隋書》卷五七、《北史》三〇有傳。兩《唐志》有著録，《宋志》無載，亡佚。

《全德志》一卷。梁元帝撰。

《梁書》卷五、《南史》卷八載，梁元帝撰《全德志》一卷。兩《唐志》有著録，《宋志》無載，亡佚。

《同姓名録》一卷。梁元帝撰。

《梁書》卷五載，梁元帝撰《古今同姓名録》一卷，《金樓子》卷五著録《同姓名録》一帙一卷。兩《唐志》有著録。《郡齋讀書志》卷一四著録梁元帝《同姓名録》三卷，稱此書纂類歷代同姓名人，成書一卷。唐陸善經續增廣之。《直齋書録解題》卷一一著録《古今同姓名録》一卷，梁元帝撰。有陸善經者續之至五代時。《四庫全書總目》卷一三五著録《古今同姓名録》二卷，梁元帝撰。稱《郡齋》《直齋》所録之本皆不傳，"此本爲《永樂大典》所載，又元人葉森所增補者也"。今通行本爲四庫本、叢書集成本。

《列女傳》十五卷。劉向撰，曹大家注。

《漢書》卷三六載，劉向"采取《詩》《書》所載賢妃貞婦，興國顯家可法則，及孽嬖亂亡者，序次爲《列女傳》，凡八篇，以戒天子"。《漢書·諸子略》著録劉向所序六十七篇，其中包括《列女傳頌圖》。《舊唐志》著録劉向《列女傳》二卷；《新唐志》著録劉向《列女傳》十五卷，曹大家注。《宋志》著録劉向《古列女傳》九卷，《崇文總目》著録劉向《列女傳》八篇。《直齋書録解題》卷七著録劉向《古列女傳》九卷，稱第八篇爲頌義，蓋以七篇分爲上下，並頌爲十五卷。《四庫全書總目》卷五七著録《古列女傳》七卷、《續列女傳》一卷。《增訂四庫簡明目録標注》卷六稱，《續傳》不知誰作，或曰班昭，或曰項原，皆影附無據也。此書現存最早的本子爲明嘉靖黄魯曾刻本，通行本爲四庫本、四部叢刊本、四部備要本。

《列女傳》七卷。趙母注。

趙母：《世説新語》卷一九注引《列女傳》所載，趙姬才敏多覽，作《列女傳解》，號趙母注。《新唐志》著録趙母《列女傳》七卷，《宋志》無載，亡佚。

《列女傳》八卷。高氏撰。

高氏：不詳何人。兩《唐志》無載，亡佚。

《列女傳頌》一卷。劉歆撰。

劉歆：見本書卷三二“春秋類序”。《顔氏家訓·書證》“《列女傳》亦（劉）向所造，其子歆又作《頌》”。《日本國見在書目録》著録《列女傳頌》一卷，劉歆撰。《四庫全書總目》卷五七著録《古列女傳》七卷、《續列女傳》一卷，並稱，“其《頌》本向所作，曾鞏及（王）回所言不誤”。姚振宗以爲，將劉向《列女傳》中之《頌》歸之劉歆自是舛誤，貿然否定劉歆亦作《頌》也欠妥，推測其别爲一書，亡久矣。兩《唐志》無載，亡佚。

《列女傳頌》一卷。曹植撰。

曹植：字子建，沛國譙（今安徽亳州市）人。建安十六年封平原侯，十九年徙封臨菑侯。文帝即位，與諸侯並就國。明帝太和六年，以陳四縣封植爲陳王。《三國志》卷一九有傳。本志子部尚有其一部著述。《新唐志》著録曹植《列女傳頌》一卷，《宋志》無載，亡佚。

《列女傳讚》一卷。繆襲撰。

繆襲：字熙伯，東海（包括今山東、江蘇部分地區）人。歷事魏四世，官至尚書、光禄勳。見《三國志》卷二一。兩《唐志》無載，亡佚。

《列女後傳》十卷。項原撰。

項原：生平事迹不詳。《舊唐志》著録顔原《列女後傳》十卷，《新唐志》著録項宗《列女後傳》十卷，《宋志》無載，亡佚。

《列女傳》六卷。皇甫謐撰。

《晋書》卷五一載，皇甫謐撰《列女》等傳，並重於世。兩《唐志》有著録，《宋志》無載，亡佚。今存一卷，在《説郛》《五朝小説》等叢書中。

《列女傳》七卷。綦毋邃撰。

綦毋邃：爵里未詳，有《孟子注》七卷。見《全晋文》卷一三三。兩《唐志》有著録，《宋志》無載，亡佚。

《列女傳要録》三卷。

不署撰者。姚振宗據《南史》卷三五所載，庾仲容抄子書三十卷、諸集三十卷、《列女傳》三卷，並行於世。疑此書即庾仲容所抄《列女傳》三卷。兩《唐志》無載，亡佚。

《女記》十卷。杜預撰。

《晋書》卷三四載，杜預又撰《女記讚》。《史通・雜説下》曰，“杜元凱撰《列女記》，博采經籍前史，顯録古老明言，而事有可疑，猶闕而不載”。《舊唐志》著録杜預《女記》十卷，《新唐志》著録杜預《列女記》十卷，《宋志》無載，亡佚。

《美婦人傳》六卷。

不署撰者。兩《唐志》無載，亡佚。

《妬記》二卷。虞通之撰。

虞通之：會稽餘姚（今浙江餘姚市）人。有學行，官至步兵校尉。見《南史》卷七二。《南史》卷二三載，使近臣虞通之撰《妬婦記》。《日本國見在書目録》著録《妬記》二卷，不署撰者。《新唐志》著録虞通之《后妃記》四卷，又《妬記》二卷。《宋志》無載，亡佚。

《道人善道開傳》一卷。康泓撰。

善道開當作“單道開”，《晋書》卷九五有傳。康泓：單道開弟子。兩《唐志》無載，亡佚。

《名僧傳》三十卷。釋寶唱撰。

釋寶唱：俗姓岑，吴郡（今江蘇蘇州市周邊）人，揚都莊嚴寺僧，僧祐之高足。深受梁武帝崇敬，敕撰《經律異相》，又别撰《名僧傳》。見《開元釋教録》卷六、《法苑珠林·傳記》。本志集部尚有其二部著述。《舊唐志》“雜傳類”、《新唐志》“釋家類”著録僧寶唱《名僧傳》三十卷，《宋志》無載，亡佚。

《高僧傳》十四卷。釋慧皎撰。

釋慧皎：原作“釋僧祐”，據《開元釋教録》及兩《唐志》改。慧皎，會稽上虞（今浙江紹興市）人。以寶唱《名僧傳》頗多浮宂，而著《高僧傳》一部，叙録一卷、傳十三卷，始於漢明帝永平十年，終至梁天監十八年，凡四百五十三載，合四百九十六人。見《開元釋教録》卷六。《日本國見在書目録》著録《高僧傳》十四卷，釋僧祐撰；《舊唐志》“雜傳類”、《新唐志》“釋家類”著録釋惠皎《高僧傳》十四卷；《宋志》著録僧慧皎《高僧傳》十四卷。現存最早的本子爲明正統五年内府刻北藏本，通行本爲中華書局點校本。

《江東名德傳》三卷。釋法進撰。

釋法進：或道進，或法迎。俗姓唐，凉州張掖（今甘肅張掖市）人。有超邁之德，爲沮渠蒙遜所重。考之行事，未見所歸。見《高僧傳》卷一二及其序。姚振宗據《全晋文》卷六二有孫綽《名德沙門論目》，疑此書爲孫綽所作。姑備一説。兩《唐志》無載，亡佚。

《法師傳》十卷。王巾撰。

王巾：字簡棲，琅邪臨沂（今山東臨沂市）人。起家郢州從事征南記室，爲《頭陀寺碑》，文詞巧麗，爲世所重。見《昭明文選》卷五九《頭陀寺碑文》注。本志集部尚有其著述一部。據《高僧傳序》所載，此書以竟陵王《三寶記》爲藍本撰成，名爲《僧史》。兩《唐志》無載，亡佚。

《衆僧傳》二十卷。裴子野撰。

《梁書》卷三〇載，裴子野又撰《衆僧傳》二十卷。本志子部“雜家類”著録裴子野《衆僧傳》二十卷，與此重矣。《舊唐志》“雜傳類”、《新唐志》“釋氏類”著録裴子野《名僧録》十五卷，《宋志》無載。亡佚。

《薩婆多部傳》五卷。釋僧祐撰。

釋僧祐：俗姓俞，祖籍彭城下邳（今江蘇邳州市）。入道師事沙門法穎，有邁先哲，深受皇家禮遇，凡黑白門徒一萬一千餘人。有《三藏記》《法苑記》《弘明集》等行於世。見《高僧傳》卷一一。《法苑珠林·傳記篇》“《薩婆多師資傳》五卷，梁朝揚州建安寺沙門釋僧祐撰”。本志史、集部尚有其三部著述。《舊唐志》“雜傳類”著録釋僧祐《薩婆多部傳》五卷，《新唐志》“釋氏類”著録僧僧祐《薩婆多師資傳》四卷，《宋志》無載，亡佚。

《梁故草堂法師傳》一卷。

不署撰者。《舊唐志》“雜傳類”著録《草堂法師傳》一卷，陶弘景撰；又一卷，蕭理撰。《新唐志》“釋氏類”著録陶弘景

《草堂法師傳》一卷，蕭回理《草堂法師傳》一卷。《宋志》無載，亡佚。

《尼傳》二卷。釋寶唱撰。

釋寶唱：原作“皎法師”，據《開元釋教録》、兩《唐志》改。《開元釋教録》卷六載，梁釋寶唱又撰《尼傳》四卷，述晋宋齊梁四代尼行。《舊唐志》“雜傳類”、《新唐志》“釋氏類”皆著録《比丘尼傳》四卷，《宋志》“釋氏類”著録僧寶唱《比丘尼傳》五卷。《郡齋讀書志》卷九著録《比丘尼傳》四卷，稱“起晋升平，訖梁天監，得尼六十五人，爲之傳”。今亡佚。

《法顯傳》二卷。

《法顯行傳》一卷。

兩書皆不署撰者。《高僧傳》《魏書·釋老志》《法苑珠林·傳記篇》有對法顯的記載。兩《唐志》無載是書，《宋志》“釋家類”著録《法顯傳》一卷。《説郛》存《法顯傳》一卷。

《梁武皇帝大捨》三卷。嚴鬲撰。

嚴鬲（hào）：生平事迹不詳。《南史》卷六載，梁武帝在中大通元年、中大同二年、太清元年三次捨身施佛。本志子部“雜家類”著録《皇帝菩薩清静大捨記》三卷，謝吴撰。不知與此書是何關係。兩《唐志》無載，亡佚。

《列仙傳讚》三卷。劉向撰，鬷續，孫綽讚。

鬷（zōng）：鬷爲姓，疑下有脱文。不詳何人。《顔氏家訓·書證》稱《列仙傳》劉向所造，而贊云七十四人出佛經，由後人所羼，非本文也。《舊唐志》“雜傳類”著録劉向《列仙傳讚》二卷，《新唐志》“神仙類”著録劉向《列仙傳》二卷，《宋志》“神仙類”著録劉向《列仙傳》三卷。《直齋書録解題》卷一二著録劉向《列仙傳》二卷。《四庫全書總目》卷一四六著録劉向《列仙傳》二卷，提要以爲此書“或魏晋間方士爲之，託名於向耶”。現存最早的本子爲明嘉靖黄魯曾刻二卷本，通行本有四庫本、道藏本、指海本等。

《列仙傳讚》二卷。劉向撰，晋郭元祖讚。

郭元祖：生平事迹不詳。兩《唐志》無載，亡佚。

《神仙傳》十卷。葛洪撰。

《晋書》卷七二載，葛洪撰《神仙傳》十卷。《舊唐志》“雜傳類”、《新唐志》“神仙類”著録葛洪《神仙傳》十卷，《宋志》“神仙類”著録葛洪《神仙傳》十卷。《四庫全書總目》卷一四六著録葛洪《神仙傳》十卷，稱此書凡録八十四人，其間不免附會虚誕之事。現存最早的本子爲明萬曆刻廣漢魏叢書本，通行本爲四庫本、龍威秘書本等。

《説仙傳》一卷。朱思祖撰。

朱思祖：生平事迹不詳。兩《唐志》無載，亡佚。

《養性傳》二卷。

不署撰者。兩《唐志》有著録，《宋志》無載，亡佚。

《漢武内傳》三卷。

不署撰者。《舊唐志》“雜傳類”、《新唐志》“神仙類”著録《漢武帝傳》二卷，《宋志》“傳記類”著録《漢武内傳》二卷。《西京雜記序》末曰，（葛）洪家有《漢武故事》二卷，世人稀有之。《玉海》卷五八載，“《漢武帝内傳》二卷載西王母事，後有淮南王、公孫卿、稷丘君八事，乃唐終南玄都道士游岩所附”。《四庫全書總目》卷一四二著録《漢武帝内傳》一卷，稱舊題班固撰，已無《玉海》所言“八事”，蓋明人删竄之本，非完書矣。今有明萬曆刻廣漢魏叢書本、説郛本、四庫本、墨海金壺本等。

《太元真人東鄉司命茅君内傳》一卷。弟子李遵撰。

李遵：生平事迹不詳。《太平御覽》卷六六一、《雲笈七籤》卷四載李遵撰《太元真人東岳上卿司命真君傳》事。《舊唐志》“雜傳類”著録《茅君内傳》一卷。《新唐志》“神仙類”著録李遵《茅君内傳》一卷、李遵《茅三君内傳》一卷，疑有重出。《宋志》“神仙類”著録李遵《三茅君内傳》一卷，《郡齋讀書志》《直齋書録解題》無載，亡佚。

《清虚真人王君内傳》一卷。弟子華存撰。

華存：姓魏，字賢安，任城（今山東濟寧市）人。清虚真人弟子，爲紫虚元君領上真司命南岳夫人。范邈爲其作内傳，顯於世。見《太平御覽》卷六六一。《舊唐志》“雜傳類”、《新唐志》“神仙類”著録《清虚真人内傳》一卷，《宋志》“神仙類”著録《南岳夫人清虚玉君内傳》一卷。《郡齋讀書志》《直齋書録解題》皆無載，亡佚。

《清虚真人裴君内傳》一卷。

不署撰者。《太平御覽》卷六六一、《雲笈七籤》卷一〇五載裴玄仁事迹。《舊唐志》“雜傳類”著録《清虚真人裴君内傳》一卷，鄭子雲撰；《新唐志》“神仙類”著録鄭雲千《清虚真人裴君内傳》一卷；《雲笈七籤》著録《清靈真人裴君傳》一卷，鄧雲子撰；《宋志》無載，亡佚。

《正一真人三天法師張君内傳》一卷。

不署撰者。《後漢書》卷七五、《太平御覽》卷六六一載正一真人張陵事迹。《舊唐志》“雜傳類”、《新唐志》“神仙類”著録王萇《三天法師張君内傳》一卷，《宋志》無載，亡佚。

《太極左仙公葛君内傳》一卷。

不署撰者。《晋書》卷七二、《太平御覽》卷六六二載左仙公葛玄事迹。《舊唐志》“雜傳類”著録《太極左仙公葛君内傳》一卷，吕先生注；《新唐志》“神仙類”著録吕先生《太極左仙公葛君内傳》一卷，《宋志》無載，亡佚。

《仙人馬君陰君内傳》一卷。

不署撰者。《太平御覽》卷六六一載仙人馬明生事迹，《太平御覽》卷六六二載仙人陰長生事迹。《舊唐志》“雜傳類”著録趙昇《仙人馬君陰君内傳》一卷，《新唐志》“神仙類”著録趙昇等《仙人馬君陰君内傳》一卷，《宋志》“神仙類”著録《馬陰二君内傳》一卷，《郡齋讀書志》《直齋書録解題》無載，亡佚。

《仙人許遠遊傳》一卷。

不署撰者。《晋書》卷八〇有《許邁傳》，許邁改名許玄，字遠遊，王羲之自爲之傳，述靈異之跡甚多，不可詳記。《舊唐志》“雜傳類”、《新唐志》“神仙類”著録王羲之《許先生傳》一卷，《宋志》“神仙類”著録《許邁傳》一卷，《直齋書録解題》《郡齋讀書志》皆無載，亡佚。

《靈人辛玄子自序》一卷。

《真誥》卷一六言及辛玄子事迹。《舊唐志》“雜傳類”、《新唐志》“神仙類”著録《靈人辛玄子自序》一卷，《宋志》無載，亡佚。

《劉君内記》一卷。王珍撰。

王珍：生平事迹不詳。《神仙傳》載王莽時，衡府君使府掾王珍往劉根（即劉君）處問起居，劉根教其守一行氣、存神等法。《後漢書》卷八二下有《劉根傳》。兩《唐志》無載，亡佚。

《陸先生傳》一卷。孔稚珪撰。

孔稚珪：字德璋，會稽山陰（今浙江紹興市）人。入齊，歷南郡太守、都官尚書、太子詹事，加散騎常侍。《南齊書》卷四八、《南史》卷四九有傳。本志集部尚有其一部著述。《雲笈七籤》卷五載陸修静事迹。兩《唐志》無載，亡佚。

《列仙讚序》一卷。郭元祖撰。

此書可能是前著録郭元祖所作《列仙傳讚》的序，或是其中一部分。

《集仙傳》十卷。

不署撰者。洪邁《容齋隨筆五》卷四稱，《集仙傳》所載内容見於《太平廣記》，其撰者爲晋張敏。兩《唐志》無載，亡佚。

《洞仙傳》十卷。

不署撰者。《舊唐志》"雜傳類"、《新唐志》"神仙類"著録見素子《洞仙傳》十卷，《宋志》無載，亡佚。

《王喬傳》一卷。

不署撰者。《後漢書》卷八二有《王喬傳》。《舊唐志》"雜傳類"、《新唐志》"神仙類"著録《王喬傳》一卷，《宋志》無載，亡佚。

《關令内傳》一卷。鬼谷先生撰。

鬼谷先生：《史記》卷六九載，蘇秦習之於鬼谷先生。樂壹注《鬼谷子》書曰，“蘇秦欲神秘其道，故假名鬼谷”。《漢志》著録《關尹子》九篇。班固注曰，“名喜，爲關吏，老子過關，喜去吏而從之”。《列仙傳》卷上載關令尹事迹。《舊唐志》“雜傳類”、《新唐志》“神仙類”著録《關令尹喜傳》一卷，鬼谷先生撰，四皓注。《宋志》無載，亡佚。

《南嶽夫人内傳》一卷。

南嶽夫人：即魏華存。《太平御覽》卷六六一載其事迹，並稱其弟子范邈爲其作傳。《舊唐志》“雜傳類”、《新唐志》“神仙類”著録范邈《紫虚元君南岳夫人内傳》一卷，《宋志》無載，亡佚。

《蘇君記》一卷。周季通撰。

周季通：名義山，汝陰（今安徽合肥市）人，漢周勃七世孫，紫陽真人。見《太平御覽·道部》所引《周君内傳》。《太平御覽》卷六六一、六六二載蘇林事迹。《舊唐志》“雜傳類”、《新唐志》“神仙類”著録周季通《蘇君記》一卷，《宋志》“神仙類”著録《玄洲上卿蘇君記》一卷。《郡齋讀書志》《直齋書録解題》無載，亡佚。

《嵩高寇天師傳》一卷。

不署撰者。《魏書》卷一一四《釋老志》載寇謙之事迹。《舊唐志》“雜傳類”、《新唐志》“神仙類”著録宋都能《嵩高少室寇天師傳》三卷，《宋志》無載，亡佚。

《華陽子自序》一卷。

不署撰者。華陽子，即陶弘景，《梁書》卷五一有傳，載其自號“華陽隱居”。《舊唐志》“雜傳類”、《新唐志》“神仙類”著録茅處玄《華陽子自序》一卷，《宋志》無載，亡佚。

《太上真人内記》一卷。李氏撰。

李氏：不知何人。兩《唐志》無載，亡佚。

《道學傳》二十卷。

不署撰者。《陳書》卷一九載，馬樞隱茅山，撰《道覺論》二十卷。《舊唐志》“雜傳類”、《新唐志》“神仙類”著録馬樞《學道傳》二十卷，《宋志》無載，亡佚。

《宣驗記》十三卷。劉義慶撰。

《宋書》卷五一、《南史》卷一三均未提及此書，兩《唐志》無載，亡佚。《説郛》存一卷，民國魯迅輯有一卷。

《應驗記》一卷。宋光禄大夫傅亮撰。

傅亮：字季友，北地靈州（今寧夏靈武市）人。宋初建，令書除侍中，領世子中庶子。太祖即位，加散騎常侍，左光禄大夫。《宋書》卷四三、《南史》卷一五有傳。本志史、集部尚有其二部著述。兩《唐志》無載，亡佚。

《冥祥記》十卷。王琰撰。

王琰：《法苑珠林·敬佛篇》稱其爲宋居士，《傳記篇》載《冥祥記》一部十卷，齊王琰撰。《舊唐志》“雜傳類”著録王琰《冥祥記》十卷，《新唐志》“小説家”著録王琰《冥祥記》一卷，《宋志》無載，亡佚。《説郛》存一卷，民國魯迅輯一卷。

《列異傳》三卷。魏文帝撰。

魏文帝：曹操之子曹丕，字子桓，沛國譙（今安徽亳州市）人。建安十六年爲五官中郎將、副丞相。延康元年受禪，改元稱帝。著有《典論》，又使諸儒編成《皇覽》千餘篇。《三國志》卷二有紀。本志子、集部尚有其二部著述。兩《唐志》無載，亡佚。

《感應傳》八卷。王延秀撰。

王延秀：太原（今山西太原市）人，泰始中爲祠部郎。見《全宋文》卷五六。本志"雜家類"著録《感應傳》八卷，宋尚書郎王延秀撰，爲重出。《舊唐志》"雜傳類"、《新唐志》"小説家"著録此書，《宋志》無載，亡佚。

《古異傳》三卷。宋永嘉太守袁王壽撰。

袁王壽：生平事迹不詳。《舊唐志》"雜傳類"著録袁仁壽《古異傳》三卷、《新唐志》"小説家"著録袁王壽《古異傳》三卷，《宋志》無載，亡佚。民國魯迅輯一卷。

《甄異傳》三卷。晋西戎主簿戴祚撰。

戴祚：江東人，晋末從劉裕西征姚泓。見《封氏聞見記》卷七。《水經注》卷一五《洛水》注稱，劉裕命参軍戴延之等即舟窮覽洛川。戴祚與戴延之當爲一人。本志史部尚有其二部著述。《舊唐志》"雜傳類"、《新唐志》"小説家"著録此書，《宋志》無載，亡佚。《説郛》存一卷，民國魯迅輯一卷。

《述異記》十卷。祖沖之撰。

祖沖之：字文遠，范陽薊（今天津市）人。解褐南徐州迎從事，出爲婁縣令，謁者僕射。入齊，轉長水校尉。注《九章》，造

《綴述》數十篇。《南齊書》卷五二、《南史》卷七二有傳。本志集部尚有其一部著述。《舊唐志》“雜傳類”、《新唐志》“小説家”著録此書，《宋志》無載，亡佚。民國魯迅輯一卷。

《異苑》十卷。劉敬叔撰。

劉敬叔：彭城（今江蘇徐州市）人。起家中兵參軍。元嘉三年，爲給事黄門郎。見《四庫全書總目》卷一四二。兩《唐志》、《宋志》皆無載，明胡震亨獲此書刊入《秘册彙函》。今尚有津逮秘書本、四庫本、學津討原本等。

《續異苑》十卷。

不署撰者。兩《唐志》無載，亡佚。

《搜神記》三十卷。干寶撰。

《晋書》卷八二載，干寶撰集古今神祇靈異人物變化，名爲《搜神記》，凡三十卷。《舊唐志》“雜傳類”、《新唐志》“小説家”著録干寶《搜神記》三十卷，《宋志》“小説家”著録干寶《搜神總記》十卷，《崇文總目》《郡齋讀書志》《直齋書録解題》皆不載。《四庫全書總目》卷一四二稱，其著録《搜神記》爲明胡震亨所刻，胡應麟《甲乙剩言》言此書不過是從《法苑》《御覽》《藝文》《初學》書抄諸書中録出耳。現《搜神記》二十卷本有秘册彙函本、四庫本、學津討原本、叢書集成本等，八卷本有廣漢魏叢書本、稗海本、龍威秘書本等。

《搜神後記》十卷。陶潛撰。

陶潛：字淵明，尋陽柴桑（今江西九江市）人。曾爲州祭酒、彭澤令。賦《歸去來辭》明志，不再爲官。《晋書》卷九四、《宋書》卷九三、《南史》卷七五有傳。本志集部尚有其一部著述。

《日本國見在書目録》著録《搜神後記》十卷，陶潛撰。兩《唐志》、《宋志》無載，《四庫全書總目》卷一四二著録此書，稱舊題陶潛作，實爲僞託，然非唐以後人所能，今傳刻猶古本，不可謂其非六代遺書。此書十卷本有秘册彙函本、津逮秘書本、四庫本等，一卷本有唐宋叢書本、説郛本、龍威秘書本等，二卷本有五朝小説本、增訂漢魏叢書本等。

《靈鬼志》三卷。荀氏撰。

荀氏：不詳何人。《舊唐志》"雜傳類"、《新唐志》"小説家"著録荀氏《靈鬼志》三卷，《宋志》無載，亡佚。《説郛》存一卷，民國魯迅輯一卷。

《志怪》二卷。祖台之撰。

祖台之：字元辰，范陽（今河北涿州市南）人。官至侍中、尚書左丞、光禄大夫。撰志怪書行於世。《晋書》卷七五有傳。本志集部尚有其一部著述。《舊唐志》"雜傳類"、《新唐志》"小説家"著録祖台之《志怪》四卷，《宋志》無載，亡佚。《説郛》存一卷，民國魯迅輯一卷。

《志怪》四卷。孔氏撰。

孔氏：不詳何人。《舊唐志》"雜傳類"、《新唐志》"小説家"有著録，《宋志》無載，亡佚。民國魯迅輯一卷。

《神録》五卷。劉之遴撰。

劉之遴：字思貞，南陽涅陽（今河南鎮平縣南）人。起家寧朔主簿，歷任南郡太守、都官尚書、太常卿。好屬文，多學古體。好古愛奇，聚古器多種。《梁書》卷四〇、《南史》卷五〇有傳。本志集部尚有其一部著述。《舊唐志》"雜傳類"、《新唐志》"小説家”著録此書《宋志》無載，亡佚。民國魯迅輯一卷。

《齊諧記》七卷。宋散騎侍郎東陽无疑撰。

東陽无疑：生平事迹不詳。《舊唐志》“雜傳類”著録東陽無疑《齊諧記》七卷，《新唐志》“小説家”著録東陽无疑《齊諧記》七卷，《宋志》無載，亡佚。清馬國翰、民國魯迅各輯一卷。

《續齊諧記》一卷。吴均撰。

《日本國見在書目録》著録《續齊諧記》三卷，吴均撰；《舊唐志》“雜傳類”、《新唐志》“小説家”、《宋志》“小説家”著録吴均《續齊諧記》一卷；《崇文總目》“小説家”著録吴均《續齊諧記》三卷。《四庫全書總目》卷一四二著録此書，稱吴均續東陽無疑書，所記皆神怪之事，唐代李善、劉禹錫等多引之。今有顧氏文房小説本、廣漢魏叢書本、四庫本、五朝小説本、説郛本等。

《幽明録》二十卷。劉義慶撰。

《宋書》卷五一未載劉義慶曾撰此書。《舊唐志》“雜傳類”、《新唐志》“小説類”著録劉義慶《幽明録》三十卷，《宋志》無載，亡佚。《説郛》存一卷，民國魯迅輯一卷。

《補續冥祥記》一卷。王曼穎撰。

王曼穎：太原（今山西太原市）人，卒，家貧，無力辦後事，得南平王蕭偉周濟。見《梁書》卷二二。《舊唐志》“雜傳類”、《新唐志》“小説類”著録王曼穎《續冥祥記》十一卷，《宋志》無載，亡佚。

《漢武洞冥記》一卷。郭氏撰。

郭氏：疑爲郭憲，字子横，汝南宋（今安徽太和縣北）人。光武即位，拜博士、光禄勳。《後漢書》卷八二上有傳。《日本國見在書目録》著録《漢武洞冥記》四卷，郭子横撰；《舊唐志》“雜傳類”著録《漢别國洞冥記》四卷，郭憲撰；《新唐志》“神仙類”著録郭憲《漢武帝别國洞冥記》四卷；《宋志》“傳記類”著録郭憲《洞冥記》四卷，“小説家”著録《漢武帝洞冥記》四卷，郭憲編；《崇文總目》著録《漢武帝列國洞冥記》一卷。《郡齋讀書志》卷九著録郭憲《漢武洞冥記》五卷，引其序。《直齋書録解題》卷一一著録郭憲《洞冥記》四卷、《拾遺》一卷，稱四卷亦非全書。《四庫全書總目》卷一四二著録郭憲《漢武洞冥記》四卷，稱晁公武所引郭憲自序與《拾遺》俱已佚，此書所載皆怪誕不根之談，不似東漢文，或六朝人僞託。今存四卷本有萬曆刻漢魏叢書本、明抄本、四庫本、廣漢魏叢書本、子書百家本等；一卷本有説郛本、五朝小説本等。

《嘉瑞記》三卷。陸瓊撰。

《陳書》卷三〇載，陸瓊父雲公奉梁武帝敕撰《嘉瑞記》，陸瓊述其旨而續焉，自永定迄於至德，勒成一家之言。兩《唐志》無載，亡佚。

《祥瑞記》三卷。

不署撰者。《舊唐志》“雜家類”著録《祥瑞圖》十卷，不署撰者；《新唐志》著録顧野王《祥瑞圖》十卷，可能與此書有關。《宋志》無載，亡佚。

《符瑞記》十卷。許善心撰。

兩《唐志》“雜家類”著録許善心《皇隋瑞文》十四卷，疑即此書，《宋志》無載，亡佚。

《靈異録》十卷。

不署撰者。兩《唐志》無載，亡佚。

《靈異記》十卷。

不署撰者。《隋書》卷五八、《北史》卷八三載，許善心奉敕與崔祖濬撰《靈異記》十卷。《日本國見在書目録》著録《靈異記》十卷，兩《唐志》無載，亡佚。

《研神記》十卷。蕭繹撰。

《南史》卷七六載，湘東王蕭繹著《研神記》。《金樓子》卷五載《研神記》一帙一卷，《日本國見在書目録》著録梁湘東王《研神記》一卷，《舊唐志》"雜傳類"、《新唐志》"小説類"著録梁元帝《妍神記》十卷，《宋志》無載，亡佚。

《旌異記》十五卷。侯君素撰。

侯君素：名白，魏郡（今河南境内）人。隋文帝聞其名，令於秘書省修國史。著《旌異記》十五卷，行於世。見《北史》卷八三。《法苑珠林·傳記》載《旌異傳》一部二十卷，隋朝相州秀才儒林郎侯君素奉文帝敕撰。《舊唐志》"雜傳類"、《新唐志》"小説類"有著録，《宋志》無載，亡佚。

《近異録》二卷。劉質撰。

劉質：生平事迹不詳。《舊唐志》"雜傳類"、《新唐志》"小説類"有著録，《宋志》無載，亡佚。

《鬼神列傳》一卷。謝氏撰。

謝氏：不詳何人。《舊唐志》"雜傳類"、《新唐志》"小説類"著録謝氏《鬼神列傳》二卷，《宋志》無載，亡佚。

《志怪記》三卷。殖氏撰。

殖氏：不詳何人。兩《唐志》無載，亡佚。

《舍利感應記》三卷。王劭撰。

《法苑珠林·舍利篇》載，《舍利感應記》二十卷，隋著作郎王邵撰。兩《唐志》無載，亡佚。

《真應記》十卷。

不署撰者。兩《唐志》無載，亡佚。

《周氏冥通記》一卷。

不署撰者。《舊唐志》"雜傳類"著録《周氏冥通記》一卷，陶弘景撰；《崇文總目》著録周子良《冥通録》三卷；《宋志》"小説類"著録周子良《冥通記》四卷。《四庫全書總目》卷一四七載《冥通記》四卷，周子良撰。稱此書卷首有陶弘景作《子良傳》，子良字元歙，本汝南（今河南境内）人，寓居丹陽。此書所記遇仙事，逐日縷載，亦陶弘景《真誥》之流也。今存秘册彙函本、唐宋叢書本、津逮秘書本、叢書集成本、説郛本、道藏本等。

《集靈記》二十卷。顏之推撰。

顏之推：見本書卷三二"小學類"。《舊唐志》"雜傳類"、《新唐志》"小説類"著録顏之推《集靈記》十卷，《宋志》無載，亡佚。《説郛》存一卷，民國魯迅輯一卷。

《冤魂志》三卷。顏之推撰。

《法苑珠林·傳記篇》載，《承天達性論》、《冤魂志》一卷、《誡殺訓》一卷，右三部，齊光禄大夫顏之推撰。《舊唐志》"雜傳類”、《新唐志》“小説類”著録此書；《宋志》《崇文總目》著録顔之推《還冤志》三卷；《直齋書録解題》卷一一著録《北齊還冤志》三卷，顔之推撰。《四庫全書總目》卷一四二著録《還冤志》三卷，隋顔之推撰。《還冤志》三卷本，有四庫本；《還冤記》一卷本有唐宋叢書本、説郛本、五朝小説本等。

右二百一十七部，一千二百八十六卷。通計亡書，合二百一十九部，一千五百三卷。

二百一十七部：實際著録二百零七部。合二百一十九部：此計二部亡書，應指任昉《雜傳》、賀蹤《雜傳》，而這二書還有部分留存，不應計爲亡書。故應合二百零七部。

古之史官，必廣其所記，非獨人君之舉。《周官》，外史掌四方之志，則諸侯史記，兼而有之。《春秋傳》曰：“虢仲、虢叔，王季之穆，勳在王室，藏於盟府。”[1]臧紇之叛，季孫命太史召掌惡臣而盟之。[2]《周官》，司寇凡大盟約，涖其盟書，登于天府。[3]太史、内史、司會、六官，[4]皆受其貳而藏之。是則王者誅賞，具録其事，昭告神明，百官史臣，皆藏其書。故自公卿諸侯，至于群士，善惡之迹，畢集史職。而又閭胥之政，[5]凡聚衆庶，書其敬敏任卹者，族師每月書其孝悌睦婣有學者，[6]黨正歲書其德行道藝者，[7]而入之於鄉大夫。[8]鄉大夫三年大比，[9]考其德行道藝，舉其賢者能者，而獻其書。王再拜受之，登于天府，内史貳之。是以窮居側陋之士，言行必達，皆有史傳。自史官曠絶，其道廢壞，漢初，始有丹書之約，白馬之盟。[10]武帝從董仲舒之言，始舉賢良文學。天下計書，[11]先上太史，善惡之事，靡不畢集。司馬遷、班固，撰而成之，股肱輔弼之臣，[12]扶義俶儻之士，[13]皆有記録。而操行高潔，不涉於世者，《史記》獨傳夷、齊，[14]《漢書》但述楊王孫之儔，[15]其餘皆略而不説。又漢時，阮倉作《列仙圖》，[16]劉向典校經籍，始作《列仙》《列士》《列女》之傳，皆因其志尚，率爾而作，不在正史。後漢光武，始詔南陽，撰作《風俗》，[17]故沛、三輔有耆舊節士之序，[18]魯、廬江有名德先賢之讚。郡國之書，由是而作。魏文帝又作《列異》，以序鬼物奇怪之事，嵇康作《高士傳》，以敘聖賢之風。因其事類，相繼而作者甚衆，名目轉廣，而又雜以虚誕怪妄之説。推其本源，蓋亦史官之末事也。載筆之士，删採其要焉。魯、沛、三輔，序贊並亡，[19]後之作者，亦多零失。今取其見存，部而類之，謂之雜傳。

[1]“春秋傳”至“藏於盟府”：此内容見《春秋左傳·僖公五年》。虢叔、虢仲爲王季之子，周文王同母弟。盟府，司盟之官。

[2]“臧紇之叛”至“而盟之”：事見《春秋左傳·襄公二十三年》。臧紇斬鹿門之關以出，奔邾，致防而奔齊。季孫召外史掌奔亡者而載書之首。

[3]“司寇”至“登於天府”：見《周禮·秋官·大司寇》。盟書，盟誓之書。天府，周官名，屬春官，掌祖廟的守護和保管。凡民數的登記册、邦國的盟書、訴訟的簿籍，皆於天府保存。

[4]司會：周官名，屬天官，主管財政經濟。六官，六卿之官，即天官冢宰、地官司徒、春官宗伯、夏官司馬、秋官司寇、冬官司空。

[5]閭胥：周官名，屬地官，掌其閭之徵令。

［6］族師：周官名，屬地官，掌其族之戒令政事。孝悌，亦作孝弟，孝順父母，敬愛兄長。睦姻（yīn），婣，同姻。睦，親於九族；婣，親於外親。

［7］黨正：周官名，屬地官，轄五百家之政令、教治。

［8］鄉大夫：周官名，屬地官，掌鄉之政教禁令。

［9］大比：周制，每三年對鄉吏進行考核，選擇賢能，稱大比。

［10］“丹書”至“白馬之盟”：見《漢書》卷一六《高惠高后文功臣表》“於是申以丹書之信，重以白馬之盟”。丹書，是帝王頒給功臣的契約，以金匱、石室藏之宗廟。白馬之盟，爲刑白馬歃血以爲盟。

［11］計書：考核官吏業績之文書。

［12］股肱：大腿和胳膊，常以此比喻輔佐君王的大臣。

［13］俶（tì）儻：卓異不凡。

［14］夷齊：即伯夷、叔齊，商孤竹君之子。孤竹君欲傳位於次子叔齊，其死後，叔齊讓位給伯夷，伯夷不受，二人皆出奔。周滅商，二人恥食周粟，雙雙餓死在首陽山。見《史記》卷六一。

［15］楊王孫：漢武帝時人，習黃老術。臨終囑其子，他要薄葬。班固贊其賢於秦始皇遠矣。見《漢書》卷六七。儔（chóu），同輩。

［16］阮倉：據今本《列仙傳》卷末劉向贊曰“余嘗得秦大夫阮倉撰《仙圖》，自六代迄今七百餘人……”。阮倉應爲秦人，而此稱漢時阮倉，不知孰是。

［17］風俗：應是一部講述風俗的書，但不是後漢應劭所撰《風俗通義》。

［18］三輔：漢治理京畿地區的三個職官。漢武帝時，京兆尹治長安以東，左馮翊治長陵以北，右扶風治渭城以西。

［19］序讚並亡：觀前之著録，多爲各地先賢傳，少有序讚，故出此言。

《山海經》二十三卷。郭璞注。

《晋書》卷七二載，郭璞注《山海經》，傳於世。《漢志·數術·形法》著録《山海經》十三篇。郭璞稱，此書跨世七代，歷載三千，雖暫顯於漢，而尋亦寢廢，其山川名號所在，多有舛謬，與今不同。《顔氏家訓·書證》以爲此書皆由後人所羼，非本文也。《日本國見在書目録》著録《山海經》廿一卷，郭璞撰，見十八卷。《舊唐志》著録《山海經》十八卷，郭璞撰；《新唐志》著録郭璞注《山海經》二十三卷。《郡齋讀書志》卷八著録《山海經》十八卷，稱大禹制，郭璞傳，漢奉車都尉劉秀校定。《中興館閣書目輯考》卷三著録《山海經》十八卷，晋郭璞傳，凡二十三卷。《宋志》無載。《四庫全書總目》卷一四二著録《山海經》十八卷，稱《隋志》、兩《唐志》著録皆爲二十三卷，此十八卷乃後人並卷所致，非闕佚。研究《山海經》成果有清郝懿行撰《山海經箋疏》十八卷、吴任臣撰《山海經廣注》十八卷等。現存最早的本子爲宋淳熙七年刻本，通行本爲四庫本、四部叢刊本、叢書集成本等。

《水經》三卷。郭璞注。

《唐六典》卷七曰，“桑欽《水經》所引天下之水百三十七，江、河在焉”。《舊唐志》著録《水經》二卷，郭璞撰；《新唐志》著録桑欽《水經》三卷，郭璞注。姚振宗以爲，注《水經》者，唯酈道元一家，郭璞未注《水經》。疑此書爲他人取郭氏《山海經注》移出而爲《水經》之注。《宋志》無載，亡佚。

《黄圖》一卷。記三輔宫觀陵廟明堂辟雍郊畤等事。

不署撰者。《日本國見在書目録》著録《黄圖》一卷，兩《唐志》著録《三輔黄圖》一卷。《郡齋讀書志》卷八著録《三輔黄圖》三卷，稱此書出於梁、陳之間。《四庫全書總目》卷六八著録《三輔黄圖》六卷，提要稱書中有唐至德二年事，疑爲唐肅宗以後人所補。現存最早的本子爲元致和元年刻六卷本，通行本有一卷之說郛本、叢書集成本，六卷之四庫本、廣漢魏叢書本、四部叢刊本等。

《洛陽記》四卷。

不署撰者。兩《唐志》無載，亡佚。民國葉昌熾輯一卷。

《洛陽記》一卷。陸機撰。

兩《唐志》有著録，《宋志》無載，亡佚。《説郛》存一卷，民國葉昌熾輯一卷。

《洛陽宫殿簿》一卷。

不署撰者。《日本國見在書目録》著録《洛陽宫殿簿》一卷，兩《唐志》著録《洛陽宫殿簿》三卷，《宋志》無載，亡佚。

《洛陽圖》一卷。晋雍州刺史楊佺期撰。

雍州：原作“懷州”，晋無懷州，據《晋書》卷八四改。楊佺期：弘農華陰（今陝西華陰市）人。少仕軍府。咸康中，戍洛陽。後爲都督梁、雍、秦三州諸軍事，雍州刺史。《晋書》卷八四有傳。兩《唐志》有著録，《宋志》無載，亡佚。

《述征記》二卷。郭緣生撰。

兩《唐志》有著録，《宋志》無載，亡佚。民國葉昌熾輯一卷。

《西征記》二卷。戴延之撰。

戴延之：即戴祚。《舊唐志》著録戴祚《西征記》一卷，《新唐志》著録戴祚《西征記》二卷，《宋志》無載，亡佚。《説郛》

存一卷，民國葉昌熾輯一卷。

《婁地記》一卷。吴顧啓期撰。

顧啓期：生平事迹不詳。婁地：漢縣，屬會稽郡，故城在今江蘇昆山市。兩《唐志》無載，亡佚。

《風土記》三卷。晋平西將軍周處撰。

周處：字子隱，義興陽羡（今江蘇宜興市）人。仕吴，爲東觀左丞。孫皓末，遷御史中丞。西征氐人，戰死，追贈平西將軍。著《默語》三十篇及《風土記》。《晋書》卷五八有傳。兩《唐志》著録周處《風土記》十卷，《宋志》無載，亡佚。《説郛》存一卷，清王謨輯一卷。

《吴興記》三卷。山謙之撰。

山謙之：宋太祖有意封禪，詔學士山謙之草封禪儀注。孝武初，山謙之以奉朝請受詔踵成何承天所創《宋書》，以疾卒。見《宋書》卷一六、七七。本志史部尚有其一部著述。兩《唐志》無載，亡佚。清范鍇、民國繆荃孫各輯一卷。

《吴郡記》一卷。顧夷撰。

顧夷：見本書卷三二“易類”。兩《唐志》無載，亡佚。

《京口記》二卷。宋太常卿劉損撰。

劉損：字子騫，沛郡蕭（今安徽蕭縣）人。元嘉中，爲義興太守、吴郡太守，卒，追贈太常卿。《宋書》卷四五、《南史》卷一七有傳。自吴至陳，京口皆爲重鎮。今屬江蘇鎮江市。兩《唐志》有著録，《宋志》無載，亡佚。

《南徐州記》二卷。山謙之撰。

晋末大亂南遷，僑立郡縣。宋文帝元嘉八年，以江北爲南兖州，江南爲南徐州，治京口。兩《唐志》有著録，《宋志》無載，亡佚。民國葉昌熾輯一卷。

《會稽土地記》一卷。朱育撰。

朱育：見本書卷三二“詩類”。兩《唐志》“雜傳類”著録朱育《會稽記》四卷，《宋志》無載，亡佚。民國魯迅輯一卷。

《會稽記》一卷。賀循撰。

賀循：見本書卷三二“禮類”。兩《唐志》無載，亡佚。民國魯迅輯一卷。

《隨王入沔記》六卷。宋侍中沈懷文撰。

沈懷文：字思明，吴興武康（今浙江湖州市）人。爲後軍主簿，又領義成太守。大明中，爲侍中，屢忤上意。《宋書》卷八二、《南史》卷三四有傳。本志集部尚有其一部著述。《舊唐志》著録沈懷文《隋（應爲“隨”）王入沔記》十卷，《新唐志》著録《隨王入沔記》十卷，《宋志》無載，亡佚。

《荆州記》三卷。宋臨川王侍郎盛弘之撰。

盛弘之：生平事迹不詳。《通典》卷一七一《州郡序》自注，“……盛弘之《荆州記》之類，皆自述鄉國靈怪，人賢物盛”。兩《唐志》無載，亡佚。《説郛》存一卷，清陳運溶、王仁俊及民國葉昌熾、曹元忠有輯本。

《神壤記》一卷。記滎陽山水。黄閔撰。

黄閔：生平事迹不詳。兩《唐志》無載，亡佚。

《豫章記》一卷。雷次宗撰。

雷次宗：見本書卷三二“詩類”。《新唐志》著録雷次宗《豫章記》一卷，《宋志》著録雷次宗《豫章古今記》三卷。《四庫全書總目》卷七七著録《豫章古今記》三卷，不署撰者，提要稱書中有皇唐、大唐字樣，疑此書爲唐以後人雜鈔而成。《説郛》存一卷，清王仁俊、民國葉昌熾各輯一卷。

《蜀王本記》一卷。揚雄撰。

揚雄：見本書卷三二“論語類”。兩《唐志》著録揚雄《蜀王本紀》一卷，《宋志》無載，亡佚。清洪頤煊、王仁俊有輯本。

《三巴記》一卷。譙周撰。

此書記巴郡、巴東、巴西事。兩《唐志》有著録，《宋志》無載，亡佚。

《珠崖傳》一卷。僞燕聘晋使蓋泓撰。

蓋泓：生平事迹不詳。《漢書》卷六載，武帝元鼎六年，定越地，以爲南海……珠崖、儋耳郡。兩《唐志》無載，亡佚。

《陳留風俗傳》三卷。圈稱撰。

兩《唐志》有著録。姚振宗以爲此書與前著録之《陳留耆舊傳》爲一書。《宋志》無載，亡佚。《説郛》存一卷，清王仁俊輯一卷。

《鄴中記》二卷。晋國子助教陸翽撰。

陸翽（huì）：生平事迹不詳。《新唐志》著録陸翽《鄴中記》二卷。《直齋書録解題》卷八著録《鄴中記》一卷，“不著名氏。

記自魏而下，及僭僞都鄴者，六家宫殿事迹”。《四庫全書總目》卷六六著録《鄴中記》，稱二卷本見《隋志》，一卷本見《直齋》。書中有後人摭入翻書者，然不能因此以爲此書出自唐以後人。原書久佚，《説郛》所存寥寥數頁，此乃從《永樂大典》輯出，排比成編，仍爲一卷。《説郛》存一卷，通行本有四庫本、五朝小説本、叢書集成本等。

《春秋土地名》三卷。晋裴秀客京相璠撰。

此書已見本書卷三二“春秋類”，此爲重出。

《衡山記》一卷。宗居士撰。

宗居士：即宗測，字敬微，又一字茂深，南陽（今河南南陽市）人。少静退，不樂人間，徵辟一無所就。著《衡山》《廬山記》。《南齊書》卷五四、《南史》卷七五有傳。兩《唐志》無載，亡佚。清陳運溶有輯本。

《遊名山志》一卷。謝靈運撰。

《宋書》卷六七載，謝靈運出爲永嘉太守，郡有名山水，素其所好，遂肆意游遨，遍歷諸縣。兩《唐志》無載，亡佚。

《聖賢冢墓記》一卷。李彤撰。

李彤：見本書卷三二“小學類”。《新唐志》有著録，《宋志》無載，亡佚。

《佛國記》一卷。沙門釋法顯撰。

兩《唐志》無載，《四庫全書總目》卷七一著録《佛國記》一卷，提要稱，法顯在晋義熙中自長安游天竺，經三十餘國還京，與天竺禪師參互辨定，以成是書。提要以爲此書與本志“雜傳”著録之《法顯傳》二卷、《法顯行傳》是“一書兩收，三名互見”。《説郛》存此書一卷，通行本有秘册彙函本、四庫本、津逮秘書本等。

《遊行外國傳》一卷。沙門釋智猛撰。

智猛：京兆（今陝西西安市）人。晋安帝元興元年，自長安歷鄯善、龜兹、于闐諸國至阿育王舊都，以甲歲發天竺，還於凉州，造傳記所游歷。見《高僧傳》卷三。《舊唐志》著録釋智猛《外國傳》一卷，《新唐志》著録僧智猛《遊行外國傳》一卷，《宋志》無載，亡佚。

《交州以南外國傳》一卷。

不署撰者。兩《唐志》著録《交州已來外國傳》一卷（疑“來”爲“南”之誤），《宋志》無載，亡佚。清陳運溶輯一卷。

《十洲記》一卷。東方朔撰。

《日本國見在書目録》著録《十洲記》一卷，東方朔撰；《舊唐志》著録《十洲記》一卷，東方朔撰；《新唐志》“神仙類”著録東方朔《十洲記》一卷。《四庫全書總目》卷一四二著録《海内十洲記》一卷，提要稱，舊題漢東方朔撰，其内容大抵恍惚支離，不可究詰。蓋六朝詞人所依託。名《十洲記》者，有道藏本；名《海内十洲記》者，《説郛》存一卷，有四庫本、五朝小説本、廣漢魏叢書本等。

《神異經》一卷。東方朔撰，張華注。

張華：字茂先，范陽方城（今河北固安縣）人。晋惠帝時，歷侍中、中書監、司空。後爲趙王倫等所害，夷三族。其博物洽聞，世無與比，著《博物志》十篇。《晋書》卷三六有傳。本志子、集部尚有其三部著述。《日本國見在書目録》著録《神異經》一卷，東方朔撰，張華注；《舊唐志》著録《神異經》二卷，東方朔撰；《新唐志》著録東方朔《神異經》二卷，張華注；《直齋書録解題》卷一一著録《神異經》一卷，東方朔撰，張茂先傳。《四庫全書總目》卷一四二著録《神異經》一卷，提要稱舊題東方朔所撰，所載皆荒外之言，怪誕不經。既不是東方朔所作，亦非張華所注，乃六朝文士影撮而成。《説郛》存一卷，通行本有四庫本、漢魏叢書本、五朝小説本等。另有清王仁俊所輯一卷。

《異物志》一卷。後漢議郎楊孚撰。

楊孚：生平事迹不詳。《後漢書》卷六〇上注引楊孚《異物志》，《藝文類聚》卷九一引楊孝元《交州異物志》。兩《唐志》著録楊孚《交州異物志》一卷，《宋志》無載，亡佚。清曾釗輯一卷。

《南州異物志》一卷。吴丹陽太守萬震撰。

萬震：生平事迹不詳。南州，泛指南方，此書記南方異物。兩《唐志》有著録，《宋志》無載，亡佚。清陳運溶輯一卷。

《蜀志》一卷。東京武平太守常寬撰。

常寬：字泰恭，蜀郡江原（今四川崇州市）人。舉秀才，爲侍御史。晋元帝時，拜武平太守。著《蜀後志》，續陳壽《耆舊》等。見《華陽國志》卷一一《後賢傳》。兩《唐志》無載，亡佚。

《發蒙記》一卷。束晳撰。載物産之異。

束晳：見本書卷三二“小學類”。“小學類”著録《發蒙記》一卷，然此處著録之《發蒙記》一卷下有“載物産之異”的説明，可以認爲二書同名而内容不同，是兩部書。兩《唐志》無載，亡佚。

《地理書》一百四十九卷。《録》一卷。陸澄合《山海經》已來一百六十家，以爲此書。澄本之外，其舊事並多零失。見存别部自行者，唯四十二家，今列之於上。

《史通》卷三《書志》有曰，“自沈瑩著《臨海水土》、周處撰《陽羡風土》，厥類衆夥，諒非一族。是以地理爲書，陸澄集而難盡”。《舊唐志》著録《地理書》一百五十卷，陸澄撰；《新唐志》著録鄧基、陸澄《地理書》一百五十卷。《宋志》無載，亡佚。唯四十二家：實際爲三十九家。

《三輔故事》二卷。晋世撰。

不署撰者，但稱“晋世撰”，説明此書出自晋代。兩《唐志》“故事類”著録韋氏《三輔舊事》一卷，《新唐志》“地理類”又著録《三輔舊事》三卷，不署撰者。據《後漢書》卷二六載，韋彪數次受召，問及三輔舊事、禮儀風俗。或疑此書出自後漢韋氏，而非晋世，俟考。《宋志》無載，亡佚。清張澍輯《三輔舊事》一卷，又輯《三輔故事》一卷。

《湘州記》二卷。庾仲雍撰。

庾仲雍：生平事迹不詳。《宋書》卷三七載，湘州刺史，晋懷帝永嘉元年，分荆州之長沙、衡陽、湘東、邵陵、零陵、營陽、建昌，江州之桂陽八郡立，治臨湘。《新唐志》著録《湘州記》四卷，不署撰者。《宋志》無載，亡佚。清陳運溶、王仁俊有輯本。

《吴郡記》二卷。晋本州主簿顧夷撰。

前已著録顧夷《吴郡記》一卷，疑此爲重出。

《日南傳》一卷。

不署撰者。日南，郡名，故秦象郡，漢武帝六年更名，屬交州。兩《唐志》有著録，《宋志》無載，亡佚。

《江記》五卷。庾仲雍撰。

《漢水記》五卷。庾仲雍撰。

兩《唐志》著録庾仲雍所撰二書，《宋志》無載，亡佚。

《居名山志》一卷。謝靈運撰。

《宋書》卷六七載，謝靈運作《山居賦》，並自注以言其事。兩《唐志》無載，亡佚。

《西征記》一卷。戴祚撰。

前已著録戴延之《西征記》二卷，戴延之與戴祚爲一人，故此書爲重出。

《廬山南陵雲精舍記》一卷。

不署撰者。兩《唐志》無載，亡佚。

《永初山川古今記》二十卷。齊都官尚書劉澄之撰。

劉澄之：彭城（今江蘇徐州市）人。昇明元年，以驃騎長史爲南豫州刺史。見《宋書》卷一〇、五一。《新唐志》有著録，《宋志》無載，亡佚。清王謨、王仁俊及民國葉昌熾有輯本。

《元康三年地記》六卷。

不署撰者。兩《唐志》無載，亡佚。

《司州記》二卷。

不署撰者。宋少帝景平初，司州陷於北方。文帝元嘉末，僑立於汝南，尋廢。明帝又於南豫州之義陽郡立司州，漸成實土，領四郡二十縣。兩《唐志》無載，亡佚。

《并帖省置諸郡舊事》一卷。

不署撰者。以州帖府（見《晉書》卷六七），其言指以刺史帖都督府，以都督兼刺史。兩《唐志》無載，亡佚。

《地記》二百五十二卷。梁任昉增陸澄之書八十四家，以爲此記。其所增舊書，亦多零失。見存別部行者唯十二家，今列之於上。

《梁書》卷一四載，任昉撰《地記》二百五十二卷。兩《唐志》有著録，《宋志》無載，亡佚。唯十二家：實際爲十三家。

《山海經圖讚》二卷。郭璞注。

兩《唐志》著録《山海經圖讚》二卷，郭璞注。《中興館閣書目》著録《山海經》十八卷，郭璞傳，凡二十三篇，每卷有讚。《宋志》著録郭璞《山海經讚》二卷，《四庫全書總目》無載。此書二卷本有秘册彙函本，一卷本有子書百家本等。另外，清王謨、錢熙祚、嚴可均有輯本。

《山海經音》二卷。

不署撰者。兩《唐志》有著録，《宋志》無載，亡佚。

《水經》四十卷。酈善長注。

酈善長：名道元，范陽涿鹿（今河北涿鹿縣）人。歷任輔國將軍、東荆州刺史、安南將軍、御史中尉，後爲蕭寶夤所害，死於陰盤驛亭。撰注《水經》四十卷、本志十三篇，又有《七聘》等，皆行於世。《魏書》卷八九、《北史》卷二七有傳。《唐六典》卷七注，言《水經》引天下水百三十七，酈道元《水經注》引其支流一千五百五十二。兩《唐志》著録酈道元注《水經》四十卷，《宋志》著録桑欽《水經》四十卷，酈道元注。《四庫全書總目》卷六九著録酈道元《水經注》四十卷。《增訂四庫簡明目録標注》卷七稱，《水經注》“自明以來，傳刻舛誤，經注混淆，今以《永樂大典》所載舊本重爲校正，補其佚脱者二千一百二十八字，删其妄補者一千四百四十八字，正其臆改者三千七百一十五字”。此書現存最早的本子有宋刻本（存十二卷）、明嘉靖黄省曾刻本，通行本有四庫本、四部叢刊本、四部備要本等。研究《水經注》有成就者爲清趙一清、全祖望等。

《廟記》一卷。

不署撰者。兩《唐志》著録《廟記》一卷，《宋志》無載，亡佚。

《地理書抄》二十卷。陸澄撰。

此書或即其《地理書》，或他人所抄《地理書》，兩《唐志》無載，亡佚。

《地理書抄》九卷。任昉撰。

此書或即其《地理書》，或他人所抄《地理書》，兩《唐志》無載，亡佚。

《地理書抄》十卷。劉黄門撰。

劉黄門：黄門似其官職，非名也。生平事迹不詳。兩《唐志》無載，亡佚。

《洛陽伽藍記》五卷。後魏楊衒之撰。

楊衒之：曾官撫軍司馬、鄴都期城郡守。見《洛陽伽藍記》及《法苑珠林·傳記》。《舊唐志》“地理類”、《新唐志》“釋家類”著録陽衒之《洛陽伽藍記》五卷，《宋志》著録楊衒之《洛陽伽藍記》三卷。《郡齋讀書志》卷八著録羊衒之《洛陽伽藍記》三卷，稱後魏遷都洛陽，僧舍多爲天下最。衒之載其本末及事迹甚備。《直齋書録解題》卷八著録楊衒之《洛陽伽藍記》五卷。《四庫全書總目》卷七〇著録楊衒之《洛陽伽藍記》五卷，提要稱其書原有自注，而所行本保存甚少。現存最早的本子爲明如隱堂刻本，通行本爲四庫本、學津討原本、四部叢刊本、四部備要本等。民國周祖謨撰《洛陽伽藍記校釋》，指出原書確有自注，但多與正文混淆，融爲一體，難以分辨。

《荆南地志》二卷。蕭世誠撰。

蕭世諴（xián）：即梁元帝，世諴（《梁書》《南史》皆作世誠）乃其字。《梁書》卷五、《南史》卷八載梁元帝著《荆南志》一卷。《新唐志》著録梁元帝《荆南地志》二卷，《宋志》無載，亡佚。清陳運溶、王仁俊有輯本。

《巴蜀記》一卷。

不署撰者。兩《唐志》無載，亡佚。

《交州異物志》一卷。楊孚撰。

兩《唐志》有著録，《宋志》無載，亡佚。前已著録楊孚《異物志》一卷，疑即此書，此爲異名重出。

《元康六年户口名簿記》三卷。

不署撰者。元康六年（296），晋惠帝在位。兩《唐志》無載，亡佚。

《元嘉六年地記》三卷。

不署撰者。兩《唐志》無載，亡佚。

《九州郡縣名》九卷。

不署撰者。前著録司馬彪《九州春秋》，疑此所言，爲三國時期之九州郡縣名。兩《唐志》無載，亡佚。

《扶南異物志》一卷。朱應撰。

朱應：吴孫權時爲宣化從事。見《梁書》卷五四。兩《唐志》有著録，《宋志》無載，亡佚。清陳運溶有輯本。

《臨海水土異物志》一卷。沈瑩撰。

沈瑩：三國時爲吴丹陽太守。見《三國志》卷四八。兩《唐志》有著録，《宋志》無載，亡佚。《説郛》存《臨海異物志》一卷，清王仁俊及民國楊晨各輯《臨海異物志》一卷。

《益州記》三卷。李氏撰。

李氏：疑爲李膺。《南史》卷五五載，涪令李膺，字公胤。爲益州别駕，著《益州記》三卷，行於世。《新唐志》著録李充《益州記》三卷，《宋志》無載，亡佚。

《湘州記》一卷。郭仲産撰。

郭仲産：宋尚書庫部郎，爲南郡王義宣從事，參與義宣謀反，被誅。見《史通》卷一二、《渚宫舊事》。兩《唐志》無載，《崇文總目》著録郭仲産《湘州記》一卷，《宋志》無載，亡佚。清有陳運溶、王仁俊輯本。

《湘州圖副記》一卷。

不署撰者。《舊唐志》著録《湘州圖記》一卷，《新唐志》著録《湘州圖副記》一卷，《宋志》無載，亡佚。

《四海百川水源記》一卷。釋道安撰。

釋道安：姓衛氏，常山扶柳（今河北冀州市）人。十二歲出家，從師佛圖澄。見《高僧傳》卷五。《舊唐志》著録釋道安《四海百川水記》一卷，《新唐志》著録僧道安《四海百川水源記》一卷，《宋志》無載，亡佚。

《京師寺塔記》十卷。《録》一卷。劉璆撰。

劉璆（qiú）：沛國沛（江蘇沛縣）人。曾任黄門郎，有名江左。見《周書》卷四二。《法苑珠林·傳記篇》載，《京師寺塔記》一部二十卷，梁尚書兵部郎中兼學士臣劉璆奉敕撰。兩《唐志》無載，亡佚。

《華山精舍記》一卷。張光禄撰。

張光禄：生平事迹不詳。兩《唐志》無載，亡佚。

《南雍州記》六卷。鮑至撰。

鮑至：東海（今江蘇境内）人。在雍州與庾肩吾等十人抄撰衆籍，成果頗豐，號高齋學士。侯景攻陷建鄴，被害。見《南史》卷五〇、卷六二。《新唐志》著録鮑堅（疑“至”之誤）《南雍州記》三卷，《宋志》無載，亡佚。

《京師寺塔記》二卷。釋曇宗撰。

釋曇宗：姓虢，秣陵（今江蘇南京市）人。出家止靈味寺，博通衆典，著《京師寺塔記》二卷。見《高僧傳》卷一三。兩《唐志》無載，亡佚。

《張騫出關志》一卷。

不署撰者。據《漢書》卷六一載，張騫建元中爲郎，應募使月氏，途經大宛、大月氏、大夏、康居，而傳聞其旁大國五六，具爲天子言之。疑此書即爲張騫所記。兩《唐志》無載，亡佚。

《外國傳》五卷。釋曇景撰。

釋曇景：不知何許人。於齊代譯《摩耶經》等二部。見《開元釋教録》卷六。兩《唐志》無載，亡佚。

《歷國傳》二卷。釋法盛撰。

釋法盛：高昌（今新疆吐魯番市）人。於涼代譯《投身餓虎經》一卷，經往外國，有傳四卷。見《開元釋教録》卷四下。《日本國見在書目録》著録《歷國》四卷，釋法盛撰。兩《唐志》有著録，《宋志》無載，亡佚。

《西京記》三卷。

不署撰者。據《周書》卷三八、《北史》卷三六載，薛寘河東汾陰（今山西萬榮縣）人，仕西魏，入周，位驃騎大將軍、開府儀同三司。撰《西京記》三卷。兩《唐志》著録薛冥（疑“薛寘”之誤）《西京記》三卷，《宋志》無載，亡佚。

《京師録》七卷。

不署撰者。兩《唐志》無載，亡佚。

《尋江源記》一卷。

不署撰者。《舊唐志》於庾仲雍《尋江源記》五卷後，著録“又一卷”，疑爲此書。《宋志》無載，亡佚。

《後園記》一卷。

不署撰者。兩《唐志》無載，亡佚。

《江表行記》一卷。

不署撰者。兩《唐志》無載，亡佚。

《淮南記》一卷。

不署撰者。兩《唐志》無載，亡佚。

《古來國名》二卷。

不署撰者。兩《唐志》無載，亡佚。

《十三州志》十卷。闞駰撰。

闞駰：字玄陰，敦煌（今甘肅敦煌市）人。撰《十三州志》，行於世。加奉車都尉，遷尚書。《魏書》卷五二、《北史》卷三四有傳。《史通·雜述》稱闞駰書“斯則言皆雅正，事無偏黨者矣”。兩《唐志》著録闞駰《十三州志》十四卷，《宋志》無載，亡佚。清張澍、王謨、王仁俊及民國葉昌熾有輯本。

《慧生行傳》一卷。

不署撰者。《魏書》卷一一四載，熙平元年，詔遣沙門惠生使西域，采諸經律。正光三年冬，還京師，所得經論一百七十部，行於世。此書應爲記惠生使西域事，也可能即其所記。兩《唐志》無載，亡佚。

《宋武北征記》一卷。戴氏撰。

錢大昕《廿二史考異》卷三四曰，戴氏即戴延之。兩《唐志》無載，亡佚。

《林邑國記》一卷。

不署撰者。林邑國本漢象林縣，即馬援鑄柱之處，去南海三千里。見《晋書》卷九七。兩《唐志》有著録，《宋志》無載，亡佚。《説郛》存一卷。

《涼州異物志》一卷。

不署撰者。《新唐志》著録《涼州異物志》二卷，《宋志》無載，亡佚。清張澍有輯本。

《闚象傳》二卷。閭先生撰。

閭先生：缺名，生平事迹不詳。《漢志》"陰陽家"著録《閭丘子》十三篇，班固注曰，"名快，魏人，在南公前"。疑此書爲《閭丘子》殘秩，兩《唐志》無載，亡佚。

《司州山川古今記》三卷。劉澄之撰。

前已著録劉澄之《永初山川古今記》，此爲重出。

《江圖》一卷。張氏撰。

張氏：不知何人。《尚書》卷六《正義》解"九江孔殷"，引張須元《緣江圖》，不知是否即此《江圖》。兩《唐志》無載，亡佚。

《江圖》二卷。劉氏撰。

劉氏：不知何人。《新唐志》著録《江圖》二卷，不署撰者；

《宋志》無載，亡佚。

《廣梁南徐州記》九卷。虞孝敬撰。

記廣州、梁州、南徐州三州事，兩《唐志》無載，亡佚。

《水飾圖》二十卷。

不署撰者。《太平廣記》卷二二六引《大業拾遺記》稱“煬帝别敕學士杜寶修《水飾圖經》十五卷，新成。以三月上巳日，會群臣於曲水，以觀水飾”。兩《唐志》無載，亡佚。

《甌閩傳》一卷。

不署撰者。《漢書》卷一下顔師古注曰，“閩越，今泉州建安是其地也”。此書當記此地諸事。兩《唐志》無載，亡佚。

《北荒風俗記》二卷。

不署撰者。記北方極荒遠之地的風俗。兩《唐志》無載，亡佚。

《諸蕃風俗記》二卷。

不署撰者。記各蕃國之風俗。兩《唐志》無載，亡佚。

《男女二國傳》一卷。

不署撰者。《南史》卷七九載，扶桑國沙門慧深來荆州，説曰，“扶桑東千餘里有女國”。《隋書》卷八三載，女國在葱嶺之南，其國代以女爲王。兩《唐志》無載，亡佚。

《突厥所出風俗事》一卷。

不署撰者。突厥，其先居西海之右，獨爲部落，匈奴之别種；

或曰突厥本平涼雜胡；又曰突厥之先，出於孛國，在匈奴之北。見《北史》卷九九。兩《唐志》無載，亡佚。

《古今地譜》二卷。

不署撰者。兩《唐志》無載，亡佚。

《輿地志》三十卷。陳顧野王撰。

顧野王：見本書卷三二“小學類”。《陳書》卷三〇載，顧野王撰《輿地志》三十卷。《日本國見在書目録》著録顧野王《輿地志》，兩《唐志》亦有著録，《宋志》無載，亡佚。清王謨、王仁俊有輯本。

《序行記》十卷。姚最撰。

《周書》卷四七載，姚最父姚僧垣撰《行記》三卷，行於世。兩《唐志》著録姚最《述行記》二卷，《宋志》無載，亡佚。

《魏永安記》三卷。温子昇撰。

温子昇：字鵬舉，自稱太原人，久居江左。仕北魏，爲散騎常侍、中軍大將軍領本州大中正。《魏書》卷八五、《北史》卷八三有傳。此書記魏孝莊帝永安年間事，《史通·敘事》注引王劭《齊志》，提及温子昇撰《永安記》。《新唐志》“故事類”著録温子昇《魏永安故事》三卷，《宋志》無載，亡佚。

《國都城記》二卷。

不署撰者。兩《唐志》無載，亡佚。

《周地圖記》一百九卷。

不署撰者。《舊唐志》著録《周地圖》九十卷，《新唐志》著録《周地圖》一百三十卷，《宋志》無載，亡佚。

《冀州圖經》一卷。

不署撰者。兩《唐志》無載，亡佚。

《齊州圖經》一卷。

不署撰者。兩《唐志》無載，亡佚。

《齊州記》四卷。李叔布撰。

李叔布：生平事迹不詳。兩《唐志》有著録，《宋志》無載，亡佚。

《幽州圖經》一卷。

不署撰者。兩《唐志》無載，亡佚。

《魏聘使行記》六卷。

不署撰者。《宋書》卷九五載，義熙十三年，高祖西伐長安，魏明元帝遣使求和，自是使命歲通。《梁書》卷三載，武帝大同三年七月，魏遣使來聘。兩《唐志》著録《魏聘使行記》五卷，《宋志》無載，亡佚。

《聘北道里記》三卷。江德藻撰。

江德藻：濟陽考城（今河南蘭考縣）人。起家梁南中郎武陵王行參軍。高祖受禪，授秘書監，兼尚書左丞。後通直散騎常侍。天嘉四年，使齊，著《北征道里記》三卷。《陳書》卷三四、《南史》卷六〇有傳。兩《唐志》無載，亡佚。

《李諧行記》一卷。

不署撰者。《魏書》卷一二載，魏孝静帝天平四年七月，遣兼散騎常侍李諧等使于蕭衍。《魏書》卷六五、《北史》卷四三載，李諧字虔和，頓丘（今河南清豐縣）人。此書當記其聘使之事，也可能即李諧所記。兩《唐志》無載，亡佚。

《聘遊記》三卷。劉師知撰。

劉師知：沛國相（今安徽濉溪縣）人。陳武帝受命，任遇甚重。光大元年，坐事於北獄賜死。《陳書》卷一六、《南史》卷六八有傳。《江德藻傳》言及劉師知與其使齊。兩《唐志》無載，亡佚。

《朝覲記》六卷。

不署撰者。兩《唐志》無載，亡佚。

《封君義行記》一卷。李繪撰。

李繪：字敬文，趙郡平棘（今河北趙縣南）人。武定初，兼常侍，爲聘梁使主。使還，拜平南將軍、高陽内史。《北齊書》卷二九、《北史》卷三三有傳。《北齊書》卷四三載，封述字君義。梁散騎常侍陸晏子、沈警來聘，以封君義兼通直郎使梁。兩《唐志》無載，亡佚。

《輿駕東行記》一卷。薛泰撰。

薛泰：生平事迹不詳。兩《唐志》著録薛泰《輿駕東幸記》一卷，《宋志》無載，亡佚。

《北伐記》七卷。諸葛潁撰。

《巡撫揚州記》七卷。諸葛潁撰。

諸葛潁：字漢，丹陽建康（今江蘇南京市）人。侯景亂，奔齊。得晉王楊廣器重，引爲參軍事，轉記室。煬帝即位，從駕北巡，卒於道。撰《鑾駕北巡記》三卷、《幸江都道里記》一卷等，並行於世。《隋書》卷七六、《北史》卷八三有傳。《舊唐志》著録諸葛潁《巡總揚州記》七卷，《新唐志》著録諸葛潁《巡撫揚州記》七卷。《宋志》無載，亡佚。兩《唐志》皆不載《北伐記》，亡佚。

《大魏諸州記》二十一卷。

不署撰者。《舊唐志》著録《魏諸州記》二十卷，《新唐志》著録《後魏諸州記》二十卷，《宋志》無載，亡佚。

《并州入朝道里記》一卷。蔡允恭撰。

蔡允恭：荆州江陵（今湖北江陵縣）人。仕隋，任著作佐郎、起居舍人。貞觀初，除太子洗馬。有集十卷，又撰《後梁春秋》十卷。《周書》卷四八、《舊唐書》卷一九〇上、《新唐書》卷二〇一有傳。兩《唐志》無載，亡佚。

《趙記》十卷。

不署撰者。據《北史》卷三三載，李公緒撰《趙記》八卷、《趙語》十二卷，行於世。兩《唐志》無載，亡佚。

《代都略記》三卷。

不署撰者。十六國時期拓跋氏建代國，此書當記代王拓跋珪改元天興，定國號爲魏，遷都平城之前代京之事。兩《唐志》無載，亡佚。

《世界記》五卷。釋僧祐撰。

《法苑珠林·傳記篇》載，《世界記》一十卷，梁朝揚州建安寺沙門釋僧祐撰。兩《唐志》無載，亡佚。

《州郡縣簿》七卷。

不署撰者。兩《唐志》無載，亡佚。

《大隋翻經婆羅門法師外國傳》五卷。

不署撰者。兩《唐志》無載，亡佚。

《隋區宇圖志》一百二十九卷。

不署撰者。《隋書》卷七七載，大業五年，崔賾受詔與諸儒撰《區宇圖志》二百五十卷，奏之。煬帝不善之，更令虞世基、許善心衍爲六百卷。《隋書》卷六七載，虞世基字茂世。兩《唐志》著録虞茂（即虞茂世，避太宗諱，去“世”字）《區宇圖》一百二十八卷，《宋志》無載，亡佚。

《隋西域圖》三卷。裴矩撰。

裴矩：字弘大，河東聞喜（今山西聞喜縣）人。仕齊，爲高平王文學。煬帝大業初，裴矩撰《西域圖記》三卷，入朝奏之。此書被稱别造地圖，窮其要害。降唐，封安邑縣公。武德年間，官歷太子詹事、民部尚書等。《隋書》卷六七、《北史》卷三八、《舊唐書》卷六三、《新唐書》卷一〇〇有傳。《新唐志》著録裴矩《西域圖記》三卷，《宋志》無載，亡佚。

《隋諸州圖經集》一百卷。郎蔚之撰。

郎蔚之：名茂，恒山新市（今河北新樂市西南）人。煬帝即位，爲尚書左丞，撰《州郡圖經》一百卷，奏之。後除名爲民，徙且末郡。大業十年，追還京師，歲餘卒。《隋書》卷六六、《北史》卷五五有傳。兩《唐志》著録郎蔚之《隋圖經集記》一百卷，《宋志》無載，亡佚。

《隋諸郡土俗物産》一百五十一卷。

不署撰者。兩《唐志》著録《諸郡土俗物産記》十九卷，《宋志》無載，亡佚。

《西域道里記》三卷。

不署撰者。《舊唐志》有著録，《宋志》無載，亡佚。

《諸蕃國記》十七卷。

不署撰者。兩《唐志》無載，亡佚。

《方物志》二十卷。許善心撰。

《隋書》卷五八載，大業四年，許善心撰《方物志》，奏之。兩《唐志》無載，亡佚。

《并州總管内諸州圖》一卷。

不署撰者。兩《唐志》無載，亡佚。

右一百三十九部，一千四百三十二卷。通計亡書，合一百四十部，一千四百三十四卷。

一百三十九部：實際爲一百三十八部。一百四十部：因並未著録亡書，故應作一百三十八部。

昔者先王之化民也，以五方土地，[1]風氣所生，剛柔輕重，飲食衣服，各有其性，不可遷變。是故疆理天下，[2]物其土宜，知其利害，達其志而通其欲，齊其政而修其教。故曰廣谷大川異制，人居其間異俗。《書》録禹别九州，[3]定其山川，分其圻界，[4]條其物産，辨其貢賦，[5]斯之謂也。周則夏官司險，[6]掌建九州之圖，周知山林川澤之阻，達其道路。地官誦訓，[7]掌方志以詔觀事，以知地俗。春官保章，[8]以星土辨九州之地，[9]所封之域，以觀祅祥。[10]夏官職方，[11]掌天下之圖地，辨四夷八蠻九貉五戎六狄之人，[12]與其財用九穀六畜之數，[13]周知利害，辨九州之國，使同其貫。[14]司徒掌邦之土地之圖，與其人民之教，以佐王擾邦國，[15]周知九州之域，廣輪之數，[16]辨其山林川澤丘陵墳衍原隰之名物，[17]及土會之法。[18]然則其事分在衆職，而冢宰掌建邦之六典，實總其事。太史以典逆冢宰之治，其書蓋亦總爲史官之職。漢初，蕭何得秦圖書，故知天下要害。後又得《山海經》，相傳以爲夏禹所記。武帝時，計書既上太史，郡國地志，固亦在焉。而史遷所記，但述河渠而已。[19]其後劉向略言地域，丞相張禹使屬朱貢條記風俗，[20]班固因之作《地理志》。其州國郡縣山川夷險時俗之異，經星之分，[21]風氣所生，區域之廣，户口之數，各有攸叙，與古《禹貢》《周官》所記相埒。是後載筆之士，管窺末學，不能及遠，但記州郡之名而已。晋世，摯虞依《禹貢》《周官》，作《畿服經》，其州郡及縣分野封略事業，[22]國邑山陵水泉，鄉亭城道里土田，[23]民物風俗，先賢舊好，靡不具悉，凡一百七十卷，今亡。而學者因其經歷，並有記載，然不能成一家之體。齊時，陸澄聚一百六十家之説，依其前後遠近，編而爲部，謂之《地理書》。任昉又增陸澄之書八十四家，謂之《地記》。陳時，顧野王抄撰衆家之言，作《輿地志》。隋大業中，普詔天下諸郡，條其風俗物産地圖，上于尚書。故隋代有《諸郡物産土俗記》一百五十一卷，《區宇圖志》一百二十九卷，《諸州圖經集》一百卷。其餘記注甚衆。今任、陸二家所記之内而又別行者，各録在其書之上，自餘次之於下，以備地理之記焉。

[1]五方：東、西、南、北、中爲五方。

[2]疆理：劃分、整理。

[3]九州：禹所别九州爲冀、豫、雍、揚、兖、徐、梁、青、荆州。

[4]圻（yín）：同垠，邊際。

[5]貢賦：下之所供爲貢，上之所取爲賦，即爲賦税。

[6]司險：官名。見《周禮注疏》卷三〇。

[7]誦訓：官名。見《周禮注疏》卷一六。

[8]保章：官名。見《周禮注疏》卷二六。

[9]星土：星所主土也，即以星位（二十八宿或十二星次）分主九州土地或諸國封域。

[10]祆祥：祆，地面的反常異變現象；祥，吉凶之徵兆。

[11]職方：官名。見《周禮注疏》卷三三。

[12]四夷八蠻九貉五戎六狄：《周禮注疏》卷三三曰，東方曰夷，南方曰蠻，西方曰戎，北方曰貉狄。四、八、九、五、六，周邊所服之國數。

[13]九穀：九種穀物，但説法不一。《周禮·天官·大宰》鄭司農曰，黍、稷、秫、稻、麻、大小豆、大小麥。六畜，即牛、

羊、馬、豬、鷄、犬。

[14]使同其貫:《周禮注疏》卷三三此句作“使同貫利”,《注疏》曰,貫,事也。使同其事利,不失其所也。

[15]擾:馴服、安撫。

[16]廣輪:《周禮注疏》卷一〇引馬融語,“東西爲廣,南北爲輪”。

[17]山林:積石曰山,竹木曰林。川澤,注瀆曰川,水鍾曰澤。丘陵,土高曰丘,大阜曰陵。墳衍,水崖曰墳,下平曰衍。原隰,高平曰原,下濕曰隰。見《周禮注疏》卷一〇鄭玄注。

[18]土會之法:辨山林、川澤、丘陵、墳衍、原隰五類土地所產之物,以制定貢税。

[19]但述河渠:指《史記》中有《河渠書》。

[20]“其後劉向”至“朱貢條記風俗”:此内容見《漢書》卷二八下《地理志》,朱貢作朱贛。

[21]經星:舊稱二十八宿等恒星爲經星。

[22]分野:即把十二星辰的位置與地上州、國的位置相對應,如鶉尾對應楚等。封略,即封疆。

[23]道里:道路、村落。

《世本王侯大夫譜》二卷。

《世本》二卷。劉向撰。

二書書名有異,前者不署撰者,後者署劉向。但二者很可能是一本書。《漢志》“春秋類”著録《世本》十五篇,班固注曰,“古史官記黄帝以來訖春秋時諸侯大夫”。《史記集解序》之《索隱》引劉向語,“《世本》,古史官明於古事者之所記也。録黄帝以來帝王諸侯及卿大夫系謚名號,凡十五篇也”。這顯然是劉向《别録》介紹《世本》的内容,而且與班固觀點一致,此書爲古史官所爲,非劉向所作。《史通·正史》有曰,“楚漢之際,有好事者,録自古帝王公卿大夫之世，終乎秦末，號曰《世本》十五篇”。所言近是。兩《唐志》無載，亡佚。

《世本》四卷。宋衷撰。

宋衷：又作宋忠，見本書卷三二“易類”。《史記》卷三四《索隱》曰，“按：今《系本》（即《世本》，避唐諱）無燕代系，宋衷依《太史公書》以補其闕”。兩《唐志》著録宋衷撰《世本》四卷，《宋志》無載，亡佚。清秦嘉謨、孫馮翼、雷學淇、茆泮林、張澍、王謨、王仁俊有輯本，或十卷、或五卷、或二卷、或一卷，皆稱宋衷注。

《漢氏帝王譜》三卷。梁有《宋譜》四卷，劉湛《百家譜》二卷，亡。

不署撰者。兩《唐志》著録《漢氏帝王譜》二卷，《宋志》無載，亡佚。《宋譜》：不署撰者。記南朝劉裕所建宋王朝之世系。劉湛：字弘仁，南陽涅陽（今河南鎮平縣南）人。景平元年召入，累遷領軍將軍、丹陽尹、散騎常侍。《宋書》卷六九、《南史》卷三五有傳。《南史》卷五九稱，劉湛“始撰《百家》以助銓序，而傷於寡略”。兩《唐志》無載，亡佚。

《齊帝譜屬》十卷。

不署撰者。記蕭道成所建南齊王朝之世系。兩《唐志》無載，亡佚。

《百家集譜》十卷。王儉撰。梁有王逡之續儉《百家譜》四卷，《南族譜》二卷，《百家譜拾遺》一卷，又有《齊梁帝譜》四卷，《梁帝譜》十三卷。亡。

《南齊書》卷五二載，永明中，衛軍王儉抄次《百家譜》，與賈淵參懷撰定。《南史》卷五九載，齊衛將軍王儉對劉湛《百家譜》復加去取，得繁省之衷。兩《唐志》著録王儉《百家集譜》十卷，《宋志》無載，亡佚。《百家譜》：王逡之續作。《南齊書》卷五二《王逡之傳》未提及此書。《南族譜》：不署撰者。唐柳芳言，過江則爲僑姓，王、謝、袁、蕭爲大；東南則爲吴姓，朱、張、顧、陸爲大。王僧孺繼王儉之後，演益爲十八篇。見《新唐書》卷一九九。疑此十八篇即《南族譜》。《百家譜拾遺》：不署撰者。《齊梁帝譜》：不署撰者。記蕭道成所建南齊王朝之世系，亦記蕭衍所建梁王朝之世系。又，齊、梁同祖，梁武帝之父爲齊高帝族弟。《梁帝譜》：不署撰者。僅記梁代世系。

《百家譜》三十卷。王僧孺撰。

《百家譜集鈔》十五卷。王僧孺撰。

王僧孺：字僧孺，東海郯（今山東郯城縣）人。仕梁，入直西省，知撰譜事。梁武帝留意譜籍，詔僧孺改定《百家譜》。其所撰，同范陽張等九族以代雁門解等九姓。其東南諸族别爲一部，不在百家之數。《梁書》卷三三、《南史》卷五九有傳。本志集部尚有其一部著述。兩《唐志》著録王僧孺《百家譜》三十卷，《宋志》無載，亡佚。清王仁俊有輯本。兩《唐志》不載《百家譜集鈔》，亡佚。

《百家譜》二十卷。賈執撰。

賈執：《新唐書》卷一一九載柳芳言，晋賈弼撰《姓氏譜狀》，其孫賈希鏡撰《姓氏要狀》，其曾孫賈執作《姓氏英賢》一百篇，又作《百家譜》，廣王儉、王僧孺之作。兩《唐志》著録賈執《百家譜》五卷，《宋志》無載，亡佚。

《百家譜》十五卷。傅昭撰。

傅昭：字茂遠，北地靈州（今寧夏靈武市）人。仕齊，爲尚書左丞、本州大中正。入梁，累任左民尚書、散騎常侍、金紫光禄大夫等。《梁書》卷二六、《南史》卷六〇有傳。兩《唐志》無載，亡佚。

《百家譜世統》十卷。

不署撰者。兩《唐志》無載，亡佚。

《百家譜鈔》五卷。

不署撰者。兩《唐志》無載，亡佚。

《姓氏英賢譜》一百卷。賈執撰。案：梁有《王司空新集諸州譜》十一卷，又别有《諸姓譜》一百一十六卷，《益州譜》四十卷，《關東關北譜》三十三卷，《梁武帝總集境内十八州譜》六百九十卷，亡。

兩《唐志》著録賈執《姓氏英賢譜》一百卷，《宋志》無載，亡佚。《王司空新集諸州譜》：王司空不知爲何人。《諸姓譜》：不署撰者。似亦出於王司空。《益州譜》《關東關北譜》，亦不署撰者。應記當地譜系。《梁武帝總集境内十八州譜》：《梁書》卷三三載，王僧孺知撰譜事，集《十八州譜》七百一十卷。兩《唐志》著録王僧孺《十八州譜》七百一十二卷，《宋志》無載，亡佚。

《後魏辯宗録》二卷。元暉業撰。

元暉業：字紹遠，魏景穆帝玄孫。歷任司空、太尉，加特進，録尚書事。撰魏蕃王家世，號爲《辯宗録》四十卷，行於世。《魏書》卷一九上、《北齊書》卷二八、《北史》卷一七有傳。兩《唐志》有著録，《宋志》無載，亡佚。

《後魏皇帝宗族譜》四卷。

不署撰者。《魏書》卷七下載，孝文帝太和二十年正月，詔改姓爲元氏。此書當記皇族元氏之宗譜。《新唐志》有著録，《宋志》無載，亡佚。

《魏孝文列姓族牒》一卷。

不署撰者。《魏書》卷一一三載，太和十九年，有詔令穆亮、元儼等詳定北人姓，務令平均。此書記所别姓族之譜牒。兩《唐志》著録《後魏譜》二卷，不知與此有無關係。

《後齊宗譜》一卷。

不署撰者。記齊高祖高歡所建齊王朝之世系。兩《唐志》無載，亡佚。

《益州譜》三十卷。

不署撰者。不知與前所著録已亡之《益州譜》四十卷有無關係。兩《唐志》無載，亡佚。

《冀州姓族譜》二卷。

不署撰者。《舊唐志》著録《冀州譜》七卷，《新唐志》著録《冀州姓族譜》七卷，《宋志》無載，亡佚。

《洪州諸姓譜》九卷。

不署撰者。《舊唐志》著録《洪州譜》九卷，《新唐志》著録《洪州諸姓譜》九卷，《宋志》無載，亡佚。

《吉州諸姓譜》八卷。

不署撰者。兩《唐志》無載，亡佚。

《江州諸姓譜》十一卷。

不署撰者。兩《唐志》無載，亡佚。

《諸州雜譜》八卷。

不署撰者。兩《唐志》無載，亡佚。

《袁州諸姓譜》八卷。

不署撰者。《舊唐志》著録《袁州譜》七卷，《新唐志》著録《袁州諸姓譜》七卷，《宋志》無載，亡佚。

《揚州譜鈔》五卷。

不署撰者。兩《唐志》無載，亡佚。

《京兆韋氏譜》二卷。

不署撰者。《南史》卷五八載，韋鼎自楚太傅孟以下二十餘世，並參論昭穆，作《韋氏譜》七卷。《舊唐志》著録韋鼎等《韋氏譜》十卷，《新唐志》著録韋鼎《韋氏譜》十卷，《宋志》無載，亡佚。

《謝氏譜》一十卷。

不署撰者。《新唐志》著録《謝氏譜》二卷，然列於唐人撰述之間，疑非此書。亡佚。

《楊氏血脉譜》二卷。

不署撰者。兩《唐志》無載，亡佚。

《楊氏家譜狀并墓記》一卷。

不署撰者。兩《唐志》無載，亡佚。

《楊氏枝分譜》一卷。

不署撰者。兩《唐志》無載，亡佚。

《楊氏譜》一卷。

不署撰者。兩《唐志》有著録，《宋志》無載，亡佚。

《北地傅氏譜》一卷。

不署撰者。疑述北地靈州傅昭家譜系。兩《唐志》無載，亡佚。

《蘇氏譜》一卷。

不署撰者。兩《唐志》有著録，《宋志》無載，亡佚。

《述系傳》一卷。姚最撰。

《周書》卷四七僅載姚最撰《梁後略》，未及《述系傳》。兩《唐志》無載，亡佚。

《氏族要狀》十五卷。

不署撰者。《南齊書》卷五二、《南史》卷七二載，賈淵，字希鏡，平陽襄陵（今山西襄汾市）人。希鏡三世傳學，凡十八州士族譜，合百帙，七百餘卷。官至北中郎參軍。撰《姓氏要狀》與《人名書》，並行於世。兩《唐志》著録賈希鏡《姓氏要狀》十五卷，《宋志》無載，亡佚。

《姓苑》一卷。何氏撰。

何氏：應爲何承天。《新唐書》卷一一九載柳芳語，其稱何承天有《姓苑》二篇。兩《唐志》、《崇文總目》、《宋志》著録何承天《姓苑》十卷。《四庫全書總目》無載，亡佚。

《複姓苑》一卷。

不署撰者。述複姓之事。兩《唐志》無載，亡佚。

《齊永元中表簿》五卷。

不署撰者。《舊唐志》著録《永元中表簿》六卷，《新唐志》著録《齊永元中表簿》六卷，《宋志》無載，亡佚。《南史》卷五九載，王僧孺入直文德省，撰起居注、中表簿。中表簿當記皇后族親之世系，屬譜學之支系。

《竹譜》一卷。

不署撰者。兩《唐志》"農家類"著録戴凱之《竹譜》一卷。《郡齋讀書志》卷一二著録《竹譜》一卷，戴凱之撰。曰，凱之字慶預，武昌人。裒輯竹子，四字一讀，有韻，類賦頌。。《四庫全書總目》卷一一五著録《竹譜》一卷，提要稱，舊題著者戴凱之，《百川學海》始言其爲晋人，後人多采之。姚振宗則認爲其當爲劉宋時人。此書現存有百川學海本、廣漢魏叢書本、四庫本等。

《錢譜》一卷。顧烜撰。

顧烜：吴郡吴（今江蘇蘇州市）人。信威臨賀王記事，兼本州五官掾，以儒術知名。見《陳書》卷三〇。兩《唐志》"農家類"著録顧烜《錢譜》一卷，《宋志》"小説類"著録顧烜《錢譜》一卷。《四庫全書總目》無載，亡佚。

《錢圖》一卷。

不署撰者。兩《唐志》無載，亡佚。

右四十一部，三百六十卷。通計亡書，合五十三部，一千二百八十卷。

氏姓之書，其所由來遠矣。《書》稱："别生分類。"[1]《傳》曰："天子建德，因生以賜姓。"[2]周家小史定繫世，辨昭穆，[3]則亦史之職也。秦兼天下，剗除舊迹，[4]公侯子孫，失其本繫。漢初，得《世本》，叙黄帝已來祖世所出。而漢又有《帝王年譜》，後漢有《鄧氏官譜》。晋世，摯虞作《族姓昭穆記》十卷，齊、梁之間，其書轉廣。後魏遷洛，有八氏十姓，[5]咸出帝族。又有三十六族，則諸國之從魏者；九十二姓，世爲部落大人者，並爲河南洛陽人。其中國士人，則第其門閥，有四海大姓、郡姓、州姓、縣姓。[6]及周太祖入關，諸姓子孫有功者，並令爲其宗長，仍撰譜録，紀其所承。又以關内諸州，爲其本望。[7]其《鄧氏官譜》及《族姓昭穆記》，晋亂已亡。自餘亦多遺失。今録其見存者，以爲譜系篇。

[1]别生分類：見《尚書正義》卷三。其《傳》曰，"生，姓也。别其姓族，分其類，使相從"。

[2]傳曰：見《春秋左傳正義》卷四《隱公八年》。

[3]昭穆：古代宗法制度，宗廟或墓地的輩分排列，以始祖居中，二世、四世、六世，位於始祖之左，稱昭；三世、五世、七世，位於始祖之右，稱穆。以昭穆分辨宗族内長幼、親疏、遠近。

[4]剗（chǎn）除：剗，通剷。

[5]八氏：魏獻帝時，魏獻帝與其七兄弟爲八氏。十姓，即八

氏加魏獻帝叔父、疏屬兩支爲十姓。

[6]郡姓：魏晋南北朝時期，以中國士人差第門閥爲之制，區分氏族等級，有甲、乙、丙、丁四等大姓，郡姓、州姓、縣姓皆爲氏族等級之一。參見《新唐書》卷一九九柳芳語。

[7]本望：本門族、郡望。

《七略別録》二十卷。劉向撰。

梁阮孝緒《七録序》曰，“昔劉向校書，輒爲一録，論其指歸，辨其訛謬，隨竟奏上，皆載本書。時又別集衆録，謂之《別録》，即今之《別録》是也”。見《廣弘明集》卷三。兩《唐志》著録劉向《七略別録》二十卷，《宋志》無載，亡佚。清洪頤煊、陶濬宣、馬國翰、王仁俊、姚振宗有輯本。

《七略》七卷。劉歆撰。

《漢書》卷三六載，河平中，劉歆受詔與父劉向領校秘書，父亡，卒父前業。集六藝群書，種別爲《七略》。梁阮孝緒《七録序》曰，漢哀帝使劉歆嗣父前業，歆遂總括群篇，奏其《七略》。見《廣弘明集》卷三。《漢志》稱，劉歆《七略》“有《輯略》，有《六藝略》，有《諸子略》，有《詩賦略》，有《兵書略》，有《術數略》，有《方技略》”。兩《唐志》著録劉歆《七略》七卷，《宋志》無載，亡佚。清洪頤煊、陶濬宣、姚振宗有輯本。

《晋中經》十四卷。荀勖撰。

《晋書》卷三九載，荀勖與張華依劉向《別録》整理記籍，得汲冢中古文竹書，詔荀勖撰次，以爲《中經》列在秘書。梁阮孝緒《七録序》稱，荀勖更著新簿，總以四部別之。《舊唐志》著録荀勖《中書簿》十四卷，《新唐志》著録荀勖《晋中經簿》十四卷，《宋志》無載，亡佚。清王仁俊有輯本。

《晉義熙已來新集目録》三卷。

不署撰者。《舊唐志》著録丘深之《義熙已來雜集目録》三卷，《新唐志》著録丘深之《義熙以來新集目録》三卷。丘深之即丘淵之，字思玄，吴興烏程（今浙江湖州市）人。累任侍中、都官尚書、吴郡太守。見《宋書》卷八一、《南史》卷三五。《宋志》無載，亡佚。

《宋元徽元年四部書目録》四卷。王儉撰。

《南齊書》卷二三載，王儉又撰定《元徽四部書目》。《舊唐志》著録王儉《元徽元年書目》四卷，《新唐志》著録王儉《元徽元年四部書目録》四卷，《宋志》無載，亡佚。

《今書七志》七十卷。王儉撰。

《宋書》卷九載，元徽元年八月，秘書丞王儉表上所撰《七志》三十卷。《舊唐志》著録《今書七志》七十卷，王儉撰，賀縱（或作"蹤"）補；《新唐志》著録王儉《今書七志》七十卷，賀縱補注；《宋志》無載，亡佚。

《梁天監六年四部書目録》四卷。殷鈞撰。

殷鈞：見本書卷三二本志"大序"。《梁書》卷二七載，殷鈞任職秘書丞，啓校定祕閣四部書，更爲目録。兩《唐志》無載，亡佚。

《梁東宫四部目録》四卷。劉遵撰。

劉遵：字孝陵，彭城（今江蘇徐州市）人。起家著作郎。中大通二年，除中庶子。《梁書》卷四一、《南史》卷三九有傳。兩《唐志》無載，亡佚。

《梁文德殿四部目録》四卷。劉孝標撰。

《梁書》卷一四載，天監初，任昉轉秘書監，手自讎校，由是篇目定焉。阮孝緒《七録序》曰，（梁）又於文德殿内别藏衆書，使學士劉孝標等重加校進。見《廣弘明集》卷三。兩《唐志》無載，亡佚。

《七録》十二卷。阮孝緒撰。

《七録序》稱自“總集衆家更爲新録。其方内經史至于術技合爲五録，謂之内篇；方外佛道各爲一録，謂之外篇。凡爲録有七，故名《七録》”。見《廣弘明集》卷三。兩《唐志》有著録，《宋志》無載，亡佚。清王仁俊有輯本。

《魏闕書目録》一卷。

不署撰者。《魏書》卷七下載，太和十九年六月癸丑，詔求天下遺書，祕閣所無、有裨益時用者，加以優賞。兩《唐志》無載，亡佚。

《陳祕閣圖書法書目録》一卷。

不署撰者。兩《唐志》無載，亡佚。

《陳天嘉六年壽安殿四部目録》四卷。

不署撰者。兩《唐志》著録《陳天嘉四部書目》四卷，《宋志》無載，亡佚。

《陳德教殿四部目録》四卷。

不署撰者，兩《唐志》無載，亡佚。

《陳承香殿五經史記目録》二卷。

不署撰者。兩《唐志》無載，亡佚。

《開皇四年四部目録》四卷。

不署撰者。《隋書》卷一載，隋文帝開皇三年三月丁巳，詔購求遺書於天下。《北史》卷七二載，開皇初，牛弘上表請開獻書之路，文帝納之。一二年間，篇籍稍備。兩《唐志》著録牛弘《隋開皇四年書目》四卷，《宋志》無載，亡佚。

《開皇八年四部書目録》四卷。

不署撰者。兩《唐志》無載，亡佚。

《香廚四部目録》四卷。

不署撰者。兩《唐志》著録王劭《隋開皇二十年書目》四卷，或爲此書。

《隋大業正御書目録》九卷。

不署撰者。《資治通鑑》卷一八二載，初西京嘉則殿有書三十七萬卷，煬帝命秘書監柳顧言等詮次，除其複重猥雜，得正御本三萬七千餘卷，納於東都修文殿。此書應是記録這些書的目録。兩《唐志》無載，亡佚。

《法書目録》六卷。

不署撰者。法書，言名人書法。《舊唐志》著録虞和《法書目録》六卷，《新唐志》著録虞龢《法書目録》六卷，《宋志》無載，亡佚。

《雜儀注目録》四卷。

不署撰者。兩《唐志》無載，亡佚。

《雜撰文章家集敘》十卷。荀勖撰。

《舊唐志》著録荀勖《新撰文章家集》五卷，《新唐志》著録荀勖《新撰文章家集敘》五卷，《宋志》無載，亡佚。

《文章志》四卷。摯虞撰。

《晋書》卷五一載，摯虞撰《文章志》四卷。兩《唐志》有著録，《宋志》無載，亡佚。

《續文章志》二卷。傅亮撰。

兩《唐志》有著録，《宋志》無載，亡佚。

《晋江左文章志》三卷。宋明帝撰。

宋明帝：見本書卷三二“易類”。《新唐志》有著録，《宋志》無載，亡佚。

《宋世文章志》二卷。沈約撰。

《梁書》卷一三載，沈約撰《宋文章志》三十卷，《新唐志》著録《宋世文章志》二卷，《宋志》無載，亡佚。

《書品》二卷。

不署撰者。兩《唐志》無載，亡佚。

《名手畫録》一卷。

不署撰者。兩《唐志》無載，亡佚。

《正流論》一卷。

不署撰者。兩《唐志》無載，亡佚。

右三十部，二百一十四卷。

三十部：實際爲二十九部。

古者史官既司典籍，蓋有目録，以爲綱紀，體制堙滅，[1]不可復知。孔子删書，别爲之序，各陳作者所由。韓、毛二《詩》，亦皆相類。漢時劉向《别録》、劉歆《七略》，剖析條流，各有其部，推尋事迹，疑則古之制也。自是之後，不能辨其流别，但記書名而已。博覽之士，疾其渾漫，[2]故王儉作《七志》，阮孝緒作《七録》，並皆别行。大體雖準向、歆，而遠不逮矣。其先代目録，亦多散亡。今總其見存，編爲簿録篇。

[1]堙滅：埋没。

[2]渾漫：混漫、雜亂。

凡史之所記，八百一十七部，一萬三千二百六十四卷。通計亡書，合八百七十四部，一萬六千五百五十八卷。

八百一十七部：實際爲八百零二部。八百七十四部：實際爲八百六十五部。

夫史官者，必求博聞强識，[1]疏通知遠之士，[2]使居其位，百官衆職，咸所貳焉。是故前言往行，無不識也；天文地理，無不察也；人事之紀，無不達也。内掌八柄，以詔王治，外執六典，以逆官政。書美以彰善，記惡以垂戒，範圍神化，[3]昭明令德，窮聖人之至賾，[4]詳一代之亹亹。[5]自史官廢絶久矣，漢氏頗循其舊，班、馬因之。魏、晋已來，其道逾替。[6]南、董之位，[7]以禄貴游；[8]政、駿之司，[9]罕因才授。故梁世諺曰："上車不落則著作，[10]體中何如則秘書。"[11]於是尸素之儔，[12]盱衡延閣之上，[13]立言之士，揮翰蓬茨之下。[14]一代之記，至數十家，傳説不同，聞見舛駁，[15]理失中庸，辭乖體要。[16]致令允恭之德，[17]有闕於典墳，忠肅之才，不傳於簡策。斯所以爲蔽也。班固以《史記》附《春秋》，今開其事類，凡十三種，别爲史部。

[1]强識：很强的記憶力。

[2]疏通：通達。

[3]範圍：規範、概括。

[4]至賾（zé）：至極之精微、深奥。

[5]亹（wěi）亹：勤勉不倦。

[6]逾替：逾通愈，更加衰敗。

[7]南董：南，春秋時齊史官南史；董，晋史官董狐。二人皆以直筆不諱著稱。

[8]以禄貴游：讓無官職的王公貴族擔任史官。

[9]政駿：政，即劉向，字子政；駿，即劉歆，字子駿。

[10]上車不落則著作：登車不下來就是著作郎。

[11]體中何如則秘書：體察其中緣由就是秘書郎。

[12]尸素之儔（chóu）：居官食禄而不管事之輩。

[13]盱（xū）衡：揚眉舉目。

[14]蓬茨：以蓬蒿蓋頂的房屋。

[15]舛駁：雜亂不純。

［16］體要：大體與綱要。

［17］允恭：信實而恭勤。

隋書　卷三四

志第二十九

經籍三子

《晏子春秋》七卷。齊大夫晏嬰撰。

晏嬰：字平仲（《史記索隱》稱謚平，字仲），萊夷維（今山東高密市）人。事齊靈公、莊公、景公，以節儉力行重於齊。《史記》卷六二有傳。劉向《七略别録》曰，“《晏子》蓋短，其書六篇皆忠諫其君，文章可觀，義理可法，皆合六經之義”。《漢志》“諸子略”著録《晏子》八篇，下有班固注，“名嬰，謚平仲，相齊景公，孔子稱善於人交，有列傳”。兩《唐志》著録晏嬰《晏子春秋》七卷，《宋志》著録《晏子春秋》十二卷。《崇文總目》著録《晏子春秋》十二卷，稱，“《晏子》八篇，今亡。此書蓋後人采嬰行事爲之”。《四庫全書總目》卷五七著録《晏子春秋》八卷，稱“舊本題齊晏嬰撰”。又案曰，《晏子》書由後人摭其軼事爲之。雖無傳記之名，實傳記之祖也。清孫星衍則認爲《晏子》非僞書，疑出於齊之《春秋》，成於戰國以後。見《晏子春秋平津館刻本序》。1972 年山東臨沂銀雀山 1 號漢墓出土《晏子春秋》簡本、1977 年安徽阜陽雙古堆漢墓出土《晏子》殘文，證明此書最早可能成於戰國時期，經漢劉向編定，流傳至今。有四卷本、七卷本、八卷本。現存最早的本子爲明刻本，通行本爲四庫本、四部叢刊本、叢書集成本。研究此書之作，有清蘇輿《晏子春秋集校》、民國劉師培《晏子春秋斠補》等。

《曾子》二卷。《目》一卷。魯國曾參撰。

曾參：字子輿，南武城（今山東費縣西南）人。孔子弟子。《史記》卷六七有傳。王應麟稱此書，與弟子“論述立身孝行之要，天地萬物之理”。見《玉海》卷五三。《漢志》著録《曾子》十八篇，兩《唐志》著録曾參《曾子》二卷。《郡齋讀書志》卷一〇著録《曾子》二卷，稱所著録之書，“凡十篇，蓋唐本也，視《漢》亡八篇，視《隋》亡《目》一篇。考其書已見於《大戴禮》，世人久不讀之，文字謬誤爲甚”。《四庫全書總目》卷九二著録《曾子》一卷，宋汪晫編。提要稱汪晫未見宋尚存之唐本《曾子》，故輯爲此書，凡爲十二篇。此書雖内容雜亂，爲例不純，但漢本、唐本已亡，其先賢之佚文緒論，頗可藉以考見，故亦有一定價值。汪晫《曾思二子全書》最早刻本爲明隆慶本。通行本爲四庫本。研究此書之作，有清阮元《曾子注釋》四卷《叙録》一卷、魏源《曾子章句》一卷等。

《子思子》七卷。魯穆公師孔伋撰。

孔伋（jí）：字子思，山東曲阜人，孔子孫。年六十二卒，作《中庸》。見《史記》卷四七《孔子世家》。《漢志》著録《子思》二十三篇，《舊唐志》著録《子思子》八卷，《新唐志》《宋志》《郡齋讀書志》皆著録《子思子》七卷。宋汪晫未見其本，故别作《子思子》一卷。《子思子》七卷本後亡佚。《四庫全書總目》卷九二著録汪晫編《子思子》一卷，提要稱其凡九篇，輕改舊文，編次踳駁，然多先賢格言，故不得廢焉。清有黄以周、馮雲鵷、洪頤煊、顧觀光輯本。現通行本爲四庫本。

《公孫尼子》一卷。尼，似孔子弟子。

公孫尼：班固以爲其爲七十子弟子之一。見《漢志》。《論衡·本性》稱公孫尼子亦論情性，言性有善有惡。《隋書·音樂志》引沈約語，“《樂記》取《公孫尼子》”。此書當有以上内容。《漢志》著録《公孫尼子》二十八篇，兩《唐志》著録《公孫尼子》一卷，《新唐志》不署公孫尼名。《宋志》無載，亡佚。清馬國翰有輯本。

《孟子》十四卷。齊卿孟軻撰，趙岐注。

孟軻：騶（今山東鄒縣東南）人，受業孔子門人。孟軻述唐虞三代之德，不被任用，退而與萬章之徒序《詩》《書》，述仲尼之意，作《孟子》七篇。《史記》卷四七有傳。趙岐：見本書卷三三“雜傳類”。《漢志》著録《孟子》十一篇；兩《唐志》著録孟軻撰《孟子》十四卷，趙岐注；《宋志》著録《孟子》十四卷。袁本《郡齋讀書志》卷一〇著録《孟子》十四卷，稱“按此書韓愈以爲弟子所會集，非軻自作。今考於軻之書，則知愈之言非妄發也”。《直齋書録解題》卷三“語孟類”著録《孟子》十四卷、趙岐《孟子章句》十四卷、孫奭《孟子音義》二卷及《孟子正義》十四卷，實際將《孟子》納入經類，成爲十三經之一。《四庫全書總目》卷三五著録《孟子正義》十四卷，提要曰，“漢趙岐注，其疏則舊本題宋孫奭撰”。又曰，“其疏雖稱孫奭作，而《朱子語録》則謂邵武士人假託，蔡季通識其人……其不出孫奭手，確然可信”。研究《孟子》著作有宋朱熹《孟子集注》、清焦循《孟子正義》、近人楊伯峻《孟子譯注》。現存最早的本子爲宋刻元修本、元岳氏本，皆附孫奭疏，通行本有十三經本、四庫本等。

《孟子》七卷。鄭玄注。

鄭玄：見本書卷三二“易類”。《後漢書》卷三五《鄭玄傳》

開列鄭玄所注諸書，無《孟子注》。兩《唐志》著録鄭玄注《孟子》七卷，《宋志》無載，亡佚。清馬國翰、王仁俊有輯本。

《孟子》七卷。劉熙注。梁有《孟子》九卷，綦毋邃撰，亡。

劉熙：見本書卷三二“禮類”。兩《唐志》著録劉熙注《孟子》七卷，《宋志》無載，亡佚。清王謨、宋翔鳳、馬國翰、黄奭、王仁俊及民國葉德輝有輯本。綦毋邃：見本書卷三三“雜傳類”。兩《唐志》著録綦毋邃注《孟子》七卷，《宋志》無載，亡佚。清馬國翰有輯本。

《孫卿子》十二卷。楚蘭陵令荀况撰。梁有《王孫子》一卷，亡。

荀况：或稱荀卿，趙（包括今山西東部及河南黄河以北部分地區）人。五十歲游學於齊，三爲祭酒，後因被讒，往楚，春申君以爲蘭陵令。推儒、墨道德行事興壞，序列著數萬言而卒。《史記》卷七四有傳。《漢志》著録《孫卿子》三十三篇，《舊唐志》著録荀况《孫卿子》十二卷，《新唐志》著録荀况《荀卿子》十二卷、楊倞注《荀子》二十卷。《直齋書録解題》卷九著録荀况《荀子》二十卷，稱“至楊倞始改爲荀卿”。又著録楊倞《荀子注》二十卷。《四庫全書總目》卷九一著録《荀子》二十卷。《荀子》研究著作有清王念孫《荀子雜誌》八卷《補遺》一卷、俞樾《荀子平議》四卷、王先謙《荀子集解》二十卷、日本信州久保愛《荀子增注》二十卷《補遺》一卷等。現存最早《荀子》楊倞注本有宋刻本，通行本有四庫本、四部叢刊本等。《王孫子》：不署撰者。《漢志》著録《王孫子》一篇，班固注曰，“一曰《巧心》”。兩《唐志》無載，亡佚。清王仁俊、馬國翰有輯本。

《董子》一卷。戰國時，董無心撰。

董無心：戰國時人。《漢志》著録《董子》一篇，班固注，“名無心，難墨子”。《論衡·福虚》“儒家之道董無心，墨家之徒纏子，相見講道”。《舊唐志》著録董無心《董子》二卷，《新唐志》、《宋志》、《郡齋讀書志》、明《世善堂書目》著録董無心《董子》一卷，後無載，亡佚。清馬國翰有輯本。

《魯連子》五卷。《録》一卷。魯連，齊人，不仕，稱爲先生。

魯連：或作魯仲連，齊（今山東境内）人。司馬遷曰，“魯連其指意雖不合大義，然餘多其在布衣之位，蕩然肆意，不詘於諸侯，談説於當世，折將相之權”。《史記》卷八三有傳。《漢志》著録《魯仲連子》十四篇，《舊唐志》著録魯仲連《魯連子》五卷，《新唐志》著録魯仲連《魯連子》一卷，《宋志》著録《魯連子》五卷，後亡佚。清馬國翰、洪頤煊有輯本。

《新語》二卷。陸賈撰。

陸賈：見本書卷三三“雜史類”。《史記》卷九七載，陸賈粗述存亡之徵，凡著十二篇。每奏一篇，高帝未嘗不稱善，號其書曰“新語”。《漢志》著録《陸賈》二十三篇，兩《唐志》、《宋志》“雜家類”著録陸賈《新語》二卷。《郡齋讀書志》《直齋書録解題》無載。《四庫全書總目》卷九一著録《新語》二卷，提要稱舊本題漢陸賈撰。但考其内容以爲，“時代尤相抵牾，其殆後人依託，非賈原本”，並稱其作僞猶在唐代之前。現存最早的本子爲明刻本，通行本有四庫本、四部叢刊本、四部備要本等。

《賈子》十卷。《録》一卷。漢梁太傅賈誼撰。

賈誼：洛陽（今河南洛陽市）人。文帝召以爲博士，一年中即升至太中大夫。因遭詆毁，文帝漸疏遠之，爲梁懷王太傅。懷王墜馬而死，賈誼自傷爲傅無狀，憂傷歲餘而亡。《史記》卷八四、《漢書》卷四八有傳。《漢志》著録《賈誼》五十八篇，《舊唐志》著録賈誼《賈子》九卷，《新唐志》《宋志》“雜家類”著録賈誼《新書》十卷。《直齋書録解題》卷九著録《賈子》十一卷，並稱此書除《過秦論》與《弔湘賦》，餘皆録《漢書》語，其非《漢書》所有者，决非誼本書。《四庫全書總目》卷九一著録賈誼《新書》十卷，提要認爲此書不全真，也不全僞。現存最早的本子爲明弘治刻本，通行本有四庫本、四部叢刊本、四部備要本、叢書集成本等。

《鹽鐵論》十卷。漢廬江府丞桓寬撰。

廬江府丞：漢行政建制爲郡，疑“府”爲“郡”之誤。桓寬：字次公，汝南（包括今河南、安徽部分地區）人。《漢志》著録桓寬《鹽鐵論》六十篇，顔師古注曰，“孝昭帝時，丞相御史與諸賢良文學論鹽鐵事，寬撰次之”。兩《唐志》、《宋志》“雜家類”著録桓寬《鹽鐵論》十卷。《四庫全書總目》卷九一著録桓寬《鹽鐵論》十二卷，提要稱《鹽鐵論》著書之大旨所論皆食貨之事，而言皆述先王、稱六經，故諸史皆列之儒家。明張之象有《鹽鐵論注》十二卷。現存最早的本子爲明初刻本，通行本有四庫本、四部叢刊本、四部備要本、諸子集成本等。

《新序》三十卷。《録》一卷。劉向撰。

劉向：見本書卷三二“尚書類”。《漢書》卷三六載，劉向采傳記行事，著《新序》《説苑》，凡五十篇。《漢志》著録《劉向所序》六十七篇，兩《唐志》著録劉向《新序》三十卷，《宋志》“雜家類”、《崇文總目》、《郡齋讀書志》卷一〇、《直齋書録解題》卷九著録劉向《新序》十卷。《四庫全書總目》卷九一著録《新序》十卷，提要言此本“《雜事》五卷、《刺奢》一卷、《節士》二卷、《善謀》二卷，即曾鞏校定之舊”。現存最早的本子爲宋刻本，通行本有四庫本、四部叢刊本、叢書集成本等。

《説苑》二十卷。劉向撰。

《舊唐志》著録劉向《説苑》三十卷，《新唐志》《宋志》“雜家類”著録劉向《説苑》二十卷。《崇文總目》著録《説苑》五卷，稱此爲劉向“采傳記百家之言，掇其正辭美義，可爲勸戒者，以類相從，爲《説苑》二十篇，今存者五卷”。《郡齋讀書志》卷一〇著録《説苑》二十卷，稱“曾子固校書，自謂得十五篇於士大夫家，與崇文舊書五篇合爲二十篇，又叙之”。《四庫全書總目》卷九一著録劉向《説苑》二十卷。現存最早的本子爲宋刻本，通行本有四庫本、四部叢刊本、四部備要本、叢書集成本等。

《揚子法言》十五卷《解》一卷。揚雄撰，李軌注。梁有《揚子法言》六卷，侯苞注，亡。

揚雄：見本書卷三二“論語類”。李軌：見本書卷三二“易類”。《漢書》卷八七下載，故人時有問雄者，常用法應之，撰以爲十三卷，象《論語》，號曰《法言》。揚雄死後四十餘年，《法言》盛行。《漢志》著録《揚雄所序》三十八篇，班固注曰，“《太玄》十九，《法言》十三，《樂》四，《箴》二”。《舊唐志》著録《揚子法言》十三卷，李軌注；《新唐志》著録李軌注《法言》三卷（“三”前脱“十”）。《直齋書録解題》卷九著録《法言注》十三卷、《音義》一卷，稱此本歷景祐、嘉祐、治平三降詔，更監學、館閣兩制校定，然後頒行。《四庫全書總目》卷九一著録司馬光《法言集註》十卷，此乃司馬光采李軌、柳宗元、宋咸、吴祕四家之説所作。《揚子法言》十三卷，揚雄撰，李軌注。《音義》一卷。現存最早的本子爲宋刻元遞修本，通行本有四部叢刊本、四部備要本、諸子集成本等。侯苞：見本書卷三二“詩類”。《漢書》卷八七下載，侯芭常從雄居，受其《太玄》《法言》。兩《唐志》著録《揚子法言》六卷，疑即此書。《宋志》無載，亡佚。

《揚子法言》十三卷。宋衷注。

宋衷：見本書卷三二“易類”。《日本國見在書目録》著録揚雄《法言》十三卷，兩《唐志》著録宋衷注《法言》十卷，《宋志》著録《揚子法言》十三卷。《四庫全書總目》卷九一有載，“考以自漢以來，有侯芭注六卷，宋衷注十三卷……”後無載，亡佚。

《揚子太玄經》九卷。宋衷注。梁有《揚子太玄經》九卷，揚雄自作章句，亡。

《漢書》卷八七下載，揚雄作《太玄》唯劉歆、范逡敬焉，而桓譚以爲絶倫。陸績曰，“章陵宋仲子爲《太玄》作解詁，失其指歸，休咎之占，靡所取定，雖得文間義説，大體乖矣”。見《全三國文》卷六八。《日本國見在書目録》著録《揚子太玄經》十二卷，宋衷注；《新唐志》著録宋仲孚注《太玄經》十二卷；《宋志》無載，亡佚。清王仁俊有輯本。《四庫全書總目》卷一〇八著録晋范望注《太玄經》十卷。揚雄自作章句：《漢書》卷八七下顔師古注曰，“《玄》中之文雖有章句，其旨深妙，尚不盡存，故解剥離散也”。

《揚子太玄經》十卷。陸績、宋衷注。

陸績：字公紀，吴郡吴（今江蘇蘇州市）人。雖有軍事，著述不廢，作《渾天圖》，注《易》、釋《玄》，皆傳於世。《後漢書》卷三一、《三國志》卷五七有傳。兩《唐志》著録陸績注《揚子太玄經》十二卷，《宋志》著録《玄測》一卷，漢宋衷解，吴陸績釋之（《玄測》乃《太玄經》之一篇）。今亡佚。

《揚子太玄經》十卷。蔡文邵注。梁有《揚子太玄經》十四卷，虞翻注；《揚子太玄經》十三卷，陸凱注；《揚子太玄經》七卷，王肅注，亡。

蔡文邵：生平事迹不詳。《舊唐志》著録《揚子太玄經》十卷，蔡文邵注；《新唐志》著録蔡文邵注《太玄經》十卷；《崇文總目》著録《太玄經》十卷，揚雄撰，蔡文邵注；《宋志》《郡齋讀書志》《直齋書録解題》均無載，亡佚。虞翻：見本書卷三二“易類”。兩《唐志》著録虞翻注《揚子太玄經》十四卷，《宋志》無載，亡佚。陸凱：見本書卷三三“雜傳類”。兩《唐志》無載，亡佚。王肅：見本書卷三二“易類”。《三國志》卷一三載，王肅從宋忠讀《太玄》，而更爲之解。兩《唐志》無載，亡佚。

《桓子新論》十七卷。後漢六安丞桓譚撰。

桓譚：字君山，沛國相（今安徽濉溪縣）人。漢光武帝即位，拜議郎給事中，因極言讖非經，險被誅。出爲六安郡丞，道病卒，時年七十餘。桓譚著書言當世行事二十九篇，號曰《新論》。《後漢書》卷二八上有傳。《論衡·超奇篇》曰，“譚君山作《新論》，論世間事，辯照然否，虚妄之言，僞飾之辭，莫不證定”。兩《唐志》著録桓譚《新論》十七卷，《宋志》無載，亡佚。《説郛》存一卷，清孫馮翼與一脱名者各輯一卷。

《潛夫論》十卷。後漢處士王符撰。梁有王逸《正部論》八卷，後漢侍中王逸撰；《後序》十二卷，後漢司隸校尉應奉撰；《周生子要論》一卷、《録》一卷，魏侍中周生烈撰。亡。

王符：字節信，安定臨涇（今甘肅鎮原縣南）人。有節操，隱居著書三十餘篇，以譏當時失得，不欲章顯其名，故號曰《潛夫論》。《後漢書》卷四九有傳。兩《唐志》、《宋志》著録王符《潛夫論》十卷，《四庫全書總目》卷九一著録《潛夫論》十卷，後漢王符撰。提要稱今本凡三十五篇，合叙録爲三十六篇，蓋猶舊本。又稱“所録入本傳之五篇，其字句與今本多有不同”。現存最早的本子爲明萬曆程榮刻漢魏叢書本，通行本有四庫本、四部叢刊本。又，四部備要本、叢書集成本、諸子集成本，爲清汪繼培箋本。王逸：字叔師，南郡宜城（今湖北宜城市）人。順帝時，爲侍中，著《楚辭章句》行於世。其賦、書論及雜文凡二十一篇。《後漢書》八〇上有傳。兩《唐志》無載，亡佚。清馬國翰有輯本。應奉：字世叔，汝南南頓（今河南項城市）人。著《漢書後序》，多所述載。延熹中，拜從事郎中，後薦爲司隸校尉。黨錮起，以疾自退。《後漢書》卷四八有傳。兩《唐志》無載，亡佚。周生烈：《三國志》卷一三載，魏初徵士燉煌周生烈，亦歷注經傳，頗傳於世。《經典釋文叙録》載周生烈注《左傳》《論語》。兩《唐志》著録《周生烈子》五卷，《宋志》無載，亡佚。清馬國翰、王仁俊輯《周生子要論》各一卷，王澍輯《周生烈子》一卷。

《申鑒》五卷。荀悦撰。

荀悦：見本書卷三三“古史類”。《後漢書》卷六二載，荀悦志在諍言進諫，而謀無所用，乃作《申鑒》五篇。兩《唐志》有著録，《宋志》無載，《直齋書録解題》卷九有載，《四庫全書總目》卷九一著録《申鑒》五卷。明黄省曾注《申鑒》五卷。現存最早的本子爲明正德刻本，通行本有四庫本、四部備要本、諸子集成本等。

《魏子》三卷。後漢會稽人魏朗撰。梁有《文檢》六卷，似後漢末人作，亡。

魏朗：字少英，會稽上虞（今浙江紹興市）人。初辟司徒府，後爲尚書，又出爲河内太守。被黨議，免職歸家。著書數篇，號

《魏子》。《後漢書》卷六七有傳。兩《唐志》著録此書，《舊唐志》作魏朗注（疑有誤）。《宋志》無載，亡佚。馬國翰有輯本。《文檢》：《宋書》卷九八載，元嘉十四年，河西王茂虔獻《文檢》六卷。兩《唐志》無載，亡佚。

《牟子》二卷。後漢太尉牟融撰。

牟融：字子優，北海安丘（今山東安丘市）人。永平十一年爲大司農。章帝即位，爲太尉。建初四年卒。《後漢書》卷二六有傳。《弘明集》有牟融《牟子理惑論》三十七篇，洪頤煊以爲此即《隋志》所載之《牟子》，然其自序中提及“靈帝崩後，天下擾亂”。而牟融死於章帝建初四年，則相距已百餘年，《牟子》非牟融作。見《校刊〈牟子〉序》。《日本國見在書目録》著録《牟子》二卷，後漢太尉牟融撰；兩《唐志》著録牟融《牟子》二卷；《宋志》《四庫全書總目》無載，《子書百家》《平津館叢書》收《牟子》一卷。

《典論》五卷。魏文帝撰。

魏文帝：見本書卷三三“雜傳類”。本書卷三二“小學類”著録《一字石經典論》。兩《唐志》著録魏文帝《典論》五卷，《宋志》無載，亡佚。清黄奭、王仁俊有輯本。

《徐氏中論》六卷。魏太子文學徐幹撰，梁《目》一卷。

徐幹：字偉長，北海（今山東濰坊市）人。爲司空軍謀祭酒掾屬、五官將文學。輕官忽禄，不耽世榮。見《三國志》卷二一。兩《唐志》著録此書，《宋志》“雜家類”著録徐幹《中論》十卷，《郡齋讀書志》卷一〇、《直齋書録解題》卷九著録徐幹《中論》二卷，並稱有二十篇。《四庫全書總目》卷九一著録徐幹《中論》二卷。此書現存最早的本子爲明弘治刻本，通行本有四庫本、四部叢刊本、叢書集成本。

《王子正論》十卷。王肅撰。梁有《去伐論集》三卷，王粲撰，亡。

《新唐志》著録王肅《政論》十卷，《宋志》無載，亡佚。清馬國翰有輯本。王粲：見本書卷三三“雜史類”。兩《唐志》著録王粲《去伐論集》三卷，《宋志》無載，亡佚。清馬國翰有輯本。

《杜氏體論》四卷。魏幽州刺史杜恕撰。梁有《新書》五卷，王基撰；《周子》九卷，吴中書郎周昭撰。亡。

杜恕：字務伯，京兆杜陵（今陝西西安市東南）人。太和中，爲散騎黄門侍郎。出爲幽州刺史，遭彈劾，徙章武，遂著《體論》八篇。《三國志》卷六一有傳。兩《唐志》有著録，《宋志》無載，亡佚。清馬國翰有輯本。王基：見本書卷三二“詩類”。《三國志》卷二七載，王基著《時要論》，以切世事。疑即此書。兩《唐志》無載，亡佚。清馬國翰有輯本。周昭：字恭遠，潁川（今河南禹州市）人。與韋昭、薛瑩、華覈並述《吴書》，後爲中書郎。坐事下獄，伏法。見《三國志》卷五二。兩《唐志》無載，亡佚。清馬國翰有輯本。

《顧子新語》十二卷。吴太常顧譚撰。《通語》十卷，晋尚書左丞殷興撰；《典語》十卷、《典語别》二卷，並吴中夏督陸景撰。亡。

顧譚：字子默，吴郡吴（今江蘇蘇州市）人。從中庶子轉輔正都尉，後加奉車都尉。因被全琮父子所搆，坐徙交州，幽而發憤，著《新言》二十篇。《三國志》卷五二有傳。《舊唐志》著録顧譚《顧子新語》五卷，《新唐志》著録顧譚《顧子新論》五卷，《宋志》無載，亡佚。清馬國翰、王仁俊輯《顧子新言》各一卷。殷興：或作殷基，見本書卷三二“春秋類”。《三國志》卷五二裴注引《文士傳》載，殷基著《通語》數十篇。兩《唐志》著録文禮《通語》十卷，殷興續。《宋志》無載，亡佚。清馬國翰輯殷基《通語》一卷。陸景：字士仁，吴郡吴（今江蘇蘇州市）人。任騎都尉，封毗陵侯，爲中夏督，著書數十篇。見《三國志》卷五八。兩《唐志》著録陸景《典訓》十卷，《宋志》無載，亡佚。清嚴可均、馬國翰各輯《典語》一卷。

《譙子法訓》八卷。譙周撰。梁有《譙子五教志》五卷，亡。

譙周：見本書卷三二“論語類”。《三國志》卷四二載，譙周撰定《法訓》《五經論》《古史考》之屬百餘篇。兩《唐志》有著録，《宋志》無載，亡佚。《説郛》存一卷，清馬國翰、黄奭、王仁俊有輯本。《譙子五教志》：《舊唐志》著録《譙子五教》五卷，《新唐志》著録譙周《五教》五卷，《宋志》無載，亡佚。

《袁子正論》十九卷。袁準撰。梁又有《袁子正書》二十五卷，袁準撰；《孫氏成敗志》三卷，孫毓撰；《古今通論》二卷，王嬰撰；《蔡氏化清經》十卷，松滋令蔡洪撰；《通經》二卷，晋丞相從事中郎王長文撰。亡。

袁準：見本書卷三二“禮類”。《三國志》卷一一裴注引《袁氏世紀》稱，袁準著書十餘萬言，論治世之務，爲《易》《周官》《詩》傳，以傳於世。兩《唐志》著録袁準《袁子正論》二十卷，《宋志》無載，亡佚。清馬國翰、王仁俊有輯本。《袁子正書》：兩《唐志》有著録，《宋志》無載，亡佚。清馬國翰、王仁俊有輯本。孫毓：見本書卷三二“詩類”。兩《唐志》有著録，《宋志》無載，亡佚。清馬國翰、王仁俊有輯本。王嬰：生平事迹不詳。兩《唐志》著録王嬰《古今通論》三卷，《宋志》無載，亡佚。清馬國翰、王仁俊有輯本。蔡洪：字叔開，吴郡（今江蘇境内）人。入晋，爲本州從事，舉秀才，官至松滋令。見《世説新語》卷二注。本志集部尚有其一部著述。兩《唐志》有著録，《宋志》無載，亡佚。清馬國翰、王仁俊有輯本。王長文：字德叡，廣漢郪（今四川三臺縣南）人。州府辟命皆不就。著書四卷，名爲《通玄經》，時人比之以揚雄《太玄》。後由丞相司馬肜引爲從事中郎，終於洛。《晋書》卷八二有傳，又見《華陽國志》卷一一。兩《唐志》無載，亡佚。

《新論》十卷。晋散騎常侍夏侯湛撰。梁有《楊子物理論》十六卷，《楊子大元經》十四卷，並晋徵士楊泉撰；《新論》十卷，晋金紫光禄大夫華譚撰；《梅子新論》一卷。亡。

夏侯湛：字孝若，譙國譙（今安徽亳州市）人。泰始中，除中書侍郎。惠帝即位，爲散騎常侍。著論三十餘篇，别爲一家之言。《晋書》卷五五有傳。本志集部尚有其一部著述。兩《唐志》有著録，《宋志》無載，亡佚。清馬國翰、王仁俊各輯《夏侯子新論》一卷。楊泉：字德淵，吴處士。入晋，徵爲侍中，不就。有《太玄經》四卷、《物理論》十六卷。見《全三國文》卷七五。兩《唐志》著録楊泉《物理論》十六卷，《宋志》無載，亡佚。清有黄奭、王仁俊輯本及孫星衍集校、錢保塘重校本。《楊子大元經》：兩《唐志》著録楊泉《太元經》十四卷，劉緝注；《宋志》無載，亡佚。清馬國翰有輯本。華譚：字令思，廣陵（今江蘇揚州市）人。華譚博學多通，著書三十卷，名曰《辨道》。太興中，轉秘書監，又加散騎常侍，病重，坐免。卒於家，贈光禄大夫，金章紫綬，謚曰胡。《晋書》卷五二有傳。本志集部尚有其一部著述。兩《唐志》有著録，《宋志》無載，亡佚。清馬國翰、王仁俊各輯《華氏新論》一卷。梅子：不知名何。嚴可均以爲即梅陶，字叔真，王敦諮議參軍，又爲尚書，有《新論》一卷。見《全晋文》卷一二八。其説證據不足，待考。兩《唐志》無載，亡佚。清馬國翰輯有

《梅子新論》一卷。

《志林新書》三十卷。虞喜撰。梁有《廣林》二十四卷，又《後林》十卷，虞喜撰；《干子》十八卷，干寶撰；《閎論》二卷，晋江州從事蔡韶撰；《顧子》十卷，晋揚州主簿顧夷撰。亡。

虞喜：見本書卷三二“禮類”。《晋書》卷九一載，虞喜爲《志林》三十篇。兩《唐志》著録虞喜《志林新書》二十卷、《後林新書》十卷，《宋志》無載，亡佚。兩《唐志》不載《廣林》，亡佚。《説郛》存《虞喜志林》一卷，清馬國翰、王仁俊各輯《志林新書》一卷。干寶：見本書卷三二“易類”。兩《唐志》著録干寶《正言》十卷、《立言》十卷，《宋志》無載，亡佚。清馬國翰、王仁俊各輯《干子》一卷。蔡韶：生平事迹不詳。兩《唐志》有著録，《宋志》無載，亡佚。顧夷：見本書卷三二“易類”。兩《唐志》著録顧夷《顧子義訓》十卷，《宋志》無載，亡佚。清馬國翰有輯本。

《要覽》十卷。晋郡儒林祭酒吕竦撰。

吕竦：生平事迹不詳。兩《唐志》著録吕竦《要覽》五卷，《宋志》無載，亡佚。

《正覽》六卷。梁太子詹事周捨撰。梁有《三統五德論》二卷，曹思文撰，亡。

周捨：見本書卷三二“禮類”。兩《唐志》有著録，《宋志》無載，亡佚。曹思文：見本書卷三二“孝經類”。兩《唐志》無載，亡佚。

《諸葛武侯集誡》二卷。

諸葛武侯：即諸葛亮，見本書卷三三“正史類”。《晋書》卷八七載，涼武昭王寫諸葛亮訓誡以勖諸子。本志集部“總集類”著録《諸葛武侯誡》一卷、《女誡》一卷。兩《唐志》著録諸葛亮《集誡》二卷，《宋志》無載，亡佚。

《衆賢誡》十三卷。

不署撰者。本志集部“總集類”著録《衆賢誡集》十卷，兩《唐志》“總集類”著録《衆賢誡集》十五卷，《宋志》無載，亡佚。

《女篇》一卷。

不署撰者。兩《唐志》無載，亡佚。

《女鑒》一卷。

不署撰者。本志集部“總集類”著録《女鑒》一卷，並稱梁有《女訓》十六卷。兩《唐志》無載，亡佚。

《婦人訓誡集》十一卷。

不署撰者。本志集部“總集類”著録《婦人訓誡集》十一卷，並《録》。梁十卷。宋司空徐湛之撰。《舊唐志》“總集類”、《新唐志》“雜傳記類”著録徐湛之《婦人訓誡集》十卷，《宋志》無載，亡佚。

《娣姒訓》一卷。

不署撰者。本志集部“總集類”著録《娣姒訓》一卷，馮少胄撰。《晉書》卷三九有馮少胄傳，然未載其撰《娣姒訓》。兩《唐志》無載，亡佚。

《曹大家女誡》一卷。

曹大家：即班昭，見本書卷三三“正史類序”。《後漢書》卷八四載，班昭作《女誡》七篇，有助内訓。本志集部“總集類”著録《女誡》一卷，曹大家撰。《舊唐志》“儒家類”著録曹大家《女誡》一卷，《新唐志》“雜傳記類”著録曹大家《女誡》一卷，《宋志》“傳記類”著録班昭《女戒》一卷。《後漢書》卷八四收録《女誡》内容，另《説郛》存《女誡》一卷。

《貞順志》一卷。

不署撰者。本志集部“總集類”著録《貞順志》一卷，兩《唐志》無載，亡佚。

右六十二部，五百三十卷。通計亡書，合六十七部，六百九卷。

六十二部：實際爲四十四部。六十七部：經統計亡書爲三十三部，故實際爲七十七部。

儒者，所以助人君明教化者也。聖人之教，非家至而户説，[1]故有儒者宣而明之。其大抵本於仁義及五常之道，[2]黄帝、堯、舜、禹、湯、文、武，咸由此則。《周官》，太宰以九兩繫邦國之人，[3]其四曰儒，是也。其後陵夷衰亂，儒道廢闕。仲尼祖述前代，修正六經，三千之徒，並受其義。至于戰國，孟軻、子思、荀卿之流，宗而師之，各有著述，發明其指。所謂中庸之教，[4]百王不易者也。俗儒爲之，不顧其本，苟欲譁衆，多設問難，[5]便辭巧説，[6]亂其大體，致令學者難曉，故曰“博而寡要”。

[1]家至而户説：挨家挨户宣傳告諭，使得家喻户曉。

[2]五常：有多種説法，一説同五教，即父義、母慈、兄友、弟恭、子孝；二説即五倫，君臣、父子、兄弟、夫婦、朋友之間的五種關係；三説即仁、義、禮、智、信。此應取一説。

[3]以九兩繫邦國之人：見《周禮·天官·太宰》。兩，猶耦也，所以協耦萬民。九兩，諸侯統治百姓的九件事。一曰牧，以地得民；二曰長，以貴得民；三曰師，以賢得民；四曰儒，以道得民；五曰宗，以族得民；六曰主，以利得民；七曰吏，以治得民；八曰友，以任得民；九曰藪，以富得民。

[4]中庸：不偏爲中，不變爲庸。儒家以中庸爲最高道德標準。

[5]問難：詰問駁辯。

[6]便辭：牽强附會，巧爲立説。

《鬻子》一卷。周文王師鬻熊撰。

鬻子：季連之苗裔，爲周師，文王以下問焉。周時封爲楚祖。見《史記》卷四〇、《漢志》。《漢志》“道家”著録《鬻子》二十二篇，班固注曰，“名熊，爲周師，自文王以下問焉，周時封爲楚祖”。又，“小説家”著録《鬻子説》十九篇，班固注曰，“後世所加”。《舊唐志》“小説類”著録鬻熊《鬻子》一卷；《新唐志》“神仙類”著録鬻熊《鬻子》一卷，又著録逄行珪注《鬻子》一卷；《宋志》“雜家”著録《鬻熊子》一卷。《崇文總目》著録《鬻子》一卷，稱《漢志》二十二篇，八篇亡，特存此十四篇。《直齋書録解題》卷九著録《鬻子》一卷，稱《漢志》曰書凡二十二篇，今書十五篇。陸佃所校。又著録《鬻子注》一卷，稱唐鄭縣尉逢（逄）行珪撰。止十四篇，蓋中間以二章合而爲一，故視陸本又少一篇。高似孫《子略》稱，永徽中，逄行珪爲此書作序，凡十篇。《四庫全書總目》卷一一七著録《鬻子》一卷，提要稱今本源於《漢志》“小説家”之《鬻子説》，疑其爲唐以來好事之流仿賈誼所引，撰爲贋本。因流傳已久，存備一家。現存最早唐逄行珪注《鬻子》二卷的本子，爲明正德十年内府刻道藏嘉靖三年重修本，通行本有四庫本、子彙本、墨海金壺本等。

《老子道德經》二卷。周柱下史李耳撰。漢文帝時，河上公注。梁有戰國時河上丈人注《老子經》二卷，漢長陵三老毌丘望之注《老子》二卷，漢徵士嚴遵注《老子》二卷，虞翻注《老子》二卷，亡。

李耳：字伯陽，又稱老子，謚聃，楚苦縣（今河南鹿邑縣）人。周守藏室之史。見周衰，出走至關，爲關令尹喜著書上下篇，言道德之意五千餘言。《史記》卷六三有傳。又載，老萊子亦楚人也，著書十五篇，言道家之用，與孔子同時。司馬遷疑老萊子與老子爲一人。1973 年湖南長沙馬王堆 3 號漢墓出土帛書《老子》甲、乙本，《德經》在前，《道經》在後，與傳世本《老子》在文句上有不少差異，除一些明顯脱誤外，往往勝於今本。河上公：或稱河上丈人。《史記》卷八〇載，河上丈人通《老子》，再傳蓋公，蓋公乃曹參之師。《經典釋文叙録》言河上公作《老子章句》四篇，以授文帝。唐劉知幾稱《老子》無河上公注。見《新唐書》卷一三二。《舊唐志》著録老子《老子》二卷、河上公注《老子》二卷；《新唐志》著録李耳《老子道德經》二卷、河上公注《老子道德經》二卷。《宋志》著録河上公《老子道德經注》一卷；《崇文總目》著録《老子道德經》二卷，李耳撰，河上公注。《四庫全書總目》卷一四六著録《老子注》二卷，提要稱，舊題河上公撰，然“詳其詞旨，不類漢人，殆道流之所依託歟”。現存最早《老子道德經》二卷，題漢河上公章句，爲宋建安虞氏家塾本。通行本有四庫本、四部叢刊本等。毌丘望之：即安丘望之，《後漢書》卷一九注引嵇康《聖賢高士傳》，“安丘望之字仲都，京兆長陵（今陝西咸陽市東）人。少持《老子經》，恬静不求進宦，號曰安丘丈人”。兩《唐志》著録安丘望之《老子章句》二卷，《宋志》無載，亡佚。嚴遵：《漢書》卷七二載，蜀有嚴君平，得百錢足自養，則閉肆下簾而授《老子》，依老子、莊周之指著書十餘萬言。兩《唐志》無載，亡佚。《經典釋文叙録》載《老子》虞翻注二卷，兩《唐志》無載，亡佚。

《老子道德經》二卷。王弼注。梁有《老子道德經》二卷，張嗣注；《老子道德經》二卷，蜀才注。亡。

王弼：見本書卷三二“易類”。《三國志》卷二八載，王弼注《易》及《老子》。《經典釋文叙録》載王弼注《老子》二卷，《日本國見在書目録》著録王弼注《老子》一卷，《舊唐志》著録王弼注《玄言新記道德》二卷，《新唐志》著録王弼注《新記玄言道德》二卷及王肅注《玄言新記道德》二卷，《宋志》著録王弼《老子注》二卷，《崇文總目》著録王弼注《老子》一卷。《四庫全書總目》卷一四六著録王弼《老子注》二卷，提要言此本從明萬曆中華亭張之象刻三經晋注中録出，後有晁説之跋及熊克重刻跋，稱此近世稀有，蓋久而後得之。今通行本爲四庫本、四部備要本、叢書集成本等。張嗣：生平事迹不詳。《經典釋文叙録》載《老子》張嗣注二卷，兩《唐志》無載，亡佚。蜀才：見本書卷三二“易類”。《經典釋文叙録》載《老子》蜀才注二卷，兩《唐志》著録蜀才注《老子》二卷，《宋志》無載，亡佚。

《老子道德經》二卷。鍾會注。梁有《老子道德經》二卷，晋太傅羊祜解釋；《老子經》二卷，東晋江州刺史王尚述注；《老子》二卷，晋郎中程韶集解；《老子》二卷，邯鄲氏注；《老子》二卷，常氏傳；《老子》二卷，孟氏注；《老子》二卷，盈氏注。亡。

鍾會：見本書卷三二“易類”。《經典釋文叙録》載《老子》鍾會注二卷，兩《唐志》著録鍾會注《老子》二卷，《宋志》無載，亡佚。清王仁俊有輯本。羊祜：字叔子，泰山南城（今山東泰安市）人。仕魏爲秘書監，封鉅平子。晋武帝受禪，爲尚書右僕射、衛將軍。病重，舉杜預自代。所著文章及爲《老子》傳，並行於世。《晋書》卷三四有傳。本志集部尚有其著述一部。《經典釋文叙録》載《老子》羊祜《解釋》四卷，兩《唐志》著録羊祜注《老子》二卷、羊祜《老子解釋》四卷，《宋志》無載，亡佚。《經典釋文叙録》載《老子》王尚述二卷，稱其字君曾，琅邪（今山東諸城周邊）人，東晋江州刺史，封杜忠侯。兩《唐志》著録王尚注《老子》二卷，《宋志》無載，亡佚。《經典釋文叙録》載《老子》程韶集解二卷，稱程韶鉅鹿（今河北巨鹿縣）人，東晋郎中，關内侯。兩《唐志》著録程韶集注《老子》二卷，《宋志》無載，亡佚。邯鄲氏：不詳何人。《經典釋文叙録》載《老子》邯鄲氏注二卷，兩《唐志》無載，亡佚。常氏：不詳何人。《經典釋文叙録》載《老子》常氏注二卷，兩《唐志》無載，亡佚。孟氏：或曰即孟康，見本書卷三三“正史”。《經典釋文叙録》載《老子》孟子注二卷，兩《唐志》無載，亡佚。盈氏：不詳何人。本書卷三二“論語類”載梁有盈氏注《論語》十卷，兩盈氏或爲一人。《經典釋文叙録》載《老子》盈氏注二卷，兩《唐志》無載，亡佚。

《老子道德經》二卷、《音》一卷。晋尚書郎孫登撰。

孫登：太原中都（今山西太原市）人。注《老子》，行於世。仕至尚書郎，早卒。見《晋書》卷五六。《經典釋文叙録》載《老子》孫登集注二卷，稱其字仲山。兩《唐志》著録孫登注《老子》二卷，《宋志》無載，亡佚。

《老子道德經》二卷。劉仲融注。梁有《老子道德經》二卷，巨生解；《老子道德經》二卷，晋西中郎將袁真注；《老子道德經》二卷，張憑注；《老子道德經》二卷，釋惠琳注；《老子道德經》

二卷，釋惠嚴注；《老子道德經》二卷，王玄載注。亡。

劉仲融：生平事迹不詳。《新唐志》著録劉仲融注《老子》二卷，《宋志》無載，亡佚。巨生：不詳何人。《經典釋文叙録》載《老子》巨生内解二卷，兩《唐志》無載，亡佚。袁真：字彦仁，陳郡（今河南淮陽縣）人。太和四年冬，爲豫州刺史，以壽陽叛，五年二月死。見《晋書》卷八。《經典釋文叙録》載《老子》袁真注二卷，兩《唐志》著録袁真注《老子》二卷，《宋志》無載，亡佚。張憑：見本書卷三二“論語類”。《經典釋文叙録》載《老子》張憑注二卷，兩《唐志》著録張憑注《老子》二卷，《宋志》無載，亡佚。釋惠琳：見本書卷三二“孝經類”。《經典釋文叙録》載《老子》釋慧琳注二卷，《新唐志》著録僧惠琳注《老子》二卷，《宋志》無載，亡佚。釋惠嚴：俗姓范，豫州（今河南安徽淮南市西）人。十六歲出家，得宋高祖知重，與文帝情好尤密。著《無生滅論》及《老子略注》等。見《高僧傳》卷七。《經典釋文叙録》載《老子》釋慧嚴注二卷，稱其爲陳留人。兩《唐志》著録惠嚴注《老子》二卷，《宋志》無載，亡佚。王玄載：見本書卷三二“孝經類”。《經典釋文叙録》載《老子》王玄載注二卷，兩《唐志》無載，亡佚。

《老子道德經》二卷。盧景裕撰。

盧景裕：見本書卷三二“易類”。《魏書》卷八四載，盧景裕注《周易》《尚書》《孝經》《老子》等。《新唐志》著録盧景裕、梁曠等注《老子》二卷，《宋志》無載，亡佚。

《老子音》一卷。李軌撰。梁有《老子音》一卷，晋散騎常侍戴逵撰，亡。

《新唐志》著録李軌《老子音》一卷，《宋志》無載，亡佚。戴逵：見本書卷三二“論語類”。《經典釋文叙録》載戴逵《老子音》一卷，兩《唐志》無載，亡佚。

《老子》四卷。梁曠撰。

梁曠：《北史》卷三六載，安定梁曠等十二人，並應其選。本部尚有其一部著述。《舊唐志》著録梁曠《老子道德經品》四卷，《新唐志》著録梁曠《道德經品》四卷，《宋志》無載，亡佚。

《老子指歸》十一卷。嚴遵注。

《華陽國志》卷一〇上載，嚴遵授《老》《莊》，著《指歸》，爲道書之宗。《經典釋文叙録》載嚴遵《老子指歸》十四卷，《舊唐志》著録《老子指歸》十四卷，嚴遵志，《新唐志》著録嚴遵《老子指歸》十四卷，兩志又有馮廓《老子指歸》十三卷。《宋志》著録嚴遵《老子指歸》十三卷。《郡齋讀書志》卷一一著録《老子指歸》十三卷，漢嚴遵撰，谷神子注。稱谷神子疑即馮廓。今道藏本《老子指歸》題唐鄭還古注，余嘉錫以爲其即谷神子。《四庫全書總目》卷一四六著録《道德指歸論》六卷，提要稱舊題漢嚴遵撰，此本爲明胡震亨刻。嚴遵書散佚，好事者摭吴澄《道德經註跋》中語，贗托而成，因其言不悖其理，故仍著於録，備道家一説。今存本有秘册彙函本、津逮秘書本、四庫本。

《老子指趣》三卷。毌丘望之撰。

《舊唐志》著録安丘望之《老子道德經指趣》四卷，《新唐志》著録安丘望之《道德經指趣》三卷，《宋志》無載，亡佚。

《老子義綱》一卷。顧歡撰。梁有《老子道德論》二卷，何晏撰；《老子序决》一卷，葛仙公撰；《老子雜論》一卷，何、王等注；《老子私記》十卷，梁簡文帝撰；《老子玄示》一卷，韓壯撰；《老子玄譜》一卷，晋柴桑令劉遺民撰；《老子玄機》三卷，宗塞撰；《老子幽易》五卷，又《老子志》一卷，山琮撰。亡。

顧歡：見本書卷三二“尚書類”。《南齊書》卷五四載，顧歡删撰《老氏》，獻《治綱》一卷。《舊唐志》著録《老子義疏理綱》一卷，《新唐志》著録顧歡《義疏治綱》一卷，疑即此書。《宋志》無載，亡佚。何晏：見本書卷三二“孝經類”。《三國志》卷九載，何晏好老莊言，作《道德論》。《舊志》著録何晏《老子道德論》二卷，《新唐志》著録何晏《道德問》二卷，《宋志》無載，亡佚。葛仙公：丹陽句容（今江蘇句容市）人，葛洪從祖，吴時學道得仙，號曰葛仙公。見《晋書》卷七二。兩《唐志》著録葛洪《老子道德經序訣》二卷，《宋志》無載，亡佚。何王：指何晏、王弼。《世説新語·文學》載，何晏注《老子》始成，訪王弼，見其注《老子》。此書兩《唐志》無載。《郡齋讀書志》卷一一著録《老子略論》一卷，魏王弼撰，凡有十八章。今亡。梁簡文帝：見本書卷三二“詩類”。《梁書》卷四載，簡文帝博綜儒書，善言玄理，著有《老子義》二十卷等。兩《唐志》著録梁簡文帝《老子私記》十卷，《宋志》無載，亡佚。韓壯：生平事迹不詳。《舊唐志》著録韓莊《老子玄旨》八卷，《新唐志》著録韓莊《玄旨》八卷，《宋志》無載，亡佚。劉遺民：《宋書》卷九三載，周續之、陶淵明、劉遺民爲尋陽三隱。《全晋文》卷一四二載，劉遺民即劉程之，字仲思，彭城（今江蘇徐州市）人。爲柴桑令，去職，不應徵命，號曰遺民。有《玄譜》一卷，集五卷。《經典釋文叙録》載劉遺民《玄譜》一卷，《舊唐志》著録劉道人《老子玄譜》一卷。《新唐志》著録劉遺民《玄譜》一卷，“神仙類”又著録劉道人《老子玄譜》一卷，《宋志》無載，亡佚。宗塞：生平事迹不詳。兩《唐志》無載，亡佚。山琮：生平事迹不詳。兩《唐志》無載，亡佚。

《老子義疏》一卷。顧歡撰。梁有《老子義疏》一卷，釋慧觀撰，亡。

《經典釋文叙録》載顧懽《堂誥》四卷，並稱一作《老子義疏》。《舊唐志》著録顧歡《老子道德經義疏》四卷，《新唐志》著録顧歡《道德經義疏》四卷，《宋志》無載，亡佚。慧觀：俗姓崔，清河（今山東淄博市南）人。既善妙佛理，探究老、莊。見《高僧傳》卷七。兩《唐志》無載，亡佚。

《老子義疏》五卷。孟智周私記。

孟智周：生平事迹不詳。《舊唐志》著録孟智周《老子義疏》四卷，《新唐志》著録孟智周《義疏》四卷，《宋志》無載，亡佚。

《老子義疏》四卷。韋處玄撰。

韋處玄：生平事迹不詳。兩《唐志》無載，亡佚。

《老子講疏》六卷。梁武帝撰。

梁武帝：見本書卷三二“易類”。《日本國見在書目録》著録《老子義疏》八卷，梁武帝撰。《舊唐志》著録《老子講疏》六卷，梁武帝撰，又有《老子講疏》四卷，不題撰者。《新唐志》著録梁武帝《講疏》四卷，又《講疏》六卷。《宋志》無載，亡佚。

《老子義疏》九卷。戴詵撰。

戴詵（shēn）：生平事迹不詳。《新唐志》著録戴詵《義疏》六卷，《宋志》無載，亡佚。

《老子節解》二卷。

不署撰者。《經典釋文叙録》載《老子節解》二卷，並稱不詳作者，或云老子所作，一云河上公作。兩《唐志》著録《老子節解》二卷，《宋志》無載，亡佚。

《老子章門》一卷。

不署撰者。兩《唐志》著録《老子章門》一卷，《宋志》無載，亡佚。

《文子》十二卷。文子，老子弟子。《七略》有九篇，梁《七録》十卷，亡。

文子：老子弟子，與孔子同時。《漢志》著録《文子》九篇，班固注曰，“稱周平王問，似依託者也”。兩《唐志》著録《文子》十二卷，《宋志》著録李暹、朱弁（或作玄）、墨布子（或作默希子）各有《文子注》十二卷。《四庫全書總目》卷一四六著録《文子》二卷，提要曰，因《史記・貨殖列傳》有范蠡師計然語，裴駰《集解》有計然姓辛字文子語，北魏李暹即以計然爲文子。《四庫簡明目録》卷一四稱，文子不知其名字，《漢志》衹稱老聃弟子而已，或曰計然，誤也。柳宗元《辨文子》稱，其旨意皆本老子，然考其書，蓋駁書也。明宋濂、胡應麟皆認爲此書爲僞書，但稱其爲唐徐靈符所作，則欠深考。1973 年，河北定縣八角廊村 40 號漢墓出土認定爲《文子》内容的 277 枚竹簡，約有 2790 字，專家認爲此竹簡《文子》原係全書，衹因朽壞殘損，僅存比較連續的一小部分，但也能反映出其與今傳本存在很大差異。《文子》今通行本有四庫本、墨海金壺本等。

《鶡冠子》三卷。楚之隱人。

《漢志》“道家”著録《鶡冠子》一篇，班固注曰，“楚人，居深山，以鶡爲冠”。兩《唐志》著録《鶡冠子》三卷。柳宗元《辨鶡冠子》曰其“盡鄙淺言也”，“吾意好事者僞爲其書，反用《鵩賦》以文飾之，非（賈）誼有所取之，决也”。《崇文總目》稱“唐世嘗辨此書後出，非古所謂《鶡冠子》者”。晁公武、陳振孫皆以爲柳宗元所言有理。見《郡齋讀書志》卷一一、《直齋書録解題》卷九。《四庫全書總目》卷一一七著録《鶡冠子》三卷，提要稱，此書爲十九篇，北宋陸佃解。以劉勰、韓愈頗贊此書，而柳宗元僅憑其言鄙淺，即斷其僞，認爲證據似不充分。此書現存最早的本子爲明正統道藏本，通行本有四庫本、四部叢刊本、四部備要本等。

《列子》八卷。鄭之隱人列禦寇撰，東晋光禄勳張湛注。

列禦寇：鄭之隱人。其他事迹不詳。《漢志》著録《列子》八篇，班固注曰，名圄寇，先莊子，莊子稱之。今傳本卷首有劉向校上奏，稱列禦寇與鄭穆公同時。張湛：字處度，高平（今山東濟寧市西南）人。官至中書侍郎、光禄勳。見《宋書》卷九二、《世説新語》卷二三。兩《唐志》著録列禦寇撰、張湛注《列子》八卷，《宋志》著録張湛注《列子》八卷，袁本《郡齋讀書志》卷一一著録《列子沖虚至德真經》八卷。《四庫全書總目》卷一四六著録《列子》八卷，提要稱舊題周列禦寇撰。據柳宗元《辨列子》語及高似孫《子略》、宋濂所辨，認爲此書非列禦寇自著。其注除張湛外，又有唐殷敬順《釋文》二卷，二者散附此本各句下，已難辨孰張孰殷。《列子》或稱《沖虚至德真經》，傳本衆多，卷數亦不盡相同。現存最早的本子爲宋刻宋元遞修本，通行本有四庫本、四部叢刊本、四部備要本、諸子集成本等。

《莊子》二十卷。梁漆園吏莊周撰，晋散騎常侍向秀注。本二十卷，今闕。梁有《莊子》十卷，東晋議郎崔譔注，亡。

莊子：名周，字子休，蒙（今河南商丘市）人。與梁惠王、齊宣王同時，曾爲漆園小吏。著書十餘萬言，多爲寓言。《史記》卷六三有傳。其事迹又見《經典釋文叙録》。向秀：字子期，河内懷（今河南武陟縣西南）人。爲《莊子》内外篇作解，發明奇趣，振起玄風。爲散騎侍郎，散騎常侍，然在朝不任職。《晉書》卷四九有傳。本志集部尚有其一部著述。本二十卷：因已著録二十卷，此稱“本二十卷”，疑有誤。《莊子》或分内篇、外篇、雜篇。《漢志》著録《莊子》五十二篇。1977 年，安徽阜陽雙古堆 1 號漢墓出土殘簡爲《莊子》雜篇内容；1988 年，湖北江陵張家山 136 號漢墓出土竹簡爲《莊子·盜蹠》部分内容。《莊子》在流傳中又名《南華真經》，其有明正統道藏本。《經典釋文叙録》載，《莊子》向秀注二十卷二十六篇，又稱一作二十七篇，一作二十八篇，並無雜篇。兩《唐志》著録向秀注《莊子》二十卷，《宋志》無載，亡佚。崔譔（zhuàn）：生平事迹不詳。《世説新語·文學》注引《向秀别傳》提及“（秀）唯好《莊子》，聊應崔譔所注，以備遺忘”。《經典釋文叙録》載，《莊子》崔譔注十卷二十七篇，兩《唐志》著録崔譔注《莊子》十卷，《宋志》無載，亡佚。

《莊子》十六卷。司馬彪注。本二十一卷，今闕。

司馬彪：見本書卷三三“正史類”。《晉書》卷八二載，司馬彪注《莊子》，作《九州春秋》。《經典釋文叙録》載，司馬彪注《莊子》二十一卷五十二篇；《日本國見在書目録》著録《莊子》二十一卷，梁漆園吏莊周撰，後漢司馬彪注；兩《唐志》著録司馬彪注《莊子》二十一卷。《宋志》無載，亡佚。清孫馮翼、茆泮林、黄奭、王仁俊有輯本。

《莊子》三十卷、《目》一卷。晉太傅主簿郭象注。梁《七録》三十三卷。

郭象：見本書卷三二“論語類”。《晉書》卷五〇載，郭象以向秀義不傳於世，遂竊以爲己注，乃自注《秋水》《至樂》二篇，又易《馬蹄》一篇，其餘衆篇或點定文句而已。《經典釋文叙録》稱，唯郭象所注，特會莊生之旨，故爲世所貴。又曰，郭象注三十三卷，《内篇》七，《外篇》十五，《雜篇》十一。兩《唐志》、《宋志》著録郭象注《莊子》十卷，《四庫全書總目》卷一四六著録郭象注《莊子》十卷。此書現存最早的本子爲宋刻《南華真經》十卷，通行本有四庫本《莊子注》十卷、四部叢刊本《南華真經》十卷，附陸德明《音義》。

《集注莊子》六卷。梁有《莊子》三十卷，晋丞相參軍李頤注；《莊子》十八卷，孟氏注，《録》一卷。亡。

李頤：字景真，潁川襄城（今河南襄城縣）人。晋丞相參軍，自號玄道子。見《經典釋文叙録》。《叙録》載《莊子》李頤集解三十卷，三十篇，一作三十五篇，爲《音》一篇。兩《唐志》著録李頤《莊子集解》二十卷，《宋志》無載，亡佚。孟氏：不詳何人。《經典釋文叙録》載，《莊子》孟氏注十八卷，五十二篇。兩《唐志》無載，亡佚。

《莊子音》一卷。李軌撰。

《經典釋文叙録》載，《莊子》李軌音一卷，兩《唐志》無載，亡佚。

《莊子音》三卷。徐邈撰。

《莊子集音》三卷。徐邈撰。

徐邈：見本書卷三二“易類”。《經典釋文叙録》載《莊子》徐邈音三卷，兩《唐志》無載，亡佚。《莊子集音》：兩《唐志》無載，亡佚。

《莊子注音》一卷。司馬彪等撰。

《經典釋文叙録》稱，司馬彪爲《莊子音》三卷，《新唐志》著録司馬彪《莊子注音》一卷，《宋志》無載，亡佚。

《莊子音》三卷。郭象撰。梁有向秀《莊子音》一卷。

《經典釋文叙録》載，郭象爲《莊子音》三卷，向秀爲《莊子音》一卷，兩《唐志》無載二書，亡佚。

《莊子外篇雜音》一卷。

不署撰者。兩《唐志》無載，亡佚。

《莊子内篇音義》一卷。

不署撰者。兩《唐志》無載，亡佚。

《莊子講疏》十卷。梁簡文帝撰。本二十卷，今闕。

《梁書》卷四載，簡文帝著有《莊子義》二十卷。兩《唐志》著録梁簡文帝《莊子講疏》三十卷，《宋志》無載，亡佚。

《莊子講疏》二卷。張譏撰，亡。

張譏：見本書卷三二“易類”。《陳書》卷三三載，張譏撰有《莊子内篇義》十二卷，《外篇義》二十卷，《雜篇義》十卷。兩《唐志》無載，亡佚。

《莊子講疏》八卷。

不署撰者。兩《唐志》著録《莊子疏》七卷，《宋志》無載，亡佚。

《莊子文句義》二十八卷。本三十卷，今闕。梁有《莊子義疏》十卷，又《莊子義疏》三卷，宋處士王叔之撰。亡。

不署撰者。兩《唐志》著録陸德明《莊子文句義》，疑即此書。王叔之：字穆仲，琅邪（今山東臨沂市）人。晋宋間處士。見

《全宋文》卷五七。本志集部尚有其一部著述。《經典釋文叙録》載《莊子》王叔之《義疏》三卷。兩《唐志》著録王穆（疑後脱一字）《莊子疏》十卷、《音》一卷，《宋志》無載，亡佚。

《莊子内篇講疏》八卷。周弘正撰。

周弘正：見本書卷三二“易類”。《陳書》卷二四載，周弘正著《莊子疏》八卷，行於世。兩《唐志》無載，亡佚。

《莊子義疏》八卷。戴詵撰。

兩《唐志》無載，亡佚。

《南華論》二十五卷。梁曠撰，本三十卷。

《舊唐志》“道家類”、《新唐志》“神仙類”著録梁曠《南華仙人莊子論》三十卷，《宋志》無載，亡佚。

《南華論音》三卷。

不署撰者。兩《唐志》無載，亡佚。

《莊成子》十二卷。梁有《蹇子》一卷，今亡。

不署撰者。兩《唐志》無載，亡佚。《蹇子》：不署撰者。兩《唐志》無載，亡佚。

《玄言新記明莊部》二卷。梁澡撰。

梁澡：生平事迹不詳。兩《唐志》無載，亡佚。

《守白論》一卷。

不署撰者。姚振宗以爲此書即屬“名家類”之《公孫龍子》，然證據不足，姑備一説。

《任子道論》十卷。魏河東太守任嘏撰。梁有《渾輿經》一卷，魏安成令桓威撰，亡。

任嘏（jiǎ）：字昭先，樂安博昌（今山東博興縣南）人。文帝時爲黄門侍郎，後累遷東郡、趙郡、河東郡太守。著書三十八篇，凡四萬餘言。見《三國志》卷二七裴注。兩《唐志》有著録，《宋志》無載，亡佚。清馬國翰有輯本。桓威：下邳（今江蘇邳州市）人，十八歲著《渾輿經》，官至安成令。見《三國志》卷二一。兩《唐志》著録姮威《渾輿經》一卷，姚振宗以爲宋本《隋志》避諱，以訛傳訛，致"桓"誤爲"姮"。《宋志》無載，亡佚。清馬國翰有輯本，《全三國文》卷三五有輯文。

《唐子》十卷。吴唐滂撰。梁有《蘇子》七卷，晋北中郎參軍蘇彦撰；《宣子》二卷，晋宜城令宣舒撰；《陸子》十卷，陸雲撰。亡。

唐滂：字惠潤，丹陽（今江蘇丹陽市）人。見馬國翰《玉函山房輯本序》。兩《唐志》著録唐滂《唐子》十卷，《宋志》無載，亡佚。清馬國翰有輯本。蘇彦：生平事迹不詳。兩《唐志》著録蘇彦《蘇子》七卷，《宋志》無載，亡佚。清馬國翰有輯本，《全晋文》卷一三八有輯文。宣舒：或作宣聘，字幼驥，陳郡（今河南淮陽縣）人，晋宜城令，作《通知來藏往論》。見《經典釋文叙録》。兩《唐志》著録宣聘《宣子》二卷，《宋志》無載，亡佚。陸雲：字士龍，吴郡（今江蘇蘇州市）人。少與兄陸機齊名，號曰"二陸"。爲尚書郎、太子中舍人、中書侍郎。陸機兵敗，被殺。所著文章若干篇，又撰《新書》十篇，並行於世。《晋書》卷五四有傳。本志集部尚有其一部著述。兩《唐志》著録陸雲《陸子》十卷，《宋志》無載，亡佚。清馬國翰、王仁俊有輯本。

《杜氏幽求新書》二十卷。杜夷撰。

杜夷：字行齊，廬江灊（今安徽霍山縣）人。閉門授徒，累辭徵辟。元帝爲丞相以爲儒林祭酒，又除國子祭酒。著《幽求子》二十篇，行於世。《晋書》卷九一有傳。《日本國見在書目録》著録《幽求子》廿卷，杜夷撰；《舊唐志》“道家類”、《新唐志》“神仙類”著録杜夷《幽求子》三十卷。《宋志》無載，亡佚。清王仁俊有輯本。

《抱朴子内篇》二十一卷、《音》一卷。葛洪撰。梁有《顧道士新書論經》三卷，晋方士顧谷撰，亡。

葛洪：見本書卷三二“禮類”。《晋書》卷七二載，葛洪自號抱朴子，並以此名其書。此書序稱，“故予所著子言黄白之事，名曰《内篇》，其餘駁難通釋，名曰《外篇》，大凡内外一百一十六篇”。兩《唐志》著録葛洪《抱朴子》二十卷，《宋志》“雜家類”著録葛洪《抱朴子》二十卷。《四庫全書總目》卷一四六著録《抱朴子内外篇》八卷，提要稱《内篇》論神仙吐納符録剋治之術，純爲道家之言。《抱朴子》有多種卷數本流傳，現存最早的本子爲明正統道藏本，通行本有四庫本、四部叢刊本、諸子集成本等。另，清王仁俊輯《抱朴子》一卷，《全晋文》卷一一六、一一七輯《抱朴子》佚文數條。顧谷：生平事迹不詳。《舊唐志》著録顧谷《顧道士論》二卷，《新唐志》著録顧谷《顧道士論》三卷，《宋志》無載，亡佚。

《孫子》十二卷。孫綽撰。

孫綽：見本書卷三二“論語類”。兩《唐志》著録孫綽《孫子》十二卷，《宋志》“雜家類”著録孫綽《孫綽子》十卷。《直齋書録解題》卷一〇著録《孫子》十卷，稱“恐依託”。後亡佚。清馬國翰、王仁俊有輯本，《全晋文》卷六二有輯文。

《符子》二十卷。東晋員外郎符朗撰。梁有《賀子述言》十卷，宋太學博士賀道養撰；《少子》五卷，齊司徒左長史張融撰。梁有《養生論》三卷，嵇康撰；《攝生論》二卷，晋河内太守阮侃撰；《無宗論》四卷，《聖人無情論》六卷。亡。

符朗：又作苻朗，字元達，鄴（今河北臨漳縣西）人。苻堅從兄子。拜鎮東將軍、青州刺史，封樂安男。降晋數年後，因王國寶誣陷而被殺。著《苻子》數十篇，行於世。《晋書》卷一一四有傳。《日本國見在書目録》著録《苻子》六卷，苻朗撰。兩《唐志》著録苻朗《苻子》三十卷，《宋志》無載，亡佚。清馬國翰、王仁俊有輯本，《全晋文》卷一五二有輯文。賀道養：見本書卷三二“春秋類”。兩《唐志》著録賀道養《賀子》十卷，《宋志》無載。亡佚。張融：字思光，吴郡吴（今江蘇蘇州市）人。仕宋，爲中書郎。入齊，累遷黄門郎、司徒左長史。自名集爲《玉海》，行於世。《南齊書》卷四一、《南史》卷三二有傳。本志集部尚有其一部著述。又《弘明集》卷一一曰，“張融乃著通源之論，其名《少子》”。兩《唐志》無載，亡佚。清馬國翰有輯本，《全齊文》卷一五有輯文。嵇康：見本書卷三二“春秋類”。《晋書》卷四九載，嵇康著《養生論》。兩《唐志》無載，亡佚。《全三國文》卷四八有輯文。阮侃：字德如，尉氏（今河南尉氏縣）人。與嵇康爲友，官至河内太守。見《世説新語・賢媛》。兩《唐志》無載，亡佚。《無宗論》《聖人無情論》皆不署撰者，兩《唐志》皆不載，亡佚。

《夷夏論》一卷。顧歡撰。梁二卷。梁又有《談衆》三卷，亡。

《南齊書》卷五四載，佛道兩家，立教既異，學者互相非毁，顧歡著《夷夏論》。兩《唐志》著録顧歡《夷夏論》二卷，《宋志》無載，亡佚。《全齊文》卷二二有輯文。《談衆》：不署撰者，兩

《唐志》無載，亡佚。

《簡文談疏》六卷。晋簡文帝撰。

晋簡文帝：司馬昱，字道萬，河内温（河南温縣）人。廟號太宗。《晋書》卷九有傳。兩《唐志》無載，亡佚。

《無名子》一卷。張太衡撰。

張太衡：生平事迹不詳。《舊唐志》“道家類”、《新唐志》“神仙類”著録張太衡《無名子》一卷，《宋志》無載，亡佚。

《玄子》五卷。

不署撰者。《北齊書》卷二九、《北史》卷三三載，李公緒撰《玄子》五卷。疑即此書。兩《唐志》無載，亡佚。

《遊玄桂林》二十一卷、《目》一卷。張譏撰。

本書卷三二“論語類”著録張譏《遊玄桂林》九卷。此爲重出。

《廣成子》十三卷。商洛公撰，張太衡注。疑近人作。

商洛公：生平事迹不詳。《舊唐志》著録商洛公《廣成子》十二卷；《新唐志》著録商洛公《廣成子》十二卷，張太衡注。《宋志》無載，亡佚。

右七十八部，合五百二十五卷。

七十八部：實際五十六部，又有四十八部亡書。

道者，蓋爲萬物之奥，聖人之至賾也。[1]《易》曰：“一陰一陽之謂道。”又曰：“仁者見之謂之仁，智者見之謂之智，百姓日用而不知。”[2]夫陰陽者，天地之謂也。天地變化，萬物蠢生，[3]則有經營之迹。至於道者，精微淳粹，而莫知其體，處陰與陰爲一，在陽與陽不二。仁者資道以成仁，道非仁之謂也；智者資道以爲智，道非智之謂也；百姓資道而日用，而不知其用也。聖人體道成性，清虚自守，爲而不恃，[4]長而不宰，[5]故能不勞聰明而人自化，[6]不假修營而功自成。[7]其玄德深遠，[8]言象不測。[9]先王懼人之惑，置于方外，[10]六經之義，是所罕言。《周官》九兩，其三曰師，[11]蓋近之矣。然自黄帝以下，聖哲之士，所言道者，傳之其人，世無師説。漢時，曹参始薦蓋公能言黄、老，[12]文帝宗之。[13]自是相傳，道學衆矣。下士爲之，[14]不推其本，苟以異俗爲高，狂狷爲尚，[15]迂誕譎怪而失其真。[16]

[1]賾（zé）：精微、深奥。

[2]此段見《易·繫辭上》第五章，言陰陽對立轉化稱爲道，仁者以道爲仁，智者以道爲智，百姓平時用道而不知道。

[3]蠢生：蠢，蟲蠕動狀。萬物像蟲蠕動般地萌動生長。

[4]恃（shì）：依賴、憑藉。

[5]長（zhǎng）而不宰：位高而不主宰。

[6]聰明：明智、聰察。

[7]修營：治理、營求。

[8]玄德：指自然無爲的素質。即“爲而不恃，長而不宰”。

[9]象：形狀、象貌。

[10]方外：世俗之外。

[11]其三曰師：九兩之第三曰師，其以賢德民。謂諸侯以下立教學之官爲師氏，以有三德、三行，使學子歸之。

［12］曹參：見本書卷三二“大序”。蓋公：見本書卷三二“大序”。

［13］文帝：劉恒，漢高祖之子。高祖平代，立爲代王。周勃、陳平等平諸吕亂，迎立爲帝。在位二十三年，主張清静無爲，與民休息，經濟發展，政治穩定。《史記》卷一〇、《漢書》卷四有紀。

［14］下士：最差一等的人。

［15］狂狷（juàn）：激進與拘謹保守。

［16］迂誕：荒唐至出於事理之外。譎（jué）怪：奇異怪誕。

《管子》十九卷。齊相管夷吾撰。

管夷吾：《史記》稱管仲夷吾，韋昭曰，夷吾姬姓之後，管嚴之子敬仲也。劉向稱其名夷吾，號仲父，潁上（今安徽潁上縣）人。管仲事齊公子糾，小白立爲桓公，管仲被囚。鮑叔牙薦管仲，被采納。桓公以霸，九合諸侯，一匡天下，得益於管仲。《史記》卷六二有傳。劉向稱《管子》定著八十六篇。《漢志》“道家”著録《管子》八十六篇；《日本國見在書目録》著録《管子》廿一卷，齊相管夷吾撰；《舊唐志》著録管夷吾《管子》十八卷；《新唐志》著録管仲《管子》十九卷，尹知章注《管子》三十卷；《宋志》著録齊管夷吾《管子》二十四卷，尹知章注《管子》十九卷。《直齋書録解題》卷一〇著録《管子》二十四卷，唐房玄齡注。衢本《郡齋讀書志》卷一一著録《管子》二十四卷，引杜佑《指略序》語，“唐房玄齡注，其書載管仲將没，對桓公之語，疑後人續之。而注頗淺陋，恐非玄齡，或云尹知章也”。《四庫全書總目》卷一〇一著録《管子》二十四卷，提要稱劉恕《通鑑外紀》引傅玄語，“管仲之書過半便是後之好事所加，乃説管仲死後事，《輕重篇》尤復鄙俗”。《葉水心集》亦曰，《管子》非一人之筆，亦非一時之書。劉向所校本八十六篇，今亡十篇。研究《管子》之作有明劉績《管子補注》，清俞樾《管子平議》、戴望《管子校正》，近人郭沫若《管子集校》等。現存最早的宋刻本題唐房玄齡注《管子》二十四卷。通行本題房玄齡注者有四庫本、四部叢刊本，題房玄齡注、劉績補注者有四部備要本，題尹知章注、戴望校正者有諸子集成本。

《商君書》五卷。秦相衛鞅撰。梁有《申子》三卷，韓相申不害撰，亡。

衛鞅：衛之庶出公子，名鞅，姓公孫氏，其祖本姬姓。西入秦，孝公以爲左庶長，定變法之令，秦富强。封鞅於商，號爲商君。秦惠王即位，以謀反攻鞅，車裂商君以徇。《史記》卷六八有傳。《漢志》著録《商君》二十九篇；《日本國見在書目録》著録《商君書》三卷，秦相衛鞅撰；《舊唐志》著録商鞅《商子》五卷；《新唐志》著録商鞅《商君書》五卷，注曰或作《商子》；《宋志》著録衛公孫鞅《商子》五卷。《郡齋讀書志》卷一一著録《商子》五卷，稱此書本二十九篇，今亡者三篇。《四庫全書總目》卷一〇一著録《商子》五卷，提要稱此書目凡二十有六，似即晁氏之本，然其中第十六篇、第二十一篇，又皆有録無書，則並非宋本之舊。《古今僞書考》引周氏《涉筆》"商鞅書亦多附會後事，似取他辭，非本所論著也"。研究《商君書》之作有明楊慎評《商子》二卷，清俞樾《商子平議》一卷。此書現存最早的本子爲明天一閣本、漢魏叢書本，通行本有四庫本、四部叢刊本、叢書集成本等。申不害：京（今河南滎陽市東南）人，韓昭侯用爲相，十五年國治兵强，無侵韓者。其學本於黄、老而主刑名，著書二篇，號曰《申子》。《史記》卷六三有傳。《漢志》著録《申子》六篇，兩《唐志》著録申不害《申子》三卷，《宋志》無載，亡佚。清馬國翰、王仁俊有輯本。

《慎子》十卷。戰國時處士慎到撰。

慎到：趙（今河北、山西部分地區）人。學黄、老道德之術，因發明序其指意，著十二論。《史記集解》引徐廣曰，“今《慎子》，劉向所定，有四十一篇”。見《史記》卷七四。《漢志》著録《慎子》四十二篇。兩《唐志》著録慎到《慎子》十卷，滕輔注，《宋志》著録慎到《慎子》一卷。《直齋書録解題》卷一〇著録《慎子》一卷，稱“今麻沙刻本纔五篇，固非全書也”。《四庫全書總目》卷一一七著録《慎子》一卷，提要稱此書雖亦分五篇，而文多删削，又非陳振孫之所見，蓋明人捃拾殘剩，重爲編次。此書現存最早的本子爲明萬曆慎氏耕芝館刻本，通行本有四庫本、叢書集成本、四部備要本等。

《韓子》二十卷、《目》一卷。韓非撰。梁有《朝氏新書》三卷，漢御史大夫鼂錯撰，亡。

韓非：韓之諸公子，喜刑名法術之學，而其歸本於黄、老。善著書，作《孤憤》《五蠹》《説林》《説難》等，十餘萬言。使秦，遭李斯忌，終死於秦。《史記》卷六三有傳。《漢志》著録《韓子》五十五篇，《日本國見在書目録》著録《韓子》十卷，兩《唐志》、《宋志》著録韓非《韓子》二十卷。《四庫全書總目》卷一〇一著録《韓子》二十卷，提要稱韓非所著書，本各自爲篇，非死後，其徒收拾編次，以成一帙，名爲非撰，實非其所手定。研究《韓子》之作有宋謝希深注《韓非子》，清俞樾《韓非子平議》、王先慎《韓非子集解》等。此書現存最早的本子爲清初錢曾影抄宋本，通行本有四庫本、四部叢刊本、四部備要本等。鼂錯：又作晁錯、朝錯，潁川（今河南禹州市）人。以文學爲太常掌故，太常遣其從伏生受《尚書》。景帝即位，爲御史大夫。主張削藩，遭諸侯反對，吴楚七國反，鼂錯被誅。《史記》卷一〇一、《漢書》卷四九有傳。《漢志》著録《鼂錯》三十一篇，《舊唐志》著録晁錯《晁氏新書》三卷，《新唐志》著録晁錯《晁氏新書》七卷，《宋志》無載，亡佚。清馬國翰有輯本。

《正論》六卷。漢大尚書崔寔撰。梁有《法論》十卷，劉邵撰；《政論》五卷，魏侍中劉廙撰；《阮子正論》五卷，魏清河太守阮武撰。亡。

崔寔：字子真，一名台，字元始，涿郡安平（今河北安平縣）人。桓帝初，除爲郎，明於政體，論當世便事數十條，名曰《政論》。梁冀被誅，遭禁錮數年。後召拜尚書，稱疾不視事。所著碑、論、詞、表等凡十五篇。《後漢書》卷五二有傳。《舊唐志》著録崔寔《崔氏政論》五卷，《新唐志》著録崔寔《崔氏政論》六卷，《宋志》無載，清馬國翰、王仁俊有輯本，《全後漢文》有輯文。劉邵：又作劉劭，見本書卷三二“孝經類”。《三國志》卷二一載，劉劭撰述《法論》《人物志》之類百餘篇。《舊唐志》著録劉邵《劉氏法言》十卷，《新唐志》著録劉邵《劉氏法論》十卷，《宋志》無載，亡佚。劉廙（yì）：字恭嗣，南陽安衆（今河南南陽市）人。魏國初建，爲黄門侍郎，著書數十篇，傳於世。文帝即位，爲侍中，賜爵關内侯。《三國志》卷二一有傳。《舊唐志》著録劉廙《劉氏正論》五卷，《新唐志》著録劉廙《劉氏政論》五卷，《宋志》無載，亡佚。清馬國翰、嚴可均、王仁俊有輯本。阮武：字文業，陳留尉氏（今河南尉氏縣）人。官至清河太守。著書十八篇，謂之《阮子》，終於家。見《三國志》卷一六、《世説新語·賞譽》注。《舊唐志》著録阮武《阮子正論》五卷，《新唐志》著録阮武《阮子政論》五卷，《宋志》無載，亡佚。清馬國翰有輯本，《全三國文》卷四四有輯文。

《世要論》十二卷。魏大司農桓範撰。梁有二十卷。又有《陳子要言》十四卷，吴豫章太守陳融撰；《蔡司徒難論》五卷，晋三公令史黄命撰。亡。

桓範：字元則。建安末，入丞相府。延康中，與王象等典集《皇覽》。正始中，拜大司農。嘗抄撮《漢書》中諸雜事，自以竟斟酌之，名曰《世要論》。見《三國志》卷九注。《舊唐志》著録桓範《桓氏代要論》十卷，《新唐志》著録桓範《桓氏世要論》十二卷，《宋志》無載，亡佚。清馬國翰、嚴可均、王仁俊有輯本。陳融：陳國（今河南境内）人。見《三國志》卷五七。兩《唐志》著録陳融《陳子要言》十四卷，《宋志》無載，亡佚。清馬國翰、王仁俊有輯本。黄命：生平事迹不詳。兩《唐志》不載其書，亡佚。

右六部，合七十二卷。

另有亡書七部。

法者，人君所以禁淫慝，[1]齊不軌，而輔於治者也。《易》著"先王明罰飭法"，[2]《書》美"明于五刑，[3]以弼五教"[4]。《周官·司寇》"掌建國之三典，[5]以佐王刑邦國，詰四方"；[6]《司刑》"以五刑之法，麗萬民之罪"，[7]是也。刻者爲之，[8]則杜哀矜，[9]絶仁愛，欲以威劫爲化，[10]殘忍爲治，乃至傷恩害親。

[1]淫慝（tè）：邪惡不正。

[2]此句見《易·噬嗑》，"雷電，噬嗑。先王以明罰敕法"。飭，告誡。先王因此明察刑罰，修正法律。

[3]五刑：此當指古代墨、劓、剕、宫、大辟五刑。

[4]弼：輔助。五教：父義、母慈、兄友、弟恭、子孝。此段見《尚書·大禹謨》，闡明五刑，輔助五教。

[5]三典：輕典、中典、重典。刑新國以輕典，刑平國以中典，刑亂國以重典。

[6]詰：謹也。此段見《周禮·秋官·大司寇》。

[7]麗：通罹，遭遇。此句見《周禮·秋官·司刑》，其作“掌五刑之法，以麗萬民之罪”。

[8]刻者：苛刻之人。

[9]杜：杜絶。哀矜，哀憐。

[10]威劫：威逼、脅迫。化，改變。

《鄧析子》一卷。析，鄭大夫。

鄧析：鄭（河南境内）人。數難子産之治，改鄭所鑄舊制。見《春秋左氏傳·定公九年》、劉向《鄧析子書録》。《漢志》著録《鄧析》二篇。《日本國見在書目録》著録《鄧析子》一卷，鄭大夫鄧析撰。兩《唐志》著録鄧析《鄧析子》一卷，《宋志》著録《鄧析子》二卷。《郡齋讀書志》卷一一著録《鄧析子》二卷，稱此書“其間時勦取他書，頗駁雜不倫，豈後人附益之歟”。《四庫全書總目》卷一〇一著録《鄧析子》二卷，提要以爲此書“或篇章殘缺，後人摭《莊子》以足之歟”。此書現存最早的本子爲明刻本，通行本有四庫本、四部叢刊本、四部備要本等。

《尹文子》二卷。尹文，周之處士，游齊稷下。

尹文：出於周之尹氏。齊宣王時居稷下，學於公孫龍。公孫龍稱之，著書一篇。見《尹文子序》。《漢志》著録《尹文子》一篇，班固注曰，説齊宣王，先公孫龍。《舊唐志》著録尹文子《尹文子》二卷，《新唐志》著録《尹文子》一卷。《四庫全書總目》卷一一七著録《尹文子》一卷，提要稱，其言出入於黄老、申韓之間。周氏《涉筆》指出今傳《尹文子》内容矛盾，《尹文子序》的作者亦非仲長統。近人馬叙倫、顧實則明確指出《尹文子》詞説不類戰國時文，其爲魏晋間人所依託。見《漢書藝文志講疏》。此書現存最早本子爲明正統十年内府刻道藏本，通行本有四庫本、四部叢刊本、四部備要本、諸子集成本等。

《士操》一卷。魏文帝撰。梁有《刑聲論》一卷，亡。

姚振宗以爲，魏武帝諱操，其子文帝豈能以“操”名書，此必《士品》之誤。本書卷三三“雜傳類”著録《海内士品》，可參見。兩《唐志》此類著録魏文帝《士操》一卷。“雜傳類”著録魏文帝《海内士品録》二卷，疑即此書，此著録應爲重出。《刑聲論》：不署撰者，兩《唐志》無載，亡佚。

《人物志》三卷。劉卲撰。梁有《士緯新書》十卷，姚信撰，又《姚氏新書》二卷，與《士緯》相似；《九州人士論》一卷，魏司空盧毓撰；《通古人論》一卷。亡。

《三國志》卷二一載，劉劭撰《人物志》；《魏書》卷五二載，劉昞注《人物志》，行於世。兩《唐志》著録劉卲《人物志》三卷，又有劉卲《人物志》三卷，劉炳（疑“昞”之誤）注；《宋志》著録劉卲《人物志》二卷。《四庫全書總目》卷一一七著録《人物志》三卷，劉卲撰，劉昞注。提要稱昞注不涉訓詁，惟疏通大義。此書現存最早的本子爲明隆慶六年刻本，通行本有四庫本、四部叢刊本、四部備要本等。姚信：見本書卷三二“易類”。兩《唐志》著録姚信《士緯》十卷，《宋志》無載，亡佚。清馬國翰有輯本。《姚氏新書》：疑亦姚信所作。兩《唐志》無載，亡佚。盧毓：字子家，涿郡涿（今河北涿州市）人，魏國初建，爲吏部郎中。青龍二年，爲吏部尚書，賜爵關内侯。正元三年，因疾病遜位，遷爲司空，進爵封容城侯。《三國志》卷二二有傳。兩《唐志》著録盧毓《九州人士論》一卷，《宋志》無載，亡佚。《通古人論》：不署撰者。兩《唐志》無載，亡佚。

右四部，合七卷。

另有亡書五部。

名者，所以正百物，叙尊卑，列貴賤，各控名而責實，無相僭濫者也。[1]《春秋傳》曰："古者名位不同，節文異數。"[2]孔子曰："名不正則言不順，言不順則事不成。"[3]《周官·宗伯》"以九儀之命，正邦國之位"，[4]"辨其名物之類"，[5]是也。拘者爲之，則苛察繳繞，[6]滯於析辭而失大體。

［1］僭濫：越分之事泛濫。

［2］此段見《春秋左氏傳·莊公十八年》。其文作"王命諸侯，名位不同，禮亦異數，不以禮假人"。即名號地位不同，禮儀亦有不同等級。

［3］此段見《論語·子路》。

［4］此段見《周禮·大宗伯》。九儀，周代對九種命官的授命儀式。

［5］此句見《周禮·小宗伯》。其文作"辨其物，而頒之於五官"。

［6］繳繞：糾纏煩瑣。

《墨子》十五卷、《目》一卷。宋大夫墨翟撰。

墨翟：魯（今山東境内）人，在孔子後。劉向曰，墨子在七十子後。宋大夫，作書七十一篇。見《史記》卷七四、《吕氏春秋·當染》高誘注。《史記》卷一三〇司馬談論六家之要指曰，"墨者，儉而難遵，是以其事不可遍循；然其彊本節用，不可廢也"。《漢志》著録《墨子》七十一篇，兩《唐志》、《宋志》著録墨翟《墨子》十五卷。《直齋書録解題》卷一〇著録《墨子》三卷，稱《館閣書目》有十五卷六十一篇，多訛誤，不相聯屬。又二本，止存十三篇，當是此本。宋濂《諸子辨》所辨《墨子》亦三卷十三篇。畢沅《墨子校注序》曰，"《墨子》七十一篇，隋以來爲十五卷、《目》一卷，宋亡八篇，爲六十三篇，後又亡十篇，爲五十三篇，即今本也"。《四庫全書總目》卷一一七著録《墨子》十五卷，提要稱，其書中多稱子墨子，則門人之言，非所自著。研究《墨子》之作不多，以孫詒讓《墨子閒詁》爲上。1957 年河南信陽長臺關 1 號楚墓出土竹簡，一部分内容與《墨子》佚文、佚篇有關，但是否屬《墨子》，尚有争論。此書現存最早的本子爲明正統十年刻道藏萬曆二十六年印本，通行本有四庫本、四部叢刊本等爲十五卷，四部備要本、叢書集成本等爲十六卷，有畢沅校注。

《隨巢子》一卷。巢，似墨翟弟子。

《漢志》著録《隨巢子》六篇，班固注曰，墨翟弟子。《新唐志》著録《隨巢子》一卷，《宋志》無載，亡佚。明歸有光及清馬國翰、王仁俊各輯《隨巢子》一卷。

《胡非子》一卷。非，似墨翟弟子。梁有《田俅子》一卷，亡。

《漢志》著録《胡非子》三篇，班固注曰，墨翟弟子。兩《唐志》著録《胡非子》一卷，《宋志》無載，亡佚。明歸有光、清馬國翰有輯本。《田俅子》：《漢志》著録《田俅子》三篇，班固注曰，先韓子。兩《唐志》無載，亡佚。清馬國翰、王仁俊有輯本。

右三部，合一十七卷。

另有亡書一部。

墨者，强本節用之術也。[1] 上述堯、舜、夏禹之行，茅茨不翦，[2] 糲粱之食，[3] 桐棺三寸，[4] 貴儉兼愛，嚴父上德，[5] 以孝示天下，右鬼神而非命。[6]《漢書》以爲本出清廟之守。[7]然則《周官·宗伯》“掌建邦之天神地祇人鬼”，[8]《肆師》“掌立國祀”，[9]及“兆中廟中之禁令”，[10]是其職也。愚者爲之，則守於節儉，不達時變，推心兼愛，而混於親疏也。

［1］强本節用：本，一般是指農業。强本，加强農業。節用，節約開支。

［2］茅茨（cí）：茅草屋頂，進而指茅草屋。

［3］糲（lì）粱：粗米和穀子。

［4］桐棺：桐木所製棺木。

［5］嚴父上德：尊敬父親，以德爲重。

［6］右鬼神：尊尚鬼神。非命，不相信天命，認爲人生富貴貧賤非命所定。

［7］清廟：即宗廟。

［8］此句見《周禮·大宗伯》，其文作“掌建邦之天神地祇人鬼之禮”。地祇（qí），地神。

［9］此句見《周禮·肆師》，其文作“掌立國祀之禮，佐大宗伯”。

［10］此句亦見《周禮·肆師》，“掌兆中廟中之禁令”，不得使人干犯神位。

《鬼谷子》三卷。皇甫謐注。鬼谷子，周世隱於鬼谷。梁有《補闕子》十卷、《湘東鴻烈》十卷，並元帝撰，亡。

鬼谷子：《史記》卷六九載，蘇秦習之於鬼谷先生。《索隱》稱樂壹注《鬼谷子》書云“蘇秦欲神秘其道，故假名鬼谷”。《漢志》無載《鬼谷子》，而有《蘇子》三十一篇。兩《唐志》著録蘇秦《鬼谷子》二卷、尹知章注《鬼谷子》三卷，無載皇甫謐注《鬼谷子》。《宋志》著録《鬼谷子》三卷。《郡齋讀書志》卷一一著録《鬼谷子》三卷，稱鬼谷長於養性治身，蘇秦、張儀師之。《直齋書録解題》卷一〇著録《鬼谷子》三卷，稱《隋志》有皇甫謐、樂壹二家注，今本稱陶弘景注。《四部正譌》曰，《鬼谷子》，《漢志》絶無其書，文體亦不類戰國。晋皇甫謐序傳之。《四庫全書總目》卷一一七著録《鬼谷子》一卷，提要稱此書爲魏晋以來書，固無疑耳。此書現存最早的本子爲清乾隆五十四年秦氏刻本，通行本有一卷之四庫本，三卷之四部叢刊本、四部備要本等。梁元帝：見本書卷三三"正史類"。《梁書》卷五載，梁元帝撰《補闕子》十卷。《金樓子》卷五著録《補闕子》一帙十卷，金樓爲序，付鮑泉東里撰。《漢志》有《闕子》一篇，梁時已亡，故元帝補之。兩《唐志》著録梁元帝《補闕子》十卷，《宋志》無載，亡佚。《湘東鴻烈》：兩《唐志》無載，亡佚。

《鬼谷子》三卷。樂一注。

樂一：又作樂壹、樂臺，生平事迹不詳。兩《唐志》著録《鬼谷子》三卷，樂臺注（《舊唐志》"注"誤作"撰"）。《玉海》卷五三《諸子》載，《唐志》"縱横家"《鬼谷子》二卷，又樂壹注三卷。《宋志》不載此書，亡佚。

右二部，合六卷。

從横者，所以明辯説，善辭令，以通上下之志者也。《漢書》以爲本出於行人之官，[1]受命出疆，臨事而制。故曰："誦《詩》三百，使于四方，不能專對，雖多亦奚以爲？"[2]《周官·掌交》"以節與幣，[3]巡邦國之諸侯及萬姓之聚，導王之德意志慮，[4]使辟行之，[5]而和諸侯之好，達萬民之説。諭以九税之利，[6]九儀之親，[7]九牧之維，[8]九禁之難，[9]九戎之威”，[10]是也。佞人爲之，[11]則便辭利口，傾危變詐，至於賊害忠信，覆邦亂家。

[1]行人：古官名，掌朝覲聘問。《周禮·秋官》載有大行人、小行人之職。

[2]此段見《論語·子路》，其文作“誦《詩》三百，授之以政，不達；使于四方，不能專對；雖多，亦奚以爲”？熟讀《詩經》三百篇，出使外國，不能獨立談判、應酬，雖然書讀得多，又有什麽用處？

[3]節：符節，古代使臣執以示信之物。

[4]導：導引。慮，心思、意念。

[5]此句今本《周禮》作“使咸知王之好惡，辟行之”，使皆知王之所好者而行之，知王所惡者辟而不爲。

[6]九税：所税民九職。九職即九種職務，一曰三農，二曰苗圃，三曰虞衡，四曰藪牧，五曰百工，六曰商賈，七曰嬪婦，八曰臣妾，九曰閑民。見《周禮·大宰》。

[7]九儀之親：今本《周禮》作“九禮之親”，九禮，九儀之禮，其專據諸侯國。親，指朝聘。

[8]九牧：九州之官。維，則指“建牧立盟，以維邦國”。

[9]九禁之難：大司馬設九法，使邦國有所畏難。九法指周天子治理諸侯國的九項措施。見《周禮·大司馬》。

[10]九戎之威：大司馬設九伐，有所威刑。九伐指制裁諸侯違犯王命行爲的九種辦法。

[11]佞（nìng）人：擅長巧言善辯、阿諛奉承的人。

《尉繚子》五卷。梁并《録》六卷。尉繚，梁惠王時人。

尉繚：此稱尉繚爲梁惠王時人，而《史記》卷六載，秦始皇十年“大梁人尉繚來”。梁惠王末年距始皇十年大致有近九十年，兩處所載尉繚能否爲同一人？《漢志》“雜家”著録《尉繚》二十九篇，班固注曰，“六國時”。顔師古注曰，“尉，姓也；繚，名也。……劉向《别録》云，繚爲商君學”。“兵形勢家”著録《尉繚》三十一篇。兩《唐志》“雜家類”著録《尉繚子》六卷，《宋志》《直齋書録解題》“兵家類”著録《尉繚子》五卷。《四庫全書總目》卷九九“兵家類”著録《尉繚子》五卷，提要稱胡應麟謂兵家之《尉繚》，即今所傳，而雜家之《尉繚》，並非此書。今雜家亡，而兵家獨傳。1972 年 4 月，山東臨沂銀雀山 1 號漢墓出土竹簡，有六篇文字與今本《尉繚子》相合，可以認定《尉繚子》不是僞書，祇是作者時代尚有争論。研究此書者有宋施子美講義《尉繚子》、明劉寅《尉繚子直解》。此書現存最早本子爲明刻本，通行本有五卷之四庫本、叢書集成本等，又有二卷之子書百家本等。

《尸子》二十卷。《目》一卷。梁十九卷。秦相衛鞅上客尸佼撰。其九篇亡，魏黄初中續。

尸佼：晋人，秦相衛鞅門客。商鞅謀事畫計，立法理民，都與佼商議決定。商鞅被刑，尸佼恐受株連，逃亡入蜀。自造《尸子》二十篇，凡六萬餘言。見《史記》卷七四之《集解》所引劉向《别録》。《漢志》著録《尸子》二十篇。兩《唐志》著録《尸子》二十卷，《宋志》“儒家”著録尸佼《尸子》一卷，《四庫全書總目》不載，亡佚。清章宗源、惠棟、孫星衍、汪繼培、任兆麟有輯本。

《吕氏春秋》二十六卷。秦相吕不韋撰，高誘注。

吕不韋：陽翟大商人。秦昭王時，在邯鄲結識做趙人質的秦安國君之子子楚，以奇物好玩，獻給秦華陽夫人。夫人進言安國君，立子楚爲嗣。子楚立爲秦莊襄王，吕不韋爲丞相，封文信侯。莊襄王崩，太子政立爲王，尊吕不韋爲丞相，號稱仲父。始皇十年，吕不韋被免，並令其徙蜀。吕不韋飲鴆而死。吕不韋使其客人人著所聞，集論以爲《吕氏春秋》。《史記》卷八五有傳。《吕氏春秋》"所尚，以道德爲標的，以無爲爲綱紀，以忠義爲品式，以公方爲檢格，與孟軻、荀卿、揚雄相表裏也"。見高誘《注吕覽序》。《漢志》著録《吕氏春秋》二十六篇。《舊唐志》著録吕不韋《吕氏春秋》二十六卷，《新唐志》著録吕不韋《吕氏春秋》二十六卷，高誘注。《直齋書録解題》卷一〇著録《吕氏春秋》二十六卷。《四庫全書總目》卷一一七著録《吕氏春秋》二十六卷，提要稱此書實其賓客之所集也。論者鄙其爲人，不甚重其書，非公論也。高誘：見本書卷三三"雜史類"。"自漢以來，注者惟高誘一家，訓詁簡質，於證顛舛之處"。見《四庫全書總目》卷一一七。歷代研究《吕氏春秋》者，有梁玉繩《吕子校補》、陳昌齊《吕氏春秋正誤》。此書現存最早的本子爲元至正嘉興路儒學刻本，通行本有四庫本、四部叢刊本、諸子集成本等。

《淮南子》二十一卷。漢淮南王劉安撰，許慎注。

《淮南子》二十一卷。高誘注。

劉安：淮南厲王之子，孝文十六年封爲淮南王。招致賓客方術之士數千人，作爲《内書》二十一篇，《外書》甚衆，又有《中篇》八卷，言神仙黄白之術，亦二十餘萬言。《史記》卷一一八、《漢書》卷四四有傳。許慎：見本書卷三二"論語類"。高誘曰此書"旨近老子，淡泊無爲，蹈虚守静，出入經道，言其大也"。"然其大較歸之於道，號曰鴻烈。鴻，大也；烈，明也。以爲大明道之言也"。《漢志》著録《淮南内》二十一篇，《淮南外》三十三篇，顔師古注曰，"《内篇》論道，《外篇》雜説"。《舊唐志》著録《淮南商詁》二十一卷，劉安撰（疑"商"爲"間"之誤）；《淮南子注解》二十一卷，高誘撰；《淮南鴻烈音》二卷，高誘撰。

《新唐志》著録許慎注《淮南子》二十一卷，淮南王劉安；高誘注《淮南子》二十一卷，又《淮南鴻烈音》二卷。《宋志》著録《淮南子鴻烈解》二十一卷，淮南王劉安撰；許慎注《淮南子》二十一卷，高誘注《淮南子》十三卷。洪邁曰《淮南子》“今所存者二十一卷，蓋《内篇》也”。見《容齋續筆》卷七。《四庫全書總目》卷一一七著録《淮南子》二十一卷，提要稱，確有許慎、高誘二家注，後許注散佚，今存爲高誘注，然其間亦零落存有許注。現流傳之《淮南子》有二十一卷本、二十八卷本，多署許慎、高誘注。研究《淮南子》者有清俞樾《淮南内篇平議》、陳昌齊《淮南子正誤》以及民國劉文典《淮南鴻烈集解》等。此書現存最早的本子爲明嘉靖九年刻本，通行本有四庫本、四部叢刊本、道藏本、叢書集成本等。許慎《淮南子注》亡，清孫馮翼、蔣曰豫、黄奭及民國葉德輝有輯本。

《論衡》二十九卷。後漢徵士王充撰。梁有《洞序》九卷、《録》一卷，應奉撰，亡。

王充：字仲任，會稽上虞（今浙江紹興市）人。受業太學，從師班彪。著《論衡》八十五篇，二十餘萬言，釋物類同異，正時俗嫌疑。辟爲從事，轉治中，自免還家。《後漢書》卷四九有傳。兩《唐志》、《宋志》著録王充《論衡》三十卷。《四庫全書總目》卷一二〇著録王充《論衡》三十卷，提要稱此書凡八十五篇，而第四十四《招致篇》有録無書，實八十四篇。研究《論衡》者有清俞樾《讀論衡》、近人孫人和《論衡舉正》等。此書現存最早的本子爲宋乾道三年紹興府刻宋元明遞修本，通行本有四庫本、四部叢刊本、四部備要本、叢書集成本等。《洞序》：《後漢書》卷四八載，應奉著《漢書後序》，多所述載。兩《唐志》無載，亡佚。

《風俗通義》三十一卷。《録》一卷。應劭撰。梁三十卷。

應劭：見本書卷三三“正史類”。《後漢書》卷四八載，應劭撰《風俗通》，以辨物類名號，釋時俗嫌疑。《日本國見在書目録》著録《風俗通》三十二卷，應劭撰；兩《唐志》著録應劭《風俗通義》三十卷；《宋志》著録應劭《風俗通義》十卷。《四庫全書總目》卷一二〇著録《風俗通義》十卷、附録一卷，提要稱，其書因事立論，文辭清辨，可資博洽。舊本屢經傳刻，失於校讎，頗有訛誤。此書現存最早的本子爲元大德九年無錫州學刻本，通行本有四庫本、四部叢刊本、四部備要本等。另外，清王仁俊、錢大昕、顧懷三、嚴可均有輯本。

《仲長子昌言》十二卷。《録》一卷。漢尚書郎仲長統撰。

仲長統：字公理，山陽（今河南修武縣）人。漢末爲尚書郎。每論説古今時俗行事，發憤歎息，輒以爲論，名曰《昌言》，凡二十四篇。見《三國志》卷二一。《舊唐志》“雜家類”、《新唐志》“儒家類”著録仲長統《仲長子昌言》十卷，《宋志》著録仲長統《昌言》二卷。《崇文總目》著録仲長統《仲長子昌言》二卷，稱“今所存十五篇，分爲二卷，餘皆亡”。《四庫全書總目》無載，亡佚。清馬國翰、王仁俊、嚴可均有輯本。

《蔣子萬機論》八卷。蔣濟撰。梁有《篤論》四卷，杜恕撰；《芻蕘論》五卷，鍾會撰；梁有《諸葛子》五卷，吴太傅諸葛恪撰。亡。

蔣濟：見本書卷三二“禮類”。《三國志》卷一四載，文帝即位，蔣濟上《萬機論》，帝善之。其書雜論立政用人兵家之説，及考論前賢故事雜問。見《玉海》卷六二。《舊唐志》著録蔣濟《萬機論》八卷，《新唐志》《宋志》著録蔣濟《萬機論》十卷。《直齋書録解題》卷一〇著録蔣濟《萬機論》二卷，稱《館閣書目》十卷五十五篇。今惟十五篇，恐非全書也。《四庫全書總目》無載，亡佚。清馬國翰、王仁俊、嚴可均有輯本。《篤論》:《三國志》卷一六載,杜恕在章武著《體論》八篇,又著《興性論》一篇。兩《唐志》著録杜恕《篤論》四卷,《宋志》無載,亡佚。清馬國翰、嚴可均有輯本。《芻蕘論》:兩《唐志》有著録,《宋志》無載,亡佚。清王仁俊有輯本、嚴可均有輯文。諸葛恪:字元遜,琅邪陽都(今山東沂南縣)人。弱冠拜騎都尉,以功拜威北將軍,封都鄉侯,遷大將軍。孫權病危,召諸葛恪等,屬以後事。孫亮即位,更拜太傅。建興二年,孫峻與孫亮謀,誅諸葛恪。《三國志》卷六四有傳。兩《唐志》不載此書,亡佚。清馬國翰、王仁俊有輯本,嚴可均有輯文。

《傅子》百二十卷。晋司隸校尉傅玄撰。《默記》三卷,吴大鴻臚張儼撰。《裴氏新言》五卷,吴大鴻臚裴玄撰。梁有《新義》十八卷,吴太子中庶子劉廞撰;《析言論》二十卷,晋議郎張顯撰;《桑丘先生書》二卷,晋征南軍師楊偉撰。亡。

傅玄:字休奕,北地泥陽(今陕西銅川市)人。武帝受禪,以散騎常侍進爵爲子,加駙馬都尉。泰始五年遷太僕,轉司隸校尉,坐免官。卒,謚曰剛。傅玄撰論經國九流及三史故事,名爲《傅子》,數十萬言,並文集百餘卷行於世。《晋書》卷四七有傳。本志集部尚有其二部著述。兩《唐志》著録傅玄《傅子》一百二十卷,《宋志》著録傅玄《傅子》五卷。《玉海》卷五三載,《傅子》五卷,今存二十三篇,餘皆闕。《四庫全書總目》卷九一著録《傅子》一卷,提要稱此書久佚,而《永樂大典》中散見頗多,得文義完備者十二篇,並將《永樂大典》未載而見於他書所徵引者,搜集得四十餘條,别爲附録,繫之於後。此書除四庫本外,尚有清錢熙祚、傅以禮、嚴可均、錢保塘、王仁俊及民國葉德輝、張鵬一之輯本。張儼:字子節,吴(今江蘇蘇州市)人。拜大鴻臚。寶鼎元年正月,使晋吊祭文帝,途中病死。作《默記》。見《三國志》卷四八及卷三五裴注。兩《唐志》著録張儼《默記》三卷，《宋志》無載，亡佚。清馬國翰、王仁俊有輯本，《全三國文》卷七三有輯文。裴玄：字彦黄，下邳（今江蘇邳州市）人。有學行，官至中大夫。見《三國志》卷五三。兩《唐志》著録裴玄《新言》五卷，《宋志》無載，亡佚。清馬國翰、王仁俊有輯本。案：疑《默記》《新言》本爲正文，誤入注中。劉廞（xīn）：生平事迹不詳。兩《唐志》著録劉廞《新義》十八卷，《宋志》無載，亡佚。清馬國翰有輯本，《全三國文》卷七三有輯文。張顯：見本書卷三三“雜傳類”。兩《唐志》著録張儼《誓論》三十卷（疑張顯《析言論》二十卷之誤），《宋志》無載，亡佚。清馬國翰、王仁俊有輯本。楊偉：字世英，馮翊（今陜西大荔縣）人。仕魏，爲尚書郎。入晋，爲征南軍師。見《三國志》卷九。本志子部尚有其三部著述。兩《唐志》無載，亡佚。

《時務論》十二卷。楊偉撰。梁有《古世論》十七卷，《桓子》一卷；《秦子》三卷，吴秦菁撰；《劉子》十卷，《何子》五卷。亡。

《宋書》卷九八載，元嘉十四年，茂虔表獻方物，並獻《時務論》十二卷。兩《唐志》著録楊偉《時務論》十二卷，《宋志》無載，亡佚。清馬國翰有輯本。《古世論》《桓子》皆不署撰者，兩《唐志》無載，亡佚。秦菁：生平事迹不詳。兩《唐志》著録秦菁《秦子》三卷，《宋志》無載，亡佚。清馬國翰有輯本。《劉子》：兩《唐志》著録劉勰《劉子》十卷，《宋志》著録劉晝《劉子》三卷。《直齋書録解題》卷一〇著録《劉子》五卷，劉晝孔昭撰。《玉海》卷五三載《劉子》，北齊劉晝撰。袁孝正爲序並注，凡五十五篇。《四庫全書總目》卷一一七著録《劉子》十卷，提要經考證，以爲其作者非劉勰、劉歆、劉孝標，而劉晝亦不能確定，是唐貞觀以後人所作，也可能就是袁孝政采諸子之言爲書，並自注之。

劉晝撰、袁孝正注《劉子》現存最早的本子爲宋刻本，通行本有四庫本、叢書集成本等爲十卷本，另有二卷本、一卷本。《何子》：兩《唐志》著録《何子》五卷，何楷撰。何楷，廬江灊（今安徽霍山縣）人，晋侍中。見《宋書》卷九一。《宋志》無載，亡佚。

《立言》六卷。蘇道撰。梁有《孔氏説林》二卷，孔衍撰，亡。

蘇道：生平事迹不詳。《新唐志》著録蘇道《立言》十卷，《宋志》無載，亡佚。孔衍：見本書卷三二“禮類”。兩《唐志》著録孔衍《説林》五卷，《宋志》無載，亡佚。

《抱朴子外篇》三十卷。葛洪撰。梁有五十一卷。

《抱朴子》自序稱，外篇五十卷。《晋書》卷七二載，葛洪自言“其駁難通釋，名曰《外篇》”。《日本國見在書目録》著録《抱朴子外篇》五十，葛洪撰；《舊唐志》著録葛洪《抱朴子外篇》五十卷；《新唐志》著録葛洪《抱朴子外篇》二十卷。《郡齋讀書志》卷一二著録葛洪《抱朴子外篇》十卷，稱《外篇》頗言君臣理國用刑之道，故附於雜家。《四庫全書總目》卷一四六著録《抱朴子内外篇》八卷。《抱朴子内外篇》現存最早刻本爲明嘉靖四十四年魯藩承訓書院刻本，通行本有四庫本、道藏本、四部叢刊本、諸子集成本等。

《金樓子》十卷。梁元帝撰。

《南史》卷八載，梁元帝著《金樓子》十卷。《日本國見在書目録》著録《金樓子》十卷，蕭世誠撰；兩《唐志》著録梁元帝《金樓子》十卷。《郡齋讀書志》卷一二著録《金樓子》十卷，稱書十五篇，論歷代興亡之跡。《四庫全書總目》卷一一七著録《金樓子》六卷，提要稱此書於宋代尚無闕佚，明季散亡。《永樂大典》中有其八篇皆首尾完具，其他文雖雜亂，尚可排比成帙，詳加裒綴，參考互訂，釐爲六卷。通行本有四庫本、叢書集成本等。

《博物志》十卷。張華撰。

張華：見本書卷三三“地理類”。《晋書》卷三六載，張華著《博物志》十篇，及文章並行於世。《魏書》卷八二載，常景删正晋司空張華《博物志》。《日本國見在書目録》著録《博物志》十卷，張華撰；兩《唐志》“小説家類”著録張華《博物志》十卷；《宋志》“雜家類”著録張華《博物志》十卷。《郡齋讀書志》卷一三著録周盧注《博物志》十卷，盧氏注六卷。稱此書載歷代四方奇物雜事。《四庫全書總目》卷一四二著録張華《博物志》十卷，周日用、盧氏注。提要稱此本並非宋人所見之本，或原書散佚，好事者掇取諸書所引《博物志》，而雜采其他小説以足之。現存最早的本子爲明弘治十八年刻本，通行本有四庫本、四部備要本等。

《張公雜記》一卷。張華撰。梁有五卷，與《博物志》相似，小小不同。又有《雜記》十卷，何氏撰，亡。

《新唐志》“雜家類”著録《張公雜記》一卷，注作者爲張華。《宋志》無載，亡佚。何氏：不詳何人。兩《唐志》無載，亡佚。

《雜記》十一卷。張華撰。梁有《子林》二十卷，孟儀撰，亡。

《四庫全書總目》卷一四二著録《博物志》，其提要據劉昭《續漢志注》、裴松之《三國志注》引《博物記》，以爲其與《博物志》爲二書，亦稱《張公雜記》。兩《唐志》無載，亡佚。清馬國翰輯《博物記》一卷，署唐蒙，對此學界有争論。孟儀：見本書卷三三“雜史類”。兩《唐志》著録孟儀《子林》二十卷，《宋志》無載，亡佚。

《廣志》二卷。郭義恭撰。

郭義恭：生平事迹不詳。《新唐志》有著録，《宋志》無載，亡佚。《説郛》存一卷，清馬國翰輯《廣志》二卷。

《部略》十五卷。

不署撰者。《新唐志》有著録。《南齊書》卷四〇載，竟陵王蕭子良集學士依《皇覽》例爲《四部要略》千卷。又，《魏書》卷六九載，出帝詔撰《四部要略》，令裴景融專典，竟無所成。《部略》是否與此二書有關係？《宋志》無載，亡佚。

《博覽》十三卷。

不署撰者。兩《唐志》著録《博覽》十五卷，《宋志》無載，亡佚。

《諫林》五卷。齊晋陵令何翌之撰。

何翌之：廬江灊（今安徽霍山縣）人。入宋，爲都官尚書、長水校尉。與顧長康表上所撰《諫林》，上自虞舜，下及晋武，凡十二卷。見《宋書》卷九、卷六六。兩《唐志》著録何望之（“望”爲“翌”之誤）《諫林》十卷，《宋志》無載，亡佚。

《述政論》十三卷。陸澄撰。

陸澄：見本書卷三三“正史類”。兩《唐志》著録陸澄《述正論》十三卷，《宋志》無載，亡佚。

《古今注》三卷。崔豹撰。

崔豹：見本書卷三二“論語類”。《舊唐志》著録崔豹《古今注》五卷，《新唐志》著録崔豹《古今注》三卷。《直齋書録解題》卷一〇著録《古今注》三卷，晋太傅丞崔豹正熊撰，又著録《中華古今注》三卷，後唐太學博士馬縞撰，蓋推廣崔豹之書也。《玉海》卷四八載，《古今注》三卷，晋太傅丞崔豹撰，雜取古今名物，各爲考釋，凡八門。《中華古今注》三卷，五代唐馬縞撰。初，崔豹進《古今注》，原釋事物創始之意，縞復增益注釋以明之。凡六十六門。《四庫全書總目》卷一一八著録《古今注》三卷，附《中華古今注》三卷，提要經考證，以爲馬縞所謂增注釋義，絶無其事。豹書久亡，縞書晚出，後人摭其中魏以前事贋爲豹作，而不知豹書出於僞託，就連馬縞亦不免抄襲。以其相傳既久，姑存以備一家。此書現存最早的本子爲明嘉靖十二年刻本，通行本有四庫本、叢書集成本、四部備要本等。

《古今訓》十一卷。張顯撰。

《新唐志》著録張明《古訓》十卷，疑即此書。《宋志》無載，亡佚。清馬國翰有輯本。

《古今善言》三十卷。宋車騎將軍范泰撰。

范泰：字伯倫，順陽（今河南淅川縣東）人。仕晋，襲爵陽遂鄉侯。宋高祖受禪，拜金紫光禄大夫，加散騎常侍。元嘉三年，進位侍中、左光禄大夫、國子祭酒。撰《古今善言》二十四篇及文集傳於世。《宋書》卷六〇、《南史》卷三三有傳。本志集部尚有其一部著述。《日本國見在書目録》著録《古今善言》廿一卷，兩《唐志》、《宋志》著録范泰《古今善言》三十卷，《四庫全書總目》無載，亡佚。清馬國翰有輯本。

《善諫》二卷。宋領軍長史虞通之撰。

虞通之：見本書卷三三“雜傳類”。兩《唐志》有著録，《宋志》無載，亡佚。

《缺文》十三卷。陸澄撰。

《舊唐志》“儒家類”、《新唐志》“雜家類”著録陸澄《缺文》十卷，《宋志》無載，亡佚。

《政論》十三卷。陸澄撰。

疑此書即前所著録之《述正論》，在此爲重出。

《記聞》二卷。宋後軍參軍徐益壽撰。

徐益壽：生平事迹不詳。兩《唐志》著録徐益壽《記聞》三卷，《宋志》無載，亡佚。

《新舊傳》四卷。

本書卷三三“雜傳類”著録《新舊傳》四卷，疑此處爲重出。

《釋俗語》八卷。劉霽撰。

劉霽：字士烜，平原（今山東平原縣）人。天監中，起家奉朝請，官歷西昌相、海鹽令。著《釋俗語》八卷，又有文集十卷。《梁書》卷四七、《南史》卷四九有傳。《舊唐志》“小説類”著録劉霽《釋俗語》八卷，《新唐志》“小説類”著録劉齊（“霽”之誤）《釋俗語》八卷，《宋志》無載，亡佚。

《稱謂》五卷。後周大將軍盧辯撰。

盧辯：字景宣，范陽涿（今河北涿州市）人。孝武帝至長安，授給事黄門郎、領著作。後進爵范陽公。世宗即位，進位大將軍。《周書》卷二四、《北史》卷四〇有傳。本志本部尚有其一部著述。《新唐志》有著録，《宋志》無載，亡佚。

《備遺記》三卷。

不署撰者。兩《唐志》無載，亡佚。

《纂要》一卷。戴安道撰，亦云顏延之撰。

戴安道：名逵，見本書卷三二“論語類”。顏延之：見本書卷三二“禮類”。《日本國見在書目録》著録《纂要》一卷，戴安道撰，又云顏延之撰。兩《唐志》“小學類”著録顏延之《纂要》六卷，《宋志》無載，亡佚。清馬國翰、王仁俊及民國龍璋、曹之忠有輯本。

《方類》六卷。

不署撰者。兩《唐志》無載，亡佚。

《俗説》三卷。沈約撰。梁五卷。

沈約：見本書卷三二“論語類”。兩《唐志》無載，《宋志》“小説類”著録沈約《俗説》一卷。元、明以後無載，亡佚。清馬國翰、民國魯迅有輯本。

《雜説》二卷。沈約撰。

兩《唐志》無載，亡佚。

《袖中記》二卷。沈約撰。

《袖中略集》一卷。沈約撰。

《日本國見在書目録》著録《袖中書》十一卷，沈約撰；《袖中記》二卷，同撰。《舊唐志》著録《袖中記》一卷，《新唐志》著録沈約《袖中記》二卷，《宋志》著録沈約《袖中記》三卷。今存《袖中記》一卷，有説郛本、五朝小説本。《袖中略集》可能是《袖中記》之别本。

《珠叢》一卷。沈約撰。

兩《唐志》無載，亡佚。

《採璧》三卷。梁中書舍人庾肩吾撰。

庾肩吾：字子慎，新野（今河南新野縣）人。累遷太子率更令、中庶子。太清中，侯景陷京都，歷經周折方得赴江陵，未幾卒。《梁書》卷四九、《南史》卷五〇有傳。本志集部尚有其一部著述。《日本國見在書目録》著録《彩璧》六卷，梁庾肩吾撰；《舊唐志》著録庾肩吾《採璧記》三卷；《新唐志》著録庾肩吾《採璧》三卷。《宋志》無載，亡佚。

《物始》十卷。謝吴撰。

謝吴：見本書卷三三“正史類”。兩《唐志》著録謝吴《物始》十卷，《宋志》無載，亡佚。

《宜覽》二十二卷。

不署撰者。兩《唐志》無載，亡佚。

《玉府集》八卷。

不署撰者。《日本國見在書目録》著録《玉府新書》五十卷，不知是否與此書有關聯。兩《唐志》無載，亡佚。

《鴻寶》十卷。

不署撰者。《梁書》卷三四載，張纘著《鴻寶》一百卷。鍾嶸《詩品》又稱王微《鴻寶》密而無裁。《鴻寶》爲誰所爲，待考。兩《唐志》無載，亡佚。

《顯用》九卷。

不署撰者。兩《唐志》無載，亡佚。

《墳典》三十卷。盧辯撰。

《隋書》卷七五載，周閔帝受禪，少宗伯盧辯專掌儀制，撰有《墳典》《六官》等書。兩《唐志》"儒家"著録此書，《宋志》無載，亡佚。

《玉燭寶典》十二卷。著作郎杜臺卿撰。

杜臺卿：字少山，博陵曲陽（河北定州市）人。仕齊，爲奉朝請，累任司徒户曹、中書黄門侍郎。隋開皇初，徵入朝，采《月令》觸類而廣之，爲書名《玉燭寶典》十二卷。拜著作郎，後上表請致仕，數載，終於家。有集十五卷，撰《齊記》二十卷，並行於世。《隋書》卷五八、《北史》卷五五有傳。《日本國見在書目録》著録《玉燭寶典》十二卷，杜臺卿撰；《舊唐志》"雜家類"著録杜臺卿《玉燭寶典》十二卷；《新唐志》《宋志》"農家類"著録杜臺卿《玉燭寶典》十二卷。《直齋書録解題》卷六著録《玉燭寶典》十二卷，稱以《月令》爲主，觸類而廣之。日本《經籍訪古志》卷五著録貞和四年抄本《玉燭寶典》十二卷，稱缺第九卷，每册末有貞和四年某月某日校和畢。光緒十年，出使日本大使黎庶昌刻古逸叢書，收日本楓山官庫藏貞和四年抄本《玉燭寶典》。

《典言》四卷。後魏人李穆叔撰。

李穆叔：名公緒，見本書卷三三"儀注類"。《北齊書》卷二九載，李穆叔撰《典言》十卷。《舊唐志》"儒家類"著録李若等《典言》四卷，《新唐志》"儒家類"著録李穆叔《典言》四卷，《宋志》無載，亡佚。

《典言》四卷。後齊中書郎荀士遜等撰。

荀士遜：廣平（今河北廣平縣）人。齊世祖時轉爲中書舍人。

後主即位，爲中書侍郎。與李若等撰《典言》，行於世。《北齊書》卷四五、《北史》卷八三有傳。疑與前著録之《典言》爲同一書。

《補文》六卷。

不署撰者。兩《唐志》無載，亡佚。

《四時録》十二卷。

不署撰者。《舊唐志》“雜家類”、《新唐志》“農家類”著録王氏《四時録》十二卷，《宋志》著録《四時録》四卷，元明以後無載，亡佚。

《正訓》二十卷。

《内訓》二十卷。

二書皆不署撰者。《隋書》卷五八載，辛德源撰《政訓》《内訓》各二十卷。《舊唐志》“儒家類”著録《正訓》二十卷，辛德源志，又著録《内訓》二十卷，辛德源、王劭等撰；《新唐志》“儒家類”著録辛德源《正訓》二十卷，“史部・雜傳記類”著録辛德源、王劭等《内訓》二十卷。錢大昕《廿二史考異》卷三四稱，《正訓》《内訓》蓋辛德源撰。《宋志》無載，亡佚。

《雜略》十三卷。

不署撰者。兩《唐志》著録韋道孫《新略》十卷，《北齊書》卷四五載，韋道遜以文學知名，入文林館修《御覽》。疑此書與《新略》同爲一書，爲韋道遜所作。《宋志》無載，亡佚。

《清神》三卷。

不署撰者。兩《唐志》無載，亡佚。

《前言》八卷。

不署撰者。兩《唐志》無載，亡佚。

《會林》五卷。

不署撰者。《梁書》卷二五載，徐勉以孔、釋二教殊途同歸，撰《會林》五十卷。兩《唐志》無載，亡佚。

《對林》十卷。

不署撰者。兩《唐志》無載，亡佚。

《道言》六卷。叱羅羨撰。

叱羅羨：即張羨，河間鄚（今河北任丘市）人。周太祖時，賜姓叱羅氏。累任司職大夫、雍州刺史、儀同三司，賜爵虞鄉縣公。撰《老子》《莊子》義，名曰《道言》五十二篇。見《隋書》卷四六。兩《唐志》無載，亡佚。

《道術志》三卷。

不署撰者。兩《唐志》無載，亡佚。

《述伎藝》一卷。

不署撰者。兩《唐志》無載，亡佚。

《諸書要略》一卷。魏彥深撰。

魏彥深：名澹，見本書卷三三“正史類”。兩《唐志》無載，亡佚。

《文府》五卷。梁有《文章義府》三十卷。

不署撰者。《陳書》卷二六載，徐陵文後逢喪亂，多散失，存者三十卷。《日本國見在書目録》著録《文府》十卷，兩《唐志》著録徐陵《文府》七卷，宗道寧注，《宋志》無載，亡佚。《文章義府》：不署撰者。《日本國見在書目録》又著録《文府》十二卷、《文賦》二卷、《文府雜題》八卷、《文府啓法》二卷、《文府四聲》五卷，皆不署撰者，疑爲徐陵《文府》之散見者。

《語對》十卷。朱澹遠撰。

《語麗》十卷。朱澹遠撰。

朱澹遠：生平事迹不詳。《金樓子》卷五著録《語對》三帙三十卷。《日本國見在書目録》著録《語麗》十一卷，朱澹遠撰。《舊唐志》著録朱澹遠《語麗》十卷；《新唐志》著録朱澹遠《語麗》十卷、《語對》十卷；《宋志》"類事類"著録朱澹遠《語麗》十卷。《直齋書録解題》卷一四著録《語麗》十卷，梁湘東王功曹參軍朱澹遠撰。稱澹遠又有《語對》一卷，不傳。《宋志》無載，亡佚。

《對要》三卷。

不署撰者。兩《唐志》無載，亡佚。

《雜語》三卷。

不署撰者。《南齊書》卷二八載，劉善明又撰《賢聖雜語》奏之，託以諷諫。疑即此書。兩《唐志》無載，亡佚。

《衆書事對》三卷。

不署撰者。兩《唐志》無載，亡佚。

《廊廟五格》二卷。王彬撰。

王彬：生平事迹不詳。兩《唐志》無載，亡佚。

《名數》八卷。

不署撰者。兩《唐志》著録徐陵《名數》十卷，《宋志》無載，亡佚。

《新言》四卷。裴立撰。

前著録《裴氏新言》五卷，吴大鴻臚裴玄撰。此書或爲《裴氏新言》之别本，而裴立或裴玄之誤。兩《唐志》無載，亡佚。

《善説》五卷。

不署撰者。兩《唐志》無載，亡佚。

《君臣相起發事》三卷。

不署撰者。兩《唐志》“儒家”著録章懷太子《君臣相起發事》三卷，章懷太子是唐朝人，其所撰不當録入本志，或隋以前即有此書，而由章懷太子傳之。

《物重名》五卷。

不署撰者。兩《唐志》無載，亡佚。

《真注要録》一卷。

不署撰者。兩《唐志》無載，亡佚。

《天地體》二卷。

不署撰者。兩《唐志》無載，亡佚。

《雜事鈔》二十四卷。

《雜書鈔》四十四卷。

二書皆不署撰者。《日本國見在書目録》著録《而部書抄》十卷、《雜抄》廿卷，或與此二書有關聯。兩《唐志》無載，亡佚。

《子抄》三十卷。梁黟令庾仲容撰。

庾仲容：字子仲，潁川鄢陵（今河南鄢陵縣）人。累任永樂、錢唐、武康令，除尚書左丞。遇太清亂，游會稽卒。抄子書三十卷，行於世。《梁書》卷五〇、《南史》卷三五有傳。兩《唐志》著録此書。《直齋書録解題》卷一〇著録《子鈔》三十卷，稱所取諸子之書百有五家，其間頗有與今世見行書不同者，而亡者亦多矣。元明以後此書無載，亡佚。

《子鈔》二十卷。梁有《子鈔》十五卷，沈約撰，亡。

不署撰者。兩《唐志》著録沈約《子鈔》三十卷，《宋志》無載，亡佚。

《論集》八十六卷。殷仲堪撰。梁九十六卷。梁又有《雜論》五十八卷，《雜論》十三卷，亡。

殷仲堪：見本書卷三二“詩類”。兩《唐志》“總集類”著録殷仲堪《雜論》九十五卷，《新唐志》“雜家類”著録殷仲堪《論集》九十六卷。疑梁存兩種《雜論》當是殷仲堪《雜論》之别本。

《皇覽》一百二十卷。繆襲等撰。梁六百八十卷。梁又有《皇覽》一百二十三卷，何承天合；《皇覽》五十卷，徐爰合，《皇覽目》四卷；又有《皇覽抄》二十卷，梁特進蕭琛抄。亡。

繆襲：生平事迹不詳。《三國志》卷二載，文帝曹丕使諸儒撰集經傳，隨類相從，凡千餘篇，號曰《皇覽》。《史記》卷一《索隱》曰“宜皇王之省覽，故曰《皇覽》，是魏人王象、繆襲等所撰也”。兩《唐志》無載，亡佚。清黄奭、孫馮翼有輯本。何承天：見本書卷三二“禮類”。《舊唐志》“類事類”著録何承天撰《皇覽》一百二十二卷，《新唐志》“類書類”著録何承天併合《皇覽》一百二十二卷，《宋志》無載，亡佚。徐爰：見本書卷三二“易類”。《舊唐志》“類事類”、《新唐志》“類書類”著録徐爰併合《皇覽》八十四卷，《宋志》無載，亡佚。蕭琛：字彦瑜，蘭陵（今江蘇常州市）人。仕齊，任尚書左丞、給事黄門郎。入梁，累遷侍中、特進、金紫光禄大夫。《梁書》卷二六、《南史》卷一八有傳。兩《唐志》無載，亡佚。

《帝王集要》三十卷。崔安撰。

崔安：《魏書》卷二四、《北史》卷二一有《崔宏傳》，記載魏道武帝時，命有司制官爵，撰朝儀，協音樂，定律令，申科禁，崔宏總而裁之，以爲永式。可知其具備撰《帝王集要》的條件，加之《新唐志》著録崔宏《帝王集要》三十卷，疑“安”爲“宏”之誤。《宋志》無載，亡佚。

《類苑》一百二十卷。梁征虜刑獄参軍劉孝標撰。梁《七録》八十二卷。

劉孝標：名峻，見本書卷三三“正史類”。《梁書》卷五〇載，安成王蕭秀給孝標書籍，使抄録事類，名曰《類苑》，未及成，以疾離去。《南史》卷四九載，及劉峻《類苑》成，凡一百二十卷。《舊唐志》“類事類”、《新唐志》“類書類”著録劉孝標《類苑》一百二十卷，《宋志》無載，亡佚。

《華林遍略》六百二十卷。梁綏安令徐僧權等撰。

徐僧權：東海（今江蘇境内）人。梁東宫通事舍人，領秘書，以善書知名。見《陳書》卷三四、《南史》卷七二。《南史》卷七二載，天監十五年，敕太子詹事徐勉舉學士入華林撰《遍略》。八年乃書成，合七百卷。《日本國見在書目録》著録《華林遍略》六百卄卷，梁綏安令徐僧權等撰；《舊唐志》"類事類"、《新唐志》"類書類"著録徐勉《華林遍略》六百卷，《宋志》無載，亡佚。

《要録》六十卷。

不署撰者。《舊唐志》"類事類"、《新唐志》"類書類"著録《要録》六十卷，《宋志》無載，亡佚。

《壽光書苑》二百卷。梁尚書左丞劉杳撰。

劉杳：字士深，平原平原（今山東平原縣）人。佐周捨修國史，入華林撰《遍略》。歷任中書侍郎、尚書左丞。著《要雅》《東宫新舊記》等，並行於世。《梁書》卷五〇、《南史》卷四九有傳。本志集部尚有其一部著述。《舊唐志》"類事類"著録劉香（"杳"之誤）《壽光書苑》二百卷，《新唐志》"類書類"著録劉杳《壽光書苑》二百卷，《宋志》無載，亡佚。

《科録》二百七十卷。元暉撰。

元暉：字景襲。世祖即位，拜尚書主客郎，遷侍中，領右衛將軍。元暉招集儒士崔鴻等撰録百家要事，以類相從，名爲《科録》，凡二百七十卷，上起伏羲，下迄於晋、宋，凡十四代。《魏書》卷一五、《北史》卷一五有傳。《舊唐志》"雜傳類"、《新唐志》"雜傳記類"著録元暉等《祕録》二百七十卷，《宋志》無載，亡佚。

《書圖泉海》二十卷。陳張式撰。

張式：生平事迹不詳。《舊唐志》"類事類"、《新唐志》"類書類"著録張氏《書圖泉海》七十卷，《宋志》無載，亡佚。

《聖壽堂御覽》三百六十卷。

不署撰者。《北齊書》卷八載，後主武平三年二月，以侍中祖珽爲左僕射，敕撰《玄洲苑御覽》，後改名《聖壽堂御覽》。八月，《聖壽堂御覽》成，敕付史閣，後改爲《修文殿御覽》。《北齊書》卷四五《文苑傳序》提及參與修撰《玄洲苑御覽》之人。《日本國見在書目録》著録《修文殿御覽》三百六十卷，祖孝徵撰；《舊唐志》“類事類”、《新唐志》“類書類”、《宋志》“類事類”著録祖孝徵等撰《修文殿御覽》三百六十卷。元明以後無載，亡佚。現有《修文殿御覽殘》一卷。

《長洲玉鏡》二百三十八卷。

不署撰者。《北史》卷八三載，大業初，虞綽奉詔與虞世南、庾自直等撰《長洲玉鏡》等書十餘部。《舊唐志》“類事類”著録虞綽等《長洲玉鏡》一百三十八卷，《新唐志》“類書類”著録虞綽等《長洲玉鏡》二百三十八卷，《宋志》無載，亡佚。

《書鈔》一百七十四卷。

不署撰者。《太平御覽》卷六〇一《國朝傳記》曰，虞世南之爲秘書也，於省後堂集群書中事可爲文用者，號爲《北堂書鈔》。《舊唐志》“類事類”、《新唐志》“類書類”著録虞世南《北堂書鈔》一百七十三卷，《宋志》“類事類”著録虞世南《北堂書鈔》一百六十卷。《郡齋讀書志》卷一四著録《北堂書鈔》一百七十三卷，稱此書分八十部，八百一類。錢曾《讀書敏求記》言明陳禹謨刻《北堂書鈔》“攙亂增改，惜無所訂正”。《四庫全書總目》卷一三五著録《北堂書鈔》一百六十卷，稱此書宋朝已有亡佚，而今世所傳本即陳禹謨刪補本。今存善本爲明范氏臥雲山房抄本，通行本有四庫本。1989 年，中國書店以南海孔氏三十萬卷堂校注重刻影宋本爲底本，影印出版《北堂書鈔》，有便於讀者。

《釋氏譜》十五卷。

不署撰者。《高僧傳》卷一一載，僧祐集經藏既成，使人抄撰要事，爲《三藏記》《釋迦譜》及《弘明集》等，皆行於世。《開元釋教録》卷六載，《釋迦譜》十卷，稱别有五卷本，與此廣略異。《新唐志》“釋氏類”著録《釋迦譜》十卷，《宋志》“釋氏類”著録僧祐《釋迦譜》五卷。《郡齋讀書志》卷九著録《釋迦氏譜》十卷，梁僧祐撰。此書元明以後無載，亡佚。

《内典博要》三十卷。

不署撰者。《梁書》卷五、《南史》卷八載，梁元帝著《内典博要》百卷。《金樓子》卷五著録《内典博要》三帙三十卷。《法苑珠林》卷一〇〇載，《内典博要》一部四十卷，湘東王記室虞孝敬撰，稱此書頗同《皇覽》《類苑》之流。《日本國見在書目録》著録《内傳博要》三十卷、《内傳博要抄》五卷，《舊唐志》“釋家類”著録虞孝景（“敬”之誤）《内典博要》三十卷，《新唐志》“釋氏類”著録虞孝敬《内典博要》三十卷，《宋志》無載，亡佚。

《浄住子》二十卷。齊竟陵王蕭子良撰。

蕭子良：字雲英，蘭陵（今江蘇常州市）人。世祖第二子，封竟陵王。少有清向，禮才好士。正位司徒，集學士抄五經、百家，依《皇覽》例爲《四部要略》千卷。《南齊書》卷四〇、《南史》卷四四有傳。本志集部尚有其二部著述。《文選》卷六〇《齊竟陵文宣王行狀》“乃撰《四部要略》《浄住子》，並勒成一家”。《法苑珠林》卷一〇〇著録《浄住子》二十卷，齊司徒竟陵文宣王蕭子良撰；兩《唐志》“釋氏類”著録蕭子良撰、王融頌《浄住子》二十卷；《宋志》“釋氏類”著録蕭子良《統略浄住行法門》一卷；《廣弘明集》卷二七上有《浄住子序》。元明以後此書無載，亡佚。

《因果記》十卷。

不署撰者。《舊唐志》史部“雜傳類”、《新唐志》子部“小説家類”著録劉泳《因果記》十卷，《宋志》無載，亡佚。

《歷代三寶記》三卷。費長房撰。

費長房：成都人，翻經學士。《開元釋教録》卷七載，《開皇三寶録》十五卷，内題云《歷代三寶記》。《法苑珠林》卷一〇〇載，《開皇三寶録》一部十五卷，隋朝翻經學士成都費長房撰。《舊唐志》“釋家類”著録《歷代三寶記》三卷，《新唐志》“釋氏類”著録費長房《歷代三寶記》三卷，《宋志》著録《開皇歷代三寶記》十四卷，《四部全書總目》無載。沈濤《銅熨斗齋隨筆》曰，“今《釋藏》有其藏本，分十五卷，則《隋志》作三卷者，誤”。

《真言要集》十卷。

不署撰者。《舊唐志》“釋家類”著録釋賢明《真言要集》十卷，《新唐志》“釋氏類”著録僧賢明《真言要集》十卷，《宋志》無載，亡佚。

《義記》二十卷。蕭子良撰。

《法苑珠林》卷一〇〇載，《雜義記》二十卷，齊司徒文宣王蕭子良撰。兩《唐志》無載，亡佚。

《感應傳》八卷。宋尚書郎王延秀撰。

王延秀：見本書卷三三“雜傳類”。此書已見本書卷三三“雜傳類”，於此爲重出。

《衆僧傳》二十卷。裴子野撰。

裴子野：見本書卷三二“禮類”。此書已見本書卷三三“雜傳類”，於此爲重出。

《高僧傳》六卷。虞孝敬撰。

虞孝敬：見本書卷三三“雜傳類”。此書於此爲重出。

《皇帝菩薩清净大捨記》三卷。謝吴撰，亡。

謝吴：見本書卷三三。兩《唐志》無載，亡佚。

《寶臺四法藏目録》一百卷。大業中撰。

不署撰者。《廣弘明集》卷二二載，隋煬帝《寶臺經藏願文》有曰，莊嚴修葺其舊，維新《寶臺四藏》將十萬軸。兩《唐志》無載，亡佚。

《玄門寶海》一百二十卷。大業中撰。

不署撰者。《舊唐志》“類事類”、《新唐志》“類書類”著録諸葛穎《玄門寶海》一百二十卷，《宋志》無載，亡佚。

右九十七部，合二千七百二十卷。

九十七部：實際爲一百零五部，另有亡書二十四部。

雜者，兼儒、墨之道，通衆家之意，以見王者之化，無所不冠者也。古者，司史歷記前言往行，[1]禍福存亡之道。然則雜者，蓋出史官之職也。放者爲之，[2]不求其本，材少而多學，[3]言非而博，是以雜錯漫羡，[4]而無所指歸。

[1]司史：主持史書修撰。

[2]放者：放浪於禮俗之外的人。

[3]材：通才。

[4]漫羨：散漫的樣子。

《氾勝之書》二卷。漢議郎氾勝之撰。

氾勝之：《漢志》顔師古注曰，“劉向《别録》云，使教田三輔，有好田者師之，徙爲御史”。《漢志》“農家類”著録《氾勝之》十八篇。班固注曰，“成帝時爲議郎”。兩《唐志》著録氾勝之《氾勝之書》二卷，《宋志》無載，亡佚。清馬國翰、洪頤煊、宋葆淳、王仁俊有輯本。

《四人月令》一卷。後漢大尚書崔寔撰。

《四人月令》當作《四民月令》，唐人諱改。《後漢書》卷五二載，崔寔出爲五原太守，教民紡績、織紝諸事。《舊唐志》著録崔寔《四人月令》一卷，《新唐志》著録崔寔《四民月令》一卷，《宋志》無載，《説郛》存一卷，清王謨、任兆麟、陶濬宣、王仁俊及民國唐鴻學有輯本。

《禁苑實録》一卷。

不署撰者。兩《唐志》著録《禁苑實録》一卷，《宋志》無載，亡佚。

《齊民要術》十卷。賈思勰撰。

賈思勰：後魏高陽太守。《舊唐志》著録賈思勰《齊人要術》十卷，《新唐志》《宋志》著録賈思勰《齊民要術》十卷。《郡齋讀書志》卷一二著録《齊民要術》十卷，稱此書“記民俗、歲時、治生、種蒔之事，凡九十二篇”。《直齋書録解題》卷一〇著録《齊民要術》十卷，稱其凡九十三篇。《四庫全書總目》卷一〇二著録《齊民要術》十卷，提要稱今本與賈思勰自序存在分歧，“於例殊乖，其詞亦鄙俗不類，疑後人竄入”。現存最早的本子爲明嘉靖三年馬紀刻本，通行本有秘册彙函本、四庫本、四部叢刊本、四部備要本等。

《春秋濟世六常擬議》五卷。楊瑾撰。梁有《陶朱公養魚法》《卜式養羊法》《養豬法》《月政畜牧栽種法》，各一卷，亡。

楊瑾：生平事迹不詳。兩《唐志》無載，亡佚。陶朱公：即范蠡，字少伯，南陽（今河南南陽市）人。事越王勾踐，與其深謀二十餘年，竟滅吴，報會稽之恥，被稱上將軍。後辭官而隱居，在齊爲鴟夷子皮，往陶爲朱公。見《史記》卷四一、卷一〇〇，《漢書》卷九一。兩《唐志》著録范蠡《養魚經》一卷，《宋志》著録陶朱公《養魚經》一卷，《四庫全書總目》無載，亡佚。《説郛》存一卷，清馬國翰輯一卷。卜式：河南人，以田畜爲事。值漢與匈奴交戰，輸家財一半助邊。元鼎中，爲御史大夫。因言郡國不便鹽鐵而船有算，可罷。令武帝不悦，遭貶，以壽終。《漢書》卷五八有傳。兩《唐志》無載，亡佚。清馬國翰有輯本。《養豬法》：不署撰者。兩《唐志》無載，亡佚。《月政畜牧栽種法》：不署撰者。兩《唐志》無載，亡佚。

右五部，一十九卷。

尚有亡書四部。

農者，所以播五穀，藝桑麻，以供衣食者也。《書》叙八政，其一曰食，二曰貨。孔子曰：“所重民、食。”[1]《周官·冢宰》“以九職任萬民”，[2]其一曰“三農，生九穀”；[3]《地官·司稼》“掌巡邦野之稼，而辨穜稑之種，[4]周知其名與其所宜地，[5]以爲法而懸于邑閭”，[6]是也。鄙者爲之，則棄君臣之義，徇耕稼之利，而亂上下之序。

[1]此句見《論語·堯曰》，原句爲“所重民、食、喪、祭”。

[2]此句見《周禮·天官·大宰》。九職：爲三農、園圃、虞衡、藪牧、百工、嬪婦、臣妾、閒民，皆爲民之職業。

[3]三農：農民在平原、低窪濕地、平地耕作，生出黍、稷、秫、稻、麻、大小豆、大小麥九穀。

[4]穜（tóng）：先種後熟的穀類。稑（lù），後種先熟的穀類。

[5]此句意爲遍知所種所宜之地。

[6]此句意爲將所辨結果，懸示於百姓，爲來年種穀之法。

《燕丹子》一卷。丹，燕王喜太子。梁有《青史子》一卷；又《宋玉子》一卷、《録》一卷，楚大夫宋玉撰；《群英論》一卷，郭頒撰；《語林》十卷，東晋處士裴啓撰。亡。

燕丹子：燕王喜之太子。秦將圖燕，太子丹陰養壯士二十人，使荆軻刺秦王，事敗露。秦拔薊，燕王徙居遼東，斬太子丹，以獻秦。見《史記》卷三四。《舊唐志》著録燕太子《燕丹子》三卷，《新唐志》著録燕太子《燕丹子》一卷，《宋志》著録《燕丹子》三卷。《四庫全書總目》卷一四三著録《燕丹子》三卷，提要稱不著撰人名氏。以爲此書出於應劭、王充之後，而至明遂佚。今檢《永樂大典》載有全本，然其文實割裂諸書燕丹、荆軻事雜綴而成，其可信者已見《史記》，其他多鄙誕不可信，殊無可采，附存其目。通行本有四庫本、四部備要本、叢書集成本等。《青史子》：不署撰者。《漢志》著録《青史子》五十七篇，班固注曰，“古史官記事也”。兩《唐志》無載，亡佚。清馬國翰、王仁俊及民國魯迅有輯本。宋玉：郢（今湖北荆州市）人，師事屈原，爲頃襄王大夫。見《全上古三代文》卷一〇。本志尚有其一部著述。此書兩《唐志》無載，亡佚。郭頒：見本書卷三三“雜史類”。兩《唐志》無載，亡佚。裴啓：字榮期，河東（今山西境内）人。《世説新語·文學》“裴郎作《語林》，始出，大爲遠近所傳”。兩《唐志》無載，亡佚。《説郛》存一卷，清馬國翰及民國魯迅有輯本。

《雜語》五卷。

不署撰者。《新唐志》著録《雜語》五卷，《宋志》無載，亡佚。

《郭子》三卷。東晋中郎郭澄之撰。

郭澄之：字仲静，太原陽曲（今山西陽曲縣）人。劉裕引爲相國參軍，從其北伐，至相國從事中郎，封南豐侯。有文集行於世。《晋書》卷九二有傳。本志集部尚有其一部著述。兩《唐志》著録郭澄之《郭子》三卷，賈泉注。《宋志》無載，亡佚。清馬國翰及民國魯迅有輯本。

《雜對語》三卷。

不署撰者。兩《唐志》無載，亡佚。

《要用語對》四卷。

不署撰者。兩《唐志》無載，亡佚。

《文對》三卷。

不署撰者。兩《唐志》無載，亡佚。

《瑣語》一卷。梁金紫光禄大夫顧協撰。

顧協：字正禮，吴郡吴（今江蘇蘇州市）人。初爲揚州議曹從事，累遷湘東王參軍兼記室，通直散騎侍郎兼中書通事舍人。顧協撰《異姓苑》《瑣語》，並行於世。《梁書》卷三〇、《南史》卷六二有傳。兩《唐志》無載，亡佚。

《笑林》三卷。後漢給事中邯鄲淳撰。

邯鄲淳：一名竺，字子叔。曹操召與相見，甚敬異之，遣其至曹植處。黄初中，爲博士給事中。見《三國志》卷二一裴注。兩《唐志》著録邯鄲淳《笑林》三卷，《宋志》無載，亡佚。清馬國翰、王仁俊及民國魯迅有輯本。

《笑苑》四卷。

不署撰者。《隋書》卷五八載，魏澹撰《笑苑》，世稱其博物。不知是否即此書。

《解頤》二卷。陽玠松撰。

陽玠松：或作松玠，或作松玢，北平無終（天津市）人。《史通·雜述》稱，陽玠松《談藪》，謂瑣言者也。兩《唐志》無載；《崇文總目》著録《談藪》八卷，楊玠松撰；《宋志》著録楊玠松《八代談藪》二卷。《直齋書録解題》卷七著録《談藪》二卷，稱北齊秘書省正字北平陽玠松撰，事綜南北時，更八代。《解頤》乃爲《談藪》之異名，元明以後無載，亡佚。

《世説》八卷。宋臨川王劉義慶撰。

《世説》十卷。劉孝標注。梁有《俗説》一卷，亡。

劉義慶：見本書卷三三“雜傳類”。劉孝標：見本書卷三三“正史類”。《史通·雜説中》“宋臨川王義慶著《世説新語》，上叙兩漢、三國及晋中朝、江左事。劉峻注釋，摘其瑕疵，僞跡昭然，理難文飾”。兩《唐志》著録劉義慶《世説》八卷、劉孝標《續世説》十卷;《宋志》著録劉義慶《世説新語》三卷。《郡齋讀書志》卷一三著録《世説新語》十卷,《直齋書録解題》卷一一《世説新語》三卷,兩書皆言及此書在宋的流傳。《四庫全書總目》卷一四〇著録《世説新語》三卷,提要稱孝標所注特爲典贍,其糾正義慶之紕繆,尤爲精核。所引諸書,今已佚其十之九,唯賴是注以傳。現存最早的本子爲明嘉靖十四年袁氏嘉趣堂刻本,通行本有四庫本、四部備要本、四部叢刊本等。近人余嘉錫《世説新語箋疏》則爲集歷代研究大成之作。《俗説》:不署撰者。兩《唐志》無載,亡佚。清馬國翰及民國魯迅各輯沈約《俗説》一卷。

《小説》十卷。梁武帝敕安右長史殷芸撰。梁《目》三十卷。

殷芸:字灌蔬,陳郡長平(今河南西華縣東北)人。天監年間,累遷通直散騎侍郎、司徒左長史,後直東宫學士省。《梁書》卷四一、《南史》卷六〇有傳。兩《唐志》、《宋志》著録殷芸《小説》十卷,又見宋晁載之《續談助》中節抄七十餘條。此書撰述秦漢以來雜事。元明以後無載,亡佚。今《説郛》存一卷,叢書集成本《續談助》存一卷,又有清王仁俊及民國魯迅輯本。

《小説》五卷。

不署撰者。兩《唐志》無載,亡佚。

《邇説》一卷。梁南臺治書伏挺撰。

伏挺:字士標,平昌安丘(今山東安丘市)人。天監中,累爲晋陵、武康令。因納賄被劾,出家。後還俗,於侯景亂中卒。著《邇説》十卷、文集二十卷。《梁書》卷五〇、《南史》卷七一有傳。兩《唐志》無載,亡佚。

《辯林》二十卷。蕭賁撰。

蕭賁：字文奂，蘭陵（今江蘇常州市）人，蕭子良孫。有文才，嘗著《西京雜記》。起家湘東王法曹參軍。因批評湘東王所撰檄文，收付獄，遂以餓終。兩《唐志》著録蕭賁《辯林》二十卷，《宋志》無載，亡佚。

《辯林》二卷。席希秀撰。

席希秀：生平事迹不詳。兩《唐志》無載，亡佚。

《瓊林》七卷。周獸門學士陰顥撰。

陰顥：武威姑臧（今甘肅武威市）人。少知名，釋褐奉朝請，任尚書金部郎。後入周。撰《瓊林》二十卷。見《梁書》卷四六。兩《唐志》無載，亡佚。

《古今藝術》二十卷。

不署撰者。兩《唐志》“雜藝術類”著録《今古術藝》十五卷，《宋志》無載，亡佚。

《雜書鈔》十三卷。

不署撰者。本志“雜家類”著録《雜書鈔》四十四卷，亦不署撰者，不知是否爲此書别本？

《座右方》八卷。庾元威撰。

庾元威：生平事迹不詳。兩《唐志》著録庾元威《座右方》三卷，《宋志》無載，亡佚。

《座右法》一卷。

不署撰者。《日本國見在書目録》著録《座右銘》一卷，崔子玉撰。《南史》卷二二載，王僧虔書崔子玉《座右銘》給王儉。疑即此書。兩《唐志》無載，亡佚。

《魯史欹器圖》一卷。儀同劉徽注。

劉徽：姚振宗根據《隋志》對於隋人衹書官位不書時代之例，認爲此書當爲劉暉所撰。《隋書》卷七八載，太史令劉暉等定曆。《晋書》卷三四載，欹器爲宥坐之器，人君可置坐右，以爲戒也。兩《唐志》“儒家類”著録劉徽《魯史欹器圖》一卷，《宋志》無載，亡佚。

《器準圖》三卷。後魏丞相士曹行參軍信都芳撰。

信都芳：見本書卷三二“樂類”。《北史》卷八九載，安豐王延明聚渾天、欹器、地動、漏刻諸巧事，並圖畫爲《器準》，並令信都芳算之。後延明南奔，信都芳乃自撰注。《新唐志》“曆算類”著録信都芳《器準》三卷，《宋志》無載，亡佚。

《水飾》一卷。

不署撰者。兩《唐志》無載，亡佚。

右二十五部，合一百五十五卷。

尚有亡書五部。

小説者，街説巷語之説也。《傳》載輿人之誦，[1]《詩》美詢于芻蕘。[2]古者聖人在上，史爲書，瞽爲詩，[3]工誦箴諫，[4]大夫規誨，士傳言而庶人謗。孟春，徇木鐸以求歌謠，[5]巡省觀人詩，以知風俗。過則正之，失則改之，道聽塗説，靡不畢紀。《周官·誦訓》“掌道方志以詔觀事，[6]道方慝以詔辟忌，[7]以知地俗”；而《訓方氏》[8]“掌道四方之政事，與其上下之志，誦四方之傳道，[9]而觀新物”，[10]是也。孔子曰：“雖小道，必有可觀者焉，致遠恐泥”。[11]

[1]輿人之誦：見《左傳》僖公二十八年，原文作“原田每每，舍其舊而新是謀”。輿人，衆人。

[2]詢于芻蕘：見《詩·大雅·板》，原文作“先民有言，詢於芻蕘”。芻，割草；蕘，打柴。芻蕘，指割草打柴的人。

[3]瞽：自盲，此指樂官。

[4]工：官。箴諫，規諫。

[5]徇：通“巡”。木鐸，以木爲舌的大鈴。古代巡行振鳴木鐸，以引起注意。

[6]誦訓：古代官名，屬地官。此句意爲：道四方所記久遠之事以告王觀博古之事。

[7]方慝（tè）：四方言語之所惡之事。以詔辟忌，以詔告王避其忌惡。

[8]訓方氏：古代官名，屬夏官。

[9]傳道：世世所傳説往古之事。

[10]而以觀新物：“新”原作“衣”，《周禮·夏官·訓方氏》“四時於新物出則觀之，以知民志所好惡”。據改。

[11]此段見《論語·子張》。致遠恐泥，致力遠大事業則有阻滯。

《司馬兵法》三卷。齊將司馬穰苴撰。

司馬穰苴：田完之後裔。齊景公時，晉、燕進犯，齊敗績。晏嬰薦穰苴，被任命爲將軍，率軍出征，晉、燕聞風而退，引軍凱旋，尊爲大司馬，故稱司馬穰苴。後遭詆毀，被貶，發疾而亡。齊威王使大夫追論古者《司馬兵法》而附穰苴於其中，固號《司馬穰苴兵法》。《史記》卷六四有傳。《漢志》“禮類”著録《軍禮司馬法》百五十五篇，《兵書略》後有注曰“出《司馬法》百五十五篇入禮也”。兩《唐志》著録田穰苴《司馬法》三卷，《宋志》著録齊司馬穰苴《司馬兵法》三卷、朱服校定《司馬法》三卷，《直齋書録解題》卷一二著録齊司馬穰苴《司馬法》一卷。《四庫全書總目》卷九九著録《司馬法》一卷，提要稱其非穰苴自撰，蓋其時去古未遠，先王舊典未盡無徵，摭拾成編，亦爲漢博士追述王制之類，今存亦非全書。此書現存最早的本子爲明初刻武經七書本，通行本有四庫本、四部叢刊本、四部備要本等，並有清任兆麟、王仁俊、錢熙祚、張澍輯本。

《孫子兵法》二卷。吴將孫武撰，魏武帝注。梁三卷。

孫武：齊人。以兵法見於吴王闔廬。闔廬知孫子能用兵，以其爲將。西破楚，北威齊、晋，顯名諸侯，孫武之功也。《史記》卷六五有傳。魏武帝：曹操，字孟德，沛國譙（今安徽亳州市）人。靈帝中平元年，參與鎮壓黄巾起義。後起兵討伐董卓，建安元年迎獻帝都許。官至丞相、大將軍，封魏王。二十五年正月卒。十月，其子曹丕代漢稱帝，追尊曹操爲魏太祖武帝。《三國志》卷一有紀。《漢志》“兵權謀家”著録《吴孫子兵法》八十二篇、圖九卷；《日本國見在書目録》著録《孫子兵法》二卷，吴將孫武撰，《孫子兵法》三卷，魏武帝解；《舊唐志》著録《孫子兵法》十三卷，孫武撰，魏武帝注；《新唐志》著録魏武帝注《孫子》三卷；《宋志》著録孫武《孫子》三卷、朱服校定《孫子》三卷、魏武帝注《孫子》三卷。《郡齋讀書志》卷一四著録魏武注《孫子》一卷，稱《漢志》有《孫子兵法》八十二篇，今魏武所注，止十三篇。《直齋書録解題》卷一二著録《孫子》三卷，稱魏武帝削其繁冗，定爲十三篇。《四庫全書總目》卷九九著録《孫子》一卷，提要稱

《史記》載孫武書十三篇，在《漢志》之前，不得以後來附益爲本書。《孫子兵法》爲孫武自著，非後人僞託。後世注《孫子》頗多，宋吉天保編《孫子十家注》。1972 年 4 月，山東臨沂銀雀山 1 號漢墓出土簡本《孫子》，此應是十三篇的足本，然篇次與今本有出入。其正文文字有不少勝於今本之處。現存最早的本子爲宋刻元明遞修武經七書本之《孫子》六卷，通行本有叢書集成本等。

《孫子兵法》一卷。魏武、王淩集解。

王淩：字彦雲，太原祁（今山西祁縣）人。正始年間，進封南鄉侯，遷車騎將軍、儀同三司、司空。後與其甥令狐愚密謀廢立事，司馬宣王討之，自知不敵出迎，在返京師途中服毒身亡。《三國志》卷二八有傳。兩《唐志》無載，亡佚。

《孫武兵經》二卷。張子尚注。

張子尚：生平事迹不詳。兩《唐志》無載，亡佚。

《鈔孫子兵法》一卷。魏太尉賈詡鈔。梁有《孫子兵法》二卷，孟氏解詁；《孫子兵法》二卷，吴處士沈友撰；又《孫子八陣圖》一卷。亡。

賈詡：字文和，武威姑臧（今甘肅武威市）人。董卓入洛陽，賈詡以太尉掾爲平津都尉，遷討虜校尉。後歸曹操，爲執金吾，太中大夫。文帝即位，爲太尉，進爵魏壽鄉侯。年七十七卒，謚曰肅侯。《三國志》卷一〇有傳。《日本國見在書目録》著録《孫子兵法書》一卷，臣詡撰，兩《唐志》無載，亡佚。孟氏：生平事迹不詳。兩《唐志》著録孟氏解《孫子兵法》二卷，《宋志》無載，亡佚。沈友：字子正，吴郡（今江蘇境内）人。注《孫子兵法》，爲庸臣所詆，誣以謀反，被孫權所殺。見《三國志》卷四九裴注所引《吴録》。兩《唐志》著録沈友注《孫子兵法》二卷，《宋志》

無載，亡佚。《孫子八陣圖》：兩《唐志》無載，張彦遠《歷代名畫記》卷三有載，《宋志》無載，亡佚。

《吴起兵法》一卷。賈詡注。

吴起：衛（今河南境内）人。嘗學於曾子。事魯君，遭猜忌。事魏文侯，爲西河守，以拒秦、韓。魏武侯時，遇公叔加害，吴起赴楚。楚悼王死，宗室大臣作亂，太子立，乃使令尹誅射吴起。《史記》卷六五有傳。《漢志》“兵權謀家”著録《吴起》四十八篇，《新唐志》著録賈詡注吴起《吴子兵法》一卷，《宋志》著録吴起《吴子》三卷、朱服校定《吴子》二卷。《郡齋讀書志》卷一四著録《吴子》三卷，稱此書言兵家機權法制之説，凡六篇。《四庫全書總目》卷九九著録《吴子》一卷，提要稱今所行本，雖併爲一卷，然篇目並與《讀書志》合。高似孫《子略》卷三謂其“尚禮義，明教訓，或有得於《司馬法》者”。現存最早的本子爲明初刻本，通行本爲二卷本，有叢書集成本、四部叢刊本、四部備要本等。

《吴孫子牝牡八變陣圖》二卷。

不署撰者。《日本國見在書目録》著録《孫子兵法八陣圖》二卷，《歷代名畫記》載有《吴孫子牝牡八變陣圖》，兩《唐志》無載，亡佚。

《續孫子兵法》二卷。魏武帝撰。

《日本國見在書目録》著録《續孫子兵法》二卷，魏武帝撰；《新唐志》著録魏武帝《續孫子兵法》二卷；《舊唐志》載有魏武帝撰《兵法捷要》七卷。《宋志》無載，亡佚。

《孫子兵法雜占》四卷。梁有《諸葛亮兵法》五卷，又《慕容氏兵法》一卷，亡。

不署撰者。兩《唐志》無載，亡佚。諸葛亮：見本書卷三三“正史類”。《三國志》卷三五載，諸葛亮製木牛流馬，推演兵法，作《八陣圖》。《宋志》著録諸葛亮《行兵法》五卷、《用兵法》二卷，《崇文總目》著録諸葛亮《兵機法》五卷、《武侯十六策》一卷，元明無載，亡佚。清王仁俊有輯本，嚴可均《全三國文》卷五九有輯文。慕容氏：不詳何人。此書兩《唐志》無載，亡佚。

《皇帝兵法》一卷。宋武帝所傳神人書。梁有《雜兵注》二十四卷，《兵法序》二卷，亡。

宋武帝：見本志“大序”。《新唐志》著録宋高祖《兵法要略》二卷，《宋志》無載，亡佚。《雜兵注》：不署撰者。《舊唐志》著録《雜兵法》二十四卷，《新唐志》著録《新兵法》二十四卷（疑“新”爲“雜”之誤），《宋志》無載，亡佚。《兵法序》：不署撰者。兩《唐志》無載，亡佚。

《太公六韜》五卷。梁六卷。周文王師姜望撰。

姜望：東海上（今山東境内）人。姜姓，名尚。先祖佐禹平水土有功，封於吕，故曰吕尚。又因周文王得吕尚言“吾先君太公望子久矣”，故號太公望。周武王即位，太公望爲師克殷，周王天下，號爲師尚父，封於營邱曰齊。《史記》卷三二有傳。《漢志》“儒家”著録《周史六弢》，班固注曰“惠、襄之間，或曰顯王時，或曰孔子問焉”。“道家”著録《太公》二百三十七篇，班固注曰“吕望爲周師尚父，本有道者。或有近世又以爲太公術者所增加也”。《謀》八十一篇，《言》七十一篇，《兵》八十五篇。後世學者以爲《六韜》當在《兵》中。《日本國見在書目録》著録《太公六韜》六卷，周文王師姜望撰。《舊唐志》著録《太公六韜》六卷，《新唐志》《宋志》著録《六韜》六卷。《郡齋讀書志》卷一四著録《六韜》六卷，稱《漢志》無此書，隋、唐始著録，兵家權謀之書也。《直齋書録解題》卷一二著録《六韜》六卷，稱武王、太公之問答。其辭鄙俚，世俗依託也。《四庫全書總目》卷九九著録《六韜》六卷，提要稱此書依託之迹，灼然可驗。1972 年山東臨沂銀雀山 1 號漢墓出土漢簡、1973 年河北定縣八角廊 40 號漢墓出土漢簡，皆有《六韜》殘卷，可以證明《六韜》並非僞書，而成書年代在春秋晚期至戰國時期。此書現存最早的本子爲宋刻元明遞修本《六韜》三卷，通行本有四庫本、四部叢刊本等。另有清孫同元、黄奭、王仁俊輯本，嚴可均《全上古文》卷六有輯文。

《太公陰謀》一卷。梁六卷。梁又有《太公陰謀》三卷，魏武帝解。

不署撰者。《史記》卷三二載，周遷九鼎，修周政，與天下更始，吕尚謀居多。《漢志》著録《太公》中包括《謀》八十一篇。兩《唐志》著録《太公陰謀》三卷，是否即魏武帝解《太公陰謀》三卷?《宋志》無載，亡佚。清嚴可均《全上古文》卷七有輯文。

《太公陰符鈐録》一卷。

不署撰者。《日本國見在書目録》著録《太公陰録符》一卷，兩《唐志》無載，亡佚。清嚴可均《全上古文》卷七有輯文。

《太公金匱》二卷。

不署撰者。《日本國見在書目録》著録《太公明金匱用兵要記》一卷，兩《唐志》著録《太公金匱》二卷，《宋志》無載，亡佚。清洪頤煊有輯本。

《太公兵法》二卷。梁三卷。

不署撰者。《史記》卷五五載，張良圯上老人所贈一書，乃

《太公兵法》也。《漢志》“道家”著録《兵》八十五篇，兩《唐志》無載，亡佚。清嚴可均《全上古文》卷七有輯文。

《太公兵法》六卷。梁有《太公雜兵書》六卷。

不署撰者。姚振宗以爲此書即《太公雜兵書》六卷，兩《唐志》無載，亡佚。

《太公伏符陰陽謀》一卷。

不署撰者。《日本國見在書目録》著録《太公謀卌六甲法》一卷（疑“甲”爲“用”之誤），《舊唐志》著録《太公陰謀三十六用》一卷、《新唐志》著録《陰謀三十六用》一卷，即爲此書。《宋志》無載，亡佚。

《黄帝兵法孤虚雜記》一卷。

不署撰者。《新唐志》著録《黄帝兵法孤虚推記》一卷，《宋志》無載，亡佚。

《太公三宫兵法》一卷。梁有《太一三宫兵法立成圖》二卷。

不署撰者。兩《唐志》著録《黄帝太公三宫法要訣》一卷，《宋志》無載，亡佚。《太一三宫兵法立成圖》：不署撰者。唐張彦遠《歷代名畫記》卷三載《太一三宫用兵成圖》二卷，兩《唐志》無載，亡佚。

《太公書禁忌立成集》二卷。

不署撰者。兩《唐志》無載，亡佚。

《太公枕中記》一卷。

不署撰者。兩《唐志》無載，亡佚。

《周書陰符》九卷。

不署撰者。《新唐志》著録《周書陰符》九卷，《宋志》無載，亡佚。

《周吕書》一卷。

不署撰者。《新唐志》著録《周吕書》一卷，《宋志》無載，亡佚。

《黄石公内記敵法》一卷。

不署撰者。《日本國見在書目録》著録《黄帝用兵勝敵法》一卷，兩《唐志》無載，亡佚。

《黄石公三略》三卷。下邳神人撰，成氏注。梁又有《黄石公記》三卷，《黄石公略注》三卷。

下邳神人：或曰即圯上老人。圯上老人送張良書，並説十三年孺子見我濟北，穀城山下黄石即我矣。十三年後，張良從高祖過濟北，果見黄石，取而寶祠之。見《史記》卷五五。成氏：不詳何人。《舊唐志》著録《黄石公三略》三卷、《三略訓》三卷；《新唐志》著録《黄石公三略》三卷、成氏《三略訓》三卷；《宋志》著録成氏注《三略》三卷。《郡齋讀書志》卷一四著録《黄石公三略》三卷，稱“其書論用兵機權之妙，嚴明之決，軍可以死易生，國可以存易亡”。又稱下邳神人即圯上老人。《直齋書録解題》卷一二著録此書，則稱“以黄石爲圯上老人，然皆附會依託也”。《四庫全書總目》卷九九著録《黄石公三略》三卷，提要稱自漢以來，言兵法者往往以黄石公爲名，然大抵出於附會，是書文義不古，當亦後人所依託。此書現存最早的本子爲宋刻元明遞修本武經七書中之《黄石公三略》三卷，通行本有四庫本、叢書集成本等。

另有清王仁俊輯本。姚振宗以爲《黄石公記》即《黄石公三略》，而《黄石公略注》即成氏所注《黄石公三略》。

《黄石公三奇法》一卷。梁有《兵書》一卷，《張良經》與《三略》往往同，亡。

不署撰者。兩《唐志》無載，亡佚。《兵書》，不署撰者。疑即《黄石公兵書》，見下著録。《張良經》：太史公曰，"高祖離困數矣，而留侯常有功力焉"。見《史記》卷五五。兩《唐志》著録《張良經》一卷、張良《張氏七篇》七卷，《宋志》無載，亡佚。

《黄石公五壘圖》一卷。

不署撰者。兩《唐志》無載，亡佚。

《黄石公陰謀行軍祕法》一卷。梁有《黄石公祕經》二卷。

不署撰者。兩《唐志》著録黄石公《陰謀乘斗魁剛行軍祕》一卷，《宋志》無載，亡佚。《黄石公祕經》：兩《唐志》無載，亡佚。

《大將軍兵法》一卷。

不署撰者。《漢志·兵家序》有曰"漢興，張良、韓信序次兵法"。"兵權謀"著録《韓信》三篇。疑《大將軍兵法》爲韓信所序兵法。兩《唐志》無載，亡佚。

《黄石公兵書》三卷。

不署撰者。兩《唐志》無載，亡佚。

《兵書接要》十卷。魏武帝撰。梁有《兵書接要》别本五卷，又有《兵書要論》七卷，亡。

《三國志》卷一裴注引孫盛《異同雜語》稱曹操抄集諸家兵法，名曰《接要》，又注《孫子兵法》，皆傳於世。《日本國見在書目録》著録《兵書要》三卷、《兵書接要》三卷，魏武帝撰。《舊唐志》著録魏武帝《兵法捷要》七卷，《新唐志》著録魏武帝《兵書接要》七卷，《宋志》無載，亡佚。《兵書要論》：《日本國見在書目録》著録《兵書論要》一卷，魏武帝撰。兩《唐志》無載，亡佚。

《兵法接要》三卷。魏武帝撰。

此書大抵爲前録《兵書接要》之又一别本。

《三宫用兵法》一卷。

不署撰者。兩《唐志》無載，亡佚。

《兵書略要》九卷。魏武帝撰。梁有《兵要》二卷。

《日本國見在書目録》著録《兵書要略》魏武帝撰，兩《唐志》無載，而《舊唐志》著録魏文帝《兵法要略》十卷，《新唐志》著録魏文帝《兵書要略》十卷，《宋志》無載，亡佚。《兵要》：疑即此書之别本。

《魏武帝兵法》一卷。梁有《魏時群臣表伐吴策》一卷，《諸州策》四卷，《軍令》八卷，《尉繚子兵書》一卷。

《三國志》卷一裴注引《魏書》稱，曹操自作《兵書》十萬餘言，諸將征伐，皆以新書從事。《日本國見在書目録》著録《魏武帝兵書》十三卷，兩《唐志》無載，亡佚。《魏時群臣表伐吴策》《諸州策》《軍令》：皆不署撰者，兩《唐志》均無載，亡佚。《尉繚子兵書》：參見本部“雜家類”。

《兵林》六卷。東晋江都相孔衍撰。

《日本國見在書目録》著録《兵林玉府》三卷，是否即此書？兩《唐志》著録孔衍《兵林》六卷，《宋志》無載，亡佚。

《兵林》一卷。

不署撰者。《日本國見在書目録》著録《兵林正府》一卷，是否即此書？

《玄女戰經》一卷。

不署撰者。兩《唐志》無載，亡佚。

《武林》一卷。王略撰。

王略：生平事迹不詳。《日本國見在書目録》著録《武林》一卷，王略撰。《新唐志》著録王略《武林》一卷，《宋志》無載，亡佚。

《黄帝問玄女兵法》四卷。梁三卷。

不署撰者。兩《唐志》著録《黄帝問玄女法》三卷，《舊唐志》注明此書爲玄女撰，《宋志》無載，亡佚。清洪頤煊有輯本。

《秦戰鬪》一卷。

不署撰者。兩《唐志》無載，亡佚。

《梁主兵法》一卷。
《梁武帝兵書鈔》一卷。
《梁武帝兵書要鈔》一卷。

三書應皆爲梁武帝所作。《日本國見在書目録》著録《梁武帝兵法》二卷、《梁武帝勑抄要用兵法》一卷，《新唐志》著録《梁武帝兵法》一卷，《宋志》無載，亡佚。

《玉韜》十卷。梁元帝撰。

《金樓子》卷五載，《玉韜》一秩十卷，稱“金樓出牧渚宫時撰”。卷六載金樓語，“唯《玉韜》最善”。兩《唐志》著録梁元帝《玉韜》十卷，《宋志》無載，亡佚。

《金韜》十卷。

不署撰者。《隋書》卷七八載，開皇初，劉祐爲大都督，奉詔撰兵書十卷，名曰《金韜》。兩《唐志》著録劉祐《金韜》十卷，《宋志》無載，亡佚。

《金策》十九卷。

不署撰者。《梁書》卷三載，梁武帝又撰《金策》三十卷。此書當爲梁武帝撰。兩《唐志》無載，亡佚。

《兵書要略》五卷。後周齊王宇文憲撰。

宇文憲：字毗賀突，代武川（今内蒙古自治區武川縣）人。建德三年，進爵爲王。常以兵書繁廣，難求指要，乃自刊定爲《要略》五篇。宣帝即位，忌其屬尊望重，設伏執而縊殺之。《周書》卷一二、《北史》卷五八有傳。兩《唐志》著録宇文憲《兵書要略》十卷，《宋志》無載，亡佚。

《兵書》七卷。

不署撰者。兩《唐志》無載，《宋志》著録《兵書》七卷，元明以後無載，亡佚。

《兵書要術》四卷。伍景志撰。

伍景志：生平事迹不詳。兩《唐志》無載，亡佚。

《兵記》八卷。司馬彪撰。一本二十卷。

兩《唐志》著録司馬彪《兵記》十二卷，《宋志》無載，亡佚。《全晋文》卷一六稱，司馬彪有《戰略》二十卷，《隋志》《唐志》作《兵記》。

《兵書要序》十卷。趙氏撰。

趙氏：不知何人。此書兩《唐志》無載，亡佚。

《兵法》五卷。

不署撰者。兩《唐志》無載，亡佚。

《雜兵書》十卷。梁有《雜兵書》八卷。《三家兵法要集》三卷，《戎略機品》二卷，亡。

不署撰者。兩《唐志》無載，亡佚。《三家兵法要集》《戎略機品》：皆不署撰者，兩《唐志》均無載，亡佚。

《大將軍》一卷。

不署撰者。疑即前所著録《大將軍兵法》，兩《唐志》無載，亡佚。

《雜兵圖》二卷。

不署撰者。兩《唐志》無載，亡佚。

《兵略》五卷。

不署撰者。兩《唐志》無載，亡佚。

《軍勝見》十卷。許昉撰。

許昉：生平事迹不詳。《日本國見在書目録》著録《軍勝》十卷，兩《唐志》著録《許子新書軍勝》十卷，《宋志》著録《許子兵勝苑》十卷。元明以後無載，亡佚。

《戎决》十三卷。許昉撰。

兩《唐志》無載，亡佚。

《陣圖》一卷。

不署撰者。《日本國見在書目録》著録《陣圖》一卷，兩《唐志》無載，亡佚。

《陰策》二十二卷。大都督劉祐撰。

劉祐：見前著録《金韜》，《隋書》卷七八有傳，傳中記載其著《陰策》二十卷。兩《唐志》無載，亡佚。

《陰策林》一卷。

不署撰者。兩《唐志》無載，亡佚。

《承神兵書》二十卷。

不署撰者。兩《唐志》著録《承神兵書》八卷，《宋志》無載，亡佚。

《真人水鏡》十卷。

不署撰者。《日本國見在書目録》著録《真人水鏡》十卷，兩《唐志》著録陶弘景《真人水鏡》十卷，《宋志》無載，亡佚。

《戰略》二十六卷。金城公趙煚撰。

趙煚：字賢通，天水西（甘肅天水市）人。仕周，累轉中書侍郎，後授開府儀同三司。隋高祖踐祚，賜爵金城郡公，拜尚書右僕射。《隋書》卷四六、《北史》卷七五有傳。兩《唐志》無載，亡佚。

《金海》三十卷。蕭吉撰。

蕭吉：見本書卷三二“樂類”。《隋書》卷七八、《北史》八九載，蕭吉著《金海》三十卷。《日本國見在書目録》著録《金海》卅七卷，隋蕭吉撰。兩《唐志》著録蕭吉《金海》四十七卷，《宋志》無載，亡佚。

《兵書》二十五卷。

不署撰者。兩《唐志》無載，亡佚。

《雜撰陰陽兵書》五卷。莫珍寶撰。

莫珍寶：生平事迹不詳。兩《唐志》無載，亡佚。

《黄帝兵法雜要決》一卷。

不署撰者。《全上古文》卷一《黄帝兵法》，稱《隋志》有《黄帝兵法雜要決》一卷，《五行大義》第五篇引《黄帝兵訣》，此省詞。《開元占經》八引《黄帝兵法》，《開元占經》十一引《黄帝用兵要訣》。《新唐志》著録《黄帝用兵法訣》一卷，《宋志》無載，亡佚。

《黄帝軍出大師年命立成》一卷。

不署撰者。兩《唐志》無載，亡佚。

《黄帝複姓符》二卷。許昉撰。梁有《辟兵法》一卷。

兩《唐志》無載，亡佚。《辟兵法》：不署撰者。兩《唐志》無載，亡佚。

《黄帝太一兵歷》一卷。

不署撰者。《漢志》"兵陰陽家"著録《太壹兵法》一篇，《新唐志》著録《黄帝太一兵曆》一卷，《宋志》無載，亡佚。

《黄帝蚩尤風后行軍祕術》二卷。梁有《黄帝蚩尤兵法》一卷，亡。

不署撰者。《史記》卷一載，蚩尤作亂，不用帝命，於是黄帝乃徵師諸侯，與蚩尤戰於逐鹿之野，遂禽殺蚩尤。《漢志》"兵陰陽家"著録《黄帝》十六篇，《圖》三卷；《風后》十三篇，《圖》二卷。"兵形勢家"著録《蚩尤》二篇，兩《唐志》不載此書，亡佚。《黄帝蚩尤兵法》：大抵與此書有關聯。

《老子兵書》一卷。

不署撰者。《日本國見在書目録》著録《孝子寶訣》一卷（疑"孝"爲"老"之誤），兩《唐志》無載，亡佚。

《吴有道占出軍决勝負事》一卷。梁二卷。又《黄帝出軍雜用决》十二卷，《風氣占軍决勝戰》二卷，太史令吴範撰。

吴範：字文則，會稽上虞（今浙江紹興市）人。以治曆數知風氣聞於郡中。後事孫權，每有灾祥，輒推數言狀，其數多驗，遂以顯名。孫權以其爲騎都尉，領太史令。《三國志》卷六三有傳。吴有道當即吴範，三書兩《唐志》皆無載，亡佚。

《對敵權變》一卷。吴氏撰。

吴氏：疑即吴範。兩《唐志》無載，亡佚。

《對敵占風》一卷。梁有《黄帝夏氏占氣》六卷，《兵法風氣等占》三卷，亡。

不署撰者。兩《唐志》無載，亡佚。《黄帝夏氏占氣》《兵法風氣等占》：皆不署撰者，兩《唐志》無載，亡佚。

《對敵權變逆順》一卷。

不署撰者。《日本國見在書目録》著録《兵書對敵推變逆順法武王代殷法》一卷（疑“代”當爲“伐”），兩《唐志》無載，亡佚。

《兵法權儀》一卷。

不署撰者。兩《唐志》無載，亡佚。

《六甲孤虚雜决》一卷。梁有《孫子戰鬬六甲兵法》一卷。

不署撰者。李賢曰，“孤虚者，孤謂六甲之孤辰，若甲子旬中，戌亥無干，是爲孤也，對孤爲虚”。見《後漢書》卷八二上注。兩《唐志》無載，亡佚。《孫子戰鬬六甲兵法》：不署撰者。兩《唐志》無載，亡佚。

《六甲孤虚兵法》一卷。

不署撰者。兩《唐志》無載，亡佚。

《孤虚法》十卷。梁有《兵法遁甲孤虚斗中域法》九卷。

不署撰者。兩《唐志》無載，亡佚。《兵法遁甲孤虚斗中域法》：不署撰者。兩《唐志》無載，亡佚。

《兵書雜占》十卷。梁有《兵法日月風雲背向雜占》十二卷，《兵法》三卷，《虛占》三卷，《京氏征伐軍候》八卷。

不署撰者。兩《唐志》無載，亡佚。《兵法日月風雲背向雜占》《兵法》，皆不署撰者。兩《唐志》無載，亡佚。《虛占》：疑爲《孤虛占》，不署撰者。兩《唐志》無載，亡佚。京氏：當指京房，見本書卷三二"易類"。其書兩《唐志》無載，亡佚。

《兵書雜歷》八卷。

不署撰者。兩《唐志》無載，亡佚。

《太一兵書》一十一卷。梁二十卷。

不署撰者。《漢志》"兵陰陽家"著録《太壹兵法》一篇、《天一兵法》三十五篇，兩《唐志》著録《太一兵法》一卷，《宋志》無載，亡佚。

《兵書內術》二卷。

不署撰者。兩《唐志》無載，亡佚。

《兵法書決》九卷。闕一卷。

不署撰者。兩《唐志》無載，亡佚。

《軍國要略》一卷。

不署撰者。兩《唐志》無載，亡佚。

《兵法要録》二卷。

不署撰者。兩《唐志》無載，亡佚。

《用兵撮要》二卷。

不署撰者。兩《唐志》著録《用兵撮要》二卷，《宋志》無載，亡佚。

《用兵要術》一卷。

不署撰者。《新唐志》著録《用兵要術》一卷，《宋志》無載，亡佚。

《用兵祕法雲氣占》一卷。

不署撰者。兩《唐志》無載，亡佚。

《五家兵法》一卷。

不署撰者。兩《唐志》無載，亡佚。

《兵法三家軍占祕要》一卷。李行撰。

李行：生平事迹不詳。此書兩《唐志》無載，亡佚。

《氣經上部占》一卷。

不署撰者。兩《唐志》無載，亡佚。

《天大芒霧氣占》一卷。

不署撰者。姚振宗以爲《初學記·天部》所引《望氣經》即此書，與《氣經上部占》是同性質的書。兩《唐志》無載，亡佚。

《鬼谷先生占氣》一卷。

兩《唐志》無載，亡佚。

《五行候氣占災》一卷。

不署撰者。兩《唐志》無載，亡佚。

《乾坤氣法》一卷。

不署撰者。本志“五行類”著録《乾坤氣法》一卷，許辯撰，疑其與此書爲同一書。兩《唐志》無載，亡佚。

《雜匈奴占》一卷。漢武帝王朔注。

疑“漢武帝”下有脱文。王朔：漢武帝時爲太史待詔。見《世説新語·文學》。《史記》卷二七載，“夫自漢之爲天數者，星則唐都，氣則王朔，占歲則魏鮮”。兩《唐志》無載，亡佚。

《對敵占》一卷。

不署撰者。兩《唐志》無載，亡佚。

《雜占》八卷。梁有《推元嘉十二年日時兵法》二卷，《逆推元嘉五十年太歲計用兵法》一卷。

不署撰者。兩《唐志》無載，亡佚。《推元嘉十二年日時兵法》：不署撰者。兩《唐志》無載，亡佚。《逆推元嘉五十年太歲計用兵法》：元嘉僅有三十年，疑“五”有誤。不署撰者。兩《唐志》無載，亡佚。

《兵殺歷》一卷。

不署撰者。本志“五行類”有《雜殺歷》，可能與此書有關聯。兩《唐志》無載，亡佚。

《馬槊譜》一卷。梁二卷。梁有《騎馬都格》一卷，《騎馬變圖》一卷，《馬射譜》一卷，亡。

不署撰者。《南史》卷八載，梁簡文帝撰《馬槊譜》一卷。《北史》卷九〇載，趙國李幼序、洛陽丘何奴並工握槊，此蓋胡戲，近入中國。此書兩《唐志》無載，亡佚。《騎馬都格》《騎馬變圖》《馬射譜》：皆不署撰者，兩《唐志》均無載，亡佚。

《碁勢》四卷。梁有《術藝略序》五卷，孫暢之撰；《圍碁勢》七卷，湘東太守徐泓撰；《齊高碁圖》二卷；《圍碁九品叙録》五卷，范汪等撰；《圍碁勢》二十九卷，晋趙王倫舍人馬朗等撰；《碁品叙略》三卷；《建元永明碁品》二卷，宋員外殿中將軍褚思莊撰；《天監碁品》一卷，梁尚書僕射柳惲撰。亡。

不署撰者。兩《唐志》著録《碁勢》六卷，《宋志》著録《棊勢》三卷，元明以後無載，亡佚。孫暢之：見本書卷三二“詩類”。兩《唐志》無載，亡佚。徐泓：南琅邪開陽（今江蘇南京市北）人。仕齊歷任秣陵、建康令，湘東太守。見《南史》卷七七。兩《唐志》無載，亡佚。《齊高碁圖》：《南史》卷四載，齊高帝弈碁第二品。兩《唐志》無載，亡佚。范汪：見本書卷三二“禮類”。兩《唐志》“雜藝術類”著録范汪等撰《碁品》五卷，《宋志》無載，亡佚。馬朗：生平事迹不詳。此書兩《唐志》無載，亡佚。《碁品叙略》：不署撰者。兩《唐志》無載，亡佚。褚思莊：吴郡（今江蘇境内）人。善棋，爲第二品。官至給事中。見《南史》卷一八、《南齊書》卷三四。兩《唐志》無載，亡佚。柳惲：字文暢，河東解（今山西運城市）人。仕齊，爲驃騎從事中郎。善弈棋，梁武帝令其定棋譜，第其優劣。徵爲秘書監，領左軍將軍。《梁書》卷二一、《南史》卷三八有傳。本志集部尚有其一部著述。兩《唐志》無載，亡佚。

《雜博戲》五卷。

不署撰者。《新唐志》“雜藝術類”著録《雜博戲》五卷，《宋志》無載，亡佚。

《投壺經》一卷。

不署撰者。投壺，設特製之壺，賓主以次投矢其中，中多者爲勝，負者則飲酒。見《禮記正義》卷五八《投壺》。兩《唐志》無載，亡佚。

梁東宮撰《太一博法》一卷。

不署撰者。兩《唐志》無載，亡佚。

《雙博法》一卷。

不署撰者。兩《唐志》無載。《郡齋讀書志》卷一五著録《雙陸格》一卷，並介紹此游戲之玩法，武后、狄仁傑亦樂此不疲。似即此書，元明以後無載，亡佚。

《皇博法》一卷。梁有《大小博法》一卷；《投壺經》四卷，《投壺變》一卷，晋左光禄大夫虞潭撰；《投壺道》一卷，郝沖撰；《擊壤經》一卷。亡。

不署撰者。兩《唐志》“雜藝術類”著録魏文帝《皇博經》一卷，《宋志》無載，亡佚。《大小博法》：不署撰者。《顔氏家訓·雜藝》言及“古爲大博則六箸，小博則二焭，今無曉者”。兩《唐志》“雜藝術類”著録《大小博法》二卷，《宋志》無載，亡佚。虞潭：字思奥，會稽餘姚（今浙江餘姚市）人。成帝時，拜右光禄大夫、開府儀同三司，進爵武昌縣侯。《晋書》卷七六有傳。所撰書兩《唐志》無載，亡佚。郝沖：生平事迹不詳。兩《唐志》“雜藝術類”著録郝沖、虞潭法《投壺經》一卷（“法”疑爲“注”之誤），《宋志》無載，亡佚。清馬國翰輯《投壺變》一卷。《擊壤經》：不署撰者。擊壤，古代游戲,《困學紀聞》卷二〇引周處《風土記》言及此游戲玩法。兩《唐志》無載，亡佚。

《象經》一卷。周武帝撰。

周武帝：見本書卷三二“小學類”。《周書》卷五載，天和四年五月，帝制《象經》成，集百僚講説。兩《唐志》“雜藝術類”著録周武帝《象經》一卷，《宋志》無載，亡佚。

《博塞經》一卷。邵綱撰。

邵綱：生平事迹不詳。本書所述當爲格五、六博，二者皆爲古代游戲，詳見《後漢書》卷三四注。兩《唐志》“雜藝術類”著録鮑宏《博塞經》一卷、《小博經》一卷，《宋志》無載，亡佚。

《碁勢》十卷。沈敞撰。

沈敞：生平事迹不詳。兩《唐志》無載，亡佚。

《碁勢》十卷。二卷，成。

不署撰者。兩《唐志》無載，亡佚。其注“二卷，成”不知何意。

《碁勢》十卷。王子沖撰。

王子沖：生平事迹不詳。兩《唐志》無載，亡佚。

《碁勢》八卷。

不署撰者。兩《唐志》無載，亡佚。

《碁圖勢》十卷。

不署撰者。兩《唐志》無載，亡佚。

《碁九品叙録》一卷。范汪等注。

此書前已著録，此爲重録。

《碁後九品序》一卷。袁遵撰。

袁遵：生平事迹不詳。兩《唐志》“雜藝術類”著録《圍碁後九品叙録》一卷，《宋志》無載，亡佚。

《圍碁品》一卷。梁武帝撰。

兩《唐志》“雜藝術類”著録梁武帝《碁評》一卷，《宋志》無載，亡佚。

《碁品序》一卷。陸雲公撰。

陸雲公：字子龍，吴郡（今江蘇境内）人。有才思，善弈棋。累遷中書黄門郎。大同末，受梁武帝詔校定《碁品》。《梁書》卷五〇、《南史》卷四八有傳。本志集部尚有其一部著述。兩《唐志》無載，亡佚。

《碁法》一卷。梁武帝撰。

《梁書》卷三載，梁武帝“六藝閑備，棊登逸品”。兩《唐志》無載，亡佚。

《彈碁譜》一卷。徐廣撰。

徐廣：見本書卷三二“詩類”。《世説新語·巧藝》注引傅玄《彈碁賦序》稱，劉向作彈碁。《顔氏家訓·雜藝》曰，“彈碁亦近世雅戲，消愁釋憒時可爲之”。兩《唐志》無載，亡佚。

《二儀十博經》一卷。

不署撰者。兩《唐志》“雜藝術類”著録隋煬帝《二儀簙經》

一卷，《宋志》無載，亡佚。

《象經》一卷。王褒注。

王褒：見本書卷三三“雜傳類”。《北史》卷八三載，周武帝作《象經》，令王褒注之，引據該洽，甚見稱賞。《新唐志》“雜藝術類”著録王褒《象經》一卷，《宋志》無載，亡佚。

《象經》三卷。王裕注。

王裕：生平事迹不詳。《舊唐志》“雜藝術類”著録王裕撰《象經》一卷，《新唐志》“雜藝術類”著録王裕注《象經》一卷，《宋志》無載，亡佚。

《象經》一卷。何妥注。

何妥：見本書卷三二“易類”。兩《唐志》著録何妥《象經》一卷，《宋志》無載，亡佚。

《象經發題義》一卷。

不署撰者。兩《唐志》無載，亡佚。

右一百三十三部，五百一十二卷。

實際爲一百二十八部，另有亡書五十三部。

兵者，所以禁暴静亂者也。《易》曰：“古者弦木爲弧，剡木爲矢，弧矢之利，以威天下。”[1]孔子曰：“不教人戰，是謂棄之。”[2]《周官·大司馬》掌九法九伐，[3]以正邦國，是也。然皆動之以仁，行之以義，故能誅暴静亂，以濟百姓。下至三季，[4]恣情逞欲，争伐尋常，不撫其人，設變詐而滅仁義，至乃百姓離叛，以致於亂。

[1]易曰：見《易·繫辭下》。其意爲，加弦於彎木上做成弓，削尖木條做成箭，弓箭的功能，就是用武力威懾天下。剡（yǎn），削。

[2]孔子曰：見《論語·子路》。原文作“以不教民戰，是謂棄之”。其意爲，用未受過訓練的百姓去作戰，就等於捨棄他們的生命。

[3]大司馬：古代官名，屬周官之夏官。九法，周天子治理諸侯國的九項措施。九伐，周天子制裁諸侯違犯王命行爲的九種辦法。見《周禮·夏官·大司馬》。

[4]三季：夏、商、周之末年。

《周髀》一卷。趙嬰注。

趙嬰：或曰後漢趙爽，字君卿。其《勾股方圓圖注》五百餘言，而後世數千言所不能詳。見《疇人傳》卷四。《周髀》，即蓋天之說，其本包犧氏立周天曆度，其所傳則周公受於殷高，以勾股爲術，周人志之，故曰《周髀》。見《晋書》卷一一。兩《唐志》著録趙嬰注《周髀》一卷，《宋志》“曆算類”著録趙君卿《周髀》二卷。《四庫全書總目》卷一〇六著録《周髀算經》二卷、《音義》一卷，提要稱此書刻本脱誤，多不可通，今據《永樂大典》内所載詳加校訂。舊有李籍《音義》，别自爲卷，仍其舊。《周髀》流傳最古，雖訛誤特甚，然溯委窮源，得其端緒。現存最早的《周髀算經》二卷，漢趙君卿注、北周甄鸞重述、唐李淳風等注釋，並李籍《音義》一卷，爲宋刻本；通行本有四庫本、四部叢刊本、四部備要本等。

《周髀》一卷。甄鸞重述。

甄鸞：見本書卷三三“雜史類”。兩《唐志》著録甄鸞注《周髀》一卷，《宋志》無載。《直齋書録解題》卷一二著録《周髀算經》二卷、《音義》二卷，題趙君卿注、甄鸞重述、李淳風等注釋。此書自此不單獨流傳。

《周髀圖》一卷。

不署撰者。《四庫全書總目》卷一〇六著録《周髀算經》，其提要提及此書内凡爲圖者五，而失傳者三，訛舛者一，僅據正文及注爲之補訂。兩《唐志》無載，亡佚。

《靈憲》一卷。張衡撰。

張衡：字平子，南陽西鄂（今河南南陽市）人。善機巧，尤致思於天文、陰陽、曆算。漢安帝特徵拜郎中，再遷爲太史令，作《靈憲》《筭罔論》，言甚鮮明。永和初，後徵拜尚書。《後漢書》卷五九有傳。本志子、集部尚有其三部著述。兩《唐志》著録張衡《靈憲圖》一卷，《宋志》無載，亡佚。《説郛》存一卷，清王謨、洪頤煊、馬國翰有輯本。

《渾天象注》一卷。吴散騎常侍王蕃撰。

王蕃：字永元，廬江（今安徽境内）人。博學多聞，兼通術藝。甘露二年，孫皓大會群臣，王蕃醉酒失態，被斬於殿下。《三國志》卷六五有傳。王蕃傳劉洪《乾象術》，依乾象法制渾儀，立論法度，通達平正。見《疇人傳》卷五。兩《唐志》著録王蕃《渾天象注》一卷，《宋志》無載，亡佚。清王仁俊有輯本，《全三國文》卷七二有輯文。

《渾天義》二卷。

不署撰者。兩《唐志》著録張衡《渾天儀》一卷，疑即此書。《宋志》無載，亡佚。清孫星衍有輯本，《全後漢文》卷五五有輯文。

《渾天圖》一卷。石氏。

石氏：當指石申。《史記》卷二七《正義》曰，《七録》云石申魏人，戰國時作《天文》八卷。本志子部尚有其著述三部。兩《唐志》無載，亡佚。

《渾天圖》一卷。

不署撰者。兩《唐志》無載，亡佚。

《渾天圖記》一卷。梁有《昕天論》一卷，姚信撰；《安天論》六卷，虞喜撰；《圖天圖》一卷，《原天論》一卷，《神光内抄》一卷。

不署撰者。兩《唐志》無載，亡佚。姚信：見本書卷三二"易類"。《宋書》卷二三載，姚信造《昕天論》。兩《唐志》著録姚信《昕天論》一卷，《宋志》無載，亡佚。清馬國翰有輯本。《安天論》:《晋書》卷九一載，虞喜兼覽讖緯，乃著《安天論》以難渾天説、蓋天説。兩《唐志》著録虞喜《安天論》一卷，《宋志》無載，亡佚。清馬國翰有輯本，《全晋文》卷八二有輯文。《圖天圖》:不署撰者。兩《唐志》無載，亡佚。《原天論》:不署撰者。兩《唐志》無載，亡佚。《神光内抄》:《日本國見在書目録》著録《神光召》二卷，此書是否從其抄出。兩《唐志》無載，亡佚。

《定天論》三卷。

不署撰者。《日本國見在書目録》著録《定天論》三卷，兩

《唐志》無載，亡佚。

《天儀説要》一卷。陶弘景撰。

陶弘景：見本書卷三二“詩類”。《南史》卷七六載，陶弘景又造渾天象。《崇文總目》著録陶弘景《天文星經》五卷，《中興館閣書目》著録陶弘景《象曆》一卷，此二書皆推演甘氏、石氏、巫咸等説，疑即《天儀説要》，兩《唐志》無載，亡佚。

《玄圖》一卷。

不署撰者。《後漢書》卷五九載，張衡著有《懸圖》，章懷太子注曰，《衡集》作《玄圖》，蓋“玄”與“懸”通。疑此書爲張衡所作。兩《唐志》無載，亡佚。

《石氏星簿經讚》一卷。

不署撰者。此書載星宿躔度應驗事。《日本國見在書目録》著録《石氏星經簿讚》二卷；《簿讚》三卷，上卷魏石申，中卷甘文卿，下卷晋石咸；《簿讚》三卷，晋史石申造。《舊唐志》著録《石氏星經簿讚》一卷，石申甫撰；《新唐志》著録石申《石氏星經簿讚》一卷；《宋志》著録《石氏星簿讚曆》一卷；元明以後無載，亡佚。

《星經》二卷。

不署撰者。兩《唐志》無載。《四庫全書總目》卷一〇七著録《星經》二卷，提要稱其卷數與《隋志》著録《星經》相合，但多舉隋唐州名，必非秦漢間書，其所載星象亦殘闕，與此書無關。此書亡佚。

《甘氏四七法》一卷。

不署撰者。甘氏，亦稱甘公，名德，魯人。《七録》云楚人，戰國時作《天文星占》八卷。見《史記》卷二七《集解》、《正義》。四七，指二十八宿。兩《唐志》著録甘德《甘氏四七法》一卷，《宋志》無載，亡佚。

《巫咸五星占》一卷。

巫咸，殷賢臣，吴人。見《史記》卷二七《正義》。兩《唐志》無載，亡佚。清孫星衍輯《巫咸占經》一卷。

《天儀説要》一卷。陶弘景撰。

已録，此爲重出。

《録軌象以頌其章》一卷。内有圖。

不署撰者。兩《唐志》無載。《廿二史考異》卷三四有曰，此不似書名，疑有訛。

《天文集占》十卷。晋太史令陳卓定。

陳卓：生平事迹不詳。《晋書》卷一一載，晋武帝時，太史令陳卓總甘、石、巫咸三家所著星圖，大凡二百八十三官，一千四百六十四星，以爲定紀。《日本國見在書目録》著録陳卓《天文要録》十卷，兩《唐志》著録陳卓《天文集占》七卷，《宋志》無載，亡佚。

《天文要集》四十卷。晋太史令韓楊撰。

韓楊：生平事迹不詳。《新唐志》著録韓楊《天文要集》四十卷，《宋志》無載，亡佚。

《天文要集》四卷。

不署撰者。兩《唐志》無載，亡佚。

《天文要集》三卷。

不署撰者。兩《唐志》無載，亡佚。

《天文集占》十卷。梁百卷。梁有《石氏》《甘氏天文占》各八卷。

不署撰者。兩《唐志》著録《天文集占》三卷，《宋志》無載，亡佚。《史記》卷二七《正義》載，甘氏戰國時作《天文星占》八卷，石申戰國時作《天文》八卷。兩《唐志》無載，亡佚。清孫星衍輯《甘氏星經》《石氏星經》各一卷。

《天文占》六卷。李暹撰。

李暹：生平事迹不詳。兩《唐志》無載，亡佚。

《天文占》一卷。

不署撰者。兩《唐志》無載，亡佚。《宋志》著録《天文占》三卷，不知與其是否有關聯。

《天文占氣書》一卷。

不署撰者。兩《唐志》無載，亡佚。

《天文集要鈔》二卷。

不署撰者。兩《唐志》無載，亡佚。

《天文書》二卷。梁有《雜天文書》二十五卷。

不署撰者。兩《唐志》無載，亡佚。《雜天文書》：不署撰者，兩《唐志》無載，亡佚。

《雜天文横占》一卷。

不署撰者。兩《唐志》無載，亡佚。

《天文横圖》一卷。高文洪撰。

高文洪：生平事迹不詳。兩《唐志》著録高文洪《天文横圖》一卷，《宋志》無載，亡佚。

《天文集占圖》十一卷。梁有《天文五行圖》十二卷，《天文雜占》十六卷，亡。

不署撰者。兩《唐志》無載，亡佚。《天文五行圖》：不署撰者。兩《唐志》無載，亡佚。《天文雜占》：不署撰者。兩《唐志》無載，亡佚。

《天文録》三十卷。梁奉朝請祖暅撰。

祖暅：見本書卷三二“大序”。《隋書》卷一九載，天監中，祖暅受詔集古天官及圖緯舊説撰《天文録》三十卷。《日本國見在書目録》著録《天文録》卌卷，祖暅撰；兩《唐志》、《宋志》著録祖暅之《天文録》三十卷，元明以後無載，亡佚。

《天文志》十二卷。吴雲撰。

吴雲：生平事迹不詳。兩《唐志》無載，亡佚。

《天文志雜占》一卷。吴雲撰。梁有《天文雜占》十五卷，亡。

兩《唐志》著録吴雲《天文雜占》一卷，《宋志》無載，亡佚。《天文雜占》：不署撰者。兩《唐志》無載，亡佚。

《天文》十二卷。史崇注。

史崇：生平事迹不詳。兩《唐志》著録史崇《十二次二十八宿星占》十二卷，《宋志》無載，亡佚。

《天文十二次圖》一卷。梁有《天宫宿野圖》一卷，亡。

不署撰者。兩《唐志》無載，亡佚。《天宫宿野圖》：不署撰者。兩《唐志》無載，亡佚。

《婆羅門天文經》二十一卷。婆羅門捨仙人所説。

《婆羅門竭伽仙人天文説》三十卷。

《婆羅門天文》一卷。

以上三書當爲自婆羅門天文書譯出。捨仙人、竭伽仙人，生平事迹不詳。《法苑珠林·傳記》載，《婆羅門天文》一部二十卷，摩勒國沙門釋達摩流支法師譯出。此三書兩《唐志》無載，亡佚。

《陳卓四方宿占》一卷。梁四卷。

兩《唐志》著録陳卓《四方宿占》一卷，《宋志》無載，亡佚。

《黄帝五星占》一卷。

《後漢書》卷一〇稱，星官之書，自黄帝始。兩《唐志》無載，亡佚。清孫星衍輯《黄帝占經》一卷。

《五星占》一卷。丁巡撰。

丁巡：生平事迹不詳。兩《唐志》無載，亡佚。

《五星占》一卷。梁有《五星集占》六卷，《日月五星集占》十卷。

不署撰者。兩《唐志》無載，亡佚。《五星集占》《日月五星集占》：皆不署撰者。兩《唐志》均無載，亡佚。

《五星占》一卷。陳卓撰。

《舊唐志》著録陳卓《五星占》二卷，《新唐志》著録陳卓《五星占》一卷，《宋志》無載，亡佚。

《五星犯列宿占》六卷。

不署撰者。兩《唐志》無載，亡佚。

《雜星書》一卷。

不署撰者。兩《唐志》無載，亡佚。

《星占》二十八卷。孫僧化等撰。

孫僧化：東莞（今山東莒縣周邊）人。永熙中，任通直散騎常侍，受魏孝武帝之詔，與太史胡世榮等在門下外省校比天文書，集甘、石二家星經，及漢魏以來二十三家經占，集五十五卷。後集諸家撮要，前後所上雜占，以類相從，日月、五星、二十八宿、中外官及圖，合爲七十五卷。見《北史》卷八九。《舊唐志》著録孫僧化《星占》三十三卷，《新唐志》著録孫僧化等《星占》三十三卷，《宋志》無載，亡佚。

《星占》一卷。梁有《石氏星經》七卷，陳卓記；又《石氏星官》十九卷，又《星經》七卷，郭歷撰。亡。

不署撰者。兩《唐志》無載，亡佚。《石氏星經》：兩《唐志》無載，亡佚。郭歷：生平事迹不詳。所撰二書兩《唐志》皆無載，亡佚。

《天官星占》十卷。陳卓撰。梁《天官星占》二十卷，吴襲撰。

《史記》卷二七《索隱》案：天文有五官。官者，星官也。星座有尊卑，若人之官曹列位，故曰天官。《日本國見在書目録》著録《天官星占》六卷，陳卓撰，兩《唐志》無載，亡佚。吴襲：生平事迹不詳。兩《唐志》無載，亡佚。

《星占》八卷。梁又有《星占》十八卷。

不署撰者。兩《唐志》無載，亡佚。

《中星經簿》十五卷。梁有《星官簿贊》十三卷，又有《星書》三十四卷，《雜家星占》六卷，《論星》一卷，亡。

不署撰者。兩《唐志》無載，亡佚。《星官簿贊》《星書》《雜家星占》《論星》：皆不署撰者。兩《唐志》均無載，亡佚。

《著明集》十卷。

不署撰者。兩《唐志》無載，亡佚。

《雜星圖》五卷。

不署撰者。兩《唐志》無載，亡佚。

《天文外官占》八卷。

不署撰者。兩《唐志》無載，亡佚。

《雜星占》七卷。

不署撰者。兩《唐志》無載，亡佚。

《雜星占》十卷。

不署撰者。兩《唐志》無載，亡佚。

《海中星占》一卷。梁有《論星》一卷。

不署撰者。《漢志》“天文家”著録《海中星占驗》十二卷，兩《唐志》無載，亡佚。《論星》：前録《論星》一卷，亡。此另一《論星》乎？兩《唐志》無載，亡佚。

《星圖海中占》一卷。

不署撰者。兩《唐志》無載，亡佚。

《解天命星宿要决》一卷。

不署撰者。兩《唐志》無載，亡佚。

《摩登伽經説星圖》一卷。

不署撰者。兩《唐志》無載，亡佚。

《星圖》二卷。梁有《星書圖》七卷。

不署撰者。兩《唐志》無載，亡佚。《星書圖》：不署撰者。兩《唐志》無載，亡佚。

《彗星占》一卷。

不署撰者。兩《唐志》無載，亡佚。

《妖星流星形名占》一卷。

不署撰者。《晋書》卷一二載，妖星，一曰彗星，二曰孛星……二十一曰地維藏光。流星，天使也。自上而降曰流，自下而升曰飛。大者曰奔，奔亦流星也。兩《唐志》無載，亡佚。

《太白占》一卷。

不署撰者。太白，即金星，又稱啓明、長庚。古星象家以其主殺伐，用兵必占太白。兩《唐志》無載，亡佚。

《流星占》一卷。

不署撰者。兩《唐志》無載，亡佚。

《石氏星占》一卷。吴襲撰。

姚振宗以爲此書乃吴襲《天官星占》二十卷之佚存者。兩《唐志》無載，亡佚。

《候雲氣》一卷。

不署撰者。《晋書》卷一二載，瑞氣，一曰慶雲，亦稱景雲，二曰歸邪，三曰昌光；妖氣，一曰虹蜺，二曰牂雲。兩《唐志》無載，亡佚。

《星官次占》一卷。

不署撰者。兩《唐志》無載，亡佚。

《彗孛占》一卷。

不署撰者。《日本國見在書目録》著録《彗孛占》一卷，兩《唐志》無載，亡佚。

《二十八宿二百八十三官圖》一卷。

不署撰者。疑此書從陳卓所定《天文集占》析出。兩《唐志》無載，亡佚。

《荆州占》二十卷。宋通直郎劉嚴撰。梁二十二卷。

劉嚴：生平事迹不詳。《晋書》卷一二載，漢末劉表爲荆州牧，命武陵太守劉叡集天文衆占，名《荆州占》。《日本國見在書目録》著録《荆州占》廿二卷；《舊唐志》著録劉表《荆州占》二卷，又二十卷，劉叡撰；《新唐志》著録劉表《荆州占》二卷，劉叡《荆州星占》二十卷；《宋志》著録劉表《星經》一卷，又三卷，“五行類”著録劉表《荆州占》二卷。元明以後無載，亡佚。姚振宗以爲劉表所作爲經，劉叡所集爲傳，而劉嚴則將經傳合爲一書。

《翼氏占風》一卷。

翼氏：當指漢代翼奉，字少君，東海下邳（江蘇邳州市）人。好律曆陰陽之占。以中郎爲博士、諫大夫。《漢書》卷七五有傳。本部尚有其三部著述。《漢書》卷七五孟康注提及翼奉《風角》，疑此書從其析出别行。兩《唐志》無載，亡佚。

《日月暈》三卷。梁《日月暈圖》二卷。

不署撰者。《漢志》“天文家”著録《漢日食月暈雜變行事占驗》十三卷，疑此書爲其同類書，或其佚存者。兩《唐志》無載，亡佚。《日月暈圖》：不署撰者。兩《唐志》無載，亡佚。

《孝經内記》二卷。

不署撰者。《漢志》“天文家”著録《圖書祕記》十七篇；本志經部“讖緯類”著録《孝經内事》一卷，又載梁有《孝經内事圖》二卷、《孝經内事星宿講堂七十二弟子圖》。這都與此書爲一類書。兩《唐志》無載，亡佚。

《京氏釋五星災異傳》一卷。

京氏：指漢代京房，見本書卷三二“易類”。《漢志》“易家”著録《災異孟氏京房》六十六篇。兩《唐志》無載，亡佚。《全漢文》卷四四有輯文。

《京氏日占圖》三卷。

不署撰者。兩《唐志》無載，亡佚。

《夏氏日旁氣》一卷。許氏撰。梁四卷。

許氏：不詳何人。夏氏：不詳何人。《漢書》卷二六引夏氏《日月傳》，《歷代名畫記》卷三載《占雲氣圖》，下注曰，京兆夏氏。兩《唐志》無載，亡佚。

《日食茀候占》一卷。

不署撰者。《史記》卷二七載，“朝鮮之拔，星茀於河戍”，《索隱》解茀即孛星，彗星之屬。兩《唐志》無載，亡佚。

《魏氏日旁氣圖》一卷。

魏氏：不詳何人。《歷代名畫記》卷三載，《占日雲氣圖》，下注曰，“京兆夏氏、魏氏並有”。兩《唐志》無載，亡佚。

《日旁雲氣圖》五卷。

不署撰者。《漢書》卷二六載，漢望氣王朔所候，决於日旁。日旁雲氣，人主象。皆如其形以占。《漢志》“天文家”著録《漢日旁氣行事占驗》三卷、《漢日旁氣行占驗》十三卷。此書兩《唐志》無載，亡佚。

《天文占雲氣圖》一卷。梁有《雜望氣經》八卷，《候氣占》一卷，《章賢十二時雲氣圖》二卷。

不署撰者。兩《唐志》無載。《雜望氣經》：不署撰者。《漢志》“天文家”著録《黄帝雜子氣》三十三篇、《常從日月星氣》二十一卷。《歷代名畫記》卷三載有《望氣圖》。兩《唐志》無載，亡佚。《候氣占》：不署撰者。兩《唐志》無載，亡佚。《章賢十二時雲氣圖》：不署撰者。《漢志》"天文家"著録《泰壹雜子雲雨》三十四卷、《國章觀霓雲雨》三十四卷。《歷代名畫記》卷三載有《章賢十二時雲雨氣圖》，兩《唐志》無載，亡佚。

《天文洪範日月變》一卷。

《洪範占》二卷。梁有《洪範五行星曆》四卷。

以上三書皆不署撰者。《魏書》卷四八載，高允上表言，其被敕集天文災異，使事類相從，約而可觀。今僅依《洪範傳》《天文志》，撮其事要，略其文辭，凡爲八篇。疑此三書源於其八篇。兩《唐志》皆無載，亡佚。

《黄道晷景占》一卷。梁有《晷景記》二卷。

不署撰者。《漢志》"曆譜家"著録《太歲謀日晷》二十九卷、《日晷書》三十四卷，應與此書相類。兩《唐志》無載，亡佚。《晷景記》：不署撰者。兩《唐志》無載，亡佚。

《月行黄道圖》一卷。梁有《日月交會圖》鄭玄注一卷，又《日月本次位圖》二卷。

不署撰者。《後漢書·律曆志中》載賈逵曰，於黄道，自得行度，不爲變，願請太史官日月宿簿及星度課，與待詔星象考校。兩《唐志》無載，亡佚。《日月交會圖》：《歷代名畫記》卷三載《日月交會圖》，鄭玄注。兩《唐志》無載，亡佚。《日月本次位圖》：不署撰者。《歷代名畫記》卷三載《日月交會九道圖》，疑即此圖。兩《唐志》無載，亡佚。

《月暈占》一卷。

不署撰者。兩《唐志》無載，亡佚。

《日月食暈占》四卷。

不署撰者。兩《唐志》無載，亡佚。

《日食占》一卷。

不署撰者。兩《唐志》無載，亡佚。

《日月薄蝕圖》一卷。

不署撰者。兩《唐志》無載，亡佚。

《日變異食占》一卷。

不署撰者。兩《唐志》無載，亡佚。

《日月暈珥雲氣圖占》一卷。梁有《君失政大雲雨日月占》二卷。

不署撰者。兩《唐志》無載，亡佚。《君失政大雲雨日月占》：不署撰者。兩《唐志》無載，亡佚。

《二十八宿十二次》一卷。

不署撰者。《晉書》卷一一載，根據星長的十二躔次（後亦根據二十八宿）將地上的州、國劃分爲十二個區域，使天地二者相對應，以星象變異預測相應地區之吉凶。兩《唐志》不載此書，亡佚。

《二十八宿分野圖》一卷。

不署撰者。《歷代名畫記》卷三載《二十八宿分野圖》，兩《唐志》無載，亡佚。

《五緯合雜》一卷。

不署撰者。五緯即五星。東方歲星，南方熒惑，西方太白，北方晨星，中央鎮星。言緯者，二十八宿隨天左轉爲經，五星右旋爲緯。見《周禮·春官·大宗伯》疏。兩《唐志》無載，亡佚。

《五星合雜説》一卷。

不署撰者。兩《唐志》無載，亡佚。

《垂象志》一百四十八卷。

不署撰者。《北史》卷八九載，庾季才撰《垂象志》一百四十二卷。此處脱撰者名。兩《唐志》無載，亡佚。

《太史注記》六卷。

不署撰者。《後漢書·百官志》載，太史令掌天時、星曆，凡國有瑞應、災異掌記之。明堂及靈臺丞掌守明堂、靈臺，靈臺掌候日月星氣，皆屬太史。此書當爲太史所職之記録。兩《唐志》無載，亡佚。

《靈臺祕苑》一百一十五卷。太史令庾季才撰。

庾季才：字叔弈，新野（今河南新野縣）人。幼穎悟，好占玄象。仕梁，爲中書郎領太史，封宜昌縣伯。入周，加驃騎大將軍、開府儀同三司。隋開皇初，授通直散騎常侍。撰《靈臺祕苑》《垂象志》《地形志》，並行於世。《梁書》卷五一、《隋書》卷七八、《北史》卷八九有傳。本志子部尚有其二部著述（實爲一部）。兩《唐志》著録庾季才《靈臺祕苑》一百二十卷，《宋志》無載。《四庫全書總目》卷一〇八著録《靈臺祕苑》十五卷，提要稱北周太史中大夫庾季才原撰，而宋人所重修也。卷一〇一《存目》著録《靈臺祕苑》一百二十卷，提要稱不著撰人名氏。此書書名、卷數與庾季才所撰相合，然書中所引故實迄於元末，乃明人所編輯。其現存最早的本子爲明抄本，通行本有四庫本。

右九十七部，合六百七十五卷。

九十七部：實際爲九十八部。另有亡書三十三部。

天文者，所以察星辰之變，而參於政者也。《易》曰："天垂象，見吉凶。"[1]《書》稱："天視自我人視，天聽自我人聽。"[2]故曰王政不修，謫見于天，[3]日爲之蝕。后德不修，謫見于天，月爲之蝕。其餘孛彗飛流，[4]見伏陵犯，[5]各有其應。《周官·馮相》"掌十有二歲、十有二月、十有二辰、十日、二十有八星之位，[6]辨其叙事，[7]以會天位"，[8]是也。小人爲之，則指凶爲吉，謂惡爲善，是以數術錯亂而難明。[9]

[1]易曰：見《易·繫辭上》。見，音現。其意爲，天垂示各象，現出或凶或吉。

[2]書稱：見《尚書·泰誓中》。其意爲，天因民以視聽，民所惡者天誅之。

[3]謫（zhé）見（xiàn）：古人以爲異常的天象是上天對人的譴責，出現灾變的徵候，謂之謫見。

[4]孛彗：孛、彗皆屬彗星。飛流，飛、流皆指流星。

[5]見（xiàn）伏：顯現隱没，多指星宿的隱現。陵犯，冒犯、侵犯。

[6]馮相：今《周禮》卷二六作"馮相氏"，亦爲古代官名，屬春官。　十有二歲：指太歲左行於地，行有十二辰，一歲移一辰。　十有二月：指斗柄月建一辰，十二月而周，故曰十有二月。

十有二辰：指子、丑、寅、卯、辰、巳、午、未、申、酉、戌、亥。　十日：指甲、乙、丙、丁、戊、己、庚、辛、壬、癸。　二十有八星：東方角、亢、氐、房、心、尾、箕，北方斗、牛、女、虚、危、室、壁，西方奎、婁、胃、昴、畢、觜、參，南方井、鬼、柳、星、張、翼、軫。

［7］辨其叙事：歲、日、月、辰、星宿五者皆與人爲候之，以爲事業次叙，而事得分辨。

［8］以會天位：歲、日、月、辰、星宿五者在天會合，而爲時事之候。

［9］數術：或作術數，其涉古代天文、曆法、占卜等。

《四分曆》三卷。梁《四分曆》三卷，漢修曆人李梵撰。梁又有《三統曆法》三卷，劉歆撰。亡。

不署撰者。《後漢書·律曆志中》載，明帝永平十二年，詔令張盛署弦望月食加時，《四分》之術，始頗施行。兩《唐志》著録《四分曆》一卷，《宋志》無載，亡佚。李梵：清河（今河北清河縣）人。官至太史令。《後漢書·律曆志中》載，元和二年，章帝召治曆編昕、李梵等綜校其狀。二月下詔，改行《四分》。兩《唐志》無載，疑此即不署撰者之《四分曆》。劉歆：見本書卷三二“春秋類”。《漢書》卷三六載，劉歆考定律曆，著《三統曆譜》。班固贊曰，《三統曆譜》，考步日月五星之度，有意其推本也。兩《唐志》著録劉歆《三統曆》一卷，《宋志》無載，亡佚。

《趙隱居四分曆》一卷。

趙隱居：不知何人。兩《唐志》無載，亡佚。

《魏甲子元三統曆》一卷。

不署撰者。兩《唐志》無載，亡佚。

《姜氏三紀曆》一卷。

《曆序》一卷。姜氏撰。

姜氏：當指姜岌，天水（今甘肅天水市）人。《晋書》卷一八載，後秦姜岌造《三紀甲子元曆》，以月蝕檢日宿度所在，爲曆術者宗焉。兩書兩《唐志》皆無載，亡佚。

《乾象曆》三卷。吴太子太傅闞澤撰。梁有《乾象曆》五卷，漢會稽都尉劉洪等注；又有闞澤注五卷；又《乾象五星幻術》一卷。亡。

闞澤：字德潤，會稽山陰（今浙江紹興市）人。究覽群書，兼通曆數。嘉禾中，爲中書令，加侍中。赤烏五年，拜太子太傅。著《乾象曆注》以正時日。《三國志》卷五三有傳。《晋書》卷一七載，吴中書令闞澤受劉洪《乾象法》於東萊徐岳，又加解注。《舊唐志》著録《乾象曆》三卷，闞澤注，闞洋撰（疑爲“劉洪撰，闞澤注”之誤）；《新唐志》著録劉洪《乾象曆術》三卷，闞澤注。《宋志》無載，亡佚。劉洪：字元卓，泰山蒙陰（今山東蒙陰縣）人。延熹中，以校尉應太史徵，遷常山長史，檢東觀著作作《律曆記》。遷會稽東部都尉。及造《乾象術》，考驗日月，與象相應，皆傳於世。見《後漢書·律曆志中》李賢注引《袁山松書》。《舊唐志》著録《乾象曆術》三卷，劉洪撰；又著録《乾象曆》三卷。《新唐志》著録劉洪《乾象曆術》三卷，闞澤注；又著録《乾象曆》三卷。《宋志》無載，亡佚。闞澤注五卷，疑爲闞澤注《乾象曆》之別本。《乾象五星幻術》：不署撰者。兩《唐志》無載，亡佚。

《曆術》一卷。吴太史令吴範撰。

兩《唐志》無載，亡佚。

《景初曆》三卷。晋楊偉撰。梁有《景初曆術》二卷，《景初曆法》三卷，又一本五卷，并楊偉撰；并《景初曆略要》二卷。亡。

《晋書》卷一七載，魏明帝景初元年，尚書郎楊偉造《景初曆》。《三國志》卷三載，明帝景初元年三月，改《太和曆》曰《景初曆》。兩《唐志》著録楊偉《魏景初曆》三卷，《宋志》無載，亡佚。《景初曆術》《景初曆法》：兩《唐志》皆無載，亡佚。《景初曆略要》：兩《唐志》無載，亡佚。

《景初壬辰元曆》一卷。楊沖撰。

疑此書即楊偉之《景初曆》，故“楊沖”或爲“楊偉”之誤。

《正曆》四卷。晋太常劉智撰。

劉智：見本書卷三二“禮類”。《晋書》卷一八載，武帝侍中平原劉智，以斗曆改憲，推《四分法》，飾以浮説，名爲《正曆》。《新唐志》著録劉智《正曆》四卷，薛夏訓。《宋志》無載，亡佚。

《河西甲寅元曆》一卷。凉太守趙𢾺撰。

趙𢾺：河西（黄河以西）人。善曆算，撰《甲寅元曆》。魏太武帝平凉，得趙𢾺所修《玄始曆》，以其代《景初曆》。見《宋書》卷九八、《魏書》卷一〇七。本志子部尚有其一部著述。《舊唐志》著録《河西甲寅元曆》一卷，李淳風撰，《新唐志》著録趙𢾺《河西甲寅元曆》一卷，《宋志》無載，亡佚。

《甲寅元曆序》一卷。趙𢾺撰。

兩《唐志》無載，亡佚。

《宋元嘉曆》二卷。何承天撰。梁又有《元嘉曆統》二卷，《元嘉中論曆事》六卷，《元嘉曆疏》一卷，《元嘉二十六年度日景數》一卷，亡。

《宋書》卷五載，元嘉二十二年，改用御史中丞何承天《元嘉新曆》。兩《唐志》著録何承天《宋元嘉曆》二卷，《宋志》無載，亡佚。《元嘉曆統》《元嘉中論曆事》《元嘉曆疏》《元嘉二十六年度日景數》：皆不署撰者，兩《唐志》無載，亡佚。

《曆術》一卷。何承天撰。梁有《驗日食法》三卷，何承天撰；又有《論頻月合朔法》五卷，《雜曆》七卷，《曆法集》十卷，又《曆術》十卷；《京氏要集曆術》四卷，姜岌撰。亡。

兩《唐志》無載，亡佚。《驗日食法》：兩《唐志》無載，亡佚。《論頻月合朔法》：不署撰者。《宋書》卷一二載錢樂之、嚴粲、皮延宗言，當是與何承天討論頻月合朔法。《雜曆》《曆法集》《曆術》：皆不署撰者，兩《唐志》均無載，亡佚。《京氏要集曆術》：《新唐志》著録《姜氏曆術》三卷，《宋志》無載，亡佚。

《曆術》一卷。崔浩撰。

崔浩：見本書卷三二“易類”。《魏書》卷一〇七上載，真君中，司徒崔浩爲《壬寅元曆》，未及施行，浩誅，遂寢。《舊唐志》著録崔浩《曆疏》一卷，《新唐志》著録崔浩《律曆術》一卷，《宋志》無載，亡佚。

《神龜壬子元曆》一卷。後魏護軍將軍祖瑩撰。

祖瑩：字元珍，范陽遒（今河北淶水縣）人。累遷國子祭酒、秘書監。以參議律曆，賜爵容城縣子。天平年間，以功遷儀同三司，進爵爲伯。《魏書》卷八二、《北史》四七有傳。《魏書》卷一〇七上載，神龜初，崔光上表言，張洪等與祖瑩等研窮其事，總合九家，共成一曆，請定名《神龜曆》。肅宗以曆就，大赦改元，因名《正光曆》，班於天下。兩《唐志》無載，亡佚。

《魏後元年甲子曆》一卷。

不署撰者。《魏書》卷一〇七上載，張洪至豫州續作甲子、己亥二元；張龍祥在京，獨修前事，以皇魏運水德，爲甲子元。另，李業興亦有《甲子元曆》一卷。疑此書或爲三人之一所作。兩《唐志》無載，亡佚。

《壬子元曆》一卷。後魏校書郎李業興撰。

李業興：上黨長子（今山西長子縣）人。博涉百家，尤長算曆。延昌中，爲《戊子元曆》上之。永平三年，以前造曆之勳，賜爵爲長子伯。累遷尚書左僕射、太原太守。作《甲子元曆》《九宫行棊曆》。《魏書》卷八四、《北史》卷八一有傳。本志子部尚有其三部著述。兩《唐志》無載，亡佚。

《甲寅元曆序》一卷。趙畋撰。

前已録此書，此爲重出。

《魏武定曆》一卷。

不署撰者。兩《唐志》著録《後魏武定曆》一卷，《宋志》無載，亡佚。

《齊甲子元曆》一卷。宋氏撰。

《宋景業曆》一卷。景業，後齊散騎常侍。

宋氏：當即宋景業，廣宗（今河北廣宗縣）人。爲陰陽緯候之學，兼明歷數。齊文宣天保初，封長城縣子，受詔撰《天保曆》。《北齊書》卷四九、《北史》卷八九有傳。《隋書》卷一七載，後齊文宣受禪，命散騎侍郎宋景業協圖讖，造《天保曆》。《舊唐志》

著録宋景業《北齊天保曆》一卷、《齊甲子曆》一卷，《新唐志》著録宋景業《北齊天保曆》一卷、《北齊甲子元曆》一卷。《宋志》無載，亡佚。疑以上二書實爲一書，《隋志》分列爲二，兩《唐志》依之。

《周天和年曆》一卷。甄鸞撰。

《隋書》卷一七載，周武帝時，甄鸞造《天和曆》。兩《唐志》著録甄鸞《曆術》一卷，《宋志》無載，亡佚。

《甲子元曆》一卷。李業興撰。

《魏書》卷一〇七下載，興和元年十月，齊獻武王入鄴，復命李業興改正《壬子曆》，立《甲子曆》。《新唐志》著録李業興《後魏甲子曆》一卷，《宋志》無載，亡佚。

《周大象年曆》一卷。王琛撰。

王琛：生平事迹不詳。本志本部尚有其七部著述。兩《唐志》著録王琛《周大象曆》二卷，《宋志》無載，亡佚。

《曆術》一卷。王琛撰。

兩《唐志》無載，然著録《周大象曆》二卷，是否已將《曆術》包括其中。

《壬辰元曆》一卷。

不署撰者。兩《唐志》著録趙歐《河西壬辰元曆》一卷，不知是否即此書。《宋志》無載，亡佚。

《甲午紀曆術》一卷。

不署撰者。兩《唐志》無載，亡佚。

《新造曆法》一卷。

不署撰者。《隋書》卷一七載，開皇十四年，高祖令張胄玄參定曆術。劉焯增損劉孝孫曆法，更名《七曜新術》。十七年，張胄玄曆成，奏上。二十年，劉焯以太子新立，復增修其書，名曰《皇極曆》，駁正張胄玄之短。兩《唐志》著録劉焯《皇極曆》一卷，疑爲此書，《宋志》無載，亡佚。

《開皇甲子元曆》一卷。

《曆術》一卷。華州刺史張賓撰。

張賓：原爲道士。及文帝踐祚，被任命爲華州刺史。與劉暉等十餘人議造新曆，依何承天法，微加增損，開皇四年二月撰成奏上。不久，即頒行施用。見《隋書》卷一七、一八。此二書皆爲張賓等所撰曆書，兩《唐志》無載，亡佚。

《七曜本起》三卷。後魏甄叔遵撰。

甄叔遵：即甄鸞。七曜，指日、月及水、火、木、金、土五星。《漢志》"曆譜家"著録《顓頊五星曆》十四卷、《日月宿曆》十三卷。《舊唐志》著録《七曜本起曆》二卷，《新唐志》著録《七曜本起曆》五卷，《宋志》無載，亡佚。

《七曜小甲子元曆》一卷。

不署撰者。兩《唐志》無載，亡佚。

《七曜曆術》一卷。梁《七曜曆法》四卷。

不署撰者。兩《唐志》無載，亡佚。《七曜曆法》：不署撰者。兩《唐志》無載，亡佚。

《七曜要術》一卷。

不署撰者。兩《唐志》無載，亡佚。

《七曜曆法》一卷。

不署撰者。兩《唐志》無載，亡佚。

《推七曜曆》一卷。

不署撰者。兩《唐志》無載，亡佚。

《五星曆術》一卷。

不署撰者。兩《唐志》無載，亡佚。

《天圖曆術》一卷。

不署撰者。兩《唐志》無載，亡佚。

《陳永定七曜曆》四卷。

不署撰者。兩《唐志》無載，亡佚。

《陳天嘉七曜曆》七卷。

不署撰者。兩《唐志》無載，亡佚。

《陳天康二年七曜曆》一卷。

不署撰者。兩《唐志》無載，亡佚。

《陳光大元年七曜曆》二卷。

不署撰者。兩《唐志》無載，亡佚。

《陳光大二年七曜曆》一卷。

不署撰者。兩《唐志》無載，亡佚。

《陳太建年七曜曆》十三卷。

不署撰者。兩《唐志》無載，亡佚。

《陳至德年七曜曆》二卷。

不署撰者。兩《唐志》無載，亡佚。

《陳禎明年七曜曆》二卷。

不署撰者。兩《唐志》無載，亡佚。

《開皇七曜年曆》一卷。

不署撰者。兩《唐志》無載，亡佚。

《仁壽二年七曜曆》一卷。

不署撰者。兩《唐志》無載，亡佚。

《七曜曆經》四卷。張賓撰。

兩《唐志》無載是書，亡佚。

《春秋去交分曆》一卷。

不署撰者。兩《唐志》無載，亡佚。

《曆日義説》一卷。

不署撰者。《新唐志》著録《曆日義統》一卷，《宋志》無載，亡佚。

《律曆注解》一卷。

不署撰者。《漢志》“曆譜家”著録《律曆數法》三卷，此書或解釋其書。兩《唐志》無載，亡佚。

《龍曆草》一卷。

不署撰者，《隋書》卷一七載，後魏獻帝時，有龍宜弟復修延興之曆。疑“龍”下或脱“宜弟”，或脱“氏”。此書應爲其所作《曆草》，兩《唐志》無載，亡佚。

《推漢書律曆志術》一卷。

不署撰者。兩《唐志》無載，亡佚。

《推曆法》一卷。崔隱居撰。

崔隱居：隱居，大抵非其名。生平事迹不詳。兩《唐志》無載，亡佚。

《曆疑質讞序》二卷。

不署撰者。《隋書》卷一七載，張胄玄曆成，高祖付楊素等校其短長。劉暉等執舊曆術，迭相駁難，其文甚多。疑此書記載其事。兩《唐志》無載，亡佚。

《興和曆疏》二卷。

不署撰者。《魏書》卷八四載，興和初，李業興又爲《甲子元曆》，時見施用。此書或爲當時諸臣平議得失之奏疏，或爲後人疏解此曆之作。兩《唐志》無載，亡佚。

《七曜曆數算經》一卷。趙敺撰。

兩《唐志》無載，亡佚。

《算元嘉曆術》一卷。

不署撰者。《宋書》卷一三載，元嘉二十年，太祖使著作令史吴癸依漢劉洪之法，制新術，令太史施用之。疑此書爲吴癸所作。兩《唐志》無載，亡佚。

《七曜曆疏》一卷。李業興撰。

兩《唐志》無載，亡佚。

《七曜義疏》一卷。李業興撰。

兩《唐志》無載，亡佚。

《七曜術算》二卷。甄鸞撰。

兩《唐志》著録甄鸞《七曜曆算》二卷，《宋志》無載，亡佚。

《七曜曆疏》五卷。太史令張胄玄撰。

張胄玄：渤海蓨（今河北景縣）人。博學多通，尤精術數。高祖徵授雲騎尉，直太史，參議律曆事。大業中卒官。《隋書》卷七八、《北史》卷八九有傳。兩《唐志》著録張胄玄《七曜曆疏》三卷，《宋志》無載，亡佚。

《陰陽曆術》一卷。趙敺撰。梁有《朔氣長曆》二卷，皇甫謐撰；《曆章句》二卷，《月令七十二候》一卷，《三五曆説圖》一卷。亡。

兩《唐志》無載，亡佚。皇甫謐：見本書卷三三“雜史類”。兩《唐志》不載是書，亡佚。《曆章句》《月令七十二候》：皆不署撰者。兩《唐志》無載，亡佚。《三五曆説圖》：不署撰者。三五，謂三十歲一小變，五百歲一大變。見《史記》卷二七《索隱》。兩《唐志》無載，亡佚。

《雜注》一卷。

不署撰者。兩《唐志》無載，亡佚。

《曆注》一卷。

不署撰者。兩《唐志》無載，亡佚。

《曆記》一卷。

不署撰者。兩《唐志》無載，亡佚。

《雜曆》二卷。

不署撰者。兩《唐志》無載，亡佚。

《雜曆術》一卷。梁《三棊推法》一卷。

不署撰者。兩《唐志》無載，亡佚。《三棊推法》：不署撰者。兩《唐志》無載，亡佚。

《太史注記》六卷。

《太史記注》六卷。

兩書皆不署撰者。兩書可能是同一本書，也可能是同類書，爲太史署日行注記之書。見《後漢書·律曆志中》。兩《唐志》不載二書，亡佚。

《見行曆》一卷。

不署撰者。《隋書》卷一八載，仁壽四年，劉焯言及張胄玄所上《見行曆》。此書可能是張胄玄於開皇十七年撰成而行用之曆。

兩《唐志》無載，亡佚。

《八家曆》一卷。

不署撰者。《隋書》卷一七載，大象元年，太史上士馬顯等上《丙寅元曆》有表，言及“凡所上曆，合有八家，精粗踳駁，未能盡善”。此書可能是馬顯等造新曆的藍本。兩《唐志》無載，亡佚。

《漏刻經》一卷。何承天撰。梁有後漢待詔太史霍融、何承天、楊偉等撰三卷，亡。

《南史》卷三三載，何承天改定《元嘉曆》，改漏刻用二十五箭，皆從之。兩《唐志》著録何承天《刻漏經》一卷，《宋志》無載，亡佚。霍融：生平事迹不詳。《後漢書·律曆志中》載，永元十四年，詔用夏曆漏刻。此三卷書當爲霍融、楊偉、何承天所作之合集。兩《唐志》無載，亡佚。

《漏刻經》一卷。祖暅撰。

《隋書》卷一九載，梁令祖暅爲《漏經》，皆依渾天黄道日行去極遠近，爲用箭日率。兩《唐志》無載，亡佚。

《漏刻經》一卷。梁中書舍人朱史撰。

朱史：生平事迹不詳。《隋書》卷一九載，陳文帝天嘉中，命舍人朱史造漏，依古百刻爲法。《日本國見在書目録》著録《漏尅經》三卷，朱史撰。兩《唐志》著録朱史《刻漏經》一卷，《宋志》無載，亡佚。

《漏刻經》一卷。梁代撰。梁有《天監五年修漏刻事》一卷，亡。

不署撰者。《玉海》卷一一載，《通典》天監六年以舊漏乖舛，敕員外郎祖常（當爲祖暅）治之，漏刻成。疑此書與前録祖暅撰《漏刻經》爲一書。《天監五年修漏刻事》：不署撰者。兩《唐志》無載，亡佚。

《漏刻經》一卷。陳太史令宋景撰。

宋景：生平事迹不詳。兩《唐志》著録宋景《刻漏經》一卷，《宋志》無載，亡佚。

《雜漏刻法》十一卷。皇甫洪澤撰。

皇甫洪澤：生平事迹不詳。兩《唐志》無載，亡佚。

《晷漏經》一卷。

不署撰者。《隋書》卷一九載，開皇十四年，鄜州司馬袁充上《晷影漏刻》。疑或即此書，兩《唐志》無載，亡佚。

《九章術義序》一卷。

不署撰者。或《九章》舊序，或劉徽注《九章算術》之序。兩《唐志》無載。

《九章算術》十卷。劉徽撰。

劉徽：生平事迹不詳。《晋書》卷一六載，魏景元四年，劉徽注《九章》。《日本國見在書目録》著録《九章》九卷，劉徽注；《新唐志》著録李淳風注《九章算術》九卷；《宋志》著録《注九章算經》九卷，魏劉徽、唐李淳風注。《四庫全書總目》卷一〇七著録《九章算術》九卷，提要稱此蓋《周禮·保氏》之遺法，不知何人所傳。述此書者當在西漢中葉以後。舊本有注，題曰劉徽所作。《九章算術》爲算經十書之首，北宋以來其術罕傳。將分載於《永樂大典》者，依類裒集，尚九篇俱在。並推尋其注之意，爲之補圖，以成全帙。《九章算經》九卷，劉徽注，李淳風注釋，爲宋刻本，今存五卷。此書通行本有四庫本、叢書集成本、四部叢刊本等。1984 年湖北江陵張家山 247 號漢墓出土漢簡《算術書》，其内容與傳世《九章算術》前七章的主要内容十分接近，其成書年代約爲公元 90 年以後。

《九章算術》二卷。徐岳、甄鸞重述。

徐岳：字公河，東萊（今山東萊州市）人。見《宋書》卷一二。《舊唐志》著録徐岳《九章算術》一卷，甄鸞《九章算經》九卷；《新唐志》著録徐岳《九章算術》九卷，甄鸞《九章算經》九卷。《宋志》無載，亡佚。

《九章算術》一卷。李遵義疏。

李遵義：生平事迹不詳。兩《唐志》無載，亡佚。

《九九算術》二卷。楊淑撰。

楊淑：生平事迹不詳。兩《唐志》無載，亡佚。

《九章别術》二卷。

不署撰者。兩《唐志》無載，亡佚。

《九章算經》二十九卷。徐岳、甄鸞等撰。

前已著録徐岳、甄鸞重述《九章算術》二卷，此二十九卷之《九章算術》當爲某人益以他家術數録爲此帙。兩《唐志》無載，亡佚。

《九章算經》二卷。徐岳注。

此書或爲徐岳單注本。兩《唐志》無載，亡佚。

《九章六曹算經》一卷。

不署撰者。兩《唐志》著録甄鸞《五曹算經》五卷。五曹，指田、兵、集、倉、金五曹，六曹何指，不得而知。兩《唐志》無載，亡佚。

《九章重差圖》一卷。劉徽撰。

兩《唐志》著録劉徽《九章重差圖》一卷、《海島算經》一卷，又有訛爲劉向撰《九章重差》一卷。姚振宗以爲這三部書，其實是同一部書，而且是《九章算術》十卷之一，其另本單行，於兩《唐志》中以不同書名三出。

《九章推圖經法》一卷。張崚撰。

張崚：生平事迹不詳。兩《唐志》無載，亡佚。

《綴術》六卷。

不署撰者。《南史》卷七二載，祖沖之注《九章》，造《綴述》。《日本國見在書目録》著録《綴術》六卷，兩《唐志》著録祖沖之《綴術》五卷，李淳風注。《宋志》無載，亡佚。

《孫子算經》二卷。

不署撰者。《舊唐志》著録《孫子算經》三卷，甄鸞撰注；《新唐志》著録李淳風注《甄鸞孫子算經》三卷；《宋志》著録不知名之《孫子算經》三卷，又著録李淳風注釋《孫子算經》三卷。《四庫全書總目》卷一〇七著録《孫子算經》三卷，提要以書中有後漢人語，駁朱彝尊所言《孫子算經》出自孫武之説。此書久佚，從《永樂大典》所載裒集編次，仍爲三卷，而甄鸞、李淳風之注則不可考。《孫子算經》三卷，李淳風等注釋，有宋嘉定六年鮑澣之刻本。此書通行本有四庫本、叢書集成本等。

《趙敺算經》一卷。

兩《唐志》無載，亡佚。

《夏侯陽算經》二卷。

夏侯陽：生平事迹不詳。《舊唐志》著録《夏侯陽算經》三卷，甄鸞注；《新唐志》著録《夏侯陽算經》一卷，甄鸞注；《宋志》著録夏侯陽《算經》三卷。《直齋書録解題》卷一四著録《算經》三卷，夏侯陽撰。曰“今本無注，元豐京監本”。《四庫全書總目》卷一〇七著録《夏侯陽算經》三卷，提要稱，從夏侯陽序中言，知其在甄鸞之後，而《唐志》又著録甄鸞注此書，二者矛盾，疑傳其學者，有所竄亂附益。今傳本久佚，唯《永樂大典》有之，又尚幸存原序、原目，可以尋繹編次，條貫其文，裒輯排比，仍依元豐監本，編爲三卷。此書現存清影抄宋本，通行本有四庫本、叢書集成本等。

《張丘建算經》二卷。

張丘建：生平事迹不詳。《舊唐志》著録《張丘建算經》一卷，甄鸞撰；《新唐志》著録《張丘建算經》一卷，甄鸞注；《宋志》著録張丘建《算經》三卷。《直齋書録解題》卷一四著録《算經》三卷，張丘建撰。《四庫全書總目》卷一〇七著録《張邱建算經》三卷，提要以爲此書出於甄鸞之前，夏侯陽之後。稱此本爲汲古閣影抄宋本，題甄鸞注經，李淳風等奉敕注釋，劉孝孫撰細草。此書現存最早的本子爲宋刻本，通行本有四庫本、叢書集成本等。

《五經算術録遺》一卷。

《五經算術》一卷。

二書皆不署撰者。前者可能是後者之拾遺，内容應屬同類。《日本國見在書目録》著録《五經算》二卷，《舊唐志》著録《五曹算經》三卷，甄鸞撰；《新唐志》著録李淳風注《五經算術》二卷。《四庫全書總目》卷一〇七著録《五經算術》二卷，甄鸞撰、李淳風注。提要言，此書撰者、注者是四庫館臣考證認定的。並稱此書世無傳本，唯散見於《永樂大典》中，雖割裂失次，尚屬完書，依《唐志》所載之數，釐爲上下二卷。通行本有四庫本、叢書集成本等。

《算經異義》一卷。張纘撰。

張纘：字伯緒，范陽方城（今河北固安縣）人。起家秘書郎，累任吏部尚書、湘州刺史等職。太清二年，授雍州刺史，前刺史岳陽王蕭詧不受代，遂害之。著有《鴻寶》一百卷、文集二十卷。《梁書》卷三四、《南史》卷五六有傳。本志集部尚有其一部著述。兩《唐志》無載是書，亡佚。

《張去斤算疏》一卷。

張去斤：生平事迹不詳。兩《唐志》無載，亡佚。

《算法》一卷。

不署撰者。兩《唐志》無載，亡佚。

《黄鍾算法》三十八卷。

不署撰者。兩《唐志》無載，亡佚。

《算律吕法》一卷。

不署撰者。兩《唐志》無載，亡佚。

《衆家算陰陽法》一卷。

不署撰者。兩《唐志》無載，亡佚。

《婆羅門算法》三卷。

不署撰者。兩《唐志》無載，亡佚。

《婆羅門陰陽算曆》一卷。

不署撰者。《日本國見在書目録》著録《婆羅門陰陽算曆》一卷，兩《唐志》無載，亡佚。

《婆羅門算經》三卷。

疑此書即前已著録之《婆羅門算法》。

右一百部，二百六十三卷。

一百部：實爲一〇八部。另著録亡書二十五部。

曆數者，所以揆天道，察昏明，以定時日，以處百事，以辨三統，[1]以知阨會，[2]吉隆終始，[3]窮理盡性，而至於命者也。《易》曰："先王以治曆明時。"[4]《書》叙："朞，三百有六旬有六日，以閏月定四時，成歲。"[5]《春秋傳》曰："先王之正時也，履端於始，舉正於中，歸餘於終。"[6]又曰："閏以正時，時以序事，事以厚生，生民之道。"[7]其在《周官》，則亦太史之職。[8]小人爲之，則壞大爲小，削遠爲近，是以道術破碎而難知。

[1]三統：指夏、商、周三代的正朔。夏正建寅爲人統，商正

建丑爲地統，周正建子爲天統。

［2］阨（è）會：灾難。

［3］吉隆：吉祥興盛。

［4］易曰：見《周易·革卦》，原文作“君子以治曆明時”。其意爲，君子修明曆法，明確時令。

［5］書叙：見《尚書·堯典》。朞（jī），一周年、一個月、一晝夜，此指一年。其意爲，一年十二個月，每月三十日，共三百六十日，又有六個月是小月，故一年餘十二日，不足三年即得一月，於是置閏月以定四時之氣節，成一歲之曆象。

［6］春秋傳曰：見《左傳》文公元年。其意爲，步曆之始以術爲端首。一年三百六十六日，日月之行又有遲速，而必分爲十二個月，舉中氣以正。月有餘日，則歸之於終，積而爲閏。

［7］又曰：見《左傳》文公六年。其意爲，四時漸差，則致閏以正之。順時命事，事不失時，則能豐年，生民之道是也。

［8］太史之職：《周禮·春官·太史》載，正歲年以序事，頒之於官府及都鄙，頒告朔於邦國。

《黄帝飛鳥曆》一卷。張衡撰。

兩《唐志》著録張衡《黄帝飛鳥曆》，《宋志》無載，亡佚。

《黄帝四神曆》一卷。吴範撰。

四神：指蒼龍、白虎、朱雀、玄武四星之精。兩《唐志》無載，亡佚。

《黄帝地曆》一卷。

不署撰者。兩《唐志》無載，亡佚。

《黄帝斗曆》一卷。

不署撰者。《新唐志》著録《黄帝斗曆》一卷，《宋志》無載，亡佚。

《黄石公北斗三奇法》一卷。

本志“兵家”著録《黄石公三奇法》，疑與此書爲同一書。

《風角集要占》十二卷。

不署撰者。《後漢書》卷三〇下有注曰，風角謂候四方四隅之風，以占吉凶也。兩《唐志》無載，亡佚。

《風角要占》三卷。梁八卷，京房撰。

京房：見本書卷三二“易類”。兩《唐志》無載，亡佚。

《風角占》三卷。梁有《侯公領中風角占》四卷，亡。

不署撰者。兩《唐志》無載，亡佚。《侯公領中風角占》：不署撰者。兩《唐志》無載，亡佚。

《風角總占要決》十一卷。梁有《風角總集》一卷，《風角雜占要決》十二卷，亡。

不署撰者。兩《唐志》無載，亡佚。《風角總集》《風角雜占要決》：皆不署撰者。兩《唐志》無載，亡佚。

《風角雜占》四卷。梁有《風角雜占》十卷，亡。

不署撰者。兩《唐志》無載，亡佚。

《風角要集》十卷。

不署撰者。兩《唐志》無載，亡佚。

《風角要集》六卷。梁十一卷。

不署撰者。兩《唐志》無載，亡佚。

《風角要集》一卷。

不署撰者。兩《唐志》無載，亡佚。

《風角要候》十一卷。翼奉撰。

翼奉：字少君，東海下邳（今江蘇邳州市）人。篤學不仕，好律曆陰陽之占。元帝在位，以中郎爲博士、諫大夫，年老以壽終。《漢書》卷七五有傳。本部尚有其著述二部。兩《唐志》著録翼奉《風角要候》一卷，《宋志》無載，亡佚。

《風角書》十二卷。梁十卷。

不署撰者。兩《唐志》無載，亡佚。

《風角》七卷。章仇太翼撰。

章仇太翼：即盧太翼，字協昭，河間（今河北河間市）人。本姓章仇氏。善占候算曆之術，隱於白鹿山。煬帝即位，賜姓盧氏。所言天文之事，不可稱數。《隋書》卷七八、《北史》卷八九有傳。兩《唐志》無載，亡佚。

《風角占候》四卷。梁有《風角雜兵候》十三卷，亡。

不署撰者。兩《唐志》無載，亡佚。《風角雜兵候》：不署撰者。兩《唐志》無載，亡佚。

《風角鐶歷占》二卷。吕氏撰。

吕氏：不詳何人。兩《唐志》無載，亡佚。

《風角要候》一卷。章仇太翼撰。

兩《唐志》無載，亡佚。

《兵法風角式》一卷。

不署撰者。兩《唐志》無載，亡佚。

《戰鬬風角鳥情》三卷。梁有《風角五音六情經》十三卷，《風角兵候》十二卷，亡。

不署撰者。兩《唐志》無載，亡佚。《風角五音六情經》《風角兵候》：不署撰者。兩《唐志》無載，亡佚。

《風角鳥情》一卷。翼氏撰。

翼氏：即翼奉。兩《唐志》無載，亡佚。

《風角鳥情》二卷。儀同臨孝恭撰。

臨孝恭：京兆（今陝西西安市）人。明天文算術，每言灾祥之事，未嘗不中。隋文帝令其考定陰陽，官至上儀同。著《遁甲月令》《九宫龜經》《太一式經》等，並行於世。《隋書》卷七八、《北史》卷八九有傳。本志子部尚有其二部著述。兩《唐志》著録劉（此疑"臨"之誤）孝恭《風角鳥情》二卷，《宋志》無載，亡佚。

《陰陽風角相動法》一卷。梁有《風角迴風卒起占》五卷，《風角地辰》一卷，《風角望氣》八卷，《風雷集占》一卷。

不署撰者。兩《唐志》無載，亡佚。《風角迴風卒起占》《風角地辰》《風角望氣》《風雷集占》：皆不署撰者，兩《唐志》均無載，亡佚。

《五音相動法》二卷。

不署撰者。兩《唐志》無載，亡佚。

《五音相動法》一卷。梁有《風角五音占》，京房撰，亡。

不署撰者。兩《唐志》無載，亡佚。《風角五音占》：疑此書自京房《易傳》及《風角要占》中抄出。兩《唐志》無載，亡佚。

《風角五音圖》二卷。

不署撰者。《歷代名畫記》卷三載《風角五音圖》，兩《唐志》無載，亡佚。

《風角雜占五音圖》五卷。翼氏撰。梁十三卷，京房撰，翼奉撰，亡。

翼氏：即翼奉。兩《唐志》無載，亡佚。京房撰、翼奉撰，其間有脱訛，然無所據，待考。

《黄帝九宫經》一卷。

不署撰者。《後漢書》卷五九載，《易乾鑿度》曰，“太一取其數以行九宫”。鄭玄注曰，“太一者，北辰神名也。下行八卦之宫，每四乃還於中央。中央者，北辰之所居，故謂之九宫”。兩《唐志》無載，亡佚。

《九宫經》三卷。鄭玄注。梁有《黄帝四部九宫》五卷，亡。

《日本國見在書目録》著録《九宫式經》一卷；《九宫經》四卷，鄭司農經。兩《唐志》無載，亡佚。《黄帝四部九宫》：不署撰者。兩《唐志》無載，亡佚。

《九宫行棊經》三卷。鄭玄注。

《舊唐志》著録《九宫行棊經》三卷，鄭玄撰；《新唐志》著録鄭玄注《九宫行棊經》三卷。姚振宗以爲《後漢書·鄭玄傳》未言其撰此書，疑後世術數家從《乾鑿度》注本中抄出别行。

《九宫行棊經》三卷。

不署撰者。兩《唐志》無載，亡佚。

《九宫行棊法》一卷。房氏撰。

房氏：不詳何人。兩《唐志》無載，亡佚。

《九州行棊立成法》一卷。王琛撰。

此書名當作《九宫行棊立成法》。兩《唐志》著録王琛《九宫行棊立成》一卷，《宋志》無載，亡佚。

《九宫行棊雜法》一卷。

不署撰者。兩《唐志》無載，亡佚。

《九宫行棊法》一卷。

不署撰者。兩《唐志》無載，亡佚。

《行棊新術》一卷。

不署撰者。兩《唐志》無載，亡佚。

《九宫行棊鈔》一卷。

不署撰者。兩《唐志》無載，亡佚。

《九宫推法》一卷。

不署撰者。兩《唐志》無載，亡佚。

《三元九宫立成》二卷。

不署撰者。兩《唐志》無載，亡佚。

《九宫要集》一卷。豆盧晃撰。

豆盧晃：生平事迹不詳。兩《唐志》無載，亡佚。

《九宫經解》二卷。李氏注。

李氏：不詳何人。《舊唐志》著録《九宫經解》二卷，《新唐志》著録《九宫經解》三卷，《宋志》無載，亡佚。

《九宫圖》一卷。

不署撰者。兩《唐志》無載，《宋志》著録《九宫圖》一卷，元明以後無載，亡佚。

《九宫變圖》一卷。

不署撰者。兩《唐志》無載，亡佚。

《九宫八卦式蟠龍圖》一卷。

不署撰者。兩《唐志》無載，亡佚。

《九宫郡縣録》一卷。

不署撰者。兩《唐志》無載，亡佚。

《九宫雜書》十卷。梁有《太一九宫雜占》十二卷，亡。

不署撰者。兩《唐志》無載，亡佚。《太一九宫雜占》：不署撰者。兩《唐志》無載，亡佚。

《射候》二卷。

不署撰者。兩《唐志》無載，亡佚。

《太一飛鳥曆》一卷。王琛撰。

太一，亦作泰一。《史記·封禪書》“天神貴者太一”。《天官書》“中宮天極星，其一明者，太一常居也”。《漢志》“陰陽家”著録《泰一陰陽》二十三卷，“五行家”著録《泰一》二十九卷，“天文家”著録《泰壹雜子雲雨》三十四卷。兩《唐志》無載，亡佚。

《太一飛鳥曆》一卷。

不署撰者。兩《唐志》著録《太一飛鳥曆》一卷，《宋志》無載，亡佚。

《太一飛鳥曆》二卷。

不署撰者。兩《唐志》無載，亡佚。

《太一十精飛鳥曆》一卷。

不署撰者。兩《唐志》無載，《宋志》著録《太一飛鳥十精曆》一卷，元明以後無載，亡佚。

《太一飛鳥立成》一卷。

不署撰者。《隋書》卷七八載，蕭吉尤精陰陽算術，著《太一立成》一卷，或即此書。兩《唐志》無載，亡佚。

《太一飛鳥雜決捕盜賊法》一卷。

不署撰者。兩《唐志》無載，亡佚。

《太一三合五元要决》一卷。梁有《黄帝太一雜書》十六卷，《黄帝太一度厄祕術》八卷，《太一帝記法》八卷，《太一雜用》十四卷，《太一雜要》七卷，《雜太一經》八卷，亡。

不署撰者。兩《唐志》無載，亡佚。《黄帝太一雜書》《黄帝太一度厄祕術》《太一帝記法》《太一雜用》《太一雜要》《雜太一經》：均不署撰者，兩《唐志》皆無載，亡佚。

《太一龍首式經》一卷。董氏注。梁三卷。梁又有《式經》三十三卷，亡。

董氏：不詳何人。《新唐志》著録董氏《大龍首式經》一卷，《宋志》無載，亡佚。《式經》：不署撰者。兩《唐志》無載，亡佚。

《太一經》二卷。宋琨撰。

宋琨：生平事迹不詳。《日本國見在書目録》著録《太一經》二卷，宋昆撰；兩《唐志》著録宋琨《式經》一卷，《宋志》無載，亡佚。

《太一式雜占》十卷。梁二十卷。

不署撰者。《新唐志》著録《太一式經雜占》十卷，《宋志》無載，亡佚。

《太一九宫雜占》十卷。

不署撰者。《新唐志》有著録，《宋志》無載，亡佚。

《黄帝飛鳥曆》一卷。

不署撰者。與前録張衡撰《黄帝飛鳥曆》應有一定關聯，或其别本，或同類之書。兩《唐志》無載，亡佚。

《黄帝集靈》三卷。

不署撰者。集黄帝靈異事。《新唐志》有著録，《宋志》無載，亡佚。

《黄帝絳圖》一卷。

不署撰者。《新唐志》著録《黄帝降國》（“降國”當作“絳圖”）一卷，《宋志》無載，亡佚。

《黄帝龍首經》二卷。

不署撰者。《新唐志》有著録，《宋志》著録此書爲一卷。正統本《道藏》中有《黄帝龍首經》二卷，《孫氏祠堂書目》著録《黄帝龍首經》二卷。此書上下二卷，七十二占。

《黄帝式經三十六用》一卷。曹氏撰。

曹氏：不詳何人。《新唐志》有著録，《宋志》無載，亡佚。

《黄帝式用當陽經》二卷。

不署撰者。疑“當陽”爲“常陽”。《日本國見在書目録》著録《黄帝式用常年經》一卷，《新唐志》著録《黄帝式用常陽經》一卷。《郡齋讀書志》卷一四著録《常陽經》一卷，稱《崇文目》題曰《黄帝式用》，蓋六壬占卜術也。元明以後無載，亡佚。

《黄帝奄心圖》一卷。

不署撰者。兩《唐志》無載，亡佚。

《玄女式經要法》一卷。

不署撰者。《新唐志》著録《玄女式經要訣》一卷，《四庫全書總目》卷一一一著録《玄女經》一卷，提要稱舊本題《黄帝授三子玄女經》，蓋術數家依託所爲。

《黄帝陰陽遁甲》六卷。

不署撰者。《後漢書》卷八二上有注曰，“遁甲，推六甲之陰而隱遁也”。兩《唐志》無載，亡佚。

《遁甲决》一卷。吴相伍子胥撰。

《遁甲文》一卷。伍子胥撰。

伍子胥：楚人。楚平王殺其父、兄，伍子胥奔宋、奔鄭，輾轉入吴。吴王闔閭召其爲行人，伐楚建大功。夫差即位，聽太宰嚭之讒言，賜伍子胥自剄死。《史記》卷六六有傳。《漢志》“雜家”著録《伍子胥》八篇，“兵技巧家”著録《五子胥》十篇、《圖》一卷。兩《唐志》著録《遁甲文》一卷，《宋志》無載，亡佚。

《遁甲經要鈔》一卷。

不署撰者。《日本國見在書目録》著録《遁甲經要抄》一卷，抱朴子撰。兩《唐志》無載，亡佚。

《遁甲萬一决》二卷。

不署撰者。兩《唐志》著録《遁甲萬一訣》三卷，《宋志》著録《遁甲萬一訣》。《郡齋讀書志》卷一四著録《遁甲萬一訣》一卷，稱書題唐李靖所纂黄帝書。以休、生、傷、杜、景、死、驚、開八門，推國家之吉凶。元明以後無載，亡佚。

《遁甲九元九局立成法》一卷。

不署撰者。兩《唐志》無載，亡佚。

《遁甲肘後立成囊中祕》一卷。葛洪撰。

《抱朴子·登涉》曰，“余少有入山之志，由此乃行學遁甲書，乃有六十餘卷，事不可卒精，故鈔集其要”。兩《唐志》無載，亡佚。

《遁甲囊中經》一卷。

不署撰者。兩《唐志》著録《遁甲囊中經》一卷，《宋志》無載，亡佚。

《遁甲囊中經疏》一卷。

不署撰者。兩《唐志》無載，亡佚。

《遁甲立成》六卷。

不署撰者。《日本國見在書目録》有著録，兩《唐志》無載，亡佚。

《遁甲叙三元玉曆立成》一卷。郭弘遠撰。

郭弘遠：生平事迹不詳。兩《唐志》無載，亡佚。

《遁甲立成》一卷。

不署撰者。兩《唐志》無載，亡佚。

《遁甲立成法》一卷。臨孝恭撰。

《隋書》卷七八載，臨孝恭著《遁甲月令》十卷。《北史》卷八九載，臨孝恭著《遁甲録》十卷。兩《唐志》著録《遁甲立成法》三卷，不署撰者，疑即此書。《宋志》無載，亡佚。

《遁甲穴隱祕處經》一卷。

不署撰者。兩《唐志》無載，亡佚。

《黄帝九元遁甲》一卷。王琛撰。

兩《唐志》無載，亡佚。

《黄帝出軍遁甲式法》一卷。

不署撰者。兩《唐志》無載，亡佚。

《遁甲法》一卷。

不署撰者。兩《唐志》無載，亡佚。

《遁甲術》一卷。

不署撰者。兩《唐志》無載，亡佚。

《陽遁甲用局法》一卷。臨孝恭撰。

兩《唐志》無載，亡佚。

《雜遁甲鈔》四卷。

不署撰者。兩《唐志》無載，亡佚。

《三元遁甲上圖》一卷。

不署撰者。《新唐志》著録《三元遁甲立成圖》二卷，疑其爲此書之全帙。《宋志》無載，亡佚。

《三元遁甲圖》三卷。

不署撰者。兩《唐志》著録葛洪《三元遁甲圖》三卷。《抱朴子·自叙》言，“晚學風角望氣、三元遁甲、六壬太一之法，粗知其旨”。《宋志》無載，亡佚。

《遁甲九宫八門圖》一卷。

不署撰者。兩《唐志》著録《遁甲九宫八門圖》一卷，《宋志》無載，亡佚。

《遁甲開山圖》三卷。榮氏撰。

榮氏：不詳何人。兩《唐志》著録榮氏《遁甲開山圖》二卷，《宋志》無載，亡佚。

《遁甲返覆圖》一卷。葛洪撰。

兩《唐志》無載，亡佚。

《遁甲年録》一卷。

不署撰者。兩《唐志》無載，亡佚。

《遁甲支手决》一卷。

不署撰者。兩《唐志》無載，亡佚。

《遁甲肘後立成》一卷。

不署撰者。兩《唐志》無載，亡佚。

《遁甲行日時》一卷。

不署撰者。兩《唐志》無載，亡佚。

《遁甲孤虚記》一卷。伍子胥撰。

本志“兵家”著録《六甲孤虚兵法》一卷，兩《唐志》“兵家”著録《伍子胥兵法》一卷，疑皆與此書爲一書。《宋志》無載，亡佚。

《遁甲孤虚注》一卷。

不署撰者。兩《唐志》無載，亡佚。

《東方朔歲占》一卷。

不署撰者。東方朔，見本書卷三三“地理類”。兩《唐志》無載，亡佚。

《斗中孤虚圖》一卷。

不署撰者。兩《唐志》無載，亡佚。

《孤虚占》一卷。

不署撰者。兩《唐志》無載，亡佚。

《遁甲九宫亭亭白姦書》一卷。

不署撰者。兩《唐志》無載，亡佚。

《戰鬬博戲等法》一卷。

不署撰者。兩《唐志》無載，亡佚。

《玉女反閉局法》三卷。

不署撰者。《日本國見在書目録》著録《玉女反閉》四卷、《玉女反閉局抄》一卷，兩《唐志》無載，《宋志》著録《遁甲玉女反閉局》一卷，元明以後無載，亡佚。

《逆刺》一卷。京房撰。

《漢書》卷六五顔師古注曰，“逢占，逆占事，猶云逆刺也”。兩《唐志》著録京房《逆刺》三卷，《宋志》無載，亡佚。

《逆刺占》一卷。

不署撰者。兩《唐志》無載，亡佚。

《逆刺總决》一卷。

不署撰者。兩《唐志》無載，亡佚。

《壬子决》一卷。

不署撰者。兩《唐志》無載，亡佚。

《鳥情占》一卷。王喬撰。

王喬：河東（今山西境内）人。明帝世爲葉令，有神術。或曰此即古仙人王子喬。《後漢書》卷八二上有傳。兩《唐志》著録《鳥情占》一卷，《宋志》無載，亡佚。

《鳥情逆占》一卷。

不署撰者。兩《唐志》著録管輅《鳥情逆占》一卷，《宋志》無載，亡佚。

《鳥情書》二卷。

不署撰者。兩《唐志》無載，亡佚。

《鳥情雜占禽獸語》一卷。

不署撰者。兩《唐志》無載，亡佚。

《占鳥情》二卷。

不署撰者。《隋書》卷七八載，耿詢學天文算術，作馬上刻漏，世稱其妙。著《鳥情占》一卷，行於世。疑此書爲其所撰。兩

《唐志》無載，亡佚。

《六情决》一卷。王琛撰。

六情：好、惡、喜、怒、哀、樂。兩《唐志》著録王琛《風角六情决》一卷，《宋志》無載，亡佚。

《六情鳥音内祕》一卷。焦氏撰。

焦氏：疑即焦延壽。焦延壽，字贛，梁（今河南境内）人。以好學得幸梁王，王供其資用，令極意學。既成，察舉補小黄令。見《漢書》卷七五。兩《唐志》無載，亡佚。

《孝經元辰决》九卷。

不署撰者。兩《唐志》無載，亡佚。

《孝經元辰》二卷。

不署撰者。兩《唐志》有著録，《宋志》無載，亡佚。

《元辰本屬經》一卷。

不署撰者。兩《唐志》無載，亡佚。

《推元辰厄會》一卷。

不署撰者。兩《唐志》著録《推元辰厄命》（“命”當作“會”）一卷，《宋志》無載，亡佚。

《元辰事》一卷。

不署撰者。兩《唐志》無載，亡佚。

《元辰救生削死法》一卷。

不署撰者。兩《唐志》無載，亡佚。

《推元辰要祕次序》一卷。

不署撰者。兩《唐志》無載，亡佚。

《元辰章用》二卷。

不署撰者。兩《唐志》著録《元辰章》三卷，疑即此書。《宋志》無載，亡佚。

《雜推元辰要祕立成》六卷。

不署撰者。兩《唐志》無載，亡佚。

《元辰立成譜》一卷。

不署撰者。兩《唐志》無載，亡佚。

《方正百對》一卷。京房撰。

《漢書》卷七五載，永光、建昭間，西羌反，天象有異常。京房上疏，先言其將然，近數月、遠一歲，所言屢中。天子悦之，數召見問。此書當是京房見問之對答。兩《唐志》無載，亡佚。《全漢文》卷四四有輯文。

《晉災祥》一卷。京房撰。

下文《雜殺曆》條下有注曰，梁有《晉災異簿》二卷。此書或爲其佚存，而誤題後漢京房撰。兩《唐志》無載，亡佚。

《災祥集》七十六卷。

不署撰者。兩《唐志》無載，亡佚。

《地形志》八十七卷。庾季才撰。

《隋書》卷七八載，隋文帝令庾季才與其子庾質撰《地形志》八十七卷。兩《唐志》無載，亡佚。

《海中仙人占災祥書》三卷。

不署撰者。《漢志》"天文家"著録《海中星占驗》《海中五星經雜事》《海中五星順逆》《海中二十八宿國分》《海中二十八宿臣分》《海中日月彗虹雜占》。此書或與以上諸書有關聯。兩《唐志》無載，亡佚。

《周易占事》十二卷。漢魏郡太守京房撰。

兩《唐志》無載，亡佚。

《遁甲》三卷。梁有《遁甲經》十卷，《遁甲正經》五卷，《太一遁甲》一卷，亡。

不署撰者。兩《唐志》無載，亡佚。《遁甲經》：不署撰者。《新唐志》有著録。《郡齋讀書志》卷一四著録《遁甲經》一卷，稱《李氏書目》曰此九天玄女之術，推九星八門三奇六儀之法。元明以後無載，亡佚。《遁甲正經》《太一遁甲》：均不署撰者。兩《唐志》無載，亡佚。

《遁甲要用》四卷。葛洪撰。

兩《唐志》無載，亡佚。

《遁甲祕要》一卷。葛洪撰。

《日本國見在書目録》著録《遁甲祕要》一卷，葛洪撰；《新唐志》著録《遁甲祕要》一卷。《宋志》無載，亡佚。

《遁甲要》一卷。葛洪撰。

兩《唐志》無載，亡佚。

《遁甲》三十三卷。後魏信都芳撰。

《北史》卷八九載，信都芳著《遁甲經》。《新唐志》著録信都芳《遁甲經》二卷，《宋志》無載，亡佚。

《三元遁甲》六卷。許昉撰。

《新唐志》有著録，《宋志》無載，亡佚。

《三元遁甲》六卷。陳員外散騎常侍劉毗撰。

劉毗：生平事迹不詳。兩《唐志》無載，亡佚。

《三元遁甲》二卷。梁《太一遁甲》一卷，《遁甲三元》三卷。

不署撰者。兩《唐志》無載，亡佚。《太一遁甲》《遁甲三元》：皆不署撰者。兩《唐志》無載，亡佚。

《三元九宫遁甲》二卷。梁有《遁甲三元》三卷，亡。

《日本國見在書目録》著録《三元九宫遁甲》三卷，兩《唐志》無載，亡佚。《遁甲三元》不署撰者。疑爲前條之重出。

《三正遁甲》一卷。杜仲撰。

杜仲：生平事迹不詳。《新唐志》有著録，《宋志》無載，亡佚。

《遁甲》三十五卷。

不署撰者。兩《唐志》無載，亡佚。

《遁甲時下决》三十三卷。

不署撰者。兩《唐志》無載，亡佚。

《陰陽遁甲》十四卷。

不署撰者。兩《唐志》無載，亡佚。

《遁甲正經》三卷。梁五卷。

《遁甲經》十卷。

前録《遁甲》三卷條下有注曰，“梁有《遁甲經》十卷，《遁甲正經》五卷”，當即此二書，爲重出。

《遁甲開山圖》一卷。梁《遁甲開山經圖》一卷。

不署撰者。《歷代名畫記》卷三載《遁甲開山圖》，王粲（疑爲“王琛)”；兩《唐志》著録王琛《遁甲開山圖》一卷。《宋志》無載，亡佚。《遁甲開山經圖》，疑爲前録榮氏《遁甲開山圖》。

《遁甲九星曆》一卷。

不署撰者。《新唐志》有著録，《宋志》無載，亡佚。

《遁甲三奇》三卷。

不署撰者。《新唐志》有著録，《宋志》無載，亡佚。

《遁甲推時要》一卷。

不署撰者。《新唐志》著録《遁甲推要》一卷，《宋志》無載，亡佚。

《遁甲三元九甲立成》一卷。

不署撰者。《新唐志》有著録，《宋志》無載，亡佚。

《雜遁甲》五卷。梁九卷。《遁甲經外篇》一百卷，《六甲隱圖》并《遁甲圖》二卷，亡。

不署撰者。兩《唐志》無載，亡佚。《遁甲經外篇》《六甲隱圖》《遁甲圖》：皆不署撰者。兩《唐志》無載，亡佚。

《陽遁甲》九卷。釋智海撰。

釋智海：生平事迹不詳。《新唐志》著録《陽遁甲》九卷，《宋志》無載，亡佚。

《陰遁甲》九卷。

不署撰者。《新唐志》有著録，《宋志》無載，亡佚。

《武王須臾》二卷。

不署撰者。《後漢書》卷八二上有注曰，“須臾，陰陽吉凶立成之法也。今書《七志》有《武王須臾》一卷”。兩《唐志》著録《武王須臾》二卷，《宋志》無載，亡佚。

《六壬式經雜占》九卷。梁有《六壬式經》三卷，亡。

不署撰者。《唐六典》卷一四載，太卜令掌卜筮之法。凡式占辨三式之同異。三式，一曰雷公式，二曰太一式，三曰六壬式。《新唐志》有著録，《宋志》無載，亡佚。《六壬式經》：不署撰者。兩《唐志》無載，亡佚。

《六壬釋兆》六卷。

不署撰者。《新唐志》著録《六壬擇非經》（疑“擇非”當爲“釋兆”）六卷，《宋志》無載，亡佚。

《破字要决》一卷。

不署撰者。《顔氏家訓·書證》提及《破字經》。《日本國見在書目録》著録《破子》一卷，疑即爲此書。兩《唐志》無載，亡佚。

《桓安吴式經》一卷。梁有《雜式占》五卷；《式經雜要》《决式立成》各九卷；《式王曆》《伍子胥式經章句》《起射覆式》《越相范蠡玉笥式》，各二卷。亡。

桓安吴：似爲撰者名，生平事迹不詳。《新唐志》著録《桓公式經》一卷，《宋志》無載，亡佚。《雜式占》《式經雜要》《决式立成》：皆不署撰者。兩《唐志》無載，亡佚。《式王曆》：《日本國見在書目録》著録《赤松子玉曆》一卷，似即此書。兩《唐志》無載，亡佚。《伍子胥式經章句》《起射覆式》《越相范蠡玉笥式》：皆不署撰者。兩《唐志》無載，亡佚。

《光明符》十二卷。《録》一卷，梁簡文帝撰。

《南史》卷八載，簡文帝撰《光明符》十二卷。《新唐志》著録梁主蕭築（當作“蕭綱”）《光明符》十二卷，《宋志》無載，亡佚。

《龜經》一卷。晋掌卜大夫史蘇撰。梁有《史蘇龜經》十卷；《龜决》二卷，葛洪撰；《管郭近要决》《龜音色》《九宫蓍龜序》各一卷；《龜卜要决》《龜圖五行九親》各四卷；又《龜親經》三十卷，周子曜撰。亡。

史蘇：春秋時期晋卜筮之史。見《左傳》僖公十五年杜預注。《漢志》“蓍龜家”著録《龜書》《夏龜》《南龜書》《巨龜》《雜龜》卷。兩《唐志》無載。《郡齋讀書志》卷一四著録《靈龜經》

一卷，稱史蘇撰。論龜兆之吉凶。《崇文目》三卷。《宋志》“五行類”著録史蘇《五兆龜經》一卷，“著龜類”著録《靈龜經》一卷。元明以後無載，亡佚。《龜决》：兩《唐志》無載，亡佚。《管郭近要决》：管，似指魏管輅；郭，似指晋郭璞。此書兩《唐志》無載，亡佚。《龜音色》《九宫著龜序》：皆不署撰者。兩《唐志》無載，亡佚。《龜卜要决》《龜圖五行九親》：皆不署撰者。兩《唐志》無載，亡佚。周子曜：生平事迹不詳。其書兩《唐志》無載，亡佚。

《史蘇沉思經》一卷。

《新唐志》有著録，《宋志》無載，亡佚。

《龜卜五兆動摇决》一卷。

不署撰者。卜筮有金、木、水、火、土五兆。《新唐志》著録孫思邈《龜上五兆動摇經决》，疑即此書。《宋志》無載，亡佚。

《周易占》十二卷。京房撰。梁《周易妖占》十三卷，京房撰。

兩《唐志》無載，亡佚。《周易妖占》：《宋書》卷三一引京房《易妖》。兩《唐志》無載，亡佚。

《周易守林》三卷。京房撰。

兩《唐志》無載，亡佚。

《周易集林》十二卷。京房撰。《七録》云，伏萬壽撰。

伏萬壽：宋平昌（今山東安丘市）人。元嘉十九年在廣陵爲衛府行參軍。見《法苑珠林》卷二七引《冥祥記》。兩《唐志》著録伏曼容《周易集林》十二卷、伏氏《周易集林》一卷，《宋志》無載，亡佚。

《周易飛候》九卷。京房撰。梁有《周易飛候六日七分》八卷，亡。

兩《唐志》無載，亡佚。《周易飛候六日七分》：《後漢書》卷三〇下注引鄭玄曰，“六以候也。八十分爲一日之七者，一卦六日七分也”。兩《唐志》無載，亡佚。

《周易飛候》六卷。京房撰。

兩《唐志》著録京氏《周易飛候》六卷，疑此爲前録《周易飛候》九卷之别本。《宋志》無載，亡佚。《説郛》存一卷，清王謨、馬國翰、劉學寵有輯本，名《易飛候》。

《周易四時候》四卷。京房撰。

兩《唐志》著録《京氏周易四時候》二卷，《宋志》無載，亡佚。

《周易錯卦》七卷。京房撰。

《舊唐志》著録《京氏周易錯卦》八卷，京房撰；《新唐志》著録京房《周易錯卦》八卷。本志“易類”《周易大義》條下注曰，梁有《周易錯》八卷，京房撰。疑即此書。《宋志》無載，亡佚。

《周易混沌》四卷。京房撰。

兩《唐志》有著録，《宋志》無載，亡佚。

《周易委化》四卷。京房撰。

兩《唐志》無載，亡佚。

《周易逆刺占災異》十二卷。京房撰。

《新唐志》著録《費氏周易逆刺占災異》十二卷，下注曰，費直。《宋志》無載，亡佚。

《周易占》一卷。張浩撰。

張浩：官至宋義陽王劉昶征北諮議參軍。見《南史》卷三二。兩《唐志》著録張滿《周易林》七卷。疑“浩”與“滿”形近相混。《宋志》無載，亡佚。

《周易雜占》十三卷。

《周易雜占》十一卷。

此二書皆不署撰者。書名相同，僅卷數不同，或爲一書的不同傳本。兩《唐志》無載，亡佚。

《周易雜占》九卷。尚廣撰。梁有《周易雜占》八卷，武靖撰，亡。

尚廣：生平事迹不詳。《三國志》卷四八裴注引干寶《晉紀》載，陸抗之克步闡，孫晧意張大，乃使尚廣筮並天下。兩《唐志》著録尚廣《周易雜占》八卷，《宋志》無載，亡佚。武靖：生平事迹不詳。兩《唐志》著録武氏《周易雜占》八卷，《宋志》無載，亡佚。

《易林》十六卷。焦贛撰。梁又本三十二卷。

焦贛：名延壽，見前録《六情鳥音内祕》條之焦氏。兩《唐志》著録焦贛《焦氏周易林》十六卷，《宋志》“蓍龜類”著録焦贛《易林傳》十六卷。《四庫全書總目》卷一〇九著録《易林》十六卷，題漢焦延壽撰。提要稱，蓋《易》於象數之外，別爲占候一派者，實自贛始，所撰《易林》十六卷，以一卦變六十四，六十四卦變其四千九十有六。《隋志》始著録於“五行家”，似乎後人所附會。焦贛《易林》十卷，有明萬曆刻本；通行之《易林》十六卷本，有四庫本、四部叢刊本、四部備要本等。

《易林變占》十六卷。焦贛撰。

兩《唐志》無載，亡佚。

《易林》二卷。費直撰。梁五卷。

費直：見本書卷三二“易類”。《舊唐志》著録費直《費氏周易林》二卷，《新唐志》著録費直《周易林》二卷。《宋志》無載，亡佚。清馬國翰有輯本。

《易内神筮》二卷。費直撰。梁有《周易筮占林》五卷，費直撰，亡。

《新唐志》著録《周易内卦神筮法》二卷，《宋志》無載，亡佚。《周易筮占林》：《新唐志》著録《周易雜筮占》四卷，《宋志》無載，亡佚。

《易新林》一卷。後漢方士許峻等撰。梁十卷。

許峻：字季山，汝南平輿（今河南平輿縣）人。善占卜之術，多有顯驗。所撰《易林》行於世。見《後漢書》卷八二下。兩《唐志》無載，亡佚。

《易災條》二卷。許峻撰。

兩《唐志》無載，亡佚。

《易决》一卷。許峻撰。梁有《易雜占》七卷，許峻撰，又《易要決》三卷，亡。

兩《唐志》無載，《宋志》著録許季山《易訣》一卷，元明以後無載，亡佚。《易雜占》：兩《唐志》著録許峻《周易雜占》七卷，《宋志》無載，亡佚。《易要决》：疑即《易决》。

《周易通靈决》二卷。魏少府丞管輅撰。

《周易通靈要决》一卷。管輅撰。

管輅：字公明，平原（今山東平原縣）人。明仰觀、風角、占、相之道，無不精微。正元二年爲少府丞，三年卒。《三國志》卷二九有傳。兩《唐志》無載以上二書，而著録管輅《周易林》四卷，或即以上二書。

《周易集林律曆》一卷。虞翻撰。梁有《周易筮占》二十四卷，晋徵士徐苗撰，亡。

《三國志》卷五七裴注引《翻别傳》言虞翻依《易》射象，以占吉凶。《新唐志》著録虞翻《周易集林律曆》一卷，《宋志》無載，亡佚。徐苗：字叔胄，高密淳于（今山東安丘市東北）人。州辟從事、治中、别駕，舉異行，公府五辟博士，再徵，皆不就。著《五經同異評》《玄微論》。《晋書》卷九一有傳。兩《唐志》著録徐苗《徐氏周易筮占》二十四卷，《宋志》無載，亡佚。

《周易新林》四卷。郭璞撰。梁有《周易雜占》十卷，葛洪撰，亡。

郭璞：見本書卷三二“詩類”。《晋書》卷七二載，郭璞妙於陰陽算曆，洞五行、天文、卜筮之術。抄京、費諸家要最，更撰《新林》十篇。《日本國見在書目録》著録《周易新林占》三卷，郭璞撰；兩《唐志》無載，亡佚。《周易雜占》：兩《唐志》無載，亡佚。

《周易新林》九卷。郭璞撰。梁有《周易林》五卷，郭璞撰，亡。

此二書當是前録《周易新林》之别本。《日本國見在書目録》著録《周易京氏占》，疑爲郭璞所撰。

《易洞林》三卷。郭璞撰。

《晋書》卷七二載，郭璞前後筮驗六十餘事，名爲《洞林》。兩《唐志》著録郭璞《周易洞林解》三卷，《宋志》“蓍龜類”著録郭璞《周易洞林》一卷。《説郛》存一卷，清馬國翰、黄奭、劉學寵有輯本。

《周易新林》一卷。

《周易新林》二卷。

以上二書皆不署撰者。兩《唐志》著録《周易新林》一卷，《宋志》無載，亡佚。

《易林》三卷。魯洪度撰。

魯洪度：生平事迹不詳。兩《唐志》無載，亡佚。

《周易林》十卷。梁《周易林》三十三卷，《録》一卷。

不署撰者。《日本國見在書目録》著録《易林》十八卷，京房、郭璞等七人雜撰。兩《唐志》著録《易林》十四卷。《宋志》著録《諸家易林》一卷，疑爲此書之佚存。

《易讚林》二卷。

不署撰者。兩《唐志》無載，亡佚。

《易立成林》二卷。郭氏撰。

郭氏：疑即郭璞。此書當爲抄撮郭璞《新林》《洞林》者，兩《唐志》無載，亡佚。

《易立成》四卷。

不署撰者。兩《唐志》無載，亡佚。

《易玄成》一卷。

不署撰者。兩《唐志》無載，亡佚。

《周易立成占》三卷。顔氏撰。

顔氏：不詳何人。《日本國見在書目録》著録《顔氏易占》三卷，兩《唐志》著録《周易立成占》六卷，《宋志》無載，亡佚。

《神農重卦經》二卷。

不署撰者。神農，傳説中五帝之一，名爲炎帝。相傳其始教民爲耒耜以興農業，嘗百草爲醫藥以治疾病。見《史記》卷一。《漢志》"五行家"著録《神農大幽五行》二十七卷，兩《唐志》不載是書，亡佚。

《文王幡音》一卷。

不署撰者。文王，見本志卷三二"易類"序。兩《唐志》無載。《崇文總目》"卜筮類"著録《文王版詞》一卷，《宋志》"五行類"著録《文王版詞》一卷。《直齋書録解題》卷一二著録《周易版詞》一卷，稱不知名氏。當是漢魏以前人所爲。姚振宗以爲"幡音"即"版詞"，故《文王版詞》即此書。元明以後無載，亡佚。

《易三備》三卷。

《易三備》一卷。

二書皆不署撰者。《舊唐志》著録《易三備》三卷，又一卷；《新唐志》著録《易三備》三卷，又三卷；《宋志》"蓍龜類"著録《周易三備》三卷，下注曰，題孔子師徒所述，蓋依託也。元明以後無載，亡佚。

《易占》三卷。

不署撰者。兩《唐志》著録杜氏《新易林占》三卷，疑即此書。《宋志》無載，亡佚。

《易射覆》二卷。

《易射覆》一卷。

二書皆不署撰者。《漢書》卷六五有顔師古注曰，"於覆器之下而置諸物，令闇射之，故云射覆"。《漢志》"蓍龜家"著録《周易隨曲射匿》五十卷。此二書兩《唐志》無載，亡佚。

《周易孔子通覆决》三卷。顔氏撰。

顔氏：不詳何人。兩《唐志》無載，亡佚。

《易林要决》一卷。

不署撰者。兩《唐志》無載，亡佚。

《易要决》二卷。梁有《周易曆》《周易初學筮要法》各一卷。

不署撰者。兩《唐志》無載，亡佚。《周易曆》《周易初學筮要法》：皆不署撰者。兩《唐志》無載，亡佚。

《周易髓腦》二卷。

不署撰者。《日本國見在書目録》著録《易髓》二卷，兩《唐志》著録《易髓》一卷，《宋志》無載，亡佚。

《易腦經》一卷。鄭氏撰。

鄭氏：或爲郭氏。兩《唐志》著録郭氏《易腦》一卷，《宋志》無載，亡佚。

《周易玄品》二卷。

不署撰者。本志卷三二“易類”著録《周易玄品》二卷，與此書當爲同一書，此爲重出。

《易律曆》一卷。虞翻撰。

兩《唐志》著録《易律曆》一卷，《宋志》著録虞翻注《京房周易律曆》一卷。《直齋書録解題》卷一二著録《京氏參同契律曆志》一卷，稱虞翻注。專言占象，而不可盡通。元明以後無載，亡佚。

《易曆》七卷。

不署撰者。兩《唐志》無載，亡佚。

《易曆決疑》二卷。

不署撰者。兩《唐志》無載，亡佚。

《周易卦林》一卷。

不署撰者。兩《唐志》無載，《宋志》著録《易卦林》一卷，元明以後無載，亡佚。

《洞林》三卷。梁元帝撰。

《梁書》卷五載，梁元帝著有《洞林》三卷。兩《唐志》無載，亡佚。

《連山》三十卷。梁元帝撰。

《梁書》卷五載，梁元帝著有《連山》三十卷。兩《唐志》有著録，《宋志》無載，亡佚。

《雜筮占》四卷。

不署撰者。《新唐志》著録《周易雜筮占》四卷，《宋志》無載，亡佚。

《五兆算經》一卷。

不署撰者。《新唐志》著録孫思邈《五兆算經》一卷，疑即此書，《宋志》無載，亡佚。

《十二靈棊卜經》一卷。梁有《管公明算占書》一卷，《五行雜卜經》十卷，亡。

不署撰者。《日本國見在書目録》著録《靈易》一卷，東方朔撰；又有《八公靈棊經》《八公靈棊卜經》。兩《唐志》無載，《宋志》著録《靈碁經》一卷、李進注《靈碁經》一卷。《郡齋讀書志》卷一四著録《靈棊經》一卷，稱漢東方朔撰，又云張良、劉安，未知孰是。晋顔幼明、宋何承天注。《四庫全書總目》卷一〇九著録《靈棋經》二卷，提要稱此書大抵皆術士依託之詞。考《隋志》有《十二靈棊卜經》一卷，並《南史》記載，知本書出自六朝以前，由來已古矣。宋李進注《靈棋經》已佚，明劉基仿《周易》象傳體作注，以申明其義。此書又名《靈棊本章正經》二卷，東方朔撰，顔幼明、何承天注，陳世凱、劉基解，有正統道藏本。《靈棋經》二卷，其通行本有四庫本、叢書集成本等。管公明：即管輅。兩《唐志》無載是書，《宋志》著録管公明《隔山照》一卷，疑爲此書。《五行雜卜經》：不署撰者。《漢志》“蓍龜家”著録《鼠序卜黄》二十五卷，兩《唐志》無載，亡佚。

《京君明推偷盜書》一卷。

京君明：即京房。兩《唐志》無載，亡佚。

《天皇大神氣君注曆》一卷。

不署撰者。《日本國見在書目録》著録《天王讖》，疑爲此書。兩《唐志》無載，亡佚。

《太史公萬歲曆》一卷。

不署撰者。《史記·太史公自序》言及其父司馬談爲太史公，掌天官，不治民。兩《唐志》著録司馬談《太史公萬歲曆》一卷，《宋志》無載，亡佚。

《千歲曆祠》一卷。任氏撰。

任氏：不詳何人。兩《唐志》著録任氏《千歲曆祠》二卷，《宋志》無載，亡佚。

《萬歲曆祠》二卷。

不署撰者。兩《唐志》有著録，《宋志》無載，亡佚。

《萬年曆二十八宿人神》一卷。

不署撰者。兩《唐志》無載，亡佚。

《六甲周天曆》一卷。孫僧化撰。

《舊唐志》著録《六甲周天曆》一卷，孫僧化作；《新唐志》著録孫僧化《六甲開天曆》一卷。《宋志》無載，亡佚。

《六十甲子曆》八卷。

不署撰者。兩《唐志》無載，亡佚。

《曆祀》一卷。

不署撰者。兩《唐志》無載，亡佚。

《田家曆》十二卷。

不署撰者。兩《唐志》無載，亡佚。

《三合紀饑穰》一卷。

不署撰者。《宋書》卷九八載，元嘉十四年，河西王茂虔奉表獻方物，獻《皇帝王曆三合紀》一卷。《日本國見在書目録》著録《九宮饑穰曆》，似與此書爲同類書。兩《唐志》無載，亡佚。

《師曠書》三卷。

不署撰者。師曠，《左傳》襄公十四年杜預注曰，“師曠，晋樂大師子野”。《漢志》“小説家”著録《師曠》六篇，班固注曰，“見《春秋》，其言淺薄，本與此同，似因託之”。《後漢書》卷八二上李賢注稱師曠之書爲灾異之書。兩《唐志》著録《師曠占書》一卷，《宋志》著録《師曠擇日法》一卷，下注曰，假黄帝問答。元明以後無載，亡佚。清洪頤煊有輯本。

《海中仙人占災祥書》三卷。

不署撰者。兩《唐志》無載，亡佚。

《東方朔占》二卷。

《東方朔書》二卷。

《東方朔書鈔》二卷。

《東方朔曆》一卷。

《東方朔占候水旱下人善惡》一卷。梁有《擇日書》十卷，《太歲所在占善惡書》一卷，亡。

東方朔：見本書卷三三“地理類”。兩《唐志》著録《東方朔占書》一卷，《宋志》無載。《四庫全書總目》卷一〇一著録《東方朔占書》三卷，提要稱所載皆測候風雲星月及太歲六十年豐凶占驗之法，其詞皆俚不文。《隋志》有《東方朔占》《東方朔書》等五種，蓋古來雜占之書託於東方朔者甚多，而今存者更是僞中之僞。《全漢文》卷二五有《東方朔占》之佚文。《擇日書》《太歲所在占善惡書》：不署撰者。兩《唐志》無載，亡佚。

《雜忌曆》二卷。魏光禄勳高堂隆撰。

高堂隆：見本書卷三三“刑法類”。兩《唐志》無載，亡佚。

《百忌大曆要鈔》一卷。

不署撰者。兩《唐志》無載，亡佚。

《百忌曆術》一卷。

不署撰者。兩《唐志》無載，亡佚。

《百忌通曆法》一卷。梁有《雜百忌》五卷，亡。

不署撰者。兩《唐志》無載，亡佚。《雜百忌》：不署撰者。兩《唐志》無載，亡佚。

《曆忌新書》十二卷。

不署撰者。兩《唐志》無載，亡佚。

《太史百忌曆圖》一卷。梁有《太史百忌》一卷，亡。

不署撰者。《後漢書·百官志二》載，太史令一人，掌奏良日及時節禁忌。此書當時節禁忌之書。兩《唐志》無載，亡佚。《太史百忌》：不署撰者。兩《唐志》無載，亡佚。

《雜殺曆》九卷。梁有《秦災異》一卷，後漢中郎郗萌撰；《後漢災異》十五卷，《晋災異簿》二卷，《宋災異簿》四卷，《雜凶妖》一卷，《破書》《玄武書契》各一卷。亡。

不署撰者。兩《唐志》無載，亡佚。郗萌：見本書卷三二“異説類”。疑此書爲“異説類”著録郗萌《春秋災異》之一部分。《後漢災異》：不署撰者。《後漢書·天文志下》載，泰山太守應劭、給事中董巴、散騎常侍譙周並撰建武以來灾異。疑此書爲三人所撰。兩《唐志》無載，亡佚。《晋災異簿》《宋災異簿》：皆不署撰者。疑爲二朝所記灾異之遺籍。兩《唐志》無載，亡佚。《雜凶妖》：不署撰者。兩《唐志》無載，亡佚。《破書》：不署撰者。破書即言歲破、月破、日破之類。兩《唐志》無載，亡佚。《玄武書契》：不署撰者。兩《唐志》無載。亡佚。

《二儀曆頭堪餘》一卷。

堪餘當爲堪輿，下同。不署撰者。兩《唐志》無載，亡佚。

《堪餘曆》二卷。

不署撰者。兩《唐志》無載，亡佚。

《注曆堪餘》一卷。

不署撰者。兩《唐志》無載，亡佚。

《地節堪餘》二卷。

不署撰者。《新唐志》著録《地節堪輿》二卷,《宋志》無載,亡佚。

《堪餘曆注》一卷。

不署撰者。兩《唐志》著録《堪輿曆注》二卷,《宋志》著録《堪輿經》一卷、《太史堪輿》一卷。不知與此書是否爲同一書。元明以後無載,亡佚。

《堪餘》四卷。

不署撰者。《漢志》著録《堪輿金匱》十四卷,顔師古注引許慎語,"堪,天道;輿,地道"。兩《唐志》無載,亡佚。

《大小堪餘曆術》一卷。梁《大小堪餘》三卷。

不署撰者。兩《唐志》無載,亡佚。

《四序堪餘》二卷。殷紹撰。梁有《堪餘天赦書》七卷,《雜堪餘》四卷,亡。

殷紹:長樂(今福建長樂市)人。好陰陽術數,太安四年上《四序堪輿》,並有表奏上,其後,此書大行於世。《魏書》卷九一、《北史》卷八九有傳。《舊唐志》著録殷紹《黄帝四序堪輿》二卷,《新唐志》著録殷紹《黄帝四序堪輿》一卷,《宋志》著録殷紹《黄帝四序堪輿經》一卷,元明以後無載,亡佚。《堪餘天赦書》《雜堪餘》:皆不署撰者。兩《唐志》無載,亡佚。

《八會堪餘》一卷。

不署撰者。《周禮·占夢》賈公彦疏曰,堪輿大會有八也,小會亦有八。兩《唐志》無載是書,亡佚。

《雜要堪餘》一卷。

不署撰者。疑此爲前録《雜堪餘》四卷之佚存，兩《唐志》無載，亡佚。

《元辰五羅算》一卷。

不署撰者。《郡齋讀書志》卷一四著録《秤星經》三卷，稱以日、月、五星、羅睺、紫炁、月孛十一曜，演十二宫宿變，以推人之貴賤、壽夭、休咎。疑五羅爲五星與羅睺之合稱。兩《唐志》無載，亡佚。

《孝經元辰》四卷。梁有《五行元辰厄會》十三卷，《孝經元辰會》九卷，《孝經元辰决》一卷，亡。

不署撰者。疑以上諸書爲前録《孝經元辰决》九卷、《孝經元辰》二卷、《推元辰厄會》一卷之别本，兩《唐志》皆無載，亡佚。

《元辰曆》一卷。

不署撰者。《新唐志》著録《元辰》一卷，疑即此書。《宋志》無載，亡佚。

《雜元辰禄命》二卷。

不署撰者。《新唐志》有著録，《宋志》無載，亡佚。

《湴河禄命》三卷。梁有《五行禄命厄會》十卷，亡。

不署撰者。《唐六典》卷一四有曰，“凡禄命之義六：一曰禄，二曰命，三曰驛馬，四曰納音，五曰湴河，六曰月之宿也”。《新唐志》著録《湴河禄命》二卷，《宋志》無載，亡佚。《五行禄命厄會》：不署撰者。兩《唐志》無載，亡佚。

《乾坤氣法》一卷。許辯撰。

許辯：生平事迹不詳。兩《唐志》無載，亡佚。

《易通統卦驗玄圖》一卷。

不署撰者。《顏氏家訓·書證》引《易統通卦驗玄圖》。兩《唐志》無載，亡佚。

《易通統圖》二卷。

不署撰者。兩《唐志》無載，亡佚。

《易新圖序》一卷。

不署撰者。《新唐志》著録《周易雜圖序》一卷，《宋志》無載，亡佚。

《易通統圖》一卷。

不署撰者。或即前録之别本，兩《唐志》無載，亡佚。

《易八卦命禄斗内圖》一卷。郭璞撰。

兩《唐志》無載，亡佚。

《易斗圖》一卷。郭璞撰。

兩《唐志》無載，亡佚。

《易八卦斗内圖》二卷。

不署撰者。《新唐志》著録《周易八卦斗内圖》一卷、又三卷。《宋志》無載，亡佚。

《八卦斗内圖》二卷。梁有《周易八卦五行圖》《周易斗中八卦絶命圖》《周易斗中八卦推遊年圖》各一卷，亡。

不署撰者。兩《唐志》無載，亡佚。《周易八卦五行圖》《周易斗中絶命圖》《周易斗中八卦推遊年圖》：皆不署撰者。兩《唐志》無載，亡佚。

《周易分野星圖》一卷。

不署撰者。兩《唐志》無載，亡佚。

《舉百事略》一卷。

不署撰者。《新唐志》著録《舉百事要略》一卷，《宋志》無載，亡佚。

《五姓歲月禁忌》一卷。

不署撰者。兩《唐志》無載，亡佚。有關“五姓”，可參見《新唐書》卷一〇七《吕才傳》。

《舉百事要》一卷。

不署撰者。兩《唐志》無載，亡佚。疑即前録《舉百事略》。

《嫁娶經》四卷。

不署撰者。兩《唐志》無載，亡佚。

《陰陽婚嫁書》四卷。

不署撰者。兩《唐志》無載，亡佚。

《雜陰陽婚嫁書》三卷。

不署撰者。兩《唐志》無載，亡佚。

《婚嫁書》二卷。

不署撰者。兩《唐志》著録《婚嫁書》二卷，《宋志》無載，亡佚。

《婚嫁黄籍科》一卷。

不署撰者。兩《唐志》無載，亡佚。

《六合婚嫁曆》一卷。梁《六合婚嫁書》及圖，各一卷。

不署撰者。兩《唐志》無載，亡佚。《六合婚嫁書》及圖：不署撰者。兩《唐志》無載，亡佚。

《嫁娶迎書》四卷。

不署撰者。兩《唐志》無載，亡佚。

《雜婚嫁書》六卷。

不署撰者。兩《唐志》無載，亡佚。

《嫁娶陰陽圖》二卷。

《陰陽嫁娶圖》二卷。

皆不署撰者。兩《唐志》無載，亡佚。疑此二書爲同一書。

《雜嫁娶房内圖術》四卷。

不署撰者。兩《唐志》無載，亡佚。

《九天嫁娶圖》一卷。

不署撰者。兩《唐志》無載，亡佚。

《六甲貫胎書》一卷。

不署撰者。兩《唐志》無載，亡佚。

《産乳書》二卷。

不署撰者。《隋書》卷七八載，劉祐撰《産乳志》二卷，疑即此書。兩《唐志》無載，亡佚。

《産經》一卷。

不署撰者。兩《唐志》無載，亡佚。

《推産婦何時産法》一卷。王琛撰。

兩《唐志》有著録，《宋志》無載，亡佚。

《推産法》一卷。

不署撰者。兩《唐志》無載，亡佚。

《雜産書》六卷。

不署撰者。兩《唐志》無載，亡佚。

《生産符儀》一卷。

不署撰者。兩《唐志》無載，亡佚。

《産圖》二卷。

不署撰者。兩《唐志》無載，亡佚。

《雜産圖》四卷。

不署撰者。兩《唐志》無載，亡佚。

《拜官書》三卷。

不署撰者。兩《唐志》無載，亡佚。

《臨官冠帶書》一卷。

不署撰者。兩《唐志》無載，亡佚。

《仙人務子傳神通黄帝登壇經》一卷。

仙人務子：疑其爲務成子。《漢志》“小説家”著録《務成子》十一篇，“五行家”著録《務成子災異應》十四卷，此書或爲其殘卷。兩《唐志》無載，亡佚。

《壇經》一卷。四等撰。

四等：不似人名，或有脱誤。兩《唐志》無載，亡佚。

《登壇經》三卷。

不署撰者。兩《唐志》著録《登壇經》一卷，《宋志》無載，亡佚。

《五姓登壇圖》一卷。

不署撰者。兩《唐志》無載，亡佚。

《登壇文》一卷。梁有《二公地基》一卷，《雜地基立成》五卷，《八神圖》二卷，《十二屬神圖》一卷，亡。

不署撰者。兩《唐志》無載，亡佚。《二公地基》《雜地基立成》《八神圖》：皆不署撰者。兩《唐志》無載，亡佚。《十二屬神圖》：《歷代名畫記》卷三載《十二屬神圖》一卷，兩《唐志》無載，亡佚。

《沐浴書》一卷。梁有《裁衣書》一卷，亡。

不署撰者。《論衡·譏日》載，"《沐書》曰，子日沐，令人愛之；卯日沐，令人白頭"。《南史》卷八載，梁簡文帝撰《沐浴經》三卷。兩《唐志》無載，亡佚。《裁衣書》：不署撰者。《論衡·譏日》有曰，"裁衣有書，書有吉凶。凶日製衣則有禍，吉日製衣則有福"。兩《唐志》無載，亡佚。

《占夢書》三卷。京房撰。

兩《唐志》無載，亡佚。

《占夢書》一卷。崔元撰。

崔元：生平事迹不詳。兩《唐志》無載，亡佚。

《竭伽仙人占夢書》一卷。

不署撰者。竭伽仙人疑即婆羅門竭伽仙人，前録其《天文説》三十卷。兩《唐志》無載，亡佚。

《占夢書》一卷。周宣等撰。

周宣：字孔和，樂安（今山東博興縣）人。爲郡吏。魏文帝曹丕數問夢，以其爲中郎。周宣叙夢，十中八九。《三國志》卷二九有傳。兩《唐志》著録周宣《占夢書》三卷，《宋志》無載，亡佚。

《新撰占夢書》十七卷。并目録。

不署撰者。兩《唐志》無載，亡佚。

《夢書》十卷。

不署撰者。兩《唐志》無載，亡佚。

《解夢書》二卷。

不署撰者。兩《唐志》無載，亡佚。

《海中仙人占體瞤及雜吉凶書》三卷。

不署撰者。瞤（shùn），一解眼跳，一解肌肉掣動。兩《唐志》無載，亡佚。

《海中仙人占吉凶要略》二卷。

不署撰者。兩《唐志》無載，亡佚。

《雜占夢書》一卷。梁有《師曠占》五卷，《東方朔占》七卷，《黄帝太一雜占》十卷，《和菟鳥鳴書》《王喬解鳥語經》《嚏書》《耳鳴書》《目瞤書》各一卷，《董仲舒請禱書》三卷，亡。

不署撰者。《漢志》"雜占家"著録《黄帝長柳占夢》等十八家。1975年湖北雲夢睡虎地11號秦墓出土秦簡《日書》兩種，都有自題夢的一篇文字，皆講禳除惡夢之法。兩《唐志》無載是書，亡佚。《師曠占》：前已録《師曠書》三卷，當是此五卷之殘卷。《東方朔占》：前已録《東方朔占》等數種，疑此爲其一别本。《黄帝太一雜占》：前録《太一式雜占》，不知是否即此書。和菟：似人名，不詳何人。兩《唐志》無載，亡佚。《王喬解鳥語經》：前已録王喬《鳥情占》，疑與此爲同一書。《嚏書》《耳鳴書》《目瞤書》：皆不署撰者。《漢志》"雜占家"著録《嚏耳鳴雜占》十六卷，兩《唐志》不載此三書，亡佚。近代學者饒宗頤集録居延漢簡中有關耳鳴、目瞤的内容，撰寫《居延漢簡術數耳鳴目瞤解》，刊登在《大陸雜誌》卷一三上。董仲舒：見本書卷三二"春秋類"。《漢書》卷五六載，董仲舒以《春秋》灾異之變推陰陽所以錯行，故求雨，閉諸陽，縱諸陰，其止雨反是，未嘗不得所欲。《漢志》

"雜占家"著録《請雨止雨》二十六卷，疑爲董仲舒所爲。而此書或即董仲舒所留遺者。兩《唐志》無載，亡佚。

《竈經》十四卷。梁簡文帝撰。梁又有《祠竈書》一卷，《六甲祀書》二卷，又有《太玄禁經》《白獸七變經》《墨子枕中五行要記》《淮南萬畢經》《淮南變化術》《陶朱變化術》各一卷，《三五步剛》三十卷，《五行變化墨子》五卷，《淮南中經》四卷，《六甲隱形圖》五卷，《太史公素王妙論》二卷，亡。

《南史》卷八載，簡文帝撰有《竈經》二卷，與此書卷數相差頗多，或多後人附益。兩《唐志》無載，亡佚。《祠竈書》：不署撰者，《史記》卷二八載，李少君以祠竈、穀道、却老方見武帝，言祠竈之術。武帝始親祠竈。兩《唐志》著録《祠竈經》一卷，《宋志》無載，亡佚。《六甲祀書》：不署撰者。兩《唐志》無載，亡佚。《太玄禁經》：不署撰者。《後漢書》卷八二下載，徐登善巫術，禁溪水，水爲之不流。《日本國見在書目録》著録《三五禁法》《三五神禁》，與此書爲同類書。兩《唐志》無載，亡佚。《白獸七變經》：不署撰者。《抱朴子·遐覽》言及《白虎七變法》。兩《唐志》無載，亡佚。《墨子枕中五行要記》：《抱朴子·遐覽》稱《墨子五行記》本有五卷，昔劉安未仙去時，鈔取其要，以爲一卷。兩《唐志》無載，亡佚。《淮南萬畢經》：不署撰者。《舊唐志》著録《淮南王萬畢術》一卷，劉安撰；《新唐志》著録《淮南王萬畢術》一卷。《宋志》無載，亡佚。《説郛》存一卷，清孫馮翼、丁晏、茆泮林、黄奭，民國葉德輝有輯本。《淮南變化術》：亦爲劉安所作。兩《唐志》無載，亡佚。《陶朱變化術》：當爲范蠡所作。兩《唐志》無載，亡佚。《三五步剛》：不署撰者。《抱朴子·遐覽》提及《步三罡六紀經》，應與此書爲同類書。兩《唐志》無載，亡佚。《五行變化墨子》：疑與前録《墨子枕中五行要記》爲一書。《淮南中經》：《漢書》卷四四載，劉安招致賓客方士數千人，又作《中篇》八卷，言神仙黄白之術，亦二十餘萬言。《漢書》卷三六載，淮南王有枕中《鴻寶苑祕書》，書言神仙使鬼物爲金之術。兩《唐志》無載，亡佚。《六甲隱形圖》：不署撰者。《歷代名畫記》卷三載有《六甲隱形圖》，兩《唐志》無載，亡佚。《太史公素王妙論》：司馬遷撰。司馬遷見本書卷三三"正史類"。《史記》卷四一《集解》引《太史公素王妙論》。《漢志》、兩《唐志》無載是書，亡佚。清馬國翰有輯本，《全漢文》卷二六有輯文。

《瑞應圖》三卷。

不署撰者。《日本國見在書目録》著録《瑞應圖》十五卷，《歷代名畫記》卷三載《古瑞應圖》二卷，二《瑞應圖》是否與此有關？兩《唐志》無載，亡佚。

《瑞應讚》二卷。梁有孫柔之《瑞應圖記》《孫氏瑞應圖贊》各三卷，亡。

不署撰者。兩《唐志》無載，亡佚。孫柔之：生平事迹不詳。《舊唐志》"雜家類"著録孫柔之《瑞應圖記》二卷、熊理《瑞應圖讚》三卷，《新唐志》著録孫柔之《瑞應圖記》三卷、熊理《瑞應圖讚》三卷，《宋志》無載，亡佚。《説郛》存孫柔之《孫氏瑞應圖》一卷，清馬國翰、王仁俊及民國葉德輝有孫書輯本。

《祥瑞圖》十一卷。

不署撰者。《歷代名畫記》卷三著録《祥瑞圖》十卷，下有注曰，"起天有黄道，失撰者"。又載《符瑞圖》十卷，下注曰，"日月揚廷光，並集孫氏、熊氏圖"。《舊唐志》"雜家"著録《祥瑞圖》十卷、顧野王《符瑞圖》十卷；《新唐志》"雜家"著録顧野王《符瑞圖》十卷，又《祥瑞圖》十卷。《宋志》無載，亡佚。

《祥瑞圖》八卷。侯亶撰。

侯亶：生平事迹不詳。《新唐志》"雜家"有著録，《宋志》無載，亡佚。

《芝英圖》一卷。

不署撰者。芝英，傳説中的一種瑞草。《宋書》卷二九載，芝英者，王者親近耆老，養有道，則生。兩《唐志》無載，亡佚。

《祥異圖》十一卷。

不署撰者。兩《唐志》無載，亡佚。

《災異圖》一卷。

不署撰者。兩《唐志》無載，亡佚。

《地動圖》一卷。

不署撰者。兩《唐志》無載，亡佚。

《張掖郡玄石圖》一卷。高堂隆撰。

《三國志》卷三裴注引《魏氏春秋》語，張掖郡删丹縣金山玄川溢湧，寶石負圖，狀象靈龜。兩《唐志》"雜家"著録高堂隆《張掖玄石圖》一卷，《宋志》無載，亡佚。

《張掖郡玄石圖》一卷。孟衆撰。梁有《晋玄石圖》一卷，《晋德易天圖》二卷，亡。

孟衆：生平事迹不詳。兩《唐志》"雜家"著録孟衆《張掖玄石圖》一卷，《宋志》無載，亡佚。《晋玄石圖》：不署撰者。《晋書》卷三載，泰始三年四月，張掖太守焦勝上言，氐池縣大柳谷有玄石一所，白畫成文，實大晋之休祥，圖之以獻。詔以制幣告於太廟，藏之天府。兩《唐志》無載，亡佚。《晋德易天圖》：不署撰者。兩《唐志》無載，亡佚。

《天鏡》二卷。

不署撰者。兩《唐志》無載，亡佚。清馬國翰、王仁俊有輯本。

《乾坤鏡》二卷。梁《天鏡》《地鏡》《日月鏡》《四規鏡經》各一卷，《地鏡圖》六卷，亡。

不署撰者。《日本國見在書目録》著録《乾坤鏡》一卷，兩《唐志》無載，亡佚。《天鏡》《地鏡》：皆不署撰者。《日本國見在書目録》著録《天鏡經》一卷、《地鏡經》一卷，兩《唐志》無載，亡佚。此二書有清馬國翰、王仁俊輯本。《日月鏡》《四規鏡經》：皆不署撰者。《抱朴子・遐覽》言，道書中有《日月臨鏡經》《四規經》。兩《唐志》無載，亡佚。《地鏡圖》：不署撰者。兩《唐志》無載，亡佚。清王謨、馬國翰、王仁俊有輯本。又，《孫氏祠堂書目》著録洪頤煊集本《地鏡圖》一卷。

《望氣書》七卷。

不署撰者。兩《唐志》無載，亡佚。

《雲氣占》一卷。梁《望氣相山川寶藏祕記》一卷，《仙寶劍經》二卷，亡。

不署撰者。兩《唐志》無載，亡佚。《望氣相山川寶藏祕記》：不署撰者。《漢志》"雜占家"著録《五法積貯寶藏》二十三卷，應與此書爲同類書。兩《唐志》無載，亡佚。《仙寶劍經》：不署撰者。《漢志》"形法家"著録《相寶劍刀》二十卷，應與此書有關聯，故疑"仙"爲"相"之誤。兩《唐志》無載，亡佚。

《地形志》八十卷。庾季才撰。

前已録庾季才《地形志》八十七卷，此爲重出。

《宅吉凶論》三卷。

不署撰者。兩《唐志》無載，亡佚。

《相宅圖》八卷。

不署撰者。《漢書》卷八七上孟康注曰，“堪輿，神名，造圖宅書者”。《歷代名畫記》卷三載，《周公成壞吉凶圖》《相宅園地圖》《陰陽宅相圖》，疑與此書内容相類。兩《唐志》無載，亡佚。

《五姓墓圖》一卷。梁有《冢書》《黄帝葬山圖》各四卷，《五音相墓書》五卷，《五音圖墓書》九十一卷，《五姓圖山龍》及《科墓葬不傳》各一卷，《雜相墓書》四十五卷，亡。

不署撰者。《周禮·春官》屬下有冢人掌公墓之地，辨其兆域而爲之圖。有墓大夫掌凡邦墓之地域爲之圖。《漢志》“形法家”著録《宫宅地形》及《相人》，然漢代尚未專言葬法。兩《唐志》無載，亡佚。梁有諸書皆不署撰者，兩《唐志》無載，亡佚。

《相書》四十六卷。

不署撰者。兩《唐志》無載，《宋志》著録《十七家集衆相書》。《郡齋讀書志》卷一四著録《三十二家相書》三卷。稱或集許負以下三十二家書，成此編。或爲四十六卷《相書》之存殘者。

《相經要録》二卷。蕭吉撰。《相經》三十卷，鍾武隸撰；《相書》十一卷，樊、許、唐氏；《武王相書》一卷，《雜相書》九卷，《相書圖》七卷。亡。

《北史》卷八九載，蕭吉撰《相經要録》一卷，兩《唐志》無載，亡佚。鍾武隸：生平事迹不詳。其書兩《唐志》無載，亡佚。樊氏：不詳何人。許氏：當指許負。《北史》卷八九有曰“論相術，則内史叔服、姑布子卿、唐舉、許負”。《日本國見在書目録》著録許負《男相女經》三卷，《宋志》著録許負《相訣》三卷、《形神心鑑圖》一卷。唐氏，應指唐舉。《宋志》著録唐舉《肉眼通神論》三卷。此《相書》疑爲樊、許、唐三家合集，兩《唐志》無載，亡佚。《武王相書》：不署撰者。兩《唐志》無載，亡佚。《雜相書》：不署撰者。兩《唐志》無載。《直齋書録解題》卷一二著録《雜相書》一卷，稱凡二十三種，又有拾遺。元明以後無載，亡佚。《相書圖》：《歷代名畫記》卷三載有《黄帝樊薛許氏相圖》，當與此圖有關。兩《唐志》無載，亡佚。

《相手板經》六卷。梁《相手板經》、《受版圖》、韋氏《相板印法指略抄》、魏征東將軍程申伯《相印法》各一卷，亡。

不署撰者。手板，又作手版，即古笏，有事則書之。見《宋書》卷一八。兩《唐志》無載，亡佚。《説郛》存《相手板經》一卷。《受版圖》：不署撰者。兩《唐志》無載，亡佚。韋氏：指韋誕，字仲將。有文才，善屬辭章。建安中，特拜郎中，以光禄大夫遜位。見《三國志》卷二一裴注引《文章叙録》。其書兩《唐志》無載，亡佚。程申伯：名喜，青龍中，爲青州刺史。齊王時爲征北將軍。見《三國志》卷一一。《三國志》卷九裴注引《魏氏春秋》，其文稱《相印法》本出陳長文，陳長文以語韋仲將。又曰，《相印經》本出漢代，有《相印》《相笏經》，又有《鷹經》《牛經》《馬經》。印工宗養以法語程申伯，是故有一十二家《相法》傳於世。兩《唐志》無載，亡佚。

《大智海》四卷。

不署撰者。《歷代名畫記》卷三有《妖怪圖》，或即此圖。兩《唐志》無載，亡佚。

《白澤圖》一卷。

不署撰者。《歷代名畫記》卷三載《白澤圖》一卷，下有注曰，三百二十事，出《抱朴子》。黄帝巡東海而遇之。兩《唐志》著録《白澤圖》一卷，《宋志》無載，亡佚。清馬國翰、王仁俊、洪頤煊有輯本。

《相馬經》一卷。梁有伯樂《相馬經》、《闞中銅馬法》、《周穆王八馬圖》、齊侯大夫甯戚《相牛經》、王良《相牛經》、高堂隆《相牛經》、淮南八公《相鵠經》、浮丘公《相鶴書》、《相鴨經》、《相雞經》、《相鵝經》、《相貝經》，祖暅《權衡記》《稱物重率術》各二卷，劉潛《泉圖記》三卷，亡。

不署撰者。《日本國見在書目録》著録《相馬經》二卷，《舊唐志》"農家"著録《相馬經》二卷，《新唐志》"農家"著録《相馬經》三卷。伯樂：春秋秦穆公時人，姓孫，名陽。善相馬。見《莊子·馬蹄》。《日本國見在書目録》著録《伯樂相馬圖》七卷、孫伯樂《相馬經》一卷、知非《相馬經》一卷。兩《唐志》"農家"著録伯樂《相馬經》一卷，又著録徐成等《相馬經》二卷、諸葛穎《相馬經》六十卷。《崇文總目》著録《周穆王相馬經》三卷。《郡齋讀書志》卷一五著録伯樂《相馬經》二卷，又著録《相馬經》一卷，稱未詳撰人。述相馬法式，並著馬之疾狀及治療之術。《直齋書録解題》卷一二著録光禄少卿孫珪《集馬相書》一卷。《宋志》著録蕭繹《相馬經》一卷、常知非《馬經》三卷。元明以後無載，亡佚。《説郛》存一卷，清王仁俊、陶棟有輯本。1973 年湖南長沙馬王堆 3 號漢墓出土帛書，約五千餘字，整理者根據其内容，爲其定名爲《相馬經》，與今傳世的本子，不論是内容還是文體，都有較大出入，可能是戰國時期楚人之作。見 1977 年第 8 期《文物》、《帛書史話》。《闞中銅馬法》：不署撰者。《後漢書》卷二四載，馬援好騎，善别名馬。於交阯得駱越銅鼓，乃鑄爲馬式，還朝上之。此馬高三尺五寸，圍四尺五寸。有詔置於宣德殿下，以爲名馬式焉。《周穆王八馬圖》：不署撰者。《史記》卷五載，造父因善御得幸於周穆王，得驥、温驪等。《索隱》列八馬，稱其即爲八駿。《歷代名畫記》卷五載，晋史道碩有《八駿圖》。《崇文總目》“小説家”著録《八駿圖》一卷，史道規畫。兩《唐志》無載，亡佚。甯戚：齊大夫。《後漢書》卷六〇下其注蔡邕《釋誨》引《淮南子》解之，稱此乃甯戚自薦於齊桓公之事。兩《唐志》“農家”著録甯戚《相牛經》一卷。《郡齋讀書志》卷一五著録《相牛經》一卷。《説郛》存一卷，清王仁俊有輯本。王良：《漢書》卷六四下、卷一〇〇上皆提及王良，古代善馭馬者。其書兩《唐志》無載，亡佚。高堂隆《相牛經》：《世説新語·汰侈》“《牛經》出甯戚，傳百里奚……至魏世高堂生又傳以與晋宣帝，其後王愷得其書焉”。其書兩《唐志》無載，亡佚。淮南八公：《史記》卷一一八《索隱》引《淮南要略》，劉安養士數千，高才者八人，蘇非、李尚、左吴、陳由、伍被、毛周、雷被、晋昌，號曰八公。其書兩《唐志》無載，亡佚。浮丘公：傳説爲王子喬之師。《昭明文選》卷一四《舞鶴賦》注曰，《相鶴經》者，出自浮丘公，公以自授王子晋。兩《唐志》“農家”著録浮丘公《相鶴經》一卷，《宋志》著録趙浮丘公《相鶴經》一卷。元明以後無載，亡佚。《説郛》《百川學海》各存一卷，又有清王仁俊、陶棟輯本。《相鴨經》《相雞經》《相鵝經》：皆不署撰者。兩《唐志》無載，亡佚。《相貝經》：不署撰者。《藝文類聚》卷八四載，《相貝經》，朱仲受之於琴高。故題此書或爲朱仲撰，或爲嚴助撰。兩《唐志》“農家”著録《相貝經》一卷，《宋志》《直齋書録解題》卷一二著録《相貝經》一卷。元明以後無載，亡佚。《説郛》存一卷，又有清王仁俊輯本，題朱仲（或嚴助）撰。《權衡記》：《漢書》卷二一上載，衡，平也；權，重也。衡所以任權而均衡平輕重也。兩《唐志》無載，亡佚。《稱物重率術》：此書或爲祖暅作，或未署撰者。兩《唐志》無載，亡佚。劉潛：字孝儀，彭城（今江蘇徐州市）人。歷任伏波將軍、豫章内史等。侯景寇京邑，被逼失郡。《梁書》卷四一、《南史》卷三九有傳。兩《唐志》無載，亡佚。

右二百七十二部，合一千二十二卷。

二百七十二部：實際著録三百三十八部，又著録亡書一百五十一部。

五行者，金、木、水、火、土，五常之形氣者也。[1]在天爲五星，[2]在人爲五藏，[3]在目爲五色，[4]在耳爲五音，[5]在口爲五味，[6]在鼻爲五臭。[7]在上則出氣施變，在下則養人不倦。故《傳》曰："天生五材，廢一不可。"[8]是以聖人推其終始，以通神明之變，爲卜筮以考其吉凶，占百事以觀於來物，覩形法以辨其貴賤。[9]《周官》則分在保章、[10]馮相、[11]卜師、[12]筮人、[13]占夢、[14]眡祲，[15]而太史之職，實司總之。小數者纔得其十觕，[16]便以細事相亂，以惑於世。

[1]五常：即五行。

[2]五星：金星、木星、水星、火星、土星，五大行星。

[3]五藏：脾、肺、腎、肝、心，人之五臟。

[4]五色：青、黄、赤、白、黑五色。

[5]五音：宫、商、角、徵、羽五音。

[6]五味：酸、苦、甘、辛、鹹五味。

[7]五臭（xiù）：羶、薰、香、腥、腐，五種氣味。

[8]傳曰：見《左傳》襄公二十七年。原文作“天生五材，民並用之，廢一不可”。五材，金、木、水、火、土。

[9]形法：數術之一，指堪輿、骨相等方術。

[10]保章：古代官職，掌天星，以志星辰、日月之變動，以觀天下之遷，辨其吉凶。

[11]馮相：古代官職，掌十有二歲、十有二月、十有二辰、十日、二十有八星之位，辨其叙事，以會天位。

[12]卜師：古代官職，掌開龜之四兆，一曰方兆，二曰功兆，三曰義兆，四曰弓兆。

[13]筮人：古代官職，掌三《易》，以辨九筮之名。一曰《連山》，二曰《歸藏》，三曰《周易》。九筮之名，一曰巫更，二曰巫咸，三曰巫式，四曰巫目，五曰巫易，六曰巫比，七曰巫祠，八曰巫參，九曰巫環，以辨吉凶。

[14]占夢：古代官職，掌其歲時，觀天地之會，辨陰陽之氣，以日月、星辰占六夢之吉凶。

[15]眡（shì）祲（jìn）：古代官職，掌十煇之法，以觀妖祥，辨吉凶。

[16]數：技藝。觕（cū），同“粗”，粗疏、粗略。

《黄帝素問》九卷。梁八卷。

不署撰者。《漢志·方伎略》著録《黄帝内經》十八卷、《外經》三十七卷。《舊唐志》著録《黄帝素問》八卷。《新唐志》著録王冰注《黄帝素問》二十四卷。《宋志》著録《黄帝内經素問》二十四卷，唐王冰注。《郡齋讀書志》卷一五著録《黄帝素問》二十四卷，稱昔人謂《素問》者，以素書黄帝之問。《素問》爲《漢志》所著録《黄帝内經》九卷。先是第七亡逸，（王）冰時始獲，乃詮次注釋。凡八十一篇，分二十四卷。《直齋書録解題》卷一三著録《黄帝内經素問》二十四卷，稱其爲黄帝與岐伯問答。此固出於後世依託，要是醫書之祖也。《四庫全書總目》卷一〇三著録《黄帝素問》二十四卷，稱後漢張機《傷寒論》引《黄帝内經》，始稱《素問》，《素問》之名起於漢晋間。今存署王冰注、宋林億等校正、孫兆改誤之《黄帝内經素問》二十四卷、亡編一卷，有金刻本。通行本爲道藏本、四庫本等。

《黄帝甲乙經》十卷。《音》一卷。梁十二卷。

不署撰者。《日本國見在書目録》著録《黄帝甲乙經》十二卷，玄晏先生（皇甫謐）撰；《舊唐志》著録《黄帝三部針經》十三卷，皇甫謐撰；《新唐志》著録皇甫謐《皇帝三部鍼經》十二卷、《黄帝甲乙經》十二卷；《宋志》著録《黄帝三部鍼灸經》十二卷，小注曰，“即《甲乙經》”。《四庫全書總目》卷一〇三著録《甲乙經》八卷，提要稱此書有皇甫謐自序，其言曰《黄帝内經》十八卷，今有《鍼經》九卷、《素問》九卷；又有《明堂孔穴鍼灸治要》，皆黄帝岐伯選事。乃撰集三部，使事類相從，删其浮詞，除其重複，至爲十二卷。此書乃裒合舊文而成。《隋志》删皇甫謐名，似乎爲黄帝自作，則於文爲謬。《甲乙經》有四庫本、中國醫學大成本；《鍼灸甲乙經》有古今醫統正脈全書本等。

《黄帝八十一難》二卷。梁有《黄帝衆難經》一卷，吕博望注，亡。

不署撰者。《日本國見在書目録》著録《黄帝八十一難經》九卷，楊玄操撰；《舊唐志》著録《黄帝八十一難經》一卷，秦越人撰；《新唐志》著録秦越人《黄帝八十一難經》二卷；《宋志》著録《扁鵲注黄帝八十一難經》二卷，秦越人撰。《史記》卷一〇五載，渤海郡鄭人，姓秦氏，名越人。《郡齋讀書志》卷一五著録《吕楊注八十一難經》五卷，稱秦越人撰，吴吕廣注，楊玄操演。

秦越人采《黄帝内經》精要之説，凡八十一章。《直齋書録解題》卷一三著録《難經》二卷，稱渤海秦越人撰，濟陽丁德用補注。《四庫全書總目》卷一〇三著録《難經本義》二卷，題周秦越人撰，元滑壽注。稱其曰《難經》者，謂經文有疑，各設問難以明之，其中有此稱經云。而《素問》《靈樞》無之者，則今本傳寫脱簡也。此書今有四庫本、古今醫統正脈全書本等。吕博望：即吕廣，疑"博望"爲其字。《郡齋讀書志》言《難經》爲吕廣所注，《直齋書録解題》提及太醫令吕廣重編《難經》，或均指此書。《宋志》無載，亡佚。

《黄帝鍼經》九卷。梁有《黄帝鍼灸經》十二卷，徐悦、龍銜素《鍼經並孔穴蝦蟆圖》三卷，《雜鍼經》四卷，程天祚《鍼經》六卷，《灸經》五卷，《曹氏灸方》七卷，秦承祖《偃側雜鍼灸經》三卷，亡。

不署撰者。兩《唐志》著録《黄帝針經》十卷，《宋志》著録《黄帝鍼經》九卷。《玉海》卷六三載，《針經》亦八十一篇，以九鍼十二原爲首，王冰以《鍼經》爲《靈樞》。此書元明以後無載，亡佚。兩《唐志》著録《黄帝鍼灸經》十二卷，《宋志》著録皇甫謐《黄帝三部針灸經》十二卷，下小注曰"即《甲乙經》"。疑爲今存《鍼灸甲乙經》。徐悦：生平事迹不詳。龍銜素，生平事迹不詳。兩《唐志》著録龍銜素《針經並孔穴蝦蟇圖》三卷，《宋志》無載，亡佚。《雜鍼經》：不署撰者。兩《唐志》無載，亡佚。程天祚：廣平（今河北廣平縣）人。元嘉二十七年助戍彭城，戰敗被俘。得拓跋燾愛賞，封爲南安公。後逃歸宋，爲山陽太守。見《宋書》卷七四。兩《唐志》無載其《鍼經》，亡佚。《灸經》：不署撰者。兩《唐志》無載，亡佚。《曹氏灸方》：不署撰者。兩《唐志》無載，亡佚。秦承祖：性耿介，專好藝術，於方藥不問貴賤皆治療之，多所全獲，當時稱之爲上手。撰方二十卷，大行於世。見《太平御覽》卷七二二。兩《唐志》無載其書，亡佚。

《徐叔嚮鍼灸要鈔》一卷。

徐叔嚮：東海（今江蘇境内）人。祖父徐熙爲名震海内的名醫，其傳承家學，亦能精其業。見《南史》卷三二。《新唐志》有著録，《宋志》無載，亡佚。

《玉匱鍼經》一卷。

不署撰者。兩《唐志》著録《玉匱針經》十二卷，《宋志》《崇文總目》著録吕博《金滕玉匱針經》三卷。元明以後無載，亡佚。

《赤烏神鍼經》一卷。

不署撰者。《唐六典》卷一四載，鍼生習《素問》《黄帝鍼經》《明堂脈訣》，兼習《流注》《偃側》等圖，《赤烏神鍼》等經。兩《唐志》著録張子存《赤烏神針經》一卷，《宋志》無載，亡佚。

《岐伯經》十卷。

岐伯：黄帝臣。受命嘗味草木，典主醫病經方，於是有《本草》《素問》之書。見《太平御覽》卷七二一。兩《唐志》無載，亡佚。

《脉經》十卷。王叔和撰。

王叔和：西晋高平（今山西東金鄉縣）人。博通經方，精意診處，尤好著述。見《郡齋讀書志》卷一五。《新唐志》著録《脉經》十卷，《宋志》著録王叔和《脉經》十卷。《郡齋讀書志》卷一五著録王叔和《脉經》十卷，稱其書纂岐伯、華佗等論脈要訣所成，凡九十七篇。此書今存最早的本子爲宋林億等校定，元天曆三年廣勤書堂刻本；通行本有守山閣叢書本、四部叢刊本等。

《脉經》二卷。梁《脉經》十四卷，又《脉生死要訣》二卷；又《脉經》六卷，黄公興撰；《脉經》六卷，秦承祖撰；《脉經》十卷，康普思撰。亡。

不署撰者。兩《唐志》有著録，《宋志》無載，亡佚。《脉經》十四卷、《脉生死要訣》：皆不署撰者。兩《唐志》無載，亡佚。黄公興：生平事迹不詳。兩《唐志》無載，亡佚。秦承祖：生平事迹不詳。兩《唐志》無載，亡佚。康普思：生平事迹不詳。兩《唐志》無載，亡佚。1973 年湖南長沙馬王堆 3 號漢墓發現帛書《足臂十一脉灸經》《陰陽十一脉灸經》《陰陽脉死候》《脉法》，1983 年湖北江陵張家山 247 漢墓出土漢簡《脉書》，或許與《脉經》有某種關聯。

《黄帝流注脉經》一卷。梁有《明堂流注》六卷，亡。

不署撰者。《新唐志》有著録，《宋志》無載，亡佚。《明堂流注》：不署撰者。兩《唐志》無載，亡佚。

《明堂孔穴》五卷。梁《明堂孔穴》二卷，《新撰鍼灸穴》一卷，亡。

不署撰者。《新唐志》有著録，《宋志》無載，亡佚。《新撰鍼灸穴》：不署撰者。兩《唐志》無載，亡佚。

《明堂孔穴圖》三卷。

不署撰者。兩《唐志》無載，亡佚。

《明堂孔穴圖》三卷。梁有《偃側圖》八卷，又《偃側圖》二卷。

不署撰者。疑與上條重出。二《偃側圖》均不見於兩《唐志》，亡佚。

《神農本草》八卷。梁有《神農本草》五卷，《神農本草屬物》二卷，《神農明堂圖》一卷，蔡邕《本草》七卷，華佗弟子吴普《本草》六卷，陶隱居《本草》十卷，隨費《本草》九卷，秦承祖《本草》六卷，王季璞《本草經》三卷，李譡之《本草經》、談道術《本草經鈔》各一卷，宋大將軍參軍徐叔嚮《本草病源合藥要鈔》五卷，徐叔嚮等四家《體療雜病本草要鈔》十卷，王末《鈔小兒用藥本草》二卷，甘濬之《癰疽耳眼本草要鈔》九卷，陶弘景《本草經集注》七卷，趙贇《本草經》一卷，《本草經輕行》《本草經利用》各一卷，亡。

不署撰者。《帝王世紀》稱，神農氏教天下耕種五穀而食之，嘗味草木，著《本草》四卷。見《太平御覽》卷七二一。《漢書》卷九二載，樓護誦醫經、《本草》、方術數十萬言。然《漢志》無載《本草》。兩《唐志》著録《神農本草》三卷，《宋志》無載，亡佚。《神農本草屬物》：不署撰者。“屬物”疑爲“食物”之誤。《漢志·方技略》著録《神農黄帝食禁》七卷，兩《唐志》無載，亡佚。《神農明堂圖》：不署撰者。《歷代名畫記》卷三載《神農本草例圖》，不知是否即此圖，蔡邕：見本書卷三二“禮類”。《後漢書》卷六〇下《蔡邕傳》未記載其撰此書，兩《唐志》無載，亡佚。吴普：廣陵（今江蘇揚州市）人。從華佗學醫，依華佗要求診治，多所全濟。華佗囑其五禽戲，施行之。見《三國志》卷二九。兩《唐志》著録吴普《吴氏本草因》六卷，《宋志》無載，亡佚。有清孫星衍、孫馮翼、顧觀光、黄奭、姜國伊、王仁俊輯本。另據《中國醫籍通考》載，尚有焦循輯本（未正式出版）和日人森立之輯本。陶隱居：即陶弘景，見本書卷三二“詩類”。兩《唐志》無載，亡佚。隨費：不知是一人名隨費，還是隨氏、費氏。生平事迹不詳。兩《唐志》無載，亡佚。《本草》六卷：兩《唐志》無載，亡佚。王季璞：生平事迹不詳。兩《唐志》無載，亡佚。李譜之：或作李當之。《本草綱目序例》韓保昇《蜀本草》曰李當之華佗弟子，修《神農本草》三卷，而世少行。兩《唐志》著録《李氏本草》三卷，《宋志》無載，亡佚。談道術：或作談道述。生平事迹不詳。兩《唐志》無載，亡佚。《本草病源合藥要鈔》：兩《唐志》著録《本草病源合藥節度》五卷，不署撰者，疑即此書。《宋志》無載，亡佚。《體療雜病本草要鈔》：《唐六典》卷一四載，醫博士以醫術教授諸生，學體療者，七年學成。四家，疑爲徐道度、徐叔嚮、談道術、徐悦。兩《唐志》無載，亡佚。王末：生平事迹不詳。兩《唐志》無載，亡佚。甘濬之：生平事迹不詳。《唐六典》卷一四載，醫博士所授諸生，學瘡腫者，五年學成；學耳目口齒者，二年學成。兩《唐志》著録《療癰疽耳眼本草要妙（疑"妙"爲"鈔"之誤）》五卷，不署撰者。《宋志》無載，亡佚。《本草經集注》：《南史》卷七六載，陶弘景撰《本草集注》。《日本國見在書目録》著録《神農本草》七卷，陶隱居撰。《舊唐志》著録《本草集經（"經"爲"注"之誤）》七卷，陶弘景撰。《新唐志》著録陶弘景集注《神農本草》七卷，《宋志》無載，亡佚。現存西陲古方技彙編影鈔敦煌卷子本《本草經集注》二卷，吉石盦影印敦煌卷子本《本草經集注叙録》一卷。趙贊：生平事迹不詳。兩《唐志》無載，亡佚。《本草經輕行》《本草經利用》：皆不署撰者。兩《唐志》無載，亡佚。1977 年在安徽阜陽雙古堆 1 號漢墓出土的簡策中，有五十餘條涉及醫藥方面的内容，可能是早期的本草、方技、神仙書。

《神農本草》四卷。雷公集注。

雷公：劉宋雷斅。《新唐志》有著録，《宋志》著録《雷公炮炙》三卷。《郡齋讀書志》著録《雷公炮炙》三卷，稱宋雷斅撰，胡洽重定。姚振宗以爲此書即雷公集注《神農本草》。元明以後無載，亡佚。

《甄氏本草》三卷。

甄氏：甄權或甄立言，許州扶溝（今河南扶溝縣）人。兄弟二人因母病專醫方，得其旨趣，並多有著述。《舊唐書》卷一九一有傳。《舊唐志》著録《本草藥性》三卷，甄立言撰；《新唐志》著録甄立言（一作權）《本草音義》七卷，又《本草藥性》三卷。疑《本草藥性》即《甄氏本草》，爲甄權所作。《宋志》無載，亡佚。

《桐君藥録》三卷。梁有雲麾將軍徐滔《新集藥録》四卷，李譡之《藥録》六卷，《藥法》四十二卷，《藥律》三卷，《藥性》《藥對》各二卷，《藥目》三卷，《神農採藥經》二卷，《藥忌》一卷，亡。

桐君：相傳爲黄帝醫師。參見《全梁文》卷四七《本草序》。《日本國見在書目録》著録《桐君藥録》二卷，兩《唐志》著録《桐君藥録》三卷，《宋志》無載，亡佚。徐滔：生平事迹不詳。兩《唐志》無載，亡佚。《藥録》：兩《唐志》無載，亡佚。《藥法》《藥律》：皆不署撰者。兩《唐志》無載，亡佚。《藥性》：不署撰者。兩《唐志》無載，亡佚。《藥對》：不署撰者。《舊唐志》著録《雷公藥對》二卷，《新唐志》著録徐之才《雷公藥對》二卷。《本草綱目序例》曰《雷公藥對》，北齊徐之才撰，凡二卷。《宋志》無載，亡佚。《藥目》：不署撰者。兩《唐志》著録《藥目要用》二卷，《宋志》無載，亡佚。《神農採藥經》《藥忌》：皆不署撰者。兩《唐志》無載，亡佚。

《太清草木集要》二卷。陶隱居撰。

《日本國見在書目録》著録《太清諸草木方集要》二卷，兩

《唐志》著録《太清諸草木方集要》二卷。《宋志》無載，亡佚。

《張仲景方》十五卷。仲景，後漢人。梁有《黄素藥方》二十五卷，亡。

張仲景：名機，南陽（今河南南陽市）人。舉孝廉，官至長沙太守。後漢名醫，多有著述。参見宋林億《上傷寒論序》。《日本國見在書目録》著録《張仲景方》九卷，兩《唐志》著録王叔和《張仲景藥方》十五卷，《宋志》無載，然而至今流傳多種署名張仲景的醫學著作。《黄素藥方》：不署撰者。《抱朴子·雜應》載崔中書《黄素方》。《舊唐志》著録《黄素方》十五卷，《新唐志》著録謝泰《黄素方》二十五卷。《宋志》無載，亡佚。

《華佗方》十卷。吴普撰。佗，後漢人。梁有《華佗内事》五卷，又《耿奉方》六卷，亡。

華佗：一名旉，字元化，沛國譙（今安徽亳州市）人。後漢名醫，醫術高超。曹操聞其名，召其侍奉左右。因去家思歸，託辭不返。曹操怒，將其下獄，竟殺之。《後漢書》卷八二下、《三國志》卷二九有傳。《舊唐志》著録《華氏藥方》十卷，下注曰，華佗方，吴普集。《新唐志》著録吴普集《華氏藥方》十卷，下注曰，華佗。《宋志》著録《華佗藥方》一卷，元明以後無載，亡佚。《華佗内事》：兩《唐志》無載，亡佚。耿奉：生平事迹不詳。兩《唐志》無載，亡佚。

《集略雜方》十卷。

不署撰者。兩《唐志》無載，亡佚。

《雜藥方》一卷。梁有《雜藥方》四十六卷。

不署撰者。《日本國見在書目録》著録《雜藥方》一卷，中尉王榮撰。疑一卷《雜藥方》爲四十六卷之殘存。

《雜藥方》十卷。

不署撰者。兩《唐志》著録陳山提《雜藥方》十卷，《宋志》無載，亡佚。

《寒食散論》二卷。梁有《寒食散湯方》二十卷，《寒食散方》一十卷，皇甫謐、曹翕《論寒食散方》二卷，亡。

不署撰者。《新唐志》有著録，《宋志》無載，亡佚。《寒食散湯方》《寒食散方》：不署撰者。兩《唐志》無載，亡佚。《論寒食散方》：《晋書》卷五一載，皇甫謐上疏言服寒食散的狀況。《三國志》卷二〇載，曹翕乃曹操之孫，入晋，封廩丘公。撰《解寒食散方》，與皇甫謐所撰並行於世。兩《唐志》無載，亡佚。

《寒食散對療》一卷。釋道洪撰。

釋道洪：生平事迹不詳。兩《唐志》無載，亡佚。

《解寒食散方》二卷。釋智斌撰。梁《解散論》二卷。

釋智斌：生平事迹不詳。兩《唐志》無載，亡佚。《解散論》：不署撰者，亦不言亡，疑其即下列之《解寒食散論》。

《解寒食散論》二卷。梁有徐叔嚮《解寒食散方》六卷，釋慧義《寒食解雜論》七卷，亡。

不署撰者。兩《唐志》無載，亡佚。《解寒食散方》：兩《唐志》無載，亡佚。釋慧義：俗姓梁，北地人。少出家，備通經義。後得宋武帝依重。見《高僧傳》卷七。兩《唐志》無載其書，亡佚。

《雜散方》八卷。梁有《解散方》《解散論》各十三卷，徐叔嚮《解散消息節度》八卷，《范氏解散方》七卷，《解釋慧義解散方》一卷，亡。

不署撰者。兩《唐志》無載，亡佚。《解散方》《解散論》：皆不署撰者。兩《唐志》無載，亡佚。《解散消息節度》：《舊唐志》著録《寒食散方并消息節度》二卷、徐叔和（"和"爲"嚮"之誤）《解寒食方》十三卷；《新唐志》著録《寒食散方并消息節度》二卷、徐叔嚮《解寒食方》十五卷。《宋志》無載，亡佚。范氏：姚振宗根據丁國鈞《晋書藝文志》載，《七録·醫方》有范汪《東陽方》一百七十六卷，認爲此范氏當爲范汪。范汪，見本書卷三二"禮類"。兩《唐志》無載，亡佚。《解釋慧義解散方》：不署撰者。兩《唐志》無載，亡佚。

《湯丸方》十卷。

不署撰者。兩《唐志》無載，亡佚。

《雜丸方》十卷。梁有《百病膏方》十卷，《雜湯丸散酒煎薄帖膏湯婦人少小方》九卷，羊中散《雜湯丸散酒方》一卷，《療下湯丸散方》十卷。

不署撰者。兩《唐志》著録《雜丸方》一卷，《宋志》無載，亡佚。《百病膏方》：不署撰者。兩《唐志》著録《百病膏方》十卷，《宋志》無載，亡佚。《雜湯丸散酒煎薄帖膏湯婦人少小方》：不署撰者。兩《唐志》無載，亡佚。羊中散：即羊欣，字敬元，泰山南城（今山東泰安市）人。起家輔國參軍，歷任新安太守，除中散大夫。兼善醫術，撰《藥方》數十卷。《宋書》卷六二、《南史》卷三六有傳。本志子、集部尚有其二部著述。疑此書從《藥方》中析出别行。兩《唐志》無載，亡佚。《療下湯丸散方》：不署撰者。疑亦爲羊欣所作。兩《唐志》無載，亡佚。

《石論》一卷。

不署撰者。《新唐志》《崇文總目》著録晏封《乾寧晏先生制伏草石論》六卷，《宋志》著録晏封《草石論》六卷，疑即此書，元明以後無載，亡佚。

《醫方論》七卷。梁有張仲景《辨傷寒》十卷，《療傷寒身驗方》、徐文伯《辨傷寒》各一卷，《傷寒總要》二卷，支法存《申蘇方》五卷，王叔和《論病》六卷，張仲景《評病要方》一卷，徐叔嚮、談道述、徐悦《體療雜病疾源》三卷，甘濬之《癰疽部黨雜病疾源》三卷，《府藏要》三卷，亡。

不署撰者。兩《唐志》無載，亡佚。《辨傷寒》：《新唐志》著録《張仲景方》十五卷，又《傷寒卒（“卒”疑“雜”之誤）病論》十卷；《宋志》著録張仲景《傷寒論》十卷。《直齋書録解題》卷一三《傷寒論》十卷，張仲景撰。稱又名《傷寒雜病論》。又有一説，以爲《傷寒雜病論》是另一書，其一後改名爲《金匱玉函》八卷，其二則去其論傷寒者，止傳其論雜病及方藥者，名爲《金匱玉函要略》三卷。詳見《郡齋讀書志》卷一五。《四庫全書總目》卷一〇三著録《傷寒論》十卷，漢張機撰，晋王叔和編，金成無己注。提要稱書前有宋高保衡、孫奇、林億等校上序。明方有執作《傷寒論條辨》則詆叔和所編與無己所注多所改易竄亂，並以序例一篇爲叔和僞託而删之。現存最早本子爲明萬曆二十七年趙開美刻仲景全書本，通行本有四庫本、四部叢刊本、四部備要本等。《療傷寒身驗方》：不署撰者。兩《唐志》無載，亡佚。徐文伯：字德秀，丹陽（今江蘇丹陽市）人，徐叔嚮之侄，亦精醫術，兼有學行。《南史》卷三二、《北史》卷九〇有傳。兩《唐志》無載其書，亡佚。《傷寒總要》：不署撰者。兩《唐志》無載，亡佚。支法存：《千金方序》曰，沙門支法存，嶺表（今嶺南）人。性敦方藥。自永嘉南渡，士大夫不服水土，多患脚弱，唯法存能拯濟之。見《太平御覽》卷二七四。兩《唐志》無載其書，亡佚。《論病》《評病要方》：兩《唐志》無載，因署王叔和、張仲景名之書有多種流傳至今，應是王叔和編定張仲景書的一部分。《體療雜病疾源》：應與前著録徐叔嚮等四家《體療雜論本草要鈔》是一個系列的典籍。兩《唐志》無載，亡佚。《癰疽部黨雜病疾源》：應與前著録甘濬之《癰疽耳眼本草要鈔》是一個系列的典籍。兩《唐志》無載，亡佚。《府藏要》：不署撰者。兩《唐志》無載，亡佚。

《肘後方》六卷。葛洪撰。梁二卷。陶弘景《補闕肘後百一方》九卷，亡。

葛洪：見本書卷三二“禮類”。《太平御覽》卷七二二載，《晉中興書》曰葛洪善養性之術，撰經用救驗方三卷，號曰《肘後方》，又撰《玉函方》一百卷。《舊唐志》著録葛洪《肘後救卒方》四卷，《新唐志》著録葛洪《肘後救卒方》六卷。《太平御覽》卷七二三載，陶弘景撰《集驗方》五卷，廣《肘後》爲百一製。兩《唐志》著録陶弘景《補肘後救卒備急方》六卷，《宋志》著録葛洪《肘後備急百一方》三卷。《直齋書録解題》卷一三著録《肘後百一方》三卷，稱晉葛洪撰，梁陶隱居增補。《四庫全書總目》卷一〇三著録《肘後備急方》八卷，提要稱本書初名《肘後卒救方》，陶弘景補其闕漏，得一百一首，爲《肘後百一方》。金楊用道又取唐慎微《證類本草諸方》爲《附廣肘後方》。《隋志》既稱陶書已亡，疑此書無《百一方》在内，特後人取陶弘景原序冠之耳。此書現存最早的本子爲明萬曆二年李栻刻本《葛仙翁肘後備急方》八卷，通行本爲四庫本等。

《姚大夫集驗方》十二卷。

姚大夫：即姚僧垣，字法衛，吴興武康（今浙江湖州市）人。

仕梁，爲太醫正。入周，遷上開府儀同大將軍。隋開皇初，進爵北絳郡公。僧垣醫術高妙，爲當世所推。撰《集驗方》等，行於世。《周書》卷四七、《南史》卷六九、《北史》卷九〇有傳。《日本國見在書目録》著録《集驗方》十二卷，姚僧垣撰。兩《唐志》著録姚僧垣《集驗方》十二卷，《宋志》無載，亡佚。

《范東陽方》一百五卷。《録》一卷。范汪撰。梁一百七十六卷。梁又有《阮河南藥方》十六卷，阮文叔撰；釋僧深《藥方》三十卷，《孔中郎雜藥方》二十九卷，《宋健平王典術》一百二十卷；《羊中散藥方》三十卷，羊欣撰；《褚澄雜藥方》二十卷，齊吴郡太守褚澄撰。亡。

范汪：見本書卷三二"禮類"。《太平御覽》卷七二二載，《晋書》曰，范汪愛善醫術，撰方五百餘卷，又一百七卷，後人詳用，多獲其效。《舊唐志》著録《雜藥方》一百七十卷，下注曰，"范汪方，尹穆撰"；《新唐志》著録尹穆纂《范東陽雜藥方》一百七十卷，下注曰，"范汪"。《宋志》無載，亡佚。阮文叔：名炳，字文叔，河南尹。精意醫術，撰藥方一部。見《三國志》卷一六裴注所引《杜氏新書》。兩《唐志》著録阮炳《阮河南方》十六卷，《宋志》無載，亡佚。僧深：齊宋間人，善療脚弱氣之疾，撰録法在存（疑"法在存"爲"支法存"之誤）等諸家醫方三十餘卷，經用多效，時人號曰《深師方》焉。見《太平御覽》卷七二四。《舊唐志》著録《僧深集方》三十卷，釋僧深撰；《新唐志》著録僧僧深《集方》三十卷。《宋志》無載，亡佚。孔中郎：姚振宗據《孔氏著述考》載，孔氏二十六代孫孔汪著有《雜藥方》二十九卷，認爲孔中郎即孔汪。孔汪，字德澤，會稽山陽（今江蘇淮安市）人。歷任交、廣二州諸軍事，廣州刺史等職，甚有政績。《晋書》卷七八有傳。兩《唐志》無載，亡佚。《宋健平王典術》：不署撰者。宋健平王爲宋文帝之子劉宏。此書概爲其王國典醫所作。

兩《唐志》無載，亡佚。《羊中散藥方》：《宋書》卷六二曰，羊欣兼善醫藥，撰方三十卷。兩《唐志》無載，亡佚。褚澄：字彦道，河南陽翟（今河南禹州市）人。爲侍中，領右軍將軍。《南齊書》卷二三、《南史》卷二八有傳。兩《唐志》著録褚澄《雜藥方》十二卷，《宋志》著録褚澄《褚氏遺書》一卷。元明以後無載，亡佚。

《秦承祖藥方》四十卷。見三卷。梁有《陽眄藥方》二十八卷，《夏侯氏藥方》七卷，《王季琰藥方》一卷，徐叔嚮《雜療方》二十二卷，徐叔嚮《雜病方》六卷，《李譡之藥方》一卷，《徐文伯藥方》二卷，亡。

《舊唐志》著録《藥方》十七卷，秦承祖撰；《新唐志》著録秦承祖《藥方》四十卷。《宋志》無載，亡佚。陽眄：生平事迹不詳。兩《唐志》無載，亡佚。夏侯氏：不知何人。兩《唐志》無載，亡佚。王季琰：生平事迹不詳。或與前録王季璞爲一人。兩《唐志》無載，亡佚。《舊唐志》著録徐叔和（“和”爲“嚮”之誤）《雜療方》二十卷、《體療雜病方》六卷；《新唐志》著録徐叔嚮《雜療方》二十卷、《體療雜病方》六卷。《宋志》無載，亡佚。《李譡之藥方》：兩《唐志》無載，亡佚。《徐文伯藥方》：兩《唐志》無載，亡佚。

《胡洽百病方》二卷。梁有《治卒病方》一卷；《徐奘要方》一卷，無錫令徐奘撰；《遼東備急方》三卷，都尉臣廣上；《殷荊州要方》一卷，殷仲堪撰。亡。

胡洽：生平事迹不詳。《舊唐志》著録《胡居士方》三卷，胡洽撰；《新唐志》著録胡洽《胡居士治百病要方》三卷；《崇文總目》著録《胡道洽方》三卷；《宋志》著録《胡道洽方》一卷。元明以後無載，亡佚。《治卒病方》：不署撰者。兩《唐志》無載，亡佚。徐奘：《梁書》卷一三載，梁高祖遣上省醫徐奘視沈約疾，還具以狀聞。兩《唐志》無載，亡佚。臣廣：生平事迹不詳。兩《唐志》無載，亡佚。殷仲堪：見本書卷三二“詩類”。《晋書》卷八四載，殷仲堪因父病，躬學醫術，究其精妙。兩《唐志》無載，亡佚。

《俞氏療小兒方》四卷。梁有《范氏療婦人藥方》十一卷，徐叔嚮《療少小百病雜方》三十七卷，《療少小雜方》二十卷，《療少小雜方》二十九卷，《范氏療小兒藥方》一卷，王末《療小兒雜方》十七卷。亡。

俞氏：不知何人。《唐六典》卷一四載，醫博士以醫術教授諸生，分而爲業。學少小者，五年學成。《舊唐志》著録《少小節療方》一卷，俞寶撰；《新唐志》著録《俞氏治小兒方》四卷、俞寶《小女（疑“小女”爲“少小”之誤）節療方》一卷。《宋志》無載，亡佚。范氏：疑即范汪。兩《唐志》著録《婦人方》十卷，疑爲此書，當爲《范東陽方》一百七十六卷中别行之本。《宋志》無載，亡佚。王末：生平事迹不詳。兩《唐志》無載，亡佚。

《徐嗣伯落年方》三卷。梁有徐叔嚮《療脚弱雜方》八卷，徐文伯《辨脚弱方》一卷，甘濬之《療癰疽金創要方》十四卷，甘濬之《療癰疽毒惋雜病方》三卷，甘伯齊《療癰疽金創方》十五卷，亡。

徐嗣伯：或作徐嗣，字叔紹，徐叔嚮子。精醫術，官至正員郎，爲臨川王所重。《南齊書》卷二三、《南史》卷三二有傳。兩《唐志》著録徐嗣伯《徐氏落年方》三卷，《宋志》無載，亡佚。“落年”，其意難解。《日本國見在書目録》著録徐太山《隨手方》一卷，本志著録徐太山《墮年方》二卷，疑“墮年”爲“隨手”之誤。徐太山即徐文伯，與徐嗣伯爲堂兄弟，可能都有隨手方。疑

"墮年"又誤作"落年"。《療脚弱雜方》：兩《唐志》著録徐叔嚮《脚弱方》八卷，《宋志》無載，亡佚。《辨脚弱方》：兩《唐志》無載，亡佚。《療癰疽金創要方》：兩《唐志》著録甘濬之《療癰疽金瘡要方》十四卷，《宋志》無載，亡佚。《療癰疽毒惋雜病方》：兩《唐志》無載，亡佚。甘伯齊：生平事迹不詳。兩《唐志》著録甘伯齊《療癰疽金瘡方》十二卷，《宋志》無載，亡佚。

《陶氏效驗方》六卷。梁五卷。梁又有《療目方》五卷，甘濬之《療耳眼方》十四卷，《神枕方》一卷；《雜戎狄方》一卷，宋武帝撰；《摩訶出胡國方》十卷，摩訶胡沙門撰；又范曄《上香方》一卷，《雜香膏方》一卷。亡。

《南史》卷七六載，陶弘景撰《本草集注》《效驗方》《肘後百一方》。兩《唐志》著録陶弘景《效驗方》十卷，《宋志》無載，亡佚。《療目方》：不署撰者。兩《唐志》著録《療目方》五卷，《宋志》無載，亡佚。《療耳眼方》：兩《唐志》無載，亡佚。《神枕方》：不署撰者。與下録《神枕方》應爲一書，詳見下條。宋武帝：見本志"大序"。兩《唐志》無載，亡佚。摩訶胡：不知何人。兩《唐志》無載，亡佚。范曄：見本書卷三三"正史"。《南史》卷三三載，范曄撰《和香方》。《上香方》《雜香膏方》，兩《唐志》皆無載，亡佚。

《彭祖養性經》一卷。

彭祖：傳説其爲殷大夫，姓錢名鏗，顓頊之玄孫，封於彭。至殷末年已七百六十七歲而不衰老，遂往流沙之西，非壽終也。見《史記》卷四〇、《搜神記》。《新唐志》有著録，《宋志》無載，亡佚。後人凡引彭祖養生者，皆爲僞託。

《養生要集》十卷。張湛撰。

張湛：見“道家類”。《晋書》卷七五載，范甯患眼疾，就中書郎張湛求方，張湛言養生方。兩《唐志》“道家類”“醫術類”皆著録張湛《養生要集》十卷，《宋志》無載，亡佚。

《玉房祕决》十卷。

不署撰者。《舊唐志》著録《玉房祕録訣》八卷，沖和子撰；《新唐志》著録沖和子《玉房秘訣》十卷，下注曰“張鼎”。張鼎自號沖和子，其他事迹不詳。《宋志》無載，亡佚。

《墨子枕内五行紀要》一卷。梁有《神枕方》一卷，疑此即是。

不署撰者。前“五行類”《竈經》條下著録《墨子枕内五行要記》一卷，應即此書。從此條下注稱梁有《神枕方》一卷，當與《陶氏效驗方》條下著録之《神枕方》一卷爲重出。兩《唐志》無載《墨子枕内五行紀要》，《新唐志》著録《神枕方》一卷，《宋志》無載，亡佚。

《如意方》十卷。

不署撰者。《日本國見在書目録》著録《如意方》十卷；《新唐志》著録梁武帝《坐右方》十卷、《如意方》十卷。《南史》卷八載，梁簡文帝撰《如意方》十卷。疑《新唐志》脱“梁簡文帝”四字。《宋志》無載，亡佚。

《練化術》一卷。

不署撰者。後録陶隱居《練化雜術》一卷，疑即此書。兩《唐志》無載，亡佚。

《神仙服食經》十卷。

不署撰者。兩《唐志》著録《神仙服食方》十卷，《新唐志》又著録《神仙服食經》十二卷，《宋志》無載，亡佚。

《雜仙餌方》八卷。

不署撰者。兩《唐志》無載，亡佚。

《服食諸雜方》二卷。梁有《仙人水玉酒經》一卷。

不署撰者。兩《唐志》無載，亡佚。《仙人水玉酒經》：不署撰者。兩《唐志》無載，亡佚。

《老子禁食經》一卷。

不署撰者。兩《唐志》無載，亡佚。姚振宗疑此書即爲《日本國見在書目録》著録之《老子神仙服藥經》，《崇文總目》著録之《老子服食經》，姑備一考。

《崔氏食經》四卷。

不署撰者。《日本國見在書目録》著録《食經》四卷，崔禹錫撰（“禹錫”爲“浩”之誤）。《魏書》卷三五載，崔浩有《食經叙》。崔浩，見本書卷三二“易類”。兩《唐志》著録崔浩《食經》九卷，《宋志》無載，亡佚。

《食經》十四卷。梁有《食經》二卷，又《食經》十九卷；《劉休食方》一卷，齊冠軍將軍劉休撰。亡。

不署撰者。兩《唐志》無載，亡佚。《食經》二卷、《食經》十九卷：均不署撰者，兩《唐志》無載，亡佚。劉休：字弘明，沛郡相（今安徽濉溪縣）人。宋明帝嗜飲食，劉休多藝能，爰及鼎味，問無不解。齊建元四年，出爲豫章内史加冠軍將軍，卒。《南齊書》卷三四、《南史》卷四七有傳。兩《唐志》無載，亡佚。

《食饌次第法》一卷。梁有《黄帝雜飲食忌》二卷。

不署撰者。兩《唐志》無載，亡佚。《黄帝雜飲食忌》：不署撰者。《漢志·方技·經方》著録《神農黄帝食禁》七卷，疑此書爲其遺存。

《四時御食經》一卷。梁有《太官食經》五卷，又《太官食法》二十卷，《食法雜酒食要方白酒并作物法》十二卷，《家政方》十二卷，《食圖》《四時酒要方》《白酒方》《七日麪酒法》《雜酒食要法》《雜藏釀法》《雜酒食要法》《酒并飲食方》《鮭及鐺蟹方》《羹臛法》《䱇膢朐法》《北方生醬法》各一卷，亡。

不署撰者。《新唐志》著録《四時御食經》一卷，《宋志》無載，亡佚。《太官食經》《太官食法》：皆不署撰者。兩《唐志》著録《太官食法》一卷、《太官食經》十九卷，《宋志》無載，亡佚。《食法雜酒食要方白酒并作物法》《家政方》：皆不署撰者。兩《唐志》無載，亡佚。《食圖》至《北方生醬法》共十二種（其間有一重複）各一卷，從其書名上看，可推測其内容與《食法雜酒食要方白酒并作物法》或《家政方》類同，其總卷數又與此二書相合，疑其是此二書之一的篇名。

《療馬方》一卷。梁有《伯樂療馬經》一卷，疑與此同。

不署撰者。兩《唐志》無載，亡佚。

《黄帝素問》八卷。全元起注。

全元起：《南史》卷五九載，侍郎全元起欲注《素問》，訪以砭石。《日本國見在書目録》著録《黄帝素問》十六卷，全元起注；《新唐志》著録全元起注《黄帝素問》九卷；《宋志》著録《素問》八卷，隋全元起注。《四庫全書總目》卷一〇三著録《黄帝素問》二十四卷，題唐王冰注。提要稱《隋志》所載《黄帝素問》衹八卷，全元起注已闕其第七。王冰在每篇之下必注全元起本第幾字，猶可考見其舊第。此書有四庫本。

《脉經》二卷。徐氏撰。

徐氏：不知何人。兩《唐志》無載，亡佚。

《華佗觀形察色并三部脉經》一卷。

不署撰者。兩《唐志》無載，亡佚。

《脉經決》二卷。徐氏新撰。

徐氏：不知何人，或許即前録徐氏。《新唐志》著録徐氏《脉經訣》三卷，《宋志》著録徐氏《脉經》三卷，元明以後無載，亡佚。

《脉經鈔》二卷。許建吴撰。

許建吴：生平事迹不詳。兩《唐志》無載，亡佚。

《黄帝素問女胎》一卷。

不署撰者。兩《唐志》無載，亡佚。疑其爲《黄帝素問》的一部分。

《三部四時五藏辨診色决事脉》一卷。

不署撰者。兩《唐志》著録《三部四時五臟辨候診色脈經》一卷，《宋志》無載，亡佚。

《脉經略》一卷。

不署撰者。兩《唐志》無載，亡佚。

《辨病形證》七卷。

不署撰者。兩《唐志》無載，亡佚。

《五藏决》一卷。

不署撰者。兩《唐志》著録《五藏訣》一卷，《宋志》著録《五藏要訣》一卷，元明以後無載，亡佚。

《論病源候論》五卷。《目》一卷，吴景賢撰。

吴景賢：或作吴景，生平事迹不詳。《日本國見在書目録》著録《病源論》五十卷，巢元方撰；兩《唐志》著録吴景《諸病源候論》五十卷；《新唐志》又著録《巢氏諸病源候論》五十卷，下注曰“巢元方”；《宋志》著録巢元方《巢氏諸病源候論》五十卷。《直齋書録解題》卷一三著録《巢氏病源論》五十卷，稱隋太醫博士巢元方等撰，大業六年也。《四庫全書總目》卷一〇三著録《巢氏諸病源候論》五十卷，提要疑此書本屬官書，巢元方與吴賢，一爲監修，一爲編撰，故或題景名，或題元方名，實止一書。《隋志》吴景作吴景賢，“賢”或“監”之誤。其作“五卷”，亦當脱“十”字。考其書内容可證此書爲舊本無疑。現存最早本子爲元刻《重刊巢氏諸病源候總論》五十卷，通行本有四庫本、中國醫學大成本等。

《服石論》一卷。

不署撰者。兩《唐志》無載，亡佚。疑與前録《石論》爲一書。

《癰疽論方》一卷。

不署撰者。兩《唐志》無載，亡佚。

《五藏論》五卷。

不署撰者。《日本國見在書目録》著録《五藏論》一卷，兩《唐志》著録《五藏論》一卷，《宋志》著録《五藏論》一卷，元明以後無載，亡佚。

《瘧論并方》一卷。

不署撰者。兩《唐志》無載，亡佚。

《神農本草經》三卷。

不署撰者。兩《唐志》著録《神農本草》三卷，此或爲相傳本經之舊。

《本草經》四卷。蔡英撰。

蔡英：生平事迹不詳。前録蔡邕《本草》七卷，此“蔡英”或“蔡邕”之誤。兩《唐志》無載，亡佚。

《藥目要用》二卷。

不署撰者。兩《唐志》有著録，《宋志》無載，亡佚。

《本草經略》一卷。

不署撰者。兩《唐志》無載，亡佚。

《本草》二卷。徐太山撰。

徐太山：即徐文伯，因其曾任太山太守，故有此稱。兩《唐志》無載是書，亡佚。

《本草經類用》三卷。

不署撰者。兩《唐志》著録《藥類》二卷，疑即此書。《宋志》無載，亡佚。

《本草音義》三卷。姚最撰。

姚最：見本書卷三三“古史類”。《北史》卷九〇載，姚最爲姚僧垣次子，未習醫術。天和中，齊王憲奏遣其習之。每有人告請，效驗甚多。兩《唐志》無載是書，亡佚。

《本草音義》七卷。甄立言撰。

《舊唐書》卷一九一載，甄立言撰《本草音義》七卷，《古今録驗方》五十卷。《新唐志》著録甄立言（一作權）《本草音義》七卷，《宋志》無載，亡佚。

《本草集録》二卷。

不署撰者。兩《唐志》無載，亡佚。

《本草鈔》四卷。

不署撰者。兩《唐志》無載，亡佚。

《本草雜要决》一卷。

不署撰者。兩《唐志》無載，亡佚。

《本草要方》三卷。甘濬之撰。

此書或爲《癰疽耳眼本草要鈔》九卷之佚存本，兩《唐志》無載，亡佚。

《依本草録藥性》三卷。《録》一卷。

不署撰者。《唐六典》卷一四載，諸醫鍼生讀《本草》者，即令識藥形知藥性。此書當記這類内容。兩《唐志》無載，亡佚。

《靈秀本草圖》六卷。原平仲撰。

原平仲：生平事迹不詳。《歷代名畫記》卷三載《靈秀本草圖》六卷，下注曰“起赤箭，終蜻蜓。源平仲撰”。兩《唐志》有著録，《宋志》無載，亡佚。

《芝草圖》一卷。

不署撰者。《日本國見在書目録》著録《芝草圖》二卷，下注曰“上、下”。兩《唐志》有著録，《宋志》無載，亡佚。

《入林採藥法》二卷。

不署撰者。兩《唐志》無載，亡佚。

《太常採藥時月》一卷。

不署撰者。兩《唐志》無載，亡佚。

《四時採藥及合目録》四卷。

不署撰者。《唐六典》卷一四載，凡藥有多種屬性，皆辨其所出州土，每歲貯納，擇其良者而進焉。兩《唐志》著録《四時採取諸藥及合和》四卷，《宋志》無載，亡佚。

《藥録》二卷。李密撰。

李密：字希邕，趙郡平棘（今河北趙縣）人。從齊高祖舉義，遥授并州刺史，封容城縣侯。天保初，以舊功授散騎常侍。因母病，乃精習經方，洞曉針藥，母疾得愈，由是以醫術知名。《北齊書》卷二二、《北史》卷三三有傳。兩《唐志》無載，亡佚。

《諸藥異名》八卷。沙門行矩撰。本十卷，今闕。

行矩：又作行智，生平事迹不詳。《舊唐志》著録《諸藥異名》十卷，釋行智撰；《新唐志》著録僧行智《諸藥異名》十卷。《宋志》無載，亡佚。

《諸藥要性》二卷。

不署撰者。兩《唐志》無載，亡佚。

《種植藥法》一卷。

不署撰者。《唐六典》卷一四載，京師置藥園一所，擇良田三頃，有藥園生於此學習勞作。兩《唐志》無載，亡佚。

《種神芝》一卷。

不署撰者。《抱朴子·黄白》有曰，而仙經有以五石、五木種芝，芝生，取而服之，亦與自然芝無異，俱令人長生。兩《唐志》無載，亡佚。

《藥方》二卷。徐文伯撰。

前録徐文伯《藥方》二卷亡，此處又著録徐文伯《藥方》二卷，或許此書實未亡。

《解散經論并增損寒食節度》一卷。

不署撰者。兩《唐志》無載，亡佚。

《張仲景療婦人方》二卷。

《日本國見在書目録》著録《治婦人方》三卷，兩《唐志》無載。《直齋書録解題》卷一三著録張仲景《金匱要略》三卷，稱此書上卷論傷寒，中論雜病，下載其方並療婦人，乃録而傳之。

《徐氏雜方》一卷。

徐氏：不詳何人。兩《唐志》無載，亡佚。

《少小方》一卷。

不署撰者。兩《唐志》無載，亡佚。

《療小兒丹法》一卷。

不署撰者。兩《唐志》無載，亡佚。

《徐太山試驗方》二卷。

兩《唐志》無載，亡佚。

《徐文伯療婦人瘕》一卷。

《南史》卷三二載，明帝宮人患腰痛牽心，文伯曰，此髮瘕。以油投之，即吐得物如髮。兩《唐志》無載是書，亡佚。

《徐太山巾箱中方》三卷。

兩《唐志》無載，亡佚。

《藥方》五卷。徐嗣伯撰。

兩《唐志》無載，亡佚。

《墮年方》二卷。徐太山撰。

《日本國見在書目録》著録徐太山《隨手方》一卷，疑“墮年”爲“隨手”之誤。前録《徐嗣伯落年方》三卷，“落年”或爲“隨手”之一誤再誤。兩《唐志》著録徐嗣伯《落年方》三卷，無載徐太山《墮年方》二卷，文伯與嗣伯是兄弟，可能都有隨手方，在流傳中合二爲一。

《效驗方》三卷。徐氏撰。

徐氏：不詳何人。兩《唐志》無載，亡佚。

《雜要方》一卷。

不署撰者。兩《唐志》無載，亡佚。

《玉函煎方》五卷。葛洪撰。

《抱朴子·雜應》曰，余所撰百卷名曰《玉函方》。疑此書爲自《玉函方》百卷析出别行者。兩《唐志》無載。

《小品方》十二卷。陳延之撰。

陳延之：生平事迹不詳。《直齋書録解題》卷一三著録《外臺秘方》言，至於《小品》，深師崔氏、許仁則、張文仲之類，今無傳者，猶間見於此書。兩《唐志》著録徐延之《小品方》十二卷，《宋志》無載，亡佚。

《千金方》三卷。范世英撰。

范世英：生平事迹不詳。《新唐志》有著録，《宋志》無載，亡佚。

《徐王方》五卷。
《徐王八世家傳效驗方》十卷。
《徐氏家傳祕方》二卷。

徐王：當指徐之才，因其曾被封王，故稱徐王。徐之才，丹陽（今江蘇丹陽市）人。仕梁豫章王綜，至綜入魏，薦之才善醫術。

武平中，遷尚書令，封西陽郡王。《魏書》卷九一、《北齊書》卷三三、《北史》卷九〇有傳。徐氏自徐熙以醫術名家相傳，傳子秋夫，再傳道度、叔嚮，再傳文伯、嗣伯、謇，再傳雄、踐，再傳之才、之範，再傳敏齊，號稱八世。《舊唐志》著録《徐王八代效驗方》十卷，徐之才撰，《徐氏家祕方》二卷；《新唐志》著録徐之才《徐王八代效驗方》十卷，又《家祕方》三卷，《宋志》無載，亡佚。兩《唐志》無載《徐王方》，或因其即後二書的别行本。

《藥方》五十七卷。後魏李思祖撰。本百一十卷。

李思祖：名脩，陽平館陶（今河北館陶縣）人。歷爲中散令，以功賜爵下蔡子。集學士等百餘人在東宮撰諸藥方百餘卷，行於世。後卒於太醫令。《魏書》卷九一、《北史》卷九〇有傳。兩《唐志》著録孝思（疑“孝”爲“李”之誤，脱“祖”）《雜湯丸散方》五十七卷，《宋志》無載，亡佚。

《稟丘公論》一卷。

稟丘公：即曹翕。《三國志》卷二〇裴松之有曰，曹翕入晋，改封廩丘公。有《寒食散方》與皇甫謐書合爲一帙。此當爲曹翕所論之一卷，兩《唐志》無載，亡佚。

《太一護命石寒食散》二卷。宋尚撰。

宋尚：生平事迹不詳。兩《唐志》無載，亡佚。

《皇甫士安依諸方撰》一卷。

皇甫士安：即皇甫謐。前録皇甫謐、曹翕《論寒食散方》二卷，亡。此處又著録皇甫書一卷及曹翕書一卷，可證梁有皇甫謐、曹翕書於隋實未亡。兩《唐志》無載，亡佚。

《序服石方》一卷。

不署撰者。疑爲《服石方》之序，兩《唐志》無載，亡佚。

《服玉方法》一卷。

不署撰者。兩《唐志》著録《服玉法并禁忌》一卷，《宋志》無載，亡佚。

《劉涓子鬼遺方》十卷。龔慶宣撰。

龔慶宣：南齊人。劉涓子：宋武帝族人。晋隆安二年爲彭城内史。義熙六年從宋武帝北征慕容超，在丹陽郊外得此方書。見《南史》卷一三、龔慶宣《劉涓子鬼遺方序》。《日本國見在書目録》著録《劉涓子》十一卷，龍（“龔”之誤）慶宣撰；兩《唐志》著録龔慶宣《劉涓子男（“鬼”之誤）方》十卷；《崇文總目》著録《劉涓子鬼遺方》十卷，原釋龔慶宣撰。《直齋書録解題》卷一三著録《劉涓子神仙遺論》十卷，東蜀刺史李頔録。稱此方略治癰疽之法。《宋志》著録《劉涓子神仙遺論》，東蜀李頓録，及《劉涓子鬼論》一卷。今存《劉涓子鬼遺方》五卷，齊龔慶宣撰，現存最早的本子爲宋刻本，通行本爲叢書集成本、中國醫學大成本等。

《療癰經》一卷。

不署撰者。兩《唐志》無載，亡佚。

《療三十六瘻方》一卷。

不署撰者。兩《唐志》無載，亡佚。

《王世榮單方》一卷。

王世榮：名顯，陽平樂平（今山東聊城市）人。少任本州從事，以醫術自通。後應世宗之詔撰藥方三十五卷，班布天下，以療諸疾。延昌二年，以營療之功封衛國縣伯。世宗崩，肅宗即位，詔削其爵位。《魏書》卷九一、《北史》卷九〇有傳。《日本國見在書目録》著録《雜藥方》一卷，王榮（“王”後脱“世”字）撰。兩《唐志》無載，亡佚。

《集驗方》十卷。姚僧垣撰。

前著録《姚大夫藥方》十二卷，疑與此書爲一書。

《集驗方》十二卷。

不署撰者。疑即前著録之《姚大夫藥方》十二卷。《日本國見在書目録》著録《集驗方》十二卷，姚僧垣撰，又著録《集驗》十二卷，姚大夫撰。皆屬重出。

《備急單藥方》三卷。許澄撰。

許澄：高陽（今河北高陽縣）人。有學識，以醫術顯。歷任尚藥典御、諫議大夫，封賀川縣伯。《隋書》卷七八、《北史》卷九〇有傳。兩《唐志》無載，亡佚。

《藥方》二十一卷。徐辨卿撰。

徐辨卿：生平事迹不詳。姚振宗根據《北史》卷九〇載，徐之才二子的字分别爲少卿、同卿，疑辨卿爲徐之範之子敏齊的字。敏齊亦傳家業，從醫。兩《唐志》無載，亡佚。

《名醫集驗方》六卷。

不署撰者。兩《唐志》著録《名醫集驗方》三卷，《宋志》無載，亡佚。

《名醫别録》三卷。陶氏撰。

據李時珍《本草綱目序例》言，神農本草藥分三品，計三百六十五種，以應周天之數。梁陶宏景復增漢魏以下名醫所用藥三百六十五種，謂之《名醫别録》，凡七卷。陶氏當指陶宏景。兩《唐志》著録《名醫别録》三卷，《宋志》無載，亡佚。

《删繁方》十三卷。謝士秦撰。

謝士秦：生平事迹不詳。《日本國見在書目録》著録《删繁論》十卷，謝雲泰撰；兩《唐志》著録謝士太《删繁方》十二卷。疑“謝士秦”爲“謝士泰”之誤。《宋志》無載是書，亡佚。

《吴山居方》三卷。

吴山居：不知何人。兩《唐志》無載，亡佚。

《新撰藥方》五卷。

不署撰者。兩《唐志》無載，亡佚。

《療癰疽諸瘡方》二卷。秦政應撰。

秦政應：生平事迹不詳。兩《唐志》無載，亡佚。

《單複要驗方》二卷。釋莫滿撰。

釋莫滿：生平事迹不詳。兩《唐志》無載，亡佚。

《釋道洪方》一卷。

兩《唐志》無載是書，亡佚。

《小兒經》一卷。

不署撰者。兩《唐志》無載，亡佚。

《散方》二卷。

不署撰者。兩《唐志》無載，亡佚。

《雜散方》八卷。

不署撰者。前已録《雜散方》八卷，疑與此書爲一書。

《療百病雜丸方》三卷。釋曇鸞撰。

釋曇鸞：生平事迹不詳。兩《唐志》無載，亡佚。

《療百病散》三卷。

不署撰者。兩《唐志》無載，亡佚。

《雜湯方》十卷。成毅撰。

成毅：生平事迹不詳。兩《唐志》著録《雜湯方》八卷，《宋志》無載，亡佚。

《雜療方》十三卷。

不署撰者。兩《唐志》無載，亡佚。

《雜藥酒方》十五卷。

不署撰者。兩《唐志》無載，亡佚。

《趙婆療漯方》一卷。

趙婆：不知何人。兩《唐志》無載，亡佚。

《議論備豫方》一卷。于法開撰。

于法開：事蘭公爲弟子。因與支遁有競，故遁居剡縣，更學醫術，妙通醫法。居白山靈鷲寺。見《世説新語·文學》、《高僧傳》卷四。兩《唐志》無載，亡佚。

《扁鵲陷冰丸方》一卷。

不署撰者。《漢書》卷二五下有晋灼注曰，“方士詐以藥石若陷冰丸投之冰上，冰即消液，因假爲神仙道使然也”。此書當爲漢武、宣時方士所作，託之扁鵲，並非真正方藥，乃左道惑衆之術。兩《唐志》無載，亡佚。

《扁鵲肘後方》三卷。

不署撰者。兩《唐志》無載，《宋志》著録扁鵲《療黄經》三卷、《枕中祕訣》三卷，或皆由此書輾轉傳述者。然今亦不傳。

《療消渴衆方》一卷。謝南郡撰。

謝南郡：生平事迹不詳。《日本國見在書目録》著録《治消渴方》一卷，兩《唐志》無載，亡佚。

《論氣治療方》一卷。釋曇鸞撰。

《舊唐志》著録釋鸞《調氣方》一卷，《新唐志》著録僧鸞《調氣方》一卷，《宋志》無載，亡佚。

《梁武帝所服雜藥方》一卷。

不署撰者。兩《唐志》無載，亡佚。

《大略丸》五卷。

不署撰者。兩《唐志》無載，亡佚。

《靈壽雜方》二卷。

不署撰者。兩《唐志》無載，亡佚。

《經心録方》八卷。宋俠撰。

宋俠：洺州清漳（今河北邯鄲市）人。以醫術著名，官至朝散大夫、藥藏監。撰《經心録》十卷，行於世。《舊唐書》卷一九一、《新唐書》卷二〇四有傳。《日本國見在書目録》著録《經心録方》六卷，《舊唐志》著録宋俠《經心方》八卷，《新唐志》著録宋俠《經心方》十卷，《宋志》無載，亡佚。

《黄帝養胎經》一卷。

不署撰者。兩《唐志》無載，亡佚。

《療婦人産後雜方》三卷。

不署撰者。兩《唐志》無載，亡佚。

《黄帝明堂偃人圖》十二卷。

不署撰者。《舊唐志》著録《黄帝十二經明堂偃側人圖》十二卷，《新唐志》著録曹氏《黄帝十二經明堂偃側人圖》十二卷，《宋志》無載，亡佚。

《黄帝鍼灸蝦蟆忌》一卷。

不署撰者。兩《唐志》無載，亡佚。

《明堂蝦蟆圖》一卷。

不署撰者。兩《唐志》無載，亡佚。

《鍼灸圖要决》一卷。

不署撰者。兩《唐志》無載，亡佚。

《鍼灸圖經》十一卷。本十八卷。

不署撰者。兩《唐志》無載，亡佚。

《十二人圖》一卷。

不署撰者。兩《唐志》無載，亡佚。

《鍼灸經》一卷。

不署撰者。兩《唐志》無載，亡佚。

《扁鵲偃側鍼灸圖》三卷。

不署撰者。兩《唐志》無載，亡佚。

《流注鍼經》一卷。

不署撰者。兩《唐志》無載，《宋志》著録《扁鵲鍼傳》，疑即此書。然今亦亡。

《曹氏灸經》一卷。

曹氏：不知何人。前録《曹氏灸方》七卷，亡。此書或爲其佚存者。

《偃側人經》二卷。秦承祖撰。

前録秦承祖《偃側雜鍼灸經》三卷，亡。此或其不亡者。然今亦亡。

《華佗枕中灸刺經》一卷。

兩《唐志》無載，亡佚。

《謝氏鍼經》一卷。

謝氏：不知何人。兩《唐志》無載，亡佚。

《殷元鍼經》一卷。

殷元：生平事迹不詳。兩《唐志》無載，亡佚。

《要用孔穴》一卷。

《九部鍼經》一卷。

兩書皆不署撰者。《唐六典》卷一四載，鍼博士掌教鍼生，以經脈孔穴使識浮沉澀滑之候，又以九鍼爲補瀉之法。兩《唐志》無載二書，亡佚。

《釋僧匡鍼灸經》一卷。

釋僧匡：生平事迹不詳。兩《唐志》無載，亡佚。

《三奇六儀鍼要經》一卷。

不署撰者。兩《唐志》無載，亡佚。

《黄帝十二經脉明堂五藏人圖》一卷。

不署撰者。兩《唐志》著録《黄帝十二經脉明堂五藏圖》一卷，《宋志》無載，亡佚。

《老子石室蘭臺中治癩符》一卷。

不署撰者。兩《唐志》無載，亡佚。

《龍樹菩薩藥方》四卷。

不署撰者。《日本國見在書目録》著録《龍樹眼經》一卷，兩

《唐志》無載。《郡齋讀書志》卷一五著録《龍樹眼論》三卷，稱右佛經龍樹大士者能治眼疾。或假其説集治七十二種目病之方。此書今亡。

《西域諸仙所説藥方》二十三卷。《目》一卷。本二十五卷。

不署撰者。兩《唐志》無載，亡佚。

《香山仙人藥方》十卷。

不署撰者。兩《唐志》無載，亡佚。

《西域波羅仙人方》三卷。

不署撰者。兩《唐志》無載，亡佚。

《西域名醫所集要方》四卷。本十二卷。

不署撰者。兩《唐志》無載，亡佚。

《婆羅門諸仙藥方》二十卷。

不署撰者。兩《唐志》無載，亡佚。

《婆羅門藥方》五卷。

不署撰者。兩《唐志》無載，亡佚。

《耆婆所述仙人命論方》二卷。《目》一卷。本三卷。

不署撰者。《日本國見在書目録》著録《耆婆茯苓散方》一卷，《耆婆脈訣》十二卷，或與此書有相通之處。兩《唐志》無載，亡佚。

《乾陀利治鬼方》十卷。

《新録乾陀利治鬼方》四卷。本五卷，闕。

乾陀利：生平事迹不詳。《新録乾陀利治鬼方》疑爲他人所爲。兩《唐志》無載二書，皆亡佚。

《伯樂治馬雜病經》一卷。

前録《療馬方》一卷，下有注曰，“梁有《伯樂療馬經》一卷，疑與此同”。此亦前之《療馬方》。兩《唐志》無載，亡佚。

《治馬經》三卷。俞極撰，亡。

俞極：生平事迹不詳。

《治馬經》四卷。

《治馬經目》一卷。

《治馬經圖》二卷。

《馬經孔穴圖》一卷。

《雜撰馬經》一卷。

皆不署撰者。《唐六典》卷一一載，尚乘局有獸醫七十人，掌療馬病。馬有傷寒者、有傷熱者、有傷者，皆據經方以療焉。《日本國見在書目録》著録《治馬病方》一卷、《治馬法》六卷、《治馬病書》六卷。兩《唐志》無載以上五書，皆亡佚。

《治馬牛駝騾等經》三卷。《目》一卷。

不署撰者。兩《唐志》無載，亡佚。

《香方》一卷。宋明帝撰。

宋明帝：見本書卷三二“論語類”。兩《唐志》無載，亡佚。

《雜香方》五卷。

不署撰者。《日本國見在書目録》著録《諸香方》一卷，兩《唐志》無載，亡佚。

《龍樹菩薩和香法》二卷。

不署撰者。《日本國見在書目録》著録《龍樹井和香方》一卷，兩《唐志》無載，亡佚。

《食經》三卷。馬琬撰。

馬琬：生平事迹不詳。《日本國見在書目録》著録《食經》三卷，馬院撰。兩《唐志》無載，亡佚。

《會稽郡造海味法》一卷。

不署撰者。兩《唐志》無載，亡佚。

《論服餌》一卷。

不署撰者。兩《唐志》無載，亡佚。

《淮南王食經》并《目》百六十五卷。大業中撰。

不署撰者。《舊唐志》著録《淮南王食經》一百二十卷，諸葛穎撰，《淮南王食目》十卷，《淮南王食經音》十三卷，諸葛穎撰；《新唐志》著録諸葛穎《淮南王食經》一百三十卷、《音》十三卷、《食目》十卷。此書爲大業中所撰，兩《唐志》稱撰者爲諸葛穎，諸葛穎乃隋朝人，《隋書》卷七六有傳。疑《淮南王食經》當爲《淮南玉食經》，“王”爲“玉”之誤。此書《宋志》無載，亡佚。

《膳羞養療》二十卷。

不署撰者。兩《唐志》無載，亡佚。

《金匱録》二十三卷。《目》一卷。京里先生撰。

京里先生：生平事迹不詳。兩《唐志》著録京里先生《金匱仙藥録》三卷、《神仙服食經》十二卷，疑此二書皆爲《金匱録》二十三卷之佚存。《宋志》無載，亡佚。

《練化雜術》一卷。陶隱居撰。

兩《唐志》無載，亡佚。

《玉衡隱書》七十卷。《目》一卷。周弘讓撰。

周弘讓：見本書卷三三“雜傳類”。兩《唐志》無載，亡佚。

《太清諸丹集要》四卷。陶隱居撰。

兩《唐志》著録《太清諸丹藥録》四卷，不署撰者。《宋志》無載，亡佚。

《雜神丹方》九卷。

不署撰者。兩《唐志》無載，亡佚。

《合丹大師口訣》一卷。

不署撰者。兩《唐志》無載，亡佚。

《合丹節度》四卷。陶隱居撰。

兩《唐志》無載，亡佚。

《合丹要略序》一卷。孫文韜撰。

孫文韜：一名韜，字文藏，會稽剡（今浙江嵊州市）人。陶真白弟子。見高似孫《剡録》所引《真誥》。兩《唐志》無載，亡佚。

《仙人金銀經并長生方》一卷。

不署撰者。兩《唐志》無載，亡佚。

《狐剛子萬金决》二卷。葛仙公撰。

葛仙公：見本部"道家類"。《舊唐志》著録《狐子方金訣》二卷，葛仙公撰；《新唐志》著録葛仙公《録狐子方金訣》二卷。《宋志》無載，亡佚。

《雜仙方》一卷。

不署撰者。兩《唐志》無載，亡佚。

《神仙服食經》十卷。

不署撰者。兩《唐志》無載，亡佚。

《神仙服食神祕方》二卷。

不署撰者。兩《唐志》無載，亡佚。

《神仙服食藥方》十卷。抱朴子撰。

《舊唐志》著録《太清神仙服食經》五卷、又一卷，抱朴子撰；《新唐志》著録抱朴子《太清神仙服食經》五卷，《太清神仙服食經》五卷。《宋志》無載，亡佚。

《神仙餌金丹沙祕方》一卷。

不署撰者。兩《唐志》無載，亡佚。

《衛叔卿服食雜方》一卷。

衛叔卿：中山（今河北平山縣）人。子度世遵其囑餌五色雲母仙去。見《太平御覽》卷六六二引《三洞珠囊》。兩《唐志》無載，亡佚。

《金丹藥方》四卷。

不署撰者。兩《唐志》無載，亡佚。

《雜神仙丹經》十卷。

不署撰者。兩《唐志》無載，亡佚。

《雜神仙黄白法》十二卷。

不署撰者。《抱朴子·黄白篇》言，神仙經黄白之方二十五卷，千有餘首。黄者金也，白者銀也。《遐覽篇》言，道經中有《黄白要經》《八公黄白經》各一卷，《枕中黄白經》五卷。兩《唐志》著録《黄白祕法》一卷，又二十（疑爲“十二”之誤）卷。《宋志》“神仙家”著録《神仙庚辛經》一卷。此書今亡。

《神仙雜方》十五卷。

不署撰者。兩《唐志》無載，亡佚。

《神仙服食雜方》十卷。

不署撰者。兩《唐志》無載，亡佚。

《神仙服食方》五卷。

不署撰者。兩《唐志》無載，亡佚。

《服食諸雜方》二卷。

不署撰者。兩《唐志》無載，亡佚。

《服餌方》三卷。陶隱居撰。

兩《唐志》無載，亡佚。

《真人九丹經》一卷。

不署撰者。兩《唐志》無載，亡佚。

《太極真人九轉還丹經》一卷。

太極真人：即葛仙公。《抱朴子·遐覽篇》言，從祖仙公從左元放受《太清丹經》三卷及《九鼎丹經》一卷。兩《唐志》無載，亡佚。

《練寶法》二十五卷。《目》三卷。本四十卷，闕。

不署撰者。兩《唐志》無載，亡佚。

《太清璇璣文》七卷。沖和子撰。

兩《唐志》著録沖和子《太清璿璣文》七卷，《宋志》無載，亡佚。

《陵陽子説黄金祕法》一卷。

陵陽子：據《列仙傳》言，陵陽子明者，銍鄉（今安徽宿州市）人。好釣魚，得白龍，而放之。後得白魚，按魚腹中書所言之法，服食三年。乘龍止陵陽山。姚振宗以爲這衹是傳説，不足憑。兩《唐志》著録明月公《陵陽子祕訣》一卷，《宋志》無載，亡佚。

《神方》二卷。

不署撰者。兩《唐志》無載，亡佚。

《狐子雜决》三卷。

狐子：即狐剛子。兩《唐志》有著録，《宋志》無載，亡佚。

《太山八景神丹經》一卷。

不署撰者。或爲徐太山所作。兩《唐志》無載，亡佚。

《太清神丹中經》一卷。

不署撰者。兩《唐志》著録《太清神丹中經》三卷，《宋志》無載，亡佚。

《養生注》十一卷。《目》一卷。

不署撰者。兩《唐志》無載，亡佚。

《養生術》一卷。翟平撰。

翟平：生平事迹不詳。兩《唐志》無載，亡佚。

《龍樹菩薩養性方》一卷。

兩《唐志》無載，亡佚。

《引氣圖》一卷。

不署撰者。兩《唐志》無載，亡佚。

《道引圖》三卷。立一，坐一，卧一。

不署撰者。兩《唐志》無載。《郡齋讀書志》卷一六著録《導引養生圖》一卷，稱梁陶弘景撰。《宋志》“神仙家”著録陶弘景《導引養生圖》一卷。此書今亡。

《養身經》一卷。

不署撰者。兩《唐志》無載，亡佚。

《養生要術》一卷。

不署撰者。兩《唐志》無載，亡佚。

《養生服食禁忌》一卷。

不署撰者。兩《唐志》無載，亡佚。

《養生傳》二卷。

不署撰者。兩《唐志》無載，亡佚。

《帝王養生要方》二卷。蕭吉撰。

蕭吉：見本書卷三二“樂類”。《北史》卷八九載，蕭吉撰《帝王養生方》二卷。兩《唐志》無載，亡佚。

《素女祕道經》一卷。并《玄女經》。

不署撰者。《抱朴子·極言篇》言，黄帝論道養則資玄、素二女。兩《唐志》無載，亡佚。

《素女方》一卷。

不署撰者。兩《唐志》無載，亡佚。

《彭祖養性》一卷。

前已録《彭祖養性經》，二者爲一書，此爲重出。

《剡子説陰陽經》一卷。

剡子：見《春秋左氏傳·昭公十七年》。姚振宗以爲此書爲他人依託剡子所作。兩《唐志》無載，亡佚。

《序房内祕術》一卷。葛氏撰。

葛氏：當指葛洪。《舊唐志》著録《玉房祕術》一卷，葛氏撰；《新唐志》著録葛氏《房中祕術》一卷。《宋志》無載，亡佚。

《玉房祕决》八卷。

不署撰者。前已録《玉房秘訣》十卷。《舊唐志》著録《玉房祕録訣》八卷，沖和子撰；《新唐志》著録沖和子《玉房祕訣》十卷，下注“張鼎”。此疑重出。

《徐太山房内祕要》一卷。

兩《唐志》無載，亡佚。

《新撰玉房祕决》九卷。

不署撰者。疑爲隋煬帝敕撰。兩《唐志》無載，亡佚。

《四海類聚方》二千六百卷。

不署撰者。兩《唐志》著録《類聚方》二千六百卷，《宋志》無載，亡佚。

《四海類聚單要方》三百卷。

不署撰者。兩《唐志》著録隋煬帝《四海類聚單方》十六卷，《宋志》無載，亡佚。

右二百五十六部，合四千五百一十卷。

二百五十六部：實際爲二百五十四部。又録亡書一百二十七部。

醫方者，所以除疾疢，[1]保性命之術者也。天有陰陽風雨晦明之氣，人有喜怒哀樂好惡之情。節而行之，則和平調理，專壹其情，則溺而生疢。是以聖人原血脉之本，因鍼石之用，假藥物之滋，調中養氣，通滯解結，而反之於素。[2]其善者，則原脉以知政，推疾以及國。《周官》醫師之職，掌聚諸藥物，凡有疾者治之。[3]是其事也。鄙者爲之，則反本傷性。故曰："有疾不治，恒得中醫。"[4]

[1]疾疢（chèn）：病害。

[2]素：始、本。

[3]以上兩句，見《周禮注疏》卷五。原文作"醫師掌醫之政令，聚毒藥以共醫事。凡邦之有疾病者、有疕瘍者造焉，則使醫分而治之"。

[4]以上兩句，見《漢志》，原作"諺云'有病不治，常得中醫'"。錢大昭《漢書辨疑》曰，今吴人猶云不服藥爲中醫。即有病不吃藥，相當於醫與不醫之間，中醫也。

凡諸子，合八百五十三部，六千四百三十七卷。

八百五十三部：實際爲一千一百七十六部，又有亡書五百一十三部。

《易》曰："天下同歸而殊塗，一致而百慮。"[1]儒、道、小説，聖人之教也，而有所偏。兵及醫方，聖人之政也，所施各異。世之治也，列在衆職，下至衰亂，官失其守。或以其業遊説諸侯，各崇所習，分鑣並騖。[2]若使總而不遺，折之中道，亦可以興化致治者矣。《漢書》有《諸子》《兵書》《數術》《方伎》之略，今合而敘之，爲十四種，謂之子部。

［1］以上兩句，見《易·繫辭下傳》。意爲天下人走不同的路，而走到同一地方；有多種考慮，達到的則是同一目的。

［2］分鑣（biāo）並騖（wù）：鑣，一指馬嚼子，又指一種兵器。騖，奔馳。意爲雖方式不同，但爲同一目標努力。